bergamotto /berga'mɔtto/ m. bergamot.
1.berlina /ber'lina/ f. *(auto)* saloon (car) BE, sedan AE.
2.berlina /ber'lina/ f. STOR. stocks pl., pillory; ***mettere qcn. alla ~*** to pillory sb., to put sb. in the pillory (anche FIG.).
berlinese /berli'nese/ ➧ **2 I** agg. of, from Berlin, Berlin attrib. **II** m. e f. Berliner.
Berlino /ber'lino/ ➧ **2** n.pr.f. Berlin; ***~ Est, Ovest*** STOR. East, West Berlin.
bermuda /ber'muda/ m.pl. Bermudas, Bermuda shorts.
Bermude /ber'mude/ ➧ ***33, 14*** n.pr.f.pl. ***(isole)*** ~ Bermuda.
Bernardo /ber'nardo/ n.pr.m. Bernard; ***bernardo l'eremita*** ZOOL. hermit crab.
bernoccolo /ber'nɔkkolo/ m. **1** *(bozzo)* lump, bump, swelling **2** FIG. *(disposizione naturale)* ***avere il ~ degli affari*** to have a (good) head *o* a bent for business.
berretta /ber'retta/ f. cap; *(di religiosi)* biretta.
berretto /ber'retto/ m. cap; *(basco)* beret; ***~ a*** o ***con visiera*** peaked cap; ***~ da sci*** ski hat; ***~ da notte*** nightcap.
bersagliare /bersaʎ'ʎare/ [1] tr. **1** MIL. to bombard, to hammer (away) [*nemico, postazioni nemiche*]; to pepper [*muro, area*] (**di** with); ***~ qcs. di sassi*** to pelt sth. with stones; ***~ qcn. di pugni*** to rain blows on sb. **2** FIG. *(prendere di mira)* ***~ qcn. di domande*** to fire questions at sb.; ***essere bersagliato dalla sfortuna*** to be plagued by ill luck.
bersagliera: **alla bersagliera** /allabersaʎ'ʎɛra/ avv. *(con energia, slancio)* energetically, boldly.
bersagliere /bersaʎ'ʎɛre/ m. MIL. = Italian infantry soldier recognizable by his plumed hat.
bersaglio, pl. **-gli** /ber'saʎʎo, ʎi/ m. **1** *(obiettivo)* target, mark, butt; ***tiro al ~*** *(con arco)* target shooting; *(con arma da fuoco)* target shooting, shooting practice; ***centrare il ~*** [*freccia*] to find its mark; [*persona*] to be right *o* bang on target; ***centrare in pieno il ~*** FIG. to hit the bull's-eye **2** FIG. *(di critica, derisione)* butt, target; ***essere il ~ di*** to be the butt of [*sarcasmo, critiche, beffe*] ♦♦ ***~ fisso*** sitting target; ***~ mobile*** moving target.
berta /'bɛrta/ f. EDIL. pile driver.
Berta /'bɛrta/ n.pr.f. Bertha.
bertuccia, pl. **-ce** /ber'tuttʃa, tʃe/ f. Barbary ape.
besciamella /beʃʃa'mɛlla/ f. béchamel.
bestemmia /bes'temmja/ f. **1** *(imprecazione)* blasphemy, swearword, oath, curse **2** *(sproposito)* nonsense.
bestemmiare /bestem'mjare/ [1] **I** tr. to blaspheme [*Dio*] **II** intr. (aus. *avere*) *(imprecare)* to swear*, to blaspheme; ***~ contro qcs., qcn.*** to swear against *o* curse sb., sth. ♦ ***~ come un turco*** to swear like a trooper.
beta /'bɛta/ **I** m. e f.inv. *(lettera)* beta **II** agg.inv. [*raggi, particelle*] beta.
Betlemme /be'tlɛmme/ ➧ **2** n.pr.f. Bethlehem.
betoniera /beto'njɛra/ f. (cement) mixer, concrete mixer.
bettola /'bettola/ f. *(osteria di infimo rango)* dive.
betulla /be'tulla/ f. **1** *(pianta)* birch (tree) **2** *(legno)* birch (wood) ♦♦ ***~ bianca*** silver birch.
beuta /'bɛuta/ f. CHIM. flask.
bevanda /be'vanda/ f. beverage, drink; ***~ alcolica*** (alcoholic) drink, booze COLLOQ.; ***~ analcolica*** soft drink.
bevibile /be'vibile/ agg. drinkable.
bevitore /bevi'tore/ m. (f. **-trice** /tritʃe/) **1** *(di alcolici)* drinker, boozer BE COLLOQ.; ***un forte*** o ***gran ~*** a hard *o* heavy drinker **2** *(chi beve)* drinker; ***un ~ di caffè*** a coffee drinker.
bevuta /be'vuta/ f. *(bicchierata)* drink, binge COLLOQ.; ***una grande ~*** a drinking spree, a booze-up BE COLLOQ.
bevuto /be'vuto/ **I** p.pass. → **1.bere II** agg. COLLOQ. *(brillo)* ***è un po' ~*** he's a bit tipsy.
bi /bi/ m. e f.inv. *(lettera)* b, B.
B.I. ⇒ Banca d'Italia = Bank of Italy.
biacca, pl. **-che** /'bjakka, ke/ f. white lead.
biada /'bjada/ f. fodder.
bianca, pl. **-che** /'bjanka, ke/ f. white (woman*).
Bianca /'bjanka/ n.pr.f. Blanche.
biancastro /bjan'kastro/ agg. whitish.

Arabic numbers placed before the headwords indicate homographs

Cross-reference to lexical notes at the end of each section of the dictionary

IPA pronunciation

Cross-references to the numbered conjugation tables of Italian verbs at the end of the dictionary

Morphological information

Italian set noun phrases introduced by ♦♦

Arabic sense numbers

The asterisk indicates irregular English inflection

In the body of the entry the swung dash substitutes the headword

Cross-reference arrow

The symbol ⇒ comes before the full form of abbreviations and acronyms

Oxford Paravia Il dizionario

Inglese Italiano • Italiano Inglese

concise

In collaborazione con

OXFORD
UNIVERSITY PRESS

paravia

*Questo dizionario è la versione ridotta dell'*Oxford-Paravia. Il dizionario inglese-italiano italiano-inglese *(2001), ed è basato, su licenza della Oxford University Press, su* THE CONCISE OXFORD-HACHETTE FRENCH DICTIONARY *Second Edition ©Oxford University Press 1995, 1998, con materiale inglese aggiuntivo ©Oxford University Press 2001, 2003*

Riduzione a cura di:
Cristina Bareggi *(caporedattore);*
Silvia Migliorero, Silvia Porporato, Alessandra Seita, Sara Selvaggio

Note grammaticali e lessicali:
Giovanni Iamartino

Supervisione editoriale e lessicografica:
Fabrizio Cicoira

Collaboratori dell'edizione maggiore
Redazione:
Cristina Bareggi *(caporedattore);* Luisa Bozzo, Katia Brocanelli, Daniela Cendron, Emanuele Giaccardi, Aurelia Martelli, Silvia Migliorero, Fiorenza Mileto, Nicola Poeta, Silvia Porporato, Alessandra Seita, Sara Selvaggio, Alessia Turin; Grazia Toschino
Revisione:
Sarah Birdsall, Silvia Dafarra, Margaret Greenhorn, Kathryn G. Metzger, Guido Montegrandi, Silvia Maglioni, Nadia Sanità
Consulenza di madrelingua inglese:
Andrew M. Garvey, Steven Nestor

Fotocomposizione e impaginazione:
Satiz MSX International

Copertina della versione cartonata:
Studio Livio, Torino

Copertina della versione brossurata:
Sinergia, Torino

Cofanetto della versione cartonata:
Sinergia, Torino

Sovraccoperta della versione inglese:
Oxford University Press

In questo dizionario i termini considerati come marchi registrati, per quello che è noto all'Editore, sono contrassegnati dal simbolo ®. In ogni caso, né la presenza né l'assenza di tale indicazione implica una valutazione oggettiva del loro reale stato giuridico.

Stampato per conto della casa editrice da
Legoprint, Lavis, Trento

Prima edizione
Ristampa 0 1 2 3 4 5
Anno 03 04 05 06 07 08

NOTA DELL'EDITORE

Il dizionario **Oxford-Paravia Concise** è tratto dal grande dizionario inglese-italiano e italiano-inglese *Oxford-Paravia,* nato dalla collaborazione con la prestigiosa Oxford University Press.
Come la versione maggiore è quindi caratterizzato dall'accurato impianto lessicografico e dalla fraseologia autentica, basata su *corpus*, forniti dall'editore britannico, a garanzia della massima aderenza alla realtà dell'inglese d'oggi.
Nel realizzare il *Concise* il criterio di fondo è stato quello di preservare, pur in dimensioni più compatte, tutto il meglio dell'opera maggiore: a partire dalla grafica, che con la sua chiarezza assicura un rapido e sicuro accesso alle informazioni.
Il lemmario, alleggerito dei termini più inconsueti, resta estremamente ricco e completo, oltre che aggiornatissimo, tanto nel documentare i linguaggi specialistici quanto nel rispecchiare la lingua parlata, con attenta distinzione delle varietà britannica e americana. Abbondano gli esempi d'uso, le frasi idiomatiche e le espressioni fisse.
La struttura delle voci mantiene in pieno gli importanti caratteri innovativi dell'*Oxford-Paravia* originario, in particolare per la presenza dei *collocatori*, cioè le parole con le quali il lemma si associa più di frequente nella lingua reale; riportati accanto ai traducenti, i collocatori li contestualizzano e permettono di individuare con sicurezza la traduzione più corretta.
È stato riprodotto integralmente l'eccezionale apparato di note grammaticali e lessicali della versione maggiore, un vasto repertorio di materiali aggiuntivi che offre soluzioni efficaci ai problemi di traduzione, ma che presenta anche evidenti potenzialità didattiche.
In appendice al volume, la *Guida alla comunicazione* propone un centinaio di pratiche lettere-modello inglesi, in un'articolata gamma di tematiche private, formali e commerciali, più curriculum, annunci economici e un formulario delle espressioni utili per scrivere in inglese.

Luglio 2003

L'Editore

PUBLISHER'S NOTE

The **Concise Oxford-Paravia Italian Dictionary** is based on the highly acclaimed *Oxford-Paravia Italian Dictionary*, and is the result of the collaboration between Oxford University Press and Paravia, Italy's leading dictionary and educational publisher.
The editorial principles which underpin this dictionary are exactly those applied to the larger one. It has been prepared with the same degree of care to ensure that it gives the most accurate and up-to-date description of Italian and English as they are spoken and written today.
Reduced to a more compact format, this dictionary retains some of the physical features of the parent dictionary starting with the typography and clear layout, which guarantee readability, immediate access, and ease of navigation.
Although some of the more obscure and unusual terms have been suppressed and the dictionary has been simplified to make it more accessible to less experienced dictionary users, it still offers comprehensive coverage of both Italian and English, from technical and specialized terminology to spoken and colloquial language, and includes an abundance of examples, idioms, and set phrases.
The structure of the entries follows the same pattern as in the unabridged version. Nuances of meanings are pinpointed by semantic indicators and/or typical *collocates* (that is the words that are most often used in combination with the headword) to ensure that users can choose with confidence the best translation for their purpose.
This Concise edition also retains the wealth of lexical and grammatical notes which were included in the unabridged version. They offer practical solutions to many translation problems and can be a useful source of teaching material.
Finally, the dictionary is supplemented by a *Guide to Effective Communication*, which includes around 100 model letters. The section is organized thematically and covers private and business correspondence as well as Curriculum Vitae and useful expressions.

July 2003

The Publisher

ABBREVIAZIONI / ABBREVIATIONS

ABBIGL. abbigliamento / clothing
accorc. accorciamento di / short for
AE American English
AER. aeronautica / aeronautics
AFRIC. africano / African
agg. aggettivo / adjective
AGR. agricoltura / agriculture
ALCH. alchimia / alchemy
ALLEV. allevamento / livestock farming
ALP. alpinismo / alpinism
AMM. amministrazione / administration
ANAT. anatomia / anatomy
ANT. voce o accezione antica o antiquata / obsolete or dated word or meaning
ANTROP. antropologia / anthropology
ARALD. araldica / heraldry
ARCH. architettura / architecture
ARCHEOL. archeologia / archaeology
ARM. armi, armamenti / arms, armaments
ARRED. arredamento / furnishings
ART. arte / art
artc. articolo / article
artc.det. articolo determinativo / definite article
artc.indet. articolo indeterminativo / indefinite article
artcl. articolato / with article
ARTIG. artigianato / handicraft
assol. assoluto / absolute
ASTR. astronomia / astronomy
ASTROL. astrologia / astrology
aus. ausiliare / auxiliary
AUSTRAL. australiano / Australian
AUT. autoveicoli / motor vehicles
attrib. attributivo / attributive
avv. avverbio / adverb
BANC. bancario / banking
BE British English
BIBL. biblico / biblical
BIBLIOT. biblioteconomia / library science
BIOL. biologia / biology
BOT. botanica / botany
BUROCR. linguaggio burocratico / bureaucratic
C numerabile / countable
CART. tecnica cartaria / paper industry
CHIM. chimica / chemistry
CHIR. chirurgia / surgery
CINEM. cinema / cinematography
COLLOQ. colloquiale, lingua parlata / informal
COMM. commercio / commerce
compar. comparativo / comparative
CONC. conceria / tannery
cong. congiunzione / conjunction
contr. contrazione / contraction
COREOGR. danza, coreografia / choreography
COSMET. cosmesi / cosmetics
determ. determinante / determiner
dimostr. dimostrativo / demonstrative
DIPL. diplomazia / diplomacy
DIR. diritto / law
ECON. economia / economics
EDIL. edilizia / building industry
EL. elettricità / electricity
ELETTRON. elettronica / electronics
ENOL. enologia / oenology
ENTOM. entomologia / entomology
EQUIT. equitazione / horseriding
esclam. esclamativo / exclamatory
ETNOL. etnologia / ethnology
EUFEM. eufemistico / euphemistic
f. sostantivo femminile, femminile / feminine noun, feminine
FAL. falegnameria / carpentry
FARM. farmacia / pharmacy
FERR. ferrovie / railway
FIG. figurato / figurative
FILOL. filologia / philology
FILOS. filosofia / philosophy
FIS. fisica / physics
FISIOL. fisiologia / physiology
FON. fonetica / phonetics
form. formale / formal
FOT. fotografia / photography
GASTR. gastronomia / gastronomy
GB Gran Bretagna / Great Britain
gener. generalmente / generally
GEOGR. geografia / geography
GEOL. geologia / geology
GERG. gergale / slang
GIOC. giochi / games
GIORN. giornalistico / journalistic
IDR. idraulica / hydraulics
impers. verbo impersonale / impersonal verb
IND. industria / industry
indef. indefinito / indefinite
INDIAN. indiano / Indian
inf. infinito / infinitive
INFANT. linguaggio infantile / baby talk
INFORM. informatica / information technology
ING. ingegneria / engineering
inter. interiezione / interjection
interr. interrogativo / interrogative
intr. verbo intransitivo / intransitive verb
INTRAD. intraducibile / untranslatable
inv. invariabile / invariable
IRLAND. irlandese / Irish
IRON. ironico / ironic
ITTIOL. ittiologia / ichthyology
LETT. letterario (registro) / literary (style)
LETTER. letteratura, teoria letteraria / literature, literary theory
LING. linguistica / linguistics
m. sostantivo maschile, maschile / masculine noun, masculine
MAR. marineria / nautical
MAT. matematica / mathematics
MECC. meccanica / mechanics
MED. medicina / medicine
METALL. metallurgia / metallurgy
METEOR. meteorologia / meteorology
METR. metrica / metrics
METROL. metrologia / metrology
MIL. militare / military
MIN. miniere, minerario / mining
MINER. mineralogia / mineralogy
MITOL. mitologia / mythology
mod. verbo modale / modal verb
modif. modificatore / modifier

MOT.	motori, motoristica / engines
MUS.	musica / music
n.pr.	nome proprio / proper noun
NUCL.	ingegneria nucleare / nuclear engineering
NUMISM.	numismatica / numismatics
ORNIT.	ornitologia / ornithology
OTT.	ottica / optics
part.inf.	particella infinitiva / infinitive particle
pass.	passato / past
PED.	pedagogia / pedagogy
pers.	personale / personal
PESC.	pesca / fishing
PITT.	pittura / painting
pl.	plurale / plural
POL.	politica / politics
POP.	popolare / very informal
poss.	possessivo / possessive
p.pass.	participio passato / past participle
p.pres.	participio presente / present participle
prep.	preposizione / preposition
pron.	pronome / pronoun
pronom.	verbo pronominale / pronominal verb
PROV.	proverbio / proverb
PSIC.	psicologia / psychology
quantif.	quantificatore / quantifier
qcn.	qualcuno
qcs.	qualcosa
RAD.	radiofonia / radio
rafforz.	rafforzativo / intensive
RAR.	voce o accezione rara / rare word or meaning
REGION.	regionale / regional
rel.	relativo / relative
RELIG.	religione / religion
RET.	retorica / rhetoric
rifl.	verbo riflessivo / reflexive verb
SART.	sartoria / tailoring
sb.	somebody
SCHERZ.	scherzoso / humorous
SCOL.	scuola / school
SCOZZ.	scozzese / Scottish
SCULT.	scultura / sculpture
sing.	singolare / singular
SOCIOL.	sociologia / sociology
SPORT	sport, sportivo / sport
SPREG.	spregiativo / derogatory
STATIST.	statistica / statistics
sth.	something
STOR.	storia / history
superl.	superlativo / superlative
TEATR.	teatro / theatre
TECN.	tecnica / technology
TEL.	telefonia / telephony
TELEV.	televisione / television
TEOL.	teologia / theology
TESS.	industria tessile / textiles
TIP.	tipografia / printing
TOPOGR.	topografia / topography
tr.	verbo transitivo / transitive verb
U	non numerabile / uncountable
UNIV.	università / university
US	Stati Uniti / United States
VENAT.	caccia / hunting
VETER.	veterinaria / veterinary medicine
VOLG.	volgare / vulgar
ZOOL.	zoologia / zoology
®	marchio registrato / trade mark

Le abbreviazioni riportate qui in MAIUSCOLETTO, esattamente come nel testo del dizionario, indicano registri espressivi, linguaggi settoriali e delimitazioni locali; le altre, che nel dizionario compaiono in vari tipi di carattere, sono relative a categorie e altre specificazioni grammaticali.

The abbreviations given in SMALL CAPITAL letters here, as in the rest of the dictionary, indicate register, subject-field jargon and regional usage; the others, which appear in various fonts, are related to grammatical categories and other information.

AVVERTENZE PER LA CONSULTAZIONE

THE GUIDE TO THE USE OF THE DICTIONARY

Le entrate del dizionario sono disposte in **ordine alfabetico** stretto, ignorando iniziali maiuscole, trattini, spazi, puntini, accenti, diacritici ed apostrofi, in una serie unica che comprende anche - per maggiore comodità di consultazione - sigle e abbreviazioni, toponimi e nomi propri di persona, che in altri dizionari sono invece elencati in sezioni distaccate.

Nelle coppie di lemmi distinti soltanto dalla presenza, in uno dei due, delle particolarità grafiche sopra elencate, il lemma con iniziale maiuscola segue quello con la minuscola, il lemma con accento segue quello senza, il lemma terminante con puntino segue quello privo di puntino, e così via. Le entrate composte da più parole sono ordinate alfabeticamente come se fossero scritte unite.

I **lemmi** sono riportati per esteso, anche nel caso dei composti inglesi, e compaiono sempre all'inizio di una riga nuova. I verbi **frasali** inglesi figurano come sotto-lemmi autonomi: sono ordinati alfabeticamente in coda al rispettivo verbo principale, e introdotti da un quadratino nero:

The entries in the dictionary are arranged in strict **alphabetical order**, regardless of initial capital letters, hyphens, spaces, full stops, diacritics and apostrophes. They also include - for easier access - acronyms, abbreviations, place names and proper names for people, which in other dictionaries are listed in separate sections.

For those headwords which can be written differently (those mentioned above), an entry which begins with a capital letter follows the one in small case, an entry with an accent follows the one without, an entry which ends with a full stop follows the one without a full stop, and so on. Compound words are in alphabetical order as if they were written as one single word.

Headwords are written out in full, even for English compound words, and always appear at the beginning of a new line. English **phrasal verbs** are shown as separate sub-entries: they are arranged alphabetically following the main verb, and preceded by a small black square:

2.auction /ˈɔːkʃn, ˈɒkʃn/ tr. mettere all'asta, all'incanto; ***they have ~ed their house*** hanno venduto la loro casa all'asta.
■ **auction off:** ***~ [sth.] off, ~ off [sth.]*** mettere all'asta, all'incanto.

Gli **omografi** sono contrassegnati da numeri arabi che li precedono, con l'interposizione di un puntino.

Arabic numerals followed by a full stop identify **homographs.**

1.abode /əˈbəʊd/ pass., p.pass. → **abide**.
2.abode /əˈbəʊd/ n. FORM. *(home)* dimora f.; ***of no fixed ~*** senza fissa dimora.
1.affluente /affluˈɛnte/ m. GEOGR. tributary.
2.affluente /affluˈɛnte/ agg. [*società*] affluent.

Lemmi alfabeticamente contigui che siano tra loro varianti oppure sinonimi vengono dati come un'entrata unica, separati da una virgola e muniti, ove necessario, delle rispettive trascrizioni fonetiche e specificazioni grammaticali e morfologiche. In particolare, nella sezione inglese-italiano vengono indicate varianti grafiche britanniche e americane dello stesso lemma facendole seguire dalle sigle BE e AE.

Variants and synonyms of headwords are listed alphabetically and are shown as one single entry if alphabetically contiguous. They are separated by a comma and, where necessary, their phonetic transcriptions and morphological and grammatical specifications are given. In particular, in the English-Italian section British and American spellings of the same headword are marked by the abbreviations BE and AE.

abetter, **abettor** /əˈbetə(r)/ n. correo m. (-a).
armoury BE, **armory** AE /ˈɑːmərɪ/ n. MIL. *(array, store)* armeria f.; FIG. arsenale m.
passaverdura /passaverˈdura/, **passaverdure** /passaverˈdure/ m.inv. masher, grinder.

Quando due varianti differiscono solo per un breve segmento, possono essere riportate con un unico lemma, isolando con parentesi tonde il segmento in questione:

When only a small segment of the two variants is spelled differently, the headword may be shown only once, enclosing the segment in round brackets.

aeronautic(al) /ˌeərəˈnɔːtɪk(l)/ agg. [*skill, college*] aeronautico; [*magazine*] di aeronautica.
viola(c)ciocca, pl. **-che** /vjola(t)ˈtʃɔkka, ke/ f. stock ♦♦ ***~ gialla*** wallflower.

In questi casi in un unico lemma sono incluse le due varianti *aeronautic* e *aeronautical*, *violaciocca* e *violacciocca*.

In these cases one single headword includes the two variants *aeronautic* and *aeronautical*, *violaciocca* and *violacciocca*.

I lemmi sono dotati di **trascrizione fonetica**, riportata tra barrette diagonali. Fanno eccezione le sigle inglesi e le abbreviazioni (vedi sotto), varianti e forme che rinviano con freccia ad altro lemma di cui condividono la pronuncia, e composti inglesi i cui componenti siano a lemma, e pertanto già dotati di trascrizione fonetica. Per le trascrizioni sono adottati i simboli dell'AFI (Alfabeto Fonetico Internazionale), di cui si veda la tabella in queste pagine preliminari. La trascrizione rende anche conto, in forma abbreviata, delle uscite del femminile e del plurale riportate subito dopo i lemmi italiani, ove queste comportino scarti sensibili della pronuncia:

All headwords are given **phonetic transcription**, placed between diagonal lines. The only exceptions are English acronyms and abbreviations (see below), variants and forms whose transcription can be found after another headword with the same pronunciation, and English compounds whose parts are recorded as headwords with their own phonetic transcriptions. The symbols of the IPA (International Phonetic Alphabet) are used for the transcription of pronunciation, and can be found in the table on the introductory pages. The transcription also shows, in short form, the feminine and plural forms after the Italian headword, where there is a notable difference in pronunciation:

antigienico, pl. **-ci**, **-che** /antiˈdʒɛniko, tʃi, ke/ agg. unhygienic.

Viene anche fornita la trascrizione, limitata al tratto finale, della forma femminile dei sostantivi maschili italiani, riporta-

In addition, the transcription of the final part of feminine forms of masculine nouns is shown in round brackets immedi-

ta in parentesi subito dopo la qualifica grammaticale, anche in questo caso solo ove questa comporti scarti sensibili della pronuncia:

ately after the grammatical category, when there is a notable difference in pronunciation:

addestratore /addestra'tore/ ➧ *18* m. (f. **-trice** /tritʃe/) trainer.

Per i lemmi inglesi, in mancanza di particolari segnalazioni la pronuncia si intende standard; diversamente si distingue la pronuncia britannica o quella americana marcandola con l'usuale sigla BE o AE, eventualmente riportando solo la parte che comporta variazioni.

For English headwords, unless otherwise marked, the pronunciation is considered standard; in other cases British pronunciation is distinguished from American pronunciation and marked with the usual abbreviations BE or AE, showing only the part of the word pronounced differently.

arduous /'ɑːdjʊəs, AE -dʒʊ-/ agg. [*task*] arduo, difficile; [*winter*] rigido.

Ove necessario viene specificata la forma debole e quella forte.

Where it is necessary, weak and strong forms are indicated.

at /*forma debole* ət, *forma forte* æt/ prep. **1** *(place, distance)* a; **~ *school, the airport*** a scuola, all'aeroporto...

Possibilità di pronunce alternative possono essere indicate ponendo tra parentesi un elemento omissibile oppure riportando di seguito le due alternative complete:

Alternative pronunciations may be indicated by placing an element which can be omitted between round brackets, or by showing two complete alternatives:

anamnesi /anam'nɛzi, a'namnezi/ f.inv. *(storia clinica)* case history, medical history.

La pronuncia dei forestierismi inclusi nel lemmario italiano è di norma adattata secondo la fonetica italiana: per il fatto stesso di essere inclusi in un dizionario di questa portata, i termini stranieri presenti vanno ritenuti assimilati nell'uso italiano, anche quindi per la pronuncia. La trascrizione fonetica dei forestierismi nelle due lingue non è accompagnata dall'indicazione di una lingua straniera d'origine; con questo si sottolinea che gli esotismi inclusi in questo dizionario fanno ormai parte, a molteplici livelli di integrazione, del lessico delle rispettive lingue.

La **categoria grammaticale** compare subito dopo la trascrizione fonetica (preceduta eventualmente da un numero romano, e costantemente, per i verbi italiani, dal rimando numerico alle tavole di coniugazione). Essa è data in forma abbreviata e in lingua italiana in ambedue le parti del dizionario: l'elenco delle abbreviazioni, in queste pagine introduttive, contiene comunque gli scioglimenti sia in lingua italiana sia in lingua inglese.

Nei verbi intransitivi italiani la qualifica grammaticale è seguita dall'indicazione, tra parentesi tonde, dell'ausiliare (se necessario specificato nelle singole accezioni).

The pronunciation of words borrowed from foreign languages included in the Italian word list follows the norms of Italian phonetics: the very fact that they are included in a dictionary of this size indicates that the foreign words present should be considered fully integrated in the Italian language, and consequently, their pronunciation follows Italian rules. The phonetic transcription of foreign words in both languages is not followed by the indication of the original language; in this way it is emphasized that the foreign words included in this dictionary are now part, at many levels of integration, of the lexis of the respective languages.

The **grammatical category** immediately follows the phonetic transcription (and may be preceded by a Roman numeral; Italian verbs are always preceded by a number which refers to the conjugation tables). This is given in abbreviated form and in Italian in both parts of the dictionary: in any case, the list of abbreviations, in these introductory pages, contains their meaning in both Italian and English.

For Italian intransitive verbs an indication of the auxiliary verb to use, enclosed in round brackets, follows the grammatical category. When necessary it is specified for each meaning.

ambiare /am'bjare/ [1] intr. (aus. *avere*) [*cavallo*] to (go* at an) amble.

La categoria grammaticale può non essere riportata quando il lemma compare sempre ed esclusivamente all'interno di locuzioni cristallizzate, al di fuori delle quali non ha uso né senso autonomo. Inoltre non viene data per le abbreviazioni, di cui lo speciale segno ⇒ introduce direttamente lo scioglimento.

I verbi frasali non presentano una categoria grammaticale propria: là dove essa non è ovvia, viene sostituita da un costrutto, in carattere neretto corsivo sottolineato, che indica sia la valenza sintattica sia la posizione dell'oggetto.

It is also possible that the grammatical category not be shown when the headword always and exclusively appears in set phrases, and in other situations does not make sense. In addition, it is not given for abbreviations; the special sign ⇒ sends the reader directly to the full form.

Phrasal verbs have no grammatical category of their own: where it is not obvious, it is substituted by a phrasal verb pattern, in bold underlined italics, which indicates its syntactic valency as well as the position of the object.

■ **add on:** ***~ [sth.] on, ~ on [sth.]*** aggiungere [qcs.] a.

Quanto alle informazioni **morfologiche**, per i sostantivi inglesi viene indicato il plurale quando è irregolare o presenta più forme; viene sempre riportato il plurale dei nomi in -o.

As for **morphological** information, the plural forms of English nouns are indicated when they are irregular or if there is more than one inflection. The plural of nouns ending in -o is always shown.

adman /'ædmən/ ➧ *27* n. (pl. **-men**) COLLOQ. pubblicitario m.
angelfish /'eɪndʒlˌfɪʃ/ n. (pl. ~, **~es**) pesce m. angelo.
baked potato n. (pl. **baked potatoes**) GASTR. = patata cucinata al forno con la buccia.

I sostantivi maschili italiani che presentano anche una forma femminile sono registrati così:

Masculine Italian nouns which also present a feminine form are recorded as follows:

adoratore /adora'tore/ m. (f. **-trice** /tritʃe/) **1** *(di dei)* worshipper **2** FIG. *(ammiratore)* fervent admirer.

Se però la forma femminile è a lemma, in quanto presenta un traducente inglese diverso dal maschile, l'indicazione del femminile non viene data.

If, however, the feminine form is a headword, and has an English translation which is different from the masculine form, the feminine form is not indicated.

attore /at'tore/ ➧ ***18*** m. **1** *(di cinema)* actor; *(di teatro)* actor, player; ***fare l'~*** to be an actor; ***mestiere di ~...***
attrice /at'tritʃe/ ➧ ***18*** f. actress.

Dei sostantivi e aggettivi italiani si dà il plurale quando presenta qualsiasi irregolarità o particolarità difficile per l'utente inglese: in particolare per le uscite in *-co* e *-go* (di cui viene specificato anche il plurale femminile) e in *-ca* e *-ga*, in *-io* e *-aio*, *-chio*, *-cio* e *-gio*, *-cia* e *-gia*. Per i sostantivi sovrabbondanti nel plurale le forme plurali vengono anche specificate, ove necessario, accezione per accezione. Quando il lemma è o è anche sostantivo maschile e femminile oppure maschile con forma femminile, dei plurali riportati si specifica anche il genere; nel caso degli aggettivi, invece, le forme del plurale maschile e femminile sono date di seguito, precedute dall'abbreviazione pl.:

The plural forms of Italian nouns and adjectives are given when there is any irregularity or difficulty for the English user: in particular, the endings *-co* and *-go* (the feminine plural form is also specified) and *-ca* and *-ga*, and *-io* and *-aio*, *-chio*, *-cio* and *-gio*, *-cia* and *-gia* are shown. For those nouns with multiple plural forms, the plural forms are also specified for each meaning where necessary. When the headword is or is also a masculine and feminine noun or masculine with a feminine form, the gender is also given of the plural. For adjectives, on the other hand, the masculine and feminine plural forms follow, preceded by the abbreviation pl.:

allarmista, m.pl. **-i**, f.pl. **-e** /allar'mista/ m. e f. alarmist, scaremonger.
allarmistico, pl. **-ci**, **-che** /allar'mistiko, tʃi, ke/ agg. alarmist...
acquaio, pl. **-ai** /ak'kwajo, ai/ m. (kitchen) sink.
allocco, pl. **-chi** /al'lɔkko, ki/ m. **1** ORNIT. brown owl...
ambio, pl. **-bi** /'ambjo, bi/ m. amble; ***andare d'~*** to (go at an) amble.
amaca, pl. **-che** /a'maka, ke/ f. hammock.
allunaggio, pl. **-gi** /allu'naddʒo, dʒi/ m. moon landing, lunar landing.
alga, pl. **-ghe** /'alga, ge/ f. alga* ♦♦ ***~ marina*** seaweed.
arancia, pl. **-ce** /a'rantʃa, tʃe/ f. orange; ***succo d'~*** orange juice...
acquaragia, pl. **-gie**, **-ge** /akkwa'radʒa, dʒe/ f. turpentine...

Degli aggettivi inglesi vengono indicate le forme irregolari del comparativo e del superlativo.

The irregular forms of the comparative and superlative adjectives are given.

1.bad /bæd/ **I** agg. (compar. **worse**; superl. **worst**) **1** *(poor, inferior)* [*doctor, cook*] cattivo; [*idea*] brutto, cattivo; [*book*] brutto; [*joke*] brutto, stupido, di cattivo gusto...

Per i verbi inglesi vengono indicate le forme irregolari e l'eventuale raddoppiamento consonantico della forma in -ing, tra parentesi, all'inizio della voce o di ciascuna sezione introdotta da numero romano.

The irregular forms of English verbs, as well as the doubling of the consonant in the -ing form are given in round brackets, at the beginning of the entry or of each section introduced by a Roman numeral.

admit /əd'mɪt/ **I** tr. (forma in -ing ecc. **-tt-**) **1** *(accept)* ammettere, riconoscere [*mistake, fact*]; ***to ~ that*** ammettere *o* riconoscere che; ***it is annoying, I (must, have to) ~*** è fastidioso, devo ammetterlo; ***to ~ defeat*** accettare la sconfitta **2** *(confess)* confessare [*crime*]; ammettere, confessare, riconoscere [*guilt*] **3** *(allow to enter)* ammettere [*person*] (**into** in, a); ***"dogs not ~ted"*** "vietato l'ingresso ai cani"; ***to be ~ted to hospital*** essere ricoverato **II** intr. (forma in -ing ecc. **-tt-**) *(allow)* **~ of** FORM. ammettere.

Per i verbi italiani le informazioni coniugazionali vanno ricercate nelle tabelle finali: un sistema di rimandi numerici, costituiti da cifre racchiuse tra parentesi quadre collocate subito dopo la trascrizione fonetica, collega ciascun verbo col relativo schema coniugazionale.

Per i sostantivi inglesi viene indicata, ove contrastivamente necessario, la **numerabilità** o **non numerabilità**, con i simboli **C** e **U**, riferiti, a seconda della posizione, all'intera voce o a una sua singola accezione.

Information on conjugation of Italian verbs can be found in the tables at the end of the dictionary: a system of numeric cross-references, shown as numbers in square brackets located immediately after the phonetic transcription, directs the user to the verb's relative conjugation table.

Where it is necessary for contrast, the **countability** or **uncountability** of English nouns is indicated with the symbols **C** and **U**, which refer, depending on where it is located, to the entire entry or a single meaning.

accession /æk'seʃn/ n. **1 U** *(to power, throne)* ascesa f. (**to** a); *(to estate, title)* accessione f. (**to** di); *(to treaty)* adesione f. (**to** a) **2 C** *(book)* accessione f.
ammunition /ˌæmjʊ'nɪʃn/ n. **U 1** MIL. munizioni f.pl. **2** FIG. argomenti m.pl.

Una serie di **etichette**, sotto forma di abbreviazioni in speciale carattere maiuscoletto (se ne veda l'elenco con gli scioglimenti in italiano e in inglese) forniscono informazioni su varie restrizioni d'uso e particolarità di lemmi, esempi e locuzioni. Le etichette di **registro** (o "stilistiche") identificano i livelli espressivi che più nettamente si discostano dalla lingua standard, come ad esempio LETT. letterario e poetico, COLLOQ. colloquiale ovvero familiare. Le indicazioni retoriche come FIG., SCHERZ., EUFEM., IRON. denotano invece modalità espressive particolari. In generale, comunque, è con la scelta di opportuni traducenti, prima ancora che con l'introduzione di marcatori, che il dizionario tende a garantire una effettiva parità di registro tra la lingua di partenza e quella d'arrivo.

Le etichette di **delimitazione geografica** (come BE, AE, SCOZZ., AUSTRAL., e REGION. per l'Italia) segnalano la pertinenza di lemmi inglesi ad ambiti specifici, o li riferiscono, per quanto riguarda l'italiano, a un uso regionale non ulteriormente specificato; conta, in questa sede, evidenziare la non appartenenza della voce o dell'accezione alla lingua standard: ma è poi al dizionario monolingue che l'utente dovrà fare eventualmente riferimento per una esatta localizzazione.

Va notato che le etichette di **linguaggio settoriale** (ad esempio DIR., MED. o INFORM.) non hanno lo scopo di marcare la totalità dei lessici specialistici all'interno del dizionario, ma sono introdotte esclusivamente nei casi in cui è opportuno disambiguare un'accezione, un'epressione oppure un omografo rispetto ad altra accezione, espressione, omografo. Quando un lemma è monosemico e il suo traducente appartiene unicamente e inconfondibilmente allo stesso linguaggio specialistico l'etichetta, superflua, non viene introdotta.

Le etichette possono essere talora riferite alla lingua d'arrivo, al fine di differenziare tra loro due o più traducenti: in questo caso vengono posposte al traducente di cui specificano la pertinenza a un linguaggio settoriale, a un ambito geografico o a un livello stilistico particolare.

A series of **labels**, in abbreviated forms in small capitals (see the list with the full forms in both Italian and English) gives information on various restrictions of usage and the peculiarities of headwords, examples and phrases. The **register** labels (or "style ") identify the levels of expression which clearly differ from usage in standard language, for example LETT. literary and poetic or COLLOQ. colloquial or familiar. The rhetorical indications like FIG., SCHERZ., EUFEM., IRON., on the other hand, denote particular expressive modalities. In general, however, it is the choice of suitable translations, even more than the use of markers, which allows the dictionary to ensure that the target language transmits the same register as the original language.

The labels for **geographical restrictions** (like BE, AE, SCOZZ., AUSTRAL., and REGION. for Italy) indicate English headwords which are used in specific geographic areas, or in the case of Italian headwords, they denote a non-specified regional use. In this dictionary it is important to show that the entry or meaning deviates from standard usage: a monolingual dictionary can then be consulted to determine more precisely where the word is used.

It should be noted that field labels for **specialist terms** (for example DIR., MED. or INFORM.) are not given to all specialist terms in the dictionary. They are used exclusively, when necessary, to differentiate one meaning, expression or homograph from another meaning, expression or homograph. When a headword is monosemic and its translation clearly belongs to only specialist terminology the label is redundant and not given.

The labels may refer to the target language in order to clarify the difference between two or more translations: in this case they are placed after the translation and identify the semantic field, geographical area or particular stylistic level they belong to.

air-traffic controller ♦ *27* n. controllore m. di volo, uomo m. radar COLLOQ.
aeroplano /aero'plano/ m. aircraft*, aeroplane BE, airplane AE.

L'**articolazione** interna delle voci è realizzata con numeri romani per segnalare sezioni che identificano categorie grammaticali diverse, e con numeri arabi che distinguono ambiti semantici, introducendo di solito uno o più traducenti specifici.

I verbi pronominali italiani vengono registrati all'interno del verbo attivo corrispondente, ove questo sussista: sono introdotti da un numero romano, e sono riportati nello speciale carattere neretto.

The **structure** of the entries: Roman numerals mark sections which identify different grammatical categories and Arabic numerals distinguish between semantic areas, offering, as usual, one or more specific translations.

Italian pronominal verbs are found under the entry for the corresponding active verb, where this exists: they are preceded by a Roman number, and are shown in special bold characters.

ammollare /ammol'lare/ [1] **I** tr. to soak [*biancheria*] **II** ***ammollarsi*** pronom. to get* soaked, to get* drenched.

Nello stesso carattere neretto possono essere riportate, all'interno della voce, introdotte da numero arabo, locuzioni particolarmente cristallizzate (e per l'italiano i verbi procomplementari come *avercela, cavarsela, fregarsene*).

Nelle voci polisemiche le diverse accezioni sono specificate, oltre che dalle eventuali etichette di linguaggio settoriale, da **discriminatori di significato** sotto forma di **glosse**. Queste compaiono prima del traducente (o della traduzione dell'esempio) entro parentesi tonde, in corsivo chiaro e nella lingua del lemma, supponendosi che servano innanzitutto a indirizzare chi deve produrre nella lingua straniera. Le glosse possono essere costituite da un sinonimo del lemma, oppure possono consistere in un commento di tipo semantico o grammaticale-sintattico.

Phrases or expressions that are particularly common (and in Italian also verbs like *avercela, cavarsela, fregarsene*) are shown in the same bold character, and are preceded by an Arabic number.

In polysemic entries the various meanings are indicated, not only by field labels for specialist terms, but also by **sense indicator glosses**. These appear before the translation (or the translation of the example) between round brackets, in clear italics and in the language of the headword, since they will be especially useful to the reader who needs express himself in a foreign language. The glosses may consist of a synonym of the headword, or a semantic or grammatical-syntactic explanation.

1.approach /ə'prəʊtʃ/ n. **1** *(route of access)* accesso m., via f. d'accesso **2** *(advance)* *(of person, season, old age)* (l')avvicinarsi, (l')approssimarsi **3** *(way of dealing)* approccio m.; ***an ~ to teaching*** un modo di insegnare **4** *(overture)* approccio m.; *(proposal)* offerta f., proposta f.
abbattimento /abbatti'mento/ m. **1** *(di edificio)* demolition; *(con esplosivi)* blasting **2** *(di alberi)* cutting down, felling; *(di animali)* putting down **3** *(avvilimento)* dejection **4** ECON. *(di costi)* lowering.

I **collocatori**, parole con cui il lemma si associa di frequente, formando combinazioni tipiche (anche se non obbligate, come nel caso delle espressioni idiomatiche) che il parlante nativo avverte come "naturali", sono disposti accanto ai traducenti, entro parentesi quadre e in uno speciale carattere corsivo, per contestualizzarli; essi si combinano con le glosse, o talora le sostituiscono, consentendo all'utente di individuare con sicurezza la traduzione opportuna, o di verificarne l'effettiva copertura semantica. Sono scritti nella lingua del lemma, sempre privilegiando un'ottica produttiva, e figurano in posizioni fisse, disponendosi per lo più in naturale contesto rispetto al traducente.

The translations are accompanied by **collocates**, words that frequently appear together with the headword, thereby forming typical combinations (even if they are not obligatory, as with idiomatic expressions) considered "natural" by native speakers. They are shown between square brackets and in special italics. They can be combined with glosses, or replace them, allowing the user to identify the most suitable translation or to verify the semantic correspondence. They are written in the same language as the headword, and always keep in mind the need for the user to express himself in a foreign language. They appear in a fixed position, arranged in the most natural context for the translation.

attend /ə'tend/ **I** tr. **1** *(go to)* assistere a, essere presente a [*event, performance*]; partecipare a [*meeting*]; frequentare [*church, school, course*]; ***the ceremony was well, poorly ~ed*** alla cerimonia c'era molto, poco pubblico **2** *(accompany)* accompagnare, scortare **3** *(take care of)* assistere, prendersi cura di [*patient*] **II** intr. **1** *(be present)* essere presente, esserci **2** *(pay attention)* prestare attenzione (**to** a).
attractive /ə'træktɪv/ agg. [*person*] attraente, affascinante; [*child, place, feature, plant*] bello; [*offer, idea*] allettante, interessante (**to** per).
attractively /ə'træktɪvlɪ/ avv. [*arranged*] in modo gradevole; [*dressed*] in modo attraente, seducente; ***~ priced*** che ha un prezzo interessante.
affievolirsi /affjevo'lirsi/ [102] pronom. [*suono, voce*] to trail off, to fade, to tail away; [*luce*] to grow* dim, to fade; [*rumore*] to grow* fainter, to fade; [*sentimento, volontà*] to get* weaker, to weaken; [*memoria*] to fail; [*interesse, entusiasmo, speranza*] to fade.
attraente /attra'ɛnte/ agg. [*donna*] attractive, charming, enticing; [*proposta*] attractive, seductive, tempting; [*lettura*] appealing.

Lemmi verbali e aggettivali hanno per collocatori dei sostantivi, mentre gli avverbi possono avere per collocatori verbi e/o aggettivi. I lemmi sostantivali non hanno collocatori, ma solo glosse; all'interno di un sostantivo una locuzione verbale o aggettivale che lo contiene può però avere i propri collocatori. Il collocatore di un verbo può essere un suo soggetto tipico, e allora precede il traducente, oppure, per un transitivo, il suo oggetto tipico, nel qual caso segue il traducente. Di norma il collocatore di un aggettivo precede sempre il traducente.

Talora la traduzione di verbi transitivi può presentare, oltre ai collocatori posposti, anche l'indicazione [qcn.] [qcs.] o [sb.] [sth.], che segnala la posizione sintatticamente corretta dell'oggetto.

Headwords that are verbs and adjectives have nouns as collocates, while collocates for adverbs may be either verbs or adjectives. Noun headwords do not have collocates, but only glosses: a verb or adjective phrase which uses a noun, however, may have its own collocates. The collocate of a verb may be its typical subject, and as such precedes its translation, or, for a transitive verb, its typical object, in which case, it follows its translation. The collocate of an adjective always comes before its translation. At times the translation of transitive verbs may show, in addition to the collocates which follow the verb, the indication [sb.] [sth.] or [qcn.] [qcs.], which marks the correct syntactic position of the object.

2.cup /kʌp/ tr. (forma in -ing ecc. **-pp-**) ***to ~ sth. in one's hands*** prendere qcs. con le mani a coppa [*butterfly, water*]; ***to ~ one's hands around*** racchiudere tra le mani [*insect*]; proteggere *o* riparare [qcs.] con la mano [*flame, match*]; ***to ~ one's hand over*** coprire con la mano [*receiver*].

I **traducenti** sostantivi sono seguiti dall'indicazione abbreviata del genere nella sezione inglese-italiano, e del numero in entrambe le sezioni quando questo è diverso da quello del lemma. Nella sezione italiano-inglese i traducenti (verbi e sostantivi) che presentano irregolarità o peculiarità della flessione sono contrassegnati con un asterisco. Una parte del traducente, di solito quando questo è costituito da un'espressione, può essere racchiusa tra parentesi tonde, per indicare che è possibile ometterla.

In alcuni casi il traducente è introdotto dal segno di uguale: esso sta ad indicare che ciò che segue non rappresenta un equivalente, bensì una spiegazione del significato del lemma. Si ricorre a tale espediente nei casi in cui è impossibile fornire come traduzione un singolo termine della lingua d'arrivo, che rispecchi adeguatamente il carattere peculiare del lemma di partenza: in luogo di un equivalente impreciso o sviante, si propone all'utente un'informazione esplicativa che questi potrà utilizzare variamente.

The noun **translations** are followed by a brief indication of the gender in the English-Italian section, and whether the translation is singular or plural when it differs from the headword. In the Italian-English section the translations (verbs and nouns) which have irregular or peculiar inflections are marked with an asterisk. A part of the translation, usually when this is an expression, may be enclosed in round brackets, to show that it is possible to omit it.

In some cases there is an equals sign before the translation. This indicates that it is not the equivalent word, but rather an explanation of the meaning of the headword. Such explanations are used when it is impossible to give a direct translation in the target language which adequately reflects the peculiar nature of the headword of the original language. Instead of an imprecise or misleading translation, the user is offered explicit information which will help him to use it in various manners.

accommodation bureau BE, **accommodations bureau** AE n. = ufficio che si occupa della sistemazione di studenti universitari fuorisede.
abrogazionista, m.pl. **-i**, f.pl. **-e** /abrogattsjo'nista/ m. e f. = a person who aims at the repeal of a law.

Un principio analogo è alla base dell'impiego della marca INTRAD., che segnala i lemmi delle due lingue che il dizionario consiglia di mantenere immutati, nella forma originale: si tratta innanzitutto di termini gastronomici o enologici o legati a usanze locali; ne viene comunque fornita una spiegazione fra parentesi tonde, che l'utente potrà utilizzare ove non voglia mantenere il termine della lingua di partenza. Nella sezione inglese-italiano, inoltre, viene indicato in forma abbreviata, dopo la marca, il genere con cui la parola inglese viene usata in italiano.

The abbreviation INTRAD. is used in a similar way. It indicates those headwords in both languages that the dictionary suggests using in their original form. For the most part the words are related to gastronomy, oenology or local traditions. In any case, an explanation enclosed in round brackets is given if the user chooses not to maintain the original term. In addition, in the English-Italian section after INTRAD., an abbreviated form of the gender that the English word takes in Italian is indicated.

bannock /'bænək/ n. SCOZZ. INTRAD. m. (focaccia rotonda e piatta di farina d'avena o d'orzo).
abbacchio, pl. **-chi** /ab'bakkjo, ki/ m. GASTR. INTRAD. (butchered suckling lamb).

I traducenti sono molto spesso seguiti da **frasi esemplificative**, introdotte e separate fra loro da un punto e virgola. Gli esempi mostrano i traducenti in contesti significativi dal punto di vista collocazionale, grammaticale, pragmatico e del registro espressivo. In alcuni casi propongono traducenti diversi rispetto a quelli dati all'inizio della voce o dell'accezione, la validità dei quali è ristretta a contesti particolari. A volte le accezioni sono costituite unicamente da uno o più esempi, non preceduti da traducenti: questo avviene di solito quando il lemma può comparire soltanto o compare quasi sempre all'interno di una locuzione.

In una frase esemplificativa e/o nella sua traduzione possono essere accorpate per brevità più espressioni: in questo caso la presenza di una "o" segnala elementi sinonimicamente intercambiabili, mentre una virgola indica possibili alternative.

The translations are very often followed by **examples**, preceded and separated by semi-colons. The examples show the translation in meaningful contexts in terms of collocation, grammar, pragmatics and stylistic register. In some cases translations which differ from the one at the beginning of the entry or meaning are offered. Their meaning is limited to those particular contexts. At times the meanings contain only one or more examples and have no translation: this usually occurs when the headword only appears, or almost always appears in a specific expression.

For the sake of brevity, in one example and/or in its translation various expressions may be incorporated. In this case the presence of an "o" marks synonymous elements which can be interchanged, whereas a comma indicates possible alternatives.

2.above /ə'bʌv/ **I** agg. ***the ~ items*** gli oggetti sunnominati *o* di cui sopra **II** pron. ***the ~ are all witnesses*** i suddetti sono tutti testimoni.
absorbed /əb'zɔːbd/ **I** p.pass. → **absorb II** agg. assorbito (**in, by** da); ***~ in a book*** immerso in un libro; ***to become ~ in sth.*** immergersi *o* essere assorto in qcs.
amazzone /a'maddzone/ f. **1** MITOL. Amazon **2** ➧ ***9*** GEOGR. ***Rio delle Amazzoni*** Amazon (River) **3** *(cavallerizza)* horsewoman*; ***tenuta da ~*** riding habit; ***cavalcare all'~*** to ride side saddle; ***sella da ~*** side saddle.

Nell'esemplificazione il lemma, quando ricorre in forma invariata, è sostituito per brevità da una tilde (ma se in qualche espressione l'iniziale diventa maiuscola è dato per esteso); in forma flessa il lemma (a meno che non si tratti di un verbo) è dato per lo più in forma abbreviata, ove la tilde sostituisce una parte omessa che coincida esattamente col lemma, mentre un trattino sostituisce una parte omessa che non coincida col lemma. I verbi pronominali italiani all'infinito sono sempre abbreviati in *-rsi*.

Il segno speciale ◆ indica l'inizio dell'eventuale sezione della voce che contiene le **locuzioni idiomatiche**. Tra esse figurano anche i proverbi, introdotti dalla marca PROV.; essi vengono resi, ove possibile, tramite un proverbio equivalente (anche se formalmente diverso); altrimenti, sono tradotti alla lettera oppure spiegati (col segno =).

For brevity, in the examples a swung dash is used to replace the headword when it is unchanged (if, however, in an expression the first letter becomes capitalized, it is then written out). In an inflected form (unless it is a verb) an abbreviated form is used, and the swung dash is used to represent the part which is identical to the headword, while a hyphen is used to indicate the part which is not the same as the headword. Italian pronominal verbs in the infinitive are always abbreviate in *-rsi*.

Where there are sections containing **idiomatic expressions** under an entry they are marked with the special symbol ◆. These also include proverbs, preceded by the label PROV.; they are translated, wherever possible, with an equivalent proverb (even if formally different); otherwise, they are translated literally or explained (with the symbol =).

absence /'æbsəns/ n. *(of person)* assenza f.; *(of thing)* mancanza f.; ***in sb.'s ~*** in assenza di qcn.; ***in the ~ of*** in mancanza di [*alternative, evidence*] ◆ ***~ makes the heart grow fonder*** PROV. = la lontananza rafforza i legami profondi.
acciuga, pl. **-ghe** /at'tʃuga, ge/ f. anchovy ◆ ***essere (magro come) un' ~*** to be as thin as a rake *o* lath; ***essere stretti come -ghe*** to be packed *o* squashed (in) like sardines.

Nell'italiano-inglese il segno ◆◆ introduce l'eventuale sezione finale riservata alle **locuzioni sostantivali fisse** italiane, registrate sempre e soltanto sotto il lemma che costituisce il loro primo elemento, e ordinate fra di loro, quando più d'una, in ordine alfabetico in base al secondo elemento pieno (aggettivo o sostantivo, cioè senza tenere conto di pre-

In the Italian-English section the symbol ◆◆ can be found at the bottom of the entry reserved for Italian **set noun phrases,** always listed under the first headword in the phrase. When there is more than one, they are arranged in alphabetical order based on the second full component (adjective or noun, exclusive of prepositions in between them). All expres-

posizioni interposte); tutte le locuzioni in cui il lemma compare invariato figurano, in sequenza alfabetica, prima di tutte quelle in cui il lemma è flesso, o eventualmente scritto con l'iniziale maiuscola.

sions in which the headword is not inflected are shown, in alphabetical sequence, before those in which the headword is inflected, or written with an initial capital letter.

sale /'sale/ **I** m. **1** salt; ***dieta senza ~*** salt-free diet; ***pane senza ~*** unsalted bread; ***acciughe sotto ~*** salted anchovies **2** FIG. *(arguzia, mordacità)* piquancy, wit **II sali** m.pl. FARM. salts; *(da annusare)* smelling salts ♦ ***capelli ~ e pepe*** pepper-and-salt hair; ***restare*** o ***rimanere di ~*** to be dumbfounded; ***avere ~ in zucca*** to have common sense *o* gumption COLLOQ. ♦♦ ***~ da cucina*** cooking salt; ***~ fino*** fine *o* table salt; ***~ grosso*** coarse salt; ***~ marino*** sea salt; ***~ da tavola*** table salt; ***-i da bagno*** bath salts; ***-i inglesi*** Epsom salts; ***-i minerali*** mineral salts.

I **rimandi** da una voce all'altra sono segnalati da una freccia; il lemma che rimanda è solitamente dotato di informazioni come trascrizione e qualifica grammaticale quando queste divergono da quelle del lemma a cui si rinvia. I rimandi possono anche essere collocati all'interno della sezione dedicata alle locuzioni sostantivali fisse italiane, ove rinviano da una locuzione a un'altra contenuta nella stessa sezione, oppure all'interno di un'accezione, e rinviano allora al traducente o ai traducenti contenuti in un'altra voce.

Cross references to other entries are indicated with an arrow. The headword which is directed to another entry is usually complete with information such as transcription and grammatical category if these are different from what is found in the entry indicated. Cross references can also be made within the section dedicated to Italian set noun phrases, where one expression is directed to another in the same section, or within a meaning which directs the user to the translation or translations contained in another entry.

auld /ɔːld/ agg. SCOZZ. → **old**.
added /'ædɪd/ **I** p.pass. → **add II** agg. supplementare, in più; ***~ to which...*** in aggiunta a ciò...
2.abbonare /abbo'nare/ → **abbuonare**.
sovresporre /sovres'porre/ → **sovraesporre**.

Delle **abbreviazioni** si dà direttamente lo scioglimento, subito dopo il lemma, introdotto dalla speciale freccia ⇒. Segue la relativa traduzione, a cui può far seguito, tra parentesi, l'abbreviazione equivalente nella lingua d'arrivo.

Abbreviations are written out in their full forms, immediately after the headword, which is preceded by the special arrow ⇒. The relative translation follows, and between round brackets the equivalent abbreviation in the target language may follow.

AD ⇒ Anno Domini dopo Cristo (d.C.).
a. ⇒ anno year (y.).

Le **sigle** sono invece trattate secondo la loro reale funzione nella lingua, e cioè per lo più come sostantivi: se ne indica quindi la categoria grammaticale. Le sigle inglesi sono dotate di trascrizione fonetica solo quando non vengono lette, come di norma, lettera per lettera, mentre le sigle italiane ne sono sempre fornite. Lo scioglimento, tra parentesi, introdotto dalla speciale freccia ⇒, precede la traduzione o più spesso la spiegazione, aperta dal segno =.

Acronyms, on the other hand, are treated according to their real function in the language, and usually that is as nouns: thus, the grammatical category is given. English acronyms are given a phonetic transcription only when they are not read, as they normally are, letter by letter. Italian acronyms are always given a transcription. The full form, in round brackets, preceded by the special arrow ⇒, comes before the translation, or more often the explanation, preceded by the symbol =.

AA n. **1** GB AUT. (⇒ Automobile Association) = associazione per l'assistenza agli automobilisti corrispondente all'ACI italiano **2** (⇒ Alcoholics Anonymous Alcolisti Anonimi) AA m.pl.
ANSA /'ansa/ f. (⇒ Agenzia nazionale stampa associata) = Italian national press agency.

Lemmi che costituiscono forme accorciate di altre parole comprendono, prima del traducente, l'indicazione tra parentesi della forma estesa da cui derivano, introdotta dall'abbreviazione accorc.

Headwords which are shortened forms of other words include, before the translation, the indication in round brackets of its original full form, preceded by the abbreviation accorc.

ad /æd/ n. (accorc. advertisement) **1** GIORN. (anche **small ~**) inserzione f., annuncio m. (pubblicitario) (**for** di) **2** RAD. TELEV. pubblicità f. (**for** di).
bici /'bitʃi/ f.inv. COLLOQ. (accorc. bicicletta) bike, cycle.

Non si è ritenuto opportuno includere nel dizionario gli affissi (come auto-, -logo, -ology, -osis) che entrano a far parte di parole composte: se infatti è ovvia la loro inclusione in un vocabolario monolingue, che ne discute ed esemplifica il valore semantico, in un bilingue questo tipo di informazione assume un carattere astratto, ben poco utile ai fini della traduzione, spesso sottilmente mutevole di composto in composto. Si è quindi preferito registrare e tradurre nel dizionario un buon numero di composti, piuttosto che fornirne i componenti, che in molti casi solo un utente molto esperto sarebbe in grado di maneggiare correttamente.

It was not considered advantageous to include affixes (like auto-, -logo, -ology, -osis) in the dictionary although they are included in compound words: if in fact it is obvious that they should be included in a monolingual dictionary, which discusses and exemplifies the semantic value, in a bilingual, this type of information becomes abstract, quite useless for translation, and often its meaning changes subtly from compound to compound. Thus, a good number of compounds were chosen and translated in this dictionary, rather than offering their components, which in many cases, only a very experienced user would be able to handle correctly.

Note grammaticali, **semantiche e d'uso**, riferite a lemmi specifici e scritte nella lingua del lemma, possono comparire, se brevi, all'inizio della voce, in un carattere speciale con fondo grigio, se più ampie, in un riquadro collocato in prossimità della voce stessa. Esse forniscono utili informazioni a commento, integrazione e chiarimento della voce rispettiva, rivolte in primo luogo a chi deve produrre nella lingua straniera, quindi in un'ottica opportunamente contrastiva.

Un ampio apparato di **note lessicali**, organizzato in una serie numerata, è invece inserito alla fine di ciascuna delle due sezioni del dizionario. Tali note, scritte nella lingua di partenza della rispettiva sezione, forniscono all'utente informazioni che riguardano intere categorie di parole (ad es. nazionalità, lingue, colori, giorni della settimana ecc.), presentando fenomeni sintattici comuni a tutta la categoria, così da integrare il contenuto di un gran numero di singole voci. Il rimando da queste ultime alla nota lessicale pertinente è espresso con il segno ➧ seguito dal numero (in neretto corsivo) che contrassegna la nota stessa nell'apparato finale.

Grammatical, **semantic and usage notes** which refer to specific headwords are written in the language of the headwords. They may appear, if short, at the beginning of the entries, in a special font on a grey background; if longer, in a box next to the entry itself. They clarify or expand on the information given in the relative entry and are primarily intended for people seeking to express themselves in a foreign language; thus, they are appropriately contrastive.

A wide selection of **lexical notes** is organized numerically and can be found at the end of each section of the dictionary. These notes, written in the original language of each section, offer the user information on entire categories of words (for ex. nationalities, languages, colour terms, days of the week, etc.), presenting syntactic facts that are common to most members of the category, and thus supplementing the coverage of individual entries. The cross reference of the latter to the relevant lexical usage note is indicated with the symbol ➧ followed by a number (in bold italics) which marks the note itself in the final section.

airman /ˈeəmən/ ➧ ***23*** n. (pl. **-men**) MIL. aviere m.
airsickness /ˈeəsɪknɪs/ ➧ ***11*** n. mal m. d'aria.
Abissinia /abisˈsinja/ ➧ ***33*** n.pr.f. Abyssinia.
abissino /abisˈsino/ ➧ ***25*** **I** agg. Abyssinian **II** m. (f. **-a**) Abyssinian.

GUIDA GRAFICA PER LA CONSULTAZIONE

white /waɪt, AE hwaɪt/ ♦ **5 I** agg. **1** bianco; [*person, face*] bianco, pallido; ***to paint sth.*** **~** pitturare qcs. di bianco; ***to go*** o ***turn*** **~** diventare bianco; [*person*] sbiancare, impallidire (**with** per) **2** *(Caucasian)* [*race, child, skin*] bianco; [*area*] abitato da bianchi; [*culture, prejudice*] dei bianchi; ***a ~ man, woman*** un (uomo) bianco, una (donna) bianca **II** n. **1** *(colour)* bianco m. **2** *(part of egg)* bianco m., chiara f.; *(part of eye)* bianco m. **3** (anche **White**) *(person)* bianco m. (-a) **4** *(wine)* (vino) bianco m. **5** *(in chess, draughts)* bianco m., bianchi m.pl.; *(in snooker, pool)* (palla) bianca f. **III whites** n.pl. ***cricket, tennis ~s*** tenuta da cricket, completo bianco da tennis ♦ ***he would swear black was ~*** sarebbe pronto a negare l'evidenza; ***whiter than ~*** immacolato.

white ant n. formica f. bianca, termite f.

whitebait /ˈwaɪtbeɪt, AE ˈhwaɪt-/ n.pl. bianchetti m.; *(fried)* frittura f.sing. di bianchetti.

white bear n. orso m. bianco.

white blood cell, white blood corpuscle n. globulo m. bianco, leucocito m.

whiteboard /ˈwaɪtbɔːd, AE ˈhwaɪt-/ n. lavagna f. bianca.

white bread I n. pane m. bianco **II white-bread** agg. AE SPREG. [*person*] = della classe media bianca.

whitecap /ˈwaɪtkæp, AE ˈhwaɪt-/ n. onda f. a cresta.

whitecoat /ˈwaɪtkəʊt, AE ˈhwaɪt-/ n. *(doctor)* camice m. bianco.

white coffee n. *(at home)* caffellatte m.; *(in café)* caffè m. macchiato.

white-collar /ˌwaɪtˈkɒlə(r), AE ˌhwaɪt-/ agg. [*work*] impiegatizio; [*staff*] di impiegati, di colletti bianchi; [*vote*] del ceto impiegatizio; AE [*neighborhood*] residenziale.

white-collar worker n. colletto m. bianco, impiegato m. (-a).

white elephant n. SPREG. **1** *(knick-knack)* cianfrusaglia f. **2** *(public project)* cattedrale f. nel deserto.

white goods n.pl. **1** *(appliances)* elettrodomestici m. bianchi **2** *(linens)* biancheria f.sing. da casa.

white-haired /ˌwaɪtˈheəd, AE ˌhwaɪt-/ agg. dai capelli bianchi, canuto.

Whitehall /ˈwaɪthɔːl, AE ˈhwaɪt-/ n.pr. GB POL. = l'apparato governativo britannico.

white hope n. grande speranza f.

white horse n. *(wave)* onda f. a cresta, cavallone m.

white hot agg. incandescente, al calor bianco (anche FIG.).

White House n. Casa f. Bianca.

white knight n. **1** salvatore m. **2** ECON. = offerta che permette a una società di evitare il rilevamento da parte di un'altra società.

white lead n. biacca f. di piombo.

white lie n. bugia f. pietosa.

whiten /ˈwaɪtn, AE ˈhwaɪtn/ **I** tr. imbiancare [*wall*]; sbiancare [*face, skin*] **II** intr. [*sky*] schiarirsi; [*face, knuckles*] sbiancare, sbiancarsi.

whiting /ˈwaɪtɪŋ, AE ˈhwaɪt-/ n. (pl. ~) ZOOL. merlango m.

whitish /ˈwaɪtɪʃ, AE ˈhwaɪt-/ agg. biancastro, bianchiccio.

Whit Monday n. lunedì m. di Pentecoste.

Whitsun /ˈwɪtsn, AE ˈhwɪ-/ n. Pentecoste f.

Whit Sunday n. domenica f. di Pentecoste.

Whitsuntide /ˈwɪtsntaɪd, AE ˈhwɪt-/ n. *(period)* Pentecoste f.

whittle /ˈwɪtl, AE ˈhwɪtl/ tr. tagliuzzare.

■ **whittle away:** ***~ away [sth.]*** ridurre, limitare [*advantage, lead*]; ***~ away at [sth.]*** tagliuzzare [*stick*]; FIG. ridurre [*advantage, lead*].

■ **whittle down:** ***~ down [sth.], ~ [sth.] down*** ridurre [*number*] (**to** a).

Trascrizione fonetica con simboli AFI

Collocatori (parole con cui il lemma forma combinazioni tipiche): individuano con esattezza la traduzione opportuna in un dato contesto

Discriminatori di significato: definiscono accezioni specifiche all'interno del lemma

Il segno ♦ introduce le locuzioni idiomatiche

Categorie grammaticali

Genere del sostantivo traducente italiano

Etichette di linguaggio settoriale, marche di registro o varietà locali

Il segno = indica che, mancando una traduzione che rispecchi adeguatamente la peculiarità di un'espressione, si fornisce una spiegazione del suo significato

Verbo frasale

Costrutti di verbo frasale

bergamotto /berga'mɔtto/ m. bergamot.
1.berlina /ber'lina/ f. *(auto)* saloon (car) BE, sedan AE.
2.berlina /ber'lina/ f. STOR. stocks pl., pillory; ***mettere qcn. alla*** ~ to pillory sb., to put sb. in the pillory (anche FIG.).
berlinese /berli'nese/ ◗ **2 I** agg. of, from Berlin, Berlin attrib. **II** m. e f. Berliner.
Berlino /ber'lino/ ◗ **2** n.pr.f. Berlin; ~ ***Est, Ovest*** STOR. East, West Berlin.
bermuda /ber'muda/ m.pl. Bermudas, Bermuda shorts.
Bermude /ber'mude/ ◗ **33, 14** n.pr.f.pl. ***(isole)*** ~ Bermuda.
Bernardo /ber'nardo/ n.pr.m. Bernard; ***bernardo l'eremita*** ZOOL. hermit crab.
bernoccolo /ber'nɔkkolo/ m. **1** *(bozzo)* lump, bump, swelling **2** FIG. *(disposizione naturale)* ***avere il*** ~ ***degli affari*** to have a (good) head *o* a bent for business.
berretta /ber'retta/ f. cap; *(di religiosi)* biretta.
berretto /ber'retto/ m. cap; *(basco)* beret; ~ ***a*** o ***con visiera*** peaked cap; ~ ***da sci*** ski hat; ~ ***da notte*** nightcap.
bersagliare /bersaʎ'ʎare/ [1] tr. **1** MIL. to bombard, to hammer (away) [*nemico, postazioni nemiche*]; to pepper [*muro, area*] (**di** with); ~ ***qcs. di sassi*** to pelt sth. with stones; ~ ***qcn. di pugni*** to rain blows on sb. **2** FIG. *(prendere di mira)* ~ ***qcn. di domande*** to fire questions at sb.; ***essere bersagliato dalla sfortuna*** to be plagued by ill luck.
bersagliera: **alla bersagliera** /allabersaʎ'ʎɛra/ avv. *(con energia, slancio)* energetically, boldly.
bersagliere /bersaʎ'ʎɛre/ m. MIL. = Italian infantry soldier recognizable by his plumed hat.
bersaglio, pl. **-gli** /ber'saʎʎo, ʎi/ m. **1** *(obiettivo)* target, mark, butt; ***tiro al*** ~ *(con arco)* target shooting; *(con arma da fuoco)* target shooting, shooting practice; ***centrare il*** ~ [*freccia*] to find its mark; [*persona*] to be right *o* bang on target; ***centrare in pieno il*** ~ FIG. to hit the bull's-eye **2** FIG. *(di critica, derisione)* butt, target; ***essere il*** ~ ***di*** to be the butt of [*sarcasmo, critiche, beffe*] ♦♦ ~ ***fisso*** sitting target; ~ ***mobile*** moving target.
berta /'bɛrta/ f. EDIL. pile driver.
Berta /'bɛrta/ n.pr.f. Bertha.
bertuccia, pl. **-ce** /ber'tuttʃa, tʃe/ f. Barbary ape.
besciamella /beʃʃa'mɛlla/ f. béchamel.
bestemmia /bes'temmja/ f. **1** *(imprecazione)* blasphemy, swearword, oath, curse **2** *(sproposito)* nonsense.
bestemmiare /bestem'mjare/ [1] **I** tr. to blaspheme [*Dio*] **II** intr. (aus. *avere*) *(imprecare)* to swear*, to blaspheme; ~ ***contro qcs., qcn.*** to swear against *o* curse sb., sth. ♦ ~ ***come un turco*** to swear like a trooper.
beta /'bɛta/ **I** m. e f.inv. *(lettera)* beta **II** agg.inv. [*raggi, particelle*] beta.
Betlemme /be'tlɛmme/ ◗ **2** n.pr.f. Bethlehem.
betoniera /beto'njɛra/ f. (cement) mixer, concrete mixer.
bettola /'bettola/ f. *(osteria di infimo rango)* dive.
betulla /be'tulla/ f. **1** *(pianta)* birch (tree) **2** *(legno)* birch (wood) ♦♦ ~ ***bianca*** silver birch.
beuta /'bɛuta/ f. CHIM. flask.
bevanda /be'vanda/ f. beverage, drink; ~ ***alcolica*** (alcoholic) drink, booze COLLOQ.; ~ ***analcolica*** soft drink.
bevibile /be'vibile/ agg. drinkable.
bevitore /bevi'tore/ m. (f. **-trice** /tritʃe/) **1** *(di alcolici)* drinker, boozer BE COLLOQ.; ***un forte*** o ***gran*** ~ a hard *o* heavy drinker **2** *(chi beve)* drinker; ***un*** ~ ***di caffè*** a coffee drinker.
bevuta /be'vuta/ f. *(bicchierata)* drink, binge COLLOQ.; ***una grande*** ~ a drinking spree, a booze-up BE COLLOQ.
bevuto /be'vuto/ **I** p.pass. → **1.bere II** agg. COLLOQ. *(brillo)* ***è un po'*** ~ he's a bit tipsy.
bi /bi/ m. e f.inv. *(lettera)* b, B.
B.I. ⇒ Banca d'Italia = Bank of Italy.
biacca, pl. **-che** /'bjakka, ke/ f. white lead.
biada /'bjada/ f. fodder.
bianca, pl. **-che** /'bjanka, ke/ f. white (woman*).
Bianca /'bjanka/ n.pr.f. Blanche.
biancastro /bjan'kastro/ agg. whitish.

I numeri arabi anteposti ai lemmi identificano gli omografi

Rimando alle note lessicali alla fine di ciascuna sezione del dizionario

Nel corpo della voce la tilde sta al posto del lemma

Rimando a una delle tavole numerate di coniugazione dei verbi italiani alla fine del volume

Numeri arabi: scandiscono l'articolazione semantica della voce

Il segno ♦♦ introduce le locuzioni sostantivali italiane

Numeri romani: marcano le sezioni della voce che identificano categorie grammaticali diverse

L'asterisco segnala irregolarità della flessione inglese

Informazioni morfologiche

Freccia di rimando

Il segno ⇒ introduce lo scioglimento di abbreviazioni e sigle

SIMBOLI FONETICI / PHONETIC SYMBOLS

Simbolo Symbol	Esempio Example	Trascrizione Transcription	Simbolo Symbol	Esempio Example	Trascrizione Transcription
/a/	gatto	/ˈgatto/	/g/	get	/get/
/ʌ/	cup	/kʌp/		gara	/ˈgara/
/ɑː/	arm	/ɑːm/	/h/	how	/haʊ/
/æ/	hat	/hæt/	/j/	yes	/jes/
/e/	ten	/ten/		ieri	/ˈjɛri/
	verde	/ˈverde/	/k/	cat	/kæt/
/ɛ/	letto	/ˈlɛtto/		caro	/ˈkaro/
/ɜː/	first	/fɜːst/	/l/	leg	/leg/
/ə/	about	/əˈbaʊt/		lana	/ˈlana/
/i/	vino	/ˈvino/	/ʎ/	figlio	/ˈfiʎʎo/
/iː/	see	/siː/	/m/	man	/mæn/
/ɪ/	bit	/bɪt/		mano	/ˈmano/
/o/	monte	/ˈmonte/	/n/	not	/nɒt/
/ɔ/	corpo	/ˈkɔrpo/		notte	/ˈnɔtte/
/ɔː/	saw	/sɔː/	/ŋ/	sing	/sɪŋ/
/ɒ/	hot	/hɒt/	/ɲ/	gnocco	/ˈɲɔkko/
/œ/	boxeur	/bokˈsœr/	/p/	pen	/pen/
/ø/	liseuse	/liˈzøz/		porta	/ˈpɔrta/
/u/	luna	/ˈluna/	/r/	red	/red/
/uː/	too	/tuː/		re	/re/
/ʊ/	put	/pʊt/	/s/	sad	/sæd/
/y/	würstel	/ˈvyrstel/		sella	/ˈsɛlla/
/aɪ/	five	/faɪv/	/ʃ/	shop	/ʃɒp/
/aʊ/	now	/naʊ/		scena	/ˈʃɛna/
/eə/	hair	/heə(r)/	/t/	tea	/tiː/
/eɪ/	page	/peɪdʒ/		torre	/ˈtorre/
/əʊ/	home	/həʊm/	/θ/	thin	/θɪn/
/ɪə/	near	/nɪə(r)/	/ð/	then	/ðen/
/ɔɪ/	join	/dʒɔɪn/	/ts/	zappa	/ˈtsappa/
/ʊə/	pure	/pjʊə(r)/	/tʃ/	chin	/tʃɪn/
/b/	bad	/bæd/		cena	/ˈtʃena/
	barca	/ˈbarka/	/v/	voice	/vɔɪs/
/d/	did	/dɪd/		vero	/ˈvero/
	dono	/ˈdono/	/w/	wet	/wet/
/dz/	zaino	/ˈdzaino/		fuori	/ˈfwɔri/
/dʒ/	jam	/dʒæm/	/x/	loch	/lɒx/
	gente	/ˈdʒɛnte/	/z/	zoo	/zuː/
/f/	fall	/fɔːl/		rosa	/ˈrɔza/
	faro	/ˈfaro/	/ʒ/	vision	/ˈvɪʒn/

L'accento principale e quello secondario sono indicati rispettivamente dai segni ˈ e ˌ premessi alla sillaba accentata.
The primary and the secondary stress are shown respectively by the signs ˈ and ˌ in front of the stressed syllable.

Inglese
Italiano

English
Italian

a

1.a, A /eɪ/ n. **1** *(letter)* a, A m. e f.; ***from A to Z*** dalla A alla Z; ***the A to Z of cooking*** la cucina dalla A alla Z **2 A** MUS. la m. **3 A** *(place)* ***how to get from A to B*** come arrivare da un punto a un altro, da un posto all'altro **4 A** BE *(for national roads)* ***on the A7*** sulla statale A7 **5 A** GB SCOL. = voto massimo.

2.a /*forma debole* ə, *forma forte* eɪ/ (davanti a vocale o "h" muta **an** /æn, ən/) determ. un, uno, una.

A-1 /ˌeɪˈwʌn/ agg. COLLOQ. in gran forma.

AA n. **1** GB AUT. (⇒ Automobile Association) = associazione per l'assistenza agli automobilisti corrispondente all'ACI italiano **2** (⇒ Alcoholics Anonymous Alcolisti Anonimi) AA m.pl.

AAA n. **1** GB (⇒ Amateur Athletics Association) = associazione dilettantistica di atletica **2** US AUT. (⇒ American Automobile Association) = associazione automobilistica americana corrispondente all'ACI italiano.

Aaron /ˈeərn/ n.pr. Aronne.

abaci /ˈæbəsaɪ/ → **abacus**.

aback /əˈbæk/ avv. ***to be taken ~*** essere colto di sorpresa *o* alla sprovvista.

abacus /ˈæbəkəs/ n. (pl. **~es, -i**) abaco m. (anche ARCH.).

1.abandon /əˈbændən/ n. abbandono m. (anche FIG.).

2.abandon /əˈbændən/ **I** tr. **1** abbandonare [*person, animal, hope*]; rinunciare a [*claim, idea*] **2** sospendere [*strike*] **II** rifl. ***to ~ oneself*** abbandonarsi (**to** a).

abandoned /əˈbændənd/ **I** p.pass. → **2.abandon II** agg. **1** [*person, animal*] abbandonato **2** *(licentious)* [*behaviour*] licenzioso, dissoluto.

abandonment /əˈbændənmənt/ n. **1** abbandono m. **2** *(of strike)* sospensione f.

abase /əˈbeɪs/ rifl. FORM. ***to ~ oneself*** abbassarsi, umiliarsi.

abasement /əˈbeɪsmənt/ n. umiliazione f., degradazione f.

abashed /əˈbæʃt/ agg. confuso, imbarazzato (**at** da, per; **by** da).

abate /əˈbeɪt/ **I** tr. FORM. ridurre [*noise, pollution*] **II** intr. [*flood, fever*] abbassarsi, calare; [*storm, rage*] placarsi.

abatement /əˈbeɪtmənt/ n. *(of fever, noise)* abbassamento m., diminuzione f.

abattoir /ˈæbətwɑː(r), AE ˌæbəˈtwɑːr/ n. BE mattatoio m., macello m.

abbess /ˈæbes/ n. badessa f.

abbey /ˈæbɪ/ n. abbazia f.

abbot /ˈæbət/ n. abate m.

abbreviate /əˈbriːvɪeɪt/ tr. abbreviare (**to** in, con).

abbreviation /əˌbriːvɪˈeɪʃn/ n. *(short form)* abbreviazione f. (**for** di).

ABC n. **1** *(alphabet)* alfabeto m. **2** *(basics)* ***the ~ of*** l'abbiccì di **3** US TELEV. (⇒ American Broadcasting Company) = una delle maggiori emittenti televisive americane.

abdicate /ˈæbdɪkeɪt/ **I** tr. rinunciare a [*right, responsibility*]; ***to ~ the throne*** abdicare (al trono) **II** intr. abdicare (**from** a).

abdication /ˌæbdɪˈkeɪʃn/ n. *(royal)* abdicazione f.; *(of responsibility)* rinuncia f. (**of** a).

abdomen /ˈæbdəmən/ n. addome m.

abdominal /æbˈdɒmɪnl/ agg. addominale.

abduct /əbˈdʌkt/ tr. rapire [*person*].

abduction /əbˈdʌkʃn/ n. *(of person)* rapimento m.

abductor /əbˈdʌktə(r)/ n. *(kidnapper)* rapitore m. (-trice).

Abel /ˈeɪbl/ n.pr. Abele.

aberrant /əˈberənt/ agg. [*behaviour, nature*] aberrante; [*result*] anomalo.

aberration /ˌæbəˈreɪʃn/ n. aberrazione f.

abet /əˈbet/ tr. (forma in -ing ecc. **-tt-**) ***to be accused of aiding and ~ting*** essere accusati di correità.

abetter, abettor /əˈbetə(r)/ n. correo m. (-a).

abeyance /əˈbeɪəns/ n. FORM. ***in ~*** [*matter, situation*] in sospeso; ***to hold an estate in ~*** mantenere una successione vacante.

abhor /əbˈhɔː(r)/ tr. (forma in -ing ecc. **-rr-**) aborrire.

abhorrence /əbˈhɒrəns, AE -ˈhɔːr-/ n. orrore m.; ***to have an ~ of*** avere orrore di.

abhorrent /əbˈhɒrənt, AE -ˈhɔːr-/ agg. odioso.

abide /əˈbaɪd/ **I** tr. (pass., p.pass. **abode** o **~d**) ***I can't ~ sth., doing*** non sopporto qcs., di fare **II** intr. (pass., p.pass. **abode** o **~d**) ***to ~ by*** rispettare [*rule, decision*].

abiding /əˈbaɪdɪŋ/ agg. [*image, memory*] durevole.

ability /əˈbɪlətɪ/ **I** n. **1** *(capability)* capacità f. (**to do** di fare); ***to the best of one's ~*** al meglio delle proprie possibilità **2** *(talent)* abilità f., talento m. **II abilities** n.pl. *(skills)* capacità f.; SCOL. *(of pupils)* attitudine f.sing.

abject /ˈæbdʒekt/ agg. **1** [*state*] miserabile; [*failure*] completo **2** [*coward*] vile.

abjuration /ˌæbdʒʊəˈreɪʃn/ n. FORM. *(of religion)* abiura f.

abjure /əbˈdʒʊə(r)/ tr. FORM. abiurare [*religion*].

ablative /ˈæblətɪv/ n. LING. ablativo m.

ablaze /əˈbleɪz/ agg. **1** *(alight)* in fiamme; ***to set sth. ~*** dare alle fiamme qcs. **2** *(lit up)* ***to be ~ with*** risplendere di [*lights*]; essere acceso di [*rage, excitement*].

able /ˈeɪbl/ *To be able to* meaning *can* is usually translated by the verb *potere: I was not able to go* = non ci sono potuto andare; *I was not able to help him* = non ho potuto aiutarlo. - The main exception to this occurs when *to be able to* implies the acquiring of a skill, when *sapere* is used: *he's nine and he's still not able to read* = ha nove anni e ancora non sa leggere. - Note that *to be able to* in the past is translated by *riuscire,* especially when some effort is implied: compare *He could swim very well* = sapeva nuotare benissimo, and *he was able to swim ashore before he fainted* = riuscì a nuotare fino a riva prima di svenire. - For more examples and other uses, see the entry below. agg. **1** *(having ability to)* ***to be ~ to do*** poter fare, saper fare, essere capace di fare, riuscire a fare; ***she was ~ to play the piano at the age of four*** sapeva suonare il piano a quattro anni **2** *(skilled)* [*lawyer, teacher etc.*] abile, capace; *(gifted)* [*child*] dotato.

able-bodied /ˌeɪblˈbɒdɪd/ agg. di sana e robusta costituzione, robusto.

able rating n. → **able seaman**.

able seaman ♦ *23* n. (anche **able-bodied seaman**) (pl. **able seamen**) marinaio m. comune di prima classe.
ablutions /ə'blu:ʃnz/ n.pl. FORM. abluzioni f.
ably /'eɪblɪ/ avv. [*work, write*] abilmente, con competenza.
abnegation /ˌæbnɪ'geɪʃn/ n. FORM. **1** *(of rights, privileges)* rinuncia f. (**of** a) **2** (anche **self-~**) abnegazione f.
abnormal /æb'nɔ:ml/ agg. anormale, anomalo (anche INFORM.).
abnormality /ˌæbnɔ:'mælətɪ/ n. *(feature)* anomalia f.; *(state)* anormalità f.
abnormally /æb'nɔ:məlɪ/ avv. [*high, difficult*] più del normale; [*behave*] in modo anomalo.
abo /'æbəʊ/ n. (pl. **~s**) AUSTRAL. SPREG. (accorc. aborigine) aborigeno m. (-a).
aboard /ə'bɔ:d/ **I** avv. a bordo; ***to go ~*** salire a bordo, imbarcarsi **II** prep. a bordo di [*ship, plane, coach, train*].
1.abode /ə'bəʊd/ pass., p.pass. → **abide**.
2.abode /ə'bəʊd/ n. FORM. *(home)* dimora f.; ***of no fixed ~*** senza fissa dimora.
abolish /ə'bɒlɪʃ/ tr. abolire [*law, right, allowance*]; sopprimere [*service*].
abolition /ˌæbə'lɪʃn/ n. *(of law, right, allowance)* abolizione f.; *(of service)* soppressione f.
abolitionist /ˌæbə'lɪʃənɪst/ n. abolizionista m. e f.
abominable /ə'bɒmɪnəbl/ agg. [*crime, behaviour*] abominevole; [*food*] disgustoso; [*weather*] orrendo; ***the ~ snowman*** l'abominevole uomo delle nevi.
abominably /ə'bɒmɪnəblɪ/ avv. [*treat, behave*] in modo abominevole; [*perform*] in modo orrendo; [*rude*] tremendamente.
abominate /ə'bɒmɪneɪt, AE -mən-/ tr. avere in abominio [*hypocrisy, terrorism*].
abomination /əˌbɒmɪ'neɪʃn, AE -mən-/ n. abominio m. (**of** per).
aboriginal /ˌæbə'rɪdʒənl/ **I** agg. [*inhabitant*] aborigeno, indigeno **II** n. aborigeno m. (-a), indigeno m. (-a).
aborigine /ˌæbə'rɪdʒənɪ/ n. **1** aborigeno m. (-a), indigeno m. (-a) **2 Aborigine** aborigeno m. (-a) (d'Australia).
abort /ə'bɔ:t/ **I** tr. **1** provocare l'aborto di [*foetus*] **2** *(interrupt)* interrompere [*launch, plan*] **3** INFORM. sospendere l'esecuzione di [*program*] **II** intr. **1** [*mother*] abortire **2** [*plan, launch*] fallire.
abortion /ə'bɔ:ʃn/ **I** n. aborto m.; ***~ on demand*** aborto libero; ***to have an ~*** abortire **II** modif. [*law, debate*] sull'aborto; [*rights*] d'aborto.
abortionist /ə'bɔ:ʃənɪst/ n. abortista m. e f.
abortive /ə'bɔ:tɪv/ agg. attrib. [*attempt, project*] abortito, fallito; [*coup, raid*] fallito.
abound /ə'baʊnd/ intr. abbondare (**in, with** di).
about /ə'baʊt/ *About is used after certain nouns, adjectives and verbs in English (information about, a book about, curious about, worry about etc.); for translations, consult the appropriate entry (information, book, curious, worry etc.). - About often appears in British English as the second element of certain verb structures (move about, rummage about, lie about etc.); for translations, consult the relevant entries (move, rummage, lie etc.). - Please note that circa, the Italian translation of about meaning approximately, can either precede or follow the expression it modifies: at about 6 pm = alle 18 circa / circa alle 18; about 25 students = 25 studenti circa / circa 25 studenti.* **I** avv. **1** *(approximately)* circa, pressappoco, quasi; ***it's ~ the same as yesterday*** è pressappoco come ieri; ***at ~ 6 pm*** alle 18 circa **2** *(almost)* quasi; ***that seems ~ right*** dovrebbe andar bene; ***I've had just ~ enough of her!*** ne ho proprio abbastanza di lei! **3** *(in circulation)* ***there was no-one ~*** non c'era nessuno in giro; ***there is a lot of food poisoning ~*** ci sono molti casi di intossicazione alimentare in giro **4** *(in the vicinity)* ***to be somewhere ~*** essere nei dintorni **II** prep. **1** *(concerning)* ***a book ~*** un libro su; ***to talk ~*** parlare di [*problem, subject*]; ***what's it ~?*** *(of book, film etc.)* di che cosa parla? ***it's ~ my son's report*** è per la pagella di mio figlio; ***~ your overdraft...*** a proposito del suo scoperto di conto... **2** *(in the nature of)* ***there's something weird ~ him*** c'è qualcosa di strano in lui; ***what I like ~ her is*** ciò che mi piace di lei è **3** *(bound up with)* ***business is ~ profit*** negli affari ciò che conta è il profitto **4** *(occupied with)* ***to know what one is ~*** sapere che cosa si fa; ***while you're ~ it...*** già che ci sei...; ***and be quick ~ it!*** e fai alla svelta! **5** *(around)* ***to wander ~ the streets*** girare per le strade; ***strewn ~ the floor*** sparpagliati sul pavimento **6** *(in invitations, suggestions)* ***how*** o ***what ~ some tea?*** che ne diresti *o* dici di un tè? ***how ~ going into town?*** che ne diresti di andare in città? ***how ~ it?*** che ne dici? **7** *(when soliciting opinions)* ***what ~ the transport costs?*** che ne pensi delle spese di trasporto? ***what ~ you?*** e tu? **8** FORM. *(on)* ***hidden ~ one's person*** [*drugs, arms*] nascosto sulla propria persona **III** agg. **1** *(expressing future intention)* ***to be ~ to do*** essere sul punto di fare, stare per fare **2** *(awake)* ***(up and) ~*** in piedi ♦ ***it's ~ time (that)*** sarebbe ora (che); ***~ time too!*** era ora! ***that's ~ it*** *(that's all)* è tutto.
about-face /əbaʊt'feɪs/, **about-turn** /əbaʊt'tɜ:n/ n. BE dietro front m.; FIG. voltafaccia m.
1.above /ə'bʌv/ **I** prep. **1** *(vertically higher)* sopra, al di sopra di; ***to live ~ a shop*** abitare sopra un negozio; ***your name is ~ mine on the list*** il tuo nome è prima del mio nell'elenco; ***the hills ~ Monte Carlo*** le colline sopra Monte Carlo **2** *(north of)* ***~ this latitude*** oltre questa latitudine **3** *(upstream of)* a monte di **4** *(morally)* ***she's ~ such petty behaviour*** è al di sopra di un comportamento così meschino; ***they're not ~ cheating*** non disdegnano di imbrogliare **5** *(in preference to)* più di; ***~ all*** soprattutto, più di tutto; ***~ all else*** più di tutto il resto *o* di ogni altra cosa **6** *(superior in status, rank)* superiore a, al di sopra di; ***he thinks he's ~ us*** si crede superiore a noi **7** *(greater than)* al di sopra di, oltre; ***~ average*** al di sopra della media; ***~ the limit*** oltre il limite; ***to rise ~*** superare [*limit, average*] **8** *(beyond)* ***~ suspicion*** al di sopra di ogni sospetto **9** *(higher in pitch)* più alto di **10** *(over)* ***a shot was heard ~ the shouting*** uno sparo sovrastò il grido **II** avv. **1** *(higher up)* ***the apartment ~*** l'appartamento di sopra; ***the view from ~*** la vista dall'alto **2** *(earlier in the text)* ***see ~*** vedi sopra **3** *(more)* ***children of 12 and ~*** bambini di 12 anni e oltre **4** *(in the sky)* ***look up at the stars ~*** guarda le stelle lassù (nel cielo) ♦ ***to get ~ oneself*** montarsi la testa.
2.above /ə'bʌv/ **I** agg. ***the ~ items*** gli oggetti sunnominati *o* di cui sopra **II** pron. ***the ~ are all witnesses*** i suddetti sono tutti testimoni.
aboveboard /əˌbʌv'bɔ:d/ agg. ***to be ~*** essere corretto, leale.
above-mentioned /əˌbʌv'menʃənd/ agg. suddetto, summenzionato.
above-named /əˌbʌv'neɪmd/ agg. sunnominato.
Abraham /'eɪbrəˌhæm/ n.pr. Abramo.
abrasion /ə'breɪʒn/ n. **1** *(on skin)* abrasione f., escoriazione f. **2** *(from friction)* abrasione f.
abrasive /ə'breɪsɪv/ **I** agg. **1** [*substance*] abrasivo **2** [*person, manner, tone*] irritante **II** n. abrasivo m.
abreast /ə'brest/ avv. **1** *(side by side)* fianco a fianco; ***to be, come ~ of*** [*vehicle, person*] essere affiancato a, affiancarsi a **2** *(in touch with)* ***to keep ~ of, to keep sb. ~ of*** tenersi aggiornato su, tenere qcn. aggiornato su [*developments*].
abridge /ə'brɪdʒ/ tr. ridurre, abbreviare.
abridg(e)ment /ə'brɪdʒmənt/ n. *(version)* riduzione f., versione f. ridotta.
abroad /ə'brɔ:d/ avv. **1** [*go, live, travel*] all'estero; ***imported from ~*** importato **2** *(in circulation)* ***there is a new spirit ~*** tira un'aria nuova.
abrogate /'æbrəgeɪt/ tr. FORM. abrogare.
abrogation /ˌæbrə'geɪʃn/ n. FORM. abrogazione f.
abrupt /ə'brʌpt/ agg. **1** *(sudden)* [*end, change*] inaspettato, subitaneo; ***to come to an ~ end*** finire all'improvviso **2** *(curt)* [*manner, person*] brusco **3** *(steep)* scosceso.
abruptly /ə'brʌptlɪ/ avv. **1** *(suddenly)* [*end, change*] inaspettatamente, all'improvviso **2** *(curtly)* [*speak*] bruscamente **3** *(steeply)* [*fall*] a picco.
ABS I n. AUT. (⇒ anti-lock braking system = sistema frenante antibloccaggio) ABS m. **II** modif. ***~ brakes*** freni con ABS.
Absaalom /'æbsələm/ n.pr. Assalonne.
abscess /'æbses/ n. ascesso m.
abscissa /əb'sɪsə/ n. (pl. **~s, -ae**) ascissa f.
abscond /əb'skɒnd/ intr. scappare (**from** da).
abseiling /'æbseɪlɪŋ/ ♦ *10* n. BE discesa f. a corda doppia.

absence /'æbsəns/ n. *(of person)* assenza f.; *(of thing)* mancanza f.; ***in sb.'s ~*** in assenza di qcn.; ***in the ~ of*** in mancanza di [*alternative, evidence*] ♦ ***~ makes the heart grow fonder*** PROV. = la lontananza rafforza i legami profondi.

1.absent /'æbsənt/ agg. **1** *(not there)* [*person*] assente; [*thing*] mancante **2** MIL. ***to be ~ without leave*** essere assente senza permesso **3** [*look*] assente.

2.absent /əb'sent/ rifl. FORM. ***to ~ oneself*** assentarsi.

absentee /ˌæbsən'tiː/ n. assente m. e f. (anche SCOL.).

absenteeism /ˌæbsən'tiːɪzəm/ n. assenteismo m.

absently /'æbsəntlɪ/ avv. [*stare*] con aria assente; [*say*] distrattamente.

absent-minded /ˌæbsənt'maɪndɪd/ agg. distratto.

absent-mindedly /ˌæbsənt'maɪndɪdlɪ/ avv. [*behave, speak*] distrattamente; [*stare*] con aria assente.

absent-mindedness /ˌæbsənt'maɪndɪdnɪs/ n. distrazione f.

absinth(e) /'æbsɪnθ/ n. assenzio m.

absolute /'æbsəluːt/ **I** agg. **1** [*monarch, minimum, majority, value*] assoluto; ***~ beginner*** principiante assoluto **2** *(emphatic)* [*chaos, idiot*] vero **3** FIS. CHIM. [*humidity, scale, zero*] assoluto **4** DIR. *(divorce)* ***decree ~*** sentenza definitiva **5** LING. [*ablative*] assoluto **II** n. ***the ~*** l'assoluto.

absolutely /'æbsəluːtlɪ/ avv. [*certain, right*] assolutamente; [*mad*] completamente; ***~ not!*** assolutamente no!

absolution /ˌæbsə'luːʃn/ n. assoluzione f. (**from** da).

absolutism /'æbsəluːtɪzəm/ n. assolutismo m.

absolutist /'æbsəluːtɪst/ **I** agg. assolutista, assolutistico **II** n. assolutista m. e f.

absolve /əb'zɒlv/ tr. *(clear)* ***to ~ sb. from, of sth.*** assolvere qcn. da qcs.

absorb /əb'zɔːb/ tr. assorbire (anche FIG.).

absorbed /əb'zɔːbd/ **I** p.pass. → **absorb II** agg. assorbito (**in, by** da); ~ ***in a book*** immerso in un libro; ***to become ~ in sth.*** immergersi *o* essere assorto in qcs.

absorbency /əb'zɔːbənsɪ/ n. assorbenza f.

absorbent /əb'zɔːbənt/ **I** agg. assorbente **II** n. *(substance)* assorbente m.

absorbing /əb'zɔːbɪŋ/ agg. avvincente, appassionante.

absorption /əb'zɔːpʃn/ n. **1** assorbimento m. **2** *(in activity, book)* (l')essere assorto.

abstain /əb'steɪn/ intr. astenersi (**from** da; **from doing** dal fare).

abstainer /əb'steɪnə(r)/ n. **1** *(teetotaller)* ***he's a total ~*** è completamente astemio **2** POL. *(in vote)* astenuto m. (-a).

abstemious /æb'stiːmɪəs/ agg. [*person*] sobrio, morigerato.

abstention /əb'stenʃn/ n. POL. *(from vote)* astensione f.

abstinence /'æbstɪnəns/ n. astinenza f.

1.abstract /'æbstrækt/ n. **1** *(theoretical)* ***in the ~*** in astratto **2** *(summary)* riassunto m., compendio m. **3** ECON. DIR. estratto m. **4** ART. opera f. astratta.

2.abstract /'æbstrækt/ agg. astratto (anche ART. LING.).

3.abstract /əb'strækt/ tr. **1** ***to ~ sth. from*** estrarre, trarre qcs. da [*documents, data*] **2** *(theorize)* ***to ~ sth. from sth.*** astrarre qcs. da qcs.

abstracted /əb'stræktɪd/ agg. [*gaze, expression*] distratto, assente.

abstraction /əb'strækʃn/ n. **1** astrazione f. **2** *(vagueness)* ***an air of ~*** un'aria distratta.

abstractionism /əb'strækʃəˌnɪzəm/ n. astrattismo m.

abstractionist /əb'strækʃənɪst/ n. astrattista m. e f.

abstruse /əb'struːs/ agg. astruso.

absurd /əb'sɜːd/ **I** agg. assurdo; ***it was ~ (of sb.) to do*** è stato assurdo (da parte di qcn.) fare **II** n. ***the ~*** FILOS. TEATR. l'assurdo.

absurdity /əb'sɜːdətɪ/ n. assurdità f.

absurdly /əb'sɜːdlɪ/ avv. [*expensive*] assurdamente.

abulia /ə'buːlɪə/ n. abulia f.

abundance /ə'bʌndəns/ n. abbondanza f.; ***in ~*** in abbondanza.

abundant /ə'bʌndənt/ agg. abbondante; ***to be ~ in*** essere ricco di.

abundantly /ə'bʌndəntlɪ/ avv. **1** abbondantemente **2** ***to be ~ clear, ~ obvious*** essere chiarissimo, più che ovvio.

1.abuse /ə'bjuːs/ n. **1** *(maltreatment)* maltrattamento m.; *(sexual)* violenza f. (carnale) **2** *(misuse)* abuso m.; ***drug ~*** uso di stupefacenti; ***alcohol ~*** abuso di alcolici **3** *(insults)* ingiurie f.pl., insulti m.pl.

2.abuse /ə'bjuːz/ tr. **1** *(hurt)* maltrattare; *(sexually)* abusare di, usare violenza a [*woman*] **2** *(misuse)* abusare di [*position, power*] **3** *(insult)* insultare.

abusive /ə'bjuːsɪv/ agg. **1** *(rude)* [*person*] offensivo (**to** nei confronti di) **2** *(insulting)* [*words*] ingiurioso, oltraggioso.

abut /ə'bʌt/ intr. (forma in -ing ecc. **-tt-**) *(adjoin)* essere contiguo (**onto** a).

abysmal /ə'bɪzml/ agg. abissale (anche FIG.).

abyss /ə'bɪs/ n. abisso m. (anche FIG.).

Abyssinia /ˌæbɪ'sɪnɪə/ ♦ **6** n.pr. STOR. Abissinia f.

Abyssinian /ˌæbɪ'sɪnɪən/ ♦ **18 I** agg. STOR. abissino **II** n. STOR. abissino m. (-a).

a/c ⇒ account conto (c.to).

AC ⇒ alternating current corrente alternata (c.a.).

acacia /ə'keɪʃə/ n. acacia f.

academia /ˌækə'diːmɪə/ n. università f., ambiente m. universitario.

academic /ˌækə'demɪk/ **I** agg. UNIV. **1** [*career, teaching*] universitario, accademico; [*year*] accademico **2** *(scholarly)* [*achievement*] negli studi; ***she's not very ~*** non è molto portata allo studio **3** [*reputation*] di studioso **4** *(educational)* [*book*] *(for school)* scolastico; *(for university)* universitario **5** *(theoretical)* [*debate, question*] accademico; ***a matter of ~ interest*** una questione puramente accademica **6** ART. [*painter*] accademico **II** n. accademico m. (-a).

academician /əˌkædə'mɪʃn, AE ˌækədə'mɪʃn/ n. *(member of an academy)* accademico m. (-a).

academy /ə'kædəmɪ/ n. **1** SCOL. accademia f.; ***military ~*** accademia militare; ***~ of music*** conservatorio **2** *(learned society)* accademia f.

Academy Award n. CINEM. Oscar m.

acanthus /ə'kænθəs/ n. (pl. **~es, -i**) acanto m.

Acas, ACAS n. GB (⇒ Advisory Conciliation and Arbitration Service) = servizio governativo di consulenza per la conciliazione e l'arbitrato (comitato che si occupa delle dispute fra datori e prestatori di lavoro).

accede /ək'siːd/ intr. FORM. **1** *(to request)* accedere (**to** a) **2** *(to treaty)* aderire (**to** a) **3** *(to throne)* salire (**to** a).

accelerate /ək'seləreɪt/ **I** tr. accelerare [*decline, growth*] **II** intr. **1** AUT. accelerare; ***to ~ away*** partire sparato, in tromba **2** FIG. [*decline, growth*] accelerare.

acceleration /əkˌselə'reɪʃn/ n. accelerazione f.

accelerator /ək'seləreɪtə(r)/ n. AUT. CHIM. FIS. FISIOL. acceleratore m.

1.accent /'æksent, -sənt/ n. accento m. (anche FIG.); ***in, with a French ~*** con accento francese; ***to put the ~ on sth.*** mettere l'accento su qcs.

2.accent /æk'sent/ tr. **1** LING. MUS. accentare **2** FIG. accentuare, mettere in evidenza [*issue, point*].

accented /'æksentɪd, -sənt-/ agg. ***he speaks a heavily ~ English*** parla un inglese molto marcato.

accentuate /æk'sentʃʊeɪt/ tr. **1** accentuare, sottolineare (**by** per mezzo di, tramite) **2** MUS. accentare.

accept /ək'sept/ tr. **1** *(take)* accettare [*gift, offer, apology*] **2** *(resign oneself to)* accettare [*fate, situation*] **3** *(tolerate)* ammettere, accettare [*behaviour, idea*] **4** *(take on)* assumere [*role*].

acceptability /əkˌseptə'bɪlətɪ/ n. accettabilità f.

acceptable /ək'septəbl/ agg. [*gift, money*] gradito, ben accetto; [*idea, behaviour*] accettabile (**to** per).

acceptance /ək'septəns/ n. **1** *(of offer, invitation, limitations)* accettazione f.; *(of plan, proposal, bill, policy)* approvazione f. **2** COMM. *(of goods)* accettazione f.

accepted /ək'septɪd/ **I** p.pass. → **accept II** agg. accettato; ***in the ~ sense of the word*** nel senso (più) comune del termine.

1.access /'ækses/ **I** n. **1** *(means of entry)* accesso m. (anche INFORM.); ***pedestrian, wheelchair ~*** accesso pedonale, facilitato per disabili; ***to gain ~ to sth.*** ottenere l'accesso a qcs.; ***"No ~"*** *(on signs)* "Divieto di accesso" **2** *(ability to obtain, use)* accesso m. (**to** a); ***open ~*** libero accesso **3** DIR. *(right to visit)* ***to have ~ (to one's children)*** avere il diritto di visitare i propri figli **4** FORM. *(attack)* accesso m., attacco m.; ***an ~ of rage*** un accesso di rabbia **II** modif. [*door, mode, point*] d'accesso.

2.access /'ækses/ tr. accedere, avere accesso a [*database, information*].

accessible /ək'sesəbl/ agg. **1** *(easy to reach or understand)* [*place, information, art*] accessibile; [*person*] disponibile **2** *(affordable)* [*price*] accessibile.

accession /æk'seʃn/ n. **1** U *(to power, throne)* ascesa f. (**to** a); *(to estate, title)* accessione f. (**to** di); *(to treaty)* adesione f. (**to** a) **2** C *(book)* accessione f.

accessory /ək'sesərɪ/ n. **1** AUT. ABBIGL. accessorio m.; AUT. *(luxury item)* optional m. **2** DIR. complice m. e f. (**to** di).

access road n. *(to building, site)* strada f. d'accesso; *(to motorway)* raccordo m. autostradale.

access time n. INFORM. tempo m. d'accesso.

accident /'æksɪdənt/ **I** n. **1** *(mishap)* incidente m. (**with** con); ***by ~*** per disgrazia; ***car, road ~*** incidente d'auto, stradale; ***to have an ~*** avere *o* fare un incidente; ***to meet with an ~*** rimanere vittima di un incidente; ***~ and emergency service*** *(in hospital)* servizio di pronto soccorso **2** *(chance)* caso m.; ***by ~*** per caso, accidentalmente; ***it is no ~ that...*** non è un caso che...; ***it was more by ~ than design*** è stato più per caso che per scelta **II** modif. [*statistics*] relativo agli incidenti; ***~ victim*** vittima di un incidente.

accidental /ˌæksɪ'dentl/ agg. *(by accident)* [*death*] accidentale; *(by chance)* [*meeting, mistake*] casuale, fortuito.

accidentally /ˌæksɪ'dentəlɪ/ avv. *(by accident)* per disgrazia; *(by chance)* accidentalmente, per caso.

Accident and Emergency Unit n. squadra f. di pronto soccorso.

accident-prone /'æksɪdəntprəʊn/ agg. ***to be ~*** essere soggetto a frequenti incidenti.

1.acclaim /ə'kleɪm/ n. *(praise)* plauso m.; *(cheering)* acclamazioni f.pl.

2.acclaim /ə'kleɪm/ tr. **1** acclamare, applaudire (anche FIG.) **2** *(proclaim)* ***to ~ sb. (as) sth.*** acclamare qcn. qcs.

acclamation /ˌæklə'meɪʃn/ n. acclamazione f.

acclimate /'æklɪmeɪt, ə'klaɪ-/ AE → **acclimatize**.

acclimation /ˌæklaɪ'meɪʃn/ AE → **acclimatization**.

acclimatization /əˌklaɪmətaɪ'zeɪʃn, AE -tɪ'z-/ n. acclimatazione f., acclimazione f. (anche FIG.).

acclimatize /ə'klaɪmətaɪz/ tr. acclimatare; ***to get, become ~d*** acclimatarsi.

accolade /'ækəleɪd, AE -'leɪd/ n. **1** *(honour)* onorificenza f. **2** *(praise)* ***to receive*** o ***win ~s from all sides*** ottenere elogi da ogni parte.

accommodate /ə'kɒmədeɪt/ **I** tr. **1** *(provide room, space for)* [*person, hotel*] alloggiare, ospitare; [*vehicle, building*] contenere **2** *(adapt to)* adattarsi a [*change, view*] **3** *(satisfy)* soddisfare [*need*] **II** rifl. ***to ~ oneself to*** adattarsi a [*change, different viewpoint*].

accommodating /ə'kɒmədeɪtɪŋ/ agg. [*attitude, person*] accomodante (**to** verso).

accommodation /əˌkɒmə'deɪʃn/ n. **1** (anche **~s** AE) *(living quarters)* sistemazione f., alloggio m.; ***hotel ~*** sistemazione in albergo; ***student ~*** alloggio per studenti; ***living ~*** abitazione; ***"~ to let"*** BE "affittasi"; ***office ~*** locali uso ufficio **2** *(adjustment)* adattamento m.

accommodation bureau BE, **accommodations bureau** AE n. = ufficio che si occupa della sistemazione di studenti universitari fuorisede.

accommodation officer BE, **accommodations officer** AE ➧ ***27*** n. = persona che si occupa della sistemazione di studenti universitari fuorisede.

accompaniment /ə'kʌmpənɪmənt/ n. accompagnamento m. (anche MUS.); ***as an ~ to*** come accompagnamento di [*food, dish*].

accompanist /ə'kʌmpənɪst/ n. MUS. accompagnatore m. (-trice).

accompany /ə'kʌmpənɪ/ tr. accompagnare; ***to be accompanied by sb. on the piano*** essere accompagnato da qcn. al pianoforte.

accomplice /ə'kʌmplɪs, AE ə'kɒm-/ n. complice m. e f. (**in**, **to** di).

accomplish /ə'kʌmplɪʃ, AE ə'kɒm-/ tr. compiere, ultimare; realizzare [*objective*].

accomplished /ə'kʌmplɪʃt, AE ə'kɒm-/ **I** p.pass. → **accomplish II** agg. [*performer, sportsperson*] abile; [*performance*] valido; ***an ~ fact*** un fatto compiuto.

accomplishment /ə'kʌmplɪʃmənt, AE ə'kɒm-/ n. **1** *(thing accomplished)* risultato m.; ***that's no small ~!*** non è cosa da poco! **2** *(skill)* qualità f., talento m.

1.accord /ə'kɔ:d/ n. accordo m., intesa f.; ***of my own ~*** di mia iniziativa, spontaneamente; ***with one ~*** di comune accordo, all'unanimità; ***to reach an ~*** raggiungere un accordo.

2.accord /ə'kɔ:d/ **I** tr. accordare, concedere **II** intr. ***to ~ with*** accordarsi con.

accordance /ə'kɔ:dəns/ **in accordance with 1** *(in line with)* [*act, be*] in conformità con [*rules, wishes*] **2** *(proportional to)* secondo, a seconda di.

according /ə'kɔ:dɪŋ/ **according to 1** *(in agreement with)* [*act*] secondo, conformemente a [*law, principles*]; ***~ to plan*** secondo i piani **2** *(by reference to)* secondo [*newspaper, person*].

accordingly /ə'kɔ:dɪŋlɪ/ avv. di conseguenza.

accordion /ə'kɔ:drən/ ➧ ***17*** n. fisarmonica f.

accost /ə'kɒst/ tr. abbordare, avvicinare; *(for sexual purpose)* adescare.

1.account /ə'kaʊnt/ **I** n. **1** *(money held at bank)* conto m. (**at, with** a, presso); ***in my, his ~*** sul mio, suo conto **2** COMM. *(credit arrangement)* conto m.; ***to charge sth. to, put sth. on sb.'s ~*** addebitare, mettere qcs. sul conto di qcn.; ***on ~*** *(as part payment)* in acconto; ***to settle an ~*** saldare un conto **3** *(financial record)* rendiconto m. (finanziario) **4** *(bill)* fattura f.; ***electricity ~*** bolletta della luce **5** *(consideration)* ***to take sth. into ~, to take ~ of sth.*** prendere qcs. in considerazione, tener conto di qcs. **6** *(description)* resoconto m., relazione f.; ***to give an ~ of sth.*** fare un resoconto di qcs.; ***by all ~s*** a quanto si dice; ***by his own ~*** a sentire lui stesso **7** *(impression)* ***to give a good ~ of oneself*** dare buona prova di sé **8** *(indicating reason)* ***on ~ of*** a causa *o* per via di; ***on this, that ~*** per questo, quel motivo; ***on no ~*** per nessuna ragione; ***on my, his ~*** a causa mia, sua **9** *(advantage, benefit)* ***she was worried on her own ~*** era preoccupata per se stessa; ***to act on one's own ~*** agire di propria iniziativa; ***to set up business on one's own ~*** mettersi in proprio **10** *(importance)* ***it's of no ~ to them*** non ha nessuna importanza per loro **II accounts** n.pl. **1** AMM. *(records)* contabilità f.sing. **2** *(department)* reparto m.sing. contabilità, contabilità f.sing.

2.account /ə'kaʊnt/ tr. FORM. *(regard as)* ***he was ~ed a genius*** era considerato un genio.

■ **account for** ~ **for [sth., sb.] 1** *(explain)* rendere conto di, giustificare [*events, fact, behaviour, expense*] **2** *(identify status of)* ritrovare, rintracciare [*missing people*] **3** *(represent)* rappresentare [*proportion, percentage*].

accountability /əˌkaʊntə'bɪlətɪ/ n. responsabilità f. (**to** di fronte a).

accountable /ə'kaʊntəbl/ agg. responsabile; ***to be ~ to sb.*** rendere conto a qcn. (**for** di); ***to hold sb. ~ for sth.*** ritenere qcn. responsabile di qcs.

accountancy /ə'kaʊntənsɪ/ n. ragioneria f., contabilità f.

accountant /ə'kaʊntənt/ ➧ ***27*** n. ragioniere m. (-a), contabile m. e f.

account book n. libro m. contabile.

account holder n. *(with bank, credit company)* titolare m. e f. di un conto.

accounting /ə'kaʊntɪŋ/ **I** n. contabilità f. **II** modif. [*method, year*] contabile.

accredit /ə'kredɪt/ tr. **1** *(appoint)* accreditare [*journalist, ambassador*] **2** *(approve)* accreditare, riconoscere [*institution, qualification, professional*].

accreditation /əˌkredɪ'teɪʃn/ n. *(of person, institution)* accreditamento m.

accretion /ə'kri:ʃn/ n. *(process)* concrezione f.; *(substance)* accumulo m.

accrue /ə'kru:/ intr. **1** ECON. ***the interest accruing to my account*** l'interesse che matura sul mio conto **2** [*advantages*] provenire, derivare; [*power, influence*] accumularsi, concentrarsi (**to sb.** nelle mani di qcn.).

accrued /ə'kru:d/ **I** p.pass. → **accrue II** agg. [*interest*] maturato; [*wealth*] accumulato.

accumulate /ə'kju:mjʊleɪt/ **I** tr. accumulare [*possessions, money, debts*]; mettere insieme, radunare [*evidence*] **II** intr. accumularsi.

accumulated /ə'kju:mjʊleɪtɪd/ **I** p.pass. → **accumulate II** agg. [*anger, tension*] accumulato.
accumulation /əˌkju:mjʊ'leɪʃn/ n. *(process)* accumulazione f.; *(quantity)* (ac)cumulo m.
accumulator /ə'kju:mjʊleɪtə(r)/ n. **1** EL. INFORM. accumulatore m. **2** SPORT *(bet)* scommessa f. multipla.
accuracy /'ækjərəsɪ/ n. *(of figures, estimate, diagnosis, forecast)* esattezza f.; *(of translation)* accuratezza f.; *(of map, instrument, watch, description)* precisione f.
accurate /'ækjərət/ agg. [*figures, estimate, diagnosis, forecast*] esatto; [*translation*] accurato; [*map, instrument, watch, description*] preciso.
accurately /'ækjərətlɪ/ avv. [*calculate, remember, describe*] esattamente, con precisione; [*translate, measure*] accuratamente.
accursed /ə'kɜ:sɪd/ agg. FORM. [*person*] maledetto.
accusation /ˌækju:'zeɪʃn/ n. accusa f., imputazione f. (**of** di; **against** contro; **that** secondo cui); ***to make an ~*** fare, muovere un'accusa.
accusative /ə'kju:zətɪv/ n. LING. accusativo m.
accuse /ə'kju:z/ tr. accusare (**of** di; **of doing** di aver fatto).
accused /ə'kju:zd/ n. DIR. ***the ~ (one)*** l'imputato; *(several)* gli imputati.
accuser /ə'kju:zə(r)/ n. accusatore m. (-trice).
accusing /ə'kju:zɪŋ/ agg. accusatore.
accusingly /ə'kju:zɪŋlɪ/ avv. [*say*] in tono d'accusa; [*point*] in modo accusatorio.
accustom /ə'kʌstəm/ **I** tr. ***to ~ sb. to sth., to doing*** abituare qcn. a qcs., a fare **II** rifl. ***to ~ oneself to sth., to doing*** abituarsi a qcs., a fare.
accustomed /ə'kʌstəmd/ **I** p.pass. → **accustom II** agg. ***to be, become ~ to sth., to doing*** essere abituato, abituarsi a qcs., a fare.
ace /eɪs/ **I** n. **1** *(in cards)* asso m. **2** FIG. *(trump)* atout m., carta f. vincente **3** *(in tennis)* ace m. **4** *(expert)* asso m. **II** agg. COLLOQ. *(great)* eccezionale; ***an ~ driver*** un asso del volante ♦ ***to have an ~ up one's sleeve, in the hole*** avere un asso nella manica; ***to hold all the ~s*** avere tutte le carte migliori.
acerbic /ə'sɜ:bɪk/ agg. acerbo.
acetate /'æsɪteɪt/ n. acetato m.
acetic acid n. acido m. acetico.
acetone /'æsɪtəʊn/ n. acetone m.
acetylene /ə'setɪli:n/ n. acetilene m.
1.ache /eɪk/ n. *(physical)* dolore m., male m. (**in** a); ***~s and pains*** dolori, acciacchi.
2.ache /eɪk/ intr. **1** *(physically)* [*person*] avere male; [*limb, back*] fare male, dolere; ***to ~ all over*** essere tutto indolenzito, avere male dappertutto **2** LETT. *(suffer emotionally)* ***to ~ with*** soffrire per [*humiliation, despair*] **3** *(yearn)* desiderare ardentemente (**to do** fare) ♦ ***to laugh till one's sides ~*** ridere a crepapelle.
achieve /ə'tʃi:v/ tr. raggiungere [*aim, objective, perfection*]; ottenere [*consensus, success*]; ottenere, conseguire [*result*]; realizzare [*ambition*]; ***to ~ nothing*** non ottenere nulla.
achievement /ə'tʃi:vmənt/ n. **1 C** *(accomplishment)* riuscita f., conquista f. (**in sth.** in qcs.) **2 U** *(performance)* successo m. **3 U** *(realization)* ***the ~ of*** la realizzazione di [*ambition, goal*]; ***a sense of ~*** un senso di realizzazione.
achiever /ə'tʃi:və(r)/ n. (anche **high ~**) persona f. di successo.
Achilles /ə'kɪli:z/ n.pr. Achille; ***~' heel*** tallone d'Achille.
aching /'eɪkɪŋ/ agg. [*limb*] dolorante, che fa male; ***an ~ void*** un grande vuoto.
achromatic /ˌækrəʊ'mætɪk/ agg. acromatico.
acid /'æsɪd/ **I** n. **1** CHIM. acido m. **2** COLLOQ. *(drug)* acido m. **II** agg. **1** *(sour)* acido **2** FIG. [*tone*] aspro, acido; [*remark*] acido, caustico.
acid drop n. caramella f. agli agrumi.
acid green I n. verde m. acido **II** agg. verde acido.
acidic /ə'sɪdɪk/ agg. acido.
acidify /ə'sɪdɪfaɪ/ **I** tr. acidificare **II** intr. acidificarsi.
acidity /ə'sɪdətɪ/ n. acidità f. (anche FIG.).
acid rain n. **U** pioggia f. acida, piogge f.pl. acide.
acid rock n. = rock psichedelico.
acid stomach ➧ ***11*** n. acidità f., bruciore m. di stomaco.
acid test n. prova f. con la cartina al tornasole; FIG. prova f. del fuoco (**of** di; **for** per).
acknowledge /ək'nɒlɪdʒ/ tr. **1** *(admit, recognize)* ammettere [*fact*]; ammettere, riconoscere [*error*]; riconoscere [*authority*] **2** *(express thanks for)* esprimere gratitudine per [*gift, help*]; rispondere a [*applause*]; ***to ~ one's sources*** *(in book)* citare le proprie fonti **3** *(confirm receipt of)* accusare ricevuta di [*letter, parcel*] **4** *(show recognition of)* riconoscere; ***she didn't even ~ me*** non si è neppure accorta di me.
acknowledged /ək'nɒlɪdʒd/ **I** p.pass. → **acknowledge II** agg. [*leader, champion, expert*] riconosciuto, indiscusso; [*writer, artist*] riconosciuto, noto.
acknowledgement /ək'nɒlɪdʒmənt/ **I** n. **1** *(admission) (of fact, authority)* riconoscimento m.; *(of error, guilt)* riconoscimento m., ammissione f.; ***in ~ of sth.*** in segno di riconoscenza per qcs.; come riconoscimento di qcs. **2** *(confirmation of receipt)* avviso m. di ricevimento **3** *(recognition of presence)* cenno m. (di riconoscimento) **II acknowledgements** n.pl. *(in book etc.)* ringraziamenti m.
acme /'ækmɪ/ n. ***the ~ of*** l'acme di.
acne /'æknɪ/ ➧ ***11*** n. acne f.
acolyte /'ækəlaɪt/ n. RELIG. accolito m. (anche FIG.).
acorn /'eɪkɔ:n/ n. ghianda f.
acoustic /ə'ku:stɪk/ agg. acustico; [*tile, material*] fonoassorbente.
acoustic guitar ➧ ***17*** n. chitarra f. acustica.
acoustics /ə'ku:stɪks/ n. **1** *(science)* + verbo sing. acustica f. **2** *(properties)* + verbo pl. acustica f.
acquaint /ə'kweɪnt/ **I** tr. ***to ~ sb. with sth.*** informare qcn. di qcs., mettere qcn. al corrente di qcs. **II** rifl. ***to ~ oneself with sth.*** informarsi su qcs., imparare qcs.
acquaintance /ə'kweɪntəns/ n. **1** *(friend)* conoscenza f., conoscente m. e f. **2** *(knowledge)* conoscenza f. (superficiale) (**with** di); ***he improves on ~*** a conoscerlo bene ci guadagna **3** *(relationship)* conoscenza f.; ***to make sb.'s ~*** fare la conoscenza di qcn.
acquainted /ə'kweɪntɪd/ **I** p.pass. → **acquaint II** agg. ***to be ~*** conoscersi; ***to get, become ~ with sb.*** fare la conoscenza di qcn.; ***to get, become ~ with sth.*** venire a conoscenza di qcs.
acquiesce /ˌækwɪ'es/ intr. **1** *(accept)* acconsentire (**in** a) **2** *(collude)* ***to ~ in sth.*** adeguarsi a qcs.
acquiescence /ˌækwɪ'esns/ n. **1** *(agreement)* acquiescenza f., tacito consenso m. **2** *(collusion)* ***~ in sth.*** acquiescenza a qcs.
acquiescent /ˌækwɪ'esnt/ agg. *(in agreement)* acquiescente; *(unassertive)* compiacente.
acquire /ə'kwaɪə(r)/ tr. acquisire [*skill, experience, information, habit*]; acquistare [*house, company, shares*]; assumere [*meaning*].
acquired /ə'kwaɪəd/ **I** p.pass. → **acquire II** agg. [*characteristic, knowledge*] acquisito; ***it's an ~ taste*** è una cosa che bisogna imparare ad apprezzare.
acquisition /ˌækwɪ'zɪʃn/ n. **1** *(object)* acquisto m.; *(process)* acquisizione f. **2** ECON. *(company)* acquisizione f.
acquisitive /ə'kwɪzətɪv/ agg. [*person, society*] = avido di beni materiali.
acquit /ə'kwɪt/ **I** tr. (forma in -ing ecc. **-tt-**) DIR. assolvere, prosciogliere; ***to be ~ted of murder*** essere assolto dall'accusa di omicidio volontario **II** rifl. (forma in -ing ecc. **-tt-**) ***to ~ oneself well, badly in*** cavarsela, non cavarsela bene in [*interview, competition*].
acquittal /ə'kwɪtl/ n. DIR. assoluzione f., proscioglimento m.
acre /'eɪkə(r)/ ➧ ***31*** **I** n. acro m. **II acres** n.pl. ***~s of*** ettari di [*woodland, grazing*]; COLLOQ. ***~s of room*** un sacco di spazio.
acreage /'eɪkərɪdʒ/ n. superficie f. in acri.
acrid /'ækrɪd/ agg. [*fumes, smell*] acre; [*tone*] pungente.
acrimonious /ˌækrɪ'məʊnɪəs/ agg. acrimonioso.
acrimony /'ækrɪmənɪ, AE -məʊnɪ/ n. acrimonia f.
acrobat /'ækrəbæt/ ➧ ***27*** n. acrobata m. e f.
acrobatic /ˌækrə'bætɪk/ agg. [*feat, skill, dancer*] acrobatico.
acrobatics /ˌækrə'bætɪks/ n. **1** *(art)* + verbo sing. acrobazia f. **2** *(movements)* + verbo pl. acrobazie f.
acronym /'ækrənɪm/ n. acronimo m.
across /ə'krɒs/ *Across* frequently occurs as the second element in certain verb combinations (*come across, run across, lean across* etc.); for translations, look at the appropriate verb entry (come, run, lean etc.). - Note that

attraverso can be the Italian translation of both *across* and *through*. **I** prep. **1** *(from one side to the other)* ***to go, travel ~ sth.*** attraversare qcs.; ***a journey ~ the desert*** un viaggio attraverso il deserto; ***the bridge ~ the river*** il ponte sul, che attraversa il fiume; ***to be lying ~ the bed*** essere coricato di traverso sul letto; ***she leaned ~ the table*** si allungò sul tavolo; ***the scar ~ his face*** la cicatrice che gli solca il volto **2** *(to, on the other side of)* dall'altra parte di; ***he lives ~ the street*** abita dall'altra parte della strada; ***he sat down ~ the desk (from me)*** si è seduto dall'altro lato della scrivania (rispetto a me); ***he looked ~ the lake to the boathouse*** guardò la rimessa per le barche sull'altra riva del lago **3** *(all over, covering a wide range of)* ***~ the world*** in tutto il mondo, da un capo all'altro della terra; ***~ the country*** in tutto il paese; ***scattered ~ the floor*** sparpagliati su tutto il pavimento **II** avv. **1** ***to be two miles ~*** misurare due miglia in larghezza; ***to help sb. ~*** aiutare qcn. ad attraversare; ***to go ~ to sb.*** attraversare per andare da qcn.; ***to look ~ at sb.*** guardare dall'altra parte verso qcn. **2** **across from** di fronte a.

across-the-board /əˌkrɒsðəˈbɔːd/ **I** agg. [*increase, cut*] generale **II across the board** avv. a tutti i livelli.

acrostic /əˈkrɒstɪk/ n. acrostico m.

acrylic /əˈkrɪlɪk/ **I** n. acrilico m. **II** modif. [*garment*] acrilico.

1.act /ækt/ n. **1** *(action, deed)* atto m., azione f.; ***an ~ of kindness*** un atto di gentilezza **2** DIR. *(law)* (anche **Act**) legge f.; ***Act of Parliament, Congress*** legge *o* atto *o* decreto parlamentare, atto del Congresso **3** TEATR. atto m. **4** *(entertainment routine)* numero m.; ***to put on an ~*** FIG. SPREG. fare la commedia; ***it's all an ~*** è tutta scena; ***their company started the trend and now all their rivals want to get in on the ~*** la loro ditta ha inaugurato la nuova tendenza e ora tutti i concorrenti vogliono mettersi nella sua scia ♦ ***to be caught in the ~*** essere colto sul fatto, in flagrante; ***to get one's ~ together*** organizzarsi; ***it will be a hard ~ to follow*** sarà difficile da eguagliare.

2.act /ækt/ **I** tr. TEATR. recitare [*part, role*] **II** intr. **1** *(take action)* agire; ***we must ~ quickly*** dobbiamo agire prontamente; ***to be ~ing for the best*** agire per il meglio; ***to ~ for sb., to ~ on behalf of sb.*** agire per conto di qcn. **2** *(behave)* agire, comportarsi **3** TEATR. recitare, fare teatro; FIG. *(pretend)* recitare la commedia, fare finta **4** *(take effect)* [*drug, substance*] agire, fare effetto **5** *(serve)* ***to ~ as*** [*person, object*] fungere da; ***he ~ed as their interpreter*** ha fatto loro da interprete.

▪ **act out:** ***~ out [sth.]*** recitare [*role, part*]; realizzare, mettere in atto [*fantasy*].

▪ **act up** COLLOQ. *(misbehave)* comportarsi male, fare i capricci; *(malfunction)* [*machine*] fare le bizze.

acting /ˈæktɪŋ/ **I** n. CINEM. TEATR. *(performance)* recitazione f., interpretazione f.; *(occupation)* mestiere m. di attore **II** agg. [*director etc.*] facente funzione di, le veci di.

action /ˈækʃn/ n. **1** U azione f.; *(to deal with situation)* provvedimenti m.pl., misure f.pl.; ***to take ~*** agire, prendere provvedimenti; ***drastic ~*** misure drastiche, provvedimenti drastici; ***the situation demands immediate ~*** la situazione richiede un'azione immediata; ***a man of ~*** un uomo d'azione; ***to put a plan into ~*** mettere in atto un progetto; ***to get into ~*** entrare in azione; ***to put sth. out of ~*** mettere qcs. fuori uso; ***to be out of ~*** [*machine*] essere fuori uso, non funzionare; [*person*] essere fuori combattimento; ***to be back in ~*** essere ritornato (in attività) **2** *(deed)* azione f., atto m.; ***~s speak louder than words*** i fatti contano più delle parole **3** *(fighting)* azione f., combattimento m.; ***to see (some) ~*** combattere; ***to go into ~*** entrare in azione; ***killed in ~*** ucciso in combattimento **4** CINEM. TEATR. azione f.; ***~!*** azione! ciac, si gira! **5** COLLOQ. *(excitement)* ***I don't want to miss out on the ~*** non voglio perdermi quello che succede; ***that's where the ~ is*** è lì che c'è vita, movimento; ***they want a piece of the ~*** *(want to be involved)* vogliono essere coinvolti; *(want some of the profits)* vogliono una fetta di guadagno **6** DIR. azione f. legale, processo m.; ***to bring an ~ against sb.*** querelare qcn., fare causa a qcn. **7** TECN. *(in machine, piano)* meccanismo m. ♦ ***~ stations!*** MIL. (ai) posti di combattimento! (anche FIG.).

actionable /ˈækʃənəbl/ agg. [*offence*] perseguibile in giudizio.

action group n. gruppo m. d'azione.

action-packed /ˈækʃnpækt/ agg. [*film*] pieno d'azione; [*holiday*] avventuroso.

activate /ˈæktɪveɪt/ tr. **1** azionare [*machine, system, switch*]; attivare [*alarm*] **2** NUCL. CHIM. attivare.

active /ˈæktɪv/ agg. **1** [*person, life, mind, member*] attivo; [*debate*] vivace; [*volcano*] attivo, in attività; ***to be ~ in*** essere un membro attivo di [*organization*]; ***to be ~ in doing*** essere attivamente impegnato a fare; ***to play an ~ role in sth.*** avere un ruolo attivo in qcs.; ***to take an ~ interest in sth.*** interessarsi attivamente a qcs. **2** LING. attivo **3** ECON. [*trading*] attivo **4** INFORM. [*window*] attivo.

active duty n. → **active service**.

actively /ˈæktɪvlɪ/ avv. attivamente; ***to be ~ considering doing*** prendere seriamente in considerazione di fare.

active service n. servizio m. attivo, servizio m. permanente effettivo.

activist /ˈæktɪvɪst/ n. attivista m. e f.

activity /ækˈtɪvətɪ/ n. attività f.

activity holiday n. BE = vacanza sportiva.

act of God n. calamità f. naturale.

actor /ˈæktə(r)/ ♦ **27** n. attore m.

actress /ˈæktrɪs/ ♦ **27** n. attrice f.

actual /ˈæktʃʊəl/ agg. **1** *(real, specific)* reale, effettivo; ***I don't remember the ~ words*** non ricordo le parole esatte; ***in ~ fact*** in realtà; ***it has nothing to do with the ~ problem*** non ha nulla a che fare con il problema in sé **2** *(genuine)* ***this is the ~ room that Shakespeare worked in*** questa è proprio la stanza in cui lavorò Shakespeare **3** *(as such)* vero e proprio.

actuality /ˌæktʃʊˈælətɪ/ n. realtà f.

actually /ˈæktʃʊəlɪ/ avv. **1** *(contrary to expectation)* in realtà, di fatto; ***their profits have ~ risen*** in realtà, i loro profitti sono aumentati **2** *(in reality)* veramente; ***yes, it ~ happened!*** sì, è successo veramente! **3** *(as sentence adverb)* a dire il vero; ***no, she's a doctor, ~*** no, a dire il vero è una dottoressa; ***~, I don't feel like it*** a dire il vero non ne ho voglia **4** *(exactly)* esattamente; ***what ~ happened?*** che cosa è successo esattamente? **5** *(expressing indignation)* ***she ~ accused me of lying!*** mi ha accusato di mentire senza mezzi termini! **6** *(expressing surprise)* ***she ~ thanked me*** mi ha addirittura ringraziato.

actuary /ˈæktʃʊərɪ, AE -tʃʊrɪ/ ♦ **27** n. ECON. attuario m. (-a).

actuate /ˈæktʃʊeɪt/ tr. **1** TECN. mettere in moto, azionare [*machine, device*] **2** *(motivate)* motivare, spingere all'azione.

acuity /əˈkjuːətɪ/ n. FORM. acutezza f.

acumen /ˈækjʊmən, əˈkjuːmən/ n. acume m.; ***business ~*** senso degli affari.

acupressure /ˈækjʊpreʃə(r)/ n. digitopressione f.

acupuncture /ˈækjʊpʌŋktʃə(r)/ n. agopuntura f.

acupuncturist /ˈækjʊpʌŋktʃərɪst/ ♦ **27** n. agopuntore m. (-trice).

acute /əˈkjuːt/ agg. **1** *(intense)* [*grief, remorse*] acuto; [*anxiety*] vivo; [*boredom*] insopportabile; ***to cause sb. ~ embarrassment*** mettere qcn. in grande imbarazzo **2** MED. [*illness*] acuto; [*condition*] grave **3** *(grave)* [*crisis, shortage*] grave **4** *(keen)* [*person, mind*] acuto.

acute accent n. accento m. acuto.

acute angle n. angolo m. acuto.

acutely /əˈkjuːtlɪ/ avv. [*suffer*] acutamente, intensamente; [*embarrassed, sensitive*] estremamente.

acuteness /əˈkjuːtnɪs/ n. **1** *(sharpness) (of mind, judgment)* acutezza f. **2** *(seriousness) (of condition, crisis)* gravità f.

ad /æd/ n. (accorc. advertisement) **1** GIORN. (anche **small ~**) inserzione f., annuncio m. (pubblicitario) (**for** di) **2** RAD. TELEV. pubblicità f. (**for** di).

AD ⇒ Anno Domini dopo Cristo (d.C.).

adage /ˈædɪdʒ/ n. adagio m., massima f. (**that** secondo cui).

Adam /ˈædəm/ n.pr. Adamo.

adamant /ˈædəmənt/ agg. categorico, irremovibile (**about** su); ***to be ~ that*** essere categorico sul fatto che; ***to remain ~*** rimanere irremovibile.

Adam's apple n. pomo m. d'Adamo.

adapt /əˈdæpt/ **I** tr. adattare (**to** a; **for** per; **from** da) **II** intr. adattarsi (**to** a) **III** rifl. ***to ~ oneself*** adattarsi (**to** a).

adaptability /əˌdæptəˈbɪlətɪ/ n. adattabilità f. (**to** a).

adaptable /əˈdæptəbl/ agg. [*person, organization*] adattabile.

adaptation /ˌædæpˈteɪʃn/ n. adattamento m.

adapter, **adaptor** /ə'dæptə(r)/ n. EL. MECC. adattatore m.

add /æd/ tr. **1** aggiungere (**onto, to** a); ***to ~ that*** aggiungere che **2** MAT. (anche **~ together**) addizionare, sommare; ***to ~ sth. to*** sommare qcs. a [*figure, total*].
▪ **add on:** ~ [sth.] on, ~ on [sth.] aggiungere [qcs.] a.
▪ **add up:** ~ up [sth.], ~ [sth.] up addizionare, sommare [*cost, numbers*]; ~ up [*facts, figures*] tornare, quadrare; ***it doesn't ~ up*** i conti non tornano (anche FIG.); ***it all ~s up!*** *(make sense)* tutto quadra! i conti tornano! ***to ~ up to*** [*total*] ammontare a [*number*].

added /'ædɪd/ **I** p.pass. → **add II** agg. supplementare, in più; ***~ to which...*** in aggiunta a ciò...

addendum /ə'dendəm/ n. (pl. **-a**) aggiunta f., appendice f. (**to** a).

1.adder /'ædə(r)/ n. *(snake)* vipera f.

2.adder /'ædə(r)/ n. INFORM. addizionatore m.

addict /'ædɪkt/ n. *(drug-user)* tossicomane m. e f.; ***coffee ~*** COLLOQ. SCHERZ. *(person)* caffettiera; ***telly ~*** COLLOQ. teledipendente.

addicted /ə'dɪktɪd/ agg. ***to be ~*** avere dipendenza (**to** da); FIG. essere fanatico (**to** di).

addiction /ə'dɪkʃn/ n. **1** *(to alcohol, drugs)* dipendenza f. (**to** da); ***drug ~*** tossicodipendenza **2** FIG. *(to chocolate)* passione f. (**to** per).

addictive /ə'dɪktɪv/ agg. **1** [*drug, substance*] che dà dipendenza **2** FIG. ***to be ~*** [*chocolate, power*] essere (come) una droga.

adding machine n. (macchina) addizionatrice f.

Addis Ababa /ˌædɪs'æbəbə/ ➧ ***34*** n.pr. Addis Abeba f.

addition /ə'dɪʃn/ n. **1** *(to list, house)* aggiunta f.; *(to team, range)* (ultimo) acquisto m. **2** U *(process of adding)* addizione f., somma f. (anche MAT.) **3 in addition** in aggiunta, inoltre **4 in addition to** in aggiunta a, oltre a.

additional /ə'dɪʃənl/ agg. addizionale, aggiuntivo, supplementare.

additionally /ə'dɪʃənəlɪ/ avv. *(moreover)* in più, inoltre; *(also)* in più.

additive /'ædɪtɪv/ n. additivo m.

addle /'ædl/ tr. confondere [*brain*].

addled /'ædld/ **I** p.pass. → **addle II** agg. [*egg*] marcio; FIG. [*brain*] confuso.

add-on /'ædɒn/ agg. accessorio.

1.address /ə'dres, AE 'ædres/ n. **1** *(place of residence)* indirizzo m.; ***to change (one's) ~*** cambiare indirizzo **2** *(speech)* discorso m. (**to** a) **3** *(as etiquette)* ***form of ~ (for sb.)*** formula con cui ci si rivolge (a qcn.).

2.address /ə'dres/ **I** tr. **1** *(write address on)* indirizzare [*parcel, letter*]; ***to ~ sth. to sb.*** indirizzare qcs. a qcn.; ***to be wrongly ~ed*** avere l'indirizzo sbagliato **2** *(speak to)* rivolgersi, indirizzarsi a [*group*]; ***to ~ sb. as*** rivolgersi a qcn. chiamandolo **3** *(aim)* rivolgere [*remark, complaint*] (**to** a) **4** *(tackle)* affrontare, occuparsi di [*question, problem*] **II** rifl. ***to ~ oneself to sth.*** dedicarsi a, occuparsi di [*question, problem*].

address book n. rubrica f. (degli indirizzi).

addressee /ˌædre'siː/ n. destinatario m. (-a).

addressing /ə'dresɪŋ, AE 'ædresɪŋ/ n. INFORM. indirizzamento m.

adduce /ə'djuːs, AE ə'duːs/ tr. FORM. addurre [*evidence, reason*].

Adela /'ædɪlə/ n.pr. Adele.

adenoids /'ædɪnɔɪdz, AE -dən-/ n.pl. adenoidi f.

adenoma /ˌædɪ'nəʊmə/ ➧ ***11*** n. (pl. **~s, -ata**) adenoma m.

adept I /ə'dept/ agg. [*cook, gardener*] esperto **II** /'ædept/ n. esperto m. (-a).

adequacy /'ædɪkwəsɪ/ n. *(of sum, description)* adeguatezza f.; *(of person) (for job)* competenza f.

adequate /'ædɪkwət/ agg. **1** [*funds, supply, staff*] sufficiente (**for** a, per; **to do** a, per fare) **2** [*punishment, arrangements*] adeguato, opportuno; [*explanation, performance*] soddisfacente **3** ***to be ~*** [*person*] essere adatto (**to** a), essere all'altezza (**to** di).

adequately /'ædɪkwətlɪ/ avv. **1** [*pay, describe*] adeguatamente **2** [*prepared, equipped*] adeguatamente, sufficientemente.

adhere /əd'hɪə(r)/ intr. aderire (**to** a); ***to ~ to*** FIG. aderire a, essere fedele a [*belief, policy*]; attenersi a [*rule, standards*].

adherence /əd'hɪərəns/ n. *(to belief)* fedeltà f.; *(to policy, plan)* adesione f.

adherent /əd'hɪərənt/ n. *(of party, policy, doctrine)* aderente m. e f.; *(of cult)* fedele m. e f.

adhesion /əd'hiːʒn/ n. aderenza f. (anche MED.).

adhesive /əd'hiːsɪv/ **I** agg. adesivo; ***~ tape*** nastro adesivo, Scotch®; ***self~*** autoadesivo **II** n. adesivo m.

ad hoc /ˌæd'hɒk/ agg. ad hoc; ***on an ~ basis*** a seconda dei casi, caso per caso.

adieu /ə'djuː, AE ə'duː/ n. (pl. **~s, ~x**) addio m.; ***to bid sb. ~*** dire addio a qcn.

ad infinitum /ˌædˌɪnfɪ'naɪtəm/ avv. [*continue, extend*] all'infinito.

adipose /'ædɪpəʊs/ agg. adiposo.

adjacent /ə'dʒeɪsnt/ agg. adiacente (**to** a).

adjectival /ˌædʒək'taɪvl/ agg. aggettivale.

adjective /'ædʒɪktɪv/ n. aggettivo m.

adjoin /ə'dʒɔɪn/ **I** tr. [*room, building*] essere contiguo, attiguo a; [*land*] confinare con **II** intr. [*rooms, buildings*] essere contigui, attigui; [*land*] essere confinante.

adjoining /ə'dʒɔɪnɪŋ/ agg. [*building, room*] contiguo; [*land*] confinante.

adjourn /ə'dʒɜːn/ **I** tr. aggiornare, rinviare [*trial, meeting*] (**for** per; **until** a); ***the session was ~ed*** la seduta è stata aggiornata **II** intr. **1** *(suspend proceedings)* aggiornarsi (**for** per); ***Parliament ~ed*** *(for break)* il Parlamento ha sospeso la seduta, i lavori; *(at end of debate)* il Parlamento ha chiuso la seduta, i lavori **2** SCHERZ. *(move on)* trasferirsi, spostarsi (**to** a, in).

adjournment /ə'dʒɜːnmənt/ n. *(of trial, session)* aggiornamento m., rinvio m.

adjudge /ə'dʒʌdʒ/ tr. DIR. **1** *(decree)* dichiarare, sentenziare (**that** che) **2** *(award)* imputare [*costs*]; accordare [*damages*].

adjudicate /ə'dʒuːdɪkeɪt/ **I** tr. fare da giudice in [*contest*]; giudicare [*case, claim*] **II** intr. ***to ~ on sth.*** pronunciarsi, emettere una sentenza su qcs.

adjudication /əˌdʒuːdɪ'keɪʃn/ n. **1** *(of contest)* (il) fare da giudice **2** DIR. giudizio m., sentenza f.; ***under ~*** all'esame del giudice.

adjudicator /ə'dʒuːdɪkeɪtə(r)/ n. giudice m.

adjunct /'ædʒʌŋkt/ n. **1** *(addition)* aggiunta f. (**of** di; **to** a) **2** *(person)* subalterno m. (-a) (**of, to** di).

adjust /ə'dʒʌst/ **I** tr. **1** regolare [*level, position, speed*]; mettere a punto, registrare [*machine*]; variare, modificare [*price, rate, timetable*]; aggiustarsi [*clothing*]; rettificare [*figures*]; ***to ~ [sth.] upwards, downwards*** aumentare, diminuire [*salary, sum*] **2** [*insurance company*] liquidare [*claim*] **II** intr. [*person*] adattarsi (**to** a); [*seat*] essere regolabile.

adjustable /ə'dʒʌstəbl/ agg. [*appliance, position, seat*] regolabile; [*timetable, rate*] variabile, modificabile.

adjustable spanner, **adjustable wrench** n. chiave f. registrabile.

adjustment /ə'dʒʌstmənt/ n. **1** *(of rates, charges)* variazione f., modifica f.; *(of control, machine)* regolazione f. **2** *(mental, physical)* adattamento m.; ***to make the ~ to*** adattarsi a [*culture, lifestyle*] **3** *(of claim)* liquidazione f.

adjutant /'ædʒʊtənt/ ➧ ***23*** n. MIL. *(officer)* aiutante m.

1.ad-lib /ˌæd'lɪb/ **I** n. *(on stage)* improvvisazione f.; *(witticism)* arguzia f. **II** agg. [*comment, performance*] improvvisato **III** avv. [*perform, speak*] improvvisando, a braccio.

2.ad-lib /ˌæd'lɪb/ tr. e intr. (forma in -ing ecc. **-bb-**) improvvisare.

adman /'ædmən/ ➧ ***27*** n. (pl. **-men**) COLLOQ. pubblicitario m.

admin /'ædmɪn/ n. BE COLLOQ. (accorc. administration) amministrazione f.

administer /əd'mɪnɪstə(r)/ tr. **1** (anche **administrate**) *(manage)* amministrare, gestire [*company, affairs, estate*]; gestire [*project*] **2** *(dispense)* infliggere [*punishment*]; somministrare [*medicine*]; amministrare [*justice*]; RELIG. amministrare [*sacrament*].

administration /ədˌmɪnɪ'streɪʃn/ n. **1** *(of business, funds)* amministrazione f., gestione f.; *(of hospital, school, territory)* amministrazione f.; *(of justice)* amministrazione f. **2** *(government)* C amministrazione f., governo m. **3** *(paperwork)* attività f. amministrativa, amministrazione f.

administration building, **administration block** n. uffici m.pl. amministrativi.

administration costs n.pl. spese f. di amministrazione.

administrative /əd'mɪnɪstrətɪv, AE -streɪtɪv/ agg. amministrativo.
administrator /əd'mɪnɪstreɪtə(r)/ ♦ *27* n. **1** COMM. amministratore m. (-trice) (**for, of** di); ***sales ~*** direttore delle vendite **2** *(of hospital, school, theatre)* amministratore m. (-trice).
admirable /'ædmərəbl/ agg. ammirevole.
admirably /'ædmərəblɪ/ avv. ammirevolmente.
admiral /'ædmərəl/ ♦ *23* n. MIL. MAR. ammiraglio m.; ***fleet ~*** AE, ***~ of the fleet*** BE Grande Ammiraglio.
admiralty /'ædmərəltɪ/ n. **1** MIL. *(rank of admiral)* ammiragliato m. **2** GB STOR. ammiragliato m. (ministero della Marina).
admiration /ˌædmə'reɪʃn/ n. ammirazione f.; ***to look at sb., sth. with*** o ***in ~*** guardare qcn., qcs. con ammirazione.
admire /əd'maɪə(r)/ tr. ammirare [*person, painting*]; ***to be ~d by sb.*** essere ammirato da qcn.
admirer /əd'maɪərə(r)/ n. **1** ammiratore m. (-trice) **2** *(lover)* corteggiatore m. (-trice).
admiring /əd'maɪərɪŋ/ agg. ammirativo, pieno di ammirazione.
admiringly /əd'maɪərɪŋlɪ/ avv. [*look, say*] con ammirazione.
admissible /əd'mɪsəbl/ agg. ammissibile.
admission /əd'mɪʃn/ **I** n. **1** *(entry)* ammissione f., ingresso m.; ***~ to a country, an organization*** ingresso in un paese, ammissione in un'organizzazione; ***to refuse sb. ~*** vietare l'ingresso a qcn.; ***no ~*** ingresso vietato (**to** a) **2** *(fee)* ingresso m. **3** *(confession)* ammissione f., confessione f.; ***by his own ~*** come lui stesso ha ammesso **II admissions** n.pl. **1** UNIV. iscrizioni f. **2** MED. ricoveri m.
admissions office n. UNIV. = ufficio iscrizioni.
admissions officer ♦ *27* n. UNIV. = responsabile dell'ufficio iscrizioni.
admit /əd'mɪt/ **I** tr. (forma in -ing ecc. **-tt-**) **1** *(accept)* ammettere, riconoscere [*mistake, fact*]; ***to ~ that*** ammettere *o* riconoscere che; ***it is annoying, I (must, have to) ~*** è fastidioso, devo ammetterlo; ***to ~ defeat*** accettare la sconfitta **2** *(confess)* confessare [*crime*]; ammettere, confessare, riconoscere [*guilt*] **3** *(allow to enter)* ammettere [*person*] (**into** in, a); ***"dogs not ~ted"*** "vietato l'ingresso ai cani"; ***to be ~ted to hospital*** essere ricoverato **II** intr. (forma in -ing ecc. **-tt-**) *(allow)* ***~ of*** FORM. ammettere.
■ **admit to:** ***~ to [sth.]*** ammettere, riconoscere [*error, fact*]; ***~ to doing*** ammettere, riconoscere di fare, di aver fatto.
admittance /əd'mɪtns/ n. ammissione f., entrata f., ingresso m.; ***no ~*** ingresso vietato.
admittedly /əd'mɪtɪdlɪ/ avv. ***~, he did lie but...*** bisogna ammettere che ha mentito, ma...
admixture /æd'mɪkstʃə(r)/ n. FORM. **1** *(mixing)* mescolanza f. **2** *(added element)* ingrediente m.
admonish /əd'mɒnɪʃ/ tr. FORM. ammonire.
admonition /ˌædmə'nɪʃn/ n. FORM. *(reprimand)* ammonizione f., ammonimento m.; MIL. *(warning)* ammonizione f., richiamo m.
admonitory /əd'mɒnɪtrɪ, AE -tɔ:rɪ/ agg. FORM. ammonitorio.
ad nauseam /ˌæd'nɔ:zɪæm/ avv. [*discuss, repeat*] fino alla nausea.
ado /ə'du:/ n. ***without more, further ~*** senza ulteriori indugi ♦ ***much ~ about nothing*** molto rumore per nulla.
adolescence /ˌædə'lesns/ n. adolescenza f.
adolescent /ˌædə'lesnt/ **I** agg. **1** *(teenage)* [*crisis, rebellion*] adolescenziale; [*years*] dell'adolescenza **2** *(childish)* [*behaviour*] da adolescente **II** n. adolescente m. e f.
Adolf /'ædɒlf/ n.pr. Adolfo.
Adonis /ə'dəʊnɪs/ **I** n.pr. MITOL. Adone **II** n. FIG. adone m.
adopt /ə'dɒpt/ tr. adottare [*child, method*]; assumere [*attitude, identity*]; scegliere [*candidate*]; approvare [*bill*].
adopted /ə'dɒptɪd/ **I** p.pass. → **adopt II** agg. [*child*] adottato; [*son, daughter*] adottivo.
adoption /ə'dɒpʃn/ **I** n. *(of child, identity, method)* adozione f. (**by** da parte di) **II** modif. [*papers, process*] per l'adozione.
adoption agency n. = istituto che si occupa delle adozioni.
adoptive /ə'dɒptɪv/ agg. adottivo.
adorable /ə'dɔ:rəbl/ agg. adorabile.
adoration /ˌædə'reɪʃn/ n. adorazione f.
adore /ə'dɔ:(r)/ tr. adorare (**to do, doing** fare).
adoring /ə'dɔ:rɪŋ/ agg. [*fan*] appassionato; [*look*] pieno di adorazione; ***she has got an ~ husband*** ha un marito che l'adora.
adoringly /ə'dɔ:rɪŋlɪ/ avv. con adorazione.
adorn /ə'dɔ:n/ tr. LETT. adornare [*building, room, walls*] (**with** di, con).
adornment /ə'dɔ:nmənt/ n. **1** *(object)* ornamento m. **2 U** *(art)* decorazione f.
adrenalin /ə'drenəlɪn/, **adrenaline** /ə'drenəli:n/ n. adrenalina f.; ***a rush, surge of ~*** una scarica di adrenalina.
Adrian /'eɪdrɪən/ n.pr. Adriano.
Adriatic /ˌeɪdrɪ'ætɪk/ ♦ *20* **I** agg. [*coast, resort*] adriatico **II** n.pr. ***the ~ (Sea)*** l'Adriatico, il Mare Adriatico.
adrift /ə'drɪft/ agg. e avv. **1** [*person, boat*] alla deriva; ***to go ~*** [*plan*] andare alla deriva **2** *(loose)* ***to come ~*** staccarsi (**of, from** da).
adroit /ə'drɔɪt/ agg. abile (**in, at** in, a; **in, at doing** a fare).
adroitly /ə'drɔɪtlɪ/ avv. abilmente.
adspeak /'ædspɪ:k/ n. linguaggio m. della pubblicità.
adulation /ˌædjʊ'leɪʃn, AE ˌædʒʊ-/ n. FORM. adulazione f.
adult /'ædʌlt, ə'dʌlt/ **I** agg. **1** [*population, animal*] adulto; [*class*] per adulti; [*behaviour, life*] adulto **2** EUFEM. *(pornographic)* [*film, magazine*] per adulti **II** n. adulto m. (-a); ***"~s only"*** "vietato ai minori di 18 anni", "solo per adulti".
Adult Education n. GB educazione f. permanente.
adulterate /ə'dʌltəreɪt/ tr. adulterare [*food, wine*].
adulteration /əˌdʌltə'reɪʃn/ n. adulterazione f.
adulterer /ə'dʌltərə(r)/ n. adultero m.
adulteress /ə'dʌltərɪs/ n. adultera f.
adulterous /ə'dʌltərəs/ agg. [*person*] adultero; [*relationship*] adulterino.
adultery /ə'dʌltərɪ/ n. adulterio m.
adulthood /'ædʌlthʊd/ n. **U** età f. adulta.
adult literacy n. GB ***~ classes*** corsi di alfabetizzazione per adulti.
adumbrate /'ædʌmbreɪt/ tr. FORM. *(outline)* abbozzare; *(foreshadow)* adombrare, fare presagire.
1.advance /əd'vɑ:ns, AE -'væns/ **I** n. **1** *(forward movement)* avanzamento m.; MIL. avanzata f.; FIG. *(of civilization, in science)* avanzamento m., progresso m. **2** *(sum of money)* anticipo m., acconto m. (**on** su) **3** *(increase)* aumento m.; ***any ~ on £ 100?*** *(at auction etc.)* 100 sterline, chi offre di più? **4 in advance** [*book, notify, pay*] in anticipo, anticipatamente; ***a month in ~*** un mese in anticipo; ***here's £ 30 in ~*** ecco 30 sterline di anticipo *o* in acconto **5 in advance of** prima di, in anticipo rispetto a [*person*] **II advances** n.pl. *(sexual)* avances f.; *(other contexts)* approcci m.; ***to make ~s to sb.*** *(sexually)* fare delle avances a qcn.
2.advance /əd'vɑ:ns, AE -'væns/ **I** tr. **1** *(move forward)* mandare avanti [*tape*]; mettere avanti [*clock*]; MIL. (far) avanzare [*troops*]; ***to ~ one's career*** fare carriera **2** *(put forward)* avanzare [*theory*] **3** *(promote)* promuovere [*cause*] **4** *(move to earlier date)* anticipare [*time, date*] (**to** a) **5** *(pay up front)* anticipare [*sum*] (**to** a) **II** intr. **1** *(move forward)* [*person*] avanzare (**on, towards** verso); MIL. [*army*] avanzare (**on** su) **2** *(progress)* [*civilization, knowledge*] progredire, fare progressi; ***to ~ in one's career*** fare carriera **3** *(increase)* [*prices*] aumentare.
advance booking n. prenotazione f.
advance booking office n. ufficio m. prenotazioni.
advanced /əd'vɑ:nst, AE -'vænst/ **I** p.pass. → **2.advance II** agg. [*course, class, student*] (di livello) avanzato, superiore; [*level*] avanzato; [*equipment*] sofisticato; [*technology, research*] avanzato, all'avanguardia.
Advanced Level n. GB → **A-level.**
advancement /əd'vɑ:nsmənt, AE -'væns-/ n. *(of cause etc.)* promozione f.; *(of science)* progresso m., avanzamento m.
advance party n. MIL. reparto m. d'avanguardia.
advance payment n. COMM. ECON. pagamento m. anticipato.
advance warning n. preavviso m.
advantage /əd'vɑ:ntɪdʒ, AE -'vænt-/ n. **1** vantaggio m.; ***to gain the ~*** avvantaggiarsi, prendere vantaggio; ***there is an ~, no ~ in doing*** c'è un vantaggio, non c'è alcun vantaggio nel fare **2** *(asset)* ***"computing experience an ~"*** *(in job ad)* "l'esperienza informatica rappresenta un requisito preferenziale"

3 *(profit)* ***it is to his ~ to do*** è nel suo interesse fare; ***to turn a situation to one's ~*** volgere la situazione a proprio vantaggio 4 *(best effect)* ***to show sth. to (best) ~*** mostrare qcsa nella luce migliore 5 ***to take ~ of*** approfittare di, trarre profitto da, sfruttare [*situation, offer*]; *(unfairly)* approfittare di, sfruttare [*person*] 6 *(in tennis)* vantaggio m. 7 SPORT ***Italy's 3-point ~*** il vantaggio di tre punti dell'Italia.
advantageous /ˌædvənˈteɪdʒəs/ agg. vantaggioso, proficuo (to per; **to do** fare).
advent /ˈædvent/ n. *(of person)* arrivo m.; *(of technique, product)* avvento m.
Advent /ˈædvent/ **I** n.pr. RELIG. Avvento m. **II** modif. [*Sunday*] d'Avvento; [*calendar*] dell'Avvento.
Adventist /ˈædventɪst/ n. avventista m. e f.
adventitious /ˌædvenˈtɪʃəs/ agg. FORM. casuale, occasionale.
adventure /ədˈventʃə(r)/ **I** n. avventura f. **II** modif. [*story, film*] d'avventura.
adventure playground n. BE = campo giochi per bambini (con strutture che stimolano il gioco di movimento e l'invenzione di scenari di fantasia).
adventurer /ədˈventʃərə(r)/ n. avventuriero m. (anche SPREG.).
adventuress /ədˈventʃərɪs/ n. (pl. **~es**) avventuriera f. (anche SPREG.).
adventurous /ədˈventʃərəs/ agg. [*person, life*] avventuroso.
adverb /ˈædvɜːb/ n. avverbio m.
adverbial /ədˈvɜːbɪəl/ agg. avverbiale.
adversarial /ˌædvəˈseərɪəl/ agg. DIR. accusatorio.
adversary /ˈædvəsərɪ, AE -serɪ/ n. avversario m. (-a), antagonista m. e f.
adverse /ˈædvɜːs/ agg. [*reaction, conditions*] avverso, ostile; [*publicity*] sfavorevole (**to** a, per); [*effect, consequences*] negativo (**to** per).
adversity /ədˈvɜːsətɪ/ n. **1** U *(misfortune)* avversità f.pl. **2** *(instance of misfortune)* disgrazia f., sfortuna f.
advert /ˈædvɜːt/ n. BE COLLOQ. *(in newspaper)* annuncio m.; *(in personal column)* annuncio m. personale; *(on TV)* pubblicità f.
advertise /ˈædvətaɪz/ **I** tr. **1** *(for publicity)* fare pubblicità a, reclamizzare [*product, service*]; annunciare, rendere noto [*price, rate*] **2** *(for sale, applications)* mettere, (far) pubblicare un annuncio per [*car, house, job, vacancy*] **3** *(make known)* segnalare [*presence*]; palesare, manifestare [*ignorance, weakness*]; ***to ~ (the fact) that*** rendere noto che **II** intr. **1** *(for sales, publicity)* fare pubblicità **2** *(for staff)* pubblicare un annuncio.
advertisement /ədˈvɜːtɪsmənt, AE ˌædvərˈtaɪzmənt/ n. **1** *(for product)* annuncio m. pubblicitario, pubblicità f. (**for** di); *(for event)* pubblicità f. (**for** di); ***a beer ~*** la pubblicità di una birra; ***a good, bad ~ for*** FIG. una buona, cattiva pubblicità per *o* a **2** *(to sell house, car, get job)* annuncio m., inserzione f.; *(in small ads)* piccola pubblicità f.
advertiser /ˈædvətaɪzə(r)/ ➧ *27* n. *(agent)* pubblicitario m. (-a); *(in newspaper)* AE inserzionista m. e f.
advertising /ˈædvətaɪzɪŋ/ n. U *(activity, advertisements)* pubblicità f.; ***beer ~*** la pubblicità della birra; ***TV, newspaper ~*** la pubblicità in TV, sui giornali.
advertising agency n. agenzia f. pubblicitaria.
advertising agent ➧ *27* n. agente m. e f. pubblicitario (-a).
advertising campaign n. campagna f. pubblicitaria.
advertising executive ➧ *27* n. direttore m. (-trice) pubblicitario (-a).
advertising industry n. (industria della) pubblicità f.
advertising man ➧ *27* n. (pl. **advertising men**) pubblicitario m.
Advertising Standards Authority n. BE AMM. COMM. = organismo di autodisciplina pubblicitaria.
advice /ədˈvaɪs/ n. **1** U *(informal)* consiglio m., consigli m.pl. (**on, about** su, riguardo a); ***a word*** o ***piece of ~*** un consiglio; ***to give sb. ~*** dare consigli a qcn.; ***to take*** o ***follow sb.'s ~*** seguire i consigli di qcn.; ***to do sth. on sb.'s ~*** fare qcs. su consiglio di qcn.; ***it was good ~*** era un buon consiglio; ***if you want my ~*** se vuoi la mia opinione **2** U *(professional)* ***to seek legal, medical ~*** chiedere il parere di *o* consultare un avvocato, un medico; ***get expert ~*** consultate uno specialista **3** COMM. avviso m.; ***~ of delivery*** avviso di consegna *o* ricevuta di ritorno.
advisability /ədˌvaɪzəˈbɪlətɪ/ n. opportunità f. (**of doing** di fare).
advisable /ədˈvaɪzəbl/ agg. ***it is ~ to do*** è consigliabile *o* opportuno fare.
advise /ədˈvaɪz/ **I** tr. **1** *(give advice to)* consigliare, dare consigli a (**about** su); ***to ~ sb. to do*** consigliare a qcn. di fare; ***to ~ sb. against doing sth.*** sconsigliare a qcn. di fare qcs.; ***to ~ sb. of*** avvertire di [*risk, danger*]; ***you are ~d to...*** si prega *o* si raccomanda di... **2** *(recommend)* consigliare, raccomandare [*course of action*] **3** FORM. *(inform)* informare, avvisare (**of** di) **II** intr. ***to ~ on sth.*** *(give advice)* consigliare su qcs.; *(inform)* informare su qcs.
advisedly /ədˈvaɪzɪdlɪ/ avv. [*say*] con cognizione di causa; deliberatamente.
adviser, advisor /ədˈvaɪzə(r)/ n. consigliere m. (-a), consulente m. e f. (**to** di).
advisory /ədˈvaɪzərɪ/ agg. [*role, committee*] consultivo; ***in an ~ capacity*** in veste di consulente.
advisory group n. comitato m. consultivo.
advisory service n. servizio m. di consulenza.
advocacy /ˈædvəkəsɪ/ n. U **1** perorazione f., difesa f. **2** DIR. avvocatura f., patrocinio m.
1.advocate /ˈædvəkət/ n. **1** ➧ *27* DIR. avvocato m. (-essa) **2** *(supporter)* sostenitore m. (-trice), fautore m. (-trice).
2.advocate /ˈædvəkeɪt/ tr. sostenere; ***~ abolishing sth.*** sostenere l'abolizione di qcs.
adze, adz AE /ædz/ n. ascia f. (per carpenteria).
AEA n. GB (⇒ Atomic Energy Authority) = ente per l'energia atomica.
AEC n. US (⇒ Atomic Energy Commission) = commissione per l'energia atomica.
Aegean /iːˈdʒiːən/ ➧ *20* **I** agg. egeo **II** n.pr. ***the ~*** l'Egeo.
aegis /ˈiːdʒɪs/ n. ***under the ~ of*** sotto l'egida di.
Aeneas /ɪˈniːəs/ n.pr. Enea.
aeon, eon AE /ˈiːən/ n. eon m., eone m.; ***~s ago*** FIG. COLLOQ. milioni di anni fa.
aerate /ˈeəreɪt/ tr. **1** aerare [*soil*] **2** *(make effervescent)* gassare [*liquid*] **3** ossigenare [*blood*].
aeration /eəˈreɪʃn/ n. **1** *(of soil)* aerazione f. **2** *(of liquid)* gassatura f. **3** *(of blood)* ossigenazione f.
1.aerial /ˈeərɪəl/ n. antenna f.; ***TV ~*** antenna della televisione; ***satellite ~*** parabola *o* antenna parabolica, satellitare.
2.aerial /ˈeərɪəl/ agg. aereo.
aerial camera n. macchina f. aerofotografica.
aerial warfare n. guerra f. aerea.
aerie AE → **eyrie**.
aerobatics /ˌeərəˈbætɪks/ n. **1** *(performance)* + verbo sing. acrobatica f. aerea **2** *(manoeuvres)* + verbo pl. acrobazie f. aeree.
aerobics /eəˈrəʊbɪks/ ➧ *10* **I** n. + verbo sing. (ginnastica) aerobica f. **II** modif. [*class, routine*] di aerobica.
aerodrome /ˈeərədrəʊm/ n. BE aerodromo m.
aerodynamic /ˌeərəʊdaɪˈnæmɪk/ agg. aerodinamico.
aerodynamics /ˌeərəʊdaɪˈnæmɪks/ n. **1** *(science)* + verbo sing. aerodinamica f. **2** *(styling)* + verbo sing. aerodinamicità f.
aerofoil /ˈeərəfɔɪl/ n. superficie f. aerodinamica, portante.
aerogram(me) /ˈeərəgræm/ n. aerogramma m.
aeronautic(al) /ˌeərəˈnɔːtɪk(l)/ agg. [*skill, college*] aeronautico; [*magazine*] di aeronautica.
aeronautic(al) engineer ➧ *27* n. ingegnere m. aeronautico.
aeronautic(al) engineering n. ingegneria f. aeronautica.
aeronautics /ˌeərəˈnɔːtɪks/ n. + verbo sing. aeronautica f.
aeroplane /ˈeərəpleɪn/ n. BE aereo m., aeroplano m.
aerosol /ˈeərəsɒl, AE -sɔːl/ **I** n. *(spray can, system)* aerosol m. **II** modif. [*paint, deodorant*] (in) aerosol, spray.
aerospace /ˈeərəʊspeɪs/ **I** n. *(industry)* industria f. aerospaziale **II** modif. [*engineer, company*] aerospaziale.
aerostat /ˈeərəstæt/ n. aerostato m.
aerostatic(al) /eərəˈstætɪk(l)/ agg. aerostatico.
aerostatics /eərəˈstætɪks/ n. + verbo sing. aerostatica f.
aesthete /ˈiːsθiːt/ n. esteta m. e f.
aesthetic /iːsˈθetɪk/ n. estetica f.
aesthetically /iːsˈθetɪklɪ/ avv. [*satisfying*] esteticamente, dal punto di vista estetico; [*restore*] con gusto.
aestheticism /iːsˈθetɪsɪzəm/ n. *(doctrine)* estetismo m.; *(taste)* senso m. estetico.

aesthetics /iːs'θetɪks/ n. **1** *(concept)* + verbo sing. estetica f. **2** *(aspects of appearance)* + verbo pl. estetica f.sing.
af ⇒ audio frequency audiofrequenza.
afar /ə'fɑː(r)/ avv. LETT. lontano, lungi; ***from ~*** da lontano.
affability /ˌæfə'bɪlətɪ/ n. affabilità f.
affable /'æfəbl/ agg. affabile.
affair /ə'feə(r)/ **I** n. **1** *(event, incident)* affare m., evento m., vicenda f.; ***the Haltrey ~*** l'affare Haltrey **2** *(matter)* affare m., faccenda f., questione f.; ***at first the conflict seemed a small ~*** all'inizio il conflitto sembrava una questione di poco conto; ***state of ~s*** situazione **3** *(relationship)* relazione f. (amorosa); *(casual)* avventura f. **4** *(concern)* ***it's my ~*** è affar mio **II affairs** n.pl. **1** POL. GIORN. affari m.; ***foreign ~s*** affari esteri; ***~s of state*** affari di stato; ***he deals with consumer ~s*** si occupa dei problemi dei consumatori **2** *(business)* affari m.
1.affect /ə'fekt/ tr. **1** *(influence)* [*decision, event, issue*] riguardare, toccare, concernere [*person, region*]; [*strike, cuts*] avere effetti su, ripercuotersi su [*group*]; [*factor*] incidere su, influire su, ripercuotersi su [*earnings, job, state of affairs*] **2** *(emotionally)* [*news, discovery*] colpire, impressionare **3** MED. *(afflict)* colpire [*person*]; colpire, interessare [*heart, liver, faculty*].
2.affect /ə'fekt/ tr. FORM. *(feign)* affettare; fingere [*surprise, ignorance*]; simulare [*accent*].
affectation /ˌæfek'teɪʃn/ n. affettazione f.
1.affected /ə'fektɪd/ **I** p.pass. → **1.affect II** agg. **1** *(influenced) (by event, decision)* interessato; *(adversely)* colpito **2** *(emotionally)* commosso, colpito **3** MED. [*person*] colpito; [*part*] colpito, interessato.
2.affected /ə'fektɪd/ **I** p.pass. → **2.affect II** agg. **1** SPREG. *(mannered)* affettato **2** SPREG. *(feigned)* finto, falso.
affection /ə'fekʃn/ n. **1** affetto m. (**for sb.** per qcn.) **2** *(disease)* affezione f.
affectionate /ə'fekʃənət/ agg. [*child, animal*] affettuoso; [*memory, account, picture*] tenero, affettuoso.
affectionately /ə'fekʃənətlɪ/ avv. [*smile, speak*] affettuosamente; ***yours ~*** *(ending letter)* affettuosamente tuo, suo *o* affettuosi saluti *o* con affetto.
affidavit /ˌæfɪ'deɪvɪt/ n. affidavit m.; ***to swear an ~*** fare una dichiarazione giurata.
1.affiliate /ə'fɪlɪeɪt/ n. filiale f.; società f. affiliata.
2.affiliate /ə'fɪlɪeɪt/ **I** tr. affiliare, associare (**to, with** a) **II** intr. *(combine)* affiliarsi, associarsi (**with** a).
affiliation /əˌfɪlɪ'eɪʃn/ n. affiliazione f.
affiliation order n. = ingiunzione al genitore naturale per il mantenimento del minore.
affinity /ə'fɪnətɪ/ n. **1** *(attraction)* affinità f. (**with, for** con) **2** *(resemblance)* affinità f., somiglianza f. (**to, with** con) **3** DIR. affinità f., parentela f. acquisita **4** CHIM. affinità f.
affirm /ə'fɜːm/ tr. **1** *(state positively)* affermare **2** *(state belief in)* sostenere [*right, policy*] **3** *(confirm, strengthen)* confermare [*support, popularity*] **4** DIR. = dichiarare senza prestare giuramento.
affirmation /ˌæfə'meɪʃn/ n. **1** affermazione f. **2** DIR. = dichiarazione solenne in sostituzione del giuramento.
affirmative /ə'fɜːmətɪv/ **I** agg. affermativo **II** n. ***in the ~*** [*reply, answer*] affermativamente.
1.affix /'æfɪks/ n. LING. affisso m.
2.affix /ə'fɪks/ tr. FORM. **1** attaccare [*stamp*] **2** apporre [*signature*].
afflict /ə'flɪkt/ tr. [*poverty, disease*] affliggere; ***to be ~ed by*** essere afflitto da [*grief, illness*].
affliction /ə'flɪkʃn/ n. **1** *(illness)* disturbo m. **2 U** *(suffering)* afflizione f., dolore m.
affluence /'æflʊəns/ n. **1** *(wealthiness)* ricchezza f., benessere m.; *(plenty)* abbondanza f., ricchezza f. **2** *(flow of people)* affluenza f., afflusso m.
affluent /'æflʊənt/ agg. [*person, area*] ricco; [*society*] affluente, opulento.
afflux /'æflʌks/ n. afflusso m.
afford /ə'fɔːd/ tr. **1** *(have money for)* ***to be able to ~ sth.*** potersi permettere qcs.; ***if I can ~ it*** se potrò permettermelo; ***to be able to ~ to do sth.*** *(as necessary expense)* riuscire a, farcela a fare qcs.; *(as chosen expense)* potersi permettere di fare qcs.; ***how can he ~ to buy such expensive clothes?*** come fa a comprare dei vestiti così cari? ***please give what you can ~*** date *o* donate secondo le vostre possibilità **2** *(spare)* ***to be able to ~*** disporre di [*space, time*] **3** *(risk)* ***to be able to ~ sth., to do*** permettersi qcs., di fare; ***he can ill ~ to wait*** non può permettersi di aspettare **4** FORM. ***to ~ sb. sth.*** offrire, fornire qcs. a qcn. [*protection, opportunity*]; procurare, dare qcs. a qcn. [*satisfaction*].
affordable /ə'fɔːdəbl/ agg. [*price*] accessibile; ***~ for all*** alla portata di tutti, per tutte le tasche.
afforest /ə'fɒrɪst, AE ə'fɔːr-/ tr. imboschire.
afforestation /əˌfɒrɪ'steɪʃn, AE əˌfɔːr-/ n. imboschimento m.
affranchise /ə'fræntʃaɪz/ tr. affrancare, liberare.
affray /ə'freɪ/ n. rissa f., tafferuglio m.
1.affront /ə'frʌnt/ n. affronto m., offesa f., insulto m.
2.affront /ə'frʌnt/ tr. gener. passivo offendere, insultare.
Afghan /'æfgæn/ ➧ ***18, 14*** **I** agg. (anche **Afghani**) afg(h)ano **II** n. **1** (anche **Afghani**) *(person)* Afg(h)ano m. (-a) **2** (anche **Afghani**) *(language)* afg(h)ano m. **3** *(coat)* (cappotto) afghano m.
Afghan hound n. levriero m. afg(h)ano.
Afghani /æf'gænɪ/ → **Afghan**.
Afghanistan /æf'gænɪstɑːn, -stæn/ ➧ ***6*** n.pr. Afghanistan m.
aficionado /əˌfɪsjə'nɑːdəʊ, əˌfɪʃj-/ n. (pl. **~s**) aficionado m. (-a), appassionato m. (-a), tifoso m. (-a).
afield /ə'fiːld/: **far afield** lontano; ***further ~*** più lontano; ***from as far ~ as China and India*** fin dalla Cina e dall'India.
afire /ə'faɪə(r)/, **aflame** /ə'fleɪm/ agg. e avv. LETT. in fiamme; ***to be ~ with enthusiasm*** ardere di entusiasmo; ***to set sth. ~*** dare alle fiamme qcs.
AFL-CIO n. AE (⇒ American Federation of Labor and Congress of Industrial Organizations) = federazione americana del lavoro e associazione delle organizzazioni industriali.
afloat /ə'fləʊt/ agg. e avv. **1** *(in water)* ***to stay ~*** stare a galla, galleggiare **2** *(financially)* ***to stay ~*** navigare in buone acque; ***to keep the economy ~*** mantenere in piedi l'economia **3** *(at sea, on the water)* in mare; ***a week ~*** una settimana in nave *o* in barca.
afoot /ə'fʊt/ agg. ***there is something, mischief ~*** sta per succedere qualcosa, guai in vista.
aforegoing /ə'fɔːgəʊɪŋ/ agg. FORM. precedente.
aforementioned /əˌfɔː'menʃənd/ agg. FORM. o DIR. summenzionato, suddetto.
aforesaid /ə'fɔːsed/ agg. FORM. o DIR. suddetto, predetto.
aforethought /ə'fɔːθɔːt/: **with malice ~** DIR. con premeditazione.
afraid /ə'freɪd/ agg. **1** *(frightened)* ***to be ~*** aver paura, timore (**of** di; **to do, of doing** di fare) **2** *(anxious)* ***to be ~*** temere (**for sb., sth.** per qcn., qcs.); ***I'm ~ it might rain*** temo che pioverà **3** *(in polite expressions of regret)* ***I'm ~ I can't come*** temo di non poter venire; ***"did they win?" - "I'm ~ not"*** "hanno vinto?" - "no, purtroppo"; ***I'm ~ the house is in a mess*** scusate il disordine in casa; ***"are you parking here?" - "I'm ~ so"*** "parcheggia qui?" "sì".
afresh /ə'freʃ/ avv. da capo, di nuovo; ***to start ~*** ricominciare da capo; *(in life)* ripartire da zero.
Africa /'æfrɪkə/ ➧ ***6*** n.pr. Africa f.
African /'æfrɪkən/ **I** agg. africano **II** n. africano m. (-a).
African-American, African American /ˌæfrɪkənə'merɪkən/ **I** agg. afroamericano **II** n. afroamericano m. (-a).
Afrikaans /ˌæfrɪ'kɑːns/ ➧ ***14*** n. afrikaans m.
Afrikaner /ˌæfrɪ'kɑːnə(r)/ ➧ ***18*** **I** agg. afrikan(d)er **II** n. afrikan(d)er m. e f.
Afro /'æfrəʊ/ n. (anche **~ haircut**) acconciatura f. afro.
Afro-American /ˌæfrəʊə'merɪkən/ **I** agg. afroamericano **II** n. afroamericano m. (-a).
Afro-Caribbean /ˌæfrəʊˌkærɪ'biːən/ agg. afrocaraibico.
aft /ɑːft, AE æft/ avv. a poppa.
1.after /'ɑːftə(r), AE 'æftər/ prep. **1** *(later in time than)* dopo; ***immediately ~ the strike*** immediatamente dopo lo sciopero; ***~ that date*** *(in future)* da lì in avanti; *(in past)* da allora, da quel giorno; ***it was ~ six o'clock*** erano le sei passate; ***~ that*** dopo di ciò; ***~ which*** dopo di che; ***the day ~ tomorrow*** dopodomani **2** *(given, in spite of)* ***~ the way he behaved*** dopo essersi comportato in quel modo; ***~ all we did for you!*** dopo tutto quello che abbiamo fatto per te! ***~ what she's been through?*** dopo tutto ciò che ha passato? **3**

(behind) ***to chase ~ sb.*** correre dietro a *o* inseguire qcn.; ***please shut the gate ~ you*** si prega di chiudere il cancello all'uscita **4** *(in pursuit of)* ***that's the house they're ~*** è la casa a cui sono interessati; ***the police are ~ him*** la polizia gli sta dando la caccia; ***it's me he's ~*** *(to settle score)* ce l'ha con me; ***to be ~ sb.*** COLLOQ. *(sexually)* correre dietro a qcn. **5** *(following in sequence, rank)* dopo; ***~ you!*** *(letting someone pass ahead)* dopo di lei! **6** *(in the direction of)* ***to stare ~ sb.*** seguire qcn. con lo sguardo; ***"don't forget!" Meg called ~ her*** "non dimenticarti!" Meg le urlò dietro **7** *(beyond)* dopo, oltre **8** *(stressing continuity)* ***day ~ day*** giorno dopo giorno; ***time ~ time*** più volte, ripetutamente; ***mile ~ mile of*** chilometri e chilometri di **9** *(about)* ***to ask ~ sb.*** chiedere di qcn. **10** *(in honour or memory of)* ***to name a child ~ sb.*** chiamare un bambino con il nome di *o* come qcn.; ***named ~*** [*street, institution*] intitolato a **11** *(in the manner of)* ***"~ Millet"*** "alla maniera di Millet" **12** AE *(past)* ***it's twenty ~ eleven*** sono le undici e venti **13 after all** dopo tutto; ***he decided not to stay ~ all*** alla (fin) fine decise di non restare.

2.after /ˈɑːftə(r), AE ˈæftər/ avv. **1** *(following time or event)* dopo, poi, in seguito; ***soon*** *o* ***not long ~*** subito *o* poco dopo; ***for weeks ~*** ancora per settimane **2** *(following specific time)* ***the year ~*** l'anno seguente; ***the day ~*** il giorno dopo, l'indomani.

3.after /ˈɑːftə(r), AE ˈæftər/ When *after* is used as a conjunction, it is translated by *dopo avere* (or *essere*) + past participle where the two verbs have the same subject: *after I've finished my book, I'll cook dinner* = dopo aver finito il libro, preparerò la cena; *after he had consulted Bill / after consulting Bill, he decided to accept the offer* = dopo avere consultato Bill, ha deciso di accettare l'offerta. - When the two verbs have different subjects, the translation is *dopo che* + indicative: *I'll lend you the book after Fred has read it* = ti presterò il libro dopo che Fred l'avrà letto (*or* l'ha letto). cong. **1** *(in sequence of events)* dopo (che); ***~ we had left we realized that*** dopo essere partiti ci siamo accorti che **2** *(given that, in spite of the fact that)* ***~ hearing all about him we want to meet him*** dopo tutto ciò che abbiamo sentito su di lui vogliamo incontrarlo; ***why did he do that ~ we'd warned him?*** perché l'ha fatto nonostante l'avessimo avvertito?

4.after /ˈɑːftə(r), AE ˈæftər/ agg. ***in ~ years*** negli anni seguenti.

afterbirth /ˈɑːftəˌbɜːθ, AE ˈæftə-/ n. = placenta e altri annessi fetali espulsi durante il secondamento.

aftercare /ˈɑːftəkeə(r), AE ˈæftə-/ n. MED. cure f.pl. postoperatorie.

after-dinner speaker n. = oratore che tiene un discorso al termine di un pranzo ufficiale.

after-effect /ˈɑːftəfekt, AE ˌæftə-/ n. MED. postumi m.pl. (**of** di) (anche FIG.).

afterglow /ˈɑːftəgləʊ, AE ˈæftə-/ n. U LETT. = ultimi bagliori del sole.

after hours n. **1** *(party, etc.)* after-hours m. **2** ECON. dopoborsa m.

afterlife /ˈɑːftəlaɪf, AE ˈæftə-/ n. vita f. dopo la morte, vita f. ultraterrena.

aftermath /ˈɑːftəmæθ, -mɑːθ, AE ˈæf-/ n. U conseguenze f.pl., strascichi m.pl.; ***in the ~ of*** in seguito a [*war, scandal, election*].

afternoon /ˌɑːftəˈnuːn, AE ˌæf-/ ➧ **4 I** n. pomeriggio m.; ***in the ~*** nel *o* di pomeriggio; ***at 2.30 in the ~*** alle 2 e 30 del pomeriggio; ***this ~*** questo *o* oggi pomeriggio; ***the following*** *o* ***next ~*** domani pomeriggio; ***on Friday ~s*** il venerdì pomeriggio; ***every Saturday ~*** tutti i sabati pomeriggio; ***to work ~s*** lavorare di pomeriggio **II** modif. [*shift*] di pomeriggio, pomeridiano; [*train*] del pomeriggio **III** inter. (anche **good ~**) buon pomeriggio.

afternoon tea n. tè m. (del pomeriggio).

afterpains /ˈɑːftəpeɪnz, AE ˈæf-/ n.pl. morsi m. uterini.

afters /ˈɑːftəz, AE ˈæf-/ n.pl. BE COLLOQ. dessert m.sing.

after-shave /ˈɑːftəʃeɪv, AE ˈæf-/ n. dopobarba m., aftershave m.

aftershock /ˈɑːftəʃɒk, AE ˈæf-/ n. **1** scossa f. di assestamento **2** FIG. conseguenze f.pl., ricadute f.pl.

after-sun /ˈɑːftəsʌn, AE ˈæf-/ agg. [*lotion, cream*] doposole.

aftertaste /ˈɑːftəteɪst, AE ˈæf-/ n. **1** retrogusto m. **2** FIG. ***the bitter ~ of defeat*** il sapore amaro della sconfitta.

after-tax /ˈɑːftətæks, AE ˈæf-/ agg. [*profits, earnings*] al netto delle imposte.

afterthought /ˈɑːftəθɔːt, AE ˈæf-/ n. ripensamento m.; ***as an ~*** ripensandoci.

afterwards /ˈɑːftəwədz, AE ˈæf-/ BE, **afterward** /ˈɑːftəwəd, AE ˈæf-/ AE avv. **1** *(after)* dopo; *(in a sequence of events)* poi, successivamente; ***not long ~*** poco dopo; ***directly*** o ***straight ~*** subito dopo **2** *(later)* dopo, più tardi; ***it was only ~ that I noticed*** fu solo più tardi che me ne resi conto **3** *(subsequently)* ***I regretted it ~*** in seguito me ne sono pentito.

AG n. (⇒ Attorney General) = GB il più alto magistrato della corona, membro della Camera dei Comuni e del governo; US procuratore generale e ministro della giustizia.

again /əˈgeɪn, əˈgen/ When used with a verb, *again* is often translated by adding the prefix *ri-* to the verb in Italian: *to start again* = ricominciare; *to marry again* = risposarsi; *I'd like to read that book again* = vorrei rileggere quel libro; *she never saw them again* = non li ha mai più rivisti. You can check *ri-* verbs by consulting the Italian side of the dictionary. - For other uses of *again* and for idiomatic expressions, see the entry below. avv. **1** di nuovo, ancora; ***once ~*** ancora una volta; ***yet ~ he refused*** ha rifiutato ancora; ***when you are well ~*** quando starai di nuovo bene; ***~ and ~*** ripetutamente, più volte; ***time and (time) ~*** molto spesso, più e più volte; ***what's his name ~?*** COLLOQ. com'è già che si chiama? **2** *(in negative sentences)* più; ***he never saw her ~*** non la rivide mai più; ***never ~!*** mai più! ***not ~!*** e dagli! e basta! **3** *(further)* **~, *you may think that*** inoltre, potreste pensare che; *(on the other hand)* ***(and) then ~, he may not*** (e) d'altra parte, è possibile che non lo faccia.

against /əˈgeɪnst, əˈgenst/ *Against* is translated by *contro* when it means *physically touching* or *in opposition to*: *against the wall* = contro il muro; *is he for or against independence?* = è pro o contro l'indipendenza? *the fight against inflation* = la lotta contro l'inflazione. - If you have any doubts about how to translate a fixed phrase or expression beginning with *against* (*against the tide, against the clock, against the grain, against all odds* etc.), you should consult the appropriate noun entry (**tide**, **grain**, **odds** etc.). - *Against* often appears in English with certain verbs (*turn against, compete against, discriminate against, stand out against* etc.): for translations you should consult the appropriate verb entry (**turn**, **compete**, **discriminate**, **stand** etc.). - *Against* often appears in English after certain nouns and adjectives (*protection against, a law against* etc.): for translations consult the appropriate entry (**protection**, **law** etc.). - For particular usages, see the entry below. prep. **1** *(physically)* contro; ***~ the wall*** contro il muro **2** *(objecting to)* ***I'm ~ it*** sono contro, contrario; ***I have nothing ~ it*** non ho niente in contrario; ***20 votes ~*** 20 voti contro; ***to be ~ the idea*** essere contrario all'idea; ***to be ~ doing*** essere contrario a fare **3** *(counter to, in opposition to)* contro; ***the conditions are ~ us*** le condizioni non ci sono favorevoli; ***the fight ~ inflation*** la lotta all'inflazione; ***~ the wind*** contro vento **4** *(compared to)* ***the pound fell ~ the dollar*** la sterlina è scesa rispetto al dollaro **5** *(in contrast to)* ***the blue looks pretty ~ the yellow*** il blu sta bene col giallo; ***~ a background of*** su uno sfondo di; ***~ the light*** (in) controluce; ***to stand out ~*** [*houses, trees etc.*] stagliarsi, spiccare contro [*sky, sunset*] **6** *(in exchange for)* in cambio di, contro.

Agamemnon /ˌægəˈmemnən/ n.pr. Agamennone.

agape /əˈgeɪp/ agg. e avv. a bocca aperta.

agate /ˈægət/ n. agata f.

Agatha /ˈægəθə/ n.pr. Agata.

agave /əˈgeɪvɪ/ n. agave f.

1.age /eɪdʒ/ ➧ **1** n. **1** *(length of existence)* età f.; ***she's your ~*** ha la tua età; ***to look one's ~*** dimostrare la propria età; ***she's twice his ~*** ha il doppio dei suoi anni; ***they are of an ~*** hanno la stessa età; ***act*** o ***be your ~!*** non fare il bambino! ***men of retirement ~*** uomini in età pensionabile; ***to come, be of ~*** diventare, essere maggiorenne; ***to be under ~*** DIR. essere minorenne **2** *(latter part of life)* età f., vecchiaia f.; ***with ~*** con l'età **3** *(era)* età f., era f., epoca f.; ***the computer ~*** l'era del computer; ***in this day and ~*** ai giorni nostri; ***through the ~s*** attraverso i secoli **4** COLLOQ. *(long time)* ***it's ~s since I've played golf*** sono secoli che non gioco a golf; ***it takes ~s*** o ***an ~ to*** ci vuole una vita per; ***I've been waiting for ~s*** aspetto da un'eternità.

2.age /eɪdʒ/ **I** tr. [*hairstyle, experiences etc.*] invecchiare [*person*]; ***to ~ sb. 10 years*** invecchiare qcn. di 10 anni **II** intr. [*person*] invecchiare.

age bracket n. → **age range.**

aged /ˈeɪdʒd/ **I** p.pass. → **2.age II** agg. **1** *(of an age)* ***~ between 20 and 25*** di età compresa tra i 20 e i 25 anni; ***a boy ~ 12*** un ragazzo di 12 anni **2** /ˈeɪdʒɪd/ *(old)* vecchio, anziano.

age group n. → **age range.**

ageing /ˈeɪdʒɪŋ/ **I** n. invecchiamento m. **II** agg. [*person, population*] che invecchia; [*vehicle, system*] vecchio; ***that hairstyle is really ~ on you*** quella pettinatura ti invecchia.

ageism /ˈeɪdʒɪzəm/ n. = discriminazione nei confronti degli anziani.

ageless /ˈeɪdʒlɪs/ agg. **1** *(not appearing to age)* sempre giovane, che non invecchia; *(of indeterminate age)* di età indefinibile, senza età **2** *(timeless)* eterno.

agency /ˈeɪdʒənsɪ/ n. **1** *(office)* agenzia f. **2** *(organization)* ente m., organismo m.; ***aid ~*** ente assistenziale **3** BE COMM. *(representing firm)* concessionario m., rappresentante m.; ***to have the sole ~ for*** avere la rappresentanza esclusiva di [*company, product*] **4** *(influence)* mediazione f., intervento m.; ***through an outside ~*** con la mediazione di terzi **5** FIS. GEOL. ***by the ~ of erosion*** per effetto dell'erosione.

agency fee n. commissione f. di agenzia.

agency nurse n. = infermiera assunta a tempo determinato tramite agenzia.

agenda /əˈdʒendə/ n. **1** AMM. ordine m. del giorno; ***on the ~*** all'ordine del giorno **2** FIG. *(list of priorities)* programma m., agenda f.; ***hidden ~*** fine nascosto, secondo fine; ***high on the political ~*** al primo posto sull'agenda politica.

agent /ˈeɪdʒənt/ n. **1** *(acting for customer, firm)* agente m. e f., rappresentante m. e f. (**for sb.** di qcn.); ***area, sole ~*** agente di zona, esclusivo; ***to go through an ~*** servirsi (dell'intermediazione) di un agente **2** POL. *(spy)* agente m. e f. **3** *(cause, means)* causa f., agente m. **4** CHIM. agente m. ♦ ***to be a free ~*** = essere libero da vincoli e da responsabilità.

age-old /ˌeɪdʒˈəʊld/ agg. antichissimo, molto vecchio.

age range n. fascia f. d'età.

agglomerate /əˈɡlɒməreɪt/ **I** tr. agglomerare **II** intr. agglomerarsi.

agglomeration /əˌɡlɒməˈreɪʃn/ n. agglomerazione f. (anche GEOL.).

agglutinate /əˈɡluːtɪneɪt/ **I** tr. LING. MED. agglutinare **II** intr. LING. agglutinarsi.

aggrandize /əˈɡrændaɪz/ tr. FORM. *(enlarge)* ingrandire; *(increase)* accrescere, incrementare.

aggrandizement /əˈɡrændɪzmənt/ n. FORM. *(enlargement)* ingrandimento m.; *(increase)* accrescimento m., incremento m.

aggravate /ˈæɡrəveɪt/ tr. **1** *(make worse)* aggravare, peggiorare [*situation, illness*] **2** *(annoy)* esasperare, irritare.

aggravated /ˈæɡrəveɪtɪd/ **I** p.pass → **aggravate II** agg. DIR. [*burglary, offence*] aggravato.

aggravating /ˈæɡrəveɪtɪŋ/ agg. **1** DIR. *(worsening)* aggravante **2** COLLOQ. *(irritating)* esasperante, irritante.

aggravation /ˌæɡrəˈveɪʃn/ n. **1 U** *(annoyance)* noie f.pl., seccature f.pl. **2** *(irritation)* irritazione f., esasperazione f. **3** *(worsening)* aggravamento m., peggioramento m.

1.aggregate /ˈæɡrɪɡət/ **I** agg. **1** [*amount, loss, profit*] totale, globale; [*data, demand, supply*] aggregato **2** SPORT [*score*] finale **II** n. **1** ECON. aggregato m.; ***in ~*** in totale, complessivamente **2** SPORT risultato m. finale; ***on ~*** BE in totale, sommando i risultati parziali.

2.aggregate /ˈæɡrɪɡeɪt/ tr. sommare [*points*]; aggregare [*data, people*].

aggression /əˈɡreʃn/ n. **1** aggressione f. **2** *(of person)* aggressività f.

aggressive /əˈɡresɪv/ agg. aggressivo.

aggressiveness /əˈɡresɪvnɪs/ n. aggressività f.

aggressor /əˈɡresə(r)/ n. aggressore m. (-ditrice).

aggrieved /əˈɡriːvd/ agg. **1** DIR. leso **2** *(resentful)* offeso, addolorato (**at** per).

aggro /ˈæɡrəʊ/ n. (pl. **~s**) BE COLLOQ. (accorc. aggression) **1** *(violence)* aggressione f. **2** *(hostility)* aggressività f., ostilità f.

aghast /əˈɡɑːst, AE əˈɡæst/ agg. mai attrib. atterrito, inorridito (**at** da).

agile /ˈædʒaɪl, AE ˈædʒl/ agg. agile.

agility /əˈdʒɪlətɪ/ n. agilità f.

aging → **ageing.**

agio /ˈædʒɪəʊ/ n. (pl. **~s**) aggio m.

agiotage /ˈædʒətɪdʒ/ n. aggiotaggio m.

agitate /ˈædʒɪteɪt/ **I** tr. **1** *(shake)* agitare, scuotere [*liquid*] **2** [*news, situation*] agitare, turbare [*person*] **II** intr. *(campaign)* unirsi in un'agitazione, mobilitarsi.

agitated /ˈædʒɪteɪtɪd/ **I** p.pass. → **agitate II** agg. agitato, turbato.

agitation /ˌædʒɪˈteɪʃn/ n. agitazione f. (anche POL.).

agitator /ˈædʒɪteɪtə(r)/ n. **1** *(person)* agitatore m. (-trice) **2** TECN. agitatore m.

AGM n. (⇒ Annual General Meeting) = assemblea generale annuale.

Agnes /ˈæɡnɪs/ n.pr. Agnese.

agnostic /æɡˈnɒstɪk/ **I** agg. agnostico **II** n. agnostico m. (-a).

agnosticism /æɡˈnɒstɪsɪzəm/ n. agnosticismo m.

ago /əˈɡəʊ/ avv. ***three weeks ~*** tre settimane fa; ***some time ~*** un po' di tempo fa; ***long ~*** molto tempo fa; ***how long ~?*** quanto tempo fa? ***as long ~ as 1986*** già nel 1986, fin dal 1986; ***they got married forty years ~ today*** fa quarant'anni oggi che sono sposati.

agog /əˈɡɒɡ/ agg. mai attrib. **1** *(excited)* eccitato (**at** per) **2** *(eager)* impaziente, ansioso (**to do** di fare); ***we were all ~ to hear the results*** non stavamo più nella pelle dal desiderio di conoscere i risultati.

agonistic(al) /æɡəˈnɪstɪk(l)/ agg. agonistico.

agonize /ˈæɡənaɪz/ intr. **1** *(physically)* agonizzare **2** *(mentally)* angosciarsi, disperarsi (**over, about** per).

agonized /ˈæɡənaɪzd/ **I** p.pass. → **agonize II** agg. [*cry*] straziante, angosciante; [*expression*] angosciato.

agonizing /ˈæɡənaɪzɪŋ/ agg. **1** [*pain*] straziante, atroce **2** [*decision*] doloroso, tormentoso.

agony /ˈæɡənɪ/ n. **1** *(physical)* agonia f.; ***to die in ~*** morire soffrendo atrocemente **2** *(mental)* angoscia f., tormento m.; ***it was ~!*** SCHERZ. che strazio!

agony aunt n. BE = giornalista (donna) responsabile della posta del cuore.

agony column n. BE posta f. del cuore.

agony uncle n. BE = giornalista (uomo) responsabile della posta del cuore.

agoraphobia /ˌæɡərəˈfəʊbɪə/ ♦ **11** n. agorafobia f.

agoraphobic /ˌæɡərəˈfəʊbɪk/ agg. agorafobo.

agrarian /əˈɡreərɪən/ agg. agrario.

agree /əˈɡriː/ **I** tr. **1** *(concur)* essere d'accordo; ***we ~d with him that he should leave*** eravamo d'accordo con lui sul fatto che doveva partire **2** *(admit, concede)* ammettere; ***it's dangerous, don't you ~?*** è pericoloso, non credi? **3** *(consent)* ***to ~ to do*** accettare di fare **4** *(settle on, arrange)* mettersi d'accordo su [*date, method, price*]; accordarsi su, trovare un accordo su [*candidate, solution*]; ***to ~ to do*** concordare di *o* mettersi d'accordo sul fare **II** intr. **1** *(hold same opinion)* essere d'accordo (**with** con; **about, on** su); ***I couldn't ~ more!*** d'accordissimo! sono completamente d'accordo! **2** *(reach mutual understanding)* mettersi d'accordo; ***the jury ~d in finding him guilty*** la giuria concordò nel dichiararlo colpevole **3** *(consent)* acconsentire; ***to ~ to*** acconsentire a, accettare [*plan, suggestion, terms, decision*]; ***they won't ~ to her going alone*** non sono d'accordo a farla andare da sola **4** *(hold with, approve)* ***to ~ with*** approvare [*idea, practice*] **5** *(tally)* [*stories, statements, figures*] concordare, coincidere **6** *(suit)* ***to ~ with sb.*** [*climate, weather*] confarsi a *o* andar bene per qcn.; ***I ate something that didn't ~ with me*** ho mangiato qualcosa che non ho digerito **7** LING. concordare.

agreeable /əˈɡriːəbl/ agg. **1** *(pleasant)* [*experience, surroundings, person*] piacevole, gradevole (**to** per) **2** FORM. *(willing)* ***to be ~ to sth., to doing*** essere d'accordo su qcs., a fare.

agreeably /əˈgriːəblɪ/ avv. *(pleasantly)* piacevolmente, gradevolmente; *(amicably)* amichevolmente.

agreed /əˈgriːd/ **I** p.pass. → **agree II** agg. [*date, time, price, terms, signal*] concordato, stabilito; ***as ~*** come concordato *o* d'accordo; ***to be ~ on*** essere d'accordo su [*decision, statement, policy*]; ***is that ~?*** d'accordo?

agreement /əˈgriːmənt/ n. **1** *(settlement)* accordo m., intesa f. (anche ECON. POL.) (**to do** per fare); ***to come to*** o ***reach an ~*** giungere a un accordo; ***under an ~*** in base a un accordo **2** *(undertaking)* impegno m. (**to do** di fare) **3** *(mutual understanding)* accordo m. (**about, on** su, riguardo a); ***by ~ with sb.*** in accordo con qcn.; ***to nod in ~*** annuire, fare un cenno di assenso **4** DIR. *(contract)* contratto m., negozio m. giuridico **5** *(consent)* ***~ to*** consenso a [*reform, cease-fire*] **6** LING. concordanza f.

agricultural /ˌægrɪˈkʌltʃərəl/ agg. [*land, worker*] agricolo; [*expert*] agrario; [*college*] agrario, d'agraria.

agriculturalist /ˌægrɪˈkʌltʃərəlɪst/ ♦ *27* n. *(expert, researcher)* esperto m. (-a) di agraria; *(farmer)* agricoltore m. (-trice).

agricultural show n. fiera f. agricola.

agriculture /ˈægrɪkʌltʃə(r)/ n. **1** agricoltura f. **2** *(science)* agraria f.

agrochemicals /ˌægrəʊˈkemɪkəlz/ n. + verbo sing. *(industry)* agrochimica f.

agronomics /ægrəˈnɒmɪks/ n. + verbo sing. agronomia f.

agronomist /əˈgrɒnəmɪst/ ♦ *27* n. agronomo m. (-a).

agronomy /əˈgrɒnəmɪ/ n. agronomia f.

aground /əˈgraʊnd/ **I** agg. arenato, incagliato **II** avv. ***to run ~*** arenarsi, incagliarsi.

ague /ˈeɪgjuː/ ♦ *11* n. ANT. febbre f. malarica.

ah /ɑː/ inter. ah; ***~ well!*** *(resignedly)* pazienza!

aha /ɑːˈhɑː, əˈhɑː/ inter. ah.

ahead /əˈhed/ *Ahead* is often used after verbs in English (*go ahead, plan ahead, think ahead* etc.): for translations consult the appropriate verb entry (**go**, **plan**, **think** etc.). - For other uses, see the entry below. avv. **1** *(spatially)* [*go on, run*] (in) avanti; ***to send sb. on ~*** mandare avanti qcn.; ***a few kilometres ~*** qualche chilometro avanti, a qualche chilometro; ***to go straight ~*** andare sempre dritto; ***to look straight ~*** guardare dritto davanti a sé **2** *(in time)* ***in the months ~*** nei mesi futuri *o* a venire; ***at least a year ~*** almeno un anno prima; ***who knows what lies ~?*** chissà cosa ci riserva il futuro? **3** FIG. *(in leading position)* ***to be ~ in the polls*** essere in testa nei sondaggi; ***to be 30 points, 3% ~*** avere 30 punti di vantaggio, essere in vantaggio del 3% **4** FIG. *(more advanced)* ***to be ~ in*** [*pupil, set*] essere avanti in [*school subject*] **5** **ahead of** *(in front of)* davanti a [*person, vehicle*]; ***to be three metres ~ of sb.*** essere avanti di tre metri rispetto a qcn.; ***to be three seconds ~ of sb.*** avere tre secondi di vantaggio su qcn.; ***~ of time*** in anticipo; ***to arrive ~ of sb.*** arrivare prima di qcn.; *(leading)* ***to be ~ of sb.*** *(in polls, ratings)* essere in vantaggio su *o* rispetto a qcn.; *(more advanced)* ***to be (way) ~ of the others*** [*pupil*] essere (molto) avanti rispetto agli altri; ***to be ~ of the field*** [*business*] essere leader del settore.

ahem /əˈhəm/ inter. ehm, hum.

AI n. **1** (⇒ artificial intelligence intelligenza artificiale) IA f. **2** (⇒ artificial insemination) = inseminazione artificiale.

1.aid /eɪd/ **I** n. **1** *(help)* aiuto m.; ***with the ~ of*** con l'aiuto di; ***to come to sb.'s ~*** venire in aiuto di qcn.; ***what's all this shouting in ~ of?*** BE SCHERZ. come mai tutta questa confusione? **2** *(money, food, etc.)* aiuto m., sovvenzione f., sussidio m. (**from** di; **to, for** a); ***in ~ of*** a favore di [*hospital, organization etc.*]; ***in ~ of charity*** a scopo benefico **3** *(equipment)* ***teaching ~*** sussidio didattico **II** modif. [*organization, programme*] assistenziale.

2.aid /eɪd/ **I** tr. aiutare [*person*] (**to do** a fare); aiutare, facilitare [*digestion, recovery*] **II** intr. **1** ***to ~ in*** aiutare, essere d'aiuto in; ***to ~ in doing sth.*** aiutare a fare qcs. **2** DIR. ***charged with ~ing and abetting*** DIR. accusato di correità.

aide /eɪd/ n. aiutante m. e f., assistente m. e f.

Aids /eɪdz/ ♦ *11* n. (⇒ Acquired Immune Deficiency Syndrome sindrome da immunodeficienza acquisita) AIDS m.

ail /eɪl/ **I** tr. affliggere [*society, economy*] **II** intr. ***to be ~ing*** [*person*] essere sofferente; [*company*] essere in crisi, essere malridotto.

aileron /ˈeɪlərɒn/ n. AER. alettone m.

ailing /ˈeɪlɪŋ/ agg. **1** [*person, pet*] sofferente **2** FIG. [*economy*] in crisi, malridotto; [*business*] in crisi.

ailment /ˈeɪlmənt/ n. indisposizione f., disturbo m., malanno m.

1.aim /eɪm/ n. **1** *(purpose)* intenzione f., scopo m. (**to do, of doing** di fare) **2** *(with weapon)* mira f.; ***to take ~ at sth., sb.*** mirare a qcs., qcn.; ***his ~ is bad*** ha una cattiva mira.

2.aim /eɪm/ **I** tr. **1** ***to be ~ed at sb.*** [*campaign, product, remark*] essere rivolto a qcn.; ***to be ~ed at doing*** [*effort, action*] mirare a fare **2** puntare [*gun*] (**at** contro); tirare, lanciare [*ball, stone*] (**at** a, contro); cercare di dare [*blow, kick*] (**at** a); dirigere [*vehicle*] (**at** contro) **II** intr. ***to ~ for, at sth.*** mirare a qcs. (anche FIG.); ***to ~ at doing, to do*** *(try)* mirare *o* aspirare a fare; *(intend)* avere l'intenzione di fare; ***to ~ high*** FIG. puntare in alto.

aimless /ˈeɪmlɪs/ agg. [*wandering*] senza scopo, meta; [*argument*] vano, inutile; [*violence*] gratuito.

ain't /eɪnt/ COLLOQ. contr. am not, is not, are not, has not, have not.

1.air /eə(r)/ n. **1** aria f.; ***in the open ~*** all'aria aperta; ***I need a change of ~*** ho bisogno di cambiare aria; ***to come up for ~*** [*swimmer, animal*] risalire in superficie per respirare; ***to let the ~ out of sth.*** sgonfiare qcs.; ***to throw sth. up into the ~*** lanciare qcs. in aria; ***to take to the ~*** [*birds*] prendere il volo; ***to send sth., to travel by ~*** spedire qcs. per via aerea, viaggiare in aereo; ***Turin (seen) from the ~*** Torino vista dall'aereo; ***to clear the ~*** [*storm*] rinfrescare l'aria; FIG. chiarire la situazione **2** RAD. TELEV. ***on the ~*** in onda; ***to go off the ~*** cessare le trasmissioni **3** *(manner)* *(of person)* aria f.; *(aura, appearance)* *(of place)* aspetto m., atmosfera f.; ***with an ~ of innocence*** con aria innocente; ***an ~ of mystery*** un alone di mistero; ***he has a certain ~ about him*** ha un certo non so che **4** MUS. aria f. ♦ ***there's something in the ~*** c'è qualcosa nell'aria; ***he could sense trouble in the ~*** sentiva aria di tempesta; ***there's a rumour in the ~ that...*** corre voce che...; ***to put on ~s, to give oneself ~s*** SPREG. darsi delle arie; ***to be up in the ~*** [*plans*] essere in aria; ***to be walking on ~*** essere al settimo cielo; ***to vanish into thin ~*** svanire nel nulla.

2.air /eə(r)/ tr. **1** *(dry)* (fare) asciugare; *(freshen)* aerare, arieggiare [*room*]; far prendere aria a [*garment, bed*] **2** *(express)* esprimere, far conoscere [*opinion, grievances*]; ***to ~ one's knowledge*** sfoggiare la propria cultura.

air ambulance n. aeroambulanza f.

air bag n. airbag m.

air base n. base f. aerea.

air bed n. BE materassino m. gonfiabile.

airborne /ˈeəbɔːn/ agg. **1** BOT. [*spore, seed*] trasportato dall'aria **2** AER. MIL. [*troops, division*] aerotrasportato **3** ***to be, remain ~*** essere, rimanere in volo.

air brake n. AUT. FERR. freno m. ad aria compressa; AER. aerofreno m., freno m. aerodinamico.

air brick n. mattone m. forato.

airbrush /ˈeəbrʌʃ/ n. aerografo m.

air bubble n. bolla f. (d'aria); *(in metal)* soffiatura f.

airbus /ˈeəbʌs/ n. aerobus m.

air-conditioned /ˈeəkəndɪʃnd/ agg. climatizzato, con aria condizionata.

air-conditioning /ˈeəkənˌdɪʃnɪŋ/ n. aria f. condizionata, climatizzazione f.

air-cooled /ˌeəˈkuːld/ agg. [*engine*] raffreddato ad aria.

aircraft /ˈeəkrɑːft, AE -kræft/ n. (pl. ~) aereo m., velivolo m.

aircraft carrier n. portaerei f.

aircraft(s)man /ˈeəkrɑːft(s)mən, AE -kræft-/ ♦ *23* n. (pl. -men) BE aviere m.

aircrew /ˈeəkruː/ n. equipaggio m. (di volo).

air cushion n. **1** *(inflatable cushion)* cuscino m. gonfiabile **2** *(of hovercraft)* cuscino m. d'aria.

air disaster n. disastro m. aereo.

airdrome /ˈeədrəʊm/ n. AE aerodromo m.

airdrop /ˈeədrɒp/ n. lancio m. col paracadute.

air duct n. conduttura f. d'aria.

airfare /ˈeəfeə(r)/ n. (prezzo del) biglietto m. aereo.

airfield /ˈeəfiːld/ n. campo m. d'aviazione, di volo.

airflow /ˈeəfləʊ/ n. flusso m. d'aria.

air force n. aeronautica f. militare, forze f.pl. aeree.

airfreight /ˈeəfreɪt/ n. **1** *(method of transport)* spedizione f. per via aerea; ***by ~*** per via aerea **2** *(goods)* merci f.pl. aviotrasportate **3** *(charge)* tariffa f. aerea.
air-freshener /ˈeəˌfreʃnə(r)/ n. deodorante m. per ambienti.
air gun n. fucile m., pistola f. ad aria compressa.
airhead /ˈeəhed/ n. AE COLLOQ. SPREG. svampito m. (-a), testa f. vuota.
air hole n. *(in mine)* fornello m. di ventilazione.
air hostess ➧ *27* n. hostess f., assistente f. di volo.
airily /ˈeərɪlɪ/ avv. con leggerezza, a cuor leggero.
airing /ˈeərɪŋ/ n. **1** *(drying)* asciugatura f.; *(freshening)* arieggiatura f., ventilazione f. **2** FIG. *(mention)* ***to give an idea an ~*** diffondere un'idea.
airing cupboard n. BE = armadio riscaldato in cui si ripone la biancheria.
airless /ˈeəlɪs/ agg. [*room*] senz'aria; [*weather*] senza vento.
air letter n. aerogramma m.
1.airlift /ˈeəlɪft/ n. ponte m. aereo.
2.airlift /ˈeəlɪft/ tr. evacuare mediante ponte aereo [*evacuees*]; trasportare mediante ponte aereo [*supplies*].
airline /ˈeəlaɪn/ **I** n. **1** AER. *(company)* compagnia f., linea f. aerea **2** TECN. *(source of air)* tubo m. dell'aria, per l'aria **II** modif. AER. [*company, pilot*] di linea.
airliner /ˈeəlaɪnə(r)/ n. aereo m. di linea.
airlock /ˈeəlɒk/ n. **1** *(in pipe, etc.)* bolla f., sacca f. d'aria **2** *(in spaceship)* camera f. di equilibrio.
airmail /ˈeəmeɪl/ **I** n. posta f. aerea; ***to send sth. (by) ~*** spedire qcs. per posta aerea **II** modif. [*envelope, paper*] per posta aerea.
airman /ˈeəmən/ ➧ *23* n. (pl. **-men**) MIL. aviere m.
airman basic ➧ *23* n. (pl. **airmen basic**) AE MIL. AER. aviere m.
airman first class ➧ *23* n. (pl. **airmen first class**) AE MIL. AER. aviere m. scelto.
air marshal /ˌeəˈmɑːʃl/ ➧ *23* n. BE generale m. di squadra aerea.
airplane /ˈeəpleɪn/ AE → **aeroplane**.
air pocket n. **1** *(in pipe, enclosed space)* sacca f. d'aria **2** AER. vuoto m. d'aria.
air pollution n. inquinamento m. atmosferico.
airport /ˈeəpɔːt/ **I** n. aeroporto m. **II** modif. [*staff, taxes*] aeroportuale.
air power n. potenziale m. aereo; MIL. potenza f. aerea.
air pump n. pompa f. pneumatica.
air quality n. qualità f. dell'aria.
air raid n. attacco m., raid m. aereo.
air-raid shelter n. rifugio m. antiaereo.
air-raid siren n. sirena f. d'allarme aereo.
air-raid warning n. allarme m. aereo.
air rifle n. fucile m., carabina f. ad aria compressa.
air-sea rescue n. soccorso m. aereo-marittimo.
air shaft n. *(in mine)* pozzo m. di ventilazione.
airship /ˈeəʃɪp/ n. aeronave f., dirigibile m.
air show n. *(flying show)* spettacolo m. di volo (acrobatico); *(trade exhibition)* salone m. aeronautico.
airsick /ˈeəˌsɪk/ agg. ***to be ~*** avere il mal d'aria.
airsickness /ˈeəsɪknɪs/ ➧ *11* n. mal m. d'aria.
air sock n. (pl. **~s, air sox**) manica f. a vento.
air space n. spazio m. aereo, aerospazio m.
airspeed /ˈeəspiːd/ n. velocità f. aerodinamica.
airspeed indicator n. AER. anemometro m.
airstream /ˈeəstriːm/ n. METEOR. corrente f. atmosferica.
air strike n. incursione f. aerea.
airstrip /ˈeəstrɪp/ n. AER. pista f. (di fortuna).
air terminal n. (air) terminal m.
airtight /ˈeətaɪt/ agg. a tenuta d'aria, ermetico.
airtime /ˈeətaɪm/ n. RAD. TELEV. orario m. di trasmissione.
air-to-air /ˌeətəˈeə/ agg. MIL. [*missile*] aria-aria; [*refuelling*] in volo.
air-to-surface /ˌeətəˈsɜːfɪs/ agg. MIL. [*missile*] aria-superficie.
air-traffic controller ➧ *27* n. controllore m. di volo, uomo m. radar COLLOQ.
air valve n. valvola f. di sfiato dell'aria.
air vent n. cunicolo m. di ventilazione, bocca f. d'aerazione.
air vice-marshal ➧ *23* n. BE generale m. di divisione aerea.
airwaves /ˈeəweɪvz/ n.pl. RAD. TELEV. onde f. radio; ***on the ~*** in onda.

airway /ˈeəweɪ/ n. **1** AER. *(route)* via f. aerea, aerovia f. **2** *(airline)* compagnia f., linea f. aerea **3** *(ventilating passage)* via f. d'aria, via f. di ventilazione **4** ANAT. via f. respiratoria.
airworthiness /ˈeəwɜːðɪnɪs/ n. *(of aircraft)* navigabilità f.
airworthy /ˈeəwɜːðɪ/ agg. [*aircraft*] navigabile, atto al volo.
airy /ˈeərɪ/ agg. **1** [*room, house*] aerato, ventilato, arieggiato **2** *(casual)* [*manner, gesture*] noncurante **3** [*promise*] vago.
airy-fairy /ˌeərɪˈfeərɪ/ agg. BE COLLOQ. [*person, idea*] bislacco.
aisle /aɪl/ n. **1** *(of church)* navata f. laterale **2** *(passageway)* *(in train, plane, cinema etc.)* corridoio m., passaggio m.; *(in supermarket)* corsia f.
aitch /eɪtʃ/ n. acca f.; ***to drop one's ~es*** = non pronunciare la acca (considerato segno di scarsa istruzione).
ajar /əˈdʒɑː(r)/ agg. e avv. ***to be ~*** [*door*] essere socchiuso.
Ajax /ˈeɪdʒæks/ n.pr. Aiace.
aka ⇒ also known as anche noto come, altrimenti detto, alias.
akimbo /əˈkɪmbəʊ/ agg. ***(with) arms ~*** con le mani sui fianchi.
akin /əˈkɪn/ agg. **1** *(related)* consanguineo **2** *(similar)* ***to be ~ to*** essere simile a.
Alabama /ˌæləˈbæmə/ ➧ *24* n.pr. Alabama f.
alabaster /ˈæləbɑːstə(r), AE -bæs-/ **I** n. alabastro m. **II** modif. [*statue, ashtray*] di alabastro.
alacrity /əˈlækrətɪ/ n. FORM. alacrità f.; ***with ~*** alacremente.
Aladdin /əˈlædɪn/ n.pr. Aladino.
à la mode /ˌɑːlɑːˈməʊd/ agg. e avv. **1** alla moda **2** AE [*pie etc.*] con gelato.
1.alarm /əˈlɑːm/ n. **1** *(feeling)* paura f., agitazione f.; *(concern)* allarme m., preoccupazione f.; ***in ~*** allarmato; *(stronger)* spaventato; ***there is (no) cause for ~*** (non) c'è motivo d'allarmarsi **2** *(warning signal, device)* allarme m.; ***fire ~*** allarme antincendio; ***smoke ~*** segnalatore di fumo; ***to raise the ~*** dare l'allarme (anche FIG.) **3** → **alarm clock**.
2.alarm /əˈlɑːm/ tr. **1** *(worry)* allarmare, mettere in apprensione; *(stronger)* spaventare [*person, animal*] (**with** con; **by doing** facendo) **2** *(fit system)* installare un (sistema d')allarme su [*car*].
alarm bell n. campanello m. d'allarme (anche FIG.); ***~s are ringing*** BE FIG. suona un campanello d'allarme.
alarm call n. TEL. sveglia f. telefonica.
alarm clock n. sveglia f.; ***to set the ~ for eight o'clock*** puntare la sveglia alle otto.
alarmed /əˈlɑːmd/ **I** p.pass. → **2.alarm II** agg. allarmato; *(frightened)* spaventato; ***don't be ~!*** non allarmatevi!
alarming /əˈlɑːmɪŋ/ agg. allarmante.
alarmingly /əˈlɑːmɪŋlɪ/ avv. in modo allarmante; ***~, we have no news of them*** ci allarma il fatto di non avere loro notizie.
alarmist /əˈlɑːmɪst/ **I** agg. allarmistico **II** n. allarmista m. e f.
alarm-radio /əˈlɑːmˌreɪdɪəʊ/ n. radiosveglia f.
alas /əˈlæs/ inter. ahimè, ohimè.
Alaska /əˈlæskə/ ➧ *24* n.pr. Alaska f.
Alban /ɔːlbən/ n.pr. Albano.
Albanian /ælˈbeɪnɪən/ ➧ *18, 14* **I** agg. albanese **II** n. **1** *(person)* albanese m. e f. **2** *(language)* albanese m.
albatross /ˈælbətrɒs, AE *anche* -trɔːs/ n. albatro m.
albeit /ˌɔːlˈbiːɪt/ cong. FORM. quantunque, sebbene.
Albert /ˈælbət/ n.pr. Alberto.
albinism /ˈælbɪnɪzəm/ n. albinismo m.
albino /ælˈbiːnəʊ, AE -baɪ-/ **I** agg. albino **II** n. (pl. **~s**) albino m. (-a).
album /ˈælbəm/ n. album m. (anche MUS.); ***photo ~*** album di fotografie.
albumen /ˈælbjʊmɪn, AE ælˈbjuːmən/ n. albume m.
albumin /ˈælbjʊmɪn, AE ælˈbjuːmɪn/ n. albumina f.
alchemist /ˈælkəmɪst/ n. alchimista m. e f.
alchemy /ˈælkəmɪ/ n. alchimia f. (anche FIG.).
Alcibiades /ælsɪˈbaɪədiːz/ n.pr. Alcibiade.
alcohol /ˈælkəhɒl, AE -hɔːl/ **I** n. alcol m. **II** modif. [*abuse, consumption*] d'alcol; [*poisoning*] da alcol; [*content*] alcolico.
alcohol-free /ˌælkəhɒlˈfriː, AE -hɔːl-/ agg. [*drink*] analcolico.
alcoholic /ˌælkəˈhɒlɪk, AE -hɔːl-/ **I** agg. [*drink*] alcolico; [*person*] alcolizzato; [*stupor, haze*] causato dall'alcol **II** n. alcolista m. e f., alcolizzato m. (-a).
Alcoholics Anonymous n.pr. pl. Alcolisti Anonimi m.
alcoholism /ˈælkəhɒlɪzəm, AE -hɔːl-/ n. alcolismo m.

all

As a pronoun

- When *all* is used to mean *everything* it is translated by *tutto*:
  is that all? = è tutto?
  all is well = va tutto bene.
- When *all* is followed by a *that* clause, *all that* is translated by *tutto ciò che* or *tutto quello che*:
  all that remains to be done = tutto quello che resta da fare
  that was all (that) he said = fu tutto ciò che disse
  after all (that) we've done = dopo tutto quello che abbiamo fatto
  we're doing all (that) we can = stiamo facendo tutto quello che possiamo / tutto il possibile
  all that you need = tutto ciò di cui hai bisogno.
- When *all* is used to refer to a specified group of people or objects the translation reflects the number and gender of the people or objects referred to; *tutti* is used for a group of people or objects of masculine or mixed or unspecified gender and *tutte* for a group of feminine gender:
  we were all delighted = eravamo tutti contentissimi
  "where are the cups?" = "dove sono le tazze?"
  "they're all in the kitchen" "sono tutte in cucina"
- For more examples and particular usages see the entry **1.all**.

As a determiner

- As a determiner, *all* precedes *the, this, that, these, those,* and *possessives*, but it follows the personal pronouns:
  all the students = tutti gli studenti
  all this / that work = tutto questo / quel lavoro
  all these / those children = tutti questi / quei bambini
  all my exercise books = tutti i miei quaderni
  they all went a couple of minutes ago = se ne sono andati tutti un paio di minuti fa

(note however that, if you use *all* as a pronoun, you can say *all of them went...*, which is to be translated as tutti loro se ne sono andati...).

- In Italian, determiners agree in gender and number with the noun they precede. So *all* is translated by *tutto* + masculine singular noun (*all the time* = tutto il tempo), *tutta* + feminine singular noun (*all the family* = tutta la famiglia), *tutti* + masculine or mixed gender plural noun (*all men* = tutti gli uomini; *all boys and girls* = tutti i ragazzi e le ragazze; *all the books* = tutti i libri), and *tutte* + feminine plural noun (*all women* = tutte le donne; *all the chairs* = tutte le sedie).

For more examples and particular usages see the entry **2.all**.

As an adverb

- When *all* is used as an adverb meaning *completely*, it is generally translated by *tutto / tutta / tutti / tutte* according to the gender and number of the following adjective:
  my coat's all dirty = il mio cappotto è tutto sporco
  he was all wet = era tutto bagnato
  she was all alone = era tutta sola
  they were all alone = erano tutti soli
  the bills are all wrong = le fatture sono tutte sbagliate
  the girls were all excited = le ragazze erano tutte emozionate.
- For more examples and particular usages see the entry **3.all**.

alcopop /ˈælkəʊpɒp/ n. = bibita gassata alcolica.
alcove /ˈælkəʊv/ n. *(vaulted or arched recess)* nicchia f., rientranza f.; *(for a bed)* alcova f.
aldehyde /ˈældɪhaɪd/ n. aldeide f.
alder /ˈɔːldə(r)/ n. ontano m.
alderman /ˈɔːldəmən/ n. (pl. **-men**) **1** GB = in passato, membro del consiglio comunale **2** US = membro dell'organo di amministrazione comunale.
Aldous /ˈɔːldʊs/ n.pr. Aldo.
ale /eɪl/ n. ale f., birra f. (specialmente fatta senza luppolo); ***brown, light, pale ~*** birra scura, leggera, chiara.
1.alert /əˈlɜːt/ **I** agg. **1** *(lively)* [*child*] vivace, sveglio; [*old person*] arzillo **2** *(attentive)* vigile, attento; ***to be ~ to*** essere consapevole di [*danger, fact, possibility*] **II** n. allarme m.; ***to be on the ~ for*** stare in guardia contro [*danger*]; ***bomb ~*** allarme bomba; ***security ~*** allarme di sicurezza.
2.alert /əˈlɜːt/ tr. **1** allertare, mettere in stato d'allerta **2** ***to ~ sb. to*** mettere qcn. in guardia contro [*danger*]; richiamare l'attenzione di qcn. su [*fact, situation*].
alertness /əˈlɜːtnɪs/ n. **1** *(attentiveness)* vigilanza f. **2** *(liveliness)* vivacità f.
A-level /ˈeɪlevl/ n. GB SCOL. (accorc. Advanced Level) = esame che conclude i corsi di scuola superiore e dà accesso all'università.
Alexander /ˌælɪgˈzɑːndə(r)/ n.pr. Alessandro.
Alexandra /ˌælɪgˈzɑːndrə, AE -ˈzæn-/ n.pr. Alessandra.
Alexis /əˈleksɪs/ n.pr. **1** *(male name)* Alessio **2** *(female name)* Alessia.
alfalfa /ælˈfælfə/ n. alfalfa f., erba f. medica.
Alfred /ˈælfrɪd/ n.pr. Alfredo.
alfresco /ælˈfreskəʊ/ agg. e avv. all'aperto.
algae /ˈældʒiː, ˈælgaɪ/ n.pl. alghe f.
algebra /ˈældʒɪbrə/ n. algebra f.
algebraic(al) /ˌældʒɪˈbreɪɪk(l)/ agg. algebrico.
Algerian /ælˈdʒɪərɪən/ ➧ ***18*** **I** agg. algerino **II** n. algerino m. (-a).
Algiers /ælˈdʒɪəz/ ➧ ***34*** n.pr. Algeri f.
algorithm /ˈælgərɪðəm/ n. algoritmo m.
alias /ˈeɪlɪəs/ **I** n. pseudonimo m., falso nome m.; ***under an ~*** sotto falso nome **II** avv. alias.
alibi /ˈælɪbaɪ/ n. alibi m.
Alice /ˈælɪs/ n.pr. Alice.
alien /ˈeɪlɪən/ **I** agg. **1** straniero (**to** in) **2** *(from space)* alieno **3** *(atypical)* ***~ to sb., sth.*** estraneo a qcn., qcs. **II** n. **1** DIR. *(foreigner)* straniero m. (-a) **2** *(being from space)* alieno m. (-a).
alienate /ˈeɪlɪəneɪt/ tr. **1** DIR. alienare [*assets*] (**from** da) **2** *(estrange)* alienare, alienarsi [*supporters, colleagues*] **3** *(separate)* allontanare.
alienation /ˌeɪlɪəˈneɪʃn/ n. **1** DIR. POL. PSIC. alienazione f. **2** allontanamento m., estraniazione f.
1.alight /əˈlaɪt/ agg. mai attrib. [*match, fire*] acceso; [*building*] in fiamme; ***to set sth. ~*** dar fuoco a qcs.
2.alight /əˈlaɪt/ intr. FORM. **1** [*passenger*] scendere (**from** da) **2** [*bird*] posarsi (**on** su) **3** [*gaze*] soffermarsi (**on** su).
align /əˈlaɪn/ **I** tr. allineare (**with** a) **II** rifl. ***to ~ oneself*** POL. allinearsi, schierarsi (**with** con).
alignment /əˈlaɪnmənt/ n. allineamento m. (anche POL. INFORM.); ***to be in ~, out of ~*** essere, non essere allineato.
alike /əˈlaɪk/ **I** agg. mai attrib. *(similar)* simile, somigliante; *(identical)* uguale; ***to look ~*** assomigliarsi **II** avv. [*dress, think*] allo stesso modo; ***for young and old ~*** sia per i giovani sia per gli anziani.
alimentary /ˌælɪˈmentərɪ/ agg. **1** [*rules, laws*] alimentare **2** [*system, canal*] digerente; [*process*] digestivo.
alimony /ˈælɪmənɪ, AE -məʊnɪ/ n. DIR. alimenti m.pl.
alive /əˈlaɪv/ agg. **1** *(living)* vivo, in vita (anche FIG.); ***to keep sb., sth. ~*** tenere qcn., qcs. in vita; ***to stay ~*** rimanere in vita; ***to bury sb. ~*** seppellire vivo qcn.; ***to be burnt ~*** essere bruciato vivo; ***~ and well, ~ and kicking*** vivo e vegeto (anche FIG.) **2** *(lively)* [*person, mind*] vivace; ***to come ~*** [*party, place*] animarsi, vivacizzarsi; [*history*] rivivere **3** *(in existence)* ***to keep [sth.] ~*** conservare, mantenere (vivo) [*tradition, memory*]; ***it kept our hopes ~*** tenne in vita le nostre speranze **4** *(teeming)* ***~ with*** brulicante di [*insects*] **5** *(aware)* ***~ to*** conscio, consapevole di [*possibility*].
alkali /ˈælkəlaɪ/ n. (pl. **~s, ~es**) alcali m.
alkaline /ˈælkəlaɪn/ agg. alcalino.
alkaloid /ˈælkəlɔɪd/ n. alcaloide m.
1.all /ɔːl/ pron. **1** *(everything)* tutto m.; ***to risk ~*** rischiare tutto; ***~ is not lost*** non tutto è perduto; ***~ was well*** tutto è andato bene; ***will that be ~?*** è tutto qui? ***and that's not ~*** e non è tutto; ***that's ~*** è tutto; ***in ~*** in tutto; ***~ in ~*** tutto sommato; ***after ~ she's been through*** dopo tutto ciò che ha passato; ***it's not ~ (that) it should be*** [*performance, efficiency*] lascia a desiderare,

non è un granché; ***~ because he didn't write*** tutto questo perché non ha scritto **2** *(the only thing)* tutto m.; ***she's ~ I have left*** lei è tutto ciò che mi rimane; ***~ I know is that*** tutto ciò che so è che; ***~ you need is*** tutto ciò di cui hai bisogno è; ***that's ~ we need!*** IRON. ci mancava solo questo! **3** *(everyone)* tutti m. (-e); ***thank you, one and ~*** grazie a tutti (quanti); ***"~ welcome"*** "siete tutti benvenuti" *o* "accorrete numerosi"; ***~ of us want...*** tutti noi vogliamo...; ***not ~ of them came*** non tutti sono venuti **4** *(the whole amount)* ***~ of our belongings*** tutte le nostre cose; ***not ~ of the time*** non sempre *o* non (per) tutto il tempo **5** *(emphasizing entirety)* ***we ~ feel that*** abbiamo tutti l'impressione che; ***it ~ seems so pointless*** sembra tutto così inutile; ***I ate it ~*** me lo sono mangiato tutto; ***what's it ~ for?*** a che serve tutto questo? **6 and all** ***they moved furniture, books and ~*** hanno spostato mobili, libri e tutto; ***what with the heat and ~*** con il caldo e tutto il resto **7 at all** ***not at ~!*** *(acknowledging thanks)* prego! *(answering query)* niente affatto! per niente! ***it is not at ~ certain*** non è affatto certo; ***if (it is) at ~ possible*** se (è mai) possibile; ***is it at ~ likely that...?*** c'è la pur minima possibilità che...? ***nothing at ~*** proprio niente; ***if you knew anything at ~ about*** se avessi la pur minima conoscenza di **8 for all** *(despite)* ***for ~ that*** nonostante tutto, ciononostante, con tutto ciò; *(in as much as)* ***for ~ I know*** per quanto ne so **9 of all** *(in rank)* ***the easiest of ~*** il più facile; ***first, last of ~*** prima di tutto, in conclusione; *(emphatic)* ***why today of ~ days?*** perché proprio oggi? ***not now of ~ times!*** non (proprio) adesso! ♦ ***it's ~ go here!*** BE COLLOQ. qui si lavora sempre! ***it was ~ I could do not to laugh*** ho fatto fatica a rimanere serio; ***that's ~ very well*** o ***that's ~ well and good*** va tutto bene; ***it's ~ very well for them to talk*** fanno presto a parlare; ***~'s well that ends well*** tutto è bene ciò che finisce bene.

2.all /ɔːl/ determ. **1** *(each one of)* tutti; ***~ those who*** tutti quelli che; ***in ~ three films*** in tutti e tre i film **2** *(the whole of)* tutto; ***~ his life*** (per) tutta la vita; ***~ the time*** (per) tutto il tempo; ***~ day*** tutto il giorno; ***~ year round*** tutto l'anno **3** *(total)* ***in ~ honesty*** in tutta onestà **4** *(any)* ***beyond ~ expectations*** al di là di ogni aspettativa; ***to deny ~ knowledge of sth.*** negare di essere al corrente di qcs.

3.all /ɔːl/ avv. **1** *(emphatic: completely)* tutto; ***~ alone*** tutto solo; ***to be ~ wet*** essere tutto bagnato; ***dressed ~ in white*** tutto vestito di bianco; ***~ along the canal*** lungo tutto il canale; ***to be ~ for sth.*** essere molto favorevole a qcs. *o* essere entusiasta di qcs.; ***it's ~ about...*** si tratta di...; ***tell me ~ about it!*** raccontami tutto! ***he's forgotten ~ about us!*** si è completamente dimenticato di noi! **2** *(emphatic: nothing but)* ***to be ~ smiles*** *(happy)* sprizzare gioia da tutti i pori; *(two-faced)* essere tutto sorrisi **3** SPORT *(for each party)* ***(they are) six ~*** (sono) sei pari **4 all-** in composti *(completely)* ***~-concrete*** tutto in calcestruzzo; ***~-digital*** completamente digitale; ***~-female*** [*group*] interamente femminile **5 all along** ***they knew it ~ along*** lo sapevano fin dall'inizio, l'han sempre saputo **6 all but** quasi, praticamente **7 all of** ***he must be ~ of 50*** deve avere almeno 50 anni **8 all that** ***not ~ that strong*** non (poi) così forte; ***I don't know her ~ that well*** non la conosco così bene **9 all the** tanto; ***~ the more*** [*difficult, effective*] tanto più; ***~ the more so because*** tanto più che; ***to laugh ~ the more*** ridere ancor più; ***~ the better!*** tanto meglio! **10 all too** [*accurate, easy, widespread*] fin troppo; ***~ too often*** fin troppo spesso ♦ ***he's not ~ there*** COLLOQ. non ci sta tanto con la testa *o* ha qualche rotella fuori posto; ***it's ~ one to me*** per me fa lo stesso.

4.all /ɔːl/ n. ***to give one's ~*** dare anima e corpo; sacrificarsi (**for** per; **to do** per fare).

all-American /ˌɔːləˈmerɪkən/ n. [*girl, boy, hero*] tipicamente americano; SPORT [*record, champion*] americano.

all-around /ˌɔːləˈraʊnd/ agg. AE → **all-round**.

allay /əˈleɪ/ tr. FORM. dissipare [*suspicion, doubt*]; calmare [*fear*].

all clear n. MIL. *(signal)* (segnale di) cessato allarme m.; ***to give sb. the ~*** FIG. [*committee*] dare il via libera a qcn. (**to do** per fare); [*doctors*] dichiarare qcn. guarito.

all-consuming /ˌɔːlkənˈsjuːmɪŋ, AE -ˈsuːm-/ agg. [*passion, ambition*] smodato, divorante.

all-day /ˈɔːldeɪ/ agg. [*event*] che dura tutto il giorno.

allegation /ˌælɪˈgeɪʃn/ n. DIR. dichiarazione f. (**about** su; **that** secondo cui).

allege /əˈledʒ/ tr. ***to ~ that*** dichiarare, affermare che.

alleged /əˈledʒd/ **I** p.pass. → **allege II** agg. [*attacker, crime*] presunto; ***his ~ attempt to...*** il suo presunto tentativo di...

allegedly /əˈledʒɪdlɪ/ avv. presumibilmente; in base a quanto detto.

allegiance /əˈliːdʒəns/ n. *(of citizen, subject)* fedeltà f.; ***to swear ~ to*** giurare fedeltà a.

allegoric(al) /ˌælɪˈgɒrɪk(l), AE -ˈgɔːr-/ agg. allegorico.

allegory /ˈælɪgərɪ, AE -gɔːrɪ/ n. allegoria f.

all-embracing /ˌɔːlɪmˈbreɪsɪŋ/ agg. onnicomprensivo.

allergen /ˈælədʒən/ n. allergene m.

allergic /əˈlɜːdʒɪk/ agg. allergico (**to** a) (anche FIG.).

allergist /ˈælədʒɪst/ ➧ **27** n. allergologo m. (-a).

allergy /ˈælədʒɪ/ n. allergia f. (**to** a) (anche FIG.).

alleviate /əˈliːvɪeɪt/ tr. alleviare, attenuare [*pain*]; scacciare [*boredom*]; ridurre [*overcrowding, stress, unemployment*].

alleviation /əˌliːvɪˈeɪʃn/ n. *(of pain)* attenuazione f.; *(of overcrowding, stress, unemployment)* riduzione f.

alley /ˈælɪ/ n. **1** vicolo m.; *(in park, for pedestrians)* vialetto m. **2** AE *(on tennis court)* corridoio m.

alleyway /ˈælɪweɪ/ n. vicolo m.

all-found /ˈɔːlfaʊnd/ agg. con vitto e alloggio.

alliance /əˈlaɪəns/ n. POL. MIL. alleanza f.; ***to form an ~*** stringere un'alleanza.

allied /ˈælaɪd/ **I** p.pass. → **2.ally II** agg. **1** [*country, army*] alleato **2** [*trades, subjects*] connesso, affine.

alligator /ˈælɪgeɪtə(r)/ n. alligatore m.

all-important /ˌɔːlɪmˈpɔːtnt/ agg. importantissimo.

all-in /ˌɔːlˈɪn/ agg. BE → **all-inclusive**.

all in agg. BE COLLOQ. spossato, distrutto.

all-inclusive /ˌɔːlɪŋˈkluːsɪv/ agg. [*fee, price*] tutto compreso.

all-in-one /ˌɔːlɪnˈwʌn/ agg. [*garment*] intero, in un solo pezzo.

all-in wrestling ➧ **10** n. SPORT catch m.

alliteration /əˌlɪtəˈreɪʃn/ n. allitterazione f.

all-night /ˌɔːlˈnaɪt/ agg. [*party, meeting*] che dura tutta la notte; [*service*] aperto tutta la notte, notturno; [*radio station*] che trasmette tutta la notte.

allocate /ˈæləkeɪt/ tr. **1** stanziare, assegnare [*funds*]; assegnare [*land*] **2** accordare, concedere [*time*] **3** assegnare [*tasks*].

allocation /ˌæləˈkeɪʃn/ n. stanziamento m., assegnazione f.

all-or-nothing /ˌɔːlɔːˈnʌθɪŋ/ agg. [*approach, policy*] estremista.

allot /əˈlɒt/ tr. (forma in -ing ecc. **-tt-**) assegnare [*money, task*].

allotment /əˈlɒtmənt/ n. **1** *(allocation)* assegnazione f. **2** BE *(garden)* orto m. urbano in concessione (piccolo orto demaniale concesso in affitto a privati).

all-out /ˈɔːlaʊt/ agg. [*strike*] a oltranza; [*attack*] accanito; ***to make an ~ effort*** tentare il tutto per tutto.

all out avv. ***to go ~ for success*** mettercela tutta per ottenere il successo.

allover /ˈɔːləʊvə(r)/ agg. [*tan*] integrale.

all over I agg. *(finished)* finito; ***when it's ~*** quando sarà finito **II** avv. **1** *(everywhere)* dappertutto; ***to be trembling ~*** tremare da capo a piedi **2** COLLOQ. ***that's Mary ~!*** è proprio *o* è sempre Mary! **III** prep. **1** in tutto [*room, town*]; ***~ China*** in tutta la Cina; ***~ the place*** dappertutto **2** COLLOQ. FIG. *(known in)* ***to be ~*** [*news, secret*] fare il giro di [*village, office*] **3** *(fawning over)* ***to be ~ sb.*** fare un sacco di complimenti a qcn.; ***they were ~ each other*** [*lovers*] stavano (sempre) appiccicati.

allow /əˈlaʊ/ **I** tr. **1** *(authorize)* permettere a, autorizzare [*person*]; permettere, autorizzare [*action, change*]; lasciare, concedere [*choice, freedom*]; ***to ~ sb. to do sth.*** permettere a qcn. di fare qcs., autorizzare qcn. a fare qcs.; ***to ~ sb. in*** lasciare, fare entrare qcn.; ***she isn't ~ed alcohol*** le è proibito l'alcol; ***visitors are not ~ed on the site*** il luogo è vietato ai visitatori; ***he ~ed the situation to get worse*** ha lasciato peggiorare la situazione **2** *(enable)* ***to ~ sb., sth. to do*** permettere a qcn., qcs. di fare; ***~ me!*** mi consenta! mi permetta! **3** *(allocate)* calcolare, prevedere; ***to ~ two days for the job*** calcolare due giorni per (fare) il lavoro **4** *(concede)* [*referee*] concedere [*goal*]; [*insurer*] accogliere [*claim*]; [*supplier*] praticare, fare [*discount*] **5** *(accept)* ammettere, accettare **6** *(admit)* [*club*] ammettere [*person*]; ***"no dogs ~ed"*** "vietato l'ingresso ai cani" **7** *(condone)* permettere, tollerare [*rudeness, swearing*]

II rifl. ***to ~ oneself*** **1** *(grant)* concedersi, permettersi [*drink, treat*] **2** *(allocate)* calcolare, prevedere; ***~ yourself two days to do the job*** calcola due giorni per (fare) il lavoro **3** *(let)* lasciarsi; ***I ~ed myself to be persuaded*** mi sono lasciato persuadere.

▪ **allow for:** ~ ***for [sth.]*** tener conto di, calcolare [*delays, variations, wastage*].

allowable /əˈlaʊəbl/ agg. **1** *(permissible)* ammissibile **2** DIR. lecito **3** ECON. detraibile, deducibile.

allowance /əˈlaʊəns/ n. **1** *(grant)* sussidio m.; *(from employer)* indennità f.; ***mileage ~*** rimborso chilometrico **2** ECON. *(reduction)* detrazione f., abbattimento m. **3** *(spending money) (for child, teenager)* paghetta f.; *(for student)* = denaro per mantenersi agli studi; *(from trust)* rendita f. **4** *(entitlement)* ***your baggage ~ is 40 kgs*** il suo bagaglio può pesare fino a 40 kg **5** COMM. *(discount)* ribasso m., sconto m.; AE *(trade-in payment)* abbuono m. (per permuta) **6** *(concession)* ***to make ~(s) for*** tener conto di [*inflation, variations*]; ***to make ~(s) for sb.*** concedere attenuanti a qcn.

1.alloy /ˈælɔɪ/ n. METALL. lega f.

2.alloy /əˈlɔɪ/ tr. METALL. unire in lega, legare.

alloy steel n. acciaio m. legato.

alloy wheel n. ruota f. in lega.

all points bulletin n. AE avviso m. di allarme generale.

all-powerful /ˌɔːlˈpaʊəfl/ agg. onnipotente.

all-purpose /ˌɔːlˈpɜːpəs/ agg. [*building*] polivalente; [*utensil*] multiuso.

all right, alright /ˌɔːlˈraɪt/ **I** agg. **1** *(expressing satisfaction)* [*film, trip, outfit*] discreto, accettabile, non male; ***the interview was ~*** il colloquio è andato abbastanza bene; ***she's ~*** *(pleasant)* è simpatica; *(attractive)* non è male; *(competent)* è abbastanza brava; ***sounds ~ to me*** COLLOQ. *(acceptance)* perché no *o* ma sì; ***is my hair ~?*** ho i capelli a posto? **2** *(well)* ***to feel ~*** stare bene **3** *(able to manage)* ***will you be ~?*** ce la fai? ***to be ~ for*** avere abbastanza [*money*] **4** *(acceptable)* ***is it ~ if...?*** va bene se...? ***would it be ~ to leave early?*** andrebbe bene se andassimo via presto? ***is that ~ with you?*** ti va bene? ***it's ~ for you*** comodo per te *o* fai presto a parlare; ***that's (quite) ~!*** (non è) niente! *o* va bene! **II** avv. **1** *(quite well)* [*function, see*] bene; ***she's doing ~*** va bene **2** *(without a doubt)* ***she knows ~!*** certo che lo sa! **3** *(giving agreement)* ***~ ~! point taken!*** va bene! va bene! ho capito! **4** *(seeking information)* ***~, whose idea was this?*** allora, di chi è stata l'idea? **5** *(introducing topic)* ***~, let's move on to...*** bene, passiamo a...

all-risk /ɔːlˈrɪsk/ agg. [*policy, cover*] contro tutti i rischi.

all-round /ˌɔːlˈraʊnd/ agg. **1** [*athlete, service*] completo **2** [*improvement*] generale.

all-rounder /ˌɔːlˈraʊndə(r)/ n. ***to be a good ~*** essere versatile.

All Saints' Day n. BE Ognissanti m.

All Souls' Day n. BE giorno m. dei morti.

allspice /ˈɔːlspaɪs/ n. pimento m.

all square agg. ***to be ~*** [*teams*] essere in parità; [*accounts*] essere in pareggio; ***we're ~ now!*** ora siamo pari!

all-terrain bike n. mountain bike f.

all-terrain vehicle n. fuoristrada m.

all-ticket /ˌɔːlˈtɪkɪt/ agg. [*match*] = che registra il tutto esaurito.

all-time /ˈɔːltaɪm/ agg. [*record*] assoluto; ***the ~ greats*** *(people)* i grandi; ***~ high*** livello massimo mai raggiunto; ***to be at an ~ low*** [*person*] avere il morale sotto i piedi; [*figures, shares*] essere al minimo storico; ***my morale is at an ~ low*** ho il morale sotto i piedi.

all told avv. ***~, the holiday wasn't such a failure*** tutto sommato, la vacanza non è andata poi così male; ***they were six people ~*** erano sei persone in tutto.

allude /əˈluːd/ intr. ***to ~ to sth.*** alludere a qcs.

allure /əˈlʊə(r)/ n. attrattiva f., fascino m.

alluring /əˈlʊərɪŋ/ agg. [*person*] seducente, affascinante; [*place, prospect*] invitante.

allusion /əˈluːʒn/ n. allusione f.

allusive /əˈluːsɪv/ agg. allusivo.

alluvial /əˈluːvɪəl/ agg. alluvionale.

all-weather /ˌɔːlˈweðə(r)/ agg. [*pitch, track, court*] in sintetico.

1.ally /ˈælaɪ/ n. alleato m. (-a) (anche MIL.); ***the Allies*** STOR. gli Alleati.

2.ally /əˈlaɪ/ rifl. ***to ~ oneself with*** allearsi con.

alma mater /ˌælməˈmɑːtə(r), ˈmeɪtə(r)/ n. alma mater f. (nome dato all'università frequentata).

almanac(k) /ˈɔːlmənæk, AE *anche* ˈæl-/ n. almanacco m.

almighty /ɔːlˈmaɪtɪ/ agg. [*crash, row, explosion*] tremendo.

Almighty /ɔːlˈmaɪtɪ/ n. ***the ~*** l'Onnipotente.

almond /ˈɑːmənd/ **I** n. **1** *(nut)* mandorla f. **2** (anche **~ tree**) mandorlo m. **II** modif. [*oil, paste*] di mandorle.

almost /ˈɔːlməʊst/ When *almost* is used to mean practically, it is translated by *quasi*: *we're almost ready* = siamo quasi pronti; *it's almost dark* = è quasi buio; *the room was almost empty* = la sala era quasi vuota. - When *almost* is used with a verb in the past tense to describe something undesirable or unpleasant that nearly happened, it is translated by using either *per poco (non)* + a verb in the past tense or *c'è mancato poco che* followed by a subjunctive form: *I almost forgot* = per poco non me ne dimenticavo; *he almost fell* = c'è mancato poco che cadesse. avv. **1** *(practically)* quasi, praticamente; ***~ any train*** quasi tutti i treni; ***we're ~ there*** ci siamo quasi **2** *(implying narrow escape)* ***he ~ died*** per poco (non) moriva.

alms /ɑːmz/ n.pl. elemosina f.sing.; ***to give ~*** fare l'elemosina.

almshouse /ˈɑːmzhaʊs/ n. GB STOR. ospizio m. di mendicità.

aloft /əˈlɒft, AE əˈlɔːft/ avv. **1** [*hold, soar*] per, in aria; [*seated, perched*] in alto; ***from ~*** dall'alto **2** MAR. arriva.

alone /əˈləʊn/ **I** agg. mai attrib. **1** *(on one's own)* solo; ***all ~*** tutto solo; ***to leave sb. ~*** lasciare solo qcn.; *(in peace)* lasciare stare qcn.; ***leave that bike ~!*** lascia stare quella bici! **2** *(isolated)* solo; ***I feel so ~*** mi sento così solo; ***he, ~ of his group...*** lui, il solo del suo gruppo...; ***she is not ~ in thinking that...*** non è l'unica a pensare che...; ***to stand ~*** [*building*] essere isolato; [*person*] stare (da) solo; FIG. essere unico **II** avv. **1** *(on one's own)* [*work, live, travel*] (da) solo **2** *(exclusively)* solo, soltanto; ***for this reason ~*** per questa ragione soltanto; ***this figure ~ shows*** questa cifra da sola mostra **3** ***she was too ill to stand let ~ walk*** era troppo malata per stare in piedi, e tanto meno per camminare; ***he couldn't look after the cat let ~ a child*** non era in grado di badare al gatto, figuriamoci a un bambino ♦ ***to go it ~*** COLLOQ. fare da sé; *(in business)* mettersi in proprio.

along /əˈlɒŋ, AE əˈlɔːŋ/ When *along* is used as a preposition meaning *all along*, it can usually be translated by *lungo*: *there were trees along the road* = c'erano degli alberi lungo la strada. - *Along* is often used after verbs of movement. If the addition of *along* does not change the meaning of the verb, *along* will not be translated: *as he walked along* = camminando / mentre camminava; *"move along", the policeman said* = "circolare", disse il poliziotto. - However, the addition of *along* often produces a completely new meaning. This is the case in expressions like *the project is coming along, how are they getting along?*: for translations, consult the appropriate verb entry (**come**, **get** etc.). **I** avv. **1** ***to push sth. ~*** spingere qcs.; ***to be walking ~*** camminare; ***I'll be ~ in a second*** ti raggiungo tra un attimo **2 along with** *(accompanied by)* ***to arrive ~ with six friends*** arrivare con sei amici; *(at same time as)* ***to be convicted ~ with two others*** essere condannato insieme ad altri due **II** prep. **1** (anche **alongside**) *(all along)* lungo; ***to run ~ the beach*** [*path, etc.*] correre lungo la spiaggia; ***there were chairs ~ the wall*** c'erano delle sedie lungo il muro; ***all ~*** fin dall'inizio *o* (da) sempre **2** *(the length of)* ***to walk ~ the beach*** camminare lungo la spiaggia; ***to look ~ the shelves*** cercare sugli scaffali **3** *(at a point along)* ***halfway ~ the path*** a metà del cammino; ***somewhere ~ the way*** da qualche parte lungo la strada; FIG. a un certo punto.

alongside /əˈlɒŋsaɪd, AE əlɔːŋˈsaɪd/ **I** prep. **1** *(all along)* → **along 2** *(next to)* accanto a, vicino a; ***to learn to live ~ each other*** [*groups*] imparare a vivere fianco a fianco **II** avv. **1** accanto **2** MAR. ***to come ~*** accostare.

aloof /əˈluːf/ agg. distante; ***to remain ~ from*** *(uninvolved)* tenersi lontano da.

aloofness /əˈluːfnɪs/ n. *(detachment)* distacco m.

aloud /əˈlaʊd/ avv. [*say, think*] ad alta voce.

alp /ælp/ n. monte m.

alpaca /ælˈpækə/ **I** n. alpaca m. **II** modif. [*coat*] di alpaca.

alpha /ˈælfə/ **I** n. **1** *(letter)* alfa m. e f. **2** GB UNIV. = voto massimo **II** modif. [*particle, radiation*] alfa.

alphabet /ˈælfəbet/ n. alfabeto m.
alphabetical /ˌælfəˈbetɪkl/ agg. alfabetico; ***in ~ order*** in ordine alfabetico.
alphabetically /ˌælfəˈbetɪklɪ/ avv. [*list*] alfabeticamente.
alphanumeric /ˌælfənju:ˈmerɪk, AE -nu:-/ agg. alfanumerico.
alpine /ˈælpaɪn/ **I** agg. (anche **Alpine**) alpino **II** n. *(at high altitudes)* pianta f. alpina; *(at lower altitudes)* pianta f. montana.
Alps /ælps/ n.pr.pl. ***the ~*** le Alpi.
already /ɔ:lˈredɪ/ avv. già; ***it's 10 o'clock ~*** sono già le dieci; ***he's ~ left*** è già partito; ***I've told you twice ~!*** te l'ho già detto due volte! ***it's June ~*** è già giugno ♦ ***so come on ~!*** AE *(indicating irritation)* su! dai!
alright → **all right**.
Alsatian /ælˈseɪʃn/ **I** agg. alsaziano **II** n. **1** *(native)* alsaziano m. (-a) **2** BE *(dog)* alsaziano m., pastore m. tedesco, cane lupo m.
also /ˈɔ:lsəʊ/ Although *also* is a bit more formal than *too* and *as well*, there is no corresponding difference in Italian, and *anche* (less commonly, *pure*) can translate the three of them; as to its position in the sentence, *anche* usually precedes the form it refers to, as the following examples will show: ***Linda** also met Andrew last night* (emphasis on *Linda*) = anche Linda ha incontrato Andrew ieri sera; *Linda also* ***met*** *Andrew last night* (emphasis on *met*) = Linda ha anche incontrato Andrew ieri sera; *Linda also met* ***Andrew*** *last night* (emphasis on *Andrew*) = Linda ha incontrato anche Andrew ieri sera; *Linda also met Andrew* ***last night*** (emphasis on *last night*) = Linda ha incontrato Andrew anche ieri sera. avv. **1** *(too, as well)* anche, pure; ***~ available in red*** disponibile anche in rosso; ***it is ~ worth remembering that*** vale anche la pena ricordare che **2** *(furthermore)* inoltre, oltre a ciò; ***~, he snores*** come se non bastasse, russa.
also-ran /ˈɔ:lsəʊˌræn/ n. *(in races)* = cavallo o cane non arrivato tra i primi tre; FIG. = candidato o concorrente che non ha vinto.
altar /ˈɔ:ltə(r)/ n. altare m.
altar boy n. chierichetto m.
altar cloth n. tovaglia f. d'altare.
altar piece n. pala f. d'altare.
alter /ˈɔ:ltə(r)/ **I** tr. **1** *(change)* cambiare [*opinion, lifestyle, timetable*]; modificare [*rule, appearance, building*]; alterare [*document, value, climate*]; variare [*amount, speed*]; ***that does not ~ the fact that*** questo non cambia il fatto che **2** SART. ritoccare [*dress, shirt*]; *(radically)* modificare **II** intr. cambiare.
alteration /ˌɔ:ltəˈreɪʃn/ **I** n. **1** *(act) (of building, law)* (il) modificare; *(of document, process)* (l')alterare; *(of timetable, route)* (il) cambiare **2** *(result) (to law)* modifica f. (**to** di, a); *(to document)* alterazione f., falsificazione f. (**to** di); *(to timetable, route)* cambiamento m. (**to** di) **3** SART. ritocco m.; *(radical)* modifica f. **II alterations** n.pl. *(to building) (result)* modifiche f.; *(process)* lavori m.
altercation /ˌɔ:ltəˈkeɪʃn/ n. FORM. alterco m.
1.alternate /ɔ:lˈtɜ:nət/ **I** agg. **1** *(successive)* [*colours, layers*] alternato **2** *(every other)* ***on ~ days*** a giorni alterni **3** AE *(other)* alternativo **4** BOT. MAT. alterno **II** n. AE *(stand-in)* sostituto m. (-a).
2.alternate /ˈɔ:ltənert/ **I** tr. ***to ~ sth. and, with sth.*** alternare qcs. e, a qcs. **II** intr. **1** *(swap)* [*people, colours, patterns, seasons*] alternarsi (**with** con, a) **2** ***to ~ between hope and despair*** oscillare tra speranza e disperazione.
alternately /ɔ:lˈtɜ:nətlɪ/ avv. [*move, bring, ask*] alternativamente.
alternating current n. corrente f. alternata.
alternative /ɔ:lˈtɜ:nətɪv/ **I** n. **1** *(specified option)* alternativa f., possibilità f.; ***one ~ is...*** una possibilità è...; ***the ~ is to do*** l'alternativa è fare **2** *(possible option)* alternativa f., scelta f.; ***to have no ~*** non avere alternative; ***I chose the expensive ~*** ho scelto l'alternativa più costosa; ***as an ~ to the course, you can choose...*** in alternativa al corso, puoi scegliere... **II** agg. **1** *(other)* [*career, date, method, route, solution*] alternativo **2** *(unconventional)* [*lifestyle, therapy, energy, technology*] alternativo.
alternatively /ɔ:lˈtɜ:nətɪvlɪ/ avv. in alternativa; ***or ~ we could go home*** (o) altrimenti potremmo andare a casa.
alternative medicine n. **U** medicina f. alternativa.
alternator /ˈɔ:ltəneɪtə(r)/ n. EL. alternatore m.
although /ɔ:lˈðəʊ/ cong. **1** *(in spite of the fact that)* sebbene, benché, nonostante; ***~ she was late*** sebbene fosse in ritardo; ***~ he claims to be shy*** benché sostenga di essere timido **2** *(but, however)* anche se, ma; ***you don't have to attend, ~ we advise it*** non siete obbligati a frequentare, anche se ve lo consigliamo.
altimeter /ˈæltɪmi:tə(r), AE ˌælˈtɪmətər/ n. altimetro m.
altitude /ˈæltɪtju:d, AE -tu:d/ n. altitudine f., quota f.; ***at ~*** in quota.
altitude sickness ♦ **11** n. malattia f. delle altitudini.
alto /ˈæltəʊ/ **I** n. (pl. **~s**) *(voice, singer) (female)* contralto m.; *(male)* controtenore m. **II** modif. [*clarinet, flute, saxophone*] contralto.
altogether /ˌɔ:ltəˈgeðə(r)/ avv. **1** *(completely)* del tutto, completamente; ***not ~ true*** non del tutto vero; ***that's another matter ~*** è tutta un'altra faccenda **2** *(in total)* in tutto; ***how much is that ~?*** quanto fa in tutto? **3** *(all things considered)* nel complesso, tutto considerato; ***~, it was a mistake*** tutto sommato, è stato un errore.
altruism /ˈæltru:ɪzəm/ n. altruismo m.
altruist /ˈæltru:ɪst/ n. altruista m. e f.
altruistic /ˌæltru:ˈɪstɪk/ agg. [*behaviour*] altruistico; [*person*] altruista.
alum /ˈæləm/ n. MINER. allume m.
aluminium /ˌæljʊˈmɪnɪəm/ BE, **aluminum** /əˈlu:mɪnəm/ AE **I** n. alluminio m. **II** modif. [*utensil*] in, d'alluminio; [*alloy*] d'alluminio.
aluminium foil BE, **aluminum foil** AE n. foglio m. d'alluminio (da cucina).
alumna /əˈlʌmnə/ n. (pl. **-ae**) AE SCOL. UNIV. *(of school)* ex allieva f.; *(of college)* ex studentessa f., laureata f.
alumnus /əˈlʌmnəs/ n. (pl. **-i**) AE SCOL. UNIV. *(of school)* ex allievo m.; *(of college)* ex studente m., laureato m.
alveolar /ˌælˈvɪələ(r), ˌælvɪˈəʊlə(r)/ agg. alveolare.
alveolus /ˌælˈvɪələs, ˌælvɪˈəʊləs/ n. (pl. **-i**) alveolo m.
always /ˈɔ:lweɪz/ avv. sempre; ***he's ~ complaining*** si lamenta sempre *o* in continuazione.
Alzheimer's disease /ˈæltshaɪməzdɪˌzi:z/ ♦ **11** n. malattia f., morbo m. di Alzheimer.
1.am /*forma debole* əm, *forma forte* æm/ 1ª persona sing. pres. → **be**.
2.am /æm, eɪem/ ♦ **4** avv. (⇒ ante meridiem) ***three ~*** le tre (del mattino).
AM n. **1** RAD. (⇒ amplitude modulation modulazione di ampiezza) AM f. **2** US UNIV. (⇒ Artium Magister, Master of Arts) = (diploma di) dottore in discipline umanistiche.
AMA n. US (⇒ American Medical Association) = associazione medica americana.
amalgam /əˈmælgəm/ n. amalgama m.
amalgamate /əˈmælgəmeɪt/ **I** tr. **1** *(merge)* fondere, unire [*parties, schools*] (**with** con, a; **into** in); annettere (con fusione) [*company*] (**with** a) **2** MINER. amalgamare **II** intr. **1** [*company, party, school*] fondersi, unirsi (**with** con, a) **2** MINER. amalgamarsi.
amalgamated /əˈmælgəmeɪtɪd/ **I** p.pass. → **amalgamate** **II** agg. [*school, association*] unificato; [*trade union*] unitario.
amalgamation /əˌmælgəˈmeɪʃn/ n. **1** *(of companies)* fusione f.; *(of schools)* fusione f., unione f. (**with** con; **into** in) **2** MINER. amalgamazione f.
amanuensis /əˌmænjʊˈensɪs/ n. (pl. **-es**) amanuense m.
amaryllis /ˌæməˈrɪlɪs/ n. amarillide f.
amass /əˈmæs/ tr. accumulare [*data*]; ammassare [*fortune*].
amateur /ˈæmətə(r)/ **I** n. dilettante m. e f. (anche SPREG.) **II** modif. [*sportsperson, musician*] dilettante; [*sport*] dilettantistico, amatoriale; ***~ dramatics*** teatro amatoriale.
amateurish /ˈæmətərɪʃ/ agg. SPREG. [*work, attitude*] dilettantesco, da dilettante.
amatory /ˈæmətrɪ, AE -tɔ:rɪ/ agg. LETT. amatorio.
amaze /əˈmeɪz/ tr. stupire; *(stronger)* sbalordire.
amazed /əˈmeɪzd/ **I** p.pass. → **amaze** **II** agg. [*silence, look, person*] stupefatto, sbalordito (**at** per); ***I'm ~ (that)*** mi stupisce *o* mi stupisco (che).
amazement /əˈmeɪzmənt/ n. stupore m.; ***in ~*** con stupore; ***to***

everyone's ~ con grande stupore di tutti; ***to my ~*** con mio grande stupore.

amazing /ə'meɪzɪŋ/ agg. [*performer, chance, film, place*] straordinario, eccezionale; [*number, reaction*] sorprendente; [*amount, cost*] sbalorditivo; ***it's ~ that*** è incredibile che.

amazingly /ə'meɪzɪŋlɪ/ avv. [*good, bad, ignorant, cheap*] straordinariamente; ***~ (enough)...*** incredibilmente *o* per quanto possa sembrare incredibile...

Amazon /'æməzən, AE -zɒn/ ➧ *25* **I** n.pr. **1** *(river)* Rio m. delle Amazzoni **2** MITOL. amazzone f. **II** n. FIG. (anche **amazon**) *(strong woman)* virago f. **III** modif. [*forest, tribe*] amazzonico; [*basin*] del Rio delle Amazzoni.

ambassador /æm'bæsədə(r)/ ➧ *9* n. ambasciatore m. (-trice) (anche FIG.); ***the ~ to Greece*** l'ambasciatore in Grecia.

ambassador-at-large /æm'bæsədərət,lɑ:dʒ/ n. (pl. **ambassadors-at-large**) AE ambasciatore m. (-trice) itinerante.

ambassadorial /æm,bæsə'dɔ:rɪəl/ agg. [*post*] da, di ambasciatore; [*residence*] dell'ambasciatore.

amber /'æmbə(r)/ ➧ *5* **I** n. **1** *(resin)* ambra f. **2** BE *(traffic signal)* giallo m.; ***at ~*** con il giallo; ***to change*** o ***turn to ~*** diventare giallo **3** *(colour)* ambra m. **II** modif. [*necklace*] di ambra **III** agg. [*eyes*] color ambra; [*light*] ambrato.

ambidextrous /,æmbɪ'dekstrəs/ agg. ambidestro.

ambience /'æmbɪəns/ n. FORM. *(mood)* atmosfera f.

ambient /'æmbɪənt/ agg. [*temperature, noise*] ambientale.

ambiguity /,æmbɪ'gju:ətɪ/ n. ambiguità f.

ambiguous /æm'bɪgjʊəs/ agg. ambiguo.

ambiguously /æm'bɪgjʊəslɪ/ avv. ambiguamente.

ambit /'æmbɪt/ n. FORM. ***to fall within the ~ of*** rientrare nell'ambito di.

ambition /æm'bɪʃn/ n. **1** *(quality)* ambizione f. (**to do** di fare) **2** gener. pl. *(aspiration)* ambizione f., aspirazione f. (**to do, of doing** di fare); ***to have political ~s*** avere ambizioni politiche **3** *(aim)* sogno m. (**to do, of doing** di fare).

ambitious /æm'bɪʃəs/ agg. [*person, scheme*] ambizioso; ***to be ~ for sb.*** nutrire delle ambizioni per qcn.; ***to be ~ to do*** avere l'ambizione di fare.

ambitiously /,æm'bɪʃəslɪ/ avv. ambiziosamente.

ambivalence /æm'bɪvələns/ n. ambivalenza f.

ambivalent /æm'bɪvələnt/ agg. ambivalente; ***to be ~ about, towards*** essere indeciso su.

1.amble /'æmbl/ n. **1** *(pace)* ***at an ~*** a passo tranquillo, con calma **2** EQUIT. ambio m.

2.amble /'æmbl/ intr. **1** *(stroll)* ***to ~ off*** andare via lentamente; ***we ~d around the gardens*** passeggiammo tranquillamente per i giardini **2** EQUIT. ambiare.

Ambrose /'æmbrəʊz/ n.pr. Ambrogio.

ambrosia /æm'brəʊzɪə, AE -əʊʒə/ n. ambrosia f. (anche FIG.).

ambulance /'æmbjʊləns/ **I** n. (auto)ambulanza f. **II** modif. [*service, crew*] di ambulanza; [*station*] delle ambulanze.

ambulanceman /'æmbjələnsmən/ ➧ *27* n. (pl. **-men**) = soccorritore in servizio sulle ambulanze.

ambulancewoman /'æmbjələnswʊmən/ ➧ *27* n. (pl. **-women**) = soccorritrice in servizio sulle ambulanze.

1.ambush /'æmbʊʃ/ n. imboscata f., agguato m.; ***to lie in ~*** stare appostato, in agguato.

2.ambush /'æmbʊʃ/ tr. tendere un'imboscata, un agguato a [*soldiers*]; ***to be ~ed*** cadere in un'imboscata.

ameba AE → **amoeba**.

ameliorate /ə'mi:lɪəreɪt/ tr. e intr. FORM. migliorare.

amelioration /ə,mi:lɪə'reɪʃn/ n. FORM. miglioramento m.

amen /ɑ:'men, eɪ-/ inter. amen; ***~ to that!*** sono proprio d'accordo!

amenable /ə'mi:nəbl/ agg. **1** *(obliging)* condiscendente **2** ***~ to*** [*person*] riconducibile a [*reason, etc.*]; [*person, situation*] soggetto a [*regulations*].

amend /ə'mend/ tr. **1** *(alter)* emendare [*law*]; rettificare [*document, statement*] **2** FORM. *(correct)* emendare [*behaviour*].

amendment /ə'mendmənt/ n. *(to law)* emendamento m.; *(to document, statement)* rettifica f., revisione f. (**to** di); ***the Fifth Amendment*** AE DIR. il quinto emendamento.

amends /ə'mendz/ n.pl. **1** *(reparation)* ***to make ~ for*** risarcire [*damage*]; ***to make ~ to sb.*** risarcire qcn. **2** ***to make ~*** *(redeem oneself)* fare ammenda.

amenity /ə'mi:nətɪ, ə'menətɪ/ **I** n. FORM. *(pleasantness)* amenità f. **II amenities** n.pl. *(facilities) (of hotel, house)* servizi m.; *(of sports club)* attrezzature f.; *(of locality)* attrattive f.

America /ə'merɪkə/ ➧ *6* n.pr. America f.

American /ə'merɪkən/ ➧ *18, 14* **I** agg. americano **II** n. **1** *(person)* americano m. (-a) **2** *(language)* americano m.

American Civil War n.pr. guerra f. di secessione americana.

American English I agg. [*variety, term*] americano **II** n. *(language)* inglese m. americano.

American Indian ➧ *18* **I** agg. degli indiani d'America **II** n. indiano m. (-a) d'America.

Americanism /ə'merɪkənɪzəm/ n. americanismo m.

American Revolution n. rivoluzione f. americana.

Amerind /'æmərɪnd/ n. amerindio m. (-a), amerindiano m. (-a).

amethyst /'æmɪθɪst/ ➧ *5* **I** n. **1** *(gem)* ametista f. **2** *(colour)* ametista m. **II** modif. [*necklace, brooch*] di ametista **III** agg. ametista.

Amex /'eɪmeks/ n. (⇒ American Stock Exchange) = una delle borse valori statunitensi.

amiability /,eɪmɪə'bɪlətɪ/ n. amabilità f.

amiable /'eɪmɪəbl/ agg. [*person*] amabile (**to, towards** con); [*performance, manner*] piacevole; [*chat*] amichevole.

amicable /'æmɪkəbl/ agg. **1** *(friendly)* [*manner, relationship*] amichevole **2** DIR. ***an ~ settlement*** un accordo amichevole.

amicably /'æmɪkəblɪ/ avv. [*behave, part*] amichevolmente; [*settle*] in via amichevole.

amid /ə'mɪd/, **amidst** /ə'mɪdst/ prep. **1** *(against a background of)* tra, fra [*laughter, applause*] **2** *(surrounded by)* tra, fra, in mezzo a [*fields, trees*]; in mezzo a [*wreckage*].

amino acid /ə,mi:nəʊ'æsɪd/ n. amminoacido m.

amiss /ə'mɪs/ **I** agg. ***there is something ~ (with him)*** c'è qualcosa che non va (in lui); ***there is nothing ~ in doing*** non c'è niente di male a fare **II** avv. ***to take sth. ~*** prendersela a male; ***a drink wouldn't come*** o ***go ~!*** un bicchiere non ci starebbe male.

ammeter /'æmɪtə(r)/ n. amperometro m.

ammo /'æməʊ/ n. **U** COLLOQ. (accorc. ammunition) munizioni f.pl.

ammonia /ə'məʊnɪə/ n. ammoniaca f.

ammunition /,æmjʊ'nɪʃn/ n. **U 1** MIL. munizioni f.pl. **2** FIG. argomenti m.pl.

amnesia /æm'ni:zɪə, AE -ni:ʒə/ n. amnesia f.

amnesiac /æm'ni:zɪæk, AE -'ni:ʒɪæk/ agg. amnesico.

amnesty /'æmnəstɪ/ n. POL. DIR. amnistia f.; ***under an ~*** in seguito a un'amnistia.

amniocentesis /,æmnɪəʊsen'ti:sɪs/ n. (pl. **-es**) amniocentesi f.

amniotic /,æmnɪ'ɒtɪk/ agg. [*fluid, sac*] amniotico.

amoeba, ameba AE /ə'mi:bə/ n. (pl. **~s, -ae**) ameba f.

amoebic /ə'mi:bɪk/ agg. [*dysentery*] amebico.

amok /ə'mɒk/ avv. ***to run ~*** [*person, animal*] = essere in preda a furia violenta o omicida; [*imagination*] diventare sfrenato.

among /ə'mʌŋ/, **amongst** /ə'mʌŋst/ Remember that *tra* or its variant form *fra* are the Italian translations of both *among(st)* and *between.* prep. tra, fra, in mezzo a [*crowd, population, trees, ruins, papers*]; ***one ~ many*** uno fra molti; ***unemployment ~ young people*** la disoccupazione tra i giovani; ***it is ~ the world's poorest countries*** è fra i paesi più poveri del mondo; ***to be ~ the first*** essere fra i primi; ***one bottle ~ five isn't enough*** una bottiglia per *o* in cinque non basta.

amoral /,eɪ'mɒrəl, AE ,eɪ'mɔ:rəl/ agg. amorale.

amorality /,eɪmə'rælətɪ/ n. amoralità f.

amorous /'æmərəs/ agg. LETT. o SCHERZ. amoroso.

amorphous /ə'mɔ:fəs/ agg. **1** CHIM. GEOL. amorfo **2** [*shape, collection, ideas, plans*] informe.

amortization /ə,mɔ:tɪ'zeɪʃn, AE ,æmərtɪ-/ n. ammortamento m.

amortize /ə'mɔ:taɪz, AE 'æmərtaɪz/ tr. ammortizzare.

1.amount /ə'maʊnt/ n. **1** *(quantity) (of goods, food)* quantità f.; *(of people, objects)* numero m.; ***a considerable ~ of*** una considerevole quantità di; ***a fair ~ of*** un bel po' di; ***a certain ~ of imagination*** una certa dose di immaginazione; ***I'm entitled to a certain ~ of respect*** ho diritto a un certo rispetto; ***no ~ of persuasion will make him change his mind*** nessun tentativo di persuasione gli farà cambiare idea; ***they've got any ~ of money*** hanno tutto il denaro che vogliono **2** *(sum of money)* somma f.; *(bill)* importo m.; *(total of expenses, damages)* ammontare m.; ***debts to the ~ of £ 10,000*** debiti per un totale di 10.000 sterline.

2.amount /ə'maʊnt/ intr. **1** ECON. *(add up to)* ***to ~ to*** [*cost*] ammontare a **2** *(be equivalent to)* ***to ~ to*** equivalere a [*confession, betrayal*]; ***it ~s to the same thing*** è la stessa cosa; ***it ~s to blackmail!*** equivale a un ricatto! *o* è un ricatto vero e proprio! ♦ ***he'll never ~ to much*** non concluderà mai niente.

amour /ə'mʊə(r)/ n. LETT. o SCHERZ. relazione f. (amorosa), tresca f.

1.amp ⇒ ampere ampere (A).

2.amp /æmp/ n. COLLOQ. → **amplifier**.

amperage /'æmpərɪdʒ/ n. amperaggio m.

ampere /'æmpeə(r), AE 'æmpɪə(r)/ n. ampere m.

ampersand /'æmpəsænd/ n. *(character)* e f. commerciale.

amphetamine /æm'fetəmi:n/ n. anfetamina f.

amphibian /æm'fɪbɪən/ n. **1** ZOOL. anfibio m. **2** AER. anfibio m. **3** AUT. mezzo m. anfibio; MIL. *(tank)* carro m. armato anfibio.

amphibious /æm'fɪbɪəs/ agg. ZOOL. MIL. anfibio.

amphitheatre /'æmfɪθɪətə(r)/ n. anfiteatro m. (anche GEOL.).

amphora /'æmfərə/ n. (pl. **~s, -ae**) anfora f.

ample /'æmpl/ agg. **1** *(plenty)* [*provisions, resources*] abbondante; [*illustration*] ampio; [*evidence, room*] più che sufficiente; ***to have ~ opportunity, time to do*** avere numerose occasioni per fare, avere tutto il tempo di fare; ***he was given ~ warning*** era stato ampiamente avvertito; ***he's been given ~ opportunity to apologize*** gli sono state date molte opportunità per scusarsi **2** *(of generous size)* [*proportions, garment*] ampio; [*bust*] abbondante, generoso.

amplification /,æmplɪfɪ'keɪʃn/ n. **1** amplificazione f. **2** *(of idea)* ampliamento m., sviluppo m.

amplifier /'æmplɪfaɪə(r)/ n. amplificatore m.

amplify /'æmplɪfaɪ/ tr. **1** TECN. amplificare **2** ampliare, sviluppare [*account, concept, statement*].

amplitude /'æmplɪtju:d, AE -tu:d/ n. **1** ASTR. amplitudine f. **2** FIS. ampiezza f. **3** FORM. *(of resources)* abbondanza f.

amply /'æmplɪ/ avv. [*compensated, fulfilled, demonstrated*] ampiamente.

ampoule BE, **ampule** AE /'æmpu:l/ n. *(for injections)* fiala f.

amputate /'æmpjʊteɪt/ tr. amputare; ***to ~ sb.'s leg*** amputare una gamba a qcn.

amputation /,æmpjʊ'teɪʃn/ n. amputazione f.

amputee /,æmpjʊ'ti:/ n. amputato m. (-a).

Amtrak /'æmtræk/ n. US (⇒ America Travel Track) = compagnia ferroviaria federale per il trasporto interurbano di passeggeri e merci.

amuck /ə'mʌk/ avv. → **amok**.

amulet /'æmjʊlɪt/ n. amuleto m.

amuse /ə'mju:z/ **I** tr. **1** *(cause laughter)* divertire, far ridere; ***to be ~d at*** o ***by*** essere divertito da, ridere per **2** *(entertain, occupy)* [*game, story, hobby*] divertire, distrarre **II** rifl. ***to ~ oneself*** divertirsi, distrarsi.

amused /ə'mju:zd/ **I** p.pass. → **amuse II** agg. divertito; ***I'm not ~!*** non lo trovo divertente! ***to keep sb. ~*** distrarre *o* intrattenere qcn.; ***to keep oneself ~*** intrattenersi.

amusement /ə'mju:zmənt/ n. **1** *(mirth)* divertimento m. (**at** per); ***to my great ~*** con mio grande divertimento; ***a look of ~*** un'aria divertita **2** *(diversion)* distrazione f.; ***to do sth. for ~*** fare qcs. per distrarsi **3** gener. pl. *(at fairground)* attrazione f.

amusement arcade n. BE sala f. giochi.

amusement park n. parco m. di divertimenti, luna park m.

amusing /ə'mju:zɪŋ/ agg. divertente, spassoso.

amyl /'æmɪl/ n. amile m.

amyl alcohol n. alcol m. amilico.

amyl nitrate n. nitrato m. di amile.

an /*forma debole* ən, *forma forte* æn/ → **2.a**.

anabolic steroid /,ænə'bɒlɪk'stɪərɔɪd/ n. steroide m. anabolizzante.

anachronism /ə'nækrənɪzəm/ n. anacronismo m.; ***to be an ~*** [*object, custom, etc.*] essere un anacronismo.

anachronistic /ə,nækrə'nɪstɪk/ agg. anacronistico.

anaemia /ə'ni:mɪə/ ♦ ***11*** n. anemia f.

anaemic /ə'ni:mɪk/ agg. **1** MED. anemico **2** FIG. SPREG. [*performance, poem*] scialbo.

anaerobic /,æneə'rəʊbɪk/ agg. anaerobio, anaerobico.

anaesthesia /,ænɪs'θi:zɪə/ n. BE anestesia f.

anaesthesiologist /,ænɪsθi:zi:'ɒlədʒɪst/ ♦ ***27*** n. BE anestesiologo m. (-a).

anaesthetic /,ænɪs'θetɪk/ BE **I** agg. anestetico **II** n. anestetico m.; ***to be under ~*** essere sotto anestesia.

anaesthetist /ə'ni:sθətɪst/ ♦ ***27*** n. BE anestesista m. e f.

anaesthetization /æ,ni:sθɪtaɪ'zeɪʃn, AE -tɪ'z-/ n. BE anestesia f.

anaesthetize /ə'ni:sθətaɪz/ tr. BE anestetizzare.

anagram /'ænəgræm/ n. anagramma m.

anal /'eɪnl/ agg. anale.

analgesic /,ænæl'dʒi:sɪk/ **I** agg. analgesico **II** n. analgesico m.

analog AE → **analogue**.

analogous /ə'næləgəs/ agg. analogo (**to, with** a).

analogue /'ænəlɒg, AE -lɔ:g/ n. = parola, cosa, caratteristica ecc. analoga.

analogue watch n. orologio m. analogico.

analogy /ə'nælədʒɪ/ n. analogia f.; ***by ~ with*** per analogia con; ***to draw an ~*** fare un'analogia.

analyse BE /'ænəlaɪz/ tr. **1** analizzare **2** BE PSIC. psicanalizzare.

analysis /ə'nælɪsɪs/ n. (pl. **-es**) **1** analisi f.; ***in the final*** o ***last ~*** in ultima analisi **2** PSIC. (psic)analisi f.

analyst /'ænəlɪst/ ♦ ***27*** n. **1** analista m. e f. **2** PSIC. (psic)analista m. e f.

analytic(al) /,ænə'lɪtɪk(l)/ agg. analitico.

analyze AE → **analyse**.

anarchic(al) /ə'nɑ:kɪk(l)/ agg. anarchico.

anarchist /'ænəkɪst/ **I** agg. anarchico **II** n. anarchico m. (-a).

anarchy /'ænəkɪ/ n. anarchia f.

anathema /ə'næθəmə/ n. **1** RELIG. anatema m. **2** FIG. maledizione f.; ***history, cruelty is ~ to him*** detesta la storia, la crudeltà.

anatomical /,ænə'tɒmɪkl/ agg. anatomico.

anatomist /ə'nætəmɪst/ n. anatomista m. e f.

anatomize /ə'nætəmaɪz/ tr. anatomizzare (anche FIG.).

anatomy /ə'nætəmɪ/ **I** n. anatomia f. (anche FIG.) **II** modif. [*class, lesson*] di anatomia.

ANC n. (⇒ African National Congress) = movimento politico della Repubblica Sudafricana di opposizione al regime razzista.

ancestor /'ænsestə(r)/ n. antenato m. (-a) (anche FIG.).

ancestral /æn'sestrəl/ agg. ancestrale; ***the ~ home*** la dimora avita.

ancestry /'ænsestrɪ/ n. **1** *(lineage)* ascendenza f., stirpe f. **2** *(ancestors collectively)* antenati m.pl., avi m.pl.

Anchises /æŋ'kaɪsi:z/ n.pr. Anchise.

1.anchor /'æŋkə(r)/ n. **1** MAR. ancora f.; ***to drop*** o ***cast ~*** gettare l'ancora; ***to raise (the) ~, to weigh*** o ***up ~*** levare l'ancora, salpare; ***to come to ~*** ancorarsi; ***to be*** o ***lie at ~*** essere all'ancora; ***to slip ~*** mollare l'ancora **2** FIG. punto m. fermo; *(person)* sostegno m.

2.anchor /'æŋkə(r)/ **I** tr. **1** ancorare [*ship, balloon*]; fissare, assicurare [*tent, roof etc.*] **2** AE RAD. TELEV. condurre **II** intr. [*ship*] gettare l'ancora.

anchorage /'æŋkərɪdʒ/ n. **1** MAR. ancoraggio m. **2** FIG. punto m. fermo, d'appoggio.

anchorite /'æŋkəraɪt/ n. anacoreta m.

anchorman /'æŋkəmən/ ♦ ***27*** n. (pl. **-men**) **1** RAD. TELEV. anchorman m., conduttore m.; *(in network, organization)* uomo m. chiave **2** SPORT *(in relay race)* ultimo frazionista m.

anchorwoman /'æŋkə,wʊmən/ ♦ ***27*** n. (pl. **-women**) RAD. TELEV. anchorwoman f., conduttrice f.

anchovy /'æntʃəvɪ, AE 'æntʃəʊvɪ/ **I** n. acciuga f. **II** modif. [*sauce*] alle acciughe; [*paste*] d'acciughe.

ancient /'eɪnʃənt/ agg. **1** antico; ***~ Greek*** LING. greco antico; ***~ Rome*** l'antica Roma; ***~ history*** *(subject)* storia antica; ***that's ~ history!*** FIG. è roba vecchia; ***in ~ times*** nei tempi antichi **2** COLLOQ. [*person*] (molto) vecchio; [*car*] antiquato.

ancillary /æn'sɪlərɪ, AE 'ænsələrɪ/ agg. [*service, staff, task, industry*] ausiliario; [*equipment*] sussidiario; [*cost*] aggiuntivo; [*role, road*] secondario; ***to be ~ to*** *(complementary)* essere di ausilio a; *(subordinate)* essere subordinato a.

and /*forme deboli* ənd, ən, n, *forma forte* ænd/ When used as a straightforward conjunction, *and* is translated by *e*: *to shout and sing* = gridare e cantare; *Tom and Linda* = Tom e Linda; *my friend and colleague* = il mio amico e collega. - When *and* joins two or more nouns, definite articles, possessive adjectives or quantifiers are not repeated in English, but they are in Italian: *the books and exercise books* = i libri e i quaderni; *her father and mother* = suo padre e sua madre; *some apples and pears* = delle mele e delle pere. - *And* is sometimes used between two verbs in English to mean *in order to* (*wait and see, go and ask, try and rest* etc.); to translate these expressions, look under the appropriate verb entry (**wait**, **go**, **try** etc.). Note that the two verb forms involved are the same tense in English, whereas in Italian the second one is always in the infinitive: *I'll try and come as soon as possible* = cercherò di venire appena possibile. - For *and* used in telling the time and saying numbers, see the lexical notes **4-THE CLOCK** and **19-NUMBERS**. For more examples and other uses, see the entry below. cong. **1** *(joining words or clauses)* e; ***cups ~ plates*** tazze e piatti; ***there'll be singing ~ dancing*** si canterà e si ballerà; ***he picked up his papers ~ went out*** raccolse le sue carte e uscì **2** *(in numbers)* ***two hundred ~ sixty-two*** duecentosessantadue; ***three ~ three-quarters*** tre e tre quarti **3** *(with repetition)* ***faster ~ faster*** sempre più veloce; ***it got worse ~ worse*** andò di male in peggio *o* sempre peggio; ***I waited ~ waited*** aspettai per moltissimo tempo; ***to talk on ~ on*** continuare a parlare; ***there are friends ~ friends*** ci sono amici e amici **4** *(for emphasis)* ***it's lovely ~ warm*** fa proprio un bel calduccio; ***come nice ~ early*** vieni presto; ***~ he didn't even say thank you*** e non disse nemmeno grazie **5** *(in phrases)* ***~ all that*** e tutto il resto; ***~ that*** BE COLLOQ. e cose così; ***~ so on*** e così via; ***~ how!*** COLLOQ. eccome! ***~?*** e poi? **6** *(with negative)* ***I haven't got pen ~ paper*** non ho né carta né penna.

Andean /æn'diːən/ agg. andino; ***the ~ mountains*** la Cordigliera delle Ande.

Andes /'ændiːz/ n.pr.pl. ***the ~*** le Ande.

andiron /'ændaɪən/ n. alare m.

Andrew /'ændruː/ n.pr. Andrea.

androgynous /æn'drɒdʒɪnəs/ agg. androgino.

android /'ændrɔɪd/ n. androide m. e f.

Andromache /æn'drɒməkɪ/ n.pr. Andromaca.

anecdotal /ˌænɪk'dəʊtl/ agg. [*memoirs, account*] aneddotico; [*talk, lecture*] ricco di aneddoti; ***on the basis of ~ evidence...*** sulla base di voci non confermate...

anecdote /'ænɪkdəʊt/ n. aneddoto m.

anemia AE → **anaemia**.

anemic AE → **anaemic**.

anemometer /ˌænɪ'mɒmɪtə(r)/ n. anemometro m.

anemone /ə'nemənɪ/ n. BOT. anemone m.

anesthesia /ˌænɪs'θiːʒə/ AE → **anaesthesia**.

anesthesiologist AE → **anaesthesiologist**.

anesthetic AE → **anaesthetic**.

anesthetist AE → **anaesthetist**.

anesthetization AE → **anaesthetization**.

anesthetize AE → **anaesthetize**.

aneurism, aneurysm /'ænjʊrɪzəm, AE -nʊ-/ n. aneurisma m.

anew /ə'njuː, AE ə'nuː/ avv. *(once more)* di nuovo, ancora; *(in a new way)* di nuovo, da capo.

angel /'eɪndʒl/ n. **1** angelo m. (anche FIG.); ***~ of mercy*** angelo di misericordia; ***be an ~ and answer the phone!*** da bravo, rispondi al telefono! **2** TEATR. COLLOQ. finanziatore m. (-trice) ♦ ***to be on the side of the ~s*** essere nel giusto; ***to rush in where ~s fear to tread*** buttarsi col coraggio dell'incoscienza.

angel cake n. = torta di pan di Spagna.

angelfish /'eɪndʒlˌfɪʃ/ n. (pl. ~, ~**es**) pesce m. angelo.

angelic /æn'dʒelɪk/ agg. angelico.

1.anger /'æŋgə(r)/ n. collera f., rabbia f. (**at** per); ***to feel ~ towards sb.*** essere in collera con qcn.; ***in ~*** in collera; ***a fit of ~*** un accesso d'ira.

2.anger /'æŋgə(r)/ tr. [*decision, remark*] mandare in collera [*person*].

Angevin /'ændʒɪvɪn/ **I** agg. angioino **II** n. angioino m. (-a); ***the ~s*** gli Angioini.

angina pectoris /ænˌdʒaɪnə'pektərɪs/ ➧ **11** n. angina f. (pectoris).

angiologist /ˌændʒɪ'ɒlədʒɪst/ ➧ **27** n. angiologo m. (-a).

angiology /ˌændʒɪ'ɒlədʒɪ/ n. angiologia f.

angioplasty /'ændʒɪəʊˌplæstɪ/ n. angioplastica f.

Angl. ⇒ Anglican anglicano.

1.angle /'æŋgl/ n. **1** MAT. angolo m.; ***at a 60° ~*** con un angolo di 60°; ***~ of descent*** angolo di inclinazione; ***camera ~*** angolo di campo; ***to be at an ~ to sth.*** [*table*] essere ad angolo con [*wall*]; [*tower*] essere inclinato rispetto a [*ground*]; ***at an ~*** obliquo *o* inclinato *o* in diagonale **2** *(point of view)* punto m. di vista; ***to see sth. from sb.'s ~*** vedere qcs. dal punto di vista di qcn. **3** *(perspective, slant)* angolazione f., angolatura f., profilo m.; ***seen from this ~*** sotto questo profilo **4** SPORT *(of shot, kick)* angolo m.

2.angle /'æŋgl/ tr. **1** *(tilt)* orientare [*light, camera, table*]; piegare [*racket*]; ***to ~ sth. upwards, downwards*** inclinare qcs. verso l'alto, il basso **2** SPORT *(hit diagonally)* angolare [*ball, shot*] **3** FIG. *(slant)* presentare in modo tendenzioso [*programme*].

3.angle /'æŋgl/ intr. **1** PESC. pescare (con la lenza); ***to ~ for salmon*** pescare il salmone **2** COLLOQ. FIG. *(try to obtain)* ***to ~ for sth.*** cercare di ottenere qcs.

Angle /'æŋgl/ n. anglo m.; ***the ~s*** gli Angli.

angle bracket n. TECN. supporto m. a L (per mensole).

Anglepoise® /'æŋglpɔɪz/ n. ~ ***(lamp)*** = lampada da tavolo a braccio snodato.

angler /'æŋglə(r)/ n. pescatore m. (-trice) (con la lenza).

Anglian /'æŋglɪən/ **I** agg. anglico **II** n. **1** *(person)* anglo m. **2** *(language)* anglico m.

Anglican /'æŋglɪkən/ **I** agg. anglicano **II** n. anglicano m. (-a).

Anglicanism /'æŋglɪkənɪzəm/ n. anglicanesimo m.

anglicism /'æŋglɪsɪzəm/ n. anglicismo m., anglismo m.

Anglicist /'æŋglɪsɪst/ n. anglista m. e f.

anglicize /'æŋglɪsaɪz/ tr. anglicizzare.

angling /'æŋglɪŋ/ ➧ **10** n. pesca f. (con la lenza).

Anglo-American /ˌæŋgləʊə'merɪkən/ ➧ **18** **I** agg. angloamericano **II** n. angloamericano m. (-a).

Anglophile /'æŋgləʊfaɪl/ **I** agg. anglofilo **II** n. anglofilo m. (-a).

Anglophone /'æŋgləʊfəʊn/ **I** agg. anglofono **II** n. anglofono m. (-a).

Anglo-Saxon /ˌæŋgləʊ'sæksn/ ➧ **18, 14** **I** agg. anglosassone **II** n. **1** *(person)* anglosassone m. e f. **2** *(language)* anglosassone m.

angora /æŋ'gɔːrə/ **I** n. angora f. **II** modif. [*cat, rabbit, scarf*] d'angora.

angostura /ˌæŋgə'stjʊərə, AE -'stʊərə/ n. angostura f.

angrily /'æŋgrɪlɪ/ avv. [*react, speak*] con rabbia.

angry /'æŋgrɪ/ agg. **1** [*person*] arrabbiato, in collera; [*animal*] inferocito; [*expression*] pieno di rabbia, infuriato; [*tone*] infuriato, indignato; [*reaction, words*] rabbioso; [*outburst*] di rabbia, d'ira; ***to be ~ at*** o ***with sb.*** essere arrabbiato con qcn.; ***to be ~ at*** o ***about sth.*** essere arrabbiato per qcs.; ***I was ~ at having to wait*** ero arrabbiato per aver dovuto aspettare; ***to get*** o ***grow ~*** arrabbiarsi; ***to make sb. ~*** fare arrabbiare qcn. **2** LETT. FIG. [*sea, sky*] minaccioso **3** [*wound, rash*] infiammato.

anguish /'æŋgwɪʃ/ n. **1** *(mental)* angoscia f. (**about, over** per); ***to be in ~*** essere angosciato **2** *(physical)* tormento m., dolore m.; ***to cry out in ~*** gridare dal dolore.

anguished /'æŋgwɪʃt/ agg. angosciato; ***an ~ cry*** un grido di dolore.

angular /'æŋgjʊlə(r)/ agg. **1** *(bony)* [*features, shape*] angoloso; [*person*] ossuto; *(having many angles)* [*building*] pieno di spigoli **2** FIS. angolare.

anhydride /æn'haɪdraɪd/ n. anidride f.

ani /'eɪnɪ, -naɪ/ → **anus**.

aniline /'ænɪliːn, AE 'ænəlaɪn/ n. anilina f.

animadversion /ˌænɪmæd'vɜːʃn, AE -ʒn/ n. FORM. (aspra) critica f., biasimo m.

animadvert /ˌænɪmæd'vɜːt/ intr. FORM. ***to ~ on sth.*** criticare qcs. (aspramente).

animal /'ænɪml/ **I** n. **1** *(creature, genus)* animale m. **2** *(brutish person)* animale m., bestia f.; ***to behave like ~s*** [*peo-*

ple] comportarsi come animali; ***to bring out the ~ in sb.*** risvegliare la bestia *o* l'animale che è in qcn. **3** FIG. *(entity)* ***she is a political ~*** è un animale politico **II** modif. **1** [*welfare, rights*] degli animali; [*feed*] per animali; [*behaviour, fat*] animale **2** *(basic)* [*instinct, desires*] animale, animalesco; SPREG. bestiale.
animal activist n. animalista m. e f.
animal experiment n. esperimento m. su animali.
animal husbandry n. allevamento m. degli animali.
animal kingdom n. regno m. animale.
animal liberation front n. = movimento ecoterrorista animalista.
animal lover n. amico m. (-a) degli animali.
animal product n. prodotto m. di origine animale.
animal sanctuary n. area f. protetta, riserva f.
animal testing n. test m.pl. sugli animali.
1.animate /ˈænɪmət/ agg. [*person*] vivente; [*object*] animato.
2.animate /ˈænɪmeɪt/ tr. animare (anche FIG.).
animated /ˈænɪmeɪtɪd/ **I** p.pass. → **2.animate II** agg. animato; ***an ~ film*** un film di animazione.
animatedly /ˈænɪmeɪtɪdlɪ/ avv. animatamente.
animation /ˌænɪˈmeɪʃn/ n. animazione f.
animator /ˈænɪmeɪtə(r)/ ➧ **27** n. CINEM. animatore m. (-trice).
animism /ˈænɪmɪzəm/ n. animismo m.
animosity /ˌænɪˈmɒsətɪ/ n. animosità f.; ostilità f.
anise /ˈænɪs/ n. BOT. anice m.
aniseed /ˈænɪsiːd/ **I** n. *(flavour, seed)* anice m. **II** modif. [*biscuit, drink*] all'anice.
anisette /ænɪˈzɛt/ n. anisetta f.
ankle /ˈæŋkl/ ➧ **2** n. caviglia f.
anklebone /ˈæŋklbəʊn/ n. astragalo m.
ankle-deep /ˈæŋkldiːp/ agg. ***the snow was ~*** la neve arrivava alle caviglie.
ankle-length /ˈæŋkllеŋθ/ agg. [*dress*] (lungo fino) alla caviglia.
ankle sock n. calzino m.
anklet /ˈæŋklɪt/ n. *(jewellery)* cavigliera f.
Ann /æn/ n.pr. Anna.
Annabel, Annabelle /ˈænəbel/ n.pr. Annabella.
annalist /ˈænəlɪst/ n. annalista m. e f.
annals /ˈænlz/ n.pl. annali m.; ***to go down in the ~ (of history)*** entrare negli annali (della storia).
Anne /æn/ n.pr. Anna.
anneal /əˈniːl/ tr. TECN. ricuocere, ritemprare.
Annette /əˈnet/ n.pr. diminutivo di **Ann** e **Anne**.
1.annex /ˈæneks/ n. *(building)* annesso m., dipendenza f. (**to** di).
2.annex /əˈneks/ tr. annettere [*country, building*].
annexation /ˌænɪkˈseɪʃn/ n. *(action)* annessione f.; *(land annexed)* territorio m. annesso.
annexe BE → **1.annex**.
Annie /ˌænɪ/ n.pr. diminutivo di **Ann** e **Anne**.
annihilate /əˈnaɪəleɪt/ tr. annientare.
annihilation /əˌnaɪəˈleɪʃn/ n. annientamento m.
anniversary /ˌænɪˈvɜːsərɪ/ **I** n. anniversario m. **II** modif. [*festival, reunion*] commemorativo; ***our ~ dinner*** *(of wedding)* il nostro pranzo di anniversario.
anno Domini, Anno Domini /ˌænəʊˈdɒmɪnaɪ/ avv. dopo Cristo.
annotate /ˈænəteɪt/ tr. annotare, commentare.
annotation /ˌænəˈteɪʃn/ n. *(printed in book)* nota f.; *(added by reader)* annotazione f.; DIR. postilla f.
announce /əˈnaʊns/ **I** tr. annunciare **II** intr. AE annunciare la propria candidatura.
announcement /əˈnaʊnsmənt/ n. annuncio m.; ***to make the ~ that*** annunciare che.
announcer /əˈnaʊnsə(r)/ ➧ **27** n. annunciatore m. (-trice).
annoy /əˈnɔɪ/ tr. **1** [*person*] *(by behaviour)* irritare, far arrabbiare; *(by opposing wishes)* contrariare **2** *(bother)* [*person*] importunare; [*discomfort, noise*] infastidire; ***what really ~s me is that...*** quello che mi dà veramente fastidio è che...
annoyance /əˈnɔɪəns/ n. **1** *(crossness)* irritazione f. (**at** per); contrarietà f. (**at** per); ***a look of ~*** uno sguardo seccato; ***much to her ~*** con suo grande disappunto **2** *(nuisance)* fastidio m.
annoyed /əˈnɔɪd/ **I** p.pass. → **annoy II** agg. irritato, contrariato (**by** per); *(stronger)* arrabbiato (**by** per); ***she was ~ with him for being late*** era irritata con lui perché era arrivato in ritardo; ***he was ~ (that) I hadn't replied*** era contrariato perché non avevo risposto.
annoying /əˈnɔɪɪŋ/ agg. irritante; ***the ~ thing is that...*** la cosa fastidiosa è che...
annual /ˈænjʊəl/ **I** agg. annuale **II** n. **1** *(book)* pubblicazione f. annuale, annuario m. **2** *(plant)* pianta f. annua.
Annual General Meeting n. = assemblea annuale dei soci, degli azionisti.
annually /ˈænjʊəlɪ/ avv. [*earn, produce*] annualmente.
annuity /əˈnjuːətɪ, AE -ˈnuː-/ n. rendita f.
annul /əˈnʌl/ tr. (forma in -ing ecc. **-ll-**) annullare [*marriage, treaty, vote*]; abrogare [*law*].
annular /ˈænjʊlə(r)/ agg. anulare.
annulment /əˈnʌlmənt/ n. *(of marriage)* annullamento m.; *(of legislation)* abrogazione f.
Annunciation /əˌnʌnsɪˈeɪʃn/ n. Annunciazione f.
anode /ˈænəʊd/ n. anodo m.
anodyne /ˈænədaɪn/ **I** n. anodino m.; FIG. *(soothing thing)* conforto m., sollievo m. **II** agg. anodino.
anoint /əˈnɔɪnt/ tr. **1** ungere; ***to ~ with oil*** ungere (di olio) **2** *(appoint to high office)* consacrare.
anomalous /əˈnɒmələs/ agg. anomalo.
anomaly /əˈnɒməlɪ/ n. anomalia f.
anon /əˈnɒn/ avv. RAR. o SCHERZ. ***see you ~*** a presto.
anon. /əˈnɒn/ ⇒ anonymous anonimo.
anonymity /ˌænəˈnɪmətɪ/ n. anonimato m.
anonymous /əˈnɒnɪməs/ agg. anonimo; ***to remain ~*** mantenere l'anonimato.
anonymously /əˈnɒnɪməslɪ/ avv. [*complain, write, give*] in forma anonima.
anopheles /əˈnɒfɪliːz/ n. anofele m.
anorak /ˈænəræk/ n. giacca f. a vento (con cappuccio), eskimo m.
anorexia /ˌænəˈreksɪə/ ➧ **11** n. anoressia f.
anorexic /ˌænəˈreksɪk/ **I** agg. anoressico **II** n. anoressico m. (-a).
another /əˈnʌðə(r)/ As it is composed of *an* and *other*, *another* can only precede or stand for countable names in the singular (if plural or uncountable names occur, *other* is used instead). - When *another* is used as a determiner it is translated by *un altro* or *un'altra* according to the gender of the noun that follows: *another ticket* = un altro biglietto; *another cup* = un'altra tazza. However, when *another* means an additional, *ancora* can also be used: *another cup of tea?* = un'altra tazza di tè or ancora una tazza di tè? *another week and it will be Christmas!* = ancora una settimana e sarà Natale! For more examples and particular usages, see **I** below. - When *another* is used as a pronoun it is translated by *un altro* or *un'altra* according to the gender of the noun it refers to: *that cake was delicious, can I have another?* = quel pasticcino era squisito, posso prenderne un altro? *I see you like those peaches - have another* = vedo che quelle pesche ti piacciono - prendine un'altra. For more examples and particular usages, see **II** below. **I** determ. **1** *(an additional)* un altro, ancora uno; ***would you like ~ drink?*** vorresti qualcos'altro da bere? ***we have received yet ~ letter*** abbiamo ricevuto ancora un'altra lettera; ***that will cost you ~ £ 5*** questo vi costerà cinque sterline in più; ***without ~ word*** senza dire altro; ***in ~ five weeks*** fra altre cinque settimane; ***it was ~ ten years before they met again*** passarono altri dieci anni prima che si incontrassero di nuovo; ***and ~ thing,...*** e un'altra cosa,... **2** *(a different)* un altro; ***~ time*** un'altra volta; ***he has ~ job now*** adesso fa un altro lavoro; ***to put it ~ way...*** per dirla in altri termini...; ***that's quite ~ matter*** è tutt'altra faccenda **3** *(new)* ***~ Garbo*** una nuova, una seconda Garbo **II** pron. un altro, un'altra; ***can I have ~?*** posso averne un altro? ***~ of the witnesses said that*** un altro dei testimoni ha detto che; ***one after ~*** (l')uno dopo l'altro; ***of one kind or ~*** di qualche tipo; ***for one reason or ~*** per una ragione o per l'altra; ***in one way or ~*** in un modo o nell'altro; ***imagining things is one thing, creating them is quite ~*** un conto è ideare le cose, un conto è realizzarle.
Anselm /ˈænselm/ n.pr. Anselmo.

1.answer /ˈɑːnsə(r), AE ˈænsər/ n. **1** *(reply)* risposta f.; ***to get, give an ~*** avere, dare una risposta; ***there's no ~*** non risponde nessuno; ***in ~ to sth.*** in risposta a qcs.; ***she has all the ~s*** sa tutto; SPREG. crede di sapere tutto; ***I won't take no for an ~!*** non accetto rifiuti! ***there's no ~ to that!*** che si può mai rispondere? ***Italy's ~ to Marilyn Monroe*** SCHERZ. la risposta italiana a Marilyn Monroe **2** *(solution) (to difficulty, puzzle)* soluzione f. (**to** di); SCOL. UNIV. risposta f.; ***there is no easy ~ (to the problem)*** non è (un problema) di facile soluzione.

2.answer /ˈɑːnsə(r), AE ˈænsər/ **I** tr. **1** *(reply to)* rispondere a [*question, invitation, letter, person*]; ***to ~ that*** rispondere che; ***to ~ the door*** andare ad aprire (la porta); ***to ~ the telephone*** rispondere al telefono; ***to ~ the call*** rispondere all'appello (anche FIG.); ***our prayers have been ~ed*** le nostre preghiere sono state esaudite **2** DIR. *(respond)* rispondere, replicare a [*criticism, accusation, allegation*]; ***to ~ a charge*** replicare a un'accusa **3** *(meet)* rispondere a [*need, demand*]; ***we saw nobody ~ing that description*** non abbiamo visto nessuno che rispondesse a quella descrizione **II** intr. **1** *(respond)* rispondere; ***it's not ~ing*** BE *(on phone)* non risponde; ***to ~ to the name of Fiona*** rispondere al nome di Fiona **2** *(correspond)* ***to ~ to*** rispondere, corrispondere a [*description*] **3** *(account)* ***to ~ for sb.*** rispondere per qcn.; ***to ~ to sb.*** rendere conto a qcn.; ***...or you'll have me to ~ to!*** ...o dovrai fare i conti con me!

■ **answer back:** ~ back ribattere; ~ [sb.] back BE ribattere, rispondere male (a qcn.); ***don't dare ~ (me) back!*** non osare rispondermi!

■ **answer for:** ~ for [sth.] *(account for)* rispondere di [*action*]; ***they have a lot to ~ for!*** devono rispondere di molte cose!

answerable /ˈɑːnsərəbl, AE ˈæns-/ agg. **1** *(accountable)* ***to be ~ to sb.*** dover rispondere a qcn.; ***they are ~ to no-one*** non devono rendere conto a nessuno; ***to be ~ for*** essere responsabile di [*actions*] **2** [*question*] a cui si può rispondere.

answering machine n. segreteria f. telefonica.

answering service n. servizio m. di segreteria telefonica.

answerphone /ˈɑːnsəfəʊn, AE ˈæns-/ n. segreteria f. telefonica.

ant /ænt/ n. formica f.; ***flying ~*** formica alata.

antacid /æntˈæsɪd/ **I** agg. antiacido **II** n. antiacido m.

antagonism /ænˈtægənɪzəm/ n. antagonismo m.; ***~ to*** o ***towards sb., sth.*** ostilità nei confronti di qcn., qcs.

antagonist /ænˈtægənɪst/ n. antagonista m. e f.

antagonistic /ænˌtægəˈnɪstɪk/ agg. **1** *(hostile)* [*person*] ostile (**to, towards** verso, nei confronti di) **2** *(mutually opposed)* [*theories*] antagonistico.

antagonize /ænˈtægənaɪz/ tr. inimicarsi (**by doing** facendo).

Antarctic /ænˈtɑːktɪk/ **I** agg. (anche **antarctic**) antartico **II** n.pr. ***the ~*** l'Antartico.

Antarctica /ænˈtɑːktɪkə/ n.pr. Antartide m.

Antarctic Circle n. Circolo m. Polare Antartico.

Antarctic Ocean ❥ ***20*** n. oceano m. Antartico.

ante /ˈæntɪ/ n. *(in gambling game)* posta f.; ***to up the ~*** alzare la posta (anche FIG.).

anteater /ˈæntiːtə(r)/ n. formichiere m.

antecedent /ˌæntɪˈsiːdnt/ **I** agg. antecedente **II** n. **1** *(precedent)* antecedente m. **2** *(ancestor)* antenato m.

antechamber /ˈæntɪtʃeɪmbə(r)/ n. → **anteroom.**

antedate /ˌæntɪˈdeɪt/ tr. **1** *(put earlier date on)* antidatare [*cheque, letter*] **2** *(predate)* anticipare (**by** di).

antediluvian /ˌæntɪdɪˈluːvɪən/ agg. antidiluviano.

antelope /ˈæntɪləʊp/ n. antilope f.

antemeridian /ˌæntɪməˈrɪdɪən/ agg. antimeridiano.

antenatal /ˌæntɪˈneɪtl/ **I** agg. BE prenatale **II** n. BE controllo m. prenatale.

antenatal class n. BE corso m. di preparazione al parto.

antenatal clinic n. BE = centro di consulenza per le gestanti.

antenna /ænˈtenə/ n. (pl. **~s, -ae**) antenna f.

anterior /ænˈtɪərɪə(r)/ agg. anteriore.

anteroom /ˈæntɪruːm, -rʊm/ n. anticamera f.

anthem /ˈænθəm/ n. inno m.; ***national ~*** inno nazionale.

anther /ˈænθə(r)/ n. antera f.

anthill /ˈænthɪl/ n. formicaio m.

anthologist /ænˈθɒlədʒɪst/ n. antologista m. e f.

anthology /ænˈθɒlədʒɪ/ n. antologia f.

Anthony /ˈæntənɪ/ n.pr. Antonio.

anthraces /ˈænθrəsiːz/ → **anthrax**.

anthracite /ˈænθrəsaɪt/ n. antracite f.

anthrax /ˈænθræks/ ❥ ***11*** n. (pl. **-ces**) antrace m.

anthropocentric /ˌænθrəpəˈsentrɪk/ agg. antropocentrico.

anthropocentrism /ˌænθrəpəˈsentrɪzəm/ n. antropocentrismo m.

anthropoid /ˈænθrəpɔɪd/ **I** agg. antropoide **II** n. antropoide m.

anthropological /ˌænθrəpəˈlɒdʒɪkl/ agg. antropologico.

anthropologist /ˌænθrəˈpɒlədʒɪst/ ❥ ***27*** n. antropologo m. (-a).

anthropology /ˌænθrəˈpɒlədʒɪ/ n. antropologia f.

anthropomorphic /ˌænθrəpəˈmɔːfɪk/ agg. antropomorfico.

anthropomorphism /ˌænθrəpəˈmɔːfɪzəm/ n. antropomorfismo m.

anthropophagous /ˌænθrəˈpɒfəgəs/ agg. antropofago.

anti /ˈæntɪ/ prep. ***to be ~ (sth.)*** essere contro (qcs.).

antiabortion /ˌæntɪəˈbɔːʃn/ agg. antiabortista.

antiabortionist /ˌæntɪəˈbɔːʃənɪst/ n. antiabortista m. e f.

antiaircraft /ˌæntɪˈeəkrɑːft, AE -kræft/ agg. contraereo, antiaereo.

antiallergic /ˌæntɪəˈlɜːrdʒɪk/ agg. antiallergico.

antiapartheid /ˌæntɪəˈpɑːteɪt, -aɪt/ agg. antiapartheid.

antibacterial /ˈæntɪbækˈtɪərɪəl/ agg. antibatterico.

antiballistic missile n. missile m. antimissili balistici.

antibiotic /ˌæntɪbaɪˈɒtɪk/ **I** n. antibiotico m.; ***he's on ~s*** sta prendendo gli antibiotici **II** agg. antibiotico.

antibody /ˈæntɪbɒdɪ/ n. anticorpo m.

Antichrist /ˈæntɪkraɪst/ n. anticristo m.; ***the ~*** l'Anticristo.

anticipate /ænˈtɪsɪpeɪt/ **I** tr. **1** *(expect, foresee)* prevedere, aspettarsi [*problem, delay*]; ***to ~ that*** prevedere che; ***as ~d*** come previsto; ***we ~ meeting him soon*** ci aspettiamo di incontrarlo presto; ***I didn't ~ him doing that*** non mi aspettavo che facesse questo **2** *(guess in advance)* anticipare [*sb.'s needs, result*] **3** *(preempt)* prevenire [*person, act*] **4** *(prefigure)* prevedere, anticipare [*development*] **II** intr. fare delle anticipazioni; ***but I'm anticipating a little*** *(when telling story)* ma sto andando troppo avanti.

anticipation /ænˌtɪsɪˈpeɪʃn/ n. **1** *(excitement)* attesa f., trepidazione f.; *(pleasure in advance)* pregustazione f.; ***in ~ of sth.*** pregustando qcs. **2** *(expectation)* anticipazione f.; ***in ~ of*** in previsione di; ***thanking you in ~*** *(in letter)* ringraziando in anticipo.

anticlerical /ˌæntɪˈklerɪkl/ **I** agg. anticlericale **II** n. anticlericale m. e f.

anticlimax /ˌæntɪˈklaɪmæks/ n. delusione f.; ***what an ~!*** che delusione!

anticlockwise /ˌæntɪˈklɒkwaɪz/ BE **I** agg. antiorario **II** avv. in senso antiorario.

anticoagulant /ˌæntɪkəʊˈægjʊlənt/ **I** agg. anticoagulante **II** n. anticoagulante m.

antics /ˈæntɪks/ n.pl. *(comical)* scherzi m., lazzi m.; SPREG. pagliacciate f., buffonate f.

anticyclone /ˌæntɪˈsaɪkləʊn/ n. anticiclone m.

antidepressant /ˌæntɪdɪˈpresnt/ **I** agg. antidepressivo **II** n. antidepressivo m.

antidote /ˈæntɪdəʊt/ n. antidoto m. (**to, for** a, contro, per) (anche FIG.).

antiestablishment /ˌæntɪɪsˈtæblɪʃmənt/ agg. (che è) contro l'establishment.

antifreeze /ˈæntɪfriːz/ n. antigelo m.

antigen /ˈæntɪdʒən/ n. antigene m.

antiglare /ˌæntɪˈgleə(r)/ agg. [*screen*] antiriflesso.

anti-globalization /ˌæntɪgləʊbəlaɪˈzeɪʃn, AE -lɪˈz-/ n. antiglobalizzazione f.

antihero /ˈæntɪhɪərəʊ/ n. antieroe m.

antihistamine /ˌæntɪˈhɪstəmɪn/ n. antistaminico m.; ***I need ~*** ho bisogno di antistaminici.

anti-inflation /ˌæntɪɪnˈfleɪʃn/ agg. antinflazionistico.

anti-inflationary /ˌæntɪɪnˈfleɪʃənərɪ, AE -nerɪ/ agg. antinflazionistico.

antiknock /ˈæntɪnɒk/ n. antidetonante m.

Antilles /ˌænˈtɪliːz/ ❥ ***12*** n.pr.pl. Antille f.

antilock /ˈæntɪlɒk/ agg. antibloccaggio.

antimacassar /ˌæntɪmə'kæsə(r)/ n. *(covering)* capezziera f.
antimatter /'æntɪmætə(r)/ n. antimateria f.
anti-mist /ˌæntɪ'mɪst/ agg. antiappannante.
antimony /'æntɪmənɪ, AE -məʊnɪ/ n. antimonio m.
antineuralgic /ˌæntɪnju:'rældʒɪk/ agg. antinevralgico.
antinomy /æn'tɪnəmɪ/ n. antinomia f.
antinuclear /ˌæntɪ'nju:klɪə(r), AE -nu:-/ agg. antinucleare.
antipathetic /ˌæntɪpə'θetɪk/ agg. contrario, ostile (**to, towards** a).
antipathy /æn'tɪpəθɪ/ n. antipatia f. (**for, to, towards** per).
antipersonnel /ˌæntɪˌpɜ:sə'nel/ agg. MIL. antiuomo.
antiperspirant /ˌæntɪ'pɜ:spɪrənt/ n. antitraspirante m.
antiphon /'æntɪfən/ n. antifona f.
antipodean /ænˌtɪpə'di:ən/ **I** n. = persona che proviene dall'Australia o dalla Nuova Zelanda **II** agg. [*cousin, politics*] = d'Australia o della Nuova Zelanda.
Antipodes /æn'tɪpədi:z/ n.pl. ***the*** ~ gli antipodi; GB l'Australia e la Nuova Zelanda.
antiquarian /ˌæntɪ'kweərɪən/ ➧ *27* **I** n. **1** *(dealer)* antiquario m. (-a); *(collector)* collezionista m. e f. di oggetti antichi **2** *(scholar)* archeologo m. (-a) **II** agg. [*history*] antico; ***~ bookshop*** libreria antiquaria.
antiquary /'æntɪkwərɪ, AE -kwerɪ/ ➧ *27* n. antiquario m. (-a).
antiquated /'æntɪkweɪtɪd/ agg. [*machinery, idea*] antiquato; [*building*] vetusto.
antique /æn'ti:k/ **I** n. **1** *(piece of furniture)* mobile m. antico; *(other object)* pezzo m. d'antiquariato **2** COLLOQ. SPREG. *(person)* rudere m. **II** agg. **1** *(old)* antico **2** *(old style)* all'antica.
antique dealer ➧ *27* n. antiquario m. (-a).
antique(s) fair n. fiera f. dell'antiquariato.
antique shop ➧ *27* n. negozio m. d'antiquariato.
antiquity /æn'tɪkwətɪ/ n. **1** *(ancient times)* antichità f., tempi m.pl. antichi **2** *(great age)* antichità f. **3** *(relic)* antichità f., oggetto m. antico.
antiracism /ˌæntɪ'reɪsɪzəm/ n. antirazzismo m.
anti-riot /ˌæntɪ'raɪət/ agg. [*police, squad*] antisommossa.
anti-rust /ˌæntɪ'rʌst/ agg. antiruggine.
anti-Semitic /ˌæntɪsɪ'mɪtɪk/ agg. antisemita, antisemitico.
anti-Semitism /ˌæntɪ'semɪtɪzəm/ n. antisemitismo m.
antiseptic /ˌæntɪ'septɪk/ **I** agg. antisettico **II** n. antisettico m.
anti-skid /ˌæntɪ'skɪd/ agg. antislittamento, antiscivolo.
anti-smoking /ˌæntɪ'sməʊkɪŋ/ agg. antifumo.
antisocial /ˌæntɪ'səʊʃl/ agg. antisociale, asociale.
antitank /ˌæntɪ'tæŋk/ agg. anticarro.
anti-terrorist /ˌæntɪ'terərɪst/ agg. antiterrorismo, antiterroristico.
anti-theft /ˌæntɪ'θeft/ agg. [*lock, device*] antifurto; [*camera*] di sorveglianza; ***~ steering lock*** bloccasterzo.
antithesis /æn'tɪθəsɪs/ n. (pl. **-es**) FORM. **1** *(opposite)* (esatto) contrario m.; *(in ideas)* antitesi f. **2** *(contrast)* contrasto m., opposizione f. **3** LETTER. FILOS. antitesi f.
antithetic(al) /ˌæntɪ'θetɪk(l)/ agg. FORM. antitetico.
antitoxin /ˌæntɪ'tɒksɪn/ n. antitossina f.
antitrades /ˌæntɪ'treɪdz/ n.pl. controalisei m.
antitrust /ˌæntɪ'trʌst/ agg. antitrust.
antitumor /ˌæntɪ'tju:mə(r)/ agg. antitumorale.
antivenin /ˌæntɪ'venɪn/ n. antiveleno m., contravveleno m.
antivirus software /ˌæntɪ'vaɪərəsˌsɒftweə(r), AE -ˌsɔ:ft-/ n. programma m. antivirus.
anti-vivisection /ˌæntɪˌvɪvɪ'sekʃən/ agg. antivivisezione.
antlers /'æntləz/ n.pl. *(on stag, as trophy)* corna f., palchi m.
Antony /'æntənɪ/ n.pr. Antonio.
antonym /'æntənɪm/ n. antonimo m.
antonymous /ˌæn'tɒnəməs/ agg. antonimico.
anus /'eɪnəs/ n. (pl. **~es, -i**) ano m.
anvil /'ænvɪl/ n. incudine f.
anxiety /æŋ'zaɪətɪ/ n. **1** *(apprehension)* ansia f., ansietà f. (**about** per, riguardo a); ***she caused them great*** ~ li ha fatti stare molto in ansia **2** *(source of worry)* preoccupazione f., timore m.; ***to be an ~ to sb.*** dare delle preoccupazioni a qcn. **3** *(eagerness)* ansia f., impazienza f. (**to do** di fare) **4** PSIC. ansia f.
anxiety attack n. crisi f. ansiosa.
anxiolytic /ˌæŋzɪə'lɪtɪk/ agg. ansiolitico.
anxious /'æŋkʃəs/ agg. **1** *(worried)* ansioso, preoccupato (**about** per, riguardo a) **2** *(causing worry)* [*moment, time*] preoccupante, angosciante **3** *(eager)* ansioso, impaziente (**to do** di fare); ***I am ~ for him to know*** o ***that he should know*** vorrei tanto che lui lo sapesse; ***to be ~ for sth.*** desiderare ansiosamente qcs.
anxiously /'æŋkʃəslɪ/ avv. **1** *(worriedly)* ansiosamente **2** *(eagerly)* ansiosamente, impazientemente.
1.any /'enɪ/ When *any* is used as a quantifier, in negative and interrogative sentences, to mean an unspecified amount of something, it precedes either uncountable nouns or countable nouns in the plural: *I never put any sugar in my coffee* = non metto mai zucchero nel caffè; *have you got any letters for me?* = ha delle lettere per me? - When *any* is used as a determiner in negative sentences, it is not usually translated into Italian: *we don't have any money* = non abbiamo soldi. - When *any* is used as a determiner in questions, it is translated by *del, della, dei* or *delle* according to the gender and number of the noun that follows: *is there any soap?* = c'è del sapone? *is there any flour?* = c'è della farina? *are there any newspapers?* = ci sono dei giornali? *are there any questions?* = ci sono delle domande? Especially in the plural, anyway, the Italian forms can be understood: *ci sono giornali? ci sono domande?* In questions, *any* + a noun in the plural can also be rendered by *qualche*, which is invariable and it is always followed by the singular: *are there any questions* = c'è qualche domanda? determ. **1** *(with negative, implied negative)* ***he hasn't got ~ money*** non ha denaro; ***they never receive ~ letters*** non ricevono mai lettere; ***they hardly ate ~ cake*** hanno mangiato pochissima torta; ***I don't want ~ lunch*** non voglio pranzare; ***I don't need ~ advice*** non ho bisogno di consigli **2** *(in questions, conditional sentences)* ***is there ~ tea?*** c'è del tè? ***if you have ~ doubts*** se avete qualche dubbio **3** *(no matter which)* qualsiasi, qualunque; ***~ pen*** una penna qualsiasi; ***~ information would be very useful*** qualunque informazione potrebbe essere molto utile; ***~ complaints should be addressed to Mr Cook*** i reclami devono essere sporti al signor Cook; ***I'm ready to help in ~ way I can*** sono disposto ad aiutare in tutti i modi possibili; ***I do not wish to restrict your freedom in ~ way*** non intendo limitare la tua libertà in alcun modo; ***at ~ time*** in qualsiasi momento; ***come round and see me ~ time*** passa a trovarmi quando vuoi; ***~ one of you could have done it*** uno qualunque di voi avrebbe potuto farlo; ***I don't buy ~ one brand in particular*** non preferisco nessuna marca in particolare; ***in ~ case, at ~ rate*** in ogni caso.
2.any /'enɪ/ When *any* is used in negative sentences and in questions it is translated by *ne*, which is placed before the verb in Italian: *we don't have any* = non ne abbiamo; *have you got any?* = ne avete? pron. **1** *(with negative, implied negative)* ***he hasn't got*** ~ non ne ha; ***there is hardly ~ left*** non ce n'è quasi più; ***she doesn't like ~ of them*** non gliene piace nessuno **2** *(in questions, conditional sentences)* ***I'd like some tea, if you have*** ~ vorrei un po' di tè, se ne hai; ***have you got ~?*** ne hai? ***have ~ of you got a car?*** qualcuno di voi ha un'auto? ***are ~ of them blue?*** ce n'è qualcuno blu? ***we have very few shirts left, if*** ~ abbiamo pochissime camicie, se mai ne è rimasta qualcuna **3** *(no matter which)* uno (-a) qualsiasi, uno (-a) qualunque; ***"which colour would you like?" - "~"*** "quale colore ti piacerebbe?" "uno qualsiasi"; ***~ of those pens*** una qualunque di quelle penne; ***~ of them could do it*** uno qualunque di loro potrebbe farlo.
3.any /'enɪ/ avv. **1** *(with comparatives)* ***is he feeling ~ better?*** si sente (un po') meglio? ***have you got ~ more of these?*** ne hai degli altri? ***do you want ~ more wine?*** vuoi dell'altro vino? ***I don't like him ~ more than you do*** non mi piace più di quanto piaccia a te; ***I don't know ~ more than that*** non so più di così, non so altro; ***he doesn't live here ~ more*** o ***longer*** non abita più qui; ***I won't put up with it ~ longer*** non ho più intenzione di sopportarlo; ***if we stay here ~ longer*** se restiamo ancora; ***can't you walk ~ faster?*** non riesci a camminare (un po') più veloce? ***I can't leave ~ later than 6 o'clock*** non posso (assolutamente) andare via più tardi delle sei **2** COLLOQ. *(at all)* ***that doesn't help me*** ~ non mi aiuta per niente.
anybody /'enɪbɒdɪ/ pron. **1** *(with negative, implied negative)* nessuno; ***there wasn't ~ in the house*** non c'era nessuno nella casa; ***without ~ knowing*** senza che nessuno lo sappia, lo

sapesse; ***I don't like him and nor does ~ else*** non mi piace, e non piace a nessun altro; ***hardly ~ came*** non è venuto quasi nessuno **2** *(in questions, conditional sentences)* qualcuno; ***is there ~ in the house?*** c'è qualcuno nella casa? ***did ~ see him?*** qualcuno l'ha visto? ***if ~ asks, tell them I've gone out*** se qualcuno mi cerca, dì che sono uscito **3** *(no matter who)* chiunque; ***~ could do it*** chiunque saprebbe farlo; ***~ who wants to, can go*** chiunque lo desideri, può andare; ***~ but you would have given it to him*** chiunque, a parte te, glielo avrebbe dato; ***~ can make a mistake*** può capitare a tutti di fare un errore; ***~ would think you were deaf*** chiunque penserebbe che tu sia sordo; ***you can invite ~ (you like)*** puoi invitare chi vuoi **4** *(somebody unimportant)* chiunque; ***she's not just ~, she's the boss*** non è una qualunque, è il capo; ***we can't ask just ~ to do it*** non possiamo chiedere a uno qualsiasi di farlo **5** *(somebody important)* qualcuno; ***~ who was ~ was at the party*** alla festa c'erano tutti quelli che contavano.

anyhow /ˈenɪhaʊ/ avv. **1** *(in any case)* → **anyway** **2** *(in a careless way)* a caso, in modo disordinato; ***clothes scattered around the room ~*** vestiti sparpagliati dappertutto per la stanza; ***they splashed the paint on ~*** stesero la vernice alla meglio.

anyone /ˈenɪwʌn/ pron. → **anybody**.

anyplace /ˈenɪpleɪs/ avv. AE COLLOQ. → **anywhere**.

anything /ˈenɪθɪŋ/ pron. **1** *(with negative, implied negative)* niente; ***she didn't say ~*** non disse niente; ***they never do ~*** non fanno mai niente; ***there was hardly ~ left*** non era rimasto quasi niente **2** *(in questions, conditional sentences)* qualcosa; ***have you got ~ in blue?*** avete qualcosa di blu? ***if ~ happens*** o ***should happen to her*** se le succede *o* dovesse succedere qualcosa; ***is there ~ to be done?*** c'è qualcosa da fare? ***is there ~ in what he says?*** c'è qualcosa di vero in quello che dice? **3** *(no matter what)* tutto, qualsiasi cosa; ***~ is possible*** tutto è possibile; ***I'd do*** o ***give ~ to get that job*** farei *o* darei qualsiasi cosa per avere quel lavoro; ***they'd do ~ for you*** farebbero qualsiasi cosa per te; ***she likes ~ sweet, to do with ballet*** le piace tutto ciò che è dolce, che ha a che fare con la danza classica; ***it could cost ~ between £ 50 and £ 100*** potrebbe costare tra le 50 e le 100 sterline; ***he was ~ but happy, a liar*** era tutto fuorché *o* tutt'altro che felice, un bugiardo; ***"was it interesting?" - "~ but!"*** "era interessante?" - "tutt'altro"; ***he wasn't annoyed, if ~, he was quite pleased*** non era irritato, anzi, era piuttosto contento ♦ ***~ goes*** tutto è concesso, va bene qualsiasi cosa; ***as easy, funny as ~*** facilissimo, divertentissimo; ***to run, laugh, work like ~*** correre, ridere, lavorare come un pazzo.

anytime /ˈenɪtaɪm/ avv. (anche **any time**) **1** *(no matter when)* in qualsiasi momento; ***~ after 2 pm*** a qualsiasi ora dopo le due; ***~ you like*** quando vuoi; ***if at ~ you feel lonely...*** se qualche volta ti senti solo...; ***at ~ of the day or night*** in qualsiasi ora del giorno o della notte **2** *(at any moment)* ***he could arrive ~ now*** potrebbe arrivare da un momento all'altro.

anyway /ˈenɪweɪ/ avv. **1** *(in any case, besides)* comunque, in ogni caso; ***I was planning to do that ~*** intendevo farlo comunque **2** *(nevertheless)* comunque, lo stesso; ***thanks ~*** grazie lo stesso **3** *(at least, at any rate)* in ogni caso; ***we can't go out, not yet ~*** non possiamo uscire, comunque non per ora; ***that's what he said ~*** o almeno così ha detto **4** *(well: as sentence adverb)* ***~, we arrived at the station...*** (comunque,) arrivammo alla stazione...; ***~, I'd better go now*** be', adesso devo andare.

anywhere /ˈenɪweə(r), AE -hweər/ avv. **1** *(with negative, implied negative)* da nessuna parte, in nessun luogo; ***you can't go ~*** non puoi andare da nessuna parte; ***there isn't ~ to sit*** non ci si può sedere da nessuna parte; ***you won't get ~ if you don't pass your exams*** non arriverai da nessuna parte se non passi gli esami; ***crying isn't going to get you ~*** piangere non ti porterà a niente **2** *(in questions, conditional sentences)* da qualche parte, in qualche luogo; ***have you got a comb ~?*** hai un pettine da qualche parte? ***did you go ~ nice?*** sei stato in qualche bel posto? ***we're going to Spain, if ~*** se mai andremo da qualche parte, sarà in Spagna **3** *(no matter where)* ***~ you like*** dove vuoi; ***~ in the world*** in qualsiasi parte del mondo; ***~ except*** o ***but Bournemouth*** dovunque eccetto Bournemouth; ***~ she goes, he follows her*** dovunque lei vada, lui la segue; ***"where do you want to go?" - "~ hot"*** "dove vuoi andare?" - "in un qualsiasi posto caldo"; ***~ between 50 and 100 people*** fra le 50 e le 100 persone.

AOB n. (⇒ any other business) *(on agenda)* = varie ed eventuali.

aorta /eɪˈɔːtə/ n. (pl. **~s, -ae**) aorta f.

AP n. (⇒ Associated Press) = agenzia di stampa americana.

apace /əˈpeɪs/ avv. LETT. di buon passo, rapidamente.

Apache /əˈpætʃɪ/ ♦ *18, 14* **I** agg. apache **II** n. (pl. **~, ~s**) **1** *(person)* apache m. e f. **2** LING. lingua f. apache.

apart /əˈpɑːt/ Apart is used after certain verbs in English (*tear apart, tell apart* etc.): for translations consult the appropriate verb entry (**tear, tell** etc.). agg. e avv. **1** *(at a distance in time or space)* ***the trees were planted 10 metres ~*** gli alberi erano piantati a 10 metri di distanza (l'uno dall'altro); ***the babies were born 2 weeks ~*** i bambini nacquero a due settimane di distanza; ***to be far ~*** essere molto distanti; ***the posts need to be placed further ~*** i pali devono essere più distanziati **2** *(separate from each other)* lontano; ***they need to be kept ~*** devono essere tenuti lontani **3** *(leaving aside)* a parte; ***dogs ~, I don't like animals*** a parte i cani, gli animali non mi piacciono **4** *(different)* ***a race, a world ~*** una razza, un mondo a parte **5** *(in pieces)* a, in pezzi; ***he had the TV ~ on the floor*** il suo televisore era smontato sul pavimento **6 apart from** *(separate from)* lontano da; ***it stands ~ from the other houses*** è distante dalle altre case; *(leaving aside)* a parte; ***~ from being illegal, it's also dangerous*** oltre a essere illegale, è anche pericoloso; ***~ from anything else, ...*** oltre tutto, ...

apartheid /əˈpɑːtheɪt, -aɪt/ n. apartheid m.

apartment /əˈpɑːtmənt/ **I** n. *(flat)* appartamento m. **II apartments** n.pl. *(suite of rooms)* appartamenti m.

apartment block, apartment house AE n. condominio m.

apathetic /ˌæpəˈθetɪk/ agg. apatico, indifferente (**about** di fronte a).

apathy /ˈæpəθɪ/ n. apatia f.

1.ape /eɪp/ n. **1** ZOOL. scimmia f. antropomorfa **2** AE COLLOQ. SPREG. *(person)* scimmione m.

2.ape /eɪp/ tr. scimmiottare [*speech, behaviour*].

Apennines /ˈæpənaɪnz/ n.pr.pl. ***the ~*** gli Appennini.

aperitif /əˈperətɪf, AE əˌperəˈtiːf/ n. aperitivo m.

aperture /ˈæpətʃʊə(r)/ n. **1** *(in wall, door)* apertura f.; *(small)* fessura f. **2** *(in telescope, camera)* apertura f.

apex /ˈeɪpeks/ n. (pl. **~es, -ices**) MAT. apice m. (anche FIG.).

APEX /ˈeɪpeks/ (⇒ Advance Purchase Excursion) = tariffa scontata di biglietto aereo o ferroviario acquistato con un certo anticipo.

aphasia /əˈfeɪzɪə, AE -ʒə/ n. afasia f.

aphelion /əˈfiːlɪən/ n. (pl. **-a**) afelio m.

aphid /ˈeɪfɪd/, **aphis** /ˈeɪfɪs/ n. (pl. **-ides**) afide m.

aphorism /ˈæfərɪzəm/ n. aforisma m.

aphrodisiac /ˌæfrəˈdɪzɪæk/ **I** agg. afrodisiaco **II** n. afrodisiaco m.

Aphrodite /ˌæfrəˈdaɪtɪ/ n.pr. Afrodite.

apiary /ˈeɪpɪərɪ, AE -ɪerɪ/ n. apiario m.

apices /ˈeɪpɪsiːz/ → **apex**.

apiece /əˈpiːs/ avv. **1** *(for each person)* ***an apple ~*** una mela a testa **2** *(each one)* ***one euro ~*** un euro l'uno.

aplenty /əˈplentɪ/ avv. in abbondanza.

aplomb /əˈplɒm/ n. padronanza f. di sé.

apn(o)ea /æpˈniːə/ n. MED. apnea f.

apocalypse /əˈpɒkəlɪps/ n. **1** BIBL. ***the Apocalypse*** l'Apocalisse **2** FIG. apocalisse f.

apocalyptic(al) /əˌpɒkəˈlɪptɪk(l)/ agg. apocalittico.

apocryphal /əˈpɒkrɪfl/ agg. apocrifo.

apogee /ˈæpədʒiː/ n. apogeo m. (anche FIG.).

apolitical /ˌeɪpəˈlɪtɪkl/ agg. apolitico.

Apollo /əˈpɒləʊ/ **I** n.pr. MITOL. Apollo **II** n. FIG. apollo m.

apologetic /əˌpɒləˈdʒetɪk/ agg. [*gesture, letter*] di scusa; ***to be ~ about sth., about doing*** o ***for having done*** scusarsi di qcs., di *o* per aver fatto; ***to look ~*** avere un'espressione contrita.

apologetically /əˌpɒləˈdʒetɪklɪ/ avv. [*say*] con tono di scusa; [*look at*] con un'espressione contrita.

apologia /ˌæpəˈləʊdʒɪə/ n. apologia f.

apologist /əˈpɒlədʒɪst/ n. apologeta m. e f.; ***~ for sth., sb.*** difensore di qcs., qcn.

apologize /ə'pɒlədʒaɪz/ intr. scusarsi (**to sb.** con qcn.; **for sth.** di qcs.; **for doing** di, per aver fatto).
apologue /'æpə,lɒg/ n. apologo m.
apology /ə'pɒlədʒɪ/ n. 1 *(excuse)* scuse f. pl. (**for doing** per aver fatto); ***to make an ~*** scusarsi; ***to make*** o ***give one's apologies*** presentare le proprie scuse; ***Mrs Brown sends her apologies*** FORM. la signora Brown vi prega di volerla scusare; ***without ~*** senza chiedere scusa 2 *(poor substitute)* ***an ~ for a letter*** una specie di lettera, una lettera per modo di dire 3 FORM. *(apologia)* apologia f. (**for** di).
apoplectic /,æpə'plektɪk/ agg. 1 *(furious)* ***to be ~ (with rage)*** essere furibondo 2 MED. [*attack, patient*] apoplettico.
apoplexy /'æpəpleksɪ/ n. 1 *(rage)* scoppio m. d'ira, accesso m. di collera 2 MED. apoplessia f.
apostasy /ə'pɒstəsɪ/ n. apostasia f. (anche FIG.).
apostate /ə'pɒsteɪt/ I agg. apostata II n. apostata m. e f.
apostle /ə'pɒsl/ n. apostolo m. (anche FIG.).
apostolic /,æpə'stɒlɪk/ agg. apostolico.
apostrophe /ə'pɒstrəfɪ/ n. apostrofo m.
apostrophize /ə'pɒstrəfaɪz/ tr. apostrofare.
apothecary /ə'pɒθəkərɪ, AE -kerɪ/ n. ANT. farmacista m. e f.
apothem /'æpə,θəm/ n. apotema m.
apotheosis /ə,pɒθɪ'əʊsɪs/ n. (pl. **-es**) apoteosi f.
appal BE, **appall** AE /ə'pɔ:l/ tr. (forma in -ing ecc. **-ll-**) 1 *(horrify, dismay)* sgomentare, spaventare 2 *(shock)* sconvolgere, sbigottire.
Appalachians /,æpə'leɪtʃɪənz/ n.pr.pl. ***the ~*** gli Appalachi.
appalled /ə'pɔ:ld/ I p.pass. → **appal** II agg. *(horrified, dismayed)* sgomento, spaventato; *(shocked)* sconvolto, sbigottito.
appalling /ə'pɔ:lɪŋ/ agg. 1 *(shocking)* [*conditions, bigotry*] spaventoso; [*crime, injury*] orribile 2 *(very bad)* [*manners*] esecrabile, detestabile; [*joke, taste*] orribile; [*noise, weather*] spaventoso, orribile.
appallingly /ə'pɔ:lɪŋlɪ/ avv. 1 *(shockingly)* spaventosamente, orribilmente 2 *(extremely)* ***furnished in ~ bad taste*** arredato con pessimo gusto.
apparatus /,æpə'reɪtəs, AE -'rætəs/ n. 1 U *(equipment)* attrezzatura f., attrezzature f.pl.; *(in gym)* attrezzi m.pl. 2 ***heating ~*** impianto di riscaldamento 3 *(organization)* apparato m., macchina f.
apparel /ə'pærəl/ n. U BE ANT., AE abbigliamento m.
apparent /ə'pærənt/ agg. 1 *(seeming)* [*contradiction, willingness*] apparente 2 *(clear)* evidente, chiaro; ***for no ~ reason*** senza motivo apparente.
apparently /ə'pærəntlɪ/ avv. apparentemente.
apparition /,æpə'rɪʃn/ n. apparizione f.
1.appeal /ə'pi:l/ n. 1 *(call)* appello m. (**for** a); ***an ~ for calm*** un appello alla calma; ***an ~ to sb. to do*** un appello a qcn. perché faccia; ***to launch an ~*** lanciare un appello; ***an ~ for*** *(charity event)* una raccolta di [*food, clothes*] 2 DIR. SPORT. appello m. 3 *(attraction)* fascino m., attrazione f.; *(interest)* interesse m.; ***it holds no ~ for me*** non mi interessa, non mi attira.
2.appeal /ə'pi:l/ intr. 1 DIR. appellarsi, ricorrere in appello; ***to ~ to*** appellarsi a [*tribunal, individual*] 2 SPORT ***to ~ to*** appellarsi a [*referee*]; ***to ~ against*** protestare contro [*decision*] 3 *(call, request)* ***to ~ for*** richiamare a [*order, tolerance*]; ***to ~ for witnesses*** appellarsi, ricorrere ai testimoni; ***to ~ to sb. to do*** *(formal call)* appellarsi, fare appello a qcn. perché faccia 4 *(attract, interest)* ***to ~ to sb.*** [*idea*] interessare a qcn.; [*place, person*] affascinare, attrarre qcn.
appeal(s) court n. corte f. d'appello.
appeal fund n. fondi m.pl. (raccolta a scopo benefico o umanitario).
appealing /ə'pi:lɪŋ/ agg. 1 *(attractive)* [*child, kitten*] simpatico; [*plan, theory*] interessante, affascinante; [*modesty*] affascinante 2 *(beseeching)* [*look*] supplichevole.
appealingly /ə'pi:lɪŋlɪ/ avv. 1 *(attractively)* in modo affascinante 2 *(beseechingly)* supplichevolmente.
appear /ə'pɪə(r)/ intr. 1 *(become visible, turn up)* apparire, comparire; ***to ~ on the scene*** comparire sulla scena; ***where did she ~ from?*** SCHERZ. da dove è arrivata *o* sbucata? 2 *(seem)* ***to ~ depressed*** sembrare depresso; ***she ~s to be crying*** sembra (che) stia piangendo; ***it ~s that*** sembra che; ***it ~s to me that*** mi sembra che; ***so it ~s*** così sembra 3 [*book, work, article*] apparire, essere pubblicato 4 CINEM. TEATR. TELEV. *(perform)* ***to ~ on TV*** apparire *o* comparire in televisione; ***to ~ as*** comparire nei panni di, interpretare 5 DIR. *(be present)* ***to ~ in court, as a witness*** comparire in tribunale, come teste 6 *(be written)* [*name, score*] comparire.
appearance /ə'pɪərəns/ I n. 1 *(of person, invention, symptom)* comparsa f. 2 CINEM. TEATR. TELEV. comparsa f.; apparizione f.; ***to make an ~ on television*** apparire in televisione; ***in order of ~*** in ordine di apparizione 3 *(public, sporting)* apparizione f.; ***this is his first ~ for Italy*** questa è la prima volta che gioca nell'Italia 4 DIR. *(in court)* comparsa f., comparizione f. 5 *(look) (of person)* apparenza f., aspetto m.; *(of district, object)* aspetto m.; ***"smart ~ essential"*** "si richiede bella presenza"; ***to be foreign in ~*** aver l'aria di uno straniero 6 *(semblance)* ***to give the ~ of sth., of doing*** dare l'impressione di qcs., di fare; ***it had all the ~s*** o ***every ~ of*** aveva tutta l'aria di; ***an ~ of objectivity*** una parvenza di obiettività 7 *(of book, article)* pubblicazione f. II **appearances** n.pl. *(external show)* apparenze f.; ***to judge*** o ***go by ~s*** giudicare dalle apparenze; ***for the sake of ~s, for ~s' sake*** per salvare le apparenze; ***to keep up ~s*** salvare le apparenze; ***to all ~s*** all'apparenza, a quanto pare.
appease /ə'pi:z/ tr. placare, calmare.
appeasement /ə'pi:zmənt/ n. ***a policy of ~*** una politica di riconciliazione.
appellant /ə'pelənt/ n. appellante m. e f.
appellation /,æpə'leɪʃn/ n. FORM. appellazione f., denominazione f.
append /ə'pend/ tr. FORM. apporre.
appendage /ə'pendɪdʒ/ n. appendice f. (anche FIG.).
appendices /ə'pendɪsɪs/ → **appendix**.
appendicitis /ə,pendɪ'saɪtɪs/ ♦ ***11*** n. appendicite f.
appendix /ə'pendɪks/ n. (pl. **-es**, **-ices**) appendice f.
appertain /,æpə'teɪn/ intr. FORM. ***to ~ to sth.*** *(belong)* essere pertinente a qcs.; *(relate)* riferirsi a qcs.
appetite /'æpɪtaɪt/ n. 1 *(desire to eat)* appetito m.; ***he has a good, poor ~*** ha tanto, poco appetito; ***the walk has given me an ~*** la passeggiata mi ha messo appetito; ***it'll spoil your ~*** ti rovinerà l'appetito 2 *(strong desire)* desiderio m., brama f. (**for** di).
appetite suppressant n. farmaco m. antifame.
appetizer /'æpɪtaɪzə(r)/ n. *(drink)* aperitivo m.; *(biscuit, olive etc.)* stuzzichino m., salatino m.; *(starter)* antipasto m.
appetizing /'æpɪtaɪzɪŋ/ agg. appetitoso.
applaud /ə'plɔ:d/ I tr. 1 *(clap)* applaudire [*performance*] 2 *(approve of)* (ap)plaudire [*choice, initiative, person*] II intr. applaudire.
applause /ə'plɔ:z/ n. U applauso m., applausi m. pl.; ***a burst of ~*** uno scroscio di applausi.
apple /'æpl/ I n. mela f.; ***the (Big) Apple*** *(New York)* la Grande Mela II modif. [*juice, peel*] di mela; [*tart, pie*] di mele; [*green*] mela ♦ ***he is the ~ of her eye*** è la pupilla dei suoi occhi.
applecore /'æplkɔ:(r)/ n. torsolo m. di mela.
apple orchard n. meleto m.
apple tree n. melo m.
appliance /ə'plaɪəns/ n. apparecchio m., dispositivo m.; ***electrical ~*** apparecchio elettrico; ***household ~*** elettrodomestico.
applicable /'æplɪkəbl, ə'plɪkəbl/ agg. [*argument, excuse*] appropriato, adatto; [*law, rule*] applicabile; ***tick*** BE o ***check*** AE ***where ~*** barrare le caselle che interessano; ***if ~*** eventualmente.
applicant /'æplɪkənt/ n. 1 *(for job, place)* candidato m. (-a) (**for** a) 2 *(for passport, benefit, loan, visa, citizenship)* richiedente m. e f. 3 *(for shares)* ***share ~*** sottoscrittore di azioni 4 *(for membership)* aspirante m. e f. 5 DIR. *(for divorce, patent)* richiedente m. e f., ricorrente m. e f.
application /,æplɪ'keɪʃn/ I n. 1 *(request) (for job)* domanda f. (**for** di); *(for membership, admission, passport, loan)* richiesta f. (**for** di); *(for shares)* sottoscrizione f. (**for** di); ***to make an ~ for a job*** o ***a job ~*** presentare una domanda d'impiego; ***to make an ~ for a university place*** fare domanda d'iscrizione all'università; ***a letter of ~*** domanda di impiego; ***to fill out a job ~*** compilare un modulo di assunzione; ***on ~*** su richiesta 2 *(spreading)* applicazione f. (**to** su); ***for external ~ only*** solo per uso esterno 3 *(implementation) (of law, penal-*

ty, rule, theory) applicazione f. **4** *(use)* applicazione f., uso m.; ***the ~ of computers to*** l'uso del computer in **5** INFORM. applicazione f. **6** DIR. *(for divorce, patent)* richiesta f. (**for** di) **II** modif. (anche **~s**) INFORM. [*package, software*] applicativo.

application form n. *(for loan, credit card, passport)* modulo m. di richiesta; *(for job)* modulo m. di domanda; *(for membership)* modulo m. di iscrizione.

applicator /ˈæplɪkeɪtə(r)/ n. TECN. applicatore m.

applied /əˈplaɪd/ **I** p.pass. → **apply II** agg. [*linguistics, maths*] applicato.

appliqué /æˈpli:keɪ, AE ˌæplɪˈkeɪ/ **I** n. ABBIGL. applicazione f. **II** modif. [*motif, decoration*] applicato.

apply /əˈplaɪ/ **I** tr. **1** *(spread)* applicare [*make-up*] (**to** su); dare [*paint*] (**to** a) **2** *(affix)* applicare [*sticker, bandage, sequins*] (**to** a, su) **3** *(use)* applicare [*theory, rule, method*]; esercitare [*friction, pressure*] (**to** su); ***to ~ the (foot)brake*** azionare il freno *o* frenare **II** intr. **1** *(request)* fare, inoltrare domanda; ***to ~ for*** richiedere [*divorce, citizenship, passport, loan, patent, visa*]; far domanda di [*job*]; ***"~ in writing to"*** "inviate le vostre domande a" **2** *(seek entry) (to college)* fare domanda di iscrizione; *(to club, society)* fare domanda di ammissione; ***to ~ to join*** richiedere di entrare in [*army, group*] **3** *(be valid)* [*definition, term*] applicarsi (**to** a), essere valido (**to** per); [*ban, rule, penalty*] essere in vigore **4** *(contact)* ***to ~ to*** rivolgersi a **III** rifl. ***to ~ oneself*** applicarsi, dedicarsi (**to** a; **to doing** a fare).

appoint /əˈpɔɪnt/ tr. **1** *(name)* nominare [*person*] (**to sth.** a qcs.); ***to ~ sb. (as) chairperson*** nominare qcn. presidente **2** *(fix)* fissare, stabilire [*date, place*].

appointed /əˈpɔɪntɪd/ **I** p.pass. → **appoint II** agg. **1** [*time, place*] fissato, stabilito **2** ***well~*** [*house*] ben arredato.

appointee /əpɔɪnˈti:/ n. persona f. designata, nominata.

appointment /əˈpɔɪntmənt/ n. **1** *(meeting, consultation)* appuntamento m. (**to do** per fare); ***business ~*** appuntamento di lavoro; ***by ~*** su appuntamento; ***to make an ~*** prendere un appuntamento **2** AMM. POL. *(nomination)* nomina f., carica f. (**as** di; **to do** per fare); ***"by ~ to Her Majesty"*** COMM. "fornitori ufficiali di Sua Maestà"; ***to take up an ~ (as sth.)*** assumere l'incarico (di qcs.) **3** *(job)* posto m. (**as, of** di); ***"Appointments"*** *(in paper)* "Offerte di lavoro".

apportion /əˈpɔ:ʃn/ tr. distribuire, ripartire.

apposite /ˈæpəzɪt/ agg. FORM. adatto, appropriato.

apposition /ˌæpəˈzɪʃn/ n. apposizione f.

appraisal /əˈpreɪzl/ n. valutazione f., stima f.

appraise /əˈpreɪz/ tr. **1** *(examine critically)* valutare, giudicare [*painting, information*] **2** *(evaluate)* stimare [*value*]; valutare [*performance*].

appreciable /əˈpri:ʃəbl/ agg. [*difference, reduction, change, quantity*] apprezzabile, considerevole; [*time*] considerevole.

appreciably /əˈpri:ʃəblɪ/ avv. apprezzabilmente, considerevolmente.

appreciate /əˈpri:ʃɪeɪt/ **I** tr. **1** *(be grateful for)* apprezzare [*kindness, sympathy, help, effort*]; ***I'd ~ it if you could reply soon*** le sarei grato se mi rispondesse presto; ***I ~ being consulted*** mi fa piacere essere consultato **2** *(realize)* rendersi conto di; ***to ~ that*** rendersi conto che **3** *(enjoy)* apprezzare [*music, art, food*] **II** intr. ECON. [*object*] rivalutarsi; [*value*] aumentare.

appreciation /əˌpri:ʃɪˈeɪʃn/ n. **1** *(gratitude)* apprezzamento m., riconoscimento m.; ***to show one's ~*** manifestare la propria riconoscenza **2** *(awareness)* comprensione f.; ***to have no ~ of*** non rendersi conto di [*difficulty, importance*] **3** *(enjoyment)* apprezzamento m. **4** LETTER. SCOL. *(commentary)* critica f. **5** ECON. rivalutazione f. (**of, in** di); ***~ in value*** aumento di valore.

appreciative /əˈpri:ʃətɪv/ agg. **1** *(grateful)* riconoscente **2** *(admiring)* di apprezzamento, elogiativo **3** *(aware)* ***be ~ of sth.*** rendersi conto di qcs.

apprehend /ˌæprɪˈhend/ tr. **1** DIR. *(arrest)* arrestare **2** FORM. *(comprehend)* comprendere.

apprehension /ˌæprɪˈhenʃn/ n. **1** *(fear) (specific)* apprensione f., timore m.; *(vague)* inquietudine f. **2** DIR. *(arrest)* arresto m.

apprehensive /ˌæprɪˈhensɪv/ agg. apprensivo; ***to feel ~ about sth.*** *(fearful)* provare apprensione per qcs.; *(worried)* essere in apprensione per qcs.; ***to be ~ of sth., about doing sth.*** aver timore di qcs., di fare qcs.

apprehensively /ˌæprɪˈhensɪvlɪ/ avv. con apprensione.

1.apprentice /əˈprentɪs/ **I** n. apprendista m. e f. (anche FIG.) (**to sb.** presso qcn.) **II** modif. *(trainee)* [*baker, mechanic*] apprendista.

2.apprentice /əˈprentɪs/ tr. ***to be ~d to sb.*** essere preso come apprendista da qcn., fare pratica presso qcn.

apprenticeship /əˈprentɪsʃɪp/ n. apprendistato m., tirocinio m. (anche FIG.); ***to serve one's ~*** fare il tirocinio.

apprise /əˈpraɪz/ tr. FORM. ***to ~ sb. of sth.*** informare, avvertire qcn. di qcs.

1.approach /əˈprəʊtʃ/ n. **1** *(route of access)* accesso m., via f. d'accesso **2** *(advance) (of person, season, old age)* (l')avvicinarsi, (l')approssimarsi **3** *(way of dealing)* approccio m.; ***an ~ to teaching*** un modo di insegnare **4** *(overture)* approccio m.; *(proposal)* offerta f., proposta f.

2.approach /əˈprəʊtʃ/ **I** tr. **1** *(in space, time)* avvicinarsi a; ***it was ~ing midnight*** si stava avvicinando la mezzanotte; ***he is ~ing sixty*** si sta avvicinando alla sessantina; ***gales ~ing speeds of 200 km per hour*** venti che raggiungono una velocità di circa 200 km all'ora **2** *(deal with)* affrontare [*problem, subject*] **3** *(make overtures to)* avvicinare, rivolgersi a [*person*]; *(with offer of job, remuneration)* contattare, fare delle offerte a [*person, company*] (**about** per); ***she was ~ed by a man in the street*** fu abbordata *o* avvicinata da un uomo per strada; ***he has been ~ed by several publishers*** è stato contattato *o* ha ricevuto delle proposte da diverse case editrici **II** intr. [*person, car*] avvicinarsi; [*event, season*] avvicinarsi, approssimarsi.

approachable /əˈprəʊtʃəbl/ agg. [*place*] accessibile; [*person*] accessibile, avvicinabile.

approaching /əˈprəʊtʃɪŋ/ agg. [*event*] che si avvicina, prossimo.

approach lights n.pl. AER. luci f. di avvicinamento.

approach path, **approach road** n. AER. sentiero m. di avvicinamento.

approbation /ˌæprəˈbeɪʃn/ n. FORM. approvazione f.

1.appropriate /əˈprəʊprɪət/ agg. **1** *(suitable for occasion)* [*behaviour, choice, place, remark*] appropriato, adeguato (**for** a, per); [*dress, gift*] adatto (**for** a), giusto (**for** per); *(apt)* [*name*] appropriato; ***~ to*** adatto a [*needs, circumstances*]; ***"delete as ~"*** "cancellare la voce che non interessa" **2** *(relevant)* [*authority*] competente.

2.appropriate /əˈprəʊprɪeɪt/ tr. **1** appropriarsi (indebitamente) di **2** AE ECON. stanziare [*funds*].

appropriately /əˈprəʊprɪətlɪ/ avv. [*behave, speak*] appropriatamente; [*dress*] in modo adatto, adeguato.

appropriation /əˌprəʊprɪˈeɪʃn/ n. **1** *(removal)* appropriazione f. **2** AE ECON. stanziamento m.

approval /əˈpru:vl/ n. **1 U** *(favourable opinion)* approvazione f.; ***to win sb.'s ~*** ottenere l'approvazione di qcn. **2** AMM. *(authorization)* autorizzazione f.; ***subject to sb.'s ~*** sottoposto all'approvazione di qcn.; ***to send sth. on ~*** COMM. inviare qcs. in prova.

approve /əˈpru:v/ **I** tr. *(authorize)* approvare, omologare [*product, plan*]; autorizzare [*person*] **II** intr. *(be in favour of)* ***to ~ of sth., sb.*** approvare qcs., qcn.; ***(not) to ~ of sb. doing sth.*** (non) approvare che qcn. faccia qcs.; ***he doesn't ~ of drinking*** è contro l'alcol.

approved school n. BE riformatorio m.

approving /əˈpru:vɪŋ/ agg. [*look, smile*] di approvazione.

approvingly /əˈpru:vɪŋlɪ/ avv. [*look*] con aria di approvazione; [*smile*] in segno di approvazione.

1.approximate /əˈprɒksɪmət/ agg. [*date, idea*] approssimativo, indicativo; ***~ to*** prossimo a.

2.approximate /əˈprɒksɪmeɪt/ **I** tr. **1** *(come close to)* avvicinarsi a [*profits, size*] **2** *(resemble)* avvicinarsi a [*idea, objective*] **II** intr. ***to ~ to*** avvicinarsi a; ***the cost ~d to £ 500*** il costo era di circa £ 500.

approximately /əˈprɒksɪmətlɪ/ avv. **1** *(about)* approssimativamente, circa; ***at ~ four o'clock*** verso le quattro **2** [*equal, correct*] approssimativamente.

approximation /əˌprɒksɪˈmeɪʃn/ n. approssimazione f.

appurtenances /əˈpɜ:tɪnənsɪz/ n.pl. **1** FORM. *(trappings)* accessori m. **2** DIR. *(of house)* pertinenza f.sing.; *(rights, responsibilities)* diritti e obblighi m., responsabilità f.sing. accessoria.

Apr ⇒ April aprile (apr.).

APR n. (⇒ annualized percentage rate) = tasso d'interesse percentuale annuale.
apricot /ˈeɪprɪkɒt/ ➧ *5* **I** n. **1** *(fruit)* albicocca f. **2** *(tree)* albicocco m. **3** *(colour)* (color) albicocca m. **II** modif. [*stone*] di albicocca; [*jam*] di albicocche; [*yoghurt*] all'albicocca **III** agg. (color) albicocca.
April /ˈeɪprɪl/ ➧ *16* n. aprile m.
April Fool n. *(person)* = vittima di un pesce d'aprile; *~!* pesce d'aprile!
April Fools' Day n. il primo di aprile (con riferimento ai pesci d'aprile).
April showers n.pl. = piogge primaverili.
apron /ˈeɪprən/ n. **1** *(garment)* grembiule m. **2** *(for vehicles, planes)* piazzale m. ♦ ***to be tied to sb.'s ~ strings*** essere attaccato alle sottane di qcn.
apropos /ˌæprəˈpəʊ/ **I** agg. [*remark*] appropriato **II** avv. a proposito (**of** di).
apse /æps/ n. abside f.
1.apt /æpt/ agg. **1** *(suitable)* [*choice, description, style*] adatto, appropriato, adeguato (**to** a; **for** per) **2** *(inclined)* ***to be ~ to do*** essere incline a fare; ***this is ~ to happen*** questo tende a verificarsi **3** *(clever)* intelligente, sveglio.
2.apt ⇒ apartment appartamento.
aptitude /ˈæptɪtjuːd, AE -tuːd/ n. inclinazione f., predisposizione f.; ***to have an ~ for maths*** avere attitudine per la matematica.
aptly /ˈæptlɪ/ avv. [*named*] a proposito; [*described, chosen*] in modo appropriato.
Apulia /əˈpjuːlɪə/ ➧ *24* n.pr. Puglia f.
Apulian /əˈpjuːlɪən/ **I** agg. pugliese **II** n. pugliese m. e f.
aquaculture /ˈækwəkʌltʃə(r)/ n. acquacoltura f., acquicoltura f.
aqualung /ˈækwəlʌŋ/ n. autorespiratore m.
aquamarine /ˌækwəməˈriːn/ ➧ *5* **I** n. **1** *(gem)* acquamarina f. **2** *(colour)* (color) acquamarina m. **II** agg. acquamarina.
1.aquaplane /ˈækwəpleɪn/ n. acquaplano m.
2.aquaplane /ˈækwəpleɪn/ intr. **1** SPORT andare sull'acquaplano **2** BE AUT. subire l'effetto aquaplaning.
aquarium /əˈkweərɪəm/ n. (pl. **~s, -ia**) acquario m.
Aquarius /əˈkweərɪəs/ ➧ *38* n. ASTROL. Acquario m.; ***to be (an) ~*** essere dell'Acquario *o* un Acquario.
aquatic /əˈkwætɪk/ agg. acquatico.
aquatint /ˈækwətɪnt/ n. acquatinta f.
aqueduct /ˈækwɪdʌkt/ n. acquedotto m.
aquiculture /ˈækwɪkʌltʃə(r)/ n. acquacoltura f.
aquiline /ˈækwɪlaɪn/ agg. [*nose, features*] aquilino.
Arab /ˈærəb/ ➧ *18* **I** agg. **1** arabo **2** EQUIT. [*sire, blood*] arabo **II** n. **1** *(person)* arabo m. (-a) **2** EQUIT. cavallo m. arabo; *(mare)* cavalla f., giumenta f. araba.
arabesque /ˌærəˈbesk/ n. arabesco m.
Arabian /əˈreɪbɪən/ agg. [*desert, landscape*] arabico; ***the ~ Sea*** il Mare Arabico.
Arabic /ˈærəbɪk/ ➧ *14* **I** agg. [*dialect, numerals*] arabo **II** n. *(language)* arabo m.
Arab-Israeli /ˌærəbɪzˈreɪlɪ/ agg. arabo-israeliano.
arable /ˈærəbl/ agg. [*land*] arabile, arativo; [*crop*] da seminare annualmente.
Aran sweater n. = spesso maglione di lana lavorato a mano con motivi a intreccio, tipico delle isole Aran.
arbiter /ˈɑːbɪtə(r)/ n. *(mediator)* arbitro m.; ***an ~ of taste*** un arbitro del gusto.
arbitrage /ˈɑːbɪˌtrɑːʒ/ n. ECON. arbitraggio m.
arbitrager /ˈɑːbɪˌtrɑːʒə(r)/ ➧ *27* n. arbitraggista m. e f.
arbitrariness /ˈɑːbɪtrərɪnɪs, AE ˈɑːrbɪtrerɪnɪs/ n. arbitrarietà f.
arbitrary /ˈɑːbɪtrərɪ, AE ˈɑːrbɪtrerɪ/ agg. arbitrario.
arbitrate /ˈɑːbɪtreɪt/ **I** tr. arbitrare, sottoporre ad arbitrato [*dispute, claim*] **II** intr. arbitrare, fare da arbitro.
arbitration /ˌɑːbɪˈtreɪʃn/ n. arbitrato m.; ***to go to ~*** andare in arbitrato.
arbitrator /ˈɑːbɪtreɪtə(r)/ n. *(mediator)* arbitro m., arbitratore m.; ***industrial ~*** = probiviro preposto ad arbitrati in materia di dispute tra datori di lavoro e lavoratori dell'industria.
arbor AE → **arbour**.
arboreal /ɑːˈbɔːrɪəl/ agg. **1** *(resembling a tree)* arboreo **2** *(inhabiting a tree)* arboricolo.
arbour BE, **arbor** AE /ˈɑːbə(r)/ n. pergola f., pergolato m.
arc /ɑːk/ n. arco m. (anche MAT.); EL. arco m. elettrico.
arcade /ɑːˈkeɪd/ n. portico m., galleria f.; ARCH. arcata f.; ***shopping ~*** centro commerciale.
arcane /ɑːˈkeɪn/ agg. arcano.
1.arch /ɑːtʃ/ n. **1** ARCH. *(dome)* volta f.; *(archway, triumphal)* arco m.; *(for bridge)* arcata f. **2** ANAT. *(of foot, eyebrows)* arcata f., arco m.
2.arch /ɑːtʃ/ **I** tr. inarcare; ***to ~ one's back*** inarcare la schiena **II** intr. [*branch*] inarcarsi; [*rainbow*] formare un arco.
3.arch /ɑːtʃ/ agg. **1** *(mischievous)* [*look, manner*] malizioso, birichino **2** SPREG. *(superior)* [*person, remark*] pieno di degnazione.
archaeological BE, **archeological** AE /ˌɑːkɪəˈlɒdʒɪkl/ agg. archeologico.
archaeologist BE, **archeologist** AE /ˌɑːkɪˈɒlədʒɪst/ ➧ *27* n. archeologo m. (-a).
archaeology BE, **archeology** AE /ˌɑːkɪˈɒlədʒɪ/ n. archeologia f.
archaic /ɑːˈkeɪɪk/ agg. arcaico.
archaism /ˈɑːkeɪɪzəm/ n. arcaismo m.
archangel /ˈɑːkeɪndʒl/ n. arcangelo m.
archbishop /ˌɑːtʃˈbɪʃəp/ n. arcivescovo m.
archbishopric /ˌɑːtʃˈbɪʃəprɪk/ n. arcivescovado m.
archdeacon /ˌɑːtʃˈdiːkən/ n. arcidiacono m.
archdiocese /ˌɑːtʃˈdaɪəsɪs/ n. arcidiocesi f.
archduke /ˌɑːtʃˈdjuːk, AE -ˈduːk/ n. arciduca m.
arched /ˈɑːtʃt/ **I** p.pass. → **2.arch II** agg. ad arco, arcuato; [*eyebrows*] inarcato.
arch-enemy /ɑːtʃˈenəmɪ/ n. nemico m. (-a) acerrimo (-a).
archeological AE → **archaeological**.
archeologist AE → **archaeologist**.
archeology AE → **archaeology**.
archer /ˈɑːtʃə(r)/ ➧ *38* n. **1** MIL. SPORT STOR. arciere m. (-a) **2** ASTROL. ***the Archer*** il Sagittario.
archery /ˈɑːtʃərɪ/ n. tiro m. con l'arco.
archetypal /ˌɑːkɪˈtaɪpl/ agg. archetipico; ***the*** o ***an ~ hero*** l'archetipo dell'eroe.
archetype /ˈɑːkɪtaɪp/ n. archetipo m.
Archibald /ˈɑːtʃɪbɔːld/ n.pr. Arcibaldo.
archiepiscopal /ˌɑːkɪɪˈpɪskəpəl/ agg. arcivescovile.
Archimedes /ˌɑːkɪˈmiːdiːz/ n.pr. Archimede.
archipelago /ˌɑːkɪˈpeləgəʊ/ n. (pl. **~es, ~s**) arcipelago m.
architect /ˈɑːkɪtekt/ ➧ *27* n. **1** *(as profession)* architetto m. **2** FIG. *(of plan, policy)* artefice m. e f.
architectonic /ˌɑːkɪtekˈtɒnɪk/ agg. architettonico.
architectural /ˌɑːkɪˈtektʃərəl/ agg. [*design, style*] architettonico; [*student, studies*] di architettura.
architecture /ˈɑːkɪtektʃə(r)/ n. architettura f.
architrave /ˈɑːkɪtreɪv/ n. architrave m.
archive /ˈɑːkaɪv/ n. archivio m.
archivist /ˈɑːkɪvɪst/ ➧ *27* n. archivista m. e f.
archly /ˈɑːtʃlɪ/ avv. **1** *(mischievously)* maliziosamente **2** SPREG. *(condescendingly)* con degnazione.
archpriest /ˌɑːtʃˈpriːst/ n. arciprete m.
archway /ˈɑːtʃweɪ/ n. *(arch)* arco m.
Arctic /ˈɑːktɪk/ ➧ *24* **I** n.pr. ***the ~*** l'Artico; ***to, in the ~*** nell'Artico **II** agg. (anche **arctic**) **1** [*climate, animal*] artico; [*expedition*] polare **2** FIG. *(icy)* [*conditions, temperature*] polare.
Arctic Circle n. Circolo m. Polare Artico.
Arctic Ocean ➧ *20* n. Mare m. Glaciale Artico.
arc welder n. saldatore m. elettrico ad arco.
arc welding n. saldatura f. elettrica ad arco.
ardent /ˈɑːdnt/ agg. **1** *(fervent)* [*supporter*] ardente, fervente, appassionato; [*defence, opposition*] fervente, appassionato **2** *(passionate)* appassionato.
ardently /ˈɑːdntlɪ/ avv. con ardore, appassionatamente.
ardour BE, **ardor** AE /ˈɑːdə(r)/ n. ardore m., fervore m.
arduous /ˈɑːdjʊəs, AE -dʒʊ-/ agg. [*task*] arduo, difficile; [*winter*] rigido.
arduously /ˈɑːdjʊəslɪ, AE -dʒʊ-/ avv. arduamente.
1.are /*forma debole* ə, *forma forte* ɑː(r)/ 2ª persona sing. pres., 1ª, 2ª, 3ª persona pl. pres. → **be**.
2.are /ɑː(r)/ ➧ *31* n. *(unit of area)* ara f.
area /ˈeərɪə/ **I** n. **1** *(region) (of land)* area f., regione f., zona f.; *(of sky, city)* zona f.; *(district)* quartiere m.; ***in the London***

~ nella zona di Londra; ***residential*** ~ zona residenziale **2** *(part of building)* ***dining*** ~ zona pranzo; ***no-smoking, smoking*** ~ zona non fumatori, fumatori; ***reception*** ~ reception; ***waiting*** ~ sala d'attesa **3** *(sphere of knowledge)* campo m.; *(part of activity, business)* ambito m.; ***that's not my*** ~ questo non è il mio campo; ~ ***of disagreement*** punti di disaccordo **4** MAT. *(in geometry)* area f.; *(of land)* area f., superficie f. **II** modif. [*board, office*] di zona; ~ ***manager*** capoarea.

area code n. TEL. prefisso m. interurbano.

arena /ə'riːnə/ n. arena f. (anche FIG.).

aren't /ɑːnt/ contr. are not.

Argentine /'ɑːdʒəntaɪn/ ♦ *6* **I** agg. argentino **II** n. **1** *(country)* ***the*** ~ ***(Republic)*** l'Argentina **2** *(person)* argentino m. (-a).

Argentinian /ˌɑːdʒən'tɪnɪən/ ♦ *18* **I** agg. argentino **II** n. argentino m. (-a).

argon /'ɑːgɒn/ n. argo m., argon m.

arguable /'ɑːgjʊəbl/ agg. **1** discutibile **2** *(that can be maintained)* ***it's*** ~ ***that*** si può sostenere che.

arguably /'ɑːgjʊəblɪ/ avv. senza dubbio.

argue /'ɑːgjuː/ **I** tr. *(debate)* discutere, dibattere, argomentare; *(maintain)* sostenere; ***to*** ~ ***the case for disarmament*** sostenere il disarmo; ***it could be*** ~***d that*** si potrebbe sostenere che **II** intr. **1** *(quarrel)* discutere; ***to*** ~ ***about*** o ***over money*** fare delle discussioni per questioni di soldi; ***we*** ~***d about who should pay*** discutevamo per decidere chi dovesse pagare; ***don't*** ~ ***(with me)!*** non discutere (con me)! **2** *(debate)* discutere, dibattere; ***to*** ~ ***about*** discutere di **3** *(put one's case)* argomentare; ***to*** ~ ***in favour of, against doing sth.*** esporre i motivi per fare, per non fare qcs.; ***to*** ~ ***for*** o ***in favour of*** argomentare a favore di.

■ **argue out:** ~ ***out [sth.]***, ~ ***[sth.] out*** discutere a fondo [*issue*].

argument /'ɑːgjʊmənt/ n. **1** *(quarrel)* discussione f., disputa f. **2** *(reasoned discussion)* discussione f., dibattito m.; ***to have an*** ~ discutere; ***without*** ~ senza discussioni; ***there is a lot of*** ~ ***about this at the moment*** si discute molto di questo adesso; ***he won the*** ~ ha avuto l'ultima parola; ***beyond*** ~ fuori discussione; ***it's open to*** ~ è discutibile; ***one side of the*** ~ un aspetto della discussione; ***for*** ~***'s sake*** per il gusto di discutere, tanto per parlare **3** *(case)* argomento m. (**for** a favore di; **against** contro); *(line of reasoning)* ragionamento m.; ***there is a strong*** ~ ***for neutrality*** ci sono validi motivi per rimanere neutrali.

argumentative /ˌɑːgjʊ'mentətɪv/ agg. [*tone, person*] polemico.

Ariadne /ˌærɪ'ædnɪ/ n.pr. Arianna; ~***'s thread*** il filo di Arianna.

Arian /'eərɪən/ **I** agg. RELIG. ariano **II** n. RELIG. ariano m. (-a).

arid /'ærɪd/ agg. arido (anche FIG.).

aridity /ə'rɪdətɪ/ n. aridità f. (anche FIG.).

Ariel /'eərɪəl/ n.pr. Ariele.

Aries /'eəriːz/ ♦ *38* n. ASTROL. Ariete m.; ***to be (an)*** ~ essere dell'Ariete *o* un Ariete.

arise /ə'raɪz/ intr. (pass. **arose**; p.pass. **arisen**) **1** *(occur)* [*problem*] nascere, presentarsi (**out of** da); ***to*** ~ ***from sth.*** nascere, derivare da qcs.; ***if it*** ~***s that*** se accade che; ***if the need*** ~***s*** se si presenterà la necessità **2** *(be the result of)* provenire, derivare.

Aristides /ˌærɪ'staɪdiːz/ n.pr. Aristide.

aristocracy /ˌærɪ'stɒkrəsɪ/ n. aristocrazia f.

aristocrat /'ærɪstəkræt, AE ə'rɪst-/ n. aristocratico m. (-a).

aristocratic /ˌærɪstə'krætɪk, AE əˌrɪst-/ agg. aristocratico.

Aristotle /'ærɪstɒtl/ n.pr. Aristotele.

arithmetic /ə'rɪθmətɪk/ n. aritmetica f.

arithmetical /ˌærɪθ'metɪkl/ agg. aritmetico.

Arizona /ˌærɪ'zəʊnə/ ♦ *24* n.pr. Arizona f.

ark /ɑːk/ n. *(boat, in synagogue)* arca f. ♦ ***to be out of the*** ~ essere vecchio come il cucco.

Arkansas /'ɑːkənsɔː/ ♦ *24* n.pr. Arkansas m.

1.arm /ɑːm/ ♦ *2* **I** n. **1** braccio m.; ~ ***in*** ~ a braccetto; ***to give sb. one's*** ~ dare il braccio a qcn.; ***to take sb.'s*** ~ prendere qcn. sottobraccio; ***to take, hold [sb.] in one's*** ~***s*** prendere, tenere in braccio [*baby*]; tenere tra le braccia, abbracciare [*girlfriend, etc.*]; ***to have sth. over, under one's*** ~ avere qcs. sul, sotto il braccio; ***to fold one's*** ~***s*** incrociare le braccia; ***in*** o ***within*** ~***'s reach*** a portata di mano **2** *(sleeve)* manica f. **3** *(influence)* ***to have a long*** ~ avere le mani lunghe **4** *(of crane, record player)* braccio m. **5** *(of spectacles)* asta f., stanghetta f. **6** *(of chair)* bracciolo m. **7** *(subsidiary)* POL. ECON. ramo m., settore m. **8** *(of sea)* braccio m. **II -armed** agg. in composti ***hairy-***~***ed*** dalle braccia pelose ♦ ***to cost an*** ~ ***and a leg*** COLLOQ. costare un occhio della testa; ***to keep sb. at*** ~***'s length*** tenere qcn. a distanza; ***to twist sb.'s*** ~ fare pressione su qcn.; ***with open*** ~***s*** a braccia aperte.

2.arm /ɑːm/ **I** tr. **1** *(militarily)* armare [*troops, rebels*] **2** *(equip)* ***to*** ~ ***sb. with sth.*** armare qcn. di qcs. **II** rifl. ***to*** ~ ***oneself*** MIL. armarsi; ***to*** ~ ***oneself with*** armarsi di [*weapon*]; fornirsi di [*facts, statistics*].

armada /ɑː'mɑːdə/ n. MIL. *(fleet)* armata f.; ***the Armada*** STOR. l'Invincibile Armata.

armadillo /ˌɑːmə'dɪləʊ/ n. (pl. ~**s**) armadillo m.

armament /'ɑːməmənt/ **I** n. MIL. *(loading of weapons)* armamento m. **II armaments** n.pl. MIL. *(system)* armamenti m. **III** modif. [*factory, manufacturer*] di armi; [*industry*] bellico, delle armi.

armband /'ɑːmbænd/ n. **1** *(for swimmer)* bracciolo m. **2** *(for mourner, identification)* fascia f.

armchair /'ɑːmtʃeə(r)/ **I** n. poltrona f. **II** modif. SPREG. [*socialist*] da tavolino.

armed /ɑːmd/ **I** p.pass. → **2.arm II** agg. [*criminal, guard*] armato (**with** di); [*raid, robbery*] a mano armata; [*missile*] munito di testata, armato.

armed forces, **armed services** n.pl. forze f. armate; ***to be in the*** ~ essere nelle forze armate.

Armenian /ɑː'miːnɪən/ ♦ *18, 14* **I** agg. armeno **II** n. **1** *(person)* armeno m. (-a) **2** *(language)* armeno m.

armful /'ɑːmfʊl/ n. (pl. ~**s**) bracciata f.

armhole /'ɑːmhəʊl/ n. giromanica m.

armistice /'ɑːmɪstɪs/ n. armistizio m.

armor AE → **1.armour**, **2.armour**.

armored AE → **armoured**.

armorer AE → **armourer**.

armory AE → **armoury**.

1.armour BE, **armor** AE /'ɑːmə(r)/ n. **1** STOR. ***a suit of*** ~ un'armatura **2** *(protective covering) (on tank, ship)* corazza f., blindatura f.; ZOOL. armatura f., corazza f.; EL. *(on wire, cable)* armatura f.; FIG. *(against criticism)* corazza f.

2.armour BE, **armor** AE /'ɑːmə(r)/ tr. corazzare, blindare.

armour-clad /ˌɑːmə'klæd/ agg. [*vehicle*] blindato, corazzato; [*ship*] corazzato.

armoured BE, **armored** AE /'ɑːməd/ **I** p.pass. → **2.armour II** agg. [*vehicle*] corazzato, blindato; [*regiment*] corazzato.

armoured car n. MIL. autoblindata f., autoblindo m.

armourer BE, **armorer** AE /'ɑːmərə(r)/ n. armaiolo m. (anche MIL.).

armour plate n. → **armour plating**.

armour-plated /ˌɑːmər'pleɪtɪd/ agg. → **armour-clad**.

armour plating n. *(on tank, ship)* piastra f. di corazza.

armoury BE, **armory** AE /'ɑːmərɪ/ n. MIL. *(array, store)* armeria f.; FIG. arsenale m.

armpit /'ɑːmpɪt/ n. ANAT. ascella f.

armrest /'ɑːmrest/ n. bracciolo m.

arms /ɑːmz/ n.pl. **1** *(weapons)* armi f., armamenti m.; ***under*** ~ in armi, in assetto di guerra; ***to take up*** ~ prendere le armi; FIG. insorgere; ***to be up in*** ~ ***(in revolt)*** ribellarsi; *(angry)* essere indignato **2** ARALD. ***coat of*** ~ stemma araldico.

arms control n. controllo m. degli armamenti.

arms dealer n. commerciante m. e f., trafficante m. e f. di armi.

arms dump n. deposito m. di armi.

arms factory n. fabbrica f. di armi.

arms limitation n. limitazione f. degli armamenti.

arms manufacturer n. fabbricante m. e f. di armi.

arms race n. corsa f. agli armamenti.

arms trade n. commercio m., traffico m. d'armi.

arms treaty n. trattato m. sul controllo degli armamenti.

arm-twisting /'ɑːmˌtwɪstɪŋ/ n. (il) far pressione su qualcuno.

arm wrestling ♦ *10* n. braccio m. di ferro.

army /'ɑːmɪ/ **I** n. **1** MIL. esercito m.; ***in the ~*** nell'esercito; ***to go into the ~*** entrare nell'esercito, andare sotto le armi; ***to join the ~*** arruolarsi, entrare nell'esercito **2** FIG. esercito m. **II** modif. [*life, uniform*] militare.
army corps n. corpo m. d'armata.
Arnold /'ɑːnəld/ n. Arnoldo.
aroma /ə'rəʊmə/ n. (pl. **~s, -ata**) aroma m.
aromatherapy /əˌrəʊmə'θerəpɪ/ n. aromaterapia f.
aromatic /ˌærə'mætɪk/ **I** agg. aromatico **II** n. **1** pianta f. aromatica **2** CHIM. composto m. aromatico.
arose /ə'rəʊz/ pass. → **arise**.
around /ə'raʊnd/ *Around* often appears as the second element of certain verb structures (*come around, look around, turn around* etc.): for translations, consult the appropriate verb entry (**come**, **look**, **turn** etc.). - *Go around* and *get around* generate many idiomatic expressions: for translations see the entries **go** and **get**. **I** avv. **1** *(approximately)* circa; ***at ~ 3 pm*** verso le 15.00 **2** *(in the vicinity)* ***to be (somewhere) ~*** essere nei paraggi; ***is there anyone ~?*** c'è qualcuno? ***are they ~?*** sono da queste parti? ***I just happened to be ~*** mi trovavo lì per caso **3** *(in circulation)* ***CDs have been ~ for years*** sono anni che esistono i cd; ***I wish I'd been ~ 50 years ago*** avrei voluto esserci 50 anni fa; ***is he still ~?*** c'è ancora? ***she's been ~*** FIG. è una donna di mondo; ***one of the most gifted musicians ~*** uno dei musicisti più dotati del momento **4** *(available)* ***to be ~*** essere disponibile; ***will he be ~ next week?*** ci sarà la prossima settimana? ***there are still some strawberries ~*** ci sono ancora delle fragole **5** *(in all directions)* ***all ~*** in giro; *(in general)* tutto intorno, da ogni parte; ***to go all the way ~*** [*fence*] fare tutto il giro; ***the only garage for miles ~*** la sola officina nel giro di chilometri **6** *(in circumference)* ***three metres ~*** tre metri di circonferenza **7** *(in different direction)* ***a way ~*** un modo per aggirare [*obstacle*]; ***there is no way ~ the problem*** non esiste nessun modo per evitare il problema; ***to go the long way ~*** prendere la strada più lunga; ***to turn sth. the other way ~*** rigirare qcs.; ***to do it the other way ~*** farlo al contrario; ***I didn't ask her, it was the other way ~*** non fui io a chiederlo a lei, accadde il contrario; ***the wrong, right way ~*** nel senso giusto, sbagliato; ***to put one's skirt on the wrong way ~*** mettersi la gonna al contrario **8** (anche BE **round**) *(in specific place)* ***she asked him (to come) ~*** gli chiese di andare da lei; ***she's coming ~ today*** verrà oggi; ***I'll be ~ in a minute*** arrivo *o* sarò lì tra un minuto **II** prep. (anche BE **round**) **1** *(on all sides of)* intorno a, attorno a [*fire, table, head*]; ***the villages ~ Dublin*** i paesi nei dintorni di Dublino **2** *(throughout)* ***clothes scattered ~ the room*** vestiti sparpagliati nella stanza; ***(all) ~ the world*** intorno al mondo; ***from ~ the world*** da tutto il mondo; ***doctors ~ the world*** dottori di tutto il mondo; ***to go ~ the world*** fare il giro del mondo; ***to walk ~ the town*** fare un giro per la città **3** *(near)* ***somewhere ~ the house*** in casa da qualche parte; ***somewhere ~ Rome*** nei pressi, nei dintorni di Roma; ***I like having people ~ the house*** mi piace avere gente in casa; ***the people ~ here*** le persone del posto **4** *(at)* verso, intorno a; ***~ midnight, 1980*** verso mezzanotte, intorno al 1980 **5** *(in order to circumvent)* ***to go ~*** evitare [*town centre*]; evitare, aggirare [*obstacle*] **6** *(to the other side of)* ***to go ~ the corner*** girare l'angolo; ***to go ~ a bend*** prendere una curva; ***~ the mountain*** oltre la montagna **7** SART. ***he's 90 cm ~ the chest*** ha 90 cm di torace.
arousal /ə'raʊzl/ n. eccitazione f.
arouse /ə'raʊz/ tr. **1** *(cause)* destare, suscitare [*interest, attention, feeling*] **2** *(sexually)* ***to be ~d by sth.*** essere eccitato da qcs. **3** *(waken)* ***to ~ sb. from sleep*** risvegliare qcn. dal sonno.
arpeggio /ɑː'pedʒɪəʊ/ n. (pl. **~s, -i**) arpeggio m.
arraign /ə'reɪn/ tr. DIR. accusare, chiamare in giudizio; ***to ~ sb. before the court*** portare qcn. in giudizio.
arrange /ə'reɪndʒ/ **I** tr. **1** *(put in position)* disporre, sistemare [*chairs, flowers*]; sistemare, aggiustare [*hair, clothes*]; riordinare [*room*] **2** *(organize)* organizzare, preparare [*party, meeting, holiday*]; preparare, predisporre [*schedule*]; fissare [*date, appointment*]; ***to ~ sth. with sb.*** fissare, organizzare qcs. con qcn.; ***to ~ that*** fare in modo che; ***to ~ to do*** organizzarsi per fare; ***I'll ~ it*** ci penso io; ***to ~ a marriage*** combinare un matrimonio; ***have you got anything ~d for this evening?*** avete dei programmi per questa sera? ***we've ~d to go out*** o ***to meet this evening*** abbiamo combinato di uscire, di vederci questa sera **3** *(bring about agreement on)* raggiungere [*agreement*]; concordare [*loan, mortgage, price*]; ***"date: to be ~d"*** "data: da stabilire" **4** MUS. arrangiare, adattare [*piece*] **II** intr. ***to ~ for sth.*** prendere accordi per qcs.; ***to ~ for sb. to do*** prendere accordi perché qcn. faccia; ***to ~ with sb. to do*** prendere accordi con qcn. per fare.
arrangement /ə'reɪndʒmənt/ n. **1** *(of objects)* sistemazione f., disposizione f.; *(of ideas: on page)* organizzazione f.; *(of shells, flowers)* composizione f.; ***seating ~s*** disposizione dei posti a sedere **2** *(agreement)* accordo m., intesa f.; ***by ~ with sb.*** in seguito a un accordo con qcn.; ***by ~*** in seguito a un accordo; ***under the ~, I will receive...*** secondo gli accordi presi, riceverò...; ***to come to an ~*** raggiungere un accordo **3** *(plan, preparation)* piano m., preparativo m.; ***to make ~s to do*** organizzarsi per fare; ***to make ~s with sb. (for him to do)*** prendere accordi con qcn. (perché faccia); ***to make ~s for doing*** prendere accordi per fare; ***economic ~s*** misure economiche.
arrant /'ærənt/ agg. LETT. ***it's ~ nonsense!*** è un'assurdità bella e buona!
arras /'ærəs/ n. (pl. **~**) arazzo m.
1.array /ə'reɪ/ n. **1** *(of goods, products)* assortimento m., gamma f. **2** *(of weaponry)* raccolta f., arsenale m. **3** *(of troops)* schieramento m., spiegamento m. **4** *(of numbers)* matrice f. **5** LETT. *(clothes)* abbigliamento m., abiti m.pl. di gala **6** ELETTRON. rete f.
2.array /ə'reɪ/ tr. **1** MIL. schierare, spiegare [*troops*] **2** DIR. formare una lista di, fare l'appello di [*jurors*] **3** LETT. ***~ed in*** abbigliato con.
arrears /ə'rɪəz/ n.pl. arretrati m.; *(condition)* morosità f.sing.; ***my payments are in ~*** o ***I am in ~ with my payments*** sono in arretrato con i pagamenti; ***to fall into ~*** cadere in mora; ***rent ~*** affitto arretrato.
1.arrest /ə'rest/ n. DIR. arresto m.; ***to be under ~*** essere in (stato di) arresto; ***to put sb. under ~*** arrestare qcn.
2.arrest /ə'rest/ tr. **1** [*police*] arrestare **2** *(halt)* arrestare, far cessare [*decline, development, disease*].
arresting /ə'restɪŋ/ agg. interessante, attraente.
arrival /ə'raɪvl/ n. **1** *(of person, goods)* arrivo m.; ***on sb.'s, sth.'s ~*** all'arrivo di qcn., di qcs. **2** *(of new character or phenomenon)* comparsa f. **3** *(person arriving)* ***late ~*** *(in theatre)* ritardatario; ***new ~*** *(in community)* nuovo arrivato; *(baby)* ultimo nato.
arrival lounge n. sala f. arrivi.
arrivals board n. orari m.pl. d'arrivo, tabellone m. degli arrivi.
arrival time n. ora f., orario m. d'arrivo.
arrive /ə'raɪv/ intr. **1** *(at destination)* arrivare (**at** a; **from** da); ***"arriving Berlin 7.25 am"*** *(announcement)* "che arriva a Berlino alle 7.25"; ***to ~ on the scene*** arrivare (sul posto); FIG. comparire sulla scena **2** *(reach)* ***to ~ at*** arrivare a [*decision, solution*] **3** *(be social success)* arrivare.
arrogance /'ærəgəns/ n. arroganza f.
arrogant /'ærəgənt/ agg. arrogante.
arrogantly /'ærəgəntlɪ/ avv. arrogantemente.
arrogate /'ærəgeɪt/ tr. FORM. ***to ~ sth. to oneself*** arrogarsi qcs.
arrow /'ærəʊ/ n. **1** *(weapon)* freccia f.; ***to fire*** o ***shoot an ~*** scoccare una freccia **2** *(symbol)* freccia f.
arrowhead /'ærəʊhed/ n. punta f. di freccia.
arrowroot /'ærəʊruːt/ n. BOT. GASTR. arrowroot m. (fecola che si ricava dalla maranta).
arse /ɑːs/ n. BE VOLG. culo m.
arse about intr. BE VOLG. *(waste time)* cazzeggiare.
arsenal /'ɑːsənl/ n. arsenale m. (anche FIG.).
arsenic /'ɑːsnɪk/ n. arsenico m.
arson /'ɑːsn/ n. incendio m. doloso.
arsonist /'ɑːsənɪst/ n. piromane m. e f., incendiario m. (-a).
1.art /ɑːt/ **I** n. **1** *(creation, activity, representation)* arte f.; ***I'm bad at ~*** vado male in disegno **2** *(skill)* arte f., capacità f.; ***the ~ of listening*** l'arte di saper ascoltare **II arts** n.pl. **1** *(culture)* ***the ~s*** le belle arti **2** UNIV. materie f. umanistiche, lettere f. **3** ***~s and crafts*** arti e mestieri; *(school subject)* educazione tecnica.
2.art /ɑːt/ ANT. 2ª persona sing. pres. → **be**.

as

- When *as* is used as a conjunction to mean *like* it is translated by *come*:

as usual	= come al solito
as often happens	= come capita spesso.

- When *as* is used as a preposition to mean *like* it is translated by *da* or *come*:

dressed as a sailor	= vestito da marinaio
portrayed as a victim	= presentato come una vittima.

- As a conjunction in time expressions, meaning *when* or *while*, *as* is translated by *mentre*:

I met her as she was coming down the stairs	= la incontrai mentre scendeva le scale

- However, where a gradual process is involved, *as* is translated by *man mano*:

as the day went on, he became more anxious	= man mano che passava il giorno, diventava più inquieto.

- As a conjunction meaning *because*, *as* is translated by *siccome*, *poiché*, or *dato che*:

as he is ill, he can't go out	= siccome è malato, non può uscire.

- When used as an adverb in comparisons, *as... as* is translated by *tanto... quanto*, *così... come* or simply *come*:

he is as intelligent as his brother	= è tanto intelligente quanto suo fratello / è intelligente come suo fratello.

But see **III.1** in the entry **as** for *as much as* and *as many as*.

Note also the standard translation used for fixed similes:

as strong as an ox	= forte come un bue
as rich as Croesus	= ricco come Creso

Such similes often have a cultural equivalent rather than a direct translation: to find translations for English similes, consult the entry for the second element.

- When *as* is used as a preposition to indicate a person's profession or position, it is translated by *come*:

he works as an engineer	= lavora come ingegnere.

Note that the article *a/an* is not translated; for more examples and possible translations, see the lexical note **27-SHOPS, TRADES AND PROFESSIONS.**

- When *as* is used as a preposition to mean *in my/his capacity as*, it is translated by *in quanto* or *come*:

as a teacher I believe that...	= in quanto insegnante, credo che...
he spoke as a lawyer	= parlò come avvocato.

- For more examples, particular usages and phrases like *as for, as from, as to* etc., see the entry **as.**

art collection n. collezione f. (di opere d'arte).
art collector n. collezionista m. e f. (di opere d'arte).
art college n. scuola f. di belle arti.
art dealer ➧ *27* n. mercante m. d'arte.
art deco I agg. ART. déco **II** n. art f. déco.
artefact /ˈɑːtɪfækt/ n. manufatto m., artefatto m.
Artemis /ˈɑːtɪmɪs/ n.pr. Artemide.
arterial /ɑːˈtɪərɪəl/ agg. **1** ANAT. arterioso **2** *~ road* arteria (stradale); *~ line* arteria (ferroviaria).
arteriosclerosis /ɑːˌtɪərɪəʊskləˈrəʊsɪs/ ➧ *11* n. (pl. **-es**) arteriosclerosi f.
artery /ˈɑːtərɪ/ n. **1** arteria f. **2** *(of road, railway)* arteria f.
artesian well n. pozzo m. artesiano.
art exhibition n. mostra f. (d'arte), esposizione f.
art form n. forma f. d'arte; ***to become an ~*** diventare una forma d'arte.
artful /ˈɑːtfl/ agg. [*politician, speaker*] *(skilful)* abile; *(crafty)* astuto, furbo.
artfully /ˈɑːtfəlɪ/ avv. [*suggest, imply*] abilmente, astutamente.
art gallery n. galleria f. d'arte.
art house n. *(cinema)* cinema m. d'essai.
art house film n. film m. d'autore.
arthritic /ɑːˈθrɪtɪk/ **I** agg. artritico **II** n. artritico m. (-a).
arthritis /ɑːˈθraɪtɪs/ ➧ *11* n. (pl. **-ides**) artrite f.
arthrosis /ɑːˈθrəʊsɪs/ n. (pl. **-es**) artrosi f.
Arthur /ˈɑːθə(r)/ n.pr. **1** Arturo **2** LETTER. Artù.
artichoke /ˈɑːtɪtʃəʊk/ **I** n. carciofo m. **II** modif. [*heart*] di carciofo; [*salad, soup*] di carciofi.
article /ˈɑːtɪkl/ **I** n. **1** *(object)* articolo m.; ***~ of clothing*** articolo di vestiario **2** GIORN. articolo m. (**about, on** su) **3** AMM. DIR. *(clause)* articolo m.; ***in*** o ***under Article 12*** all'articolo 12 **4** LING. articolo m.; ***definite, indefinite, partitive ~*** articolo determinativo, indeterminativo, partitivo **II articles** n.pl. DIR. ***to be in ~s*** fare praticantato (presso un notaio).
1.articulate /ɑːˈtɪkjʊlət/ agg. [*speaker*] eloquente; [*argument*] ben articolato.
2.articulate /ɑːˈtɪkjʊleɪt/ **I** tr. *(pronounce)* articolare; *(express)* esprimere chiaramente **II** intr. *(pronounce)* articolare le parole.
articulated lorry n. BE autoarticolato m.
articulately /ɑːˈtɪkjʊlətlɪ/ avv. articolatamente, eloquentemente.
articulation /ɑːˌtɪkjʊˈleɪʃn/ n. **1** *(expression)* eloquenza f. **2** *(pronunciation)* articolazione f. **3** ANAT. articolazione f.
artifact → **artefact**.
artifice /ˈɑːtɪfɪs/ n. **1** *(trick)* artificio m., stratagemma m. **2** *(cunning)* astuzia f.
artificer /ɑːˈtɪfɪsə(r)/ ➧ *27* n. artificiere m.
artificial /ˌɑːtɪˈfɪʃl/ agg. **1** [*colour, organ, lake, snow, lighting*] artificiale; [*fertilizer*] chimico; [*eye*] di vetro **2** FIG. [*manner, smile*] artificioso; [*person*] finto.
artificial intelligence n. intelligenza f. artificiale.
artificiality /ˌɑːtɪfɪʃɪˈælətɪ/ n. SPREG. artificiosità f., artificialità f.
artificial limb n. arto m. artificiale.
artificial respiration n. respirazione f. artificiale.
artillery /ɑːˈtɪlərɪ/ n. MIL. *(guns, regiment)* artiglieria f.
artilleryman /ɑːˈtɪlərɪˌmən/ n. (pl. **-men**) artigliere m.
artisan /ˌɑːtɪˈzæn, AE ˈɑːrtɪzn/ ➧ *27* n. artigiano m. (-a).
artist /ˈɑːtɪst/ ➧ *27* n. artista m. e f.
artiste /ɑːˈtiːst/ n. TEATR. artista m. e f.
artistic /ɑːˈtɪstɪk/ agg. [*talent, activity, temperament*] artistico; [*person*] che ha doti artistiche.
artistically /ɑːˈtɪstɪklɪ/ avv. artisticamente.
artistry /ˈɑːtɪstrɪ/ n. arte f., abilità f. artistica.
artless /ˈɑːtlɪs/ agg. [*smile*] naturale, semplice.
artlessly /ˈɑːtlɪslɪ/ avv. [*smile*] con naturalezza, con semplicità.
art nouveau /ˌɑːtnuːˈvəʊ/ **I** agg. liberty, art nouveau **II** n. (stile) liberty m., art nouveau f.
art room n. aula f. di disegno.
art school n. scuola f. di belle arti.
arts degree n. = diploma di dottore in discipline umanistiche.
arts funding n. *(by state)* sovvenzioni f.pl. al settore artistico; *(by sponsors)* finanziamenti m. pl. al settore artistico.
arts student n. studente m. (-essa) di lettere.
art student n. studente m. (-essa) di belle arti.
artwork /ˈɑːtwɜːk/ n. apparato m. iconografico.
arty /ˈɑːtɪ/ agg. COLLOQ. SPREG. [*person*] che ha pretese artistiche; [*family, district*] di mezzi artisti.
arty-crafty /ˌɑːtɪˈkrɑːftɪ/ agg. AE COLLOQ. SPREG. [*decor*] fai da te.
Aryan /ˈeərɪən/ **I** agg. STOR. ario; *(in Nazi ideology)* ariano **II** n. STOR. ario m. (-a); *(in Nazi ideology)* ariano m. (-a).
as */forma debole* əz, *forma forte* æz/ **I** cong. **1** *(in the manner that)* come; ***~ you know*** come sai; ***~ usual*** come di solito, come al solito; ***~ is usual in such cases*** come accade abitualmente; ***do ~ I say*** fai come ti dico; ***~ I see it*** per come la vedo io, secondo me; ***~ I understand it*** a quanto ho capito; ***knowing you ~ I do, you'll never get your degree*** conoscendoti, non ti laureerai mai; ***the street ~ it looked in the 1930s*** la strada così com'era negli anni trenta; ***~ often happens*** come spesso accade; ***he lives abroad, ~ does his sister*** vive all'estero, come sua sorella; ***leave it ~ it is*** lascialo così com'è; ***we're in enough trouble ~ it is*** siamo già abbastanza nei guai così; ~

one man to another da uomo a uomo; ***~ with so many people in the 1960s, she...*** come molte altre persone negli anni ’60, lei...; ***~ with so much in this country, the system needs to be modernized*** come molte altre cose in questo paese, il sistema ha bisogno di essere modernizzato; ***~ it were*** per così dire **2** *(while, when)* mentre; *(over more gradual period of time)* man mano che, via via che; ***~ he grew older, he grew richer*** con il passare degli anni, diventava più ricco; ***~ a child, he...*** da bambino, lui... **3** *(because, since)* siccome, poiché, dato che; ***~ you were out, I left a note*** dato che eri uscito, ti ho lasciato un biglietto **4** *(although)* ***strange ~ it may seem, she never returned*** sebbene possa sembrare strano, lei non ritornò mai; ***comfortable ~ the house is, it's still very expensive*** per quanto sia comoda, la casa è comunque troppo cara; ***try ~ he might, he could not forget it*** per quanto ci provasse, non riusciva a dimenticare **5** ***the same...*** ~ lo stesso... che; ***I've got a jacket the same ~ yours*** ho una giacca come la tua; ***the same ~ always*** come sempre **6** *(expressing purpose)* ***so ~ to do*** per fare **7 as if** come se; ***it' s not ~ if he hadn't been warned!*** non è che non sia stato avvertito! ***he looked at me ~ if to say "I told you so"*** mi guardò come per dire "te l'avevo detto"; ***it looks ~ if we've lost*** sembra che abbiamo perso; ***~ if by accident, magic*** come per caso, per magia **II** prep. **1** *(in order to appear to be)* come, da; ***dressed ~ a sailor*** vestito da marinaio; ***he is portrayed ~ a victim*** viene presentato come una vittima **2** *(showing function, status)* come, in qualità di; ***he works ~ a pilot*** lavora come pilota; ***a job ~ a teacher*** un posto di insegnante; ***speaking ~ his closest friend, I...*** parlando come suo migliore amico, io...; ***my rights ~ a parent*** i miei diritti di genitore; ***with Lauren Bacall ~ Vivien*** con Lauren Bacall nella parte di Vivien **3** *(other uses)* ***to treat sb. ~ an equal*** trattare qcn. come un proprio pari; ***he was quoted ~ saying that*** avrebbe detto che; ***it came ~ a shock*** è stato un vero shock **4 as against** contro, in confronto a; ***75% this year ~ against 35% last year*** il 75% di quest'anno contro il 35% dell'anno scorso **5 as for** quanto a, riguardo a **6 as from, as of** a partire da **7 as such** come, in quanto tale **8 as to** quanto a, riguardo a **III** avv. **1** *(expressing degree, extent)* ***~... ~...*** così... come..., tanto... quanto...; ***he is ~ intelligent ~ you*** è intelligente come te; ***he is not ~*** o ***so intelligent ~ you*** non è intelligente come te; ***he can't walk ~ fast ~ he used to*** non riesce più a camminare così velocemente come faceva un tempo; ***~ fast ~ you can*** il più velocemente possibile; ***he's twice ~ strong ~ me*** è due volte più forte di me, ha il doppio della mia forza; ***I paid ~ much ~ he did*** ho pagato tanto quanto lui; ***~ much, little ~ possible*** il più, meno possibile; ***~ soon ~ possible*** il più presto *o* prima possibile; ***not nearly ~ much ~*** non si avvicina neanche a, molto meno di; ***not ~ often*** non così spesso; ***the population may increase by ~ much ~ 20%*** l'aumento della popolazione può raggiungere ben il 20%, la popolazione può aumentare ben del 20%; ***~ many ~ 10,000 people attended the demonstration*** ben 10.000 persone parteciparono alla manifestazione; ***she can play the piano ~ well ~ her sister*** suona il piano bene come sua sorella; ***they have a house in Nice ~ well ~ an apartment in Paris*** hanno una casa a Nizza e un appartamento a Parigi **2** *(expressing similarity)* come; ***~ before, she...*** come prima, lei...; ***I thought ~ much!*** era come pensavo!

asap ⇒ as soon as possible appena possibile.

asbestos /æz'bestɒs, æs-/ n. asbesto m., amianto m.

ascend /ə'send/ **I** tr. FORM. salire [*steps*]; salire su per [*hill*]; ***to ~ the throne*** ascendere al trono **II** intr. FORM. [*person*] salire; [*bird, soul*] innalzarsi, salire; [*deity*] salire, ascendere.

ascendancy /ə'sendənsɪ/ n. ascendente m.; ***to have the ~ over sb.*** avere ascendente su qcn.

ascendant /ə'sendənt/ n. ASTROL. ascendente m.; ***to be in the ~*** [*planet*] essere all'ascendente.

Ascension /ə'senʃn/ n. RELIG. ***the ~*** l'Ascensione.

ascent /ə'sent/ n. **1** *(of smoke)* innalzamento m.; *(of soul)* ascesa f. **2** *(in cycling)* salita f.; *(in mountaineering)* arrampicata f.

ascertain /ˌæsə'teɪn/ tr. accertare, accertarsi di.

ascetic /ə'setɪk/ **I** agg. ascetico **II** n. asceta m. e f.

ascorbic /ə'skɔːbɪk/ agg. ascorbico.

ascribable /ə'skraɪbəbl/ agg. ascrivibile, attribuibile; *(laying blame)* imputabile.

ascribe /ə'skraɪb/ tr. ***to ~ sth. to sb.*** attribuire qcs. a qcn. [*work, phrase*]; ascrivere, imputare, attribuire qcs. a qcn. [*accident, mistake*]; ***the accident can be ~d to human error*** l'incidente può essere attribuito a errore umano.

aseptic /ˌeɪ'septɪk, AE ə'sep-/ agg. asettico.

asexual /ˌeɪ'sekʃʊəl/ agg. asessuale, asessuato.

1.ash /æʃ/ **I** n. *(burnt residue)* cenere f.; ***to be burned to ~es*** essere ridotto in cenere **II ashes** n.pl. *(remains)* ceneri f.

2.ash /æʃ/ n. *(tree, wood)* frassino m.

ashamed /ə'ʃeɪmd/ agg. ***to be*** o ***feel ~*** vergognarsi (**of** di; **to do** di fare); ***to be ~ that*** vergognarsi di; ***she was ~ to be seen with him*** si vergognava a farsi vedere con lui; ***you ought to be ~ of yourself*** dovresti vergognarti di te stesso; ***it's nothing to be ~ of*** non c'è nulla di cui vergognarsi.

ashbin /'æʃbɪn/ n. AE pattumiera f.

ash blond agg. biondo cenere.

ashcan /'æʃkæn/ n. AE pattumiera f.

ashen /'æʃn/ agg. [*complexion*] cinereo.

ashore /ə'ʃɔː(r)/ avv. **1** a riva, verso la riva; ***to swim ~*** raggiungere la riva a nuoto; ***washed ~*** gettato a riva **2** *(on land)* a terra, sulla terraferma.

ashtray /'æʃtreɪ/ n. portacenere m., posacenere m.

ash tree n. frassino m.

Ash Wednesday n. mercoledì m. delle Ceneri.

ashy /'æʃɪ/ agg. *(in colour)* cenerino, cinereo; *(covered in ash)* coperto di cenere.

Asia /'eɪʃə, AE 'eɪʒə/ ➧ ***6*** n.pr. Asia f.; ***South-East ~*** Sud-Est asiatico.

Asia Minor ➧ ***24*** n.pr. Asia f. minore.

Asian /'eɪʃn, AE 'eɪʒn/ **I** agg. asiatico **II** n. *(from Far East)* asiatico m. (-a); *(in UK)* indiano m. (-a), pakistano m. (-a).

Asiatic /ˌeɪʃɪ'ætɪk, AE ˌeɪʒɪ-/ agg. asiatico.

aside /ə'saɪd/ **I** avv. **1** *(to one side)* ***to step*** o ***move ~*** farsi da parte; ***to stand ~*** stare in disparte; ***to turn ~*** girarsi dall'altra parte; ***to cast*** o ***throw [sth.] ~*** mettere in un canto [*clothes, gift*]; accantonare [*idea, theory*]; ***to set*** o ***put*** o ***lay sth. ~*** *(save)* mettere da parte qcs.; *(in shop)* mettere via qcs.; ***to brush*** o ***sweep [sth.] ~*** ignorare [*objections, protests*]; ***to push*** o ***move sb. ~*** scartare qcn.; ***to take sb. ~*** prendere qcn. in disparte; ***money ~, let's discuss accommodation*** lasciamo da parte i soldi, parliamo della sistemazione; ***joking ~*** scherzi a parte **2 aside from** a prescindere da, a parte **II** n. TEATR. CINEM. a parte m.; ***to say sth. as*** o ***in an ~*** dire qcs. in un a parte; *(as digression)* dire qcs. per inciso.

asinine /'æsɪnaɪn/ agg. FORM. asinesco, stupido.

ask /ɑːsk, AE æsk/ **I** tr. **1** *(enquire as to)* chiedere, domandare [*name, reason*]; ***to ~ a question*** fare una domanda; ***to ~ sb. sth.*** chiedere qcs. a qcn.; ***80% of those ~ed said no*** l'80% delle persone intervistate hanno detto no; ***I'm ~ing you how you did it*** voglio sapere come l'hai fatto; ***I wasn't ~ing you*** non ti ho chiesto niente **2** *(request)* chiedere, richiedere [*permission, tolerance*]; ***it's too much to ~*** questo è chiedere troppo; ***to ~ to do*** chiedere di fare; ***to ~ sb. to do*** chiedere a qcn. di fare; ***to ~ sth. of*** o ***from sb.*** chiedere qcs. a qcn.; ***what price is he ~ing for it?*** quanto chiede per questo? **3** *(invite)* ***to ~ sb. to*** invitare qcn. a [*concert, party, dinner*]; ***to ~ sb. out*** invitare qcn. a uscire; ***to ~ sb. in*** invitare qcn. a entrare; ***we ~ed him along*** l'abbiamo invitato a unirsi a noi **II** intr. **1** *(request)* chiedere **2** *(make enquiries)* informarsi (**about sth.** su qcs.); ***to ~ about sb.*** informarsi su qcn.; ***I'll ~ around*** mi informerò **III** rifl. ***to ~ oneself*** chiedersi, domandarsi [*reason*].

■ **ask after:** ***~ after [sb.]*** chiedere notizie di [*person*].

■ **ask for:** ***~ for [sth.]*** chiedere [*drink*]; chiedere, richiedere [*money, help, restraint*]; ***he was ~ing for it! he ~ed for it!*** COLLOQ. se l'è voluto! ***~ for [sb.]*** *(on telephone)* chiedere di, cercare; *(from sickbed)* chiedere di vedere.

askance /ə'skæns/ avv. ***to look ~ at sb., sth.*** guardare qcn., qcs. di traverso.

askew /ə'skjuː/ **I** agg. storto, obliquo, sbieco **II** avv. obliquamente, di sbieco.

asking price n. prezzo m. di offerta.

aslant /ə'slɑːnt, AE ə'slænt/ **I** avv. di sbieco, di traverso **II** prep. di traverso a, attraverso.

asleep /ə'sliːp/ agg. ***to be ~*** essere addormentato, dormire; ***he's ~*** sta dormendo; ***to fall ~*** addormentarsi; ***they were found***

~ li trovarono addormentati; ***to be half*** ~ essere mezzo addormentato; ***to be sound*** o ***fast*** ~ dormire profondamente.
asp /æsp/ n. aspide m.
asparagus /ə'spærəgəs/ **I** n. U asparagi m.pl. **II** modif. [*tip*] di asparago; [*sauce*] agli asparagi; [*soup*] di asparagi; ***an ~ plant*** un asparago.
aspect /'æspekt/ n. **1** *(feature)* aspetto m. (anche ASTROL. LING.) **2** *(angle)* aspetto m.; ***to examine every ~ of sth.*** esaminare qcs. in tutti i suoi aspetti; ***seen from this ~*** visto sotto questo aspetto **3** *(orientation)* esposizione f.; ***a westerly ~*** un'esposizione a ovest **4** *(view)* vista f., affaccio m.
aspen /'æspən/ n. pioppo m. tremulo.
asperity /ə'sperətɪ/ n. FORM. *(of voice, person)* asprezza f.
aspersion /ə'spɜːʃn, AE -ʒn/ **I** n. RELIG. aspersione f. **II aspersions** n.pl. FORM. ***to cast ~s on*** denigrare, calunniare [*person*]; denigrare, mettere in dubbio [*ability, capacity*].
1.asphalt /'æsfælt, AE -fɔːlt/ **I** n. asfalto m. **II** modif. [*drive, playground*] asfaltato.
2.asphalt /'æsfælt, AE -fɔːlt/ tr. asfaltare.
asphyxia /əs'fɪksɪə, AE æs'f-/ n. asfissia f.
asphyxiate /əs'fɪksɪeɪt, AE æs'f-/ **I** tr. asfissiare **II** intr. asfissiare.
asphyxiation /əsˌfɪksɪ'eɪʃn/ n. asfissia f.
aspic /'æspɪk/ n. GASTR. aspic m.; ***salmon in ~*** aspic di salmone.
aspirant /ə'spaɪərənt/ n. aspirante m. e f.
1.aspirate /'æspərət/ **I** agg. aspirato **II** n. FON. (consonante) aspirata f.
2.aspirate /'æspɪreɪt/ tr. aspirare.
aspiration /ˌæspɪ'reɪʃn/ n. **1** *(desire)* aspirazione f.; ***to have ~s to do*** aspirare a fare **2** MED. FON. aspirazione f.
aspire /ə'spaɪə(r)/ intr. aspirare, ambire; ***it ~s to be an exclusive restaurant*** vuole essere un ristorante di lusso.
aspirin /'æspərɪn/ n. aspirina® f.; ***two ~(s)*** due aspirine.
aspiring /ə'spaɪərɪŋ/ agg. ***~ authors, journalists*** aspiranti autori, giornalisti.
ass /æs/ n. **1** *(donkey)* asino m., somaro m. **2** COLLOQ. *(fool)* asino m. (-a) **3** AE POP. culo m.
assail /ə'seɪl/ tr. FORM. **1** *(attack)* assalire, attaccare **2** *(plague)* assalire; ***to be ~ed by worries, doubts*** essere tormentato dalle preoccupazioni, dai dubbi.
assailant /ə'seɪlənt/ n. **1** *(criminal)* assalitore m. (-trice), aggressore m. (-ditrice) **2** MIL. assalitore m.
assassin /ə'sæsɪn, AE -sn/ n. assassino m. (-a), sicario m.
assassinate /ə'sæsɪneɪt, AE -sən-/ tr. assassinare.
assassination /əˌsæsɪ'neɪʃn, AE -sə'neɪʃn/ n. assassinio m.
1.assault /ə'sɔːlt/ **I** n. **1** DIR. *(on person)* assalto m., aggressione f. (**on** a); *(sexual)* stupro m., violenza f. carnale (**on** a); ***physical, verbal ~*** aggressione fisica, verbale **2** MIL. *(attack)* assalto m. (**on** a); ***air, ground ~*** assalto aereo, terrestre; ***to make an ~ on*** assalire [*town*] **3** FIG. *(criticism) (on theory)* attacco m. (**on** a) **II** modif. [*troops, weapon, ship*] d'assalto.
2.assault /ə'sɔːlt/ tr. **1** DIR. aggredire [*person*]; ***to be indecently ~ed*** essere vittima di uno stupro **2** MIL. assalire, attaccare **3** FIG. essere un attentato a [*ears, nerves*].
assault and battery n. DIR. percosse f.pl.
assault course n. MIL. percorso m. di guerra.
assemblage /ə'semblɪdʒ/ n. FORM. **1** *(collection) (of people)* assembramento m., raduno m.; *(of objects, ideas)* raccolta f. **2** TECN. ART. assemblaggio m.
assemble /ə'sembl/ **I** tr. **1** *(gather)* riunire, radunare [*people*]; mettere assieme [*data*]; mescolare [*ingredients*] **2** *(construct)* assemblare; ***easy to ~*** facile da montare **II** intr. riunirsi.
assembled /ə'sembld/ **I** p.pass. → **assemble II** agg. riunito; ***the ~ company*** i presenti.
assembler /ə'semblə(r)/ ➧ **27** n. **1** *(in factory)* assemblatore m. (-trice), montatore m. (-trice) **2** INFORM. (programma) assemblatore m.
assembly /ə'semblɪ/ n. **1** *(of people)* assemblea f., riunione f. **2** POL. *(institution)* assemblea f. **3** SCOL. assemblea f. **4** POL. *(congregating)* riunione f.; ***freedom of ~*** libertà di associazione **5** IND. TECN. *(of components, machines)* assemblaggio m., montaggio m.; ***~ instructions*** istruzioni per il montaggio **6** TECN. *(device)* = insieme di pezzi, di componenti; ***engine ~*** blocco motore.
assembly line n. catena f. di montaggio; ***to work on the ~*** lavorare alla catena di montaggio.
1.assent /ə'sent/ n. assenso m., consenso m.; ***by common ~*** di comune accordo.
2.assent /ə'sent/ intr. FORM. assentire, acconsentire (**to** a).
assert /ə'sɜːt/ **I** tr. **1** *(state)* asserire, affermare; *(against opposition)* sostenere; ***to ~ one's authority*** affermare la propria autorità **2** *(demand)* rivendicare [*right, claim*] **II** rifl. ***to ~ oneself*** affermarsi.
assertion /ə'sɜːʃn/ n. *(statement)* asserzione f., affermazione f.; ***it was an ~ of her strength*** era un'affermazione della sua forza.
assertive /ə'sɜːtɪv/ agg. assertivo.
assertiveness /ə'sɜːtɪvnɪs/ n. autoaffermazione f.; ***lack of ~*** mancanza di sicurezza.
assess /ə'ses/ tr. **1** valutare [*ability, effect, person, problem*] **2** ECON. DIR. stimare [*damage, value*] **3** ECON. tassare [*person*]; applicare [*tax*].
assessable /ə'sesəbl/ agg. ECON. imponibile.
assessment /ə'sesmənt/ n. **1** valutazione f. (anche SCOL.) **2** ECON. DIR. stima f. **3** accertamento m. tributario.
assessor /ə'sesə(r)/ ➧ **27** n. **1** ECON. ispettore m. (-trice) fiscale **2** *(in insurance)* perito m. **3** DIR. consulente m. tecnico.
asset /'æset/ **I** n. **1** ECON. bene m. **2** FIG. *(advantage)* vantaggio m., risorsa f.; *(person)* risorsa f. **II assets** n.pl. *(private)* beni m., patrimonio m.sing.; COMM. ECON. DIR. attivo m.sing.; ***~s and liabilities*** attivo e passivo.
asset stripping n. scorporo m. delle attività, chirurgia f. finanziaria.
asshole /'æshəʊl/ n. VOLG. **1** buco m. del culo **2** *(stupid person)* coglione m. (-a); *(despicable person)* stronzo m. (-a).
assiduity /ˌæsɪ'djuːətɪ, AE -duː-/ n. assiduità f.
assiduous /ə'sɪdjʊəs, AE -dʒʊəs/ agg. assiduo.
assign /ə'saɪn/ tr. **1** *(allocate)* assegnare [*resources*] **2** *(delegate)* ***to ~ a task to sb.*** o ***to ~ sb. to a task*** assegnare un compito a qcn.; ***to ~ sb. to do*** designare qcn. a fare **3** *(attribute)* assegnare, attribuire [*importance, value*] **4** *(appoint)* destinare, nominare **5** DIR. *(transfer)* cedere, trasferire, alienare **6** *(fix)* stabilire, fissare [*date*].
assignation /ˌæsɪg'neɪʃn/ n. FORM. o SCHERZ. appuntamento m.
assignee /ˌæsaɪ'niː/ n. cessionario m. (-a), assegnatario m. (-a).
assignment /ə'saɪnmənt/ n. **1** *(professional, academic)* incarico m., nomina f.; *(specific duty)* compito m., mansione f. **2** *(of duties, staff, funds)* assegnazione f., attribuzione f. **3** DIR. *(of rights, contract)* cessione f., trasferimento m.
assimilate /ə'sɪmɪleɪt/ **I** tr. assimilare (**to** a) **II** intr. assimilarsi (**to** a).
assimilation /əˌsɪmɪ'leɪʃn/ n. assimilazione f. (**to** a).
assist /ə'sɪst/ **I** tr. **1** *(help)* assistere, aiutare (**to do, in doing** a fare); *(in organization)* assistere (**to do, in doing** a fare); ***to ~ sb. in, down*** aiutare qcn. a entrare, scendere **2** *(facilitate)* aiutare, favorire [*process*] **II** intr. **1** *(help)* prestare assistenza, aiuto (**in doing** nel fare) **2** FORM. *(attend)* assistere, presenziare (**at** a).
assistance /ə'sɪstəns/ n. aiuto m., assistenza f.; ***to come to sb.'s ~*** venire in aiuto a qcn.; ***to give ~ to sb.*** prestare assistenza a qcn.; ***with the ~ of*** con l'aiuto di [*person, device*]; ***mutual ~*** aiuto reciproco; ***can I be of ~?*** posso rendermi utile?
assistant /ə'sɪstənt/ ➧ **27 I** n. **1** *(helper)* assistente m. e f., aiutante m. e f.; *(in hierarchy)* aggiunto m. **2** BE SCOL. UNIV. ***(foreign language) ~*** *(in school)* conversatore di lingua straniera; *(in university)* lettore **II** modif. [*editor, producer, etc.*] aiuto.
assistant manager ➧ **27** n. vicedirettore m. (-trice).
assistant professor ➧ **27** n. AE UNIV. ricercatore m. (-trice).
assisted /ə'sɪstɪd/ **I** p.pass. → **assist II** agg. **1** assistito **2 -assisted** in composti ***computer-~*** assistito da computer; ***government-~ scheme*** progetto finanziato dallo stato.
1.associate /ə'səʊʃɪət/ **I** agg. [*member, body*] associato **II** n. **1** *(colleague, partner)* socio m. (-a); ***an ~ in crime*** un complice **2** *(of society)* membro m.; *(of academic body)* (professore) associato m. **3** AE UNIV. = diploma universitario.
2.associate /ə'səʊʃɪeɪt/ **I** tr. **1** associare, collegare [*idea, memory*] (**with** a) **2** *(be involved in)* ***to be ~d with*** [*person*] fare parte di [*movement, group*]; SPREG. essere immischiato in [*shady business*] **II** intr. ***to ~ with sb.*** frequentare qcn.

associate company n. (società) consociata f.
associated /ə'səʊʃɪeɪtɪd/ **I** p.pass. → **2.associate II** agg. **1** [*concept, idea*] associato, collegato **2** *(connected)* [*member*] associato; [*benefits, expenses*] connesso, collegato.
associate director ♦ *27* n. vicedirettore m. (-trice).
associate editor ♦ *27* n. condirettore m. (-trice) di giornale.
associate judge n. giudice m. a latere.
associate member n. membro m. associato.
associate membership n. appartenenza f. in qualità di membro associato.
association /əˌsəʊsɪ'eɪʃn/ n. **1** *(club, society)* associazione f. **2** *(relationship) (between ideas)* associazione f.; *(between organizations, people)* rapporto m., relazione f.; *(sexual)* relazione f.; ***in ~ with*** insieme a **3** gener. pl. *(mental evocation)* ricordo m.; ***to have good ~s for sb.*** suscitare in qcn. bei ricordi; ***to have ~s with sth.*** ricordare qcs.
association football n. (gioco del) calcio m., football m.
assonance /'æsənəns/ n. assonanza f.
assorted /ə'sɔːtɪd/ agg. [*objects, colours, foodstuffs*] assortito; [*group*] assortito, eterogeneo; ***ill ~*** male assortito; ***in ~ sizes*** in diverse taglie.
assortment /ə'sɔːtmənt/ n. *(of objects, products)* assortimento m., varietà f.; *(of people)* varietà f.; ***in an ~ of colours*** in diversi colori.
Asst. ⇒ assistant assistente.
assuage /æ'sweɪdʒ/ tr. LETT. alleviare, calmare [*sorrow, pain*]; placare [*hunger, thirst*].
assume /ə'sjuːm, AE ə'suːm/ tr. **1** *(suppose)* supporre, presumere; ***I ~ she knows*** presumo che lei sappia; ***I ~ him to be French*** suppongo sia francese; ***it is ~d that*** si suppone che; ***let's ~*** o ***assuming that's correct*** supponiamo che sia corretto **2** *(take on)* assumere [*control, identity, office, responsibility*]; affettare, simulare [*expression, indifference*]; ***under an ~d name*** sotto falso nome.
assumption /ə'sʌmpʃn/ n. **1** *(supposition)* supposizione f., ipotesi f.; FILOS. assunzione f.; ***the ~ that*** l'ipotesi secondo la quale; ***on the ~ that*** supponendo che; ***to work on the ~ that*** agire col presupposto che **2** *(of duty, power)* assunzione f.
Assumption /ə'sʌmpʃn/ n. RELIG. Assunzione f.
assurance /ə'ʃɔːrəns, AE ə'ʃʊərəns/ n. **1** *(guarantee)* assicurazione f.; ***to give sb. every ~ that*** dare a qcn. assicurazione che **2** *(of future action)* promessa f. **3** *(self-confidence)* sicurezza f. (di sé) **4** BE *(insurance)* assicurazione f.; ***life ~*** assicurazione sulla vita.
assure /ə'ʃɔː(r), AE ə'ʃʊər/ tr. **1** *(state positively)* assicurare, promettere; ***to ~ sb. that*** assicurare a qcn. che; ***to be ~d of sth.*** essere sicuro di qcs.; ***rest ~d that*** stai certo *o* sicuro che **2** *(ensure)* garantire [*peace, safety*] **3** BE *(insure)* assicurare.
assured /ə'ʃɔːd, AE ə'ʃʊərd/ **I** p.pass. → **assure II** agg. **1** *(confident)* [*voice, manner*] sicuro; ***he is very ~*** è molto sicuro (di sé) **2** *(beyond doubt)* assicurato, sicuro.
asterisk /'æstərɪsk/ n. asterisco m.
astern /ə'stɜːn/ avv. MAR. a poppa.
asteroid /'æstərɔɪd/ n. asteroide m.
asthenia /æs'θiːnɪə/ n. astenia f.
asthma /'æsmə, AE 'æzmə/ ♦ *11* n. asma f.; ***to have ~*** avere l'asma; ***~ sufferer*** asmatico.
asthmatic /æs'mætɪk/ **I** agg. asmatico **II** n. asmatico m. (-a).
astigmatic /ˌæstɪg'mætɪk/ **I** agg. astigmatico **II** n. astigmatico m. (-a).
astigmatism /ə'stɪgmətɪzəm/ ♦ *11* n. astigmatismo m.
astir /ə'stɜː(r)/ agg. **1** *(up and about)* in piedi **2** *(moving)* in moto, in agitazione.
astonish /ə'stɒnɪʃ/ tr. stupire, sorprendere, meravigliare; ***it ~es me that*** mi meraviglia che.
astonished /ə'stɒnɪʃt/ **I** p.pass. → **astonish II** agg. stupito, sorpreso, meravigliato (**by, at** da; **to do** di fare); ***to be ~ that*** essere stupito *o* stupirsi del fatto che.
astonishing /ə'stɒnɪʃɪŋ/ agg. [*skill, intelligence, beauty*] sorprendente, straordinario; [*performance, speed, success*] straordinario, incredibile; ***prices rose by an ~ 40%*** i prezzi hanno subito un incredibile rincaro del 40%.
astonishingly /ə'stɒnɪʃɪŋlɪ/ avv. sorprendentemente, straordinariamente.
astonishment /ə'stɒnɪʃmənt/ n. stupore m., sorpresa f., meraviglia f.; ***to my ~*** con mia grande sorpresa; ***to look at sb. in ~*** guardare qcn. stupito.
astound /ə'staʊnd/ tr. sbalordire, stupire, stupefare.
astounding /ə'staʊndɪŋ/ agg. sbalorditivo, stupefacente.
astrakhan /ˌæstrə'kæn, AE 'æstrəkən/ **I** n. astrakan m. **II** modif. [*garment*] d'astrakan.
astral /'æstrəl/ agg. astrale.
astray /ə'streɪ/ avv. **1** ***to go ~*** *(go missing)* perdersi; *(go wrong)* fallire **2** FIG. ***to lead sb. ~*** *(confuse)* sviare, fuorviare qcn.; *(corrupt)* traviare qcn.
astride /ə'straɪd/ **I** avv. [*be, sit*] a cavalcioni **II** prep. *(seated)* a cavalcioni di; ***to stand, sit ~ sth.*** FIG. [*building, company*] dominare qcs.
astringent /ə'strɪndʒənt/ **I** agg. **1** astringente **2** FIG. [*remark, tone*] severo, duro **II** n. astringente m.
astrolabe /'æstrəˌleɪb/ n. astrolabio m.
astrologer /ə'strɒlədʒə(r)/ ♦ *27* n. astrologo m. (-a).
astrological /ˌæstrə'lɒdʒɪkl/ agg. astrologico.
astrology /ə'strɒlədʒɪ/ n. astrologia f.
astronaut /'æstrənɔːt/ ♦ *27* n. astronauta m. e f.
astronautical /ˌæstrə'nɔːtɪkl/ agg. astronautico.
astronautics /ˌæstrə'nɔːtɪks/ n. + verbo sing. astronautica f.
astronomer /ə'strɒnəmə(r)/ ♦ *27* n. astronomo m. (-a).
astronomic(al) /ˌæstrə'nɒmɪk(l)/ agg. astronomico (anche FIG.).
astronomically /ˌæstrə'nɒmɪkəlɪ/ avv. ***prices are ~ high*** i prezzi sono astronomici; ***~ expensive*** incredibilmente caro.
astronomy /ə'strɒnəmɪ/ n. astronomia f.
astrophysicist /ˌæstrəʊ'fɪzɪsɪst/ ♦ *27* n. astrofisico m. (-a).
astrophysics /ˌæstrəʊ'fɪzɪks/ n. + verbo sing. astrofisica f.
Astroturf® /'æstrəʊtɜːf/ n. = tappeto erboso artificiale.
astute /ə'stjuːt, AE ə'stuːt/ agg. astuto.
astutely /ə'stjuːtlɪ, AE ə'stuːtlɪ/ avv. astutamente.
astuteness /ə'stjuːtnɪs, AE -'stuː-/ n. astuzia f.
asunder /ə'sʌndə(r)/ avv. LETT. ***to tear sth. ~*** stracciare qcs., fare a pezzi qcs.
Aswan /æs'wɑːn/ ♦ *34* n.pr. Assuan f.; ***~ High Dam*** diga di Assuan.
asylum /ə'saɪləm/ n. **1** POL. asilo m.; ***to seek political ~*** cercare asilo politico; ***right of ~*** diritto di asilo **2** ANT. SPREG. ***lunatic ~*** manicomio.
asylum-seeker /ə'saɪləmˌsiːkə(r)/ n. = chi chiede asilo.
asymmetric(al) /ˌeɪsɪ'metrɪk(l)/ agg. asimmetrico.
asymmetry /eɪ'sɪmɪtrɪ, æ'sɪmɪtrɪ/ n. asimmetria f.
asymptomatic /əsɪmptə'mætɪk, eɪ-/ agg. asintomatico.
at /*forma debole* ət, *forma forte* æt/ prep. **1** *(place, distance)* a; ***~ school, the airport*** a scuola, all'aeroporto **2** *(at the house etc. of)* da; ***~ David's place, the baker's*** da David, dal panettiere **3** *(direction)* a, verso, contro; ***throw a stone ~ sth.*** tirare una pietra contro qcs. **4** *(point in time, age)* a; ***~ two o'clock*** alle due; ***~ (the age of) 14*** a 14 anni; *(moment, period of time)* a, di; ***~ dawn*** all'alba; ***~ night*** di notte; ***~ Christmas*** a Natale **5** *(activity)* a, in; ***~ work*** al lavoro; ***~ war*** in guerra **6** *(ability)* a, in; ***to be good ~ sth., ~ doing*** essere bravo in qcs., a fare **7** *(measure, speed etc.)* a; ***~ 50 mph*** a 50 miglia all'ora; ***~ a low price*** a basso prezzo **8** *(followed by superlative)* ***the garden is ~ its prettiest in June*** giugno è il mese in cui il giardino è più bello; ***I'm ~ my best in the morning*** di mattina sono al massimo delle mie possibilità **9** *(cause)* ***laugh ~ sb.*** ridere di qcn. **10** COLLOQ. *(harassing)* ***he's been (on) ~ me to buy a new car*** continua a tormentarmi perché io compri una nuova auto ♦ ***I don't know where he's ~*** COLLOQ. non so che cosa sta combinando; ***while we're ~ it*** COLLOQ. già che ci siamo; ***I've been (hard) ~ it all day*** ci ho lavorato tutto il giorno.
atavism /'ætəvɪzəm/ n. atavismo m.
atavistic /ˌætə'vɪstɪk/ agg. atavico.
ATB n. → **all-terrain bike**.
ATC n. (⇒ air-traffic control) = controllo del traffico aereo.
ate /eɪt, et/ pass. → **eat**.
atelier /ə'telɪˌeɪ, 'ætəˌljeɪ/ n. atelier m.
atheism /'eɪθɪɪzəm/ n. ateismo m.
atheist /'eɪθɪɪst/ **I** agg. ateo **II** n. ateo m. (-a).
atheistic /ˌeɪθɪ'ɪstɪk/ agg. ateistico.
Athena /ə'θiːnə/ n.pr. Atena.

at

- When *at* is used as a straightforward preposition, it is translated by *a* in Italian: *at school* = a scuola, *at midnight* = a mezzanotte. Remember that the preposition *at + the* is translated by one word, *a* + article, in Italian; the following cases may occur:

at work	=	(a + il) al lavoro
the policeman is on duty at the stadium	=	(a + lo) il poliziotto è di servizio allo stadio
at the end of the month	=	(a + la) alla fine del mese
at the airport, at the age of 50	=	(a + l') all'aeroporto, all'età di 50 anni
he threw himself at my feet	=	(a + i) si gettò ai miei piedi
I shot at the fowls but missed	=	(a + gli) sparai agli uccelli ma li mancai
at four o'clock p.m.	=	(a + le) alle quattro del pomeriggio.

- When *at* means *at the house, shop,* etc. *of*, it is translated by *da* (which, of course, combines with the following article if the latter is to be used):

at Amanda's	=	da Amanda
at the hairdresser's	=	dal parrucchiere.

- If you have doubts about how to translate a phrase or idiom beginning with *at* (*at the top of, at home, at a guess* etc.), you should consult the appropriate noun entry (**top, home, guess** etc.). This dictionary contains lexical notes on such topics as AGE, CLOCK, LENGTH MEASURES, GAMES AND SPORTS etc., many of which use the preposition *at*. For these notes see the end of the English-Italian section.
- *At* also often appears in English as the second element of a phrasal verb (*look at, aim at* etc.): for translations, consult the appropriate verb entry (**look, aim** etc.).
- *At* is used after certain nouns, adjectives and verbs in English (*her surprise at, an attempt at, good at* etc.): for translations, consult the appropriate noun, adjective or verb entry (**surprise, attempt, good**, etc.).
- In the entry **at**, you will find particular usages and idiomatic expressions which do not appear elsewhere in the dictionary.

Athenian /ə'θi:nɪən/ **I** agg. ateniese **II** n. ateniese m. e f.

Athens /'æθɪnz/ ➧ *34* n.pr. Atene f.

athlete /'æθli:t/ n. atleta m. e f.

athlete's foot ➧ *11* n. MED. piede m. d'atleta.

athletic /æθ'letɪk/ agg. **1** [*event, club, coach*] di atletica **2** [*person, body*] atletico.

athletics /æθ'letɪks/ ➧ *10* **I** n. + verbo sing. BE atletica f.; AE sport m. **II** modif. [*club*] BE di atletica; AE sportivo.

Atlantic /ət'læntɪk/ ➧ *20* **I** agg. atlantico **II** n.pr. ***the ~*** l'Atlantico.

Atlantic Ocean ➧ *20* n.pr. oceano m. Atlantico.

Atlantis /ət'læntɪs/ n.pr. Atlantide f.

atlas /'ætləs/ n. atlante m. (anche ANAT.); ***road, motoring ~*** atlante stradale, automobilistico.

Atlas Mountains n.pr.pl. monti m. dell'Atlante.

ATM n. (⇒ automatic teller machine) = bancomat®, sportello bancario automatico.

atmosphere /'ætməsfɪə(r)/ n. **1** *(air)* atmosfera f. **2** *(mood)* atmosfera f.; ***there was a bit of an ~*** COLLOQ. l'atmosfera era un po' tesa.

atmospheric /,ætməs'ferɪk/ **I** agg. **1** [*conditions, pressure, pollution*] atmosferico **2** [*film, music*] d'atmosfera **II atmospherics** n.pl. **1** RAD. TELEV. *(interference)* interferenze f. atmosferiche; METEOR. *(disturbances)* perturbazioni f. (atmosferiche) **2** *(of song, film)* atmosfera f.sing.

atoll /'ætɒl/ n. atollo m.

atom /'ætəm/ n. atomo m. (anche FIG.).

atom bomb n. bomba f. atomica.

atomic /ə'tɒmɪk/ agg. [*structure*] atomico; [*weapon, explosion, power*] atomico, nucleare.

atomic power station n. centrale f. atomica, nucleare.

atomic reactor n. reattore m. atomico, nucleare.

atomic scientist ➧ *27* n. fisico m. (-a) atomico (-a).

atomization /,ætəmaɪ'zeɪʃn, AE -mɪ'z-/ n. *(into atoms)* atomizzazione f.; *(into spray)* nebulizzazione f.

atomize /,ætə'maɪz/ tr. *(into atoms)* atomizzare; *(into spray)* nebulizzare.

atomizer /'ætə,maɪzə(r)/ n. nebulizzatore m.

atonal /eɪ'təʊnl/ agg. atonale.

atone /ə'təʊn/ intr. ***to ~ for*** espiare [*sin, crime*]; riparare a, fare ammenda di [*error*].

atonement /ə'təʊnmənt/ n. espiazione f.; ***Day of Atonement*** giorno di espiazione.

atonic /ə'tɒnɪk/ agg. **1** MED. atonico **2** FON. MUS. atono.

atop /ə'tɒp/ prep. LETT. in cima a.

atrium /'eɪtrɪəm/ n. (pl. **-s, -ia**) ANAT. ARCH. atrio m.

atrocious /ə'trəʊʃəs/ agg. **1** *(horrifying)* [*crime, treatment*] atroce, orribile **2** *(bad)* [*accent*] terribile, orribile; [*price*] terrificante; [*food*] schifoso.

atrociously /ə'trəʊʃəslɪ/ avv. atrocemente, terribilmente.

atrocity /ə'trɒsətɪ/ n. atrocità f.

1.atrophy /'ætrəfɪ/ n. MED. atrofia f.

2.atrophy /'ætrəfɪ/ intr. MED. atrofizzarsi (anche FIG.).

at sign n. at m., chiocciola f.

attach /ə'tætʃ/ **I** tr. **1** *(fasten)* attaccare, fissare [*object*]; *(to letter, in e-mail)* allegare [*document*] **2** *(to organization)* ***to be ~ed to sth.*** fare parte di qcs., essere associato a qcs. **3** *(attribute)* attribuire, dare [*value, importance*]; ***to ~ blame to sb. for sth.*** attribuire la colpa di qcs. a qcn. **II** intr. FORM. ***no blame attaches to you for this*** non ti si può attribuire nessuna colpa per questo **III** rifl. ***to ~ oneself to*** unirsi, associarsi a (anche FIG.).

attaché /ə'tæʃeɪ, AE ,ætə'ʃeɪ/ n. attaché m. e f., addetto m. (-a) diplomatico (-a).

attaché case n. valigetta f., cartella f. portadocumenti.

attached /ə'tætʃt/ **I** p.pass. → **attach II** agg. **1** *(fond)* ***~ to sb., sth.*** attaccato, affezionato a qcn., qcs.; ***to grow ~ to sb., sth.*** attaccarsi, affezionarsi a qcn., qcs. **2** [*document*] allegato.

attachment /ə'tætʃmənt/ n. **1** *(affection)* attaccamento m. (**to, for** a), affetto m. (**to, for** per); ***to form an ~ to sb.*** attaccarsi, affezionarsi a qcn. **2** *(device)* accessorio m. **3** *(placement)* ***to be on ~ to*** essere assegnato a **4** *(act of fastening)* fissaggio m. **5** *(in e-mail)* allegato m.

1.attack /ə'tæk/ n. **1** attacco m. (**on** a, contro) (anche MIL. SPORT); *(criminal)* aggressione f., assalto m. (**against, on** contro, a); *(terrorist)* attentato m.; ***to come under ~*** MIL. subire un attacco; FIG. essere attaccato, essere oggetto di critica; ***to leave oneself open to ~*** FIG. esporsi alle critiche; ***to mount, launch an ~ on sth.*** sferrare un attacco a qcs. (anche FIG.) **2** *(of illness)* attacco m.; ***to have an ~ of flu*** avere un attacco di influenza.

2.attack /ə'tæk/ tr. **1** attaccare [*enemy*]; *(criminally)* assalire, aggredire [*victim*]; FIG. attaccare [*book, idea*] **2** *(tackle)* affrontare [*task, problem*].

attacker /ə'tækə(r)/ n. aggressore m.; MIL. SPORT attaccante m. e f.

attain /ə'teɪn/ tr. *(achieve)* conseguire, raggiungere [*position, objective*]; realizzare [*ambition*]; acquisire [*knowledge*].

attainable /ə'teɪnəbl/ agg. conseguibile, raggiungibile.

attainment /ə'teɪnmənt/ n. **1** *(achieving)* *(of goal)* conseguimento m., raggiungimento m.; *(of knowledge)* acquisizione f. **2** *(success)* realizzazione f., successo m.

1.attempt /ə'tempt/ n. **1** tentativo m.; ***to make an ~ to do, at doing*** fare un tentativo *o* tentare di fare; ***in an ~ to do*** nel tentativo di fare; ***on my first ~*** al primo tentativo; ***~ to escape*** o ***escape ~*** tentativo d'evasione; ***he made no ~ to apologize*** non ha fatto il minimo tentativo di scusarsi; ***good ~!*** bel tentativo! **2** *(attack)* attentato m.; ***to make an ~ on sb.'s life*** attentare alla vita di qcn.

2.attempt /ə'tempt/ tr. tentare (**to do** di fare); affrontare [*exam question*]; ***to ~ suicide*** tentare il suicidio; ***~ed murder*** tentato omicidio.

attend /ə'tend/ **I** tr. **1** *(go to)* assistere a, essere presente a [*event, performance*]; partecipare a [*meeting*]; frequentare [*church, school, course*]; ***the ceremony was well, poorly ~ed*** alla cerimonia c'era molto, poco pubblico **2** *(accompany)* accompagnare, scortare **3** *(take care of)* assistere, prendersi cura di [*patient*] **II** intr. **1** *(be present)* essere presente, esserci **2** *(pay attention)* prestare attenzione (**to** a).

▪ **attend to:** ~ ***to [sb., sth.]*** occuparsi di [*person, problem*].

attendance /ə'tendəns/ n. **1** *(at event, meeting)* presenza f. (**at** a); *(at course)* frequenza f. (**at** a); ***church ~*** il frequentare la chiesa, l'essere praticante; ***school ~*** frequenza scolastica **2** *(number of people present)* affluenza f., presenze f.pl. **3** *(as helper)* ***to be in ~ on*** essere al servizio di [*dignitary*].

attendance record n. = numero delle presenze.

attendance register n. SCOL. registro m. delle presenze.

attendant /ə'tendənt/ ➧ **27** **I** agg. FORM. **1** *(associated)* [*cost, danger, issue*] relativo, connesso; [*symptom*] concomitante **2** *(attending)* [*helper, bodyguard*] al servizio di **II** n. *(in cloakroom)* guardarobiere m. (-a); *(in museum, car park)* custode m. e f., sorvegliante m. e f.; *(in cinema)* maschera f.; *(at petrol station)* benzinaio m. (-a); *(at swimming pool)* bagnino m. (-a); ***medical ~*** membro del personale medico.

attention /ə'tenʃn/ **I** n. **1** *(notice, interest)* attenzione f.; ***to attract ~*** attirare l'attenzione; ***to be the centre*** o ***focus of ~*** essere al centro dell'attenzione; ***to draw ~ to sth.*** richiamare l'attenzione su qcs.; ***to seek*** o ***demand ~*** cercare di attirare l'attenzione; ***to give one's full ~ to sth.*** prestare molta attenzione a qcs.; ***pay ~!*** state attenti! fate attenzione! ***to bring sth. to sb.'s ~*** portare qcs. all'attenzione di qcn.; ***it has come to my ~ that*** sono venuto a sapere che; ***~ please!*** attenzione prego! **2** *(treatment, care)* attenzione f., attenzioni f.pl.; MED. assistenza f., cura f., cure f.pl.; ***~ to detail*** attenzione ai dettagli; ***to give some ~ to sth.*** occuparsi di qcs.; ***the car needs ~*** l'auto ha bisogno di assistenza; ***for the ~ of*** all'attenzione di **3** MIL. ***to stand to*** o ***at ~*** stare *o* essere sull'attenti **II** inter. MIL. attenti.

attention-seeking /ə'tenʃnˌsiːkɪŋ/ **I** agg. [*person*] che cerca di attirare l'attenzione **II** n. = bisogno di attirare l'attenzione.

attention span n. ***he has a very short ~*** la sua capacità di attenzione *o* concentrazione è molto ridotta.

attentive /ə'tentɪv/ agg. *(alert)* attento; *(solicitous)* sollecito, premuroso.

attentively /ə'tentɪvlɪ/ avv. *(alertly)* attentamente; *(solicitously)* sollecitamente, premurosamente.

attentiveness /ə'tentɪvnɪs/ n. *(concentration)* attenzione f.; *(solicitude)* sollecitudine f., premura f.

attenuate /ə'tenjʊeɪt/ tr. **1** attenuare [*criticism*] **2** *(make thin)* assottigliare.

attest /ə'test/ **I** tr. FORM. **1** *(prove)* attestare, dimostrare **2** *(declare)* attestare, affermare **3** *(authenticate)* autenticare [*will*] **II** intr. FORM. **1** ***to ~ to*** *(prove)* [*fact, skill*] attestare, testimoniare **2** *(affirm)* attestare.

attestation /ˌæte'steɪʃn/ n. FORM. **1** *(evidence)* attestazione f., testimonianza f. **2** *(authentication)* autenticazione f.

attested /ə'testɪd/ **I** p.pass. → **attest** **II** agg. [*fact*] attestato, riconosciuto.

attic /'ætɪk/ n. soffitta f., solaio m.

attic room n. mansarda f.

attic window n. lucernario m.

1.attire /ə'taɪə(r)/ n. FORM. abito m., abbigliamento m.

2.attire /ə'taɪə(r)/ tr. vestire, abbigliare.

attitude /'ætɪtjuːd, AE -tuːd/ n. **1** atteggiamento m. (**to, towards** BE verso, nei confronti di); ***her ~ to life, the world*** il suo atteggiamento nei confronti della vita, del mondo **2** *(affected pose)* ***to strike an ~*** assumere una posa **3** COLLOQ. *(assertiveness)* ***to have ~*** avere un modo di fare fiducioso e indipendente.

attorney /ə'tɜːnɪ/ n. **1** ➧ **27** AE *(lawyer)* avvocato m. (-essa), legale m.; procuratore m. (-trice) **2** ***power of ~*** *(authority to act)* procura.

Attorney General n. (pl. **Attorneys General**) = GB il più alto magistrato della corona, membro della Camera dei Comuni e del governo; US procuratore generale e ministro della giustizia.

attract /ə'trækt/ tr. attirare, attrarre; ***to ~ sb.'s attention*** attirare l'attenzione di qcn. (**to** su); ***he was very ~ed to her*** era molto attratto da lei.

attraction /ə'trækʃn/ n. **1** *(favourable feature)* attrattiva f.; ***I can't see the ~ of (doing)*** non sono interessato a (fare); ***to have, hold some ~*** avere, esercitare una certa attrazione **2** *(entertainment, sight)* attrazione f.; ***tourist ~*** attrazione turistica **3** *(instinctive allure)* attrazione f. (**to** per) **4** FIS. attrazione f.

attractive /ə'træktɪv/ agg. [*person*] attraente, affascinante; [*child, place, feature, plant*] bello; [*offer, idea*] allettante, interessante (**to** per).

attractively /ə'træktɪvlɪ/ avv. [*arranged*] in modo gradevole; [*dressed*] in modo attraente, seducente; ***~ priced*** che ha un prezzo interessante.

attractiveness /ə'træktɪvnɪs/ n. attrattiva f.

attributable /ə'trɪbjʊtəbl/ agg. ***to be ~ to*** [*change, profit, success*] essere attribuibile a; [*error, fall, loss*] essere dovuto, imputabile a.

1.attribute /'ætrɪbjuːt/ n. attributo m. (anche LING.).

2.attribute /ə'trɪbjuːt/ tr. attribuire [*success, qualities, statement, work of art*]; imputare [*blame, crime*].

attribution /ˌætrɪ'bjuːʃn/ n. attribuzione f.

attributive /ə'trɪbjʊtɪv/ agg. LING. attributivo.

attrition /ə'trɪʃn/ n. **1** attrito m., logorio m. **2** FIG. logoramento m.; ***war of ~*** guerra di logoramento.

attuned /ə'tjuːnd, AE ə'tuːnd/ agg. ***to be ~ to sth.*** essere in sintonia con qcs.

ATV n. → **all-terrain vehicle**.

atypical /ˌeɪ'tɪpɪkl/ agg. atipico.

aubergine /'əʊbəʒiːn/ n. BE melanzana f.

Aubrey /'ɔːbrɪ/ n.pr. Alberico.

auburn /'ɔːbən/ ➧ **5** agg. [*hair*] biondo rame, castano ramato.

1.auction /'ɔːkʃn, 'ɒkʃn/ n. gener. pl. asta f.; ***at ~*** all'asta, all'incanto; ***~ room(s), ~ house*** sala d'aste, casa d'aste; ***to put sth. up for ~*** mettere qcs. all'asta; ***to be up for ~*** andare all'asta; ***to sell by ~*** vendere all'asta.

2.auction /'ɔːkʃn, 'ɒkʃn/ tr. mettere all'asta, all'incanto; ***they have ~ed their house*** hanno venduto la loro casa all'asta.

▪ **auction off:** ~ ***[sth.] off, ~ off [sth.]*** mettere all'asta, all'incanto.

auctioneer /ˌɔːkʃə'nɪə(r)/ ➧ **27** n. banditore m. (-trice) d'asta.

auction sale n. vendita f. all'asta.

audacious /ɔː'deɪʃəs/ agg. *(bold)* audace; *(cheeky)* sfacciato, impudente.

audacity /ɔː'dæsətɪ/ n. *(boldness)* audacia f.; *(cheek)* sfacciataggine f., impudenza f.

audibility /ˌɔːdə'bɪlətɪ/ n. udibilità f.

audible /'ɔːdəbl/ agg. udibile.

audibly /'ɔːdəblɪ/ avv. rumorosamente.

audience /'ɔːdɪəns/ n. **1** pubblico m.; RAD. ascoltatori m.pl.; TELEV. pubblico m., telespettatori m.pl. **2** *(for books)* lettori m.pl.; *(for ideas)* pubblico m. **3** FORM. *(meeting)* udienza f.

audience ratings n.pl. indici m. d'ascolto.

audience research n. sondaggi m.pl. di pubblico.

audio /'ɔːdɪəʊ/ **I** agg. audio **II** n. audio m.

audiobook /'ɔːdɪəʊbʊk/ n. audiolibro m.

audio cassette, audio tape n. audiocassetta f.

audiotyping /'ɔːdɪəʊˌtaɪpɪŋ/ n. = battitura (a macchina) di testi audio.

audiotypist /'ɔːdɪəʊˌtaɪpɪst/ ➧ **27** n. = chi batte (a macchina) testi audio.

audiovisual /ˌɔːdɪəʊ'vɪʒʊəl/ agg. audiovisivo.

1.audit /'ɔːdɪt/ n. verifica f. contabile, revisione f. dei conti.

2.audit /'ɔːdɪt/ tr. verificare, rivedere [*accounts*].

auditing /'ɔːdɪtɪŋ/ n. → **1.audit**.

1.audition /ɔː'dɪʃn/ n. audizione f., provino m.; ***to go for an ~*** partecipare a un provino.

2.audition /ɔː'dɪʃn/ **I** tr. far fare un'audizione, un provino **II** intr. fare un'audizione, un provino.

auditor /'ɔːdɪtə(r)/ ➧ **27** n. **1** revisore m. dei conti **2** US *(student)* uditore m. (-trice).

auditorium /ˌɔːdɪ'tɔːrɪəm/ n. (pl. **~s, -ia**) **1** TEATR. platea f. **2** US *(for meetings)* sala f. conferenze; SCOL. UNIV. aula f. magna; *(concert hall)* auditorium m., sala f. per concerti; *(stadium)* stadio m.

auditory /'ɔːdɪtrɪ, AE -tɔːrɪ/ agg. uditivo.

Aug ⇒ August agosto (ago.).

auger /'ɔːgə(r)/ n. trivella f.

aught /ɔːt/ pron. ANT. ***for ~ I know, care*** per quel che ne so, che me ne importa.

augment /ɔːg'ment/ **I** tr. aumentare (**with, by** di) (anche MUS.) **II** intr. aumentare.
augmentation /ˌɔːgmen'teɪʃn/ n. aumento m.
augur /'ɔːgə(r)/ **I** intr. ***to ~ well, ill for*** essere di buon, cattivo auspicio per **II** tr. predire, presagire.
augury /'ɔːgjʊrɪ/ n. LETT. *(omen)* augurio m., auspicio m.; *(interpretation of omen)* divinazione f.
august /ɔː'gʌst/ agg. FORM. augusto, maestoso.
August /'ɔːgəst/ ➧ ***16*** n. agosto m.
Augustinian /ˌɔːgə'stɪnɪən/ **I** agg. agostiniano **II** n. agostiniano m.
Augustus /ɔː'gʌstəs/ n.pr. Augusto.
auk /ɔːk/ n. ***great ~*** alca impenne; ***little ~*** gazza marina.
auld /ɔːld/ agg. SCOZZ. → **old.**
aunt /ɑːnt, AE ænt/ n. zia f.
auntie, aunty /'ɑːntɪ, AE 'æntɪ/ n. COLLOQ. INFANT. zietta f.
au pair /ˌəʊ'peə(r)/ n. ragazza f. alla pari.
aura /'ɔːrə/ n. (pl. **~s, -ae**) *(of place)* atmosfera f., aria f.; *(of person)* aura f.
aural /'ɔːrəl, aʊrəl/ agg. **1** uditivo, auricolare (anche MED.) **2** SCOL. ***~ comprehension*** = esercizio di comprensione del parlato.
auricle /'ɔːrɪkl/ n. *(of heart)* orecchietta f.; *(of ear)* padiglione m. auricolare.
auricular /ɔː'rɪkjʊlə(r)/ agg. auricolare.
aurora /ɔː'rɔːrə/ n. (pl. **~s, -ae**) aurora f.; ***~ australis, borealis*** aurora australe, boreale.
auspices /'ɔːspɪsɪz/ n.pl. auspici m.; ***under the ~ of*** sotto gli auspici di.
auspicious /ɔː'spɪʃəs/ agg. di buon auspicio, fausto.
Aussie /'ɒzɪ/ **I** agg. COLLOQ. australiano **II** n. COLLOQ. australiano m. (-a).
austere /ɒ'stɪə(r), ɔː'stɪə(r)/ agg. austero, severo.
austerity /ɒ'sterətɪ, ɔː'sterətɪ/ n. austerità f., severità f.
austral /'ɒstrəl, 'ɔːs-/ agg. australe.
Australasia /ˌɒstrə'leɪʒɪə, ˌɔːs-/ n.pr. Australasia f.
Australasian /ˌɒstrə'leɪʒn, ˌɔːs-/ **I** agg. australasiatico **II** n. nativo m. (-a), abitante m. e f. dell'Australasia.
Australia /ɒ'streɪlɪə, ɔː's-/ ➧ ***6*** n.pr. Australia f.
Australian /ɒ'streɪlɪən, ɔː's-/ ➧ ***18*** **I** agg. australiano **II** n. australiano m. (-a).
Austria /'ɒstrɪə, 'ɔːstrɪə/ ➧ ***6*** n.pr. Austria f.
Austrian /'ɒstrɪən, 'ɔːstrɪən/ ➧ ***18*** **I** agg. austriaco **II** n. austriaco m. (-a).
Austro-Hungarian /ˌɒstrəʊhʌŋ'geərɪən/ agg. austroungarico.
autarchy, autarky /'ɔːtɑːkɪ/ n. autarchia f.
authentic /ɔː'θentɪk/ agg. [*document*] autentico; [*source*] sicuro, attendibile.
authenticate /ɔː'θentɪkeɪt/ tr. autenticare.
authentication /ɔːθentɪ'keɪʃn/ n. autenticazione f.
authenticity /ˌɔːθen'tɪsətɪ/ n. autenticità f.
author /'ɔːθə(r)/ ➧ ***27*** n. **1** *(of book, play)* autore m. (-trice) **2** *(by profession)* scrittore m. (-trice) **3** *(of scheme)* autore m. (-trice).
authoress /'ɔːθərɪs/ Although modern English usage prefers *author*, the usual Italian translation is *autrice* or *scrittrice*. ➧ ***27*** n. autrice f., scrittrice f.
authoritarian /ɔːˌθɒrɪ'teərɪən/ **I** agg. SPREG. autoritario **II** n. fautore m. (-trice) dell'autoritarismo.
authoritarianism /ɔːˌθɒrɪ'teərɪənɪzəm/ n. SPREG. autoritarismo m.
authoritative /ɔː'θɒrɪtətɪv, AE -teɪtɪv/ agg. **1** *(forceful)* [*person, voice*] autoritario **2** *(reliable)* [*work, source*] autorevole.
authority /ɔː'θɒrətɪ/ **I** n. **1** *(power)* autorità f. (**over** su); ***to have the ~ to do*** avere l'autorità di fare; ***to be in ~*** comandare; ***he will be reported to those in ~*** verrà deferito a chi di dovere; ***who's in ~ here?*** chi comanda qui? ***to do sth. on sb.'s ~*** fare qcs. secondo gli ordini di qcn. **2** *(forcefulness, confidence)* autorevolezza f., competenza f. **3** *(permission)* autorizzazione f.; ***to give sb. (the) ~ to do*** dare a qcn. l'autorizzazione a fare **4** *(organization)* autorità f. **5** *(expert) (person)* autorità f. (**on** in materia di); *(book, film)* opera f. di riferimento **6** *(source of information)* fonte f.; ***I have it on good ~ that*** so da fonte autorevole che **II authorities** n.pl. AMM. POL. autorità f.; ***the school authorities*** le autorità scolastiche.
authorization /ˌɔːθəraɪ'zeɪʃn, AE -rɪ'z-/ n. *(authority, document)* autorizzazione f.; ***to give, grant ~ to do*** dare, concedere l'autorizzazione a fare.
authorize /'ɔːθəraɪz/ tr. autorizzare.
authorized /'ɔːθəraɪzd/ **I** p.pass. → **authorize II** agg. [*signature, version, dealer*] autorizzato.
authorship /'ɔːθəʃɪp/ n. **1** *(of book)* paternità f. **2** *(profession)* professione f. di scrittore.
autism /'ɔːtɪzəm/ ➧ ***11*** n. autismo m.
autistic /ɔː'tɪstɪk/ agg. autistico.
auto /'ɔːtəʊ/ **I** n. AE COLLOQ. auto f. **II** modif. AE COLLOQ. [*industry*] automobilistico; [*workers*] dell'industria automobilistica.
autobiographical /ˌɔːtəʊbaɪə'græfɪkl/ agg. autobiografico.
autobiography /ˌɔːtəʊbaɪ'ɒgrəfɪ/ n. autobiografia f.
autoclave /'ɔːtəʊˌkleɪv/ n. autoclave f.
autocracy /ɔː'tɒkrəsɪ/ n. autocrazia f.
autocrat /'ɔːtəkræt/ n. autocrate m. e f.
autocratic /ˌɔːtə'krætɪk/ agg. autocratico.
autocue /'ɔːtəʊkjuː/ n. TELEV. gobbo m.
auto-erotic /ˌɔːtəʊɪ'rɒtɪk/ agg. autoerotico.
autofocus /'ɔːtəʊˌfəʊkəs/ n. FOT. autofocus m.
1.autograph /'ɔːtəgrɑːf, AE -græf/ **I** n. autografo m. **II** modif. [*album, hunter*] di autografi.
2.autograph /'ɔːtəgrɑːf, AE -græf/ tr. fare un autografo su, firmare [*book, record*]; firmare [*memento*].
autoignition /ɔːtəʊɪg'nɪʃn/ n. autoaccensione f.
autoimmune /ˌɔːtəʊɪ'mjuːn/ agg. autoimmunitario.
auto-injector /ˌɔːtəʊɪn'dʒektə(r)/ n. MED. siringa f. autoiniettante.
automat /'ɔːtəmæt/ n. **1** *(machine)* distributore m. automatico **2** US *(cafeteria)* = tavola calda dotata di distributori automatici.
automate /'ɔːtəmeɪt/ tr. automatizzare [*factory, process*].
automatic /ˌɔːtə'mætɪk/ **I** agg. automatico **II** n. **1** *(washing machine)* lavatrice automatica f. **2** *(car)* automobile f. con cambio automatico **3** *(gun)* automatica f. **4** *(setting)* ***to be on ~*** [*machine*] essere su "automatico".
automatically /ˌɔːtə'mætɪklɪ/ avv. automaticamente.
automatic pilot n. *(device)* pilota m. automatico; *(system)* pilotaggio m. automatico; ***to be on ~*** AER. avere inserito il pilota automatico; FIG. [*person*] andare avanti come un automa.
automatic teller machine n. bancomat® m., sportello m. bancario automatico.
automation /ˌɔːtə'meɪʃn/ n. automazione f.; ***office ~*** burotica; ***industrial ~*** robotica.
automaton /ɔː'tɒmətən, AE -tɒn/ n. (pl. **~s, -ta**) automa m.
automobile /'ɔːtəməbiːl, ˌɔːtəmə'biːl/ n. AE automobile f.
automotive /ˌɔːtə'məʊtɪv/ agg. **1** [*design, industry*] automobilistico **2** *(self-propelling)* automotore.
autonomous /ɔː'tɒnəməs/ agg. autonomo.
autonomy /ɔː'tɒnəmɪ/ n. autonomia f.
autopilot /'ɔːtəʊpaɪlət/ n. → **automatic pilot**.
autopsy /'ɔːtɒpsɪ/ n. autopsia f.
autosave /'ɔːtəʊseɪv/ n. INFORM. salvataggio m. automatico.
autosuggestion /ˌɔːtəʊsə'dʒestʃən/ n. autosuggestione f.
autotransplant /'ɔːtəʊˌtrænsplɑːnt, AE -plænt/ n. MED. autotrapianto m.
autumn /'ɔːtəm/ ➧ ***26*** n. BE autunno m.
autumnal /ɔː'tʌmnəl/ agg. autunnale.
auxiliary /ɔːg'zɪlɪərɪ/ **I** n. **1** *(person)* ausiliare m. e f. **2** LING. (verbo) ausiliare m. **II** agg. [*equipment, staff*] ausiliare, ausiliario.
auxiliary nurse ➧ ***27*** n. infermiere m. (-a) ausiliario (-a).
auxiliary verb n. verbo m. ausiliare.
1.avail /ə'veɪl/ n. FORM. ***to be of no ~*** non servire a nulla, essere inutile; ***to no ~*** o ***without ~*** inutilmente, invano.
2.avail /ə'veɪl/ rifl. ***to ~ oneself of*** approfittare di [*opportunity*]; avvalersi di [*offer*].
availability /əˌveɪlə'bɪlətɪ/ n. *(of service, product)* disponibilità f.; ***subject to ~*** *(of holidays, rooms, theatre seats)* fino a esaurimento dei posti disponibili.
available /ə'veɪləbl/ agg. **1** [*product, room, money, information*] disponibile; ***to make sth. ~ to sb.*** mettere qcs. a disposizione di qcn.; ***to be ~ from*** [*product*] essere disponibile in

[*shop*]; [*service*] essere fornito da [*organization*]; ***by every ~ means*** con tutti i mezzi possibili *o* a disposizione **2** *(for appointment, relationship)* [*person*] disponibile, libero; ***to make oneself ~ for sth., sb.*** rendersi disponibile per qcs., qcn.

avalanche /'ævəlɑ:nʃ, AE -læntʃ/ n. valanga f. (anche FIG.); ***~ shelter*** paravalanghe.

avant-garde /ˌævɒŋ'gɑ:d/ **I** n. avanguardia f. **II** agg. d'avanguardia.

avarice /'ævərɪs/ n. *(stinginess)* avarizia f.; *(greed)* avidità f., cupidigia f.

avaricious /ˌævə'rɪʃəs/ agg. *(stingy)* avaro; *(greedy)* avido, cupido.

Ave ⇒ Avenue viale (V.le).

avenge /ə'vendʒ/ **I** tr. vendicare [*person, death, defeat*] **II** rifl. ***to ~ oneself on sb.*** vendicarsi di *o* su qcn.

avenger /ə'vendʒə(r)/ n. vendicatore m. (-trice).

avenging /ə'vendʒɪŋ/ agg. [*person, force*] vendicatore.

avenue /'ævənju:, AE -nu:/ n. **1** *(lined with trees)* viale m.; AE *(wide street)* via f., corso m.; *(path, driveway)* viale m. **2** FIG. *(possibility)* possibilità f.

aver /ə'vɜ:(r)/ tr. (forma in -ing ecc. **-rr-**) FORM. affermare, asserire.

1.average /'ævərɪdʒ/ **I** n. media f.; ***on (the) ~*** in media, mediamente; ***above, below (the) ~*** sopra, sotto la media; ***to work out an ~*** fare una media; ***by the law of ~s*** secondo la legge delle probabilità; ***Mr Average*** il cittadino medio; *(in Italy)* il signor Rossi **II** agg. medio; ***on an ~ day I work seven hours*** in media lavoro sette ore al giorno.

2.average /'ævərɪdʒ/ tr. fare in media [*distance, quantity, hours*]; ***we ~d 95 kph*** abbiamo tenuto una media di 95 km/h.

■ **average out: ~ out [sth.], ~ [sth.] out** calcolare, fare la media di; ***we ~d out the bill at £ 10 each*** abbiamo diviso il conto e abbiamo pagato 10 sterline a testa.

averse /ə'vɜ:s/ agg. avverso, contrario (**to** a; **to doing** a fare).

aversion /ə'vɜ:ʃn, AE ə'vɜ:rʒn/ n. avversione f., ripugnanza f. (**to** per); ***to have an ~ to doing*** detestare *o* odiare fare.

avert /ə'vɜ:t/ tr. **1** *(avoid, prevent)* evitare, prevenire **2** *(turn away)* ***to ~ one's eyes, gaze from sth.*** distogliere gli occhi, lo sguardo da qcs.

aviary /'eɪvɪərɪ, AE -vɪerɪ/ n. aviario m., uccelliera f.

aviation /ˌeɪvɪ'eɪʃn/ n. aviazione f.

aviation fuel n. carburante m. avio.

aviation industry n. industria f. aeronautica.

aviator /'eɪvɪeɪtə(r)/ ➧ ***27*** n. aviatore m. (-trice).

avid /'ævɪd/ agg. [*reader*] accanito, avido; [*collector*] appassionato; [*enthusiast, supporter*] fervente; ***to be ~ for sth.*** essere avido di qcs.

avidity /ə'vɪdɪtɪ/ n. avidità f. (**for** di).

avidly /'ævɪdlɪ/ avv. [*read*] con avidità; [*collect*] con passione; [*support*] con fervore.

avocado /ˌævə'kɑ:dəʊ/ n. avocado m.

avoid /ə'vɔɪd/ tr. **1** *(prevent)* evitare; ***to ~ doing*** evitare di fare; ***it is to be ~ed*** è da evitare **2** *(keep away from)* evitare [*location, nuisance*]; evitare, sfuggire a [*person, gaze*]; evitare, schivare [*issue, question*].

avoidable /ə'vɔɪdəbl/ agg. evitabile.

avoidance /ə'vɔɪdəns/ n. **~ of** *(of injuries, expenditure, delay)* (l')evitare; *(of subject, problem)* (l')evitare, (lo) schivare; *(of responsibility)* (l')evitare, (lo) sfuggire.

avow /ə'vaʊ/ tr. FORM. *(admit)* ammettere; *(declare)* dichiarare, affermare.

avowal /ə'vaʊəl/ n. FORM. *(confession)* ammissione f.; *(declaration)* dichiarazione f., affermazione f.

avowed /ə'vaʊd/ **I** p.pass. → **avow II** agg. *(admitted)* ammesso; *(declared)* dichiarato, affermato.

avuncular /ə'vʌŋkjʊlə(r)/ agg. benevolo, condiscendente.

AWACS /'eɪwæks/ n. (⇒ Airborne Warning and Control System) = aereo radar militare.

await /ə'weɪt/ tr. FORM. attendere, aspettare; ***eagerly ~ed*** atteso con impazienza.

1.awake /ə'weɪk/ agg. sveglio; ***wide ~*** ben sveglio; ***half ~*** mezzo addormentato.

2.awake /ə'weɪk/ **I** tr. (pass. **awoke** o **awaked** LETT.; p.pass. **awoken** o **awaked** LETT.) **1** *(from sleep)* svegliare **2** FIG. risvegliare, suscitare [*fear*]; risvegliare, destare [*suspicion*] **II** intr. (pass. **awoke** o **awaked** LETT.; p.pass. **awoken** o **awaked** LETT.) *(from sleep)* svegliarsi; ***I awoke to find him gone*** al mio risveglio se ne era andato.

awaken /ə'weɪkən/ **I** tr. (pass. **awoke** o **~ed** LETT.; p.pass. **awoken** o **~ed** LETT.) **1** *(from sleep)* svegliare **2** *(generate)* risvegliare, suscitare [*fear*]; risvegliare, destare [*suspicions, interest*] **II** intr. (pass. **awoke** o **~ed** LETT.; p.pass. **awoken** o **~ed** LETT.) *(from sleep)* svegliarsi.

awakening /ə'weɪkənɪŋ/ **I** n. risveglio m. (anche FIG.); ***rude ~*** brusco risveglio (anche FIG.) **II** agg. che si sta svegliando, che si risveglia; FIG. nascente.

1.award /ə'wɔ:d/ n. **1** *(prize)* premio m.; *(medal, certificate)* onorificenza f., riconoscimento m.; ***an ~ for bravery*** una medaglia al valore **2** *(grant)* borsa f. di studio **3** *(decision to give) (of prize, grant)* assegnazione f.

2.award /ə'wɔ:d/ tr. **1** assegnare, conferire [*prize*]; assegnare [*grant*] **2** SPORT assegnare [*points, penalty*].

award ceremony n. cerimonia f. di premiazione.

award winner n. premiato m. (-a).

award-winning /ə'wɔ:dwɪnɪŋ/ agg. [*book, film, writer*] premiato.

aware /ə'weə(r)/ agg. **1** *(conscious)* conscio, consapevole; *(informed)* al corrente; ***to be ~ of*** *(realize)* essere consapevole di [*problem, importance, danger*]; *(be informed about)* essere al corrente di [*fact*]; ***to become ~ that*** rendersi conto che, accorgersi che; ***to make sb. ~ of, that*** informare qcn. di, che; ***I'm well ~ of that*** sono ben consapevole di ciò; ***as far as I'm ~*** per quanto ne so **2** *(well-informed)* informato, al corrente; ***to be environmentally ~*** essere informato sui problemi ambientali.

awareness /ə'weənɪs/ n. consapevolezza f., coscienza f.; ***public ~ of this problem has increased*** l'opinione pubblica ha preso sempre più coscienza di questo problema.

awash /ə'wɒʃ/ agg. e avv. ***to be ~*** essere inondato (anche FIG.) (**with** di).

1.away /ə'weɪ/ *Away* often appears in English as the second element of a verb (*run away, put away, get away, give away* etc.): for translations, consult the appropriate verb entry (**run**, **put**, **get**, **give** etc.). - *Away* often appears after a verb in English to show that an action is continuous or intense: if *away* does not change the basic meaning of the verb, only the verb is translated: *he was snoring away* = russava; if *away* does change the basic meaning of the verb (*he's grinding away at his maths*), consult the appropriate verb entry. avv. **1** *(not present, gone)* ***to be ~*** essere via, essere assente; SCOL. essere assente (**from** da); *(on business trip)* essere in trasferta; ***I'll be ~ (for) two weeks*** starò via (per) due settimane; ***to be ~ on vacation*** essere in vacanza; ***to be ~ from home*** essere lontano *o* via da casa; ***I'll have to be ~ by 10*** dovrò andare via entro le 10; ***she's ~ in Paris*** è a Parigi **2** *(distant in space)* ***3 km, 50 m ~*** a 3 km, 50 m (di distanza); ***10 cm ~ from the edge*** a 10 cm dal bordo; ***far ~*** lontano **3** *(distant in time)* ***London is two hours ~*** Londra è a due ore da qui; ***my birthday is two months ~*** il mio compleanno è tra due mesi **4** *(in the opposite direction)* ***to shuffle, crawl ~*** andarsene strascicando i piedi, arrancando **5** *(for emphasis)* ***~ back in 1920*** nel lontano 1920; ***~ over the other side of the lake*** sull'altra riva del lago **6** SPORT [*play*] in trasferta, fuori casa.

2.away /ə'weɪ/ agg. SPORT [*match, win*] in trasferta, fuori casa; ***the ~ team*** la squadra che gioca fuori casa.

1.awe /ɔ:/ n. timore m. reverenziale; *(less fearful)* soggezione f.; ***to watch, listen in ~*** guardare, ascoltare impressionato.

2.awe /ɔ:/ tr. ***to be ~ed by sth.*** essere impressionato, intimorito da qcs.

awe-inspiring /'ɔ:ɪnspaɪərɪŋ/ agg. [*person*] che incute un timore reverenziale; [*landscape*] impressionante, maestoso.

awesome /'ɔ:səm/ agg. che incute un timore reverenziale, terrificante.

awful /'ɔ:fl/ agg. **1** [*book, film, food, weather*] orribile, terribile, pessimo; ***it was ~ to have to...*** è stato terribile dover... **2** *(horrifying, tragic)* [*news, accident*] terribile; [*crime*] orribile, atroce **3** *(unwell)* ***I feel ~*** mi sento malissimo; ***you look ~*** hai un aspetto orribile **4** *(guilty)* ***I felt ~ (about) leaving her alone*** mi sentii in colpa per averla lasciata sola **5** COLLOQ. *(emphasizing)* ***an ~ lot (of)*** un sacco (di).

awfully /ˈɔːflɪ/ avv. terribilmente, tremendamente, estremamente; ***he's ~ late*** è terribilmente in ritardo; ***thanks ~*** grazie mille.
awhile /əˈwaɪl/ avv. ***not yet ~*** fra non molto, fra un po'.
awkward /ˈɔːkwəd/ agg. **1** *(not practical)* [*tool*] poco maneggevole, scomodo; [*shape, design*] malfatto **2** *(clumsy)* [*person, movement*] maldestro, goffo, impacciato **3** *(complicated, inconvenient)* [*arrangement, issue*] complicato, difficile; [*choice*] difficile; [*moment, day*] sfavorevole, inopportuno; ***at an ~ time*** in un momento poco opportuno; ***to make life ~ for sb.*** complicare la vita a qcn. **4** *(embarrassing)* [*question, silence*] imbarazzante; [*situation*] delicato, imbarazzante **5** *(embarrassed)* imbarazzato; ***to feel ~ about doing*** sentirsi imbarazzato a fare **6** *(uncooperative)* [*person*] difficile (**about** riguardo a, a proposito di); ***the ~ age*** *(adolescence)* l'età critica.
awkwardly /ˈɔːkwədlɪ/ avv. **1** *(inconveniently)* ***~ placed, designed*** mal sistemato, progettato **2** *(clumsily)* [*move, fall, express oneself*] goffamente **3** *(with embarrassment)* [*speak, apologize, behave*] con imbarazzo.
awkwardness /ˈɔːkwədnɪs/ n. **1** *(clumsiness)* goffaggine f. **2** *(delicacy) (of situation)* difficoltà f. **3** *(inconvenience)* scomodità f. **4** *(embarrassment)* imbarazzo m.
awl /ɔːl/ n. *(for leather)* lesina f.; *(for wood)* punteruolo m.
awning /ˈɔːnɪŋ/ n. *(on shop, restaurant)* tenda f. da sole, tendone m.; *(on tent, caravan)* tendalino m., veranda f.; *(on market stall)* tenda f.
awoke /əˈwəʊk/ pass. → **2.awake, awaken**.
awoken /əˈwəʊkən/ p.pass. → **2.awake, awaken**.
AWOL /ˈeɪwɒl/ agg. e avv. (⇒ absent without leave) ***to be, go ~*** MIL. essere assente, assentarsi senza permesso; SCHERZ. tagliare la corda.
awry /əˈraɪ/ **I** agg. [*clothing, picture*] storto, di traverso; [*figures*] errato **II** avv. ***to go ~*** [*plan*] andare storto, a monte.
1.axe, ax AE /æks/ n. ascia f., scure f. ♦ ***to get the ~*** COLLOQ. *(lose one's job)* essere licenziato, silurato; *(be cancelled)* [*plan*] essere abbandonato ***to have an ~ to grind*** tirare acqua al proprio mulino.
2.axe, ax AE /æks/ tr. licenziare, silurare [*employee*]; tagliare [*jobs*]; abbandonare [*plan*].
axes /ˈæksɪz/ → **axis**.
axiom /ˈæksɪəm/ n. assioma m. (**that** in base al quale).
axiomatic /ˌæksɪəˈmætɪk/ agg. assiomatico; ***it is ~ that*** è evidente, ovvio che.
axis /ˈæksɪs/ n. (pl. **-es**) asse m. (anche MAT.).
axle /ˈæksl/ n. assale m., asse m.; ***front, rear ~*** assale anteriore, posteriore.
ayah /ˈaɪə/ n. INDIAN. cameriera f., bambinaia f. indiana.
aye /aɪ/ **I** avv. BE sì **II** n. *(in voting)* ***the ~s*** i sì, i voti favorevoli.
azalea /əˈzeɪlɪə/ n. azalea f.
Azerbaijan /ˌæzəbaɪˈdʒɑːn/ ♦ ***6*** n. Azerbaigian m.
Azerbaijani /ˌæzəbaɪˈdʒɑːnɪ/ ♦ ***18, 14*** **I** agg. azerbaigiano **II** n. **1** *(person)* azerbaigiano m. (-a) **2** *(language)* azerbaigiano m.
azimuth /ˈæzɪməθ/ n. azimut m.
Azores /əˈzɔːz/ ♦ ***12*** n.pr. ***the ~*** le Azzorre.
Aztec /ˈæztek/ ♦ ***18, 14*** **I** agg. azteco **II** n. **1** *(person)* azteco m. (-a) **2** *(language)* azteco m.
azure /ˈæʒə(r), -zjə(r)/ ♦ ***5*** **I** agg. azzurro **II** n. azzurro m.

b

b, B /biː/ n. **1** *(letter)* b, B m. e f. **2 B** MUS. si m. **3 b.** ⇒ born nato (n.) **4 B** GB SCOL. = voto più che buono.

BA n. (⇒ Artium Baccalaureus, Bachelor of Arts) = (diploma di) dottore in discipline umanistiche (conseguito con un corso di studi di tre o quattro anni).

1.baa /bɑː/ inter. bee.

2.baa /bɑː/ intr. (pres. **~s**; pass., p.pass. **~ed**) belare.

1.babble /ˈbæbl/ n. mormorio m.; *(louder)* brusio m.

2.babble /ˈbæbl/ **I** tr. borbottare, farfugliare [*words, excuse*] **II** intr. **1** [*baby*] balbettare; [*stream*] mormorare, gorgogliare.

babe /beɪb/ n. **1** neonato m. (-a), bebè m.; ***a ~ in arms*** un bambino in fasce; FIG. un ingenuo, uno sprovveduto **2** COLLOQ. *(woman) (also as a form of address)* bambola f., piccola f.

Babel /ˈbeɪbl/ n.pr. Babele f. (anche FIG.).

baboon /bəˈbuːn/ n. babbuino m.

baby /ˈbeɪbɪ/ **I** n. **1** *(child)* neonato m. (-a), bambino m. (-a), bebè m.; ***Baby Jesus*** Gesù Bambino; ***he's the ~ of the family*** è il più giovane *o* piccolo della famiglia; ***don't be such a ~!*** COLLOQ. non fare il bambino! **2** *(youngest) (of team, group)* il più giovane, la più giovane **3** COLLOQ. ***the project is his ~*** *(his invention)* il progetto è una sua creatura; *(his responsibility)* il progetto è responsabilità sua **4** COLLOQ. *(as address)* piccolo m. (-a) **II** modif. ***~ sister*** sorellina (piccola); ***~ son*** bambino, maschietto, figlio piccolo; ***~ penguin*** piccolo *o* cucciolo di pinguino; ***~ bird*** pulcino; ***~ food*** cibo per bambini ♦ ***I was left holding the ~*** COLLOQ. rimasi io con il cerino acceso in mano; ***to throw the ~ out with the bathwater*** COLLOQ. buttare via il bambino insieme con l'acqua sporca.

baby blue ➧ *5* **I** agg. celeste **II** n. celeste m.

baby boom n. baby boom m., boom m. delle nascite.

baby boomer n. = persona nata negli anni del baby boom.

baby buggy n. BE passeggino m.

baby carriage n. AE carrozzina f.

baby carrier n. zaino m. (per portare i bambini).

baby-faced /ˈbeɪbɪfeɪst/ agg. dal viso innocente.

baby grand ➧ *17* n. pianoforte m. a mezza coda.

Babygro® /ˈbeɪbɪgrəʊ/ n. tutina f. (per bambini).

babyhood /ˈbeɪbɪhʊd/ n. prima infanzia f.

babyish /ˈbeɪbɪɪʃ/ agg. infantile; SPREG. puerile.

Babylon /ˈbæbɪlən/ ➧ *34* n.pr. Babilonia f. (anche FIG.).

baby monitor n. interfono m. (per la stanza dei bambini).

baby-sit /ˈbeɪbɪsɪt/ **I** tr. (pass., p.pass. **-sat**) fare da babysitter a, badare a **II** intr. (pass., p.pass. **-sat**) fare il, la babysitter.

baby-sitter /ˈbeɪbɪˌsɪtə(r)/ ➧ *27* n. baby-sitter m. e f.

baby-sitting /ˈbeɪbɪsɪtɪŋ/ n. baby-sitting m.; ***to go, do ~*** fare il, la babysitter.

baby talk n. baby talk m., linguaggio m. infantile.

baby tooth n. (pl. **baby teeth**) dente m. da latte.

baby walker n. girello m.

babywear /ˈbeɪbɪweə(r)/ n. abbigliamento m. per bambini.

baby wipe n. salviettina f. umidificata.

baccalaureate /ˌbækəˈlɔːrɪət/ n. AE UNIV. *(diploma)* = laurea conseguita con un corso di studi di tre o quattro anni.

baccarat /ˈbækərɑː, ˌbækəˈrɑː/ ➧ *10* n. baccarà m., baccarat m.

bacchanal /ˈbækənl/ n. baccanale m.

Bacchus /ˈbækəs/ n.pr. Bacco.

bachelor /ˈbætʃələ(r)/ n. **1** *(single man)* scapolo m., celibe m. **2 Bachelor** UNIV. ***Bachelor of Arts, Law etc.*** *(degree)* = (diploma di) dottore in discipline umanistiche e altre materie, in giurisprudenza (conseguito con un corso di studi di tre o quattro anni).

bachelor apartment, bachelor flat BE n. appartamentino m. da scapolo, garçonnière f.

bachelorhood /ˈbætʃələhʊd/ n. celibato m.

bacillus /bəˈsɪləs/ n. (pl. **-i**) bacillo m.

1.back /bæk/ ➧ *2* n. **1** schiena f., dorso m.; ZOOL. dorso m., groppa f.; ***to be (flat) on one's ~*** essere, stare (coricato) sulla schiena, supino; FIG. essere a letto; ***to turn one's ~ on sb., sth.*** voltare le spalle, la schiena a qcn., qcs. (anche FIG.); ***to do sth. behind sb.'s ~*** fare qcs. alle spalle di qcn. (anche FIG.); ***I was glad to see the ~ of him*** fui felice di non doverlo più vedere **2** *(reverse side) (of page, cheque, envelope)* retro m.; *(of fabric, medal, coin)* rovescio m.; *(of hand)* dorso m.; ***to sign the ~ of a cheque*** girare un assegno **3** *(rear-facing part) (of vehicle, electrical appliance)* parte f. posteriore; *(of shirt, coat)* dietro m.; ***to hang one's coat on the ~ of the door*** appendere il cappotto dietro la porta; ***the ~ of the head*** la nuca **4** *(area behind building)* ***to be out ~, to be in the ~*** AE *(in the garden)* essere in giardino; *(in the yard)* essere in cortile; ***there's a small garden out ~*** o ***round the ~*** c'è un piccolo giardino sul retro; ***the steps at the ~ of the building*** la scala sul retro dell'edificio **5** AUT. ***to sit in the ~*** sedersi dietro; ***to sit at the ~ of the plane, at the ~ of the bus*** sedersi in fondo all'aereo, all'autobus **6** *(furthest away area) (of cupboard, drawer)* fondo m.; *(of stage)* sfondo m.; ***at*** o ***in the ~ of the drawer*** in fondo al cassetto; ***those at the ~ couldn't see*** quelli in fondo non riuscivano a vedere **7** *(of chair, sofa)* schienale m. **8** SPORT difensore m., terzino m. **9** *(end)* fine f., fondo m.; ***at the ~ of the book*** alla fine del libro ♦ ***to put one's ~ into it*** COLLOQ. darci dentro *o* mettercela tutta; ***he's always on my ~*** COLLOQ. mi sta sempre addosso; ***to be at the ~ of*** essere dietro a [*conspiracy, proposal*]; ***to break the ~ of a journey, task*** fare il grosso di un viaggio, di un lavoro; ***to have one's ~ to the wall*** essere con le spalle al muro.

2.back /bæk/ agg. **1** *(at the rear)* [*wheel, paw, leg, edge*] posteriore, di dietro COLLOQ.; [*bedroom, garden, gate*] sul retro; [*page*] ultimo **2** *(isolated)* [*road*] secondario; ***~ alley, lane*** vicolo, viuzza **3** ECON. COMM. [*rent, interest, tax*] arretrato.

3.back /bæk/ avv. **1** *(after absence)* ***to be ~*** essere di ritorno, tornare; ***I'll be ~ in five minutes*** sarò di ritorno tra cinque minuti; ***to arrive*** o ***come ~*** tornare (indietro); ***he's ~ at work*** è tornato al lavoro *o* ha ripreso a lavorare; ***she's ~ in (the) hospital*** è di nuovo in ospedale *o* è tornata in ospedale; ***when is he due ~?*** quando deve tornare? ***the mini-skirt is ~*** la minigonna è di nuovo di moda **2** *(in return)* ***to call, phone ~*** richiamare, ritelefonare; ***I'll write ~ (to him)*** risponderò alla sua lettera; ***to punch sb.*** ~ restituire un pugno a qcn.; ***to smile ~ at sb.*** ricambiare un sorriso a qcn. **3** *(backwards)* [*glance, step, lean*] indietro; [*jump*] (all')indietro **4** *(away)* ***we overtook him 20 km*** ~ l'abbiamo sorpassato 20 km fa; ***there's a garage 10 km*** ~ c'è un meccanico 10 km indietro; ***ten lines*** ~ dieci righe più su; ***ten pages*** ~ dieci pagine indietro **5** *(ago)* ***25 years*** ~ 25 anni fa; ***a week, five minutes*** ~ una settimana, cinque minuti prima *o* fa **6** *(a long time ago)* ~ ***in 1964, April*** nel 1964, ad aprile; ~ ***before the revolution*** prima della rivoluzione; ~ ***in the days when*** ai tempi in cui; ***it was obvious as far ~ as last year that*** era già evidente l'anno scorso che **7** *(once again)* ***she's ~ in power*** ha ripreso il potere **8** *(to sb.'s possession)* ***to give, send sth.*** ~ rendere, rispedire qcs.; ***to put sth.*** ~ rimettere a posto qcs.; ***I've got my books*** ~ ho riavuto i miei libri; ***to get one's money*** ~ essere rimborsato **9** *(to a former location)* ***to travel to London and*** ~ andare e tornare da Londra; ***we walked there and took the bus*** ~ (ci) siamo andati a piedi e siamo tornati in pullman **10** *(in a different location)* ***meanwhile, ~ in Italy, he...*** nel frattempo, in Italia, lui...; ***I'll see you ~ in the office*** ci rivediamo in ufficio **11 back and forth** avanti e indietro; ***to swing ~ and forth*** [*pendulum*] oscillare (avanti e indietro); ***the film cuts*** o ***moves ~ and forth between New York and Rome*** il film si svolge tra New York e Roma.

4.back /bæk/ **I** tr. **1** *(support)* sostenere, appoggiare [*party, person, bid, strike, enterprise, project*]; appoggiare [*application*] **2** *(finance)* finanziare [*project, undertaking*] **3** *(endorse)* sostenere [*currency*]; ***to ~ a bill*** COMM. ECON. avallare una cambiale **4** *(substantiate)* suffragare, convalidare [*argument, claim*] **5** *(reverse)* ***to ~ the car into the garage*** mettere la macchina in garage a marcia indietro; ***to ~ sb. into sth.*** fare indietreggiare qcn. fino dentro qcs. **6** *(bet on)* puntare, scommettere su [*horse, favourite, winner*] **7** *(stiffen, line)* rinforzare [*structure*]; foderare [*book*]; rinforzare, rintelare [*painting*]; intelare, foderare [*fabric*] **II** intr. **1** *(reverse)* fare marcia indietro **2** MAR. [*wind*] cambiare direzione.

■ **back away** retrocedere, indietreggiare; ***to ~ away from*** allontanarsi da [*person*]; FIG. prendere le distanze da [*issue, problem*]; cercare di evitare [*confrontation*].

■ **back down:** ~ **down** *(give way)* cedere, darsi per vinto, tirarsi indietro; ***to ~ down on*** o ***over*** ritrattare [*sanctions, proposal, allegations*].

■ **back off 1** *(move away)* retrocedere, indietreggiare **2** FIG. *(climb down)* fare marcia indietro, ripensarci.

■ **back onto:** ~ **onto [sth.]** [*house*] dare, affacciarsi con il retro su [*fields*].

■ **back out:** ~ **out 1** *(come out backwards)* [*person*] uscire camminando all'indietro; [*car, driver*] uscire in retromarcia **2** FIG. ritirarsi, fare marcia indietro; ***to ~ out of*** ritirarsi da [*deal, contract*]; [*competitor, team*] ritirarsi da [*event*]; ~ **[sth.] out** fare uscire in retromarcia [*vehicle*].

■ **back up:** ~ **up 1** *(reverse)* [*vehicle*] fare marcia indietro **2** AE *(block)* [*drains*] ostruirsi; [*traffic*] bloccarsi; ~ **[sth.] up,** ~ **up [sth.] 1** *(support)* [*facts, evidence*] confermare, avvalorare [*claims, case, theory*] **2** INFORM. fare il backup di [*data*]; ~ **[sb.] up** sostenere, dar man forte a [*person*].

backache /ˈbækeɪk/ n. mal m. di schiena; ***to have ~*** BE, ***to have a ~*** AE avere mal di schiena.

back bacon n. GASTR. bacon m. magro (di lonza).

backbench /ˌbækˈbentʃ/ n. GB POL. **1** *(area of the House)* = seggi riservati ai parlamentari che non hanno un incarico di governo **2 U** *(MPs)* = parlamentari che non hanno un incarico di governo, all'incirca corrispondenti ai peoni italiani.

backbencher /ˌbækˈbentʃə(r)/ n. GB POL. = parlamentare che non ha un incarico di governo.

backbiting /ˈbækˌbaɪtɪŋ/ n. maldicenza f., calunnia f.

backboard /ˈbækbɔːd/ n. *(in basketball)* tabellone m.

back boiler n. caldaia f. (riscaldata dal fuoco di un caminetto).

backbone /ˈbækbəʊn/ n. **1** *(of person, animal)* spina f. dorsale; *(of fish)* lisca f. **2** FIG. *(strong feature)* spina f. dorsale; ***to be the ~ of*** [*people*] essere *o* costituire la struttura portante di [*group, team*]; [*person, concept*] essere il pilastro di [*project*] **3** FIG. *(courage)* spina f. dorsale, carattere m.

back-breaking /ˈbækbreɪkɪŋ/ agg. logorante, massacrante.

backchat /ˈbæktʃæt/ n. BE risposta f. impertinente.

backcloth /ˈbækklɒθ/ n. TEATR. fondale m.; FIG. sfondo m.

backcomb /ˈbækkəʊm/ tr. cotonare [*hair*].

back copy n. → **back number**.

back cover n. quarta f. di copertina.

backdate /ˈbækdeɪt/ tr. retrodatare [*cheque, letter*].

back door n. *(of car)* portiera f. posteriore; *(of building)* porta f. sul retro, di servizio.

backdrop /ˈbækdrɒp/ n. **1** TEATR. fondale m. **2** FIG. sfondo m.

back-end /ˌbækˈend/ n. **1** *(rear)* fondo m. **2** INFORM. terminale m.

backer /ˈbækə(r)/ n. **1** *(supporter)* sostenitore m. (-trice) **2** ECON. *(of project)* finanziatore m. (-trice) **3** GIOC. scommettitore m. (-trice).

1.backfire /ˈbækfaɪə(r)/ n. MECC. ritorno m. di fiamma.

2.backfire /ˈbækfaɪə(r)/ intr. **1** [*scheme, tactics*] avere effetto contrario, risultare controproducente; ***to ~ on sb.*** ritorcersi contro qcn. **2** [*car*] battere in testa.

back flip n. salto m. mortale all'indietro.

backgammon /ˈbækˌgæmən, bækˈgæmən/ ♦ ***10*** n. backgammon m.

background /ˈbækgraʊnd/ **I** n. **1** *(social)* ambiente m., background m.; *(professional)* formazione f., background m.; ***to come from a middle-class ~*** avere origini borghesi; ***a scientific ~*** una formazione scientifica; ***a ~ in law*** una formazione giuridica **2** *(context)* sfondo m., contesto m., background m.; ***against a ~ of violence, of war*** in un clima di violenza, in uno scenario di guerra; ***what's the ~ to the situation?*** qual è il contesto della situazione? **3** *(of painting, photo, scene)* sfondo m.; ***in the ~*** sullo sfondo *o* in secondo piano; ***on a red ~*** su sfondo rosso **4** *(not upfront)* [*be, remain*] ***in the ~*** in secondo piano; ***ill feeling was always there in the ~*** c'era sempre un sottofondo di risentimento **5** *(of sound, music)* sottofondo m.; ***voices in the ~*** voci in sottofondo **II** modif. **1** [*information, knowledge*] che riguarda la situazione di fondo **2** [*music*] di sottofondo.

background noise n. rumore m. di fondo.

background radiation n. radiazione f. cosmica di fondo.

background reading n. letture f.pl. complementari.

backhand /ˈbækhænd/ **I** n. *(stroke)* rovescio m. **II** agg. SPORT [*volley*] di rovescio; ~ ***drive*** colpo di rovescio.

backhanded /ˌbækˈhændɪd/ agg. [*compliment*] ambiguo.

backhander /ˈbækhændə(r)/ n. **1** *(blow)* manrovescio m.; SPORT rovescio m. **2** *(bribe)* bustarella f., tangente f.

backing /ˈbækɪŋ/ **I** n. **1** *(reverse layer)* rivestimento m. (interno) **2** ECON. *(support)* sostegno m. (anche FIG.) **3** MUS. accompagnamento m., sottofondo m. **II** modif. MUS. ~ ***vocals*** coro, coristi.

back issue n. → **back number**.

backlash /ˈbæklæʃ/ n. reazione f. violenta.

backless /ˈbæklɪs/ agg. [*dress*] scollato sulla schiena.

backlist /ˈbæklɪst/ n. catalogo m. delle opere disponibili.

backlog /ˈbæklɒg/ n. arretrato m.; ***I've got a huge ~ (of work)*** ho un sacco di (lavoro) arretrato; ***a ~ of orders*** un cumulo di ordinativi inevasi.

back marker n. SPORT = concorrente che parte in posizione svantaggiata in una gara.

back number n. (numero) arretrato m.

backpack /ˈbækpæk/ n. AE zaino m.

backpacker /ˈbækpækə(r)/ n. escursionista m. e f., saccopelista m. e f.

backpacking /ˈbækpækɪŋ/ n. **U** escursionismo m., saccopelismo m.; ***to go ~*** fare escursionismo.

back passage n. ANAT. retto m.

back pay n. arretrati m.pl. sulla paga.

back-pedal /ˌbækˈpedl/ intr. (forma in -ing ecc. **-ll-** BE, **-l-** AE) pedalare all'indietro; FIG. fare marcia indietro.

back pocket n. tasca f. posteriore.

back rest n. schienale m.

back room I n. camera f. sul retro **II backroom** modif. [*window*] della camera sul retro; ***the ~ boys*** = esperti che svolgono un lavoro importante dietro le quinte.

backscratcher /ˈbækskrætʃə(r)/ n. grattaschiena m.

back seat n. sedile m. posteriore; ***to take a ~*** FIG. defilarsi, tenersi in ombra.

backseat driver n. = passeggero dell'auto che irrita il conducente con consigli sul modo di guidare.
backside /'bæksaɪd/ n. didietro m., sedere m.
backslide /'bækslaɪd/ intr. (pass., p.pass. **backslid**) *(into bad habits)* ricadere (**into** in).
backspace /'bækspeɪs/ n. INFORM. TIP. backspace m.
backspin /'bækspɪn/ n. SPORT backspin m.; ***to put ~ on a ball*** dare l'effetto a una palla.
backstage /ˌbæk'steɪdʒ/ avv. [*be, work, go*] dietro le quinte.
backstairs /'bæksteəz/ **I** n.pl. scala f.sing. di servizio **II** agg. [*gossip*] di corridoio; [*connivance*] segreto, clandestino.
1.backstitch /'bækstɪtʃ/ n. punto m. indietro.
2.backstitch /'bækstɪtʃ/ intr. cucire a punto indietro.
backstop /'bækstɒp/ n. SPORT *(fielder)* ricevitore m.
back straight n. *(in oval racecourse)* = rettilineo opposto alla dirittura d'arrivo.
backstreet /'bækstriːt/ **I** n. via f. secondaria **II** modif. ***~ abortionist*** = chi pratica aborti clandestini.
backstroke /'bækstrəʊk/ n. SPORT dorso m.; ***to do, swim the ~*** nuotare a dorso.
backtalk /'bæktɔːk/ n. AE → **backchat.**
back-to-back /ˌbæktə'bæk/ **I** agg. ***~ houses*** = case separate sul retro soltanto da un muro divisorio o da un vicoletto **II** avv. **1** *(with backs touching)* schiena contro schiena **2** *(consecutively)* di fila, di seguito.
back to front I agg. *(facing the wrong way)* al rovescio, al contrario; ***you've got it all ~*** FIG. hai capito tutto il contrario **II** avv. [*wear*] a rovescio, al contrario.
backtrack /'bæktræk/ intr. ritornare sui propri passi; FIG. fare marcia indietro, ritrattare.
back translation n. LING. ritraduzione f., retroversione f.
backup /'bækʌp/ **I** n. **1** *(support)* supporto m., sostegno m.; MIL. rinforzi m.pl., copertura f. **2** *(replacement)* ***to keep a battery as a ~*** avere una batteria di riserva **3** INFORM. backup m., copia f. (di riserva) **II** modif. **1** *(replacement)* [*plan, system, vehicle*] di riserva **2** INFORM. [*file, copy*] di riserva, di backup.
backup light n. AE AUT. luce f. di retromarcia.
backward /'bækwəd/ **I** agg. **1** *(towards the rear)* [*look, step*] all'indietro **2** *(retarded)* [*nation, economy*] arretrato **3** *(handicapped)* [*child*] ritardato; *(slow to learn)* [*pupil*] tardo **4** *(hesitant)* ***he wasn't ~ about accepting*** non esitò ad accettare **II** avv. AE → **backwards.**
backward-looking /'bækwədˌlʊkɪŋ/ agg. passatista.
backwardness /'bækwədnɪs/ n. **1** *(of economy)* arretratezza f. **2** *(of mind)* ritardo m.
backwards /'bækwədz/ BE, **backward** /'bækwəd/ AE avv. **1** *(in a reverse direction)* [*walk, fall*] all'indietro; [*lean, step*] indietro; ***to face ~*** voltare la schiena, essere di spalle; ***to move ~*** arretrare, retrocedere; ***~ and forwards*** avanti e indietro **2** *(starting from the end)* [*count*] alla rovescia; ***wind ~*** riavvolgere **3** *(the wrong way round)* ***to put sth. on ~*** mettere qcs. a rovescio, col davanti dietro; ***you've got it all ~!*** hai capito tutto il contrario! **4** *(thoroughly)* ***to know sth. ~*** conoscere qcs. per filo e per segno.
backwash /'bækwɒʃ/ n. MAR. risacca f.
backwater /'bækwɔːtə(r)/ n. *(of pool, river)* acqua f. stagnante; FIG. *(isolated area)* zona f. sperduta; SPREG. mortorio m.
backwoods /'bækwʊdz/ n.pl. US = zona boschiva isolata e poco popolata.
backwoodsman /'bækwʊdzmən/ n. (pl. **-men**) **1** SPREG. = chi abita in zone boschive e isolate **2** GB POL. COLLOQ. = pari che non partecipa alle sedute della Camera dei Lord.
backyard /ˌbæk'jɑːd/ n. **1** BE *(courtyard)* cortile m. (sul retro); AE *(back garden)* giardino m. (dietro casa) **2** FIG. ***in one's ~*** *(in a nearby area)* nella propria zona; *(in nearby country)* vicino al proprio paese.
bacon /'beɪkən/ n. bacon m., pancetta f.; ***smoked ~*** bacon affumicato; ***~ and egg(s)*** uova al bacon ♦ ***to bring home the ~*** COLLOQ. portare a casa la pagnotta; ***to save sb.'s ~*** COLLOQ. salvare la pelle.
bacteria /bæk'tɪərɪə/ → **bacterium.**
bacterial /bæk'tɪərɪəl/ agg. batterico.
bactericide /bæk'tɪərɪˌsaɪd/ n. battericida m.
bacteriological /bækˌtɪərɪə'lɒdʒɪkl/ agg. batteriologico.
bacteriologist /bækˌtɪərɪ'ɒlədʒɪst/ ♦ ***27*** n. batteriologo m. (-a).
bacteriology /bækˌtɪərɪ'ɒlədʒɪ/ n. batteriologia f.
bacterium /bæk'tɪərɪəm/ n. (pl. **-ia**) batterio m.
1.bad /bæd/ **I** agg. (compar. **worse**; superl. **worst**) **1** *(poor, inferior)* [*doctor, cook*] cattivo; [*idea*] brutto, cattivo; [*book*] brutto; [*joke*] brutto, stupido, di cattivo gusto; ***to have ~ hearing*** non sentirci bene; ***to have ~ teeth*** avere denti guasti *o* cariati; ***to be ~ at*** andare male in [*subject*]; ***to be ~ at doing*** non essere portato per fare; ***not ~*** COLLOQ. non male **2** *(unpleasant, negative)* [*news, omen*] brutto, cattivo; [*day, dream*] brutto; [*mood, smell*] cattivo; ***it looks ~*** o ***things look ~*** non promette niente di buono; ***the journey wasn't ~ at all*** il viaggio non è stato affatto male; ***too ~!*** *(sympathetic)* che sfortuna! *(hard luck)* tanto peggio! **3** *(morally or socially unacceptable)* [*behaviour, reputation*] brutto, cattivo; [*person*] cattivo; [*language, word*] brutto, volgare; ***~ dog!*** cagnaccio! ***you ~ girl!*** ragazzaccia! ***it is ~ (of sb.) to do*** è brutto (da parte di qcn.) fare; ***it will look ~*** farà una brutta impressione; ***to feel ~*** dispiacersi, essere addolorato (**about** per, di; **about doing** di fare) **4** *(serious)* [*accident, injury, mistake*] brutto, grave; ***a ~ cold*** un brutto raffreddore **5** *(harmful)* dannoso; ***smoking is ~ for you, your health*** fumare fa male, è dannoso alla salute; ***it's ~ for you to eat that*** ti fa male mangiarlo **6** *(inappropriate, unsuitable)* ***this is a ~ car for learning to drive in*** quest'auto non è adatta *o* non va bene per un principiante; ***it's a ~ time to buy*** o ***for buying a house*** è un brutto momento per comprare una casa **7** *(ill, injured)* ***to have a ~ back*** soffrire di mal di schiena *o* avere la schiena malandata; ***to have a ~ heart*** essere debole di cuore; ***to have a ~ leg*** avere male a una gamba; ***my back is ~ today*** oggi la schiena mi fa male; ***to be, feel ~*** stare, sentirsi male; ***"how are you?" - "not so ~"*** "come va?" - "non c'è male"; ***to be in a ~ way*** COLLOQ. essere malmesso **8** ECON. [*money, note*] falso; [*loan*] insolvibile **9** *(rotten)* [*fruit*] marcio, guasto; ***to go ~*** andare a male, guastarsi **II** avv. AE COLLOQ. [*need, want*] assolutamente; ***it hurts ~*** fa molto male ♦ ***to be in ~*** AE essere nei guai; ***to be in ~ with sth.*** AE essere (caduto) in disgrazia con qcs.; ***he's ~ news*** non è benvisto; ***he's having a ~ hair day*** COLLOQ. oggi non è la sua giornata.
2.bad /bæd/ n. *(evil)* ***there is good and ~ in everyone*** c'è del bene e del male *o* del buono e del cattivo in tutti; ***she only sees the ~ in him*** vede soltanto i suoi lati negativi.
bad blood n. ***there is ~ between them*** tra loro non corre buon sangue.
bad boy n. ragazzaccio m.
bad breath n. alito m. cattivo, pesante.
bad cheque n. assegno m. a vuoto, scoperto.
bad debt n. credito m. inesigibile.
baddie, baddy /'bædɪ/ n. COLLOQ. *(in movies)* cattivo m. (-a).
bade /beɪd, bæd/ pass. → **2.bid.**
badge /bædʒ/ n. **1** *(sew-on, pin-on, adhesive)* badge m., distintivo m. **2** *(coat of arms)* stemma m. **3** *(symbol)* simbolo m., insegna f.
1.badger /'bædʒə(r)/ n. ZOOL. tasso m.
2.badger /'bædʒə(r)/ tr. ***to ~ sb. to do*** tormentare qcn. perché faccia.
badly /'bædlɪ/ avv. (compar. **worse**; superl. **worst**) **1** *(not well)* [*begin, behave, sleep*] male, malamente; [*made, worded, fed*] male; ***to go ~*** [*exam, interview, meeting*] andare male; ***to do ~*** [*candidate, company*] ottenere risultati negativi; ***he didn't do too ~*** non è andato troppo male; ***to do ~ by sb.*** commettere una scorrettezza verso qcn.; ***to take sth. ~*** prendere male qcs.; ***to think ~ of sb.*** pensare male di qcn. **2** *(seriously)* [*suffer*] molto; [*beat*] brutalmente; [*hurt*] gravemente; [*affect*] negativamente; [*damaged*] seriamente; [*hit*] duramente; ***to go ~ wrong*** andare molto male; ***he was ~ mistaken*** si è sbagliato di grosso **3** *(urgently)* ***to want, need sth. ~*** avere molta voglia, un gran bisogno di qcs.
badly behaved agg. maleducato.
badly off agg. *(poor)* povero, spiantato; ***to be ~ for clothes*** essere a corto di vestiti.
bad-mannered /ˌbæd'mænəd/ agg. maleducato.
badminton /'bædmɪntn/ ♦ ***10*** n. badminton m., volano m.
badness /'bædnɪs/ n. **1** *(moral)* cattiveria f. **2** *(of book, film)* bruttezza f.

bad-tempered /ˌbæd'tempəd/ agg. *(temporarily)* irritato; *(habitually)* irascibile.

1.baffle /'bæfl/ n. (anche ~ **board**) *(for sound)* pannello m. acustico; *(for fluids)* deflettore m.

2.baffle /'bæfl/ tr. lasciare perplesso, sconcertare.

baffled /'bæfld/ **I** p.pass. → **2.baffle II** agg. perplesso (**by** davanti a, di fronte a), sconcertato (**by** da).

baffling /'bæflɪŋ/ agg. sconcertante.

1.bag /bæg/ **I** n. **1** *(container)* borsa f., sacchetto m.; ***20 pence a ~*** 20 pence al sacchetto **2** POP. SPREG. *(woman)* strega f., megera f. **II bags** n.pl. **1** *(baggage)* bagaglio m., bagagli m.pl.; ***to pack one's ~s*** fare le valigie (anche FIG.) **2** BE COLLOQ. *(lots)* ***~s of*** un sacco di [*money, time*] ♦ ***a mixed ~*** un misto di buono e di cattivo; ***~s I*** COLLOQ., ***~s me*** BE COLLOQ. (prima) a me, io; ***it's in the ~*** COLLOQ. è già in tasca, è cosa fatta; ***it's not my ~*** AE COLLOQ. *(not my field)* non è il mio campo; *(not my favourite thing)* non fa per me; ***to have ~s under one's eyes*** avere le borse sotto gli occhi.

2.bag /bæg/ **I** tr. (forma in -ing ecc. **-gg-**) **1** COLLOQ. *(save, get)* prendere, accaparrarsi [*seat, table*]; beccarsi [*medal*] **2** COLLOQ. *(catch)* prendere [*hare, bird*] **3** *(put in bags)* → **bag up II** intr. (forma in -ing ecc. **-gg-**) [*garment*] essere sformato, fare difetto.

■ **bag up:** ~ ***[sth.]*** ***up***, ~ ***up*** ***[sth.]*** mettere nel sacco, insacare.

bagatelle /ˌbægə'tel/ n. **1** *(game)* biliardino m. **2** *(trifle)* bagattella f.

bagel /'beɪgl/ n. = ciambellina di pane.

baggage /'bægɪdʒ/ n. *(luggage)* **U** bagaglio m., bagagli m.pl.; ***ideological ~*** FIG. bagaglio ideologico ♦ ***bag and ~*** armi e bagagli.

baggage allowance n. bagaglio m. in franchigia.

baggage car n. AE FERR. bagagliaio m.

baggage carousel n. nastro m. trasportatore (per) bagagli.

baggage check n. AE scontrino m. del bagaglio.

baggage handler ➧ ***27*** n. *(in airports)* addetto m. (-a) ai bagagli.

baggage locker n. AE cassetta f. di deposito per bagagli.

baggage reclaim n. ritiro m. bagagli.

baggy /'bægɪ/ agg. [*garment*] sformato, cascante; ***to go ~ at the knees*** fare le borse alle ginocchia.

bag lady n. COLLOQ. bag-lady f.

bag person n. COLLOQ. = chi fa vita da barbone e si porta dietro tutti i propri averi in sacchetti di plastica.

bagpipes /'bægpaɪps/ ➧ ***17*** n.pl. cornamusa f.sing.

bag snatcher n. scippatore m. (-trice).

1.bail /beɪl/ n. **1** DIR. cauzione f.; ***to grant ~*** concedere la libertà provvisoria dietro cauzione; ***to stand*** o ***go ~ for sb.*** rendersi garante per qcn.; ***to jump ~*** = non comparire in giudizio dopo aver ottenuto la libertà provvisoria dietro cauzione **2** SPORT *(in cricket)* traversina f.

2.bail /beɪl/ tr. **1** DIR. rilasciare su cauzione **2** MAR. aggottare [*water*].

■ **bail out:** ~ ***out*** **1** MAR. aggottare **2** *(jump from plane)* lanciarsi (col paracadute); ~ ***out [sb.]***, ~ ***[sb.] out*** **1** *(get out of trouble)* tirar fuori dai guai [*person*]; ECON. salvare (dal fallimento) [*company*] **2** DIR. pagare la cauzione per [*person*]; ~ ***out [sth.]***, ~ ***[sth.] out*** MAR. aggottare [*water*].

bail bond n. US DIR. cauzione f.

bailiff /'beɪlɪf/ ➧ ***27*** n. **1** DIR. *(also for evictions)* ufficiale m. giudiziario **2** GB *(on estate)* amministratore m. (-trice).

bain-marie /ˌbænmə'riː/ n. (pl. **bains-marie**) *(vessel)* bagnomaria m.; ***in a ~*** a bagnomaria.

bairn /beən/ n. SCOZZ. bambino m. (-a).

1.bait /beɪt/ n. esca f. (anche FIG.); ***to rise to, swallow the ~*** abboccare (anche FIG.).

2.bait /beɪt/ tr. **1** *(put bait on)* innescare [*trap, hook*] **2** *(tease)* tormentare [*person*].

baize /beɪz/ n. *(fabric)* panno m.; *(on billiard table)* panno m. verde.

1.bake /beɪk/ n. *(dish)* ***fish, vegetable ~*** = piatto di pesce, di verdura cotto al forno.

2.bake /beɪk/ **I** tr. cuocere al forno [*dish, vegetable*]; fare, cuocere [*bread, cake*] **II** intr. **1** *(make bread)* fare il pane; *(make cakes)* preparare torte **2** *(cook)* [*food*] cuocere, cuocersi (al forno) **3** FIG. *(in sun)* [*town, land*] cuocere; [*person*] cuocere, cuocersi.

baked /beɪkt/ **I** p.pass. → **2.bake II** agg. [*salmon, apple*] (cotto) al forno; ***freshly ~*** appena sfornato.

baked beans n. GASTR. = fagioli bianchi cucinati in salsa di pomodoro e confezionati in scatola.

baked potato n. (pl. **baked potatoes**) GASTR. = patata cucinata al forno con la buccia.

Bakelite® /'beɪkəlaɪt/ n. bachelite® f.

baker /'beɪkə(r)/ ➧ ***27*** n. **1** *(who makes bread)* panettiere m. (-a); *(who makes bread and cakes)* panettiere (-a) pasticciere m. (-a) **2** *(shop)* ***~'s (shop)*** panetteria f., panetteria-pasticceria f. ♦ ***a ~'s dozen*** = tredici.

bakery /'beɪkərɪ/ ➧ ***27*** n. panetteria f., panetteria-pasticceria f.

baking /'beɪkɪŋ/ agg. COLLOQ. *(hot)* [*place, day*] caldissimo; ***I'm absolutely ~!*** sto morendo di caldo! ***it's ~ today!*** che forno oggi!

baking powder n. lievito m. in polvere.

baking soda n. bicarbonato m. di sodio.

balaclava /ˌbælə'klɑːvə/ n. (anche ~ **helmet**) passamontagna m.

1.balance /'bæləns/ n. **1** *(stable position)* equilibrio m. (anche FIG.); ***to lose one's ~*** perdere l'equilibrio; ***to keep one's ~*** mantenere l'equilibrio, stare in equilibrio; ***to catch sb. off ~*** FIG. cogliere qcn. alla sprovvista; ***to throw sb. off ~*** FIG. fare perdere l'equilibrio a qcn.; ***the right ~*** il giusto equilibrio; ***the ~ of nature*** l'equilibrio biologico; ***the ~ of power*** l'equilibrio dei poteri *o* delle forze **2** *(scales)* bilancia f. (anche FIG.); ***to be*** o ***hang in the ~*** FIG. essere in bilico *o* in sospeso; ***on ~*** tutto considerato *o* tutto sommato **3** AMM. COMM. *(in account)* saldo m., bilancio m.; ***to pay the ~*** versare il saldo **4** *(remainder)* resto m., rimanenza f. **5** ASTROL. ***the Balance*** la Bilancia.

2.balance /'bæləns/ **I** tr. **1** FIG. *(compensate for)* (anche ~ **out**) bilanciare, compensare **2** *(counterbalance)* bilanciare, controbilanciare [*weights, design, elements*] **3** *(perch)* bilanciare, tenere in equilibrio **4** *(adjust)* equilibrare [*diet, activity*] **5** *(weigh up, compare)* soppesare, valutare; ***to ~ sth. against sth.*** mettere a confronto qcs. con qcs. **6** AMM. COMM. pareggiare, fare quadrare [*account, budget*] **II** intr. **1** [*one person, one thing*] stare in equilibrio; [*two things, persons*] equilibrarsi, bilanciarsi **2** FIG. (anche ~ **out**) [*drawbacks*] compensarsi, bilanciarsi **3** AMM. COMM. [*books, budget*] essere, chiudere in pareggio; [*figures*] quadrare; ***to make sth. ~***, ***to get sth. to ~*** fare quadrare qcs.

balanced /'bælənst/ **I** p.pass. → **2.balance II** agg. [*person, behaviour*] equilibrato; [*diet*] equilibrato, bilanciato; [*budget*] in pareggio; [*view, article, report*] obiettivo.

balance of payments n. bilancia f. dei pagamenti.

balance of trade n. bilancia f. commerciale.

balance sheet n. bilancio m. (patrimoniale).

balancing act n. numero m. di equilibrista; ***to do a ~*** FIG. cercare un compromesso.

balcony /'bælkənɪ/ n. **1** *(in house, hotel)* balcone m. **2** *(of theatre)* balconata f., galleria f.

bald /bɔːld/ agg. **1** [*man, head*] calvo, pelato COLLOQ.; ***to go ~*** diventare calvo **2** [*lawn, terrain*] brullo **3** AUT. [*tyre*] liscio **4** *(blunt)* [*statement, question*] esplicito, schietto; [*fact*] nudo (e crudo); [*style*] sobrio, essenziale.

balderdash /'bɔːldədæʃ/ n. **U** COLLOQ. sciocchezze f.pl., stupidaggini f.pl.

balding /'bɔːldɪŋ/ agg. ***to be ~*** cominciare a perdere i capelli.

baldly /'bɔːldlɪ/ avv. [*state, remark*] esplicitamente, schiettamente.

baldness /'bɔːldnɪs/ n. **1** *(of person)* calvizie f. **2** *(of style)* sobrietà f., essenzialità f.; *(of statement)* schiettezza f.

Baldwin /'bɔːldwɪn/ n.pr. Baldovino.

1.bale /beɪl/ n. *(of hay, cotton)* balla f.

2.bale /beɪl/ tr. imballare [*hay, cotton*].

3.bale /beɪl/ tr. BE → **2.bail.**

Balearic Islands /ˌbælɪˌærɪk'aɪləndz/ ➧ ***12*** n.pr.pl. (anche **Balearics**) ***the ~*** le (isole) Baleari.

baleful /'beɪlfʊl/ agg. LETT. [*influence, presence*] malefico, funesto; [*glance, eye*] malevolo, minaccioso.

balk /bɔːk/ **I** tr. ostacolare, intralciare [*plan, intention*] **II** intr. [*person*] tentennare, titubare; ***to ~ at*** tirarsi indietro di fronte a

[*risk, prospect*]; ***she ~ed at spending so much*** era riluttante a spendere così tanto; ***he ~ed at the idea*** era riluttante all'idea.
Balkan /ˈbɔːlkən/ **I** agg. balcanico; ***the ~ mountains*** i (monti) Balcani **II Balkans** n.pr.pl. ***the ~s*** i Balcani.
1.ball /bɔːl/ **I** n. **1** SPORT *(in tennis, golf, billiards, croquet, cricket)* palla f.; *(in football, rugby)* pallone m.; *(for children)* palla f., pallone m. **2** *(sphere)* sfera f. **3** *(rolled-up object) (of dough, clay)* palla f.; *(of wool, string)* gomitolo m.; ***a ~ of fire*** FIG. una persona iperattiva; ***to curl up into a ~*** [*person, cat*] raggomitolarsi; ***to wind sth. into a ~*** aggomitolare qcs. **4** MIL. TECN. pallottola f., proiettile m. **5** ANAT. ***the ~s of one's feet*** gli avampiedi **II balls** n.pl. POP. **1** *(testicles)* balle f., palle f. **2** FIG. ***that's a lot*** o ***load of ~s*** sono tutte palle ♦ ***the ~ is in your court*** tocca a te, a te la prossima mossa; ***to be on the ~*** COLLOQ. essere in gamba; ***to play ~*** COLLOQ. collaborare; ***to keep the ~ rolling*** *(in conversation)* tenere viva la conversazione; *(in activity)* mandare avanti senza interruzione; ***he has the ~ at his feet*** ha la strada del successo aperta; ***that's the way the ~ bounces!*** AE così va la vita; ***to carry the ~*** AE COLLOQ. assumersi la responsabilità.
2.ball /bɔːl/ **I** tr. *(clench)* stringere, serrare [*fist*] **II** intr. [*fist*] stringersi, serrarsi.
3.ball /bɔːl/ n. *(dance)* ballo m. ♦ ***to have a ~*** COLLOQ. divertirsi come un matto.
ballad /ˈbæləd/ n. *(poem, song)* ballata f.
ball and chain n. *(of convict)* palla f.; FIG. palla f. al piede.
ball-and-socket joint n. ANAT. enartrosi f. mobile.
1.ballast /ˈbæləst/ n. **1** *(in balloon, ship)* zavorra f. **2** *(on rail, road)* massicciata f., ballast m.
2.ballast /ˈbæləst/ tr. **1** zavorrare [*balloon, ship*] **2** massicciare [*rail track, road*].
ball bearing n. TECN. **1** *(bearing)* cuscinetto m. a sfere **2** *(ball)* sfera f., bilia f.
ballboy /ˈbɔːlbɔɪ/ n. *(in tennis)* raccattapalle m.
ball cock n. galleggiante m. (a palla).
ball control n. controllo m. di palla.
ball dress n. vestito m. da ballo.
ballerina /ˌbæləˈriːnə/ ◗ *27* n. (pl. **~s**, **-e**) ballerina f.
ballet /ˈbæleɪ, AE bæˈleɪ/ n. **1** *(art, performance)* balletto m. **2** *(amateur)* danza f. classica **3** (anche **~ company**) corpo m. di ballo.
ballet dancer ◗ *27* n. ballerino m. (-a).
ballgame /ˈbɔːlgeɪm/ n. **1** *(game)* gioco m. con la palla **2** AE *(match)* partita f.; partita f. di baseball ♦ ***that's a whole new ~*** COLLOQ. questo è un altro paio di maniche.
ball girl n. *(in tennis)* raccattapalle f.
ball gown n. vestito m. da ballo.
ballistic /bəˈlɪstɪk/ agg. balistico ♦ ***to go ~*** COLLOQ. andare su tutte le furie.
ballistics /bəˈlɪstɪks/ n. + verbo sing. balistica f.
ballocks /ˈbæləks/ n. → **bollocks**.
1.balloon /bəˈluːn/ n. **1** pallone m. (aerostatico); ***(hot air) ~*** mongolfiera **2** *(toy)* palloncino m. **3** *(for cartoon speech)* fumetto m., nuvoletta f. ♦ ***to go down*** BE o ***go over*** AE ***like a lead ~*** [*joke, remark*] fare fiasco *o* cadere nel vuoto.
2.balloon /bəˈluːn/ intr. **1** AER. ***to go ~ing*** andare *o* viaggiare in mongolfiera **2** (anche **~ out**) *(swell)* [*sail, skirt*] gonfiarsi **3** *(increase quickly)* [*deficit, debt*] crescere, aumentare.
balloonist /bəˈluːnɪst/ n. aeronauta m. e f., aerostiere m.
1.ballot /ˈbælət/ n. **1** *(process)* voto m., votazione f.; ***secret ~*** scrutinio segreto; ***by ~*** con *o* mediante votazione **2** *(vote)* voto m. (a scrutinio segreto); ***the second ~*** il secondo turno, il ballottaggio **3** (anche **~ paper**) scheda f. elettorale.
2.ballot /ˈbælət/ **I** tr. interpellare, fare votare (tramite scrutinio segreto) **II** intr. votare a scrutinio segreto.
ballot box n. **1** urna f. (elettorale) **2** FIG. *(system)* ***the ~*** le urne; ***at the ~*** alle urne.
ballpoint /ˈbɔːlpɔɪnt/, **ballpoint pen** n. penna f. a sfera, biro f.
ball pond, **ball pool** n. piscina f. di palline.
ballroom /ˈbɔːlrʊm/ n. sala f. da ballo.
ballroom dancing n. ballo m. da sala.
balls-up /ˈbɔːlzʌp/ BE, **ball-up** /ˈbɔːlʌp/ AE n. POP. casino m., pasticcio m.
ballyhoo /ˌbælɪˈhuː, AE ˈbælɪhuː/ n. COLLOQ. battage m., strombazzata f. pubblicitaria.
balm /bɑːm/ n. **1** *(oily)* balsamo m. (anche FIG.) **2** BOT. (anche **lemon ~**) melissa f.
balmy /ˈbɑːmɪ/ agg. [*air, evening, weather*] mite.
balneotherapy /ˌbælnɪəʊˈθerəpɪ/ n. balneoterapia f.
balsam /ˈbɔːlsəm/ n. **1** *(oil)* balsamo m. **2** *(tree)* abete m. del balsamo.
balsamic vinegar n. aceto m. balsamico.
Baltic /ˈbɔːltɪk/ ◗ *20* **I** agg. baltico; ***the ~ Republics*** le Repubbliche Baltiche **II** n.pr. ***the ~ (Sea)*** il (mar) Baltico.
Baltimore /ˈbɔːltɪmɒ(r)/ ◗ *34* n.pr. Baltimora f.
balustrade /ˌbæləˈstreɪd/ n. balaustrata f., balaustra f.
bamboo /bæmˈbuː/ **I** n. bambù m. **II** modif. [*chair, hut*] di bambù.
bamboozle /bæmˈbuːzl/ tr. COLLOQ. **1** *(trick)* turlupinare, fregare; ***to ~ sb. into doing sth.*** indurre qcn. a fare qcs. raggirandolo; ***to ~ sb. out of*** truffare a qcn. [*money*] **2** *(mystify)* confondere, disorientare.
1.ban /bæn/ n. bando m., interdizione f., divieto m. (**on sth.** di qcs.; **on doing** di fare); ***smoking ~*** divieto di fumare.
2.ban /bæn/ tr. (forma in -ing ecc. **-nn-**) bandire, interdire, proibire, vietare [*author, group, activity, book, drug*]; sospendere [*athlete*]; ***to ~ sb. from*** bandire qcn. da [*sport, event*]; ***to ~ sb. from driving*** proibire a qcn. di guidare.
banal /bəˈnɑːl, AE ˈbeɪnl/ agg. banale.
banality /bəˈnælətɪ/ n. banalità f.
banana /bəˈnɑːnə/ **I** n. **1** *(fruit)* banana f. **2** (anche **~ palm**) banano m. **II** modif. [*yoghurt, ice cream*] alla banana; [*skin*] di banana ♦ ***to go ~s*** COLLOQ. andare fuori di testa *o* dare i numeri; ***to slip on a ~*** scivolare su una buccia di banana.
banana republic n. SPREG. repubblica f. delle banane.
1.band /bænd/ n. **1** MUS. *(rock)* gruppo m., complesso m.; *(army)* banda f., fanfara f. (militare); *(municipal)* banda f. **2** *(with common aim)* banda f., gruppo m., compagnia f.
2.band /bænd/ tr. riunire, associare.
■ **band together** riunirsi.
3.band /bænd/ n. **1** *(of light, colour)* banda f., fascia f.; *(of land)* striscia f. **2** RAD. banda f. **3** BE *(of age, income tax)* fascia f., scaglione m. **4** *(for hair, hat)* fascia f., nastro m.; *(around waist)* fascia f., cintura f.; *(around neck)* collare m.; *(around arm)* fascia f., bracciale m.; *(around head)* benda f. **5** TECN. *(metal)* nastro m.; *(rubber)* nastro m., cinghia f. **6** MUS. *(on record)* solco m.; INFORM. *(on disk)* traccia f.
1.bandage /ˈbændɪdʒ/ n. benda f., fascia f.; fasciatura f.; ***he has a ~ round his head, on his leg*** ha una fasciatura (intorno) alla testa, alla gamba.
2.bandage /ˈbændɪdʒ/ tr. bendare, fasciare [*limb, wound*].
Band-Aid® /ˈbændeɪd/ n. MED. *(plaster)* cerotto m.; ***a ~ solution*** FIG. SPREG. una pezza *o* pecetta COLLOQ.
bandan(n)a /bænˈdænə/ n. bandana m. e f.
B and B, b and b n. BE (accorc. bed and breakfast) bed and breakfast m.
bandit /ˈbændɪt/ n. bandito m. (-a), brigante m. (-essa).
banditry /ˈbændɪtrɪ/ n. banditismo m., brigantaggio m.
band leader ◗ *27* n. MUS. direttore m. (-trice) di una jazz band.
bandmaster /ˈbændmɑːstə(r)/ ◗ *27* n. MUS. capobanda m.
bandoleer, **bandolier** /ˌbændəˈlɪə(r)/ n. bandoliera f.
band saw n. sega f. a nastro.
bandsman /ˈbændzmən/ n. (pl. **-men**) MIL. bandista m.
bandstand /ˈbandstænd/ n. palco m. della banda (o dell'orchestra).
bandwagon /ˈbændwægən/ n. ***to jump*** o ***climb on the ~*** saltare sul carro (del vincitore).
1.bandy /ˈbændɪ/ agg. [*legs*] arcuato, storto.
2.bandy /ˈbændɪ/ tr. ***I'm not going to ~ words with you!*** non intendo discutere con te!
■ **bandy about, bandy around:** ***~ [sth.] about*** o ***around*** fare circolare, diffondere [*names, information, statistics*].
bandy-legged /ˌbændɪˈlegɪd/ agg. [*person*] con le gambe storte.
bane /beɪn/ n. disgrazia f., sventura f.; ***she, it is the ~ of my life*** o ***existence!*** è la rovina della mia vita!
1.bang /bæŋ/ **I** n. **1** *(noise) (of gun, firework, bomb, burst balloon)* detonazione f., scoppio m., esplosione f.; *(of door, window)* colpo m. **2** *(knock)* botta f., colpo m. **II** inter. *(imi-*

tating gun) pam, pum; *(imitating explosion)* bum, bang ♦ ***to go out with a ~*** chiudere *o* finire in bellezza.

2.bang /bæŋ/ **I** tr. **1** *(place sth. noisily)* ***to ~ sth. down on*** sbattere qcs. su; ***to ~ down the receiver*** sbattere (giù) il ricevitore **2** *(causing pain)* ***to ~ one's head*** (s)battere *o* picchiare la testa (**on** contro) **3** *(strike)* battere su [*drum, saucepan*]; ***to ~ one's fist on the table*** o ***to ~ the table with one's fist*** battere il pugno sul tavolo **4** *(slam)* sbattere [*door, window*] **II** intr. **1** *(strike)* ***to ~ on*** battere *o* bussare rumorosamente contro [*wall, door*]; ***to ~ against*** (s)battere contro [*table*] **2** *(make noise)* [*door, shutter*] sbattere.

▪ **bang in:** ~ *[sth.]* in, ~ in *[sth.]* fare entrare [*nail, peg, tack*] (**with** a colpi di).

▪ **bang into:** ~ into *[sb., sth.]* andare a sbattere, urtare contro.

3.bang /bæŋ/ avv. COLLOQ. ***~ in the middle*** proprio in centro *o* in pieno centro; ***to arrive ~ on time*** arrivare in perfetto orario; ***~ on target*** dritto nel bersaglio; ***production is ~ on target*** si è pienamente raggiunto l'obiettivo di produzione ♦ ***~ goes my holiday, my promotion*** COLLOQ. posso dire addio alla mia vacanza, alla mia promozione.

banger /ˈbæŋə(r)/ n. **1** COLLOQ. *(car)* macinino m. **2** *(firework)* petardo m., mortaretto m., botto m. **3** BE COLLOQ. *(sausage)* salsiccia f.

bangle /ˈbæŋgl/ n. braccialetto m.

banish /ˈbænɪʃ/ tr. FORM. bandire (**from** da).

banishment /ˈbænɪʃmənt/ n. ANT. FORM. bando m., esilio m.

banister, **bannister** BE /ˈbænɪstə(r)/ n. ringhiera f. (di scale).

banjo /ˈbændʒəʊ/ ➧ **17** n. (pl. **~s**, **~es**) banjo m., bangio m.

1.bank /bæŋk/ **I** n. **1** ECON. banca f., istituto m. di credito; ***blood ~*** banca del sangue **2** GIOC. banco m.; ***to break the ~*** fare saltare il banco; FIG. mandare in rovina **II** modif. [*credit, debt, cheque, loan*] bancario; [*employee, staff*] di banca ♦ ***it's as safe as the Bank of England*** [*investment*] è sicurissimo *o* non comporta nessun rischio.

2.bank /bæŋk/ **I** tr. ECON. depositare in banca, versare [*cheque, money*] **II** intr. ECON. ***to ~ with*** essere cliente di *o* avere un conto presso; ***who do you ~ with?*** qual è la tua banca?

▪ **bank on:** ~ on *[sb., sth.]* contare su; ***to ~ on doing*** contare di fare.

3.bank /bæŋk/ n. **1** *(border) (of river, lake)* riva f., sponda f.; *(of canal)* argine m. **2** *(mound) (of earth, mud, snow)* cumulo m., mucchio m.; *(of sand)* banco m. **3** *(slope) (by road, railway track)* massicciata f., terrapieno m.; *(of bend)* sopraelevazione f., pendenza f. **4** *(mass) (of flowers)* aiuola f.; *(of fog, mist)* banco m. **5** MIN. *(by mineshaft)* piazzale m. del pozzo, bocca f. del pozzo.

4.bank /bæŋk/ **I** tr. *(border)* delimitare, costeggiare [*track, road*] **II** intr. AER. [*plane*] inclinarsi.

▪ **bank up:** ~ up [*snow, earth*] accumularsi; ~ *[sth.]* up, ~ up *[sth.]* **1** *(pile up)* ammucchiare, accumulare [*snow, earth*] **2** *(cover with fuel)* alimentare, coprire [*fire*].

5.bank /bæŋk/ n. *(series) (of switches, oars, keys, floodlights)* fila f.

bank account n. conto m. bancario, conto m. in banca.

bank balance n. saldo m. di conto bancario.

bankbook /ˈbæŋkbʊk/ n. libretto m. di banca.

bank card n. carta f. di credito.

bank charges n.pl. spese f., commissioni f. bancarie.

bank clerk ➧ **27** n. bancario m. (-a), impiegato m. (-a) di banca.

bank draft n. tratta f. bancaria.

banker /ˈbæŋkə(r)/ ➧ **27** n. **1** ECON. *(owner)* banchiere m. (-a); *(executive)* dirigente m. di banca **2** GIOC. chi tiene il banco.

banker's draft n. → **bank draft**.

banker's order n. ordine m. di pagamento.

Bank Giro Credit n. BE bancogiro m.

bank holiday n. **1** BE festività f. legale (in cui le banche sono chiuse) **2** AE = giorno di chiusura delle banche.

banking /ˈbæŋkɪŋ/ **I** n. ECON. **1** *(business)* operazioni f.pl. bancarie, attività f. bancaria **2** *(profession, subject)* tecnica f. bancaria **II** modif. [*group, sector, system, facilities, business*] bancario.

banking hours n.pl. orario m.sing. di sportello.

bank manager ➧ **27** n. direttore m. (-trice) di banca.

banknote /ˈbæŋknəʊt/ n. banconota f.

bank raid n. rapina f. in banca.

bank rate n. BE → **minimum lending rate**.

bank robber n. rapinatore m. (-trice), scassinatore m. (-trice) di banche.

bank robbery n. rapina f. in banca.

1.bankroll /ˈbæŋkrəʊl/ n. fondi m.pl., risorse f.pl. finanziarie.

2.bankroll /ˈbæŋkrəʊl/ tr. AE COLLOQ. finanziare [*person, party*].

1.bankrupt /ˈbæŋkrʌpt/ **I** n. DIR. fallito m. (-a), bancarottiere m. (-a); ***he's a ~*** è fallito, ha fatto fallimento **II** agg. **1** *(ruined)* [*person*] fallito, rovinato; [*business, economy*] in fallimento; ***~ stock*** massa fallimentare; ***to go ~*** fallire, fare fallimento **2** FIG. ***~ of*** completamente privo di [*ideas, principles*]; ***morally ~*** [*person*] senza scrupoli; [*society*] privo di valori morali.

2.bankrupt /ˈbæŋkrʌpt/ tr. fare fallire [*person, company*].

bankruptcy /ˈbæŋkrʌpsɪ/ n. DIR. fallimento m., bancarotta f.

bankruptcy court n. tribunale m. fallimentare.

bankruptcy proceedings n.pl. procedura f.sing. fallimentare.

bank statement n. estratto m. conto.

bank transfer n. bonifico m. (bancario).

banner /ˈbænə(r)/ n. **1** *(in protest, festival)* striscione m.; ***under the ~ of*** nel nome di, per la causa di **2** STOR. bandiera f., stendardo m., vessillo m.

banner headline n. spesso pl. titolo m. a tutta pagina.

bannister BE → **banister**.

bannock /ˈbænək/ n. SCOZZ. INTRAD. m. (focaccia rotonda e piatta di farina d'avena o d'orzo).

banns /bænz/ n.pl. RELIG. pubblicazioni f. di matrimonio.

1.banquet /ˈbæŋkwɪt/ n. banchetto m.

2.banquet /ˈbæŋkwɪt/ intr. banchettare.

Banquo /ˈbæŋkwəʊ/ n.pr. Banco.

bantam /ˈbæntəm/ n. ***~ cock, hen*** galletto, gallinella bantam.

bantamweight /ˈbæntəmweɪt/ n. *(weight)* pesi m.pl. gallo, bantam m.pl.; *(boxer)* peso m. gallo, bantam m.

1.banter /ˈbæntə(r)/ n. **U** canzonatura f., punzecchiamento m.

2.banter /ˈbæntə(r)/ intr. scherzare.

Bantu /ˈbæntuː, bænˈtuː/ **I** agg. bantu, bantù **II** n. (pl. **~**, **~s**) bantu m. e f., bantù m. e f.

baobab /ˈbeɪəbæb/ n. baobab m.

baptism /ˈbæptɪzəm/ n. RELIG. battesimo m. (anche FIG.).

Baptist /ˈbæptɪst/ **I** agg. battista **II** n. **1** *(protestant)* battista m. e f. **2** ***(Saint) John the ~*** (san) Giovanni Battista.

baptize /bæpˈtaɪz/ tr. battezzare; ***to be ~d a Catholic*** essere battezzato nella Chiesa cattolica.

1.bar /bɑː(r)/ n. **1** *(strip of metal, wood)* sbarra f., spranga f. **2** *(on cage, cell, window)* sbarra f.; ***behind ~s*** dietro le sbarre *o* al fresco **3** *(block) (of chocolate)* tavoletta f., barretta f.; *(of gold)* lingotto m.; ***~ of soap*** saponetta **4** *(obstacle)* ostacolo m., impedimento m. (**to** a; **to doing** a fare) **5** *(place for drinking)* bar m.; *(counter)* banco m., bancone m. **6** DIR. ***the ~*** (anche **the Bar**) *(profession)* l'avvocatura, il foro; *(the whole body of lawyers)* l'Ordine degli avvocati; ***to be called to the ~*** *(to the profession)* essere ammesso all'esercizio della professione forense; *(to the body)* essere ammesso nell'Albo degli avvocati **7** DIR. *(in court)* barra f., sbarra f.; ***to come to the ~*** comparire in giudizio; ***the prisoner at the ~*** l'imputato **8** SPORT *(in gym)* sbarra f.; *(across goal)* traversa f. **9** MUS. *(line)* sbarretta f., stanghetta f.; *(unit)* battuta f. **10** *(in electric fire)* resistenza f. **11** MIL. BE *(on medal)* fascetta f.; AE *(on uniform)* grado m.

2.bar /bɑː(r)/ tr. (forma in -ing ecc. **-rr-**) **1** *(block)* sbarrare, bloccare [*way, path*]; ***to ~ sb.'s way*** sbarrare la strada a qcn. **2** *(ban)* escludere [*person*] (**from** da); proibire [*activity*]; ***to ~ sb. from doing*** impedire *o* proibire a qcn. di fare **3** *(fasten)* sbarrare, sprangare [*gate, shutter*].

3.bar /bɑː(r)/ prep. tranne, eccetto; ***all ~ one*** tutti tranne uno; ***~ none*** nessuno eccettuato.

Barabbas /bəˈræbəs/ n.pr. Barabba.

barb /bɑːb/ n. **1** *(on arrow)* barbiglio m.; *(of fishing hook)* ardiglione m. **2** FIG. *(remark)* frecciata f.

barbarian /bɑːˈbeərɪən/ **I** n. barbaro m. (-a) **II** agg. barbaro (anche SPREG.).
barbaric /bɑːˈbærɪk/ agg. barbaro, barbarico.
barbarism /ˈbɑːbərɪzəm/ n. **1** *(brutality, primitiveness)* barbarie f. **2** LETT. *(error)* barbarismo m.
barbarity /bɑːˈbærətɪ/ n. barbarie f.
barbarous /ˈbɑːbərəs/ agg. barbaro.
Barbary ape /ˌbɑːbərɪˈeɪp/ n. bertuccia f.
1.barbecue /ˈbɑːbɪkjuː/ n. **1** *(grill)* barbecue m., griglia f. **2** *(party)* barbecue m., grigliata f. **3** *(food)* grigliata f.
2.barbecue /ˈbɑːbɪkjuː/ tr. *(cook)* fare arrostire alla griglia, grigliare; *(in spicy sauce)* cuocere in salsa piccante.
barbed /ˈbɑːbd/ agg. **1** [*arrow*] con barbigli; [*fishing hook*] con ardiglione **2** [*comment, criticism, wit*] pungente, tagliente.
barbed wire n. filo m. spinato.
barber /ˈbɑːbə(r)/ ➧ **27** n. barbiere m., parrucchiere m. (per uomo).
barbershop /ˈbɑːbəʃɒp/ AE, **barber's shop** /ˈbɑːbəzʃɒp/ BE ➧ **27** n. negozio m. di barbiere.
barbiturate /bɑːˈbɪtjʊrət/ n. barbiturico m.
Barbra /ˈbɑːbrə/ n.pr. Barbara.
barbwire AE → **barbed wire**.
Barcelona /ˌbɑːsɪˈləʊnə/ ➧ **34** n.pr. Barcellona f.
bar chart n. diagramma m. a barre, a colonne.
bar code n. codice m. a barre.
bar-coded /ˈbɑːkəʊdɪd/ agg. dotato di codici a barre.
bar-code reader n. lettore m. di codici a barre.
bard /bɑːd/ n. bardo m., poeta m.; ***the Bard (of Avon)*** = Shakespeare.
1.bare /beə(r)/ agg. **1** *(naked)* [*flesh, leg*] nudo, scoperto; ***to walk with ~ feet*** camminare a piedi nudi; ***to sit in the sun with one's head ~*** sedersi al sole col capo scoperto; ***with one's ~ hands*** a mani nude; ***to lay ~*** FIG. mettere a nudo, svelare **2** *(stark)* [*branch, earth*] spoglio, nudo; [*mountain, landscape*] brullo, spoglio; [*rock*] vivo; ***~ of*** spoglio di [*leaves, flowers*] **3** *(empty)* [*cupboard, room*] vuoto; [*boards, wall*] disadorno, nudo; ***~ of*** privo di [*furniture*]; ***to strip sth. ~*** svuotare qcs. **4** *(mere)* ***a ~ 3%, 10 dollars, 2 minutes*** appena il 3%, 10 dollari, 2 minuti **5** *(absolute)* appena sufficiente, minimo, scarso; ***the ~ minimum*** il minimo indispensabile *o* lo stretto necessario; ***the ~ necessities*** lo stretto necessario **6** *(unadorned)* [*facts*] nudo; [*figures, statistics*] bruto, grezzo.
2.bare /beə(r)/ tr. scoprire, denudare; ***to ~ one's chest*** scoprirsi *o* denudarsi il petto; ***to ~ one's head*** scoprirsi il capo; ***to ~ one's teeth*** mostrare i denti; ***to ~ one's heart*** o ***soul to*** aprire il proprio animo a.
bareback /ˈbeəbæk/ avv. [*ride*] a pelo.
bare bones n.pl. ***the ~*** l'essenziale, il succo; ***the ~ of the story are...*** il succo della storia è...
barefaced /ˈbeəfeɪst/ agg. [*lie*] sfacciato, spudorato; ***he had the ~ cheek to do*** ha avuto la sfacciataggine di fare.
barefoot /ˈbeəfʊt/, **barefooted** /ˌbeəˈfʊtɪd/ agg. e avv. a piedi nudi, scalzo.
bareheaded /ˌbeəˈhedɪd/ agg. e avv. a capo scoperto.
barely /ˈbeəlɪ/ avv. **1** [*audible, capable, conscious*] appena, a malapena; ***to be ~ able to walk*** potere a malapena camminare; ***~ 12 hours later*** appena 12 ore dopo; ***I had ~ finished when*** avevo appena finito quando **2** [*furnished*] poveramente.
bareness /ˈbeənɪs/ n. nudità f.
1.bargain /ˈbɑːɡɪn/ **I** n. **1** *(deal)* patto m., accordo m.; ***to keep one's side of the ~*** stare ai patti, rispettare gli accordi; ***to make the best of a bad ~*** fare buon viso a cattivo gioco; ***into the ~*** per giunta, in più **2** *(good buy)* affare m.; ***to get a ~*** fare un affare **II** modif. [*book*] d'occasione.
2.bargain /ˈbɑːɡɪn/ intr. **1** *(for deal)* contrattare, negoziare; ***to ~ for*** negoziare [*freedom, increase*] **2** *(over price)* mercanteggiare, tirare sul prezzo.
▪ **bargain for, bargain on:** *~ for, ~ on sth.* aspettarsi qcs., attendersi qcs.; ***I got more than I ~ed for*** ho ottenuto più di quanto mi aspettassi.
bargain basement n. *(in supermarkets)* reparto m. occasioni.
bargaining /ˈbɑːɡɪnɪŋ/ **I** n. *(over pay)* contrattazione f., negoziazione f. **II** modif. [*position, rights*] di contrattazione, di negoziazione; ***~ power*** potere *o* forza contrattuale.
bargaining chip n. = concessione nelle negoziazioni al fine di raggiungere un accordo.
1.barge /bɑːdʒ/ n. *(living in, freight)* chiatta f., barcone m.; *(for ceremony)* barca f. di parata; *(in navy)* lancia f.
2.barge /bɑːdʒ/ **I** tr. *(shove)* spingere, strattonare [*player, runner*] **II** intr. *(move roughly)* ***to ~ past sb.*** passare davanti a qcn. spingendo.
▪ **barge in** *(enter noisily)* fare irruzione, irrompere; *(interrupt)* interrompere; ***to ~ in on sb., on a meeting*** fare irruzione da qcn., in una riunione.
▪ **barge into** fare irruzione in, irrompere in [*room, house*]; spingere, urtare [*person*].
bargee /bɑːˈdʒiː/ ➧ **27** n. BE chiattaiolo m. (-a), barcaiolo m. (-a).
bargepole /ˈbɑːdʒpəʊl/ n. pertica f. ♦ ***I wouldn't touch him, it with a ~*** non voglio averci nulla a che fare.
baritone /ˈbærɪtəʊn/ **I** n. *(voice, singer)* baritono m. **II** modif. [*sax, oboe*] baritono.
barium /ˈbeərɪəm/ n. bario m.
1.bark /bɑːk/ n. *(of tree)* corteccia f., scorza f.
2.bark /bɑːk/ tr. sbucciarsi, scorticarsi [*elbow, shin*].
3.bark /bɑːk/ n. abbaio m., latrato m. ♦ ***his ~ is worse than his bite*** can che abbaia non morde.
4.bark /bɑːk/ intr. [*dog*] abbaiare (**at** a); FIG. [*person*] sbraitare, urlare (**at** a) ♦ ***to be ~ing up the wrong tree*** sbagliare, essere fuori strada.
barking /ˈbɑːkɪŋ/ **I** n. abbaio m., latrati m.pl. **II** agg. **1** [*dog*] che abbaia **2** [*cough*] abbaiante, secco; [*laugh*] soffocato ♦ ***to be ~ mad*** BE COLLOQ. essere completamente fuori di testa.
barley /ˈbɑːlɪ/ n. orzo m.
barleycorn /ˈbɑːlɪkɔːn/ n. chicco m. d'orzo.
barley sugar n. zucchero m. d'orzo.
barley water n. BE orzata f.; *(infusion)* infuso m. d'orzo.
barley wine n. BE = birra ad alto contenuto alcolico.
barmaid /ˈbɑːmeɪd/ ➧ **27** n. barista f., barmaid f.
barman /ˈbɑːmən/ ➧ **27** n. (pl. **-men**) barista m., barman m.
bar mitzvah /ˌbɑːˈmɪtzvə/ n. (anche **Bar Mitzvah**) bar mitzvah m.
barmy /ˈbɑːmɪ/ agg. BE COLLOQ. [*person*] svanito, svampito; [*plan, idea, outfit*] strambo, strampalato; ***to go ~*** dare in escandescenze, dare i numeri.
barn /bɑːn/ n. *(for crops)* granaio m.; *(for hay)* fienile m.; *(for cattle)* stalla f.; *(for horses)* scuderia f.
Barnabas /ˈbɑːnəbəs/, **Barnaby** /ˈbɑːnəbɪ/ n.pr. Barnaba.
barnacle /ˈbɑːnəkl/ n. cirripede m.
barn dance n. = festa campestre con balli tradizionali.
barney /ˈbɑːnɪ/ n. BE COLLOQ. battibecco m., baruffa f., zuffa f.
barn owl n. barbagianni m.
barnstorm /ˈbɑːnstɔːm/ intr. AE = girare zone rurali per fare comizi e propaganda elettorale.
barnstorming /ˈbɑːnˌstɔːmɪŋ/ agg. tonante.
barnyard /ˈbɑːnjɑːd/ n. aia f., cortile m.
barometer /bəˈrɒmɪtə(r)/ n. METEOR. barometro m. (anche FIG.).
barometric(al) /ˌbærəˈmetrɪk(l)/ agg. barometrico.
baron /ˈbærən/ n. **1** *(noble)* barone m. **2** *(tycoon)* magnate m., barone m.; ***drugs ~*** il re della droga; ***media ~*** il magnate delle telecomunicazioni; ***industrial ~*** grande industriale.
baroness /ˈbærənɪs/ n. baronessa f.
baronet /ˈbærənɪt/ n. baronetto m.
baronetcy /ˈbærənɪtsɪ/ n. rango m., titolo m. di baronetto.
baronial /bəˈrəʊnɪəl/ agg. baronale, di, da barone.
baroque /bəˈrɒk, AE bəˈrəʊk/ **I** n. ***the ~*** il barocco **II** agg. barocco.
barrack /ˈbærək/ tr. BE *(heckle)* schernire, fischiare.
barracking /ˈbærəkɪŋ/ n. (il) coprire d'insulti, (il) fischiare.
barrack room I n. camerata f. **II** modif. SPREG. [*joke, language*] da caserma.
barracks /ˈbærəks/ n. + verbo sing. o pl. caserma f.
barracuda /ˌbærəˈkuːdə/ n. (pl. **~, ~s**) barracuda m.
barrage /ˈbærɑːʒ, AE bəˈrɑːʒ/ n. **1** ING. diga f., sbarramento m. **2** MIL. tiro m. di sbarramento **3** FIG. *(of questions)* raffica f., fuoco m. di fila.
barrage balloon n. pallone m. di sbarramento.

barrel /'bærəl/ n. **1** *(for beer, olives, herrings)* barile m.; *(for wine)* botte f.; *(for tar)* fusto m.; *(for petroleum)* barile m. **2** *(of firearm, cannon)* canna f.; *(of pen)* serbatoio m. **3** *(of watch, clock)* bariletto m. ♦ ***it was a ~ of laughs*** o ***fun*** COLLOQ. IRON. sai che risate; ***to have sb. over a ~*** COLLOQ. mettere qcn. con le spalle al muro, avere qcn. in proprio potere; ***to buy sth. lock, stock and ~*** comprare tutta la baracca; ***to scrape the bottom of the ~*** raschiare il fondo del barile.
barrel-chested /'bærəl,tʃestɪd/ agg. ben piantato.
barrel organ n. organetto m. di Barberia.
barren /'bærən/ agg. **1** [*land*] sterile, arido **2** FIG. [*effort, activity*] sterile, inutile; [*style*] austero.
1.barricade /,bærɪ'keɪd/ n. barricata f.
2.barricade /,bærɪ'keɪd/ tr. barricare.
barrier /'bærɪə(r)/ n. **1** barriera f.; ***(ticket) ~*** FERR. cancelletto m. (di accesso ai binari) **2** FIG. *(cultural, psychological)* barriera f.; *(to progress)* ostacolo m.; ***language ~*** barriere linguistiche; ***trade ~*** barriera doganale.
barrier cream n. crema f. protettiva.
barrier method n. MED. metodo m. contraccettivo locale.
barrier nursing n. = assistenza in isolamento alle persone colpite da malattie infettive.
barrier reef n. barriera f. corallina.
barring /'bɑ:rɪŋ/ prep. eccetto, salvo, tranne; ***~ accidents*** salvo incidenti *o* imprevisti.
barrister /'bærɪstə(r)/ ➧ ***27*** n. BE avvocato m. (abilitato all'azione legale per la difesa o pubblica accusa nei tribunali di grado superiore).
1.barrow /'bærəʊ/ n. carriola f.; BE *(on market)* carretto m. (di venditore ambulante).
2.barrow /'bærəʊ/ n. ARCHEOL. tumulo m.
barrow boy ➧ ***27*** n. BE venditore m. ambulante.
bar school n. = scuola dove si studia per l'abilitazione alla professione di avvocato.
bar stool n. sgabello m. (da bar).
Bart. ⇒ baronet baronetto.
bartender /'bɑ:tendə(r)/ n. AE → **barman**.
1.barter /'bɑ:tə(r)/ n. baratto m., scambio m.
2.barter /'bɑ:tə(r)/ **I** tr. barattare (**for** con) **II** intr. **1** *(exchange)* praticare il baratto, fare baratti **2** *(haggle)* mercanteggiare, tirare sul prezzo.
Bartholomew /bɑ:'θɒləmju:/ n.pr. Bartolomeo.
basal /'beɪsl/ agg. ANAT. BOT. MED. basale, di base.
basalt /'bæsɔ:lt, AE 'beɪ-, bə'sɔ:lt/ n. basalto m.
1.base /beɪs/ n. **1** *(bottom part) (of object, structure)* base f., basamento m., appoggio m.; *(of mountain, tree, cliff)* piedi m.pl.; *(of tail)* base f., radice f.; *(of sculpture, statue)* base f., piedistallo m.; *(of lamp)* piantana f. **2** FIG. *(for assumption, theory)* base f. **3** MIL. *(centre of operations)* base f.; ***to return to ~*** MIL. rientrare alla base **4** CHIM. FARM. MAT. GASTR. base f. **5** SPORT base f. ♦ ***to be off ~*** AE COLLOQ. sbagliare di grosso, essere completamente fuori strada.
2.base /beɪs/ agg. *(contemptible)* [*act, motive*] basso, vile, spregevole.
3.base /beɪs/ tr. **1** *(take as foundation)* basare, fondare [*calculation, assumption, decision, research, character*] (**on** su) **2** gener. passivo *(have as operations centre)* ***to be ~d in*** o ***at London*** [*company*] avere sede a Londra; [*person*] risiedere a Londra.
baseball /'beɪsbɔ:l/ ➧ ***10*** n. baseball m.
baseboard /'beɪsbɔ:d/ n. AE battiscopa f., zoccolo m.
base camp n. campo m. base.
based /beɪst/ **I** p.pass. → **3.base II -based** agg. in composti basato su, fondato su; ***computer~, pupil~*** [*method*] basato sul computer, sull'allievo; ***Rome~*** [*person*] residente a Roma; [*company*] con sede a Roma.
base form n. LING. (forma) base f.
base lending rate n. tasso m. di interesse base.
baseless /'beɪslɪs/ agg. infondato, senza fondamento.
baseline /'beɪslaɪn/ n. **1** *(in tennis)* linea f. di fondo **2** FIG. base f. **3** *(in advertisement)* baseline f.
basement /'beɪsmənt/ **I** n. seminterrato m., interrato m. **II** modif. [*flat, kitchen*] nel seminterrato.
base metal n. metallo m. comune.
base period n. STATIST. periodo m. base.
base rate n. tasso m. (bancario) di riferimento.
bases /'beɪsi:z/ → **basis**.
base year n. ECON. anno m. base.
1.bash /bæʃ/ n. COLLOQ. **1** *(blow)* colpo m., botta f. **2** *(dent)* ammaccatura f., botta f.; ***my car had a ~ on the door*** la mia macchina ha preso una botta alla portiera **3** *(attempt)* tentativo m.; ***to have a ~ at sth., to give sth. a ~*** tentare di fare qcs. **4** *(party)* festa f., baldoria f. **5** AE *(good time)* ***to have a ~*** divertirsi un mondo.
2.bash /bæʃ/ tr. **1** *(hit)* colpire con violenza, pestare [*person*]; sbattere contro [*tree, wall, kerb*]; ***she ~ed her head on*** o ***against the shelf*** ha battuto la testa contro lo scaffale; ***to ~ sb. on*** o ***over the head*** colpire qcn. alla testa **2** *(criticize)* criticare, attaccare [*person*].
▪ **bash in:** ~ ***[sth.]*** ***in***, ~ ***in*** ***[sth.]*** sfondare [*door, part of car*].
▪ **bash into:** ~ ***into*** ***[sth.]*** sbattere contro [*tree, wall*].
▪ **bash on** ***to ~ on with sth.*** impuntarsi, incaponirsi su qcs.
▪ **bash out:** ~ ***out*** ***[sth.]***, ~ ***[sth.]*** ***out*** sbrigare [*work*]; strimpellare, suonare alla bell'e meglio [*tune*].
▪ **bash up:** ~ ***[sb.]*** ***up***, ~ ***up*** ***[sb.]*** pestare, picchiare [*person*]; fracassare, danneggiare [*car*].
bashful /'bæʃfl/ agg. timido, ritroso; ***to be ~ about doing*** esitare a fare qcs.
bashfully /'bæʃfəlɪ/ avv. timidamente.
bashing /'bæʃɪŋ/ n. COLLOQ. **1** *(beating)* colpi m.pl., botte f.pl.; ***to take a ~*** FIG. prendere delle (belle) legnate **2** FIG. *(criticism)* critiche f.pl., attacchi m.pl. (sistematici).
basic /'beɪsɪk/ **I** agg. **1** *(fundamental)* [*aim, arrangement, fact, need, quality*] fondamentale, basilare; [*belief, research, problem, principle*] fondamentale; [*theme*] principale **2** *(elementary)* [*education, knowledge, skill, rule*] elementare, fondamentale **3** *(rudimentary)* [*accommodation, meal*] essenziale, spartano; [*supplies*] di prima necessità **4** *(before additions)* [*pay, wage, hours*] base **5** CHIM. basico **II basics** n.pl. ***the ~s*** le basi, i primi elementi; *(of knowledge, study)* le basi, le conoscenze elementari; *(food)* generi di prima necessità; ***to get down to ~s*** concentrarsi sui fatti importanti.
basically /'beɪsɪklɪ/ avv. **1** *(fundamentally)* fondamentalmente **2** *(for emphasis)* ***~, I don't like him very much*** fondamentalmente, non mi piace granché; ***~, life's been good*** sostanzialmente, mi è andata bene.
basic law n. POL. DIR. legge f. fondamentale, costituzione f.
basic rate n. tasso m. base; *(in taxation)* aliquota f. base.
basic training n. MIL. addestramento m. di base.
basil /'bæzl/ n. basilico m.
Basil /'bæzl/ n.pr. Basilio.
basilica /bə'zɪlɪkə/ n. (pl. **-ae**, **~s**) basilica f.
basilisk /'bæzɪlɪsk/ n. MITOL. ZOOL. basilisco m.
basin /'beɪsn/ n. **1** GASTR. scodella f., ciotola f.; *(for mixing)* terrina f. **2** *(for washing)* catino m., bacinella f.; ***wash*** o ***hand ~*** lavabo **3** GEOGR. GEOL. bacino m. **4** *(of port)* bacino m., darsena f.; *(of fountain)* tazza f.
basinful /'beɪsɪnfʊl/ n. *(quantity)* catino m., bacinella f.
basis /'beɪsɪs/ n. (pl. **-es**) *(for action, negotiation, discussion)* base f. (**for, of** di); *(for belief, argument, theory)* base f., fondamento m. (**for** di); ***on the ~ of*** in base a, sulla base di [*evidence, salary*]; ***on that ~*** stando così le cose; ***on the same ~*** nelle stesse condizioni, nella stessa situazione; ***to be paid on a monthly ~*** essere pagato mensilmente.
bask /bɑ:sk, AE bæsk/ intr. ***to ~ in*** crogiolarsi a [*sunshine, warmth*]; FIG. bearsi *o* gioire di [*approval, affection*].
basket /'bɑ:skɪt, AE 'bæskɪt/ n. **1** cesta f., cesto m., cestino m., paniere m.; *(carried on back)* gerla f. **2** SPORT *(in basketball)* canestro m.; *(in fencing)* conchiglia f. **3** ECON. ***~ of currencies*** paniere (monetario).
basketball /'bɑ:skɪtbɔ:l, AE 'bæsk-/ ➧ ***10*** n. *(game)* pallacanestro f., basket m.; *(ball)* pallone m. da basket.
basket chair n. sedia f. di vimini.
basket maker ➧ ***27*** n. cestaio m. (-a).
basketry /'bɑ:skɪtrɪ, AE 'bæsk-/, **basketwork** /'bɑ:skɪtwɜ:k, AE 'bæsk-/ n. *(craft)* arte f. di lavorare il giunco; *(objects)* oggetti m.pl. di vimini.
basque /bæsk/ n. ABBIGL. baschina f.
Basque /bæsk, bɑ:sk/ ➧ ***18, 14*** **I** agg. basco **II** n. **1** *(person)* basco m. (-a) **2** *(language)* basco m.

bas-relief /ˈbæsrɪliːf, ˈbɑːrɪliːf/ n. bassorilievo m.
1.bass /beɪs/ ♦ *17* **I** n. **1** *(voice, singer)* basso m. **2** *(instrument)* basso m.; *(in jazz)* contrabbasso m. **3** *(frequency)* bassi m.pl. **II** modif. **1** [*clef*] di basso; [*flute, trombone*] basso; ***~ guitar*** (chitarra) basso; ***~ tube*** bassotuba; ***~ drum*** grancassa; ***the ~ strings*** i bassi **2** *(frequency)* [*sound, notes*] grave; [*controls*] dei bassi.
2.bass /bæs/ n. (pl. **~**, **~es**) ZOOL. **1** *(freshwater)* pesce m. persico **2** *(sea)* spigola f., branzino m.
bass-baritone /ˌbeɪsˈbærɪtəʊn/ n. baritono-basso m.
basset /ˈbæsɪt/ n. (anche **~ hound**) (cane) bassotto m.
bassist /ˈbeɪsɪst/ ♦ *27* n. bassista m. e f., contrabbassista m. e f.
bassoon /bəˈsuːn/ ♦ *17* n. fagotto m.
bastard /ˈbɑːstəd, AE ˈbæs-/ **I** n. **1** POP. *(term of abuse)* bastardo m. (-a) **2** POP. *(humorously)* ***poor ~!*** poverino! ***you lucky ~!*** che culo (che hai)! **3** *(illegitimate child)* bastardo m. (-a) **II** agg. **1** [*child*] bastardo, illegittimo **2** FIG. *(hybrid)* falso, contraffatto.
bastardize /ˈbɑːstədaɪzd, AE ˈbæs-/ tr. ANT. imbastardire [*language, race*].
bastardized /ˈbɑːstədaɪzd, AE ˈbæs-/ **I** p.pass. → **bastardize** **II** agg. [*language, race*] imbastardito; [*style of architecture*] corrotto, contaminato.
1.baste /beɪst/ tr. GASTR. cospargere con burro, con grasso.
2.baste /beɪst/ tr. SART. imbastire.
bastion /ˈbæstɪən/ n. **1** bastione m., baluardo m. **2** FIG. *(stronghold)* roccaforte f. (**of** di); *(defence)* baluardo m. (**against** contro).
1.bat /bæt/ n. pipistrello m. ♦ ***to be blind as a ~*** essere cieco come una talpa; ***like a ~ out of hell*** COLLOQ. come una scheggia; ***to have ~s in the belfry*** essere svitato *o* strambo.
2.bat /bæt/ n. SPORT mazza f.; ***baseball ~*** mazza da baseball; ***table tennis ~*** racchetta da ping-pong ♦ ***to do sth. off one's own ~*** COLLOQ. fare qcs. di propria iniziativa; ***(right) off the ~*** AE COLLOQ. subito, su due piedi.
3.bat /bæt/ **I** tr. (forma in -ing ecc. **-tt-**) battere, colpire (usando la mazza) **II** intr. (forma in -ing ecc. **-tt-**) SPORT *(be batsman)* essere il battitore; *(handle a bat)* maneggiare la mazza.
4.bat /bæt/ tr. (forma in -ing ecc. **-tt-**) battere [*eyelid*] ♦ ***without ~ting an eyelid*** BE o ***eye(lash)*** AE senza battere ciglio.
batch /bætʃ/ n. **1** *(of loaves, cakes)* infornata f. **2** *(of letters)* mucchio m., fascio m.; *(of books, goods, orders)* lotto m., partita f. **3** *(of candidates, prisoners)* gruppo m. **4** INFORM. batch m., lotto m.
batch file n. INFORM. file batch m.
batch mode n. INFORM. modalità f. (di) batch, batch mode m.
batch processing n. INFORM. batch processing m.
bated /ˈbeɪtɪd/ agg. ***with ~ breath*** trattenendo il fiato *o* respiro.
1.bath /bɑːθ, AE bæθ/ **I** n. **1** *(wash, washing water)* bagno m.; ***to have*** o ***take*** AE ***a ~*** fare il bagno; ***to run a ~*** riempire la vasca per un bagno **2** BE *(tub)* vasca f. da bagno **3** AE *(bathroom)* bagno m., stanza f. da bagno **4** CHIM. FOT. TECN. TESS. bagno m. **II baths** n.pl. **1** *(for swimming)* piscina f.sing. **2** *(in spa)* terme f. **3** *(municipal)* bagni m. pubblici.
2.bath /bɑːθ, AE bæθ/ **I** tr. BE fare il bagno a [*baby*] **II** intr. BE fare il bagno, bagnarsi.
1.bathe /beɪð/ n. BE FORM. *(swim)* bagno m.; ***to go for*** o ***to have a ~*** andare a fare il bagno.
2.bathe /beɪð/ **I** tr. lavare [*wound*]; ***to ~ one's feet*** fare un pediluvio **II** intr. **1** *(swim)* [*person*] fare il bagno **2** AE *(take bath)* fare il bagno **3** LETT. ***to be ~d in*** essere in un bagno di [*sweat*]; essere inondato di [*light*]; essere bagnato di [*tears*].
bather /ˈbeɪðə(r)/ n. bagnante m. e f.
bathing /ˈbeɪðɪŋ/ n. balneazione f., (il) fare bagni; ***"~ prohibited"*** "divieto di balneazione".
bathing cap n. cuffia f. da bagno.
bathing costume n. costume m. da bagno.
bathing hut n. *(on beach)* cabina f.
bathing suit n. → **bathing costume**.
bathing trunks n.pl. calzoncini m. da bagno.
bath mat n. tappetino m. da bagno, scendibagno m.
bath oil n. olio m. da bagno.
bathos /ˈbeɪθɒs/ n. caduta f. dal sublime al ridicolo.
bathrobe /ˈbɑːθrəʊb/ n. accappatoio m.
bathroom /ˈbɑːθruːm, -rʊm/ n. **1** *(for washing)* bagno m., stanza f. da bagno **2** AE *(lavatory) (public)* gabinetti m.pl., bagni m.pl.; *(at home)* gabinetto m.
bathroom cabinet n. armadietto m. da bagno.
bathroom fittings n.pl. sanitari m.
bathroom scales n.pl. bilancia f.sing. pesapersone, pesapersone m. e f.sing.
bath salts n.pl. sali m. da bagno.
bathtub /ˈbɑːθtʌb, AE ˈbæθ-/ n. vasca f. da bagno.
bathwater /ˈbɑːθˌwɔːtə(r), AE ˈbæθ-/ n. acqua f. del bagno.
batik /bəˈtiːk, bæˈtiːk/ n. batik m.
batman /ˈbætmən/ ♦ *23* n. (pl. **-men**) BE MIL. attendente m.
baton /ˈbætn, ˈbætɒn, AE bəˈtɒn/ n. **1** BE *(policeman's)* bastone m., manganello m., sfollagente m. **2** MUS. bacchetta f. (del direttore) **3** MIL. bastone m. di comando **4** SPORT *(in relay race)* testimone m. **5** *(majorette's)* bacchetta f., bastone m.
baton charge n. BE carica f. con gli sfollagente.
baton round n. BE proiettile m. di gomma o di plastica.
bats /bæts/ agg. COLLOQ. matto, strambo.
batsman /ˈbætsmən/ n. (pl. **-men**) SPORT battitore m.
battalion /bəˈtælɪən/ n. battaglione m.; FIG. esercito m., folta schiera f.
1.batten /ˈbætn/ n. **1** ING. *(for door)* traversa f.; *(for floor)* asse f., tavola f.; *(in roofing)* assicella f. **2** MAR. *(in sail)* stecca f. (di vela); *(for tarpaulin)* serretta f. di chiusura **3** TEATR. bilancia f.
2.batten /ˈbætn/ tr. applicare traverse a [*door*]; chiudere con assi [*floor*]; rivestire di assicelle [*roof*].
1.batter /ˈbætə(r)/ n. GASTR. impasto m.; *(for frying)* pastella f.
2.batter /ˈbætə(r)/ n. SPORT battitore m. (-trice).
3.batter /ˈbætə(r)/ tr. picchiare, battere, malmenare [*person*]; [*storm, bombs*] devastare, distruggere; [*waves*] infrangersi contro [*rocks, shore*].
battered /ˈbætəd/ **I** p.pass. → **3.batter** **II** agg. [*kettle, hat*] ammaccato; [*book, suitcase*] rovinato, sciupato; [*person*] distrutto, a pezzi; [*pride*] ferito.
battering /ˈbætərɪŋ/ n. **1** *(from person)* (il) picchiare, (il) malmenare **2** ***to take*** o ***get a ~*** *(from bombs, storm, waves)* essere devastato *o* distrutto (**from** da); *(from opponents)* SPORT uscire malconcio; *(from critics)* essere stroncato (**by** da); *(emotionally)* essere distrutto.
battering-ram /ˈbætərɪŋræm/ n. STOR. MIL. ariete m.
battery /ˈbætərɪ/ n. **1** EL. pila f., batteria f.; AUT. batteria f. **2** MIL. batteria f. **3** AGR. *(for hens)* batteria f. **4** FIG. *(large number) (of objects, tests)* serie f., gran numero m.; *(of questions)* sfilza f. **5** DIR. percosse f.pl., aggressione f.
battery acid n. soluzione f. acida per batterie.
battery charger n. caricabatterie m.
battery chicken n. pollo m. d'allevamento.
battery controlled agg. a pile, a batterie.
battery farming n. allevamento m. in batteria.
battery fire n. fuoco m. di batteria.
battery hen n. → **battery chicken**.
battery operated, **battery powered** agg. a pile, a batterie.
1.battle /ˈbætl/ **I** n. **1** MIL. battaglia f., combattimento m.; ***to die in ~*** morire in battaglia; ***to fight a ~*** dare battaglia, combattere una battaglia; ***to go into ~*** entrare in battaglia **2** FIG. battaglia f., lotta f.; ***political, legal ~*** battaglia politica, legale; ***it's a ~ of wills between them*** è una lotta a chi cede per primo; ***a ~ of words*** una guerra di parole; ***to fight one's own ~s*** combattere le proprie battaglie; ***to fight sb.'s ~s*** combattere per qualcun altro **II** modif. MIL. [*formation*] da combattimento; [*zone*] di battaglia, di combattimento ♦ ***that's half the ~*** il più è fatto, il passo più importante è fatto.
2.battle /ˈbætl/ intr. MIL. combattere, battersi (**with sb.** contro qcn.); ***to ~ for*** combattere per [*supremacy*]; lottare per [*life*]; ***to ~ to do*** combattere per fare; ***to ~ one's way through*** ottenere qcs. lottando tra [*difficulties*].
▪ **battle on** continuare a combattere, perseverare.
▪ **battle out** ***to ~ it out*** risolvere una questione battendosi.
battle-axe, **battleax** AE /ˈbætlæks/ n. **1** STOR. azza f. **2** FIG. COLLOQ. SPREG. *(woman)* virago f., donna f. dai modi aggressivi.

be

- The direct Italian equivalent of the verb to *be* in *subject + to be + predicate* sentences is *essere*:

I am tired	= sono stanco
Maria is Italian	= Maria è italiana
the children are in the garden	= i bambini sono in giardino.

It functions in very much the same way as *to be* does in English and it is safe to assume it will work as a translation in the great majority of cases.

Note, however, that the article *a/an* is not translated in Italian when the noun is used in apposition and the subject is a person; compare the following sentences:

he's a widower	= è vedovo
Florence is a very beautiful city	= Firenze è una bellissima città.

Remember that *a/an* is also not translated when you are specifying a person's profession or trade (in which case you can use the verb *fare* + definite article as well):

she's a doctor	= lei è medico / lei fa il medico
Claudio is still a student	= Claudio è ancora studente.

For more information or expressions involving professions and trades consult the lexical note **27**.

For the conjugation of the verb *essere* see the Italian verb tables.

Grammatical functions

- ***The passive***

essere is used to form the passive in Italian just as *to be* is used in English. Note, however, that the past participle agrees in gender and number with the subject:

the rabbit was killed by a fox	= il coniglio è stato ucciso da una volpe
the window had been shut	= la finestra era stata chiusa
their books will be sold	= i loro libri saranno venduti
the doors have been repainted red	= le porte sono state ridipinte di rosso.

When a simple tense is used in the passive, Italian often uses *venire* as an auxiliary verb in place of *essere*:

I am often asked out for dinner	= vengo spesso invitato fuori a cena
their books will be sold	= i loro libri verranno venduti.

- ***Progressive tenses***

In Italian the idea of something happening over a period of time can be expressed by using the verb *stare* (not *essere*) in the way that *to be is* used as an auxiliary verb in English:

what are you doing?	= che cosa stai facendo?
I do not know what he was doing	= non so che cosa stesse / stava facendo
what will you be doing tomorrow at this time?	= che cosa starai facendo domani a quest'ora?

- ***The present***

Italian may use simply the present tense where English uses the progressive form with *to be:*

"what are you doing?"	= "che cosa fai?"
"I'm working"	"lavoro".

Therefore, although a progressive form exists in Italian, the Italian present tense translates the English progressive present form as well as the English simple present:

Ben is reading a book	= Ben sta leggendo un libro / Ben legge un libro
Ben reads every day	= Ben legge tutti i giorni
where are you going?	= dove vai? / dove stai andando?
I often go to the cinema	= vado spesso al cinema.

- ***The future***

Italian also uses the simple present tense where English uses the progressive form with *to be* to indicate a future action:

we are going to London tomorrow	= domani andiamo a Londra
I'm (just) coming!	= arrivo!

- ***The past***

To express the distinction between *she read a newspaper* and *she was reading a newspaper*, Italian often uses the perfect and the imperfect tenses: lesse il giornale, leggeva il giornale; anyway, the the past progressive forms with *stare* may be used:

he was writing to his mother	= stava scrivendo a sua madre.

- ***The compound past***

For compound past tenses in the progressive form in English and, in general, for progressive forms + *for* and *since (I've been waiting for an hour, I had been waiting for an hour, I've been waiting since Monday* etc.) see the entries **for** and **since.**

- ***Obligation***

When to *be* is used as an auxiliary verb with another verb in the infinitive (*to be to*) expressing obligation, a fixed arrangement or destiny, *dovere* is used in Italian:

she's to do it at once	= deve farlo subito
what am I to do?	= che cosa devo fare?
he was to arrive last Monday	= doveva arrivare lunedì scorso
she was never to see him again	= non doveva rivederlo mai più.

- ***In tag questions***

Italian has no direct equivalent of tag questions like *isn't he?* or *wasn't it?* There is a general tag question *è vero? / non è vero?* (literally *is it true? / isn't it true?*) which will work in many cases:

their house is lovely, isn't it?	= la loro casa è molto bella, non è vero?
he's not a doctor, is he?	= non fa il medico, vero?
it was a very nice film, wasn't it?	= era un film molto bello, non è vero?

Note that *è vero?* is used for positive tag questions and *non è vero?* for negative ones. In colloquial Italian, the tag *no?* is also used: la loro casa è molto bella, no?

In many cases, however, the tag question is simply not translated at all and the speaker's intonation will convey the implied question.

- ***In short answers***

Again, there is no direct equivalent for short answers like *yes I am, no he's not* etc. Therefore, in response to a standard enquiry, the tag will not be translated:

"are you an engineer?"	= "lei è ingegnere?"
"yes I am"	"sì"
"was it raining?"	= "pioveva?"
"no it wasn't"	"no"

Where the answer *yes* is given to contradict a negative question or statement, or *no* to contradict a positive one, an intensifier – an adverb or a phrase – may be used together with *sì* e *no* in Italian:

"you're not going out tonight!"	= "tu non esci stasera!"
"yes I am!"	"e invece sì!"
"are you cheating?"	= "stai barando?"
"no I'm not!"	"ma no!" (*or* "no che non sto barando!")

- ***When referring back to another verb***

In this case *be* is usually either not translated at all or substituted with another Italian verb:

she is not so gorgeous as she was years ago	= non è così splendida come anni fa
I am from Oxford and so is Lily	= io vengo da Oxford, e Lily pure
she is taller than I am	= lei è più alta di me
I haven't written as much as I ought to have done	= non ho scritto tanto quanto avrei dovuto
"I am a lawyer" "so am I"	= "sono avvocato" "anch'io"

- ***Probability***

For expressions of probability and supposition *(if I were you* etc.) see the entry **be.**

Other functions

- ***Expressing sensations and feelings***

In expressing physical and mental sensations, the verb generally used in Italian is *avere*:

to be cold	=	avere freddo
to be hot	=	avere caldo
to be thirsty	=	avere sete
to be hungry	=	avere fame
I'm cold	=	ho freddo
my hands are cold	=	ho le mani fredde.

If, however, you are in doubt as to which verb to use in such expressions, you should consult the entry for the appropriate adjective.

- ***Discussing health and how people are***

In expressions of health and polite enquiries about how people are, *stare* is used in Italian:

how are you?	=	come sta? / (more informally) come stai?
are you well?	=	sta bene? / (more informally) stai bene?
how is your daughter?	=	come sta Sua figlia? / (more informally) come sta tua figlia?
my father is better today	=	mio padre oggi sta meglio.

- ***Discussing weather and temperature***

In expressions of weather and temperature *fare* or *esserci* are generally used in Italian:

it's cold	=	fa freddo
it's windy	=	c'è vento
it's foggy	=	c'è nebbia.

If in doubt, consult the appropriate adjective entry.

- ***Visiting somewhere***

When *to be* is used in the present perfect tense to mean *to go, to visit* etc., Italian will generally use the verbs *stare, venire, andare* etc. rather than *essere*:

I've never been to Sweden	=	non sono mai stato / andato in Svezia
have you ever been to the Louvre?	=	sei mai stato al Louvre?
Paul has been to see us three times	=	Paul è venuto a trovarci tre volte.

Note also

has the postman been?	=	è passato il postino?

- More examples include: *she's twenty* = ha vent'anni; *that book is £ 14* = quel libro costa 14 sterline; *don't be too long* = non metterci troppo tempo; etc.
- For *here is, here are, there is, there are,* see the entries **here** and **there**.
- The translation for an expression or idiom containing the verb *to be* will be found in the dictionary at the entry for another word in the expression: for *to be in danger* see **danger** etc.
- This dictionary contains lexical notes on topics such as CLOCK, TIME UNITS, AGE, WEIGHT MEASURES, DAYS OF THE WEEK, and SHOPS, TRADES AND PROFESSIONS, many of which include translations of particular uses of *to be*. For these notes see the end of the English-Italian section.

battle cry n. grido m. di battaglia (anche FIG.).

battledress /ˈbætldres/ n. uniforme f. da campo.

battle drill n. **U** manovre f.pl., esercitazioni f.pl. militari.

battlefield /ˈbætlfiːld/, **battleground** /ˈbætlgraʊnd/ n. campo m. di battaglia (anche FIG.).

battle lines n.pl. MIL. linee f.; FIG. strategia f.sing.

battlements /ˈbætlmənts/ n.pl. STOR. ARCH. merlatura f.sing.

battle order n. ordine m. di battaglia.

battle-scarred /ˈbætlskɑːd/ agg. segnato dalle battaglie; FIG. segnato dalla vita.

battleship /ˈbætl͵ʃɪp/ n. corazzata f.

batty /ˈbætɪ/ agg. COLLOQ. pazzo, svitato, strambo.

bauble /ˈbɔːbl/ n. *(ornament)* ciondolo m., gingillo m.; SPREG. *(item of jewellery)* fronzolo m.

baulk → **balk**.

bauxite /ˈbɔːksaɪt/ n. bauxite f.

Bavaria /bəˈveərɪə/ ➧ **24** n.pr. Baviera f.

Bavarian /bəˈveərɪən/ **I** agg. bavarese; ~ ***cream*** GASTR. crema bavarese **II** n. bavarese m. e f.

bawdiness /ˈbɔːdɪnɪs/ n. *(of story, song)* oscenità f.; *(of person)* licenziosità f., volgarità f.

bawdy /ˈbɔːdɪ/ agg. [*song*] osceno; [*person*] licenzioso, volgare.

bawl /bɔːl/ **I** tr. gridare, urlare **II** intr. **1** *(weep)* piangere rumorosamente, strillare **2** *(shout)* gridare, urlare.

■ **bawl out** COLLOQ. ~ ***[sb.] out*** rimproverare aspramente; ~ ***out [sth.]*** gridare, urlare.

1.bay /beɪ/ n. GEOGR. baia f.

2.bay /beɪ/ n. **1** abbaio m., latrato m. **2** *(in hunting)* ***to be at*** ~ essere costretto ad affrontare i cani; FIG. essere con le spalle al muro; ***to hold*** o ***keep at*** ~ FIG. tenere a bada *o* a distanza [*attacker, opponent*]; fermare [*famine*]; contenere [*unemployment, inflation*].

3.bay /beɪ/ intr. [*dog*] abbaiare (**at** a, contro); ***to ~ for sb.'s blood*** FIG. volere la rovina di qcn.

4.bay /beɪ/ n. **1** *(parking area)* area f. di sosta; ***loading*** ~ zona per il carico e lo scarico delle merci **2** ARCH. *(section of building)* campata f.; *(recess)* recesso m., alcova f.; *(window)* bow window m., bay window m. **3** AER. MAR. *(compartment)* scomparto m.

5.bay /beɪ/ n. BOT. (also ~ **tree**) alloro m., lauro m.

6.bay /beɪ/ n. *(horse)* baio m.

bay leaf n. (pl. **bay leaves**) foglia f. d'alloro.

1.bayonet /ˈbeɪənɪt/ n. MIL. EL. baionetta f.

2.bayonet /ˈbeɪənɪt, ͵beɪəˈnet/ tr. (forma in -ing ecc. **-t-**, **-tt-**) colpire con la baionetta.

bay rum n. bay rum m.

bay window n. bow window m., bay window m.

bazaar /bəˈzɑː(r)/ n. **1** *(oriental market, shop)* bazar m. **2** *(sale of work)* vendita f. di beneficenza.

bazooka /bəˈzuːkə/ n. bazooka m., lanciarazzi m. anticarro.

B & B /͵bɪənˈbɪ/ n. BE (accorc. bed and breakfast) bed and breakfast m.

BBC n. (⇒ British Broadcasting Corporation Ente Radiofonico Britannico) BBC f.

BC ⇒ Before Christ avanti Cristo (a.C.).

BD n. (⇒ Bachelor of Divinity) = (diploma di) dottore in teologia (con laurea breve).

BDS n. GB (⇒ Bachelor of Dental Surgery) = (diploma di) dottore in chirurgia odontoiatrica (con laurea breve).

be /*forma debole* bɪ, *forma forte* biː/ intr. (forma in -ing **being**; pass. **was**, **were**; p.pass. **been**) **1** essere; ***it's me, it's I*** sono io; ***he's a good pupil*** è un bravo allievo **2** *(in probability)* ***if Henry were here*** se Henry fosse qui; ***were it not that...*** (se) non fosse che...; ***were they to know*** se dovessero sapere; ***if I were you*** se fossi in te *o* al tuo posto; ***had it not been for Frank, I'd have missed the train*** se non fosse stato per Frank, avrei perso il treno **3** *(phrases)* ***so ~ it*** così sia, e sia; ***~ that as it may*** sia come sia, comunque sia; ***as it were*** per così dire; ***even if it were so*** anche se fosse così; ***I preferred it as it was*** lo preferivo com'era (prima); ***leave it as it is*** lascialo com'è; ***let*** o ***leave him*** ~ lascialo stare.

BE ⇒ bill of exchange cambiale.

1.beach /biːtʃ/ **I** n. spiaggia f., lido m. **II** modif. [*bag, mat, ball*] da spiaggia, da mare; [*party*] sulla spiaggia.

2.beach /biːtʃ/ tr. tirare a riva [*boat*].

beach buggy n. dune buggy f.

beachchair /ˈbiːtʃtʃeə(r)/ n. AE (sedia a) sdraio f.

beachcomber /ˈbiːtʃkəʊmə(r)/ n. **1** *(person)* = chi vive raccogliendo rifiuti o rottami sulla spiaggia **2** *(wave)* frangente m.

beachhead /ˈbiːtʃhed/ n. testa f. di ponte.

beach hut n. cabina f.

beachrobe /ˈbiːtʃrəʊb/ n. copricostume m.
beach umbrella n. ombrellone m.
beach volleyball ▸ *10* n. beach volley m.
beachwear /ˈbiːtʃweə(r)/ n. abbigliamento m. mare.
beacon /ˈbiːkən/ n. **1** MAR. *(lighthouse)* faro m. (anche FIG.); *(lantern)* lanterna f.; *(signalling buoy)* boa f. luminosa **2** AER. aerofaro m. **3** (anche **radio ~**) *(transmitter)* radiofaro m. **4** *(on ambulance, police car)* lampeggiatore m. **5** STOR. fuoco m. di segnalazione.
bead /biːd/ n. **1** *(jewellery)* perlina f.; ***(string of) ~s*** collana (di perline) **2** RELIG. *(of rosary)* grano m.; ***~s*** rosario **3** *(drop) (of sweat, dew)* goccia f., perla f.
beaded /ˈbiːdɪd/ agg. [*dress, blouse*] adornato di perle.
beading /ˈbiːdɪŋ/ n. **1** *(wooden)* modanatura f. **2** *(on dress)* decorazione f. di perline.
beadle /ˈbiːdl/ ▸ *27* n. RELIG. ANT. sagrestano m.
beady-eyed /ˌbiːdɪˈaɪd/ agg. SPREG. dagli occhi piccoli e luccicanti, dallo sguardo penetrante.
beagle /ˈbiːgl/ n. beagle m., bracchetto m.
1.beak /biːk/ n. becco m.; COLLOQ. *(nose)* naso m.
2.beak /biːk/ n. BE COLLOQ. *(magistrate)* magistrato m.; *(headmaster)* preside m. e f.
beaker /ˈbiːkə(r)/ n. **1** *(cup)* bicchiere m. (di plastica) **2** CHIM. bicchiere m., becher m.
be-all and end-all n. ***the ~ of*** la cosa più importante di.
1.beam /biːm/ n. **1** *(of light, torch, laser)* raggio m.; *(of car lights, lighthouse)* fascio m. (anche FIS.); ***on full*** BE o ***high*** AE ~ con gli abbaglianti accesi; ***on low ~*** AE con gli anabbaglianti accesi **2** ING. SPORT trave f. **3** *(central shaft) (of weighing scales)* giogo m. **4** AER. MAR. *(radio or radar course)* fascio m. (di onde corte), portata f.; ***to be off ~*** BE o ***off the ~*** AE essere sulla rotta sbagliata; FIG. essere fuori strada, sbagliare **5** MAR. *(cross-member)* baglio m.; *(greatest width)* larghezza f. massima **6** *(smile)* sorriso m. raggiante ♦ ***to be broad in the ~*** COLLOQ. essere largo di fianchi.
2.beam /biːm/ **I** tr. [*radio, satellite*] trasmettere (mediante antenna direzionale) [*programme, signal*] **II** intr. **1** *(shine)* [*sun*] splendere, brillare **2** *(smile)* sorridere radiosamente.
beam balance n. bilancia f.
beam compass n. compasso m. a verga.
beam end n. ***on its ~s*** MAR. (inclinato) sul fianco; ***on one's ~s*** BE COLLOQ. FIG. *(broke)* al verde; *(desperate)* in una situazione disperata.
beaming /ˈbiːmɪŋ/ agg. splendente, raggiante.
bean /biːn/ n. fagiolo m.; ***cocoa ~*** seme di cacao; ***coffee ~*** grano di caffè ♦ ***to be full of ~s*** BE COLLOQ. *(be lively)* essere molto attivo; AE *(be wrong)* dire cavolate; ***I haven't got a ~*** COLLOQ. sono senza una lira; ***it's not worth a ~*** COLLOQ. non vale un fico secco *o* niente; ***to spill the ~s*** COLLOQ. spifferare tutto, vuotare il sacco.
bean bag n. **1** *(seat)* = grosso cuscino usato come poltrona **2** *(for throwing)* sacco m. di fagioli.
bean curd n. tofu m., formaggio m. di soia.
beanfeast /ˈbiːnfiːst/ n. COLLOQ. festa f., baldoria f.
beanpole /ˈbiːnpəʊl/ n. **1** AGR. tutore m. **2** FIG. *(tall thin person)* spilungone m. (-a).
beansprout /ˈbiːnspraʊt/ n. germoglio m. di soia.
1.bear /beə(r)/ n. **1** ZOOL. orso m. **2** COLLOQ. SPREG. *(man)* orso m., persona f. scorbutica **3** ECON. speculatore m. (-trice) al ribasso, ribassista m. e f.
2.bear /beə(r)/ **I** tr. (pass. **bore**; p.pass. **borne**) **1** *(carry)* [*person, animal*] portare [*load*] **2** *(bring)* [*person*] portare, recare [*gift, message*]; [*wind, water*] (tras)portare [*seed, sound*] **3** *(show, have)* [*envelope*] portare, recare, avere [*logo, address*]; [*person, company*] portare, avere [*name, title*]; ***he still ~s the scars*** FIG. ne porta ancora i segni; ***to ~ a resemblance to*** assomigliare a; ***to ~ no relation to*** non avere alcun rapporto con; ***to ~ witness to*** testimoniare *o* deporre su **4** *(keep)* ***to ~ sth. in mind*** ricordare *o* ricordarsi di [*suggestion*]; *(take into account)* tener conto di [*factors*] **5** *(support)* ***to ~ the weight of*** [*structure, platform*] reggere, sopportare il peso di [*person, object*] **6** FIG. *(endure, tolerate)* sopportare, tollerare [*thought, suspense, smell, person*]; ***I can't ~ his preaching to me*** non sopporto che mi faccia la predica; ***I can't ~ to watch*** non riesco a guardare **7** FIG. *(accept)* accettare [*cost, responsibility*] **8** *(stand up to)* reggere a, superare [*scrutiny, inspection*]; ***it doesn't ~ thinking about*** è meglio non pensarci **9** *(nurture)* provare [*love*]; ***to ~ sb. ill will*** avere del malanimo verso qcn.; ***to ~ a grudge against sb.*** avercela con qcn., serbare rancore a qcn. **10** *(yield)* [*tree, land*] dare, produrre [*fruit, blossom, crop*]; ECON. [*account, investment*] dare, fruttare [*interest*]; ***to ~ fruit*** [*tree*] dare frutto; FIG. [*idea, investment*] dare frutti **11** ANT. LETT. (p.pass. attivo **borne**, p.pass. passivo **born**) *(give birth to)* [*woman*] partorire; ***to ~ sb. a child*** dare un figlio a qcn. **II** intr. (pass. **bore**; p.pass. **borne**) **1** ***to ~ left, right*** girare *o* prendere a sinistra, destra; ***to ~ east, west*** andare a est, ovest **2** *(weigh)* ***to ~ heavily*** o ***hardest on sb.*** [*tax, price increase*] gravare su qcn.; ***to bring pressure to ~ on*** esercitare pressioni su [*person, system*] **III** rifl. (pass. **bore**; p.pass. **borne**) ***to ~ oneself*** *(behave)* comportarsi.
▪ **bear along:** ***~ [sb., sth.] along, ~ along [sb., sth.]*** trascinare.
▪ **bear away:** ***~ [sb., sth.] away, ~ away [sb., sth.]*** [*person, wind, water*] portare via [*person, boat*].
▪ **bear down 1** *(press down)* ***~ down on*** premere (con forza) su [*screw, plank*] **2** *(approach)* ***to ~ down on*** avanzare minacciosamente verso [*person*] **3** *(in childbirth)* spingere.
▪ **bear off** → **bear away**.
▪ **bear on:** ***~ on [sb., sth.]*** avere relazione, rapporto con; *(stronger)* incidere su, gravare su.
▪ **bear out:** ***~ out [sth.]*** avvalorare, confermare [*theory, claim, story*]; ***~ [sb.] out*** appoggiare.
▪ **bear up:** ***~ up*** [*person*] tener duro, resistere; [*structure*] reggere, resistere.
▪ **bear upon** → **bear on**.
▪ **bear with:** ***~ with [sb.]*** avere pazienza con, sopportare; ***please ~ with me for a minute*** scusatemi un minuto; ***to ~ with it*** avere pazienza.
bearable /ˈbeərəbl/ agg. sopportabile, tollerabile.
bearbaiting /ˈbeəbeɪtɪŋ/ n. combattimento m. tra un orso e dei cani.
bear cub n. orsetto m., cucciolo m. d'orso.
1.beard /ˈbɪəd/ n. **1** *(on man)* barba f.; ***to grow a ~*** farsi crescere la barba; ***to wear a ~*** portare la barba **2** *(tuft, barbel) (on dog, goat)* barbetta f.; *(on wheat)* resta f.
2.beard /bɪəd/ tr. affrontare, sfidare.
bearded /ˈbɪədɪd/ agg. barbuto.
bearer /ˈbeərə(r)/ **I** n. **1** *(of news, letter)* portatore m. (-trice), latore m. (-trice) **2** ECON. *(of cheque)* portatore m.; *(of passport)* titolare m. e f. **II** modif. ECON. [*bond, cheque*] al portatore.
bear hug n. forte abbraccio m.
bearing /ˈbeərɪŋ/ **I** n. **1** *(posture)* portamento m.; ***his dignified ~*** il suo portamento maestoso **2** *(relevance)* ***to have no ~ on*** non avere alcun rapporto con; ***to have little ~ on*** avere scarsa rilevanza per **3** MAR. rilevamento m.; ***to take the ship's ~s*** calcolare la posizione della nave **4** TECN. cuscinetto m., supporto m. **II bearings** n.pl. **1** *(orientation)* ***to get*** o ***find*** o ***take one's ~s*** orientarsi; ***to lose one's ~s*** perdere l'orientamento *o* la bussola (anche FIG.) **2** AUT. MECC. cuscinetto m., supporto m.
bearish /ˈbeərɪʃ/ agg. **1** SPREG. [*person*] rude, sgarbato **2** ECON. [*market*] tendente al ribasso.
bear market n. mercato m. in ribasso.
bear pit n. fossa f. degli orsi.
bearskin /ˈbeəskɪn/ n. **1** *(pelt)* pelle f. d'orso **2** *(hat)* colbacco m. (di pelo d'orso).
beast /biːst/ n. **1** *(animal)* bestia f., animale m.; ***~ of burden*** bestia da soma **2** COLLOQ. SPREG. *(person) (annoying)* bestia f., bestione m.; *(brutal)* bruto m., animale m.; ***to bring out the ~ in sb.*** *(make lustful, brutal)* risvegliare la bestia *o* l'animale che c'è in qcn. ♦ ***it's in the nature of the ~*** SCHERZ. è la legge della natura, così vanno le cose; ***it's a ~ of a job!*** COLLOQ. è un lavoro da bestie!
beastly /ˈbiːstlɪ/ **I** agg. COLLOQ. **1** *(unpleasant)* [*person, behaviour*] stupido, brutale; [*trick*] stupido, brutto; [*weather*] schifoso, tremendo **2** *(bestial)* bestiale **II** avv. COLLOQ. terribilmente, maledettamente.
1.beat /biːt/ **I** n. **1** *(repeated sound)* (il) battere, colpi m.pl.; *(of feet)* il battere; *(of drum)* rullo m. **2** MUS. battuta f.; *(rhythm)* ritmo m.; *(in a bar)* tempo m.; *(in verse)* accento m.

(ritmico) 3 *(of heart)* battito m., pulsazione f.; ***80 ~s per minute*** 80 pulsazioni al minuto 4 FIS. EL. *(pulse)* battimento m. 5 *(in police force) (area)* zona f. di sorveglianza; *(route)* ronda f., giro m.; ***to patrol one's ~*** fare la ronda **II** modif. [*poet, writer, philosophy*] beat, della "beat generation".

2.beat /biːt/ **I** tr. (pass. **beat**; p.pass. **beaten**) 1 *(strike)* [*person*] picchiare [*person, animal*]; [*person*] battere a [*door*]; ***to ~ sth. into sb.*** inculcare qcs. in qcn.; ***to ~ the dust out of the rug*** (s)battere il tappeto per togliergli la polvere; ***to ~ sb. into submission*** costringere qcn. alla sottomissione; ***you'll have to ~ the truth out of him*** dovrai cavargli la verità di bocca; ***to ~ sb. black and blue*** COLLOQ. fare qcn. nero di botte; ***to ~ the hell out of sb.*** COLLOQ. pestare qcn. a sangue; ***to ~ its wings*** [*bird*] battere le ali; ***to ~ time*** MUS. battere il tempo 2 GASTR. sbattere [*mixture, eggs*] 3 *(make escape)* ***to ~ one's way, a path through*** farsi strada, aprirsi un passaggio tra [*crowd, obstacles*]; ***to ~ a retreat*** MIL. battere in ritirata; ***~ it!*** COLLOQ. fila via! svignatela! 4 *(defeat)* battere, sconfiggere, vincere [*opponent, team, inflation, drug abuse, illness*]; porre fine a [*child abuse, rape*]; ***we admit to being ~en*** ammettiamo la sconfitta 5 *(confound)* [*mystery*] sconcertare, disorientare [*person*]; ***it ~s me how, why*** non riesco a capire come, perché; ***~s me!*** COLLOQ., ***it's got me beaten!*** non saprei! mistero! 6 *(arrive earlier)* battere sul tempo, evitare [*rush, crowds*]; precedere [*person*]; ***she beat me to it*** è stata più veloce di me 7 SPORT *(outdo)* superare [*score, target*]; surclassare [*product*]; ***it ~s working*** è sempre meglio che lavorare; ***you can't ~ Italian shoes*** non c'è nulla di meglio delle scarpe italiane; ***our prices are difficult to ~*** i nostri prezzi sono imbattibili; ***~ that (if you can)!*** fai meglio (se sei capace)! **II** intr. (pass. **beat**; p.pass. **beaten**) 1 *(strike repeatedly)* ***to ~ against*** [*waves*] sbattere contro [*shore*]; [*rain*] picchiare, battere su [*window*]; ***to ~ at*** o ***on*** [*person*] picchiare, battere a 2 FISIOL. [*heart*] battere, pulsare 3 *(make sound)* [*drum*] battere, suonare 4 *(flap)* [*wings*] battere ♦ ***a rod*** o ***stick to ~ sb. with*** un'arma contro qcn.; ***if you can't ~ 'em, join 'em*** se non puoi sconfiggerli, diventa loro alleato.

■ **beat back:** ***~ [sth.] back, ~ back [sth.]*** respingere [*group, flames*].

■ **beat down:** ***~ down*** [*rain, hail*] battere, picchiare forte; [*sun*] picchiare; ***~ [sth.] down, ~ down [sth.]*** 1 *(flatten)* [*rain, wind*] coricare [*crop, grass*] 2 *(break open)* [*person*] sfondare [*door*]; ***~ [sb.] down to*** portare a, fare scendere a; ***I beat her down to 50 dollars*** l'ho fatta scendere a 50 dollari.

■ **beat in:** ***~ [sth.] in, ~ in [sth.]*** sfondare [*skull*].

■ **beat off:** ***~ [sb., sth.] off, ~ off [sb., sth.]*** respingere [*attack, attackers*]; scacciare [*insects*].

■ **beat out:** ***~ [sth.] out, ~ out [sth.]*** martellare [*metal*]; suonare [*tune*]; battere [*rhythm*]; soffocare [*flames*].

■ **beat up:** ***~ [sb.] up, ~ up [sb.]*** picchiare a sangue, pestare.

3.beat /biːt/ agg. COLLOQ. stanco morto, distrutto, a pezzi.

beaten /ˈbiːtn/ **I** p.pass. → **2.beat II** agg. 1 *(defeated)* [*team, army*] battuto, sconfitto 2 *(flattened)* [*metal*] battuto 3 GASTR. [*egg*] sbattuto ♦ ***off the ~ track*** isolato, fuori mano.

beater /ˈbiːtə(r)/ n. VENAT. battitore m. (-trice).

beat generation n. beat generation f.

beatific /ˌbɪəˈtɪfɪk/ agg. beato.

beatify /bɪˈætɪfaɪ/ tr. rendere felice; RELIG. beatificare.

beating /ˈbiːtɪŋ/ n. 1 *(punishment)* botte f.pl., legnate f.pl., punizione f.; ***to get a ~*** prendere le botte, essere punito; ***to take a ~*** FIG. [*speaker, politician*] subire una batosta; [*toy, car*] passarne di tutti i colori 2 *(of metal)* raddrizzatura f.; *(of carpet)* battitura f. 3 *(sound) (of drum)* suono m., (il) battere; *(of heart, wings)* battito m. ♦ ***they will take some ~*** COLLOQ. sarà dura batterli.

beating up n. COLLOQ. botte f.pl., legnate f.pl.

beatitude /bɪˈætɪtjuːd, AE -tuːd/ n. beatitudine f.

beatnik /ˈbiːtnɪk/ n. beatnik m. e f., esponente m. e f. della "beat generation".

Beatrice /ˈbɪətrɪs, AE ˈbiːə-/, **Beatrix** /ˈbɪətrɪks, AE ˈbiːə-/ n.pr. Beatrice.

beat-up /ˈbiːtʌp/ agg. COLLOQ. [*car*] scassato, malridotto.

beau /bəʊ/ n. (pl. **~x**) LETT. o SCHERZ. *(suitor)* spasimante m., corteggiatore m.

Beaufort scale n. scala f. Beaufort.

beaut /bjuːt/ n. POP. bellezza f., meraviglia f.

beauteous /ˈbjuːtɪəs/ agg. LETT. bello, vago.

beautician /bjuːˈtɪʃn/ ➧ 27 n. *(beauty specialist)* estetista m. e f.; AE *(hairdresser)* parrucchiere m. (-a).

beautiful /ˈbjuːtɪfl/ agg. 1 *(attractive)* [*woman, house, car, place*] bello 2 *(wonderful)* [*holiday, feeling, experience, weather*] splendido, meraviglioso, bellissimo 3 *(skilful)* [*shot, goal*] splendido; [*writer*] eccellente.

beautifully /ˈbjuːtɪfəlɪ/ avv. 1 *(perfectly)* [*play, write, function*] meravigliosamente, benissimo; [*written, designed*] benissimo; ***that will do ~*** sarà perfetto, andrà a meraviglia 2 *(attractively)* [*displayed, furnished, dressed*] magnificamente 3 *(emphatic)* [*empty, quiet, soft, warm, accurate*] incredibilmente.

beautiful people n. ***the ~*** la bella gente, il bel mondo.

beautify /ˈbjuːtɪfaɪ/ tr. abbellire, adornare.

beauty /ˈbjuːtɪ/ **I** n. 1 *(quality)* bellezza f. 2 *(woman)* bellezza f., bella donna f. 3 *(beautiful feature)* ***the beauties of*** le bellezze di [*nature, landscape*] 4 *(advantage)* ***the ~ of the system is that...*** il bello del sistema è che...; ***that's the ~ of it*** questo è il bello 5 *(perfect example)* ***a ~ of a car*** un'auto splendida **II** modif. [*contest, product, treatment*] di bellezza ♦ ***age before ~*** SCHERZ. = i più anziani hanno la precedenza sui più giovani; ***~ is in the eye of the beholder*** PROV. non è bello ciò che è bello, è bello ciò che piace.

beauty editor n. responsabile m. e f., redattore m. (-trice) della rubrica della bellezza.

beauty parlour → **beauty salon**.

beauty queen n. reginetta f. di bellezza.

beauty salon, **beauty shop** ➧ 27 n. istituto m., salone m. di bellezza.

beauty sleep n. SCHERZ. ***to need one's ~*** aver bisogno di dormire a sufficienza (per curare la propria bellezza).

beauty spot n. 1 *(on skin)* neo m.; *(fake)* neo m. artificiale, mosca f. 2 *(beautiful place)* luogo m. pittoresco.

beaux → **beau**.

beaver /ˈbiːvə(r)/ n. 1 *(animal, fur)* castoro m. 2 COLLOQ. ***eager ~*** stacanovista, gran lavoratore.

beaver away intr. lavorare sodo.

becalmed /bɪˈkɑːmd/ agg. MAR. in bonaccia.

became /bɪˈkeɪm/ pass. → **become**.

because /bɪˈkɒz, AE *anche* -kɔːz/ cong. 1 perché, poiché; ***just ~ you're older doesn't mean you're right*** solo perché sei più vecchio, non significa che tu abbia ragione 2 **because of** per, a causa di; ***~ of the rain*** a causa della pioggia; ***~ of you we're late!*** siamo in ritardo per colpa tua.

béchamel /ˈbeɪʃəmel/ n. béchamel f., besciamella f.

beck /bek/ n. ***to be at sb.'s ~ and call*** essere (sempre) agli ordini di qcn.

beckon /ˈbekən/ **I** tr. chiamare con un cenno, fare un cenno a; ***to ~ sb. in, to do*** fare cenno a qcn. d'entrare, di fare **II** intr. fare cenni; FIG. chiamare, invitare.

Becky /ˈbekɪ/ n.pr. diminutivo di **Rebecca**.

become /bɪˈkʌm/ **I** intr. (pass. **became**; p.pass. **become**) diventare; ***to ~ fat*** diventare grasso, ingrassare; ***to ~ ill*** ammalarsi; ***to ~ king, a doctor*** diventare re, medico; ***to ~ law*** diventare legge **II** tr. (pass. **became**; p.pass. **become**) [*colour, dress*] stare bene a, donare a [*person*]; [*attitude, modesty*] addirsi a [*person*] **III** impers. (pass. **became**; p.pass. **become**) ***what has ~ of your brother?*** che ne è stato di *o* che fine ha fatto tuo fratello?

becoming /bɪˈkʌmɪŋ/ agg. [*behaviour*] consono, che si addice; [*garment, hair cut*] che dona, che sta bene.

1.bed /bed/ n. 1 *(place to sleep)* letto m.; ***double ~*** letto a due piazze *o* matrimoniale; ***single ~*** letto a una piazza *o* singolo; ***to get into, out of ~*** mettersi a, alzarsi dal letto; ***to go to ~*** andare a letto *o* a dormire; ***it's time for ~*** è ora di andare a letto *o* a dormire; ***to be in ~*** essere a letto; ***to take to one's ~*** mettersi a letto; ***a 40 ~ ward*** un reparto con 40 letti; ***to give sb. a ~ for the night*** dare un letto a *o* ospitare qcn. per la notte; ***to go to ~ with*** *(have sex)* andare a letto con 2 *(of flowers)* aiuola f.; *(of compost)* letto m. (di semina); *(of produce)* appezzamento m. 3 *(of sea)* fondo m., letto m.; *(of river)* letto m., alveo m. 4 GEOL. letto m., strato m. 5 *(of machine tool)* banco m., basamento m.; *(of wall)* basamento m.; *(of road)* fondo m. stradale 6 GIORN. TIP. ***to put a newspaper to ~*** mandare in stampa un giornale ♦ ***to get out of ~ on the wrong side*** alzarsi col piede sinistro; ***life is not a ~ of roses*** la vita non è tutta rose e fiori; ***you've made your ~, now you must lie in it*** PROV. hai voluto la bicicletta, e ora pedala.

2.bed /bed/ tr. (forma in -ing ecc. **-dd-**) (anche **~ out**) trapiantare [*seedlings*]; mettere a dimora, piantare [*plants*].

▪ **bed down:** ~ *down* coricarsi, mettersi a dormire.

BEd /ˌbiːˈed/ n. (⇒ bachelor of education) = (diploma di dottore) in pedagogia (con laurea breve).

bed and board n. pensione f. completa, vitto e alloggio m.

bed and breakfast n. **1** *(accommodation)* = pernottamento e prima colazione **2** *(building)* bed and breakfast m.

bed base n. fusto m., intelaiatura f. del letto.

bed bath n. lavaggi m.pl., abluzioni f.pl. a letto.

bedbug /ˈbedbʌɡ/ n. cimice f. dei letti.

bedclothes /ˈbedkləʊðz/ n.pl. biancheria f.sing., coperte f. da letto.

bedding /ˈbedɪŋ/ **I** n. **1** *(for humans)* biancheria f., coperte f.pl. da letto **2** *(for animals)* lettiera f. **II** modif. [*plant*] da trapiantare.

bedeck /bɪˈdek/ tr. ornare, abbellire.

bedevil /bɪˈdevl/ tr. (forma in -ing ecc. **-ll-**, **-l-** AE) *(plague)* tormentare, assillare [*person*]; ostacolare [*plans*]; *(confuse)* confondere [*situation*].

bedfellow /ˈbedfeləʊ/ n. compagno m. (-a) di letto; ***to make strange ~s*** FIG. formare una coppia insolita.

bedhead /ˈbedhed/ n. testata f., testiera f. del letto.

bed jacket n. liseuse f.

bedlam /ˈbedləm/ n. baraonda f., confusione f., bolgia f.; ***it's ~ in here!*** che manicomio!

bed linen n. biancheria f. da letto.

Bedouin /ˈbedʊɪn/ **I** agg. beduino **II** n. beduino m. (-a).

bed pad n. traversa f.

bedpan /ˈbedpæn/ n. MED. padella f. (per ammalati).

bedpost /ˈbedpəʊst/ n. colonna f. (di letto a baldacchino).

bedraggled /bɪˈdræɡld/ agg. [*person, clothes*] inzaccherato, infangato; [*hair*] in disordine.

bedridden /ˈbedrɪdn/ agg. allettato, costretto a letto.

bedrock /ˈbedrɒk/ n. sostrato m. roccioso; FIG. base f., fondamento m.

bedroom /ˈbedruːm, -rʊm/ **I** n. camera f., stanza f. da letto; ***a two ~ flat*** BE o ***apartment*** un appartamento di due camere **II** modif. **1** [*carpet, window, furniture*] della camera da letto **2** COLLOQ. [*scene*] scabrosa, spinta; ***~ secrets*** i segreti più intimi.

bedroom farce n. TEATR. vaudeville m.

bedroom slipper n. pantofola f.

bedroom suburb n. AE quartiere m. dormitorio.

bed-settee /ˌbedsəˈtiː/ n. divano-letto m.

bedside /ˈbedsaɪd/ **I** n. capezzale m. **II** modif. [*book*] da leggere a letto; [*lamp*] da letto; ***~ rug*** scendiletto; ***~ table*** comodino, tavolino da notte.

bedside manner n. ***he has a good ~*** ha molto tatto *o* ci sa fare con i malati.

bedsit /bedˈsɪt/ COLLOQ., **bedsitter** /bedˈsɪtə(r)/ n. BE camera-soggiorno f., monolocale m.

bedsock /ˈbedsɒk/ n. calzino m. da notte.

bedsore /ˈbedsɔː(r)/ n. piaga f. da decubito.

bedspread /ˈbedspred/ n. copriletto m.

bedstead /ˈbedsted/ n. fusto m. del letto.

bedtime /ˈbedtaɪm/ **I** n. ***it's ~*** è ora di andare a letto *o* a dormire; ***11 o'clock is my ~*** vado a dormire alle 11 **II** modif. [*story, drink*] per, prima di addormentarsi; ***~ reading*** lettura fatta prima di addormentarsi.

bedwetting /ˈbedwetɪŋ/ n. enuresi f.

bee /biː/ n. *(insect)* ape f. ♦ ***to think one is the ~'s knees*** COLLOQ. credere di essere chissà chi; ***to be as busy as a ~*** essere molto indaffarato; ***to have a ~ in one's bonnet about sth.*** essere fissato per qcs.

beech /biːtʃ/ n. **1** *(tree)* faggio m. **2** (anche **~ wood**) (legno di) faggio m.

beech marten n. faina f.

beef /biːf/ n. manzo m., carne f. di manzo.

beefburger /ˈbiːfˌbɜːɡə(r)/ n. hamburger m.

beefeater /ˈbiːfiːtə(r)/ n. = guardiano della Torre di Londra.

beefsteak /ˈbiːfsteɪk/ n. bistecca f.

beefsteak tomato n. = varietà di pomodoro molto grosso e carnoso.

beef stew n. stufato m. di manzo, lesso m. di manzo.

beef tea n. brodo (ristretto) m. di manzo.

beef up tr. rimpolpare, aumentare [*content, resources*].

beefy /ˈbiːfɪ/ agg. **1** [*flavour*] di manzo **2** COLLOQ. [*man*] muscoloso.

beehive /ˈbiːhaɪv/ n. alveare m., arnia f.

beekeeper /ˈbiːkiːpə(r)/ ❥ **27** n. apicoltore m. (-trice).

beekeeping /ˈbiːkiːpɪŋ/ n. apicoltura f.

beeline /ˈbiːlaɪn/ n. ***to make a ~ for*** andare dritto a, precipitarsi a.

Beelzebub /biˈelzɪbʌb/ n.pr. Belzebù.

been /biːn, AE bɪn/ p.pass. → **be**.

1.beep /biːp/ n. *(of electronic device)* bip m.; *(of car)* colpo m. di clacson; RAD. segnale m. orario.

2.beep /biːp/ **I** tr. chiamare al cercapersone [*person*] **II** intr. [*electronic device*] fare bip; [*car*] suonare il clacson.

beeper /ˈbiːpə(r)/ n. cercapersone m.

beer /bɪə(r)/ **I** n. birra f. **II** modif. [*barrel, bottle, can*] di birra ♦ ***life isn't all ~ and skittles*** la vita non è tutta rose e fiori.

beer belly n. pancetta f., pancia f.

beer garden n. birreria f. all'aperto.

beer mat n. sottobicchiere m.

beerswilling /ˈbɪəswɪlɪŋ/ agg. SPREG. che si ubriaca di birra.

bee sting n. puntura f. di ape.

beeswax /ˈbiːzwæks/ n. cera f. vergine, d'api.

beet /biːt/ n. barbabietola f.

1.beetle /ˈbiːtl/ n. **1** *(insect)* scarabeo m.; *(genus)* coleottero m. **2** AUT. COLLOQ. Maggiolino m. (modello della Volkswagen).

2.beetle /ˈbiːtl/ intr. COLLOQ. ***to ~ in*** entrare precipitosamente; ***to ~ off*** scappare via, filarsela.

3.beetle /ˈbiːtl/ n. mazzuolo m., pestello m.

beetroot /ˈbiːtruːt/ n. BE barbabietola f. rossa ♦ ***to turn as red as a ~*** diventare rosso come un peperone.

befall /bɪˈfɔːl/ LETT. *(usato solo all'infinito e alla terza persona)* **I** tr. (pass. **-fell**; p.pass. **-fallen**) ***it befell that*** accadde che; ***I hope no harm will ever ~ him*** spero che non gli succederà mai nulla di pericoloso **II** intr. (pass. **-fell**; p.pass. **-fallen**) accadere, succedere.

befit /bɪˈfɪt/ impers. (forma in -ing ecc. **-tt-**) FORM. ***it ~s sb., sth. to...*** si addice a qcn., qcs. (di)...

befitting /bɪˈfɪtɪŋ/ agg. FORM. [*modesty, honesty*] adatto, appropriato.

1.before /bɪˈfɔː(r)/ ❥ **4** prep. **1** *(earlier than)* prima (di); ***the day ~ yesterday*** l'altro ieri; ***the day ~ the exam*** il giorno prima dell'esame; ***I was there the week ~ last*** ero là due settimane fa; ***six weeks ~ then*** sei settimane prima; ***~ long it will be winter*** presto sarà inverno; ***not ~ time!*** non è ancora ora! **2** *(in order, sequence, priority)* prima di, davanti a; ***G comes ~ H in the alphabet*** la G viene prima della H nell'alfabeto; ***the page ~ this one*** la pagina precedente; ***for him, work comes ~ everything else*** per lui il lavoro viene prima di tutto **3** *(this side of)* prima di; ***turn left ~ the crossroads*** prima dell'incrocio giri a sinistra **4** AE *(in time expressions)* ***ten ~ six*** le sei meno dieci **5** *(in front of)* davanti a; ***he appeared ~ them*** è comparso davanti a loro; ***~ our very eyes*** proprio davanti ai nostri occhi **6** *(in the presence of)* davanti a, dinanzi a; ***to appear ~ a court*** comparire dinanzi a un tribunale; ***to bring a bill ~ parliament*** portare una proposta di legge in parlamento **7** *(confronting)* di fronte a; ***these are the alternatives ~ us*** queste sono le alternative che abbiamo di fronte; ***the task ~ us*** il compito che abbiamo di fronte.

2.before /bɪˈfɔː(r)/ agg. prima, precedente; ***the day, the year ~*** il giorno, l'anno prima.

3.before /bɪˈfɔː(r)/ avv. *(at an earlier time)* prima; ***two months ~*** due mesi prima; ***have you been to India ~?*** sei già stato in India? ***I've never been there ~*** non ci sono mai stato prima; ***it's never happened ~*** non era mai successo prima d'ora; ***long ~*** molto prima.

4.before /bɪˈfɔː(r)/ cong. **1** *(in time)* ***~ I go, I would like to say that*** prima di andare, vorrei dire che; ***~ he goes, I must remind him that*** prima che vada, devo ricordargli che; ***it was some time ~ he was able to walk again*** ci volle un po' di

before

- When *before* is used as a preposition in expressions of time or order of sequence or importance, it is translated by *prima (di)*:
  before the meeting = prima della riunione
  she left before me = lei è partita prima di me.

  For more examples and particular usages, see **1,2,3** in the entry **1.before**.
- When *before* is used as a preposition meaning *in front of* (when you are talking about physical space) or *in the presence of*, it is translated by *davanti a*:
  before our eyes = davanti ai nostri occhi
  he declared before his mother that ... = dichiarò davanti a sua madre che...
- When *before* is used as an adjective after a noun, it is translated by *prima*:
  the time before = la volta prima
  no, I'm not talking about that meeting but the one before = no, non sto parlando di quella riunione ma di quella prima

  See the entry **2.before.**
- When *before* is used as an adverb meaning *beforehand*, it is translated by *prima* in statements about the present or future:
  I'll try to talk to her before = cercherò di parlargliene prima
- When *before* means *previously* in statements about the past, it is translated by *prima* or *già*:
  I had met her two or three times before = l'avevo incontrata prima due o tre volte / l'avevo già incontrata due o tre volte.
- When *before* means *already*, it is translated by *già*:
  I've met her before = l'ho già incontrata
  you've asked me that question before = mi hai già fatto quella domanda.
- In negative sentences *before* is often used in English simply to reinforce the negative. In such cases, it is translated by *prima* or not at all:
  I'd never eaten snails before = prima non avevo mai mangiato le lumache
  you've never told me that before = non me l'hai mai detto.

  For particular usages, see the entry **3.before.**
- When *before* is used as a conjunction, it is translated by *prima di* + infinitive where the two verbs have the same subject:
  before he saw her he recognized her voice = prima di vederla, riconobbe la sua voce
  before I cook dinner I'm going to phone my mother = prima di preparare la cena, ho intenzione di telefonare a mia madre
- Where the two verbs have different subjects, the translation is *prima che* + subjunctive:
  Tom wants to see her before she leaves = Tom vuole vederla prima che parta

For particular usages, see the entry **4.before.**

tempo prima che riuscisse di nuovo a camminare; ***oh, ~ I forget...*** ah, prima che mi dimentichi... **2** *(rather than)* piuttosto che; ***he would die ~ betraying that secret*** preferirebbe morire piuttosto che rivelare quel segreto **3** *(or else)* ***get out of here ~ I call the police!*** uscite di qui prima che chiami la polizia! **4** *(as necessary condition)* perché, affinché; ***you have to show your ticket ~ they'll let you in*** devi mostrare il biglietto perché ti facciano entrare ♦ ***~ you could say Jack Robinson*** in men che non si dica; ***~ you know where you are*** in quattro e quattr'otto, in men che non si dica.

beforehand /bɪˈfɔːhænd/ avv. **1** *(ahead of time)* in anticipo; ***be there one hour ~*** vedi di essere là con un'ora di anticipo; ***let me know ~*** fammelo sapere in anticipo **2** *(earlier)* prima; ***I had seen him five minutes ~*** l'avevo visto cinque minuti prima; ***journalists knew ~*** i giornalisti lo sapevano già (da prima).

before tax agg. [*income, profit*] lordo, al lordo di imposte.

befriend /bɪˈfrend/ tr. **1** *(look after)* assistere, aiutare **2** *(make friends with)* farsi amico.

befuddle /bɪˈfʌdl/ tr. confondere [*person, mind*].

beg /beg/ **I** tr. (forma in -ing ecc. **-gg-**) chiedere (in elemosina) [*food, money*] (**from** a); chiedere [*favour, permission, forgiveness*] (**from**, **of** a); supplicare, pregare [*person*] (**to do** di fare); ***to ~ sb. for sth.*** chiedere qcs. a qcn. (con insistenza); ***I ~ your pardon*** chiedo scusa; ***I ~ to differ*** mi permetto di non essere d'accordo; ***"stop, I ~ (of) you!"*** "fermatevi, vi prego!" **II** intr. (forma in -ing ecc. **-gg-**) [*person*] chiedere l'elemosina (**from** a); [*dog*] = stare seduto con le zampe anteriori sollevate in attesa di cibo, ecc.; ***to ~ for*** elemosinare, mendicare [*money, food*]; ***to ~ for help*** chiedere aiuto; ***to ~ to be forgiven*** supplicare di essere perdonato ♦ ***to ~ the question*** dare per scontato; ***these apples are going ~ging*** queste mele sono per chi le vuole.

▪ **beg off** disdire un impegno scusandosi.

began /bɪˈgæn/ pass. → **begin**.

beget /bɪˈget/ tr. (pass. **begot** o **begat**; p.pass. **begotten**) ANT. generare (anche FIG.).

1.beggar /ˈbegə(r)/ n. **1** *(pauper)* mendicante m. e f. **2** BE COLLOQ. *(man)* ***you lucky ~!*** che fortuna! ♦ ***~s can't be choosers*** PROV. o mangi questa minestra o salti questa finestra.

2.beggar /ˈbegə(r)/ tr. **1** ridurre sul lastrico [*person, company*] **2** *(defy)* ***to ~ description*** andare al di là di ogni descrizione.

beggarly /ˈbegəlɪ/ agg. [*existence, meal*] misero; [*wage*] da fame.

beggar-my-neighbour /ˌbegəmaɪˈneɪbə(r)/ ♦ **10** n. rubamazzo m.

begging bowl n. piattino m.

begging letter n. = lettera di sollecitazione di offerte.

begin /bɪˈgɪn/ **I** tr. (forma in -ing **-nn-**; pass. **began**; p.pass. **begun**) **1** *(start)* cominciare, iniziare [*journey, list, meeting, job, game, meal*]; iniziare ad andare a [*school*]; ***it's ~ning to rain*** sta iniziando a piovere; ***they began laughing*** o ***to laugh again*** ricominciarono a ridere; ***to ~ one's career as*** iniziare la propria carriera come; ***I began life as a farmer's son*** sono (nato) figlio di contadini **2** *(start to use)* aprire [*bottle, packet*]; cominciare [*page*] **3** *(initiate)* sollevare [*debate, dispute*]; dare inizio a [*campaign, trend, tradition, war, dynasty*]; ***to ~ a conversation with*** avviare una conversazione con **4** *(come first in)* inaugurare, aprire [*series, collection, festival*] **II** intr. (forma in -ing **-nn-**; pass. **began**; p.pass. **begun**) **1** *(commence)* [*meeting, play, storm, term*] (in)cominciare, iniziare; ***let's ~*** cominciamo; ***to ~ by doing*** cominciare facendo; ***a name ~ning with C*** un nome che inizia con la C *o* per C; ***the week ~ning the 25th*** la settimana del 25; ***your problems have only just begun!*** i tuoi problemi sono appena iniziati! ***to ~ again*** ricominciare **2** *(have its starting point)* [*river*] nascere; ***the road ~s in York*** la strada parte da *o* inizia a York **3** **to begin with** *(at first)* all'inizio; ***I didn't understand to ~ with*** all'inizio non capii; *(firstly)* per cominciare, in primo luogo, (inn)anzitutto; ***I wish I hadn't told her to ~ with*** tanto per cominciare, vorrei non averglielo detto.

beginner /bɪˈgɪnə(r)/ n. principiante m. e f.; ***"Spanish for ~s"*** "spagnolo per principianti"; ***~s' class*** corso per principianti ♦ ***~'s luck!*** fortuna del principiante!

beginning /bɪˈgɪnɪŋ/ **I** n. *(start)* inizio m., principio m.; ***in*** o ***at the ~*** all'inizio, in principio; ***at the ~ of March*** all'inizio di marzo; ***from ~ to end*** dall'inizio alla fine; ***to go back to the ~*** ritornare all'inizio; ***since the ~ of time*** fin dai tempi più remoti **II beginnings** n.pl. *(origins) (of person, theory, movement)* origini f.; ***to grow from small ~s*** [*company*] iniziare da zero.

begonia /bɪˈgəʊnɪə/ n. begonia f.

begot /bɪˈgɒt/ pass. → **beget**.

begotten /bɪˈgɒtn/ p.pass. → **beget**.

begrudge /bɪˈgrʌdʒ/ tr. → **2.grudge**.

beguile /bɪˈgaɪl/ tr. **1** *(entice, trick)* ingannare, abbindolare; ***he ~d her into doing*** la indusse con l'inganno a fare **2** *(charm)* incantare, sedurre; ***to ~ the time*** ingannare il tempo.

beguiling /bɪˈgaɪlɪŋ/ agg. accattivante.

begun /bɪˈɡʌn/ p.pass. → **begin**.

behalf /bɪˈhɑːf, AE -ˈhæf/: **on behalf of** BE, **in behalf of** AE **1** *(as representative of)* [*act, speak, accept award*] a nome di; [*phone, write*] per conto di **2** *(in the interest of)* [*campaign, plead*] a favore di, per; [*negotiate*] per conto di, nell'interesse di.

behave /bɪˈheɪv/ **I** intr. *(act)* [*person, group, animal*] comportarsi (**towards** con, nei confronti di); *(function)* [*machine, device*] comportarsi **II** rifl. ***to ~ oneself*** [*person*] comportarsi bene; ***~ yourself!*** comportati bene!

behaviour BE, **behavior** AE /bɪˈheɪvjə(r)/ n. *(of person, group, animal)* comportamento m. (**towards** nei confronti di); *(in given set of circumstances)* condotta f.; *(of device, machine)* comportamento m. ♦ ***to be on one's best ~*** comportarsi al meglio.

behavioural BE, **behavioral** AE /bɪˈheɪvjərəl/ agg. [*change, problem*] di comportamento; [*disorder, theory*] del comportamento.

behaviourism BE, **behaviorism** AE /bɪˈheɪvjərɪzəm/ n. behaviorismo m., comportamentismo m.

behaviourist BE, **behaviorist** AE /bɪˈheɪvjərɪst/ n. behaviorista m. e f., comportamentista m. e f.

behead /bɪˈhed/ tr. decapitare.

beheld /bɪˈheld/ pass., p.pass. → **behold**.

1.behind /bɪˈhaɪnd/ agg. ***to be ~ with*** essere indietro *o* in ritardo con [*studies, work*]; ***to be too far ~*** essere troppo indietro.

2.behind /bɪˈhaɪnd/ avv. [*follow on, trail*] dietro; [*look, glance*] indietro; ***the car ~*** la macchina dietro.

3.behind /bɪˈhaɪnd/ When used as a preposition to talk about the physical position of something, *behind* is translated by *dietro (a)*: *behind the house* = dietro la / dietro alla casa. - *Behind* is sometimes used in verb combinations (*fall behind, lag behind* etc.): for translations, consult the appropriate verb entry (**fall**, **lag** etc.). prep. **1** dietro (a) [*person, object*]; ***~ my back*** FIG. alle mie spalle; ***to work ~ the bar*** stare al banco **2** FIG. *(concealed)* ***the real story ~ the news*** la vera storia sotto *o* dietro la notizia; *(motivating)* ***the reasons ~ his declaration*** le ragioni (che stanno) dietro alla sua dichiarazione **3** FIG. *(less advanced than)* ***to be ~ the others*** [*pupil*] essere indietro rispetto agli altri **4** FIG. *(supporting)* ***he has no family ~ him*** non ha una famiglia che lo appoggi **5** FIG. *(in past)* ***he has three years' experience ~ him*** ha tre anni di esperienza alle spalle; ***I've put all that ~ me now*** mi sono buttato tutto dietro le spalle.

4.behind /bɪˈhaɪnd/ n. COLLOQ. didietro m., sedere m.

behindhand /bɪˈhaɪndhænd/ avv. ***to be*** o ***get ~ with*** essere in ritardo con [*work, studies*].

behold /bɪˈhəʊld/ tr. (pass., p.pass. **beheld**) LETT. o SCHERZ. vedere, scorgere; ***it was a wonder to ~*** era una meraviglia per gli occhi.

beholden /bɪˈhəʊldən/ agg. FORM. ***to be ~ to sb.*** essere grato a qcn.

behove /bɪˈhəʊv/ BE, **behoove** /bɪˈhuːv/ AE impers. FORM. ***it ~s sb. to do sth.*** *(as duty)* è doveroso *o* d'uopo che qcn. faccia qcs.; *(for advantage)* è interesse di qcn. fare qcs.

beige /beɪʒ/ ♦ *5* **I** agg. beige **II** n. beige m.

Beijing /beɪˈdʒɪŋ/ ♦ *34* n.pr. Pechino f.

being /ˈbiːɪŋ/ n. **1** *(entity) (human)* essere m.; *(animal)* creatura f. **2** *(soul)* anima f.; ***with my whole ~*** con tutta l'anima **3** *(existence)* ***to bring sth. into ~*** dare vita a qcs.; ***to come into ~*** avere origine.

bejewelled BE, **bejeweled** AE /bɪˈdʒuːəld/ agg. [*person, hand*] ingioiellato.

belated /bɪˈleɪtɪd/ agg. tardo, tardivo.

belaying pin /bɪˈleɪɪŋpɪn/ n. MAR. caviglia f.

1.belch /beltʃ/ n. rutto m.

2.belch /beltʃ/ **I** tr. → **belch out II** intr. ruttare.

▪ **belch out:** ~ out fuoriuscire; ~ [sth.] out, ~ out [sth.] eruttare [*smoke, flames*].

beleaguered /bɪˈliːɡəd/ agg. **1** [*city, troops*] assediato **2** FIG. [*person*] assillato; [*company*] bersagliato.

Belfast /ˌbelˈfɑːst/ ♦ *34* n.pr. Belfast f.

belfry /ˈbelfrɪ/ n. **1** cella f. campanaria **2** campanile m., torre f. campanaria.

Belgian /ˈbeldʒən/ ♦ *18* **I** agg. belga, del Belgio **II** n. belga m. e f.

Belgium /ˈbeldʒəm/ ♦ *6* n.pr. Belgio m.

Belgrade /ˌbelˈɡreɪd/ ♦ *34* n.pr. Belgrado m.

belie /bɪˈlaɪ/ tr. deludere [*hopes*]; smentire [*promises, predictions*]; mascherare, celare [*appearances, feelings, facts*].

belief /bɪˈliːf/ n. **1** *(conviction, opinion)* convinzione f., opinione f.; ***in the ~ that*** nella convinzione che; ***to the best of my ~*** per quanto ne so *o* mi risulta; ***contrary to popular ~*** contrariamente a quanto si pensa **2** *(credence)* ***to be beyond*** o ***past ~*** essere incredibile; ***stupid beyond ~*** incredibilmente stupido **3** *(confidence)* fede f., fiducia f.; ***her ~ in justice*** la sua fede nella giustizia; ***~ in oneself*** fiducia in sé **4** RELIG. *(faith)* fede f.; *(article of faith)* credenza f.

believable /bɪˈliːvəbl/ agg. credibile.

believe /bɪˈliːv/ **I** tr. **1** *(accept as true)* credere a [*evidence, statement, person*]; ***~ (you) me!*** credimi! ***~ it or not*** che tu ci creda o no; ***would you ~ it?*** ci credereste? ***I can't ~ (that) he did that*** non posso credere che lo abbia fatto; ***I can ~ that of her!*** di lei lo posso (ben) credere! ***don't you ~ it!*** non credeteci! ***I can well ~ it*** lo credo bene, non mi sorprende; ***I don't ~ a word of it!*** non credo a una sola parola! ***if he's to be ~d*** stando a quanto dice; ***she could hardly ~ her eyes*** quasi non credeva ai suoi occhi **2** *(think)* credere, pensare; ***I ~ (that) she is right*** o ***I ~ her to be right*** credo *o* penso che abbia ragione; ***she is ~d to be a spy*** è ritenuta una spia; ***to let sb. ~ (that)*** lasciare credere a qcn. che; ***I ~ so, not*** credo di sì, di no **II** intr. **1** *(trust)* ***to ~ in*** credere in [*discipline, exercise, person*]; credere a [*promises*]; ***to ~ in doing*** credere che sia utile *o* che faccia bene fare **2** RELIG. credere; ***to ~ in God*** credere in Dio; ***to ~ in ghosts*** credere ai fantasmi ♦ ***seeing is believing*** vedere per credere.

believer /bɪˈliːvə(r)/ n. **1** RELIG. credente m. e f. **2** *(in hard work, progress, liberty)* sostenitore m. (-trice) (**in** di); ***he's not a ~ in ghosts*** non crede ai fantasmi.

Belisha beacon /bəˌliːʃəˈbiːkən/ n. BE = semaforo a luce intermittente gialla che segnala un passaggio pedonale.

belittle /bɪˈlɪtl/ tr. sminuire [*person, achievement*].

belittling /bɪˈlɪtlɪŋ/ agg. [*comment*] che sminuisce.

bell /bel/ n. **1** *(in church)* campana f.; *(on sheep, goat)* campanaccio m.; *(on toy, cat)* campanellino m.; *(on bicycle)* campanello m.; *(for servant)* campanello m.; *(door)* ~ campanello (della porta); ***to ring the ~s*** suonare le campane **2** BE COLLOQ. *(phone call)* ***to give sb. a ~*** dare un colpo di telefono a qcn. **3** MAR. turno m. di guardia ♦ ***that name rings a ~*** questo nome mi dice qualcosa *o* non mi è nuovo; ***to be as sound as a ~*** [*person*] essere sano come un pesce; [*object*] essere in perfette condizioni.

belladonna /ˌbeləˈdɒnə/ n. BOT. belladonna f.

bell-bottoms /ˈbelˌbɒtəmz/ n.pl. pantaloni m. a zampa di elefante.

bellboy /ˈbelbɔɪ/ ♦ *27* n. AE fattorino m. d'albergo.

bell buoy n. boa f. a campana.

belle /bel/ n. bella f.; ***the ~ of the ball*** la reginetta del ballo.

bellhop /ˈbelhɒp/ ♦ *27* n. AE → **bellboy**.

bellicose /ˈbelɪkəʊs/ agg. FORM. bellicoso.

belligerence /bɪˈlɪdʒərəns/ n. **1** aggressività f. **2** POL. belligeranza f.

belligerent /bɪˈlɪdʒərənt/ **I** agg. **1** aggressivo **2** POL. *(at war)* belligerante **II** n. POL. *(country)* belligerante m.

bell jar n. campana f. di vetro.

1.bellow /ˈbeləʊ/ n. *(of bull)* muggito m.; *(of person)* mugghio m., urlo m.

2.bellow /ˈbeləʊ/ **I** intr. [*bull*] muggire (**with** di); [*person*] mugghiare (**with** di) **II** tr. urlare [*command*].

▪ **bellow out:** ~ out [sth.] urlare [*command*].

bellows /ˈbeləʊz/ n.pl. mantice m.sing.

bell-pull /ˈbelpʊl/ n. *(rope)* cordone m. del campanello.

bell-push /ˈbelpʊʃ/ n. pulsante m. del campanello.

bell-ringer /ˈbelˌrɪŋə(r)/ ♦ *27* n. campanaro m. (-a).

bell-shaped /ˈbelʃeɪpt/ agg. scampanato.

bell tower n. campanile m., torre f. campanaria.

belly /ˈbelɪ/ n. **1** ventre m., pancia f. **2** GASTR. ***~ of pork*** pancetta di maiale.

belly out I intr. [*sail*] gonfiarsi **II** tr. [*wind*] gonfiare [*sail*].

1.bellyache /ˈbelɪeɪk/ n. mal m. di pancia.
2.bellyache /ˈbelɪeɪk/ intr. (forma in -ing **-aching**) COLLOQ. lagnarsi (**about** di).
bellybutton /ˈbelɪbʌtn/ n. COLLOQ. ombelico m.
belly dance n. danza f. del ventre.
belly flop n. COLLOQ. *(in swimming)* spanciata f.
bellyful /ˈbelɪfʊl/ n. ***to have a ~ of sth.*** farsi una scorpacciata di qcs.
belly land intr. AER. = effettuare un atterraggio di emergenza a carrelli rientrati, sulla pancia.
belong /bɪˈlɒŋ, AE -lɔːŋ/ intr. **1** *(be the property of)* ***to ~ to*** appartenere a **2** *(be member of)* ***to ~ to*** appartenere a [*family, generation*]; fare parte di [*club, society, party*]; avere la tessera di [*library*] **3** *(have its proper place)* collocarsi, andare (messo); ***where do these books ~?*** dove vanno messi questi libri? ***put it back where it ~s*** rimettilo al suo posto **4** *(fit in)* [*person*] integrarsi, sentirsi al proprio posto; ***you don't ~ here*** questo non è il tuo ambiente; ***a sense of ~ing*** un senso di appartenenza.
belongings /bɪˈlɒŋɪŋz, AE -ˈlɔːŋ-/ n.pl. proprietà f., averi m., roba f.sing.; ***personal ~*** effetti personali.
beloved /bɪˈlʌvɪd/ **I** agg. beneamato, amato **II** n. LETT. o SCHERZ. beneamato m. (-a).
1.below /bɪˈləʊ/ When *below* is used as a preposition to talk about the physical position of something, it is most often translated by *sotto (a)*: *the apartment below mine* = l'appartamento sotto al / sotto il mio; *below the knee* = sotto al / sotto il ginocchio. - Note that *sotto* is the Italian translation of *below, beneath* and *under*. - For other prepositional uses of *below* see the entry below. prep. **1** *(under)* sotto (a); ***the apartment ~ mine*** l'appartamento sotto al mio; ***~ the knee*** al di sotto del, sotto al ginocchio; ***~ (the) ground*** sottoterra; ***one kilometre ~ the surface*** a un chilometro di profondità; ***~ sea level*** sotto il livello del mare; ***his name was ~ mine on the list*** il suo nome era sotto il mio nella lista **2** *(less than: in quantity, degree)* sotto (a); ***~ 5%*** sotto il 5%; ***5° ~ (freezing)*** 5° sotto zero; ***~ expectations*** al di sotto delle aspettative; ***~ his usual standard*** al di sotto del suo standard abituale **3** *(inferior in rank to)* ***the people ~ him in the department*** le persone sotto di lui nel reparto; ***those ~ the rank of Major*** MIL. quelli di grado inferiore a maggiore **4** *(south of)* a sud di, sotto; ***~ London*** a sud di Londra **5** *(downstream from)* a valle di **6** *(unworthy of)* indegno di [*person*]; ***it is ~ her, you to do*** non è degno di lei, te fare.
2.below /bɪˈləʊ/ avv. **1** *(lower down)* ***3 metres ~*** 3 metri più in basso; ***the village ~*** il paese sottostante; ***the apartment ~*** l'appartamento di sotto; ***seen from ~*** visto da sotto, dal basso **2** *(later on page, in book)* ***see ~*** vedi sotto.
1.belt /belt/ n. **1** ABBIGL. cintura f., cinghia f.; *(to carry weapons)* cinturone m. **2** AUT. AER. cintura f.; ***safety*** o ***seat ~*** cintura di sicurezza **3** *(area)* cintura f.; ***a ~ of industry*** una cintura industriale; ***mountain, earthquake ~*** zona montana, sismica **4** TECN. cinghia f. **5** SPORT *(in boxing, judo)* cintura f.; ***to be a black ~*** essere cintura nera **6** COLLOQ. *(blow)* colpo m. ♦ ***to tighten one's ~*** tirare la cinghia; ***to hit sb. below the ~*** tirare un colpo basso a qcn; ***she has 5 years' experience under her ~*** ha 5 anni di esperienza al suo attivo.
2.belt /belt/ **I** tr. **1** COLLOQ. *(hit)* menare [*person*] **2** *(as punishment)* prendere a cinghiate **II** intr. COLLOQ. *(go fast)* ***he ~ed home*** si è fiondato a casa; ***to ~ along*** o ***down*** [*car*] sfrecciare su [*motorway*].
▪ **belt off** filare, sfrecciare.
▪ **belt out:** ***~ out [sth.], ~ [sth.] out*** [*person*] cantare a squarciagola.
▪ **belt up 1** BE COLLOQ. *(shut up)* ***~ up!*** chiudi il becco! **2** AUT. allacciare le cinture di sicurezza.
beltway /ˈbeltweɪ/ n. AE AUT. circonvallazione f.; *(around big cities)* tangenziale f.
bemoan /bɪˈməʊn/ tr. FORM. lamentare [*shortage*]; piangere [*death*].
bemused /bɪˈmjuːzd/ agg. *(bewildered)* confuso, stupefatto.
bench /bentʃ/ n. **1** *(seat)* panca f., panchina f. **2** SPORT panchina f. **3** BE POL. seggio m.; ***to be on the opposition ~es*** sedere all'opposizione **4** DIR. (anche **Bench**) *(judges collectively)* magistratura f.; *(judge or judges in one case)* corte f.; ***to be*** o ***sit on the ~*** essere magistrato; ***to be on the ~ for a case*** essere giudice in un processo **5** TECN. *(workbench)* banco m. di lavoro.
benchmark /ˈbentʃmɑːk/ n. **1** punto m. di riferimento **2** ECON. *(price)* prezzo m. di riferimento **3** INFORM. benchmark m.
1.bend /bend/ **I** n. *(in road)* curva f.; *(in pipe)* piegatura f.; *(in river)* ansa f.; *(of elbow, knee)* piega f. **II bends** ♦ ***11*** n.pl. MED. + verbo sing. o pl. malattia f. dei cassoni ♦ ***to go (a)round the ~*** uscire di testa; ***to drive sb. (a)round the ~*** fare uscire di testa qcn.
2.bend /bend/ **I** tr. (pass., p.pass. **bent**) **1** piegare [*arm, leg, body, pipe, wire*] **2** *(distort)* distorcere [*truth, facts*]; ***to ~ the rules*** fare uno strappo alla regola **3** *(direct)* ***to ~ one's attention to*** rivolgere l'attenzione a **II** intr. (pass., p.pass. **bent**) **1** *(become curved)* [*road, path*] girare, fare una curva; [*river*] *(once)* piegarsi; *(several times)* serpeggiare; [*branch*] piegarsi **2** *(stoop)* [*person*] piegarsi; ***to ~ forward, backwards*** piegarsi in avanti, indietro **3** *(submit)* ***to ~ to*** piegarsi a [*person, will*] ♦ ***to ~ over backwards for sb., to do*** farsi in quattro per qcn., per fare.
▪ **bend back:** ***~ back*** [*person*] piegarsi all'indietro; ***~ [sth.] back, ~ back [sth.]*** *(to original position)* raddrizzare [*book, pin*]; *(away from natural position)* ripiegare [*book, pin*]; ***to ~ sth. back into shape*** raddrizzare qcs.
▪ **bend down:** ***~ down*** [*person*] chinarsi; ***~ [sth.] down, ~ down [sth.]*** piegare [*branch*]; abbassare [*flap*].
▪ **bend over:** ***~ over*** [*person*] chinarsi; ***~ [sth.] over, ~ over [sth.]*** ripiegare.
beneath /bɪˈniːθ/ When used as a preposition meaning *under*, *beneath* is translated by *sotto (a)*: *I took shelter beneath an oak* = mi rifugiai sotto una quercia; *beneath his feet* = sotto ai suoi piedi. - When used as an adverb, *beneath* is translated by *sotto*: *the trees beneath* = gli alberi sotto. - Note that *sotto* is the Italian translation of *beneath, below* and *under*. - For particular and figurative usages, see the entry below. **I** prep. **1** *(under)* sotto, al di sotto di; ***~ the table*** sotto il tavolo; ***the valley ~ you*** la valle sotto di voi; ***~ the calm exterior he...*** dietro il suo aspetto calmo... **2** *(unworthy of)* indegno di [*person*]; ***it is ~ you to do*** non è degno di te fare **II** avv. sotto, di sotto; ***the apartment ~*** l'appartamento di sotto; ***the valley ~*** la valle sottostante.
Benedict /ˈbenɪdɪkt/ n.pr. Benedetto.
Benedictine /ˌbenɪˈdɪktɪn/ **I** agg. benedettino **II** n. RELIG. benedettino m. (-a).
benediction /ˌbenɪˈdɪkʃn/ n. benedizione f. (anche FIG.).
benefactor /ˈbenɪfæktə(r)/ n. benefattore m. (-trice).
benefactress /ˈbenɪfæktrɪs/ n. benefattrice f.
beneficent /bɪˈnefɪsnt/ agg. **1** *(kindly)* [*concern*] benevolo **2** *(generous)* [*assistance, patron*] benefico.
beneficial /ˌbenɪˈfɪʃl/ agg. *(advantageous)* [*effect, influence, change*] benefico; [*outcome, result*] positivo; ***to be ~ to*** essere benefico per; ***to be ~ for*** essere vantaggioso per.
beneficiary /ˌbenɪˈfɪʃərɪ, AE -fɪʃɪerɪ/ n. **1** DIR. beneficiario m. (-a) **2** *(recipient)* beneficiato m. (-a).
1.benefit /ˈbenɪfɪt/ **I** n. **1 U** *(helpful effect)* beneficio m. (**from** da); ***to be of ~ to*** essere di beneficio a [*patient, environment*]; ***to feel the ~ of*** sentire il beneficio di [*change, holiday*]; ***to get some ~ from*** trarre beneficio da [*treatment*]; ***to give sb. the ~ of one's advice*** aiutare qcn. con i propri consigli **2 C** *(advantage)* beneficio m., vantaggio m.; ***the ~s of modern technology*** i benefici della moderna tecnologia; ***to have the ~ of*** avere i benefici di [*education*]; ***to be to sb.'s ~*** andare a vantaggio di qcn. **3 U** *(good)* ***it's for your own ~*** è per il tuo bene; ***for the ~ of the newcomers*** a beneficio dei nuovi arrivati; ***he's just crying for your ~*** sta piangendo per attirare la tua attenzione **4** *(perk)* indennità f., benefit m.; ***"salary £ 20,000 plus ~s"*** "salario di £ 20.000 più indennità" **II** modif. [*concert, match*] di beneficenza; [*claim*] di sussidio ♦ ***to give sb. the ~ of the doubt*** concedere a qcn. il beneficio del dubbio.
2.benefit /ˈbenɪfɪt/ **I** tr. (forma in -ing ecc. **-t-**) giovare a, fare bene a [*person, health*]; avvantaggiare [*group, nation*]; ***to do sth. to ~ sb.*** fare qcs. a beneficio di qcn. **II** intr. (forma in -ing ecc. **-t-**) beneficiare, approfittare (**from, by** di); ***to ~ from*** o ***by doing*** trarre beneficio dal fare; ***I will ~ the most*** ne trarrò il massimo profitto.

benevolence /bɪˈnevələns/ n. *(kindness)* benevolenza f.; *(generosity)* generosità f., magnanimità f.

benevolent /bɪˈnevələnt/ agg. **1** [*person, smile*] benevolo (**to, towards** verso); [*dictator*] illuminato **2** *(charitable)* [*organization, fund*] di beneficenza.

BEng n. (⇒ Bachelor of Engineering) = (diploma di) dottore in ingegneria (conseguito con un corso di studi di tre o quattro anni).

Bengal /beŋˈgɔːl/ ➧ ***24*** n.pr. Bengala m.

Bengali /beŋˈgɔːlɪ/ ➧ ***14*** **I** agg. **1** [*people*] bengalese **2** LING. bengali **II** n. **1** *(person)* bengalese m. e f. **2** LING. bengali m., bengalese m.

benighted /bɪˈnaɪtɪd/ agg. LETT. arretrato.

benign /bɪˈnaɪn/ agg. **1** [*person, smile*] benigno, benevolo; [*climate*] salubre; [*conditions*] favorevole; [*influence*] benefico **2** MED. benigno.

Benjamin /ˈbendʒəmɪn/ n.pr. Beniamino.

1.bent /bent/ **I** pass., p.pass. → **2.bend** **II** agg. **1** [*nail, wire*] piegato; [*stick*] storto; [*old person*] curvo **2** ***to be ~ on doing sth.*** essere deciso a fare qcs.

2.bent /bent/ n. *(flair)* disposizione f., tendenza f. (**for** per); *(liking)* inclinazione f. (**for, towards** per).

benzene /ˈbenziːn/ n. benzene m.

benzine /ˈbenziːn/ n. benzina f. di petrolio.

benzol /ˈbenzɒl, AE -zɔːl/, **benzole** /ˈbenzəʊl/ n. benzolo m.

bequeath /bɪˈkwiːð/ tr. DIR. legare; FIG. trasmettere, tramandare.

bequest /bɪˈkwest/ n. DIR. legato m., lascito m.; FIG. eredità f., retaggio m.

berate /bɪˈreɪt/ tr. FORM. rimproverare.

bereave /bɪˈriːv/ tr. LETT. **1** (pass., p.pass. **bereaved**) *(by death)* orbare [*person, family*] **2** (pass., p.pass. **bereft**) *(deprive)* privare.

bereaved /bɪˈriːvd/ **I** p.pass. → **bereave** **II** agg. [*person, family*] orbato (**of** di) **III** n. ***the ~*** + verbo pl. i familiari del defunto.

bereavement /bɪˈriːvmənt/ n. lutto m.

bereft /bɪˈreft/ **I** pass., p.pass. → **bereave** **II** agg. FORM. **1** ***~ of*** privato di [*love, friendship*]; privo di [*contents, ideas*] **2** *(forlorn)* [*person*] abbandonato.

beret /ˈbereɪ, AE bəˈreɪ/ n. berretto m., basco m.

bergamot /ˈbɜːgəmɒt/ n. *(fruit, tree)* bergamotto m.

berk /bɜːk/ n. BE POP. SPREG. fesso m. (-a).

Berlin /bɜːˈlɪn/ ➧ ***34*** n.pr. Berlino f.

Berliner /bɜːˈlɪnə(r)/ n. berlinese m. e f.

Bermuda /bəˈmjuːdə/ ➧ ***6, 12*** n.pr. Bermuda f.pl., Bermude f.pl.

Bermudas /bəˈmjuːdəz/, **Bermuda shorts** n.pl. bermuda m.

Bernard /ˈbɜːnəd/ n.pr. Bernardo.

berry /ˈberɪ/ n. bacca f. ♦ ***to be as brown as a ~*** essere abbronzato.

berserk /bəˈsɜːk/ agg. pazzo furioso; ***to go ~*** diventare una furia.

1.berth /bɜːθ/ n. **1** MAR. FERR. *(for sleeping)* cuccetta f. **2** MAR. *(for ship)* posto m. di ormeggio; ***at ~*** all'ormeggio ♦ ***to give sb., sth. a wide ~*** COLLOQ. stare alla larga da qcs., qcn.

2.berth /bɜːθ/ tr. ormeggiare.

Bertha /ˈbɜːθə/ n.pr. Berta.

Bertram /ˈbɜːtrəm/ n.pr. Bertrando.

beseech /bɪˈsiːtʃ/ tr. (pass., p.pass. **beseeched** o **besought**) FORM. implorare, supplicare [*forgiveness*]; sollecitare [*favour*]; ***to ~ sb. to do*** supplicare qcn. di fare.

beseeching /bɪˈsiːtʃɪŋ/ agg. FORM. implorante, supplichevole.

beset /bɪˈset/ tr. (pass., p.pass. **beset**; forma in -ing **-tt-**) **1** MIL. assediare **2** gener. passivo ***to be beset with difficulties*** essere irto di difficoltà; ***a country ~ by strikes*** un paese paralizzato dagli scioperi.

beside /bɪˈsaɪd/ prep. **1** *(next to)* accanto a, presso, vicino a; ***~ you*** accanto a te; ***~ the sea*** vicino al mare **2** *(in comparison with)* in confronto a; ***my problems seem rather insignificant ~ yours*** i miei problemi sembrano piuttosto insignificanti in confronto ai tuoi ♦ ***to be ~ oneself (with anger, happiness)*** essere fuori di sé (dalla rabbia, dalla gioia).

besides /bɪˈsaɪdz/ **I** avv. **1** *(moreover)* inoltre, per di più **2** *(in addition)* in più, anche; ***she has a car and a motorbike ~*** ha una macchina e anche una motocicletta; ***and much else ~*** e molto altro ancora **II** prep. *(apart from)* oltre a, in aggiunta a; ***~ John they're all teachers*** a parte John, sono tutti insegnanti; ***~ being an artist, she also writes poetry*** oltre a essere un'artista, scrive anche poesie; ***everyone ~ me*** tutti tranne me.

besiege /bɪˈsiːdʒ/ tr. MIL. assediare (anche FIG.).

besmirch /bɪˈsmɜːtʃ/ tr. LETT. insozzare (anche FIG.).

besotted /bɪˈsɒtɪd/ agg. *(infatuated)* infatuato (**with** di).

besought /bɪˈsɔːt/ pass., p.pass. → **beseech**.

bespatter /bɪˈspætə(r)/ tr. inzaccherare (**with** di).

bespectacled /bɪˈspektəkld/ agg. FORM. che porta gli occhiali, con gli occhiali.

bespoke /bɪˈspəʊk/ agg. BE [*suit, jacket*] (fatto) su misura; [*tailor*] = che lavora su ordinazione.

Bessie /ˈbesɪ/ n.pr. diminutivo di **Elizabeth**.

1.best /best/ **I** agg. (superl. di **1.good**) **1** *(most excellent)* (il) migliore; ***the ~ idea he's ever had*** la migliore idea che abbia mai avuto; ***the ~ thing about sth., about doing*** il lato migliore di qcs., del fare; ***to taste, smell ~*** avere un ottimo sapore, odore; ***this wine is ~ served chilled*** questo vino va servito freddo; ***she looks ~ in black*** sta benissimo in nero; ***she speaks the ~ French*** parla francese meglio di tutti; ***my ~ dress*** il mio vestito più bello; ***"~ before end May"*** "da consumarsi preferibilmente entro (la) fine (di) maggio" **2** *(most competent)* (il) migliore; ***the award for ~ actress*** il premio per la migliore attrice; ***I'm ~ at English*** la materia in cui riesco meglio è l'inglese; ***she's ~ at guitar*** lo strumento che suona meglio è la chitarra; ***may the ~ man win!*** che vinca il migliore! **3** *(most suitable)* [*tool, way, time, idea*] migliore; ***the ~ person for the job*** la persona più adatta per il lavoro; ***the ~ thing to do*** la cosa migliore da fare **II** n. **1** *(most pleasing)* ***the ~*** il migliore, la migliore, il meglio; ***it's the ~ of the stories*** è la migliore delle storie; ***I think we've had the ~ of the day*** penso che per oggi abbiamo fatto tanto; ***to look, taste, smell the ~*** avere un ottimo aspetto, sapore, odore **2** *(of the highest quality)* ***the ~ there is*** il meglio che ci sia; ***the ~ of its kind*** il migliore nel suo genere; ***it's not her ~*** *(of book, play)* non è la sua cosa migliore; ***only the ~ is good enough for me*** voglio solo il meglio **3** *(most competent)* ***the ~*** il migliore, la migliore; ***she's one of the ~*** è una delle migliori; ***to be the ~ at*** essere il migliore in [*subject, game*]; ***who's the ~ at drawing?*** chi è il più bravo a disegnare? **4** *(most appropriate)* ***the ~*** il migliore, la migliore, il meglio; ***it's the ~ I've got*** è il meglio che ho; ***it's for the ~*** *(recommending course of action)* è la soluzione migliore; *(of something done)* è andata bene così; ***it's not the ~ of times to do*** non è il momento migliore per fare **5** *(most favourable)* ***the ~*** il meglio; ***the ~ we can hope for*** il meglio che si possa sperare; ***at ~*** nella migliore delle ipotesi; ***he's a difficult man at the ~ of times*** già normalmente è difficile andare d'accordo con lui; ***to make the ~ of things*** fare buon viso a cattivo gioco **6** *(peak)* ***to be at its ~*** [*wine*] essere perfetto; [*city, landscape*] essere al meglio; ***this is modern art at its ~*** questa è la massima espressione dell'arte moderna; ***to be at one's ~*** essere nella forma migliore; ***he's at his ~ playing villains*** dà il meglio di sé nella parte del cattivo; ***this is Austen at her ~*** questa è la Austen al suo meglio **7** *(greatest personal effort)* ***to do one's ~ to do*** fare del proprio meglio per fare; ***is that the ~ you can do?*** è questo il meglio che puoi fare? ***to get the ~ out of*** tirar fuori il meglio da [*pupil, worker*]; ***to bring out the ~ in sb.*** [*crisis, suffering*] tirare fuori il meglio di qcn. **8** *(most advantageous part)* ***the ~ of it is*** la cosa più bella è; ***to get the ~ of*** guadagnare il massimo da [*deal, bargain*] **9** *(good clothes)* ***(dressed) in one's Sunday ~*** con il vestito buono, con il vestito della domenica **10** *(good wishes)* ***all the ~!*** *(good luck)* buona fortuna! *(cheers)* alla salute! ***all the ~, Ellie*** *(in letter)* cari saluti, Ellie; ***wishing you all the ~ on your retirement*** i migliori auguri per il Suo pensionamento ♦ ***it happens to the ~ of us*** *(mishap, failure)* capita anche nelle migliori famiglie; *(death)* sono sempre i migliori che se ne vanno.

2.best /best/ avv. (superl. di **2.well**) meglio; ***to behave, hear ~*** comportarsi, sentire meglio; ***the ~ qualified*** il meglio qualificato; ***the ~ organized person*** la persona meglio organizzata;

the ~ prepared il più preparato; ***the ~ loved woman*** la donna più amata; ***to like sth. ~ (of all)*** preferire qcs. (in assoluto); ***~ of all*** meglio ancora; ***to do ~*** riuscire, fare meglio; ***you'd ~ do*** COLLOQ. faresti meglio a fare; ***such advice is ~ ignored*** è meglio ignorare questo consiglio; ***you know ~*** tu te ne intendi.

3.best /best/ tr. *(in argument)* avere la meglio su, spuntarla su [*person*]; *(in struggle)* avere la meglio su, battere [*opponent*].

best friend n. migliore amico m. (-a).

bestial /ˈbestɪəl, AE ˈbestʃəl/ agg. bestiale; FIG. lussurioso, depravato.

bestiality /ˌbestɪˈælətɪ, AE ˌbestʃɪ-/ n. bestialità f.; FIG. lussuria f., depravazione f.

bestir /bɪˈstɜː(r)/ rifl. (forma in -ing ecc. **-rr-**) FORM. ***to ~ oneself*** attivarsi.

best man n. (pl. **best men**) testimone m. dello sposo.

bestow /bɪˈstəʊ/ tr. FORM. concedere [*favour*]; conferire [*title*]; elargire [*wealth*]; prestare [*attention*] (**on, upon** a).

bestseller /ˌbestˈselə(r)/ n. **1** *(book)* best seller m.; *(product)* ***this is our ~*** questo è il nostro articolo più venduto **2** *(writer)* bestsellerista m. e f.

best-selling /ˌbestˈselɪŋ/ agg. **1** [*product*] più venduto; ***a ~ novel*** o ***book*** un best seller **2** [*writer*] di successo; ***the ~ novelist of 1992*** il romanziere che ha venduto di più nel 1992.

1.bet /bet/ n. **1** *(gamble)* scommessa f.; ***to make a ~*** scommettere, fare una scommessa (**with** con); ***to have a ~ on*** fare una scommessa in [*race*]; scommettere su [*horse*]; ***to place*** o ***put*** o ***lay a ~ on*** puntare su [*horse, dog, number, colour*]; ***to make a ~ that*** scommettere che; ***to do sth. for a ~*** fare qcs. per scommessa; ***"place your ~s!"*** *(in roulette)* "faites vos jeux!"; ***this car is supposed to be a good*** o ***safe ~*** con questa automobile non dovrebbero esserci rischi; ***your best ~ is to take the motorway*** la cosa migliore è che tu prenda l'autostrada **2** *(guess)* ***my ~ is that*** penso che **3** *(stake)* scommessa f.; *(in casino)* puntata f.

2.bet /bet/ **I** tr. (forma in -ing **-tt-**; pass., p.pass. **bet** o **~ted**) scommettere (**on** su); *(in gambling)* scommettere, puntare; ***to ~ that*** scommettere che; ***I bet you 100 dollars (that) I win*** scommetto 100 dollari che vinco; ***bet you can, can't!*** *(between children)* scommetto che ci riesci, non ci riesci! **II** intr. (forma in -ing **-tt-**; pass., p.pass. **bet** o **~ted**) scommettere (**on** su); *(in casino)* scommettere, puntare; ***to ~ on a horse*** scommettere *o* puntare su un cavallo; ***to ~ on a race*** fare una scommessa in una corsa; ***to ~ on sth. happening*** scommettere che succederà qcs.; ***something will go wrong, you can ~ on it*** qualcosa andrà storto, puoi scommetterci; ***I wouldn't ~ on it!*** non ci metterei la mano sul fuoco! ***I'll ~!*** *(in agreement)* ci credo! credo bene! *(ironically)* come no! ***you bet!*** eccome! ci puoi scommettere!

beta /ˈbiːtə, AE ˈbeɪtə/ **I** n. beta m. e f. **II** modif. [*particle, ray*] beta.

Bethlehem /ˈbeθlɪhem/ ➧ ***34*** n.pr. Betlemme f.

betray /bɪˈtreɪ/ tr. tradire [*country, trust, lover*]; mancare a, venire meno a [*promise*]; rivelare [*nature, interest*]; tradire, rivelare [*emotion, secret*].

betrayal /bɪˈtreɪəl/ n. *(of country, ideal, person)* tradimento m.; *(of secret, plan, truth)* rivelazione f.; *(of fear, intention)* manifestazione f.

betrothal /bɪˈtrəʊðl/ n. ANT. fidanzamento m. (**to** con).

betrothed /bɪˈtrəʊðd/ **I** agg. ANT. ***to be ~*** essere fidanzato **II** n. (pl. **~**) ANT. fidanzato m. (-a), promesso m. (-a); ***the ~*** i fidanzati, i promessi sposi.

Betsy /ˈbetsɪ/ n.pr. diminutivo di **Elizabeth**.

1.better /ˈbetə(r)/ When *better* is used as an adjective, it is translated by *migliore* or *meglio* depending on the context (see below, and note that *migliore* is the comparative form of *buono*, *meglio* the comparative form of *bene*). The choice between *migliore* e *meglio* in the construction *to be better than* depends on whether *buono* or *bene* would be used originally with the noun. - Other constructions translate as follows: *this is a better bag / car* = questa borsa / auto è migliore; *it is better to do* = è meglio farlo. - For more examples and particular usages, see the entry below. **I** agg. (compar. di **1.good**) **1** *(more pleasing)* ***playing is ~ than watching*** è meglio giocare che guardare; ***to get ~*** migliorare; ***the weather is no ~*** il tempo non è migliorato; ***things are getting ~*** le cose vanno meglio; ***to look, taste, smell ~*** avere un aspetto, sapore, odore migliore; ***that's ~!*** così va meglio! **2** *(recovered)* ***to be ~*** [*patient, cold*] andare meglio; ***to feel all the ~ for*** sentirsi meglio dopo [*rest, meal*] **3** *(happier)* [*mood*] migliore; ***I'd feel ~ if you didn't do*** sarei più contento se tu non facessi; ***if it makes you feel any ~*** se ti fa sentire meglio; ***I feel ~ about doing*** *(less nervous)* mi sento più a mio agio a fare; *(less worried)* mi faccio meno problemi a fare **4** *(of superior quality)* (di qualità) migliore, superiore; ***one of the ~ schools*** una delle migliori scuole; ***they sent him to a ~ school*** l'hanno mandato in una scuola migliore **5** *(more virtuous)* migliore; ***you're a ~ man than I am!*** sei migliore di me! ***to be no ~ than a thief*** non essere (altro) che un ladro **6** *(more skilled)* [*doctor, teacher*] migliore; ***to be a ~ swimmer than sb.*** nuotare meglio di qcn.; ***to be ~ at*** essere più bravo in [*subject, sport*]; ***to be ~ at doing*** essere più bravo a fare; ***he's no ~ at driving than she is*** non guida meglio di lei **7** *(more suitable)* [*way, excuse, choice*] migliore; ***to be ~ for doing*** andare meglio per fare; ***to be ~ than nothing*** essere meglio che niente; ***the sooner, bigger the ~*** prima è, più grande è meglio è; ***the less said about that the ~*** meno se ne parla, meglio è; ***who ~ to play the part?*** chi meglio di lui potrebbe fare la parte? **8** *(more beneficial)* ***swimming is ~ for you than running*** a te fa meglio il nuoto della corsa **9** *(more accurate)* [*description, view*] migliore; ***in order to get a ~ look*** per vedere meglio **II** n. **1** *(something preferable)* ***the ~*** il, la migliore (di due) **2** *(more desirable state of affairs)* ***to deserve ~*** meritare di meglio; ***hope for ~*** sperare per il meglio; ***so much the ~*** tanto meglio, ancora meglio; ***all the ~*** molto meglio; ***a change for the ~*** un miglioramento; ***to change for the ~*** migliorare, cambiare in meglio **3** *(superior person)* ***my ~s*** *(in rank)* i miei superiori; *(in merit)* quelli migliori di me ♦ ***for ~ (or) for worse*** comunque vada, in ogni caso; *(in wedding vow)* nella buona e nella cattiva sorte; ***to get the ~ of*** avere la meglio su [*enemy*]; ***the problem got the ~ of her*** non è riuscita a risolvere il problema; ***to go one ~*** fare ancora meglio (**than** di).

2.better /ˈbetə(r)/ avv. (compar. di **2.well**) **1** *(more adequately)* meglio, in modo migliore; ***to behave ~ than*** comportarsi meglio di; ***~ made, organized than*** fatto, organizzato meglio di; ***~ behaved, educated*** più educato, istruito; ***to be ~ tempered*** avere un carattere migliore; ***to do ~*** *(in career, life)* riuscire, meglio; *(in exam, essay)* fare meglio, ottenere migliori risultati; *(in health)* andare meglio; ***the ~ to see, hear*** per vedere, sentire meglio **2** *(more appropriately)* meglio; ***it couldn't have been ~ timed*** non sarebbe potuto succedere in un momento migliore; ***the money would be ~ spent on*** sarebbe meglio spendere il denaro per; ***you had ~ do*** o ***you'd ~ do*** faresti meglio a fare; ***I'd ~ go*** è meglio che vada; ***"will she come?" - "she'd ~!"*** o ***"she ~!"*** COLLOQ. "verrà?" - "sarà meglio! ***~ still,...*** meglio ancora,... ♦ ***to think ~ of it*** cambiare idea, ripensarci; ***to think ~ of sb.*** farsi un'opinione migliore di qcn.

3.better /ˈbetə(r)/ **I** tr. migliorare [*one's performance*]; superare, fare meglio di [*rival's performance*] **II** rifl. ***to ~ oneself*** migliorare le proprie condizioni (sociali).

betterment /ˈbetəmənt/ n. FORM. miglioramento m.

better off I agg. **1** *(more wealthy)* più ricco (**than** di); ***their better-off neighbours*** i loro vicini più ricchi **2** *(in a better situation)* meglio; ***you'd be ~ in hospital*** staresti meglio all'ospedale; ***you're ~ without him*** stai meglio senza di lui **II** n. ***the better-off*** + verbo pl. i ricchi.

betting /ˈbetɪŋ/ n. **1** *(activity)* (lo) scommettere, scommesse f.pl. **2** *(odds)* quotazione f. **3** *(likelihood)* ***what's the ~ that...?*** quante possibilità ci sono che...?

betting shop n. GB sala f. corse.

Betty /ˈbetɪ/ n.pr. diminutivo di **Elizabeth**.

1.between /bɪˈtwiːn/ When *between* is used as a preposition expressing physical location (*between the lines*), time (*between 8 am and 11 am*), position in a range (*between 30 and 40 kilometres*), relationship (*link between, difference between*), it is translated by *tra* or its variant form *fra*. Remember that *tra* and *fra* are the Italian translations of both *between* and *among(st)*. - For particular usages, see the entry below. prep. **1** *(in space)* tra, fra, in mezzo a; ***there is a wall ~ the two gardens*** c'è un muro tra i due giardini **2** *(in time)* tra, fra; **~ the ages of 12 and 18** tra i 12 e i 18 anni; **~ now and next year** da qui al prossimo anno **3** *(on a scale)* tra, fra; **it costs ~ £ 5 and £ 10** costa tra le 5 e le 10 sterline **4** *(to and from)* tra, fra; **flights ~ London and Rome** i voli tra Londra e Roma **5** *(indicating connection)* tra, fra; **nothing stands ~ us and success** più nulla ci separa dal successo; **we mustn't allow this to come ~ us** non dobbiamo permettere che questo venga a mettersi tra noi **6** *(indicating sharing)* tra, fra; **the estate was divided ~ them** la proprietà fu divisa tra loro; **they drank the whole bottle ~ (the two of) them** si sono bevuti tutta la bottiglia in due; **~ ourselves, ~ you and me (and the gatepost)** detto tra noi **7** *(together)* insieme, tra tutti; **the couples have seventeen children ~ them** le coppie hanno diciassette bambini in tutto; **~ them, they collected £ 200** tra loro hanno raccolto 200 sterline.

2.between /bɪ'twi:n/ avv. (anche **in ~**) **1** *(in space)* in mezzo, tra i due, fra i due; **the two main roads and the streets (in) ~** le due strade principali e le vie tra esse **2** *(in time)* nell'intervallo, tra i due, fra i due; **she spent four years at university and two years training, with a year off (in) ~** ha fatto quattro anni di università e due di formazione, con un anno di pausa nel mezzo.

betweentimes /bɪ'twi:ntaɪmz/, **betweenwhiles** /bɪ'twi:nwaɪlz, AE -hwaɪlz/ avv. nel frattempo.

betwixt /bɪ'twɪkst/ **I** avv. **~ and between** una via di mezzo, né carne né pesce **II** prep. LETT. tra, fra, in mezzo a.

1.bevel /'bevl/ n. **1** *(edge)* smussatura f., angolo m. smussato; *(larger)* superficie f. smussata **2** *(tool)* squadra f. falsa, squadra f. zoppa.

2.bevel /'bevl/ tr. smussare [*edge*]; molare [*mirror, glass*].

beverage /'bevərɪdʒ/ n. bevanda f., bibita f.

bevy /'bevɪ/ n. *(of quails)* stormo m.; FIG. *(of people)* gruppo m.

bewail /bɪ'weɪl/ tr. lamentare, piangere [*lack, loss*].

beware /bɪ'weə(r)/ **I** intr. **1** guardarsi, stare in guardia (**of** da); **to ~ of doing** fare attenzione a non fare, guardarsi dal fare **2** *(on sign)* **~ of** attenti a; **"~ of pickpockets"** "attenti ai borseggiatori"; **"~ of the dog"** "attenti al cane"; **"~ of falling rocks"** "attenzione, caduta massi" **II** inter. attenzione.

bewilder /bɪ'wɪldə(r)/ tr. confondere, sconcertare (**with** con; **by doing** facendo).

bewildered /bɪ'wɪldəd/ **I** p.pass. → **bewilder II** agg. [*person*] confuso, sconcertato (**at, by** da); [*look*] perplesso.

bewildering /bɪ'wɪldərɪŋ/ agg. sconcertante, stupefacente.

bewilderment /bɪ'wɪldəmənt/ n. confusione f., sconcerto m.

bewitch /bɪ'wɪtʃ/ tr. incantare, stregare, ammaliare (anche FIG.).

bewitching /bɪ'wɪtʃɪŋ/ agg. ammaliante, seducente.

1.beyond /bɪ'jɒnd/ *Beyond* is often used with a noun to produce expressions like *beyond doubt, beyond a joke, beyond the bounds of* etc. For translations of these and similar expressions where *beyond* means *outside the range of,* consult the appropriate noun entry (**doubt, joke, bounds** etc.). See also **3** below. prep. **1** *(in space)* al di là di, oltre [*border, region, sea, mountain range*]; **~ the city walls** *(but close)* fuori le mura; *(covering greater distance)* oltre le mura della città; **just ~ the tower** appena dopo la torre **2** *(in time)* oltre, dopo; **well ~ midnight** ben oltre la mezzanotte; **~ the age of 11** dopo gli 11 anni; **to go ~ a deadline** andare oltre *o* non rispettare una scadenza **3** *(outside the range of)* **~ one's means** superiore ai propri mezzi; **~ all hope** al di là di ogni speranza; **~ one's control** fuori dal proprio controllo; **he is ~ help** non si può più fare niente per lui; **to be wise ~ one's years** essere molto maturo per la propria età **4** *(above)* **to be ~ sb.'s ability** [*task, activity*] essere al di sopra delle proprie capacità; **to be ~ sb.** [*task, activity*] superare le capacità *o* possibilità di qcn.; **it's ~ me!** non ci arrivo (a capirlo)! **it's ~ me how she manages** non riesco a capire come possa farcela **5** *(other than)* eccetto, salvo, oltre a; **we know little about it ~ the fact that** ne sappiamo poco se non che.

2.beyond /bɪ'jɒnd/ avv. **1** *(in space)* **in the room ~** nella stanza accanto, di là; **~ there was a garden** oltre c'era un giardino; **as far as London and ~** fino a Londra e oltre **2** *(in time)* oltre; **up to the year 2000 and ~** fino all'anno 2000 e oltre.

3.beyond /bɪ'jɒnd/ cong. a parte; **there was little I could do ~ reassuring him that** non ho potuto fare molto tranne rassicurarlo che.

4.beyond /bɪ'jɒnd/ n. **the ~** l'aldilà ♦ **in the back of ~** in capo al mondo, a casa del diavolo.

bezique /bɪ'zi:k/ ♦ **10** n. bazzica f.

B film /'bi:fɪlm/ n. film m. di serie B.

BGC n. (⇒Bank Giro Credit) = bancogiro.

biannual /baɪ'ænjʊəl/ agg. biannuale.

1.bias /'baɪəs/ n. **1** *(prejudice)* prevenzione f., pregiudizio m. (**on the part of** da parte di); **to display ~** mostrare pregiudizio; **political ~** parzialità politica **2** *(discrimination)* discriminazione f. (**against** verso); **racial, sexual ~** discriminazione razziale, sessuale **3** *(tendency)* tendenza f., inclinazione f. (**in favour of, towards** per); **an American ~** una propensione per l'America **4** SART. sbieco m.

2.bias /'baɪəs/ tr. (forma in -ing ecc. **-s-**, **-ss-**) influenzare [*person, decision, result*]; **to ~ sb. against, in favour of** influenzare negativamente, positivamente qcn. nei confronti di.

bias binding n. SART. sbieco m.

biased, biassed /'baɪəst/ **I** p.pass. → **2.bias II** agg. [*decision, opinion, system*] parziale; **this report is ~** questa relazione non è obiettiva; **to be ~ against** essere prevenuto nei confronti di; **to be ~ in favour of** essere parziale nei confronti di.

bias tape n. SART. sbieco m.

bib /bɪb/ n. **1** *(baby's)* bavaglino m. **2** *(of apron, dungarees)* pettorina f.

Bible /'baɪbl/ n. Bibbia f.; **it's his ~** FIG. è la sua bibbia.

biblical /'bɪblɪkl/ agg. biblico.

bibliographic(al) /ˌbɪblɪə'græfɪk(l)/ agg. bibliografico.

bibliography /ˌbɪblɪ'ɒgrəfɪ/ n. bibliografia f.

bibulous /'bɪbjʊləs/ agg. FORM. o SCHERZ. bibulo, beone.

bicarbonate of soda n. bicarbonato m. di sodio.

bicentenary /ˌbaɪsen'ti:nərɪ, AE -'sentənerɪ/, **bicentennial** /ˌbaɪsen'tenɪəl/ **I** n. bicentenario m. **II** modif. [*celebration, year*] del bicentenario.

biceps /'baɪseps/ n. (pl. **~**) bicipite m.

bicker /'bɪkə(r)/ intr. bisticciare, beccarsi (**about, over** su, per).

bickering /'bɪkərɪŋ/ n. battibecco m.

1.bicycle /'baɪsɪkl/ **I** n. bicicletta f.; **on a** o **by ~** in bicicletta; **to ride a ~** andare in bicicletta **II** modif. [*ride*] in bicicletta; [*bell, chain, lamp*] della bicicletta; [*hire, repair*] di biciclette.

2.bicycle /'baɪsɪkl/ intr. andare in bicicletta.

bicycle clip n. fermacalzoni m.

bicycle lane n. pista f. ciclabile.

bicycle rack n. *(in yard)* rastrelliera f. per biciclette; *(on car)* portabiciclette m.

1.bid /bɪd/ n. **1** *(at auction)* offerta f., licitazione f.; **the opening, closing ~** la prima, l'ultima offerta; **to raise one's ~ by £ 200** alzare l'offerta di 200 sterline **2** *(for contract)* offerta f. di appalto; *(for company)* offerta f. **3** *(attempt)* tentativo m. (**to do** di fare); **escape, suicide ~** tentativo di fuga, di suicidio; **to make a ~ for power** tentare la scalata al potere **4** *(in bridge)* *(first)* dichiarazione f.; *(subsequent)* licitazione f.; **it's your ~** tocca a te dichiarare.

2.bid /bɪd/ **I** tr. (forma in -ing **-dd-**; pass. **bade** o **bid**; p.pass. **bidden** o **bid**) **1** COMM. ECON. offrire [*money*]; **what am I bid for this painting?** qual è l'offerta per questo quadro? **2** *(say)* **to ~ sb. good morning** augurare il buongiorno a qcn.; **to ~ sb. farewell** dire addio a qcn.; **to ~ sb. welcome** dare il benvenuto a qcn. **3** *(in bridge)* dichiarare **II** intr. (forma in -ing **-dd-**; pass. **bade** o **bid**; p.pass. **bidden** o **bid**) **1** COMM. ECON. *(at auction)* offrire, licitare; *(for contract)* fare un'offerta di appalto; *(for company)* fare un'offerta; **to ~ against sb. in an auction** fare una controfferta in un'asta **2** *(in bridge)* dichiarare.

biddable /'bɪdəbl/ agg. obbediente, docile.

bidden /'bɪdn/ p.pass. → **2.bid**.

bidder /'bɪdə(r)/ n. *(at auction, for contract)* offerente m. e f.; **to go to the highest ~** andare al migliore offerente.

bidding /'bɪdɪŋ/ n. **1 U** *(at auction)* offerte f.pl.; **the ~ closed at £ 50,000** è stato aggiudicato per 50.000 sterline **2** *(command)* **he did my ~** ha eseguito il mio ordine **3 U** *(in bridge)* dichiarazioni f.pl.

bide /baɪd/ intr. ANT. o BE **to ~ one's time** attendere il momento opportuno.

bidet /'bi:deɪ, AE bi:'deɪ/ n. bidè m.

bidirectional /ˌbaɪdɪˈrekʃənl, -daɪ-/ agg. bidirezionale.
biennial /baɪˈenɪəl/ agg. biennale.
bier /bɪə(r)/ n. *(coffin)* bara f., feretro m.; *(stand)* catafalco m.
bifocals /baɪˈfəʊklz/ n.pl. occhiali m. con lenti bifocali.
big /bɪg/ agg. **1** *(in build) (tall)* grande; *(heavy)* grosso; ***to get ~(ger)*** *(taller)* diventare grande, crescere; *(fatter)* ingrassare; *(in pregnancy)* diventare grossa **2** *(in size)* [*bed, room, building, garden, town*] grande; [*animal, car, boat, box*] grosso, grande; ***a ~ book*** *(thick)* un libro spesso; *(large)* un libro grande; ***to have ~ hands*** avere le mani grandi; ***in ~ letters*** in maiuscolo; FIG. a grandi lettere **3** *(in age)* grande; ***his ~ brother*** il suo fratello grande **4** *(in extent)* [*family, crowd, party*] grande; [*collection, organization, company*] grosso, grande; [*meal*] abbondante; ***to be a ~ eater*** essere un mangione **5** *(important)* [*problem, change*] grande, grosso; [*question, decision*] grosso, importante; [*moment, event*] grande; ***it makes a ~ difference*** fa una grande differenza; ***you're making a ~ mistake*** stai facendo un grosso errore; ***I think we're on to something ~*** COLLOQ. penso che stiamo per scoprire qualcosa di grosso **6** *(emphatic)* ***you ~ baby!*** sei proprio un bambino(ne)! ***~ bully!*** brutto prepotente! ***to be ~ in the music business*** COLLOQ. essere un pezzo grosso nel mondo della musica; ***to be in ~ trouble*** essere nei guai grossi; ***he gave me a ~ smile*** mi ha fatto un gran sorriso; ***the ~ moment*** il grande momento; ***to do things in a ~ way*** fare le cose in grande; ***he fell for her in a ~ way*** si è perdutamente innamorato di lei **7** AE COLLOQ. *(enthusiastic)* ***to be ~ on*** essere fanatico di [*activity*] **8** *(generous)* generoso; ***to have a ~ heart*** avere un gran cuore; ***that's ~ of you!*** IRON. tante grazie! **9** POL. ***the Big Four, Five*** i quattro, cinque Grandi ♦ ***to be*** o ***go over ~*** COLLOQ. andare forte; ***to have a ~ head*** SPREG. essere un presuntuoso; ***to have a ~ mouth*** essere un chiacchierone; ***why can't you keep your ~ mouth shut?*** perché non puoi tenere chiusa quella boccaccia? ***to have ~ ideas, to think ~*** COLLOQ. pensare in grande; ***what's the ~ idea?*** cosa succede? cosa ti prende? ***to make it ~*** COLLOQ. avere grande successo.
bigamist /ˈbɪgəmɪst/ n. bigamo m. (-a).
bigamous /ˈbɪgəməs/ agg. bigamo.
bigamy /ˈbɪgəmɪ/ n. bigamia f.
Big Apple n. ***the ~*** *(New York)* la Grande Mela.
big bang n. ASTR. big bang m.
Big Brother n. Grande Fratello m.; ***~ is watching you*** il Grande Fratello ti vede.
big business n. **1** U alta finanza f. **2** ***to be ~*** essere un grosso affare.
big cat n. grosso felino m.
big dipper n. *(at funfair)* montagne f.pl. russe.
Big Dipper n. AE ASTR. Orsa f. Maggiore, Grande Carro m.
big fish n. COLLOQ. FIG. pezzo m. grosso ♦ ***to be a ~ in a small pond*** BE o ***sea*** AE = essere importante in una cerchia ristretta.
big game n. = prede di caccia grossa.
big game hunting n. caccia f. grossa.
bighead /ˈbɪghed/ n. COLLOQ. SPREG. presuntuoso m. (-a).
bigheaded /ˈbɪghedɪd/ agg. COLLOQ. SPREG. pieno di sé, presuntuoso.
big-hearted /bɪgˈhɑːtɪd/ agg. *(generous)* dal cuore grande.
bigmouth /ˈbɪgmaʊθ/ n. COLLOQ. SPREG. **1** *(indiscreet person)* ***he's such a ~!*** non sa tenere la bocca chiusa! **2** *(loudmouth)* sbruffone m. (-a).
big name n. *(in music, art, sport)* grosso nome m., celebrità f.
big noise n. COLLOQ. → **big shot**.
bigot /ˈbɪgət/ n. fanatico m. (-a), settario m. (-a).
bigoted /ˈbɪgətɪd/ agg. fanatico, settario.
bigotry /ˈbɪgətrɪ/ n. fanatismo m., settarismo m.
big screen n. *(cinema)* grande schermo m.
big shot n. COLLOQ. pezzo m. grosso.
Big Smoke n. BE COLLOQ. SCHERZ. = Londra.
big time I n. COLLOQ. ***to make*** o ***hit the ~*** raggiungere il successo **II big-time** modif. COLLOQ. [*crook, gambler*] di gran classe.
big toe ➧ **2** n. alluce m.
big top n. *(tent)* tendone m. da circo; FIG. *(circus)* circo m.
bigwig /ˈbɪgwɪg/ n. COLLOQ. SPREG. → **big shot**.
1.bike /baɪk/ **I** n. *(cycle)* bici f.; *(motorbike)* moto f. **II** modif. [*light, bell*] della bici, della moto; [*ride*] in bici; [*hire*] di bici.
2.bike /baɪk/ intr. *(by bicycle)* andare in bici; *(by motorbike)* andare in moto.
biker /ˈbaɪkə(r)/ n. COLLOQ. motociclista m. e f.
bikini /bɪˈkiːnɪ/ n. bikini m.
bilateral /ˌbaɪˈlætərəl/ agg. bilaterale.
bilberry /ˈbɪlbrɪ, AE -berɪ/ n. mirtillo m.
bile /baɪl/ n. bile f. (anche FIG.).
bilge /bɪldʒ/ n. **1** MAR. sentina f. **2** COLLOQ. *(nonsense)* sciocchezze f.pl.
bilingual /ˌbaɪˈlɪŋgwəl/ agg. bilingue.
bilingualism /ˌbaɪˈlɪŋgwəlɪzəm/ n. bilinguismo m.
bilious /ˈbɪlɪəs/ agg. **1** MED. biliare; ***~ attack*** attacco di bile **2** FIG. [*mood*] bilioso.
1.bill /bɪl/ n. **1** COMM. conto m.; ***gas, telephone, electricity ~*** bolletta del gas, del telefono, della luce **2** DIR. POL. *(law)* (anche **Bill**) disegno m. di legge **3** *(poster)* affisso m., cartellone m., manifesto m.; ***to be top of the ~, to top the ~*** comparire in testa al cartellone; ***"stick no ~s"*** "divieto di affissione" **4** AE *(banknote)* banconota f., biglietto m. ♦ ***to fit*** o ***fill the ~*** essere adatto (a un incarico); ***to give sb. a clean ~ of health*** dichiarare qcn. guarito; ***to give [sth.] a clean ~ of health*** certificare lo stato di buona salute di [*organization*].
2.bill /bɪl/ tr. **1** COMM. ***to ~ sb. for sth.*** mandare il conto di qcs. a qcn., fatturare qcs. a qcn.; ***to ~ sb. for doing*** fare una fattura a qcn. per avere fatto **2** TEATR. *(advertise)* ***to be ~ed as...*** [*event, meeting*] essere annunciato come...; ***the show was ~ed as a musical comedy*** la locandina annunciava una commedia musicale.
3.bill /bɪl/ n. ZOOL. becco m.
4.bill /bɪl/ intr. [*birds*] becchettarsi ♦ ***to ~ and coo*** tubare.
Bill /bɪl/ n.pr. diminutivo di **William**.
billboard /ˈbɪlbɔːd/ n. pannello m. per le affissioni.
1.billet /ˈbɪlɪt/ n. MIL. alloggio m., accantonamento m.
2.billet /ˈbɪlɪt/ tr. alloggiare, accantonare [*soldier, refugee*] (**on, with** presso).
billet-doux /ˌbɪleɪˈduː/ n. (pl. **billets-doux**) SCHERZ. lettera f. d'amore.
billfold /ˈbɪlfəʊld/ n. AE portafoglio m.
bill hook n. roncola f.
billiard /ˈbɪlɪəd/ ➧ **10 I billiards** n. + verbo sing. biliardo m. **II** modif. [*ball, cue, table*] da biliardo.
billing /ˈbɪlɪŋ/ n. **1** TEATR. ***to get top ~*** essere in cima al cartellone **2** COMM. fatturazione f.
billion /ˈbɪlɪən/ ➧ **19 I** determ. ***a ~ people*** *(thousand million)* un miliardo di persone; BE *(million million)* un trilione di persone **II** n. *(a thousand million)* miliardo m.; BE *(a million million)* trilione m.
billionaire /ˌbɪlɪəˈneə(r)/ n. miliardario m. (-a).
bill of exchange n. BE COMM. ECON. cambiale f.
bill of fare n. menu m.
bill of rights n. dichiarazione f. dei diritti (anche POL.).
bill of sale n. atto m. di vendita.
1.billow /ˈbɪləʊ/ n. *(of smoke, steam)* ondata f.
2.billow /ˈbɪləʊ/ intr. [*steam, smoke*] levarsi a ondate.
■ **billow out** [*sail*] gonfiarsi; [*steam*] levarsi a ondate.
billposter /ˈbɪlpəʊstə(r)/, **billsticker** /ˈbɪlˌstɪkə(r)/ ➧ **27** n. attacchino m. (-a).
billy /ˈbɪlɪ/ n. **1** BE AUSTRAL. (anche **billycan**) pentolino m. **2** AE *(truncheon)* manganello m.
Billy /ˈbɪlɪ/ n.pr. diminutivo di **William**.
billy goat n. caprone m., becco m.
billy-o(h) /ˈbɪlɪəʊ/ n. ***like ~*** da matti, a più non posso.
bimbo /ˈbɪmbəʊ/ n. COLLOQ. SPREG. *(stupid woman)* oca f. giuliva; *(pretty girl)* bambola f.
bimonthly /baɪˈmʌnθlɪ/ **I** agg. *(every two months)* bimestrale; *(twice a month)* bimensile **II** avv. *(every two months)* bimestralmente; *(twice a month)* bimensilmente.
bin /bɪn/ n. **1** BE *(for rubbish)* bidone m. **2** *(for storage)* deposito m. **3** *(for bottled wine)* scaffale m. per le bottiglie.
binary /ˈbaɪnərɪ/ agg. [*code, number*] binario.
1.bind /baɪnd/ n. COLLOQ. seccatura f., scocciatura f. ♦ ***to be in a ~*** AE COLLOQ. essere nei pasticci.
2.bind /baɪnd/ **I** tr. (pass., p.pass. **bound**) **1** *(tie up)* legare [*hands, feet, person, parcel*]; fasciare [*wound*] **2** *(constrain)* ***to ~ sb. to do*** [*law, oath*] obbligare qcn. a fare; ***to be bound by***

[*person*] essere tenuto per [*law, oath*] **3** *(unite)* (anche ~ **together**) legare, unire [*people, community*] **4** SART. bordare [*edge*] **5** *(in bookbinding)* rilegare [*book*] **6** GASTR. legare [*mixture*] **II** intr. (pass., p.pass. **bound**) GASTR. [*mixture*] legarsi.

▪ **bind over:** ~ *[sb.]* **over** DIR. sottoporre [qcn.] a un vincolo legale; ***he was bound over to appear before the High Court*** fu obbligato a comparire davanti alla corte suprema.

▪ **bind up:** ~ **up** *[sth.]*, ~ *[sth.]* **up** fasciare [*wound*]; legare [*bundle*].

binder /ˈbaɪndə(r)/ ➧ **27** n. **1** *(for papers)* raccoglitore m. **2** AGR. (mieti)legatrice f. **3** ING. IND. *(for cement, paint)* legante m.

binding /ˈbaɪndɪŋ/ **I** n. **1** *(of book)* (ri)legatura f. **2** SART. *(bias)* sbieco m., fettuccia f.; *(for hem, seam)* passamano m. **II** agg. [*agreement, contract, rule*] vincolante.

bindweed /ˈbaɪndwiːd/ n. convolvolo m.

binge /bɪndʒ/ n. COLLOQ. **1** *(overindulgence)* frenesia f.; ***shopping*** ~ frenesia degli acquisti **2** *(drinking)* bevuta f.; *(festive eating)* baldoria f.; ***to go on a*** ~ fare festa.

bingo /ˈbɪŋgəʊ/ ➧ **10** **I** n. bingo m. **II** modif. [*card, hall*] del bingo; [*game*] a bingo **III** inter. bingo, tombola.

bin liner n. BE sacco m. dell'immondizia.

binoculars /bɪˈnɒkjʊləz/ n.pl. binocolo m.sing.; ***a pair of*** ~ un binocolo.

biochemical /ˌbaɪəʊˈkemɪkl/ agg. biochimico.

biochemist /ˌbaɪəʊˈkemɪst/ ➧ **27** n. biochimico m. (-a).

biochemistry /ˌbaɪəʊˈkemɪstrɪ/ n. biochimica f.

biodegradable /ˌbaɪəʊdɪˈgreɪdəbl/ agg. biodegradabile.

biodiversity /ˌbaɪəʊdɪˈvɜːsətɪ/ n. biodiversità f.

bioengineering /ˌbaɪəʊˌendʒɪˈnɪərɪŋ/ n. bioingegneria f.

bioethics /baɪəʊˈeθɪks/ n. + verbo sing. bioetica f.

biographer /baɪˈɒgrəfə(r)/ ➧ **27** n. biografo m. (-a).

biographic(al) /ˌbaɪəˈgræfɪk(l)/ agg. biografico.

biography /baɪˈɒgrəfɪ/ n. biografia f.

biohazard /ˈbaɪəʊˌhæzəd/ n. rischio m. biologico.

biological /ˌbaɪəˈlɒdʒɪkl/ agg. biologico.

biological clock n. orologio m. biologico.

biologically /ˌbaɪəˈlɒdʒɪklɪ/ avv. biologicamente.

biological powder n. detersivo m. ecologico.

biological shield n. schermo m. biologico.

biological warfare n. guerra f. biologica.

biologist /baɪˈɒlədʒɪst/ ➧ **27** n. biologo m. (-a).

biology /baɪˈɒlədʒɪ/ n. biologia f.

bionic /baɪˈɒnɪk/ agg. bionico.

biophysics /ˌbaɪəʊˈfɪzɪks/ n. + verbo sing. biofisica f.

biopsy /ˈbaɪɒpsɪ/ n. biopsia f.

biorhythm /ˈbaɪəʊrɪðəm/ n. bioritmo m.

biosphere /ˈbaɪəʊsfɪə(r)/ n. biosfera f.

biotechnology /ˌbaɪəʊtekˈnɒlədʒɪ/ n. biotecnologia f.

bipartisan /ˌbaɪpɑːtɪˈzæn, baɪˈpɑːtɪzn/ agg. POL. [*government*] bipartitico; [*agreement*] bipartisan.

bipartite /baɪˈpɑːtaɪt/ agg. bipartito.

biped /ˈbaɪped/ **I** agg. bipede **II** n. bipede m.

biplane /ˈbaɪpleɪn/ n. biplano m.

1.birch /bɜːtʃ/ n. **1** (anche ~ **tree**) betulla f. **2** (anche ~ **wood**) legno m. di betulla, betulla f. **3** (anche ~ **rod**) STOR. verga f., sferza f.

2.birch /bɜːtʃ/ tr. STOR. fustigare [*offender*].

bird /bɜːd/ n. **1** ZOOL. uccello m. **2** BE COLLOQ. *(girl)* ragazza f. **3** *(person)* ***a funny*** o ***queer old*** ~ COLLOQ. un tipo divertente ♦ ***a little ~ told me*** me l'ha detto l'uccellino; ***to tell sb. about the ~s and the bees*** spiegare a qcn. come nascono i bambini; ***to give sb. the*** ~ fischiare qcn.; ***to kill two ~s with one stone*** prendere due piccioni con una fava; ***(strictly) for the ~s*** da imbecilli; ***~s of a feather (flock together)*** PROV. chi s'assomiglia si piglia, Dio li fa e poi li accoppia.

bird-brain /ˈbɜːdbreɪn/ n. COLLOQ. cervello m. di gallina.

bird call n. **1** *(cry)* verso m. d'uccello **2** *(device)* richiamo m. per uccelli.

birdie /ˈbɜːdɪ/ n. **1** *(in golf)* birdie m. **2** *(bird)* COLLOQ. uccellino m.

birdlime /ˈbɜːdlaɪm/ n. vischio m., pania f.

bird of paradise n. uccello m. del paradiso.

bird of prey n. (uccello) rapace m.

bird sanctuary n. riserva f. ornitologica.

birdseed /ˈbɜːdsiːd/ n. becchime m.

bird's eye view n. veduta f. dall'alto, panoramica f.

bird's nest soup n. zuppa f. di nidi di rondine.

birdsong /ˈbɜːdsɒŋ/ n. canto m. degli uccelli.

biretta /bɪˈretə/ n. *(of priest, bishop)* berretta f.

biro® /ˈbaɪərəʊ/ n. (pl. **~s**) BE (penna) biro® f.

birth /bɜːθ/ n. nascita f. (anche FIG.); MED. *(process of giving birth)* parto m.; ***to give ~ to*** [*woman*] partorire o dare alla luce; [*animal*] partorire o fare [*young*]; ***Italian by ~, of Italian ~*** italiano di nascita; ***from ~ he had lived in Rome*** (fin) dalla nascita aveva vissuto a Roma; ***blind from ~*** cieco di o dalla nascita; ***of high ~*** di nobile nascita o di alto lignaggio; ***of low ~*** di nascita umile o di umili natali; ***date, place of ~*** data, luogo di nascita; ***the ~ of Marxism*** la nascita del marxismo.

birth certificate n. certificato m. di nascita.

birth control **I** n. *(in society)* controllo m. delle nascite; *(by couple)* contraccezione f.; ***to practise ~*** usare metodi contraccettivi **II** modif. [*method, device*] di contraccezione, contraccettivo.

birthday /ˈbɜːθdeɪ/ **I** n. compleanno m.; ***to wish sb. (a) happy ~*** augurare a qcn. (un) buon compleanno; ***on my ~*** (per) il giorno del mio compleanno **II** modif. [*cake, greetings, party, present*] di compleanno ♦ ***in one's ~ suit*** COLLOQ. SCHERZ. EUFEM. in costume adamitico.

birthing pool n. MED. vasca f. per parto in acqua.

birthing stool n. MED. sedia f. da parto.

birthmark /ˈbɜːθmɑːk/ n. neo m. congenito, voglia f.

birthplace /ˈbɜːθpleɪs/ n. luogo m. di nascita; FIG. culla f.

birthrate /ˈbɜːθreɪt/ n. tasso m. di natalità.

birthright /ˈbɜːθˌraɪt/ n. diritto m. di nascita; *(of first-born)* primogenitura f.

births column n. GIORN. rubrica f. delle nascite.

birth sign n. segno m. (zodiacale); ***what's your ~?*** di che segno sei?

births, marriages, and deaths n.pl. GIORN. = rubrica che riporta nascite, matrimoni e necrologi.

birthstone /ˈbɜːθˌstəʊn/ n. pietra f. portafortuna.

biscuit /ˈbɪskɪt/ **I** n. **1** BE *(thin cake)* biscotto m. **2** AE *(soft bread)* focaccina f. (dolce) **II** ➧ **5** agg. (anche **~-coloured**) biscotto, nocciola chiaro ♦ ***that takes the ~!*** è il colmo!

biscuit barrel n. biscottiera f.

biscuit tin n. biscottiera f., scatola f. dei biscotti.

bisect /baɪˈsekt/ tr. **1** MAT. bisecare **2** dividere in due parti uguali.

bisexual /baɪˈsekʃʊəl/ **I** agg. bisessuale **II** n. bisessuale m. e f.

bishop /ˈbɪʃəp/ n. **1** RELIG. vescovo m. **2** *(in chess)* alfiere m.

bishopric /ˈbɪʃəprɪk/ n. vescovato m.

bismuth /ˈbɪzməθ/ n. bismuto m.

bison /ˈbaɪsn/ n. (pl. ~) bisonte m.

1.bit /bɪt/ pass. → **2.bite**.

2.bit /bɪt/ n. **1** *(small piece)* *(of food, substance, land)* pezzo m., pezzetto m.; ***every ~ of dirt*** tutta la sporcizia; ***to take sth. to ~s*** smontare qcs.; ***to come*** o ***fall to ~s*** cadere in pezzi **2** COLLOQ. *(small amount)* ***a ~*** un po'; ***a little ~*** un pochino, un tantino; ***and a ~ over*** e un po' di più, e rotti; ***would you like a ~ more?*** ne vuoi ancora un po'? ***a ~ of*** un po' di [*time, sun, butter, money*]; ***a ~ of difficulty, information*** un po' di difficoltà, informazioni; ***a ~ of advice*** qualche consiglio; ***with a ~ of luck*** con un po' di fortuna; ***to do a ~ of shopping*** fare un po' di spesa; ***it won't do a ~ of good*** non servirà a niente; ***not to be a ~ of use*** non servire a niente; ***wait a ~!*** aspetta un po'! ***after a ~*** dopo un po'; ***quite a ~ of, a good ~ of*** parecchio [*time, money*]; ***quite a ~*** o ***a good ~ bigger*** un bel po' più lontano, grande **3** COLLOQ. *(section)* pezzo m.; ***listen, this ~ is brilliant!*** ascolta, questo passaggio è magnifico! ***the ~ where Hamlet dies*** il passo in cui Amleto muore **4** ANT. *(coin)* monetina f. **5** ***a ~*** COLLOQ. *(rather)* un po'; ***a ~ deaf, cold*** un po' sordo, freddo; ***a ~ early*** un po' troppo presto; ***it's asking a ~ much*** (questo) è chiedere un po' troppo; ***she isn't a ~ like me*** non mi somiglia affatto; ***it's a ~ of a surprise*** è un po' una sorpresa; ***he's a ~ of a brute*** è piuttosto brutale; ***for a ~ of a change*** per cambiare un po'; ***a ~ of a disappointment*** un po' deludente; ***a ~ of a problem*** un po' un problema, un bel problema ♦ ***~ by ~*** poco a poco; ***~s and bobs*** COLLOQ. cianfrusaglie; ***~s and pieces*** *(fragments)* pezzetti; *(belongings)* armi e bagagli; ***every ~ as good, clever*** bravo, intelligente in tutto e per tutto (**as** quanto); ***he's every ~ a lawyer*** è un perfetto avvocato; ***not a ~ of it!*** COLLOQ. neanche per sogno! ***to do one's ~*** fare la propria parte.

3.bit /bɪt/ n. INFORM. bit m.

4.bit /bɪt/ n. **1** EQUIT. morso m., freno m. **2** TECN. (anche **drill ~**) punta f. (di trapano) ♦ ***to take the ~ between one's teeth*** mordere il freno.

1.bitch /bɪtʃ/ n. **1** ZOOL. cagna f.; ***a labrador ~*** una femmina di labrador **2** POP. *(as insult)* puttana f., stronza f.; ***you son of a ~!*** figlio di puttana! ♦ ***life's a ~*** la vita è dura.

2.bitch /bɪtʃ/ intr. COLLOQ. **1** *(gossip spitefully)* parlare male (**about** di) **2** AE *(complain)* lagnarsi (**about** di).

bitchy /ˈbɪtʃɪ/ agg. COLLOQ. [*person, comment*] maligno.

1.bite /baɪt/ n. **1** *(mouthful)* morso m., boccone m.; ***in one ~*** in un boccone; ***to have*** o ***take a ~ of sth.*** prendere un boccone di qcs. **2** COLLOQ. *(snack)* boccone m., spuntino m.; ***to have a ~ (to eat)*** mangiare un boccone **3** *(from insect)* puntura f.; *(from dog, snake)* morso m. **4** FIG. *(of wind, cold)* sferza f.; *(of food)* sapore m. piccante; *(of performance, film)* mordente m., mordacità f. **5** PESC. (l')abboccare; ***to have a ~*** fare abboccare; FIG. trovare una persona adatta.

2.bite /baɪt/ **I** tr. (pass. **bit**; p.pass. **bitten**) [*person, animal*] mordere; [*insect*] pungere; ***to ~ one's nails*** mangiarsi le unghie **II** intr. (pass. **bit**; p.pass. **bitten**) **1** *(take effect)* [*measure, rule, shortage*] farsi sentire **2** PESC. [*fish*] abboccare ♦ ***to ~ one's lip*** mordersi le labbra; ***to ~ the hand that feeds you*** sputare nel piatto in cui si mangia; ***to be bitten by the DIY bug*** COLLOQ. avere la mania del fai da te.

■ **bite back:** ***~ back [sth.]*** trattenersi dal fare [*rude comment*].

■ **bite into:** ***~ into [sth.]*** addentare [*fruit, sandwich*]; FIG. avere effetto su [*finances*].

■ **bite off:** ***~ off [sth.], ~ [sth.] off*** staccare [qcs.] con un morso.

biting /ˈbaɪtɪŋ/ agg. **1** *(penetrating)* [*wind*] tagliente; [*cold*] pungente, penetrante **2** FIG. [*comment, irony*] mordace, pungente.

bit part n. TEATR. particina f.

bitt /bɪt/ n. bitta f.

bitten /ˈbɪtn/ p.pass. → **2.bite** ♦ ***once ~ twice shy*** PROV. il gatto scottato teme l'acqua fredda.

bitter /ˈbɪtə(r)/ **I** agg. **1** *(sour)* amaro **2** *(resentful)* [*tone, comment*] acre, aspro, risentito; [*person*] amareggiato, risentito; [*memory*] amaro, doloroso; ***she felt ~ about the way they had treated her*** era risentita per il modo in cui l'avevano trattata **3** *(fierce)* [*attack, feud*] feroce; [*hatred, battle*] accanito; [*critic, argument*] aspro; ***they are ~ enemies*** sono acerrimi nemici **4** *(very cold)* [*weather*] rigido; [*wind*] pungente **5** *(hard to accept)* [*disappointment, truth*] amaro, crudele; [*blow*] duro **II** n. BE *(beer)* birra f. rossa **III bitters** n.pl. amaro m.sing. ♦ ***it's a ~ pill to swallow*** è un boccone amaro da mandar giù; ***to the ~ end*** [*fight, carry on*] fino in fondo.

bitter almond n. mandorla f. amara.

bitter aloes n. *(medicine)* aloe f.

bitter lemon n. Schweppes® f. al limone.

bitterly /ˈbɪtəlɪ/ avv. [*regret, weep*] amaramente; [*fight, contest*] accanitamente, ferocemente; [*criticized*] aspramente.

bitterness /ˈbɪtənɪs/ n. amarezza f. (anche FIG.).

bitter orange n. **1** *(fruit)* arancia f. amara **2** *(drink)* aranciata f. amara.

bittersweet /ˌbɪtəˈswiːt/ agg. agrodolce (anche FIG.).

bitty /ˈbɪtɪ/ agg. [*account*] frammentario.

bitumen /ˈbɪtjʊmɪn, AE bəˈtuːmən/ n. bitume m.

bituminous /bɪˈtjuːmɪnəs, AE -ˈtuː-/ agg. bituminoso.

1.bivouac /ˈbɪvʊæk/ n. bivacco m.

2.bivouac /ˈbɪvʊæk/ intr. (forma in -ing ecc. **-ck-**) bivaccare.

biweekly /baɪˈwiːklɪ/ **I** agg. *(twice weekly)* bisettimanale; *(every two weeks)* quindicinale **II** avv. *(twice weekly)* due volte alla settimana; *(every two weeks)* ogni due settimane.

bizarre /bɪˈzɑː(r)/ agg. bizzarro.

blab /blæb/ **I** tr. (forma in -ing ecc. **-bb-**) COLLOQ. → **blab out** **II** intr. (forma in -ing ecc. **-bb-**) **1** *(reveal secret)* fare la spia, cantare **2** AE *(talk idly)* blaterare, cianciare.

■ **blab out:** ***~ out [sth.], ~ [sth.] out*** spifferare, svelare [*secret*].

1.black /blæk/ ➧ **5** **I** agg. **1** *(dark)* [*cloud, hair, skin*] nero; [*night*] buio; ***to paint sth. ~*** pitturare qcs. di nero; ***to turn ~*** diventare nero, annerirsi **2** *(African, Afro-Caribbean)* (anche **Black**) [*community, culture*] nero; [*school*] per neri; ***a ~ man, woman*** un uomo, una donna di colore **3** *(without milk)* [*coffee*] nero; [*tea*] senza latte **4** *(dirty)* [*face, towel*] nero **5** *(macabre)* [*humour*] nero **6** *(gloomy)* [*mood, thoughts*] nero, tetro; [*picture*] nero, a tinte fosche; [*despair*] cupo; [*future*] fosco; [*news*] funesto; [*day*] nero **7** *(angry)* [*look*] truce, torvo; ***his face was as ~ as thunder*** era scuro in volto; ***he's in one of his ~ moods*** è d'umore nero **8** *(evil)* [*deed*] empio, scellerato; [*magic*] nero **II** n. **1** *(colour)* nero m. **2** (anche **Black**) *(person)* nero m. (-a) **3** ECON. ***to be in the ~*** essere in credito *o* in attivo **4** *(in chess, draughts)* nero m., neri m.pl.; *(in roulette)* nero m.; *(in snooker or pool)* (palla) nera f. ♦ ***~ and blue*** pieno di lividi; ***to beat sb. ~ and blue*** fare qcn. nero di botte; ***to give sb. a ~ eye*** fare un occhio nero a qcn.

2.black /blæk/ tr. **1** *(put black onto)* annerire, sporcare [*sb.'s face, hands*]; lucidare (di nero) [*boots*] **2** BE *(boycott)* boicottare.

■ **black out:** ***~ out*** [*person*] svenire, perdere i sensi; ***~ [sth.] out, ~ out [sth.]*** **1** *(hide all lights)* oscurare [*house*]; fare buio in [*stage*] **2** *(cut power)* sospendere l'energia elettrica in [*area*] **3** *(suspend broadcasting)* oscurare [*programme*].

Black Africa n.pr. GEOGR. Africa f. nera.

black American n. nero m. (-a) d'America.

black and white ➧ **5** **I** agg. **1** [*TV, movie, photo*] in bianco e nero **2** *(clear-cut)* [*matter, situation*] chiaro, dai contorni ben definiti **II** n. **1** CINEM. FOT. bianco e nero m.; ***in ~*** in bianco e nero **2** *(in writing)* ***here it is in ~*** è scritto qui nero su bianco ♦ ***he sees everything in ~*** per lui o è bianco o è nero, per lui non ci sono vie di mezzo.

black arts n.pl. magia f.sing. nera.

blackball /ˈblækbɔːl/ tr. interdire, bandire.

black belt n. cintura f. nera (**in** di).

blackberry /ˈblækbrɪ, -berɪ/ **I** n. mora f. (di rovo) **II** modif. [*tart, jam*] di more; ***~ bush*** rovo.

blackbird /ˈblækbɜːd/ n. merlo m.

blackboard /ˈblækbɔːd/ n. lavagna f.

black box n. AER. INFORM. scatola f. nera.

blackbread /ˈblækbred/ n. pane m. di segale.

blackcurrant /ˌblækˈkʌrənt/ **I** n. ribes m. nero **II** modif. [*tart, jam, bush*] di ribes neri.

Black Death n. peste f. nera, morte f. nera.

blacken /ˈblækən/ **I** tr. **1** [*person*] annerire [*face*]; [*smoke*] annerire [*brick, wood*]; [*disease, frost*] bruciare [*plant*]; [*dirt*] sporcare [*towel*] **2** *(diminish)* infangare, macchiare [*reputation, name*] **II** intr. [*sky, stove*] annerirsi.

black gold n. COLLOQ. oro m. nero.

blackguard /ˈblægɑːd/ n. ANT. o SCHERZ. canaglia f., furfante m.

blackhead /ˈblækhed/ n. MED. punto m. nero.

black-headed gull n. gabbiano m. comune.

black hole n. ASTR. buco m. nero.

black ice n. vetrato m., ghiaccio m. nero.

blacking /ˈblækɪŋ/ n. **1** BE *(boycotting)* boicottaggio m. **2** ANT. *(polish)* lucido m. nero.

blackish /ˈblækɪʃ/ ➧ **5** agg. nerastro, nerognolo.

blackjack /ˈblækdʒæk/ ➧ **10** n. **1** GIOC. black jack m. **2** AE *(club)* manganello m.

blackleg /ˈblækleg/ n. BE COLLOQ. SPREG. crumiro m. (-a).

1.blacklist /ˈblæklɪst/ n. lista f. nera.

2.blacklist /ˈblæklɪst/ tr. mettere sulla lista nera.

1.blackmail /ˈblækmeɪl/ n. ricatto m., estorsione f.

2.blackmail /ˈblækmeɪl/ tr. ricattare; ***to ~ sb. into doing sth.*** costringere qcn. a fare qcs. con il ricatto.

blackmailer /ˈblækmeɪlə(r)/ n. ricattatore m. (-trice).

black mark n. FIG. nota f. di biasimo.

black market n. mercato m. nero, borsa f. nera.

black marketeer n. borsanerista m. e f.

Black Maria n. BE COLLOQ. (furgone) cellulare m.

black mass n. messa f. nera.

blackness /'blæknɪs/ n. **1** *(darkness)* oscurità f. **2** *(dark colour)* nerezza f. **3** *(gloominess)* tetraggine f. **4** *(evilness)* empietà f., malvagità f.
blackout /'blækaʊt/ n. **1** *(in wartime)* oscuramento m. **2** *(power cut)* blackout m. **3** RAD. TELEV. oscuramento m. **4** GIORN. blackout m.; ***news ~*** silenzio stampa **5** *(faint)* svenimento m., perdita f. dei sensi; *(loss of memory)* perdita f. di memoria.
black pepper n. pepe m. nero.
black pudding n. BE GASTR. sanguinaccio m.
Black Sea n.pr. GEOGR. Mar m. Nero.
black sheep n. FIG. pecora f. nera.
Blackshirt /'blækʃɜːt/ n. STOR. camicia f. nera.
blacksmith /'blæksmɪθ/ ♦ ***27*** n. fabbro m. ferraio, maniscalco m.
blackspot /'blækspɒt/ n. punto m. caldo; ***accident ~*** tratto ad alto rischio di incidenti.
black swan n. cigno m. nero.
black tie n. *(on invitation)* "~" "cravatta nera".
black widow (spider) n. ZOOL. vedova f. nera.
bladder /'blædə(r)/ n. **1** ANAT. BOT. vescica f. **2** *(in ball)* camera f. d'aria.
blade /bleɪd/ n. **1** *(of knife, sword)* lama f. **2** *(of fan, oar, turbine)* pala f.; *(of windscreen wiper)* spazzola f. **3** *(of grass)* filo m. **4** FON. *(of tongue)* dorso m.
blah /blɑː/ n. COLLOQ. ~ ~ bla bla.
1.blame /bleɪm/ n. **1** *(responsibility)* responsabilità f., colpa f. (**for** di); ***to take*** o ***bear the ~*** assumersi la responsabilità; ***to put*** o ***lay the ~ for sth. on sb.*** dare la colpa *o* addossare la responsabilità FORM. di qcs. a qcn.; ***don't put the ~ on me*** non dare la colpa a me; ***he got the ~ for the broken vase*** fu incolpato di aver rotto il vaso; ***why do I always get the ~?*** perché è sempre colpa mia? **2** *(criticism)* biasimo m., riprovazione f.
2.blame /bleɪm/ **I** tr. incolpare [*person*]; dare la colpa a, prendersela con [*weather, recession*]; ***to ~ sb. for sth.*** incolpare qcn. di qcs.; ***he has resigned and who can ~ him?*** si è dimesso e chi lo può biasimare? ***to ~ sth. on sb.*** addossare la responsabilità di qcs. a qcn.; ***to be to ~ for*** essere responsabile di [*accident, crisis*] **II** rifl. ***to ~ oneself*** rimproverarsi; ***to ~ oneself for*** sentirsi responsabile di [*tragedy, outcome*]; ***you mustn't ~ yourself*** non devi fartene una colpa; ***you've only yourself to ~*** devi prendertela solo con te stesso *o* la colpa è solo tua.
blameless /'bleɪmlɪs/ agg. irreprensibile.
blameworthy /'bleɪmwɜːðɪ/ agg. [*person*] colpevole; [*conduct*] biasimevole.
blanch /blɑːntʃ, AE blæntʃ/ **I** tr. **1** sbiancare **2** sbollentare, sbianchire [*fruit, vegetables*] **II** intr. impallidire.
Blanche /blɑːntʃ, AE blæntʃ/ n.pr. Bianca.
blancmange /blə'mɒnʒ/ n. biancomangiare m.
bland /blænd/ agg. [*food, flavour*] insipido; [*person*] mite; [*account*] distaccato.
blandly /'blændlɪ/ avv. mitemente, con gentilezza.
1.blank /blæŋk/ **I** agg. **1** *(without writing, pictures)* [*page*] bianco; [*wall*] spoglio; [*form*] in bianco **2** *(unused)* [*cassette*] vergine; [*disk*] vuoto **3** *(expressionless)* [*face*] inespressivo; ***a ~ look*** uno sguardo assente **4** *(uncomprehending)* [*expression*] interdetto, sbalordito; ***to look ~*** avere uno sguardo perplesso **5** *(without memory)* ***my mind went ~*** ho avuto un vuoto di memoria **6** *(absolute)* [*refusal*] categorico, completo **II** n. **1** *(empty space)* spazio m. vuoto; ***to fill in the ~s*** riempire gli spazi vuoti; ***leave a ~ if you don't know the answer*** lascia uno spazio bianco se non sai la risposta; ***my mind's a ~*** ho la testa vuota **2** AE *(clean form)* modulo m. in bianco **3** *(dummy bullet)* cartuccia f. a salve **4** IND. pezzo m. grezzo ♦ ***to draw a ~*** fare fiasco, fare un buco nell'acqua.
2.blank /blæŋk/ tr. AE SPORT dare cappotto a [*opponent*].
■ **blank out:** ***~ out*** [*person*] avere un vuoto di memoria; ***~ [sth.] out, ~ out [sth.]*** cancellare [*word*]; FIG. cancellare dalla memoria [*event*].
blank cheque BE, **blank check** AE n. **1** ECON. assegno m. in bianco **2** FIG. carta f. bianca.
1.blanket /'blæŋkɪt/ **I** n. **1** *(bedspread)* coperta f.; ***electric ~*** coperta elettrica, termocoperta **2** *(layer) (of snow)* manto m., coltre f.; *(of cloud, fog)* coltre f.; *(of smoke)* cappa f., coltre f.; *(of flowers, weeds)* distesa f. **II** modif. *(global)* [*ban, policy*] globale; [*use*] generalizzato ♦ ***to be a wet ~*** essere un guastafeste.
2.blanket /'blæŋkɪt/ tr. coprire, ammantare; ***the fields were ~ed in fog*** i campi erano coperti da una coltre di nebbia.
blanket box, blanket chest n. BE cassapanca f. per la biancheria.
blanket cover n. COMM. copertura f. globale.
blanket coverage n. GIORN. copertura f. integrale.
blanket stitch n. punto m. festone.
blankly /'blæŋklɪ/ avv. [*look*] *(uncomprehendingly)* con sconcerto, con perplessità; *(without expression)* in modo assente, inespressivo.
blank verse n. LETTER. verso m. sciolto.
1.blare /bleə(r)/ n. squillo m.
2.blare /bleə(r)/ intr. → **blare out**.
■ **blare out:** ***~ out*** [*music, radio*] andare a tutto volume; ***~ out [sth.]*** sparare a tutto volume [*music*].
blarney /'blɑːnɪ/ n. COLLOQ. sviolinata f., moine f.pl.
blaspheme /blæs'fiːm/ tr. e intr. bestemmiare.
blasphemous /'blæsfəməs/ agg. blasfemo, empio.
blasphemy /'blæsfəmɪ/ n. bestemmia f.
1.blast /blɑːst, AE blæst/ **I** n. **1** *(explosion)* esplosione f., scoppio m. **2** *(gust)* raffica f., folata f. **3** *(air current from explosion)* spostamento m. d'aria **4** *(noise)* ***to give a ~ on*** fare squillare [*trumpet*]; dare un colpo di [*whistle, carhorn*]; ***at full ~*** a tutto volume **II** inter. maledizione, dannazione.
2.blast /blɑːst, AE blæst/ **I** tr. **1** *(blow up)* fare esplodere [*building*]; fare saltare [*rockface*]; ***to ~ a hole in a wall*** aprire un buco in un muro con l'esplosivo **2** *(wither)* [*frost, disease*] fare seccare [*tree*]; distruggere [*crop*] **3** COLLOQ. *(criticize)* [*review*] stroncare [*person, work*] **II** intr. **1** MIN. ***to ~ through sth.*** fare saltare qcs. con l'esplosivo **2** *(make a noise)* [*trumpets*] squillare.
■ **blast away:** ***~ away*** sparare a raffica; ***to ~ away at*** sparare a raffica su [*person, target*].
■ **blast off:** ***~ off*** [*rocket*] partire, decollare.
■ **blast out:** ***~ out*** [*music*] andare a tutto volume; ***~ [sth.] out, ~ out [sth.]*** sparare a tutto volume [*music*].
blasted /'blɑːstɪd, AE 'blæst-/ **I** p.pass. → **2.blast II** agg. **1** *(withered)* [*foliage*] secco, appassito **2** COLLOQ. *(for emphasis)* ***~ idiot!*** maledetto idiota!
blast furnace n. altoforno m.
blasting /'blɑːstɪŋ, AE 'blæst-/ n. **1** MIN. abbattimento m. con esplosivi **2** TECN. RAD. distorsione f. da sovraccarico.
blast-off /'blɑːstɒf, AE 'blæst-/ n. lancio m.
blatant /'bleɪtnt/ agg. [*lie, bias*] spudorato, manifesto; [*example, abuse*] lampante, evidente; ***to be ~ about*** essere troppo diretto nei confronti di.
blatantly /'bleɪtntlɪ/ avv. [*copy, disregard*] spudoratamente; ***to be ~ obvious*** essere assolutamente evidente *o* lampante.
1.blather /'blæðə(r)/ n. COLLOQ. ciance f.pl., chiacchiere f.pl.
2.blather /'blæðə(r)/ intr. COLLOQ. blaterare, cianciare.
1.blaze /bleɪz/ **I** n. **1** *(fire) (in hearth)* fuoco m., fiamma f.; *(accidental)* incendio m. **2** *(sudden burst) (of flames)* vampata f.; ***the garden is a ~ of colour*** il giardino è un tripudio di colori; ***a ~ of glory*** FIG. un alone di gloria **3** EQUIT. *(on horse face)* stella f. **4** *(cut in tree)* segnavia f., incisione f. **II blazes** n.pl. COLLOQ. *(hell)* ***what the ~s are you up to?*** che diavolo stai facendo? ***to run like ~s*** correre come una furia.
2.blaze /bleɪz/ **I** tr. *(mark)* segnare, incidere [*tree*]; ***to ~ a trail*** tracciare un sentiero; FIG. aprire nuove vie **II** intr. **1** (anche **~ away**) *(burn furiously)* [*fire*] ardere, divampare; [*house, car*] bruciare **2** (anche **~ away**) *(give out light)* [*lights*] risplendere, sfavillare **3** *(shoot)* [*gun*] sparare a raffica.
blazer /'bleɪzə(r)/ n. blazer m.
blazing /'bleɪzɪŋ/ agg. **1** *(violent)* [*argument*] violento, acceso; [*heat*] rovente; [*fire*] che divampa; [*building, car*] in fiamme; [*sun*] cocente **2** COLLOQ. *(furious)* **~ (mad)** (pazzo) furioso.
1.blazon /'bleɪzn/ n. ARALD. blasone m.
2.blazon /'bleɪzn/ tr. **1** ARALD. blasonare **2** diffondere, divulgare [*details, news*].
1.bleach /bliːtʃ/ n. **1** (anche **household ~**) *(liquid)* candeggina f.; *(cream, powder)* sbiancante m. **2** *(for hair)* decolorante m.

2.bleach /bli:tʃ/ tr. **1** decolorare [*hair*] **2** sbiancare, candeggiare [*linen*].
bleachers /ˈbli:tʃəz/ n.pl. gradinate f. (allo scoperto).
bleak /bli:k/ agg. **1** *(raw)* [*landscape*] desolato, brullo; [*weather, season*] rigido **2** *(miserable)* [*outlook, future*] cupo, sconfortante; [*landscape*] desolato, squallido.
bleakly /ˈbli:klɪ/ avv. tetramente.
bleakness /ˈbli:knɪs/ n. **1** *(of weather)* rigidità f.; *(of landscape)* desolazione f., squallore m. **2** *(of prospects, future)* cupezza f.
bleary /ˈblɪərɪ/ agg. [*eyes*] annebbiato, offuscato; ***to feel ~*** sentirsi stanco *o* esausto.
1.bleat /bli:t/ n. **1** *(of sheep, goat)* belato m. **2** SPREG. *(of person)* piagnucolio m.
2.bleat /bli:t/ intr. **1** [*sheep, goat*] belare **2** SPREG. [*person*] piagnucolare (**about** su).
bleed /bli:d/ **I** tr. (pass., p.pass. **bled**) **1** MED. salassare **2** FIG. ***to ~ sb. for sth.*** estorcere denaro a qcn. per qcs.; ***to ~ sb. white*** o ***dry*** dissanguare *o* salassare qcn. **3** TECN. spurgare [*radiator*] **II** intr. (pass., p.pass. **bled**) **1** sanguinare; ***my finger's ~ing*** mi sanguina il dito; ***he was ~ing from the head*** perdeva sangue dalla testa; ***he bled to death*** morì dissanguato **2** FIG. ***to ~ for one's country*** versare il proprio sangue per la patria; ***my heart ~s!*** IRON. mi sanguina il cuore! **3** [*tree, plant*] stillare linfa **4** [*colour, dye*] stingere.
bleeder /ˈbli:də(r)/ n. BE POP. tizio m. (-a), tipo m. (-a); *(in anger)* canaglia f., sanguisuga f.
bleeding /ˈbli:dɪŋ/ **I** n. **1** **U** sanguinamento m.; *(heavy)* emorragia f. **2** *(deliberate)* salasso m. **II** agg. **1** [*wound, hand, leg*] sanguinante; [*corpse*] insanguinato **2** BE POP. ***~ idiot!*** maledetto idiota!
bleeding heart n. FIG. SPREG. cuore m. tenero.
1.bleep /bli:p/ n. **1** *(signal)* bip m. **2** BE → **bleeper**.
2.bleep /bli:p/ **I** tr. **1** BE ***to ~ sb.*** chiamare qcn. con il cercapersone **2** RAD. TELEV. censurare con un bip [*word*] **II** intr. fare bip, emettere un segnale sonoro.
bleeper /ˈbli:pə(r)/ n. BE cercapersone m.
1.blemish /ˈblemɪʃ/ n. imperfezione f., difetto m; *(on fruit)* ammaccatura f., magagna f.; *(pimple)* macchia f., pustola f.; *(on reputation)* macchia f.; *(on happiness)* ombra f.
2.blemish /ˈblemɪʃ/ tr. ammaccare [*fruit*]; offuscare [*beauty, happiness*]; macchiare [*reputation*].
blench /blentʃ/ intr. rifuggire (per paura).
1.blend /blend/ n. **1** *(fusion)* *(of sounds, smells)* fusione f.; *(of styles, colours, ideas)* fusione f., mescolanza f.; *(of qualities, skills)* combinazione f. **2** *(mixture)* *(of coffees, teas, whiskies)* miscela f.
2.blend /blend/ **I** tr. mescolare, amalgamare [*foods, colours, styles, sounds, tastes*]; mescolare, fondere [*qualities, ideas*] **II** intr. ***to ~ (together)*** [*colours, tastes, styles*] fondersi; ***to ~ with*** [*smells, visual effects*] amalgamarsi con; [*colours, tastes, buildings, styles, ideas*] armonizzarsi con.
■ **blend in:** ***~ in*** [*colour, building*] armonizzarsi; ***~ in [sth.], ~ [sth.] in*** mescolare.
blender /ˈblendə(r)/ ➧ **27** n. **1** *(device)* frullatore m. **2** *(person)* torrefattore m. (-trice).
blending /ˈblendɪŋ/ n. *(of coffees)* torrefazione f.; *(of wines)* taglio m.; *(of whiskies)* miscela f.
bless /bles/ **I** tr. **1** RELIG. benedire; ***God ~ you*** Dio ti benedica **2** COLLOQ. *(affectionately)* ***~ her*** o ***~ her heart!*** Dio gliene renda merito! ***~ you!*** *(after sneeze)* salute! **3** ANT. COLLOQ. *(in surprise)* ***~ me!*** o ***~ my soul!*** o ***well I'm ~ed!*** Dio mio! **4** *(favour)* ***to be ~ed with*** godere di *o* avere il dono di [*health, beauty*] **5** *(be grateful to)* ***~ you for answering so quickly*** grazie per aver risposto così velocemente **II** rifl. ***to ~ oneself*** segnarsi *o* farsi il segno della croce ♦ ***(I'm) ~ed if I know*** vorrei proprio saperlo.
blessed **I** /blest/ p.pass. → **bless** **II** /ˈblesɪd/ agg. **1** *(holy)* [*place*] sacro; ***the Blessed Sacrament*** il Santissimo Sacramento; ***the Blessed Virgin*** la Beata Vergine; ***my uncle John, of ~ memory*** mio zio John, di santa memoria *o* buonanima **2** *(beatified)* beato, benedetto **3** *(welcome)* [*quiet*] beato; [*warmth, relief*] piacevole **4** COLLOQ. *(damned)* santo, benedetto; ***every ~ day*** tutti i santi giorni **III** /ˈblesɪd/ n. RELIG. ***the ~*** + verbo pl. i Beati.
blessedly /ˈblesɪdlɪ/ avv. ***~ warm, quiet*** bello caldo, tranquillo.
blessing /ˈblesɪŋ/ n. **1** *(asset, favour)* benedizione f.; ***it is a ~ (for him) that he is healthy*** è una benedizione (per lui) che stia bene; ***it was a ~ in disguise for her*** in fondo è stato un bene per lei **2** *(relief)* sollievo m.; ***it is a ~ to know (that) he's safe*** è un sollievo sapere che è salvo **3** *(approval)* ***with the ~ of sb.*** o ***with sb.'s ~*** con la benedizione di qcn.; ***to give one's ~ to sth.*** dare la propria benedizione a qcs. **4** RELIG. benedizione f.; ***to give sb. one's ~*** dare la propria benedizione a qcn.; ***to say a ~ over sth.*** benedire qcs.
blether /ˈbleðə(r)/ → **1.blather, 2.blather**.
blew /blu:/ pass. → **2.blow**.
1.blight /blaɪt/ n. **1** BOT. ruggine f., moria f. **2** FIG. *(on society)* degrado m., flagello m. (**on** di); ***urban ~*** o ***inner city ~*** il degrado urbano.
2.blight /blaɪt/ tr. danneggiare, fare appassire [*crop*]; FIG. rovinare [*childhood*]; compromettere [*chances*].
blighter /ˈblaɪtə(r)/ n. BE ANT. COLLOQ. tipo m. (-a), tizio m. (-a); ***poor ~*** povero diavolo; ***you lucky ~!*** quanto sei fortunato!
blimey /ˈblaɪmɪ/ inter. BE COLLOQ. accidenti, cribbio.
1.blind /blaɪnd/ **I** agg. **1** [*person*] cieco; ***a ~ man*** un cieco; ***to go ~*** perdere la vista; ***to be ~ in one eye*** essere cieco da un occhio **2** *(unaware)* [*person, rage, obedience*] cieco; ***to be ~ to*** essere incapace di vedere [*fault*]; essere insensibile a [*quality*]; essere inconsapevole di [*danger*] **3** *(from which one can't see)* [*corner*] con scarsa visibilità; ***on my ~ side*** dal mio angolo morto **4** *(without looking)* [*tasting*] alla cieca **5** *(blank)* [*wall, facade*] cieco **6** COLLOQ. *(slightest)* ***I don't know a ~ thing about it*** non ne so proprio niente **II** n. **1** ***the ~*** + verbo pl. i ciechi, i non vedenti; ***school for the ~*** scuola per ciechi **2** *(at window)* tenda f. avvolgibile **3** *(front)* schermo m.; *(subterfuge)* pretesto m. **4** AE *(hide)* nascondiglio m. **III** avv. **1** *(without seeing)* [*fly*] senza visibilità; [*taste*] alla cieca **2** GASTR. [*bake*] senza farcitura ♦ ***it's a case of the ~ leading the ~*** se un cieco guida l'altro tutti e due cascano nel fosso; ***to turn a ~ eye to sth.*** chiudere un occhio su qcs. *o* fare finta di non vedere qcs. Just as *visually handicapped* or *visually impaired* is often used in English instead of *blind*, Italian may substitute *non vedente* for *cieco*.
2.blind /blaɪnd/ tr. **1** [*injury, accident*] rendere cieco; ***to be ~ed in one eye*** perdere la vista da un occhio **2** *(dazzle)* [*sun, light*] abbagliare, accecare **3** *(mislead)* [*pride, love*] accecare.
blind alley n. vicolo m. cieco (anche FIG.).
blind date n. appuntamento m. al buio.
blind drunk agg. COLLOQ. sbronzo, ubriaco fradicio.
1.blindfold /ˈblaɪndfəʊld/ n. benda f. sugli occhi.
2.blindfold /ˈblaɪndfəʊld/ **I** agg. (anche **~ed**) [*person*] bendato; ***to be ~*** avere gli occhi bendati **II** avv. (anche **~ed**) [*find way*] a occhi chiusi.
3.blindfold /ˈblaɪndfəʊld/ tr. bendare gli occhi a [*person*].
blinding /ˈblaɪndɪŋ/ agg. [*light*] accecante; [*headache*] atroce.
blindingly /ˈblaɪndɪŋlɪ/ avv. [*shine*] in modo accecante; ***to be ~ obvious*** essere palese.
blindly /ˈblaɪndlɪ/ avv. [*obey, follow*] ciecamente; [*advance, grope*] a tentoni.
blind man's buff ➧ **10** n. moscacieca f.
blindness /ˈblaɪndnɪs/ n. cecità f. (anche FIG.).
blind spot n. **1** ANAT. *(in eye)* punto m. cieco **2** *(in car, on hill)* angolo m. morto **3** FIG. *(point of ignorance)* punto m. debole, lacuna f.
1.blink /blɪŋk/ n. battito m. di ciglia ♦ ***in the ~ of an eye*** in un batter d'occhio; ***it's (gone) on the ~*** non funziona *o* fa i capricci.
2.blink /blɪŋk/ **I** tr. ***to ~ one's eyes*** battere le palpebre **II** intr. [*person*] battere le palpebre; [*light*] lampeggiare; ***without ~ing*** senza battere ciglio.
■ **blink away:** ***to ~ away one's tears*** trattenere le lacrime (battendo le ciglia).
1.blinker /ˈblɪŋkə(r)/ n. **1** AUT. lampeggiatore m., freccia f.; AE *(at crossing)* semaforo m. lampeggiante **2** gener. pl. paraocchi m. (anche FIG.).
2.blinker /ˈblɪŋkə(r)/ tr. mettere il paraocchi a [*horse*].
blinkered /ˈblɪŋkəd/ **I** p.pass. → **2.blinker** **II** agg. [*attitude, approach*] ristretto, ottuso.

blinking /ˈblɪŋkɪŋ/ **I** n. U *(of eye)* lo sbattere di ciglia; *(of light)* intermittenza f. **II** agg. BE COLLOQ. dannato; ***~ idiot*** maledetto idiota.
blip /blɪp/ n. **1** *(on screen)* segnale m. di ritorno; *(on graph)* picco m. (di una curva) **2** *(sound)* bip m. **3** *(hitch)* contrattempo m.
bliss /blɪs/ n. **1** RELIG. LETT. beatitudine f. **2** COLLOQ. FIG. felicità f., gioia f.
blissful /ˈblɪsfl/ agg. **1** *(wonderful)* delizioso; ***~ ignorance*** beata ignoranza **2** RELIG. beato.
blissfully /ˈblɪsfəlɪ/ avv. deliziosamente; ***to be ~ happy*** essere infinitamente felice; ***to be ~ unaware of, that*** essere assolutamente inconsapevole di, che.
1.blister /ˈblɪstə(r)/ n. *(on skin)* vescica f.; *(on paint, in glass)* bolla f.; *(on metal)* soffiatura f.
2.blister /ˈblɪstə(r)/ **I** tr. produrre vesciche su [*skin*]; fare gonfiare [*paint*] **II** intr. [*skin, person, feet*] coprirsi di vesciche; [*paint*] gonfiarsi.
blistering /ˈblɪstərɪŋ/ **I** n. *(of skin)* formazione f. di vesciche; *(of paint)* formazione f. di bolle **II** agg. [*heat*] afoso, soffocante; [*sun*] cocente; [*criticism*] violento, feroce; [*tongue*] tagliente; [*reply*] aspro.
blister pack n. blister m.
blithe /blaɪð/ agg. *(nonchalant)* noncurante, sconsiderato; *(cheerful)* gaio, allegro.
blithely /ˈblaɪðlɪ/ avv. *(nonchalantly)* in modo noncurante, sconsideratamente; *(cheerfully)* gaiamente, allegramente.
1.blitz /blɪts/ n. **1** MIL. AER. incursione f. aerea, blitz m.; ***the Blitz*** BE STOR. = bombardamento aereo delle città britanniche da parte dei tedeschi durante la seconda guerra mondiale **2** FIG. ***to have a ~ on sth.*** darci dentro con qcs.
2.blitz /blɪts/ tr. bombardare (anche FIG.).
blitzkrieg /ˈblɪtskriːg/ n. guerra f. lampo.
blizzard /ˈblɪzəd/ n. bufera f. di neve; *(in Arctic regions)* blizzard m.
bloated /ˈbləʊtɪd/ agg. **1** [*face, body*] gonfio; [*stomach*] pieno; ***to feel ~*** sentirsi sazio **2** FIG. [*estimate*] gonfiato; [*style*] gonfio, ampolloso; [*person*] borioso, tronfio.
bloater /ˈbləʊtə(r)/ n. aringa f. affumicata.
blob /blɒb/ n. **1** *(drop)* goccia f., chiazza f. **2** *(indistinct shape)* massa f. informe.
bloc /blɒk/ n. POL. blocco m.
1.block /blɒk/ **I** n. **1** blocco m. **2** *(building)* ***~ of flats*** condominio *o* caseggiato; ***office ~*** palazzo di uffici; ***residential ~*** complesso residenziale; ***administration ~*** ufficio governativo **3** AE *(group of buildings)* isolato m. **4** *(for butcher, executioner)* ceppo m. **5** *(group) (of seats)* gruppo m.; *(of tickets)* blocchetto m.; *(of shares)* pacchetto m. **6** *(obstruction)* ***to be a ~ to*** essere di impedimento a [*reform, agreement*]; ***to put a ~ on*** bloccare [*price, sale*]; intralciare [*initiative*] **7** TIP. cliché m. **8** SPORT ostruzione f. **II blocks** n.pl. *(ballet shoes)* punte f.
2.block /blɒk/ tr. **1** *(obstruct)* bloccare [*exit, road, traffic*]; intasare [*drain, hole*]; ostruire [*artery*]; ***to ~ sb.'s way*** o ***path*** sbarrare la strada a qcn.; ***to have a ~ed nose*** avere il naso chiuso **2** *(impede)* ostacolare [*project*]; arrestare, bloccare [*advance, progress*]; bloccare [*bill*]; ***you're ~ing my light*** mi stai facendo ombra.
■ **block in:** ~ ***[sb., sth.] in*** *(when parking)* chiudere, bloccare [*car, driver*].
■ **block off:** ~ ***[sth.] off***, ~ ***off [sth.]*** *(seal off)* bloccare [*road, path*].
■ **block out:** ~ ***out [sth.]***, ~ ***[sth.] out*** **1** *(hide)* impedire [*view*]; coprire [*light, sun*] **2** *(suppress)* rimuovere [*memory, problem*].
■ **block up:** ~ ***up [sth.]***, ~ ***[sth.] up*** intasare [*drain, hole, street*]; ostruire [*artery*].
1.blockade /blɒˈkeɪd/ n. MIL. blocco m. (navale).
2.blockade /blɒˈkeɪd/ tr. bloccare [*port*].
blockage /ˈblɒkɪdʒ/ n. *(in artery, river)* ostruzione f.; *(in pipe, drain)* intasamento m.
blockboard /ˈblɒkbɔːd/ n. impiallacciatura f.
block-booking /ˌblɒkˈbʊkɪŋ/ n. prenotazione f. di gruppo.
blockbuster /ˈblɒkbʌstə(r)/ n. **1** COLLOQ. *(book)* bestseller m.; *(film)* film m. di successo **2** MIL. bomba f. ad alto potenziale.
block capital n. TIP. stampatello m.
blockhead /ˈblɒkhed/ n. COLLOQ. SPREG. zuccone m. (-a).
blockhouse /ˈblɒkhaʊs/ n. **1** MIL. casamatta f., bunker m. **2** AE STOR. fortino m.
block letter n. → **block capital**.
block printing n. xilografia f.
block release course n. *(of employees)* corso m. di formazione.
block vote n. POL. voto m. di blocco, di coalizione.
block voting n. POL. votazione f. di blocco, di coalizione.
bloke /bləʊk/ n. BE COLLOQ. tipo m., tizio m.
blond /blɒnd/ ♦ **5 I** agg. [*person, hair*] biondo; [*wood*] chiaro **II** n. biondo m.
blonde /blɒnd/ ♦ **5 I** agg. biondo **II** n. *(woman)* bionda f.
blood /blʌd/ n. **1** BIOL. sangue m.; ***to give ~*** donare il sangue; ***the ~ rushed to his cheeks*** le sue guance si coprirono di rossore; ***the sound made my ~ turn cold*** il suono mi fece gelare il sangue **2** *(breeding)* sangue m.; ***royal ~*** sangue reale **3** *(anger)* ***his ~ is up*** è su tutte le furie **4** *(vigour)* ***new*** o ***fresh*** o ***young ~*** nuova linfa ♦ ***~ is thicker than water*** il sangue non è acqua; ***he's after my ~!*** COLLOQ. vuole il mio sangue! ***it's like getting ~ out of a stone*** è come cavare sangue da una rapa; ***~ tells*** buon sangue non mente.
blood-and-thunder /ˈblʌdənˌθʌndə(r)/ agg. [*novel, film*] a tinte forti.
blood bank n. banca f. del sangue, emoteca f.
bloodbath /ˈblʌdˌbɑːθ, AE -ˌbæθ/ n. bagno m. di sangue.
blood blister n. ematoma m.
blood brother n. fratello m. carnale.
blood cell n. cellula f. ematica.
blood corpuscle n. globulo m.
blood count n. MED. esame m. emocromocitometrico.
bloodcurdling /ˈblʌdˌkɜːdlɪŋ/ agg. [*scream*] raccapricciante, da fare gelare il sangue.
blood donor n. donatore m. (-trice) di sangue.
blood feud n. faida f.
blood group n. gruppo m. sanguigno.
bloodhound /ˈblʌdˌhaʊnd/ n. segugio m. (anche FIG.).
bloodless /ˈblʌdlɪs/ agg. **1** *(peaceful)* [*revolution*] incruento, senza spargimento di sangue **2** *(pale)* pallido **3** *(drained of blood)* esangue, anemico.
bloodletting /ˈblʌdˌletɪŋ/ n. **1** MED. salasso m. **2** *(killing)* massacro m., carneficina f.
blood lust n. sete f. di sangue.
blood money n. = compenso pagato a un sicario.
blood orange n. arancia f. sanguinella.
blood poisoning n. setticemia f.
blood pressure n. pressione f. sanguigna; ***high ~*** ipertensione; ***low ~*** ipotensione.
bloodred /ˌblʌdˈred/ ♦ **5 I** n. rosso m. sangue **II** agg. rosso sangue.
blood relation, blood relative n. consanguineo m. (-a).
bloodshed /ˈblʌdʃed/ n. spargimento m. di sangue.
bloodshot /ˈblʌdʃɒt/ agg. [*eyes*] iniettato di sangue.
blood sport n. sport m. cruento.
bloodstained /ˈblʌdsteɪnd/ agg. macchiato di sangue.
bloodstock /ˈblʌdstɒk/ n. + verbo sing. o pl. cavalli m.pl. di razza.
bloodstream /ˈblʌdstriːm/ n. flusso m. sanguigno.
bloodsucker /ˈblʌdˌsʌkə(r)/ n. sanguisuga f. (anche FIG.).
blood test n. analisi f. del sangue.
bloodthirsty /ˈblʌdθɜːstɪ/ agg. assetato di sangue.
blood transfusion n. trasfusione f. di sangue.
blood type n. gruppo m. sanguigno.
blood vessel n. vaso m. sanguigno.
bloody /ˈblʌdɪ/ **I** agg. **1** *(covered in blood)* [*hand, sword, rag*] insanguinato; ***to have a ~ nose*** avere il naso che sanguina; ***to give sb. a ~ nose*** fare sanguinare il naso a qcn.; FIG. conciare male qcn. **2** *(violent)* [*battle, deed*] sanguinoso, cruento; [*regime, tyrant*] sanguinario **3** BE POP. *(expressing anger)* maledetto; ***this ~ car!*** questa dannata macchina! ***you ~ fool!*** maledetto idiota! ***~ hell!*** maledizione! **4** *(red)* rosso sangue **II** avv. BE POP. *(for emphasis)* [*dangerous, difficult, expensive*] maledettamente; ***the film was ~ awful*** il film era assolutamente orribile; ***a ~ good film*** un film eccezionale.

bloody-minded /ˌblʌdɪˈmaɪndɪd/ agg. BE ***don't be so ~*** non fare il guastafeste.

1.bloom /bluːm/ n. **1** *(flower)* fiore m. **2** *(flowering)* fioritura f.; ***in ~*** in fiore; ***in full ~*** in piena fioritura; ***to come into ~*** fiorire **3** *(on skin, fruit)* lanugine f., peluria f. **4** FIG. ***in the ~ of youth*** nel fiore della giovinezza.

2.bloom /bluːm/ intr. *(be in flower)* essere fiorito; *(come into flower)* fiorire, sbocciare.

bloomer /ˈbluːmə(r)/ n. **1** BE ANT. COLLOQ. cantonata f., strafalcione m. **2** BE GASTR. = forma ovale di pane.

bloomers /ˈbluːməz/ n.pl. ANT. calzoncini m. sportivi da donna.

bloomery /ˈbluːmərɪ/ n. forno m., fucina f. per masselli.

blooming /ˈbluːmɪŋ/ agg. **1** *(healthy)* [*person*] florido; [*plant*] rigoglioso; [*friendship*] sano; ***~ with health*** che sprizza salute **2** BE COLLOQ. dannato; ***~ idiot!*** maledetto idiota!

1.blossom /ˈblɒsəm/ n. **1** U *(flowers)* fiori m.pl.; ***in ~*** in fiore; ***in full ~*** in piena fioritura; ***to come into ~*** fiorire **2** *(flower)* fiore m.

2.blossom /ˈblɒsəm/ intr. fiorire, sbocciare; FIG. ***to ~ (out)*** fiorire, svilupparsi.

1.blot /blɒt/ n. *(of ink)* macchia f., sgorbio m.; FIG. difetto m., macchia f.; ***to be a ~ on the landscape*** rovinare il paesaggio; FIG. essere un pugno nell'occhio.

2.blot /blɒt/ tr. (forma in -ing ecc. **-tt-**) **1** *(dry)* asciugare (con la carta assorbente) [*writing*] **2** *(stain)* macchiare; FIG. infangare, macchiare **3** → **blot out** ♦ ***to ~ one's copybook*** macchiare la propria reputazione.

■ **blot out:** ***~ out [sth.]*** [*person*] cancellare; [*mist*] offuscare, nascondere.

1.blotch /blɒtʃ/ n. **1** *(on skin)* macchia f., pustola f. **2** *(of ink, colour)* chiazza f., (grossa) macchia f.

2.blotch /blɒtʃ/ **I** tr. coprire di macchie [*paper, face*] **II** intr. [*pen*] lasciare delle macchie.

blotchy /ˈblɒtʃɪ/ agg. [*complexion*] coperto di macchie, chiazzato; [*leaf, paper*] macchiato.

blotter /ˈblɒtə(r)/ n. **1** *(for ink) (small)* tampone m. di carta assorbente; *(on desk)* sottomano m. **2** AE *(police)* registro m.; *(commercial)* brogliaccio m.

blotting paper n. carta f. assorbente.

blotto /ˈblɒtəʊ/ agg. COLLOQ. ubriaco fradicio.

blouse /blaʊz, AE blaʊs/ ♦ **28** n. **1** *(woman's)* camicetta f. **2** AE MIL. giubba f., casacca f.

1.blow /bləʊ/ n. **1** *(stroke)* colpo m., botta f.; ***a ~ to the back of the head*** un colpo alla nuca; ***to come to ~s*** venire alle mani (**over** per); ***to strike a ~ for*** FIG. battersi in favore di *o* spezzare una lancia a favore di [*freedom, rights*] **2** FIG. *(shock)* colpo m.; *(setback)* stangata f., batosta f.; ***to be a ~*** essere un duro colpo (**to sth.** per qcs.; **to, for sb.** per qcn.) **3** *(of nose)* ***to give one's nose a ~*** soffiarsi il naso.

2.blow /bləʊ/ **I** tr. (pass. **blew**; p.pass. **blown**) **1** ***to ~ sth. out of*** [*wind*] fare volare qcs. da [*window*]; ***the wind blew the door shut*** il vento fece chiudere la porta; ***to be blown onto the rocks*** essere spinto sulle rocce a causa del vento; ***it's ~ing a gale*** sta soffiando una bufera **2** [*person*] fare [*bubble, smoke ring*]; soffiare [*glass*]; ***to ~ sb. a kiss*** mandare un bacio a qcn. **3** ***to ~ one's nose*** soffiarsi il naso **4** MUS. suonare [*trumpet*]; ***to ~ the whistle for half-time*** fischiare la fine del primo tempo **5** [*explosion*] creare, provocare [*hole*]; ***to be blown to pieces*** o ***bits by*** essere ridotto in pezzi *o* frantumi da **6** EL. MECC. fare saltare, bruciare [*fuse, gasket*]; fulminare [*lightbulb*] **7** COLLOQ. *(spend)* scialacquare, sperperare [*money*] (**on** in) **8** COLLOQ. *(expose)* fare saltare [*cover*]; svelare, rivelare [*operation*] **9** COLLOQ. *(make a mess of)* ***to ~ it*** mandare a rotoli; ***to ~ one's chances*** rovinarsi *o* sciupare ogni possibilità **10** ANT. COLLOQ. (p.pass. **blowed**) ***~ it!*** al diavolo! ***well, ~ me down*** o ***I'll be ~ed!*** che sorpresa! **II** intr. (pass. **blew**; p.pass. **blown**) **1** [*wind*] soffiare **2** *(move with wind)* ***to ~ in the wind*** [*leaves, clothes*] volare al vento **3** [*person*] soffiare (**into** dentro; **on** su) **4** *(sound)* [*whistle, foghorn*] suonare; [*trumpet*] suonare, squillare **5** [*whale*] soffiare, lanciare sbuffi **6** *(break)* [*fuse, gasket*] saltare; [*bulb*] fulminarsi; [*tyre*] scoppiare ♦ ***to ~ a fuse*** o ***a gasket*** o ***one's top*** andare in bestia, perdere le staffe; ***it really blew my mind*** o ***blew me away!*** mi ha davvero sbalordito!

■ **blow about** BE, **blow around:** ***~ around*** [*leaves, papers*] volare in tutte le direzioni; ***~ [sth.] around, ~ around [sth.]*** fare volare [qcs.] in tutte le direzioni.

■ **blow away:** ***~ away*** [*object, paper*] volare via; ***~ [sth.] away, ~ away [sth.]*** [*wind*] fare volare via [*object*]; ***~ [sb.] away*** COLLOQ. *(kill)* fare fuori [*person*].

■ **blow down:** ***~ down*** [*tree, fence*] essere abbattuto (dal vento); ***~ [sth.] down, ~ down [sth.]*** [*wind*] abbattere [*tree*].

■ **blow in:** ***~ in*** **1** [*snow, rain*] entrare dentro **2** *(in explosion)* [*door, window*] essere sfondato; ***~ [sth.] in, ~ in [sth.]*** **1** [*wind*] fare entrare [*snow, rain*] **2** [*explosion*] sfondare [*door, window*].

■ **blow off:** ***~ off*** [*hat*] volare via; ***~ [sth.] off, ~ off [sth.]*** [*wind*] fare volare via [*hat*]; [*explosion*] fare saltare [*roof*]; ***he had his leg blown off*** ha perso la gamba in un'esplosione; ***to ~ the leaves off the trees*** [*wind*] fare cadere le foglie dagli alberi.

■ **blow out:** ***~ out*** **1** [*flame*] spegnersi **2** [*oil well*] perdere; ***~ [sth.] out, ~ out [sth.]*** **1** *(extinguish)* spegnere soffiando [*candle*]; estinguere [*flames*] **2** *(inflate)* ***to ~ one's cheeks out*** sbuffare **3** ***to ~ itself out*** [*storm*] esaurirsi, calmarsi.

■ **blow over:** ***~ over*** **1** *(die down)* [*storm*] cessare, esaurirsi; [*affair*] essere dimenticato, perdere di interesse; [*discontent, protest*] placarsi, calmarsi; [*anger*] placarsi **2** *(topple)* [*fence, tree*] essere abbattuto (dal vento); ***~ [sb., sth.] over*** [*wind*] gettare a terra [*person, tree*].

■ **blow up:** ***~ up*** **1** *(in explosion)* [*building*] saltare in aria, scoppiare; [*bomb*] esplodere **2** [*storm*] (stare per) scoppiare **3** [*problem, affair*] esplodere **4** COLLOQ. *(become angry)* [*person*] esplodere; ***to ~ up at sb.*** perdere la pazienza con qcn. **5** *(inflate)* ***it ~s up*** si gonfia; ***~ [sth., sb.] up, ~ up [sth., sb.]*** *(in explosion)* fare saltare [*building*]; fare esplodere [*bomb*]; ***~ [sth.] up, ~ up [sth.]*** **1** *(inflate)* gonfiare [*tyre, balloon*] **2** FOT. *(enlarge)* ingrandire **3** *(exaggerate)* gonfiare, esagerare.

blow-by-blow /ˌbləʊbaɪˈbləʊ/ agg. [*account*] dettagliato.

1.blow-dry /ˈbləʊdraɪ/ n. piega f. con il fon.

2.blow-dry /ˈbləʊdraɪ/ tr. ***to ~ sb.'s hair*** asciugare i capelli a qcn. con il fon.

blower /ˈbləʊə(r)/ n. ANT. COLLOQ. telefono m.

blowhole /ˈbləʊhəʊl/ n. **1** *(of whale)* sfiatatoio m. **2** *(in ice)* buco m. (per respirare).

blow job n. VOLG. ***to give sb. a ~*** fare un pompino a qcn.

blown /bləʊn/ p.pass. → **2.blow**.

blowout /ˈbləʊaʊt/ n. **1** EL. fusione f. **2** *(of tyre)* scoppio m. **3** *(in oil or gas well)* perdita f., fuga f. **4** COLLOQ. *(meal)* abbuffata f., scorpacciata f.

blowpipe /ˈbləʊpaɪp/ n. BE *(for darts)* cerbottana f.

blowtorch /ˈbləʊtɔːtʃ/ n. lampada f. per saldare.

blow-up /ˈbləʊʌp/ **I** n. FOT. ingrandimento m. **II** agg. *(inflatable)* [*doll, toy, dinghy*] gonfiabile.

blowy /ˈbləʊɪ/ agg. COLLOQ. ventoso.

blowzy /ˈblaʊzɪ/ agg. SPREG. [*woman*] sciatto, trasandato.

1.blubber /ˈblʌbə(r)/ n. *(of whale)* grasso m.; COLLOQ. SCHERZ. *(of person)* grasso m., lardo m.

2.blubber /ˈblʌbə(r)/ intr. COLLOQ. singhiozzare, piangere a dirotto.

blubbery /ˈblʌbərɪ/ agg. grasso, lardoso.

1.bludgeon /ˈblʌdʒən/ n. randello m.

2.bludgeon /ˈblʌdʒən/ tr. randellare; ***he ~ed her into doing it*** FIG. l'ha costretta a farlo.

blue /bluː/ ♦ **5** **I** agg. **1** *(in colour)* blu, azzurro; ***to be ~ from*** o ***with the cold*** FIG. essere livido dal freddo **2** *(depressed)* ***to feel ~*** sentirsi depresso *o* giù **3** COLLOQ. *(smutty)* [*film*] porno; [*joke*] osceno, sporco **4** BE POL. COLLOQ. conservatore, puritano **II** n. **1** *(colour)* blu m., azzurro m. **2** *(sky)* LETT. ***the ~*** il cielo **III blues** n.pl. **1** MUS. ***the ~s*** il blues **2** COLLOQ. *(depression)* ***to have the ~s*** sentirsi depresso ♦ ***to say sth. out of the ~*** dire qcs. di punto in bianco; ***out of the ~*** [*appear, happen*] improvvisamente; ***to vanish into the ~*** svanire nel nulla; ***you can shout until you're ~ in the face, I'm going anyway!*** puoi gridare quanto ti pare, tanto vado lo stesso!

blue baby n. bambino m. (-a) blu.

Bluebeard /ˈbluːbɪəd/ **I** n.pr. Barbablù **II** n. FIG. barbablù m.

bluebell /ˈbluːbel/ n. BOT. *(harebell)* campanula f.

Blue Berets n.pl. MIL. caschi m. blu.

blueberry /ˈbluːberɪ/ n. AE mirtillo m.

blue blood n. sangue m. blu.
blue-blooded /ˌbluːˈblʌdɪd/ agg. di sangue blu.
bluebottle /ˈbluːbɒtl/ n. **1** ZOOL. mosca f. azzurra della carne **2** BOT. fiordaliso m.
blue cheese n. = formaggio simile al gorgonzola.
blue chip n. ECON. titolo m. guida, blue chip m.
blue-collar /ˌbluːˈkɒlə(r)/ agg. **~ *worker*** colletto blu *o* tuta blu.
blue-eyed boy n. BE COLLOQ. *(of public, media)* beniamino m.; *(of teacher)* cocco m.
Blue Helmets n.pl. → **Blue Berets**.
blue jay n. ghiandaia f. azzurra.
blue light n. *(on emergency vehicles)* lampeggiatore m. di emergenza.
blue pencil n. ***to go through sth. with the ~*** *(edit)* correggere qcs.; *(censor)* censurare qcs.
blue-pencil /ˌbluːˈpensl/ tr. (forma in -ing ecc. **-ll-** BE, **-l-** AE) *(edit)* correggere [*text*]; *(censor)* censurare [*film, book*].
blueprint /ˈbluːprɪnt/ n. **1** ARCH. TECN. (copia) cianografica f. **2** FIG. *(plan)* progetto m., piano m.
blue rinse n. COSMET. azzurrante m.
blue-sky /ˈbluːskaɪ/ agg. [*project*] che è ancora agli inizi, che è alle prime battute.
bluestocking /ˌbluːˈstɒkɪŋ/ n. SPREG. = donna con pretese da intellettuale.
blue tit n. cinciarella f.
blue whale n. balenottera f. azzurra.
1.bluff /blʌf/ **I** n. **1** *(ruse)* bluff m. **2** *(cliff)* scogliera f. **II** agg. [*person, manner*] franco, schietto ♦ ***to call sb.'s ~*** costringere qcn. a scoprire le proprie carte *o* scoprire il gioco di qcn.; ***it's time we called his ~*** è ora che metta le carte in tavola.
2.bluff /blʌf/ **I** tr. ingannare; ***to ~ sb. into thinking sth.*** fare credere qcs. a qcn. **II** intr. bluffare ♦ ***to ~ it (out)*** cavarsela con l'inganno.
bluish /ˈbluːɪʃ/ ➧ ***5*** agg. bluastro.
1.blunder /ˈblʌndə(r)/ n. errore m. marchiano, bestialità f.
2.blunder /ˈblʌndə(r)/ intr. **1** *(make mistake)* fare un errore marchiano, fare una bestialità **2** *(move clumsily)* ***he ~ed into the table*** andò a sbattere contro il tavolo.
blundering /ˈblʌndərɪŋ/ agg. goffo, impacciato.
1.blunt /blʌnt/ agg. **1** [*knife, scissors*] smussato, non affilato; [*pencil, needle*] spuntato; ***this knife is ~*** questo coltello non taglia; ***~ instrument*** corpo contundente **2** *(frank)* [*person, manner*] schietto; [*refusal*] netto, categorico; [*reply*] brusco; [*criticism*] esplicito; ***to be ~ with you*** per essere franco con te.
2.blunt /blʌnt/ tr. smussare [*knife, scissors*]; spuntare [*pencil, needle*]; calmare [*appetite*]; ottundere [*intelligence*]; smorzare [*enthusiasm*].
bluntly /ˈblʌntlɪ/ avv. francamente, schiettamente.
bluntness /ˈblʌntnɪs/ n. *(of person)* schiettezza f.; *(of manner)* rudezza f.
1.blur /blɜː(r)/ n. forma f. indistinta; ***after that it all became a ~*** in seguito tutto diventò confuso; ***her memories are just a ~*** i suoi ricordi sono molto sfocati.
2.blur /blɜː(r)/ **I** tr. (forma in -ing ecc. **-rr-**) sfocare, offuscare **II** intr. (forma in -ing ecc. **-rr-**) diventare confuso, indistinto.
blurb /blɜːb/ n. soffietto m. editoriale; *(on book cover)* risvolto m. di copertina.
blurred /blɜːd/ **I** p.pass. → **2.blur II** agg. [*idea*] confuso, indistinto; [*image, photo, memory*] sfocato; ***to have ~ vision*** avere la vista annebbiata; ***to become ~*** [*eyes*] annebbiarsi, velarsi.
blurry /ˈblɜːrɪ/ agg. confuso, indistinto.
blurt /blɜːt/ tr. → **blurt out**.
■ **blurt out: ~ [sth.] out, ~ out [sth.]** lasciarsi sfuggire, dire senza riflettere.
1.blush /blʌʃ/ n. rossore m.; ***without a ~*** senza vergogna; ***to spare sb.'s ~es*** evitare di mettere qcn. in imbarazzo *o* di fare arrossire qcn.
2.blush /blʌʃ/ intr. arrossire (**with** di, per); ***to ~ for sb.*** vergognarsi per qcn.
blusher /ˈblʌʃə(r)/ n. fard m.
blushing /ˈblʌʃɪŋ/ **I** n. (l')arrossire **II** agg. [*person*] che arrossisce.
1.bluster /ˈblʌstə(r)/ n. **1** *(of wind)* bufera f., furia f. **2** FIG. *(angry)* sfuriata f.; *(boasting)* spacconata f.
2.bluster /ˈblʌstə(r)/ intr. **1** [*wind*] infuriare **2** FIG. [*person*] *(angrily)* fare una sfuriata (**at sb.** a qcn.); *(boastfully)* fare lo spaccone.
blustering /ˈblʌstərɪŋ/ **I** n. **U** *(boasting)* fanfaronata f., fanfaronate f.pl.; *(rage)* sfuriata f. **II** agg. *(boastful)* borioso; *(angry)* minaccioso.
blustery /ˈblʌstərɪ/ agg. **~ *wind*** tempesta; ***it's a ~ day*** è una giornata di bufera.
BM n. (⇒ Medicinae Baccalaureus, Bachelor of Medicine) = (diploma di) dottore in medicina (con laurea breve).
BMA n. (⇒ British Medical Association) = ordine dei medici britannici.
B movie /ˈbiːmuːvɪ/ n. film m. di serie B.
bn. ⇒ billion miliardo (MLD).
BO n. **1** COLLOQ. (⇒ body odour) = puzza di sudore **2** AE (⇒ box office) = botteghino, biglietteria.
boa /ˈbəʊə/ n. **1** ZOOL. boa m. **2** ***(feather) ~*** boa (di piume).
boar /bɔː(r)/ n. **1** *(wild)* cinghiale m. **2** *(male pig)* verro m.
1.board /bɔːd/ **I** n. **1** *(plank)* asse f., tavola f. **2** AMM. consiglio m.; ***~ of directors*** consiglio di amministrazione; ***~ of inquiry*** commissione d'inchiesta; ***~ of governors*** SCOL. giunta scolastica **3** GIOC. *(playing surface)* tavolo m. **4** SCOL. lavagna f. **5** *(notice board)(for information)* tabellone m.; *(to advertise)* cartellone m. pubblicitario **6** INFORM. ELETTRON. scheda f. **7** *(accommodation)* ***full ~*** pensione completa; ***half-~*** mezza pensione; ***~ and lodging, room and ~*** vitto e alloggio **8 on board** a bordo; ***to take sth. on ~*** prendere a bordo *o* imbarcare [*cargo, passengers*]; FIG. accettare [*changes, facts*]; affrontare [*problem*] **II boards** n.pl. **1** *(floor)* pavimento m.sing. **2** TEATR. scene f.; ***to tread the ~s*** calcare le scene *o* le tavole **III** modif. AMM. [*meeting, member*] del consiglio di amministrazione ♦ ***above ~*** lealmente, in modo trasparente; ***across the ~*** generalizzato, indiscriminato; ***to go by the ~*** fallire, naufragare; ***to sweep the ~*** fare man bassa.
2.board /bɔːd/ **I** tr. **1** *(get on)* salire a bordo di [*boat, plane*]; salire su [*bus, train*] **2** MAR. [*customs officer*] ispezionare [*vessel*]; [*pirates*] abbordare [*vessel*] **II** intr. essere a pensione (**with** presso, da); SCOL. *(in boarding school)* [*pupil*] essere interno.
■ **board out: ~ [sb.] out, ~ out [sb.]** affidare a una famiglia [*child*].
■ **board up: ~ [sth.] up, ~ up [sth.]** chiudere con assi [*window*]; barricare con assi [*house*].
boarder /ˈbɔːdə(r)/ n. **1** *(lodger)* pensionante m. e f. **2** SCOL. interno m. (-a).
board game ➧ ***10*** n. gioco m. da tavolo.
boarding /ˈbɔːdɪŋ/ n. **1** AER. MAR. imbarco m. **2** MAR. *(by customs officer)* ispezione f. **3** MIL. arrembaggio m.
boarding card n. AER. MAR. carta f. d'imbarco.
boarding house n. pensione f.
boarding party n. MAR. MIL. squadra f. d'arrembaggio.
boarding school n. collegio m., convitto m.
boardroom /ˈbɔːdruːm, -rʊm/ n. *(room)* sala f. di consiglio; *(stateroom)* sala f. di rappresentanza.
boardwalk /ˈbɔːdwɔːk/ n. AE = passeggiata in riva al mare costruita con assi di legno.
1.boast /bəʊst/ n. vanto m., vanteria f.
2.boast /bəʊst/ **I** tr. vantare; ***the town ~s a beautiful church*** la città vanta una bellissima chiesa **II** intr. vantarsi, gloriarsi (**about** di); ***to ~ of being*** vantarsi di essere; ***nothing to ~ about*** niente di cui vantarsi.
boaster /ˈbəʊstə(r)/ n. sbruffone m. (-a), fanfarone m. (-a).
boastful /ˈbəʊstfl/ agg. [*person*] vanaglorioso; ***without being ~*** senza presunzione.
boastfully /ˈbəʊstfəlɪ/ avv. presuntuosamente.
boasting /ˈbəʊstɪŋ/ n. vanto m.
boat /bəʊt/ **I** n. *(vessel)* imbarcazione f.; *(sailing)* barca f. a vela; *(rowing)* barca f. a remi; *(liner)* piroscafo m.; *(ferry)* battello m., traghetto m.; ***he crossed the lake in a ~*** attraversò il lago in barca **II** modif. [*trip*] in barca; [*hire*] di barche ♦ ***to be in the same ~*** essere sulla stessa barca; ***to miss the ~*** perdere il treno; ***to push the ~ out*** BE fare le cose in grande; ***to rock the ~*** agitare le acque.

boater /ˈbəʊtə(r)/ ➧ *27* n. **1** *(hat)* paglietta f. **2** AE *(person)* barcaiolo m.
boathook /ˈbəʊthʊk/ n. MAR. gaffa f.
boathouse /ˈbəʊthaʊs/ n. rimessa f. per barche.
boating /ˈbəʊtɪŋ/ **I** n. nautica f. da diporto; *(in rowing boat)* canottaggio m. **II** modif. [*trip*] in barca; [*enthusiast*] di nautica.
boatload /ˈbəʊtləʊd/ n. barcata f. (anche FIG.).
boatman /ˈbəʊtmæn/ ➧ *27* n. (pl. **-men**) barcaiolo m.
boatswain /ˈbəʊsnsweɪn/ n. nostromo m.
boatyard /ˈbəʊtjɑːd/ n. cantiere m. navale.
1.bob /bɒb/ n. **1** *(haircut)* caschetto m., carré m. **2** *(nod)* ***a ~ of the head*** un cenno del capo **3** *(curtsy)* breve inchino m., riverenza f. **4** *(weight) (on plumb line)* piombino m.; *(on pendulum)* pendolo m.; *(on fishing line)* sughero m., galleggiante m. **5** *(tail)* coda f. mozza **6** BE COLLOQ. (pl. ~) *(money)* scellino m.; ***I bet that costs a ~ or two*** scommetto che costa un po' di soldi **7** SPORT bob m.
2.bob /bɒb/ **I** tr. (forma in -ing ecc. **-bb-**) **1** *(cut)* tagliare a caschetto [*hair*]; mozzare [*tail*] **2** *(nod)* ***to ~ one's head*** fare un cenno con la testa **3** ***to ~ a curtsy*** fare un veloce inchino **II** intr. (forma in -ing ecc. **-bb-**) *(move)* [*boat, float*] ballonzolare, ondeggiare; ***to ~ up*** [*person, float*] venire a galla; ***to ~ up and down*** [*person, boat*] andare su e giù.
Bob /bɒb/ n.pr. diminutivo di **Robert**.
bobbed /bɒbd/ **I** p.pass. → **2.bob II** agg. [*hair*] a caschetto; [*tail*] mozzo.
bobbin /ˈbɒbɪn/ n. bobina f.; *(for lace-making)* spola f.
bobble /ˈbɒbl/ n. pompon m.
bobble hat n. cappello m. con pompon.
bobby /ˈbɒbɪ/ n. BE COLLOQ. poliziotto m.
Bobby /ˈbɒbɪ/ n.pr. diminutivo di **Robert**.
bobby pin n. AE molletta f. per capelli.
bobby socks, bobby sox n.pl. calzini m. corti.
bobcat /ˈbɒbkæt/ n. lince f. rossa.
bobsled /ˈbɒbsled/ n. → **1.bobsleigh**.
1.bobsleigh /ˈbɒbsleɪ/ ➧ *10* n. bob m., guidoslitta f.
2.bobsleigh /ˈbɒbsleɪ/ intr. andare in bob.
bobtail /ˈbɒbteɪl/ n. *(dog)* bobtail m.; *(horse)* cavallo m. (-a) con la coda mozza.
bod /bɒd/ n. BE COLLOQ. tipo m. (-a), tizio m. (-a).
bode /bəʊd/ intr. LETT. ***to ~ well, ill*** essere di buono, di cattivo augurio.
bodge /bɒdʒ/ BE → **1.botch**, **2.botch**.
bodice /ˈbɒdɪs/ n. *(of dress)* corpino m.
bodily /ˈbɒdɪlɪ/ **I** agg. [*function*] fisiologico; [*fluid*] organico; [*need, well-being*] fisico; [*injury*] corporale **II** avv. [*carry, pick up*] di peso.
bodkin /ˈbɒdkɪn/ n. passanastro m.; *(for making holes)* punteruolo m.
body /ˈbɒdɪ/ **I** n. **1** *(of person, animal)* corpo m.; ***~ and soul*** anima e corpo; ***to have just enough to keep ~ and soul together*** avere appena il necessario per vivere; ***to sell one's ~*** vendersi, prostituirsi; ***a dead ~*** un corpo, un cadavere **2** *(main section) (of car)* carrozzeria f., scocca f.; *(of boat)* scafo m.; *(of aircraft)* fusoliera f.; *(of camera)* corpo m. macchina; *(of violin, guitar)* cassa f. armonica; *(of dress)* corpino m. **3** *(large quantity) (of water)* massa f.; *(of laws)* raccolta f., corpo m.; ***a large ~ of evidence*** una grande quantità di prove **4** *(group)* corpo m.; ***the student ~*** il corpo studenti; ***the main ~ of demonstrators*** la maggioranza dei dimostranti **5** *(organization)* organismo m., ente m.; ***disciplinary ~*** commissione disciplinare **6** FIS. corpo m., grave m. **7** *(fullness) (of wine)* corpo m.; *(of hair)* massa f. **8** ABBIGL. body m. **II** modif. **1** COSMET. [*lotion*] per il corpo **2** AUT. [*repair*] alla carrozzeria **III -bodied** agg. in composti ***small-bodied*** di corporatura minuta ♦ ***over my dead ~!*** piuttosto la morte! ***you'll do that over my dead ~!*** per farlo dovrai passare sul mio cadavere!
body blow n. colpo m. allo stomaco; ***to deal a ~ to*** FIG. dare un brutto colpo a.
bodybuilder /ˈbɒdɪbɪldə(r)/ ➧ *27* n. **1** SPORT culturista m. e f. **2** AUT. carrozziere m.
body-building /ˈbɒdɪbɪldɪŋ/ ➧ *10* n. culturismo m., body building m.
bodyguard /ˈbɒdɪgɑːd/ n. *(individual)* guardia f. del corpo; *(group)* scorta f.
body heat n. calore m. corporeo.
body language n. linguaggio m. del corpo.
body odour BE, **body odor** AE n. COLLOQ. puzza f. di sudore.
body politic n. nazione f., stato m.
body shop n. AUT. reparto m. carrozzeria.
body suit n. body m.
body warmer n. = gilet imbottito senza maniche.
body weight n. peso m. corporeo.
bodywork /ˈbɒdɪwɜːk/ n. carrozzeria f.
Boer /bɔː(r)/ **I** agg. boero **II** n. boero m. (-a).
boffin /ˈbɒfɪn/ n. BE COLLOQ. esperto m. (-a).
1.bog /bɒg/ n. **1** *(marshy ground)* pantano m., palude f. **2** (anche **peat ~**) torbiera f. **3** BE POP. *(toilet)* cesso m.
2.bog /bɒg/ **I** tr. (forma in -ing ecc. **-gg-**) impantanare **II** intr. (forma in -ing ecc. **-gg-**) impantanarsi ♦ ***to get ~ged down in sth.*** impantanarsi in qcs.
bogey /ˈbəʊgɪ/ n. **1** *(evil spirit)* uomo m. nero, babau m.; FIG. spauracchio m. **2** *(in golf)* par m.
bogeyman /ˈbəʊgɪmæn/ n. uomo m. nero, babau m.
boggle /ˈbɒgl/ intr. ***the mind ~s at the idea*** inorridisco al solo pensiero.
boggy /ˈbɒgɪ/ agg. *(swampy)* pantanoso, paludoso; *(muddy)* fangoso; *(peaty)* torboso.
bogie /ˈbəʊgɪ/ n. **1** BE FERR. carrello m. **2** → **bogey**.
bogus /ˈbəʊgəs/ agg. [*official, doctor*] fasullo; [*claim*] falso; [*company*] fantasma.
bogy → **bogey**.
bogyman → **bogeyman**.
bohemia /bəʊˈhiːmɪə/ n. *(community)* bohème f.; *(district)* quartiere m. di bohémien.
Bohemia /bəʊˈhiːmɪə/ ➧ *24* n.pr. Boemia f.
bohemian /bəʊˈhiːmɪən/ **I** agg. [*lifestyle*] da bohémien; [*person*] anticonformista **II** n. bohémien m. e f.
Bohemian /bəʊˈhiːmɪən/ ➧ *18* **I** agg. boemo **II** n. boemo m. (-a).
1.boil /bɔɪl/ n. **1** ***to be on the ~*** BE essere in ebollizione (anche FIG.); ***to bring sth. to the ~*** portare qcs. a ebollizione; ***to go off the ~*** BE [*water*] sbollire; [*person*] perdere interesse **2** MED. foruncolo m., bolla f.
2.boil /bɔɪl/ **I** tr. **1** (anche **~ up**) (fare) bollire [*liquid*] **2** *(cook)* (fare) bollire, lessare; ***to ~ an egg*** fare bollire un uovo **II** intr. **1** [*water, vegetables*] bollire; ***the kettle is ~ing*** l'acqua (nel bollitore) sta bollendo; ***the saucepan ~ed dry*** l'acqua nel tegame è evaporata (con la bollitura) **2** FIG. [*sea*] ribollire, spumeggiare; [*person*] (ri)bollire (**with** di); ***to make sb.'s blood ~*** fare ribollire il sangue a qcn.
■ **boil away** *(evaporate)* evaporare (bollendo).
■ **boil down:** ***~ down*** condensarsi (bollendo); ***~ down to*** FIG. ridursi a; ***~ down [sth.], ~ [sth.] down*** **1** ridurre, condensare (bollendo) [*sauce*] **2** FIG. ridurre, condensare [*text*].
■ **boil over** **1** [*liquid*] traboccare (durante l'ebollizione) **2** FIG. [*anger, tension*] traboccare, degenerare.
boiled /bɔɪld/ **I** p.pass. → **2.boil II** agg. ***~ fish*** pesce lesso; ***~ egg*** uovo alla coque; ***~ ham*** prosciutto cotto.
boiler /ˈbɔɪlə(r)/ n. TECN. caldaia f.; *(for storing hot water)* scaldaacqua m., scaldabagno m.
boiler house n. locale m. caldaia (isolato dall'edificio).
boilermaker /ˈbɔɪləˌmeɪkə(r)/ ➧ *27* n. calderaio m. (-a).
boiler room n. locale m. caldaia.
boiler suit n. BE *(workman's)* tuta f. intera da lavoro; *(woman's)* tuta f.
boiling /ˈbɔɪlɪŋ/ agg. **1** *(at boiling point)* [*liquid*] bollente **2** COLLOQ. FIG. ***it's ~ in here!*** si bolle qui dentro! **3** attrib. *(for cooking)* [*fowl*] da fare lesso.
boiling hot agg. COLLOQ. [*day*] caldissimo; ***to be ~*** essere rovente; FIG. morire di caldo.
boiling point n. punto m. di ebollizione; FIG. (estrema) eccitazione f.
boisterous /ˈbɔɪstərəs/ agg. **1** [*person, meeting*] turbolento; [*child*] vivace; [*crowd*] chiassoso **2** *(tempestuous)* [*sea*] turbolento.
bold /bəʊld/ **I** agg. **1** *(daring)* [*person, attempt*] audace, ardito **2** *(cheeky)* [*person, look, behaviour*] sfrontato, sfacciato **3** *(strong)* [*colour*] vivace; [*design*] deciso; [*handwriting*]

chiaro; [*outline*] netto **4** TIP. grassetto, neretto **II** n. BE TIP. grassetto m., neretto m. ♦ ***to be as ~ as brass*** avere la faccia di bronzo.

boldface /ˈbəʊldfeɪs/ n. AE TIP. grassetto m., neretto m.

boldly /ˈbəʊldlɪ/ avv. **1** *(daringly)* audacemente; *(cheekily)* sfacciatamente **2** [*designed*] in modo deciso; [*outlined*] nettamente; ***~ coloured*** a, con colori vivaci.

boldness /ˈbəʊldnɪs/ n. **1** *(intrepidity)* audacia f.; *(cheek)* sfrontatezza f., sfacciataggine f. **2** *(of design, colour)* nitidezza f.

bole /bəʊl/ n. BOT. tronco m.

Bolivian /bəˈlɪvɪən/ ➧ *18* **I** agg. boliviano **II** n. boliviano m. (-a).

boll /bəʊl/ n. *(of flax, cotton)* capsula f.

bollard /ˈbɒlɑːd/ n. **1** MAR. bitta f. **2** BE *(in road)* colonnina f. spartitraffico.

bollocks /ˈbɒləks/ **I** n. BE VOLG. **U** *(rubbish)* ***it's a load of ~!*** è un mucchio di palle! **II** n.pl. BE VOLG. *(testicles)* palle f., coglioni m.

Bolognese /ˌbɒləˈneɪz/ agg. ***~ sauce*** sugo alla bolognese; ***spaghetti ~*** spaghetti alla bolognese.

boloney /bəˈləʊnɪ/ n. COLLOQ. **U** frottole f.pl., fesserie f.pl.

Bolshevik /ˈbɒlʃəvɪk, AE *anche* ˈbəʊl-/ **I** agg. bolscevico **II** n. bolscevico m. (-a).

bolshy /ˈbɒlʃɪ/ agg. BE COLLOQ. [*person*] ribelle; ***to get ~*** diventare intrattabile; ***he's ~*** è un contestatore.

1.bolster /ˈbəʊlstə(r)/ n. piano m. d'appoggio.

2.bolster /ˈbəʊlstə(r)/ tr. (anche **~ up**) **1** *(boost)* infondere [*confidence*]; ***to ~ sb.'s ego*** dare sicurezza a qcn. **2** *(shore up)* sostenere [*economy*]; appoggiare [*argument*].

1.bolt /bəʊlt/ n. **1** *(lock)* catenaccio m. **2** *(screw)* bullone m. **3** ***~ of lightning*** saetta, fulmine **4** *(of cloth)* pezza f. **5** *(for crossbow)* freccia f., dardo m. **6** *(for rifle)* otturatore m. **7** *(in mountaineering)* tassello m. a espansione **8** *(dash)* scatto m.; ***to make a ~ for the door*** precipitarsi verso la porta; ***to make a ~ for it*** darsela a gambe **9** **bolt upright** dritto come un fuso, impalato ♦ ***a ~ from*** o ***out of the blue*** un fulmine a ciel sereno; ***to have shot one's ~*** avere sparato le proprie cartucce.

2.bolt /bəʊlt/ **I** tr. **1** *(lock)* chiudere col catenaccio, sprangare [*window, door*] **2** ING. (im)bullonare [*plate, section*] **3** (anche **~ down**) *(swallow)* ingoiare, inghiottire [*food*] **II** intr. [*horse*] imbizzarrirsi; [*person*] fuggire, darsela a gambe; ***to ~ off*** scappare da.

bolt hole n. BE rifugio m. (anche FIG.).

1.bomb /bɒm/ n. **1** *(explosive device)* bomba f. **2** BE COLLOQ. *(large amount of money)* ***to cost a ~*** costare una fortuna *o* un sacco di soldi **3** COLLOQ. *(flop)* fiasco m.

2.bomb /bɒm/ **I** tr. bombardare [*town, house*] **II** intr. **1** BE COLLOQ. *(move fast)* scappare, correre **2** COLLOQ. *(fail)* fare fiasco.

▪ **bomb out:** ***~ [sth.] out, ~ out [sth.]*** distruggere bombardando; ***we were ~ed out*** la nostra casa fu distrutta dai bombardamenti.

bombard /bɒmˈbɑːd/ tr. MIL. FIS. bombardare (anche FIG.).

bombardment /bɒmˈbɑːdmənt/ n. MIL. FIS. bombardamento m. (**with** di).

bombast /ˈbɒmbæst/ n. magniloquenza f., ampollosità f.

bombastic /ˌbɒmˈbæstɪk/ agg. magniloquente, ampolloso.

bomb attack n. attentato m. dinamitardo.

bomb blast n. esplosione f.

bomb disposal n. = rimozione e disinnesco di bombe.

bomb disposal expert ➧ *27* n. artificiere m.

bomb disposal squad, **bomb disposal unit** n. squadra f. artificieri.

bomber /ˈbɒmə(r)/ **I** n. **1** MIL. AER. bombardiere m. **2** *(terrorist)* dinamitardo m. (-a), attentatore m. (-trice) **II** modif. [*pilot*] di bombardiere; [*squadron*] di bombardieri.

bomber jacket n. bomber m.

bombing /ˈbɒmɪŋ/ n. **1** MIL. bombardamento m. **2** *(by terrorists)* attentato m. dinamitardo.

bombproof /ˈbɒmpruːf/ agg. a prova di bomba.

bomb scare n. allarme m. bomba.

bombshell /ˈbɒmʃel/ n. **1** *(shock)* bomba f. **2** COLLOQ. *(woman)* ***a blonde ~*** uno schianto di bionda.

bomb shelter n. rifugio m. antiatomico.

bombsite /ˈbɒmsaɪt/ n. **1** zona f. devastata dalle bombe **2** FIG. *(mess)* campo m. di battaglia.

Bomb Squad n. squadra f. antiterrorismo.

bona fide /ˌbəʊnəˈfaɪdɪ/ agg. [*attempt*] sincero; [*offer*] valido, serio; [*contract*] in buonafede.

bona fides /ˌbəʊnəˈfaɪdiːz/ n. + verbo sing. o pl. buonafede f.

bonanza /bəˈnænzə/ n. **1** *(windfall)* colpo m. di fortuna **2** MIN. ricco filone m.

1.bond /bɒnd/ n. **1** *(link)* legame m., vincolo m.; ***to strengthen a ~*** rinforzare un legame; ***to feel a strong ~ with sb.*** sentire un forte legame con qcn. **2** *(fetter)* ceppi m.pl.; FIG. catene f.pl. **3** ECON. obbligazione f.; ***government ~*** titolo di stato; ***savings ~*** buono di risparmio **4** *(adhesion)* adesività f. **5** CHIM. legame m. **6** DIR. *(guarantee)* garanzia f.; *(deposit)* cauzione f. **7** *(at customs)* ***in ~*** in deposito franco, in magazzino doganale.

2.bond /bɒnd/ **I** tr. **1** (anche **~ together**) [*glue*] unire, fare aderire [*surfaces*]; ING. disporre, allineare [*bricks*]; FIG. [*experience*] legare [*people*] **2** *(at customs)* riporre (in magazzino doganale) [*goods*] **II** intr. **1** PSIC. legarsi, affezionarsi (**with** a) **2** [*materials*] aderire (**with** a) **3** CHIM. [*atoms*] legarsi (**with** con, a).

bondage /ˈbɒndɪdʒ/ n. schiavitù f. (anche FIG.).

bonded warehouse n. magazzino m. doganale, deposito m. franco.

bondholder /ˌbɒndˈhəʊldə(r)/ n. obbligazionista m. e f.

bonding /ˈbɒndɪŋ/ n. = formazione di un legame affettivo; ***male ~*** cameratismo.

1.bone /bəʊn/ **I** n. **1** *(of human, animal)* osso m.; *(of fish)* lisca f., spina f.; ***made of ~*** d'osso; ***chicken on, off the ~*** pollo con l'osso, disossato; ***to break every ~ in one's body*** spezzarsi tutte le ossa **2** *(in corset)* stecca f. **II bones** n.pl. *(animal skeleton)* ossa f., scheletro m.sing.; *(human remains)* resti m. umani, scheletro m.sing. ♦ ***~ of contention*** oggetto del contendere *o* pomo della discordia; ***to be a bag of ~s*** essere pelle e ossa; ***close to the ~*** *(wounding)* offensivo; *(racy)* sconcio; ***to cut sth. to the ~*** ridurre qcs. all'osso; ***to feel sth. in one's ~s*** sentirsi qcs. nelle ossa; ***to have a ~ to pick with sb.*** avere una questione da sistemare con qcn.; ***to make no ~s about sth.*** non farsi scrupoli di qcs.; ***sticks and stones may break my ~s (but words will never harm me)*** PROV. raglio d'asino non sale al cielo; ***to work one's fingers to the ~*** lavorare sodo, sgobbare.

2.bone /bəʊn/ tr. disossare [*joint, chicken*]; spinare, togliere le lische a [*fish*].

▪ **bone up on:** ***~ up on [sth.]*** COLLOQ. applicarsi a, studiare a fondo [*subject*].

bone china n. porcellana f. fine.

boned /bəʊnd/ **I** p.pass. → **2.bone II** agg. **1** [*chicken*] disossato; [*fish*] spinato, privo di lische **2** [*corset, bodice*] con stecche **3 -boned** in composti ***fine-, strong-~*** di ossatura minuta, forte.

bone dry agg. completamente secco, asciutto.

bonehead /ˈbəʊnhed/ n. COLLOQ. tonto m. (-a).

bone idle agg. COLLOQ. sfaticato.

boneless /ˈbəʊnlɪs/ agg. [*chicken breast*] senza ossa, disossato; [*fish fillet*] senza spine.

bone marrow n. midollo m. osseo.

bone-marrow transplant n. trapianto m. di midollo osseo.

bonemeal /ˈbəʊnmiːl/ n. farina f. d'ossa.

bone shaker n. COLLOQ. catorcio m.

bonfire /ˈbɒnfaɪə(r)/ n. falò m.

Bonfire Night n. GB = la sera del 5 novembre, in cui si commemora con falò e fuochi d'artificio la fallita Congiura delle Polveri del 5 novembre 1605.

bonhomie /ˌbɒnəˈmiː/ n. bonomia f., bonarietà f.

Boniface /ˈbɒnɪfeɪs/ n.pr. Bonifacio.

1.bonk /bɒŋk/ n. **1** COLLOQ. *(blow)* botta f. **2** BE VOLG. ***to have a ~*** farsi una scopata.

2.bonk /bɒŋk/ **I** tr. **1** COLLOQ. *(hit)* ***to ~ one's head against sth.*** sbattere la testa contro qcs. **2** BE VOLG. *(have sex with)* scopare, scoparsi **II** intr. BE VOLG. scopare.

bonkers /ˈbɒŋkəz/ agg. COLLOQ. matto, pazzo.

bonnet /ˈbɒnɪt/ n. **1** *(woman's hat)* cappellino m., cuffia f.; *(man's cap)* = tipico copricapo scozzese **2** BE AUT. cofano m. ♦ ***to have a bee in one's ~*** avere un'idea fissa.

bonny /ˈbɒnɪ/ agg. SCOZZ. bello.
bonus /ˈbəʊnəs/ n. **1** COMM. ECON. bonus m., premio m., gratifica f., indennità f.; ***productivity~*** premio (di) produzione; ***no claims~*** BE *(in insurance)* = riduzione bonus malus; ***cash~*** premio in denaro **2** *(advantage)* vantaggio m.
bonus point n. *(in quiz, sports)* ***five~s*** un bonus di cinque punti.
bony /ˈbəʊnɪ/ agg. **1** [*person, hand*] ossuto; [*face*] angoloso **2** [*fish*] liscoso, pieno di spine **3** [*substance*] osseo.
1.boo /buː/ **I** inter. bu **II** n. *(jeer)* buuh m. ♦ ***he wouldn't say ~ to a goose*** non farebbe male a una mosca.
2.boo /buː/ **I** tr. (3ª persona sing. pres. **~s**; pass., p.pass. **~ed**) fischiare [*actor*]; ***to be ~ed off the stage*** essere cacciato a (suon di) fischi dal palco **II** intr. (3ª persona sing. pres. **~s**; pass., p.pass. **~ed**) gridare buuh, fischiare.
1.boob /buːb/ n. COLLOQ. **1** BE *(mistake)* svarione m., gaffe f. **2** *(breast)* poppa f., tetta f. **3** AE *(idiot)* babbeo m. (-a).
2.boob /buːb/ intr. BE COLLOQ. fare uno svarione, una gaffe.
boo-boo /ˈbuːbuː/ n. COLLOQ. svarione m., gaffe f.
booby /ˈbuːbɪ/ n. AE COLLOQ. babbeo m. (-a).
booby prize n. = premio per l'ultimo classificato, assegnato per scherzo.
1.booby trap n. **1** MIL. trappola f. esplosiva **2** *(practical joke)* scherzo m. (specialmente quello di mettere un secchio pieno d'acqua in bilico su una porta socchiusa).
2.booby trap tr. (forma in -ing ecc. **-pp-**) MIL. dotare di congegno esplosivo [*car, building*].
boogie/ˈbuːgɪ/ intr. COLLOQ. ballare.
booing /ˈbuːɪŋ/ n. **U** fischi m.pl.
1.book /bʊk/ **I** n. **1** *(reading matter)* libro m. (**about** su); ***history~*** libro di storia; ***a~ of poems*** un libro di poesie; ***"Carlton Books"*** "Edizioni Carlton"; ***the second~ of*** il secondo libro *o* tomo di **2** BANC. libretto m. (bancario) **3** SCOL. quaderno m.; ***drawing~*** album da disegno **4** *(of cheques, tickets)* carnet m.; ***~ of matches*** bustina di fiammiferi **5** *(in betting)* ***to keep a~ on*** accettare scommesse su **6** *(directory)* elenco m. (telefonico) **7** *(rulebook)* regolamento m.; ***to do things by the~*** FIG. fare le cose secondo le regole, come da manuale **8** *(opera libretto)* libretto m. **II books** n.pl. **1** AMM. COMM. libri m. contabili; ***to keep the firm's~s*** tenere la contabilità della ditta **2** AMM. *(records)* registro m.sing.; ***to be on the~s of*** essere iscritto a [*organization*] ♦ ***she is (like) an open~ to me*** lei è (come) un libro aperto per me; ***his past is an open~*** il suo passato non ha segreti; ***economics is a closed~ to me*** l'economia per me è un mistero; ***she is a closed~ to me*** non riesco a capirla; ***to throw the~ at sb.*** *(reprimand)* dare una lavata di capo a qcn.; *(accuse)* incriminare qcn. per tutti i capi d'accusa; *(sentence)* dare il massimo (della pena) a qcn.; ***to be in sb.'s good~s*** essere nelle grazie di qcn.; ***to be in sb.'s bad ~s*** essere sul libro nero di qcn.; ***in my~*** secondo me *o* per il mio modo di vedere; ***to bring sb. to~*** presentare il conto a qcn. (**for** per); ***you shouldn't judge a~ by its cover*** l'abito non fa il monaco.
2.book /bʊk/ **I** tr. **1** *(reserve)* prenotare, riservare [*table, seat, room*]; prenotare [*holiday*]; prendere [*babysitter*]; ingaggiare [*entertainer*]; ***to~ sth. for sb., to~ sb. sth.*** prenotare, riservare qcs. per qcn.; ***to~ sb. into a hotel*** prenotare una camera d'albergo per qcn.; ***to be fully~ed*** essere al completo, tutto esaurito; ***I'm fully~ed this week*** sono impegnato per tutta la settimana **2** *(charge)* [*policeman*] multare [*offender*]; AE *(arrest)* arrestare [*suspect*] **3** BE SPORT [*referee*] ammonire [*player*] **II** intr. ***you are advised to~*** si consiglia di prenotare.
■ **book in:** ***~ in*** BE *(at hotel)* registrarsi; ***~ [sb.] in*** prenotare, riservare una camera per qcn.
■ **book up:** ***to be~ed up*** essere al completo.
bookable /ˈbʊkəbl/ agg. [*seat*] che si può prenotare.
bookbinder /ˈbʊkˌbaɪndə(r)/ ▸ **27** n. (ri)legatore m. (-trice).
bookbinding /ˈbʊkˌbaɪndɪŋ/ n. (ri)legatura f.
bookcase /ˈbʊkkeɪs/ n. *(furniture)* libreria f.
book club n. club m. del libro.
bookend /ˈbʊkend/ n. reggilibro m., reggilibri m.
book fair n. fiera f. del libro.
bookie /ˈbʊkɪ/ n. COLLOQ. bookmaker m. e f., allibratore m. (-trice).
booking /ˈbʊkɪŋ/ n. **1** BE *(reservation)* prenotazione f. **2** *(for performance)* ingaggio m. **3** BE SPORT ammonizione f.
booking clerk ▸ **27** n. BE addetto m. (-a) alle prenotazioni; *(at railway station)* bigliettaio m. (-a).
booking form n. BE modulo m. di prenotazione.
booking office n. BE ufficio m. prenotazioni; *(at railway station)* biglietteria f.
bookish /ˈbʊkɪʃ/ agg. [*person*] studioso; [*approach*] libresco.
book jacket n. sovraccoperta f.
bookkeeper /ˈbʊkˌkiːpə(r)/ ▸ **27** n. contabile m. e f.
bookkeeping /ˈbʊkˌkiːpɪŋ/ n. contabilità f.
booklet /ˈbʊklɪt/ n. libretto m., opuscolo m.
book lover n. bibliofilo m. (-a).
bookmaker /ˈbʊkˌmeɪkə(r)/ ▸ **27** n. bookmaker m. e f., allibratore m. (-trice).
bookmark /ˈbʊkmɑːk/ n. **1** segnalibro m. **2** INFORM. bookmark m., segnalibro m.
bookmobile /ˈbʊkˌməˌbiːl/ n. AE bibliobus m.
bookplate /ˈbʊkpleɪt/ n. ex libris m.
bookrest /ˈbʊkrest/ n. leggio m.
bookseller /ˈbʊkˌselə(r)/ ▸ **27** n. libraio m. (-a); ***~'s (shop)*** libreria.
bookshelf /ˈbʊkˌʃelf/ n. (pl. **-shelves**) scaffale m. (per libri); *(in bookcase)* ripiano m.
bookshop /ˈbʊkʃɒp/ ▸ **27** n. *(shop)* libreria f.
bookstall /ˈbʊkstɔːl/ n. *(in street market)* bancarella f. di libri; BE *(at airport, station)* edicola f.
bookstore /ˈbʊkstɔː(r)/ ▸ **27** n. AE *(shop)* libreria f.
bookworm /ˈbʊkwɜːm/ n. COLLOQ. topo m. di biblioteca.
1.boom /buːm/ n. **1** *(of voices, thunder, drum)* rimbombo m.; *(of cannon)* rombo m.; *(of waves)* muggito m.; *(of explosion)* boato m. **2** *(noise)* ***to go~*** fare bum.
2.boom /buːm/ **I** tr. *(shout)* tuonare **II** intr. [*cannon, thunder*] rombare; [*bell*] risuonare; [*voice*] tuonare; [*sea*] muggire.
■ **boom out:** ***~ out*** [*sound*] risuonare, rimbombare; ***~ [sth.] out, ~ out [sth.]*** [*person*] urlare [*speech*]; [*drum*] battere [*rhythm*].
3.boom /buːm/ **I** n. **1** ECON. boom m. (**in** di); ***export, property~*** boom delle esportazioni, del mercato immobiliare **2** *(increase in popularity)* boom m. (**in** di) **II** modif. [*industry, town*] in forte espansione; [*period, year*] di boom; [*share*] in forte rialzo.
4.boom /buːm/ intr. **1** *(prosper)* [*economy, trade, industry*] essere in forte espansione, in pieno boom; [*exports, sales*] aumentare improvvisamente, esplodere; [*prices*] impennarsi **2** *(increase in popularity)* [*hobby, sport*] essere in pieno boom.
5.boom /buːm/ n. **1** MAR. boma m. **2** *(on crane)* braccio m. **3** CINEM. RAD. TELEV. giraffa f., boom m.
1.boomerang /ˈbuːməræŋ/ **I** n. boomerang m. (anche FIG.) **II** modif. [*effect*] boomerang.
2.boomerang /ˈbuːməræŋ/ intr. [*plan, campaign*] avere un effetto boomerang.
1.booming /ˈbuːmɪŋ/ agg. *(loud)* [*sound*] rimbombante; [*voice*] tonante.
2.booming /ˈbuːmɪŋ/ agg. *(flourishing)* [*industry, town*] in forte espansione, in pieno boom; [*demand, sales*] in forte aumento, ascesa.
boom microphone n. microfono m. a giraffa.
boon /buːn/ n. **1** *(advantage)* vantaggio m., beneficio m. **2** *(invaluable asset)* benedizione f. (**to** per) **3** *(stroke of luck)* manna f., fortuna f. (insperata).
boor /ˈbʊə(r), bɔː(r)/ n. zotico m. (-a), villano m. (-a).
boorish /ˈbʊərɪʃ, ˈbɔː-/ agg. villano, rozzo.
1.boost /buːst/ n. **1** *(stimulus)* spinta f. (**to** a); ***to give sth. a~*** dare una spinta a qcs. **2** *(encouragement)* incoraggiamento m. (**to** per); ***to give sb. a~ (to do)*** incoraggiare qcn. (a fare) **3** *(publicity)* ***to give sth. a~*** fare (molta) pubblicità a qcs. **4** *(push)* ***to give sb. a~*** dare una spinta (verso l'alto) a qcn.
2.boost /buːst/ tr. **1** *(stimulate)* incrementare, aumentare [*productivity, number, profit*]; incoraggiare [*economy, investment*]; suscitare [*interest*]; ***to~ sb.'s confidence*** infondere sicurezza a qcn.; ***to~ morale*** tirare su il morale **2** *(enhance)* migliorare [*image, performance*] **3** *(promote)* promuovere, lanciare [*product*] **4** ELETTRON. amplificare [*signal, voltage*] **5** AUT. rendere

più potente [*engine*] **6** *(push up)* spingere (verso l'alto) [*person*]; propellere [*rocket*].
booster /'bu:stə(r)/ **I** n. **1** ELETTRON. AUT. booster m. **2** MED. *(vaccination)* richiamo m. **3** *(of rocket)* booster m. **II** modif. [*dose, injection*] di richiamo, di rinforzo.
booster rocket n. booster m., razzo m. vettore.
1.boot /bu:t/ ➧ **28** n. **1** *(footwear)* stivale m.; *(for workman, soldier)* scarpone m.; ***ankle*** ~ stivaletto; ***thigh*** ~ stivalone; ***football*** ~ BE scarpa da football; ***to put the*** ~ ***in*** infierire (anche FIG.) **2** BE AUT. baule m., bagagliaio m. **3** COLLOQ. *(dismissal)* ***to get the*** ~ essere licenziato, buttato fuori **4** COLLOQ. *(kick)* calcio m.; ***to give sth. a*** ~ dare un calcio a qcs.; ***a*** ~ ***up the backside*** un calcio nel sedere (anche FIG.) **5** AE AUT. *(wheelclamp)* ceppo m., ganascia f. (bloccaruote) ♦ ***the*** ~ ***is on the other foot*** BE le cose sono esattamente al contrario; ***to be*** o ***get too big for one's*** ~***s*** BE montarsi la testa; ***to*** ~ per giunta, per di più; ***to lick sb.'s*** ~***s*** leccare i piedi a qcn.
2.boot /bu:t/ tr. **1** COLLOQ. dare un calcio a [*person, ball*] **2** INFORM. → **boot up**.
■ **boot out:** ~ ***[sb.]*** ***out***, ~ ***out*** ***[sb.]*** cacciare (via), buttare fuori.
■ **boot up:** ~ ***[sth.]*** ***up***, ~ ***up*** ***[sth.]*** INFORM. avviare [*computer*].
bootblack /'bu:tblæk/ ➧ **27** n. lustrascarpe m. e f.
boot drive n. INFORM. unità f. di inizializzazione.
bootee /bu:'ti:/ n. *(for babies)* scarpina f. (di lana); *(leather)* stivaletto m.
booth /bu:ð, AE bu:θ/ n. cabina f.; *(in restaurant)* séparé m.; *(at fairground)* baraccone m.; ***polling*** ~ cabina elettorale; ***telephone*** ~ cabina telefonica.
bootjack /'bu:tdʒæk/ n. tirastivali m., cavastivali m.
bootlace /'bu:tleɪs/ n. stringa f. (per stivali).
bootleg /'bu:tleg/ **I** n. alcolico m. di contrabbando **II** modif. **1** [*whisky*] di contrabbando **2** ~ ***record*** bootleg.
bootlegger /'bu:tlegə(r)/ n. AE contrabbandiere m. (-a) di alcolici.
bootless /'bu:tlɪs/ agg. ANT. vano, inutile.
bootlicker /'bu:tlɪkə(r)/ n. leccapiedi m. e f.
bootmaker /'bu:tmeɪkə(r)/ ➧ **27** n. stivalaio m. (-a), calzolaio m. (-a).
boot polish n. lucido m. per scarpe.
boot scraper n. *(on doorstep)* raschietto m.
bootstrap /'bu:tstræp/ n. **1** *(on boot)* tirante m. (di stivale) **2** INFORM. bootstrap m. ♦ ***to pull oneself up by one's*** ~***s*** farsi da sé, cavarsela con le proprie gambe.
booty /'bu:tɪ/ n. bottino m.
1.booze /bu:z/ n. COLLOQ. bevanda f. alcolica; ***to be on the*** ~ bere (alcolici).
2.booze /bu:z/ intr. COLLOQ. bere (alcolici).
boozed /bu:zd/ **I** p.pass. → **2.booze II** agg. COLLOQ. ubriaco.
boozer /'bu:zə(r)/ n. **1** COLLOQ. *(person)* ubriacone m. (-a) **2** COLLOQ. *(pub)* BE pub m.
booze-up /'bu:zʌp/ n. BE COLLOQ. bevuta f., sbornia f.
boozy /'bu:zɪ/ agg. COLLOQ. [*meal*] ben annaffiato; [*laughter*] da ubriaco.
1.bop /bɒp/ n. COLLOQ. **1** *(blow)* botta f. **2** *(disco-dancing)* ***to go for a*** ~ andare a ballare.
2.bop /bɒp/ **I** tr. (forma in -ing ecc. **-pp-**) COLLOQ. *(hit)* picchiare **II** intr. (forma in -ing ecc. **-pp-**) BE COLLOQ. ballare.
borax /'bɔ:ræks/ n. borace m.
1.border /'bɔ:də(r)/ ➧ **24 I** n. **1** *(frontier)* confine m., frontiera f. (**between** tra); ***Italy's*** ~ ***with France*** il confine tra l'Italia e la Francia; ***on the Swiss*** ~ sul confine svizzero; ***to escape over*** o ***across the*** ~ scappare oltre il confine; ***our allies across the*** ~ i nostri alleati oltrefrontiera **2** *(edge) (of forest)* margine m., limitare m.; *(of estate)* confine m.; *(of lake, road)* bordo m. **3** *(decorative edge) (on paper, cloth)* bordo m. **4** *(in garden)* bordura f. **5** *(limit)* limite m.; ***to cross the*** ~ ***into bad taste*** oltrepassare i limiti del buon gusto **6** INFORM. *(of window)* bordo m. **II Borders** n.pr.pl. (anche **Borders Region**) = zona di confine tra Inghilterra e Scozia **III** modif. [*control*] alla frontiera; [*post, police, town*] di confine, di frontiera.
2.border /'bɔ:də(r)/ tr. **1** *(have a frontier with)* ***Italy*** ~***s France*** l'Italia confina con la Francia **2** *(lie alongside)* [*road*] costeggiare [*lake*]; [*land*] confinare con [*forest*] **3** *(surround)* delimitare; ***to be*** ~***ed by trees*** essere contornato da alberi **4** *(edge)* ***to be*** ~***ed with lace*** essere bordato di pizzo.
■ **border on:** ~ ***on*** ***[sth.]*** **1** *(have a frontier with)* confinare con **2** *(verge on)* rasentare [*rudeness, madness*].
border guard n. guardia f. di confine.
borderland /'bɔ:dəˌlænd/ n. zona f. di confine.
borderline /'bɔ:dəlaɪn/ **I** n. linea f. di confine, confine m. **II** modif. [*case*] limite.
1.bore /bɔ:(r)/ pass. → **2.bear**.
2.bore /bɔ:(r)/ n. **1** *(person)* ***he's such a*** ~***!*** è così noioso! **2** *(situation)* ***what a*** ~***!*** che noia! che barba!
3.bore /bɔ:(r)/ tr. *(weary)* annoiare ♦ ***to*** ~ ***sb. stiff*** o ***to death*** o ***to tears*** annoiare a morte qcn.
4.bore /bɔ:(r)/ n. **1** (anche **borehole**) foro m. **2** *(of gun barrel, pipe)* calibro m.; ***12***~ ***shotgun*** fucile calibro 12.
5.bore /bɔ:(r)/ **I** tr. *(drill)* scavare **II** intr. ***to*** ~ ***into*** o ***through*** (per)forare; ***her eyes*** ~***d into me*** mi penetrò con lo sguardo.
6.bore /bɔ:(r)/ n. *(wave)* mascheretto m.
bored /bɔ:d/ **I** p.pass. → **3.bore II** agg. annoiato; ***to get*** o ***be*** ~ annoiarsi (**with** di; **with doing** a fare).
boredom /'bɔ:dəm/ n. noia f. (**with** di); *(of job, lifestyle)* monotonia f.
borer /'bɔ:rə(r)/ n. **1** *(tool)* trivella f. **2** *(worker)* trivellatore m. (-trice) **3** *(insect)* perforatore m.
boric /'bɔ:rɪk/ agg. borico.
1.boring /'bɔ:rɪŋ/ agg. [*person, activity*] noioso; [*colour, food*] monotono.
2.boring /'bɔ:rɪŋ/ n. *(drilling) (in wood)* perforazione f.; *(in rock)* trivellazione f.
born /bɔ:n/ agg. nato (**of** da; **to do** per fare); ***to be*** ~ nascere; ***she was*** ~ ***in Bath, in 1976*** è nata a Bath, nel 1976; ***Irish***~ nato in Irlanda, di origine irlandese; ~ ***a Catholic*** di origine cattolica; ***when the baby is*** ~ quando il bambino sarà nato; ***to be*** ~ ***blind*** essere cieco dalla nascita; ***to be a*** ~ ***leader*** essere un leader nato; ***a*** ~ ***liar*** un gran bugiardo; ***to be*** ~ ***(out) of sth.*** [*idea, group*] nascere da qcs. ♦ ***in all my*** ~ ***days*** in tutta la mia vita; ***I wasn't*** ~ ***yesterday*** non sono nato ieri; ***there's one*** ~ ***every minute!*** la mamma degli scemi è sempre incinta.
born-again /ˌbɔ:nə'geɪn/ agg. [*Christian*] rinato alla fede.
borne /bɔ:n/ p.pass. → **2.bear**.
borough /'bʌrə, AE -rəʊ/ n. distretto m. (elettorale).
borough council n. BE consiglio m. distrettuale.
borrow /'bɒrəʊ/ **I** tr. prendere in prestito [*object*]; prendere [*idea*] **II** intr. ECON. ricorrere a un prestito ♦ ***he is living on*** ~***ed time*** ha i giorni contati.
borrower /'bɒrəʊə(r)/ n. chi prende in prestito; ECON. mutuatario m.
borrowing /'bɒrəʊɪŋ/ n. **1** ECON. **U** prestito m., indebitamento m. **2** LING. LETTER. prestito m.
borstal /'bɔ:stəl/ n. BE ANT. casa f. di correzione, riformatorio m.
Bosnia-Herzegovina /ˌbɒznɪəˌhɜ:tsəgəʊ'vi:nə/ ➧ **6** n.pr. Bosnia-Erzegovina f.
Bosnian /'bɒznɪən/ ➧ **18 I** agg. bosniaco **II** n. bosniaco m. (-a).
Bosnian Serb n. serbobosniaco m. (-a).
bosom /'bʊzəm/ n. LETT. **1** *(chest)* petto m. **2** *(breasts)* petto m., seno m.; ***to have a large*** ~ avere il seno grosso **3** FIG. *(heart, soul)* seno m., cuore m.; ***in the*** ~ ***of one's family*** in seno alla propria famiglia.
bosom buddy, bosom friend n. amico m. (-a) del cuore.
bosomy /'bʊzəmɪ/ agg. [*woman*] pettoruto.
Bosphorus /'bɒspərəs/ n.pr. ***the*** ~ il Bosforo.
1.boss /bɒs/ n. COLLOQ. boss m., capo m.; ***we'll show them who's*** ~ gli faremo vedere chi è che comanda.
2.boss /bɒs/ tr. → **boss about, boss around**.
■ **boss about, boss around** COLLOQ. ~ ***[sb.]*** ***about*** o ***around*** comandare [qcn.] a bacchetta.
3.boss /bɒs/ n. *(on shield)* borchia f.; *(on ceiling)* rosone m.; *(on wheel)* mozzo m.
bossy /'bɒsɪ/ agg. COLLOQ. prepotente, autoritario.
bosun /'bəʊsn/ n. → **boatswain**.
botanic(al) /bə'tænɪk(l)/ agg. botanico; [*name*] tassonomico; ~ ***gardens*** giardino botanico.

botanist /'bɒtənɪst/ ➧ *27* n. botanico m. (-a).
botany /'bɒtənɪ/ n. botanica f.
botany wool n. lana f. merino.
1.botch /bɒtʃ/ n. COLLOQ. (anche **~-up**) ***to make a ~ of sth.*** fare un pasticcio.
2.botch /bɒtʃ/ tr. COLLOQ. (anche **~ up**) pasticciare.
1.both /bəʊθ/ agg. ambedue, entrambi, tutti e due; ***~ sides of the road*** ambedue i lati della strada; ***~ her parents*** entrambi i suoi genitori; ***~ their lives*** le vite di entrambi; ***~ children came*** vennero tutti e due i bambini.
2.both /bəʊθ/ pron. **1** + verbo pl. ambedue, entrambi (-e), tutti (-e) e due; ***let's do ~*** facciamo tutt'e due (le cose); ***"which do you want?" - "~"*** "quale vuoi?" - "tutt'e due"; ***I know them ~*** li conosco entrambi; ***~ are young, they are ~ young*** sono giovani tutt'e due; ***we ~ won something*** tutt'e due abbiamo vinto qualcosa **2 both of** + verbo pl. ***let's take ~ of them*** prendiamoli entrambi; ***~ of you are wrong*** avete torto tutt'e due.
3.both /bəʊθ/ cong. ***both... and...*** sia...sia..., sia...che...; ***~ you and I saw him*** l'abbiamo visto tutti e due, sia io che tu; ***to show ~ firmness and tact*** dar prova di fermezza e di tatto insieme; ***~ Paris and London have their advantages*** sia Parigi che Londra hanno i loro vantaggi.
1.bother /'bɒðə(r)/ n. **1** *(inconvenience)* fastidio m., noia f.; ***to do sth. without any ~*** fare qualcosa senza (alcuna) difficoltà; ***it's too much ~*** è troppo complicato; ***to have the ~ of doing*** avere il fastidio di dover fare; ***to go to the ~ of doing*** prendersi il disturbo di fare; ***it's no ~*** non è un disturbo **2 U** BE COLLOQ. *(trouble)* fastidi m.pl.; noie f.pl.; ***a bit*** o ***a spot of ~*** una bella scocciatura; ***to be in a bit*** o ***spot of ~*** avere un bel grattacapo **3** *(person)* seccatore m. (-trice), rompiscatole m. e f.; ***he's no ~ at all*** non dà nessun fastidio.
2.bother /'bɒðə(r)/ inter. COLLOQ. accidenti, uffa.
3.bother /'bɒðə(r)/ **I** tr. **1** *(worry)* preoccupare; ***don't let it ~ you*** non ti preoccupare di questo **2** *(inconvenience)* disturbare, dare fastidio; ***to be ~ed by noise*** essere disturbato dal rumore; ***does it ~ you if I smoke?*** ti dispiace se fumo? ***I'm sorry to ~ you*** mi dispiace disturbarti; ***to ~ sb. with*** infastidire *o* scocciare qcn. con [*problems, questions*] **3** *(hurt)* ***her knee is still ~ing her*** il ginocchio le dà ancora fastidio **II** intr. **1** *(take trouble)* disturbarsi; ***please don't ~*** non disturbarti; ***why ~?*** a che serve? ***I don't think I'll ~*** non so se ne ho voglia; ***I wouldn't ~*** io lascerei perdere; ***to ~ doing*** o ***to do*** prendersi il disturbo di fare; ***"I want to apologize" - "don't ~!"*** "mi devo scusare" - "non è il caso!"; ***you needn't*** o ***don't ~ coming back!*** non è il caso che (tu) ritorni! **2** *(worry)* ***to ~ about*** preoccuparsi di; ***it's not worth ~ing about*** non vale la pena preoccuparsene.
bothered /'bɒðd/ **I** p.pass. → **3.bother II** agg. *(concerned)* ***to be ~ that*** essere preoccupato per il fatto che; ***to be ~ with*** (pre)occuparsi di [*detail, problem*]; ***he's not ~ about money*** non gli importa (niente) dei soldi; ***I'm not ~*** BE non mi importa; ***I can't be ~*** non me ne importa niente; ***you just couldn't be ~ to turn up!*** non ti sei neanche degnato di farti vedere!
bothersome /'bɒðəsəm/ agg. fastidioso, noioso.
1.bottle /'bɒtl/ n. **1** *(container) (for drinks)* bottiglia f.; *(for perfume)* boccetta f.; *(for medicine)* flacone m.; *(for gas)* bombola f.; *(feed)* biberon m.; ***milk ~*** bottiglia per il latte; ***a ~ of wine*** una bottiglia di vino **2** COLLOQ. FIG. *(alcohol)* ***to hit the ~*** alzare il gomito, attaccarsi alla bottiglia; ***to be on the ~*** essere alcolizzato **3** BE COLLOQ. *(courage)* coraggio m., fegato m.
2.bottle /'bɒtl/ tr. **1** *(put in bottles)* imbottigliare, mettere in bottiglia [*milk, wine*] **2** BE *(preserve)* mettere sotto vetro, mettere in conserva [*fruit*].
▪ **bottle out** BE COLLOQ. perdere il coraggio.
▪ **bottle up:** ***~ [sth.] up, ~ up [sth.]*** reprimere [*anger*]; soffocare [*grief*].
bottle bank n. contenitore m. per la raccolta del vetro.
bottled /'bɒtld/ **I** p.pass. → **2.bottle II** agg. [*beer*] in bottiglia; [*gas*] (conservato) in bombole; ***~ water*** acqua minerale.
bottle-feed /'bɒtlfi:d/ tr. (pass., p.pass. **bottle-fed**) allattare artificialmente.
bottle-feeding /'bɒtlˌfi:dɪŋ/ n. allattamento m. artificiale.
bottle green ➧ **5 I** n. verde m. bottiglia **II** agg. verde bottiglia.
bottleneck /'bɒtlnek/ n. **1** *(traffic jam)* imbottigliamento m. **2** *(narrow part of road)* collo m. di bottiglia, strettoia f. **3** *(hold-up)* strozzatura f.
bottle-opener /'bɒtlˌəʊpnə(r)/ n. apribottiglie m.
bottle top n. tappo m. (di bottiglia).
bottle warmer n. scaldabiberon m.
bottlewasher /'bɒtlwɒʃə(r)/ n. ***chief cook and ~*** SCHERZ. factotum, tuttofare.
1.bottom /'bɒtəm/ **I** n. **1** *(base) (of hill)* piedi m.pl.; *(of pile)* fondo m.; *(of wall)* base f.; *(of bag, bottle, hole, sea, page)* fondo m.; *(of river)* letto m.; ***to sink*** o ***go to the ~*** [*ship*] colare a picco *o* andare a fondo; ***from the ~ of one's heart*** dal profondo del cuore; ***the ~ has fallen*** o ***dropped out of the market*** il mercato è affondato **2** *(underside) (of boat)* opera f. viva, carena f.; *(of vase, box)* sotto m. **3** *(lowest position) (of list)* fondo m.; *(of league)* ultima posizione f.; *(of hierarchy)* ultimo posto m.; ***to be at the ~ of the heap*** o ***pile*** FIG. essere l'ultima ruota del carro; ***to be*** o ***come ~ of the class*** essere l'ultimo della classe; ***to hit rock ~*** FIG. toccare il fondo **4** *(far end) (of field, street)* fondo m. **5** COLLOQ. *(buttocks)* sedere m., fondoschiena m. **6** FIG. *(root)* fondo m., origine f.; ***to get to the ~ of a matter*** andare al fondo di una faccenda **II bottoms** n.pl. COLLOQ. ***pyjama ~s*** pantaloni del pigiama; ***bikini ~s*** pezzo (di) sotto del bikini **III** agg. **1** *(lowest)* [*rung, shelf*] più basso, ultimo; [*sheet*] di sotto; [*apartment*] del piano terreno; [*division, half, part*] inferiore; [*bunk*] in basso, inferiore; ***~ of the range*** inferiore; FIG. di qualità inferiore **2** *(last)* [*place, team*] ultimo; [*score*] (il) più basso ♦ ***~s up!*** COLLOQ. *(drink up)* tutto d'un fiato! *(cheers)* (alla) salute!
2.bottom /'bɒtəm/ intr. → **bottom out.**
▪ **bottom out** [*recession, prices*] toccare il fondo, raggiungere il minimo.
bottom drawer n. ultimo cassetto m.; FIG. corredo m. da sposa.
bottom end n. **1** *(of street)* fondo m., fine f. **2** FIG. *(of league, division)* fondo m., ultimi posti m.pl.; *(of market)* livello m. più basso.
bottom gear n. BE AUT. prima f.
bottomland /'bɒtəmˌlænd/ n. AE bassopiano m.
bottomless /'bɒtəmlɪs/ agg. senza fondo.
bottom line n. **1** AMM. ECON. riga f. di fondo (di un bilancio); *(results) (gains)* profitti m.pl.; *(losses)* perdite f.pl. **2** FIG. *(decisive factor)* ***the ~ is that*** la verità è che; ***that's the ~*** questa è la sostanza *o* questo è tutto.
botulism /'bɒtjʊlɪzəm/ ➧ *11* n. botulismo m.
bouffant /'bu:fɑ:n/ agg. [*hair, hairstyle*] gonfio; [*sleeve*] a sbuffo.
bough /baʊ/ n. ramo m.
bought /bɔ:t/ pass., p.pass. → **2.buy**.
boulder /'bəʊldə(r)/ n. masso m.
boulevard /'bu:ləvɑ:d, AE 'bʊl-/ n. viale m.
1.bounce /baʊns/ n. **1** *(rebound of ball)* rimbalzo m. **2** *(of mattress, material)* elasticità f.; *(of hair)* morbidezza f. **3** FIG. *(vigour)* slancio m.
2.bounce /baʊns/ **I** tr. **1** fare rimbalzare [*ball*]; ***to ~ a baby on one's knee*** fare saltellare un bambino sulle ginocchia **2** ritrasmettere [*signal, radiowave*] **3** ***to ~ a cheque*** BE [*bank*] respingere un assegno; AE [*person*] emettere un assegno scoperto *o* a vuoto **II** intr. **1** [*ball, object*] rimbalzare (**off** su; **over** sopra); [*person*] *(on trampoline, bed)* saltare, fare dei salti; ***to ~ up and down on sth.*** saltare *o* fare salti su qcs. **2** FIG. *(move energetically)* ***to ~ in, along*** entrare di slancio, precipitarsi **3** COLLOQ. [*cheque*] essere respinto.
▪ **bounce back** *(after illness)* rimettersi (in forze); *(after lapse in career)* riprendersi.
bouncer /'baʊnsə(r)/ n. COLLOQ. buttafuori m.
bouncing /'baʊnsɪŋ/ agg. [*person, baby*] pieno di salute, vivace.
bouncy /'baʊnsɪ/ agg. **1** [*ball*] che rimbalza bene; [*mattress*] elastico **2** FIG. [*person*] dinamico.
1.bound /baʊnd/ n. *(bounce)* rimbalzo m.; *(leap)* balzo m.
2.bound /baʊnd/ intr. *(bounce)* rimbalzare; *(leap)* balzare.
3.bound /baʊnd/ **I** pass., p.pass. → **2.bind II** agg. **1** *(certain)* ***to be ~ to do sth.*** essere destinato a fare qcs.; ***she's ~ to know*** lo saprà sicuramente; ***it was ~ to happen*** doveva suc-

cedere **2** *(obliged) (by promise, rules, terms)* tenuto, obbligato (**by** da; **to do** a fare); ***I am ~ to say that*** devo dire che; ***he's up to no good, I'll be ~*** sta combinando qualche guaio, ne sono sicuro **3** [*book*] rilegato; ***leather~*** rilegato in pelle **4** *(connected)* ***to be ~ up with sth.*** essere legato a qcs. **5 -bound** in composti ***wheelchair~*** immobilizzato su una sedia a rotelle; ***fog~, strike~*** bloccato dalla nebbia, dallo sciopero.

4.bound /baʊnd/ agg. **1** ~ ***for*** [*person, train*] diretto a *o* in partenza per **2 -bound** in composti ***to be London-~*** essere diretto a Londra.

5.bound /baʊnd/ tr. *(border)* confinare, delimitare.

boundary /ˈbaʊndrɪ/ n. **1** confine m., limite m. (**between** tra); ***city ~*** confini della città; ***national ~*** frontiera del paese **2** FIG. *(defining)* limite m.; *(dividing)* linea f. di demarcazione **3** SPORT bordo m. del campo, linea f. (perimetrale) del campo.

boundless /ˈbaʊndlɪs/ agg. sconfinato (anche FIG.).

bounds /baʊndz/ n.pl. confini m., limiti m. (anche FIG.); ***to be out of ~*** MIL. SCOL. [*place*] essere accesso vietato; SPORT essere fuori campo; ***to be within, beyond the ~ of sth.*** FIG. restare nei limiti, oltrepassare i limiti di qcs.; ***it's not beyond the ~ of possibility*** non è impossibile; ***there are no ~ to her curiosity*** non ci sono limiti alla sua curiosità.

bounty /ˈbaʊntɪ/ n. **1** *(generosity)* generosità f. **2** *(gift)* dono m. **3** *(reward)* taglia f.

bounty hunter n. cacciatore m. di taglie.

bouquet /bʊˈkeɪ/ n. bouquet m.

bourbon /ˈbɜːbən/ n. bourbon m.

bourgeois /ˈbɔːʒwɑː, AE ˌbʊərˈʒwɑː/ **I** agg. borghese **II** n. (pl. ~) borghese m. e f.

bourgeoisie /ˌbɔːʒwɑːˈziː, AE ˌbʊəʒwɑːˈziː/ n. borghesia f.

bout /baʊt/ n. **1** *(of flu, nausea)* attacco m.; *(of fever, malaria, coughing)* accesso m.; *(of insomnia, depression)* crisi f.; ***drinking ~*** sbronza **2** SPORT incontro m., gara f. **3** *(outbreak)* attacco m. **4** *(period of activity)* periodo m., momento m.

bovine /ˈbəʊvaɪn/ agg. bovino (anche FIG.).

1.bow /bəʊ/ n. **1** *(weapon)* arco m. **2** MUS. archetto m. **3** *(knot)* fiocco m., nodo m.; ***to tie a ~*** fare un fiocco ♦ ***to have more than one string to one's ~*** avere molte frecce al proprio arco.

2.bow /baʊ/ n. *(movement)* inchino m.; ***to make a ~*** fare un inchino; ***to take a ~*** TEATR. inchinarsi (per ringraziare il pubblico).

3.bow /baʊ/ **I** tr. abbassare, chinare [*head*]; piegare [*branch, tree*] **II** intr. **1** *(bend forward)* inchinarsi; ***to ~ to*** inchinarsi a *o* davanti a **2** *(give way)* ***to ~ to*** inchinarsi a, cedere (il passo) di fronte a [*wisdom, knowledge*]; ***to ~ to pressure*** cedere alla pressione **3** *(sag)* [*plant, shelf*] piegarsi (**under** sotto) ♦ ***to ~ and scrape*** profondersi in inchini *o* essere servili (**to** con).

■ **bow down:** ~ ***down*** inchinarsi (**before** davanti a); FIG. sottomettersi (**before** a, davanti a); ***~ [sb., sth.] down*** [*wind*] piegare [*tree*]; ***they were ~ed down by the burden of debt*** erano prostrati dal peso dei debiti.

■ **bow out** *(resign)* ritirarsi.

4.bow /baʊ/ n. MAR. prua f., prora f.; ***on the starboard ~*** a dritta di prua ♦ ***to fire a shot across sb.'s ~s*** = dare un avvertimento a qcn., minacciare qcn.

bowdlerize /ˈbaʊdləraɪz/ tr. espurgare [*book*].

bowed /baʊd/ **I** p.pass. → **3.bow II** agg. [*head*] chino; [*back*] curvo, incurvato.

bowel /ˈbaʊəl/ **I** n. MED. intestino m. **II bowels** n.pl. **1** MED. intestini m., budella f.; ***to move one's ~s*** andare di corpo **2** FIG. *(inner depths)* viscere f.

bowel movement n. ***to have a ~*** andare di corpo.

bower /ˈbaʊə(r)/ n. **1** *(in garden)* pergola f., pergolato m. **2** LETT. *(chamber)* salottino m. (privato).

bowie-knife /ˈbəʊɪnaɪf/ n. (pl. **bowie-knives**) coltello m. da caccia.

1.bowl /bəʊl/ n. **1** *(basin) (for food)* scodella f., ciotola f.; *(large)* terrina f.; *(for washing)* bacinella f., catino m.; *(of sink)* vaschetta f.; *(of lavatory)* tazza f.; *(of lamp)* boccia f. **2** *(hollow part) (of pipe)* fornello m.; *(of spoon)* incavo m. **3** SPORT boccia f. (di legno).

2.bowl /bəʊl/ **I** tr. **1** *(roll)* fare rotolare [*hoop, ball*] **2** *(throw)* lanciare [*ball*] **II** intr. **1** SPORT ***to ~ to sb.*** lanciare (la palla) a qcn. **2** AE *(go bowling)* andare a giocare a bowling **3** *(move fast)* ***to ~ along*** filare a tutta velocità.

■ **bowl over:** ***~ [sb.] over*** **1** *(knock down)* fare cadere, stendere [*person*] **2** *(impress)* sorprendere, sbalordire [*person*]; ***she was totally ~ed over*** era esterrefatta.

bowlegged /ˌbəʊˈlegɪd/ agg. [*person*] dalle gambe storte; ***to be ~*** avere le gambe arcuate, storte.

bowler /ˈbəʊlə(r)/ n. **1** SPORT *(in cricket)* lanciatore m.; *(in bowls)* giocatore m. (-trice) di bocce (su prato) **2** *(garment)* → **bowler hat**.

bowler hat n. bombetta f.

bowline /ˈbəʊlɪn/ n. *(rope)* bolina f.

bowling /ˈbəʊlɪŋ/ ➧ **10** n. SPORT **1** bowling m. **2** *(on grass)* bocce f.pl. (su prato) **3** *(in cricket)* servizio m.

bowling alley n. *(building)* sala f. da bowling, bowling m.; *(lane)* pista f. da bowling.

bowling green n. campo m. da bocce (su prato).

bowls /bəʊlz/ ➧ **10** n. + verbo sing. gioco m. delle bocce (su prato), bocce f.pl. (su prato).

bowsprit /ˈbəʊsprɪt/ n. bompresso m.

bowstring /ˈbəʊstrɪŋ/ n. corda f. (d'arco).

bow tie n. farfallino m., cravatta f. a farfalla.

bow window n. bow-window m., bovindo m.

bow-wow /ˌbaʊˈwaʊ/ n. bau bau m.

1.box /bɒks/ n. **1** *(small)* scatola f.; *(larger)* scatolone m., cassa f.; ***~ of matches, of chocolates*** scatola di fiammiferi, di cioccolatini **2** *(on page)* casella f. **3** *(seating area)* TEATR. palco m.; SPORT tribuna f. **4** *(in stable)* box m. **5** COLLOQ. *(television)* ***the ~*** la tele **6** SPORT *(in soccer)* area f. (di rigore) **7** *(in gymnastics)* cavallo m. **8** *(in mailing)* (anche **Box**) casella f. postale **9** AUT. *(for gears)* scatola f.

2.box /bɒks/ tr. *(pack)* inscatolare.

■ **box in:** ***~ in [sth., sb.], ~ [sth., sb.] in*** chiudere, tagliare la strada a [*runner, car*]; ***to be ~ed in*** essere bloccato; ***to feel ~ed in*** sentirsi in gabbia.

3.box /bɒks/ n. *(slap)* ***a ~ on the ear*** uno schiaffo, un ceffone.

4.box /bɒks/ **I** tr. **1** *(fight)* colpire [*opponent*] **2** *(strike)* ***to ~ sb.'s ears*** schiaffeggiare *o* prendere a schiaffi qcn. **II** intr. SPORT tirare di boxe, boxare.

5.box /bɒks/ n. BOT. bosso m.

box cutter n. taglierina f.

boxed /bɒkst/ **I** p.pass. → **2.box II** agg. [*note, information*] nel riquadro; ***~ set*** cofanetto; ***~ advert*** riquadro pubblicitario.

boxer /ˈbɒksə(r)/ ➧ **27** n. **1** SPORT pugile m. **2** *(dog)* boxer m.

boxer shorts n.pl. *(garment)* boxer m.

boxing /ˈbɒksɪŋ/ ➧ **10 I** n. pugilato m., boxe f. **II** modif. [*champion, match*] di boxe, di pugilato; [*glove*] da pugile; ***~ ring*** ring.

Boxing Day n. GB = il giorno di santo Stefano, in cui è usanza fare piccoli regali, per lo più in denaro, al postino, al lattaio ecc.

box junction n. GB incrocio m. urbano (delimitato da un quadrato giallo).

box number n. numero m. di casella postale, casella f. postale.

box office I n. **1** CINEM. TEATR. *(ticket office)* botteghino m., biglietteria f. **2** FIG. ***to do well at the ~*** avere grande successo di botteghino, fare cassetta **II** modif. ***a ~ success*** un successo di botteghino, un campione d'incassi; ***~ takings*** incassi (del botteghino); ***to be a ~ attraction*** attirare grande pubblico.

box room n. BE ripostiglio m., sgabuzzino m.

boxwood /ˈbɒkswʊd/ n. (legno di) bosso m.

boy /bɔɪ/ **I** n. **1** *(young male)* ragazzo m.; *(child)* bambino m.; ***a ~'s bike*** una bicicletta da bambino; ***the ~s' toilet*** i bagni dei maschi; ***look ~s and girls*** guardate ragazzi; ***~s will be ~s!*** i ragazzi sono ragazzi! sono solo ragazzi! **2** *(son)* figlio m. **3** BE COLLOQ. *(man)* ***to be one of the ~s*** fare parte del gruppo; ***to have a drink with the ~s*** bere un bicchiere con gli amici; ***an old ~*** SCOL. un ex allievo; ***how are you old ~?*** come va vecchio mio? ***our brave ~s at the front*** i nostri coraggiosi ragazzi al fronte **4** *(male animal)* ***down ~!*** giù! buono! **II** modif. ***~ detective, genius*** piccolo detective, genio **III** inter. COLLOQ. ***~, it's cold here!*** accidenti, che freddo fa qui!

1.boycott /ˈbɔɪkɒt/ n. boicottaggio m. (**against, of, on** di).

2.boycott /ˈbɔɪkɒt/ tr. boicottare.

boyfriend /ˈbɔɪfrend/ n. *(sweetheart)* ragazzo m., boy-friend m.
boyhood /ˈbɔɪhʊd/ n. adolescenza f., gioventù f.
boyish /ˈbɔɪɪʃ/ agg. [*figure, looks*] da ragazzo, da adolescente; [*charm, enthusiasm*] infantile.
BR ⇒ British Rail ferrovie britanniche.
bra /brɑː/ ➧ ***28*** n. reggiseno m.
1.brace /breɪs/ **I** n. **1** *(for teeth)* apparecchio m. (ortodontico) **2** *(for broken limb)* stecca f.; *(permanent support)* apparecchio m. ortopedico **3** ING. sostegno m., supporto m. **4** *(pair) (of birds, animals)* coppia f.; *(of pistols)* paio m. **5** *(tool)* girabacchino m. **6** *(symbol)* graffa f. **II braces** n.pl. BE *(garment)* bretelle f.
2.brace /breɪs/ **I** tr. **1** [*person*] puntare [*body, back*] (**against** contro); ***to ~ one's feet against sth.*** puntare i piedi contro, su qcs. **2** ING. rinforzare, consolidare [*wall, structure*] **II** rifl. ***to ~ oneself*** *(physically)* tenersi forte (**for** in previsione di); FIG. prepararsi *o* tenersi pronti (**for** a, per; **to do** a fare).
bracelet /ˈbreɪslɪt/ n. **1** *(jewellery)* braccialetto m. **2** *(watch-strap)* cinturino m. (per orologio).
bracing /ˈbreɪsɪŋ/ agg. fortificante, tonificante.
bracken /ˈbrækən/ n. felce f. (aquilina).
1.bracket /ˈbrækɪt/ n. **1** parentesi f.; ***round, square ~s*** parentesi tonde, quadre; ***in ~s*** fra parentesi **2** *(support) (for shelf)* supporto m., mensola f.; *(for lamp)* braccio m. **3** *(category)* fascia f.
2.bracket /ˈbrækɪt/ tr. **1** *(put in brackets)* mettere tra parentesi [*word, phrase*] **2** *(put in category)* (anche **~ together**) raggruppare [*items, people*].
brackish /ˈbrækɪʃ/ agg. salmastro.
bradawl /ˈbrædɔːl/ n. punteruolo m.
1.brag /bræg/ n. **1** *(boast)* vanteria f., spacconata f. **2** *(card game)* = gioco simile al poker.
2.brag /bræg/ intr. (forma in -ing ecc. **-gg-**) vantarsi (**to** con; **about** di).
bragging /ˈbrægɪŋ/ n. vanterie f.pl., spacconate f.pl. (**about** su).
Brahman /ˈbrɑːmən/ n. RELIG. bramano m., bramino m.
Brahmin /ˈbrɑːmɪn/ n. **1** → **Brahman 2** SPREG. *(cultural snob)* intellettuale m. e f. snob.
1.braid /breɪd/ n. **1** AE *(of hair)* treccia f. **2 U** *(trimming)* gallone m., passamano m.
2.braid /breɪd/ tr. **1** AE intrecciare [*hair*] **2** decorare (con passamano) [*cushion*]; gallonare [*uniform*].
1.brain /breɪn/ **I** n. **1** *(organ)* cervello m.; ***to blow one's ~s out*** COLLOQ. farsi saltare le cervella **2** GASTR. cervella f.pl.; ***calves' ~s*** cervella di vitello **3** *(mind)* ***to have a good ~*** avere cervello; ***to have football on the ~*** COLLOQ. pensare solo al calcio **II brains** n.pl. *(intelligence)* cervello m.sing., intelligenza f.sing.; ***to have ~s*** avere cervello; ***he's the ~s of the family*** è il cervello(ne) della famiglia; ***to use one's ~s*** usare il cervello; ***the ~s behind the operation*** il cervello *o* la mente dell'operazione **III** modif. [*cell, tissue, haemorrhage*] cerebrale; [*tumour*] al cervello, cerebrale ♦ ***to beat*** o ***to rack one's ~s*** lambiccarsi il cervello, scervellarsi; ***to pick sb.'s ~s*** consultare qcn.; ***I need to pick your ~s*** ho bisogno della tua consulenza.
2.brain /breɪn/ tr. COLLOQ. *(knock out)* spaccare la testa a.
brainchild /ˈbreɪnˌtʃaɪld/ n. (pl. **-children**) idea f. (brillante).
brain damage n. **U** lesioni f.pl. cerebrali.
brain dead agg. **1** MED. clinicamente morto, con encefalogramma piatto **2** FIG. COLLOQ. SPREG. con encefalogramma piatto.
brain death n. morte f. cerebrale.
brain drain n. fuga f. di cervelli.
brainless /ˈbreɪnlɪs/ agg. idiota; ***he's completely ~*** è completamente privo di cervello.
brain scan n. scintigrafia f. cerebrale.
brain scanner n. apparecchio m. per scintigrafia cerebrale.
brainstorm /ˈbreɪnstɔːm/ n. MED. raptus m. (anche FIG.).
brainstorming /ˈbreɪnˌstɔːmɪŋ/ n. brainstorming m.
brains trust BE, **brain trust** AE n. brain trust m., trust m. di cervelli.
brain surgeon ➧ ***27*** n. chirurgo m. (-a) del cervello.
brain surgery n. chirurgia f. del cervello.
brain teaser n. COLLOQ. rompicapo m.
brainwash /ˈbreɪnwɒʃ/ tr. fare il lavaggio del cervello a.
brainwashing /ˈbreɪnwɒʃɪŋ/ n. lavaggio m. del cervello.
brainwave /ˈbreɪnweɪv/ n. COLLOQ. lampo m. di genio, folgorazione f.
brainy /ˈbreɪnɪ/ agg. COLLOQ. che ha cervello, intelligente.
braise /breɪz/ tr. brasare.
1.brake /breɪk/ **I** n. AUT. freno m. (anche FIG.); ***to apply the ~(s)*** azionare i freni *o* frenare **II** modif. [*block, disc, drum, pedal*] del freno; [*fluid*] per freni; ***~pad*** pastiglia del freno.
2.brake /breɪk/ intr. frenare (anche FIG.).
brake light n. stop m.
braking /ˈbreɪkɪŋ/ n. frenatura f., frenata f.
bramble /ˈbræmbl/ **I** n. **1** *(plant)* rovo m. **2** BE *(berry)* mora f. (di rovo) **II** modif. BE [*jam, tart*] di more.
bran /bræn/ n. crusca f.
1.branch /brɑːntʃ, AE bræntʃ/ n. **1** *(of tree)* ramo m.; *(of pipe, road, railway)* diramazione f.; *(of river)* braccio m., ramo m.; *(of candlestick, lamp)* braccio m.; *(of antlers)* ramificazione f.; *(of family, language)* ramo m.; *(of study, subject)* branca f. **2** *(of shop)* succursale f.; *(of bank, company)* filiale f.; *(of organization)* divisione f., settore m.; *(of union)* sezione f.; ***main ~*** *(of company)* casa madre.
2.branch /brɑːntʃ, AE bræntʃ/ intr. ramificarsi, diramarsi.
■ **branch off:** **~ off** diramarsi; **~ off (from)** diramarsi da [*road, railway*]; FIG. divagare da [*topic*].
■ **branch out:** **~ out** [*business*] diversificarsi; ***to ~ out into*** estendersi in, allargarsi a [*new area*]; ***to ~ out on one's own*** mettersi in proprio.
branch line n. FERR. linea f. secondaria, diramazione f.
branch manager ➧ ***27*** n. *(of shop)* direttore m. di succursale; *(of company, bank)* direttore m. di filiale.
branch office n. *(of bank)* agenzia f., filiale f.
branchy /ˈbrɑːntʃɪ, AE ˈbræntʃɪ/ agg. ramoso.
1.brand /brænd/ n. **1** *(make)* marca f., marchio m. **2** *(type) (of humour, belief)* tipo m.; *(of art, music)* genere m. **3** *(for identification) (on animal)* marchio m. (a fuoco); *(on prisoner)* marchio m. **4** LETT. *(in fire)* tizzone m.
2.brand /brænd/ tr. **1** *(mark)* marchiare (a fuoco) [*animal*] **2** FIG. bollare, stigmatizzare [*person*] **3** FIG. imprimere nella mente [*experience, name*].
branded /ˈbrændɪd/ **I** p.pass. → **2.brand II** agg. [*article, goods*] di marca.
brandish /ˈbrændɪʃ/ tr. brandire.
brand leader n. COMM. prodotto m. leader sul mercato.
brand name n. COMM. marca f., marchio m. (registrato).
brand-new /ˌbrændˈnjuː, AE -ˈnuː/ agg. nuovo di zecca, nuovo fiammante.
brandy /ˈbrændɪ/ n. brandy m.; ***plum ~*** acquavite di prugne.
brash /bræʃ/ agg. **1** *(self-confident)* [*person, tone*] insolente, impudente **2** *(garish)* [*colour*] sgargiante, vistoso **3** *(harsh)* [*music, sound*] aggressivo.
brass /brɑːs, AE bræs/ **I** n. **1** *(metal)* ottone m. **2** + verbo sing. *(fittings, objects)* ottoni m.pl. **3** + verbo sing. o pl. MUS. (anche **~ section**) ottoni m.pl. **4** *(in church)* targa f. commemorativa **5** COLLOQ. *(nerve)* sfacciataggine f., faccia f. di bronzo **6** BE COLLOQ. *(money)* quattrini m.pl., grana f. **7** + verbo pl. MIL. COLLOQ. ***the top ~*** gli alti ufficiali **II** modif. [*button, plaque*] di ottone ♦ ***to get down to ~ tacks*** venire al sodo; ***to be as bold as ~*** avere la faccia di bronzo.
brass band n. banda f. (di ottoni), fanfara f.
brass hat n. MIL. COLLOQ. alto ufficiale m.
brassière /ˈbræzɪə(r), AE brəˈzɪər/ ➧ ***28*** n. reggiseno m.
brass instrument ➧ ***17*** n. MUS. ottone m.
brass neck n. BE COLLOQ. faccia f. di bronzo.
brassware /ˈbrɑːsweə, AE ˈbræs-/ n. *(objects)* ottoname m., ottoni m.pl.
brassy /ˈbrɑːsɪ, AE ˈbræsɪ/ agg. **1** ➧ ***5*** *(shiny yellow)* color ottone **2** SPREG. [*appearance, woman*] vistoso.
brat /bræt/ n. COLLOQ. SPREG. marmocchio m. (-a), monello m. (-a).
bravado /brəˈvɑːdəʊ/ n. **U** bravata f., bravate f.pl.
1.brave /breɪv/ **I** agg. **1** *(courageous)* [*person, effort*] coraggioso; ***be ~!*** fatti coraggio! **2** LETT. *(fine)* ***in a ~ new world*** IRON. nel migliore dei mondi possibili **II** n. **1** *(Indian warrior)*

guerriero m. pellerossa **2** ***the*** **~** + verbo pl. i coraggiosi, i prodi ♦ ***to put on a ~ face*** fare buon viso a cattivo gioco.
2.brave /breɪv/ tr. affrontare, sfidare.
bravely /'breɪvlɪ/ avv. coraggiosamente, valorosamente (anche SCHERZ.).
bravery /'breɪvərɪ/ n. coraggio m., valore m.
bravo /ˌbrɑː'vəʊ/ inter. bravo.
bravura /brə'vʊərə/ **I** n. bravura f., virtuosismo m. **II** modif. [*passage*] di bravura; [*performance*] virtuosistico.
1.brawl /brɔːl/ n. baruffa f., zuffa f.
2.brawl /brɔːl/ intr. azzuffarsi.
brawn /brɔːn/ n. **1** BE GASTR. = preparazione a base di parti della testa del maiale o del vitello in gelatina **2** *(muscle)* muscoli m.pl., forza f. muscolare.
brawny /'brɔːnɪ/ agg. muscoloso, robusto.
1.bray /breɪ/ n. *(of donkey)* raglio m. (anche FIG. SPREG.).
2.bray /breɪ/ intr. [*donkey*] ragliare (anche FIG. SPREG.).
1.brazen /'breɪzn/ agg. sfacciato, spudorato.
2.brazen /'breɪzn/ tr. ***to ~ it out*** = cavarsela grazie alla propria faccia tosta.
brazen-faced /'breɪznfeɪst/ agg. dalla faccia di bronzo, sfacciato.
brazier /'breɪzɪə(r)/ n. braciere m.
Brazil /brə'zɪl/ ♦ *6* n.pr. Brasile m.
Brazilian /brə'zɪlɪən/ ♦ *18* **I** agg. brasiliano **II** n. brasiliano m. (-a).
Brazil nut n. noce f. del Brasile.
1.breach /briːtʃ/ n. **1** DIR. *(infringement) (by breaking rule)* infrazione f.; *(by failure to comply)* inadempienza f.; *(of copyright, privilege)* violazione f.; ***security ~*** *(of official secret)* attentato alla sicurezza nazionale; ***to be in ~ of*** violare [*law, agreement*] **2** MIL. breccia f. (anche FIG.) **3** *(in relationship)* rottura f. ♦ ***to step into the ~*** tappare un buco, coprire un posto vacante.
2.breach /briːtʃ/ tr. **1** aprire una breccia in [*defence*] **2** FIG. infrangere [*rule*].
breach of contract n. DIR. violazione f., inadempimento m. di contratto.
breach of promise n. DIR. rottura f. della promessa di matrimonio.
breach of the peace n. DIR. turbamento m. dell'ordine pubblico.
breach of trust n. DIR. abuso m. di fiducia.
1.bread /bred/ **I** n. **1** pane m.; ***a loaf, slice of ~*** una forma, una fetta di pane **2** COLLOQ. *(money)* grana f., soldi m.pl. **3** *(livelihood)* pane m.; ***to earn one's (daily) ~*** guadagnarsi il pane (quotidiano) **II** modif. [*oven, plate*] per il pane; [*sauce*] spalmabile ♦ ***to know which side one's ~ is buttered on*** saper fare i propri interessi.
2.bread /bred/ tr. impanare [*cutlet, fish*].
bread and butter I n. **1** pane m. e burro, pane m. imburrato **2** FIG. ***it's her ~*** è il modo in cui si guadagna il pane **II bread-and-butter** agg. attrib. [*routine, work*] quotidiano, di tutti i giorni.
breadbasket /'bredbɑːskɪt/ n. **1** cestino m. per il pane **2** FIG. *(granary)* granaio m.
breadbin /'bredbɪn/ n. BE portapane m., madia f.
breadboard /'bredbɔːd/ n. tagliere m. (per il pane).
breadcrumb /'bredkrʌm/ **I** n. briciola f. (di pane) **II breadcrumbs** n.pl. pangrattato m.sing.
breadfruit /'bredfruːt/ n. frutto m. dell'albero del pane.
breadline /'bredlaɪn/ n. ***to be on the ~*** essere ai limiti dell'indigenza.
bread roll n. panino m.
breadstick /'bredstɪk/ n. grissino m.
breadth /bredθ/ ♦ *15* n. **1** larghezza f.; ***the length and ~ of*** da un capo all'altro di **2** FIG. ampiezza f., larghezza f. ♦ ***to be*** o ***come within a hair's ~ of*** essere a un pelo da.
breadthways /'bretθweɪz/, **breadthwise** /'bretθwaɪz/ avv. in larghezza, nel senso della larghezza.
breadwinner /'bredwɪnə(r)/ n. sostegno m. della famiglia, chi guadagna il pane in famiglia.
1.break /breɪk/ n. **1** *(fracture)* rottura f., frattura f. **2** *(crack)* spaccatura f., incrinatura f. **3** *(gap) (in wall)* breccia f.; *(in row, line)* spazio m. (vuoto); *(in circuit, chain)* interruzione f.; *(in conversation, match)* pausa f.; *(in performance)* intervallo m.; ***a ~ in the clouds*** uno squarcio fra le nuvole, una schiarita; ***a ~ in transmission*** un'interruzione delle trasmissioni **4** RAD. TELEV. (anche **commercial ~**) pausa f. pubblicitaria, pubblicità f. **5** *(pause)* pausa f.; SCOL. intervallo m., ricreazione f.; ***to take a ~*** fare una pausa; ***I worked for six hours without a ~*** ho lavorato senza sosta per sei ore; ***to take*** o ***have a ~ from working*** smettere di lavorare per un lungo periodo; ***give us a ~!*** COLLOQ. dacci tregua! **6** *(holiday)* vacanze f.pl.; ***the Christmas ~*** le vacanze di Natale **7** FIG. *(departure)* rottura f.; ***a ~ with the past*** un taglio con il passato; ***it's time to make the ~*** *(from family)* è ora di lasciare il nido; *(from job)* è ora di cambiare **8** *(opportunity)* COLLOQ. opportunità f.; ***a big ~*** una grande occasione; ***a lucky ~*** un colpo di fortuna **9** *(dawn)* ***at the ~ of day*** allo spuntar del giorno, all'alba **10** *(escape bid)* ***to make a ~ for it*** *(from prison)* COLLOQ. tentare la fuga; ***to make a ~ for the door*** cercare di raggiungere la porta (per scappare) **11** *(in tennis)* (anche **service ~**) break m. **12** *(in snooker, pool)* ***it's your ~*** tocca a te cominciare; ***to make a 50 point ~*** totalizzare 50 punti di seguito.
2.break /breɪk/ **I** tr. (pass. **broke**; p.pass. **broken**) **1** *(damage)* rompere [*chair, eggs, stick, toy*]; rompere, spaccare [*plate, window*]; spezzare [*rope*]; ***to ~ a tooth, a bone*** rompersi *o* spezzarsi un dente, un osso; ***to ~ one's leg*** rompersi una gamba; ***to ~ one's neck*** rompersi il collo (anche FIG.) **2** *(rupture)* infrangere [*seal*]; interrompere [*sentence*]; ***the skin is not broken*** la pelle non è offesa; ***the river broke its banks*** il fiume ruppe gli argini **3** *(interrupt)* [*person*] rompere [*silence*]; [*shout, siren*] squarciare [*silence*]; interrompere [*circuit*]; rompere [*monotony, spell*]; spezzare, rompere [*ties, links*]; ***to ~ one's silence*** rompere il silenzio; ***we broke our journey in Rome*** facemmo una sosta a Roma **4** *(disobey)* infrangere [*law, rule*]; non rispettare [*embargo, terms*]; violare [*treaty*]; sospendere [*strike*]; rompere, venir meno a [*vow*]; mancare a [*appointment*]; ***he broke his word, promise*** ha mancato di parola, è venuto meno alla sua promessa **5** *(exceed, surpass)* oltrepassare, superare [*speed limit, bounds*]; battere [*record*]; superare [*speed barrier*] **6** *(lessen the impact of)* tagliare [*wind*]; [*branches*] frenare [*fall*]; [*hay*] attutire [*fall*] **7** FIG. *(destroy)* [*troops*] soffocare [*rebellion*]; spezzare [*resistance, will*]; ***to ~ sb.'s spirit*** abbattere il morale di qcn.; ***to ~ a habit*** liberarsi da un'abitudine **8** *(ruin)* rovinare [*person*] **9** EQUIT. domare [*young horse*] **10** *(in tennis)* ***to ~ sb.'s serve*** strappare il servizio a qcn. **11** *(decipher)* decifrare [*code*] **12** *(leave)* ***to ~ camp*** levare il campo **13** *(announce)* annunciare [*news*]; rivelare [*truth*]; ***to ~ the news to sb.*** comunicare la notizia a qcn. **II** intr. (pass. **broke**; p.pass. **broken**) **1** *(be damaged)* [*chair, egg, string*] rompersi; [*branch*] rompersi, spezzarsi; [*plate, window*] rompersi, infrangersi; [*arm, bone, leg*] rompersi, fratturarsi; [*bag*] spaccarsi; ***the vase broke in two*** il vaso si ruppe in due; ***the sound of ~ing glass*** il rumore di vetro infranto **2** *(separate)* [*clouds*] aprirsi, squarciarsi; [*waves*] (in)frangersi **3** *(stop for a rest)* fare una pausa **4** *(change)* [*good weather*] guastarsi; [*heatwave*] cessare **5** *(begin)* [*day*] spuntare, cominciare; [*storm*] scoppiare; [*scandal, story*] scoppiare, esplodere **6** *(discontinue)* ***to ~ with sb.*** rompere (i rapporti) con qcn.; ***to ~ with a party, the church*** lasciare un partito, la chiesa; ***to ~ with tradition*** rompere con la tradizione **7** *(weaken)* ***their spirit never broke*** non si sono mai persi di spirito; ***to ~ under torture*** crollare, cedere sotto le torture **8** *(change tone)* [*boy's voice*] mutare, cambiare; ***in a voice ~ing with emotion*** con la voce rotta per l'emozione.
■ **break away:** ~ ***away*** **1** *(become detached)* staccarsi; ***to ~ away from*** rompere (i rapporti) con [*family*]; lasciare [*party, organization*]; [*animal*] allontanarsi da [*herd*]; [*boat*] rompere [*moorings*] **2** *(escape)* sfuggire (**from** a) **3** SPORT [*runner, cyclist*] (di)staccarsi; ~ ***away [sth.]***, ~ ***[sth.] away*** spezzare [*casing*].
■ **break down:** ~ ***down*** **1** *(stop functioning)* [*machine*] rompersi **2** FIG. *(collapse)* [*alliance*] saltare; [*negotiations*] fallire; [*communication*] interrompersi; [*law and order*] venire meno; [*argument, system*] crollare; [*person*] crollare, cedere **3** *(cry)* sciogliersi in lacrime **4** *(be classified)* [*findings, statistics*] suddividersi (**into** in) **5** CHIM. [*compound*] scomporsi (**into** in); ~ ***[sth.] down***, ~ ***down [sth.]*** **1** *(demolish)* sfondare

[*door*]; abbattere [*fence*]; FIG. abbattere [*barriers*]; vincere [*resistance*] **2** *(analyse)* analizzare [*cost, statistics*]; suddividere [*data, findings*] (**into** per) **3** CHIM. decomporre, scomporre [*compound*] (**into** in); sciogliere [*protein, starch*].

▪ **break even** ECON. chiudere in pareggio.

▪ **break free:** ***~ free*** [*prisoner*] evadere; ***to ~ free of*** spezzare i legami con [*family*]; sfuggire a [*captor*].

▪ **break in:** ***~ in*** **1** *(enter forcibly)* [*thief*] entrare (con effrazione); [*police*] irrompere, fare irruzione **2** *(interrupt)* interrompere; ***to ~ in on sb., sth.*** interrompere qcn., qcs.; ***~ [sth.] in*** domare [*young horse*]; ***to ~ one's shoes in*** portare le scarpe per ammorbidirle; ***~ [sb.] in*** addestrare [*recruit*].

▪ **break into:** ***~ into [sth.]*** **1** *(enter by force)* [*thief*] entrare (con effrazione) in [*building, car*]; forzare [*safe*]; [*police*] irrompere, fare irruzione in [*building*] **2** *(start to use)* aprire, cominciare [*new packet*] **3** *(encroach on)* interferire con [*leisure time*]; interrompere, spezzare [*morning*] **4** *(begin to do)* ***to ~ into song, cheers*** mettersi a cantare, ad acclamare; ***to ~ into a run*** mettersi a correre **5** *(make headway)* [*company*] affermarsi in [*market*]; [*person*] sfondare in [*show business*].

▪ **break off:** ***~ off*** **1** *(snap off)* [*end, mast*] rompersi; [*handle, piece*] staccarsi **2** *(stop speaking)* interrompersi **3** *(pause)* fare una pausa, fermarsi; ***~ off [sth.], ~ [sth.] off*** **1** *(snap)* rompere, staccare [*branch*] **2** *(terminate)* rompere [*engagement*]; interrompere [*conversation, negotiations*].

▪ **break out:** ***~ out*** **1** *(erupt)* [*epidemic*] manifestarsi, scoppiare; [*fight, fire, riot, storm*] scoppiare; [*rash*] comparire; ***to ~ out in a rash*** avere un'eruzione cutanea; ***to ~ out in a sweat*** mettersi a sudare **2** *(escape)* [*prisoner*] evadere; ***to ~ out of*** evadere da [*prison*]; uscire da [*routine*]; liberarsi da [*chains*].

▪ **break through:** ***~ through*** [*army*] sfondare, aprirsi un varco; ***~ through [sth.]*** sfondare [*defences, barrier, wall*]; [*sun*] aprirsi un varco fra [*clouds*].

▪ **break up:** ***~ up*** **1** *(disintegrate)* [*wreck*] sfasciarsi, andare in pezzi; FIG. [*empire*] crollare; [*alliance*] sciogliersi; [*family, couple*] dividersi **2** *(disperse)* [*crowd*] disperdersi; [*cloud, slick*] dissolversi; [*meeting*] sciogliersi **3** BE SCOL. ***schools ~ up on Friday*** le scuole chiudono venerdì; ***~ [sth.] up, ~ up [sth.]*** *(split up)* disperdere [*demonstrators*]; smantellare [*drugs ring*]; dividere [*couple, family, team*]; rompere [*alliance*]; smembrare [*empire*]; frazionare [*land*]; [*diagrams*] intervallare [*text*]; interrompere, fare finire [*party, demonstration*].

breakable /ˈbreɪkəbl/ agg. fragile.

breakables /ˈbreɪkəblz/ n.pl. oggetti m. fragili.

breakage /ˈbreɪkɪdʒ/ n. **1** U *(damage)* rottura f., danni m.pl. **2** C *(item)* articolo m. danneggiato.

breakaway /ˈbreɪkəweɪ/ **I** n. **1** *(separation) (from organization)* separazione f.; *(from person)* rottura f. (**from** con), allontanamento m. (**from** da) **2** SPORT fuga f. **II** modif. attrib. POL. [*faction, group*] scissionistico, dissidente; [*state*] secessionistico.

breakdown /ˈbreɪkdaʊn/ **I** n. **1** AUT. TECN. guasto m., panne f. (**in, of** di); ***in the event of a ~*** in caso di guasto; ***he had a ~*** è rimasto in panne **2** *(collapse) (of communications, negotiations)* rottura f., interruzione f.; *(of discipline, order)* sfacelo m.; *(of alliance)* crollo m.; *(of plan)* insuccesso m. **3** MED. ***to have a (nervous) ~*** avere un esaurimento (nervoso) **4** *(detailed account) (of figures, statistics)* resoconto m. analitico; *(of argument)* analisi f. (dettagliata); ***a ~ of the voters according to age*** una ripartizione dei votanti in base all'età **5** BIOL. CHIM. scomposizione f. **II** modif. [*vehicle*] di soccorso (stradale); ***~ truck*** carro attrezzi.

breaker /ˈbreɪkə(r)/ ➧ **27** n. **1** *(wave)* frangente m. **2** *(scrap merchant)* autodemolitore m. (-trice), sfasciacarrozze m. e f. **3** *(CB radio user)* radioamatore m. (-trice).

breaker's yard n. AUT. autodemolitore m.

break-even /ˌbreɪkˈiːvn/ n. AMM. pareggio m., chiusura f. in pareggio.

break-even point n. AMM. punto (morto) m. di pareggio.

1.breakfast /ˈbrekfəst/ n. (prima) colazione f.; ***to have*** o ***eat ~*** fare colazione.

2.breakfast /ˈbrekfəst/ intr. fare colazione.

breakfast bar n. tavolo m. a penisola.

breakfast bowl n. tazza f., scodella f. per cereali.

breakfast cereals n.pl. cereali m. (per la prima colazione).

breakfast television n. televisione f. del primo mattino.

break-in /ˈbreɪkɪn/ n. intrusione f. con effrazione.

breaking /ˈbreɪkɪŋ/ n. **1** *(smashing) (of bone)* frattura f.; *(of rope, chain, glass)* rottura f.; FIG. *(of waves)* (il) frangersi **2** *(of promise)* (il) mancare (**of** a); *(of law, treaty)* violazione f.; *(of contract)* rottura f.; *(of link, sequence)* rottura f., interruzione f. **3** EQUIT. domatura f. **4** MED. *(of voice)* muta f.

breaking and entering n. DIR. effrazione f.

breaking news n. U ultime notizie f.pl.

breaking point n. TECN. punto m. di rottura; ***to be at ~*** FIG. essere al limite (della sopportazione).

breakneck /ˈbreɪknek/ agg. ***at ~ pace*** o ***speed*** a rotta di collo.

break-out /ˈbreɪkaʊt/ n. evasione f.

breakthrough /ˈbreɪkθruː/ n. **1** MIL. sfondamento m. **2** *(in science, negotiations, investigation)* progresso m., svolta f.; *(in career)* avanzamento m.

break-up /ˈbreɪkʌp/ n. *(of empire)* smembramento m.; *(of alliance, relationship)* rottura f.; *(of party, family, group)* disgregazione f.; *(of marriage)* fallimento m.; *(of company)* frazionamento m.

breakwater /ˈbreɪkwɔːtə(r)/ n. frangiflutti m.

bream /briːm/ n. (pl. ~) abramide m.

1.breast /brest/ ➧ **2** n. **1** *(woman's)* seno m.; LETT. *(chest)* petto m. **2** *(of poultry, lamb)* petto m. ♦ ***to make a clean ~ of sth.*** togliersi il peso di qcs. dalla coscienza.

2.breast /brest/ tr. **1** affrontare [*wave*] **2** scalare, raggiungere la vetta di [*hill*].

breast bone n. sterno m.

breast-fed /ˈbrestˌfed/ **I** pass., p.pass. → **breast-feed II** agg. [*baby*] allattato al seno.

breast-feed /ˈbrestfiːd/ tr. e intr. (pass., p.pass. **breast-fed**) allattare (al seno).

breast-feeding /ˈbrestfiːdɪŋ/ n. allattamento m. al seno.

breast-plate /ˈbrestpleɪt/ n. *(of armour)* pettorale m.

breast pocket n. taschino m. (di una giacca).

breast stroke n. nuoto m. a rana; ***to do*** o ***swim the ~*** nuotare a rana.

breath /breθ/ n. **1** *(taken into lungs)* fiato m.; ***to stop*** o ***pause for ~*** fermarsi per riprendere fiato; ***to get one's ~ back*** riprendere fiato; ***out of ~*** senza fiato; ***to be short of ~*** avere il fiato corto; ***to hold one's ~*** trattenere il fiato (anche FIG.) **2** *(in or leaving mouth) (with smell)* alito m.; *(visible)* fiato m.; ***bad ~*** alito cattivo; ***I could smell alcohol on his ~*** sentivo l'odore di alcol del suo alito **3** *(single act)* respiro m.; ***to take a deep ~*** fare un profondo respiro; ***in a single ~*** senza (ri)prendere fiato; ***in the same ~*** contemporaneamente **4** *(of air, wind)* ***a ~ of*** un soffio di; ***a ~ of (fresh) air*** una boccata d'aria (fresca); ***sb., sth. is like a ~ of fresh air*** qcn., qcs. è una ventata d'aria fresca **5** *(word)* ***a ~ of*** un sospetto di [*scandal*] ♦ ***to take sb.'s ~ away*** lasciare qcn. senza fiato; ***save your ~*** COLLOQ. risparmia il fiato; ***under one's ~*** sottovoce.

breathalyse BE, **breathalyze** AE /ˈbreθəlaɪz/ tr. ***he was ~d*** gli hanno fatto fare l'etilotest.

Breathalyzer® /ˈbreθəlaɪzə(r)/ n. etilometro m.

breathe /briːð/ **I** tr. **1** *(inhale)* respirare [*air*]; ***to ~ one's last*** esalare l'ultimo respiro (anche FIG.) **2** *(exhale, blow)* soffiare [*air, smoke*]; sputare [*fire*]; diffondere [*germs*]; emettere [*vapour*] **3** *(whisper)* mormorare, sussurrare; ***don't ~ a word!*** non fiatare! **4** *(inspire with)* infondere [*hope, life*] (**into** in) **II** intr. **1** respirare; ***to ~ hard*** o ***heavily*** avere il fiatone; ***to ~ more easily*** FIG. tirare il fiato **2** *(exhale, blow)* ***to ~ on sth.*** soffiare su qcs. **3** [*wine*] respirare ♦ ***to ~ down sb.'s neck*** COLLOQ. stare addosso a qcn.; tallonare qcn.; ***to ~ fire*** fare fuoco e fiamme.

▪ **breathe in:** ***~ in*** inspirare; ***~ in [sth.], ~ [sth.] in*** respirare, inalare.

▪ **breathe out:** ***~ out*** espirare; ***~ out [sth.], ~ [sth.] out*** esalare, emettere.

breather /ˈbriːðə(r)/ n. **1** *(from work)* ***to have*** o ***take a ~*** fare una pausa **2** *(from pressure)* attimo m. di respiro.

breathing /ˈbriːðɪŋ/ n. respirazione f., respiro m.

breathing apparatus n. respiratore m.

breathing space n. **1** *(respite)* ***to give oneself a ~*** concedersi un momento di respiro **2** *(postponement)* proroga f.

breathless /'breθlɪs/ agg. **1** *(out of breath)* [*person, runner*] senza fiato; [*asthmatic*] ansimante, ansante; ***to make*** o ***leave sb.*** ~ fare restare, lasciare qcn. senza fiato **2** *(excited)* [*hush*] stupefatto; ***to be ~ with*** restare senza fiato per **3** *(fast)* ***at a ~ pace*** a tutto gas.
breathlessly /'breθlɪslɪ/ avv. **1** *(out of breath)* affannosamente **2** *(excitedly)* senza prendere fiato.
breathlessness /'breθlɪsnɪs/ n. mancanza f. di respiro, affanno m.
breathtaking /'breθteɪkɪŋ/ agg. [*feat, pace, skill*] straordinario; [*view*] mozzafiato.
breathtakingly /'breθteɪkɪŋlɪ/ avv. ~ ***beautiful*** di una bellezza mozzafiato; ~ ***audacious*** estremamente audace.
1.breath test n. etilotest m.
2.breath test tr. ***he was ~ed*** gli hanno fatto (fare) l'etilotest.
bred /bred/ **I** pass., p.pass. → **2.breed II -bred** agg. in composti ***ill-, well-~*** maleducato, (ben)educato.
breech /bri:tʃ/ n. **1** MED. (anche ~ **birth**, ~ **delivery**) parto m. podalico **2** *(of gun)* culatta f.
breeches /'brɪtʃɪz/ n.pl. **1** (anche **knee** ~) calzoni m. alla zuava **2** (anche **riding** ~) calzoni m. alla cavallerizza **3** AE COLLOQ. pantaloni m.
1.breed /bri:d/ n. **1** ZOOL. razza f. **2** *(type of person, thing)* tipo m.
2.breed /bri:d/ **I** tr. (pass., p.pass. **bred**) **1** allevare [*animals*]; produrre [*plants*] **2** FIG. generare [*disease, unrest*] **3** educare [*person*] **II** intr. (pass., p.pass. **bred**) [*animals, organisms*] riprodursi.
breeder /'bri:də(r)/ n. **1** *(of animals)* allevatore m. (-trice); *(of plants)* produttore m. (-trice) **2** (anche ~ **reactor**) NUCL. reattore m. autofertilizzante.
breeding /'bri:dɪŋ/ n. **1** *(of animals)* allevamento m.; *(of plant)* (ri)produzione f. **2** *(good manners)* educazione f., buone maniere f.pl.
breeding ground n. **1** ZOOL. terreno m. di riproduzione (**for** di) **2** FIG. terreno m. fertile.
breeding period, breeding season n. stagione f. della riproduzione.
breeding stock n. U AGR. piante f.pl. da riproduzione.
1.breeze /bri:z/ n. brezza f.
2.breeze /bri:z/ intr. ***to ~ in, out*** entrare, uscire con disinvoltura; ***to ~ through life*** vivere la vita con spensieratezza; ***to ~ through an exam*** superare un esame con facilità.
breezily /'bri:zɪlɪ/ avv. **1** *(casually)* con disinvoltura **2** *(cheerfully)* allegramente **3** *(confidently)* spigliatamente.
breezy /'bri:zɪ/ agg. **1** METEOR. ***it will be ~*** ci sarà brezza **2** [*place*] arioso, ventoso **3** *(cheerful)* allegro; *(confident)* spigliato; ***bright and ~*** brillante e disinvolto.
brethren /'breðrən/ n.pl. **1** RELIG. → **brother 2** SCHERZ. *(in trades union)* compagni m.
breve /bri:v/ n. MUS. LING. breve f.
breviary /'bri:vɪərɪ, AE -ierɪ/ n. breviario m.
brevity /'brevətɪ/ n. *(of event)* brevità f.; *(of speech)* concisione f.
1.brew /bru:/ n. **1** *(beer)* birra f. **2** *(tea)* tè m., infuso m. **3** *(unpleasant mixture)* mistura f., intruglio m.
2.brew /bru:/ **I** tr. fare fermentare [*beer*]; preparare [*tea, mixture*]; FIG. preparare, macchinare [*plot*]; ***freshly ~ed coffee*** caffè appena fatto **II** intr. **1** [*beer*] fermentare; [*tea*] essere in infusione; [*brewer*] fare fermentare la birra **2** FIG. [*storm*] avvicinarsi; [*crisis, revolt*] prepararsi; [*quarrel*] essere prossimo; ***there's something ~ing*** qualcosa bolle in pentola.
brewer /'bru:ə(r)/ ♦ **27** n. birraio m. (-a).
brewery /'bru:ərɪ/ n. fabbrica f. di birra.
brewing /'bru:ɪŋ/ **I** n. fabbricazione f. della birra **II** modif. [*company*] che fabbrica birra; [*industry*] della birra; [*method*] di fermentazione.
brew-up /'bru:ʌp/ n. BE COLLOQ. tè m.
briar /'braɪə(r)/ **I** n. **1** (anche ~ **rose**) rosa f. canina **2** *(heather)* erica f. **3** (anche ~ **pipe**) pipa f. di radica **II briars** n.pl. *(thorns)* rovi m.
1.bribe /braɪb/ n. tangente f.; ***to give sb. a ~*** dare una bustarella a qcn.
2.bribe /braɪb/ tr. corrompere [*police*]; comprare [*voter*]; ungere [*official*].
bribery /'braɪbərɪ/ n. corruzione f.; ***to be open to ~*** essere corruttibile.
bric-à-brac /'brɪkəbræk/ n. bric-à-brac m., cianfrusaglia f.
1.brick /brɪk/ **I** n. **1** mattone m.; ***made of ~*** di mattoni **2** BE *(child's toy)* mattoncino m., cubo m. **II** modif. [*wall, building*] di mattoni ♦ ***it's like banging one's head against a ~ wall*** è completamente inutile; ***it's like talking to a ~ wall*** è come parlare al muro; ***to run up against*** o ***run into a ~ wall*** sbattere contro un muro.
2.brick /brɪk/ tr. costruire, pavimentare con mattoni.
■ **brick up:** ~ ***[sth.] up***, ~ ***up [sth.]*** murare [*window*]; chiudere (con mattoni) [*hole*].
brickbat /'brɪkbæt/ n. (violenta) critica f.
brick-built /'brɪkbɪlt/ agg. di mattoni.
bricklayer /'brɪkˌleɪə(r)/ ♦ **27** n. muratore m.
bricklaying /'brɪkˌleɪɪŋ/ n. tecnica f., arte f. muraria.
brick red ♦ **5 I** n. rosso m. mattone **II** agg. rosso mattone.
brickwork /'brɪkwɜ:k/ n. muratura f. di mattoni.
brickworks /'brɪkwɜ:ks/ n. + verbo sing. o pl. industria f. dei laterizi.
bridal /'braɪdl/ agg. [*dress, wear*] da sposa; [*car, chamber*] degli sposi; [*feast*] di nozze.
bridal party n. + verbo sing. o pl. = a un matrimonio, l'insieme dei testimoni, delle damigelle d'onore e dei loro accompagnatori.
bridal suite n. suite f. nuziale.
bride /braɪd/ n. **1** sposa f.; ***his ~*** *(during, after wedding)* la sposa; ***the ~ and (bride)groom*** gli sposi **2** (anche **~-to-be**) futura sposa f.; ***his ~*** *(before wedding)* la (sua) futura sposa.
bridegroom /'braɪdgru:m, -grʊm/ n. **1** sposo m.; ***her ~*** *(during, after wedding)* lo sposo; ***the bride and ~*** gli sposi **2** (anche **~-to-be**) futuro sposo m.; ***her ~*** *(before wedding)* il (suo) futuro sposo.
bridesmaid /'braɪdzmeɪd/ n. damigella f. d'onore.
1.bridge /brɪdʒ/ n. **1** ponte m. (**over** su) **2** FIG. *(link)* ponte m., collegamento m.; ***to build ~s*** stabilire dei contatti **3** *(stage) (transitional)* passaggio m.; *(springboard)* trampolino m. di lancio (**to** verso) **4** *(on ship)* ponte m., plancia f. di comando **5** *(of nose)* dorso m. **6** *(of spectacles)* ponticello m. **7** *(on guitar, violin)* ponticello m. **8** MED. ponte m. ♦ ***a lot of water has flowed under the ~*** ne è passata di acqua sotto i ponti; ***it's all water under the ~*** è acqua passata; ***we'll cross that ~ when we come to it*** ce ne (pre)occuperemo quando sarà il momento opportuno.
2.bridge /brɪdʒ/ tr. **1** costruire un ponte su [*river*] **2** FIG. ***to ~ the gap between two countries*** gettare un *o* fare da ponte tra due paesi; ***to ~ a gap in [sth.]*** riempire un vuoto in [*conversation*]; sanare un buco di [*budget*]; colmare una lacuna in [*knowledge*] **3** *(span)* essere a cavallo di [*two eras*].
3.bridge /brɪdʒ/ ♦ **10** n. *(card game)* bridge m.
bridge-building /'brɪdʒˌbɪldɪŋ/ n. **1** MIL. costruzione f. di ponti **2** FIG. mediazione f.
bridgehead /'brɪdʒhed/ n. MIL. testa f. di ponte.
Bridget /'brɪdʒɪd/ n.pr. Brigida.
bridging loan n. BE ECON. credito m. ponte.
1.bridle /'braɪdl/ n. **1** EQUIT. briglia f. **2** FIG. briglia f., freno m.
2.bridle /'braɪdl/ **I** tr. **1** EQUIT. imbrigliare [*horse*] **2** FIG. *(restrain)* frenare, tenere a freno [*temper*] **II** intr. *(in anger)* adombrarsi (**at** contro; **with** per).
bridle path, bridle track n. sentiero m., pista f. per cavalli.
bridleway /'braɪdlˌweɪ/ n. → **bridle path.**
1.brief /bri:f/ agg. **1** *(concise)* [*summary, speech*] breve; [*reply*] laconico; ***to be ~*** per farla breve; ***the news in ~*** le notizie in breve **2** *(short)* [*skirt*] corto ♦ ***in ~*** in breve.
2.brief /bri:f/ ♦ **28 I** n. **1** BE *(remit)* competenze f.pl.; *(role)* compito m.; ***it is your ~ to do*** è tuo compito fare; ***with a ~ for*** preposto a [*environment, immigration*] **2** DIR. fascicolo m., verbale m. **3** BE *(instructions)* direttive f.pl. **II briefs** n.pl. *(undergarment)* slip m. ♦ ***to hold a watching ~ on sb.*** tenere d'occhio qcn.
3.brief /bri:f/ tr. informare, ragguagliare [*politician, worker*] (**on** di, su); dare istruzioni a [*police, troops*]; dare (delle) direttive a [*artist, designer*]; ***to be well ~ed*** essere beninformato.
briefcase /'bri:fkeɪs/ n. *(with handle)* borsa f. (portadocumenti); *(without handle)* cartella f.

briefing /ˈbriːfɪŋ/ n. briefing m., riunione f. informativa; ***press~*** briefing per la stampa.
briefly /ˈbriːflɪ/ avv. **1** *(concisely)* [*describe*] brevemente; [*reply*] laconicamente **2** *(for short time)* [*look, pause*] per un breve momento; [*work, meet*] brevemente **3** *(in short)* in breve.
brier → **briar**.
brig /brɪg/ n. MAR. brick m.
brigade /brɪˈgeɪd/ n. + verbo sing. o pl. brigata f.; ***cavalry~*** brigata di cavalleria; ***the anti-smoking ~*** i sostenitori della campagna antifumo.
brigadier /ˌbrɪgəˈdɪə(r)/ ♦ **23** n. generale m. di brigata.
brigantine /ˈbrɪgəntaɪn/ n. brigantino m.
bright /braɪt/ **I** agg. **1** *(vivid)* [*blue, red*] brillante, vivace; [*garment, carpet, wallpaper*] *(of one colour)* di colore brillante; *(of several colours)* a colori vivaci; ***he went ~ red*** diventò rosso fuoco **2** *(clear)* [*room, day*] luminoso; [*weather*] soleggiato; [*sky*] limpido; ***~ spell*** schiarita **3** *(shiny)* [*sun, sunshine*] splendente; [*star*] luminoso, lucente, splendente; [*moon*] splendente; [*eyes*] lucente, splendente; [*coin, metal*] lucente, lucido; [*jewel*] lucente **4** *(clever)* intelligente; ***a ~ idea*** un'idea brillante **5** *(cheerful)* [*person, mood*] allegro, vivace; [*smile, face*] radioso; ***to look on the ~ side*** vedere il lato positivo **6** *(promising)* [*future*] brillante; ***one of our ~est hopes*** una delle nostre più brillanti promesse **II** avv. [*shine, burn*] luminosamente.
brighten /ˈbraɪtn/ **I** tr. illuminare **II** intr. illuminarsi.
▪ **brighten up:** ~ ***up*** **1** *(become cheerful)* [*person, mood*] rallegrarsi (**at** a, per); [*face*] illuminarsi, schiarirsi (**at** a, per); [*eyes*] illuminarsi (**at** a, per; **with** di) **2** *(improve)* [*situation*] migliorare; [*weather, sky*] schiarirsi; ***~ up [sth.], ~ [sth.] up*** **1** *(make colourful, cheerful)* rallegrare [*home, day*] **2** *(illuminate)* illuminare **3** *(improve)* rendere più brillante [*prospects*].
bright-eyed /ˌbraɪtˈaɪd/ agg. dagli occhi splendenti ♦ ***~ and bushy-tailed*** pimpante.
brightly /ˈbraɪtlɪ/ avv. **1** *(vividly)* [*dressed*] di colori brillanti; ***~ coloured*** *(several colours)* a colori vivaci; *(of one colour)* di colore brillante **2** *(of sun, fire)* [*shine*] luminosamente, vivacemente; *(of eyes, metal)* [*sparkle*] intensamente **3** *(intensely)* [*lit*] vividamente **4** *(cheerfully)* allegramente, radiosamente.
brightness /ˈbraɪtnɪs/ n. **1** *(of colour)* brillantezza f., vivacità f. **2** *(of place)* luminosità f. **3** *(of light, eyes)* splendore m.; *(of metal)* lucentezza f. **4** *(cheerfulness)* allegria f. **5** TELEV. luminosità f.
brights /braɪts/ n.pl. AE AUT. COLLOQ. abbaglianti m.
bright spark n. BE COLLOQ. persona f. sveglia.
bright young thing n. BE ***the ~s*** i giovani brillanti.
1.brill /brɪl/ n. ZOOL. rombo m. liscio.
2.brill /brɪl/ agg. BE COLLOQ. (accorc. brilliant) splendido, fantastico.
brilliance /ˈbrɪlɪəns/, **brilliancy** /ˈbrɪlɪənsɪ/ n. brillantezza f. (anche FIG.)
1.brilliant /ˈbrɪlɪənt/ **I** agg. **1** [*student, success*] brillante **2** *(bright)* brillante, splendente **3** BE COLLOQ. [*party*] splendido, fantastico; ***we had a ~ time*** ci siamo divertiti moltissimo **II** inter. fantastico (anche IRON.).
2.brilliant /ˈbrɪlɪənt/ n. *(diamond)* brillante m.
brilliantine /ˈbrɪlɪəntiːn/ n. brillantina f.
brilliantly /ˈbrɪlɪəntlɪ/ avv. **1** *(very well)* brillantemente **2** *(particularly)* [*witty, clever*] estremamente **3** *(very brightly)* [*shine*] vividamente; ***~ coloured*** o ***~ colourful*** dai colori brillanti.
Brillo pad® /ˈbrɪləʊpæd/ n. paglietta f. di ferro.
1.brim /brɪm/ n. bordo m., orlo m.; ***to fill sth. to the ~*** riempire qcs. fino all'orlo; ***filled to the ~ with*** pieno fino all'orlo di [*liquid*].
2.brim /brɪm/ intr. (forma in -ing ecc. **-mm-**) ***to ~ with*** essere pieno fino all'orlo di, traboccare di (anche FIG.); ***his eyes ~med with tears*** aveva gli occhi pieni di lacrime.
▪ **brim over** traboccare (**with** di) (anche FIG.).
brimful /ˈbrɪmfʊl/ agg. pieno fino all'orlo, traboccante (anche FIG.).
brimstone /ˈbrɪmstəʊn/ n. ANT. zolfo m.
brindle(d) /ˈbrɪndl(d)/ agg. pezzato, chiazzato.
brine /braɪn/ n. **1** *(sea water)* acqua f. salmastra **2** GASTR. salamoia f.

bring /brɪŋ/ **I** tr. (pass., p.pass. **brought**) **1** *(convey, carry)* portare; ***to ~ sb. flowers*** portare dei fiori a qcn.; ***the case has brought him publicity*** con quel caso si è fatto pubblicità; ***to ~ sb. fame*** portare fama a qcn.; ***to ~ sth. to*** *(contribute)* portare qcs. a [*work, area*]; ***to ~ one's experience to sth.*** apportare la propria esperienza in qcs.; ***that ~s the total to 100*** questo porta il totale a 100; ***to ~ a blush to sb.'s cheeks*** fare arrossire qcn.; ***to ~ sth. into*** portare qcs. dentro [*room*]; introdurre qcs. in [*conversation*]; ***to ~ sth. into existence*** creare qcs., dare vita a qcs.; ***the wind brought the tree down*** il vento ha abbattuto l'albero; ***don't forget to ~ it home*** non dimenticarti di portarlo a casa; ***to ~ disgrace on sb.*** portare disonore a qcn.; ***to ~ sth. on, upon oneself*** tirarsi dietro, addosso qcs.; ***you brought it on yourself*** te la sei cercata **2** *(come with)* ***to ~ sb. with one*** portare qcn. (con sé); ***to ~ sb. to*** portare qcn. a [*party*] **3** *(lead, draw)* ***the path ~s you to the church*** il sentiero ti porta *o* conduce alla chiesa; ***the Games brought people to the city*** i Giochi hanno portato *o* attirato gente in città; ***I brought him to the ground*** l'ho atterrato *o* fatto cadere; ***to ~ sb. to do sth.*** indurre qcn. a fare qcs.; ***to ~ sb. into the country*** far entrare *o* introdurre qcn. nel paese; ***to ~ sb. into contact with sb.*** mettere qcn. in contatto con qcn.; ***to ~ sb. home*** *(transport home)* portare qcn. a casa; *(to meet family)* portare qcn. in casa **4** TELEV. RAD. ***the game will be brought to you live*** la partita verrà trasmessa in diretta; ***we ~ you all the latest news*** vi diamo (tutte) le ultime notizie **5** DIR. AMM. ***to ~ sb., a case before the court*** portare qcn., un caso in tribunale; ***to ~ a matter before the committee*** sottoporre una questione al comitato **II** rifl. (pass., p.pass. **brought**) ***to ~ oneself to do*** imporsi di fare.
▪ **bring about:** ***~ about [sth.], ~ [sth.] about*** provocare, causare [*disaster*]; portare a [*settlement*]; determinare [*change, success, failure*].
▪ **bring along:** ***~ along [sth.], ~ [sth.] along*** portarsi [*object*]; ***~ along [sb.], ~ [sb.] along*** portare con sé, portarsi (dietro) [*friend, partner*].
▪ **bring back:** ***~ back [sth.], ~ [sth.] back*** **1** *(return with)* portare [*souvenir*]; ***to ~ sb. back sth.*** riportare *o* restituire qcs. a qcn. **2** *(restore)* restituire [*colour, shine*]; ***to ~ sb.'s memory back*** restituire la memoria a qcn. **3** *(reintroduce)* restaurare [*monarchy*]; reintrodurre, ripristinare [*custom*] **4** *(restore memory of)* riportare alla memoria [*occasion, memories*]; ***seeing her brought it all back to me*** quando l'ho vista mi è tornato tutto alla memoria.
▪ **bring down:** ***~ down [sth.], ~ [sth.] down*** **1** *(cause collapse of)* rovesciare [*government*] **2** *(reduce)* ridurre, fare scendere [*inflation, expenditure*]; abbassare, diminuire [*rate, price, temperature*] **3** *(shoot down)* abbattere [*plane, tiger*]; ***~ [sb.] down*** COLLOQ. deprimere [*person*].
▪ **bring forth:** ***~ forth [sth.], ~ [sth.] forth*** **1** *(provoke)* suscitare **2** LETT. *(produce)* produrre [*object, fruit*]; fare sgorgare [*water*] **3** LETT. dare alla luce [*child*].
▪ **bring forward:** ***~ forward [sth.], ~ [sth.] forward*** **1** *(make sooner)* anticipare [*meeting*] (**by** di) **2** *(propose)* avanzare [*proposals*]; presentare [*bill*].
▪ **bring in:** ***~ in [sth.]*** riportare [*amount, money*]; introdurre [*custom*]; ***~ in [sth.], ~ [sth.] in*** **1** *(introduce)* introdurre [*legislation, measure*] **2** raccogliere [*harvest, wheat*]; ***~ in [sb.], ~ [sb.] in*** **1** *(involve)* rivolgersi a, chiamare [*expert*]; fare intervenire [*army*] **2** *(to police station)* portare alla centrale [*suspect*].
▪ **bring into:** ***~ [sb.] into*** fare partecipare a [*conversation*]; inserire in [*organization*].
▪ **bring off:** ***~ off [sth.], ~ [sth.] off*** portare a termine [*feat*]; concludere [*deal*]; strappare [*victory*].
▪ **bring on:** ***~ on [sth.], ~ [sth.] on*** *(provoke)* provocare, fare venire [*attack, migraine*]; causare, essere la causa di [*disease*]; ***~ on [sb.], ~ [sb.] on*** *(to stage)* fare entrare [*dancer*].
▪ **bring out:** ***~ out [sth.], ~ [sth.] out*** **1** tirare fuori [*gun*] **2** COMM. fare uscire, lanciare (sul mercato) [*edition, new model*] **3** *(highlight)* fare risaltare [*flavour*]; mettere in evidenza [*meaning*]; ***~ out [sb.], ~ [sb.] out*** **1** *(on strike)* fare scendere in sciopero [*workers*] **2** ***to ~ sb. out in spots*** fare venire un'eruzione cutanea a qcn.
▪ **bring round:** ***~ [sb.] round*** **1** *(revive)* fare rinvenire **2** *(convince)* convincere.

▪ **bring together:** ~ *together [sth., sb.]*, ~ *[sth., sb.] together* 1 *(assemble)* riunire [*family*] 2 *(reconcile)* riconciliare [*couple*].

▪ **bring up:** ~ *up [sth.]*, ~ *[sth.] up* 1 *(mention)* sollevare [*subject*] 2 *(vomit)* vomitare [*food*]; ~ *up [sb.]*, ~ *[sb.] up* tirare su; ***to ~ sb. up to do*** insegnare a qcn. a fare; ***to be brought up as a Catholic*** ricevere un'educazione cattolica; ***well brought up*** ben educato.

bring and buy sale n. BE vendita f. di beneficenza.

brink /brɪŋk/ n. bordo m., orlo m. (anche FIG.); ***on the ~ of doing*** sul punto di fare.

brinkmanship /'brɪŋkmənʃɪp/ n. = politica del rischio calcolato.

briny /'braɪnɪ/ n. ***the*** ~ COLLOQ. SCHERZ. il mare.

briquet(te) /brɪ'ke(t)/ n. *(of coal)* bricchetta f., mattonella f.

brisk /brɪsk/ agg. 1 *(efficient)* [*manner, tone*] vivace; [*person*] efficace 2 *(energetic)* [*trot, movements*] svelto, veloce; [*debate*] animato; ***at a ~ pace*** [*walk*] a passo svelto; [*work*] a ritmo veloce 3 *(good)* [*trade*] fiorente, vivace; ***business was ~*** gli affari andavano bene; ***to be doing a ~ trade in sth.*** vendere bene qcs. 4 *(invigorating)* [*air, wind*] frizzante, pungente.

brisket /'brɪskɪt/ n. GASTR. punta f. di petto.

briskly /'brɪsklɪ/ avv. 1 *(efficiently)* [*say*] prontamente; [*work*] rapidamente 2 *(quickly)* [*walk*] a passo svelto 3 *(well)* [*sell*] bene.

1.bristle /'brɪsl/ n. 1 *(on chin, animal)* pelo m.; *(on brush, pig)* setola f. 2 *(on brush, mat)* setole f.pl.

2.bristle /'brɪsl/ intr. 1 [*fur*] arruffarsi; [*hairs*] rizzarsi 2 FIG. *(react)* adirarsi, reagire (**at** a).

▪ **bristle with:** ~ *with [sth.]* essere irto di [*spikes, pins*]; brulicare di [*soldiers*].

bristly /'brɪslɪ/ agg. [*beard*] ispido, irsuto.

Brit /brɪt/ n. COLLOQ. britannico m. (-a).

Britain /'brɪtn/ ♦ *6* n.pr. (anche **Great** ~) Gran Bretagna f.

British /'brɪtɪʃ/ ♦ *18* I agg. britannico II n.pl. ***the*** ~ il popolo britannico, gli inglesi.

British Broadcasting Corporation n. = ente radiofonico britannico.

British English I agg. [*variety, term*] britannico II n. *(language)* inglese m. britannico.

Britisher /ˌbrɪtɪʃə(r)/ n. AE inglese m. e f.

British Gas n. = società britannica per il gas.

British Isles n.pl. Isole f. Britanniche.

British Rail n. = società britannica per il trasporto ferroviario.

British Telecom n. = società telefonica britannica.

Briton /'brɪtn/ n. britannico m. (-a); STOR. britanno m. (-a).

brittle /'brɪtl/ agg. 1 [*twig, nails, hair*] fragile 2 FIG. [*relationship*] fragile; [*tone*] freddo; [*laughter*] nervoso.

brittle bones, brittle-bone disease n. decalcificazione f.

brittleness /'brɪtlnɪs/ n. 1 fragilità f. (anche FIG.) 2 freddezza f.

broach /brəʊtʃ/ tr. affrontare, toccare [*subject*]; stappare [*bottle*].

broad /brɔ:d/ ♦ *15* agg. 1 *(wide)* largo, ampio; ***to have a ~ back*** FIG. avere le spalle larghe 2 *(extensive)* [*area, expanse*] vasto, ampio, esteso 3 *(wide-ranging)* [*choice, range*] ampio, vasto; [*introduction, syllabus, consensus*] ampio, generale; [*alliance*] ampio 4 *(general)* [*base, outline, principle*] generale; [*meaning, term*] generico 5 *(liberal)* [*view*] largo, ampio; ***to have a ~ mind*** avere una mente aperta 6 *(unsubtle)* [*wink*] chiaro, esplicito; ***to drop ~ hints about*** fare allusioni esplicite a 7 *(pronounced)* [*accent*] forte, spiccato 8 *(complete)* ***in ~ daylight*** in pieno giorno 9 *(vulgar)* [*joke, humour*] volgare ♦ ***it's as ~ as it's long*** fa *o* è lo stesso.

B road n. GB strada f. secondaria.

broadband /'brɔ:dbænd/ n. INFORM. banda f. larga.

broad-based /ˌbrɔ:d'beɪst/ agg. [*approach, consensus*] generale; [*campaign*] globale; [*education*] generalizzato; ***the party has a ~ membership*** il partito ha una base molto ampia.

broad bean n. BOT. GASTR. fava f.

1.broadcast /'brɔ:dkɑ:st, AE -kæst/ I n. trasmissione f.; ***TV, radio*** ~ trasmissione televisiva, radiofonica; ***news*** ~ *(on TV)* telegiornale; *(on radio)* giornale radio II agg. *(on TV)* televisivo; *(on radio)* radiofonico; *(on both)* radiotelevisivo.

2.broadcast /'brɔ:dkɑ:st, AE -kæst/ I tr. (pass., p.pass. ~, ~**ed**) 1 RAD. TELEV. trasmettere 2 *(tell)* ***there's no need to ~ it!*** SPREG. non è il caso di gridarlo ai quattro venti! II intr. (pass., p.pass. ~, ~**ed**) 1 [*station, channel*] trasmettere 2 [*person*] fare una trasmissione (**on** su).

broadcaster /'brɔ:dkɑ:stə(r), AE -kæst-/ ♦ *27* n. annunciatore m. (-trice); ***news*** ~ giornalista radiofonico, televisivo.

broadcasting /'brɔ:dkɑ:stɪŋ, AE -kæst-/ I n. 1 *(field)* telecomunicazione f.; ***to work in ~*** lavorare alla radio, alla televisione 2 *(action)* radiodiffusione f., teletrasmissione f.; ***children's ~*** programma per bambini II modif. [*authorities, union*] radiotelevisivo; [*restriction*] sulle trasmissioni radiotelevisive.

broad-chested /ˌbrɔ:d'tʃestɪd/ agg. dal petto ampio.

broaden /'brɔ:dn/ I tr. 1 *(extend)* ampliare [*appeal, scope*]; allargare, ampliare [*horizons, knowledge*]; ***travel ~s the mind*** viaggiare allarga la mente 2 *(widen)* allargare [*road*] II intr. 1 *(expand)* [*horizons, scope*] allargarsi; [*appeal*] ampliarsi 2 (anche ~ **out**) *(widen)* [*river, road, pipe*] allargarsi; [*skirt*] essere svasato; [*conversation*] estendersi a.

broadly /'brɔ:dlɪ/ avv. 1 *(in general)* [*correspond*] a grandi linee; [*true*] in linea di massima; ***~ speaking*** parlando in generale, in linea di massima 2 *(widely)* ***to smile ~*** fare un largo sorriso.

broadminded /ˌbrɔ:d'maɪndɪd/ agg. [*person*] tollerante, di larghe vedute; [*attitude*] liberale.

broadsheet /'brɔ:dʃi:t/ n. = giornale di formato grande.

broad-shouldered /ˌbrɔ:d'ʃəʊldəd/ agg. dalle spalle larghe.

1.broadside /'brɔ:dsaɪd/ n. 1 *(criticism)* attacco m. violento (**at** a) 2 *(of ship)* fiancata f.; *(enemy fire)* bordata f.; ***to deliver a ~*** sparare una bordata.

2.broadside /'brɔ:dsaɪd/ avv. (anche ~ **on**) ***a ship seen ~*** una nave vista di fianco.

broad-spectrum /ˌbrɔ:d'spektrəm/ agg. [*antibiotic*] ad ampio spettro.

brocade /brə'keɪd/ n. TESS. broccato m.

broccoli /'brɒkəlɪ/ n. **U** BOT. GASTR. broccoli m.pl.

brochure /'brəʊʃə(r), AE brəʊ'ʃʊər/ n. *(booklet)* opuscolo m.; *(larger)* catalogo m.; *(leaflet)* depliant m., volantino m.

1.brogue /brəʊg/ n. = scarpa robusta da camminata.

2.brogue /brəʊg/ n. *(accent)* accento m. dialettale.

broil /brɔɪl/ I tr. AE GASTR. cucinare alla griglia, grigliare [*meat*] II intr. GASTR. arrostirsi (anche FIG.).

broiler /'brɔɪlə(r)/ n. 1 (anche ~ **chicken**) = pollo da fare alla griglia 2 AE *(grill)* griglia f.

broke /brəʊk/ I pass. → **2.break** II agg. COLLOQ. *(insolvent)* [*person*] spiantato, al verde; [*company*] fallito; [*Treasury*] in passivo; ***to go ~*** [*company*] fallire, fare bancarotta.

broken /'brəʊkən/ I p.pass. → **2.break** II agg. 1 *(damaged)* [*window*] rotto, infranto; [*fingernail, bone, tooth*] rotto, spezzato; [*object*] rotto, spaccato; [*radio, machine*] rotto, guasto 2 *(interrupted)* [*circle*] interrotto, discontinuo; [*line*] spezzato, interrotto, discontinuo; [*voice*] rotto, interrotto 3 *(irregular)* [*coastline*] frastagliato; [*ground*] accidentato 4 *(depressed)* [*person*] avvilito, abbattuto; [*spirit*] afflitto 5 *(not honoured)* [*engagement*] rotto; [*promise*] mancato 6 *(flawed)* attrib. [*French*] stentato; [*sentence*] sconnesso.

broken-down /ˌbrəʊkən'daʊn/ agg. attrib. 1 *(non-functional)* [*machine*] in panne, guasto 2 *(damaged)* [*wall*] fatiscente.

broken heart n. cuore m. infranto; ***to die of a ~*** morire di crepacuore.

broken-hearted /ˌbrəʊkən'hɑ:tɪd/ agg. ***to be ~*** avere il cuore infranto.

broken home n. SOCIOL. = famiglia in cui i genitori sono separati o divorziati.

brokenly /'brəʊkənlɪ/ avv. [*say*] con voce rotta.

broken marriage n. matrimonio m. fallito.

1.broker /'brəʊkə(r)/ ♦ *27* n. ECON. COMM. mediatore m. (-trice), intermediario m. (-a); *(on the stock exchange)* agente m. e f. di cambio; MAR. broker m. marittimo; ***insurance*** ~ intermediario di assicurazioni; ***power*** ~ intermediario con potere decisionale.

2.broker /'brəʊkə(r)/ I tr. POL. negoziare II intr. fare da mediatore.

brokerage /ˈbrəʊkərɪdʒ/ n. *(fee)* mediazione f., commissione f. di borsa; *(business)* intermediazione m., brokeraggio m.

broking /ˈbrəʊkɪŋ/ BE, **brokering** /ˈbrəʊkərɪŋ/ AE n. intermediazione f., brokeraggio m.

brolly /ˈbrɒlɪ/ n. BE COLLOQ. ombrello m.

bromide /ˈbrəʊmaɪd/ n. **1** FARM. TIP. bromuro m. **2** FIG. *(comment)* luogo m. comune.

bromine /ˈbrəʊmiːn/ n. bromo m.

bronchial /ˈbrɒŋkɪəl/ agg. [*infection*] dei bronchi; [*asthma, cough*] bronchiale; ~ ***pneumonia*** broncopolmonite.

bronchitis /brɒŋˈkaɪtɪs/ ➧ **11** n. bronchite f.; ***to have*** ~ avere la bronchite.

bronchopneumonia /ˌbrɒŋkəʊnjuːˈməʊnɪə, AE -nuː-/ ➧ **11** n. broncopolmonite f.

bronchus /ˈbrɒŋkəs/ n. (pl. **-i**) bronco m.

1.bronze /brɒnz/ **I** n. **1** *(statue, metal)* bronzo m. **2** *(colour)* bronzo m. **3** (anche ~ **medal**) bronzo m., medaglia f. di bronzo **II** modif. [*coin*] bronzeo, di bronzo.

2.bronze /brɒnz/ **I** tr. **1** bronzare [*metal*] **2** abbronzare [*skin*] **II** intr. abbronzarsi.

Bronze Age n. età f. del bronzo.

bronzer /ˈbrɒnzə(r)/ n. COSMET. autoabbronzante m.

brooch /brəʊtʃ/ n. spilla f.

1.brood /bruːd/ n. **1** *(of birds)* covata f., nidiata f.; *(of mammals)* nidiata f. **2** SCHERZ. *(of children)* nidiata f., prole f.

2.brood /bruːd/ intr. **1** *(ponder)* rimuginare, meditare (**about, on, over** su) **2** ZOOL. [*bird*] covare.

brooding /ˈbruːdɪŋ/ agg. [*landscape*] minaccioso; [*person, face*] cupo.

brood mare n. (cavalla) fattrice f.

broody /ˈbruːdɪ/ agg. **1** *(depressed)* malinconico, meditabondo **2** AGR. ~ ***hen*** chioccia, gallina covaticcia **3** BE COLLOQ. ***to feel*** ~ [*woman*] desiderare di avere un bambino.

1.brook /brʊk/ n. ruscello m.

2.brook /brʊk/ tr. FORM. tollerare, sopportare [*refusal*].

broom /bruːm, brʊm/ n. **1** *(for sweeping)* scopa f. **2** BOT. ginestra f. (da scope) ♦ ***a new ~ sweeps clean*** PROV. scopa nuova spazza bene.

broom cupboard n. BE sgabuzzino m. per le scope.

broom handle n. BE manico m. di scopa.

broomstick /ˈbruːmˌstɪk, ˈbrʊm-/ n. manico m. di scopa.

Bros. n. COMM. ⇒ Brothers Fratelli (F.lli).

broth /brɒθ, AE brɔːθ/ n. brodo m. ♦ ***too many cooks spoil the*** ~ PROV. troppi cuochi guastano la cucina.

brothel /ˈbrɒθl/ n. bordello m., casa f. chiusa.

brother /ˈbrʌðə(r)/ n. **1** *(relative)* fratello m. **2** *(trade unionist)* compagno m. **3** *(fellow man)* fratello m.; ***~s in arms*** compagni d'armi, commilitoni **4** (pl. **brethren**) RELIG. fratello m., confratello m.

brotherhood /ˈbrʌðəhʊd/ n. **1** *(bond)* fratellanza f. **2** *(organization)* organizzazione f.; *(of idealists)* sodalizio m.; *(trade union)* sindacato m. **3** *(of monks)* confraternita f.

brother-in-law /ˈbrʌðərɪnˌlɔː/ n. (pl. **brothers-in-law**) cognato m.

brotherly /ˈbrʌðəlɪ/ agg. fraterno.

brougham /ˈbruːəm/ n. brum m.

brought /brɔːt/ pass., p.pass. → **bring**.

brow /braʊ/ n. **1** *(forehead)* fronte f. **2** *(eyebrow)* sopracciglio m.; ***to knit, furrow one's ~s*** aggrottare le sopracciglia **3** *(of hill)* cima f.

browbeat /ˈbraʊbiːt/ tr. (pass. **-beat**; p.pass. **-beaten**) intimidire, intimorire; ***to ~ sb. into doing*** costringere qcn. a fare, intimare a qcn. di fare; ***to ~ sb. into silence*** ridurre qcn. al silenzio.

1.brown /braʊn/ ➧ **5** **I** agg. **1** *(in colour)* [*shoes, paint*] marrone; [*eyes*] marrone, castano; [*hair*] bruno, castano; ***to go, turn*** ~ diventare marrone; ***to paint sth.*** ~ dipingere qcs. di marrone; ***to turn the water*** ~ rendere l'acqua torbida **2** *(tanned)* [*person, skin*] abbronzato; ***to go*** ~ abbronzarsi **3** *(as racial feature)* [*skin*] scuro, nero; [*person, race*] nero **II** n. *(colour)* *(of object)* marrone m.; *(of hair, skin, eyes)* bruno m.

2.brown /braʊn/ **I** tr. **1** GASTR. (fare) rosolare [*meat, onion*] **2** *(tan)* abbronzare [*skin*] **II** intr. [*meat, potatoes*] rosolare, rosolarsi.

brown ale n. BE birra f. scura.

brown bear n. orso m. bruno.

brown bread n. pane m. integrale.

browned-off /ˌbraʊndˈɒf/ agg. BE COLLOQ. ***to be*** ~ essere stufo, non poterne più.

brown envelope n. busta f. di carta kraft.

brownfield site /ˈbraʊnfiːldˌsaɪt/ n. = zona industriale urbana destinata a essere riqualificata.

brownie /ˈbraʊnɪ/ n. **1** AE *(cake)* = biscotto al cioccolato e noci **2** *(elf)* folletto m. **3** **Brownie** *(Guide)* coccinella f.

brownie point n. COLLOQ. SCHERZ. ***to get*** o ***earn ~s*** guadagnare punti.

brownish /ˈbraʊnɪʃ/ ➧ **5** agg. brunastro, tendente al marrone.

brownout /ˌbraʊnˈaʊt/ n. AE oscuramento m. parziale.

brown owl n. *(bird)* allocco m.

brown paper n. carta f. da pacchi, carta f. kraft.

brown rice n. riso m. integrale.

brown-skinned /ˌbraʊnˈskɪnd/ agg. scuro di pelle, abbronzato.

brownstone /ˈbraʊnstəʊn/ n. AE = casa elegante costruita con arenaria bruno-rossa.

brown sugar n. zucchero m. di canna.

brown trout n. trota f. di mare.

1.browse /braʊz/ n. ***to have a ~ in a bookshop*** curiosare in libreria; ***to have a ~ through a book*** dare una scorsa a un libro.

2.browse /braʊz/ **I** tr. INFORM. scorrere **II** intr. **1** *(stroll around)* gingillarsi, gironzolare; *(look at objects in shop)* curiosare **2** *(graze)* brucare.

■ **browse through:** ~ ***through*** **[sth.]** sfogliare [*book*]; curiosare in [*market stall, shop*].

browser /ˈbraʊzə(r)/ n. INFORM. browser m.

1.bruise /bruːz/ n. *(on skin)* livido m., contusione f.; *(on fruit)* ammaccatura f.; ***covered in ~s*** [*skin*] coperto di lividi.

2.bruise /bruːz/ **I** tr. **1** contundere, ferire [*person*]; ***to ~ one's knee*** farsi un livido su un ginocchio **2** *(damage)* ammaccare [*fruit*] **3** *(emotionally)* ferire, urtare **II** intr. **1** [*person*] farsi dei lividi, ammaccarsi facilmente; [*arm, skin*] coprirsi di lividi **2** [*fruit*] ammaccarsi.

bruised /bruːzd/ **I** p.pass. → **2.bruise** **II** agg. **1** *(physically)* [*knee, elbow*] contuso; [*cheek*] ferito; [*eye*] nero; [*fruit*] ammaccato **2** *(emotionally)* [*ego, heart*] ferito.

bruiser /ˈbruːzə(r)/ n. COLLOQ. *(burly man)* maciste m.

bruising /ˈbruːzɪŋ/ **I** n. lividi m.pl., contusioni f.pl. **II** agg. **1** *(emotionally)* [*campaign*] violento; [*remark*] che ferisce, che fa male; [*defeat*] cocente **2** *(physically)* [*game*] violento.

brunch /brʌntʃ/ n. brunch m.

brunette /bruːˈnet/ n. *(woman)* bruna f., brunetta f.

brunt /brʌnt/ n. ***to bear*** o ***take the ~ of*** sostenere l'impatto di [*disaster*]; subire lo sfogo di [*anger*].

1.brush /brʌʃ/ n. **1** *(for hair, clothes, shoes)* spazzola f.; *(small, for sweeping up)* scopetta f.; *(broom)* scopa f.; *(for paint)* pennello m.; *(chimney sweep's)* = spazzola sferica con setole di metallo **2** *(act of brushing)* ***to give one's teeth a quick*** ~ darsi una spazzolata veloce ai denti **3** *(confrontation with person)* scontro m.; *(contact with person, celebrity)* contatto m.; ***to have a ~ with the police*** avere a che fare con la polizia **4** *(light touch)* sfioramento m., tocco m. leggero **5** *(vegetation or twigs)* boscaglia f., sottobosco m. **6** *(fox's tail)* coda f. di volpe **7** EL. *(in motor)* spazzola f.

2.brush /brʌʃ/ **I** tr. **1** *(sweep, clean)* spazzolare [*carpet, clothes*]; ***to ~ one's hair*** spazzolarsi i capelli; ***to ~ one's teeth*** lavarsi i denti **2** *(touch lightly)* sfiorare, toccare lievemente [*person, object*] **3** GASTR. ***to ~ sth. with*** spennellare qcs. con [*milk, egg*] **II** intr. ***to ~ against*** sfiorare [*person, object*]; ***to ~ past sb.*** passare vicino a qcn. sfiorandolo.

■ **brush aside:** ~ ***aside*** **[sth., sb.]**, ~ **[sb., sth.]** ***aside*** **1** *(dismiss)* scacciare, respingere [*idea*]; ignorare [*criticism, person*] **2** *(move away)* scostare [*branch, curtain*] **3** *(beat)* spazzare via [*team, opponent*].

■ **brush away:** ~ ***away*** **[sth.]**, ~ **[sth.]** ***away*** spazzolare, togliere con la spazzola [*crumbs*]; asciugarsi [*tear*].

■ **brush back:** ~ ***back*** **[sth.]**, ~ **[sth.]** ***back*** spazzolare all'indietro [*hair*].

■ **brush down:** ~ ***down*** **[sth.]**, ~ **[sth.]** ***down*** spazzolare [*suit, horse*].

▪ **brush off:** ~ *off [sth., sb.]*, ~ *[sth., sb.] off* ignorare, snobbare [*person*]; respingere [*offer, allegation*]; ridimensionare [*threat, incident*].
▪ **brush up (on):** ~ *up (on) [sth.]*, ~ *[sth.] up* rinfrescare [*skill, subject*].
brushed /brʌʃt/ **I** p.pass. → **2.brush II** agg. TESS. [*fabric*] spazzolato.
brush-off /ˈbrʌʃɒf/ n. COLLOQ. ***to give sb. the*** ~ scaricare qcn.
brushstroke /ˈbrʌʃstrəʊk/ n. pennellata f.
brushup /ˈbrʌʃʌp/ n. BE **1** ***to have a (wash and)*** ~ darsi una rinfrescata **2** ***to give one's French a*** ~ dare una rinfrescata *o* ripassata al proprio francese.
brushwood /ˈbrʌʃwʊd/ n. *(firewood)* sterpi m.pl. da bruciare; *(brush)* sottobosco m.
brushwork /ˈbrʌʃwɜːk/ n. ART. tocco m.
brusque /bruːsk, AE brʌsk/ agg. brusco, rude.
brusquely /ˈbruːsklɪ, AE ˈbrʌsklɪ/ avv. bruscamente, rudemente.
brusqueness /ˈbruːsknɪs, AE ˈbrʌsk-/ n. bruschezza f., rudezza f.
Brussels /ˈbrʌslz/ ♦ ***34*** n.pr. Bruxelles f.
Brussels sprout n. cavoletto m. di Bruxelles.
brutal /ˈbruːtl/ agg. [*reply*] brutale; [*dictator, regime*] brutale, crudele; [*attack*] brutale, selvaggio; [*film*] violento.
brutality /bruːˈtælətɪ/ n. brutalità f.
brutalize /ˈbruːtəˌlaɪz/ tr. **1** *(make brutal)* abbrutire **2** *(treat brutally)* brutalizzare.
brutally /ˈbruːtəlɪ/ avv. [*murder, treat, say*] brutalmente, in modo brutale; ~ ***honest*** di un'onestà brutale.
brute /bruːt/ **I** n. **1** *(man)* bruto m., mostro m. **2** *(animal)* bestia f. **II** agg. **1** *(physical)* [*strength*] bruto; ***by (sheer)*** ~ ***force*** con la forza bruta **2** *(animal-like)* bruto, bestiale.
brutish /ˈbruːtɪʃ/ agg. bestiale, brutale, abbrutito.
Brutus /ˈbruːtəs/ n.pr. Bruto.
BS n. US UNIV. (⇒ Bachelor of Science) = (diploma di) dottore in discipline scientifiche (con laurea breve).
BSc n. GB UNIV. (⇒ Bachelor of Science) = (diploma di) dottore in discipline scientifiche (con laurea breve).
BSE n. VETER. (⇒ Bovine Spongiform Encephalopathy) = encefalopatia spongiforme bovina.
B side n. *(of record)* lato m. B.
BST n. (⇒ British Summer Time) = ora estiva britannica.
1.bubble /ˈbʌbl/ n. **1** *(in air, liquid, glass)* bolla f.; ***to blow*** **~s** fare le bolle (di sapone) **2** ECON. COMM. prezzo m. gonfiato **3** *(germ-free chamber)* camera f. sterile.
2.bubble /ˈbʌbl/ intr. **1** *(form bubbles)* fare le bolle; [*fizzy drink*] fare le bollicine; [*boiling liquid*] bollire **2** FIG. *(boil)* ***to keep the issue bubbling*** tenere vivo l'argomento **3** *(be lively, happy)* essere effervescente; ***to*** ~ ***with*** traboccare di, sprizzare [*enthusiasm*]; ribollire di [*ideas*] **4** *(make bubbling sound)* gorgogliare.
▪ **bubble over** traboccare (**with** di).
▪ **bubble up** [*boiling liquid*] bollire; [*spring water*] scaturire ribollendo.
bubble and squeak n. BE = (avanzi di) cavoli e patate riscaldati in padella con cipolla.
bubble bath n. bagnoschiuma m.
bubble car n. GB = automobile di piccole dimensioni a tre ruote con tettuccio a cupola di vetro.
bubblegum /ˈbʌblˌgʌm/ n. gomma f. da masticare.
bubble pack n. BE blister m.
bubblewrap /ˈbʌblˌræp/ n. pluriboll® m.
bubble-wrapped /ˈbʌblræpt/ agg. imballato nel pluriboll.
bubbling /ˈbʌblɪŋ/ **I** n. *(sound)* gorgogliamento m. **II** agg. gorgogliante.
bubbly /ˈbʌblɪ/ **I** agg. **1** [*personality*] spumeggiante **2** [*liquid*] frizzante, spumeggiante **II** n. COLLOQ. *(champagne)* champagne m.
bubonic plague /bjuːˌbɒnɪkˈpleɪg/ ♦ ***11*** n. peste f. bubbonica.
buccaneer /ˌbʌkəˈnɪə(r)/ n. *(pirate)* bucaniere m.
Bucharest /ˌbjuːkəˈrest/ ♦ ***34*** n.pr. Bucarest f.
1.buck /bʌk/ n. **1** AE COLLOQ. *(dollar)* dollaro m. **2** COLLOQ. *(money)* soldi m.pl.; ***to make a fast*** o ***quick*** ~ fare soldi alla svelta (e facilmente) **3** ZOOL. *(of goat, hare, kangaroo, rabbit, and reindeer)* maschio m. **4** EQUIT. sgroppata f. ♦ ***the*** ~ ***stops here*** la responsabilità è mia; ***to pass the*** ~ fare a scaricabarile.
2.buck /bʌk/ **I** tr. **1** *(throw)* [*horse*] disarcionare [*rider*] **2** *(go against)* andare contro, opporsi a [*market*]; superare [*trend*] **II** intr. **1** EQUIT. sgroppare **2** *(oppose)* ***to*** ~ ***at, against sth.*** recalcitrare davanti a, opporsi a [*changes, rule*].
▪ **buck up:** ~ *up* **1** COLLOQ. *(cheer up)* tirarsi su di morale **2** COLLOQ. *(hurry up)* sbrigarsi; ~ *[sb.] up* *(cheer up)* tirare su di morale, incoraggiare [*person*]; ***to*** ~ ***up one's ideas*** mettere la testa a posto.
1.bucket /ˈbʌkɪt/ **I** n. **1** secchio m. **2** TECN. *(of dredge)* benna f., cucchiaia f.; *(of waterwheel)* pala f.; *(of pump)* pistone m. **II** **buckets** n.pl. COLLOQ. ***to rain*** **~s** piovere a catinelle; ***to cry*** **~s** piangere come una fontana; ***to sweat*** **~s** sudare a goccioloni ♦ ***to kick the*** ~ crepare, tirare le cuoia.
2.bucket /ˈbʌkɪt/ intr. BE COLLOQ. (anche ~ **down**) piovere a catinelle.
bucketful /ˈbʌkɪtfʊl/ n. secchiata f.
bucket seat n. AUT. AER. sedia f. a pozzetto.
bucket shop n. BE COLLOQ. = agenzia di viaggi che vende biglietti aerei a prezzi scontati.
bucking bronco /ˌbʌkɪŋˈbrɒŋkəʊ/ n. cavallo m. da rodeo.
1.buckle /ˈbʌkl/ n. **1** *(clasp)* fibbia f. **2** *(in metal)* deformazione f.
2.buckle /ˈbʌkl/ **I** tr. **1** *(fasten)* affibbiare, allacciare [*belt, shoe, strap*]; ***to*** ~ ***sb. into sth.*** assicurare qcn. a qcs. **2** *(damage)* deformare, incurvare [*material, surface*] **II** intr. **1** *(give way)* [*metal, surface, wall*] deformarsi; [*knees, legs*] cedere; FIG. [*person*] cedere **2** *(fasten)* [*belt, shoe, strap*] affibbiarsi, allacciarsi.
▪ **buckle down** mettersi al lavoro.
buck naked agg. AE COLLOQ. nudo come un verme.
buckram /ˈbʌkrəm/ n. tela f. rigida.
buckshot /ˈbʌkʃɒt/ n. pallettone m.
buckskin /ˈbʌkskɪn/ n. *(leather)* daino m.
buck teeth n.pl. SPREG. denti m. da cavallo.
buckwheat /ˈbʌkwiːt, AE -hwiːt/ n. grano m. saraceno.
bucolic /bjuːˈkɒlɪk/ **I** agg. bucolico **II** n. bucolica f.
1.bud /bʌd/ n. **1** BOT. *(of leaf)* gemma f., germoglio m.; *(of flower)* bocciolo m.; ***in*** ~ [*leaf*] in germoglio; [*flower*] in boccio **2** BIOL. gemma f., germe m. ♦ ***to nip sth. in the*** ~ stroncare qcs. sul nascere.
2.bud /bʌd/ intr. (forma in -ing ecc. **-dd-**) **1** BOT. *(develop leaf buds)* gemmare, germogliare; *(develop flower buds)* sbocciare **2** *(develop)* [*flower*] spuntare; [*breast*] svilupparsi.
Buddha /ˈbʊdə/ n.pr. Budda.
Buddhism /ˈbʊdɪzəm/ n. buddismo m.
Buddhist /ˈbʊdɪst/ **I** agg. buddista **II** n. buddista m. e f.
budding /ˈbʌdɪŋ/ agg. **1** BOT. *(into leaf)* germogliante; *(into flower)* in boccio **2** FIG. [*champion, talent*] in erba; [*career*] promettente; [*romance*] nascente.
buddy /ˈbʌdɪ/ n. COLLOQ. **1** *(friend)* compagno m., amico m. **2** AE *(form of address)* amico m. **3** *(in Aids care)* = volontario che assiste un malato di AIDS.
budge /bʌdʒ/ **I** tr. spostare, smuovere (anche FIG.) **II** intr. spostarsi, muoversi (**from**, **off** da); FIG. cambiare idea; ***she will not*** ~ ***an inch*** FIG. non si smuoverà di un millimetro.
▪ **budge over**, **budge up** COLLOQ. spostarsi, farsi più in là.
budgerigar /ˈbʌdʒərɪgɑː(r)/ n. parrocchetto m. ondulato, pappagallino m. ondulato.
1.budget /ˈbʌdʒɪt/ **I** n. **1** budget m., bilancio m. (preventivo); ***annual*** ~ bilancio annuale; ***to balance a*** ~ fare quadrare il bilancio **2** BE POL. (anche **Budget**) bilancio m. **II** modif. **1** [*increase*] del bilancio; [*deficit, constraints*] di bilancio **2** *(cheap)* [*holiday*] per tutte le tasche, economico; [*price*] ridotto, vantaggioso; ***low-*** ~ ***film*** film a basso costo.
2.budget /ˈbʌdʒɪt/ **I** tr. preventivare [*money*]; AE pianificare, programmare [*time*] **II** intr. ***to*** ~ ***for*** [*company, government*] preventivare, mettere in preventivo [*increase, needs*]; ***I hadn't ~ed for a new car*** non avevo preventivato la spesa di una nuova automobile.
budget account n. BE *(with bank, shop)* conto m. di credito.
budgetary /ˈbʌdʒɪtərɪ, AE -terɪ/ agg. [*control*] budgetario; [*policy, priority*] di bilancio.

budget day n. GB POL. = giorno della presentazione del bilancio alla Camera dei Comuni.
budget heading n. ECON. COMM. voce f. di bilancio.
budgeting /'bʌdʒɪtɪŋ/ n. pianificazione f. del bilancio.
budgie /'bʌdʒɪ/ n. COLLOQ. → **budgerigar**.
1.buff /bʌf/ **I** n. **1** COLLOQ. *(enthusiast)* patito m. (-a), appassionato m. (-a) **2** *(colour)* camoscio m. **3** *(leather)* pelle f. di bufalo, di bue **II** agg. *(colour)* color camoscio.
2.buff /bʌf/ tr. lucidare [*shoes*]; pulire [*fingernails, metal*].
buffalo /'bʌfələʊ/ n. (pl. **~es**, ~) bufalo m.; AE bisonte m.
1.buffer /'bʌfə(r)/ n. **1** FIG. *(protection)* tampone m., cuscinetto m. **2** FERR. *(on line)* fermacarro m.; *(on train)* respingente m. **3** INFORM. (anche **~ memory**, **~ store**) memoria f. tampone, buffer m. **4** *(for polishing)* pulitrice f. ♦ ***to run into the ~s*** sbattere contro un muro di gomma.
2.buffer /'bʌfə(r)/ tr. CHIM. tamponare [*solution*].
buffer state n. stato m. cuscinetto.
buffer zone n. zona f. cuscinetto.
1.buffet /'bʊfeɪ, AE bə'feɪ/ n. buffet m.; ***~ dinner*** cena a buffet.
2.buffet /'bʌfɪt/ tr. **1** [*wind, sea*] battere, colpire **2** FIG. [*misfortune*] avversare, tormentare.
buffet car n. BE FERR. vagone m. ristorante.
buffoon /bə'fu:n/ n. buffone m. (-a).
1.bug /bʌg/ n. **1** COLLOQ. *(any insect)* (piccolo) insetto m. **2** *(bedbug)* cimice f. **3** COLLOQ. (anche **stomach ~** o **tummy ~**) disturbi m.pl. gastrici **4** *(germ)* germe m., microbo m. **5** *(fault)* difetto m.; INFORM. baco m., bug m. **6** *(hidden microphone)* cimice f., microspia f. **7** COLLOQ. *(craze)* mania f. **8** AE COLLOQ. *(enthusiast)* appassionato m. (-a), patito m. (-a).
2.bug /bʌg/ tr. (forma in -ing ecc. **-gg-**) **1** *(hide microphones in)* piazzare microfoni in [*room, building*] **2** COLLOQ. *(annoy)* dare fastidio a, irritare [*person*].
bugaboo /'bʌgəbu:/ n. (pl. **~s**) babau m.; FIG. spauracchio m.
bugbear /'bʌgbeə(r)/ n. *(problem, annoyance)* spauracchio m., bestia f. nera.
1.bugger /'bʌgə(r)/ n. **1** BE POP. SPREG. fesso m. (-a) **2** BE COLLOQ. *(difficult, annoying thing)* ***what a ~!*** che (situazione di) merda! **3** DIR. *(sodomite)* sodomita m.
2.bugger /'bʌgə(r)/ tr. **1** POP. *(expressing surprise)* ***I'll be ~ed!*** non ci posso credere! *(expressing lack of importance)* ***~ that!*** chi cazzo se ne frega! **2** DIR. *(have anal sex with)* sodomizzare.
▪ **bugger up:** ~ [sth.] up, ~ up [sth.] sfasciare, rovinare.
buggered /'bʌgəd/ agg. mai attrib. BE POP. **1** *(broken)* rotto, rovinato **2** *(tired)* esausto, distrutto.
buggery /'bʌgərɪ/ n. sodomia f.
bugging /'bʌgɪŋ/ n. installazione f. di microspie.
bugging device n. microspia f.
buggy /'bʌgɪ/ n. **1** BE *(pushchair)* passeggino m. **2** AE *(pram)* carrozzina f. **3** STOR. *(carriage)* carrozzino m.
bugle /'bju:gl/ ➧ *17* n. MIL. tromba f.
bugler /'bju:glə(r)/ n. MIL. trombettiere m.
1.build /bɪld/ n. ***of average ~*** di corporatura media; ***he is slender in ~*** è di corporatura snella.
2.build /bɪld/ **I** tr. (pass., p.pass. **built**) **1** *(construct)* costruire [*factory, church, railway*]; erigere [*monument*]; ***to ~ an extension onto a house*** ampliare una casa **2** *(assemble)* costruire, assemblare [*engine, ship*] **3** INFORM. sviluppare [*software*]; creare [*interface*] **4** *(establish)* costruire [*career, future*]; instaurare [*relationship*]; fondare, costruire [*empire*]; favorire [*prosperity*]; costituire, formare [*team*]; ***to ~ one's hopes on sth.*** riporre le proprie speranze in qcs. **5** costruire [*sequence, set, word*] (anche GIOC.) **II** intr. (pass., p.pass. **built**) **1** *(construct)* costruire **2** FIG. *(use as a foundation)* ***to ~ on*** basarsi *o* fondarsi su [*popularity, success*].
▪ **build in:** ~ [sth.] in, ~ in [sth.] **1** *(construct)* incassare [*mirror, bookcase*] **2** *(incorporate)* inserire, incorporare [*clause, guarantee*].
▪ **build up:** ~ up [*gas, deposits*] accumularsi; [*traffic*] intensificarsi, aumentare; [*business, trade*] aumentare, svilupparsi; [*tension, excitement*] aumentare, crescere, montare; ~ up [sth.], ~ [sth.] up **1** *(accumulate)* accumulare [*weapons, wealth*] **2** *(boost)* aumentare [*trust*]; tirare su [*morale*]; ***don't ~ your hopes up too high*** non ci sperare troppo **3** *(establish)* costituire, mettere insieme [*collection*]; mettere su, creare [*business*]; costituire [*army*]; delineare [*picture, profile*]; creare [*database*]; farsi [*reputation*]; ~ [sth., sb.] up, ~ up [sth., sb.] **1** *(strengthen)* sviluppare [*muscles*]; ***to ~ oneself up*** irrobustirsi **2** *(promote)* ***they built him up to be a star*** l'hanno fatto diventare una star.
builder /'bɪldə(r)/ ➧ *27* n. *(contractor)* imprenditore m. (-trice) edile, impresario m. (-a); *(worker)* operaio m. (-a) edile, edile m. e f.
builder's labourer ➧ *27* n. operaio m. (-a) edile, edile m. e f.
builder's merchant ➧ *27* n. fornitore m. di materiali edilizi.
building /'bɪldɪŋ/ n. **1** *(structure)* fabbricato m., costruzione f.; *(with offices, apartments)* immobile m.; *(palace, church)* edificio m.; ***school ~*** edificio scolastico **2** *(industry)* edilizia f. **3** *(action)* costruzione f.
building block n. **1** *(child's toy)* cubo m., mattoncino m. **2** FIG. *(basic element)* elemento m. basilare.
building contractor ➧ *27* n. imprenditore m. (-trice) edile, appaltatore m. (-trice) edile.
building land n. terreno m. edificabile.
building materials n.pl. materiali m. edilizi.
building permit n. licenza f. di costruzione.
building plot n. area f. edificabile.
building site n. cantiere m. edile.
building society n. BE istituto m. di credito immobiliare.
building trade n. edilizia f.
building worker ➧ *27* n. BE operaio m. (-a) edile, edile m. e f.
build-up /'bɪldʌp/ n. **1** *(increase)* accumulo m.; *(in traffic)* intensificazione f., aumento m.; *(in weapons, stocks)* accumulo m.; *(in tension, excitement)* aumento m. **2** U *(publicity)* campagna f. pubblicitaria; ***the ~ to sth.*** i preparativi per qcs.; ***to give sth. a good ~*** fare una buona pubblicità a qcs.
built /bɪlt/ **I** pass., p.pass. → **2.build** **II** agg. **1** *(made)* ***he's powerfully ~*** ha un fisico possente; ***he's slightly ~*** ha una corporatura esile **2** *(designed)* ***to be ~ for*** [*car, equipment*] essere progettato per [*efficiency, speed*]; ***~ to last*** costruito per durare **III -built** in composti ***Russian-~*** di fabbricazione russa; ***stone-~*** in pietra.
built-in /ˌbɪlt'ɪn/ agg. **1** [*wardrobe*] incassato, a muro **2** [*guarantee*] inserito.
built-up /ˌbɪlt'ʌp/ agg. [*region*] urbanizzato; ***the centre of the town has become very ~*** hanno costruito molto nel centro città; ***~ area*** area edificata, centro abitato.
bulb /bʌlb/ n. **1** EL. lampadina f. **2** BOT. bulbo m. **3** *(of thermometer)* bulbo m.
bulbous /'bʌlbəs/ agg. **1** BOT. [*plant*] bulboso **2** *(fat)* [*nose*] grosso.
Bulgarian /bʌl'geərɪən/ ➧ *18, 14* **I** agg. bulgaro **II** n. **1** *(person)* bulgaro m. (-a) **2** *(language)* bulgaro m.
1.bulge /bʌldʒ/ n. **1** *(swelling) (in carpet, tyre, cheek)* rigonfiamento m.; *(in vase, column, pipe, tube, plaster)* rigonfiamento m., bombatura f., protuberanza f. **2** STATIST. punta f. **3** *(increase)* aumento m., rialzo m. (**in** di).
2.bulge /bʌldʒ/ intr. [*bag, pocket, wallet*] essere gonfio, essere pieno; [*surface*] gonfiarsi; [*stomach, cheeks*] gonfiarsi, essere gonfio; ***his eyes were bulging out of their sockets*** gli occhi gli uscivano dalle orbite; ***to be bulging with*** [*bag, vehicle*] essere pieno zeppo di; [*book, building*] essere pieno di.
bulging /'bʌldʒɪŋ/ agg. [*eye*] sporgente; [*cheek, stomach*] gonfio; [*muscle*] sviluppato; [*surface, wall*] bombato; [*bag*] pieno zeppo, stracolmo.
bulimia /bju:'lɪmɪə/ ➧ *11* n. (anche **~ nervosa**) bulimia f.
bulimic /bju:'lɪmɪk/ **I** agg. bulimico **II** n. bulimico m. (-a).
bulk /bʌlk/ **I** n. **1** *(large size) (of package, correspondence, writings)* volume m., mole f.; *(of building, vehicle)* mole f., grandezza f. **2** *(large body)* mole f. **3** *(large quantity)* ***in ~*** [*buy, sell*] all'ingrosso; [*transport*] alla rinfusa **4** *(majority)* ***the ~ of*** la maggior parte di [*imports, workers, voters*]; il grosso di [*army, workforce*] **5** *(dietary fibre)* fibra f. **II** modif. **1** COMM. [*order, sale*] all'ingrosso **2** MAR. [*cargo, shipment*] alla rinfusa.
bulk-buy /ˌbʌlk'baɪ/ tr. e intr. (pass., p.pass. **bulk-bought**) [*company*] acquistare all'ingrosso.
bulk-buying /ˌbʌlk'baɪɪŋ/ n. acquisto m. all'ingrosso.
bulk carrier n. (nave) portarinfuse f.

bulkhead /'bʌlkhed/ n. MAR. AER. paratia f.
bulky /'bʌlkɪ/ agg. [*person*] corpulento; [*package, equipment*] voluminoso; [*book*] spesso.
1.bull /bʊl/ ➧ *38* **I** n. **1** ZOOL. toro m. **2** *(male of large animals)* maschio m. **3** *(large man)* omone m. **4** ASTROL. ***the Bull*** il Toro **5** ECON. rialzista m. e f. **II** modif. [*elephant, whale*] maschio **III** agg. ECON. [*market*] al rialzo ♦ ***to go at sb., sth. like a ~ at a gate*** gettarsi a testa bassa contro qcn., qcs.
2.bull /bʊl/ intr. ECON. [*speculator*] speculare, giocare al rialzo; [*shares*] essere in rialzo.
bulldog /'bʊldɒg/ n. bulldog m.
bulldog clip n. pinza f. fermacarte.
bulldoze /'bʊldəʊz/ tr. **1** *(knock down)* abbattere, spianare con un bulldozer [*building*] **2** FIG. *(force)* forzare, obbligare (**into doing** a fare).
bulldozer /'bʊldəʊzə(r)/ n. bulldozer m., apripista m.
bullet /'bʊlɪt/ **I** n. pallottola f., proiettile m. **II** modif. [*wound*] d'arma da fuoco; [*hole, mark*] di proiettile.
bulletin /'bʊlətɪn/ n. bollettino m.; ***news ~*** bollettino delle notizie; ***weather ~*** bollettino meteorologico.
bulletin board n. **1** AE *(noticeboard)* bacheca f. **2** INFORM. bulletin board f.
1.bulletproof /'bʊlɪtˌpru:f/ agg. [*glass, vehicle*] blindato, antiproiettile; ***~ vest*** o ***jacket*** giubbotto antiproiettile.
2.bulletproof /'bʊlɪtˌpru:f/ tr. blindare [*glass, vehicle*].
bullfight /'bʊlfaɪt/ n. corrida f.
bullfighter /'bʊlfaɪtə(r)/ ➧ *27* n. torero m.
bullfighting /'bʊlfaɪtɪŋ/ n. corrida f.; *(art)* tauromachia f.
bullfrog /'bʊlfrɒg/ n. rana f. toro.
bullhorn /'bʊlˌhɔ:n/ n. AE megafono m.
bullion /'bʊlɪən/ n. **U** lingotti m.pl.
bullish /'bʊlɪʃ/ agg. **1** ECON. [*market, shares*] in rialzo, tendente al rialzo; [*trend*] al rialzo **2** *(optimistic)* ottimistico.
bull-necked /ˌbʊl'nekt/ agg. dal collo taurino.
bullock /'bʊlək/ n. *(young)* torello m., giovenco m.; *(mature)* bue m., manzo m.
bullring /'bʊlrɪŋ/ n. *(in bullfighting)* arena f.
bull's-eye /'bʊlzaɪ/ n. *(on a target)* centro m.; ***to hit the ~*** fare centro, colpire nel segno (anche FIG.).
bullshit /'bʊlʃɪt/ n. POP. cazzate f.pl., balle f.pl.
1.bully /'bʊlɪ/ **I** n. **1** prepotente m. e f., bullo m. (-a) **2** MIL. COLLOQ. (anche **~ beef**) carne f. in scatola **II** inter. COLLOQ. ***~ for you!*** buon per te!
2.bully /'bʊlɪ/ tr. [*person*] maltrattare, angariare; [*country*] intimidire, intimorire; ***to ~ sb. into doing*** costringere qcn. a fare, intimare a qcn. di fare.
bullying /'bʊlɪɪŋ/ **I** n. *(of person)* maltrattamento m., sopruso m.; *(of country)* intimidazione f. **II** agg. [*behaviour*] prepotente; [*tactics*] d'intimidazione.
bulrush /'bʊlrʌʃ/ n. giunco m. di palude.
bulwark /'bʊlwək/ n. MIL. bastione m. (anche FIG.); MAR. murata f.; *(breakwater)* frangiflutti m.
1.bum /bʌm/ n. **1** BE COLLOQ. *(buttocks)* sedere m., culo m. **2** AE *(vagrant)* barbone m. (-a); ***to be on the ~*** vivere da vagabondo **3** *(lazy person)* fannullone m. (-a).
2.bum /bʌm/ **I** tr. (forma in -ing ecc. **-mm-**) COLLOQ. *(scrounge)* scroccare [*cigarette, money*] (**off, from** a); ***to ~ a ride*** *o* ***lift*** scroccare un passaggio **II** intr. (forma in -ing ecc. **-mm-**) vivere da barbone.
▪ **bum around 1** *(travel aimlessly)* vagabondare, girovagare **2** *(be lazy)* bighellonare.
bumbag /'bʌmbæg/ n. BE *(around the waist)* marsupio m.
bumble /'bʌmbl/ intr. (anche **~ on**) *(mumble)* borbottare.
bumblebee /'bʌmblbi:/ n. *(insect)* bombo m.
bumbler /'bʌmblə(r)/ n. COLLOQ. borbottone m. (-a).
bumbling /'bʌmblɪŋ/ agg. COLLOQ. **1** *(incompetent)* [*person*] imbranato, impedito; [*attempt*] maldestro **2** *(mumbling)* [*person*] borbottone; [*speech*] sconclusionato.
bumf /bʌmf/ n. BE COLLOQ. *(documents)* scartoffie f.pl.; *(toilet paper)* carta f. igienica.
bumfluff /'bʌmflʌf/ n. BE COLLOQ. *(of a boy)* primi peli m.pl., lanugine f.
bummer /'bʌmə(r)/ n. POP. *(useless thing)* cavolata f.; *(annoying)* seccatura f., scocciatura f.
1.bump /bʌmp/ n. **1** *(lump) (on body)* protuberanza f., bernoccolo m.; *(on road surface)* asperità f., gobba f. (**on, in** su) **2** *(jolt)* scossone m., urto m. **3** *(sound of fall)* rumore m. sordo, tonfo m. **4** ***to go ~*** fare bum **5** EUFEM. SCHERZ. *(of pregnant woman)* pancione m. ♦ ***to come down to earth with a ~*** tornare di colpo con i piedi per terra.
2.bump /bʌmp/ **I** tr. **1** *(knock)* urtare, andare a sbattere (**against, on** contro); ***to ~ one's head*** battere la testa **2** AE COLLOQ. *(remove)* ***to ~ sb. from*** rimuovere qcn. da [*list, job*] **3** AE COLLOQ. *(promote)* ***to ~ sb. to*** promuovere qcn. ad un posto di [*manager, professor*] **II** intr. **1** *(knock)* ***to ~ against*** urtare contro, (andare a) sbattere contro **2** *(move jerkily)* ***to ~ along*** o ***over*** [*vehicle*] sobbalzare, traballare su [*road*].
▪ **bump into:** *~ into [sb., sth.]* *(collide)* (andare a) sbattere contro, tamponare [*person, object*]; *~ into [sb.]* COLLOQ. *(meet)* imbattersi in, incontrare per caso.
▪ **bump off** COLLOQ. *~ off [sb.], ~ [sb.] off* liquidare, stendere, uccidere.
▪ **bump up** COLLOQ. *~ up [sth.]* alzare, aumentare [*price, tax*].
bumper /'bʌmpə(r)/ **I** n. **1** AUT. paraurti m.; ***~ to ~*** in coda *o* colonna **2** AE FERR. respingente m. **II** agg. attrib. *(large)* [*crop, sales, year*] eccezionale; [*edition*] straordinario.
bumper car n. autoscontro m.
bumper sticker n. adesivo m. per paraurti.
bumph → **bumf**.
bumpkin /'bʌmpkɪn/ n. COLLOQ. SPREG. (anche **country ~**) zotico m. (-a), bifolco m. (-a).
bumptious /'bʌmpʃəs/ agg. presuntuoso, borioso.
bumpy /'bʌmpɪ/ agg. [*road surface*] accidentato; [*wall, ceiling*] irregolare; [*flight, landing*] agitato ♦ ***to be in for a ~ ride*** imbarcarsi in un'impresa difficile.
bun /bʌn/ n. **1** GASTR. *(bread roll)* panino m. dolce; *(cake)* ciambella f., focaccina f. **2** *(hairstyle)* crocchia f., chignon m.; ***to put, wear one's hair in a ~*** raccogliere i capelli in uno chignon.
1.bunch /bʌntʃ/ n. **1** COLLOQ. *(of people)* gruppo m.; SPREG. branco m.; ***a ~ of friends*** un gruppo di amici; ***a mixed ~*** un gruppo di persone diverse **2** *(of flowers)* mazzo m. **3** *(of vegetables)* mazzo m., fascio m.; *(of bananas)* casco m. **4** *(of objects)* ***a ~ of feathers*** un ciuffo di piume; ***a ~ of keys*** un mazzo di chiavi; ***a ~ of wires*** un fascio di fili **5** COLLOQ. *(lot)* ***a whole ~ of things*** un sacco di cose; ***the best*** o ***pick of the ~*** il migliore tra tutti **6** BE *(of hair)* codino m. **7** SPORT plotone m., gruppo m.
2.bunch /bʌntʃ/ tr. fare dei fasci di [*vegetables*]; fare dei mazzi di [*flowers*].
▪ **bunch together**, **bunch up** [*people*] ammassarsi, affollarsi.
1.bundle /'bʌndl/ n. **1** *(of objects)* pacco m.; *(of clothes, cloth)* fagotto m.; *(of papers)* fascio m., plico m.; *(of banknotes)* mazzetta f.; *(of books)* pila f.; *(of straw)* fascio m. **2** *(baby, person)* fagottino m.; ***~ of joy*** angioletto; IRON. tesoro; ***~ of nerves*** fascio di nervi ♦ ***I don't go a ~ on jazz*** BE non vado matto per il jazz; ***to make a ~*** COLLOQ. guadagnare un pacco di soldi.
2.bundle /'bʌndl/ **I** tr. COLLOQ. ***to ~ sb. into*** infilare *o* ficcare qcn. in [*plane, aircraft*]; ***to ~ sb. outside*** o ***through the door*** spingere qcn. fuori dalla porta **II** intr. ***to ~ into a car*** precipitarsi in macchina.
▪ **bundle off:** *~ [sb.] off* *(remove)* fare uscire bruscamente; [*police*] acciuffare, mettere dentro.
▪ **bundle up:** *~ [sth.] up, ~ up [sth.]* fare un fascio di [*letters*]; fare un fagotto di [*clothes*]; fare una mazzetta di [*banknotes*].
1.bung /bʌŋ/ n. **1** tappo m., zipolo m. **2** COLLOQ. *(bribe)* bustarella f.
2.bung /bʌŋ/ tr. **1** *(stop up)* tappare [*hole*] **2** BE COLLOQ. *(put, throw)* gettare, buttare.
▪ **bung in** BE COLLOQ. *~ [sth.] in, ~ in [sth.]* dare in omaggio [*free gift*].
▪ **bung up** BE COLLOQ. *~ [sth.] up, ~ up [sth.]* intasare [*drain, nose*].
bungalow /'bʌŋgələʊ/ n. = villetta a un solo piano; *(in India)* bungalow m.
bungee jumping /'bʌndʒi:ˌdʒʌmpɪŋ/ ➧ *10* n. bungee jumping m.

1.bungle /ˈbʌŋgl/ n. *(botch)* pasticcio m.
2.bungle /ˈbʌŋgl/ **I** tr. sciupare, sprecare [*attempt*]; mandare all'aria [*burglary*] **II** intr. mancare il colpo.
bungling /ˈbʌŋglɪŋ/ agg. incapace, pasticcione.
1.bunk /bʌŋk/ n. **1** MAR. FERR. cuccetta f. **2** (anche **~ bed**) *(whole unit)* letto m. a castello; ***the top, lower ~*** il letto in alto, in basso ♦ ***to do a ~*** COLLOQ. prendere il largo, dileguarsi.
2.bunk /bʌŋk/ intr. COLLOQ. (anche **~ down**) dormire.
▪ **bunk off** COLLOQ. dileguarsi; ***~ off [sth.] to ~ off school*** marinare la scuola.
bunk bed n. letto m. a castello.
bunker /ˈbʌŋkə(r)/ n. **1** MIL. *(for commander)* bunker m.; *(for gun)* bunker m., casamatta f.; *(beneath building)* rifugio m. **2** *(in golf)* bunker m. **3** MAR. *(container)* bunker m.
bunkum /ˈbʌŋkəm/ n. COLLOQ. fesserie f.pl.
bunny /ˈbʌnɪ/ n. **1** (anche **~ rabbit**) INFANT. coniglietto m. **2** (anche **~ girl**) coniglietta f. (di Playboy®).
Bunsen (burner) n. becco m. Bunsen.
bunting /ˈbʌntɪŋ/ n. **1** *(flags)* bandiere f.pl., pavese m. **2** ZOOL. zigolo m.
1.buoy /bɔɪ/ n. boa f.; *(for marking)* boa f. di segnalazione.
2.buoy /bɔɪ/ tr. **1** (anche **~ up**) *(make cheerful)* incoraggiare [*person*]; tirare su [*morale*] **2** (anche **~ up**) tenere alto [*share prices*] **3** (anche **~ up**) *(keep afloat)* tenere a galla [*person, object*].
buoyancy /ˈbɔɪənsɪ/ n. **1** *(of floating object)* galleggiabilità f.; *(of medium)* spinta f. idrostatica **2** FIG. *(cheerfulness)* ottimismo m., capacità f. di recupero **3** *(of exports, market)* tendenza f. al rialzo.
buoyancy aid n. boa f.
buoyant /ˈbɔɪənt/ agg. **1** [*object*] galleggiante **2** *(cheerful)* [*person*] esuberante, ottimista; [*mood*] allegro, esuberante; [*step*] spedito **3** ECON. [*prices, sales*] tendente al rialzo; [*economy*] in espansione.
buoyantly /ˈbɔɪəntlɪ/ avv. **1** *(cheerfully)* [*speak*] allegramente; [*walk*] a passo spedito **2** *(lightly)* [*rise, float*] lievemente.
1.burble /ˈbɜːbl/ n. → **burbling**.
2.burble /ˈbɜːbl/ intr. **1** [*stream*] gorgogliare **2** (anche **~ on**) [*person*] borbottare.
burbling /ˈbɜːblɪŋ/ **I** n. **1** *(of stream)* gorgoglio m.; *(of voices)* mormorio m. **2** *(rambling talk)* discorso m. confuso **II** agg. [*stream*] che gorgoglia; [*voice*] che mormora.
1.burden /ˈbɜːdn/ n. **1** *(responsibility)* peso m., fardello m. (**to sb.** per qcn.); ***the ~ of taxation*** il gravame fiscale; ***to ease the ~ on sb.*** scaricare il peso su qcn.; ***the ~ of proof*** DIR. l'onere della prova **2** *(load)* carico m.
2.burden /ˈbɜːdn/ **I** tr. (anche **~ down**) **1** FIG. caricare (**with** di) **2** sovraccaricare (**with** di) **II** rifl. ***to ~ oneself*** (**with** di).
burdensome /ˈbɜːdnsəm/ agg. oneroso, gravoso.
bureau /ˈbjʊərəʊ, AE -ˈrəʊ/ n. (pl. **~s, ~x**) **1** *(agency)* agenzia f.; *(local office)* ufficio m., bureau m.; ***information ~*** ufficio informazioni **2** US *(government department)* dipartimento m. **3** BE *(writing desk)* scrivania f., scrittoio m., bureau m. **4** AE *(chest of drawers)* comò m., cassettone m.
bureaucracy /bjʊəˈrɒkrəsɪ/ n. burocrazia f.
bureaucrat /ˈbjʊərəkræt/ n. burocrate m. e f.
bureaucratic /ˌbjʊərəˈkrætɪk/ agg. burocratico.
bureautics /bjʊəˈrɒtɪks/ n. + verbo sing. burotica f., informatica f. per l'ufficio.
bureaux → **bureau**.
burgeon /ˈbɜːdʒən/ intr. FORM. **1** [*plant*] germogliare **2** FIG. *(grow)* crescere, aumentare; *(multiply)* moltiplicarsi **3** FIG. *(flourish)* sbocciare, fiorire, prosperare.
burgeoning /ˈbɜːdʒənɪŋ/ agg. **1** [*plant*] in germoglio **2** FIG. *(growing)* [*talent, love, crime*] crescente; *(multiplying)* [*population, industries*] in sviluppo **3** FIG. *(flourishing)* [*love, industry*] fiorente; [*population*] prospero.
burger /ˈbɜːgə(r)/ n. (anche **hamburger**) hamburger m.; ***beef~*** hamburger.
burger bar n. fast food m.
burglar /ˈbɜːglə(r)/ n. scassinatore m. (-trice).
burglar alarm n. impianto m. antifurto, d'allarme.
burglarize /ˈbɜːgləraɪz/ tr. AE → **burgle**.
burglar-proof /ˈbɜːgləpruːf/ agg. [*house, safe, lock*] a prova di scasso.
burglary /ˈbɜːglərɪ/ n. furto m.; DIR. furto m. con scasso.
burgle /ˈbɜːgl/ tr. scassinare, svaligiare.
Burgundian /bɜːˈgʌndɪən/ **I** agg. borgognone **II** n. borgognone m. (-a).
burgundy /ˈbɜːgəndɪ/ ➧ **5** **I** n. **1** *(wine)* (vino di) borgogna m. **2** (color) bordeaux m. **II** agg. bordeaux.
burial /ˈberɪəl/ **I** n. **1** *(ceremony)* funerale m. **2** *(of body)* sepoltura f.; inumazione f.; *(of object, waste)* sotterramento m. **II** modif. [*site*] di sepoltura; [*rites*] funebre; ***~ ground*** cimitero.
1.burlesque /bɜːˈlesk/ **I** n. **1** LETTER. *(piece of writing)* parodia f.; *(genre)* burlesque m. **2** *(sham)* caricatura f. **3** AE ANT. *(comedy show)* burlesque m. **II** agg. **1** [*style, show*] parodistico, burlesco **2** *(sham)* burlesco, caricaturale.
2.burlesque /bɜːˈlesk/ tr. parodiare, mettere in ridicolo.
burly /ˈbɜːlɪ/ agg. [*person*] corpulento; [*build*] massiccio, imponente.
Burma /ˈbɜːmə/ ➧ **6** n.pr. Birmania f.
Burmese /bɜːˈmiːz/ ➧ **18, 14** **I** agg. birmano **II** n. (pl. **~**) **1** *(person)* birmano m. (-a) **2** *(language)* birmano m.
1.burn /bɜːn/ n. bruciatura f., scottatura f.; MED. ustione f.
2.burn /bɜːn/ **I** tr. (pass., p.pass. **~ed, burnt** BE) **1** *(damage by heat or fire)* bruciare [*papers*]; dare fuoco a, incendiare [*building*]; [*sun*] bruciare [*skin*]; [*acid*] corrodere, bruciare [*surface*]; [*alcohol, food*] bruciare [*mouth*]; ***to be ~ed to the ground, to ashes*** essere distrutto dal fuoco, incenerito; ***to be ~ed alive*** essere bruciato vivo; ***to be ~ed to death*** morire carbonizzato; ***to ~ one's finger*** bruciarsi un dito **2** *(use)* ***to ~ coal, gas*** [*boiler*] andare a carbone, a gas **3** INFORM. GERG. masterizzare [*CD*] **II** intr. (pass., p.pass. **~ed, burnt** BE) **1** *(be consumed by fire)* bruciare **2** *(be turned on)* [*light*] essere acceso **3** *(be painful)* [*blister, wound*] bruciare; *(from sun)* [*skin*] scottarsi; ***his cheeks were ~ing*** aveva il viso rosso, era tutto rosso **4** GASTR. [*toast, meat*] bruciarsi; [*sauce*] attaccarsi **5** FIG. *(be eager)* ***to be ~ing with desire*** bruciare *o* ardere di desiderio **III** rifl. (pass., p.pass. **~ed, burnt** BE) ***to ~ oneself*** bruciarsi ♦ ***to ~ one's boats*** bruciare i ponti.
▪ **burn away** [*candle, log*] consumarsi.
▪ **burn down:** ***~ down*** **1** [*house*] essere distrutto dal fuoco **2** [*candle, fire*] cominciare a spegnersi; ***~ down [sth.], ~ [sth.] down*** incendiare, ridurre in cenere [*house*].
▪ **burn off:** ***~ off*** [*alcohol*] evaporare; ***~ off [sth.], ~ [sth.] off*** distruggere con il fuoco [*paint*]; FIG. bruciare [*energy*].
▪ **burn out:** ***~ out*** [*candle, fire*] estinguersi, spegnersi; [*light bulb*] bruciarsi; [*fuse*] saltare; FIG. [*person*] *(through overwork)* consumarsi, logorarsi; ***~ out [sth.], ~ [sth.] out*** *(destroy by fire)* incendiare [*building, vehicle*]; AUT. MECC. bruciare [*clutch*]; fondere [*motor*].
▪ **burn up:** ***~ up*** **1** [*fire, flames*] ravvivarsi, divampare **2** [*meteorite*] incendiarsi; ***~ up [sth.], ~ [sth.] up*** bruciare [*calories, fuel*]; FIG. bruciare [*energy*].
burned-out /ˌbɜːndˈaʊt/ → **burnt-out**.
burner /ˈbɜːnə(r)/ n. *(on gas cooker)* bruciatore m.; *(of lamp)* becco m. (a gas) ♦ ***to put sth. on the back ~*** mettere qcs. nel cassetto [*issue*].
burning /ˈbɜːnɪŋ/ **I** n. **1** ***there's a smell of ~*** c'è odore di bruciato; ***I can smell ~!*** sento odore di bruciato! **2** *(setting on fire)* incendio m. **II** agg. **1** *(on fire)* in fiamme; *(alight)* [*candle, fire*] acceso; [*ember*] ardente; FIG. *(very hot)* rovente, cocente; ***a ~ sensation*** un senso di bruciore **2** FIG. *(intense)* [*fever, desire*] ardente; [*passion*] cocente; ***a ~ question*** una questione scottante.
burnish /ˈbɜːnɪʃ/ tr. LETT. brunire.
burnished /ˈbɜːnɪʃt/ **I** p.pass. → **burnish** **II** agg. [*copper, skin*] brunito.
burn-out /ˈbɜːnaʊt/ n. *(of worker, staff)* esaurimento m., sovraffaticamento m.
burns unit n. MED. reparto m. grandi ustionati.
burnt /bɜːnt/ **I** p.pass. → **2.burn** **II** agg. bruciato; [*smell, taste*] di bruciato.
burnt orange ➧ **5** n. arancione m. scuro.
burnt-out /ˌbɜːntˈaʊt/ agg. **1** [*building, car*] distrutto dal fuoco **2** FIG. [*person*] esaurito (dal lavoro).
1.burp /bɜːp/ n. COLLOQ. rutto m.
2.burp /bɜːp/ **I** tr. COLLOQ. far fare il ruttino a [*baby*] **II** intr. [*person*] ruttare; [*baby*] fare il ruttino.

burr /bɜ:(r)/ n. **1** BOT. lappola f. **2** LING. = pronuncia della erre uvulare.

1.burrow /ˈbʌrəʊ/ n. tana f.

2.burrow /ˈbʌrəʊ/ **I** tr. [*animal*] scavare [*hole, tunnel*]; ***to ~ one's way into sth.*** [*animal, person*] scavarsi un passaggio in qcs. **II** intr. [*animal*] scavarsi una tana; ***to ~ into, under sth.*** *(in ground)* scavare in, sotto qcs.

bursar /ˈbɜ:sə(r)/ ➧ **27** n. SCOL. UNIV. economo m. (-a).

bursary /ˈbɜ:sərɪ/ n. BE SCOL. UNIV. **1** *(grant)* borsa f. (di studio) **2** *(office)* economato m.

1.burst /bɜ:st/ n. *(of flame)* vampata f.; *(of bomb, shell)* esplosione f.; *(of gunfire)* raffica f.; *(of energy, enthusiasm)* scoppio m., accesso m.; ***a ~ of growth*** una crescita improvvisa; ***a ~ of laughter*** uno scoppio di risa; ***a ~ of anger*** una vampata di collera; ***a ~ of colour*** un'esplosione di colori; ***to put on a ~ of speed*** AUT. fare uno scatto.

2.burst /bɜ:st/ **I** tr. (pass., p.pass. **burst**) fare scoppiare [*balloon, tyre*]; ***to ~ a blood vessel*** MED. causare la rottura di un vaso sanguigno; ***the river burst its banks*** il fiume ha rotto gli argini **II** intr. (pass., p.pass. **burst**) **1** [*balloon, tyre*] scoppiare; [*pipe, boiler, bomb*] scoppiare, esplodere; [*dam*] rompersi, cedere; ***to be ~ing at the seams*** [*bag, room*] essere pieno da scoppiare; ***to be ~ing to do*** morire dalla voglia di fare; ***to be ~ing with health*** scoppiare di salute **2** *(emerge suddenly)* [*people*] spuntare; [*water*] sgorgare; ***to ~ onto the rock scene*** irrompere sulla scena rock.

■ **burst in:** *~ in* fare irruzione, irrompere; ***to ~ in on a meeting*** interrompere una riunione.

■ **burst into:** *~ into [sth.]* **1** irrompere in, fare irruzione in [*room, meeting*] **2** ***to ~ into blossom*** o ***bloom*** germogliare *o* fiorire all'improvviso; ***to ~ into flames*** prendere fuoco; ***to ~ into song*** mettersi a cantare; ***to ~ into tears*** scoppiare in lacrime.

■ **burst open:** *~ open* [*door*] spalancarsi; [*sack*] scoppiare; *~ open [sth.], ~ [sth.] open* spalancare.

■ **burst out 1** *(come out)* ***to ~ out of a room*** uscirsene *o* saltare fuori da una stanza **2** *(start)* ***to ~ out laughing*** scoppiare a ridere; ***to ~ out singing*** mettersi a cantare **3** *(exclaim)* esclamare.

■ **burst through:** *~ through [sth.]* rompere, sfondare [*barricade*]; ***she ~ through the door*** è entrata improvvisamente.

bury /ˈberɪ/ tr. gener. passivo **1** *(after death)* sotterrare, seppellire [*person, animal*] **2** [*avalanche*] seppellire [*person, building*]; ***to be buried alive*** essere sepolto vivo **3** *(hide)* sotterrare [*treasure*]; ***to ~ oneself in the countryside*** seppellirsi in campagna; ***to ~ one's face in one's hands*** nascondere il viso tra le mani **4** *(suppress)* cancellare [*differences, hatred, memories*] **5** *(engross)* ***to be buried in*** essere immerso in [*book, thoughts*] **6** *(plunge)* affondare [*dagger, teeth*] (**into** in); ***to ~ one's hands in one's pockets*** sprofondare le mani nelle tasche.

1.bus /bʌs/ **I** n. (pl. **~es**) **1** autobus m.; *(long-distance)* pullman m.; ***by ~*** [*travel*] in autobus, in pullman; ***on the ~*** sull'autobus, sul pullman **2** INFORM. (anche **busbar**) bus m. **II** modif. [*depot*] degli autobus; [*service, route*] d'autobus; [*stop, ticket*] dell'autobus.

2.bus /bʌs/ tr. (forma in -ing ecc. **-ss-** BE, **-s-** AE) trasportare in autobus.

busby /ˈbʌzbɪ/ n. colbacco m.

bus conductor ➧ **27** n. bigliettaio m.

bus conductress ➧ **27** n. bigliettaia f.

bus driver ➧ **27** n. conducente m. e f., autista m. e f. di autobus.

bush /bʊʃ/ n. **1** *(shrub)* cespuglio m., arbusto m.; ***a ~ of hair*** FIG. un cespuglio di capelli **2** *(in Africa, Australia)* ***the ~*** la savana ♦ ***don't beat about the ~*** non menare il can per l'aia; ***a bird in the hand is worth two in the ~*** PROV. meglio un uovo oggi che una gallina domani.

bushed /bʊʃt/ agg. COLLOQ. *(tired)* stanco morto, esausto.

bushel /ˈbʊʃl/ n. bushel m.; ***~s of*** AE COLLOQ. grandi quantità di.

bushfighting /ˈbʊʃˌfaɪtɪŋ/ n. MIL. guerriglia f.

bushfire /ˈbʊʃˌfaɪə(r)/ n. incendio m. boschivo.

Bushman /ˈbʊʃmən/ **I** agg. boscimano **II** n. **1** (pl. **-men**) *(person)* boscimano m. (-a) **2** *(language)* boscimano m.

bush telegraph n. telegrafo m. della giungla, tam-tam m.; FIG. SCHERZ. passaparola m., telefono m. senza fili.

bushy /ˈbʊʃɪ/ agg. **1** [*hair, eyebrows*] cespuglioso, folto **2** [*garden*] cespuglioso.

busily /ˈbɪzɪlɪ/ avv. ***~ working*** intento a lavorare.

business /ˈbɪznɪs/ **I** n. **1 U** *(commerce)* affari m.pl.; ***to be in ~*** essere in affari; ***to go into ~*** darsi agli affari; ***to set up in ~*** mettersi per conto proprio; ***to do ~ with sb.*** trattare *o* fare affari con qcn.; ***they're in ~ together*** sono soci; ***to go out of ~*** fare fallimento, ritirarsi dagli affari; ***she's gone to Brussels on ~*** è a Bruxelles per affari *o* in viaggio d'affari; ***the recession has put them out of ~*** la recessione li ha obbligati a ritirarsi dagli affari; ***to talk ~*** parlare di affari; ***to mix ~ with pleasure*** unire l'utile al dilettevole; ***~ is ~*** gli affari sono affari; ***"~ as usual"*** *(on shop window)* "siamo aperti" **2** *(custom, trade)* ***to lose ~*** perdere la clientela; ***how's ~*** come vanno gli affari? **3** *(trade, profession)* mestiere m.; ***what (line of) ~ are you in?*** che attività svolgi? di che cosa ti occupi? ***he's in the hotel ~*** lavora nel settore alberghiero **4** *(company, firm)* azienda f., impresa f.; *(shop)* negozio m.; ***small ~es*** le piccole imprese **5 U** *(important matters)* questioni f.pl. importanti; *(duties, tasks)* doveri m.pl., compiti m.pl.; ***let's get down to ~*** veniamo al dunque; ***to go about one's ~*** svolgere le proprie attività quotidiane, occuparsi delle proprie cose; ***we still have some unfinished ~ to discuss*** ci sono ancora alcune questioni irrisolte da discutere; ***"any other ~"*** *(on agenda)* "varie ed eventuali" **6** *(concern)* ***that's her ~*** è affar(e) suo; ***it's none of your ~!*** non sono cose che ti riguardano! ***to make it one's ~ to find out*** assumersi il compito di scoprire; ***mind your own ~!*** COLLOQ. fatti gli affari tuoi! ***he had no ~ telling her*** non aveva alcun diritto di dirglielo **7** *(affair)* storia f., affare m.; ***what a dreadful ~!*** che storia orribile! ***a nasty ~*** una brutta faccenda **8** *(bother, nuisance)* ***moving house is quite a ~!*** traslocare è un lavoraccio! **II** modif. [*letter, transaction*] commerciale; [*pages*] di economia, affari; [*meeting, travel, trip*] d'affari; ***~ people*** uomini (e donne) d'affari; ***the ~ community*** il mondo degli affari ♦ ***now we're in ~!*** adesso possiamo procedere! ***to be in the ~ of doing*** occuparsi di *o* avere intenzione di fare; ***she can play the piano like nobody's ~*** COLLOQ. suona il piano come se niente fosse; ***to work like nobody's ~*** COLLOQ. lavorare in fretta e bene; ***she means ~!*** fa sul serio! non sta mica scherzando!

business activity n. attività f. commerciale.

business analyst ➧ **27** n. analista m. e f. finanziario (-a).

business associate n. socio m. (-a) in affari.

business call n. *(visit)* visita f. di lavoro, di affari; *(phone call)* telefonata f. di lavoro, di affari.

business card n. biglietto m. da visita.

business centre BE, **business center** AE n. centro m. direzionale.

business class n. AER. ***to travel ~*** viaggiare in business class.

business college n. → **business school**.

business contact n. relazione f. d'affari.

business cycle n. ciclo m. economico.

business deal n. operazione f. commerciale.

business expenses n.pl. spese f. professionali.

business failures n.pl. fallimenti m. aziendali.

business hours n.pl. *(in office)* orario m.sing. d'ufficio; *(of shop)* orario m.sing. d'apertura.

businesslike /ˈbɪznɪslaɪk/ agg. [*person, manner*] efficiente, serio; [*transaction*] regolare; FIG. SCHERZ. [*knife, tool*] efficace.

business lunch n. colazione f. di lavoro.

business machine n. macchina f. (contabile) per ufficio.

businessman /ˈbɪznɪsmən/ ➧ **27** n. (pl. **-men**) uomo m. d'affari; ***he's a good ~*** ha il senso degli affari.

business park n. = centro amministrativo e degli affari.

business plan n. progetto m. commerciale.

business premises n.pl. locali m. commerciali, aziendali.

business proposition n. proposta f. commerciale.

business reply envelope n. busta f. preaffrancata per la risposta.

business school n. scuola f. aziendale.

business software n. software m. gestionale.

business studies n.pl. studi m. di amministrazione aziendale.
business suit n. *(for men)* completo m.; *(for women)* tailleur m.
businesswoman /ˈbɪznɪsˌwʊmən/ ➧ **27** n. (pl. **-women**) donna f. d'affari.
busing /ˈbʌsɪŋ/ n. AE servizio m. di scuolabus (trasporto di studenti in scuole pubbliche di altri quartieri per favorire l'integrazione razziale).
busk /bʌsk/ intr. BE [*musician*] suonare per le strade; [*singer*] cantare per le strade.
busker /ˈbʌskə(r)/ n. BE *(musician)* suonatore m. (-trice) ambulante; *(singer)* cantante m. e f. ambulante.
bus lane n. corsia f. preferenziale (per autobus).
busload /ˈbʌsləʊd/ n. ***a ~ of tourists*** un autobus pieno di turisti; ***by the ~, by ~s*** in massa.
busman /ˈbʌsmən/ ➧ **27** n. (pl. **-men**) conducente m. e f., autista m. e f. di autobus ♦ ***a ~'s holiday*** BE = vacanza in cui ci si stanca molto.
bus shelter n. pensilina f. (della fermata dell'autobus).
bussing → **busing**.
bus station n. autostazione f., stazione f. degli autobus.
1.bust /bʌst/ **I** n. **1** *(breasts)* busto m. (anche ART.), petto m., seno m. **2** AE COLLOQ. *(binge)* ***to go on the ~*** fare baldoria **3** AE COLLOQ. *(failure) (person)* fallito m. (-a); *(business, career)* fallimento m., fiasco m. **4** COLLOQ. *(raid)* retata f.; *(arrest)* arresto m. **II** modif. ***~ size*** o ***measurement*** circonferenza del torace **III** agg. COLLOQ. **1** *(broken)* rotto, sfasciato **2** *(bankrupt)* ***to go ~*** fare fallimento, fallire.
2.bust /bʌst/ **I** tr. (pass., p.pass. ~ o **~ed**) COLLOQ. **1** *(break)* spaccare, sfasciare **2** [*police*] smantellare [*drugs ring*]; fare irruzione in [*premises*]; arrestare [*suspect*] **3** *(financially)* rovinare, fare fallire [*person, firm*] **4** AE COLLOQ. *(demote)* degradare [*soldier*] **II** intr. (pass., p.pass. ~ o **~ed**) COLLOQ. scoppiare, esplodere ♦ ***to ~ a gut doing sth.*** COLLOQ. rompersi la schiena a fare qcs.
■ **bust up** COLLOQ. ~ ***up*** [*couple*] rompere, lasciarsi; [*friends*] litigare; ***~ [sth.] up, ~ up [sth.]*** mandare all'aria [*party, relationship*].
buster /ˈbʌstə(r)/ n. AE COLLOQ. ***move over, ~!*** ehi tu, spostati!
1.bustle /ˈbʌsl/ n. **1** *(activity)* andirivieni m., movimento m.; ***hustle and ~*** trambusto **2** STOR. ABBIGL. sellino m.
2.bustle /ˈbʌsl/ intr. (anche **~ about**) [*person*] affaccendarsi.
bustling /ˈbʌslɪŋ/ agg. [*street, town*] animato; [*person*] affaccendato.
bust-up /ˈbʌstʌp/ n. COLLOQ. lite f. furibonda.
busty /ˈbʌstɪ/ agg. COLLOQ. dal seno prosperoso.
1.busy /ˈbɪzɪ/ agg. **1** [*person*] occupato, impegnato; ***to look ~*** avere l'aria indaffarata; ***to keep oneself ~*** tenersi impegnato; ***get ~!*** datti da fare! al lavoro! **2** [*shop*] affollato; [*airport, junction*] trafficato; [*street, town*] animato, trafficato; [*day, week*] pieno; ***were the shops ~?*** c'era molta gente nei negozi? **3** *(engaged)* [*line*] occupato.
2.busy /ˈbɪzɪ/ rifl. ***to ~ oneself doing sth.*** tenersi occupato facendo qcs.
busybody /ˈbɪzɪˌbɒdɪ/ n. COLLOQ. ***he's a real ~*** è un vero ficcanaso.
1.but /*forma debole* bət, *forma forte* bʌt/ **I** cong. **1** *(expressing contrast)* ma, però; ***it's not an asset ~ a disadvantage*** non è un pregio, ma uno svantaggio; ***I'll do it, ~ not yet*** lo farò, ma non subito **2** *(yet)* ma, eppure, tuttavia; ***cheap ~ nourishing*** economico ma nutriente **3** *(expressing reluctance, protest, surprise)* ***~ that's wonderful!*** ma è meraviglioso! ***~ we can't afford it!*** ma non possiamo permettercelo! **4** *(except that)* ***there's no doubt ~ he'll come*** non c'è dubbio che verrà **5** *(in apologies)* ***excuse me, ~*** mi scusi, ma **6** *(for emphasis)* ***I've searched everywhere, ~ everywhere*** ho cercato proprio dappertutto **7** *(adding to the discussion)* ***~ to continue...*** ma, per continuare...; ***~ first...*** ma, prima di tutto... **II** prep. **1** eccetto, fuorché; ***anything ~ that*** tutto tranne ciò; ***anybody, everybody ~ him*** chiunque, tutti tranne lui; ***anywhere ~ Australia*** ovunque eccetto in Australia; ***he's nothing ~ a coward*** non è (altro) che un vigliacco; ***to do nothing ~ disturb people*** non fare (altro) che disturbare le persone; ***where ~ in France?*** dove se non in Francia? ***and whom should I meet in town ~ Steven!*** e chi ti incontro in città, Steven! ***the last ~ one*** il penultimo; ***the next road ~ one*** la seconda strada **2** ***but for ~ for you, I would have died*** se non fosse stato per te, sarei morto **III** avv. *(only, just)* ***if I had ~ known*** se solo l'avessi saputo; ***he's ~ a child*** non è che un bambino; ***I can ~ try*** posso sempre provare; ***one can't help ~ admire her*** non si può fare a meno di ammirarla.
2.but /bʌt/ n. ma m. ♦ ***no ~s (about it)*** non c'è "ma" che tenga.
butane /ˈbjuːteɪn/ n. butano m.
butch /bʊtʃ/ agg. COLLOQ. [*woman*] SPREG. (troppo) mascolino; [*man*] virile, macho.
1.butcher /ˈbʊtʃə(r)/ ➧ **27** n. *(person)* macellaio m. (-a) (anche FIG.); ***~'s (shop)*** macelleria.
2.butcher /ˈbʊtʃə(r)/ tr. macellare [*animal, meat*]; FIG. massacrare.
butchery /ˈbʊtʃərɪ/ n. **1** *(of meat)* macellazione f.; *(trade)* commercio m. di carni **2** *(slaughter)* massacro m., strage f.
butler /ˈbʌtlə(r)/ ➧ **27** n. maggiordomo m.
1.butt /bʌt/ n. **1** *(end)* estremità f., capo m.; *(of tool)* manico m., impugnatura f.; *(of rifle)* calcio m.; *(of cigarette)* mozzicone m. **2** AE COLLOQ. *(buttocks)* didietro m.
2.butt /bʌt/ n. *(target)* ***to be the ~ of sb.'s jokes*** essere il bersaglio degli scherzi di qcn.
3.butt /bʌt/ n. *(blow) (by person)* testata f.; *(by animal)* cornata f.
4.butt /bʌt/ tr. [*person*] urtare con la testa, dare una testata a; [*animal*] urtare con le corna, dare una cornata a.
■ **butt in** *(on conversation)* intromettersi; *(during meeting)* intervenire; ***he kept ~ing in on our conversation*** continuava a intromettersi nella nostra conversazione.
5.butt /bʌt/ n. *(barrel)* botte f., barile m.
1.butter /ˈbʌtə(r)/ n. burro m. ♦ ***it's her bread and ~*** è il modo in cui si guadagna il pane; ***~ wouldn't melt in her mouth*** fa l'ingenua.
2.butter /ˈbʌtə(r)/ tr. imburrare [*bread*].
■ **butter up** COLLOQ. ***~ [sb.] up, ~ up [sb.]*** adulare, insaponare.
butterbean /ˈbʌtəˌbiːn/ n. fagiolo m. di Lima.
buttercup /ˈbʌtəcʌp/ n. BOT. botton m. d'oro, ranuncolo m.
butter dish n. burriera f., piattino m. del burro.
butterfingered /ˈbʌtəfɪŋgəd/ agg. dalle mani di burro, dalle mani di pastafrolla.
butterfingers /ˈbʌtəfɪngəz/ n. = persona dalle mani di burro, dalle mani di pastafrolla.
butterfly /ˈbʌtəflaɪ/ n. **1** ZOOL. farfalla f.; ***she's a bit of a social ~*** FIG. è un po' frivola **2** SPORT ***to do*** o ***swim (the) ~*** nuotare a farfalla ♦ ***to have butterflies (in one's stomach)*** avere crampi allo stomaco per l'agitazione.
butterfly net n. acchiappafarfalle m.
butterfly nut n. TECN. dado m. ad alette, galletto m.
butterfly stroke n. nuoto m. a farfalla; ***to do*** o ***swim the ~*** nuotare a farfalla.
buttermilk /ˈbʌtəmɪlk/ n. latticello m.
butterscotch /ˈbʌtəskɒtʃ/ n. INTRAD. f. (caramella a base di zucchero e burro).
buttock /ˈbʌtək/ n. natica f.
1.button /ˈbʌtn/ n. **1** *(on coat)* bottone m.; *(on switch, bell)* pulsante m., bottone m. **2** AE *(badge)* distintivo m. ♦ ***as bright as a ~*** intelligente, sveglio.
2.button /ˈbʌtn/ **I** tr. (anche **~ up**) abbottonare [*garment*] **II** intr. [*dress*] abbottonarsi.
button-down /ˈbʌtndaʊn/ agg. [*collar, shirt*] button-down.
1.buttonhole /ˈbʌtnhəʊl/ n. **1** SART. asola f., occhiello m. **2** BE *(flower)* fiore m. (portato) all'occhiello.
2.buttonhole /ˈbʌtnhəʊl/ tr. COLLOQ. *(accost)* attaccare bottone con.
buttonhook /ˈbʌtnhʊk/ n. gancio m. (per allacciare i bottoni di scarpe, guanti ecc.).
button mushroom n. funghetto m. di serra.
1.buttress /ˈbʌtrɪs/ n. **1** contrafforte m., sperone m.; FIG. appoggio m., sostegno m. **2** (anche **flying ~**) arco m. rampante.
2.buttress /ˈbʌtrɪs/ tr. sostenere, rinforzare; FIG. appoggiare, rafforzare.
buxom /ˈbʌksəm/ agg. [*woman*] prosperoso, formoso.

1.by

- When *by* is used with a passive verb it is translated by *da*: *by John* = da John. Remember that the preposition *by + the* is translated by one word, *da* + article, in Italian; the following cases may occur:

the building was destroyed by the fire	=	(da + il) l'edificio venne distrutto dal fuoco
the sentence has been completed by the student	=	(da + lo) la frase è stata completata dallo studente
we were overwhelmed by the news	=	(da + la) fummo sconvolti dalla notizia
the machine has been mended by the factory worker; the form will be filled in by the air hostess	=	(da + l') la macchina è stata riparata dall'operaio; il modulo verrà compilato dall'assistente di volo
it will be paid by his parents	=	(da + i) verrà pagato dai suoi genitori
the sentences have been completed by the students	=	(da + gli) le frasi sono state completate dagli studenti
she is being helped by her friends	=	(da + le) viene aiutata dalle sue amiche

- When *by* is used with a present participle to mean *by means of*, it is not translated at all:

she learned Italian by listening to the radio	=	imparò l'italiano ascoltando la radio

- When *by* is used with a noun to mean *by means of* or *using*, it is translated by *per*.

by telephone	=	per telefono
to hold something by the handle	=	tenere qualcosa per il manico
to travel by sea / land	=	viaggiare per mare / terra
Note, however:		
to travel by bus / train / plane	=	viaggiare in autobus / treno / aereo

- In time expressions *by* is translated by *entro* or *per*.

it must be finished by Friday	=	va finito entro / per venerdì

For particular usages, see the entry **1.by.**

1.buy /baɪ/ n. *(purchase)* acquisto m., compera f.; *(bargain)* affare m.

2.buy /baɪ/ **I** tr. (pass., p.pass. **bought**) **1** *(purchase)* acquistare, comprare [*food, car, shares, house*]; ***to ~ sth. from the supermarket, from the baker's*** comprare qcs. al supermercato, dal panettiere; ***to ~ sb. sth.*** comprare qcs. a qcn.; ***the best that money can ~*** quanto di meglio il denaro può comprare **2** *(obtain with money)* procurare, comprare [*fame, freedom, friends*]; ***to ~ some time*** guadagnare tempo **3** *(bribe)* comprare [*person, loyalty, silence*]; ***she can't be bought*** è incorruttibile **4** COLLOQ. *(believe)* ***I'm not ~ing that!*** non la bevo! **II** rifl. (pass., p.pass. **bought**) ***to ~ oneself sth.*** comprarsi qcs.

■ **buy in** BE ***~ [sth.] in, ~ in [sth.]*** fare scorta di [*food*].

■ **buy into:** ***~ into [sth.]*** COMM. comprare titoli di, una quota di [*firm*].

■ **buy off:** ***~ [sb.] off, ~ off [sb.]*** corrompere, comprare [*person, witness*].

■ **buy out:** ***~ [sb.] out, ~ out [sb.]*** COMM. rilevare la parte, la quota di [*co-owner*]; ***to ~ oneself out of*** MIL. comprarsi il congedo da [*army*].

■ **buy up:** ***~ up [sth.], ~ [sth.] up*** comprare in blocco [*property*]; rastrellare [*shares*].

buyer /ˈbaɪə(r)/ n. compratore m. (-trice), acquirente m. e f.

buying /ˈbaɪɪŋ/ n. **U** acquisto m.

buyout /ˈbaɪaʊt/ n. COMM. buy-out m., rilevamento m.

1.buzz /bʌz/ n. **1** *(of insect)* ronzio m. **2** *(of conversation)* mormorio m., brusio m. **3** COLLOQ. *(phone call)* telefonata f., colpo m. di telefono; ***to give sb. a ~*** fare uno squillo a qcn. **4** COLLOQ. *(thrill)* ***it gives me a ~*** *(from alcohol)* mi dà un senso di ebbrezza; ***I get a ~ out of doing*** mi eccita da morire fare.

2.buzz /bʌz/ **I** tr. **1** *(call)* ***to ~ sb.*** chiamare qcn. con un segnale acustico *o* con un cicalino **2** [*plane*] sorvolare a bassa quota, sfiorare [*crowd, building*]; sfiorare [*other plane*] **II** intr. [*insect*] ronzare; [*buzzer*] suonare; ***~ if you know the answer*** suonate se sapete la risposta; ***her head ~ed with thoughts*** i pensieri le ronzavano *o* frullavano in testa; ***the house was ~ing with activity*** la casa brulicava di gente indaffarata.

■ **buzz off** COLLOQ. ***~ off!*** fila (via)! togliti dai piedi!

buzzard /ˈbʌzəd/ n. ZOOL. poiana f., bozzago m.

buzzer /ˈbʌzə(r)/ n. segnale m. acustico; *(on pocket)* cicalino m.

buzzing /ˈbʌzɪŋ/ **I** n. *(of insects)* ronzio m.; *(of buzzer)* suono m., ronzio m. **II** agg. COLLOQ. *(lively)* [*party, atmosphere*] vivace, animato.

buzz saw n. sega f. circolare.

buzzword /ˈbʌzwɜːd/ n. COLLOQ. parola f. alla moda, in voga.

1.by /baɪ/ prep. **1** *(showing agent, result)* da; ***he was bitten ~ a snake*** è stato morso da un serpente; ***designed ~ an architect*** disegnato da un architetto; ***destroyed ~ fire*** distrutto dal fuoco **2** *(through the means of)* in, per, con; ***to travel ~ train*** viaggiare in treno; ***~ bicycle*** in bicicletta; ***to pay ~ cheque*** pagare con assegno; ***~ phone*** per *o* tramite telefono; ***to begin ~ saying that*** cominciare dicendo *o* col dire che; ***~ candlelight*** a lume di candela; ***I know her ~ sight*** la conosco di vista; ***I took him ~ the hand*** l'ho preso per mano; ***he has two children ~ his first wife*** ha due figli dalla prima moglie **3** *(according to, from evidence of)* secondo, a; ***~ my watch it is three o'clock*** al mio orologio sono le tre; ***I knew him ~ his walk*** l'ho riconosciuto dalla sua andatura; ***it's all right ~ me*** per me va bene **4** *(via, passing through)* attraverso, per, tramite, da; ***to enter ~ the back door*** entrare dalla porta di servizio; ***we travelled to Rome ~ Venice and Florence*** siamo andati a Roma via Venezia e Firenze **5** *(near, beside)* presso, vicino a, accanto a; ***~ the bed*** accanto al letto; ***~ the sea*** in riva al mare **6** *(past)* ***to go*** o ***pass ~ sb.*** passare davanti *o* accanto a qcn.; ***they passed us ~ in their car*** ci sono passati davanti in macchina; ***let us get ~*** lasciateci passare **7** *(showing authorship)* di; ***a film ~ Kubrik*** un film di Kubrik; ***who is it ~?*** di chi è? **8** *(before, not later than)* per, entro; ***~ four o'clock*** entro *o* per le quattro; ***~ this time next week*** la prossima settimana a quest'ora, di qui a una settimana; ***~ the time she had got downstairs he was gone*** quando scese era già uscito; ***he ought to be here ~ now*** ormai *o* a quest'ora dovrebbe essere qui; ***but ~ then it was too late*** ma ormai era troppo tardi **9** *(during)* ***~ day as well as ~ night*** sia di giorno che di notte; ***~ daylight*** di giorno, alla luce del giorno; ***~ moonlight*** al chiaro di luna **10** *(according to)* ***forbidden ~ law*** proibito per legge; ***to play ~ the rules*** giocare secondo le regole **11** *(to the extent or degree of)* di; ***prices have risen ~ 20%*** i prezzi sono aumentati del 20%; ***~ far*** di gran lunga; ***it's better ~ far*** è di gran lunga migliore **12** *(in measurements)* per; ***a room 20 metres ~ 10 metres*** una stanza di 20 metri per 10 **13** MAT. *(in multiplication, division)* per; ***10 multiplied ~ 5 is 50*** 10 moltiplicato per 5 fa 50 **14** *(showing rate, quantity)* a; ***to be paid ~ the hour*** essere pagato a ore; ***~ the dozen*** a dozzine **15** *(in successive degrees, units)* ***little ~ little*** poco a poco; ***day ~ day*** giorno per *o* dopo giorno, di giorno in giorno; ***one ~ one*** uno a uno, uno alla volta **16** *(with regard to)* di; ***he is an architect ~ profession*** o ***trade*** di professione fa l'architetto; ***~ birth*** di nascita **17** *(as a result of)* per; ***~ mistake*** per errore; ***~ chance*** per caso, casualmente **18** *(with reflexive pronouns)* ***he did it all ~ himself*** l'ha fatto tutto da solo **19** MAR. *(in compass directions)* ***south ~ south-west*** sud-sudovest.

2.by /baɪ/ avv. **1** *(past)* ***to go ~*** passare; ***the people walking ~*** la gente che passa, i passanti; ***he walked on ~ without stopping*** passò senza fermarsi; ***a lot of time has gone ~ since then*** molto tempo è passato da allora; ***as time goes ~*** col (passare del) tempo **2** *(near)* vicino, accanto; ***he lives close ~*** abita vicino **3** *(aside)* ***to put money ~*** mettere da parte i soldi **4** *(to one's house)* ***come ~ for a drink*** passa a bere qualcosa ♦ ***~ and ~*** *(in past)* di lì a poco; *(in future)* presto, fra breve, tra poco; ***~ the ~, ~ the bye*** incidentalmente, a proposito; ***but that's ~ the ~*** ma questo c'entra poco.

1.bye /baɪ/ n. BE SPORT ***to have*** o ***get a ~*** = vincere per assenza o ritiro dell'avversario.

2.bye /baɪ/ inter. COLLOQ. ciao, arrivederci; ***~ for now!*** a presto!

bye-bye /ˈbaɪbaɪ, bəˈbaɪ/ **I** inter. COLLOQ. ciao, arrivederci **II** avv. COLLOQ. INFANT. ***to go ~*** AE partire; ***to go ~s*** BE andare a far la nanna.

byelaw → **bylaw**.

by(e)-election /ˈbaɪɪlekʃn/ n. BE elezione f. suppletiva.

Byelorussia /ˌbjeləʊˈrʌʃə/ ♦ *6* n.pr. Bielorussia f.

bygone /ˈbaɪɡɒn/ agg. [*days, scene*] del passato, antico; ***a ~ age*** o ***era*** un'epoca passata ♦ ***to let ~s be ~s*** metterci una pietra sopra.

bylaw /ˈbaɪlɔː/ n. *(of local authority)* legge f. locale.

by-line /ˈbaɪlaɪn/ n. **1** GIORN. = nome dell'autore sopra l'articolo **2** SPORT linea f. laterale.

1.bypass /ˈbaɪpɑːs/ n. **1** AUT. tangenziale f., circonvallazione f. **2** *(pipe, channel)* by-pass m., bipasso m. **3** EL. derivazione f., shunt m. **4** MED. by-pass m.

2.bypass /ˈbaɪpɑːs/ tr. **1** AUT. girare attorno a [*town, city*] **2** FIG. evitare, aggirare, bypassare [*issue, question*]; aggirare [*law*]; scavalcare, passare sopra la testa di [*manager, chief*].

bypass operation n. MED. intervento m. di by-pass.

by-product /ˈbaɪˌprɒdʌkt/ n. **1** BIOL. IND. prodotto m. secondario **2** FIG. effetto m. secondario, conseguenza f.

byroad /ˈbaɪrəʊd/ n. strada f. secondaria.

bystander /ˈbaɪˌstændə(r)/ n. astante m. e f., passante m. e f.

byte /baɪt/ n. INFORM. byte m.

byway /ˈbaɪweɪ/ n. strada f. secondaria; FIG. retroscena m., parte f. meno nota.

byword /ˈbaɪwɜːd/ n. simbolo m., personificazione f.; ***to be a ~ for fanaticism*** essere sinonimo di fanatismo.

by-your-leave /ˌbaɪjɔːˈliːv/ n. ***without so much as a ~*** senza neanche chiedere il permesso.

Byzantine /baɪˈzæntaɪn, ˈbɪzəntaɪn/ **I** agg. bizantino (anche FIG.); [*emperor*] di Bisanzio **II** n. bizantino m. (-a).

Byzantium /bɪˈzæntɪəm/ n.pr. STOR. Bisanzio f.

C

c, **C** /siː/ n. **1** *(letter)* c, C m. e f. **2 C** MUS. do m. **3** ⇒ century secolo (sec.); ***c19th***, ***C19th*** sec. XIX, XIX sec. **4 c** ⇒ circa circa (ca.); ***c1890*** ca. 1890 **5 c** ⇒ carat carato (ct) **6 c** AE ⇒ cent centesimo (cent.) **7 C** GB SCOL. *(grade)* = voto superiore alla sufficienza.
CA 1 ⇒ Central America America centrale **2** BE ECON. ⇒ chartered accountant ragioniere iscritto all'albo.
C/A ECON. ⇒ current account conto corrente (cc, c/c).
CAA n. GB (⇒ Civil Aviation Authority) = ente per l'aviazione civile.
cab /kæb/ n. **1** *(taxi)* taxi m.; *(horse-drawn)* carrozza f. (da nolo) **2** *(driver's compartment)* cabina f.
CAB n. **1** GB (⇒ Citizens' Advice Bureau) = ufficio di consulenza legale ai cittadini **2** US ⇒ Civil Aeronautics Board = ente per l'aviazione civile.
cabal /kəˈbæl/ n. cabala f.
cabala → **cabbala**.
cabana /kəˈbɑːnə/ n. AE *(hut)* capanno m. da spiaggia.
cabaret /ˈkæbəreɪ, AE ˌkæbəˈreɪ/ **I** n. *(genre, nightclub)* cabaret m.; *(show)* spettacolo m. di cabaret **II** modif. [*performance*] cabarettistico, di cabaret.
cabbage /ˈkæbɪdʒ/ n. **1** BOT. GASTR. cavolo m. **2** BE COLLOQ. SPREG. *(person)* vegetale m.
cabbagehead /ˈkæbɪdʒhed/ n. **1** BOT. cavolo m. **2** COLLOQ. *(person)* testa f. di cavolo, testa f. di rapa.
cabbala /kəˈbɑːlə/ n. RELIG. cabala f. (anche FIG.).
cabby /ˈkæbɪ/ COLLOQ., **cab-driver** /ˈkæbdraɪvə(r)/ ➧ **27** n. *(taxi driver)* tassista m. e f.
cabin /ˈkæbɪn/ n. **1** *(hut)* capanna f.; *(in holiday camp)* casetta f., bungalow m. **2** MAR. cabina f. **3** AER. *(for passengers)* cabina f.; *(cockpit)* cabina f. di pilotaggio **4** *(in spacecraft)* cabina f., abitacolo m. **5** BE *(driver's compartment)* cabina f.
cabin boy n. STOR. MAR. mozzo m.
cabin crew n. AER. personale m. di bordo.
cabin cruiser n. MAR. cabinato m.
cabinet /ˈkæbɪnɪt/ **I** n. **1** *(cupboard)* armadietto m., mobiletto m.; *(glass-fronted)* vetrinetta f.; ***cocktail*** o ***drinks*** ~ mobile bar **2** BE POL. gabinetto m.; consiglio m. dei ministri; governo m. **II** modif. POL. [*crisis, decision*] ministeriale, di governo.
cabinetmaker /ˈkæbɪnɪtˌmeɪkə(r)/ ➧ **27** n. ebanista m. e f.
cabinetmaking /ˈkæbɪnɪtˌmeɪkɪŋ/ n. ebanisteria f.
cabinet meeting n. BE riunione f., consiglio m. di gabinetto.
cabinet minister n. BE ministro m., membro m. del gabinetto.
cabinet reshuffle n. BE rimpasto m. di governo, ministeriale.
1.cable /ˈkeɪbl/ **I** n. **1** *(rope, wire)* cavo m.; ***power*** ~ cavo elettrico **2** *(television)* TV f. via cavo **3** *(telegram)* cablo m. **II** modif. [*channel, network*] via cavo.
2.cable /ˈkeɪbl/ tr. **1** *(telegraph)* trasmettere mediante cablogramma, cablare **2** *(provide with cables)* cablare [*house, area*].
cable car n. cabina f. (di funivia o teleferica), telecabina f.
cablegram /ˈkeɪblgræm/ n. cablogramma m.
cable-knit /ˈkeɪblnɪt/ agg. [*sweater*] a trecce.
cable railway n. funicolare f.
cable television, cable TV n. TV f., televisione f. via cavo.
cableway /ˈkeɪblweɪ/ n. *(for people)* funivia f., cabinovia f.; *(for goods)* teleferica f.
caboodle /kəˈbuːdl/ n. COLLOQ. ***the whole (kit and)*** ~ *(everything)* tutto quanto, tutta la baracca; *(everyone)* tutti quanti, tutta la brigata.
cab-rank /ˈkæbræŋk/, **cabstand** /ˈkæbstænd/ n. posteggio m. di taxi.
cacao /kəˈkɑːəʊ, kəˈkeɪəʊ/ n. (pl. **~s**) **1** (anche ~ **tree**) cacao m. **2** (anche ~ **bean**) seme m. di cacao.
cache /kæʃ/ n. **1** *(hoard)* provvista f. (nascosta); *(place)* deposito m. (segreto) **2** INFORM. (anche ~ **memory**) (memoria) cache f.
cachet /ˈkæʃeɪ, AE kæˈʃeɪ/ n. *(prestige)* prestigio m., distinzione f.
cack-handed /ˌkækˈhændɪd/ agg. BE COLLOQ. impacciato, maldestro.
1.cackle /ˈkækl/ n. *(of hen)* coccodè m., schiamazzo m.; *(of person)* ***a ~ of amusement*** risate stridule; ***cut the ~!*** COLLOQ. basta con le chiacchiere!
2.cackle /ˈkækl/ intr. [*hen*] chiocciare, fare coccodè, schiamazzare; [*person*] *(talk)* chiacchierare, ciarlare; *(laugh)* ridacchiare.
cacophony /kəˈkɒfənɪ/ n. cacofonia f.
cactus /ˈkæktəs/ n. (pl. **-i**, **~es**) cactus m.
cad /kæd/ n. BE COLLOQ. mascalzone m.
CAD n. (⇒ computer-aided design progettazione assistita dall'elaboratore) CAD m.
cadaver /kəˈdɑːvə(r), -ˈdeɪv-, AE kəˈdævər/ n. MED. cadavere m.
cadaverous /kəˈdævərəs/ agg. cadaverico.
CADCAM /ˈkædkæm/ n. INFORM. (⇒ computer-aided design and computer-aided manufacture progettazione e fabbricazione assistita dall'elaboratore) CADCAM m.
caddie /ˈkædɪ/ n. *(in golf)* caddie m., portabastoni m.
1.caddy /ˈkædɪ/ n. **1** AE *(shopping trolley)* carrello m. **2** BE (anche **tea** ~) barattolo m. per il tè.
2.caddy → **caddie**.
cadence /ˈkeɪdns/ n. **1** *(rhythm)* cadenza f., ritmo m. **2** *(intonation)* intonazione f.
cadet /kəˈdet/ n. MIL. (anche **officer** ~) cadetto m., allievo m. ufficiale.
cadet corps n. MIL. = corpo di addestramento militare (all'interno di un istituto scolastico secondario).
cadet school n. scuola f. militare.
cadge /kædʒ/ tr. COLLOQ. SPREG. ***to ~ sth. off*** o ***from sb.*** scroccare qcs. a qcn. [*cigarette, money, meal, lift*].
cadger /ˈkædʒə(r)/ n. COLLOQ. SPREG. scroccone m. (-a).
cadmium /ˈkædmɪəm/ n. cadmio m.

cadre /'kɑ:də(r), AE 'kædrɪ/ n. **1** *(group)* MIL. AMM. organico m.; POL. cellula f., gruppo m. **2** *(person)* quadro m.
CAE n. INFORM. (⇒ computer-aided engineering progettazione, ingegneria assistita dall'elaboratore) CAE f.
Caesar /'si:zə(r)/ n.pr. Cesare.
Caesarean, **Caesarian** /sɪ'zeərɪən/ n. (anche **~ section**) (taglio) cesareo m.
café /'kæfeɪ, AE kæ'feɪ/ n. **1** caffè m., bar m. (che non vende alcolici); ***pavement ~*** BE, ***sidewalk ~*** AE caffè con dehors **2** AE *(restaurant)* piccolo ristorante m.
cafeteria /ˌkæfə'tɪərɪə/ n. caffetteria f.; *(restaurant)* ristorante m. self-service; SCOL. UNIV. mensa f.
caffein(e) /'kæfi:n/ n. caffeina f.; ***~-free*** decaffeinato.
caftan /'kæftæn/ n. caffet(t)ano m.
1.cage /keɪdʒ/ n. **1** gabbia f. **2** SPORT COLLOQ. *(basketball)* cesto m.; *(ice hockey)* porta f.
2.cage /keɪdʒ/ tr. mettere in gabbia [*bird, animal*].
cagebird /'keɪdʒbɜ:d/ n. uccello m. da gabbia.
cagey /'keɪdʒɪ/ agg. COLLOQ. **1** *(wary)* prudente, guardingo; ***to be ~ about doing*** essere riluttante a fare; ***she's very ~ about her family*** è molto riluttante a parlare della sua famiglia **2** AE *(shrewd)* astuto, furbo.
cagoule /kə'gu:l/ n. BE mantello m., mantellina f. impermeabile (con cappuccio).
cagy → **cagey**.
cahoots /kə'hu:ts/ n.pl. COLLOQ. ***to be in ~*** essere in combutta.
Cain /keɪn/ n.pr. Caino ♦ ***to raise ~*** COLLOQ. *(make a noise)* fare baccano, fare un gran frastuono.
cairn /keən/ n. *(of stones)* cairn m.
Cairo /'kaɪərəʊ/ ♦ *34* n.pr. il Cairo m.
cajole /kə'dʒəʊl/ tr. blandire, allettare; ***to ~ sb. into doing sth.*** persuadere qcn. a fare qcs. allettandolo.
1.cake /keɪk/ n. **1** GASTR. torta f., focaccia f., dolce m.; *(smaller)* tortina f. **2** *(of fish, potato)* crocchetta f. **3** *(of soap)* pezzo m., saponetta f.; *(of wax)* pane m. ♦ ***it's a piece of ~*** COLLOQ. è una pacchia, è un gioco da ragazzi; ***to get a*** o ***one's slice*** o ***share of the ~*** avere la propria fetta di torta; ***you can't have your ~ and eat it*** non si può avere la botte piena e la moglie ubriaca; ***to sell like hot ~s*** andare a ruba, vendersi come il pane; ***that takes the ~!*** COLLOQ. è il colmo!
2.cake /keɪk/ **I** tr. [*mud, blood*] incrostare, seccarsi (formando croste) su [*clothes, person*] **II** intr. [*mud, blood*] incrostarsi, rapprendersi.
cake mix n. preparato m. per torta.
cake pan n. AE tortiera f.
cake shop n. pasticceria f.
cake tin n. *(for baking)* tortiera f.; *(for storing)* scatola f., confezione f. per torte.
CAL n. (⇒ computer-aided learning apprendimento assistito dal computer) CAL m.
calaboose /ˌkælə'bu:s/ n. AE COLLOQ. gattabuia f., prigione f.
Calabrian /kə'læbrɪən/ **I** agg. calabrese **II** n. calabrese m. e f.
calamitous /kə'læmɪtəs/ agg. calamitoso, disastroso.
calamity /kə'læmətɪ/ n. calamità f., disastro m.
calcify /'kælsɪfaɪ/ **I** tr. calcificare **II** intr. calcificarsi.
calcium /'kælsɪəm/ n. calcio m.
calculate /'kælkjʊleɪt/ tr. **1** *(work out)* calcolare [*cost, distance, price*] **2** *(estimate)* valutare, considerare [*consequences, effect, probability*] **3** *(intend)* ***to be ~d to do*** essere fatto al fine di fare, essere volto a fare.
calculated /'kælkjʊleɪtɪd/ **I** p.pass. → **calculate II** agg. [*crime*] premeditato; [*attempt, insult*] deliberato; [*risk*] calcolato.
calculating /'kælkjʊleɪtɪŋ/ agg. **1** *(scheming)* [*manner, person*] calcolatore **2** *(shrewd)* [*policy*] astuto, accorto.
calculating machine n. (macchina) calcolatrice f.
calculation /ˌkælkjʊ'leɪʃn/ n. **1** *(operation)* calcolo m.; ***to make*** o ***do ~s*** fare i calcoli; ***by my ~s*** secondo i miei calcoli; ***to get one's ~s wrong*** sbagliare i propri calcoli **2** *(scheming)* calcolo m., trama f.
calculator /'kælkjʊleɪtə(r)/ n. calcolatrice f.; *(larger)* calcolatore m.
calculus /'kælkjʊləs/ n. **1** (pl. **~es**) MAT. calcolo m., analisi f. **2** (pl. **-i**) MED. calcolo m.
caldron → **cauldron**.
calendar /'kælɪndə(r)/ n. calendario m.; ***social ~*** calendario degli eventi mondani.
calendar month n. mese m. civile.
calendar year n. anno m. civile, anno m. solare.
calender /'kælɪndə(r)/ n. TECN. calandra f.
1.calf /kɑ:f, AE kæf/ n. (pl. **calves**) **1** vitello m.; ***to be in ~*** [*cow*] essere gravida; ***calves' liver*** GASTR. fegato di vitello **2** *(the young of buffalo, elephant, giraffe etc.)* piccolo m.; *(deer)* cerbiatto m.; *(whale)* balenotto m., balenottero m.
2.calf /kɑ:f, AE kæf/ n. (pl. **calves**) ANAT. polpaccio m.
calf love n. amore m. tra adolescenti, cotta f. giovanile.
calfskin /'kɑ:fskɪn, AE 'kæf-/ n. pelle f. di vitello, vitello m.
caliber AE → **calibre**.
calibrate /'kælɪbreɪt/ tr. calibrare [*instrument, tube, gun*]; tarare [*scales*].
calibre BE, **caliber** AE /'kælɪbə(r)/ n. calibro m. (anche FIG.).
calif → **caliph**.
California /ˌkælɪ'fɔ:nɪə/ ♦ *24* n.pr. California f.
caliper AE → **calliper**.
caliph /'keɪlɪf/ n. califfo m.
calisthenics → **callisthenics**.
calk /kɔ:k/ tr. ART. TECN. decalcare.
1.call /kɔ:l/ n. **1** TEL. telefonata f., chiamata f. (**from** da); ***(tele)phone ~*** chiamata (telefonica); ***to make a ~ (to Italy)*** chiamare (l'Italia), telefonare *o* fare una telefonata (in Italia); ***to give sb. a ~*** chiamare qcn., telefonare a *o* fare una telefonata a qcn.; ***to return sb.'s ~*** richiamare qcn. **2** *(cry)* *(human)* grido m. (**for** di); *(animal)* grido m., richiamo m. **3** *(summons)* chiamata f., appello m.; ***this is the last ~ for passengers to Berlin*** AER. ultima chiamata per il volo per Berlino; ***to put out a ~ for sb.*** diramare *o* lanciare un appello per qcn. **4** *(visit)* visita f.; ***social ~*** visita di cortesia; ***to make*** o ***pay a ~*** fare visita (**on** a) **5** *(demand)* richiesta f. (**for** di); ***she has many ~s on her time*** tutti la cercano, tutti le chiedono qualcosa; ***to have first ~ on sth.*** avere la priorità su qcs. **6** *(need)* ***there's no ~ for sth., to do*** non c'è alcun bisogno di qcs., di fare; ***there was no ~ for her to say that*** non aveva alcun motivo di dire ciò **7** *(allure)* richiamo m. **8** SPORT *(of referee)* fischio m.; *(of umpire)* segnalazione f.; *(decision)* decisione f. **9** ECON. richiesta f.; ***a ~ for capital*** una richiesta di aumento di capitale; ***a ~ for tenders*** un avviso d'asta **10** *(duty)* ***to be on ~*** [*doctor*] essere di guardia, essere in *o* di servizio; [*engineer*] essere in *o* di servizio **11** RELIG. *(vocation)* vocazione f. ♦ ***it was a close ~*** l'abbiamo scampata bella.
2.call /kɔ:l/ **I** tr. **1** *(say loudly)* (anche **~ out**) chiamare (a gran voce), gridare [*name, number*]; gridare [*answer, instructions*]; annunciare [*result, flight*]; ***to ~ the register*** SCOL. fare l'appello **2** *(summon)* chiamare [*lift*]; *(by shouting)* chiamare (ad alta voce) [*person, animal*]; *(by phone)* chiamare, far venire [*person, police, taxi*]; *(by letter)* convocare [*candidate*]; ***I've ~ed you a taxi*** le ho chiamato un taxi; ***you may be ~ed to give evidence*** potrebbe essere chiamato a testimoniare **3** *(telephone)* (anche **~ up**) telefonare a, chiamare [*person, number*] **4** *(give a name)* chiamare [*person, animal, place, product*] (**by** con); intitolare [*book, film, music, play*] **5** *(arrange)* proclamare [*strike*]; fissare, indire [*election, meeting*]; fissare [*rehearsal*] **6** *(waken)* chiamare, svegliare [*person*] **7** *(describe as)* ***to ~ sb. stupid, a liar*** dare a qcn. dello stupido, del bugiardo; ***I wouldn't ~ it spacious*** non direi che è spazioso; ***it's what you might ~ a delicate situation*** è ciò che si potrebbe definire una situazione delicata; ***parapsychology or whatever they*** o ***you ~ it*** COLLOQ. la parapsicologia o come accidenti si chiama; ***(let's) ~ it £ 5*** diciamo 5 sterline **8** SPORT [*referee*] fischiare, dichiarare; ***the linesman ~ed the ball in*** il guardalinee ha detto che la palla era buona **9** INFORM. aprire [*file*] **II** intr. **1** *(cry out)* (anche **~ out**) [*person, animal*] chiamare; *(louder)* gridare; ***London ~ing*** RAD. qui Londra **2** *(telephone)* chiamare, telefonare; ***thank you for ~ing*** grazie per aver chiamato; ***to ~ home*** chiamare casa; ***who's ~ing?*** chi parla? **3** *(visit)* passare, fare (una) visita; ***to ~ at*** [*person*] passare da [*person, shop*]; passare, andare in [*bank, library, town*]; [*train*] fermare a [*town,*

station]; [*boat*] fare scalo a [*port*] **4** *(tossing coins)* ***you ~, heads or tails?*** tocca a te, testa o croce? **III** rifl. ***to ~ oneself*** farsi chiamare [*Smith, Bob*]; *(claim to be)* dire di essere [*poet, designer*]; ***I am proud to ~ myself European*** sono orgoglioso di definirmi europeo.

▪ **call away:** ~ *[sb.] away* chiamare; ***to be ~ed away*** essere chiamato altrove, essere costretto ad assentarsi.

▪ **call back:** ~ *back* **1** *(on phone)* richiamare, ritelefonare **2** *(return)* ripassare, passare di nuovo; ~ *[sb.] back* richiamare [*person*].

▪ **call by** *(visit)* passare.

▪ **call for:** ~ *for [sth.]* **1** *(shout)* chiamare, gridare [*help*]; chiamare, far venire [*ambulance, doctor*] **2** *(demand)* [*person*] chiedere [*food, equipment*]; [*article, protesters*] chiedere, reclamare [*changes*]; ***they are ~ing for talks to be extended*** chiedono un prolungamento delle trattative **3** *(require)* [*situation, problem*] richiedere, esigere [*treatment, skill*]; necessitare di, esigere [*change, intervention*]; ***this ~s for a celebration!*** merita una festa! **4** *(collect)* passare a prendere [*person*]; passare a ritirare [*object*].

▪ **call forth** LETT. ~ *forth [sth.]*, ~ *[sth.] forth* far nascere, suscitare [*feelings*].

▪ **call in:** ~ *in* **1** *(pay a visit)* fare una visita **2** *(telephone)* chiamare, telefonare; ***to ~ in sick*** [*employee*] telefonare per dire che si è malati; ~ *in [sb.]*, ~ *[sb.] in* **1** *(summon inside)* fare entrare [*person, animal*]; chiamare, fare entrare [*candidate, client, patient*] **2** *(send for)* chiamare, fare intervenire [*expert, police*]; ~ *in [sth.]*, ~ *[sth.] in* **1** *(recall)* ritirare [*product*] **2** ECON. richiedere il pagamento di [*loan*].

▪ **call off:** ~ *off [sth.]*, ~ *[sth.] off* *(halt)* sospendere, interrompere [*deal, search*]; *(cancel)* annullare, revocare, disdire [*meeting, wedding*]; ***to ~ off one's engagement*** rompere il fidanzamento; ***let's ~ the whole thing off*** lasciamo perdere (tutta la faccenda); ~ *off [sb.]*, ~ *[sb.] off* richiamare [*soldier, dog*].

▪ **call on:** ~ *on [sb., sth.]* **1** *(visit)* (anche ~ **in on**) passare da, fare (una) visita a [*relative, friend*]; passare da, visitare [*patient, client*] **2** *(invite)* invitare [*speaker*] (**to do** a fare) **3** *(urge)* sollecitare (**to do** a fare); *(stronger)* incitare, esortare (**to do** a fare) **4** *(appeal to, resort to)* rivolgersi a [*person*]; fare ricorso a [*services*]; fare appello a [*moral quality*].

▪ **call out:** ~ *out* *(cry aloud)* chiamare (a gran voce); *(louder)* gridare; ~ *out [sb.]*, ~ *[sb.] out* **1** *(summon outside)* chiamare, fare venire; ***the teacher ~ed me out to the front of the class*** l'insegnante mi ha chiamato alla cattedra **2** *(send for)* chiamare, fare venire [*doctor, repairman*]; chiamare, fare intervenire [*emergency service, troops*] **3** IND. [*union*] indire uno sciopero di [*members*]; ***to ~ sb. out on strike*** fare scendere qcn. in sciopero; ~ *[sth.] out*, ~ *out [sth.]* chiamare (a voce alta) [*name, number*].

▪ **call over:** ~ *[sb.] over* chiamare.

▪ **call round** *(visit)* passare, fare (una) visita.

▪ **call up:** ~ *up* chiamare; ~ *up [sb., sth.]*, ~ *[sb., sth.] up* **1** *(on phone)* telefonare a, chiamare **2** *(summon)* chiamare alle armi, richiamare [*soldier*]; invocare, evocare [*spirit*] **3** *(evoke)* richiamare alla mente [*past event*]; risvegliare [*memory*] **4** INFORM. richiamare (a video) [*file*] **5** SPORT selezionare [*player*].

CALL n. ⇒ (computer-aided language learning) = apprendimento della lingua assistito dall'elaboratore.

callback facility n. TEL. richiamata f. su occupato.

call box n. BE cabina f. telefonica; AE postel m., casella f. telefonica.

caller /ˈkɔːlə(r)/ n. **1** TEL. ***we've had 15 ~s today*** abbiamo avuto 15 chiamate oggi **2** *(visitor)* visitatore m. (-trice).

call girl n. call-girl f., (ragazza) squillo f.

calligrapher /kəˈlɪɡrəfə(r)/, **calligraphist** /kəˈlɪɡrəfɪst/ ♦ ***27*** n. calligrafo m. (-a).

calligraphy /kəˈlɪɡrəfɪ/ n. calligrafia f.

calling /ˈkɔːlɪŋ/ n. **1** *(vocation)* vocazione f. **2** *(profession)* mestiere m., occupazione f.

calliper BE, **caliper** AE /ˈkælɪpə(r)/ **I** n. **1** MED. *(leg support)* protesi f. rigida **II callipers** n.pl. *(for measuring)* compasso m.sing.; calibro m.sing. a compasso.

callisthenics /ˌkælɪsˈθenɪks/ ♦ ***10*** n. + verbo sing. ginnastica f. ritmica.

callous /ˈkæləs/ agg. [*person*] insensibile, incallito; [*attitude*] insensibile; [*brutality, crime*] disumano.

callously /ˈkæləslɪ/ avv. [*act, speak*] con durezza; [*suggest*] cinicamente.

callousness /ˈkæləsnɪs/ n. *(of person)* durezza f.; *(of attitude)* insensibilità f.

call-out /ˈkɔːlaʊt/ n. *(from repairman)* chiamata f. (per riparazione).

call-out charge n. diritto m. di chiamata.

callow /ˈkæləʊ/ agg. inesperto, imberbe.

call sign n. TEL. RAD. segnale m. di chiamata.

call-up /ˈkɔːlʌp/ n. MIL. chiamata f. (alle armi); *(of reservists)* richiamo m.

call-up papers n.pl. MIL. cartolina f.sing. di precetto.

callus /ˈkæləs/ n. callo m.

callused /ˈkæləst/ agg. [*hands*] calloso; ***to have ~ feet*** avere i duroni ai piedi.

call waiting n. TEL. avviso m. di chiamata.

1.calm /kɑːm, AE *anche* kɑːlm/ n. **1** *(of place, atmosphere)* calma f., quiete f., tranquillità f. **2** *(of person)* calma f.; *(in adversity)* sangue m. freddo; ***to keep one's ~*** mantenere la calma **3** MAR. calma f. ♦ ***the ~ before the storm*** la calma *o* la quiete prima della tempesta.

2.calm /kɑːm, AE *anche* kɑːlm/ agg. calmo; ***keep ~!*** (mantieni la) calma!

3.calm /kɑːm, AE *anche* kɑːlm/ tr. calmare.

▪ **calm down:** ~ *down* [*person, situation*] calmarsi; ~ *[sth., sb.] down*, ~ *down [sth., sb.]* calmare, tranquillizzare.

calming /ˈkɑːmɪŋ, AE *anche* ˈkɑːlm-/ agg. [*environment*] che tranquillizza; [*speech*] tranquillizzante; [*sensation*] di calma, di tranquillità.

calmly /ˈkɑːmlɪ, AE *anche* ˈkɑːlmlɪ/ avv. [*act, speak*] con calma; [*sleep, smoke*] tranquillamente.

calmness /ˈkɑːmnɪs, AE *anche* ˈkɑːlm-/ n. calma f.

Calor gas® /ˈkæləɡæs/ n. BE gas m. per uso domestico.

calorie /ˈkælərɪ/ n. caloria f.; ***low-~ diet*** dieta ipocalorica; ***to be ~-conscious*** fare attenzione alle calorie.

calorific /ˌkæləˈrɪfɪk/ agg. calorifico; ~ ***value*** potere calorifico.

calumny /ˈkæləmnɪ/ n. FORM. calunnia f.

calvary /ˈkælvərɪ/ **I** n. calvario m. **II Calvary** n.pr. il Calvario.

calve /kɑːv, AE kæv/ intr. [*cow*] figliare, partorire.

calves /kɑːvz/ → **1.calf**, **2.calf**.

Calvin /ˈkælvɪn/ n.pr. Calvino.

Calvinism /ˈkælvɪnɪzəm/ n. calvinismo m.

Calvinist /ˈkælvɪnɪst/ **I** agg. calvinista **II** n. calvinista m. e f.

Calvinistic(al) /ˌkælvɪˈnɪstɪk(l)/ agg. calvinistico.

calyx /ˈkeɪlɪks/ n. (pl. **~es**, **-ces**) BOT. calice m.

cam /kæm/ n. camma f.

CAM n. (⇒ computer-aided manufacturing produzione assistita dall'elaboratore) CAM m.

camaraderie /ˌkæməˈrɑːdərɪ, AE -ˈræd-/ n. cameratismo m.

1.camber /ˈkæmbə(r)/ n. curvatura f., bombatura f.

2.camber /ˈkæmbə(r)/ tr. TECN. costruire con una leggera curvatura [*road*].

Cambodia /kæmˈbəʊdɪə/ ♦ ***6*** n.pr. Cambogia f.

camcorder /ˈkæmkɔːdə(r)/ n. camcorder m.

came /keɪm/ pass. → **come**.

camel /ˈkæml/ ♦ ***5*** **I** n. **1** cammello m.; *(female)* cammella f. **2** *(colour)* cammello m. **II** modif. ~ ***train*** carovana di cammelli; ~ ***driver*** cammelliere **III** agg. [*coat*] (color) cammello.

camel hair I n. pelo m. di cammello **II** modif. [*coat*] di (pelo di) cammello.

came(l)lia /kəˈmiːlɪə/ n. camelia f.

cameo /ˈkæmɪəʊ/ n. (pl. **~s**) **1** cammeo m. **2** TEATR. CINEM. (anche ~ **role**) cammeo m.

camera /ˈkæm(ə)rə/ n. **1** FOT. macchina f. fotografica; CINEM. cinecamera f., macchina f. da presa; TELEV. telecamera f.; ***to be on ~*** essere in onda **2** DIR. ***in ~*** a porte chiuse.

camera crew n. troupe f. televisiva.

cameraman /ˈkæm(ə)rəmən/ ♦ ***27*** n. (pl. **-men**) cameraman m., operatore m.

camera-shy /ˈkæm(ə)rəʃaɪ/ agg. ***she's ~*** non le piace essere fotografata.

can, could

- *Can* and *could* are usually translated by the verb *potere*:

he can wait until tomorrow	= può aspettare fino a domani
you can go out now	= potete uscire adesso.

For the conjugation of *potere*, see the Italian verb tables.

- The three notable exceptions to this are as follows:

a) when *can* or *could* is used to mean *know how to*, the verb *sapere* is used:

she can swim very well	= sa nuotare molto bene
he could read at the age of four	= sapeva leggere a quattro anni

b) when *can* or *could* is used with such verbs as *find, manage, speak, spell* or *understand*, it is either translated by *riuscire* or not translated at all:

I can't find it	= non riesco a trovarlo
Can Jane speak Russian?	= Jane parla russo?
Can you manage?	= ce la fai?

c) when *can* or *could* is used with a verb of perception such as *see, hear* or *feel*, it is not translated at all:

I can't see her	= non la vedo
she couldn't feel anything	= non sentiva niente.

- In requests *can* is translated by the present tense of *potere* and the more polite *could* by the conditional tense of *potere*:

can you help me?	= puoi aiutarmi?
could you help me?	= potresti aiutarmi?

- *Could have* + past participle can often imply two different meanings (depending on the context) and should therefore be translated into Italian accordingly:

a) *he could have done it* (but he did not) = avrebbe potuto farlo

b) *he could have done it* (and we do not know whether he did it or not) = potrebbe averlo fatto.

Sometimes the context is missing or ambiguous and both translations are possible:

who could have seen her?	= chi avrebbe potuto vederla? / chi potrebbe averla vista?

For particular usages see the entries **1.can** and **could**. See also the entry **able**.

Cameroon /ˌkæməˈruːn/ ♦ *6* n.pr. Camerun m.

camiknickers /ˈkæmɪnɪkəz/, **camiknicks** /ˈkæmɪnɪks/ n.pl. BE pagliaccetto m.sing.

camisole /ˈkæmɪsəʊl/ n. corpetto m., copribusto m.

camomile /ˈkæməmaɪl/ n. camomilla f.; **~ *tea*** (infuso di) camomilla.

1.camouflage /ˈkæməflɑːʒ/ **I** n. MIL. mimetizzazione f.; *(disguise)* camuffamento m. (anche FIG.) **II** modif. [*gear, jacket*] mimetico.

2.camouflage /ˈkæməflɑːʒ/ tr. MIL. mimetizzare; *(disguise)* camuffare (anche FIG.).

1.camp /kæmp/ n. **1** *(of tents, buildings etc.)* campo m., campeggio m.; *(of nomads)* campo m.; ***to make*** o ***pitch ~*** accamparsi, piantare le tende; ***to strike ~*** muovere *o* levare il campo, togliere le tende **2** FIG. *(group)* campo m., partito m. ♦ ***to have a foot in both ~s*** tenere un piede in due staffe.

2.camp /kæmp/ intr. campeggiare; accamparsi; ***to go ~ing*** fare campeggio.

▪ **camp out** accamparsi, dormire in tenda; ***he's ~ing out in the lounge*** si è accampato in salotto.

3.camp /kæmp/ **I** agg. SPREG. **1** *(exaggerated)* [*person*] pretenzioso, borioso; [*gesture, performance*] eccessivo, pretenzioso **2** *(effeminate)* effeminato **3** *(in bad taste)* pacchiano, kitsch **II** n. COLLOQ. SPREG. *(mannered style)* leziosaggine f., svenevolezza f.

4.camp /kæmp/ tr. → **camp up**.

▪ **camp up** COLLOQ. ***to ~ it up*** *(overact)* gigioneggiare, assumere pose teatrali; *(act effeminately)* comportarsi in modo effeminato.

1.campaign /kæmˈpeɪn/ n. *(course of action)* campagna f.

2.campaign /kæmˈpeɪn/ intr. fare, condurre una campagna.

campaigner /kæmˈpeɪnə(r)/ n. chi conduce o partecipa a una campagna; ***animal rights ~*** attivista per i diritti degli animali; ***old ~*** MIL. veterano.

campaign literature n. **U** = materiale elettorale, volantini, foto di candidati ecc.

campaign medal n. medaglia f. al valor militare.

campaign trail n. ***on the ~*** in campagna elettorale.

campaign worker n. BE POL. = chi lavora nell'organizzazione di una campagna elettorale.

Campanian /kæmˈpɑːnjən/ **I** agg. campano **II** n. campano m. (-a).

camp bed n. letto m. da campo.

camp chair n. AE sedia f. pieghevole.

camp commandant n. comandante m. di campo.

camper /ˈkæmpə(r)/ n. **1** *(person)* campeggiatore m. (-trice) **2** (anche **~ van**) camper m. **3** AE *(folding caravan)* carrello m. tenda.

campfire /ˈkæmpfaɪə(r)/ n. fuoco m. di bivacco, da accampamento.

camp follower n. MIL. civile m. al seguito di un esercito; *(sympathizer)* simpatizzante m. e f., sostenitore m. (-trice).

campground /ˈkæmpgraʊnd/ n. → **campsite**.

camphor /ˈkæmfə(r)/ n. canfora f.

camping /ˈkæmpɪŋ/ n. (il) campeggiare, (il) fare campeggio.

camping equipment n. attrezzatura f. da campeggio.

camping gas n. = bomboletta a gas utilizzata in campeggio per fornelli e lampade.

camping ground n. → **campsite**.

camping holiday n. vacanza f. in campeggio, in tenda.

camping site n. → **campsite**.

camping stool n. BE seggiolino m. pieghevole.

camping stove n. fornello m. da campo.

camp on n. BE TEL. richiamata f. su occupato.

campsite /ˈkæmpsaɪt/ n. *(official)* campeggio m.; area f. di campeggio.

camp stool n. AE → **camping stool**.

campus /ˈkæmpəs/ **I** n. (pl. **~es**) campus m. **II** modif. [*life*] del campus, universitario; [*facilities*] del campus.

camshaft /ˈkæmʃɑːft, AE -ʃæft/ n. albero m. a camme.

1.can /*forma debole* kən, *forma forte* kæn/ mod. (pass. **could**; forma negativa del pres. **cannot, can't**) **1** *(expressing possibility)* ***we ~ rent a house*** possiamo affittare una casa; ***it ~ also be used to dry clothes*** può anche essere usato per far asciugare i vestiti; ***you can't have forgotten!*** non puoi averlo dimenticato! ***it cannot be explained logically*** non si può spiegare in modo logico **2** *(expressing permission)* ***you ~ turn right here*** qui si può svoltare a destra; ***~ we park here?*** possiamo parcheggiare qui? ***I can't leave yet*** non posso ancora andare via **3** *(when making requests)* ***~ you do me a favour?*** puoi farmi un favore? ***~ I ask you a question?*** posso farti una domanda? ***can't you get home earlier?*** non puoi arrivare a casa prima? **4** *(when making an offer)* ***~ I give you a hand?*** posso darti una mano? ***what ~ I do for you?*** cosa posso fare per lei? **5** *(when making suggestions)* ***you ~ always exchange it*** può sempre cambiarlo **6** *(have skill, knowledge to)* ***she can't drive yet*** non sa ancora guidare; ***~ he type?*** sa battere a macchina? **7** *(have ability, power to)* ***computers ~ process data rapidly*** i computer possono elaborare i dati rapidamente; ***to do all one ~*** fare tutto il possibile; ***I cannot understand why*** non capisco *o* non riesco a capire perché **8** *(have ability, using senses, to)* ***~ you see it?*** lo vedi? ***I can't hear anything*** non sento nulla **9** *(indicating capability, tendency)* ***she ~ be quite abrupt*** sa essere piuttosto brusca; ***it ~ make life difficult*** può rendere la vita difficile **10** *(expressing likelihood, assumption)* ***it can't be as bad as that!*** non può essere così tremendo! ***it can't have been easy for her*** non deve essere stato facile per lei **11** *(expressing willingness to act)* ***we ~ take you home*** possiamo portarti a casa **12** *(be in a position to)* ***they ~ hardly refuse*** non possono certo rifiutare; ***I can't say I agree*** non posso dire di essere d'accordo **13** *(expressing surprise)* ***what ~ she possibly want from me?*** che può mai volere da me? ***you can't*** o ***cannot be serious!*** non dici sul serio! ***~ you believe it!*** l'avresti creduto? **14**

(expressing obligation) ***if she wants it she ~ ask me herself*** se lo vuole può venirlo a chiedere lei stessa; ***if you want to chat, you ~ leave*** se volete chiacchierare, potete farlo fuori; ***you ~ get lost!*** COLLOQ. va' al diavolo! va' a quel paese! **15** *(avoiding repetition of verb)* ***"~ we borrow it?" - "you ~"*** "possiamo prenderlo in prestito?" - "certo"; ***leave as soon as you ~*** partite appena possibile; ***"~ anyone give me a lift home?" - "we ~"*** "qualcuno può darmi un passaggio a casa?" - "sì, noi"; ***as happy as ~ be*** felicissimo ♦ ***no ~ do*** COLLOQ. non posso.

2.can /kæn/ n. **1** *(of food)* barattolo m., scatola f.; *(aerosol)* bomboletta f.; *(for petrol)* fusto m., bidone m., latta f.; *(of drink)* lattina f. **2** POP. *(lavatory)* cesso m., latrina f. **3** COLLOQ. *(prison)* galera f., gattabuia f. ♦ ***a ~ of worms*** un imbroglio, un bel po' di marcio; ***to be in the ~*** COLLOQ. [*film*] essere pronto per la distribuzione; [*negotiations*] essere cosa fatta; ***to carry the ~ for sb.*** COLLOQ. prendersi la colpa al posto di qcn.

3.can /kæn/ tr. (forma in -ing ecc. **-nn-**) **1** GASTR. inscatolare, mettere in scatola [*fruit, vegetables*] **2** COLLOQ. ***~ it!*** piantala!

Canada /'kænədə/ ➧ ***6*** n.pr. Canada m.

Canadian /kə'neɪdɪən/ ➧ ***18*** **I** agg. canadese; ***~ English*** inglese del Canada **II** n. canadese m. e f.

canal /kə'næl/ n. canale m.

canal boat, **canal barge** n. chiatta f.

canalize /'kænəlaɪz/ tr. canalizzare.

canapé /'kænəpɪ, AE ˌkænə'peɪ/ n. canapè m.

canard /kæ'nɑːd, 'kænɑːd/ n. *(rumour)* fandonia f., panzana f.; GIORN. canard m.

Canaries /kə'neərɪz/ ➧ ***12*** n.pr.pl. (anche **Canary Islands**) ***the ~*** le Canarie.

canary /kə'neərɪ/ **I** n. canarino m. **II** modif. ***~ yellow*** giallo canarino.

can bank n. cassonetto m. per la raccolta delle lattine.

cancel /'kænsl/ **I** tr. (forma in -ing ecc. **-ll-**, **-l-** AE) **1** *(call off)* cancellare, annullare [*event, order, flight*] **2** *(nullify)* rescindere [*contract*]; cancellare, annullare [*debt*]; annullare [*cheque, stamp*] **3** DIR. revocare [*order, decree*] **II** intr. (forma in -ing ecc. **-ll-**, **-l-** AE) *(from meal, function, meeting)* cancellarsi; *(after booking)* disdire.

■ **cancel out:** ~ out [*figures*] annullarsi, semplificarsi; [*arguments*] compensarsi, controbilanciarsi; ***~ out [sth.]*** cancellare, eliminare [*emotion, effect*].

cancellation /ˌkænsə'leɪʃn/ n. **1** *(of event, order, flight)* cancellazione f. **2** ECON. *(of contract)* risoluzione f., rescissione f.; *(of debt)* cancellazione f., annullamento m. **3** DIR. *(of order, decree)* revoca f.

cancer /'kænsə(r)/ ➧ ***11*** **I** n. MED. cancro m. (anche FIG.); ***to have ~*** avere il cancro; ***lung ~*** cancro ai polmoni **II** modif. [*risk*] di cancro; [*treatment*] del cancro; ***a ~ sufferer*** un malato di cancro.

Cancer /'kænsə(r)/ ➧ ***38*** n. **1** ASTROL. Cancro m.; ***to be (a) ~*** essere del Cancro **2** GEOGR. ***tropic of ~*** Tropico del Cancro.

cancer-causing /'kænsəˌkɔːzɪŋ/ agg. cancerogeno.

cancerologist /ˌkænsə'rɒlədʒɪst/ ➧ ***27*** n. cancerologo m. (-a), oncologo m. (-a).

cancerous /'kænsərəs/ agg. canceroso.

cancer patient n. malato m. (-a) di cancro.

cancer research n. ricerca f. sul, contro il cancro.

cancer stick n. POP. sigaretta f.

candelabra /ˌkændɪ'lɑːbrə/ n. (pl. ~ o **~s**) candelabro m.

candid /'kændɪd/ agg. candido, franco, sincero; ***~ camera*** telecamera nascosta.

candidacy /'kændɪdəsɪ/ n. candidatura f.

candidate /'kændɪdət, AE -deɪt/ n. candidato m. (-a); ***the ~ for the presidency, for mayor, for Oxford*** il candidato alla presidenza, a sindaco, per Oxford; ***to stand as a ~ (in an election)*** candidarsi (a un'elezione); ***the sector is a ~ for restructuring*** FIG. il settore è destinato alla ristrutturazione.

candidature /'kændɪdətʃə/ n. BE → **candidacy**.

candidly /'kændɪdlɪ/ avv. candidamente, francamente.

candied /'kændɪd/ agg. candito; ***~ peel*** scorza d'arancia candita.

candle /'kændl/ n. candela f.; *(in church)* candela f., cero m. ♦ ***to burn the ~ at both ends*** = lavorare troppo intensamente, consumare troppo in fretta le proprie energie; ***the game's not worth the ~*** il gioco non vale la candela; ***he can't hold a ~ to his sister*** non è degno di lustrare le scarpe a sua sorella.

candlelight /'kændllaɪt/ n. lume m. di candela; ***by ~*** a lume di candela.

candlelit dinner n. cena f. a lume di candela.

Candlemas /'kændlməs/ n. Candelora f.

candlestick /'kændlˌstɪk/ n. candeliere m.

candlewick /'kændlˌwɪk/ n. TESS. ciniglia f.

candour BE, **candor** AE /'kændə(r)/ n. candore m., franchezza f., sincerità f.

candy /'kændɪ/ n. **1** *(sweets)* dolciumi m.pl.; ***a piece of ~*** un dolce **2** AE *(sweet)* caramella f., confetto m.

candy floss n. BE zucchero m. filato.

candy striped agg. *(pink)* a righe rosa confetto; *(blue)* a righe blu chiaro.

1.cane /keɪn/ **I** n. **1** *(material)* canna f., giunco m. **2** *(of sugar, bamboo)* canna f. **3** *(for walking)* bastone m. da passeggio; *(plant support)* tutore m.; *(officer's)* bastone m.; BE SCOL. *(for punishment)* canna f., verga f. **II** modif. [*basket, furniture*] di bambù, di giunco.

2.cane /keɪn/ tr. **1** fabbricare con, rivestire di bambù [*chair*] **2** BE battere con la verga [*pupil*].

cane sugar n. zucchero m. di canna.

canine /'keɪnaɪn/ **I** agg. **1** [*species*] canino **2** MED. ***a ~ tooth*** un (dente) canino **II** n. **1** *(tooth)* canino m. **2** *(animal)* canide m.

canister /'kænɪstə(r)/ n. barattolo m. (smaltato); ***a ~ of tear gas*** o ***a tear gas ~*** un candelotto lacrimogeno.

cannabis /'kænəbɪs/ n. **1** *(plant)* canapa f. indiana **2** *(drug)* cannabis f., hashish m.

canned /'kænd/ **I** p.pass. → **3.can II** agg. **1** [*food*] inscatolato, in scatola **2** COLLOQ. [*music, laughter, applause*] registrato **3** COLLOQ. *(drunk)* sbronzo, ubriaco.

cannery /'kænərɪ/ n. conservificio m.

cannibal /'kænɪbl/ n. cannibale m.

cannibalism /'kænɪbəlɪzəm/ n. cannibalismo m.

cannibalize /'kænɪbəlaɪz/ tr. saccheggiare, plagiare [*text, film*]; cannibalizzare [*vehicle*].

canning /'kænɪŋ/ **I** n. inscatolamento m., conservazione f. di cibi in scatola **II** modif. [*industry*] conserviero.

1.cannon /'kænən/ n. **1** (pl. ~, **~s**) MIL. STOR. cannone m. **2** BE *(in billiards)* carambola f.

2.cannon /'kænən/ intr. ***to ~ into sb., sth.*** urtare violentemente contro qcn., qcs.

cannonball /'kænənbɑːl/ n. **1** *(missile)* palla f. da cannone **2** *(dive)* ***to do a ~*** fare la bomba **3** (anche **~ serve**) *(in tennis)* fucilata f., cannonata f.

cannon fodder n. carne f. da cannone.

cannot /'kænɒt/ → **1.can**.

canny /'kænɪ/ agg. *(shrewd)* astuto, furbo.

1.canoe /kə'nuː/ ➧ ***10*** n. canoa f.

2.canoe /kə'nuː/ intr. andare in canoa; ***to ~ down the river*** discendere il fiume in canoa.

canoeing /kə'nuːɪŋ/ ➧ ***10*** n. canoismo m.

canoeist /kə'nuːɪst/ n. canoista m. e f.

1.canon /'kænən/ n. *(rule)* canone m. (anche LETTER. BIBL. MUS.); ***in ~*** MUS. a canone.

2.canon /'kænən/ ➧ ***9*** n. *(priest)* canonico m.

canonical /kə'nɒnɪkl/ agg. canonico.

canonize /'kænənaɪz/ tr. canonizzare.

canon law n. diritto m. canonico.

canoodle /kə'nuːdl/ intr. COLLOQ. sbaciucchiarsi, pomiciare.

can-opener /'kænəʊpnə(r)/ n. apriscatole m.

canopy /'kænəpɪ/ n. **1** *(for bed, throne, altar)* baldacchino m.; *(for hammock)* tettoia f. **2** AER. *(of cockpit)* tettuccio m.; *(for parachute)* calotta f. **3** LETT. *(sky, leaves)* volta f.

1.cant /kænt/ n. **1** *(false words, ideas)* ipocrisie f.pl. **2** *(prisoners' etc.)* gergo m.

2.cant /kænt/ n. *(sloping surface)* pendenza f.

can't /kɑːnt/ contr. cannot, can not.

cantaloup /'kæntəluːp/, **cantalupe** /'kæntələʊp/ AE n. cantalupo m.

cantankerous /kæn'tæŋkərəs/ agg. irascibile, litigioso.

canteen /kæn'tiːn/ n. **1** BE *(dining room)* mensa f.; ***in the ~*** in mensa **2** MIL. *(flask)* borraccia f.; *(mess tin)* gavetta f. **3** ***a ~ of cutlery*** un servizio di posate.

1.canter /'kæntə(r)/ n. piccolo galoppo m.; *(in horseracing)* canter m.; ***at a*** ~ al piccolo galoppo.

2.canter /'kæntə(r)/ **I** tr. fare andare al piccolo galoppo [*horse*] **II** intr. [*rider, horse*] andare al piccolo galoppo.

canto /'kæntəʊ/ n. (pl. **~s**) LETTER. canto m.

cantonment /kæn'tu:nmənt, AE -təʊn-/ n. MIL. accantonamento m., acquartieramento m.

Canute /kə'nju:t/ n.pr. Canuto.

canvas /'kænvəs/ **I** n. **1** *(fabric)* tela f.; *(for tapestry)* canovaccio m.; ***under*** ~ *(in a tent)* sotto la *o* in tenda; *(under sail)* alla vela, a vele spiegate **2** ART. tela f. **3** *(in boxing)* tappeto m.; ***on the*** ~ al tappeto **II** modif. [*shoes, bag*] di tela.

1.canvass /'kænvəs/ n. **1** *(for votes)* (il) sollecitare il voto, l'appoggio degli elettori **2** *(of opinion)* sondaggio m. (elettorale).

2.canvass /'kænvəs/ **I** tr. **1** POL. ***to ~ voters*** fare campagna elettorale presso gli elettori; ***to ~ people for their votes*** sollecitare il voto degli elettori **2** *(in survey)* sondare [*public*] (**for, to get** per avere); ***to ~ opinion*** o ***views on sth.*** sondare l'opinione riguardo a qcs. **3** COMM. fare, condurre un'indagine di mercato in [*area*]; ***to ~ door to door*** vendere porta a porta **II** intr. **1** POL. fare un giro elettorale, fare propaganda politica **2** COMM. fare, condurre un'indagine.

canvasser /'kænvəsə(r)/ n. *(for party)* galoppino m. (-a) elettorale.

canvassing /'kænvəsɪŋ/ n. **1** POL. COMM. canvassing m.; *(door to door)* vendita f. porta a porta; ***~ for votes*** sollecitazione di voti **2** ***~ of opinion*** sondaggio d'opinione.

canyon /'kænjən/ n. canyon m., gola f.

canyoning /'kænjənɪŋ/ ♦ ***10*** n. canyoning m., torrentismo m.

1.cap /kæp/ n. **1** *(headgear) (peaked)* berretto m.; *(of nurse)* cuffia f.; *(of uniformed official, soldier)* berretto m., bustina f.; ***baseball*** ~ berretto da baseball **2** BE SPORT ***he's got his Scottish*** ~ indosserà la maglia, vestirà i colori della Scozia **3** *(cover) (of pen, valve)* cappuccio m.; *(of bottle)* tappo m.; *(for camera lens)* copriobiettivo m. **4** *(of mushroom)* cappella f. **5** *(for toy gun)* colpo m. **6** *(for tooth)* corona f. **7** BE (anche **Dutch ~**) diaframma m. (anticoncezionale) ♦ ***to go to sb. ~ in hand*** presentarsi a qcn. col cappello in mano.

2.cap /kæp/ tr. (forma in -ing ecc. **-pp-**) **1** AMM. ECON. [*government*] imporre un tetto di spesa a [*local authority*]; porre un limite a [*budget*] **2** incapsulare [*tooth*] **3** BE SPORT selezionare per la nazionale [*footballer*] **4** *(cover)* ***the hills were ~ped with snow*** le colline erano incappucciate di neve ♦ ***to ~ it all*** per giunta.

cap. ⇒ capital letter lettera maiuscola, maiuscolo (maiusc.).

CAP n. (⇒ Common Agricultural Policy politica agricola comunitaria) PAC f.

capability /ˌkeɪpə'bɪlətɪ/ n. **1** *(capacity)* capacità f. (**to do** di fare) **2** *(potential strength)* potenziale m., risorse f.pl. (**to do** per fare); ***nuclear*** ~ potenziale nucleare **3** *(aptitude)* attitudine f. (**for** a); abilità f. (**for** in); ***within, outside my capabilities*** nelle mie, al di là delle mie capacità.

capable /'keɪpəbl/ agg. **1** *(competent)* competente, esperto; ***in the ~ hands of*** nelle mani esperte di **2** *(able)* [*person*] capace; ***to be ~ of doing*** *(have potential to)* essere capace di fare; *(be in danger of)* rischiare di fare.

capably /'keɪpəblɪ/ avv. con competenza.

capacious /kə'peɪʃəs/ agg. ampio, capiente.

capacitor /kə'pæsɪtə(r)/ n. EL. condensatore m.

capacity /kə'pæsətɪ/ n. **1** *(ability to hold) (of box, bottle, barrel)* capacità f.; *(of building)* capienza f.; *(of road)* portata f.; ***the theatre has a ~ of 500*** il teatro ha una capienza di 500 posti; ***seating*** ~ numero di posti a sedere; ***storage*** ~ capienza di magazzino; ***to be packed*** o ***full to*** ~ essere pieno zeppo **2** *(ability to produce)* capacità f. (produttiva); ***at full*** ~ a pieno regime; ***the plant is stretched to*** ~ l'impianto produce a pieno regime **3** *(role)* ***in my ~ as a doctor*** in qualità di dottore; ***in an advisory*** ~ in veste di consulente; ***in a private*** ~ a titolo personale **4** *(ability)* ***to have a ~ for*** avere attitudine per [*maths etc.*]; ***a ~ for doing*** un'attitudine *o* una disposizione a fare; ***she has a great ~ for friendship*** fa amicizia molto facilmente; ***he has a great ~ for hard work*** ha una gran tempra di lavoratore; ***to have the ~ to do*** avere le capacità per fare; ***the task is well within your capacities*** il compito è ampiamente alla tua portata **5** AUT. cilindrata f. **6** ELETTRON. capacità f. **7** DIR. capacità f.

cap and gown n. UNIV. toga f. e tocco m.

1.caparison /kə'pærɪsn/ n. STOR. gualdrappa f., bardatura f.

2.caparison /kə'pærɪsn/ tr. STOR. mettere la gualdrappa a, bardare [*horse*].

1.cape /keɪp/ n. ABBIGL. cappa f., mantella f., mantellina f.

2.cape /keɪp/ n. GEOGR. capo m., promontorio m.

Cape Coloureds n.pl. *(in South Africa)* meticci m. del Sud Africa.

Cape of Good Hope n.pr. Capo m. di Buona Speranza.

Cape Province n. Provincia f. del Capo.

1.caper /'keɪpə(r)/ n. BOT. GASTR. cappero m.

2.caper /'keɪpə(r)/ **I** n. **1** *(playful leap)* capriola f., saltello m.; ***to cut a*** ~ fare una capriola, un saltello **2** COLLOQ. *(funny film)* commedia f. **3** COLLOQ. *(dishonest scheme)* attività f. criminosa **4** BE COLLOQ. *(hassle)* ***what a ~!*** che casino! ***and all that*** ~ e robe simili **II capers** n.pl. *(antics)* avventure f.; stravaganze f.

3.caper /'keɪpə(r)/ intr. (anche **~ about, ~ around**) fare capriole, saltelli.

capercaillie /ˌkæpə'keɪlɪ/ n. (anche **capercailzie**) gallo m. cedrone.

Cape Town ♦ ***34*** n.pr. Città f. del Capo.

capful /'kæpfʊl/ n. (quanto può stare in un) berretto m.

cap gun n. pistola f. giocattolo a colpi.

capillary /kə'pɪlerɪ, AE 'kæpɪlərɪ/ **I** agg. capillare **II** n. capillare m.

1.capital /'kæpɪtl/ **I** n. **1** *(letter)* (lettera) maiuscola f. **2** (anche **~ city**) capitale f. **3 U** COMM. ECON. *(wealth)* capitale m.; *(funds)* capitali m.pl., fondi m.pl.; ***to make ~ out of sth.*** FIG. trarre profitto *o* vantaggio da qcs. **II** modif. [*loss, outlay, turnover*] di capitale **III** agg. **1** [*letter*] maiuscolo; ***crazy with a ~ C*** COLLOQ. matto da legare, proprio matto **2** DIR. [*offence, sentence*] capitale **3** *(essential)* capitale **4** BE ANT. COLLOQ. *(excellent)* eccellente, magnifico.

2.capital /'kæpɪtl/ n. ARCH. capitello m.

capital account n. conto m. capitale.

capital allowances n.pl. detrazioni f. per ammortamento (in conto capitale).

capital assets n.pl. capitale m.sing. fisso, immobilizzazioni f., cespiti m.

capital city n. capitale f.

capital cost n. costo m. di capitale.

capital expenditure n. ECON. spesa f. in conto capitale, spese f.pl. d'impianto; *(personal)* apporto m. personale di capitali.

capital gains tax n. imposta f. sulle plusvalenze, sulle rendite di capitale.

capital goods n.pl. beni m. capitali, beni m. strumentali.

capital-intensive industry n. industria f. a uso intensivo di capitali.

capital investment n. investimento m. di capitale.

capitalism /'kæpɪtəlɪzəm/ n. capitalismo m.; ***under*** ~ in un regime capitalista.

capitalist /'kæpɪtəlɪst/ **I** agg. capitalista **II** n. capitalista m. e f.

capitalistic /ˌkæpɪtə'lɪstɪk/ agg. capitalistico.

capitalization /ˌkæpɪtəlaɪ'zeɪʃn, AE -lɪ'z-/ n. **1** ECON. *(market value)* capitalizzazione f. **2** LING. uso m. di maiuscole.

capitalize /'kæpɪtəlaɪz/ **I** tr. **1** ECON. capitalizzare [*assets*] **2** LING. scrivere in maiuscolo **II** intr. ***to ~ on*** fare tesoro di, trarre vantaggio da [*situation*]; sfruttare [*advantage*].

capital punishment n. pena f. capitale.

capital reserves n.pl. riserva f.sing. statutaria.

capital spending n. spese f.pl. in conto capitale.

capital sum n. capitale m., somma f. capitale.

capital taxation n. imposizione f., tassazione f. patrimoniale.

capitation /ˌkæpɪ'teɪʃn/ n. (anche **~ fee**) ECON. capitazione f., tassa f. sulla persona.

Capitol Hill n. US **1** *(hill)* colle m. del Campidoglio **2** *(Congress)* Congresso m.

capitulate /kə'pɪtʃʊleɪt/ intr. MIL. capitolare, arrendersi (**to** di fronte a).

capitulation /kəˌpɪtʃʊ'leɪʃn/ n. MIL. capitolazione f., resa f. (**to** di fronte a).

caplet® /'kæplɪt/ n. = compressa di forma allungata.
capon /'keɪpən, -ɒn/ n. cappone m.
caprice /kə'pri:s/ n. *(whim)* capriccio m., fantasia f.
capricious /kə'prɪʃəs/ agg. capriccioso.
Capricorn /'kæprɪkɔ:n/ ➧ *38* n. **1** ASTROL. Capricorno m.; ***to be (a) ~*** essere del Capricorno *o* un Capricorno **2** GEOGR. ***tropic of ~*** Tropico del Capricorno.
caps /kæps/ n.pl. (accorc. capitals) maiuscole f.
capsicum /'kæpsɪkəm/ n. peperone m.
capsize /kæp'saɪz, AE 'kæpsaɪz/ **I** tr. rovesciare, capovolgere **II** intr. capovolgersi, rovesciarsi.
cap sleeve n. SART. manica f. ad aletta.
caps lock n. (⇒ capitals lock) fissamaiuscole m.
capstan /'kæpstən/ n. MAR. argano m., cabestano m.
capsule /'kæpsju:l, AE 'kæpsl/ n. capsula f.
Capt MIL. ⇒ Captain Capitano (Cap.).
1.captain /'kæptɪn/ ➧ *23* n. MIL. SPORT capitano m.; AE *(precinct commander) (in police)* capitano m., comandante m. di polizia; *(in fire service)* comandante m. di compagnia; ***naval, army ~*** capitano di vascello, dell'esercito; ***~ of industry*** FIG. capitano d'industria.
2.captain /'kæptɪn/ tr. capitanare [*team*]; comandare [*ship, platoon*].
1.caption /'kæpʃn/ n. **1** GIORN. didascalia f. (**to, for** di, che accompagna) **2** TELEV. CINEM. *(subtitle)* sottotitolo m.
2.caption /'kæpʃn/ tr. **1** ***to ~ the photo "souvenirs"*** mettere come didascalia alla foto "souvenirs" **2** CINEM. TELEV. sottotitolare [*film*].
captious /'kæpʃəs/ agg. [*remark*] capzioso.
captivate /'kæptɪveɪt/ tr. attrarre, affascinare, ammaliare.
captivating /'kæptɪveɪtɪŋ/ agg. affascinante, ammaliante.
captive /'kæptɪv/ **I** n. prigioniero m. (-a); ***to hold, take sb. ~*** tenere, fare qcn. prigioniero **II** agg. prigioniero; ***~ audience*** = pubblico involontario di un messaggio pubblicitario.
captivity /kæp'tɪvətɪ/ n. prigionia f.; *(of animals)* cattività f.
captor /'kæptə(r)/ n. *(of person)* chi cattura.
1.capture /'kæptʃə(r)/ n. *(of person, animal)* cattura f.; *(of stronghold)* conquista f., presa f.
2.capture /'kæptʃə(r)/ tr. **1** catturare [*person, animal*]; conquistare, prendere [*stronghold*]; COMM. conquistare [*market*] **2** FIG. cogliere [*moment, likeness*]; cogliere, rendere [*feeling, beauty*].
Capuchin /'kæpju:tʃɪn/ n. RELIG. cappuccino m.
car /kɑ:(r)/ **I** n. **1** AUT. auto(mobile) f., vettura f., macchina f. **2** FERR. carrozza f., vagone m., vettura f.; ***restaurant ~*** vagone ristorante **3** AE (anche **street~**) tram m. **II** modif. AUT. [*industry*] automobilistico; [*insurance*] auto, dell'automobile; [*journey, chase*] in automobile; [*accident*] d'auto.
carafe /kə'ræf/ n. caraffa f.
caramel /'kærəmel/ **I** n. **1** *(sugar)* caramello m., zucchero m. caramellato **2** *(toffee)* INTRAD. f. (caramella morbida a base di zucchero, latte e burro) **II** modif. [*dessert*] al, col caramello.
carat /'kærət/ **I** n. carato m. **II** modif. ***24-~ gold*** oro (a) 24 carati.
1.caravan /'kærəvæn/ **I** n. **1** carovana f.; *(for circus, gypsies)* carrozzone m. **2** BE AUT. (anche **holiday ~**) roulotte f. **II** modif. BE [*holiday*] in roulotte; [*site, park*] per ruolotte.
2.caravan /'kærəvæn/ intr. (forma in -ing ecc. **-nn-**) ***to go ~ning*** BE viaggiare in roulotte.
caraway /'kærəweɪ/ n. cumino m. dei prati, cumino m. tedesco, carvi m.
carbine /'kɑ:baɪn/ n. carabina f.
carbohydrate /ˌkɑ:bə'haɪdreɪt/ **I** n. carboidrato m. **II** modif. ***low~ diet*** dieta povera di carboidrati.
carbolic /kɑ:'bɒlɪk/ agg. fenico.
car bomb n. autobomba f.
carbon /'kɑ:bən/ **I** n. carbonio m. **II** modif. [*atom, compound*] di carbonio.
carbonated /'kɑ:bəneɪtɪd/ agg. [*drink*] gassato.
carbon copy n. copia f. carbone; FIG. copia f. perfetta.
carbon-date /ˌkɑ:bən'deɪt/ tr. datare al carbonio (14).
carbon dating n. datazione f. al carbonio (14).
carbon dioxide n. anidride f. carbonica, biossido m. di carbonio.
carbon fibre BE, **carbon fiber** AE n. fibra f. di carbonio.
carbon filter n. filtro m. al carbonio.
carbonic /kɑ:'bɒnɪk/ agg. carbonico.
carbonize /'kɑ:bənaɪz/ tr. carbonizzare.
carbon monoxide **I** n. (mon)ossido m. di carbonio **II** modif. [*poisoning*] da (mon)ossido di carbonio; [*monitor*] del tasso di (mon)ossido di carbonio.
carbon paper n. carta f. carbone.
car boot sale n. BE = vendita all'aperto, generalmente a scopo benefico, da parte di privati che espongono le merci nei bagagliai delle loro auto.
carbuncle /'kɑ:bʌŋkl/ ➧ *11* n. **1** MED. antrace m. **2** *(gem)* ANT. carbonchio m., granato m.
carburettor /ˌkɑ:bə'retə(r)/ BE, **carburetor** /'kɑ:rbəreɪtər/ AE n. carburatore m.
carcass /'kɑ:kəs/ n. carcassa f.
carcinogen /kɑ:'sɪnədʒən/ n. (agente) cancerogeno m.
carcinogenic /ˌkɑ:sɪnə'dʒenɪk/ agg. cancerogeno.
carcinoma /ˌkɑ:sɪ'nəʊmə/ n. (pl. **~s, -ata**) carcinoma m.
card /kɑ:d/ n. **1** *(for correspondence, greetings)* biglietto m.; *(postcard)* cartolina f. (postale); *(for indexing)* scheda f.; SPORT *(of referee)* cartellino m.; *(at races)* programma m.; *(in golf)* carta f. del punteggio; ***library ~*** tessera della biblioteca; ***Christmas ~*** biglietto natalizio; ***business ~*** biglietto da visita **2** GIOC. carta f. da gioco; ***to play ~s*** giocare a carte; ***one's strongest ~*** FIG. la (propria) carta migliore **3** BE ANT. COLLOQ. *(person)* tipo m. eccentrico, sagoma f. ♦ ***a ~ up one's sleeve*** un asso nella manica; ***it is on*** BE o ***in*** AE ***the ~s that*** è (molto) probabile che; ***an election is on*** o ***in the ~s*** molto probabilmente ci sarà un'elezione; ***to get*** o ***be given one's ~s*** BE RAR. COLLOQ. essere licenziato; ***to hold all the ~s*** avere tutte le carte in mano; ***to play one's ~s right*** giocare bene le proprie carte.
cardboard /'kɑ:dbɔ:d/ **I** n. cartone m. **II** modif. [*cut-out*] di cartone; ***~ box*** (scatola di) cartone.
cardboard city n. = zona della città in cui i senzatetto dormono all'aperto, spesso coperti da cartoni.
card-carrying /'kɑ:dˌkærɪŋ/ agg. ***~ member*** attivista, militante.
card catalogue, **card catalog** AE n. schedario m.
card game n. *(type of game)* gioco m. di carte; *(as activity)* partita f. a carte.
cardiac /'kɑ:dɪæk/ agg. cardiaco.
cardigan /'kɑ:dɪgən/ ➧ *28* n. cardigan m.
cardinal /'kɑ:dɪnl/ ➧ *9* **I** agg. [*sin*] mortale; [*principle, number, point*] cardinale **II** n. RELIG. cardinale m.
card index n. schedario m.
Cardiofunk® n. = esercizi che combinano aerobica e danza.
cardiogram /'kɑ:dɪəʊgræm/ n. cardiogramma m.
cardiologist /ˌkɑ:dɪ'ɒlədʒɪst/ ➧ *27* n. cardiologo m. (-a).
cardiology /ˌkɑ:dɪ'ɒlədʒɪ/ n. cardiologia f.
cardiovascular /ˌkɑ:dɪəʊ'væskjʊlə(r)/ agg. cardiovascolare.
card key n. scheda f. magnetica.
cardphone /'kɑ:dfəʊn/ n. telefono m. a schede.
cardsharper /'kɑ:dˌʃɑ:pə(r)/ n. baro m.
card swipe n. lettore m. di carta magnetica.
card trick n. trucco m. con le carte.
1.care /keə(r)/ n. **1** *(attention)* cura f., attenzione f.; ***to take ~ to do, not to do*** fare attenzione a fare, a non fare; ***to take ~ when doing*** fare attenzione nel fare *o* quando si fa; ***to take ~ that*** badare che *o* di; ***he took (great) ~ over*** o ***with his work*** è stato (molto) attento *o* diligente nel suo lavoro; ***to take ~ in doing*** mettere attenzione *o* essere diligente nel fare; ***"take ~!"*** "fa' attenzione!"; *(expression of farewell)* "riguardati!", "abbi cura di te!"; ***with ~*** con attenzione *o* cura; ***"handle with ~"*** "maneggiare con cura", "fragile"; ***to exercise due*** o ***proper ~*** AMM. DIR. prendere le precauzioni necessarie, usare i dovuti riguardi **2** *(looking after) (of person, animal)* cura f., cure f.pl.; *(of car, plant, house, clothes)* cura f.; ***to take ~ of*** *(deal with)* prendersi cura di [*child, client*]; MED. avere in cura [*patient*]; *(be responsible for)* occuparsi di [*garden, details*]; *(be careful with)* avere cura di, fare attenzione a [*machine, car*]; *(keep in good condition)* avere cura di [*teeth*]; *(look after)* badare a [*shop*]; custodire [*watch*]; ***to take good ~ of sb., sth.*** prendersi cura di qcn., qcs.; ***customer ~*** servizio di assistenza alla clientela; ***to put*** o ***leave sb., sth. in sb.'s ~*** affi-

dare *o* lasciare qcn., qcs. alle cure di qcn.; ***the patients in my ~*** i pazienti sotto la mia responsabilità; ***in the ~ of his father*** sotto la custodia del padre; ***John Smith, ~ of Mrs L. Smith*** *(on letter)* John Smith, presso la Sig.ra Smith; ***to take ~ of oneself*** *(look after oneself)* prendersi cura di sé; *(cope)* aggiustarsi da solo; *(defend oneself)* difendersi *o* vedersela da solo; ***that takes ~ of that*** (questo è) sistemato **3** MED. PSIC. cure m.pl. **4** BE AMM. ***to be in ~*** essere assistito da un ente assistenziale dello stato; ***to take*** o ***put a child into ~*** affidare un bambino a un ente assistenziale **5** *(worry)* preoccupazioni f.pl., cure f.pl.; ***without a ~ in the world*** franco e libero, senza pensieri.

2.care /keə(r)/ **I** tr. ***I don't ~ to do*** non mi interessa fare; ***he has more money than he ~s to admit*** ha più soldi di quanto non dica; *(as polite formula)* ***would you ~ to sit down?*** si vuole accomodare? **II** intr. **1** *(feel concerned)* ***she really ~s*** ci tiene, le sta a cuore; ***to ~ about*** interessarsi a [*art, culture, money, environment*]; preoccuparsi di, avere a cuore [*pupils, the elderly*]; ***I don't ~!*** non mi importa! ***what do I ~ if...?*** che mi importa se...? ***as if he ~d!*** come se gliene importasse qualcosa! ***he couldn't ~ less!*** non potrebbe importargliene *o* fregargliene di meno! ***for all he ~s*** per quel che gliene importa; ***I'm past caring*** non m'importa più, me ne infischio; ***who ~s?*** che importa? chi se ne frega? **2** *(love)* ***show him that you ~*** fagli vedere che gli vuoi bene *o* che ti importa di lui ♦ ***he doesn't ~ a fig*** o ***a damn*** COLLOQ. non gliene importa un fico secco *o* un accidente.

■ **care for:** ***~ for [sb., sth.]*** **1** *(like)* voler bene a, amare [*person*]; ***I don't ~ for whisky*** non mi piace il whisky; *(as polite formula)* ***would you ~ for a drink?*** gradisce qualcosa da bere? **2** *(look after)* prendersi cura di [*child, animal*]; aver cura di [*patient, wounded animal*] **3** *(maintain)* occuparsi di [*car, garden*]; avere cura di [*teeth*].

care assistant ➧ *27* n. BE MED. assistente m. sanitario.

care attendant ➧ *27* n. BE assistente m. e f. domiciliare.

1.career /kə'rɪə(r)/ **I** n. carriera f.; ***political ~*** carriera politica; ***a ~ in television, in teaching*** una carriera in televisione, nell'insegnamento; ***a ~ as a journalist*** una carriera come, da giornalista; ***throughout his school ~*** durante tutta la sua carriera scolastica **II** modif. [*diplomat, soldier*] di carriera.

2.career /kə'rɪə(r)/ intr. ***to ~ in*** entrare di gran carriera; ***to ~ off the road*** uscire di strada a tutta velocità; ***the car careered out of control*** perdemmo il controllo dell'auto.

career break n. interruzione f. della carriera.

career move n. promozione f., passo m. avanti nella carriera.

careers adviser ➧ *27* n. BE consulente m. e f. per l'orientamento professionale.

career(s) guidance n. orientamento m. professionale.

careers library n. centro m. per l'informazione e l'orientamento professionale.

careers office n. servizio m. di consulenza per l'orientamento professionale.

careers officer ➧ *27* n. BE → **careers adviser**.

careers service n. servizio m. di consulenza per l'orientamento professionale.

career woman n. (pl. **career women**) donna f. in carriera.

carefree /'keəfriː/ agg. [*person, smile, life*] spensierato.

careful /'keəfl/ agg. *(prudent)* [*person, driving*] prudente, cauto; *(meticulous)* [*preparation, work, research, examination*] accurato, attento; ***this equipment needs ~ handling*** questo dispositivo va maneggiato con cura; ***this matter needs ~ handling*** la faccenda va affrontata con attenzione; ***to be ~ to do*** o ***about doing*** fare attenzione a fare; ***to be ~ that*** fare attenzione che, badare che *o* di; ***to be ~ of sth.*** fare attenzione a qcs.; ***to be ~ with sth.*** fare attenzione a *o* stare attento con qcs.; ***to be ~ (when) doing*** fare attenzione nel fare *o* quando si fa; ***to be ~ what one says*** fare attenzione a ciò che si dice; ***"be ~!"*** "fa' attenzione!", "sta' attento!"; ***"you can't be too ~!"*** "non si è mai troppo attenti!", "l'attenzione non è mai troppa!".

carefully /'keəfəlɪ/ avv. [*walk, drive*] con prudenza, con attenzione; [*open, handle*] con attenzione, con cura; [*say, reply*] con attenzione; [*write, choose*] accuratamente, con cura; [*listen, read, look*] attentamente, con attenzione; ***drive ~!*** guidate con prudenza! ***go ~!*** siate prudenti!

careless /'keəlɪs/ agg. **1** *(negligent)* [*person*] negligente, disattento; [*work*] abborracciato, raffazzonato; [*writing*] sciatto, trascurato; [*driving, handling*] imprudente, disattento; [*talk*] incauto; ***~ mistake*** errore di distrazione; ***it was ~ of me to do*** è stato negligente da parte mia fare; ***to be ~ about sth., about doing*** essere negligente *o* disattento in qcs., nel fare; ***to be ~ with*** non avere cura di [*books, clothes*]; ***to be ~ of one's appearance*** non curarsi del proprio aspetto **2** *(carefree)* [*smile, wave*] spensierato; [*reply*] a cuor leggero; [*gesture*] spontaneo, naturale; ***~ of the risks*** senza preoccuparsi dei rischi.

carelessly /'keəlɪslɪ/ avv. **1** *(negligently)* [*do, act*] negligentemente, in modo disattento; [*make, repair*] alla bell'e meglio; [*write*] in modo sciatto, trascurato; [*drive*] in modo imprudente; [*break, lose*] per disattenzione; [*dressed, arranged*] in modo trascurato, con trascuratezza **2** *(in carefree way)* [*walk, wave*] spensieratamente; [*say*] a cuor leggero.

carelessness /'keəlɪsnɪs/ n. **1** *(negligence)* negligenza f., disattenzione f., trascuratezza f. **2** *(carefree attitude)* spensieratezza f.

carer /'keərə(r)/ ➧ *27* n. BE **1** *(relative or friend)* = chi si occupa di un malato o portatore di handicap **2** *(professional)* assistente m. e f. domiciliare, badante m. e f.

1.caress /kə'res/ n. carezza f.

2.caress /kə'res/ tr. accarezzare, carezzare.

caretaker /'keəteɪkə(r)/ ➧ *27* **I** n. BE *(at club etc.)* custode m. e f., guardiano m. (-a); *(at school)* custode m. e f., bidello m. (-a); *(in apartments)* portinaio m. (-a), portiere m. (-a) **II** modif. [*government, administration*] provvisorio; [*president*] ad interim.

care worker ➧ *27* n. BE assistente m. e f. sociale.

careworn /'keəwɔːn/ agg. [*face*] segnato (dalle preoccupazioni).

car ferry n. traghetto m. per automobili.

cargo /'kɑːgəʊ/ n. (pl. **~es, ~s**) carico m.

cargo pants n.pl. pantaloni m. con tasconi laterali.

cargo plane n. (aereo) cargo m., aereo m. da carico.

cargo ship n. cargo m., nave f. da carico.

car hire n. autonoleggio m.

car hire company n. società f. di autonoleggio.

Caribbean /ˌkærɪ'biːən/ ➧ *20* **I** agg. caraibico **II** n. **1** *(sea)* Mar m. dei Caraibi **2** *(person)* nativo m. (-a), abitante m. e f. dei Caraibi **III** modif. [*climate, cookery*] dei Caraibi; ***~ carnival*** carnevale giamaicano (festa degli immigrati caraibici che si tiene a Londra in estate).

Caribbean Islands ➧ *12* n.pr.pl. Antille f.

1.caricature /'kærɪkətʃʊə(r)/ n. caricatura f.

2.caricature /'kærɪkətʃʊə(r)/ tr. fare la caricatura di, caricaturare.

caricaturist /'kærɪkətʃʊərɪst/ ➧ *27* n. caricaturista m. e f.

caries /'keəriːz/ n. (pl. ~) carie f.

caring /'keərɪŋ/ **I** n. assistenza f. sociale e sanitaria **II** modif. [*profession*] di assistenza sociale e sanitaria; ***~ professionals*** assistenti sociali e sanitari **III** agg. **1** *(loving)* [*parent, husband*] premuroso; [*environment*] cordiale **2** *(compassionate)* [*person, attitude*] altruista, generoso; [*government, society*] attento al sociale.

carjacking /'kɑːdʒækɪŋ/ n. = attacco al conducente di un'auto allo scopo di derubarlo o di rubare il veicolo per utilizzarlo in altri crimini.

carload /'kɑːləʊd/ n. ***a ~ of people*** un'auto carica di persone.

Carmelite /'kɑːməlaɪt/ **I** n. *(monk)* carmelitano m.; *(nun)* carmelitana f. **II** modif. [*monastery*] carmelitano.

carmine /'kɑːmaɪn/ ➧ *5* **I** n. carminio m. **II** agg. carminio.

carnage /'kɑːnɪdʒ/ n. carneficina f., strage f. (anche FIG.).

carnal /'kɑːnl/ agg. [*pleasure, desire*] carnale.

carnation /kɑː'neɪʃn/ n. garofano m.

carnation pink ➧ *5* **I** n. rosa m. incarnato, carnicino m. **II** agg. rosa incarnato, carnicino.

carnation red ➧ *5* **I** n. rosso m. **II** agg. rosso.

Carnic Alps /ˌkɑːnɪk'ælps/ n.pr.pl. Alpi f. Carniche.

carnival /'kɑːnɪvl/ **I** n. **1** BE *(before Lent)* carnevale m.; *(festive procession)* festa f. popolare **2** *(funfair)* luna park m., parco m. di divertimenti **II** modif. BE [*parade, atmosphere*] di carnevale, carnevalesco.

carnivore /'kɑːnɪvɔː(r)/ n. **1** ZOOL. carnivoro m. **2** pianta f. carnivora.

carnivorous /kɑ:ˈnɪvərəs/ agg. carnivoro.
carob /ˈkærəb/ **I** n. **1** *(tree)* carrubo m. **2** *(pod)* carruba f. **II** modif. GASTR. [*bar, powder*] di carrube.
carol /ˈkærəl/ n. canto m. di Natale.
Carol /ˈkærəl/ n.pr. Carola.
Caroline /ˈkærəˌlaɪn/ n.pr. Carolina.
Carolingian /ˌkærəˈlɪndʒɪən/ agg. STOR. carolingio.
carotid /kəˈrɒtɪd/ **I** n. carotide f. **II** agg. [*artery*] carotideo.
carousel /ˌkærəˈsel/ n. **1** AE *(merry-go-round)* giostra f. **2** *(for luggage)* nastro m. trasportatore **3** FOT. *(for slides)* caricatore m. circolare.
1.carp /kɑ:p/ n. (pl. ~, ~**s**) *(fish)* carpa f.
2.carp /kɑ:p/ intr. COLLOQ. cavillare (**about** su).
car park n. BE parcheggio m., autoparco m.
Carpathians /kɑ:ˈpeɪθjənz/ n.pr.pl. Carpazi m.
carpenter /ˈkɑ:pəntə(r)/ ♦ *27* n. *(joiner)* falegname m.; *(on building site)* carpentiere m.
carpentry /ˈkɑ:pəntrɪ/ n. falegnameria f.; *(structural)* carpenteria f.
1.carpet /ˈkɑ:pɪt/ **I** n. **1** *(fitted)* moquette f.; *(loose)* tappeto m. **2** FIG. tappeto m.; ~ ***of flowers*** tappeto di fiori; ~ ***of snow*** manto di neve **II** modif. [*shampoo*] per tappeti; [*showroom*] di tappeti ♦ ***to brush*** o ***sweep sth. under the*** ~ nascondere *o* insabbiare qcs.
2.carpet /ˈkɑ:pɪt/ tr. **1** moquettare [*room*]; ***to*** ~ ***the living room floor*** mettere la moquette in soggiorno **2** FIG. *(reprimand)* dare una lavata di capo a [*employee*].
carpetbagger /ˈkɑ:pɪtbægə(r)/ n. **1** AE STOR. = avventuriero nordista che si recava negli Stati del Sud dopo la guerra civile per trarre profitti dalla ricostruzione **2** POL. = candidato estraneo al collegio elettorale in cui si presenta.
carpet beater n. battipanni m.
carpet bombing n. MIL. bombardamento m. a tappeto.
carpet fitter ♦ *27* n. moquettista m. e f.
carpeting /ˈkɑ:pɪtɪŋ/ n. moquette f.
carpet slipper n. pantofola f. chiusa.
carpet sweeper n. battitappeto m.
carpet tile n. riquadro m. di moquette.
car phone n. telefono m. da auto.
carpi /ˈkɑ:paɪ/ → **carpus**.
carping /ˈkɑ:pɪŋ/ **I** n. **U** capziosità f. **II** agg. [*criticism, person*] capzioso, cavilloso.
carpus /ˈkɑ:pəs/ n. (pl. **-i**) ANAT. carpo m.
car radio n. autoradio f.
car rental n. → **car hire**.
carriage /ˈkærɪdʒ/ n. **1** *(vehicle) (ceremonial)* carrozza f.; *(for transport)* vettura f. **2** *(of train)* carrozza f., vagone m. (passeggeri) **3** **U** *(of goods, passengers)* trasporto m. (**by** per); ~ ***free*** trasporto pagato, franco a domicilio; ~ ***paid*** franco di porto; ~ ***forward*** porto assegnato **4** TECN. *(of typewriter)* carrello m. **5** *(bearing)* portamento m., contegno m.
carriage clock n. sveglia f. da viaggio.
carriageway /ˈkærɪdʒweɪ/ n. carreggiata f., corsia f.
carrier /ˈkærɪə(r)/ n. **1** *(transport company)* vettore m., corriere m., spedizioniere m.; *(airline)* compagnia f. aerea, vettore m. aereo; ***to send sth. by*** ~ spedire qcs. per corriere **2** *(on a bicycle)* portapacchi m. **3** *(of disease)* portatore m. (-trice) **4** BE (anche ~ **bag**) borsa f. (di plastica, di carta).
carrier pigeon n. colombo m., piccione m. viaggiatore.
carrion /ˈkærɪən/ n. (anche ~ **flesh**) carogna f.
carrot /ˈkærət/ n. carota f.
carrot and stick agg. FIG. [*approach, tactics*] del bastone e della carota.
carroty /ˈkærətɪ/ agg. COLLOQ. [*hair*] color carota.
1.carry /ˈkærɪ/ n. *(range)* portata f.
2.carry /ˈkærɪ/ **I** tr. **1** portare [*load, bag, news, message*]; ***to*** ~ ***the child across the road*** fare attraversare la strada al bambino; ***to*** ~ ***cash, a gun*** portare con sé dei contanti, portare una pistola; ***to*** ~ ***a memory in one's mind*** portarsi dentro un ricordo; ***to*** ~ ***sth. too far*** FIG. passare il segno, oltrepassare i limiti **2** [*vehicle, pipe, wire, wind, tide, stream*] portare, trasportare; ***licensed to*** ~ ***passengers*** autorizzato al trasporto di passeggeri; ***to be carried on the wind*** essere trasportato dal vento; ***her talent will*** ~ ***her a long way*** il suo talento le farà fare molta strada **3** *(feature)* contenere [*warning, guarantee, report*]; presentare, riportare [*symbol, label*]; ***"The Gazette" will*** ~ ***the ad*** "La Gazzetta" pubblicherà l'annuncio **4** *(entail)* comportare, implicare [*risk, responsibility*]; essere passibile di [*penalty*]; ***to*** ~ ***conviction*** essere convincente **5** *(bear, support)* [*bridge, road*] sostenere, sopportare [*load, traffic*] **6** *(win)* conquistare [*state, constituency*]; vincere [*battle, match*]; ***the motion was carried by 20 votes to 13*** la mozione fu approvata per 20 voti contro 13; ***to*** ~ ***all before one*** stravincere, avere un successo travolgente **7** MED. trasmettere, diffondere [*disease*]; ***she is*** ~***ing the HIV virus*** è sieropositiva **8** *(be pregnant with)* [*woman*] essere incinta di [*girl, twins*]; [*animal*] aspettare [*young*] **9** COMM. *(stock, sell)* trattare, vendere [*item, brand*]; ***we*** ~ ***a wide range of*** abbiamo una vasta scelta di **10** *(hold, bear)* tenere [*tail, head*]; ***he was*** ~***ing his arm awkwardly*** teneva il braccio in modo strano **11** MAT. riportare [*one, two*] **II** intr. [*sound, voice*] raggiungere, arrivare; ***to*** ~ ***well*** essere ben udibile **III** rifl. ***to*** ~ ***oneself*** comportarsi ♦ ***to get carried away*** COLLOQ. farsi trasportare, perdere il controllo.
■ **carry back:** ~ ***back [sth.]***, ~ ***[sth.] back*** riportare [*object*]; ~ ***[sb.] back*** *(in memory)* riportare alla mente [*person*].
■ **carry forward:** ~ ***forward [sth.]***, ~ ***[sth.] forward*** riportare a nuovo [*balance, total, sum*].
■ **carry off:** ~ ***off [sth.]*** *(win)* portarsi a casa [*prize, medal*]; ***to*** ~ ***it off*** COLLOQ. *(succeed)* riuscire, farsi onore; ~ ***off [sb.]***, ~ ***[sb.] off*** [*illness, disease*] portare via [*person, animal*].
■ **carry on:** ~ ***on*** **1** *(continue)* continuare (**doing** a fare); ***to*** ~ ***on down*** o ***along the road*** proseguire lungo la strada; ***to*** ~ ***on with sth.*** continuare *o* andare avanti con qcs. **2** COLLOQ. *(behave)* comportarsi **3** COLLOQ. *(have affair)* avere una relazione **4** COLLOQ. *(talk, go on)* fare storie, farla lunga; ~ ***on [sth.]*** **1** *(conduct)* condurre, svolgere [*business*]; intrattenere [*correspondence*]; fare, avere [*conversation*] **2** *(continue)* mantenere [*tradition*]; proseguire [*activity, discussion*].
■ **carry out:** ~ ***out [sth.]***, ~ ***[sth.] out*** realizzare, portare a termine [*plan, experiment, study, reform*]; effettuare, compiere [*attack, operation, repairs*]; eseguire [*orders, punishment*]; seguire [*recommendations*]; portare avanti [*investigation, campaign*]; adempiere [*duties, mission*]; mettere in atto [*threat*]; adempiere, mantenere [*promise*].
■ **carry over:** ~ ***over into*** [*problem, rivalry*] estendersi a [*personal life*]; ~ ***sth. over into*** estendere a [*private life, area of activity, adulthood*]; ~ ***over [sth.]***, ~ ***[sth.] over*** riportare [*debt*].
■ **carry through:** ~ ***through [sth.]***, ~ ***[sth.] through*** portare a termine, realizzare [*reform, policy, task*]; ~ ***[sb.] through*** [*humour*] sostenere [*person*].
carryall /ˈkærɪˌɔ:l/ n. AE borsa f., borsone m.
carrycot /ˈkærɪˌkɒt/ n. BE culla f. portatile.
carrying-on /ˌkærjɪŋˈɒn/ n. (pl. **carryings-on**) COLLOQ. *(noisy or excited behaviour)* casino m.; *(dishonest behaviour)* traffico m.
carry-on /ˈkærɪɒn/ n. **U** COLLOQ. *(fuss)* casino m.
carryout /ˈkærɪaʊt/ n. BE *(food)* cibo m. da asporto.
car seat n. sedile m. di auto.
carsick /ˈkɑ:sɪk/ agg. ***to be*** ~ avere il mal d'auto.
car sickness ♦ *11* n. mal m. d'auto.
1.cart /kɑ:t/ n. *(for goods)* carro m., carretto m.; *(for passengers)* calesse m. ♦ ***to put the*** ~ ***before the horse*** mettere il carro davanti ai buoi.
2.cart /kɑ:t/ tr. **1** (anche ~ **around,** ~ **about**) COLLOQ. *(drag, lug)* portare [*luggage, shopping*] **2** AGR. trasportare con un carro [*hay*].
■ **cart off** COLLOQ. ~ ***[sb.] off*** portare via di forza.
carte blanche /ˌkɑ:tˈblɑ:nʃ/ n. carta f. bianca.
cartel /kɑ:ˈtel/ n. cartello m.; ***drug*** ~ cartello della droga.
Cartesian /kɑ:ˈti:zɪən/ **I** agg. cartesiano **II** n. cartesiano m. (-a).
carthorse /ˈkɑ:thɔ:s/ n. cavallo m. da tiro.
Carthusian /kɑ:ˈθju:zɪən/ RELIG. **I** n. certosino m. **II** modif. [*monk*] certosino.
cartilage /ˈkɑ:tɪlɪdʒ/ n. cartilagine f.
cartload /ˈkɑ:tləʊd/ n. carrettata f.
cartographer /kɑ:ˈtɒgrəfə(r)/ ♦ *27* n. cartografo m. (-a).
cartography /kɑ:ˈtɒgrəfɪ/ n. cartografia f.

carton /ˈkɑːtn/ n. *(small)* scatola f. di cartone; AE *(for house removals)* imballaggio m., cartone m.; *(of yoghurt, ice cream, juice, milk)* confezione f.; *(of cigarettes)* stecca f.
cartoon /kɑːˈtuːn/ n. **1** CINEM. cartone m., disegno m. animato **2** *(drawing)* vignetta f., disegno m. umoristico; *(in comic)* (anche **strip ~**) fumetto m. **3** ART. *(sketch)* cartone m.
cartoonist /kɑːˈtuːnɪst/ ➧ *27* n. **1** CINEM. disegnatore m. (-trice) di cartoni animati **2** GIORN. vignettista m. e f.; *(of strip cartoons)* fumettista m. e f.
cartridge /ˈkɑːtrɪdʒ/ n. **1** *(for pen, printer, gun)* cartuccia f. **2** *(for video)* cassetta f.; *(for stylus)* testina f. **3** FOT. *(for camera)* caricatore m., rullino m.
cartridge belt n. cartucciera f., giberna f.
cartridge paper n. ART. carta f. grossa da disegno.
cartridge pen n. (penna) stilografica f.
cart-track /ˈkɑːttræk/ n. (strada) carreggiabile f., carraia f.
cartwheel /ˈkɑːtwiːl, AE -hwiːl/ n. **1** *(in gymnastics)* ruota f.; ***to do*** o ***turn a ~*** fare la ruota **2** ruota f. di carro.
carve /kɑːv/ **I** tr. **1** *(shape)* intagliare [*wood, figure*]; ***to ~ a piece of wood into a figure*** ricavare una figura da un pezzo di legno **2** *(sculpt)* scolpire [*stone, figure*] **3** aprire [*channel*] (**out of, from** in) **4** *(inscribe)* incidere [*letters, motif*] **5** GASTR. tagliare, trinciare, scalcare [*meat*] **II** intr. tagliare la carne (a tavola); ***will you ~?*** vuoi tagliare la carne?
▪ **carve out:** ***~ out [sth.], ~ [sth.] out*** **1** FIG. crearsi, farsi [*name, reputation, career*]; ricavarsi, ritagliarsi [*niche, market*] **2** aprire [*gorge, channel*].
▪ **carve up:** ***~ up [sth.], ~ [sth.] up*** COLLOQ. SPREG. *(share)* spartire [*territory, market*]; ***~ up [sb.]*** COLLOQ. **1** *(with knife)* accoltellare; *(with razor)* sfregiare **2** AUT. superare tagliando la strada.
carvery /ˈkɑːvərɪ/ n. BE = buffet in cui vengono servite carni arrosto.
carving /ˈkɑːvɪŋ/ n. **1** *(figure)* intaglio m.; *(sculpture)* scultura f. **2** *(technique)* incisione f. **3** GASTR. scalcheria f.
carving knife n. (pl. **carving knives**) trinciante m., coltello m. da scalco.
car wash n. autolavaggio m.
car worker ➧ *27* n. operaio m. (-a) di industria automobilistica.
1.cascade /kæˈskeɪd/ n. cascata f. (anche INFORM.).
2.cascade /kæˈskeɪd/ intr. scendere, cadere a cascata.
1.case /keɪs/ n. **1** *(instance, example)* caso m.; ***on a ~ by ~ basis*** caso per caso; ***in which ~*** o ***in that ~*** in tal caso; ***in such*** o ***these ~s*** in questi casi; ***a ~ in point*** un esempio significativo *o* calzante; ***it was a ~ of making a quick decision*** si trattava di prendere un decisione immediata; ***it's simply a ~ of waiting*** non si deve far altro che attendere **2** *(state of affairs, situation)* caso m.; ***such*** o ***this being the ~*** stando così le cose; ***is it the ~ that...?*** è vero che...? ***as*** o ***whatever the ~ may be*** a seconda dei casi; ***should this be the ~*** o ***if this is the ~, contact your doctor*** in tal caso, rivolgetevi al vostro medico **3** *(legal arguments)* ***the ~ for the Crown*** BE, ***the ~ for the State*** AE la tesi dell'accusa; ***the ~ for the defence*** la tesi della difesa; ***to state the ~*** esporre i fatti; ***the ~ against Foster*** la causa contro Foster; ***the ~ is closed*** DIR. il caso è chiuso (anche FIG.) **4** *(convincing argument)* argomenti m.pl., ragioni f.pl.; ***to make a good ~ for sth.*** addurre validi argomenti a favore di qcs.; ***to argue the ~ for privatization*** sostenere la causa della privatizzazione; ***there's a strong ~ for, against doing*** ci sono ottime ragioni per fare, per non fare **5** *(trial)* causa f., processo m.; ***criminal, divorce ~*** causa penale, di divorzio; ***murder ~*** processo per omicidio; ***to win one's ~*** vincere la causa; ***famous ~s*** le cause celebri **6** *(criminal investigation)* caso m.; ***the Burgess ~*** il caso Burgess **7** MED. caso m. **8** COLLOQ. *(person)* ***he's a real ~!*** è davvero un tipo strano! ***a hopeless ~*** un caso disperato; ***a hard ~*** un osso duro **9** LING. caso m.; ***in the accusative ~*** all'accusativo **10 in any case** *(besides, anyway)* a ogni modo, comunque; *(at any rate)* in ogni caso, in qualsiasi caso **11 in case** in caso, se; ***in ~ it rains*** nel caso piovesse; ***just in ~*** non si sa mai **12 in case of** in caso di.
2.case /keɪs/ n. **1** *(suitcase)* valigia f. **2** *(crate, chest)* cassa f., cassetta f. **3** *(display cabinet)* vetrina f., teca f. **4** *(for spectacles, binoculars)* astuccio m., custodia f.; *(for cartridge)* bossolo m.; *(for pistol)* fondina f.; *(for rifle, knife)* fodero m.; *(for jewels)* portagioielli m., scrigno m.; *(of camera)* corpo m. macchina: *(of watch)* cassa f.; *(of piano)* cassa f. (armonica).
CASE /keɪs/ n. (⇒ computer-aided software engineering sviluppo di software assistito dall'elaboratore) CASE m.
casebook /ˈkeɪsbʊk/ n. *(kept by lawyer, doctor)* registro m., schedario m.
case history n. **1** MED. anamnesi f. **2** *(exemplary study)* → **case study**.
casein /ˈkeɪsiːn/ n. caseina f.
case law n. diritto m. giurisprudenziale.
caseload /ˈkeɪsləʊd/ n. clientela f.; ***to have a heavy ~*** avere numerosi casi da trattare.
casement /ˈkeɪsmənt/ n. LETT. finestra f.
case notes n.pl. dossier m.sing., pratica f.sing.
case study n. studio m. analitico, casistica f.
case system n. LING. sistema m. dei casi.
casework /ˈkeɪswɜːk/ n. ***to be involved in*** o ***to do ~*** essere impegnato nell'assistenza sociale, fare assistenza sociale.
caseworker /ˈkeɪswɜːkə(r)/ ➧ *27* n. assistente m. e f. sociale.
1.cash /kæʃ/ **I** n. **1** *(notes and coins)* contanti m.pl., denaro m. liquido; *(in)* ***~*** in contanti; ***I haven't got any ~ on me*** non ho denaro liquido con me **2** *(money in general)* soldi m.pl., denaro m. **3** *(immediate payment)* pagamento m. in contanti; ***discount for ~*** sconto per pagamento in contanti **II** modif. [*advance, offer, price*] in contanti; [*deposit, refund, prize*] in denaro; ***~ book*** libro (di) cassa.
2.cash /kæʃ/ tr. incassare, riscuotere [*cheque*].
▪ **cash in:** ***~ in*** incassare; ***to ~ in on*** approfittare di [*popularity, event*]; ***~ in [sth.], ~ [sth.] in*** riscuotere [*bond, policy*]; AE incassare, riscuotere [*check*]; incassare [*gambling chips*].
cash-and-carry /ˌkæʃənˈkærɪ/ n. cash-and-carry m.
cash box n. cassa f.
cash card n. tessera f. Bancomat®, Bancomat® m.
cash crop n. = prodotto agricolo destinato alla vendita e non al consumo diretto.
cash desk n. cassa f.
cash dispenser n. (sportello) Bancomat® m.
cashew /ˈkæʃuː/ n. (anche **~ nut**) anacardio m.
cash flow n. flusso m. di cassa, cash flow m.
1.cashier /kæˈʃɪə(r)/ ➧ *27* n. cassiere m. (-a).
2.cashier /kæˈʃɪə(r)/ tr. MIL. destituire [*officer*]; licenziare [*employee*].
cash limit n. limite m. di cassa.
cashmere /ˌkæʃˈmɪə(r)/ **I** n. cachemire m. **II** modif. [*sweater*] di cachemire.
cash on delivery n. contrassegno m., pagamento m. alla consegna.
cashpoint /ˈkæʃpɔɪnt/ n. → **cash dispenser**.
cashpoint card n. → **cash card**.
cash register n. registratore m. di cassa.
cash reserves n.pl. riserve f. monetarie, liquide.
casing /ˈkeɪsɪŋ/ n. **1** *(of bomb, machinery)* rivestimento m., involucro m.; *(of gearbox)* scatola f.; *(of tyre)* copertone m. **2** *(of window, door)* intelaiatura f., infisso m.
casino /kəˈsiːnəʊ/ n. casinò m.
cask /kɑːsk, AE kæsk/ n. botte f., barile m.
casket /ˈkɑːskɪt, AE ˈkæskɪt/ n. **1** *(box)* cofanetto m., scrigno m. **2** *(coffin)* bara f.
cassava /kəˈsɑːvə/ n. BOT. manioca f.; GASTR. cassava f., farina f. di manioca.
1.casserole /ˈkæsərəʊl/ n. GASTR. **1** *(container)* casseruola f. **2** BE *(food)* = piatto specialmente di carne o pesce cotto in casseruola.
2.casserole /ˈkæsərəʊl/ tr. cuocere in casseruola.
cassette /kəˈset/ n. cassetta f.; ***to record on ~*** registrare su cassetta.
cassette deck n. piastra f. di registrazione.
cassette player n. registratore m. (a cassette).
cassette recorder n. registratore m. a cassetta.
cassette tape n. (audio)cassetta f.
Cassius /ˈkæsɪəs, AE -ʃəs/ n.pr. Cassio.
cassock /ˈkæsək/ n. tonaca f., abito m. talare.
1.cast /kɑːst, AE kæst/ n. **1** CINEM. TEATR. TELEV. cast m.; ***the members of the ~*** gli attori del cast; ***~ and credits*** titoli; ***~ of characters*** *(in play, novel)* elenco dei personaggi; ***a strong ~***

un cast d'eccezione **2** ART. TECN. *(mould)* stampo m., calco m.; *(moulded object)* calco m., forma f. **3** *(arrangement)* **~ *of mind*** struttura mentale, forma mentis **4** *(act of throwing) (of dice, stone)* tiro m., lancio m.; PESC. lancio m. **5** MED. *(squint)* strabismo m.; ***to have a ~ in one eye*** essere strabico da un occhio **6** MED. (anche **plaster ~**) gesso m., ingessatura f.; ***to have one's arm in a ~*** avere un braccio ingessato.

2.cast /kɑ:st, AE kæst/ tr. (pass., p.pass. **cast**) **1** *(throw)* gettare, lanciare [*stone, net, fishing line*]; tirare [*dice*]; gettare [*light, shadow*]; ***to be cast into prison*** essere sbattuto in prigione; ***to ~ doubt on sth.*** mettere in dubbio qcs.; ***to ~ a spell on sb.*** fare un incantesimo a qcn., stregare qcn. **2** *(direct)* gettare [*glance, look*]; ***her eyes were cast downwards*** aveva lo sguardo basso; ***to ~ one's eyes around the room, over a letter*** dare uno sguardo alla stanza, a una lettera; ***to ~ one's mind back over sth.*** tornare indietro col pensiero a qcs., ricordare qcs. **3** CINEM. TEATR. TELEV. distribuire, assegnare le parti di [*play, film*]; ***she was cast in the role of*** o ***as Blanche*** le fu assegnata la parte di Blanche **4** *(shed)* perdere [*leaves, feathers*]; ***the snake ~s its skin*** il serpente cambia la pelle **5** ART. TECN. colare [*plaster*]; fondere, gettare [*metal*] **6** POL. ***to ~ one's vote*** votare, dare il proprio voto.

▪ **cast about** BE, **cast around:** ~ **about** **for** cercare [*excuse*].

▪ **cast down:** ~ **down** **[sth.]**, ~ **[sth.]** **down** **1** abbattere, buttare giù [*object*]; abbassare, deporre [*weapons*]; abbassare [*eyes, head*] **2** ***to be cast down*** LETT. essere abbattuto, depresso.

▪ **cast off:** ~ **off** **1** MAR. salpare **2** *(in knitting)* chiudere (le maglie); ~ **off** **[sth.]**, ~ **[sth.]** **off** **1** *(discard)* smettere, disfarsi di [*garment*]; liberarsi da [*chains*]; abbandonare [*lover*] **2** MAR. sciogliere, mollare [*mooring line*] **3** *(in knitting)* chiudere [*stitches*].

▪ **cast on:** ~ **on** *(in knitting)* mettere su le maglie, i punti; ~ **on** **[sth.]** mettere su [*stitch*].

▪ **cast out:** ~ **out** **[sth., sb.]**, ~ **[sth., sb.]** **out** LETT. espellere, cacciare.

castanets /ˌkæstəˈnets/ ➧ **17** n.pl. nacchere f., castagnette f.

castaway /ˈkɑstəweɪ, AE ˈkæst-/ n. naufrago m. (-a).

caste /kɑ:st, AE kæst/ n. casta f.; ***the ~ system*** il sistema delle caste.

caster /ˈkɑ:stə(r), AE ˈkæstər/ n. **1** *(shaker) (for salt)* spargisale m., saliera f.; *(for pepper)* spargipepe m., pepaiola f.; *(for sugar)* spargizucchero m. **2** *(wheel)* rotella f.

caster sugar n. BE zucchero m. semolato, raffinato.

castigate /ˈkæstɪgeɪt/ tr. FORM. castigare, punire (**for sth.** per qcs.; **for doing** per aver fatto).

casting /ˈkɑ:stɪŋ, AE ˈkæst-/ n. **1** *(throwing)* (il) gettare, (il) lanciare **2** METALL. *(act)* gettata f.; *(object)* getto m. **3** CINEM. TEATR. TELEV. casting m.

casting director ➧ **27** n. direttore m. (-trice) del casting.

casting out nines n. MAT. prova f. del nove.

casting vote n. voto m. decisivo.

cast iron I n. ghisa f. **II cast-iron** modif. **1** [*object*] di ghisa **2** FIG. [*alibi, excuse*] di ferro.

castle /ˈkɑ:sl, AE ˈkæsl/ n. **1** ARCH. castello m. **2** *(in chess)* torre f. ♦ ***~s in the air*** o ***in Spain*** AE castelli in aria.

cast-off /ˈkɑ:stɒf, AE ˈkæst-/ **I cast-offs** n.pl. **1** *(clothes)* abiti m. smessi **2** FIG. ***society's ~s*** gli emarginati della società, i reietti **II** agg. [*garment*] smesso.

castor /ˈkɑ:stə(r), AE ˈkæs-/ n. *(wheel)* (anche **caster**) rotella f.

castor oil n. olio m. di ricino.

castor sugar → **caster sugar**.

castrate /kæˈstreɪt, AE ˈkæstreɪt/ tr. castrare [*man, animal*]; FIG. mutilare, espurgare [*book*].

casual /ˈkæʒʊəl/ **I** agg. **1** *(informal)* [*clothes*] casual, sportivo; [*manner*] informale; ***to have a ~ chat*** chiacchierare del più e del meno **2** *(occasional)* [*acquaintance*] occasionale; ***~ sex*** rapporti sessuali occasionali **3** *(nonchalant)* [*gesture, tone*] indifferente, disinvolto **4** SPREG. [*violence, remark*] gratuito; [*assumption*] infondato **5** [*glance, onlooker*] superficiale, distratto; ***to the ~ eye it seems that*** all'occhio distratto sembra che **6** *(chance)* [*encounter*] fortuito, accidentale **7** [*worker, labour*] *(temporary)* avventizio, temporaneo; *(occasional)* occasionale **II** n. *(worker) (temporary)* lavoratore m. (-trice) temporaneo (-a), avventizio (-a); *(occasional)* lavoratore m. (-trice) occasionale **III casuals** n.pl. *(clothes)* abiti m. casual, abiti m. sportivi.

casually /ˈkæʒʊəlɪ/ avv. **1** [*inquire, remark*] con aria indifferente; [*glance, leaf through*] distrattamente; ***to stroll ~*** fare due passi **2** [*dressed*] in modo informale, semplicemente **3** [*hurt*] accidentalmente **4** [*employed*] temporaneamente, occasionalmente.

casualness /ˈkæʒʊəlnɪs/ n. **1** *(of manner, tone)* indifferenza f. **2** *(of clothes, dress)* informalità f., semplicità f.

casualty /ˈkæʒʊəltɪ/ **I** n. **1** *(person)* vittima f. **2** *(part of hospital)* pronto soccorso m.; ***in ~*** al pronto soccorso **3** FIG. *(person, plan)* vittima f.; ***to be a ~ of sth.*** essere vittima di qcs. **II casualties** n.pl. *(soldiers)* perdite f.; *(civilians)* vittime f. **III** modif. **1** [*department, ward*] di pronto soccorso; [*nurse*] del pronto soccorso **2** MIL. [*list*] delle perdite.

cat /kæt/ **I** n. **1** *(domestic)* gatto m.; *(female)* gatta f. **2** *(feline)* felino m. **3** COLLOQ. SPREG. *(woman)* donna f. dispettosa, strega f. **II** modif. [*basket, food*] per gatti; ***the ~ family*** i felini ♦ ***to be like a ~ on a hot tin roof*** o ***on hot bricks*** stare sui carboni ardenti; ***to fight like ~ and dog*** essere come cane e gatto; ***to let the ~ out of the bag*** lasciarsi scappare un segreto; ***to rain ~s and dogs*** piovere a catinelle; ***to think one is the ~'s whiskers*** BE o ***pajamas*** AE o ***meow*** AE = credersi chissà chi; ***when the ~'s away, the mice will play*** quando il gatto non c'è i topi ballano; ***to play ~ and mouse with sb.*** giocare con qcn. come il gatto con il topo.

CAT n. **1** GB (⇒ College of Advanced Technology) = istituto superiore di tecnologia **2** INFORM. (⇒ computer-assisted teaching) = insegnamento assistito dall'elaboratore **3** MED. (⇒ computerized axial tomography tomografia assiale computerizzata) TAC f.

cataclysm /ˈkætəklɪzəm/ n. cataclisma m. (anche FIG.)

catacombs /ˈkætəku:mz, AE -kəʊmz/ n.pl. catacombe f.

Catalan /ˈkætəlæn/ ➧ **14 I** agg. catalano **II** n. **1** *(person)* catalano m. (-a) **2** *(language)* catalano m.

catalepsy /ˈkætəlepsɪ/ n. MED. catalessi f.

1.catalogue, catalog AE /ˈkætəlɒg, AE -lɔ:g/ n. **1** *(of goods, books)* catalogo m. **2** *(series)* serie f. **3** AE UNIV. elenco m. dei corsi.

2.catalogue, catalog AE /ˈkætəlɒg, AE -lɔ:g/ tr. catalogare, inserire in catalogo.

Catalonia /ˌkætəˈləʊnɪə/ ➧ **24** n.pr. Catalogna f.

catalysis /kəˈtæləsɪs/ n. (pl. **-es**) catalisi f.

catalyst /ˈkætəlɪst/ n. CHIM. catalizzatore m. (anche FIG.).

catalytic /ˌkætəˈlɪtɪk/ agg. catalitico; ***~ converter*** marmitta catalitica, catalizzatore.

catamaran /ˌkætəməˈræn/ n. catamarano m.

1.catapult /ˈkætəpʌlt/ n. **1** BE fionda f. **2** MIL. AER. (anche **~ launcher**) catapulta f. **3** MIL. STOR. catapulta f.

2.catapult /ˈkætəpʌlt/ tr. **1** catapultare, scagliare **2** FIG. ***to be ~ed to*** essere catapultato verso [*success*].

cataract /ˈkætərækt/ ➧ **11** n. **1** MED. cataratta f. **2** *(waterfall)* cateratta f.

catarrh /kəˈtɑ:(r)/ n. catarro m.

catastrophe /kəˈtæstrəfɪ/ n. catastrofe f.

catastrophic /ˌkætəˈstrɒfɪk/ agg. catastrofico.

cat burglar n. BE ladro m. (-a) acrobata.

catcall /ˈkætkɔ:l/ n. fischio m. di disapprovazione.

1.catch /kætʃ/ n. **1** *(on purse, brooch)* fermaglio m., gancio m.; *(on window, door)* fermo m. **2** FIG. *(drawback)* trappola f.; ***what's the ~?*** dov'è il tranello? **3** *(break in voice)* ***with a ~ in his voice*** con un'esitazione *o* un sussulto nella voce **4** *(act of catching)* presa f.; ***to take a ~*** BE, ***to make a ~*** AE SPORT effettuare una presa; ***to play ~*** giocare a palla **5** PESC. *(haul)* pesca f., retata f. **6** *(marriage partner)* ***a good ~*** un buon partito.

2.catch /kætʃ/ **I** tr. (pass., p.pass. **caught**) **1** *(hold and retain)* [*person*] prendere, afferrare [*ball*]; prendere, [*fish*]; [*container*] raccogliere [*water*]; *(by running)* [*person*] prendere, acchiappare [*person*]; ***I managed to ~ her in*** *(at home)* riuscii a trovarla **2** *(take by surprise)* ***to ~ sb. doing*** sorprendere qcn. a fare; ***to be*** o ***get caught*** farsi prendere *o* sorprendere; ***to ~ sb. in the act, to ~ sb. at it*** COLLOQ. cogliere qcn. in flagrante *o* sul fatto; ***you wouldn't ~ me smoking!***

non mi sorprenderai mai a fumare! **we got caught in the rain** fummo sorpresi dalla pioggia; **you've caught me at an awkward moment** mi hai preso in un brutto momento **3** *(be in time for)* (riuscire a) prendere [*train, plane*]; **to ~ the last post** essere in tempo per l'ultima levata della posta **4** *(manage to see)* prendere, riuscire a vedere [*programme*]; arrivare in tempo per [*show*] **5** *(grasp)* afferrare, prendere [*hand, branch, rope*]; catturare, attrarre [*interest, imagination*]; **to ~ hold of sth.** afferrare *o* prendere qcs.; **to ~ sb.'s attention** o **eye** attirare l'attenzione di qcn.; **to ~ the chairman's eye** AMM. ottenere la parola **6** *(hear)* comprendere, afferrare [*word, name*] **7** *(perceive)* distinguere [*sound*]; cogliere, notare [*look*]; **to ~ sight of sb., sth.** scorgere *o* avvistare qcn., qcs. **8** *(get stuck)* **to ~ one's fingers in** prendersi le dita in [*drawer, door*]; **to ~ one's shirt on** impigliarsi la camicia in [*nail*]; **to get caught in** [*person*] rimanere impigliato in [*net, thorns*] **9** prendere, contrarre [*disease, virus*] **10** *(hit)* prendere, colpire [*object, person*] **11** *(have an effect on)* [*light*] fare risplendere [*object*]; [*wind*] portare via [*paper, bag*]; **to ~ one's breath** trattenere il respiro **12 to ~ the sun** prendere il sole; **to ~ fire** o **light** prendere fuoco; **to ~ the light** riflettere la luce **13** *(capture)* rendere, cogliere [*atmosphere, spirit*] **14** *(in cricket, baseball)* mettere fuori gioco [*batsman*] **15** *(trick)* ingannare, giocare un tiro a **16** *(manage to reach)* raggiungere **II** intr. (pass., p.pass. **caught**) **1** *(become stuck)* **to ~ on sth.** [*shirt, sleeve*] impigliarsi in; [*wheel*] fregare contro [*frame*] **2** *(start to burn)* [*wood*] accendersi, prendere (fuoco); [*fire*] prendere ♦ **you'll ~ it!** COLLOQ. guai a te!

■ **catch on 1** *(become popular)* [*fashion*] prendere piede, diffondersi; [*song*] diventare famoso (**with** presso, tra) **2** *(understand)* **to ~ on to sth.** capire *o* comprendere qcs.

■ **catch out: ~ [sb.] out 1** *(take by surprise)* cogliere alla sprovvista; *(doing something wrong)* cogliere in fallo **2** *(trick)* ingannare, giocare un tiro a **3** *(in cricket, baseball)* mettere fuori gioco [*batsman*].

■ **catch up: ~ up** *(in race)* recuperare, riprendere terreno; *(in work)* recuperare, mettersi in pari; **to ~ up with** raggiungere [*person, vehicle*]; **to ~ up on** recuperare [*work, sleep*]; aggiornarsi su [*news, gossip*]; **~ [sb., sth.] up 1** *(manage to reach)* raggiungere **2 ~ [sth.] up in** *(tangle)* impigliarsi in [*thorns, chain*]; **to get one's feet caught up in sth.** prendersi i piedi in qcs.; **to get caught up in** farsi trascinare *o* prendere da [*enthusiasm*]; rimanere bloccato in [*traffic*]; trovarsi coinvolto *o* implicato in [*scandal, argument*].

catch-22 situation n. circolo m. vizioso.

catch-all /ˈkætʃɔːl/ **I** n. termine m. generico **II** modif. [*term*] generico; [*clause*] polivalente.

catcher /ˈkætʃə(r)/ n. SPORT ricevitore m., catcher m.

catching /ˈkætʃɪŋ/ agg. MED. contagioso (anche FIG.).

catchline /ˈkætʃlaɪn/ n. **1** *(slogan)* slogan m. pubblicitario **2** *(headline)* titolone m.

catchment area /ˈkætʃmənt͵eərɪə/ n. **1** GEOGR. bacino m. idrogeografico **2** AMM. SCOL. bacino m. di utenza.

catchphrase /ˈkætʃfreɪz/ n. slogan m., frase f. fatta.

catch question n. domanda f. trabocchetto.

catchup → **ketchup**.

catchword /ˈkætʃwɜːd/ n. *(popular word)* motto m., slogan m.

catchy /ˈkætʃɪ/ agg. [*tune*] orecchiabile; [*slogan*] facile da ricordare, che fa presa.

catechism /ˈkætəkɪzəm/ n. catechismo m.

categoric(al) /͵kætəˈgɒrɪk(l), AE -ˈgɔːr-/ agg. categorico.

categorically /͵kætəˈgɒrɪklɪ, AE -ˈgɔːr-/ avv. categoricamente.

categorize /ˈkætəgəraɪz/ tr. categorizzare, classificare [*book, person*] (**by** in base a).

category /ˈkætəgərɪ, AE -gɔːrɪ/ n. categoria f.

cater /ˈkeɪtə(r)/ intr. **1** *(cook)* preparare cibo **2 to ~ for** BE o **to** AE *(accommodate)* accogliere, sistemare [*children, guests*]; *(aim at)* [*newspaper, programme*] rivolgersi a; **to ~ for the needs, tastes of** tenere conto dei bisogni, dei gusti di **3** *(fulfil)* **to ~ to** soddisfare [*whim, taste*].

caterer /ˈkeɪtərə(r)/ ♦ **27** n. fornitore m. (-trice) di cibo, bevande; organizzatore m. (-trice) di feste, pranzi.

catering /ˈkeɪtərɪŋ/ **I** n. *(provision)* approvvigionamento m., catering m.; *(trade, career)* ristorazione f. **II** modif. [*company, staff*] di ristorazione, di catering.

caterpillar /ˈkætəpɪlə(r)/ n. **1** ZOOL. bruco m. **2** TECN. cingolo m.

Caterpillar® /ˈkætəpɪlə(r)/ n. caterpillar m., cingolato m.

caterwaul /ˈkætəwɔːl/ intr. [*cat on heat*] miagolare.

caterwauling /ˈkætəwɔːlɪŋ/ n. **U** miagolii m.pl. (di gatti in amore).

catfish /ˈkætfɪʃ/ n. (pl. **~**, **~es**) pesce m. gatto.

catflap /ˈkætflæp/ n. gattaiola f.

cat food n. cibo m. per gatti.

catgut /ˈkætgʌt/ n. filo m. per suture, catgut m.

cathedral /kəˈθiːdrəl/ n. cattedrale f., duomo m.

Catherine /ˈkæθrɪn/ n.pr. Caterina.

Catherine wheel n. *(firework)* girandola f.

catheter /ˈkæθɪtə(r)/ n. catetere m.

cathetus /ˈkæθɪtəs/ n. (pl. **-i**) cateto m.

cathode /ˈkæθəʊd/ n. catodo m.

cathode-ray tube n. tubo m. catodico.

catholic /ˈkæθəlɪk/ agg. **1** [*taste*] eclettico **2** *(universal)* universale.

Catholic /ˈkæθəlɪk/ **I** agg. cattolico **II** n. cattolico m. (-a).

Catholicism /kəˈθɒlɪsɪzəm/ n. cattolicesimo m.

Cathy /ˈkæθɪ/ n.pr. diminutivo di **Catherine**.

catkin /ˈkætkɪn/ n. BOT. amento m.

catlike /ˈkætlaɪk/ agg. [*movement*] felino.

cat litter n. lettiera f. per gatti.

1.catnap /ˈkætnæp/ n. pisolino m.

2.catnap /ˈkætnæp/ intr. (forma in -ing ecc. **-pp-**) fare un pisolino.

cat-o'-nine-tails /kætəˈnaɪn͵teɪlz/ n. (pl. **~**) gatto m. a nove code.

Catseye® /ˈkætsaɪ/ n. BE AUT. (segnale) catarifrangente m.

cat's paw n. *(dupe)* burattino m., marionetta f.

catsuit /ˈkætsuːt/ n. = tuta aderente da donna in un solo pezzo.

catsup /ˈkætsəp/ n. AE → **ketchup**.

cattery /ˈkætərɪ/ n. pensione f. per gatti.

cattiness /ˈkætɪnɪs/ n. maliziosità f., malignità f.

cattle /ˈkætl/ **I** n. + verbo pl. bestiame m.sing., bovini m. **II** modif. [*breeder, raising*] di bestiame.

cattle grid BE, **cattle guard** AE n. = griglia di barre metalliche posta su un fossato che impedisce il passaggio del bestiame ma non ostacola il passaggio dei veicoli.

cattle market n. mercato m. del bestiame; COLLOQ. FIG. *(for sexual encounters)* **that disco is a ~** in quella discoteca si rimorchia.

cattle shed n. stalla f.

cattle truck n. carro m. bestiame.

catty /ˈkætɪ/ agg. malizioso, malevolo.

catwalk /ˈkætwɔːk/ **I** n. passerella f. **II** modif. **~ show** sfilata di moda.

Caucasian /kɔːˈkeɪʒn, -ˈkeɪzɪən/ **I** agg. **1** [*race, man*] bianco **2** GEOGR. caucasico **II** n. **1** *(white person)* persona f. di razza bianca **2** GEOGR. *(inhabitant)* caucasico m. (-a).

Caucasus /ˈkɔːkəsəs/ n.pr. Caucaso.

caucus /ˈkɔːkəs/ n. (pl. **~es**) **1** *(meeting)* caucus m., riunione f. di dirigenti di partito **2** *(faction)* cricca f., fazione f.

caught /kɔːt/ pass., p.pass. → **2.catch**.

cauldron /ˈkɔːldrən/ n. calderone m.

cauliflower /ˈkɒlɪflaʊə(r), AE ˈkɔːlɪ-/ n. **1** cavolfiore m. **2 to have a ~ ear** COLLOQ. [*boxer*] avere un orecchio a cavolfiore.

cauliflower cheese n. AE = cavolfiori gratinati al formaggio.

causal /ˈkɔːzl/ agg. LING. causale.

causality /kɔːˈzælətɪ/, **causation** /kɔːˈzeɪʃn/ n. causalità f.

1.cause /kɔːz/ n. **1** *(reason)* causa f., ragione f.; **there is, they have ~ for concern** c'è, hanno motivo di essere preoccupati; **to give sb. ~ to do** dare a qcn. occasione *o* motivo di fare; **to have ~ to do** avere motivo di fare; **to give ~ for concern** dare motivi di preoccupazione; **the immediate ~** la causa immediata; **with good ~** con giusta causa; **without good ~** senza una buona ragione **2** *(objective)* causa f., ideale m.; **a lost ~** una causa persa; **all in a good ~** per una buona causa; **in the ~ of equality** per l'ideale dell'uguaglianza **3** DIR. *(grounds)* causa f.; ***contributory*** ~ causa concorrente **4** DIR. *(court action)* causa f.; ***matrimonial ~s*** cause di divorzio *o* separazione.

2.cause /kɔ:z/ tr. causare, provocare [*damage, delay, suffering*]; destare, suscitare [*surprise, dismay*]; ***to ~ sb. to cry*** fare piangere qcn.; ***to ~ sb. problems*** dare problemi a qcn.; ***to ~ trouble*** dare problemi *o* noie; ***to ~ cancer*** provocare il cancro, essere cancerogeno.

causeway /ˈkɔ:zweɪ/ n. strada f. rialzata.

caustic /ˈkɔ:stɪk/ agg. **1** CHIM. caustico, corrosivo; ~ ***soda*** soda caustica **2** FIG. caustico, mordace.

cauterize /ˈkɔ:təraɪz/ tr. cauterizzare.

1.caution /ˈkɔ:ʃn/ n. **1** *(care)* cautela f., prudenza f.; ***to err on the side of*** ~ sbagliare per troppa prudenza **2** *(wariness)* cautela f., circospezione f. **3** *(warning)* ***a word of*** ~ un avvertimento; ***"Caution! Drive slowly!"*** "Attenzione! Rallentare!" **4** BE DIR. *(given to suspect)* ***to be under*** ~ essere ammonito giudizialmente **5** DIR. *(admonition)* diffida f. ♦ ***to throw*** o ***cast ~ to the wind(s)*** dimenticare ogni prudenza.

2.caution /ˈkɔ:ʃn/ tr. **1** *(warn)* avvertire; ***"he's dangerous," she ~ed*** "è uno pericoloso," avvertì; ***to ~ sb. against doing*** diffidare qcn. dal fare; ***to ~ sb. against*** o ***about*** mettere in guardia qcn. contro [*danger*] **2** DIR. [*policeman*] informare dei diritti [*suspect*] **3** DIR. *(admonish)* diffidare **4** SPORT [*referee*] ammonire [*player*].

cautionary /ˈkɔ:ʃənərɪ, AE -nerɪ/ agg. attrib. [*look, gesture*] ammonitore, di avvertimento; ***a ~ word*** o ***comment*** un ammonimento *o* avvertimento; ***a ~ tale*** una storia che serva da ammonimento.

cautious /ˈkɔ:ʃəs/ agg. **1** *(careful)* [*person, attitude*] cauto, prudente **2** *(wary)* [*person*] cauto, circospetto; [*response*] cauto, prudente; [*welcome*] cauto, diffidente; [*optimism*] cauto; ***to be ~ about doing*** essere guardingo nel fare.

cautiously /ˈkɔ:ʃəslɪ/ avv. **1** *(carefully)* con cautela, prudentemente **2** *(warily)* [*react*] con circospezione; [*state*] cautamente, prudentemente; [*optimistic*] cautamente.

cavalcade /ˌkævlˈkeɪd/ n. *(on horseback)* cavalcata f.; *(motorized)* sfilata f.

cavalier /ˌkævəˈlɪə(r)/ **I Cavalier** n. GB STOR. = sostenitore di Carlo I **II** agg. altezzoso, superbo.

cavalry /ˈkævlrɪ/ n. cavalleria f.

cave /keɪv/ n. caverna f., grotta f.

caveat /ˈkævɪæt, AE ˈkeɪvɪæt/ n. ammonimento m., avvertimento m.

cave dweller n. uomo m. delle caverne, troglodita m.

cave in intr. **1** [*roof, building*] crollare **2** FIG. [*person*] cedere, crollare.

cave-in /ˈkeɪvɪn/ n. cedimento m., crollo m.

caveman /ˈkeɪvmæn/ n. (pl. **-men**) uomo m. delle caverne.

cave painting n. pittura f. rupestre.

caver /ˈkeɪvə(r)/ ➧ ***27*** n. speleologo m. (-a).

cavern /ˈkævən/ n. caverna f., grotta f.

cavernous /ˈkævənəs/ agg. [*groan, voice*] cavernoso, cupo; [*room*] cupo; [*yawn*] profondo; [*eyes*] incavato; [*mouth*] enorme.

caviar(e) /ˈkævɪɑ:(r), ˌkævɪˈɑ:(r)/ n. caviale m.

cavil /ˈkævl/ intr. (forma in -ing ecc. **-ll-**, **-l-** AE) cavillare (**about, at** su).

caving /ˈkeɪvɪŋ/ n. speleologia f.; ***to go ~*** fare speleologia.

cavity /ˈkævətɪ/ n. **1** cavità f. (anche MED.) **2** *(in a tooth)* carie f.

cavity block n. BE blocco m. di calcestruzzo di scorie.

cavity wall n. muro m. a intercapedine.

cavity wall insulation n. isolamento m. di muro a intercapedine.

cavort /kəˈvɔ:t/ intr. (anche **~ about**, **~ around**) SCHERZ. fare capriole, saltellare.

1.caw /kɔ:/ n. **1** *(noise)* gracchio m. **2** *(cry)* cra m.

2.caw /kɔ:/ intr. gracchiare m.

cayenne pepper /ˌkeɪenˈpepə(r)/ n. pepe m. di Caienna.

cayman /ˈkeɪmən/ n. ZOOL. caimano m.

CB I n. (⇒ Citizens' Band banda cittadina) CB m. **II** modif. [*wavelength*] CB, di banda cittadina; ~ ***radio*** CB; ~ ***user*** radioamatore.

CBE n. GB (⇒ Commander of the Order of the British Empire) = comandante dell'ordine dell'impero britannico.

CBI n. GB (⇒ Confederation of British Industry) = confederazione dell'industria britannica corrispondente all'incirca alla Confindustria italiana.

cc ➧ ***35*** ⇒ cubic centimetre centimetro cubo (cc, cm³).

CC BE ⇒ County Council consiglio di contea.

1.CD n. (⇒ compact disc compact disc) CD m.; ***on ~*** su CD.

2.CD 1 ⇒ corps diplomatique corpo diplomatico (CD) **2** MIL. ⇒ Civil Defence difesa civile **3** AE ⇒ Congressional District collegio elettorale.

CD burner n. INFORM. GERG. masterizzatore m.

CD caddy n. porta-cd m.

CDI n. (⇒ compact disc interactive compact disc interattivo) CD-I m.

CD player n. lettore m. di compact disc, lettore m. (di) CD.

Cdr MIL. ⇒ Commander comandante.

CD-ROM /ˌsi:di:ˈrɒm/ n. INFORM. CD-ROM m.; ***on ~*** su CD-ROM.

CD system n. → **CD player**.

CD-Writer /si:diˈraɪtə(r)/ n. INFORM. masterizzatore m.

1.cease /si:s/ n. ***without*** ~ incessantemente, senza interruzione.

2.cease /si:s/ **I** tr. cessare, smettere; ***you never ~ to amaze me!*** non finisci mai di stupirmi! ***to ~ fire*** cessare il fuoco **II** intr. cessare, finire.

cease-fire /ˈsi:sfaɪə(r)/ n. cessate il fuoco m.

ceaseless /ˈsi:slɪs/ agg. incessante, continuo.

ceaselessly /ˈsi:slɪslɪ/ avv. [*talk*] incessantemente, senza sosta; [*active, vigilant*] continuamente, costantemente.

Cecil /ˈsesl/ n.pr. Cecilio.

Cecilia /sɪˈsɪljə/, **Cecily** /ˈsɪsɪlɪ/ n.pr. Cecilia.

cedar /ˈsi:də(r)/ n. cedro m.

cede /si:d/ **I** tr. **1** DIR. cedere [*rights*] **2** SPORT concedere [*goal*] **II** intr. cedere.

cedilla /sɪˈdɪlə/ n. cediglia f.

ceiling /ˈsi:lɪŋ/ n. **1** soffitto m. **2** *(upper limit)* tetto m., plafond m.; ***to set a ~*** fissare un tetto ♦ ***to hit the ~*** AE andare su tutte le furie.

ceiling light n. plafoniera f.

ceiling price n. COMM. ECON. calmiere m., prezzo m. massimo.

celebrate /ˈselɪbreɪt/ **I** tr. **1** festeggiare [*occasion*]; *(more formally)* celebrare; ***there's nothing to ~*** non c'è niente da festeggiare **2** RELIG. celebrare, officiare [*mass*]; ***to ~ Easter*** celebrare la Pasqua **3** *(pay tribute to)* onorare, celebrare [*person*] **II** intr. fare festa, festeggiare; ***let's ~!*** festeggiamo!

celebrated /ˈselɪbreɪtɪd/ agg. celebre, famoso (**as** come).

celebration /ˌselɪˈbreɪʃn/ n. **1 U** *(action of celebrating)* celebrazione f. **2** *(party)* festeggiamento m.; ***to have a ~*** fare una festa **3** *(public festivities)* ***~s*** celebrazioni, cerimonie **4** *(tribute)* commemorazione f. **5** RELIG. *(of mass, marriage)* celebrazione f.

celebratory /ˌselɪˈbreɪtərɪ, AE ˈseləbrətɔ:rɪ/ agg. [*air, mood*] di festa, celebrativo.

celebrity /sɪˈlebrətɪ/ **I** n. **1** *(fame)* celebrità f., fama f. **2** *(person)* celebrità f. **II** modif. [*guest*] celebre, illustre; [*panel*] delle celebrità; [*novel*] scritto da un personaggio celebre.

celeriac /sɪˈlerɪæk/ n. sedano m. rapa.

celery /ˈselərɪ/ n. sedano m.; ***a stick of ~*** un gambo di sedano.

celestial /sɪˈlestɪəl/ agg. **1** ***~ bodies*** corpi celesti **2** [*heaven*] celestiale (anche FIG.).

Celestine /ˈselɪstaɪn/ n.pr. Celestina.

celibacy /ˈselɪbəsɪ/ n. *(being unmarried)* celibato m.; *(abstaining from sex)* castità f.

celibate /ˈselɪbət/ **I** n. *(unmarried)* celibe m.; *(abstaining from sex)* persona f. casta **II** agg. *(unmarried)* celibe; *(abstaining from sex)* casto.

cell /sel/ n. **1** *(for prisoner, monk)* cella f. **2** BIOL. BOT. cellula f. **3** EL. CHIM. cella f. **4** POL. cellula f. **5** TEL. cella f., cellula f.

cellar /ˈselə(r)/ n. cantina f.

cellist /ˈtʃelɪst/ ➧ ***17, 27*** n. violoncellista m. e f.

cello /ˈtʃeləʊ/ ➧ ***17*** n. violoncello m.

Cellophane® /ˈseləʊfeɪn/ n. cellofan m.

cellphone /ˈselfəʊn/ n. (telefono) cellulare m., telefonino m.

cellular /ˈseljʊlə(r)/ agg. BIOL. cellulare.

cellular phone, **cellular telephone** n. telefono m. cellulare.
cellulite /ˈseljʊlaɪt/ n. cellulite f.
celluloid® /ˈseljʊlɔɪd/ **I** n. celluloide f. **II** modif. CINEM. [*world*] della celluloide, del cinema.
cellulose /ˈseljʊləʊs/ n. cellulosa f.
Celsius /ˈselsɪəs/ agg. Celsius.
Celt /kelt, AE selt/ n. celta m. e f.
Celtic /ˈkeltɪk, AE ˈseltɪk/ agg. celtico.
1.cement /sɪˈment/ n. **1** cemento m. (anche ANAT. MED.); *(for tiles)* mastice m. **2** FIG. cemento m., legame m.
2.cement /sɪˈment/ tr. **1** ING. cementare **2** MED. otturare (con cemento) **3** FIG. cementare, rinsaldare [*relations*].
cement mixer n. betoniera f.
cemetery /ˈsemətrɪ, AE -terɪ/ n. cimitero m.
cenotaph /ˈsenətɑːf, AE -tæf/ n. cenotafio m.
1.censor /ˈsensə(r)/ n. censore m.
2.censor /ˈsensə(r)/ tr. censurare.
censorious /senˈsɔːrɪəs/ agg. ipercritico (**of** nei confronti di).
censorship /ˈsensəʃɪp/ n. censura f.
1.censure /ˈsenʃə(r)/ n. FORM. o POL. censura f., biasimo m.; ***vote of*** ~ voto di censura.
2.censure /ˈsenʃə(r)/ tr. censurare, biasimare.
census /ˈsensəs/ n. censimento m.; ***traffic*** ~ censimento della circolazione.
cent /sent/ ➧ ***7*** n. centesimo m.; ***I haven't got a*** ~ non ho un centesimo.
centenarian /ˌsentɪˈneərɪən/ **I** agg. centenario **II** n. centenario m. (-a).
centenary /senˈtiːnərɪ/ n. centenario m.
centennial /senˈtenɪəl/ **I** n. AE centenario m. **II** agg. *(every 100 years)* secolare, centennale; *(lasting 100 years)* centenario, centennale.
center AE → **1.centre**, **2.centre**.
centigrade /ˈsentɪgreɪd/ agg. [*thermometer*] centigrado; ***in degrees*** ~ in gradi centigradi.
centigram(me) /ˈsentɪgræm/ ➧ ***37*** n. centigrammo m.
centilitre BE, **centiliter** AE /ˈsentɪliːtə(r)/ ➧ ***3*** n. centilitro m.
centimetre BE, **centimeter** AE /ˈsentɪmiːtə(r)/ ➧ ***15*** n. centimetro m.
centipede /ˈsentɪpiːd/ n. centopiedi m.
central /ˈsentrəl/ **I** agg. **1** *(in the middle)* [*area, courtyard*] centrale; ***in*** ~ ***London*** nel centro di Londra **2** *(in the town centre)* [*house*] in centro **3** *(key)* [*feature, role*] centrale, principale, fondamentale; ~ ***to sth.*** essenziale per qcs. **4** AMM. POL. [*management, government*] centrale **II Central** n.pr. (anche **Central Region**) *(in Scotland)* Central Region f.
Central African Republic ➧ ***6*** n.pr. Repubblica f. Centrafricana.
Central America n.pr. America f. centrale.
Central American agg. centr(o)americano, dell'America centrale.
Central Europe n. Europa f. centrale.
Central European agg. dell'Europa centrale.
central heating n. riscaldamento m. centralizzato.
centralism /ˈsentrəlɪzəm/ n. centralismo m.
centralization /ˌsentrəlaɪˈzeɪʃn, AE -lɪˈz-/ n. centralizzazione f.
centralize /ˈsentrəlaɪz/ tr. centralizzare.
central locking n. AUT. chiusura f. centralizzata.
centrally /ˈsentrəlɪ/ avv. [*live, work*] in centro; [*situated*] nel centro; [*funded, managed*] in modo centralizzato; ~ ***heated*** [*flat*] con riscaldamento centralizzato; ~ ***planned economy*** economia pianificata dal centro.
central nervous system n. sistema m. nervoso centrale.
central processing unit, **central processor** n. INFORM. unità f. centrale di elaborazione.
central reservation n. BE spartitraffico m.
1.centre BE, **center** AE /ˈsentə(r)/ **I** n. **1** *(middle)* centro m.; ***in the*** ~ nel centro; ***the*** ~ ***of London*** il centro di Londra; ***town*** o ***city*** ~ centro (città); ***sweets with soft*** ~***s*** caramelle ripiene **2** *(focus)* centro m.; ***to be at the*** ~ ***of a row*** essere al centro di una lite; ***to be the*** ~ ***of attention*** essere al centro dell'attenzione **3** *(seat)* centro m., sede f. **4** *(designated area)* centro m.; ***business*** ~ centro direzionale; ***shopping, leisure*** ~ centro commerciale, ricreativo **5** POL. centro m.; ***to be right-of-***~ essere di centrodestra; ***a*** ~***-left party*** un partito del centrosinistra **6** *(in football)* centravanti m. **II** modif. [*aisle, lane*] centrale; [*parting*] in mezzo.
2.centre BE, **center** AE /ˈsentə(r)/ **I** tr. **1** centrare **2** *(focus)* incentrare [*thoughts*] **3** SPORT ***to*** ~ ***the ball*** centrare (la palla) **II** intr. *(focus)* accentrarsi, concentrarsi.
■ **centre around:** ~ ***around*** ***[sth.]*** [*activities, person*] incentrarsi su; [*people, industry*] concentrarsi intorno a [*town*]; [*life, thoughts*] essere imperniato su, ruotare intorno a [*person, work*]; [*demands*] concentrarsi su, riguardare [*pay*].
■ **centre on, centre upon:** ~ ***on*** ***[sth.]*** [*feelings, thoughts*] concentrarsi su [*person, problem*].
centred /ˈsentəd/ **I** p.pass. → **2.centre II** agg. **-centred** in composti ***child-***~ ***education*** puerocentrismo, pedagogia incentrata sul bambino.
centre-fold /ˈsentəfəʊld/ n. **1** *(pin-up) (picture)* paginone m. centrale **2** *(model)* ragazza f. del mese.
centre-forward /ˌsentəˈfɔːwəd/ n. SPORT centravanti m.
centre ground n. POL. centro m.; ***to occupy the*** ~ ***of Italian politics*** occupare una posizione di centro nella politica italiana.
centre-half /ˌsentəˈhɑːf, AE -ˈhæf/ n. SPORT (centro) mediano m.
centre of gravity BE, **center of gravity** AE n. centro m. di gravità.
centre-piece /ˈsentəpiːs/ n. *(of table)* centrotavola m.; *(of exhibition)* pezzo m. forte.
centre spread n. GIORN. pagine f.pl. centrali.
1.centre-stage /ˌsentəˈsteɪdʒ/ n. **1** TEATR. centro m. della scena **2** FIG. *(prime position)* ***to take*** o ***occupy*** ~ occupare *o* guadagnare il centro della scena.
2.centre-stage /ˌsentəˈsteɪdʒ/ avv. ***to stand*** ~ essere al centro della scena.
centrifugal /ˌsentrɪˈfjuːgl, senˈtrɪfjʊgl/ agg. centrifugo.
centrifuge /ˈsentrɪfjuːdʒ/ n. centrifuga f.
century /ˈsentʃərɪ/ ➧ ***33*** n. secolo m.; ***in the 20th*** ~ nel ventesimo secolo; ***at the turn of the*** ~ al volgere del secolo; ***half a*** ~ metà *o* mezzo secolo; ***centuries-old*** secolare.
CEO n. (⇒ Chief Executive Officer) = direttore generale.
ceramic /sɪˈræmɪk/ **I** n. ceramica f. **II** agg. [*tile, pot*] di ceramica; [*hob*] in vetroceramica; [*art*] della ceramica.
ceramics /sɪˈræmɪks/ n. **1** + verbo sing. *(study)* (arte della) ceramica f. **2** + verbo pl. *(artefacts)* ceramiche f.
cereal /ˈsɪərɪəl/ **I** n. cereale m.; *(for breakfast)* cereali m.pl.; ***breakfast*** ~ cereali per la prima colazione **II** agg. [*harvest, imports*] di cereali; [*crop, production*] cerealicolo, di cereali.
cerebral /ˈserɪbrəl, AE səˈriːbrəl/ agg. **1** MED. cerebrale **2** [*person, music*] cerebrale.
cerebral palsy ➧ ***11*** n. paralisi f. cerebrale.
ceremonial /ˌserɪˈməʊnɪəl/ **I** n. cerimoniale m., etichetta f.; *(religious)* rituale m. **II** agg. **1** [*dress*] da cerimonia **2** *(ritual)* rituale, cerimoniale; *(solemn)* solenne; *(official)* formale, ufficiale.
ceremonially /ˌserɪˈməʊnɪəlɪ/ avv. cerimonialmente, secondo il cerimoniale.
ceremonious /ˌserɪˈməʊnɪəs/ agg. [*event*] solenne, formale; [*behaviour*] cerimonioso.
ceremoniously /ˌserɪˈməʊnɪəslɪ/ avv. cerimoniosamente; *(solemnly)* solennemente.
ceremony /ˈserɪmənɪ, AE -məʊnɪ/ n. **1** *(formal event)* cerimonia f.; ***marriage*** ~ cerimonia nuziale **2 U** *(protocol)* cerimonie f.pl., convenevoli m.pl.; ***to stand on*** ~ fare cerimonie *o* complimenti.
cerise /səˈriːz, -ˈriːs/ **I** n. (rosso) ciliegia m. **II** agg. (rosso) ciliegia.
cert /sɜːt/ n. BE COLLOQ. ***it's a (dead)*** ~***!*** è cosa certa!
certain /ˈsɜːtn/ **I** agg. **1** *(sure, definite)* certo, sicuro (**about, of** di); ***I'm*** ~ ***of it*** ne sono certo; ***I'm*** ~ ***that*** sono sicuro che; ***of that you can be*** ~ di quello puoi star sicuro; ***I'm*** ~ ***that I checked*** sono sicura di aver controllato; ***she's not*** ~ ***that you'll be able to do it*** non è convinta che tu sarai in grado di farlo; ***to make*** ~ accertare, assicurare; ***to make*** ~ ***of*** assicurarsi [*cooperation, support*]; accertare, verificare [*facts, details*]; ***to***

make ~ to do assicurarsi di fare; ***to make ~ that*** *(ascertain)* accertarsi *o* assicurarsi che; *(ensure)* sincerarsi che; ***he's ~ to be there*** è sicuro che ci sarà; ***the strike seems ~ to continue*** sembra sicuro che lo sciopero continui; ***I know for ~ that*** so per certo che; ***be ~ to tell him that*** non dimenticare di dirgli che; ***nobody knows for ~*** nessuno lo sa con certezza; ***I can't say for ~*** non posso dirlo con sicurezza **2** *(assured, guaranteed)* [*death, defeat*] certo, sicuro; [*success*] assicurato, garantito; ***to be ~ of doing*** essere certo di fare; ***he's ~ to agree*** è cosa certa che sarà d'accordo; ***the changes are ~ to provoke anger*** i cambiamenti susciteranno sicuramente rabbia; ***to my ~ knowledge*** per quanto ne so, a quanto mi consta; ***I let him do it in the ~ knowledge that he would fail*** glielo lasciai fare sapendo per certo che non sarebbe riuscito **3** *(specific)* [*amount, number*] certo, dato, stabilito; ***on ~ conditions*** a determinate condizioni **4** *(slight)* [*shyness, difficulty*] certo; ***to a ~ extent*** o ***degree*** in una certa (qual) misura, fino a un certo punto; ***a ~ amount of time*** un po' di tempo **II** pron. ***~ of our members, friends*** alcuni dei nostri soci, amici.

certainly /ˈsɜːtnlɪ/ avv. *(without doubt)* certamente, senza dubbio; *(indicating assent)* certamente, certo; ***~ not!*** no di certo! ***it's ~ possible that*** è senza dubbio possibile che; ***this exercise is ~ very difficult*** questo esercizio è di sicuro molto difficile; ***we shall ~ attend the meeting*** parteciperemo senz'altro alla riunione; ***he ~ got his revenge!*** IRON. indubbiamente si è preso la sua rivincita! ***"are you annoyed?" - "I most ~ am!"*** "sei seccato?" - "assolutamente sì!"

certainty /ˈsɜːtntɪ/ n. **1** *(sure thing)* certezza f., sicurezza f. (**about** riguardo a); ***for a ~*** con certezza; ***it's by no means a ~ that*** non è assolutamente sicuro che; ***this candidate is a ~ for election*** è sicuro che questo candidato verrà eletto; ***she is a ~ to play at next week's concert*** è cosa certa che suonerà al concerto della prossima settimana **2 U** *(guarantee)* certezza f.; ***we have no ~ of success*** non abbiamo alcuna garanzia di successo.

certifiable /ˌsɜːtɪˈfaɪəbl/ agg. **1** *(mad)* [*person*] da internare, da dichiarare pazzo **2** *(verifiable)* [*statement, evidence*] attestabile.

certificate /səˈtɪfɪkət/ n. **1** SCOL. attestato m., diploma m. **2** *(for electrician, first aider)* attestato m., diploma m.; *(for instructor)* brevetto m. **3** *(of child's proficiency)* attestato m., diplomino m. **4** *(of safety, standards)* certificato m.; ***test ~, MOT ~*** GB AUT. = certificato che attesta l'avvenuta revisione di un veicolo **5** *(of birth, death, marriage)* certificato m. **6** *(of authenticity, quality)* certificato m. **7** CINEM. ***18 ~ film*** film vietato ai minori di 18 anni.

certification /ˌsɜːtɪfɪˈkeɪʃn/ n. **1** DIR. *(of document)* autenticazione f., legalizzazione f.; *(of ownership)* attestazione f. **2** *(document)* certificazione f., certificato m. **3** *(of mental patient)* = attestato per ricovero in istituto psichiatrico.

certified /ˈsɜːtɪfaɪd/ **I** p.pass. → **certify II** agg. **1** certificato, legalizzato **2** AE SCOL. [*teacher*] abilitato, qualificato **3** ***to send by ~ mail*** AE inviare con raccomandata semplice.

certified bankrupt n. fallito m. riabilitato.

certified public accountant n. AE ECON. ragioniere m. (-a) iscritto (-a) all'albo.

certify /ˈsɜːtɪfaɪ/ tr. **1** *(confirm)* constatare [*death*]; ***to ~ sth. a true copy*** certificare qcs. per copia conforme all'originale; ***to ~ sb. insane*** dichiarare qcn. pazzo **2** *(authenticate)* autenticare, legalizzare [*document*] **3** *(issue certificate to)* ***to ~ sb. (as) fit for*** certificare che qcn. è idoneo per [*work, sport*] **4** COMM. garantire [*goods*].

certitude /ˈsɜːtɪtjuːd, AE -tuːd/ n. certezza f., sicurezza f.

cervical /ˈsɜːvɪkl/ agg. cervicale.

cervical cancer ➧ *11* n. cancro m. del collo dell'utero.

cervical smear n. striscio m. del collo dell'utero.

cervix /ˈsɜːvɪks/ n. (pl. **-ices**) *(neck)* cervice f.; *(uterus)* cervice f. uterina, collo m. dell'utero.

Cesarean, Cesarian AE → **Caesarean, Caesarian.**

cessation /seˈseɪʃn/ n. FORM. cessazione f., sospensione f.

cesspit /ˈsespɪt/, **cesspool** /ˈsespuːl/ n. pozzo m. nero.

cf ⇒ confer confer, confronta (cfr).

CFC n. (⇒ chlorofluorocarbon clorofluorocarburo) CFC m.; ***"contains no ~s"*** "privo di CFC".

CFE n. GB (⇒ College of Further Education) = istituto di istruzione superiore.

ch. ⇒ chapter capitolo (cap.).

chafe /tʃeɪf/ **I** tr. *(rub)* fregare, sfregare; *(to restore circulation)* massaggiare **II** intr. *(rub)* strofinarsi (**on, against** su, contro) ♦ ***to ~ at the bit*** mordere il freno.

1.chaff /tʃɑːf, tʃæf, AE tʃæf/ n. *(husks)* pula f., lolla f.; *(fodder)* paglia f., fieno m.

2.chaff /tʃɑːf, tʃæf, AE tʃæf/ tr. *(banter)* burlare bonariamente (**about** per).

chaffinch /ˈtʃæfɪntʃ/ n. fringuello m.

chagrin /ˈʃægrɪn, AE ʃəˈgriːn/ n. dispiacere m., mortificazione f.; ***(much) to his ~*** con sua grande delusione.

1.chain /tʃeɪn/ n. **1** *(metal links)* catena f.; ***a length of ~*** una catena; ***to put*** o ***keep sb. in ~s*** incatenare qcn., mettere *o* tenere qcn. in catene; ***to keep a dog on a ~*** tenere un cane alla catena **2** COMM. catena f.; ***supermarket ~*** catena di supermercati **3** *(series) (of events)* catena f., serie f.; *(of ideas)* concatenamento m.; ***~ of causation*** rapporto di causa ed effetto; ***a link in the ~*** un anello della catena; ***to make, form a (human) ~*** fare, formare una catena umana **4** BIOL. GEOGR. FIS. catena f. **5** = unità di misura di lunghezza pari a 20,12 m.

2.chain /tʃeɪn/ tr. incatenare, mettere in catene [*person*]; ***to ~ sb.'s wrists*** incatenare i polsi di qcn.; ***to ~ a bicycle to sth.*** legare con la catena una bicicletta a qcs.

chain gang n. = gruppo di prigionieri incatenati gli uni agli altri e costretti ai lavori forzati.

chain letter n. = lettera di una catena di sant'Antonio.

chain mail n. cotta f. di maglia.

chain of command n. catena f. gerarchica.

chain reaction n. reazione f. a catena (anche FIG.).

chain saw n. motosega f.

chain-smoke /ˈtʃeɪnsməʊk/ intr. fumare una sigaretta dopo l'altra.

chain-smoker /ˈtʃeɪnsməʊkə(r)/ n. fumatore m. (-trice) accanito (-a).

chain stitch n. punto m. catenella.

chain store n. *(single shop)* = negozio appartenente a una catena; *(retail group)* = catena di grandi magazzini.

1.chair /tʃeə(r)/ n. **1** *(wooden)* sedia f.; *(upholstered)* poltrona f.; ***to take a ~*** accomodarsi **2** *(chairperson)* presidente m.; ***to take*** o ***be in the ~*** assumere la presidenza **3** UNIV. *(professorship)* cattedra f. (**of, in** di); ***to hold the ~ of...*** essere titolare della cattedra di... **4** AE (anche **electric ~**) ***to go to the ~*** finire sulla sedia elettrica.

2.chair /tʃeə(r)/ tr. presiedere [*meeting*].

chair lift n. seggiovia f.

chairman /ˈtʃeəmən/ ➧ *9* n. (pl. **-men**) presidente m.; ***Mr Chairman***, ***Madam Chairman*** signor Presidente. Although modern English usage prefers *chairperson*, the Italian equivalent *presidente* can translate both English words.

chairmanship /ˈtʃeəmənʃɪp/ n. presidenza f.

chairperson /ˈtʃeəpɜːsn/ n. presidente m.

chairwoman /ˈtʃeəwʊmən/ ➧ *9* n. (pl. **-women**) presidente f., presidentessa f.

chalet /ˈʃæleɪ, ʃæˈleɪ/ n. *(mountain)* chalet m.; *(in holiday camp)* bungalow m.

chalice /ˈtʃælɪs/ n. calice m., coppa f.

1.chalk /tʃɔːk/ **I** n. gesso m.; ***a stick*** o ***piece of ~*** un gessetto **II** modif. **1** ART. [*drawing*] a, con i gessetti; ***~ mark*** *(on blackboard)* segno *o* traccia di gesso; SART. segno (fatto con il gessetto) **2** [*cliff*] gessoso ♦ ***not by a long ~!*** COLLOQ. proprio per niente! ***white as ~*** bianco come un cencio.

2.chalk /tʃɔːk/ tr. **1** *(write)* scrivere con il gesso **2** *(apply chalk to)* trattare con gesso, gessare.

▪ **chalk out:** ***~ out [sth.], ~ [sth.] out*** abbozzare, delineare.

▪ **chalk up:** ***~ [sth.] up, ~ up [sth.]*** segnare, conquistare [*score, points*]; ***~ it up to experience*** tienilo a mente per la prossima volta.

chalkboard /ˈtʃɔːkbɔːd/ n. AE lavagna f.

chalky /ˈtʃɔːkɪ/ agg. [*soil*] gessoso; [*hands*] sporco di gesso.

1.challenge /ˈtʃælɪndʒ/ n. **1** *(provocation)* sfida f.; ***to put out*** o ***issue a ~*** lanciare una sfida; ***to take up a ~*** raccogliere *o* accettare una sfida **2** *(situation or opportunity) (stimulating)* sfida f.; *(difficult)* prova f.; ***to present a ~*** presentare una sfida; ***to rise to*** o ***meet the ~*** affrontare la sfida, essere all'altezza della prova; ***to face a ~*** affrontare una sfida; ***unemployment is a ~ for us*** la disoccupazione è un problema con cui ci dobbiamo misurare; ***the ~ of new ideas*** gli stimoli dati dalle nuove idee **3** *(contest)* ***to make a ~ for*** cercare di vincere [*title*]; cercare di conquistare [*presidency*] **4** *(questioning)* contestazione f. (**to** di) **5** SPORT sfida f.

2.challenge /'tʃælɪndʒ/ tr. **1** *(invite to justify)* sfidare [*person*] (**to do** a fare); ***to ~ sb. to a duel*** sfidare qcn. a duello **2** *(question)* mettere in discussione [*ideas*]; contestare [*statement, authority*]; [*sentry*] dare il chi va là a **3** *(test)* mettere alla prova [*skill, person*].

challenger /'tʃælɪndʒə(r)/ n. sfidante m. e f. (**for** a).

challenging /'tʃælɪndʒɪŋ/ agg. **1** *(stimulating)* [*ideas, career*] stimolante; [*task*] che mette alla prova; [*work, book*] impegnativo **2** *(confrontational)* provocatorio, polemico.

chamber /'tʃeɪmbə(r)/ **I** n. **1** *(room)* camera f.; ***council ~*** BE camera di consiglio **2** GB POL. ***the upper, lower ~*** la Camera Alta, Bassa **3** ANAT. *(of heart)* cavità f.; *(of eye)* camera f. (oculare) **II chambers** n.pl. DIR. gabinetto m.sing. (di giudice).

chamberlain /'tʃeɪmbəlɪn/ n. ciambellano m.

chambermaid /'tʃeɪmbəmeɪd/ ♦ *27* n. cameriera f. d'albergo.

chamber music n. musica f. da camera.

Chamber of Commerce n. COMM. Camera f. di commercio.

chamber orchestra n. orchestra f. da camera.

chamber pot n. vaso m. da notte.

chameleon /kə'mi:lɪən/ n. camaleonte m. (anche FIG.).

chamois /'ʃæmwɑ:, AE 'ʃæmɪ/ n. (pl. ~) ZOOL. camoscio m.

chamois cloth n. AE → **chamois leather**.

chamois leather n. *(for polishing)* pelle f. di daino.

1.champ /tʃæmp/ **I** tr. masticare rumorosamente **II** intr. ***to ~ at the bit*** mordere il freno (anche FIG.).

2.champ /tʃæmp/ n. COLLOQ. → **1.champion**.

champagne /ʃæm'peɪn/ **I** n. champagne m. **II** ♦ *5* agg. *(colour)* champagne.

champagne glass n. *(tall)* flûte m.; *(open)* coppa f. da champagne.

1.champion /'tʃæmpɪən/ n. campione m. (-essa); ***world ~*** campione del mondo; ***~ boxer, boxing ~*** campione di pugilato.

2.champion /'tʃæmpɪən/ tr. sostenere, farsi paladino di [*cause*]; difendere, battersi per [*person*].

championship /'tʃæmpɪənʃɪp/ n. campionato m.

1.chance /tʃɑ:ns, AE tʃæns/ **I** n. **1** *(opportunity)* opportunità f., occasione f.; ***to have*** o ***get the ~ to do*** avere l'opportunità di fare; ***to give sb. a*** o ***the ~ to do*** dare a qcn. la possibilità di fare; ***to take one's ~*** cogliere la propria occasione; ***you've missed your ~*** hai perso la tua occasione; ***now's your ~!*** questo è il tuo momento! questa è la tua occasione! ***this is your big ~*** questa è la tua grande occasione; ***if you get a ~*** se ti capita l'occasione; ***when you get a*** o ***the ~, can you...?*** quando ti capita, potresti...? **2** *(likelihood)* probabilità f., possibilità f. (**of doing** di fare); ***there's little ~ of sb. doing*** ci sono poche possibilità che qcn. faccia; ***there is a ~ that sb. will do*** è probabile che qcn. faccia; ***the ~s are that*** è probabile che; ***she has a good ~*** ha delle buone probabilità; ***what are his ~s of recovery?*** quali sono le sue possibilità di recupero? ***any ~ of a coffee?*** COLLOQ. sarebbe possibile avere un caffè? **3** *(luck)* caso m., fortuna f.; ***a game of ~*** un gioco d'azzardo; ***by ~*** per caso; ***by a lucky ~*** per un caso fortunato **4** *(risk)* rischio m.; ***to take a ~*** correre un rischio; ***to take a ~ on doing*** correre il rischio di fare; ***it's a ~ I'm willing to take*** è un rischio che ho intenzione di correre **5** *(possibility)* possibilità f.; ***not to stand a ~*** non avere alcuna possibilità; ***do you have his address by any ~?*** hai il suo indirizzo, per caso? **II** modif. [*encounter, occurrence*] fortuito; [*discovery*] accidentale, casuale ♦ ***no ~!*** COLLOQ. (proprio) per niente! assolutamente no!

2.chance /tʃɑ:ns, AE tʃæns/ tr. **1** *(risk)* ***to ~ doing*** correre il rischio di fare; ***to ~ one's arm*** tentare la sorte, rischiare; ***we'll just have to ~ it*** proviamo; ***I wouldn't ~ it*** non correrei il rischio **2** *(happen to do)* ***I ~d to see it*** mi capitò di vederlo.

■ **chance upon, chance on:** ~ upon [sb.] imbattersi in; ~ upon [sth.] trovare per caso.

chancel /'tʃɑ:nsl, AE tʃænsl/ n. ARCH. coro m.

chancellery /'tʃɑ:nsələrɪ, AE 'tʃæns-/ n. cancelleria f.

chancellor /'tʃɑ:nsələ(r), AE 'tʃæns-/ n. **1** *(head of government)* cancelliere m. **2** UNIV. rettore m.

Chancellor of the Exchequer n. GB POL. Cancelliere m. dello Scacchiere (ministro delle finanze e del tesoro).

chancy /'tʃɑ:nsɪ, AE 'tʃænsɪ/ agg. COLLOQ. [*method*] incerto; [*plan*] rischioso, avventato.

chandelier /ˌʃændə'lɪə(r)/ n. lampadario m. a bracci.

chandler /'tʃɑ:ndlə(r), AE 'tʃæn-/ ♦ *27* n. (anche **ship's ~**) fornitore m. navale.

1.change /tʃeɪndʒ/ n. **1** *(alteration)* cambiamento m.; ***the ~ in the schedule*** la variazione di programma; ***~ of direction*** cambiamento di direzione; ***a ~ for the better, worse*** un cambiamento in meglio, peggio; ***to make ~s in*** fare (dei) cambiamenti in [*text, room*]; ***there will have to be a ~ in your attitude*** sarà necessario che cambiate atteggiamento; ***people opposed to ~*** le persone contrarie ai cambiamenti **2** *(substitution)* cambio m., cambiamento m.; ***~ of government*** POL. cambio di governo **3** *(different experience)* cambiamento m.; ***it makes*** o ***is a ~ from staying at home*** è qualcosa di diverso dal rimanere sempre a casa; ***to make a ~*** per cambiare un po'; ***that makes a nice*** o ***refreshing ~*** è un bel cambiamento; ***to need a ~ of air*** FIG. avere bisogno di cambiare aria; ***for a ~*** per cambiare; ***the train was late, for a ~*** IRON. tanto per cambiare, il treno era in ritardo **4** *(of clothes)* cambio m.; ***take a ~ of clothes*** portate dei vestiti di ricambio **5** *(cash)* moneta f., resto m.; ***small ~*** spiccioli; ***she gave me 6p ~*** mi ha dato 6 penny di resto; ***have you got ~ for £ 10?*** hai da cambiare 10 sterline? ***60p in ~*** 60 penny in moneta; ***"no ~ given"*** *(on machine)* "non dà resto"; ***"exact ~ please"*** *(on bus)* "preparare denaro contato, per favore"; ***you won't get much ~ out of £ 20*** COLLOQ. non avanzi molto da 20 sterline **6** *(in bell-ringing)* ***to ring the ~s*** suonare il cambio d'ora; FIG. introdurre dei cambiamenti.

2.change /tʃeɪndʒ/ **I** tr. **1** *(alter)* cambiare; ***to ~ X into Y*** trasformare X in Y; ***to ~ one's mind about*** cambiare idea su; ***to ~ sb.'s mind*** fare cambiare idea a qcn.; ***to ~ one's ways*** cambiare vita; ***that won't ~ anything*** (questo) non cambia niente **2** *(exchange for sth. different)* cambiare [*clothes, name, car*]; ***can I ~ it for a size 12?*** posso cambiarlo con una taglia 42? ***if it's too big, we'll ~ it for you*** se è troppo grande, glielo cambiamo; ***hurry up and get ~d!*** fai in fretta a cambiarti! ***to ~ sth. from X to Y*** *(of numbers, letters, words)* sostituire X con Y; *(of building, area)* trasformare X in Y; ***they ~d their car for a smaller one*** hanno cambiato la loro macchina con una più piccola **3** *(replace)* cambiare [*bulb, linen, wheel*]; ***to ~ a bed*** cambiare le lenzuola **4** *(exchange with sb.)* scambiare [*clothes, seats*]; ***to ~ places*** cambiare di posto (**with** con); FIG. invertire i ruoli; ***I wouldn't ~ places with you*** non vorrei essere al tuo posto **5** *(actively switch)* cambiare [*side, job, direction, TV channel, doctor*]; ***the hotel has ~d hands*** l'hotel ha cambiato di proprietario; ***no money ~d hands*** non c'è stato passaggio di denaro **6** *(alter character)* ***to ~ sb., sth. into*** trasformare qcn., qcs. in [*frog, prince*]; ***sugar is ~d into alcohol*** lo zucchero si trasforma in alcol **7** *(replace nappy of)* cambiare [*baby*] **8** ECON. cambiare [*cheque, currency*] (**into, for** in) **II** intr. **1** *(alter)* cambiare; ***to ~ from X (in)to Y*** passare da X a Y **2** *(into different clothes)* cambiarsi; ***to ~ into*** infilarsi, mettersi [*different garment*]; ***to ~ out of*** togliersi [*garment*] **3** *(from bus, train)* cambiare; ***"~ at Bologna for Bari"*** "coincidenza a Bologna per Bari"; ***all ~!*** termine corsa! **4** *(become transformed)* trasformarsi.

■ **change down** BE AUT. scalare (di marcia).

■ **change over:** ~ over *(swap)* [*drivers*] scambiarsi; ***to ~ over from sth. to sth.*** passare da qcs. a qcs.; ~ over [sth., sb.], ~ [sth., sb.] over invertire [*roles, people*].

■ **change round** BE cambiare di posto; ~ [sth., sb.] round, ~ round [sth., sb.] cambiare di posto, spostare [*workers, objects*].

■ **change up** BE AUT. passare a una marcia più alta.

changeable /'tʃeɪndʒəbl/ agg. [*behaviour, opinion*] mutevole; [*character*] incostante; [*weather, rate*] variabile; ***~ moods*** sbalzi di umore.

changeless /'tʃeɪndʒlɪs/ agg. [*law, routine*] immutabile; [*appearance*] inalterabile; [*character*] costante.

change machine n. cambiamonete m.
change of address n. cambio m. di indirizzo.
change of life n. menopausa f.
changeover /'tʃeɪndʒəʊvə(r)/ n. **1** *(time period)* fase f. di cambiamento **2** *(transition)* passaggio m. **3** *(of leaders, employees)* ricambio m.; *(of guards)* cambio m. **4** SPORT *(of ends)* cambio m. di campo; *(in relay)* passaggio m. del testimone.
changing /'tʃeɪndʒɪŋ/ **I** agg. [*colours*] cangiante; [*attitude*] mutevole; [*world*] che cambia **II** n. cambio m., cambiamento m.
changing room n. SPORT spogliatoio m.; AE *(fitting room)* cabina f. di prova, camerino m.
1.channel /'tʃænl/ n. **1** *(passage for liquid)* canale m., condotto m. **2** *(navigable water)* canale m. **3** FIG. *(diplomatic, commercial)* canale m., via f.; ***to do sth. through the proper*** o ***usual*** o ***normal ~s*** fare qcs. seguendo l'iter ordinario; ***to go through official ~s*** passare attraverso le vie ufficiali; ***diplomatic ~s*** canali diplomatici; ***legal ~s*** vie legali **4** TELEV. RAD. canale m.; ***to change ~s*** cambiare canale; ***to flick ~s*** COLLOQ. fare zapping; ***~ one*** il primo canale **5** ARCH. *(of a column)* scanalatura f. **6** TECN. scanalatura f.
2.channel /'tʃænl/ tr. (forma in -ing ecc. **-ll-**, **-l-** AE) **1** *(carry)* incanalare, convogliare [*liquid*] (**to, into** in, verso) **2** FIG. convogliare [*efforts, energy*] (**into** in, verso); destinare [*funds*] (**into** a) **3** *(cut)* scavare [*groove*].
Channel /'tʃænl/ ➧ ***20*** **I** n.pr. (anche **English ~**) ***the ~*** il canale della Manica, la Manica **II** modif. [*crossing, port*] della Manica.
channel ferry n. = traghetto che attraversa la Manica.
channel-flick /'tʃænl,flɪk/, **channel-hop** /'tʃænl,hɒp/ intr. COLLOQ. fare zapping.
Channel Islander n. nativo m. (-a), abitante m. e f. delle Isole del Canale.
Channel Islands ➧ ***12*** n.pr.pl. Isole f. del Canale.
Channel Tunnel n.pr. tunnel m. della Manica.
1.chant /tʃɑːnt, AE tʃænt/ n. **1** *(of demonstrators)* slogan m.; *(of supporters)* coro m. **2** MUS. RELIG. salmodia f.
2.chant /tʃɑːnt, AE tʃænt/ **I** tr. scandire [*slogan*]; recitare come una litania [*schoolwork*]; MUS. RELIG. cantare [*psalm*]; salmodiare [*liturgy*] **II** intr. [*demonstrators*] scandire slogan; [*supporters*] scandire cori; MUS. RELIG. salmodiare.
chaos /'keɪɒs/ n. **1** caos m.; ***in a state of ~*** [*country*] nel caos; ***the room was in a state of ~*** la stanza era un caos; ***to cause ~*** seminare il caos **2** LETT. *(cosmic)* caos m.
chaotic /keɪ'ɒtɪk/ agg. [*life, place*] caotico; ***it's absolutely ~*** COLLOQ. è il caos più assoluto.
1.chap /tʃæp/ n. BE COLLOQ. tipo m.; ***a nice ~*** un bel tipo; ***an old ~*** un vecchio; ***old ~...*** vecchio mio...
2.chap /tʃæp/ n. *(of skin)* screpolatura f.
3.chap /tʃæp/ **I** tr. (forma in -ing ecc. **-pp-**) screpolare [*skin*] **II** intr. (forma in -ing ecc. **-pp-**) [*skin*] screpolarsi.
chap. ⇒ chapter capitolo (cap.).
chapel /'tʃæpl/ n. cappella f.; ***Lady ~*** cappella della Madonna.
1.chaperone /'ʃæpərəʊn/ n. chaperon m.
2.chaperone /'ʃæpərəʊn/ tr. fare da chaperon a.
chaplain /'tʃæplɪn/ n. cappellano m.
chapped /tʃæpt/ **I** p.pass. → **3.chap II** agg. [*lips*] screpolato.
chapter /'tʃæptə(r)/ n. **1** *(in book)* capitolo m.; ***in ~ 3*** al o nel capitolo 3 **2** FIG. *(stage)* capitolo m., fase f.; ***a new ~ in*** una nuova fase di ♦ ***a ~ of accidents*** una serie di incidenti; ***to give ~ and verse*** fare un riferimento esatto.
1.char /tʃɑː(r)/ n. BE COLLOQ. donna f. delle pulizie.
2.char /tʃɑː(r)/ intr. (forma in -ing ecc. **-rr-**) BE COLLOQ. fare la donna delle pulizie.
3.char /tʃɑː(r)/ **I** tr. (forma in -ing ecc. **-rr-**) carbonizzare **II** intr. (forma in -ing ecc. **-rr-**) carbonizzarsi.
character /'kærəktə(r)/ n. **1** *(personality)* carattere m.; ***to have a pleasant ~*** avere un bel carattere; ***to act in, out of ~*** agire in modo abituale, sorprendente; ***his remarks are totally in ~, out of ~*** è, non è assolutamente nel suo carattere fare queste osservazioni **2** *(reputation)* ***a person of good ~*** una persona con una buona reputazione **3** LETTER. TEATR. TELEV. personaggio m. (**from** di); ***to play the ~ of Romeo*** recitare nel ruolo di Romeo **4** *(person)* individuo m.; ***a real ~*** un tipo veramente originale; ***a local ~*** un personaggio locale **5** INFORM. TIP. carattere m.
character actor n. caratterista m.
character assassination n. campagna f. diffamatoria.
characteristic /,kærəktə'rɪstɪk/ **I** agg. caratteristico, tipico **II** n. caratteristica f.
characteristically /,kærəktə'rɪstɪklɪ/ avv. come al solito.
characterization /,kærəktəraɪ'zeɪʃn, AE -rɪ'z-/ n. ART. caratterizzazione f.
characterize /'kærəktəraɪz/ tr. **1** *(depict)* caratterizzare (**as** come) **2** *(typify)* caratterizzare; ***to be ~d by*** essere caratterizzato da **3** *(sum up)* rappresentare [*era, person*].
characterless /'kærəktəlɪs/ agg. senza carattere.
character reference n. referenze f.pl.
character sketch n. = ritratto o descrizione sintetica di una persona.
charade /ʃə'rɑːd, AE ʃə'reɪd/ n. **1** *(in game)* sciarada f. **2** SPREG. *(pretence)* farsa f.
charbroiled /'tʃɑːbrɔɪld/ agg. AE → **char-grilled**.
charcoal /'tʃɑːkəʊl/ **I** n. **1** *(fuel)* carbone m. (di legna) **2** ART. carboncino m. **3** *(colour)* grigio m. antracite **II** ➧ ***5*** agg. *(colour)* (anche **~ grey**) antracite.
1.charge /tʃɑːdʒ/ n. **1** *(fee)* spese f.pl.; ***delivery ~*** spese di consegna; ***additional ~*** costi aggiuntivi; ***small*** o ***token ~*** piccolo contributo; ***there's a ~ of £ 2 for postage*** ci sono 2 sterline di spese postali; ***there's no ~ for installation*** l'installazione è gratuita; ***free of ~*** gratuitamente; ***at no extra ~*** senza costi aggiuntivi **2** DIR. accusa f., imputazione f.; ***murder ~*** accusa di omicidio; ***criminal ~s*** capi di imputazione; ***to bring ~s*** intentare causa; ***to prefer*** o ***press ~s against sb.*** citare in giudizio *o* denunciare qcn.; ***to drop the ~s*** fare cadere le accuse **3** *(accusation)* accusa f. **4** MIL. *(attack)* carica f. **5** *(control)* ***to be in ~*** essere responsabile; MIL. comandare; ***the person in ~*** il responsabile; ***to put sb. in ~ of*** affidare a qcn. la responsabilità di [*company, project*]; ***to take ~ of*** assumere la responsabilità di; ***to have ~ of*** essere incaricato di; ***the pupils in my ~*** gli allievi sotto la mia responsabilità; ***to take ~*** assumere il controllo **6** *(person in one's care) (pupil)* allievo m. (-a); *(patient)* paziente m. e f.; *(child)* = bambino del quale ci si occupa **7** *(explosive)* carica f. **8** EL. FIS. carica f.
2.charge /tʃɑːdʒ/ **I** tr. **1** fare pagare [*customer*]; fare pagare, addebitare [*commission, interest*] (**on** su); ***to ~ sb. for sth.*** fare pagare qcs. a qcn.; ***how much*** o ***what do you ~ (for doing)?*** quanto fa pagare *o* prende (per fare)? ***I ~ £ 20 an hour*** prendo 20 sterline all'ora; ***interest is ~d at 2% a month*** si paga un interesse mensile pari al 2%; ***labour is ~d at £ 25 per hour*** la manodopera costa 25 sterline all'ora **2** *(pay on account)* ***to ~ sth. to*** mettere qcs. su [*account*] **3** *(accuse)* accusare, incolpare; DIR. accusare, incriminare (**with** di) **4** *(rush at)* caricare [*enemy*] **5** EL. FIS. caricare **II** intr. **1** *(demand payment)* ***to ~ for*** fare pagare [*delivery, admission*] **2** *(rush at)* ***to ~ at*** caricare [*enemy*]; ***~!*** carica! **3** *(run)* precipitarsi (**into** in; **out of** fuori da); ***to ~ across*** o ***through*** attraversare [qcs.] a tutta velocità [*room*]; ***to ~ up, down*** salire su per, scendere da [qcs.] a tutta velocità [*stairs*].
chargeable /'tʃɑːdʒəbl/ agg. **1** *(payable)* ***a fee of 20 dollars is ~*** verrà addebitata una somma di 20 dollari **2** AMM. ***business travel is ~ to the company*** le spese di trasferta sono a carico della società.
charge account n. AE COMM. credito m. di banco.
charge card n. *(credit card)* carta f. di credito; *(store card)* = carta di credito rilasciata da catene di grandi magazzini che consente al cliente di fare acquisti pagando successivamente.
charged /tʃɑːdʒd/ **I** p.pass. → **2.charge II** agg. **1** FIS. carico **2** *(intense)* [*atmosphere*] teso; ***emotionally ~*** carico d'emozione.
chargé d'affaires /,ʃɑːʒeɪdæ'feə(r)/ ➧ ***27*** n. (pl. **chargés d'affaires**) AMM. incaricato m. d'affari.
charge hand ➧ ***27*** n. vicecaposquadra m. e f.
charge nurse ➧ ***27*** n. caposala m. e f.
char-grilled /'tʃɑːgrɪld/ agg. [*steak*] alla griglia.
chariot /'tʃærɪət/ n. cocchio m., biga f.
charisma /kə'rɪzmə/ n. (pl. **-ata**) carisma m. (anche RELIG.).
charismatic /,kærɪz'mætɪk/ agg. carismatico (anche RELIG.).

charitable /'tʃærɪtəbl/ agg. [*person, act*] caritatevole (**to** verso); [*organization*] pio, di carità; ***a company having ~ status*** un'associazione a scopo filantropico; ***~ trust*** fondazione di carità; ***~ work*** attività di beneficenza.
charitably /'tʃærɪtəblɪ/ avv. caritatevolmente.
charity /'tʃærətɪ/ **I** n. **1** *(virtue)* carità f.; ***to do sth. out of ~*** fare qcs. per carità **2** *(aid)* carità f., beneficenza f.; ***to give to ~*** dare in beneficenza; ***to collect money for ~*** raccogliere denaro a scopo di beneficenza; ***to accept ~*** accettare la carità *o* l'elemosina **3** *(aid organizations)* carità f. organizzata; *(individual organization)* istituzione f. benefica, opera f. di carità **II** modif. [*sale*] di beneficenza; [*event*] a scopo benefico ♦ ***~ begins at home*** = bisogna aiutare prima i familiari e le persone vicine.
charity box n. *(in church)* cassetta f. delle elemosine.
charity shop n. = negozio di articoli d'occasione venduti a scopo di carità.
charity work n. attività f. di beneficenza.
charlady /'tʃɑ:leɪdɪ/ ➧ ***27*** n. BE domestica f. a ore.
charlatan /'ʃɑ:lətən/ n. ciarlatano m.
Charlemagne /'ʃɑ:ləmeɪn/ n.pr. Carlo Magno.
Charles /tʃɑ:lz/ n.pr. Carlo.
Charley, **Charlie** /'tʃɑ:lɪ/ n.pr. diminutivo di **Charles**.
Charlotte /'ʃɑ:lət/ n.pr. Carlotta.
1.charm /tʃɑ:m/ n. **1** *(capacity to please)* fascino m., charme m.; ***to turn on the ~*** tirare fuori tutto il proprio fascino **2** *(jewellery)* amuleto m.; ***~ bracelet*** braccialetto portafortuna; ***lucky ~*** ciondolo portafortuna **3** *(magic words)* incantesimo m., malia f. ♦ ***to work like a ~*** andare a meraviglia.
2.charm /tʃɑ:m/ tr. incantare, affascinare; ***he ~ed his way into Head Office*** ha usato tutto il suo fascino per diventare dirigente.
charmed /tʃɑ:md/ **I** p.pass. → **2.charm II** agg. incantato; ***the ~ (inner) circle*** = cerchia ristretta di persone che detengono il potere ♦ ***to lead a ~ life*** avere tutto dalla vita.
charmer /'tʃɑ:mə(r)/ n. ***he is a real ~*** è un vero incantatore.
charming /'tʃɑ:mɪŋ/ agg. [*person, place*] incantevole, affascinante; [*child, animal*] adorabile.
1.chart /tʃɑ:t/ n. **1** *(graph)* grafico m., diagramma m.; ***temperature ~*** MED. grafico della temperatura **2** *(table)* tabella f. **3** *(map)* ***weather ~*** carta meteorologica **4** MUS. ***the ~s*** la hit-parade; ***to be number one in the ~s*** essere il numero uno nella hit-parade.
2.chart /tʃɑ:t/ tr. **1** *(on map)* riportare [*feature*]; tracciare [*route*] **2** registrare [*changes, progress*].
1.charter /'tʃɑ:tə(r)/ n. **1** carta f. (anche POL.); *(for company)* atto m. istitutivo, statuto m. **2** COMM. *(hiring)* noleggio m.; ***on ~ to*** noleggiato a.
2.charter /'tʃɑ:tə(r)/ tr. noleggiare [*plane*].
chartered /'tʃɑ:təd/ **I** p.pass. → **2.charter II** agg. [*professional*] iscritto all'albo; [*corporation*] registrato.
chartered accountant ➧ ***27*** n. BE = ragioniere iscritto all'albo.
chartered surveyor ➧ ***27*** n. BE = agrimensore iscritto all'albo.
charter flight n. BE volo m. charter.
charter plane n. BE charter m.
charter school n. AE = tipo di scuola privata riconosciuta e sovvenzionata dallo Stato.
chary /'tʃeərɪ/ agg. ***to be ~*** essere cauto, prudente (**of** con; **of doing** nel fare).
1.chase /tʃeɪs/ n. **1** *(pursuit)* caccia f., inseguimento m. (**after** di); ***car ~*** inseguimento in auto; ***to give ~ to sb.*** dare la caccia a qcn. **2** FIG. *(race)* corsa f. (**for** a).
2.chase /tʃeɪs/ tr. **1** (anche **~ after**) inseguire [*person*]; cacciare, inseguire [*animal*]; andare a caccia di, rincorrere [*contract, job*]; ***to ~ sb., sth. up*** o ***down the street*** inseguire qcn., qcs. per la strada **2** (anche **~ after**) *(make advances)* correre dietro a [*man, girl*] **3** COLLOQ. (anche **~ after**) *(try to win)* inseguire [*title*] **4** *(remove)* ***to ~ sb., sth. from*** cacciare qcn., qcs. da [*room*] ♦ ***to ~ one's (own) tail*** girare in tondo.
▪ **chase about, chase around:** ***~ about*** correre in ogni direzione; ***~ around [sth.]*** COLLOQ. percorrere [qcs.] in ogni direzione [*town*]; ***~ [sb.] around*** dare la caccia a.
▪ **chase away:** ***~ [sb., sth.] away, ~ away [sb., sth.]*** scacciare (anche FIG.).
▪ **chase down** AE → **chase up**.
▪ **chase off** → **chase away**.
▪ **chase up** BE ***~ [sth.] up, ~ up [sth.]*** scovare [*details*]; ***~ [sb.] up, ~ up [sb.]*** stare alle costole di, scovare [*person*].
3.chase /tʃeɪs/ tr. *(engrave)* intagliare, cesellare [*metal*].
chaser /'tʃeɪsə(r)/ n. COLLOQ. = bicchierino di liquore bevuto tra una birra e l'altra.
chasm /'kæzəm/ n. baratro m.; *(deeper)* abisso m. (anche FIG.).
chassis /'ʃæsɪ/ n. (pl. **~**) chassis m.
chaste /tʃeɪst/ agg. **1** *(celibate)* casto **2** *(innocent)* [*relationship*] innocente; [*kiss*] casto **3** *(sober)* [*style*] casto, semplice.
chasten /'tʃeɪsn/ tr. castigare.
chastened /'tʃeɪsnd/ **I** p.pass. → **chasten II** agg. ***they were suitably ~*** hanno messo giudizio, come era opportuno.
chastening /'tʃeɪstnɪŋ/ agg. ***to have a ~ effect on sb.*** fare mettere giudizio a qcn.
chastise /tʃæ'staɪz/ tr. *(physically)* castigare; *(verbally)* rimproverare.
chastity /'tʃæstətɪ/ n. castità f.
1.chat /tʃæt/ n. chiacchierata f.; ***to have a ~*** fare quattro chiacchiere.
2.chat /tʃæt/ intr. (forma in -ing ecc. **-tt-**) **1** chiacchierare (**with, to** con) **2** INFORM. chattare.
▪ **chat up:** ***~ up [sb.], ~ [sb.] up*** BE COLLOQ. *(flirtatiously)* agganciare [*girl*]; *(to obtain sth.)* (rac)contarla a qcn.
chatline /'tʃætlaɪn/ n. BE chat line f.
chat show n. BE talk show m.
chattel /'tʃætl/ n. DIR. bene m. mobile; ***goods and ~s*** beni ed effetti.
1.chatter /'tʃætə(r)/ n. *(of person)* chiacchiera f.; *(of crowd, audience)* chiacchierio m.; *(of birds)* cinguettio m.; *(of magpies)* gracchio m.; *(of machine)* rumore m., vibrazione f.
2.chatter /'tʃætə(r)/ intr. (anche **~ away**, **~ on**) [*person*] chiacchierare; [*birds*] cinguettare; [*magpies*] gracchiare; [*machine*] fare rumore, vibrare; ***her teeth were ~ing*** batteva i denti.
chatterbox /'tʃætəbɒks/ n. chiacchierone m. (-a).
chatty /'tʃætɪ/ agg. [*person*] loquace, ciarliero; [*letter, style*] amichevole.
1.chauffeur /'ʃəʊfə(r), AE ʃəʊ'fɜ:r/ ➧ ***27*** n. chauffeur m.; ***a ~-driven car*** una macchina con autista.
2.chauffeur /'ʃəʊfə(r), AE ʃəʊ'fɜ:r/ tr. fare da autista a.
chauvinism /'ʃəʊvɪnɪzəm/ n. **1** sciovinismo m. **2** (anche **male ~**) maschilismo m.
chauvinist /'ʃəʊvɪnɪst/ **I** agg. **1** sciovinista **2** (anche **male ~**) maschilista **II** n. **1** sciovinista m. e f. **2** (anche **male ~**) maschilista m. e f.
chauvinistic /ˌʃəʊvɪ'nɪstɪk/ agg. sciovinistico.
cheap /tʃi:p/ **I** agg. **1** conveniente; ***to be ~*** essere a buon mercato, costare poco; ***it's ~ to produce*** costa poco produrlo; ***it works out ~er to take the train*** costa meno prendere il treno; ***the ~ seats*** i posti più economici; ***it's ~ at the price*** a questo prezzo è conveniente; ***~ and cheerful*** senza pretese; ***to hold sth. ~*** tenere qcs. in poco conto **2** SPREG. [*wine*] di scarsa qualità; [*jewellery*] di poco valore; ***it's ~ and nasty*** è roba da quattro soldi **3** SPREG. [*joke*] di cattivo gusto; ***a ~ thrill*** facili emozioni; ***talk is ~*** è facile parlare **4** SPREG. *(mean)* [*trick, liar*] sporco; ***a ~ shot*** un colpo basso **5 on the cheap** [*buy, sell*] a prezzo ridotto, a basso costo; ***to do sth. on the ~*** SPREG. fare qcs. in economia *o* al risparmio **II** avv. COLLOQ. [*buy, sell*] a buon mercato, a basso prezzo; ***they're going ~*** sono a prezzo ridotto.
cheapen /'tʃi:pən/ tr. **1** rendere più economico [*process*] **2** sminuire l'importanza di, deprezzare [*life, liberty*].
cheapjack /'tʃi:pdʒæk/ agg. da quattro soldi, dozzinale.
cheaply /'tʃi:plɪ/ avv. [*sell*] a buon mercato; [*available*] a basso prezzo; ***to eat ~*** mangiare con poco.
cheapness /'tʃi:pnɪs/ n. **1** *(of article)* convenienza f., prezzo m. basso **2** *(of joke)* cattivo gusto m., grossolanità f.
cheap rate agg. e avv. TEL. ***to cost 25 pence a minute ~*** costare 25 pence al minuto a tariffa ridotta.
cheapskate /'tʃi:pskeɪt/ n. COLLOQ. spilorcio m. (-a), taccagno m. (-a).
1.cheat /tʃi:t/ n. imbroglione m. (-a), truffatore m. (-trice).

2.cheat /tʃi:t/ **I** tr. ingannare, imbrogliare, truffare [*person, company*]; ***to feel ~ed*** sentirsi ingannato; ***he ~ed him (out) of his money*** gli ha portato via i soldi (con l'inganno) **II** intr. barare, imbrogliare; ***to ~ in*** copiare a [*exam, test*]; ***to ~ at cards*** barare alle carte; ***to ~ on*** AE tradire [*person*].
Chechen /tʃe'tʃen/ ➧ *18, 14* **I** agg. ceceno **II** n. **1** *(person)* ceceno m. (-a) **2** *(language)* ceceno m.
Chechnya /'tʃetʃnɪə/ ➧ *6* n.pr. Cecenia f.
1.check /tʃek/ **I** n. **1** *(for quality, security)* controllo m., verifica f. (**on** di); ***to carry out ~s*** fare dei controlli; ***to give sth. a ~*** controllare qcs.; ***to keep a (close) ~ on sb., sth.*** tenere qcn., qcs. sotto (stretto) controllo **2** MED. esame m.; ***eye ~*** controllo della vista **3** *(restraint)* freno m., ostacolo m.; ***to put*** o ***place a ~ on*** mettere *o* porre un freno a [*production, growth*]; ***to hold*** o ***keep sb., sth. in ~*** tenere a bada qcn., qcs.; ***to hold oneself in ~*** controllarsi **4** *(in chess)* ***in ~*** in scacco; ***to put the king in ~*** dare scacco al re; ***your king is in ~*** scacco al re **5** *(fabric)* tessuto m. a scacchi, a quadretti; *(pattern)* scacchi m.pl., quadretti m.pl. **6** AE *(cheque)* assegno m. **7** AE *(bill)* conto m.; ***to pick up the ~*** pagare il conto **8** AE *(receipt)* scontrino m., tagliando m. **9** AE *(tick)* visto m. **II** modif. [*fabric, garment*] a scacchi, a quadretti.
2.check /tʃek/ inter. **1** *(in chess)* ***~!*** scacco (al re)! **2** AE COLLOQ. *(in agreement)* d'accordo.
3.check /tʃek/ **I** tr. **1** *(for security)* controllare [*person, product, vehicle, ticket*]; ***to ~ that, whether*** verificare che, se; ***they ~ed the hotel for bombs*** hanno controllato che non ci fossero bombe nell'albergo **2** *(for accuracy, reliability)* controllare [*bill, data, output, work*]; verificare [*accounts*]; correggere [*proofs, spelling*]; ***to ~ sth. for defects*** controllare che qcs. non abbia difetti; ***to ~ sth. against*** verificare qcs. in base a [*data, inventory*]; paragonare qcs. con [*signature*] **3** *(for health, progress)* misurare [*temperature, blood pressure*]; controllare [*reflexes, eyesight*] **4** *(inspect)* controllare [*watch, map*] **5** *(find out)* controllare [*times, details*]; ***to ~ with sb. that*** chiedere a qcn. se **6** *(curb)* mettere un freno a [*price rises, inflation, growth, progress*]; mettere a tacere [*rumour*]; sventare [*plans*] **7** *(restrain)* controllare, contenere [*emotions*]; trattenere [*tears*] **8** *(stop)* fermare [*person*]; contenere [*enemy advance, rebellion*] **9** *(in chess)* dare, fare scacco a [*player, chessman*] **10** AE *(for safekeeping)* lasciare al guardaroba [*coat*]; depositare, lasciare in deposito [*baggage*] **11** AE *(register)* consegnare al check-in [*baggage*] **12** AE *(tick)* → **check off** **II** intr. **1** *(verify)* verificare; ***to ~ with sb.*** chiedere a qcn. **2** *(examine)* ***to ~ for*** cercare [*problems, flaws*] **3** *(register)* ***to ~ into*** registrarsi a [*hotel*] **4** AE *(tally)* [*accounts*] essere esatto, tornare **III** rifl. *(restrain)* ***to ~ oneself*** trattenersi.
▪ **check in:** ***~ in*** *(at airport)* fare il check-in; *(at hotel)* registrarsi (**at** a); AE *(clock in)* timbrare il cartellino (all'entrata); ***~ [sb., sth.] in, ~ in [sb., sth.]*** **1** fare il check-in a [*baggage, passengers*]; registrare [*hotel guest*] **2** AE *(for safekeeping)* depositare, lasciare in deposito [*baggage*]; lasciare al guardaroba [*coat*].
▪ **check off:** ***~ off [sth.], ~ [sth.] off*** spuntare [*items*].
▪ **check on:** ***~ on [sb., sth.]*** **1** *(observe)* ***to ~ on sb.'s progress*** verificare i progressi di qcn. **2** *(investigate)* indagare su [*person*].
▪ **check out:** ***~ out*** **1** *(leave)* partire; ***to ~ out of*** pagare il conto e lasciare [*hotel*] **2** *(be correct)* essere corretto, corrispondere **3** AE *(clock out)* timbrare il cartellino (all'uscita); ***~ out [sth.], ~ [sth.] out*** **1** *(investigate)* verificare [*information*]; ispezionare [*package, building*] **2** COLLOQ. *(try)* provare [*place, food*] **3** AE *(remove)* *(from library)* prendere in prestito; *(from cloakroom, left luggage)* ritirare; ***~ [sb.] out, ~ out [sb.]*** indagare su [*person*].
▪ **check over:** ***~ [sth.] over*** controllare [*document, machine*]; ***~ [sb.] over*** MED. sottoporre a una visita generale [*person*].
▪ **check through:** ***~ [sth.] through*** **1** controllare [*work*] **2** AE AER. consegnare al check-in [*luggage*].
▪ **check up:** ***~ up*** verificare.
▪ **check up on:** ***~ up on [sb.]*** *(observe)* sorvegliare [*person*]; *(investigate)* indagare su [*person*]; ***~ up on [sth.]*** appurare [*story*]; controllare [*details*].
checkbook AE → **chequebook**.
check card AE → **cheque card**.
checked /tʃekt/ **I** p.pass. → **3.check** **II** agg. [*fabric, garment*] a scacchi, a quadretti.
1.checker /'tʃekə(r)/ ➧ *27* n. **1** *(employee)* verificatore m. (-trice) **2** AE *(cashier)* cassiere m. (-a) **3** AE *(in fabric)* quadretto m. **4** AE GIOC. pedina f.
2.checker AE → **chequer**.
checkerboard /'tʃekəbɔ:d/ n. AE scacchiera f.
checkered AE → **chequered**.
checkers /'tʃekəz/ ➧ *10* n. + verbo sing. AE gioco m. della dama, dama f.; ***to play ~*** giocare a dama.
check-in /'tʃekɪn/ n. **1** (anche **~ desk**) check-in m.; *(at a hotel)* reception f. **2** *(procedure)* check-in m.; *(at a hotel)* registrazione f.
checking /'tʃekɪŋ/ n. verifica f., controllo m.
checking account n. AE conto m. corrente.
checklist /'tʃeklɪst/ n. lista f. di controllo.
1.checkmate /'tʃekmeɪt/ n. scacco m. matto (anche FIG.).
2.checkmate /'tʃekmeɪt/ tr. dare scacco matto a [*opponent*] (anche FIG.).
checkout /'tʃekaʊt/ n. (anche **~ counter**) cassa f.; ***on the ~*** alla cassa.
checkout assistant, checkout operator ➧ *27* n. BE cassiere m. (-a).
checkpoint /'tʃekpɔɪnt/ n. posto m. di controllo.
checkroom /'tʃekru:m, -rʊm/ n. AE **1** *(cloakroom)* guardaroba m. **2** *(for baggage)* deposito m. bagagli.
checkup /'tʃekʌp/ n. **1** MED. check-up m.; ***to go for, have a ~*** andare a fare, fare un check-up **2** *(at the dentist)* visita f. di controllo.
cheddar /'tʃedə(r)/ n. INTRAD. m. (tipo di formaggio a pasta dura).
1.cheek /tʃi:k/ n. **1** *(of face)* guancia f., gota f.; ***~ to ~*** guancia a guancia **2** *(impudence)* sfacciataggine f.; ***what a ~!*** che faccia tosta! ♦ ***to turn the other ~*** porgere l'altra guancia.
2.cheek /tʃi:k/ tr. BE COLLOQ. fare lo sfacciato con [*person*].
cheekbone /'tʃi:kbəʊn/ n. zigomo m.
cheekily /'tʃi:kɪlɪ/ avv. sfacciatamente, sfrontatamente.
cheeky /'tʃi:kɪ/ agg. sfacciato, sfrontato.
1.cheep /tʃi:p/ n. pigolio m.
2.cheep /tʃi:p/ intr. pigolare.
1.cheer /'tʃɪə(r)/ n. acclamazione f., evviva m.; ***to give a ~*** gridare evviva *o* urrà; ***to get a ~*** ricevere un'ovazione; ***to give three ~s for*** gridare tre urrà per; ***three ~s!*** hip! hip! urrà!
2.cheer /'tʃɪə(r)/ tr. e intr. acclamare, applaudire.
▪ **cheer on:** ***~ on [sb.], ~ [sb.] on*** incitare [*person*].
▪ **cheer up:** ***~ up*** rallegrarsi; ***~ up!*** su con la vita! ***~ up [sb.], ~ [sb.] up*** tirare su di morale [*person*]; ***~ up [sth.], ~ [sth.] up*** allietare [*room*].
cheerful /'tʃɪəfl/ agg. [*person, mood, music*] allegro; [*news*] confortante, buono; [*tone*] cordiale; [*colour*] vivace; [*optimism*] incrollabile; ***to be ~ about*** rallegrarsi per.
cheerfully /'tʃɪəfəlɪ/ avv. *(joyfully)* gioiosamente; *(blithely)* allegramente.
cheerfulness /'tʃɪəflnɪs/ n. gioiosità f., allegria f.
cheerily /'tʃɪərɪlɪ/ avv. allegramente.
cheering /'tʃɪərɪŋ/ **I** agg. [*news, words*] confortante **II** n. U acclamazioni f.pl.
cheerio /ˌtʃɪərɪ'əʊ/ inter. COLLOQ. **1** *(goodbye)* ciao **2** *(toast)* alla salute.
cheerleader /'tʃɪəli:də(r)/ n. ragazza f. ponpon.
cheerless /'tʃɪəlɪs/ agg. [*place*] triste, tetro; [*outlook*] triste.
cheers /'tʃɪəz/ inter. **1** *(toast)* alla salute, cin cin **2** BE COLLOQ. *(thanks)* grazie **3** BE COLLOQ. *(goodbye)* ciao.
cheery /'tʃɪərɪ/ agg. allegro, gioioso.
1.cheese /tʃi:z/ **I** n. formaggio m. **II** modif. [*sandwich*] al formaggio; [*counter*] del formaggio ♦ ***they are as different as chalk and ~*** sono completamente diversi; ***say ~!*** *(for photo)* sorridi!
2.cheese /tʃi:z/ tr. ***~ it!*** COLLOQ. smettila!
▪ **cheese off** COLLOQ. ***to be ~d off with*** essere stufo di.
cheeseboard /'tʃi:zbɔ:d/ n. *(object)* vassoio m. per il formaggio; *(selection)* assortimento m. di formaggi.
cheesecake /'tʃi:zkeɪk/ n. GASTR. = torta dolce al formaggio.
cheesecloth /'tʃi:zklɒθ, AE -klɔ:θ/ n. garza f., stamigna f. (per avvolgere il formaggio).

cheeseparing /'tʃi:z,peərɪŋ/ n. avarizia f.
cheesy /'tʃi:zɪ/ agg. **1** [*smell*] di formaggio **2** FIG. [*grin*] falso.
cheetah /'tʃi:tə/ n. ghepardo m.
chef /ʃef/ ➧ *27* n. chef m.
chemical /'kemɪkl/ **I** agg. [*process, reaction, experiment, industry, formula, warfare*] chimico; [*equipment*] da laboratorio (chimico) **II** n. sostanza f. chimica, prodotto m. chimico.
chemical engineer ➧ *27* n. ingegnere m. chimico.
chemise /ʃə'mi:z/ n. *(dress)* = vestito da donna ampio e non tagliato in vita; *(undergarment)* sottoveste f.
chemist /'kemɪst/ ➧ *27* n. **1** BE *(person)* farmacista m. e f.; *~'s (shop)* farmacia **2** *(scientist)* chimico m. (-a).
chemistry /'kemɪstrɪ/ n. **1** *(science, subject)* chimica f. **2** *(structure, properties)* struttura f. chimica, composizione f. chimica **3** FIG. *(rapport)* feeling m.
chemistry set n. piccolo chimico m.
chemotherapy /,ki:məʊ'θerəpɪ/ n. chemioterapia f.
cheque BE, **check** AE /tʃek/ n. assegno m.; ***by ~*** con assegno; ***to make out*** o ***write a ~ for £ 20*** fare un assegno di 20 sterline ♦ ***to give sb. a blank ~*** dare carta bianca a qcn.
chequebook BE, **checkbook** AE /'tʃekbʊk/ n. libretto m. degli assegni, carnet m. di assegni.
cheque card BE, **check card** AE n. carta f. assegni.
chequer BE, **checker** AE /'tʃekə(r)/ n. **1** GIOC. pedina f. **2** *(square)* quadretto m.; *(pattern of squares)* disegno m. a scacchi, scacchi m.pl.
chequered BE, **checkered** AE /'tʃekəd/ agg. **1** *(patterned)* a scacchi, a quadretti **2** FIG. [*career, history*] con alti e bassi.
chequers BE, **checkers** AE /'tʃekəz/ ➧ *10* n. + verbo sing. dama f.
cherish /'tʃerɪʃ/ tr. **1** *(nurture)* nutrire [*hope, ambition*]; conservare [*memory*]; accarezzare [*idea*] **2** *(love)* amare, curare [*person*].
cherished /'tʃerɪʃt/ **I** p.pass. → **cherish II** agg. ***her most ~ ambition*** la sua più cara ambizione.
cherry /'tʃerɪ/ **I** n. **1** *(fruit)* ciliegia f. **2** *(tree, wood)* ciliegio m. **II** agg. (anche **~-red**) (rosso) ciliegia ♦ ***life is not a bowl of cherries*** la vita non è tutta rose e fiori.
cherry brandy n. cherry (brandy) m.
cherry orchard n. ciliegeto m.
cherry tomato n. pomodoro m. ciliegino.
cherry tree n. ciliegio m.
cherub /'tʃerəb/ n. (pl. **~s, ~im**) cherubino m. (anche FIG.).
cherubic /tʃɪ'ru:bɪk/ agg. [*face*] da cherubino; [*child*] bello come un angelo.
cherubim /'tʃerəbɪm/ → **cherub**.
chervil /'tʃɜ:vɪl/ n. cerfoglio m.
chess /tʃes/ ➧ *10* n. scacchi m.pl.; ***a game of ~*** una partita a scacchi.
chessboard /'tʃesbɔ:d/ n. scacchiera f.
chessman /'tʃesmæn/ n. (pl. **-men**) pezzo m. (degli scacchi).
chesspiece /'tʃespi:s/ n. → **chessman**.
chess set n. *(board and pieces)* scacchi m.pl.
chest /tʃest/ **I** n. **1** ANAT. torace m., petto m. **2** *(container)* cassapanca f. **3** *(crate)* cassa f. **II** modif. MED. [*pains*] al petto; [*infection, specialist*] delle vie respiratorie; [*X-ray*] al torace ♦ ***to get something off one's ~*** COLLOQ. levarsi un peso dallo stomaco; ***to hold*** o ***keep one's cards close to one's ~*** non mettere le carte in tavola.
chesterfield /'tʃestəfi:ld/ n. **1** *(overcoat)* chesterfield m. **2** *(sofa)* = divano imbottito con schienale e braccioli della stessa altezza.
chest expander n. SPORT estensore m.
chest freezer n. congelatore m. a pozzo.
chest measurement ➧ *28* n. circonferenza f. toracica.
chestnut /'tʃesnʌt/ **I** n. **1** *(nut)* castagna f. **2** (anche **~ tree**) *(sweet)* castagno m.; *(horse)* castagno m. d'India, ippocastano m. **3** *(wood)* castagno m. **4** *(horse)* sauro m. **5** FIG. *(joke)* ***an old ~*** una barzelletta vecchia **II** modif. [*cream, stuffing*] di castagne **III** agg. [*hair*] castano; ***a ~ horse*** un cavallo sauro.
chest of drawers n. cassettone m.
chesty /'tʃestɪ/ agg. COLLOQ. [*person*] delicato di petto; [*cough*] di petto.
chevron /'ʃevrən/ n. MIL. gallone m.
1.chew /tʃu:/ n. **1** *(act)* masticazione f. **2** *(sweet)* caramella f. (gommosa).
2.chew /tʃu:/ **I** tr. **1** [*person*] masticare [*food, gum*]; mordere [*pencil*]; ***to ~ a hole in sth.*** fare un buco in qualcosa a forza di rosicchiare **2** [*animal*] rosicchiare [*bone*]; mangiucchiare [*carpet*] **II** intr. masticare ♦ ***to bite off more than one can ~*** fare il passo più lungo della gamba.
■ **chew over:** ***~ over [sth.], ~ [sth.] over*** COLLOQ. rimuginare [*problem*].
chewing gum n. chewing gum m., gomma f. da masticare.
chewy /'tʃu:ɪ/ agg. che si deve masticare a lungo.
chiaroscuro /kɪ,ɑ:rə'skʊərəʊ/ n. (pl. **~s**) chiaroscuro m.
chic /ʃi:k/ **I** agg. chic **II** n. chic m.; ***to have ~*** essere chic.
Chicago /ʃɪ'kɑ:gəʊ/ ➧ *34* n.pr. Chicago f.
chicanery /ʃɪ'keɪnərɪ/ n. cavilli m.pl. (legali), imbrogli m.pl.
Chicano /tʃɪ'kɑ:nəʊ/ n. (pl. **~s**) chicano m. (-a).
chick /tʃɪk/ n. **1** *(fledgling)* uccellino m.; *(of fowl)* pulcino m. **2** COLLOQ. *(young woman)* ragazza f.
chicken /'tʃɪkɪn/ **I** n. **1** *(fowl)* pollo m. **2** (anche **~ meat**) pollo m., carne f. di pollo **3** COLLOQ. *(coward)* coniglio m., fifone m. (-a) **II** modif. [*wing, stock, breast*] di pollo; [*sandwich*] al pollo ♦ ***it's a ~ and egg situation*** è la storia dell'uovo e della gallina; ***to count one's ~s (before they are hatched)*** vendere la pelle dell'orso prima di averlo ammazzato.
chicken curry n. pollo m. al curry.
chicken drumstick n. coscia f. di pollo.
chicken feed n. U **1** mangime m. per polli **2** COLLOQ. *(paltry sum)* cifra f. irrisoria.
chicken livers n.pl. fegatini m. di pollo.
chicken noodle soup n. minestra f. di pollo con tagliolini.
chicken out intr. COLLOQ. ***he ~ed out of his dental appointment*** non è andato dal dentista per paura.
chickenpox /'tʃɪkɪnpɒks/ ➧ *11* n. varicella f.
chicken run n. pollaio m.
chicken wire n. rete f. metallica (per pollai).
chickpea /'tʃɪkpi:/ n. cece m.
chicory /'tʃɪkərɪ/ n. cicoria f.
chide /tʃaɪd/ tr. (pass. **chided, chid**; p.pass. **chided, chidden, chid**) rimproverare.
chief /tʃi:f/ **I** n. **1** *(leader)* capo m.; ***party ~*** POL. dirigente di partito; ***defence ~s*** POL. responsabili della difesa **2** COLLOQ. *(boss)* capo m. **II** modif. **1** *(primary)* [*reason*] principale **2** *(highest in rank)* [*editor*] capo **III -in-chief** in composti ***commander-in-~*** comandante in capo.
chief accountant ➧ *27* n. capo contabile m. e f.
chief constable n. GB = capo della polizia di una contea.
chief executive ➧ *27* n. **1** AMM. direttore m. (-trice) generale **2** US POL. ***the Chief Executive*** = il Presidente degli Stati Uniti, in quanto capo dell'esecutivo.
chief inspector ➧ *27* n. ispettore m. capo.
chiefly /'tʃi:flɪ/ avv. soprattutto, principalmente.
chief of police n. capo m. della polizia.
Chief of Staff ➧ *23* n. MIL. capo m. di stato maggiore; *(of White House)* segretario m. generale.
chief of state n. AE capo m. di stato.
chief petty officer ➧ *23* n. MAR. MIL. secondo capo m.
Chief Rabbi n. rabbino m. capo.
chief superintendent n. GB *(in police)* commissario m. capo.
chieftain /'tʃi:ftən/ n. = capo di una tribù o di un clan.
chiffon /'ʃɪfɒn, AE ʃɪ'fɒn/ n. chiffon m.
chilblain /'tʃɪlbleɪn/ n. gelone m.
child /tʃaɪld/ **I** n. (pl. **children**) **1** *(non-adult)* bambino m. (-a); ***when I was a ~*** quando ero bambino, da bambino **2** *(son, daughter)* figlio m. (-a) **II** modif. ***~ prodigy*** bambino prodigio ♦ ***it's ~'s play*** è un gioco da ragazzi.
child abuse n. maltrattamento m. di minori; *(sexual)* abuso m. di minori.
childbearing /'tʃaɪldbeərɪŋ/ n. gravidanza f., gestazione f.; ***of ~ age*** in età fertile.
child benefit n. BE assegno m. familiare (per i figli).
childbirth /'tʃaɪldbɜ:θ/ n. parto m.; ***to die in ~*** morire di parto.
childcare /'tʃaɪldkeə(r)/ n. *(nurseries etc.)* = assistenza dei bambini in età prescolare; *(bringing up children)* educazione f. dei bambini.

childcare facilities n.pl. strutture f. di assistenza all'infanzia.
child guidance n. BE = assistenza sociale e psicologica all'infanzia.
childhood /'tʃaɪldhʊd/ I n. infanzia f.; ***in (his) early ~*** nella prima infanzia II modif. [*friend, memory*] d'infanzia; [*illness*] infantile.
childish /'tʃaɪldɪʃ/ agg. 1 *(of child)* infantile 2 SPREG. *(immature)* infantile, puerile.
childishly /'tsaɪldɪʃlɪ/ avv. [*behave*] in modo puerile; [*naïve*] come un bambino.
childishness /'tʃaɪldɪʃnɪs/ n. puerilità f.
child labour n. lavoro m. minorile.
childless /'tʃaɪldlɪs/ agg. senza figli.
childlike /'tʃaɪldlaɪk/ agg. infantile.
childminder /'tʃaɪld,maɪndə(r)/ ➧ ***27*** n. BE = persona che durante il giorno bada ai bambini.
child molester n. = pedofilo.
child-proof /'tʃaɪldpru:f/ agg. [*container, lock*] di sicurezza (per bambini).
child psychiatrist n. neuropsichiatra m. e f. infantile.
child psychiatry n. neuropsichiatria f. infantile.
children /'tʃɪldrən/ → **child**.
children's home n. istituto m. per l'infanzia abbandonata.
Chile /'tʃɪlɪ/ ➧ ***6*** n.pr. Cile m.
Chilean /'tʃɪlɪən/ ➧ ***18*** I agg. cileno II n. cileno m. (-a).
chili → **chilli**.
1.chill /tʃɪl/ I n. 1 *(coldness)* freddo m.; ***there is a ~ in the air*** l'aria è fredda 2 *(illness)* infreddatura f.; ***to catch a ~*** prendere un colpo di freddo 3 FIG. brivido m.; ***to send a ~ through sb.*** o ***down sb.'s spine*** dare i brividi a qcn. II agg. 1 [*wind*] freddo, gelido 2 FIG. [*reminder, words*] agghiacciante.
2.chill /tʃɪl/ I tr. 1 *(make cool)* fare raffreddare [*dessert, soup*]; mettere al fresco [*wine*]; *(refrigerate)* refrigerare [*meat*] 2 *(make cold)* fare rabbrividire [*person*] 3 FIG. *(cause to fear)* agghiacciare [*person*]; ***to ~ sb.'s blood*** o ***the blood*** raggelare il sangue a qcn. II intr. [*dessert, wine*] raffreddarsi.
■ **chill out** COLLOQ. rilassarsi, calmarsi; ***~ out!*** calma!
chilled /tʃɪld/ I p.pass. → **2.chill** II agg. [*wine*] molto fresco; [*food*] refrigerato.
chilli /'tʃɪlɪ/ n. (pl. **~es**) 1 *(pod, powder)* peperoncino m. (rosso) 2 (anche **~ con carne**) chili m. con carne.
chilling /'tʃɪlɪŋ/ agg. [*story, thought, look*] agghiacciante.
chilly /'tʃɪlɪ/ agg. freddo (anche FIG.); ***it's ~ today*** oggi fa freddo.
1.chime /tʃaɪm/ n. *(of clock)* suoneria f.; *(of church bell)* scampanio m.
2.chime /tʃaɪm/ I intr. *(strike)* suonare; *(play a tune)* suonare a carillon II tr. ***the clock ~d three*** l'orologio ha battuto le tre.
■ **chime in** intervenire, intromettersi.
chimera /kaɪ'mɪərə/ n. MITOL. chimera f. (anche FIG.).
chimeric(al) /kaɪ'merɪk(l)/ agg. MITOL. chimerico (anche FIG.).
chimney /'tʃɪmnɪ/ n. camino m.; *(smokestack)* ciminiera f.; *(in mountaineering)* camino m.; ***in the ~ corner*** nell'angolo del focolare.
chimneybreast /'tʃɪmnɪbrest/ n. stipite m. del camino.
chimneypot /'tʃɪmnɪpɒt/ n. comignolo m.
chimneystack /'tʃɪmnɪstæk/ n. gruppo m. di comignoli; *(of factory)* ciminiera f.
chimney sweep ➧ ***27*** n. spazzacamino m.
chimp /tʃɪmp/ n. COLLOQ. → **chimpanzee**.
chimpanzee /,tʃɪmpən'zi:, ,tʃɪmpæn'zi:/ n. scimpanzé m.
chin /tʃɪn/ n. mento m.; ***weak ~*** mento sfuggente ♦ ***to keep one's ~ up*** COLLOQ. stare su con la vita; ***~ up!*** su, coraggio! ***to take it on the ~*** COLLOQ. = affrontare le avversità con coraggio.
china /'tʃaɪnə/ I n. U porcellana f.; ***a piece of ~*** una porcellana; ***rare ~*** porcellane rare II modif. [*cup, plate*] di porcellana ♦ ***like a bull in a ~ shop*** come un elefante in un negozio di porcellane.
China /'tʃaɪnə/ ➧ ***6*** n.pr. Cina f. ♦ ***not for all the tea in ~*** per niente al mondo.
china cabinet n. *(piece of furniture)* vetrina f.
China Sea n.pr. Mare m. della Cina.
China tea n. tè m. della Cina.
Chinatown n. quartiere m. cinese.
Chinese /tʃaɪ'ni:z/ ➧ ***18, 14*** I agg. [*food*] cinese; [*embassy, emperor*] cinese, della Cina; ***to eat ~*** mangiare cinese II n. 1 (pl. ~) *(person)* cinese m. e f. 2 *(language)* cinese m.
Chinese cabbage n. AE → **Chinese leaves**.
Chinese gooseberry n. *(fruit)* kiwi m.
Chinese leaves n.pl. BE cavolo m.sing. cinese.
Chinese puzzle n. scatole f.pl. cinesi (anche FIG.).
1.chink /tʃɪŋk/ n. *(in wall)* crepa f.; *(in door)* fessura f.; *(in curtain)* spiraglio m. ♦ ***it's the ~ in his armour*** è il suo punto debole.
2.chink /tʃɪŋk/ n. *(sound)* tintinnio m.
3.chink /tʃɪŋk/ intr. [*glasses, coins*] tintinnare.
chinless /'tʃɪnlɪs/ agg. 1 *(weak-chinned)* dal mento sfuggente 2 BE COLLOQ. *(weak)* smidollato.
chinos /'tʃi:nəʊs/ n.pl. = pantaloni di cotone cachi.
chinstrap /'tʃɪnstræp/ n. sottogola m.
chintz /tʃɪnts/ n. chintz m.
chin-wag /'tʃɪnwæg/ n. ***to have a ~*** chiacchierare, fare una chiacchierata.
1.chip /tʃɪp/ n. 1 *(fragment)* frammento m.; *(of wood, glass)* scheggia f. 2 *(in wood, china, glass)* scheggiatura f. 3 BE *(fried potato)* patata f. fritta 4 AE *(potato crisp)* patatina f. 5 INFORM. chip m. 6 GIOC. *(in gambling)* fiche f.; *(smaller)* gettone m. ♦ ***to have a ~ on one's shoulder*** covare risentimento; ***to be a ~ off the old block*** = avere lo stesso carattere del genitore; ***when the ~s are down*** alla resa dei conti; ***he's had his ~s*** BE COLLOQ. è spacciato.
2.chip /tʃɪp/ I tr. (forma in -ing ecc. **-pp-**) 1 *(damage)* scheggiare [*glass, plate, precious stone*]; fare saltare [*paint*]; ***to ~ a tooth*** scheggiarsi un dente 2 *(carve)* tagliare, intagliare [*wood*] II intr. (forma in -ing ecc. **-pp-**) [*plate, glass, gem, tooth*] scheggiarsi; [*paint*] saltare.
■ **chip away:** ***~ away*** [*paint, plaster*] saltare; ***to ~ away at*** incidere [*stone*]; FIG. intaccare [*authority, confidence*]; ***~ away [sth.], ~ [sth.] away*** fare saltare [*plaster*].
■ **chip in** BE COLLOQ. 1 *(in conversation)* interrompere; *(officiously)* intromettersi 2 *(contribute money)* contribuire.
■ **chip off:** ***~ off*** [*paint, plaster*] saltare ***~ off [sth.], ~ [sth.] off*** fare saltare [*plaster*].
chipboard /'tʃɪpbɔ:d/ n. truciolato m.
chipmunk /'tʃɪpmʌŋk/ n. chipmunk m.
chip pan n. padella f. (per friggere le patate).
chipped potatoes n.pl. patate f. fritte a bastoncino.
chippings /'tʃɪpɪŋz/ n.pl. ghiaietto m.sing., ghiaino m.sing.; ***"loose ~!"*** "materiale instabile sulla strada!".
chippy /'tʃɪpɪ/ n. BE COLLOQ. = negozio di fish and chips.
chip shop n. = negozio di fish and chips.
chiromancy /'kaɪərəʊmænsɪ/ n. chiromanzia f.
chiropodist /kɪ'rɒpədɪst/ ➧ ***27*** n. callista m. e f., pedicure m. e f., podologo m. (-a).
chiropody /kɪ'rɒpədɪ/ n. pedicure f., podologia f.
chiropractor /'kaɪərəʊpræktə(r)/ ➧ ***27*** n. chiropratico m. (-a).
1.chirp /tʃɜ:p/ n. cinguettio m.
2.chirp /tʃɜ:p/ intr. [*bird*] cinguettare.
chirpy /'tʃɜ:pɪ/ agg. COLLOQ. allegro.
chirrup /'tʃɪrəp/ intr. [*cricket*] stridere; [*bird*] cinguettare.
1.chisel /'tʃɪzl/ n. cesello m., scalpello m.
2.chisel /'tʃɪzl/ tr. (forma in -ing ecc. **-ll-**, **-l-** AE) 1 *(shape)* sbozzare (con lo scalpello), scalpellare; *(finely)* cesellare 2 AE COLLOQ. ***to ~ sb. out of sth.*** fregare qcs. a qcn.
chiselled, chiseled AE /'tʃɪzld/ I p.pass. → **2.chisel** II agg. ***finely ~ features*** FIG. tratti finemente cesellati.
chit /tʃɪt/ n. 1 BE *(voucher)* buono m.; *(bill, memo)* biglietto m. 2 COLLOQ. SPREG. ***a ~ of a girl*** una sfacciatella.
chitchat /'tʃɪttʃæt/ n. COLLOQ. ***to spend one's time in idle ~*** perdere tempo in pettegolezzi.
chitterlings /'tʃɪtəlɪŋz/ n.pl. trippa f.sing. (di maiale).
chivalrous /'ʃɪvəlrəs/ agg. 1 *(heroic)* [*deeds, conduct*] cavalleresco 2 *(polite)* cavalleresco, galante.
chivalrously /'ʃɪvəlrəslɪ/ avv. cavallerescamente, con galanteria.
chivalry /'ʃɪvəlrɪ/ n. 1 U *(qualities, system of values)* cavalleria f. 2 *(courtesy)* cavalleria f., galanteria f.

chive /tʃaɪv/ n. gener. pl. erba f. cipollina.
chivvy, chivy AE /ˈtʃɪvɪ/ tr. COLLOQ. ***to ~ sb. into doing*** mettere fretta a qcn. perché faccia.
chloride /ˈklɔːraɪd/ n. cloruro m.
chlorinate /ˈklɔːrɪneɪt/ tr. **1** CHIM. clorurare **2** *(disinfect)* clorare [*water, swimming pool*].
chlorine /ˈklɔːriːn/ n. cloro m.
chlorofluorocarbon /ˌklɔːrəˌflɔːrəʊˈkɑːbən/ n. clorofluorocarburo m.
1.chloroform /ˈklɒrəfɔːm, AE ˈklɔːr-/ n. cloroformio m.
2.chloroform /ˈklɒrəfɔːm, AE ˈklɔːr-/ tr. cloroformizzare.
chlorophyll /ˈklɒrəfɪl/ n. clorofilla f.
choc-ice /ˈtsɒkaɪs/ n. BE *(ice cream)* ricoperto m., pinguino m.
chock /tʃɒk/ n. cuneo m., calzatoia f.
chock-a-block /ˌtʃɒkəˈblɒk/ agg. dopo verbo pieno zeppo (**with** di).
chock-full /ˌtʃɒkˈfʊl/ agg. dopo verbo pieno zeppo (**of** di).
chocolate /ˈtʃɒklət/ ➧ **5 I** n. **1** *(substance)* cioccolato m., cioccolata f.; ***plain*** o ***dark ~*** cioccolato fondente; ***milk ~*** cioccolato al latte **2** *(sweet)* cioccolatino m. **3** *(drink)* cioccolata f.; ***hot ~*** cioccolata calda **4** *(colour)* color m. cioccolato; ***dark ~*** testa di moro **II** modif. [*eggs*] di cioccolato; [*cake, ice cream*] al cioccolato.
chocolate-coated /ˈtʃɒklətˌkəʊtɪd/ agg. ricoperto di cioccolato.
choice /tʃɔɪs/ **I** n. **1** *(selection)* scelta f.; ***to make a ~*** fare una scelta; ***it was my ~ to do*** è stata una mia scelta fare; ***it's your ~*** sta a te scegliere **2 U** *(right to select)* ***to have the ~*** avere la (possibilità di) scelta; ***to have a free ~*** avere libera scelta **3** *(option)* scelta f. (**between, of** tra); ***you have a ~ of three colours*** puoi scegliere tra tre colori; ***to have no ~ but to do*** essere costretto a fare; ***you have two ~s open to you*** hai due possibilità **4** *(range of options)* scelta f.; ***a wide ~*** un'ampia scelta; ***a narrow ~*** una scelta limitata; ***to be spoilt for ~*** avere l'imbarazzo della scelta **5 U** *(preference)* scelta f.; ***that's a car of my ~*** quella è un'auto che mi piacerebbe avere; ***out of*** o ***from ~*** per scelta **II** agg. **1** *(quality)* [*cut, steak*] scelto, di prima qualità **2** *(well-chosen)* [*word*] ben scelto.
choir /ˈkwaɪə(r)/ n. **1** MUS. coro m.; ***to be*** o ***sing in the church ~*** cantare nel coro della chiesa **2** ARCH. coro m.
choirboy /ˈkwaɪəbɔɪ/ n. giovane cantore m., giovane corista m.
choirgirl /ˈkwaɪəgɜːl/ n. giovane cantora f., giovane corista f.
choirmaster /ˈkwaɪəˌmɑːstə(r), AE -ˌmæs-/ n. maestro m. del coro.
choir school n. BE = scuola privata maschile i cui studenti cantano nel coro della cattedrale.
choir screen n. grata f. di, del coro.
choirstall /ˈkwaɪəstɔːl/ n. stallo m. del coro.
1.choke /tʃəʊk/ n. AUT. starter m.; ***to pull out*** o ***use the ~*** tirare l'aria.
2.choke /tʃəʊk/ **I** tr. **1** *(throttle)* strangolare, strozzare [*person*] **2** *(impede breathing)* [*fumes, smoke*] soffocare **3** *(block)* → **choke up II** intr. **1** *(be unable to breathe)* soffocare; ***to ~ on a fish bone*** strozzarsi con, farsi andare di traverso una lisca di pesce; ***to ~ to death*** morire soffocato **2** *(become speechless)* ***to ~ with*** soffocare da [*rage*].
■ **choke back:** **~ back [sth.]** trattenere [*cough, sob*]; ***to ~ back one's tears*** trattenere *o* soffocare le lacrime.
■ **choke off:** **~ off [sth.]** bloccare [*lending, growth*]; fare tacere [*opposition*]; soffocare [*protest*].
■ **choke up:** **~ [sth.] up, ~ up [sth.]** *(block)* intasare [*drain*]; [*weeds*] soffocare [*garden*]; ***the street was ~d up with traffic*** la via era intasata dal traffico.
choked /tʃəʊk/ **I** p.pass. → **2.choke II** agg. **1** COLLOQ. *(angry)* arrabbiato **2** COLLOQ. *(upset)* sconvolto (**over, about** da) **3** ***~ with*** [*voice*] strozzato da [*emotion*].
choker /ˈtʃəʊkə(r)/ n. *(necklace)* = girocollo molto stretto.
choking /ˈtʃəʊkɪŋ/ agg. [*gas, fumes*] soffocante; [*sensation*] di soffocamento.
cholera /ˈkɒlərə/ ➧ **11 I** n. colera m. **II** modif. [*victim*] del colera; [*epidemic*] di colera.
choleric /ˈkɒlərɪk/ agg. collerico, irascibile.
cholesterol /kəˈlestərɒl/ n. colesterolo m.
cholesterol count, cholesterol level n. tasso m. di, del colesterolo.
chomp /tʃɒmp/ tr. e intr. COLLOQ. masticare rumorosamente.
choose /tʃuːz/ **I** tr. (pass. **chose**; p.pass. **chosen**) **1** *(select)* scegliere [*book, person, option*] (**from** tra, fra); ***to ~ sb. as*** scegliere qcn. come [*adviser, friend*]; scegliere qcn. come, eleggere qcn. [*leader*] **2** *(decide)* ***to ~ to do*** scegliere *o* decidere di fare **II** intr. (pass. **chose**; p.pass. **chosen**) **1** *(select)* scegliere (**between** tra); ***there are many models to ~ from*** ci sono molti modelli tra i quali scegliere; ***there's not much to ~ from*** c'è poco da scegliere; ***there's nothing to ~ between X and Y*** non c'è differenza tra X e Y **2** *(prefer)* preferire; ***whenever you ~*** quando preferisci; ***to ~ to do*** preferire fare.
choosy /ˈtʃuːzɪ/ agg. difficile da accontentare, esigente (**about** riguardo a).
1.chop /tʃɒp/ n. **1** *(blow)* colpo m. **2** GASTR. costoletta f., braciola f.; ***pork ~*** costoletta di maiale ♦ ***to get the ~*** [*person*] essere licenziato; [*scheme, service*] essere abolito.
2.chop /tʃɒp/ tr. (forma in -ing ecc. **-pp-**) **1** *(cut up)* tagliare, spaccare [*wood*]; tagliare [*vegetable, meat*]; tritare [*parsley, onion*]; ***to ~ sth. into cubes*** tagliare qcs. a cubetti; ***to ~ sth. to pieces*** o ***bits*** tagliare qcs. a pezzetti; ***to ~ sth. finely*** tritare qcs. finemente **2** FIG. *(cut, reduce)* ridurre [*service, deficit*]; *(cut out)* tagliare [*quote, footage*] ♦ ***~ ~!*** BE COLLOQ. sbrigati! sbrigatevi!
■ **chop down:** **~ down [sth.], ~ [sth.] down** abbattere.
■ **chop off:** **~ off [sth.], ~ [sth.] off** tagliare [*branch, end*]; tagliare, mozzare [*head, hand*].
■ **chop up:** **~ up [sth.], ~ [sth.] up** tagliare, spaccare [*wood*]; tagliare [*meat, onion*] (**into** in).
3.chop /tʃɒp/ intr. (forma in -ing ecc. **-pp-**) [*wind*] cambiare direzione ♦ ***to ~ and change*** [*person*] essere una banderuola; [*situation*] cambiare in continuazione.
■ **chop about:** **~ about** cambiare idea continuamente.
chophouse /ˈtʃɒphaʊs/ n. = ristorante specializzato in carne alla griglia.
chopped /tʃɒpt/ **I** p.pass. → **2.chop II** agg. [*parsley, meat*] tritato.
chopper /ˈtʃɒpə(r)/ **I** n. **1** *(axe)* ascia f. (corta); *(for kitchen)* mannaia f. **2** COLLOQ. *(helicopter)* elicottero m. **II choppers** n.pl. COLLOQ. *(real)* denti m.; *(false)* dentiera f.sing.
chopping block n. ceppo m. ♦ ***to put one's head on the ~*** rischiare grosso.
chopping board n. tagliere m.
chopping knife n. (pl. **chopping knives**) mezzaluna f.
choppy /ˈtʃɒpɪ/ agg. [*sea, water*] increspato; [*wind*] variabile.
chops /tʃɒps/ n.pl. COLLOQ. mascelle f., mandibole f.; ***to lick one's ~*** *(at food)* leccarsi i baffi; *(at idea)* fregarsi le mani.
chopstick /ˈtʃɒpstɪk/ n. bacchetta f.; ***to eat with ~s*** mangiare con le bacchette.
choral /ˈkɔːrəl/ agg. corale; ***~ society*** (società) corale.
chorale /kəˈrɑːl/ n. *(hymn, tune)* corale m.
1.chord /kɔːd/ n. **1** *(of harp)* corda f. **2** FIG. *(response)* ***it struck a ~ in*** o ***with his listeners*** ha toccato il cuore degli ascoltatori; ***to strike*** o ***touch the right ~*** toccare il tasto giusto.
2.chord /kɔːd/ n. MUS. accordo m.
chore /tʃɔː(r)/ n. **1** *(routine task)* lavoro m. (di routine); ***the (household) ~s*** i lavori domestici; ***to do the ~s*** fare i lavori di casa **2** *(unpleasant task)* lavoro m. ingrato.
choreograph /ˈkɒrɪəgrɑːf, AE -græf/ tr. fare la coreografia di; FIG. orchestrare.
choreographer /ˌkɒrɪˈɒgrəfə(r)/ ➧ **27** n. coreografo m. (-a).
choreography /ˌkɒrɪˈɒgrəfɪ/ n. coreografia f.
chorister /ˈkɒrɪstə(r), AE ˈkɔːr-/ ➧ **27** n. corista m. e f.
1.chortle /ˈtʃɔːtl/ n. risatina f.
2.chortle /ˈtʃɔːtl/ intr. ridacchiare; ***to ~ at*** o ***about*** o ***over sth.*** ridere di qcs.
1.chorus /ˈkɔːrəs/ n. **1** *(singers)* coro m.; *(dancers)* corpo m. di ballo **2** *(piece of music)* coro m. **3** *(refrain)* ritornello m.; ***to join in the ~*** [*one person*] cantare il ritornello; [*several people*] cantare il ritornello in coro **4** *(of birdsong, yells)* coro m.; ***a ~ of protest*** un coro di protesta; ***in ~*** in coro **5** TEATR. coro m.
2.chorus /ˈkɔːrəs/ tr. *(utter in unison)* gridare in coro.
chorus girl ➧ **27** n. ballerina f. di fila.
chose /tʃəʊz/ pass. → **choose**.

chosen /ˈtʃəʊzn/ **I** p.pass. → **choose II** agg. scelto; ***the ~ few*** gli eletti; ***the Chosen People*** BIBL. il popolo eletto.
chow /tʃaʊ/ n. **1** COLLOQ. *(food)* sbobba f. **2** *(dog)* chow chow m.
chowder /ˈtʃaʊdə(r)/ n. INTRAD. m. (zuppa a base di pesce o di frutti di mare).
chrism /ˈkrɪzəm/ n. RELIG. crisma m.
Christ /kraɪst/ n. Cristo m.; ***the ~ child*** Gesù Bambino.
christen /ˈkrɪsn/ tr. **1** RELIG. MAR. battezzare; FIG. *(name, nickname)* battezzare, chiamare [*person*]; chiamare [*pet, place*]; ***I was ~ed John*** il mio nome di battesimo è John; ***they ~ed the dog Max*** hanno chiamato il cane Max **2** SCHERZ. *(use for the first time)* inaugurare [*car*]; *(soil for the first time)* battezzare [*tablecloth*].
Christendom /ˈkrɪsndəm/ n. cristianità f.
christening /ˈkrɪsnɪŋ/ n. battesimo m.
Christian /ˈkrɪstʃən/ **I** agg. **1** cristiano **2** [*attitude*] caritatevole; ***a ~ burial*** una sepoltura cristiana **II** n. cristiano m. (-a); ***to become a ~*** farsi cristiano.
Christianity /ˌkrɪstɪˈænətɪ/ n. **1** *(religion)* cristianesimo m. **2** *(fact of being a Christian)* cristianità f.
Christian name n. nome m. di battesimo.
Christian Science n. scienza f. cristiana.
Christian Scientist n. seguace m. e f. della scienza cristiana.
Christina /krɪsˈtiːnə/, **Christine** /ˈkrɪstiːn/ n.pr. Cristina.
Christmas /ˈkrɪsməs/ **I** n. *(day)* (giorno di) Natale m.; *(period)* Natale m., vacanze f.pl. di Natale; ***at ~*** a Natale; ***over ~*** a Natale, durante le vacanze di Natale; ***Merry ~, Happy ~!*** Buon Natale! **II** modif. [*holiday, card, present*] di Natale, natalizio; [*eve, day, tree, carol*] di Natale.
Christmas bonus n. gratifica f. natalizia; tredicesima f.
Christmas box n. BE = mancia natalizia data al postino, al lattaio ecc.
Christmas cracker n. BE = petardo di carta colorata che schiocca tirandone in senso opposto le estremità.
Christmas stocking n. = calza che viene appesa e riempita di doni la notte di Natale, analogamente a quanto avviene in Italia la notte dell'Epifania.
Christmastime /ˈkrɪsməstaɪm/ n. periodo m. natalizio.
Christopher /ˈkrɪstəfə(r)/ n.pr. Cristoforo.
chromatic /krəʊˈmætɪk/ agg. FIS. ART. MUS. cromatico.
chrome /krəʊm/ **I** n. cromo m. **II** modif. [*article*] cromato.
chrome steel n. acciaio m. al cromo.
chrome yellow n. **1** CHIM. giallo m. di cromo **2** *(colour)* giallo m. cromo.
chromium /ˈkrəʊmɪəm/ n. cromo m.
chromium-plated /ˌkrəʊmɪəmˈpleɪtɪd/ agg. cromato.
chromium plating n. cromatura f.
chromosome /ˈkrəʊməsəʊm/ n. cromosoma m.
chronic /ˈkrɒnɪk/ agg. **1** MED. [*illness*] cronico **2** FIG. [*liar*] cronico, inguaribile; [*problem, shortage*] cronico **3** BE COLLOQ. *(bad)* bruttissimo, orrendo, schifoso.
chronically /ˈkrɒnɪklɪ/ avv. **1** MED. ***to be ~ ill*** avere una malattia cronica; ***the ~ sick*** i malati cronici **2** FIG. [*jealous, stupid*] estremamente.
1.chronicle /ˈkrɒnɪkl/ n. cronaca f.; ***a ~ of misfortunes*** FIG. un susseguirsi di sfortune.
2.chronicle /ˈkrɒnɪkl/ tr. [*person*] scrivere una cronaca di; [*book*] essere una cronaca di [*event, period*].
chronicler /ˈkrɒnɪklə(r)/ ➧ *27* n. *(writer of chronicles)* cronista m. e f.
chronograph /ˈkrɒnəʊgrɑːf, AE -græf/ n. cronografo m.
chronological /ˌkrɒnəˈlɒdʒɪkl/ agg. cronologico.
chronologically /ˌkrɒnəˈlɒdʒɪklɪ/ avv. cronologicamente, in ordine cronologico.
chronology /krəˈnɒlədʒɪ/ n. cronologia f.
chronometer /krəˈnɒmɪtə(r)/ n. cronometro m.
chrysalis /ˈkrɪsəlɪs/ n. (pl. **~es**) crisalide f.
chrysanthemum /krɪˈsænθəməm/ n. crisantemo m.
chubby /ˈtʃʌbɪ/ agg. [*child, face, cheek*] paffuto; [*adult*] pienotto.
1.chuck /tʃʌk/ n. *(stroke)* buffetto m. (sotto il mento).
2.chuck /tʃʌk/ tr. **1** COLLOQ. *(throw)* gettare, buttare [*ball, book*] (**to** a) **2** COLLOQ. *(get rid of)* scaricare, mollare, piantare [*boyfriend, girlfriend*] **3** *(stroke)* ***to ~ sb. under the chin*** dare un buffetto a qcn. sotto il mento.
■ **chuck away** COLLOQ. ***~ [sth.] away, ~ away [sth.]*** **1** *(discard)* buttare via [*papers*] **2** *(squander)* buttare via, lasciarsi sfuggire [*chance*]; buttare via, sprecare [*money*]; sprecare [*life*].
■ **chuck down** COLLOQ. ***it's ~ing it down*** piove a dirotto.
■ **chuck in** COLLOQ. ***~ [sth.] in, ~ in [sth.]*** lasciare, mollare [*job*].
■ **chuck out** COLLOQ. ***~ [sth.] out, ~ out [sth.]*** buttare via [*rubbish*] ***~ [sb.] out, ~ out [sb.]*** buttare, sbattere fuori [qcn.].
3.chuck /tʃʌk/ n. **1** GASTR. (anche **~ steak**) bistecca f. di spalla **2** TECN. mandrino m.
1.chuckle /ˈtʃʌkl/ n. riso m. soffocato.
2.chuckle /ˈtʃʌkl/ intr. ridere, ridacchiare (**at, over** per); ***to ~ with pleasure*** ridere di piacere; ***to ~ to oneself*** ridere sotto i baffi.
chuffed /tʃʌft/ agg. BE COLLOQ. arcicontento (**about, at, with** di).
1.chug /tʃʌg/ n. *(of train)* sbuffo m.; *(of car)* scoppiettio m.
2.chug /tʃʌg/ intr. (forma in -ing ecc. **-gg-**) [*train*] sbuffare; [*car*] scoppiettare; ***the train ~ged out of the station*** il treno uscì dalla stazione sbuffando.
■ **chug along** [*train*] avanzare sbuffando; [*car*] avanzare scoppiettando; ***the project is ~ging along nicely*** FIG. il progetto sta andando avanti bene.
1.chum /tʃʌm/ n. COLLOQ. amico m. (-a).
2.chum /tʃʌm/ intr. COLLOQ. essere grande amico (**with** di).
■ **chum up** COLLOQ. fare amicizia (**with** con).
chummy /ˈtʃʌmɪ/ agg. COLLOQ. [*person*] amichevole; ***to be ~ with sb.*** essere pappa e ciccia con qcn.; ***they're very ~*** sono molto amici.
chump /tʃʌmp/ n. **1** COLLOQ. idiota m. e f. **2** GASTR. *(cut of meat)* sella f.
chump chop n. braciola f.
chunk /tʃʌŋk/ n. **1** *(of meat, fruit, bread)* (grosso) pezzo m.; *(of wood)* (grosso) ceppo m., ciocco m.; ***pineapple ~s*** ananas a pezzi **2** *(portion)* *(of population, text, day)* ***a fair ~*** una buona parte.
chunky /ˈtʃʌŋkɪ/ agg. *(bulky)* [*sweater, jewellery*] pesante; [*person*] ben piantato.
Chunnel /ˈtʃʌnl/ n. BE COLLOQ. tunnel m. della Manica.
church /tʃɜːtʃ/ **I** n. **1** *(building)* chiesa f. **2** (anche **Church**) *(religious body)* chiesa f.; ***the Church of England*** la Chiesa anglicana; ***to go into the ~*** prendere gli ordini **3** *(service)* funzione f.; *(Catholic)* messa f. **II** modif. [*bell, choir, steeple*] della chiesa; [*fete*] parrocchiale; [*wedding*] religioso, in chiesa.
churchgoer /ˈtʃɜːtʃˌgəʊə(r)/ n. RELIG. praticante m. e f.
church hall n. sala f. parrocchiale.
churchman /ˈtʃɜːtʃmən/ n. (pl. **-men**) ecclesiastico m.
church school n. scuola f. religiosa.
church service n. funzione f. religiosa; *(Catholic)* messa f.
churchwarden /tʃɜːtʃˈwɔːdn/ n. = amministratore laico di una parrocchia.
churchyard /ˈtʃɜːtʃjɑːd/ n. cimitero m. (presso una chiesa).
churlish /ˈtʃɜːlɪʃ/ agg. *(surly)* intrattabile; *(rude)* zotico, rozzo.
churlishness /ˈtʃɜːlɪʃnɪs/ n. *(surliness)* intrattabilità f.; *(impoliteness)* rozzezza f.
1.churn /tʃɜːn/ n. **1** *(for butter)* zangola f. **2** BE *(container)* bidone m. del latte.
2.churn /tʃɜːn/ **I** tr. **1** ***to ~ butter*** burrificare con la zangola **2** FIG. agitare [*water, air*] **II** intr. [*ideas*] frullare; ***my stomach was ~ing*** *(with nausea)* mi si rivoltava lo stomaco; *(with nerves)* avevo lo stomaco chiuso.
■ **churn out:** ***~ [sth.] out, ~ out [sth.]*** sfornare [*novels*]; produrre in grandi quantità [*goods*].
■ **churn up:** ***~ [sth.] up, ~ up [sth.]*** agitare [*water*]; [*car*] fare solchi (con le ruote) in [*earth*].
chute /ʃuːt/ n. **1** *(in plane, swimming pool, playground)* scivolo m. **2** *(for rubbish)* condotto m. della pattumiera **3** *(for toboggan)* pista f. **4** COLLOQ. *(parachute)* paracadute m.
chutney /ˈtʃʌtnɪ/ n. chutney m. (salsa indiana agrodolce a base di frutta o verdura e spezie).

CIA n. (⇒ Central Intelligence Agency Ufficio Centrale di Informazione) CIA f.
cicada /sɪ'kɑːdə, AE -'keɪdə/ n. (pl. **~s, -ae**) cicala f.
CID n. BE (⇒ Criminal Investigation Department) = dipartimento di investigazione criminale.
cider /'saɪdə(r)/ n. sidro m.
cider apple n. mela f. da sidro.
cider vinegar n. aceto m. di mele.
CIF n. (⇒ cost, insurance, and freight costo, assicurazione e nolo) CAN m.
cigar /sɪ'gɑː(r)/ **I** n. sigaro m. **II** modif. [*box, smoker*] di sigari; ***~ cutter*** tagliasigari.
cigarette /ˌsɪgə'ret, AE 'sɪgərət/ **I** n. sigaretta f. **II** modif. [*smoke*] di sigaretta; [*smoker*] di sigarette.
cigarette butt, cigarette end n. mozzicone m. (di sigaretta).
cigarette holder n. bocchino m.
cigarette lighter n. *(portable)* accendino m.; *(in car)* accendisigari m.
cigarette paper n. cartina f. (per sigarette).
cigar holder n. bocchino m. (per sigari).
cigar-shaped /sɪ'gɑːˌʃeɪpt/ agg. a forma di sigaro.
C in C n. (⇒ Commander in Chief) = comandante in capo.
cinch /sɪntʃ/ n. COLLOQ. ***doing sth. was a ~*** fare qcs. è stato facile come bere un bicchiere d'acqua; ***it's a ~*** è una bazzecola *o* una sciocchezza.
cinder /'sɪndə(r)/ n. *(glowing)* brace f.; *(ash)* cenere f.; ***to burn sth. to a ~*** ridurre qcs. in cenere.
Cinderella /ˌsɪndə'relə/ n.pr. Cenerentola.
cinecamera /'sɪnɪˌkæmərə/ n. cinecamera f., cinepresa f., macchina f. da presa.
cine club n. cineclub m.
cine film n. pellicola f. cinematografica.
cinema /'sɪnəmɑː, 'sɪnəmə/ n. cinema m.
cinema complex n. (cinema) multisala m.
cinemagoer /'sɪnəməˌgəʊə(r)/ n. *(regular)* cinefilo m. (-a); *(spectator)* spettatore m. (-trice).
cinematic /ˌsɪnə'mætɪk/ agg. [*technique*] cinematografico.
cinematographer /ˌsɪnəmə'tɒgrəfə(r)/ ➧ ***27*** n. cineoperatore m. (-trice).
cinematography /ˌsɪnəmə'tɒgrəfɪ/ n. cinematografia f.
cinnamon /'sɪnəmən/ ➧ ***5*** **I** n. **1** GASTR. cannella f. **2** *(tree)* cinnamomo m. **3** *(colour)* cannella m. **II** agg. **1** GASTR. [*cake, cookie*] alla cannella; [*stick*] di cannella **2** *(colour)* cannella.
1.cipher /'saɪfə(r)/ n. **1** *(code)* cifra f., codice m.; ***in ~*** in cifra *o* codice **2** MAT. INFORM. zero m. **3** *(monogram)* monogramma m., cifra f.
2.cipher /'saɪfə(r)/ tr. cifrare [*message*].
circa /'sɜːkə/ prep. circa.
1.circle /'sɜːkl/ n. **1** cerchio m.; ***to form a ~*** [*objects*] formare un cerchio; [*people*] fare un cerchio; ***to sit in a ~*** sedersi in cerchio; ***to go round in ~s*** girare in tondo (anche FIG.); ***to have ~s under one's eyes*** avere gli occhi cerchiati **2** *(group)* cerchia f., gruppo m.; ***his ~ of friends*** la sua cerchia di amici; ***literary ~s*** il mondo *o* l'ambiente letterario; ***to move in fashionable ~s*** frequentare il bel mondo **3** TEATR. galleria f.; ***to sit in the ~*** sedersi in galleria ♦ ***to come full ~*** [*person, situation*] ritornare al punto di partenza; ***the wheel has come full ~*** il cerchio si è chiuso.
2.circle /'sɜːkl/ **I** tr. **1** *(move round)* [*plane*] girare intorno a [*airport*]; [*satellite*] gravitare, orbitare intorno a [*planet*]; [*person, vehicle*] fare il giro di [*building*]; girare intorno a [*person, animal*] **2** *(encircle)* cerchiare, fare un cerchio intorno a [*word, answer*] **II** intr. [*plane, vulture*] girare in tondo, volteggiare (**above, over** sopra).
circlet /'sɜːklɪt/ n. cerchietto m., anello m.
1.circuit /'sɜːkɪt/ n. **1** *(for vehicles)* circuito m.; *(for athletes)* pista f. **2** *(lap)* giro m.; ***to do 15 ~s of the track*** fare 15 giri del circuito **3** *(regular round)* giro m.; ***he's well-known on the ~*** è molto conosciuto nel giro; ***the tennis ~*** il circuito tennistico **4** *(round trip)* giro m. **5** ELETTRON. circuito m.
2.circuit /'sɜːkɪt/ tr. fare il giro di [*course, town*].
circuit board n. circuito m. stampato.
circuit breaker n. interruttore m. automatico, salvavita m.
circuit diagram n. schema m. circuitale.
circuitous /sɜː'kjuːɪtəs/ agg. [*route, argument*] tortuoso; [*means*] indiretto; [*procedure*] contorto, complicato.
circuitry /'sɜːkɪtrɪ/ n. circuiteria f.
circular /'sɜːkjʊlə(r)/ **I** agg. **1** [*object*] circolare **2** [*argument*] tortuoso, vizioso **II** n. *(newsletter)* circolare f.; *(advertisement)* foglietto m., volantino m. pubblicitario.
circularize /'sɜːkjʊləraɪz/ tr. mandare circolari a.
circular letter n. (lettera) circolare f.
circular saw n. sega f. circolare.
circulate /'sɜːkjʊleɪt/ **I** tr. **1** *(spread) (to limited circle)* fare circolare; *(widely)* diffondere [*information*] (**to** tra); ***the report was ~d to the members*** il rapporto è stato fatto circolare tra i membri **2** fare circolare [*blood, water*] **II** intr. **1** [*air, banknote, rumour*] circolare **2** *(at party)* ***let's ~*** andiamo a fare conoscenza.
circulation /ˌsɜːkjʊ'leɪʃn/ n. **1** *(of blood, air, water)* circolazione f. **2** *(distribution) (of newspaper)* tiratura f.; ***a ~ of 2 million*** una tiratura di 2 milioni di copie **3** *(of coins)* circolazione f.; *(of books, information)* circolazione f., diffusione f. **4** *(social group)* ***she's back in ~*** è di nuovo in circolazione.
circulation figures n.pl. tiratura f.sing.
circulation manager n. responsabile m. e f. del servizio di distribuzione.
circulatory /ˌsɜːkjʊ'leɪtərɪ, AE 'sɜːkjələtɔːrɪ/ agg. ***~ system*** sistema circolatorio.
circumcise /'sɜːkəmsaɪz/ tr. circoncidere [*boy*]; praticare un'escissione a [*girl*].
circumcision /ˌsɜːkəm'sɪʒn/ n. *(of boy)* circoncisione f.; *(of girl)* escissione f.
circumference /sə'kʌmfərəns/ n. circonferenza f.; ***to be 4 km in ~*** avere una circonferenza di 4 km.
circumflex /'sɜːkəmfleks/ **I** agg. circonflesso; ***e ~*** e con accento circonflesso **II** n. (anche **~ accent**) accento m. circonflesso (**on, over** su).
circumlocution /ˌsɜːkəmlə'kjuːʃn/ n. circonlocuzione f., perifrasi f.
circumnavigate /ˌsɜːkəm'nævɪgeɪt/ tr. circumnavigare [*world*]; doppiare [*cape*].
circumscribe /'sɜːkəmskraɪb/ tr. circoscrivere (anche MAT.).
circumspect /'sɜːkəmspekt/ agg. FORM. circospetto; ***to be ~ about predicting*** essere cauto nel fare previsioni.
circumspection /ˌsɜːkəm'spekʃn/ n. FORM. circospezione f.
circumstance /'sɜːkəmstəns/ **I** n. *(event)* circostanza f.; caso m. **II circumstances** n.pl. **1** *(state of affairs)* circostanze f.; ***in*** o ***under the ~s*** date le circostanze; ***under no ~s*** in nessun caso; ***due to ~s beyond our control*** dovuto a cause di forza maggiore **2** *(conditions of life)* ***in easy, poor ~s*** in condizioni agiate, di povertà.
circumstantial /ˌsɜːkəm'stænʃl/ agg. **1** DIR. [*evidence*] indiziario **2** *(detailed)* circostanziato.
circumvent /ˌsɜːkəm'vent/ tr. FORM. **1** *(avoid)* eludere [*law, problem*] **2** *(baffle)* circonvenire [*official*].
circus /'sɜːkəs/ n. **1** circo m. (anche STOR.) **2** BE = piazza circolare dove confluiscono più strade.
cirque /sɜːk/ n. circo m. glaciale.
cirrhosis /sɪ'rəʊsɪs/ ➧ ***11*** n. (pl. **-es**) cirrosi f.
cirrus /'sɪrəs/ n. (pl. **-i**) cirro m.
CIS n. (⇒ Commonwealth of Independent States Comunità degli Stati Indipendenti) CSI f.
cissy → **sissy**.
Cistercian /sɪ'stɜːʃn/ **I** agg. cistercense **II** n. cistercense m.
cistern /'sɪstən/ n. *(of lavatory)* vaschetta f.; *(in loft or underground)* cisterna f.
citadel /'sɪtədəl/ n. cittadella f. (anche FIG.).
citation /saɪ'teɪʃn/ n. **1** citazione f. (anche DIR.) **2** MIL. encomio m.
cite /saɪt/ tr. **1** *(quote)* citare; *(adduce)* addurre **2** MIL. encomiare **3** DIR. citare.
citizen /'sɪtɪzn/ n. *(of state)* cittadino m. (-a); *(of town)* cittadino m. (-a), abitante m. e f.
Citizens' Advice Bureau n. = ufficio di consulenza legale ai cittadini.
citizen's arrest n. = arresto effettuato da un privato cittadino.
citizen's band n. RAD. banda f. cittadina.

citizenship /ˈsɪtɪznʃɪp/ **I** n. *(status)* cittadinanza f. **II** modif. [*papers*] di cittadinanza.
citric /ˈsɪtrɪk/ agg. citrico.
citrus /ˈsɪtrəs/ **I** n. (pl. **~es**) *(tree, fruit)* agrume m. **II** agg. [*colour*] acido; ~ ***trees*** piante di agrumi.
citrus fruit n. *(individual)* agrume m.; *(collectively)* agrumi m.pl.
city /ˈsɪtɪ/ n. **1** città f.; ***the medieval*** ~ la città medievale **2** BE ***the City*** la City (di Londra).
City and Guilds certificate n. = attestato di formazione professionale.
city centre BE, **city center** AE n. centro m. (città).
city council n. consiglio m. comunale.
city councillor n. GB consigliere m. comunale.
city dweller n. cittadino m. (-a).
city editor ➧ *27* n. BE redattore m. (-trice) della cronaca finanziaria.
city fathers n.pl. notabili m. della città.
city hall n. AE **1** *(building)* municipio m. **2** AMM. comune m.
city manager n. AE = amministratore comunale.
city news n. BE GIORN. rubrica f. finanziaria.
city planner ➧ *27* n. urbanista m. e f.
cityscape /ˈsɪtɪˌskeɪp/ n. paesaggio m. urbano.
city slicker n. COLLOQ. elegantone m. (-a) di città.
city state n. STOR. città f. stato.
city technology college n. = istituto tecnico gestito dall'amministrazione comunale e finanziato dalle industrie locali.
civet /ˈsɪvɪt/ n. civetta f. zibetto.
civic /ˈsɪvɪk/ agg. [*administration, official*] municipale, comunale; [*pride*] cittadino; [*responsibility, duty*] civico, di cittadino.
civic centre BE, **civic center** AE n. = centro delle attività amministrative e ricreative di una città.
civics /ˈsɪvɪks/ n. + verbo sing. educazione f. civica.
civil /ˈsɪvl/ agg. **1** *(civic, not military)* [*aviation, wedding*] civile **2** DIR. [*case, court*] civile **3** *(polite)* [*person*] civile, gentile ♦ ***to keep a ~ tongue in one's head*** parlare come si deve, misurare le parole.
Civil Aeronautics Board n. AE ente m. per l'aviazione civile.
Civil Aviation Authority n. BE ente m. per l'aviazione civile.
civil defence, **civil defense** AE n. *(in wartime)* difesa f. civile; *(in peace)* AE protezione f. civile.
civil disobedience n. disubbidienza f. civile.
civil engineer ➧ *27* n. ingegnere m. civile.
civil engineering n. ingegneria f. civile.
civilian /sɪˈvɪlɪən/ **I** agg. civile, borghese **II** n. civile m. e f., borghese m. e f.
civility /sɪˈvɪlətɪ/ n. *(manners)* civiltà f.; *(forms)* ***the usual civilities*** i soliti convenevoli.
civilization /ˌsɪvəlaɪˈzeɪʃn, AE -lɪˈz-/ n. civilizzazione f., civiltà f.
civilize /ˈsɪvəlaɪz/ tr. civilizzare, incivilire [*manners, person*].
civilized /ˈsɪvəlaɪzd/ **I** p.pass. → **civilize II** agg. ***to become*** ~ civilizzarsi, incivilirsi.
civil law n. = diritto in vigore nei paesi non anglofoni, in contrapposizione alla common law.
civil liability n. DIR. responsabilità f. civile.
civil liberty I n. libertà f. civile **II** modif. [*campaign*] per le libertà civili.
civilly /ˈsɪvəlɪ/ avv. civilmente, educatamente, cortesemente.
civil rights I n.pl. diritti m. civili **II** modif. [*campaign, march*] per i diritti civili.
civil servant ➧ *27* n. funzionario m. pubblico, impiegato m. (-a) statale.
civil service n. amministrazione f. statale.
civil war n. guerra f. civile.
civil wedding n. matrimonio m. civile.
civvies /ˈsɪvɪz/ n.pl. COLLOQ. abiti m. civili; ***to be in*** ~ essere in borghese.
CJD n. MED. (⇒ Creutzfeld-Jakob disease) = morbo di Creutzfeld-Jakob.
1.clack /klæk/ n. *(of wooden objects)* suono m. secco; *(of tongue)* schiocco m.; *(of heels, typewriter)* ticchettio m.
2.clack /klæk/ intr. [*machine*] produrre un rumore secco; [*typewriter*] ticchettare; [*tongue*] schioccare.
clad /klæd/ agg. ~ ***in black*** vestito di nero.
cladding /ˈklædɪŋ/ n. ING. rivestimento m.
1.claim /kleɪm/ n. **1** *(demand)* richiesta f., rivendicazione f.; ***to make ~s*** o ***lay ~ to*** rivendicare [*land, right*]; rivendicare, avanzare pretese a [*throne, title*]; ***wage ~*** rivendicazione salariale; ***there are too many ~s on her generosity*** si abusa della sua generosità; ***there are many ~s on my time*** sono molto impegnato; ***I've got first ~ on the money*** ho la priorità sui soldi; ***my ~ to fame*** la mia pretesa di diventare famoso **2** *(in insurance) (against a person)* richiesta f. di risarcimento; *(for fire, theft)* denuncia f. di sinistro; ***to make*** o ***put in a ~*** richiedere un risarcimento **3** BUROCR. richiesta f. di sussidio; ***to make*** o ***put in a ~*** avanzare una richiesta di sussidio **4** *(refund request)* richiesta f. di rimborso; ***travel ~*** richiesta di rimborso delle spese di trasferta **5** *(assertion)* affermazione f., dichiarazione f., asserzione f.; ***his ~ that he is innocent*** la sua dichiarazione di innocenza; ***her ~(s) to be able to do*** la sua pretesa di essere in grado di fare; ***some extraordinary ~s have been made for this drug*** sono state dette cose straordinarie su questa medicina **6** *(piece of land)* concessione f.
2.claim /kleɪm/ **I** tr. **1** *(assert)* ***to ~ to be able to do*** affermare di saper fare; ***to ~ to be innocent*** sostenere di essere innocente; ***to ~ responsibility for an attack*** rivendicare un attentato **2** *(assert right to)* rivendicare [*money, property*] **3** *(apply for)* richiedere [*benefit*]; richiedere il rimborso di [*expenses*] **4** *(cause)* ***the accident ~ed 50 lives*** l'incidente costò la vita a 50 persone **II** intr. **1** *(in insurance)* ***to ~ for damages*** richiedere il risarcimento dei danni **2** *(apply for benefit)* richiedere il sussidio.
■ **claim back:** ~ **back [sth.]**, ~ **[sth.] back** farsi rimborsare [*expenses*]; ***to ~ sth. back on expenses*** farsi risarcire una parte delle spese.
claimant /ˈkleɪmənt/ n. **1** *(for benefit, grant)* richiedente m. e f.; *(for compensation)* attore m. (-trice), ricorrente m. e f. **2** *(to title, estate)* pretendente m. e f.
clairvoyance /kleəˈvɔɪəns/ n. chiaroveggenza f.
clairvoyant /kleəˈvɔɪənt/ **I** agg. [*person*] chiaroveggente; [*powers*] di chiaroveggenza **II** n. chiaroveggente m. e f.
1.clam /klæm/ n. ZOOL. GASTR. mollusco m. (bivalve); vongola f.
2.clam /klæm/ intr. (forma in -ing ecc. **-mm-**) → **clam up**.
■ **clam up** ammutolire, tenere la bocca chiusa, non fiatare (**on sb.** con qcn.).
clamber /ˈklæmbə(r)/ intr. inerpicarsi; ***to ~ over, up, across*** arrampicarsi su.
clam chowder n. = zuppa a base di vongole.
clamdiggers /ˈklæmdɪgəz/ n.pl. AE pantaloni m. alla pescatora.
clammy /ˈklæmɪ/ agg. [*skin, hand*] umido, viscido (**with** di); [*surface*] appiccicaticcio; [*weather*] umido.
clamorous /ˈklæmərəs/ agg. [*crowd*] rumoreggiante, chiassoso; [*demand*] insistente; [*protest*] vibrato.
1.clamour BE, **clamor** AE /ˈklæmə(r)/ n. **1** *(loud shouting)* clamore m., schiamazzo m. **2** *(demands)* rimostranza f., protesta f. rumorosa.
2.clamour BE, **clamor** AE /ˈklæmə(r)/ intr. **1** *(demand)* ***to ~ for sth.*** invocare qcs. (a gran voce); ***to ~ for sb. to do sth.*** invocare qcn. perché faccia qcs. **2** *(rush, fight)* fare ressa (**for** per; **to do** per fare) **3** *(shout together)* fare un grande clamore.
1.clamp /klæmp/ n. **1** TECN. *(on bench)* morsetto m.; *(unattached)* ganascia f.; CHIM. pinza f. **2** FIG. ***a ~ on public spending*** un freno alla spesa pubblica **3** AUT. (anche **wheelclamp**) ganascia f., ceppo m. (bloccaruote).
2.clamp /klæmp/ tr. **1** TECN. bloccare, chiudere [*two parts*]; *(at bench)* fissare (**onto** a) **2** *(clench)* serrare, stringere [*teeth*]; ***his jaws were ~ed shut*** stringeva le mascelle **3** AUT. (anche **wheel ~**) mettere le ganasce a [*car*].
■ **clamp down:** ~ **down** diventare più rigorosi; ***to ~ down on*** porre un freno a [*crime, extravagance*].
clampdown /ˈklæmpdaʊn/ n. misure f.pl. repressive (**on** contro).
clan /klæn/ n. clan m. (anche FIG.).
clandestine /klænˈdestɪn/ agg. clandestino.
1.clang /ˈklæŋ/ n. suono m. metallico, fragore m.

2.clang /ˈklæŋ/ **I** tr. fare risuonare, suonare [*bell*]; sbattere fragorosamente [*door*] **II** intr. [*bell*] risuonare; ***to ~ shut*** [*gate*] chiudersi fragorosamente.
clanger /ˈklæŋə(r)/ n. BE COLLOQ. errore m. madornale, gaffe f.
clanging /ˈklæŋɪŋ/ n. rumore m. metallico, fragore m.
1.clank /klæŋk/ n. rumore m. metallico.
2.clank /klæŋk/ **I** tr. fare risuonare [*heavy object, chains*] **II** intr. [*heavy object*] produrre un rumore metallico; [*chains*] sferragliare.
clannish /ˈklænɪʃ/ agg. SPREG. [*family*] chiuso; [*profession*] esclusivo.
1.clap /klæp/ n. *(of hands)* colpo m.; *(round of applause)* applauso m.; *(friendly slap)* pacca f.; ***to give sb. a ~*** applaudire qcn.; ***a ~ of thunder*** un colpo di tuono, un tuono.
2.clap /klæp/ **I** tr. (forma in -ing ecc. **-pp-**) **1** ***to ~ one's hands*** battere le mani; ***to ~ one's hand over sb.'s mouth*** mettere una mano sulla bocca a qcn.; ***to ~ sb. on the back*** dare una pacca *o* pacche sulla schiena a qcn.; ***to ~ sth. shut*** chiudere qcs. con un colpo della mano **2** *(applaud)* applaudire [*actor, performance*] **3** COLLOQ. *(set)* ***to ~ sb. in irons*** sbattere qcn. in prigione **II** intr. (forma in -ing ecc. **-pp-**) applaudire ♦ ***to ~ eyes on*** buttare *o* gettare l'occhio su.
▪ **clap on:** ***to ~ on one's hat*** ficcarsi in testa il cappello; ***to ~ on the brakes*** AUT. COLLOQ. inchiodare.
3.clap /klæp/ n. POP. *(venereal disease)* scolo m.
clapboard /ˈklæpbɔːd/ **I** n. = asse per rivestimento di esterni **II** modif. [*house*] di legno.
clapped-out /ˌklæptˈaʊt/ agg. mai attrib. COLLOQ. [*car, machine*] scassato, rovinato; [*person*] *(exhausted)* esausto, stanco morto; *(past it)* finito.
clapper /ˈklæpə(r)/ n. battaglio m. ♦ ***to run like the ~s*** BE COLLOQ. correre a più non posso.
clapperboard /ˈklæpəbɔːd/ n. BE CINEM. ciac m.
clapping /ˈklæpɪŋ/ n. **U** applauso m., applausi m.pl.
claptrap /ˈklæptræp/ n. **U** COLLOQ. sproloquio m., sproloqui m.pl.
Clare /kleə(r)/ n.pr. Clara, Chiara.
claret /ˈklærət/ ➧ ***5*** n. **1** *(wine)* = vino rosso bordeaux **2** *(colour)* rosso m. violaceo, bordeaux m.
clarification /ˌklærɪfɪˈkeɪʃn/ n. chiarimento m., chiarificazione f.
clarify /ˈklærɪfaɪ/ **I** tr. **1** *(explain)* chiarificare, chiarire [*point*] **2** GASTR. chiarificare [*wine*] **II** intr. [*person*] spiegarsi.
clarinet /ˌklærəˈnet/ ➧ ***17*** n. clarinetto m.
clarinettist /ˌklærəˈnetɪst/ ➧ ***17, 27*** n. clarinettista m. e f.
clarion /ˈklærɪən/ n. chiarina f., tromba f. militare; ***~ call*** FIG. appello.
clarity /ˈklærətɪ/ n. *(of sound, vision, thought)* chiarezza f.
1.clash /klæʃ/ n. **1** *(confrontation)* confronto m.; FIG. *(disagreement)* conflitto m. **2** SPORT *(contest)* scontro m. **3** *(contradiction)* conflitto m., contrasto m.; ***a ~ of interests*** un conflitto di interessi; ***a personality ~*** un conflitto di personalità **4** *(inconvenient coincidence)* ***there's a ~ of meetings*** c'è una concomitanza di riunioni **5** *(noise)* *(of swords)* clangore m.; ***a ~ of cymbals*** un suono *o* frastuono di piatti.
2.clash /klæʃ/ **I** tr. *(bang)* chiudere rumorosamente, sbattere [*bin lids*]; battere [*cymbals*] **II** intr. **1** *(meet and fight)* [*armies, groups*] scontrarsi; FIG. *(disagree)* [*leaders*] scontrarsi, essere in disaccordo; ***to ~ with sb.*** *(fight)* scontrarsi con qcn.; *(disagree)* essere in disaccordo con qcn. (**on, over** su) **2** *(be in conflict)* [*interests, beliefs*] essere in conflitto **3** *(coincide)* [*meetings*] coincidere **4** *(not match)* [*colours*] stonare **5** *(bang)* [*bin lids*] chiudersi rumorosamente, sbattere.
1.clasp /klɑːsp, AE klæsp/ n. **1** *(on bag, purse)* fermaglio m.; *(on belt)* fibbia f.; *(on bracelet)* gancio m., fermaglio m. **2** *(grip)* stretta f.
2.clasp /klɑːsp, AE klæsp/ tr. **1** *(hold)* stringere [*purse, knife*]; ***he ~ed her hand*** le strinse la mano **2** *(embrace)* abbracciare; ***to ~ sb. to one's breast*** stringere qcn. al petto, abbracciare qcn.
clasp knife n. (pl. **clasp knives**) coltello m. a serramanico.
1.class /klɑːs, AE klæs/ n. **1** SOCIOL. classe f., ceto m.; ***the working ~es*** la classe operaia **2** *(group of students)* classe f.; *(lesson)* corso m. (**in** di); ***in ~*** in classe; ***to give a ~*** tenere un corso; ***to take a ~*** BE tenere un corso; AE seguire un corso **3** AE *(year group)* = gruppo di studenti laureati nello stesso anno **4** *(category)* classe f., categoria f.; ***to be in a ~ of one's own*** o ***by oneself*** essere in una categoria a parte, essere più unico che raro; ***she's in a different ~ from him*** non c'è confronto tra lei e lui; ***he's not in the same ~ as her*** non è al suo stesso livello **5** COLLOQ. *(elegance)* classe f. **6** *(travelling)* classe f.; ***to travel first, second ~*** viaggiare in prima, seconda classe **7** BE UNIV. = ciascuno dei livelli di valutazione del profitto di uno studente per un anno accademico o per l'assegnazione del voto di laurea; ***a first-, second-~ degree*** = laurea con lode, con una buona votazione **8** BIOL. MAT. classe f.
2.class /klɑːs, AE klæs/ tr. ***to ~ sb., sth. as*** classificare qcn., qcs. come.
class conscious agg. che ha coscienza di classe.
class consciousness n. coscienza f. di classe.
classic /ˈklæsɪk/ **I** agg. classico **II** n. **1** *(literary)* classico m.; *(sporting)* classica f. **2** COLLOQ. *(hilarious example)* ***it was a real ~!*** è un classico!
classical /ˈklæsɪkl/ agg. [*author, beauty*] classico; ***~ scholar*** studioso dei classici, classicista.
classically /ˈklæsɪklɪ/ avv. [*dress*] in modo classico; ***~ trained*** di formazione classica.
classical music n. (musica) classica f.
classicism /ˈklæsɪsɪzəm/ n. classicismo m.
classicist /ˈklæsɪsɪst/ n. classicista m. e f.
classics /ˈklæsɪks/ n. + verbo sing. studi m.pl. classici, letterature f.pl. classiche.
classification /ˌklæsɪfɪˈkeɪʃn/ n. **1** *(category)* classe f., categoria f. **2** *(categorization)* classificazione f.
classified /ˈklæsɪfaɪd/ **I** p.pass. → **classify II** agg. **1** *(categorized)* classificato **2** *(secret)* riservato, segreto **III** n. (anche **~ ad**) annuncio m. economico.
classified section n. rubrica f. di annunci economici.
classify /ˈklæsɪfaɪ/ tr. **1** *(file)* classificare **2** *(declare secret)* dichiarare riservato.
classless /ˈklɑːslɪs, AE ˈklæs-/ agg. [*society*] senza classi; [*accent*] che non appartiene a nessuna classe sociale.
class mark n. *(in library)* collocazione f.
classmate /ˈklɑːsmeɪt, AE ˈklæs-/ n. compagno m. (-a) di classe.
classroom /ˈklɑːsruːm, -rʊm, AE ˈklæs-/ n. aula f., classe f.
class struggle n. lotta f. di classe.
class system n. sistema m. classista.
class trip n. gita f. scolastica.
class war(fare) n. lotta f. di classe.
classy /ˈklɑːsɪ, AE ˈklæsɪ/ agg. COLLOQ. [*person, dress*] di classe; [*car, hotel*] di lusso; [*actor, performance*] eccellente, di gran classe.
1.clatter /ˈklætə(r)/ n. acciottolio m.; *(loud)* fracasso m.
2.clatter /ˈklætə(r)/ **I** tr. acciottolare, sbattere [*dishes*] **II** intr. [*typewriter*] ticchettare; [*dishes*] sbattere; [*vehicle*] sferragliare; ***to ~ in, down*** entrare, scendere facendo un gran fracasso.
Claud(e) /klɔːd/ n.pr. Claudio.
clause /klɔːz/ n. **1** LING. proposizione f. **2** DIR. POL. clausola f., condizione f.; *(in will, act of Parliament)* disposizione f.
claustrophobia /ˌklɔːstrəˈfəʊbɪə/ ➧ ***11*** n. claustrofobia f.
claustrophobic /ˌklɔːstrəˈfəʊbɪk/ **I** agg. [*person*] claustrofobico; ***it's ~ in here*** c'è un'atmosfera claustrofobica *o* opprimente qui; ***to get ~*** avere una sensazione di claustrofobia **II** n. claustrofob(ic)o m. (-a).
clavichord /ˈklævɪkɔːd/ ➧ ***17*** n. clavicordo m.
clavicle /ˈklævɪkl/ n. clavicola f.
1.claw /klɔː/ n. **1** ZOOL. *(of animal, bird of prey)* artiglio m.; *(of crab, lobster)* chela f. **2** COLLOQ. FIG. grinfia f.; ***to get one's ~s into sb.*** fare cadere qcn. nelle proprie grinfie **3** *(on hammer)* granchio m.
2.claw /klɔː/ tr. **1** *(scratch)* artigliare, graffiare; *(tear)* dilaniare (con gli artigli) **2** FIG. ***to ~ sb.'s eyes out*** cavare gli occhi a qcn.; ***he ~ed his way to the top*** si è fatto strada per arrivare in alto.
▪ **claw back:** ***~ [sth.] back, ~ back [sth.]*** **1** ECON. recuperare [*benefit*] **2** COMM. SPORT recuperare, riguadagnare [*position*].

clawback /ˈklɔːbæk/ n. BE recupero m., drenaggio m. fiscale.
clay /kleɪ/ **I** n. **1** *(soil, for sculpture)* argilla f., creta f. **2** *(in tennis)* terra f. battuta **II** modif. **1** [*pot*] di argilla, di creta **2** SPORT [*court*] in terra battuta ♦ ***to have feet of ~*** avere i piedi di argilla.
clayey /ˈkleɪɪ/ agg. argilloso.
clay pigeon shooting ♦ *10* n. tiro m. al piattello.
1.clean /kliːn/ agg. **1** *(not dirty)* [*clothes, dishes, floor*] pulito; [*air, water*] pulito, puro; [*syringe*] pulito, disinfettato; ***my hands are ~*** ho le mani pulite (anche FIG.); ***a ~ sheet of paper*** un foglio bianco; ***to wash sth. ~*** lavare qcs. **2** *(with no pollution)* [*environment, energy*] pulito; ***~ fuel*** biocarburante **3** *(not obscene)* [*joke*] pulito; ***keep it*** o ***the conversation ~!*** non cadiamo nel volgare! **4** *(unsullied)* [*reputation*] senza macchia; [*criminal record*] pulito **5** *(no longer addicted)* pulito, disintossicato **6** COLLOQ. *(without illicit property)* ***he's ~*** è pulito; ***the room is ~*** non abbiamo trovato niente nella stanza **7** SPORT [*player*] corretto; [*tackle*] pulito; [*hit*] pulito, preciso; ***keep it ~*** *(in match)* niente gioco pesante **8** *(neat)* [*lines, profile*] pulito; [*edge*] netto; ***to make a ~ break with the past*** FIG. tagliare col passato ♦ ***to come ~*** COLLOQ. vuotare il sacco.
2.clean /kliːn/ avv. completamente, interamente; ***the bullet went ~ through his shoulder*** il proiettile gli trapassò la spalla da parte a parte; ***to jump ~ over the wall*** saltare il muro senza toccarlo; ***we're ~ out of bread*** non abbiamo neanche una briciola di pane.
3.clean /kliːn/ n. ***to give sth. a ~*** dare una pulita a qcs.
4.clean /kliːn/ **I** tr. **1** pulire [*room, shoes*]; cancellare [*blackboard*]; ***to ~ sth. from*** o ***off*** togliere qcs. da [*hands, car*]; ***to have sth. ~ed*** fare lavare qcs., portare qcs. a lavare; ***to ~ one's teeth*** lavarsi i denti **2** GASTR. pulire [*fish, vegetables*] **II** intr. *(do housework)* pulire, fare le pulizie **III** rifl. ***to ~ itself*** [*animal*] pulirsi, lavarsi.
▪ **clean down:** ***~ [sth.] down, ~ down [sth.]*** pulire qcs. a fondo.
▪ **clean off:** ***~ off*** [*stain*] andare via; ***~ [sth.] off, ~ off [sth.]*** togliere [*stain, graffiti*]; ***to ~ sth. off*** cancellare qcs. su [*blackboard*]; togliere qcs. da [*car*].
▪ **clean out:** ***~ [sth.] out, ~ out [sth.]*** *(cleanse thoroughly)* ripulire, vuotare [*cupboard*]; ***~ [sb., sth.] out, ~ out [sb., sth.]*** *(leave empty, penniless)* [*thief*] ripulire [*house*]; [*thief, holiday*] vuotare le tasche a [*person*].
▪ **clean up:** ***~ up*** **1** *(remove dirt)* pulire **2** *(tidy)* mettere in ordine (**after sb.** dietro a qcn.) **3** *(wash oneself)* lavarsi **4** COLLOQ. *(make profit)* [*dealer*] fare grossi guadagni (**on** con); [*gambler*] vincere molto; ***~ [sb.] up*** lavare [*patient*]; ***~ [sth.] up, ~ up [sth.]*** **1** *(remove dirt)* raccogliere, tirare su; ***~ that rubbish up off*** o ***from the floor*** raccogli quella porcheria dal pavimento **2** FIG. *(remove crime)* ripulire [*street, city*]; *(make less obscene)* rendere meno volgare [*TV programme*].
clean-cut /ˌkliːnˈkʌt/ agg. [*image*] nitido; [*person*] ammodo.
cleaner /ˈkliːnə(r)/ ♦ *27* n. **1** *(person) (in workplace)* addetto m. (-a) alle pulizie; *(in home) (woman)* donna f. delle pulizie; *(man)* uomo m. delle pulizie **2** *(machine)* pulitrice f.; ***carpet ~*** lavamoquette **3** *(detergent)* detersivo m.; ***suede ~*** prodotto per lavare la pelle scamosciata **4** *(shop)* (anche **cleaner's**) lavanderia f. ♦ ***to take sb. to the ~s*** COLLOQ. *(swindle)* spennare qcn.; *(leave penniless)* ridurre sul lastrico qcn.
cleaning /ˈkliːnɪŋ/ n. pulizie f.pl.; ***to do the ~*** fare le pulizie.
cleaning lady ♦ *27* n. donna f. delle pulizie.
cleaning product n. prodotto m. detergente.
cleanliness /ˈklenlɪnɪs/ n. pulizia f.
clean-living /ˌkliːnˈlɪvɪŋ/ **I** n. vita f. sana, sane abitudini f.pl. (di vita) **II** agg. [*person*] dalle sane abitudini.
cleanly /ˈkliːnlɪ/ avv. [*cut*] di netto; [*hit*] con precisione; ***to break off ~*** interrompersi improvvisamente.
clean-out /ˈkliːnaʊt/ n. COLLOQ. ripulita f.
cleanse /klenz/ tr. **1** detergere [*skin*]; pulire, lavare, disinfettare [*wound*] **2** FIG. purificare [*person, society*] (**of** da).
cleanser /ˈklenzə(r)/ n. **1** COSMET. detergente m., struccante m. **2** *(household)* detersivo m.
clean-shaven /ˌkliːnˈʃeɪvn/ agg. rasato, sbarbato; ***he's ~*** non ha barba né baffi.
clean sheet n. *(record)* fedina f. penale pulita.
cleansing /ˈklenzɪŋ/ **I** agg. COSMET. [*product*] detergente, struccante **II** n. COSMET. detergente m.
cleansing department n. BE AMM. nettezza f. urbana.
cleanup /ˈkliːnʌp/ n. ***to give sth. a ~*** COLLOQ. dare una pulita *o* rassettata a qcs.
1.clear /klɪə(r)/ agg. **1** [*glass, liquid*] chiaro, trasparente; [*blue*] chiaro; [*lens, varnish*] incolore **2** *(distinct)* [*image, outline*] chiaro, netto; [*writing*] chiaro, leggibile; [*sound*] chiaro, distinto; ***he had a ~ view of the man*** riusciva a vedere molto bene l'uomo **3** *(plain)* [*description, instruction*] chiaro; ***to make sth. ~ to sb.*** chiarire qcs. a qcn.; ***is that ~? do I make myself ~?*** è chiaro? ***let's get this ~*** chiariamo questo **4** *(obvious)* [*need, sign, example*] chiaro, evidente; [*advantage, lead*] chiaro, netto; [*majority*] netto; ***it's a ~ case of fraud*** è un caso evidente di frode **5** *(not confused)* [*idea, memory, plan*] chiaro, preciso; ***to have a ~ head*** avere le idee chiare; ***a ~ thinker*** un lucido ragionatore; ***I'm not ~ what to do*** non so bene cosa fare **6** *(empty)* [*road, table, space*] libero, sgombro **7** *(not guilty)* [*conscience*] tranquillo, a posto **8** *(unblemished)* [*skin*] perfetto **9** MED. [*X-ray, scan*] normale **10** *(cloudless)* [*sky*] chiaro, sereno; [*day, night*] sereno **11** *(frank)* [*look*] sincero, franco **12** *(pure)* [*tone, voice*] chiaro, puro **13** GASTR. [*honey*] liquido; ***~ soup*** consommé **14** *(exempt from)* ***to be ~ of*** essere senza *o* privo di [*debt, blame*]; essere esente da [*suspicion*] **15** *(free)* [*day, diary*] libero; ***keep Monday ~*** tieniti libero per lunedì **16** *(whole)* [*week, day*] intero, completo **17** *(net)* [*gain, profit*] netto ♦ ***the coast is ~*** via libera; ***to be in the ~*** *(safe)* essere fuori pericolo; *(free from suspicion)* essere estraneo a ogni sospetto.
2.clear /klɪə(r)/ avv. *(away from)* ***to jump ~*** saltare; ***to jump ~ of*** *(jump out of)* saltar fuori da [*vehicle*]; ***to pull sb. ~ of*** estrarre *o* liberare qcn. da [*wreckage*]; ***to stay*** o ***steer ~ of*** *(avoid)* evitare [*town centre, alcohol*]; tenersi alla larga da [*troublemakers*]; ***stand ~ of the gates!*** state lontano dal cancello! ***to get ~ of*** togliersi da [*traffic, town*].
3.clear /klɪə(r)/ **I** tr. **1** *(remove)* togliere [*debris, papers, snow*]; togliere, eliminare [*weeds*] (**from, off** da); ***to ~ mines from the area*** sminare la zona; ***to ~ the streets of demonstrators*** liberare le strade dai manifestanti **2** *(free from obstruction)* sturare [*drains*]; liberare, sgombrare [*surface, site*]; disboscare [*land*]; ***to ~ the road of snow*** liberare la strada dalla neve; ***to ~ the table*** sparecchiare (la tavola); ***to ~ the way for sth., sb.*** liberare la strada a qcs., qcn.; FIG. aprire la strada a qcs., qcn. **3** *(freshen)* ***to ~ the air*** cambiare l'aria; FIG. allentare *o* diminuire la tensione **4** *(empty)* svuotare [*drawer*] (**of** di); liberare, sgombrare [*room, surface*] (**of** da); far sgombrare, evacuare [*area, building*]; ***the judge ~ed the court*** il giudice fece sgombrare l'aula **5** *(create)* creare [*space*]; ***to ~ a path through sth.*** aprire un sentiero attraverso qcs. **6** *(disperse)* dissolvere [*fog, smoke*]; disperdere [*crowd*] **7** *(unblock)* liberare [*nose*]; ***to ~ one's throat*** schiarirsi la gola; ***the fresh air will ~ your head*** l'aria fresca ti chiarirà le idee **8** COSMET. eliminare [*dandruff, spots*] **9** INFORM. cancellare [*screen, data*] **10** *(pay off)* saldare [*debt*]; restituire [*loan*]; [*bank*] liquidare [*cheque*] **11** *(make)* realizzare [*profit*] **12** *(free from blame)* dichiarare innocente, prosciogliere [*accused*] (**of** da) **13** *(officially approve)* approvare [*request*]; ***to ~ sth. with sb.*** ottenere l'approvazione di qcn. per qcs.; ***to be ~ed for take-off*** ottenere l'autorizzazione al decollo **14** *(jump over)* superare, saltare [*hurdle, wall*] **15** *(pass through)* passare sotto [*bridge*]; ***to ~ customs*** passare la dogana **II** intr. **1** *(become unclouded)* [*liquid*] schiarirsi; [*sky*] schiarirsi, rassenenarsi **2** *(disappear)* [*smoke, fog, cloud*] dissolversi **3** *(become pure)* [*air*] purificarsi **4** *(go away)* [*rash*] scomparire, sparire **5** ECON. [*cheque*] essere liquidato.
▪ **clear away:** ***~ away*** sparecchiare; ***~ [sth.] away, ~ away [sth.]*** togliere, portare via [*leaves, rubbish*]; ***~ all your toys away*** rimetti a posto i tuoi giochi.
▪ **clear off:** ***~ off*** BE COLLOQ. filare, squagliarsela, tagliare la corda.
▪ **clear out:** ***~ out*** *(run away)* andarsene, filare; ***~ [sth.] out, ~ out [sth.]*** **1** *(tidy)* pulire [*room, drawer*] **2** *(empty)* vuotare, sgombrare [*room*] **3** *(throw away)* buttare via [*old clothes*].
▪ **clear up:** ***~ up*** **1** *(tidy up)* mettere in ordine **2** *(improve)* [*weather*] migliorare, schiarirsi; [*rash*] scomparire, sparire; ***~***

up [sth.]*, *~ [sth.] up **1** *(tidy)* mettere in ordine [*mess, toys, room*]; raccogliere [*litter*] **2** *(resolve)* risolvere [*problem, mystery*]; chiarire [*misunderstanding*].

clearance /ˈklɪərəns/ n. **1** *(permission)* autorizzazione f.; ***to have ~ for take-off*** avere l'autorizzazione al decollo; ***to have ~ to do*** essere autorizzato a fare **2** *(customs certificate)* (anche **customs ~**) *(of goods)* sdoganamento m.; *(of ship)* spedizione f. in dogana **3** *(removal) (of trees)* abbattimento m.; *(of buildings)* demolizione f.; ***land*** o ***site ~*** disboscamento del terreno **4** COMM. liquidazione f. **5** *(gap)* spazio m. (libero); ***the bridge has a 4 metre ~*** il ponte ha un'altezza di 4 metri **6** ECON. compensazione f.

clearance sale n. COMM. *(total)* liquidazione f.; *(partial)* saldi m.pl.

clear-cut /ˌklɪəˈkʌt/ agg. [*plan, division*] preciso; [*distinction, outline*] netto; [*problem, rule*] chiaro.

clear-headed /ˌklɪəˈhedɪd/ agg. [*person*] lucido.

clearing /ˈklɪərɪŋ/ n. **1** *(glade)* radura f. **2** *(removal) (of obstacles, debris)* rimozione f., sgombero m.; *(of mines)* rimozione f.; *(of road)* sgombro m.; *(of forest)* abbattimento m.; *(of land)* dissodamento m. **3** ECON. compensazione f.

clearing bank n. clearing bank f.

clearing house n. ECON. camera f. di compensazione, clearing house f.; AMM. punto m. di smistamento.

clearing-up /ˈklɪərɪŋʌp/ n. ordine m.

clearly /ˈklɪəlɪ/ avv. **1** *(distinctly)* [*speak, hear, write*] chiaramente; [*audible, visible*] chiaramente, distintamente; [*see*] chiaro (anche FIG.); [*labelled*] chiaramente **2** *(intelligibly)* [*describe*] chiaramente **3** *(lucidly)* [*think*] lucidamente **4** *(obviously)* [*worried, wrong*] chiaramente.

clearness /ˈklɪənɪs/ n. **1** *(of glass, water)* chiarezza f., trasparenza f. **2** *(of day, sky)* chiarezza f., limpidezza f. **3** *(of air, skin)* purezza f.; *(of note, voice)* chiarezza f. **4** *(of image, writing)* chiarezza f., nettezza f.; *(of memory)* chiarezza f., precisione f.; *(of style, message)* chiarezza f.

clear-out /ˈklɪəraʊt/ n. BE COLLOQ. ***to have a ~*** dare una ripulita.

clear round n. EQUIT. (percorso) netto m.

clear-sighted /ˌklɪəˈsaɪtɪd/ agg. perspicace.

clearway /ˈklɪəweɪ/ n. BE strada f. a scorrimento veloce, superstrada f.

cleat /kliːt/ n. **1** *(in carpentry)* bietta f., cuneo m. **2** MAR. galloccia f.

cleavage /ˈkliːvɪdʒ/ n. **1** *(of breasts)* solco m.; ***to show a lot of ~*** avere una scollatura profonda **2** *(of opinion)* divisione f., spaccatura f.

1.cleave /kliːv/ tr. (pass. **clove**, **cleaved**; p.pass. **cleft**, **cleaved**) LETT. fendere, spaccare.

2.cleave /kliːv/ intr. LETT. ***to ~ to*** *(be loyal to)* rimanere fedele a; *(stick to)* aderire a.

cleaver /ˈkliːvə(r)/ n. mannaia f., spaccaossa m.

clef /klef/ n. MUS. chiave f.; ***treble ~*** chiave di sol.

1.cleft /kleft/ **I** p.pass. → **1.cleave** **II** agg. [*chin*] con una fossetta; ***~ palate*** palatoschisi ♦ ***to be in a ~ stick*** essere fra l'incudine e il martello.

2.cleft /kleft/ n. fenditura f., spaccatura f.

clematis /ˈklemətɪs, kləˈmeɪtɪs/ n. clematide f.

Clemence /ˈklemәns/ n.pr. Clemenza.

clemency /ˈklemənsɪ/ n. *(mercy)* clemenza f.; *(of weather)* mitezza f.

clement /ˈklemənt/ agg. [*judge*] clemente; [*weather*] mite.

Clement /ˈklemənt/ n.pr. Clemente.

Clementine /ˈkleməntaɪn/ n.pr. Clementina.

clench /klentʃ/ tr. stringere; ***to ~ one's fists, teeth*** stringere i pugni, i denti.

clenched /klentʃt/ **I** p.pass. → **clench** **II** agg. ***to say sth. between ~ teeth*** dire qcs. a denti stretti; ***~-fist salute*** saluto col pugno alzato.

clergy /ˈklɜːdʒɪ/ n. + verbo pl. clero m.

clergyman /ˈklɜːdʒɪmən/ ➧ **27** n. (pl. **-men**) ecclesiastico m., sacerdote m.; *(Protestant)* pastore m.; *(Catholic)* prete m.

clergywoman /ˈklɜːdʒɪwʊmən/ n. (pl. **-women**) donna f. sacerdote.

cleric /ˈklerɪk/ n. ecclesiastico m.

clerical /ˈklerɪkl/ agg. **1** RELIG. [*matters*] ecclesiastico; [*influence, control*] del clero; [*faction*] clericale **2** [*employee, work*] d'ufficio; ***~ staff*** impiegati; ***~ error*** errore di trascrizione.

clerical assistant ➧ **27** n. commesso m. (-a).

clerical collar n. collare m. (da prete).

clericalism /ˈklerɪkəlɪzəm/ n. clericalismo m.

clerk /klɑːk, AE klɜːrk/ ➧ **27** n. **1** *(in office, bank)* impiegato m. (-a); ***booking ~*** impiegato addetto alle prenotazioni; ***head ~*** AMM. capo ufficio; COMM. capo commesso **2** *(in UK) (to lawyer)* praticante m. e f.; *(in court)* cancelliere m. (-a) **3** AE *(in hotel)* receptionist m. e f.; *(in shop)* commesso m. (-a).

clever /ˈklevə(r)/ agg. **1** *(intelligent)* [*person*] intelligente; ***to be ~ at sth., at doing*** essere bravo in qcs., a fare; ***to be ~ with figures*** essere bravo con i numeri; ***that wasn't very ~!*** non è stato molto furbo! **2** *(ingenious)* [*solution, person*] astuto, ingegnoso; ***how ~ of you!*** bravo! complimenti! ***how ~ of you to do...*** sei stato veramente bravo a fare... **3** *(shrewd)* astuto, furbo **4** *(skilful)* [*player, workman*] abile, destro; ***to be ~ at doing*** essere abile a fare **5** *(persuasive)* [*argument, advertisement*] persuasivo; [*lawyer, salesperson*] abile, persuasivo **6** *(cunning)* ***to be too ~ for sb.*** essere troppo furbo per qcn.; ***to be too ~ by half*** voler fare il furbo.

cleverly /ˈklevəlɪ/ avv. *(intelligently)* intelligentemente, con intelligenza; *(cunningly)* astutamente; *(dextrously)* abilmente.

cleverness /ˈklevənɪs/ n. *(intelligence)* intelligenza f.; *(ingenuity)* ingegnosità f.; *(dexterity)* abilità f., destrezza f.

cliché /ˈkliːʃeɪ, AE kliːˈʃeɪ/ n. cliché m., luogo m. comune.

clichéd /ˈkliːʃeɪd, AE kliːˈʃeɪd/ agg. [*expression, idea*] stereotipato; [*technique, music*] convenzionale.

1.click /klɪk/ n. **1** *(of metal, heels, china)* rumore m. secco; *(of mechanism)* clic m., scatto m.; *(of fingers, tongue)* schiocco m. **2** INFORM. clic m.

2.click /klɪk/ **I** tr. **1** *(make sound)* ***to ~ one's fingers*** fare schioccare le dita; ***to ~ one's heels*** battere i tacchi **2** ***to ~ sth. shut*** chiudere qcs. con uno scatto **II** intr. **1** [*camera*] fare clic, scattare; [*lock*] scattare; [*door*] chiudersi con uno scatto **2** COLLOQ. *(become clear)* ***suddenly something ~ed*** improvvisamente mi si accese una lampadina **3** *(work out perfectly)* ***everything ~ed for them*** tutto è andato per il verso giusto **4** COLLOQ. *(strike a rapport)* ***we just ~ed*** siamo subito andati d'accordo **5** INFORM. cliccare.

clickable /ˈklɪkəbl/ agg. [*image*] cliccabile.

clicking /ˈklɪkɪŋ/ **I** agg. ***~ noise*** ticchettio **II** n. *(of machine)* ticchettio m.; *(of cameras)* clic m.

client /ˈklaɪənt/ n. cliente m. e f.

clientele /ˌkliːɒnˈtel, AE ˌklaɪənˈtel/ n. clientela f.

cliff /klɪf/ n. *(by sea)* scogliera f., falesia f.; *(inland)* dirupo m., precipizio m.

cliffhanger /ˈklɪfhæŋə(r)/ n. COLLOQ. *(film)* film m. mozzafiato; *(story)* racconto m. mozzafiato; *(situation)* situazione f. ricca di suspense.

climacteric /klaɪˈmæktərɪk/ n. **1** FISIOL. climaterio m. **2** FIG. periodo m. critico.

climactic /klaɪˈmæktɪk/ agg. [*moment*] cruciale, critico.

climate /ˈklaɪmɪt/ n. clima m. (anche FIG.).

climate control n. climatizzazione f.

climatic /klaɪˈmætɪk/ agg. climatico.

1.climax /ˈklaɪmæks/ n. **1** apice m., culmine m.; *(of plot, speech, play)* climax m. e f. (anche RET.); ***it's a fitting ~ to a long career*** è il giusto coronamento di una lunga carriera **2** *(orgasm)* orgasmo m.

2.climax /ˈklaɪmæks/ **I** tr. costituire il culmine di [*festival, match*] **II** intr. culminare, raggiungere il punto culminante.

1.climb /klaɪm/ n. **1** *(ascent)* salita f., arrampicata f.; *(of rockface)* scalata f.; ***it's a steep ~ to the top of the tower*** c'è una scala molto ripida per salire in cima alla torre **2** *(steep hill)* salita f. **3** AER. salita f. **4** FIG. *(rise)* ascesa f.

2.climb /klaɪm/ **I** tr. **1** [*car, person*] salire [*hill*]; scalare [*cliff, mountain*]; [*person*] arrampicarsi su, salire su [*mast, wall, tree*]; arrampicarsi su [*rope*]; salire su [*ladder*]; salire [*staircase*] **2** BOT. [*plant*] arrampicarsi su, lungo [*trellis*] **II** intr. **1** *(scale)* arrampicarsi (**along** lungo; **to** fino a); SPORT scalare; ***to ~ down*** discendere [*rockface*]; ***to ~ into*** salire in [*car*]; ***to ~ into bed*** ficcarsi a letto; ***to ~ over*** scavalcare [*fence*]; ***to ~ up*** salire su [*ladder, tree*]; salire [*steps*] **2** *(rise)* [*sun*] alzarsi, sorgere; [*air-*

craft] salire, alzarsi **3** *(slope up)* [*path, road*] salire **4** *(increase)* [*birthrate, price, temperature*] salire, aumentare.
■ **climb down** ***to ~ down over*** far marcia indietro su [*issue, plan*].
climb-down /'klaɪmdaʊn/ n. marcia f. indietro.
climber /'klaɪmə(r)/ n. **1** scalatore m. (-trice), arrampicatore m. (-trice) **2** *(plant)* rampicante m.
climbing /'klaɪmɪŋ/ ▸ ***10*** **I** agg. BOT. ZOOL. rampicante **II** n. arrampicata f.
climbing boot n. scarpone m. da montagna.
climbing expedition n. spedizione f. (alpinistica).
climbing frame n. = struttura in legno o metallo sulla quale i bambini possono arrampicarsi.
climbing irons n.pl. ramponi m.
climbing wall n. SPORT parete f.
clime /klaɪm/ n. LETT. regione f.
1.clinch /klɪntʃ/ n. **1** *(in boxing)* clinch m. **2** COLLOQ. *(embrace)* abbraccio m. appassionato.
2.clinch /klɪntʃ/ **I** tr. **1** *(secure)* assicurarsi [*victory, market, order*]; ***to ~ a deal*** COMM. concludere un affare; POL. concludere un accordo **2** *(resolve)* decidere [*argument*]; ***what ~ed it was...*** ciò che è stato decisivo è stato... **II** intr. SPORT fare un corpo a corpo.
clincher /'klɪntʃə(r)/ n. COLLOQ. *(act, remark)* fattore m. decisivo; *(argument)* argomento m. decisivo.
cling /klɪŋ/ intr. (pass., p.pass. **clung**) **1** ***to ~ (on) to*** aggrapparsi a [*person, rail*]; ***to ~ together*** aggrapparsi l'uno all'altro; ***to ~ to*** FIG. aggrapparsi a [*parent, hope*] **2** *(adhere)* [*leaf, moss*] attaccarsi; ***the smell clung to his clothes*** l'odore gli impregnò i vestiti.
■ **cling on** [*custom, myth*] resistere.
clingfilm /'klɪŋfɪlm/ n. BE pellicola f. protettiva.
clinging /'klɪŋɪŋ/ agg. [*plant*] rampicante; FIG. [*person*] appiccicoso.
clinic /'klɪnɪk/ n. **1** *(treatment centre)* clinica f.; BE *(nursing home)* clinica f. privata **2** *(medical)* consulto m.
clinical /'klɪnɪkl/ agg. **1** MED. clinico **2** [*approach, precision*] scientifico, oggettivo **3** *(unfeeling)* distaccato, freddo.
clinically /'klɪnɪklɪ/ avv. **1** *(medically)* clinicamente **2** *(unemotionally)* con distacco, con freddezza.
clinical psychologist ▸ ***27*** n. psicologo m. (-a) clinico (-a).
clinical psychology n. psicologia f. clinica.
1.clink /klɪŋk/ n. *(noise)* tintinnio m.
2.clink /klɪŋk/ **I** tr. far tintinnare [*glass, keys*]; ***to ~ glasses with*** brindare con **II** intr. [*glass, keys*] tintinnare.
3.clink /klɪŋk/ n. COLLOQ. *(prison)* gattabuia f., galera f.
clinker /'klɪŋkə(r)/ n. **U** *(ash)* scoria f., scorie f.pl.
1.clip /klɪp/ n. **1** *(in surgery, on clipboard)* pinza f.; *(for paper)* graffetta f., clip f.; *(on pen, earring)* clip f.; *(for hair)* molletta f., fermaglio m.; *(jewellery)* fermaglio m., clip f. **2** EL. *(for wire)* morsetto m. **3** MIL. (anche **cartridge ~**) pacchetto m. di caricamento.
2.clip /klɪp/ **I** tr. (forma in -ing ecc. **-pp-**) **1** *(by hooking)* agganciare [*pen, microphone*]; *(by securing)* puntare [*brooch*] **2** BE bucare [*ticket*] **II** intr. (forma in -ing ecc. **-pp-**) *(by hooking)* [*pen, etc.*] agganciarsi; *(by fastening)* [*lamp, etc.*] fissarsi.
3.clip /klɪp/ n. **1** *(wool)* tosatura f. **2** TELEV. CINEM. clip m., spezzone m. (**from** di) ♦ ***to give sb. a ~ on the ear*** COLLOQ. dare uno scappellotto a qcn.
4.clip /klɪp/ tr. (forma in -ing ecc. **-pp-**) **1** *(cut)* spuntare, potare [*hedge*]; tagliare [*nails, hair, moustache*]; tosare [*dog, sheep*]; tarpare [*wing*]; ***to ~ an article out of the paper*** ritagliare un articolo dal giornale **2** *(hit)* colpire ♦ ***to ~ sb.'s wings*** tarpare le ali a qcn.
clipboard /'klɪpbɔ:d/ n. **1** portablocco m. con molla **2** INFORM. clipboard f., appunti m.pl.
clip-clop /'klɪpklɒp/ n. cloppete cloppete m.
clip frame n. cornice f. a giorno.
clip-on /'klɪpɒn/ **I** agg. [*bow tie, microphone*] a clip; [*lamp*] a pinza **II clip-ons** n.pl. *(earrings)* clip f.
clipped /klɪpt/ **I** p.pass. → **4.clip II** agg. [*speech*] smozzicato.
clipper /'klɪpə(r)/ **I** n. AER. MAR. clipper m. **II clippers** n.pl. *(for nails)* tagliaunghie m.sing.; *(for hair)* macchinetta f.sing.; *(for hedge)* tosasiepi m.sing.
clipping /'klɪpɪŋ/ **I** n. *(from paper)* ritaglio m. **II clippings** n.pl. *(hair)* capelli m. (tagliati); *(nails)* unghie f. (tagliate).
clique /kli:k/ n. SPREG. cricca f.
cliquey /'kli:kɪ/, **cliquish** /'kli:kɪʃ/ agg. [*group*] ristretto, esclusivo; [*profession, atmosphere*] esclusivo.
clitoris /'klɪtərɪs/ n. (pl. **-ides**) clitoride m. e f.
Cllr BE ⇒ councillor consigliere (cons.).
1.cloak /kləʊk/ n. **1** *(garment)* mantello m. **2** FIG. ***to be a ~ for*** servire da copertura per [*operation*]; ***a ~ of respectability*** un manto di rispettabilità.
2.cloak /kləʊk/ tr. **1** *(surround)* ***to ~ sth. in*** o ***with*** coprire con [*anonymity, secrecy*]; ***to ~ sth. in respectability*** gettare un manto di rispettabilità su qcs. **2** *(disguise)* mascherare, nascondere [*belief, intentions*].
cloak-and-dagger /kləʊkən'dægə(r)/ agg. [*story, film*] di spionaggio.
cloakroom /'kləʊkrʊm/ n. **1** *(for coats)* guardaroba m. **2** BE *(lavatory)* toilette f., bagno m.
cloakroom attendant ▸ ***27*** n. *(in hotel)* guardarobiere m. (-a); BE *(at toilets)* inserviente m. e f.
cloakroom ticket n. contromarca f. del guardaroba.
1.clobber /'klɒbə(r)/ n. BE COLLOQ. *(gear)* roba f.
2.clobber /'klɒbə(r)/ tr. COLLOQ. **1** *(hit)* picchiare **2** *(defeat)* stracciare [*opponent*].
cloche /klɒʃ/ n. **1** *(in garden)* campana f. di vetro **2** (anche **~ hat**) cloche f.
1.clock /klɒk/ ▸ ***4*** n. **1** orologio m.; ***to set a ~*** regolare un orologio; ***to put the ~s forward, back one hour*** portare gli orologi avanti, indietro di un'ora; ***by the ~*** orologio alla mano; ***to work around the ~*** lavorare 24 ore su 24 *o* giorno e notte; ***to work against the ~*** lavorare lottando contro il tempo **2** *(timer) (in computer)* clock m., temporizzatore m.; *(for central heating system)* temporizzatore m. **3** AUT. COLLOQ. contachilometri m.; ***a car with 40,000 kilometers on the ~*** un'auto che ha 40.000 km **4** SPORT cronometro m. ♦ ***they want to turn*** o ***put the ~ back 200 years*** vorrebbero tornare indietro di 200 anni.
2.clock /klɒk/ tr. **1** SPORT ***he ~ed 9.6 seconds in the 100 metres*** ha percorso i 100 metri in 9,6 secondi **2** BE COLLOQ. *(hit)* ***to ~ sb. (one)*** mollarne uno a qcn.
■ **clock off** BE timbrare il cartellino (all'uscita).
■ **clock on** BE timbrare il cartellino (all'entrata).
■ **clock up:** ~ up [sth.] **1** fare, percorrere [*distance*] **2** [*worker*] lavorare [*hours*].
3.clock /klɒk/ n. ABBIGL. baguette f.
clock face n. quadrante m.
clockmaker /'klɒkmeɪkə(r)/ ▸ ***27*** n. orologiaio m. (-a).
clock radio n. radiosveglia f.
clock tower n. torre f. dell'orologio.
clockwise /'klɒkwaɪz/ agg. e avv. in senso orario.
clockwork /'klɒkwɜ:k/ **I** agg. [*toy*] meccanico **II** n. *(in clock)* meccanismo m., movimento m.; *(in toy)* carica f. ♦ ***to be as regular as ~*** essere (preciso come) un orologio; ***to go like ~*** andare tutto liscio.
clod /klɒd/ n. **1** *(of earth)* zolla f. **2** COLLOQ. *(fool)* stupido m. (-a).
clodhopper /'klɒdhɒpə(r)/ n. COLLOQ. zoticone m. (-a).
1.clog /klɒg/ n. zoccolo m. ♦ ***to pop one's ~s*** COLLOQ. tirare le cuoia.
2.clog /klɒg/ intr. (forma in -ing ecc. **-gg-**) → **clog up.**
■ **clog up:** ~ up ostruirsi, intasarsi; ~ up [sth.], ~ [sth.] up ostruire, intasare; ***to be ~ged up with traffic*** essere paralizzato dal traffico.
1.cloister /'klɔɪstə(r)/ n. chiostro m.
2.cloister /'klɔɪstə(r)/ tr. rinchiudere in convento.
cloistered /'klɔɪstəd/ **I** p.pass. → **2.cloister II** agg. ***to lead a ~ existence*** condurre una vita ritirata.
1.clone /kləʊn/ n. clone m. (anche FIG.).
2.clone /kləʊn/ tr. clonare.
cloning /'kləʊnɪŋ/ n. clonazione f.
clonk /klɒŋk/ n. rumore m. sordo.
1.close /kləʊs/ agg. **1** *(with tight links)* [*relative*] prossimo, stretto; [*link, contact*] stretto; ***to bear a ~ resemblance to sb.*** assomigliare molto a qcn. **2** *(intimate)* [*friend*] intimo (**to** di); ***they have a ~ friendship*** sono amici intimi **3** *(almost equal)*

[*result*] simile, vicino; ***a ~ copy of his signature*** un'imitazione quasi perfetta della sua firma **4** *(careful)* [*examination, supervision*] attento, accurato, preciso; ***to pay ~ attention to sth.*** prestare molta attenzione a qcs.; ***to keep a ~ watch*** o ***eye on sb., sth.*** tener d'occhio attentamente qcn., qcs. **5** *(compact)* [*texture, print*] fitto; [*military formation*] serrato **6** *(stuffy)* [*weather*] afoso; ***it's ~*** c'è afa **7** COLLOQ. *(secretive)* ***she's been very ~ about it*** è stata molto riservata ♦ ***it was a ~ call*** o ***shave*** COLLOQ. c'è mancato poco *o* un pelo.

2.close /kləʊs/ avv. **1** *(nearby)* ***to live quite ~*** vivere abbastanza vicino; ***how ~ is the town?*** quanto dista la città? ***the closer he came*** più si avvicinava; ***to bring sth. closer*** portare qcs. più vicino; ***to follow ~ behind*** seguire dappresso; ***to hold sb. ~*** stringere qcn. **2** *(temporally)* ***the time is ~ when*** si sta avvicinando il momento in cui; ***how ~ are they in age?*** quanti anni di differenza ci sono tra loro? ***Christmas is ~*** Natale è vicino **3** *(almost)* ***that's closer (to) the truth*** questo è più vicino alla verità; ***"is the answer three?" - "~!"*** "la risposta è tre?" - "ti sei avvicinato molto!" **4 close by** vicino a [*wall, bridge*]; ***the ambulance is ~ by*** l'ambulanza è vicina **5 close enough** ***that's ~ enough*** *(no nearer)* è vicino abbastanza; *(acceptable)* può andare; ***there were 20 yachts or ~ enough*** c'erano 20 yacht o giù di lì **6 close to** vicino a [*place, person, object*]; ***how ~ are we to...?*** a quale distanza siamo da...? ***~ to collapse*** prossimo al collasso; ***to be, come ~ to doing*** stare per *o* essere sul punto di fare; ***closer to 40 than 30*** più vicino ai 40 che ai 30; ***how ~ are you to completing...?*** quanto ti manca per completare...? ***it's coming ~ to the time when...*** si sta avvicinando il momento in cui...; ***~ to*** o ***on 60 people, a century ago*** COLLOQ. più o meno 60 persone, un secolo fa ♦ ***(from) ~ to*** o ***(from) ~ up*** COLLOQ. da vicino.

3.close /kləʊs/ n. **1** *(road)* strada f. privata **2** *(of cathedral)* = terreno cintato circostante una cattedrale.

4.close /kləʊz/ n. **1** *(end)* ***to bring sth. to a ~*** portare a termine qcs.; ***to draw*** o ***come to a ~*** finire, terminare; ***at the ~ of day*** LETT. sul finire del giorno **2** ECON. ***~ (of trading)*** chiusura f.

5.close /kləʊz/ **I** tr. **1** *(shut)* chiudere [*door, eyes, book, file, shop*] **2** *(block)* chiudere [*airport, pipe, opening*]; chiudere, impedire l'accesso a [*road, area*] **3** *(bring to an end)* chiudere, concludere [*meeting*]; chiudere [*account, case*]; concludere [*deal*] **4** *(reduce)* ***to ~ the gap*** FIG. ridurre lo scarto **II** intr. **1** *(shut)* [*airport, shop, museum*] chiudere; [*door, container, eyes*] chiudersi **2** *(cease to operate)* [*business, mine*] chiudere **3** *(end)* [*meeting, play*] finire, terminare **4** ECON. [*currency, index, market*] chiudere; ***to ~ down, up*** chiudere al ribasso, al rialzo **5** *(get smaller)* [*gap*] ridursi **6** *(get closer)* [*enemy*] avvicinarsi (**on** a).

▪ **close down:** ~ down [*shop, business*] chiudere (definitivamente); ~ down [sth.], ~ [sth.] down chiudere (definitivamente) [*business, shop*].

▪ **close in** [*winter*] avanzare; ***the days are closing in*** i giorni cominciano ad accorciarsi; ***to ~ in on sb., sth.*** [*pursuers*] circondare qcn., qcs.; [*darkness*] calare su qcn., qcs.

▪ **close off:** ~ off [sth.], ~ [sth.] off chiudere [*district, street*].

▪ **close out:** ~ out [sth.], ~ [sth.] out AE COMM. svendere, liquidare [*stock*].

▪ **close up:** ~ up **1** [*flower, wound*] chiudersi; [*group*] serrarsi, chiudersi **2** [*shopkeeper*] chiudere; ~ up [sth.], ~ [sth.] up **1** *(shut)* chiudere [*shop*] **2** *(block)* chiudere [*hole*].

▪ **close with:** ~ with [sb.] **1** COMM. raggiungere un accordo con [*trader*] **2** MIL. venire allo scontro con, attaccare [*enemy*]; ~ with [sth.] ECON. accettare [*deal*].

close combat n. combattimento m. ravvicinato.

close-cropped /ˌkləʊsˈkrɒpt/ agg. [*hair*] rasato.

closed /kləʊzd/ **I** p.pass. → **5.close II** agg. **1** *(shut)* [*door, container, shop, eyes*] chiuso; ***"~ for repairs"*** "chiuso per lavori"; ***"road ~"*** "strada chiusa"; ***"~ to the public"*** "vietato al pubblico"; ***"~ to traffic"*** "chiuso al traffico"; ***behind ~ doors*** FIG. a porte chiuse **2** *(restricted)* [*community, economy*] chiuso; ***to have a ~ mind*** avere una mentalità chiusa.

closed caption n. sottotitoli m.pl. criptati.

closed-circuit television n. impianto m. televisivo a circuito chiuso.

closedown /ˈkləʊzdaʊn/ n. **1** COMM. IND. chiusura f. **2** BE RAD. TELEV. segnale m. di fine trasmissioni.

closed season n. = stagione in cui la caccia e la pesca sono chiuse.

close-fitting /ˌkləʊsˈfɪtɪŋ/ agg. [*garment*] aderente, attillato.

close-knit /ˌkləʊsˈnɪt/ agg. [*family, group*] compatto, molto unito.

closely /ˈkləʊslɪ/ avv. **1** *(in close proximity)* [*follow, look*] da vicino; ***to work ~ together*** lavorare in stretta collaborazione; ***~ written*** scritto fitto; ***to be ~ packed*** [*people*] essere ammassato; [*boxes*] essere stipato **2** *(not distantly)* [*resemble*] moltissimo; [*integrated*] bene; ***to be ~ akin to sth.*** essere molto simile a qcs.; ***~ related to*** [*person*] strettamente imparentato con; [*matter*] strettamente legato a **3** *(rigorously)* [*study, monitor, listen, question*] attentamente, bene **4** *(evenly)* ***~ contested*** o ***fought*** [*competition*] tirato, serrato; [*election*] all'ultimo voto.

closeness /ˈkləʊsnɪs/ n. **1** *(emotionally)* intimità f. **2** *(proximity)* *(of place)* vicinanza f.; *(of event)* prossimità f. **3** *(of atmosphere)* *(inside)* mancanza f. d'aria; *(outside)* ***the ~ of the weather*** il tempo afoso **4** *(accuracy)* *(of copy)* fedeltà f., esattezza f.

close-run /ˌkləʊsˈrʌn/ agg. [*race, contest*] tiratissimo.

close-set /ˌkləʊsˈset/ agg. [*eyes, buildings*] molto vicini.

1.closet /ˈklɒzɪt/ **I** n. **1** *(cupboard)* credenza f.; *(for clothes)* armadio m. a muro; ***linen ~*** armadio della biancheria **2** *(room)* salotto m. privato, studio m. **II** modif. *(secret)* [*alcoholic, fascist*] che nasconde le proprie tendenze ♦ ***to come out of the ~*** rivelare la propria omosessualità.

2.closet /ˈklɒzɪt/ tr. ***to be ~ed with sb.*** avere un colloquio privato con qcn.

close-up /ˈkləʊsʌp/ **I** n. primo piano m. **II** avv. ***(from) ~*** da vicino.

closing /ˈkləʊzɪŋ/ **I** n. chiusura f.; ***Sunday ~*** chiusura domenicale **II** agg. [*minutes, days, date, words*] ultimo; [*scene, pages, stage*] ultimo, finale; [*speech*] di chiusura, finale; [*price*] di chiusura.

closing-down sale, closing-out sale AE n. liquidazione f. (per cessata attività).

closing time n. orario m. di chiusura; ***"~!"*** "si chiude!".

closure /ˈkləʊʒə(r)/ n. **1** *(of road, factory)* chiusura f. **2** POL. *(of debate)* chiusura f. **3** *(fastening)* chiusura f.

1.clot /klɒt/ n. **1** *(in blood, milk)* grumo m., coagulo m.; ***~ in an artery*** embolo; ***~ on the lung, brain*** embolo polmonare, cerebrale **2** BE COLLOQ. *(idiot)* stupido m. (-a).

2.clot /klɒt/ tr. e intr. (forma in -ing ecc. **-tt-**) coagulare, raggrumare.

cloth /klɒθ, AE klɔːθ/ **I** n. **1** *(fabric)* tessuto m., stoffa f.; ***wool ~*** tessuto di lana **2** *(piece of fabric)* *(for polishing, dusting, floor)* straccio m.; *(for drying dishes)* strofinaccio m.; *(for table)* tovaglia f. **3** RELIG. ***the ~*** l'abito; ***a man of the ~*** un ecclesiastico **II** modif. [*cover, blind*] in tela; ***hey ~ ears!*** COLLOQ. ehi, sei sordo?

cloth cap n. BE berretto m. di panno con visiera (tipico degli operai inglesi).

clothe /kləʊð/ **I** tr. vestire, abbigliare; ***to be ~d in*** essere vestito di **II** rifl. ***to ~ oneself*** vestirsi, abbigliarsi.

clothes /kləʊðz, kləʊz, AE kləʊz/ ♦ **28 I** n.pl. **1** *(garments)* abiti m., vestiti m., indumenti m.; ***children's, work ~*** abiti per bambini, da lavoro; ***to put on, take off one's ~*** vestirsi, svestirsi **2** *(washing)* bucato m. **II** modif. [*brush*] per abiti; [*shop*] d'abbigliamento; [*basket, line*] per il bucato; [*peg, pin*] da bucato.

clothes airer n. stendibiancheria m.

clothes drier n. *(machine)* asciugatrice f.; *(airer)* stendibiancheria m.

clotheshanger /ˈkləʊðzˌhæŋə(r), AE ˈkləʊz-/ n. gruccia f. (per abiti).

clothes horse n. stendibiancheria m. a cavalletto.

clothes moth n. tignola f., tarma f.

clothes tree n. AE attaccapanni m.

clothing /ˈkləʊðɪŋ/ n. **U** abbigliamento m., vestiario m.; ***an item*** o ***article of ~*** un capo d'abbigliamento, un abito.

clotted cream n. BE panna f. rappresa (del latte bollito).

1.cloud /klaʊd/ n. **1 C** *(in sky)* nube f., nuvola f. **2 U** METEOR. nubi f.pl., nuvolosità f.; ***some patches of ~*** nubi sparse; ***there's a lot of ~ about*** è molto nuvoloso **3** *(mass)* *(of smoke,* *dust, gas)* nube f.; *(of insects)* nugolo m. 4 FIG. ***a ~ of gloom*** un velo di malinconia; ***to cast a ~ over sth.*** gettare un'ombra su qcs. 5 *(blur) (in liquid)* intorbidamento m.; *(in marble, gem)* macchia f. ♦ ***to be living in ~-cuckoo-land*** credere alle fiabe; ***to have one's head in the ~s*** avere la testa fra le nuvole; ***to be on ~ nine*** COLLOQ. toccare il cielo con un dito, essere al settimo cielo; ***to be under a ~*** essere in disgrazia *o* in discredito.

2.cloud /klaʊd/ tr. 1 *(blur)* [*steam, breath*] appannare [*mirror*]; [*tears*] appannare, offuscare [*vision*] 2 *(confuse)* offuscare [*memory, judgment*]; ***to ~ the issue*** imbrogliare le carte 3 *(blight)* intristire [*atmosphere*].
■ **cloud over** [*sky, face*] rannuvolarsi.

cloudburst /ˈklaʊdbɜːst/ n. nubifragio m.

clouded /ˈklaʊdɪd/ agg. [*sky, weather*] nuvoloso, coperto.

cloudless /ˈklaʊdlɪs/ agg. senza nubi, sereno (anche FIG.).

cloudy /ˈklaʊdɪ/ agg. 1 [*weather*] nuvoloso, coperto 2 [*liquid*] torbido; [*glass*] *(misted)* appannato; *(opaque)* opaco.

1.clout /klaʊt/ n. 1 *(blow)* colpo m., schiaffo m., botta f. 2 FIG. *(weight)* peso m., potere m., influenza f. (**with** su); ***to have*** o ***carry a great deal of ~*** avere molto peso.

2.clout /klaʊt/ tr. COLLOQ. colpire, dare uno schiaffo a [*person*]; colpire [*ball*].

1.clove /kləʊv/ pass. → **1.cleave**.

2.clove /kləʊv/ n. *(spice)* chiodo m. di garofano.

3.clove /kləʊv/ n. *(of garlic)* spicchio m.

cloven foot, cloven hoof n. *(of animal)* zoccolo m. fesso; *(of devil)* piede m. caprino.

clover /ˈkləʊvə(r)/ n. trifoglio m. ♦ ***to be*** o ***live in ~*** nuotare nell'abbondanza.

cloverleaf junction /ˌkləʊvəliːfˈdʒʌŋkʃn/ n. (interscambio a) quadrifoglio m.

clown /klaʊn/ ♦ 27 n. *(in circus)* clown m., pagliaccio m.; SPREG. *(fool)* buffone m. (-a).

clown around intr. BE fare il pagliaccio, il buffone.

clownish /ˈklaʊnɪʃ/ agg. da pagliaccio, buffonesco.

cloy /klɔɪ/ intr. [*food*] saziare, nauseare; [*pleasure*] stancare.

cloying /ˈklɔɪɪŋ/ agg. nauseante, stucchevole.

1.club /klʌb/ **I** n. ♦ 10 1 *(society)* + verbo sing. o pl. club m., circolo m., associazione f.; ***tennis ~*** circolo tennistico; ***book ~*** club del libro; ***to be in a ~*** fare parte di un club 2 COLLOQ. *(nightclub)* night m. 3 SPORT società f.; ***football ~*** società calcistica 4 *(stick)* randello m.; *(weapon)* clava f., mazza f.; *(for golf)* mazza f. 5 *(in cards)* carta f. di fiori **II clubs** n.pl. + verbo sing. o pl. *(suit)* fiori m. **III** modif. [*member*] del club; [*captain*] della squadra; [*DJ*] di locale notturno ♦ ***join the ~!*** COLLOQ. unisciti a noi!

2.club /klʌb/ tr. (forma in -ing ecc. **-bb-**) bastonare, randellare, colpire con una mazza; ***to ~ sb. with sth.*** colpire qcn. con qcs.
■ **club together** mettere soldi in comune, fare una colletta.

club class n. = business class riservata a chi fa frequenti viaggi in aereo.

club foot n. (pl. **club feet**) ***to have a ~*** avere il piede equino.

clubhouse /ˈklʌbhaʊs/ n. *(for changing)* AE spogliatoio m.; *(for socializing)* clubhouse f., circolo m.

club sandwich n. club-sandwich m., panino m. a più strati.

club soda n. AE (acqua di) soda f.

1.cluck /klʌk/ n. ***to give a ~*** chiocciare; ***the hen goes ~! ~!*** la gallina fa coccodè.

2.cluck /klʌk/ **I** tr. ***to ~ one's tongue*** schioccare la lingua **II** intr. 1 [*hen*] chiocciare, fare coccodè 2 FIG. ***to ~ over sb.*** coccolare, vezzeggiare qcn.

clue /kluː/ n. 1 *(in investigation)* indizio m., traccia f. (**to** su, per) 2 *(hint)* indicazione f. (**to** su; **as to** per); ***I'll give you a ~*** ti do un indizio 3 COLLOQ. *(notion)* ***I haven't (got) a ~*** non ne ho la minima idea; ***they haven't (got) a ~*** *(incompetent)* non ne sanno niente; *(unsuspecting)* non sospettano nulla; ***he hasn't (got) a ~ about history*** non capisce un'acca di storia 4 *(to crossword)* definizione f.

clued-up /ˌkluːdˈʌp/ agg. BE COLLOQ. beninformato.

clueless /ˈkluːlɪs/ agg. BE COLLOQ. ***to be ~ about sth.*** *(to be incompetent)* non saperne niente di qcs.

1.clump /klʌmp/ n. 1 *(of flowers)* cespo m.; *(of grass)* ciuffo m.; *(of trees)* gruppo m.; *(of earth)* blocco m., massa f. 2 *(thud)* rumore m. di passo pesante.

2.clump /klʌmp/ tr. (anche **~ together**) piantare fitto [*plants*].
■ **clump about, clump around** camminare con passo pesante.

clumsily /ˈklʌmzɪlɪ/ avv. [*move*] goffamente, sgraziatamente; [*paint*] maldestramente; [*expressed*] goffamente.

clumsiness /ˈklʌmzɪnɪs/ n. *(carelessness)* rozzezza f.; *(awkwardness)* goffaggine f.; *(of style)* pesantezza f.; *(of system)* scomodità f.

clumsy /ˈklʌmzɪ/ agg. [*person, attempt*] maldestro, goffo; [*object*] grossolano; [*animal*] sgraziato, goffo; [*tool*] poco pratico, scomodo; [*style*] pesante; ***to be ~ at tennis*** essere impacciato a giocare a tennis; ***to be ~ with one's hands*** non essere molto abile con le mani.

clung /klʌŋ/ pass., p.pass. → **cling**.

clunk /klʌŋk/ n. COLLOQ. rumore m. sordo.

1.cluster /ˈklʌstə(r)/ n. *(of berries)* grappolo m.; *(of people, islands, trees, houses)* gruppo m.; *(of flowers)* cespo m.; *(of insects)* sciame m.; *(of ideas)* insieme m.; *(of diamonds)* contorno m.; *(of stars)* ammasso m.

2.cluster /ˈklʌstə(r)/ intr. raggrupparsi, raccogliersi (**around** intorno a).

1.clutch /klʌtʃ/ **I** n. AUT. frizione f.; ***to let in, out the ~*** innestare, disinnestare la frizione **II clutches** n.pl. *(power)* ***to fall into the ~es of*** cadere nelle grinfie di.

2.clutch /klʌtʃ/ tr. stringere, tenere stretto [*object, child*] (**in** tra); ***to ~ sb., sth. to*** stringere qcn., qcs. a [*chest*].
■ **clutch at:** ***~ at [sth., sb.]*** tentare di afferrare [*branch, rail, person*]; FIG. aggrapparsi a [*hope*]; afferrare [*opportunity*]; appigliarsi a [*excuse*]; ***she ~ed at my arm*** si aggrappò al mio braccio.

3.clutch /klʌtʃ/ n. *(of eggs, chicks)* covata f.; FIG. *(of books, awards)* serie f.; *(of people)* gruppo m.

clutch bag n. pochette f.

clutch cable n. cavo m. della frizione.

clutter /ˈklʌtə(r)/ n. 1 *(mess)* confusione f., disordine m.; ***in a ~*** in disordine 2 U *(on radar)* eco m. e f. parassita.

clutter up tr. ingombrare, mettere in disordine.

cluttered /ˈklʌtəd/ agg. [*room, mind*] ingombro (**with** di).

Cmdr MIL. ⇒ Commander comandante (com.).

CND n. (⇒ Campaign for Nuclear Disarmament) = movimento a favore del disarmo nucleare.

CNN n. (⇒ Cable News Network) = rete televisiva americana di notizie via cavo.

c/o ⇒ care of presso (c/o).

Co 1 COMM. ⇒ company compagni (C.); ***...and ~*** ...e C.; SCHERZ. and company, e compagnia (bella) 2 GEOGR. ⇒ county contea.

CO n. MIL. (⇒ commanding officer) = ufficiale comandante.

1.coach /kəʊtʃ/ **I** ♦ 27 n. 1 *(bus)* (auto)pullman m.; ***by ~*** in pullman 2 BE *(of train)* carrozza f., vettura f. 3 SPORT allenatore m. (-trice) 4 *(for drama, voice)* insegnante m. e f.; *(tutor)* insegnante m. e f. privato (-a) 5 *(horse-drawn) (for royalty)* carrozza f.; *(for passengers)* diligenza f. **II** modif. [*holiday, journey, trip*] in pullman.

2.coach /kəʊtʃ/ tr. 1 SPORT allenare [*team*]; essere un allenatore di [*sport*] 2 *(teach)* ***to ~ sb.*** dare ripetizioni a qcn. (**in** di); ***to ~ sb. for an exam, for a role*** preparare qcn. per un esame, per una parte.

coaching /ˈkəʊtʃɪŋ/ n. U 1 *(in sport)* allenamento m. 2 *(lessons)* lezioni f.pl. private, ripetizioni f.pl.

coachman /ˈkəʊtʃmən/ n. (pl. **-men**) cocchiere m.

coach party n. BE = comitiva che viaggia in pullman.

coach station n. BE autostazione f., stazione f. dei pullman.

coachwork /ˈkəʊtʃˌwɜːk/ n. BE carrozzeria f.

coadjutor /kəʊˈædʒʊtə(r)/ n. coadiutore m. (-trice).

coagulant /kəʊˈægjʊlənt/ **I** agg. coagulante **II** n. coagulante m.

coagulate /kəʊˈægjʊleɪt/ tr. e intr. coagulare.

coagulation /ˌkəʊægjʊˈleɪʃn/ n. coagulazione f.

coal /kəʊl/ **I** n. 1 U *(mineral)* carbone m. 2 *(individual piece)* carbone m.; ***hot*** o ***live ~s*** carboni ardenti **II** modif. [*shed*] del carbone; [*shovel*] da carbone; ***~ cellar*** carbonaia ♦ ***as black as ~*** nero come il carbone; ***to carry ~s to Newcastle*** portare acqua al mare *o* vasi a Samo; ***to haul sb. over the ~s*** COLLOQ. dare una lavata di capo a qcn.

coal-black /ˈkəʊlˌblæk/ agg. nero come il carbone.
coal-burning /ˈkəʊlˌbɜːnɪŋ/ agg. a carbone.
coalesce /ˌkəʊəˈles/ intr. [*groups of people*] coalizzarsi; [*substances, ideas*] unirsi, fondersi.
coalface /ˈkəʊlfeɪs/ n. fronte m. di abbattimento.
coalfield /ˈkəʊlfiːld/ n. bacino m. carbonifero.
coal fire n. BE camino m. alimentato a carbone.
coal-fired /ˈkəʊlfaɪərd/ agg. a carbone.
coalition /ˌkəʊəˈlɪʃn/ **I** n. **1** POL. coalizione f. **2** unione f., fusione f. **II** modif. [*government, party*] di coalizione.
coal man ➧ *27* n. (pl. **coal men**) carbonaio m.
coalmine /ˈkəʊlˌmaɪn/ n. miniera f. di carbone.
coalminer /ˈkəʊlˌmaɪnə(r)/ ➧ *27* n. minatore m.
coalmining /ˈkəʊlmaɪnɪŋ/ **I** n. estrazione f. del carbon fossile **II** modif. [*family, region, town*] di minatori.
coal pit n. miniera f. di carbone.
coal seam n. strato m. carbonifero.
coarse /kɔːs/ agg. **1** [*texture, wool*] grezzo, ruvido; [*skin*] ruvido; [*hair, grass*] folto; [*sand, salt*] grosso **2** *(not refined)* [*manners, features*] grossolano, rozzo; [*laugh*] sguaiato; [*accent*] volgare **3** *(indecent)* [*language, joke*] volgare **4** [*food, wine*] scadente.
coarse-grained /ˈkɔːsˌgreɪnd/ agg. [*texture*] a grana grossa.
coarsely /ˈkɔːslɪ/ avv. [*speak*] volgarmente; **~ *woven*** grezzo; **~ *ground*** macinato grosso.
coarsen /ˈkɔːsn/ **I** tr. rendere ruvido [*skin*]; involgarire [*person*] **II** intr. diventare grossolano.
coarseness /ˈkɔːsnɪs/ n. **1** *(of manners)* grossolanità f., rozzezza f. **2** *(of sand, salt)* grossezza f.; *(of cloth)* ruvidezza f.
1.coast /kəʊst/ **I** n. costa f., litorale m., riviera f.; ***off the* ~** al largo; ***the east* ~** la costa orientale; ***from* ~ *to* ~** da una costa all'altra **II** modif. [*road, path*] costiero.
2.coast /kəʊst/ intr. **1** ***to* ~ *downhill*** [*car*] scendere in folle; [*bicycle*] scendere a ruota libera **2** *(travel)* ***to* ~ *along at 50 mph*** procedere a una velocità di crociera di 80 km/h **3** MAR. cabotare.
coastal /ˈkəʊstl/ agg. costiero.
coaster /ˈkəʊstə(r)/ n. **1** *(mat)* sottobicchiere m. **2** *(boat)* nave f. da cabotaggio, costiera.
coastguard /ˈkəʊstgɑːd/ ➧ *27* n. **1** *(organization)* guardia f. costiera **2** *(person)* guardacoste m.
coastguard station n. comando m. della guardia costiera.
coastguard vessel n. guardacoste m.
coastline /ˈkəʊstˌlaɪn/ n. linea f. della costa.
1.coat /kəʊt/ ➧ *28* n. **1** *(garment) (full-length)* cappotto m.; *(jacket)* giacca f., giaccone m. **2** ZOOL. *(of dog, cat)* pelo m., pelliccia f.; *(of horse, ox)* manto m., mantello m. **3** *(layer)* strato m.; *(of paint)* mano f.
2.coat /kəʊt/ tr. **1** ***to* ~ *sth. with*** ricoprire qcs. di [*dust, frost*]; ***to* ~ *sth. with varnish*** verniciare qcs., dare una mano di vernice a qcs. **2** GASTR. ***to* ~ *sth. in*** o ***with*** ricoprire qcs. di [*chocolate, sauce*]; dorare qcs. con [*egg*]; ***to* ~ *sth. in*** o ***with breadcrumbs*** impanare qcs.
coated /ˈkəʊtɪd/ **I** p.pass. → **2.coat II** agg. **~ *with sugar, sugar-*~** [*sweet*] ricoperto di zucchero; [*pill*] confettato.
coat hanger n. gruccia f. (per abiti).
coating /ˈkəʊtɪŋ/ n. *(edible)* strato m.; IND. *(covering)* rivestimento m.
coat of arms n. stemma m. araldico, blasone m.
coat of mail n. STOR. cotta f. di maglia.
coatrack /ˈkəʊtræk/ n. attaccapanni m. a muro.
coatroom /ˈkəʊtruːm, -rʊm/ n. AE guardaroba m.
coat-tails /ˈkəʊtteɪlz/ n.pl. falde f. del frac ♦ ***to be always hanging on sb.'s* ~** stare sempre appiccicato a qcn.; ***to ride on sb.'s* ~** SPREG. andare a rimorchio.
coat tree n. AE attaccapanni m. (a stelo).
coax /kəʊks/ tr. persuadere, convincere, blandire; ***to* ~ *sb. to do*** o ***into doing sth.*** convincere qcn. a fare qcs.; ***to* ~ *sth. out of sb.*** riuscire a farsi dare qcs. da qcn.
coaxial /kəʊˈæksɪəl/ agg. coassiale.
coaxing /ˈkəʊksɪŋ/ n. moine f.pl., blandizie f.pl.; ***no amount of* ~ *would make him drink it*** non c'è modo di fargliela bere.
cob /kɒb/ n. **1** *(horse)* cavallo m. piccolo e robusto **2** *(swan)* cigno m. maschio **3** *(of maize)* pannocchia f. **4** BE *(nut)* grossa nocciola f. **5** BE EDIL. mattone m. crudo.
cobalt /ˈkəʊbɔːlt/ n. cobalto m.
cobalt blue ➧ *5* n. blu m. cobalto.
cobber /ˈkɒbə(r)/ n. AUSTRAL. COLLOQ. compagno m. (-a), amico m. (-a).
cobble /ˈkɒbl/ tr. **1** pavimentare (con ciottoli) [*road*] **2** *(make)* fare [*shoes*].
▪ **cobble together:** **~ *[sth.] together*, ~ *together [sth.]*** mettere insieme [*excuse, plan*].
cobbler /ˈkɒblə(r)/ ➧ *27* n. ciabattino m. (-a), calzolaio m. (-a).
cobbles /ˈkɒblz/, **cobblestones** /ˈkɒblstəʊnz/ n.pl. acciottolato m.sing.
cobra /ˈkəʊbrə/ n. cobra m.
cobweb /ˈkɒbweb/ n. ragnatela f.; ***that will blow away the* ~*s*** FIG. questo mi rinfrescherà le idee.
cobwebbed /ˈkɒbwebd/, **cobwebby** /ˈkɒbwebɪ/ agg. coperto di ragnatele.
cocaine /kəʊˈkeɪn/ **I** n. cocaina f. **II** modif. [*dealer, dealing*] di cocaina; **~ *addict*** cocainomane; **~ *addiction*** cocainomania.
coccyx /ˈkɒksɪks/ n. (pl. **~es** o **-ges**) coccige m.
cochair /ˈkəʊtʃeə(r)/ n. copresidente m. e f.
cochairman /ˈkəʊtʃeəmən/ n. (pl. **-men**) copresidente m.
cochineal /ˌkɒtʃɪˈniːl/ n. **1** GASTR. carminio m. **2** ZOOL. cocciniglia f.
1.cock /kɒk/ **I** n. **1** *(rooster)* gallo m.; *(male bird)* maschio m. (d'uccello) **2** VOLG. *(penis)* uccello m., cazzo m. **3** *(of hay, straw)* covone m. **4** *(weather vane)* banderuola f. **5** *(of gun)* cane m.; ***at full* ~** col cane sollevato in posizione di sparo **II** modif. [*pheasant, sparrow*] maschio; **~ *bird*** uccello maschio ♦ ***to be* ~ *of the walk*** SPREG. essere il gallo della Checca; ***to go off at half* ~** COLLOQ. *(be hasty)* = cominciare, partire troppo in anticipo; ***to live like fighting* ~*s*** vivere da pascià.
2.cock /kɒk/ tr. **1** *(raise)* ***to* ~ *an eyebrow*** sollevare le sopracciglia; ***to* ~ *a leg*** alzare una zampa; ***to* ~ *an ear, to keep an ear* ~*ed*** tendere l'orecchio **2** *(tilt)* reclinare [*head*] **3** MIL. alzare il cane di, armare [*gun*].
▪ **cock up** BE POP. **~ *[sth.] up*, ~ *up [sth.]*** mandare a monte, rovinare [*plan*].
cockade /kɒˈkeɪd/ n. coccarda f.
cock-a-doodle-doo /ˌkɒkəˌduːdlˈduː/ n. chicchirichì m.
cock-a-hoop /ˌkɒkəˈhuːp/ agg. COLLOQ. compiaciuto.
cock-and-bull story n. panzana f., fandonia f.
cockatoo /ˌkɒkəˈtuː/ n. cacatua m.
cockcrow /ˈkɒkkrəʊ/ n. ***at* ~** al canto del gallo.
cocked hat n. *(two points)* bicorno m.; *(three points)* tricorno m. ♦ ***to knock sb. into a* ~** COLLOQ. *(defeat)* stracciare qcn.
cocker /ˈkɒkə(r)/ n. (anche **~ spaniel**) cocker m.
cockerel /ˈkɒkərəl/ n. galletto m.
cockeyed /ˈkɒkaɪd/ agg. COLLOQ. [*ideas*] assurdo, strampalato.
cockfight /ˈkɒkfaɪt/ n. combattimento m. di galli.
cockfighting /ˈkɒkfaɪtɪŋ/ n. combattimenti m.pl. di galli.
cockily /ˈkɒkɪlɪ/ avv. sfacciatamente, sfrontatamente.
cockiness /ˈkɒkɪnɪs/ n. sfacciataggine f., sfrontatezza f.
cockle /ˈkɒkl/ n. *(mollusc)* cardio m. ♦ ***to warm the* ~*s of one's heart*** scaldare il cuore a qcn.
cockleshell /ˈkɒklʃel/ n. → **cockle**.
cockney /ˈkɒknɪ/ **I** agg. cockney **II** n. **1** *(person)* cockney m. e f. **2** *(dialect)* cockney m.
cockpit /ˈkɒkˌpɪt/ n. AER. cabina f.; MAR. cockpit m., pozzetto m.; AUT. abitacolo m., posto m. di guida.
cockroach /ˈkɒkrəʊtʃ/ n. blatta f., scarafaggio m.
cockscomb /ˈkɒkskəʊm/ n. BOT. cresta f. di gallo.
cocksure /ˌkɒkˈʃɔː(r), AE ˌkɒkˈʃʊər/ agg. SPREG. [*person, manner, attitude*] presuntuoso.
cocktail /ˈkɒkteɪl/ n. **1** *(drink)* cocktail m.; ***to have* ~*s*** prendere un cocktail **2** *(mixture)* ***fruit* ~** macedonia di frutta; ***seafood* ~** cocktail di frutti di mare **3** FIG. *(of elements, ideas, drugs)* cocktail m., miscela f.
cocktail bar n. (anche **cocktail lounge**) bar m. (di un hotel).
cocktail cabinet n. BE mobile bar m.
cocktail dress n. abito m. da cocktail.
cocktail party n. cocktail party m.
cocktail shaker n. shaker m.

cocktail stick n. = stuzzicadenti usato per prendere ciliegie, olive, ecc. per l'aperitivo.
cock-up /'kɒkʌp/ n. BE POP. casino m.; ***you made a real ~ of that!*** hai combinato un bel casino! bel casino hai fatto!
cocky /'kɒkɪ/ agg. presuntuoso, arrogante.
cocoa /'kəʊkəʊ/ **I** n. *(substance)* cacao m.; *(drink)* cioccolata f. **II** modif. ~ ***powder*** cacao in polvere; ~ ***butter*** burro di cacao.
coconut /'kəʊkənʌt/ **I** n. noce f. di cocco **II** modif. [*milk, oil*] di cocco; [*ice cream*] al cocco; [*matting*] di fibra di cocco.
coconut palm n. palma f. da cocco, cocco m.
coconut shy n. BE = gioco in cui si cercano di colpire e fare cadere noci di cocco.
1.cocoon /kə'ku:n/ n. bozzolo m. (anche FIG.).
2.cocoon /kə'ku:n/ tr. **1** *(wrap)* avvolgere, avviluppare **2** *(protect)* proteggere (**from, against** da).
1.cod /kɒd/ n. (pl. ~) merluzzo m.
2.cod /kɒd/ agg. SPREG. [*psychology*] da quattro soldi; [*theatre*] di second'ordine.
COD n. (⇒ cash on delivery, collect on delivery AE) = pagamento alla consegna.
coddle /'kɒdl/ tr. cuocere a fuoco lento (senza far bollire).
coddled eggs n.pl. uova f. bazzotte.
1.code /kəʊd/ n. **1** *(laws, rules)* codice m.; ***safety*** ~ codice di sicurezza; ~ ***of practice*** MED. deontologia medica; *(in advertising)* autodisciplina pubblicitaria; *(in banking)* condizioni generali; ~ ***of ethics*** codice etico **2** *(of behaviour)* codice m. comportamentale; ~ ***of honour*** codice d'onore **3** *(cipher)* codice m.; ***in*** ~ in codice **4** TEL. ***(dialling)*** ~ prefisso (teleselettivo) **5** INFORM. codice m.
2.code /kəʊd/ tr. INFORM. codificare.
coded /'kəʊdɪd/ **I** p.pass. → **2.code II** agg. [*message*] cifrato (anche FIG.).
codeine /'kəʊdi:n/ n. codeina f.
code name n. nome m. in codice.
codeword /'kəʊdwɜ:d/ n. *(name)* nome m. in codice; *(password)* parola f. d'ordine (anche FIG.).
codex /'kəʊdeks/ n. (pl. **-ices**) *(manuscript)* codice m.
codger /'kɒdʒə(r)/ n. COLLOQ. ***old*** ~ vecchio strambo.
codices /'kəʊdɪsɪ:z/ → **codex**.
codicil /'kəʊdɪsɪl, AE 'kɒdəsl/ n. DIR. codicillo m.
codify /'kəʊdɪfaɪ, AE 'kɒd-/ tr. codificare [*laws*].
cod-liver oil n. olio m. di fegato di merluzzo.
co-driver /'kəʊˌdraɪvə(r)/ n. copilota m. e f.
codswallop /'kɒdzˌwɒləp/ n. BE COLLOQ. fesserie f.pl., sciocchezze f.pl.
coed /ˌkəʊ'ed/ agg. SCOL. UNIV. accorc. → **coeducational**.
coeducation /ˌkəʊedʒu:'keɪʃn/ n. coeducazione f., istruzione f. in classi miste.
coeducational /ˌkəʊedʒu:'keɪʃənl/ agg. [*school*] misto.
coefficient /ˌkəʊɪ'fɪʃnt/ n. coefficiente m.
coerce /kəʊ'ɜ:s/ tr. costringere, obbligare; ***to ~ sb. into doing*** costringere qcn. a fare.
coercion /kəʊ'ɜ:ʃn, AE -ʒn/ n. coercizione f.
coercive /kəʊ'ɜ:sɪv/ agg. coercitivo.
coeval /ˌkəʊ'i:vl/ agg. FORM. coevo (**with** a).
coexist /ˌkəʊɪg'zɪst/ intr. coesistere.
coexistence /ˌkəʊɪg'zɪstəns/ n. coesistenza f.
C of E ⇒ Church of England Chiesa d'Inghilterra.
coffee /'kɒfɪ, AE 'kɔ:fɪ/ **I** n. caffè m.; ***a cup of*** ~ una tazza di caffè; ***to have a*** ~ prendere un caffè **II** modif. [*cake, dessert*] al caffè; [*crop, drinker*] di caffè; [*cup, grinder, spoon*] da caffè; [*filter*] per il caffè.
coffee bag n. bustina f. di caffè (macinato).
coffee bar n. caffè m., bar m., tavola f. calda.
coffee bean n. grano m., chicco m. di caffè; ***a kilo of ~s*** un chilo di caffè in grani.
coffee break n. pausa f. (per il) caffè.
coffee-coloured BE, **coffee-colored** AE /'kɒfɪˌkʌləd, AE 'kɔ:fɪ-/ ➧ *5* agg. color caffè.
coffee grounds n. fondo m., fondi m.pl. di caffè.
coffee house n. caffè m., bar m.
coffee machine n. macchina f. del caffè; *(vending machine)* distributore m. di caffè.
coffee maker n. bollitore m. per il caffè.
coffee mill n. macinacaffè m.
coffee percolator n. → **coffee maker**.
coffee pot n. caffettiera f.
coffee service, coffee set n. servizio m. da caffè.
coffee shop ➧ *27* n. **1** *(merchant's)* rivendita f. di caffè **2** → **coffee bar**.
coffee table n. tavolino m. (basso, da salotto).
coffee-table book n. grande volume m. illustrato, edizione f. di lusso.
coffer /'kɒfə(r)/ n. **1** cassa f., forziere m. **2** ARCH. cassettone m.
coffin /'kɒfɪn/ n. bara f.
cog /kɒg/ n. TECN. *(tooth)* dente m. (di ingranaggio); *(wheel)* ruota f. dentata, rotella f.; ***a (tiny) ~ in the machine*** FIG. una (semplice) rotella nell'ingranaggio.
cogency /'kəʊdʒənsɪ/ n. forza f. (di persuasione).
cogent /'kəʊdʒənt/ agg. convincente.
cogently /'kəʊdʒəntlɪ/ avv. in modo convincente.
cogitate /'kɒdʒɪteɪt/ intr. cogitare, meditare.
cogitation /ˌkɒdʒɪ'teɪʃn/ n. cogitazione f., meditazione f.
cognac /'kɒnjæk/ n. cognac m.
cognate /'kɒgneɪt/ **I** n. **1** LING. parola f. affine, imparentata **2** DIR. congiunto m. (-a) **II** agg. imparentato.
cognition /kɒg'nɪʃn/ n. cognizione f.
cognitive /'kɒgnɪtɪv/ agg. cognitivo.
cognizance /'kɒgnɪzəns/ n. **1** FORM. conoscenza f.; ***to take ~ of*** prendere atto di **2** DIR. giurisdizione f., competenza f.
cognizant /'kɒgnɪzənt/ agg. **1** che è a conoscenza, al corrente **2** DIR. [*court*] competente.
cognoscenti /ˌkɒnjə'sentɪ, ˌkɒgnə-/ n.pl. *(in the fine arts)* conoscitori m. (-trici).
cogwheel /'kɒgwi:l/ n. TECN. ruota f. dentata.
cohabit /kəʊ'hæbɪt/ intr. coabitare; *(as husband and wife)* convivere.
cohere /kəʊ'hɪə(r)/ intr. **1** [*substance*] aderire **2** [*reasoning*] essere coerente.
coherence /kəʊ'hɪərəns/ n. coerenza f.
coherent /kəʊ'hɪərənt/ agg. [*argument, plan*] coerente; ***he was barely*** ~ *(through fatigue, alcohol)* parlava in modo sconnesso.
coherently /kəʊ'hɪərəntlɪ/ avv. coerentemente.
cohesion /kəʊ'hi:ʒn/ n. coesione f.
cohesive /kəʊ'hi:sɪv/ agg. [*group*] coeso; [*force*] coesivo.
cohort /'kəʊhɔ:t/ n. STOR. coorte f. (anche FIG.).
coif /kɔɪf/ n. *(cap)* cuffia f.
coiffure /kwɑ:'fɜ:(r)/ n. acconciatura f., pettinatura f.
1.coil /kɔɪl/ n. **1** *(of rope, barbed wire)* rotolo m.; *(of electric wire)* bobina f.; *(of smoke)* voluta f.; *(of hair)* crocchia f.; *(of snake)* spira f. **2** *(contraceptive)* spirale f.
2.coil /kɔɪl/ **I** tr. avvolgere, arrotolare [*rope, wire*]; raccogliere [*hair*] **II** intr. [*river, procession*] serpeggiare **III** rifl. ***to ~ itself*** avvolgersi, arrotolarsi.
■ **coil up:** ~ ***up*** [*snake*] avvolgersi, arrotolarsi (in spire); ~ ***[sth.] up***, ~ ***up [sth.]*** avvolgere [*rope, wire*].
1.coin /kɔɪn/ n. **1** moneta f.; ***a pound*** ~ una moneta da una sterlina **2 U** *(coinage)* moneta f.; ***£ 5 in*** ~ 5 sterline in moneta ♦ ***two sides of the same*** ~ due facce della stessa medaglia; ***the other side of the ~ is that*** *(sth. negative)* il rovescio della medaglia è che; *(sth. positive)* la cosa buona è che.
2.coin /kɔɪn/ tr. **1** coniare [*coins*]; ***he's really ~ing it*** COLLOQ. fa soldi a palate **2** FIG. coniare [*word, term*]; ***money isn't everything, to ~ a phrase*** il denaro non è tutto, come si suol dire.
coinage /'kɔɪnɪdʒ/ n. **1 U** *(coins)* monete f.pl.; *(currency)* moneta f. **2** *(making coins)* coniazione f., conio m. **3** FIG. *(word, phrase)* conio m., creazione f.
coin box n. **1** *(pay phone)* telefono m. a moneta, a gettoni **2** *(money box)* gettoniera f.
coincide /ˌkəʊɪn'saɪd/ intr. coincidere.
coincidence /kəʊ'ɪnsɪdəns/ n. coincidenza f., caso m.; ***it was quite a*** ~ è stata una vera coincidenza; ***a happy*** ~ una fortunata coincidenza; ***by*** ~ per caso; ***by sheer*** ~ per pura coincidenza.
coincidental /kəʊˌɪnsɪ'dentl/ agg. casuale, fortuito.
coincidentally /kəʊˌɪnsɪ'dentəlɪ/ avv. per caso, per pura coincidenza.

coin operated agg. [*machine*] a gettoni; [*phone*] a moneta, a gettoni.
coir /ˈkɔɪə(r)/ n. fibra f. di cocco.
coitus /ˈkəʊɪtəs/ n. coito m.
1.coke /kəʊk/ n. *(fuel)* coke m.
2.coke /kəʊk/ n. COLLOQ. *(cocaine)* coca f.
Coke® /kəʊk/ n. *(drink)* coca f.
col /kɒl/ n. colle m., valico m.
Col ⇒ Colonel Colonnello (Col.).
cola /ˈkəʊlə/ n. **1** BOT. cola f. **2** *(drink)* = bevanda simile alla Coca-Cola®.
colander /ˈkʌləndə(r)/ n. colino m.; *(larger)* colapasta m.
1.cold /kəʊld/ agg. **1** *(chilly)* freddo; FIG. [*colour, light*] freddo; ***to be*** o ***feel*** ~ avere *o* sentire freddo; ***the room is*** o ***feels*** ~ la stanza è fredda, fa freddo nella stanza; ***it's*** o ***the weather's*** ~ fa freddo; ***to go*** ~ [*food, water*] diventare freddo, raffreddarsi; ***don't let the baby get*** ~ non fare prendere freddo al bambino; ***to keep [sth.]*** ~ tenere al fresco [*food*] **2** *(unemotional)* [*manner, smile*] freddo; ***to be*** ~ ***to*** o ***towards sb.*** essere freddo con *o* nei confronti di qcn.; ***to leave sb.*** ~ lasciare indifferente qcn., non fare né caldo né freddo a qcn. **3** *(unconscious)* ***to be out*** ~ essere privo di sensi; ***to knock sb. out*** ~ mettere KO qcn. ♦ ***to have*** o ***get*** ~ ***feet*** avere fifa; ***in*** ~ ***blood*** a sangue freddo; ***my blood runs*** ~ mi si gela il sangue; ***in the*** ~ ***light of day*** a mente fredda; ***to be as*** ~ ***as ice*** [*person*] essere freddo come il ghiaccio; [*room*] essere gelido; ***you're getting*** ~***er!*** *(in guessing games)* acqua... acqua...
2.cold /kəʊld/ n. **1** U *(chilliness)* freddo m.; ***to feel the*** ~ patire il freddo, essere freddoloso; ***in the*** ~ al freddo; ***to be left out in the*** ~ FIG. essere lasciato in disparte; ***to come in from*** o ***out of the*** ~ FIG. essere preso in considerazione **2** C MED. raffreddore m.; ***to have a*** ~ avere il raffreddore, essere raffreddato; ***to catch a*** ~ prendere un raffreddore; ***a bad*** ~ un brutto raffreddore; ***a*** ~ ***in the head*** un raffreddore di testa.
3.cold /kəʊld/ avv. **1** COLLOQ. [*speak, perform*] a braccio, improvvisando **2** AE *(thoroughly)* [*learn, know*] a memoria.
cold-blooded /ˌkəʊldˈblʌdɪd/ agg. **1** [*animal*] a sangue freddo **2** FIG. [*killer*] spietato; [*crime*] (eseguito) a sangue freddo.
cold-bloodedly /ˌkəʊldˈblʌdɪdlɪ/ avv. a sangue freddo.
cold calling n. vendita f. telefonica.
cold comfort n. magra consolazione f.
cold cuts n.pl. = assortimento di carni arrosto fredde affettate.
cold frame n. AGR. cassone m.
cold-hearted /ˌkəʊldˈhɑːtɪd/ agg. dal cuore di ghiaccio.
coldly /ˈkəʊldlɪ/ avv. [*say*] freddamente; [*receive, stare*] con freddezza; ~ ***polite*** di una gentilezza glaciale.
coldness /ˈkəʊldnɪs/ n. freddezza f. (anche FIG.).
cold shoulder n. ***to give sb. the*** ~ trattare qcn. con freddezza.
cold snap n. (brusca) ondata f. di freddo.
cold sore n. *(herpes simplex)* febbre f.
cold storage n. conservazione f. in cella frigorifera; CHIM. conservazione f. criogenica.
cold store n. cella f. frigorifera.
cold sweat n. sudore m. freddo; ***to bring sb. out in a*** ~ fare venire il sudore freddo a qcn.
cold table n. tavola f. fredda, buffet m. freddo.
cold tap n. rubinetto m. dell'acqua fredda.
cold turkey n. COLLOQ. *(treatment)* astinenza f.; *(reaction)* crisi f. di astinenza; ***to go*** ~ astenersi (**on** da); ***to be*** ~ essere in crisi d'astinenza.
Cold War n. guerra f. fredda.
coleslaw /ˈkəʊlslɔː/ n. INTRAD. f. (insalata a base di cavolo).
colic /ˈkɒlɪk/ ➧ *11* n. U colica f., coliche f.pl.
colicky /ˈkɒlɪkɪ/ agg. [*baby*] che soffre di coliche.
colitis /kəˈlaɪtɪs/ ➧ *11* n. colite f.
collaborate /kəˈlæbəreɪt/ intr. collaborare (**on**, **in** a; **with** con).
collaboration /kəˌlæbəˈreɪʃn/ n. collaborazione f.; POL. collaborazionismo m.
collaborative /kəˈlæbərətɪv/ agg. [*project*] in collaborazione; [*approach*] collaborativo.
collaborator /kəˈlæbəreɪtə(r)/ n. collaboratore m. (-trice).
collage /ˈkɒlɑːʒ, AE kəˈlɑːʒ/ n. collage m. (anche FIG.).
1.collapse /kəˈlæps/ n. **1** *(of regime, system, economy, hopes)* collasso m. (**of**, **in** di); *(of person) (physical)* collasso m.; *(mental)* crollo m.; ***to be close to*** ~ essere vicino *o* prossimo al crollo; ***to be on the point of*** ~ essere sull'orlo del collasso **2** *(of deals, talks, relationship, company)* fallimento m. **3** *(of building, bridge, wall)* crollo m.; *(of chair, bed)* cedimento m. **4** MED. *(of lung)* collasso m.
2.collapse /kəˈlæps/ **I** tr. **1** *(fold)* piegare [*umbrella*] **2** *(combine)* riassumere [*ideas*] **II** intr. **1** *(founder)* [*regime, system*] crollare, cadere; [*economy, hopes*] crollare; [*trial, deal, talks*] fallire **2** *(go bankrupt)* [*company*] fallire (**through** a causa di) **3** *(slump)* [*person*] crollare (**due to** a causa di); ***to*** ~ ***onto the bed*** lasciarsi cadere sul letto; ***to*** ~ ***and die*** cadere morto; ***to*** ~ ***in tears*** scoppiare in lacrime **4** *(fall down)* [*building, bridge, wall*] crollare; [*chair*] cedere **5** *(deflate)* [*balloon*] sgonfiarsi; [*soufflé*] afflosciarsi, sedersi **6** MED. [*lung*] collassare **7** *(fold)* [*umbrella*] piegarsi.
collapsible /kəˈlæpsəbl/ agg. pieghevole.
1.collar /ˈkɒlə(r)/ ➧ *28* n. **1** *(on garment)* collo m., colletto m.; ***blue-, white-*** ~ ***workers*** tute blu, colletti bianchi; ***to grab sb. by the*** ~ prendere qcn. per il bavero **2** *(for animal)* collare m. **3** TECN. *(ring)* fascetta f., anello m. ♦ ***to get hot under the*** ~ arrabbiarsi, indignarsi.
2.collar /ˈkɒlə(r)/ tr. COLLOQ. acciuffare [*thief*]; *(in conversation)* bloccare.
collarbone /ˈkɒləbəʊn/ n. clavicola f.
collar size ➧ *28* n. collo m., misura f. del collo.
collar stud n. bottoncino m. da colletto.
collate /kəˈleɪt/ tr. collazionare.
collateral /kəˈlætərəl/ **I** agg. **1** DIR. *(relative)* collaterale; *(subordinate)* secondario **2** ECON. ~ ***loan*** prestito con garanzia collaterale **3** MED. collaterale **II** n. **1** ECON. garanzia f. collaterale **2** DIR. *(relation)* parente m. e f. collaterale.
collation /kəˈleɪʃn/ n. **1** *(of evidence)* collazione f. **2** FORM. pasto m. leggero, spuntino m.
colleague /ˈkɒliːg/ n. collega m. e f.
1.collect /ˈkɒlekt/ n. RELIG. *(prayer)* colletta f.
2.collect /kəˈlekt/ avv. AE TEL. ***to call sb.*** ~ telefonare a qcn. con addebito al destinatario.
3.collect /kəˈlekt/ **I** tr. **1** *(gather)* raccogliere [*wood, litter, eggs, signatures*]; raccogliere, mettere insieme [*evidence, documents*]; ***to*** ~ ***one's wits*** riprendersi; ***to*** ~ ***one's strength*** recuperare le forze; ***to*** ~ ***one's thoughts*** raccogliere *o* riordinare le idee **2** *(as hobby)* collezionare, fare collezione di [*stamps, coins*] **3** *(receive, contain) (intentionally)* raccogliere [*rain water*]; *(accidentally)* [*objects*] raccogliere, prendere [*dust*] **4** *(obtain)* incassare, percepire [*rent*]; incassare, riscuotere [*money, tax, fine*]; recuperare [*debt*]; guadagnare, vincere [*sum*] **5** *(take away)* raccogliere [*rubbish*]; ritirare, levare [*mail, post*] **6** *(pick up)* andare a prendere [*person*]; ritirare [*keys, book, suit*] **II** intr. **1** *(accumulate)* [*dust, leaves*] accumularsi, ammassarsi; [*crowd*] raccogliersi, riunirsi **2** *(raise money)* ***to*** ~ ***for charity*** raccogliere denaro per beneficenza.
collect call n. AE TEL. telefonata f. in addebito al, a carico del destinatario.
collected /kəˈlektɪd/ **I** p.pass. → **3.collect II** agg. **1** [*person*] calmo **2** *(assembled)* ***the*** ~ ***works of Dickens*** tutte le opere di Dickens; ***the*** ~ ***poems of W. B. Yeats*** la raccolta completa delle poesie di W. B. Yeats.
collection /kəˈlekʃn/ n. **1** U *(collecting) (of objects, information, data, money)* raccolta f.; *(of rent)* riscossione f.; *(of debt)* recupero m.; *(of tax)* esazione f., riscossione f.; *(of mail, post)* levata f.; ***your jacket is ready for*** ~ la sua giacca è pronta (per il ritiro); ***refuse*** ~ raccolta rifiuti **2** *(set of collected items) (of coins, records)* collezione f.; *(anthology)* raccolta f.; ***art*** ~ collezione (d'arte); ***an odd*** ~ ***of people*** una singolare accozzaglia di persone; ***spring*** ~ SART. collezione primaverile **3** *(sum of money collected)* colletta f.; *(in church)* questua f.; ***to make*** o ***organize a*** ~ fare una colletta.
collective /kəˈlektɪv/ **I** agg. collettivo **II** n. **1** COMM. impresa f. collettiva **2** SOCIOL. POL. collettivo m.
collective bargaining n. U *(of trade unions)* contrattazione f. collettiva.
collective farm n. fattoria f. collettiva.

collectively /kəˈlektɪvlɪ/ avv. collettivamente; ***~ owned*** in comproprietà.
collective noun n. LING. nome m. collettivo.
collective ownership n. comproprietà f.
collectivism /kəˈlektɪvɪzəm/ n. collettivismo m.
collector /kəˈlektə(r)/ n. **1** *(of coins, etc.)* collezionista m. e f.; ***stamp ~*** collezionista di francobolli **2** *(official) (of taxes, rent)* esattore m. (-trice); *(of debts)* prenditore m. (-trice); *(of funds)* collettore m. (-trice) **3** EL. RAD. collettore m.
collector's item n. pezzo m. da collezione.
college /ˈkɒlɪdʒ/ n. **1** SCOL. UNIV. *(place of tertiary education)* istituto m. d'istruzione superiore; *(school, part of university)* college m.; AE UNIV. università f.; *(faculty)* facoltà f.; ***to go to ~, to be at*** o ***in*** AE ~ andare all'università; ***to enter, leave ~*** cominciare, finire l'università; ***to drop out of ~, to be a ~ dropout*** abbandonare l'università **2** *(body) (of surgeons)* collegio m.; *(of midwives, nurses)* associazione f.; ***~ of arms*** società araldica.
college education n. istruzione f. superiore; ***to have a ~*** fare studi universitari *o* superiori.
college of advanced technology n. BE = istituto superiore di tecnologia.
college of agriculture n. = istituto superiore di agraria.
college of education n. BE = istituto superiore di scienze dell'educazione.
college of further education n. BE = istituto scolastico per la formazione permanente.
collegiate /kəˈliːdʒɪət/ agg. **1** [*life*] del college **2** [*church*] collegiato.
collide /kəˈlaɪd/ intr. **1** [*vehicle*] entrare in collisione; ***I ~d with a tree*** ho sbattuto contro un albero; ***we ~d in the corridor*** ci siamo scontrati nel corridoio **2** *(disagree)* scontrarsi.
collie /ˈkɒlɪ/ n. collie m.
collier /ˈkɒlɪə(r)/ ♦ ***27*** n. **1** *(worker)* carboniere m., minatore m. (di carbone) **2** *(ship)* carboniera f.
colliery /ˈkɒlɪərɪ/ n. miniera f. di carbone.
collision /kəˈlɪʒn/ n. **1** *(crash)* collisione f.; ***to come into ~ with*** entrare in collisione con **2** *(clash)* conflitto m., scontro m.
collision course n. rotta f. di collisione (anche FIG.).
1.collocate /ˈkɒləkeɪt/ n. LING. collocatore m.
2.collocate /ˈkɒləkeɪt/ intr. LING. ***to ~ with sth.*** essere un collocatore di qcs.
collocation /ˌkɒləˈkeɪʃn/ n. LING. collocazione f.
colloquial /kəˈləʊkwɪəl/ agg. colloquiale.
colloquialism /kəˈləʊkwɪəlɪzəm/ n. colloquialismo m.
colloquially /kəˈləʊkwɪəlɪ/ avv. colloquialmente.
colloquy /ˈkɒləkwɪ/ n. FORM. colloquio m., dialogo m.
collude /kəˈluːd/ intr. colludere.
collusion /kəˈluːʒn/ n. **U** collusione f.
collywobbles /ˈkɒlɪwɒblz/ n.pl. COLLOQ. ***to have*** o ***get the ~*** sentirsi torcere le budella (per la paura).
cologne /kəˈləʊn/ n. (acqua di) colonia f.
1.colon /ˈkəʊlən/ n. ANAT. colon m.
2.colon /ˈkəʊlən/ n. *(in punctuation)* due punti m.pl.
colonel /ˈkɜːnl/ ♦ ***23*** n. colonnello m.
colonial /kəˈləʊnɪəl/ **I** agg. coloniale; AE ARCH. in stile coloniale **II** n. *(person)* coloniale m. e f.
colonialism /kəˈləʊnɪəlɪzəm/ n. colonialismo m.
colonialist /kəˈləʊnɪəlɪst/ **I** agg. colonialista **II** n. colonialista m. e f.
colonist /ˈkɒlənɪst/ n. *(inhabitant)* colono m. (-a); *(colonizer)* colonizzatore m. (-trice).
colonization /ˌkɒlənaɪˈzeɪʃn, AE -nɪˈz-/ n. colonizzazione f.
colonize /ˈkɒlənaɪz/ tr. colonizzare (anche FIG.).
colonizer /ˈkɒlənaɪzə(r)/ n. colonizzatore m. (-trice).
colonnade /ˌkɒləˈneɪd/ n. colonnato m.
colony /ˈkɒlənɪ/ n. colonia f.
color AE → **1.colour, 2.colour**.
Colorado /ˌkɒləˈrɑːdəʊ/ ♦ ***24, 25*** n.pr. Colorado m.
Colorado beetle n. dorifora f.
coloration /ˌkʌləˈreɪʃn/ n. colorazione f.
color line n. AE discriminazione f. razziale.
colossal /kəˈlɒsl/ agg. colossale.
colossus /kəˈlɒsəs/ n. (pl. **-i, ~es**) colosso m. (anche FIG.).
1.colour BE, **color** AE /ˈkʌlə(r)/ ♦ ***5*** **I** n. **1** *(hue)* colore m.; ***what ~ is it?*** di che colore è? ***the sky was the ~ of lead*** il cielo era plumbeo *o* color piombo; ***in ~*** CINEM. TELEV. a colori; ***to give ~ to sth.*** dare colore a qcs.; ***to paint sth. in glowing ~s*** FIG. dipingere qcs. a tinte vivaci; ***"available in 12 ~s"*** "disponibile in 12 colori" **2** *(in writing, description)* colore m.; ***a work full of ~*** un'opera dai toni brillanti **3** *(dye) (for food)* colorante m.; *(for hair)* colore m., tinta f.; *(shampoo)* shampoo m. colorante **4** COSMET. ***eye ~*** ombretto; ***lip ~*** rossetto **5** *(pigmentation)* colore m. (della pelle); ***people of all races and ~s*** persone di tutte le razze e di tutti i colori **6** *(complexion)* colore m., colorito m.; ***to lose (one's) ~*** perdere il colorito, diventare pallido; ***to put ~ into sb.'s cheeks*** fare tornare il colorito a qcn.; ***he's getting his ~ back*** sta riprendendo colore **II colours** n.pl. SPORT colori m.; MIL. MAR. bandiera f.sing.; ***racing ~s*** SPORT colori della squadra; ***to get one's football ~s*** BE entrare in una squadra di calcio; ***under false ~s*** FIG. sotto mentite spoglie **III** modif. **1** FOT. TELEV. [*photo, copier, printer, film*] a colori **2** SOCIOL. [*prejudice, problem*] razziale ♦ ***to be off ~*** avere una brutta cera; ***to pass with flying ~s*** riuscire brillantemente; ***to show one's true ~s*** mostrarsi per quel che si è.
2.colour BE, **color** AE /ˈkʌlə(r)/ **I** tr. **1** *(with paints, crayons, food dye)* colorare; *(with commercial paints)* pitturare, tinteggiare; *(with hair dye)* tingere, colorare; ***to ~ sth. blue*** colorare *o* pitturare qcs. di blu **2** FIG. *(prejudice)* influenzare [*judgment*] **3** FIG. *(enhance)* colorire, falsare [*story*] **II** intr. [*fruit*] prendere colore; ***to ~ (up) with*** [*person*] diventare rosso di [*anger*]; arrossire per [*embarrassment*].
colour bar n. BE discriminazione f. razziale.
colour blind agg. incapace di distinguere i colori, daltonico.
colour blindness n. cecità f. cromatica.
colour code tr. contrassegnare con colori diversi [*wires*].
coloured BE, **colored** AE /ˈkʌləd/ **I** p.pass. → **2.colour II** agg. **1** [*pen, paper, light*] colorato; [*picture*] a colori; ***brightly ~*** a, dai colori vivaci **2** **-coloured** in composti ***a raspberry-~ dress*** un vestito (color) lampone; ***copper-~ hair*** capelli color rame; ***a highly-~ account*** FIG. un resoconto molto colorito **3** SPREG. *(non-white)* di colore; *(in South Africa)* meticcio **III** n. SPREG. persona f. di colore; *(in South Africa)* meticcio m. (-a) **IV coloureds** n.pl. *(laundry)* capi m. colorati.
colour-fast /ˈkʌləfɑːst, AE -fæst/ agg. che non stinge.
colour filter n. FOT. filtro m. colorato.
colourful BE, **colorful** AE /ˈkʌləfl/ agg. **1** pieno di colore, dai colori vivaci **2** FIG. [*story*] colorito; [*life*] movimentato; [*character*] pittoresco.
colourfully BE, **colorfully** AE /ˈkʌləfəlɪ/ avv. [*painted*] a colori vivaci.
colouring BE, **coloring** AE /ˈkʌlərɪŋ/ n. **1** *(hue) (of plant, animal)* colori m.pl.; *(complexion)* colorito m. **2** **U** ART. colorazione f. **3** *(dye) (for food)* colorante m.; *(for hair)* tintura f.
colouring book n. album m. da colorare.
colourless BE, **colorless** AE /ˈkʌləlɪs/ agg. **1** [*liquid, gas*] incolore; [*face*] smorto, scolorito **2** FIG. [*personality*] scialbo; [*voice*] incolore.
colour scheme n. disposizione f. dei colori.
colour sense n. senso m. del colore.
colour supplement n. GIORN. supplemento m. illustrato, a colori.
colour television n. televisione f. a colori.
colour therapy n. cromoterapia f.
colourway /ˈkʌləweɪ/ n. colore m., combinazione f. di colori.
colt /kəʊlt/ n. puledro m.
coltish /ˈkəʊltɪʃ/ agg. *(inexperienced)* maldestro; *(lively)* giocherellone.
Columbus /kəˈlʌmbəs/ n.pr. Colombo.
column /ˈkɒləm/ n. **1** colonna f. **2** GIORN. rubrica f.; ***sports ~*** rubrica sportiva; ***letters ~*** rubrica delle lettere (dei lettori).
columnist /ˈkɒləmnɪst/ ♦ ***27*** n. columnist m. e f.
coma /ˈkəʊmə/ n. coma m.; ***in a ~*** in coma; ***to go into a ~*** entrare in coma.
comatose /ˈkəʊmətəʊs/ agg. MED. comatoso (anche FIG.).
1.comb /kəʊm/ n. **1** pettine m.; ***to run a ~ through one's hair*** pettinarsi, passarsi il pettine fra i capelli; ***to give one's hair a quick ~*** darsi una pettinata **2** *(honeycomb)* favo m. **3** *(cock's crest)* cresta f.

2.comb /kəʊm/ tr. **1** ***to ~ sb.'s hair*** pettinare qcn.; ***to ~ one's hair*** pettinarsi **2** *(search)* ***to ~ a place*** setacciare un luogo **3** TESS. pettinare.
▪ **comb out:** ***~ out [sth.], ~ [sth.] out*** sciogliere [*knots*]; districare [*hair*].
▪ **comb through:** ***~ through [sth.]*** spulciare [*book*] (**for sth.** per cercare qcs.).
1.combat /ˈkɒmbæt/ **I** n. combattimento m.; ***close ~*** combattimento ravvicinato; ***single ~*** singolar tenzone, duello **II** modif. [*aircraft, troops*] da combattimento; [*zone*] di combattimento.
2.combat /ˈkɒmbæt/ tr. (forma in -ing ecc. **-tt-**) combattere, lottare contro [*crime, inflation, hunger, fear*].
combatant /ˈkɒmbətənt/ **I** agg. combattente **II** n. combattente m. e f.
combative /ˈkɒmbətɪv/ agg. combattivo.
combat jacket n. giacca f. mimetica.
combat pants n.pl. pantaloni m. militari.
combination /ˌkɒmbɪˈneɪʃn/ n. **1** *(of factors, events, numbers, chemicals)* combinazione f.; ***for a ~ of reasons*** per una serie di ragioni **2** *(alliance)* associazione f., unione f.; ***in ~ with*** in associazione a.
combination lock n. serratura f. a combinazione.
1.combine /kəmˈbaɪn/ **I** tr. **1** *(join)* combinare [*activities, colours, elements*] (**with** con); associare [*ideas, aims*] (**with** a); ***to ~ fantasy with realism*** mescolare fantasia e realismo; ***to ~ forces*** [*countries, people*] unire le forze **2** GASTR. unire (**with** a) **II** intr. **1** *(go together)* [*activities, colours, elements*] combinarsi **2** *(join)* [*people, groups*] unirsi (**into** in); [*institutions, firms*] fondersi, raggrupparsi (**into** in).
2.combine /ˈkɒmbaɪn/ n. **1** COMM. gruppo m., concentrazione f. **2** AGR. → **combine harvester**.
3.combine /ˈkɒmbaɪn/ tr. AGR. mietere con la mietitrebbiatrice [*crops*].
combined /kəmˈbaɪnd/ **I** p.pass. → **1.combine II** agg. **1** *(joint)* ***~ operation*** operazione congiunta; MIL. operazione combinata; ***~ effort*** sforzo congiunto **2** *(total)* [*salary, age, population*] complessivo; [*loss, capacity*] totale **3** *(put together)* [*effects*] combinato; [*forces*] congiunto; ***more than all the rest ~*** più di tutto il resto messo insieme.
combined pill n. pillola f. combinata.
combine harvester n. mietitrebbia(trice) f.
combo /ˈkɒmbəʊ/ n. (pl. **~s**) (anche **jazz ~**) MUS. COLLOQ. combo m.
combustible /kəmˈbʌstəbl/ agg. [*substance*] combustibile; FIG. [*temperament*] infiammabile.
combustion /kəmˈbʌstʃn/ n. combustione f.; ***internal ~ engine*** motore a combustione interna.
come /kʌm/ **I** tr. (pass. **came**; p.pass. **come**) *(travel)* percorrere [*distance*] **II** intr. (pass. **came**; p.pass. **come**) **1** *(arrive)* [*person, day, success*] venire; [*bus, letter, news, rains, winter*] arrivare; ***to ~ after sb.*** *(follow)* seguire qcn.; *(chase)* inseguire qcn.; ***to ~ down, up*** scendere, salire [*stairs*]; seguire, percorrere [*street*]; ***to ~ from*** (pro)venire da [*airport, hospital*]; ***to ~ into*** entrare in [*room*]; ***to ~ past*** [*car, person*] passare; ***to ~ through*** [*person*] attraversare [*town centre, tunnel*]; [*water, object*] entrare da [*window*]; ***to ~ to the door*** venire ad aprire (la porta); ***to ~ running*** venire correndo *o* di corsa; ***to ~ crashing to the ground*** [*structure*] crollare, schiantarsi al suolo; ***the time has come to do*** è venuto *o* arrivato il momento di fare; ***I'm coming!*** sto arrivando! arrivo! ***to ~ and go*** andare e venire; ***fashions ~ and go*** le mode vanno e vengono; ***~ next year*** il prossimo anno; ***~ summer*** in estate, quando verrà l'estate; ***for some time to ~*** per qualche tempo; ***there's still the speech to ~*** c'è ancora il discorso **2** *(approach)* venire, avvicinarsi; ***to ~ and see, help sb.*** venire a vedere, ad aiutare qcn.; ***to ~ to sb. for money*** venire a chiedere soldi a qcn.; ***I could see it coming*** *(of accident)* l'ho visto *o* me lo sono visto arrivare; ***don't ~ any closer*** non avvicinatevi oltre; ***to ~ close*** o ***near to doing*** riuscire quasi a fare **3** *(visit)* [*dustman, postman*] passare; [*cleaner*] venire; ***I've come about*** sono venuto per *o* a proposito di; ***I've come for*** sono venuto a cercare; ***my sister is coming for me at 8 am*** mia sorella viene a prendermi alle 8 **4** *(attend)* venire; ***to ~ to*** venire a [*meeting, party*] **5** *(reach)* ***to ~ (up, down) to*** [*water, dress, curtain*] arrivare (fino) a **6** *(happen)* ***how did you ~ to do?*** come hai fatto *o* sei riuscito a fare? ***that's what ~s of doing*** ecco quello che succede a fare; ***how ~?*** com'è potuto succedere? ***~ what may*** accada quel che accada; ***to take things as they ~*** prendere le cose come vengono; ***~ to think of it, you're right*** a pensarci bene, hai ragione **7** *(begin)* ***to ~ to believe, hate*** finire per credere, odiare **8** *(originate)* ***to ~ from*** [*person*] venire da, essere (originario) di [*city, country*]; [*word, legend*] venire da [*language, country*]; [*substance*] essere ricavato da [*raw material*]; [*coins, stamps, product*] provenire da [*place*]; [*smell, sound*] (pro)venire da [*place*] **9** *(be available)* ***to ~ in*** essere disponibile in [*sizes, colours*]; ***to ~ with a radio*** [*car*] essere dotato di radio; ***to ~ with chips*** [*food*] essere servito con (contorno di) patatine **10** *(tackle)* ***to ~ to*** venire a, affrontare [*problem, subject*]; ***I'll ~ to that in a moment*** ci arrivo subito **11** *(develop)* ***it ~s with practice*** si impara con la pratica; ***wisdom ~s with age*** la saggezza viene con l'età **12** *(in time, list, importance)* ***to ~ after*** venire dopo, seguire; ***to ~ before*** venire prima di, precedere; ***to ~ first, last*** [*athlete*] arrivare (per) primo, (per) ultimo; ***where did you ~?*** come sei arrivato *o* ti sei piazzato? ***my family ~s first*** la mia famiglia viene prima di tutto il resto; ***don't let this ~ between us*** non permettere che questo si frapponga tra noi; ***to ~ between two people*** intromettersi tra due persone **13** *(be due)* ***the house ~s to me when they die*** dopo la loro morte la casa spetta a me; ***they got what was coming to them*** COLLOQ. hanno avuto quello che si meritavano **14** *(be a question of)* ***when it ~s to sth., to doing*** quando si tratta di qcs., di fare **15** *(have orgasm)* COLLOQ. venire **III** inter. *(reassuringly)* ***~ (now)!*** dai! su! ***~, ~!*** *(in warning, reproach)* andiamo! ♦ ***~ again?*** COLLOQ. come(, scusa)? ***I don't know if I'm coming or going*** non so più quello che sto facendo; ***he's as stupid as they ~*** è molto stupido; ***~ to that*** o ***if it ~s to that, you may be right*** su *o* per questo, potresti aver ragione; ***to ~ as a shock*** essere uno shock.
▪ **come about** [*problems*] capitare; [*reforms*] realizzarsi; [*situation*] crearsi; [*change*] verificarsi; [*discovery*] avvenire.
▪ **come across:** ***~ across*** [*meaning, message*] essere, risultare chiaro; [*feelings*] trasparire; ***he ~s across well on TV*** è molto telegenico; ***~ across as*** dare l'impressione di essere [*liar, expert*]; apparire, sembrare [*enthusiastic, honest*]; ***~ across [sth.]*** imbattersi in [*article, example*]; ***~ across [sb.]*** incontrare [*person*].
▪ **come along 1** *(arrive)* [*bus, person*] arrivare; [*opportunity*] presentarsi **2** *(hurry up)* ***~ along!*** forza! dai! cammina! **3** *(attend)* venire; ***why don't you ~ along?*** perché non vieni anche tu? ***to ~ along to*** venire a [*lecture, party*] **4** *(make progress)* [*pupil, trainee*] fare progressi; [*book, work*] procedere; [*plant, seedling*] crescere; ***your Spanish is coming along*** il tuo spagnolo sta migliorando.
▪ **come apart 1** *(accidentally)* [*book, box*] andare a pezzi, sfasciarsi; [*toy, camera*] rompersi **2** *(intentionally)* [*components*] separarsi; [*machine*] smontarsi.
▪ **come around** AE → **come round**.
▪ **come at:** ***~ at [sb.]*** *(attack)* [*person*] attaccare; [*bull*] caricare.
▪ **come away 1** *(leave)* venire via; ***to ~ away from*** venire via da, lasciare [*cinema, match*]; ***to ~ away from the meeting disappointed*** uscire deluso dall'incontro; ***to ~ away with the feeling that*** rimanere con l'impressione che **2** *(move away)* allontanarsi; ***~ away!*** vieni via! togliti di lì! **3** *(detach)* [*plaster*] venire via, staccarsi.
▪ **come back 1** *(return)* [*person, good weather*] (ri)tornare; [*memories*] tornare alla mente; *(to one's house)* rientrare; ***to ~ running back*** ritornare di corsa; ***to ~ back to*** (ri)tornare a [*topic, problem*]; ***to ~ back with sb.*** riaccompagnare qcn.; ***to ~ back with*** *(return)* (ri)tornare con [*present, idea, flu*]; *(reply)* rispondere con [*offer, suggestion*]; ***can I ~ back to you on that tomorrow?*** posso darti una risposta domani? ***it's all coming back to me now*** adesso mi ritorna tutto in mente **2** *(become popular)* [*law*] essere ristabilito; [*system*] essere ripristinato; [*trend*] (ri)tornare di moda.
▪ **come by:** ***~ by*** [*person*] passare; ***~ by [sth.]*** trovare [*book, job, money*].
▪ **come down 1** *(move lower)* [*person*] venire giù, scendere; [*lift*] scendere; ***he's really come down in the world*** FIG. è

veramente caduto in basso **2** *(drop)* [*price, inflation, temperature*] scendere, abbassarsi; [*unemployment*] diminuire, calare; ***cars are coming down in price*** le auto stanno scendendo di prezzo **3** METEOR. [*snow, rain*] venire giù, cadere **4** *(land)* [*helicopter*] posarsi; [*aircraft*] atterrare **5** *(crash)* [*plane*] precipitare; *(fall)* [*ceiling, wall*] venire giù, crollare; [*hem*] disfarsi **6** FIG. *(be resumed by)* ridursi a [*problem, fact*].

▪ **come forward 1** *(step forward)* venire avanti **2** *(volunteer)* offrirsi (**to do** di fare); ***to ~ forward with*** presentare [*proof*]; venir fuori con, avanzare [*proposal*]; offrire [*help, money*].

▪ **come in 1** *(enter)* [*person, rain*] entrare (**through** da) **2** *(return)* rientrare (**from** da) **3** *(come inland)* [*tide*] salire **4** *(arrive)* [*plane, bill*] arrivare; [*horse*] arrivare, piazzarsi; ***we've got £ 2,000 a month coming in*** abbiamo 2.000 sterline di entrate mensili **5** *(become current)* [*invention*] arrivare, entrare in uso; [*trend*] arrivare, diventare di moda **6** RAD. ***~ in, Delta Bravo!*** rispondi, Delta Bravo! **7** *(serve a particular purpose)* ***where does the extra money ~ in?*** a cosa serve il denaro extra? ***to ~ in useful*** o ***handy*** essere utile, servire **8** *(receive)* ***to ~ in for criticism*** andare incontro a *o* essere oggetto di critiche.

▪ **come into:** ***~ into [sth.]*** **1** *(inherit)* ereditare [*money*]; entrare in possesso di [*inheritance*] **2** *(be relevant)* ***to ~ into it*** [*age, experience*] entrare in gioco; ***luck doesn't ~ into it*** la fortuna non c'entra.

▪ **come off:** ***~ off*** **1** *(become detached)* *(accidentally)* [*button, label, handle, wallpaper*] venire via, staccarsi; *(intentionally)* [*handle, panel, lid*] venire via, togliersi **2** *(fall)* [*rider*] cadere **3** *(wash, rub off)* [*ink, stain*] venire via, andare via **4** *(take place)* [*deal*] realizzarsi; [*merger, trip*] avere luogo **5** *(succeed)* [*plan, trick*] riuscire, funzionare **6** *(fare)* ***she came off well*** *(in deal)* se l'è cavata bene; ***who came off worst?*** *(in fight)* chi ne è uscito più malconcio? ***~ off [sth.]*** **1** *(stop using)* smettere di prendere [*pill, heroin*] **2** *(fall off)* cadere da [*bicycle, horse*].

▪ **come on 1** *(follow)* ***I'll ~ on later*** vi raggiungo più tardi **2** *(exhortation)* ***~ on, try it!*** coraggio, provaci! ***~ on, follow me!*** forza, seguimi! ***~ on, hurry up!*** su, sbrigati! **3** *(make progress)* [*person, patient*] fare progressi; [*bridge, novel*] andare avanti, proseguire; [*plant*] crescere **4** *(begin)* [*attack, headache*] venire; [*film*] cominciare; [*rain, winter*] arrivare **5** *(start to work)* [*light, heating*] accendersi **6** TEATR. [*actor*] entrare in scena.

▪ **come out 1** *(emerge)* [*person, animal, vehicle*] venire fuori, uscire (**of** da); [*star*] apparire; [*sun, moon*] spuntare, sorgere; ***he came out of it rather well*** FIG. ne è uscito abbastanza bene **2** *(originate)* ***to ~ out of*** [*person, song*] venire da; [*news report*] provenire da; ***the money will have to ~ out of your savings*** il denaro dovrà essere preso dai tuoi risparmi **3** *(result)* ***to ~ out of*** [*breakthrough*] venire da; ***something good came out of the disaster*** venne fuori qualcosa di buono dal disastro **4** ***to ~ out (on strike)*** entrare, scendere in sciopero **5** *(fall out)* [*contact lens, tooth*] cadere; [*plug*] staccarsi; [*contents*] uscire fuori; ***his hair is coming out*** cominciano a cadergli i capelli **6** *(be emitted)* [*water, smoke*] (fuori)uscire (**through** da) **7** *(wash out)* [*stain*] venire via, andare via (**of** da) **8** *(be issued)* [*magazine, novel, film, product*] uscire **9** *(become known)* [*feelings*] manifestarsi; [*details, facts, truth*] venire fuori, sapersi; [*results*] uscire **10** FOT. TIP. [*photo, photocopy*] riuscire **11** *(end up)* ***to ~ out at 200 dollars*** [*cost, bill*] ammontare a 200 dollari; ***the jumper came out too big*** la maglia risultò troppo grande **12** *(say)* ***to ~ out with*** venir fuori con [*excuse*]; uscirsene con [*nonsense*]; ***whatever will she ~ out with next?*** e adesso con cosa se ne uscirà fuori? ***to ~ straight out with it*** dirlo subito.

▪ **come over:** ***~ over*** **1** *(drop in)* venire; ***~ over for a drink*** venite a bere qualcosa; ***to ~ over to do*** venire a fare **2** *(travel)* venire **3** *(convey impression)* [*message*] sembrare; [*feelings, love*] trasparire; ***to ~ over very well*** [*person*] dare un'ottima impressione; ***to ~ over as*** dare l'impressione di essere [*lazy, honest*] **4** COLLOQ. *(suddenly become)* ***to ~ over all embarrassed*** sentirsi improvvisamente molto imbarazzato; ***~ over [sb.]*** [*feeling*] sopraffare; ***what's come over you?*** che cosa ti prende?

▪ **come round** BE, **come around** AE **1** *(regain consciousness)* riprendere conoscenza **2** *(circulate)* [*waitress*] passare **3** *(visit)* venire, fare un salto; ***to ~ round for dinner*** venire a cena; ***to ~ round and do*** venire a fare **4** *(occur)* [*event*] avere luogo, avvenire **5** *(change one's mind)* cambiare idea; ***he came round to my way of thinking*** finì per pensarla come me.

▪ **come through:** ***~ through*** **1** *(survive)* cavarsela **2** *(penetrate)* [*heat, ink, light*] passare **3** *(arrive)* [*fax, call*] arrivare **4** *(emerge)* [*personality*] trasparire; ***~ through [sth.]*** **1** *(survive)* superare [*crisis*]; uscire da [*recession*]; sopravvivere a [*operation, war*] **2** *(penetrate)* [*ink, light*] passare (attraverso) [*paper, curtains*].

▪ **come to:** ***~ to*** *(regain consciousness)* *(from faint)* riprendere conoscenza; *(from trance)* (ri)svegliarsi; ***~ to [sth.]*** **1** *(total)* [*bill, total*] ammontare a **2** *(result in)* ***all our efforts came to nothing*** tutti i nostri sforzi non hanno portato a nulla; ***I never thought it would ~ to this*** non avrei mai creduto che si sarebbe arrivati a questo.

▪ **come under:** ***~ under [sth.]*** **1** *(be subjected to)* ***to ~ under scrutiny*** essere oggetto di un esame minuzioso; ***to ~ under suspicion*** essere sospettato; ***to ~ under threat*** subire minacce **2** *(in library, shop)* essere catalogato sotto (la categoria di) [*reference, history*].

▪ **come up:** ***~ up*** **1** *(arise)* [*problem, issue*] saltare fuori, venire fuori; [*name*] saltare fuori **2** *(be due)* ***to ~ up for re-election*** ripresentarsi alle elezioni; ***the car is coming up for its annual service*** l'auto deve fare la revisione annuale **3** *(occur)* [*opportunity*] venire fuori, presentarsi; ***a vacancy has come up*** si è liberato un posto **4** *(rise)* [*sun, moon*] sorgere; [*tide*] salire; [*daffodils, beans*] venire su, spuntare **5** DIR. [*case*] essere dibattuto; [*hearing*] svolgersi; ***to ~ up before*** [*person*] comparire davanti a.

▪ **come up against:** ***~ up against [sth.]*** trovarsi di fronte, affrontare [*problem*].

▪ **come up with:** ***~ up with [sth.]*** trovare [*money, answer*].

▪ **come upon:** ***~ upon [sth.]*** imbattersi in [*book, reference*]; trovare, avere [*idea*].

comeback /ˈkʌmbæk/ **I** n. **1** *(of singer, actor, etc.)* ritorno m., rentrée f.; ***to make a ~*** [*person*] fare ritorno, tornare alla ribalta; [*mini-skirt*] tornare di moda **2** *(redress)* ritorno m. **II** modif. [*album*] che segna il ritorno; ***~ bid*** *(of singer, actor, etc.)* ritorno, rentrée.

comedian /kəˈmiːdɪən/ ♦ ***27*** n. *(actor)* comico m. (-a), attore m. (-trice) comico (-a); *(joker)* burlone m. (-a), personaggio m. da commedia.

comedienne /kəˌmiːdɪˈen/ ♦ ***27*** n. attrice f. comica.

comedown /ˈkʌmdaʊn/ n. COLLOQ. **1** *(decline)* ***it's quite a ~ for her to have to do*** è piuttosto umiliante per lei dover fare **2** *(disappointment)* delusione f.

comedy /ˈkɒmədɪ/ n. **1** *(genre, play)* commedia f. **2** *(funny aspect)* comicità f.

come-on /ˈkʌmɒn/ n. COLLOQ. *(in sales jargon)* *(product)* prodotto m. di richiamo; *(claim)* slogan m. pubblicitario.

comer /ˈkʌmə(r)/ n. ***to take on all ~s*** [*champion*] battersi con tutti gli sfidanti; ***the contest is open to all ~s*** la gara è aperta a tutti.

comet /ˈkɒmɪt/ n. cometa f.

comeuppance /kʌmˈʌpəns/ n. COLLOQ. ***to get one's ~*** avere ciò che si merita.

1.comfort /ˈkʌmfət/ n. **1** *(well-being)* benessere m.; *(wealth)* agio m.; ***to live in ~*** vivere agiatamente **2** *(amenity)* comodità f., comfort m.; ***to have every modern ~*** avere tutti i comfort moderni **3** *(consolation)* conforto m., consolazione f.; *(relief from pain)* sollievo m.; ***to take ~ from the fact that*** consolarsi per il fatto che; ***to give*** o ***bring ~ to*** *(emotionally)* recare conforto a; *(physically)* procurare sollievo a; ***if it's any ~ to you*** se ti può consolare; ***to be small ~ for sb.*** essere una magra consolazione per qcn. ♦ ***it's (a bit) too close for ~*** *(of where sb. is, lives)* è (un po') troppo vicino; *(of fighting, war)* è (un po') troppo vicino per poter stare tranquilli; ***that's outside my ~ zone*** mi fa sentire a disagio.

2.comfort /ˈkʌmfət/ tr. consolare; *(stronger)* confortare.

comfortable /ˈkʌmftəbl, AE -fərt-/ agg. **1** [*bed, shoes, journey*] comodo; [*room, house*] comodo, confortevole; [*temperature*] confortevole **2** *(relaxed)* [*person*] comodo; ***to make oneself ~*** *(in chair)* mettersi comodo; *(at ease)* mettersi a proprio agio; ***to make sb. feel ~*** fare sentire qcn. a proprio agio; ***the***

patient's condition is described as ~ le condizioni del malato sono state dichiarate buone **3** *(financially)* [*person*] agiato; [*income*] soddisfacente, adeguato **4** *(reassuring)* [*idea, thought*] rassicurante; [*majority, lead*] sicuro; ***at a ~ distance from*** *(far enough)* alla giusta distanza da **5** *(happy)* ***I don't feel ~ doing*** non mi piace fare; ***I would feel more ~ about leaving if...*** partirei più volentieri se...

comfortably /'kʌmftəblɪ, AE -fərt-/ avv. **1** *(physically)* [*sit*] comodamente; [*rest*] tranquillamente; [*furnished*] confortevolmente **2** *(financially)* [*live*] agiatamente; ***to be ~ off*** essere agiato, benestante **3** *(easily)* [*win*] agevolmente, facilmente.

comforter /'kʌmfətə(r)/ n. **1** *(person)* consolatore m. (-trice) **2** AE *(quilt)* trapunta f. **3** BE *(dummy)* succhiotto m.

comforting /'kʌmfətɪŋ/ agg. [*thought, news*] confortante.

comfort station n. AE gabinetto m. pubblico.

comfy /'kʌmfɪ/ agg. COLLOQ. comodo, confortevole.

comic /'kɒmɪk/ **I** agg. [*event, actor*] comico **II** n. **1** ➧ ***27*** comico m. (-a), attore m. (-trice) comico (-a) **2** *(magazine)* giornalino m. (a fumetti), fumetto m.

comical /'kɒmɪkl/ agg. [*situation, expression*] comico.

comic book n. giornalino m. (a fumetti), fumetto m.

comic opera n. opera f. buffa.

comic relief n. diversivo m. comico; ***to provide some ~*** allentare la tensione con qualche battuta.

comic strip n. striscia f. (a fumetti), fumetto m.

coming /'kʌmɪŋ/ **I** n. **1** *(arrival)* arrivo m., venuta f.; ***~ and going*** va e vieni; ***~s and goings*** andirivieni, viavai **2** *(approach)* *(of winter, old age, event)* (l')avvicinarsi, (l')approssimarsi; *(of new era)* avvento m. **3** RELIG. avvento m. **II** agg. [*election, event, war*] imminente; [*months, weeks*] prossimo, a venire; ***this ~ Monday*** questo lunedì.

comma /'kɒmə/ n. *(in punctuation)* virgola f.

1.command /kə'mɑːnd, AE -'mænd/ n. **1** *(order)* comando m., ordine m.; ***to carry out, give a ~*** eseguire, dare un ordine **2** *(military control)* comando m.; ***to give sb. ~ of sth.*** affidare a qcn. il comando di qcs.; ***to be in ~ of*** essere al comando di, comandare [*troops*]; ***to be under the ~ of sb.*** essere agli ordini di qcn.; ***to have ~ of the air*** avere il dominio dei cieli **3** *(mastery)* padronanza f.; *(control)* controllo m.; ***to have full ~ of one's faculties*** essere nel pieno possesso delle proprie facoltà; ***an excellent ~ of Russian*** un'eccellente padronanza del russo; ***to be in ~ of the situation*** tenere sotto controllo la situazione; ***to have sth. at one's ~*** avere qcs. a propria disposizione **4** INFORM. comando m.

2.command /kə'mɑːnd, AE -'mænd/ **I** tr. **1** *(order)* ***to ~ sb. to do*** ordinare a qcn. di fare **2** *(obtain as one's due)* ispirare [*affection*]; incutere [*respect*]; suscitare [*admiration*] **3** *(dispose of)* disporre di [*funds, support, majority*] **4** *(dominate)* dominare [*valley*]; ***to ~ a view of*** avere vista su **5** MIL. comandare [*regiment*]; dominare [*air, sea*] **II** intr. comandare.

commandant /ˌkɒmən'dænt/ n. MIL. comandante m.

commandeer /ˌkɒmən'dɪə(r)/ tr. MIL. requisire.

commander /kə'mɑːndə(r), AE -'mæn-/ ➧ ***23*** n. capo m.; MIL. comandante m.; MIL. MAR. capitano m. di fregata; ***~ in chief*** comandante in capo.

commanding /kə'mɑːndɪŋ, AE -'mæn-/ agg. **1** *(authoritative)* [*look, manner, voice*] imperioso, autoritario; [*presence*] imponente **2** *(dominant)* [*position*] dominante, di comando; ***to have a ~ lead in the polls*** essere in testa ai sondaggi **3** *(elevated)* [*position*] dominante.

commanding officer ➧ ***23*** n. ufficiale m. comandante.

commandment /kə'mɑːndmənt, AE -'mæn-/ n. **1** *(order)* comando m., ordine m. **2** RELIG. comandamento m.

commando /kə'mɑːndəʊ, AE -'mæn-/ n. (pl. **~s, ~es**) **1** *(unit)* commando m. **2** *(member)* membro m. di un commando.

command performance n. BE TEATR. = rappresentazione di gala data in presenza di un membro della famiglia reale.

command post n. MIL. posto m. di comando.

commemorate /kə'meməreɪt/ tr. commemorare.

commemoration /kəˌmemə'reɪʃn/ n. commemorazione f.

commemorative /kə'memərətɪv, AE -'meməreɪt-/ agg. commemorativo.

commence /kə'mens/ tr. e intr. FORM. cominciare.

commencement /kə'mensmənt/ n. **1** FORM. inizio m., principio m. **2** AE SCOL. UNIV. = cerimonia di consegna dei diplomi.

commend /kə'mend/ **I** tr. **1** *(praise)* encomiare, lodare (**for, on** per) **2** *(recommend)* ***to have much to ~ it*** avere molte qualità pregevoli **3** *(entrust)* affidare **II** rifl. ***to ~ itself*** essere gradito.

commendable /kə'mendəbl/ agg. encomiabile, lodevole.

commendably /kə'mendəblɪ/ avv. ***~ quick, restrained*** con una rapidità ammirevole, con discrezione encomiabile.

commendation /ˌkɒmen'deɪʃn/ n. **1** *(praise)* encomio m., lode f. **2** *(medal, citation)* elogio m., menzione f.

commensurate /kə'menʃərət/ agg. FORM. *(proportionate)* commisurato, proporzionato (**with** a); *(appropriate)* adeguato (**with** a).

1.comment /'kɒment/ n. **1** *(remark)* *(public)* commento m.; *(in conversation)* commento m., osservazione f.; *(written)* nota f., annotazione f. **2** U *(discussion)* commenti m.pl.; ***without ~*** [*listen*] senza fare commenti; [*occur*] senza suscitare commenti; ***"no ~"*** "no comment", "niente dichiarazioni" **3** *(criticism)* ***to be a ~ on*** dirla lunga su [*society*].

2.comment /'kɒment/ **I** tr. osservare, notare **II** intr. **1** *(remark)* *(neutrally)* fare dei commenti, esprimere la propria opinione; *(negatively)* fare delle osservazioni **2** *(discuss)* ***to ~ on*** commentare [*text, etc.*].

commentary /'kɒməntrɪ, AE -terɪ/ n. **1** *(on radio)* (radio)cronaca f.; *(on TV)* (tele)cronaca f. (**on** di); ***running ~*** cronaca in diretta **2** GIORN. LETTER. commento m. (**on** di).

commentate /'kɒmənteɪt/ **I** tr. RAR. commentare [*text*] **II** intr. fare il commentatore, il (radio)cronista, il (tele)cronista; ***to ~ on*** fare il la (radio)cronaca *o* (tele)cronaca di [*match*].

commentator /'kɒmənteɪtə(r)/ ➧ ***27*** n. **1** *(sports)* commentatore m. (-trice); *(on radio)* (radio)cronista m. e f.; *(on television)* (tele)cronista m. e f. **2** *(current affairs)* cronista m. e f.

commerce /'kɒmɜːs/ n. commercio m.

commercial /kə'mɜːʃl/ **I** agg. **1** [*sector, product, radio*] commerciale **2** *(profitable)* SPREG. commerciale, a fini di lucro **3** *(large-scale)* [*production*] su vasta scala **II** n. annuncio m., messaggio m. pubblicitario; ***TV ~*** pubblicità, reclame televisiva; ***beer ~*** pubblicità di una (marca di) birra.

commercial artist n. cartellonista m. e f., disegnatore m. (-trice) pubblicitario (-a).

commercial break n. interruzione f. pubblicitaria, pubblicità f.

commercialism /kə'mɜːʃəlɪzəm/ n. **1** SPREG. affarismo m. **2** *(principles of commerce)* spirito m. commerciale.

commercialization /kəˌmɜːʃəlaɪ'zeɪʃn, AE -lɪ'z-/ n. SPREG. commercializzazione f.

commercialize /kə'mɜːʃəlaɪz/ tr. commercializzare.

commercial law n. diritto m. commerciale.

commercially /kə'mɜːʃəlɪ/ avv. commercialmente; ***~ available*** in commercio.

commercial traveller ➧ ***27*** n. commesso m. viaggiatore.

commercial vehicle n. veicolo m. commerciale.

commie /'kɒmɪ/ COLLOQ. (accorc. communist) n. rosso m. (-a), comunista m. e f.

commiserate /kə'mɪzəreɪt/ intr. *(show commiseration)* manifestare compassione; *(feel commiseration)* provare commiserazione.

commissar /'kɒmɪsɑː(r)/ n. STOR. *(in USSR)* commissario m.

commissariat /ˌkɒmɪ'seərɪət/ n. **1** MIL. commissariato m. **2** STOR. *(in USSR)* commissariato m.

1.commission /kə'mɪʃn/ n. **1** *(for goods sold)* provvigione f.; ***to get a 5% ~*** prendere *o* ricevere una provvigione del 5%; ***to work on ~*** lavorare su provvigione **2** *(fee)* commissione f.; ***we charge 1% ~ on travellers' cheques*** prendiamo l'1% di commissione sui travellers' cheque **3** *(advance order)* commissione f.; ***to give sb. a ~*** dare una commissione a qcn.; ***to work to ~*** lavorare su commissione **4** *(committee)* commissione f. (**on** per); ***~ of inquiry*** commissione d'inchiesta **5** MIL. brevetto m. di ufficiale; ***to get one's ~*** essere nominato ufficiale; ***to resign one's ~*** rassegnare le dimissioni (da ufficiale) **6** FORM. *(of crime)* commissione f., perpetrazione f. **7** *(mission)* incarico m.; *(authority to act)* mandato m. **8** *(operation)* ***in ~*** [*ship*] in servizio; ***out of ~*** [*ship*] in disarmo; [*machine*] fuori servizio.

2.commission /kə'mɪʃn/ tr. **1** *(order)* commissionare [*portrait*] (**from** a); ***to ~ an author to write a novel*** commissionare un romanzo a uno scrittore **2** *(instruct)* ***to ~ sb. to do*** incaricare qcn. di fare **3** MIL. nominare [*officer*] **4** *(prepare for service)* armare [*ship*]; mettere in servizio, in funzione [*power station, plane*].

commission agent ◗ *27* n. BE agente m. e f. commissionario (-a), commissionario m. (-a).

commissionaire /kə,mɪʃə'neə(r)/ ◗ *27* n. BE *(in a hotel)* concierge m., portiere m.

commissioner /kə'mɪʃənə(r)/ n. **1** AMM. commissario m. (-a), membro m. di una commissione **2** BE *(in police)* questore m. **3** *(in the EU Commission)* membro m. della Commissione Europea, commissario m. (-a) europeo (-a).

Commissioner for Oaths n. GB DIR. = procuratore legale incaricato di autenticare dichiarazioni giurate.

commit /kə'mɪt/ **I** tr. (forma in -ing ecc. **-tt-**) **1** *(perpetrate)* commettere, perpetrare [*crime*]; commettere [*error, adultery*]; ***to ~ suicide*** suicidarsi **2** *(engage)* impegnare, vincolare [*person*] (**to do** a fare) **3** *(assign)* impegnare, vincolare [*money*] (**to** in); dedicare [*time*] (**to** a) **4** DIR. ***to ~ sb. for trial*** rinviare qcn. a giudizio; ***to ~ sb. to jail, to a psychiatric hospital*** fare incarcerare, internare qcn. **5** FORM. *(consign)* affidare; ***to ~ sth. to paper*** mettere qcs. per iscritto; ***to ~ sth. to memory*** mandare qcs. a memoria **II** rifl. (forma in -ing ecc. **-tt-**) ***to ~ oneself*** impegnarsi (**to sth.** in qcs.; **as to** per quanto riguarda).

commitment /kə'mɪtmənt/ n. **1** *(obligation)* impegno m., obbligo m.; ***to meet one's ~s*** mantenere i propri impegni; ***to give a firm ~ that*** garantire il proprio impegno affinché; ***family ~s*** motivi di famiglia **2** *(sense of duty)* impegno m. (**to** in), dedizione f. (**to** a); ***to have a strong ~ to doing*** essere fortemente motivato a fare.

committal /kə'mɪtl/ n. **1** DIR. *(to prison)* detenzione f. preventiva; *(to psychiatric hospital)* internamento m.; *(to court)* rinvio m. **2** FORM. *(consigning)* ***the ~ of X to Y's care*** l'affido di X a *o* alle cure di Y.

committed /kə'mɪtɪd/ **I** p.pass. → **commit II** agg. **1** *(devoted)* [*Christian*] devoto, impegnato; [*teacher, Socialist*] impegnato; ***to be ~ to, to doing*** dedicarsi a, a fare **2** *(with commitments)* impegnato (**to doing** a fare); ***I am heavily ~*** *(timewise)* sono molto preso; *(financially)* ho dei pesanti vincoli.

committee /kə'mɪtɪ/ n. comitato m.; *(to investigate, report)* commissione f.; ***to be in ~*** essere all'esame della commissione.

committee meeting n. riunione f. del comitato, della commissione.

committee stage n. = fase di discussione di un disegno di legge da parte di una commissione.

commode /kə'məʊd/ n. comoda f.

commodious /kə'məʊdɪəs/ agg. FORM. spazioso, ampio.

commodity /kə'mɒdətɪ/ n. **1** COMM. merce f., prodotto m.; *(food)* derrata f.; ***a rare ~*** FIG. una merce rara **2** ECON. bene m. (economico).

commodore /'kɒmədɔ:(r)/ ◗ *23* n. commodoro m.

1.common /'kɒmən/ **I** n. **1** *(land)* terreno m. comune **2 in common** in comune; ***to have sth. in ~*** avere qcs. in comune **II commons** n.pl. **1** *(the people)* ***the ~s*** la gente comune **2** POL. (anche **Commons**) ***the ~s*** i Comuni.

2.common /'kɒmən/ agg. **1** *(frequent)* [*mistake, problem, reaction*] comune, frequente; ***in ~ use*** d'uso comune; ***in ~ parlance*** nel linguaggio corrente; ***it is ~ among*** è comune fra [*children, mammals*] **2** *(shared)* [*enemy, interest*] comune (**to** a); [*ownership*] in comune, collettivo; ***for the ~ good*** per il bene comune; ***by ~ agreement*** di comune accordo; ***it is ~ property*** è di proprietà pubblica; ***it is ~ knowledge*** è universalmente noto **3** *(ordinary)* [*man*] comune; ***the ~ people*** la gente comune; ***the ~ herd*** SPREG. il gregge, la massa **4** SPREG. *(low-class)* mediocre, ordinario **5** *(minimum expected)* [*courtesy*] normale; [*decency*] elementare **6** ZOOL. BOT. MAT. comune ♦ ***to be as ~ as muck*** COLLOQ. *(vulgar)* essere volgarissimo; *(widespread)* essere comunissimo; ***to have the ~ touch*** avere ascendente sulla gente.

commonalty /'kɒmənltɪ/ n. **1** *(the common people)* ***the ~*** la gente comune **2** *(community)* comunità f.

Common Agricultural Policy n. politica f. agricola comunitaria.

common cold ◗ *11* n. raffreddore m.

common currency n. moneta f. comune.

commoner /'kɒmənə(r)/ n. *(non-aristocrat)* cittadino m. (-a) comune.

common ground n. FIG. terreno m. comune.

common law n. common law f., diritto m. consuetudinario.

common-law husband n. convivente m., marito m. de facto.

common-law marriage n. convivenza f., matrimonio m. de facto.

common-law wife n. (pl. **common-law wives**) convivente f., moglie f. de facto.

commonly /'kɒmənlɪ/ avv. comunemente.

common market, **Common Market** n. mercato m. comune.

common noun n. nome m. comune.

common-or-garden /,kɒmənɔ:'gɑ:dn/ agg. [*plant, animal*] comune; [*object*] ordinario.

commonplace /'kɒmənpleɪs/ **I** n. luogo m. comune **II** agg. *(widespread)* comune, ordinario; *(banal)* banale.

common room n. soggiorno m., sala f. comune.

common sense n. buonsenso m.

commonsense /,kɒmən'sens/, **commonsensical** /,kɒmən'sensɪkl/ agg. COLLOQ. (pieno) di buonsenso.

Commonwealth /'kɒmənwelθ/ **I** n. **1** GB POL. ***the (British) ~ (of Nations)*** il Commonwealth (Britannico) **2** GB STOR. ***the ~*** la repubblica (di Cromwell) **II** modif. [*country*] del Commonwealth; [*leader*] di un paese del Commonwealth; [*summit*] dei paesi del Commonwealth.

Commonwealth of Independent States n.pr. Comunità f. degli Stati Indipendenti.

commotion /kə'məʊʃn/ n. **1** frastuono m., fracasso m.; ***to make a ~*** fare fracasso **2** *(disturbance)* trambusto m., agitazione f.; ***to cause a ~*** causare un (gran) trambusto; ***to be in a state of ~*** [*crowd, town*] essere in agitazione.

communal /'kɒmjʊnl, kə'mju:nl/ agg. **1** *(shared)* [*area, showers, garden*] comune; [*facilities*] comune, collettivo; [*ownership*] in comune; *(done collectively)* [*prayer*] collettivo **2** *(in a community)* [*life*] comunitario; [*violence*] all'interno della comunità, interno.

communally /'kɒmjʊnəlɪ, kə'mju:nəlɪ/ avv. in comune, collettivamente.

1.commune /'kɒmju:n/ n. **1** *(group of people)* comunità f.; STOR. POL. comune f. **2** AMM. *(in continental Europe)* comune m.

2.commune /kə'mju:n/ intr. ***to ~ with*** essere in comunione con [*nature*]; essere in comunione spirituale con [*person*].

communicable /kə'mju:nɪkəbl/ agg. **1** [*idea, emotion*] comunicabile **2** MED. [*disease*] trasmissibile.

communicant /kə'mju:nɪkənt/ n. RELIG. = chi si comunica regolarmente.

communicate /kə'mju:nɪkeɪt/ **I** tr. **1** *(convey)* comunicare [*ideas, feelings, news*]; trasmettere [*values, anxiety*] **2** *(transmit)* trasmettere [*disease*] **II** intr. **1** *(relate)* comunicare, intendersi; ***how do they ~ (with each other)?*** come comunicano (fra di loro)? ***to ~ through dance, by gestures*** comunicare per mezzo della danza, con i gesti **2** *(be in contact)* comunicare; ***we no longer ~ with each other*** non ci sentiamo più **3** *(connect)* ***to ~ with*** comunicare con [*room*] **4** RELIG. comunicarsi.

communicating door n. porta f. di comunicazione.

communication /kə,mju:nɪ'keɪʃn/ **I** n. **1** *(of information, ideas, feelings)* comunicazione f.; *(of values)* trasmissione f. **2** *(contact)* comunicazione f.; ***the lines of ~*** le linee di comunicazione; ***to be in ~ with sb.*** essere in comunicazione con qcn.; ***he's been in radio ~ with them*** li ha contattati via radio **3** *(message)* comunicazione f. **II communications** n.pl. RAD. TEL. comunicazioni f., collegamenti m.; ***radio ~s*** comunicazioni via radio; ***to have good ~s with*** avere dei buoni collegamenti con [*port, city*] **III** modif. [*problem, system*] di comunicazione; ***~ skills*** (capacità) comunicativa.

communication cord n. BE freno m. d'emergenza.

communications company n. compagnia f. di comunicazioni.

communications link n. collegamento m.

communications satellite n. satellite m. per telecomunicazioni.
communication studies n.pl. studi m. in scienze della comunicazione.
communicative /kə'mju:nɪkətɪv, AE -keɪtɪv/ agg. comunicativo, loquace.
communicator /kə'mju:nɪkeɪtə(r)/ n. *to be a good* ~ essere un buon comunicatore, avere una buona comunicativa.
communion /kə'mju:nɪən/ n. 1 RELIG. comunione f., comunità f.; *the Anglican* ~ la comunità anglicana; *the* ~ *of saints* la comunione dei santi 2 LETT. *(with nature, fellow man)* comunione f., unione f. spirituale.
Communion /kə'mju:nɪən/ n. (anche **Holy** ~) comunione f., eucaristia f.; *to make one's First* ~ fare la prima comunione; *to take* ~ ricevere la comunione.
communiqué /kə'mju:nɪkeɪ, AE kə,mju:nə'keɪ/ n. comunicato m.
communism, **Communism** /'kɒmjʊnɪzəm/ n. comunismo m.
communist, **Communist** /'kɒmjʊnɪst/ I agg. comunista II n. comunista m. e f.
Communist Party n. partito m. comunista.
community /kə'mju:nətɪ/ I n. 1 *(grouping)* comunità f.; *the business* ~ il mondo degli affari; *research* ~ comunità dei ricercatori; *relations between the police and the* ~ *(at local level)* le relazioni tra la polizia e la comunità; *(at national level)* le relazioni tra la polizia e il pubblico; *sense of* ~ spirito comunitario 2 RELIG. comunità f. 3 DIR. comunanza f., comunione f.; ~ *of goods* comunione dei beni II **Community** n.pr. *the (European) Community* la Comunità (Europea) III **Community** modif. [*budget, body*] comunitario, della Comunità (Europea).
community care n. = servizio di assistenza sociosanitaria territoriale, fornita al di fuori delle strutture ospedaliere.
community centre n. centro m. sociale.
community chest n. AE fondo m. di beneficenza (per attività socioassistenziali locali).
community education n. BE = corsi di istruzione aperti a tutti e organizzati dalle autorità locali.
community health centre n. centro m. di assistenza sanitaria territoriale.
community life n. vita f. comunitaria.
community medicine n. medicina f. di base.
community policing n. = sistema di divisione di una città in distretti di polizia affidati ad agenti di quartiere.
community service n. DIR. servizio m. civile.
community spirit n. spirito m. comunitario.
community worker n. operatore m. (-trice) socioculturale.
commutation /,kɒmju:'teɪʃn/ n. 1 *(replacement)* ECON. conversione f.; DIR. LING. commutazione f. 2 AE *(journey)* pendolarismo m.
commutation ticket n. AE *(on trains, buses)* (biglietto d')abbonamento m., tessera f. d'abbonamento.
commutator /'kɒmju:teɪtə(r)/ n. EL. commutatore m.
1.commute /kə'mju:t/ I tr. ECON. convertire; DIR. commutare (**to** in) II intr. *to* ~ *between Oxford and London* fare il pendolare tra Oxford e Londra; *she* ~*s to Glasgow* va a lavorare a Glasgow (tutti i giorni).
2.commute /kə'mju:t/ n. AE tragitto m. giornaliero (di un pendolare).
commuter /kə'mju:tə(r)/ n. pendolare m. e f.
commuter belt n. = insieme delle località intorno a una metropoli, da cui provengono i pendolari che si recano giornalmente in centro.
commuter train n. treno m. (per) pendolari.
Comoros /'kɒmərəʊz/ ➧ 6, 12 n.pr. (isole) Comore f.pl.
1.compact /'kɒmpækt/ n. 1 *(agreement) (written)* accordo m., contratto m., convenzione f.; *(verbal)* intesa f. 2 COSMET. portacipria m.
2.compact /kəm'pækt/ agg. 1 *(compressed)* [*snow, mass*] compatto; [*style, sentence*] conciso 2 *(neatly constructed)* [*kitchen, house*] piccolo, compatto; [*camera, equipment*] compatto.
3.compact /kəm'pækt/ tr. compattare [*waste, soil, snow*].
compact disc n. compact disc m., CD m.
compact disc player n. lettore m. di compact disc, lettore m. (di) CD.
compactly /kəm'pæktlɪ/ agg. [*written*] con stile conciso; ~ *built* [*man*] tarchiato; ~ *designed* compatto.
1.companion /kəm'pænɪən/ n. 1 *(friend)* compagno m. (-a); *to be sb.'s constant* ~ [*fear*] non abbandonare mai qcn. 2 (anche **paid** ~) dama f. di compagnia 3 *(item of matching pair)* compagno m. (-a), pendant m. (**to** di) 4 LETTER. guida f., manuale m.
2.companion /kəm'pænɪən/ n. MAR. osteriggio m.
companionable /kəm'pænɪənəbl/ agg. [*person*] socievole; [*chat*] amichevole; [*meal*] amichevole, fra amici; [*silence*] complice.
companionship /kəm'pænɪənʃɪp/ n. compagnia f.; *I have a dog for* ~ ho un cane che mi fa compagnia.
companion volume n. *(of book)* volume m. d'accompagnamento; *(of machine, etc.)* manuale m. (d'uso).
companionway /kəm'pænɪənweɪ/ n. MAR. corridoio m. di accesso alle cabine.
company /'kʌmpənɪ/ I n. 1 COMM. DIR. compagnia f., società f.; *airline* ~ compagnia aerea 2 MUS. TEATR. compagnia f. 3 MIL. compagnia f. 4 *(companionship)* compagnia f.; *to keep sb.* ~ tenere compagnia a qcn.; *to be good* ~ essere di buona compagnia; *I have a cat for* ~ ho un gatto che mi fa compagnia; *in sb.'s* ~, *in* ~ *with sb.* in compagnia di qcn.; *to part* ~ *with* SCHERZ. [*person*] separarsi da [*person, bike*]; *on political matters they part* ~ per quanto riguarda la politica, sono del tutto discordi; *to keep bad* ~ frequentare cattive compagnie; *don't worry, you're in good* ~ FIG. non prendertela, sei in buona compagnia 5 *(visitors)* ospiti m.pl. 6 *(society) in* ~ in compagnia; *in mixed* ~ in presenza delle signore; *and* ~ e compagni; SPREG. e compagnia (bella) 7 *(gathering)* compagnia f., comitiva f.; *the assembled* ~ l'assemblea 8 MAR. equipaggio m. II modif. [*accountant, car park, headquarters*] dell'azienda, della ditta.
company car n. auto f. aziendale.
company director ➧ 27 n. direttore m. d'azienda.
company doctor ➧ 27 n. *(business analyst)* risanatore m. di aziende.
company name n. DIR. ragione f. sociale.
company pension scheme n. programma m. pensionistico aziendale.
company policy n. U politica f. aziendale.
company secretary ➧ 27 n. AMM. segretario m. generale.
company sergeant major ➧ 23 n. MIL. maresciallo m.
company tax n. GB imposta f. sulle società.
comparability /,kɒmpərə'bɪlətɪ/ n. comparabilità f.; *pay* ~ comparabilità (del valore) degli stipendi.
comparable /'kɒmpərəbl/ agg. comparabile (**to, with** a).
comparative /kəm'pærətɪv/ I agg. 1 LING. comparativo 2 *(relative)* relativo; *in* ~ *terms* in termini relativi 3 *(based on comparison)* [*method*] comparativo; [*religion, literature*] comparato II n. LING. comparativo m.; *in the* ~ al comparativo.
comparatively /kəm'pærətɪvlɪ/ avv. 1 *(relatively)* [*small, young*] relativamente; ~ *speaking* relativamente parlando 2 *(by comparison)* [*analyse, examine*] comparativamente.
1.compare /kəm'peə(r)/ n. *a beauty beyond* ~ una bellezza incomparabile; *brave beyond* ~ straordinariamente coraggioso.
2.compare /kəm'peə(r)/ I tr. confrontare, comparare; *to* ~ *sb., sth. with* o *to* confrontare qcn., qcs. con *o* a; *to* ~ *notes with sb.* FIG. scambiare le proprie impressioni con qcn. II intr. essere comparabile (**with** a); *to* ~ *favourably with* reggere (bene) il confronto con; *how does this job* ~ *with your last one?* com'è il tuo nuovo lavoro rispetto al precedente? III rifl. *to* ~ *oneself with* o *to* confrontarsi con, paragonarsi a.
compared /kəm'peəd/ I p.pass. → **2.compare** II agg. ~ *with sb., sth.* in confronto a qcn., qcs.
comparison /kəm'pærɪsn/ n. 1 confronto m., paragone m.; *beyond* ~ senza confronti; *in* o *by* ~ *with* in confronto a; *the* ~ *of sth. to sth.* il confronto di qcs. con qcs.; *to stand* ~ reggere il confronto; *for* ~ per fare un paragone; *to draw a* ~ *between sth. and sth.* fare un paragone tra qcs. e qcs. 2 LING. comparazione f.

compartment /kəm'pɑ:tmənt/ n. *(partition)* compartimento m.; *(of train, ship)* (s)compartimento m.

compartmentalize /ˌkɒmpɑ:t'mentəlaɪz/ tr. dividere in compartimenti.

compass /'kʌmpəs/ **I** n. **1** bussola f.; MAR. bussola f. magnetica, compasso m.; ***the points of the ~*** i punti cardinali **2** *(extent)* ambito m., estensione f.; *(range)* competenza f.; ***within the ~ of our research*** nell'ambito della nostra ricerca; ***within the ~ of the law*** nei limiti consentiti dalla legge **II compasses** n.pl. ***a pair of ~es*** un compasso.

compassion /kəm'pæʃn/ n. compassione f.

compassionate /kəm'pæʃənət/ agg. compassionevole; ***on ~ grounds*** per (gravi) motivi di famiglia; ***~ leave*** permesso straordinario (per gravi motivi di famiglia).

compatibility /kəmˌpætə'bɪlətɪ/ n. compatibilità f. (anche INFORM.).

compatible /kəm'pætəbl/ agg. compatibile (anche INFORM.).

compatriot /kəm'pætrɪət, AE -'peɪt-/ n. FORM. compatriota m. e f.

compel /kəm'pel/ tr. (forma in -ing ecc. **-ll-**) **1** *(force)* costringere, obbligare **2** *(win)* esigere [*respect, attention*].

compelling /kəm'pelɪŋ/ agg. [*reason*] inoppugnabile; [*argument*] irrefutabile; [*performance, speaker*] irresistibile; [*novel*] avvincente.

compellingly /kəm'pelɪŋlɪ/ avv. [*argue*] in modo irrefutabile; [*speak, write*] in modo avvincente.

compendium /kəm'pendɪəm/ n. (pl. **~s, -ia**) compendio m.

compensate /'kɒmpenseɪt/ **I** tr. **1** *(financially)* risarcire, indennizzare; ***to ~ sb. for*** risarcire *o* indennizzare qcn. di **2** *(offset)* compensare [*imbalance, change*] **II** intr. ***to ~ for*** compensare [*loss, difficulty*].

compensation /ˌkɒmpen'seɪʃn/ n. compensazione f.; DIR. risarcimento m., indennizzo m.; ***to be no ~ for sth.*** non compensare qcs.; ***as*** o ***by way of ~*** come risarcimento; ***to award ~*** risarcire, indennizzare.

compensatory /ˌkɒmpen'seɪtrɪ, AE kəm'pensətɔ:rɪ/ agg. compensativo.

1.compère /'kɒmpeə(r)/ n. BE TEL. RAD. presentatore m. (-trice).

2.compère /'kɒmpeə(r)/ tr. TEL. RAD. presentare.

compete /kəm'pi:t/ intr. **1** *(for job, prize)* competere, rivaleggiare (**against, with** con); ***to ~ for the same job*** contendersi lo stesso impiego; ***I just can't ~ (with her)*** non posso competere *o* misurarmi con lei **2** COMM. [*companies*] farsi concorrenza; ***to ~ against*** o ***with*** fare concorrenza a **3** SPORT competere, gareggiare (**against, with** con); ***to ~ in the Olympics*** gareggiare alle olimpiadi.

competence /'kɒmpɪtəns/ n. **1** *(ability)* competenza f.; ***to have the ~ to do*** avere la competenza (necessaria) per fare **2** *(skill)* abilità f., capacità f.; ***his ~ as an accountant*** la sua abilità di contabile; ***we require ~ in Spanish, in word processing*** richiediamo la conoscenza dello spagnolo, buone capacità di elaborazione testi **3** DIR. *(of court)* competenza f.; *(of person)* competenza f., capacità f.; ***to be within the ~ of the court*** rientrare nella competenza del tribunale.

competent /'kɒmpɪtənt/ agg. **1** *(capable)* competente, capace; *(trained)* qualificato **2** *(adequate)* [*performance, knowledge*] buono; [*answer*] soddisfacente **3** DIR. competente.

competently /'kɒmpɪtəntlɪ/ avv. con competenza, in modo competente.

competition /ˌkɒmpə'tɪʃn/ n. **1 U** competizione f. (anche COMM.); ***in ~ with*** in competizione con (**for** per) **2 C** *(contest)* *(for prize, award)* competizione f., concorso m.; *(for job)* concorso m.; *(race)* gara f. **3** *(competitors)* concorrenza f.

competitive /kəm'petɪtɪv/ agg. **1** *(enjoying rivalry)* [*person*] dotato di spirito competitivo; [*environment*] competitivo **2** COMM. [*company, price, product*] competitivo; ***~ edge*** competitività; ***~ tender*** gara d'appalto **3** *(decided by competition)* [*sport*] agonistico; ***by ~ examination*** per concorso.

competitively /kəm'petɪtɪvlɪ/ avv. [*play*] con spirito competitivo; [*operate*] competitivamente; ***~ priced*** a prezzo competitivo.

competitiveness /kəm'petɪtɪvnɪs/ n. *(of person)* spirito m. competitivo; *(of product, price)* competitività f.

competitor /kəm'petɪtə(r)/ n. concorrente m. e f.

compilation /ˌkɒmpɪ'leɪʃn/ n. **1** *(collection)* compilation f. **2** *(act of compiling)* compilazione f. (anche INFORM.).

compile /kəm'paɪl/ tr. **1** *(draw up)* compilare [*list, catalogue*]; stilare [*report*]; redigere [*reference book, entry*] **2** INFORM. compilare.

compiler /kəm'paɪlə(r)/ n. **1** compilatore m. (-trice) **2** INFORM. compilatore m.

complacency /kəm'pleɪsnsɪ/ n. compiacimento m., soddisfazione f.

complacent /kəm'pleɪsnt/ agg. compiaciuto, soddisfatto (**about** di); ***to grow ~ about*** diventare noncurante di [*danger, threat*].

complacently /kəm'pleɪsntlɪ/ avv. con soddisfazione, in modo compiaciuto.

complain /kəm'pleɪn/ intr. lamentarsi (**to** con; **about** di, per); *(officially)* reclamare (**to** presso), presentare un reclamo (**to** a); *(of pain, symptom)* lamentarsi; ***to ~ that the water is cold*** lamentarsi perché l'acqua è fredda.

complainant /kəm'pleɪnənt/ n. DIR. querelante m. e f., attore m.

complaint /kəm'pleɪnt/ n. **1** lamentela f., lagnanza f.; *(official)* reclamo m.; ***I have received a written ~ about your behaviour*** ho ricevuto una lettera di lamentele per il tuo comportamento; ***there have been ~s that the service is slow*** ci sono state lamentele perché il servizio è lento; ***tiredness is a common ~*** la gente si lamenta spesso di essere stanca; ***in case of ~, contact the management*** in caso di reclamo, contattare la direzione; ***to have grounds*** o ***cause for ~*** avere motivo *o* ragione di lamentarsi; ***to lodge*** o ***file a ~ against sb.*** sporgere (un) reclamo contro qcn., querelare qcn.; ***to make a ~*** lamentarsi, fare le proprie rimostranze; ***I've no ~s about the service*** non mi posso lamentare del servizio **2** MED. malattia f., disturbo m.

1.complement /'kɒmplɪmənt/ n. **1** complemento m. (**to** di) (anche MAT.) **2** LING. ***subject ~, object ~*** complemento predicativo del soggetto, dell'oggetto **3** *(quota)* ***with a full ~ of staff*** con il personale al completo.

2.complement /'kɒmplɪment/ tr. completare, integrare; ***wine ~s cheese*** il vino accompagna bene il formaggio.

complementary /ˌkɒmplɪ'mentrɪ/ agg. complementare.

complementary medicine n. medicina f. alternativa (associata a terapie tradizionali).

1.complete /kəm'pli:t/ agg. **1** attrib. *(total)* [*darkness*] completo, totale; [*chaos*] totale; [*freedom*] totale, pieno; ***he's a ~ fool*** è un perfetto idiota; ***it's the ~ opposite*** è tutto l'opposto; ***with ~ accuracy*** con estrema precisione; ***~ and utter*** [*despair, disaster*] totale **2** *(finished)* compiuto, finito **3** *(entire, full)* [*collection, set*] intero, completo; [*edition, works*] completo; ***~ with*** completo di, con incluso [*battery, instructions*] **4** *(consummate)* [*artist*] completo; [*gentleman*] perfetto.

2.complete /kəm'pli:t/ tr. **1** *(finish)* completare, finire [*building, course, exercise*]; portare a termine [*task*]; completare, terminare [*collection, phrase*] **2** *(fill in)* riempire [*form*].

completely /kəm'pli:tlɪ/ avv. [*changed, forgotten, mad*] completamente; [*different*] completamente, totalmente; [*convincing, honest*] assolutamente.

completion /kəm'pli:ʃn/ n. **1** completamento m.; ***it is due for ~ by the summer*** deve essere completato entro quest'estate; ***on ~ (of the works)*** al completamento dei lavori, a lavori ultimati **2** DIR. *(of house sale)* = firma del contratto di vendita.

1.complex /'kɒmpleks, AE kəm'pleks/ agg. complesso.

2.complex /'kɒmpleks, AE kəm'pleks/ n. **1** *(building development)* complesso m.; ***housing, sports ~*** complesso residenziale, sportivo **2** PSIC. complesso m.; ***he's got a ~ about his weight*** il suo peso gli crea dei complessi.

complexion /kəm'plekʃn/ n. **1** *(skin colour)* colorito m., carnagione f.; ***to have a bad, clear ~*** avere una brutta pelle, una pelle perfetta; ***to have a fair, dark ~*** avere una carnagione chiara, scura **2** *(nature)* aspetto m.; ***to put a new ~ on sth.*** far apparire qcs. sotto un nuovo aspetto.

complexity /kəm'pleksətɪ/ n. complessità f.

compliance /kəm'plaɪəns/ n. **1** conformità f. (**with** a); ***in ~ with the law*** conformemente *o* in conformità alla legge; ***to bring sth. into ~ with*** rendere qcs. conforme a, conformare qcs. a **2** *(yielding disposition)* compiacenza f., accondiscendenza f.

compliant /kəm'plaɪənt/ agg. compiacente, (ac)condiscendente (**to** nei confronti di).
complicate /'kɒmplɪkeɪt/ tr. complicare.
complication /ˌkɒmplɪ'keɪʃn/ n. complicazione f. (anche MED.).
complicity /kəm'plɪsətɪ/ n. complicità f.
1.compliment /'kɒmplɪmənt/ **I** n. complimento m.; ***to pay sb. a ~*** fare un complimento a qcn.; ***to return the ~*** ricambiare il complimento; FIG. restituire il favore **II compliments** n.pl. **1** *(in expressions of praise)* complimenti m.; ***to give sb. one's ~s*** fare i (propri) complimenti a qcn. **2** *(in expressions of politeness)* ***"with ~s"*** *(on transmission slip)* "con i nostri migliori auguri"; ***"with the ~s of the author"*** "con gli omaggi dell'autore" **3** *(in greetings)* ***"with the ~s of the season"*** *(on Christmas cards)* "(con i migliori) auguri".
2.compliment /'kɒmplɪment/ tr. ***to ~ sb. on sth.*** complimentarsi con qcn. *o* fare i complimenti a qcn. per qcs.
complimentary /ˌkɒmplɪ'mentrɪ/ agg. **1** *(flattering)* complimentoso, elogiativo; ***he was, wasn't very ~ about my work*** mi ha fatto molti complimenti per, è stato piuttosto critico nei confronti del mio lavoro **2** *(free)* (in) omaggio, gratuito; ***~ copy*** copia omaggio.
compliments slip n. biglietto m. di accompagnamento.
comply /kəm'plaɪ/ intr. ***to ~ with*** accondiscendere a [*sb.'s wishes*]; soddisfare [*request*]; conformarsi a [*criteria*]; rispettare, osservare [*orders, rules*]; ***failure to ~ with the rules*** la non osservanza del regolamento.
component /kəm'pəʊnənt/ n. MAT. TECN. EL. CHIM. componente m.
compose /kəm'pəʊz/ **I** tr. **1** LETTER. MUS. comporre, scrivere **2** *(arrange)* disporre [*painting, elements of work*] **3** *(order)* ricomporre [*features*]; raccogliere [*thoughts*] **4** *(constitute)* ***to be ~d of*** essere composto di, consistere di **5** TIP. comporre **II** intr. MUS. TIP. comporre **III** rifl. ***to ~ oneself*** calmarsi, ricomporsi.
composed /kəm'pəʊzd/ **I** p.pass. → **compose II** agg. [*person, features*] calmo, composto.
composer /kəm'pəʊzə(r)/ ➧ ***27*** n. MUS. compositore m. (-trice).
composite /'kɒmpəzɪt, AE kɑːm'pɑːzɪt/ **I** agg. **1** ARCH. FOT. composito **2** CHIM. BOT. MAT. composto **3** COMM. [*company, group*] diversificato **II** n. **1** *(substance)* composto m. **2** *(word)* composto m. **3** *(photo)* fotomontaggio m. **4** COMM. impresa f. diversificata.
composition /ˌkɒmpə'zɪʃn/ n. **1** *(make-up)* composizione f.; ***metallic in ~*** di composizione metallica **2** MUS. LETTER. composizione f.; ***this is my own ~*** questa composizione è opera mia; ***of my own ~*** di mia composizione **3** SCOL. tema m. **4** TIP. ART. composizione f. **5** DIR concordato m.
compositor /kəm'pɒzɪtə(r)/ ➧ ***27*** n. TIP. compositore m. (-trice).
compost /'kɒmpɒst/ n. AGR. compost m., concime m. organico.
composure /kəm'pəʊʒə(r)/ n. calma f., padronanza f. (di sé), (auto)controllo m.
compote /'kɒmpəʊt, -pɒt/ n. *(dessert)* composta f.
1.compound /'kɒmpaʊnd/ **I** agg. **1** BIOL. BOT. CHIM. composto **2** LING. [*tense, noun*] composto; [*sentence*] complesso **3** MED. [*fracture*] esposto **II** n. **1** *(enclosure)* recinto m.; ***industrial ~*** zona industriale; ***prison ~*** complesso carcerario **2** CHIM. composto m. **3** *(word)* composto m., parola f. composta **4** *(mixture)* composto m., miscela f.
2.compound /kəm'paʊnd/ tr. **1** *(exacerbate)* aggravare [*error, offence, problem*] (**by** con; **by doing** facendo) **2** *(combine)* comporre, combinare.
comprehend /ˌkɒmprɪ'hend/ tr. comprendere, capire.
comprehensible /ˌkɒmprɪ'hensəbl/ agg. comprensibile, intelligibile.
comprehension /ˌkɒmprɪ'henʃn/ n. comprensione f.; SCOL. esercizio m. di comprensione.
comprehensive /ˌkɒmprɪ'hensɪv/ **I** agg. *(all-embracing)* [*report, list*] completo, dettagliato; [*knowledge*] vasto, ampio; [*planning, measures*] globale; [*coverage*] totale; [*training*] completo; ***~ insurance policy*** polizza assicurativa multirischio **II** n. GB SCOL. (anche **~ school**) = scuola secondaria che va dagli 11 ai 16 anni con la possibilità di prolungare gli studi fino a 19 anni.
1.compress /'kɒmpres/ n. MED. compressa f.
2.compress /kəm'pres/ tr. **1** comprimere [*object, substance*]; ***to ~ one's lips*** stringere le labbra **2** *(shorten)* condensare [*text*].
compression /kəm'preʃn/ n. **1** compressione f. (anche FIS.) **2** *(condensing)* *(of book, chapters)* riduzione f.; *(of data)* compressione f.
compressor /kəm'presə(r)/ n. compressore m.
comprise /kəm'praɪz/ tr. *(include)* comprendere, includere; *(consist of)* comprendere, essere composto di.
1.compromise /'kɒmprəmaɪz/ **I** n. compromesso m.; ***to come to*** o ***reach a ~*** arrivare a *o* raggiungere un compromesso **II** modif. [*agreement, solution*] di compromesso.
2.compromise /'kɒmprəmaɪz/ **I** tr. **1** *(threaten)* compromettere, mettere in pericolo [*person, negotiations, reputation*] **2** AE *(settle)* comporre [*disagreement*] **II** intr. transigere, venire a un compromesso; ***to ~ on sth.*** trovare un compromesso su qcs. **III** rifl. ***to ~ oneself*** compromettersi.
compromising /'kɒmprəmaɪzɪŋ/ agg. compromettente.
compulsion /kəm'pʌlʃn/ n. **1** *(urge)* impulso m.; ***to feel a ~ to do*** sentire l'impulso di fare **2** *(force)* costrizione f., coercizione f.; ***there is no ~ on you to do*** non sei affatto obbligato a fare; ***to act under ~*** agire dietro costrizione.
compulsive /kəm'pʌlsɪv/ agg. **1** *(inveterate)* [*liar*] patologico; [*gambler*] incorreggibile; PSIC. compulsivo; ***~ eater*** bulimico **2** *(fascinating)* [*book*] affascinante, avvincente; ***to be ~ viewing*** essere avvincente.
compulsively /kəm'pʌlsɪvlɪ/ avv. [*lie, gamble, wash*] in modo compulsivo.
compulsory /kəm'pʌlsərɪ/ agg. [*military service, attendance, education*] obbligatorio; [*loan*] forzoso; [*liquidation*] coatto; ***to be forced to take ~ redundancy*** dover lasciare il lavoro per esubero di personale.
compulsory purchase n. GB DIR. espropriazione f. (per pubblica utilità).
compunction /kəm'pʌŋkʃn/ n. U ***to have no ~ in, about doing*** non avere alcun rimorso a fare.
computation /ˌkɒmpjuː'teɪʃn/ n. calcolo m.
computational /ˌkɒmpjuː'teɪʃənl/ agg. computazionale.
compute /kəm'pjuːt/ tr. computare, calcolare.
computer /kəm'pjuːtə(r)/ n. computer m.; ***to do sth. by ~*** o ***on a ~*** fare qcs. su *o* al computer; ***to have sth. on ~*** avere qcs. su computer; ***to put sth. on ~*** mettere qcs. su computer; ***the ~ is up, down*** il computer funziona, è fuori uso.
computer-aided /kəmˌpjuːtər'eɪdɪd/ agg. assistito da elaboratore.
computer-aided design n. progettazione f. assistita dall'elaboratore, CAD m.
computer-aided learning n. apprendimento m. assistito dall'elaboratore.
computer animation n. animazione f. a computer.
computer code n. codice m. macchina.
computer engineer ➧ ***27*** n. ingegnere m. informatico.
computer error n. errore m. del computer.
computer game n. gioco m. elettronico, videogioco m.
computer graphics n. + verbo sing. computer graphics f.
computer hacker n. *(illegal)* hacker m. e f., pirata m. informatico; *(legal)* appassionato m. (-a) di informatica.
computerization /kəmˌpjuːtəraɪ'zeɪʃn, AE -rɪ'z-/ n. *(of records, accounts)* computerizzazione f.; *(of work, workplace)* computerizzazione f., informatizzazione f.
computerize /kəm'pjuːtəraɪz/ tr. **1** *(treat by computer)* computerizzare [*list, records, accounts*] **2** *(equip with computer)* computerizzare, informatizzare.
computer keyboard n. tastiera f. del computer.
computer language n. linguaggio m. di programmazione.
computer literacy n. conoscenze f.pl. di informatica.
computer-literate /kəmˌpjuːtə'lɪtərət/ agg. che ha conoscenze informatiche, di informatica.
computer operator ➧ ***27*** n. operatore m. (-trice) (su computer).
computer program n. programma m. (informatico).
computer programmer ➧ ***27*** n. programmatore m. (-trice).

computer programming n. programmazione f.
computer science n. informatica f.
computer scientist ▶ *27* n. informatico m. (-a).
computer studies n. SCOL. UNIV. informatica f.
computer virus n. virus m. informatico.
computing /kəmˈpjuːtɪŋ/ n. elaborazione f.
comrade /ˈkɒmreɪd, AE -ræd/ n. compagno m. (-a) (anche POL.); MIL. camerata m. e f.; ***~-in-arms*** compagno d'armi.
comradeship /ˈkɒmreɪdʃɪp, AE -ræd-/ n. cameratismo m.
1.con /kɒn/ n. COLLOQ. fregatura f., imbroglio m.
2.con /kɒn/ tr. (forma in -ing ecc. **-nn-**) COLLOQ. fregare, imbrogliare; ***to ~ sb. into doing sth.*** COLLOQ. convincere (con l'inganno) qcn. a fare qcs.; ***I was ~ned out of £ 5*** mi hanno fregato 5 sterline.
con artist n. → **con man.**
concave /ˈkɒŋkeɪv/ agg. concavo.
conceal /kənˈsiːl/ tr. ***to ~ sth. from sb.*** nascondere qcs. a qcn.
concealed /kənˈsiːld/ **I** p.pass. → **conceal II** agg. [*entrance, camera*] nascosto.
concealer /kənˈsiːlə(r)/ n. COSMET. correttore m.
concealment /kənˈsiːlmənt/ n. occultamento m. (anche DIR.); ***place of ~*** nascondiglio.
concede /kənˈsiːd/ **I** tr. **1** *(admit)* ammettere, concedere [*point*]; ***to ~ that*** riconoscere che **2** *(surrender)* concedere [*right*]; cedere [*territory*] **3** SPORT regalare [*point, goal*] **4** POL. ***to ~ an election*** concedere la vittoria elettorale **II** intr. **1** cedere **2** POL. riconoscere una sconfitta elettorale.
conceit /kənˈsiːt/ n. **1** *(vanity)* vanità f., presunzione f.; *(affectation)* leziosaggine f. **2** *(literary figure)* concetto m.
conceited /kənˈsiːtɪd/ agg. [*person*] presuntuoso, vanitoso; [*remark*] presuntuoso; ***a ~ expression*** un'espressione di sufficienza.
conceitedly /kənˈsiːtɪdlɪ/ avv. con presunzione, presuntuosamente.
conceivable /kənˈsiːvəbl/ agg. concepibile, immaginabile, plausibile.
conceivably /kənˈsiːvəblɪ/ avv. ***it might just ~ cost more than £ 50*** potrebbe plausibilmente costare più di 50 sterline; ***it could ~ be true*** è plausibile che possa essere vero; ***could he ~ have finished?*** è possibile che abbia già finito? ***I can't ~ eat all that*** è impensabile che io riesca a mangiare tutto quello.
conceive /kənˈsiːv/ **I** tr. **1** concepire [*child*] **2** *(develop)* concepire [*idea, hatred*] **3** *(believe)* concepire; ***I cannot ~ that he would leave*** non riesco a concepire che parta **II** intr. **1** *(become pregnant)* concepire, rimanere incinta **2** *(imagine)* ***to ~ of sth.*** immaginare *o* concepire qcs.
1.concentrate /ˈkɒnsntreɪt/ n. CHIM. GASTR. concentrato m.; ***tomato ~*** concentrato di pomodoro.
2.concentrate /ˈkɒnsntreɪt/ **I** tr. **1** concentrare [*effort, attention*] (**on** su; **on doing** nel fare); impiegare [*resources*] (**on** in; **on doing** per fare) **2** CHIM. GASTR. concentrare **II** intr. **1** *(pay attention)* [*person*] concentrarsi (**on** su, in; **on doing** nel fare) **2** *(focus)* ***to ~ on*** [*film*] incentrarsi su; [*journalist*] concentrarsi su **3** *(congregate)* concentrarsi, radunarsi.
concentrated /ˈkɒnsntreɪtɪd/ **I** p.pass. → **2.concentrate II** agg. **1** CHIM. GASTR. concentrato **2** FIG. [*effort*] intenso.
concentration /ˌkɒnsnˈtreɪʃn/ n. **1** concentrazione f.; ***powers of ~*** capacità di concentrazione; ***to lose one's ~*** perdere la concentrazione **2** *(specialization)* specializzazione f.; ***~ on sales*** specializzazione nel campo delle vendite **3** CHIM. concentrazione f.; ***high, low ~*** alta, bassa concentrazione **4** *(accumulation)* concentrazione f.
concentration camp n. campo m. di concentramento.
concentric /kənˈsentrɪk/ agg. concentrico.
concept /ˈkɒnsept/ n. concetto m., idea f.
conception /kənˈsepʃn/ n. **1** MED. concepimento m. **2** concezione f. (anche FIG.); ***you can have no ~ of it*** non te lo puoi neanche immaginare.
conceptual /kənˈseptʃʊəl/ agg. concettuale.
1.concern /kənˈsɜːn/ n. **1** *(worry)* preoccupazione f., ansia f. (**about, over** per, a causa di); ***there is growing ~ about crime*** la criminalità sta suscitando un crescente senso di inquietudine; ***there is ~ for her safety*** c'è preoccupazione per la sua incolumità; ***to cause ~*** destare preoccupazione; ***there is no cause for ~*** non c'è motivo di preoccuparsi; ***he expressed ~ at my results, for my health*** ha espresso preoccupazione per i miei risultati, per la mia salute **2** *(care)* interesse m.; ***I did it out of ~ for him*** l'ho fatto per lui; ***you have no ~ for safety*** non ti preoccupi affatto della sicurezza **3** *(company)* impresa f., azienda f.; ***a going ~*** una ditta ben avviata **4** *(personal business)* ***that's her ~*** questo riguarda lei; ***this is no ~ of mine*** questo non mi riguarda *o* non è affar mio.
2.concern /kənˈsɜːn/ **I** tr. **1** *(worry)* preoccupare [*person*] **2** *(interest)* concernere, interessare, riguardare; ***to whom it may ~*** *(in letter)* = a tutti gli interessati; ***as far as I'm ~ed*** per quanto mi riguarda; ***as far as the pay is ~ed, I'm happy*** per quanto riguarda lo stipendio, sono soddisfatta **3** *(involve)* ***to be ~ed with*** occuparsi di [*security, publicity*]; ***to be ~ed in*** essere coinvolto in [*scandal*] **4** *(be about)* [*book*] trattare di; [*fax, letter*] riguardare **II** rifl. ***to ~ oneself with sth., with doing*** occuparsi *o* interessarsi di qcs., di fare.
concerned /kənˈsɜːnd/ **I** p.pass. → **2.concern II** agg. **1** *(anxious)* preoccupato (**about** per); ***to be ~ at the news*** essere turbato dalla notizia; ***to be ~ for sb., that sb. might do*** essere preoccupato per qcn., che qcn. possa fare **2** attrib. *(involved)* interessato, coinvolto; ***all (those) ~*** tutti gli interessati.
concerning /kənˈsɜːnɪŋ/ prep. riguardo a, (in) quanto a, per quanto riguarda.
concert /ˈkɒnsət/ **I** n. **1** MUS. concerto m.; ***in ~ at, with*** in concerto a, con **2** FORM. *(cooperation)* concerto m.; ***to act in ~*** agire di concerto *o* di comune accordo **II** modif. [*music*] da concerto; [*ticket*] del concerto; ***~ pitch*** diapason.
concerted /kənˈsɜːtɪd/ agg. [*action*] concertato, concordato; ***to make a ~ effort to do*** fare uno sforzo congiunto per fare.
concertgoer /ˈkɒnsətˌgəʊə(r)/ n. frequentatore m. (-trice) di concerti.
concert hall n. sala f. per concerti, auditorium m.
concerti /kənˈtʃeətɪ, -ˈtʃɜːt-/ → **concerto.**
1.concertina /ˌkɒnsəˈtiːnə/ ▶ *17* n. concertina f.
2.concertina /ˌkɒnsəˈtiːnə/ intr. BE [*vehicle*] accartocciarsi (a fisarmonica).
concerto /kənˈtʃeətəʊ, -ˈtʃɜːt-/ n. (pl. **~s, -i**) concerto m.
concert performer n. concertista m. e f.
concert tour n. tournée f.
concession /kənˈseʃn/ n. **1** *(compromise)* concessione f. (**on** su); ***as a ~*** a titolo di concessione **2** *(discount)* riduzione f., sconto m.; ***"~s"*** "tariffe ridotte" **3** *(property rights)* ***mining ~*** concessione mineraria **4** *(marketing rights)* ***to run a perfume ~*** essere concessionario di profumeria.
concessionary /kənˈseʃənərɪ/ agg. [*price, rate*] ridotto, scontato.
conciliate /kənˈsɪlɪeɪt/ tr. conciliare.
conciliation /kənˌsɪlɪˈeɪʃn/ **I** n. conciliazione f. **II** modif. ***~ service*** commissione di conciliazione.
conciliator /kənˈsɪlɪeɪtə(r)/ n. conciliatore m. (-trice).
conciliatory /kənˈsɪlɪətərɪ, AE -tɔːrɪ/ agg. [*gesture, terms*] conciliante; [*measures, speech*] conciliatorio.
concise /kənˈsaɪs/ agg. **1** *(succinct)* conciso, stringato **2** *(abridged)* [*dictionary*] in edizione ridotta, compatto; ***A Concise History of Celtic Art*** Compendio di storia dell'arte celtica.
concisely /kənˈsaɪslɪ/ avv. in modo conciso, concisamente.
conciseness /kənˈsaɪsnɪs/, **concision** /kənˈsɪʒn/ n. concisione f., stringatezza f.
conclave /ˈkɒnkleɪv/ n. **1** *(private meeting)* riunione f. a porte chiuse **2** RELIG. conclave m.
conclude /kənˈkluːd/ **I** tr. **1** *(end)* concludere; ***"to be ~d"*** TELEV. "la conclusione alla prossima puntata"; GIORN. "la conclusione sul prossimo numero" **2** *(settle)* concludere, stipulare [*treaty, deal*] **3** *(deduce)* dedurre, concludere **II** intr. [*story, event*] concludersi; [*speaker*] concludere; ***he ~d by saying that*** concluse dicendo che.
concluding /kənˈkluːdɪŋ/ agg. conclusivo, finale.
conclusion /kənˈkluːʒn/ n. **1** *(end)* conclusione f.; ***in ~*** in conclusione *o* per finire **2** *(resolution)* conclusione f.; ***to jump, leap to ~s*** saltare alle conclusioni **3** *(outcome)* conclusione f.; ***taken to its logical ~, this would mean that*** portato alle sue logiche conseguenze, ciò significherebbe che.
conclusive /kənˈkluːsɪv/ agg. conclusivo, definitivo.
concoct /kənˈkɒkt/ tr. **1** *(put together)* preparare [*dish*] **2** *(devise)* architettare [*plan*] **3** *(make up)* inventare [*excuse*].

concoction /kən'kɒkʃn/ n. **1** *(drink)* intruglio m.; *(dish)* miscuglio m. **2** FIG. miscuglio m.
concomitant /kən'kɒmɪtənt/ **I** agg. FORM. concomitante **II** n. FORM. elemento m. concomitante (**of** con).
concord /'kɒŋkɔ:d/ n. **1** FORM. concordia f., armonia f. **2** LING. concordanza f.
concordance /kən'kɔ:dəns/ n. **1** FORM. *(agreement)* accordo m., concordanza f. **2** *(index)* concordanze f.pl.
concordant /kən'kɔ:dənt/ agg. concorde, concordante.
concordat /kən'kɔ:dæt/ n. concordato m.
concourse /'kɒŋkɔ:s/ n. *(area)* atrio m.
1.concrete /'kɒŋkri:t/ **I** agg. concreto; ***in ~ terms*** in concreto **II** n. calcestruzzo m. **III** modif. [*block*] di calcestruzzo.
2.concrete /kən'kri:t, 'kɒŋkri:t/ tr. → **concrete over**.
▪ **concrete over:** ~ ***over [sth.]*** ricoprire [qcs.] di calcestruzzo [*road, lawn*].
concrete mixer n. betoniera f.
concubinage /kɒn'kju:bɪnɪdʒ/ n. concubinato m.
concubine /'kɒŋkjʊˌbaɪn/ n. concubina f.
concupiscence /kən'kju:pɪsns/ n. concupiscenza f.
concur /kən'kɜ:(r)/ **I** tr. (forma in -ing ecc. **-rr-**) convenire (**that** che) **II** intr. (forma in -ing ecc. **-rr-**) **1** *(agree)* essere d'accordo **2** *(act together)* ***to ~ in*** concorrere a [*action, decision*]; ***to ~ with sb. in doing*** concorrere con qcn. nel fare **3** *(tally)* [*data, views*] concordare, coincidere **4** *(combine)* ***to ~ to do*** concorrere, contribuire a fare.
concurrence /kən'kʌrəns/ n. **1** FORM. *(agreement)* accordo m., concordanza f. **2** *(combination)* ***~ of events*** concorso di circostanze.
concurrent /kən'kʌrənt/ agg. **1** *(simultaneous)* contemporaneo, simultaneo **2** FORM. *(in agreement)* ***to be ~ with*** [*views*] concordare con.
concurrently /kən'kʌrəntlɪ/ avv. simultaneamente.
concuss /kən'kʌs/ tr. ***to be ~ed*** avere una commozione cerebrale.
concussion /kən'kʌʃn/ n. commozione f. cerebrale.
condemn /kən'dem/ tr. **1** *(censure)* condannare (**for doing** per aver fatto); ***to ~ sth. as provocative*** condannare qcs. in quanto provocatorio **2** *(sentence)* ***to ~ sb. to*** condannare qcn. a [*death, life imprisonment*] **3** *(doom)* ***to be ~ed to do*** essere condannato a fare **4** *(declare unsafe)* decretare inagibile [*building*].
condemnation /ˌkɒndem'neɪʃn/ n. **1** *(censure)* condanna f. **2** *(indictment)* ***to be a ~ of sb., sth.*** essere motivo di condanna per qcn., qcs.
condemnatory /ˌkɒndem'neɪtərɪ, AE kən'demnətɔ:rɪ/ agg. di condanna.
condemned /kən'demd/ **I** p.pass. → **condemn II** agg. **1** [*cell*] dei condannati a morte; ***~ man*** condannato a morte **2** [*building*] decretato inagibile.
condensation /ˌkɒnden'seɪʃn/ n. **1** *(droplets)* condensa f. **2** CHIM. condensazione f.
condense /kən'dens/ **I** tr. condensare (**into** in) **II** intr. condensarsi.
condensed milk n. latte m. condensato.
condenser /kən'densə(r)/ n. CHIM. EL. FIS. condensatore m.
condescend /ˌkɒndɪ'send/ **I** tr. *(deign)* ***to ~ to do*** abbassarsi a *o* degnarsi di fare **II** intr. *(patronize)* ***to ~ to sb.*** trattare qcn. con degnazione.
condescending /ˌkɒndɪ'sendɪŋ/ agg. condiscendente.
condescension /ˌkɒndɪ'senʃn/ n. condiscendenza f.
condiment /'kɒndɪmənt/ n. condimento m.
1.condition /kən'dɪʃn/ **I** n. **1** *(stipulation)* condizione f.; ***to meet*** o ***satisfy the ~s*** soddisfare le condizioni; ***I'll sell it under certain ~s*** lo venderò solo a determinate condizioni; ***on ~ that*** a condizione che **2** *(state)* ***to be in good, bad ~*** [*house, car*] essere in buono, cattivo stato; ***to keep sth. in good ~*** mantenere qcs. in buone condizioni; ***he's in good ~*** è in buone condizioni; ***her ~ is serious*** le sue condizioni sono gravi; ***to be in no ~ to do*** non essere in condizione di fare; ***to be in an interesting ~*** essere in stato interessante **3** *(disease)* malattia f.; ***a heart, skin ~*** una malattia cardiaca, della pelle **4** *(fitness)* forma f.; ***to be out of ~*** essere fuori forma *o* in cattive condizioni fisiche; ***to get one's body into ~*** mettersi in forma **5** *(situation)* condizione f.; ***the human ~*** la condizione dell'umanità **II conditions** n.pl. *(circumstances)* condizioni f.; ***to work under difficult ~s*** lavorare in condizioni difficili; ***housing, working ~s*** condizioni abitative, lavorative; ***weather ~s*** condizioni atmosferiche.
2.condition /kən'dɪʃn/ tr. **1** PSIC. condizionare **2** *(treat)* [*lotion*] trattare; ***this shampoo ~s the hair*** questo shampoo contiene un balsamo.
conditional /kən'dɪʃənl/ **I** agg. **1** condizionato; ***the offer is ~ on*** o ***upon...*** l'offerta è condizionata dal fatto che...; ***to make sth. ~ on*** o ***upon sth.*** fare dipendere qcs. da qcs. **2** LING. [*clause, sentence*] condizionale; ***in the ~ tense*** al condizionale **II** n. LING. condizionale m.; ***in the ~*** al condizionale.
conditional discharge n. BE DIR. libertà f. condizionata, con sospensione condizionale della pena.
conditionally /kən'dɪʃənəlɪ/ avv. **1** [*accept*] condizionatamente, con riserva **2** DIR. ***to be ~ discharged*** essere messo in libertà condizionata.
conditioner /kən'dɪʃənə(r)/ n. *(for hair)* balsamo m.; *(for laundry)* ammorbidente m.
1.conditioning /kən'dɪʃənɪŋ/ n. **1** PSIC. condizionamento m. **2** *(of hair)* trattamento m.
2.conditioning /kən'dɪʃənɪŋ/ agg. [*shampoo, lotion*] trattante.
condole /kən'dəʊl/ intr. ***to ~ with sb.*** fare le proprie condoglianze a qcn.
condolence /kən'dəʊləns/ **I** n. ***letter of ~*** lettera di condoglianze **II condolences** n.pl. condoglianze f.
condom /'kɒndɒm/ n. preservativo m.
condominium /ˌkɒndə'mɪnɪəm/ n. **1** AE (anche **~ unit**) appartamento m. (in condominio) **2** AE *(complex)* condominio m.
condone /kən'dəʊn/ tr. condonare, perdonare [*behaviour*].
conducive /kən'dju:sɪv, AE -'du:-/ agg. ***to be ~ to*** essere utile, giovevole a.
1.conduct /'kɒndʌkt/ n. **1** *(behaviour)* condotta f., comportamento m. (**towards** verso, nei confronti di) **2** *(handling)* conduzione f. (**of** di).
2.conduct /kən'dʌkt/ **I** tr. **1** *(lead)* condurre [*visitor, group*]; ***she ~ed us around the house*** ci ha fatto fare il giro della casa **2** *(manage)* condurre [*life, business*]; ***to ~ sb.'s defence*** DIR. assumere la difesa di qcn. **3** *(carry out)* condurre [*experiment, research, inquiry*]; fare [*poll*]; celebrare [*ceremony*] **4** MUS. dirigere [*orchestra*] **5** EL. FIS. condurre, essere conduttore di **II** intr. MUS. dirigere **III** rifl. ***to ~ oneself*** comportarsi.
conducted /kən'dʌktɪd/ **I** p.pass. → **2.conduct II** agg. [*tour*] guidato.
conduction /kən'dʌkʃn/ n. conduzione f.
conductor /kən'dʌktə(r)/ ♦ ***27*** n. **1** MUS. direttore m. d'orchestra **2** *(on bus)* bigliettaio m.; FERR. capotreno m. e f. **3** EL. FIS. conduttore m.
conductress /kən'dʌktrɪs/ ♦ ***27*** n. *(on bus)* bigliettaia f.
conduit /'kɒndɪt, 'kɒndju:ɪt, AE 'kɒndwɪt/ n. condotto m., tubatura f.
cone /kəʊn/ n. **1** cono m.; ***paper ~*** cono di carta **2** (anche **ice-cream ~**) cono m. (gelato).
cone off tr. chiudere con coni per segnalazione [*road*].
coney → **cony**.
confab /'kɒnfæb/ n. (accorc. confabulation) COLLOQ. ***to have a ~ about sth.*** fare quattro chiacchiere su qcs.
confabulation /kənˌfæbjʊ'leɪʃn/ n. **1** FORM. conversazione f. **2** PSIC. confabulazione f.
confection /kən'fekʃn/ n. **1** GASTR. pasticcino m., dolce m. **2** *(combination)* ***a ~ of*** una miscela *o* combinazione di **3** *(process)* confezione f.
confectioner /kən'fekʃənə(r)/ ♦ ***27*** n. *(making sweets)* confettiere m. (-a); *(making cakes)* pasticciere m. (-a).
confectionery /kən'fekʃənrɪ, AE -nerɪ/ n. **U** *(sweets)* dolciumi m.pl.; *(high quality)* confetteria f.; *(cakes)* pasticceria f.
confederacy /kən'fedərəsɪ/ n. POL. confederazione f.
1.confederate /kən'fedərət/ **I** agg. POL. confederato, alleato **II** n. **1** *(in conspiracy)* cospiratore m. (-trice), complice m. e f. **2** POL. confederato m. (-a), sudista m. e f.
2.confederate /kən'fedəreɪt/ **I** tr. confederare **II** intr. confederarsi.
confederation /kənˌfedə'reɪʃn/ n. confederazione f.

confer /kən'fɜ:(r)/ **I** tr. (forma in -ing ecc. **-rr-**) conferire [*title, degree*] (**on, upon** a) **II** intr. (forma in -ing ecc. **-rr-**) ***to ~ with sb. about sth.*** conferire con qcn. di qcs.
conference /'kɒnfərəns/ **I** n. *(meeting)* conferenza f.; POL. congresso m.; ***to be in ~*** essere in riunione; ***peace ~*** conferenza di pace **II** modif. [*room, centre*] (delle) conferenze; ***~ member*** partecipante a una conferenza; ***~ table*** tavolo per riunioni; FIG. tavolo dei negoziati.
conferment /kən'fɜ:mənt/ n. *(of title)* conferimento m.
confess /kən'fes/ **I** tr. **1** confessare [*crime, truth, mistake, desire*]; ***I must ~ I like him*** devo ammettere che mi piace **2** RELIG. confessare [*sins*]; professare [*faith, belief*] **II** intr. **1** *(admit)* confessare, ammettere; ***to ~ to a crime*** confessare (di aver commesso) un crimine **2** RELIG. confessarsi.
confession /kən'feʃn/ n. **1** DIR. confessione f., ammissione f.; ***to make a full ~*** rendere piena confessione **2** RELIG. confessione f.; ***to go to ~*** andare a confessarsi; ***to hear sb.'s ~*** confessare qcn.
confessional /kən'feʃənl/ n. confessionale m.
confessor /kən'fesə(r)/ n. confessore m.
confetti /kən'fetɪ/ n. U coriandoli m.pl.
confidant /ˌkɒnfɪ'dænt/ n. confidente m.
confidante /ˌkɒnfɪ'dænt/ n. confidente f.
confide /kən'faɪd/ **I** tr. confidare [*secret, hope, fear*] (**to** a) **II** intr. ***to ~ in*** confidarsi con [*person*].
confidence /'kɒnfɪdəns/ n. **1** *(faith)* fiducia f.; ***to have (every) ~ in sb., sth.*** avere (piena) fiducia in qcn., qcs.; ***to put one's ~ in sb.*** riporre la propria fiducia in qcn. **2** POL. ***vote of ~*** voto di fiducia; ***motion of no ~*** mozione di sfiducia **3** *(self-assurance)* sicurezza f. di sé, fiducia f. in se stesso **4** *(certainty)* certezza f.; ***I can say with ~ that*** posso affermare con certezza che **5** *(confidentiality)* ***to take sb. into one's ~*** confidarsi con qcn.; ***to tell sb. sth. in (strict) ~*** dire qcs. a qcn. in confidenza *o* in via strettamente confidenziale **6** *(secret)* confidenza f.
confidence man n. (pl. **confidence men**) BE truffatore m.
confidence trick n. truffa f. all'americana.
confidence trickster n. ANT. → **confidence man**.
confident /'kɒnfɪdənt/ agg. **1** *(sure)* sicuro, fiducioso; ***to be ~ that*** essere sicuro *o* confidare che; ***to be ~ of success, of succeeding*** essere fiducioso *o* avere la certezza di riuscire; ***he felt ~ about the future*** aveva fiducia nell'avvenire **2** *(self-assured)* sicuro di sé.
confidential /ˌkɒnfɪ'denʃl/ agg. [*information, document, matter*] confidenziale, riservato; ***~ secretary*** segretario particolare.
confidentiality /ˌkɒnfɪdenʃɪ'ælətɪ/ n. riservatezza f.
confidentially /ˌkɒnfɪ'denʃəlɪ/ avv. in confidenza, confidenzialmente.
confidently /'kɒnfɪdəntlɪ/ avv. [*behave*] con sicurezza (di sé); [*predict*] con sicurezza.
confiding /kɒn'faɪdɪŋ/ agg. fiducioso, senza sospetti.
configuration /kənˌfɪgə'reɪʃn, AE -ˌfɪgjʊ'reɪʃn/ n. configurazione f.
confine /kən'faɪn/ **I** tr. **1** *(shut up)* confinare, rinchiudere [*person*] (**to, in** in); internare, rinchiudere [*mental patient*]; rinchiudere [*animal*]; ***to be ~d to bed*** essere costretto a letto; ***to be ~d to the house*** essere costretto (a restare) a casa; ***to be ~d to barracks*** MIL. essere consegnato **2** *(limit)* limitare, restringere [*comments*] (**to** a); ***the problem is not ~d to old people*** il problema non riguarda soltanto le persone anziane **II** rifl. ***to ~ oneself to, to doing*** limitarsi a, a fare.
confined /kən'faɪnd/ **I** p.pass. → **confine II** agg. [*area, space*] limitato, ristretto.
confinement /kən'faɪnmənt/ n. **1** *(detention)* reclusione f. (**in, to** in); *(in institution)* internamento m. (**in, to** in); ***~ to barracks*** MIL. consegna **2** MED. ANT. *(labour)* travaglio m.; *(birth)* parto m.
confines /'kɒnfaɪnz/ n.pl. confini m., limiti m.; ***within the ~ of*** entro i limiti di [*situation, regulations*]; tra le mura di, all'interno di [*building*].
confirm /kən'fɜ:m/ tr. **1** *(state as true)* confermare [*statement, event*]; ***two people were ~ed dead*** hanno confermato che sono morte due persone; ***to ~ receipt of*** COMM. accusare ricevuta di [*cheque, goods*] **2** AMM. confermare [*appointment*] **3** DIR. confermare, ratificare [*decree*] **4** *(justify)* ***to ~ sb. in*** rafforzare qcn. in [*belief, opinion*] **5** RELIG. cresimare, confermare.
confirmation /ˌkɒnfə'meɪʃn/ n. **1** conferma f. (**of** di; **that** che) **2** DIR. conferma f., ratifica f. **3** RELIG. cresima f., confermazione f.
confirmed /kən'fɜ:md/ **I** p.pass. → **confirm II** agg. [*habit*] inveterato; [*alcoholic*] recidivo; [*liar*] incorreggibile; [*smoker, bachelor, sinner*] impenitente, incallito.
confiscate /'kɒnfɪskeɪt/ tr. confiscare (**from** a).
confiscation /ˌkɒnfɪ'skeɪʃn/ n. confisca f.
conflagration /ˌkɒnflə'greɪʃn/ n. conflagrazione f.
conflate /kən'fleɪt/ tr. fondere, raggruppare.
1.conflict /'kɒnflɪkt/ n. conflitto m.; ***to be in, come into ~*** essere, entrare in conflitto (**with** con) (anche FIG.); ***~ of interests*** conflitto di interessi; ***to have a ~ of loyalties*** dover scegliere tra due doveri contrastanti.
2.conflict /kən'flɪkt/ intr. *(contradict)* [*statement, attitude*] scontrarsi, essere in conflitto (**with** con); *(clash)* [*events*] coincidere (**with** con), accadere contemporaneamente (**with** a).
conflicting /kən'flɪktɪŋ/ agg. **1** *(incompatible)* [*views, feelings*] contrastante, contraddittorio **2** *(coinciding)* ***to have two ~ engagements*** avere due impegni concomitanti.
confluence /'kɒnflʊəns/ n. confluenza f. (anche FIG.).
conform /kən'fɔ:m/ **I** tr. conformare (**to** a) **II** intr. **1** *(to rules, standards)* [*person*] conformarsi, adeguarsi (**with, to** a); [*model, machine*] essere conforme (**to** a); ***to ~ to type*** conformarsi alla norma **2** *(correspond)* [*ideas, beliefs*] corrispondere (**with, to** a), concordare (**with, to** con); [*situation*] essere conforme (**with, to** a).
conformation /ˌkɒnfɔ:'meɪʃn/ n. conformazione f.
conformist /kən'fɔ:mɪst/ **I** agg. conformista **II** n. conformista m. (-a).
conformity /kən'fɔ:mətɪ/ n. **1** conformità f. (**to** a); ***in ~ with*** in conformità *o* conformemente a **2** RELIG. conformismo m.
confound /kən'faʊnd/ tr. **1** *(perplex)* sconcertare, confondere **2** *(discredit)* dare torto a, contraddire [*critics*] **3** ANT. COLLOQ. ***~ it!*** accidenti! al diavolo!
confounded /kən'faʊndɪd/ **I** p.pass. → **confound II** agg. **1** *(perplexed)* confuso, perplesso **2** ANT. COLLOQ. ***that ~ dog*** quel cagnaccio maledetto.
confraternity /ˌkɒnfrə'tɜ:nɪtɪ/ n. confraternita f.
confront /kən'frʌnt/ tr. **1** *(face)* affrontare [*danger, enemy*]; affrontare, fare fronte a [*problem*]; ***to ~ the truth*** affrontare la verità; ***to be ~ed by sth.*** dover affrontare qcs.; ***to be ~ed by the police*** trovarsi di fronte alla polizia; ***the task which ~ed us*** il compito che ci troviamo ad affrontare **2** *(bring together)* ***to ~ sb. with sth., sb.*** mettere qcn. di fronte a *o* a confronto con qcs., qcn.
confrontation /ˌkɒnfrʌn'teɪʃn/ n. *(violent encounter)* scontro m.; *(dispute)* confronto m., scontro m.
confrontational /ˌkɒnfrən'teɪʃənəl/ agg. provocatore, aggressivo.
confuse /kən'fju:z/ tr. **1** *(bewilder)* confondere, disorientare [*person*] **2** *(fail to distinguish)* confondere, scambiare (**with** con) **3** *(complicate)* complicare [*argument*]; ***to ~ the issue*** complicare le cose.
confused /kən'fju:zd/ **I** p.pass. → **confuse II** agg. **1** [*person, thoughts*] confuso; ***to get ~*** confondersi; ***he was ~ about the instructions*** non riusciva a capire le istruzioni **2** *(muddled)* [*account, sounds*] confuso; [*impression*] vago.
confusedly /kən'fju:zɪdlɪ/ avv. confusamente, in modo confuso.
confusing /kən'fju:zɪŋ/ agg. *(perplexing)* che confonde, disorientante; *(complicated)* che confonde, poco chiaro.
confusion /kən'fju:ʒn/ n. confusione f.; ***I was in a state of total ~*** ero in uno stato di confusione totale; ***to avoid ~*** per evitare confusioni; ***to throw sb., sth. into ~*** gettare qcn., qcs. nel caos.
confutation /ˌkɒnfju:'teɪʃn/ n. confutazione f.
confute /kən'fju:t/ tr. confutare.
congeal /kən'dʒi:l/ intr. [*fat*] rapprendersi, solidificarsi; [*blood*] coagulare, coagularsi.
congenial /kən'dʒi:nɪəl/ agg. [*arrangment*] congeniale; [*person*] piacevole.
congenital /kən'dʒenɪtl/ agg. **1** MED. congenito **2** FIG. [*fear, dislike*] congenito; [*liar*] nato.

congenitally /kən'dʒenɪtəlɪ/ avv. 1 MED. ***to be ~ deformed*** avere una malformazione congenita 2 FIG. [*dishonest, lazy*] dalla nascita.
conger /'kɒŋgə(r)/ n. grongo m., gongro m.
congested /kən'dʒestɪd/ agg. 1 [*road*] congestionato, intasato; [*pavement*] ingombro; [*district*] sovraffollato 2 MED. congestionato.
congestion /kən'dʒestʃn/ n. congestione f. (anche MED.); ***traffic ~*** ingorgo.
1.conglomerate /kən'glɒmərət/ I agg. conglomerato II n. conglomerato m.
2.conglomerate /kən'glɒməreɪt/ intr. conglomerarsi.
conglomeration /kən,glɒmə'reɪʃn/ n. conglomerazione f.
congratulate /kən'grætʃʊleɪt/ I tr. ***to ~ sb. on sth., on doing sth.*** fare le congratulazioni a *o* congratularsi con qcn. per qcs., per aver fatto qcs. II rifl. ***to ~ oneself*** congratularsi con se stesso (**on** per).
congratulations /kən,grætʃʊ'leɪʃnz/ n.pl. congratulazioni f.; ***~ on your success*** congratulazioni per il tuo successo; ***to offer one's ~ to sb.*** porgere le proprie congratulazioni a qcn. *o* congratularsi con qcn.
congratulatory /kən'grætʃʊlətərɪ, AE -tɔ:rɪ/ agg. [*letter, speech*] congratulatorio, di congratulazioni.
congregate /'kɒŋgrɪgeɪt/ I tr. congregare, radunare II intr. congregarsi, radunarsi (**around** attorno a).
congregation /,kɒŋgrɪ'geɪʃn/ n. + verbo sing. o pl. *(in church)* assemblea f., congregazione f. dei fedeli; *(of clergy)* congregazione f.
congregational /,kɒŋgrɪ'geɪʃənl/ agg. [*prayer, singing*] dei fedeli; ***the Congregational Church*** la chiesa congregazionalista.
congress /'kɒŋgres, AE 'kɒŋgrəs/ I n. *(conference)* congresso m., convegno m. (**on** su) II **Congress** n.pr. US POL. Congresso m.; ***in ~*** al Congresso.
Congressional /kən'greʃənl/ agg. US [*candidate*] al Congresso; [*committee*] del Congresso.
Congressional District n. US = circoscrizione di un membro del Congresso.
congressman /'kɒŋgresmən/ n. (pl. **-men**) US membro m. del Congresso.
congresswoman /'kɒŋgres,wʊmən/ n. (pl. **-women**) US membro m. del Congresso.
conical /'kɒnɪkl/ agg. conico.
conifer /'kɒnɪfə(r), 'kəʊn-/ n. conifera f.
coniferous /kə'nɪfərəs, AE kəʊ'n-/ agg. [*tree*] conifero; [*forest*] di conifere.
1.conjecture /kən'dʒektʃə(r)/ n. congettura f., ipotesi f.; ***to be a matter for ~*** essere argomento di ipotesi *o* di congetture.
2.conjecture /kən'dʒektʃə(r)/ I tr. congetturare, supporre II intr. fare delle congetture (**about** su).
conjugal /'kɒndʒʊgl/ agg. coniugale.
conjugate /'kɒndʒʊgeɪt/ I tr. coniugare II intr. coniugarsi.
conjugation /,kɒndʒʊ'geɪʃn/ n. coniugazione f.
conjunction /kən'dʒʌŋkʃn/ n. 1 *(of events)* concorso m., concomitanza f.; ***in ~*** in concomitanza *o* insieme; ***in ~ with*** in concomitanza con *o* congiuntamente a 2 ASTR. LING. congiunzione f.
conjunctivitis /kən,dʒʌŋktɪ'vaɪtɪs/ ▸ *11* n. MED. congiuntivite f.
conjure /'kʌndʒə(r)/ intr. fare dei giochi di prestigio; ***a name to ~ with*** FIG. un nome che evoca rispetto.
▪ **conjure up: ~ up [sth.]** fare comparire [qcs.] come per magia; ***to ~ up an image of sth.*** evocare l'immagine di qcs.
conjurer /'kʌndʒərə(r)/ n. prestigiatore m. (-trice).
conjuring /'kʌndʒərɪŋ/ n. giochi m.pl. di prestigio, trucchi m.pl.
conjuring trick n. gioco m. di prestigio, trucco m.
conjuror → **conjurer**.
conker /'kɒŋkə(r)/ n. BE COLLOQ. castagna f. d'India.
conk out /kɒŋk'aʊt / tr. COLLOQ. [*person*] addormentarsi, crollare; [*car*] guastarsi, essere in panne.
con man n. (pl. **con men**) accorc. → **confidence man**.
connect /kə'nekt/ I tr. 1 *(attach)* collegare [*end, hose*]; agganciare, attaccare [*wagon, coach*] (**to** a) 2 *(link)* [*road*] collegare [*place*]; [*person*] collegare, associare [*idea*] (**to**, **with** a, con) 3 *(to mains)* collegare, allacciare [*appliance*] (**to** a) 4 TEL. ***to ~ sb. to*** mettere qcn. in collegamento con *o* passare a qcn. [*department*] II intr. 1 collegarsi (**with** a, con) 2 [*service, bus*] fare coincidenza (**with** con).
▪ **connect up: ~ up [sth.], ~ [sth.] up** collegare [*video, computer*]; ***to ~ sth. up to*** collegare qcs. a.
connected /kə'nektɪd/ I p.pass. → **connect** II agg. 1 *(related)* [*idea, event*] collegato, connesso (**to**, **with** a, con) 2 *(in family)* imparentato (**to** a); ***to be well ~*** *(through family)* essere di buona famiglia; *(having influence)* avere delle conoscenze importanti, conoscere le persone giuste 3 *(linked)* [*road, town*] collegato; [*pipe*] collegato, allacciato (**to**, **with** a) 4 *(electrically)* allacciato 5 INFORM. collegato, connesso; ***to be ~ to the Internet*** essere collegato a Internet.
Connecticut /kə'netɪkət/ ▸ *24* n.pr. Connecticut m.
connecting /kə'nektɪŋ/ agg. 1 ***~ flight*** o ***train*** coincidenza 2 [*room*] comunicante.
connection, connexion BE /kə'nekʃn/ n. 1 *(logical link)* collegamento m., rapporto m. (**between** tra; **with** con); ***to have no ~ with*** non avere alcun rapporto *o* niente a che fare con; ***to make the ~*** fare il collegamento (**between** tra); ***in ~ with*** con riferimento a *o* in relazione a *o* a proposito di; ***in this ~...*** a questo proposito... 2 *(personal link)* rapporto m., relazione f., legame m. (**between** tra; **with** con) 3 *(person) (contact)* conoscenza f.; *(relative)* parente m. e f.; ***to have useful ~s*** avere delle conoscenze utili 4 *(to mains)* allacciamento m.; *(of pipes, tubes)* raccordo m.; *(of wires)* cablaggio m. 5 TEL. *(to network)* allacciamento m.; *(to number)* collegamento m. (**to** con); ***to get a ~*** prendere la linea; ***bad ~*** linea disturbata 6 *(of train, flight, bus)* coincidenza f. 7 INFORM. collegamento m., connessione f.; ***Internet ~*** collegamento a *o* con Internet.
connivance /kə'naɪvəns/ n. connivenza f.
connive /kə'naɪv/ intr. ***to ~ at*** essere connivente in [*theft, escape*]; *(participate)* ***to ~ (with sb.) to do sth.*** agire in combutta *o* essere connivente (con qcn.) per fare qcs.
conniving /kə'naɪvɪŋ/ agg. [*person*] connivente; ***a ~ glance*** uno sguardo di complicità.
connoisseur /,kɒnə'sɜ:(r)/ n. connaisseur m., intenditore m. (-trice).
connotation /,kɒnə'teɪʃn/ n. connotazione f.
connote /kə'nəʊt/ tr. 1 *(summon up)* evocare 2 LING. connotare.
connubial /kə'nju:bɪəl, AE -'nu:-/ agg. FORM. coniugale.
conquer /'kɒŋkə(r)/ tr. conquistare [*territory, people*]; vincere, sconfiggere [*enemy, unemployment, disease*]; vincere [*habit, fear, jealousy*]; acquisire [*skill, technology*]; colmare [*deficit*].
conqueror /'kɒŋkərə(r)/ n. conquistatore m. (-trice) (anche MIL.); SPORT vincitore m. (-trice).
conquest /'kɒŋkwest/ n. 1 U *(of country, mountain)* conquista f.; *(of disease)* sconfitta f.; *(of person)* SCHERZ. conquista f. 2 *(territory)* territorio m. conquistato, conquista f.; *(person)* SCHERZ. conquista f.
Conrad /'kɒnræd/ n.pr. Corrado.
consanguinity /,kɒnsæŋ'gwɪnətɪ/ n. consanguineità f.
conscience /'kɒnʃəns/ n. coscienza f.; ***in all ~*** in (tutta) coscienza; ***they have no ~*** sono senza coscienza *o* non si fanno scrupoli; ***to have a guilty*** o ***bad ~*** avere la coscienza sporca; ***to have a clear ~*** avere la coscienza pulita *o* tranquilla *o* a posto; ***they will have to live with their ~s*** dovranno vivere con questo peso sulla coscienza.
conscience clause n. DIR. clausola f. di riserva morale.
conscience money n. = denaro versato nell'anonimato in riparazione di una frode, in particolare di un'evasione fiscale.
conscience-stricken agg. preso dal rimorso, pentito.
conscientious /,kɒnʃɪ'enʃəs/ agg. coscienzioso.
conscientiously /,kɒnʃɪ'enʃəslɪ/ avv. coscienziosamente.
conscientiousness /,kɒnʃɪ'enʃəsnɪs/ n. coscienziosità f.
conscientious objector n. obiettore m. di coscienza.
conscious /'kɒnʃəs/ I agg. 1 *(aware)* cosciente, consapevole, conscio (**of** di; **that** del fatto che); ***to be politically, environmentally ~*** avere una coscienza politica, ecologica 2 *(deliberate)* [*decision*] deliberato, ponderato; [*effort*] consapevole 3 MED. PSIC. cosciente II **-conscious** in composti ***health-~*** attento alla propria salute; ***class-~*** cosciente della gerarchia sociale III n. PSIC. ***the ~*** il conscio.

consciously /ˈkɒnʃəslɪ/ avv. consapevolmente, coscientemente.
consciousness /ˈkɒnʃəsnɪs/ n. **1** *(awareness)* coscienza f., consapevolezza f.; *(undefined)* sentimento m.; ***the truth dawned upon my ~*** ho incominciato a intravedere la verità *o* a prendere coscienza della verità **2** MED. ***to lose, regain ~*** perdere, riprendere conoscenza *o* i sensi.
consciousness raising n. presa f. di coscienza.
1.conscript /ˈkɒnskrɪpt/ n. coscritto m.
2.conscript /kənˈskrɪpt/ tr. coscrivere [*soldier*]; precettare [*worker*].
conscription /kənˈskrɪpʃn/ n. **1** *(system)* coscrizione f. **2** *(process)* arruolamento m. (**into** in).
consecrate /ˈkɒnsɪkreɪt/ tr. consacrare.
consecration /ˌkɒnsɪˈkreɪʃn/ n. consacrazione f.
consecutive /kənˈsekjʊtɪv/ agg. consecutivo.
consecutively /kənˈsekjʊtɪvlɪ/ avv. consecutivamente.
consensus /kənˈsensəs/ n. consenso m. (**among** tra; **about, as to** relativo a; **for** in favore di; **on** su); ***what's the ~?*** qual è l'opinione generale? ***the ~ is that*** è opinione generale che.
1.consent /kənˈsent/ n. **1** *(permission)* consenso m., benestare m.; ***age of ~*** = età in cui una persona è considerata matura per acconsentire con discernimento ad avere rapporti sessuali **2** *(agreement)* ***by common*** o ***mutual ~*** di comune accordo.
2.consent /kənˈsent/ **I** intr. acconsentire; ***to ~ to sth.*** acconsentire a qcs.; ***to ~ to sb. doing sth.*** dare a qcn. il consenso *o* consentire a qcn. di fare qcs.; ***~ing adults*** adulti consenzienti **II** tr. ***to ~ to do*** acconsentire a fare.
consequence /ˈkɒnsɪkwəns, AE -kwens/ n. **1** *(result)* conseguenza f.; ***as a ~ of*** in seguito a *o* in conseguenza di [*change, event*]; a causa di [*process*]; ***in ~*** di conseguenza; ***to face, suffer the ~s*** affrontare, subire le conseguenze **2** FORM. *(importance)* importanza f.; ***a matter, a man of ~*** una questione, un uomo importante; ***he is a man of no ~*** è uno che non conta nulla; ***it's of no ~ to me*** non ha alcuna importanza per me.
consequent /ˈkɒnsɪkwənt, AE -kwent/ agg. ***the strike and the ~ redundancies*** lo sciopero e i conseguenti licenziamenti; ***~ upon*** conseguente a, derivante da; ***to be ~ upon sth.*** essere la conseguenza di qcs.
consequential /ˌkɒnsɪˈkwenʃl/ agg. **1** *(significant)* importante **2** *(self-important)* borioso, pieno di sé **3** ANT. → **consequent**.
consequently /ˈkɒnsɪkwentlɪ/ avv. di conseguenza, conseguentemente.
conservation /ˌkɒnsəˈveɪʃn/ **I** n. **1** *(of nature, heritage)* conservazione f., tutela f.; ***energy ~*** risparmio energetico **2** FIS. conservazione f. **II** modif. [*group, measure*] di tutela.
conservation area n. area f. protetta.
conservationist /ˌkɒnsəˈveɪʃənɪst/ **I** agg. ambientalista **II** n. ambientalista m. e f.
conservatism /kənˈsɜːvətɪzəm/ n. POL. conservatorismo m.
conservative /kənˈsɜːvətɪv/ **I** agg. **1** POL. conservatore **2** *(cautious)* [*attitude*] cauto, prudente; ***at a ~ estimate*** come minimo **3** [*taste, style*] classico, tradizionale **II** n. POL. conservatore m. (-trice).
Conservative /kənˈsɜːvətɪv/ **I** agg. BE POL. conservatore; ***to vote ~*** votare (per il partito) conservatore **II** n. BE POL. conservatore m. (-trice).
conservator /ˈkɒnsəveɪtə(r)/ ➧ **27** n. *(in museum)* soprintendente m. e f.
conservatory /kənˈsɜːvətrɪ, AE -tɔːrɪ/ n. **1** *(for plants)* serra f., giardino m. d'inverno **2** AE MUS. conservatorio m.
1.conserve /kənˈsɜːv/ n. conserva f. (di frutta), marmellata f.
2.conserve /kənˈsɜːv/ tr. **1** *(protect)* preservare [*forest*]; salvaguardare [*wildlife*]; conservare [*ruins*] **2** *(save up)* conservare [*natural resources*]; mantenere [*moisture*]; risparmiare [*strength, energy*].
consider /kənˈsɪdə(r)/ **I** tr. **1** *(study)* considerare, valutare [*options, facts, offer*]; esaminare, studiare [*problem*]; ***to ~ how*** riflettere su come; ***to ~ why*** esaminare i motivi per cui; ***to ~ whether*** valutare se; ***~ this*** riflettici; ***the jury is ~ing its verdict*** la giuria sta deliberando **2** *(take into accoun)* prendere in considerazione [*risk, cost, person*]; tenere conto di [*person's feelings*]; ***all things ~ed*** tutto sommato, in fin dei conti **3** *(envisage)* ***to ~ doing*** pensare *o* prendere in considerazione di fare; ***to ~ sb. for a role*** pensare a qcn. per un ruolo; ***to ~ sb., sth. as sth.*** considerare qcn., qcs. (come) qcs. **4** *(regard)* ***I ~ her (to be) a good teacher*** la considero una buona insegnante; ***I ~ it my duty to warn him*** ritengo che sia mio dovere avvertirlo; ***to ~ sb., sth. favourably*** vedere qcn., qcs. favorevolmente; ***~ the matter closed*** considerate il discorso chiuso; ***~ it done*** è cosa fatta **II** intr. riflettere **III** rifl. ***to ~ oneself (to be) a writer, genius*** considerarsi uno scrittore, un genio.
considerable /kənˈsɪdərəbl/ agg. considerevole, notevole.
considerably /kənˈsɪdərəblɪ/ avv. considerevolmente, notevolmente.
considerate /kənˈsɪdərət/ agg. [*person, behaviour*] premuroso, sollecito, riguardoso; ***to be ~ towards sb.*** avere dei riguardi per qcn., essere premuroso nei confronti di qcn.; ***it was ~ of you to wait*** è stato gentile da parte vostra aspettare.
considerately /kənˈsɪdərətlɪ/ avv. ***to behave ~ towards sb.*** avere dei riguardi per qcn., essere premuroso nei confronti di qcn.
consideration /kənˌsɪdəˈreɪʃn/ n. **1** *(thought)* considerazione f., riflessione f.; ***after careful ~*** dopo attenta riflessione; ***to give ~ to sth.*** riflettere su qcs.; ***to give sth. careful*** o ***serious ~*** riflettere seriamente su qcs.; ***to submit sth. for sb.'s ~*** sottomettere qcs. all'attenzione di qcn.; ***~ is being given to...*** si sta prendendo in considerazione...; ***to take sth. into ~*** prendere in considerazione qcs.; ***to be under ~*** [*matter*] essere in esame; ***she's under ~ for the job*** la stanno prendendo in considerazione per il lavoro **2** *(care)* riguardo m., considerazione f. (**for** per, nei confronti di); ***to do sth. out of ~*** fare qcs. per riguardo **3** *(thing to be considered)* fattore m., motivo m.; *(concern)* preoccupazione f.; ***safety is the overriding ~*** la sicurezza costituisce il fattore prioritario; ***my family is my only ~*** la mia famiglia è l'unica cosa che conta **4** *(fee)* ***for a ~*** dietro compenso.
considered /kənˈsɪdəd/ **I** p.pass. → **consider II** agg. [*answer, view*] ponderato; ***in my ~ opinion*** dopo averci pensato bene.
considering /kənˈsɪdərɪŋ/ **I** prep. tenuto conto di, considerato; ***it's not bad, ~ the price*** non è male, considerato il prezzo **II** cong. tenuto conto che, considerato che; ***he did well, ~ (that) he was tired*** considerato che era stanco, è andato bene **III** avv. tutto sommato, nel complesso.
consign /kənˈsaɪn/ tr. **1** *(get rid of)* ***to ~ an old lamp to the attic*** relegare una vecchia lampada in soffitta **2** *(entrust)* ***to ~ sth. to sb.'s care*** affidare qcs. alle cure di qcn. **3** COMM. spedire [*goods*].
consignee /ˌkɒnsaɪˈniː/ n. COMM. consegnatario m. (-a).
consigner → **consignor**.
consignment /kənˈsaɪnmənt/ n. COMM. *(sending)* spedizione f.; *(goods)* partita f., invio m.; ***for ~*** da spedire; ***on ~*** in conto deposito.
consignor /kənˈsaɪnə(r)/ n. COMM. consegnatore m. (-trice).
consist /kənˈsɪst/ intr. ***to ~ of, in*** consistere di, in; ***to ~ in doing*** consistere nel fare.
consistency /kənˈsɪstənsɪ/ n. **1** *(texture)* consistenza f. **2** *(of view, policy)* coerenza f.; *(of achievement)* consistenza f.
consistent /kənˈsɪstənt/ agg. **1** [*growth, level, quality*] costante; [*kindness, help*] costante, continuo; [*sportsman, playing*] regolare **2** *(repeated)* [*attempts, demands*] ripetuto **3** *(logical)* [*position*] coerente; [*method*] sistematico **4** ***~ with*** conforme a *o* compatibile con [*account, belief*]; ***she had injuries ~ with a fall*** le sue ferite facevano pensare a una caduta.
consistently /kənˈsɪstəntlɪ/ avv. *(invariably)* costantemente, regolarmente; *(repeatedly)* ripetutamente.
consolation /ˌkɒnsəˈleɪʃn/ n. consolazione f.; ***~ prize*** premio di consolazione (anche FIG.).
1.console /ˈkɒnsəʊl/ n. **1** console f. **2** *(cabinet)* mobile m. (per la televisione, la radio ecc.).
2.console /kənˈsəʊl/ **I** tr. consolare, confortare; ***to ~ sb. on, for sth.*** consolare qcn. di *o* per qcs. **II** rifl. ***to ~ oneself*** consolarsi.
consolidate /kənˈsɒlɪdeɪt/ **I** tr. **1** consolidare [*knowledge, position*] **2** ECON. riunire [*resources*]; fondere [*companies*] **II** intr. **1** *(become stronger)* consolidarsi **2** *(unite)* [*companies*] fondersi.

consolidation /kən͵sɒlɪ'deɪʃn/ n. **1** *(of knowledge, position)* consolidamento m. **2** ECON. *(of companies)* unione f., fusione f.

consoling /kən'səʊlɪŋ/ agg. consolante.

consols /'kɒnsəlz/ n.pl. GB ECON. (accorc. consolidated annuities) titoli m. consolidati.

consonance /'kɒnsənəns/ n. consonanza f.

consonant /'kɒnsənənt/ **I** n. LING. consonante f. **II** agg. FORM. consono (**with** a).

1.consort /'kɒnsɔ:t/ n. consorte m. e f.; ***the prince ~*** il principe consorte.

2.consort /kən'sɔ:t/ intr. FORM. ***to ~ with*** associarsi con *o* frequentare.

consortium /kən'sɔ:tɪəm/ n. (pl. **~s**, **-ia**) ECON. consorzio m.

conspicuous /kən'spɪkjʊəs/ agg. **1** *(to the eye)* [*feature, sign*] visibile, evidente; [*garment*] vistoso; ***to be ~ for*** notarsi *o* farsi notare per; ***to make oneself ~*** farsi notare, mettersi in vista; ***to be ~ by one's absence*** IRON. brillare per la propria assenza; ***in a ~ position*** bene in vista **2** *(unusual)* [*success*] notevole, cospicuo; [*failure*] sorprendente; ***a ~ lack of*** una lampante *o* evidente mancanza di.

conspicuously /kən'spɪkjʊəslɪ/ avv. [*placed*] bene in vista; [*dressed*] in modo vistoso; [*empty, nervous*] stranamente; ***to be ~ absent*** IRON. brillare per la propria assenza.

conspicuousness /kən'spɪkjʊəsnɪs/ n. cospicuità f.

conspiracy /kən'spɪrəsɪ/ n. cospirazione f., complotto m. (**against** contro; ***to do*** per fare); ***~ of silence*** congiura del silenzio, omertà.

conspirator /kən'spɪrətə(r)/ n. cospiratore m. (-trice).

conspiratorial /kən͵spɪrə'tɔ:rɪəl/ agg. [*attività*] cospirativo, cospiratorio; [*glance*] d'intesa.

conspire /kən'spaɪə(r)/ intr. cospirare.

constable /'kʌnstəbl, AE 'kɒn-/ ➧ **9** n. BE poliziotto m. (-a), agente m. e f.

constabulary /kən'stæbjʊlərɪ, AE -lerɪ/ n. BE polizia f. (di un distretto).

Constance /'kɒnstəns/ n.pr. Costanza.

constancy /'kɒnstənsɪ/ n. costanza f.; *(of will, belief)* fermezza f.

constant /'kɒnstənt/ **I** agg. [*problem, reminder, threat*] costante, permanente; [*temperature*] costante; [*disputes, questions*] continuo; [*companion*] fedele **II** n. costante f.

Constantine /'kɒnstən͵taɪn/ n.pr. Costantino.

Constantinople /͵kɒnstæntɪ'nəʊpl/ n.pr. Costantinopoli f.

constantly /'kɒnstəntlɪ/ avv. costantemente.

constellation /͵kɒnstə'leɪʃn/ n. costellazione f.

consternation /͵kɒnstə'neɪʃn/ n. costernazione f., sgomento m.; ***to my ~*** con mia grande costernazione.

constipated /'kɒnstɪpeɪtɪd/ agg. costipato, stitico.

constipation /͵kɒnstɪ'peɪʃn/ ➧ **11** n. costipazione f., stitichezza f.; ***to have ~*** soffrire di stitichezza, essere costipato.

constituency /kən'stɪtjʊənsɪ/ n. POL. *(district)* collegio m., circoscrizione f. elettorale; *(voters)* elettorato m.; ***~ party*** BE sezione locale di un partito.

constituent /kən'stɪtjʊənt/ **I** agg. [*element, part*] costitutivo; POL. [*assembly, power*] costituente **II** n. **1** POL. elettore m. (-trice) **2** *(element) (of character)* tratto m.; *(of event, work of art)* elemento m. **3** CHIM. costituente m., componente m.

constitute /'kɒnstɪtju:t/ tr. **1** *(represent)* costituire **2** *(set up)* creare, istituire, costituire.

constitution /͵kɒnstɪ'tju:ʃn, AE -'tu:ʃn/ n. costituzione f.

constitutional /͵kɒnstɪ'tju:ʃənl, AE -'tu:-/ **I** agg. **1** POL. [*law, right, monarchy*] costituzionale **2** *(innate)* [*physical characteristic*] costituzionale; [*tendency, inability*] innato **II** n. ANT. passeggiata f. igienica.

constitutionalism /͵kɒnstɪ'tju:ʃənə͵lɪzəm, AE -'tu:-/ n. costituzionalismo m.

constitutionally /͵kɒnstɪ'tju:ʃənəlɪ, AE -'tu:-/ avv. **1** POL. costituzionalmente **2** *(innately)* per natura.

constrain /kən'streɪn/ tr. FORM. **1** *(compel)* costringere (**to do** a fare) **2** *(limit)* limitare, inibire [*research, development*].

constrained /kən'streɪnd/ **I** p.pass. → **constrain II** agg. [*smile*] forzato; [*air*] impacciato; [*atmosphere*] innaturale.

constraint /kən'streɪnt/ n. FORM. **1** *(compulsion)* costrizione f., coercizione f.; ***to put a ~ on*** esercitare una coercizione su; ***under ~*** per costrizione; ***you are under no ~*** non hai nessun obbligo **2** *(uneasiness)* imbarazzo m.

constrict /kən'strɪkt/ tr. comprimere, restringere [*flow, blood vessel*]; impedire [*breathing, movement*].

constricted /kən'strɪktɪd/ **I** p.pass. → **constrict II** agg. [*voice*] soffocato; [*breathing*] affannoso; [*space*] ristretto; [*life*] gramo.

constriction /kən'strɪkʃn/ n. **1** *(of job, lifestyle)* oppressione f. **2** *(of throat, blood vessel)* restringimento m. **3** *(by snake)* strangolamento m.

1.construct /'kɒnstrʌkt/ n. **1** FORM. costrutto m. **2** PSIC. concetto m.

2.construct /kən'strʌkt/ tr. costruire (**of** con; **in** in).

construction /kən'strʌkʃn/ **I** n. **1** *(composition)* costruzione f.; ***under ~*** in costruzione **2 U** (anche **~ industry**) edilizia f. **3 C** *(structure)* costruzione f., struttura f. **4** *(interpretation)* ***to put a ~ on sth.*** dare un'interpretazione di qcs. **5** LING. costruzione f., costrutto m. **II** modif. [*work*] di costruzione; [*toy*] di costruzioni.

construction engineer ➧ **27** n. ingegnere m. civile.

construction site n. cantiere m.

construction worker ➧ **27** n. operaio m. (-a) edile, edile m. e f.

constructive /kən'strʌktɪv/ agg. costruttivo.

constructively /kən'strʌktɪvlɪ/ avv. in modo costruttivo.

construe /kən'stru:/ tr. interpretare [*reaction, phrase*] (**as sth.** come qcs.); ***wrongly ~d*** mal interpretato.

consul /'kɒnsl/ n. console m.

consular /'kɒnsjʊlə(r), AE -səl-/ agg. consolare.

consulate /'kɒnsjʊlət, AE -səl-/ n. consolato m.

consult /kən'sʌlt/ **I** tr. consultare (**about** su) **II** intr. (anche **~ together**) consultarsi (**about** su).

consultancy /kən'sʌltənsɪ/ **I** n. **1** AMM. (anche **~ firm**) società f. di consulenza **2 U** AMM. *(advice)* consulenza f.; ***to work in ~*** lavorare come consulente **3** BE MED. *(job) (as a specialist)* posto m. di (medico) specialista; *(as a clinician in the highest grade)* primariato m. **II** modif. [*fees, service, work*] di consulenza.

consultant /kən'sʌltənt/ ➧ **27 I** n. **1** *(expert)* consulente m. e f. (**on, in** di, in; **to** per); ***beauty ~*** estetista **2** BE MED. *(specialist)* (medico) specialista m. e f.; *(clinician in the highest grade)* primario m. **II** modif. BE MED. ***~ obstetrician*** primario di ostetricia.

consultation /͵kɒnsl'teɪʃn/ n. **1** *(for advice)* riunione f.; *(for discussion)* conversazione f., colloquio m.; *(clinical)* consulto m.; ***to have a ~*** o ***~s with sb.*** conferire con qcn. **2 U** *(process)* consultazione f.; ***after ~ with sb.*** dopo aver consultato qcn.

consultative /kən'sʌltətɪv/ agg. consultivo.

consulting /kən'sʌltɪŋ/ agg. [*service, work*] di consulenza.

consulting engineer ➧ **27** n. consulente m. tecnico.

consulting hours n.pl. MED. orario m.sing. di visita.

consulting room n. MED. ambulatorio m., studio m. medico.

consumables /kən'sju:məbls, AE -'su:m-/ n.pl. consumi m.

consume /kən'sju:m, AE -'su:m-/ tr. **1** mangiare [*food*]; bere [*drink*] **2** *(use up)* consumare [*fuel, food, drink*]; consumare, impiegare [*time*] **3** *(destroy)* [*flames, illness*] consumare **4** *(overwhelm)* ***to be ~d by*** o ***with*** essere divorato da [*envy*]; ardere di [*desire*]; essere tormentato da [*guilt*].

consumer /kən'sju:mə(r), AE -'su:m-/ n. consumatore m. (-trice); *(of electricity, gas, etc.)* utente m. e f.

consumer advice n. consigli m.pl. ai consumatori.

consumer durables n.pl. beni m. di consumo durevoli.

consumer goods n.pl. beni m. di consumo.

consumerism /kən'sju:mərɪzəm, AE -'su:m-/ n. consumismo m.

consumerist /kən'sju:mərɪst, AE -'su:m-/ **I** agg. consumista **II** n. consumista m. e f.

consumer products n.pl. generi m. di consumo.

consumer protection n. tutela f. dei consumatori.

consumer research n. ricerca f. di mercato.

consumer society n. società f. dei consumi.

consuming /kən'sju:mɪŋ, AE –'su:m-/ agg. [*passion*] divorante; [*desire*] ardente.

1.consummate /kən'sʌmət/ agg. FORM. consumato, esperto.

2.consummate /'kɒnsəmeɪt/ tr. FORM. consumare [*marriage*].

consummation /ˌkɒnsə'meɪʃn/ n. FORM. *(of marriage)* consumazione f.; *(of efforts)* coronamento m.; *(of desire)* realizzazione f.

consumption /kən'sʌmpʃn/ ♦ *11* n. **1** consumo m.; ***electricity ~*** consumo di elettricità; ***unfit for human ~*** non commestibile **2** ANT. MED. *(tuberculosis)* consunzione f.

consumptive /kən'sʌmptɪv/ **I** agg. ANT. MED. tubercoloso, tubercolotico **II** n. ANT. MED. tubercoloso m. (-a), tubercolotico m. (-a).

cont. ⇒ continued continua.

1.contact /'kɒntækt/ n. **1** *(touch)* contatto m. (**between** tra; **with** con) (anche FIG.); ***to be in, come in(to), make ~*** essere in, venire a, mettersi in contatto; ***to get in(to) ~*** prendere contatto; ***to maintain, lose ~*** mantenere, perdere i contatti; ***to be in constant ~*** essere in costante contatto; ***diplomatic, sporting ~s*** relazioni diplomatiche, sportive **2** *(by radar, radio)* contatto m.; ***to make, lose ~*** stabilire, perdere il contatto **3** *(acquaintance)* conoscenza f.; *(professional)* contatto m.; *(for drugs, spy)* contatto m., aggancio m. **4** EL. contatto m. **5** OTT. → **contact lens 6** FOT. → **contact print 7** MED. portatore m. (-trice) di infezione; ***sexual ~*** partner.

2.contact /kən'tækt, 'kɒntækt/ tr. contattare, mettersi in contatto con (**by** con, via).

contactable /kən'tæktəbl, 'kɒn-/ agg. ***she is not ~ by phone, at the moment*** in questo momento non è possibile raggiungerla telefonicamente.

contact lens n. lente f. a contatto.

contact print n. copia f. per contatto.

contagion /kən'teɪdʒən/ n. contagio m. (anche FIG.).

contagious /kən'teɪdʒəs/ agg. contagioso (anche FIG.).

contain /kən'teɪn/ **I** tr. **1** *(hold)* contenere [*amount, ingredients, mistakes*] **2** *(curb)* domare [*blaze*]; arginare [*epidemic*]; contenere, limitare [*costs, problem*]; controllare [*strike*] **3** *(within boundary)* imbrigliare [*river*]; contenere [*flood*] **4** *(control)* contenere [*grief, joy*] **5** MIL. contenere, resistere a [*enemy*] **II** rifl. ***to ~ oneself*** contenersi.

container /kən'teɪnə(r)/ n. **1** *(for food, liquids)* contenitore m., recipiente m.; *(for plants)* vaso m.; *(for waste)* cassone m. (per materiali di rifiuto) **2** *(for transport)* container m.

container port n. porto m. dei container.

container ship n. (nave) portacontainer f.

container truck n. (autocarro) portacontainer m.

containment /kən'teɪnmənt/ n. US STOR. POL. = politica di contenimento (degli Stati Uniti nei confronti dei paesi comunisti).

contaminate /kən'tæmɪneɪt/ tr. contaminare, inquinare.

contamination /kənˌtæmɪ'neɪʃn/ n. contaminazione f. (anche LING.).

contd → **cont.**

contemplate /'kɒntəmpleɪt/ **I** tr. **1** *(consider deeply)* contemplare, riflettere su [*situation*]; **2** *(envisage)* contemplare, prendere in considerazione [*option, prospect*]; ***to ~ doing*** pensare *o* proporsi di fare **3** *(look at)* contemplare [*picture, scene*] **II** intr. riflettere, meditare.

contemplation /ˌkɒntem'pleɪʃn/ n. contemplazione f.

contemplative /kən'templətɪv, 'kɒntempleɪtɪv/ **I** agg. contemplativo (anche RELIG.) **II** n. contemplativo m. (-a).

contemporaneous /kənˌtempə'reɪnɪəs/ agg. contemporaneo (**with** di).

contemporaneously /kənˌtempə'reɪnɪəslɪ/ avv. contemporaneamente (**with** a).

contemporary /kən'temprərɪ, AE -pərerɪ/ **I** agg. **1** *(present-day)* contemporaneo; *(up-to-date)* moderno **2** *(of same period)* [*style, documents*] dell'epoca; [*account*] dello stesso periodo; ***to be ~ with*** [*event*] coincidere con **II** n. contemporaneo m. (-a); ***he was a ~ of mine at university*** eravamo all'università nello stesso periodo; ***our contemporaries*** i nostri coetanei.

contempt /kən'tempt/ n. disprezzo m.; ***to feel ~ for sb., to hold sb. in ~*** provare disprezzo per qcn., disprezzare qcn.; ***to be beneath ~*** non meritare neppure il disprezzo; ***~ of court*** DIR. oltraggio alla corte.

contemptible /kən'temptəbl/ agg. spregevole, disprezzabile.

contemptuous /kən'temptjʊəs/ agg. sprezzante, sdegnoso; ***to be ~ of sth., sb.*** disprezzare qcs., qcn.

contemptuously /kən'temptjʊəslɪ/ avv. [*smile, say*] con disprezzo; [*behave*] in modo sprezzante.

contend /kən'tend/ **I** tr. sostenere (**that** che) **II** intr. **1** ***to ~ with*** affrontare; ***he's got a lot to ~ with*** ha molti problemi da affrontare **2** *(compete)* ***to ~ with sb. for sth.*** contendere qcs. a qcn., essere in gara con qcn. per qcs.

contender /kən'tendə(r)/ n. **1** SPORT concorrente m. e f.; ***he's a ~ for first place*** è in gara per il primo posto **2** *(for job, political post)* candidato m. (-a) (**for** a).

1.content /'kɒntent/ **I** n. **1** *(relative quantity)* contenuto m.; ***the fat ~*** il contenuto di grassi; ***low, high lead ~*** basso, alto contenuto di piombo **2** *(meaning)* contenuto m.; ***form and ~*** forma e contenuto **II contents** n.pl. **1** *(of jar, bag, drawer)* contenuto m.sing.; *(of house, in insurance)* beni m. mobili **2** *(of book, file)* ***list*** o ***table of ~s*** sommario, indice.

2.content /kən'tent/ n. *(happiness)* contentezza f. ♦ ***to do sth. to one's heart's ~*** fare qcs. per propria soddisfazione personale.

3.content /kən'tent/ agg. contento, soddisfatto (**with** di); ***to be ~ to do*** accontentarsi di fare; ***not ~ with doing*** non contento di fare; ***I'm quite ~ here*** sto piuttosto bene qui.

4.content /kən'tent/ **I** tr. *(please)* accontentare **II** rifl. ***to ~ oneself with sth., with doing*** accontentarsi di qcs., di fare.

contented /kən'tentɪd/ **I** p.pass. → **4.content II** agg. [*person*] contento, soddisfatto (**with** di); [*feeling*] di soddisfazione; ***he's a ~ child*** è un bambino felice.

contentedly /kən'tentɪdlɪ/ avv. con soddisfazione.

contention /kən'tenʃn/ n. **1** *(opinion)* affermazione f.; ***it is my ~ that*** io sostengo che **2** *(dispute)* discussione f., litigio m. (**about** su, a proposito di); ***point of ~*** punto in discussione **3** SPORT *(competition)* competizione f.; ***in ~*** in competizione.

contentious /kən'tenʃəs/ agg. **1** [*subject*] contenzioso, controverso; [*view*] discutibile **2** FORM. [*person*] polemico, litigioso.

contentment /kən'tentmənt/ n. soddisfazione f., appagamento m.; ***with ~*** [*sigh*] di soddisfazione; ***there was a look of ~ on his face*** aveva l'aria soddisfatta.

1.contest /'kɒntest/ n. **1** *(competition)* concorso m., gara f., competizione f.; ***fishing ~*** gara di pesca; ***sports ~*** gara sportiva; ***it's no ~*** non c'è gara *o* storia **2** *(struggle)* lotta f. (**with** con; **between** tra) **3** *(in election)* ***the presidential ~*** la corsa alla presidenza.

2.contest /kən'test/ tr. **1** *(object to)* contestare (anche DIR.) **2** SPORT *(compete for)* disputare [*match*] **3** POL. ***to ~ an election*** presentarsi a un'elezione; ***to be strongly ~ed*** [*seat*] essere molto conteso.

contestant /kən'testənt/ n. *(in competition)* concorrente m. e f.; *(in fight)* avversario m. (-a); *(for job, in election)* candidato m. (-a).

context /'kɒntekst/ n. contesto m.; ***in ~*** nel (proprio) contesto; ***out of ~*** fuori contesto; ***to put sth. into ~*** contestualizzare qcs.

context-sensitive /'kɒntekstˌsensətɪv/ agg. sensibile al contesto.

contextual /kən'tekstʃʊəl/ agg. contestuale.

contiguity /ˌkɒntɪ'gju:ətɪ/ n. FORM. contiguità f.

contiguous /kən'tɪgjʊəs/ agg. FORM. contiguo (**to, with** a).

continence /'kɒntɪnəns/ n. FORM. continenza f.

1.continent /'kɒntɪnənt/ n. *(land mass)* continente m.; ***the Continent*** BE il continente (l'Europa continentale); ***on the Continent*** BE in continente.

2.continent /'kɒntɪnənt/ agg. continente.

continental /ˌkɒntɪ'nentl/ **I** n. continentale m. e f. **II** modif. **1** GEOGR. continentale **2** BE [*universities, philosophy*] continentale; ***~ holiday*** vacanze in continente.

continental breakfast n. colazione f. continentale.

continental drift n. deriva f. dei continenti.

continental quilt n. BE piumino m., trapunta f.

contingency /kən'tɪndʒənsɪ/ n. **1** contingenza f., eventualità f.; ***to be prepared for contingencies*** essere preparato agli imprevisti **2** FILOS. contingenza f.

contingency fund n. ECON. fondo m. di riserva (per sopravvenienze passive).

contingency plan n. piano m. di emergenza.

contingent /kən'tɪndʒənt/ **I** agg. **1** *(fortuitous)* contingente **2** FORM. ***to be ~ on*** o ***upon*** dipendere da **II** n. MIL. contingente m.
continual /kən'tɪnjʊəl/ agg. continuo, incessante.
continually /kən'tɪnjʊəlɪ/ avv. continuamente.
continuance /kən'tɪnjʊəns/ n. FORM. continuazione f.
continuation /kənˌtɪnjʊ'eɪʃn/ n. continuazione f.; *(of contract)* proroga f.; *(of route)* prolungamento m.
continue /kən'tɪnjuː/ **I** tr. **1** continuare, proseguire [*career, studies, enquiry*] **2** *(resume)* riprendere, continuare; ***"to be ~d"*** "continua", "il seguito alla prossima puntata"; ***"what's more," she ~d*** "inoltre," continuò **3** proseguire [*journey*] **4** *(preserve)* mantenere [*tradition, standards*] **II** intr. **1** *(keep on)* continuare (**doing, to do** a fare); ***to ~ with*** continuare (con) [*task, treatment*]; ***to ~ with the ironing*** continuare a stirare **2** [*person, route*] continuare, proseguire; ***he ~d across, down the street*** proseguì attraverso, lungo la strada **3** *(in career, role)* rimanere, restare (**in** in); ***she will ~ as minister*** resterà (come) ministro.
continuing /kən'tɪnjuːɪŋ/ agg. continuo.
continuity /ˌkɒntɪ'njuːɪtɪ/ n. continuità f.
continuity girl ➧ *27* n. segretaria f. di produzione.
continuous /kən'tɪnjʊəs/ agg. **1** [*flow, decline, noise*] continuo, costante, ininterrotto; [*love, care*] continuo, costante; [*line, surface*] continuo; ***~ assessment*** BE SCOL. UNIV. valutazione formativa **2** LING. [*tense*] progressivo; ***it's in the present ~*** è al presente progressivo.
continuously /kən'tɪnjʊəslɪ/ avv. continuamente.
continuum /kən'tɪnjʊəm/ n. (pl. **~s, -a**) continuo m.
contort /kən'tɔːt/ **I** tr. contorcere [*limbs*]; ***to ~ one's body*** contorcersi; ***his features were ~ed with rage*** aveva il volto stravolto dalla rabbia **II** intr. [*face, features, mouth*] contorcersi, contrarsi.
contortion /kən'tɔːʃn/ n. contorsione f.
contour /'kɒntʊə(r)/ n. **1** *(outline)* contorno m., profilo m. **2** GEOGR. (anche **~ line**) curva f. di livello, linea f. isometrica; METEOR. isoipsa f.
contraband /'kɒntrəbænd/ **I** n. contrabbando m. **II** modif. di contrabbando.
contrabass /ˌkɒntrə'beɪs/ ➧ *17* n. contrabbasso m.
contraception /ˌkɒntrə'sepʃn/ n. contraccezione f.
contraceptive /ˌkɒntrə'septɪv/ **I** n. contraccettivo m., anticoncezionale m. **II** agg. [*method*] contraccettivo, anticoncezionale; ***~ device*** (sistema) contraccettivo, anticoncezionale.
1.contract /'kɒntrækt/ **I** n. **1** *(agreement)* contratto m.; ***employment ~*** o ***~ of employment*** contratto di lavoro; ***to enter into a ~ with*** fare *o* stipulare un contratto con; ***to be on a ~*** essere sotto contratto; ***to be under ~ to*** lavorare a contratto per **2** COMM. *(tender)* (contratto di) appalto m.; ***to place a ~ for sth. with*** assegnare un appalto per qcs. a; ***to put work out to ~*** dare un lavoro in appalto **3** POP. *(for assassination)* ***to put out a ~ on sb.*** fare uccidere qcn. su commissione; ***there's a ~ out on him*** hanno pagato un killer per ucciderlo **II** modif. [*labour, worker*] a contratto.
2.contract /kən'trækt/ **I** tr. **1** MED. contrarre [*disease*] **2** DIR. *(arrange)* contrarre [*marriage, debt, loan*] **3** COMM. DIR. ***to be ~ed to do*** essere tenuto a fare per contratto **4** *(tighten)* contrarre [*muscles*] **II** intr. **1** COMM. DIR. *(undertake)* ***to ~ to do*** impegnarsi a fare per contratto **2** *(shrink)* [*metal*] contrarsi, ritirarsi; [*support, market*] ridursi **3** *(tighten)* [*muscles*] contrarsi.
▪ **contract into** BE ***~ into [sth.]*** aderire a, entrare a far parte di [*group, scheme*].
▪ **contract out** BE ***~ out*** rinunciare, liberarsi da obblighi legali; ***to ~ out of*** ritirarsi da, non aderire a [*scheme*]; ***~ out [sth.], ~ [sth.] out*** appaltare, dare in appalto [*work*] (**to** a).
contraction /kən'trækʃn/ n. contrazione f.
contract killer n. killer m. (prezzolato).
contractor /kən'træktə(r)/ ➧ *27* n. **1** COMM. appaltatore m. (-trice), imprenditore m. (-trice) **2** DIR. parte f. contraente, contraente m. e f.
contractual /kən'træktʃʊəl/ agg. contrattuale.
contract work n. (lavoro in) appalto m.
contract worker ➧ *27* n. lavoratore m. (-trice) a contratto.
contradict /ˌkɒntrə'dɪkt/ **I** tr. contraddire **II** intr. contraddire, dire il contrario.
contradiction /ˌkɒntrə'dɪkʃn/ n. contraddizione f.; ***it's a ~ in terms!*** è una contraddizione in termini!
contradictory /ˌkɒntrə'dɪktərɪ/ agg. contraddittorio.
contraflow /'kɒntrəfləʊ/ n. BE circolazione f. su una sola carreggiata.
contrail /'kɒntreɪl/ n. *(of aircraft)* scia f. di condensazione.
contraindication /ˌkɒntrəɪndɪ'keɪʃn/ n. controindicazione f.
contralto /kən'træltəʊ/ n. (pl. **~s, -i**) contralto m.
contraption /kən'træpʃn/ n. COLLOQ. SPREG. o SCHERZ. aggeggio m., affare m.
contrapuntal /ˌkɒntrə'pʌntl/ agg. contrappuntistico.
contrariness /'kɒntreərɪnɪs/ n. spirito m. di contraddizione.
contrariwise /'kɒntrərɪwaɪz, AE -trerɪ-/ avv. **1** *(conversely)* al contrario, all'opposto **2** *(in opposite direction)* in senso contrario.
contrary /'kɒntrərɪ, AE -trerɪ/ **I** agg. **1** [*idea, view*] contrario; ***to be ~ to*** [*proposal, measure*] essere contrario a, andare contro **2** [*direction, movement*] contrario, opposto (**to** a) **3** /kən'treərɪ/ [*person*] testardo, ostinato **II** n. contrario m., opposto m.; ***quite the ~*** proprio il contrario; ***on the ~*** al contrario, invece; ***despite claims to the ~*** nonostante posizioni contrarie; ***unless there is evidence to the ~*** a meno che ci siano prove che dimostrino l'opposto; ***unless you hear anything to the ~*** salvo contrordine **III contrary to** avv. contrariamente a; ***~ to popular belief*** contrariamente a quanto si pensa; ***~ to expectations*** contro ogni aspettativa.
1.contrast /'kɒntrɑːst, AE -træst/ n. **1** contrasto m.; ***in ~ to*** o ***by ~ with sth.*** in contrasto con qcs.; ***in ~ to sb.*** in contrasto con qcn.; ***to be a ~ to*** o ***with*** essere in contrasto con [*thing, event*]; ***by*** o ***in ~*** per contrasto **2** FOT. TELEV. contrasto m.
2.contrast /kən'trɑːst, AE -'træst/ **I** tr. ***to ~ X with Y*** mettere in contrasto X con Y, contrapporre X a Y **II** intr. contrastare, essere in contrasto.
contrasting /kən'trɑːstɪŋ, AE -'træst-/ agg. [*examples, opinions, colours*] contrastante; [*landscape*] ricco di contrasti.
contravene /ˌkɒntrə'viːn/ tr. FORM. contravvenire a, trasgredire [*law, ban*].
contravention /ˌkɒntrə'venʃn/ n. FORM. contravvenzione f., infrazione f.; ***in ~ of*** in violazione di [*rule, law*].
contretemps /'kɒntrətɒŋ/ n. (pl. **~**) contrattempo m.
contribute /kən'trɪbjuːt/ **I** tr. **1** contribuire con, dare come contributo [*sum*] (**to** a); contribuire a [*costs, expenses*] **2** *(to charity)* donare, elargire (**to** a; **towards** per) **3** COMM. ECON. ***to ~ £ 5m*** apportare (un capitale di) 5 milioni di sterline **4** *(to project)* contribuire con, portare [*ideas, experience*] (**to** a) **5** GIORN. RAD. scrivere [*article*] (**to** per) **II** intr. **1** *(be a factor in)* ***to ~ to*** o ***towards*** contribuire a, concorrere a [*change, well-being*] **2** *(to community life, research)* contribuire, partecipare (**to** a) **3** ***to ~ to*** versare la propria quota a, aderire a [*pension fund, insurance scheme*] **4** *(to charity)* fare donazioni (**to** a); *(to campaign, orchestra)* dare sovvenzioni (**to** a) **5** GIORN. RAD. collaborare (**to** a).
contribution /ˌkɒntrɪ'bjuːʃn/ n. **1** *(to tax, pension)* contribuzione f., contributo m. (**towards** a) **2** *(to charity, campaign)* donazione f., elargizione f.; ***to make a ~ to*** fare un'offerta per **3** *(role played)* ***sb.'s ~ to*** il contributo di qcn. a [*success, undertaking, science*]; ***a pathetic ~*** *(by team, performer)* una prestazione pietosa **4** COMM. *(to profits, costs)* concorso m., partecipazione f. **5** RAD. TELEV. collaborazione f., partecipazione f.; GIORN. articolo m.; ***with ~s from*** con la collaborazione di.
contributor /kən'trɪbjʊtə(r)/ n. **1** *(to charity)* donatore m. (-trice) **2** *(in discussion)* partecipante m. e f. **3** *(to magazine, book)* collaboratore m. (-trice) **4** *(cause)* fattore m., causa f. (**to** di).
contributory /kən'trɪbjʊtərɪ, AE -tɔːrɪ/ agg. ***to be ~ to*** contribuire a; ***~ cause*** causa concomitante.
con trick n. COLLOQ. raggiro m., bidone m.
contrite /'kɒntraɪt/ agg. FORM. contrito.
contrition /kən'trɪʃn/ n. FORM. contrizione f.
contrivance /kən'traɪvəns/ n. FORM. **1** *(contraption)* apparecchio m., congegno m. **2** *(ploy)* espediente m., stratagemma m. **3** *(ingenuity)* ingegnosità f.
contrive /kən'traɪv/ tr. **1** *(arrange)* organizzare [*event*]; ***to ~ to do*** riuscire a fare, trovare il mezzo di fare **2** *(invent)* inventare [*machine, device*].

contrived /kən'traɪvd/ **I** p.pass. → **contrive** **II** agg. SPREG. **1** [*incident, meeting*] combinato **2** *(forced)* [*plot, ending*] forzato **3** *(artificial)* [*style, effect*] affettato, studiato.

1.control /kən'trəʊl/ **I** n. **1** U *(domination)* controllo m. (**of** di); *(of operation, project)* controllo m., direzione f. (**of** di); *(of life, fate)* dominio m. (**of, over** su); *(of disease, social problem)* lotta f. (**of** contro), contenimento m. (**of** di); ***to be in ~ of*** controllare [*territory*]; controllare, dirigere [*operation, organization*]; avere padronanza di, avere sotto controllo [*problem*]; ***to have ~ over*** controllare [*territory*]; avere autorità su [*person*]; essere padrone *o* arbitro di [*fate, life*]; ***to take ~ of*** assumere il controllo di [*territory, operation*]; prendere in mano [*situation*]; ***to be under sb.'s ~*** [*person*] essere sotto il controllo *o* in balia di qcn.; [*organization, party*] essere sotto il controllo di qcn.; ***to be under ~*** [*fire, problem*] essere sotto controllo; ***to bring*** o ***get*** o ***keep [sth.] under ~*** tenere sotto controllo [*animals, riot*]; circoscrivere [*fire, problem*]; ***to be out of ~*** [*crowd, riot*] essere incontrollabile; [*fire*] non essere più controllabile, essere ingovernabile; ***to lose ~ of sth.*** perdere il controllo di qcs.; ***the situation is out of*** o ***beyond ~*** la situazione è sfuggita di mano; ***due to circumstances beyond our ~*** per circostanze al di là del nostro controllo *o* indipendenti dalla nostra volontà **2** U *(restraint) (of self, emotion, urge)* controllo m., dominio m., freno m.; ***to have ~ over sth.*** controllare *o* dominare qcs.; ***to keep ~ of oneself*** o ***to be in ~ of oneself*** controllarsi, dominarsi; ***to lose ~ (of oneself)*** perdere il controllo **3** U *(physical mastery) (of vehicle, machine, ball, body)* controllo m.; ***to be in ~ of*** avere il controllo di; ***to keep, lose ~ of a car*** mantenere, perdere il controllo di un'automobile; ***to take ~*** *(of car)* mettersi al *o* prendere il volante; *(of plane)* prendere i comandi; ***his car went out of ~*** ha perso il controllo della sua automobile **4** spesso pl. *(lever, switch) (on vehicle, equipment)* comando m., controllo m.; ***brightness, volume ~*** TELEV. regolatore della luminosità, del volume; ***to be at the ~s*** essere ai comandi; FIG. avere il comando **5** AMM. ECON. *(regulation)* controllo m., regolamentazione f. (**on** di) **6** *(in experiment)* controllo m., verifica f. **II** modif. [*button, switch*] di comando.

2.control /kən'trəʊl/ **I** tr. (forma in -ing ecc. **-ll-**) **1** *(dominate)* controllare, tenere sotto controllo [*situation, market, territory*]; controllare, dirigere [*traffic, project*] **2** *(discipline)* tenere sotto controllo [*person, animal, temper, riot*]; controllare, circoscrivere [*fire*]; contenere [*pain, inflation*]; arginare [*disease, epidemic*]; controllare, dominare [*emotion, impulse*]; trattenere, frenare [*laughter, tears*] **3** *(operate)* controllare, manovrare [*machine, system*]; azionare [*lever, process*]; manovrare [*boat, vehicle*]; pilotare [*plane*]; controllare [*ball*] **4** *(regulate)* regolare [*speed, volume, temperature*]; regolamentare, controllare [*immigration, prices*] **5** *(check)* controllare [*quality*]; controllare, verificare [*accounts*] **II** rifl. (forma in -ing ecc. **-ll-**) ***to ~ oneself*** controllarsi.

control character n. carattere m. di controllo.

control column n. AER. cloche f., barra f. di volante.

controllable /kən'trəʊləbl/ agg. controllabile; [*emotion*] contenibile; [*speed, temperature*] regolabile.

controlled /kən'trəʊld/ **I** p.pass. → **2.control** **II** agg. **1** [*explosion, economy*] controllato; [*landing*] guidato; [*person, voice*] controllato, misurato; [*performance*] di verifica; ***electronically ~*** controllato elettronicamente; ***under ~ conditions*** in condizioni verificabili **2 -controlled** in composti ***Labour-~*** controllato dai laburisti; ***computer-~*** controllato dal computer.

controller /kən'trəʊlə(r)/ n. **1** direttore m. (-trice) (anche RAD. TELEV.) **2** COMM. ECON. controllore m., revisore m.

controlling /kən'trəʊlɪŋ/ agg. [*group, organization*] di controllo; [*factor*] decisivo, determinante; ***~ interest*** o ***share*** o ***stake*** ECON. partecipazione di maggioranza.

control panel n. *(for plane, car)* pannello m. di controllo; *(on machine)* quadro m. (di comando); *(on TV)* quadro m. dei comandi.

control room n. cabina f. di controllo; RAD. TELEV. cabina f. di regia.

control tower n. AER. torre f. di controllo.

controversial /ˌkɒntrə'vɜːʃl/ agg. **1** [*decision, plan, film*] *(criticized)* controverso; *(open to criticism)* discutibile **2** [*person, group*] *(much discussed)* discusso; *(dubious)* discutibile.

controversially /ˌkɒntrə'vɜːʃəlɪ/ avv. in modo controverso.

controversy /'kɒntrəvɜːsɪ, kən'trɒvəsɪ/ n. controversia f., polemica f. (**about, over** su; **between** tra); ***to be the subject of much ~*** essere al centro di molte controversie.

contumelious /ˌkɒntjuː'miːljəs, AE -tə-/ agg. RAR. insolente, ingiurioso.

contumely /'kɒntjʊːmlɪ, AE kən'tuːməlɪ/ n. RAR. *(scornful behaviour)* insolenza f.; *(insult)* contumelia f.

contuse /kən'tjuːz, AE -'tuː-/ tr. contundere.

contusion /kən'tjuːʒn, AE -'tuː-/ n. contusione f. (**to** a).

conundrum /kə'nʌndrəm/ n. enigma m., indovinello m.

conurbation /ˌkɒnɜː'beɪʃn/ n. conurbazione f.

convalesce /ˌkɒnvə'les/ intr. rimettersi in salute; ***he's convalescing*** è in convalescenza.

convalescence /ˌkɒnvə'lesns/ n. convalescenza f.

convalescent /ˌkɒnvə'lesnt/ **I** agg. [*person*] convalescente **II** n. convalescente m. e f. **III** modif. ***~ home*** convalescenziario.

convection /kən'vekʃn/ n. convezione f.

convector /kən'vektə(r)/ n. (anche **~ heater**) (termo)convettore m.

convene /kən'viːn/ **I** tr. convocare, riunire [*meeting, group*] **II** intr. riunirsi.

convener /kən'viːnə(r)/ n. **1** *(organizer)* convocatore m. (-trice); *(chairperson)* presidente m. **2** BE delegato m. (-a) sindacale.

convenience /kən'viːnɪəns/ n. **1** U *(advantage)* convenienza f., vantaggio m. (**of doing** di fare, nel fare); ***the ~ of*** i vantaggi di [*lifestyle, method*]; la comodità *o* la praticità di [*instant food, device*]; ***for (the sake of) ~*** per comodità; ***for our ~*** per nostra comodità, per nostro comodo; ***at your ~*** a vostro comodo *o* con comodo; ***at your earliest ~*** COMM. al più presto *o* non appena possibile **2** *(practical feature)* comodità f.; ***"modern ~s"*** *(in ad)* "ogni comfort" **3** BE FORM. *(toilet)* (anche **public ~**) gabinetto m. pubblico.

convenience foods n.pl. cibi m. (quasi) pronti; *(frozen)* surgelati m.; *(tinned)* cibi m. in scatola.

convenience store n. = negozio di generi alimentari e domestici aperto fino a tardi.

convenient /kən'viːnɪənt/ agg. **1** *(suitable)* [*place, date*] comodo, adatto; ***now is not a very ~ time*** ora non è proprio il momento adatto; ***to be ~ for sb. (to do)*** essere comodo per qcn. *o* andare bene a qcn. (fare) **2** *(useful, practical)* [*tool, method*] pratico, utile **3** *(in location)* [*shops, amenities*] vicino, comodo; [*chair, table*] a portata di mano; ***to be ~ for*** BE, ***to be ~ to*** AE essere comodo per [*station, shops, facilities*] **4** IRON. SPREG. *(expedient)* [*excuse, explanation*] comodo, facile; ***it's ~ for them to ignore the facts*** gli fa comodo ignorare i fatti.

conveniently /kən'viːnɪəntlɪ/ avv. **1** [*arrange*] convenientemente, opportunamente; [*arrive, leave*] al momento giusto **2** ***~ situated, ~ located*** in posizione comoda **3** IRON. SPREG. opportunisticamente.

convenor → **convener**.

convent /'kɒnvənt, AE -vent/ n. convento m.; ***to enter a ~*** entrare in convento.

convention /kən'venʃn/ n. **1** *(meeting) (of party, union)* congresso m., convention f.; *(of society)* assemblea f.; *(of fans)* raduno m. **2** U *(social norms)* convenzioni f.pl. (sociali), consuetudini f.pl.; ***to flout*** o ***defy ~*** sfidare le convenzioni **3** *(usual practice)* convenzione f. **4** *(agreement)* convenzione f., accordo m. (**on** su).

conventional /kən'venʃənl/ agg. **1** *(conformist)* [*person*] convenzionale, conformista; [*idea, role*] convenzionale **2** *(traditionally accepted)* [*approach, method*] convenzionale, tradizionale; [*medicine*] tradizionale; ***the ~ wisdom about sth.*** l'opinione comunemente accettata su qcs. **3** MIL. [*weapons*] convenzionale.

conventionally /kən'venʃənəlɪ/ avv. [*dress, behave*] in modo convenzionale, convenzionalmente.

convent school n. scuola f. religiosa.

converge /kən'vɜːdʒ/ intr. convergere (**at** a); ***to ~ on*** [*people*] convergere su [*place*]; [*rays, paths*] convergere in [*point*].

convergence /kən'vɜːdʒəns/ n. convergenza f.

conversant /kən'vɜːsnt/ agg. ***to be ~ with sth.*** *(be informed)* essere al corrente di qcs.; *(be acquainted)* essere pratico di qcs.

conversation /ˌkɒnvəˈseɪʃn/ n. conversazione f. (**about** su, riguardo a); ***to have*** o ***hold a ~*** fare una conversazione; ***to make ~*** fare conversazione; ***(deep) in ~*** nel pieno della conversazione.

conversational /ˌkɒnvəˈseɪʃənl/ agg. [*ability*] nella conversazione; [*exercise*] di conversazione; ***in a ~ tone*** in tono colloquiale.

conversationalist /ˌkɒnvəˈseɪʃənəlɪst/ n. abile conversatore m. (-trice).

1.converse /ˈkɒnvɜːs/ **I** agg. contrario, opposto **II** n. **1** contrario m., opposto m. **2** MAT. FILOS. proposizione f. conversa.

2.converse /kənˈvɜːs/ intr. conversare.

conversely /ˈkɒnvɜːslɪ, kənˈvɜːslɪ/ avv. per converso, al contrario.

conversion /kənˈvɜːʃn, AE kənˈvɜːrʒn/ n. **1** *(transformation)* conversione f., trasformazione f. (**from** da; **to, into** in) **2** *(of currency, measurement)* conversione f. (**from** da; **into** in) **3** *(of building)* ristrutturazione f., riadattamento m. (**to, into** in) **4** RELIG. POL. conversione f. (**from** da; **to** a); ***to undergo a ~*** convertirsi **5** *(in rugby)* trasformazione f.

conversion rate n. ECON. tasso m. di conversione.

conversion table n. tavola f. di conversione.

1.convert /ˈkɒnvɜːt/ n. convertito m. (-a) (**to** a); ***to become a ~*** convertirsi; ***to win*** o ***make ~s*** fare proseliti.

2.convert /kənˈvɜːt/ **I** tr. **1** *(change)* convertire, trasformare **2** *(modify)* trasformare, adattare **3** convertire [*currency, measurement*] (**from** da; **to, into** in) **4** ARCH. riconvertire [*building, loft*] (**to, into** in) **5** RELIG. POL. convertire [*person*] (**to** a; **from** da) **6** *(in rugby)* trasformare [*try*] **II** intr. **1** *(change)* ***to ~ to sth.*** passare a qcs. **2** *(be convertible)* [*sofa*] essere trasformabile (**into** in) **3** RELIG. POL. convertirsi (**to** a; **from** da) **4** *(in rugby)* trasformare (una meta).

converter /kənˈvɜːtə(r)/ n. convertitore m.

convertible /kənˈvɜːtəbl/ **I** n. AUT. decappottabile f., convertibile f. **II** agg. [*car*] decappottabile, convertibile; ***~ sofa*** divano letto.

convertor → **converter**.

convex /ˈkɒnveks/ agg. convesso.

convey /kənˈveɪ/ tr. **1** *(transmit)* [*person*] trasmettere, comunicare [*message, information*]; esprimere [*opinion, feeling, idea*]; porgere [*regards, condolences*] (**to** a); ***to ~ to sb. that, how*** comunicare a qcn. che, come; ***to ~ the impression of, that*** dare l'impressione di, che **2** *(communicate)* [*words, images*] esprimere, comunicare [*mood, impression*] **3** *(transport)* [*vehicle*] trasportare, portare; [*pipes, network*] convogliare (**to** a) **4** DIR. trasmettere, cedere [*property*] (**to** a).

conveyance /kənˈveɪəns/ n. **1** trasporto m. **2** ANT. *(vehicle)* mezzo m. di trasporto **3** DIR. trasferimento m., cessione f.; ***(deed of) ~*** atto di cessione.

conveyancing /kənˈveɪənsɪŋ/ n. = (preparazione dei documenti per un) trasferimento di proprietà.

conveyer, **conveyor** /kənˈveɪə(r)/ n. **1** (anche **~ belt**) nastro m. trasportatore **2** *(of goods, persons)* trasportatore m. (-trice).

1.convict /ˈkɒnvɪkt/ n. *(imprisoned criminal)* detenuto m. (-a), carcerato m. (-a); *(deported criminal)* forzato m. (-a); ***escaped ~*** evaso.

2.convict /kənˈvɪkt/ tr. **1** [*jury, court*] giudicare colpevole, condannare (**of** per; **of doing** per aver fatto); ***to be ~ed on a charge of*** essere dichiarato colpevole per il reato di **2** [*evidence*] condannare (anche FIG.).

conviction /kənˈvɪkʃn/ n. **1** DIR. (sentenza di) condanna f. (**for** per) **2** *(belief)* convinzione f., convincimento m.; ***to lack ~*** mancare di convinzione.

convince /kənˈvɪns/ **I** tr. **1** *(gain credibility of)* convincere [*person, jury*] (**of** di; **that** che; **about** riguardo a) **2** *(persuade)* persuadere, convincere [*voter, consumer*] **II** rifl. ***to ~ oneself*** convincersi.

convincing /kənˈvɪnsɪŋ/ agg. [*evidence, theory*] convincente, persuasivo; [*victory*] convincente, indiscutibile.

convincingly /kənˈvɪnsɪŋlɪ/ avv. in modo convincente.

convivial /kənˈvɪvɪəl/ agg. **1** [*atmosphere, evening*] conviviale, festoso **2** [*person*] allegro, gioviale.

conviviality /kənˌvɪvɪˈælətɪ/ n. **1** *(of atmosphere, evening)* convivialità f., festosità f. **2** *(of person)* allegria f., giovialità f.

convocation /ˌkɒnvəˈkeɪʃn/ n. convocazione f.

convoke /kənˈvəʊk/ tr. convocare.

convoluted /ˈkɒnvəluːtɪd/ agg. **1** [*argument, style*] contorto, involuto **2** [*vine*] convoluto; [*tendril*] ritorto; [*design*] circonvoluto.

convolution /ˌkɒnvəˈluːʃn/ n. circonvoluzione f.; FIG. tortuosità f.

convolvulus /kənˈvɒlvjʊləs/ n. (pl. **~es, -i**) convolvolo m.

1.convoy /ˈkɒnvɔɪ/ n. **1** convoglio m. **2** *(escort)* scorta f.

2.convoy /ˈkɒnvɔɪ/ tr. scortare [*ship*].

convulse /kənˈvʌls/ tr. **1** [*pain, laughter*] fare venire le convulsioni a, fare contorcere [*person, body*]; [*joke*] fare contorcere dalle risa [*person*]; ***~d with pain*** piegato in due dal dolore **2** [*riots, unrest*] sconvolgere [*country*].

convulsion /kənˈvʌlʃn/ n. convulsione f.; ***to go into ~s*** avere le convulsioni; ***to be in ~s*** FIG. contorcersi dalle risa.

convulsive /kənˈvʌlsɪv/ agg. **1** [*movement, spasm*] convulsivo **2** [*change, riot*] convulso, violento.

convulsively /kənˈvʌlsɪvlɪ/ avv. convulsamente.

cony /ˈkəʊnɪ/ n. **1** *(fur)* pelliccia f. di coniglio, lapin m. **2** ANT. coniglio m.

1.coo /kuː/ n. (pl. **~s**) (il) tubare.

2.coo /kuː/ intr. [*lover, dove*] tubare; ***to ~ over a baby*** fare le moine a un bambino.

cooing /ˈkuːɪŋ/ n. (il) tubare.

1.cook /kʊk/ ♦ **27** n. cuoco m. (-a).

2.cook /kʊk/ **I** tr. **1** GASTR. (far) cuocere [*vegetables, pasta*]; cucinare [*meal*] **2** COLLOQ. *(falsify)* falsificare, manipolare [*data*]; ***to ~ the books*** falsificare *o* truccare i conti **II** intr. [*person*] cucinare; [*meal*] cuocere, cuocersi ♦ ***there's something ~ing*** qualcosa bolle in pentola.

▪ **cook up** COLLOQ. **~ *up [sth.]*** cucinare, preparare [*dish, meal*]; inventare [*excuse, story*]; macchinare, architettare [*plan, scheme*].

cookbook /ˈkʊkbʊk/ n. ricettario m., libro m. di cucina.

cook-chill foods n.pl. = cibi precotti e conservati in frigo.

cooked /kʊkt/ **I** p.pass. → **2.cook II** agg. [*ham, food*] cotto.

cooked meats n.pl. salumi m.

cooker /ˈkʊkə(r)/ n. **1** BE *(appliance)* fornello m., cucina f. **2** COLLOQ. *(apple)* mela f. da cuocere.

cookery /ˈkʊkərɪ/ **I** n. BE cucina f., arte f. culinaria **II** modif. BE [*book*] di cucina.

cookhouse /ˈkʊkhaʊs/ n. MIL. cucina f. da campo.

cookie /ˈkʊkɪ/ n. **1** AE *(biscuit)* biscotto m. **2** COLLOQ. *(person)* ***a tough ~*** un tipo tosto **3** INFORM. *(on the Internet)* cookie m. ♦ ***that's the way the ~ crumbles!*** così va il mondo!

cooking /ˈkʊkɪŋ/ **I** n. cucina f., arte f. culinaria; ***to do the ~*** cucinare; ***to be good at ~*** essere bravo in cucina *o* a cucinare; ***Chinese, plain ~*** cucina cinese, casalinga **II** modif. [*oil, wine*] per cucinare.

cooking apple n. mela f. da cuocere.

cooking chocolate n. cioccolato m. per pasticceria.

cooking foil n. (carta) stagnola f.

cooking salt n. sale m. da cucina.

cookout /ˈkʊkaʊt/ n. AE barbecue m.

cookware /ˈkʊkweə(r)/ n. utensili m.pl. da cucina.

1.cool /kuːl/ **I** agg. **1** [*day, drink, water*] fresco; [*fabric, dress*] fresco, leggero; [*colour*] freddo; ***it's ~ today*** fa fresco oggi; ***to feel ~*** [*surface, wine*] essere fresco; ***I feel ~er now*** ho meno caldo adesso **2** *(calm)* [*approach, handling*] calmo, tranquillo; ***to stay ~*** mantenere la calma; ***to keep a ~ head*** mantenere il sangue freddo; ***keep ~!*** calma! rimani calmo! **3** *(unemotional)* [*manner*] freddo, distaccato; [*logic*] freddo **4** *(unfriendly)* [*reception, welcome*] freddo, distaccato; ***to be ~ with*** o ***towards sb.*** essere freddo verso qcn. **5** *(casual)* [*person, attitude*] disinvolto, sfacciato; ***he's a ~ customer*** è un tipo spavaldo **6** *(for emphasis)* ***a ~ million dollars*** la bellezza di un milione di dollari **7** COLLOQ. *(fashionable)* fico, giusto; ***a ~ guy*** un tipo giusto, un fico; ***a ~ car*** una ficata di macchina; ***he thinks it's ~ to smoke*** pensa che faccia fico fumare **8** AE COLLOQ. *(great)* ***that's ~!*** che ficata! **II** n. **1** *(coldness)* fresco m., frescura f. **2** COLLOQ. *(calm)* sangue m. freddo; ***to keep, lose one's ~*** mantenere, perdere la calma ♦ ***to play it ~*** restare calmo.

2.cool /kuːl/ **I** tr. **1** *(lower the temperature of)* raffreddare [*soup, pan*]; mettere al fresco [*wine*]; [*air-conditioning, fan*] rinfrescare [*room*]; ***to ~ one's hands*** rinfrescarsi le mani 2 FIG. calmare, raffreddare [*anger, passion*] II intr. 1 *(get colder)* [*water*] raffreddarsi; [*air*] rinfrescarsi; ***to leave sth. to ~*** lasciare raffreddare qcs. 2 *(subside)* [*passion, enthusiasm*] raffreddarsi; ***relations between them have ~ed*** i rapporti tra loro si sono raffreddati; ***wait until tempers have ~ed*** aspetta che gli animi si calmino ♦ ***~ it!*** calmati! datti una calmata!

■ **cool down:** ***~ down*** [*engine, water*] raffreddarsi; FIG. [*person*] calmarsi; ***~ [sth.] down*** raffreddare [*mixture*]; mettere al fresco [*wine*]; ***~ [sb.] down*** *(make colder)* rinfrescare [*person*]; FIG. calmare [*person*].

■ **cool off** [*person*] *(get colder)* rinfrescarsi; *(calm down)* calmarsi.

coolant /'ku:lənt/ n. fluido m. refrigerante.

cool bag n. BE borsa f. termica.

cool box n. BE frigo m. portatile.

cooler /'ku:lə(r)/ n. COLLOQ. *(prison)* gattabuia f.; ***he got five years in the ~*** starà al fresco per cinque anni.

cool-headed /ˌku:l'hedɪd/ agg. [*person*] calmo, che mantiene il sangue freddo; [*approach*] ponderato; ***a ~ decision*** un decisione presa a mente fredda.

cooling /'ku:lɪŋ/ I n. raffreddamento m. II agg. 1 [*drink, swim*] rinfrescante; [*breeze*] fresco 2 [*agent*] refrigerante; ***~ tower*** torre di raffreddamento.

cooling-off period n. *(in industrial relations)* periodo m. di raffreddamento; COMM. periodo m. di ripensamento.

coolly /'ku:lɪ/ avv. 1 *(lightly)* [*dressed*] in modo leggero 2 *(without warmth)* [*greet, say*] freddamente 3 *(calmly)* con calma 4 *(boldly)* con disinvoltura, con spavalderia.

coolness /'ku:lnɪs/ n. 1 *(coldness)* fresco m., frescura f. 2 *(unfriendliness)* freddezza f. 3 *(calmness)* calma f.

coon /ku:n/ n. AE COLLOQ. procione m.

coop /ku:p/ n. (anche **chicken ~**, **hen ~**) stia f.

co-op /'kəʊɒp/ n. COLLOQ. → **cooperative**.

cooper /'ku:pə(r)/ ➧ ***27*** n. bottaio m. (-a).

cooperate /kəʊ'ɒpəreɪt/ intr. cooperare.

cooperation /kəʊˌɒpə'reɪʃn/ n. cooperazione f. (**on** in); ***in (close) ~*** in (stretta) cooperazione.

cooperative /kəʊ'ɒpərətɪv/ I n. 1 *(organization)* cooperativa f.; ***workers' ~*** cooperativa dei lavoratori 2 AE *(apartment house)* immobile m. in comproprietà II agg. 1 *(joint)* [*effort*] collaborativo, congiunto; ***to take ~ action*** agire in modo congiunto 2 *(helpful)* [*person*] che coopera, che collabora; ***to organize sth. along ~ lines*** organizzare qcs. in modo collaborativo 3 COMM. POL. [*movement, society*] cooperativo 4 AE [*apartment, building*] in comproprietà.

cooperatively /kəʊ'ɒpərətɪvlɪ/ avv. [*work*] in cooperazione; ***to act ~*** agire in modo cooperativo.

co-opt /kəʊ'ɒpt/ tr. cooptare.

coop up tr. rinchiudere; ***to keep sb., sth. ~ed up*** tenere qcn., qcs. rinchiuso.

1.coordinate /ˌkəʊ'ɔ:dɪnət/ I n. *(on graph)* coordinata f. II **coordinates** n.pl. SART. coordinato m.sing. III agg. MAT. LING. coordinato.

2.coordinate /ˌkəʊ'ɔ:dɪneɪt/ I tr. coordinare (**with** con) II intr. agire coordinatamente (**with** con).

coordinate geometry n. geometria f. analitica.

coordinated /kəʊ'ɔ:dɪneɪtɪd/ I p.pass. → **2.coordinate** II agg. coordinato.

coordination /kəʊˌɔ:dɪ'neɪʃn/ n. coordinazione f.

coordinator /kəʊ'ɔ:dɪneɪtə(r)/ n. coordinatore m. (-trice).

coot /ku:t/ n. ZOOL. folaga f.

co-owner /kəʊ'əʊnə(r)/ n. comproprietario m. (-a).

1.cop /kɒp/ n. 1 COLLOQ. *(police officer)* poliziotto m. (-a), piedipiatti m. SPREG.; ***to play ~s and robbers*** giocare a guardie e ladri 2 BE COLLOQ. *(arrest)* ***it's a fair ~!*** mi avete beccato!

2.cop /kɒp/ tr. (forma in -ing ecc. **-pp-**) 1 COLLOQ. *(receive)* beccare, beccarsi [*punch, punishment*]; ***to ~ it*** prenderle 2 COLLOQ. (anche **~ hold of**) *(catch)* acchiappare, afferrare; ***~ hold of the rope!*** afferra la corda!

■ **cop out** COLLOQ. ***to ~ out of doing*** sottrarsi alla responsabilità di fare.

cope /kəʊp/ intr. 1 *(manage practically)* [*person*] farcela, sbrogliarsela; [*police, system*] farcela, essere all'altezza; ***to learn to ~ alone*** imparare a cavarsela da solo; ***to ~ with*** [*person*] occuparsi di [*person, work*]; [*police, system*] far fronte a, affrontare [*demand, disaster, inquiries*]; ***it's more than I can ~ with*** è più di quanto possa fare 2 *(manage financially)* tirare avanti; ***to ~ on £ 60 a week*** tirare avanti con 60 sterline alla settimana; ***to ~ with a mortgage*** farcela a pagare un mutuo 3 *(manage emotionally)* ***to ~ with*** affrontare, sopportare [*bereavement, depression*]; ***to ~ with sb.*** tenere testa a qcn.; ***if you left me, I couldn't ~*** se mi lasciassi, non potrei sopportarlo.

copier /'kɒpɪə(r)/ n. fotocopiatrice f.

co-pilot /ˌkəʊ'paɪlət/ n. secondo pilota m.

copious /'kəʊpɪəs/ agg. copioso, abbondante.

copiously /'kəʊpɪəslɪ/ avv. copiosamente, abbondantemente.

cop-out /'kɒpaʊt/ n. COLLOQ. *(excuse)* scusa f., pretesto m.; *(evasive act)* scappatoia f.

1.copper /'kɒpə(r)/ ➧ ***5*** I n. 1 CHIM. rame m. 2 BE COLLOQ. *(coin)* monetina f., spicciolo m. 3 BE STOR. *(for washing)* tinozza f. 4 *(colour)* (color) rame m. II modif. [*mine, coin, wire, pan*] di rame III agg. [*hair*] ramato; [*leaf, lipstick*] color rame.

2.copper /'kɒpə(r)/ n. COLLOQ. poliziotto m. (-a), piedipiatti m. SPREG.

copper beech n. faggio m. rosso.

copper-bottomed /ˌkɒpə'bɒtəmd/ agg. sicuro, senza rischi (anche ECON.).

copper-coloured BE, **copper-colored** AE /'kɒpəˌkʌləd/ ➧ ***5*** agg. [*hair*] ramato; [*leaf, lipstick*] color rame.

copperplate /'kɒpəpleɪt/ n. 1 *(plate)* lastra f. di rame; *(print)* incisione f. su rame 2 (anche **~ handwriting**) = scrittura chiara e regolare.

coppery /'kɒpərɪ/ ➧ ***5*** agg. ramato.

coppice /'kɒpɪs/ n. (bosco) ceduo m.

coprocessor /kəʊ'prəʊsesə(r), AE -'prɒ-/ n. coprocessore m.

co-property /kəʊ'prɒpətɪ/ n. comproprietà f.

copse /kɒps/ n. (bosco) ceduo m.

copulate /'kɒpjʊleɪt/ intr. accoppiarsi, copulare.

1.copy /'kɒpɪ/ n. 1 *(reproduction)* copia f., riproduzione f.; ***certified ~*** copia conforme 2 *(issue) (of book, newspaper, record)* copia f., esemplare m. 3 *(journalist's, advertiser's text)* testo m.; ***to be*** o ***make good ~*** essere materia di (grande) interesse; ***to file (one's) ~*** presentare il proprio lavoro.

2.copy /'kɒpɪ/ I tr. 1 *(imitate)* copiare, imitare [*person, style*] 2 *(duplicate)* copiare [*document, file*] (**onto** su); *(write out by hand)* copiare, ricopiare, trascrivere [*text*] (**into** su) II intr. ***to ~ in a test*** copiare durante una prova.

■ **copy down, copy out:** ***~ down,out [sth.], ~ [sth.] down, out*** copiare, ricopiare, trascrivere [*text*].

copybook /'kɒpɪbʊk/ I n. quaderno m. II modif. [*answer*] esemplare, da manuale ♦ ***to blot one's ~*** macchiare la propria reputazione.

copycat /'kɒpɪkæt/ I n. COLLOQ. SPREG. pappagallo m., copione m. (-a) II agg. [*crime*] (compiuto) per emulazione.

copy editor ➧ ***27*** n. GIORN. redattore m. (-trice).

copying machine n. (foto)copiatrice f.

copyist /'kɒpɪɪst/ n. 1 *(of old texts)* copista m. e f. 2 *(forger)* falsario m. (-a).

copyread /'kɒpɪri:d/ tr. (pass., p.pass. **-read** /red/) AE GIORN. fare la revisione di [*text*].

1.copyright /'kɒpɪraɪt/ I n. copyright m., diritto m. d'autore (**of, on** su); ***to be in ~, out of ~*** essere, non essere soggetto a copyright II agg. [*work*] soggetto a copyright.

2.copyright /'kɒpɪraɪt/ tr. proteggere con diritti d'autore [*work*].

copy typist ➧ ***27*** n. dattilografo m. (-a) che copia testi scritti.

copywriter /'kɒpɪraɪtə(r)/ ➧ ***27*** n. copywriter m. e f., redattore m. (-trice) pubblicitario (-a).

coquetry /'kɒkɪtrɪ/ n. civetteria f.

coquettish /kɒ'ketɪʃ/ agg. civettuolo.

coral /'kɒrəl, AE 'kɔ:rəl/ ➧ ***5*** I n. corallo m. II modif. [*necklace, earring*] di corallo III agg. (rosso) corallo.

coral island n. isola f. corallina.

coral pink ➧ ***5*** I n. rosa m. corallo II agg. rosa corallo.

coral reef n. barriera f. corallina.

cord /kɔːd/ n. **1** *(of light switch, curtains)* corda f., cordicella f.; *(of pyjamas)* laccio m.; *(of dressing gown)* cintura f. **2** EL. filo m. (elettrico) **3** COLLOQ. accorc. → **corduroy**.
cordial /ˈkɔːdɪəl, AE ˈkɔːrdʒəl/ **I** n. cordiale m. **II** agg. cordiale (**to, with** con).
cordless /ˈkɔːdlɪs/ agg. senza filo; ~ ***telephone*** cordless.
cordon /ˈkɔːdn/ n. cordone m.; ***police*** ~ cordone di polizia.
cordon off tr. isolare [*street, area*]; fare cordone intorno a [*crowd*].
corduroy /ˈkɔːdərɔɪ/ n. velluto m. a coste; ~***s*** pantaloni di velluto a coste.
1.core /kɔː(r)/ n. **1** *(of apple)* torsolo m. **2** FIG. *(of problem)* nocciolo m., cuore m. **3** *(inner being)* ***rotten, selfish to the*** ~ corrotto, egoista fino al midollo; ***English to the*** ~ inglese fino al midollo *o* fino in fondo all'anima; ***it shook me to the*** ~ mi ha turbato nel profondo dell'anima **4** NUCL. core m., nucleo m. **5** *(small group)* nucleo m.
2.core /kɔː(r)/ tr. togliere il torsolo a [*apple*].
core curriculum n. SCOL. materie f.pl. obbligatorie; UNIV. esami m.pl. fondamentali.
co-respondent /ˌkəʊrɪˈspɒndənt/ n. DIR. correo m. (-a) (per adulterio).
core subject n. SCOL. materia f. obbligatoria; UNIV. esame m. fondamentale.
coriander /ˌkɒrɪˈændə(r), AE ˌkɔːr-/ n. BOT. coriandolo m.
Corinthian /kəˈrɪnθɪən/ agg. ARCH. corinzio.
1.cork /kɔːk/ n. **1** *(substance)* sughero m. **2** *(of bottle)* turacciolo m., tappo m., sughero m.
2.cork /kɔːk/ tr. turare, tappare [*bottle*].
corkage /ˈkɔːkɪdʒ/ n. = somma che si paga in un ristorante per stappare una bottiglia di vino comprata altrove.
corked /kɔːkt/ **I** p.pass. → **2.cork II** agg. [*wine*] che sa di tappo.
corker /ˈkɔːkə(r)/ n. BE COLLOQ. *(story)* storia f. strabiliante; *(stroke, shot)* colpo m. straordinario.
cork oak n. quercia f. da sughero.
corkscrew /ˈkɔːkskruː/ n. cavaturaccioli m., cavatappi m.
corkscrew curls n.pl. boccoli m.
corm /kɔːm/ n. BOT. cormo m., bulbo m.
cormorant /ˈkɔːmərənt/ n. cormorano m.
1.corn /kɔːn/ n. **1** *(wheat)* grano m., frumento m. **2** AE *(maize)* granturco m., mais m. **3** *(seed)* chicco m., grano m. (di cereale).
2.corn /kɔːn/ n. *(callus)* callo m., durone m.
corncob /ˈkɔːnkɒb/ n. tutolo m.
corn dolly n. BE bambola f. di paglia.
cornea /ˈkɔːnɪə/ n. (pl. **~s, -ae**) cornea f.
corned beef n. corned beef m. (carne di manzo conservata sotto sale).
Cornelius /kɔːˈniːlɪəs/ n.pr. Cornelio.
1.corner /ˈkɔːnə(r)/ n. **1** angolo m.; *(of table)* spigolo m., angolo m.; *(of room)* angolo m., canto m.; AUT. *(bend)* curva f.; ***the house on the*** ~ la casa all'angolo; ***at the ~ of the street*** all'angolo della strada; ***to turn*** o ***go round the*** ~ girare l'angolo; ***(just) around the*** ~ *(around the bend)* dietro l'angolo; *(nearby)* molto vicino; ***Christmas is just around the*** ~ Natale è dietro l'angolo **2** *(side)* *(of eye, mouth)* angolo m.; ***to see sth. out of the ~ of one's eye*** vedere qcs. con la coda dell'occhio **3** *(remote place)* angolo m.; ***in a remote ~ of India*** in un angolo remoto dell'India; ***I searched every ~ of the house*** ho cercato in ogni angolo della casa **4** SPORT *(in boxing, hockey)* angolo m.; *(in football)* corner m., (calcio d')angolo m.; ***to take a*** ~ battere un corner ♦ ***to be in a tight*** ~ essere con le spalle al muro; ***to hold one's*** ~ difendersi; ***to cut ~s*** *(financially)* fare economie, risparmiare; *(in a procedure)* prendere una scorciatoia, aggirare un ostacolo.
2.corner /ˈkɔːnə(r)/ **I** tr. **1** *(trap)* stringere in un angolo [*animal, enemy*]; FIG. mettere con le spalle al muro [*person*] **2** *(monopolize)* accaparrare, accaparrarsi [*supply*]; monopolizzare [*market*] **II** intr. AUT. [*car*] curvare, fare una curva; ***this car ~s well*** questa macchina tiene bene in curva.
corner cupboard n. angoliera f.
cornering /ˈkɔːnərɪŋ/ n. AUT. tenuta f. di strada (in curva).
corner shop n. piccola drogheria f., negozietto m.
cornerstone /ˈkɔːnəstəʊn/ n. pietra f. angolare (anche FIG.).
cornerways /ˈkɔːnəˌweɪz/, **cornerwise** /ˈkɔːnəˌwaɪz/ **I** agg. che forma un angolo **II** avv. in diagonale.
cornet /ˈkɔːnɪt/ ♦ ***17*** n. **1** MUS. cornetta f. **2** BE *(for ice cream)* cono m.
cornfield /ˈkɔːnfiːld/ n. BE campo m. di grano; AE campo m. di granturco.
cornflakes /ˈkɔːnfleɪks/ n.pl. corn-flakes m., fiocchi m. di granturco.
cornflour /ˈkɔːnflaʊə(r)/ n. farina f. fine di granturco.
cornflower /ˈkɔːnflaʊə(r)/ n. fiordaliso m.
cornice /ˈkɔːnɪs/ n. ARCH. cornicione m., cornice f.
Cornish /ˈkɔːnɪʃ/ **I** agg. della Cornovaglia, cornico **II** ♦ ***14*** n. **1** LING. cornico m. **2** ***the*** ~ + verbo pl. i nativi, gli abitanti della Cornovaglia.
Cornish pasty n. = pasta farcita con carne e verdura.
corn oil n. olio m. di semi di mais.
corn on the cob n. = pannocchia di granturco arrostita o bollita.
corn plaster n. cerotto m. per calli, callifugo m.
corn salad n. BOT. dolcetta f.
corn starch n. AE → **cornflour**.
cornucopia /ˌkɔːnjʊˈkəʊpɪə/ n. cornucopia f.; FIG. abbondanza f.
Cornwall /ˈkɔːnwɔːl/ ♦ ***24*** n.pr. Cornovaglia f.
corny /ˈkɔːnɪ/ agg. COLLOQ. SPREG. [*joke*] *(old)* trito; *(feeble)* banale; [*film, story*] sentimentale, sdolcinato.
corollary /kəˈrɒlərɪ, AE ˈkɒrəlerɪ/ n. corollario m. (**of, to** di, a).
coronary /ˈkɒrənrɪ, AE ˈkɔːrənerɪ/ **I** n. trombosi f. coronarica **II** agg. [*vein, artery*] coronario.
coronary care unit n. unità f. coronarica.
coronary thrombosis n. trombosi f. coronarica.
coronation /ˌkɒrəˈneɪʃn, AE ˌkɔːr-/ n. incoronazione f.
coroner /ˈkɒrənə(r), AE ˈkɔːr-/ ♦ ***27*** n. coroner m.
coronet /ˈkɒrənet, AE ˈkɔːr-/ n. corona f. (nobiliare); *(woman's)* diadema m.
corp n. **1** ⇒ corporal caporale (C.le) **2** AE ⇒ corporation società.
corpora /ˈkɔːpərə/ → **corpus**.
1.corporal /ˈkɔːpərəl/ ♦ ***23*** n. MIL. caporalmaggiore m.; *(in air force)* primo aviere m.
2.corporal /ˈkɔːpərəl/ agg. FORM. corporale.
corporal punishment n. punizione f. corporale.
corporate /ˈkɔːpərət/ agg. **1** COMM. ECON. [*accounts, funds*] aziendale, societario; [*clients, employees*] dell'azienda **2** *(collective)* [*action*] comune; [*ownership*] collettivo; [*decision*] collegiale.
corporate body n. persona f. giuridica, ente m. giuridico.
corporate identity n. logotipo m. (di un'azienda).
corporate image n. immagine f. aziendale.
corporate law n. AE diritto m. societario.
corporate lawyer ♦ ***27*** n. AE DIR. *(attached to firm)* avvocato m. aziendale; *(business law expert)* = (giurista) esperto di diritto delle società.
corporate name n. ragione f. sociale.
corporate planning n. pianificazione f. aziendale.
corporation /ˌkɔːpəˈreɪʃn/ n. **1** COMM. (grande) impresa f., corporation f.; AE società f. per azioni **2** BE *(town council)* consiglio m. comunale.
corporation tax n. BE imposta f. sulle società.
corporeal /kɔːˈpɔːrɪəl/ agg. FORM. *(bodily)* corporeo; *(not spiritual)* materiale, fisico.
corps /kɔː(r)/ n. (pl. ~) **1** MIL. corpo m. (d'armata); *(technical branch)* corpo m. **2** *(group of people)* ~ ***de ballet*** corpo di ballo.
corpse /kɔːps/ n. cadavere m., salma f.
corpulence /ˈkɔːpjʊləns/, **corpulency** /ˈkɔːpjʊlənsɪ/ n. FORM. corpulenza f.
corpulent /ˈkɔːpjʊlənt/ agg. FORM. corpulento.
corpus /ˈkɔːpəs/ n. (pl. **-ora** o **~es**) LETTER. LING. corpus m.
corpuscle /ˈkɔːpʌsl/ n. **1** BIOL. ***(blood)*** ~ globulo; ***red, white (blood)*** ~ globulo rosso, bianco **2** ANAT. FIS. corpuscolo m.
corral /kəˈrɑːl, AE -ˈræl/ n. AE corral m., recinto m. per il bestiame.
1.correct /kəˈrekt/ agg. **1** *(right)* [*amount, answer, decision, number*] corretto, giusto; [*figure*] esatto, preciso; ***that is*** ~ è esatto; ***the ~ time*** l'ora esatta; ***you are quite*** ~ hai perfetta-

mente *o* proprio ragione; ***her suspicions proved ~*** i suoi sospetti si dimostrarono fondati **2** *(proper)* [*behaviour, manner*] corretto, appropriato, opportuno.
2.correct /kəˈrekt/ **I** tr. correggere [*person, error*]; correggere, rettificare [*false impression*]; ***I stand ~ed*** ho torto, ammetto il mio errore **II** rifl. ***to ~ oneself*** correggersi.
correctable /kəˈrektəbl/ agg. correggibile.
correcting fluid n. correttore m. (liquido), bianchetto m.
correction /kəˈrekʃn/ n. correzione f.
corrective /kəˈrektɪv/ **I** n. correttivo m.; ***this is a ~ to the idea that*** questo corregge l'idea che **II** agg. correttivo.
correctly /kəˈrektlɪ/ avv. correttamente.
1.correlate /ˈkɒrəleɪt, AE ˈkɔ:r-/ n. termine m. di correlazione.
2.correlate /ˈkɒrəleɪt, AE ˈkɔ:r-/ **I** tr. correlare, mettere in correlazione **II** intr. essere in correlazione.
correlation /ˌkɒrəˈleɪʃn/ n. correlazione f.
correlative /kɒˈrelətɪv/ **I** n. termine m. di correlazione **II** agg. correlativo.
correspond /ˌkɒrɪˈspɒnd, AE ˌkɔ:r-/ intr. **1** *(match up)* corrispondere (**with** a, con) **2** *(be equivalent)* corrispondere, essere equivalente (**to** a) **3** *(exchange letters)* corrispondere, essere in corrispondenza (**with** con).
correspondence /ˌkɒrɪˈspɒndəns, AE ˌkɔ:r-/ n. **1** *(match)* corrispondenza f. (**between** tra) **2** *(exchange of letters)* corrispondenza f.; ***to be in ~ with sb.*** corrispondere con qcn.
correspondence column n. GIORN. rubrica f. delle lettere al direttore.
correspondence course n. corso m. per corrispondenza.
correspondent /ˌkɒrɪˈspɒndənt, AE ˌkɔ:r-/ ➧ **27** n. **1** *(journalist)* corrispondente m. e f., inviato m. (-a); *(abroad)* corrispondente m. e f. estero (-a) **2** *(letter writer)* corrispondente m. e f.
corresponding /ˌkɒrɪˈspɒndɪŋ, AE ˌkɔ:r-/ agg. **1** *(matching)* corrispondente **2** *(similar)* simile, equivalente.
correspondingly /ˌkɒrɪˈspɒndɪŋlɪ, AE ˌkɔ:r-/ avv. **1** *(consequently)* conseguentemente **2** *(proportionately)* in modo simile.
corridor /ˈkɒrɪdɔ:(r), AE ˈkɔ:r-/ n. corridoio m.
corroborate /kəˈrɒbəreɪt/ tr. avvalorare, corroborare.
corroborative /kəˈrɒbərətɪv, AE -reɪtɪv/ agg. avvalorante.
corrode /kəˈrəʊd/ **I** tr. corrodere; FIG. rodere **II** intr. corrodersi; FIG. rodersi.
corrosion /kəˈrəʊʒn/ n. corrosione f.
corrosive /kəˈrəʊsɪv/ **I** agg. corrosivo (anche FIG.) **II** n. corrosivo m.
corrugated /ˈkɒrəgeɪtɪd, AE ˈkɔ:r-/ agg. [*road, surface*] ondulato; [*brow*] corrugato.
corrugated cardboard n. cartone m. ondulato.
corrugated iron n. lamiera f. ondulata.
corrugation /ˌkɒrəˈgeɪʃn, AE ˌkɔ:r-/ n. *(of brow)* corrugamento m.
1.corrupt /kəˈrʌpt/ agg. **1** *(immoral)* corrotto; *(sexually)* corrotto, depravato **2** [*text*] corrotto, alterato.
2.corrupt /kəˈrʌpt/ **I** tr. corrompere [*person*]; corrompere, alterare [*text*] **II** intr. [*lifestyle*] indurre alla corruzione; ***power ~s*** il potere corrompe.
corruptible /kəˈrʌptəbl/ agg. corruttibile.
corruption /kəˈrʌpʃn/ n. corruzione f.; *(sexual)* corruzione f., depravazione f.; *(of text)* corruzione f., alterazione f.
corsage /kɔ:ˈsɑ:ʒ/ n. **1** *(flowers)* mazzolino m. di fiori (da portare sul corpetto) **2** *(bodice)* corpetto m.
corsair /ˈkɔ:seə(r)/ n. **1** *(person)* corsaro m. **2** *(ship)* nave f. corsara.
corset /ˈkɔ:sɪt/ n. corsetto m.
Corsican /ˈkɔ:sɪkən/ ➧ **18** **I** agg. corso **II** n. **1** *(person)* corso m. (-a) **2** *(language)* corso m.
cortex /ˈkɔ:teks/ n. (pl. **-ices**, **~es**) corteccia f.
cortical /ˈkɔ:tɪkl/ agg. corticale.
cortices /ˈkɔ:tɪsɪz/ → **cortex.**
cortisone /ˈkɔ:tɪzəʊn/ n. cortisone m.
corundum /kəˈrʌndəm/ n. corindone m.
corvette /kɔ:ˈvet/ n. corvetta f.
1.cos ⇒ cosine coseno (cos).
2.cos /kɒs/ n. → **cos lettuce**.
1.cosh /kɒʃ/ n. BE manganello m., randello m.
2.cosh /kɒʃ/ tr. BE manganellare, randellare.
cosignatory /ˌkəʊˈsɪgnətərɪ, AE -tɔ:rɪ/ n. cofirmatario m. (-a) (**to, of** di).
cosily /ˈkəʊzɪlɪ/ avv. [*sit, lie*] comodamente, in modo confortevole.
cosine /ˈkəʊsaɪn/ n. coseno m.
cosiness /ˈkəʊzɪnɪs/ n. **1** *(comfort)* comodità f. **2** *(intimacy)* intimità f., familiarità f.
cos lettuce n. lattuga f. romana.
cosmetic /kɒzˈmetɪk/ **I** agg. **1** cosmetico **2** FIG. SPREG. [*change, reform*] apparente, superficiale **II** n. cosmetico m.
cosmetician /ˌkɒzmeˈtɪʃn/ ➧ **27** n. cosmetista m. e f.; *(make-up artist)* truccatore m. (-trice).
cosmetics /kɒzˈmetɪks/ n. + verbo sing. cosmesi f.
cosmetic surgery n. chirurgia f. estetica.
cosmic /ˈkɒzmɪk/ agg. **1** cosmico **2** *(vast)* [*struggle, battle*] di proporzioni cosmiche, eccezionale **3** COLLOQ. *(wonderful)* cosmico, eccezionale.
cosmogony /kɒzˈmɒgənɪ/ n. cosmogonia f.
cosmology /kɒzˈmɒlədʒɪ/ n. cosmologia f.
cosmonaut /ˈkɒzmənɔ:t/ ➧ **27** n. cosmonauta m. e f.
cosmopolitan /ˌkɒzməˈpɒlɪtn/ **I** agg. cosmopolita **II** n. cosmopolita m. e f.
cosmos /ˈkɒzmɒs/ n. cosmo m.
Cossack /ˈkɒsæk/ **I** agg. cosacco **II** n. cosacco m.
cosset /ˈkɒsɪt/ tr. vezzeggiare, coccolare [*person*]; proteggere [*industry, group*].
1.cost /kɒst, AE kɔ:st/ **I** n. **1** *(price)* costo m., prezzo m.; ***at a ~ of £ 100*** al costo di 100 sterline; ***at ~*** a prezzo di costo; ***you must bear the ~ of any repairs*** deve sostenere i costi di riparazione; ***at his own ~*** a sue spese; ***at no extra ~*** senza costi extra *o* aggiuntivi; ***at great ~*** a un prezzo alto, a caro prezzo; ***to count the ~ of*** calcolare il costo dei danni di [*flood, earthquake*]; calcolare il costo *o* le conseguenze di [*decision*] **2** FIG. costo m., prezzo m.; ***at all ~s*** a ogni costo; ***he knows to his ~ that*** ha imparato a sue spese che; ***at little ~ to the environment*** con danni limitati per l'ambiente; ***the ~ in human lives was great*** il costo *o* prezzo di vite umane è stato alto; ***whatever the ~*** costi quel che costi **II costs** n.pl. **1** DIR. spese f. processuali **2** COMM. ECON. spese f., costi m.; ***transport ~s*** spese di trasporto; ***production ~s*** costi di produzione.
2.cost /kɒst, AE kɔ:st/ tr. **1** (pass., p.pass. **cost**) costare; ***how much does it ~?*** quanto costa? ***the TV will ~ £ 100 to repair*** costerà 100 sterline far riparare la TV; ***to ~ money*** costare caro **2** (pass., p.pass. **cost**) FIG. ***that decision cost him his job*** quella decisione gli è costata il lavoro; ***politeness ~s nothing*** non costa nulla essere gentili **3** (pass., p.pass. **~ed**) AMM. ECON. (anche **~ out**) stabilire, fissare il costo di [*product*]; calcolare, valutare il costo di [*project, work*].
cost and freight n. costo e nolo m.
1.co-star /ˈkəʊstɑ:(r)/ n. attore m. (-trice) coprotagonista.
2.co-star /ˈkəʊstɑ:(r)/ **I** tr. (forma in -ing ecc. **-rr-**) ***a film ~ring X and Y*** un film con (la partecipazione di) X e Y **II** intr. (forma in -ing ecc. **-rr-**) ***to ~ with sb.*** essere coprotagonista insieme a *o* con qcn.
Costa Rican /ˌkɒstəˈri:kən/ ➧ **18** **I** agg. costaricano **II** n. costaricano m. (-a).
cost-cutting /ˈkɒstˌkʌtɪŋ, AE ˈkɔ:st-/ **I** n. riduzione f. dei costi, delle spese **II** modif. [*measures*] per ridurre i costi; ***as a ~ exercise*** per ridurre le spese.
cost-effective /ˈkɒstɪˌfektɪv, AE ˈkɔ:st-/ agg. redditizio, efficiente.
cost-effectiveness /ˈkɒstɪˌfektɪvnɪs, AE ˈkɔ:st-/ n. efficacia f. nel rientro dei costi.
costing /ˈkɒstɪŋ, AE ˈkɔ:stɪŋ/ n. **1** *(discipline)* contabilità f. industriale **2** *(process)* determinazione f., valutazione f. dei costi.
costly /ˈkɒstlɪ, AE ˈkɔ:stlɪ/ agg. [*scheme, exercise*] costoso, caro; [*error*] che costa caro.
cost of living n. costo m. della vita.
cost of living allowance n. indennità f. di carovita, di contingenza.
cost of living index n. indice m. del costo della vita.
cost price n. prezzo m. di costo.

costume /'kɒstju:m, AE -tu:m/ n. **1** *(outfit)* costume m.; ***period ~*** costume d'epoca **2** BE (anche **swimming ~**) costume m. da bagno.
costume ball n. ballo m. in costume.
costume drama n. opera f. teatrale in costume.
costume jewellery n. U bigiotteria f.
costum(i)er /kɒ'stju:m(ɪ)ə(r), AE -'stu:-/ ➧ **27** n. costumista m. e f.
cosy /'kəʊzɪ/ **I** agg. **1** *(comfortable)* [*chair*] comodo; [*room*] accogliente, intimo; [*atmosphere*] accogliente, raccolto; [*clothing*] comodo, confortevole; ***to feel ~*** [*person*] sentirsi a proprio agio **2** *(intimate)* [*chat, evening*] intimo **3** FIG. [*situation, belief*] rassicurante **II** n. BE (anche **tea ~**) copriteiera m.
1.cot /kɒt/ n. **1** BE *(for baby)* lettino m., culla f. **2** AE *(camp bed)* letto m. da campo.
2.cot ⇒ cotangent cotangente (ctg).
cotangent /kəʊ'tændʒənt/ n. cotangente f.
cot death n. BE morte f. in culla.
coterie /'kəʊtərɪ/ n. coterie f., cricca f. (anche SPREG.).
cottage /'kɒtɪdʒ/ n. casetta f. di campagna, cottage m.; *(thatched)* casetta f. col tetto di paglia; ***weekend ~*** casa in campagna.
cottage cheese n. = formaggio fresco in fiocchi.
cottage hospital n. BE = piccolo ospedale in aree rurali o in provincia.
cottage industry n. lavoro m. a domicilio.
cottage loaf n. BE (pl. **cottage loaves**) = grossa pagnotta formata da due parti messe una sull'altra.
cottage pie n. BE = pasticcio di carne tritata ricoperta di purè di patate.
Cottian Alps /'kɒtɪən,ælps/ n.pr.pl. Alpi f. Cozie.
cotton /'kɒtn/ **I** n. **1** BOT. TESS. cotone m. **2** *(thread)* (filo di) cotone m. **II** modif. [*clothing, fabric, field*] di cotone; [*industry, town*] cotoniero.
cotton bud n. cotton fioc® m.
cotton candy n. AE zucchero m. filato.
cotton mill n. cotonificio m.
cotton on intr. COLLOQ. capire; ***to ~ on to sth.*** capire qcs.
cotton reel n. bobina f., rocchetto m. di cotone.
cottontail /'kɒtnteɪl/ n. AE coniglio m. coda di cotone.
cotton wool n. bambagia f., ovatta f.; ***absorbent ~*** cotone idrofilo ♦ ***to wrap sb. in ~*** tenere qcn. nella bambagia.
1.couch /kaʊtʃ/ n. **1** *(sofa)* divano m., canapè m. **2** *(doctor's)* lettino m.
2.couch /kaʊtʃ/ tr. esprimere [*idea, response*].
couchette /ku:'ʃet/ n. FERR. cuccetta f.
couch potato n. COLLOQ. SPREG. = persona che passa tutto il (suo) tempo incollato davanti alla tivù.
cougar /'ku:gə(r)/ n. coguaro m., puma m.
1.cough /kɒf, AE kɔ:f/ n. tosse f.; ***to have a ~*** avere la tosse; ***she has a bad ~*** ha una brutta tosse.
2.cough /kɒf, AE kɔ:f/ intr. tossire.
▪ **cough up:** ***~ up [sth.]*** **1** espettorare (tossendo) [*blood*] **2** COLLOQ. FIG. dare [*information*]; ***to ~ up (the money)*** sganciare *o* sborsare (il denaro).
cough drop n. pasticca f. per la tosse.
coughing /'kɒfɪŋ, AE 'kɔ:fɪŋ/ n. tosse f.; ***~ fit*** accesso di tosse.
could /*forma debole* kəd, *forma forte* kʊd/ *Could* is formally the past tense and the conditional of *can*. As the past tense of *can*, *could* is translated by the appropriate past tense in the indicative: *I couldn't leave the children* = non potevo lasciare i bambini / non potei lasciare i bambini; *few people could read or write* = poche persone sapevano leggere o scrivere; *he couldn't sleep for weeks* = non è riuscito a dormire per settimane; *we could hear them laughing* = li sentivamo ridere. When preceded by and dependent on a verb in the past tense, *could* + verb is translated by the past conditional of the appropriate Italian verb: *I was sure you could do it* = ero sicuro che saresti riuscito a farlo. In reported speech, *could* is translated by the appropriate past tense, according to the rules of Italian grammar (see the note **1.dire**): *she never told us she could speak Chinese* = non ci ha mai detto che sapeva parlare il cinese. - For more examples, particular usages and all other uses of *could* see the entry below mod. **1** *(expressing possibility)* ***it ~ be that...*** potrebbe essere che; ***~ be*** COLLOQ. forse; ***it ~ be a trap*** potrebbe essere una trappola; ***the engine ~ explode*** il motore potrebbe esplodere; ***you ~ have been electrocuted!*** avresti potuto rimanere folgorato! ***"did she know?" - "no, how ~ she?"*** "lo sapeva?" - "no, come avrebbe potuto?"; ***who ~ it be?*** chi potrebbe mai essere? ***nothing ~ be simpler*** non c'è niente di più semplice **2** *(asking permission)* ***~ I interrupt?*** posso interromperla? **3** *(making polite requests)* ***~ I speak to John?*** potrei parlare con John? ***you couldn't come earlier, could you?*** non potresti arrivare prima, vero? **4** *(when making suggestions)* ***we ~ try and phone him*** potremmo provare a telefonargli; ***couldn't they go camping instead?*** non potrebbero invece andare in campeggio? **5** *(having ability or power to)* ***if only we ~ stay*** se solo potessimo restare; ***I wish I ~ have been there*** avrei voluto essere lì; ***I wish I ~ go to Japan*** mi piacerebbe andare in Giappone **6** *(expressing likelihood, assumption)* ***he couldn't be more than 10 years old*** non dovrebbe avere *o* non avrà più di 10 anni **7** *(expressing willingness to act)* ***I couldn't leave the children*** non potrei lasciare i bambini **8** *(expressing a reproach)* ***they ~ have warned us*** avrebbero potuto avvertirci; ***how ~ you!*** come hai potuto! **9** *(for emphasis)* ***I couldn't agree more!*** d'accordissimo! sono completamente d'accordo! ***you couldn't be more mistaken*** ti sbagli di grosso **10** *(expressing exasperation)* ***I ~ murder him!*** COLLOQ. l'ammazzerei! **11** *(avoiding repetition of verb)* ***as excited as ~ be*** eccitatissimo.
couldn't /'kʊdnt/ contr. could not.
could've /'kʊdəv/ contr. could have.
council /'kaʊnsl/ **I** n. consiglio m.; ***the Council of Europe*** il Consiglio d'Europa; ***in ~*** in riunione (di consiglio) **II** modif. [*employee, workman*] comunale.
council chamber n. camera f. di consiglio.
council estate n. quartiere m. (di edilizia) popolare.
council house n. casa f. popolare.
council housing n. case f.pl. popolari.
councillor /'kaʊnsələ(r)/ ➧ **9** n. consigliere m.
council tax n. imposta f. comunale.
council tenant n. inquilino m. (-a) di casa popolare.
1.counsel /'kaʊnsl/ n. **1** FORM. *(advice)* consiglio m., parere m.; ***to keep one's own ~*** tenere per sé le proprie intenzioni *o* i propri piani; ***to take ~ (together)*** consultarsi *o* consigliarsi **2** DIR. avvocato m., consulente m. legale; ***~ for the defence*** avvocato difensore *o* della difesa; ***~ for the prosecution*** pubblica accusa *o* pubblico ministero.
2.counsel /'kaʊnsl/ tr. (forma in -ing ecc. **-ll-**, **-l-** AE) **1** *(advise)* consigliare [*person*] (**about, on** su) **2** FORM. *(recommend)* raccomandare, consigliare [*caution, silence*].
counselling, counseling AE /'kaʊnsəlɪŋ/ **I** n. **1** *(psychological advice)* aiuto m. psicologico, assistenza f. psicologica **2** *(practical advice)* consiglio m., assistenza f.; ***careers ~*** consulenza *o* orientamento professionale **3** SCOL. orientamento m. scolastico **II** modif. [*group, centre, service*] d'aiuto psicologico, d'assistenza psicologica.
counsellor, counselor AE /'kaʊnsələ(r)/ ➧ **27** n. **1** *(adviser)* consigliere m., consulente m. e f. **2** AE DIR. (anche **~-at-law**) avvocato m. patrocinante **3** AE *(in holiday camp)* capogruppo m. e f.
1.count /kaʊnt/ n. **1** *(numerical record)* conto m., conteggio m.; POL. *(at election)* scrutinio m.; ***at the last ~*** all'ultimo conteggio; ***to keep (a) ~ of sth.*** tenere il conto di qcs.; ***to lose ~*** perdere il conto; ***I've lost ~ of the number of complaints I've received*** ho perso il conto delle lamentele che ho ricevuto **2** *(level)* tasso m., livello m.; ***cholesterol ~*** il tasso di colesterolo **3** *(figure)* numero m., cifra f. **4** DIR. capo m. d'accusa; ***he was convicted on three ~s*** fu giudicato colpevole di tre capi d'accusa **5** *(point)* ***on both ~s*** su entrambi i punti **6** SPORT *(in boxing)* ***to be out for the ~*** COLLOQ. essere (sconfitto per) KO; FIG. essere KO.
2.count /kaʊnt/ **I** tr. **1** *(add up)* contare, conteggiare [*points, people, objects*]; contare [*one's change*]; enumerare, elencare [*reasons, causes*]; ***to ~ the votes*** POL. fare lo scrutinio dei *o* contare i voti; ***55 people, ~ing the children*** 55 persone contando i bambini; ***20, not ~ing my sister*** 20, senza contare mia sorella; ***to ~ the cost of sth.*** FIG. calcolare il costo *o* i rischi di

qcs. **2** *(consider)* ***to ~ sb. as sth.*** considerare qcn. (come) qcs. **II** intr. **1** contare (anche MAT.); ***to ~ (up) to 50*** contare fino a 50; ***to ~ in fives*** contare di 5 in 5 **2** *(be of importance)* contare, avere importanza; ***to ~ for little*** contare poco; ***to ~ for nothing*** non contare nulla **3** *(be considered)* ***children over 15 ~ as adults*** i ragazzi oltre i 15 anni contano come adulti ♦ ***to ~ sheep*** contare le pecore; ***to ~ the pennies*** lesinare il centesimo; ***to ~ oneself lucky*** considerarsi fortunato; ***it's the thought that ~s*** è il pensiero che conta; ***to stand up and be ~ed*** prendere posizione, esprimere la propria opinione.

▪ **count against:** ***~ against [sb.]*** [*past*] pesare contro; [*age, background, mistakes*] essere uno svantaggio per.

▪ **count down** fare il conto alla rovescia (**to** per).

▪ **count in:** ***~ [sb.] in*** *(include)* ***if you're organizing an outing, ~ me in!*** se state organizzando una gita, ci sto! contate su di me!

▪ **count on:** ***~ on [sb., sth.]*** contare su [*person, event*]; ***don't ~ on it!*** non ci contare (troppo)!

▪ **count out:** ***~ out [sth.]*** contare (uno a uno) [*money, cards*]; ***~ [sb.] out*** **1** *(exclude)* ***~ me out!*** non contate su di me! io non ci sto! **2** SPORT ***to be ~ed out*** [*boxer*] essere messo KO, essere dichiarato sconfitto dopo essere stato contato.

▪ **count up:** ***~ up [sth.]*** calcolare [*cost*]; contare [*money, boxes, hours*].

3.count /kaʊnt/ ♦ *9* n. (anche **Count**) *(nobleman)* conte m.

countable /ˈkaʊntəbl/ agg. numerabile (anche LING.).

countdown /ˈkaʊntdaʊn/ n. conto m. alla rovescia (**to** per).

1.countenance /ˈkaʊntənəns/ n. LETT. espressione f. del volto ♦ ***to keep one's ~*** rimanere calmo, restare serio.

2.countenance /ˈkaʊntənəns/ tr. FORM. consentire, permettere; ***to ~ sb. doing*** permettere che qcn. faccia.

1.counter /ˈkaʊntə(r)/ n. **1** *(service area) (in shop, snack bar)* banco m., cassa f.; *(in bank, post office)* sportello m.; *(in pub, bar)* bancone m.; ***the girl behind the ~*** *(in shop)* la ragazza al banco; *(in bank, post office)* la sportellista; ***available over the ~*** [*medicine*] da banco, acquistabile senza prescrizione del medico; ***under the ~*** sottobanco **2** *(section of a shop)* reparto m.; ***perfume ~*** reparto profumeria **3** *(token)* gettone m.

2.counter /ˈkaʊntə(r)/ n. *(counting device)* contatore m.

3.counter /ˈkaʊntə(r)/ agg. contrario, opposto (**to** a).

4.counter /ˈkaʊntə(r)/ avv. ***~ to*** [*be, go, run*] contro; [*act, behave*] in opposizione a, contro.

5.counter /ˈkaʊntə(r)/ **I** tr. controbattere, opporsi a [*accusation*]; respingere, contrastare [*threat, attack*]; neutralizzare [*effect*]; parare [*blow*] **II** intr. *(retaliate)* controbattere, replicare; ***he ~ed with a left hook*** ha risposto con un gancio sinistro.

counteract /ˌkaʊntəˈrækt/ tr. **1** *(work against)* neutralizzare, annullare [*influence, effects*] **2** *(thwart)* opporsi a, contrastare [*strike, negative publicity*].

1.counter-attack /ˈkaʊntərətæk/ n. contrattacco m.

2.counter-attack /ˈkaʊntərətæk/ tr. e intr. contrattaccare.

1.counterbalance /ˈkaʊntəˌbæləns/ n. contrappeso m.

2.counterbalance /ˌkaʊntəˈbæləns/ tr. fare da contrappeso a, controbilanciare.

counter cheque BE, **counter check** AE n. assegno m. di cassa.

counter-claim /ˈkaʊntəkleɪm/ n. controreclamo m., controrichiesta f.

counter clerk ♦ *27* n. AE sportellista m. e f.

counter-clockwise /ˌkaʊntəˈklɒkwaɪz/ **I** agg. AE antiorario **II** avv. AE in senso antiorario.

counter-culture /ˈkaʊntəˌkʌltʃə(r)/ n. controcultura f.

counter-espionage /ˌkaʊntərˈespɪənɑːʒ/ n. controspionaggio m.

1.counterfeit /ˈkaʊntəfɪt/ **I** agg. [*signature, note*] falso, falsificato, contraffatto **II** n. falsificazione f., contraffazione f.

2.counterfeit /ˈkaʊntəfɪt/ tr. falsificare, contraffare.

counterfoil /ˈkaʊntəfɔɪl/ n. COMM. matrice f.

counter-inflationary /ˌkaʊntərɪnˈfleɪʃənərɪ, AE -nerɪ/ agg. antinflazionistico.

counter-insurgency /ˌkaʊntərɪnˈsɜːdʒənsɪ/ n. controinsurrezione f., controrivolta f.

counter-intelligence /ˌkaʊntərɪnˈtelɪdʒəns/ n. controspionaggio m.

1.countermand /ˌkaʊntəˈmɑːnd, AE -ˈmænd/ n. *(of order, decision)* revoca f.

2.countermand /ˌkaʊntəˈmɑːnd, AE -ˈmænd/ tr. revocare, annullare [*order, decision*]; ***unless ~ed*** salvo contrordini.

counter-measure /ˈkaʊntəmeʒə(r)/ n. contromisura f.

counter-move /ˈkaʊntəmuːv/ n. contromossa f.

counter-offensive /ˌkaʊntərəˈfensɪv/ n. controffensiva f.

counterpane /ˈkaʊntəpeɪn/ n. ANT. copriletto m.

counterpart /ˈkaʊntəpɑːt/ n. *(of person)* omologo m., equivalente m.; *(of company, institution etc.)* equivalente m. (**of**, **to** di).

counterpoint /ˈkaʊntəpɔɪnt/ n. contrappunto m.

counter-productive /ˌkaʊntəprəˈdʌktɪv/ agg. controproducente.

Counter-Reformation /ˌkaʊntəˌrefəˈmeɪʃn/ n. STOR. Controriforma f.

counter-revolution /ˌkaʊntəˌrevəˈluːʃn/ n. controrivoluzione f.

countersign /ˈkaʊntəsaɪn/ tr. controfirmare.

counter staff n. personale m. che lavora allo sportello, sportellisti m.pl.

counter-tenor /ˌkaʊntəˈtenə(r)/ n. controtenore m.

counter-terrorism /ˌkaʊntəˈterərɪzəm/ n. antiterrorismo m.

counterweight /ˈkaʊntəweɪt/ n. contrappeso m.

countess /ˈkaʊntɪs/ ♦ *9* n. (anche **Countess**) contessa f.

counting /ˈkaʊntɪŋ/ n. conteggio m., conta f.; *(of votes)* scrutinio m.

countless /ˈkaʊntlɪs/ agg. ***~ letters*** innumerevoli lettere; ***he has forgotten his key on ~ occasions*** ha dimenticato la sua chiave un sacco di volte; ***~ millions of*** milioni e milioni di.

countrified /ˈkʌntrɪfaɪd/ agg. rurale, rustico; SPREG. zotico, cafone.

country /ˈkʌntrɪ/ **I** n. **1** *(nation, people)* paese m., nazione f.; ***to go to the ~*** BE POL. fare appello al paese, chiamare il paese alle urne **2** *(native land)* patria f.; ***the old ~*** la patria, il paese natale **3** (anche **countryside**) *(out of town)* campagna f.; ***across ~*** attraverso la campagna, per i campi; ***in the ~*** in campagna **4** *(area)* regione f., territorio m. **5** (anche **~ music**) country m., musica f. country **II** modif. **1** [*road, life*] di campagna; [*scene*] campestre **2** MUS. (anche **~ and western**) [*music, singer*] (di) country ♦ ***it's a free ~!*** è un paese libero! ***it's my line of ~*** è il mio campo.

country and western n. country m., musica f. country.

country bumpkin n. SPREG. cafone m., bifolco m.

country club n. = club in campagna con attrezzature per lo sport e per il tempo libero.

country cousin n. SPREG. o SCHERZ. = persona un po' rozza che viene dalla campagna.

country dancing n. danza f. folcloristica, popolare.

country house n. casa f., residenza f. di campagna.

countryman /ˈkʌntrɪmən/ n. (pl. **-men**) **1** (anche **fellow ~**) compatriota m., concittadino m. **2** *(living out of town)* campagnolo m., contadino m.

country seat n. residenza f. di campagna.

countryside /ˈkʌntrɪsaɪd/ n. campagna f.; ***there is some lovely ~ around here*** ci sono delle belle zone di campagna da queste parti.

countrywide /ˈkʌntrɪwaɪd/ **I** agg. esteso a tutto il territorio nazionale **II** avv. in tutto il territorio nazionale.

county /ˈkaʊntɪ/ **I** n. contea f. **II** modif. BE [*boundary*] di contea; [*team*] della contea **III** agg. BE COLLOQ. SPREG. [*accent*] da gentiluomo (di campagna); ***he's very ~*** ha i modi di un gentiluomo di campagna.

county council n. GB consiglio m. di contea.

county court n. GB tribunale m. di contea.

coup /kuː/ n. **1** (anche **~ d'état**) colpo m. di Stato **2** *(successful move)* colpo m. (da maestro); ***to pull off*** o ***score a ~*** fare un bel colpo.

1.couple /ˈkʌpl/ n. **1** *(pair)* coppia f.; ***young (married) ~*** giovane coppia (sposata) **2** **a couple of** *(two)* un paio di; *(a few)* un paio di, due o tre; ***a ~ of times*** un paio di volte.

2.couple /ˈkʌpl/ **I** tr. **1** accoppiare, appaiare [*wheels*]; FERR. agganciare [*coaches*] **2** FIG. *(associate)* collegare, associare [*names, ideas*] **II** intr. [*person, animal*] accoppiarsi.

couplet /ˈkʌplɪt/ n. distico m.

coupon /'ku:pɒn/ n. **1** *(for goods)* buono m.; ***petrol* ~** buono (per la) benzina **2** *(form)* scheda f., coupon m., tagliando m.; ***reply* ~** coupon di risposta **3** *(for pools)* schedina f.
courage /'kʌrɪdʒ/ n. coraggio m.; ***to have the ~ of one's convictions*** avere il coraggio delle proprie opinioni; ***to pluck up the ~ to do*** trovare il coraggio di fare; ***to take one's ~ in both hands*** prendere il coraggio a due mani; ***it takes ~ to do*** ci vuole coraggio per fare; ***to take ~ from sth.*** essere incoraggiato da qcs.
courageous /kə'reɪdʒəs/ agg. coraggioso, audace.
courgette /kɔ:'ʒet/ n. zucchina f., zucchino m.
courier /'kʊrɪə(r)/ ♦ *27* n. **1** (anche **travel ~**) guida f., accompagnatore m. (-trice) turistico (-a) **2** *(for parcels, documents, drugs)* corriere m.
1.course /kɔ:s/ n. **1** *(progression) (of time, event, history, nature)* corso m.; ***in the ~ of time*** con l'andar *o* nel corso del tempo; ***in the normal ~ of events*** in condizioni normali, normalmente; ***in the ~ of doing*** facendo, nel fare; ***in the ~ of construction*** in corso *o* via di costruzione; ***to take its ~*** seguire il proprio corso; ***in due ~*** a tempo debito, a suo tempo **2** *(route) (of river, road, planet, star)* corso m.; *(of boat, plane)* rotta f.; ***to be on ~*** AER. MAR. tenere una rotta; ***the economy is back on ~*** l'economia è di nuovo stabile; ***to go off ~*** andare fuori rotta; ***to change ~*** cambiare direzione; AER. MAR. cambiare rotta (anche FIG.); ***~ of action*** linea di azione *o* di condotta; ***to take a ~ of action*** seguire una linea d'azione **3** SCOL. UNIV. corso m. (**in** di; **of** di); ***English ~*** corso di inglese; ***beginners' ~*** corso (per) principianti; ***a ~ of study*** SCOL. un corso *o* programma di studi; UNIV. corso di studi, curricolo universitario; ***to be on a ~*** seguire *o* frequentare un corso **4** MED. VETER. *(of drug)* cura f., trattamento m.; *(of injections)* cura f.; ***a ~ of treatment*** un ciclo di cure **5** SPORT *(in golf)* campo m.; *(in athletics, horseracing)* percorso m., circuito m.; ***to stay the ~*** resistere fino alla fine della gara *o* fino in fondo; FIG. tenere duro, resistere **6** *(part of meal)* portata f., piatto m.; ***the fish ~*** il (piatto di) pesce; ***five-~*** [*meal*] di cinque portate **7 of course** certo, certamente, naturalmente; ***of ~ I do!*** certo (che sì)! ***of ~ he doesn't!*** certo che no! ***"did you lock the door?" - "of ~ I did!"*** "hai chiuso la porta a chiave?" - "certo!"; ***"you didn't believe him?" - "of ~ not!"*** "non gli hai creduto?" - "naturalmente!".
2.course /kɔ:s/ intr. **1** *(rush)* scorrere, colare **2** SPORT [*dogs*] essere all'inseguimento (della selvaggina); [*person*] cacciare.
course book n. libro m. di testo, manuale m.
course material n. sussidi m.pl. didattici.
coursework /'kɔ:swɜ:k/ n. SCOL. UNIV. programma m. d'esame.
1.court /kɔ:t/ **I** n. **1** DIR. corte f., tribunale m.; ***to appear in ~*** comparire innanzi a un tribunale; ***to go to ~*** adire le vie legali, ricorrere alla giustizia (**over** per); ***to take sb. to ~*** portare qcn. in tribunale, citare qcn. in giudizio; ***to settle sth. out of ~*** comporre qcs. *o* raggiungere un accordo su qcs. in via amichevole **2** SPORT *(for tennis, squash, basketball)* campo m. **3** *(of sovereign)* corte f. **4** (anche **courtyard**) cortile m., corte f. **II** modif. DIR. [*case*] giudiziario, processuale; [*decision*] del tribunale; ***~ appearance*** comparizione *o* costituzione in giudizio ♦ ***to get laughed out of ~*** essere messo in ridicolo; ***to pay ~ to sb.*** ANT. fare la corte a qcn.
2.court /kɔ:t/ **I** tr. **1** ANT. o FIG. *(try to gain love of)* corteggiare, fare la corte a [*woman, voters*] **2** *(seek)* cercare [*affection, favour*]; andare in cerca di [*disaster, trouble*] **II** intr. ANT. [*couple*] amoreggiare, filare; ***he's ~ing*** ha un'innamorata, è fidanzato; ***in our ~ing days*** quando eravamo fidanzati.
court card n. BE GIOC. figura f. (delle carte).
court circular n. = relazione quotidiana, pubblicata sui giornali, degli avvenimenti riguardanti la corte.
courteous /'kɜ:tɪəs/ agg. cortese, gentile (**to** verso).
courteously /'kɜ:tɪəslɪ/ avv. cortesemente.
courtesy /'kɜ:təsɪ/ n. **1** cortesia f., gentilezza f.; ***it is only common ~ to do*** è normale cortesia fare **2** **(by) ~ of** *(with permission from)* per gentile concessione di; *(with funds from)* grazie alla generosità di; *(through the good offices of)* grazie all'interessamento di; ***a free trip ~ of the airline*** un viaggio gratuito gentilmente offerto dalla compagnia aerea.
courtesy call n. visita f. di cortesia.
courtesy car n. auto f. di cortesia.
courtesy coach n. navetta f. gratuita.
courtesy delay n. AUT. luce f. temporizzata.
courtesy light n. AUT. luce f. di cortesia.
courthouse /'kɔ:thaʊs/ n. **1** DIR. palazzo m. di giustizia **2** AE AMM. capoluogo m. di contea.
courtier /'kɔ:tɪə(r)/ n. cortigiano m., uomo m. di corte.
courtly /'kɔ:tlɪ/ agg. **1** *(polite)* [*person, act*] cortese, elegante, raffinato **2** ***~ love*** LETTER. amor cortese.
1.court-martial /ˌkɔ:t'mɑ:ʃl/ n. (pl. **courts-martial**) MIL. DIR. corte f. marziale.
2.court-martial /ˌkɔ:t'mɑ:ʃl/ tr. (forma in -ing ecc. **-ll-**) mandare davanti alla corte marziale [*soldier*]; ***to be ~led*** essere giudicato dalla corte marziale.
Court of Auditors n. *(in EU)* Corte f. dei conti.
court of inquiry n. *(into accident, disaster)* commissione f. d'inchiesta.
court of law n. DIR. tribunale m. (ordinario).
court order n. DIR. ingiunzione f.
courtroom /'kɔ:tru:m, AE -rʊm/ n. DIR. sala f. d'udienza.
courtship /'kɔ:tʃɪp/ n. **1** *(period of courting)* corteggiamento m. **2** *(act of courting)* corte f.
courtyard /'kɔ:tjɑ:d/ n. cortile m., corte f.
cousin /'kʌzn/ n. cugino m. (-a).
cove /kəʊv/ n. *(bay)* insenatura f., baia f.
covenant /'kʌvənənt/ n. **1** *(agreement)* convenzione f., patto m. **2** DIR. *(payment agreement)* contratto m.
1.cover /'kʌvə(r)/ **I** n. **1** *(protective lid, sheath)* copertura f.; *(for duvet, cushion)* fodera f., rivestimento m.; *(for table)* copritavolo m.; *(for umbrella, blade, knife)* fodero m., guaina f.; *(for typewriter, pan)* coperchio m. **2** *(blanket)* coperta f. **3** *(of book, magazine, record)* copertina f.; ***on the ~*** *(of book)* sulla copertina; *(of magazine)* in copertina; ***from ~ to ~*** dalla prima all'ultima pagina **4** *(shelter)* rifugio m., riparo m.; ***to take ~*** mettersi al riparo; ***take ~!*** al riparo! ***under ~*** al riparo, al coperto; ***under ~ of darkness*** col favore delle tenebre **5** *(for spy, operation, crime)* copertura f. (**for** per); ***to blow sb.'s ~*** COLLOQ. fare saltare la copertura di qcn. **6** MIL. copertura f.; ***air ~*** copertura aerea; ***to give sb. ~*** coprire qcn. **7** *(replacement) (for teacher, doctor)* sostituto m. temporaneo; ***to provide emergency ~*** garantire una sostituzione d'emergenza **8** BE copertura f. assicurativa; ***~ for fire and theft*** copertura assicurativa contro l'incendio e il furto **9** *(table setting)* coperto m. **10** MUS. → **cover version** **II** modif. [*design, illustration*] di copertina.
2.cover /'kʌvə(r)/ **I** tr. **1** *(to conceal or protect)* coprire [*table, pan, legs, wound*] (**with** con); rivestire, ricoprire [*cushion, sofa*] (**with** con); coprire, chiudere [*hole*] (**with** con); ***to ~ one's mouth*** mettere la mano davanti alla bocca; ***to ~ one's ears*** tapparsi le orecchie **2** *(coat)* [*dust, snow, layer*] coprire, ricoprire [*ground, cake*]; ***everything got ~ed with*** o ***in sand*** tutto fu coperto dalla sabbia; ***to be ~ed in glory*** essere carico di gloria **3** *(be strewn over)* [*litter, graffiti, blossom, bruises*] coprire; ***to ~ sb.'s face with kisses*** riempire di baci il viso di qcn. **4** *(travel over)* coprire, percorrere [*distance, area*]; *(extend over)* estendersi per, occupare [*area*]; ***to ~ a lot of miles*** percorrere molte miglia **5** *(deal with, include)* [*article, speaker*] trattare [*subject*]; [*term*] comprendere, includere [*meaning, aspect*]; [*teacher*] affrontare, spiegare [*chapter*]; [*rule, law*] applicarsi a [*situation, person*]; [*department*] essere competente per [*area, activity*]; [*rep*] essere responsabile per [*area*]; ***that price ~s everything*** è tutto incluso nel prezzo **6** *(report on)* [*journalist*] seguire [*event, subject*]; ***~ed live on BBC1*** trasmesso in diretta dalla BBC1 **7** *(pay for)* [*salary, company, person*] coprire [*costs*]; colmare [*loss*]; ***£ 20 should ~ it*** COLLOQ. 20 sterline dovrebbero bastare **8** coprire, assicurare [*person, possession*] (**for, against** contro; **for doing** per fare); [*guarantee*] coprire [*costs, parts*] **9** MIL. SPORT *(protect)* coprire, proteggere [*person, advance, area of pitch*]; ***I've got you ~ed!*** *(threat)* ti tengo sotto tiro! ***to ~ one's back*** FIG. coprirsi **10** *(conceal)* nascondere [*emotion, ignorance*]; coprire [*noise*] **II** rifl. ***to ~ oneself*** coprirsi, proteggersi; ***to ~ oneself with*** coprirsi di [*glory, shame*].
■ **cover for:** ~ **for [sb.]** **1** *(replace)* sostituire [*employee*] **2** *(protect)* ***"I'm going to be late, ~ for me!"*** "arriverò in ritardo, coprimi!".

■ **cover over:** ~ **over [sth.]**, ~ **[sth.] over** coprire [*yard, pool*]; coprire, nascondere [*mark*].
■ **cover up:** ~ **up 1** *(put clothes on)* coprirsi **2** *(conceal truth)* ***to ~ up for*** coprire, fare da paravento a [*friend*]; ***they're ~ing up for each other*** si stanno coprendo a vicenda; ~ **up [sth.]**, ~ **[sth.] up** celare, nascondere [*mistake, loss, truth*]; soffocare, insabbiare [*scandal*].
coverage /ˈkʌvərɪdʒ/ n. **1** *(in media)* copertura f.; ***there will be live ~ of the elections*** l'andamento delle elezioni sarà seguito in diretta **2** *(in book, programme)* trattazione f.; ***its ~ of technical terms is good*** la quantità di termini tecnici inclusa è buona **3** *(in insurance)* copertura f. assicurativa.
covered market n. mercato m. coperto.
covered wagon n. carro m. coperto.
cover girl n. cover-girl f., ragazza f. copertina.
covering /ˈkʌvərɪŋ/ n. **1** *(for wall, floor)* rivestimento m.; *(wrapping)* copertura f. **2** *(layer of snow, moss)* strato m.
covering fire n. fuoco m. di copertura.
covering letter n. lettera f. d'accompagnamento.
coverlet /ˈkʌvəlɪt/ n. copriletto m.
cover note n. BE nota f. di copertura.
cover story n. GIORN. articolo m. collegato alla copertina.
1.covert /ˈkʌvət/ n. *(thicket)* boschetto m., luogo m. ombroso.
2.covert /ˈkʌvət, AE ˈkəʊvɜːrt/ agg. [*operation*] segreto; [*glance*] di sfuggita, furtivo; [*threat*] velato.
covertly /ˈkʌvətlɪ, AE ˈkəʊvɜːrtlɪ/ avv. segretamente.
cover-up /ˈkʌvərʌp/ n. insabbiamento m., occultamento m.
cover version n. MUS. cover f.
covet /ˈkʌvɪt/ tr. bramare, agognare.
covetous /ˈkʌvɪtəs/ agg. bramoso, cupido, avido.
covetously /ˈkʌvɪtəslɪ/ avv. con bramosia, con cupidigia.
1.cow /kaʊ/ **I** n. **1** *(cattle)* mucca f., vacca f. **2** *(female of large animals)* femmina f. **3** COLLOQ. SPREG. *(woman)* vacca f., donnaccia f. **II** modif. [*elephant, whale*] femmina ♦ ***till the ~s come home*** fino alle calende greche.
2.cow /kaʊ/ tr. atterrire, intimidire.
coward /ˈkaʊəd/ n. codardo m. (-a), vile m. e f.
cowardice /ˈkaʊədɪs/, **cowardliness** /ˈkaʊədlɪnɪs/ n. codardia f., viltà f.
cowardly /ˈkaʊədlɪ/ agg. codardo, vigliacco.
cowbell /ˈkaʊbel/ n. campanaccio m.
cowboy /ˈkaʊbɔɪ/ **I** ➧ **27** n. **1** AE cowboy m., mandriano m.; ***to play ~s and indians*** giocare ai cowboy e agli indiani **2** SPREG. *(incompetent worker)* filibustiere m., ciarlatano m. **II** modif. **1** [*boots*] da cowboy; [*film*] di cowboy **2** SPREG. [*workman*] sconsiderato, irresponsabile; [*company, outfit*] senza scrupoli.
cower /ˈkaʊə(r)/ intr. rannicchiarsi, accovacciarsi, farsi piccolo (per la paura).
cowhand /ˈkaʊhænd/, **cowherd** /ˈkaʊhɜːd/ ➧ **27** n. bovaro m. (-a), mandriano m. (-a).
cowhide /ˈkaʊhaid/ n. *(leather)* pelle f. di vacca, vacchetta f.
cowl /kaʊl/ n. cappuccio m.
cowlick /ˈkaʊlɪk/ n. AE COLLOQ. ciuffo m. ribelle.
cowl neck n. collo m. a cappuccio.
co-worker /kəʊˈwɜːkə(r)/ n. collega m. e f.
cowpat /ˈkaʊpæt/ n. escremento m. di vacca.
cowshed /ˈkaʊʃed/ n. stalla f.
cowslip /ˈkaʊˌslɪp/ n. primula f., primavera f. odorosa.
1.cox /kɒks/ n. SPORT timoniere m.
2.cox /kɒks/ **I** tr. SPORT governare **II** intr. SPORT fare da timoniere.
coxswain /ˈkɒksn, ˈkɒksweɪn/ n. capobarca m.; *(in rowing)* timoniere m.
coy /kɔɪ/ agg. **1** *(bashful)* [*person*] modesto, ritroso, schivo; [*smile, look*] falsamente modesto, civettuolo **2** *(reticent)* restio, riluttante (**about** a).
coyly /ˈkɔɪlɪ/ avv. con ritrosia.
coyness /ˈkɔɪnɪs/ n. **1** *(shyness)* modestia f., ritrosia f. **2** *(reticence)* riluttanza f., riservatezza f. (**about** riguardo a).
coyote /kɔɪˈəʊtɪ, AE ˈkaɪəʊt/ n. (pl. **~s**, **~**) coyote m.
coypu /ˈkɔɪpuː/ n. (pl. **~s**, **~**) castorino m., nutria f.
cozy AE → **cosy**.
CPU n. INFORM. (⇒ central processing unit unità centrale di elaborazione) CPU f.
crab /kræb/ n. **1** ZOOL. GASTR. granchio m.; ***dressed ~*** granchi in salsa **2** ASTROL. ***the Crab*** il Cancro ♦ ***to catch a ~*** *(in rowing)* sbagliare la remata, dare una remata a vuoto.
crab apple n. *(tree)* melo m. selvatico; *(fruit)* mela f. selvatica.
crabbed /ˈkræbɪd/ agg. **1** *(surly)* irritabile, scontroso, acido **2** [*handwriting*] illeggibile, indecifrabile.
crabby /ˈkræbɪ/ agg. COLLOQ. acido, scontroso.
crabwise /ˈkræbwaɪz/ avv. [*move*] di traverso, come i granchi.
1.crack /kræk/ **I** n. **1** *(in varnish)* screpolatura f.; *(in wall, cup, mirror, ground)* crepa f., incrinatura f. (anche FIG.); *(in bone)* incrinatura f. **2** *(narrow opening) (in rock)* crepa f., fenditura f.; *(in door, curtains)* fessura f., spiraglio m.; ***to open the door a ~*** aprire appena la porta **3** *(drug)* (anche **~ cocaine**) crack m. **4** *(noise) (of twig, bone)* scricchiolio m., scrocchio m.; *(of whip)* schiocco m.; *(of shot)* schianto m., scoppio m. **5** COLLOQ. *(attempt)* prova f., tentativo m.; ***to have a ~ at doing*** tentare di fare; ***to have a ~ at*** fare il tentativo di conquistare [*title*]; cercare di battere [*record*] **6** COLLOQ. *(jibe)* battuta f., frecciata f. (**about** su); *(joke)* motto m. di spirito, barzelletta f. (**about** su); ***a cheap ~*** una barzelletta di cattivo gusto **II** agg. attrib. [*player*] di prim'ordine, eccellente; [*troops, shot*] ottimo ♦ ***to have a fair ~ of the whip*** avere un'ottima chance.
2.crack /kræk/ **I** tr. **1** *(make a crack in)* (fare) incrinare [*mirror, bone, wall, cup*]; *(make fine cracks in)* (fare) screpolare [*varnish*] **2** *(break)* schiacciare [*nut*]; rompere [*egg, casing*]; ***to ~ a safe*** forzare una cassaforte; ***to ~ sth. open*** aprire qcs.; ***to ~ one's head open*** COLLOQ. rompersi la testa **3** *(solve)* risolvere [*problem*]; decifrare [*code*]; ***I've ~ed it*** COLLOQ. ci sono arrivato, ho capito **4** *(make cracking sound with)* schioccare [*whip*]; fare schioccare, fare scrocchiare [*knuckles*]; ***to ~ sb. on the head*** colpire qcn. alla testa; ***to ~ one's head on sth.*** picchiare la testa su qcs.; ***to ~ the whip*** FIG. farsi sentire **5** *(overcome)* spezzare, sconfiggere [*defences, opposition*] **6** ***to ~ a joke*** raccontare una barzelletta, fare una battuta **II** intr. **1** *(develop cracks)* [*bone*] incrinarsi; [*mirror, cup, wall, ice*] incrinarsi, creparsi, spaccarsi; [*varnish*] creparsi, screpolarsi; [*skin*] screpolarsi; [*ground*] fendersi **2** *(cease to resist)* [*person*] cedere, crollare; ***he ~s under pressure*** crolla se si trova sotto pressione **3** *(make sharp sound)* [*knuckles, twig*] schioccare, scrocchiare; [*whip*] schioccare **4** [*voice*] rompersi, incrinarsi ♦ ***not all*** o ***not as good as it's ~ed up to be*** non così bravo come tutti dicevano; ***to get ~ing*** darsi da fare, muoversi.
■ **crack down** dare un giro di vite, usare la mano pesante (**on** contro).
■ **crack up** COLLOQ. ~ **up 1** *(have breakdown)* rompersi, andare in pezzi **2** *(laugh)* sbellicarsi **3** ***to ~ (it) up*** farsi di crack; ~ **[sb.] up** lodare, elogiare.
crack-brained /ˈkrækbreɪnd/ agg. COLLOQ. pazzo, strambo.
crackdown /ˈkrækdaʊn/ n. misure f.pl. restrittive (**on** contro); ***~ on drug-dealing*** i severi provvedimenti contro il traffico di stupefacenti.
cracker /ˈkrækə(r)/ n. **1** *(biscuit)* cracker m., galletta f. **2** *(firework)* petardo m., castagnola f. **3** *(for Christmas)* = pacchetto con sorpresa che produce uno scoppio quando viene aperto **4** INFORM. pirata m. informatico.
crackers /ˈkrækəz/ agg. BE COLLOQ. pazzo, matto.
cracking /ˈkrækɪŋ/ **I** agg. BE COLLOQ. [*game, start*] eccellente; ***at a ~ pace*** a passo spedito *o* sostenuto **II** avv. BE COLLOQ. ***a ~ good shot*** un tiro eccezionale; ***it was a ~ good lunch*** è stato un pranzo straordinario.
1.crackle /ˈkrækl/ n. scoppiettio m., crepitio m.
2.crackle /ˈkrækl/ **I** tr. fare frusciare [*foil, paper*] **II** intr. [*twig*] scricchiolare; [*fire*] crepitare, scoppiettare; [*radio*] gracchiare, frusciare; [*hot fat, burning wood*] sfrigolare.
crackling /ˈkræklɪŋ/ n. **1** *(sound) (of fire)* crepitio m., scoppiettio m.; *(of foil, cellophane)* fruscio m.; *(on radio)* ronzio m., fruscio m. **2** GASTR. *(crisp pork)* cotenna f. di maiale arrostito.
crackpot /ˈkrækpɒt/ **I** agg. COLLOQ. pazzo SCHERZ., eccentrico **II** n. COLLOQ. pazzo m. (-a), eccentrico m. (-a).
crack-up /ˈkrækʌp/ n. collasso m. nervoso.
1.cradle /ˈkreɪdl/ n. **1** *(for baby)* culla f. (anche FIG.); ***from the ~*** fin dalla culla *o* dall'infanzia; ***from the ~ to the grave***

dalla culla alla tomba, dalla nascita alla morte **2** *(platform)* piattaforma f. sollevabile.

2.cradle /'kreɪdl/ tr. cullare [*baby*]; tenere con delicatezza [*object*].

cradlesnatcher /'kreɪdl,snætʃə(r)/ n. COLLOQ. ***he's, she's a ~*** le, li va a scegliere all'asilo.

cradlesong /'kreɪdlsɒŋ/ n. ninnananna f.

1.craft /krɑ:ft, AE kræft/ **I** n. **1** *(skill) (art-related)* arte f., maestria f., abilità f.; *(job-related)* mestiere m. **2** *(handiwork)* artigianato m.; ***arts and ~s*** arti e mestieri **3** *(cunning)* astuzia f., furberia f. **II** modif. [*exhibition*] di artigianato; [*guild*] d'arti e mestieri, di artigiani.

2.craft /krɑ:ft, AE kræft/ n. (pl. ~) **1** *(boat)* imbarcazione f., natante m. **2** AER. (anche **space ~**) nave f., veicolo m. spaziale.

craftsman /'krɑ:ftsmən, AE 'kræft-/ n. (pl. **-men**) *(skilled manually)* artigiano m.; *(skilled artistically)* artista m.

craftsmanship /'krɑ:ftmənʃɪp, AE 'kræft-/ n. *(manual)* artigianato m., esecuzione f. artigianale; *(artistic)* arte f., maestria f.

crafty /'krɑ:ftɪ, AE 'kræftɪ/ agg. astuto, furbo.

crag /kræg/ n. dirupo m., roccia f. scoscesa.

craggy /'krægɪ/ agg. **1** [*mountain*] scosceso, dirupato **2** [*face*] dai lineamenti duri; [*features*] marcato.

cram /kræm/ **I** tr. (forma in -ing ecc. **-mm-**) **1** *(pack)* ***to ~ sth. into*** stipare *o* ammassare qcs. in [*bag, car*]; ***to ~ sb. into*** ammassare qcn. in [*room, vehicle*]; ***to ~ sth. into one's mouth*** riempirsi la bocca di qcs.; ***to ~ a lot into one day*** fare molte cose in un solo giorno; ***to ~ three meetings into a morning*** concentrare tre incontri in una mattinata **2** *(fill)* riempire, inzeppare [*room, car*] (**with** di) **II** intr. (forma in -ing ecc. **-mm-**) SCOL. prepararsi affrettatamente, fare una sgobbata (**for** per) **III** rifl. (forma in -ing ecc. **-mm-**) ***to ~ oneself with*** rimpinzarsi, ingozzarsi di [*sweets*].

crammer /'kræmə(r)/ n. BE COLLOQ. *(school)* = istituto privato per il recupero di anni scolastici.

1.cramp /kræmp/ n. *(pain)* crampo m.; ***to have ~*** BE o ***a ~*** AE avere un crampo; ***a ~ in one's foot*** un crampo al piede; ***stomach ~s*** crampi allo stomaco; ***writer's ~*** crampo degli scrivani.

2.cramp /kræmp/ tr. bloccare, paralizzare [*progress*] ♦ ***to ~ sb.'s style*** COLLOQ. soffocare qcn., stare addosso a qcn.

3.cramp /kræmp/ n. → **1.clamp**.

cramped /kræmpt/ **I** p.pass. → **2.cramp II** agg. **1** [*cell, house, office*] angusto, stretto; ***~ conditions*** mancanza di spazio; ***we're very ~ in here*** stiamo molto stretti qui **2** [*handwriting*] illeggibile, indecifrabile.

crampon /'kræmpən/ n. SPORT rampone m.

cranberry /'krænbərɪ, AE -berɪ/ **I** n. mirtillo m. rosso **II** modif. [*sauce*] di mirtilli rossi.

1.crane /kreɪn/ n. ING. ZOOL. gru f.

2.crane /kreɪn/ tr. ***to ~ one's neck*** allungare il collo.

1.crank /kræŋk/ n. **1** COLLOQ. SPREG. *(freak)* fanatico m. (-a), fissato m. (-a) **2** TECN. manovella f.

2.crank /kræŋk/ tr. avviare con la manovella [*car*]; caricare con la manovella [*gramophone*].

■ **crank up:** ~ ***up [sth.]***, ~ ***[sth.] up*** avviare con la manovella.

crankshaft /'kræŋkʃɑ:ft/ n. albero m. a gomiti, a manovella.

cranky /'kræŋkɪ/ agg. COLLOQ. **1** *(grumpy)* irritabile **2** *(eccentric)* eccentrico, strambo **3** [*machine*] scassato.

cranny /'krænɪ/ n. crepa f., fessura f.

1.crap /kræp/ n. **U** POP. **1** *(nonsense)* stronzate f.pl., merdate f.pl. **2** *(of film, book, etc.)* schifo m., merda f.; ***this film is ~!*** questo film è uno schifo! **3** *(faeces)* merda f.; ***to have a ~*** cacare.

2.crap /kræp/ intr. (forma in -ing ecc. **-pp-**) cacare.

crappy /'kræpɪ/ agg. POP. schifoso, di merda.

1.crash /kræʃ/ n. **1** *(noise)* fracasso m., fragore m. **2** *(accident)* incidente m.; ***car ~*** incidente d'auto; ***train, air ~*** disastro ferroviario, aereo **3** ECON. *(of stock market)* crac m., crollo m.

2.crash /kræʃ/ **I** tr. **1** *(involve in accident)* ***to ~ the car*** avere un incidente con l'auto; ***to ~ a car into a bus*** schiantarsi con l'auto contro un autobus **2** COLLOQ. *(gatecrash)* ***to ~ a party*** imbucarsi a una festa senza invito **II** intr. **1** *(have accident)* [*car, plane*] schiantarsi; *(collide)* [*vehicles, planes*] scontrarsi, urtarsi; ***to ~ into sth.*** andare a sbattere *o* schiantarsi contro qcs. **2** ECON. [*firm*] fallire, fare fallimento; [*share prices*] crollare **3** *(move loudly)* muoversi rumorosamente **4** *(fall)* ***to ~ to the ground*** [*cup, picture*] cadere a terra; [*tree*] abbattersi al suolo **5** INFORM. COLLOQ. [*computer, system*] piantarsi, bloccarsi.

■ **crash out** COLLOQ. *(go to sleep)* sistemarsi per la notte; *(collapse)* crollare.

crash barrier n. guardrail m., barriera f. di sicurezza.

crash course n. corso m. intensivo.

crash diet n. dieta f. ferrea.

crash helmet n. casco m.

crashing /'kræʃɪŋ/ agg. COLLOQ. ANT. ***to be a ~ bore*** [*person*] essere una noia mortale; [*event*] essere terribilmente noioso.

crash-land /,kræʃ'lænd/ **I** tr. ***to ~ a plane*** far fare un atterraggio di fortuna a un aereo **II** intr. fare un atterraggio di fortuna.

crash landing n. atterraggio m. di fortuna.

crash-test /kræʃ'test/ tr. sottoporre a crash test.

crash-test dummy n. manichino m. per i crash test.

crass /kræs/ agg. crasso, grossolano.

crate /kreɪt/ n. **1** *(for bottles, china, fruit, vegetables)* cassa f., cassetta f. **2** COLLOQ. *(car)* carretta f., macinino m.; *(plane)* aereo m.

crater /'kreɪtə(r)/ n. cratere m.

cravat /krə'væt/ n. fazzoletto m. da collo.

crave /kreɪv/ tr. **1** (anche **~ for**) avere disperato bisogno di [*drug*]; bramare, desiderare ardentemente [*affection*]; avere voglia di [*food*] **2** FORM. implorare, chiedere [*pardon*]; chiedere con insistenza [*permission*].

craving /'kreɪvɪŋ/ n. *(for drug)* bisogno m. disperato (**for** di); *(for fame, love)* brama f., desiderio m. (**for** di); *(for food)* voglia f. (**for** di).

crawfish /'krɔ:fɪʃ/ n. (pl. **~**, **~es**) → **crayfish**.

1.crawl /krɔ:l/ n. **1** SPORT stile m. libero, crawl m.; ***to do*** o ***swim the ~*** nuotare a stile libero **2** *(slow pace)* ***at a ~*** a passo lento; ***to slow*** o ***be reduced to a ~*** [*vehicle*] procedere a passo d'uomo.

2.crawl /krɔ:l/ intr. **1** [*insect, snake, person*] strisciare; ***to ~ in*** entrare strisciando; ***to ~ into bed*** trascinarsi a letto **2** *(on all fours)* camminare carponi, camminare gattoni **3** *(move slowly)* [*vehicle*] procedere lentamente; ***to ~ along*** avanzare a passo d'uomo; ***to ~ down sth.*** scendere da qcs. lentamente **4** *(pass slowly)* [*time*] trascinarsi **5** COLLOQ. *(seethe)* ***to be ~ing with*** brulicare di [*insects, tourists*] **6** COLLOQ. *(flatter, creep)* fare il leccapiedi (**to** a) ♦ ***to make sb.'s skin*** o ***flesh ~*** fare venire la pelle d'oca a qcn.

crayfish /'kreɪfɪʃ/ n. (pl. **~**, **~es**) **1** *(freshwater)* gambero m. d'acqua dolce **2** *(spiny lobster)* aragosta f.

1.crayon /'kreɪən/ n. **1** (anche **wax ~**) pastello m. (a cera); ***in ~s*** a pastello **2** (anche **pencil ~**) matita f. colorata, pastello m.

2.crayon /'kreɪən/ tr. disegnare, colorare (con pastelli o matite).

1.craze /kreɪz/ n. mania f., moda f.; ***to be the latest ~*** essere l'ultima moda.

2.craze /kreɪz/ intr. (anche **~ over**) [*china, glaze*] screpolarsi.

crazed /kreɪzd/ **I** p.pass. → **2.craze II** agg. **1** *(mad)* [*animal, person*] pazzo, impazzito; ***power-~*** inebriato dal potere, ebbro di potere **2** *(cracked)* [*china, glaze, varnish*] screpolato.

crazily /'kreɪzɪlɪ/ avv. [*act*] follemente; [*drive, shout*] come un matto.

craziness /'kreɪzɪnɪs/ n. pazzia f., follia f.

crazy /'kreɪzɪ/ agg. COLLOQ. **1** *(insane)* [*person*] matto, pazzo; [*scheme, behaviour, idea*] folle, insensato; ***to go ~*** impazzire, perdere la testa; ***~ with*** pazzo di, impazzito da [*grief*] **2** *(infatuated)* ***to be ~ about*** essere pazzo di, stravedere per [*person*]; andare matto per, essere maniaco di [*activity*] **3** *(startling)* [*height, price, speed*] pazzesco **4** COLLOQ. **like crazy** [*shout, laugh, run*] come un matto; ***they used to fight like ~*** erano soliti combattere come dei pazzi.

crazy golf ♦ ***10*** n. BE minigolf m.

crazy paving n. BE pavimentazione f. irregolare.

1.creak /kri:k/ n. *(of hinge)* cigolio m.; *(of floorboard)* scricchiolio m.

2.creak /kri:k/ intr. [*hinge*] cigolare; [*floorboard*] scricchiolare; ***the door ~ed open*** la porta si aprì cigolando.

creaking /'kri:kɪŋ/ **I** n. → **1.creak** **II** agg. attrib. **1** [*hinge*] cigolante; [*floorboard*] che scricchiola **2** FIG. [*regime, structure*] che scricchiola, che si incrina.

creaky /'kri:kɪ/ agg. **1** [*hinge*] cigolante; [*floorboard*] che scricchiola **2** FIG. [*alibi, policy*] traballante.

1.cream /kri:m/ ♦ **5 I** n. **1** *(dairy product)* crema f., panna f. **2** FIG. ***the ~ of*** la crema di [*students, graduates etc.*]; ***the ~ of society*** la crema *o* il fior fiore della società **3** COSMET. crema f.; ***sun ~*** crema solare **4** *(soup)* ***~ of*** crema di [*mushroom, asparagus*] **5** *(chocolate)* cioccolatino m. ripieno; *(biscuit)* biscotto m. farcito **6** *(colour)* (color) crema m. **II** modif. GASTR. [*cake, bun*] alla crema, alla panna **III** agg. *(colour)* (color) crema ♦ ***to look like the cat that's got the ~*** essere molto soddisfatto.

2.cream /kri:m/ tr. **1** GASTR. amalgamare, mescolare [*ingredients*] **2** *(skim)* scremare [*milk*].

■ **cream off:** ***~ off [sth.], ~ [sth.] off*** scremare, selezionare [*best pupils, profits*].

cream cheese n. formaggio m. cremoso.

cream cracker n. BE = biscotto croccante non zuccherato.

cream puff n. bignè m. alla crema.

cream soda n. = bevanda a base di selz aromatizzato alla vaniglia.

cream tea n. BE = tè servito con pane o focaccine, marmellata e panna.

creamy /'kri:mɪ/ agg. [*texture*] cremoso; [*colour*] crema; ***to have a ~ complexion*** avere la carnagione chiara.

1.crease /kri:s/ n. **1** *(in cloth, paper)* *(regular)* piega f.; *(irregular: with iron)* falsa piega f., grinza f. **2** *(in face)* grinza f.

2.crease /kri:s/ **I** tr. *(crumple)* sgualcire, spiegazzare [*paper, cloth*] **II** intr. **1** [*cloth*] sgualcirsi, spiegazzarsi **2** [*face*] corrugarsi, raggrinzarsi.

creased /kri:st/ **I** p.pass. → **2.crease** **II** agg. [*cloth, paper*] sgualcito, spiegazzato; [*face, brow*] corrugato, grinzoso.

crease-resistant /'kri:sˌrɪsɪstənt/ agg. [*fabric*] ingualcibile, antipiega.

create /kri:'eɪt/ **I** tr. **1** *(make)* creare [*character, product, precedent, system*]; lanciare [*fashion*] **2** *(cause)* provocare, causare [*crisis, repercussion*]; suscitare [*interest, scandal*]; causare, cagionare [*problem*]; ***to ~ a good impression*** dare una buona impressione **II** intr. BE COLLOQ. fare storie, lagnarsi.

creation /kri:'eɪʃn/ n. creazione f.; ***job, wealth ~*** creazione di posti di lavoro, di ricchezza.

creative /kri:'eɪtɪv/ agg. **1** *(inventive)* [*person, solution*] creativo, inventivo, fantasioso **2** *(which creates)* [*process, imagination*] creativo, creatore.

creative writing n. *(school subject)* scrittura f. creativa.

creativity /ˌkri:eɪ'tɪvətɪ/ n. creatività f.

creator /kri:'eɪtə(r)/ n. creatore m. (-trice) (**of** di).

creature /'kri:tʃə(r)/ n. creatura f.; ***sea, water ~*** animale marino, acquatico; ***~ from outer space*** creatura extraterrestre.

creature comforts n.pl. comodità f. materiali; ***to like one's ~*** essere attaccato alle proprie comodità.

crèche /kreʃ, kreɪʃ/ n. **1** BE *(nursery)* asilo m. nido; *(in shop etc.)* baby-parking m.; ***workplace*** o ***company ~*** asilo aziendale **2** *(Christmas crib)* presepio m.

credence /'kri:dns/ n. FORM. credito m., fiducia f.; ***to give ~ to sth.*** *(believe)* prestare fede a qcs.; *(make believable)* dare credito a qcs.; ***to lend ~ to sth.*** prestare fiducia a qcs.

credentials /krɪ'denʃlz/ n.pl. **1** *(qualifications)* credenziali f.; ***to establish one's ~ as a writer*** affermarsi come scrittore **2** lettera f.sing., documento m.sing. di presentazione; *(of ambassador)* lettere f. credenziali.

credibility /ˌkredə'bɪlətɪ/ n. credibilità f.

credibility gap n. = divario fra le apparenze e l'effettiva realtà dei fatti.

credible /'kredəbl/ agg. credibile.

1.credit /'kredɪt/ **I** n. **1** *(approval)* merito m., onore m. (**for** di); ***to get the ~*** vedersi riconosciuto il merito; ***to take the ~*** prendersi il merito; ***to be a ~ to sb., sth.*** fare onore a qcn., qcs.; ***it does you ~*** ti fa onore; ***it is to your ~ that*** va a tuo merito che; ***she has two medals to her ~*** ha due medaglie al suo attivo; ***he is more intelligent than he is given ~ for*** è più intelligente di quanto gli si riconosca; ***~ where ~ is due*** onore al merito **2** *(credence)* credito m. **3** COMM. ECON. *(borrowing)* credito m.; ***to buy sth. on ~*** comprare qcs. a credito; ***to live on ~*** vivere di credito; ***to give sb. ~*** fare credito a qcn.; ***her ~ is good*** ha un buon fido, gode di un buon fido **4** ECON. *(positive balance)* credito m., attivo m.; ***to be £ 25 in ~*** essere in credito di 25 sterline **II credits** n.pl. CINEM. TELEV. *(at the beginning)* titoli m. di testa; *(at the end)* titoli m. di coda.

2.credit /'kredɪt/ tr. **1** *(attribute)* ***to ~ sb. with*** attribuire a qcn. [*achievement*]; ***to ~ sb. with intelligence*** ritenere che qcn. sia intelligente **2** ECON. ***they ~ed his account with £ 300*** gli accreditarono sul conto 300 sterline; ***to ~ sth. to an account*** accreditare qcs. su un conto **3** *(believe)* credere, prestare fede a; ***would you ~ it!*** l'avresti mai creduto?

creditable /'kredɪtəbl/ agg. meritevole di lode, onorevole.

credit account n. COMM. ECON. conto m. di credito.

credit balance n. AMM. saldo m. a credito, attivo.

credit card n. carta f. di credito.

credit control n. controllo m. del credito.

credit facilities n.pl. facilitazioni f. creditizie.

credit freeze n. ECON. stretta f. creditizia.

credit limit n. ECON. limite m. di fido, di credito.

credit line n. ECON. castelletto m., linea f. di credito.

credit note n. COMM. nota f. di accredito.

creditor /'kredɪtə(r)/ n. COMM. ECON. creditore m. (-trice).

credit side n. ***on the ~...*** considerando il lato positivo...

credit squeeze n. ECON. stretta f. creditizia.

credit terms n.pl. COMM. ECON. condizioni f. di credito.

credit transfer n. ECON. bonifico m.

creditworthiness /'kredɪtwɜ:ðɪnɪs/ n. ECON. capacità f. di credito.

creditworthy /'kredɪtwɜ:ðɪ/ agg. ECON. meritevole di credito.

credulity /krɪ'dju:lətɪ, AE -'du:-/ n. credulità f.; ***to strain sb.'s ~*** approfittare della credulità di qcn.

credulous /'kredjʊləs, AE -dʒə-/ agg. credulo, ingenuo.

creed /kri:d/ n. **1** *(religious persuasion)* credo m., dottrina f., fede f. **2** *(opinions)* convinzioni f.pl., fede f.; ***political ~*** credo politico.

creek /kri:k, AE *anche* krɪk/ n. **1** BE *(inlet)* *(from sea)* piccola baia f., cala f.; *(from river)* insenatura f. **2** AE AUSTRAL. *(stream)* ruscello m., torrente m. ♦ ***to be up the ~ (without a paddle)*** COLLOQ. essere nei guai.

creel /kri:l/ n. nassa f., cesta f. per la pesca.

1.creep /kri:p/ n. COLLOQ. **1** BE *(flatterer)* leccapiedi m. e f. **2** *(repellent person)* persona f. ripugnante ♦ ***to give sb. the ~s*** COLLOQ. fare rabbrividire qcn., fare venire la pelle d'oca a qcn.

2.creep /kri:p/ intr. (pass., p.pass. **crept**) **1** *(furtively)* ***to ~ in, out*** entrare, uscire furtivamente; ***to ~ under sth.*** scivolare sotto qcs.; ***a blush crept over her face*** FIG. il rossore si insinuò sul suo viso **2** *(slowly)* ***to ~ forward*** o ***along*** [*vehicle*] procedere lentamente **3** [*insect*] strisciare; [*cat*] arrampicarsi **4** [*plant*] arrampicarsi.

■ **creep in 1** [*error*] insinuarsi **2** [*feeling, prejudice*] prendere piede, espandersi.

■ **creep up:** ***~ up*** [*inflation, unemployment*] salire, aumentare lentamente; ***to ~ up on sb.*** prendere qcn. di sorpresa (anche FIG.).

creeper /'kri:pə(r)/ n. **1** *(in jungle)* liana f. **2** *(climbing plant)* pianta f. rampicante.

creeping /'kri:pɪŋ/ agg. **1** [*change, menace*] strisciante **2** [*plant*] rampicante, strisciante; [*animal*] strisciante.

creepy /'kri:pɪ/ agg. COLLOQ. **1** [*film, feeling*] che fa venire la pelle d'oca, che fa rabbrividire **2** [*person*] strisciante, viscido.

creepy-crawly /ˌkri:pɪ'krɔ:lɪ/ n. COLLOQ. insetto m., verme m.

cremate /krɪ'meɪt/ tr. cremare.

cremation /krɪ'meɪʃn/ n. cremazione f.

crematorium /ˌkremə'tɔ:rɪəm/ n. (pl. **~s, -ia**) BE *(building)* crematorio m.

Creole /'kri:əʊl/ **I** agg. creolo **II** ♦ **14** n. **1** *(person)* creolo m. (-a) **2** *(language)* creolo m.

creosote /'kri:əsəʊt/ n. creosoto m.

crepe, crêpe /kreɪp/ n. **1** TESS. crêpe m., crespo m.; ***wool ~*** crespo di lana **2** GASTR. crêpe f., frittella f.

crepe bandage n. = fascia elastica per il contenimento di distorsioni.
crepe paper n. carta f. crespata.
crept /krept/ pass., p.pass. → **2.creep**.
crepuscular /krɪˈpʌskjʊlə(r)/ agg. crepuscolare.
crescendo /krɪˈʃendəʊ/ n. **1** MUS. crescendo m. **2** FIG. ***to reach a ~*** [*campaign*] giungere al momento culminante; [*noise, protest*] raggiungere l'apice.
crescent /ˈkresnt/ n. **1** *(shape)* mezzaluna f., oggetto m. a forma di falce **2** RELIG. ***the Crescent*** la mezzaluna, l'Islam **3** = fila di case disposte lungo una strada semicircolare.
crescent moon n. luna f. crescente.
cress /kres/ n. BOT. GASTR. crescione m.
crest /krest/ n. **1** cresta f. (anche ZOOL.) **2** ARALD. cimiero m. ♦ ***to be on the ~ of a wave*** essere sulla cresta dell'onda.
crested /ˈkrestɪd/ agg. **1** [*bird*] fornito di cresta **2** [*stationery*] ornato di stemma, stemmato.
crestfallen /ˈkrestfɔːlən/ agg. abbattuto, mortificato.
cretaceous /krɪˈteɪʃəs/ agg. GEOL. cretaceo.
Crete /kriːt/ ♦ *12* n.pr. Creta f.
cretin /ˈkretɪn, AE ˈkriːtn/ n. **1** MED. cretino m. (-a) **2** SPREG. cretino m. (-a), stupido m. (-a).
Creutzfeld-Jakob disease /ˌkrɔɪtsfeldˈjækɒbdɪˌziːz/ ♦ *11* n. MED. morbo m. di Creutzfeld-Jakob.
crevasse /krɪˈvæs/ n. crepaccio m.
crevice /ˈkrevɪs/ n. fessura f., fenditura f.
1.crew /kruː/ n. **1** AER. MAR. equipaggio m. **2** CINEM. RAD. TELEV. troupe f.; FERR. personale m.; ***fire ~*** squadra di pompieri **3** COLLOQ. SPREG. o SCHERZ. *(gang)* combriccola f., banda f.
2.crew /kruː/ **I** tr. MAR. fare parte dell'equipaggio di [*boat*] **II** intr. MAR. ***to ~ for sb.*** essere membro dell'equipaggio di qcn.
3.crew /kruː/ pass. ANT. → **2.crow**.
crewcut /ˈkruːˌkʌt/ n. taglio m. (di capelli) a spazzola.
crew neck sweater n. maglione m. a girocollo.
1.crib /krɪb/ n. **1** *(cot)* lettino m. (per bambini) **2** BE *(Nativity)* presepio m. **3** AGR. greppia f. **4** SCOL. UNIV. *(illicit aid)* copiatura f., scopiazzatura f.; *(translation)* traduttore m., bigino m.
2.crib /krɪb/ **I** tr. (forma in -ing ecc. **-bb-**) copiare, scopiazzare **II** intr. (forma in -ing ecc. **-bb-**) fare plagi; SCOL. UNIV. copiare, scopiazzare (**from** da).
cribbage /ˈkrɪbɪdʒ/ ♦ *10* n. INTRAD. m. (gioco di carte per due, tre o quattro persone).
1.crick /krɪk/ n. ***a ~ in one's back*** uno spasmo alla schiena; ***a ~ in one's neck*** un torcicollo.
2.crick /krɪk/ tr. ***to ~ one's back*** provocare uno spasmo alla schiena; ***to ~ one's neck*** prendere un torcicollo.
1.cricket /ˈkrɪkɪt/ n. ZOOL. grillo m.
2.cricket /ˈkrɪkɪt/ ♦ *10* **I** n. SPORT cricket m. **II** modif. SPORT [*equipment*] da cricket; [*match*] di cricket ♦ ***it's not ~*** ANT. SCHERZ. non è leale.
cricketer /ˈkrɪkɪtə(r)/ n. giocatore m. di cricket.
crikey /ˈkraɪkɪ/ inter. ANT. COLLOQ. perbacco, perdinci.
crime /kraɪm/ **I** n. **1** *(offence) (minor)* reato m.; *(serious)* crimine m., delitto m. (**against** contro); ***a ~ of violence*** un crimine violento **2 U** *(criminal activity)* criminalità f. **3** FIG. *(immoral act)* crimine m., vergogna f.; ***it's a ~ to waste food*** è un delitto sprecare il cibo **II** modif. [*fiction, novel, writing*] poliziesco, giallo; [*wave, rate*] di criminalità.
crime of passion n. delitto m. passionale.
crime prevention I n. prevenzione f. del crimine **II** modif. [*campaign*] di lotta contro il crimine.
criminal /ˈkrɪmɪnl/ **I** n. criminale m. e f. **II** agg. **1** [*activity, behaviour*] criminale **2** FIG. ***it's ~ to do*** è un delitto fare.
criminal charges n.pl. accuse f. penali; ***to face ~*** affrontare un'accusa penale.
criminal inquiry n. inchiesta f. penale.
Criminal Investigation Department n. GB = dipartimento di investigazione criminale.
criminal justice n. giustizia f. penale.
criminal law n. diritto m. penale.
criminally insane agg. demente; ***to be ~*** essere in uno stato di infermità mentale.
criminal offence n. delitto m., crimine m.
criminal proceedings n.pl. procedimenti m. penali.
criminal record n. fedina f. penale; ***to have no ~*** avere la fedina penale pulita.
criminology /ˌkrɪmɪˈnɒlədʒɪ/ n. criminologia f.
crimp /krɪmp/ tr. arricciare [*hair*]; premere (con le dita) sul bordo di [*pastry*]; pieghettare [*fabric*].
crimson /ˈkrɪmzn/ ♦ *5* **I** n. cremisi m. **II** agg. cremisi; ***to go*** o ***blush ~*** arrossire, diventare rosso.
cringe /krɪndʒ/ intr. **1** *(physically)* rannicchiarsi **2** *(in embarrassment)* farsi piccolo **3** *(grovel)* essere servile, umiliarsi **4** *(in disgust)* ***it makes me ~*** mi fa raccapricciare.
cringe-making /ˈkrɪndʒmeɪkɪŋ/ agg. [*speech, comment*] imbarazzante.
cringing /krɪndʒɪŋ/ agg. servile.
1.crinkle /ˈkrɪŋkl/ n. *(in skin)* ruga f., grinza f.; *(in fabric, paper)* piega f.
2.crinkle /ˈkrɪŋkl/ **I** tr. spiegazzare, increspare [*paper, material*]; strizzare [*eyes*] **II** intr. [*leaf*] frusciare; [*paper*] spiegazzarsi.
crinkly /ˈkrɪŋklɪ/ agg. [*hair*] arricciato; [*paper, material*] crespato.
1.cripple /ˈkrɪpl/ n. **1** *(lame)* zoppo m. (-a), storpio m. (-a) **2** *(inadequate)* ***emotional ~*** = persona incapace di esprimere i propri sentimenti.
2.cripple /ˈkrɪpl/ tr. **1** *(physically)* azzoppare, storpiare; *(emotionally)* traumatizzare **2** FIG. paralizzare, bloccare [*country, industry*]; smantellare, disarmare [*ship*]; danneggiare, rendere inefficiente [*vehicle, equipment*].
crippled /ˈkrɪpld/ **I** p.pass. → **2.cripple II** agg. **1** *(physically)* [*person*] menomato, storpio; ***to be ~ with sth.*** essere menomato da *o* a causa di qcs. **2** FIG. [*person*] *(by debt)* schiacciato (**by** da); *(by emotion)* paralizzato (**by** da); [*country, industry*] paralizzato, bloccato (**by** da); [*vehicle*] danneggiato; [*ship*] smantellato, disarmato.
crippling /ˈkrɪplɪŋ/ agg. **1** [*disease*] invalidante **2** FIG. [*taxes, debts*] rovinoso, grave; [*strike, effect*] che paralizza.
crisis /ˈkraɪsɪs/ n. (pl. **-es**) crisi f. (**in** in, all'interno di; **over** a causa di); ***cabinet ~*** crisi ministeriale; ***cash ~*** ECON. crisi monetaria; ***to reach a ~*** diventare *o* farsi critico; ***at ~ level*** a un livello critico.
crisis centre BE, **crisis center** AE n. *(after disaster)* unità f. di crisi.
crisp /krɪsp/ **I** agg. **1** [*batter, biscuit*] friabile, croccante; [*fruit, vegetable*] fresco, sodo **2** [*garment*] fresco; [*banknote*] che fruscia **3** [*air*] frizzante, tonificante; [*morning*] dal freddo pungente **4** FIG. *(concise)* [*order, words*] deciso, incisivo; [*manner*] risoluto **II** n. BE (anche **potato ~**) patatina f. ♦ ***to be burnt to a ~*** COLLOQ. essere carbonizzato.
crispbread /ˈkrɪspbred/ n. BE = biscotto secco e croccante fatto di segale o grano.
Crispin /ˈkrɪspɪn/ n.pr. Crispino.
crisply /ˈkrɪsplɪ/ avv. [*ironed*] di fresco; [*reply, speak*] seccamente, risolutamente.
crispy /ˈkrɪspɪ/ agg. croccante.
1.crisscross /ˈkrɪskrɒs, AE -krɔːs/ **I** n. *(of streets)* incrocio m. **II** agg. [*design*] a linee incrociate **III** avv. di traverso, trasversalmente; ***the streets run ~*** le strade si incontrano trasversalmente.
2.crisscross /ˈkrɪskrɒs, AE -krɔːs/ **I** tr. solcare **II** intr. incrociarsi, intersecarsi.
criterion /kraɪˈtɪərɪən/ n. (pl. **-ia**) criterio m. (**for** di).
critic /ˈkrɪtɪk/ ♦ *27* n. **1** *(reviewer)* critico m. (-a) **2** *(opponent)* censore m., criticone m. (-a).
critical /ˈkrɪtɪkl/ agg. **1** *(crucial)* [*moment, stage*] cruciale; [*point*] critico **2** *(acute)* [*condition*] critico, grave **3** *(disapproving)* critico; ***to be ~ of sb., sth.*** criticare qcn., qcs. **4** *(analytical)* [*approach, study*] critico **5** *(of reviewers)* [*acclaim*] della critica; ***the film was a ~ success*** il film ebbe un successo di critica **6** *(discriminating)* [*reader*] critico; ***to take a ~ look at sth.*** guardare qcs. con occhio critico.
critically /ˈkrɪtɪklɪ/ avv. **1** *(using judgment)* [*evaluate, examine*] con occhio critico **2** *(with disapproval)* [*view*] con disapprovazione; [*speak*] in modo critico **3** *(seriously)* [*ill, injured*] gravemente; ***~ important*** essenziale *o* cruciale.
criticism /ˈkrɪtɪsɪzəm/ n. critica f.
criticize /ˈkrɪtɪsaɪz/ tr. **1** *(find fault with)* criticare; ***to ~ sb. for doing*** criticare qcn. per aver fatto **2** *(analyse)* analizzare, giudicare criticamente.

critique /krɪ'tiːk/ n. critica f.
1.croak /krəʊk/ n. *(of frog)* gracidio m.; *(of crow)* gracchiamento m.; *(of person)* voce f. rauca.
2.croak /krəʊk/ **I** tr. dire con voce rauca **II** intr. **1** [*frog*] gracidare; [*person*] parlare con voce rauca **2** POP. *(die)* crepare, tirare le cuoia.
Croat /'krəʊæt/ n. croato m. (-a).
Croatia /krəʊ'eɪʃə/ ♦ *6* n.pr. Croazia f.
Croatian /krəʊ'eɪʃn/ ♦ *18, 14* **I** agg. croato **II** n. **1** *(person)* croato m. (-a) **2** *(language)* croato m.
1.crochet /'krəʊʃeɪ, AE krəʊ'ʃeɪ/ n. *(art)* uncinetto m.; *(work)* lavoro m. all'uncinetto.
2.crochet /'krəʊʃeɪ, AE krəʊ'ʃeɪ/ **I** tr. fare all'uncinetto; ***a ~ed sweater*** una maglia all'uncinetto **II** intr. lavorare all'uncinetto.
crochet hook n. uncinetto m.
croci /'krəʊkaɪ/ → **crocus**.
1.crock /krɒk/ n. **1** *(pot or jar)* vaso m., brocca f. di terracotta **2** *(in a flowerpot)* coccio m., frammento m.
2.crock /krɒk/ n. COLLOQ. *(car)* catorcio m., macinino m.; *(person)* rottame m., relitto m.
crockery /'krɒkərɪ/ n. cocci m.pl., stoviglie f.pl.
crocodile /'krɒkədaɪl/ **I** n. **1** *(animal, leather)* coccodrillo m. **2** BE *(line)* fila f. per due **II** modif. [*bag*] di coccodrillo ♦ ***to shed ~ tears*** versare lacrime di coccodrillo.
crocus /'krəʊkəs/ n. (pl. **~es**, **-i**) croco m.
Croesus /'kriːsəs/ n.pr. Creso.
croft /krɒft, AE krɔːft/ n. BE campicello m., piccolo podere m.
crone /krəʊn/ n. SPREG. vecchia f. rugosa.
crony /'krəʊnɪ/ n. amico m. (-a) intimo (-a), amicone m. (-a).
1.crook /krʊk/ n. **1** *(rogue)* imbroglione m. (-a), truffatore m. (-trice) **2** *(of river)* curva f.; *(of arm)* incavo m. **3** *(shepherd's)* bastone m.; *(bishop's)* pastorale m. ♦ ***by hook or by ~*** con le buone o con le cattive, o di riffa o di raffa.
2.crook /krʊk/ tr. curvare, piegare [*arm, finger*] ♦ ***to ~ one's little finger*** alzare il gomito.
crooked /'krʊkɪd/ **I** p.pass. → **2.crook** **II** agg. **1** *(with a bend)* [*line, back*] curvo; [*limb*] storto; [*stick, finger*] (ri)curvo; [*path*] tortuoso; ***a ~ smile*** un sorriso a metà **2** *(off-centre)* di traverso, di sghembo; [*house*] sbilenco **3** COLLOQ. *(dishonest)* disonesto **III** avv. di traverso.
crookedly /'krʊkɪdlɪ/ avv. di traverso.
crookedness /'krʊkɪdnɪs/ n. **1** *(quality or state of being crooked)* (l')essere curvo, storto **2** *(dishonesty)* disonestà f., slealtà f.
croon /kruːn/ tr. e intr. cantilenare.
1.crop /krɒp/ n. **1** *(type of produce)* coltura f.; ***cereal ~*** coltura cerealicola **2** spesso pl. *(growing in field)* coltura f.; ***the ~s will fail*** le colture andranno perdute **3** *(harvest)* *(of fruit, vegetables)* raccolto m.; *(of cereals)* raccolto m., messe f.; ***the rice ~*** il raccolto di riso **4** FIG. *(of medals)* incetta f.; *(of people, novels)* gruppo m.; ***they are the cream of the ~*** sono i migliori del gruppo **5** FIG. *(of weeds, spots)* ***his garden was a ~ of weeds*** il suo giardino era una giungla di erbacce; ***look at that ~ of spots on his face*** guarda che faccia piena di brufoli **6** *(short haircut)* rapata f., taglio m. cortissimo **7** *(of bird)* gozzo m. **8** *(whip)* manico m., frustino m.
2.crop /krɒp/ tr. (forma in -ing ecc. **-pp-**) **1** *(cut short)* rasare, rapare [*hair*]; mozzare [*tail*] **2** [*animal*] brucare [*grass*] **3** FOT. rifilare, scontornare [*photograph*] **4** *(harvest)* raccogliere [*fruit*]; mietere [*wheat, corn*] **5** *(grow)* coltivare [*vegetable, cereal*].
■ **crop up** [*matter, subject*] presentarsi, emergere; [*person*] essere citato, nominato; [*problem*] (in)sorgere, saltar fuori; [*opportunity*] presentarsi.
cropped /krɒpt/ **I** p.pass. → **2.crop** **II** agg. **1** [*hair*] rasato **2** ABBIGL. [*jacket, top*] corto.
cropper /'krɒpə(r)/ n. ***to come a ~*** BE COLLOQ. andare a rotoli.
crop rotation n. rotazione f. delle colture.
crop spraying n. irrorazione f. delle colture (con pesticidi).
croquet /'krəʊkeɪ, AE krəʊ'keɪ/ ♦ *10* n. croquet m.
croquette /krə'ket/ n. crocchetta f.; ***potato ~s*** o ***~ potatoes*** crocchette di patate.
crosier /'krəʊzɪə(r), AE 'krəʊʒər/ n. *(staff)* pastorale m.
1.cross /krɒs, AE krɔːs/ **I** n. **1** *(shape)* croce f.; ***the Cross*** RELIG. la Croce; ***to put a ~ against*** segnare con una croce [*name, item*]; ***"put a ~ in the box"*** "sbarrate la casella", "segnate la casella con una croce" **2** *(hybrid)* incrocio m., ibrido m. (**between** fra); ***a ~ between Hitler and Napoleon*** FIG. un incrocio fra Hitler e Napoleone **3** SART. sbieco m.; ***to cut sth. on the ~*** tagliare qcs. di sbieco **4** SPORT *(in football)* cross m., traversone m. **II** agg. **1** *(angry)* arrabbiato, irritato, di cattivo umore; ***to be ~ with sb.*** essere seccato con qcn.; ***to be ~ about sth.*** essere di cattivo umore per qcs.; ***to get ~*** arrabbiarsi o adirarsi (**with** con) **2** *(transverse)* [*timber*] trasversale, obliquo **3** *(contrary to general direction)* [*breeze, swell*] contrario ♦ ***to have a*** o ***one's ~ to bear*** portare la propria croce.
2.cross /krɒs, AE krɔːs/ **I** tr. **1** *(go across)* attraversare [*road, country, room*]; passare, attraversare [*river*]; superare, oltrepassare [*border, line, mountains*]; [*bridge*] attraversare, scavalcare [*river, road*]; [*road, railway line, river*] tagliare, attraversare [*country, desert*]; [*line*] attraversare, tagliare [*page*] **2** FIG. superare, oltrepassare [*limit, boundary*]; ***it ~ed his mind that*** gli è venuto in mente che; ***the thought had ~ed my mind*** mi era passato per la testa il pensiero (**that** che); ***the programme ~ed the bounds of decency*** la trasmissione superò i limiti della decenza **3** *(meet)* [*road, railway line*] incrociare, intersecare [*road, railway line, river*]; ***to ~ each other*** incrociarsi **4** *(place in shape of a cross)* incrociare; ***to ~ one's legs*** incrociare o accavallare le gambe; ***to ~ one's arms*** incrociare le braccia **5** BIOL. BOT. ZOOL. incrociare, ibridare **6** *(oppose)* opporsi a, contrastare [*person*] **7** *(draw line across)* (s)barrare [*cheque*] **II** intr. **1** (anche **~ over**) *(go across)* fare una traversata; ***to ~ into Italy*** passare in Italia **2** *(meet)* [*roads, railway lines, cars, trains*] incrociarsi; [*lines*] intersecarsi **III** rifl. ***to ~ oneself*** RELIG. segnarsi, farsi il segno della croce ♦ ***we seem to have got our wires ~ed*** sembra che tra noi ci sia stata un'incomprensione.
■ **cross off:** ~ ***[sth., sb.]*** ***off***, ~ ***off*** ***[sth., sb.]*** cancellare, depennare [*name, thing*].
■ **cross out:** ~ ***out*** ***[sth.]***, ~ ***[sth.]*** ***out*** cancellare.
crossbar /'krɒsbɑː(r), AE 'krɔːs-/ n. sbarra f.; *(in football, rugby)* traversa f.
crossbones /'krɒsbəʊnz, AE 'krɔːs-/ n.pl. → **skull and crossbones**.
cross-border /'krɒs,bɔːdə(r), AE 'krɔːs-/ agg. transfrontaliero.
crossbow /'krɒsbəʊ, AE 'krɔːs-/ n. balestra f.
crossbred /'krɒsbred, AE 'krɔːs-/ **I** pass., p.pass. → **2.crossbreed** **II** agg. ibrido, incrociato.
1.crossbreed /'krɒsbriːd, AE 'krɔːs-/ n. *(animal)* ibrido m. (-a), incrocio m.; *(person)* SPREG. meticcio m. (-a), mezzosangue m. e f.
2.crossbreed /'krɒsbriːd, AE 'krɔːs-/ tr. e intr. (pass., p.pass. **-bred**) ibridare, incrociare (**with** con).
cross-Channel /,krɒs'tʃænl, AE ,krɔːs-/ agg. che attraversa la Manica.
1.cross-check /'krɒstʃek, AE 'krɔːs-/ n. controllo m. incrociato.
2.cross-check /,krɒs'tʃek, AE ,krɔːs-/ **I** tr. fare un controllo incrociato su **II** intr. fare un controllo incrociato.
cross-country /,krɒs'kʌntrɪ, AE ,krɔːs-/ **I** ♦ *10* n. SPORT *(in running)* corsa f. campestre, cross-country m.; *(in skiing)* sci m. di fondo **II** agg. **1** SPORT *(in running)* [*race, champion*] di corsa campestre; *(in skiing)* [*skier*] di fondo; ***~ skiing*** sci di fondo **2** *(across fields)* [*hike, run*] per i campi **3** *(across a country)* [*route*] che attraversa la campagna **III** avv. [*run, walk, hike*] attraverso i campi.
cross-court /'krɒskɔːt, AE 'krɔːs-/ agg. SPORT [*shot, volley*] incrociato.
cross-cultural /,krɒs'kʌltʃərəl, AE ,krɔːs-/ agg. interculturale.
crosscurrent /'krɒskʌrənt, AE 'krɔːs-/ n. **1** corrente f. trasversale **2** FIG. corrente f., tendenza f. contraria.
cross-curricular /,krɒskə'rɪkjʊlə(r), AE ,krɔːs-/ agg. multidisciplinare.
cross-disciplinary /,krɒs'dɪsɪplɪnərɪ, AE ,krɔːs'dɪsɪplɪnerɪ/ agg. SCOL. UNIV. [*course, syllabus*] interdisciplinare.
cross-dresser /,krɒs'dresə(r), AE ,krɔːs-/ n. travestito m.
cross-examination /,krɒsɪg,zæmɪ'neɪʃn, AE ,krɔːs-/ n. DIR. controinterrogatorio m.

cross-examine /ˌkrɒsɪɡ'zæmɪn, AE ˌkrɔ:s-/ tr. **1** DIR. fare un controinterrogatorio a **2** interrogare a fondo.
cross-eyed /'krɒsaɪd, AE 'krɔ:s-/ agg. [*person*] strabico.
crossfire /'krɒsfaɪə(r), AE 'krɔ:s-/ n. MIL. FIG. fuoco m., tiro m. incrociato; ***to be*** o ***get caught in the ~*** essere sottoposto a un tiro incrociato (anche FIG.).
crossing /'krɒsɪŋ, AE 'krɔ:sɪŋ/ n. **1** *(journey) (over water)* traversata f.; *(over border)* attraversamento m. **2** *(for pedestrians)* attraversamento m. pedonale, passaggio m. pedonale; FERR. (anche **level ~**) passaggio m. a livello.
crossing-out /ˌkrɒsɪŋ'aʊt, AE ˌkrɔ:s-/ n. (pl. **crossings-out**) cancellatura f.
cross-legged /ˌkrɒs'legɪd, AE ˌkrɔ:s-/ **I** agg. con le gambe incrociate, accavallate **II** avv. [*sit*] a gambe incrociate, accavallate.
crossly /'krɒslɪ, AE 'krɔ:slɪ/ avv. in modo adirato, seccato.
crossover /'krɒsəʊvə(r), AE 'krɔ:s-/ agg. ABBIGL. [*bodice, straps*] incrociato.
cross-party /ˌkrɒs'pɑ:tɪ, AE ˌkrɔ:s-/ agg. POL. [*initiative*] accettato da più partiti; [*group*] trasversale.
crosspatch /'krɒspætʃ, AE 'krɔ:s-/ n. COLLOQ. SCHERZ. brontolone m. (-a), borbottone m. (-a).
crosspiece /'krɒspi:s, AE 'krɔ:s-/ n. traversa f.
cross-purposes /ˌkrɒs'pɜ:pəsɪz, AE ˌkrɔ:s-/ n.pl. ***we are at ~*** *(misunderstanding)* ci siamo fraintesi; *(disagreement)* siamo in disaccordo.
cross-question /ˌkrɒs'kwestʃən, AE ˌkrɔ:s-/ tr. interrogare in contraddittorio [*person*].
1.cross-reference /ˌkrɒs'refrəns, AE ˌkrɔ:s-/ n. rinvio m., rimando m. (**to** a).
2.cross-reference /ˌkrɒs'refrəns, AE ˌkrɔ:s-/ tr. fare un rimando da [*entry, item*] (**to** a).
crossroads /'krɒsrəʊdz, AE 'krɔ:s-/ n. (pl. **~**) + verbo sing. incrocio m., crocevia m.; FIG. bivio m., svolta f.
cross-section /ˌkrɒs'sekʃn, AE ˌkrɔ:s-/ n. **1** sezione f. trasversale **2** FIG. *(selection)* campione m., spaccato m.
cross-stitch /'krɒsstɪtʃ, AE 'krɔ:s-/ n. punto m. croce.
cross-town /ˌkrɒs'taʊn, AE ˌkrɔ:s-/ agg. AE che attraversa la città.
crosswind /'krɒswɪnd, AE 'krɔ:s-/ n. vento m. di traverso.
crosswise /'krɒswaɪz, AE 'krɔ:s-/ **I** agg. **1** *(diagonal)* diagonale **2** *(transverse)* trasversale **II** avv. **1** *(diagonally)* in diagonale, diagonalmente **2** *(transversely)* trasversalmente, di traverso.
crossword /'krɒswɜ:d, AE 'krɔ:s-/ n. (anche **~ puzzle**) parole f.pl incrociate, cruciverba m.
crotch /krɒtʃ/ n. **1** ANAT. inforcatura f. **2** *(in trousers)* cavallo m.
crotchet /'krɒtʃɪt/ n. BE MUS. semiminima f.
crotchety /'krɒtʃɪtɪ/ agg. capriccioso, irritabile.
1.crouch /kraʊtʃ/ n. (l')accovacciarsi, (il) rannicchiarsi.
2.crouch /kraʊtʃ/ intr. (anche **~ down**) [*person*] rannicchiarsi; [*person, animal*] *(in order to hide)* accovacciarsi; *(for attack)* acquattarsi, appostarsi.
croup /kru:p/ n. MED. crup m., laringite f. difterica.
croupier /'kru:pɪə(r)/ ➧ **27** n. croupier m.
crouton /'kru:tɒn/ n. crostino m.
1.crow /krəʊ/ n. **1** *(bird)* corvo m., cornacchia f. **2** *(cock's cry)* canto m. del gallo ♦ ***as the ~ flies*** in linea d'aria.
2.crow /krəʊ/ intr. **1** *(exult)* esultare, gridare di gioia **2** [*baby*] fare gridolini (di gioia) **3** (pass. **crowed**, ANT. **crew**) [*cock*] cantare.
crowbar /'krəʊbɑ:(r)/ n. palanchino m.
1.crowd /kraʊd/ **I** n. **1** *(mass of people)* folla f., moltitudine f.; *(audience)* pubblico m., spettatori m.pl.; ***a ~ of 10,000*** una folla di 10.000 persone; SPORT 10.000 spettatori; ***~s of people*** una folla di gente; ***we are hoping for a big ~*** speriamo che ci siano molti spettatori; ***to come in ~s*** accorrere in massa; ***to stand out from the ~*** distinguersi dalla massa **2** COLLOQ. *(group)* compagnia f., combriccola f.; ***the usual ~*** la solita combriccola, gente **II** modif. [*behaviour, reaction*] di massa.
2.crowd /kraʊd/ **I** tr. **1** *(fill)* affollare, gremire [*pavement, platform, bar, beach*]; ***the roads were ~ed with cars*** le strade erano intasate dalle auto **2** *(squash)* stipare, pigiare [*people, furniture*] (**into** in); ***we always try to ~ as much as possible into our visits to Paris*** cerchiamo sempre di sfruttare al massimo le nostre visite a Parigi **3** *(fill to excess)* riempire, inzeppare [*room, mind*] (**with** di) **4** COLLOQ. *(put pressure on)* fare pressione su; ***stop ~ing me! let me think!*** smettila di starmi addosso! lasciami pensare! **II** intr. **1** ***to ~ into*** ammassarsi in [*room, lift, vehicle*]; ***to ~ onto*** accalcarsi, stiparsi su [*bus, train*]; ***to ~ (up) against*** accalcarsi *o* pigiarsi contro [*barrier*] **2** FIG. ***to ~ into*** [*thoughts, memories*] affollarsi in [*mind*].
■ **crowd around, crowd round:** ***~ (a)round*** accalcarsi; ***~ (a)round [sth.]*** assieparsi intorno a; ***don't ~ around the entrance*** non accalcatevi all'entrata.
■ **crowd in:** ***~ in*** [*people, animals*] accalcarsi; ***to ~ in on sb.*** [*people*] affollarsi intorno a qcn.; FIG. [*hills, walls*] opprimere, circondare qcn.; FIG. [*thoughts, memories*] affollarsi nella mente di qcn.
■ **crowd out:** ***~ out [sth., sb.]***, ***~ [sth., sb.] out*** lasciare fuori [*person*]; escludere [*business*].
crowded /'kraʊdɪd/ **I** p.pass. → **2.crowd II** agg. **1** *(full of people)* [*train, shop, church*] affollato, gremito, stipato, pieno zeppo; [*beach, street, pavement*] affollato; [*area, town*] popoloso; ***to be ~ with*** essere pieno *o* stipato di [*people*] **2** *(cluttered)* [*house, room, area, table*] ingombro (**with** di); [*car park*] pieno (**with** di) **3** *(busy)* [*diary, holiday, day*] pieno (**with** di).
crowd-puller /'kraʊdˌpʊlə(r)/ n. *(event)* grande attrazione f.
crowd scene n. CINEM. TEATR. scena f. di massa.
crowing /'krəʊɪŋ/ n. **1** *(of cock)* canto m. del gallo **2** *(boasting)* vanto m., gloria f.
1.crown /kraʊn/ n. **1** *(of monarch)* corona f.; ***the Crown*** la Corona **2** *(top) (of hill)* cima f., sommità f.; *(of hat)* cupola f., cocuzzolo m. **3** *(head)* testa f., cranio m. **4** MED. corona f., capsula f. **5** GB STOR. *(old coin)* corona f.
2.crown /kraʊn/ tr. **1** incoronare [*queen, champion*]; ***to ~ sb. emperor*** incoronare qcn. imperatore **2** *(bring to worthy end)* coronare; ***the prize ~ed her career*** il premio è giunto a coronamento della sua carriera; ***to ~ it all*** per coronare l'opera **3** MED. incapsulare [*tooth*].
crown cap n. tappo m. a corona.
Crown court n. GB DIR. corte f. d'assise.
crowned head n. POL. testa f. coronata.
crowning /'kraʊnɪŋ/ **I** n. incoronazione f. **II** agg. [*touch*] finale; [*irony*] sommo; [*moment*] supremo; ***the ~ achievement of his career*** il coronamento della sua carriera.
crowning glory n. **1** *(achievement)* coronamento m. **2** *(hair)* ***her hair is her ~*** i capelli sono il suo vanto.
crown jewels n.pl. gioielli m. della Corona.
crown prince n. principe m. ereditario.
crow's feet n.pl. *(on face)* zampe f. di gallina, rughe f.
cruces /'kru:si:z/ → **crux**.
crucial /'kru:ʃl/ agg. [*role, moment*] cruciale; [*witness*] decisivo (**to, for** per); ***it is ~ that*** è fondamentale che.
crucially /'kru:ʃəlɪ/ avv. ***~ important*** di cruciale *o* suprema importanza; ***~, he was there*** cosa fondamentale, lui era lì.
crucible /'kru:sɪbl/ n. crogiolo m.
crucifix /'kru:sɪfɪks/ n. crocifisso m.
crucifixion /ˌkru:sɪ'fɪkʃn/ n. crocifissione f.
crucify /'kru:sɪfaɪ/ tr. **1** *(execute)* crocifiggere **2** COLLOQ. *(criticize)* stroncare; *(defeat)* annientare.
crude /kru:d/ **I** agg. **1** *(rough)* [*tool, method*] rudimentale; [*estimate*] approssimativo, sommario **2** *(unsophisticated)* [*person, manners*] rude; [*attempt, expression*] grossolano **3** *(vulgar, rude)* [*language, joke*] volgare; [*person*] rude, rozzo **4** *(unprocessed)* [*rubber*] grezzo, non lavorato; [*statistic*] bruto, approssimativo; ***~ oil*** petrolio greggio **II** n. *(oil)* (petrolio) greggio m.
crudely /'kru:dlɪ/ avv. **1** *(simply)* [*describe, express*] in modo semplice, sommariamente; ***~ speaking,...*** all'incirca,... parlando in modo approssimativo,... **2** *(roughly)* [*painted, made*] grossolanamente; [*assembled*] in modo approssimativo, alla meglio.
crudity /'kru:dɪtɪ/ n. *(vulgarity)* rudezza f., volgarità f., grossolanità f.
cruel /'krʊəl/ agg. [*person, fate, joke*] crudele (**to** con, nei confronti di); [*winter, climate*] rigido, gelido; ***a ~ blow*** un colpo doloroso ♦ ***you have to be ~ to be kind*** PROV. = se si vuole bene è necessario saper castigare.

cruelly /ˈkrʊəlɪ/ avv. crudelmente, in modo crudele.
cruelty /ˈkrʊəltɪ/ n. crudeltà f. (**to** nei confronti di).
cruelty-free /ˌkrʊəltɪˈfriː/ agg. [*product*] non testato su animali.
cruet /ˈkruːɪt/ n. **1** BE (anche **~ stand**) ampolliera f., oliera f. **2** AE *(small bottle)* ampolla f. (dell'olio o dell'aceto).
1.cruise /kruːz/ n. MAR. crociera f.; ***to go on a ~*** fare una crociera.
2.cruise /kruːz/ **I** tr. **1** ***to ~ a sea, a river*** [*ship*] incrociare in un mare, su un fiume; [*tourist*] viaggiare in nave in un mare, su un fiume **2** [*driver, taxi*] percorrere [*street, city*] **II** intr. **1** [*liner, tourist*] andare in crociera, fare una crociera (**in** in; **on** su; **along** lungo; **around** intorno a; **into** in, verso) **2** ***to ~ at 10,000 metres, at 800 km/h*** [*plane*] volare a un'altitudine di crociera di 10.000 metri, alla velocità di crociera di 800 km/h **3** ***to ~ at 80 km/h*** [*car*] andare alla velocità di crociera di 80 km/h **4** COLLOQ. ***to ~ to victory*** [*team*] ottenere con facilità la vittoria.
cruise liner n. nave f. da crociera.
cruise missile n. (missile) cruise m., missile m. da crociera.
cruiser /ˈkruːzə(r)/ n. **1** MIL. incrociatore m. **2** *(cabin cruiser)* cruiser m., cabinato m. **3** AE *(police car)* radiomobile f. della polizia.
cruising speed n. velocità f. di crociera.
1.crumb /krʌm/ n. **1** *(of food)* briciola f. **2** *(tiny amount)* ***a ~ of*** un briciolo di [*information, conversation*]; ***a ~ of comfort*** una briciola di conforto.
2.crumb /krʌm/ tr. **1** *(break into fragments)* sbriciolare **2** *(cover with breadcrumbs)* impanare.
crumble /ˈkrʌmbl/ **I** tr. (anche **~ up**) sbriciolare [*bread*]; sgretolare [*soil*] **II** intr. **1** [*bread*] sbriciolarsi; [*soil, cliff, facade*] sgretolarsi; [*building*] diroccarsi **2** FIG. [*relationship, economy, empire*] crollare; [*opposition, hope*] crollare, andare in pezzi.
crumbling /ˈkrʌmblɪŋ/ agg. **1** [*building*] fatiscente, cadente; [*facade*] che si sgretola; [*cliff*] friabile **2** [*economy, empire*] vacillante.
crumbly /ˈkrʌmblɪ/ agg. [*bread, cheese*] che si sbriciola; [*pastry, earth*] friabile.
crummy /ˈkrʌmɪ/ agg. COLLOQ. SPREG. **1** *(substandard)* scadente, in cattivo stato **2** AE *(unwell)* ***to feel ~*** sentirsi poco bene.
crumpet /ˈkrʌmpɪt/ n. **1** GASTR. INTRAD. m. (focaccina tostata e imburrata) **2 U** BE COLLOQ. SCHERZ. ***a bit of ~*** un gran pezzo di ragazza.
crumple /ˈkrʌmpl/ **I** tr. spiegazzare [*paper*]; accartocciare [*can*]; ***to ~ sth. into a ball*** appallottolare qcs. **II** intr. **1** *(crush up)* [*paper, garment*] spiegazzarsi, sgualcirsi; ***his face ~d*** il suo volto si contrasse in una smorfia; ***the car ~d on impact*** l'auto si accartocciò per l'impatto **2** *(collapse)* [*opposition, resistance*] crollare; ***he ~d onto the floor*** si accasciò al suolo.
■ **crumple up:** ~ ***[sth.] up***, ~ ***up [sth.]*** spiegazzare, appallottolare.
1.crunch /krʌntʃ/ n. **1** *(sound) (of gravel, snow, bone)* scricchiolio m. **2** ECON. *(squeeze)* crisi f., stretta f. ♦ ***when*** o ***if it comes to the ~*** quando si arriva alla resa dei conti *o* al dunque; ***the ~ came when*** il momento decisivo arrivò quando.
2.crunch /krʌntʃ/ **I** tr. **1** *(eat)* sgranocchiare [*apple, biscuit*]; [*animal*] rosicchiare [*bone*] **2** *(making noise)* ***she ~ed her way across the gravel*** camminando faceva scricchiolare la ghiaia **II** intr. [*snow, gravel*] scricchiolare.
crunchy /ˈkrʌntʃɪ/ agg. [*vegetables, biscuits*] croccante; [*snow, gravel*] che scricchiola.
1.crusade /kruːˈseɪd/ n. (anche **Crusade**) STOR. crociata f. (anche FIG.).
2.crusade /kruːˈseɪd/ intr. *(campaign)* partecipare a, fare una crociata.
crusader /kruːˈseɪdə(r)/ n. (anche **Crusader**) STOR. crociato m. (anche FIG.).
crusading /kruːˈseɪdɪŋ/ agg. battagliero, combattivo.
1.crush /krʌʃ/ n. **1** *(crowd)* calca f., affollamento m. **2** BE *(drink)* ***orange, lemon ~*** spremuta d'arancia, di limone.
2.crush /krʌʃ/ **I** tr. **1** *(by force, argument)* annientare, piegare [*enemy, uprising*]; reprimere, stroncare, soffocare [*protest*]; distruggere, frantumare [*hopes*]; *(by ridicule)* umiliare [*person*] **2** *(squash)* schiacciare [*can, fruit, part of body, person, vehicle*]; frantumare [*stone*]; tritare [*ice*]; ***to be ~ed to death*** *(by vehicle)* morire investito; *(by masonry)* morire schiacciato **3** *(crease)* sgualcire, spiegazzare [*garment, fabric*] **II** intr. ***to ~ together*** schiacciarsi gli uni contro gli altri, accalcarsi; ***to ~ into*** ammassarsi *o* stiparsi in [*room, vehicle*].
crush bar n. BE TEATR. bar m. del ridotto.
crush barrier n. BE transenna f.
crushed velvet n. velluto m. riccio.
crushing /ˈkrʌʃɪŋ/ agg. [*defeat, weight*] schiacciante; [*blow*] tremendo; [*news*] clamoroso.
crust /krʌst/ n. crosta f.; ***the earth's ~*** la crosta terrestre; ***he'd share his last ~*** dividerebbe anche il suo ultimo tozzo di pane.
crustacean /krʌˈsteɪʃn/ n. crostaceo m.
crusty /ˈkrʌstɪ/ agg. **1** [*bread*] crostoso **2** *(irritable)* irritabile, scontroso.
crutch /krʌtʃ/ n. **1** MED. gruccia f., stampella f.; ***to walk*** o ***be on ~es*** camminare con le stampelle **2** FIG. *(prop)* appoggio m., sostegno m. **3** BE *(crotch)* ANAT. inforcatura f.; *(in trousers)* cavallo m.
crux /krʌks/ n. (pl. **~es, -ces**) punto m. cruciale; ***the ~ of the matter*** il nodo della questione.
1.cry /kraɪ/ n. **1** *(shout, call) (of person)* grido m., urlo m.; *(of bird)* verso m., richiamo m.; ***a ~ for help*** un grido di aiuto (anche FIG.); ***there were cries of "shame!"*** la gente gridava allo scandalo; ***there have been cries for reprisals*** la gente gridava vendetta **2** *(weep)* ***to have a good ~*** COLLOQ. farsi un bel pianto **3** ***to be in full ~*** [*pack of hounds*] abbaiare forte; ***the press were in full ~ against them*** BE FIG. la stampa si scagliava *o* si accaniva contro di loro ♦ ***it's a far ~ from the days when*** c'è una bella differenza rispetto ai giorni in cui; ***this small house is a far ~ from the palace where she was born*** non c'è confronto fra questa piccola casa e il palazzo in cui è nata.
2.cry /kraɪ/ **I** tr. **1** *(shout)* ***"look out!" he cried*** "attenzione!" gridò **2** *(weep)* ***to ~ bitter tears*** piangere lacrime amare; ***how many tears I have cried over you!*** quante lacrime ho versato per causa tua! **II** intr. **1** *(weep)* piangere (**about** a causa di, per); ***to ~ for joy*** piangere per la gioia; ***he was ~ing for his mother*** piangendo chiamava sua madre; ***to ~ with laughter*** ridere fino alle lacrime, piangere dal ridere **2** *(call out)* → **cry out** ♦ ***for ~ing out loud!*** in nome del cielo! ***to ~ one's eyes*** o ***heart out*** piangere tutte le proprie lacrime, piangere a dirotto.
■ **cry down** BE ~ ***down [sth.]*** denigrare [*view*].
■ **cry off** BE *(cancel appointment)* disdire; *(retract promise)* tirarsi indietro.
■ **cry out** *(with pain, grief etc.)* lanciare, emettere un grido; *(call)* gridare; ***to ~ out in anguish*** lanciare un grido d'angoscia; ***to ~ out to sb.*** chiamare qcn. gridando *o* ad alta voce; ***to ~ out for*** *(beg for)* invocare, implorare [*mercy*]; *(need desperately)* chiedere a gran voce [*help, reform*].
crybaby /ˈkraɪˌbeɪbɪ/ n. COLLOQ. piagnucolone m. (-a).
crying /ˈkraɪɪŋ/ **I** n. **U** grida f.pl. **II** agg. *(blatant)* [*need*] urgente; ***it's a ~ shame!*** è un vero peccato!
cryosurgery /ˌkraɪəˈsɜːdʒərɪ/ n. MED. criochirurgia f.
cryotherapy /ˌkraɪəˈθerəpɪ/ n. MED. crioterapia f.
crypt /krɪpt/ n. cripta f.
cryptic /ˈkrɪptɪk/ agg. [*remark*] enigmatico, sibillino; [*code, message*] criptico, segreto.
cryptically /ˈkrɪptɪklɪ/ avv. [*say, speak*] cripticamente, in modo enigmatico; ***~ worded*** con parole misteriose *o* sibilline.
crystal /ˈkrɪstl/ **I** n. cristallo m.; *(on watch)* vetro m. **II** modif. **1** [*carafe*] di cristallo **2** [*water*] cristallino, limpido ♦ ***as clear as ~*** [*water, sound*] cristallino; [*explanation*] chiarissimo, che non lascia dubbi.
crystal ball n. sfera f. di cristallo; ***to look into one's ~*** FIG. scrutare in una sfera di cristallo, cercare di indovinare il futuro.
crystal clear agg. **1** [*water, sound*] cristallino **2** [*explanation*] chiarissimo, che non lascia dubbi; ***let me make it ~*** lascia che te lo chiarisca completamente.
crystal gazing n. predizione f. del futuro (con la sfera di cristallo).
crystalline /ˈkrɪstəlaɪn/ agg. cristallino.
crystallize /ˈkrɪstəlaɪz/ **I** tr. chiarire, definire [*ideas*]; cristallizzare, fossilizzare [*divisions*] **II** intr. cristallizzarsi (anche FIG.).
crystallized /ˈkrɪstəlaɪzd/ **I** p.pass. → **crystallize II** agg. [*fruit, ginger*] candito.

crystal therapy n. cristalloterapia f.
CSE n. GB SCOL. (⇒ Certificate of Secondary Education) = diploma di istruzione secondaria.
CS gas n. BE gas m. lacrimogeno.
CT n. (⇒ computerized tomography tomografia computerizzata) TC f.
cu ⇒ cubic cubo.
cub /kʌb/ n. **1** ZOOL. cucciolo m. **2** (anche **Cub scout**) lupetto m.
Cuba /ˈkjuːbə/ ♦ *6, 12* n.pr. Cuba f.
Cuban /ˈkjuːbən/ ♦ *18* **I** agg. cubano **II** n. cubano m. (-a).
cubby-hole /ˈkʌbɪhəʊl/ n. COLLOQ. **1** *(cramped space)* bugigattolo m., nicchia f.; *(snug room)* stanza intima e confortevole **2** *(storage space)* sgabuzzino m., ripostiglio m.
1.cube /kjuːb/ n. cubo m.; *(of meat, ice)* cubetto m.; *(of sugar)* zolletta f.
2.cube /kjuːb/ tr. **1** MAT. elevare al cubo **2** GASTR. tagliare a cubetti.
cube root n. radice f. cubica.
cubic /ˈkjuːbɪk/ ♦ *35, 3* agg. **1** MAT. [*form*] cubico **2** *(measurement)* [*metre, centimetre*] cubo.
cubicle /ˈkjuːbɪkl/ n. **1** *(in changing room)* cabina f.; *(in public toilets)* gabinetto m. **2** *(in dormitory)* celletta f., scompartimento m.
cubism /ˈkjuːbɪzəm/ n. (anche **Cubism**) cubismo m.
cubist /ˈkjuːbɪst/ **I** agg. cubistico, cubista **II** n. cubista m. e f.
cub reporter ♦ *27* n. giornalista m. e f. praticante, tirocinante.
1.cuckold /ˈkʌkəʊld/ n. ANT. marito m. tradito, cornuto.
2.cuckold /ˈkʌkəʊld/ tr. ANT. tradire, cornificare [*husband*].
cuckoo /ˈkʊkuː/ n. cuculo m.
cuckoo clock n. orologio m. a cucù.
cucumber /ˈkjuːkʌmbə(r)/ **I** n. cetriolo m. **II** modif. [*sandwich*] ai cetrioli; [*salad*] di cetrioli ♦ ***to be as cool as a ~*** essere impassibile *o* compassato.
cud /kʌd/ n. ***to chew the ~*** ruminare (anche FIG.).
1.cuddle /ˈkʌdl/ n. abbraccio m. affettuoso; ***to give sb. a ~*** abbracciare qcn. affettuosamente.
2.cuddle /ˈkʌdl/ tr. abbracciare (affettuosamente), stringere fra le braccia.
▪ **cuddle up** rannicchiarsi (**against** contro).
cuddly /ˈkʌdlɪ/ agg. *(sweet)* adorabile, dolce; *(soft)* tenero.
cuddly toy n. BE peluche m.
1.cudgel /ˈkʌdʒl/ n. bastone m., randello m. ♦ ***to take up the ~s for sb.*** difendere qcn. a spada tratta.
2.cudgel /ˈkʌdʒl/ tr. (forma in -ing ecc. **-ll-**, **-l-** AE) bastonare, randellare ♦ ***to ~ one's brains*** COLLOQ. spremersi le meningi (**for, to** per).
1.cue /kjuː/ n. **1** TEATR. *(line)* battuta f. d'entrata; *(action)* segnale m. d'inizio; MUS. attacco m.; TELEV. RAD. CINEM. segnale m. d'azione; ***on ~*** *(after word)* dopo la battuta d'entrata; *(after action)* dopo il segnale d'azione **2** FIG. *(signal)* suggerimento m., imbeccata f.; ***to take one's ~ from sb.*** prendere lo spunto da qcn.
2.cue /kjuː/ n. SPORT stecca f. da biliardo.
1.cuff /kʌf/ **I** n. **1** *(at wrist)* polsino m. **2** AE *(on trousers)* risvolto m. **II** n.pl. **cuffs** COLLOQ. *(handcuffs)* manette f. ♦ ***to speak off the ~*** improvvisare un discorso; ***an off the ~ remark*** un'osservazione improvvisata.
2.cuff /kʌf/ n. *(blow)* schiaffo m., scappellotto m.
3.cuff /kʌf/ tr. *(on head)* dare uno scappellotto a.
cuff link n. gemello m. da camicia.
cuisine /kwɪˈziːn/ n. cucina f., modo m. di cucinare.
cul-de-sac /ˈkʌldəˌsæk/ n. *(street)* vicolo m. cieco; *(on roadsign)* strada f. senza uscita.
culinary /ˈkʌlɪnərɪ, AE -nerɪ/ agg. culinario.
1.cull /kʌl/ n. *(for livestock)* selezione f., abbattimento m. selettivo; *(of seals, whales)* massacro m.
2.cull /kʌl/ tr. **1** selezionare [*livestock*]; massacrare [*seals, whales*] **2** *(gather)* selezionare [*information*].
culminate /ˈkʌlmɪneɪt/ tr. culminare.
culmination /ˌkʌlmɪˈneɪʃn/ n. culmine m. (anche FIG.).
culottes /kjuːˈlɒts/ n.pl. ***a pair of ~*** una gonna pantalone.
culpable /ˈkʌlpəbl/ agg. colpevole (**for** di).
culpable homicide n. DIR. omicidio m. colposo.
culprit /ˈkʌlprɪt/ n. *(guilty person)* colpevole m. e f.; *(main cause)* principale responsabile m.
cult /kʌlt/ **I** n. **1** RELIG. *(primitive)* culto m.; *(contemporary)* setta f. **2** U *(worship)* culto m., venerazione f.; ***~ of personality*** culto della personalità **II** modif. ***a ~ film*** un film (di) culto.
cultivate /ˈkʌltɪveɪt/ tr. **1** coltivare [*land, soil*] **2** *(develop)* ***to ~ one's image*** coltivare la propria immagine; ***to ~ one's mind*** esercitare la propria mente.
cultivated /ˈkʌltɪveɪtɪd/ **I** p.pass. → **cultivate II** agg. **1** [*land, soil*] coltivato **2** [*person*] colto, raffinato.
cultivation /ˌkʌltɪˈveɪʃn/ n. AGR. coltivazione f., coltura f.
cultural /ˈkʌltʃərəl/ agg. culturale.
cultural attaché ♦ *27* n. addetto m. (-a) culturale.
culturally /ˈkʌltʃərəlɪ/ avv. [*similar, different*] culturalmente; ***a ~ diverse country*** un paese che presenta una varietà di culture.
culture /ˈkʌltʃə(r)/ n. **1** U *(art and thought)* cultura f.; ***to bring ~ to the masses*** diffondere la cultura **2** *(way of life)* cultura f.; ***minority ~s*** culture di minoranza; ***drug ~*** il mondo della droga **3** *(cultivation)* coltura f.; ***sand ~*** coltura nella sabbia; ***olive ~*** coltivazione delle olive **4** BIOL. *(of bacteria)* coltura f.
culture-bound /ˈkʌltʃəbaʊnd/ agg. [*test*] che favorisce un gruppo culturale.
cultured /ˈkʌltʃəd/ agg. **1** [*person*] colto **2** BIOL. coltivato.
cultured pearl n. perla f. coltivata.
culture shock n. shock m. culturale.
culture vulture n. COLLOQ. intellettualoide m. e f.
culvert /ˈkʌlvət/ n. canale m. sotterraneo.
-cum- /kʌm/ in composti ***garage~workshop*** garage-officina; ***gardener~handyman*** giardiniere-tuttofare.
cumbersome /ˈkʌmbəsəm/ agg. [*luggage, furniture*] ingombrante; [*method*] scomodo.
cumin /ˈkʌmɪn/ n. cumino m.
cummerbund /ˈkʌməbʌnd/ n. fascia f. dello smoking.
cumulative /ˈkjuːmjʊlətɪv, AE -leɪtɪv/ agg. cumulativo.
cumulus /ˈkjuːmjʊləs/ n. (pl. **-i**) *(cloud)* cumulo m.
cunning /ˈkʌnɪŋ/ **I** agg. **1** SPREG. [*person*] astuto, furbo; *(nastier)* scaltro; [*animal*] astuto; ***he's a ~ old fox*** è una vecchia volpe **2** *(clever)* [*trick, plot, device*] abile **II** n. SPREG. *(of person)* astuzia f., furbizia f.; *(nastier)* scaltrezza f.; *(of animal)* astuzia f.
cunningly /ˈkʌnɪŋlɪ/ avv. **1** [*disguised*] abilmente; [*devised*] abilmente, astutamente **2** [*look, say*] con aria furba; SPREG. scaltramente.
cunt /kʌnt/ n. VOLG. **1** *(female genitals)* fica f. **2** *(person)* coglione m. (-a), testa f. di cazzo.
1.cup /kʌp/ n. **1** *(container, contents)* tazza f.; *(smaller)* tazzina f.; ***a ~ of tea*** una tazza di tè **2** SPORT coppa f. **3** *(in bra)* coppa f. **4** *(of flower)* corolla f. **5** RELIG. *(for communion)* calice m. ♦ ***to be in one's ~s*** essere un po' brillo.
2.cup /kʌp/ tr. (forma in -ing ecc. **-pp-**) ***to ~ sth. in one's hands*** prendere qcs. con le mani a coppa [*butterfly, water*]; ***to ~ one's hands around*** racchiudere tra le mani [*insect*]; proteggere *o* riparare [qcs.] con la mano [*flame, match*]; ***to ~ one's hand over*** coprire con la mano [*receiver*].
cupboard /ˈkʌbəd/ n. *(in kitchen)* credenza f.; *(for clothes)* armadio m. ♦ ***the ~ is bare*** le casse sono vuote.
cupboard love n. BE SCHERZ. amore m. interessato.
cupful /ˈkʌpfʊl/ n. tazza f.; *(smaller)* tazzina f.
cupid /ˈkjuːpɪd/ n. ART. cupido m.
Cupid /ˈkjuːpɪd/ n.pr. Cupido.
cupola /ˈkjuːpələ/ n. ARCH. *(domed roof)* cupola f.; *(lantern)* lanterna f.
cup tie n. BE sfida f. di coppa.
cur /kɜː(r)/ n. LETT. SPREG. *(dog)* cagnaccio m., (cane) bastardo m.
curable /ˈkjʊərəbl/ agg. curabile.
curacy /ˈkjʊərəsɪ/ n. curazia f., vicariato m.
curare /kjʊˈrɑːrɪ/ n. curaro m.
curate /ˈkjʊərət/ n. curato m., vicario m. ♦ ***it's like the ~'s egg*** non è poi così male.
curative /ˈkjʊərətɪv/ agg. curativo.
curator /kjʊəˈreɪtə(r), AE *anche* ˈkjʊərətər/ ♦ *27* n. *(of museum, gallery)* conservatore m. (-trice).
1.curb /kɜːb/ n. **1** *(control)* freno m. (**on** a) **2** AE *(sidewalk)* bordo m. del marciapiede, cordone m., cordolo m.

2.curb /kɜ:b/ tr. **1** *(control)* tenere a freno [*desires*]; limitare [*powers, influence, spending, consumption*]; ***to ~ one's temper*** dominarsi **2** AE ***~ your dog!*** = invito rivolto ai possessori di cani a portare i loro animali a fare i propri bisogni in apposite aree.
curd /kɜ:d/ n. (anche **~s**) cagliata f.
curd cheese n. = formaggio fresco simile al primosale.
curdle /ˈkɜ:dl/ **I** tr. (fare) cagliare [*milk*]; fare impazzire [*sauce*] **II** intr. [*milk*] cagliare; [*sauce*] impazzire.
1.cure /ˈkjʊə(r)/ n. **1** MED. FARM. *(remedy)* cura f. (**for** per, contro) **2** MED. *(recovery)* guarigione f. **3** FIG. *(solution)* rimedio m. (**for** per); ***the situation is beyond ~*** la situazione è irrimediabile.
2.cure /ˈkjʊə(r)/ tr. **1** MED. guarire [*disease, patient*]; ***to ~ sb. of sth.*** guarire qcn. da qcs. **2** FIG. guarire [*bad habit, person*]; porre rimedio a [*inflation*] **3** GASTR. *(dry)* seccare; *(salt)* salare; *(smoke)* affumicare **4** *(treat)* conciare [*hide, tobacco*].
cure-all /ˈkjʊərɔ:l/ n. panacea f. (**for** per, contro).
curettage /ˌkjʊərɪˈtɑ:ʒ/ n. raschiamento m.
curfew /ˈkɜ:fju:/ n. coprifuoco m.; ***to impose a (ten o'clock) ~*** imporre il coprifuoco (a partire dalle dieci).
curio /ˈkjʊərɪəʊ/ n. (accorc. curiosity) (pl. **~s**) curiosità f., rarità f.
curiosity /ˌkjʊərɪˈɒsətɪ/ n. **1** *(desire to know, nosiness)* curiosità f. (**about** per, riguardo a); ***out of (idle) ~*** per (pura) curiosità; ***to be burning with ~*** morire di curiosità **2** *(object, text)* curiosità f., rarità f. **3** *(person)* originale m. e f., tipo m. stravagante ♦ ***~ killed the cat*** PROV. tanto va la gatta al lardo che ci lascia lo zampino.
curious /ˈkjʊərɪəs/ agg. **1** *(interested, nosy)* curioso; ***to be ~ about sth.*** provare curiosità per qcs.; ***I'm just ~!*** chiedevo solo per curiosità! tanto per sapere! **2** *(odd)* [*person, case, effect, place*] curioso, strano.
curiously /ˈkjʊərɪəslɪ/ avv. **1** *(oddly)* [*silent, detached*] stranamente; ***~ shaped*** con una forma curiosa; ***~ enough,...*** strano a dirsi,... **2** [*ask*] con curiosità.
1.curl /kɜ:l/ n. **1** *(of hair)* riccio m., ricciolo m. **2** *(of wood)* truciolo m.; *(of smoke)* spirale f. **3** ***with a ~ of one's lip*** con una smorfia di sdegno.
2.curl /kɜ:l/ **I** tr. **1** arricciare [*hair*] **2** *(wind, coil)* ***to ~ one's fingers around sth.*** [*person*] afferrare qcs.; ***to ~ itself around sth.*** [*snake, caterpillar*] arrotolarsi attorno a qcs.; ***to ~ one's lip*** [*person*] fare una smorfia di sdegno; [*dog*] digrignare i denti **II** intr. [*hair*] arricciarsi; [*paper, leaf*] accartocciarsi; [*edges, corner*] piegarsi; ***smoke ~ed upwards*** il fumo saliva in spirali ♦ ***to make sb.'s hair ~*** COLLOQ. *(in shock)* fare rizzare i capelli a qcn.
■ **curl up** [*person*] rannicchiarsi; [*cat*] raggomitolarsi; [*paper, leaf*] accartocciarsi; [*edges, corner*] piegarsi; ***to ~ up in bed*** rannicchiarsi nel letto; ***to ~ up into a ball*** [*person*] raggomitolarsi; [*hedgehog*] appallottolare; ***to ~ up at the edges*** [*photo, paper*] piegarsi sui bordi.
curler /ˈkɜ:lə(r)/ n. *(roller)* bigodino m.
curlew /ˈkɜ:lju:/ n. chiurlo m.
curlicue /ˈkɜ:lɪkju:/ n. *(in writing)* ghirigoro m., svolazzo m.
curling /ˈkɜ:lɪŋ/ ♦ ***10*** n. SPORT curling m.
curling tongs n.pl. arricciacapelli m.sing.
curly /ˈkɜ:lɪ/ agg. [*hair*] riccio, ricciuto; [*tail, eyelashes*] ricurvo.
curly-haired /ˌkɜ:lɪˈheəd/, **curly-headed** /ˌkɜ:lɪˈhedɪd/ agg. riccio, ricciuto, dai capelli ricci.
curmudgeon /kɜ:ˈmʌdʒən/ n. *(bad-tempered person)* bisbetico m. (-a).
currant /ˈkʌrənt/ **I** n. **1** *(dried)* (uva) sultanina f. **2** *(redcurrant, blackcurrant)* ribes m. **II** modif. ***~ bun*** = panino dolce con uvetta; ***~ loaf*** pane con l'uva.
currency /ˈkʌrənsɪ/ ♦ ***7*** n. **1** ECON. moneta f., valuta f.; ***the ~ of Poland*** la moneta della Polonia; ***to buy foreign ~*** comprare valuta straniera; ***have you any American ~?*** ha della valuta americana? **2** *(of term)* frequenza f.; *(of idea)* diffusione f.; ***to gain ~*** [*term*] diventare corrente; [*idea*] diffondersi.
currency converter n. convertitore m. di valute.
1.current /ˈkʌrənt/ agg. **1** *(present)* [*leader, situation, value*] attuale; [*developments, crisis, research*] in corso; [*year*] corrente, in corso; [*estimate*] corrente **2** *(in common use)* [*term*] corrente; ***in ~ use*** di uso comune *o* corrente.
2.current /ˈkʌrənt/ n. *(of electricity, water, air)* corrente f. (anche FIG.).
current account n. BE conto m. corrente.
current affairs n. + verbo sing. attualità f.
currently /ˈkʌrəntlɪ/ avv. attualmente, al momento.
curricle /ˈkʌrɪkl/ n. calessino m.
curriculum /kəˈrɪkjʊləm/ n. (pl. **~s, -a**) SCOL. programma m. di studi, curriculum m.
curriculum development n. SCOL. elaborazione f. dei programmi (di studio).
curriculum vitae /kəˌrɪkjʊləmˈvi:taɪ/ n. (pl. **curricola vitae**) curriculum (vitae) m.
1.curry /ˈkʌrɪ/ n. curry m.; ***chicken ~*** pollo al curry.
2.curry /ˈkʌrɪ/ tr. condire col curry [*meat*].
3.curry /ˈkʌrɪ/ tr. *(groom)* strigliare [*horse*] ♦ ***to ~ favour with sb.*** cercare di ingraziarsi qcn. con lusinghe.
curry comb n. striglia f.
curry powder n. curry m.
1.curse /kɜ:s/ n. **1** *(problem)* disgrazia f., sventura f.; ***the ~ of poverty*** la piaga della povertà **2** *(swearword)* imprecazione f., bestemmia f. **3** *(spell)* maledizione f.; ***to put a ~ on*** scagliare una maledizione contro **4** BE ANT. EUFEM. ***to have the ~*** essere indisposta.
2.curse /kɜ:s/ **I** tr. maledire **II** intr. imprecare (**at** contro); ***to ~ and swear*** bestemmiare come un turco.
cursed /kɜ:st/ **I** p.pass. → **2.curse II** agg. **1** /ˈkɜ:sɪd, kɜ:st/ [*man, car*] maledetto **2** ***to be ~ with*** avere la disgrazia di avere [*bad eyes*].
cursive /ˈkɜ:sɪv/ **I** agg. corsivo **II** n. corsivo m.
cursor /ˈkɜ:sə(r)/ n. cursore m.
cursorily /ˈkɜ:sərəlɪ/ avv. rapidamente.
cursory /ˈkɜ:sərɪ/ agg. [*glance, inspection*] rapido.
curt /kɜ:t/ agg. [*person*] brusco (**with** con); [*manner, tone*] secco, brusco.
curtail /kɜ:ˈteɪl/ tr. limitare [*freedom*]; ridurre [*service, expenditure*]; accorciare [*holiday*].
curtailment /kɜ:ˈteɪlmənt/ n. *(of freedom)* limitazione f.; *(of expenditure, service)* riduzione f.; *(of holiday)* accorciamento m.
1.curtain /ˈkɜ:tn/ **I** n. **1** *(drape)* tenda f.; ***a pair of ~s*** delle tendine; ***a ~ of rain*** una cortina di pioggia **2** TEATR. sipario m.; ***after the final ~*** a spettacolo concluso **II** modif. [*hook, ring*] delle tende; [*rail*] per le tende ♦ ***it will be ~s*** COLLOQ. sarà la fine (**for** per).
2.curtain /ˈkɜ:tn/ tr. mettere delle tende a [*window, room*].
■ **curtain off:** ~ ***[sth.] off,*** ~ ***off [sth.]*** separare con una tenda.
curtain call n. TEATR. chiamata f. alla ribalta.
curtain raiser n. farsa f. di apertura; FIG. prologo m.
curtly /ˈkɜ:tlɪ/ avv. bruscamente, seccamente.
curtness /ˈkɜ:tnɪs/ n. bruschezza f.
1.curtsey /ˈkɜ:tsɪ/ n. (pl. **~s, -ies**) riverenza f.
2.curtsey /ˈkɜ:tsɪ/ intr. (pass., p.pass. **~ed, -sied**) fare una riverenza (**to** a).
curvaceous /kɜ:ˈveɪʃəs/ agg. SCHERZ. [*woman*] tutta curve.
curvature /ˈkɜ:vətʃə(r), AE -tʃʊər/ n. curvatura f.
1.curve /kɜ:v/ n. *(in line, road)* curva f.; *(of arch)* sesto m.; *(of beam)* curvatura f.
2.curve /kɜ:v/ **I** tr. (in)curvare, piegare **II** intr. [*arch*] incurvarsi; [*edge*] piegarsi; [*road, railway, wall*] fare una curva.
curved /kɜ:vd/ **I** p.pass. → **2.curve II** agg. [*line, surface, wall, edge*] curvo; [*blade, nose, beak*] ricurvo; [*eyebrows*] arcuato; [*staircase*] curvilineo.
curvy /ˈkɜ:vɪ/ agg. [*woman*] tutta curve.
1.cushion /ˈkʊʃn/ n. **1** cuscino m. **2** FIG. *(protection, reserve)* protezione f., garanzia f. (**against** contro) **3** *(in snooker)* sponda f.
2.cushion /ˈkʊʃn/ tr. attutire [*blow, impact, effects*]; ammortizzare [*costs*]; ***to ~ sb. against sth.*** proteggere qcn. da qcs.
cushion cover n. federa f.
cushy /ˈkʊʃɪ/ agg. COLLOQ. facile, comodo; ***a ~ number*** BE *(job)* un lavoro di tutto riposo.
cusp /kʌsp/ n. cuspide f.
cuspidor /ˈkʌspɪdɔ:(r)/ n. AE sputacchiera f.
cuss /kʌs/ intr. COLLOQ. imprecare, bestemmiare.
cussed /ˈkʌsɪd/ agg. COLLOQ. *(obstinate)* testardo.

custard /ˈkʌstəd/ n. BE *(creamy)* crema f. pasticciera; *(set, baked)* budino m.
custard cream n. BE biscotto m. farcito (alla crema).
custard pie n. = torta ripiena di crema pasticciera.
custard tart n. crostata f. alla crema.
custodial /kʌˈstəʊdɪəl/ agg. DIR. ***~ sentence*** pena detentiva.
custodian /kʌˈstəʊdɪən/ ➧ 27 n. custode m. e f. (anche FIG.).
custody /ˈkʌstədɪ/ n. **1** DIR. *(detention)* detenzione f.; ***in ~*** in detenzione; ***to take sb. into ~*** arrestare qcn. **2** DIR. *(of minor) (to divorcing parent)* affidamento m.; ***in the ~ of*** in affidamento a **3** FORM. *(keeping)* custodia f.; ***in the ~ of*** in custodia a; ***in safe ~*** sotto buona guardia.
custom /ˈkʌstəm/ n. **1** *(personal habit)* costume m., abitudine f., consuetudine f. **2** *(convention)* costume m., usanza f., uso m.; ***it is the ~ to do*** si usa fare **3** COMM. *(patronage)* clientela f.; ***they've lost a lot of ~*** hanno perso molti clienti; ***I shall take my ~ elsewhere*** andrò a servirmi altrove.
customary /ˈkʌstəmərɪ, AE -merɪ/ agg. abituale, consueto; ***it is ~ for sb. to do sth.*** è abitudine di qcn. fare qcs.; ***as is, was ~*** come d'abitudine *o* di consueto.
custom-built /ˌkʌstəmˈbɪlt/ agg. [*car*] fuoriserie; [*house*] costruito su commissione (per il proprietario).
custom car n. automobile f. personalizzata.
customer /ˈkʌstəmə(r)/ n. **1** COMM. cliente m. e f., utente m. e f.; ***"~ services"*** "servizio clienti" **2** COLLOQ. *(person)* tipo m.; ***a nasty ~*** un tipo sporco.
customer careline n. assistenza f. clienti (telefonica).
customize /ˈkʌstəmaɪz/ tr. personalizzare.
custom-made /ˌkʌstəmˈmeɪd/ agg. (fatto) su ordinazione, su misura.
customs /ˈkʌstəmz/ n. + verbo sing. o pl. *(authority, place)* dogana f.; ***at ~*** alla dogana; ***to go through ~*** passare la dogana.
Customs and Excise n. GB *(office)* dogana f.
customs clearance n. sdoganamento m., spedizione f. in dogana.
customs declaration n. dichiarazione f. doganale.
customs duties n.pl. dazi m. doganali.
customs hall n. dogana f.
customs officer, **customs official** ➧ 27 n. funzionario m. (-a) della dogana.
customs union n. unione f. doganale.
1.cut /kʌt/ n. **1** taglio m.; *(in surgery)* incisione f.; ***to get a ~ from sth.*** tagliarsi *o* farsi un taglio con qcs.; ***to give [sth.] a ~*** tagliare [*hair, grass*] **2** *(hairstyle)* taglio m.; ***a ~ and blow-dry*** taglio e piega **3** COLLOQ. *(share)* parte f. **4** *(reduction)* riduzione f., taglio m. (**in** di); ***a price ~*** una riduzione dei prezzi; ***job ~s*** tagli occupazionali **5** GASTR. taglio m. **6** *(shape) (of gem, suit, jacket)* taglio m. **7** CINEM. *(removal of footage)* taglio m.; *(shot)* raccordo m., cut m. **8** MUS. COLLOQ. *(track)* pezzo m. ♦ ***to be a ~ above sb., sth.*** essere superiore a qcn., qcs.
2.cut /kʌt/ **I** tr. (forma in -ing **-tt-**; pass., p.pass. **cut**) **1** tagliare [*bread, fabric, paper, slice, wood*]; fare [*hole, slit*]; ***to ~ sth. out of*** ritagliare qcs. da [*fabric, magazine*]; ***to ~ [sth.] open*** aprire [*packet, sack*] **2** *(sever)* tagliare [*rope, throat*]; tagliare, recidere [*flower, vein*]; tagliare, mietere [*wheat*]; FIG. rompere [*links*] **3** *(carve out)* fare [*notch*]; scavare [*channel, tunnel*]; incidere [*initials*] **4** *(wound)* ***to ~ one's finger*** tagliarsi il dito **5** *(trim)* tagliare [*hair, grass, hedge*]; ***to have one's hair cut*** farsi tagliare i capelli **6** *(shape)* tagliare [*gem, marble, suit*]; [*locksmith*] fare [*key*] **7** *(liberate)* ***to ~ sb. from*** liberare qcn. da [*wreckage*]; ***to ~ sb. free*** o ***loose*** liberare qcn. (**from** da) **8** *(edit)* tagliare [*article, film, scene*] **9** *(reduce)* ridurre, abbassare [*price*]; ridurre, tagliare [*rate, expenditure, wages*]; ridurre [*cost, budget, inflation, staff, working day*] (**by** di); diminuire [*length*] **10** *(grow)* ***to ~ one's teeth*** mettere i denti **11** *(record)* incidere [*album*]; registrare [*track*] **12** INFORM. tagliare **13** GIOC. tagliare [*cards*] **14** *(intersect)* [*line*] intersecare [*circle*]; [*track*] tagliare [*road*] **15** COLLOQ. *(stop)* ***~ the chatter*** basta con le chiacchiere **16** COLLOQ. *(fail to attend)* marinare [*class, lesson*]; non andare a [*meeting*] **17** *(snub)* ignorare [*person*]; ***to ~ sb. dead*** ignorare completamente qcn. **II** intr. (forma in -ing **-tt-**; pass., p.pass. **cut**) **1** tagliare; ***cardboard ~s easily*** il cartone si taglia facilmente; ***to ~ into*** tagliare [*cake, fabric, paper*]; incidere [*flesh, organ*]; FIG. incidere su [*leisure time*] **2** *(move, go)* ***to ~ down a side street*** tagliare per una via laterale; ***to ~ in front of sb.*** *(in a queue)* passare davanti a qcn.; *(in a car)* sorpassare qcn. **3** CINEM. [*camera*] staccare **4** GIOC. tagliare **III** rifl. (forma in -ing **-tt-**; pass., p.pass. **cut**) ***to ~ oneself*** tagliarsi ♦ ***to ~ and run*** FIG. darsela a gambe; ***to ~ both ways*** essere a doppio taglio.
■ **cut across:** ***~ across [sth.]*** **1** [*path*] attraversare [*field*]; [*person*] tagliare per [*park*] **2** *(transcend)* [*issue, disease*] non tenere conto di [*class barriers, distinctions*].
■ **cut back:** ***~ back*** risparmiare (**on** su) ***~ back [sth.], ~ [sth.] back*** **1** *(reduce)* ridurre [*production, spending*] (**to** a) **2** *(prune)* potare.
■ **cut down:** ***~ down*** ridurre il consumo; ***to ~ down on smoking, alcohol*** fumare, bere di meno; ***~ down [sth.], ~ [sth.] down*** **1** *(chop down)* abbattere [*forest, tree*] **2** *(reduce)* ridurre [*consumption, spending, time*] **3** *(trim)* accorciare [*trousers*]; tagliare [*article, film*]; ***~ [sb.] down to ~ sb. down to size*** ridimensionare qcn.
■ **cut in:** ***~ in*** **1** *(in conversation)* intervenire, intromettersi; ***to ~ in on sb.*** interrompere qcn. **2** *(in vehicle)* ***to ~ in in front of sb.*** sorpassare qcn. tagliandogli la strada.
■ **cut off:** ***~ off [sth.], ~ [sth.] off*** **1** *(remove)* tagliare [*hair, piece*]; levare, togliere [*excess, crusts*]; ***to ~ off one's finger*** mozzarsi il dito; ***to ~ off sb.'s head*** mozzare la testa a qcn. **2** *(reduce)* ***to ~ 1% off inflation*** ridurre l'inflazione dell'1%; ***to ~ 20 minutes off the journey*** accorciare il viaggio di 20 minuti **3** *(disconnect)* staccare, tagliare [*mains service*]; ***~ off [sth.]*** **1** *(suspend)* sospendere [*grant*]; bloccare [*aid*] **2** *(isolate)* isolare [*area, town*] **3** *(block)* bloccare [*exit*]; ***~ [sb.] off*** **1** TEL. ***I was cut off*** è caduta la linea **2** *(disinherit)* diseredare; ***he cut me off without a penny*** non mi ha lasciato il becco di un quattrino **3** *(interrupt)* interrompere; ***~ [sb.] off, ~ off [sb.]*** *(isolate)* tagliare fuori, isolare; ***to ~ oneself off*** isolarsi *o* tagliarsi fuori (**from** da).
■ **cut out:** ***~ out*** [*engine*] fermarsi; ***~ out [sth.]*** eliminare [*alcohol, fatty food*]; ***~ [sth.] out, ~ out [sth.]*** **1** *(snip out)* ritagliare [*article, piece*] **2** *(remove)* asportare [*tumour*]; eliminare [*sentence, chapter*]; tagliare, eliminare [*scene*] **3** *(block out)* ostruire [*view*]; eliminare [*draught, noise*] **4** COLLOQ. *(stop)* ***~ it out!*** basta! ***~ [sb.] out*** **1** *(isolate)* isolare, tagliare fuori; ***to ~ sb. out of one's will*** escludere qcn. dal proprio testamento **2** ***to be cut out for teaching*** essere tagliato per l'insegnamento.
■ **cut short:** ***~ short [sth.], ~ [sth.] short*** accorciare, abbreviare [*holiday, discussion*]; ***~ [sb.] short*** interrompere.
■ **cut through:** ***~ through [sth.]*** [*knife*] tagliare [*cardboard*]; [*boat*] fendere [*water*]; [*person*] abbreviare [*red tape*].
■ **cut up:** ***~ [sth.] up, ~ up [sth.]*** tritare [*food*]; sezionare [*specimen*]; ***~ [sb.] up to be very cut up*** essere sconvolto (**about, by** da).
3.cut /kʌt/ **I** pass., p.pass. → **2.cut II** agg. **1** *(sliced, sawn)* [*fabric, rope, pages, timber*] tagliato **2** *(shaped)* [*gem, stone*] tagliato; ***a well-~ jacket*** una giacca di buon taglio **3** *(injured)* [*lip*] tagliato; ***to have a ~ finger*** avere un taglio al dito **4** [*hay, grass*] tagliato; [*flowers*] tagliato, reciso **5** *(edited)* [*film, text*] con tagli, tagliato ♦ ***to have one's work ~ out to do*** avere il proprio (bel) daffare.
cut-and-dried /ˌkʌtənˈdraɪd/, **cut-and-dry** /ˌkʌtənˈdraɪ/ agg. [*answer, solution*] chiaro e definitivo; [*case*] semplice; ***I like everything to be ~*** mi piace che tutto sia ben definito.
cut and paste n. INFORM. taglia e incolla m.
cut and thrust n. ***the ~ of debate*** la schermaglia del dibattito.
cutback /ˈkʌtbæk/ n. ECON. riduzione f.; ***~s in*** tagli alle spese per [*defence, health, education*]; ***government ~s*** riduzione delle spese di governo.
cute /kjuːt/ agg. AE COLLOQ. **1** *(sweet, attractive)* carino; SPREG. lezioso **2** *(clever)* abile, astuto; SPREG. scaltro, furbo; ***to get ~*** fare il furbo.
cut glass n. vetro m. tagliato.
cuticle /ˈkjuːtɪkl/ n. ANAT. BOT. cuticola f.
cutlery /ˈkʌtlərɪ/ n. **U** posate f.pl.; ***a set of ~*** *(for one)* posate; *(complete suite)* servizio di posate.
cutlet /ˈkʌtlɪt/ n. *(meat)* cotoletta f.; *(fish)* trancio m.
cut-off /ˈkʌtɒf/ **I** n. **1** *(upper limit)* limite m., tetto m. massimo **2** *(automatic switch)* otturatore m. **II cut-offs** n.pl. pantaloni m. tagliati al ginocchio.

cut-off date n. data f. limite.
cut-off point n. limite m.; ECON. limite m. massimo.
cut-out /ˈkʌtaʊt/ n. **1** *(outline)* silhouette f. **2** ELETTRON. interruttore m.
cut-price /ˌkʌtˈpraɪs/ agg. e avv. a prezzo ridotto.
cut-rate /ˌkʌtˈreɪt/ agg. AE → **cut-price**.
cutter /ˈkʌtə(r)/ n. **1** *(sharp tool)* taglierina f., cutter m.; ***glass-~*** tagliavetro **2** MAR. cutter m. **3** SART. tagliatore m. (-trice).
cut-throat /ˈkʌtθrəʊt/ **I** n. tagliagole m. e f. **II** agg. [*battle, competition*] accanito.
cut-throat razor n. BE rasoio m.
cutting /ˈkʌtɪŋ/ **I** n. **1** *(newspaper extract)* ritaglio m. (**from** da) **2** AGR. talea f.; ***to take a ~*** fare una talea **3** FERR. trincea f. **4** CINEM. montaggio m. **5** INFORM. ***~ and pasting*** taglia e incolla **II cuttings** n.pl. *(of wood, metal)* trucioli m.; ***grass ~s*** fili di erba tagliata **III** agg. **1** *(sharp)* [*pain*] acuto; [*wind*] pungente **2** *(hurtful)* [*remark*] pungente, tagliente.
cutting edge I n. **1** *(blade)* filo m. **2** FIG. avanguardia f.; ***to be at the ~ of*** essere all'avanguardia in [*technology, fashion*] **II** modif. [*film, technology*] d'avanguardia.
cuttingly /ˈkʌtɪŋlɪ/ avv. [*speak, reply*] in modo pungente.
cutting room n. CINEM. sala f. di montaggio; ***to end up on the ~ floor*** essere tagliato in montaggio.
cuttlefish /ˈkʌtlfɪʃ/ n. (pl. **~**, **~es**) seppia f.
CV, cv ⇒ curriculum vitae curriculum vitae.
cwt ⇒ hundredweight = GB unità di misura di peso pari a 112 libbre, equivalente a 50,80 kg; US = unità di misura di peso pari a 110 libbre, equivalente a 45,36 kg.
cyanide /ˈsaɪənaɪd/ n. cianuro m.
cybernetics /ˌsaɪbəˈnetɪks/ n. + verbo sing. cibernetica f.
cyberpunk /ˈsaɪbəpʌŋk/ n. cyberpunk m.
cybersex /ˈsaɪbəseks/ n. sesso m. virtuale.
cyborg /ˈsaɪbɔːg/ n. cyborg m.
cyclamen /ˈsɪkləmən, AE ˈsaɪk-/ n. ciclamino m.
1.cycle /ˈsaɪkl/ n. **1** *(series)* ciclo m.; ***washing ~*** ciclo di lavaggio **2** *(bicycle)* bicicletta f., bici f.
2.cycle /ˈsaɪkl/ **I** intr. andare in bici; ***to go cycling*** andare in bici **II** tr. ***to ~ 15 miles*** fare 15 miglia in bici.
cycle clip n. fermacalzoni m.
cycle lane n. pista f. ciclabile.
cycle race n. corsa f. ciclistica.
cycle rack n. rastrelliera f. per biciclette.
cycle track n. percorso m. ciclabile.
cyclic(al) /ˈsaɪklɪk(l)/ agg. ciclico.
cycling /ˈsaɪklɪŋ/ ♦ *10* n. ciclismo m.; ***to do a lot of ~*** andare molto in bici.
cycling holiday n. BE cicloturismo m.; ***to go on a ~*** fare cicloturismo.
cycling shorts n.pl. SPORT ABBIGL. ciclisti m.
cyclist /ˈsaɪklɪst/ n. ciclista m. e f.
cyclo-cross /ˈsaɪkləˌkrɒs/ ♦ *10* n. ciclocross m.
cyclone /ˈsaɪkləʊn/ n. ciclone m.; ***~ fence*** AE barriera anticiclone.
1.cyclostyle /ˈsaɪkləstaɪl/ n. ciclostile m.
2.cyclostyle /ˈsaɪkləstaɪl/ tr. ciclostilare.
cyclotron /ˈsaɪklətrɒn/ n. ciclotrone m.
cygnet /ˈsɪgnɪt/ n. cigno m. giovane.
cylinder /ˈsɪlɪndə(r)/ n. **1** cilindro m.; ***four-~*** [*engine*] a quattro cilindri **2** *(of revolver)* tamburo m. **3** BE (anche **hot water ~**) caldaia f. dell'acqua ♦ ***to be firing*** o ***working on all ~s*** COLLOQ. essere al massimo.
cylinder block n. blocco m. cilindri.
cylinder capacity n. cilindrata f.
cylindrical /sɪˈlɪndrɪkl/ agg. cilindrico.
cymbal /ˈsɪmbl/ ♦ *17* n. cembalo m., piatto m.
cynic /ˈsɪnɪk/ **I** agg. cinico **II** n. cinico m. (-a).
cynical /ˈsɪnɪkl/ agg. cinico (**about** riguardo a).
cynicism /ˈsɪnɪsɪzəm/ n. cinismo m.
cynosure /ˈsaɪnəzjʊə(r), AE ˈsaɪnəʃʊər/ n. ***to be the ~ of all eyes*** essere al centro dell'interesse *o* dell'attenzione.
Cynthia /ˈsɪnθɪə/ n.pr. Cinzia.
cypher → **1.cipher, 2.cipher**.
cypress (tree) /ˈsaɪprəs(triː)/ n. cipresso m.
Cypriot /ˈsɪprɪət/ ♦ *18* **I** agg. cipriota **II** n. cipriota m. e f.
Cyprus /ˈsaɪprəs/ ♦ *12, 6* n.pr. Cipro f.
Cyril /ˈsɪrəl/ n.pr. Cirillo.
Cyrillic /sɪˈrɪlɪk/ agg. cirillico.
cyst /sɪst/ n. cisti f., ciste f.
cystitis /sɪˈstaɪtɪs/ ♦ *11* n. cistite f.
cytobiology /ˌsaɪtəʊbaɪˈɒlədʒɪ/ n. citobiologia f.
czar, Czar /zɑː(r)/ ♦ *9* n. zar m.; ***Czar Nicholas*** lo zar Nicola.
czarina /zɑːˈriːnə/ ♦ *9* n. zarina f.
Czech /tʃek/ ♦ *18, 14* **I** agg. ceco **II** n. **1** *(person)* ceco m. (-a) **2** *(language)* ceco m.
Czech Republic ♦ *6* n.pr. Repubblica f. Ceca.

d

d, **D** /diː/ n. **1** *(letter)* d, D m. e f. **2 D** MUS. re m. **3 d** ⇒ died morto (m.).

DA n. US DIR. (⇒ District Attorney) = procuratore distrettuale.

1.dab /dæb/ n. ***a ~ of*** un tocco di [*paint, powder*]; un velo di [*butter*].

2.dab /dæb/ tr. ***to ~ (at)*** sfiorarsi [*one's eyes, mouth*]; tamponare [*wound, stain*]; ***to ~ on*** applicare con piccoli tocchi [*paint, ointment*]; mettersi [*perfume*]; ***to ~ sth. off*** togliere qcs. tamponando.

3.dab /dæb/ n. → **dab hand**.

dabble /ˈdæbl/ **I** tr. ***to ~ one's fingers in sth.*** immergere le dita in qcs. **II** intr. ***to ~ in, at*** dilettarsi di [*painting, writing*]; interessarsi un po' di [*ideology*]; ***to ~ in the Stock Exchange*** fare piccole speculazioni di borsa.

dabbler /ˈdæblə(r)/ n. dilettante m. e f.

dab hand n. BE COLLOQ. ***to be a ~ at doing sth.*** essere un mago a fare qcs.

dachshund /ˈdækshʊnd/ n. (pl. **~s**, **~e**) bassotto m., dachshund m.

dad /dæd/ n. COLLOQ. papà m., babbo m.; SCHERZ. *(old man)* nonnetto m.

dadaism /ˈdɑːdəɪzəm/ n. dadaismo m.

daddy /ˈdædɪ/ n. COLLOQ. papà m., babbo m.

daddy-long-legs /ˌdædɪˈlɒŋlegz/ n. (pl. ~) BE tipula f.; AE opilione m.

daemon ANT. → **demon**.

daffodil /ˈdæfədɪl/ n. trombone m., narciso m. giallo.

daffodil yellow **I** agg. giallo chiaro **II** n. giallo m. chiaro.

daft /dɑːft, AE dæft/ agg. COLLOQ. sciocco, stupido; ***to be ~ about sth., sb.*** andare pazzo per qcs., qcn.

Dagestan /ˌdægɪˈstɑːn/ n.pr. Daghestan m.

dagger /ˈdægə(r)/ n. stiletto m.; *(wider)* pugnale m. ♦ ***to be at ~s drawn*** essere ai ferri corti (**with** con); ***to look ~s at sb.*** guardare qcn. in cagnesco.

dago /ˈdeɪgəʊ/ n. (pl. **~s**, **~es**) POP. SPREG. = persona di origine latina (specialmente spagnolo o portoghese).

daguerreotype /dəˈgerətaɪp/ n. dagherrotipo m.

dahlia /ˈdeɪlɪə, AE ˈdælɪə/ n. dalia f.

Dail Eireann /dɔɪlˈeɪrən/ n. POL. = Camera dei Deputati irlandese.

daily /ˈdeɪlɪ/ **I** agg. quotidiano; [*wage, rate, intake*] giornaliero; ***~ newspaper*** quotidiano; ***on a ~ basis*** tutti i giorni; ***to be paid on a ~ basis*** essere pagato alla giornata; ***the ~ round*** il trantran, la routine **II** n. **1** *(newspaper)* quotidiano m. **2** BE COLLOQ. (anche **~ help**, **~ maid**) domestica f. a giornata **III** avv. quotidianamente, giornalmente, tutti i giorni; ***twice ~*** due volte al giorno.

daintily /ˈdeɪntɪlɪ/ avv. delicatamente, con raffinatezza.

dainty /ˈdeɪntɪ/ agg. **1** [*porcelain*] fine, delicato; [*hand, foot, figure*] delicato, grazioso **2** [*dish, cake, morsel*] prelibato.

dairy /ˈdeərɪ/ **I** n. latteria f.; *(company)* caseificio m. **II** modif. ***~ butter*** = burro fatto con la panna fresca; ***~ cattle*** mucche da latte; ***~ cream*** panna fresca; ***~ farm*** = fattoria dove si producono latticini; ***~ products*** latticini.

dairymaid /ˈdeərɪmeɪd/ n. ANT. = donna che lavora in una latteria o un caseificio.

dairyman /ˈdeərɪmən/ n. (pl. **-men**) *(on farm)* = uomo che lavora in un caseificio; *(in shop)* lattaio m.; AE *(farmer)* allevatore m. di mucche da latte.

dais /ˈdeɪɪs/ n. pedana f., palco m.

daisy /ˈdeɪzɪ/ n. *(common)* margheritina f., pratolina f.; *(garden)* margherita f. ♦ ***to be as fresh as a ~*** essere fresco come una rosa; ***to be pushing up (the) daisies*** vedere l'erba dalla parte delle radici.

Daisy /ˈdeɪzɪ/ n.pr. Margherita.

daisy wheel **I** n. INFORM. TIP. margherita f. **II** modif. [*printer, terminal*] a margherita.

dale /deɪl/ n. valle f., valletta f.

dally /ˈdælɪ/ intr. **1** ***to ~ with*** amoreggiare con [*person*] **2** FIG. ***to ~ with*** gingillarsi con [*idea*]; flirtare con [*political party*] **3** *(linger)* indugiare.

Dalmatia /dælˈmeɪʃjə/ ➧ ***24*** n.pr. Dalmazia f.

dalmatian, **Dalmatian** /dælˈmeɪʃn/ **I** agg. dalmata **II** n. **1** *(person)* dalmata m. e f. **2** *(dog)* dalmata m.

1.dam /dæm/ n. *(construction)* barriera f.; *(to prevent flooding)* diga f.

2.dam /dæm/ tr. ING. arginare [*river, lake*]; *(to prevent flooding)* costruire dighe su [*river, lake*].

■ **dam up:** ***~ up [sth.], ~ [sth.] up*** sbarrare [*river, canal*]; trattenere [*feelings*].

3.dam /dæm/ n. *(of animals)* madre f.

1.damage /ˈdæmɪdʒ/ **I** n. U **1** *(to goods, environment)* danno m., danni m.pl. (**to** a; **from** causato da); ***~ of £ 300 was done to the car*** l'auto ha subito danni per 300 sterline; ***storm, water ~*** danni causati da intemperie, dall'acqua; ***criminal ~*** atti vandalici; ***~ to property*** DIR. danno patrimoniale **2** MED. danno m., lesione f.; ***to cause ~ to*** danneggiare [*health, part of body*]; ***brain ~*** lesioni cerebrali; ***psychological ~*** trauma psicologico **3** FIG. ***to do ~ to*** nuocere a [*cause*]; minare [*self-confidence*]; rovinare, compromettere [*reputation*]; ***it's too late, the ~ is done*** troppo tardi, il danno è fatto **II damages** n.pl. DIR. danni m., risarcimento m.sing. (dei) danni, indennizzo m.sing.; ***to be liable for ~s*** rispondere dei danni.

2.damage /ˈdæmɪdʒ/ tr. **1** danneggiare, provocare danni a [*goods, environment, part of body*] **2** FIG. rovinare, compromettere [*reputation, relationship*]; minare [*confidence*].

damaging /ˈdæmɪdʒɪŋ/ agg. **1** *(to reputation, career, person)* compromettente (**to** per); [*effect, consequences*] dannoso, deleterio **2** *(to health, environment)* nocivo (**to** a, per).

Damascus /dəˈmæskəs/ ➧ ***34*** n.pr. Damasco f.

damask /ˈdæməsk/ **I** n. **1** TESS. damasco m. **2** *(colour)* rosa m. antico **II** modif. [*cloth*] damascato.

dame /deɪm/ n. **1** BE ANT. dama f. **2 Dame** BE = titolo concesso a donna insignita di un ordine cavalleresco **3** AE COLLOQ. donna f.

dammit /ˈdæmɪt/ inter. COLLOQ. dannazione, maledizione; ***(or) as near as ~*** BE o poco ci manca.

1.damn /dæm/ **I** n. COLLOQ. ***I don't give a ~*** non me ne importa un accidente *o* un fico secco; ***not to give a ~ about sb., sth.*** fregarsene di qcn., qcs. **II** agg. attrib. COLLOQ. [*object, person*] maledetto, dannato; ***I can't see a ~ thing*** non vedo un bel niente **III** avv. COLLOQ. maledettamente, veramente; ***I should ~ well hope so!*** spero proprio di sì! **IV** inter. COLLOQ. dannazione, maledizione.

2.damn /dæm/ tr. **1** COLLOQ. *(curse)* ***~ you!*** va al diavolo! ***homework be ~ed, I'm going out!*** al diavolo i compiti, io esco! ***~ the consequences*** me ne frego delle conseguenze; ***I'll be ~ed!*** accidenti! ***I'll be*** o ***I'm ~ed if I'm going to pay!*** non pago manco morto! col cavolo che pago! ***I'm ~ed if I know!*** non so proprio! ***~ it!*** mannaggia! maledizione! **2** RELIG. dannare [*sinner*] **3** *(condemn)* condannare [*person, behaviour*]; ***to ~ sb. with faint praise*** = criticare qcn. fingendo di elogiarlo.

damnation /dæm'neɪʃn/ **I** n. RELIG. dannazione f. **II** inter. COLLOQ. maledizione, dannazione.

damned /dæmd/ **I** p.pass. → **2.damn II** agg. **1** RELIG. dannato **2** COLLOQ. [*object, person*] maledetto, dannato; ***I can't see a ~ thing*** non vedo un bel niente **III** n. ***the ~*** + verbo pl. i dannati **IV** avv. COLLOQ. maledettamente, veramente; ***I should ~ well hope so!*** spero proprio di sì!

damnedest /'dæmdɪst/ n. COLLOQ. **1** *(hardest)* ***to do*** o ***try one's ~ (to do)*** fare l'impossibile (per fare) **2** *(surprising)* ***it was the ~ thing*** era incredibile.

damning /'dæmɪŋ/ agg. incriminante, schiacciante.

Damocles /'dæməkli:z/ n.pr. Damocle.

1.damp /dæmp/ **I** agg. umido; [*skin*] bagnato, madido **II** n. umidità f.

2.damp /dæmp/ tr. **1** → **dampen 2** → **damp down**.

■ **damp down:** ~ *[sth.]* down, ~ down *[sth.]* coprire [*fire*]; soffocare [*flames*]; smorzare [*anger*].

dampen /'dæmpən/ tr. **1** inumidire [*cloth, sponge*] **2** FIG. raffreddare [*enthusiasm, ardour*]; diminuire [*hopes, resolve*]; ***to ~ sb.'s spirits*** scoraggiare qcn.

damper /'dæmpə(r)/ n. **1** *(in fireplace, stove)* valvola f. di tiraggio **2** MUS. ELETTRON. MECC. smorzatore m. ♦ ***the news put a ~ on the evening*** la notizia ha smorzato l'allegria della serata.

dampness /'dæmpnɪs/ n. umidità f.; *(of skin)* (l')essere bagnato, madido.

damp-proof course n. EDIL. strato m. impermeabile.

damsel /'dæmzl/ n. LETT. damigella f., donzella f.

damson /'dæmzn/ n. **1** *(fruit)* susina f. selvatica **2** *(tree)* susino m. selvatico.

1.dance /dɑ:ns, AE dæns/ **I** n. **1** ballo m., danza f. **2** *(social occasion)* ballo m., serata f. danzante **II** modif. [*music, shoes, wear*] da ballo; [*company, step, studio*] di danza ♦ ***to lead sb. a merry ~*** rendere la vita difficile *o* dare del filo da torcere a qcn.

2.dance /dɑ:ns, AE dæns/ **I** tr. **1** ballare, fare [*dance*]; fare [*steps*] **2** *(dandle)* fare ballare, fare saltellare **II** intr. ballare, danzare; ***to ~ for joy*** saltare dalla gioia; ***to ~ with rage*** fremere di rabbia; ***to ~ to disco music*** ballare musica da discoteca ♦ ***to ~ the night away*** passare la notte a ballare.

■ **dance about, up and down** saltellare qua e là.

dance floor n. pista f. da ballo.

dance hall n. sala f. da ballo.

dancer /'dɑ:nsə(r), AE 'dænsər/ ♦ *27* n. ballerino m. (-a), danzatore m. (-trice).

dancing /'dɑ:nsɪŋ, AE 'dænsɪŋ/ **I** agg. LETT. [*waves, sunbeams*] danzante **II** ♦ *10* n. danza f., ballo m.; ***will there be ~?*** si ballerà? **III** modif. [*class, teacher*] di ballo, di danza; [*shoes*] da ballo.

dandelion /'dændɪlaɪən/ n. dente m. di leone.

dandified /'dændɪfaɪd/ agg. [*person*] vestito come un dandy; [*appearance*] da dandy.

dandle /'dændl/ tr. ***to ~ a baby on one's knee*** fare ballare un bambino sulle ginocchia.

dandruff /'dændrʌf/ n. U forfora f.; ***anti-~ shampoo*** shampoo antiforfora.

dandy /'dændɪ/ **I** n. dandy m. **II** agg. COLLOQ. *(great)* magnifico, fantastico.

Dane /deɪn/ ♦ *18* n. danese m. e f.

danger /'deɪndʒə(r)/ n. pericolo m.; ***to be in ~ of doing sth.*** correre il rischio di fare qcs.; ***to be in ~*** essere in pericolo; ***there is a ~ that*** c'è il rischio che; ***there is a ~, no ~ that he will come*** c'è, non c'è pericolo che venga; ***out of ~*** fuori pericolo.

danger list n. MED. ***on the ~*** in prognosi riservata.

danger money n. indennità f. di rischio.

dangerous /'deɪndʒərəs/ agg. pericoloso ♦ ***to be on ~ ground*** stare su un campo minato.

dangerously /'deɪndʒərəslɪ/ avv. pericolosamente; [*ill*] gravemente.

danger signal n. segnale m. di pericolo (anche FIG.).

dangle /'dæŋgl/ **I** intr. [*keys, rope*] penzolare (**from** da); [*earrings*] pendere; ***with legs dangling*** con le gambe (a) penzoloni; ***to keep sb. dangling*** FIG. tenere qcn. sulla corda **II** tr. fare penzolare [*object, legs*]; FIG. fare balenare [*prospect, reward*] (**before, in front of** a).

Daniel /'dænjəl/ n.pr. Daniele.

Danish /'deɪnɪʃ/ ♦ *18, 14* **I** agg. danese **II** n. *(language)* danese m.

Danish pastry n. = dolce di pasta sfoglia ripieno di mele o pasta di mandorle e ricoperto di glassa.

dank /dæŋk/ agg. umido, malsano.

Danube /'dænju:b/ ♦ *25* n.pr. Danubio m.

Daphne /'dæfnɪ/ n.pr. Dafne.

dapper /'dæpə(r)/ agg. azzimato, agghindato.

dapple /'dæpl/ tr. chiazzare, screziare.

dappled /'dæpld/ **I** p.pass. → **dapple II** agg. [*horse*] *(grey)* pomellato; *(bay)* pezzato; [*cow*] pezzato; [*sky*] punteggiato di nubi; [*shade, surface*] screziato di luce.

Dardanelles /ˌdɑ:də'nelz/ n.pr.pl. ***the ~*** i Dardanelli.

1.dare /deə(r)/ n. sfida f.; ***to do sth. for a ~*** fare qcs. per sfida.

2.dare /deə(r)/ *Dare* can be used either as a common lexical verb or as a modal auxiliary: the latter construction is usually restricted to negative and interrogative sentences in the present tense; anyway, the regularized usage of *dare* is getting more and more common in English. The different constructions of *dare*, of course, do not impinge on the Italian equivalent forms. - For examples and uses of dare see the entry below. **I** mod. **1** *(to have the courage to)* osare (**do, to do** fare); ***nobody ~d ask*** nessuno ha osato chiedere; ***I'd never ~ say it to her*** non avrei mai il coraggio di dirglielo; ***they don't ~*** o ***daren't*** BE ***take the risk*** non hanno il coraggio di rischiare; ***~ I say it*** posso (ben) dirlo; ***I ~ say (that)*** suppongo, credo (che) **2** *(expressing anger, indignation)* osare (**do** fare); ***don't (you) ~ speak to me like that!*** non osare parlarmi in questo modo! ***don't you ~!*** *(warning)* non provarci! non pensarci nemmeno! ***how ~ you!*** come osi! **II** tr. ***to ~ sb. to do*** sfidare qcn. a fare; ***I ~ you to say it to her!*** ti sfido a dirglielo! ***go on, I ~ you!*** provaci, se hai il coraggio! ♦ ***who ~s wins*** la fortuna aiuta gli audaci.

daredevil /'deədevl/ **I** agg. temerario **II** n. scavezzacollo m. e f., temerario m. (-a).

daren't /deənt/ contr. dare not.

daresay /ˌdeə'seɪ/ tr. BE ***I ~ (that)*** suppongo, credo (che).

daring /'deərɪŋ/ **I** agg. audace **II** n. audacia f., temerarietà f.

1.dark /dɑ:k/ agg. **1** *(lacking in light)* buio; ***it is getting*** o ***growing ~*** comincia a farsi buio *o* notte **2** *(in colour)* scuro; ***~ blue, green*** blu, verde scuro **3** *(physically)* [*hair, eyes, skin*] scuro; ***a ~*** o ***~-skinned woman*** una donna (con la carnagione) scura **4** *(gloomy)* [*period, mood*] triste, nero; ***the ~ days of the recession*** i giorni bui della recessione; ***to look on the ~ side*** vedere tutto nero **5** *(sinister)* [*secret, thought*] oscuro; ***the ~ side of*** il lato oscuro di [*person, regime*] **6** *(evil)* [*force, power*] malefico **7** *(angry)* ***I got a ~ look from him*** mi ha lanciato un'occhiataccia.

2.dark /dɑ:k/ n. ***the ~*** il buio, l'oscurità; ***in the ~*** al buio, nell'oscurità; ***before ~*** prima del buio, prima di notte; ***until, after ~*** fino al, dopo il calar della notte ♦ ***to be in the ~ (about sth.)*** essere all'oscuro (di qcs.); ***to leave, keep sb. in the ~*** lasciare, tenere qcn. all'oscuro; ***to take a shot in the ~*** tirare a indovinare.

Dark Ages n.pl. STOR. secoli m. bui.

dark chocolate n. AE cioccolato m. fondente.

darken /'dɑ:kən/ **I** tr. **1** *(reduce light in)* oscurare [*sky, room*] **2** *(in colour)* scurire [*colour, skin*] **3** *(cloud)* rattristare [*atmosphere*] **II** intr. **1** *(lose light)* [*sky, room*] oscurarsi, farsi buio **2**

(in colour) [*skin, hair*] scurirsi **3** *(show anger)* [*face*] rabbuiarsi **4** *(become gloomy)* [*mood, outlook*] incupirsi ♦ ***don't ever ~ my door again!*** non rimettere più piede qui!
darkened /ˈdɑːkənd/ **I** p.pass. → **darken II** agg. [*room, house*] scuro, buio.
darkey → **darky**.
dark-eyed /ˌdɑːkˈaɪd/ agg. [*person*] con gli, dagli occhi scuri.
dark glasses n.pl. occhiali m. scuri.
dark-haired /ˌdɑːkˈheəd/ agg. [*person*] con i, dai capelli scuri.
dark horse n. **1** BE COLLOQ. *(enigmatic person)* mistero m., incognita f. **2** *(in sports)* outsider m. e f.
darkly /ˈdɑːklɪ/ avv. *(grimly)* [*mutter, say*] cupamente.
darkness /ˈdɑːknɪs/ n. oscurità f., buio m., tenebre f.pl.; ***in, out of the ~*** nell'oscurità, alla luce.
darkroom /ˈdɑːkruːm, -rʊm/ n. camera f. oscura.
dark-skinned /ˌdɑːkˈskɪnd/ agg. [*person*] con la, dalla pelle scura.
darky /ˈdɑːkɪ/ n. COLLOQ. SPREG. negro m. (-a).
darling /ˈdɑːlɪŋ/ **I** agg. **1** *(expressing attachment)* [*child, husband*] caro **2** *(expressing delight)* ***what a ~ little house!*** che casetta deliziosa! ***a ~ little kitten*** un bel gattino **II** n. **1** *(term of address)* tesoro m., caro m. (-a); *(affectedly: to acquaintance)* mio (-a) caro m. (-a) **2** *(kind, lovable person)* amore m., angelo m., tesoro m.; ***be a ~ and pour me a drink*** da bravo, versami da bere **3** *(favourite)* *(of public)* beniamino m. (-a); *(of parent, teacher)* cocco m. (-a).
1.darn /dɑːn/ n. rammendo m. (**in** a).
2.darn /dɑːn/ tr. *(mend)* rammendare.
3.darn /dɑːn/ **I** agg. COLLOQ. (anche **darned**) maledetto **II** avv. COLLOQ. maledettamente **III** inter. COLLOQ. maledizione.
4.darn /dɑːn/ tr. *(damn)* maledire.
darning /ˈdɑːnɪŋ/ **I** n. rammendo m. **II** modif. [*needle*] da rammendo.
1.dart /dɑːt/ n. **1** SPORT freccetta f. **2** *(arrow)* dardo m.; FIG. strale m. **3** *(movement)* ***to make a ~ for sth.*** precipitarsi verso qcs. **4** SART. pince f.
2.dart /dɑːt/ **I** intr. ***to ~ in, out, away*** schizzare dentro, fuori, via **II** tr. lanciare, scoccare [*glance*].
dartboard /ˈdɑːtbɔːd/ n. bersaglio m. (per le freccette).
darts /dɑːts/ ➧ *10* n. + verbo sing. freccette f.pl.; ***to play ~*** giocare a freccette.
Darwinian /dɑːˈwɪnɪən/ agg. darwiniano.
1.dash /dæʃ/ n. **1** *(rush)* balzo m., corsa f.; ***it has been a mad ~ to do*** abbiamo dovuto correre come matti per fare; ***to make a ~ for it*** darsela a gambe; ***to make a ~ for the train*** correre per prendere il treno **2** *(small amount)* *(of liquid)* goccio m.; *(of pepper)* pizzico m.; *(of colour)* tocco m. **3** *(flair)* brio m. **4** *(punctuation mark)* trattino m. **5** *(in morse code)* linea f. **6** AUT. COLLOQ. *(dashboard)* cruscotto m. **7** SPORT ***the 100 yard ~*** la corsa delle 100 iarde ♦ ***to cut a ~*** fare una bella figura *o* un figurone.
2.dash /dæʃ/ **I** tr. **1** *(smash)* ***to ~ sb., sth. against*** sbattere qcn., qcs. contro; ***to ~ sth. to the ground*** scagliare qcs. per terra **2** FIG. *(crush)* annientare [*hope*] **II** intr. *(hurry)* ***to ~ out of, into*** precipitarsi fuori da, in; ***I must ~!*** devo proprio scappare!
▪ **dash off:** ~ ***off*** correre via, scappare; ~ ***off [sth.], ~ [sth.] off*** buttare giù [*letter, essay*].
dashboard /ˈdæʃbɔːd/ n. cruscotto m.
dashed /dæʃt/ agg. ANT. COLLOQ. maledetto.
dashing /ˈdæʃɪŋ/ agg. [*person*] brioso, vivace; [*outfit*] elegante.
dastardly /ˈdæstədlɪ/ agg. LETT. vile, codardo.
data /ˈdeɪtə/ **I** n.pl. dati m. **II** modif. INFORM. [*capture, protection, security, retrieval*] dei dati; [*directory, collection, file*] di dati; [*disk, entry, handling, input, transmission*] dati.
data bank n. banca f. dati.
database /ˈdeɪtəbeɪs/ n. database m., base f. di dati.
database management system n. sistema m. di gestione di database.
data carrier n. supporto m. di memorizzazione dei dati.
data communications n.pl. trasmissione f.sing. dati.
data highway n. autostrada f. informatica.
data item n. dato m.
data link n. collegamento m. in trasmissione dati, data link m.
data processing n. *(procedure)* elaborazione f. dei dati; *(career)* informatica f.; *(department)* centro m. elaborazione dati.
data protection act n. DIR. legge f. sulla protezione dei dati, legge f. per la tutela della privacy.
data storage n. *(process)* memorizzazione f. dei dati; *(medium)* archivio m. dei dati.
1.date /deɪt/ n. **1** *(fruit)* dattero m. **2** *(tree)* (anche **~ palm**) palma f. da datteri.
2.date /deɪt/ ➧ *8* n. **1** data f.; ***~ of birth*** data di nascita; ***what ~ is your birthday?*** quando è il tuo compleanno? ***what ~ is it today? what's the ~ today?*** quanti ne abbiamo oggi? ***there's no ~ on the letter*** la lettera non è datata; ***to fix*** o ***set a ~*** fissare una data; ***the ~ for the match is...*** la partita avrà luogo il...; ***at a later ~, at some future ~*** in data futura, più avanti **2** *(meeting)* appuntamento m.; ***on our first ~*** al nostro primo appuntamento; ***to have a lunch ~*** avere un impegno a pranzo; ***to make a ~ for Monday*** prendere (un) appuntamento per lunedì **3** *(person one is going out with)* ***who's your ~ for tonight?*** con chi esci stasera? **4 to date** (fino) a oggi.
3.date /deɪt/ **I** tr. **1** *(mark with date)* [*person*] datare [*letter*]; [*machine*] mettere la data su [*document*] **2** *(identify age of)* datare [*object*] **3** *(reveal age of)* ***the style of clothing ~s the film*** l'abbigliamento fa capire di che periodo è il film **4** *(go out with)* uscire con [*person*] **II** intr. **1** *(originate)* ***to ~ from, to ~ back to*** [*building, friendship*] risalire a **2** *(become dated)* [*clothes, style*] passare di moda.
dated /ˈdeɪtɪd/ **I** p.pass. → **3.date II** agg. **1** ***a letter ~ March 23*** una lettera datata 23 marzo; ***a statuette ~ 1875*** una statuetta datata 1875 **2** [*clothes, style*] passato di moda; [*idea, custom, film*] datato; [*word, expression*] in disuso.
dateless /ˈdeɪtlɪs/ agg. **1** *(without date)* senza data **2** *(timeless)* eterno.
dateline /ˈdeɪtlaɪn/ n. GEOGR. (anche **date line**) linea f. del cambiamento di data.
date stamp n. *(device)* datario m.; *(mark)* timbro m. a data.
dating agency n. agenzia f. di appuntamenti.
dative /ˈdeɪtɪv/ n. LING. dativo m.
1.daub /dɔːb/ n. COLLOQ. SPREG. *(painting)* crosta f.
2.daub /dɔːb/ tr. ***to ~ sth. on a wall, to ~ a wall with sth.*** imbrattare il muro di qcs.
daughter /ˈdɔːtə(r)/ n. figlia f. (anche FIG.).
daughter-in-law /ˈdɔːtərɪnlɔː/ n. (pl. **daughters-in-law**) nuora f.
daughterly /ˈdɔːtəlɪ/ agg. filiale, di figlia.
daunt /dɔːnt/ tr. scoraggiare, intimidire; ***nothing ~ed, she continued on her way*** ha continuato sulla sua strada senza lasciarsi intimidire.
daunting /ˈdɔːntɪŋ/ agg. [*task, prospect*] scoraggiante; [*person*] che intimidisce; ***starting a new job can be (quite) ~*** iniziare un nuovo lavoro può spaventare; ***to face with a ~ amount of work*** dover affrontare una quantità spaventosa di lavoro.
dauntless /ˈdɔːntlɪs/ agg. intrepido, impavido.
Dave /deɪv/ n.pr. diminutivo di **David**.
David /ˈdeɪvɪd/ n.pr. Davide.
dawdle /ˈdɔːdl/ intr. **1** *(waste time)* perdere tempo; ***he ~d over breakfast*** ha perso tempo mentre faceva colazione **2** *(amble along)* bighellonare, ciondolare; ***he ~d along the road*** bighellonava per strada.
dawdler /ˈdɔːdlə(r)/ n. bighellone m. (-a), perdigiorno m. e f.
1.dawn /dɔːn/ n. **1** alba f., aurora f.; ***before*** o ***by ~*** prima dell'alba; ***at (the crack of) ~*** all'alba; ***~ broke*** spuntò il giorno; ***from ~ to*** o ***till dusk*** dall'alba al tramonto **2** FIG. *(beginning)* alba f.; ***the ~ of a new era*** l'alba di una nuova era; ***the ~ of socialism*** gli albori del socialismo.
2.dawn /dɔːn/ intr. **1** [*day*] spuntare; ***the day ~ed warm*** il giorno si annunciava caldo; ***the day will ~ when*** verrà il giorno in cui **2** *(become apparent)* ***it ~ed on me that*** mi è apparso chiaro che; ***it suddenly ~ed on him why, how*** si rese improvvisamente conto del perché, di come.
dawning /ˈdɔːnɪŋ/ **I** n. albori m.pl., alba f. **II** agg. nascente.
day /deɪ/ ➧ *33* **I** n. **1** *(24-hour period)* giorno m.; ***one summer's ~*** un giorno d'estate; ***what ~ is it today?*** che giorno è oggi? ***~ after ~*** giorno dopo giorno; ***~ in ~ out*** tutti i giorni;

every ~ ogni giorno; ***every other ~*** un giorno sì e uno no, a giorni alterni; ***from ~ to ~, from one ~ to the next*** di giorno in giorno; ***from that ~ to this*** da quel giorno; ***any ~ now*** da un giorno all'altro; ***on a ~ to ~ basis*** alla giornata; ***one ~, some ~*** un giorno (o l'altro); ***within ~s*** a giorni, nel giro di qualche giorno; ***the ~ when*** o ***that*** il giorno in cui; ***it's ~s since I've seen him*** sono giorni che non lo vedo; ***it's 15 years to the ~ since...*** sono 15 anni oggi che...; ***to come on the wrong ~*** sbagliare giorno; ***it had to happen today of all ~s!*** proprio oggi doveva succedere! ***to this ~*** ancora oggi; ***the ~ after*** l'indomani, il giorno dopo; ***the ~ before*** il giorno prima; ***the ~ before yesterday*** l'altro ieri; ***the ~ after tomorrow*** dopodomani; ***from that ~ onwards*** da quel giorno **2** *(until evening)* giornata f., giorno m.; ***a hard working ~*** una dura giornata lavorativa; ***an enjoyable ~'s tennis*** una piacevole giornata all'insegna del tennis; ***all ~*** tutta la giornata; ***before the ~ was out*** prima della fine della giornata; ***during, for the ~*** durante, per la giornata; ***to be paid by the ~*** essere pagato a, alla giornata; ***pleased with their ~'s work*** contenti di ciò che hanno fatto nella giornata; ***it was a hot ~*** era una giornata calda; ***have a nice ~!*** buona giornata! **3** *(as opposed to night)* ***it's almost ~*** è quasi giorno **4** *(specific)* giorno m.; ***decision ~ for the government*** il giorno in cui il governo deve decidere; ***the ~ of judgment*** il giorno del giudizio; ***to her dying ~*** fino all'ultimo giorno, fino al giorno della sua morte; ***it's not your ~ is it?*** non è giornata per te, vero? ***I never thought I'd see the ~ when...*** non avrei mai pensato che un giorno avrei visto... **5** gener. pl. *(as historical period)* tempo m., epoca f.; ***in those ~s*** a quel tempo, a quell'epoca; ***of his ~*** del suo tempo; ***in his ~*** ai suoi tempi; ***in her younger ~s*** quando era giovane; ***his fighting ~s*** la sua carriera da pugile; ***these ~s*** in questo periodo **II** modif. [*job, nurse*] di giorno ♦ ***in ~s gone by*** un tempo; ***it's all in a ~'s work*** è ordinaria amministrazione; ***not to give sb. the time of ~*** = non salutare qcn.; ***to pass the time of ~ with sb.*** = salutare e fare quattro chiacchiere con qcn.; ***it's one of those ~s!*** è una giornataccia! ***those were the ~s*** quelli sì che erano bei tempi; ***to be a bit late in the ~*** essere un po' troppo tardi; ***that'll be the ~!*** voglio proprio vedere! ***to call it a ~*** = smettere (di lavorare, giocare ecc.); ***to win, lose the ~*** avere la meglio, la peggio; ***to have an off ~*** avere una giornata storta; ***to have had its ~*** avere fatto il proprio tempo; ***to have seen better ~s*** avere conosciuto tempi migliori; ***he's 50 if he's a ~*** ha 50 anni suonati; ***to make a ~ of it*** = approfittare di un'occasione per passare una giornata piacevole; ***to save the ~*** salvare la situazione; ***to see the light of ~*** vedere la luce, nascere; ***to take one ~ at a time*** vivere alla giornata; ***your ~ will come*** verrà la tua ora.

dayboy /ˈdeɪbɔɪ/ n. BE SCOL. (allievo) esterno m.

daybreak /ˈdeɪbreɪk/ n. (lo) spuntare del giorno, alba f.

day-care /ˌdeɪˈkeə(r)/ n. *(for young children)* asilo m. nido.

day centre BE, **day center** AE n. = centro di accoglienza diurna per anziani, disoccupati ecc.

1.daydream /ˈdeɪdriːm/ n. sogno m. a occhi aperti; ***she was lost in a ~*** era immersa nelle sue fantasticherie.

2.daydream /ˈdeɪdriːm/ intr. sognare (a occhi aperti), fantasticare; ***to ~ about sth., about doing*** sognare qcs., di fare.

daygirl /ˈdeɪgɜːl/ n. BE SCOL. (allieva) esterna f.

daylight /ˈdeɪlaɪt/ **I** n. **1** *(light)* giorno m., luce f. del giorno; ***it was still ~*** era ancora giorno; ***we have two hours of ~ left*** abbiamo ancora due ore di luce; ***in (the) ~*** *(by day)* di giorno; *(in natural light)* alla luce del giorno **2** *(dawn)* alba f.; ***they left before ~*** partirono prima che facesse giorno **II** modif. [*attack, raid*] diurno; ***during ~ hours*** durante le ore di luce ♦ ***to see ~*** vederci chiaro; ***to beat*** o ***knock the living ~s out of sb.*** massacrare qcn. di botte.

daylight robbery n. COLLOQ. ***it's ~!*** è un furto!

daylight saving time n. ora f. legale.

day nursery n. asilo m. nido.

day pass n. *(in skiing)* giornaliero m.

day patient n. paziente m. e f. di day hospital.

day release I n. = permesso giornaliero di studio concesso ai lavoratori **II day-release** modif. ***day-release course*** corso per lavoratori.

day return (ticket) n. BE FERR. = biglietto di andata e ritorno in giornata.

day school n. esternato m.

daytime I n. giorno m.; ***during*** o ***in the ~*** durante il giorno **II** modif. [*hours, activity*] diurno.

day-to-day /ˌdeɪtəˈdeɪ/ agg. quotidiano, giornaliero; ***on a ~ basis*** alla giornata.

day-trip /ˈdeɪtrɪp/ n. escursione f., gita f. di un giorno.

day-tripper /ˈdeɪtrɪpə(r)/ n. escursionista m. e f.

1.daze /deɪz/ n. ***in a ~*** *(from blow)* stordito; *(from drug)* inebetito; *(from news)* sbalordito, sconvolto.

2.daze /deɪz/ tr. ***to be ~d by*** essere stordito da [*fall*]; essere sbalordito, sconvolto da [*news*].

dazed /deɪzd/ **I** p.pass. → **2.daze II** agg. *(by blow)* stordito; *(by news)* sbalordito, sconvolto.

1.dazzle /ˈdæzl/ n. *(of sth. shiny)* bagliore m.; *(of sunlight, torch)* luce f. accecante.

2.dazzle /ˈdæzl/ tr. [*sun, torch, beauty*] abbagliare; ***my eyes were*** o ***I was ~d by the sun*** ero abbagliato dal sole.

dazzling /ˈdæzlɪŋ/ agg. [*sun, beauty*] abbagliante; [*performance*] splendido.

DBMS n. INFORM. (⇒ database management system sistema di gestione di database) DBMS m.

DC 1 EL. ⇒ direct current corrente continua (c.c.) **2** US ⇒ District of Columbia distretto federale della Columbia.

DD n. UNIV. (⇒ Doctor of Divinity) = (diploma di) dottore in teologia (con specializzazione post-laurea).

D-day /ˈdiːdeɪ/ n. **1** *(important day)* giorno m. X **2** STOR. = il 6 giugno 1944, giorno dello sbarco degli Alleati in Normandia.

DDP n. (⇒ distributed data processing) = elaborazione distribuita dei dati.

deacon /ˈdiːkən/ n. diacono m.

deaconess /ˌdiːkəˈnes, ˈdiːkənɪs/ n. diaconessa f.

deactivate /dɪˈæktɪveɪt/ tr. disattivare [*bomb*].

1.dead /ded/ agg. **1** *(no longer living)* morto; ***the ~ man, woman*** il morto, la morta; ***a ~ body*** un morto, un cadavere; ***to drop (down) ~*** cadere a terra morto; ***to play ~*** fare finta di essere morto, fare il morto; ***drop ~!*** COLLOQ. crepa! ***to shoot sb. ~*** uccidere qcn. (sparando); ***~ and buried*** morto e sepolto; ***they're all ~ and gone now*** sono tutti morti ormai; ***"wanted, ~ or alive"*** "ricercato, vivo o morto"; ***to give sb. up for ~*** dare qcn. per spacciato; ***I'm absolutely ~ after that walk!*** COLLOQ. sono stanco morto dopo quella camminata! **2** *(extinct)* [*language*] morto; [*issue*] superato; [*fire*] spento, estinto; [*match*] usato **3** *(dull)* [*place*] morto; [*audience*] apatico; ***the ~ season*** la stagione morta **4** *(not functioning, idle)* [*battery*] scarico; [*bank account*] estinto; [*capital*] infruttifero, improduttivo; ***the phone went ~*** il telefono diventò muto **5** *(impervious)* ***to be ~ to sth.*** essere insensibile a qcs. **6** *(numb)* [*limb*] intorpidito; ***my arm has gone ~*** mi si è addormentato il braccio **7** *(absolute)* ***a ~ calm*** una calma assoluta *o* piatta; ***~ silence*** silenzio di tomba; ***to come to a ~ stop*** fermarsi di colpo ♦ ***to be ~ to the world*** dormire come un sasso; ***I wouldn't be seen ~ wearing that hat!*** non mi metterei quel cappello neanche morto! ***you do that and you're ~ meat!*** AE COLLOQ. fallo e sei un uomo morto!

2.dead /ded/ n. **1** ***the ~*** + verbo pl. *(people)* i morti; ***a monument to the ~*** un monumento ai caduti **2** FIG. *(depths)* ***at ~ of night, in the ~ of night*** nel cuore della notte, a notte fonda; ***in the ~ of winter*** in pieno inverno.

3.dead /ded/ avv. assolutamente; ***are you ~ certain?*** ne sei completamente sicuro? ***to be ~ level*** essere completamente piatto; ***to be ~ on time*** essere perfettamente in orario; ***I left (at) ~ on six o'clock*** sono partito alle sei spaccate; ***it's ~ easy!*** è facilissimo! ***his shot was ~ on target*** ha fatto esattamente centro; ***they were ~ lucky!*** gli è andata veramente bene! ***~ drunk*** ubriaco perso; ***~ tired*** stanco morto; ***I was ~ scared!*** ero morto di paura! ***you're ~ right!*** hai perfettamente ragione! ***~ good!*** benissimo! ***"~ slow"*** AUT. "a passo d'uomo"; ***~ straight*** tutto dritto; ***to be ~ against*** essere completamente contrario a [*idea, plan*]; ***to be ~ set on doing*** essere assolutamente deciso a fare; ***to stop ~*** fermarsi di colpo.

dead-and-alive /ˌdedəndəˈlaɪv/ agg. BE SPREG. [*place*] monotono, noioso.

deadbeat /ˈdedbiːt/ n. COLLOQ. fannullone m. (-a).

dead duck n. BE COLLOQ. ***to be a ~*** [*scheme, person*] essere destinato al fallimento.

deaden /'dedn/ tr. calmare, attenuare [*pain*]; attutire [*blow*]; smorzare [*sound, enthusiasm*]; rendere insensibile, addormentare [*nerve*].
dead end n. vicolo m. cieco (anche FIG.); ***to come to a ~*** finire in un vicolo cieco.
dead-end /'dedend/ agg. [*job*] senza prospettive.
deadening /'dednɪŋ/ agg. [*effect*] anestetizzante; ***television has a ~ effect on the imagination*** la televisione uccide la fantasia.
1.deadhead /'dedhed/ n. BE SPREG. *(stupid person)* testa f. di rapa.
2.deadhead /'dedhed/ tr. togliere i fiori appassiti da [*plant*].
dead heat n. dead heat m.; ***it was a ~*** hanno fatto lo stesso tempo.
dead-letter office n. = ufficio posta giacente.
deadline /'dedlaɪn/ n. scadenza f., termine m. ultimo; ***to meet a ~*** rispettare una scadenza; ***they have to work to very tight ~s*** devono lavorare con scadenze molto rigide; ***the ~ for applications is the 15th*** il termine ultimo per le domande è il 15.
deadlock /'dedlɒk/ n. **1** *(impasse)* punto m. morto; ***to be at, to reach (a) ~*** essere, giungere a un punto morto; ***to break the ~ between*** sbloccare l'impasse tra **2** *(lock)* serratura f. senza scatto.
deadlocked /'dedlɒkt/ agg. [*situation*] (giunto) a un punto morto.
dead loss n. COLLOQ. SPREG. ***to be a ~*** [*person*] essere un caso disperato; [*scissors, film*] non valere niente.
1.deadly /'dedlɪ/ agg. **1** *(lethal)* [*disease, sin*] mortale; [*poison, weapon*] letale; FIG. [*enemy, hatred*] mortale; [*rivalry*] accanito **2** *(absolute)* ***in ~ earnest*** con grande serietà; ***with ~ accuracy*** con una precisione terribile **3** COLLOQ. *(boring)* [*person, event*] noiosissimo.
2.deadly /'dedlɪ/ avv. [*boring*] mortalmente, terribilmente; ***~ pale*** di un pallore cadaverico; ***to be ~ serious*** essere serissimo.
deadly nightshade n. BOT. belladonna f.
dead on arrival agg. MED. deceduto durante il trasporto (in ospedale).
deadpan /'dedpæn/ **I** agg. [*expression, face*] impassibile; [*humour*] glaciale, anglosassone **II** avv. con faccia impassibile, impassibilmente.
dead ringer n. COLLOQ. ***to be a ~ for sb.*** essere la copia esatta *o* il ritratto vivente di qcn.
Dead Sea ➧ ***20*** n.pr. Mar m. Morto.
dead set n. ***to make a ~ at sb.*** fare la posta a qcn.
dead weight n. peso m. morto (anche FIG.).
dead wood n. legno m. secco; BE FIG. *(unproductive staff)* rami m.pl. secchi.
deaf /def/ **I** agg. sordo; ***to go ~*** diventare sordo; ***to be ~ in one ear*** essere sordo *o* non sentire da un orecchio; ***that's his ~ ear*** è sordo da quell'orecchio; ***to be ~ to*** FIG. essere sordo a **II** n. ***the ~*** + verbo pl. i sordi ♦ ***to be as ~ as a post*** essere sordo come una campana; ***there are none so ~ as those who will not hear*** PROV. non c'è peggior sordo di chi non vuol sentire; ***to turn a ~ ear*** fare orecchie da mercante; ***to fall on ~ ears*** [*request, advice*] cadere nel vuoto, non essere ascoltato. Just as *hearing-impaired* is often used in English instead of *deaf*, Italian may substitute *non udente* for *sordo*.
deaf aid n. BE apparecchio m. acustico.
deaf-and-dumb /ˌdefən'dʌm/ SPREG. → **deaf without speech**.
deafen /'defn/ tr. assordare, rendere sordo.
deafening /'defnɪŋ/ agg. assordante.
deaf-mute /ˌdef'mju:t/ **I** agg. sordomuto **II** n. sordomuto m. (-a).
deafness /'defnɪs/ n. sordità f.
deaf without speech I agg. sordomuto **II** n. ***the ~*** + verbo pl. i sordomuti.
1.deal /di:l/ n. ***a great*** o ***good ~*** una grande quantità (**of** di); ***he's a good ~ older than me*** è molto più vecchio di me; ***to have a great ~ in common*** avere molto in comune; ***to mean a great ~ to sb.*** significare molto *o* essere molto importante per qcn.
2.deal /di:l/ n. **1** *(agreement)* accordo m., patto m.; *(in commerce)* affare m.; *(with friend, criminal)* patto m.; ***the pay ~*** l'accordo salariale; ***to make*** o ***do a ~ with sb.*** raggiungere *o* concludere un accordo con qcn.; *(in business)* concludere un affare con qcn.; ***it's a ~!*** affare fatto! ***the ~'s off*** l'accordo è saltato; ***it's no ~!*** niente affatto! ***a good ~*** un buon affare; ***it's all part of the ~*** *(part of the arrangement)* fa parte dell'accordo; *(part of the price, package)* è incluso; ***to be in on the ~*** partecipare all'affare **2** *(sale)* vendita f. **3** *(bargain)* ***for the best ~(s) in*** o ***on electrical goods come to...*** per le migliori offerte sul materiale elettrico venite da... **4** *(treatment)* ***he got a raw ~*** fu trattato in malo modo **5** GIOC. *(in cards)* ***it's my ~*** tocca a me dare le carte *o* fare il mazzo ♦ ***big ~!*** IRON. bella roba! bell'affare! ***it's no big ~*** *(modestly)* non è nulla di eccezionale; ***to make a big ~ out of sth.*** fare un sacco di storie per qcs.
3.deal /di:l/ **I** tr. (pass., p.pass. **dealt**) **1** ***to ~ a blow to sb., sth.*** o ***to ~ sb., sth. a blow*** dare, assestare un colpo a qcn., qcs.; FIG. colpire, sconvolgere qcn., qcs. **2** GIOC. (anche **~ out**) dare, distribuire [*cards*]; dare [*hand*] **II** intr. (pass., p.pass. **dealt**) COMM. *(carry on business)* fare affari; *(operate on stock exchange)* fare operazioni in borsa; ***to ~ in*** occuparsi di, trattare [*commodity, shares*].
■ **deal out:** ***~ out [sth.], ~ [sth.] out*** *(mete out)* infliggere [*punishment, fine*].
■ **deal with:** ***~ with [sth.]*** **1** *(sort out)* occuparsi di [*matter*]; affrontare [*social problem*] **2** *(discuss)* trattare [*issue*]; ***~ with [sb.]*** **1** *(attend to)* occuparsi di [*client, patient*] **2** *(do business with)* fare affari con, trattare con [*person, company*].
4.deal /di:l/ n. *(timber)* (legno di) abete m., (legno di) pino m.
dealer /'di:lə(r)/ ➧ ***27*** n. **1** COMM. commerciante m. e f., venditore m. (-trice), negoziante m. e f.; *(for a specific product)* concessionario m. (-a); ***art ~*** commerciante d'arte; ***authorized ~*** rivenditore autorizzato **2** FIN. operatore m. (-trice) di borsa **3** *(trafficker)* ***arms ~*** trafficante d'armi; ***(drug) ~*** spacciatore **4** GIOC. mazziere m.
dealership /'di:ləʃɪp/ n. COMM. concessione f. (**for** di).
dealing /'di:lɪŋ/ **I** n. **1** COMM. commercio m.; *(on the stock exchange)* operazione f., transazione f.; ***~ resumed this morning*** le trattative sono riprese questa mattina; ***share ~*** compravendita di titoli **2** *(trafficking)* traffico m.; ***arms, drugs ~*** traffico di armi, di droga **II dealings** n.pl. relazioni f., rapporti m.; COMM. rapporti m. d'affari; ***to have ~s with sb.*** avere rapporti *o* essere in rapporto con qcn.
dealt /delt/ pass., p.pass. → **3.deal**.
dean /di:n/ n. **1** UNIV. preside m. e f. **2** RELIG. decano m.
1.dear /dɪə(r)/ **I** agg. **1** *(expressing attachment)* [*friend, mother*] caro, amato; ***she's a very ~ friend of mine*** è una mia cara amica; ***he's my ~est friend*** è il mio più caro amico; ***~ old Richard*** caro vecchio Richard; ***to hold sb., sth. very ~*** essere molto affezionato a qcn., a qcs.; ***the project is ~ to his heart*** il progetto gli sta a cuore **2** *(expressing admiration)* ***a ~ little house*** una casetta deliziosa; ***a ~ old lady*** una cara vecchia signora; ***she's a ~ child*** *(in appearance)* è una bambina graziosa; *(in behaviour)* è una bambina adorabile **3** *(in letter)* ***Dear Sir*** Egregio Signore; ***Dear Madam*** Gentile Signora; ***Dear Sirs*** Spettabile Ditta; ***Dear Mr Jones*** Egregio Signor Jones; ***Dear Mr and Mrs Jones*** Gentilissimi Signori Jones; ***Dear Anne and Paul*** Cari Anne e Paul; ***Dearest Robert*** Carissimo Robert **4** *(expensive)* [*article*] caro, costoso; ***to get ~er*** diventare caro, rincarare **II** n. *(term of address)* caro m. (-a); ***that's 50 pence, ~*** COLLOQ. fa 50 penny, mia cara; ***you poor ~*** povero caro; ***our uncle is a ~*** nostro zio è adorabile; ***be a ~ and answer the phone*** sii gentile, rispondi al telefono.
2.dear /dɪə(r)/ avv. [*buy*] a caro prezzo; [*cost*] caro (anche FIG.).
3.dear /dɪə(r)/ inter. ***oh ~!*** oh mio Dio! ***~ me*** o ***~ ~, what a mess!*** accidenti, che disordine! ***~ me, no!*** povero me, no!
dearly /'dɪəlɪ/ avv. **1** *(very much)* ***to love sb. ~*** amare teneramente qcn., amare qcn. con tutto il cuore; ***I would ~ love to know*** mi piacerebbe molto *o* vorrei tanto sapere **2** FIG. [*pay*] caro, a caro prezzo; ***~ bought*** acquistato a caro prezzo.
dearth /dɜ:θ/ n. scarsità f.; ***there is a ~ of funds*** mancano i fondi.
death /deθ/ n. *(of person)* morte f., decesso m. FORM.; *(of animal)* morte f.; FIG. morte f., fine f.; ***at (the time of) his ~*** alla sua morte; ***a ~ in the family*** un lutto in famiglia; ***~ by drowning*** morte per annegamento; ***to starve to ~*** morire di fame; ***to***

burn, freeze to ~ morire bruciato, assiderato; ***to put sb. to ~*** mandare a morte qcn.; ***a fight to the ~*** un combattimento all'ultimo sangue; ***to drink oneself to ~*** uccidersi a forza di bere; ***to work oneself to ~*** ammazzarsi di lavoro; ***she fell to her ~*** è morta cadendo; ***he met his ~ in a accident*** morì in un incidente; ***to die a violent ~*** morire di morte violenta; ***a fall would mean*** o ***spell ~*** una caduta sarebbe fatale; ***"Deaths"*** GIORN. "Necrologi" ♦ ***to die a*** o ***the ~*** [*entertainer, play*] essere un fiasco; ***that child will be the ~ of me!*** quel bambino mi farà morire! ***it's a matter of life or ~*** è una questione di vita o di morte; ***to look like ~ warmed up*** sembrare un cadavere ambulante; ***to be at ~'s door*** essere in punto di morte; ***worried, bored to ~*** preoccupato, annoiato da morire (**about** per); ***to frighten sb. to ~*** fare morire qcn. di paura; ***I'm sick to ~ of this!*** ne ho fin sopra i capelli! ***you'll catch your ~ (of cold)*** ti prenderai un malanno; ***that joke has been done to ~*** è una barzelletta vecchia come il cucco.

deathbed /ˈdeθbed/ n. letto m. di morte; ***on one's ~*** in punto di morte.

death blow n. colpo m. di grazia (anche FIG.).

death camp n. campo m. di sterminio.

death certificate n. DIR. certificato m. di morte.

death duties n.pl. imposte f. di successione.

death knell n. rintocco m. funebre.

death list n. lista f. dei morti, elenco m. delle vittime.

deathly /ˈdeθlɪ/ **I** agg. [*pallor*] cadaverico; [*calm*] mortale **II** avv. ***~ pale*** di un pallore cadaverico.

death mask n. maschera f. mortuaria.

death penalty n. pena f. di morte.

death rate n. tasso m. di mortalità.

death ray n. raggio m. mortale.

death row n. AE braccio m. della morte.

death sentence n. condanna f. a morte (anche FIG.).

death's head n. teschio m.

death squad n. squadrone m. della morte.

death throes n.pl. agonia f.sing. (anche FIG.).

death toll n. numero m. dei morti, vittime f.pl.

death trap n. trappola f. mortale.

death warrant n. = ordine di esecuzione di una sentenza di morte.

death wish n. PSIC. desiderio m. di morte.

deb /deb/ n. COLLOQ. accorc. → **debutante.**

debar /dɪˈbɑː(r)/ tr. (forma in -ing ecc. **-rr-**) ***to ~ sb. from*** escludere qcn. da [*club, race*].

debase /dɪˈbeɪs/ tr. svilire [*emotion, ideal*]; svalutare [*currency*]; degradare [*person*].

debased /dɪˈbeɪst/ **I** p.pass. → **debase II** agg. [*language*] imbastardito.

debatable /dɪˈbeɪtəbl/ agg. discutibile; ***it is ~ whether*** ci si può chiedere se.

1.debate /dɪˈbeɪt/ n. *(formal)* dibattito m. (**on, about** su); *(informal)* discussione f. (**about** su); ***to hold a ~ on*** fare un dibattito su [*issue*].

2.debate /dɪˈbeɪt/ **I** tr. POL. *(formally)* dibattere [*issue*]; discutere [*bill*]; *(informally)* discutere [*question*]; ***I am debating whether to leave*** mi chiedo se devo partire **II** intr. ***to ~ about sth.*** discutere di qcs. (**with** con).

debauch /dɪˈbɔːtʃ/ tr. depravare, traviare.

debauched /dɪˈbɔːtʃt/ **I** p.pass. → **debauch II** agg. [*person*] debosciato, dissoluto.

debauchery /dɪˈbɔːtʃərɪ/ n. dissolutezza f.

debenture /dɪˈbentʃə(r)/ n. ECON. obbligazione f.

debenture bond n. obbligazione f. non garantita.

debenture holder n. obbligazionista m. e f.

debenture stock n. obbligazioni f.pl. irredimibili.

debilitate /dɪˈbɪlɪteɪt/ tr. *(physically)* debilitare; *(morally)* demoralizzare.

debilitating /dɪˈbɪlɪteɪtɪŋ/ agg. [*disease*] debilitante.

debility /dɪˈbɪlətɪ/ n. **1** debolezza f. **2** MED. astenia f.

1.debit /ˈdebɪt/ **I** n. AMM. ECON. debito m., addebito m. **II** modif. [*account, balance*] passivo; ***~ entries*** registrazioni di addebito; ***on the ~ side*** nella sezione dare.

2.debit /ˈdebɪt/ tr. addebitare; ***to ~ a sum to sb.'s account, to ~ sb.*** o ***sb.'s account with a sum*** addebitare una somma sul conto di qcn.

debit note n. nota f. di addebito.

debonair /ˌdebəˈneə(r)/ agg. [*person*] affabile, disinvolto.

debrief /ˌdiːˈbriːf/ tr. chiamare a rapporto; ***to be ~ed*** [*diplomat, agent*] essere chiamato a rapporto; [*defector, freed hostage*] essere interrogato.

debriefing /ˌdiːˈbriːfɪŋ/ n. **1** U *(of freed hostage, defector)* interrogatorio m.; ***the soldiers will remain here for ~*** i soldati resteranno qui per mettersi a rapporto **2** C *(report)* rapporto m.

debris /ˈdeɪbriː, ˈde-, AE dəˈbriː/ n. U **1** *(remains) (of plane)* rottami m.pl.; *(of building)* macerie f.pl. **2** GEOL. detriti m.pl.

debt /det/ **I** n. **1** ECON. debito m. (**to** verso, con); ***bad ~s*** insolvenze; ***to run up a ~*** o ***~s*** contrarre un debito, fare debiti; ***to get into ~*** indebitarsi; ***to be in ~*** essere in debito; ***she is $ 2,000 in ~*** ha un debito di $ 2.000; ***to get out of ~*** estinguere i debiti, sdebitarsi; ***to pay off one's ~s*** pagare i (propri) debiti **2** *(obligation)* debito m.; ***to acknowledge one's ~ to sb.*** riconoscere di essere in debito verso qcn.; ***I'm forever in your ~*** ti sarò debitore per sempre **II** modif. ECON. [*collection, recovery, burden*] di debiti; [*capacity, level, ratio*] di indebitamento.

debt collector ♦ *27* n. esattore m. (-trice) di crediti.

debtor /ˈdetə(r)/ n. ECON. debitore m. (-trice).

debug /ˌdiːˈbʌg/ tr. (forma in -ing ecc. **-gg-**) **1** INFORM. eseguire il debugging di [*system, program*] **2** eliminare microfoni spia in [*room, building*].

debugging /ˌdiːˈbʌgɪŋ/ n. INFORM. debugging m.

debunk /ˌdiːˈbʌŋk/ tr. ridimensionare [*theory*]; sfatare [*myth*].

debut /ˈdeɪbjuː, AE dɪˈbjuː/ **I** n. debutto m., esordio m.; ***to make one's ~ as*** esordire come [*musician, director, player*]; [*actor*] debuttare nella parte di **II** modif. [*album, concert*] d'esordio.

debutante /ˈdebjuːtɑːnt/ n. debuttante f.

Dec ⇒ December dicembre (dic.).

decade /ˈdekeɪd, dɪˈkeɪd/ n. decennio m.

decadence /ˈdekədəns/ n. decadenza f.

decadent /ˈdekədənt/ agg. decadente.

decaf /ˈdiːkæf/ n. COLLOQ. decaffeinato m.

decaffeinated /ˌdiːˈkæfɪneɪtɪd/ agg. decaffeinato.

decalitre BE, **decaliter** AE /ˈdekəliːtə(r)/ ♦ *3* n. decalitro m.

Decalogue /ˈdekəlɒg/ n. decalogo m.

decametre BE, **decameter** AE /ˈdekəmiːtə(r)/ ♦ *15* n. decametro m.

decamp /dɪˈkæmp/ intr. levare le tende, andarsene; ***to ~ with sth.*** squagliarsela con qcs.

decant /dɪˈkænt/ tr. **1** travasare [*wine, other liquid*] **2** FIG. trapiantare [*people*].

decanter /dɪˈkæntə(r)/ n. *(for wine)* caraffa f., decanter m.; *(for decanted whisky)* bottiglia f.

decapitate /dɪˈkæpɪteɪt/ tr. decapitare.

decapitation /dɪˌkæpɪˈteɪʃn/ n. decapitazione f.

decathlon /dɪˈkæθlɒn/ n. decathlon m.

1.decay /dɪˈkeɪ/ n. **1** *(rot) (of timber, vegetation)* decomposizione f.; *(of area, house)* decadimento m., rovina f.; ***to fall into ~*** andare in rovina **2** MED. carie f.; ***to have ~*** avere la carie **3** FIG. *(of society, industry)* declino m.; *(of civilization)* decadenza f.; ***moral ~*** declino morale.

2.decay /dɪˈkeɪ/ **I** tr. far marcire [*timber*]; cariare [*teeth*] **II** intr. **1** *(rot)* [*timber, vegetation, food*] decomporsi, marcire; [*corpse*] decomporsi, putrefarsi; [*tooth*] cariarsi **2** *(disintegrate)* [*building*] andare in rovina **3** FIG. *(decline)* [*civilization*] decadere; [*beauty*] appassire.

deceased /dɪˈsiːst/ **I** agg. deceduto, defunto; ***Anne Jones, ~*** la defunta Anne Jones **II** n. ***the ~*** *(dead person)* il defunto; *(the dead collectively)* + verbo pl. i defunti.

deceit /dɪˈsiːt/ n. **1** falsità f., disonestà f. **2** *(act)* inganno m., raggiro m.

deceitful /dɪˈsiːtfl/ agg. [*person*] falso, disonesto; [*behaviour*] disonesto.

deceive /dɪˈsiːv/ **I** tr. **1** *(lie to and mislead)* ingannare, imbrogliare, raggirare [*friend*]; ***to be ~d*** *(fooled)* essere imbrogliato; *(disappointed)* essere deluso; ***to be ~d in sb.*** ingannarsi sul conto di qcn.; ***don't be ~d by his mildness*** non farti ingannare dalla sua dolcezza **2** *(be unfaithful to)* tradire [*spouse, lover*] **II** rifl. ***to ~ oneself*** ingannarsi.

decelerate /diːˈseləreɪt/ intr. AUT. MECC. decelerare, rallentare.

December /dɪ'sembə(r)/ ➧ *16* n. dicembre m.

decency /'di:snsɪ/ **I** n. **1** *(good manners, propriety)* decenza f.; ***they might have had the ~ to thank us*** avrebbero potuto avere la decenza di ringraziarci **2** *(morality)* ***he hasn't an ounce of ~*** non ha il minimo senso morale **II decencies** n.pl. norme f. del vivere civile, convenienze f.

decent /'di:snt/ agg. **1** *(respectable)* [*family, person*] rispettabile, onesto; ***she wanted to give him a ~ burial*** voleva che lui avesse una sepoltura decorosa; ***after a ~ interval*** dopo un ragionevole intervallo di tempo; ***to do the ~ thing*** fare la cosa giusta **2** *(kind)* [*person*] gentile, buono; ***it's ~ of him*** è gentile da parte sua **3** *(adequate)* [*facilities, wages, level*] adeguato, accettabile **4** *(not shabby)* [*clothes*] decente; ***I've nothing ~ to wear*** non ho niente di decente da mettermi **5** *(not undressed)* ***are you ~?*** sei presentabile? **6** *(good)* [*camera, education, result*] decente, discreto; ***to make a ~ living*** guadagnare discretamente; ***I need a ~ night's sleep*** ho bisogno di una buona notte di sonno; ***they do a ~ fish soup*** la zuppa di pesce non è male.

decently /'di:sntlɪ/ avv. **1** *(fairly)* [*paid, treated, housed*] adeguatamente, decentemente **2** *(respectably)* [*behave, treat*] convenientemente, decentemente **3** *(politely)* ***we left as soon as we ~ could*** siamo andati via appena abbiamo potuto farlo senza sembrare maleducati.

decentralization /di:ˌsentrəlaɪ'zeɪʃn, AE -lɪ'z-/ n. decentramento m., decentralizzazione f.

decentralize /di:'sentrəlaɪz/ tr. decentrare, decentralizzare.

deception /dɪ'sepʃn/ n. **1** U *(deceiving)* ***is she capable of such ~?*** è capace di tali inganni? ***to obtain sth. by ~*** ottenere qcs. con l'inganno **2** *(trick)* raggiro m., imbroglio m.; *(to gain money, property)* truffa f.

deceptive /dɪ'septɪv/ agg. [*appearance*] ingannevole.

deceptively /dɪ'septɪvlɪ/ avv. ***it's ~ easy*** è più difficile di quanto sembra.

decide /dɪ'saɪd/ **I** tr. **1** *(reach a decision)* ***to ~ to do*** decidere di fare; ***I finally ~d to do it*** mi sono (finalmente) deciso a farlo; ***I ~d that I should leave*** decisi di partire **2** *(settle)* decidere, risolvere [*matter*]; decidere [*fate, outcome*]; [*goal*] decidere il risultato di [*match*] **3** *(persuade)* ***to ~ sb. to do*** indurre qcn. a fare **II** intr. decidere; ***let her ~*** lasciala decidere; ***it's up to him to ~*** tocca a lui decidere; ***I can't ~*** non riesco a prendere una decisione; ***to ~ against doing*** decidere di non fare; ***to ~ against*** pronunciarsi contro [*idea, candidate*]; ***to ~ against the red dress*** *(choose not to buy)* decidere di non acquistare il vestito rosso; ***to ~ between*** scegliere tra; ***to ~ in favour of doing*** decidere di fare; ***to ~ in favour of*** [*jury, judge*] pronunciarsi a favore di [*plaintiff*]; [*panel*] scegliere [*candidate*].

■ **decide on:** ~ ***on*** **[sth.] 1** *(choose)* scegliere [*wallpaper, holiday*]; fissare, stabilire [*date*]; ***to ~ on a career in law*** decidersi per la carriera legale **2** *(come to a decision on)* decidere a riguardo di, stabilire [*measure, course of action, budget*]; ~ ***on*** **[sb.]** scegliere [*member, applicant*]; selezionare [*team*].

decided /dɪ'saɪdɪd/ **I** p.pass. → **decide II** agg. **1** *(noticeable)* [*change, tendency*] innegabile, netto; [*increase, drop, effort*] deciso **2** *(determined)* [*manner, tone*] deciso, risoluto; [*views*] fermo.

decidedly /dɪ'saɪdɪdlɪ/ avv. **1** *(distinctly)* [*smaller, better, happier*] decisamente, innegabilmente; [*odd*] decisamente **2** *(resolutely)* [*say, declare*] decisamente, risolutamente.

decider /dɪ'saɪdə(r)/ n. *(point)* punto m. decisivo; *(goal)* goal m. decisivo; ***the ~*** *(game)* la gara decisiva, la bella.

deciding /dɪ'saɪdɪŋ/ agg. decisivo.

deciduous /dɪ'sɪdjʊəs, dɪ'sɪdʒʊəs/ agg. [*tree*] a foglie decidue; [*leaves*] deciduo, caduco.

decigram(me) /'desɪgræm/ ➧ *37* n. decigrammo m.

decilitre BE, **deciliter** AE /'desɪli:tə(r)/ ➧ *3* n. decilitro m.

decimal /'desɪml/ **I** agg. [*system, currency, number*] decimale; ~ ***point*** = puntino usato per separare l'intero dalla parte decimale; ***to calculate to two ~ places*** calcolare i decimali fino alla seconda cifra; ***to go ~*** adottare il sistema decimale **II** n. decimale m.

decimalize /'desɪməlaɪz/ tr. MAT. decimalizzare, convertire al sistema decimale [*currency, system*].

decimate /'desɪmeɪt/ tr. decimare (anche FIG.).

decimation /ˌdesɪ'meɪʃn/ n. decimazione f. (anche FIG.).

decimetre BE, **decimeter** AE /'desɪmi:tə(r)/ ➧ *15* n. decimetro m.

decipher /dɪ'saɪfə(r)/ tr. decifrare [*code, message*].

decision /dɪ'sɪʒn/ n. decisione f.; ***my ~ to leave*** la mia decisione di partire; ***to make*** o ***take a ~*** prendere una decisione; ***to reach, come to a ~*** decidersi, giungere a una decisione; ***the judges' ~ is final*** la decisione dei membri della giuria è inappellabile.

decision-making /dɪ'sɪʒnˌmeɪkɪŋ/ **I** n. ***to be good at ~*** saper prendere delle decisioni **II** modif. ~ ***skills*** capacità decisionali; ***the ~ processes*** i processi decisionali.

decisive /dɪ'saɪsɪv/ agg. **1** *(firm)* [*manner, tone*] deciso, fermo, risoluto; ***a more ~ leader*** un capo più risoluto **2** *(conclusive)* [*battle, factor*] decisivo, determinante; [*argument*] conclusivo.

decisively /dɪ'saɪsɪvlɪ/ avv. con decisione, risolutamente.

1.deck /dek/ n. **1** *(on ship)* ponte m.; ***car ~*** ponte auto; ***on ~*** sul ponte; ***below ~(s)*** sottocoperta **2** AE *(terrace)* terrazza f. **3** *(on bus)* piano m. **4** ***~ of cards*** mazzo di carte ♦ ***all hands on ~!*** MAR. equipaggio in coperta! ***to clear the ~s*** prepararsi all'azione; ***to hit the ~*** COLLOQ. cadere a terra.

2.deck /dek/ tr. (anche ~ **out**) adornare, addobbare [*room, table*] (**with** con); ***he was ~ed out in his best suit*** era tutto in ghingheri.

deckchair /'dektʃeə(r)/ n. (sedia a) sdraio f.

deckhand /'dekhænd/ n. marinaio m.

declaim /dɪ'kleɪm/ **I** tr. declamare **II** intr. **1** *(speak aloud)* declamare **2** *(protest)* ***to ~ against sth.*** inveire *o* protestare contro qcs.

declamatory /dɪ'klæmətərɪ, AE -tɔ:rɪ/ agg. declamatorio.

declaration /ˌdeklə'reɪʃn/ n. dichiarazione f.; ***the Declaration of Independence*** la Dichiarazione d'Indipendenza; ***to make a false ~*** DIR. dichiarare il falso; ***a customs ~*** una dichiarazione doganale.

declare /dɪ'kleə(r)/ **I** tr. **1** *(state firmly)* dichiarare, proclamare (**that** che); *(state openly)* dichiarare [*intention, support*] **2** *(proclaim)* dichiarare, proclamare [*independence, siege*]; ***to ~ war on a country*** dichiarare guerra a una nazione; ***to ~ a state of emergency*** dichiarare lo stato di emergenza **3** DIR. ECON. dichiarare, denunciare [*income*]; ***nothing to ~*** niente da dichiarare **II** intr. **1** *(make choice)* dichiararsi (**for** a *o* in favore; **against** contrario, contro) **2** AE POL. = annunciare la propria candidatura alla presidenza.

declassify /ˌdi:'klæsɪfaɪ/ tr. declassificare [*document, information*].

declension /dɪ'klenʃn/ n. LING. declinazione f.

declination /ˌdeklɪ'neɪʃn/ n. ASTR. declinazione f.

1.decline /dɪ'klaɪn/ n. **1** *(waning)* declino m. (**of** di); ***to be in ~*** essere in declino; ***to go into*** o ***fall into ~*** subire un declino **2** *(drop)* diminuzione f., calo m., ribasso m. (**in, of** di); ***to be on the*** o ***in ~*** essere in ribasso **3** *(of health, person)* peggioramento m. (**in, of** di); ***to go, fall into (a) ~*** deperire, perdere le forze.

2.decline /dɪ'klaɪn/ **I** tr. **1** *(refuse)* declinare, rifiutare [*offer, honour*]; ***to ~ to do*** rifiutare di fare **2** LING. declinare **II** intr. **1** *(drop)* [*rate, demand*] diminuire, calare (**by** di); [*business*] rallentare, diminuire **2** *(wane)* [*empire, career*] essere in declino **3** *(refuse)* rifiutare.

declining /dɪ'klaɪnɪŋ/ agg. **1** *(getting fewer, less)* ***a ~ birth rate*** un decrescente tasso di natalità; ~ ***sales*** vendite in calo **2** *(in decline)* [*empire, industry*] in declino; ***in her ~ years*** nella vecchiaia **3** *(getting worse)* [*health*] che peggiora.

declivity /dɪ'klɪvətɪ/ n. declivio m., pendio m.

declutch /ˌdi:'klʌtʃ/ intr. BE staccare la frizione.

decode /ˌdi:'kəʊd/ tr. decodificare, decifrare [*code, message, signal*].

decoding /ˌdi:'kəʊdɪŋ/ n. decodifica f., decodificazione f.

décolletage /ˌdeɪkɒl'tɑ:ʒ/ n. *(of a woman's dress)* décolleté m., scollatura f.

décolleté /deɪ'kɒlteɪ, AE -kɒl'teɪ/ **I** agg. décolleté, scollato **II** n. décolleté m., scollatura f.

decolonize /di:'kɒlənaɪz/ tr. decolonizzare.

decompose /ˌdi:kəm'pəʊz/ **I** tr. decomporre **II** intr. decomporsi.

decomposition /ˌdi:kɒmpə'zɪʃn/ n. decomposizione f.

decompress /ˌdiːkəmˈpres/ tr. decomprimere.
decompression /ˌdiːkəmˈpreʃn/ n. decompressione f.
decongestant /ˌdiːkənˈdʒestənt/ **I** agg. decongestionante **II** n. decongestionante m.
decontaminate /ˌdiːkənˈtæmɪneɪt/ tr. decontaminare.
decontamination /ˌdiːkənˌtæmɪˈneɪʃn/ n. decontaminazione f.
decor /ˈdeɪkɔː(r), AE deɪˈkɔːr/ n. *(of house)* arredamento m., décor m.; TEATR. décor m.
decorate /ˈdekəreɪt/ **I** tr. **1** *(adorn)* decorare, addobbare [*room, Christmas tree*]; guarnire, decorare [*cake*] **2** *(with paint)* imbiancare, decorare; *(with paper)* tappezzare; ***the house needs to be ~d*** la casa ha bisogno di una bella imbiancata **3** MIL. decorare; ***to be ~d for bravery*** essere decorato al valore **II** intr. *(with paint)* dare il bianco, tinteggiare; *(with paper)* tappezzare.
decorating /ˈdekəreɪtɪŋ/ n. = lavori di tappezzeria o imbiancatura.
decoration /ˌdekəˈreɪʃn/ n. **1** *(object)* decorazione f., addobbo m. **2** *(act or result) (for festivities)* decorazione f.; *(by painter)* imbiancatura f.; ***only for ~*** puramente ornamentale **3** MIL. decorazione f.
decorative /ˈdekərətɪv, AE ˈdekəreɪtɪv/ agg. decorativo, ornamentale.
decorator /ˈdekəreɪtə(r)/ ♦ ***27*** n. decoratore m. (-trice), tappezziere m. (-a).
decorous /ˈdekərəs/ agg. decoroso.
decorum /dɪˈkɔːrəm/ n. ***with ~*** con decoro; ***sense of ~*** senso della dignità.
1.decoy /ˈdiːkɔɪ/ n. **1** *(person)* esca f.; *(vehicle)* auto f. civetta **2** *(in hunting)* (uccello da) richiamo m.
2.decoy /dɪˈkɔɪ/ tr. attirare in una trappola.
1.decrease /ˈdiːkriːs/ n. diminuzione f., decremento m.; *(in price)* ribasso m., calo m. (**in** di).
2.decrease /dɪˈkriːs/ **I** tr. diminuire, ridurre [*number, size*] **II** intr. [*population*] diminuire, decrescere; [*price, rate*] abbassarsi, calare; [*popularity*] diminuire, calare.
decreasing /dɪˈkriːsɪŋ/ agg. [*size*] decrescente; [*strength*] in calo; [*population*] in diminuzione; [*price*] in ribasso.
decreasingly /dɪˈkriːsɪŋlɪ/ avv. in modo decrescente.
1.decree /dɪˈkriː/ n. **1** *(order)* decreto m., ordine m. **2** *(judgment)* sentenza f., ordinanza f.; ***~ absolute, nisi*** *(in divorce)* sentenza definitiva, provvisoria (di divorzio).
2.decree /dɪˈkriː/ tr. decretare [*amnesty, punishment*]; ***to ~ that*** decretare che.
decrepit /dɪˈkrepɪt/ agg. [*old person*] decrepito; [*building, chair, table*] vecchio e malridotto.
decry /dɪˈkraɪ/ tr. denigrare, screditare.
decrypt /diːˈkrɪpt/ tr. decriptare.
decryption /diːˈkrɪpʃn/ n. decriptazione f.
dedicate /ˈdedɪkeɪt/ tr. **1** *(devote)* dedicare, consacrare [*life, time*]; dedicare [*book, performance*] (**to** a); ***she ~d her life to helping the poor*** dedicò la sua vita ad aiutare i poveri **2** RELIG. consacrare [*church, shrine*] (**to** a).
dedicated /ˈdedɪkeɪtɪd/ **I** p.pass. → **dedicate II** agg. **1** *(keen, devoted)* [*teacher, doctor*] che si dedica completamente alla propria attività; [*student, attitude*] zelante, scrupoloso; [*fan*] appassionato; [*disciple*] devoto; [*socialist*] convinto; ***we only take on people who are really ~*** assumiamo solo persone molto motivate **2** INFORM. ELETTRON. dedicato.
dedication /ˌdedɪˈkeɪʃn/ n. **1** *(devoted attitude)* dedizione f., impegno m. (**to** verso, a) **2** *(in a book, on music programme)* dedica f. **3** RELIG. dedicazione f., consacrazione f.
deduce /dɪˈdjuːs, AE -ˈduːs/ tr. dedurre, desumere.
deduct /dɪˈdʌkt/ tr. dedurre, detrarre [*sum, expenses*] (**from** da).
deductible /dɪˈdʌktəbl/ agg. ECON. deducibile, detraibile.
deduction /dɪˈdʌkʃn/ n. **1** ECON. *(on wages)* trattenuta f.; *(on bill, tax)* detrazione f.; ***after ~s*** dopo aver effettuato le detrazioni **2** *(conclusion)* deduzione f., conclusione f.; ***to make a ~*** trarre una conclusione **3** *(reasoning)* deduzione f.
deductive /dɪˈdʌktɪv/ agg. deduttivo.
deed /diːd/ n. **1** *(action)* atto m., azione f.; ***to do one's good ~ for the day*** fare la buona azione giornaliera **2** DIR. *(document)* atto m., scrittura f.; *(for property)* atto m. di trasferimento di una proprietà ♦ ***in word and ~*** di nome e di fatto.
deed box n. cassaforte f. per documenti.
deed of covenant n. DIR. = accordo accessorio a un contratto immobiliare.
deed poll n. (pl. **deeds poll**) DIR. atto m. unilaterale.
deem /diːm/ tr. considerare, stimare; ***it was ~ed necessary to do*** fu ritenuto necessario fare.
1.deep /diːp/ ♦ ***15*** agg. **1** *(vertically)* [*hole, water, wound*] profondo; [*snow, container, saucepan, grass*] alto; ***a ~-pile carpet*** moquette a pelo lungo; ***how ~ is the lake? It's 13 m ~*** quant'è profondo il lago? ha una profondità di 13 m; ***a hole 5 cm ~, a 5 cm ~ hole*** un buco profondo 5 cm; ***the floor was 10 cm ~ in water*** il pavimento era coperto da 10 cm d'acqua **2** *(horizontally)* [*band, drawer, stage*] largo, profondo; ***a shelf 30 cm ~*** una mensola larga 30 cm; ***cars were parked three ~*** le auto erano parcheggiate su tre file **3** *(intense)* [*admiration, love, impression, interest, desire*] profondo, grande; [*pleasure*] grande; [*difficulty, trouble*] grosso; ***my ~est sympathy*** sentite condoglianze **4** *(impenetrable)* [*darkness, mystery*] profondo; [*forest*] impenetrabile; [*secret*] grande; [*person*] misterioso; ***they live in ~est Wales*** SCHERZ. vivono nel profondo Galles **5** *(cunning)* ***you're a ~ one!*** COLLOQ. sei un dritto! **6** *(intellectually profound)* [*thought, meaning, book, thinker, knowledge*] profondo; [*discussion*] approfondito **7** *(dark)* [*colour*] scuro, intenso, carico; [*tan*] intenso; ***~ blue eyes*** occhi di un blu intenso **8** *(low)* [*voice*] profondo; [*note, sound*] basso, grave **9** *(long)* [*shot, serve*] in profondità ♦ ***to be in ~*** COLLOQ. esserci dentro fino al collo; ***to be in ~ water*** essere in cattive acque.
2.deep /diːp/ n. LETT. *(sea)* ***the ~*** il mare, l'oceano.
3.deep /diːp/ avv. **1** *(a long way down)* [*dig, cut*] profondamente, in profondità; ***he thrust his hands ~ into his pockets*** affondò le mani nelle tasche; ***~ beneath the sea*** in fondo al mare; ***to dig ~er into an affair*** FIG. scavare più a fondo in una faccenda; ***to sink ~er into debt*** FIG. essere sempre più sommerso dai debiti **2** *(a long way in)* ***~ in*** o ***into*** nel centro *o* nel cuore di; ***to go ~ into the woods*** addentrarsi nel bosco; ***~ in the heart of Texas*** nel cuore del Texas; ***~ in space*** nelle profondità dello spazio; ***~ in my heart*** nel profondo del mio cuore; ***to be ~ in thought, discussion*** essere immerso nei pensieri, in una discussione; ***~ into the night*** fino a tarda notte **3** *(emotionally)* ***~ down*** o ***inside*** in fondo in fondo; ***~ down she was frightened*** in fondo in fondo aveva paura; ***to go ~*** [*faith, loyalty*] essere profondo; ***to run ~*** [*belief, feeling, prejudice*] essere ben radicato **4** SPORT [*hit, kick, serve*] in profondità.
deepen /ˈdiːpən/ **I** tr. **1** *(dig out)* scavare [*channel, hollow*] **2** FIG. *(intensify)* aumentare [*admiration, interest, love*]; approfondire [*knowledge*] **3** *(make lower)* abbassare, rendere più grave [*voice, tone*] **4** *(make darker)* rendere più intenso, caricare [*colour*] **II** intr. **1** [*water, wrinkle*] diventare più profondo **2** FIG. *(intensify)* [*admiration, interest, love, mystery, silence*] aumentare, diventare più profondo; [*knowledge*] approfondirsi; [*crisis*] aggravarsi; [*rift, gap*] allargarsi **3** *(grow lower)* [*voice, tone*] diventare più grave **4** *(grow darker)* [*colour, tan*] diventare più intenso; [*darkness*] diventare più profondo.
deepening /ˈdiːpənɪŋ/ agg. **1** *(intensifying)* [*darkness, emotion, interest, need, confusion*] crescente; [*crisis*] sempre più grave; [*understanding, mystery, conviction*] sempre più profondo **2** LETT. [*water*] sempre più profondo; [*snow*] sempre più alto **3** *(becoming lower)* [*voice, tone*] sempre più grave **4** *(becoming darker)* [*colour*] sempre più intenso.
deep end n. = parte più profonda di una piscina ♦ ***to go off at the ~*** dare in escandescenze; ***to jump in at the ~*** andarsi a mettere nei guai; ***to throw sb. in at the ~*** lasciare qcn. nelle peste *o* nei guai.
deep-felt /ˌdiːpˈfelt/ agg. [*admiration*] sincero; [*hatred*] profondo.
1.deep-freeze /ˌdiːpˈfriːz/ n. congelatore m., surgelatore m., freezer m.
2.deep-freeze /ˌdiːpˈfriːz/ tr. (pass. **-froze**; p.pass. **-frozen**) congelare, surgelare.
deep-fried /ˌdiːpˈfraɪd/ **I** p.pass. → **deep-fry II** agg. [*meat, vegetable*] fritto.
deep-froze /ˌdiːpˈfrəʊz/ pass. → **2.deep-freeze**.
deep-frozen /ˌdiːpˈfrəʊzn/ **I** p.pass. → **2.deep-freeze II** agg. congelato, surgelato.
deep-fry /ˈdiːpˌfraɪ/ tr. friggere (in molto olio o grasso).

deep-(fat-)fryer /ˌdiːp(fæt)ˈfraɪə(r)/ n. friggitrice f.
deeply /ˈdiːplɪ/ avv. **1** [*felt, moving, involved*] profondamente; ***our most ~ held convictions*** le nostre convinzioni più profonde **2** [*think, discuss, study*] approfonditamente, a fondo; ***to go ~ into sth.*** analizzare qcs. approfonditamente; ***~ meaningful*** molto significativo **3** [*breathe, sigh, sleep*] profondamente **4** [*dig, cut*] profondamente, in profondità; [*thrust*] in profondità; [*drink*] a grandi sorsi; ***~ tanned*** abbronzatissimo.
deep-rooted /ˌdiːpˈruːtɪd/ agg. [*fear, belief, custom, habit*] profondamente radicato; [*loyalty, affection*] profondo.
deep-sea /ˈdiːpsiː/ agg. [*fishing, fisherman*] d'alto mare, d'altura; [*current, exploration*] sottomarino.
deep-seated /ˌdiːpˈsiːtɪd/ agg. → **deep-rooted**.
deep-set /ˌdiːpˈset/ agg. infossato.
deep South n. AE profondo Sud m. (degli Stati Uniti).
deep space n. spazio m. (profondo).
deer /dɪə(r)/ n. (pl. **~, ~s**) *(red)* cervo m. (-a); *(roe)* capriolo m. (-a); *(fallow)* daino m. (-a).
deerskin /ˈdɪəˌskɪn/ n. pelle f. di daino.
deerstalker /ˈdɪəˌstɔːkə(r)/ n. *(hat)* = berretto alla Sherlock Holmes.
de-escalate /ˌdiːˈeskəleɪt/ **I** tr. diminuire, ridurre [*tension, violence*]; frenare, ridurre [*crisis*] **II** intr. [*tension, violence, crisis*] ridursi, diminuire.
deface /dɪˈfeɪs/ tr. danneggiare, rovinare [*wall, door*]; deturpare, sfregiare [*painting, poster*]; deturpare, mutilare [*monument*].
defamation /ˌdefəˈmeɪʃn/ n. diffamazione f.
defamatory /dɪˈfæmətrɪ, AE -tɔːrɪ/ agg. diffamatorio.
defame /dɪˈfeɪm/ tr. diffamare.
1.default /dɪˈfɔːlt/ n. **1** *(failure to keep up payments)* inadempienza f., inosservanza f. (**on** di); ***the company is in ~*** la società è inadempiente **2** DIR. contumacia f. **3** INFORM. default m. **4 by default** [*choose, select*] automaticamente; ***to win by ~*** SPORT vincere per abbandono; ***to be elected by ~*** essere eletto in quanto unico candidato **5 in default of** in assenza di, in mancanza di.
2.default /dɪˈfɔːlt/ intr. **1** *(fail to make payments)* essere inadempiente; ***to ~ on payments, on a loan*** non pagare un mutuo, non restituire un prestito **2** DIR. essere contumace.
defaulter /dɪˈfɔːltə(r)/ n. **1** *(nonpayer)* inadempiente m. e f., debitore m. (-trice) moroso (-a) **2** DIR. contumace m. e f.
1.defeat /dɪˈfiːt/ n. **1** sconfitta f., disfatta f.; ***to suffer a ~*** subire una sconfitta; ***England's 3-2 ~*** la sconfitta dell'Inghilterra per 3 a 2 **2** *(of proposal, bill)* rifiuto m. (**of** di).
2.defeat /dɪˈfiːt/ tr. **1** *(beat)* sconfiggere, vincere [*enemy*]; battere, sconfiggere [*team, opposition, candidate*]; causare una sconfitta a [*government*]; ***don't let yourself be ~ed*** non lasciarti abbattere **2** *(reject)* respingere [*bill, proposal*] **3** *(thwart)* vanificare, far fallire [*attempt, plan, take-over bid*]; vincere [*inflation*]; ***that ~s the whole purpose of doing*** questo vanifica tutti i nostri propositi di fare **4** *(seem incomprehensible to)* ***it ~s me*** è al di sopra delle mie capacità.
defeated /dɪˈfiːtɪd/ **I** p.pass. → **2.defeat II** agg. [*troops, candidate*] sconfitto; ***to look ~*** aver l'aria abbattuta.
defeatism /dɪˈfiːtɪzəm/ n. disfattismo m.
defeatist /dɪˈfiːtɪst/ **I** agg. disfattista **II** n. disfattista m. e f.
defecate /ˈdefəkeɪt/ intr. FORM. defecare.
1.defect /ˈdiːfekt/ n. **1** *(flaw)* difetto m.; *(minor)* imperfezione f.; ***mechanical, structural ~*** difetto meccanico, strutturale **2** *(disability)* ***a speech ~*** un difetto di pronuncia; ***birth ~*** o ***congenital ~*** malformazione congenita.
2.defect /dɪˈfekt/ intr. defezionare, disertare; ***to ~ from*** abbandonare [*cause, country*]; ***to ~ to the West*** passare all'occidente.
defection /dɪˈfekʃn/ n. defezione f. (**from** da); ***after her ~ to the West*** da quando è passata all'occidente.
defective /dɪˈfektɪv/ agg. **1** *(faulty)* [*work, method*] difettoso, imperfetto; [*sight, hearing*] difettoso; ***~ workmanship*** difetti di fabbricazione **2** SPREG. *(mentally deficient)* deficiente **3** LING. difettivo.
defector /dɪˈfektə(r)/ n. transfuga m. e f.
defence BE, **defense** AE /dɪˈfens/ **I** n. **1** *(act of protecting)* difesa f.; ***to come to sb.'s ~*** *(help)* venire in aiuto di qcn.; ***in the ~ of freedom*** in difesa della libertà **2** *(means of protection)* difesa f.; ***a ~ against*** un modo per combattere [*anxiety, boredom*] **3** *(support)* difesa f.; ***to come to sb.'s ~*** prendere le difese di qcn. **4** DIR. ***the ~*** *(representatives of the accused)* la difesa; *(case, argument)* la tesi della difesa; ***counsel for the ~*** avvocato difensore; ***witness for the ~*** testimone a discarico **5** SPORT difesa f. **6** UNIV. discussione f. (di tesi) **II defences** n.pl. MIL. difese f. **III** modif. **1** [*chief, budget*] della difesa; [*contract*] per la difesa; [*policy, forces*] di difesa; [*cuts*] alla difesa **2** DIR. [*counsel, lawyer*] difensore; [*witness*] a discarico.
defenceless BE, **defenseless** AE /dɪˈfenslɪs/ agg. [*animal*] indifeso; [*person, town, country*] indifeso, inerme.
Defence minister n. GB sottosegretario m. alla difesa.
defend /dɪˈfend/ **I** tr. difendere [*fort, freedom, client, title*]; giustificare [*behaviour, decision*] **II** intr. SPORT giocare in difesa **III** rifl. ***to ~ oneself*** difendersi.
defendant /dɪˈfendənt/ n. *(in an appeal court)* convenuto m. (-a); *(in criminal court)* imputato m. (-a).
defender /dɪˈfendə(r)/ n. difensore m. (anche SPORT).
defending /dɪˈfendɪŋ/ agg. [*counsel*] della difesa; ***the ~ champion*** il detentore del titolo.
defense AE → **defence**.
Defense Secretary n. US ministro m. della difesa.
defensible /dɪˈfensəbl/ agg. difendibile, sostenibile.
defensive /dɪˈfensɪv/ **I** agg. [*weapon*] difensivo; [*reaction, behaviour*] difensivo, di difesa; [*person*] sulla difensiva, diffidente **II** n. ***to be on the ~*** stare sulla difensiva; SPORT giocare in difesa.
defensively /dɪˈfensɪvlɪ/ avv. in modo difensivo, stando sulla difensiva.
1.defer /dɪˈfɜː(r)/ tr. (forma in -ing ecc. **-rr-**) *(postpone)* differire, rinviare [*decision, departure, journey*] (**until** a); sospendere [*judgment*] (**until** fino a); dilazionare, differire [*payment*].
2.defer /dɪˈfɜː(r)/ intr. (forma in -ing ecc. **-rr-**) ***to ~ to sb.*** inchinarsi di fronte a qcn.; ***to ~ to sb.'s judgment*** rimettersi al giudizio di qcn.
deference /ˈdefərəns/ n. deferenza f., rispetto m.; ***in ~ to*** per deferenza verso.
deferential /ˌdefəˈrenʃl/ agg. deferente, rispettoso.
deferment /dɪˈfɜːmənt/, **deferral** /dɪˈfɜːrəl/ n. differimento m., rinvio m.; ***~ of a debt*** dilazione del pagamento di un debito.
deferred /dɪˈfɜːd/ **I** p.pass. → **2.defer II** agg. [*departure, purchase*] differito, rinviato; [*annuity, interest*] differito; [*sale*] a rate.
defiance /dɪˈfaɪəns/ n. **U** sprezzo m., disprezzo m.; ***their ~ of orders*** il loro rifiuto di obbedire agli ordini; ***in ~ of sth., sb.*** a dispetto di qcs., qcn.
defiant /dɪˈfaɪənt/ agg. [*person*] insolente; [*behaviour*] insolente, provocatorio.
defiantly /dɪˈfaɪəntlɪ/ avv. [*say*] con tono di sfida, provocatoriamente.
deficiency /dɪˈfɪʃənsɪ/ n. **1** *(shortage)* mancanza f., scarsità f. (**of, in** di) **2** *(weakness)* debolezza f., carenza f.; ***his deficiencies as a poet*** le sue carenze come poeta **3** MED. carenza f. (**of** di); *(defect)* difetto m., insufficienza f.
deficient /dɪˈfɪʃnt/ agg. *(inadequate)* insufficiente, inadeguato; *(faulty)* difettoso.
deficit /ˈdefɪsɪt/ n. ECON. deficit m., disavanzo m.
defile /dɪˈfaɪl/ tr. **1** *(pollute)* inquinare, contaminare (anche FIG.) **2** RELIG. profanare.
define /dɪˈfaɪn/ tr. **1** *(give definition of)* definire [*term, concept*] (**as** come) **2** *(specify)* determinare [*limits*]; definire [*duties, powers*] **3** *(express clearly)* definire, chiarire [*problem*] **4** *(stand out)* ***to be ~d against*** [*tree, building*] stagliarsi contro [*sky*].
definite /ˈdefɪnɪt/ agg. **1** *(not vague)* [*plan, criteria, amount*] (ben) definito, preciso; ***a ~ answer*** una risposta chiara e precisa; ***to have a ~ feeling that*** avere la netta sensazione che; ***it is ~ that*** è chiaro che **2** *(firm)* [*agreement*] sicuro; [*offer*] preciso; [*intention, decision*] certo, sicuro; [*refusal*] categorico, deciso **3** *(obvious)* [*change, improvement, increase*] netto; [*smell*] forte **4** *(decided)* [*manner, tone*] deciso, sicuro, determinato **5** ***to be ~*** [*person*] *(sure)* essere sicuro (**about** di); *(firm)* essere determinato (**about** a).
definite article n. LING. articolo m. determinativo.

definitely /ˈdefɪnɪtlɪ/ avv. **1** *(certainly)* certamente, senza alcun dubbio, di sicuro; ***she's ~ not there*** di sicuro non è là; ***I'm ~ not going*** ho deciso, non vado; ***he's ~ not my type*** non è proprio il mio tipo; ***"do you support them?" - "~!"*** "li appoggiate?" - "certamente!" **2** *(categorically)* [*answer*] categoricamente; [*commit oneself*] in modo definitivo.

definition /ˌdefɪˈnɪʃn/ n. definizione f. (anche TELEV. INFORM. FOT.); ***by ~*** per definizione.

definitive /dɪˈfɪnətɪv/ agg. [*version, answer*] definitivo; [*statement, decision*] irrevocabile.

definitively /dɪˈfɪnətɪvlɪ/ avv. [*decide, solve*] definitivamente; [*answer*] in modo definitivo.

deflate /dɪˈfleɪt/ **I** tr. **1** sgonfiare [*tyre, balloon*] **2** FIG. smontare [*person*] **3** ECON. deflazionare [*prices*] **II** intr. [*tyre, balloon*] sgonfiarsi.

deflation /dɪˈfleɪʃn/ n. **1** ECON. deflazione f. **2** *(of tyre, balloon)* sgonfiamento m.

deflationary /ˌdiːˈfleɪʃənərɪ, AE -nerɪ/ agg. deflazionistico.

deflect /dɪˈflekt/ **I** tr. **1** fare deflettere, fare deviare [*missile*] **2** FIG. allontanare [*blame*]; sviare [*criticism, attention*]; ***to ~ sb. from*** distogliere qcn. da [*aim, action*] **II** intr. deviare (**from** da).

deflection /dɪˈflekʃn/ n. **1** deviazione f. **2** FIS. deflessione f.

deflower /ˌdiːˈflaʊə(r)/ tr. LETT. deflorare.

defoliant /ˌdiːˈfəʊlɪənt/ n. defogliante m.

defoliate /ˌdiːˈfəʊlɪeɪt/ tr. defogliare.

deforest /ˌdiːˈfɒrɪst/ tr. di(s)boscare.

deform /dɪˈfɔːm/ **I** tr. deformare **II** intr. deformarsi.

deformation /ˌdiːfɔːˈmeɪʃn/ n. MED. deformazione f., deformità f.; *(congenital)* deformazione f., malformazione f.

deformed /dɪˈfɔːmd/ **I** p.pass. → **deform II** agg. **1** MED. deforme **2** [*metal, structure*] deformato.

deformity /dɪˈfɔːmətɪ/ n. MED. deformità f.

defraud /dɪˈfrɔːd/ tr. frodare [*person, tax authority*]; ***to ~ sb. of sth.*** defraudare qcn. di qcs.

defray /dɪˈfreɪ/ tr. pagare, sostenere [*expenses*].

defrock /ˌdiːˈfrɒk/ tr. sospendere (a divinis) [*priest*].

defrost /ˌdiːˈfrɒst/ **I** tr. scongelare [*food*]; sbrinare [*refrigerator*] **II** intr. [*food*] scongelarsi; [*refrigerator*] sbrinarsi.

deft /deft/ agg. destro, abile.

deftly /ˈdeftlɪ/ avv. abilmente, con destrezza.

defunct /dɪˈfʌŋkt/ agg. [*organization*] liquidato, sciolto; [*person*] defunto.

defuse /ˌdiːˈfjuːz/ tr. **1** disinnescare [*bomb*] **2** FIG. sdrammatizzare.

defy /dɪˈfaɪ/ tr. **1** *(disobey)* sfidare [*authority, law*]; disobbedire a [*person*] **2** *(challenge)* sfidare [*death, gravity, reality*]; ***to ~ sb. to do*** sfidare qcn. a fare **3** *(elude, resist)* sfuggire a qualsiasi tentativo di [*description, analysis*]; sfidare [*logic*].

degeneracy /dɪˈdʒenərəsɪ/ n. degenerazione f., corruzione f.

1.degenerate /dɪˈdʒenərət/ **I** agg. [*person*] degenere, degenerato; [*society, life*] corrotto **II** n. degenerato m. (-a).

2.degenerate /dɪˈdʒənəreɪt/ intr. degenerare (**into** in).

degeneration /dɪˌdʒenəˈreɪʃn/ n. degenerazione f. (anche BIOL.).

degenerative /dɪˈdʒenərətɪv/ agg. MED. BIOL. degenerativo.

degradation /ˌdegrəˈdeɪʃn/ n. **1** degradazione f. (anche BIOL. CHIM. GEOL.) **2** *(of culture)* scadimento m., svilimento m. **3** *(squalor)* degrado m.

degrade /dɪˈgreɪd/ tr. degradare, umiliare [*person*]; degradare [*environment*].

degrading /dɪˈgreɪdɪŋ/ agg. degradante, umiliante (**to** per).

degree /dɪˈgriː/ n. **1** MAT. GEOGR. FIS. grado m.; ***an angle of 40 ~s to the vertical*** un angolo di 40 gradi rispetto alla verticale; ***ten ~s of latitude, longitude*** 10 gradi di latitudine, longitudine; ***20 ~s south of the equator*** 20 gradi a sud dell'equatore; ***30 ~s centigrade*** 30 gradi centigradi; ***a temperature of 104 ~s*** febbre a 39 **2** UNIV. diploma m. universitario, laurea f.; ***first*** o ***bachelor's ~*** diploma di dottore (conseguito con un corso di studi di tre o quattro anni); ***to get a ~*** laurearsi; ***to have a ~*** avere la laurea, essere laureato **3** *(amount)* grado m., livello m.; ***this gives me a ~ of control*** questo mi dà un certo controllo; ***to such a ~ that*** a tal punto che; ***to a ~, to some ~*** fino a un certo punto; ***to a lesser ~*** in misura minore, in minor grado; ***not in the slightest ~ anxious*** per niente ansioso; ***by ~s*** per gradi; ***with varying ~s of success*** con successo variabile **4** AE DIR. ***murder in the first ~*** omicidio di primo grado.

degree ceremony n. BE UNIV. cerimonia f. di consegna dei diplomi di laurea.

degree course n. BE UNIV. corso m. di laurea.

dehumanize /ˌdiːˈhjuːmənaɪz/ tr. disumanizzare.

dehydrate /ˌdiːˈhaɪdreɪt/ **I** tr. disidratare **II** intr. disidratarsi.

dehydrated /ˌdiːˈhaɪdreɪtɪd/ **I** p.pass. → **dehydrate II** agg. [*food*] disidratato; *(powdered)* in polvere; ***to become ~*** [*person*] disidratarsi.

dehydration /ˌdiːhaɪˈdreɪʃn/ n. disidratazione f. (anche MED.).

de-icer /ˌdiːˈaɪsə(r)/ n. **1** AUT. antigelo m. **2** AER. dispositivo m. antighiaccio, sghiacciatore m.

deify /ˈdiːɪfaɪ/ tr. deificare.

deign /deɪn/ tr. ***to ~ to do*** degnarsi di fare.

deity /ˈdiːətɪ/ n. LETT. deità f., divinità f.; ***the Deity*** Dio.

dejected /dɪˈdʒektɪd/ agg. abbattuto, depresso.

dejection /dɪˈdʒekʃən/ n. abbattimento m., depressione f.

Delaware /ˈdeləweə(r)/ ♦ ***24, 25*** n.pr. Delaware m.

1.delay /dɪˈleɪ/ n. **1** *(of train, plane, post)* ritardo m.; *(in traffic)* rallentamento m. **2** *(slowness)* ***without (further) ~*** senza ulteriori indugi; ***to apologize for one's ~ in replying*** scusarsi per aver risposto in ritardo; ***there's no time for ~*** non c'è tempo da perdere **3** *(time lapse)* ***after a few minutes' ~*** dopo qualche minuto.

2.delay /dɪˈleɪ/ **I** tr. **1** *(postpone)* differire, rinviare, ritardare [*decision, publication*] (**until, to** a, fino a); ***to ~ doing*** tardare a fare **2** *(hold up)* causare un ritardo a, fare ritardare [*train, arrival, post*]; rallentare [*traffic*]; ***flights were ~ed by up to 12 hours*** i voli hanno avuto fino a 12 ore di ritardo **II** intr. tardare, indugiare.

delayed /dɪˈleɪd/ **I** p.pass. → **2.delay II** agg. [*flight, train, passenger*] in ritardo; [*reaction, effect*] ritardato.

delayed action agg. [*shutter*] ad azione ritardata; [*fuse*] a scoppio ritardato.

delectable /dɪˈlektəbl/ agg. delizioso.

1.delegate /ˈdelɪgət/ n. delegato m. (-a).

2.delegate /ˈdelɪgeɪt/ tr. delegare.

delegation /ˌdelɪˈgeɪʃn/ n. **1** *(delegated power)* delega f. **2** *(deputation)* delegazione f.

delete /dɪˈliːt/ tr. cancellare; *(with pen)* barrare.

deleterious /ˌdelɪˈtɪərɪəs/ agg. FORM. deleterio, nocivo.

deletion /dɪˈliːʃn/ n. **1** *(act)* cancellazione f. **2** *(erasure)* cancellatura f.

deli /ˈdelɪ/ n. COLLOQ. accorc. → **delicatessen.**

1.deliberate /dɪˈlɪbərət/ agg. **1** *(intentional)* [*act, choice*] deliberato, intenzionale; [*aggression, violation*] intenzionale, premeditato; ***it's ~*** è voluto **2** *(measured)* [*manner, movement*] cauto, prudente.

2.deliberate /dɪˈlɪbəreɪt/ **I** tr. **1** *(discuss)* deliberare **2** *(consider)* considerare attentamente **II** intr. **1** *(discuss)* deliberare **2** *(reflect)* ponderare, riflettere (**over, about** su).

deliberately /dɪˈlɪbərətlɪ/ avv. **1** *(intentionally)* [*do, say*] deliberatamente, volutamente; [*sarcastic, provocative*] deliberatamente **2** *(slowly and carefully)* [*speak*] cautamente; [*walk*] prudentemente.

deliberation /dɪˌlɪbəˈreɪʃn/ n. **1** *(reflection)* riflessione f.; ***after careful ~*** dopo un'attenta riflessione **2** *(slowness)* cautela f., prudenza f.; ***with ~*** con cautela.

delicacy /ˈdelɪkəsɪ/ n. **1** *(of colour, touch, features, situation)* delicatezza f.; *(of mechanism)* sensibilità f. **2** GASTR. squisitezza f., leccornia f., ghiottoneria f.

delicate /ˈdelɪkət/ agg. [*features, fabric, touch, health, moment, situation, subject*] delicato; [*perfume*] delicato, tenue; [*china*] fragile; [*mechanism*] sensibile.

delicately /ˈdelɪkətlɪ/ avv. **1** [*crafted, embroidered*] delicatamente, finemente **2** [*handle, phrase*] con delicatezza.

delicatessen /ˌdelɪkəˈtesn/ n. **1** *(shop)* gastronomia f. **2** AE *(eating place)* = locale dove le specialità gastronomiche possono essere portate via o consumate sul posto.

delicious /dɪˈlɪʃəs/ agg. **1** [*meal, smell*] delizioso, squisito **2** [*person, story*] delizioso, piacevole, divertente.

deliciously /dɪˈlɪʃəslɪ/ avv. deliziosamente.

1.delight /dɪˈlaɪt/ n. diletto m., gioia f.; ***to take ~ in sth., in doing*** trarre diletto da qcs., dal fare; ***to take ~ in tormenting***

sb. provare piacere nel tormentare qcn.; ***a cry of ~*** un grido di gioia; ***it is a ~ to do*** è un piacere fare; ***(much) to my ~*** con mia grande gioia.

2.delight /dɪˈlaɪt/ **I** tr. dilettare, deliziare, allietare [*person*] **II** intr. ***to ~ in sth.*** trarre piacere da qcs.; ***to ~ in doing*** provare diletto nel fare, dilettarsi a fare.

delighted /dɪˈlaɪtɪd/ **I** p.pass. → **2.delight II** agg. felice, beato (**about, at, by, with** di; **at doing, to do** di fare); ***to be ~ with sb.*** essere molto contento di qcn.; ***~ to meet you*** lieto di conoscerla.

delightedly /dɪˈlaɪtɪdlɪ/ avv. con aria molto felice, con gioia.

delightful /dɪˈlaɪtfl/ agg. [*house, meal*] delizioso; [*sight, smile, person*] incantevole.

delightfully /dɪˈlaɪtfəlɪ/ avv. [*warm, peaceful*] deliziosamente, piacevolmente; [*sing, play*] in modo incantevole.

Delilah /dɪˈlaɪlə/ n.pr. BIBL. Dalila.

delimit /ˌdiːˈlɪmɪt/ tr. delimitare.

delineate /dɪˈlɪnɪeɪt/ tr. **1** *(determine)* determinare [*concerns, strategy, terms*]; delineare [*aspects, character*] **2** *(mark boundaries of)* delineare, tracciare [*area, space*].

delineation /dɪˌlɪnɪˈeɪʃn/ n. FORM. *(of problem, plan)* delineamento m.; LETTER. *(of character)* ritratto m. psicologico.

delinquency /dɪˈlɪŋkwənsɪ/ n. **1** *(behaviour)* delinquenza f. **2** *(offence)* delitto m., crimine m.

delinquent /dɪˈlɪŋkwənt/ **I** agg. **1** [*behaviour*] da delinquente, delinquenziale; [*act*] criminale; ***~ youth*** delinquente minorile **2** AE ECON. [*debtor*] moroso **II** n. delinquente m. e f.

deliria /dɪˈlɪrɪə/ → **delirium**.

delirious /dɪˈlɪrɪəs/ agg. **1** MED. delirante; ***to become ~*** cadere in delirio; ***to be ~*** delirare **2** FIG. [*crowd, fan*] delirante, in delirio; ***~ with joy*** pazzo di gioia.

deliriously /dɪˈlɪrɪəslɪ/ avv. FIG. freneticamente; ***~ happy*** ebbro di felicità.

delirium /dɪˈlɪrɪəm/ n. (pl. **~s, -ia**) MED. delirio m. (anche FIG.).

deliver /dɪˈlɪvə(r)/ **I** tr. **1** *(take to address)* consegnare [*goods, milk*]; consegnare, recapitare [*newspaper, mail*]; trasmettere [*note, message*]; ***"~ed to your door"*** "consegna a domicilio" **2** MED. far nascere [*baby, baby animal*]; ***to be ~ed*** essere partorito; ***she was ~ed of a son*** RAR. diede alla luce un maschio **3** *(utter)* tenere [*lecture*]; fare [*sermon, reprimand*]; dare [*ultimatum*]; notificare [*decision*]; pronunciare [*speech, verdict*]; recitare [*line*] **4** *(hand over)* consegnare, trasferire [*property, money*]; consegnare, cedere il controllo di [*town*] (**over to, up to** a) **5** *(give, strike)* assestare, dare [*blow, punch*] **6** *(rescue)* liberare, salvare [*person*] (**from** da) **II** intr. [*tradesman*] fare le consegne; [*postman*] recapitare la posta ♦ ***to ~ the goods*** COLLOQ. = mantenere i propri impegni.

delivery /dɪˈlɪvərɪ/ **I** n. **1** *(of goods, milk, newspaper)* consegna f., recapito m.; ***on ~*** alla consegna **2** *(way of speaking)* eloquio m. **3** *(pronouncement)* enunciazione f. **4** *(of baby)* parto m. **5** SPORT lancio m. **6** *(handing over of property)* consegna f., trasferimento m. **II** modif. [*cost, date, note, order, service*] di consegna; [*vehicle*] delle consegne.

delivery address n. indirizzo m. del destinatario.

delivery man ➧ *27* n. (pl. **delivery men**) addetto m. alle consegne, fattorino m.

delivery room n. MED. sala f. parto.

dell /del/ n. LETT. = piccola valle boscosa.

delouse /ˌdiːˈlaʊs/ tr. spidocchiare.

Delphi /ˈdelfɪ/ n.pr. Delfi f.

delphinium /delˈfɪnɪəm/ n. (pl. **~s, -ia**) delfinio m.

delta /ˈdeltə/ n. **1** *(Greek letter)* delta m. e f. (anche MAT.) **2** GEOGR. delta m.

delude /dɪˈluːd/ **I** tr. illudere, ingannare (**with** con) **II** rifl. ***to ~ oneself*** illudersi.

1.deluge /ˈdeljuːdʒ/ n. diluvio m. (anche FIG.).

2.deluge /ˈdeljuːdʒ/ tr. sommergere (**with** di) (anche FIG.).

delusion /dɪˈluːʒn/ n. illusione f., inganno m.; ***~s of grandeur*** manie di grandezza.

de luxe /dəˈlʌks, -ˈlʊks/ agg. [*model, edition, accommodation*] di lusso.

delve /delv/ intr. ***to ~ into*** frugare in [*pocket*]; fare ricerche in [*records*]; scavare in [*memory, past*]; approfondire [*subject, motive*].

demagnetize /diːˈmægnɪtaɪz/ tr. smagnetizzare.

demagogic /ˌdeməˈgɒgɪk/ agg. demagogico.

demagogue /ˈdeməgɒg/ n. demagogo m. (-a).

demagogy /ˈdeməgɒgɪ/ n. demagogia f.

1.demand /dɪˈmɑːnd, AE dɪˈmænd/ n. **1** *(request)* domanda f., richiesta f.; ***on ~*** [*access*] a richiesta; ECON. [*payable*] a vista **2** *(pressure)* esigenza f., pretesa f.; ***I have many ~s on my time*** sono molto impegnato **3** ECON. domanda f. (**for** di); ***supply and ~*** l'offerta e la domanda **4** *(favour)* ***to be in ~*** essere richiesto.

2.demand /dɪˈmɑːnd, AE dɪˈmænd/ tr. **1** *(request)* chiedere [*reform, release*]; *(forcefully)* esigere, pretendere [*attention, ransom*]; ***to ~ an inquiry*** esigere un'inchiesta **2** *(require)* richiedere [*patience, skill, time*] (**of sb.** da parte di qcn.); *(more imperatively)* esigere [*punctuality, qualities*].

demanding /dɪˈmɑːndɪŋ, AE -ˈmænd-/ agg. **1** [*person*] esigente **2** [*work, course, schedule*] arduo, impegnativo.

demanning /ˌdiːˈmænɪŋ/ n. BE riduzione f. del personale.

demarcate /ˈdiːmɑːkeɪt/ tr. demarcare, tracciare [*space, boundary*].

demarcation /ˌdiːmɑːˈkeɪʃn/ n. **1** *(action, boundary)* demarcazione f. **2** DIR. AMM. competenza f.

demarcation dispute n. conflitto m. di competenza.

demean /dɪˈmiːn/ rifl. ***to ~ oneself*** abbassarsi (**to do** a fare).

demeaning /dɪˈmiːnɪŋ/ agg. umiliante, degradante.

demeanour BE, **demeanor** AE /dɪˈmiːnə(r)/ n. FORM. contegno m., comportamento m., condotta f.

demented /dɪˈmentɪd/ agg. demente.

dementia /dɪˈmenʃə/ ➧ *11* n. demenza f.

demerara /deməˈreərə/ n. (anche **~ sugar**) zucchero m. di canna.

Demeter /dɪˈmiːtə(r)/ n.pr. Demetra.

Demetrius /dɪˈmiːtrɪəs/ n.pr. Demetrio.

demigod /ˈdemɪgɒd/ n. semidio m.

demijohn /ˈdemɪdʒɒn/ n. damigiana f.

demilitarization /diːˌmɪlɪtəraɪˈzeɪʃn, AE -rɪˈz-/ n. smilitarizzazione f.

demilitarize /ˌdiːˈmɪlɪtəraɪz/ tr. smilitarizzare, demilitarizzare.

demise /dɪˈmaɪz/ n. FORM. **1** *(of institution, movement, aspirations)* fine f., crollo m. **2** EUFEM. SCHERZ. morte f.

demisemiquaver /ˌdemɪˈsemɪkweɪvə(r)/ n. BE biscroma f.

demist /ˌdiːˈmɪst/ tr. BE disappannare.

demister /ˌdiːˈmɪstə(r)/ n. BE AUT. dispositivo m. antiappannamento, sbrinatore m.

demo /ˈdeməʊ/ **I** n. (pl. **~s**) POL. COLLOQ. (accorc. demonstration) dimostrazione f., manifestazione f. **II** modif. ***~ tape, disk*** demo.

demob /ˌdiːˈmɒb/ tr. (forma in -ing ecc. **-bb-**) BE COLLOQ. accorc. → **demobilize**.

demobilization /diːˌməʊbɪlaɪˈzeɪʃn, AE -lɪˈz-/ n. smobilitazione f.

demobilize /diːˈməʊbɪlaɪz/ tr. smobilitare.

democracy /dɪˈmɒkrəsɪ/ n. democrazia f.

democrat /ˈdeməkræt/ n. democratico m. (-a).

Democrat /ˈdeməkræt/ **I** n. US POL. democratico m. (-a) **II** modif. [*politician*] democratico, del Partito Democratico.

democratic /ˌdeməˈkrætɪk/ agg. democratico.

Democratic /ˌdeməˈkrætɪk/ agg. US POL. ***the ~ party*** il Partito Democratico.

democratization /dɪˌmɒkrətaɪˈzeɪʃn, AE -tɪˈz-/ n. democratizzazione f.

democratize /dɪˈmɒkrətaɪz/ tr. democratizzare.

demographic /ˌdeməˈgræfɪk/ agg. demografico.

demography /dɪˈmɒgrəfɪ/ n. demografia f.

demolish /dɪˈmɒlɪʃ/ tr. **1** demolire, distruggere [*building, person*]; demolire [*argument*] **2** COLLOQ. SCHERZ. divorare [*food*] **3** SPORT COLLOQ. stracciare.

demolition /ˌdeməˈlɪʃn/ n. demolizione f. (anche FIG.).

demon /ˈdiːmən/ **I** n. demone m. (anche FIG.) **II** modif. [*drummer*] indiavolato.

demonetize /ˌdiːˈmʌnɪtaɪz/ tr. demonetizzare.

demoniac /dɪˈməʊnɪæk/ **I** agg. → **demonic II** n. indemoniato m. (-a).

demonic /dɪˈmɒnɪk/ agg. [*aspect, power*] demoniaco, diabolico; [*noise*] infernale.

demonstrable /de'mɒnstrəbl, AE dɪ'mɒnstrəbl/ agg. dimostrabile.
demonstrably /'demɒnstrəblɪ, AE dɪ'mɒnstrəblɪ/ avv. chiaramente, palesemente.
demonstrate /'demənstreɪt/ **I** tr. **1** *(illustrate, prove)* dimostrare, provare [*theory, principle, truth*]; ***as ~d by...*** come dimostrato da... **2** *(show, reveal)* dimostrare, manifestare [*emotion, concern, support*]; dimostrare, rivelare [*skill*] **3** *(display)* fare la dimostrazione di [*machine, product*]; ***to ~ how sth. works*** (di)mostrare il funzionamento di, come funziona qcs. **II** intr. POL. dimostrare, manifestare.
demonstration /ˌdemən'streɪʃn/ n. **1** POL. dimostrazione f., manifestazione f. **2** *(of emotion, support)* dimostrazione f., manifestazione f. **3** *(of machine, theory)* dimostrazione f.
demonstrative /dɪ'mɒnstrətɪv/ **I** agg. **1** [*person, behaviour*] espansivo **2** FORM. ***to be ~ of*** essere rivelatore di [*belief, attitude*] **3** LING. dimostrativo **II** n. LING. aggettivo m., pronome m. dimostrativo.
demonstrator /'demənstreɪtə(r)/ ♦ *27* n. **1** POL. dimostrante m. e f., manifestante m. e f. **2** COMM. dimostratore m. (-trice).
demoralization /dɪˌmɒrəlaɪ'zeɪʃn, AE dɪˌmɔ:rəlɪ'zeɪʃn/ n. demoralizzazione f.
demoralize /dɪ'mɒrəlaɪz, AE -'mɔ:r-/ tr. demoralizzare.
demote /ˌdi:'məʊt/ tr. degradare [*person*]; mettere in secondo piano, ridurre l'importanza di [*idea, policy*]; fare retrocedere [*football team*].
demotic /dɪ'mɒtɪk/ agg. **1** FORM. *(of the populace)* popolare **2** LING. demotico.
demotion /dɪ'məʊʃn/ n. *(of person)* retrocessione f., degradazione f.; *(of idea, policy)* messa f. in secondo piano; *(of football team)* retrocessione f.
demotivate /di:'məʊtɪveɪt/ tr. demotivare.
1.demur /dɪ'mɜ:(r)/ n. FORM. ***without ~*** senza esitazione.
2.demur /dɪ'mɜ:(r)/ intr. (forma in -ing ecc. **-rr-**) FORM. **1** *(disagree)* sollevare obiezioni (**at** su) **2** *(complain)* essere riluttante.
demure /dɪ'mjʊə(r)/ agg. [*behaviour*] contegnoso, riservato; [*dress*] modesto; [*girl*] modesto, riservato.
demystify /ˌdi:'mɪstɪfaɪ/ tr. demistificare.
den /den/ n. **1** *(of lion, fox)* tana f. **2** FIG. SPREG. *(of thieves, gamblers)* covo m. **3** FIG. *(room)* topaia f.
denationalize /ˌdi:'næʃənəlaɪz/ tr. denazionalizzare.
denial /dɪ'naɪəl/ n. *(of accusation, rumour)* smentita f.; *(of guilt)* diniego m.; *(of doctrine)* ripudio m.; *(of request)* rifiuto m.; ***he issued a ~ of his involvement in the scandal*** ha negato di essere coinvolto nello scandalo.
denier /'denɪə(r)/ n. TESS. denaro m.
denigrate /'denɪgreɪt/ tr. denigrare.
denigration /ˌdenɪ'greɪʃn/ n. denigrazione f.
denim /'denɪm/ **I** n. *(material)* denim m. **II** modif. [*jacket*] in denim; ***~ jeans*** jeans **III denims** n.pl. *(trousers)* pantaloni m. in denim.
Denis /'denɪs/ n.pr. Denis, Dionigi.
denizen /'denɪzn/ n. abitante m. e f.
Denmark /'denmɑ:k/ ♦ *6* n.pr. Danimarca f.
Dennis → **Denis**.
denominate /dɪ'nɒmɪneɪt/ tr. denominare.
denomination /dɪˌnɒmɪ'neɪʃn/ n. **1** denominazione f. **2** RELIG. confessione f., setta f. religiosa **3** ECON. valore m., taglio m.; ***high ~ banknote*** banconota di grosso taglio.
denominational /dɪˌnɒmɪ'neɪʃənl/ agg. [*school*] confessionale.
denominator /dɪ'nɒmɪneɪtə(r)/ n. denominatore m.
denote /dɪ'nəʊt/ tr. **1** *(stand for)* [*symbol, notice*] indicare; [*word, phrase*] significare **2** *(show proof of)* denotare [*taste, intelligence*].
denouement /ˌdeɪ'nu:mɒŋ, AE ˌdeɪnu:'mɔ:ŋ/ n. LETTER. epilogo m., finale m.; *(of plot)* scioglimento m.
denounce /dɪ'naʊns/ tr. **1** *(inform on)* denunciare (**to** a) **2** *(criticize)* denunciare, biasimare **3** *(accuse)* accusare (**for doing** per aver fatto); ***to be ~d as a thief*** essere accusato di furto.
dense /dens/ agg. **1** denso (anche FIS.) **2** COLLOQ. stupido, ottuso.
densely /'denslɪ/ avv. [*populated*] densamente; ***~ wooded*** ricco di boschi *o* foreste.
density /'densətɪ/ n. **1** FIS. INFORM. ELETTRON. densità f. **2** *(of housing, population)* densità f.
1.dent /dent/ n. *(in wood)* tacca f.; *(in metal)* ammaccatura f.
2.dent /dent/ tr. intaccare (anche FIG.); ammaccare [*car*].
dental /'dentl/ agg. [*hygiene, decay*] dentale; [*treatment*] dentistico.
dental appointment n. appuntamento m. dal dentista.
dental clinic n. clinica f. odontoiatrica.
dental floss n. filo m. interdentale.
dental plate n. dentiera f.
dental surgeon ♦ *27* n. odontoiatra m. e f.
dental surgery n. BE **1** *(premises)* studio m. dentistico **2** *(treatment)* chirurgia f. dentaria.
dentist /'dentɪst/ ♦ *27* n. dentista m. e f.
dentistry /'dentɪstrɪ/ n. odontoiatria f.
denture /'dentʃə(r)/ **I** n. *(prosthesis)* protesi f. dentaria **II dentures** n.pl. dentiera f.sing.
denude /dɪ'nju:d, AE -'nu:d/ tr. denudare, spogliare [*land, tree*] (**of** di).
denunciation /dɪˌnʌnsɪ'eɪʃn/ n. denuncia f.
deny /dɪ'naɪ/ tr. **1** negare [*accusation*]; smentire [*rumour, news*]; ***he denies that this is true*** nega che questa sia la verità; ***to ~ doing*** o ***having done*** negare di aver fatto; ***there's no ~ing his popularity*** non si può negare la sua popolarità **2** *(refuse)* ***to ~ sb. sth.*** rifiutare qcs. a qcn.; ***to ~ sb. admittance to a building*** negare l'accesso a un edificio a qcn.; ***to ~ oneself sth.*** privarsi di qcs. **3** *(renounce)* rinnegare [*religion*].
deodorant /di:'əʊdərənt/ n. *(personal, for room)* deodorante m.
deodorize /di:'əʊdəraɪz/ tr. deodorare.
deoxyribonucleic acid /dɪˌɒksɪˌraɪbəʊnju:ˌkleɪɪk'æsɪd, AE -nu:-/ n. acido m. desossiribonucleico.
depart /dɪ'pɑ:t/ intr. **1** FORM. partire; ***the train for London is about to ~*** il treno per Londra sta per partire; ***the train now ~ing from platform one*** il treno in partenza dal binario uno **2** *(deviate)* ***to ~ from*** allontanarsi da [*position, truth*]; abbandonare [*practice*].
departed /dɪ'pɑ:tɪd/ **I** p.pass. → **depart II** agg. **1** *(dead)* EUFEM. defunto **2** LETT. *(vanished)* [*glory*] passato **III** n. ***the ~*** *(person)* il defunto; *(people)* i defunti.
departing /dɪ'pɑ:tɪŋ/ agg. [*chairman, government*] uscente.
department /dɪ'pɑ:tmənt/ n. **1** *(in firm, etc.)* ufficio m., reparto m.; *(in store)* reparto m.; ***personnel ~*** ufficio personale; ***electrical ~*** reparto materiale elettrico **2** AMM. POL. *(governmental)* ministero m., dicastero m.; *(administrative)* dipartimento m.; ***social services ~*** dipartimento dei servizi sociali **3** *(in hospital)* reparto m.; ***X ray ~*** radiologia **4** *(in university)* dipartimento m. **5** AMM. GEOGR. *(district)* dipartimento m. **6** COLLOQ. *(area)* ***that's not my ~!*** non è il mio campo!
departmental /ˌdi:pɑ:t'mentl/ agg. attrib. **1** POL. [*meeting*] ministeriale; [*colleague*] del ministero **2** AMM. [*meeting*] dell'ufficio, di reparto; ***~ chief*** capoufficio, caporeparto.
department head n. **1** COMM. AMM. caporeparto m. e f. **2** UNIV. direttore m. (-trice) di dipartimento.
department manager n. **1** *(of business)* capodipartimento m. e f., direttore m. di settore **2** *(of store)* responsabile m. e f. di reparto.
Department of Defense n. US Dipartimento m. della difesa.
Department of Energy n. US Dipartimento m. dell'energia.
Department of Health n. GB ministero m. della sanità.
Department of Health and Human Services n. US Dipartimento m. della sanità.
Department of Social Security n. GB ministero m. della previdenza sociale.
Department of the Environment n. GB ministero m. dell'ambiente.
Department of Trade and Industry n. GB ministero m. del commercio e dell'industria.
department store n. grande magazzino m.
departure /dɪ'pɑ:tʃə(r)/ **I** n. **1** *(of person, train)* partenza f. (**from** da; **for** per) **2** FIG. *(start)* ***a new ~ in physics*** l'inizio di una nuova fase per la fisica **3** *(from truth, regulation)* allontanamento m.; *(from policy, tradition)* distacco m.; ***to be a***

total ~ from traditional methods distaccarsi completamente dai metodi tradizionali **II** modif. [*date, time, platform*] di partenza; ~ ***lounge*** sala partenze.

departure gate n. gate m.

departures board n. tabellone m. delle partenze.

depend /dɪˈpend/ intr. **1** *(rely)* ***to ~ on*** contare su, fare affidamento su, confidare in (**for** per; **to do** per fare); ***you can't ~ on the bus arriving on time*** non è sicuro che l'autobus arrivi in orario **2** *(be influenced by)* ***to ~ on*** dipendere da; ***the temperature varies ~ing on the season*** la temperatura varia a seconda della stagione; ***that ~s*** dipende **3** *(financially)* ***to ~ on sb.*** essere a carico di *o* dipendere da qcn.

dependability /dɪˌpendəˈbɪlətɪ/ n. affidabilità f.

dependable /dɪˈpendəbl/ agg. [*person*] affidabile, fidato; [*car*] affidabile; [*forecast, source*] attendibile; [*news*] sicuro, certo.

dependant /dɪˈpendənt/ n. DIR. persona f. a carico.

dependence, **dependance** AE /dɪˈpendəns/ n. **1** *(reliance)* affidamento m. (**on** su); *(trust)* fiducia f. (**on** in) **2** *(addiction)* dipendenza f. (**on** da); ***alcohol ~*** alcolismo.

dependency /dɪˈpendənsɪ/ n. **1** POL. territorio m. dipendente **2** *(addiction)* dipendenza f.; ***his ~ on heroin*** la sua dipendenza dall'eroina; ***alcohol ~*** dipendenza dall'alcol.

dependent /dɪˈpendənt/ agg. **1** *(reliant)* [*relative*] a carico; ***to be ~ (up)on*** dipendere da; *(financially)* essere a carico di **2** LING. dipendente, subordinato **3** MAT. dipendente.

depict /dɪˈpɪkt/ tr. *(visually)* raffigurare, rappresentare; *(in writing)* dipingere, descrivere.

depiction /dɪˈpɪkʃn/ n. pittura f., rappresentazione f.

depilate /ˈdepɪleɪt/ tr. depilare.

depilation /ˌdepɪˈleɪʃn/ n. depilazione f.

depilatory /dɪˈpɪlətrɪ, AE -tɔːrɪ/ agg. depilatorio; ~ ***wax*** ceretta.

deplete /dɪˈpliːt/ tr. ridurre, esaurire [*reserves, funds*]; ridurre [*number*]; decimare [*population*].

depleted uranium I n. uranio m. impoverito **II depleted-uranium** modif. [*weapon*] all'uranio impoverito.

depletion /dɪˈpliːʃn/ n. *(of resources, funds)* riduzione f., esaurimento m.

deplorable /dɪˈplɔːrəbl/ agg. deplorabile, deplorevole.

deplore /dɪˈplɔː(r)/ tr. deplorare.

deploy /dɪˈplɔɪ/ tr. MIL. schierare, spiegare [*troops*].

deployment /dɪˈplɔɪmənt/ n. MIL. schieramento m., spiegamento m.

depollute /ˌdiːpəˈluːt/ tr. disinquinare.

depopulate /ˌdiːˈpɒpjʊleɪt/ tr. spopolare [*country*].

depopulation /diːˌpɒpjʊˈleɪʃn/ n. spopolamento m.

deport /dɪˈpɔːt/ tr. DIR. espellere [*immigrant, criminal*] (**to** in); STOR. deportare [*slaves*].

deportation /ˌdiːpɔːˈteɪʃn/ n. DIR. *(of immigrant, criminal)* espulsione f.; STOR. *(of slaves)* deportazione f.

deportee /ˌdiːpɔːˈtiː/ n. deportato m. (-a).

deportment /dɪˈpɔːtmənt/ n. **1** FORM. *(posture)* portamento m. **2** ANT. *(behaviour)* condotta f.

depose /dɪˈpəʊz/ **I** tr. POL. DIR. deporre **II** intr. DIR. deporre, testimoniare.

1.deposit /dɪˈpɒzɪt/ n. **1** *(to bank account)* deposito m.; ***to make a ~*** fare un versamento; ***on ~*** in deposito **2** *(part payment) (on house, holiday, goods)* anticipo m., acconto m., caparra f.; *(against damage)* cauzione f.; ***to put down a ~ on a house*** dare un anticipo per una casa; ***to leave a ~ on sth.*** versare un acconto per qcs. **3** BE POL. cauzione f. **4** *(of coal, mineral)* giacimento m.; *(of silt, mud)* deposito m. **5** CHIM. ENOL. deposito m.

2.deposit /dɪˈpɒzɪt/ tr. **1** *(put down)* depositare, posare **2** *(entrust)* depositare [*money*]; ***to ~ sth. with the bank*** depositare qcs. in banca; ***to ~ sth. with sb.*** affidare qcs. a qcn.

deposit account n. BE ECON. conto m. di deposito.

depositary /dɪˈpɒzɪtərɪ/ n. DIR. depositario m.

deposition /ˌdepəˈzɪʃn/ n. deposizione f.

depositor /dɪˈpɒzɪtə(r)/ n. ECON. depositante m. e f.

deposit slip n. distinta f. di versamento.

depot /ˈdepəʊ, AE ˈdiːpəʊ/ n. **1** COMM. MIL. deposito m. **2** AUT. FERR. ***bus, railway ~*** deposito degli autobus, ferroviario **3** AE *(bus station)* autostazione f.; *(railway station)* stazione f. ferroviaria.

depravation /ˌdeprəˈveɪʃn/ n. depravazione f.

deprave /dɪˈpreɪv/ tr. depravare.

depraved /dɪˈpreɪvd/ agg. depravato.

depravity /dɪˈprævətɪ/ n. depravazione f.

deprecating /ˈdeprɪkeɪtɪŋ/ agg. [*look*] di disapprovazione.

deprecatingly /ˈdeprɪkeɪtɪŋlɪ/ avv. [*smile*] *(about oneself)* con aria di scusa; *(about sb. else)* con aria di disapprovazione.

deprecatory /ˌdeprɪˈkeɪtrɪ, AE -tɔːrɪ/ agg. **1** *(disapproving)* [*look*] di disapprovazione **2** *(apologetic)* di scusa.

depreciate /dɪˈpriːʃɪeɪt/ intr. deprezzarsi (**against** rispetto a).

depreciation /dɪˌpriːʃɪˈeɪʃn/ n. deprezzamento m.

depredation /ˌdeprəˈdeɪʃn/ n. depredazione f.

depress /dɪˈpres/ tr. **1** deprimere [*person*] (anche PSIC.) **2** ECON. fare diminuire [*prices, investment*]; indebolire [*stock market*] **3** *(press)* abbassare [*lever*]; premere [*button*].

depressant /dɪˈpresənt/ **I** agg. FARM. deprimente, depressivo **II** n. FARM. deprimente m.

depressed /dɪˈprest/ **I** p.pass. → **depress II** agg. **1** [*person*] depresso, abbattuto; ***to get ~ about*** deprimersi *o* abbattersi per **2** ECON. [*region, market, industry*] depresso; [*sales, prices*] molto basso.

depressing /dɪˈpresɪŋ/ agg. deprimente.

depression /dɪˈpreʃn/ ♦ ***11*** n. **1** PSIC. depressione f.; ***to suffer from ~*** *(permanently)* soffrire di depressione; *(temporarily)* avere una depressione **2** ECON. depressione f., crisi f. (**in** di) **3** *(hollow)* avvallamento m. **4** METEOR. depressione f.

depressive /dɪˈpresɪv/ **I** agg. **1** PSIC. depressivo **2** ECON. [*effect, policy*] depressivo **II** n. PSIC. depresso m.

depressurize /ˌdiːˈpreʃəraɪz/ intr. [*aircraft, machine*] depressurizzarsi.

deprivation /ˌdeprɪˈveɪʃn/ n. **1** *(poverty) (of person)* privazioni f.pl.; *(of society)* miseria f. **2** PSIC. deprivazione f. **3** *(of right, privilege)* privazione f., perdita f.

deprive /dɪˈpraɪv/ tr. privare (**of** di).

deprived /dɪˈpraɪvd/ **I** p.pass. → **deprive II** agg. [*area, family*] svantaggiato; [*childhood*] (pieno) di privazioni.

dept ⇒ department dipartimento (dip.).

depth /depθ/ **I** n. **1** *(measurement) (of hole, water)* profondità f.; *(of layer)* spessore m.; ***at a ~ of 30 m*** a 30 m di profondità; ***12 m in ~*** profondo 12 metri; ***to be out of one's ~*** *(in water)* non toccare (il fondo); FIG. non essere all'altezza (della situazione) **2** *(intensity) (of colour, emotion)* intensità f.; *(of crisis, recession)* gravità f.; *(of ignorance)* abisso m.; *(of despair)* fondo m., massimo m.; ***to be in the ~s of despair*** essere nella disperazione più nera **3** *(complexity) (of knowledge)* profondità f., vastità f.; *(of analysis, hero, novel)* profondità f.; ***to study sth. in ~*** studiare a fondo qcs. **4** MUS. gravità f. **5** CINEM. FOT. ~ ***of focus*** distanza focale; ~ ***of field*** profondità di campo **II depths** n.pl. ***the ~s of the sea*** le profondità *o* gli abissi del mare; ***in the ~s of the countryside*** in piena campagna; ***in the ~s of winter*** nel cuore dell'inverno.

deputation /ˌdepjʊˈteɪʃn/ n. deputazione f.

depute /dɪˈpjuːt/ tr. FORM. deputare [*person*] (**for** per; **to do** a fare).

deputize /ˈdepjʊtaɪz/ intr. ***to ~ for sb.*** fare le veci di qcn.

deputy /ˈdepjʊtɪ/ **I** n. **1** *(aide)* vice m. e f., aggiunto m. (**to sb.** di qcn.); *(replacement)* sostituto m. (-a) **2** *(politician)* deputato m. (-a) **3** US (anche ~ **sheriff**) vicesceriffo m. **II** modif. ~ ***director, mayor, chairman*** vicedirettore, vicesindaco, vicepresidente.

deputy leader n. US POL. vicepresidente m.

deputy premier, **deputy prime minister** n. POL. vice primo ministro m.

derail /dɪˈreɪl/ tr. (far) deragliare [*train*].

derailleur gears n.pl. cambio m.sing. di moltiplica.

derailment /dɪˈreɪlmənt/ n. deragliamento m.

derange /dɪˈreɪndʒ/ tr. **1** *(disarrange)* disordinare, scompigliare **2** *(make insane)* fare impazzire.

deranged /dɪˈreɪndʒd/ **I** p.pass. → **derange II** agg. *(insane)* squilibrato; SCHERZ. matto.

derangement /dɪˈreɪndʒmənt/ n. PSIC. squilibrio m. (mentale).

derby /ˈdɑːbɪ, AE ˈdɜːrbɪ/ n. **1** AE *(hat)* bombetta f. **2** EQUIT. derby m.

deregulate /ˌdiːˈregjʊleɪt/ tr. ECON. deregolamentare.

deregulation /diːˌregjʊˈleɪʃn/ n. ECON. deregolamentazione f.
derelict /ˈderəlɪkt/ **I** agg. *(abandoned)* derelitto, abbandonato; *(ruined)* malandato, cadente, pericolante; ***to let sth. go ~*** lasciare qcs. all'abbandono **II** n. *(person)* derelitto m. (-a); *(tramp)* vagabondo m. (-a).
dereliction /ˌderɪˈlɪkʃn/ n. abbandono m.; ***~ of duty*** DIR. omissione di doveri d'ufficio.
deride /dɪˈraɪd/ tr. deridere.
de rigueur /də rɪˈgɜː(r)/ agg. *(as etiquette, fashion)* di rigore.
derision /dɪˈrɪʒn/ n. derisione f.
derisive /dɪˈraɪsɪv/ agg. derisivo, derisorio.
derisory /dɪˈraɪsərɪ/ agg. derisorio.
derivation /ˌderɪˈveɪʃn/ n. **1** *(source)* origine f., provenienza f. **2** *(process)* derivazione f.
derivative /dəˈrɪvətɪv/ **I** n. CHIM. LING. derivato m.; MAT. derivata f. **II** agg. **1** CHIM. LING. MAT. derivato **2** SPREG. [*style*] copiato, pedante.
derive /dɪˈraɪv/ **I** tr. trarre [*benefit, satisfaction*]; ricavare [*income*]; ***to be ~d from*** [*name, word*] derivare da; [*vitamin*] essere un derivato di; [*data*] provenire da **II** intr. ***to ~ from*** [*power, idea, custom*] provenire da; [*word*] derivare da.
dermatitis /ˌdɜːməˈtaɪtɪs/ ➧ ***11*** n. dermatite f.
dermatologist /ˌdɜːməˈtɒlədʒɪst/ ➧ ***27*** n. dermatologo m. (-a).
dermatology /ˌdɜːməˈtɒlədʒɪ/ n. dermatologia f.
derogatory /dɪˈrɒgətrɪ, AE -tɔːrɪ/ agg. [*remark*] offensivo; [*person*] sprezzante; [*term*] spregiativo.
derring-do /ˌderɪŋˈduː/ n. ANT. temerarietà f., ardimento m.
derv /dɜːv/ n. BE AUT. gasolio m.
dervish /ˈdɜːvɪʃ/ n. derviscio m.
desalinate /ˌdiːˈsælɪneɪt/ tr. desalinizzare.
desalination /diːˌsælɪˈneɪʃn/ n. desalinizzazione f.
desalinator /diːˈsælɪneɪtə(r)/ n. dissalatore m., desalatore m.
descale /ˌdiːˈskeɪl/ tr. BE disincrostare.
descaler /ˌdiːˈskeɪlə(r)/ n. BE disincrostante m.
descant /ˈdeskænt/ n. discanto m.
descant recorder n. flauto m. dolce soprano.
descend /dɪˈsend/ **I** tr. scendere [*steps, slope, path*] **II** intr. **1** *(go down)* [*person, plane*] scendere; [*path*] discendere **2** *(fall)* [*darkness*] calare; [*rain, mist*] scendere, cadere (**on, over** su) **3** *(be felt)* [*gloom, exhaustion*] calare, abbattersi (**on** su); [*peace*] scendere (**on** su) **4** *(arrive)* arrivare, piombare; ***to ~ on sb., Oxford*** piombare a casa di qcn., arrivare a Oxford **5** *(be related to)* ***to ~*** o ***be ~ed from*** [*person, family*] discendere da **6** *(sink)* ***to ~ to doing*** abbassarsi a fare.
descendant /dɪˈsendənt/ n. discendente m. e f., rampollo m.
descent /dɪˈsent/ n. **1** *(downward motion)* discesa f. (**on, upon** su); ***to make one's ~*** scendere **2** *(extraction)* discendenza f.; ***to claim ~ from*** sostenere di discendere da; ***a British citizen by ~*** un cittadino britannico di nascita.
descrambler /ˌdiːˈskræmblə(r)/ n. RAD. TELEV. decodificatore m.
describe /dɪˈskraɪb/ tr. **1** *(give details of)* descrivere [*person, event, object*] **2** *(characterize)* definire, descrivere; ***to ~ sb. as an idiot*** definire qcn. un idiota; ***he's ~d as generous*** lo descrivono come una persona generosa; ***I wouldn't ~ him as an artist*** non lo definirei un artista **3** MAT. TECN. descrivere [*circle*].
description /dɪˈskrɪpʃn/ n. **1** descrizione f. (**of** di; **as** come); *(for police)* segnalazione f.; ***to be beyond ~*** essere indescrivibile **2** *(type, kind)* tipo m., genere m.; ***of every ~*** di tutti i tipi; ***items of a similar ~*** articoli dello stesso genere.
descriptive /dɪˈskrɪptɪv/ agg. descrittivo.
Desdemona /ˌdezdɪˈməʊnə/ n.pr. Desdemona.
desecrate /ˈdesɪkreɪt/ tr. **1** deturpare [*landscape*] **2** RELIG. profanare [*altar, shrine*].
desecration /ˌdesɪˈkreɪʃn/ n. **1** *(of landscape)* deturpazione f. **2** RELIG. profanazione f.
desegregate /ˌdiːˈsegrɪgeɪt/ tr. desegregare; ***to ~ a school*** abolire la segregazione in una scuola.
desegregation /diːˌsegrɪˈgeɪʃn/ n. desegregazione f.
deselect /ˌdiːsɪˈlekt/ tr. **1** BE POL. ***to be ~ed*** perdere la candidatura **2** INFORM. deselezionare.
desensitize /ˌdiːˈsensɪtaɪz/ tr. desensibilizzare (**to** a).
1.desert /ˈdezət/ **I** n. deserto m. **II** modif. [*region*] desertico; [*flora, fauna*] del deserto.
2.desert /dɪˈzɜːt/ **I** tr. abbandonare [*person, place*] **II** intr. [*soldier*] disertare; [*politician*] fare defezione.
deserted /dɪˈzɜːtɪd/ **I** p.pass. → **2.desert II** agg. **1** *(empty)* deserto, disabitato **2** [*person*] abbandonato.
deserter /dɪˈzɜːtə(r)/ n. disertore m. (-trice).
desertion /dɪˈzɜːʃn/ n. **1** MIL. diserzione f. **2** DIR. abbandono m. del tetto coniugale.
desert island n. isola f. deserta.
deserts /dɪˈzɜːts/ n.pl. ***to get one's (just) ~*** avere quello che ci si merita.
deserve /dɪˈzɜːv/ tr. meritare (**to do** di fare).
deservedly /dɪˈzɜːvɪdlɪ/ avv. meritatamente.
deserving /dɪˈzɜːvɪŋ/ agg. **1** [*winner*] degno; [*cause*] meritevole **2** ***to be ~ of*** FORM. essere degno di [*respect*].
desiccated /ˈdesɪkeɪtɪd/ agg. **1** [*food stuff*] essiccato, secco **2** SPREG. *(dried up)* secco.
1.design /dɪˈzaɪn/ n. **1** *(idea, conception)* progettazione f., concezione f.; ***of faulty ~*** mal progettato *o* concepito **2** *(planning, development) (of object, appliance)* design m., progettazione f.; *(of building, room)* progetto m.; *(of clothing)* creazione f. **3** *(drawing, plan) (detailed)* disegno m., piano m. (**for** di); *(sketch)* schizzo m., abbozzo m. (**for** di) **4** *(model)* ***this season's new ~s*** i nuovi modelli di questa stagione **5** *(art)* design m.; *(fashion)* disegno m. di moda **6** *(decorative pattern)* motivo m.; ***cup with a leaf ~*** tazza con motivo a foglie **7** *(intention)* disegno m., intenzione f. (**to do** di fare); ***by ~*** di proposito; ***to have ~s on*** avere delle mire su [*job*]; ambire ad avere [*car*].
2.design /dɪˈzaɪn/ tr. **1** *(conceive)* progettare, concepire [*appliance, building*]; disegnare [*garment*] **2** *(intend)* ***to be ~ed for sth., to do*** *(destined for)* essere adatto a qcs., a fare; *(made for)* essere creato *o* concepito per qcs., per fare **3** *(draw plan for)* disegnare il progetto di [*building, appliance*]; [*designer*] creare [*costume, garment*].
1.designate /ˈdezɪgneɪt, -nət/ agg. [*president, director*] designato.
2.designate /ˈdezɪgneɪt/ tr. designare, nominare; ***to ~ sb. (as) sth.*** designare qcn. (come) qcs.; ***they ~d the area (as) a nature reserve*** hanno dichiarato l'area riserva naturale; ***a room ~d (as) a nonsmoking area*** una sala destinata ai non fumatori; ***to ~ sth. for sb., sth.*** destinare qcs. a qcn., qcs.
designation /ˌdezɪgˈneɪʃn/ n. *(of place)* designazione f., destinazione f.; *(of person)* nomina f. (**as** a).
design centre n. *(for exhibiting)* centro m. di esposizione permanente del design; *(for planning, conception)* centro m. studi di progettazione.
design consultant n. consulente m. e f. per il design, per la progettazione.
design engineering n. progettistica f.
designer /dɪˈzaɪnə(r)/ ➧ ***27*** **I** n. designer m. e f.; *(of cars)* progettista m. e f.; *(of computers, software)* sviluppatore m. (-trice), programmatore m. (-trice); *(of furniture)* designer m. e f., disegnatore m. (-trice); *(of sets)* scenografo m. (-a); *(in fashion)* stilista m. e f., creatore m. (-trice) di moda; ***costume ~*** TEATR. CINEM. costumista **II** modif. [*drink*] di moda; [*hi-fi*] di design; ***~ clothes*** *(made to order)* vestiti d'alta moda; *(available in various outlets)* vestiti firmati; ***~ label*** griffe.
design fault n. difetto m. di fabbricazione.
design feature n. *(of product)* caratteristica f.
designing /dɪˈzaɪnɪŋ/ agg. SPREG. [*person*] intrigante, astuto.
design specification n. dati m.pl. caratteristici, tecnici di un modello.
desirability /dɪˌzaɪərəˈbɪlətɪ/ n. U *(of plan, apartment)* appetibilità f., convenienza f.; *(sexual)* desiderabilità f., appeal m.
desirable /dɪˈzaɪərəbl/ agg. **1** [*outcome, solution*] auspicabile; [*area, position*] ambito; [*job*] appetibile, attraente; [*gift*] ricercato, apprezzato; ***~ property*** *(in ad)* proprietà di pregio **2** *(sexually)* desiderabile.
1.desire /dɪˈzaɪə(r)/ n. desiderio m. (**for** di); ***to have no ~ to do*** non avere nessuna voglia di fare.

2.desire /dɪˈzaɪə(r)/ tr. desiderare, avere voglia di [*object, reward*]; ***to ~ to do*** desiderare di fare, voler fare; ***to ~ sb. to do sth., to ~ that sb. (should) do sth.*** desiderare che qcn. faccia qcs.; ***it leaves a lot to be ~d*** lascia molto a desiderare.
desist /dɪˈzɪst/ intr. FORM. desistere.
desk /desk/ **I** n. **1** *(furniture)* scrivania f.; MUS. leggio m.; ***writing ~*** scrittoio **2** *(in classroom) (pupil's)* banco m.; *(teacher's)* cattedra f. **3** *(in public building)* banco m.; ***reception ~*** reception; ***information ~*** banco informazioni; ***cash ~*** cassa **4** *(in newspaper office)* ***the ~*** la redazione; ***sports ~*** redazione sportiva; ***news ~*** servizio di cronaca **5** *(in organization, government office)* reparto m., ufficio m. **II** modif. [*calendar, lamp*] da tavolo; [*job*] sedentario.
deskbound /ˈdeskbaʊnd/ agg. [*job*] sedentario; ***he's ~ all week*** è inchiodato alla scrivania tutta la settimana.
desk clerk ◗ *27* n. AE receptionist m. e f.
desk pad n. *(blotter)* tampone m.; *(notebook)* bloc-notes m.
desktop /ˈdesktɒp/ **I** n. **1** piano m. della scrivania, scrivania f. **2** INFORM. *(microcomputer)* desktop m., computer m. da tavolo; *(area of the screen)* desktop m. **II** modif. [*model*] da tavolo.
desktop publishing n. desktop publishing m., editoria f. da tavolo.
deskwork /ˈdeskwɜːk/ n. lavoro m. d'ufficio, a tavolino (anche SPREG.).
1.desolate /ˈdesələt/ agg. **1** *(deserted)* [*place*] desolato, disabitato; [*house*] abbandonato **2** *(devastated)* [*building*] devastato, in rovina **3** *(forlorn)* [*person*] solo, abbandonato; [*life*] triste, solitario; [*cry*] desolato, di desolazione **4** *(grief-stricken)* desolato, afflitto.
2.desolate /ˈdesəleɪt/ tr. devastare, spopolare [*town, country*]; desolare, affliggere [*person*].
desolation /ˌdesəˈleɪʃn/ n. **1** *(of landscape, person)* desolazione f. **2** *(devastation) (of country)* devastazione f.
1.despair /dɪˈspeə(r)/ n. disperazione f.; ***to be in ~ about*** o ***over*** essere disperato per; ***to do sth. in*** o ***out of ~*** fare qcs. per disperazione.
2.despair /dɪˈspeə(r)/ intr. disperare (**of** di; **of doing** di fare).
despairing /dɪˈspeərɪŋ/ agg. disperato.
despatch → **1.dispatch**, **2.dispatch**.
desperado /ˌdespəˈrɑːdəʊ/ n. (pl. **~es, ~s**) desperado m.
desperate /ˈdespərət/ agg. **1** [*person, act, case, situation*] disperato; [*criminal*] pronto a tutto; ***to be ~ to do*** essere disposto a tutto pur di fare; ***to be ~ for*** avere un disperato bisogno di [*affection, money*]; essere in disperata attesa di [*news*]; ***to do something ~*** agire alla disperata **2** COLLOQ. *(terrible)* estremo, tremendo.
desperately /ˈdespərətlɪ/ avv. **1** [*plead, fight*] disperatamente; [*look*] con aria disperata; [*love*] perdutamente; ***to need, want sth. ~*** avere un bisogno disperato di qcs., volere qcs. con tutte le proprie forze **2** *(as intensifier)* [*poor*] estremamente, tremendamente; [*ill*] gravemente; ***~ in love*** perdutamente innamorato.
desperation /ˌdespəˈreɪʃn/ n. disperazione f.; ***in ~ she phoned the police*** in preda alla disperazione chiamò la polizia; ***her ~ to win*** la sua disperata volontà di vincere.
despicable /dɪˈspɪkəbl, ˈdespɪkəbl/ agg. spregevole.
despicably /dɪˈspɪkəblɪ, ˈdespɪkəblɪ/ avv. spregevolmente.
despise /dɪˈspaɪz/ tr. disprezzare (**for** per; **for doing** per aver fatto).
despite /dɪˈspaɪt/ prep. nonostante, a dispetto di, malgrado; ***~ the fact that*** nonostante.
despoil /dɪˈspɔɪl/ tr. FORM. LETT. (di)spogliare, saccheggiare [*town*].
despondency /dɪˈspɒndənsɪ/, **despondence** /dɪˈspɒndəns/ n. abbattimento m., scoraggiamento m.
despondent /dɪˈspɒndənt/ agg. abbattuto, scoraggiato.
despondently /dɪˈspɒndəntlɪ/ avv. [*say*] con tono abbattuto; [*look*] con aria scoraggiata.
despot /ˈdespɒt/ n. despota m.
despotic /deˈspɒtɪk/ agg. dispotico.
despotism /ˈdespətɪzəm/ n. dispotismo m.
des res /ˌdez ˈrez/ n. COLLOQ. (accorc. desirable residence) *(in ad)* abitazione f. di pregio.
dessert /dɪˈzɜːt/ **I** n. dessert m. **II** modif. [*fork, plate, wine*] da dessert.
dessertspoon /dɪˈzɜːtspuːn/ n. cucchiaino m. da dessert.
destabilize /ˌdiːˈsteɪbəlaɪz/ tr. destabilizzare.
destination /ˌdestɪˈneɪʃn/ n. destinazione f.; ***to reach one's ~*** giungere a destinazione.
destine /ˈdestɪn/ tr. destinare (**for** a).
destined /ˈdestɪnd/ **I** p.pass. → **destine II** agg. **1** *(preordained)* destinato (**for, to** a; **to do** a fare); ***it was ~ that*** fu stabilito che; ***it was ~ to happen*** era destino che succedesse **2** ***~ for Paris*** [*plane, letter*] per Parigi.
destiny /ˈdestɪnɪ/ n. destino m.
destitute /ˈdestɪtjuːt, AE -tuːt/ **I** agg. **1** [*person, community*] bisognoso, indigente; ***to leave sb. ~*** lasciare qcn. nell'indigenza **2** FORM. ***to be ~ of*** essere privo di [*common sense, funds*] **II** n. ***the ~*** + verbo pl. i bisognosi, gli indigenti.
destitution /ˌdestɪˈtjuːʃn, AE -tuː-/ n. indigenza f.
de-stress /diːˈstres/ intr. rilassarsi.
destroy /dɪˈstrɔɪ/ tr. **1** distruggere [*building, landscape, evidence*]; distruggere, mettere fine a [*hopes, career*]; annientare [*person*]; neutralizzare [*bomb, suspicious package*] **2** *(kill)* abbattere, sopprimere [*animal*]; distruggere, annientare [*population, enemy*] **3** SPORT COLLOQ. distruggere, stracciare [*opponent*].
destroyer /dɪˈstrɔɪə(r)/ n. **1** *(person)* distruttore m. (-trice) **2** MAR. cacciatorpediniere m.
destruct /dɪˈstrʌkt/ intr. autodistruggersi.
destruction /dɪˈstrʌkʃn/ n. *(of building, landscape, evidence)* distruzione f.; *(of hopes, career)* distruzione f., rovina f.; *(of enemy, population)* annientamento m.
destructive /dɪˈstrʌktɪv/ agg. **1** *(causing destruction)* [*force*] distruttivo; [*behaviour, policy*] distruttivo, rovinoso; [*storm, fire*] distruttore, devastatore; ***to be ~ of*** o ***to sth.*** essere deleterio per qcs. **2** *(having potential to destroy)* [*weapon, capacity*] distruttivo, di distruzione; [*criticism*] distruttivo.
desultory /ˈdesəltrɪ, AE -tɔːrɪ/ agg. [*conversation*] sconnesso; [*attempt*] sporadico; [*reading*] casuale, disordinato; [*friendship*] discontinuo.
Det ⇒ Detective investigatore.
detach /dɪˈtætʃ/ **I** tr. staccare (**from** da) **II** rifl. ***to ~ oneself*** staccarsi, distaccarsi (**from** da).
detachable /dɪˈtætʃəbl/ agg. [*coupon, strap, collar*] staccabile; [*lens*] rimovibile.
detached /dɪˈtætʃt/ **I** p.pass. → **detach II** agg. **1** *(separate)* staccato, separato **2** *(emotionally)* [*person, view*] distaccato; [*manner*] distaccato, distante; [*observer*] imparziale, obiettivo.
detached garage n. garage m. indipendente.
detached house n. casa f., villetta f. unifamiliare.
detachment /dɪˈtætʃmənt/ n. **1** *(separation)* separazione f., distacco m.; ***~ of the retina*** MED. distacco della retina **2** *(emotional)* distacco m. **3** MIL. *(unit)* distaccamento m.
1.detail /ˈdiːteɪl, AE dɪˈteɪl/ **I** n. **1** dettaglio m., particolare m.; ***in (some) ~*** in dettaglio, nei dettagli, dettagliatamente; ***in more*** o ***greater ~*** più in dettaglio; ***in great*** o ***minute ~*** nei minimi dettagli; ***to go into ~s*** entrare nei dettagli, scendere nei particolari; ***to have an eye for ~*** fare attenzione ai dettagli **2** MIL. (piccolo) distaccamento m. **II details** n.pl. *(information)* ***for further ~s...*** per ulteriori dettagli *o* informazioni...
2.detail /ˈdiːteɪl, AE dɪˈteɪl/ tr. **1** *(list)* esporre, descrivere minuziosamente [*plans*]; elencare [*items*] **2** MIL. ***to ~ sb. to sth.*** assegnare qcn. a qcs.
detail drawing n. disegno m. di particolari.
detailed /ˈdiːteɪld, AE dɪˈteɪld/ **I** p.pass. → **2.detail II** agg. dettagliato, particolareggiato.
detain /dɪˈteɪn/ tr. **1** *(delay)* trattenere [*person*] **2** *(keep in custody)* detenere, tenere in stato di fermo [*prisoner*] **3** *(in hospital)* tenere, trattenere.
detainee /ˌdiːteɪˈniː/ n. *(general)* detenuto m. (-a); *(political)* prigioniero m. (politico).
detect /dɪˈtekt/ tr. **1** *(find)* trovare [*error*]; rilevare [*traces, change*]; scoprire [*crime, leak*] **2** *(sense)* percepire [*sound*]; notare, avvertire [*mood*].
detectable /dɪˈtektəbl/ agg. rilevabile, percepibile.
detection /dɪˈtekʃn/ n. *(of disease)* scoperta f.; *(of error)* individuazione f.; ***crime ~*** la lotta alla criminalità; ***to escape ~*** [*criminal*] sfuggire, non essere scoperto; [*error*] sfuggire, non essere trovato.

detective /dɪˈtektɪv/ ➧ *27* n. *(police)* investigatore m. (-trice), agente m. e f. investigativo (-a) (della polizia); *(private)* detective m. e f., investigatore m. (-trice); ***store* ~** agente di sorveglianza.
detective constable n. GB = agente di polizia con funzioni investigative.
detective inspector n. GB = ispettore di polizia con funzioni investigative.
detective story n. (romanzo) giallo m., romanzo m. poliziesco.
detective work n. investigazione f. (anche FIG.).
detector /dɪˈtektə(r)/ n. TECN. detector m., rivelatore m.
détente /ˌdeɪˈtɑːnt/ n. POL. distensione f.
detention /dɪˈtenʃn/ n. **1** *(confinement)* detenzione f. **2** *(prison sentence)* detenzione f., reclusione f.; *(awaiting trial)* carcerazione f. preventiva **3** SCOL. = punizione consistente nell'essere trattenuti a scuola dopo il normale orario delle lezioni.
deter /dɪˈtɜː(r)/ tr. (forma in -ing ecc. **-rr-**) **1** *(dissuade)* dissuadere, distogliere; ***a scheme to ~ vandalism*** un progetto per scoraggiare il vandalismo **2** *(prevent)* impedire (**from doing** di fare).
detergent /dɪˈtɜːdʒənt/ **I** agg. detergente, detersivo **II** n. detergente m., detersivo m.
deteriorate /dɪˈtɪərɪəreɪt/ intr. [*weather*] guastarsi; [*health*] aggravarsi; [*situation, economy, sales*] peggiorare; [*building*] rovinarsi; ***to ~ into*** [*discussion*] degenerare in.
deterioration /dɪˌtɪərɪəˈreɪʃn/ n. *(in weather, situation)* peggioramento m.; *(in health)* aggravamento m.; *(in relationship)* deterioramento m.; *(of building)* degradazione f.; *(in work, performance)* peggioramento m. (**in** di).
determinant /dɪˈtɜːmɪnənt/ **I** agg. MAT. determinante **II** n. MAT. determinante m.
determination /dɪˌtɜːmɪˈneɪʃn/ n. **1** *(quality)* determinazione f. (**to do** a fare) **2** *(of amount, date)* determinazione f. **3** DIR. AMM. decisione f.
determine /dɪˈtɜːmɪn/ tr. **1** *(find out)* determinare [*cause*]; ***to ~ how, when*** stabilire come, quando **2** *(decide)* determinare, fissare [*price*]; ***to ~ to do*** decidere di fare **3** *(control)* [*factor*] determinare [*progress*].
determined /dɪˈtɜːmɪnd/ **I** p.pass. → **determine II** agg. [*person*] fermamente deciso; [*expression*] risoluto; [*attempt*] fermo.
determiner /dɪˈtɜːmɪnə(r)/ n. LING. determinante m.
determining /dɪˈtɜːmɪnɪŋ/ agg. attrib. determinante.
determinism /dɪˈtɜːmɪnɪzəm/ n. determinismo m.
deterrent /dɪˈterənt, AE -ˈtɜː-/ **I** n. deterrente m.; ***to be a ~ to sb.*** essere un deterrente per qcn. **II** agg. [*effect, measure*] deterrente.
detest /dɪˈtest/ tr. detestare (**doing** fare).
dethrone /ˌdiːˈθrəʊn/ tr. detronizzare.
dethronement /ˌdiːˈθrəʊnmənt/ n. detronizzazione f.
detonate /ˈdetəneɪt/ **I** tr. fare detonare, esplodere **II** intr. detonare, esplodere.
detonation /ˌdetəˈneɪʃn/ n. detonazione f., esplosione f.
detonator /ˈdetəneɪtə(r)/ n. detonatore m.
detour /ˈdiːtʊə(r), AE dɪˈtʊər/ n. deviazione f.; ***it's worth a*** o ***the ~*** FIG. ne vale la pena.
detoxify /ˌdiːˈtɒksɪfaɪ/ tr. disintossicare.
DETR n. GB (⇒ Department of the Environment, Transport and the Regions) = ministero dell'ambiente, dei trasporti e delle regioni.
detract /dɪˈtrækt/ intr. ***to ~ from*** sminuire [*success, value*]; nuocere a [*harmony, image*]; diminuire [*pleasure*].
detractor /dɪˈtræktə(r)/ n. detrattore m. (-trice).
detriment /ˈdetrɪmənt/ n. ***to the ~ of*** a detrimento di; ***to the great ~ of sth.*** con grande detrimento di qcs.
detrimental /ˌdetrɪˈmentl/ agg. nocivo, dannoso (**to** a, per).
detritus /dɪˈtraɪtəs/ n. **U** detrito m., detriti m.pl.
1.deuce /djuːs, AE duːs/ n. **1** *(in tennis)* ***~!*** parità! **2** *(in cards)* due m.
2.deuce /djuːs, AE duːs/ n. RAR. COLLOQ. ***what, where the ~?*** che, dove diamine?
devaluation /ˌdiːvæljʊˈeɪʃn/ n. *(of currency)* svalutazione f.; ***a 12% ~*** una svalutazione del 12%.
devalue /ˌdiːˈvæljuː/ **I** tr. **1** svalutare (**against** rispetto a); ***to be ~d by 6%*** essere svalutato del 6% **2** *(underestimate)* sottovalutare **II** intr. [*currency, shares*] svalutarsi; [*property*] diminuire di valore (**against** rispetto a).
devastate /ˈdevəsteɪt/ tr. **1** devastare [*land, town*] **2** FIG. distruggere [*person*].
devastating /ˈdevəsteɪtɪŋ/ agg. **1** [*power, effect*] devastante; [*storm*] disastroso, rovinoso; FIG. [*beauty*] sconvolgente **2** *(crushing)* [*news, loss*] sconvolgente; [*criticism*] sferzante; [*argument*] schiacciante.
devastation /ˌdevəˈsteɪʃn/ n. *(of land)* devastazione f.; *(of person)* distruzione f., sconvolgimento m.
develop /dɪˈveləp/ **I** tr. **1** *(acquire)* acquisire [*knowledge*]; contrarre [*illness*]; prendere [*habit*]; presentare, manifestare [*symptom*]; ***to ~ an awareness of*** prendere coscienza di; ***to ~ cancer*** sviluppare un cancro **2** *(evolve)* sviluppare, ampliare [*plan, project*]; sviluppare, mettere a punto [*technique, invention*]; sviluppare [*theory, argument*] **3** COMM. IND. creare [*market*]; stabilire [*links*] **4** *(expand, build up)* sviluppare [*mind, physique*]; COMM. sviluppare, ampliare [*business, market*] **5** *(improve)* valorizzare [*land, site*]; risanare [*city centre*] **6** FOT. sviluppare **II** intr. **1** *(evolve)* [*child, society, country, plot, play*] svilupparsi; ***to ~ into*** diventare **2** *(come into being)* [*friendship, difficulty*] nascere; [*crack, hole*] formarsi, prodursi; [*illness*] manifestarsi **3** *(progress, advance)* [*friendship*] svilupparsi; [*difficulty*] accrescersi; [*crack, fault*] accentuarsi; [*war, illness*] aggravarsi; [*game, story*] svolgersi **4** *(in size, extent)* [*town, business*] svilupparsi.
developer /dɪˈveləpə(r)/ n. **1** (anche **property ~**) promotore m. (-trice) (immobiliare) **2** FOT. sviluppatore m., rivelatore m. **3** PSIC. SCOL. ***early, late ~*** bambino precoce, tardivo.
developing /dɪˈveləpɪŋ/ agg. [*area, country*] in via di sviluppo; [*economy*] in espansione.
developing bath n. FOT. bagno m. di sviluppo.
developing tank n. FOT. tank m.
development /dɪˈveləpmənt/ n. **1** *(creation) (of product)* creazione f.; *(of housing, industry)* sviluppo m. **2** *(evolution, growth)* sviluppo m., evoluzione f. **3** *(of land)* valorizzazione f.; *(of area)* risanamento m., recupero m. **4** *(land developed)* ***housing ~*** area di sviluppo urbano; *(individual houses)* complesso abitativo; ***commercial ~*** complesso commerciale **5** *(innovation)* progresso m. (**in** di) **6** *(event)* sviluppo m., cambiamento m. **7** *(of idea, theme)* sviluppo m.
development company n. società f. immobiliare.
deviant /ˈdiːvɪənt/ agg. deviante.
deviate /ˈdiːvɪeɪt/ intr. *(from norm, course)* deviare.
deviation /ˌdiːvɪˈeɪʃn/ n. **1** *(from course, policy)* deviazione f. **2** STATIST. deviazione f., scarto m.
device /dɪˈvaɪs/ n. **1** *(household)* apparecchio m., arnese m.; ***labour-saving ~*** (apparecchio) elettrodomestico **2** TECN. dispositivo m., congegno m. **3** *(system)* sistema m.; ***security ~*** sistema *o* dispositivo di sicurezza **4** INFORM. periferica f. **5** (anche **explosive ~, incendiary ~**) *(bomb)* ordigno m. (esplosivo, incendiario) **6** FIG. mezzo m., accorgimento m. (**for doing, to do** per fare); ECON. misura f. (**for doing, to do** per fare) **7** LETTER. artificio m. ♦ ***to be left to one's own ~s*** essere abbandonato a se stesso, essere costretto a cavarsela da solo.
devil /ˈdevl/ n. **1** (anche **Devil**) RELIG. diavolo m. **2** *(evil spirit)* diavolo m., demonio m. **3** COLLOQ. *(for emphasis)* ***what the ~ do you mean?*** che diavolo vuoi dire? ***how the ~ should I know?*** come diavolo faccio a saperlo? ***we'll have a ~ of a job cleaning the house*** sarà un lavoro d'inferno pulire la casa **4** COLLOQ. *(expressing affection, sympathy)* ***a lucky ~*** un fortunello, un gran fortunato; ***that child is a little ~*** quel bambino è un (vero) diavoletto ♦ ***be a ~!*** COLLOQ. dai, lasciati tentare! fai uno strappo! ***to be caught between the ~ and the deep blue sea*** trovarsi tra l'incudine e il martello; ***to have the luck of the ~*** BE COLLOQ. avere una fortuna del diavolo; ***like the ~*** COLLOQ. [*scream, run*] come un pazzo; ***speak of the ~!*** si parla del diavolo (e spuntano le corna)! ***there will be the ~ to pay when he finds out!*** saranno guai grossi quando lo scoprirà! ***go to the ~!*** COLLOQ. va' al diavolo!
deviled AE → **devilled**.
devilfish /ˈdevlfɪʃ/ n. (pl. **~, ~es**) **1** *(octopus)* polpo m. **2** AE *(manta)* diavolo m. di mare.

devilish /ˈdevəlɪʃ/ agg. diabolico (anche FIG.).
devilishly /ˈdevəlɪʃlɪ/ avv. **1** *(horribly)* **~ cruel** di una crudeltà diabolica **2** COLLOQ. FIG. [*clever, handsome*] dannatamente, maledettamente; ***it's ~ hard work*** è un lavoro tremendamente difficile; ***it was ~ hot*** faceva un caldo infernale.
devilled BE, **deviled** AE /ˈdevld/ agg. GASTR. alla diavola.
devil-may-care /ˌdevlmeɪˈkeə(r)/ agg. incurante, strafottente.
devilment /ˈdevlmənt/ n. BE malignità f.
devil's advocate n. avvocato m. del diavolo.
devil worship n. adorazione f. del demonio.
devious /ˈdiːvɪəs/ agg. **1** *(sly)* [*person, mind*] contorto, ambiguo; [*method*] complicato, contorto **2** *(winding)* [*road, path*] tortuoso.
deviously /ˈdiːvɪəslɪ/ avv. in modo contorto.
devise /dɪˈvaɪz/ tr. **1** *(invent)* concepire [*scheme, course*]; ideare, inventare [*product, machine*] **2** DIR. legare [*land*] **3** TEATR. scrivere insieme, in gruppo.
deviser /dɪˈvaɪzə(r)/ n. creatore m. (-trice), ideatore m. (-trice).
devitalize /ˌdiːˈvaɪtəlaɪz/ tr. indebolire.
devoid /dɪˈvɔɪd/ agg. **~ of** privo di [*talent, compassion*]; senza [*self-interest*].
devolution /ˌdiːvəˈluːʃn, AE ˌdev-/ n. **1** *(transfer)* trasmissione f., trasferimento m. **2** POL. devolution f. **3** DIR. devoluzione f.
devolve /dɪˈvɒlv/ **I** tr. devolvere, delegare, affidare (**to, on** a) **II** intr. **1** [*responsibility, duty*] competere, spettare (**on** a) **2** DIR. passare (di proprietà) (**on, to** a).
devote /dɪˈvəʊt/ **I** tr. consacrare, dedicare (**to** a; **to doing** a fare) **II** rifl. ***to ~ oneself*** consacrarsi, dedicarsi (**to** a; **to doing** a fare).
devoted /dɪˈvəʊtɪd/ **I** p.pass. → **devote II** agg. [*person, animal*] devoto; [*friendship, service*] fedele; [*fan*] affezionato; [*couple*] affiatato; [*chapter*] dedicato (**to** a); ***they're ~ to each other*** sono molto affezionati l'uno all'altro.
devotee /ˌdevəˈtiː/ n. *(of music, etc.)* appassionato m. (-a), fanatico m. (-a); *(of cause)* fautore m. (-trice), partigiano m. (-a); *(of person)* ammiratore m. (-trice); *(of sect)* fedele m. e f.
devotion /dɪˈvəʊʃn/ **I** n. *(to person, work, homeland)* dedizione f.; *(to doctrine, cause)* attaccamento m.; *(to God)* devozione f. **II devotions** n.pl. devozioni f., preghiere f.
devotional /dɪˈvəʊʃənl/ agg. [*activity*] devoto, pio; [*attitude*] di preghiera; [*writings*] devozionale, religioso.
devour /dɪˈvaʊə(r)/ tr. **1** *(consume)* divorare [*food, book*]; divorare, consumare [*petrol, resources*]; ***to be ~ed by*** essere divorato da [*passion*] **2** *(destroy)* [*fire*] divorare, distruggere [*forest*].
devout /dɪˈvaʊt/ agg. **1** [*Catholic, prayer*] devoto; [*act, person*] devoto, pio **2** *(sincere)* [*hope, wish*] fervido, ardente.
devoutly /dɪˈvaʊtlɪ/ avv. **1** [*pray, kneel*] devotamente **2** *(sincerely)* [*hope, wish*] fervidamente, ardentemente.
devoutness /dɪˈvaʊtnɪs/ n. devozione f.
dew /djuː, AE duː/ n. rugiada f.
dewdrop /ˈdjuːdrɒp, AE ˈduː-/ n. goccia f. di rugiada.
dewlap /ˈdjuːlæp, AE ˈduː-/ n. **1** *(of cattle, etc.)* giogaia f.; *(of bird)* bargiglio m. **2** SCHERZ. pappagorgia f.
dewy /ˈdjuːɪ, AE ˈduː-/ agg. rugiadoso, bagnato dalla rugiada.
dewy-eyed /ˌdjuːɪˈaɪd, AE ˌduː-/ agg. **1** *(moved)* dagli occhi umidi (per la commozione), commosso **2** *(naïve)* ingenuo.
dexterity /dekˈsterətɪ/ n. destrezza f. (**at, in sth.** per qcs.; **at doing** nel fare).
dexterous /ˈdekstrəs/ agg. [*person*] destro, abile; [*hand*] abile; [*movement, mind*] agile; [*politician*] capace, accorto (**at doing** nel fare).
dexterously /ˈdekstrəslɪ/ avv. [*move*] *(of person)* destramente, agilmente; *(of animal)* agilmente; [*manage*] abilmente.
DG n. (⇒ director general) = direttore generale.
diabetes /ˌdaɪəˈbiːtiːz/ ➧ **11** n. diabete m.
diabetic /ˌdaɪəˈbetɪk/ **I** agg. [*person*] diabetico; [*chocolate, jam*] per diabetici **II** n. diabetico m. (-a).
diabolic /ˌdaɪəˈbɒlɪk/ agg. diabolico.
diabolical /ˌdaɪəˈbɒlɪkl/ agg. **1** COLLOQ. [*food*] schifoso; [*weather*] infernale; [*behaviour*] vergognoso **2** *(evil)* [*crime, lie*] diabolico.
diabolically /ˌdaɪəˈbɒlɪklɪ/ avv. **1** COLLOQ. *(badly)* [*sing*] in modo schifoso, malissimo; [*behave*] in modo vergognoso, malissimo **2** *(wickedly)* [*laugh*] in modo diabolico; ***~ cruel*** di una crudeltà diabolica.
diacritic(al) /ˌdaɪəˈkrɪtɪk(l)/ **I** agg. LING. diacritico **II** n. LING. segno m. diacritico.
diadem /ˈdaɪədem/ n. diadema m.
diaeresis BE, **dieresis** AE /daɪˈerəsɪs/ n. (pl. **-es**) dieresi f.
diagnose /ˈdaɪəgnəʊz, AE ˌdaɪəgˈnəʊs/ tr. **1** MED. diagnosticare; ***he was ~d (as a) diabetic, as having Aids*** gli diagnosticarono il diabete, l'AIDS **2** FIG. diagnosticare, individuare [*problem*].
diagnosis /ˌdaɪəgˈnəʊsɪs/ n. (pl. **-es**) diagnosi f. (anche MED.).
diagnostic /ˌdaɪəgˈnɒstɪk/ agg. diagnostico.
diagnostics /ˌdaɪəgˈnɒstɪks/ n. **1** + verbo sing. MED. diagnostica f. **2** + verbo pl. INFORM. *(program)* programma m. diagnostico; *(output)* messaggio m. d'errore.
diagonal /daɪˈægənl/ **I** n. **1** diagonale f. (anche MAT.) **2** TESS. diagonale m. **II** agg. [*line*] diagonale; [*stripe*] trasversale, (in) diagonale; ***our street is ~ to the main road*** la nostra strada è una traversa della via principale.
diagonally /daɪˈægənəlɪ/ avv. diagonalmente, in diagonale, trasversalmente (**to** rispetto a).
diagram /ˈdaɪəgræm/ n. diagramma m.
1.dial /ˈdaɪəl/ n. *(of clock, instrument)* quadrante m.; *(on a telephone)* disco m. combinatore.
2.dial /ˈdaɪəl/ tr. (forma in -ing ecc. **-ll-** BE, **-l-** AE) TEL. fare; *(more formal)* comporre [*number*]; chiamare [*person, country*]; ***to ~ 999*** *(for police, ambulance, fire brigade)* chiamare il pronto intervento; ***to ~ the wrong number*** sbagliare numero.
dialect /ˈdaɪəlekt/ **I** n. dialetto m.; ***to speak ~*** parlare in dialetto **II** modif. [*form*] dialettale; [*atlas*] linguistico.
dialectal /ˌdaɪəˈlektl/ agg. dialettale.
dialectic /ˌdaɪəˈlektɪk/ **I** agg. dialettico **II** n. dialettica f.
dialectical /ˌdaɪəˈlektɪkl/ agg. dialettico.
dialectics /ˌdaɪəˈlektɪks/ n. + verbo sing. dialettica f.
dialling BE, **dialing** AE /ˈdaɪəlɪŋ/ n. TEL. ***abbreviated ~*** selezione automatica di numeri memorizzati; ***direct ~*** teleselezione.
dialling code n. BE TEL. prefisso m. (teleselettivo).
dialling tone n. BE TEL. segnale m. di libero, di linea libera.
1.dialogue, dialog AE /ˈdaɪəlɒg, AE -lɔːg/ n. dialogo m.
2.dialogue, dialog AE /ˈdaɪəlɒg, AE -lɔːg/ intr. dialogare.
dialogue box n. INFORM. finestra f. di dialogo.
dial tone n. AE → **dialling tone**.
dial-up /ˈdaɪəlʌp/ agg. [*line*] commutato; [*network*] a linea commutata.
dialysis /ˌdaɪˈæləsɪs/ n. (pl. **-es**) dialisi f.
dialysis machine n. MED. rene m. artificiale.
diamanté /ˌdaɪəˈmæntɪ, dɪəˈmɒnteɪ/ n. *(decorative trim, jewellery, material)* strass m.; *(fabric)* tessuto m. decorato con paillettes.
diameter /daɪˈæmɪtə(r)/ n. MAT. diametro m.; ***to be 2 m in ~*** avere un diametro di 2 metri, avere 2 metri di diametro.
diametrically /ˌdaɪəˈmetrɪklɪ/ avv. diametralmente.
diamond /ˈdaɪəmənd/ ➧ **10 I** n. **1** *(stone)* diamante m.; ***industrial ~*** diamante sintetico **2** *(shape)* rombo m., losanga f. **3** *(in baseball)* diamante m. **4** *(in cards)* carta f. di quadri **II diamonds** n.pl. + verbo sing. o pl. *(suit)* quadri m. **III** modif. [*ring*] con brillante, con brillanti; [*brooch*] di brillanti; [*dust*] di diamante; [*mine*] di diamanti.
diamond jubilee n. sessantesimo anniversario m.
diamond-shaped /ˈdaɪəmənd,ʃeɪpt/ agg. a forma di rombo, di losanga.
diamond wedding (anniversary) n. nozze f.pl. di diamante, sessantesimo anniversario m. di nozze.
Diana /daɪˈænə/ n.pr. Diana.
1.diaper /ˈdaɪəpə(r), AE ˈdaɪpər/ n. AE *(for babies)* pannolino m.
2.diaper /ˈdaɪəpə(r), AE ˈdaɪpər/ tr. AE cambiare il pannolino a [*baby*].
diaphanous /daɪˈæfənəs/ agg. diafano.
diaphragm /ˈdaɪəfræm/ n. diaframma m.

diarist /ˈdaɪərɪst/ n. **1** *(author)* diarista m. e f. **2** *(journalist)* cronista m. e f.
diarrhoea BE, **diarrhea** AE /ˌdaɪəˈrɪə/ ➧ *11* n. diarrea f.
diary /ˈdaɪərɪ/ n. **1** *(for appointments)* agenda f.; ***to put sth. in one's ~*** annotare qcs. sulla propria agenda **2** *(journal)* diario m. (personale) **3** GIORN. cronaca f.
diaspora /daɪˈæspərə/ n. diaspora f.; RELIG. STOR. ***the Diaspora*** la diaspora (ebraica).
diatonic /ˌdaɪəˈtɒnɪk/ agg. diatonico.
diatribe /ˈdaɪətraɪb/ n. diatriba f.
dibber /ˈdɪbə(r)/ n. → **1.dibble**.
1.dibble /ˈdɪbl/ n. AGR. piantatoio m.
2.dibble /ˈdɪbl/ tr. seminare (con il piantatoio) [*seeds*]; piantare (con il piantatoio) [*plant*]; fare un buco (con il piantatoio) in [*earth*].
1.dice /daɪs/ ➧ *10* n. (pl. ~) *(object)* dado m.; *(game)* dadi m.pl., gioco m. dei dadi; ***to throw the ~*** tirare il dado *o* i dadi; ***no ~!*** COLLOQ. *(refusal, no luck)* niente da fare! ♦ ***the ~ are loaded*** i dadi sono truccati.
2.dice /daɪs/ **I** tr. GASTR. tagliare a dadini **II** intr. giocare a dadi ♦ ***to ~ with death*** scherzare con la morte.
dicey /ˈdaɪsɪ/ agg. COLLOQ. **1** *(risky)* azzardato, rischioso **2** *(uncertain)* incerto, imprevedibile.
dichotomy /daɪˈkɒtəmɪ/ n. dicotomia f.
dichromatic /ˌdaɪkrəʊˈmætɪk/ agg. dicromatico.
dick /dɪk/ n. **1** VOLG. *(penis)* cazzo m., uccello m. **2** AE VOLG. *(person)* cazzone m.
Dick /dɪk/ n.pr. diminutivo di **Richard**.
dickens /ˈdɪkɪnz/ n. ANT. COLLOQ. ***where, who, what the ~...?*** dove, chi, che diamine...?
dickhead /ˈdɪkhed/ n. VOLG. testa f. di cazzo, coglione m.
1.dicky /ˈdɪkɪ/ n. sparato m., davantino m.
2.dicky /ˈdɪkɪ/ agg. BE COLLOQ. [*heart*] debole; [*condition*] precario.
dicta /ˈdɪktə/ → **dictum**.
Dictaphone® /ˈdɪktəfəʊn/ n. *(for dictation)* dittafono® m.
1.dictate /ˈdɪkteɪt/ n. dettame m.
2.dictate /dɪkˈteɪt, AE ˈdɪkteɪt/ **I** tr. **1** dettare [*text, letter*] **2** *(prescribe)* dettare [*terms*]; determinare [*outcome*]; imporre [*choices, policy*]; ***to ~ how*** dare ordini su come **II** intr. **1** *(out loud)* ***to ~ to one's secretary*** dettare alla segretaria **2** *(boss sb. around)* ***to ~ to sb.*** comandare qcn., imporsi su qcn.; ***I won't be ~d to (by someone like him)!*** non accetto imposizioni (da uno come lui)!
dictation /dɪkˈteɪʃn/ n. *(act of dictating)* dettatura f.; *(dictated utterance)* dettato m.; ***to take ~*** scrivere sotto dettatura.
dictator /dɪkˈteɪtə(r), AE ˈdɪkteɪtər/ n. POL. dittatore m. (-trice) (anche FIG.).
dictatorial /ˌdɪktəˈtɔːrɪəl/ agg. [*person*] tirannico; [*regime, powers*] dittatoriale.
dictatorship /dɪkˈteɪtəʃɪp, AE ˈdɪkt-/ n. POL. dittatura f. (anche FIG.).
diction /ˈdɪkʃn/ n. *(articulation)* dizione f.; *(choice of words)* stile m., linguaggio m.
dictionary /ˈdɪkʃənrɪ, AE -nerɪ/ **I** n. dizionario m. **II** modif. [*definition*] da, di dizionario; [*page, entry*] di dizionario; [*publisher*] di dizionari.
dictum /ˈdɪktəm/ n. (pl. **~s, -a**) *(saying)* detto m., massima f.
did /dɪd/ pass. → **1.do**.
didactic /daɪˈdæktɪk, dɪ-/ agg. didattico.
didactics /daɪˈdæktɪks, dɪ-/ n. + verbo sing. didattica f.
diddle /ˈdɪdl/ tr. COLLOQ. imbrogliare, fregare [*person*]; ***to ~ sb. out of sth., to ~ sth. out of sb.*** soffiare qcs. a qcn.
didn't /ˈdɪdnt/ contr. did not.
Dido /ˈdaɪdəʊ/ n.pr. Didone.
1.die /daɪ/ n. **1** (pl. **dice**) *(game)* dado m. **2** TECN. *(for stamping)* stampo m.; *(for screw threads)* filiera f. ♦ ***the ~ is cast*** il dado è tratto.
2.die /daɪ/ **I** tr. (forma in -ing **dying**; pass., p.pass. **died**) ***to ~ a violent death, a hero's death*** morire di morte violenta, da eroe **II** intr. (forma in -ing **dying**; pass., p.pass. **died**) **1** *(expire)* [*animal*] morire; [*person*] morire, decedere; ***to be left to ~*** essere lasciato morire; ***to ~ in one's sleep*** morire nel sonno; ***to ~ young*** morire giovane; ***to ~ of*** o ***from*** morire di [*starvation, disease*] **2** *(be killed)* morire, perire (**doing** facendo); ***I'd sooner*** o ***rather ~ (than do)*** preferirei morire (piuttosto che fare); ***to ~ for*** morire per [*beliefs, person*] **3** *(wither)* [*plant*] morire; [*crop*] seccare, rovinarsi **4** FIG. morire; ***I wanted to ~*** o ***I could have ~d when*** avrei voluto *o* volevo morire quando; ***I nearly*** o ***could have ~d laughing*** per poco non morivo dal ridere **5** COLLOQ. *(long)* ***to be dying to do*** morire dalla voglia di fare; ***to be dying for*** morire dalla voglia di [*coffee*]; morire dietro a [*person*]; ***to be dying for sb. to do*** desiderare ardentemente che qcn. faccia **6** *(go out)* [*light, flame*] spegnersi **7** *(fade)* [*love*] spegnersi; [*memory, fame*] estinguersi; [*enthusiasm*] smorzarsi, raffreddarsi **8** SCHERZ. *(cease functioning)* [*machine, engine*] arrestarsi, fermarsi, spegnersi **9** COLLOQ. [*comedian*] fare fiasco ♦ ***never say ~!*** non bisogna mai arrendersi! ***to ~ hard*** essere duro a morire.
■ **die away** [*sounds*] smorzarsi, svanire; [*wind, rain*] cessare.
■ **die down 1** *(in intensity)* [*emotion, row*] calmarsi; [*scandal, opposition*] placarsi; [*fighting*] cessare; [*tremors, storm*] calmarsi; [*pain*] diminuire **2** *(in volume)* [*noise, laughter*] smorzarsi; [*applause*] attenuarsi **3** BOT. AGR. morire, appassire.
■ **die off** [*people, plant, bacteria*] morire.
■ **die out 1** *(become extinct)* [*family, species, tradition, language*] scomparire, estinguersi **2** *(ease off)* [*rain*] cessare.
diehard /ˈdaɪhɑːd/ **I** n. **1** POL. *(in party)* intransigente m. e f. **2** SPREG. *(conservative)* ultraconservatore m. (-trice) **3** *(stubborn person)* irriducibile m. e f. **II** agg. **1** POL. intransigente **2** *(stubborn)* duro a morire, irriducibile.
dieresis n. AE → **diaeresis**.
diesel /ˈdiːzl/ n. **1** (anche **~ fuel, ~ oil**) gasolio m. **2** (anche **~ car**) diesel m.
diesel engine n. *(in train)* motrice f. diesel; *(in car)* (motore) diesel m.
diesel train n. treno m. diesel.
1.diet /ˈdaɪət/ **I** n. **1** *(food habits)* dieta f., alimentazione f. (**of** a base di) **2** MED. *(limiting food)* dieta f.; ***to be, go on a ~*** essere, mettersi a dieta **3** FIG. cura f., regime m. **II** modif. [*drink*] dietetico; [*pill*] dimagrante.
2.diet /ˈdaɪət/ intr. essere a dieta, fare una dieta.
3.diet /ˈdaɪət/ n. STOR. POL. dieta f.
dietary /ˈdaɪətrɪ, AE -terɪ/ agg. [*habit*] alimentare; [*method*] dietetico.
dietary fibre BE, **dietary fiber** AE n. fibre f.pl. alimentari.
dietary supplement n. integratore m. alimentare.
dietetics /ˌdaɪəˈtetɪks/ n. + verbo sing. dietetica f., dietologia f.
dietician, **dietitian** /ˌdaɪəˈtɪʃn/ ➧ *27* n. dietista m. e f.
differ /ˈdɪfə(r)/ intr. **1** *(be different)* differire, essere diverso (**from** da; **in** per; **in that** per il fatto che); ***to ~ widely*** essere molto diverso; ***tastes ~*** i gusti sono gusti **2** *(disagree)* dissentire (**from, with sb.** da qcn.), non essere d'accordo (**from, with sb.** con qcn.); ***I beg to ~*** mi si consenta di dissentire.
difference /ˈdɪfrəns/ n. **1** *(dissimilarity)* differenza f. (**in, of** di); ***age ~*** differenza d'età; ***I can't tell*** o ***see the ~*** non vedo la differenza; ***it makes no ~ to me*** per me non fa nessuna differenza *o* fa lo stesso; ***what ~ does it make if...?*** che differenza fa *o* che cosa cambia se...? ***as near as makes no ~*** quasi lo stesso; ***a vacation with a ~*** una vacanza particolare *o* un po' diversa **2** *(disagreement)* divergenza f.
different /ˈdɪfrənt/ agg. **1** *(dissimilar)* differente, diverso (**from, to** BE, **than** AE da); ***they are ~ in this respect*** differiscono a questo proposito; ***you're no ~ from them*** non sei diverso da loro **2** *(other)* altro, diverso; ***to feel a ~ person*** sentirsi un altro; ***that's ~!*** questa è un'altra cosa! ***it's a ~ world!*** è tutta un'altra vita *o* cosa! **3** *(distinct)* differente, diverso; ***I've visited many ~ countries*** ho visitato molti paesi diversi **4** *(unusual)* diverso (dagli altri), originale; ***he always has to be ~*** deve sempre distinguersi.
differential /ˌdɪfəˈrenʃl/ **I** n. **1** *(in price, rate, pay)* differenziale m. **2** MAT. differenziale m. **3** AUT. (anche **~ gear**) differenziale m. **II** agg. differenziale (anche MAT.).
differentiate /ˌdɪfəˈrenʃɪeɪt/ **I** tr. **1** *(tell the difference)* distinguere **2** *(make the difference)* differenziare **3** MAT. derivare **II** intr. **1** *(tell, show the difference)* distinguere **2** *(discriminate)* fare (delle) differenze.
differentiation /ˌdɪfərenʃɪˈeɪʃn/ n. **1** *(distinction)* differenziazione f. **2** MAT. derivazione f.

differently /ˈdɪfrəntlɪ/ avv. **1** *(in another way)* diversamente **2** *(in different ways)* in modo diverso.
difficult /ˈdɪfɪkəlt/ agg. **1** *(hard to do)* [*task, question*] difficile; ***it will be ~ (for me) to decide*** (mi) sarà difficile decidere; ***to find it ~ to do*** trovare difficile fare **2** *(complex)* [*author, concept*] difficile, complesso **3** *(awkward)* [*age, position, personality*] difficile; ***he's ~ to live with*** è difficile viverci assieme.
difficulty /ˈdɪfɪkəltɪ/ n. **1** *(of task, situation)* difficoltà f.; ***to have ~ (in) doing sth.*** avere difficoltà *o* faticare a fare qcs.; ***I have ~ with that idea*** faccio difficoltà ad accettare quest'idea **2** *(obstacle)* difficoltà f., problema m.; ***I can't see any ~ in doing*** non vedo alcuna difficoltà nel fare **3** *(trouble)* ***in ~*** in difficoltà.
diffidence /ˈdɪfɪdəns/ n. insicurezza f., timidezza f.
diffident /ˈdɪfɪdənt/ agg. [*person*] insicuro, timido; [*smile, gesture*] timido; ***to be ~ about doing*** esitare a fare.
diffidently /ˈdɪfɪdəntlɪ/ avv. [*do*] in modo esitante; [*say*] timidamente.
1.diffuse /dɪˈfjuːs/ agg. diffuso.
2.diffuse /dɪˈfjuːz/ **I** tr. diffondere (**in** in) **II** intr. diffondersi (**into** in).
diffuseness /dɪˈfjuːsnɪs/ n. **1** *(of argument)* diffusione f., prolissità f. **2** *(of organization)* diffusione f., capillarità f.
diffusion /dɪˈfjuːʒn/ n. diffusione f. (anche FIS.).
1.dig /dɪg/ **I** n. **1** *(poke)* spintone m., colpo m.; *(with elbow)* gomitata f.; *(with fist)* pugno m. **2** COLLOQ. FIG. *(jibe)* frecciata f.; ***to get in a ~ at sb.*** lanciare una frecciata a qcn. **3** ARCHEOL. scavi m.pl.; ***to go on a ~*** (andare a) fare degli scavi **4** *(when gardening)* ***to give the garden a ~*** dare una zappata al giardino **II digs** n.pl. BE camera f.sing. (ammobiliata), camera f.sing. d'affitto (presso privati).
2.dig /dɪg/ **I** tr. (forma in -ing **-gg-**; pass., p.pass. **dug**) **1** *(excavate)* scavare [*trench, tunnel*] **2** AGR. zappare [*garden, plot*]; ARCHEOL. scavare, fare degli scavi in [*site*] **3** *(extract)* cavare [*potatoes*]; raccogliere [*root crops*]; estrarre [*coal, turf*] (**out of** da) **4** *(embed)* piantare, conficcare [*knife, needle*] (**into** in) **5** AE COLLOQ. *(like)* ***she really ~s that guy*** quel ragazzo le piace un sacco **II** intr. (forma in -ing **-gg-**; pass., p.pass. **dug**) **1** *(excavate)* scavare (**into** in; **for** alla ricerca di, per cercare); AGR. zappare; ARCHEOL. scavare, fare degli scavi **2** *(search)* frugare (**into**, **in** in; **for** alla ricerca di, per cercare) **3** *(penetrate)* ***to ~ into*** [*springs, thorns*] piantarsi, conficcarsi.
▪ **dig in:** ***~ in*** **1** MIL. trincerarsi (anche FIG.) **2** COLLOQ. *(eat)* buttarsi sul cibo; ***~ in everybody!*** fatevi sotto! ***~ in [sth.], ~ [sth.] in*** sotterrare [*compost*]; piantare, conficcare [*stake, weapon*].
▪ **dig out:** ***~ out [sth.], ~ [sth.] out*** stanare [*animal*]; dissotterrare [*root*]; estirpare [*weed*]; estrarre [*splinter*] (**of** da); FIG. pescare, scovare [*book*]; scoprire [*facts*] (**of** in).
▪ **dig up:** ***~ up [sth.], ~ [sth.] up*** *(unearth)* disseppellire [*body*]; (ri)portare alla luce [*ruin*]; sradicare [*plant*]; *(turn over)* dissodare [*soil*]; zappare [*garden*]; FIG. scoprire [*facts*]; disseppellire [*scandal*].
1.digest /ˈdaɪdʒest/ n. **1** *(periodical)* digest m., selezione f. (da testi diversi) **2** *(summary)* (rias)sunto m., compendio m.
2.digest /daɪˈdʒest, dɪ-/ **I** tr. digerire [*food*]; FIG. assimilare [*information*] **II** intr. [*food*] essere digerito.
digestible /dɪˈdʒestəbl/ agg. [*food*] digeribile; [*information*] assimilabile.
digestion /daɪˈdʒestʃn, dɪ-/ n. *(of food)* digestione f.; *(of information)* assimilazione f.
digestive /dɪˈdʒestɪv, daɪ-/ **I** n. BE (anche **~ biscuit**) = biscotto di farina integrale **II** agg. digestivo.
digestive system n. apparato m. digerente.
digestive tract n. tubo m. digerente.
digger /ˈdɪgə(r)/ n. **1** *(excavator)* escavatore m., escavatrice f. **2** *(worker)* sterratore m.
digging /ˈdɪgɪŋ/ **I** n. **1** *(in garden)* zappatura f.; ***to do some ~*** zappare, dare una zappata **2** ING. scavo m., sterro m. **3** MIN. perforazione f., trivellazione f. **4** ARCHEOL. scavi m.pl. **II diggings** n.pl. ARCHEOL. materiale m.sing. di scavo; MIN. materiale m.sing. di sterro.
digit /ˈdɪdʒɪt/ n. **1** *(number)* cifra f. **2** ANAT. *(finger, toe)* dito m.
digital /ˈdɪdʒɪtl/ agg. **1** INFORM. [*display, recording*] digitale; [*watch*] digitale, con display digitale **2** ANAT. digitale.
digital (access) lock n. serratura f. digitale.
digital audio tape n. *(tape)* nastro m. per registrazione sonora digitale; *(cassette)* audiocassetta f. digitale.
digital computer n. computer m. digitale.
digital signature n. firma f. elettronica, digitale.
digital video disc n. DVD m.
digitize /ˈdɪdʒɪtaɪz/ tr. INFORM. digitalizzare.
digitizer /ˈdɪdʒɪtaɪzə(r)/ n. INFORM. digitalizzatore m., convertitore m. digitale.
dignified /ˈdɪgnɪfaɪd/ agg. [*person*] dignitoso, degno; [*manner*] contegnoso.
dignify /ˈdɪgnɪfaɪ/ tr. dare lustro a [*occasion, building*].
dignitary /ˈdɪgnɪtərɪ/ n. dignitario m. (-a).
dignity /ˈdɪgnətɪ/ n. dignità f.; ***beneath sb.'s ~*** poco dignitoso per qcn.; ***to stand on one's ~*** esigere *o* pretendere rispetto.
digress /daɪˈgres/ intr. divagare, fare una digressione.
digression /daɪˈgreʃn/ n. digressione f.
digressive /daɪˈgresɪv/ agg. [*writer*] che tende a divagare, che fa digressioni; [*style*] digressivo.
dihedral /daɪˈhiːdrəl/ **I** agg. MAT. diedrale **II** n. MAT. AER. diedro m.
dike AE → **1.dyke**, **2.dyke**.
dilapidated /dɪˈlæpɪdeɪtɪd/ agg. [*building*] fatiscente, in rovina; [*car*] sgangherato.
dilapidation /dɪˌlæpɪˈdeɪʃn/ n. *(decay)* fatiscenza f.
dilate /daɪˈleɪt/ **I** tr. dilatare **II** intr. **1** *(widen)* dilatarsi **2** *(discuss at length)* ***to ~ on a subject*** dilungarsi su un argomento.
dilation /daɪˈleɪʃn/ n. dilatazione f.
dilatory /ˈdɪlətrɪ, AE -tɔːrɪ/ agg. FORM. **1** *(slow)* lento **2** *(time-wasting)* dilatorio (anche DIR.).
dilemma /daɪˈlemə, dɪ-/ n. dilemma m.; ***in a ~*** di fronte a un dilemma.
dilettante /ˌdɪlɪˈtæntɪ/ n. (pl. **-i**, **-es**) dilettante m. e f.
dilettantism /ˌdɪlɪˈtæntɪzəm/ n. dilettantismo m.
1.diligence /ˈdɪlɪdʒəns/ n. diligenza f., zelo m.
2.diligence /ˈdɪlɪdʒəns/ n. STOR. diligenza f., carrozza f.
diligent /ˈdɪlɪdʒənt/ agg. diligente.
diligently /ˈdɪlɪdʒəntlɪ/ avv. [*work*] diligentemente, con diligenza.
dill /dɪl/ n. aneto m.
dill pickle n. cetriolo m. sott'aceto (aromatizzato) all'aneto.
dillydally /ˈdɪlɪdælɪ/ intr. COLLOQ. **1** *(dawdle)* gingillarsi **2** *(be indecisive)* tentennare.
1.dilute /daɪˈljuːt, AE -ˈluːt/ agg. diluito.
2.dilute /daɪˈljuːt, AE -ˈluːt/ tr. diluire [*liquid, colour*]; FIG. smorzare, attenuare.
dilution /daɪˈljuːʃn, AE -ˈluː-/ n. diluizione f.; FIG. attenuazione f.
1.dim /dɪm/ agg. **1** *(badly lit)* [*room*] buio, scuro **2** *(weak)* [*light*] debole, fioco; [*eye*] offuscato, annebbiato; [*eyesight*] debole; ***to grow ~*** affievolirsi, indebolirsi **3** *(hard to see)* [*shape*] confuso, indistinto **4** *(vague)* [*memory*] vago **5** COLLOQ. [*person, remark*] stupido **6** *(not favourable)* [*future*] cupo, oscuro ♦ ***to take a ~ view of sth.*** vedere di cattivo occhio qcs.
2.dim /dɪm/ **I** tr. (forma in -ing ecc. **-mm-**) **1** abbassare, smorzare [*light*]; AE abbassare [*headlights*] **2** FIG. offuscare [*beauty*] **II** intr. (forma in -ing ecc. **-mm-**) **1** [*lights, lamp*] abbassarsi **2** FIG. [*memory*] offuscarsi; [*sight*] indebolirsi; [*colour*] smorzarsi; [*beauty*] offuscarsi; [*hope*] affievolirsi.
dime /daɪm/ n. AE moneta f. da dieci centesimi, dieci centesimi m.pl. ♦ ***they're a ~ a dozen*** COLLOQ. [*goods*] te li tirano dietro; [*books*] non valgono niente; ***to stop on a ~*** COLLOQ. fermarsi di colpo.
dimension /dɪˈmenʃn/ **I** n. **1** *(aspect)* dimensione f., proporzioni f.pl.; ***to bring a new ~ to*** dare una nuova dimensione a [*problem*] **2** *(measurement)* dimensione f.; ARCH. MAT. TECN. lato m. **II dimensions** n.pl. *(scope)* portata f.sing., grandezza f.sing.
dimensional /dɪˈmenʃənl/ agg. in composti ***three~*** tridimensionale, a tre dimensioni.
dime store n. AE bazar m.
diminish /dɪˈmɪnɪʃ/ **I** tr. **1** *(reduce)* diminuire, ridurre [*quantity, resources*] **2** *(weaken)* indebolire, ridimensionare [*strength, influence*]; attenuare [*emotion*] **3** *(denigrate)*

sminuire, screditare **4** MUS. diminuire **II** intr. **1** *(decrease)* [*quantity, resources*] diminuire **2** *(weaken)* [*emotion*] attenuarsi; [*influence, strength*] indebolirsi, diminuire.
diminished /dɪˈmɪnɪʃt/ **I** p.pass. → **diminish II** agg. **1** [*amount, enthusiasm, level, awareness*] ridotto; ***to feel ~*** sentirsi sminuito **2** DIR. ***on grounds of ~ responsibility*** per motivi di parziale incapacità **3** MUS. diminuito.
diminution /ˌdɪmɪˈnjuːʃn, AE -ˈnuːʃn/ n. *(of size, quantity)* diminuzione f. (**in, of** di); *(of intensity, power)* indebolimento m. (**in, of** di).
diminutive /dɪˈmɪnjʊtɪv/ **I** n. LING. diminutivo m. **II** agg. [*object*] minuscolo; [*person*] minuto.
dimly /ˈdɪmlɪ/ avv. [*lit*] debolmente; FIG. [*perceive*] vagamente, indistintamente; [*recall, sense*] vagamente.
dimmer /ˈdɪmə(r)/ n. (anche **~ switch**) dimmer m., regolatore m. di luminosità.
dimming /ˈdɪmɪŋ/ n. *(of lights)* abbassamento m.; FIG. *(of hope)* affievolimento m.; *(of glory)* offuscamento m.
dimple /ˈdɪmpl/ n. *(in flesh)* fossetta f.; *(on water)* increspatura f.
dimwit /ˈdɪmwɪt/ n. COLLOQ. testa f. vuota, imbecille m. e f.
dim-witted /ˈdɪmˌwɪtɪd/ agg. COLLOQ. ottuso, imbecille.
1.din /dɪn/ n. *(of machine)* fracasso m., baccano m.; *(of people)* chiasso m.
2.din /dɪn/ tr. ***to ~ sth. into sb.*** COLLOQ. ficcare qcs. in testa a qcn.
dine /daɪn/ intr. pranzare, cenare.
▪ **dine in** pranzare, cenare a casa.
▪ **dine off, dine on:** ~ ***off*** **[*sth.*]** pranzare, cenare a base di.
▪ **dine out** pranzare, cenare fuori; ***to ~ out on sth.*** FIG. parlare in continuazione di qcs.
diner /ˈdaɪnə(r)/ n. **1** *(person)* commensale m. e f.; *(at a restaurant)* cliente m. e f. **2** AE *(restaurant)* piccolo ristorante m. (economico) **3** *(in train)* vagone m. ristorante.
dinette /daɪˈnet/ n. AE **1** *(room)* zona f. pranzo **2** *(furniture)* (anche **~ set**) tinello m.
dingdong /ˈdɪŋdɒŋ/ **I** n. COLLOQ. **1** BE *(quarrel)* bisticcio m., battibecco m. **2** *(sound)* dindon m. **II** agg. BE [*argument*] accanito.
dinghy /ˈdɪŋgɪ/ n. **1** (anche **sailing ~**) dinghy m. **2** *(inflatable)* canotto m. (gonfiabile), gommone m.
dingo /ˈdɪŋgəʊ/ n. *(dog)* dingo m.
dingy /ˈdɪndʒɪ/ agg. [*colour*] scuro; [*place*] squallido, sudicio.
dining car n. vagone m. ristorante.
dining hall n. *(private)* sala f. da pranzo; *(in institution)* mensa f., refettorio m.
dining room n. *(in house)* sala f. da pranzo; *(in hotel)* salone m. ristorante.
dining table n. tavolo m. da pranzo.
dink /dɪŋk/ n. *(in tennis)* smorzata f.
dinky /ˈdɪŋkɪ/ agg. COLLOQ. **1** BE *(sweet)* carino **2** *(small)* piccolo.
dinner /ˈdɪnə(r)/ n. **1** *(meal) (evening)* cena f.; *(midday)* pranzo m.; ***at ~*** a cena, a pranzo; ***to have ~*** cenare, pranzare; ***to go out to ~*** pranzare fuori; ***to have chicken for ~*** mangiare pollo per cena; ***to give the dog its ~*** dare da mangiare al cane; ***"~!"*** "a tavola!" **2** *(banquet)* pranzo m., cena f. (ufficiale) (**for** in onore di).
dinner dance n. cena f. danzante.
dinner fork n. forchetta f. (da tavola).
dinner hour n. BE SCOL. ora f. del pranzo.
dinner jacket n. smoking m.
dinner knife n. (pl. **dinner knives**) coltello m. da tavola.
dinner party n. pranzo m. (con invitati).
dinner plate n. piatto m. piano (da tavola).
dinner service, dinner set n. servizio m. da tavola.
dinnertime /ˈdɪnəˌtaɪm/ n. ora f. di pranzo, di cena.
dinnerware /ˈdɪnəweə/ n. AE stoviglie f.pl.
dinosaur /ˈdaɪnəsɔː(r)/ n. dinosauro m. (anche FIG.).
dint /dɪnt/: **by dint of** grazie a [*effort, support*].
diocesan /daɪˈɒsɪsn/ **I** agg. diocesano **II** n. diocesano m. (-a).
diocese /ˈdaɪəsɪs/ n. diocesi f.
Diocletian /ˌdaɪəˈkliːʃjən/ n.pr. Diocleziano.
diode /ˈdaɪəʊd/ n. diodo m.
Diogenes /daɪˈɒdʒɪniːz/ n.pr. Diogene.
Dionysus /ˌdaɪəˈnaɪsəs/ n.pr. Dioniso.
dioxide /daɪˈɒksaɪd/ n. diossido m.
dioxin /daɪˈɒksɪn/ n. diossina f.
1.dip /dɪp/ n. **1** *(bath)* tuffo m., nuotata f.; ***to have a ~*** fare una nuotata **2** *(in ground, road)* avvallamento m. **3** *(of plane, head)* inclinazione f. **4** FIG. *(in prices, rate, sales)* (lieve) caduta f., calo m. (**in** di) **5** GASTR. salsina f., crema f. (per intingere crostini, ecc.) **6** AGR. (anche **sheep ~**) bagno m. antiparassitario **7** FIS. (anche **magnetic ~**) inclinazione f. magnetica.
2.dip /dɪp/ **I** tr. (forma in -ing ecc. **-pp-**) **1** *(put partially)* bagnare, intingere [*finger, brush*] (**in, into** in) **2** *(immerse)* immergere [*garment*]; tuffare, inzuppare [*food*] (**in, into** in) **3** BE AUT. ***to ~ one's headlights*** abbassare i fari, mettere gli anabbaglianti; ***~ped headlights*** anabbaglianti **II** intr. (forma in -ing ecc. **-pp-**) **1** *(move downwards)* [*bird, plane*] abbassarsi; ***to ~ below the horizon*** [*sun*] scendere, tramontare dietro l'orizzonte **2** *(slope downwards)* [*land, road*] scendere, digradare **3** FIG. *(decrease)* [*price, value*] scendere, calare; [*speed, rate*] scendere **4** *(put hand)* ***to ~ into one's bag for sth.*** cercare qcs. nella borsa; ***to ~ into one's savings*** FIG. attingere ai propri risparmi **5** *(read a little)* ***to ~ into*** scorrere velocemente, dare un'occhiata a [*book*].
Dip ⇒ diploma diploma (dipl.).
diphtheria /dɪfˈθɪərɪə/ ➧ **11** n. difterite f.
diphthong /ˈdɪfθɒŋ, AE -θɔːŋ/ n. dittongo m.
diploma /dɪˈpləʊmə/ n. (pl. **~s, -ata**) diploma m.
diplomacy /dɪˈpləʊməsɪ/ n. diplomazia f. (anche FIG.).
diplomat /ˈdɪpləmæt/ ➧ **27** n. diplomatico m. (-a) (anche FIG.).
diplomatic /ˌdɪpləˈmætɪk/ agg. diplomatico (anche FIG.).
diplomatic bag n. BE valigia f. diplomatica.
diplomatic passport n. passaporto m. diplomatico.
diplomatic pouch n. AE valigia f. diplomatica.
diplomatist /dɪˈpləʊmətɪst/ ➧ **27** n. diplomatico m. (-a).
dipper /ˈdɪpə(r)/ n. **1** ZOOL. merlo m. acquaiolo **2** AE *(ladle)* mestolo m. **3** AE ASTR. → **Big Dipper**.
dippy /ˈdɪpɪ/ agg. COLLOQ. pazzo, matto.
dipstick /ˈdɪpstɪk/ n. AUT. asta f. di livello dell'olio.
dip switch n. AUT. commutatore m. dei fari.
diptych /ˈdɪptɪk/ n. dittico m.
dire /ˈdaɪə(r)/ agg. **1** *(terrible)* [*consequence*] terribile, spaventoso; [*situation*] disperato; [*poverty*] estremo; ***in ~ straits*** in grandi difficoltà, in una situazione disperata **2** COLLOQ. *(awful)* [*food*] terribile; [*performance*] orrendo.
1.direct /daɪˈrekt, dɪ-/ **I** agg. **1** *(without intermediary)* [*control, link, participation, sunlight*] diretto; ***in ~ contact with*** *(touching)* a diretto contatto con; *(communicating)* in diretto contatto con **2** *(without detour)* [*access, flight*] diretto; ***to be a ~ descendant of*** essere un discendente diretto di, discendere in linea diretta da **3** *(clear)* [*cause, influence, reference, threat*] diretto; [*result*] immediato; [*contrast*] netto; ***to be the ~ opposite of*** essere l'esatto opposto di **4** *(straightforward)* [*answer, method*] diretto; [*person*] diretto, franco **5** LING. [*speech, question*] diretto **II** avv. **1** *(without intermediary)* [*speak, dial*] direttamente; ***to pay sth. ~ into sb.'s account*** accreditare qcs. direttamente sul conto di qcn. **2** *(without detour)* [*come, go*] direttamente; ***to fly ~*** fare un volo diretto.
2.direct /daɪˈrekt, dɪ-/ **I** tr. **1** FIG. *(address, aim)* indirizzare, rivolgere [*appeal, criticism*] (**at** a); orientare [*campaign*] (**at** verso); dirigere [*effort, resource*] (**to, towards** verso); ***to ~ one's attention to*** dirigere la propria attenzione su; ***to ~ sb.'s attention to*** richiamare l'attenzione di qcn. su **2** *(control)* dirigere [*company, project, traffic*] **3** *(point)* dirigere [*attack, car, look*] (**at** verso); puntare [*gun*] (**at** contro) **4** CINEM. RAD. TELEV. dirigere, realizzare [*film*]; TEATR. dirigere, mettere in scena [*play*]; dirigere [*actor, opera*] **5** *(instruct)* ***to ~ sb. to do*** ordinare a qcn. di fare; ***to ~ that sth. (should) be done*** ordinare che sia fatto qcs.; ***he did it as ~ed*** ha agito secondo le istruzioni; ***"to be taken as ~ed"*** FARM. "seguire attentamente le modalità d'uso" **6** *(show route)* ***to ~ sb. to sth.*** indicare a qcn. la strada per qcs. **II** intr. CINEM. RAD. TELEV. dirigere, curare la regia; TEATR. dirigere, curare la realizzazione.
direct access n. INFORM. accesso m. diretto.
direct access device n. INFORM. unità f. ad accesso diretto.
direct current n. EL. corrente f. continua.

direct debit n. addebito m. diretto; *(of gas bills, etc.)* domiciliazione f.
direct dialling n. teleselezione f.
direct hit n. MIL. colpo m. messo a segno, centro m.
direction /daɪ'rekʃn, dɪ-/ **I** n. **1** direzione f.; ***to go in the right, wrong ~*** andare nella direzione giusta, sbagliata; ***in the opposite ~ to me*** nella direzione opposta alla mia; ***from all ~s*** da tutte le direzioni *o* parti **2** *(taken by company, government, career)* orientamento m.; ***a change of ~*** un cambiamento di rotta; ***the right, wrong ~ for sb.*** la strada giusta, sbagliata per qcn.; ***we have taken different ~s*** abbiamo preso strade diverse; ***to lack ~*** mancare di *o* essere senza obiettivi precisi **3** CINEM. RAD. TELEV. regia f.; TEATR. messa f. in scena; MUS. direzione f. **4** *(control)* direzione f.; *(guidance)* guida f. **II directions** n.pl. **1** *(for route)* indicazioni f.; ***to ask for ~s from*** chiedere indicazioni a **2** *(for use)* istruzioni f. (**as to, about** per, su); ***~s for use*** istruzioni per l'uso, modalità d'impiego.
directional /daɪ'rekʃənl, dɪ-/ agg. direzionale.
direction finder n. radiogoniometro m.
directive /daɪ'rektɪv, dɪ-/ **I** n. **1** AMM. direttiva f. (**on** su, relativa a) **2** INFORM. istruzione f. **II** agg. direttivo.
directly /daɪ'rektlɪ, dɪ-/ **I** avv. **1** *(without a detour)* [*connect, contact, refer, move*] direttamente; [*aim, point*] dritto; [*go*] direttamente, dritto; ***to look ~ at sb.*** fissare qcn. **2** *(exactly)* [*above, behind*] proprio; [*contradict*] completamente **3** *(at once)* ***~ after, before*** subito dopo, prima **4** *(very soon)* subito, fra poco **5** *(frankly)* [*speak*] francamente; [*refuse*] categoricamente **II** cong. BE *(as soon as)* (non) appena.
direct mail n. mailing m., pubblicità f. diretta per corrispondenza.
directness /daɪ'rektnɪs, dɪ-/ n. **1** *(of person, attitude)* franchezza f. **2** *(of play, writing)* immediatezza f.
direct object n. oggetto m. diretto, complemento m. oggetto.
director /daɪ'rektə(r), dɪ-/ ➧ *27* n. **1** AMM. COMM. *(of company, programme) (sole)* direttore m.; *(one of board)* amministratore m. (-trice) **2** *(of project, investigation)* responsabile m. **3** *(of film, play)* regista m. e f.; *(of orchestra, choir)* direttore m. **4** SCOL. UNIV. ***~ of studies*** = docente responsabile dell'organizzazione del programma di studi; ***~ of admissions*** responsabile dell'ufficio iscrizioni.
directorate /daɪ'rektərət, dɪ-/ n. consiglio m. di amministrazione.
director general ➧ *27* n. direttore m. generale.
directorial /ˌdaɪrek'tɔːrɪəl, ˌdɪ-/ agg. **1** AMM. [*duties*] direttoriale **2** CINEM. TEATR. [*debut*] di regista; [*style*] di regia.
Director of Public Prosecutions n. BE = procuratore generale.
directorship /daɪ'rektəʃɪp, dɪ-/ n. *(in organization, institution)* carica f. di direttore; *(in company)* carica f. di amministratore.
directory /daɪ'rektərɪ, dɪ-/ n. **1** TEL. elenco m. telefonico, guida f. telefonica **2** COMM. elenco m. di indirizzi; ***street ~*** stradario **3** INFORM. directory f.
directory assistance n. AE, **directory enquiries** n.pl. BE servizio m. informazioni elenco abbonati.
direct primary n. AE elezione f. primaria diretta.
direct rule n. POL. governo m. diretto.
direct transfer n. ECON. bonifico m. diretto.
dirge /dɜːdʒ/ n. MUS. LETTER. canto m. funebre.
dirigible /'dɪrɪdʒəbl/ n. dirigibile m.
dirt /dɜːt/ n. **1** *(mess) (on clothing, in room)* sporcizia f., sporco m.; *(on body)* sporco m.; *(in carpet, engine, filter)* sporcizia f.; ***wash the ~ off your face!*** lavati la faccia! ***that floor shows the ~*** su quel pavimento lo sporco si vede subito; ***dog ~*** COLLOQ. cacca di cane **2** *(soil)* terra f.; *(mud)* fango m. **3** COLLOQ. SPREG. *(gossip)* pettegolezzi m.pl. **4** EUFEM. *(obscenity)* oscenità f.pl., porcherie f.pl. ♦ ***to treat sb. like ~*** trattare qcn. come una pezza da piedi.
dirt cheap I agg. COLLOQ. [*item*] regalato **II** avv. COLLOQ. [*buy*] a prezzo stracciato.
dirtiness /'dɜːtɪnɪs/ n. **1** *(of person, room)* sporcizia f. **2** *(obscenity)* oscenità f.
dirt road n. strada f. sterrata.
dirt track n. **1** SPORT dirt-track f., pista f. di cenere **2** *(road)* → **dirt road.**

1.dirty /dɜːtɪ/ **I** agg. **1** *(soiled)* [*face, clothing, street*] sporco, lurido; ***to get ~*** sporcarsi; ***to get*** o ***make sth. ~*** sporcare qcs.; ***to get one's hands ~*** FIG. sporcarsi le mani **2** *(not sterile)* [*needle*] già usato; [*wound*] infetto **3** COLLOQ. *(obscene)* [*book, joke*] sporco, osceno; [*word*] volgare, sporco; [*mind*] malato **4** COLLOQ. *(dishonest)* [*contest*] truccato; [*fighter, player*] scorretto, sleale; [*cheat, lie*] sporco **5** *(not bright)* [*colour*] sporco **6** *(stormy)* [*weather*] orribile, da lupi **II** avv. COLLOQ. **1** *(dishonestly)* ***to play ~*** giocare sporco *o* slealmente; ***to fight ~*** combattere slealmente **2** *(obscenely)* [*talk*] in modo volgare; ***to think ~*** avere dei pensieri sporchi ♦ ***to do the ~ on*** COLLOQ. farla sporca *o* tirare un colpo basso a; ***to give sb. a ~ look*** COLLOQ. lanciare un'occhiataccia a qcn.
2.dirty /dɜːtɪ/ tr. sporcare, sporcarsi (anche FIG.).
dirty-minded /ˌdɜːtɪ'maɪndɪd/ agg. COLLOQ. dalla mente malata.
dirty tricks n.pl. POL. = attività illegali tese a screditare i propri oppositori.
dirty weekend n. COLLOQ. = week-end trascorso in compagnia dell'amante.
disability /ˌdɪsə'bɪlətɪ/ **I** n. **1** MED. invalidità f., handicap m.; ***mental, physical ~*** infermità mentale, fisica; ***partial, total ~*** invalidità parziale, totale **2** FIG. *(disadvantage)* handicap m. **II** modif. [*benefit, pension*] di invalidità.
disable /dɪs'eɪbl/ tr. **1** MED. [*accident*] inabilitare, mutilare; [*permanent handicap*] rendere invalido; ***to be ~d by arthritis*** essere reso invalido dall'artrite **2** *(make useless)* mettere fuori servizio [*machine*] **3** MIL. mettere fuori uso [*weapon, ship*] **4** INFORM. disattivare.
disabled /dɪs'eɪbld/ **I** p.pass. → **disable II** agg. **1** MED. disabile, invalido, handicappato **2** attrib. [*facility, equipment, access*] per handicappati, per disabili **III** n. ***the ~*** + verbo pl. i disabili.
disabled driver n. conducente m. e f. invalido (-a).
disabled person n. invalido m. (-a).
disabuse /ˌdɪsə'bjuːz/ tr. FORM. disilludere (**of** circa, su).
1.disadvantage /ˌdɪsəd'vɑːntɪdʒ, AE -'væn-/ n. **1** *(drawback)* svantaggio m., inconveniente m. **2** *(position of weakness)* ***to be at a ~*** essere svantaggiato *o* in svantaggio; ***to catch sb. at a ~*** prendere qcn. alla sprovvista **3** *(discrimination)* discriminazione f.
2.disadvantage /ˌdɪsəd'vɑːntɪdʒ, AE -'væn-/ tr. mettere in svantaggio.
disadvantaged /ˌdɪsəd'vɑːntɪdʒd, AE -'væn-/ **I** p.pass. → **2.disadvantage II** agg. sfavorito, svantaggiato.
disadvantageous /dɪsˌædvɑːn'teɪdʒəs, AE -væn-/ agg. svantaggioso, sfavorevole (**to** per).
disaffected /ˌdɪsə'fektɪd/ agg. scontento, insoddisfatto (**with** di).
disagree /ˌdɪsə'griː/ intr. **1** *(differ)* dissentire, non essere d'accordo; ***to ~ about what time to leave*** non essere d'accordo sull'ora della partenza **2** *(oppose)* ***to ~ with*** opporsi a [*plan, proposal*] **3** *(conflict)* [*facts, results*] essere in disaccordo, non concordare **4** ***to ~ with sb.*** *(upset)* [*food*] non fare bene a qcn.; [*weather*] non giovare a qcn.
disagreeable /ˌdɪsə'griːəbl/ agg. [*person*] sgradevole, antipatico; [*reaction*] spiacevole; [*remark, appearance*] sgradevole.
disagreeably /ˌdɪsə'griːəblɪ/ avv. in modo sgradevole.
disagreement /ˌdɪsə'griːmənt/ n. **1** *(difference of opinion)* disaccordo m., divergenza f. (**about, on** su; **as to** quanto a); ***there was (serious) ~ among them*** erano in (grave) disaccordo; ***there is some ~ as to the aims of the project*** quanto agli obiettivi del progetto c'è un po' di disaccordo **2** *(argument)* diverbio m., lite f. **3** *(inconsistency)* discordanza f., differenza f.
disallow /ˌdɪsə'laʊ/ tr. **1** SPORT annullare [*goal*] **2** AMM. DIR. rifiutare, respingere [*appeal, decision*].
disappear /ˌdɪsə'pɪə(r)/ intr. scomparire, sparire, svanire; ***to ~ from view*** sparire alla vista; ***to be fast ~ing*** essere in via di sparizione.
disappearance /ˌdɪsə'pɪərəns/ n. sparizione f., scomparsa f.
disappoint /ˌdɪsə'pɔɪnt/ tr. **1** *(let down)* deludere [*person*] **2** *(upset)* deludere [*hopes, dream*]; sconvolgere [*plan*].

disappointed /ˌdɪsəˈpɔɪntɪd/ **I** p.pass. → **disappoint II** agg. **1** *(let down)* deluso (**about, at, by, with sth.** per, da, di qcs.); ***I am ~ in you*** mi deludi **2** *(unfulfilled)* deluso.
disappointing /ˌdɪsəˈpɔɪntɪŋ/ agg. deludente.
disappointment /ˌdɪsəˈpɔɪntmənt/ n. **1** *(feeling)* delusione f., disappunto m.; ***to sb.'s ~*** con disappunto di qcn.; ***there was general ~ at the results*** i risultati hanno deluso tutti **2** *(source of upset)* ***to be a ~ to sb.*** essere una delusione per qcn.
disapproval /ˌdɪsəˈpruːvl/ n. disapprovazione f.
disapprove /ˌdɪsəˈpruːv/ intr. ***to ~ of*** disapprovare [*person, behaviour*]; disapprovare, essere contrario a [*smoking, hunting*]; ***to ~ of sb. doing*** disapprovare che qcn. faccia.
disapproving /ˌdɪsəˈpruːvɪŋ/ agg. [*look, gesture*] di disapprovazione; ***to be ~*** non essere d'accordo.
disapprovingly /ˌdɪsəˈpruːvɪŋlɪ/ avv. con disapprovazione.
disarm /dɪsˈɑːm/ **I** tr. disarmare (anche FIG.) **II** intr. [*country*] disarmare, disarmarsi.
disarmament /dɪsˈɑːməmənt/ **I** n. disarmo m. **II** modif. [*conference*] sul disarmo; [*proposals*] di disarmo.
disarmer /dɪsˈɑːmə(r)/ n. disarmista m. e f.
disarming /dɪsˈɑːmɪŋ/ agg. [*smile, frankness*] disarmante.
disarrange /ˌdɪsəˈreɪndʒ/ tr. scompigliare, mettere in disordine.
disarray /ˌdɪsəˈreɪ/ n. *(confusion)* confusione f., caos m.; *(disorder)* disordine m.
disassociate /ˌdɪsəˈsəʊʃɪeɪt/ → **dissociate**.
disaster /dɪˈzɑːstə(r), AE -zæs-/ n. calamità f., catastrofe f.; *(long-term)* disastro m.; ***air, environmental ~*** disastro aereo, ecologico; ***to be heading for ~*** andare incontro a una catastrofe; ***~ struck*** disastrato.
disaster area n. zona f. disastrata, sinistrata; FIG. disastro m.
disaster fund n. fondo m. di soccorso.
disaster victim n. disastrato m. (-a), sinistrato m. (-a).
disastrous /dɪˈzɑːstrəs, AE -zæs-/ agg. disastroso, catastrofico.
disastrously /dɪˈzɑːstrəslɪ, AE -zæs-/ avv. [*end, turn out*] in modo disastroso; [*fail*] disastrosamente; [*expensive*] terribilmente; ***to go ~ wrong*** andare in modo disastroso.
disavow /ˌdɪsəˈvaʊ/ tr. FORM. sconfessare, rinnegare [*opinion*]; negare [*connection*].
disavowal /ˌdɪsəˈvaʊəl/ n. sconfessione f., disconoscimento m.
disband /dɪsˈbænd/ **I** tr. sciogliere, sbandare [*group*]; MIL. smobilitare, sbandare **II** intr. disperdersi, sbandarsi.
disbelief /ˌdɪsbɪˈliːf/ n. incredulità f., scetticismo m.; ***in ~*** con incredulità.
disbelieve /ˌdɪsbɪˈliːv/ tr. FORM. non credere, rifiutare di credere.
disc /dɪsk/ n. **1** MUS. disco m. **2** ANAT. disco m. (intervertebrale); ***to have a slipped ~*** avere l'ernia del disco **3** MIL. ***identity ~*** piastrina di riconoscimento **4** AUT. ***tax ~*** bollo di circolazione.
1.discard /ˈdɪsˌkɑːd/ n. *(in cards)* scarto m., carta f. scartata.
2.discard /dɪsˈkɑːd/ **I** tr. **1** *(get rid of)* smettere [*clothes*]; sbarazzarsi di [*possessions*]; gettare per terra [*litter*]; GASTR. scartare [*stalks, bones*] **2** *(drop)* abbandonare [*plan, policy*]; scaricare, tagliare i ponti con [*person*] **3** *(take off)* togliersi [*garment*] **4** *(in cards)* scartare **II** intr. *(in cards)* scartare.
disc brakes n.pl. AUT. freni m. a disco.
discern /dɪˈsɜːn/ tr. FORM. *(see)* discernere, scorgere; *(deduce)* percepire.
discernible /dɪˈsɜːnəbl/ agg. discernibile, percettibile.
discerning /dɪˈsɜːnɪŋ/ agg. perspicace.
discernment /dɪˈsɜːnmənt/ n. discernimento m.
1.discharge /ˈdɪstʃɑːdʒ/ n. **1** *(release) (of patient)* dimissione f.; ***to get one's ~*** [*soldier*] essere congedato **2** *(pouring out) (of gas, liquid)* scarico m.; MED. spurgo m. **3** *(substance released) (waste)* scarichi m.pl.; MED. *(from eye, wound)* escrezione f. **4** *(repayment)* ***in ~ of a debt*** in estinzione di un debito **5** EL. scarica f. **6** *(performance)* adempimento m., esercizio m. **7** *(firing)* scarica f. **8** *(unloading)* scarico m.
2.discharge /dɪsˈtʃɑːdʒ/ **I** tr. **1** *(release)* dimettere [*patient*]; congedare [*soldier*]; assolvere [*accused*] **2** *(dismiss)* licenziare [*employee*]; ***to ~ sb. from his duties*** dimettere qcn. dalle sue funzioni **3** *(give off)* emettere [*gas*]; scaricare [*sewage, waste*] **4** MED. ***to ~ pus*** secernere pus **5** ECON. estinguere [*debt*]; riabilitare [*bankrupt*] **6** *(perform)* adempiere a, compiere [*duty*]; assolvere [*obligation*] **7** *(unload)* scaricare [*cargo*]; sbarcare [*passengers*] **8** *(fire)* scaricare [*rifle*] **II** intr. MED. suppurare **III** rifl. ***he has ~d himself*** ha lasciato l'ospedale.
disciple /dɪˈsaɪpl/ n. discepolo m. (anche BIBL.).
disciplinarian /ˌdɪsɪplɪˈneərɪən/ n. ***to be a ~*** essere severo in materia di disciplina.
disciplinary /ˈdɪsɪplɪnərɪ, AE -nerɪ/ agg. [*measure*] disciplinare.
1.discipline /ˈdɪsɪplɪn/ n. **1** *(controlled behaviour)* disciplina f. **2** *(punishment)* punizione f. **3** *(academic subject)* disciplina f., materia f.
2.discipline /ˈdɪsɪplɪn/ tr. *(control)* disciplinare; *(punish)* punire.
disciplined /ˈdɪsɪplɪnd/ agg. [*person, manner*] disciplinato; [*approach*] metodico.
disc jockey ♦ ***27*** n. disc jockey m. e f.
disclaim /dɪsˈkleɪm/ tr. negare, rifiutare.
disclaimer /dɪsˈkleɪmə(r)/ n. smentita f.
disclose /dɪsˈkləʊz/ tr. lasciar vedere [*sight*]; svelare, divulgare, rivelare [*information*].
disclosure /dɪsˈkləʊʒə(r)/ n. rivelazione f., divulgazione f.
disco /ˈdɪskəʊ/ n. (pl. **~s**) *(event)* serata f. in discoteca; *(club)* discoteca f.; *(music)* disco(-music) f.
discolouration BE, **discoloration** AE /ˌdɪskʌləˈreɪʃn/ n. scoloramento m., decolorazione f.
discolour BE, **discolor** AE /dɪsˈkʌlə(r)/ **I** tr. decolorare, scolorire **II** intr. decolorarsi, scolorirsi.
discomfort /dɪsˈkʌmfət/ n. **1** *(physical)* fastidio m., malessere m. **2** *(embarrassment)* disagio m., imbarazzo m.
discompose /ˌdɪskəmˈpəʊz/ tr. sconcertare, confondere.
discomposure /ˌdɪskəmˈpəʊʒə(r)/ n. LETT. confusione f.
disconcert /ˌdɪskənˈsɜːt/ tr. sconcertare, imbarazzare.
disconcerting /ˌdɪskənˈsɜːtɪŋ/ agg. *(worrying)* sconcertante; *(unnerving)* snervante.
disconnect /ˌdɪskəˈnekt/ **I** tr. scollegare, disinserire [*pipe*]; staccare (la spina di) [*appliance*]; staccare, togliere [*telephone, gas*]; staccare [*carriage*]; ***I've been ~ed*** *(on telephone)* è caduta la linea; *(because of nonpayment of bill)* mi hanno staccato il telefono **II** intr. INFORM. disconnettersi, scollegarsi.
disconnected /ˌdɪskəˈnektɪd/ **I** p.pass. → **disconnect II** agg. [*remarks*] sconnesso, incoerente.
disconsolate /dɪsˈkɒnsələt/ agg. sconsolato, affranto.
disconsolately /dɪsˈkɒnsələtlɪ/ avv. con aria sconsolata.
discontent /ˌdɪskənˈtent/ n. malcontento m., scontento m.
discontented /ˌdɪskənˈtentɪd/ agg. scontento, insoddisfatto (**with** di).
discontinue /ˌdɪskənˈtɪnjuː/ tr. sopprimere [*service*]; arrestare [*production*]; cessare [*visits*]; ***"~d line"*** COMM. linea fuori produzione.
discontinuity /dɪsˌkɒntɪˈnjuːətɪ/ n. FORM. discontinuità f.
discontinuous /ˌdɪskənˈtɪnjʊəs/ agg. FORM. discontinuo.
discord /ˈdɪskɔːd/ n. **1** discordia f., dissenso m. **2** MUS. dissonanza f.
discordant /dɪˈskɔːdənt/ agg. dissonante (anche MUS.).
discotheque /ˈdɪskətek/ n. discoteca f.
1.discount /ˈdɪskaʊnt/ n. COMM. ribasso m.; *(on minor purchase)* riduzione f.; ECON. sconto m.; ***to give sb. a ~*** fare uno sconto a qcn.; ***~ for cash*** sconto per pagamento in contanti; ***to buy sth. at a ~*** comprare qcs. in sconto.
2.discount /ˈdɪskaʊnt/ tr. COMM. scontare, mettere in saldo [*goods*]; fare uno sconto di [*sum of money*].
3.discount /dɪsˈkaʊnt, AE ˈdɪskaʊnt/ tr. *(reject)* scartare [*idea, possibility*]; non tenere conto di [*advice, report*].
discount flight n. volo m. a tariffa ridotta.
discount rate n. tasso m. di sconto.
discount store n. discount m.
discourage /dɪˈskʌrɪdʒ/ tr. **1** *(dishearten)* scoraggiare **2** *(deter)* scoraggiare, dissuadere.
discouragement /dɪˈskʌrɪdʒmənt/ n. **1** *(despondency)* scoraggiamento m. **2** *(disincentive)* ***it's more of a ~ than an incentive*** più che uno stimolo è un freno.
discourse /ˈdɪskɔːs/ n. FORM. *(speech)* discorso m. (anche LING.); *(conversation)* conversazione f.

discourteous /dɪsˈkɜːtɪəs/ agg. scortese, maleducato.
discourtesy /dɪsˈkɜːtəsɪ/ n. **1** U *(rudeness)* scortesia f., maleducazione f. **2** *(remark, act)* scortesia f.
discover /dɪsˈkʌvə(r)/ tr. scoprire.
discoverer /dɪsˈkʌvərə(r)/ n. scopritore m. (-trice).
discovery /dɪˈskʌvərɪ/ n. scoperta f.
1.discredit /dɪsˈkredɪt/ n. discredito m.; ***to bring ~ on sb.*** gettare discredito su qcn.
2.discredit /dɪsˈkredɪt/ tr. screditare [*person*]; mettere in dubbio [*report, theory*].
discreditable /dɪsˈkredɪtəbl/ agg. disonorevole, disdicevole.
discreet /dɪˈskriːt/ agg. [*behaviour*] discreto, riservato; [*colour*] sobrio.
discrepancy /dɪsˈkrepənsɪ/ n. discrepanza f.
discrete /dɪˈskriːt/ agg. **1** *(distinct)* distinto, separato **2** MAT. FIS. LING. discreto.
discretion /dɪˈskreʃn/ n. **1** *(authority)* discrezione f.; ***in*** o ***at his ~*** a sua discrezione; ***to use one's ~*** agire a propria discrezione **2** *(tact)* discrezione f.
discretionary /dɪˈskreʃənərɪ, AE -nerɪ/ agg. discrezionale.
discriminate /dɪˈskrɪmɪneɪt/ intr. **1** *(act with prejudice)* fare discriminazioni; ***to ~ against sb.*** discriminare qcn. **2** *(distinguish)* discriminare, distinguere (**between** tra).
discriminating /dɪˈskrɪmɪneɪtɪŋ/ agg. [*person*] discriminante; acuto.
discrimination /dɪˌskrɪmɪˈneɪʃn/ n. **1** *(prejudice)* discriminazione f. **2** *(taste)* discernimento m., giudizio m. **3** *(ability to differentiate)* capacità f. di discriminare.
discriminatory /dɪˈskrɪmɪnətərɪ, AE -tɔːrɪ/ agg. discriminatorio.
discus /ˈdɪskəs/ n. (pl. **~es**) *(object)* disco m.; *(event)* lancio m. del disco.
discuss /dɪˈskʌs/ tr. *(talk about)* discutere di; *(in writing)* trattare.
discussion /dɪˈskʌʃn/ n. discussione f.; *(in public)* dibattito m.; *(in text)* analisi f.; ***under ~*** in discussione; ***to bring sth. up for ~*** sottoporre qcs. a discussione; ***to be open to ~*** essere da discutere.
discussion document n. → **discussion paper**.
discussion group n. gruppo m. di discussione.
discussion paper n. progetto m. di massima.
discus thrower n. discobolo m. (-a), lanciatore m. (-trice) di disco.
1.disdain /dɪsˈdeɪn/ n. disdegno m., disprezzo m.
2.disdain /dɪsˈdeɪn/ tr. disdegnare, disprezzare.
disdainful /dɪsˈdeɪnfl/ agg. sdegnoso, sprezzante.
disease /dɪˈziːz/ n. **1** *(specific illness)* malattia f. **2** U *(range of infections)* malattie f.pl.
diseased /dɪˈziːzd/ agg. malato (anche FIG.).
disembark /ˌdɪsɪmˈbɑːk/ tr. e intr. sbarcare.
disembarkation /dɪsˌembɑːˈkeɪʃn/ n. sbarco m.
disembodied /ˌdɪsɪmˈbɒdɪd/ agg. disincarnato, incorporeo.
disenchanted /ˌdɪsɪnˈtʃɑːntɪd, AE -ˈtʃænt-/ agg. disincantato, disilluso.
disenchantment /ˌdɪsɪnˈtʃɑːntmənt, AE -ˈtʃænt-/ n. disillusione f., disincanto m.
disenfranchise /ˌdɪsɪnˈfræntʃaɪz/ tr. privare dei diritti civili, elettorali.
disengage /ˌdɪsɪnˈgeɪdʒ/ **I** tr. disimpegnare, liberare; ***to ~ the clutch*** AUT. disinnestare la frizione **II** intr. **1** MIL. sganciarsi **2** ***to ~ from*** liberarsi da (anche MIL.).
disentangle /ˌdɪsɪnˈtæŋgl/ tr. districare, sbrogliare (anche FIG.).
disfavour BE, **disfavor** AE /dɪsˈfeɪvə(r)/ n. FORM. **1** *(disapproval)* disapprovazione f. **2** ***to fall into ~*** cadere in disgrazia.
disfigure /dɪsˈfɪgə(r), AE dɪsˈfɪgjər/ tr. sfigurare, deturpare.
disfigurement /dɪsˈfɪgəmənt, AE dɪsˈfɪgjə-/ n. deturpazione f., sfregio m.
disgorge /dɪsˈgɔːdʒ/ **I** tr. rigettare, vomitare [*liquid*]; ***the train ~d a crowd of commuters*** dal treno fuoriuscì una moltitudine di pendolari **II** rifl. ***to ~ itself*** [*river*] riversarsi, sfociare.
1.disgrace /dɪsˈgreɪs/ n. **1** *(shame)* vergogna f., disonore m.; ***to bring ~ on sb.*** disonorare qcn.; ***to be in ~*** essere (caduto) in disgrazia **2** *(scandal)* vergogna f.; ***it's an absolute ~!*** è uno scandalo!
2.disgrace /dɪsˈgreɪs/ **I** tr. disonorare [*team, family*] **II** rifl. ***he ~d himself*** si è comportato in modo vergognoso.
disgraced /dɪsˈgreɪst/ **I** p.pass. → **2.disgrace II** agg. [*leader*] caduto in disgrazia.
disgraceful /dɪsˈgreɪsfl/ agg. [*conduct, situation*] vergognoso, scandaloso.
disgruntled /dɪsˈgrʌntld/ agg. scontento, di cattivo umore.
1.disguise /dɪsˈgaɪz/ n. travestimento m.; ***in ~*** travestito; FIG. sotto mentite spoglie ♦ ***it was a blessing in ~*** in fondo è stato un bene.
2.disguise /dɪsˈgaɪz/ tr. travestire, camuffare [*person*]; camuffare, contraffare [*voice*]; mascherare, nascondere [*blemish, emotion*]; ***there's no disguising the fact that*** non si può nascondere che.
1.disgust /dɪsˈgʌst/ n. *(physical)* disgusto m., nausea f. (**at** per); *(moral)* disgusto m., ripugnanza f. (**at** verso); ***in ~*** disgustato.
2.disgust /dɪsˈgʌst/ tr. disgustare.
disgusted /dɪsˈgʌstɪd/ **I** p.pass. → **2.disgust II** agg. disgustato, nauseato (**at, by, with** da).
disgusting /dɪsˈgʌstɪŋ/ agg. disgustoso, ripugnante.
disgustingly /dɪsˈgʌstɪŋlɪ/ avv. ***to be ~ dirty*** essere disgustosamente sporco.
dish /dɪʃ/ **I** n. **1** *(for eating, serving)* piatto m. **2** *(food)* piatto m.; ***side ~*** contorno **3** (anche **satellite ~**) antenna f. parabolica, satellitare **4** COLLOQ. *(person) (female)* bel bocconcino m.; *(male)* bel tipo m. **II dishes** n.pl. stoviglie f.; ***to do the ~es*** lavare i piatti.
disharmony /dɪsˈhɑːmənɪ/ n. disarmonia f.
dishcloth /ˈdɪʃklɒθ/ n. strofinaccio m., canovaccio m. per i piatti.
dishearten /dɪsˈhɑːtn/ tr. demoralizzare, scoraggiare.
disheartening /dɪsˈhɑːtnɪŋ/ agg. demoralizzante, scoraggiante.
dishevelled, disheveled AE /dɪˈʃevld/ agg. [*person*] trasandato; [*hair*] scarmigliato; [*clothes*] in disordine.
dishonest /dɪsˈɒnɪst/ agg. disonesto.
dishonesty /dɪsˈɒnɪstɪ/ n. disonestà f., slealtà f.
1.dishonour BE, **dishonor** AE /dɪsˈɒnə(r)/ n. disonore m.; ***to bring ~ on sb.*** disonorare qcn.
2.dishonour BE, **dishonor** AE /dɪsˈɒnə(r)/ tr. **1** disonorare [*memory, person*] **2** ECON. non onorare [*cheque*].
dishonourable BE, **dishonorable** AE /dɪsˈɒnərəbl/ agg. disonorevole, vergognoso.
dish out tr. distribuire [*advice, money*]; servire [*food*].
dishpan /ˈdɪʃpæn/ n. AE bacinella f. per lavare i piatti.
dishrag /ˈdɪʃræg/ n. AE strofinaccio m. (da cucina).
dishtowel /ˈdɪʃtaʊəl/ n. strofinaccio m. per (asciugare) i piatti.
dish up tr. servire [*meal*].
dishwasher /ˈdɪʃˌwɒʃə(r)/ ♦ ***27*** **I** n. *(person)* lavapiatti m. e f.; *(machine)* lavastoviglie f. **II** modif. [*detergent, powder, salt*] per lavastoviglie.
dishwater /ˈdɪʃwɔːtə(r)/ n. acqua f. dei piatti, risciacquatura f.; ***as dull as ~*** AE noioso da morire.
dishy /ˈdɪʃɪ/ agg. BE COLLOQ. fico.
disillusion /ˌdɪsɪˈluːʒn/ tr. disilludere, disingannare.
disillusioned /ˌdɪsɪˈluːʒnd/ **I** p.pass. → **disillusion II** agg. disilluso; ***to be ~ with sth., sb.*** perdere le proprie illusioni *o* disilludersi su qcs., qcn.
disillusionment /ˌdɪsɪˈluːʒnmənt/ n. disillusione f. (**with** nei confronti di, su).
disincentive /ˌdɪsɪnˈsentɪv/ n. disincentivo m.; ***it acts as*** o ***is a ~ to work*** fa da *o* è un disincentivo per il lavoro.
disinclined /ˌdɪsɪnˈklaɪnd/ agg. FORM. riluttante, restio.
disinfect /ˌdɪsɪnˈfekt/ tr. disinfettare.
disinfectant /ˌdɪsɪnˈfektənt/ n. disinfettante m.
disinfection /ˌdɪsɪnˈfekʃn/ n. disinfezione f.
disinformation /ˌdɪsɪnfəˈmeɪʃn/ n. disinformazione f.
disingenuous /ˌdɪsɪnˈdʒenjʊəs/ agg. [*comment*] insincero; [*smile*] falso.
disinherit /ˌdɪsɪnˈherɪt/ tr. diseredare.
disintegrate /dɪsˈɪntɪgreɪt/ **I** intr. disintegrarsi (anche FIG.) **II** tr. disintegrare (anche FIG.).
disintegration /dɪsˌɪntɪˈgreɪʃn/ n. disintegrazione f. (anche FIG.).

disinter /ˌdɪsɪn'tɜ:(r)/ tr. (forma in -ing ecc. **-rr-**) dissotterrare, esumare.
disinterested /dɪs'ɪntrəstɪd/ agg. **1** *(impartial)* [*observer, stance, advice*] disinteressato **2** *(uninterested)* indifferente, non interessato (**in** a). In its second meaning, it is advisable to replace *disinterested* with *uninterested*: the Italian translation will be *indifferente* or *non interessato* instead of *disinteressato*.
disjointed /dɪs'dʒɔɪntɪd/ agg. [*programme*] disarticolato; [*report, speech*] sconnesso, incoerente; [*organization*] smembrato.
disjunctive /dɪs'dʒʌŋktɪv/ agg. LING. disgiuntivo.
disk /dɪsk/ n. **1** INFORM. disco m.; ***on ~*** su disco **2** AE → **disc**.
disk drive (unit) n. INFORM. unità f. disco, disk drive m.
diskette /dɪ'sket/ n. INFORM. dischetto m.
disk space n. INFORM. spazio m. su disco.
1.dislike /dɪs'laɪk/ n. avversione f., antipatia f. (**of** per); ***to take a ~ to sb., sth.*** prendere qcn., qcs. in antipatia; *(stronger)* prendere qcn., qcs. in odio; ***we all have our likes and ~s*** abbiamo tutti le nostre preferenze.
2.dislike /dɪs'laɪk/ tr. provare antipatia per; ***I have always ~d him*** non mi è mai piaciuto, mi è sempre stato antipatico; ***I ~ her intensely*** la detesto cordialmente; ***I don't ~ city life*** non mi dispiace la vita di città.
dislocate /'dɪsləkeɪt, AE 'dɪsləʊkeɪt/ tr. **1** MED. ***to ~ one's shoulder*** slogarsi la spalla **2** FORM. *(disrupt)* ostacolare, intralciare [*transport*]; dissestare [*economy*]; disperdere [*population*].
dislocation /ˌdɪslə'keɪʃn, AE ˌdɪsləʊ'keɪʃn/ n. MED. *(of hip, knee)* lussazione f., slogatura f.
dislodge /dɪs'lɒdʒ/ tr. rimuovere, togliere [*obstacle, foreign body*]; snidare [*sniper*].
disloyal /dɪs'lɔɪəl/ agg. sleale (**to** verso).
disloyalty /dɪs'lɔɪəltɪ/ n. slealtà f. (**to** verso).
dismal /'dɪzməl/ agg. **1** [*place*] tetro, lugubre **2** COLLOQ. [*failure, attempt*] penoso.
dismantle /dɪs'mæntl/ tr. **1** *(take apart)* demolire [*construction*] **2** *(phase out)* smantellare [*organization*].
dismantling /dɪs'mæntlɪŋ/ n. *(of machine)* smontaggio m.; *(of system)* smantellamento m.
1.dismay /dɪs'meɪ/ n. costernazione f., sgomento m. (**at** davanti a).
2.dismay /dɪs'meɪ/ tr. costernare, sgomentare.
dismayed /dɪs'meɪd/ **I** p.pass. → **2.dismay II** agg. costernato, sgomento.
dismember /dɪs'membə(r)/ tr. **1** smembrare [*corpse*] **2** FIG. smembrare [*country*]; smantellare [*organization*].
dismiss /dɪs'mɪs/ tr. **1** *(reject)* scartare, accantonare [*idea, suggestion*]; escludere [*possibility*] **2** *(put out of mind)* scacciare [*thought, worry*] **3** *(sack)* licenziare [*worker*]; licenziare, destituire [*civil servant*] **4** *(end interview with)* congedare [*person*]; *(send out)* [*teacher*] congedare, lasciar uscire [*class*] **5** DIR. respingere, rigettare [*appeal*]; ***the case was ~ed*** il caso è stato archiviato.
dismissal /dɪs'mɪsl/ n. **1** *(of idea, threat)* accantonamento m., rifiuto m. **2** *(of worker)* licenziamento m.; *(of civil servant, minister)* destituzione f.; ***unfair*** o ***wrongful ~*** licenziamento senza giusta causa **3** DIR. *(of appeal, claim)* rifiuto m., rigetto m.
dismissive /dɪs'mɪsɪv/ agg. [*person*] sdegnoso, sprezzante; [*attitude, gesture*] sbrigativo; ***to be ~ of*** avere scarsa considerazione per.
dismount /dɪs'maʊnt/ intr. ***to ~ from*** smontare da, scendere da [*horse, bicycle*].
disobedience /ˌdɪsə'bi:drəns/ n. disubbidienza f.
disobedient /ˌdɪsə'bi:drənt/ agg. disubbidiente (**to** nei confronti di).
disobey /ˌdɪsə'beɪ/ **I** tr. disubbidire a [*person*]; infrangere [*law*] **II** intr. disubbidire.
1.disorder /dɪs'ɔ:də(r)/ n. **1 U** *(lack of order)* disordine m., confusione f.; ***to retreat in ~*** MIL. ritirarsi disordinatamente **2 U** *(disturbances)* disordini m.pl.; ***civil ~*** tumulto popolare **3 C** MED. PSIC. *(malfunction)* disturbo m.; *(disease)* malattia f.; ***eating ~*** disturbo dell'alimentazione.
2.disorder /dɪs'ɔ:də(r)/ tr. MED. PSIC. alterare, disturbare.
disordered /dɪs'ɔ:dəd/ **I** p.pass. → **2.disorder II** agg. [*life*] disordinato; MED. [*mind, brain*] malato, squilibrato.
disorderly /dɪs'ɔ:dəlɪ/ agg. **1** *(untidy)* [*room*] disordinato, in disordine **2** *(disorganized)* [*existence*] sregolato, disordinato **3** *(unruly)* [*meeting*] turbolento, caotico; ***~ behaviour*** o ***conduct*** DIR. disturbo della quiete pubblica.
disorganization /dɪsˌɔ:gənaɪ'zeɪʃn, AE -nɪ'z-/ n. disorganizzazione f.
disorganized /dɪs'ɔ:gənaɪzd/ agg. disorganizzato.
disorient /dɪs'ɔ:rɪənt/, **disorientate** /dɪs'ɔ:rɪənteɪt/ tr. disorientare.
disown /dɪs'əʊn/ tr. disconoscere, rinnegare.
disparaging /dɪ'spærɪdʒɪŋ/ agg. denigratorio, sprezzante.
disparate /'dɪspərət/ agg. **1** *(different)* disparato; [*group*] eterogeneo **2** *(incompatible)* incompatibile.
disparity /dɪ'spærətɪ/ n. disparità f.
dispassionate /dɪ'spæʃənət/ agg. **1** *(impartial)* spassionato, imparziale **2** *(unemotional)* spassionato, freddo.
1.dispatch /dɪ'spætʃ/ n. **1** *(report)* dispaccio m., rapporto m.; ***mentioned in ~es*** MIL. [*soldier*] che ha avuto una menzione **2** *(sending)* invio m.; ***date of ~*** data di spedizione.
2.dispatch /dɪ'spætʃ/ tr. **1** *(send)* inviare [*person*]; spedire [*letter, parcel*] **2** SCHERZ. *(consume)* trangugiare, buttare giù [*plateful, drink*] **3** *(complete)* smaltire [*work*]; risolvere [*problem*].
dispatch box n. **1** borsa f. diplomatica **2 Dispatch Box** GB POL. = alla Camera dei Comuni, scatola di legno vicino a cui stanno in piedi i ministri quando prendono la parola.
dispel /dɪ'spel/ tr. (forma in -ing ecc. **-ll-**) **1** dissipare, fugare [*doubt, fear*] **2** FORM. dissipare, disperdere [*mist*].
dispensable /dɪ'spensəbl/ agg. ***to be ~*** [*thing, idea*] essere superfluo; [*person*] non essere indispensabile.
dispensary /dɪ'spensərɪ/ n. BE *(in hospital)* farmacia f.; *(in chemist's)* laboratorio m.
dispensation /ˌdɪspen'seɪʃn/ n. FORM. **1** *(of justice)* amministrazione f.; *(of alms)* distribuzione f., elargizione f. **2** DIR. RELIG. dispensa f., esenzione f. **3** POL. RELIG. *(system)* ordinamento m.
dispense /dɪ'spens/ tr. **1** [*machine*] distribuire [*drinks, money*] **2** FORM. amministrare [*justice*]; dispensare, fare [*charity*]; dispensare [*advice*]; attribuire [*funds*] **3** FARM. preparare [*medicine, prescription*] **4** *(exempt)* dispensare, esentare (anche RELIG.).
■ **dispense with** *(manage without)* fare a meno di [*services*]; bandire [*formalities*]; *(get rid of)* abbandonare [*policy*]; *(make unnecessary)* rendere inutile [*facility*].
dispenser /dɪ'spensə(r)/ n. distributore m., dispenser m.
dispensing chemist ➧ ***27*** n. BE farmacista m. e f. (autorizzato alla preparazione di prodotti galenici).
dispensing optician ➧ ***27*** n. ottico m. (-a).
dispersal /dɪ'spɜ:sl/ n. **1** *(of fumes)* dispersione f.; *(of seeds)* disseminazione f. **2** *(of factories)* diffusione f. disordinata.
disperse /dɪ'spɜ:s/ **I** tr. *(scatter)* disperdere; *(distribute)* disseminare, sparpagliare; CHIM. decomporre [*particle*] **II** intr. **1** [*crowd*] disperdersi **2** [*mist*] disperdersi, dissiparsi.
dispersion /dɪ'spɜ:ʃn, AE dɪ'spɜ:rʒn/ n. dispersione f.
dispirited /dɪ'spɪrɪtɪd/ agg. [*look*] scoraggiato; [*air, mood*] sconsolato.
displace /dɪs'pleɪs/ tr. *(replace)* soppiantare, rimpiazzare [*competitor*]; rimpiazzare, sostituire [*worker*]; *(expel)* cacciare (via), allontanare [*person*].
displaced person /dɪsˌpleɪst'pɜ:sn/ n. rifugiato m. (-a), profugo m. (-a).
displacement /dɪs'pleɪsmənt/ n. **1** *(of workers)* sostituzione f. **2** *(of population)* spostamento m. **3** MAR. dislocamento m.
1.display /dɪ'spleɪ/ n. **1** COMM. *(for sale)* esposizione f.; ***window ~*** (esposizione in) vetrina; ***on ~*** in esposizione; ***to put sth. on ~*** esporre *o* mettere in mostra qcs. **2** *(for decoration, to look at)* esposizione f., mostra f.; ***to be*** o ***go on ~*** essere in mostra **3** *(demonstration)* *(of art, craft)* dimostrazione f.; *(of dance, sport)* esibizione f.; ***air ~*** esibizione aeronautica **4** *(of emotion, strength)* dimostrazione f.; *(of wealth)* sfoggio m.; ***in a ~ of*** con una dimostrazione *o* un gesto di [*anger, impatience*] **5** AUT. AER. INFORM. display m. **6** ZOOL. parata f.

2.display /dɪˈspleɪ/ **I** tr. **1** *(show)* esporre [*price*]; esporre, affiggere [*notice*]; esporre, mettere in mostra [*object*] **2** *(reveal)* manifestare, dimostrare [*intelligence, interest, skill*]; manifestare, rivelare [*emotion, vice, virtue*] **3** SPREG. *(flaunt)* fare mostra, sfoggio di [*knowledge, wealth*]; mettere in mostra [*legs, chest*] **II** intr. [*peacock*] fare la ruota.

display advertisement n. annuncio m. a tutta pagina.

display artist ➧ *27* n. COMM. vetrinista m. e f.

display cabinet, **display case** n. *(in house)* vetrina f., vetrinetta f.; *(in museum)* bacheca f.

display panel n. bacheca f.

display rack n. COMM. espositore m.

display unit n. **1** INFORM. unità f. video **2** COMM. → **display rack**.

display window n. *(in shop)* vetrina f.

displease /dɪsˈpliːz/ tr. scontentare, dare un dispiacere a.

displeased /dɪsˈpliːzd/ **I** p.pass. → **displease II** agg. scontento (**with**, **at** di).

displeasure /dɪsˈpleʒə(r)/ n. disappunto m., scontentezza f. (**at** per).

disposable /dɪˈspəʊzəbl/ **I** agg. **1** *(throwaway)* [*lighter*] usa e getta; [*plate*] usa e getta, monouso **2** *(available)* disponibile, a disposizione **II disposables** n.pl. articoli m. usa e getta.

disposal /dɪˈspəʊzl/ n. **1** *(removal) (of waste product)* smaltimento m., eliminazione f.; ***for ~*** usa e getta **2** *(sale) (of company, property, securities)* cessione f., vendita f. **3** *(completion)* esecuzione f. **4** *(for use, access)* ***to be at sb.'s ~*** essere a disposizione di qcn. **5** *(arrangement)* disposizione f., collocazione f.

dispose /dɪˈspəʊz/ tr. **1** *(arrange)* disporre [*furniture*]; schierare [*troops*] **2** *(encourage)* ***to ~ sb. to sth., to do*** indurre *o* predisporre qcn. a qcs., a fare.

▪ **dispose of:** ~ *of [sth., sb.]* **1** *(get rid of)* sbarazzarsi di [*rival, rubbish*]; distruggere, demolire [*evidence*]; disarmare [*bomb*] **2** COMM. smaltire [*stock*]; *(sell)* vendere [*car, shares*] **3** *(deal with)* sbrigare, sistemare [*business*]; risolvere [*problem*].

disposition /ˌdɪspəˈzɪʃn/ n. **1** *(temperament)* indole f., temperamento m.; ***to be of a nervous ~*** essere di indole nervosa; ***to have a cheerful ~*** avere un carattere allegro, essere allegro di natura **2** *(tendency)* disposizione f.; ***to have a ~ to do*** avere la tendenza a fare **3** *(arrangement)* disposizione f., collocazione f.

dispossess /ˌdɪspəˈzes/ tr. espropriare, spogliare.

dispossessed /ˌdɪspəˈzest/ **I** p.pass. → **dispossess II** agg. attrib. [*family*] espropriato, sfrattato; [*son*] diseredato.

dispossession /ˌdɪspəˈzeʃn/ n. espropriazione f., sfratto m.

disproportion /ˌdɪsprəˈpɔːʃn/ n. sproporzione f.

disproportionate /ˌdɪsprəˈpɔːʃənət/ agg. sproporzionato (**to** rispetto a).

disproportionately /ˌdɪsprəˈpɔːʃənətlɪ/ avv. ***~ high*** [*costs*] sproporzionato, esorbitante; [*expectations*] sproporzionato, assurdo.

disprove /dɪsˈpruːv/ tr. (pass. **-proved**; p.pass. **-proved**, ANT. **-proven**) confutare.

disputable /dɪˈspjuːtəbl, ˈdɪspjʊ-/ agg. disputabile, discutibile, controverso.

1.dispute /dɪˈspjuːt/ n. **1** *(quarrel) (between individuals)* disputa f., discussione f.; *(between groups)* conflitto m. (**over**, **about** su, a proposito di) **2** U *(controversy)* controversia f. (**over**, **about** su); ***to be, not to be in ~*** [*fact*] essere, non essere controverso; ***beyond ~*** indiscutibile, fuori discussione; ***without ~*** indiscutibilmente, senza discussioni; ***to be open to ~*** essere una questione ancora aperta, essere tutto da vedere.

2.dispute /dɪˈspjuːt/ **I** tr. **1** *(question truth of)* contestare, mettere in discussione [*claim, figures*]; ***I ~ that!*** mi oppongo! **2** *(claim possession of)* disputare, contendere [*property, title*] **II** intr. ***to ~ with sb. about*** discutere con qcn. di.

disqualification /dɪsˌkwɒlɪfɪˈkeɪʃn/ n. **1** *(from post)* esclusione f. **2** SPORT squalifica f. **3** BE DIR. interdizione f., sospensione f. **4** (anche **driving ~**) sospensione f. della patente.

disqualify /dɪsˈkwɒlɪfaɪ/ tr. **1** *(from post)* escludere; ***to ~ sb. from doing*** vietare a qcn. di fare **2** SPORT [*regulation*] squalificare; [*physical condition*] impedire (**from doing** di fare) **3** BE AUT. DIR. ***to ~ sb. from driving*** sospendere la patente a qcn.

disquiet /dɪsˈkwaɪət/ n. FORM. inquietudine f., ansia f.

disquieting /dɪsˈkwaɪətɪŋ/ agg. FORM. inquietante.

disquisition /ˌdɪskwɪˈzɪʃn/ n. FORM. disquisizione f., dissertazione f.

1.disregard /ˌdɪsrɪˈɡɑːd/ n. *(for feelings, person)* indifferenza f. (**for** verso); *(for danger, convention, law)* disprezzo m. (**for** di).

2.disregard /ˌdɪsrɪˈɡɑːd/ tr. **1** *(discount)* non considerare, trascurare, non tenere conto di [*problem, evidence, remark*]; chiudere gli occhi su [*fault*]; disprezzare [*danger*] **2** *(disobey)* disattendere, non osservare [*law, instruction*].

disrepair /ˌdɪsrɪˈpeə(r)/ n. cattivo stato m., fatiscenza f.; ***to fall into ~*** [*building, machinery*] andare *o* cadere in rovina.

disreputable /dɪsˈrepjʊtəbl/ agg. **1** *(unsavoury)* [*person*] poco raccomandabile, di cattiva reputazione; [*place*] malfamato; [*behaviour*] disdicevole, scorretto **2** *(tatty)* [*clothes*] malandato, sciupato **3** *(discredited)* [*method*] screditato.

disrepute /ˌdɪsrɪˈpjuːt/ n. ***to be held in ~*** [*person*] avere una cattiva reputazione; ***to bring sb., sth. into ~*** screditare, portare discredito a qcn., qcs.

disrespect /ˌdɪsrɪˈspekt/ n. mancanza f. di rispetto, irriverenza f. (**for** nei confronti di); ***to show ~ to sb.*** mancare di rispetto a qcn.; ***no ~ (to him)*** col rispetto che gli è dovuto.

disrespectful /ˌdɪsrɪˈspektfl/ agg. [*person, remark, behaviour*] irrispettoso, irriverente (**to**, **towards** nei confronti di).

disrupt /dɪsˈrʌpt/ tr. interrompere [*traffic, meeting, power supply*]; sconvolgere [*lifestyle, schedule, routine*].

disruption /dɪsˈrʌpʃn/ n. **1** U *(disorder)* disturbo m. (**in** di); ***to cause ~ to sth.*** disturbare qcs. **2** *(of service, meeting, power supply)* interruzione f.; *(of schedule)* sconvolgimento m.

disruptive /dɪsˈrʌptɪv/ agg. disturbatore; ***a ~ influence*** un influsso disgregatore.

diss /dɪs/ tr. COLLOQ. sparlare di [*person*].

dissatisfaction /dɪˌsætɪsˈfækʃn/ n. malcontento m., insoddisfazione f.

dissatisfied /dɪˈsætɪsfaɪd/ agg. scontento, insoddisfatto (**with**, **at** di).

dissect /dɪˈsekt/ tr. **1** *(cut up)* sezionare, dissezionare [*cadaver, plant*] **2** SPREG. smontare pezzo per pezzo [*performance, relationship*]; spulciare [*book*].

dissection /dɪˈsekʃn/ n. dissezione f., scomposizione f.

dissemble /dɪˈsembl/ tr. e intr. FORM. dissimulare, simulare.

disseminate /dɪˈsemɪneɪt/ tr. diffondere, divulgare [*information, ideas*]; promuovere [*products*].

dissemination /dɪˌsemɪˈneɪʃn/ n. *(of information, ideas)* diffusione f., divulgazione f.; *(of products)* promozione f.

dissension /dɪˈsenʃn/ n. dissenso m., discordia f.

1.dissent /dɪˈsent/ n. U dissenso m., divergenza f. di opinioni.

2.dissent /dɪˈsent/ intr. dissentire, discordare.

dissenter /dɪˈsentə(r)/ n. dissenziente m. e f., dissidente m. e f.

dissenting /dɪˈsentɪŋ/ agg. [*group, opinion, voice*] dissenziente.

dissertation /ˌdɪsəˈteɪʃn/ n. BE UNIV. dissertazione f.; AE UNIV. tesi f. (**on** su).

disservice /dɪsˈsɜːvɪs/ n. ***to do a ~ to sb.***, ***to do sb. a ~*** rendere un cattivo servizio a qcn.

dissidence /ˈdɪsɪdəns/ n. dissidenza f., dissenso m.

dissident /ˈdɪsɪdənt/ **I** agg. dissidente **II** n. dissidente m. e f.

dissimilar /dɪˈsɪmɪlə(r)/ agg. dissimile, diverso (**to** da).

dissimilarity /ˌdɪsɪmɪˈlærətɪ/ n. **1** U *(lack of similarity)* dissimilarità f., diversità f. **2** *(difference)* differenza f.

dissimulate /dɪˈsɪmjʊleɪt/ tr. e intr. FORM. dissimulare.

dissipate /ˈdɪsɪpeɪt/ **I** tr. FORM. dissipare, dissolvere [*mist, fear*]; dissolvere, infrangere [*hope*]; spegnere [*enthusiasm*]; sprecare [*energy, talent*] **II** intr. FORM. dissiparsi, disperdersi.

dissipated /ˈdɪsɪpeɪtɪd/ **I** p.pass. → **dissipate II** agg. [*person, behaviour*] dissipato, dissoluto.

dissipation /ˌdɪsɪˈpeɪʃn/ n. FORM. dissipazione f.

dissociate /dɪˈsəʊʃɪeɪt/ tr. dissociare (anche CHIM.).

dissociation /dɪˌsəʊʃɪˈeɪʃn/ n. dissociazione f. (anche CHIM.).

dissolute /ˈdɪsəluːt/ agg. [*lifestyle*] dissoluto.

dissolution /ˌdɪsəˈluːʃn/ n. **1** *(of Parliament, assembly)* scioglimento m. **2** *(disappearance)* scomparsa f., estinzione f. **3** *(of lifestyle)* dissolutezza f.

1.dissolve /dɪˈzɒlv/ n. CINEM. dissolvenza f. incrociata.

2.dissolve /dɪˈzɒlv/ **I** tr. **1** [*acid, water*] disciogliere, dissolvere [*solid, grease*] **2** (far) sciogliere [*tablet, powder*] **3** *(break up)* sciogliere [*assembly, parliament*] **II** intr. **1** *(liquefy)* sciogliersi **2** *(fade)* [*hope, feeling, image*] dissolversi, svanire **3** *(collapse)* ***to ~ into tears*** sciogliersi in lacrime **4** *(break up)* [*assembly*] sciogliersi.

dissonance /ˈdɪsənəns/ n. dissonanza f. (anche MUS.).

dissonant /ˈdɪsənənt/ agg. **1** MUS. dissonante **2** FORM. [*colours, beliefs*] discordante, dissonante.

dissuade /dɪˈsweɪd/ tr. dissuadere.

distaff /ˈdɪstɑːf, AE ˈdɪstæf/ n. *(for spinning)* rocca f. ♦ ***on the ~ side*** per parte di madre.

1.distance /ˈdɪstəns/ ➧ ***15*** **I** n. distanza f. (anche FIG.); ***at a*** o ***some ~ from*** a una certa distanza da; ***at a safe ~*** a distanza di sicurezza; ***a long, short ~ away*** lontano, non lontano; ***to keep sb. at a ~*** tenere qcn. a distanza, mantenere le distanze da qcn.; ***to keep one's ~*** stare alla larga, tenere le distanze (anche FIG.); ***to go the ~*** SPORT reggere fino in fondo (anche FIG.); ***from a ~*** da lontano; ***in the ~*** in lontananza; ***it's no ~*** è vicinissimo *o* a due passi; ***it's within walking ~*** è a quattro passi da qui, è raggiungibile a piedi; ***he's within shouting ~*** è a portata di voce; ***at a ~ it's easy to see that I made mistakes*** guardando le cose con distacco è facile vedere che ho commesso degli errori **II** modif. [*running, race*] di fondo; ***~ runner*** fondista.

2.distance /ˈdɪstəns/ **I** tr. **1** separare, allontanare [*two people*] **2** *(outdistance)* distanziare [*rival*] **II** rifl. ***to ~ oneself*** *(dissociate oneself)* tenere le distanze; *(stand back)* prendere le distanze, allontanarsi.

distance learning n. SCOL. UNIV. istruzione f. a distanza.

distant /ˈdɪstənt/ agg. **1** *(remote)* [*land*] lontano, distante; [*sound*] lontano, in lontananza; ***40 km ~ from*** a 40 km da; ***in the not too ~ future*** in un futuro non troppo lontano **2** *(faint)* [*memory, hope, similarity*] lontano, vago **3** *(far removed)* [*relative*] lontano **4** *(cool)* [*person, manner*] freddo, distaccato.

distantly /ˈdɪstəntlɪ/ avv. [*remembered*] vagamente; [*say, look, greet*] *(coolly)* freddamente, con distacco; *(vaguely)* con aria distratta; ***they're ~ related*** sono parenti alla lontana.

distaste /dɪsˈteɪst/ n. *(slight)* antipatia f.; *(marked)* disgusto m., avversione f.

distasteful /dɪsˈteɪstfl/ agg. antipatico, spiacevole; *(markedly)* disgustoso, ripugnante; ***I find the remark ~*** trovo che questa osservazione sia di cattivo gusto.

1.distemper /dɪˈstempə(r)/ n. VETER. *(in dogs)* cimurro m.; *(in horses)* adenite f. equina.

2.distemper /dɪˈstempə(r)/ n. *(paint, technique)* tempera f.

3.distemper /dɪˈstempə(r)/ tr. dipingere a tempera.

distend /dɪˈstend/ **I** tr. dilatare, gonfiare **II** intr. dilatarsi, gonfiarsi.

distension, distention AE /dɪˈstenʃn/ n. MED. dilatazione f.

distil BE, **distill** AE /dɪˈstɪl/ tr. (forma in -ing ecc. **-ll-**) distillare (anche FIG.).

distillate /ˈdɪstɪˌleɪt/ n. distillato m.

distillation /ˌdɪstɪˈleɪʃn/ n. **1** *(of liquids)* distillazione f. **2** FIG. distillato m., concentrato m.

distiller /dɪˈstɪlə(r)/ n. distillatore m. (-trice).

distillery /dɪˈstɪlərɪ/ n. distilleria f.

distinct /dɪˈstɪŋkt/ agg. **1** [*image*] *(not blurred)* nitido; *(easily visible)* distinto **2** *(definite)* [*preference, impression, advantage*] netto; [*resemblance, memory*] chiaro **3** *(separable)* distinto **4** *(different)* diverso; ***as ~ from*** a differenza di.

distinction /dɪˈstɪŋkʃn/ n. **1** *(differentiation)* distinzione f. **2** *(difference)* differenza f. **3** *(pre-eminence)* merito m.; ***to have the ~ of doing*** *(have the honour)* avere l'onore di fare; *(be the only one)* avere la particolarità di fare **4** *(elegance)* distinzione f., raffinatezza f. **5** *(specific honour)* decorazione f., onorificenza f. **6** SCOL. UNIV. menzione f.

distinctive /dɪˈstɪŋktɪv/ agg. caratteristico, peculiare.

distinctly /dɪˈstɪŋktlɪ/ avv. **1** [*hear*] distintamente; [*speak, see, remember*] chiaramente **2** [*embarrassing, odd*] decisamente.

distinguish /dɪˈstɪŋgwɪʃ/ **I** tr. **1** *(see, hear)* distinguere, percepire **2** *(mark out)* ***to be ~ed from, by*** distinguersi da, per **II** rifl. ***to ~ oneself*** IRON. distinguersi.

distinguishable /dɪˈstɪŋgwɪʃəbl/ agg. **1** ***the two cars are not easily ~*** non è facile distinguere le due auto **2** *(visible, audible)* percettibile.

distinguished /dɪˈstɪŋgwɪʃt/ **I** p.pass. → **distinguish II** agg. **1** *(elegant)* ***~-looking*** dall'aria distinta **2** *(famous)* illustre, famoso.

distinguishing /dɪˈstɪŋgwɪʃɪŋ/ agg. [*factor, feature*] distintivo, caratteristico; ***~ marks*** *(on passport)* segni particolari.

distort /dɪˈstɔːt/ tr. **1** *(misrepresent)* distorcere, travisare [*statement, opinion, fact*]; distorcere, falsare [*truth, assessment, figures*] **2** *(physically)* deformare [*features, metal*]; distorcere [*sound*].

distorted /dɪˈstɔːtɪd/ **I** p.pass. → **distort II** agg. **1** *(skewed)* [*facts*] distorto; [*figures*] falsato **2** *(twisted)* [*features, metal*] deformato; [*sound*] distorto.

distortion /dɪˈstɔːʃn/ n. *(of facts)* distorsione f., travisamento m.; *(of figures)* falsificazione f.; *(of metal)* deformazione f.; *(of sound)* distorsione f.; *(of features)* deformazione f., alterazione f.

distract /dɪˈstrækt/ tr. ***to ~ sb. from doing*** distrarre *o* distogliere qcn. dal fare; ***I was ~ed by the noise*** il rumore mi ha distratto *o* deconcentrato; ***to ~ attention*** distogliere l'attenzione (**from** da).

distracted /dɪˈstræktɪd/ **I** p.pass. → **distract II** agg. **1** *(anxious)* preoccupato, turbato **2** *(abstracted)* distratto, assente.

distracting /dɪˈstræktɪŋ/ agg. [*sound, presence*] che distrae; ***I found the noise too ~*** il rumore mi impediva di concentrarmi.

distraction /dɪˈstrækʃn/ n. **1** *(from concentration)* distrazione f., disattenzione f.; ***I don't want any ~s*** *(environmental)* non voglio essere distratto; *(human)* non voglio essere disturbato **2** *(diversion)* distrazione f.; ***to be a ~ from*** distogliere l'attenzione da [*problem, priority*] **3** *(entertainment)* distrazione f., diversivo m., svago m. **4** ANT. *(madness)* follia f.; ***to drive sb. to ~*** fare impazzire qcn.

distrain /dɪˈstreɪn/ intr. DIR. ***to ~ upon sb.'s goods*** sequestrare i beni di qcn.

distraught /dɪˈstrɔːt/ agg. [*person*] turbato (**with** da); ***to be ~ at, over sth.*** essere sconvolto da, per qcs.

1.distress /dɪˈstres/ **I** n. **1** *(anguish)* angoscia f., pena f.; ***to be in ~*** essere in pena; *(stronger)* essere angosciato; ***to cause sb. ~*** angosciare *o* fare penare qcn.; ***to my ~, they...*** con mio grande dolore, loro... **2** *(physical trouble)* dolore m.; ***to be in ~*** avere molto male **3** *(poverty)* miseria f. **4** MAR. ***in ~*** in pericolo **II** modif. [*call*] di soccorso; [*signal*] di pericolo.

2.distress /dɪˈstres/ **I** tr. fare penare; *(stronger)* angosciare **II** rifl. ***to ~ oneself*** angosciarsi.

distressed /dɪˈstrest/ **I** p.pass. → **2.distress II** agg. [*person*] addolorato; *(stronger)* angosciato (**at, by** da).

distressing /dɪˈstresɪŋ/ agg. [*event, idea, news, sight*] angosciante; [*consequence*] doloroso.

distribute /dɪˈstrɪbjuːt/ tr. **1** *(share out)* distribuire [*documents, supplies, money*] **2** COMM. distribuire [*goods, films*] **3** *(spread out)* ripartire [*load, tax burden*] **4** *(disperse)* ***to be ~d*** [*flora, fauna, mineral deposits*] essere diffuso.

distributed data processing n. INFORM. elaborazione f. distribuita dei dati.

distributed system n. INFORM. sistema m. distribuito.

distribution /ˌdɪstrɪˈbjuːʃn/ n. **1** *(sharing)* distribuzione f. (anche COMM.) **2** *(spread)* ripartizione f.

distributive /dɪˈstrɪbjʊtɪv/ agg. distributivo.

distributor /dɪˈstrɪbjʊtə(r)/ n. **1** COMM. distributore m. (**for** di); ***sole ~ for*** concessionario in esclusiva di **2** AUT. distributore m., spinterogeno m.

district /ˈdɪstrɪkt/ n. **1** *(in country)* regione f., zona f. **2** *(in city)* quartiere m. **3** *(sector)* *(administrative)* distretto m.; AE *(electoral)* circoscrizione f. (elettorale); *(postal)* settore m. postale.

district attorney ➧ ***27*** n. AE procuratore m. distrettuale.

district council n. BE consiglio m. distrettuale.

district court n. AE corte f. distrettuale federale.

district manager ➧ ***27*** n. direttore m. (-trice) di zona.

district nurse ➧ ***27*** n. BE assistente f. sanitaria di zona.

1.distrust /dɪsˈtrʌst/ n. sfiducia f., diffidenza f. (**of** nei confronti di).

2.distrust /dɪs'trʌst/ tr. diffidare di, non fidarsi di [*person, government*].
distrustful /dɪs'trʌstfl/ agg. diffidente; ***to be ~ of sb., sth.*** non fidarsi di qcn., qcs.
disturb /dɪ'stɜ:b/ tr. **1** *(interrupt)* disturbare [*person, work, sleep*] **2** *(upset)* turbare; *(concern)* preoccupare; ***to ~ the peace*** DIR. turbare la quiete pubblica **3** *(disarrange)* mettere in disordine; buttare all'aria [*papers, bedclothes*]; agitare [*surface of water, sediment*].
disturbance /dɪ'stɜ:bəns/ n. **1** *(interruption, inconvenience)* disturbo m. **2** *(riot)* disordini m.pl., tumulto m.; *(fight)* litigio m. **3** METEOR. perturbazione f. **4** PSIC. disturbo m.
disturbed /dɪ'stɜ:bd/ **I** p.pass. → **disturb II** agg. **1** PSIC. disturbato, affetto da turbe psichiche; ***mentally ~*** che ha disturbi mentali **2** *(concerned)* mai attrib. turbato **3** *(restless)* [*sleep*] agitato, inquieto.
disturbing /dɪ'stɜ:bɪŋ/ agg. [*book, film, painting*] inquietante; [*report, increase*] preoccupante; *(stronger)* allarmante.
disuse /dɪs'ju:s/ n. *(of machinery)* disuso m.; ***to fall into ~*** [*building*] essere abbandonato; [*practice, tradition*] cadere in disuso.
disused /dɪs'ju:zd/ agg. abbandonato, disusato, in disuso.
1.ditch /dɪtʃ/ n. fosso m., fossato m.
2.ditch /dɪtʃ/ tr. COLLOQ. **1** *(get rid of)* disfarsi di, sbarazzarsi di [*ally, machine*]; abbandonare [*system*]; annullare [*agreement*]; piantare, mollare [*girlfriend, boyfriend*] **2** AE *(evade)* sfuggire a [*police*] **3** *(crash-land)* ***to ~ a plane*** compiere un ammaraggio di fortuna **4** AE *(crash)* distruggere (di proposito) [*car*].
ditchwater /'dɪtʃwɔ:tə(r)/ n. ***as dull as ~*** noioso da morire.
1.dither /'dɪðə(r)/ n. COLLOQ. ***to be in a ~***, ***to be all of a ~*** essere inquieto, non sapere cosa fare.
2.dither /'dɪðə(r)/ intr. tergiversare, esitare (**about**, **over** su).
ditto /'dɪtəʊ/ **I** n. (pl. **~s**) AE copia f. **II** avv. COLLOQ. idem, pure, come sopra; ***the food is awful and ~ the nightlife*** il cibo fa schifo e la vita notturna idem *o* pure; ***"I'm fed up" - "~"*** COLLOQ. "sono stufo" - "io idem".
ditto marks n.pl. virgolette f. (per indicare una ripetizione).
diuretic /ˌdaɪjʊ'retɪk/ **I** agg. diuretico **II** n. diuretico m.
divan /dɪ'væn, AE 'daɪvæn/ n. divano m.
divan bed n. divano letto m.
1.dive /daɪv/ n. **1** *(plunge)* tuffo m. (anche SPORT) **2** *(swimming under sea)* immersione f. **3** *(of plane, bird)* picchiata f.; ***to take a ~*** FIG. [*prices*] precipitare **4** *(lunge)* ***to make a ~ for sth.*** lanciarsi *o* precipitarsi verso qcs. **5** COLLOQ. SPREG. *(bar)* bettola f.
2.dive /daɪv/ intr. (pass. **~d** BE, **dove** AE) **1** tuffarsi (**off**, **from** da; **down to** fino a) **2** [*plane, bird*] scendere in picchiata **3** *(as hobby)* fare immersioni, fare il sub; *(as job)* fare il sommozzatore **4** *(throw oneself)* ***to ~ under the bed*** tuffarsi sotto il letto.
▪ **dive for:** ***~ for [sth.]*** **1** [*diver*] tuffarsi in cerca di [*pearls*] **2** [*player*] tuffarsi su, verso [*ball*] **3** [*person*] tuffarsi, precipitarsi verso [*exit*]; ***to ~ for cover*** gettarsi a terra in cerca di riparo.
▪ **dive in** tuffarsi (anche FIG.).
dive-bomb /'daɪvbɒm/ tr. MIL. bombardare in picchiata.
diver /'daɪvə(r)/ ➧ **27** n. **1** tuffatore m. (-trice) **2** *(underwater)* sommozzatore m. (-trice); *(deep-sea)* palombaro m.
diverge /daɪ'vɜ:dʒ/ intr. [*interests, opinions*] divergere, differire, essere divergente; [*railway line, road*] dividersi, separarsi; ***to ~ from*** deviare da [*truth, norm*].
divergence /daɪ'vɜ:dʒəns/ n. divergenza f.
divergent /daɪ'vɜ:dʒənt/ agg. divergente.
diverse /daɪ'vɜ:s/ agg. **1** *(varied)* vario **2** *(different)* diverso.
diversify /daɪ'vɜ:sɪfaɪ/ **I** tr. diversificare **II** intr. diversificarsi.
diversion /daɪ'vɜ:ʃn, AE daɪ'vɜ:rʒn/ n. **1** *(of watercourse, traffic)* deviazione f.; *(of money)* storno m. **2** *(distraction)* diversivo m., distrazione f. **3** BE *(detour)* deviazione f. **4** ANT. *(entertainment)* divertimento m., svago m.
diversionary /daɪ'vɜ:ʃənərɪ, AE daɪ'vɜ:rʒənerɪ/ agg. [*tactic, attack*] diversivo, di diversione.
diversity /daɪ'vɜ:sətɪ/ n. diversità f.
divert /daɪ'vɜ:t/ **I** tr. **1** *(redirect)* deviare [*water, flow, traffic*] (**onto** verso; **through** per); dirottare [*flight, plane*] (**to** su); spostare [*resources, funds, manpower*] **2** *(distract)* distrarre, distogliere [*attention, person*]; spostare, dirottare [*efforts, conversation*] **II** intr. ***to ~ to*** deviare su.
divest /daɪ'vest/ tr. FORM. ***to ~ sb. of sth.*** *(of power, rights etc.)* privare *o* spogliare qcn. di qcs.; *(of robes, regalia)* svestire *o* spogliare qcn. di qcs.
1.divide /dɪ'vaɪd/ n. **1** *(split)* divisione f.; ***the North-South ~*** la divisione tra Nord e Sud **2** FIG. *(watershed)* spartiacque m.
2.divide /dɪ'vaɪd/ **I** tr. **1** *(split into parts)* dividere, suddividere [*food, money, work*] **2** *(share)* suddividere, spartire [*time, attention*] (**between** tra) **3** *(separate)* separare (**from** da) **4** *(cause disagreement)* dividere [*friends, group*] **5** GB POL. fare votare [*House*] **6** MAT. dividere [*number*]; ***to ~ 2 into 14*** dividere 14 per 2 **II** intr. **1** [*road, river*] dividersi in due; [*group*] dividersi, suddividersi; [*cell, organism*] dividersi **2** GB POL. [*House*] dividersi per votare **3** MAT. essere divisibile.
▪ **divide out:** ***~ [sth.] out***, ***~ out [sth.]*** distribuire.
▪ **divide up:** ***~ [sth.] up***, ***~ up [sth.]*** dividere, ripartire (**among** tra).
dividend /'dɪvɪdend/ n. **1** ECON. *(share)* dividendo m.; ***to pay ~s*** pagare i dividendi; FIG. rivelarsi fruttuoso, rendere **2** FIG. *(bonus)* vantaggio m., bonus m.; ***peace ~*** POL. vantaggi portati dalla pace **3** MAT. dividendo m.
divider /dɪ'vaɪdə(r)/ n. *(in room)* tramezzo m., divisorio m.; *(in file)* intercalato m.
dividers /dɪ'vaɪdəz/ n.pl. compasso m.sing. a punte fisse.
dividing /dɪ'vaɪdɪŋ/ agg. [*wall, fence*] divisorio.
dividing line n. linea f. di demarcazione.
divination /ˌdɪvɪ'neɪʃn/ n. divinazione f.
1.divine /dɪ'vaɪn/ agg. **1** [*intervention*] divino **2** COLLOQ. *(wonderful)* divino, magnifico.
2.divine /dɪ'vaɪn/ tr. **1** LETT. *(intuit)* divinare, predire **2** *(dowse)* scoprire con la rabdomanzia.
divinely /dɪ'vaɪnlɪ/ avv. **1** [*revealed*] da Dio **2** COLLOQ. [*dance, smile*] divinamente.
diving /'daɪvɪŋ/ n. **1** *(from board)* tuffi m.pl. **2** *(under sea)* immersione f., immersioni f.pl.
diving bell n. campana f. subacquea.
diving board n. trampolino m.
diving suit n. scafandro m. (da palombaro).
divining rod n. bacchetta f. da rabdomante.
divinity /dɪ'vɪnətɪ/ n. *(deity)* divinità f.; *(theology)* teologia f.
divisible /dɪ'vɪzəbl/ agg. divisibile (**by** per).
division /dɪ'vɪʒn/ n. **1** *(splitting)* divisione f. (anche BIOL. BOT. MAT.) **2** *(of one thing)* ripartizione f., suddivisione f.; *(of several things)* distribuzione f.; ***~ of labour*** divisione del lavoro **3** MIL. MAR. divisione f.; AMM. circoscrizione f. **4** COMM. *(sector)* divisione f., settore m.; *(department)* reparto m., servizio m. **5** *(in football)* serie f., divisione f. **6** *(dissent)* divisione f., disaccordo m. **7** *(in container)* compartimento m. **8** GB POL. = nel parlamento britannico, operazione di voto in cui coloro che sono a favore si schierano da una parte e quelli che sono contrari dall'altra **9** AE UNIV. istituto m.
divisional /dɪ'vɪʒənl/ agg. MIL. SPORT di divisione.
divisive /dɪ'vaɪsɪv/ agg. [*policy*] che crea divisione; ***to be socially ~*** creare una divisione sociale.
divisor /dɪ'vaɪzə(r)/ n. MAT. divisore m.
1.divorce /dɪ'vɔ:s/ n. divorzio m. (anche FIG.); ***to ask for a ~*** chiedere il divorzio; ***to file*** o ***sue for ~*** DIR. intentare un'azione di divorzio.
2.divorce /dɪ'vɔ:s/ tr. **1** ***to ~*** divorziare da [*husband, wife*] **2** FIG. separare, tenere separato, scindere; ***~d from reality*** distaccato dalla realtà.
divorcee /dɪˌvɔ:'si:/ n. divorziato m. (-a).
divulge /daɪ'vʌldʒ/ tr. divulgare.
Dixie /'dɪksɪ/ n.pr. (anche **Dixieland**) = gli stati del sud (degli Stati Uniti).
DIY n. BE (⇒ do-it-yourself) = fai da te, bricolage.
dizziness /'dɪzɪnɪs/ n. **U** vertigini f.pl., capogiro m.
dizzy /'dɪzɪ/ agg. **1** ***to make sb. ~*** fare venire *o* dare le vertigini a qcn.; ***to suffer from ~ spells*** soffrire di vertigini, avere giramenti di testa; ***to feel ~*** avere la testa che gira; ***to be ~ with*** essere ebbro di, stordito da [*delight, surprise*] **2** [*height*] vertiginoso **3** *(scatter-brained)* stupido, sciocco.
DJ n. **1** (⇒ disc jockey disc jockey) DJ m. e f. **2** BE (⇒ dinner jacket) = smoking.

1.do

- The direct Italian equivalent of the verb *to do* in *subject + to do + object sentences* is *fare*:

she's doing her homework = sta facendo i compiti
what are you doing? = che cosa stai facendo?
what has he done with the newspaper? = che cosa ha fatto del giornale?

Italian *fare* functions in very much the same way as *to do* does in English, and it is safe to assume it will work in the great majority of cases. For the conjugation of the verb *fare*, see the Italian verb tables.

- In some cases, however, *do* cannot be translated by *fare*:

I must do my hair = devo pettinarmi
that will do, James = può bastare, James
thank you that won't do! = grazie così non va!
I like my steak well done = la bistecca mi piace ben cotta
how do you do? = piacere!

Note that *(non c'è) niente da fare* is the only translation of *there is nothing to do* (meaning *one gets bored*), *there is nothing to be done* (meaning *there is no help for it*), and *nothing doing!* (meaning *refusal*).

GRAMMATICAL FUNCTIONS

- ***In questions***

In Italian there is no use of an auxiliary verb in questions equivalent to the use of *do* in English. In principle, there is no structural difference between a declarative and an interrogative sentence, and there is no fixed order for the words in an interrogative sentence; in order to ask a question, Italian depends almost entirely on the intonation of the voice (and, of course, on the question mark in written texts); compare the following sentences:

Lucia loves the English teacher = Lucia ama l'insegnante d'inglese
Does Lucia love the English teacher? = Lucia ama l'insegnante d'inglese?

Note, however, that the standard intonational pattern can be modified in English for semantic reasons, and the Italian word order and intonation can vary accordingly:

Does Lucia love the English teacher? (meaning Lucia, and not Maria etc.) = Lucia ama l'insegnante d'inglese? / è Lucia che ama l'insegnante d'inglese?
Does Lucia love the English teacher? (meaning love, and not hate etc.) = Lucia ama l'insegnante d'inglese?
Does Lucia love the English teacher? (meaning English, and not Spanish etc.) = Lucia ama l'insegnante d'inglese? / è l'insegnante d'inglese che Lucia ama?
Does Lucia love the English teacher? (meaning teacher, and not student etc.) = Lucia ama l'insegnante d'inglese? / è l'insegnante d'inglese che Lucia ama?

- ***In negatives***

Equally, auxiliaries are not used in negatives in Italian:

I don't like Chopin = Chopin non mi piace
you didn't feed the cat = non hai dato da mangiare al gatto
don't do that! = non farlo!

- ***In emphatic uses***

There is no verbal equivalent for the use of *do* in such expressions as *I do like your dress.* An Italian speaker will find another way, according to the context, of expressing the force of the English *do*. Here are a few useful examples:

I do like your dress = il tuo vestito mi piace davvero
I do hope she remembers = spero proprio che si ricordi
I do think you should see a doctor = penso sul serio che dovresti andare dal dottore
do be quiet! = ma stai tranquillo!
do tell me! = ti prego, dimmelo!

- ***When referring back to another verb***

In this case the verb *do* is only rarely translated by *fare* in Italian:

I don't esteem him any more than you do = non lo stimo più di quanto faccia tu
I don't like him any more than you do = non mi piace più di quanto piaccia a te
he said he would buy that sportscar and he did = disse che avrebbe comprato quella macchina sportiva, e lo fece davvero / e la comprò.
I live in Oxford and so does Lily = io abito a Oxford, e Lily pure
she gets paid more than I do = lei viene pagata più di me
I haven't written as much as I ought to have done = non ho scritto tanto quanto avrei dovuto
"I love strawberries" "so do I" = "mi piacciono le fragole" "anche a me"

- ***In polite requests***

In polite requests the phrase *La prego / prego* can often be used to render the meaning of *do:*

do sit down = si sieda, La prego / prego, si sieda / La prego di sedersi (very formal)
do have a piece of cake = prego, prenda / prendi una fetta di torta
"may I take a peach?" "yes, do" = "posso prendere una pesca?" "prego" / "sì, prego"

- ***In imperatives***

In Italian there is no use of an auxiliary verb in imperatives:

don't shut the door! = non chiudere la porta! / non chiuda la porta!
don't tell her anything = non dirle niente! / non le dica niente!

- ***In tag questions***

Italian has no direct equivalent of tag questions like *doesn't he?* or *didn't it?* There is a general tag question *è vero? / non è vero?* (literally *is it true? / isn't it true?*) which will work in many cases:

you like fish, don't you? = ti piace il pesce, non è vero?
he does not live in London, does he? = non abita a Londra, vero?

Note that *è vero?* is used for positive tag questions and *non è vero?* for negative ones. In colloquial Italian, the tag *no?* is also used: ti piace il pesce, no?

In many cases, however, the tag question is simply not translated at all and the speaker's intonation will convey the implied question.

- ***In short answers***

Again, there is no direct equivalent for short answers like *yes I do, no he doesn't* etc. Therefore, in response to standard enquiry, the tag will not be translated:

"do you like strawberries?" "yes I do" = "ti piacciono le fragole?" "sì"
"did you meet her?" "no I didn't" = "l'hai incontrata?" "no"

Where the answer *yes* is given to contradict a negative question or statement, or *no* to contradict a positive one, an intensifier – an adverb or a phrase – may be used together with *sì* e *no* in Italian:

"she does not speak Chinese" = "lei non parla il cinese!"
"yes she does!" "e invece sì!" (*or* "sì che lo parla!")
"didn't you betray her?" "no I didn't!" = "non l'hai tradita?" "ma no!" (*or* "no che non l'ho tradita!")
"you did break it!" "no I didn't!" = "l'hai rotto!" "ma no!" (*or* "no che non l'ho rotto!")

For more examples and particular usages, see the entry 1.do.

Djakarta /dʒə'kɑːtə/ ◗ *6* n.pr. Giacarta f.
Djibouti /dɪ'buːtɪ/ ◗ *6* n.pr. Gibuti f.
DNA **I** n. (⇒deoxyribonucleic acid acido desossiribonucleico) DNA m. **II** modif. [*testing*] del DNA.
1.do /*forma debole* də, *forma forte* duː/ **I** tr. (3ª persona sing. pres. **does**; pass. **did**; p.pass. **done**) **1** *(be busy)* fare [*washing up, ironing etc.*]; ***it all had to be done again*** era tutto da rifare; ***what can I ~ for you?*** che cosa posso fare per te, per lei? ***will you ~ something for me?*** faresti una cosa per me? **2** *(make smart)* ***to ~ sb.'s hair*** pettinare *o* acconciare qcn.; ***to ~ one's teeth*** lavarsi i denti; ***he's ~ing the living room in pink*** sta facendo il salotto rosa **3** *(finish)* fare [*job, military service*]; ***have you done complaining?*** COLLOQ. hai finito di lamentarti? ***tell him now and have done with it*** diglielo adesso e falla finita; ***it's as good as done*** è come se fosse già fatto; ***that's done it*** *(task successfully completed)* fatto; *(expressing dismay)* non ci mancava che questo **4** *(complete through study)* fare [*subject, medicine, homework*] **5** *(write)* fare [*translation, critique*] **6** *(effect change)* ***has she done something to her hair?*** ha fatto qualcosa ai capelli? ***I haven't done anything with your pen!*** non l'ho toccata, la tua penna! **7** *(hurt)* ***to ~ something to one's arm*** farsi qualcosa al braccio; ***I won't ~ anything to you*** non ti farò niente; ***I'll ~ you!*** COLLOQ. ti sistemo io! **8** COLLOQ. *(deal with)* ***they don't ~ theatre tickets*** non vendono *o* tengono biglietti per il teatro; ***to ~ breakfasts*** servire la colazione **9** *(cook)* fare, preparare [*sausages, spaghetti*]; *(prepare)* preparare [*vegetables*] **10** *(produce)* mettere in scena [*play*]; fare [*film, programme*] **11** *(imitate)* fare, imitare [*celebrity*] **12** *(travel at)* ***to ~ 60*** fare i 60 **13** *(cover distance of)* ***we've done 30 km*** abbiamo fatto 30 km **14** COLLOQ. *(satisfy needs of)* ***will this ~ you?*** ti basterà? **15** COLLOQ. *(cheat)* ***we've been done*** siamo stati fregati; ***to ~ sb. out of money*** scucire denaro a qcn. **16** COLLOQ. *(rob)* ***to ~ a bank*** fare una rapina in banca **17** COLLOQ. *(arrest, convict)* ***to get done for*** farsi beccare in [*illegal parking etc.*] **II** intr. (3ª persona sing. pres. **does**; pass. **did**; p.pass. **done**) **1** *(behave)* fare; ***~ as you're told*** *(by me)* fai quello che ti ho detto; *(by others)* fai quello che ti si dice **2** *(serve purpose)* ***that box will ~*** quella scatola andrà bene **3** *(be acceptable)* ***this really won't ~!*** *(as reprimand)* non si può andare avanti così! **4** *(be sufficient)* [*amount of money*] bastare; ***that'll ~!*** basta così! ne ho abbastanza! **5** *(finish)* ***have you done?*** hai finito? **6** *(get on)* [*person*] riuscire; [*business*] andare bene; *(in health)* [*person*] migliorare **III** aus. (3ª persona sing. pres. **does**; pass. **did**; p.pass. **done**) **1** *(with questions, negatives)* ***did you take my pen?*** hai preso la mia penna? ***didn't he look wonderful!*** non era stupendo? **2** *(for emphasis)* ***so you ~ want to go after all!*** allora in fin dei conti ci vuoi andare! ***I ~ wish you'd let me help you*** vorrei proprio che mi permettessi di aiutarti **3** *(referring back to another verb)* ***he said he'd tell her and he did*** disse che glielo avrebbe detto e l'ha fatto; ***you draw better than I ~*** tu disegni meglio di me **4** *(in requests, imperatives)* ***~ sit down*** prego, si accomodi; ***"may I take a leaflet?" - "~"*** "posso prendere un dépliant?" - "prego"; ***~ shut up!*** stai zitto! chiudi il becco! ***don't you tell me what to ~!*** non dirmi che cosa devo fare! **5** *(in tag questions and responses)* ***he lives in France, doesn't he?*** vive in Francia, vero? ***"who wrote it?" - "I did"*** "chi l'ha scritto?" - "io"; ***"shall I tell him?" - "no don't"*** "devo dirglielo?" - "no, non farlo"; ***"he knows the President" - "does he?"*** "lui conosce il Presidente" - "davvero?"; ***so, neither does he*** anche, neanche lui **6** *(with inversion)* ***little did he think that*** non pensava minimamente che ♦ ***~ as you would be done by*** non fare agli altri quello che non vorresti fosse fatto a te; ***how ~ you ~*** piacere; ***it doesn't ~ to be*** non serve a niente essere; ***it was all I could ~ not to...*** era già tanto che non...; ***nothing ~ing!*** *(no way)* non se ne parla neanche! escluso! ***well done!*** ben fatto! bravo! ***what are you ~ing with yourself these days?*** che cosa combini in questi giorni?
■ **do away with:** ~ away with [sth.] abolire, eliminare [*procedure, custom, rule, feature*]; sopprimere [*bus service etc.*]; demolire [*building*]; ~ away with [sb.] COLLOQ. *(kill)* eliminare, fare fuori.
■ **do for** COLLOQ. ~ for [sb., sth.] *(kill)* [*illness*] distruggere [*person*]; ***I'm done for*** FIG. sono finito.
■ **do in** COLLOQ. ~ [sb.] in **1** *(kill)* fare fuori, togliere di mezzo **2** *(exhaust)* sfinire, stremare.
■ **do out** COLLOQ. ~ [sth.] out, ~ out [sth.] pulire, riordinare [*room*].
■ **do over:** ~ [sth.] over AE *(redo)* rifare [*work*]; ~ [sb.] over COLLOQ. menare, pestare.
■ **do up:** ~ up [*dress, coat*] abbottonarsi; ~ [sth.] up, ~ up [sth.] **1** *(fasten)* legare [*laces*]; chiudere [*zip*]; ***~ up your buttons*** abbottonati **2** *(wrap)* confezionare [*parcel*] **3** *(renovate)* restaurare, ristrutturare [*house, furniture*]; ~ oneself up farsi bello, aggiustarsi.
■ **do with:** ~ with [sth., sb.] **1** *(involve)* ***it has nothing to ~ with*** non ha niente a che fare con; ***what's it (got) to ~ with you?*** che cosa c'entri tu? *(concern)* ***it has nothing to ~ with you*** non ha nulla a che fare con te, non ti riguarda **2** *(tolerate)* sopportare; ***I can't ~ with all these changes*** non sopporto tutti questi cambiamenti **3** *(need)* ***I could ~ with a holiday*** avrei proprio bisogno di una vacanza **4** *(finish)* ***it's all over and done with*** è tutto finito; ***have you done with my pen?*** hai finito con la mia penna?
■ **do without:** ~ without [sb., sth.] fare a meno di, cavarsela senza [*person, advice etc.*].
2.do /dəʊ/ n. (pl. **~s**) BE COLLOQ. festa f.; ***his leaving ~*** la sua festa d'addio ♦ ***it's a poor ~ if*** COLLOQ. non è carino che; ***all the ~s and don'ts*** tutto quello che si può e non si può fare.
3.do → **doh**.
d.o.b. n. (⇒date of birth) = data di nascita.
docile /'dəʊsaɪl, AE 'dɒsl/ agg. docile.
docility /dəʊ'sɪlətɪ/ n. docilità f.
1.dock /dɒk/ **I** n. **1** MAR. IND. dock m., bacino m.; *(for repairing ship)* darsena f. **2** AE *(wharf)* banchina f., molo m. **3** AE (anche **loading ~**) zona f. di carico **II docks** n.pl. MAR. IND. docks m., zona f.sing. portuale **III** modif. (anche **~s**) MAR. IND. [*area*] dei docks; [*strike*] dei portuali.
2.dock /dɒk/ **I** tr. **1** MAR. mettere in bacino [*ship*] **2** agganciare [*spaceship*] **II** intr. **1** MAR. [*ship*] *(come into dock)* entrare in porto, attraccare; *(moor)* accostare alla banchina, ormeggiarsi **2** [*spaceship*] agganciare, effettuare un docking.
3.dock /dɒk/ n. BE DIR. banco m. degli imputati.
4.dock /dɒk/ tr. **1** VETER. mozzare la coda a [*dog, horse*]; mozzare [*tail*] **2** BE *(reduce)* diminuire, tagliare [*wages*]; togliere [*marks*].
5.dock /dɒk/ n. BOT. romice f.
docker /'dɒkə(r)/ ◗ *27* n. scaricatore m. (-trice) di porto, portuale m. e f.
1.docket /'dɒkɪt/ n. **1** COMM. AMM. *(label)* etichetta f., cartellino m.; *(customs certificate)* ricevuta f. doganale **2** AE *(list)* registro m.
2.docket /'dɒkɪt/ tr. COMM. etichettare, mettere il cartellino a [*parcel, package*].
docking /'dɒkɪŋ/ n. *(of ship)* attracco m., ormeggio m.; *(of spaceship)* docking m., agganciamento m.
dockworker /'dɒk,wɜːkə(r)/ ◗ *27* n. scaricatore m. (-trice) di porto, portuale m. e f.
dockyard /'dɒkjɑːd/ n. cantiere m. navale, arsenale m.
1.doctor /'dɒktə(r)/ ◗ *27, 9* n. **1** medico m., dottore m. (-essa); ***to be under a ~*** BE essere in cura da un dottore **2** UNIV. dottore m. ♦ ***that's just what the ~ ordered!*** è proprio quel che ci vuole!
2.doctor /'dɒktə(r)/ tr. **1** *(tamper with)* adulterare [*food, wine*]; falsare, truccare [*figures*]; falsificare [*document*] **2** BE VETER. castrare [*animal*].
doctorate /'dɒktərət/ n. dottorato m.
Doctor of Philosophy n. = (diploma di) dottore in discipline umanistiche (con specializzazione post-laurea).
doctor's note n. certificato m. medico.
doctrinaire /,dɒktrɪ'neə(r)/ agg. dottrinario, dogmatico.
doctrinal /dɒk'traɪnl, AE 'dɒktrɪnl/ agg. dottrinale.
doctrine /'dɒktrɪn/ n. dottrina f.
docudrama /'dɒkjʊ,drɑːmə/ n. film m. verità.
1.document /'dɒkjʊmənt/ n. documento m.; DIR. atto m.; ***travel, identity ~s*** documenti di viaggio, d'identità; ***policy ~*** POL. documento programmatico.
2.document /'dɒkjʊmənt/ tr. **1** *(give account of)* documentare, attestare [*development, events*]; ***this period is not***

well ~ed questo periodo non è ben documentato **2** *(support, prove with documents)* documentare, provare [*case, claim*].
documentary /ˌdɒkjʊˈmentrɪ, AE -terɪ/ **I** n. documentario m. **II** agg. [*technique, source*] documentario; ***~ evidence*** DIR. prova documentaria; *(in historical research)* testimonianze documentarie.
documentation /ˌdɒkjʊmenˈteɪʃn/ n. **U** documentazione f.
document case n. valigetta f. (portadocumenti).
document holder n. cartellina f. (portadocumenti).
document retrieval n. INFORM. ricerca f. di documenti.
document wallet n. portadocumenti m.
docusoap /ˈdɒkjʊsəʊp/ n. = programma che mostra in forma documentaristica aspetti della vita quotidiana di gente comune.
dodder /ˈdɒdə(r)/ intr. *(totter)* vacillare, barcollare.
doddering /ˈdɒdərɪŋ/, **doddery** /ˈdɒdərɪ/ agg. **1** *(unsteady)* tremante, malfermo **2** *(senile)* decrepito, rimbambito.
doddle /ˈdɒdl/ n. BE COLLOQ. ***it's a ~*** è una bazzecola.
1.dodge /dɒdʒ/ n. **1** *(movement)* schivata f., scivolata f.; SPORT schivata f., scatto m. laterale **2** BE COLLOQ. *(trick)* espediente m., stratagemma m.
2.dodge /dɒdʒ/ tr. schivare [*bullet, blow*]; sfuggire a [*pursuers*]; FIG. schivare, scansare [*difficult question*]; sottrarsi a [*confrontation, accusation*]; evadere [*tax*]; sfuggire a, evitare [*person*]; ***to ~ the issue*** evitare la questione; ***to ~ military service, to ~ the draft*** AE imboscarsi.
dodgem /ˈdɒdʒəm/ n. BE (anche **~ car**) autoscontro m.
dodger /ˈdɒdʒə(r)/ n. *(trickster)* imbroglione m. (-a); ***tax ~*** evasore fiscale; ***draft ~*** AE renitente (alla leva).
dodgy /ˈdɒdʒɪ/ agg. BE COLLOQ. **1** *(untrustworthy)* [*person*] inaffidabile, poco raccomandabile; [*business, method*] sospetto **2** *(risky)* [*decision, investment*] rischioso; [*situation, moment*] delicato; [*finances*] precario; [*weather*] instabile.
doe /dəʊ/ n. ZOOL. *(of deer, rabbit, hare)* femmina f.
DOE n. **1** GB (⇒ Department of the Environment) = ministero dell'ambiente **2** US (⇒ Department of Energy) = dipartimento dell'energia.
does /dʌz, dəz/ 3ª persona sing. pres. → **1.do**.
doesn't /ˈdʌznt/ contr. does not.
doff /dɒf, AE dɔːf/ tr. ANT. togliersi, levarsi [*hat*].
1.dog /dɒg, AE dɔːg/ **I** n. **1** ZOOL. cane m.; *(female)* cagna f. **2** *(male fox, wolf, etc.)* maschio m. **3** COLLOQ. *(person)* ***you lucky ~!*** che culo! che fondello! **II dogs** n.pl. BE COLLOQ. ***the ~s*** le corse dei cani ♦ ***it's ~ eat ~*** mors tua vita mea; ***every ~ has its day*** per tutti arriva il momento giusto, ognuno ha il suo momento di gloria; ***give a ~ a bad name (and hang him)*** PROV. = nulla è più dannoso della calunnia; ***love me, love my ~*** bisogna prendermi come sono; ***to go and see a man about a ~*** EUFEM. SCHERZ. *(relieve oneself)* = andare in bagno; *(go on unspecified business)* = avere un affare urgente da sbrigare; ***they don't have a ~'s chance*** non hanno la benché minima possibilità (di successo); ***it's a ~'s life*** è una vita da cani; ***to go to the ~s*** COLLOQ. andare in malora *o* rovina; ***it's a real ~'s breakfast!*** COLLOQ. è un vero casino *o* pasticcio!
2.dog /dɒg, AE dɔːg/ tr. (forma in -ing ecc. **-gg-**) **1** *(follow)* seguire, pedinare [*person*]; ***to ~ sb.'s footsteps*** essere sulle orme di qcn. **2** *(plague)* ***to be ~ged by misfortune*** essere perseguitato dalla sfortuna.
dog breeder ➧ **27** n. allevatore m. (-trice) di cani.
dog-catcher /ˈdɒgˌkætʃə(r), AE ˈdɔːg-/ ➧ **27** n. accalappiacani m. e f.
dog collar n. **1** collare m. da cane **2** COLLOQ. SCHERZ. *(clergyman's collar)* collare m. da prete.
dog days n.pl. **1** *(hot weather)* canicola f.sing. **2** FIG. *(slack period)* periodo m.sing. morto.
dog-eared /ˈdɒgˌɪəd, AE ˈdɔːg-/ agg. [*pages*] con le orecchie.
dog-end /ˌdɒgˈend, AE ˌdɔːg-/ n. COLLOQ. mozzicone m. (di sigaretta), cicca f.
dogfight /ˈdɒgfaɪt, AE ˈdɔːg-/ n. **1** combattimento m. tra cani **2** MIL. AER. combattimento m. aereo.
dogfish /ˈdɒgfɪʃ, AE ˈdɔːg-/ n. (pl. **~**, **~es**) pescecane m.
dogged /ˈdɒgɪd, AE ˈdɔːgɪd/ **I** p.pass. → **2.dog II** agg. [*attempt*] caparbio, ostinato; [*persistence*] tenace; [*refusal*] ostinato; [*resistance*] tenace, accanito; [*person*] tenace, caparbio, ostinato.
doggy /ˈdɒgɪ, AE ˈdɔːgɪ/ **I** n. COLLOQ. (anche **doggie**) cagnolino m. **II** agg. [*odour*] di cane.
doggy bag n. = sacchetto degli avanzi che si portano a casa dal ristorante per il cane.
doggy paddle COLLOQ. → **dog paddle**.
dog handler ➧ **27** n. poliziotto m. (-a) di unità cinofila.
doghouse /ˈdɒghaʊs, AE ˈdɔːg-/ n. AE *(for dog)* cuccia f.; *(for several dogs)* canile m. ♦ ***to be in the ~*** COLLOQ. essere caduto in disgrazia.
dog in the manger n. = chi impedisce agli altri di godere di ciò che a lui non serve.
dogma /ˈdɒgmə, AE ˈdɔːgmə/ n. (pl. **~s**, **-ata**) dogma m.
dogmatic /dɒgˈmætɪk, AE dɔːg-/ agg. dogmatico.
dogmatism /ˈdɒgmətɪzəm, AE ˈdɔːg-/ n. dogmatismo m.
do-gooder /duːˈgʊdə(r)/ n. COLLOQ. SPREG. benefattore m. (-trice), filantropo m. (-a).
dog paddle n. nuoto m. a cagnolino.
dogsbody /ˈdɒgzbɒdɪ, AE ˈdɔːg-/ n. BE COLLOQ. (anche **general ~**) *(person)* bestia f. da soma.
dog tag n. AE COLLOQ. = piastrina di riconoscimento dei militari americani.
dog-tired /ˌdɒgˈtaɪəd, AE ˌdɔːg-/ agg. COLLOQ. stanco morto, distrutto.
dog-tooth check /ˈdɒgtuːθˌtʃek, AE ˈdɔːg-/ **I** n. pied-de-poule m. **II** agg. pied-de-poule.
doh /dəʊ/ n. MUS. do m.
doily /ˈdɔɪlɪ/ n. centrino m., sottocoppa f.
doing /ˈduːɪŋ/ **I** n. ***this is her ~*** è opera sua, è stata lei; ***it's none of my ~*** non è opera mia, non sono stato io; ***it takes some ~!*** ci vuole del bello e del buono! **II doings** n.pl. *(actions)* azioni f., imprese f.; *(events)* avvenimenti m., eventi m.
do-it-yourself /ˌduːɪtjɔːˈself/ n. fai da te m., bricolage m.
doldrums /ˈdɒldrəmz/ n.pl. **1** METEOR. zona f.sing. delle calme equatoriali **2** FIG. ***to be in the ~*** [*person*] essere malinconico, essere depresso; [*economy, company*] essere in crisi, essere in un periodo di stagnazione.
dole /dəʊl/ n. BE COLLOQ. sussidio m. di disoccupazione; ***to be on the ~*** percepire il sussidio di disoccupazione.
doleful /ˈdəʊlfl/ agg. dolente, addolorato.
dole out tr. distribuire (in piccole quantità).
dole queue n. BE **1** = coda per ritirare il sussidio di disoccupazione **2** FIG. (anche **~s**) numero m. dei disoccupati.
doll /ˈdɒl, AE dɔːl/ n. **1** bambola f. **2** COLLOQ. *(pretty girl)* pupa f., bambola f.
dollar /ˈdɒlə(r)/ ➧ **7** n. dollaro m. ♦ ***the 64 thousand ~ question*** la domanda da un milione di dollari.
dollar bill n. banconota f., biglietto m. da un dollaro.
dollar diplomacy n. = politica di incoraggiamento degli investimenti all'estero.
dollar sign n. simbolo m. del dollaro.
dollop /ˈdɒləp/ n. COLLOQ. *(of food)* piccola quantità f., cucchiaiata f.; FIG. pizzico m.
doll up tr. COLLOQ. vestire con ricercatezza, agghindare [*person*]; ornare, adornare [*room, house*].
dolly /ˈdɒlɪ, AE ˈdɔːlɪ/ n. **1** COLLOQ. bambola f., bambolina f. **2** *(mobile platform)* carrello m., piattaforma f. mobile; CINEM. TELEV. dolly m. **3** AE FERR. locomotiva f. a scartamento ridotto.
dolomite /ˈdɒləmaɪt/ n. *(mineral)* dolomite f.
Dolomites /ˈdɒləmaɪts/ n.pr.pl. ***the ~*** le Dolomiti.
dolphin /ˈdɒlfɪn/ n. ZOOL. delfino m.
dolt /dəʊlt/ n. SPREG. stupido m. (-a), stolto m. (-a).
domain /dəʊˈmeɪn/ n. **1** dominio m. (anche MAT. INFORM.) **2** *(field of knowledge)* campo m., settore m.
domain name n. INFORM. nome m. di dominio.
dome /dəʊm/ n. ARCH. cupola f., volta f.
domed /dəʊmd/ agg. **1** [*skyline, city*] ricco di cupole, con cupole **2** [*roof, ceiling*] a volta **3** [*helmet*] a cupola **4** [*forehead*] bombato.
domestic /dəˈmestɪk/ agg. **1** POL. *(home)* [*market, affairs, flight, price*] interno, nazionale; [*consumer*] nazionale; [*crisis, issue*] di politica interna **2** *(of house)* [*activity, animal*] domestico **3** *(family)* [*life, harmony*] familiare, domestico; [*situation*] familiare; [*dispute*] coniugale.

domestically /də'mestɪklɪ/ avv. POL. [*produced*] nel paese, in patria; [*sold*] sul mercato interno.
domestic appliance n. elettrodomestico m.
domesticate /də'mestɪkeɪt/ tr. addomesticare [*animal*].
domesticated /də'mestɪkeɪtɪd/ **I** p.pass. → **domesticate II** agg. ***to be ~*** [*person*] amare la vita di casa.
domestic help n. collaboratore m. (-trice) familiare.
domesticity /ˌdɒmə'stɪsətɪ, ˌdəʊ-/ n. **1** *(home life)* vita f. domestica, vita f. familiare **2** *(household duties)* lavori m.pl. di casa, faccende f.pl. domestiche.
domestic science n. BE economia f. domestica.
domicile /'dɒmɪsaɪl/ n. AMM. DIR. domicilio m.
domiciled /'dɒmɪsaɪld/ agg. domiciliato.
domiciliary /ˌdɒmɪ'sɪlɪərɪ, AE -erɪ/ agg. **1** [*visit, care*] domiciliare, a domicilio **2** [*rights, information*] relativo al domicilio.
dominance /'dɒmɪnəns/ n. **1** *(domination)* dominio m. **2** *(numerical strength)* predominio m., preponderanza f. **3** BIOL. ZOOL. dominanza f.
dominant /'dɒmɪnənt/ **I** agg. dominante (anche BIOL. MUS.) **II** n. MUS. *(fifth note)* dominante f.
dominate /'dɒmɪneɪt/ **I** tr. dominare [*person, town, market*]; ***an area ~d by factories, shops*** un'area fortemente industrializzata, fortemente commerciale **II** intr. [*person*] dominare; [*issue, question*] predominare, prevalere.
domination /ˌdɒmɪ'neɪʃn/ n. dominazione f.
domineer /ˌdɒmɪ'nɪə(r)/ intr. tiranneggiare, spadroneggiare.
domineering /ˌdɒmɪ'nɪərɪŋ/ agg. [*person, behaviour*] dispotico, prepotente, tirannico; [*ways*] prepotente, da prepotente; [*tone*] imperioso, autoritario.
1.Dominican /də'mɪnɪkən/ ➧ ***18*** **I** agg. dominicano **II** n. dominicano m. (-a).
2.Dominican /də'mɪnɪkən/ **I** agg. domenicano **II** n. domenicano m.
Dominican Republic ➧ ***6*** n.pr. Repubblica f. Dominicana.
Dominic(k) /'dɒmɪnɪk/ n.pr. Domenico.
dominion /də'mɪnɪən/ n. **1** *(authority)* dominio m., sovranità f. (**over** su) **2** *(area ruled)* dominio m.
domino /'dɒmɪnəʊ/ ➧ ***10*** **I** n. (pl. **~s**) **1** GIOC. *(piece)* tessera f. del domino **2** STOR. *(cloak)* domino m.; *(eye mask)* maschera f. **II dominoes** n.pl. GIOC. domino m.sing.
domino effect n. effetto m. domino.
1.don /dɒn/ n. BE UNIV. docente m. e f. universitario (-a).
2.don /dɒn/ tr. (forma in -ing ecc. **-nn-**) LETT. indossare, mettere [*hat, gloves*].
Donald /'dɒnld/ n.pr. Donaldo.
donate /dəʊ'neɪt, AE 'dəʊneɪt/ **I** tr. donare [*money, kidney*] **II** intr. fare una donazione.
donation /dəʊ'neɪʃn/ n. donazione f.
done /dʌn/ **I** p.pass. → **1.do II** agg. *(acceptable)* ***it's not the ~ thing*** non si fa, non sta bene **III** inter. *(making deal)* d'accordo, affare fatto.
Don Juan /ˌdɒn'dʒu:ən/ **I** n.pr. Don Giovanni **II** n. FIG. dongiovanni m.
donkey /'dɒŋkɪ/ n. ZOOL. asino m., somaro m. (anche FIG.) ♦ ***she could talk the hind leg off a ~!*** parlava come una macchinetta! ***I've known him for ~'s years*** COLLOQ. lo conosco da un sacco di tempo.
donkey jacket n. = giaccone di stoffa impermeabile, usato soprattutto da addetti stradali ecc.
donkey work n. lavoro m. ingrato, faticoso.
donor /'dəʊnə(r)/ n. *(of organ, money)* donatore m. (-trice).
donor card n. tessera f. di donatore di organi.
Don Quixote /ˌdɒn'kwɪksət/ n.pr. Don Chisciotte.
don't /dəʊnt/ contr. do not.
1.doodle /'du:dl/ n. scarabocchio m., ghirigoro m.
2.doodle /'du:dl/ intr. scarabocchiare, fare scarabocchi.
1.doom /du:m/ n. *(death)* tragico destino m., destino m. di morte; *(unhappy destiny)* rovina f., catastrofe f.; ***a sense of impending ~*** un tragico presentimento.
2.doom /du:m/ tr. condannare [*person, project*] (**to** a); ***to be ~ed from the start*** essere destinato al fallimento fin dall'inizio.
doomsday /'du:mzdeɪ/ n. (giorno del) Giudizio m. Universale.
doomwatch /'du:mwɒtʃ/ n. *(in ecology)* catastrofismo m.
door /dɔ:(r)/ n. **1** porta f.; ***the ~ to the kitchen*** la porta della cucina; ***their house is a few ~s down*** abitano qualche casa più in là; ***behind closed ~s*** in segreto, a porte chiuse; ***to shut*** o ***close the ~ on sth.*** FIG. sbarrare la strada a qcs.; ***to slam the ~ in sb.'s face*** FIG. sbattere la porta in faccia a qcn. **2** AUT. porta f., portiera f.; FERR. porta f., sportello m. **3** *(entrance)* porta f., entrata f. ♦ ***to be at death's ~*** avere un piede nella fossa; ***to get a foot in the ~*** aprirsi la strada; ***to lay sth. at sb.'s ~*** imputare qcs. a qcn.; ***to show sb. the ~*** mettere qcn. alla porta.
door bell n. campanello m. della porta.
doorkeeper /'dɔ:ˌki:pə(r)/ ➧ ***27*** n. portinaio m. (-a), portiere m. (-a).
doorman /'dɔ:mən/ ➧ ***27*** n. (pl. **-men**) *(at hotel)* portiere m.; *(at cinema)* maschera f.
doormat /'dɔ:mæt/ n. **1** zerbino m. **2** FIG. *(person)* pezza f. da piedi.
door plate /'dɔ:pleɪt/ n. *(of doctor, lawyer)* targhetta f. (sulla porta).
doorstep /'dɔ:step/ n. **1** *(step)* gradino m. della porta **2** *(threshold)* soglia f.; ***on the*** o ***one's ~*** a due passi, sotto casa.
doorstop /'dɔ:stɒp/ n. fermaporta m.
door-to-door /ˌdɔ:tə'dɔ:/ **I** agg. [*salesman*] a domicilio; [*selling, canvassing*] porta a porta **II door to door** avv. [*sell*] porta a porta, a domicilio; ***it's 90 minutes ~*** sono 90 minuti (da una casa all'altra).
doorway /'dɔ:weɪ/ n. **1** *(frame)* vano m. della porta **2** *(entrance)* entrata f.; ***to shelter in a shop ~*** ripararsi nell'entrata di un negozio.
1.dope /dəʊp/ n. **1** COLLOQ. *(cannabis)* erba f., roba f. **2** COLLOQ. *(fool)* cretino m. (-a), tonto m. (-a), scemo m. (-a) **3** COLLOQ. *(information)* soffiata f. **4** *(varnish)* vernice f., rivestimento m.
2.dope /dəʊp/ tr. **1** *(give drug to)* drogare [*person*]; SPORT dopare, drogare [*horse, athlete*] **2** *(put drug in)* drogare [*food, drink*].
dope fiend n. COLLOQ. tossico m. (-a), drogato m. (-a).
dope test n. SPORT (controllo) antidoping m.
dope-test /'dəʊptest/ tr. SPORT sottoporre a (controllo) antidoping, fare l'antidoping a [*horse, athlete*].
dopey /'dəʊpɪ/ agg. COLLOQ. **1** *(silly)* stupido **2** *(not fully awake)* assonnato, intontito.
doping /'dəʊpɪŋ/ n. SPORT doping m.
dopy → **dopey**.
Dorian /'dɒrɪən/ n.pr. Doriano.
dorm /dɔ:m/ n. BE COLLOQ. (accorc. dormitory) dormitorio m.
dormant /'dɔ:mənt/ agg. **1** *(latent)* [*emotion, talent*] latente; ***to lie ~*** rimanere latente **2** [*volcano*] inattivo.
dormer /'dɔ:mə(r)/ n. (anche **~ window**) abbaino m., lucernario m.
dormitory /'dɔ:mɪtrɪ, AE -tɔ:rɪ/ **I** n. **1** BE dormitorio m. **2** AE UNIV. casa f., alloggio m. per studenti **II** modif. [*suburb, town*] dormitorio.
dormouse /'dɔ:maʊs/ n. (pl. **dormice**) ghiro m.
Dorothea /ˌdɒrə'θɪə/, **Dorothy** /'dɒrəθɪ/ n.pr. Dorotea.
dorsal /'dɔ:sl/ agg. dorsale.
dory /'dɔ:rɪ/ n. pesce m. san Pietro.
dosage /'dəʊsɪdʒ/ n. *(of drugs)* posologia f.
1.dose /dəʊs/ n. MED. dose f. (anche FIG.); ***a ~ of flu*** una brutta influenza; ***to catch a ~*** COLLOQ. prendere la gonorrea ♦ ***like a ~ of salts*** in quattro e quattr'otto.
2.dose /dəʊs/ tr. ***to ~ sb. with medicine*** somministrare una medicina a qcn.
doss /dɒs/ n. BE COLLOQ. ***it's a ~!*** facile!
doss down intr. COLLOQ. dormire.
dossier /'dɒsɪə(r), -ɪeɪ/ n. dossier m., incartamento m.
1.dot /dɒt/ n. punto m., puntino m.; *(in Internet and e-mail addresses)* punto m.; *(on fabric, wallpaper)* pallino m., pois m.; *"~, ~, ~"* "puntini, puntini, puntini", "puntini di sospensione" ♦ ***since the year ~*** COLLOQ. da secoli, da un sacco di tempo; ***at two on the ~*** alle due spaccate *o* in punto.
2.dot /dɒt/ tr. (forma in -ing ecc. **-tt-**) **1** *(in writing)* mettere un puntino su [*letter*] **2** GASTR. cospargere [*chicken, joint*] (**with** di, con) **3** *(be scattered along)* ***the coast is ~ted with fishing villages*** la costa è punteggiata di villaggi di pescatori.

dotage /'dəʊtɪdʒ/ n. ***to be in one's ~*** essere un vecchio rimbambito.
dot-com /'dɒtkɒm/ **I** n. = azienda che opera in Internet **II** modif. [*era, revolution*] di Internet, dot-com; [*society*] che opera in Internet.
dote /dəʊt/ intr. ***to ~ on sb., sth.*** amare alla follia, adorare qcn., qcs.; stravedere per qcn., qcs.
dot matrix printer n. stampante f. a matrice di punti.
dotted /'dɒtɪd/ **I** p.pass. → **2.dot II** agg. **1** [*fabric*] a pois, a pallini **2** MUS. [*note*] puntato.
dotted line n. linea f. tratteggiata; ***"tear along ~"*** "strappare lungo il tratteggio"; ***to sign on the ~*** firmare sulla linea tratteggiata.
dotty /'dɒtɪ/ agg. BE COLLOQ. [*person*] suonato, picchiato.
1.double /'dʌbl/ **I** agg. **1** *(twice as much)* [*portion, dose*] doppio **2** *(when spelling, giving number)* ***Anne is spelt with a ~ "n"*** Anne si scrive con due "n"; ***two ~ four*** due quattro quattro **3** *(dual, twofold)* ***with a ~ meaning*** a doppio senso **4** *(for two people or things)* [*sheet*] matrimoniale; [*garage*] doppio; [*ticket, invitation*] per due **II** avv. **1** *(twice)* il doppio, due volte tanto; ***she's ~ his age*** ha il doppio della sua età **2** [*fold, bend*] in due; ***to see ~*** vedere doppio.
2.double /'dʌbl/ **I** n. **1** ***I'll have a ~ please*** *(drink)* per me doppio, grazie **2** *(of person)* sosia m. e f.; CINEM. controfigura f.; TEATR. sostituto m. (-a) **3** GIOC. *(in bridge)* contre m.; *(in dominoes)* pariglia f. **II doubles** n.pl. *(in tennis)* doppio m.sing.; ***ladies', mixed ~s*** doppio femminile, misto ♦ ***on*** o ***at the ~*** di corsa, in fretta; MIL. a passo di corsa; ***~ or quits!*** *(in gambling)* lascia o raddoppia!
3.double /'dʌbl/ **I** tr. **1** *(increase twofold)* raddoppiare [*amount, rent etc.*]; moltiplicare per due [*number*] **2** (anche **~ over**) *(fold)* piegare in due [*blanket etc.*] **3** *(in spelling)* raddoppiare [*letter*] **4** *(in bridge)* contrare **II** intr. **1** [*sales, prices*] raddoppiare **2** ***to ~ for sb.*** CINEM. fare la controfigura di qcn.; TEATR. fare il sostituto di qcn. **3** *(serve dual purpose)* ***the sofa ~s as a bed*** il divano fa anche da letto.
▪ **double back** [*person*] ritornare sui propri passi, fare dietro front; [*road*] tornare indietro.
▪ **double up 1** *(bend one's body)* piegarsi in due; ***to ~ up with laughter*** piegarsi in due dalle risate **2** *(share sleeping accommodation)* dividere la stanza.
double-barrelled BE, **double-barreled** AE /ˌdʌbl'bærəld/ agg. [*gun*] a due canne; ***~ name*** BE cognome doppio.
double bass ▸ **17** n. contrabbasso m.
double bed n. letto m. a due piazze, letto m. matrimoniale.
double bend n. AUT. doppia curva f., curva f. a S.
double bill n. TEATR. = rappresentazione con due opere in programma; CINEM. → **double feature**.
double bluff n. = il dire la verità a qualcuno facendo credere che sia una bugia.
double boiler n. AE → **double saucepan**.
double-book /ˌdʌbl'bʊk/ **I** tr. ***to ~ a room, seat etc.*** = accettare la prenotazione di una camera, di un posto da due persone diverse **II** intr. [*hotel, airline, company*] *(as practice)* = accettare prenotazioni da due persone diverse.
double-breasted /ˌdʌbl'brestɪd/ agg. [*jacket*] (a) doppio petto.
double check n. secondo controllo m.
double-check /ˌdʌbl'tʃek/ tr. ricontrollare, controllare di nuovo [*figures*].
double chin n. doppio mento m., pappagorgia f.
double-click /ˌdʌbl'klɪk/ **I** tr. fare doppio clic su [*icon*] **II** intr. fare doppio clic (**on** su).
double cream n. BE GASTR. = panna molto densa.
1.double-cross /ˌdʌbl'krɒs/ n. COLLOQ. inganno m., doppio gioco m.
2.double-cross /ˌdʌbl'krɒs/ tr. COLLOQ. ingannare, fare il doppio gioco con [*person*].
double cuff n. polsino m. alla moschettiera.
double-dealing /ˌdʌbl'di:lɪŋ/ **I** n. doppiezza f., doppio gioco m. **II** agg. doppio, sleale.
double-decker /ˌdʌbl'dekə(r)/ n. **1** BE *(bus)* autobus m. a due piani **2** *(sandwich)* sandwich m. doppio.
double-declutch /ˌdʌbldi:'klʌtʃ/ intr. BE AUT. fare la doppietta.
double door n. (anche **~s**) porta f. a due battenti.
double Dutch n. COLLOQ. ***it's all ~ to me!*** per me è arabo!
double-edged /ˌdʌbl'edʒd/ agg. a doppio taglio (anche FIG.).
double entendre /ˌdu:blɑ:n'tɑ:ndrə/ n. *(word, phrase)* doppio senso m.
double entry n. AMM. partita f. doppia.
double fault n. *(in tennis)* doppio fallo m.
double feature n. CINEM. = spettacolo con due film di seguito.
double figures n.pl. ***to go into ~*** [*inflation*] raggiungere le due cifre, arrivare a un numero a due cifre.
double-fronted /ˌdʌbl'frʌntɪd/ agg. [*house*] = con finestre che si aprono su entrambi i lati dell'ingresso.
double glazing n. doppi vetri m.pl.
double-jointed /ˌdʌbl'dʒɔɪntɪd/ agg. [*person, limb*] snodato.
double knitting (wool) n. = filato di lana molto grosso.
double-lock /ˌdʌbl'lɒk/ tr. chiudere a doppia mandata [*door*].
double-park /ˌdʌbl'pɑ:k/ tr. e intr. parcheggiare in doppia fila.
double-quick /ˌdʌbl'kwɪk/ **I** agg. ***in ~ time*** in un attimo *o* baleno **II** avv. molto velocemente, in un baleno.
double room n. camera f. doppia.
double saucepan n. BE *(utensil)* bagnomaria m.
double-sided tape n. nastro m. biadesivo.
double spacing n. interlinea f. doppia.
double spread n. GIORN. articolo m., pubblicità f. su pagina doppia.
double standard n. ***to have ~s*** usare due pesi e due misure.
doublet /'dʌblɪt/ n. ABBIGL. farsetto m.
double take n. ***to do a ~*** reagire a scoppio ritardato.
double talk n. SPREG. linguaggio m. contorto, oscuro.
double time n. **1** ***to be paid ~*** ricevere una doppia paga, un doppio salario **2** AE MIL. passo m. di corsa.
double vision n. ***to have ~*** vedere doppio.
double whammy n. COLLOQ. doppia sfortuna f.
double yellow line n. (anche **~s**) = doppie strisce gialle che delimitano una zona dove è vietato parcheggiare.
doubling /'dʌblɪŋ/ n. *(of amount, size)* raddoppio m.; *(of letter)* raddoppiamento m.
doubly /'dʌblɪ/ avv. [*deprived*] due volte; [*difficult, disappointed, confident*] doppiamente; ***I made ~ sure that*** sono doppiamente sicuro che.
1.doubt /daʊt/ n. dubbio m.; ***there is no ~ (that)*** non c'è (alcun) dubbio (che); ***there is little ~ (that)*** è quasi *o* praticamente certo (che); ***there is some ~ about its authenticity*** ci sono alcuni dubbi circa la sua autenticità; ***there's (some) ~ as to whether he will be able to come*** non si sa se sarà in grado di venire; ***there is no ~ in my mind that I'm right*** sono sicuro di avere ragione; ***to have one's ~s about doing*** avere dubbi sul fare; ***no ~*** senza dubbio; ***to leave sb. in no ~ about sth.*** non lasciare a qcn. alcun *o* nessun dubbio riguardo qcs.; ***to be in ~*** [*outcome, project*] essere incerto, in forse; [*honesty, innocence*] essere dubbio; *(on particular occasion)* essere messo in dubbio; [*person*] essere in dubbio, avere *o* nutrire dei dubbi; ***if*** o ***when in ~*** nel dubbio; ***to be open to ~*** [*evidence, testimony*] dare adito a dubbi; ***to cast*** o ***throw ~ on sth.*** sollevare dubbi su qcs.; ***without (a) ~*** senza (alcun) dubbio, senza possibilità di dubbio; ***to prove sth. beyond (all) ~*** dimostrare qcs. al di là di ogni dubbio; ***without the slightest ~*** senza il minimo dubbio.
2.doubt /daʊt/ **I** tr. dubitare di, mettere in dubbio [*fact, ability, honesty*]; dubitare di [*person*]; ***I ~ it!*** ne dubito! ***to ~ (if*** o ***that*** o ***whether)*** dubitare che **II** intr. dubitare.
doubtful /'daʊtfl/ agg. **1** *(unsure)* [*person*] incerto, dubbioso; [*future, weather*] incerto; [*argument, result*] dubbio, discutibile, incerto; ***it is ~ if*** o ***that*** o ***whether*** è dubbio *o* è poco probabile che; ***I am ~ that*** o ***whether*** dubito che; ***to be ~ about doing*** essere incerto *o* in dubbio se fare; ***to be ~ about*** o ***as to*** essere scettico su, essere poco convinto di [*idea, explanation, plan*]; avere dei dubbi su, essere scettico su [*job, object, purchase*] **2** *(questionable)* [*character, past, activity, taste*] dubbio, discutibile.
doubtfully /'daʊtfəlɪ/ avv. **1** *(hesitantly)* [*speak*] con tono esitante, incerto; [*look, listen*] con aria esitante, incerta **2** *(with disbelief)* [*speak*] con tono dubbioso, scettico; [*look, listen*] con aria dubbiosa, scettica, perplessa.

doubting Thomas n. ***to be a ~*** essere come san Tommaso.
doubtless /ˈdaʊtlɪs/ avv. indubbiamente, senza dubbio.
1.douche /duːʃ/ n. MED. irrigazione f., lavaggio m.
2.douche /duːʃ/ tr. MED. fare irrigazioni, lavare.
dough /dəʊ/ n. **1** GASTR. pasta f., impasto m.; ***pizza ~*** pasta per la pizza **2** COLLOQ. *(money)* quattrini m.pl., grana f.
doughnut, **donut** AE /ˈdəʊnʌt/ n. bombolone m., ciambella f. (fritta).
doughty /ˈdaʊtɪ/ agg. ANT. valoroso, eroico.
doughy /ˈdəʊɪ/ agg. [*substance*] pastoso; [*bread*] soffice.
dour /dʊə(r)/ agg. [*person, expression*] arcigno, accigliato; [*landscape, mood*] cupo, triste; [*building*] austero.
douse /daʊs/ tr. bagnare [*person, room*]; gettare acqua su, spegnere [*flame*].
1.dove /dʌv/ n. ZOOL. colomba f. (anche POL.).
2.dove /dəʊv/ pass. AE → **2.dive**.
dovecot /ˈdʌvkɒt/, **dovecote** /ˈdʌvkəʊt/ n. colombaia f., piccionaia f.
1.dovetail /ˈdʌvteɪl/ n. ING. *(joint)* incastro m. a coda di rondine.
2.dovetail /ˈdʌvteɪl/ **I** tr. **1** ING. unire, collegare con un incastro a coda di rondine [*pieces*] **2** FIG. combinare, fare combaciare [*plans, policies, research, arguments*] (**with** con) **II** intr. (anche **~ together**) combinarsi, combaciare.
dowager /ˈdaʊədʒə(r)/ n. vedova f. titolata; SCHERZ. = vecchia signora dall'aspetto austero.
dowdy /ˈdaʊdɪ/ agg. [*woman*] trasandato, sciatto; [*clothes*] poco elegante; fuori moda; [*image*] trasandato, trascurato.
1.down /daʊn/ *Down* often occurs as the second element in verb combinations in English (*go down, fall down, get down, keep down, put down* etc.). For translations, consult the appropriate verb entry (**go**, **fall**, **get**, **keep**, **put** etc.). - When used after such verbs as *sit* or *lie*, *down* implies the action being done. Compare the following examples and their translations: *she is sitting* = lei siede / è seduta; *she is sitting down* = lei si siede / si sta sedendo. - For examples and further usages, see the entry below. avv. **1** *(from higher to lower level)* ***to go ~*** andare giù, scendere; ***to fall ~*** cadere (giù), crollare; ***to sit ~ on the floor*** sedersi per terra; ***I'm on my way ~*** sto scendendo; ***is Tim ~ yet?*** *(from upstairs)* è già sceso Tim? ***~!*** *(to dog)* a cuccia! ***"~"*** *(in crossword)* "verticali"; ***read ~ to the end of the paragraph*** leggi fino alla fine del paragrafo **2** *(indicating position at lower level)* ***~ below*** giù, in basso; *(when looking down from height)* laggiù; ***~ here*** quaggiù; ***two floors ~*** due piani sotto *o* più giù; ***it's on the second shelf ~*** è sul secondo scaffale partendo dall'alto; ***~ at the bottom of the lake*** giù in fondo al lago **3** *(indicating direction)* ***to go ~ to Naples*** andare (giù) a Napoli; ***~ in Brighton*** (giù) a Brighton; ***they live ~ south*** COLLOQ. vivono nel Sud **4** *(in a range, scale, hierarchy)* ***children from the age of 10 ~*** i bambini dai dieci anni in giù; ***from the sixteenth century ~ to the present day*** dal sedicesimo secolo (fino) ai giorni nostri **5** *(indicating loss of money etc.)* ***bookings are ~ by a half*** le prenotazioni si sono dimezzate, sono diminuite della metà; ***profits are well ~ on last year's*** i profitti sono nettamente inferiori a quelli dell'anno scorso; ***I'm £ 10 ~*** sono sotto di 10 sterline **6** *(indicating reduction)* ***to get one's weight ~*** dimagrire, perdere peso; ***to get the price ~*** far ridurre il prezzo; ***I'm ~ to my last cigarette*** non mi resta che una sigaretta; ***that's seven ~, three to go!*** fatti sette *o* via sette, ne restano tre! **7** *(on list, schedule)* ***you're ~ to speak next*** tu sei il prossimo a parlare; ***I've got you ~ for Thursday*** *(in appointment book)* le ho fissato un appuntamento per giovedì **8** *(incapacitated)* ***to be ~ with the flu*** avere l'influenza, essere a letto con l'influenza **9** SPORT ***to be two sets ~*** [*tennis player*] essere in svantaggio di due set **10** *(as deposit)* ***to pay £ 40 ~*** pagare 40 sterline in contanti **11** *(downwards)* ***face ~*** a faccia in giù *o* prono ♦ ***it's ~ to you to do it*** dipende da te farlo; ***~ with tyrants!*** abbasso i tiranni!
2.down /daʊn/ prep. **1** *(from higher to lower point)* ***to run ~ the hill*** scendere giù dalla collina correndo; ***did you enjoy the journey ~?*** hai fatto buon viaggio? ***~ town*** (giù) in città **2** *(at a lower part of)* ***they live ~ the road*** abitano più giù in questa strada; ***a few miles ~ the river from here*** qualche miglio più a valle; ***it's ~ the corridor to your right*** è in fondo al corridoio alla sua destra **3** *(along)* ***to go ~ the street*** andare lungo la strada; ***with buttons all ~ the front*** abbottonato sul davanti; ***he looked ~ her throat*** le ha guardato in gola **4** *(throughout)* ***~ the ages*** o ***centuries*** nel corso dei secoli.
3.down /daʊn/ agg. **1** COLLOQ. ***to feel ~*** sentersi giù, a terra **2** [*escalator*] che scende; BE [*train*] che va in provincia (dalla città principale) **3** INFORM. fuori uso, guasto.
4.down /daʊn/ tr. COLLOQ. **1** abbattere, buttare a terra [*person*]; abbattere [*plane*] **2** *(drink)* ***he ~ed his beer*** si è scolato *o* ha tracannato la sua birra.
5.down /daʊn/ n. ***to have a ~ on sb.*** COLLOQ. avercela con qcn.
6.down /daʊn/ n. **1** *(of birds)* piumino m. **2** *(of body, plants)* lanugine f., peluria f.
down-and-out /ˌdaʊnənˈaʊt/ n. (anche **~er**) vagabondo m. (-a); barbone m. (-a).
down-at-heel /ˌdaʊnətˈhiːl/ agg. scalcagnato, male in arnese.
downbeat /ˈdaʊnbiːt/ agg. COLLOQ. **1** *(pessimistic)* [*view*] pessimistico **2** *(laidback)* rilassato.
downcast /ˈdaʊnkɑːst, AE -kæst/ agg. **1** *(directed downwards)* [*look*] (rivolto) verso il basso; ***with ~ eyes*** con gli occhi bassi **2** *(dejected)* abbattuto, depresso.
downer /ˈdaʊnə(r)/ n. COLLOQ. **1** ***to be on a ~*** *(be depressed)* essere depresso, giù di corda **2** *(pill)* tranquillante m.
downfall /ˈdaʊnfɔːl/ n. caduta f., crollo m.; ***drink proved to be his ~*** il bere fu la causa della sua rovina.
downgrade /ˈdaʊngreɪd/ tr. **1** *(demote)* degradare, retrocedere [*employee*]; ***the hotel has been ~d to a guesthouse*** l'hotel è stato declassato a pensione **2** *(degrade)* sminuire l'importanza di, svilire [*task*].
downhearted /ˌdaʊnˈhɑːtɪd/ agg. abbattuto, scoraggiato.
downhill /ˌdaʊnˈhɪl/ **I** agg. [*path, road*] in discesa, in pendio, in pendenza **II** avv. ***to go ~*** [*path*] essere in discesa; [*person, vehicle*] andare in discesa; FIG. [*person*] *(in social status etc.)* essere in declino; *(in health)* andare peggiorando; ***from now on it's ~ all the way*** FIG. *(easy)* d'ora in poi è tutta discesa; *(disastrous)* da adesso inizia il declino.
downhill race n. (gara di) discesa f. (libera).
downhill skiing n. sci m. alpino.
down-in-the-mouth /ˌdaʊnɪnðəˈmaʊθ/ agg. COLLOQ. giù (di morale), giù di corda.
download /ˈdaʊnləʊd/ tr. INFORM. scaricare [*data, files*].
downloadable /daʊnˈləʊdəbl/ agg. INFORM. scaricabile.
downmarket /ˈdaʊnˌmɑːkɪt/ agg. [*products, hotel*] di livello medio-basso; [*area, newspaper, programme*] popolare.
down payment n. acconto m., anticipo m., caparra f.
downpipe /ˈdaʊnpaɪp/ n. BE pluviale m., doccia f.
downpour /ˈdaʊnpɔː(r)/ n. acquazzone m., rovescio m. di pioggia.
downright /ˈdaʊnraɪt/ **I** agg. [*insult*] bell'e buono; [*refusal*] chiaro; ***he's a ~ liar*** è un autentico bugiardo **II** avv. proprio, assolutamente; ***he's ~ stupid*** è davvero stupido.
downs /daʊnz/ n.pl. BE *(hills)* colline f.
downside /ˈdaʊnsaɪd/ n. COLLOQ. **1** svantaggio m., inconveniente m., lato m. negativo **2** **downside up** AE capovolto, sottosopra.
downspout /ˈdaʊnspaʊt/ n. AE → **downpipe**.
Down's syndrome ♦ *11* **I** n. sindrome f. di Down **II** modif. [*person*] down.
downstage /ˌdaʊnˈsteɪdʒ/ agg. e avv. verso la ribalta (**from** rispetto a).
downstairs /ˌdaʊnˈsteəz/ **I** avv. al piano inferiore, giù, di sotto; ***to go ~*** scendere (al piano) di sotto; ***a noise came from ~*** si sentì un rumore venire dal piano di sotto **II** agg. [*room*] al piano inferiore, di sotto; *(on ground-floor specifically)* al pianterreno; ***the ~ flat*** BE o ***apartment*** AE l'appartamento al pianterreno **III** n. pianterreno m.
downstream /ˈdaʊnstriːm/ agg. e avv. a valle (**of** di) (anche FIG.); ***to go ~*** scendere a valle, scendere seguendo la corrente.
downtime /ˈdaʊntaɪm/ n. **1** INFORM. tempo m. di fermo per guasto **2** AE *(in factory, workplace)* tempo m. di attesa, di inattività; tempo m. passivo.
down-to-earth /ˌdaʊntəˈɜːθ/ agg. [*person, approach*] realistico, concreto; ***she's very ~*** *(practical)* ha i piedi per terra; *(unpretentious)* è un tipo semplice *o* alla buona.

downtown /ˌdaʊnˈtaʊn/ **I** agg. AE del centro; **~ *New York*** il centro di New York **II** avv. AE in centro.

downtrend /ˈdaʊntrend/ n. ECON. tendenza f. al ribasso.

downtrodden /ˈdaʊnˌtrɒdn/ agg. [*person, country*] oppresso, calpestato.

downturn /ˈdaʊntɜːn/ n. *(in career)* svolta f. sfavorevole (**in** di); *(in economy, demand, profits, spending)* ribasso m., calo m., flessione f. (**in** di).

downward /ˈdaʊnwəd/ agg. [*movement, glance, stroke*] verso il basso; [*path*] in discesa; ***on the ~ path*** FIG. sulla via della rovina.

downwards /ˈdaʊnwədz/ avv. [*look*] in giù, verso il basso; [*gesture*] verso il basso; ***to slope ~*** digradare, scendere (**to** verso); ***read the list from the top ~*** leggete la lista dall'alto verso il basso, dalla cima verso il fondo; ***face ~*** a faccia in giù; ***from the 15th century ~*** dal quindicesimo secolo in poi.

downwind /ˌdaʊnˈwɪnd/ avv. sottovento.

downy /ˈdaʊnɪ/ agg. [*skin, cheek*] coperto di peluria; [*fruit*] coperto di peluria, vellutato.

dowry /ˈdaʊərɪ/ n. dote f. (anche FIG.).

1.dowse /daʊz/ tr. → **douse**.

2.dowse /daʊz/ intr. cercare con la bacchetta da rabdomante.

dowser /ˈdaʊzə(r)/ n. rabdomante m. e f.

doyen /ˈdɔɪən/ n. FORM. decano m.

doz ⇒ dozen dozzina.

1.doze /dəʊz/ n. sonnellino m., pisolino m.; ***to have a ~*** fare *o* schiacciare un pisolino.

2.doze /dəʊz/ intr. [*person, cat*] sonnecchiare, dormicchiare.

■ **doze off** *(momentarily)* assopirsi; *(to sleep)* addormentarsi.

dozen /ˈdʌzn/ n. **1** *(twelve)* dozzina f.; ***two ~ eggs*** due dozzine di uova; ***by the ~*** a dozzine **2** *(several)* ***I've told you a ~ times!*** te l'ho già detto dozzine di volte! ***~s of*** un sacco di [*people, things*].

dozy /ˈdəʊzɪ/ agg. sonnolento.

DPhil n. (⇒ Doctor of Philosophy) = (diploma di) dottore in discipline umanistiche (con specializzazione post-laurea).

DPP n. BE (⇒ Director of Public Prosecutions) = direttore della pubblica accusa.

Dr **1** ⇒ Doctor *(man)* dottore (dott., dr.); *(woman)* dottoressa (dott.ssa, dr.ssa) **2** ⇒ Drive viale, strada privata.

drab /dræb/ agg. [*colour*] smorto; [*lifestyle*] monotono, scialbo; [*building*] grigio, tetro.

drachma /ˈdrækmə/ ➧ **7** n. (pl. **~s, -ae**) dracma f., dramma f.

1.draft /drɑːft, AE dræft/ **I** n. **1** *(of letter, speech)* abbozzo m., bozza f.; *(of novel, play)* stesura f.; *(of contract, law)* bozza f., schema m., progetto m. **2** ECON. tratta f. (**on** su); ***to make a ~ on a bank*** spiccare una tratta su una banca **3** AE MIL. *(conscription)* coscrizione f., leva f. **4** AE → **draught** **II** modif. DIR. [*agreement, version*] preliminare; **~ *legislation*** progetto di legge.

2.draft /drɑːft, AE dræft/ tr. **1** preparare, abbozzare [*letter, speech*]; redigere la bozza, il progetto di [*contract, law*] **2** AE MIL. *(conscript)* arruolare (**into** in) **3** BE *(transfer)* distaccare [*personnel*] (**to** presso; **from** da) **4** SPORT selezionare, scegliere **5** AE *(choose)* ***to ~ sb. to do*** scegliere qcn. per fare.

■ **draft in** BE ~ in [sb.], ~ [sb.] in convocare, chiamare.

draft board n. AE MIL. commissione f. di leva.

draft card n. AE MIL. cartolina f. precetto.

draft dodger n. AE MIL. renitente m. alla leva.

draftee /ˌdrɑːfˈtiː, AE ˌdræfˈtiː/ n. AE MIL. coscritto m.

draftproof AE → **1.draughtproof, 2.draughtproof**.

draftsman /ˈdrɑːftsmən, AE ˈdræft-/ ➧ **27** n. AE (pl. **-men**) TECN. ART. → **draughtsman**.

draftsmanship AE → **draughtsmanship**.

drafty AE → **draughty**.

1.drag /dræg/ **I** n. **1** COLLOQ. *(bore)* barba f., lagna f.; ***Peter's a ~*** Peter è una lagna; ***what a ~!*** che barba! **2** AER. FIS. resistenza f. **3** COLLOQ. *(puff)* tiro m., tirata f.; ***to have a ~ on*** fare un tirata a **4** *(women's clothes worn by men)* abbigliamento m. da travestito; ***to dress up in ~*** travestirsi **5** COLLOQ. *(road)* ***the main ~*** la strada principale **II** modif. **1** TEATR. [*artist, show*] en travesti **2** AUT. SPORT [*race, racing*] di dragster.

2.drag /dræg/ **I** tr. (forma in -ing ecc. **-gg-**) **1** *(pull)* tirare, trascinare (**to, up to** fino a; **towards** verso); ***to ~ sth. along the ground*** trascinare qcs. per terra; ***to ~ sb. from*** tirare qcn. giù da [*chair, bed*]; ***to ~ sb. to*** trascinare qcn. a [*match*]; trascinare qcn. da [*dentist*]; ***to ~ sb. into*** trascinare qcn. in, dentro [*room*]; ***don't ~ my mother into this*** non tirare dentro mia madre, non coinvolgere mia madre in questo **2** *(search)* dragare [*river, pond*] **3** INFORM. trascinare [*icon*] **4** *(trail)* trascinare, strascicare; ***to ~ one's feet*** o ***heels*** strascicare i piedi; FIG. essere riluttante (**on** riguardo a), tirarla per le lunghe **II** intr. (forma in -ing ecc. **-gg-**) **1** *(go slowly)* [*hours, days*] trascinarsi; [*story, plot*] trascinarsi, procedere pesantemente **2** *(trail)* ***to ~ in*** [*hem, belt*] strisciare, strascicare nel [*mud*] **3** *(inhale)* ***to ~ on*** fare un tiro, una tirata a [*cigarette*] **III** rifl. ***to ~ oneself to*** trascinarsi (fino) a.

■ **drag along:** ~ [sth.] along trascinare.

■ **drag away:** ~ [sb.] away trascinare via (**from** da); ~ [oneself] away from [sth.] andarsene (di malavoglia) da [*party*].

■ **drag down:** ~ [sth.] down trascinare verso il basso [*level, standard*]; ***he ~ged me down with him*** FIG. mi ha trascinato con lui nella rovina.

■ **drag in:** ~ [sth.] in, ~ in [sth.] tirare in ballo, menzionare.

■ **drag on** protrarsi, andare per le lunghe.

■ **drag out:** ~ [sth.] out tirare per le lunghe, protrarre; ~ [sth.] out of sb. strappare a qcn. [*apology, truth*].

■ **drag up:** ~ [sth.] up, ~ up [sth.] tirare fuori [*secret*]; rinvangare [*past*].

drag lift n. SPORT skilift m.

dragnet /ˈdrægnet/ n. PESC. rete f. a strascico.

dragon /ˈdrægən/ n. **1** drago m., dragone m. **2** SPREG. SCHERZ. *(woman)* strega f., megera f., cerbero m.

dragonfly /ˈdrægənflaɪ/ n. libellula f.

1.dragoon /drəˈguːn/ n. MIL. dragone m.

2.dragoon /drəˈguːn/ tr. ***to ~ sb. into doing sth.*** costringere qcn. a fare qcs. con la forza.

1.drain /dreɪn/ n. **1** *(in street)* fognatura f., chiavica f.; ***to unblock the ~s*** spurgare i tombini **2** *(in building)* tubatura f.; *(pipe)* (tubo di) scarico m. **3** *(ditch)* canale m. di scolo **4** FIG. *(of people, skills, money)* perdita f., emorragia f.; ***to be a ~ on*** essere un salasso per [*profits, funds*] **5** MED. drenaggio m. ♦ ***to go down the ~*** COLLOQ. andare perso, essere buttato via, andare in fumo; ***that's £ 100 down the ~*** COLLOQ. sono 100 sterline buttate via.

2.drain /dreɪn/ **I** tr. **1** prosciugare, drenare [*land, lake*]; fare uscire liquido da, spurgare [*radiator, boiler*] **2** scolare [*pasta, canned food*] **3** FIG. esaurire, prosciugare [*resources*] **4** *(drink)* svuotare [*glass*]; scolarsi [*drink*] **5** [*river*] raccogliere le acque di [*area, basin*] **6** MED. drenare **II** intr. **1** [*liquid*] defluire, scolare (**out of, from** da); [*bath, radiator, sink*] svuotarsi; ***to ~ into*** scaricare (le acque) in [*sea, gutter*]; filtrare in [*soil*]; ***the blood*** o ***colour ~ed from her face*** sbiancò in volto **2** [*dishes, food*] scolare; ***to leave sth. to ~*** lasciare qcs. a scolare, a sgocciolare.

■ **drain away** scorrere via, defluire; FIG. esaurirsi.

■ **drain off:** ~ off scorrere via; ~ [sth.] off, ~ off [sth.] fare defluire, fare scorrere via.

drainage /ˈdreɪnɪdʒ/ **I** n. **1** *(of land)* bonifica f., prosciugamento m., drenaggio m. **2** MED. drenaggio m. **3** *(system of pipes, ditches)* rete f. fognaria **II** modif. [*channel, pipe*] di scolo, di drenaggio.

drainer /ˈdreɪnə(r)/ n. scolapiatti m. da appoggiare sul lavello.

draining board n. scolatoio m. (del lavello).

drainpipe /ˈdreɪnpaɪp/ n. *(for rain water)* pluviale m., doccia f.; grondaia f.; *(for waste water, sewage)* (canale, tubo di) scarico m.

drake /dreɪk/ n. maschio m. dell'anatra.

dram /dræm/ n. SCOZZ. COLLOQ. *(drink)* goccio m., bicchierino m.

drama /ˈdrɑːmə/ **I** n. **1** *(genre)* teatro m.; TELEV. RAD. *(as opposed to documentary programmes)* fiction f. **2** *(acting, directing)* arte f. drammatica **3** *(play)* dramma m.; TELEV. RAD. fiction f. **4** U *(excitement)* ***her life was full of ~*** la sua vita è stata piena di emozioni **II** modif. [*school, course, student*] d'arte drammatica, di teatro; **~ *critic*** critico teatrale; **~ *documentary*** TELEV. film verità.

dramatic /drəˈmætɪk/ agg. **1** [*literature, art, irony, effect*] drammatico; [*gesture, entrance, exit*] teatrale, plateale **2** *(tense, exciting)* [*situation, event*] drammatico, emozionante **3** *(sudden)* [*change, impact*] radicale; [*landscape*] spettacolare.

dramatically /drə'mætɪklɪ/ avv. **1** *(radically)* radicalmente **2** *(causing excitement)* in modo spettacolare **3** LETTER. TEATR. teatralmente, dal punto di vista teatrale **4** *(theatrically)* [*gesture, pause*] in modo teatrale.

dramatics /drə'mætɪks/ n.pl. + verbo sing. o pl. **1** arte f.sing. drammatica **2** SPREG. comportamento m.sing. teatrale, plateale.

dramatist /'dræmətɪst/ ➧ *27* n. drammaturgo m. (-a).

dramatization /ˌdræmətaɪ'zeɪʃn, AE -tɪ'z-/ n. **1** *(version)* *(of novel, event)* drammatizzazione f. **2** *(technique)* *(for stage)* adattamento m., riduzione f. teatrale; *(for screen)* adattamento m. televisivo, cinematografico **3** *(exaggeration)* esagerazione f.

dramatize /'dræmətaɪz/ tr. **1** *(adapt)* TEATR. drammatizzare, ridurre in forma di dramma; CINEM. TELEV. adattare per lo schermo; RAD. adattare per la radio **2** *(enact, depict)* rappresentare, dipingere **3** *(make dramatic)* rendere drammatico; SPREG. drammatizzare, esagerare.

drank /dræŋk/ pass. → **2.drink**.

1.drape /dreɪp/ n. **1** gener. pl. AE *(curtain)* tende f.pl., tendaggi m.pl. **2** *(of fabric)* drappeggio m.

2.drape /dreɪp/ tr. ***to ~ sth. with sth., to ~ sth. over sth.*** drappeggiare, coprire qcs. con qcs.; ***~d in sth.*** avvolto in qcs.

draper /'dreɪpə(r)/ ➧ *27* n. BE negoziante m. e f. di stoffe, di tessuti.

drapery /'dreɪpərɪ/ n. **1** *(decorative)* drappeggi m.pl. **2** *(fabrics)* stoffe f.pl.

drastic /'dræstɪk/ agg. [*policy, measure, reduction, remedy*] drastico; [*effect*] catastrofico; [*change*] radicale, drastico.

drastically /'dræstɪklɪ/ avv. drasticamente; ***things went ~ wrong*** le cose sono andate malissimo.

draught BE, **draft** AE /drɑ:ft, AE dræft/ **I** n. **1** *(cold air)* corrente f. (d'aria), spiffero m. **2** *(in fireplace)* tiraggio m. **3** ***on ~*** [*beer etc.*] alla spina **4** *(of liquid)* sorso m.; *(of air)* boccata f.; ***in a single ~*** in un solo sorso **5** *(of ship)* pescaggio m. **6** BE GIOC. *(piece)* pedina f. (della dama) **II** modif. **1** [*beer etc.*] alla spina **2** [*animal*] da tiro ♦ ***to feel the ~*** COLLOQ. sentirne gli effetti.

draughtboard /'drɑ:ftbɔ:d, AE 'dræft-/ n. BE scacchiera f.

1.draughtproof BE, **draftproof** AE /'drɑ:ftpru:f, AE 'dræft-/ agg. antispifferi.

2.draughtproof BE, **draftproof** AE /'drɑ:ftpru:f, AE 'dræft-/ tr. isolare (dalle correnti d'aria) [*door, window*].

draughts /drɑ:fts, AE dræfts/ ➧ *10* n. + verbo sing. BE gioco m. della dama, dama f.

draughtsman BE, **draftsman** AE /'drɑ:ftsmən, AE 'dræft-/ ➧ *27* n. (pl. **-men**) **1** TECN. disegnatore m. tecnico; progettista m. **2** ART. disegnatore m. **3** BE GIOC. pedina f. (della dama).

draughtsmanship BE, **draftsmanship** AE /'drɑ:ftsmənʃɪp, AE 'dræft-/ n. **1** TECN. padronanza f. del disegno tecnico **2** ART. abilità f. nel disegno.

draughty BE, **drafty** AE /'drɑ:ftɪ, AE 'dræftɪ/ agg. [*room*] pieno di correnti d'aria, pieno di spifferi.

1.draw /drɔ:/ n. **1** *(raffle)* sorteggio m., estrazione f. (di lotteria) **2** *(tie)* *(in match)* pareggio m., pari m.; ***it was a ~*** *(in match)* hanno pareggiato; *(in race)* sono arrivati ex aequo *o* a pari merito **3** *(attraction)* attrazione f. ♦ ***to be quick, slow on the ~*** COLLOQ. *(in understanding)* essere pronto, lento a capire; *(in replying)* avere, non avere la battuta pronta; [*cowboy*] essere veloce, lento nell'estrarre (l'arma).

2.draw /drɔ:/ **I** tr. (pass. **drew**; p.pass. **drawn**) **1** fare, disegnare [*picture, plan*]; disegnare [*person, object*]; tracciare [*line*] **2** FIG. rappresentare, tratteggiare [*character, picture*]; tracciare [*comparison*] **3** *(pull)* [*animal, engine*] tirare, trainare [*cart, plough*]; tirare [*rope*]; [*machine, suction*] aspirare [*liquid, gas*]; ***he drew the child towards him*** tirò a sé il bambino; ***to ~ the curtains*** tirare le tende; ***he drew his finger along the shelf*** passò un dito lungo lo scaffale; ***to ~ a handkerchief across one's forehead*** passarsi un fazzoletto sulla fronte; ***to ~ a pint of beer*** spillare una pinta di birra; ***to ~ blood*** cavare sangue **4** *(derive)* trarre, tirare [*conclusion*] (**from** da); trarre [*inspiration*] (**from** da); ***he drew hope from this*** ciò gli ha dato speranza; ***to be drawn from*** [*energy, information*] essere ricavato *o* ottenuto da **5** *(cause to talk)* fare parlare [*person*] (**about, on** di); ***to ~ sth. from*** o ***out of sb.*** ottenere da qcn., carpire a qcn. [*information*]; strappare a qcn. [*truth, smile*] **6** *(attract)* attirare [*crowd, person*] (**to** verso); suscitare [*reaction, interest*]; ***his speech drew great applause*** il suo discorso ricevette molti applausi; ***to ~ sb.'s attention to sth.*** attirare *o* richiamare l'attenzione di qcn. su qcs.; ***to ~ sb. into*** coinvolgere qcn. in [*conversation, argument*]; attirare qcn. in [*battle*]; ***they were drawn together by their love of animals*** li avvicinò il comune amore per gli animali; ***to ~ the enemy fire*** offrire un bersaglio al fuoco nemico **7** ECON. *(take out)* prelevare [*money*] (**from** da); emettere [*cheque*] (on **su**); *(receive)* ritirare, ricevere [*wages, pension*] **8** GIOC. *(choose at random)* tirare a sorte, estrarre [*ticket, winner*]; ***Italy has been drawn against Spain*** o ***to play Spain*** l'Italia è stata sorteggiata per giocare contro la Spagna **9** SPORT ***to ~ a match*** pareggiare, terminare l'incontro con un pareggio **10** *(remove, pull out)* togliere, estrarre [*tooth, thorn*] (**from** da); togliere [*cork*] (**from** a); estrarre, sguainare [*sword*]; estrarre [*knife, gun*]; prendere, estrarre [*card*] **11** *(disembowel)* eviscerare [*chicken*] **II** intr. (pass. **drew**; p.pass. **drawn**) **1** *(make picture)* disegnare **2** *(move)* ***to ~ ahead (of sth., sb.)*** superare (qcs., qcn.); ***to ~ alongside*** [*boat*] accostare; ***the car drew alongside the lorry*** l'automobile si accostò al camion; ***to ~ close*** o ***near*** [*time*] avvicinarsi; ***they drew nearer to listen*** si avvicinarono per ascoltare; ***to ~ into*** [*bus*] arrivare in [*station*]; [*train*] entrare in [*station*]; ***to ~ level*** pareggiare, raggiungere (gli altri); ***to ~ over*** [*vehicle*] accostare; ***the lorry drew over to the right-hand side of the road*** il camion accostò a destra; ***to ~ to one side*** [*person*] scostarsi; ***to ~ round*** o ***around*** [*people*] avvicinarsi; ***to ~ to a halt*** fermarsi; ***to ~ to a close*** o ***an end*** [*day, event*] avvicinarsi alla fine, volgere al termine **3** SPORT *(in match)* [*teams*] pareggiare; *(in race)* [*runners*] arrivare ex aequo; *(finish with same points)* terminare ex aequo, con gli stessi punti, a pari merito **4** *(choose at random)* ***to ~ for sth.*** tirare, estrarre a sorte qcs. **5** [*chimney, pipe*] tirare **6** [*tea*] essere, stare in infusione ♦ ***to ~ the line*** porre un limite; ***to ~ the line at doing*** rifiutarsi di fare.

■ **draw apart** separarsi, allontanarsi.

■ **draw aside:** ***~ [sth.] aside, ~ aside [sth.]*** scostare, tirare da parte [*curtain, object*]; ***~ [sb.] aside*** prendere da parte.

■ **draw away:** ***~ away*** [*vehicle, person*] allontanarsi (**from** da); *(move away, recoil)* [*person*] allontanarsi, ritrarsi; ***~ [sth.] away, ~ away [sth.]*** allontanare, tirare via [*hand, foot*]; ***~ [sb.] away from*** allontanare da [*fire, scene*]; distogliere, distrarre da [*book, task*].

■ **draw back:** ***~ back*** tirarsi indietro, ritrarsi; ***~ [sth.] back, ~ back [sth.]*** aprire, scostare [*curtains*]; tirare indietro, allontanare [*hand, foot*]; ***~ [sb.] back, ~ back [sb.]*** fare tornare.

■ **draw down:** ***~ [sth.] down, ~ down [sth.]*** tirare giù, abbassare.

■ **draw in:** ***~ in*** **1** [*days*] accorciarsi **2** *(arrive)* [*bus*] arrivare; [*train*] arrivare, entrare in stazione; ***~ [sth.] in, ~ in [sth.]*** **1** *(in picture)* schizzare, abbozzare [*background, detail*] **2** tirare (a sé) [*rope*]; tirare in dentro [*stomach*]; ritrarre [*claws*] **3** *(suck in)* [*person*] aspirare [*air*]; [*pump, machine*] aspirare [*liquid, gas, air*]; ***to ~ in one's breath*** inspirare **4** *(attract)* attirare [*people, fund*].

■ **draw off:** ***~ off*** [*vehicle, train*] partire, allontanarsi; ***~ [sth.] off, ~ off [sth.]*** estrarre, aspirare [*beer, water*]; MED. eliminare [*fluid*]; togliersi, levarsi [*gloves*].

■ **draw on:** ***~ on*** *(approach)* [*time, season*] avvicinarsi; *(pass)* [*time*] passare; [*evening, day, season*] avanzare; ***~ on [sth.]*** attingere a, ricorrere a [*reserves, savings*]; ricorrere a [*skill, strength*]; ***the report ~s on information from...*** il rapporto attinge informazioni da...; ***to ~ on one's experience*** ricorrere alla propria esperienza.

■ **draw out:** ***~ out*** **1** *(leave)* [*train, bus*] partire; ***the train drew out of the station*** il treno lasciò la stazione, uscì dalla stazione; ***a car drew out in front of me*** una macchina davanti a me uscì dalla fila **2** *(get longer)* [*day, night*] allungarsi; ***~ [sth.] out, ~ out [sth.]*** **1** tirare fuori [*handkerchief, purse, knife*] (**from, out of** da); togliere, estrarre [*tooth*] (**from, of** da); togliere, cavare [*nail*] (**from, of** da); aspirare, tirare [*liquid, air*] **2** prelevare [*cash, money*] **3** *(cause to last longer)* prolungare [*event*]; *(unnecessarily)* protrarre **4** ottenere [*information, confession*]; *(using force)* strappare, estorcere; ***~ [sb.] out*** fare uscire dal proprio guscio.

■ **draw up:** *~ up* [*vehicle*] accostare, fermarsi; [*boat*] accostare; *~ up [sth.], ~ [sth.] up* **1** redigere, preparare, stilare [*contract, report, programme, proposals, questionnaire*]; preparare, compilare [*list*]; preparare [*plan*] **2** *(pull upwards)* tirare su [*bucket*] **3** *(bring)* accostare, avvicinare [*chair*] (**to** a) **4** *(gather up)* tirare su [*thread*]; *~ oneself up* tirarsi su, drizzarsi.
drawback /ˈdrɔːbæk/ n. inconveniente m., svantaggio m.
drawbridge /ˈdrɔːbrɪdʒ/ n. *(over moat)* ponte m. levatoio; *(over river)* ponte m. mobile.
drawer /drɔː(r)/ n. **1** *(in chest, table etc.)* cassetto m. **2** *(of pictures)* disegnatore m. (-trice) **3** ECON. traente m.
drawing /ˈdrɔːɪŋ/ **I** n. disegno m. **II** modif. [*course, class, teacher*] di disegno; [*paper, pen, tools*] da disegno.
drawing board n. **1** *(board)* tavola f. da disegno; *(table)* tavolo m. da disegno **2** FIG. ***we'll have to go back to the ~*** dovremo ricominciare da capo; ***the project never got off the ~*** il progetto non è mai andato al di là dello stadio iniziale.
drawing pin n. puntina f. da disegno.
drawing room n. salotto m.
1.drawl /drɔːl/ n. pronuncia f. strascicata.
2.drawl /drɔːl/ intr. strascicare le parole.
drawn /drɔːn/ **I** p.pass. → **2.draw II** agg. **1** [*face, look*] tirato, teso; ***he looked pale and ~*** aveva un aspetto pallido e tirato **2** SPORT [*game, match*] pari, in pareggio.
dray /dreɪ/ n. STOR. = carro per il trasporto di carichi pesanti, specialmente quello usato per trasportare i barili di birra.
1.dread /dred/ n. paura f., spavento m., terrore m.; ***to have a ~ of sth.*** avere terrore di qcs.; *(weaker)* avere paura di qcs.; ***to live in ~ of sth., sb.*** essere terrorizzato da qcs., qcn.
2.dread /dred/ tr. temere, avere paura (**doing sth.** di fare qcs.); *(stronger)* avere terrore (**doing sth.** di fare qcs.); ***I ~ to think!*** il solo pensiero mi fa paura!
dreadful /ˈdredfl/ agg. [*weather, person, film, book, meal*] orribile; [*day*] terribile, tremendo; [*accident*] spaventoso, terribile; ***I had a ~ time trying to convince him*** ho dovuto sudare sette camicie per convincerlo; ***to feel ~*** sentirsi malissimo; ***to feel ~ about sth.*** vergognarsi di qcs.
dreadfully /ˈdredfəlɪ/ avv. [*disappointed, cross*] tremendamente; [*short of money*] completamente; [*suffer*] terribilmente; [*behave*] malissimo, in maniera terribile; ***I'm ~ sorry*** mi dispiace davvero.
dreadlocks /ˈdredlɒks/ n.pl. treccine f. rasta.
1.dream /driːm/ **I** n. sogno m.; ***I had a ~ about sth., about doing*** ho sognato qcs., che facevo; ***"sweet*** o ***pleasant ~s!"*** "sogni d'oro!"; ***to be in a ~*** essere con la testa fra le nuvole; ***to make sb.'s ~s come true*** realizzare *o* fare diventare realtà i sogni di qcn.; ***the man of your ~s*** l'uomo dei tuoi sogni; ***beyond one's wildest ~s*** al di là di ogni propria aspettativa; ***the car is a ~ to drive*** è un sogno guidare questa macchina; ***it worked like a ~*** funzionava a meraviglia **II** modif. [*house, car, vacation*] da sogno.
2.dream /driːm/ **I** tr. (pass., p.pass. **dreamt**, **~ed**) **1** *(while asleep)* sognare (**that** che) **2** *(imagine)* ***I never dreamt (that)*** non avrei mai immaginato (che) **II** intr. (pass., p.pass. **dreamt**, **~ed**) sognare; ***he dreamt about*** o ***of sth., doing*** sognava qcs., che faceva; ***you must be ~ing if you think...*** stai sognando se pensi...; ***"don't tell them!" - "I wouldn't ~ of it!"*** "non dirglielo!" - "neanche per sogno!".
■ **dream up:** *~ up [sth.]* escogitare, trovare [*excuse, idea*]; immaginare [*character, plot*].
dreamboat /ˈdriːmbəʊt/ n. COLLOQ. SCHERZ. *(man)* uomo m. da sogno, dei propri sogni; *(woman)* donna f. da sogno, dei propri sogni.
dreamer /ˈdriːmə(r)/ n. sognatore m. (-trice).
dreamily /ˈdriːmɪlɪ/ avv. *(in a dream)* [*look, smile*] con aria trasognata.
dreamland /ˈdriːmlænd/ n. paese m., mondo m. dei sogni.
dreamless /ˈdriːmlɪs/ agg. [*sleep*] senza sogni.
dreamlike /ˈdriːmlaɪk/ agg. fantastico, irreale.
dreamt /dremt/ pass., p.pass. → **2.dream**.
dreamworld /ˈdriːmwɜːld/ n. mondo m. dei sogni.
dreamy /ˈdriːmɪ/ agg. **1** *(distracted)* sognante, perso in fantasticherie, trasognato **2** *(dreamlike)* [*story, scene*] irreale **3** ANT. COLLOQ. *(attractive)* [*person*] seducente, incantevole; [*house, car*] incantevole, da sogno.
dreariness /ˈdrɪərɪnɪs/ n. *(of life)* monotonia f.; *(of landscape)* desolazione f.
dreary /ˈdrɪərɪ/ agg. [*weather*] tetro, uggioso; [*landscape*] desolato, cupo; [*person*] noioso; [*life, routine*] noioso, monotono.
1.dredge /dredʒ/ **I** tr. dragare [*river*] **II** intr. scavare con la draga.
■ **dredge up:** *~ up [sth.], ~ [sth.] up* ripescare, riportare in superficie dragando; FIG. rinvangare [*unpleasant story*].
2.dredge /dredʒ/ tr. GASTR. cospargere (**with** di).
dredger /ˈdredʒə(r)/ n. *(boat)* draga f.
dregs /dregz/ n.pl. **1** *(of wine)* feccia f.sing., deposito m.sing.; *(of coffee)* fondi m. **2** FIG. ***the ~ of society*** SPREG. la feccia della società.
drench /drentʃ/ tr. *(in rain, sweat)* bagnare, infradiciare, inzuppare [*person, clothes*] (**in** di); *(in perfume)* inondare, riempire (**in** di).
1.dress /dres/ ➧ *28* **I** n. **1** *(item of women's clothing)* vestito m., abito m. (da donna) **2 U** *(clothing)* abbigliamento m., vestiario m.; ***his style of ~*** lo stile del suo abbigliamento; ***military ~*** abiti militari **II** modif. [*material*] per abiti; [*design*] di vestito.
2.dress /dres/ **I** tr. **1** *(put clothes on)* vestire, abbigliare [*person*]; ***to get ~ed*** vestirsi **2** *(decorate)* addobbare [*Christmas tree*]; allestire [*shop window*] **3** GASTR. condire [*salad*]; preparare, pulire [*chicken, crab*] **4** MED. medicare [*wound*] **5** AGR. *(fertilize)* concimare [*land*] **6** MIL. mettere in riga, allineare [*troops*] **II** intr. **1** *(put on clothes)* vestirsi; ***to ~ in a uniform*** indossare un'uniforme **2** MIL. [*troops*] mettersi in riga, allinearsi **III** rifl. ***to ~ oneself*** vestirsi.
■ **dress down:** *~ down* [*person*] vestirsi alla buona, mettersi (addosso) una cosa qualsiasi; *~ [sb.] down, ~ down [sb.]* dare una strigliata a, fare una lavata di capo a.
■ **dress up:** *~ up* **1** *(smartly)* vestirsi con eleganza, mettersi in ghingheri **2** *(in fancy dress)* vestirsi, travestirsi (**as** da); *~ [sb.] up, ~ up [sb.]* *(disguise)* mascherare, camuffare; *~ [sth.] up, ~ up [sth.]* *(improve)* abbellire.
dressage /ˈdresɑːʒ/ n. EQUIT. dressage m.
dress circle n. TEATR. prima galleria f.
dress designer ➧ *27* n. stilista m. e f., figurinista m. e f.
1.dresser /ˈdresə(r)/ n. **1** *(person)* ***to be a sloppy, stylish ~*** vestire in modo trasandato, in modo elegante **2** TEATR. camerinista m. e f., vestiarista m. e f.
2.dresser /ˈdresə(r)/ n. *(piece of furniture) (for dishes)* credenza f.; AE *(for clothes)* cassettone m.
dressing /ˈdresɪŋ/ n. **1** MED. medicazione f. **2** *(sauce)* condimento m., salsa f. **3** AE *(stuffing)* ripieno m., farcia f.
dressing-down /ˌdresɪŋˈdaʊn/ n. sgridata f., ramanzina f.; ***to give sb. a ~*** fare una (bella) lavata di capo a qcn.
dressing gown n. veste f. da camera, vestaglia f.
dressing room n. TEATR. camerino m.; *(in house)* spogliatoio m.
dressing table n. *(piece of furniture)* toeletta f.
dressmaker /ˈdresˌmeɪkə(r)/ ➧ *27* n. sarto m. (-a) (da donna).
dressmaking /ˈdresˌmeɪkɪŋ/ n. sartoria f. (da donna).
dress rehearsal n. TEATR. prova f. generale (in costume).
dress sense n. ***to have ~*** vestirsi con gusto, avere gusto nel vestire.
dress shirt n. ABBIGL. sparato m.
dressy /ˈdresɪ/ agg. COLLOQ. elegante, ricercato.
drew /druː/ pass. → **2.draw**.
1.dribble /ˈdrɪbl/ n. **1** *(of liquid)* (s)gocciolamento m. **2** *(of saliva)* bava f. **3** SPORT dribbling m.
2.dribble /ˈdrɪbl/ **I** tr. **1** *(spill)* fare (s)gocciolare [*paint*] (**on, onto** su); ***he's dribbling soup all down his bib*** sta sbrodolando tutto il bavaglino di minestra **2** SPORT ***he ~d (the ball) past two defenders*** ha dribblato due difensori **II** intr. **1** [*liquid*] (s)gocciolare (**on, onto** su; **from** da) **2** [*baby, old person*] sbavare **3** SPORT fare, eseguire un dribbling.
driblet /ˈdrɪblɪt/ n. gocciolina f., piccola quantità f.
dribs and drabs: **in ~** [*arrive*] un po' alla volta, alla spicciolata; [*pay*] un po' alla volta.
dried /draɪd/ **I** p.pass. → **2.dry II** agg. **1** [*fruit, herb, flower*] secco, essiccato; [*bean, pulse*] secco **2** [*milk, egg*] in polvere.
dried-up /ˌdraɪdˈʌp/ agg. SPREG. [*person*] inaridito.
drier /ˈdraɪə(r)/ n. *(for hair)* asciugacapelli m.; *(helmet type)* casco m. (asciugacapelli); *(for clothes)* asciugatrice f.

1.drift /drɪft/ n. 1 *(flow, movement)* ***the ~ of the current*** il moto *o* il movimento della corrente; ***the ~ of events*** FIG. il corso degli eventi; ***the ~ from the land*** la fuga *o* l'esodo dalle campagne; ***the slow ~ of strikers back to work*** il lento ritorno al lavoro degli scioperanti 2 *(of ship, plane)* deriva f. 3 *(mass) (of snow, leaves, sand)* cumulo m., mucchio m.; *(of smoke, mist)* nuvola f. 4 *(general meaning)* senso m. generale, tenore m.; ***I don't catch*** o ***follow your ~*** non capisco dove vuoi arrivare.

2.drift /drɪft/ intr. 1 *(be carried by tide, current)* [*boat*] essere trasportato dalla corrente, andare alla deriva; *(by wind)* [*balloon*] andare, volare alla deriva; [*smoke, fog*] essere trasportato dal vento; ***to ~ out to sea*** lasciarsi trasportare al largo 2 *(pile up)* [*snow, leaves*] accumularsi, ammucchiarsi 3 ***to ~ along*** [*person*] bighellonare; FIG. andare avanti senza preoccuparsi; ***to ~ around*** o ***about the house*** gironzolare per casa; ***to ~ from job to job*** passare da un lavoro all'altro; ***the country is ~ing towards war*** il paese sta scivolando verso la guerra.

■ **drift apart** [*friends, couple, lovers*] allontanarsi l'uno dall'altro (poco per volta).

■ **drift off** 1 *(doze off)* appisolarsi 2 *(leave)* allontanarsi a poco a poco.

drifter /ˈdrɪftə(r)/ n. 1 PESC. drifter m.; peschereccio m. con tramaglio 2 *(aimless person)* vagabondo m. (-a).

drift-net /ˈdrɪftnet/ n. rete f. alla deriva; tramaglio m.

driftwood /ˈdrɪftwʊd/ n. = rami, rottami di legno ecc. trasportati dalla corrente.

1.drill /drɪl/ n. 1 *(tool) (for wood, metal, masonry)* trapano m.; *(for oil)* trivella f.; *(for mining)* sonda f., trivella f.; MED. trapano m. 2 MIL. esercitazione f., addestramento m. 3 *(practice)* ***fire ~*** esercitazione antincendio 4 BE COLLOQ. *(procedure)* ***the ~*** il modo, la maniera.

2.drill /drɪl/ I tr. 1 forare, trapanare [*wood, metal, masonry*]; trivellare [*well, tunnel*]; MED. trapanare [*tooth*]; ***to ~ a hole*** praticare, fare un foro 2 MIL. esercitare, addestrare [*troops*] 3 ***to ~ sb. in sth.*** esercitare qcn. *o* far fare esercizio a qcn. in qcs. 4 ***to ~ sth. into sb.*** inculcare qcs. in qcn., fare entrare qcs. in testa a qcn. II intr. 1 *(in wood, metal, masonry)* fare un buco (**into** in); MED. fare perforazioni (con il trapano) (**into** in); ***to ~ for*** eseguire delle trivellazioni alla ricerca di [*oil, water*] 2 MIL. fare esercitazioni, addestramento.

3.drill /drɪl/ n. TESS. traliccio m.

drilling /ˈdrɪlɪŋ/ n. *(for oil, gas, water)* trivellazione f., perforazione f. (**for** per cercare); *(in wood, metal, masonry)* trapanazione f., perforazione f.; MED. trapanazione f.; ***oil ~*** trivellazione alla ricerca di petrolio.

drily /ˈdraɪlɪ/ avv. 1 *(with dry wit)* ironicamente, sarcasticamente 2 *(coldly)* seccamente, freddamente.

1.drink /drɪŋk/ n. 1 *(nonalcoholic)* bevanda f., bibita f.; ***to have a ~*** bere qualcosa; ***could I have a ~ of water?*** potrei avere un bicchiere *o* un sorso d'acqua? 2 *(alcoholic)* bevanda f. alcolica, drink m.; ***a quick ~*** un bicchierino 3 *(act of drinking)* ***to take*** o ***have a ~ of sth.*** bere un sorso di qcs. 4 U *(collectively)* bevande f.pl.; *(alcoholic)* alcol m.; ***to be under the influence of ~*** essere in stato d'ebbrezza; ***to take to ~*** darsi al bere.

2.drink /drɪŋk/ I tr. (pass. **drank**; p.pass. **drunk**) bere [*liquid, glass*]; ***to ~ sth. from a cup*** bere qcs. dalla tazza II intr. (pass., **drank**; p.pass. **drunk**) 1 *(consume liquid)* bere (**from, out of** in, da); ***to ~ (straight) from the bottle*** bere alla bottiglia 2 *(consume alcohol)* bere; ***don't ~ and drive*** non guidate se avete bevuto 3 *(as toast)* ***to ~ to the bride*** bere *o* brindare alla sposa III rifl. ***to ~ oneself stupid*** o ***silly*** bere fino a istupidirsi ♦ ***I'll ~ to that!*** ottimo! idea eccellente!

■ **drink in:** ~ in [sth.] [*person*] respirare, assaporare [*air*]; assaporare [*atmosphere*]; [*plant, roots*] assorbire [*water*].

■ **drink up:** ~ up finire di bere; ~ up [sth.], ~ [sth.] up finire (di bere) [*milk, beer etc.*]; ***~ it up!*** bevilo tutto!

drinkable /ˈdrɪŋkəbl/ agg. 1 *(safe to drink)* potabile 2 *(acceptable)* bevibile.

drink-driving /ˌdrɪŋkˈdraɪvɪŋ/ I n. BE guida f. in stato di ebbrezza II modif. BE [*offence*] di guida in stato di ebbrezza; [*fine*] per guida in stato di ebbrezza.

drinker /ˈdrɪŋkə(r)/ n. 1 chi beve, bevitore m. (-trice); ***coffee ~s*** i bevitori di caffè 2 *(habitual consumer of alcohol)* ***to be a ~*** bere, essere un bevitore.

drinking /ˈdrɪŋkɪŋ/ I n. *(of alcohol)* (il) bere (alcolici); ***~ and driving*** guidare dopo avere bevuto II modif. [*laws*] sulla vendita e il consumo di alcol; [*companion*] di bevute.

drinking chocolate n. BE bevanda f. al cioccolato.

drinking fountain n. *(outdoor)* fontana f., fontanella f. pubblica.

drinking water n. acqua f. potabile.

drink problem n. BE problema m. del bere, dell'alcolismo.

drinks cupboard n. BE (mobile) bar m.

drinks dispenser, drinks machine n. BE distributore m. automatico di bevande.

drinks party n. BE festa f. con alcolici.

1.drip /drɪp/ n. 1 *(drop)* ***to catch the ~s*** raccogliere le gocce che cadono; FIG. non sprecare neanche le briciole 2 *(sound)* (s)gocciolio m.; ***the constant ~ of a tap*** il gocciolare continuo di un rubinetto 3 BE MED. flebo(clisi) f.; ***to be on a ~*** avere la flebo 4 COLLOQ. SPREG. *(insipid person)* persona f. insignificante, insulsa.

2.drip /drɪp/ I tr. (forma in -ing ecc. **-pp-**) [*leak, roof, brush*] fare gocciolare [*water, paint*]; [*person*] grondare [*sweat, blood*]; ***to ~ sth. onto*** o ***down sth.*** fare cadere goccia a goccia *o* fare gocciolare qcs. su qcs. II intr. (forma in -ing ecc. **-pp-**) 1 [*water, blood, oil*] (s)gocciolare; ***to ~ from*** o ***off*** gocciolare da 2 [*tap, branches*] gocciolare; [*washing*] sgrondare, sgocciolare (**onto** su); [*engine*] perdere (olio); ***to be ~ping with*** grondare [*blood*]; perdere [*oil*]; grondare di [*sweat*].

1.drip-dry /ˌdrɪpˈdraɪ/ agg. = che si asciuga rapidamente e non ha bisogno di stiratura.

2.drip-dry /ˌdrɪpˈdraɪ/ tr. ***"wash and ~"*** "lavare e asciugare appeso".

drip feed n. MECC. alimentazione f. a goccia.

dripping /ˈdrɪpɪŋ/ I n. GASTR. = grasso che cola dalle carni che arrostiscono II agg. [*tap*] che perde; [*branch, eaves*] che gocciola; [*washing*] che sgocciola, che sgronda.

dripping pan n. leccarda f., ghiotta f.

dripping wet agg. [*clothes, person*] bagnato fradicio.

1.drive /draɪv/ I n. 1 *(car journey)* ***to go for a ~*** andare a fare un giro in auto; ***it's only five minutes' ~ from here*** è solo a cinque minuti d'auto da qui; ***it's a 40 km ~ to the hospital*** ci sono 40 km (di strada) fino all'ospedale 2 *(campaign, effort)* campagna f., sforzo m. (**against** contro; **for, towards** per; **to do** per fare) 3 *(motivation, energy)* iniziativa f., energia f.; *(inner urge)* pulsione f., istinto m.; ***the ~ to win*** la volontà di vincere 4 INFORM. drive m., unità f. 5 MECC. trasmissione f. 6 *(path) (of house)* vialetto m., strada f. privata 7 SPORT *(in golf)* drive m., colpo m. lungo; *(in tennis)* drive m., diritto m. II modif. MECC. [*mechanism*] di trasmissione.

2.drive /draɪv/ I tr. (pass. **drove**; p.pass. **driven**) 1 [*driver*] guidare, condurre [*car, bus, train*]; pilotare [*racing car*]; trasportare [*cargo, load, passenger*]; percorrere (in auto) [*distance*]; ***to ~ sb. home*** portare a casa qcn. (in auto); ***to ~ sth. into*** portare qcs. dentro [*garage, space*] 2 *(force, compel)* [*poverty, urge*] spingere [*person*] (**to do** a fare); ***he was driven to drink*** fu spinto all'alcolismo (**by** da); ***to be driven out of business*** essere costretto a cessare l'attività, a ritirarsi dagli affari; ***to ~ sb. mad*** o ***crazy*** COLLOQ. fare impazzire *o* diventare matto qcn. (anche FIG.) 3 *(chase or herd)* spingere, condurre [*herd, cattle*]; spingere [*game*]; ***he was driven from*** o ***out of the country*** fu cacciato dal paese 4 *(power, propel)* azionare, fare funzionare [*engine, pump*]; ***what ~s the economy?*** qual è il motore dell'economia? 5 *(push)* [*tide, wind*] spingere, sospingere [*boat, clouds*]; [*person*] piantare, conficcare [*nail*]; ***to ~ sth. into sb.'s head*** FIG. fare entrare qcs. nella testa di qcn., ficcare qcs. in testa a qcn. 6 *(force to work hard)* incalzare, fare lavorare sodo [*pupil, recruit*] 7 SPORT *(in golf)* colpire, tirare con un driver [*ball*]; *(in tennis)* colpire di diritto [*ball*] II intr. (pass. **drove**; p.pass. **driven**) 1 AUT. guidare; ***I took pictures as we drove along*** feci delle foto mentre viaggiavamo in auto; ***you can't ~ along the High Street*** non è possibile percorrere in auto la via principale; ***to ~ to work*** andare a lavorare in auto; ***to ~ into*** entrare (con l'auto) in [*garage, space*]; andare a sbattere contro [*tree, lamppost*]; ***to ~ up, down a hill*** salire su, scendere da una collina (in auto); ***to ~ past*** passare (con l'auto) 2 SPORT *(in golf)* fare un drive; *(in tennis)* tirare di diritto, fare un drive III rifl. 1 AUT. ***the Minis-***

ter ~s himself il ministro in persona guida l'auto **2** *(push oneself)* ***to ~ oneself to do*** sforzarsi di fare; ***to ~ oneself too hard*** sforzarsi troppo.

▪ **drive at** ***what are you driving at?*** a che cosa miri? dove vuoi arrivare?

▪ **drive away:** ***~ away*** allontanarsi; ***~ away [sth., sb.], ~ [sth., sb.] away*** **1** AUT. fare partire [*vehicle*] **2** *(get rid of)* scacciare [*animals*]; fare andare via [*tourists, clients*]; fugare [*doubt*]; allontanare, scacciare [*fear, cares*].

▪ **drive back:** ***~ back*** (ri)tornare in auto; ***to ~ there and back in one day*** andare lì e tornare in un giorno; ***~ back [sth., sb.], ~ [sth., sb.] back*** **1** *(repel)* respingere [*crowd, animals*] **2** AUT. riportare [*car, passenger*].

▪ **drive off** AUT. partire, andare via.

▪ **drive on:** ***~ on*** *(continue)* proseguire; *(set off again)* ripartire; ***~ [sb.] on*** spingere (**to do** a fare).

▪ **drive out:** ***~ out [sth., sb.], ~ [sth., sb.] out*** cacciare, mandare via.

drive-in /ˈdraɪvɪn/ **I** n. **1** *(cinema)* drive-in m. **2** *(restaurant)* ristorante m. drive-in **II** modif. [*restaurant, bank*] drive-in.

1.drivel /ˈdrɪvl/ n. **U** COLLOQ. ***to talk ~*** dire stupidaggini.

2.drivel /ˈdrɪvl/ intr. (forma in -ing ecc. **-ll-** BE, **-l-** AE) COLLOQ. (anche **~ on**) raccontare sciocchezze (**about** su).

driven /ˈdrɪvn/ **I** p.pass. → **2.drive II** agg. **1** [*person*] motivato, entusiasta **2** **-driven** in composti ***petrol-, motor-~*** a benzina, a motore; ***market-~*** determinato dal mercato.

driver /ˈdraɪvə(r)/ n. **1** conducente m. e f.; AUT. automobilista m. e f.; *(for a living)* autista m. e f.; ***to be a good, bad ~*** guidare bene, male **2** *(mechanical component)* elemento m. motore.

driver's license n. AE → **driving licence**.

driver's seat n. → **driving seat**.

drive-through /ˈdraɪvθruː/ n. AE = negozio, ristorante, banca dotato di una finestra attraverso la quale i clienti possono essere serviti senza scendere dall'auto.

driveway /ˈdraɪvweɪ/ n. *(private road)* accesso m. (per auto), passo m. carraio.

driving /ˈdraɪvɪŋ/ **I** n. guida f. **II** modif. [*skills, position*] di guida **III** agg. [*rain*] battente, sferzante; [*wind*] sferzante; [*hail*] fitto.

driving force n. *(person)* trascinatore m. (-trice) (**behind** di); *(money, ambition, belief)* volano m., forza f. trainante (**behind** di).

driving instructor ➧ *27* n. istruttore m. (-trice) di scuola guida.

driving lesson n. lezione f. di guida.

driving licence n. BE patente f. di guida.

driving mirror n. (specchietto) retrovisore m.

driving school n. scuola f. guida, autoscuola f.

driving seat n. posto m. di guida ♦ ***to be in the ~*** essere al posto di comando.

driving test n. esame m. di guida.

1.drizzle /ˈdrɪzl/ n. pioggerella f.

2.drizzle /ˈdrɪzl/ **I** tr. GASTR. ***~ the salad with oil*** versare un filo d'olio sull'insalata **II** intr. METEOR. piovigginare.

drizzly /ˈdrɪzlɪ/ agg. piovigginoso.

droll /drəʊl/ agg. *(amusing)* buffo.

dromedary /ˈdrɒmədərɪ, AE -ədərɪ/ n. dromedario m.

1.drone /drəʊn/ n. **1** *(of engine, insects)* ronzio m. **2** ZOOL. fuco m.; FIG. *(parasite)* fannullone m. (-a), parassita m. e f. **3** MUS. bordone m.

2.drone /drəʊn/ intr. [*engine, insect*] ronzare; [*person*] parlare con voce monotona.

▪ **drone on** SPREG. continuare a fare discorsi noiosi (**about** su).

drool /druːl/ intr. **1** sbavare **2** COLLOQ. FIG. sbavare; ***to ~ over sth., sb.*** andare pazzo *o* sbavare per qcs., qcn.

1.droop /druːp/ n. abbassamento m.

2.droop /druːp/ intr. **1** *(sag)* [*eyelids*] abbassarsi, chiudersi; [*head*] ricadere, chinarsi; [*branch, shoulders, wings*] curvarsi, piegarsi; [*flower, plant*] afflosciarsi, appassire **2** *(flag)* [*person*] cedere, abbattersi.

drooping /ˈdruːpɪŋ/ agg. **1** [*eyelids*] abbassato, chiuso; [*head*] chino; [*shoulders, branch*] ricurvo, piegato; [*flower, plant*] afflosciato, appassito **2** FIG. ***~ spirits*** spirito languente.

droopy /ˈdruːpɪ/ agg. [*flower*] appassito; [*stomach*] floscio; [*bottom*] cadente.

1.drop /drɒp/ n. **1** *(drip, globule)* goccia f. (anche MED.); ***~ by ~*** goccia a goccia; ***would you like a ~ of milk?*** vorresti un goccio di latte? ***just a ~*** solo un goccio **2** *(decrease) (in prices, inflation, exports)* caduta f., flessione f. (**in** di); *(in speed, pressure, noise)* diminuzione f. (**in** di); *(in temperature)* abbassamento m. (**in** di); ***a 5% ~ in sth.*** un calo del 5% in qcs. **3** *(vertical distance, slope)* ***there's a ~ of 100 m from the top*** c'è un salto di 100 m dalla cima; ***there was a steep ~ on either side*** c'era uno strapiombo da entrambi i lati **4** *(delivery) (from aircraft)* lancio m.; *(from lorry, van)* consegna f.; *(parachute jump)* lancio m. **5** *(sweet)* ***lemon ~*** drop al limone; ***chocolate ~*** cioccolatino (a forma di goccia) ♦ ***a ~ in the bucket*** o ***ocean*** una goccia nel mare.

2.drop /drɒp/ **I** tr. (forma in -ing ecc. **-pp-**) **1** *(allow to fall) (by accident)* fare cadere; *(on purpose)* lasciare, fare cadere; ***~ it!*** lascialo! **2** *(deliver)* [*aircraft*] lanciare, paracadutare [*supplies, equipment*]; paracadutare [*person*]; sganciare [*bomb*] **3** *(leave)* (anche **~ off**) fare scendere, lasciare [*person*]; deporre [*object*] **4** *(lower)* abbassare [*curtain, neckline, price*]; ***to ~ one's eyes*** abbassare gli occhi; ***to ~ one's speed*** diminuire la velocità **5** *(give casually)* ***to ~ a hint about sth.*** fare un accenno a qcs.; ***to ~ sb. a note*** mandare a qcn. un biglietto **6** *(exclude) (deliberately)* tralasciare [*article, episode*]; escludere [*player*]; *(by mistake)* omettere, saltare [*figure, letter, item on list*]; non pronunciare [*sound*] **7** *(abandon)* rompere con, mollare [*friend, boyfriend*]; *(give up)* abbandonare [*school subject, work*]; rinunciare a [*habit, idea*]; lasciare cadere [*conversation, matter*]; ritirare, lasciare cadere [*accusation*]; ***to ~ everything*** rinunciare a tutto, abbandonare tutto; ***can we ~ that subject, please?*** potremmo tralasciare quell'argomento, per favore? **8** *(lose)* perdere [*money, point, game*] **II** intr. (forma in -ing ecc. **-pp-**) **1** *(fall, descend)* [*object, liquid, leaf*] cadere; [*person*] *(deliberately)* lasciarsi cadere; *(by accident)* cadere; ***we ~ped to the ground as the plane flew over*** ci gettammo a terra quando l'aereo passò sopra di noi; ***the pen ~ped from*** o ***out of his hand*** la penna gli cadde di mano; ***the plane ~ped to an altitude of 1,000 m*** l'aereo si abbassò fino a un'altitudine di 1.000 m **2** *(fall away)* ***the cliff ~s into the sea*** la scogliera è a strapiombo sul mare; ***the road ~s steeply down the mountain*** la strada discende ripida lungo la montagna **3** *(decrease, lower)* [*prices, inflation, temperature, speed, noise*] diminuire, abbassarsi; ***to ~ (from sth.) to sth.*** scendere (da qcs.) a qcs.; ***she ~ped to third place*** scese al terzo posto **4** COLLOQ. *(collapse)* ***he was ready*** o ***fit to ~*** non stava in piedi dalla stanchezza **5** *(come to an end)* ***to let [sth.] ~*** lasciare cadere [*conversation*]; lasciare perdere [*matter, job*] ♦ ***to ~ a brick*** o ***clanger*** COLLOQ. fare una gaffe; ***to ~ sb. in it*** COLLOQ. mettere qcn. in imbarazzo.

▪ **drop away 1** *(diminish)* [*attendance, interest*] diminuire, scendere; [*concentration*] calare **2** *(fall steeply)* [*path*] scendere a picco, scendere ripido.

▪ **drop back** *(deliberately)* rimanere indietro; *(because unable to keep up)* essere lasciato indietro.

▪ **drop by** passare, fare una breve visita; ***I ~ped by to see her today*** sono passato da lei oggi.

▪ **drop in:** ***~ in*** [*person*] passare; ***to ~ in on sb.*** andare a trovare qcn., fare visita a qcn.; ***to ~ in at the baker's*** passare *o* fare un salto dal panettiere; ***~ [sth.] in, ~ in [sth.]*** portare, consegnare; ***I'll ~ it in (to you) later*** passerò a portartelo più tardi.

▪ **drop off:** ***~ off*** **1** *(fall off)* [*leaf, label*] cadere, staccarsi **2** ***~ off (to sleep)*** addormentarsi, appisolarsi **3** *(become weaker, fewer etc.)* [*attendance, business, demand, interest*] calare, diminuire; ***~ [sth., sb.] off, ~ off [sth., sb.]*** *(leave)* fare scendere, lasciare [*person*]; deporre [*object*].

▪ **drop out 1** *(fall out)* [*object, contact lens, page*] cadere (**of** da) **2** *(withdraw) (from race)* ritirarsi; *(from project)* abbandonare; *(from school, university)* ritirarsi, abbandonare gli studi; *(from society)* emarginarsi; ***to ~ out of*** ritirarsi da [*race*]; abbandonare [*politics*]; abbandonare [*school, university*].

▪ **drop over** → **drop round**.

▪ **drop round:** ***~ round*** [*person*] passare; ***~ [sth.] round, ~ round [sth.]*** consegnare, portare; ***I'll ~ your books round*** passerò a portarti i libri.

drop-dead /ˈdrɒpded/ avv. COLLOQ. da morire; *~ gorgeous* fichissimo.
drop-down menu n. INFORM. menu m. a tendina.
drop goal n. drop m., marcatura f. su rimbalzo.
drop handlebars n.pl. manubrio m.sing. da corsa.
drop kick n. drop m., calcio m. di rimbalzo.
droplet /ˈdrɒplɪt/ n. gocciolina f.
dropout /ˈdrɒpaʊt/ n. *(from society)* emarginato m. (-a), dropout m.; *(from school)* disperso m. (-a), dropout m.
dropper /ˈdrɒpə(r)/ n. contagocce m.
droppings /ˈdrɒpɪŋz/ n.pl. *(of animals)* escrementi m., sterco m.sing.; *(of insect)* cacatura f.sing.
dropping zone n. → **drop zone**.
drop shot n. SPORT drop shot m., colpo m. smorzato.
dropsy /ˈdrɒpsɪ/ n. idropisia f.
drop zone n. *(for supplies, parachutist)* zona f. di lancio.
dross /drɒs/ n. **U** *(rubbish)* rifiuti m.pl.
drought /draʊt/ n. siccità f.
1.drove /drəʊv/ pass. → **2.drive**.
2.drove /drəʊv/ n. *(of animals)* branco m., gregge m. in movimento; *~s of people* una moltitudine.
drover /ˈdrəʊvə(r)/ ♦ 27 n. mandriano m. (-a), bovaro m. (-a).
drown /draʊn/ **I** tr. **1** *(kill by immersion)* affogare, annegare [*person, animal*]; *the entire crew was ~ed* l'intero equipaggio morì annegato **2** *(make inaudible)* soffocare, coprire, smorzare [*sound*] **3** *(flood)* sommergere, allagare [*land, village*]; FIG. ricoprire [*food*] (**in** di); *to be ~ed in* [*meat, potatoes*] nuotare in [*gravy, sauce*] **II** intr. affogare, annegare **III** rifl. *to ~ oneself* affogarsi, annegarsi ♦ *to ~ one's sorrows* annegare i propri dispiaceri (nell'alcol).
■ **drown out:** *~ [sth.] out, ~ out [sth.]* coprire, smorzare [*sound*]; *~ [sb.] out* coprire la voce di [*person*].
drowning /ˈdraʊnɪŋ/ **I** n. annegamento m., affogamento m. **II** agg. [*person*] che sta annegando.
drowse /draʊz/ intr. *(be half asleep)* essere mezzo addormentato; *(sleep lightly)* sonnecchiare.
drowsiness /ˈdraʊzɪnɪs/ n. sonnolenza f., assopimento m.
drowsy /ˈdraʊzɪ/ agg. [*person*] insonnolito, mezzo addormentato; [*look*] sonnolento; *to feel ~* essere insonnolito.
drubbing /ˈdrʌbɪŋ/ n. COLLOQ. bastonatura f.
1.drudge /drʌdʒ/ n. = chi fa lavori duri, umili e ingrati.
2.drudge /drʌdʒ/ intr. sfacchinare, sgobbare.
drudgery /ˈdrʌdʒərɪ/ n. **U** lavoro m. ingrato, faticata f., sgobbata f.
1.drug /drʌg/ **I** n. **1** MED. FARM. medicina f., farmaco m.; *to be on ~s* fare uso di medicinali **2** *(narcotic)* droga f. (anche FIG.); *to be on* o *to take ~s* fare uso di droga; SPORT doparsi **II** modif. **1** *(narcotic)* [*smuggler, trafficking, use*] di droga; [*problem*] della droga; [*crime*] connesso alla droga **2** MED. FARM. [*company, industry*] farmaceutico.
2.drug /drʌg/ tr. (forma in -ing ecc. **-gg-**) **1** *(sedate)* [*kidnapper*] narcotizzare [*victim*]; [*vet*] anestetizzare, addormentare [*animal*] **2** *(dope)* [*person*] drogare [*drink*]; [*trainer*] drogare [*horse*].
drug abuse n. abuso m. di droghe.
drug addict n. tossicomane m. e f., tossicodipendente m. e f.
drug addiction n. tossicomania f., tossicodipendenza f.
drugged /drʌgd/ **I** p.pass → **2.drug** **II** agg. *(under the influence of medicine)* [*person*] sotto l'effetto di farmaci; [*state*] di alterazione.
druggist /ˈdrʌgɪst/ ♦ 27 n. AE farmacista m. e f.
drug peddler, **drug pusher** n. spacciatore m. (-trice) di droga.
drugs charges n.pl. detenzione f.sing., spaccio m.sing. di stupefacenti.
Drug Squad n. BE squadra f. antidroga.
drugs raid n. operazione f. antidroga.
drugs ring n. rete f. di trafficanti di droga.
drugstore n. AE drugstore m.
drug-taking /ˈdrʌgˌteɪkɪŋ/ n. uso m. di stupefacenti; SPORT doping m.
drug test n. MED. SPORT controllo m. antidoping.
drug user n. tossicomane m. e f., tossicodipendente m. e f.
1.drum /drʌm/ ♦ 17 **I** n. **1** MUS. MIL. tamburo m. **2** IND. COMM. bidone m.; *(larger)* fusto m. **3** TECN. AUT. tamburo m. **II drums** n.pl. batteria f.sing.
2.drum /drʌm/ **I** tr. (forma in -ing ecc. **-mm-**) *to ~ one's fingers* tamburellare con le dita (**on** su); *to ~ sth. into sb.* FIG. fare entrare qcs. in testa a qcn., inculcare qcs. a qcn. **II** intr. (forma in -ing ecc. **-mm-**) **1** *(beat drum)* suonare il tamburo **2** *(make drumming sound)* [*rain*] tamburellare.
■ **drum home:** *~ [sth.] home* riuscire a fare entrare in testa [*lesson, point*].
■ **drum out:** *~ [sb.] out* espellere.
■ **drum up:** *~ up [sth.]* incrementare [*business, custom*]; *~ up [sb.]* procurarsi [*clients*]; *to ~ up sb.'s support for* cercare il consenso di qcn. per.
drumbeat /ˈdrʌmbiːt/ n. colpo m. di tamburo.
drum kit n. batteria f.
drum major n. tamburo maggiore m., mazziere m.
drummer /ˈdrʌmə(r)/ ♦ 27, 17 n. MIL. tamburo m.; *(jazz or pop)* batterista m. e f.; *(classical)* percussionista m. e f.
drumstick /ˈdrʌmstɪk/ n. **1** MUS. bacchetta f. di tamburo, mazza f. di tamburo **2** GASTR. *(of chicken)* coscia f.
drunk /drʌŋk/ **I** p.pass. → **2.drink** **II** agg. **1** ubriaco, sbronzo; *to get ~* ubriacarsi (**on** di); *to get sb. ~* fare ubriacare qcn.; *~ driving* guida in stato di ubriachezza; *to be ~ and disorderly* DIR. essere in stato di ubriachezza molesta **2** FIG. *~ with* ebbro di [*power, passion*] **III** n. ubriaco m. (-a), ubriacone m. (-a) ♦ *as ~ as a lord* BE o *skunk* AE COLLOQ. ubriaco fradicio.
drunkard /ˈdrʌŋkəd/ n. ubriacone m. (-a).
drunken /ˈdrʌŋkən/ agg. [*person*] ubriaco; [*party*] a base di alcolici; [*sleep*] da ubriachezza; [*state*] di ebbrezza, ubriachezza.
drunkenly /ˈdrʌnkənlɪ/ avv. [*shout, laugh*] con voce impastata, da ubriaco; [*walk*] in modo traballante.
1.dry /draɪ/ agg. **1** *(not wet or moist)* [*clothing, ground, paint*] asciutto; [*skin, hair, throat, cough*] secco; [*rustle, riverbed*] arido, secco; *to run ~* [*river, funds, supplies*] prosciugarsi; *to be* o *feel ~ (thirsty)* [*person*] essere assetato; *to get ~* seccarsi, asciugarsi; *to get sth. ~* fare asciugare qcs.; *to wipe sth. ~* asciugare qcs.; *on ~ land* sulla terraferma **2** *(not rainy)* [*climate, heat*] secco; [*weather, season*] asciutto; [*day*] senza pioggia **3** *(not sweet)* [*wine, sherry etc.*] secco **4** *(ironic)* [*wit, person, remark*] pungente, ironico; *(cold)* [*person, remark*] freddo, caustico **5** *(dull)* [*book, subject matter*] arido, noioso **6** *(forbidding alcohol)* [*state, country*] proibizionista ♦ *(as) ~ as a bone* completamente asciutto, secco; *(as) ~ as dust* noioso da morire.
2.dry /draɪ/ **I** tr. fare asciugare [*clothes, washing*]; seccare, fare seccare [*meat, flowers*]; *to ~ the dishes* asciugare i piatti; *to ~ one's hands* asciugarsi le mani **II** intr. [*clothes, hair, paint*] asciugarsi; [*blood*] seccarsi **III** rifl. *to ~ oneself* asciugarsi.
■ **dry off:** *~ off* [*material, object, person*] asciugarsi; *~ off [sb., sth.], ~ [sb., sth.] off* asciugare.
■ **dry out 1** [*wood, soil, plant*] seccarsi **2** COLLOQ. [*alcoholic*] disintossicarsi.
■ **dry up:** *~ up* **1** [*river, well*] prosciugarsi; [*ground*] asciugarsi **2** FIG. *(run out)* [*supply, source, funds*] prosciugarsi, esaurirsi **3** *(wipe crockery)* asciugare le stoviglie **4** COLLOQ. *(be unable to speak)* [*speaker, interviewee*] ammutolire, restare senza parole; *oh, ~ up will you!* BE vuoi stare zitto? *~ up [sth.], ~ [sth.] up* **1** [*heat, drought*] prosciugare, inaridire [*puddle, river*] **2** [*person*] asciugare [*crockery*].
dry-clean /ˌdraɪˈkliːn/ tr. lavare a secco; *to have sth. ~ed* fare lavare qcs. a secco.
dry-cleaner's /ˌdraɪˈkliːnəz/ ♦ 27 n. lavanderia f., tintoria f.
dry-cleaning /ˌdraɪˈkliːnɪŋ/ n. lavaggio m. a secco.
dryer → **drier**.
dry ice n. ghiaccio m. secco.
drying-up /ˌdraɪɪŋˈʌp/ n. BE *to do the ~* asciugare le stoviglie.
dryly → **drily**.
dryness /ˈdraɪnɪs/ n. **1** *(of weather)* siccità f., aridità f.; *(of skin)* secchezza f. **2** *(of wit)* causticità f., ironia f.
drypoint /ˈdraɪpɔɪnt/ n. puntasecca f.
dry rot n. carie f. del legno.
DSc n. (⇒ Doctor of Science) = (diploma di) dottore in discipline scientifiche (con specializzazione post-laurea).
DSS n. GB (⇒ Department of Social Security) **1** *(ministry)* = ministero della previdenza sociale **2** *(local office)* = ufficio di assistenza sociale che si occupa di disoccupati, anziani ecc.

DST n. (⇒daylight saving time) = ora legale.
DT n. (⇒data transmission) = trasmissione dati.
DTI n. GB (⇒Department of Trade and Industry) = ministero del commercio e dell'industria.
DTP n. (⇒desktop publishing) = desktop publishing, editoria da tavolo.
dual /'dju:əl, AE 'du:əl/ agg. doppio, duplice.
dual carriageway n. BE strada f. a due corsie.
dualism /'dju:əlɪzəm, AE 'du:-/ n. dualismo m.
dual-purpose /ˌdju:əl'pɜ:pəs, AE ˌdu:əl-/ agg. a doppio uso.
1.dub /dʌb/ tr. (forma in -ing ecc. **-bb-**) *(into foreign language)* doppiare [*film*] (**into** in); *(add soundtrack)* postsincronizzare [*film*]; missare [*sound effect*] (**onto** in).
2.dub /dʌb/ tr. (forma in -ing ecc. **-bb-**) GIORN. *(nickname)* soprannominare [*person*].
dubbing /'dʌbɪŋ/ n. **1** *(into foreign language)* doppiaggio m. **2** *(adding soundtrack)* postsincronizzazione f.; *(sound mixing)* missaggio m.
dubious /'dju:bɪəs, AE 'du:-/ agg. **1** *(showing doubt)* [*response, look*] incerto, dubbioso; ***to be ~ (about sth.)*** [*person*] essere dubbioso, incerto (su qcs.); ***I am ~ about accepting*** sono in dubbio se accettare o meno **2** *(arguable)* [*translation, answer*] discutibile **3** *(suspect)* [*motive, claim*] sospetto; [*reputation, person*] dubbio.
dubiously /'dju:bɪəslɪ, AE 'du:-/ avv. [*say*] dubbiosamente, con tono incerto; [*look at*] con aria dubbiosa.
Dublin /'dʌblɪn/ ♦ **34** n.pr. Dublino f.
Dubliner /'dʌblɪnə(r)/ n. dublinese m. e f.
ducal /'dju:kl, AE 'du:-/ agg. ducale.
ducat /'dʌkət/ n. STOR. *(coin)* ducato m.
duchess /'dʌtʃɪs/ ♦ **9** n. duchessa f.
duchy /'dʌtʃɪ/ n. *(territory)* ducato m.
1.duck /dʌk/ n. **1** (pl. **~s**, **~**) ZOOL. GASTR. anatra f. **2** *(in cricket)* ***to be out for*** o ***to make a ~*** non segnare un punto ♦ ***he took to it like a ~ to water*** lo fece con estrema naturalezza; ***it's like water off a ~'s back*** è solo fiato sprecato.
2.duck /dʌk/ **I** tr. **1** *(lower)* ***to ~ one's head*** chinare *o* piegare la testa **2** *(dodge)* schivare, scansare [*punch, ball*] **3** FIG. *(avoid)* evitare [*issue, responsibility*] **4** *(push under water)* immergere nell'acqua, cacciare sott'acqua [*person*] **II** intr. [*person*] chinare la testa; [*boxer*] scansare, schivare un colpo; ***to ~ behind sth.*** nascondersi *o* cacciarsi dietro qcs.
3.duck /dʌk/ **I** n. TESS. tela f. olona **II ducks** n.pl. ABBIGL. pantaloni m. in tela olona.
duck-billed platypus n. ornitorinco m.
duckboard /'dʌkbɔ:d/ n. passerella f. in legno.
ducking /'dʌkɪŋ/ n. ***to get a ~*** andare a finire nell'acqua, bagnarsi completamente.
duckling /'dʌklɪŋ/ n. anatroccolo m.
ducks and drakes n. GIOC. ***to play ~*** giocare a rimbalzello.
duckweed /'dʌkwi:d/ n. BOT. lenticchia f. d'acqua.
ducky /'dʌkɪ/ **I** n. BE COLLOQ. *(form of address) (to child)* cocco m. (-a), amore m.; *(to woman)* tesoro m., cara f. **II** agg. AE COLLOQ. *(cute)* carino, grazioso.
duct /dʌkt/ n. **1** TECN. *(for air, water)* condotto m., conduttura f.; *(for wiring)* canaletta f., tubazione f. **2** ANAT. dotto m., canale m.
ductile /'dʌktaɪl, AE -tl/ agg. duttile.
dud /dʌd/ **I** n. COLLOQ. ***to be a ~*** [*banknote*] essere falso; [*machine*] essere guasto, difettoso; [*battery*] essere scarico, a terra; [*person*] essere un incapace; [*movie*] essere un fiasco **II** agg. [*banknote*] falso; [*cheque*] a vuoto; [*machine*] guasto; [*battery*] scarico, a terra; [*movie*] che non vale nulla.
dude /dju:d, AE du:d/ n. COLLOQ. **1** *(man)* tipo m., tizio m. **2** AE *(city dweller)* cittadino m., uomo m. di città.
dudgeon /'dʌdʒən/ n. ***in high ~*** *(offended)* profondamente indignato, risentito; *(angry)* infuriato.
1.due /dju:, AE du:/ **I** agg. **1** mai attrib. *(payable)* ***to be, fall ~*** [*rent, next instalment*] scadere, essere esigibile; ***when ~*** alla scadenza; ***the rent is ~ on the 6th*** l'affitto scade il 6; ***the balance ~*** il saldo debitore **2** *(entitled to)* ***they should pay him what is ~ to him*** dovrebbero pagargli quello che gli spetta *o* è dovuto **3** COLLOQ. *(about to be paid, given)* ***I'm ~ some back pay*** mi spettano degli arretrati; ***we are ~ (for) a wage increase soon*** a breve i nostri salari saranno aumentati **4** attrib. *(appropriate)* ***with ~ solemnity*** con la dovuta solennità; ***after ~ consideration*** dopo accurata, adeguata riflessione; ***to give all ~ praise to sb.*** dare a qcn. tutto l'onore che si merita; ***you will receive a letter in ~ course*** riceverà una lettera a tempo debito; ***in ~ course it transpired that*** al momento opportuno si venne a sapere che **5** *(scheduled, expected)* ***to be ~ to do*** dovere fare; ***we are ~ to leave there in the evening*** (è programmato che) partiremo in serata; ***to be ~ (in)*** o ***~ to arrive*** essere atteso; ***to be ~ back soon*** dover rientrare presto; ***when is your baby ~?*** quando deve nascere il tuo bambino? **6 due to** *(because of)* a causa di; ***he resigned ~ to the fact that*** diede le sue dimissioni in seguito al fatto che; ***to be ~ to*** [*delay, cancellation*] essere dovuto a; ***"closed ~ to illness"*** "chiuso per malattia"; *(thanks to)* grazie a, per merito di; ***it's all ~ to you*** è tutto merito tuo, lo si deve solo a te **II** avv. *(directly)* ***to face ~ north*** [*building*] essere volto direttamente a nord; ***to go ~ south*** andare verso sud; ***to sail ~ south*** navigare in direzione sud.
2.due /dju:, AE du:/ **I** n. dovuto m., giusto m.; ***it was his ~*** era ciò che gli era dovuto; *(of money etc.)* era ciò che gli spettava; *(of praise etc.)* gli era dovuto, se lo meritava **II dues** n.pl. *(for membership)* quota f.sing. sociale; *(for import, taxes etc.)* diritti m. ♦ ***to pay one's ~s*** fare il proprio dovere.
due date n. scadenza f., termine m. utile, ultima data f. utile.
1.duel /'dju:əl, AE 'du:əl/ n. duello m. (anche FIG.); ***to fight a ~*** battersi in duello.
2.duel /'dju:əl, AE 'du:əl/ intr. (forma in -ing ecc. **-ll-**) battersi in duello, duellare.
duellist /'dju:əlɪst, AE 'du:-/ n. duellante m. e f.
duet /dju:'et, AE du:-/ n. *(composition)* duetto m. (anche FIG.).
duff /dʌf/ agg. BE COLLOQ. *(defective)* guasto, rotto.
duffel bag n. sacca f. da viaggio.
duffel coat n. montgomery m.
duffer /'dʌfə(r)/ n. ANT. COLLOQ. *(ungifted person)* incapace m. e f., inetto m. (-a).
dug /dʌg/ pass., p.pass. → **2.dig**.
dugout /'dʌgaʊt/ n. **1** *(boat)* piroga f. **2** SPORT panchina f. **3** MIL. trincea f., rifugio m.
duke /dju:k, AE du:k/ ♦ **9** n. duca m.
dukedom /'dju:kdəm, AE 'du:k-/ n. *(territory, title)* ducato m.
dulcet /'dʌlsɪt/ agg. attrib. ***her ~ tones*** SCHERZ. la sua voce soave.
dulcimer /'dʌlsɪmə(r)/ n. dulcimero m., salterio m.
1.dull /dʌl/ agg. **1** *(uninteresting)* [*person, play, book, music*] noioso, tedioso; [*life, journey*] monotono; [*dish*] scipito, insipido; [*appearance, outfit*] scialbo **2** *(not bright)* [*eye, colour*] smorto, spento; [*weather, day*] uggioso, fosco; [*complexion*] opaco, scialbo **3** *(muffled)* [*explosion, thud*] sordo, soffocato **4** *(not sharp)* [*pain*] sordo; [*blade*] spuntato, smussato **5** ECON. [*market*] fiacco, fermo.
2.dull /dʌl/ tr. **1** *(make matt)* sbiadire, appannare [*shine*] **2** *(make blunt)* smussare, spuntare [*blade*]; intorpidire, ottundere [*senses*]; alleviare, lenire [*pain*].
dullard /'dʌləd/ n. ANT. SPREG. stupido m. (-a), persona f. ottusa.
dullness /'dʌlnɪs/ n. *(of life)* noia f., tediosità f.; *(of routine)* monotonia f.; *(of company, conversation)* noiosità f.
dully /'dʌlɪ/ avv. **1** [*say, repeat*] monotonamente **2** [*gleam*] fiocamente **3** [*move, trail*] lentamente, pigramente.
duly /'dju:lɪ, AE 'du:-/ avv. **1** *(in proper fashion)* debitamente (anche DIR.) **2** *(as expected, as arranged)* a tempo debito, come convenuto; in tempo utile.
dumb /dʌm/ agg. **1** *(handicapped)* muto; ***a ~ person*** un muto; ***~ animals*** gli animali **2** *(temporarily)* ammutolito (**with** per); ***to be struck ~*** ammutolire **3** COLLOQ. *(stupid)* [*person*] ottuso, stupido; [*question, idea*] sciocco. Although *speech impaired* is often used in English instead of *dumb*, the Italian translation is *muto* for both English expressions.
dumbbell /'dʌmbel/ n. SPORT manubrio m.
dumbfounded /dʌm'faʊndɪd/ agg. sbalordito, stupito.
dumbly /'dʌmlɪ/ avv. in silenzio, senza dire una parola.
dumb show n. TEATR. pantomima f., scena f. muta.
dumbstruck /'dʌmstrʌk/ agg. esterrefatto, senza parole.
dumbwaiter /ˌdʌm'weɪtə(r)/ n. **1** *(elevator)* montavivande m. **2** *(food trolley)* carrello m. portavivande, servo m. muto.

dummy /ˈdʌmɪ/ **I** n. **1** *(model)* (anche **tailor's ~**) manichino m. **2** BE *(for baby)* ciuccio m., succhiotto m. **3** COLLOQ. *(stupid person)* stupido m. (-a), tonto m. (-a) **4** *(imitation, object)* imitazione f., falso m. **5** *(in bridge) (player)* morto m. **II** modif. [*furniture, drawer*] finto; [*document*] falso; [*bullet*] a salve; [*bomb*] inerte.

dummy run n. *(trial)* prova f. generale (di funzionamento); MIL. attacco m. simulato.

1.dump /dʌmp/ n. **1** *(public)* discarica f. pubblica **2** *(rubbish heap)* ammasso m., mucchio m. di rifiuti **3** MIL. ***arms, munitions ~*** deposito di armi, munizioni **4** COLLOQ. SPREG. *(town, village)* buco m., posto m. squallido; *(house)* topaia f. **5** INFORM. = scaricamento dei dati di memoria su un supporto esterno.

2.dump /dʌmp/ tr. **1** [*person*] gettare [*refuse*]; smaltire [*sewage*]; [*factory, ship*] scaricare [*waste, pollutants*] **2** *(sell)* ***to ~ goods on the market*** *(on home market)* vendere merci sottocosto; *(abroad)* praticare il dumping **3** COLLOQ. *(get rid of)* piantare, mollare [*boyfriend*]; liberarsi di [*car, shopping*] **4** COLLOQ. *(put down)* mettere giù, posare [*bag, object*] **5** INFORM. *(transfer)* scaricare [*data*].

dumper /ˈdʌmpə(r)/ n. **1** *(small)* carretto m. ribaltabile **2** *(large truck)* dumper m., autocarro m. ribaltabile.

dumping /ˈdʌmpɪŋ/ n. **1** *(of liquid waste, sand)* scarico m.; ***"no ~"*** "divieto di discarica" **2** ECON. COMM. dumping m., esportazione f. sottocosto.

dumping ground n. discarica f. (anche FIG.).

dumpling /ˈdʌmplɪŋ/ n. GASTR. = gnocco di pasta bollito; ***fruit ~*** frutta avvolta in uno strato di pasta e cotta al forno.

dumpy /ˈdʌmpɪ/ agg. *(plump)* tozzo, grassottello.

dun /dʌn/ agg. grigio brunastro opaco.

dunce /dʌns/ n. *(person)* asino m. (-a), somaro m. (-a) (**at** in).

dunce's cap n. orecchie f.pl. d'asino.

dunderhead /ˈdʌndəhed/ n. ANT. testone m. (-a), stupido m. (-a).

dune /dju:n, AE du:n/ n. duna f.

dune buggy n. *(car)* dune buggy f.

dung /dʌŋ/ n. **U** escrementi m.pl., sterco m.; *(for manure)* letame m., stallatico m.

dungarees /ˌdʌŋgəˈri:z/ n.pl. **1** *(fashionwear)* salopette f.sing. **2** *(workwear)* pantaloni m. da lavoro.

dungeon /ˈdʌndʒən/ n. segreta f., prigione f. sotterranea.

dunk /dʌŋk/ tr. inzuppare [*bread, biscuit*] (**in** in).

dunno /dəˈnəʊ/ COLLOQ. contr. don't know.

duo /ˈdju:əʊ, AE ˈdu:əʊ/ n. (pl. **~s**) **1** TEATR. duo m. (anche FIG.); ***comedy ~*** duo comico **2** MUS. *(duet)* duetto m.

duodecimal /ˌdju:əʊˈdesɪml, AE ˌdu:əˈdesəml/ agg. duodecimale.

duodenum /ˌdju:əʊˈdi:nəm, AE ˌdu:ə-/ n. (pl. **-a**, **~s**) duodeno m.

1.dupe /dju:p, AE du:p/ n. credulone m. (-a), sempliciotto m. (-a).

2.dupe /dju:p, AE du:p/ tr. ingannare, imbrogliare.

duplex /ˈdju:pleks, AE ˈdu:-/ n. AE *(apartment)* duplex m.; *(house)* villa f. bifamiliare.

1.duplicate /ˈdju:plɪkət, AE ˈdu:pləkət/ **I** n. **1** *(copy) (of document)* duplicato m. (**of** di); *(of painting, cassette)* copia f.; ***in ~*** in duplice copia **2** *(photocopy)* fotocopia f. **II** agg. **1** *(copied)* [*cheque, receipt*] duplicato; ***a ~ key*** una controchiave **2** *(in two parts)* [*form, invoice*] in duplice copia.

2.duplicate /ˈdju:plɪkeɪt, AE ˈdu:pləkeɪt/ tr. **1** *(copy)* fare una copia di, duplicare [*document*]; riprodurre [*painting*]; duplicare [*cassette*] **2** *(photocopy)* fotocopiare **3** *(repeat)* ripetere, raddoppiare [*work*]; ripetere [*action, performance*].

duplication /ˌdju:plɪˈkeɪʃn, AE ˌdu:pləˈkeɪʃn/ n. *(copying)* duplicazione f., riproduzione f.

duplicator /ˈdju:plɪkeɪtə(r), AE ˈdu:pləkeɪtə(r)/ n. duplicatore m.

duplicity /dju:ˈplɪsətɪ, AE du:-/ n. *(double-dealing)* doppiezza f., finzione f.

durability /ˌdjʊərəˈbɪlətɪ, AE ˌdʊərə-/ n. durabilità f., durevolezza f.

durable /ˈdjʊərəbl, AE ˈdʊərəbl/ agg. [*material*] durevole; [*equipment*] resistente; [*friendship, tradition*] solido, duraturo; ***~ goods*** beni durevoli.

duration /djʊˈreɪʃn, AE dʊˈreɪʃn/ n. durata f.; ***for the ~ of the war*** per l'intera durata della guerra ♦ ***for the ~*** COLLOQ. *(for ages)* a tempo indeterminato, per lunghissimo tempo.

duress /djʊˈres, AE dʊˈres/ n. DIR. costrizione f.; ***under ~*** sotto minaccia, coercizione.

Durex® /ˈdjʊəreks, AE ˈdʊəreks/ n. preservativo m., profilattico m.

during /ˈdjʊərɪŋ/ prep. durante, nel corso di.

dusk /dʌsk/ n. *(twilight)* crepuscolo m.; ***at ~*** al crepuscolo, all'imbrunire.

dusky /ˈdʌskɪ/ agg. [*complexion*] scuro; [*room, colour*] oscuro, tetro.

1.dust /dʌst/ n. polvere f.; ***thick with ~*** coperto di polvere; ***to allow the ~ to settle*** lasciar posare *o* depositare la polvere; FIG. lasciar calmare le acque; ***gold ~*** polvere d'oro ♦ ***to bite the ~*** [*person*] *(die)* cadere stecchito; [*plan, idea*] fallire.

2.dust /dʌst/ **I** tr. **1** *(clean)* spolverare [*furniture, house*] **2** *(coat lightly)* spolverare, cospargere [*cake*] (**with** di, con); cospargere [*face*] (**with** di, con) **II** intr. spolverare, togliere la polvere.

■ **dust down:** ***~ [sth.] down, ~ down [sth.]*** spolverare [*chair, table*].

■ **dust off:** ***~ [sth.] off, ~ off [sth.]*** **1** *(clean)* spolverare [*surface, table*] **2** *(brush off)* togliere (spazzolando) [*crumbs, powder*] (**from** da).

dustbin /ˈdʌstbɪn/ n. BE bidone m. della spazzatura, pattumiera f.

dustbin man n. BE spazzino m.

dust bowl n. GEOGR. regione f. desertica.

dustcart /ˈdʌstkɑ:t/ n. BE camion m. dell'immondizia, per la raccolta rifiuti.

dust cover n. *(on book)* sovraccoperta f.; foderina f.; *(on furniture)* fodera f.

duster /ˈdʌstə(r)/ n. **1** *(cloth)* straccio m. per la polvere **2** AE *(housecoat)* spolverino m.

dust jacket n. *(on book)* sovraccoperta f.

dustman /ˈdʌstmæn/ ♦ ***27*** n. (pl. **-men**) BE spazzino m.

dustpan /ˈdʌstpæn/ n. paletta f. per la spazzatura; ***a ~ and brush*** una paletta e una scopetta.

dust sheet n. telo m., fodera f. (per proteggere dalla polvere).

dust storm n. tempesta f. di polvere.

dust-up /ˈdʌstʌp/ n. COLLOQ. *(quarrel)* lite f.; *(fight)* rissa f.

dusty /ˈdʌstɪ/ agg. [*house, table, road*] polveroso; [*climb, journey*] in mezzo alla polvere; ***to get ~*** impolverarsi ♦ ***to give sb. a ~ answer*** dare una risposta vaga a qcn.

dusty pink I agg. rosa antico **II** n. rosa m. antico.

Dutch /dʌtʃ/ ♦ ***18, 14*** **I** agg. [*culture, food*] olandese **II** n. **1** *(language)* olandese m. **2** ***the ~*** + verbo pl. gli olandesi **III** modif. *(of Dutch)* [*teacher, lesson*] di olandese; *(into Dutch)* [*translation*] in olandese ♦ ***to go ~*** COLLOQ. pagare alla romana; ***to go ~ with sb.*** COLLOQ. dividere le spese con qcn.

Dutch cap n. diaframma m. (contraccettivo).

Dutch courage n. = coraggio che deriva dal consumo di bevande alcoliche.

Dutchman /ˈdʌtʃmən/ n. (pl. **-men**) olandese m.

Dutchwoman /ˈdʌtʃwʊmən/ n. (pl. **-women**) olandese f.

dutiful /ˈdju:tɪfl, AE ˈdu:-/ agg. *(obedient)* [*person*] rispettoso, deferente.

duty /ˈdju:tɪ, AE ˈdu:tɪ/ **I** n. **1** *(obligation)* dovere m. (**to** verso, nei confronti di); ***to have a ~ to do*** avere il dovere di fare; ***to do one's ~*** fare il proprio dovere; ***in the course of ~*** MIL. nell'adempimento delle proprie funzioni; ***to feel ~ bound to do*** sentirsi in dovere di fare; ***out of a sense of ~*** per senso del dovere **2** gener. pl. *(task)* mansioni f.pl., compiti m.pl.; ***to take up one's duties*** cominciare il proprio lavoro; ***to perform*** o ***carry out one's duties*** svolgere le proprie mansioni (**as** di) **3 U** *(work)* servizio m.; ***to be on, off ~*** MIL. MED. essere in, fuori servizio; SCOL. essere, non essere di sorveglianza; ***to go on, off ~*** montare di servizio, smontare dal servizio; ***to do ~ for sb.*** sostituire *o* supplire qcn. **4** dazio m., imposta f.; ***customs duties*** dazi doganali; ***to pay ~ on sth.*** pagare il dazio doganale su qcs. **II** modif. [*nurse, security guard*] di servizio, di turno.

duty chemist n. farmacista m. e f. di turno.

duty-free /ˌdju:tɪˈfri:, AE ˌdu:-/ **I** agg. esente da dazio **II** avv. in franchigia doganale.

duty-free allowance n. = quantità autorizzata di merci in franchigia doganale.
duty-frees /ˌdjuːtɪˈfriːz, AE ˌduː-/ n.pl. merci f. in franchigia doganale.
duty roster, duty rota n. AMM. lista f. dei turni di servizio.
duvet /ˈduːveɪ/ n. BE piumino m., trapunta f.
duvet cover n. BE copripiumino m.
DVD n. (⇒ Digital Video Disc video disco digitale) DVD m.
1.dwarf /dwɔːf/ **I** agg. nano **II** n. nano m. (-a).
2.dwarf /dwɔːf/ tr. fare sembrare piccolo [*person, object etc.*]; sminuire [*achievement, issue*].
dwell /dwel/ intr. (pass., p.pass. **dwelt**) LETT. *(live)* abitare, dimorare (**in** in).
■ **dwell on: ~ on [sth.]** *(talk about)* dilungarsi, diffondersi su; *(think about)* [*person, mind*] soffermarsi su.
dweller /ˈdwelə(r)/ n. abitante m. e f., abitatore m. (-trice); ***city ~, town ~*** cittadino.
dwelling /ˈdwelɪŋ/ n. LETT. AMM. abitazione f., dimora f.
dwelling house n. casa f. d'abitazione.
dwelt /dwelt/ pass., p.pass. → **dwell**.
dwindle /ˈdwɪndl/ intr. [*numbers, resources*] diminuire, assottigliarsi; [*interest, enthusiasm*] scemare, diminuire; [*health*] peggiorare, rovinarsi.
dwindling /ˈdwɪndlɪŋ/ agg. [*numbers, resources, audience*] in calo; [*interest*] che scema, diminuisce; [*health*] che peggiora, che si rovina.
1.dye /daɪ/ n. **1** *(commercial product)* tintura f., tinta f.; ***hair ~*** tintura per capelli **2** *(substance)* colorante m.; ***vegetable ~*** colorante vegetale.
2.dye /daɪ/ **I** tr. tingere, colorare; ***to ~ sth. red*** tingere qcs. di rosso **II** intr. [*fabric*] tingersi.
dyed /daɪd/ **I** p.pass. → **2.dye II** agg. [*hair, fabric*] tinto.
dyed-in-the-wool /ˌdaɪdɪnðəˈwʊl/ agg. impenitente, incallito.
dyer /ˈdaɪə(r)/ ♦ **27** n. tintore m. (-a).
dying /ˈdaɪɪŋ/ **I** agg. **1** *(about to die)* morente, moribondo; ***the ~ woman*** la moribonda, la donna in fin di vita; ***to his ~ day*** fino al giorno della sua morte; ***with her ~ breath*** con il suo ultimo respiro **2** *(disappearing)* [*art, tradition*] che va scomparendo; [*community*] agonizzante **3** *(final)* [*stages, moments*] ultimo **4** *(fading)* [*sun*] morente; [*light, fire*] languente **II** n. **1** *(people)* ***the ~*** + verbo pl. i moribondi, i morenti **2** *(death)* morte f.
1.dyke, dike AE /daɪk/ n. **1** *(embankment) (to prevent flooding)* diga f.; *(beside ditch)* argine m. **2** BE *(ditch)* fossato m.
2.dyke, dike AE /daɪk/ n. POP. SPREG. *(lesbian)* lesbica f.
dynamic /daɪˈnæmɪk/ **I** agg. dinamico **II** n. forza f. motrice, energia f.
dynamics /daɪˈnæmɪks/ n. + verbo sing. dinamica f.
dynamism /ˈdaɪnəmɪzəm/ n. dinamismo m.
1.dynamite /ˈdaɪnəmaɪt/ n. **1** dinamite f. **2** FIG. ***this story is political ~*** dal punto di vista politico, questa storia è dinamite.
2.dynamite /ˈdaɪnəmaɪt/ tr. fare saltare con la dinamite.
dynamo /ˈdaɪnəməʊ/ n. **1** EL. dinamo f. **2** COLLOQ. FIG. *(person)* ***he's a real ~*** è un tipo davvero dinamico.
dynamometer /ˌdaɪnəˈmɒmɪtə(r)/ n. dinamometro m.
dynastic /dɪˈnæstɪk, AE daɪ-/ agg. dinastico.
dynasty /ˈdɪnəstɪ, AE ˈdaɪ-/ n. dinastia f.
dysentery /ˈdɪsəntrɪ, AE -terɪ/ ♦ **11** n. dissenteria f.
dyslexia /dɪsˈleksɪə, AE dɪsˈlekʃə/ n. dislessia f.
dyslexic /dɪsˈleksɪk/ **I** agg. dislessico **II** n. dislessico m. (-a).
dyspepsia /dɪsˈpepsɪə/ ♦ **11** n. dispepsia f.
dystrophy /ˈdɪstrəfɪ/ ♦ **11** n. distrofia f.

e

e, E /iː/ n. **1** *(letter)* e, E m. e f. **2 E** MUS. mi m. **3 E** GEOGR. ⇒ east est (E).

each /iːtʃ/ *Each* is used for any number of persons or things considered separately (whereas *every* implies any number considered together): *each boy has his own bike* = ciascun ragazzino ha la propria bicicletta. - *Each* takes a singular verb except when it comes after a plural word: *each of them is coming* but *they each are coming* = viene ognuno di loro. - Note that *each* is accompanied by a plural pronoun when both males and females are referred to: *each student must have their own book* = ogni studente deve avere il suo libro. **I** determ. [*person, group, object*] ogni, ciascuno; ***~ time I do*** ogni volta che faccio; ***~ morning*** ogni mattina, tutte le mattine; ***~ person will receive*** ogni persona *o* ognuno riceverà; ***~ and every day*** tutti i (santi) giorni; ***he lifted ~ box in turn, ~ one heavier than the last*** sollevò una scatola dopo l'altra, ciascuna più pesante della precedente **II** pron. ognuno m. (-a), ciascuno m. (-a); ***~ will receive*** ognuno riceverà; ***we ~ want something different*** ciascuno di noi vuole qualcosa di diverso; ***~ of them*** ciascuno, ognuno di loro; ***three bundles of ten notes ~*** tre mazzette da dieci banconote ciascuna; ***I'll try a little of ~*** ne assaggerò un po' di ognuno; ***apples at 20p ~*** mele a 20 penny l'una.

each other *Each other* - which is never used as the subject of a sentence - is very often translated in Italian by using a reflexive pronoun. For examples and particular usages see the entry below. pron. (anche **one another**) ***they know ~*** si conoscono; ***they're fond of ~*** si vogliono molto bene; ***to help ~*** aiutarsi l'un l'altro; ***they wear ~'s clothes*** si scambiano i vestiti; ***to worry about ~*** preoccuparsi l'uno per l'altro; ***kept apart from ~*** tenuti l'uno lontano dall'altro.

each way I agg. ***to place an ~ bet on a horse*** fare una scommessa su un cavallo piazzato **II** avv. ***to bet on a horse ~*** puntare su un cavallo piazzato.

eager /ˈiːɡə(r)/ agg. **1** *(keen)* desideroso (**to do** di fare) **2** *(impatient)* [*person, anticipation*] ansioso, impaziente; ***~ for*** avido, affamato di [*wealth, fame*]; ***to be ~ to please*** fare di tutto per compiacere gli altri **3** *(excited)* [*supporter, crowd*] entusiasta; [*face*] acceso, attento; [*acceptance*] entusiastico; [*student*] diligente, volenteroso.

eager beaver n. COLLOQ. ***to be an ~*** essere uno sgobbone.

eagerly /ˈiːɡəlɪ/ avv. [*talk*] con ardore; [*listen*] avidamente, con grande attenzione; [*wait*] ansiosamente, con impazienza.

eagerness /ˈiːɡənɪs/ n. **1** *(keenness)* desiderio m., brama f. **2** *(impatience)* ansia f., impazienza f. **3** *(enthusiasm)* entusiasmo m.

eagle /ˈiːɡl/ n. aquila f.

eagle-eyed /ˌiːɡlˈaɪd/ agg. *(sharp-eyed)* dagli occhi d'aquila; *(vigilant)* dall'occhio vigile.

eagle owl n. gufo m. reale.

eaglet /ˈiːɡlɪt/ n. aquilotto m.

1.ear /ɪə(r)/ ♦ *2* **I** n. **1** ANAT. ZOOL. orecchio m., orecchia f.; ***inner, outer ~*** orecchio interno, esterno **2** *(hearing)* orecchio m.; ***to play music by ~*** suonare a orecchio; ***to have an ~ for*** avere orecchio per [*languages, music*] **II** modif. [*infection, operation*] *(of one ear)* all'orecchio; *(of both ears)* alle orecchie ♦ ***he is wet behind the ~s*** ha ancora il latte alla bocca; ***about*** o ***around one's ~s*** tutto intorno a sé; ***my ~s are burning*** mi fischiano le orecchie; ***to be all ~s*** essere tutto orecchi; ***to be out on one's ~*** *(from job)* essere licenziato su due piedi; *(from home)* essere cacciato; ***to be up to one's ~s in debt*** essere indebitato fin sopra ai capelli *o* fino al collo; ***to get a thick ~*** prendersi uno schiaffone; ***to have a word in sb.'s ~*** dire una parola all'orecchio di qcn.; ***to go in one ~ and out the other*** entrare da un orecchio e uscire dall'altro; ***to have the ~ of sb.*** avere ascolto presso qcn.; ***to have*** o ***keep one's ~ to the ground*** stare all'erta; ***to listen with (only) half an ~*** ascoltare con un orecchio solo; ***to play it by ~*** improvvisare.

2.ear /ɪə(r)/ n. BOT. *(of wheat)* spiga f.; *(of corn)* pannocchia f.

earache /ˈɪəreɪk/ n. ***to have ~*** BE o ***an ~*** avere mal d'orecchie.

eardrum /ˈɪədrʌm/ n. timpano m., membrana f. timpanica.

earful /ˈɪəfʊl/ n. COLLOQ. ***to give sb. an ~*** dare una lavata di capo a qcn.; ***to get an ~ of sb.'s problems*** sorbirsi i problemi di qcn.

earl /ɜːl/ n. conte m.

earldom /ˈɜːldəm/ n. contea f.

earlobe /ˈɪələʊb/ n. lobo m. dell'orecchio.

early /ˈɜːlɪ/ **I** agg. **1** *(one of the first)* [*attempt, role, play*] primo; ***~ man*** uomo primitivo **2** *(sooner than usual)* [*death*] prematuro; [*delivery, settlement*] rapido; [*vegetable, fruit*] precoce, primaticcio; ***to have an ~ lunch, night*** pranzare, andare a letto presto; ***to take ~ retirement*** andare in prepensionamento; ***at the earliest possible opportunity*** alla primissima occasione; ***at your earliest convenience*** FORM. non appena possibile, con cortese sollecitudine **3** *(in period of time)* ***in ~ childhood*** nella prima infanzia; ***at an ~ age*** in giovane età; ***to be in one's ~ thirties*** essere sulla trentina; ***to make an ~ start*** partire presto *o* di buonora; ***to take the ~ train*** prendere il primo treno; ***at the earliest*** al più presto; ***the earliest I can manage is Monday*** non posso prima di lunedì; ***at an ~ hour*** di buonora; ***in the ~ 60's*** nei primi anni 60; ***in the ~ spring*** all'inizio della primavera; ***in the ~ afternoon*** nel primo pomeriggio; ***at an ~ date*** *(in future)* in data vicina, prossimamente; ***an earlier attempt*** un tentativo precedente **II** avv. **1** *(in period of time)* [*arrive, book*] presto, per tempo; [*get up, go to bed*] presto, di buonora; ***it's too ~ to say*** è troppo presto per dirlo; ***as ~ as possible*** al più presto possibile; ***as ~ as 1983*** fin dal 1983; ***~ next year, in the film*** all'inizio del prossimo anno, del film; ***~ in the afternoon*** nel primo pomeriggio; ***(very) ~ on*** agli inizi *o* albori **2** *(before expected)* [*arrive, ripen*] in anticipo; ***I'm a bit ~*** sono un po' in anticipo; ***to do sth. two days ~*** fare qcs. con due giorni di anticipo; ***to retire ~*** andare in prepensionamento ♦ ***~ to bed ~ to rise*** il mattino ha l'oro in bocca; ***it's ~ days yet*** è solo l'inizio, è presto per dirlo; ***it's the ~ bird that catches the worm!*** PROV. chi dorme non piglia pesci! ***to be an ~ bird*** o ***riser*** essere mattiniero.

early warning n. ***to be*** o ***come as an ~ of sth.*** essere il presagio di qcs.
early warning system n. MIL. sistema m. d'allarme avanzato.
1.earmark /ˈɪəmɑːk/ n. *(on livestock)* marchio m. (applicato all'orecchio) ♦ ***to have all the ~s of sth.*** avere tutte le caratteristiche di qcs.
2.earmark /ˈɪəmɑːk/ tr. marchiare [*animal*]; FIG. destinare, assegnare [*money, site*] (**for** a, per).
earmuffs /ˈɪəmʌfs/ n.pl. paraorecchie m.sing.
earn /ɜːn/ tr. **1** guadagnare [*money*] (**by doing** facendo); percepire [*salary*]; ***to ~ a*** o ***one's living*** guadagnarsi da vivere **2** FIG. ***to ~ sb.'s respect*** guadagnarsi il rispetto di qcn.; ***he's ~ed it!*** se lo è meritato! ***well-~ed*** meritato.
earned income n. reddito m. da lavoro.
earner /ˈɜːnə(r)/ n. **1** *(person)* salariato m. (-a) **2** BE COLLOQ. ***a nice little ~*** una bella fonte di guadagno.
earnest /ˈɜːnɪst/ **I** agg. **1** *(serious)* [*person*] serio **2** *(sincere)* [*intention*] sincero; [*desire*] ardente; [*wish*] profondo **3** *(fervent)* [*plea*] fervido **II** n. ***to be in ~*** fare sul serio; ***to begin in ~*** cominciare sul serio (**to do** a fare).
earning power n. capacità f. di produrre reddito.
earnings /ˈɜːnɪŋz/ n.pl. *(of person)* salario m.sing., stipendio m.sing.; *(of company)* profitti m., utili m. (**from** da); *(from shares)* rendimento m.sing.; ***export ~*** profitti *o* utili (prodotti) da esportazione.
ear nose and throat department n. reparto m. di otorinolaringoiatria.
earphones /ˈɪəfəʊnz/ n.pl. *(over ears)* cuffie f.; *(in ears)* auricolari m.
earpiece /ˈɪəpiːs/ n. **1** TEL. ricevitore m.; *(in ear)* auricolare m. **2** *(of glasses)* stanghetta f.
ear-piercing /ˈɪəpɪəsɪŋ/ **I** n. piercing m. all'orecchio, alle orecchie **II** agg. → **ear-splitting**.
earplug /ˈɪəplʌg/ n. tappo m. per le orecchie.
earring /ˈɪərɪŋ/ n. orecchino m.
earshot /ˈɪəʃɒt/ n. ***out of, within ~*** fuori dalla portata, a portata d'orecchio.
ear-splitting /ˈɪəsplɪtɪŋ/ agg. [*scream*] lacerante; [*noise*] assordante.
1.earth /ɜːθ/ **I** n. **1** (anche **Earth**) *(planet)* terra f.; ***the ~'s atmosphere*** l'atmosfera terrestre; ***to the ends of the ~*** in capo al mondo; ***the oldest city on ~*** la città più antica del mondo **2** COLLOQ. *(as intensifier)* ***how, where, who on ~...?*** come, dove, chi diamine *o* diavolo...? ***nothing on ~ would persuade me to do*** per niente al mondo mi convincerei a fare **3** *(soil)* terreno m., terra f. **4** *(foxhole)* tana f.; ***to go to ~*** rintanarsi (anche FIG.) **5** BE EL. terra f. **6** CHIM. terra f. **7** COLLOQ. *(huge amount)* ***to cost the ~*** costare una fortuna *o* un occhio della testa; ***to expect the ~*** pretendere la luna **II** modif. BE EL. [*cable, wire*] a terra ♦ ***did the ~ move for you?*** COLLOQ. SCHERZ. *(after sex)* ti è piaciuto? ***to look like nothing on ~*** avere uno strano aspetto; ***to come down to ~*** tornare con i piedi per terra; ***to run sb., sth. to ~*** scovare qcn., qcs.
2.earth /ɜːθ/ tr. BE EL. mettere a terra.
earthbound /ˈɜːθbaʊnd/ agg. *(which cannot fly)* terrestre; FIG. terreno.
earthen /ˈɜːθn/ agg. *(made of earth)* di terra; *(made of clay)* [*pot*] in terracotta.
earthenware /ˈɜːθnweə(r)/ **I** n. *(substance)* terracotta f.; *(crockery)* vasellame m. di terracotta, terrecotte f.pl. **II** modif. [*crockery*] di terracotta.
earthling /ˈɜːθlɪŋ/ n. abitante m. e f. della terra, terrestre m. e f.
earthly /ˈɜːθlɪ/ agg. **1** *(terrestrial)* terreno **2** COLLOQ. ***it's no ~ use*** non serve assolutamente a niente; ***there's no ~ reason*** non c'è nessuna ragione al mondo.
earthquake /ˈɜːθkweɪk/ n. terremoto m., sisma m.
earth science n. scienze f.pl. della Terra.
earthshaking /ˈɜːθˌʃeɪkɪŋ/ agg. COLLOQ. clamoroso, sconvolgente.
earth tremor n. scossa f. di terremoto, scossa f. sismica.
earthwards /ˈɜːθwədz/ avv. verso terra.
earthwork /ˈɜːθwɜːk/ n. (pl. ~, **~s**) *(embankment)* terrapieno m.; *(excavation work)* lavori m.pl. di sterro, sterramento m.
earthworm /ˈɜːθwɜːm/ n. lombrico m.
earthy /ˈɜːθɪ/ agg. **1** [*person*] spontaneo; [*humour*] grossolano **2** [*taste, smell*] di terra; [*colour*] della terra **3** *(covered in soil)* terroso.
earwax /ˈɪəwæks/ n. cerume m.
earwig /ˈɪəwɪg/ n. forficola f., forbicina f.
1.ease /iːz/ n. **1** *(lack of difficulty)* facilità f.; ***for ~ of*** per comodità di [*use, reference*] **2** *(freedom from anxiety)* ***at ~*** a proprio agio; ***ill at ~*** a disagio; ***to put sb. at (their) ~*** mettere qcn. a proprio agio; ***to take one's ~*** rilassarsi, riposarsi; ***to put sb.'s mind at ~*** rassicurare qcn. (**about** circa) **3** MIL. ***at ~!*** riposo! **4** *(confidence of manner)* disinvoltura f., naturalezza f. **5** *(affluence)* agiatezza f., benessere m.
2.ease /iːz/ **I** tr. **1** *(lessen)* attenuare, lenire [*pain*]; allentare [*tension*]; alleviare [*worry*]; allontanare [*problem*]; ridurre [*congestion*]; liberarsi di [*burden*] **2** *(make easier)* distendere [*situation*]; facilitare [*communication*] **3** *(move carefully)* ***to ~ sth. into*** fare entrare delicatamente qcs. in; ***to ~ sth. out of*** fare uscire delicatamente qcs. da **II** intr. **1** *(lessen)* [*tension*] allentarsi; [*pain, pressure*] attenuarsi; [*congestion*] ridursi; [*rain, rate*] diminuire **2** *(become easier)* [*situation*] distendersi; [*problem*] semplificarsi **3** ECON. [*price*] calare, scendere.
▪ **ease off:** ***~ off*** [*business*] rallentare; [*demand, congestion*] ridursi; [*traffic, rain*] diminuire; [*person*] ridurre il ritmo, rallentare; ***~ [sth.] off, ~ off [sth.]*** togliere delicatamente [*lid, boot*].
▪ **ease up** rilassarsi, distendersi; ***to ~ up on sb., on sth.*** essere meno severo nei confronti di qcn., qcs.
easel /ˈiːzl/ n. *(frame)* cavalletto m.
easily /ˈiːzɪlɪ/ avv. **1** *(with no difficulty)* [*win, open*] facilmente, agevolmente; ***~ obtainable*** facile da ottenere **2** *(readily)* [*laugh, cry*] facilmente **3** *(comfortably)* [*breathe*] bene, senza difficoltà; [*talk*] con disinvoltura **4** *(unquestionably)* senza dubbio; ***it's ~ 5 kilometres*** saranno senz'altro 5 chilometri **5** *(probably)* ***he could ~ die*** è facile *o* probabile che muoia.
east /iːst/ ♦ ***21*** **I** n. est m., oriente m. **II East** n.pr. GEOGR. ***the East (Orient)*** l'Oriente; *(of country, continent)* l'Est **III** agg. attrib. [*side, face*] est; [*coast*] orientale; [*wind*] dell'est, di levante **IV** avv. [*live, lie*] a est (**of** di); [*move*] verso est.
East Africa n.pr. Africa f. orientale.
East Berlin n.pr. POL. STOR. Berlino f. Est.
eastbound /ˈiːstbaʊnd/ agg. [*carriageway, traffic*] in direzione est; ***the ~ train*** BE *(in underground)* il treno in direzione est.
East End n.pr. BE ***the ~*** l'East End (quartiere industriale a est del centro di Londra).
Easter /ˈiːstə(r)/ **I** n. Pasqua f. **II** modif. [*Sunday, egg*] di Pasqua; [*candle, bunny*] pasquale; ***~ Monday*** lunedì dell'Angelo, pasquetta COLLOQ.
easterly /ˈiːstəlɪ/ **I** agg. [*wind, area*] dell'est; [*point*] a oriente **II** n. vento m. dell'est.
eastern /ˈiːstən/ ♦ ***21*** agg. attrib. **1** GEOGR. [*coast, border*] orientale; [*town, custom, accent*] dell'est; [*Europe, United States*] dell'est; ***~ Italy*** l'Italia orientale **2** (anche **Eastern**) *(oriental)* orientale.
Eastern bloc n. POL. STOR. ***the ~*** il blocco orientale.
easterner /ˈiːstənə(r)/ n. **1** ***~s*** la gente dell'est **2** AE nativo m. (-a), abitante m. e f. degli stati dell'est (degli Stati Uniti).
easternmost /ˈiːstənməʊst/ agg. (il) più a est, (il) più orientale.
East German ♦ ***18*** **I** agg. POL. STOR. tedesco-orientale, della Germania dell'est **II** n. POL. STOR. tedesco m. (-a) dell'est.
East Germany ♦ ***6*** n.pr. POL. STOR. Germania f. dell'est.
East Indies n.pr.pl. Indie f. orientali.
East Timor /iːstˈtiːmɔː(r)/ n.pr. Timor Est f.
eastward /ˈiːstwəd/ ♦ ***21*** **I** agg. [*route, movement*] verso est; ***in an ~ direction*** in direzione est **II** avv. (anche **~s**) verso est.
easy /ˈiːzɪ/ **I** agg. **1** *(not difficult)* [*job, question*] facile; [*life*] agiato, comodo; ***that's ~ to fix*** è facile da riparare; ***it's not ~ to talk to him, he's not an ~ man to talk to*** non è facile parlare con lui; ***that's ~ for you to say!*** fai presto a dirlo! hai un bel dire! ***it's an ~ walk from here*** da qui è una passeggiata; ***to be an ~ winner*** vincere facilmente; ***within ~ reach*** a poca distanza (**of** da); ***to make it*** o ***things easier*** facilitare le cose (**for** a); ***to make life*** o ***things too ~ for*** rendere la vita troppo facile a

[*criminal, regime*]; ***to take the ~ way out*** scegliere la strada più semplice **2** *(relaxed)* [*smile*] disinvolto; [*style*] scorrevole; [*manner*] spigliato, disinvolto; ***at an ~ pace*** con passo tranquillo; ***to feel ~ (in one's mind) about*** sentirsi tranquillo riguardo a **3** COLLOQ. SPREG. *(promiscuous)* [*person*] facile, dai facili costumi **4** COLLOQ. *(having no preference)* ***I'm ~*** per me è lo stesso **II** avv. **1** *(in a relaxed way)* ***to take it*** o ***things ~*** prendersela con calma; ***take it ~!*** calma! non prendertela! **2** COLLOQ. *(in a careful way)* ***to go ~ on*** o ***with*** non essere troppo severo con [*person*]; ***go ~ on the gin*** vacci piano *o* non esagerare con il gin **3** MIL. ***stand ~!*** riposo! ♦ ***to be ~ on the eye*** essere piacevole da guardare; ***as ~ as pie*** o ***ABC*** o ***anything*** o ***falling off a log*** facile come bere un bicchiere d'acqua; ***~ come, ~ go*** tanti presi, tanti spesi; ***~ does it*** stai attento, vacci piano; ***he's ~ game*** o ***meat*** è un sempliciotto *o* un pollo.

easy-care /ˈiːzɪˌkeə(r)/ agg. [*fabric, shirt*] pratico, resistente.

easy chair n. poltrona f., sedia f. a braccioli.

easygoing /ˌiːzɪˈɡəʊɪŋ/ agg. [*person*] accomodante, indulgente; [*manner, attitude*] tollerante.

easy money n. soldi m.pl. facili.

easy terms n.pl. ECON. COMM. agevolazioni f. di pagamento.

eat /iːt/ **I** tr. (pass. **ate**; p.pass. **eaten**) **1** *(consume)* mangiare [*food*]; consumare [*meal*]; ***to ~ (one's) lunch*** fare pranzo, pranzare; ***to ~ (one's) dinner*** fare cena, cenare; ***to ~ oneself sick*** COLLOQ. rimpinzarsi fino alla nausea (**on** di); ***she looks good enough to ~!*** è così bella che me la mangerei! **2** COLLOQ. *(worry)* rodere, preoccupare; ***what's ~ing you?*** che cosa ti preoccupa? **II** intr. (pass. **ate**; p.pass. **eaten**) mangiare; ***to ~ from*** o ***out of*** mangiare in [*plate, bowl*]; ***we ~ at six*** ceniamo alle sei; ***I'll soon have him ~ing out of my hand*** FIG. presto lo avrò in pugno ♦ ***to ~ one's words*** rimangiarsi la parola; ***~ your heart out!*** roditi il fegato! ***to ~ sb. out of house and home*** svuotare la dispensa a qcn.

▪ **eat away:** ~ **[sth.] away**, ~ **away [sth.]** [*water, wind*] erodere; [*acid, rust*] corrodere, attaccare; ~ **away at [sth.]** [*acid, rust*] corrodere, attaccare; FIG. [*bills, fees*] intaccare [*savings*].

▪ **eat into:** ~ **into [sth.]** [*acid, rust*] corrodere, fare un buco in [*metal*]; FIG. [*interruptions, duties*] portare via [*time*]; [*bills, fees*] intaccare [*savings*].

▪ **eat out** mangiare fuori.

▪ **eat up:** ~ **up** finire di mangiare; ***~ up!*** mangia tutto! ~ **[sth.] up**, ~ **up [sth.]** finire [*meal, food*]; FIG. [*car*] divorare [*miles*]; consumare, bere [*petrol*]; [*bills*] divorare, distruggere [*savings*]; ***to be ~en up with*** [*person*] essere roso da [*envy, worry*]; essere divorato da [*desire, curiosity*].

eatable /ˈiːtəbl/ → **edible**.

eaten /ˈiːtn/ p.pass. → **eat**.

eater /ˈiːtə(r)/ n. mangiatore m. (-trice); ***a big ~*** un mangione, una buona forchetta; ***he's a fast ~*** mangia velocemente.

eating /ˈiːtɪŋ/ n. ***healthy ~ is essential*** una sana alimentazione è essenziale.

eating apple n. = mela da mangiare cruda.

eating disorder n. MED. disturbo m. dell'alimentazione.

eating habits n.pl. abitudini f. alimentari.

eaves /ˈiːvz/ n.pl. gronda f.sing., cornicione m.sing.

eavesdrop /ˈiːvzdrɒp/ intr. (forma in -ing ecc. **-pp-**) origliare; ***to ~ on*** ascoltare di nascosto [*conversation*].

eavesdropper /ˈiːvzdrɒpə(r)/ n. chi origlia.

1.ebb /eb/ n. riflusso m.; ***the tide is on the ~*** la marea è discendente *o* bassa; ***the ~ and flow*** il flusso e riflusso (anche FIG.) ♦ ***to be at a low ~*** essere in forte declino *o* in ribasso.

2.ebb /eb/ intr. **1** [*tide*] calare, rifluire; ***to ~ and flow*** fluire e rifluire **2** FIG. [*support*] declinare.

▪ **ebb away** [*strength, enthusiasm*] venire meno.

ebb tide n. bassa marea f.

ebonite /ˈebənaɪt/ n. ebanite f.

ebony /ˈebənɪ/ ➧ **5** n. **1** *(wood, tree)* ebano m. **2** *(colour)* (nero) ebano m.

ebullience /ɪˈbʌlɪəns, ɪˈbʊlɪəns/ n. esuberanza f., vitalità f.

ebullient /ɪˈbʌlɪənt, ɪˈbʊlɪənt/ agg. esuberante, pieno di vita.

e-business /ˈiːbɪznɪs/ n. e-business m.

EC n. (⇒ European Community) = comunità europea.

eccentric /ɪkˈsentrɪk/ **I** agg. eccentrico **II** n. eccentrico m. (-a).

eccentricity /ˌeksenˈtrɪsətɪ/ n. eccentricità f.

ecclesiastic /ɪˌkliːzɪˈæstɪk/ n. ecclesiastico m.

ecclesiastical /ɪˌkliːzɪˈæstɪkl/ agg. ecclesiastico.

ECG n. **1** (⇒ electrocardiogram elettrocardiogramma) ECG m. **2** (⇒ electrocardiograph) = elettrocardiografo.

echelon /ˈeʃəlɒn/ n. **1** MIL. scaglione m. **2** *(level)* grado m.

1.echo /ˈekəʊ/ n. (pl. **~es**) eco f. e m.; ***to have ~es of sth.*** avere reminiscenze di qcs.

2.echo /ˈekəʊ/ **I** tr. fare eco a, riecheggiare [*idea, artist*] **II** intr. echeggiare, risuonare (**to, with** di).

echoing /ˈekəʊɪŋ/ agg. sonoro.

echolocation /ˈekəʊləʊˌkeɪʃn/ n. ZOOL. ecolocazione f.

éclair /eɪˈkleə(r), ɪˈkleə(r)/ n. GASTR. bignè m.

eclectic /ɪˈklektɪk/ **I** agg. eclettico **II** n. eclettico m. (-a).

eclecticism /ɪˈklektɪsɪzəm/ n. eclettismo m.

1.eclipse /ɪˈklɪps/ n. eclissi f. (anche FIG.).

2.eclipse /ɪˈklɪps/ tr. eclissare.

ecliptic /ɪˈklɪptɪk/ n. eclittica f.

eco /ˈiːkəʊ/ **I** n. accorc. → **ecology II** modif. [*group*] ecologista.

eco-aware /ˌiːkəʊəˈweə(r)/ agg. consapevole dei problemi ambientali.

ecocatastrophe /ˌiːkəkəˈtæstrəfɪ/ n. ecocatastrofe f., catastrofe f. ecologica.

ecocide /ˈiːkəsaɪd/ n. ecocidio m., distruzione f. ecologica.

eco-freak /ˈiːkəʊfriːk/ n. COLLOQ. SPREG. ecologista m. e f. accanito (-a).

eco-friendly /ˈiːkəʊˌfrendlɪ/ agg. ecologico, che rispetta l'ambiente.

eco-label /ˈiːkəʊˌleɪbl/ n. ecoetichetta f.

ecological /ˌiːkəˈlɒdʒɪkl/ agg. ecologico.

ecologist /iːˈkɒlədʒɪst/ **I** agg. ecologista **II** n. ecologista m. e f.

ecology /ɪˈkɒlədʒɪ/ **I** n. ecologia f. **II** modif. POL. [*movement, issue*] ecologista.

e-commerce /ˈiːkɒmɜːs/ n. e-commerce m.

economic /ˌiːkəˈnɒmɪk, ˌek-/ agg. **1** [*crisis, policy, sanction, cost, management*] economico **2** *(profitable)* [*proposition, business*] redditizio, rimunerativo.

economical /ˌiːkəˈnɒmɪkl, ˌek-/ agg. **1** [*product*] economico; [*method*] vantaggioso, che fa risparmiare; ***to be ~ on petrol*** [*car*] consumare poca benzina **2** [*person*] economo, parsimonioso **3** FIG. [*style, writer*] sintetico, conciso; ***to be ~ with the truth*** IRON. non dire tutta la verità.

economically /ˌiːkəˈnɒmɪklɪ, ˌek-/ avv. [*strong, united*] economicamente, dal punto di vista economico; [*run, operate*] in modo economico, parsimoniosamente.

economic analyst ➧ ***27*** n. analista m. e f. economico (-a).

economic and monetary union n. unione f. monetaria ed economica.

economics /ˌiːkəˈnɒmɪks, ˌek-/ **I** n. **1** *(science)* + verbo sing. economia f. **2** SCOL. UNIV. *(subject of study)* + verbo sing. economia f., scienze f.pl. economiche **3** *(financial aspects)* + verbo pl. aspetti m. economici **II** modif. [*degree*] in economia; [*textbook, faculty*] di economia; [*editor, expert*] economico.

economist /ɪˈkɒnəmɪst/ ➧ ***27*** n. economista m. e f.; ***business ~*** aziendalista, economista aziendale.

economize /ɪˈkɒnəmaɪz/ tr. e intr. economizzare.

economy /ɪˈkɒnəmɪ/ n. economia f.; ***to make economies*** risparmiare, fare economia; ***the ~*** l'economia della nazione.

economy class n. AER. classe f. economica, classe f. turistica.

economy drive n. campagna f. di risparmio.

economy pack, **economy size** n. confezione f. famiglia, confezione f. risparmio.

ecosystem /ˈiːkəʊsɪstəm/ n. ecosistema m.

eco-terrorist /ˌiːkəˈterərɪst/ n. ecoterrorista m. e f.

ecotourism /ˈiːkəʊtʊərɪzəm, -tɔːr-/ n. ecoturismo m.

eco-warrior /ˈiːkəʊwɒrɪə(r), AE -wɔːr-/ n. estremista m. e f. ecologico (-a).

ECSC n. (⇒ European Coal and Steel Community Comunità Europea del Carbone e dell'Acciaio) CECA f.

ecstasy /ˈekstəsɪ/ n. **1** estasi f.; ***to be in ~*** o ***ecstasies*** essere in estasi (**over** per) **2** *(drug)* ecstasy f.

ecstatic /ɪk'stætɪk/ agg. [*person*] estasiato, incantato (**about** da); [*joy, state*] estatico; [*reception, crowd, fan*] entusiasta.
ecstatically /ɪk'stætɪklɪ/ avv. estaticamente; **~ *happy*** estasiato, incantato.
ectopic pregnancy /ekˌtɒpɪk'pregnənsɪ/ n. gravidanza f. extrauterina.
ectoplasm /'ektəplæzəm/ n. ectoplasma m.
Ecuadorian /ˌekwə'dɔ:rɪən/ ♦ *18* **I** agg. ecuadoriano **II** n. ecuadoriano m. (-a).
ecumenical /ˌi:kju:'menɪkl, ˌek-/ agg. ecumenico.
ecumenism /i:'kju:mənɪzəm/ n. ecumenismo m.
eczema /'eksɪmə, AE ɪg'zi:mə/ ♦ *11* n. eczema m.
Ed.B n. US UNIV. (⇒ Bachelor of Education) = (diploma di) dottore in pedagogia (con laurea breve).
Eddie /'edɪ/ n.pr. diminutivo di **Edgar**, **Edmund** e **Edward**.
1.eddy /'edɪ/ n. gorgo m., vortice m.
2.eddy /'edɪ/ intr. [*water*] muoversi vorticosamente; [*smoke, crowd*] turbinare.
edelweiss /'eɪdlvaɪs/ n. (pl. ~) stella f. alpina, edelweiss m.
edema AE → **oedema**.
Eden /'i:dn/ n.pr. Eden m., paradiso m. terrestre; FIG. eden m.
Edgar /'edgə(r)/ n.pr. Edgardo.
1.edge /edʒ/ n. **1** *(outer limit)* bordo m.; *(of road)* ciglio m.; *(of lake)* sponda f.; *(of wood)* margine m., limitare m.; ***at the water's ~*** sulla riva; ***on the ~ of the city*** all'estrema periferia della città; ***the film had us on the ~ of our seats*** il film ci ha tenuto col fiato sospeso **2** *(sharp side)* taglio m., filo m.; ***a blade with a sharp ~*** una lama ben affilata **3** *(side) (of book, plank)* taglio m. **4** *(sharpness)* ***to give an ~ to*** stimolare [*appetite*]; ***to take the ~ off*** rovinare, guastare [*pleasure*]; placare, calmare [*anger, appetite*]; lenire [*pain*]; ***there was an ~ to his voice*** aveva la voce un po' alterata; ***to lose one's ~*** [*style*] perdere incisività; [*person*] perdere il proprio smalto **5** *(advantage)* ***to have the ~ over*** o ***on*** essere in vantaggio rispetto a [*competitor, rival*] **6** *(extremity)* ***to live on the ~*** vivere pericolosamente; ***the news pushed him over the ~*** la notizia lo ha sconvolto **7 on edge *to be on ~*** [*person*] essere nervoso; ***that sound sets my teeth on ~*** quel suono mi fa rabbrividire.
2.edge /edʒ/ **I** tr. **1** *(move slowly)* ***to ~ sth. towards*** spostare lentamente qcs. verso; ***to ~ one' s way along*** procedere costeggiando [*cliff, parapet*] **2** *(trim)* bordare, orlare [*collar*] **II** intr. ***to ~ forward*** procedere lentamente; ***to ~ closer to*** avvicinarsi a; ***to ~ towards*** procedere lentamente verso.
■ **edge out** [*car, driver*] uscire piano piano, lentamente (**of** da); ***to ~ sb. out of*** scalzare qcn. da [*job*]; ***we've ~d our competitors out of the market*** abbiamo estromesso dal mercato i nostri concorrenti.
■ **edge up:** ~ **up 1** [*prices, figure*] aumentare lentamente **2** ***to ~ up to sb.*** avvicinarsi a poco a poco a qcn.
edgeways /'edʒweɪz/, **edgewise** /'edʒwaɪz/ avv. [*move*] lateralmente; [*lay, put*] di fianco, di traverso ♦ ***I can't get a word in ~*** non riesco a inserirmi nella conversazione.
edgily /'edʒɪlɪ/ avv. nervosamente.
edging /'edʒɪŋ/ n. **1** *(border)* bordo m. **2** *(on fabric)* orlatura f.
edgy /'edʒɪ/ agg. nervoso, irritabile.
edible /'edɪbl/ agg. [*plant, mushroom*] commestibile, mangereccio; [*meal*] mangiabile.
edict /'i:dɪkt/ n. **1** STOR. editto m. **2** DIR. POL. decreto m.
edification /ˌedɪfɪ'keɪʃn/ n. FORM. edificazione f.
edifice /'edɪfɪs/ n. edificio m. (anche FIG.).
edify /'edɪfaɪ/ tr. edificare.
edifying /'edɪfaɪɪŋ/ agg. edificante.
Edinburgh /'edɪnbərə/ ♦ *34* n.pr. Edimburgo f.
1.edit /'edɪt/ n. *(of film)* montaggio m.; *(for publication)* revisione f.
2.edit /'edɪt/ tr. **1** *(in publishing) (check)* rivedere, curare [*text*]; *(annotate)* curare, commentare [*essays, works*]; *(cut down)* tagliare [*account, version*] **2** GIORN. dirigere [*newspaper*]; curare [*section, page*] **3** TELEV. CINEM. montare [*film, programme*] **4** INFORM. editare [*data*].
■ **edit out** CINEM. ~ ***out [sth.]***, ~ ***[sth.] out*** tagliare in fase di montaggio.
editing /'edɪtɪŋ/ n. **1** *(tidying for publication)* revisione f., editing m. **2** *(of essays, anthology)* redazione f. **3** *(of film)* montaggio m. **4** *(of newspaper)* direzione f.
edition /ɪ'dɪʃn/ n. **1** *(of newspaper, book)* edizione f. **2** *(of soap opera)* puntata f.; *(of news)* edizione f.
editor /'edɪtə(r)/ ♦ *27* n. **1** *(of newspaper)* direttore m.; *(of newspaper articles)* redattore m. (-trice); ***political, sports ~*** redattore politico, sportivo **2** *(of book)* correttore m. (-trice), revisore m. **3** *(of works, anthology)* curatore m. (-trice) **4** *(of dictionary)* redattore m. (-trice) **5** *(of film)* tecnico m. del montaggio.
editorial /ˌedɪ'tɔ:rɪəl/ **I** agg. **1** GIORN. [*policy, freedom, independence*] di redazione; **~ *staff*** redazione; **~ *office*** redazione, ufficio redazionale; ***to have ~ control*** essere a capo della redazione **2** *(in publishing)* [*policy, decision*] editoriale; ***to have ~ control*** avere il controllo editoriale **II** n. editoriale m., articolo m. di fondo (**on** su).
editorialize /ˌedɪ'tɔ:rɪəlaɪz/ intr. esprimere un'opinione con un editoriale; FIG. proclamare la propria opinione.
Edmund /'edmənd/ n.pr. Edmondo.
EDP n. (⇒ electronic data processing elaborazione elettronica dei dati) EDP m.
educable /'edʒʊkəbl/ agg. educabile.
educate /'edʒʊkeɪt/ tr. **1** *(teach)* istruire [*pupil, student*] **2** *(provide education for)* ***to ~ one's children privately*** fare studiare i propri figli in una scuola privata; ***to be ~d at Oxford, in Paris*** compiere i propri studi a Oxford, a Parigi **3** *(inform)* informare [*public, smokers*] (**about**, **in** su) **4** *(refine)* educare [*palate, tastes*].
educated /'edʒʊkeɪtɪd/ **I** p.pass. → **educate II** agg. [*person*] istruito, colto; [*taste*] raffinato; [*accent*] di persona istruita **III** n. ***the ~*** + verbo pl. le persone istruite, le persone colte ♦ ***to make an ~ guess*** fare un'ipotesi plausibile.
education /ˌedʒʊ'keɪʃn/ **I** n. **1** *(training)* educazione f., istruzione f.; *(in health, road safety)* informazione f. **2** *(formal schooling)* studi m.pl., istruzione f.; ***to continue one's ~*** continuare gli studi; ***to have had a university*** o ***college ~*** avere ricevuto un'istruzione superiore; ***he has had little ~*** non è molto colto **3** *(national system)* istruzione f., insegnamento m.; ***primary, secondary ~*** scuola primaria, secondaria **4** UNIV. pedagogia f., scienze f.pl. della formazione **II** modif. [*budget, spending*] per l'istruzione; [*crisis*] dell'insegnamento; [*method*] di insegnamento; [*Minister, Ministry*] della pubblica istruzione; **~ *standards*** livelli di istruzione; ***the ~ system in Italy*** il sistema educativo italiano.
educational /ˌedʒʊ'keɪʃənl/ agg. **1** [*establishment, system*] educativo; [*method*] di insegnamento; [*developments*] dell'insegnamento; [*standards*] di istruzione; [*supplies*] per l'istruzione **2** *(instructive)* [*game*] educativo; [*experience, talk*] istruttivo.
educationalist /ˌedʒʊ'keɪʃənəlɪst/ n. pedagogista m. e f.
educationally /ˌedʒʊ'keɪʃənəlɪ/ avv. [*worthless, useful*] pedagogicamente; [*disadvantaged, privileged*] dal punto di vista dell'istruzione.
educationally subnormal I agg. [*pupil*] mentalmente ritardato **II** n. ***the ~*** + verbo pl. gli allievi mentalmente ritardati.
educational psychology n. psicologia f. dell'educazione.
educational television n. AE programmi m.pl. educativi.
education authority n. GB = ente amministrativo locale o regionale che si occupa dell'istruzione pubblica.
education committee n. GB = commissione che si occupa delle questioni relative all'istruzione nell'ambito del territorio regionale.
education department n. **1 Education Department** GB ministero m. dell'istruzione **2** GB *(in local government)* assessorato m. all'istruzione **3** UNIV. dipartimento m. di scienze della formazione.
educative /'edʒʊkətɪv/ agg. istruttivo, educativo.
educator /'edʒʊkeɪtə(r)/ n. **1** *(teacher)* educatore m. (-trice) **2** *(educationist)* pedagogista m. e f.
edutainment /ˌedjʊ'teɪnmənt/ n. edutainment m.
Edward /'edwəd/ n.pr. Edoardo.
Edwardian /ed'wɔ:dɪən/ **I** agg. edoardiano; ***in ~ times*** all'epoca di Edoardo VII **II** n. STOR. contemporaneo m. (-a) di Edoardo VII.

EEC I n. (⇒ European Economic Community Comunità Economica Europea) CEE f. II modif. [*policy, directive*] della CEE, comunitario; [*country*] della CEE.
EEG n. 1 (⇒ electroencephalogram elettroencefalogramma) EEG m. 2 (⇒ electroencephalograph) = elettroencefalografo.
eel /iːl/ n. anguilla f.
eerie /ˈɪərɪ/ agg. [*place, feeling*] inquietante.
efface /ɪˈfeɪs/ tr. cancellare (anche FIG.).
1.effect /ɪˈfekt/ I n. 1 *(result)* effetto m.; ***to have the ~ of doing*** avere l'effetto di fare; ***to have an ~ on sth., sb.*** avere un effetto su qcs., qcn.; ***the film had quite an ~ on me*** il film mi ha impressionato molto; ***to use sth. to good ~*** usare qcs. con buoni risultati; ***to use sth. to dramatic ~*** usare qcs. per ottenere un effetto drammatico 2 *(repercussions)* ripercussioni f.pl. 3 *(efficacy)* efficacia f.; ***my advice was of no ~*** il mio consiglio non ha avuto effetto; ***she warned him, but to little ~*** lo ha avvertito, ma senza risultato; ***we took precautions, to no ~*** abbiamo preso delle precauzioni, ma invano; ***to take ~*** [*price increases*] avere effetto; [*ruling*] entrare in vigore; [*pills*] cominciare a fare effetto; ***to come into ~*** DIR. AMM. entrare in vigore; ***to put policies into ~*** applicare le direttive; ***with ~ from July 1*** a partire dal primo luglio 4 *(theme)* ***the ~ of what he is saying is that*** ciò che sta dicendo è che; ***he left a note to the ~ that*** ha lasciato un appunto per dire che; ***he made a remark to that ~*** ha fatto un'osservazione in questo senso; ***he said "I do not intend to resign" or words to that ~*** disse "non ho intenzione di dare le dimissioni" o qualcosa del genere 5 *(impression)* effetto m., impressione f.; ***to achieve an ~*** ottenere un effetto; ***he paused for ~*** fece una pausa a effetto; ***she dresses like that for ~*** si veste così per fare colpo 6 **in effect** effettivamente, in realtà II **effects** n.pl. DIR. *(belongings)* beni m., effetti m.
2.effect /ɪˈfekt/ tr. effettuare [*repair, sale, transformation*]; apportare [*improvement*]; portare a [*reconciliation*].
effective /ɪˈfektɪv/ agg. 1 *(successful)* [*device, treatment*] efficace (**in doing** per fare) 2 *(operational)* [*regulation*] in vigore; ***to become ~*** entrare in vigore 3 *(striking)* [*speech, contrast*] che fa effetto, che colpisce 4 *(actual)* [*rate, income*] reale; [*control*] effettivo.
effectively /ɪˈfektɪvlɪ/ avv. 1 *(efficiently)* efficacemente 2 *(in effect)* effettivamente, in realtà 3 *(impressively)* ***as the statistics ~ demonstrate*** come le statistiche dimostrano in modo eloquente.
effectiveness /ɪˈfektɪvnɪs/ n. efficacia f.
effectual /ɪˈfektʃʊəl/ agg. FORM. [*cure, punishment*] efficace.
effectuate /ɪˈfektjʊeɪt/ tr. effettuare [*change*].
effeminacy /ɪˈfemɪnəsɪ/ n. effeminatezza f.
effeminate /ɪˈfemɪnət/ I agg. effeminato II n. effeminato m.
efferent /ˈefərənt/ agg. efferente.
effervesce /ˌefəˈves/ intr. essere effervescente (anche FIG.).
effervescence /ˌefəˈvesns/ n. effervescenza f.
effervescent /ˌefəˈvesnt/ agg. effervescente (anche FIG.).
effete /ɪˈfiːt/ agg. SPREG. [*person*] effeminato, svigorito; [*civilization*] inaridito.
efficacious /ˌefɪˈkeɪʃəs/ agg. efficace.
efficacy /ˈefɪkəsɪ/ n. efficacia f.
efficiency /ɪˈfɪʃnsɪ/ n. 1 *(of person, staff)* efficienza f.; *(of method)* efficacia f. (**in doing** nel fare) 2 *(of machine, engine)* rendimento m.; ***to produce electricity at 50% ~*** produrre elettricità con un rendimento del 50%.
efficient /ɪˈfɪʃnt/ agg. 1 [*person, management*] efficiente (**at doing** nel fare); ***to make ~ use of energy*** fare un uso razionale dell'energia 2 [*machine, engine*] ad alto rendimento; ***to be 40% ~*** aver un rendimento del 40%.
efficiently /ɪˈfɪʃntlɪ/ avv. efficientemente, in modo efficiente; ***the machine operates ~*** la macchina ha un buon rendimento.
effigy /ˈefɪdʒɪ/ n. effigie f.
efflorescence /ˌeflɔːˈresns/ n. BOT. fioritura f. (anche FIG.).
effluent /ˈeflʊənt/ I n. effluente m. II modif. [*treatment, management*] degli effluenti.
effort /ˈefət/ n. 1 *(energy)* sforzo m.; ***to put a lot of ~ into sth., into doing*** fare molti sforzi per qcs., per fare; ***to put all one's ~(s) into doing*** concentrare tutti i propri sforzi nel fare; ***to spare no ~*** non risparmiare fatiche; ***it's a waste of ~*** è uno sforzo inutile; ***to be worth the ~*** valerne la pena 2 *(difficulty)* fatica f.; ***it is an ~ to do*** è faticoso fare 3 *(attempt)* ***to make the ~*** fare lo sforzo; ***he made no ~ to apologize*** non ha fatto nessun tentativo di scusarsi; ***his ~s at doing*** i suoi tentativi di fare; ***to make every ~*** fare tutto il possibile; ***in an ~ to do*** nel tentativo di fare; ***joint ~*** sforzo comune; ***this painting is my first ~*** questo dipinto è il mio primo lavoro; ***not a bad ~ for a first try*** non male come inizio 4 *(initiative)* iniziativa f.; ***war ~*** sforzo bellico 5 *(exercise)* sforzo m.; ***~ of will*** sforzo di volontà.
effortless /ˈefətlɪs/ agg. *(easy)* facile; *(innate)* naturale.
effortlessly /ˈefətlɪslɪ/ avv. senza sforzo, senza fatica.
effrontery /ɪˈfrʌntərɪ/ n. sfrontatezza f., sfacciataggine f.
effulgence /ɪˈfʌldʒns/ n. LETT. fulgore m., splendore m.
effulgent /ɪˈfʌldʒnt/ agg. fulgido, splendido.
effusion /ɪˈfjuːʒn/ n. 1 effusione f. (anche FIG.) 2 *(emotional outpouring)* effusioni f.pl.
effusive /ɪˈfjuːsɪv/ agg. [*person, style*] effusivo, espansivo; [*thanks, welcome*] caloroso.
effusively /ɪˈfjuːsɪvlɪ/ avv. [*speak*] con effusione; [*welcome, thank*] calorosamente.
EFL I n. (⇒ English as a Foreign Language) = inglese come lingua straniera II modif. [*teacher, course*] di inglese come lingua straniera.
EFT n. (⇒ electronic funds transfer) = trasferimento fondi elettronico.
EFTA /ˈeftə/ n. (⇒ European Free Trade Association Associazione Europea di Libero Scambio) EFTA f.
eg (⇒ exempli gratia, letto **for example**, **for instance**) per esempio (p.e., p. es.).
egalitarian /ɪˌgælɪˈteərɪən/ I agg. egualitario II n. egualitario m. (-a).
egalitarianism /ɪˌgælɪˈteərɪənɪzəm/ n. egualitarismo m.
egg /eg/ I n. uovo m. II modif. [*sandwich*] con l'uovo; [*collector*] di uova; [*farm*] produttore di uova; [*sauce*] con le uova; [*noodles*] all'uovo ♦ ***to put all one's ~s in one basket*** puntare tutto su una carta sola; ***to have ~ on one's face*** COLLOQ. fare una figuraccia; ***as sure as ~s is ~s*** sicuro come due più due fa quattro.
egg box n. (pl. **egg boxes**) portauova m.
eggcup /ˈegkʌp/ n. portauovo m.
egg donation n. ovodonazione f.
egg donor n. donatrice f. di ovociti.
egghead /ˈeghed/ n. COLLOQ. SPREG. testa f. d'uovo.
eggnog /ˈegnɒg/ n. = bevanda a base di uova, latte, zucchero, brandy o altro alcolico, generalmente consumata fredda.
egg on tr. incitare, istigare (**to do** a fare).
eggplant /ˈegplɑːnt, AE -plænt/ n. AE melanzana f.
eggshell /ˈegʃel/ n. guscio m. d'uovo.
egg whisk n. sbattiuova m.
egg white n. bianco m. d'uovo.
egg yolk n. rosso m. d'uovo.
eglantine /ˈegləntaɪn/ n. eglantina f., rosa f. canina.
ego /ˈegəʊ, ˈiːgəʊ, AE ˈiːgəʊ/ n. 1 *(self-esteem)* amor m. proprio; ***to be on an ~-trip*** essere gasato 2 PSIC. io m., ego m.
egocentric /ˌegəʊˈsentrɪk, ˈiːgəʊ-, AE ˈiːg-/ agg. egocentrico.
egocentricity /ˌegəʊsənˈtrɪsətɪ, ˌiːgəʊ-, AE ˌiːg-/ n. egocentricità f., egocentrismo m.
egoism /ˈegəʊɪzəm, ˈiːg-, AE ˈiːg-/ n. egoismo m.
egoist /ˈegəʊɪst, ˈiːg-, AE ˈiːg-/ n. egoista m. e f.
egoistic(al) /ˌegəʊˈɪstɪk(l), ˌiːg-, AE ˌiːg-/ agg. egoistico.
egomania /ˌegəʊˈmeɪnɪə, ˌiːg-, AE ˌiːg-/ n. mania f. di egocentrismo.
egotism /ˈegəʊtɪzəm, ˈiːg-, AE ˈiːg-/ ♦ ***11*** n. egotismo m.
egotist /ˈegəʊtɪst, ˈiːg-, AE ˈiːg-/ n. egotista m. e f.
egotistic(al) /ˌegəʊˈtɪstɪk(l), ˌiːg-, AE ˌiːg-/ agg. egotistico.
egret /ˈiːgrɪt/ n. egretta f., garzetta f.
Egypt /ˈiːdʒɪpt/ ♦ ***6*** n.pr. Egitto m.
Egyptian /ɪˈdʒɪpʃn/ ♦ ***18, 14*** I agg. egiziano; STOR. egizio II n. 1 *(person)* egiziano m. (-a); STOR. egizio m. (-a) 2 *(language)* egiziano m.
eh /eɪ/ inter. COLLOQ. eh.
eiderdown /ˈaɪdədaʊn/ n. 1 *(quilt)* piumino m., trapunta f. 2 *(down)* piumino m.
eight /eɪt/ ♦ ***19, 1, 4*** I determ. otto II pron. otto; ***there are ~ of them*** ce ne sono otto III n. otto m.; ***to multiply by ~*** molti-

plicare per otto ♦ ***to be one over the ~*** avere bevuto un bicchiere di troppo.

eighteen /eɪ'ti:n/ ➧ *19, 1, 4* **I** determ. diciotto **II** pron. diciotto; ***there are ~ of them*** ce ne sono diciotto **III** n. diciotto m.; ***to multiply by ~*** moltiplicare per diciotto.

eighteenth /eɪ'ti:nθ/ ➧ *19, 8* **I** determ. diciottesimo **II** pron. **1** *(in order)* diciottesimo m. (-a) **2** *(of month)* diciotto m.; ***the ~ of May*** il diciotto maggio **III** n. *(fraction)* diciottesimo m. **IV** avv. [*finish*] diciottesimo, in diciottesima posizione.

eighth /eɪtθ/ ➧ *19, 8* **I** determ. ottavo **II** pron. **1** *(in order)* ottavo m. (-a) **2** *(of month)* otto m.; ***the ~ of May*** l'otto maggio **III** n. **1** *(fraction)* ottavo m. **2** MUS. ottava f. **IV** avv. [*finish*] ottavo, in ottava posizione.

eightieth /'eɪtɪəθ/ ➧ *19* **I** determ. ottantesimo **II** pron. *(in order)* ottantesimo m. (-a) **III** n. *(fraction)* ottantesimo m. **IV** avv. [*finish*] ottantesimo, in ottantesima posizione.

eighty /'eɪtɪ/ ➧ *19, 1, 8* **I** determ. ottanta **II** pron. ottanta; ***there are ~ of them*** ce ne sono ottanta **III** n. ottanta m.; ***to multiply by ~*** moltiplicare per ottanta **IV eighties** n.pl. **1** *(decade)* ***the eighties*** gli anni '80 **2** *(age)* ***to be in one's eighties*** aver passato gli ottanta.

Eire /'eərə/ ➧ *6* n.pr. Eire m., Irlanda f.

either /'aɪðər, AE 'i:ðər/ When used as coordinating conjunctions *either... or* are translated by *o... o*, although the first *o* may be omitted: *she must be either silly or very lazy* = deve essere (o) stupida o molto pigra; *you can have either tea or coffee* = può prendere (o) tè o caffè; *they can either phone me or send me a fax* = possono (o) telefonarmi o mandarmi un fax. - When used as a conjunction in a negative sentence, *either... or* are translated by *né... né*, although the first *né* may be omitted: *you're not being either truthful or fair* = non sei (né) sincero né giusto. - When used as an adverb in a negative sentence, *either* can be translated by *neppure, nemmeno* or *neanche*; note that, while *either* is usually placed at the end of the sentence in this case, its Italian equivalent is at the beginning: *I can't do it either* = neanche io posso farlo. Note also that, if *not + either* is substituted by *neither*, the Italian translation does not change: *I didn't go there either* = *neither did I go there* = nemmeno io ci andai. - For examples and further uses, see the entry below. **I** determ. **1** *(one or the other)* l'uno o l'altro; ***I can't see ~ child*** non vedo né un bambino né l'altro **2** *(both)* ***~ one of the solutions is acceptable*** entrambe le soluzioni sono accettabili; ***in ~ case*** in entrambi i casi; ***~ way, you win*** in un modo o nell'altro vinci; ***~ way, it will be difficult*** in ogni caso sarà difficile **II** pron. **1** *(one or other)* l'uno o l'altro, l'una o l'altra; ***"which book do you want?" - "~"*** "quale libro vuoi?" - "fa lo stesso"; ***I don't like ~ (of them)*** non mi piace né l'uno né l'altro *o* nessuno dei due; ***without ~ (of them)*** senza l'uno né l'altro; ***there was no sound from ~ of the rooms*** non proveniva nessun rumore né da una camera né dall'altra **2** *(both)* ***~ of the two is possible*** entrambi sono possibili; ***~ of us could win*** tutti e due potremmo vincere **III** avv. neanche, nemmeno, neppure; ***I can't do it ~*** neanche io posso farlo; ***not only was it expensive, but it didn't work ~*** non solo era caro ma nemmeno funzionava **IV** cong. **1** *(as alternatives)* ***I was expecting him ~ Tuesday or Wednesday*** lo aspettavo martedì o mercoledì; ***it's ~ him or me*** o lui o io **2** *(in the negative)* ***I wouldn't reward ~ Jim or Amy*** non ricompenserei né Jim né Amy **3** *(as an ultimatum)* ***~ you finish your work or you will be punished!*** o finisci il lavoro o sarai punito! ***put the gun down, ~ that or I call the police*** posa la pistola altrimenti chiamo la polizia.

ejaculate /ɪ'dʒækjʊleɪt/ **I** tr. *(exclaim)* esclamare **II** intr. eiaculare.

ejaculation /ɪˌdʒækjʊ'leɪʃn/ n. **1** *(verbal)* esclamazione f. **2** FISIOL. eiaculazione f.

eject /ɪ'dʒekt/ **I** tr. **1** *(give out)* [*machine*] emettere [*waste*]; [*volcano*] eruttare [*lava*] **2** fare uscire [*cassette*] **3** *(throw out)* espellere, buttare fuori [*troublemaker*] **II** intr. [*pilot*] eiettarsi.

ejection /ɪ'dʒekʃn/ n. **1** *(of waste)* emissione f.; *(of lava)* eruzione f., eiezione f. **2** *(of troublemaker)* espulsione f. **3** *(of pilot)* eiezione f.

eke out /ˌi:k'aʊt/ tr. fare bastare [*income, supplies*] (**by** a forza di; **by doing** facendo); ***to ~ a living*** o ***an existence*** sbarcare il lunario.

1.elaborate /ɪ'læbərət/ agg. [*system, plan*] elaborato, complesso; [*solution, game, question*] complicato; [*design, painting, clothes*] elaborato; [*precaution*] accurato; [*preparation*] minuzioso.

2.elaborate /ɪ'læbəreɪt/ **I** tr. elaborare [*theory, scheme*]; sviluppare [*point, idea*] **II** intr. entrare nei dettagli; ***to ~ on*** aggiungere dettagli a [*plan, remark*].

elaborately /ɪ'læbərətlɪ/ avv. [*decorated, dressed*] in modo elaborato; [*described, constructed*] minuziosamente.

elaboration /ɪˌlæbə'reɪʃn/ n. *(of plan, theory)* elaborazione f.

elapse /ɪ'læps/ intr. passare, trascorrere.

elastic /ɪ'læstɪk/ **I** agg. elastico **II** n. elastico m.

elasticated /ɪ'læstɪkeɪtɪd/ agg. [*waistband, bandage*] elastico, elasticizzato.

elastic band n. elastico m., fettuccia f. elastica.

elasticity /ˌelæs'tɪsətɪ, AE ɪˌlæ-/ n. elasticità f.

elated /ɪ'leɪtɪd/ agg. esaltato, esultante; ***I was ~ at having won*** ero euforico per la vittoria.

elation /ɪ'leɪʃn/ n. esaltazione f., esultanza f.

Elba /'elbə/ ➧ *12* n.pr. isola f. d'Elba.

1.elbow /'elbəʊ/ ➧ *2* n. gomito m.; ***to lean on one's ~s*** appoggiarsi sui gomiti; ***at sb.'s ~*** a portata di mano; ***to wear a jacket through at the ~s*** bucare i gomiti di una giacca ♦ ***more power to your ~*** BE ti auguro successo; ***to be out at (the) ~(s)*** [*person*] essere malmesso; [*garment*] essere consunto ai gomiti; ***to be up to the ~s in sth.*** essere immerso fino al collo in qcs.; ***to give sb. the ~*** COLLOQ. sbarazzarsi di qcn.; ***to rub ~s with sb.*** AE COLLOQ. essere in confidenza con qcn.

2.elbow /'elbəʊ/ **I** tr. ***to ~ sb. aside*** o ***out of the way*** allontanare qcn. a gomitate **II** intr. ***to ~ through the crowd*** farsi largo tra la folla a gomitate.

elbow grease n. olio m. di gomito.

elbowroom /'elbəʊru:m/ n. *(room to move)* spazio m. per muoversi; FIG. *(room for manoeuvre)* spazio m. di manovra; ***there isn't much ~ in this kitchen*** non c'è molto spazio in questa cucina.

1.elder /'eldə(r)/ **I** agg. (compar. di **old**) più vecchio, maggiore; ***the ~ girl*** la ragazza più vecchia **II** n. **1** *(older person)* maggiore m. e f., (il) più vecchio, (la) più vecchia; ***respect your ~s and betters*** rispetta chi è più vecchio di te **2** *(in tribe, group)* anziano m. (-a) **3** *(in Presbyterian church)* anziano m.

2.elder /'eldə(r)/ n. BOT. sambuco m.

elderberry /'eldəˌbrɪ, AE -berɪ/ **I** n. bacca f. di sambuco **II** modif. [*wine*] di sambuco.

elderly /'eldəlɪ/ **I** agg. **1** [*person, population*] anziano; ***her ~ father*** il suo anziano padre **2** [*vehicle*] vecchio, antiquato **II** n. ***the ~*** + verbo pl. gli anziani.

elder statesman n. (pl. **elder statesmen**) decano m.

eldest /'eldɪst/ **I** agg. (superl. di **old**) più vecchio, maggiore; ***the ~ child*** il figlio maggiore **II** n. maggiore m. e f., (il) più vecchio, (la) più vecchia; ***my ~*** il mio primogenito.

El Dorado /eldə'rɑ:dəʊ/ n. eldorado m.

Eleanor /'elɪnə(r)/ n.pr. Eleonora.

1.elect /ɪ'lekt/ **I** agg. eletto, designato; ***the president ~*** = il presidente eletto ma non ancora insediato **II** n. ***the ~*** + verbo pl. gli eletti.

2.elect /ɪ'lekt/ tr. **1** *(by vote)* eleggere (**from, from among** tra); ***to be ~ed to parliament*** essere eletto al parlamento; ***to ~ sb. (as) president*** eleggere qcn. presidente **2** *(choose)* scegliere, decidere [*method, system*].

election /ɪ'lekʃn/ **I** n. **1** *(ballot)* elezione f.; ***in*** o ***at the ~*** alle elezioni **2** *(appointment)* elezione f. (**to** a); ***to stand for ~*** presentarsi (come candidato) alle elezioni **II** modif. [*campaign, manifesto*] elettorale; [*day, results*] delle elezioni.

electioneer /ɪˌlekʃə'nɪə(r)/ intr. fare propaganda elettorale.

electioneering /ɪˌlekʃə'nɪərɪŋ/ n. propaganda f. elettorale.

elective /ɪ'lektɪv/ agg. **1** *(elected)* [*office, official*] elettivo; *(empowered to elect)* [*body*] elettorale **2** SCOL. UNIV. [*course*] facoltativo, opzionale.

elector /ɪ'lektə(r)/ n. **1** *(voter)* elettore m. (-trice) **2** US POL. = membro dell'electoral college.

electoral /ɪ'lektərəl/ agg. elettorale.

electoral college n. **1** *(body of electors)* collegio m. elettorale **2** US POL. = assemblea elettiva incaricata di eleggere il presidente e il vicepresidente.
electoral register, **electoral roll** n. lista f. elettorale.
electoral vote n. AE = voto dei membri dell'electoral college.
electorate /ɪˈlektərət/ n. elettorato m., elettori m.pl.
Electra /ɪˈlektrə/ n.pr. Elettra.
electric /ɪˈlektrɪk/ **I** agg. elettrico (anche FIG.) **II electrics** n.pl. BE AUT. COLLOQ. circuito m.sing. elettrico.
electrical /ɪˈlektrɪkl/ agg. elettrico.
electric blanket n. termocoperta f.
electric blue ♦ *5* **I** n. blu m. elettrico **II** agg. blu elettrico.
electric chair n. sedia f. elettrica.
electric eye n. fotocellula f.
electrician /ˌɪlekˈtrɪʃn/ ♦ *27* n. elettricista m. e f.
electricity /ˌɪlekˈtrɪsətɪ/ **I** n. elettricità f. (anche FIG.); ***to turn on, off the ~*** attaccare, staccare la corrente **II** modif. [*generator*] di corrente; [*charges*] elettrico; [*bill*] della luce.
electricity board n. BE azienda f. elettrica.
electricity supply n. erogazione f. dell'elettricità.
electric shock n. scossa f. elettrica; ***to get an ~*** prendere la scossa.
electric storm n. temporale m.
electric window n. alzacristalli m. elettrico.
electrification /ɪˌlektrɪfɪˈkeɪʃn/ n. **1** *(of railway, region)* elettrificazione f. **2** FIS. elettrizzazione f. (anche FIG.).
electrify /ɪˈlektrɪfaɪ/ tr. **1** elettrificare [*railway, region*] **2** FIS. elettrizzare (anche FIG.).
electrifying /ɪˈlektrɪfaɪɪŋ/ agg. elettrizzante (anche FIG.).
electrocardiogram /ɪˌlektrəʊˈkɑːdɪəgræm/ n. elettrocardiogramma m.
electrocute /ɪˈlektrəkjuːt/ tr. fulminare; ***to be ~d*** *(accidentally)* fulminarsi; *(in electric chair)* essere giustiziato sulla sedia elettrica.
electrocution /ɪˌlektrəˈkjuːʃn/ n. elettrocuzione f.
electrode /ɪˈlektrəʊd/ n. elettrodo m.
electroencephalogram /ɪˌlektrəʊenˈkefələgræm, -ˈse-/ n. elettroencefalogramma m.
electrolysis /ˌɪlekˈtrɒləsɪs/ n. **1** CHIM. elettrolisi f. **2** *(hair removal)* = epilazione mediante diatermia.
electrolyte /ɪˈlektrəlaɪt/ n. elettrolita m.
electrolytic /ɪˈlektrəlɪtɪk/ agg. elettrolitico.
electromagnet /ɪˌlektrəʊˈmægnɪt/ n. elettrocalamita f., elettromagnete m.
electromagnetic /ɪˌlektrəʊmægˈnetɪk/ agg. elettromagnetico.
electron /ɪˈlektrɒn/ n. elettrone m.
electronic /ˌɪlekˈtrɒnɪk/ agg. elettronico.
electronic engineer ♦ *27* n. ingegnere m. elettronico.
electronic engineering n. (ingegneria) elettronica f.
electronic eye n. cellula f. fotoelettrica, fotocellula f.
electronic funds transfer n. trasferimento m. fondi elettronico.
electronic mail n. posta f. elettronica.
electronic organizer n. agenda f. elettronica, organizer m.
electronics /ˌɪlekˈtrɒnɪks/ n. + verbo sing. elettronica f.
electronic tag n. braccialetto m. elettronico.
electroplate /ɪˈlektrəpleɪt/ tr. placcare (mediante galvanostegia).
electroshock /ɪˌlektrəʊˈʃɒk/ n. elettroshock m.
electroshock therapy, **electroshock treatment** n. elettroshockterapia f.
elegance /ˈelɪgəns/ n. eleganza f.
elegant /ˈelɪgənt/ agg. [*person, clothes, solution*] elegante; [*manners*] raffinato; [*restaurant*] elegante, chic.
elegantly /ˈelɪgəntlɪ/ avv. in modo elegante, con eleganza, elegantemente.
elegiac /ˌelɪˈdʒaɪək/ agg. elegiaco.
elegy /ˈelədʒɪ/ n. elegia f.
element /ˈelɪmənt/ **I** n. **1** *(constituent)* elemento m.; ***the key ~ in his success*** l'elemento chiave del suo successo; ***the poor salary was just one ~ in my dissatisfaction*** il magro stipendio era solo uno dei motivi della mia insoddisfazione **2** *(factor)* fattore m.; ***the time ~*** il fattore tempo **3** *(small part)* ***an ~ of risk*** una componente di rischio **4** *(constituent group)* gruppo m.; ***the violent ~ in the audience*** gli elementi violenti del pubblico **5** CHIM. MAT. RAD. elemento m. **6** EL. componente m.; *(of battery)* elemento m. **II elements** n.pl. **1** *(rudiment) (of courtesy, diplomacy)* rudimenti m.; *(of grammar, mathematics)* elementi m., rudimenti m. **2** *(air, water etc)* ***the four ~s*** i quattro elementi **3** *(weather)* ***the ~s*** gli elementi atmosferici; ***exposed to the ~s*** esposto alle intemperie ♦ ***to be in, out of one's ~*** trovarsi nel, fuori dal proprio elemento.
elemental /ˌelɪˈmentl/ agg. **1** *(basic)* primario, fondamentale **2** *(of natural forces)* degli elementi.
elementary /ˌelɪˈmentrɪ/ agg. **1** *(basic, simple)* elementare **2** GB STOR., US SCOL. [*school*] elementare; [*teacher*] di scuola elementare.
elephant /ˈelɪfənt/ n. elefante m.; ***baby ~*** elefantino ♦ ***to see pink ~s*** avere le traveggole, vedere doppio.
elephantine /ˌelɪˈfæntaɪn/ agg. **1** ZOOL. elefantino **2** FIG. [*person*] elefantesco.
elephant seal n. elefante m. marino.
elevate /ˈelɪveɪt/ tr. elevare [*person, mind*]; ***to ~ sb., sth. to (the status of)*** elevare qcn., qcs. al rango di.
elevated /ˈelɪveɪtɪd/ **I** p.pass. → **elevate II** agg. **1** *(lofty)* [*language, rank*] elevato **2** *(lifted up)* [*site*] elevato; [*railway, canal*] soprelevato.
elevated railroad n. AE ferrovia f. soprelevata.
elevation /ˌelɪˈveɪʃn/ n. **1** *(in rank, status)* elevazione f. **2** ARCH. alzato m., prospetto m. **3** *(height)* altezza f., altitudine f. **4** *(of gun)* elevazione f. **5** *(hill)* altura f.
elevator /ˈelɪveɪtə(r)/ n. **1** AE *(in building)* ascensore m. **2** *(hoist)* elevatore m., montacarichi m. **3** AE *(for grain)* silo m.
eleven /ɪˈlevn/ ♦ *19, 1, 4* **I** determ. undici **II** pron. undici; ***there are ~ of them*** ce ne sono undici **III** n. **1** undici m.; ***to multiply by ~*** moltiplicare per undici **2** SPORT ***the football ~*** l'undici; ***a football ~*** una squadra di calcio; ***the first, second ~*** la prima, seconda squadra.
elevenses /ɪˈlevnzɪz/ n. BE COLLOQ. = spuntino a metà mattinata.
eleventh /ɪˈlevnθ/ ♦ *19, 8* **I** determ. undicesimo **II** pron. **1** *(in order)* undicesimo m. (-a) **2** *(of month)* undici m.; ***the ~ of May*** l'undici maggio **III** n. *(fraction)* undicesimo m. **IV** avv. [*finish*] undicesimo, in undicesima posizione ♦ ***at the ~ hour*** all'ultima ora, all'ultimo momento.
elf /elf/ n. (pl. **elves**) elfo m., folletto m.
elfin /ˈelfɪn/ agg. [*charm*] di un elfo; [*features*] da elfo.
Elias /ɪˈlaɪəs/ n.pr. Elia.
elicit /ɪˈlɪsɪt/ tr. strappare [*opinion*]; suscitare [*reaction*]; ottenere [*explanation*].
elide /ɪˈlaɪd/ tr. LING. elidere.
eligibility /ˌelɪdʒəˈbɪlətɪ/ n. *(to sit exam, for benefit)* diritto m. (**for** a; **to do** di fare).
eligible /ˈelɪdʒəbl/ agg. **1** *(qualifying)* ***to be ~ for*** avere diritto a [*allowance, benefit, membership*]; ***to be ~ for appointment*** avere i requisiti per una nomina; ***to be ~ to do*** avere il diritto di fare; ***the ~ candidates*** i candidati aventi diritto **2** ANT. *(marriageable)* ***an ~ bachelor*** un buon partito.
Elijah /ɪˈlaɪdʒə/ n.pr. Elia.
eliminate /ɪˈlɪmɪneɪt/ tr. eliminare [*person, fat*]; escludere, scartare [*suspect, possibility*].
elimination /ɪˈlɪmɪneɪʃn/ n. eliminazione f.; ***by a process of ~*** (procedendo) per eliminazione.
Elisabeth /ɪˈlɪzəbəθ/ n.pr. Elisabetta.
Elise /ɪˈliːz/ n.pr. Elisa.
Elisha /ɪˈlaɪʃə/ n.pr. Eliseo.
elision /ɪˈlɪʒn/ n. LING. elisione f.
élite /eɪˈliːt/ **I** n. + verbo sing. o pl. élite f. **II** agg. [*group*] elitario; [*restaurant, club*] d'élite; [*troop, squad*] scelto.
élitism /eɪˈliːtɪzəm/ n. elitarismo m.
élitist /eɪˈliːtɪst/ **I** agg. elitista **II** n. elitista m. e f.
elixir /ɪˈlɪksɪə(r)/ n. elisir m.
Eliza /ɪˈlaɪzə/ n.pr. Elisa.
Elizabeth /ɪˈlɪzəbəθ/ n.pr. Elisabetta.
Elizabethan /ɪˌlɪzəˈbiːθn/ **I** agg. elisabettiano **II** n. elisabettiano m. (-a).
elk /elk/ n. (pl. **~**, **~s**) alce m.
ellipse /ɪˈlɪps/ n. MAT. ellisse f.

ellipsis /ɪ'lɪpsɪs/ n. (pl. **-es**) LING. ellissi f.
elliptic(al) /ɪ'lɪptɪk(l)/ agg. ellittico.
elm /elm/ n. olmo m.
elocution /ˌelə'kjuːʃn/ n. elocuzione f.
Eloise /eləʊ'iːz/ n.pr. Eloisa.
elongate /'iːlɒŋgeɪt, AE ɪ'lɔːŋ-/ **I** tr. *(lengthen)* allungare; *(stretch)* estendere **II** intr. allungarsi.
elongation /ˌiːlɒŋ'geɪʃən/ n. ASTR. elongazione f.
elope /ɪ'ləʊp/ intr. [*couple*] fuggire insieme; [*man, woman*] fuggire (**with** con).
elopement /ɪ'ləʊpmənt/ n. fuga f. d'amore.
eloquence /'eləkwəns/ n. eloquenza f.
eloquent /'eləkwənt/ agg. eloquente.
El Salvador /ˌel'sælvədɔː(r)/ ➧ *6* n.pr. Salvador m.
else /els/ Else means *in addition to, apart from* or *instead of* when it follows such indefinite pronouns as *somebody, anything*, etc. or such interrogative pronouns as *who, what, why*, etc.: *somebody else did it* = l'ha fatto qualcun altro; *what else could I do?* = che altro potrei fare? - *Else* means *otherwise* when it is preceded by *or*: *Hurry up, or else you'll miss the train* = sbrigati, o altrimenti perderai il treno. avv. **1** altro; ***somebody ~*** qualcun altro; ***nobody, nothing ~*** nessun altro, nient'altro; ***something ~*** qualcos'altro; ***somewhere*** o ***someplace*** AE ***~*** da qualche altra parte; ***where ~ can it be?*** in quale altro posto può essere? ***who ~ is coming?*** chi altri viene? ***how ~ can we do it?*** come possiamo farlo altrimenti? ***what ~ would you like?*** cos'altro vorresti? ***there's not much ~ to say*** non c'è molto altro da dire; ***he talks of little ~*** parla quasi solamente di questo; ***everyone ~ but me went to the cinema*** tutti sono andati al cinema tranne me; ***was anyone ~ there?*** c'era qualcun altro? ***anyone ~ would go to bed early, but you...*** chiunque altro andrebbe a letto presto, ma tu...; ***anywhere ~ it wouldn't matter*** da qualsiasi altra parte non avrebbe importanza; ***he didn't see anybody ~*** non ha visto nessun altro; ***if nothing ~ he's polite*** se non altro è educato; ***she's something ~!*** COLLOQ. *(very nice)* è fantastica! *(unusual)* è speciale! ***"is that you, Dan?" - "who ~?"*** "sei tu, Dan?" - "e chi altri?" **2 or else** altrimenti, se no; ***eat this or ~ you'll be hungry later*** mangia questo, altrimenti più tardi avrai fame; ***stop that now, or ~...*** smettila subito, altrimenti...
elsewhere /ˌels'weə(r), AE 'elshweər/ avv. altrove; ***from ~*** da qualche altro luogo.
ELT n. (⇒ English Language Teaching) = insegnamento della lingua inglese.
elucidate /ɪ'luːsɪdeɪt/ tr. delucidare [*mystery, problem*]; spiegare [*text, concept*].
elucidation /ɪˌluːsɪ'deɪʃn/ n. delucidazione f., spiegazione f.
elude /ɪ'luːd/ tr. eludere [*pursuer, attention*]; sfuggire a [*police, understanding*]; schivare, evitare [*blow*]; ***her name ~s me*** il suo nome mi sfugge.
elusive /ɪ'luːsɪv/ agg. [*person, animal*] inafferrabile; [*concept*] elusivo; [*prize, victory*] irraggiungibile; [*memory, dream*] sfuggevole, evanescente.
elves /elvz/ → **elf**.
Elysium /ɪ'lɪzɪəm/ n.pr. MITOL. (campi) elisi m.pl., elisio m.
'em /əm/ COLLOQ. → **them**.
emaciated /ɪ'meɪʃɪeɪtɪd/ agg. [*person, feature*] emaciato; [*limb, body*] scarno.
emaciation /ɪˌmeɪʃɪ'eɪʃn/ n. emaciazione f.
email → **1.e-mail**, **2.e-mail**.
1.e-mail /'iːmeɪl/ **I** n. **1** *(medium)* posta f. elettronica, e-mail f.; ***to be on ~*** avere la posta elettronica **2** *(mail item)* messaggio m., e-mail m. e f. **II** modif. [*address, message*] di posta elettronica, e-mail.
2.e-mail /'iːmeɪl/ tr. ***to ~ sb. sth., to ~ sth. to sb.*** mandare qcs. a qcn. per e-mail.
emanate /'eməneɪt/ **I** tr. emanare [*radiation*]; emanare, diffondere [*serenity*] **II** intr. [*light, heat*] emanare; [*order, tradition*] provenire.
emanation /ˌemə'neɪʃn/ n. emanazione f.
emancipate /ɪ'mænsɪpeɪt/ tr. emancipare, liberare [*slave*]; emancipare [*women*].
emancipation /ɪˌmænsɪ'peɪʃn/ n. emancipazione f.
Emanuel /ɪ'mænjʊəl/ n.pr. Emanuele.
emasculate /ɪ'mæskjʊleɪt/ tr. evirare (anche FIG.).
emasculation /ɪˌmæskjʊ'leɪʃn/ n. **1** emasculazione f. **2** FIG. evirazione f.
embalm /ɪm'bɑːm, AE -'bɑːlm/ tr. imbalsamare (anche FIG.).
embalmer /ɪm'bɑːmə(r), AE -'bɑːlm-/ ➧ *27* n. imbalsamatore m. (-trice).
embankment /ɪm'bæŋkmənt/ n. **1** *(to carry railway, road)* massicciata f., terrapieno m. **2** *(to hold back water)* argine m., diga f.
1.embargo /ɪm'bɑːgəʊ/ n. (pl. **~es**) embargo m. (**on** su; **against** contro); ***trade ~*** embargo commerciale; ***arms ~*** embargo sulle armi; ***to impose, lift an ~*** mettere, togliere l'embargo.
2.embargo /ɪm'bɑːgəʊ/ tr. mettere l'embargo su [*trade*].
embark /ɪm'bɑːk/ **I** tr. MAR. imbarcare **II** intr. **1** MAR. imbarcarsi **2** ***to ~ on*** iniziare [*journey, process*]; intraprendere [*campaign, career*]; lanciarsi in [*project*]; SPREG. avventurarsi su [*dubious path*]; imbarcarsi in [*process, relationship*].
embarkation /ˌembɑː'keɪʃn/ n. imbarco m.
embarrass /ɪm'bærəs/ tr. mettere in imbarazzo; ***to be, feel ~ed*** essere, sentirsi in imbarazzo; ***to be ~ed by*** o ***about*** essere imbarazzato da [*situation, remark*]; provare vergogna per [*person, ignorance*]; ***to be ~ed about doing*** trovare imbarazzante fare; ***I feel ~ed about doing*** mi imbarazza fare; ***to be financially ~ed*** avere delle difficoltà economiche.
embarrassing /ɪm'bærəsɪŋ/ agg. [*situation, question*] imbarazzante; [*person*] che crea imbarazzo.
embarrassingly /ɪm'bærəsɪŋlɪ/ avv. [*behave*] in modo imbarazzante; ***~ frank*** di una franchezza imbarazzante.
embarrassment /ɪm'bærəsmənt/ n. **1** *(feeling)* imbarazzo m., disagio m. (**about**, **at** davanti a); ***to cause sb. ~*** mettere qcn. in imbarazzo; ***to my ~*** con mio imbarazzo **2** *(embarrassing person, event)* ***to be an ~ to sb.*** essere motivo di imbarazzo per qcn.; ***his past is an ~ to him*** prova vergogna per il suo passato ♦ ***an ~ of riches*** l'imbarazzo della scelta.
embassy /'embəsɪ/ n. ambasciata f.
embattled /ɪm'bætld/ agg. **1** MIL. [*city*] assediato; [*army*] accerchiato **2** FIG. [*person*] tormentato; [*organization*] in difficoltà.
embed /ɪm'bed/ tr. (forma in -ing ecc. **-dd-**) **1** *(fix)* ***to be ~ded in*** [*thorn, nail*] essere conficcato in [*flesh, wall*]; [*plant*] essere piantato, radicato in [*soil*] **2** FIG. ***to be ~ded in*** [*notion, value*] essere radicato in [*thinking, memory*] **3** INFORM. inserire (**in** in).
embellish /ɪm'belɪʃ/ tr. **1** *(decorate)* abbellire, ornare [*garment, building*] **2** *(exaggerate)* ricamare su, colorire, infiorettare [*account, story*].
embellishment /ɪm'belɪʃmənt/ n. **1** *(ornament)* ornamento m. **2** *(of story)* infiorettatura f.
ember /'embə(r)/ n. tizzone m.; ***the ~s*** la brace.
embezzle /ɪm'bezl/ tr. appropriarsi indebitamente di, malversare [*funds*] (**from** di).
embezzlement /ɪm'bezlmənt/ n. appropriazione f. indebita, malversazione f.
embezzler /ɪm'bezlə(r)/ n. malversatore m. (-trice).
embitter /ɪm'bɪtə(r)/ tr. amareggiare, esacerbare [*person*].
emblazon /ɪm'bleɪzn/ tr. *(decorate)* ornare, decorare [*shirt, flag*]; ***to be ~ed with a coat of arms*** avere un blasone, essere blasonato; ***to be ~ed across*** [*logo, name*] spiccare su [*garment, newspapers*].
emblem /'embləm/ n. emblema m.
emblematic(al) /ˌemblə'mætɪk(l)/ agg. emblematico.
embodiment /ɪm'bɒdɪmənt/ n. *(of quality, idea)* incarnazione f., personificazione f.
embody /ɪm'bɒdɪ/ tr. **1** *(incarnate)* [*person, institution*] incarnare [*quality, ideal*] **2** *(express)* [*work*] dare corpo a [*theory, philosophy*] **3** *(legally incorporate)* incorporare, includere [*proposals, documents*].
embolden /ɪm'bəʊldən/ tr. incoraggiare.
embolism /'embəlɪzəm/ n. embolia f.
emboss /ɪm'bɒs/ tr. goffrare [*fabric, paper, leather*]; lavorare a sbalzo [*metal*].
1.embrace /ɪm'breɪs/ n. abbraccio m.
2.embrace /ɪm'breɪs/ **I** tr. **1** *(hug)* abbracciare **2** FIG. *(adopt)* abbracciare [*religion, ideology, cause*]; adottare [*method*]; *(include)* abbracciare, comprendere [*subject areas, opinions*] **II** intr. abbracciarsi.

embrasure /ɪm'breɪʒə(r)/ n. **1** MIL. cannoniera f., feritoia f. **2** ARCH. strombatura f.

embroider /ɪm'brɔɪdə(r)/ **I** tr. **1** ricamare **2** FIG. ricamare su, infiorettare [*story, fact*]; abbellire [*truth*] **II** intr. ricamare.

embroidery /ɪm'brɔɪdərɪ/ **I** n. ricamo m. **II** modif. [*frame, silk, thread*] da ricamo.

embroil /ɪm'brɔɪl/ tr. coinvolgere, immischiare.

embryo /'embrɪəʊ/ **I** n. (pl. **~s**) embrione m. (anche FIG.) **II** agg. → **embryonic**.

embryonic /ˌembrɪ'ɒnɪk/ agg. embrionale (anche FIG.).

emend /ɪ'mend/ tr. emendare, correggere.

emendation /ˌi:men'deɪʃn/ n. emendazione f., correzione f.

emerald /'emərəld/ ➧ **5 I** n. **1** *(stone)* smeraldo m. **2** *(colour)* (color) smeraldo m. **II** agg. **1** [*ring, necklace*] di smeraldi **2** *(colour)* smeraldo.

emerge /ɪ'mɜ:dʒ/ intr. **1** [*person, animal*] venire fuori, emergere **2** FIG. [*issue, news, result, pattern*] apparire; [*truth, problem, talent*] emergere; [*new nation, ideology*] nascere; ***to ~ victorious*** uscire vincitore; ***it ~ed that*** è emerso che.

emergence /ɪ'mɜ:dʒəns/ n. (l')emergere.

emergency /ɪ'mɜ:dʒənsɪ/ **I** n. **1** *(crisis)* emergenza f.; ***in an ~, in case of ~*** in caso di emergenza; ***in times of ~*** in tempo di crisi; ***state of ~*** POL. stato di emergenza **2** MED. urgenza f., emergenza f. **II** modif. [*measures, situation, stop, number, landing*] di emergenza; [*call, operation*] d'urgenza; POL. [*meeting, session*] straordinario; [*vehicle*] di soccorso; ***~ aid*** primo soccorso; ***~ brakes*** freno a mano.

emergency ambulance service n. = servizio di ambulanze per il pronto intervento.

emergency case n. MED. urgenza f.

emergency centre BE, **emergency center** AE n. *(for refugees)* centro m. di accoglienza; *(medical)* punto m. di soccorso; *(on roads)* punto m. di assistenza.

emergency exit n. uscita f. di sicurezza.

emergency laws n.pl. POL. leggi f. speciali.

emergency medical service n. AE = servizio di ambulanze per il pronto intervento.

emergency powers n.pl. POL. = poteri straordinari.

emergency rations n.pl. razioni f. di sopravvivenza.

emergency room n. AE → **emergency ward**.

emergency service n. servizio m. di soccorso.

emergency services n.pl. *(police, ambulance, fire brigade)* servizi m. di emergenza.

emergency surgery n. chirurgia f. d'urgenza; ***to undergo ~*** essere operato d'urgenza.

emergency ward n. pronto soccorso m.

emergency worker n. soccorritore m. (-trice).

emergent /ɪ'mɜ:dʒənt/ agg. emergente.

emerging /ɪ'mɜ:dʒɪŋ/ agg. emergente; [*opportunity*] che si presenta.

emeritus /ɪ'merɪtəs/ agg. emerito.

emery /'emərɪ/ n. smeriglio m.

emery board n. limetta f. per unghie.

emery paper n. carta f. smerigliata.

emetic /ɪ'metɪk/ **I** agg. emetico **II** n. emetico m.

emigrant /'emɪgrənt/ **I** n. *(about to leave)* emigrante m. e f.; *(settled elsewhere)* emigrato m. (-a) **II** modif. [*worker*] emigrato; [*family*] di emigrati.

emigrate /'emɪgreɪt/ intr. emigrare.

emigration /ˌemɪ'greɪʃn/ n. emigrazione f.

Emil /'i:mɪl/ n.pr. Emilio.

Emily /'emɪlɪ/ n.pr. Emilia.

eminence /'emɪnəns/ n. eminenza f.

eminent /'emɪnənt/ agg. eminente.

eminently /'emɪnəntlɪ/ avv. [*respectable, capable*] perfettamente; [*desirable*] altamente.

emir /e'mɪə(r)/ n. emiro m.

emirate /'emɪəreɪt/ n. emirato m.

emissary /'emɪsərɪ/ n. emissario m. (-a) (**to** presso).

emission /ɪ'mɪʃn/ n. emissione f.

emit /ɪ'mɪt/ tr. (forma in -ing ecc. **-tt-**) emettere.

Emmanuel /ɪ'mænjʊəl/ n.pr. Emanuele.

emollient /ɪ'mɒlɪənt/ **I** agg. emolliente **II** n. emolliente m.

emoluments /ɪ'mɒljʊmənts/ n.pl. FORM. *(salary)* emolumenti m.; *(fee)* onorari m.

emoticon /ɪ'məʊtɪkɒn, -'mɒtɪ-/ n. emoticon m.

emotion /ɪ'məʊʃn/ n. emozione f.; *(feeling)* sentimento m.

emotional /ɪ'məʊʃənl/ agg. [*development, problem, reaction, response*] emotivo; [*distress, content, power*] emozionale; [*tie*] affettivo; [*film*] emozionante; [*speech, scene*] commovente; [*atmosphere, farewell*] carico di emozione, commosso; ***to feel ~*** provare emozione (**about** per); ***he's rather ~*** si emoziona facilmente; ***to get ~*** *(cry)* commuoversi; *(get irrational)* innervosirsi; ***~ health*** sanità mentale.

emotionalism /ɪ'məʊʃənəlɪzəm/ n. emotività f.

emotionally /ɪ'məʊʃənəlɪ/ avv. **1** *(with emotion)* [*speak*] con emozione; [*react*] emotivamente; ***~ charged*** [*relationship*] intenso; [*atmosphere*] carico d'emozione **2** *(from an emotional standpoint)* [*drained, involved*] emotivamente; ***~ deprived*** privato degli affetti; ***~ disturbed*** con turbe emotive.

emotionless /ɪ'məʊʃnlɪs/ agg. senza emozione, impassibile.

emotive /ɪ'məʊtɪv/ agg. [*issue*] scottante, che suscita emozioni; [*word*] carico di emozione, toccante.

empanel /ɪm'pænl/ tr. (forma in -ing ecc. **-ll-**, **-l-** AE) *(place on list)* iscrivere in una lista [*juror*]; *(select)* costituire [*jury*].

empathize /'empəθaɪz/ intr. ***to ~ with*** identificarsi con [*person*].

empathy /'empəθɪ/ n. empatia f.

emperor /'empərə(r)/ n. imperatore m.

emphasis /'emfəsɪs/ n. (pl. **-es**) enfasi f., importanza f.; ***to lay*** o ***place*** o ***put the ~ on sth.*** dare rilevo a qcs.; ***to shift the ~ from sth. to sth.*** spostare l'accento *o* l'attenzione da qcs. a qcs.; ***the ~ is on sth.*** è dato risalto a qcs.

emphasize /'emfəsaɪz/ tr. **1** *(give importance to)* dare importanza a [*policy, need, support*]; ***to ~ the importance of sth.*** sottolineare l'importanza di qcs. **2** *(stress vocally)* pronunciare con enfasi, enfatizzare **3** *(highlight)* mettere in evidenza [*eyes etc.*].

emphatic /ɪm'fætɪk/ agg. [*statement, denial*] categorico; [*voice, manner*] energico; [*tone, style*] vigoroso, enfatico; [*victory*] netto; ***he was most ~ that I should go*** ha insistito perché ci andassi.

emphatically /ɪm'fætɪklɪ/ avv. [*speak, insist*] in modo energico; [*refuse, deny*] categoricamente; ***and I say this most ~*** e lo affermo con convinzione; ***he is most ~ not a genius*** non è certamente un genio.

emphysema /ˌemfɪ'si:mə/ ➧ **11** n. enfisema m.

empire /'empaɪə(r)/ n. impero m. (anche FIG.).

Empire State n.pr. Stato m. di New York.

empirical /ɪm'pɪrɪkl/ agg. empirico.

empiricism /ɪm'pɪrɪsɪzəm/ n. empirismo m.

empiricist /ɪm'pɪrɪsɪst/ **I** agg. empiristico **II** n. empirista m. e f.

emplacement /ɪm'pleɪsmənt/ n. MIL. postazione f., piazzola f.

1.employ /ɪm'plɔɪ/ n. FORM. ***in his ~*** alle sue dipendenze.

2.employ /ɪm'plɔɪ/ tr. **1** impiegare, assumere [*person*] (**as** come) **2** *(use)* adoperare [*machine, tool*]; impiegare [*method, technique*]; ricorrere a [*measures*]; ***to be ~ed in doing*** essere occupato a fare.

employable /ɪm'plɔɪəbl/ agg. [*person*] idoneo al lavoro.

employed /ɪm'plɔɪd/ **I** p.pass. → **2.employ II** agg. *(in work)* occupato; *(as employee)* dipendente **III** n. ***the ~*** + verbo pl. gli occupati.

employee /ˌemplɔɪ'i:, ɪm'plɔɪi:/ n. dipendente m. e f.

employer /ɪm'plɔɪə(r)/ n. datore m. (-trice) di lavoro; ***~s' organizations*** associazioni imprenditoriali.

employment /ɪm'plɔɪmənt/ n. *(paid activity)* impiego m., lavoro m.; *(use)* impiego m.; ***to take up ~*** iniziare a lavorare; ***to seek, find ~*** cercare, trovare lavoro; ***to be in ~*** avere un lavoro; ***without ~*** senza occupazione; ***people in ~*** gli occupati; ***place of ~*** posto di lavoro.

employment agency n. agenzia f. di collocamento.

employment contract n. contratto m. di lavoro.

employment exchange n. ufficio m. di collocamento.

Employment Minister, **Employment Secretary** n. ministro m. del lavoro.

emporium /ɪm'pɔ:rɪəm/ n. (pl. **~s**, **-ia**) FORM. o SCHERZ. emporio m.

empower /ɪm'paʊə(r)/ tr. **1** *(legally)* ***to ~ sb. to do*** autorizzare qcn. a fare **2** *(politically)* dare più potere a [*women, young*].
empress /'emprɪs/ n. imperatrice f.
emptiness /'emptɪnɪs/ n. *(of ideas)* vacuità f.; *(of space, life)* vuoto m.; *(of promise, hopes)* vanità f.
1.empty /'emptɪ/ **I** agg. **1** *(lacking people)* [*room, street*] vuoto, deserto; [*desk*] vuoto, libero; ***to stand ~*** [*house*] essere vuoto; [*office*] essere vacante **2** *(lacking contents)* [*box, page, stomach*] vuoto **3** *(unfulfilled)* [*promise, dream*] vano; [*argument, gesture*] vuoto **4** *(purposeless)* [*life, days*] vuoto **II empties** n.pl. BE COLLOQ. *(bottles)* vuoti m.
2.empty /'emptɪ/ **I** tr. vuotare, svuotare [*building, container, mind*]; versare [*liquid*]; ***have you emptied the rubbish?*** hai vuotato la pattumiera? **II** intr. [*building, container*] vuotarsi, svuotarsi; [*river*] buttarsi; [*contents*] riversarsi.
■ **empty out:** ***~ out*** [*building, container*] vuotarsi, svuotarsi; [*river*] buttarsi (**into** in); [*contents*] riversarsi (**into** in); ***~ [sth.] out, ~ out [sth.]*** vuotare, svuotare [*building, container, mind*]; versare [*liquid*]; ***he emptied the wastepaper out onto the floor*** svuotò il cestino della carta in terra.
empty-handed /ˌemptɪ'hændɪd/ agg. [*arrive, return*] a mani vuote.
empty-headed /ˌemptɪ'hedɪd/ agg. scervellato.
empyrean /ˌempaɪ'ri:ən/ **I** agg. empireo **II** n. empireo m.
EMS n. **1** (⇒ European Monetary System Sistema Monetario Europeo) SME m. **2** (⇒ emergency medical service) = servizio di ambulanze per il pronto intervento.
emu /'i:mju:/ n. emù m.
EMU n. (⇒ European Monetary Union Unione Monetaria Europea) UME f.
emulate /'emjʊleɪt/ tr. emulare (anche INFORM.).
emulation /ˌemjʊ'leɪʃn/ n. emulazione f. (anche INFORM.).
emulsifier /ɪ'mʌlsɪfaɪə(r)/ n. emulsionante m.
emulsify /ɪ'mʌlsɪfaɪ/ tr. emulsionare.
emulsion /ɪ'mʌlʃn/ n. CHIM. FOT. emulsione f.; ***~ (paint)*** pittura a emulsione.
enable /ɪ'neɪbl/ tr. **1** ***to ~ sb. to do*** permettere a qcn. di fare **2** *(facilitate)* permettere, favorire [*growth*]; favorire [*learning*].
enact /ɪ'nækt/ tr. **1** *(perform)* rappresentare [*scene, play*]; recitare [*part*] **2** DIR. POL. *(pass)* approvare; *(bring into effect)* promulgare.
enactment /ɪ'næktmənt/ n. DIR. POL. promulgazione f.
1.enamel /ɪ'næml/ **I** n. **1 U** MED. smalto m. **2** *(object)* smalto m., oggetto m. smaltato **3** (anche **~ paint**) smalto m., vernice f. a smalto **II** modif. [*pan, ring*] smaltato.
2.enamel /ɪ'næml/ tr. (forma in -ing ecc. **-ll-**, **-l-** AE) smaltare.
enamelled, enameled AE /ɪ'næmld/ **I** p.pass. → **2.enamel II** agg. [*glass, pottery*] smaltato.
enamelling, enameling AE /ɪ'næmlɪŋ/ n. *(process)* smaltatura f.; *(art)* decorazione f. a smalto.
enamelware /ɪ'næmlweə(r)/ n. vasellame m. smaltato.
enamoured BE, **enamored** AE /ɪ'næməd/ agg. ***to be ~ of*** essere innamorato di [*person*]; essere entusiasta di [*idea, activity*].
enc. → **encl.**
encamp /ɪn'kæmp/ **I** tr. accampare **II** intr. accamparsi.
encampment /ɪn'kæmpmənt/ n. accampamento m.
encapsulate /ɪn'kæpsjʊleɪt/ tr. **1** *(summarize)* riassumere, sintetizzare **2** *(include)* contenere, racchiudere.
encase /ɪn'keɪs/ tr. rivestire, ricoprire (**in** di).
encash /ɪn'kæʃ/ tr. BE incassare [*money order*].
encephalogram /en'kefələgræm, en'se-/ n. encefalogramma m.
encephalomyelitis /enˌkefələʊmaɪə'laɪtɪs, enˌse-/ ➧ **11** n. encefalomielite f.
enchain /ɪn'tʃeɪn/ tr. incatenare (anche FIG.).
enchant /ɪn'tʃɑ:nt, AE -'tʃænt/ tr. incantare.
enchanted /ɪn'tʃɑ:ntɪd, AE -'tʃæntɪd/ **I** p.pass. → **enchant II** agg. [*garden, ring*] incantato.
enchanter /ɪn'tʃɑ:ntə(r), AE -'tʃæntər/ n. mago m., stregone m.
enchanting /ɪn'tʃɑ:ntɪŋ, AE -'tʃænt-/ agg. [*place, smile*] incantevole.
enchantment /ɪn'tʃɑ:ntmənt, AE -'tʃænt-/ n. **1** *(delight)* incanto m. **2** *(spell)* incantesimo m.
enchantress /ɪn'tʃɑ:ntrɪs, AE -'tʃænt-/ n. maga f., strega f.
encircle /ɪn'sɜ:kl/ tr. [*troops, police*] accerchiare; [*fence, wall*] circondare, cingere; [*belt, bracelet*] cingere.
encl. **1** ⇒ enclosure allegato (all.) **2** ⇒ enclosed (in) allegato.
enclave /'enkleɪv/ n. enclave f.
enclose /ɪn'kləʊz/ tr. circondare; *(with fence, wall)* cingere (**with, by** con); *(in outer casing)* racchiudere (**in** in); *(within brackets)* mettere (**in** tra); *(in letter)* accludere, allegare (**with, in** a); ***please find ~ed*** allegato alla presente.
enclosed /ɪn'kləʊzd/ **I** p.pass. → **enclose II** agg. [*sea*] chiuso; [*garden, space*] recintato.
enclosure /ɪn'kləʊʒə(r)/ n. **1** *(space)* recinto m. **2** *(fence)* recinto m., staccionata f. **3** GB STOR. AGR. = appropriazione con atto parlamentare di terra comune da parte di privati tramite recinzione **4** *(with letter)* allegato m.
encode /ɪn'kəʊd/ tr. **1** cifrare, codificare [*message*] **2** INFORM. LING. codificare.
encoder /ɪn'kəʊdə(r)/ n. INFORM. codificatore m.
encompass /ɪn'kʌmpəs/ tr. comprendere, racchiudere [*activities, aspects*]; includere, contenere [*themes*]; raggruppare [*people, ideas, theories*].
1.encore /'ɒŋkɔ:(r)/ **I** n. TEATR. bis m.; ***to give*** o ***play an ~*** concedere un bis; ***he got*** o ***received an ~*** gli chiesero un bis **II** inter. TEATR. ***~!*** bis!
2.encore /'ɒŋkɔ:(r)/ tr. TEATR. chiedere il bis a [*singer*].
1.encounter /ɪn'kaʊntə(r)/ n. **1** incontro m. (**with** con) **2** MIL. scontro m.
2.encounter /ɪn'kaʊntə(r)/ tr. incontrare [*resistance, problem*]; incontrare, imbattersi in [*person*].
encourage /ɪn'kʌrɪdʒ/ tr. **1** *(support)* incoraggiare, incitare; *(reassure)* rassicurare; ***to ~ sb. to do*** incoraggiare qcn. a fare; ***these observations ~d him in his belief that*** queste osservazioni hanno rafforzato la sua convinzione che **2** *(foster)* stimolare [*investment*]; favorire [*rise, growth*].
encouragement /ɪn'kʌrɪdʒmənt/ n. *(support)* incoraggiamento m.; *(inducement)* incitamento m.; ***he needs no ~ to do*** non c'è bisogno di pregarlo per fare; ***to give ~ to sb.*** incoraggiare qcn.; ***to be an ~ to sb.*** essere di incoraggiamento per qcn.; ***without ~ from me*** senza il mio sostegno.
encouraging /ɪn'kʌrɪdʒɪŋ/ agg. incoraggiante.
encroach /ɪn'krəʊtʃ/ intr. ***to ~ on*** [*vegetation*] invadere; [*sea*] avanzare su; [*person*] invadere [*territory*]; usurpare [*rights*]; ***to ~ on sb.'s privacy*** violare la privacy di qcn.
encroachment /ɪn'krəʊtʃmənt/ n. *(of sea)* (l')avanzare (**on** su); *(of enemy)* invasione f. (**on** di); *(on sb.'s rights)* usurpazione f. (**on** di); *(on sb.'s privacy)* violazione f. (**on** di).
encrust /ɪn'krʌst/ tr. ***to be ~ed with*** essere ricoperto di [*ice*]; essere incrostato di [*jewels*].
encrypt /en'krɪpt/ tr. criptare.
encumber /ɪn'kʌmbə(r)/ tr. intralciare [*person, traffic*]; ingombrare [*room, street*]; ***to be ~ed with debts*** [*estate*] essere gravato di debiti.
encumbrance /ɪn'kʌmbrəns/ n. **1** *(to movement)* intralcio m., ingombro m. (**to** di); *(to one's freedom)* restrizione f. (**to** di) **2** FIG. *(burden)* peso m. (**to** per).
encyclical /en'sɪklɪkl/ **I** agg. enciclico **II** n. enciclica f.
encyclop(a)edia /ɪnˌsaɪklə'pi:dɪə/ n. enciclopedia f.
encyclop(a)edic /ɪnˌsaɪklə'pi:dɪk/ agg. enciclopedico.
1.end /end/ **I** n. **1** *(final part)* fine f.; ***"The End"*** *(of film, book)* "Fine"; ***at the ~ of*** alla fine di [*month, story*]; ***by the ~ of*** entro la fine di [*year, journey*]; ***to put an ~ to sth., to bring sth. to an ~*** mettere *o* porre fine a qcs.; ***to get to the ~ of*** arrivare alla fine di [*story, work*]; ***to come to an ~*** finire, terminare; ***in the ~, at the ~ of the day*** tutto sommato; ***in the ~ I went home*** alla fine sono andato a casa; ***it's the ~ of the line*** o ***road for the project*** il progetto è alla fine; ***for days on ~*** per giorni e giorni; ***there is no ~ to his talent*** il suo talento non ha limiti; ***no ~ of trouble*** COLLOQ. un sacco di fastidi; ***that really is the ~!*** COLLOQ. è veramente troppo! ***you really are the ~!*** COLLOQ. sei proprio il colmo! **2** *(extremity)* fine f., estremità f.; ***at*** o ***on the ~ of*** in fondo a [*bed, road*]; sulla punta di [*nose*]; ***from ~ to ~*** da cima a fondo; ***to lay sth. ~ to ~*** mettere qcs. testa a testa; ***the lower ~ of the street*** il fondo della strada; ***the third from the ~*** il terzo a partire dal fondo; ***to stand sth. on (its) ~*** mettere qcs. diritto *o* in posizione verticale **3** *(side of conversation, trans-*

action) ***things are fine at my*** o ***this ~*** per quanto mi riguarda va tutto bene; ***to keep one's ~ of the bargain*** fare la propria parte nell'accordo; ***there was silence at the other ~*** dall'altro capo nessuno parlava **4** *(of scale)* estremità f.; ***at the lower ~ of the scale*** al fondo della scala; ***this suit is from the cheaper*** o ***bottom ~ of the range*** questo abito è tra i meno cari della serie **5** *(aim)* fine m., scopo m.; ***to this*** o ***that ~*** a questo scopo; ***a means to an ~*** un mezzo per arrivare a uno scopo **6** SPORT ***to change ~s*** cambiare campo **7** *(scrap) (of string)* pezzo m.; *(of loaf, joint of meat)* avanzo m.; ***candle ~*** mozzicone di candela **8** *(death)* fine f.; ***to meet one's ~*** trovare la morte; ***to come to a bad ~*** fare una brutta fine **II** modif. [*house, seat*] in fondo; [*carriage*] di coda ♦ ***to keep one's ~ up*** = mantenere fede ai propri impegni.

2.end /end/ **I** tr. porre fine a [*war, marriage*]; concludere, terminare [*match, meeting*] (**with, by doing** con, facendo); ***he ~ed his days in hospital*** finì i suoi giorni in ospedale; ***they ~ed the day in a disco*** conclusero la giornata in discoteca; ***to ~ it all*** *(commit suicide)* farla finita **II** intr. [*day, war, line*] finire, terminare; [*contract, agreement*] terminare, cessare; ***to ~ in*** concludersi con [*failure, divorce*]; finire in [*tragedy*]; ***where will it all ~?*** come andrà a finire? ♦ ***all's well that ~s well*** tutto è bene quel che finisce bene.

▪**end up:** ~ ***up [sth.]*** finire col diventare [*president, rich*]; finire con l'essere [*bored*]; ***I don't know how he'll ~ up*** non so dove andrà a finire; ***to ~ up (by) doing*** finire col fare; ***to ~ up in*** finire a [*London, hospital*].

endanger /ɪn'deɪndʒə(r)/ tr. mettere in pericolo, mettere a repentaglio [*health, life*]; danneggiare [*environment, reputation, careeer*].

endear /ɪn'dɪə(r)/ **I** tr. ***to ~ sb. to*** fare affezionare qcn. a [*person*]; ***what ~s her to me is her simplicity*** ciò che mi piace di lei è la sua semplicità **II** rifl. ***to ~ oneself to sb.*** farsi benvolere da qcn.

endearing /ɪn'dɪərɪŋ/ agg. [*child, habit*] che fa tenerezza; [*remark*] toccante; [*smile*] che conquista.

endearingly /ɪn'dɪərɪŋlɪ/ avv. [*smile, remark*] con dolcezza; ~ ***honest*** di un'onestà commovente.

endearment /ɪn'dɪəmənt/ n. parola f. affettuosa; ***term of ~*** espressione affettuosa.

1.endeavour, **endeavor** AE /ɪn'devə(r)/ n. **1** *(attempt)* tentativo m. **2** *(industriousness)* sforzo m.

2.endeavour, **endeavor** AE /ɪn'devə(r)/ tr. ***to ~ to do*** *(do one's best)* fare tutto il possibile per fare; *(find a means)* trovare il modo di fare.

endemic /en'demɪk/ **I** agg. endemico (**in, to** in) **II** n. endemia f.

ending /'endɪŋ/ n. **1** *(of play, film)* fine f., finale m. **2** LING. desinenza f.

endive /'endɪv, AE -daɪv/ n. *(curly lettuce)* scarola f.; *(blanched chicory)* indivia f.

endless /'endlɪs/ agg. **1** *(unlimited)* [*patience, possibility*] infinito; [*supply*] inesauribile **2** *(interminable)* [*list, journey*] interminabile.

endlessly /'endlɪslɪ/ avv. **1** *(unlimitedly)* [*patient, tolerant*] infinitamente **2** *(without stopping)* [*talk, search*] senza sosta, incessantemente **3** *(to infinity)* [*stretch, extend*] all'infinito.

endocrine /'endəʊkraɪn, -ˌkrɪn/ agg. endocrino.

endocrinology /ˌendəʊkrɪ'nɒlədʒɪ/ n. endocrinologia f.

endorse /ɪn'dɔːs/ tr. **1** approvare [*decision, product, claim*]; appoggiare [*candidate*]; girare, avallare per girata [*cheque, bill*] **2** BE AUT. ***to have one's licence ~d*** ricevere delle annotazioni sulla patente per infrazioni.

endorsement /ɪn'dɔːsmənt/ n. **1** *(of decision, claim)* approvazione f. (**of** di); *(of candidate)* appoggio m. (**of** a); *(of cheque)* girata f. **2** AUT. ***he has had two ~s for speeding*** ha ricevuto due annotazioni sulla patente per eccesso di velocità.

endow /ɪn'daʊ/ tr. **1** *(with money)* sovvenzionare [*hospital, charity*]; ***the hospital has been ~ed 100 beds*** l'ospedale ha ricevuto fondi per creare 100 posti letto **2** *(bestow)* dotare [*person*] (**with** di).

endowment /ɪn'daʊmənt/ n. **1** *(action)* sovvenzionamento m. **2** *(money given)* sovvenzione f., donazione f. **3** *(ability)* dote f., talento m. naturale.

endowment insurance n. assicurazione f. mista sulla vita.

endpaper /'endˌpeɪpə(r)/ n. *(in books)* risguardo m.

end product n. COMM. prodotto m. finito.

end result n. risultato m. finale.

endurable /ɪn'djʊərəbl, AE -'dʊə-/ agg. sopportabile, tollerabile.

endurance /ɪn'djʊərəns, AE -'dʊə-/ n. sopportazione f. (**of** di), resistenza f. (**of** a); ***past*** o ***beyond (all) ~*** insopportabile; ***to provoke sb. beyond ~*** provocare qcn. oltre ogni limite di sopportazione.

endurance test n. SPORT MIL. prova f. di resistenza.

endure /ɪn'djʊə(r), AE -'dʊər/ **I** tr. resistere a [*experience, hardship*]; sopportare, tollerare [*behaviour, person*]; subire [*attack, defeat*] **II** intr. *(last)* durare.

enduring /ɪn'djʊərɪŋ, AE -'dʊə-/ agg. [*influence, fame*] duraturo; [*ability*] costante; [*government*] stabile.

end user n. COMM. INFORM. utente m. finale.

endways /'endweɪz/, **endwise** /'endwaɪs/ avv. **1** *(with the end forward)* testa contro testa, di faccia **2** *(lenghtways)* longitudinalmente.

Endymion /en'dɪmɪən/ n.pr. Endimione.

enema /'enɪmə/ n. (pl. **~s, -ata**) MED. clistere m., enteroclisma m.

enemy /'enəmɪ/ **I** n. **1** nemico m. (-a) (anche FIG.); ***to make enemies*** farsi dei nemici; ***to make an ~ of sb.*** farsi nemico qcn. **2** MIL. ***the ~*** + verbo sing. o pl. il nemico; ***to go over to the ~*** passare al nemico **II** modif. [*forces, territory, agent*] nemico; ~ ***alien*** = residente straniero di nazionalità nemica in tempo di guerra; ***killed by ~ action*** caduto sotto il fuoco nemico.

energetic /ˌenə'dʒetɪk/ agg. **1** *(full of life)* [*person*] energico; [*exercise*] vigoroso **2** *(vigorous)* [*reforms, campaign*] vigoroso, energico; [*debate*] acceso, animato.

energetically /ˌenə'dʒetɪklɪ/ avv. [*work, exercise*] con vigore; [*argue, speak*] energicamente; [*deny, promote*] con forza, con decisione.

energize /'enədʒaɪz/ tr. **1** *(invigorate)* ravvivare, stimolare **2** EL. mettere sotto tensione.

energizing /'enədʒaɪzɪŋ/ agg. [*influence*] stimolante.

energy /'enədʒɪ/ n. **1** *(strength)* energia f.; ***to devote all one's ~ to sth., to doing*** dedicare tutte le proprie energie a qcs., a fare; ***it would be a waste of ~*** sarebbero energie sprecate **2** *(power, fuel)* energia f.; ***nuclear ~*** energia nucleare.

energy efficiency n. ottimizzazione f. energetica.

energy resources n.pl. risorse f. energetiche.

energy saving **I** n. risparmio m. energetico **II energy-saving** agg. [*device, measure*] per il risparmio energetico.

enervate /'enəveɪt/ tr. snervare, infiacchire.

enervating /'enəveɪtɪŋ/ agg. snervante.

enfeeble /ɪn'fiːbl/ tr. indebolire, debilitare.

enfilade /ˌenfɪ'leɪd/ n. MIL. tiro m. d'infilata.

enfold /ɪn'fəʊld/ tr. avvolgere; ***to ~ sb. in one's arms*** stringere qcn. fra le braccia.

enforce /ɪn'fɔːs/ tr. **1** *(impose)* imporre [*rule, silence, discipline*]; fare rispettare, applicare [*law, court order*]; fare valere [*legal rights*]; esigere [*payment*]; fare rispettare [*contract*] **2** *(strengthen)* rafforzare [*opinion, argument, theory*].

enforceable /ɪn'fɔːsəbl/ agg. DIR. [*law, verdict*] esecutorio; [*rule*] applicabile.

enforced /ɪn'fɔːst/ **I** p.pass. → **enforce** **II** agg. [*abstinence, redundancy*] forzato; [*discipline*] imposto.

enforcement /ɪn'fɔːsmənt/ n. applicazione f., esecuzione f.; *(of discipline)* imposizione f.

enfranchise /ɪn'fræntʃaɪz/ tr. **1** *(give right to vote to)* concedere il diritto di voto a **2** *(emancipate)* affrancare.

enfranchisement /ɪn'fræntʃɪzmənt/ n. **1** POL. concessione f. del diritto di voto **2** *(emancipation)* affrancamento m.

engage /ɪn'geɪdʒ/ **I** tr. **1** *(attract)* attirare [*person, attention*]; risvegliare [*interest, imagination*] **2** *(involve)* ***to be ~d in*** partecipare a [*activity*]; prendere parte a [*discussion, negotiations*]; ***to be ~d in doing*** stare facendo; ***to ~ sb. in conversation*** attaccare discorso con qcn.; ***to be otherwise ~d*** avere altri impegni **3** *(employ)* ingaggiare, assumere [*worker*] **4** MECC. innestare, ingranare [*gear*]; innestare [*clutch*] **5** MIL. attaccare [*enemy*] **II** intr. FORM. ***to ~ in*** partecipare a [*activity*]; prendere parte a [*discussion, negotiations*]; MIL. ingaggiare [*combat*].

engaged /ɪn'geɪdʒd/ **I** p.pass. → **engage II** agg. **1** *(before marriage)* ***to be ~*** essere fidanzato; ***to get ~*** fidanzarsi (**to** con) **2** [*toilet, phone, line, taxi*] occupato.

engaged tone n. BE segnale m. di occupato; ***I keep getting an ~*** continuo a trovare occupato.

engagement /ɪn'geɪdʒmənt/ n. **1** FORM. *(appointment)* impegno m.; *(for performer, artist)* ingaggio m.; ***official*** o ***public ~*** impegno ufficiale; ***social ~*** impegno mondano; ***I have a dinner ~ tomorrow evening*** domani sera ho una cena **2** *(before marriage)* fidanzamento m.

engagement book n. agenda f.

engagement ring n. anello m. di fidanzamento.

engaging /ɪn'geɪdʒɪŋ/ agg. [*character*] accattivante; [*person, smile*] affascinante; [*laugh*] simpatico; [*tale*] avvincente.

engender /ɪn'dʒendə(r)/ tr. generare, causare.

engine /'endʒɪn/ n. **1** *(in car, train, aeroplane, boat)* motore m.; *(in jet aircraft)* reattore m.; *(in ship)* macchine f.pl.; ***jet ~*** motore a getto *o* a reazione **2** FERR. locomotiva f., locomotore m., motrice f.; ***to sit facing the ~*** essere seduto nel senso di marcia.

engine driver ➧ ***27*** n. macchinista m. e f.

1.engineer /ˌendʒɪ'nɪə(r)/ ➧ ***27*** n. *(graduate)* ingegnere m.; *(in factory)* meccanico m.; *(repairer)* tecnico m.; *(on ship)* macchinista m. e f.; AE FERR. macchinista m. e f.; ***the (Royal) Engineers*** MIL. il genio; ***heating ~*** caldaista; ***telephone ~*** tecnico dei telefoni.

2.engineer /ˌendʒɪ'nɪə(r)/ tr. **1** *(plot)* organizzare, architettare **2** *(build)* costruire.

engineering /ˌendʒɪ'nɪərɪŋ/ n. **1** *(subject, science)* ingegneria f.; ***civil ~*** ingegneria civile **2** *(industry)* industria f. meccanica; ***light, heavy ~*** industria leggera, pesante.

engineering company n. società f. di costruzioni meccaniche.

engineering department n. UNIV. dipartimento m. di ingegneria.

engineering factory n. fabbrica f. di costruzioni meccaniche.

engineering industry n. industria f. meccanica.

engineering science n. UNIV. ingegneria f.

engineering works n.pl. fabbrica f.sing. di costruzioni meccaniche.

engine failure n. AUT. guasto m. al motore; *(in jet)* guasto m. al reattore.

engine oil n. olio m. per motori.

engine room n. sala f. macchine.

engine shed n. FERR. deposito m. macchine.

England /'ɪŋglənd/ ➧ ***6*** n.pr. Inghilterra f.

English /'ɪŋglɪʃ/ ➧ ***18, 14*** **I** agg. inglese **II** n. **1** *(language)* inglese m. **2** ***the ~*** + verbo pl. gli inglesi **III** modif. *(of English)* [*teacher, course*] di inglese; *(into English)* [*translation*] in inglese.

English as a Foreign Language n. inglese m. come lingua straniera.

English as a Second Language n. inglese m. come seconda lingua.

English breakfast n. colazione f. all'inglese.

English Channel n. ***the ~*** il canale della Manica, la Manica.

English for Special Purposes n. inglese m. per usi specifici.

English Language Teaching n. insegnamento m. della lingua inglese.

Englishman /'ɪŋglɪʃmən/ n. (pl. **-men**) inglese m. ♦ ***an ~'s home is his castle*** PROV. = in casa propria ciascuno è re.

English speaker n. anglofono m. (-a).

English-speaking agg. anglofono.

Englishwoman /'ɪŋglɪʃˌwʊmən/ n. (pl. **-women**) inglese f.

engrave /ɪn'greɪv/ tr. incidere (anche FIG.); ***~d on the mind*** FIG. inciso nella memoria.

engraver /ɪn'greɪvə(r)/ ➧ ***27*** n. incisore m. (-a), intagliatore m. (-trice).

engraving /ɪn'greɪvɪŋ/ n. incisione f.

engross /ɪn'grəʊs/ tr. avvincere [*audience*]; ***to be ~ed in*** essere completamente assorbito *o* preso da [*book, work*].

engrossing /ɪn'grəʊsɪŋ/ agg. [*book*] avvincente; [*programme, problem*] interessante.

engulf /ɪn'gʌlf/ tr. [*waves*] inghiottire; [*fire*] divorare; [*silence*] avvolgere; [*panic*] prendere.

enhance /ɪn'hɑːns, AE -'hæns/ tr. **1** *(improve)* migliorare [*prospects, status*]; accrescere [*rights, power*]; ritoccare [*photo*]; esaltare, valorizzare [*appearance, qualities*] **2** *(increase)* aumentare [*value, salary*].

enhancement /ɪn'hɑːnsmənt, AE -'hæns-/ n. *(of prospects, status)* miglioramento m.; *(of rights, power)* accrescimento m.; *(of quality)* esaltazione f., valorizzazione f.; *(of salary)* aumento m.

enigma /ɪ'nɪgmə/ n. (pl. **~s, -ata**) enigma m.

enigmatic /ˌenɪg'mætɪk/ agg. enigmatico.

enjoin /ɪn'dʒɔɪn/ tr. **1** *(impose)* imporre [*silence, discipline*] (**on** a); raccomandare [*discretion, caution*] (**on** a); ***to ~ sb. to do*** comandare a qcn. di fare **2** AE *(prohibit)* ***to ~ sb. from doing*** proibire a qcn. di fare.

enjoy /ɪn'dʒɔɪ/ **I** tr. **1** *(get pleasure from)* amare [*sport, hobby, etc.*]; amare, apprezzare [*art, music*]; ***I ~ cooking*** mi piace cucinare; ***I ~ed the film*** il film mi è piaciuto; ***he knows how to ~ life*** sa vivere, sa come godersi la vita; ***I ~ed my day in Rome*** ho trascorso una bella giornata a Roma; ***I didn't ~ the party*** non mi sono divertito alla festa; ***the tourists are ~ing the good weather*** i turisti approfittano del bel tempo; ***~ your meal!*** buon appetito! **2** *(benefit from)* godere di [*privilege, right*] **II** rifl. ***to ~ oneself*** divertirsi (**doing** a fare); ***~ yourselves!*** divertitevi!

enjoyable /ɪn'dʒɔɪəbl/ agg. divertente, piacevole.

enjoyment /ɪn'dʒɔɪmənt/ n. **U** piacere m., divertimento m.; ***to get ~ from chess*** divertirsi a giocare a scacchi; ***to read for ~*** leggere per diletto.

enlarge /ɪn'lɑːdʒ/ **I** tr. ampliare [*space*]; allargare [*opening*]; ingrandire [*photograph, business*]; aumentare [*capacity*] **II** intr. **1** *(get bigger)* [*space*] ampliarsi; [*opening*] allargarsi; [*majority*] aumentare **2** MED. [*pupil*] dilatarsi; [*tonsils*] ingrossarsi **3** ***to ~ on*** dilungarsi su [*subject*]; sviluppare [*theory*].

enlarged /ɪn'lɑːdʒd/ **I** p.pass. → **enlarge II** agg. MED. [*pupil*] dilatato; [*tonsils*] ingrossato; [*joint*] gonfio; [*heart, liver*] ipertrofico.

enlargement /ɪn'lɑːdʒmənt/ n. **1** *(of space)* ampliamento m.; *(of opening)* allargamento m.; *(of territory, business)* espansione f.; *(of photograph)* ingrandimento m. **2** MED. *(of pupil)* dilatazione f.; *(of heart, liver)* ipertrofia f.

enlarger /ɪn'lɑːdʒə(r)/ n. FOT. ingranditore m.

enlighten /ɪn'laɪtn/ tr. *(inform)* illuminare (**on** su, riguardo a).

enlightened /ɪn'laɪtnd/ **I** p.pass. → **enlighten II** agg. [*person, mind*] di larghe vedute; [*opinions*] illuminato.

enlightening /ɪn'laɪtnɪŋ/ agg. [*book*] istruttivo.

enlightenment /ɪn'laɪtnmənt/ **I** n. *(edification)* istruzione f., diffusione f. della cultura; *(clarification)* chiarimento m. **II Enlightenment** n.pr. (anche **Age of the Enlightenment**) STOR. Illuminismo m.

enlist /ɪn'lɪst/ **I** tr. MIL. arruolare; ***to ~ sb.'s help*** assicurarsi l'aiuto di qcn. **II** intr. MIL. arruolarsi.

enlistment /ɪn'lɪstmənt/ n. MIL. arruolamento m.

enliven /ɪn'laɪvn/ tr. animare [*conversation*]; ravvivare [*speech, meal*].

enmeshed /ɪn'meʃt/ agg. ***to become ~ in*** [*person*] intrappolarsi in [*net, rope*]; [*fish*] rimanere intrappolato in [*net*].

enmity /'enmətɪ/ n. inimicizia f., ostilità f.

ennoble /ɪ'nəʊbl/ tr. nobilitare (anche FIG.).

enologist AE → **oenologist**.

enology AE → **oenology**.

enormity /ɪ'nɔːmətɪ/ n. *(of crime)* enormità f., mostruosità f.; *(of problem, task)* enormità f., vastità f.

enormous /ɪ'nɔːməs/ agg. [*house, problem, effort*] enorme; ***an ~ number of people*** numerosissime persone.

enormously /ɪ'nɔːməslɪ/ avv. [*enjoy, vary*] enormemente, moltissimo; [*long, complex*] enormemente, estremamente.

1.enough /ɪ'nʌf/ When *enough* is used as an adverb, it is most frequently translated by *abbastanza*: *is the house big enough?* = è abbastanza grande la casa? / la casa è grande abbastanza? (note that *abbastanza* usually comes before the adjective, though it may come after as well). - For more examples and particular usages, see the entry below. avv. abbastanza, sufficientemente; ***big ~ for us*** abbastanza grande per noi; ***big ~ to hold 50 people*** abbastanza grande per contenere 50 persone; ***to eat ~*** mangiare abbastanza; ***it's a common ~ complaint*** è un reclamo piuttosto frequente; ***you're not trying hard ~*** ci stai provando senza sforzarti abbastanza; ***is he old ~ to vote?*** ha l'età per votare? ***curiously ~, I like her*** per quanto possa sembrare strano, mi piace; ***she said she would do it and sure ~ she did*** disse che l'avrebbe fatto e così è stato.

2.enough /ɪ'nʌf/ When used as a determiner or a pronoun, *enough* is generally translated by *abbastanza*, which may either precede or follow the noun: *we haven't bought enough meat* = non abbiamo comprato abbastanza carne; *there's enough meat for two meals / six people* = c'è carne abbastanza per due pasti / sei persone; *have you got enough chairs?* = avete abbastanza sedie? *will there be enough?* = ce ne sarà abbastanza? (note that if the sentence does not specify what there is enough of, the pronoun *ne*, meaning *of it / of them*, must be added before the verb in Italian). - For more examples and particular usages, see the entry below. **I** determ. abbastanza, sufficiente; ***~ money, seats*** abbastanza soldi, sedie **II** pron. ***will that be ~ (money)?*** basterà? ***there's more than ~ for everybody*** ce n'è più che a sufficienza per tutti; ***is there ~?*** ce n'è abbastanza? ***have you had ~ to eat?*** avete mangiato a sufficienza? ***I've had ~ of him*** ne ho abbastanza di lui; ***I've had ~ of working for one day*** ho lavorato abbastanza per oggi; ***I've got ~ to worry about*** ho già abbastanza preoccupazioni; ***I think you have said ~*** penso che tu abbia parlato abbastanza; ***once was ~ for me!*** una volta mi è bastata! ***that's ~ (from you)!*** basta! ***~ said!*** ho capito! ***~'s ~*** basta così ♦ ***~ is as good as a feast*** PROV. il troppo stroppia.

enquire → **inquire**.

enquiry → **inquiry**.

enrage /ɪn'reɪdʒ/ tr. fare andare in collera, rendere furioso.

enraged /ɪn'reɪdʒd/ **I** p.pass. → **enrage II** agg. adirato, incollerito, arrabbiato.

enrapture /ɪn'ræptʃə(r)/ tr. rapire, estasiare, incantare.

enrich /ɪn'rɪtʃ/ tr. arricchire (anche FIG.).

enriched uranium n. uranio m. arricchito.

enrichment /ɪn'rɪtʃmənt/ n. arricchimento m.

enrol, enroll AE /ɪn'rəʊl/ **I** tr. (forma in -ing ecc. **-ll-**) iscrivere; MIL. arruolare **II** intr. (forma in -ing ecc. **-ll-**) iscriversi; MIL. arruolarsi; ***to ~ on a course*** iscriversi a un corso.

enrolment, enrollment AE /ɪn'rəʊlmənt/ n. iscrizione f. (**in, on** a); MIL. arruolamento m.

ensconce /ɪn'skɒns/ tr. ***to be ~d*** *(in a room, job, situation)* essere sistemato *o* piazzato; *(in an armchair)* essere sprofondato.

ensemble /ɒn'sɒmbl/ n. **1** MUS. TEATR. ensemble m. **2** ABBIGL. completo m. **3** *(total effect)* effetto m. d'insieme.

enshrine /ɪn'ʃraɪn/ tr. RELIG. mettere in una teca [*relic*]; FIG. conservare, custodire gelosamente [*memory*].

ensign /'ensən/ n. **1** *(flag)* insegna f., bandiera f. **2** AE MAR. guardiamarina m.

enslave /ɪn'sleɪv/ tr. schiavizzare, asservire, assoggettare (anche FIG.).

enslavement /ɪn'sleɪvmənt/ n. schiavitù f., asservimento m. (anche FIG.).

ensnare /ɪn'sneə(r)/ tr. prendere in trappola, intrappolare (anche FIG.).

ensue /ɪn'sju:, AE -'su:/ intr. seguire, derivare, risultare.

ensuing /ɪn'sju:ɪŋ, AE -'su:-/ agg. [*damages*] conseguente, derivante.

en suite /ˌɒn'swi:t/ **I** agg. ***with an ~ bathroom*** o ***with bathroom ~*** con bagno **II** n. *(in hotel)* camera f. con bagno.

ensure /ɪn'ʃɔ:(r), AE ɪn'ʃʊər/ tr. assicurare, garantire.

ENT n. (⇒ Ear, Nose and Throat orecchio, naso, gola) ORL m.

entail /ɪn'teɪl/ tr. implicare, comportare [*work, change, expense, responsibility, study*]; richiedere [*patience, effort, time*].

entangle /ɪn'tæŋgl/ tr. **1** ***to become ~d*** intrappolarsi; ***to be ~d in sth.*** essere intrappolato in qcs. **2** FIG. *(involve)* ***to be ~d with*** essere profondamente legato a [*ideology*]; *(sexually)* avere una relazione con [*person*].

entanglement /ɪn'tæŋglmənt/ n. **1** *(complicated situation)* imbroglio m., groviglio m., complicazione f. **2** *(involvement)* coinvolgimento m.; relazione f.

enter /'entə(r)/ **I** tr. **1** *(go into)* entrare in [*room, building*]; [*river*] gettarsi in [*sea*] **2** *(commence)* entrare in, iniziare [*phase, period*]; iniziare [*new term, final year*]; ***the country is ~ing a recession*** il paese sta entrando in una fase di recessione **3** *(join)* iniziare [*profession*]; entrare in [*firm*]; partecipare a [*race, competition*]; iscriversi a [*school, party*]; arruolarsi in [*army*]; entrare in, entrare a far parte di [*EU*]; ***to ~ the war*** entrare in guerra; ***to ~ the Church*** prendere gli ordini **4** *(put forward)* iscrivere [*competitor, candidate*] (**for** a); presentare [*poem, picture*] (**for** a) **5** *(record)* registrare [*figure, fact*]; *(in diary)* annotare, segnare [*fact, appointment*]; ***to ~ an item in the books*** AMM. registrare una voce in contabilità **6** FIG. ***to ~ sb.'s mind*** o ***head*** venire in mente a qcn. **7** INFORM. inserire [*data*] **II** intr. **1** *(come in)* entrare **2** *(enrol)* ***to ~ for*** iscriversi a [*exam, race*].

■ **enter into:** ~ **into [sth.] 1** *(embark on)* entrare in, avviare, iniziare [*correspondence, conversation*]; intavolare [*negotiation, argument*]; iniziare a dare [*explanations*]; entrare in [*deal*]; concludere [*agreement, contract*]; ***to ~ into detail*** entrare nei particolari; ***to ~ into the spirit of the game*** entrare nello spirito del gioco **2** *(be part of)* (ri)entrare in, far parte di [*plans*]; ***that doesn't ~ into it*** questo non c'entra.

■ **enter on** → **enter upon**.

■ **enter up:** ~ **up [sth.]**, ~ **[sth.] up** registrare [*figure, total*].

■ **enter upon:** ~ **upon [sth.] 1** *(undertake)* cominciare, iniziare [*war, marriage*] **2** DIR. entrare in possesso di [*inheritance*].

enteritis /ˌentə'raɪtɪs/ ♦ **11** n. (pl. **~es, -ides**) enterite f.

enterprise /'entəpraɪz/ n. **1** *(undertaking)* impresa f.; *(venture)* avventura f. **2** *(initiative)* iniziativa f., intraprendenza f. **3** *(company)* impresa f., azienda f. **4** ECON. impresa f.; ***private ~*** l'impresa privata.

enterprise culture n. cultura f. imprenditoriale.

enterprising /'entəpraɪzɪŋ/ agg. [*person*] intraprendente; [*plan*] audace; ***it was very ~ of you*** avete mostrato un notevole spirito d'iniziativa.

enterprisingly /'entəpraɪzɪŋlɪ/ avv. intraprendentemente, di propria iniziativa.

entertain /ˌentə'teɪn/ **I** tr. **1** *(keep amused, make laugh)* divertire; *(keep occupied)* intrattenere **2** *(play host to)* ricevere, ospitare **3** *(nurture)* accarezzare [*idea, hope*]; nutrire [*doubt, ambition, illusion*] **II** intr. ricevere, dare ricevimenti.

entertainer /ˌentə'teɪnə(r)/ ♦ **27** n. *(comic)* comico m. (-a); *(performer)* intrattenitore m. (-trice).

entertaining /ˌentə'teɪnɪŋ/ **I** agg. divertente, piacevole **II** n. *(art)* ***they do a lot of ~*** danno molti ricevimenti.

entertainment /ˌentə'teɪnmənt/ **I** n. **1 U** divertimento m., trattenimento m.; ***for sb.'s ~*** per far divertire qcn.; ***the world of ~*** o ***the ~ world*** il mondo dello spettacolo **2** *(event)* spettacolo m. **II** modif. [*expenses*] di rappresentanza; ***~ industry*** industria del divertimento.

enthral(l) /ɪn'θrɔ:l/ tr. (forma in -ing ecc. **-ll-**) affascinare, ammaliare.

enthralling /ɪn'θrɔ:lɪŋ/ agg. [*novel, performance*] affascinante.

enthrone /ɪn'θrəʊn/ tr. insediare, mettere sul trono [*monarch*].

enthronement /ɪn'θrəʊnmənt/ n. insediamento m. (sul trono).

enthuse /ɪn'θju:z, AE -'θu:z/ intr. entusiasmarsi (**about, over** per).

enthusiasm /ɪn'θju:zɪæzəm, AE -'θu:z-/ n. **1 U** entusiasmo m.; ***to arouse sb. to ~*** entusiasmare qcn. **2** *(hobby)* passione f.

enthusiast /ɪn'θju:zɪæst, AE -'θu:z-/ n. *(for sport, DIY, music)* appassionato m. (-a), fanatico m. (-a); ***a rugby ~*** un appassionato di rugby.

enthusiastic /ɪnˌθju:zɪ'æstɪk, AE -ˌθu:z-/ agg. [*crowd*] entusiasta; [*member*] fanatico; [*response, welcome*] entusiastico; [*discussion*] appassionato; ***to be ~ about sth.*** essere entusiasta di qcs.; ***an ~ photographer*** un appassionato di fotografia.

enthusiastically /ɪnˌθju:zɪ'æstɪklɪ, AE -ˌθu:z-/ avv. entusiasticamente, con entusiasmo.

entice /ɪn'taɪs/ tr. *(with offer, prospects)* attirare, allettare; *(with charms)* sedurre, attirare; *(with food, money)* attirare, allettare, adescare; ***to ~ sb. to do*** indurre qcn. a fare.
■ **entice away:** ***~ [sb.] away to ~ sb. away from*** persuadere qcn. a lasciare [*activity, work*].
enticing /ɪn'taɪsɪŋ/ agg. [*prospect, offer*] allettante; [*person*] seducente, attraente; [*food, smell*] invitante.
entire /ɪn'taɪə(r)/ agg. [*day, sum*] intero; ***our ~ support*** tutto il nostro sostegno; ***the ~ world*** tutto il mondo; ***the ~ purpose of his visit*** il solo scopo della sua visita; ***in ~ agreement*** completamente d'accordo.
entirely /ɪn'taɪəlɪ/ avv. [*destroy, cancel*] interamente, completamente; [*innocent, different, unnecessary*] completamente; ***I was ~ to blame*** era tutta colpa mia; ***that's ~ up to you*** questo dipende solamente da te.
entirety /ɪn'taɪərətɪ/ n. interezza f., totalità f., insieme m.; ***in its ~*** nel suo complesso; ***the film will be shown in its ~*** il film verrà trasmesso in versione integrale.
entitle /ɪn'taɪtl/ tr. **1** *(authorize)* ***to ~ sb. to sth.*** dare a qcn. il diritto a qcs.; ***to ~ sb. to do*** autorizzare qcn. a fare; ***to be ~d to sth.*** avere diritto a qcs.; ***to be ~d to do*** essere autorizzato a fare, avere il diritto di fare; ***everyone's ~d to their own opinion*** ognuno ha diritto di avere la propria opinione **2** *(call)* intitolare, dare un titolo a [*music, work of art*]; ***the poem is ~d "Love"*** la poesia s'intitola "Amore".
entitlement /ɪn'taɪtlmənt/ n. diritto m. (**to** a; **to do** di fare).
entity /'entətɪ/ n. entità f.
entomb /ɪn'tu:m/ tr. LETT. seppellire.
entomology /ˌentə'mɒlədʒɪ/ n. entomologia f.
entourage /ˌɒntʊ'rɑ:ʒ/ n. entourage m.
entrails /'entreɪlz/ n.pl. interiora f., viscere f. (anche FIG.).
1.entrance /'entrəns/ n. **1** *(door, act of entering)* entrata f., ingresso m.; ***to make an ~*** TEATR. entrare in scena (anche FIG.) **2** *(admission)* ammissione f.; ***to gain ~ to*** essere ammesso a [*club, university*]; ***to deny*** o ***refuse sb. ~*** non ammettere qcn.
2.entrance /ɪn'trɑ:ns, AE -'træns/ tr. estasiare, rapire.
entrance examination n. BE **1** SCOL. UNIV. esame m. d'ammissione **2** *(for civil service)* concorso m.
entrance fee n. tassa f. di ammissione.
entrance hall n. *(in house)* entrata f.; *(in public building)* entrata f., hall f.
entrance requirements n.pl. requisiti m. per l'ammissione.
entrance ticket n. biglietto m. d'ingresso.
entrancing /ɪn'trɑ:nsɪŋ, AE -'træns-/ agg. incantevole, che manda in estasi.
entrant /'entrənt/ n. *(in race, competition)* concorrente m. e f.; *(in exam)* candidato m. (-a).
entrap /ɪn'træp/ tr. (forma in -ing ecc. **-pp-**) intrappolare, prendere in trappola; ***to ~ sb. into doing*** raggirare qcn. per fargli fare.
entreat /ɪn'tri:t/ tr. implorare, supplicare, pregare (**to do** di fare).
entreatingly /ɪn'tri:tɪŋlɪ/ avv. supplichevolmente.
entreaty /ɪn'tri:tɪ/ n. implorazione f., supplica f.
entrée /'ɒntreɪ/ n. **1** BE entrée f., prima portata f.; AE *(main course)* piatto m. principale **2** *(into society)* ***her wealth gave her an ~ into high society*** la sua ricchezza le ha permesso di entrare nell'alta società.
entrench /ɪn'trentʃ/ tr. MIL. trincerare.
entrenched /ɪn'trentʃt/ **I** p.pass. → **entrench II** agg. **1** MIL. trincerato **2** FIG. [*opinion, idea*] radicato; [*tradition*] radicato, solido.
entrenchment /ɪn'trentʃmənt/ n. MIL. trinceramento m., trincee f.pl.
entrepreneur /ˌɒntrəprə'nɜ:(r)/ n. imprenditore m. (-trice).
entrepreneurial /ˌɒntrəprə'nɜ:rɪəl/ agg. ***to have ~ spirit, skills*** avere spirito, capacità imprenditoriale.
entropy /'entrəpɪ/ n. entropia f.
entrust /ɪn'trʌst/ tr. affidare, consegnare; ***to ~ sb. with sth.***, ***to ~ sth. to sb.*** affidare qcs. a qcn.
entry /'entrɪ/ n. **1** *(act of entering, door)* entrata f., ingresso m.; ***to gain ~ to*** o ***into*** riuscire a entrare in [*building*]; accedere a [*computer file*]; ***to force ~ to*** o ***into*** introdursi a forza in **2** *(admission) (to club, university, country)* ammissione f.; ***"no ~"*** *(on door)* "vietato l'ingresso"; *(in one way street)* "divieto d'accesso" **3** *(recorded item) (in dictionary)* entrata f., lemma m., voce f.; *(in encyclopedia)* voce f.; *(of ship's log)* entrata f.; *(in register)* registrazione f.; *(in ledger, accounts book)* scrittura f.; ***to make an ~ in one's diary*** annotare qcs. sulla propria agenda **4** *(for competition)* opera f. presentata; *(for song contest)* pezzo m., brano m., canzone f.; ***send your ~ to...*** inviate la vostra risposta a...
entry fee n. quota f. di ammissione.
entry form n. modulo m. d'iscrizione.
entry-level /'entrɪˌlevl/ agg. [*product*] entry-level, base.
entry permit n. permesso m. d'entrata.
entry phone n. citofono m.
entry requirements n.pl. requisiti m. per l'ammissione.
entry word n. AE entrata f., lemma m., voce f.
entwine /ɪn'twaɪn/ **I** tr. intrecciare (**with** a) **II** intr. intrecciarsi.
E number n. BE *(number, additive)* = lettera E seguita da un codice numerico che indica gli additivi alimentari approvati dalle direttive CEE.
enumerate /ɪ'nju:məreɪt, AE -'nu:-/ tr. FORM. enumerare.
enumeration /ɪˌnju:mə'reɪʃn, AE -ˌnu:-/ n. FORM. enumerazione f.
enunciate /ɪ'nʌnsɪeɪt/ tr. articolare [*words*]; proclamare [*truth*]; enunciare [*principle, policy*].
enunciation /ɪˌnʌnsɪ'eɪʃn/ n. *(of word)* articolazione f.; *(of facts)* proclamazione f.; *(of principle)* enunciazione f.
envelop /ɪn'veləp/ tr. avvolgere, avviluppare.
envelope /'envələʊp, 'ɒn-/ n. busta f.; ***to put sth. in an ~*** mettere qcs. in una busta ♦ ***to push the ~*** superare i limiti.
enviable /'envɪəbl/ agg. invidiabile.
enviably /'envɪəblɪ/ avv. ***he was ~ slim*** aveva una linea invidiabile; ***~ rich*** ricco da fare invidia.
envious /'envɪəs/ agg. [*person*] invidioso; [*look*] d'invidia; ***to be ~ of sb., sth.*** essere invidioso di qcn., qcs.; ***to make sb. ~*** suscitare l'invidia di qcn.
environment /ɪn'vaɪərənmənt/ n. *(physical, cultural)* ambiente m.; *(social)* condizione f.; ***friendly ~*** ambiente amichevole; ***working ~*** condizioni lavorative.
environmental /ɪnˌvaɪərən'mentl/ agg. [*conditions, damage*] ambientale; [*concern, issue*] ambientalista; [*protection*] dell'ambiente; ***~ effect*** conseguenze sull'ambiente; ***~ group*** gruppo ecologista; ***~ disaster*** disastro ecologico.
environmental health n. igiene f. pubblica.
environmentalist /ɪnˌvaɪərən'mentəlɪst/ n. ambientalista m. e f., ecologista m. e f.
environmentally /ɪnˌvaɪərən'mentəlɪ/ avv. ***~ safe*** o ***sound*** sicuro per l'ambiente; ***~ friendly product*** prodotto che rispetta l'ambiente; ***~ aware*** consapevole dei problemi ambientali.
environmental scientist n. ambientalista m. e f., ecologista m. e f., ecologo m. (-a).
Environmental Studies n.pl. BE SCOL. educazione f.sing. ambientale.
environs /ɪn'vaɪərənz/ n.pl. dintorni m.
envisage /ɪn'vɪzɪdʒ/ tr. *(anticipate)* prevedere (**doing** di fare); *(visualize)* immaginare (**doing** di fare).
envoy /'envɔɪ/ n. inviato m. (-a), messo m. (diplomatico).
1.envy /'envɪ/ n. invidia f., gelosia f.; ***out of ~*** per invidia; ***to be the ~ of sb.*** fare invidia a qcn.
2.envy /'envɪ/ tr. invidiare; ***to ~ sb. sth.*** invidiare a qcn. qcs.
enzyme /'enzaɪm/ n. enzima m.
eon AE → **aeon**.
epaulet(te) /'epəlet/ n. MIL. *(on coat, uniform)* spallina f.
ephemeral /ɪ'femərəl/ agg. effimero.
epic /'epɪk/ **I** agg. LETTER. epico (anche FIG.) **II** n. LETTER. epica f., epopea f.; *(poem)* poema m. epico; *(film)* = film storico spettacolare; *(novel)* romanzo m. fiume.
epicentre BE, **epicenter** AE /'epɪsentə(r)/ n. epicentro m.
epicure /'epɪkjʊə(r)/ n. buongustaio m. (-a).
epicurean /ˌepɪkjʊ'ri:ən/ **I** agg. epicureo **II** n. epicureo m. (-a).
Epicurus /epɪ'kjʊərəs/ n.pr. Epicuro.
epidemic /ˌepɪ'demɪk/ **I** agg. epidemico **II** n. epidemia f. (anche FIG.).
epidermal /ˌepɪ'dɜ:ml/, **epidermic** /ˌepɪ'dɜ:mɪk/ agg. epidermico.

epidermis /ˌepɪˈdɜːmɪs/ n. epidermide f.
epidural /ˌepɪˈdjʊərəl/ **I** agg. [*anaesthetic*] epidurale, peridurale **II** n. *(anaesthetic)* (anestesia) epidurale f., peridurale f.
epiglottis /ˌepɪˈglɒtɪs/ n. (pl. **~es**, **-ides**) epiglottide f.
epigram /ˈepɪgræm/ n. epigramma m.
epigrammatic /ˌepɪgrəˈmætɪk/ agg. epigrammatico.
epigraph /ˈepɪgrɑːf, AE -græf/ n. epigrafe f.
epigraphic /ˌepɪˈgræfɪk/ agg. epigrafico.
epigraphy /eˈpɪgrəfɪ/ n. epigrafia f.
epilepsy /ˈepɪlepsɪ/ ♦ *11* n. epilessia f.
epileptic /ˌepɪˈleptɪk/ **I** agg. epilettico **II** n. epilettico m. (-a).
epilogue /ˈepɪlɒg/ n. epilogo m. (anche FIG.).
Epiphany /ɪˈpɪfənɪ/ n. Epifania f.
episcopacy /ɪˈpɪskəpəsɪ/ n. episcopato m.
episcopal /ɪˈpɪskəpl/ agg. episcopale, vescovile.
Episcopalian /ɪˌpɪskəˈpeɪlɪən/ **I** agg. episcopaliano **II** n. episcopaliano m. (-a).
episode /ˈepɪsəʊd/ n. episodio m.
episodic /ˌepɪˈsɒdɪk/ agg. episodico.
epistle /ɪˈpɪsl/ n. LETTER. epistola f. (anche SCHERZ.).
epistolary /ɪˈpɪstələrɪ, AE -lerɪ/ agg. epistolare.
epitaph /ˈepɪtɑːf, AE -tæf/ n. epitaffio m. (anche FIG.).
epithelium /ˌepɪˈθiːlɪəm/ n. (pl. **~s**, **-ia**) epitelio m.
epithet /ˈepɪθet/ n. epiteto m.
epitome /ɪˈpɪtəmɪ/ n. *(abstract)* epitome f.; ***the ~ of kindness*** FIG. la personificazione della bontà.
epitomize /ɪˈpɪtəmaɪz/ tr. *(embody)* personificare, incarnare.
epoch /ˈiːpɒk, AE ˈepək/ n. epoca f., era f., età f.; ***to mark an ~*** fare epoca.
epoch-making /ˈiːpɒkˌmeɪkɪŋ, AE ˈepək-/ agg. [*changes*] epocale; ***an ~ event*** un evento che ha fatto epoca.
eponymous /ɪˈpɒnɪməs/ agg. eponimo.
epoxy /ɪˈpɒksɪ/ agg. epossidico.
eps n.pl. (⇒earnings per share) = rendimento per azione.
Epsom salts /ˈepsəmˌsɔːlts/ n.pl. + verbo sing. o pl. epsomite f.sing., sali m. inglesi.
equable /ˈekwəbl/ agg. [*climate*] costante, uniforme; [*temperament*] equilibrato, sereno.
1.equal /ˈiːkwəl/ **I** agg. **1** *(same number, status, type)* uguale, pari (**to** a); ***to fight for ~ pay*** lottare per la parità salariale; ***on ~ terms*** [*fight*] ad armi pari; [*compete*] a pari condizioni; [*judge, place*] senza favoritismi **2** *(up to)* ***to be, feel ~ to*** essere, sentirsi all'altezza di [*task, job*]; ***to feel ~ to doing*** sentirsi in grado di fare **II** n. uguale m. e f.; ***to treat sb. as an ~*** trattare qcn. da pari a pari; ***to have no ~*** non avere pari **III** avv. SPORT [*finish*] in parità ♦ ***all things being ~*** salvo imprevisti.
2.equal /ˈiːkwəl/ tr. (forma in -ing ecc. **-ll-**, **-l-** AE) **1** *(add up to)* essere uguale a (anche MAT.) **2** *(match)* essere pari a, uguagliare [*person*]; uguagliare [*record, time*].
equality /ɪˈkwɒlətɪ/ n. uguaglianza f., parità f.
equalization /ˌiːkwəlaɪˈzeɪʃn, AE -lɪˈz-/ n. ECON. ***~ of wages*** livellamento *o* perequazione salariale; ***~ of taxes*** perequazione tributaria, fiscale.
equalize /ˈiːkwəlaɪz/ **I** tr. *(make equal)* rendere uguale; equiparare, parificare [*wages, pensions*] **II** intr. SPORT segnare il punto del pareggio.
equalizer /ˈiːkwəlaɪzə(r)/ n. **1** SPORT punto m. del pareggio **2** EL. equalizzatore m.
equally /ˈiːkwəlɪ/ avv. [*divide, share*] in parti uguali; ***~ difficult*** ugualmente difficile; ***~, we might say that...*** allo stesso modo, potremmo dire che...
equal opportunity I equal opportunities n.pl. pari opportunità f. **II** modif. [*employer*] che applica i criteri di pari opportunità; [*legislation*] per le pari opportunità.
equal rights n.pl. parità f.sing. di diritti.
equals sign BE, **equal sign** AE n. (segno di) uguale m.
equanimity /ˌekwəˈnɪmətɪ/ n. calma f., serenità f. d'animo.
equate /ɪˈkweɪt/ tr. **1** *(identify)* fare corrispondere (**with** a) **2** *(compare)* considerare uguale (**with** a), mettere sullo stesso piano (**with** di).
equation /ɪˈkweɪʒn/ n. MAT. equazione f.; ***the other side of the ~*** FIG. l'altra faccia della medaglia.
equator /ɪˈkweɪtə(r)/ n. equatore m.
equatorial /ˌekwəˈtɔːrɪəl/ agg. equatoriale.
Equatorial Guinea /ˌekwəˌtɔːrɪəlˈgɪnɪ/ n.pr. Guinea f. equatoriale.
equerry /ˈekwərɪ, ɪˈkwerɪ/ n. *(at the British court)* scudiero m.
equestrian /ɪˈkwestrɪən/ agg. [*statue, portrait*] equestre; [*competition*] ippico.
equidistant /ˌiːkwɪˈdɪstənt/ agg. equidistante.
equilateral /ˌiːkwɪˈlætərəl/ agg. equilatero.
equilibrium /ˌiːkwɪˈlɪbrɪəm/ n. (pl. **~s**, **-ia**) equilibrio m.
equine /ˈekwaɪn/ agg. [*disease*] equino, degli equini; [*species*] equino; [*features*] da cavallo, cavallino.
equinoctial /ˌiːkwɪˈnɒkʃl, ˌek-/ agg. equinoziale.
equinox /ˈiːkwɪnɒks, ˈek-/ n. equinozio m.
equip /ɪˈkwɪp/ **I** tr. (forma in -ing ecc. **-pp-**) **1** equipaggiare [*person*]; attrezzare [*building, factory*]; ***to ~ sb. with sth.*** dotare qcn. di qcs. **2** FIG. *(psychologically)* preparare [*person*] **II** rifl. (forma in -ing ecc. **-pp-**) ***to ~ oneself*** attrezzarsi.
equipment /ɪˈkwɪpmənt/ n. **1** MIL. equipaggiamento m.; SPORT equipaggiamento m., attrezzatura f.; IND. apparecchiatura f., dispositivo m. **2** *(of office)* arredo m.; *(electrical, photographic)* apparecchiatura f.; ***a piece*** o ***item of ~*** una parte dell'apparecchiatura.
equipped /ɪˈkwɪpd/ **I** p.pass. → **equip II** agg. **1** ***well ~*** ben equipaggiato; ***fully ~ kitchen*** cucina completamente attrezzata **2** FIG. *(psychologically)* ***we were well-~ to answer their questions*** eravamo ben preparati per rispondere alle loro domande.
equitable /ˈekwɪtəbl/ agg. equo, giusto.
equity /ˈekwətɪ/ **I** n. **1** *(fairness)* equità f., giustizia f. **2** ECON. *(investment)* partecipazione f. **3** DIR. = insieme di norme integrative della common law, che si applicano quando quest'ultima non si dimostra efficace **II equities** n.pl. ECON. azioni f. ordinarie.
equity capital n. ECON. capitale m. azionario.
equity financing n. ECON. finanziamento m. tramite emissione di azioni.
equity market n. ECON. mercato m. azionario.
equivalence /ɪˈkwɪvələns/ n. equivalenza f.
equivalent /ɪˈkwɪvələnt/ **I** agg. ***to be ~ to sth.*** essere equivalente a qcs., equivalere a qcs. **II** n. equivalente m.
equivocal /ɪˈkwɪvəkl/ agg. **1** *(ambiguous)* [*words, attitude*] equivoco, ambiguo; [*result*] incerto, dubbio **2** *(dubious)* [*behaviour, circumstances*] equivoco, sospetto.
equivocate /ɪˈkwɪvəkeɪt/ intr. esprimersi in modo equivoco, ambiguo.
equivocation /ɪˌkwɪvəˈkeɪʃn/ n. ***without ~*** senza equivoci.
er /ə, ɜː/ inter. *(expressing hesitation)* ehm.
era /ˈɪərə/ n. GEOL. STOR. era f., epoca f., età f.; *(in politics, fashion etc.)* epoca f.
eradicate /ɪˈrædɪkeɪt/ tr. sradicare, estirpare (anche FIG.).
eradication /ɪˌrædɪˈkeɪʃn/ n. sradicamento m., estirpazione f. (anche FIG.).
erase /ɪˈreɪz, AE ɪˈreɪs/ tr. **1** cancellare (anche INFORM.) **2** FIG. eliminare [*hunger, poverty*]; cancellare [*memory*].
erase head n. testina f. di cancellazione.
eraser /ɪˈreɪzə(r), AE -sər/ n. *(for paper)* gomma f.; *(for blackboard)* cancellino m., cimosa f.
eraser head n. → **erase head**.
Erasmus /ɪˈræzməs/ n.pr. Erasmo.
Erasmus scheme n. UNIV. (progetto) Erasmus m.
erasure /ɪˈreɪʒə(r)/ n. *(act)* cancellazione f.; *(result)* cancellatura f.
ere /eə(r)/ **I** prep. ANT. LETT. prima di **II** cong. ANT. LETT. prima che.
1.erect /ɪˈrekt/ agg. [*posture*] eretto, dritto, ritto; [*tail, ears*] dritto; [*construction*] eretto; [*penis*] in erezione; ***with head ~*** a testa alta; ***to hold oneself ~*** stare dritto.
2.erect /ɪˈrekt/ tr. **1** erigere [*building*]; montare [*scaffolding*]; montare, rizzare [*tent*]; mettere, collocare [*sign*]; innalzare [*screen*] **2** FIG. erigere [*system*].
erectile /ɪˈrektaɪl, AE -tl/ agg. erettile.
erection /ɪˈrekʃn/ n. **1** *(of monument, building)* erezione f.; *(of bridge)* costruzione f.; *(of tent)* montaggio m. **2** *(edifice)* edificio m., costruzione f. **3** *(of penis)* erezione f.
erectness /ɪˈrektnɪs/ n. portamento m. eretto, posizione f. eretta.

ergonomic /ˌɜːɡəˈnɒmɪk/ agg. ergonomico.
ergonomics /ˌɜːɡəˈnɒmɪks/ n. + verbo sing. ergonomia f.
Eric /ˈerɪk/ n.pr. Eric.
Erica, Erika /ˈerɪkə/ n.pr. Erica.
Erie /ˈɪəriː/ ♦ 13 n.pr. ***Lake ~*** il lago Erie.
Eritrean /erɪˈtreɪən/ ♦ 18 **I** agg. eritreo **II** n. eritreo m. (-a).
ERM n. (⇒ Exchange Rate Mechanism) = sistema di cambio dello SME.
ermine /ˈɜːmɪn/ n. (pl. ~, ~s) *(animal, fur)* ermellino m.
Ernest /ˈɜːnɪst/ n.pr. Ernesto.
erode /ɪˈrəʊd/ tr. erodere, corrodere [*rock*]; FIG. minare, intaccare [*confidence, authority*].
erogenous /ɪˈrɒdʒənəs/ agg. erogeno.
erosion /ɪˈrəʊʒn/ n. **1** *(of rock)* erosione f. **2** FIG. sgretolamento m.
erotic /ɪˈrɒtɪk/ agg. erotico.
erotica /ɪˈrɒtɪkə/ n.pl. LETTER. letteratura f.sing. erotica; CINEM. film m. erotici; ART. opere f. d'arte di carattere erotico.
eroticism /ɪˈrɒtɪsɪzəm/ n. erotismo m.
err /ɜː(r)/ intr. **1** *(make mistake)* errare, sbagliare; ***to ~ in one's judgment*** sbagliarsi nel giudicare **2** *(stray)* peccare; ***to ~ on the side of caution*** peccare per eccesso di prudenza ♦ ***to ~ is human*** PROV. errare è umano.
errand /ˈerənd/ n. commissione f.; ***to go on*** o ***to run an ~ for sb.*** (andare a) fare una commissione per qcn.; ***to send sb. on an ~*** mandare qcn. a fare una commissione; ***~ of mercy*** missione di carità.
errant /ˈerənt/ agg. FORM. *(misbehaving)* che sbaglia, in errore; [*husband, wife*] infedele.
erratic /ɪˈrætɪk/ agg. [*behaviour, person*] eccentrico, stravagante, bizzarro; [*performance*] irregolare, disuguale; [*driver*] imprevedibile; [*moods*] mutevole; [*timetable*] inaffidabile; [*movements, deliveries*] irregolare.
erroneous /ɪˈrəʊnɪəs/ agg. erroneo.
erroneously /ɪˈrəʊnɪəslɪ/ avv. erroneamente.
error /ˈerə(r)/ n. errore m.; ***by*** o ***in ~*** per errore; ***~ of 10%*** o ***10% ~*** errore del 10%; ***margin of ~*** margine di errore; ***~ message*** INFORM. messaggio di errore ♦ ***to see the ~ of one's ways*** rendersi conto dei propri sbagli.
ersatz /ˈeəzæts, ˈɜːsɑːts/ **I** n. surrogato m. **II** agg. ***it's ~ tobacco*** è un surrogato di tabacco.
erstwhile /ˈɜːstwaɪl/ agg. LETT. di un tempo, di una volta.
erudite /ˈeruːdaɪt/ agg. [*person, discussion*] erudito.
erudition /ˌeruːˈdɪʃn/ n. erudizione f.
erupt /ɪˈrʌpt/ intr. **1** [*volcano*] entrare in eruzione **2** FIG. [*war*] scoppiare; [*violence*] scoppiare, esplodere **3** MED. [*tooth*] spuntare.
eruption /ɪˈrʌpʃn/ n. **1** *(of volcano)* eruzione f. **2** FIG. *(of violence, laughter)* esplosione f.; *(of political movement)* comparsa f.
Esau /ˈiːsɔː/ n.pr. Esaù.
escalate /ˈeskəleɪt/ **I** tr. intensificare [*war*]; intensificare, aumentare [*efforts*]; aumentare [*inflation*] **II** intr. [*conflict*] intensificarsi, aggravarsi; [*violence*] intensificarsi; [*prices*] salire, aumentare; [*unemployment*] aumentare, crescere.
escalation /ˌeskəˈleɪʃn/ n. *(of war, violence)* escalation f., intensificazione f.; *(of prices, inflation)* aumento m.
escalator /ˈeskəleɪtə(r)/ n. scala f. mobile (anche ECON.).
escalope /ˈeskələʊp/ n. scaloppina f.
escapade /ˈeskəpeɪd, ˌeskəˈpeɪd/ n. *(adventure)* avventura f.; *(prank)* scappatella f.
1.escape /ɪˈskeɪp/ n. **1** *(of person)* evasione f., fuga f.; FIG. scampo m., salvezza f.; ***to make good one's ~*** riuscire a evadere; FIG. riuscire a salvarsi, riuscire a trovare una via di scampo; ***to make an*** o ***one's ~*** evadere; ***to have a narrow*** o ***lucky ~*** scamparla bella **2** *(leak)* fuga f., perdita f.
2.escape /ɪˈskeɪp/ **I** tr. **1** *(avoid)* ***to ~ death, danger*** sfuggire alla morte, al pericolo; ***to ~ defeat*** evitare la sconfitta; ***to ~ detection*** [*person*] evitare di essere scoperto; [*fault*] non essere scoperto; ***we cannot ~ the fact that*** non possiamo ignorare il fatto che; ***to ~ reality*** evadere dalla realtà **2** *(elude)* [*name, fact*] sfuggire a [*person*] **II** intr. **1** *(get away)* [*person*] evadere, fuggire; [*animal*] scappare, fuggire; FIG. rifugiarsi; ***to ~ unharmed*** uscirne indenne; ***to ~ with one's life*** uscirne vivo **2** *(leak)* [*water, gas*] fuoriuscire.
escape chute n. AER. scivolo m. (di emergenza).
escape clause n. DIR. COMM. clausola f. di recesso.
escapee /ɪˌskeɪˈpiː/ n. evaso m. (-a), fuggiasco m. (-a).
escape hatch n. MAR. portello m. per uscita di sicurezza.
escapement /ɪˈskeɪpmənt/ n. MECC. scappamento m.
escape road n. corsia f. di decelerazione.
escape route n. via f. di fuga.
escapism /ɪˈskeɪpɪzəm/ n. SPREG. *(in literature, cinema)* evasione f.; *(of person)* evasione f. dalla realtà, escapismo m.
escapist /ɪˈskeɪpɪst/ **I** agg. [*literature, film*] di evasione **II** n. ***she's an ~*** cerca di sfuggire alla realtà.
escapologist /ˌeskəˈpɒlədʒɪst/ ♦ 27 n. = illusionista specializzato nel liberarsi da catene, uscire da bauli chiusi a chiave ecc.
escarpment /ɪˈskɑːpmənt/ n. scarpata f.
eschatological /ˌeskətəˈlɒdʒɪkl/ agg. escatologico.
eschatology /ˌeskəˈtɒlədʒɪ/ n. escatologia f.
eschew /ɪsˈtʃuː/ tr. FORM. evitare [*discussion*]; sfuggire a [*temptation*]; evitare, rifuggire [*violence*].
1.escort /ˈeskɔːt/ **I** n. **1** MIL. MAR. scorta f.; ***armed ~*** scorta armata; ***to put under ~*** scortare **2** *(companion)* accompagnatore m.; *(to a dance)* cavaliere m.; *(in agency)* accompagnatore m. (-trice) **II** modif. ***~ agency*** agenzia di accompagnatori; ***~ duty*** MAR. MIL. servizio di scorta; ***~ vessel*** avviso scorta.
2.escort /ɪˈskɔːt/ tr. **1** MIL. scortare; ***to ~ sb. in, out*** scortare qcn. dentro, fuori **2** accompagnare.
escutcheon /ɪˈskʌtʃən/ n. ARALD. scudo m., stemma m., blasone m.
e-shopping /ˈiːˌʃɒpɪŋ/ n. acquisti m.pl. on-line, e-shopping m.
Eskimo /ˈeskɪməʊ/ **I** agg. eschimese **II** n. **1** (pl. ~, ~s) *(person)* eschimese m. e f. **2** LING. eschimese m., eskimo m.
ESL n. (⇒ English as a Second Language) = inglese come seconda lingua.
esophagus AE → **oesophagus**.
esoteric /ˌiːsəʊˈterɪk, ˌe-/ agg. esoterico.
esp ⇒ especially specialmente.
ESP n. **1** (⇒ extrasensory perception) = percezione extrasensoriale **2** (⇒ English for Special Purposes) = inglese per usi specifici.
especial /ɪˈspeʃl/ agg. FORM. eccezionale; [*benefit*] particolare, speciale.
especially /ɪˈspeʃəlɪ/ avv. **1** *(above all)* specialmente, soprattutto, particolarmente; ***why her ~?*** perché lei in particolare? **2** *(on purpose)* appositamente, apposta **3** *(unusually)* particolarmente.
Esperanto /ˌespəˈræntəʊ/ ♦ 14 n. esperanto m.
espionage /ˈespɪənɑːʒ/ n. spionaggio m.
esplanade /ˌespləˈneɪd/ n. *(promenade)* passeggiata f. (a mare).
espousal /ɪˈspaʊzəl/ n. *(of new beliefs)* adozione f.
espouse /ɪˈspaʊz/ tr. FORM. sposare, abbracciare [*cause*].
espresso /eˈspresəʊ/ n. (pl. ~s) (caffè) espresso m.
Esq BE (⇒ esquire /ɪˈskwaɪə(r)/) egregio (Egr.).
1.essay /ˈeseɪ/ n. SCOL. componimento m., tema m. (**on**, **about** su); *(extended)* dissertazione f. (**on** su); LETTER. saggio m. (**on** su).
2.essay /ˈeseɪ/ tr. LETT. tentare, cercare.
essayist /ˈeseɪɪst/ ♦ 27 n. saggista m. e f.
essence /ˈesns/ n. **1** essenza f.; ***the ~ of the problem*** l'essenza del problema; ***it's the ~ of stupidity*** è un concentrato di stupidità; ***speed is of the ~*** la rapidità è essenziale **2** COSMET. GASTR. essenza f., estratto m. **3** ***in ~*** in sostanza.
essential /ɪˈsenʃl/ **I** agg. **1** *(vital)* [*services, role*] essenziale; [*ingredient*] indispensabile; ***~ goods*** beni di prima necessità; ***it is ~ to do*** è essenziale *o* bisogna fare **2** *(basic)* [*feature, element*] essenziale; [*difference*] fondamentale; [*reading*] indispensabile, fondamentale **II** n. *(object)* cosa f. indispensabile; *(quality, element)* elemento m. essenziale; ***food and other ~s*** generi alimentari e altri beni di prima necessità **III essentials** n.pl. ***the ~s*** l'essenziale; ***to get down to ~s*** venire al dunque.
essentially /ɪˈsenʃəlɪ/ avv. **1** *(basically)* essenzialmente, fondamentalmente, in fondo; ***~, it's an old argument*** in fondo, è una vecchia discussione **2** *(emphatic) (above all)* soprattutto **3** *(more or less)* [*correct, true*] grossomodo.

essential oil n. olio m. essenziale.
est ⇒ established fondato.
establish /ɪ'stæblɪʃ/ **I** tr. **1** *(set up)* costituire, fondare [*firm, state*]; istituire [*tribunal*]; instaurare [*relations*] **2** *(gain acceptance for)* stabilire [*principle*]; confermare, provare, dimostrare [*theory*]; ***to ~ a reputation for oneself as*** farsi un nome come, affermarsi come [*singer, actor*] **3** *(determine)* provare [*guilt, innocence*]; determinare [*cause*] **II** rifl. ***to ~ oneself*** stabilirsi; ***to ~ oneself as a butcher*** mettere su una macelleria.
established /ɪ'stæblɪʃt/ **I** p.pass. → **establish II** agg. [*institution*] fondato, istituito; [*artist*] affermato; ***~ in 1920*** fondato nel 1920; ***the ~ church*** la Chiesa ufficiale.
establishment /ɪ'stæblɪʃmənt/ **I** n. **1** *(setting up)* costituzione f., fondazione f.; *(of law, rule)* instaurazione f. **2** *(institution, organization)* fondazione f., istituto m. **3** *(shop, business)* azienda f., impresa f. **II Establishment** n.pr. BE establishment m.; ***the literary ~*** l'establishment letterario; ***the legal ~*** le istituzioni giuridiche; ***to become part of the Establishment*** entrare a far parte della classe dirigente.
estate /ɪ'steɪt/ n. **1** *(stately home and park)* proprietà f., tenuta f. **2** *(assets)* beni m.pl., patrimonio m. **3** *(condition)* stato m., condizione f.
estate agency n. BE agenzia f. immobiliare.
estate agent ➧ ***27*** n. BE agente m. e f. immobiliare.
estate car n. BE station wagon f., familiare f.
estate duty BE, **estate tax** AE n. imposta f. di successione.
1.esteem /ɪ'sti:m/ n. stima f., considerazione f.; ***to hold sb. in high ~*** avere qcn. in grande stima.
2.esteem /ɪ'sti:m/ tr. FORM. stimare [*person*]; apprezzare [*quality, work*].
Esther /'estə(r)/ n.pr. Ester.
esthete AE → **aesthete**.
esthetic AE → **aesthetic**.
esthetically AE → **aesthetically**.
estheticism AE → **aestheticism**.
esthetics AE → **aesthetics**.
estimable /'estɪməbl/ agg. FORM. stimabile, degno di stima.
1.estimate /'estɪmət/ n. **1** *(assessment of size, quantity etc.)* stima f., valutazione f.; ***at a rough ~*** a una valutazione approssimativa; ***at a conservative ~*** senza esagerazioni **2** COMM. *(quote)* preventivo m.; ***to put in an ~*** fare un preventivo **3** spesso pl. AMM. *(budget)* previsione f. di spesa.
2.estimate /'estɪmeɪt/ tr. **1** *(guess)* stimare [*value*]; valutare [*size, distance*] **2** *(submit)* preventivare [*cost*]; ***to ~ (a price) for sth.*** fare il preventivo di qcs.
estimated /'estɪmeɪtɪd/ **I** p.pass. → **2.estimate II** agg. [*cost, figure*] preventivato, approssimativo; ***an ~ 300 people*** circa 300 persone.
estimated time of arrival n. ora f. prevista di arrivo.
estimation /ˌestɪ'meɪʃn/ n. **1** *(esteem)* stima f., considerazione f. **2** *(judgment)* opinione f., giudizio m.; ***in her ~*** secondo lei, a suo avviso.
Estonian /ɪ'stəʊnɪən/ ➧ ***18, 14*** **I** agg. estone **II** n. **1** *(person)* estone m. e f. **2** *(language)* estone m.
estrange /ɪ'streɪndʒ/ tr. allontanare, alienare, estraniare.
estranged /ɪ'streɪndʒd/ **I** p.pass. → **estrange II** agg. ***to be ~ from sb.*** essere separato da qcn.; ***her ~ husband*** il marito, da cui è separata.
estrangement /ɪ'streɪndʒmənt/ n. allontanamento m., alienazione f., estraniazione f.
estrogen AE → **oestrogen**.
estrus AE → **oestrus**.
estuary /'estʃʊərɪ, AE -ʊerɪ/ n. estuario m.
ETA n. (⇒ estimated time of arrival) = ora prevista di arrivo.
e-tailing /'i:teɪlɪŋ/ n. vendita f. on-line.
et al /et'æl/ ⇒ et alii e altri (et al.); SCHERZ. e tutti quanti gli altri.
etc. ⇒ et cetera eccetera (ecc.).
et cetera, etcetera /ɪt'setərə, et-/ avv. eccetera.
etch /etʃ/ **I** tr. incidere all'acquaforte; ***~ed on her memory*** FIG. impresso nella memoria **II** intr. fare incisioni all'acquaforte.
etching /'etʃɪŋ/ n. *(technique, picture)* acquaforte f.
ETD n. (⇒ estimated time of departure) = ora prevista di partenza.
eternal /ɪ'tɜ:nl/ agg. eterno (anche FILOS. RELIG.); SPREG. [*chatter, complaints*] eterno, continuo, incessante; ***he's an ~ optimist*** è un inguaribile ottimista.
eternal triangle n. ménage m. à trois, triangolo m.; ***it's the ~*** è l'eterno *o* il classico triangolo.
eternity /ɪ'tɜ:nətɪ/ n. eternità f. (anche RELIG.); ***it seemed an ~ before he answered*** ha impiegato un'eternità per rispondere.
ether /'i:θə(r)/ n. etere m.
ethereal /ɪ'θɪərɪəl/ agg. etereo.
ethic /'eθɪk/ n. FILOS. etica f., morale f.
ethical /'eθɪkl/ agg. [*problem, objection*] etico, morale; ***~ code*** codice deontologico.
ethics /'eθɪks/ n. **1** + verbo sing. FILOS. etica f. **2** + verbo pl. *(moral code)* morale f.; *(of group, profession)* etica f.; ***professional ~*** deontologia; ***medical ~*** deontologia medica.
Ethiopia /ˌi:θɪ'əʊpɪə/ ➧ ***6*** n.pr. Etiopia f.
Ethiopian /ˌi:θɪ'əʊpɪən/ ➧ ***18*** **I** agg. etiope, etiopico **II** n. etiope m. e f.
ethnic /'eθnɪk/ **I** agg. etnico **II** n. SPREG. = membro di una minoranza etnica.
ethnically /'eθnɪklɪ/ avv. etnicamente.
ethnic cleansing n. pulizia f. etnica.
ethnicity /eθ'nɪsətɪ/ n. etnicità f.
ethnographic /eθnəʊ'græfɪk/ agg. etnografico.
ethnography /eθ'nɒgrəfɪ/ n. etnografia f.
ethnologist /eθ'nɒlədʒɪst/ ➧ ***27*** n. etnologo m. (-a).
ethnology /eθ'nɒlədʒɪ/ n. etnologia f.
ethos /'i:θɒs/ n. *(spirit)* ethos m.; *(approach)* filosofia f.; ***company ~*** filosofia dell'azienda.
etiquette /'etɪket, -kət/ n. **1** *(social)* etichetta f. **2** *(diplomatic)* protocollo m.; ***professional ~*** etica professionale, deontologia.
Etna /'etnə/ n.pr. ***(Mount) ~*** l'Etna.
Etonian /i:'təʊnɪən/ **I** agg. di Eton **II** n. studente m. (-essa) di Eton.
Etrurian /ɪ'trʊərɪən/, **Etruscan** /ɪ'trʌskən/ **I** agg. etrusco **II** n. *(person)* etrusco m. (-a).
etymological /ˌetɪmə'lɒdʒɪkl/ agg. etimologico.
etymologist /etɪ'mɒlədʒɪst/ ➧ ***27*** n. etimologo m. (-a).
etymology /ˌetɪ'mɒlədʒɪ/ n. etimologia f.
EU n. (⇒ European Union Unione Europea) UE f.
eucalyptus /ˌju:kə'lɪptəs/ n. (pl. **~es, -i**) BOT. FARM. eucalipto m.
Eucharist /'ju:kərɪst/ n. Eucarestia f.
Euclid /'ju:klɪd/ n.pr. Euclide.
Euclidean /ju:'klɪdɪən/ agg. euclideo.
Eugene /'ju:dʒi:n/ n.pr. Eugenio.
eugenics /ju:'dʒenɪks/ n. + verbo sing. eugenetica f.
eulogize /'ju:lədʒaɪz/ **I** tr. elogiare, lodare **II** intr. ***to ~ over sth.*** fare l'elogio di qcs.
eulogy /'ju:lədʒɪ/ n. elogio m., panegirico m.; RELIG. elogio m. funebre.
eunuch /'ju:nək/ n. eunuco m. (anche FIG.).
Euphemia /ju:'fi:mɪə/ n.pr. Eufemia.
euphemism /'ju:fəmɪzəm/ n. eufemismo m.
euphemistic /ˌju:fə'mɪstɪk/ agg. eufemistico.
euphoria /ju:'fɔ:rɪə/ n. euforia f.
euphoric /ju:'fɒrɪk, AE -'fɔ:r-/ agg. euforico.
Eurasia /jʊə'reɪʒə/ n.pr. Eurasia f.
Eurasian /jʊə'reɪʒn/ **I** agg. eurasiatico **II** n. eurasiatico m. (-a).
EURATOM /'jʊərætɒm/ n. (⇒ European Atomic Energy Community Comunità Europea dell'Energia Atomica) EURATOM f.
eurhythmics BE, **eurythmics** AE /ju:'rɪðmɪks/ n. + verbo sing. ginnastica f. ritmica.
Euripides /ju:'rɪpɪdi:z/ n.pr. Euripide.
euro /'jʊərəʊ/ ➧ ***7*** **I** n. (pl. **~s**) euro m. **II** modif. [*payment, cheque*] in euro.
Eurobond /'jʊərəʊbɒnd/ n. eurobond m., eurobbligazione f.
euro-change /'jʊərəʊˌtʃeɪndʒ/ n. passaggio m. all'euro; *(calculation)* conversione f. in euro.
eurocheque /'jʊərəʊˌtʃek/ n. eurochèque m.; ***~ card*** carta eurochèque.

Eurocrat /ˈjʊərəʊkræt/ n. eurocrate m. e f.
Eurocurrency /ˈjʊərəʊˌkʌrənsɪ/ n. eurodivisa f., euromoneta f., eurovaluta f.; **~ market** euromercato.
Eurodollar /ˈjʊərəʊˌdɒlə(r)/ n. eurodollaro m.
Euroland /ˈjʊərəʊˌlænd/ n.pr. Eurolandia f.
Euromarket /ˈjʊərəʊˌmɑːkɪt/ n. euromercato m.
Euro-MP /ˌjʊərəʊemˈpiː/ n. europarlamentare m. e f.
Europe /ˈjʊərəp/ ▸ 6 n.pr. Europa f.; ***to go into ~*** [*country*] entrare in Europa.
European /ˌjʊərəˈpɪən/ **I** agg. europeo **II** n. europeo m. (-a).
European Atomic Energy Community n. Comunità f. Europea dell'Energia Atomica.
European Bank for Reconstruction and Development n. Banca f. Europea per la Ricostruzione e lo Sviluppo.
European Central Bank n. Banca f. Centrale Europea.
European Commission n. Commissione f. Europea.
European Court of Human Rights n. Corte f. Europea per i Diritti dell'Uomo.
European Court of Justice n. Corte f. di Giustizia dell'Unione Europea.
European Cup n. SPORT Coppa f. dei Campioni.
European Economic Community n. Comunità f. Economica Europea.
European Free Trade Association n. Associazione f. Europea di Libero Scambio.
Europeanism /ˌjʊərəˈpiːənɪzəm/ n. europeismo m.
Europeanize /ˌjʊərəˈpiːənaɪz/ tr. europeizzare.
European Monetary System n. Sistema m. Monetario Europeo.
European Monetary Union n. Unione f. Monetaria Europea.
European Parliament n. Parlamento m. Europeo.
European Union n. Unione f. Europea.
eurosceptic /ˈjʊərəʊˌskeptɪk/ n. BE euroscettico m. (-a).
Eurovision /ˈjʊərəʊˌvɪʒn/ n. eurovisione f.
Euro zone n. area f. dell'euro.
eurythmics AE → **eurhythmics**.
euthanasia /ˌjuːθəˈneɪzɪə, AE -ˈneɪʒə/ n. eutanasia f.
evacuate /ɪˈvækjʊeɪt/ tr. evacuare (anche FISIOL.).
evacuation /ɪˌvækjʊˈeɪʃn/ n. evacuazione f. (anche FISIOL.).
evacuee /ɪˌvækjuːˈiː/ n. sfollato m. (-a), evacuato m. (-a).
evade /ɪˈveɪd/ tr. schivare [*blow*]; eludere, evitare [*question, problem*]; sottrarsi a, evitare [*responsibility*]; sfuggire a [*pursuer*]; ***to ~ taxes*** evadere le tasse.
evaluate /ɪˈvæljʊeɪt/ tr. valutare, giudicare [*results, progress, person*].
evaluation /ɪˌvæljʊˈeɪʃn/ n. valutazione f.
evanescent /ˌiːvəˈnesnt, AE ˌe-/ agg. LETT. evanescente.
evangelical /ˌiːvænˈdʒelɪkl/ agg. evangelico.
Evangeline /ɪˈvændʒɪliːn/ n.pr. Evangelina.
evangelism /ɪˈvændʒəlɪzəm/ n. evangelismo m.
evangelist /ɪˈvændʒəlɪst/ n. **1** *(preacher)* evangelizzatore m. (-trice) **2 Evangelist** BIBL. evangelista m.
evaporate /ɪˈvæpəreɪt/ **I** tr. fare evaporare [*liquid*] **II** intr. **1** [*liquid*] evaporare **2** FIG. [*hopes, confidence, fears*] svanire.
evaporated milk n. latte m. evaporato.
evaporation /ɪˌvæpəˈreɪʃn/ n. evaporazione f.
evasion /ɪˈveɪʒn/ n. **1** ***~ of responsibility*** lo sfuggire alle (proprie) responsabilità; ***tax ~*** evasione fiscale **2** *(excuse)* scusa f., pretesto m.
evasive /ɪˈveɪsɪv/ agg. [*answer*] evasivo; [*look*] sfuggente; ***to take ~ action*** BE AUT. cercare di evitare un incidente; FIG. schivare il pericolo.
eve /iːv/ n. vigilia f.; ***on the ~ of*** (al)la vigilia di.
Eve /iːv/ n.pr. BIBL. Eva.
Evelyn /ˈiːvlɪn/ n.pr. **1** *(female name)* Evelina **2** *(male name)* Evelino.
1.even /ˈiːvn/ agg. **1** *(level)* [*surface*] uguale, piano, piatto, regolare **2** *(regular)* [*hemline, breath*] regolare; [*temperature*] costante **3** *(calm)* [*voice*] calmo; [*temper*] costante, calmo, tranquillo **4** *(equal)* [*contest*] equilibrato; ***to be ~*** [*competitors*] essere alla pari **5** *(fair)* [*distribution*] equo, giusto **6** *(quits)* ***we're ~*** siamo pari; ***to get ~ with sb.*** saldare i conti con qcn. **7** MAT. [*number*] pari.

2.even /ˈiːvn/ The adverb *even* can be translated by *persino, anche, addirittura* (or *stesso* / *stessa*, as in the example below), and by *nemmeno* or *neanche* in negative sentences: *even Dad had heard about it* = persino papà / papà stesso ne aveva sentito parlare; *he didn't even try* = non ha nemmeno provato. avv. **1** *(showing surprise, emphasizing point)* perfino, anche, addirittura; ***he didn't ~ try*** non ha nemmeno provato; ***~ when I explained it to him*** perfino quando gliel'ho spiegato; ***without ~ apologizing*** senza neanche scusarsi; ***I can't ~ swim, never mind dive*** non so neppure nuotare, figuriamoci tuffarmi; ***don't tell anyone, not ~ Bob*** non dire niente a nessuno, neanche a Bob; ***~ if*** anche se **2** *(with comparative)* ancora; ***it's ~ colder today*** fa ancora più freddo oggi **3** FORM. *(just)* ***~ as I watched*** proprio mentre guardavo **4 even so** in ogni caso; ***it was interesting ~ so*** comunque è stato interessante **5 even then** *(at that time)* anche allora; *(all the same)* nonostante ciò, ugualmente **6 even though** anche se; ***he rents his house ~ though he's so rich*** nonostante sia così ricco, affitta lo stesso la sua casa.
3.even /ˈiːvn/ **I** tr. **1** → **even out 2** → **even up II** intr. → **even out**.
■ **even out:** ***~ out*** [*differences*] attenuarsi, livellarsi; ***~ [sth.] out, ~ out [sth.]*** suddividere [*burden*]; attenuare [*inequalities*]; ***to ~ out the distribution of work*** ridistribuire equamente il lavoro.
■ **even up:** ***~ [sth.] up, ~ up [sth.]*** equilibrare [*contest*]; ***it will ~ things up*** questo rimetterà in pari le cose.
even-handed /ˌiːvnˈhændɪd/ agg. imparziale.
evening /ˈiːvnɪŋ/ ▸ 4 **I** n. **1** sera f.; *(with emphasis on duration)* serata f.; ***in the ~*** di sera, (al)la sera; ***during the ~*** durante la serata; ***this ~*** stasera, questa sera; ***tomorrow, yesterday ~*** domani, ieri sera; ***on the ~ of the 14th*** la sera del 14; ***on Friday ~*** venerdì sera; ***on Friday ~s*** il venerdì sera; ***on the following*** o ***next ~*** la sera dopo *o* seguente; ***the previous ~, the ~ before*** la sera prima, la sera precedente; ***every ~*** ogni sera, tutte le sere; ***every Thursday ~*** tutti i giovedì sera; ***all ~*** tutta la sera; ***what do you do in the ~s?*** cosa fai la sera? ***to work ~s*** lavorare di sera; ***to be on ~s*** andare in scena ogni sera **2** ***musical ~*** serata musicale **II** modif. [*bag, shoe*] da sera; [*meal*] serale; [*newspaper*] della sera.
evening class n. corso m. serale.
evening dress n. *(formal clothes)* abito m. da sera; *(gown)* vestito m. da sera.
evening performance n. rappresentazione f. serale.
evening primrose n. enotera f.
evening shift n. turno m. serale.
evening star n. stella f. della sera.
evenly /ˈiːvnlɪ/ avv. **1** [*spread, apply*] uniformemente; [*breathe*] regolarmente; [*divide*] in parti uguali; ***to be ~ matched*** essere di pari forza **2** *(placidly)* [*say*] con calma, pacatamente.
evensong /ˈiːvnsɒŋ/ n. RELIG. vespro m.
event /ɪˈvent/ n. **1** *(incident)* evento m., avvenimento m. **2** *(eventuality)* caso m., eventualità f.; ***in the ~ of*** in caso di [*fire, accident*]; ***in either ~*** in entrambi i casi; ***in the ~*** BE *(as things turned out)* di fatto, in realtà; ***in any ~, at all ~s*** in ogni caso **3** *(occasion)* ***social ~*** avvenimento mondano; ***quite an ~*** un avvenimento importante **4** *(in athletics)* prova f., competizione f.; ***field, track ~*** gara su campo, su pista.
even-tempered /ˌiːvnˈtempəd/ agg. calmo, equilibrato.
eventful /ɪˈventfl/ agg. movimentato, ricco di avvenimenti.
eventide /ˈiːvntaɪd/ n. LETT. sera f., vespro m.
eventing /ɪˈventɪŋ/ n. BE EQUIT. = concorso ippico che dura tre giorni.
eventual /ɪˈventʃʊəl/ agg. [*aim*] finale; [*hope*] futuro; ***his ~ success*** il suo successo finale, il successo che infine è riuscito a ottenere.
eventuality /ɪˌventʃʊˈælətɪ/ n. eventualità f.
eventually /ɪˈventʃʊəlɪ/ avv. alla fine, infine, finalmente; ***to do sth. ~*** finire per fare qcs.
ever /ˈevə(r)/ avv. **1** *(at any time)* mai; ***nothing was ~ said*** non è mai stato detto niente; ***no-one will ~ forget*** nessuno dimenticherà mai; ***I don't remember ~ seeing them*** non ricordo di averli mai visti; ***I don't remember her ~ saying that*** non ricordo che lo abbia mai detto; ***rarely, if ~*** raramente, se

mai; ***hardly ~*** quasi mai; ***something I would never ~ do*** qualcosa che non farei mai (e poi mai); ***has he ~ lived abroad?*** ha mai vissuto all'estero? ***haven't you ~ been to Greece?*** sei mai stato in Grecia? ***do you ~ make mistakes?*** non ti sbagli mai? ***she's a genius if ~ I saw one*** o ***if ~ there was one!*** è un genio, se mai ne esiste uno! **2** *(when making comparisons)* ***more beautiful than ~*** più bello che mai; ***more than ~ before*** più che mai; ***we have more friends than ~ before*** non abbiamo mai avuto così tanti amici; ***he's happier than he's ~ been*** non è mai stato così felice; ***the worst mistake I ~ made*** il peggior sbaglio della mia vita *o* che io abbia mai fatto; ***she's the funniest actress ~!*** è l'attrice più divertente che ci sia! ***the first ~*** il primo (in assoluto) **3** *(at all times, always)* sempre; ***~ loyal*** sempre fedele; ***the same as ~*** sempre lo stesso; ***they lived happily ~ after*** vissero felici e contenti; ***~ the optimist*** l'eterno ottimista; ***yours ~*** *(in letters)* sempre tuo **4** *(expressing anger, irritation)* ***don't (you) ~ do that again!*** non farlo mai più! ***if you ~ speak to me like that again*** se mai ti rivolgerai a me ancora in quel modo; ***that's the last time he ~ comes here!*** è l'ultima volta che viene qui! ***that's all he ~ does!*** è tutto quello che sa fare! **5** *(expressing surprise)* ***why ~ not?*** BE perché no? ***who ~ would have guessed?*** chi l'avrebbe mai detto? **6** BE *(very)* ***I'm ~ so glad you came!*** sono così contento che siate venuti! ***thanks ~ so much!*** tante grazie! ***he's ~ so much better*** sta molto meglio; ***I've received ~ so many letters*** ho ricevuto così tante lettere **7** COLLOQ. *(in exclamations)* ***is he ~ dumb!*** è talmente stupido! ***do I ~!*** *(emphatic yes)* eccome! altroché! **8 as ever** come sempre **9 ever more** sempre più **10 ever since** ***~ since we arrived*** da quando siamo arrivati **11 ever-** in composti sempre; ***~-increasing*** in continuo aumento; ***~-present*** onnipresente; ***~-changing*** in continuo cambiamento.

Everest /ˈevərɪst/ n.pr. ***(Mount) ~*** l'Everest.

evergreen /ˈevəgriːn/ **I** agg. attrib. **1** [*tree*] sempreverde **2** FIG. *(popular)* [*song, programme*] evergreen, sempre di moda **II** n. *(tree)* sempreverde m. e f.

everlasting /ˌevəˈlɑːstɪŋ, AE -ˈlæst-/ agg. eterno, immortale.

evermore /ˌevəˈmɔː(r)/ avv. sempre, eternamente.

every /ˈevrɪ/ *Every* is usually used in front of a singular countable noun: *every student* = ogni studente. When *every* precedes a plural countable noun, it means that something happens at regular periods of time, after a certain distance, etc.: *he smokes a cigarette every two hours* = fuma una sigaretta ogni due ore; *you'll have to fill up with petrol every 450 miles* = dovrai fare il pieno di benzina ogni 450 miglia. - *Every* is most frequently translated by *tutti / tutte* + plural noun: *every day* = tutti i giorni. When *every* is emphasized to mean *every single*, it can also be translated by *ogni* o *ciascuno*. For examples and exceptions, see the entry below. determ. **1** *(each)* ***~ house in the street*** tutte le case della via; ***she answered ~ (single) question*** ha risposto a ogni (singola) domanda; ***~ time I go there*** ogni volta *o* tutte le volte che vado lì; ***I've read ~ one of her books*** ho letto tutti i suoi libri; ***that goes for ~ one of you!*** questo è valido per ognuno di voi *o* per tutti! ***he spent ~ last penny of the money*** ha speso fino all'ultimo centesimo; ***there are three women for ~ ten men*** ci sono tre donne ogni dieci uomini; ***from ~ side*** da ogni parte; ***in ~ way*** *(from every point of view)* sotto ogni aspetto; *(using every method)* in tutti i modi **2** *(emphatic)* ***your ~ wish*** ogni tuo minimo desiderio; ***I have ~ confidence in you*** ho la massima fiducia in te; ***there is ~ chance that*** ci sono buone probabilità che; ***they have ~ right to complain*** hanno tutti i diritti di lamentarsi; ***it was ~ bit as good as her last film*** è stato bello proprio come il suo ultimo film; ***~ bit as much as*** proprio tanto quanto, esattamente quanto **3** *(indicating frequency)* ***~ day*** ogni giorno, tutti i giorni; ***once ~ few minutes*** ogni cinque minuti; ***~ second day*** ogni due giorni; ***~ 20 kilometres*** ogni 20 chilometri **4 every other** *(alternate)* ***~ other day*** ogni due giorni, un giorno sì e uno no; ***~ other Sunday*** ogni due domeniche, una domenica sì e una no, una domenica su due ♦ ***~ now and then, ~ now and again, ~ so often, ~ once in a while*** di tanto in tanto, di quando in quando, a volte; ***it's ~ man for himself*** ciascuno per sé; ***~ man for himself!*** si salvi chi può! ***~ which way*** in ogni senso.

everybody /ˈevrɪbɒdɪ/ pron. ognuno m. (-a), ciascuno m. (-a), tutti m.pl. (-e); ***~ else*** tutti gli altri; ***he's mad, ~ knows that*** è matto, lo sanno tutti; ***~ who is anybody*** tutte le persone che contano.

everyday /ˈevrɪdeɪ/ agg. [*activity, routine*] quotidiano; [*life, clothes*] di tutti i giorni; ***this is not an ~ occurrence*** questa non è una cosa che capita tutti i giorni; ***in ~ use*** [*device, word*] d'uso corrente.

everyone /ˈevrɪwʌn/ pron. → **everybody**.

everyplace /ˈevrɪpleɪs/ avv. AE COLLOQ. → **everywhere**.

everything /ˈevrɪθɪŋ/ *Everything* - which is followed by a verb in the singular - is almost always translated by *tutto*: *everything is ready in its place* = tutto è pronto al suo posto. For examples and particular usages, see below. pron. ogni cosa, tutto; ***is ~ all right?*** è tutto a posto? va tutto bene? ***don't believe ~ you hear*** non credere a tutto quello che senti; ***~ else*** tutto il resto; ***money isn't ~*** i soldi non sono tutto; ***she meant ~ to him*** era tutto per lui; ***have you got your papers and ~?*** avete i documenti e tutto il resto?

everywhere /ˈevrɪweə(r), AE -hweər/ avv. dappertutto, ovunque, in ogni luogo; ***~ else*** da ogni altra parte; ***~ I go*** ovunque vada; ***she's been ~*** è stata dappertutto.

evict /ɪˈvɪkt/ tr. sfrattare.

eviction /ɪˈvɪkʃn/ n. sfratto m.

1.evidence /ˈevɪdəns/ n. **1 U** *(proof)* prova f., prove f.pl. (**for** a favore di; **against** contro); ***a piece of ~*** una prova; ***there is no ~ that*** non ci sono prove che; ***to show ~ of genius*** dar prova di genialità; ***to believe the ~ of one's own eyes*** credere a ciò che si vede **2** *(testimony)* deposizione f., testimonianza f. (**from** di); ***to be convicted on the ~ of sb.*** essere condannato in base alle deposizioni di qcn.; ***to be used in ~ against sb.*** essere usato come prova contro qcn.; ***to give ~*** testimoniare, deporre **3** *(trace)* traccia f., segno m. evidente; ***to be (much) in ~*** essere ben visibile.

2.evidence /ˈevɪdəns/ tr. FORM. attestare, provare, testimoniare, dimostrare.

evident /ˈevɪdənt/ agg. [*anger, relief*] evidente, manifesto; ***it is ~ to me that*** per me è chiaro che.

evidently /ˈevɪdəntlɪ/ avv. **1** *(obviously)* chiaramente, evidentemente **2** *(apparently)* evidentemente.

evil /ˈiːvl/ **I** agg. [*person*] cattivo, maligno; [*act, intent*] cattivo; [*smell*] cattivo, sgradevole; [*spirit, genius*] malefico; ***to have an ~ tongue*** essere una malalingua **II** n. **1 U** *(wickedness)* male m.; ***to speak ~ of sb.*** parlare male di qcn. **2** *(bad thing)* male m., effetto m. dannoso; ***the ~s of drugs*** i danni provocati dalla droga ♦ ***to give sb. the ~ eye*** fare il malocchio a qcn.; ***the lesser of two ~s*** il minore dei mali; ***money is the root of all ~*** il denaro è la causa di tutti i mali; ***to put off the ~ hour*** o ***day*** = rinviare un evento spiacevole.

evildoer /ˈiːvlˌduːə(r)/ n. LETT. malfattore m. (-trice).

evil-minded /ˈiːvlˌmaɪndɪd/ agg. malvagio, maligno.

evil-smelling /ˈiːvlˌsmelɪŋ/ agg. maleodorante, puzzolente.

evince /ɪˈvɪns/ tr. FORM. dimostrare, rivelare [*talent*].

evocation /ˌevəˈkeɪʃn/ n. evocazione f.

evocative /ɪˈvɒkətɪv/ agg. evocativo, suggestivo.

evoke /ɪˈvəʊk/ tr. **1** evocare [*memory*] **2** suscitare [*response*].

evolution /ˌiːvəˈluːʃn/ n. evoluzione f.

evolutionary /ˌiːvəˈluːʃənərɪ, AE -nerɪ/ agg. evolutivo.

evolve /ɪˈvɒlv/ **I** tr. evolvere, sviluppare [*theory, policy*] **II** intr. [*theory*] evolversi, svilupparsi; [*species*] discendere.

ewe /juː/ n. pecora f.; ***~ lamb*** agnella.

ewer /ˈjuːə(r)/ n. brocca f.

1.ex /eks/ prep. COMM. ***~ works*** o ***factory*** [*price*] franco fabbrica.

2.ex /eks/ n. COLLOQ. *(former partner)* ex m. e f.

exacerbate /ɪgˈzæsəbeɪt/ tr. esacerbare, inasprire [*pain, situation*]; aggravare [*disease*].

1.exact /ɪgˈzækt/ agg. [*amount, time*] esatto; [*moment*] preciso; ***it's the ~ opposite*** è l'esatto contrario; ***tell me your ~ whereabouts*** dimmi esattamente dove ti trovi; ***to be (more) ~*** per essere (più) preciso; ***it was in summer, July to be ~*** è stato in estate, a luglio per la precisione.

2.exact /ɪgˈzækt/ tr. esigere, pretendere [*payment, obedience*].

exacting /ɪgˈzæktɪŋ/ agg. esigente.

exactitude /ɪgˈzæktɪtjuːd, AE -tuːd/ n. esattezza f.

exactly /ɪg'zæktlɪ/ avv. esattamente, precisamente, proprio; ***not ~*** non proprio, non esattamente; ***my feelings ~!*** esattamente! ***what ~ were you doing?*** che cosa stavi facendo precisamente? ***she wasn't ~ overjoyed*** IRON. non era proprio felice.
exactness /ɪg'zæktnɪs/ n. esattezza f.
exaggerate /ɪg'zædʒəreɪt/ **I** tr. esagerare, ingrandire [*problem*] **II** intr. esagerare.
exaggerated /ɪg'zædʒəreɪtɪd/ **I** p.pass. → **exaggerate II** agg. esagerato; ***he has an ~ sense of his own importance*** presume troppo di sé.
exaggeration /ɪg,zædʒə'reɪʃn/ n. esagerazione f.; ***it's no ~ to say that*** si può dire senza esagerare che.
exalt /ɪg'zɔ:lt/ tr. FORM. **1** *(glorify)* esaltare, lodare **2** *(in rank, power)* innalzare, elevare.
exaltation /,egzɔ:l'teɪʃn/ n. esaltazione f.
exalted /ɪg'zɔ:ltɪd/ **I** p.pass. → **exalt II** agg. FORM. **1** *(elevated)* [*rank*] elevato; [*person*] altolocato, eminente **2** *(jubilant)* [*person*] esaltato, estasiato.
exam /ɪg'zæm/ n. SCOL. UNIV. COLLOQ. esame m.
examination /ɪg,zæmɪ'neɪʃn/ **I** n. **1** SCOL. UNIV. esame m. (in di); ***French ~*** esame di francese; ***to take an ~*** sostenere *o* dare un esame; ***to pass an ~*** superare un esame **2** *(inspection)* MED. esame m., controllo m., visita f.; AMM. controllo m., verifica f.; ***on ~*** in seguito a controllo; ***under ~*** sotto esame; ***to have an ~*** MED. sottoporsi a un esame *o* controllo **3** DIR. *(of accused, witness)* interrogatorio m. **II** modif. SCOL. UNIV. [*question*] di esame; [*results*] dell'esame; [*candidate*] a un esame.
examination paper n. prova f. d'esame.
examine /ɪg'zæmɪn/ tr. **1** *(intellectually)* esaminare [*facts, question*]; esaminare, controllare [*evidence*] **2** *(visually)* esaminare [*object*]; ispezionare [*luggage*]; MED. visitare [*person*]; esaminare, controllare [*part of body*] **3** SCOL. UNIV. esaminare [*candidate, pupil*] **4** DIR. interrogare [*person*] ♦ ***you need your head ~d!*** COLLOQ. devi farti visitare!
examinee /ɪg,zæmɪ'ni:/ n. candidato m. (-a), esaminando m. (-a).
examiner /ɪg'zæmɪnə(r)/ n. esaminatore m. (-trice).
example /ɪg'zɑ:mpl, AE -'zæmpl/ n. esempio m.; ***for ~*** per esempio; ***to set a good, bad ~*** dare il buon, cattivo esempio; ***he's an ~ to us all*** è un esempio per tutti noi; ***to make an ~ of sb.*** infliggere a qcn. una punizione esemplare.
exasperate /ɪg'zæspəreɪt/ tr. esasperare, irritare.
exasperated /ɪg'zæspəreɪtɪd/ **I** p.pass. → **exasperate II** agg. esasperato (**by, at** da); ***to get ~*** esasperarsi.
exasperating /ɪg'zæspəreɪtɪŋ/ agg. esasperante.
exasperation /ɪg,zæspə'reɪʃn/ n. esasperazione f.
excavate /'ekskəveɪt/ **I** tr. **1** ARCHEOL. portare alla luce [*site, object*] **2** ING. scavare [*tunnel*] **II** intr. ARCHEOL. fare scavi.
excavation /,ekskə'veɪʃn/ **I** n. scavo m. **II excavations** n.pl. ARCHEOL. scavi m.
excavator /'ekskəveɪtə(r)/ n. *(machine)* escavatore m., escavatrice f.; *(person)* scavatore m. (-trice).
exceed /ɪk'si:d/ tr. andare al di là di, eccedere [*functions*]; oltrepassare [*authority*]; superare [*speed limit, sum of money*] (**by** di); ***to ~ all expectations*** superare ogni aspettativa.
exceedingly /ɪk'si:dɪŋlɪ/ avv. estremamente.
excel /ɪk'sel/ **I** intr. (forma in -ing ecc. **-ll-**) eccellere, primeggiare (**at, in** in) **II** rifl. (forma in -ing ecc. **-ll-**) ***to ~ oneself*** superare se stesso (anche IRON.).
excellence /'eksələns/ n. eccellenza f.
Excellency /'eksələnsɪ/ ♦ *9* n. Eccellenza f.
excellent /'eksələnt/ **I** agg. eccellente **II** inter. ottimo.
1.except /ɪk'sept/ There are four frequently used translations for *except* when used as a preposition: by far the most frequent of these is *tranne* (*every day except Sundays* = tutti i giorni tranne la domenica); the others are *eccetto, fatta eccezione per* and *all'infuori di.* Note, however, that in *what/where/who* questions, *except* is translated by *se non.* - For examples and the phrases *except for* and *except that,* see the entry below. prep. **1** ***everybody ~ Lisa*** tutti tranne Lisa; ***nobody ~*** nessuno eccetto; ***~ when*** tranne quando; ***~ if*** a meno che (non); ***~ that*** salvo che; ***who could have done it ~ him?*** chi avrebbe potuto farlo se non lui? **2 except for** salvo per, fatta eccezione per.
2.except /ɪk'sept/ tr. escludere; ***present company ~ed*** esclusi i presenti.
excepting /ɪk'septɪŋ/ prep. eccetto, salvo, tranne.
exception /ɪk'sepʃn/ n. **1** *(special case)* eccezione f.; ***with the ~ of*** a eccezione di; ***with some*** o ***certain ~s*** con alcune eccezioni; ***to make an ~*** fare un'eccezione; ***there can be no ~s*** non si faranno eccezioni; ***an ~ to the rule*** un'eccezione alla regola; ***the ~ proves the rule*** l'eccezione conferma la regola **2** ***to take ~ to*** offendersi *o* irritarsi per [*remark*].
exceptionable /ɪk'sepʃnəbl/ agg. eccepibile, criticabile.
exceptional /ɪk'sepʃənl/ agg. eccezionale.
excerpt /'eksɜ:pt/ n. brano m. (scelto), estratto m., passo m.
excess /ɪk'ses/ **I** n. **1** eccesso m.; ***to eat to ~*** mangiare eccessivamente; ***carried to ~*** portato all'eccesso; ***a life of ~*** una vita di eccessi; ***to be (far) in ~ of*** eccedere, superare (di gran lunga) **2** BE *(in insurance)* franchigia f. **II** agg. ***~ alcohol*** abuso di alcol; ***~ speed*** eccesso di velocità; ***~ weight*** sovrappeso; ***~ water*** acqua in eccesso.
excess baggage n. bagaglio m. eccedente.
excessive /ɪk'sesɪv/ agg. eccessivo.
excess luggage → **excess baggage**.
excess postage n. soprattassa f. postale.
excess profits n.pl. sovraprofitti m.
1.exchange /ɪks'tʃeɪndʒ/ n. **1** *(swap)* cambio m., scambio m.; ***in ~ for*** in cambio di **2** COMM. ECON. cambio m.; ***the rate of ~*** il tasso di cambio; ***bill of ~*** cambiale **3** *(discussion)* ***a heated ~*** un acceso scambio di opinioni **4** *(visit)* scambio m.; ***~ visit*** viaggio di scambio **5** COMM. ECON. Borsa f. **6** (anche **telephone ~**) centrale f., centralino m.
2.exchange /ɪks'tʃeɪndʒ/ tr. cambiare, scambiare; ***to ~ sth. for sth.*** cambiare qcs. con qcs.; ***to ~ sth. with sb.*** scambiare qcs. con qcn.; ***to ~ contracts*** COMM. DIR. = fare un rogito; ***they ~d hostages*** hanno fatto uno scambio di ostaggi.
exchangeable /ɪks'tʃeɪndʒəbl/ agg. scambiabile, cambiabile.
exchangeable disk n. INFORM. disco m. rimovibile.
exchangeable disk storage n. INFORM. memoria f. a dischi rimovibili.
exchange control n. controllo m. dei cambi.
exchange controls n.pl. misure f. di controllo dei cambi.
exchange rate n. tasso m. di cambio.
Exchange Rate Mechanism n. sistema m. di cambio dello SME.
Exchequer /ɪks'tʃekə(r)/ n.pr. GB Scacchiere (ministero delle finanze e del tesoro).
1.excise /'eksaɪz/ n. (anche **~ duty**) accisa f.
2.excise /ɪk'saɪz/ tr. **1** MED. asportare **2** *(from text)* omettere.
excitable /ɪk'saɪtəbl/ agg. eccitabile, emotivo.
excite /ɪk'saɪt/ tr. **1** eccitare, agitare; *(fire with enthusiasm)* entusiasmare **2** *(give rise to)* eccitare [*imagination*]; stimolare, suscitare [*interest, envy*]; suscitare, far nascere [*controversy, curiosity, passion*].
excited /ɪk'saɪtɪd/ **I** p.pass. → **excite II** agg. [*person, crowd*] eccitato; [*animal*] agitato; [*voice*] emozionato; [*conversation*] animato; [*imagination*] esaltato; ***to get ~*** eccitarsi, agitarsi; ***don't get ~!*** *(cross)* non agitarti!
excitement /ɪk'saɪtmənt/ n. eccitazione f., agitazione f., emozione f.; ***what an ~!*** che emozione! ***in the ~ we forgot to lock the car*** nell'agitazione ci siamo dimenticati di chiudere la macchina; ***he was in a state of great ~*** era molto eccitato.
exciting /ɪk'saɪtɪŋ/ agg. [*event, film*] eccitante, emozionante; ***an ~ new acting talent*** un attore promettente.
excl. ⇒ excluding escluso.
exclaim /ɪk'skleɪm/ tr. esclamare.
exclamation /,eksklə'meɪʃn/ n. esclamazione f.
exclamation mark, **exclamation point** AE n. punto m. esclamativo.
exclude /ɪk'sklu:d/ tr. *(keep out)* escludere [*person, group*]; *(leave out)* escludere, non includere [*name*]; escludere, scartare [*issue, possibility*]; ***to ~ a pupil*** *(for a set period)* sospendere un alunno; *(permanently)* espellere un alunno.
excluding /ɪk'sklu:dɪŋ/ prep. eccetto, tranne; ***~ VAT*** IVA esclusa.
exclusion /ɪk'sklu:ʒn/ n. **1** esclusione f. **2** SCOL. *(for a set period)* sospensione f.; *(permanent)* espulsione f.

exclusion zone n. zona f. vietata.
exclusive /ɪk'sklu:sɪv/ **I** agg. **1** [*club, school*] esclusivo; [*hotel, district*] esclusivo, di lusso **2** GIORN. TELEV. RAD. [*report*] esclusivo; ***an ~ interview with sb.*** un'intervista (in) esclusiva con qcn. **3** COMM. [*rights*] esclusivo; ***~ to Harrods*** un'esclusiva di Harrods **4** ***to be mutually ~*** essere incompatibili; ***~ of meals*** esclusi i pasti **II** n. GIORN. TELEV. RAD. esclusiva f.
exclusively /ɪk'sklu:sɪvlɪ/ avv. esclusivamente.
excommunicate /ˌekskə'mju:nɪkeɪt/ tr. scomunicare.
excommunication /ˌekskəˌmju:nɪ'keɪʃn/ n. scomunica f.
excrement /'ekskrɪmənt/ n. escremento m.
excrescence /ɪk'skresns/ n. escrescenza f.
excreta /ɪk'skri:tə/ n.pl. FORM. *(faeces)* escrementi m.; *(waste matter)* escrezioni f.
excrete /ɪk'skri:t/ tr. espellere [*faeces, waste matter*]; BOT. secernere.
excretion /ɪk'skri:ʃn/ n. escrezione f.
excruciating /ɪk'skru:ʃɪeɪtɪŋ/ agg. **1** [*pain*] atroce, straziante **2** COLLOQ. *(awful)* [*performance*] straziante, penoso.
excruciatingly /ɪk'skru:ʃɪeɪtɪŋlɪ/ avv. [*boring*] mortalmente, terribilmente; ***~ funny*** incredibilmente divertente, da morire dal ridere.
exculpate /'ekskʌlpeɪt/ tr. discolpare.
excursion /ɪk'skɜ:ʃn/ n. *(organized)* escursione f., gita f.; *(casual)* passeggiata f.
excusable /ɪk'skju:zəbl/ agg. scusabile.
1.excuse /ɪk'skju:s/ n. **1** *(reason)* scusa f., giustificazione f.; *(pretext)* scusa f., pretesto m.; ***to make one's ~s*** fare le proprie scuse; ***to make*** o ***find an ~*** trovare una scusa; ***to be an ~ to do*** o ***for doing*** essere una scusa per fare; ***I have a good ~ for not doing it*** ho una buona ragione per non farlo; ***an ~ to leave early*** una scusa per andare via presto; ***is that the best ~ you can come up with?*** non hai una scusa migliore? ***any ~ will do!*** tutte le scuse sono buone! **2** *(justification)* scusante f.; ***there's no ~ for such behaviour*** non c'è scusante per un simile comportamento; ***that's no ~*** non è una scusa valida.
2.excuse /ɪk'skju:z/ **I** tr. **1** *(forgive)* scusare [*person*] (**for doing** per aver fatto); perdonare [*error*]; ***if you'll ~ the expression*** se mi si consente l'espressione; ***~ me!*** scusa(mi)! mi scusi! chiedo scusa! ***~ me for asking*** mi scusi se glielo chiedo, mi perdoni la domanda; ***you'll have to ~ me for not inviting you in*** mi devi scusare se non ti invito a entrare; ***if you'll ~ me, I have work to do*** se mi vuoi scusare, ho del lavoro da fare; ***"would you like a drink?" - "~ me?"*** AE "vuoi qualcosa da bere?" - "(come) scusa?"; ***may I be ~d?*** BE EUFEM. posso uscire? posso andare al bagno? **2** *(justify)* giustificare [*action, measure*]; scusare, giustificare [*person*] **3** *(exempt)* dispensare (**from** da; **from doing** dal fare) **II** rifl. ***to ~ oneself*** scusarsi.
ex-directory /ˌeksdaɪ'rektrɪ, -dɪ-/ agg. BE [*number*] non in elenco; ***to go ~*** fare togliere il proprio numero dall'elenco (telefonico).
exec /ɪk'zek/ n. AE COLLOQ. (accorc. executive) executive m. e f., dirigente m. e f.
execrable /'eksɪkrəbl/ agg. FORM. esecrabile.
executable /'eksɪkju:təbl/ **I** agg. INFORM. ***an ~ file*** un (file) eseguibile **II** n. INFORM. eseguibile m.
execute /'eksɪkju:t/ tr. **1** *(kill)* giustiziare **2** *(carry out)* eseguire [*order*]; mettere in atto [*plan*] **3** INFORM. eseguire.
execution /ˌeksɪ'kju:ʃn/ n. **1** *(killing)* esecuzione f. (**by** per mano di, a opera di) **2** *(of plan)* esecuzione f., realizzazione f.; *(of task)* adempimento m.; *(by musician)* esecuzione f.; ***in the ~ of his duty*** nell'esercizio delle sue funzioni **3** INFORM. esecuzione f.
executioner /ˌeksɪ'kju:ʃənə(r)/ n. boia m., carnefice m.
executive /ɪg'zekjʊtɪv/ **I** agg. **1** *(administrative)* [*power*] esecutivo; [*status*] da dirigente, dirigenziale; ***to have ~ ability*** avere capacità direttive **2** *(luxury)* [*chair*] executive, di lusso; [*car*] di rappresentanza **II** n. **1** *(administrator)* COMM. executive m. e f., dirigente m. e f. (aziendale); *(in Civil Service)* dirigente m. e f., funzionario m. (-a); ***sales ~*** dirigente commerciale; ***top ~*** alto dirigente *o* funzionario **2** *(committee)* comitato m. direttivo; ***party, trade union ~*** esecutivo del partito, del sindacato **3** AE ***the ~*** l'esecutivo, il potere esecutivo.
executive council n. *(of company)* consiglio m. direttivo; *(of trade union, political party)* commissione f. esecutiva.
executive director ♦ ***27*** n. direttore m. esecutivo.
executive jet n. jet m. executive.
executive producer ♦ ***27*** n. CINEM. produttore m. esecutivo.
executive secretary ♦ ***27*** n. AMM. segretario m. (-a) esecutivo (-a), amministrativo (-a); *(manager's secretary)* segretario m. (-a) di direzione.
executive session n. US = seduta del Senato in cui sono discusse le disposizioni dell'esecutivo.
executive toy n. giocattolo m. antistress.
executor /ɪg'zekjʊtə(r)/ n. DIR. esecutore m. testamentario.
exegesis /ˌeksɪ'dʒi:sɪs/ n. (pl. **-es**) esegesi f.
exemplar /ɪg'zemplə(r), -plɑ:(r)/ n. FORM. *(copy)* esemplare m.; *(model)* esemplare m., modello m.
exemplary /ɪg'zemplərɪ, AE -lerɪ/ agg. [*behaviour, life*] esemplare; [*student*] modello.
exemplify /ɪg'zemplɪfaɪ/ tr. esemplificare.
1.exempt /ɪg'zempt/ agg. esente.
2.exempt /ɪg'zempt/ tr. esentare, esonerare.
exemption /ɪg'zempʃn/ n. esenzione f.; *(from exam)* dispensa f.; ***tax ~*** esenzione fiscale.
1.exercise /'eksəsaɪz/ n. **1** U *(exertion)* esercizio m.; ***to take*** o ***get some ~*** fare un po' di esercizio (fisico) *o* di moto **2** *(training task)* esercizio m.; ***maths ~s*** esercizi di matematica; ***academic ~*** *(pointless)* esercizio accademico **3** *(of duties, power, rights)* esercizio m. **4** *(performance)* ***an ~ in diplomacy*** una prova di diplomazia **5** AMM. COMM. POL. operazione f.; *(long-term or large-scale)* strategia f.; ***public relations ~*** campagna di pubbliche relazioni **6** MIL. esercitazione f.; ***to go on (an) ~*** (andare a) fare le manovre.
2.exercise /'eksəsaɪz/ **I** tr. **1** *(apply)* esercitare [*authority, control, power*]; esercitare, fare valere [*rights*]; prestare, usare [*caution*] **2** *(train)* esercitare [*body, mind*]; far fare esercizio a [*dog*] **3** *(worry)* preoccupare **II** intr. esercitarsi, fare (dell')esercizio.
exercise bicycle n. cyclette® f., bicicletta f. da camera.
exercise book n. quaderno m.
exert /ɪg'zɜ:t/ **I** tr. esercitare [*pressure, influence*]; fare uso di [*force*]; ***to ~ every effort*** fare ogni sforzo, fare tutto il possibile **II** rifl. ***to ~ oneself*** sforzarsi.
exertion /ɪg'zɜ:ʃn/ n. **1** *(physical effort)* sforzo m. **2** *(exercising)* esercizio m., impiego m.
exfoliant /ˌeks'fəʊlɪənt/ n. crema f. esfoliante.
exfoliate /ˌeks'fəʊlɪeɪt/ intr. [*bark, rock*] esfoliarsi, sfaldarsi; [*skin*] esfoliarsi.
ex gratia /ˌeks'greɪʃə/ agg. [*award, payment*] a titolo di favore.
exhalation /ˌekshə'leɪʃn/ n. *(of breath)* espirazione f.; *(of smoke)* emissione f.; *(of fumes)* esalazione f.
exhale /eks'heɪl/ **I** tr. esalare [*vapour*]; [*person*] espirare, mandare fuori [*air*]; [*chimney*] emettere [*smoke*] **II** intr. [*person*] espirare.
1.exhaust /ɪg'zɔ:st/ n. AUT. **1** (anche **~ pipe**) tubo m. di scappamento, tubo m. di scarico **2** *(fumes)* gas m.pl. di scarico.
2.exhaust /ɪg'zɔ:st/ **I** tr. **1** esaurire [*supply, options, topic*] **2** stancare, spossare [*person*] **II** rifl. ***to ~ oneself*** stancarsi, spossarsi.
exhausted /ɪg'zɔ:stɪd/ **I** p.pass. → **2.exhaust** **II** agg. [*person*] esausto, spossato.
exhaustion /ɪg'zɔ:stʃn/ n. **1** *(tiredness)* spossatezza f., sfinimento m. **2** *(of supply)* esaurimento m.
exhaustive /ɪg'zɔ:stɪv/ agg. [*study*] esaustivo; [*coverage, list*] completo; [*analysis, description*] esauriente, dettagliato; [*investigation, research*] approfondito.
1.exhibit /ɪg'zɪbɪt/ n. **1** *(work of art)* opera f. esposta **2** AE *(exhibition)* esposizione f., mostra f.; ***a Gauguin ~*** una mostra su *o* di Gauguin **3** DIR. reperto m., documento m. prodotto in giudizio; ***~ A*** prova A.
2.exhibit /ɪg'zɪbɪt/ **I** tr. **1** *(display)* esibire, esporre [*work of art*] **2** *(show)* manifestare [*preference*]; mostrare [*sign*] **II** intr. esporre.
exhibition /ˌeksɪ'bɪʃn/ **I** n. **1** *(of art, goods)* esposizione f., mostra f.; ***art ~*** mostra d'arte; ***the Picasso ~*** la mostra su *o* di Picasso; ***to be on ~*** essere in mostra *o* esposizione; ***to make an ~ of oneself*** SPREG. dare spettacolo **2** *(of skill)* dimostrazione f. **3** BE UNIV. borsa f. di studio **II** modif. [*catalogue*] della mostra; [*hall, stand*] d'esposizione, espositivo.

exhibition centre BE, **exhibition center** AE n. centro m. espositivo.
exhibitionism /ˌeksɪˈbɪʃənɪzəm/ n. esibizionismo m. (anche PSIC.).
exhibitionist /ˌeksɪˈbɪʃənɪst/ **I** agg. esibizionista, esibizionistico **II** n. esibizionista m. e f. (anche PSIC.).
exhibitor /ɪɡˈzɪbɪtə(r)/ n. *(of art, goods)* espositore m. (-trice).
exhilarate /ɪɡˈzɪləreɪt/ tr. [*atmosphere, music, speed*] esaltare.
exhilarating /ɪɡˈzɪləreɪtɪŋ/ agg. [*game*] esaltante, coinvolgente; [*experience*] esaltante; [*music*] trascinante; [*speed*] inebriante.
exhilaration /ɪɡˌzɪləˈreɪʃn/ n. euforia f.
exhort /ɪɡˈzɔːt/ tr. esortare.
exhortation /ˌeɡzɔːˈteɪʃn/ n. esortazione f.
exhumation /eksˌhjuːˈmeɪʃn, AE ɪɡˌzuː-/ n. esumazione f. (anche FIG.).
exhume /eksˈhjuːm, AE ɪɡˈzuːm/ tr. esumare (anche FIG.).
ex-husband /ˌeksˈhʌsbənd/ n. ex marito m.
exigencies /ˈeksɪdʒənsɪz/ n.pl. FORM. esigenze f.
exigent /ˈeksɪdʒənt/ agg. FORM. esigente.
1.exile /ˈeksaɪl/ n. **1** *(person)* esiliato m. (-a) **2** *(expulsion)* esilio m.; ***to go into ~*** andare in esilio.
2.exile /ˈeksaɪl/ tr. esiliare; ***to ~ for life*** esiliare a vita.
exist /ɪɡˈzɪst/ intr. **1** *(be)* esistere **2** *(survive)* sopravvivere **3** *(live)* vivere; ***to ~ on a diet of potatoes*** vivere di (sole) patate.
existence /ɪɡˈzɪstəns/ n. **1** *(being)* esistenza f.; ***the largest plane in ~*** l'aereo più grande che esista; ***I wasn't aware of its ~*** non sapevo della sua esistenza; ***to come into ~*** nascere **2** *(life)* esistenza f., vita f.
existent /ɪɡˈzɪstənt/ agg. FORM. esistente.
existential /ˌeɡzɪˈstenʃl/ agg. esistenziale (anche FILOS.).
existentialism /ˌeɡzɪˈstenʃəlɪzəm/ n. esistenzialismo m.
existentialist /ˌeɡzɪˈstenʃəlɪst/ **I** agg. esistenzialista **II** n. esistenzialista m. e f.
existing /ɪɡˈzɪstɪŋ/ agg. [*laws, order*] esistente; [*management, leadership*] attuale.
1.exit /ˈeksɪt/ n. uscita f.; *(on motorway)* ***"no ~"*** "uscita chiusa"; *(on door)* "porta chiusa"; ***to make a quick*** o ***hasty ~*** eclissarsi.
2.exit /ˈeksɪt/ intr. uscire (anche INFORM.).
exit point n. INFORM. punto m. di uscita.
exit sign n. cartello m., segnale m. di uscita.
exit visa n. visto m. d'uscita.
exodus /ˈeksədəs/ n. esodo m.
ex officio /ˌeksəˈfɪʃɪəʊ/ agg. [*member*] di diritto.
exonerate /ɪɡˈzɒnəreɪt/ tr. discolpare, prosciogliere.
exorbitant /ɪɡˈzɔːbɪtənt/ agg. [*price, increase*] esorbitante; [*demand*] eccessivo.
exorbitantly /ɪɡˈzɔːbɪtəntlɪ/ avv. [*pay*] eccessivamente; [*expensive*] in modo esorbitante.
exorcism /ˈeksɔːsɪzəm/ n. esorcismo m.
exorcist /ˈeksɔːsɪst/ n. esorcista m. e f.
exorcize /ˈeksɔːsaɪz/ tr. esorcizzare [*demon, memory*].
exotic /ɪɡˈzɒtɪk/ agg. esotico.
exotica /ɪɡˈzɒtɪkə/ n. = (insieme, raccolta di) oggetti esotici.
expand /ɪkˈspænd/ **I** tr. **1** espandere, ampliare [*business*]; ampliare, estendere [*scope*]; ampliare, sviluppare [*concept*]; ampliare, allargare [*horizon, knowledge*]; aumentare, accrescere [*production, workforce*]; estendere, espandere [*empire*]; gonfiare [*lungs*] **2** MAT. sviluppare **3** INFORM. espandere **II** intr. [*business, economy*] espandersi, allargarsi; [*population, production*] aumentare; [*metal*] dilatarsi; [*institution*] ampliarsi, ingrandirsi; [*chest*] dilatarsi, gonfiarsi; [*universe*] espandersi.
■ **expand (up)on:** **~ (up)on [sth.]** diffondersi, dilungarsi su [*aspect, theory*].
expanded /ɪkˈspændɪd/ **I** p.pass. → **expand II** agg. **1** [*programme*] ampliato **2** [*polystyrene*] espanso.
expanding /ɪkˈspændɪŋ/ agg. **1** *(growing)* [*business, economy, population, sector*] in espansione **2** [*file*] espandibile.
expanse /ɪkˈspæns/ n. *(of land, water)* distesa f.; *(of fabric)* superficie f.
expansion /ɪkˈspænʃn/ n. **1** *(of business, economy)* espansione f., sviluppo m. (**in** di); *(of population, production, sales)* aumento m., crescita f.; *(of site)* ampliamento m., ingrandimento m.; ***rate of ~*** tasso di crescita **2** FIS. dilatazione f. **3** MAT. *(of expression)* sviluppo m.
expansion board, **expansion card** n. INFORM. scheda f. di espansione.
expansionism /ɪkˈspænʃənɪzəm/ n. ECON. POL. espansionismo m.
expansionist /ɪkˈspænʃənɪst/ **I** agg. ECON. POL. espansionistico **II** n. ECON. POL. espansionista m. e f.
expansion programme, **expansion scheme** n. COMM. programma m. di espansione.
expansion slot n. INFORM. slot m. di espansione.
expansive /ɪkˈspænsɪv/ agg. **1** *(effusive)* [*person, mood*] espansivo; *(grand)* [*vision*] grandioso **2** *(extensive)* ampio, vasto.
expansively /ɪkˈspænsɪvlɪ/ avv. *(effusively)* [*greet, smile*] espansivamente.
expatiate /ɪkˈspeɪʃɪeɪt/ intr. dissertare, dilungarsi (**upon, on** su).
1.expatriate /ˌeksˈpætrɪət/ **I** n. **1** *(emigrant)* emigrato m. (-a) **2** *(exile)* esule m. e f. **II** agg. **1** *(emigrant)* emigrato **2** *(exiled)* esule.
2.expatriate /ˌeksˈpætrɪeɪt/ tr. *(exile)* esiliare, mandare in esilio.
expect /ɪkˈspekt/ **I** tr. **1** *(anticipate)* aspettarsi [*event, trouble*]; ***to ~ the worst*** aspettarsi il peggio; ***we ~ fine weather*** dovrebbe fare bel tempo; ***what did you ~?*** che cosa ti aspettavi? ***I ~ed as much*** me l'aspettavo; ***you knew what to ~*** sapevi quello che c'era da aspettarsi; ***to ~ sb. to do*** aspettarsi che qcn. faccia; ***he is ~ed to arrive at six*** è previsto che arrivi alle sei; ***to ~ that*** aspettarsi che; ***I ~ (that) I'll lose*** mi aspetto di perdere, prevedo che perderò; ***it is only to be ~ed that he should go*** sarebbe del tutto normale se andasse; ***it was hardly to be ~ed that she should agree*** era difficile che accettasse; ***worse than ~ed*** peggio del previsto **2** *(rely on)* contare su, aspettarsi [*sympathy, help*] (**from** di, da parte di) **3** *(await)* aspettare [*baby, guest*]; ***~ me when you see me*** BE non so a che ora arrivo, quando arrivo arrivo **4** *(require)* aspettarsi, richiedere [*commitment, hard work*] (**from** da, da parte di); ***I can't be ~ed to know everything*** non si può pretendere che io sappia tutto; ***it's too much to ~*** questo è chiedere troppo; ***I ~ you to be punctual*** mi aspetto che tu sia puntuale **5** BE *(suppose)* ***I ~ so*** penso di sì; ***I don't ~ so*** non penso, penso *o* credo di no; ***I ~ you're tired*** suppongo che tu sia stanco **II** intr. **1** *(anticipate)* ***to ~ to do*** aspettarsi di fare; ***I was ~ing to do better*** contavo di fare meglio **2** *(require)* ***I ~ to see you there*** conto di vederti là **3** *(be pregnant)* ***to be ~ing*** aspettare un bambino, essere in stato interessante.
expectancy /ɪkˈspektənsɪ/ n. ***to have an air of ~*** avere l'aria di chi aspetta qualcosa; ***a feeling of ~*** una sensazione di attesa.
expectant /ɪkˈspektənt/ agg. **1** [*look, expression*] pieno d'attesa **2** [*mother*] in attesa, in stato interessante.
expectantly /ɪkˈspektəntlɪ/ avv. [*look, listen*] con l'aria di chi aspetta qualcosa.
expectation /ˌekspekˈteɪʃn/ n. **1** *(assumption, prediction)* aspettativa f., previsione f.; ***it is my ~ that*** mi aspetto che; ***against all ~(s)*** contro tutte le previsioni; ***beyond all ~(s)*** oltre ogni aspettativa **2** *(aspiration, hope)* aspirazione f., attesa f.; ***to live up to sb.'s ~s*** corrispondere alle aspettative di qcn.; ***I don't want to raise their ~s*** non voglio illuderli **3** *(requirement, demand)* aspettativa f., richiesta f.; ***to have certain ~s of*** esigere determinate cose da [*employee*].
expectorant /ɪkˈspektərənt/ **I** agg. espettorante **II** n. espettorante m.
expedience /ɪkˈspiːdɪəns/, **expediency** /ɪkˈspiːdɪənsɪ/ n. **1** *(appropriateness)* convenienza f., opportunità f. **2** *(self-interest)* opportunismo m.
expedient /ɪkˈspiːdɪənt/ **I** agg. **1** *(appropriate)* conveniente, opportuno **2** *(advantageous)* opportunistico **II** n. espediente m.
expedite /ˈekspɪdaɪt/ tr. FORM. *(speed up)* accelerare [*operation, process*]; facilitare [*task, work*].
expedition /ˌekspɪˈdɪʃn/ n. **1** *(to explore)* spedizione f.; ***to go on an ~*** (andare a) fare una spedizione **2** *(for leisure)* ***climbing ~*** escursione alpinistica; ***hunting ~*** partita di caccia;

sightseeing ~ gita turistica; ***to go on a shopping ~*** andare a fare spese.
expeditionary /ˌekspɪˈdɪʃənərɪ, AE -nerɪ/ agg. ***~ force*** corpo di spedizione.
expeditious /ˌekspɪˈdɪʃəs/ agg. FORM. [*action, response*] pronto, rapido.
expel /ɪkˈspel/ tr. (forma in -ing ecc. **-ll-**) espellere.
expend /ɪkˈspend/ tr. dedicare [*effort, time*]; spendere [*energy*].
expendable /ɪkˈspendəbl/ agg. **1** MIL. [*troops, equipment*] sacrificabile **2** *(disposable)* ***~ goods*** beni di consumo; ***to be ~*** [*worker*] non essere indispensabile.
expenditure /ɪkˈspendɪtʃə(r)/ n. **1** *(amount spent)* spesa f., spese f.pl.; ***~ on education*** spese per l'istruzione; ***capital ~*** spese di investimento; ***public ~*** spesa pubblica **2** *(in bookkeeping)* uscita f.; ***income and ~*** entrate e uscite **3** *(spending) (of energy, time, money)* dispendio m.
expense /ɪkˈspens/ **I** n. **1** *(cost)* spesa f.; ***at one's own ~*** a proprie spese; ***to go to some ~*** fare delle spese; ***to go to great ~*** sostenere forti spese; ***to put sb. to ~*** fare sostenere delle spese a qcn.; ***to spare no ~*** non badare a spese **2** *(cause for expenditure)* spesa f.; ***a wedding is a big ~*** un matrimonio è una grossa spesa **3** *(loss)* ***at the ~ of*** a scapito di [*health, safety*]; ***at sb.'s ~*** [*laugh, joke*] alle spalle di qcn. **II expenses** n.pl. COMM. spese f.; ***to cover sb.'s ~s*** [*sum*] coprire le spese di qcn.; ***all ~s paid*** tutto spesato.
expense account n. nota f. spese.
expensive /ɪkˈspensɪv/ agg. caro, costoso.
expensively /ɪkˈspensɪvlɪ/ avv. ***~ furnished*** arredato lussuosamente; ***to be ~ dressed*** portare vestiti molto costosi.
1.experience /ɪkˈspɪərɪəns/ n. **1** *(expertise)* esperienza f.; ***management ~*** esperienza gestionale; ***from my own ~*** dalla mia esperienza; ***in my ~*** secondo la mia esperienza; ***to have ~ with children*** avere esperienza di bambini; ***to have ~ (in working) with computers*** avere pratica *o* dimestichezza (nel lavorare) con i computer; ***to know from ~*** sapere per esperienza; ***to learn by ~*** imparare con l'esperienza **2** *(incident)* esperienza f.; ***the ~ of a lifetime*** un'esperienza unica.
2.experience /ɪkˈspɪərɪəns/ tr. vivere, sperimentare [*change*]; patire, subire [*loss*]; incontrare [*problem*]; provare [*emotion, sensation*].
experienced /ɪkˈspɪərɪənst/ **I** p.pass. → **2.experience II** agg. [*worker*] esperto; [*eye*] allenato.
experiential /ɪkˌspɪərɪˈenʃl/ agg. sperimentale, empirico.
1.experiment /ɪkˈsperɪmənt/ n. esperimento m. (**in** di); ***to conduct*** o ***carry out an ~*** compiere, fare un esperimento; ***as an ~*** come esperimento.
2.experiment /ɪkˈsperɪmənt/ intr. sperimentare, fare degli esperimenti; ***to ~ with sth.*** sperimentare *o* provare qcs.
experimental /ɪkˌsperɪˈmentl/ agg. [*music, writing*] sperimentale; [*week*] di prova; [*novelist*] sperimentalista; ***~ model*** prototipo; ***on an ~ basis*** a titolo sperimentale.
experimentally /ɪkˌsperɪˈmentəlɪ/ avv. [*establish*] sperimentalmente; [*try*] per prova.
experimentation /ɪkˌsperɪmenˈteɪʃn/ n. **1** *(use of experiments)* sperimentazione f. **2** *(experiment)* esperimenti m.pl.
experimenter /ɪkˈsperɪmentə(r)/ n. sperimentatore m. (-trice).
expert /ˈekspɜːt/ **I** agg. [*person*] esperto, abile; [*knowledge*] specialistico; [*opinion, advice*] di un esperto, di uno specialista; ***an ~ cook*** un cuoco provetto; ***an ~ eye*** un occhio esperto *o* clinico **II** n. esperto m. (-a), specialista m. e f. (**in** in, di); ***to be an ~ at doing*** essere un esperto nel fare; ***computer ~*** esperto di informatica.
expertise /ˌekspɜːˈtiːz/ n. **1** competenza f., perizia f.; ***to have the ~ to do*** avere la competenza (necessaria) per fare **2** DIR. autenticazione f.
expertly /ˈekspɜːtlɪ/ avv. competentemente, con perizia.
expert system n. sistema m. esperto.
expiate /ˈekspɪeɪt/ tr. espiare [*guilt, sin*].
expiation /ˌekspɪˈeɪʃn/ n. *(of guilt, sin)* espiazione f.
expiration /ˌekspɪˈreɪʃn/ n. **1** *(termination)* scadenza f. **2** *(exhalation)* espirazione f.
expiration date n. AE → **expiry date**.
expire /ɪkˈspaɪə(r)/ intr. **1** *(end)* [*passport, contract, offer*] scadere; [*period*] finire, terminare **2** *(die)* esalare l'ultimo respiro, spirare.
expiry /ɪkˈspaɪərɪ/ n. *(of contract, document)* scadenza f.; *(of period)* fine f.; *(of deadline)* termine m.
expiry date n. BE *(of perishable item)* data f. di scadenza; *(of credit card, permit)* data f. di scadenza, (data di) fine f. validità; *(of contract)* termine m., cessazione f.; *(of loan)* data f. di estinzione.
explain /ɪkˈspleɪn/ **I** tr. spiegare; ***I can't ~*** non posso spiegare, non so spiegarlo; ***that ~s it!*** questo spiega *o* chiarisce tutto! **II** rifl. ***to ~ oneself*** spiegarsi.
■ **explain away:** ~ away [sth.], ~ [sth.] away dare spiegazioni (soddisfacenti) di [*problem*]; giustificare [*change*].
explanation /ˌekspləˈneɪʃn/ n. spiegazione f.; ***by way of ~, in ~*** per, come spiegazione; ***it needs no ~*** non ha bisogno di spiegazioni.
explanatory /ɪkˈsplænətrɪ, AE -tɔːrɪ/ agg. [*leaflet, diagram*] esplicativo; ***an ~ statement*** un chiarimento.
expletive /ɪkˈspliːtɪv, AE ˈeksplətɪv/ n. FORM. *(swearword)* imprecazione f.
explicable /ɪkˈsplɪkəbl, ˈek-/ agg. spiegabile.
explicate /ˈeksplɪkeɪt/ tr. FORM. spiegare, chiarire.
explicit /ɪkˈsplɪsɪt/ agg. **1** *(precise)* [*instructions*] esplicito, preciso **2** *(open)* [*denial*] netto; [*aim*] esplicito, dichiarato; ***sexually ~*** [*film*] che mostra in modo esplicito scene di sesso.
explode /ɪkˈspləʊd/ **I** tr. fare esplodere [*bomb*]; FIG. demolire [*theory*]; screditare [*rumour*]; distruggere [*myth*] **II** intr. **1** [*bomb, boiler*] esplodere, scoppiare; [*building, ship*] saltare **2** FIG. [*person*] *(with anger)* esplodere, scoppiare; [*controversy*] scoppiare; [*population*] esplodere; ***to ~ with laughter*** scoppiare a ridere; ***they ~d onto the rock music scene in 1977*** COLLOQ. sfondarono nel mondo della musica rock nel 1977.
1.exploit /ˈeksplɔɪt/ n. exploit m.
2.exploit /ɪkˈsplɔɪt/ tr. sfruttare.
exploitable /ɪkˈsplɔɪtəbl/ agg. sfruttabile.
exploitation /ˌeksplɔɪˈteɪʃn/ n. sfruttamento m.
exploitative /ɪkˈsplɔɪtətɪv/ agg. [*system*] basato sullo sfruttamento.
exploiter /ɪkˈsplɔɪtə(r)/ n. sfruttatore m. (-trice).
exploration /ˌekspləˈreɪʃn/ n. esplorazione f. (anche MED.); ***oil ~*** sondaggio petrolifero.
exploratory /ɪkˈsplɒrətrɪ, AE -tɔːrɪ/ agg. **1** *(investigative)* [*expedition*] esplorativo, di esplorazione **2** MED. [*surgery*] esplorativo.
explore /ɪkˈsplɔː(r)/ tr. **1** esplorare; ***to go exploring*** andare in esplorazione; ***to ~ for oil*** cercare il petrolio **2** FIG. studiare [*idea, opportunity*]; ***to ~ ways and means of doing*** studiare tutti i modi possibili di fare; ***to ~ every avenue*** esaminare tutte le possibilità.
explorer /ɪkˈsplɔːrə(r)/ n. esploratore m. (-trice).
explosion /ɪkˈspləʊʒn/ n. **1** esplosione f., scoppio m. **2** FIG. *(of mirth, rage, activity)* esplosione f.; ***population ~*** esplosione demografica, boom demografico.
explosive /ɪkˈspləʊsɪv/ **I** agg. **1** [*device, mixture*] esplosivo **2** FIG. [*situation*] esplosivo; [*temperament*] collerico, irascibile **II** n. esplosivo m.
explosiveness /ɪkˈspləʊsɪvnɪs/ n. esplosività f. (anche FIG.).
exponent /ɪkˈspəʊnənt/ n. **1** *(of policy, theory, art form)* esponente m. e f. **2** *(of music)* interprete m. e f. **3** MAT. esponente m.
exponential /ˌekspəʊˈnenʃl/ agg. esponenziale.
1.export /ˈekspɔːt/ n. **1** esportazione f., export m.; ***"for ~ only"*** *(on product)* "solo per l'esportazione" **2** *(item)* prodotto m., merce f. d'esportazione.
2.export /ɪkˈspɔːt/ **I** tr. esportare [*goods*] (**to** in) **II** intr. esportare (**to** in).
export agent n. esportatore m. (-trice).
export control n. controllo m. delle esportazioni.
export drive n. campagna f. di esportazioni.
export duty n. dazio m. di esportazione.
export earnings n.pl. utili m. di esportazione.
exporter /ɪkˈspɔːtə(r)/ n. esportatore m. (-trice).
export finance n. finanziamento m. delle esportazioni.
export-import company n. ditta f. (di) import-export.

export licence BE, **export license** AE n. licenza f. di esportazione.

export trade n. commercio m. con l'estero.

expose /ɪk'spəʊz/ **I** tr. **1** *(display)* mostrare, scoprire [*body*]; ***to ~ one's ignorance*** mostrare la propria ignoranza **2** *(make public)* rivelare [*identity*]; denunciare [*injustice, scandal*] **3** *(uncover)* esporre [*inside*]; mettere a nudo [*dirt*]; [*excavations*] portare alla luce [*fossil, remains*] **4** *(introduce)* ***to ~ sb. to*** avvicinare qcn. a [*opera, politics*] **5** *(make vulnerable)* ***to ~ sb., sth. to*** esporre qcn., qcs. a [*infection, light, ridicule*]; ***to ~ sb. to temptation*** indurre qcn. in tentazione **6** FOT. esporre, impressionare [*film*] **II** rifl. **1** DIR. ***to ~ oneself*** commettere oltraggio al pudore **2** ***to ~ oneself to*** *(make oneself vulnerable)* esporsi a [*risk, danger*].

exposé /ek'spəʊzeɪ, AE ˌekspə'zeɪ/ n. *(exposure)* rivelazioni f.pl. (**of sth.** su qcs.).

exposed /ɪk'spəʊzd/ **I** p.pass. → **expose II** agg. **1** [*area*] scoperto, non riparato **2** FOT. [*film*] esposto, impressionato **3** ING. [*beam*] a vista.

exposition /ˌekspə'zɪʃn/ n. **1** *(of facts)* esposizione f. **2** *(exhibition)* esposizione f., mostra f.

expostulate /ɪk'spɒstjʊleɪt/ intr. FORM. fare rimostranze (**with** a), protestare (**with** con).

expostulation /ɪkˌspɒstjʊ'leɪʃn/ n. FORM. rimostranze f.pl., protesta f.

exposure /ɪk'spəʊʒə(r)/ n. **1** *(of secret, crime)* rivelazione f.; ***to fear ~*** temere di essere smascherato; ***to threaten sb. with ~*** minacciare qcn. di denuncia **2** *(to light, sun, radiation)* esposizione f. (**to** a); FIG. *(to art, ideas, politics)* contatto m. (**to** con) **3** *(to cold, weather)* ***to die of ~*** morire per assideramento **4** *(in media)* copertura f. (dei media) **5** *(orientation)* esposizione f.; ***to have a northern ~*** essere esposto a nord **6** *(display of body)* ***indecent ~*** oltraggio al pudore **7** FOT. esposizione f.; *(aperture and shutter speed)* tempo m. di esposizione, di posa; *(picture)* posa f.; ***a 24 ~ film*** una pellicola da 24 foto(grammi).

exposure meter n. FOT. esposimetro m.

exposure time n. FOT. tempo m. di esposizione, di posa.

expound /ɪk'spaʊnd/ **I** tr. esporre [*theory, opinion*] **II** intr. ***to ~ on*** fare un'esposizione di.

1.express /ɪk'spres/ **I** agg. **1** *(rapid)* [*letter, parcel*] espresso; [*delivery, train*] rapido **2** *(explicit)* [*order*] espresso, esplicito; [*promise*] chiaro, dichiarato; ***on the ~ condition that*** alla precisa condizione che; ***with the ~ aim*** con il preciso scopo **II** avv. ***to send sth. ~*** mandare qcs. per espresso.

2.express /ɪk'spres/ n. (treno) rapido m.

3.express /ɪk'spres/ **I** tr. **1** *(show)* esprimere [*doubt, wish, thanks*]; esprimere, manifestare [*interest, support*] **2** MAT. esprimere [*number, quantity*]; ***to ~ sth. as a percentage*** esprimere qcs. in percentuale **3** *(squeeze out)* estrarre, spremere [*fluid*] **II** rifl. ***to ~ oneself*** esprimersi (**in** in; **through** per mezzo di).

expression /ɪk'spreʃn/ n. **1** *(phrase)* espressione f. **2** *(look)* espressione f. **3** U *(utterance)* espressione f.; ***freedom of ~*** libertà di espressione *o* parola; ***to give ~ to*** dare sfogo *o* voce a **4** *(of friendship, gratitude)* manifestazione f.; ***as an ~ of*** a dimostrazione di **5** *(feeling)* ***to read with ~*** leggere con espressione **6** MAT. espressione f.

expressionism /ɪk'spreʃənɪzəm/ n. (anche **Expressionism**) espressionismo m.

expressionist /ɪk'spreʃənɪst/ **I** agg. espressionista **II** n. espressionista m. e f.

expressionless /ɪk'spreʃnlɪs/ agg. [*eyes, face*] inespressivo; [*voice, playing*] privo di espressione.

expressive /ɪk'spresɪv/ agg. [*eyes, face*] espressivo; [*look*] eloquente, significativo; ***to be ~ of sth.*** esprimere qcs.

expressively /ɪk'spresɪvlɪ/ avv. in modo espressivo, espressivamente.

express letter n. lettera f. espresso, espresso m.

expressly /ɪk'spreslɪ/ avv. **1** *(explicitly)* [*ask, tell*] espressamente, esplicitamente; [*forbid*] apertamente, dichiaratamente **2** *(specifically)* [*designed, intended*] espressamente, appositamente.

expressway /ɪk'spresweɪ/ n. AE autostrada f.

expropriate /ˌeks'prəʊprɪeɪt/ tr. espropriare [*property*].

expropriation /ˌeksˌprəʊprɪ'eɪʃn/ n. espropriazione f.

expulsion /ɪk'spʌlʃn/ n. espulsione f.

expunge /ɪk'spʌndʒ/ tr. FORM. espungere.

expurgate /'ekspəgeɪt/ tr. espurgare.

exquisite /'ekskwɪzɪt, ɪk'skwɪzɪt/ agg. **1** *(lovely, perfect)* [*manners, tact*] squisito; [*face*] dalle fattezze delicate; [*object*] raffinato, ricercato; [*setting, precision*] mirabile; ***she has ~ taste*** ha un gusto squisito **2** *(intense)* [*pain*] acuto, intenso; [*pleasure*] vivo.

exquisitely /ek'skwɪzɪtlɪ/ avv. [*dressed, written*] in modo squisito, raffinato.

ex-serviceman /ˌeks'sɜːvɪsmən/ n. (pl. **ex-servicemen**) ex militare m.

ex-servicewoman /ˌeks'sɜːvɪswʊmən/ n. (pl. **ex-servicewomen**) ex militare m.

extant /ek'stænt, AE 'ekstənt/ agg. *(surviving)* ancora esistente.

extemporaneous /ɪkˌstempə'reɪnɪəs/, **extemporary** /ɪk'stempərərɪ, AE -əreri/ agg. estemporaneo.

extempore /ek'stempərɪ/ **I** agg. estemporaneo **II** avv. estemporaneamente.

extemporize /ɪk'stempəraɪz/ tr. e intr. improvvisare.

extend /ɪk'stend/ **I** tr. **1** *(enlarge)* ampliare [*house*]; allungare, prolungare [*runway*]; ampliare [*knowledge, vocabulary*]; estendere, ampliare [*range*] **2** *(prolong)* prolungare [*visit, visa*]; dilazionare [*loan*]; prorogare [*contract*]; protrarre [*show*]; ***the deadline was ~ed by six months*** la scadenza fu spostata di sei mesi **3** *(stretch)* distendere [*arm, leg*]; ***to ~ one's hand*** *(in greeting)* tendere la mano **4** FORM. *(offer)* presentare [*congratulations*]; accordare [*credit, loan*]; fare [*invitation*] **II** intr. **1** *(stretch)* [*beach, forest, lake*] estendersi **2** *(last)* ***to ~ into September*** durare *o* protrarsi fino a settembre **3** *(reach)* ***to ~ beyond*** [*enthusiasm*] andare oltre, oltrepassare [*politeness*] **4** FIG. *(go as far as)* ***to ~ to doing*** arrivare a fare.

extendable /ɪk'stendəbl/ agg. **1** *(of adjustable length)* [*cable, ladder*] allungabile **2** *(renewable)* rinnovabile.

extended /ɪk'stendɪd/ **I** p.pass. → **extend II** agg. **1** [*premises*] ampliato, ingrandito; [*area*] esteso, vasto; [*family*] allargato **2** [*stay, contract, leave, sentence*] prolungato, prorogato, differito; [*credit*] dilazionato.

extension /ɪk'stenʃn/ n. **1** *(extra section)* *(of cable, table)* prolunga f.; *(of road)* prolungamento m.; ***the new ~ to the hospital*** la nuova ala dell'ospedale **2** TEL. *(appliance)* (apparecchio) interno m.; *(number)* (numero) interno m. **3** *(prolongation)* *(of visa, loan)* proroga f.; *(of deadline)* proroga f. **4** *(widening)* *(of powers, services)* ampliamento m.; *(of knowledge)* estensione f., ampliamento m.; *(of business)* allargamento m., ampliamento m.; ***by ~*** *(logically)* per estensione **5** *(in hairdressing)* extension f. **6** INFORM. estensione f.

extension ladder n. scala f. allungabile.

extension lead n. EL. prolunga f.

extensive /ɪk'stensɪv/ agg. **1** *(wide-ranging)* [*network, programme*] vasto; [*list*] lungo; [*tests*] ampio, approfondito; [*changes*] di vaste proporzioni; [*training*] completo; ***~ powers*** ampi poteri **2** *(wide)* [*forest*] vasto **3** *(substantial)* [*investment*] notevole, considerevole; [*damage, loss*] grave, considerevole; [*flooding*] di vaste proporzioni; [*burns*] esteso; ***we make ~ use of*** facciamo ampio uso di **4** AGR. estensivo.

extensively /ɪk'stensɪvlɪ/ avv. [*correct*] complessivamente; [*quote*] ampiamente; [*read*] moltissimo.

extensor /ɪk'stensə(r)/ n. (muscolo) estensore m.

extent /ɪk'stent/ n. **1** *(size)* *(of park)* estensione f.; *(of problem)* vastità f.; ***to open to its full ~*** aprirsi completamente **2** *(amount)* *(of damage, knowledge)* vastità f.; *(of influence)* estensione f., ampiezza f.; *(of involvement)* ampiezza f. **3** *(degree)* misura f.; ***to what ~...?*** in quale misura...? fino a che punto...? ***to a certain*** o ***to some ~*** in una certa misura, fino a un certo punto; ***to a great ~*** in larga misura; ***to the ~ that*** nella misura in cui; ***he did not participate to any great ~*** non partecipò granché.

extenuate /ɪk'stenjʊeɪt/ tr. attenuare.

extenuating /ɪk'stenjʊeɪtɪŋ/ agg. ***~ circumstances*** circostanze attenuanti.

extenuation /ɪkˌstenjʊ'eɪʃn/ n. **1** attenuazione f. **2** DIR. attenuante f.

exterior /ɪk'stɪərɪə(r)/ **I** agg. esterno (**to** a), esteriore; ***~ decorating*** decorazioni esterne; ***for ~ use*** *(paint)* per esterni **II** n. esterno m.; ***on the ~*** all'esterno.
exterminate /ɪk'stɜːmɪneɪt/ tr. eliminare [*vermin*]; sterminare [*people, race*].
extermination /ɪkˌstɜːmɪ'neɪʃn/ n. *(of vermin)* eliminazione f., disinfestazione f.; *(of people, race)* sterminio m.
extermination camp n. campo m. di sterminio.
external /ɪk'stɜːnl/ agg. **1** *(outer)* [*appearance*] esteriore; [*world*] esterno; [*surface, injury*] esterno; ***"for ~ use only"*** "solo per uso esterno" **2** *(from outside)* [*influence, call*] esterno **3** UNIV. [*examiner*] esterno **4** *(foreign)* [*affairs, debt*] estero **5** INFORM. esterno.
externalize /ɪk'stɜːnəlaɪz/ tr. esternare.
externally /ɪk'stɜːnəlɪ/ avv. *(on the outside)* [*calm, healthy*] apparentemente; ***in good condition ~*** apparentemente in buone condizioni.
externals /ɪk'stɜːnlz/ n.pl. apparenze f.
extinct /ɪk'stɪŋkt/ agg. **1** *(dead)* [*species, animal, plant*] estinto; ***to become ~*** [*species, animal, plant*] estinguersi **2** *(extinguished)* [*volcano*] spento, estinto; [*passion*] spento, morto.
extinction /ɪk'stɪŋkʃn/ n. estinzione f.
extinguish /ɪk'stɪŋgwɪʃ/ tr. estinguere, spegnere [*fire*]; annientare [*hope*].
extinguisher /ɪk'stɪŋgwɪʃə(r)/ n. estintore m.
extol BE, **extoll** AE /ɪk'stəʊl/ tr. (forma in -ing ecc. **-ll-**) celebrare [*person*]; decantare [*deeds, merits*]; esaltare [*performance*]; magnificare [*system*].
extort /ɪk'stɔːt/ tr. estorcere [*money*] (**from** a); strappare [*promise*] (**from** a); ***he ~ed a signature from him*** lo costrinse a firmare.
extortion /ɪk'stɔːʃn/ n. DIR. estorsione f.
extortionate /ɪk'stɔːʃənət/ agg. esorbitante.
extra /'ekstrə/ **I** agg. [*staff*] supplementare; [*expense*] extra, addizionale, aggiuntivo; [*hour*] supplementare, in più; ***to cost an ~ £ 1,000*** costare 1.000 sterline in più; ***postage is ~*** le spese di spedizione sono extra *o* escluse *o* a parte **II** avv. ***to be ~ kind*** essere ancora più gentile (del solito); ***that model costs ~*** quel modello costa di più; ***you have to pay ~*** c'è un supplemento da pagare **III** n. **1** *(charge)* extra m., supplemento m.; ***there are no hidden ~s*** non ci sono spese aggiuntive non dichiarate **2** *(feature)* accessorio m. opzionale, optional m.; ***the sunroof is an ~*** il tettuccio apribile è un optional; ***the little ~s in life*** *(luxuries)* i piccoli lussi della vita **3** CINEM. TEATR. comparsa f.
extra charge n. maggiorazione f. (di prezzo), sovrapprezzo m., supplemento m.; ***at no ~*** senza maggiorazione di prezzo.
1.extract /'ekstrækt/ n. estratto m. (**from** di); ***vanilla ~*** essenza di vaniglia.
2.extract /ɪk'strækt/ tr. **1** *(pull out)* estrarre [*tooth, bullet*]; estrarre, tirare fuori [*wallet, object*] **2** FIG. *(obtain)* strappare [*confession, promise*] (**from** a); ricavare [*money, energy, heat*]; ***to ~ money from sb.*** spillare denaro a qcn. **3** CHIM. estrarre [*mineral, oil*].
extraction /ɪk'strækʃn/ n. **1** estrazione f. **2** *(origin)* estrazione f., origine f.; ***of Italian ~*** di origine italiana.
extractor /ɪk'stræktə(r)/ n. estrattore m.
extractor fan n. aspiratore m.
extra-curricular /ˌekstrəkə'rɪkjʊlə(r)/ agg. SCOL. UNIV. extracurricolare.
extradite /'ekstrədaɪt/ tr. estradare.
extradition /ˌekstrə'dɪʃn/ n. estradizione f.
extra-dry /ˌekstrə'draɪ/ agg. [*sherry, wine*] molto secco; [*champagne*] brut.
extra-fast /ˌekstrə'fɑːst, AE -'fæst/ agg. extrarapido.
extra-fine /ˌekstrə'faɪn/ agg. extrafino.
extra-large /ˌekstrə'lɑːdʒ/ ➧ *28* agg. [*pullover, shirt, coat*] extra-large; ***an ~ tin*** una maxilattina.
extramarital /ˌekstrə'mærɪtl/ agg. extraconiugale.
extra-mural /ˌekstrə'mjʊərəl/ agg. **1** BE UNIV. [*course, lecture*] libero **2** AE SCOL. ***~ sports*** incontri (sportivi) interistituto.
extraneous /ɪk'streɪnɪəs/ agg. *(not essential)* [*issue, considerations*] estraneo, non pertinente; [*detail, information*] non pertinente.
extraordinary /ɪk'strɔːdnrɪ, AE -dənerɪ/ agg. **1** *(exceptional)* [*person, ability*] straordinario **2** *(peculiar)* straordinario, incredibile; ***to go to ~ lengths*** fare cose incredibili **3** *(special)* [*meeting, session*] straordinario.
extrapolate /ɪk'stræpəleɪt/ tr. estrapolare (anche MAT.).
extrapolation /ɪkˌstræpə'leɪʃn/ n. estrapolazione f.
extrasensory /ˌekstrə'sensərɪ, AE -sɔːrɪ/ agg. extrasensoriale.
extra-special /ˌekstrə'speʃl/ agg. eccezionale.
extra-strong /ˌekstrə'strɒŋ, AE -'strɔːŋ/ agg. [*coffee*] ristretto; [*paper*] extrastrong; [*disinfectant, weed killer*] extraforte.
extraterrestrial /ˌekstrətə'restrɪəl/ **I** agg. extraterrestre **II** n. extraterrestre m. e f.
extraterritorial /ˌekstrəˌterɪ'tɔːrɪəl/ agg. extraterritoriale.
extra time n. SPORT tempo m. supplementare; ***to go into, play ~*** andare ai, giocare i tempi supplementari.
extravagance /ɪk'strævəgəns/ n. **1** U SPREG. *(prodigality)* prodigalità f. (eccessiva), sperpero m. **2** *(luxury)* lusso m. **3** U *(of behaviour, claim)* stravaganza f., eccesso m.
extravagant /ɪk'strævəgənt/ agg. **1** [*person*] (eccessivamente) prodigo, sprecone; [*way of life*] dispendioso; ***to be ~ with sth.*** sperperare *o* sprecare qcs. **2** *(luxurious)* [*dish*] sontuoso **3** [*idea, behaviour*] stravagante.
extravagantly /ɪk'strævəgəntlɪ/ avv. **1** [*furnished, decorated*] sfarzosamente **2** [*praise, claim*] sperticatamente.
extravaganza /ɪkˌstrævə'gænzə/ n. TEATR. grande spettacolo m.; SPORT grande evento m.
extreme /ɪk'striːm/ **I** agg. **1** *(as intensifier)* estremo; ***to have ~ difficulty doing*** incontrare estrema difficoltà nel fare **2** *(outside normal range)* [*case, measure, reaction*] estremo; [*view*] estremista; ***Cubism at its most ~*** cubismo nella sua forma più estrema; ***on the ~ right, left*** all'estrema destra, sinistra; ***to go to ~ lengths to do*** spingersi a limiti estremi per fare; ***to be ~ in one's views*** avere delle posizioni estremiste **3** *(furthest, highest, lowest etc.)* [*heat, edge*] estremo; ***in the ~ north, south*** all'estremo nord, sud **II** n. estremo m.; ***to go from one ~ to the other*** andare *o* passare da un estremo all'altro; ***to withstand ~s of temperature*** resistere a temperature estreme; ***to take, carry sth. to ~s*** portare, spingere qcs. all'estremo; ***to go to ~s*** andare agli estremi; ***to be driven to ~s*** essere spinto all'estremo; ***to go to any ~*** non fermarsi davanti a niente; ***naïve in the ~*** estremamente ingenuo.
extremely /ɪk'striːmlɪ/ avv. estremamente; ***to do ~ well*** riuscire benissimo *o* estremamente bene.
extreme sports n.pl. sport m. estremi.
extremism /ɪk'striːmɪzəm/ n. estremismo m.
extremist /ɪk'striːmɪst/ **I** agg. estremista **II** n. estremista m. e f.
extremity /ɪk'streməti/ n. **1** *(furthest point)* estremità f. (anche FIG.) **2** *(of body)* estremità f. **3** *(extremeness)* grado m. estremo **4** *(dire situation)* situazione f. estrema, caso m. disperato; ***to do sth. in ~*** fare qcs. in extremis; ***to be reduced to extremities*** essere ridotto in condizioni disperate.
extricate /'ekstrɪkeɪt/ **I** tr. *(from trap, net)* districare; *(from situation)* liberare **II** rifl. ***to ~ oneself from*** districarsi da [*place*]; sciogliersi da [*embrace*]; liberarsi da [*situation*].
extrication /ˌekstrɪ'keɪʃn/ n. *(from situation)* liberazione f.
extrovert /'ekstrəvɜːt/ **I** agg. estroverso **II** n. estroverso m. (-a).
extrude /ɪk'struːd/ tr. **1** *(force out)* fare uscire [*glue, toothpaste*] **2** IND. estrudere [*metal, plastic*].
extrusion /ɪk'struːʒn/ n. estrusione f.
exuberance /ɪg'zjuːbərəns, AE -'zuː-/ n. esuberanza f.
exuberant /ɪg'zjuːbərənt, AE -'zuː-/ agg. esuberante.
exude /ɪg'zjuːd, AE -'zuːd/ tr. **1** *(radiate)* emanare [*charm*] **2** *(give off)* trasudare, emettere [*sap*]; emanare [*smell*].
exult /ɪg'zʌlt/ intr. ***to ~ at*** o ***in sth.*** esultare per qcs.
exultant /ɪg'zʌltənt/ agg. [*tone*] esultante; [*cry*] di esultanza; ***to be ~*** essere esultante *o* esultare.
exultantly /ɪg'zʌltəntlɪ/ avv. con esultanza.
exultation /ˌegzʌl'teɪʃn/ n. esultanza f.
ex-wife /ˌeks'waɪf/ n. (pl. **ex-wives**) ex moglie f.
ex-works /ˌeks'wɜːks/ agg. [*price, value*] franco fabbrica.
1.eye /aɪ/ ➧ *2* **I** n. **1** ANAT. occhio m.; ***with blue ~s*** con gli *o* dagli occhi blu; ***to lower one's ~s*** abbassare gli occhi; ***in front***

of o ***before your (very) ~s*** davanti *o* sotto ai tuoi stessi occhi; ***to the untrained ~*** per l'occhio non allenato; ***to see sth. with one's own ~s*** vedere qcs. con i propri occhi; ***keep your ~s on the road!*** guarda la strada! ***to keep an ~ on sth., sb.*** tenere d'occhio qcs., qcn.; ***under the watchful ~ of sb.*** sotto lo sguardo vigile di qcn.; ***to have one's ~ on sb., sth.*** *(watch)* tenere d'occhio qcn., qcs.; *(desire)* mettere gli occhi addosso a [*person*]; mettere gli occhi su [*dress, car*]; *(lust after)* mangiarsi con gli occhi [*person*]; *(aim for)* mirare a [*job*]; ***with an ~ to doing*** pensando di fare *o* con l'intenzione di fare; ***to keep one*** o ***half an ~ on sth., sb.*** tenere un occhio su qcs., qcn.; ***to run one's ~ over sth.*** dare una scorsa a qcs.; ***to catch sb.'s ~*** attirare l'attenzione di qcn.; ***to close*** o ***shut one's ~s*** chiudere gli occhi; ***to close*** o ***shut one's ~s to sth.*** FIG. chiudere gli occhi di fronte a qcs.; ***to open one's ~s*** aprire gli occhi; ***to open sb.'s ~s to sth.*** FIG. aprire gli occhi a qcn. su qcs.; ***to do sth. with one's ~s open*** FIG. fare qcs. in tutta consapevolezza; ***to go around with one's ~s shut*** non accorgersi di niente, avere gli occhi foderati di prosciutto COLLOQ.; ***to keep an ~ out*** o ***one's ~s open for sb., sth.*** tenere gli occhi aperti per trovare qcn., qcs.; ***as far as the ~ can see*** fin dove arriva l'occhio, a perdita d'occhio; ***I've got ~s in my head!*** ce li ho gli occhi per vedere! non sono mica cieco! ***use your ~s!*** ma sei cieco? ***she couldn't take her ~s off him*** non riusciva a togliergli gli occhi di dosso **2** *(opinion)* ***in the ~s of the law*** agli occhi della legge; ***in his ~s...*** ai suoi occhi... **3** *(flair)* ***to have a good ~*** avere buon occhio; ***to have an ~ for*** avere occhio per [*detail, colour*]; essere un buon conoscitore di [*antiques*] **4** SART. *(hole in needle)* cruna f.; *(to attach hook to)* occhiello m. **5** *(on potato)* occhio m., gemma f. **6** *(on peacock's tail)* occhio m., ocello m. **7** METEOR. *(of hurricane, storm)* occhio m.; ***the ~ of the storm*** l'occhio del ciclone (anche FIG.) **II** modif. [*operation, trouble*] agli occhi; [*muscle, tissue*] dell'occhio, oculare; [*ointment, lotion*] per gli occhi **III -eyed** agg. in composti ***blue~d*** dagli *o* con gli occhi blu ♦ ***to be all ~s*** essere tutt'occhi; ***to be in it up to one's ~s*** esserci dentro fino al collo; ***to be up to one's ~s in*** essere sommerso da [*mail, work*]; ***to be up to one's ~s in debt*** essere indebitato fin sopra ai capelli; ***an ~ for an ~*** occhio per occhio; ***it was one in the ~ for him*** se l'è meritato; ***to have ~s in the back of one's head*** avere cento occhi; ***to make ~s at sb., to give sb. the glad ~*** fare gli occhi dolci a qcn.; ***to see ~ to ~ with sb. (about sth.)*** vedere le cose allo stesso modo di qcn. (su qcs.).

2.eye /aɪ/ tr. **1** *(look at)* guardare (fisso), fissare [*person, object*]; ***to ~ sth., sb. with suspicion*** squadrare qcs., qcn. con sospetto **2** COLLOQ. *(ogle)* → **eye up**.

■ **eye up** COLLOQ. **~ [sb.] up, ~ up [sb.]** tenere d'occhio, osservare.

■ **eye up and down: ~ [sb.] up and down** *(suspiciously)* squadrare dall'alto in basso; *(appreciatively)* mangiare con gli occhi.

eyeball /ˈaɪbɔːl/ n. bulbo m., globo m. oculare; ***to be ~ to ~ with sb.*** essere ai ferri corti con qcn.

eye bank n. banca f. degli occhi.

eyebath /ˈaɪbɑːθ, AE -bæθ/ n. occhiera f.

eyebrow /ˈaɪbraʊ/ n. sopracciglio m.; ***to raise one's*** o ***an ~*** *(in surprise, disapproval)* alzare *o* inarcare le sopracciglia; ***to raise a few ~s*** suscitare il disappunto di più di una persona.

eyebrow pencil n. COSMET. matita f. per le sopracciglia.

eye candy n. **1** INFORM. GERG. immagine f. frattale **2** COLLOQ. *(man)* bellone m.; *(woman)* bellona f.

eye-catching /ˈaɪˌkætʃɪŋ/ agg. [*design*] vistoso, appariscente; [*advertisement, headline*] che cattura lo sguardo.

eye contact n. scambio m. di sguardi; ***to make ~ with sb.*** cercare lo sguardo di qcn.; *(accidentally)* incrociare lo sguardo di qcn.

eyedrops /ˈaɪdrɒps/ n.pl. collirio m.sing.

eyeful /ˈaɪfʊl/ n. **1** *(amount)* ***to get an ~ of*** riempirsi gli occhi di [*dust, sand*] **2** COLLOQ. *(good look)* ***to get an ~ (of sth.)*** dare una (bella) occhiata (a qcs.).

eyeglass /ˈaɪglɑːs, AE -glæs/ **I** n. *(monocle)* monocolo m. **II eyeglasses** n.pl. AE occhiali m. (da vista).

eye hospital n. ospedale m. oftalmico.

eyelash /ˈaɪlæʃ/ n. ciglio m.

eyelet /ˈaɪlɪt/ n. occhiello m.

eye level I n. ***at ~*** all'altezza degli occhi **II eye-level** agg. [*display, shelf*] all'altezza degli occhi.

eyelid /ˈaɪlɪd/ n. palpebra f.

eyeliner /ˈaɪˌlaɪnə(r)/ n. COSMET. eye-liner m.

eye make-up n. COSMET. trucco m. per gli occhi.

eye mask n. **1** mascherina f. per gli occhi **2** COSMET. maschera f. contorno occhi.

eye-opener /ˈaɪəʊpnə(r)/ n. COLLOQ. *(revelation)* rivelazione f.; ***the trip was a real ~ for him*** il viaggio gli ha (veramente) aperto gli occhi.

eye-patch /ˈaɪˌpætʃ/ n. benda f. (su un occhio).

eye pencil n. matita f. (per gli occhi).

eyepiece /ˈaɪpiːs/ n. oculare m.

eyeshade /ˈaɪʃeɪd/ n. visiera f.

eye shadow n. COSMET. ombretto m.

eyesight /ˈaɪsaɪt/ n. vista f., capacità f. visiva; ***to have good, poor ~*** avere, non avere la vista buona.

eyesore /ˈaɪsɔː(r)/ n. ***to be an ~*** essere un pugno in un occhio.

eye strain n. affaticamento m. oculare.

eye test n. esame m. della vista.

eyetooth /ˈaɪtuːθ/ n. (pl. **-teeth**) MED. canino m. superiore ♦ ***I'd give my eyeteeth for that job*** darei un occhio della testa per quel lavoro.

eyewash /ˈaɪwɒʃ/ n. **1** MED. collirio m. **2** FIG. *(nonsense)* fumo m. negli occhi, fandonie f.pl.

eyewitness /ˈaɪwɪtnɪs/ n. testimone m. e f. oculare.

eyrie, eyry /ˈeərɪ, ˈaɪərɪ/ n. nido m. d'aquila.

Ezra /ˈezrə/ n.pr. Esdra.

f

f, F /ef/ n. **1** *(letter)* f, F m. e f. **2 F** MUS. fa m. **3 F** ⇒ Fahrenheit Fahrenheit (F).

fa /fɑː/ n. MUS. fa m.

FA n. BE (⇒ Football Association) = federazione calcistica britannica, corrispondente alla FIGC italiana.

FAA n. AE (⇒ Federal Aviation Administration) = ente aeronautico federale.

fab /fæb/ agg. BE COLLOQ. (accorc. fabulous) favoloso.

Fabius /ˈfeɪbɪəs/ n.pr. Fabio.

fable /ˈfeɪbl/ n. **1** *(moral tale)* favola f.; *(legend)* leggenda f. **2** *(lie)* fandonia f., frottola f.

fabled /ˈfeɪbld/ agg. leggendario.

fabric /ˈfæbrɪk/ n. *(cloth)* stoffa f., tessuto m.; *(of building)* struttura f.; ***the ~ of society*** FIG. il tessuto sociale.

fabricate /ˈfæbrɪkeɪt/ tr. fabbricare, inventare [*story, excuse*]; falsificare [*document*].

fabrication /ˌfæbrɪˈkeɪʃn/ n. **1** *(lie)* fandonia f., menzogna f.; ***that's pure*** o ***complete ~*** è pura invenzione **2** *(of document)* falsificazione f.

Fabricius /fəˈbrɪʃɪəs/ n.pr. Fabrizio.

fabric conditioner, **fabric softener** n. ammorbidente m.

fabulous /ˈfæbjʊləs/ **I** agg. COLLOQ. favoloso **II** inter. COLLOQ. fantastico.

fabulously /ˈfæbjʊləslɪ/ avv. [*beautiful*] magnificamente; [*expensive*] incredibilmente; ***to be ~ successful*** avere un successo straordinario.

façade, **facade** /fəˈsɑːd/ n. facciata f. (anche FIG.).

1.face /feɪs/ ➧ **2 I** n. **1** *(of person)* faccia f., viso m., volto m.; *(of animal)* muso m.; ***to punch sb. in the ~*** dare un pugno in faccia a qcn.; ***to slam the door in sb.'s ~*** sbattere la porta in faccia a qcn. (anche FIG.); ***to look sb. in the ~*** guardare qcn. in faccia (anche FIG.); ***I told him to his ~ that he was lazy*** gli dissi in faccia che era pigro; ***~ up, down*** a faccia in su, in giù **2** *(expression)* aria f.; ***a long ~*** un muso lungo; ***to pull*** o ***make a ~*** fare le smorfie *o* boccacce **3** FIG. *(outward appearance)* ***to change the ~ of*** cambiare il volto di [*industry*]; ***the changing ~ of Europe*** il volto dell'Europa che cambia; ***on the ~ of it, it sounds easy*** a prima vista, sembra facile **4** *(dignity)* ***to lose, save ~*** perdere, salvare la faccia **5** *(surface) (of clock, watch)* quadrante m.; *(of planet, gem, dice, coin, playing card)* faccia f.; *(of cliff, mountain, rock)* parete f.; *(of document)* recto m.; ***to disappear*** o ***vanish off the ~ of the earth*** COLLOQ. sparire dalla faccia della terra **II -faced** agg. in composti ***sad~-d*** dalla *o* con la faccia triste ♦ ***to set one's ~ against sb., sth.*** opporsi fermamente a qcn., qcs.; ***to have the ~ to do*** BE COLLOQ. avere la faccia tosta di fare.

2.face /feɪs/ **I** tr. **1** *(look towards)* [*person*] stare, essere di fronte a [*audience*]; [*room*] dare su [*park, beach*]; ***to ~ north*** [*person*] guardare a nord; [*building*] essere rivolto verso nord; ***facing our house, there is...*** di fronte alla nostra casa, c'è... **2** *(confront)* affrontare, fare fronte a [*challenge, crisis*]; dover pagare [*fine*]; essere prossimo a, essere sull'orlo di [*redundancy, ruin*]; trovarsi di fronte a, dover fare [*choice*]; fronteggiare, trovarsi di fronte a [*rival, team*]; ***to be ~d with*** trovarsi di fronte a [*problem, decision*]; ***to ~ sb. with*** mettere qcn. di fronte a [*truth, evidence*] **3** *(acknowledge)* ***~ the facts*** guarda in faccia la realtà; ***let's ~ it, ...*** parliamoci chiaro, ... **4** *(tolerate prospect)* ***I can't ~ him, doing*** non ce la faccio a vederlo, a fare; ***he couldn't ~ the thought of eating*** non sopportava l'idea di mangiare **5** *(run the risk of)* rischiare [*fine, suspension*]; ***to ~ doing*** rischiare di fare **6** ING. rivestire, ricoprire [*façade, wall*] (**with** di) **7** TIP. [*photo, etc.*] essere di fronte a [*page*] **II** intr. **1** ***to ~ towards*** [*person*] guardare *o* essere rivolto verso; [*chair*] essere girato *o* rivolto verso; [*window, house*] dare su [*garden*]; ***to ~ forward*** guardare avanti (a sé); ***to ~*** o ***be facing backwards*** voltare la schiena, essere di spalle; ***to be facing up, down*** essere a faccia in su, in giù **2** MIL. ***about ~!*** dietro front! ***left ~!*** fronte a sinistr!

■ **face up: ~ *up to [sth.], [sb.]*** affrontare [*problem, person*].

face card n. AE *(in cards)* figura f.

facecloth /ˈfeɪsˌklɒθ, AE -ˌklɔːθ/ n. BE piccolo asciugamano m. per il viso.

faceless /ˈfeɪslɪs/ agg. *(ordinary)* anonimo.

face-lift /ˈfeɪslɪft/ n. **1** COSMET. lifting m.; ***to have a ~*** farsi il lifting **2** FIG. restauro m.; ***to give sth. a ~*** restaurare, ristrutturare [*building, town centre*].

face-pack /ˈfeɪsˌpæk/ n. maschera f. di bellezza.

face powder n. cipria f.

face-saver /ˈfeɪsseɪvə(r)/ n. espediente m. per salvare la faccia.

face-saving /ˈfeɪsseɪvɪŋ/ agg. [*plan, solution*] che permette di salvare la faccia.

facet /ˈfæsɪt/ n. **1** *(of gemstone)* faccetta f. **2** *(of question, problem)* aspetto m., faccia f.; *(of personality)* sfaccettatura f., lato m.

facetious /fəˈsiːʃəs/ agg. [*remark*] faceto; ***she's being ~*** sta scherzando.

facetiousness /fəˈsiːʃəsnɪs/ n. scherzosità f.

face-to-face /ˌfeɪstəˈfeɪs/ **I** agg. ***a ~ meeting*** un (incontro) faccia a faccia **II face to face** avv. [*be seated*] faccia a faccia; ***to meet sb. face to face*** incontrarsi faccia a faccia con qcn.; ***to talk to sb. face to face*** parlare di persona con qcn.

face value n. **1** ECON. valore m. nominale **2** FIG. ***to take [sth.] at ~*** prendere alla lettera [*claim, compliment*]; ***to take sb. at ~*** giudicare qcn. in base alle apparenze.

facial /ˈfeɪʃl/ **I** agg. [*hair*] del viso; [*injury*] al viso; [*muscle, nerve*] facciale; ***~ expression*** espressione (del viso) **II** n. trattamento m., pulizia f. del viso.

facile /ˈfæsaɪl, AE ˈfæsl/ agg. **1** *(glib)* [*assumption*] superficiale; [*suggestion*] specioso **2** *(easy)* [*success*] facile.

facilitate /fəˈsɪlɪteɪt/ tr. facilitare [*progress, talks*]; favorire [*growth*].

facility /fəˈsɪlətɪ/ **I** n. **1** *(building)* impianto m., installazione f.; ***manufacturing ~*** complesso industriale; ***computer ~*** struttura informatica **2** *(ease)* facilità f. **3** *(ability)* facilità f., abilità f.; ***to have a ~ for*** avere facilità a imparare, essere portato per 4 *(feature)* funzione f.; ***spell-check ~*** funzione di controllo ortografico 5 AMM. COMM. ***credit ~*** facilitazioni di credito; ***"fax facilities available"*** "si fanno fax" **II** **facilities** n.pl. 1 *(equipment)* attrezzature f.; ***leisure facilities*** attrezzature per il tempo libero; ***facilities for the disabled*** attrezzature *o* servizi per i disabili; ***to have cooking facilities*** essere dotato di cucina 2 *(infrastructure)* impianti m.; ***harbour facilities*** strutture portuali; ***sporting facilities*** impianti sportivi; ***postal facilities*** servizio postale 3 *(area)* ***changing facilities*** guardaroba; ***parking facilities*** (area di) parcheggio.

facing /ˈfeɪsɪŋ/ n. 1 ARCH. ING. rivestimento m. 2 SART. fodera f. 3 *(in fashion)* risvolto m., revers m.

facsimile /fækˈsɪməlɪ/ n. 1 facsimile m. 2 *(sculpture)* riproduzione f.

fact /fækt/ n. 1 *(accepted thing)* fatto m.; ***it is a ~ that*** è un fatto che; ***to know for a ~ that*** sapere per certo che; ***owing*** o ***due to the ~ that*** per il fatto che 2 U *(truth)* realtà f., verità f.; ***~ and fiction*** realtà e finzione; ***it is not speculation it is ~*** non è una supposizione, è vero; ***the story was presented as ~*** la storia fu presentata come un fatto realmente accaduto; ***to be based on ~*** essere basato su fatti reali 3 *(thing which really exists)* realtà f.; ***space travel is now a ~*** i viaggi spaziali sono ormai una realtà 4 ***in fact, as a matter of fact*** in effetti, effettivamente; *(when reinforcing point)* a dire il vero, veramente; *(when contrasting)* in realtà ♦ ***to know the ~s of life*** *(sex)* sapere come nascono i bambini; ***the ~s of life*** *(unpalatable truths)* la realtà della vita.

fact-finding /ˈfækt͵faɪndɪŋ/ agg. [*tour*] d'informazione, d'indagine; [*committe*] d'inchiesta.

1.faction /ˈfækʃn/ n. 1 *(group)* fazione f. 2 *(discord)* dissenso m.

2.faction /ˈfækʃn/ n. TELEV. film-verità m.; TEATR. teatro-verità m.

factional /ˈfækʃənl/ agg. [*leader, activity*] di una fazione; [*fighting, arguments*] tra fazioni.

factitious /fækˈtɪʃəs/ agg. fittizio.

factor /ˈfæktə(r)/ n. fattore m. (anche MAT.); ***common ~*** fattore comune; ***unknown ~*** incognita; ***protection ~*** *(of suntan lotion)* fattore *o* indice di protezione.

factory /ˈfæktərɪ/ n. fabbrica f.; ***shoe ~*** fabbrica di scarpe, calzaturificio; ***tobacco ~*** manifattura tabacchi; ***bomb ~*** fabbrica clandestina di bombe.

factory farming n. *(activity)* allevamento m. industriale.

factory floor n. *(place)* officina f.; *(workers)* operai m.pl.

factory inspector ➧ *27* n. ispettore m. del lavoro.

factory-made /ˈfæktərɪ͵meɪd/ agg. prodotto in fabbrica.

factory price n. prezzo m. di fabbrica.

factory ship n. factory ship f., nave f. fattoria.

factory unit n. unità f. di produzione (industriale).

factory worker ➧ *27* n. operaio m. (-a) (di fabbrica).

fact sheet n. bollettino m. d'informazione.

factual /ˈfæktʃʊəl/ agg. [*evidence*] reale, effettivo; [*account, description*] dei fatti, basato sui fatti; ***~ programme*** BE TELEV. RAD. reportage; ***~ error*** errore di fatto.

factually /ˈfæktʃʊəlɪ/ avv. [*incorrect*] relativamente ai fatti.

faculty /ˈfækltɪ/ n. 1 *(ability)* facoltà f. (**of, for** di; **for doing** di fare); ***critical faculties*** capacità critica 2 BE UNIV. facoltà f. 3 AE UNIV. SCOL. *(staff)* corpo m. insegnante.

fad /fæd/ n. *(craze)* moda f. (passeggera), mania f. (**for** di); *(whim)* pallino m., mania f.

faddish /ˈfædɪʃ/, **faddy** /ˈfædɪ/ agg. BE [*person*] difficile, schizzinoso (**about** in); ***she's a ~ eater*** è difficile nel mangiare.

fade /feɪd/ **I** tr. [*light*] sbiadire, scolorire [*curtains*] **II** intr. 1 *(get lighter)* [*fabric*] scolorire, scolorirsi, stingere, stingersi; [*colour*] stingere; [*lettering, typescript*] cancellarsi 2 *(wither)* [*flowers*] appassire, avvizzire 3 *(disappear)* [*image, drawing*] sbiadire, svanire; [*sound*] affievolirsi; [*light*] abbassarsi, calare; [*smile, memory*] svanire, cancellarsi; [*interest, hope*] svanire, venire meno; [*excitement*] smorzarsi; ***to ~ into the background*** confondersi con lo sfondo; FIG. passare in secondo piano.

▪ **fade away** [*sound*] smorzarsi; [*sick person*] deperire, spegnersi.

▪ **fade in:** ***~ [sth.] in*** alzare (gradualmente) [*sound, voice*]; fare apparire in dissolvenza [*image*]; aprire in dissolvenza [*scene*].

▪ **fade out:** ***~ out*** [*speaker, scene*] svanire in dissolvenza; ***~ [sth.] out*** CINEM. fare svanire in dissolvenza [*picture, scene*].

faded /ˈfeɪdɪd/ **I** p.pass. → **fade II** agg. [*colour, photo, wallpaper*] sbiadito; [*clothing, carpet*] scolorito, stinto; [*glory*] passato; [*flower, beauty*] appassito, avvizzito; [*writing, lettering*] (quasi) cancellato.

fade-in /ˈfeɪdɪn/ n. CINEM. TELEV. dissolvenza f.; RAD. inserzione f. graduale.

fade-out /ˈfeɪdaʊt/ n. CINEM. TELEV. dissolvenza f.; RAD. disinserzione f. graduale.

faeces, feces AE /ˈfiːsiːz/ n.pl. feci f.

faff about, faff around intr. BE COLLOQ. ciondolare, gingillarsi.

fag /fæg/ n. 1 COLLOQ. *(cigarette)* cicca f. 2 BE COLLOQ. *(nuisance)* lavoraccio m.

fag end n. 1 COLLOQ. *(cigarette)* cicca f., mozzicone m. 2 FIG. *(of material)* rimasuglio m.; *(of decade, conversation)* fine f., ultima parte f.

faggot /ˈfægət/ n. 1 *(meatball)* = grossa polpetta di carne e interiora, specialmente di maiale 2 *(firewood)* fascina f.

fah /fɑː/ n. MUS. fa m.

1.fail /feɪl/ n. 1 *(in an examination)* bocciatura f.; *(mark)* insufficienza f. 2 **without fail** [*arrive, do*] certamente, sicuramente; [*happen*] a colpo sicuro, immancabilmente.

2.fail /feɪl/ **I** tr. 1 essere bocciato a, non passare [*exam, driving test*]; essere bocciato in [*subject*]; bocciare, respingere [*candidate, pupil*] 2 *(omit)* ***to ~ to do*** mancare di fare; ***to ~ to keep one's word*** mancare di parola; ***it never ~s to work*** funziona sempre; ***to ~ to mention that...*** dimenticare di dire che... 3 *(be unable)* ***to ~ to do*** non riuscire a fare; ***one could hardly ~ to notice that*** non si poteva fare a meno di notare che 4 *(let down)* abbandonare [*friend*]; venir meno agli impegni presi nei confronti di [*person, nation*]; [*courage*] venir meno a, abbandonare [*person*]; [*memory*] tradire [*person*]; ***words ~ me!*** sono senza parole! mi mancano le parole! **II** intr. 1 *(be unsuccessful)* [*exam candidate*] essere bocciato, respinto; [*attempt, plan*] fallire; ***to ~ in one's duty*** venir meno al proprio dovere; ***if all else ~s*** se tutto il resto dovesse andar male 2 *(weaken)* [*eyesight*] abbassarsi, indebolirsi; [*health*] peggiorare; [*person*] deperire; [*light*] abbassarsi, smorzarsi 3 *(not function)* [*brakes*] guastarsi; [*engine*] fermarsi, guastarsi; [*power*] mancare, essere interrotto; [*water supply*] mancare 4 AGR. [*crop*] essere scarso 5 *(go bankrupt)* fallire 6 MED. [*heart*] arrestarsi; ***his kidneys ~ed*** ha avuto un blocco renale.

failed /feɪld/ **I** p.pass. → **2.fail II** agg. [*actor, writer*] mancato, fallito; [*project*] fallito.

failing /ˈfeɪlɪŋ/ **I** n. debolezza f., manchevolezza f. **II** agg. ***she has ~ eyesight*** le si sta indebolendo la vista; ***to be in ~ health*** non essere in buona salute **III** prep. ***~ that, ~ this*** se no, in caso contrario, altrimenti.

failure /ˈfeɪljə(r)/ n. 1 *(lack of success)* fallimento m., insuccesso m.; ECON. fallimento m.; ***his ~ to understand the problem*** la sua mancata comprensione del problema 2 *(unsuccessful person)* fallito m. (-a), incapace m. e f.; *(unsuccessful event)* insuccesso m., fiasco m.; ***he is a ~ as a teacher*** come insegnante è un disastro; ***to be a ~ at tennis*** essere una frana a tennis 3 *(breakdown) (of engine, machine)* guasto m.; MED. *(of organ)* arresto m., blocco m.; ***power ~*** interruzione di corrente 4 AGR. ***crop ~*** cattivo raccolto 5 *(omission)* ***~ to keep a promise*** il mancare a una promessa; ***~ to comply with the rules*** inosservanza delle regole *o* del regolamento; ***~ to pay*** mancato pagamento.

fain /feɪn/ avv. ANT. con piacere, volentieri.

1.faint /feɪnt/ agg. 1 *(slight, weak)* [*smell, breeze, accent*] lieve, leggero; [*sound*] lieve; [*voice, protest*] debole; [*markings*] appena visibile; [*recollection*] vago; [*chance*] minimo; ***I haven't the ~est idea*** non ne ho la più pallida idea 2 *(dizzy)* ***to feel ~*** sentirsi debole, svenire.

2.faint /feɪnt/ n. svenimento m., mancamento m.; ***to fall into a ~*** svenire.

3.faint /feɪnt/ intr. svenire; *(more seriously)* avere una sincope (**from** per, a causa di).

fainthearted /ˌfeɪnt'hɑːtɪd/ **I** agg. [*attempt*] timido **II** n. ***the*** ~ + verbo pl. *(cowardly)* i codardi, i pavidi; *(oversensitive)* i timidi.
fainting fit n. svenimento m.
faintly /'feɪntlɪ/ avv. [*glisten, smile*] debolmente; [*breathe*] appena; [*coloured*] leggermente, appena; [*disappointed*] leggermente.
faintness /'feɪntnɪs/ n. **1** *(of sound, cry)* debolezza f. **2** *(dizziness)* debolezza f., mancamento m.
1.fair /feə(r)/ n. *(market)* fiera f., mercato m.; *(funfair)* fiera f., luna park m., parco m. dei divertimenti; *(exhibition)* fiera f., salone m.; ***book*** ~ fiera del libro.
2.fair /feə(r)/ **I** agg. **1** *(just)* [*person, trial, wage*] giusto, equo (**to** verso, nei confronti di); [*comment, question, decision, point*] giusto, buono, lecito; [*competition*] leale, corretto; ***it's only ~ that he should go*** è più che giusto che vada; ***to give sb. a ~ deal*** o ***shake*** AE trattare qcn. in modo equo; ***to be ~ he did try to pay*** bisogna ammettere che provò a pagare; ***~'s ~*** quel che è giusto è giusto; ***it (just) isn't ~!*** non è giusto! ***~ enough!*** mi sembra giusto! va bene! **2** *(moderately good)* [*chance, condition, skill*] discreto, abbastanza buono; SCOL. discreto **3** *(quite large)* [*amount, number, size*] discreto, buono; ***to go at a ~ old pace*** o ***speed*** COLLOQ. andare di buon passo *o* a una certa velocità; ***he's had a ~ bit of luck*** COLLOQ. ha avuto un bel po' di fortuna **4** METEOR. *(fine)* [*weather*] bello, sereno; [*forecast*] buono; [*wind*] favorevole, a favore **5** *(light-coloured)* [*hair*] biondo; [*complexion, skin*] chiaro **6** LETT. *(beautiful)* [*lady, city*] bello; ***with her own ~ hands*** SCHERZ. con le sue belle manine; ***the ~ sex*** SCHERZ. il gentil sesso **II** avv. [*play*] lealmente, in modo corretto ♦ ***to be ~ game for sb.*** essere considerato una preda *o* un bersaglio legittimo da qcn.; ***~ and square*** onesto e leale; ***to win ~ and square*** vincere lealmente.
fair copy n. bella (copia) f.
fairground /'feəgraʊnd/ n. piazzale m. della fiera, fiera f.
fair-haired /ˌfeə'heəd/ agg. biondo, dai capelli biondi.
fairly /'feəlɪ/ avv. **1** *(quite, rather)* ***~ sure*** abbastanza *o* piuttosto sicuro **2** *(completely)* ***the house ~ shook*** la casa tremò letteralmente **3** *(justly)* [*obtain, win*] onestamente, lealmente; [*say*] onestamente.
fair-minded /ˌfeə'maɪndɪd/ agg. imparziale, giusto.
fairness /'feənɪs/ n. **1** *(justness) (of person)* correttezza f., onestà f.; *(of judgment)* imparzialità f.; ***in all ~*** in tutta onestà; ***in ~ to him, he did phone*** bisogna ammettere che ha telefonato **2** *(lightness) (of complexion)* bianchezza f., candore m.; *(of hair)* (l')essere biondo.
fair play n. fair play m.; ***to have a sense of ~*** giocare, comportarsi correttamente; ***to ensure ~*** fare rispettare le regole del gioco.
fair rent n. DIR. equo canone m.
fair-sized /ˌfeə'saɪzd/ agg. piuttosto grande.
fair-skinned /ˌfeə'skɪnd/ agg. dalla, con la pelle chiara.
fair trade n. **1** reciprocità f. commerciale **2** AE correttezza f. commerciale **3** *(with developing countries)* commercio m. equo e solidale.
fairway /'feəweɪ/ n. **1** *(in golf)* fairway m. **2** MAR. canale m. (navigabile).
fair-weather friend n. SPREG. ***he's a ~*** è un amico solo nei tempi buoni.
fairy /'feərɪ/ n. **1** *(magical being)* fata f. **2** POP. SPREG. checca f., frocio m.
fairy godmother n. fata f. buona; FIG. benefattrice f.
fairyland /'feərɪlænd/ n. paese m., regno m. delle fate.
fairy lights n.pl. BE decorazioni f. luminose.
fairy story n. → **fairy tale**.
fairy tale **I** n. **1** racconto m. di fate, fiaba f. **2** EUFEM. *(lie)* favola f., fandonia f. **II** modif. (anche **fairy-tale**, **fairytale**) [*romance*] da favola; [*princess*] delle favole.
faith /feɪθ/ n. **1** *(confidence)* fiducia f., fede f.; ***to have, put one's ~ in sb., sth.*** avere fiducia, riporre la propria fiducia in qcn., qcs.; ***good, bad ~*** buonafede, malafede **2** *(belief)* fede f.; ***the Christian ~*** la fede cristiana; ***people of all ~s*** gente di tutte le confessioni.
Faith /feɪθ/ n.pr. Fede.
faithful /'feɪθfl/ **I** agg. *(loyal, accurate)* fedele **II** n. ***the*** ~ + verbo pl. i fedeli (anche FIG.).
faithfully /'feɪθfəlɪ/ avv. **1** *(loyally, accurately)* fedelmente **2** *(in letter writing)* ***yours ~*** distinti saluti.
faithfulness /'feɪθflnɪs/ n. *(loyalty, accuracy)* fedeltà f.
faith healer n. guaritore m. (-trice).
faith healing n. = guarigione ottenuta per mezzo delle preghiere o della suggestione.
faithless /'feɪθlɪs/ agg. LETT. [*husband*] infedele; [*servant, friend*] infedele, sleale.
1.fake /feɪk/ **I** n. **1** *(jewel, etc.)* falso m. **2** *(person)* imbroglione m. (-a), truffatore m. (-trice) **II** agg. [*gem*] falso, finto; [*wood, granite*] finto; [*fur*] finto, sintetico; [*flower*] artificiale; [*smile*] falso; [*passport*] falso, contraffatto.
2.fake /feɪk/ tr. **1** *(falsify)* falsificare, contraffare [*signature, document*]; truccare [*election*]; *(pretend)* fingere, simulare [*emotion, illness*] **2** AE SPORT ***to ~ a pass*** fintare un passaggio.
fakir /'feɪkɪə(r), AE fə'kɪə(r)/ n. fachiro m.
falcon /'fɔːlkən, AE 'fæl-/ n. falcone m.
falconer /'fɔːlkənə(r), AE 'fæl-/ n. falconiere m.
falconry /'fɔːlkənrɪ, AE 'fæl-/ n. falconeria f.
Falklands /'fɔːkləndz/ ➧ ***12*** n.pr.pl. (anche **Falkland Islands**) ***the*** ~ le (isole) Falkland.
1.fall /fɔːl/ ➧ ***26*** **I** n. **1** *(of person, horse, rocks)* caduta f.; *(of snow, hail)* caduta f., rovescio m.; *(of axe, hammer)* colpo m.; ***to have a ~*** cadere, fare una caduta **2** *(in quantity, quality, degree)* diminuzione f., calo m.; *(more drastic)* crollo m. (**in** di); ***~ in value*** deprezzamento; ***to suffer a sharp ~*** [*currency*] subire un forte ribasso **3** *(of leader, town)* caduta f.; *(of regime, monarchy)* crollo m., caduta f.; *(of seat)* perdita f.; ***~ from grace*** o ***favour*** caduta in disgrazia, perdita del favore **4** AE *(autumn)* autunno m. **5** *(in pitch, intonation)* abbassamento m. **6** *(in wrestling)* schienata f.; *(in judo)* caduta f. **II** **falls** n.pl. cascata f.sing.
2.fall /fɔːl/ intr. (pass. **fell**; p.pass. **fallen**) **1** *(come down)* [*person, horse, rain, snow*] cadere; [*rocks, earth*] franare; ***to ~ 10 metres*** cadere per 10 metri; ***to ~ from*** o ***out of*** cadere da [*boat, hands, bag*]; ***to ~ off*** o ***from*** cadere da [*table, bike*]; ***to ~ in*** o ***into*** cadere in [*bath, river*]; ***to ~ down*** cadere in [*hole*]; cadere (giù) da [*stairs*]; ***to ~ on the floor*** cadere per terra; ***to ~ on one's back*** cadere sulla schiena; ***to ~ under*** cadere sotto [*table*]; finire sotto [*bus, train*]; ***to ~ through*** cadere attraverso [*ceiling, hole*]; ***to ~ through the air*** cadere nel vuoto; ***to ~ to the floor*** o ***ground*** cadere per terra **2** *(drop)* [*quality, standard*] diminuire; [*level, temperature, price, number*] scendere, diminuire; [*morale*] scendere; *(more dramatically)* crollare; ***to ~ (by)*** diminuire *o* scendere di [*percentage*]; ***to ~ to*** scendere a [*amount*]; ***to ~ below 5%, zero*** scendere sotto il 5%, lo zero **3** *(yield position)* cadere; ***to ~ from power*** perdere il potere; ***to ~ to*** cadere nelle mani di [*enemy*]; ***the seat fell to Labour*** il seggio è caduto in mano ai laburisti **4** EUFEM. *(die)* ***to ~ on the battlefield*** cadere sul campo di battaglia **5** FIG. *(descend)* [*night, silence, gaze*] cadere (**on** su); [*shadow*] cadere (**over** su); [*blame, suspicion*] ricadere, cadere (**on** su) **6** *(occur)* [*stress*] cadere (**on** su); ***Christmas ~s on a Monday*** Natale cade di lunedì; ***to ~ into, outside a category*** rientrare, non rientrare in una categoria **7** *(be incumbent on)* ***it ~s to sb. to do*** tocca a qcn. fare **8** *(throw oneself)* ***to ~ into bed*** lasciarsi cadere nel *o* crollare sul letto; ***to ~ to*** o ***on one's knees*** cadere in ginocchio; ***to ~ at sb.'s feet, on sb.'s neck*** gettarsi ai piedi, al collo di qcn. **9** *(become)* ***to ~ ill*** ammalarsi, cadere malato; ***to ~ asleep*** addormentarsi; ***to ~ in love with*** innamorarsi di ♦ ***did he ~ or was he pushed?*** SCHERZ. = l'ha fatto di sua spontanea volontà o è stato obbligato? ***the bigger you are*** o ***the higher you climb, the harder you ~*** più sali in alto (nella scala sociale), più ti fai male quando cadi; ***to stand or ~ on sth.*** = farsi giudicare in base a qcs., dipendere da qcs.
▪ **fall about** BE COLLOQ. ***to ~ about (laughing*** o ***with laughter)*** sbellicarsi dalle risa.
▪ **fall apart** [*bike, car, table*] cadere a pezzi; [*shoes*] rompersi; [*house*] cadere in rovina; [*marriage*] andare a pezzi.
▪ **fall away 1** [*paint, plaster*] staccarsi **2** [*ground*] digradare (**to** verso) **3** [*demand, support*] diminuire, calare.
▪ **fall back** indietreggiare, ritirarsi; MIL. ripiegare (**to** su).
▪ **fall back on:** ~ ***back on [sth.]*** fare ricorso a, ricorrere a [*savings, parents*].

■ **fall behind: ~ behind** [*country, student, work*] rimanere indietro; ***to ~ behind with*** BE o ***in*** AE rimanere indietro con [*work, project*]; rimanere indietro, essere in arretrato con [*payments, rent*]; **~ behind [sth., sb.]** farsi, lasciarsi superare da [*competitor*].
■ **fall down 1** [*person, poster*] cadere; [*wall, scaffolding*] crollare, venire giù **2** BE FIG. [*argument*] non reggere; ***to ~ down on*** cadere su [*question, obstacle*].
■ **fall for: ~ for [sth.]** cascare in [*trick*]; abboccare a [*story*]; **~ for [sb.]** prendersi una cotta per.
■ **fall in 1** [*wall, roof*] crollare, cedere **2** MIL. [*soldier*] mettersi in riga; [*soldiers*] rientrare nei ranghi; ***~ in!*** in riga!
■ **fall in with: ~ in with [sth., sb.] 1** *(get involved with)* mettersi a frequentare, unirsi a [*group*] **2** *(go along with)* adeguarsi a [*plans, action*] **3** *(be consistent with)* essere conforme a [*expectations*].
■ **fall off 1** [*person, hat*] cadere; [*label*] staccarsi **2** FIG. [*attendance, sales*] diminuire; [*quality*] peggiorare, scendere; [*curve on graph*] decrescere, scendere.
■ **fall on: ~ on [sth.]** gettarsi su [*food, treasure*]; **~ on [sb.]** attaccare [*enemy*].
■ **fall open** [*book*] aprirsi (casualmente); [*robe*] aprirsi.
■ **fall out 1** [*tooth, contact lens*] cadere **2** MIL. [*soldiers*] rompere le righe **3** COLLOQ. *(quarrel)* litigare, bisticciare (**over** per) **4** BE *(turn out)* accadere, succedere.
■ **fall over: ~ over** [*person*] cadere (per terra); [*object*] cadere a terra, rovesciarsi; **~ over [sth.]** inciampare su [*object*]; ***they were ~ing over themselves to buy shares*** facevano a pugni per comprare le azioni.
■ **fall through** [*plans, deal*] fallire, andare in fumo.
■ **fall to: ~ to** attaccare; **~ to doing** ricominciare a fare.
■ **fall upon** → **fall on.**

fallacious /fəˈleɪʃəs/ agg. fallace, ingannevole.

fallacy /ˈfæləsɪ/ n. *(belief)* errore m., falsa credenza f.; *(argument)* fallacia f.

fallen /ˈfɔːlən/ **I** p.pass. → **2.fall II** n. ***the ~*** + verbo pl. i caduti **III** agg. [*leaf, soldier*] morto, caduto; [*tree*] abbattuto.

fall guy n. COLLOQ. *(scapegoat)* capro m. espiatorio; *(dupe)* pollo m., sempliciotto m. (-a).

fallibility /ˌfæləˈbɪlətɪ/ n. fallibilità f.

fallible /ˈfæləbl/ agg. fallibile, soggetto a errore.

falling-off /ˌfɔːlɪŋˈɒf/ n. (anche **falloff**) diminuzione f. (**in** di).

falling-out /ˌfɔːlɪŋˈaʊt/ n. litigio m., bisticcio m.

falling star n. stella f. cadente.

Fallopian tube /fəˌləʊpɪənˈtjuːb/ n. tuba f. di Falloppio.

fallout /ˈfɔːlaʊt/ n. **U 1** NUCL. fallout m., ricaduta f. radioattiva **2** FIG. *(side effect)* ricaduta f.

fallout shelter n. rifugio m. antiatomico.

fallow /ˈfæləʊ/ agg. [*land*] a maggese, incolto.

fallow deer n. (pl. **~, ~s**) daino m.

false /fɔːls/ agg. **1** *(mistaken, proved wrong)* [*idea, information, move, step*] falso; [*belief*] erroneo; ***to prove ~*** dimostrarsi infondato **2** *(fraudulent)* [*banknotes, passport*] falso; DIR. [*evidence, witness*] falso **3** *(artificial)* [*beard, nose*] finto; ***~ bottom*** *(in bag)* doppiofondo; ***~ ceiling*** controsoffitto **4** *(disloyal)* [*person*] falso.

false alarm n. falso allarme m. (anche FIG.).

false economy n. ***buying a cheap radio is a ~*** comprare una radio che costa poco è un finto risparmio.

false friend n. LING. falso amico m.

falsehood /ˈfɔːlshʊd/ n. bugia f., menzogna f.

falsely /ˈfɔːlslɪ/ avv. **1** *(wrongly)* [*accuse, state*] falsamente; *(mistakenly)* [*assume, believe*] ingiustamente, a torto **2** [*smile, laugh*] falsamente, con falsità.

falseness /ˈfɔːlsnɪs/ n. falsità f.

false note n. nota f. stonata, stecca f.; *(in film, novel)* stonatura f.; ***to strike a ~*** [*person*] prendere una stecca; FIG. toccare un tasto falso.

false pretences n.pl. ***on*** o ***under ~*** con un sotterfugio, con l'inganno; DIR. *(by an action)* con la frode.

false start n. falsa partenza f. (anche FIG.).

false teeth n.pl. dentiera f.sing.

falsetto /fɔːlˈsetəʊ/ n. (pl. **~s**) falsetto m.

falsification /ˌfɔːlsɪfɪˈkeɪʃn/ n. *(of document, figures)* falsificazione f., contraffazione f.; *(of truth, facts)* travisamento m., distorsione f.

falsify /ˈfɔːlsɪfaɪ/ tr. falsificare, contraffare [*documents, accounts*]; *(distort)* travisare, distorcere [*facts*].

falsity /ˈfɔːlsətɪ/ n. *(of accusation)* falsità f.; *(of beliefs)* erroneità f.

falter /ˈfɔːltə(r)/ **I** tr. (anche **~ out**) balbettare, borbottare [*word, phrase*] **II** intr. **1** [*person, courage*] vacillare; [*demand*] diminuire; [*economy*] perdere i colpi **2** *(when speaking)* [*person*] balbettare; [*voice*] vacillare, tremare **3** *(when walking)* [*person*] inciampare; [*footstep*] essere malfermo.

faltering /ˈfɔːltərɪŋ/ agg. [*economy*] in declino; [*demand*] in diminuzione; [*footsteps*] incerto, malfermo; [*voice*] tremolante.

fame /feɪm/ n. fama f., celebrità f. (**as** come); ***to rise to ~*** diventare famoso.

famed /feɪmd/ agg. famoso, celebre.

familial /fəˈmɪlɪəl/ agg. *(of the family)* familiare, di famiglia.

familiar /fəˈmɪlɪə(r)/ **I** agg. **1** *(well-known)* familiare (**to** a), conosciuto (**to** da); ***her face looks ~ to me*** il suo viso mi sembra familiare; ***that name sounds ~*** o ***has a ~ ring to it*** quel nome non mi è nuovo; ***to be on ~ ground*** FIG. essere su un terreno familiare **2** *(acquainted)* ***to be ~ with sb., sth.*** conoscere bene qcn., qcs.; ***to make oneself ~ with sth.*** prendere confidenza *o* familiarizzarsi con qcs. **II** n. MITOL. = spirito al servizio di una strega, che solitamente assume forma animale.

familiarity /fəˌmɪlɪˈærətɪ/ n. *(acquaintance)* familiarità f. (**with** con), conoscenza f. (**with** di); *(of surroundings, place)* carattere m. familiare.

familiarize /fəˈmɪlɪəraɪz/ **I** tr. ***to ~ sb. with*** familiarizzare qcn. con [*job, environment, person*] **II** rifl. ***to ~ oneself with*** familiarizzarsi con [*system, place*].

familiarly /fəˈmɪlɪəlɪ/ avv. [*address*] con familiarità; [*behave*] familiarmente.

family /ˈfæməlɪ/ **I** n. *(group)* famiglia f. (anche LING. ZOOL.); *(children)* figli m.pl., famiglia f.; ***to run in the ~*** essere una caratteristica di famiglia; ***to start a ~*** metter su famiglia; ***do you have any ~?*** hai figli? **II** modif. [*home, friend*] di famiglia; [*member*] della famiglia; [*responsibilities*] familiare; ***for ~ reasons*** per motivi familiari ♦ ***to be in the ~ way*** COLLOQ. SCHERZ. essere incinta.

Family Allowance n. BE assegni m.pl. familiari.

family butcher n. macellaio m. di fiducia.

family circle n. **1** *(group)* cerchia f. familiare **2** AE TEATR. seconda galleria f.

family court n. US DIR. = tribunale che si occupa di casi attinenti al diritto di famiglia.

Family Credit n. BE assegni m.pl. familiari.

family-friendly /ˈfæməlɪˌfrendlɪ/ agg. [*policy*] favorevole alle famiglie.

family man n. buon padre m. di famiglia.

family name n. cognome m.

family(-owned) business n. azienda f. (a conduzione) familiare.

family planning n. pianificazione f. familiare.

family practice n. AE ***to have a ~*** fare il medico generico, di famiglia.

family room n. AE soggiorno m.

family-size(d) /ˈfæməlɪˌsaɪz(d)/ agg. [*packet*] formato famiglia.

family tree n. albero m. genealogico.

family unit n. SOCIOL. nucleo m. familiare.

family viewing n. trasmissione f. per tutta la famiglia, per famiglie.

famine /ˈfæmɪn/ n. carestia f.

famished /ˈfæmɪʃt/ agg. COLLOQ. ***I'm ~*** sto morendo di fame.

famous /ˈfeɪməs/ agg. famoso; [*school, university*] rinomato; [*victory*] celebre; ***~ last words!*** IRON. le ultime parole famose!

famously /ˈfeɪməslɪ/ avv. **1** *(wonderfully)* benissimo, a meraviglia **2** ***Churchill is ~ quoted as saying...*** vengono spesso citate le famose parole di Churchill...

1.fan /fæn/ n. *(of jazz, etc.)* appassionato m. (-a); *(of star, actor)* fan m. e f.; *(of team)* tifoso m. (-a), sostenitore m. (-trice); *(of politician)* ammiratore m. (-trice); ***I'm a ~ of American TV*** adoro la TV americana.

2.fan /fæn/ n. *(for cooling)* *(electric)* ventilatore m.; *(hand-held)* ventaglio m.

3.fan /fæn/ **I** tr. (forma in -ing ecc. **-nn-**) **1** *(stimulate)* attizzare [*fire, hatred, passion*] **2** *(cool)* ***to ~ one's face*** farsi vento al viso **II** rifl. (forma in -ing ecc. **-nn-**) ***to ~ oneself*** farsi vento, sventolarsi.

■ **fan out** [*lines, railway lines*] diramarsi a ventaglio; [*police*] disporsi (a ventaglio); ~ **[sth.] out, ~ out [sth.]** aprire a ventaglio [*cards, papers*].

fanatic /fəˈnætɪk/ n. fanatico m. (-a).

fanatical /fəˈnætɪkl/ agg. fanatico (**about** di).

fanaticism /fəˈnætɪsɪzəm/ n. fanatismo m.

fan belt n. AUT. cinghia f. del ventilatore.

fancied /ˈfænsɪd/ **I** p.pass. → **2.fancy II** agg. [*contender*] favorito.

fanciful /ˈfænsɪfl/ agg. [*person, idea, name*] stravagante, bizzarro; [*explanation*] fantasioso; [*building*] originale.

1.fancy /ˈfænsɪ/ **I** n. **1** *(liking)* ***to catch*** o ***take sb.'s ~*** [*object*] piacere a qcn.; ***he had taken her ~*** le era piaciuto, aveva fatto colpo su di lei; ***to take a ~ to sb.*** affezionarsi a qcn.; BE incapricciarsi di qcn.; ***I've taken a ~ to that car*** quell'auto mi piace molto **2** *(whim)* capriccio m.; ***as, when the ~ takes me*** come, quando ne ho voglia **3** *(fantasy)* immaginazione f., fantasia f.; ***is it fact or ~?*** è vero o te lo sei inventato? **4** BE FORM. ***I have a ~ that*** ho idea *o* l'impressione che **II** agg. **1** *(elaborate)* [*lighting, equipment*] sofisticato; [*paper, box*] fantasia; [*food*] elaborato; ***nothing ~*** niente di speciale **2** COLLOQ. SPREG. *(pretentious)* [*place*] da fichetti; [*price*] esorbitante, salato; [*idea*] stravagante, bizzarro; [*clothes*] ricercato **3** ZOOL. [*breed*] di razza selezionata.

2.fancy /ˈfænsɪ/ **I** tr. **1** COLLOQ. *(want)* avere voglia di [*food, drink*]; [*plan, object*] piacere a [*person*]; ***~ a coffee?*** ti va un caffè? ***what do you ~ for lunch?*** che cosa ti va per pranzo? ***do you ~ going to the cinema?*** ti va di andare al cinema? **2** BE COLLOQ. *(feel attracted to)* ***I ~ her*** mi piace **3** *(expressing surprise)* ***~ her remembering my name!*** pensa che si è ricordata come mi chiamo! ***~ seeing you here!*** COLLOQ. che combinazione vederti qui! ***~ that!*** COLLOQ. pensa un po'! ma guarda! **4** ANT. *(believe)* credere, avere l'impressione; *(imagine)* immaginarsi **5** SPORT dare per favorito [*athlete*] **II** rifl. COLLOQ. SPREG. ***he fancies himself*** è pieno di sé; ***she fancies herself in that hat*** si piace molto con quel cappello; ***he fancies himself as James Bond*** si crede James Bond.

fancy dress I n. U BE costume m., maschera f.; ***to wear ~*** portare un costume **II** modif. (anche **fancy-dress**) [*party*] in maschera, costume; [*competition*] per il miglior costume.

fanfare /ˈfænfeə(r)/ n. fanfara f.

fang /fæŋ/ n. *(of dog, wolf)* zanna f.; *(of snake)* dente m. (velenifero).

fan heater n. termoventilatore m.

fanlight /ˌfænˈlaɪt/ n. ARCH. lunetta f. a ventaglio.

fan mail n. lettere f.pl. inviate dai fan.

fanny /ˈfænɪ/ n. **1** BE POP. *(vagina)* fica f. **2** AE COLLOQ. sedere m., culo m.

fantasize /ˈfæntəsaɪz/ **I** tr. sognare **II** intr. fantasticare; ***to ~ about doing*** sognare di fare.

fantastic /fænˈtæstɪk/ agg. **1** COLLOQ. *(wonderful)* [*news, weather*] fantastico, magnifico **2** *(unrealistic)* irreale, fantastico **3** COLLOQ. *(huge)* [*profit*] favoloso, incredibile; [*speed, increase*] vertiginoso **4** *(magical)* fantastico, immaginario.

fantastically /fænˈtæstɪklɪ/ avv. **1** COLLOQ. [*wealthy*] immensamente; [*expensive*] incredibilmente **2** COLLOQ. [*increase*] in modo vertiginoso; [*perform*] in modo fantastico **3** [*coloured, portrayed*] con fantasia, in modo fantasioso.

fantasy /ˈfæntəsɪ/ n. **1** fantasia f., immaginazione f.; *(untruth)* fantasia f., illusione f.; PSIC. prodotto m. dell'immaginazione **2** *(genre)* fantasy m. e f.; *(story, film)* storia f. fantastica.

fantasy football n. Fantacalcio® m.

1.FAO n. (⇒ Food and Agriculture Organization Organizzazione per l'Alimentazione e l'Agricoltura) FAO f.

2.FAO ⇒ for the attention of (alla) cortese attenzione di (c.a.).

FAQ n. (⇒ frequently asked questions) = domande poste con maggiore frequenza.

far /fɑː(r)/ Note the different Italian translations of *far* from when it is followed by a noun, a verb or an adjective: *we are far from home / from London* = siamo lontani da casa / da Londra; *far from being stupid, he's actually very intelligent* = lungi dall'essere stupido, in realtà è molto intelligente; *far from angry* = lungi dall'essere arrabbiato / tutt'altro che arrabbiato. - When used in front of a comparative, *far* is translated by *molto* or *assai*: *far older* = molto / assai più vecchio. **I** avv. **1** *(in space)* lontano, distante; ***have you come ~?*** vieni da lontano? ***~ off, ~ away*** lontano; ***to be ~ from home*** essere lontano da casa; ***~ beyond sth.*** ben oltre qcs.; ***~ out at sea*** in mare aperto; ***~ into the jungle*** nel cuore della giungla; ***how ~ is it to Leeds?*** quanto è lontana Leeds? quanti chilometri ci sono da qui a Leeds? ***how ~ is Glasgow from London?*** quanto è lontana Glasgow da Londra? ***he went as ~ as the church*** arrivò fino alla chiesa **2** *(in time)* ***~ back in the past*** nel lontano passato; ***as ~ back as 1965*** già nel 1965; ***as ~ back as he can remember*** per quanto riesce a *o* può ricordare; ***Christmas is not ~ off*** Natale non è lontano; ***he's not ~ off 70*** non è lontano dai 70 anni; ***he worked ~ into the night*** ha lavorato fino a tarda notte **3** *(very much)* molto; ***~ better, shorter*** molto meglio, più corto; ***~ more*** molto più; ***~ too fast*** di gran lunga troppo veloce; ***~ too much money*** fin troppi soldi; ***~ above the average*** molto al di sopra della media **4** *(to what extent, to the extent that)* ***how ~ is it possible to...?*** fino a che punto è possibile...? ***how ~ have they got with the work?*** a che punto sono arrivati col lavoro? ***as*** o ***so ~ as we can, as*** o ***so ~ as possible*** per quanto possiamo, possibile; ***as*** o ***so ~ as we know*** per quanto ne sappiamo; ***as*** o ***so ~ as I am concerned*** per quanto mi riguarda, quanto a me **5** *(to extreme degree)* lontano; ***to go too ~*** esagerare, passare il segno; ***this has gone ~ enough!*** adesso basta! ***he took*** o ***carried the joke too ~*** ha spinto lo scherzo troppo in là; ***to go so ~ as to do*** arrivare al punto di fare **6 by far** di gran lunga **7 far and away** di gran lunga **8 so far** *(up till now)* finora, per ora; ***he's only written one book so ~*** finora ha scritto soltanto un libro; ***so ~, so good*** fin qui tutto bene; *(up to a point)* ***you can only trust him so ~*** puoi fidarti di lui solo fino a un certo punto **II** agg. **1** *(remote)* ***the ~ south, east (of)*** l'estremo sud, oriente (di) **2** *(further away, other)* altro; ***at the ~ end of the room*** all'altro lato della stanza; ***on the ~ side of the wall*** dall'altra parte del muro **3** POL. ***the ~ right, left*** l'estrema destra, sinistra **4 far from** lungi da; ***~ from satisfied*** lungi dall'essere soddisfatto; ***~ from it!*** al contrario! tutt'altro! ♦ ***not to be ~ off*** o ***out*** o ***wrong*** non essere lontano dalla verità; ***~ and wide, ~ and near*** in lungo e in largo, dappertutto; ***~ be it from me to do*** lungi da me l'idea di fare; ***to be a ~ cry from*** essere ben lontano da; ***he will go ~*** farà strada, andrà lontano; ***this wine, food won't go very ~*** questo vino, cibo non durerà molto.

faraway /ˈfɑːrəweɪ/ agg. attrib. lontano (anche FIG.).

farce /fɑːs/ n. farsa f. (anche FIG.).

farcical /ˈfɑːsɪkl/ agg. farsesco, ridicolo.

far-distant /ˌfɑːˈdɪstənt/ agg. [*region, land*] lontano; ***in the ~ future*** in un lontano futuro.

1.fare /feə(r)/ n. **1** *(cost of travelling) (on bus, etc.)* (prezzo del) biglietto m.; ***taxi ~*** prezzo della corsa; ***child, adult ~*** biglietto per bambini, adulti; ***half, full ~*** tariffa ridotta, intera; ***return ~*** prezzo del biglietto di andata e ritorno; ***how much is the ~ to London by train?*** quanto costa un biglietto (del treno) per Londra? **2** *(taxi passenger)* cliente m. e f. di un taxi **3** ANT. *(food)* cibo m., vitto m.

2.fare /feə(r)/ intr. *(get on)* ***how did you ~?*** com'è andata? come te la sei passata? ***the company is faring well despite the recession*** l'azienda sta andando bene nonostante la recessione.

Far East n.pr. Estremo Oriente m.

Far Eastern agg. [*influence, markets*] dell'Estremo Oriente.

farewell /ˌfeəˈwel/ **I** n. addio m.; ***to say one's ~s*** dire *o* dirsi addio **II** inter. addio **III** modif. [*party, speech*] di addio.

far-fetched /ˌfɑːˈfetʃt/ agg. [*comparison*] forzato, stiracchiato; [*story*] incredibile, esagerato.

far-flung /ˌfɑːˈflʌŋ/ agg. *(remote)* [*country*] lontano, remoto; *(widely distributed)* [*towns*] distanti tra loro.

1.farm /fɑːm/ **I** n. fattoria f., cascina f.; ***chicken, pig ~*** allevamento di polli, maiali **II** modif. [*building*] agricolo; [*animal*] d'allevamento.

2.farm /fɑːm/ **I** tr. coltivare [*land*] **II** intr. fare l'agricoltore.

■ **farm out:** ~ **out [sth.]** dare in appalto [*work*]; ~ **[sb.] out** affidare [*child*].

farmed /fɑ:md/ **I** p.pass. → **2.farm II** agg. [*fish*] allevato in un vivaio.
farmer /'fɑ:mə(r)/ ♦ *27* n. *(in general)* contadino m. (-a); *(in official terminology)* agricoltore m. (-trice); *(arable)* coltivatore m. (-trice); ***pig ~*** allevatore di maiali.
farm hand ♦ *27* n. → **farm worker.**
farmhouse /'fɑ:mhaʊs/ n. casa f. colonica, fattoria f., cascina f.
farming /'fɑ:mɪŋ/ **I** n. *(profession)* agricoltura f.; *(of land)* coltivazione f.; *(of animals)* allevamento m. **II** modif. [*community*] rurale; [*method*] di coltivazione; [*subsidy*] all'agricoltura.
farm labourer ♦ *27* n. → **farm worker.**
farmland /'fɑ:mlænd/ n. U *(for cultivation)* terreno m. coltivabile; *(under cultivation)* terreno m. coltivato.
farm produce n. prodotti m.pl. della terra, agricoli.
farmstead /'fɑ:msted/ n. ANT. fattoria f.
farm worker ♦ *27* n. bracciante m. e f. agricolo (-a).
farmyard /'fɑ:mjɑ:d/ n. aia f., cortile m. di fattoria.
Faroes /'feərəʊz/ ♦ *12* n.pr.pl. (anche **Faroe Islands**) ***the ~*** le (isole) Feroe.
far-off /'fɑ:rɒf/ agg. lontano.
far out I agg. COLLOQ. *(modern)* originale, innovativo **II** inter. COLLOQ. *(great)* fantastico.
farrago /fə'rɑ:gəʊ/ n. (pl. **~es**) farragine f.
far-reaching /ˌfɑ:'ri:tʃɪŋ/ agg. [*implication*] considerevole; [*change, reform*] radicale, di vasta portata; [*plan, proposal*] di vasta portata.
farrier /'færɪə(r)/ ♦ *27* n. BE maniscalco m.
farrow /'færəʊ/ intr. [*sow*] figliare.
far-sighted /ˌfɑ:'saɪtɪd/ agg. **1** *(prudent)* [*person*] previdente; [*policy*] lungimirante **2** AE MED. ipermetrope.
1.fart /fɑ:t/ n. POP. **1** *(wind)* peto m., scoreggia f. **2** *(stupid person)* ***you silly old ~!*** razza di cretino!
2.fart /fɑ:t/ intr. POP. petare, scoreggiare.
■ **fart about, fart around** POP. *(waste time)* cazzeggiare.
farther /'fɑ:ðə(r)/ When you are referring to real distances and places, you can use either *farther* or *further* (which is the usual form in spoken English); only *further* is used, however, with the figurative meaning *extra, additional, more.* avv. e agg. (compar. di **far**) → **further.**
farthermost /'fɑ:ðəməʊst/ agg. → **furthermost.**
farthest /'fɑ:ðɪst/ agg. e avv. (superl. di **far**) → **furthest.**
farthing /'fɑ:ðɪŋ/ n. BE ***I haven't got a ~*** COLLOQ. sono senza un centesimo.
fascia /'feɪʃə/ n. (pl. **~s, -ae**) BE **1** AUT. cruscotto m. **2** *(over shop)* insegna f.
fascinate /'fæsɪneɪt/ tr. *(interest)* appassionare; *(stronger)* affascinare, incantare.
fascinated /'fæsɪneɪtɪd/ agg. affascinato, incantato.
fascinating /'fæsɪneɪtɪŋ/ agg. [*book, discussion*] appassionante; [*person*] affascinante.
fascination /ˌfæsɪ'neɪʃn/ n. **1** *(interest)* passione f. (**with, for** per); ***in ~*** affascinato, stregato **2** *(power)* fascino m.; ***it has a great ~ for me*** mi affascina moltissimo.
fascism, Fascism /'fæʃɪzəm/ n. fascismo m.
fascist, Fascist /'fæʃɪst/ **I** n. fascista m. e f. **II** agg. fascista (anche FIG.).
1.fashion /'fæʃn/ **I** n. **1** *(manner)* modo m., maniera f.; ***in my own ~*** a modo mio; ***in the French ~*** alla (maniera) francese; ***I can swim after a ~*** so nuotare a modo mio **2** *(vogue)* moda f.; ***in ~, out of ~*** di moda, fuori moda; ***to come into, go out of ~*** diventare, passare di moda; ***the ~ is for long coats this year*** quest'anno sono di moda i cappotti lunghi; ***to be all the ~*** essere molto di moda **II** modif. [*accessory*] di, alla moda; [*tights*] fantasia; ***~ jewellery*** bigiotteria **III fashions** n.pl. ***ladies' ~s*** abiti da donna; ***Paris, 1930s ~s*** la moda parigina, degli anni '30.
2.fashion /'fæʃn/ tr. modellare [*clay, wood*] (**into** in); fabbricare, fare [*artefact*] (**out of, from** con).
fashionable /'fæʃnəbl/ agg. [*garment*] alla, di moda; [*name*] di moda; [*resort, restaurant*] chic, alla moda; [*pastime, topic*] in voga (**among, with** tra); ***it's no longer ~ to do*** non è più di moda *o* non si usa più fare.
fashionably /'fæʃnəblɪ/ avv. alla moda, con eleganza.
fashion designer ♦ *27* n. stilista m. e f.
fashion house n. casa f. di moda.
fashion model ♦ *27* n. modello m. (-a).
fashion show n. sfilata f. di moda.
1.fast /fɑ:st, AE fæst/ **I** agg. **1** *(speedy)* veloce, rapido; ***a ~ train*** un espresso; ***a ~ time*** SPORT un buon tempo; ***to be a ~ walker, reader*** camminare, leggere velocemente **2** SPORT [*court, pitch*] veloce **3** *(ahead of time)* ***my watch is ~*** il mio orologio è avanti; ***you're five minutes ~*** il tuo orologio è *o* sei avanti di cinque minuti **4** SPREG. [*person*] dissoluto, libertino **5** FOT. [*film*] ad alta sensibilità **6** *(firm)* mai attrib. [*door, lid*] ben chiuso; [*rope*] ben legato; ***to make sth. ~*** assicurare, ormeggiare [*boat*] **7** *(loyal)* [*friend*] fedele; [*friendship*] solido **8** *(permanent)* [*dye*] solido **II** avv. **1** *(rapidly)* [*move, speak*] velocemente, rapidamente; ***how ~ can you read?*** quanto sei veloce a leggere? ***I need help ~*** ho bisogno di aiuto al più presto; ***I ran as ~ as my legs would carry me*** ho corso più veloce che potevo; ***not so ~!*** con calma! non correre! **2** *(firmly)* [*hold*] stretto; [*stuck*] saldamente; [*shut*] bene; ***to stand ~*** tenere duro, non cedere; ***to be ~ asleep*** dormire profondamente **III** n. digiuno m. ♦ ***to pull a ~ one on sb.*** giocare un brutto tiro a qcn.; ***to play ~ and loose*** fare a tira e molla.
2.fast /fɑ:st, AE fæst/ intr. digiunare.
fastback /'fɑ:stbæk, AE 'fæst-/ n. BE AUT. coupé m.
fast breeder reactor n. NUCL. reattore m. autofertilizzante a neutroni veloci.
fasten /'fɑ:sn, AE 'fæsn/ **I** tr. **1** *(close)* chiudere [*lid, case*]; allacciare [*belt, necklace*]; abbottonare [*coat*] **2** *(attach)* fissare, attaccare [*notice, shelf*]; legare, assicurare [*lead, rope*]; ***his eyes ~ed on me*** FIG. il suo sguardo era fisso su di me **II** intr. [*box*] chiudersi; [*necklace, belt*] allacciarsi; ***to ~ at the side*** abbottonarsi sul fianco.
■ **fasten down:** ~ down [sth.], ~ [sth.] down chiudere [*hatch, lid*].
■ **fasten on:** ~ on [*lid, handle*] attaccarsi; ~ [sth.] on attaccare [*lid, handle*]; ~ on [sth.] FIG. mettersi in testa [*idea*].
■ **fasten up:** ~ up [sth.], ~ [sth.] up chiudere [*case*]; allacciare [*shoe*]; abbottonare [*coat*].
fastener /'fɑ:snə(r), AE 'fæsnə(r)/, **fastening** /'fɑ:snɪŋ, AE 'fæsnɪŋ/ n. *(hook)* gancio m.; *(tie)* laccio m., legaccio m.; *(clasp)* fermaglio m.
fast food I n. fast food m. **II** modif. [*chain*] di fast food; [*industry*] del fast food; ***a ~ restaurant*** un fast food.
1.fast-forward /ˌfɑ:st'fɔ:wəd, AE ˌfæst-/ **I** n. *(on video recorder, etc.)* avanzamento m. veloce **II** modif. [*key, button*] di avanzamento veloce.
2.fast-forward /ˌfɑ:st'fɔ:wəd, AE ˌfæst-/ tr. fare andare avanti velocemente.
fast-growing /ˌfɑ:st'grəʊɪŋ, AE ˌfæst-/ agg. in forte crescita.
fastidious /fæ'stɪdɪəs/ agg. **1** *(scrupulous)* [*person*] meticoloso, pignolo **2** *(easily disgusted)* [*person*] schizzinoso, schifiltoso.
fastidiousness /fæ'stɪdɪəsnɪs/ n. meticolosità f.
fast lane n. AUT. corsia f. di sorpasso; ***to enjoy life in the ~*** FIG. amare la vita iperattiva.
fastness /'fɑ:stnɪs, AE 'fæst-/ n. **1** *(of dye)* solidità f. **2** (pl. **~es**) LETT. *(stronghold)* fortezza f.
fast-talking /ˌfɑ:st'tɔ:kɪŋ, AE ˌfæst-/ agg. COLLOQ. ***a ~ salesperson*** un imbonitore.
fat /fæt/ **I** agg. **1** *(overweight)* [*person, animal*] grasso; [*bottom, thigh*] grosso; [*cheek*] paffuto; *(fatty)* [*meat*] grasso; ***to get ~*** ingrassare (anche FIG.) **2** *(full)* [*wallet*] gonfio; [*envelope, file, magazine*] spesso, voluminoso; [*fruit*] carnoso, polposo **3** *(remunerative)* [*profit*] grosso; [*cheque*] consistente; [*job*] ben rimunerato **4** COLLOQ. IRON. *(not much)* ***you're a ~ lot of use!*** sei veramente di grande aiuto! ***"will she go?" - "~ chance!"*** "ci andrà?" - "sarà facile!" *o* "impossibile!" **II** n. **1** *(in diet)* grassi m.pl.; ***animal, vegetable ~s*** grassi animali, vegetali **2** *(for cooking)* grasso m. (alimentare) **3** *(in body)* grasso m., adipe m.; *(on meat)* grasso m.; ***body ~*** tessuto adiposo ♦ ***the ~'s in the fire*** COLLOQ. adesso sono guai; ***to live off the ~ of the land*** non farsi mancare niente.
fatal /'feɪtl/ agg. [*accident*] mortale; [*mistake*] fatale; [*decision*] funesto; [*day, hour*] fatidico; ***to be ~ to sb., sth.*** essere fatale a qcn., qcs.; ***it would be ~ to do*** sarebbe un errore fatale fare.

fatalism /ˈfeɪtəlɪzəm/ n. fatalismo m.
fatalist /ˈfeɪtəlɪst/ n. fatalista m. e f.
fatalistic /ˌfeɪtəˈlɪstɪk/ agg. fatalistico.
fatality /fəˈtæləti/ n. *(person killed)* morto m. (-a); ***road fatalities*** morti in incidenti stradali.
fatally /ˈfeɪtəlɪ/ avv. **1** [*injured, wounded*] mortalmente; ***to be ~ ill*** avere una malattia mortale, essere condannato **2** FIG. [*flawed, compromised*] irrimediabilmente.
fate /feɪt/ n. **1** (anche **the ~s**) sorte f., destino m.; ***a (cruel) twist of ~*** un (crudele) scherzo del destino **2** *(death)* morte f.; ***to meet a sad ~*** finire tristemente, fare una triste fine **3** MITOL. ***the Fates*** le Parche.
fated /ˈfeɪtɪd/ agg. ***to be ~ to do*** essere destinato a fare.
fateful /ˈfeɪtfl/ agg. [*decision, day*] fatidico.
fat-free /ˌfætˈfriː/ agg. senza grassi.
1.father /ˈfɑːðə(r)/ n. **1** *(parent)* padre m.; ***from ~ to son*** di padre in figlio **2** *(ancestor)* padre m., antenato m., avo m. **3** *(originator)* padre m., fondatore m. ♦ ***like ~ like son*** tale (il) padre, tale (il) figlio.
2.father /ˈfɑːðə(r)/ tr. generare, procreare [*child*].
Father /ˈfɑːðə(r)/ ➧ 9 n. **1** RELIG. *(God)* Padre m.; ***the Our ~*** *(prayer)* il Padre Nostro; ***God the ~*** Dio Padre **2** *(title for priest)* padre m.
Father Christmas n. BE Babbo m. Natale.
father confessor n. RELIG. confessore m.; FIG. padre m. spirituale.
father figure n. figura f. paterna.
fatherhood /ˈfɑːðəhʊd/ n. paternità f.
father-in-law /ˈfɑːðərɪnˌlɔː/ n. (pl. **fathers-in-law**) suocero m.
fatherland /ˈfɑːðəlænd/ n. patria f.
fatherless /ˈfɑːðəlɪs/ agg. orfano di padre.
fatherly /ˈfɑːðəlɪ/ agg. paterno.
1.fathom /ˈfæðəm/ n. (pl. **~**, **~s**) METROL. braccio m., fathom m. (= 1,83 m).
2.fathom /ˈfæðəm/ tr. **1** METROL. *(sound)* sondare, scandagliare; *(measure)* misurare **2** FIG. (anche BE **~ out**) andare a fondo di, comprendere.
1.fatigue /fəˈtiːg/ **I** n. **1** *(of person)* affaticamento m.; ***muscle, mental ~*** affaticamento muscolare, mentale **2** TECN. fatica f. **3** AE MIL. corvée f. **II fatigues** n.pl. MIL. **1** *(uniform)* tenuta f.sing. di fatica; ***camouflage ~s*** tenuta mimetica **2** *(duties)* corvée f.sing.; ***to be on ~s*** essere di corvée.
2.fatigue /fəˈtiːg/ tr. affaticare, stancare.
fatless /ˈfætlɪs/ agg. senza grassi.
fatness /ˈfætnɪs/ n. corpulenza f., grassezza f.
fatten /ˈfætn/ **I** tr. → **fatten up II** intr. [*animal*] ingrassare.
■ **fatten up:** ~ [sb., sth.] up, ~ up [sb., sth.] ingrassare [*animal*]; fare ingrassare [*person*].
fattening /ˈfætnɪŋ/ agg. [*food, drink*] che fa ingrassare.
fattism /ˈfætɪzəm/ n. COLLOQ. = discriminazione nei confronti delle persone obese.
fatty /ˈfætɪ/ **I** n. COLLOQ. SPREG. grassone m. (-a), ciccione m. (-a) **II** agg. [*tissue, deposit*] adiposo; [*food, meat*] grasso; ***~ acid*** acido grasso.
fatuity /fəˈtjuːətɪ, AE -ˈtuːətɪ/ n. fatuità f., stupidità f.
fatuous /ˈfætʃʊəs/ agg. [*comment, smile*] fatuo, stupido; [*activity*] futile.
faucet /ˈfɔːsɪt/ n. AE rubinetto m.
1.fault /fɔːlt/ n. **1** *(responsibility)* colpa f. (anche DIR.); ***to be sb.'s ~, to be the ~ of sb. (that)*** essere colpa di qcn. (che); ***it's my (own) ~*** è (solo *o* tutta) colpa mia; ***whose ~ was it?*** di chi era la colpa? ***the ~ lies with him*** la colpa è sua; ***through no ~ of his own*** non per colpa sua; ***to be at ~*** essere in *o* avere torto **2** *(flaw)* difetto m.; *(electrical failure)* guasto m.; ***structural, software ~*** difetto strutturale, di software; ***for all his ~s*** nonostante tutti i suoi difetti; ***he's always finding ~*** trova sempre qualcosa da ridire **3** *(in tennis)* fallo m. **4** GEOL. faglia f.; ***San Andreas ~*** faglia di sant'Andrea.
2.fault /fɔːlt/ tr. biasimare, criticare; ***it cannot be ~ed*** è irreprensibile.
fault-finding /ˈfɔːltfaɪndɪŋ/ **I** n. **1** TECN. *(of built-in flaw)* individuazione f. dei difetti; *(of breakdown)* individuazione f. dei guasti **2** *(of person)* = tendenza a criticare tutto **II** agg. [*person*] che critica tutto; [*attitude*] negativo.
faultless /ˈfɔːltlɪs/ agg. [*performance, manners*] impeccabile, irreprensibile; [*taste*] perfetto.
faulty /ˈfɔːltɪ/ agg. [*wiring, machine*] difettoso; [*logic, argument*] fallace, erroneo.
faun /fɔːn/ n. MITOL. fauno m.
fauna /ˈfɔːnə/ n. (pl. **~s**, **-ae**) fauna f.
faux pas /ˌfəʊˈpɑː/ n. (pl. **~**) FORM. passo m. falso.
1.favour BE, **favor** AE /ˈfeɪvə(r)/ **I** n. **1** *(kindness)* favore m.; ***to do sb. a ~*** fare un piacere *o* favore a qcn.; ***they're not doing themselves any ~s*** vanno contro il loro interesse (**by doing** facendo); ***do me a ~!*** *(as prelude to rebuff)* vuoi farmi un favore? *(ironic)* ma va! ma fammi il piacere! *(in exasperation)* lasciami in pace! ***as a (special) ~*** in via del tutto eccezionale; ***to ask a ~ of sb., to ask sb. a ~*** chiedere un favore a qcn.; ***to return a ~*** ricambiare *o* restituire un favore **2** *(approval)* ***to regard sb., sth. with ~*** considerare qcn., qcs. con benevolenza; ***to win ~ with sb.*** conquistare il favore di qcn.; ***to find ~ with sb.*** godere del favore *o* essere nelle grazie di qcn.; ***to be out of ~ with sb.*** [*person*] non essere più nelle grazie di qcn.; [*idea*] non incontrare più il favore di qcn.; ***to fall*** o ***go out of ~*** [*idea, method*] passare di moda, finire nel dimenticatoio **3** *(advantage)* ***to be in sb.'s ~*** [*situation*] essere a favore di *o* vantaggioso per qcn.; [*financial rates, wind*] essere favorevole a qcn. **4 in favour of** a favore di; ***to speak in sb.'s ~*** parlare *o* pronunciarsi a favore di qcn.; *(to the advantage of)* ***to work*** o ***be weighted in ~ of sb.*** avvantaggiare qcn.; ***to decide in sb.'s ~*** dare ragione a qcn.; DIR. decidere a favore di qcn. **II favours** n.pl. EUFEM. *(sexual)* favori m.
2.favour BE, **favor** AE /ˈfeɪvə(r)/ tr. **1** *(prefer)* preferire [*method, solution, clothing, colour*]; sostenere [*political party*]; ***to ~ sb.*** preferire qcn.; *(unfairly)* favorire qcn. **2** *(benefit)* [*plan, circumstances, law*] favorire, privilegiare, avvantaggiare.
favourable BE, **favorable** AE /ˈfeɪvərəbl/ agg. [*conditions, position*] favorevole (**to** a), vantaggioso (**to** per); [*impression, reception, weather*] favorevole (**to** a); [*result, sign*] buono; ***to be ~ to*** *(in agreement)* essere favorevole *o* d'accordo a.
favourably BE, **favorably** AE /ˈfeɪvərəblɪ/ avv. [*speak, write*] in termini favorevoli; [*look on, consider*] di buon occhio, favorevolmente; [*impress*] favorevolmente; ***to compare ~ with*** reggere il paragone con.
favoured BE, **favored** AE /ˈfeɪvəd/ **I** p.pass. → **2.favour II** agg. *(favourite)* favorito, preferito; *(most likely)* [*date, plan, view*] privilegiato.
favourite BE, **favorite** AE /ˈfeɪvərɪt/ **I** n. **1** preferito m. (-a); ***to be a great ~ with sb.*** essere tra i *o* uno dei preferiti di qcn. **2** SPORT favorito m. (-a) **II** agg. preferito, favorito.
favouritism BE, **favoritism** AE /ˈfeɪvərɪtɪzəm/ n. favoritismo m.
1.fawn /fɔːn/ ➧ 5 **I** n. **1** ZOOL. daino m., cerbiatto m. **2** *(colour)* fulvo m. chiaro **II** agg. fulvo chiaro.
2.fawn /fɔːn/ intr. ***to ~ on sb.*** [*dog*] fare le feste a qcn.; SPREG. [*person*] leccare *o* adulare qcn.
fawning /ˈfɔːnɪŋ/ agg. servile, strisciante.
1.fax /fæks/ n. (pl. **~es**) **1** (anche **~ message**) fax m. **2** (anche **~ machine**) fax m.; ***by ~*** per *o* via fax.
2.fax /fæks/ tr. faxare, mandare via fax [*document*]; mandare un fax a [*person*].
fax number n. numero m. di fax.
faze /feɪz/ tr. COLLOQ. sconcertare, turbare.
FBI n. US (⇒ Federal Bureau of Investigation Ufficio Federale Investigativo) FBI f.
FCO n. GB (⇒ Foreign and Commonwealth Office) = ministero degli esteri e per i rapporti con i paesi del Commonwealth.
FDA n. US (⇒ Food and Drug Administration) = ente governativo per il controllo di alimenti e farmaci.
FE → **further education**.
1.fear /fɪə(r)/ n. **1** *(fright)* paura f., timore m.; ***I couldn't move for, from ~*** non riuscivo a muovermi per la, dalla paura; ***he accepted out of ~*** ha accettato per paura; ***for ~ of waking them*** o ***that they would wake up*** per paura di svegliarli *o* che si svegliassero; ***to live*** o ***go in ~ of one's life*** temere per la propria vita; ***he lives in ~ of being found out*** o ***that he will be found out*** vive nel terrore di essere scoperto **2** *(worry)* paura f., ansia f.; ***the future holds no ~s for her*** non ha paura del futuro; ***~s are growing for, that*** c'è un crescente timore *o* si

teme sempre di più per, che **3** *(possibility)* ***there's no ~ of him*** o ***his being late*** non c'è pericolo che lui sia in ritardo; ***no ~!*** non c'è pericolo! ♦ ***without ~ or favour*** in modo imparziale; ***in ~ and trembling*** tremante di paura.

2.fear /fɪə(r)/ **I** tr. avere paura di, temere; ***I ~ (that) she may be dead*** ho paura *o* temo che sia morta; ***it is ~ed to cause cancer*** si teme che possa essere cancerogeno; ***to ~ the worst*** temere il peggio; ***I ~ not*** temo di no; ***I ~ so*** *(to positive question)* temo di sì; *(to negative question)* temo di no; ***I ~ I'm late*** temo di essere in ritardo **II** intr. ***to ~ for sth., sb.*** avere paura *o* temere per qcs., qcn.; ***never ~!*** niente paura! non temere!

fearful /ˈfɪəfl/ agg. **1** *(afraid)* pauroso, timoroso; ***to be ~ of sth., of doing*** avere paura di qcs., di fare **2** *(dreadful)* [*noise, sight*] spaventoso; [*nuisance, heat*] terribile; ***he's a ~ bore*** è di una noia paurosa.

fearfully /ˈfɪəfəlɪ/ avv. **1** *(timidly)* paurosamente, timorosamente **2** *(dreadfully)* [*cold, expensive*] spaventosamente, terribilmente; [*discreet*] estremamente.

fearless /ˈfɪəlɪs/ agg. senza paura, intrepido, coraggioso.

fearsome /ˈfɪəsəm/ agg. **1** *(frightening)* pauroso, spaventoso **2** *(formidable)* pauroso, eccezionale.

feasibility /ˌfiːzəˈbɪlətɪ/ n. **1** *(of idea, plan)* fattibilità f., praticabilità f. **2** *(of claim, story)* verosimiglianza f.

feasible /ˈfiːzəbl/ agg. **1** *(possible)* [*project*] realizzabile, fattibile **2** *(plausible)* [*excuse, explanation*] plausibile.

1.feast /fiːst/ n. **1** *(sumptuous meal)* festino m., convito m.; *(formal, celebratory)* banchetto m.; ***wedding ~*** banchetto di nozze **2** FIG. *(for eyes, senses)* piacere m. (**to, for** per) **3** RELIG. festa f.; ***~ day*** giorno di festa.

2.feast /fiːst/ **I** tr. ***to ~ one's eyes on sth.*** FIG. rifarsi gli occhi con *o* godersi la vista di qcs. **II** intr. pascersi, dilettarsi (**on** di).

feat /fiːt/ n. impresa f., prodezza f.; ***it was no mean ~ to do*** non è stata impresa da poco fare; ***a ~ of technology*** un trionfo della tecnologia.

feather /ˈfeðə(r)/ **I** n. piuma f., penna f. **II** modif. [*cushion, mattress*] di piume ♦ ***as light as a ~*** leggero come una piuma; ***birds of a ~ (flock together)*** PROV. Dio li fa e poi li accoppia, chi si assomiglia si piglia; ***that's a ~ in his cap*** è il suo fiore all'occhiello; ***you could have knocked me down with a ~*** = ero stupefatto.

feather-bedding /ˈfeðəˌbedɪŋ/ n. IND. = norme create per offrire situazioni di lavoro agevolate.

feather-brained /ˈfeðəbreɪnd/ agg. stupido, senza testa.

feather duster n. piumino m., spolverino m.

feathered /ˈfeðəd/ agg. piumato.

featherweight /ˈfeðəweɪt/ n. *(weight)* pesi m.pl. piuma; *(boxer)* peso m. piuma.

feathery /ˈfeðərɪ/ agg. [*touch*] leggero (come una piuma); [*snowflake*] soffice.

1.feature /ˈfiːtʃə(r)/ n. **1** *(distinctive characteristic)* tratto m., caratteristica f. **2** *(aspect)* aspetto m.; ***to have no redeeming ~s*** non avere niente di buono **3** *(of car, product)* accessorio m.; ***optional ~s*** optional; ***built-in safety ~s*** dispositivi di sicurezza di serie **4** *(of face)* tratto m., lineamento m.; ***with sharp ~s*** dai lineamenti spigolosi **5** *(film)* lungometraggio m., film m. **6** GIORN. TELEV. RAD. servizio m. speciale, reportage m.; ***he does a ~ in the Times*** scrive per il "Times" **7** LING. tratto m.

2.feature /ˈfiːtʃə(r)/ **I** tr. **1** *(present)* [*film*] presentare [*star*]; [*magazine*] presentare, contenere [*story, photo*]; [*advert, poster*] rappresentare, ritrarre [*person, scene*]; ***to be ~d on the cover of sth.*** apparire sulla copertina di qcs. **2** *(highlight)* [*car, computer*] essere caratterizzato da, distinguersi per [*facility, accessory*] **II** intr. **1** *(figure)* comparire, avere un ruolo (importante) **2** TELEV. CINEM. [*performer*] avere un ruolo, recitare (**in, on** in).

feature article n. servizio m. speciale.

feature film n. lungometraggio m.

feature-length /ˈfiːtʃəˌleŋθ/ agg. [*film*] di durata normale.

featureless /ˈfiːtʃəlɪs/ agg. piatto, scialbo, noioso.

Feb ⇒ February febbraio (feb.).

febrile /ˈfiːbraɪl/ agg. MED. [*patient*] febbricitante; [*convulsion*] febbrile.

February /ˈfebrʊərɪ, AE -ʊrɪ/ ♦ **16** n. febbraio m.

feces AE → **faeces**.

feckless /ˈfeklɪs/ agg. **1** *(improvident)* irresponsabile, incosciente **2** *(helpless)* indifeso, debole **3** *(inept)* inetto, incapace.

fecund /ˈfiːkənd, ˈfekənd/ agg. LETT. fecondo.

fed /fed/ pass., p.pass. → **2.feed**.

Fed ⇒ federal, federation federale, federazione.

federal /ˈfedərəl/ **I** agg. AMM. POL. [*court, judge, police*] federale; ***the ~ government*** AE il governo federale **II Federal** n.pr. US STOR. *(party supporter)* federalista m. e f.; *(soldier)* nordista m. ♦ ***to make a ~ case out of sth.*** AE fare di qcs. un caso di stato.

federalism /ˈfedərəlɪzəm/ n. federalismo m.

federalist /ˈfedərəlɪst/ **I** agg. federalista **II** n. federalista m. e f.

federally /ˈfedərəlɪ/ avv. **1** [*elect, govern*] a livello federale **2** AE [*funded, built*] dal governo federale.

Federal Reserve Bank n. US = banca della riserva federale.

1.federate /ˈfedəreɪt/ agg. federato.

2.federate /ˈfedəreɪt/ **I** tr. federare **II** intr. federarsi.

federation /ˌfedəˈreɪʃn/ n. federazione f.

fedora /fɪˈdɔːrə/ n. cappello m. di feltro a tesa larga.

fed up /ˌfedˈʌp/ agg. COLLOQ. ***to be ~*** essere stufo, averne abbastanza (**about, with, of** di; **with doing, of doing** di fare).

fee /fiː/ n. **1** *(for a service)* tariffa f., costo m.; *(for professional service)* onorario m., parcella f.; *(for artistic service)* compenso m., cachet m.; ***school ~s*** tasse scolastiche; ***service ~*** commissione; ***he charged us a ~ of $ 20*** ci ha fatto pagare 20 dollari; ***he will do it for a ~*** lo farà se verrà pagato **2** *(for admission)* tassa f. d'iscrizione; *(for membership)* quota f.; ***admission ~, entry ~*** ingresso; ***registration ~*** quota d'iscrizione.

feeble /ˈfiːbl/ agg. [*person, animal, institution*] debole; [*light, sound*] debole, tenue, fioco; [*movement*] debole, lieve; [*argument, excuse*] debole, poco convincente; [*performance*] mediocre.

feeble-minded /ˈfiːblˌmaɪndɪd/ agg. deficiente, stupido; EUFEM. *(handicapped)* debole di mente, ritardato mentale.

feebleness /ˈfiːblnɪs/ n. debolezza f.

feebly /ˈfiːblɪ/ avv. [*smile, protest*] debolmente; [*explain*] in modo poco convincente, debolmente.

1.feed /fiːd/ n. BE **1** *(meal) (for animal)* pasto m.; *(for baby) (breast)* poppata f.; *(bottle)* pasto m., biberon m.; ***to have a good ~*** COLLOQ. farsi una bella mangiata **2** AGR. (anche **~ stuffs**) mangimi m.pl., foraggio m. **3** IND. TECN. *(material)* rifornimento m.; *(mechanism)* sistema m. di alimentazione, alimentazione f.; ***paper ~*** alimentatore di carta.

2.feed /fiːd/ **I** tr. (pass., p.pass. **fed**) **1** *(supply with food)* dare da mangiare a, nutrire [*person, animal*] (**on** con); nutrire [*plant*]; vettovagliare [*army*]; ***to ~ a baby*** *(on breast)* allattare *o* dare il latte a un bambino; *(on bottle)* dare il biberon a un bambino; ***I shall have ten to ~*** dovrò cucinare per dieci **2** *(supply)* alimentare [*lake, machine*]; inserire, mettere monete in [*meter*]; fornire [*information*] (**to** a); ***to ~ sth. into*** inserire *o* mettere qcs. in [*slot machine, hole, computer*] **3** FIG. alimentare [*ambition, prejudice*] **4** SPORT passare [*ball*] **5** TEATR. dare la battuta, suggerire a [*comedian*] **II** intr. (pass., p.pass. **fed**) **1** *(eat)* mangiare; ***to ~ on*** nutrirsi *o* cibarsi di, mangiare; FIG. alimentarsi *o* nutrirsi di **2** *(enter)* ***to ~ into*** [*paper, tape*] entrare *o* inserirsi in [*machine*] **III** rifl. (pass., p.pass. **fed**) ***to ~ oneself*** [*child, invalid*] mangiare, alimentarsi; *(unassisted)* mangiare da solo.

■ **feed back:** ***~ [sth.] back, ~ back [sth.]*** ritrasmettere [*information, results*].

■ **feed up** BE ***~ [sth., sb.] up*** nutrire in abbondanza [*child*]; (far) ingrassare [*animal*].

feedback /ˈfiːdbæk/ n. **1 U** *(from people)* reazione f., informazioni f.pl. di ritorno; *(from test)* informazioni f.pl. di ritorno, feedback m. **2** INFORM. feedback m. **3** *(on hi-fi)* retroazione f.

feeder /ˈfiːdə(r)/ n. **1** *(person, animal)* ***to be a good, slow ~*** mangiare molto, lentamente **2** (anche **~ bib**) BE biberon m. **3** (anche **~ road** BE) raccordo m. (auto)stradale **4** (anche **~ line**) FERR. binario m. di raccordo **5** *(for printer, photocopier)* alimentatore m. **6** (anche **~ stream**) GEOGR. affluente m.

feeding /ˈfiːdɪŋ/ n. alimentazione f.

feeding bottle n. BE biberon m.

feeding time n. ora f. del pasto.

1.feel /fi:l/ n. **1** *(atmosphere, impression)* atmosfera f.; ***there was a relaxed ~ about it*** c'era un'atmosfera rilassata; ***to have a friendly ~*** [*place*] avere un'aria accogliente **2** *(sensation to the touch)* sensazione f. (tattile, al tatto); ***to tell by the ~ (that)*** riconoscere al tatto (che); ***to have an oily ~*** essere unto al tatto; ***I like the ~ of silk*** mi piace la sensazione che si prova a toccare la seta **3** *(act of touching)* ***to have a ~ of sth., to give sth. a ~*** *(touch)* toccare qcs.; *(weigh)* sentire (il peso di) qcs. **4** *(familiarity, understanding)* ***to get the ~ of, of doing*** prendere la mano con, a fare; ***it gives you a ~ of*** o ***for*** ti dà un'idea di [*job, market*] **5** *(flair)* dono m., facilità f.; ***to have a ~ for language*** avere facilità di parola, saper parlare bene.

2.feel /fi:l/ **I** tr. (pass., p.pass. **felt**) **1** *(experience)* provare, sentire [*affection, desire*]; sentire [*bond, hostility, effects*]; provare [*envy*]; ***I no longer ~ anything for him*** non provo più nulla per lui; ***the effects will be felt throughout the country*** gli effetti si faranno sentire in tutto il paese; ***to ~ sb.'s loss very deeply*** essere sconvolto dalla perdita di qcn. **2** *(think)* ***I ~ he's hiding something*** ho l'impressione *o* credo che nasconda qualcosa; ***I ~ deeply*** o ***strongly that they are wrong*** ho la netta sensazione *o* sono convinto che si sbaglino; ***I ~ I should warn you*** mi sento in obbligo di avvertirvi **3** *(physically)* sentire [*heat, ache*]; ***I can't ~ anything in my leg*** non mi sento più la gamba; ***she ~s the cold*** è freddolosa, patisce il freddo **4** *(touch deliberately)* toccare, sentire, tastare [*texture, cloth*]; palpare [*patient, body part*]; ***to ~ the weight of sth.*** soppesare qcs.; ***to ~ sb. for weapons*** perquisire qcn. per vedere se è armato; ***to ~ one's way*** procedere tentoni *o* a tastoni (anche FIG.) **5** *(be aware of)* sentire, essere consapevole di, avere coscienza di [*tension, importance, seriousness*]; avere il senso di [*justice, irony*] **II** intr. (pass., p.pass. **felt**) **1** *(emotionally)* sentirsi, essere [*sad, happy, nervous*]; essere [*surprised*]; sentirsi [*stupid, safe, trapped, betrayed*]; ***to ~ afraid*** avere paura; ***to ~ ashamed*** vergognarsi; ***to ~ as if*** o ***as though*** sentirsi come se; ***how do you ~?*** come ti senti? ***how do you ~ about marriage?*** che cosa ne pensi del matrimonio? ***how does it ~*** o ***what does it ~ like to be a dad?*** come ci si sente *o* cosa si prova a essere papà? ***if that's the way you ~...*** se è così che la pensi... **2** *(physically)* sentirsi [*better, tired, fat*]; ***to ~ hot, thirsty*** avere caldo, sete; ***I'll see how I ~*** o ***what I ~ like tomorrow*** vedo come mi sento domani; ***it felt as if I was floating*** avevo l'impressione di galleggiare; ***she isn't ~ing herself today*** è un po' fuori fase oggi **3** *(create certain sensation)* sembrare [*cold, smooth, empty, eerie*]; ***something doesn't ~ right*** c'è qualcosa che non va; ***it ~s strange living alone*** fa uno strano effetto vivere da solo; ***it ~s like silk*** sembra seta; ***it ~s like (a) Sunday*** sembra domenica; ***it ~s like rain*** sembra che stia per *o* debba piovere **4** *(want)* ***to ~ like sth., like doing*** avere voglia di qcs., di fare; ***I ~ like a drink*** ho voglia di bere; ***I don't ~ like it*** non ne ho voglia; ***"why did you do that?" - "I just felt like it"*** "perché l'hai fatto?" - "perché ne avevo voglia" **5** *(touch, grope)* ***to ~ in*** frugare *o* rovistare in [*bag, drawer, pocket*]; ***to ~ along*** procedere tentoni lungo [*edge, wall*] **III** rifl. (pass., p.pass. **felt**) ***she felt herself losing her temper*** sentiva che stava perdendo la pazienza.

▪ **feel around**, **feel about:** ~ around brancolare, procedere tentoni; ***to ~ around in*** frugare *o* rovistare in [*bag, drawer*]; ***to ~ around for*** cercare a tastoni.

▪ **feel for:** ~ for [sth.] cercare a tastoni; ~ for [sb.] compatire, provare compassione per.

▪ **feel out** AE ~ out [sb.], ~ [sb.] out sondare [*person*].

▪ **feel up to** ***to ~ up to doing*** sentirsi all'altezza, sentirsela di fare.

feeler /'fi:lə(r)/ n. antenna f.; *(of snail)* tentacolo m., antenna f. ♦ ***to put out ~s*** drizzare le antenne.

feelgood /'fi:lgʊd/ agg. SPREG. [*rhetoric, imagery*] dei buoni sentimenti; [*speech, atmosphere*] (falsamente) rassicurante; ***to play on the ~ factor*** cercare di attuare una politica dei buoni sentimenti.

feeling /'fi:lɪŋ/ **I** n. **1** *(emotion)* sentimento m., sensazione f.; ***a guilty ~*** un senso di colpa; ***to spare, hurt sb.'s ~s*** avere riguardo per, ferire i sentimenti di qcn.; ***to have tender ~s for*** o ***towards*** provare tenerezza per; ***I know the ~!*** so quello che provi! **2** *(opinion)* sensazione f., opinione f.; ***there is a growing ~ that*** si sta diffondendo la sensazione che; ***the ~ among Russians is that*** la sensazione dei russi è che; ***to have strong ~s about sth.*** avere le idee ben chiare su qcs. **3** *(sensitivity)* sensibilità f.; ***a person of ~*** una persona sensible; ***have you no ~?*** non hai un po' di cuore? ***to speak with great ~*** parlare con molta passione; ***to have no ~ for nature*** essere insensibile alla natura **4** *(impression)* impressione f., presentimento m.; ***I had a ~ you'd say that*** sentivo che lo avresti detto; ***I've got a bad ~ about this*** ho un brutto presentimento al riguardo **5** *(physical sensation)* sensazione f.; ***a dizzy ~*** un senso di vertigine; ***a loss of ~ in*** una perdita di sensibilità in [*limb*] **6** *(atmosphere)* atmosfera f.; ***there was a general ~ of tension*** l'atmosfera era tesa, si avvertiva una certa tensione nell'aria; ***the general ~ is...*** l'opinione generale è... **7** *(instinct)* dono m., facilità f. **II** agg. [*person*] sensibile; [*gesture*] compassionevole.

feelingly /'fi:lɪŋlɪ/ avv. [*write, speak*] con passione, con sentimento; [*comfort*] con compassione.

fee-paying /'fi:peɪɪŋ/ **I** n. pagamento m. delle rette scolastiche **II** agg. [*school*] a pagamento; [*parent, pupil*] pagante.

feet /fi:t/ → **1.foot**.

feign /feɪn/ tr. FORM. fingere [*innocence, surprise*]; simulare [*illness*].

1.feint /feɪnt/ n. **1** SPORT finta f. **2** MIL. finto attacco m.

2.feint /feɪnt/ intr. **1** SPORT fintare, fare una finta **2** MIL. lanciare un finto attacco.

3.feint /feɪnt/ n. TIP. regolo m. fine.

feisty /'fɪstɪ/ agg. COLLOQ. **1** *(lively)* esuberante, pieno di vita **2** AE COLLOQ. *(quarrelsome)* irritabile, aggressivo.

feldspar /'feldspɑ:(r)/ n. feldspato m.

Felicia /fə'lɪʃə, AE -'lɪ:-/ n.pr. Felicita.

felicitous /fə'lɪsɪtəs/ agg. FORM. felice.

felicity /fə'lɪsətɪ/ n. FORM. **1** *(appropriateness)* appropriatezza f., felicità f. **2** *(happiness)* felicità f.

Felicity /fə'lɪsətɪ/ n.pr. Felicita.

feline /'fi:laɪn/ **I** agg. felino (anche FIG.) **II** n. felino m.

Felix /'fi:lɪks/ n.pr. Felice.

1.fell /fel/ pass., p.pass. → **2.fall**.

2.fell /fel/ n. BE *(in moorland)* altura f.

3.fell /fel/ tr. abbattere [*tree*]; FIG. atterrare, abbattere [*person*].

4.fell /fel/ agg. feroce, crudele ♦ ***in one ~ swoop*** d'un sol colpo.

fellow /'feləʊ/ **I** n. **1** COLLOQ. *(man)* tipo m., tizio m.; ***poor little ~*** poveretto; ***my dear ~*** mio caro; ***old ~*** vecchio mio; ***what do you ~s think?*** che cosa ne pensate, voialtri? **2** *(of society, association) (also in titles)* membro m. **3** BE UNIV. *(lecturer)* membro m. del corpo docenti di un college universitario; *(governor)* membro m. del senato accademico **4** AE *(researcher)* ricercatore m. (-trice) universitario (-a) **II** modif. ***her ~ lawyers*** i suoi colleghi avvocati; ***his ~ students*** i suoi compagni di corso.

fellow citizen n. concittadino m. (-a).

fellow countryman n. (pl. **fellow countrymen**) compatriota m.

fellow creature n. simile m. e f.; ***to love one's ~s*** amare i propri simili.

fellow feeling n. *(understanding)* comprensione f.; *(solidarity)* solidarietà f.

fellow human being n. → **fellow creature**.

fellow man n. (pl. **fellow men**) → **fellow creature**.

fellowship /ˌfeləʊ'ʃɪp/ n. **1** *(companionship)* compagnia f., cameratismo m.; *(religious)* fratellanza f. **2** *(association)* associazione f.; *(religious)* confraternita f. **3** UNIV. *(post)* = carica di membro del corpo docenti di un college; *(funding)* fellowship f. (borsa di studio per ricercatori).

fellow traveller BE, **fellow traveler** AE n. compagno m. (-a) di viaggio; FIG. POL. simpatizzante m. e f. (in particolare per il partito comunista).

felon /'felən/ n. STOR. DIR. criminale m. e f.

felonious /fɪ'ləʊnɪəs/ agg. STOR. DIR. criminoso, delittuoso.

felony /'felənɪ/ n. **1** DIR. crimine m. **2** STOR. fellonia f.

felspar /'felspɑ:(r)/ → **feldspar**.

1.felt /felt/ pass., p.pass. → **2.feel**.

2.felt /felt/ **I** n. *(cloth)* feltro m.; *(thinner)* feltrino m. **II** modif. [*cloth, cover*] di feltro; *(thinner)* di feltrino; ***~ hat*** (cappello di) feltro.

felt-tip /ˌfelt'tɪp/ n. (anche ~ **pen**) pennarello m., penna f. a feltro.

female /'fi:meɪl/ **I** n. **1** BIOL. ZOOL. femmina f.; ***the ~s*** *(of species)* la femmina **2** *(woman)* donna f.; SPREG. buona donna f.; *(younger)* ragazzotta f. **II** agg. **1** BOT. ZOOL. femmina; ***~ cat*** gatta **2** *(relating to women)* [*sex, trait*] femminile; [*role*] della donna; [*voice*] di donna, femminile; ***~ student*** studentessa **3** EL. femmina.

female circumcision n. escissione f.

feminine /'femənɪn/ **I** n. LING. femminile m.; ***in the ~*** al femminile **II** agg. **1** [*clothes, features*] femminile; [*occupation*] da donna; [*issue*] che riguarda le donne **2** LING. femminile.

femininity /ˌfemə'nɪnətɪ/ n. femminilità f.

feminism /'femɪnɪzəm/ n. femminismo m.

feminist /'femɪnɪst/ **I** n. femminista m. e f. **II** modif. [*response*] femminista.

femoral /'femərəl/ agg. femorale.

femur /'fi:mə(r)/ n. (pl. **~s**, **-mora**) femore m.

fen /fen/ n. palude f., acquitrino m.

1.fence /fens/ n. **1** *(barrier)* recinto m., recinzione f. **2** *(in showjumping)* ostacolo m.; *(in horseracing)* fence f. **3** COLLOQ. *(of stolen goods)* ricettatore m. (-trice) ♦ ***to mend ~s*** rappacificarsi; ***to sit on the ~*** non prendere posizione, rimanere neutrale.

2.fence /fens/ **I** tr. **1** recintare [*area, garden*] **2** COLLOQ. ricettare [*stolen goods*] **II** intr. **1** SPORT tirare di scherma **2** *(be evasive)* schermirsi, rispondere in modo evasivo.

▪ **fence in:** ***~ [sth.] in, ~ in [sth.]*** recintare [*area, garden*]; rinchiudere in un recinto [*animals*]; ***~ [sb.] in*** FIG. imprigionare.

▪ **fence off:** ***~ [sth.] off, ~ off [sth.]*** recintare.

fencer /'fensə(r)/ n. SPORT schermitore m. (-trice, -tora).

fencing /'fensɪŋ/ ♦ ***10*** **I** n. **1** SPORT scherma f. **2** *(fences)* recinti m.pl., staccionate f.pl. **II** modif. [*mask*] da scherma; [*lesson*] di scherma.

fend /fend/ intr. ***to ~ for oneself*** badare a se stesso, arrangiarsi.

▪ **fend off:** ***~ off [sb., sth.], ~ [sb., sth.] off*** respingere [*attacker*]; parare, schivare [*blow*]; eludere, evitare [*question*].

fender /'fendə(r)/ n. **1** *(for fire)* parafuoco m. **2** AE AUT. parafango m. **3** MAR. parabordo m.

fennel /'fenl/ n. finocchio m.

feral /'fɪərəl, AE 'ferəl/ agg. ferino, selvaggio.

Ferdinand /'fɜ:dɪnənd/ n.pr. Ferdinando.

1.ferment /'fɜ:ment/ n. fermento m., agitazione f.

2.ferment /fə'ment/ **I** tr. fare fermentare [*beer, wine*]; FIG. fomentare [*trouble*] **II** intr. [*beer, yeast*] fermentare.

fermentation /ˌfɜ:men'teɪʃn/ n. fermentazione f.

fern /fɜ:n/ n. felce f.

ferocious /fə'rəʊʃəs/ agg. [*animal, attack*] feroce; [*wind*] impetuoso; [*heat*] atroce; [*climate*] rigido.

ferociously /fə'rəʊʃəslɪ/ avv. [*attack*] *(verbally)* violentemente; *(physically)* ferocemente; [*bark*] con ferocia.

ferocity /fə'rɒsətɪ/ n. ferocia f., crudeltà f.

1.ferret /'ferɪt/ n. ZOOL. furetto m.

2.ferret /'ferɪt/ intr. (forma in -ing ecc. **-tt-**) **1** andare a caccia con il furetto **2** *(search)* ***to ~ for*** cercare dappertutto [*keys*].

▪ **ferret about** frugare, curiosare.

▪ **ferret out** ***~ [sth.] out, ~ out [sth.]*** COLLOQ. scovare [*bargain*]; scoprire [*truth*]; ***~ [sb.] out*** stanare, snidare [*agent, thief*].

Ferris wheel /'ferɪs, wi:l, AE -hwi:l / n. ruota f. panoramica.

ferrous /'ferəs/ agg. ferroso.

ferrule /'feru:l, AE 'ferəl/ n. ghiera f.

1.ferry /'ferɪ/ **I** n. traghetto m., nave f. traghetto **II** modif. [*crossing*] in traghetto; [*disaster*] marittimo; ***~ sailing times*** orari dei traghetti.

2.ferry /'ferɪ/ tr. *(by boat)* traghettare [*passenger, goods*]; *(by car)* ***to ~ sb. to*** portare qcn. a [*school, station*].

ferryboat /'ferɪbəʊt/ n. traghetto m., nave f. traghetto, ferryboat m.

ferryman /'ferɪmæn/ n. (pl. **-men**) traghettatore m.

fertile /'fɜ:taɪl, AE 'fɜ:rtl/ agg. [*land, soil*] fertile; [*human, animal, egg*] fecondo; FIG. [*imagination, mind*] fertile; [*environment*] fervido.

fertility /fə'tɪlətɪ/ **I** n. **1** *(of land)* fertilità f., fecondità f.; *(of human, animal, egg)* fecondità f. **2** FIG. *(of mind, imagination)* fertilità f. **II** modif. [*symbol, rite*] di fertilità.

fertility drug n. medicina f. contro la sterilità.

fertility treatment n. ***to have ~*** fare una cura della fertilità.

fertilization /ˌfɜ:tɪlaɪ'zeɪʃn, AE -lɪ'z-/ n. *(of land)* fertilizzazione f.; *(of human, animal, plant, egg)* fecondazione f.

fertilize /'fɜ:tɪlaɪz/ tr. fertilizzare, concimare [*land*]; fecondare [*human, animal, plant, egg*].

fertilizer /'fɜ:tɪlaɪzə(r)/ n. fertilizzante m., concime m.

fervent /'fɜ:vənt/ agg. [*admirer*] fervente, fervido; [*support*] incondizionato.

fervently /'fɜ:vəntlɪ/ avv. [*declare*] con fervore; [*hope*] vivamente, fervidamente.

fervid /'fɜ:vɪd/ agg. FORM. fervido, appassionato.

fervour BE, **fervor** AE /'fɜ:və(r)/ n. fervore m., ardore m.

fester /'festə(r)/ intr. [*wound, sore*] suppurare; [*situation*] inasprirsi, deteriorarsi; [*feeling*] acuirsi.

festival /'festɪvl/ n. festa f., festività f.; *(arts event)* festival m.

festive /'festɪv/ agg. [*person*] gioioso, festoso; [*occasion, air*] di festa; ***the ~ season*** le feste.

festivity /fe'stɪvətɪ/ **I** n. **U** festosità f., festa f. **II festivities** n.pl. festeggiamenti m.

1.festoon /fe'stu:n/ n. festone m.

2.festoon /fe'stu:n/ tr. festonare, ornare con festoni.

fetch /fetʃ/ tr. **1** *(bring)* andare a prendere; ***to ~ sth. for sb.*** andare a prendere qcs. per qcn.; *(carry back)* riportare qcs. a qcn.; ***~ him a chair please*** portagli una sedia, per favore; ***~!*** *(to dog)* porta! **2** *(bring financially)* ***to ~ a good price*** ottenere *o* spuntare un buon prezzo; ***these vases can ~ up to £ 600*** questi vasi possono fruttare fino a 600 sterline **3** COLLOQ. ***to ~ sb. a blow*** assestare un colpo a qcn. ♦ ***to ~ and carry for sb.*** fare lavoretti per qcn.

▪ **fetch up** COLLOQ. ***to ~ up in Rome*** finire *o* capitare a Roma.

fetching /'fetʃɪŋ/ agg. [*child*] incantevole; [*habit*] accattivante; [*photo*] affascinante; [*outfit*] seducente; [*hat*] delizioso.

1.fete /feɪt/ n. festa f. (parrocchiale).

2.fete /feɪt/ tr. festeggiare, celebrare [*celebrity, hero*].

fetid /'fetɪd, AE 'fi:tɪd/ agg. fetido, nauseabondo.

fetish /'fetɪʃ/ n. **1** *(object)* feticcio m. **2** *(obsessive interest)* mania f., fissazione f.

fetishism /'fetɪʃɪzəm/ n. feticismo m.

fetlock /'fetlɒk/ n. *(of horse)* *(joint)* nodello m., nocca f.; *(tuft of hair)* barbetta f.

fetter /'fetə(r)/ tr. mettere ai ferri, ai ceppi, incatenare [*person*]; FIG. impastoiare [*party*].

fetters /'fetəz/ n.pl. ceppi m., ferri m.; ***in ~*** ai ferri, in catene; ***the ~ of authority*** FIG. le pastoie dell'autorità.

fettle /'fetl/ n. ***in fine*** o ***good ~*** in forma (eccellente).

fetus AE → **foetus.**

1.feud /fju:d/ n. faida f., ostilità f.

2.feud /fju:d/ intr. portare avanti una faida, essere in lotta (**about** per).

feudal /'fju:dl/ agg. feudale.

feudalism /'fju:dəlɪzəm/ n. feudalesimo m.

feuding /'fju:dɪŋ/ agg. [*factions, families*] in conflitto.

fever /'fi:və(r)/ n. **1** *(temperature)* febbre f.; ***to have a ~*** avere la febbre **2** *(excited state)* febbre f., eccitazione f.; ***in a ~ of excitement*** in un'agitazione febbrile **3** *(craze)* febbre f.; ***gold, gambling ~*** la febbre dell'oro, del gioco.

fevered /'fi:vəd/ agg. [*brow*] che scotta; [*imagination*] acceso, infervorato.

feverish /'fi:vərɪʃ/ agg. [*person, eyes*] febbricitante; [*dreams*] delirante; [*excitement, activity*] febbrile.

feverishly /'fi:vərɪʃlɪ/ avv. febbrilmente, affannosamente.

fever pitch n. ***to bring to ~*** scatenare [*crowd*]; ***our excitement had reached ~*** il nostro entusiasmo aveva raggiunto il parossismo.

few /fju:/ (compar. **fewer**; superl. **fewest**) When *few* is used as a quantifier to indicate the smallness or insufficiency of a given number or quantity (*few horses, few shops, few people*), it is translated by *pochi* + masculine nouns and *poche* + feminine nouns: *pochi cavalli, pochi negozi, poche persone.* Equally *the few* is translated by *i pochi / le poche*: *the few people who knew her* = le poche persone che la conoscevano. For examples and particular usages, see I.1 in the entry below. - When *few* is used as a quantifier in certain expressions to mean *several*, translations vary according to the expression: see I.2 in the entry below. - When *a few* is used as a quantifier (*a few books*), it can often be translated by *qualche*, which is invariable and is always followed by the singular: *qualche libro*; however, for expressions such as *quite a few books, a good few books*, see I.3 in the entry below. - For translations of *few* used as a pronoun (*few of us succeeded, I only need a few*), see II in the entry below. - For translations of *the few* used as a noun (*the few who voted for him*), see III in the entry below. ➧ *22* I quantif. 1 *(not many)* pochi; *~ visitors, letters* pochi visitatori, poche lettere; *very ~ houses* pochissime case; *on the ~ occasions that...* le rare volte che...; *their needs are ~* hanno poche necessità; *to be ~ in number* essere pochi di numero; *with ~ exceptions* con rare eccezioni 2 *(some, several) every ~ days* a intervalli di pochi giorni, ogni due o tre giorni; *over the next ~ days (in past)* nei giorni successivi; *(in future)* nei giorni a venire; *these past ~ days* nei giorni scorsi 3 **a few** qualche, alcuni; *a ~ people, houses* alcune persone, case; *I would like a ~ more* ne vorrei ancora qualcuno; *quite a ~ people* un bel po' di *o* parecchie persone; *we've lived here for a good ~ years* viviamo qui da un bel po' di anni; *a ~ weeks earlier* qualche settimana fa *o* prima; *in a ~ minutes* tra qualche minuto II pron. 1 *(not many)* pochi m.pl. (-e); *~ of us succeeded* pochi di noi ci sono riusciti; *there are so ~ of them that* sono talmente pochi che; *there are four too ~* ne mancano quattro; *as ~ as four people turned up* sono arrivate soltanto quattro persone 2 *(some) a ~ of the soldiers, countries* alcuni dei soldati, dei paesi; *I only need a ~* me ne servono solo alcuni; *quite a ~ of the tourists come from Germany* un buon numero di turisti viene dalla Germania; *a good ~ of the houses* un bel po' di case III n. *the ~ who* i pochi *o* le poche persone che; *it appeals only to the ~* piace solo a una minoranza (di persone) ♦ *to be ~ and far between* essere rarissimi; *to have had a ~ (too many)* COLLOQ. avere bevuto qualche bicchiere di troppo.

fewer /ˈfjuːə(r)/ (compar. di **few**) I agg. meno; *there are ~ trains on Sundays* di domenica ci sono meno treni; *~ and ~ people* sempre meno gente II pron. meno; *~ than 50 people* meno di 50 persone; *no ~ than* non meno di; *they were ~ than before* erano meno di prima.

fewest /ˈfjuːɪst/ (superl. di **few**) I agg. meno, il minor numero di; *the ~ accidents happened in this area* è in questa zona che c'è stato il minor numero di incidenti II pron. *he sold the ~* ha venduto meno di tutti; *the country where the ~ survived* il paese con il minor numero di sopravvissuti.

fey /feɪ/ agg. 1 *(clairvoyant)* visionario 2 *(whimsical)* strambo, stravagante.

fez /fez/ n. (pl. **~zes**) fez m.

ff ⇒ following seguente (s., seg., sg.), seguenti (segg., sgg.).

fiancé /fɪˈɒnseɪ, AE ˌfiːɑːnˈseɪ/ n. fidanzato m.

fiancée /fɪˈɒnseɪ, AE ˌfiːɑːnˈseɪ/ n. fidanzata f.

fiasco /fɪˈæskəʊ/ n. (pl. **~s, ~es**) fiasco m.

fiat /ˈfaɪæt, AE ˈfiːət/ n. FORM. *(decree)* decreto m.; *(permission)* autorizzazione f.

1.fib /fɪb/ n. COLLOQ. balla f., frottola f., storia f.

2.fib /fɪb/ intr. (forma in -ing ecc. **-bb-**) (rac)contare balle, storie.

fibber /ˈfɪbə(r)/ n. COLLOQ. contaballe m. e f., ballista m. e f.

fibre BE, **fiber** AE /ˈfaɪbə(r)/ n. 1 *(of thread, wood)* fibra f. 2 TESS. fibra f. 3 *(in diet)* fibre f.pl. 4 BOT. FISIOL. fibra f. 5 FIG. *(strength)* fibra f., tempra f.

fibreglass BE, **fiberglass** AE /ˈfaɪbəglɑːs/ n. U fibra f. di vetro, fiberglass m.

fibre optic BE, **fiber optic** AE agg. [*cable*] a fibre ottiche; [*link*] a fibra ottica.

fibreoptics BE, **fiberoptics** AE /ˌfaɪbərˈɒptɪks/ n. + verbo sing. fibre f.pl. ottiche.

fibre tip n. pennarello m.

fibroid /ˈfaɪbrɔɪd/ I agg. fibroide, fibroso II n. fibroide m., fibroma m.

fibrous /ˈfaɪbrəs/ agg. fibroso.

fibula /ˈfɪbjʊlə/ n. (pl. **~s, -ae**) ANAT. perone m., fibula f.

fiche /fiːʃ/ n. microfiche f.

fickle /ˈfɪkl/ agg. [*person*] incostante; [*fate, public opinion*] mutevole; [*weather*] variabile, instabile; [*stock market*] instabile.

fickleness /ˈfɪklnɪs/ n. *(of person)* incostanza f., volubilità f.; *(of weather)* variabilità f., instabilità f.; *(of fortune, stock market)* instabilità f.

fiction /ˈfɪkʃn/ n. 1 *(literary genre)* narrativa f. 2 *(books)* opere f.pl. di narrativa; *in ~* nella finzione letteraria, nei romanzi 3 *(delusion)* illusione f. 4 *(untruth)* invenzione f., finzione f.; *his address is a ~* il suo indirizzo è inventato 5 *(creation of the imagination)* fantasie f.pl., invenzione f. 6 *(pretence) they keep up the ~ that* fanno credere che.

fictional /ˈfɪkʃənl/ agg. 1 [*character, event*] immaginario, inventato 2 [*device*] narrativo.

fictionalize /ˈfɪkʃənəlaɪz/ tr. romanzare.

fictitious /fɪkˈtɪʃəs/ agg. 1 *(false)* [*name, address*] falso, fittizio; [*justification, report*] fasullo, inventato 2 *(imaginary)* [*character*] immaginario, inventato.

1.fiddle /ˈfɪdl/ n. COLLOQ. 1 *(dishonest scheme)* imbroglio m., truffa f.; *tax ~* frode fiscale; *to be on the ~* vivere di truffe 2 ➧ *17* *(violin)* violino m. ♦ *to be as fit as a ~* essere sano come un pesce; *to play second ~ to sb.* avere un ruolo marginale rispetto a qcn.

2.fiddle /ˈfɪdl/ I tr. COLLOQ. falsificare, truccare [*tax return, figures*] II intr. 1 *(fidget) to ~ with sth.* giocherellare *o* gingillarsi con qcs. 2 *(adjust) to ~ with* trafficare *o* armeggiare con [*knobs, controls*] ♦ *to ~ while Rome burns* = perdere il tempo in sciocchezze mentre accade qualcosa di molto importante o grave.

■ **fiddle around** 1 *(be idle)* perdere tempo 2 *to ~ around with (readjust)* aggiustare alla bell'e meglio [*engine*]; *(fidget)* giocherellare *o* gingillarsi con [*object*].

fiddler /ˈfɪdlə(r)/ ➧ *17, 27* n. violinista m. e f.

fiddlesticks /ˈfɪdlstɪks/ inter. COLLOQ. ANT. sciocchezze, fesserie.

fiddling /ˈfɪdlɪŋ/ agg. insignificante, futile, da nulla.

fiddly /ˈfɪdlɪ/ agg. [*job*] difficile, delicato, rognoso; [*clasp, fastening*] scomodo, poco pratico; *~ to open* difficile da aprire.

fidelity /fɪˈdelətɪ/ n. fedeltà f. (anche ELETTRON.).

1.fidget /ˈfɪdʒɪt/ I n. *they're real ~s* sono così irrequieti *o* nervosi II **fidgets** n.pl. *to have the ~s* stare sulle spine, essere agitato.

2.fidget /ˈfɪdʒɪt/ intr. *(move about)* agitarsi; *(get impatient)* diventare irrequieto; *to ~ with sth.* giocherellare nervosamente con qcs.

fidgety /ˈfɪdʒɪtɪ/ agg. *(physically)* agitato, irrequieto; *(psychologically)* nervoso.

fief /fiːf/, **fiefdom** /ˈfiːfdəm/ n. STOR. feudo m.

1.field /fiːld/ I n. 1 AGR. campo m.; *wheat ~* campo di frumento 2 GEOGR. GEOL. distesa f., banco m.; *(basin)* bacino m. 3 SPORT campo m., terreno m. di gioco; *football ~* campo da calcio 4 + verbo sing. o pl. SPORT *(athletes)* concorrenti m.pl.; *(horses)* cavalli m.pl. in gara; *to lead* o *be ahead of the ~* essere in testa (anche FIG.) 5 *(area of knowledge)* campo m., settore m. 6 LING. *semantic ~* campo semantico 7 *(real environment) to test sth. in the ~* provare qcs. sul campo 8 MIL. *the ~ of battle* il campo di battaglia; *to take the ~* scendere in campo; *to hold the ~* tenere il campo; FIG. [*theory*] dominare la scena 9 *(range)* campo m.; *~ of force* EL. campo di forza; *~ of fire* MIL. campo di tiro 10 INFORM. MAT. FIS. campo m. II modif. 1 MIL. [*hospital, kitchen*] da campo 2 *(in real environment)* [*study*] sul campo; [*test*] in condizioni reali di utilizzo ♦ *to play the ~* correre la cavallina.

2.field /fiːld/ I tr. 1 SPORT prendere (e rilanciare) [*ball*] 2 *(select)* presentare [*candidate*]; SPORT mettere in campo [*team, player*] 3 *(respond to)* rispondere (bene) a [*questions*] II intr. SPORT giocare in difesa.

field day n. 1 SCOL. UNIV. uscita f. didattica 2 AE *(sports day)* = giornata di sport, riunione di atletica all'aperto ♦ *to have a ~* [*press, critics*] avere un'occasione per gioire; *(make money)* [*shopkeeper*] fare grossi affari; *to have a ~ with sth.* trarre grossi profitti da qcs.

fielder /ˈfiːldə(r)/ n. SPORT esterno m.

field event n. SPORT = gara di salto o di lancio.

field glasses n.pl. binocolo m.sing. da campagna.
field hand n. AE bracciante m. e f. agricolo (-a).
field hockey ➧ *10* n. AE SPORT hockey m. su prato.
field label n. LING. etichetta f. di linguaggio settoriale, di ambito specialistico.
field marshal ➧ *23* n. feldmaresciallo m.
fieldmouse /ˈfiːldmaʊs/ n. (pl. **-mice**) ZOOL. topo m. selvatico.
field officer n. MIL. ufficiale m. superiore.
fieldsman /ˈfiːldzmən/ n. (pl. **-men**) AE → **fielder**.
field sports n.pl. SPORT = sport che si praticano nella natura, come caccia e pesca.
field trip n. SCOL. UNIV. *(one day)* uscita f. didattica; *(longer)* gita f., viaggio m. d'istruzione.
fieldwork /ˈfiːldwɜːk/ n. ricerca f. sul campo.
fieldworker /ˈfiːldwɜːkə(r)/ ➧ *27* n. studioso m. (-a) che fa ricerche sul campo, operatore m. (-trice) che lavora sul campo.
fiend /fiːnd/ n. **1** *(evil spirit)* diavolo m., demone m. **2** COLLOQ. *(mischievous person)* persona f. maligna **3** COLLOQ. *(fanatic)* ***he's a football ~*** è un fanatico del calcio.
fiendish /ˈfiːndɪʃ/ agg. **1** *(cruel)* [*tyrant*] crudele, malvagio; [*cruelty*] spietato; [*expression, glee*] diabolico **2** *(ingenious)* [*plan*] diabolico, ingegnoso.
fiendishly /ˈfiːndɪʃlɪ/ avv. **1** *(wickedly)* [*smile, plot*] diabolicamente, malvagiamente **2** *(extremely)* [*difficult*] tremendamente.
fiendishness /ˈfiːndɪʃnɪs/ n. **1** *(cruelty)* crudeltà f., malvagità f. **2** *(of plan)* diabolicità f., ingegnosità f.
fierce /ˈfɪəs/ agg. [*animal, person, expression*] feroce; [*flames, heat*] ardente, intenso; [*storm, hatred*] violento; [*battle*] violento, accanito; [*competition*] accanito; [*criticism, speech*] veemente; [*supporter*] fervente; [*determination, loyalty*] incrollabile; [*temper*] impetuoso.
fiercely /ˈfɪəslɪ/ avv. [*defend, oppose*] con accanimento; [*fight*] ferocemente, accanitamente; [*stare*] con ferocia; [*shout*] violentemente; [*speak*] veementemente; [*competitive, critical*] terribilmente; [*determined, loyal*] in modo incrollabile.
fierceness /ˈfɪəsnɪs/ n. **1** *(ferocity) (of animal, person, expression)* ferocia f.; *(of storm, battle)* violenza f. **2** *(intensity) (of heat, flames)* intensità f.; *(of criticism)* violenza f.; *(of competition)* accanimento m.
fiery /ˈfaɪərɪ/ agg. [*person*] ardente, infervorato; [*speech, performance*] appassionato; [*wound*] che brucia; [*gas*] infiammabile; [*sky*] fiammeggiante; [*heat*] ardente; ***~ red*** rosso acceso *o* fuoco.
fiesta /frˈestə/ n. festa f.
fife /faɪf/ ➧ *17* n. piffero m.
fifteen /ˌfɪfˈtiːn/ ➧ *19, 1, 4* **I** determ. quindici **II** pron. quindici; ***there are ~ of them*** ce ne sono quindici **III** n. quindici m.; ***to multiply by ~*** moltiplicare per quindici.
fifteenth /ˌfɪfˈtiːnθ/ ➧ *19, 8* **I** determ. quindicesimo **II** pron. **1** *(in order)* quindicesimo m. (-a) **2** *(of month)* quindici m.; ***the ~ of May*** il quindici maggio **III** n. *(fraction)* quindicesimo m. **IV** avv. [*finish*] quindicesimo, in quindicesima posizione.
fifth /fɪfθ/ ➧ *19, 8* **I** determ. quinto **II** pron. **1** *(in order)* quinto m. (-a) **2** *(of month)* cinque m.; ***the ~ of May*** il cinque maggio **III** n. **1** *(fraction)* quinto m. **2** MUS. quinta f. **3** (anche **~ gear**) AUT. quinta f. **4** AE quinto m. di gallone **IV** avv. [*finish*] quinto, in quinta posizione.
Fifth Amendment n. US DIR. quinto emendamento m.
fifth column n. STOR. quinta colonna f.
fifth columnist n. collaborazionista m. e f.
fifth wheel n. MECC. ralla f. ♦ ***to be the ~*** essere l'ultima ruota del carro.
fiftieth /ˈfɪftɪəθ/ ➧ *19, 8* **I** determ. cinquantesimo **II** pron. *(in order)* cinquantesimo m. (-a) **III** n. *(fraction)* cinquantesimo m. **IV** avv. [*finish*] cinquantesimo, in cinquantesima posizione.
fifty /ˈfɪftɪ/ ➧ *19, 1, 4, 8* **I** determ. cinquanta **II** pron. cinquanta; ***there are ~ of them*** ce ne sono cinquanta **III** n. cinquanta m.; ***to multiply by ~*** moltiplicare per cinquanta **IV** **fifties** n.pl. **1** *(decade)* ***the fifties*** gli anni '50 **2** *(age)* ***to be in one's fifties*** aver passato i cinquanta.
fifty-fifty /ˌfɪftɪˈfɪftɪ/ **I** agg. ***to have a ~ chance*** avere il 50% di possibilità *o* una possibilità su due (**of doing** di fare) **II** avv. ***to split*** o ***share sth. ~*** dividere qcs. fifty-fifty *o* a metà; ***to go ~*** fare a metà.

fig /fɪg/ n. *(fruit)* fico m.
fig. **1** ⇒ figurative figurato (fig.) **2** ⇒ figure figura (fig.); ***see ~ 3*** vedi fig. 3.
1.fight /faɪt/ n. **1** *(struggle)* lotta f. (**for** per; **to do** per fare); ***to keep up the ~*** proseguire *o* continuare la lotta; ***to put up a ~ against*** opporre resistenza *o* resistere a, lottare contro **2** *(outbreak of fighting) (between civilians)* rissa f., zuffa f. (**over** per); MIL. combattimento m., battaglia f. (**for** per); *(between animals)* combattimento m.; ***to get into*** o ***have a ~ with sb.*** battersi *o* fare a pugni con qcn. **3** *(in boxing)* incontro m. **4** *(argument)* lite f., litigio m. (**over** per); ***to have a ~ with sb.*** litigare con qcn. **5** *(combative spirit)* combattività f.
2.fight /faɪt/ **I** tr. (pass., p.pass. **fought**) **1** lottare contro, combattere contro [*disease, opponent, emotion, proposal*]; lottare contro [*fire*]; combattere [*war*]; ***to ~ one's way through*** farsi largo a fatica *o* con la forza tra [*crowd*]; ***to ~ sb.*** SPORT battersi contro qcn. **2** POL. [*candidate*] contendere [*seat*]; ***~ an election*** sostenere una battaglia elettorale **3** DIR. intentare, fare [*cause*]; difendere [*case*] **II** intr. (pass., p.pass. **fought**) **1** lottare, combattere (**for** per; **against** contro; **to do** per fare); ***to ~ for breath*** cercare disperatamente di non soffocare **2** *(squabble)* litigare, bisticciare (**over** per) ♦ ***to ~ the good fight*** battersi per una buona causa.
■ **fight back:** ***~ back*** rispondere a un attacco, contrattaccare; *(emotionally)* reagire; ***~ back [sth.]*** ricacciare, trattenere [*tears*]; tenere a freno, reprimere [*fear, anger*].
■ **fight down:** ***~ down [sth.]*** reprimere, soffocare [*emotion*].
■ **fight off:** ***~ off [sth.], ~ [sth.] off*** respingere (combattendo) [*attacker, attack*]; vincere [*troops*]; ***~ off [sth.]*** FIG. lottare contro [*illness, despair*]; respingere, rifiutare [*challenge, criticism, proposal*].
■ **fight on** continuare a combattere.
■ **fight out:** ***~ out [sth.], ~ [sth.] out*** battersi per risolvere [*differences*]; ***leave them to ~ it out*** lascia che se la vedano tra loro.
fighter /ˈfaɪtə(r)/ n. **1** *(determined person)* combattente m. e f., lottatore m. (-trice) **2** (anche **~ plane**) (aereo da) caccia m. **3** *(boxer)* pugile m., fighter m.
fighter bomber n. cacciabombardiere m.
fighter pilot n. pilota m. e f. da caccia.
fighting /ˈfaɪtɪŋ/ **I** n. **1** MIL. combattimento m., battaglia f., lotta f. (**between** tra) **2** *(less serious)* rissa f., zuffa f. **II** agg. **1** MIL. [*unit, force*] di, da combattimento; ***~ strength*** forza, effettivi **2** *(aggressive)* [*talk, words*] aggressivo; [*spirit*] combattivo.
fighting chance n. ***to have a ~*** avere una possibilità (di successo).
fighting fit agg. ***to be ~*** essere in gran forma.
fig leaf n. (pl. **fig leaves**) foglia f. di fico.
figment /ˈfɪgmənt/ n. ***a ~ of the*** o ***your imagination*** un prodotto *o* un frutto della tua immaginazione.
fig tree n. fico m.
figurative /ˈfɪgərətɪv/ agg. **1** LING. figurato **2** ART. figurativo.
figuratively /ˈfɪgərətɪvlɪ/ avv. [*mean*] in senso figurato; ***~ speaking,...*** metaforicamente parlando,...
1.figure /ˈfɪgə(r), AE ˈfɪgjər/ n. **1** *(number, amount)* cifra f., numero m.; ***a four-, six-~ sum*** una somma a quattro, sei cifre; ***in single, double ~s*** [*inflation*] inferiore al 10%, a due cifre; ***to have a head for*** o ***to be good with ~s*** essere bravo in matematica *o* con i numeri **2** *(person)* figura f., personaggio m.; ***a controversial ~*** una figura controversa; ***a minor*** o ***marginal ~*** un personaggio minore **3** *(human form)* figura f., forma f.; ***a familiar, imposing ~*** una figura familiare, imponente; ***reclining ~*** ART. figura distesa **4** *(symbol)* ***mother, father ~*** figura materna, paterna; ***hate ~*** bestia nera **5** *(body shape)* linea f., figura f.; ***to keep, lose one's ~*** mantenere, perdere la linea; ***to have a great ~*** COLLOQ. avere un gran bel fisico **6** *(geometric shape)* figura f.; ***plane, solid ~*** figura piana, solida **7** *(diagram)* figura f., illustrazione f.; ***see ~ 4*** vedi la figura 4 ♦ ***to cut a sorry ~*** fare una brutta figura *o* una figuraccia: ***to cut a fine ~*** fare una bella figura *o* un figurone.
2.figure /ˈfɪgə(r), AE ˈfɪgjər/ **I** tr. **1** COLLOQ. *(suppose)* ***to ~ (that)*** immaginare *o* figurarsi che **2** LETTER. *(express)* raffigurare, rappresentare **II** intr. **1** *(appear)* figurare, apparire **2** COLLOQ. *(make sense)* quadrare, tornare; ***that ~s*** la cosa quadra.

■ **figure on** COLLOQ. **~ on [sth.]** contare su, fare affidamento su; ***to ~ on doing*** contare di fare.
■ **figure out: ~ out [sth.], ~ [sth.] out** immaginare, trovare [*answer, reason*]; ***to ~ out who, why, how*** riuscire a capire chi, perché, come; ***I can't ~ him out*** non riesco a capirlo.
figured /'fɪgəd, AE 'fɪgjərd/ **I** p.pass. → **2.figure II** agg. **1** *(decorated)* figurato, decorato **2** [*fabric*] stampato.
figurehead /'fɪgəhed, AE 'fɪgjər-/ n. **1** MAR. polena f. **2** uomo m. di paglia.
figure of speech n. LETTER. LING. figura f. retorica; ***it's just a ~*** è solo un modo di dire.
figure skater n. pattinatore m. (-trice) (di pattinaggio artistico).
figure skating ♦ *10* n. pattinaggio m. artistico.
figurine /'fɪgəri:n, AE ˌfɪgjə'ri:n/ n. figurina f., statuetta f.
Fiji /ˌfi:'dʒi:, 'fi:dʒi:/ ♦ *6, 12* n.pr. ***the ~ (Islands)*** le (isole) Figi.
filament /'fɪləmənt/ n. filamento m.
filch /fɪltʃ/ tr. COLLOQ. rubare, rubacchiare (**from** a).
1.file /faɪl/ n. **1** archivio m.; *(cardboard)* cartella f.; *(ring binder)* raccoglitore m.; *(card tray)* schedario m. **2** *(record)* dossier m., pratica f., incartamento m. (**on** su); ***to be on ~*** essere schedato **3** INFORM. file m., archivio m.
2.file /faɪl/ **I** tr. **1** AMM. archiviare, schedare [*letter, record*]; registrare [*invoice*] **2** DIR. presentare, inoltrare [*application, complaint*] (**with** presso); ***to ~ a lawsuit*** intentare (una) causa (**against** a, contro) **3** GIORN. inviare [*report*] **II** intr. DIR. ***to ~ for (a) divorce*** presentare istanza di divorzio.
3.file /faɪl/ n. *(tool)* lima f.
4.file /faɪl/ tr. limare [*wood, metal*]; ***to ~ one's nails*** limarsi le unghie.
5.file /faɪl/ n. *(line)* fila f., coda f.; ***in single ~*** in fila indiana.
6.file /faɪl/ intr. camminare in fila; ***they ~d into, out of the classroom*** entrarono in, uscirono dalla classe in fila.
file cabinet n. AE → **filing cabinet**.
file card n. AE → **filing card**.
file clerk n. AE → **filing clerk**.
file copy n. copia f. d'archivio.
filial /'fɪlɪəl/ agg. filiale.
1.filibuster /'fɪlɪbʌstə(r)/ n. ostruzionismo m. parlamentare, filibustering m.
2.filibuster /'fɪlɪbʌstə(r)/ intr. fare ostruzionismo parlamentare, fare filibustering.
filigree /'fɪlɪgri:/ n. filigrana f.
filing /'faɪlɪŋ/ n. archiviazione f., schedatura f.
filing cabinet n. casellario m.
filing card n. cartellino m., scheda f.
filing clerk ♦ *27* n. archivista m. e f.
filings /'faɪlɪŋz/ n.pl. *(dust)* limatura f.sing.
filing system n. sistema m. di raccolta a schede.
Filipino /ˌfɪlɪ'pi:nəʊ/ ♦ *18* **I** agg. filippino **II** n. filippino m. (-a).
1.fill /fɪl/ n. ***to eat, drink one's ~*** mangiare, bere a sazietà; ***to have had one's ~*** averne (avuto) abbastanza (**of** di; **of doing** di fare).
2.fill /fɪl/ **I** tr. **1** *(make full)* riempire [*container*] (**with** di); ***tears ~ed his eyes*** gli occhi gli si riempirono di lacrime **2** *(occupy)* [*crowd, sound, laughter*] riempire [*building, room, street, train*]; [*smoke, gas, protesters*] invadere [*building, room*]; [*person*] occupare [*time, day*]; [*emotion, thought*] riempire, colmare [*heart, mind*] **3** *(plug)* otturare, chiudere [*crack, hole*]; FIG. riempire [*void*] (**with** con) **4** *(fulfil)* soddisfare [*need*] **5** *(take up)* riempire, occupare interamente [*page, volumes, tape*] (**with** con) **6** [*company, university*] assegnare, affidare [*post, vacancy*]; [*applicant*] occupare, ricoprire [*post, vacancy*] **7** *(stuff)* riempire, imbottire [*cushion, pie, sandwich*] (**with** di) **8** [*dentist*] otturare [*tooth, cavity*] **9** [*wind*] gonfiare [*sail*] **10** *(carry out)* eseguire [*order*] **II** intr. **1** [*bath, theatre, streets, eyes*] riempirsi (**with** di) **2** [*sail*] gonfiarsi.
■ **fill in: ~ in** [*person*] sostituire, rimpiazzare; ***to ~ in for sb.*** rimpiazzare qcn.; **~ in [sth.]** occupare [*time, hour*]; **~ in [sth.], ~ [sth.] in 1** *(complete)* riempire, compilare [*form, section*] **2** *(plug)* otturare, riempire [*hole, crack*] (**with** con) **3** *(supply)* fornire [*detail, name, date*] **4** *(colour in)* colorare [*shape, panel*]; **~ in [sb.], ~ [sb.] in** *(inform)* mettere [qcn.] al corrente, informare [*person*] (**on** su, di).
■ **fill out: ~ out** [*person*] ingrassare, mettere su peso; [*face, cheeks*] farsi più pieno; **~ out [sth.], ~ [sth.] out** compilare, riempire [*form, application*]; compilare, fare [*certificate, prescription*].
■ **fill up: ~ up** [*bath, theatre, bus*] riempirsi (**with** di); ***to ~ up on*** [*person*] rimpinzarsi, riempirsi di [*sweets*]; **~ up [sth.], ~ [sth.] up** riempire [*kettle, box, room*] (**with** di); ***~ it*** o ***her up!*** *(with petrol)* (faccia) il pieno! **~ up [sb.], ~ [sb.] up** rimpinzare (**with** di).
filled /fɪld/ **I** p.pass. → **2.fill II -filled** agg. in composti pieno di; ***smoke-, book-~ room*** stanza piena di fumo, di libri.
filler /'fɪlə(r)/ n. **1** *(for wood, car body, wall)* stucco m. **2** GIORN. TELEV. zeppa f., tappabuchi m., riempitivo m.
filler cap n. BE AUT. tappo m. del serbatoio.
1.fillet /'fɪlɪt, AE fɪ'leɪ/ n. filetto m.
2.fillet /'fɪlɪt, AE fɪ'leɪ/ tr. sfilettare [*fish*].
fillet steak n. bistecca f. di filetto.
fill-in /'fɪlɪn/ n. COLLOQ. tappabuchi m. e f.
filling /'fɪlɪŋ/ **I** n. **1** GASTR. *(stuffing)* ripieno m., farcitura f., farcia f. **2** *(for tooth)* materiale m. da otturazione, otturazione f. **3** *(of pillow, cushion, mattress)* imbottitura f. **II** agg. [*food*] che riempie, che sazia.
filling station n. stazione f. di servizio.
fillip /'fɪlɪp/ n. stimolo m., scossa f., incentivo m.
filly /'fɪlɪ/ n. puledra f., cavallina f.
1.film /fɪlm/ **I** n. **1** CINEM. *(movie)* film m., pellicola f.; ***to be o work in ~s*** lavorare nel cinema; ***short ~*** cortometraggio **2** FOT. *(for snapshots, movies)* pellicola f., film m. **3** *(layer)* pellicola f., strato m. sottile **4** GASTR. cellofan m., pellicola f. (trasparente) **II** modif. [*archive, award, critic, industry, laboratory, producer, studio, version, rights*] cinematografico.
2.film /fɪlm/ **I** tr. [*person*] filmare [*event*]; adattare per il cinema [*novel, play*]; [*camera*] filmare, registrare [*scene*] **II** intr. [*camera man*] filmare, girare; [*crew*] girare un film.
■ **film over** [*glass, windscreen*] ricoprirsi di una patina.
film camera n. cinecamera f., cinepresa f.
film club n. cineclub m.
film director ♦ *27* n. regista m. e f.
film festival n. festival m. del cinema.
filmgoer /'fɪlmgəʊə(r)/ n. frequentatore m. (-trice) di cinema.
filming /'fɪlmɪŋ/ n. CINEM. (il) girare un film, riprese f.pl.
film library n. cineteca f.
film-maker /'fɪlmˌmeɪkə(r)/ ♦ *27* n. cineasta m. e f., regista m. e f.
film-making /'fɪlmˌmeɪkɪŋ/ n. cinematografia f., cinema m.
film music n. musica f. da film.
filmography /fɪl'mɒgrəfɪ/ n. filmografia f.
film poster n. locandina f. (cinematografica).
film script n. copione m. (cinematografico).
film show n. rassegna f. cinematografica.
film star ♦ *27* n. stella f. del cinema, star f. cinematografica.
film stock n. pellicola f. non ancora utilizzata.
film strip n. filmina f.
film test n. provino m. (cinematografico).
filmy /'fɪlmɪ/ agg. **1** *(thin)* [*dress*] leggero, trasparente; [*fabric, screen*] trasparente; [*layer*] sottile **2** *(cloudy)* [*glass, lens*] appannato.
1.filter /'fɪltə(r)/ n. **1** TECN. FOT. filtro m.; ***sun ~*** filtro solare **2** (anche **~ lane**) BE AUT. = corsia riservata ai veicoli che svoltano **3** BE AUT. *(arrow)* freccia f. direzionale (di semaforo).
2.filter /'fɪltə(r)/ **I** tr. filtrare [*liquid, gas, coffee*] **II** intr. **1** (anche **~ off**) BE AUT. ***to ~ off to the left*** incanalarsi nella corsia di sinistra per svoltare **2** *(trickle)* ***to ~ into*** [*light, sound, water*] filtrare in [*area*].
■ **filter out: ~ out** [*news*] trapelare, filtrare [*light, noise*] filtrare; **~ out [sth.], ~ [sth.] out** filtrare [*applicants, impurities, light*].
■ **filter through** [*news, light, sound*] filtrare, trapelare.
filter cigarette n. sigaretta f. col filtro.
filter coffee n. *(cup of coffee)* caffè m. americano; *(ground coffee)* caffè m. macinato per filtri.
filter paper n. carta f. filtrante, carta f. da filtro.
filter tip n. **1** *(of cigarette)* filtro m. **2** *(cigarette)* sigaretta f. col filtro.

filter-tipped /ˌfɪltəˈtɪpt/ agg. [*cigarette*] col filtro.

filth /fɪlθ/ n. **1** *(dirt)* sporcizia f., sudiciume m. **2** *(vulgarity)* oscenità f., indecenza f.; *(swearing)* oscenità f.pl., turpiloquio m. **3** BE POP. SPREG. *(police)* ***the* ~** gli sbirri.

filthy /ˈfɪlθɪ/ agg. **1** *(dirty)* sudicio, lercio; *(revolting)* ripugnante, schifoso; ***that's a ~ habit*** è un'abitudine rivoltante **2** *(vulgar)* [*language*] osceno; [*mind*] perverso **3** BE *(unpleasant)* [*weather*] schifoso; [*look*] indecente.

filthy rich agg. COLLOQ. ricco sfondato.

filtrate /ˈfɪltreɪt/ tr. e intr. filtrare.

filtration /fɪlˈtreɪʃn/ n. filtrazione f.

fin /fɪn/ n. **1** ZOOL. *(of fish)* pinna f.; *(of seal)* natatoia f. **2** AER. MAR. deriva f. **3** TECN. AUT. aletta f.

final /ˈfaɪnl/ **I** agg. **1** attrib. *(last)* [*day, question, meeting*] finale, ultimo; ~ ***examinations*** BE UNIV. esami finali; AE UNIV. esami di fine semestre **2** *(definitive)* [*decision, answer*] definitivo, finale; [*result*] finale; [*judgment*] irrevocabile, definitivo; ***she has the ~ say*** è lei che ha l'ultima parola **II** n. **1** SPORT finale f. **2** GIORN. ultima edizione f. **III finals** n.pl. **1** BE UNIV. esami m. finali; AE UNIV. esami m. di fine semestre **2** SPORT *(last few games)* finali f., fase f.sing. finale; *(last game)* finale f.sing.

final approach n. AER. avvicinamento m.

finale /fɪˈnɑːlɪ, AE -ˈnælɪ/ n. MUS. TEATR. finale m.

finalist /ˈfaɪnəlɪst/ n. finalista m. e f.

finality /faɪˈnælətɪ/ n. (l')essere definitivo, definitività f.; ***with* ~** in modo perentorio.

finalize /ˈfaɪnəlaɪz/ tr. concludere [*letter, purchase, contract*]; definire [*plan, details*]; completare, ultimare [*report*]; completare [*team*]; fissare, definire [*timetable, route*]; passare in giudicato [*divorce*].

finally /ˈfaɪnəlɪ/ avv. **1** *(eventually)* [*decide, accept, arrive, happen*] alla fine, finalmente **2** *(lastly)* infine; ***~ I would like to thank...*** infine, vorrei ringraziare... **3** *(definitively)* [*settle, decide*] definitivamente.

1.finance /ˈfaɪnæns, fɪˈnæns/ **I** n. **1** *(banking, money systems)* finanza f. **2** *(funds)* finanze f.pl., mezzi m.pl. finanziari, fondi m.pl. **3** *(credit)* finanziamento m. **II finances** n.pl. *(financial situation) (of person)* finanze f.; *(of company, country)* situazione f. finanziaria **III** modif. [*minister, ministry*] delle finanze; [*committee, director, correspondent*] finanziario.

2.finance /ˈfaɪnæns, fɪˈnæns/ tr. finanziare [*project*].

finance company, **finance house** n. (società) finanziaria f.

financial /faɪˈnænʃl, fɪ-/ agg. finanziario.

financially /faɪˈnænʃəlɪ, fɪ-/ avv. finanziariamente.

financial year n. BE anno m. finanziario, esercizio m. finanziario.

financier /faɪˈnænsɪə(r), AE ˌfɪnənˈsɪər/ ♦ **27** n. finanziere m.

financing /ˈfaɪnænsɪŋ, fɪˈnænsɪŋ/ n. finanziamento m.

finch /fɪntʃ/ n. fringuello m.; *(in taxonomy)* fringillide m.

1.find /faɪnd/ n. scoperta f.

2.find /faɪnd/ **I** tr. (pass., p.pass. **found**) **1** *(discover)* trovare, ritrovare [*thing, person*]; ***to ~ one's*** o ***the way*** trovare la strada; ***to ~ one's way out of*** riuscire ad uscire da [*building, forest*]; ***to ~ one's own way home*** ritrovare la strada di casa; ***to ~ sb. doing*** scoprire *o* sorprendere qcn. a fare; ***to ~ that*** constatare *o* rendersi conto che **2** *(get)* trovare [*job, car, seat, solution, time, energy, money*]; ***to ~ sth. for sb.*** o ***to ~ sb. sth. (to do)*** trovare qcs. (da fare) a qcn. **3** *(encounter)* trovare [*word, term*]; incontrare, trovare [*species*]; ***it is to be found in the Louvre*** lo si può vedere al Louvre **4** *(consider)* trovare, considerare; ***to ~ sb. a bore*** trovare qcn. noioso; ***to ~ sb., sth. to be*** trovare che qcn., qcs. sia; ***to ~ sth. easy, hard to do*** trovare qcs. facile, difficile da fare; ***to ~ it easy, difficult to do*** trovare (che sia) facile, difficile fare **5** *(experience)* provare [*pleasure, satisfaction*]; trovare [*comfort*] **6** *(reach)* ***to ~ its mark, its target*** colpire il bersaglio, andare a segno; ***to ~ its way to*** o ***into*** riuscire a raggiungere [*bin, area*] **7** DIR. ***to ~ sb. guilty, not guilty*** dichiarare qcn. colpevole, innocente; ***how do you ~ the accused?*** come giudicate gli imputati? **8** *(arrive to find)* ***I hope this card ~s you well*** spero che questa cartolina ti trovi in buona salute; ***the next day found him feeling ill*** il giorno dopo si sentì male **9** INFORM. trovare **II** intr. (pass., p.pass. **found**) DIR. ***to ~ for, against sb.*** pronunciarsi a favore, contro qcn. **III** rifl. (pass., p.pass. **found**) ***to ~ oneself*** **1** *(discover suddenly)* ***to ~ oneself trapped*** ritrovarsi intrappolato; ***to ~ oneself unable to do*** sentirsi incapace di fare; ***to ~ oneself wishing that*** sorprendersi a desiderare che **2** *(discover one's vocation)* scoprire la propria vocazione ♦ ***to ~ one's feet*** cavarsela *o* camminare con le proprie gambe; ***to take sb. as one ~s him, her*** prendere qcn. così com'è.

■ **find out:** ***~ out*** scoprire; ***~ out [sth.]***, ***~ [sth.] out*** scoprire, trovare [*fact, answer, name, cause, truth*]; ***~ out who, why, where*** scoprire chi, perché, dove; ***~ out that*** scoprire che; ***~ [sb.] out*** scoprire, smascherare [*person*]; ***~ out about*** **1** *(discover by chance)* scoprire (per caso) [*plan, affair*] **2** *(research)* informarsi su, fare ricerche su [*subject*].

finder /ˈfaɪndə(r)/ n. **1** *(person)* chi trova, scopritore m. (-trice) **2** *(telescope)* (cannocchiale) cercatore m. **3 -finder** in composti ***house-~*** agente immobiliare; ***fact-~*** chi indaga sui fatti ♦ ***~s keepers (losers weepers)*** = chi trova qualcosa se la tiene.

finding /ˈfaɪndɪŋ/ **I** n. *(of court, research)* accertamento m., reperimento m. **II findings** n.pl. *(of enquiry)* conclusione f.sing.

1.fine /faɪn/ **I** agg. **1** *(very good)* [*performance, writer, example, quality*] buono, eccellente **2** *(satisfactory)* [*holiday*] bello; [*meal, arrangement*] buono; ***that's* ~** (va) bene; ***to be, feel* ~** stare, sentirsi bene; ***"~, thanks"*** "bene, grazie"; ***"we'll go now, OK?" - "~"*** "andiamo adesso, va bene?" - "bene *o* d'accordo"; ***that's ~ by*** o ***with me*** per me va bene **3** COLLOQ. IRON. ***a ~ friend you are!*** bell'amico che sei! ***she's a ~ one to talk!*** senti chi parla! parla proprio lei! **4** *(nice)* [*morning, day*] bello; ***it's*** o ***the weather's* ~** fa bello, il tempo è bello; ***one ~ day*** un bel giorno **5** *(delicate)* [*hair, thread, line, feature, fabric, mist, layer*] fine, sottile **6** *(high quality)* [*china*] finissimo; [*lace, linen*] fine, di pregiata fattura; [*wine*] pregiato **7** *(small-grained)* [*powder, soil, particles*] fine **8** *(subtle)* [*detail, distinction, judgment*] sottile; [*adjustment*] ingegnoso **9** *(refined)* [*lady, clothes, manners*] raffinato, elegante, fine **10** *(commendable)* ***he's a ~ man*** è un brav'uomo **11** *(pure)* [*gold, silver*] fino, puro **II** avv. **1** [*come along*] bene; ***you're doing* ~** stai facendo *o* andando bene; ***that suits me* ~** mi va (molto) bene **2** [*cut, chop*] finemente, a piccoli pezzi ♦ ***not to put too ~ a point on it*** per dirla tutta; ***a chance would be a ~ thing!*** COLLOQ. mi piacerebbe! sarebbe davvero bello! ***to cut it a bit* ~** farcela per un pelo; ***to tread a ~ line*** agire in modo prudente.

2.fine /faɪn/ n. ammenda f.; *(for traffic offence)* multa f., contravvenzione f.

3.fine /faɪn/ tr. multare [*offender*]; ***to ~ sb. £ 50*** multare qcn. di 50 sterline.

fine art n. ***to study* ~** studiare belle arti; ***the ~s*** le belle arti ♦ ***she's got lying down to a* ~** è un'artista *o* una maestra della menzogna.

finely /ˈfaɪnlɪ/ avv. **1** [*chopped, grated*] finemente **2** [*balanced, judged*] accuratamente **3** [*written, executed*] benissimo, magnificamente.

finery /ˈfaɪnərɪ/ n. abbigliamento m. sfarzoso; ***in all her* ~** in tutto il suo splendore.

finespun /ˈfaɪnspʌn/ agg. [*notion, argument*] (molto) sottile.

1.finesse /fɪˈnes/ n. finezza f., delicatezza f.

2.finesse /fɪˈnes/ tr. trattare con delicatezza [*situation, person*]; aggirare [*objections*].

fine-tooth(ed) comb n. pettine m. a denti fitti, pettinella f. ♦ ***to go over*** o ***through sth. with a* ~** passare qcs. al setaccio.

fine-tune /ˌfaɪnˈtjuːn, AE -ˈtuːn/ tr. MECC. mettere a punto.

fine tuning n. MECC. messa f. a punto.

1.finger /ˈfɪŋgə(r)/ ♦ **2** n. **1** ANAT. dito m.; ***first*** o ***index* ~** indice; ***second* ~** medio; ***third*** o ***ring* ~** anulare; ***fourth*** o ***little* ~** mignolo; ***to point one's ~ at sb., sth.*** indicare qcn., qcs. col dito, mostrare a dito qcn., qcs.; ***to run one's ~s over sth.*** passare le dita sopra qcs. **2** *(of glove)* dito m. **3** *(narrow strip) (of land)* striscia f.; *(of smoke)* filo m. **4** *(small amount)* dito m.; ***two ~s of whisky*** due dita di whisky ♦ ***to get one's ~s burnt*** scottarsi le dita; ***to twist*** o ***wrap sb. around one's little* ~** rigirarsi qcn., fare ciò che si vuole di qcn.; ***to keep one's ~s crossed*** incrociare le dita (**for sb.** per qcn.); ***to point the ~ at sb.*** puntare il dito contro *o* incolpare qcn.; ***to point the ~ of suspicion at sb.*** gettare dei sospetti su qcn.; ***to put the ~ on***

sb. denunciare qcn.; ***to pull one's ~ out*** POP. darsi una mossa; ***to slip through sb.'s ~s*** [*opportunity*] sfuggire (di tra le dita); [*wanted man*] (riuscire a) scappare; ***something is wrong, but I can't quite put my ~ on it*** qualcosa non va, ma non riesco a individuarlo con precisione; ***he didn't lift*** o ***raise a ~ to help*** non alzò *o* mosse un dito per aiutare; ***I didn't lay a ~ on her*** non l'ho sfiorata (neanche con un dito); ***to put two ~s up at sb.*** BE COLLOQ., ***to give sb. the ~*** AE COLLOQ. mandare qcn. a prenderlo in quel posto (con un gesto della mano).

2.finger /ˈfɪŋɡə(r)/ tr. toccare, tastare, palpare.

finger biscuit n. = biscotto di forma allungata come lingua di gatto, savoiardo ecc.

fingerboard /ˈfɪŋɡəbɔːd/ n. MUS. tastiera f.

finger bowl n. vaschetta f. lavadita, lavadita m.

finger food n. = cibi (come crostini, tartine ecc.) che possono essere presi con le mani.

finger hole n. foro m. (di strumento musicale a fiato).

fingering /ˈfɪŋɡərɪŋ/ n. diteggiatura f.

fingerless glove /ˈfɪŋɡəlɪs,ɡlʌv/ n. mezzoguanto m.

finger mark n. ditata f., impronta f. lasciata da un dito.

finger-nail /ˈfɪŋɡəneɪl/ n. unghia f. (della mano).

1.fingerprint /ˈfɪŋɡəprɪnt/ n. impronta f. digitale.

2.fingerprint /ˈfɪŋɡəprɪnt/ tr. prendere le impronte digitali a [*person*]; rilevare le impronte digitali su [*surface*].

fingerprinting /ˈfɪŋɡə,prɪntɪŋ/ n. (il) rilevare le impronte digitali.

fingertip /ˈfɪŋɡətɪp/ n. punta f. del dito; ***to touch sth. with one's ~s*** toccare qcs. con la punta delle dita ♦ ***to have sth. at one's ~s*** sapere qcs. a menadito.

finicking /ˈfɪnɪkɪŋ/, **finicky** /ˈfɪnɪkɪ/ agg. [*person*] schizzinoso, difficile (**about** riguardo a); [*job*] meticoloso, minuzioso.

1.finish /ˈfɪnɪʃ/ n. **1** *(end)* fine f.; ***it will be a fight to the ~*** si combatterà fino all'ultimo (anche FIG.) **2** SPORT finale m., arrivo m.; ***it was a close ~*** fu un arrivo serrato *o* al fotofinish; ***an athlete with a good ~*** un atleta con un buono sprint finale **3** *(surface) (of clothing, wood, car)* finitura f.; *(of fabric, leather)* appretto m.; ***paint with a matt, silk ~*** vernice opaca, satinata.

2.finish /ˈfɪnɪʃ/ **I** tr. **1** *(complete)* finire [*sentence, task*]; finire, terminare, portare a termine [*building, novel, sculpture, opera*]; ***to ~ doing*** finire di fare **2** *(leave)* finire [*studies*]; ***I ~ work at 5 pm*** smetto di lavorare alle 17 **3** *(consume)* finire [*cigarette, drink, meal*] **4** *(put an end to)* porre fine a, troncare [*career*] **5** COLLOQ. *(exhaust)* sfinire, distruggere; *(demoralize)* distruggere [*person*] **II** intr. **1** *(end)* [*conference, holidays*] finire, terminare; ***the film ~es on Thursday*** il film non sarà più in programmazione da giovedì; ***I'll see you when the concert ~es*** ci vediamo alla fine del concerto **2** *(reach end of race)* finire, arrivare; ***my horse ~ed first*** il mio cavallo è arrivato primo; ***the athlete failed to ~*** l'atleta non è riuscito ad arrivare alla fine **3** *(conclude)* [*speaker*] concludere; ***let me ~*** lasciami finire **4** *(leave employment)* ***I ~ed at the bank yesterday*** ieri ho smesso di lavorare in banca.

■ **finish off: ~ [sth.] off, ~ off [sth.]** finire, terminare [*letter, task*]; finire [*food, meal*]; **~ [sb.] off 1** *(exhaust)* sfinire, distruggere; *(demoralize)* distruggere [*person*] **2** *(kill)* finire [*person, animal*].

■ **finish up: ~ up** [*person*] (andare a) finire, ritrovarsi; ***to ~ up (by) doing*** finire per fare; **~ [sth.] up, ~ up [sth.]** finire [*milk, paint, cake*].

■ **finish with: ~ with [sth.]** finire con; ***have you ~ed with the newspaper?*** hai finito di leggere il giornale? ***I'm ~ed with politics!*** basta con la politica! con la politica ho chiuso! **~ with [sb.] 1** *(split up)* farla finita con, rompere con [*girlfriend, boyfriend*] **2** *(stop punishing)* ***I haven't ~ed with you yet!*** con te non ho ancora finito!

finished /ˈfɪnɪʃt/ **I** p.pass. → **2.finish II** agg. **1** ***beautifully ~*** [*furniture*] elegantemente rifinito; ***interior ~ in marble*** finiture interne in marmo; ***the ~ product*** il prodotto finito **2** *(accomplished)* [*performance*] eccellente, perfetto **3** *(ruined)* [*person, career*] finito, rovinato.

finishing line n. BE linea f. d'arrivo, traguardo m.

finishing post n. traguardo m.

finishing school n. = scuola di buone maniere per ragazze.

finishing touch n. ultimo tocco m., tocco m. finale.

finite /ˈfaɪnaɪt/ agg. **1** [*resources*] limitato **2** MAT. FILOS. LING. finito.

fink /fɪŋk/ n. AE POP. SPREG. *(informer)* spia f.; *(contemptible person)* carogna f.

Finland /ˈfɪnlənd/ ❥ *6* n.pr. Finlandia f.

Finn /fɪn/ ❥ *18* n. finlandese m. e f.

Finnish /ˈfɪnɪʃ/ ❥ *18, 14* **I** agg. finlandese **II** n. LING. finlandese m.

fiord → **fjord**.

fir /fɜː(r)/ n. (anche **~ tree**) abete m.

fir cone n. pigna f. (d'abete).

1.fire /ˈfaɪə(r)/ **I** n. **1** *(element)* fuoco m.; ***to set ~ to sth., to set sth. on ~*** dare fuoco *o* appiccare il fuoco a qcs.; ***to catch ~*** prendere fuoco; ***to be on ~*** essere in fiamme; ***to be on ~ with love*** bruciare d'amore **2** *(blaze)* incendio m.; ***to start a ~*** provocare un incendio **3** *(for warmth)* ***to make*** o ***build a ~*** accendere un fuoco; ***electric ~*** BE stufa elettrica **4 U** *(shots)* fuoco m., tiro m.; ***to open ~ on sb.*** aprire il fuoco *o* fare fuoco su qcn.; ***to be under enemy ~*** essere sotto il fuoco *o* tiro del nemico; ***to be under ~*** FIG. essere fortemente criticato (**from** da); ***to hang ~*** [*firearm*] essere lento a sparare; FIG. [*project*] andare per le lunghe; [*person*] indugiare, tirarla per le lunghe **5** *(verve)* foga f., entusiasmo m. **II** inter. **1** *(raising alarm)* al fuoco **2** *(order to shoot)* fuoco ♦ ***to play with ~*** scherzare col fuoco; ***he' ll never set the world on ~*** non farà mai nulla di eccezionale; ***he went through ~ and water for her*** ne ha passate di cotte e di crude a causa sua.

2.fire /ˈfaɪə(r)/ **I** tr. **1** *(shoot)* scaricare [*gun, weapon*]; sparare [*shot*]; lanciare [*missile*]; ***to ~ questions at sb.*** FIG. bombardare qcn. di domande, sottoporre qcn. a un fuoco di fila di domande **2** *(inspire)* ***to be ~d with enthusiasm*** essere acceso d'entusiasmo, entusiasmarsi; ***to ~ sb.'s imagination*** accendere la fantasia di qcn. **3** *(dismiss)* licenziare [*person*] **4** TECN. cuocere [*ceramics*] **II** intr. **1** MIL. sparare, fare fuoco (**at, on** su, contro) **2** MECC. [*engine*] accendersi ♦ ***~ away!*** spara! fuori il rospo!

■ **fire up: ~ [sb.] up, ~ up [sb.]** eccitare, esaltare; ***he was all ~d up*** era tutto su di giri.

fire alarm n. allarme m. antincendio.

firearm /ˈfaɪərɑːm/ n. arma f. da fuoco.

fireball /ˈfaɪəbɔːl/ n. ASTR. bolide m., meteora f.

fire bell n. allarme m. antincendio.

1.firebomb /ˈfaɪəbɒm/ n. bomba f. incendiaria.

2.firebomb /ˈfaɪəbɒm/ tr. attaccare con bombe incendiarie [*building*].

firebrand /ˈfaɪəbrænd/ n. **1** tizzone m. ardente **2** FIG. agitatore m. (-trice), sobillatore m. (-trice).

firebreak /ˈfaɪəbreɪk/ n. tagliafuoco m.

firebrick /ˈfaɪə,brɪk/ n. mattone m. refrattario.

fire brigade n. vigili m.pl. del fuoco, corpo m. dei vigili del fuoco, pompieri m.pl.

fire chief n. AE comandante m. dei vigili del fuoco.

firecracker /ˈfaɪə,krækə(r)/ n. petardo m.

fire department n. AE → **fire brigade**.

firedog /ˈfaɪədɒɡ/ n. alare m. (del caminetto).

fire door n. porta f. antincendio.

fire drill n. esercitazione f. antincendio.

fire-eater /ˈfaɪə,iːtə(r)/ n. mangiatore m. (-trice) di fuoco.

fire engine n. autopompa f.

fire escape n. scala f. antincendio.

fire exit n. uscita f. di sicurezza.

fire extinguisher n. estintore m.

firefighter /ˈfaɪəfaɪtə(r)/ ❥ *27* n. vigile m. del fuoco, pompiere m.

firefighting /ˈfaɪəfaɪtɪŋ/ **I** n. lotta f. contro gli incendi **II** modif. [*operation, plane*] antincendio.

firefly /ˈfaɪəflaɪ/ n. lucciola f.

fireguard /ˈfaɪəɡɑːd/ n. parafuoco m.

fire hazard n. rischio m. d'incendio.

firehouse /ˈfaɪəhaʊs/ n. AE caserma f. dei vigili del fuoco.

fire hydrant n. idrante m. (antincendio).

fire insurance n. assicurazione f. contro l'incendio.

fire irons n.pl. ferri m. per il caminetto.

firelight /ˈfaɪəlaɪt/ n. **U** luce f. del fuoco.

firelighter /ˈfaɪəlaɪtə(r)/ n. esca f. per il fuoco.

fireman /'faɪəmən/ ➧ *27* n. (pl. **-men**) vigile m. del fuoco, pompiere m.
fire marshall n. AE = pubblico ufficiale che investiga sulle cause degli incendi e fa osservare le leggi sulla prevenzione.
fireplace /'faɪəpleɪs/ n. caminetto m., camino m., focolare m.
fire plug n. AE → **fire hydrant**.
fire power n. MIL. potenza f. di fuoco.
fire practice n. → **fire drill**.
1.fireproof /'faɪəpru:f/ agg. [*door*] antincendio; [*clothing*] ignifugo.
2.fireproof /'faɪəpru:f/ tr. rendere incombustibile, rendere ignifugo.
fire-raising /'faɪəˌreɪzɪŋ/ n. BE incendio m. doloso.
fire risk n. rischio m. d'incendio.
fire screen n. → **fireguard**.
fire service n. → **fire brigade**.
fireside /'faɪəsaɪd/ n. (angolo del) focolare m.
fire station n. caserma f. dei vigili del fuoco.
firetrap /'faɪətræp/ n. = edificio che può prendere fuoco facilmente, o senza uscite di sicurezza.
firetruck /'faɪəˌtrʌk/ n. AE autopompa f.
firewarden /'faɪəˌwɔ:dn/ ➧ *27* n. = ufficiale responsabile della lotta contro gli incendi e della loro prevenzione, specialmente nelle foreste.
firewood /'faɪəwʊd/ n. legna f. da ardere.
firework /'faɪəwɜ:k/ **I** n. fuoco m. d'artificio **II fireworks** n.pl. **1** fuochi m. d'artificio **2** FIG. *(trouble)* ***there'll be ~s!*** succederà il finimondo!
fireworks display n. spettacolo m. pirotecnico, fuochi m.pl. d'artificio.
firing /'faɪərɪŋ/ n. **1** *(of guns)* tiro m., spari m.pl., (il) fare fuoco **2** *(of ceramics)* cottura f.
firing line n. ***to be in the ~*** essere sulla linea di tiro; ***to be (first) in the ~*** FIG. essere in prima linea.
firing squad n. plotone m. d'esecuzione.
1.firm /fɜ:m/ n. ditta f., società f., impresa f.; ***~ of architects*** studio associato di architetti; ***law ~*** studio legale.
2.firm /fɜ:m/ **I** agg. **1** *(hard)* [*mattress*] duro; [*fruit*] sodo, duro; [*handshake*] energico; ***to give sth. a ~ tap*** dare un colpo deciso a qcs. **2** *(steady)* [*table, ladder*] fermo, stabile, saldo **3** *(strong)* [*foundation, basis*] solido, sicuro; [*grasp*] sicuro; [*friend*] fidato, fedele; ***it's my ~ belief that*** è mio fermo convincimento che **4** *(definite)* [*offer, commitment*] stabile; [*intention, assurance, refusal*] fermo; [*date*] definitivo; [*evidence*] concreto, sicuro **5** *(resolute)* [*person, voice*] fermo; [*stand, leadership*] saldo; ***he needs a ~ hand*** bisogna guidarlo con mano ferma **6** ECON. [*dollar, market*] stabile **II** avv. ***to stand ~*** stare saldo; FIG. non cedere (**against** a); ***to remain*** o ***hold ~*** [*currency*] rimanere stabile (**against** in rapporto a).
3.firm /fɜ:m/ intr. [*share, price*] consolidarsi.
■ **firm up:** ~ **up** [*deal*] consolidarsi; [*muscle*] rassodarsi; ~ **up [*sth.*], ~ [*sth.*] up** consolidare [*deal*]; rassodare [*muscle*].
firmament /'fɜ:məmənt/ n. LETT. firmamento m.
firmly /'fɜ:mlɪ/ avv. [*say, answer*] con fermezza; [*believe, deny*] fermamente; [*hold*] in modo fermo; [*attach, tie*] saldamente; ***we have it ~ under control*** è sotto il nostro completo controllo.
firmness /'fɜ:mnɪs/ n. **1** fermezza f. **2** ECON. stabilità f.
firmware /'fɜ:mweə(r)/ n. INFORM. firmware m.
first /fɜ:st/ ➧ *19, 8* **I** determ. **1** *(of series, group)* primo; ***the ~ three pages, the three ~ pages*** le prime tre pagine; ***the ~ few minutes*** i primi minuti, i minuti iniziali **2** *(in phrases)* ***at ~ glance*** o ***sight*** a prima vista; ***I'll ring ~ thing in the morning*** per prima cosa domani mattina telefono; ***I'll do it ~ thing*** lo farò per prima cosa **3** *(slightest)* ***he doesn't know the ~ thing about politics*** non sa assolutamente nulla di politica; ***she didn' t have the ~ idea what to do*** non aveva la più pallida idea di cosa fare **II** pron. **1** *(of series, group)* primo m. (-a) (**to do** a fare) **2** *(of month)* ***the ~ (of May)*** il primo (maggio) **3** *(initial moment)* ***the ~ I knew about his death was a letter from his wife*** ho saputo per la prima volta della sua morte da una lettera di sua moglie; ***that's the ~ I've heard of it!*** è la prima volta che lo sento! **4** *(beginning)* inizio m.; ***from the (very) ~*** (fin) dall'inizio **5** *(new experience)* ***a ~ for sb., sth.*** la prima volta di *o* per qcn., qcs. **6 at first** dapprima, all'inizio, in principio **III** n. **1** AUT. (anche **~ gear**) ***to be in ~*** [*driver, car*] essere in prima **2** BE UNIV. ***to get a ~ in history*** o ***a history ~*** laurearsi in storia con il massimo dei voti **IV** avv. **1** *(before others)* [*arrive, leave*] per primo; ***you go ~!*** dopo di lei! *o* prego! ***women and children ~*** prima le donne e i bambini **2** *(at top of ranking)* ***to come ~*** GIOC. SPORT arrivare primo; FIG. [*career, family*] venire prima di tutto **3** *(to begin with)* (per) prima (cosa); ***~ of all*** prima di tutto; ***there are two reasons: ~...*** ci sono due ragioni: primo...; ***when we were ~ married*** all'inizio del nostro matrimonio, quando eravamo appena sposati; ***when he ~ arrived*** appena arrivato **4** *(for the first time)* per la prima volta; ***I ~ met him in Paris*** lo incontrai per la prima volta *o* lo conobbi a Parigi **5** *(rather)* ***move to the country? I'd die ~!*** trasferirmi in campagna? piuttosto morirei! preferirei morire! ♦ ***~ come ~ served*** chi tardi arriva male alloggia; ***there are only a few tickets: it's ~ come ~ served*** ci sono pochi biglietti: saranno distribuiti ai primi che arriveranno; ***~ things ~*** procediamo con ordine, prima le cose importanti.
first aid n. **1** U ***to give sb. ~*** prestare i primi soccorsi a qcn. **2** *(as skill)* pronto soccorso m.
first aid kit n. cassetta f. del pronto soccorso.
first aid officer n. addetto m. (-a) al pronto soccorso.
first-born /'fɜ:stbɔ:n/ **I** n. primogenito m. (-a) **II** agg. primogenito.
first class I n. **1** *(in trains, ships)* prima classe f. **2** GB = posta prioritaria **II first-class** agg. **1** [*compartment, ticket*] di prima classe; [*hotel*] di prima categoria **2** GB ***~ stamp*** = francobollo per posta prioritaria; ***~ mail*** = posta prioritaria **3** BE UNIV. [*degree*] con lode **4** *(excellent)* di prim'ordine **III** avv. **1** [*travel*] in prima classe **2** [*send*] con posta prioritaria.
first course n. *(of meal)* primo (piatto) m.
first cousin n. cugino m. (-a) primo (-a).
first-degree burn n. ustione f. di primo grado.
first-degree murder n. AE DIR. omicidio m. premeditato.
first edition n. prima edizione f.
first-ever /ˌfɜ:st'evə(r)/ agg. ***the ~ man landed on the moon*** il primo uomo (che sia mai) sbarcato sulla luna.
First Family n. US POL. = la famiglia del presidente degli Stati Uniti.
first floor n. BE primo piano m.; AE pianterreno m.
first form n. BE SCOL. prima f. (classe).
first-generation /ˌfɜ:stdʒenə'reɪʃn/ agg. di, della prima generazione.
first grade n. AE SCOL. prima f. elementare.
firsthand /ˌfɜ:st'hænd/ agg. e avv. di prima mano.
First Lady n. US POL. first lady f.; FIG. donna f. di primo piano.
first language n. prima lingua f., lingua f. madre.
first light n. alba f.; ***at ~*** alle prime luci.
firstly /'fɜ:stlɪ/ avv. in primo luogo.
first mate ➧ *23* n. MAR. primo ufficiale m. di bordo.
first name n. nome m. (di battesimo); ***to be on ~ terms with sb.*** dare del tu a qcn.
first night n. TEATR. prima f.
first principle n. principio m. primo.
first-rate /ˌfɜ:st'reɪt/ agg. eccellente, di prima qualità.
first school n. GB SCOL. = scuola per bambini tra i 5 e gli 8 anni.
first-time buyer n. chi acquista la prima casa.
first violin n. primo violino m.
First World n. (anche **First World countries**) paesi m.pl. industrializzati.
first year n. SCOL. UNIV. *(group)* primo anno m.; *(pupil)* alunno m. (-a) di prima; *(student)* studente m. (-essa) del primo anno.
firth /fɜ:θ/ n. estuario m., stretto m.
fiscal /'fɪskl/ agg. fiscale, tributario.
fiscal year n. anno m. finanziario, esercizio m. finanziario.
1.fish /fɪʃ/ **I** n. (pl. **~, ~es**) **1** ZOOL. pesce m. **2** GASTR. U pesce m.; ***to eat ~*** mangiare pesce **3** ASTROL. ***the Fishes*** i Pesci **II** modif. [*course, bone, glue*] di pesce; [*knife, fork*] da pesce ♦ ***to be neither ~ nor fowl (nor good red herring)*** non essere né carne né pesce; ***to be like a ~ out of water*** essere *o* sentirsi come un pesce fuor d'acqua; ***to drink like a ~*** COLLOQ. bere

come una spugna; ***to have other ~ to fry*** COLLOQ. avere cose più importanti da fare; ***he's a queer ~*** COLLOQ. è un tipo strano; ***there are plenty more ~ in the sea*** morto un papa se ne fa un altro.

2.fish /fɪʃ/ **I** tr. pescare in [*river*] **II** intr. **1** pescare; ***to ~ for trout*** pescare trote **2** FIG. *(test for response)* ***to ~ for*** cercare [*information*]; andare in cerca di [*compliments*].

▪ **fish around** frugare, cercare (**in** in; **for** per trovare).

▪ **fish out:** *~ out [sth.] (from bag, pocket)* tirare fuori [*money, pen*]; *(from water)* tirare fuori, ripescare [*body, object*] (**of** da).

fish and chips n. fish and chips m. (pesce fritto e patatine).

fish and chip shop ➧ *27* n. GB = friggitoria dove si può comprare fish and chips.

fishbowl /ˈfɪʃbəʊl/ n. boccia f. per i pesci.

fish cake n. crocchetta f. di pesce.

fisherman /ˈfɪʃəmən/ ➧ *27* n. (pl. **-men**) pescatore m.

fishery /ˈfɪʃərɪ/ n. **1** *(plant)* stabilimento m. per la lavorazione del pesce **2** *(activity)* pesca f.

fish farm n. allevamento m. ittico, vivaio m.

fish farming n. piscicoltura f.

fish finger n. BE bastoncino m. di pesce.

fish hook n. amo m.

fishing /ˈfɪʃɪŋ/ **I** n. pesca f.; ***to go ~*** andare a pesca **II** modif. [*boat, fleet, net, rod, tackle*] da pesca.

fishing ground n. zona f. di pesca.

fishing line n. lenza f.

fishing village n. villaggio m. di pescatori.

fish market n. mercato m. del pesce.

fishmonger /ˈfɪʃmʌŋgə(r)/ ➧ *27* n. BE pescivendolo m. (-a); ***~'s (shop)*** pescheria.

fishnet /ˈfɪʃnet/ agg. [*stockings*] a rete.

fishpond /ˈfɪʃpɒnd/ n. **1** stagno m. dei pesci; *(ornamental)* vasca f. **2** *(at fish farm)* vivaio m., vasca f.

fish shop ➧ *27* n. BE pescheria f.

fish slice n. paletta f. per il pesce.

fish stick n. AE → **fish finger**.

fish store n. AE → **fish shop**.

fish tank n. peschiera f.

fishwife /ˈfɪʃwaɪf/ n. (pl. **-wives**) pescivendola f.

fishy /ˈfɪʃɪ/ agg. **1** [*smell, taste*] di pesce **2** COLLOQ. FIG. *(suspect)* ambiguo, sospetto; ***it sounds a bit ~ to me*** mi puzza un po'.

fission /ˈfɪʃn/ n. **1** (anche **nuclear ~**) FIS. fissione f. **2** BIOL. scissione f.

fissure /ˈfɪʃə(r)/ n. **1** *(in ground)* crepa f.; *(in wood, wall)* fessura f., fenditura f. **2** ANAT. fessura f., scissura f.

fist /fɪst/ n. pugno m.; ***to shake one's ~ at sb.*** agitare il pugno contro qcn. ♦ ***to make money hand over ~*** guadagnare un sacco di soldi *o* soldi a palate; ***to make a good, poor ~ of doing sth.*** = fare bene, male qcs.

fistful /ˈfɪstfʊl/ n. pugno m., manciata f. (**of** di).

fisticuffs /ˈfɪstɪkʌfs/ n.pl. COLLOQ. scazzottata f.sing.

1.fit /fɪt/ **I** agg. **1** [*person*] *(in trim)* in forma; *(not ill)* in buona salute; ***you're looking ~ and well!*** ti trovo bene! ***to keep ~*** tenersi in forma **2** *(suitable)* ***to be ~ company for*** essere una buona *o* la giusta compagnia per; ***to be ~ for*** *(worthy of)* essere degno di [*person, king*]; *(capable of)* essere idoneo *o* adatto a [*job*]; ***to be ~ for nothing*** non servire a niente; ***to be ~ to drive*** essere in condizione di guidare; ***~ to drink*** potabile; ***~ to live in*** abitabile; ***I'm not ~ to be seen!*** non sono presentabile! ***to see*** o ***think ~ to do*** ritenere giusto *o* opportuno fare; ***do as you see*** o ***think ~*** faccia come crede; ***to be in no ~ state to do*** non essere in condizione *o* in grado di fare **II** avv. COLLOQ. *(in emphatic phrases)* ***to laugh ~ to burst*** ridere a crepapelle; ***to cry ~ to burst*** o ***to break your heart*** piangere come una vite tagliata *o* da spezzare il cuore; ***to be ~ to drop*** cascare dalla fatica.

2.fit /fɪt/ n. *(of garment)* ***to be a good ~*** stare a pennello; ***to be a poor ~*** non essere della misura giusta; ***to be a tight ~*** essere stretto.

3.fit /fɪt/ **I** tr. (pass. **fitted**, **fit** AE; p.pass. **fitted**) **1** *(be the right size)* [*garment, shoe*] andare bene a [*person*]; [*object*] andare bene con, su [*surface*]; andare (bene) in [*envelope, space*]; ***the key ~s this lock, this box*** la chiave entra nella serratura, apre questa scatola; ***to ~ ages 3 to 5*** andare bene ai bambini dai 3 ai 5 anni; ***"one size ~s all"*** "taglia unica" **2** *(make or find room for)* ***to ~ sth. in*** o ***into*** trovare il posto per qcs. in [*room, car*] **3** *(install)* montare, installare [*door, kitchen*]; ***to ~ A to B, to ~ A and B together*** incastrare, fare combaciare A con B; ***to ~ sth. with*** fornire qcs. di [*attachment, lock*] **4** ***to ~ sb. for*** prendere le misure a qcn. per, provare a qcn. [*garment*]; ***to ~ sb. with*** dotare qcn. di [*hearing aid, prosthesis*] **5** *(be compatible with)* corrispondere a [*description, requirements*]; adattarsi a [*decor*]; ***the punishment should ~ the crime*** la pena dovrebbe essere commisurata al reato **6** *(make suitable)* ***to ~ sb. for, to do*** [*experience, qualifications*] rendere qcn. idoneo *o* adatto per, a fare **II** intr. (pass. **fitted**, **fit** AE; p.pass. **fitted**) **1** *(be the right size)* [*garment, shoes*] andare bene; [*lid, sheet*] andare bene, essere adatto; ***this key doesn't ~*** questa chiave non va (bene) *o* non entra **2** *(have enough room)* ***will the table ~ in that corner?*** ci starà il tavolo in quell'angolo? **3** *(go into place)* ***to ~ inside one another*** andare uno nell'altro; ***to ~ into place*** [*part, handle*] andare a posto; [*cupboard, brick*] entrare *o* stare perfettamente **4** FIG. *(correspond)* ***something doesn't quite ~ here*** qualcosa non quadra qui; ***to ~ with*** corrispondere a, combaciare con [*statement, story, facts*]; ***to ~ into*** adattarsi a, accordarsi con [*ideology, colour scheme*].

▪ **fit in:** *~ in* **1** [*key, object*] andare bene; ***will you all ~ in?*** *(to car, room)* ci starete tutti? **2** FIG. *(be in harmony)* andare d'accordo; ***he doesn't ~ in*** non si ambienta, non riesce a inserirsi (**with** in); ***I'll ~ in with your plans*** concilierò i miei progetti con i tuoi; *~ [sth.] in, ~ in [sth.]* **1** *(find room for)* fare stare [*books, objects*]; fare entrare [*key*] **2** *(find time for)* includere, trovare il tempo per [*game, meeting, break*]; *~ [sb.] in, ~ in [sb.]* trovare il tempo di *o* per vedere [*colleague*]; ricevere [*patient*].

▪ **fit out:** *~ [sth.] out, ~ out [sth.]* attrezzare, equipaggiare (**with** con); ***to ~ sb. out with*** mettere a qcn. [*costume, garment, hearing aid*].

4.fit /fɪt/ n. **1** MED. attacco m., accesso m., crisi f.; ***to have a ~*** *(unspecified)* avere un attacco *o* una crisi; *(epileptic)* avere una crisi epilettica; ***~ of coughing*** attacco di tosse **2** *(of rage)* scatto m.; *(of jealousy, panic)* crisi f.; *(of passion)* impeto m. ♦ ***to have sb. in ~s*** COLLOQ. fare ridere qcn. a crepapelle; ***to have*** o ***throw a ~*** COLLOQ. uscire dai gangheri; ***by*** o ***in ~s and starts*** a sbalzi, a scatti.

fitful /ˈfɪtfl/ agg. [*sleep*] agitato; [*wind, showers, light*] irregolare, intermittente.

fitfully /ˈfɪtfəlɪ/ avv. [*sleep*] in modo discontinuo; [*rain, shine*] in modo irregolare, a sprazzi.

fitness /ˈfɪtnɪs/ **I** n. **1** *(physical condition)* forma f. fisica, fitness m. e f. **2** *(aptness)* attitudine f., idoneità f. (**for** per, a; **to do** a fare) **II** modif. ***~ club*** o ***gym*** palestra, centro (di) fitness; ***~ test*** test sulla condizione fisica.

fitness training n. **U** ginnastica f., esercizi m.pl. fisici.

fitted /ˈfɪtɪd/ **I** p.pass. → **3.fit** **II** agg. **1** [*clothes*] aderente, attillato **2** [*wardrobe, furniture*] su misura; [*bedroom, kitchen*] componibile.

fitted carpet n. moquette f.

fitted sheet n. lenzuolo m. con gli angoli elasticizzati.

fitter /ˈfɪtə(r)/ ➧ *27* n. TECN. aggiustatore m. (-trice), installatore m. (-trice).

fitting /ˈfɪtɪŋ/ **I** n. **1** *(standardized part) (bathroom, electrical, gas)* impianto m.; ***kitchen ~s*** mobili da cucina **2** *(for clothes)* prova f. **3** *(width of shoe)* misura f. **II** agg. *(apt)* [*description, language, site*] adatto, adeguato, appropriato; ***a ~ tribute to her work*** un giusto tributo al suo lavoro.

fittingly /ˈfɪtɪŋlɪ/ avv. [*situated, named*] convenientemente, appropriatamente.

fitting room n. sala f. di prova, camerino m. di prova.

five /faɪv/ ➧ *19, 1, 4* **I** determ. cinque **II** pron. cinque; ***there are ~ of them*** ce ne sono cinque **III** n. cinque m.; ***to multiply by ~*** moltiplicare per cinque ♦ ***to take ~*** AE COLLOQ. fare cinque minuti d'intervallo; ***gimme ~*** AE COLLOQ. batti *o* dammi il cinque.

five-a-side /ˌfaɪvəˈsaɪd/ n. BE (anche **~ football**) calcio m. a cinque, calcetto m.

five o'clock shadow n. = ombra di barba che compare nel tardo pomeriggio.

fiver /ˈfaɪvə(r)/ n. BE COLLOQ. = banconota da cinque sterline.
five spot n. AE COLLOQ. = banconota da cinque dollari.
1.fix /fɪks/ n. **1** COLLOQ. *(quandary)* pasticcio m., guaio m.; ***to be in a ~*** essere in un bel pasticcio *o* nei pasticci **2** COLLOQ. *(dose) (of drugs)* dose f., buco m.; ***to get a ~*** bucarsi, farsi **3** COLLOQ. *(rigged arrangement)* ***it was a ~*** era (tutto) combinato **4** *(means of identification)* ***to take a ~ on*** fare il punto di [*ship*].
2.fix /fɪks/ tr. **1** *(set)* fissare, stabilire [*date, venue, price, limit*]; determinare [*chronology, position on map*] **2** *(organize)* organizzare [*meeting, visit*]; preparare [*drink, meal*]; ***to ~ one's hair*** mettersi a posto *o* sistemarsi i capelli; ***how are we ~ed for money?*** come siamo messi con i soldi? **3** *(mend)* aggiustare, riparare [*article, equipment*]; *(sort out)* risolvere [*problem*] **4** *(attach, insert)* fissare, montare [*handle, shelf*]; attaccare [*notice*] (**on** su; **to** a); piantare [*stake, nail*] (**into** in); fissare, attaccare [*rope, string*] (**to** a); FIG. fare cadere [*suspicion*] (**on** su); attribuire, dare [*blame*] (**on** a) **5** *(concentrate)* fissare, concentrare [*attention*] (**on** su); riporre [*hopes*] (**on** in); fissare, rivolgere [*thoughts*] (**on** su); ***to ~ one's gaze on sb.*** fissare qcn. **6** COLLOQ. *(rig)* truccare [*contest, election*]; *(corrupt)* corrompere [*witness*] **7** COLLOQ. *(get even with)* ***I'll soon ~ him (for you)!*** (te) lo sistemo io! **8** ART. BIOL. CHIM. FOT. TESS. fissare.
■ **fix on, fix upon:** ~ on [sb., sth.] scegliere [*person, place, food, object*]; fissare, stabilire [*date, amount*].
■ **fix up:** ~ up [sth.], ~ [sth.] up **1** *(organize)* fissare, organizzare [*holiday, meeting*]; fissare, stabilire [*date*] **2** *(decorate)* sistemare, mettere a posto [*room, house*]; ***~ sb. up with sth.*** procurare qcs. a qcn.; ***~ sb. up with sb.*** AE COLLOQ. fare un combino.
fixation /fɪkˈseɪʃn/ n. fissazione f. (anche PSIC. CHIM.).
fixative /ˈfɪksətɪv/ n. **1** ART. MED. TESS. fissativo m. **2** *(for hair, perfume)* fissatore m. (anche FOT.).
fixed /fɪkst/ **I** p.pass. → **2.fix II** agg. [*gaze, idea, income, price, method*] fisso; [*intervals*] regolare; [*desire*] tenace; [*intention*] fermo; [*smile, expression*] immobile; [*menu*] a prezzo fisso.
fixed assets n.pl. attività f. fisse, immobilizzazioni f.
fixedly /ˈfɪksɪdlɪ/ avv. [*look, gaze*] fissamente.
fixed term contract n. contratto m. a tempo determinato.
fixer /ˈfɪksə(r)/ n. **1** COLLOQ. *(schemer)* faccendiere m. (-a) **2** FOT. fissatore m.
fixings /ˈfɪksɪŋz/ n.pl. GASTR. guarnizione f.sing.
fixity /ˈfɪksətɪ/ n. fissità f.
fixture /ˈfɪkstʃə(r)/ n. **1** ING. TECN. ***~s*** = insieme degli impianti sanitari, elettrici ecc. e degli infissi di una casa; ***~s and fittings*** impianti e arredi **2** BE SPORT gara f., incontro m. di calendario **3** COLLOQ. *(person)* istituzione f.
1.fizz /fɪz/ n. **U 1** *(of drink)* (il) frizzare, effervescenza f. **2** *(of match, firework)* crepitio m. **3** BE COLLOQ. *(champagne)* champagne m.; *(sparkling wine)* spumante m.
2.fizz /fɪz/ intr. **1** [*drink*] spumeggiare, frizzare **2** [*match, firework*] crepitare.
■ **fizz up** spumare.
fizzle /ˈfɪzl/ intr. [*drink*] spumeggiare, frizzare.
■ **fizzle out** [*interest, romance*] spegnersi; [*project*] finire in una bolla di sapone; [*story*] avere un finale deludente; [*firework*] fare cilecca.
fizzy /ˈfɪzɪ/ agg. frizzante, effervescente.
fjord /fɪˈɔːd/ n. fiordo m.
flab /flæb/ n. COLLOQ. ciccia f.
flabbergast /ˈflæbəgɑːst, AE -gæst/ tr. sbalordire, fare rimanere a bocca aperta.
flabby /ˈflæbɪ/ agg. **1** [*skin, muscle*] flaccido, floscio; [*handshake*] molle **2** FIG. [*person, temperament*] fiacco, moscio; [*excuse, argument*] debole.
flaccid /ˈflæsɪd/ agg. flaccido, floscio.
1.flag /flæg/ n. **1** *(national symbol)* bandiera f.; ***to sail under the Liberian ~*** MAR. battere bandiera liberiana **2** *(as signal)* MAR. bandiera f.; FERR. bandierina f. di segnalazione **3** *(on map)* bandierina f. **4** INFORM. indicatore m., flag m. ♦ ***to fly the ~*** portare alta la bandiera (del proprio paese); ***to wave the ~*** tenere alta la bandiera.
2.flag /flæg/ tr. (forma in -ing ecc. **-gg-**) **1** *(mark with tab)* mettere un segno su [*text*] **2** *(signal)* segnalare [*problem*] **3** INFORM. mettere un flag in.
■ **flag down:** ~ [sth.] down, ~ down [sth.] fare cenno di fermarsi a [*taxi*].
3.flag /flæg/ n. → **flagstone**.
4.flag /flæg/ tr. lastricare.
5.flag /flæg/ intr. (forma in -ing ecc. **-gg-**) [*interest, strength*] venir meno; [*conversation*] languire; [*athlete*] mollare.
flag carrier n. compagnia f. di bandiera.
flag day n. GB = giorno in cui si vendono bandierine, stemmi, adesivi ecc. per beneficenza.
Flag Day n. US = il 14 giugno, anniversario dell'adozione della bandiera nazionale, avvenuta nel 1777.
flagellate /ˈflædʒəleɪt/ tr. flagellare.
flagellation /ˌflædʒəˈleɪʃn/ n. flagellazione f.
flageolet /flædʒəˈlet, ˈflædʒ-/ n. zufolo m.
flagged /ˈflægd/ **I** p.pass. → **4.flag II** agg. [*floor, room*] lastricato.
1.flagging /ˈflægɪŋ/ n. *(stones)* lastrico m., lastricato m.
2.flagging /ˈflægɪŋ/ agg. **1** [*hope*] sempre più debole **2** [*demand*] in calo, in ribasso.
flagon /ˈflægən/ n. *(bottle)* bottiglione m., fiasco m.; *(jug)* boccale m.
flagpole /ˈflægpəʊl/ n. asta f. della bandiera.
flagrancy /ˈfleɪgrənsɪ/ n. flagranza f., evidenza f.
flagrant /ˈfleɪgrənt/ agg. flagrante, evidente.
flagrantly /ˈfleɪgrəntlɪ/ avv. [*behave*] in modo manifesto, esplicito; [*artificial, dishonest*] manifestamente, palesemente.
flagship /ˈflægʃɪp/ **I** n. MAR. nave f. ammiraglia **II** modif. [*company, product*] principale, più importante.
flagstaff /ˈflægstɑːf, AE -stæf/ n. asta f. della bandiera.
flagstone /ˈflægstəʊn/ n. lastra f. di pietra, pietra f. da lastrico.
flag stop n. AE *(in public transport)* fermata f. a richiesta (su segnalazione con bandierine).
flag-waving /ˈflægweɪvɪŋ/ n. SPREG. patriottismo m. sciovinista.
1.flail /fleɪl/ n. correggiato m.
2.flail /fleɪl/ **I** tr. **1** AGR. battere con il correggiato [*corn*] **2** (anche **~ about, ~ around**) agitare convulsamente [*arms, legs*] **II** intr. (anche **~ about, ~ around**) [*person*] dimenarsi; [*arms, legs*] agitarsi convulsamente.
flair /ˈfleə(r)/ n. **1** *(talent)* attitudine f., predisposizione f. **2** *(style)* eleganza f., stile m.
flak /flæk/ n. **U 1** MIL. (artiglieria) contraerea f. **2** COLLOQ. FIG. *(criticism)* critica f., opposizione f.
1.flake /fleɪk/ n. **1** *(of snow, cereal)* fiocco m.; *(of soap, chocolate, cheese)* scaglia f. **2** *(of paint, rust)* scaglia f.; *(of rock, flint)* scheggia f.
2.flake /fleɪk/ **I** tr. squamare [*fish*] **II** intr. **1** (anche **~ off**) [*paint, stone*] sfaldarsi; [*skin*] squamarsi **2** [*cooked fish*] squamarsi.
■ **flake off** AE POP. squagliarsela, svignarsela, tagliare la corda.
■ **flake out** COLLOQ. *(fall asleep)* crollare (per la stanchezza).
flak jacket BE, **flak vest** AE n. giubbotto m. antiproiettile.
flaky /ˈfleɪkɪ/ agg. [*paint*] che si sfalda; [*plaster, statue*] che si sgretola; [*skin*] che si squama; [*rock*] lamellare, che si sfalda.
flaky pastry n. pasta f. sfoglia.
flamboyance /flæmˈbɔɪəns/ n. (l')essere sgargiante, vistosità f.
flamboyant /flæmˈbɔɪənt/ agg. [*person*] vestito in modo sgargiante; [*lifestyle, image*] ostentato, esibito; [*colour, clothes*] vistoso, sgargiante; [*gesture*] di grande effetto, teatrale.
1.flame /fleɪm/ ♦ **5 I** n. **1** fiamma f. (anche FIG.); ***to be in ~s*** essere in fiamme; ***to go up in ~s*** andare a fuoco, incendiarsi; ***to burst into ~s*** prendere fuoco, divampare; ***to be shot down in ~s*** [*aircraft*] essere abbattuto; FIG. [*proposal*] essere bocciato; ***to fuel the ~s of love*** ravvivare la fiamma dell'amore; ***an old ~*** COLLOQ. *(person)* una vecchia fiamma **2** *(colour)* rosso m. fuoco, rosso m. vivo **II** agg. [*hair, leaf*] rosso fuoco.
2.flame /fleɪm/ intr. **1** [*fire, torch*] ardere, fiammeggiare **2** [*face*] avvampare, infiammarsi (**with** di); [*emotion*] ardere, prorompere.
flameproof /ˈfleɪmpruːf/ agg. ignifugo, resistente al fuoco.

flame retardant agg. [*substance*] ignifugo; [*furniture, fabric*] resistente al fuoco.
flamethrower /ˈfleɪmθrəʊə(r)/ n. lanciafiamme m.
flaming /ˈfleɪmɪŋ/ agg. **1** [*vehicle, building*] in fiamme; [*torch*] acceso, fiammeggiante **2** [*face*] infiammato; [*colour*] acceso **3** [*row*] violento **4** COLLOQ. *(emphatic)* **~ idiot!** dannato *o* maledetto idiota!
flamingo /fləˈmɪŋgəʊ/ n. (pl. **~s, ~es**) fenicottero m.
flammable /ˈflæməbl/ agg. infiammabile.
flan /flæn/ n. *(savoury)* flan m., sformato m.; *(sweet)* flan m.
Flanders /ˈflɑːndəz/ ♦ **24** n.pr.pl. (le) Fiandre f.
flange /flændʒ/ n. MECC. flangia f., bordo m.
1.flank /flæŋk/ n. **1** fianco m. (anche MIL.) **2** POL. SPORT ala f. **3** GASTR. soccoscio m.
2.flank /flæŋk/ tr. essere di fianco a [*person, door*]; fiancheggiare, costeggiare [*path, area*].
1.flannel /ˈflænl/ **I** n. **1** TESS. flanella f. **2** BE (anche **face ~**) = piccolo asciugamano per lavarsi il viso **3** BE COLLOQ. *(talk)* chiacchiere f.pl., balle f.pl. **II flannels** n.pl. pantaloni m. di flanella.
2.flannel /ˈflænl/ intr. (forma in -ing ecc. **-ll-**, **-l-** AE) BE COLLOQ. dire balle.
flannelette /ˌflænəˈlet/ n. flanella f. di cotone.
1.flap /flæp/ n. **1** *(on pocket)* risvolto m., patta f.; *(on envelope)* linguetta f.; *(on hat)* tesa f.; *(on tent)* lembo m.; *(on table)* ribalta f.; *(of trapdoor)* botola f.; *(for cat)* gattaiola f. **2** *(movement) (of wings)* battito m.; *(of sail)* (lo) sbattere **3** AER. flap m., ipersostentatore m. **4** COLLOQ. *(panic)* **to get into a ~** agitarsi.
2.flap /flæp/ **I** tr. (forma in -ing ecc. **-pp-**) [*wind*] fare sbattere, agitare [*sail, cloth*]; [*person*] scuotere [*sheet*]; sventolare, agitare [*paper, letter*] (**at** verso); ***the bird was ~ping its wings*** l'uccello batteva le ali **II** intr. (forma in -ing ecc. **-pp-**) **1** *(move)* [*wing*] battere; [*sail, flag, door*] sbattere; [*paper, clothes*] sventolare **2** COLLOQ. *(panic)* agitarsi.
flapjack /ˈflæpdʒæk/ n. GASTR. **1** BE INTRAD. m. (biscotto a base di farina d'avena) **2** AE frittella f.
flapper /ˈflæpə(r)/ n. COLLOQ. (anche **~ girl**) maschietta f.
1.flare /fleə(r)/ **I** n. **1** *(light signal)* AER. radiofaro m.; MIL. razzo m. illuminante; MAR. *(distress signal)* razzo m. (di segnalazione di pericolo) **2** *(burst of light) (of match, lighter)* chiarore m.; *(of fireworks)* bagliore m. **3** SART. svasatura f., scampanatura f. **4** ASTR. (anche **solar ~**) brillamento m. solare, flare m. **II flares** n.pl. *(trousers)* pantaloni m. a zampa d'elefante.
2.flare /fleə(r)/ intr. **1** *(burn briefly)* [*firework, match, torch*] brillare **2** *(erupt)* [*violence*] divampare, scoppiare **3** (anche **~ out**) *(widen)* [*skirt*] allargarsi, scampanare; [*nostrils*] allargarsi, dilatarsi.
▪ **flare up 1** *(burn brightly)* [*fire*] divampare **2** FIG. *(erupt)* [*violence*] divampare; [*anger, revolution*] scoppiare; [*person*] prendere fuoco, infiammarsi **3** *(recur)* [*illness, pain*] ricomparire, riacutizzarsi.
flared /fleəd/ **I** p.pass. → **2.flare II** agg. [*skirt*] scampanato, svasato; [*trousers*] a zampa d'elefante.
flare path n. AER. pista f. illuminata (per l'atterraggio).
flare-up /ˈfleərʌp/ n. **1** *(of fire, light)* fiammata f. **2** *(of fighting, anger)* scoppio m. **3** *(argument)* lite f.
1.flash /flæʃ/ n. **1** *(sudden light) (of torch, headlights)* bagliore m. improvviso, lampo m.; *(of jewels, metal)* scintillio m.; ***a ~ of lighting*** un lampo **2** FIG. ***a ~ of genius*** un lampo di genio; ***it came to him in a ~ that*** improvvisamente gli sovvenne che; ***it was all over in*** o ***like a ~*** in un baleno fu tutto finito **3** FOT. flash m. **4** *(bulletin)* flash m., notizia f. flash **5** *(stripe) (on clothing)* mostrina f.; *(on car)* banda f. (decorativa) laterale ♦ ***to be a ~ in the pan*** essere un fuoco di paglia; ***quick as a ~*** veloce come un lampo.
2.flash /flæʃ/ **I** tr. **1** COLLOQ. *(display)* mostrare velocemente [*card*] (**at** a); *(flaunt)* fare sfoggio di [*money*] (**at** con) **2** *(shine)* ***to ~ a signal to sb.*** mandare un segnale a qcn. con una torcia; ***to ~ one's headlights (at)*** fare i fari *o* lampeggiare (a) **3** FIG. *(send)* lanciare [*look, smile*] (**at** a) **4** *(transmit)* [*TV station*] fare apparire, trasmettere [*message*] **II** intr. **1** *(shine)* [*light*] lampeggiare; [*jewels*] scintillare; [*eyes*] scintillare, lampeggiare; ***to ~ on and off*** lampeggiare **2** *(appear suddenly)* ***a thought ~ed through my mind*** un pensiero mi balenò in mente **3** COLLOQ. *(expose oneself)* [*man*] fare l'esibizionista (**at** davanti a).
▪ **flash about, flash around: ~ *[sth.]* about** esibire [*credit card*]; fare sfoggio di [*money*].
▪ **flash by, flash past** [*person, bird*] passare accanto come un lampo; [*time*] passare in un baleno; [*landscape*] scorrere accanto.
▪ **flash up: ~ *[sth.]* up, ~ up *[sth.]*** affiggere, pubblicare [*message*] (**on** su).
3.flash /flæʃ/ agg. COLLOQ. SPREG. [*hotel*] di lusso; [*car*] vistoso; [*suit*] pacchiano.
flashback /ˈflæʃbæk/ n. **1** CINEM. flashback m., scena f. retrospettiva **2** *(memory)* flashback m., ricordo m.
flashbulb /ˈflæʃbʌlb/ n. lampada f. per flash.
flash card n. *(for teaching)* flash card f.
flasher /ˈflæʃə(r)/ n. COLLOQ. **1** *(exhibitionist)* esibizionista m. e f. **2** AUT. lampeggiatore m.
flash flood n. inondazione f., piena f. improvvisa.
flash gun n. FOT. *(for holding a flashbulb)* flash m., lampeggiatore m.
flashiness /ˈflæʃɪnɪs/ n. cattivo gusto m., vistosità f.
flashing /ˈflæʃɪŋ/ n. **1** ING. scossalina f. **2** COLLOQ. *(exhibitionism)* esibizionismo m.
flash light n. torcia f. elettrica, lampada f. portatile.
flash memory n. INFORM. memoria f. flash.
flashpoint /ˈflæʃpɔɪnt/ n. **1** CHIM. punto m. d'infiammabilità **2** FIG. *(trouble spot)* punto m. caldo; *(explosive situation)* punto m. critico.
flashy /ˈflæʃɪ/ agg. COLLOQ. SPREG. [*driver, player*] sbruffone; [*car*] vistoso; [*dress, tie*] pacchiano, vistoso; [*jewellery*] appariscente; [*campaign, image*] di cattivo gusto.
flask /flɑːsk, AE flæsk/ n. **1** CHIM. *(large)* beuta f., bottiglia f.; *(small) (round-bottomed)* pallone m.; *(flat-bottomed)* fiala f. **2** *(bottle)* fiasco m.; *(small)* fiaschetta f., borraccetta f.; *(vacuum)* thermos® m.
1.flat /flæt/ **I** agg. **1** *(level, not rounded)* [*surface*] piatto, piano; [*roof, face*] piatto; [*nose*] schiacciato, camuso; *(shallow)* [*dish*] piano **2** *(deflated)* [*ball*] sgonfio; [*tyre*] a terra **3** *(pressed close)* ***her feet ~ on the floor*** con i piedi che appoggiavano bene a terra **4** *(low)* [*shoes, heels*] basso **5** *(absolute)* [*refusal, denial*] netto, secco, deciso; ***you're not going and that's ~!*** non ci vai, e basta! **6** *(standard)* [*fare, fee*] fisso, forfettario; [*charge*] fisso **7** *(monotonous)* [*voice, tone*] piatto, monotono; *(unexciting)* [*performance, style*] noioso, piatto **8** *(not fizzy)* [*drink*] sgassato **9** *(depressed)* ***to feel ~*** sentirsi a terra *o* giù di corda **10** BE EL. AUT. [*battery*] scarico **11** COMM. ECON. *(slow)* [*market, trade*] inattivo, in ristagno; [*profits*] ristagnante **12** MUS. [*note*] bemolle; *(off key)* [*voice, instrument*] stonato **II** avv. **1** *(horizontally)* [*lay*] disteso; [*fall*] (lungo) disteso; ***to knock sb. ~*** atterrare qcn.; ***to lie ~*** [*person*] giacere (lungo) disteso; [*hair, pleat*] essere piatto; ***to fall ~ on one's face*** cadere lungo disteso; FIG. rompersi il collo **2** *(in close contact)* ***she pressed her nose ~ against the window*** incollò il naso alla finestra **3** *(exactly)* ***in 10 minutes ~*** in dieci minuti esatti **4** COLLOQ. *(absolutely)* decisamente, seccamente; ***he told me ~ that*** mi ha detto chiaro e tondo che; ***to turn [sth.] down ~*** rifiutare recisamente [*offer*] **5** MUS. [*sing, play*] in tono più basso (del dovuto), in modo stonato ♦ ***to fall ~*** [*play*] fare fiasco; [*joke*] cadere nel vuoto; [*party, plan*] essere un fiasco.
2.flat /flæt/ **I** n. **1** *(level part)* ***the ~ of*** il palmo di [*hand*]; il piatto di [*sword*]; ***on the ~*** BE [*walk, park*] in piano **2** COLLOQ. *(tyre)* gomma f. a terra **3** MUS. bemolle m. **4** TEATR. fondale m. **II flats** n.pl. **1** AE COLLOQ. *(shoes)* scarpe f. basse **2** GEOGR. *(marshland)* terreno m.sing. basso, palude f.sing.
3.flat /flæt/ n. BE *(apartment)* appartamento m.
flat-bottomed /ˌflætˈbɒtəmd/ agg. [*boat*] a fondo piatto.
flat broke agg. COLLOQ. senza il becco di un quattrino, in bolletta.
flat cap n. BE berretto m. floscio.
flat foot n. (pl. **flat foots, flat feet**) BE COLLOQ. SPREG. piedipiatti m.
flat-footed /ˌflætˈfʊtɪd/ agg. **1** MED. [*person*] dai piedi piatti; ***to be ~*** avere i piedi piatti **2** COLLOQ. *(clumsy)* [*person*] maldestro **3** COLLOQ. SPREG. *(tactless)* [*remark*] da bifolco.

flat-hunting /ˈflæthʌntɪŋ/ n. BE ***to go ~*** cercare un appartamento.
flatiron /ˈflætaɪən, AE -ˌaɪərn/ n. *(formerly)* ferro m. da stiro.
flatlands /ˈflætlændz/ n.pl. territori m. pianeggianti, pianura f.sing.
flatlet /ˈflætlɪt/ n. BE appartamentino m.
flatline /ˈflætlaɪn/ intr. COLLOQ. = morire.
flatly /ˈflætlɪ/ avv. **1** *(absolutely)* [*refuse*] nettamente, decisamente; [*deny*] recisamente **2** *(unemotionally)* [*say*] monotonamente, in modo piatto.
flatmate /ˈflætmeɪt/ n. BE compagno m. (-a) d'appartamento.
flat out I agg. BE COLLOQ. (anche **~ tired** AE) stanco morto, distrutto **II** avv. [*drive, go*] a tutto gas, a rotta di collo; [*work*] a più non posso; ***it only does 120 km per hour ~*** a tavoletta fa solo i 120 all'ora ♦ ***to go ~ for sth.*** farsi in quattro per qcs.
flat racing ➧ ***10*** n. EQUIT. **U** corse f.pl. piane.
flat rate I n. tasso m. fisso, rendimento m. fisso **II flat-rate** modif. [*fee, tax*] forfettario.
flat screen agg. [*TV*] a, con schermo piatto.
flat spin n. AER. vite f. piatta ♦ ***to be in a ~*** BE COLLOQ. essere agitato *o* eccitato.
flatten /ˈflætn/ **I** tr. **1** *(level)* [*storm*] appiattire, coricare [*crops, grass*]; abbattere [*tree, fence*]; [*bombing*] distruggere, radere al suolo [*building, town*]; ***he'll ~ you!*** COLLOQ. ti spaccherà il muso! **2** (anche **~ out**) *(smooth out)* spianare [*surface, road*]; appiattire [*metal*] **3** *(crush)* schiacciare [*animal, fruit, object*] **4** MUS. bemollizzare [*note*] **II** intr. (anche **~ out**) [*slope, road, ground*] diventare piano; [*graph, curve*] diventare piatto; [*growth, exports, decline*] stabilizzarsi **III** rifl. ***to ~ oneself*** appiattirsi (**against** contro).
flatter /ˈflætə(r)/ **I** tr. **1** *(compliment)* adulare, lusingare (**on** per) **2** *(enhance)* [*light, dress*] donare, abbellire; [*portrait*] fare più bello (della realtà) **II** rifl. ***to ~ oneself*** compiacersi, vantarsi (**on being** di essere).
flatterer /ˈflætərə(r)/ n. adulatore m. (-trice).
flattering /ˈflætərɪŋ/ agg. **1** [*remark*] adulatorio, lusinghiero **2** [*dress, hat*] che dona; [*portrait*] che rende più bello.
flattery /ˈflætərɪ/ n. adulazione f., lusinga f., lusinghe f.pl. ♦ ***~ will get you nowhere*** con le lusinghe non otterrai nulla.
flatulence /ˈflætjʊləns/ n. flatulenza f.
flatware /ˈflætweə(r)/ n. AE *(cutlery)* posate f.pl.; *(crockery)* piatti m.pl. piani.
flaunt /flɔːnt/ tr. SPREG. ostentare, esibire [*wealth*]; fare sfoggio di [*knowledge, charms*]; sbandierare [*ability*]; sfoggiare [*lover*].
flautist /ˈflɔːtɪst/ ➧ ***27*** n. flautista m. e f.
1.flavour BE, **flavor** AE /ˈfleɪvə(r)/ n. **1** GASTR. gusto m., sapore m., aroma m.; ***with a coffee ~*** al (gusto di) caffè; ***full of ~*** saporito **2** *(atmosphere) (of period, place)* profumo m., atmosfera f.; *(hint)* idea f., accenno m. ♦ ***to be ~ of the month*** COLLOQ. [*thing*] essere la moda del momento; [*person*] essere l'idolo del momento.
2.flavour BE, **flavor** AE /ˈfleɪvə(r)/ tr. **1** GASTR. *(improve taste)* insaporire; *(add specific taste)* aromatizzare **2** FIG. condire.
flavour-enhancer BE, **flavor-enhancer** AE /ˈfleɪvərɪnhænsə(r)/ n. esaltatore m. di sapidità.
flavouring BE, **flavoring** AE /ˈfleɪvərɪŋ/ n. aroma m.; ***natural ~*** aromi naturali.
flavourless BE, **flavorless** AE /ˈfleɪvəlɪs/ agg. insipido, insapore.
flaw /flɔː/ n. **1** difetto m., imperfezione f., pecca f. **2** DIR. *(in contract)* vizio m.
flawed /ˈflɔːd/ agg. fallato, difettoso; [*character, person*] pieno di difetti.
flawless /ˈflɔːlɪs/ agg. [*complexion*] perfetto; [*argument*] ineccepibile; [*performance*] impeccabile.
flax /flæks/ n. BOT. TESS. lino m.
flaxen /ˈflæksn/ agg. **1** [*fabric*] di lino **2** *(fair)* ***a ~-haired child*** un bambino con i capelli biondissimi.
flay /fleɪ/ tr. **1** *(remove skin)* scorticare **2** *(beat)* frustare **3** *(criticize)* criticare severamente, stroncare.
flea /fliː/ n. pulce f. ♦ ***to send sb. away with a ~ in their ear*** COLLOQ. mandare via qcn. in malo modo.
fleabag /ˈfliːbæg/ n. COLLOQ. SPREG. **1** BE *(person)* pulcioso m. (-a); *(animal)* sacco m. di pulci **2** AE *(hotel)* = albergo d'infimo ordine.
fleabite /ˈfliːbaɪt/ n. **1** morso m. di pulce **2** FIG. *(trifle)* inezia f., bazzecola f.
flea-bitten /ˈfliːbɪtn/ agg. **1** [*animal*] infestato dalle pulci; [*part of body*] morso dalle pulci **2** COLLOQ. *(shabby)* pulcioso.
flea collar n. collare m. antipulci.
flea market n. mercato m. delle pulci.
fleapit /ˈfliːpɪt/ n. BE COLLOQ. SPREG. = locale, cinema, teatro ecc. di infima categoria.
1.fleck /flek/ n. *(of colour)* macchia f., puntino m.; *(of light)* chiazza f.; *(of blood, paint)* macchiolina f.; *(of dust, powder)* granello m.
2.fleck /flek/ tr. chiazzare, macchiare; ***eyes ~ed with green*** occhi screziati di verde.
fled /fled/ pass., p.pass. → **flee**.
fledg(e)ling /ˈfledʒlɪŋ/ **I** n. ZOOL. uccellino m. (che ha appena lasciato il nido) **II** modif. [*artist*] in erba, alle prime armi; [*party, group*] nascente; [*democracy, enterprise*] giovane.
flee /fliː/ **I** tr. (pass., p.pass. **fled**) fuggire da, abbandonare **II** intr. (pass., p.pass. **fled**) fuggire, scappare.
1.fleece /fliːs/ **I** n. **1** *(on animal)* vello m. **2** TESS. tessuto m. felpato; *(sportswear)* pile m. **II** modif. [*garment*] di pile; ***~-lined jacket*** giaccone foderato di pelliccia sintetica.
2.fleece /fliːs/ tr. COLLOQ. *(overcharge)* pelare, stangare; *(swindle)* derubare, spogliare.
fleecy /ˈfliːsɪ/ agg. [*fabric*] di consistenza lanosa; [*clouds*] a pecorelle.
fleet /fliːt/ n. **1** *(of ships, planes)* flotta f.; *(of small vessels)* flottiglia f. **2** *(of vehicles) (in reserve)* parco m.; *(on road)* convoglio m.; ***car ~*** parco macchine.
fleeting /ˈfliːtɪŋ/ agg. [*memory, pleasure*] passeggero, effimero; [*visit*] rapido, breve; [*moment*] fuggente; [*glance*] fugace.
Fleet Street n. = la stampa, il giornalismo inglese.
Fleming /ˈflemɪŋ/ n. fiammingo m. (-a).
Flemish /ˈflemɪʃ/ **I** agg. fiammingo **II** n. **1** ➧ ***14*** *(language)* fiammingo m. **2** ***the ~*** i fiamminghi.
1.flesh /fleʃ/ n. *(of human, animal)* carne f.; *(of fruit)* polpa f.; FIG. ***I'm only ~ and blood*** sono fatto di carne e ossa; ***one's own ~ and blood*** sangue del proprio sangue; ***in the ~*** in carne e ossa; ***it makes my ~ creep*** mi fa accapponare la pelle ♦ ***to demand one's pound of ~*** esigere fino all'ultimo centesimo (di un debito).
2.flesh /fleʃ/ tr. scarnire [*skin, hide*].
■ **flesh out:** ~ [sth.] out, ~ out [sth.] rimpolpare [*speech, article*].
flesh-coloured BE, **flesh-colored** AE /ˈfleʃˌkʌləd/ ➧ **5** agg. (color) carne, carnicino.
flesh-eating /ˈfleʃˌiːtɪŋ/ agg. carnivoro.
fleshpot /ˈfleʃˌpɒt/ n. luogo m. di perdizione; ***to enjoy the ~s*** fare la bella vita.
flesh wound n. ferita f. superficiale.
fleshy /ˈfleʃɪ/ agg. [*lip, leaf*] carnoso; [*fruit*] polposo, carnoso; [*arm, leg*] pieno, polputo; [*person*] corpulento, in carne.
flew /fluː/ pass. → **2.fly**.
1.flex /fleks/ n. BE *(for electrical appliance)* filo m. flessibile, cordoncino m.
2.flex /fleks/ tr. **1** *(contract)* contrarre [*muscle*] **2** *(bend and stretch)* flettere [*limb*]; piegare [*finger, toe*].
flexibility /ˌfleksəˈbɪlətɪ/ n. flessibilità f., elasticità f.
flexible /ˈfleksəbl/ agg. **1** [*arrangement*] flessibile; [*agenda*] non rigido; [*repayment plan*] a scadenza flessibile, variabile **2** FIG. [*person*] docile, arrendevole (**over**, **about** riguardo a) **3** [*tube, wire, stem*] flessibile.
flexible response n. MIL. risposta f. flessibile.
flexi disc /ˈfleksɪdɪsk/ n. INFORM. dischetto m., floppy disk m.
flexitime /ˈfleksɪtaɪm/ n. orario m. (di lavoro) flessibile.
flibbertigibbet /ˌflɪbətɪˈdʒɪbɪt/ n. COLLOQ. scervellato m. (-a).
1.flick /flɪk/ **I** n. **1** *(blow)* colpetto m.; *(sound)* schiocco m. **2** *(movement)* movimento m. improvviso, scatto m., guizzo m.; ***at the ~ of a switch*** (semplicemente) premendo l'interruttore **II flicks** n.pl. BE COLLOQ. cinema m.sing.

2.flick /flɪk/ tr. **1** *(strike)* dare un colpetto a; ***to ~ sth. at sb.*** *(with finger)* tirare qcs. a qcn. (con un colpetto delle dita); ***he ~ed his ash onto the floor*** scosse la cenere sul pavimento **2** *(press)* premere, schiacciare [*switch*] **3** SPORT colpire leggermente [*ball*].

■ **flick back:** ~ ***[sth.] back***, ~ ***back [sth.]*** scuotere all'indietro [*hair*].

■ **flick off:** ~ ***[sth.] off***, ~ ***off [sth.]*** *(with finger)* levare, togliere (con un colpo delle dita); *(with tail, cloth)* scacciare via.

■ **flick over:** ~ ***[sth.] over***, ~ ***over [sth.]*** sfogliare, scorrere [*pages*].

■ **flick through:** ~ ***through [sth.]*** sfogliare, scorrere [*book, report*]; ***to ~ through the channels*** TELEV. fare zapping.

1.flicker /ˈflɪkə(r)/ n. **1** *(of light, flame)* guizzo m., tremolio m. **2** *(slight sign)* *(of interest)* filo m.; *(of anger)* fremito m.; ***the ~ of a smile*** l'ombra di un sorriso **3** *(movement)* *(of eyelid)* battito m.; *(of indicator)* oscillazione f.

2.flicker /ˈflɪkə(r)/ intr. **1** *(shine unsteadily)* [*fire, light, flame*] tremolare, guizzare, baluginare; [*image*] sfarfallare **2** *(move)* [*eyelid*] battere.

flickering /ˈflɪkərɪŋ/ agg. [*light, flame*] tremolante, guizzante; [*image*] che sfarfalla.

flick knife n. (pl. **flick knives**) BE coltello m. a scatto.

flier /ˈflaɪə(r)/ n. **1** *(animal)* volatore m. **2** *(handbill)* volantino m., opuscolo m.

1.flight /flaɪt/ **I** n. **1** AER. *(journey)* volo m. (**to** per; **from** da); ***a scheduled ~*** un volo di linea; ***the ~ from Dublin to London*** il volo da Dublino a Londra; ***we hope you enjoyed your ~*** speriamo che abbiate fatto buon viaggio **2** *(course)* *(of bird, insect)* volo m.; *(of missile, bullet)* traiettoria f. **3** *(power of locomotion)* volo m.; ***in full ~*** in volo; FIG. al volo **4** *(group)* ***a ~ of*** uno stormo di [*birds*]; una schiera di [*angels*]; un una scarica di [*arrows*] **5** *(set)* ***a ~ of steps*** o ***stairs*** una rampa di scale; ***six ~s (of stairs)*** sei rampe di scale; ***we live four ~s up*** abitiamo al quarto piano; ***a ~ of hurdles*** SPORT una serie di ostacoli; ***a ~ of locks*** un sistema di chiuse; ***a ~ of terraces*** una serie di terrazze **6** gener. pl. *(display)* ***~s of fancy*** volo della fantasia; ***~s of rhetoric*** slancio oratorio **II** modif. [*plan, simulator*] di volo ♦ ***to be in the top ~*** essere eccellente.

2.flight /flaɪt/ intr. [*birds*] migrare.

3.flight /flaɪt/ n. *(escape)* fuga f. (**from** da); ***to take ~*** darsi alla fuga; ***a ~ of capital*** ECON. una fuga di capitali.

flight attendant ➧ *27* n. AER. assistente m. e f. di volo.

flight bag n. bagaglio m. a mano.

flight deck n. **1** AER. *(compartment)* cabina f. di pilotaggio **2** MAR. ponte m. di volo.

flight engineer ➧ *27* n. motorista m. e f. di bordo.

flight lieutenant ➧ *23* n. MIL. tenente m. pilota.

flight path n. rotta f. di volo.

flight recorder n. registratore m. di volo, scatola f. nera.

flight-test /ˈflaɪtˌtest/ tr. collaudare in volo.

flighty /ˈflaɪtɪ/ agg. [*imagination*] mutevole; [*partner*] incostante, volubile.

flimsy /ˈflɪmzɪ/ **I** agg. [*fabric*] leggero; [*structure*] fragile; [*argument*] inconsistente, debole; [*excuse, evidence*] fragile, inconsistente **II** n. BE ANT. carta f. velina.

flinch /flɪntʃ/ intr. *(psychologically)* tirarsi indietro; *(physically)* trasalire; ***without ~ing*** senza batter ciglio; ***to ~ at an insult*** sobbalzare sentendosi insultare.

1.fling /flɪŋ/ n. **1** COLLOQ. *(spree)* ***to have a ~*** spassarsela, fare baldoria **2** COLLOQ. *(affair)* *(sexual)* avventura f., storia f.; *(intellectual)* infatuazione f.

2.fling /flɪŋ/ **I** tr. (pass., p.pass. **flung**) *(throw)* lanciare [*ball, stone*] (**onto** su; **into** in); lanciare, scagliare [*insult, accusation*] (**at** contro); ***to ~ a scarf around one's shoulders*** gettarsi una sciarpa sulle spalle; ***to ~ sb. to the ground*** gettare qcn. per terra; ***I flung my arms around her neck*** le gettai le braccia al collo; ***to ~ sb. into prison*** sbattere qcn. in prigione **II** rifl. ***to ~ oneself*** lanciarsi, buttarsi (**across** attraverso; **over** sopra); ***to ~ oneself off [sth.]*** lanciarsi, buttarsi da [*bridge, cliff*].

■ **fling about, fling around:** ~ ***[sth.] around*** sperperare [*money*].

■ **fling away:** ~ ***[sth.] away*** gettare via.

■ **fling back:** ~ ***[sth.] back***, ~ ***back [sth.]*** rilanciare [*ball*]; buttare indietro [*head*]; spalancare [*door*].

■ **fling down:** ~ ***[sth.] down***, ~ ***down [sth.]*** gettare in terra [*coat, newspaper*].

■ **fling on:** ~ ***on [sth.]*** buttarsi addosso, infilare velocemente [*dress*].

■ **fling open:** ~ ***[sth.] open***, ~ ***open [sth.]*** spalancare [*door, window*].

flint /flɪnt/ n. **1** GEOL. ANTROP. selce f. **2** ANT. *(for kindling)* pietra f. focaia **3** *(in lighter)* pietrina f.

flintlock /ˈflɪntlɒk/ n. fucile m. a pietra focaia.

1.flip /flɪp/ n. **1** *(of finger)* colpetto m.; ***to decide sth. by the ~ of a coin*** decidere qcs. facendo testa o croce **2** *(somersault)* capriola f.

2.flip /flɪp/ **I** tr. (forma in -ing ecc. **-pp-**) **1** *(toss)* lanciare [*coin*]; girare [*pancake*]; ***let's ~ a coin to decide*** facciamo testa o croce **2** *(flick)* premere, schiacciare [*switch*]; ***to ~ sth. open*** aprire qcs. **II** intr. (forma in -ing ecc. **-pp-**) COLLOQ. **1** *(get angry)* incavolarsi **2** *(go mad)* uscire di testa, partire **3** *(get excited)* eccitarsi (**over** per) ♦ ***to ~ one's lid*** uscire dai gangheri.

■ **flip over:** ~ ***over*** [*vehicle*] ribaltarsi; [*plane*] capovolgersi; ~ ***[sth.] over***, ~ ***over [sth.]*** **1** *(toss)* girare [*pancake*]; lanciare [*coin*] **2** *(turn)* girare [*pages*].

■ **flip through:** ~ ***through [sth.]*** sfogliare [*book*]; scorrere [*index*].

flipchart /ˈflɪptʃɑːt/ n. blocco m. di fogli per lavagna.

flip-flop /ˈflɪpflɒp/ n. **1** *(sandal)* (sandalo) infradito m. e f. **2** ELETTRON. *(device)* flip-flop m., multivibratore m. bistabile **3** AE *(about-face)* voltafaccia m.

flippancy /ˈflɪpənsɪ/ n. *(lack of seriousness)* frivolezza f.; *(lack of respect)* irriverenza f., impertinenza f.

flippant /ˈflɪpənt/ agg. *(not serious)* [*remark, person*] frivolo, leggero; *(lacking respect)* [*tone, attitude*] irriverente, impertinente.

flipper /ˈflɪpə(r)/ n. **1** ZOOL. pinna f., natatoia f. **2** *(for swimmer)* pinna f.

flipping /ˈflɪpɪŋ/ **I** agg. BE COLLOQ. dannato, maledetto **II** avv. BE COLLOQ. [*stupid*] tremendamente; [*painful, cold*] maledettamente.

flip side n. *(on record)* lato m. B; FIG. *(other side)* altra faccia f.

flip-top /ˈflɪptɒp/ n. **1** *(table)* tavolo m. a libro **2** *(of bottle)* tappino m. a scatto; *(of box)* apertura f. a scatto.

1.flirt /flɜːt/ n. *(man)* cascamorto m.; *(woman)* civetta f.

2.flirt /flɜːt/ intr. flirtare, amoreggiare; ***to ~ with*** flirtare con [*person*]; scherzare con [*danger*]; accarezzare [*idea*].

flirtation /ˌflɜːˈteɪʃn/ n. **1** *(relationship)* flirt m. **2** *(interest)* breve passione f., interesse m. (**with** per).

flirtatious /ˌflɜːˈteɪʃəs/ agg. [*person*] leggero; [*glance, wink, laugh*] civettuolo.

1.flit /flɪt/ n. ***to do a (moonlight) ~*** COLLOQ. *(move house)* cambiare casa di nascosto (per sfuggire ai creditori); *(leave)* andarsene alla chetichella.

2.flit /flɪt/ intr. (forma in -ing ecc. **-tt-**) **1** (anche **~ about**) [*bird, moth*] svolazzare **2** *(move quickly)* ***she was ~ting about the house*** si spostava velocemente per la casa **3** *(flash)* ***a look of panic ~ted across his face*** un'espressione di panico gli attraversò il viso **4** *(move restlessly)* ***to ~ from one thing to another*** saltare da una cosa all'altra.

1.float /fləʊt/ n. **1** PESC. galleggiante m., sughero m. **2** AER. galleggiante m. **3** *(in plumbing)* galleggiante m. **4** BE *(swimmer's aid)* tavoletta f.; AE *(lifejacket)* giubbotto m. di salvataggio **5** *(carnival vehicle)* carro m. allegorico **6** COMM. (anche **cash ~**) = monetine utilizzate per dare il resto ai clienti **7** AE *(drink)* = bibita alla quale viene aggiunta una pallina di gelato.

2.float /fləʊt/ **I** tr. **1** fare galleggiare [*boat*]; ***to ~ logs down a river*** fluitare tronchi lungo un fiume **2** ECON. emettere [*shares*]; lanciare (con titoli) [*company*]; lanciare [*loan*]; lasciare fluttuare [*currency*] **3** *(propose)* lanciare [*idea, suggestion*] **II** intr. **1** *(on liquid)* galleggiare; *(in air)* fluttuare; ***to ~ on one's back*** [*swimmer*] fare il morto; ***the logs ~ed down the river*** i tronchi fluitavano lungo il fiume; ***to ~ out to sea*** [*boat*] prendere il largo; ***to ~ up into the air*** librarsi in aria **2**

FIG. *(waft)* [*smoke, mist*] fluttuare; ***clouds ~ed across the sky*** le nuvole fluttuavano in cielo; ***music ~ed out into the garden*** la musica si diffondeva per il giardino **3** ECON. [*currency*] fluttuare.

■ **float about, float around 1** *(circulate)* [*idea, rumour*] circolare **2** COLLOQ. *(be nearby)* ***are my keys ~ing around?*** ci sono le mie chiavi in giro da qualche parte? **3** COLLOQ. *(aimlessly)* [*person*] ciondolare.

■ **float away, float off** [*boat*] andare alla deriva; [*balloon*] librarsi in volo; [*person*] andarsene con passo leggero.

floating /ˈfləʊtɪŋ/ agg. **1** *(on water)* [*bridge*] galleggiante **2** *(unstable)* [*population*] fluttuante **3** ECON. [*capital, debt*] fluttuante.

floating assets n.pl. ECON. attività f. correnti, disponibilità f.sing.

floating rate interest n. ECON. tasso m. d'interesse variabile.

floating restaurant n. battello-ristorante m.

floating voter n. POL. = elettore indeciso.

1.flock /flɒk/ n. **1** *(of sheep, goats)* gregge m.; *(of birds)* stormo m. **2** *(of people)* folla f., stuolo m.; ***in ~s*** a frotte **3** U RELIG. gregge m. (di fedeli).

2.flock /flɒk/ intr. affollarsi, accalcarsi (**around** attorno a; **into** in); ***to ~ together*** riunirsi.

3.flock /flɒk/ n. **1** TESS. fiocco m., bioccolo m. **2** *(tuft)* ciuffo m.

floe /fləʊ/ n. banco m. di ghiaccio (galleggiante).

flog /flɒg/ tr. (forma in -ing ecc. **-gg-**) **1** *(beat)* fustigare **2** BE COLLOQ. *(sell)* sbolognare, rifilare ♦ ***to ~ the engine to death*** BE COLLOQ. ridurre il motore un rottame; ***to ~ a joke to death*** COLLOQ. ripetere sempre la stessa barzelletta.

flogging /ˈflɒgɪŋ/ n. *(beating)* fustigazione f.

1.flood /flʌd/ n. **1** inondazione f., alluvione f.; ***"~!"*** *(on roadsign)* "strada allagata"; ***in ~*** [*river*] in piena **2** FIG. ***a ~ of*** una marea *o* fiumana di [*people*]; un mare di [*memories*]; un'ondata di [*light*]; una valanga di [*letters, complaints*]; ***to be in ~s of tears*** essere in un mare di lacrime.

2.flood /flʌd/ **I** tr. **1** inondare, allagare [*area, house*]; fare straripare [*river*] **2** FIG. [*light*] inondare; [*mail*] sommergere **3** COMM. *(oversupply)* inondare, subissare [*shops, market*] (**with** di) **4** AUT. ingolfare [*engine*] **II** intr. **1** [*meadow, street, cellar*] allagarsi; [*river*] straripare **2** FIG. ***to ~ into sth.*** [*light*] inondare qcs.; [*people*] riversarsi in qcs.; ***to ~ over sb.*** [*emotion*] assalire, travolgere qcn.

■ **flood back** [*memories*] riemergere.

■ **flood in** [*light, water*] irrompere; FIG. [*people, money*] affluire.

■ **flood out:** *~ out* [*liquid*] tracimare; *~ [sth., sb.] out* inondare.

flood control n. controllo m. delle piene, difesa f. fluviale.

flooding /ˈflʌdɪŋ/ n. inondazione f., allagamento m.

floodgate /ˈflʌdgeɪt/ n. cateratta f., chiusa f.; ***to open the ~s to, for*** FIG. dare libero sfogo *o* dare la stura a.

flood level n. livello m. di piena.

1.floodlight /ˈflʌdlaɪt/ n. proiettore m., riflettore m.; ***to play under ~s*** giocare in notturna.

2.floodlight /ˈflʌdlaɪt/ tr. (pass., p.pass. **floodlit**) illuminare con riflettori [*building, stage, stadium*].

flood mark n. livello m. di guardia.

flood plain n. alveo m. di piena, golena f.

flood tide n. flusso m. di marea, alta marea f.

flood waters n.pl. acque f. alluvionali.

1.floor /flɔː(r)/ n. **1** *(of room)* pavimento m.; *(of car)* pianale m.; ***dance ~*** pista da ballo; ***on the ~*** per terra; ***to take the ~*** [*dancer*] scendere in pista **2** *(of sea, tunnel, valley)* fondo m.; ***the forest ~*** il sottobosco **3** *(of stock exchange)* recinto m. alle grida, corbeille f.; *(of debating Chamber)* = parte riservata ai deputati; *(of factory)* officina f., reparto m.; ***questions from the ~*** = domande provenienti dall'uditorio; ***to take the ~*** *(in debate)* prendere la parola **4** *(storey)* piano m.; ***on the first ~*** BE al primo piano; AE al piano terra; ***the top ~*** l'ultimo piano; ***ground*** o ***bottom ~*** BE piano terra, pianterreno **5** ECON. *(of prices)* (livello) minimo m. (**on** su) ♦ ***to wipe the ~ with sb.*** dare una bella lezione a qcn.

2.floor /flɔː(r)/ tr. **1** pavimentare [*room*]; ***an oak-~ed room*** una stanza con il pavimento in quercia **2** *(knock over)* stendere, atterrare [*attacker*]; mandare al tappeto [*boxer*] **3** FIG. *(silence)* fare rimanere senza parole [*critic*]; *(stump)* mettere in difficoltà [*candidate*].

floor area n. superficie f. (calpestabile).

floorboard /ˈflɔːbɔːd/ n. tavola f., asse f. (del parquet).

floor cloth n. straccio m. per pavimenti.

floor covering n. pavimentazione f.

floor exercises n.pl. esercizi m. a terra.

flooring /ˈflɔːrɪŋ/ n. pavimentazione f.

floor lamp n. AE lampada f. a stelo, lampada f. a piantana.

floor manager ➧ **27** n. **1** TELEV. direttore m. artistico **2** COMM. *(in a large shop)* caporeparto m. e f.

floor polish n. cera f. da pavimenti.

floor show n. spettacolo m. di varietà.

floor space n. ***we have 400 m^2 of ~ to let*** abbiamo una superficie di 400 m^2 da affittare.

floorwalker /ˈflɔːˌwɔːkə(r)/ n. AE *(in a large shop)* caporeparto m. e f.

floosie, floozy /ˈfluːzɪ/ n. COLLOQ. SPREG. sgualdrina f.

1.flop /flɒp/ n. COLLOQ. *(failure)* flop m., fiasco m.

2.flop /flɒp/ intr. (forma in -ing ecc. **-pp-**) **1** *(move heavily)* ***to ~ down*** crollare di peso; ***to ~ down on*** lasciarsi cadere su [*bed, sofa*] **2** *(hang loosely)* [*dog's ear*] penzolare; [*head*] ciondolare **3** COLLOQ. *(fail)* [*play, film*] fare fiasco, essere un flop; [*project, venture*] fallire.

■ **flop out** AE COLLOQ. *(rest)* riposare; *(sleep)* (andare a) dormire.

■ **flop over** AE COLLOQ. cambiare opinione; *~ over to [sth.]* fare proprio [*idea*].

flophouse /ˈflɒphaʊs/ n. AE COLLOQ. dormitorio m. pubblico.

floppy /ˈflɒpɪ/ **I** agg. [*hair*] che ricade; [*dog's ear*] pendulo; [*hat*] floscio; [*clothes*] ampio, largo; [*flesh, body*] flaccido **II** n. INFORM. floppy m., dischetto m.

floppy disk n. INFORM. floppy m. (disk), dischetto m.

flora /ˈflɔːrə/ n. (pl. **~s, -æ**) flora f.

floral /ˈflɔːrəl/ agg. [*fabric*] a fiori, a fiorami, fiorato; [*arrangement, tribute*] floreale; [*fragrance*] fiorito.

Florence /ˈflɒrəns/ ➧ **34** n.pr. **1** *(city)* Firenze f. **2** *(first name)* Fiorenza.

Florentine /ˈflɒrəntaɪn/ **I** agg. fiorentino **II** n. fiorentino m. (-a).

florid /ˈflɒrɪd, AE ˈflɔːr-/ agg. **1** *(ornate)* [*style, language*] fiorito **2** *(ruddy)* [*person, face*] florido.

Florida /ˈflɒrɪdə/ ➧ **24** n.pr. Florida f.

florin /ˈflɒrɪn, AE ˈflɔːrɪn/ ➧ **7** n. **1** fiorino m. **2** *(silver coin)* fiorino m. inglese (d'argento).

florist /ˈflɒrɪst, AE ˈflɔːrɪst/ ➧ **27** n. fioraio m. (-a), fiorista m. e f.; ***~'s*** *(shop)* fioraio.

1.floss /flɒs, AE flɔːs/ n. **1** *(for embroidery)* seta f. non ritorta **2** MED. filo m. interdentale.

2.floss /flɒs, AE flɔːs/ tr. ***to ~ one's teeth*** passare il filo interdentale.

flotation /fləʊˈteɪʃn/ n. ECON. *(of company, loan)* lancio m.; *(of shares, stock)* emissione f.; *(of currency)* fluttuazione f.

flotilla /fləˈtɪlə/ n. flottiglia f.

flotsam /ˈflɒtsəm/ n. U **~** ***(and jetsam)*** *(on water)* relitti, rottami (galleggianti); FIG. *(odds and ends)* cianfrusaglie; *(people)* vagabondi, relitti umani.

1.flounce /flaʊns/ n. *(movement)* rapido gesto m., rapido movimento m.

2.flounce /flaʊns/ intr. **1** ***he ~ed off*** se ne andò indignato **2** (anche **~ around**, **~ about**) *(move)* dibattersi, dimenarsi.

3.flounce /flaʊns/ n. *(frill)* balza f., falpalà m.

1.flounder /ˈflaʊndə(r)/ n. BE passera f. di mare, platessa f.

2.flounder /ˈflaʊndə(r)/ intr. **1** (anche **~ around**, **~ about**) *(move with difficulty)* dibattersi (**in, through** in) **2** FIG. *(falter)* [*speaker*] impappinarsi; [*economy*] stagnare; [*career, company, leader*] essere in difficoltà.

1.flour /ˈflaʊə(r)/ n. farina f.

2.flour /ˈflaʊə(r)/ tr. cospargere di farina, infarinare [*tin, board*].

1.flourish /ˈflʌrɪʃ/ n. **1** *(gesture)* gesto m. plateale; ***to do sth. with a ~*** fare qcs. con ostentazione **2** *(detail, touch)* ***with an emphatic ~*** con uno stile enfatico; *(in a piece of music)* ***the final ~*** la fioritura finale **3** *(in style)* ghirigoro m., svolazzo m.

2.flourish /ˈflʌrɪʃ/ **I** tr. agitare, sventolare [*ticket, document*] **II** intr. [*plant*] crescere rigoglioso, prosperare; [*bacteria*] proliferare; [*child*] crescere (sano e robusto); [*firm, democracy*] fiorire, prosperare.

flourishing /ˈflʌrɪʃɪŋ/ agg. [*business, town, industry*] fiorente, prospero; [*garden*] rigoglioso.

floury /ˈflaʊərɪ/ agg. [*hands*] sporco di farina, infarinato; [*potato*] farinoso.

flout /flaʊt/ tr. sfidare, farsi beffe di [*convention, rules*].

1.flow /fləʊ/ n. flusso m. (anche FIG.); *(of blood)* circolazione f., flusso m.; *(of water, electricity)* flusso m., corrente f.; *(of words)* fiume m.; ***to go with the ~*** COLLOQ. seguire la corrente; ***to be in full ~*** FIG. essere nel bel mezzo del discorso; ***traffic ~*** flusso del traffico, circolazione.

2.flow /fləʊ/ intr. **1** *(move)* [*liquid, gas*] fluire (**into** in); ***to ~ in, back*** affluire, rifluire; ***to ~ downwards*** scorrere verso il basso; ***to ~ past sth.*** oltrepassare qcs.; ***to ~ from*** sgorgare da; ***the river ~s into the sea*** il fiume sfocia *o* si getta in mare **2** *(be continuous)* [*conversation, words*] fluire, scorrere; [*wine, beer*] scorrere a fiumi **3** *(circulate)* [*blood*] circolare, scorrere; [*electricity*] passare (**through**, **round** in) **4** *(move gracefully)* [*hair*] ricadere morbidamente; [*dress*] ondeggiare; [*pen*] scorrere (**across** su) **5** GEOGR. [*tide*] salire, montare.

flowchart /ˈfləʊtʃɑːt/ n. flowchart m., diagramma m. di flusso.

1.flower /ˈflaʊə(r)/ n. **1** fiore m.; ***to be in ~*** essere in fiore; ***in full ~*** in piena fioritura **2** FIG. *(best part)* ***the ~ of*** il fior fiore di [*group*]; il meglio di [*age, era*]; ***in the ~ of youth*** nel fiore degli anni.

2.flower /ˈflaʊə(r)/ intr. [*flower, tree*] fiorire; [*love, person, talent*] sbocciare.

flower arrangement n. composizione f. floreale.

flower arranging n. decorazione f. floreale, addobbo m. floreale.

flowerbed /ˈflaʊəbed/ n. aiuola f.

flower child n. (pl. **flower children**) *(hippie)* figlio m. (-a) dei fiori.

flower-dust /ˈflaʊəˌdʌst/ n. polline m.

flowered /ˈflaʊəd/ **I** p.pass. → **2.flower II** agg. [*fabric*] a fiori, a fiorami, fiorato.

flower garden n. giardino m. ornamentale.

flowering /ˈflaʊərɪŋ/ **I** n. fioritura f. (anche FIG.) **II** agg. *(producing blooms)* [*shrub, tree*] da fiore; *(in bloom)* [*plant*] fiorito, in fiore; ***early-, late-~*** a fioritura precoce, tardiva.

flowerpot /ˈflaʊəpɒt/ n. vaso m. da fiori.

flower shop ➧ *27* n. negozio m. di fiori, fioraio m.

flower show n. esposizione f. floreale.

flowery /ˈflaʊərɪ/ agg. [*field*] fiorito, in fiore; [*fabric*] a fiori, a fiorami, fiorato; [*wine*] fruttato; [*scent*] fiorito; [*language, speech, style*] fiorito, infiorettato.

flowing /ˈfləʊɪŋ/ agg. [*style, movement*] fluido; [*rhythm*] dolce; [*line, clothes*] morbido; [*hair*] fluente.

flown /fləʊn/ p.pass. → **2.fly**.

fl oz ➧ *35* ⇒ fluid ounce oncia fluida (fl.oz).

flu /fluː/ ➧ *11* **I** n. influenza f.; ***to come down with ~*** prendersi l'influenza **II** modif. [*victim*] dell'influenza; [*attack*] di influenza; [*vaccine*] antinfluenzale; [*virus*] influenzale.

fluctuate /ˈflʌktjʊeɪt/ intr. fluttuare, oscillare (anche ECON.).

fluctuation /ˌflʌktjʊˈeɪʃn/ n. fluttuazione f., oscillazione f. (**in**, **of** di) (anche ECON.).

flue /fluː/ n. *(of chimney)* canna f. fumaria; *(of stove, boiler)* tubo m., condotto m.

fluency /ˈfluːənsɪ/ n. fluidità f., scorrevolezza f.; ***you must improve your ~*** devi imparare a parlare in modo più sciolto; ***his ~ in German*** la sua scioltezza nel parlare tedesco.

fluent /ˈfluːənt/ agg. **1** *(in language)* ***her French is ~*** parla con scioltezza il francese; ***a ~ Greek speaker*** una persona che parla correntemente il greco; ***he answered in ~ English*** rispose in un ottimo inglese **2** *(eloquent)* [*account, speech, speaker*] eloquente; [*writer*] prolifico **3** *(graceful)* [*style*] scorrevole, fluido; [*movement*] sciolto.

1.fluff /flʌf/ n. **1** *(on clothes)* peluria f.; *(on carpet, under furniture)* bioccoli m.pl. di polvere, laniccio m.; *(on animal)* peluria f., lanugine f. **2** *(mistake)* gaffe f.; TEATR. TELEV. papera f. **3** AE COLLOQ. *(trivia)* sciocchezze f.pl., banalità f.pl.

2.fluff /flʌf/ tr. **1** (anche **~ up**) *(puff up)* arruffare [*feathers*]; sprimacciare [*cushion*]; rendere vaporoso, gonfiare [*hair*] **2** COLLOQ. *(get wrong)* sbagliare [*exam, cue, line*]; steccare [*note*].

fluffy /ˈflʌfɪ/ agg. **1** [*kitten*] dal pelo morbido; [*down, fur, rug, sweater*] morbido, soffice; [*hair*] vaporoso; [*toy*] di peluche **2** *(light)* [*mixture*] leggero, soffice; [*egg white*] montato a neve.

fluid /ˈfluːɪd/ **I** agg. **1** liquido **2** CHIM. TECN. fluido **3** *(flexible)* [*arrangement, situation*] fluido, instabile; [*opinions, ideas*] mutevole **4** *(graceful)* [*movement, style, lines*] fluido, sciolto **II** n. **1** liquido m. (anche BIOL.) **2** CHIM. TECN. fluido m.

fluid assets n.pl. AE disponibilità f.sing., capitale m.sing. circolante.

fluid capital n. U AE ECON. fondo m. di cassa.

fluid ounce ➧ *35* n. oncia f. fluida.

1.fluke /fluːk/ **I** n. *(lucky chance)* colpo m. di fortuna; ***by a (sheer) ~*** per puro caso **II** agg. → **flukey, fluky**.

2.fluke /fluːk/ n. MAR. *(of anchor)* patta f.; *(of harpoon, arrow)* punta f.

3.fluke /fluːk/ n. ZOOL. fasciola f.; ***blood ~*** schistosoma.

flukey, **fluky** /ˈfluːkɪ/ agg. [*coincidence*] fortuito, fortunato; [*circumstances, goal, shot*] fortunoso; ***to be a ~ winner*** vincere per pura fortuna.

flummox /ˈflʌməks/ tr. COLLOQ. imbarazzare, sconcertare, disorientare.

flung /flʌŋ/ pass., p.pass. → **2.fling**.

flunk /flʌŋk/ **I** tr. AE SCOL. UNIV. COLLOQ. **1** [*student*] essere stangato a [*exam*]; essere stangato in [*history*] **2** [*teacher*] bocciare, stangare [*pupil*] **II** intr. [*student*] essere bocciato, stangato.

flunkey BE, **flunky** AE /ˈflʌŋkɪ/ n. (pl. **~s** BE, **-ies** AE) lacchè m. (anche FIG. SPREG.).

fluorescence /flɔːˈresəns, AE flʊəˈr-/ n. fluorescenza f.

fluorescent /flɔːˈresənt, AE flʊəˈr-/ agg. fluorescente.

fluoride /ˈflɔːraɪd, AE ˈflʊəraɪd/ **I** n. fluoruro m. **II** modif. [*toothpaste*] al fluoro.

fluorine /ˈflɔːriːn, AE ˈflʊər-/ n. fluoro m.

1.flurry /ˈflʌrɪ/ n. **1** *(gust)* *(of rain)* rovescio m.; *(of snow)* spruzzata f.; *(of wind)* raffica f., folata f.; *(of dust, leaves)* turbine m. **2** *(bustle)* agitazione f., trambusto m.; ***a ~ of*** un turbinio di [*activity*]; un'ondata di [*interest*] **3** *(burst)* *(of complaints, enquiries)* diluvio m.

2.flurry /ˈflʌrɪ/ tr. mettere in agitazione, innervosire [*person*].

1.flush /flʌʃ/ n. **1** *(blush)* *(on cheeks, skin)* rossore m.; *(in sky)* bagliore m. **2** *(surge)* ***a ~ of*** un impeto di [*desire*]; un moto di [*pride, shame*]; un accesso *o* impeto di [*anger*]; ***in the first ~ of youth*** nel fiore degli anni **3** *(toilet device)* sciacquone m.; ***to give the toilet a ~*** tirare l'acqua.

2.flush /flʌʃ/ **I** tr. **1** *(clean with water)* ***to ~ the toilet*** tirare l'acqua *o* lo sciacquone; ***to ~ sth. down the toilet*** buttare qcs. nel gabinetto **2** *(colour)* ***to ~ sb.'s cheeks*** arrossare le guance di qcn. **II** intr. **1** *(redden)* arrossire (**with** di, per) **2** *(operate)* ***the toilet doesn't ~*** lo sciacquone non funziona.

3.flush /flʌʃ/ agg. **1** *(level)* ***to be ~ with*** essere a filo *o* livello di [*wall*] **2** COLLOQ. *(rich)* ***to be ~*** essere pieno di soldi.

4.flush /flʌʃ/ n. GIOC. *(set)* colore m.

flush away tr. fare scomparire [*waste, evidence*].

flushed /flʌʃt/ **I** p.pass. → **2.flush II** agg. **1** *(reddened)* [*cheeks*] arrossato, acceso; ***~ with*** rosso di [*shame*]; ***to be ~*** avere il viso infuocato **2** *(glowing)* ***~ with*** [*person*] raggiante di [*happiness*]; gonfio di [*pride*].

flush out tr. snidare, stanare [*sniper, spy*]; ***to ~ sb., sth. out of*** snidare, tirare fuori qcn., qcs. da [*shelter*].

1.fluster /ˈflʌstə(r)/ n. agitazione f., confusione f.

2.fluster /ˈflʌstə(r)/ tr. agitare, confondere; ***to get*** o ***become ~ed*** agitarsi.

flute /fluːt/ ➧ *17* **I** n. **1** MUS. flauto m. **2** ARCH. scanalatura f. **3** *(glass)* flûte m. **II** modif. [*lesson*] di flauto; [*part, case*] del flauto; [*composition*] per flauto.

fluted /ˈfluːtɪd/ agg. [*collar*] scannellato, a cannoncino; [*column, glass*] scanalato; [*flan tin*] a bordi scanalati.

flutist /ˈfluːtɪst/ ➧ *17, 27* n. AE flautista m. e f.

1.flutter /ˈflʌtə(r)/ n. **1** *(of wings)* battito m., frullio m.; *(of lashes)* battito m.; *(of leaves, papers)* (il) volteggiare; *(of flag)* sventolio m.; ***heart ~*** MED. flutter, palpitazione **2** *(stir)* ***a ~***

of un'ondata di [*excitement*]; ***to be all in*** o ***of a ~*** BE essere tutto agitato **3** BE COLLOQ. *(bet)* ***to have a ~ on the horses, on the Stock Exchange*** fare una scommessa alle corse (dei cavalli), fare delle speculazioni in borsa **4** ELETTRON. *(in sound)* flutter m. **5** AER. *(fault)* vibrazione f., sbattimento m.

2.flutter /'flʌtə(r)/ **I** tr. **1** *(beat)* battere [*wings*] **2** *(move)* agitare [*fan*]; sventolare [*handkerchief*]; ***to ~ one's eyelashes (at sb.)*** fare gli occhi dolci (a qcn.) **II** intr. **1** *(beat)* [*wings*] battere **2** *(fly rapidly)* svolazzare **3** *(move rapidly)* [*flag*] sventolare; [*clothes, curtains*] muoversi, ondeggiare; [*eyelids, lashes*] sbattere **4** *(spiral)* (anche **~ down**) [*leaves*] volteggiare **5** *(beat irregularly)* [*heart*] palpitare (**with** per); [*pulse*] battere in modo irregolare.

fluvial /'flu:vɪəl/ agg. fluviale.

flux /flʌks/ n. **1** *(uncertainty)* cambiamento m. continuo; ***to be in (a state of) ~*** essere soggetto a frequenti mutamenti **2** FIS. MED. flusso m. **3** TECN. *(for metals)* fondente m.

1.fly /flaɪ/ **I** n. **1** *(of trousers)* patta f. **2** *(of flag) (outer edge)* lembo m. estremo; *(length)* lunghezza f. **3** BE STOR. *(carriage)* carrozza f., calesse m. **II flies** n.pl. **1** *(of trousers)* patta f.sing. **2** TEATR. soffitta f.sing.

2.fly /flaɪ/ **I** tr. (pass. **flew**; p.pass. **flown**) **1** *(operate)* pilotare [*aircraft*]; fare volare [*model aircraft, kite*]; ***the pilot flew the plane to...*** il pilota portò l'aereo a... **2** *(transport by air)* trasportare (in aereo) [*person, supplies*] **3** *(cross by air)* attraversare in aereo [*ocean*] **4** *(cover by air)* [*bird, aircraft*] percorrere [*distance*] **5** *(display)* [*ship*] battere [*flag*]; ***the embassy was ~ing the German flag*** sull'ambasciata era issata la bandiera tedesca **6** FORM. *(flee)* abbandonare, lasciare [*country*] **II** intr. (pass. **flew**; p.pass. **flown**) **1** [*bird, insect, aircraft, kite*] volare (**from** da; **to** a); ***to ~ over*** o ***across sth.*** sorvolare qcs.; ***to ~ over(head)*** passare in volo; ***to ~ past the window*** passare in volo davanti alla finestra; ***to ~ into Gatwick*** atterrare a Gatwick; ***there's a mosquito ~ing around*** c'è una zanzara in giro **2** [*passenger*] volare; [*pilot*] pilotare, volare; ***to ~ from Heathrow*** decollare *o* partire da Heathrow; ***to ~ in Concorde*** volare con il Concorde; ***we ~ to Boston twice a day*** [*airline*] ci sono due voli giornalieri per Boston; ***to ~ out to*** partire in volo verso; ***to ~ home*** tornare in aereo **3** *(be propelled)* [*bullet, sparks, insults*] volare; ***a splinter flew into his eye*** una scheggia gli si conficcò nell'occhio; ***to go ~ing*** COLLOQ. [*person, object*] fare un volo; ***to send sb. ~ing*** COLLOQ. mandare qcn. a gambe all'aria; ***to ~ into a rage*** andare in collera, infuriarsi; ***to ~ into a panic*** farsi prendere dal panico **4** *(hurry)* ***I must ~!*** devo (proprio) scappare! ***to ~ past*** passare *o* superare a tutta velocità; ***to ~ in*** precipitarsi dentro **5** *(go quickly)* (anche **~ past, ~ by**) [*time, holidays*] volare, passare in fretta **6** *(flutter, wave)* [*flag, scarf*] sventolare; [*hair*] ondeggiare, volare **7** FORM. *(flee)* fuggire (**from** da) ♦ ***to ~ in the face of*** *(defy)* sfidare [*authority, danger*]; *(contradict)* essere in palese contraddizione con [*evidence*]; ***to let ~ (with)*** scoccare [*arrow*]; scaricare [*hail of bullets*]; rovesciare [*stream of abuse*]; ***to let ~ at sb.*** scagliarsi contro *o* attaccare qcn.

■ **fly away** volare via (anche FIG.).

■ **fly in:** ***~ in*** [*person*] arrivare in aereo; ***~ [sth., sb.] in, ~ in [sth., sb.]*** portare con l'aereo.

3.fly /flaɪ/ n. ZOOL. PESC. mosca f. ♦ ***to drop like flies*** cadere come mosche; ***he wouldn't hurt a ~*** non farebbe male a una mosca; ***there are no flies on her*** non si fa mettere nel sacco da nessuno.

4.fly /flaɪ/ agg. COLLOQ. **1** *(clever)* furbo, sveglio **2** AE chic.

flyaway /'flaɪəˌweɪ/ agg. [*hair*] che non sta a posto.

fly-by-night /'flaɪbaɪnaɪt/ agg. [*company*] sospetto; [*person*] inaffidabile.

flycatcher /'flaɪˌkætʃə(r)/ n. ZOOL. acchiappamosche m.

fly-drive /'flaɪdraɪv/ agg. con formula fly and drive.

flyer → **flier**.

fly-fishing /'flaɪˌfɪʃɪŋ/ ➧ **10** n. pesca f. con la mosca.

fly-half /'flaɪˌhɑ:f, AE -ˌhæf/ n. SPORT mediano m. d'apertura.

flying /'flaɪɪŋ/ **I** n. **1** *(in plane)* ***to be afraid of ~*** avere paura di volare; ***to take up ~*** cominciare a volare, imparare a pilotare **2** *(by bird, animal)* volo m.; ***adapted for ~*** atto al volo **II** modif. [*course, instructor*] di volo; [*school*] di volo, di pilotaggio; [*goggles, jacket*] da aviatore **III** agg. **1** *(able to fly)* [*insect, machine*] volante **2** *(in process of flying)* [*object, broken glass*] volante, che vola; ***to take a ~ leap*** saltare con la rincorsa ♦ ***with ~ colours*** [*come through*] brillantemente, trionfalmente.

flying boat n. idrovolante m. a scafo.

flying buttress n. arco m. rampante.

flying doctor n. = medico che visita i pazienti in zone molto distanti spostandosi con un mezzo aereo.

flying picket n. picchetto m. volante.

flying squad n. (squadra) volante f.

flying start n. SPORT partenza f. lanciata; ***to get off to a ~*** FIG. partire in quarta.

flyleaf /'flaɪli:f/ n. (pl. **-leaves**) TIP. risguardo m.

fly-on-the-wall /ˌflaɪɒnðə'wɔ:l/ agg. [*report, film*] dal vero.

flyover /'flaɪəʊvə(r)/ n. **1** BE cavalcavia m., sopraelevata f. **2** AE AER. parata f. aerea.

flypaper /'flaɪˌpeɪpə(r)/ n. carta f. moschicida.

flypast /'flaɪpɑ:st/ n. BE AER. parata f. aerea.

fly sheet n. **1** *(of tent)* telo m. esterno **2** *(handbill)* volantino m.

fly spray n. (spray) moschicida m.

fly swatter n. *(device)* acchiappamosche m.

flyweight /'flaɪweɪt/ n. *(weight)* pesi m.pl. mosca; *(boxer)* peso m. mosca.

flywheel /'flaɪwi:l, AE -hwi:l/ n. MECC. volano m.

FO → **Foreign Office**.

1.foal /fəʊl/ n. puledro m.; ***to be in ~*** [*mare*] essere pregna.

2.foal /fəʊl/ intr. [*mare*] figliare, partorire.

1.foam /fəʊm/ n. **1** *(on sea, drinks)* spuma f., schiuma f.; *(on bath)* schiuma f. **2** *(on animal)* sudore m. **3** *(from mouth)* schiuma f., bava f. **4** *(chemical)* schiuma f. **5** *(made of rubber, plastic)* gomma f. espansa, gommapiuma® f.

2.foam /fəʊm/ intr. **1** (anche **~ up**) *(froth)* [*beer, water*] spumare; [*sea*] spumeggiare; ***to ~ at the mouth*** avere la schiuma alla bocca (anche FIG.) **2** *(sweat)* [*horse*] sudare.

foam bath n. bagnoschiuma m.

foam-filled /'fəʊmˌfɪld/ agg. schiumoso, pieno di schiuma.

foam rubber n. gommapiuma® f.

foamy /'fəʊmɪ/ agg. [*sea*] spumeggiante; [*beer*] spumoso.

1.fob /fɒb/ n. **1** *(pocket)* taschino m. **2** *(watch chain)* catenella f.

2.fob /fɒb/ tr. (forma in -ing ecc. **-bb-**) ANT. imbrogliare, gabbare.

■ **fob off:** ***~ [sb.] off, ~ off [sb.]*** **1** *(palm off)* ***to ~ sb. off with sth.*** rifilare qcs. a qcn. **2** *(get rid of)* liberarsi di, sbarazzarsi di [*person*]; ***~ off [sth.]*** sottrarsi a [*attempt, enquiry*]; ***to ~ off sth. onto sb.*** rifilare qcs. a qcn.

FOB agg. e avv. (⇒ free on board franco a bordo) FOB.

FOC agg. e avv. (⇒ free of charge) = gratis.

focal /'fəʊkl/ agg. focale.

focal point n. **1** *(in optics)* fuoco m. **2** *(of village, building)* centro m. **3** *(main concern)* punto m. focale, nodo m.

foci /'fəʊsaɪ/ → **1.focus**.

fo'c'sle → **forecastle**.

1.focus /'fəʊkəs/ n. (pl. **-es, -i**) **1** *(focal point)* fuoco m.; ***in ~*** a fuoco; ***to go out of ~*** [*device*] andare fuori fuoco; [*image*] sfocarsi; ***to come into ~*** mettersi a fuoco **2** *(device on lens)* messa f. a fuoco **3** *(centre of interest)* punto m. centrale, centro m.; ***the ~ of controversy*** l'oggetto della controversia; ***to become a ~ for the press*** diventare un obiettivo della stampa **4** *(emphasis)* accento m.

2.focus /'fəʊkəs/ **I** tr. (forma in -ing ecc. **-s-, -ss-**) **1** *(direct)* focalizzare, fare convergere [*ray*] (**on** su); puntare [*eyes*] (**on** su) **2** *(adjust)* mettere a fuoco [*lens, camera*] **3** *(concentrate)* concentrare [*attention, mind*] (**on** su) **II** intr. (forma in -ing ecc. **-s-, -ss-**) **1** *(home in)* ***to ~ on*** [*rays*] convergere su; [*camera*] mettere a fuoco; [*eyes*] fissarsi su; [*attention*] fissarsi *o* concentrarsi su **2** *(concentrate)* ***to ~ on*** [*report*] concentrarsi su.

focus(s)ed /'fəʊkəst/ **I** p.pass. → **2.focus II** agg. **1** [*telescope, image*] a fuoco **2** [*person*] determinato, concentrato.

focus group n. gruppo m. di discussione.

fodder /'fɒdə(r)/ n. *(for animals)* foraggio m.

foe /fəʊ/ n. LETT. nemico m. (-a), antagonista m. e f. (anche FIG.).

FoE → **Friends of the Earth**.

foetal, **fetal** AE /'fi:tl/ agg. fetale.

foetus, **fetus** AE /ˈfiːtəs/ n. (pl. **~es**, **-i**) feto m.
1.fog /fɒg/ n. **1** METEOR. nebbia f.; ***a ~ of*** una densa nuvola di [*cigarette smoke*] **2** FOT. velo m., velatura f.
2.fog /fɒg/ tr. (forma in -ing ecc. **-gg-**) **1** (anche **~ up**) [*steam*] appannare [*glass*]; [*light*] velare [*film*] **2** FIG. *(confuse)* confondere [*issue*].
fog bank n. banco m. di nebbia.
fogbound /ˈfɒgbaʊnd/ agg. [*plane*] bloccato dalla nebbia; [*airport*] chiuso per nebbia.
fogey /ˈfəʊgɪ/ n. COLLOQ. SPREG. codino m. (-a), parruccone m. (-a).
foggy /ˈfɒgɪ/ agg. **1** METEOR. [*day, weather*] nebbioso; ***it will be ~ tomorrow*** domani ci sarà nebbia **2** FIG. [*idea, notion*] confuso; ***I haven't the foggiest idea*** COLLOQ. non ne ho la più pallida idea.
foghorn /ˈfɒghɔːn/ n. MAR. sirena f. da nebbia; ***a voice like a ~*** un vocione.
foglamp /ˈfɒgˌlæmp/, **foglight** /ˈfɒglaɪt/ n. AUT. (faro) antinebbia m., fendinebbia m.; ***rear ~*** retronebbia.
fogy → **fogey**.
foible /ˈfɔɪbl/ n. piccola mania f., fissazione f.
1.foil /fɔɪl/ n. **1** (anche **tin ~**) *(for wrapping)* (carta) stagnola f. **2** *(for gilding, backing)* ***gold ~*** foglia *o* lamina d'oro **3** *(setting)* ***to be*** o ***act as a ~ to*** o ***for*** fare risaltare, mettere in rilievo.
2.foil /fɔɪl/ tr. ostacolare, contrastare [*person*]; sventare [*plot*]; vanificare [*attempt*].
3.foil /fɔɪl/ ♦ *10* n. SPORT fioretto m.
foist /fɔɪst/ tr. ***to ~ sth. on sb.*** *(impose)* imporre qcs. a qcn.; *(off-load)* rifilare *o* appioppare qcs. a qcn.
1.fold /fəʊld/ **I** n. **1** *(crease) (in fabric, paper)* piega f.; ***the curtain hung in soft ~s*** la tenda ricadeva in morbide pieghe **2** GEOGR. avvallamento m. **3** GEOL. piega f. **II -fold** in composti ***to increase twofold, threefold*** raddoppiare, triplicare; ***the problems are threefold*** i problemi sono triplici.
2.fold /fəʊld/ **I** tr. **1** *(crease)* piegare [*paper, shirt*]; chiudere (piegando) [*chair*]; piegare, chiudere [*umbrella*]; ripiegare, chiudere [*wings*]; ***~ some newspaper around the vases*** avvolgi i vasi con fogli di giornale **2** *(intertwine)* congiungere [*hands*]; ***he ~ed his arms across his chest*** incrociò le braccia sul petto, si mise a braccia conserte **3** GASTR. *(add)* mescolare, unire, incorporare (**into** a) **II** intr. **1** [*chair*] chiudersi, essere pieghevole **2** *(fail)* [*play*] lasciare il cartellone; [*company*] chiudere i battenti; [*project*] fallire, andare in fumo; [*course*] essere annullato.
▪ **fold away:** ***~ away*** [*bed, table*] piegarsi, essere pieghevole; ***~ away [sth.], ~ [sth.] away*** piegare e mettere a posto [*clothes, linen*]; chiudere (piegando) [*chair*].
▪ **fold back:** ***~ back*** [*door, shutters*] aprirsi (**against** contro); ***~ back [sth.], ~ [sth.] back*** aprire [*shutters*]; rimboccare [*sleeve, sheet*].
▪ **fold down:** ***~ down*** [*car seat*] essere ribaltabile, abbassarsi; [*pram hood*] abbassarsi; ***~ [sth.] down, ~ down [sth.]*** ripiegare [*collar, flap*]; tirare giù [*sheets*]; abbassare [*seat, pram hood*].
▪ **fold in:** ***~ in [sth.], ~ [sth.] in*** unire, incorporare [*sugar, flour*].
▪ **fold out:** ***~ out [sth.], ~ [sth.] out*** aprire, spiegare [*map*].
▪ **fold over:** ***~ over*** sovrapporsi; ***~ [sth.] over*** (ri)piegare [*flap*].
▪ **fold up:** ***~ up*** [*chair, pram*] chiudersi, piegarsi; [*umbrella*] chiudersi; ***~ [sth.] up, ~ up [sth.]*** piegare [*newspaper*]; chiudere [*chair, umbrella*].
3.fold /fəʊld/ n. AGR. ovile m. ♦ ***to return to the ~*** tornare all'ovile.
foldaway /ˈfəʊldəweɪ/ agg. [*bed*] ribaltabile, a scomparsa; [*table*] a ribalta.
folder /ˈfəʊldə(r)/ n. **1** *(for papers)* cartella f., cartellina f. **2** *(for artwork)* cartella f. da disegno **3** *(brochure)* volantino m., dépliant m. **4** TECN. macchina f. piegafogli **5** INFORM. cartella f.
folding /ˈfəʊldɪŋ/ agg. [*bed, table, stool, umbrella*] pieghevole; [*camera*] a soffietto; [*door*] a fisarmonica, a soffietto.
folding money n. biglietti m.pl. di banca, moneta f. cartacea.
folding seat n. sedile m. ribaltabile.
folding top n. AUT. capote f.
foldout /ˈfəʊldaʊt/ n. *(in a magazine)* inserto m., pagina f. apribile, a soffietto.
foliage /ˈfəʊlɪɪdʒ/ n. fogliame m.
folio /ˈfəʊlɪəʊ/ n. *(paper)* foglio m., pagina f.; *(book)* in folio m.
folk /fəʊk/ **I** n. **1** *(people)* + verbo pl. gente f.sing.; ***old, young ~*** i vecchi, i giovani **2** MUS. + verbo sing. folk m. **II folks** n.pl. **1** COLLOQ. *(parents)* genitori m.; ***my ~s*** i miei **2** COLLOQ. *(addressing people)* ***that's all, ~s!*** COLLOQ. è tutto, gente! **III** modif. **1** *(traditional)* [*dance, music*] folcloristico, tradizionale, popolare; [*song, tale, tradition*] popolare **2** *(modern)* [*music, song, singer*] folk; [*club*] di musica folk.
folklore /ˈfəʊklɔː(r)/ n. folclore m.
folk medicine n. medicina f. popolare.
folk memory n. memoria f. collettiva.
folksy /ˈfəʊksɪ/ agg. COLLOQ. **1** *(friendly)* [*person*] alla buona **2** *(rustic)* [*clothes*] campagnolo; [*house*] rustico, di campagna.
folk wisdom n. *(knowledge)* saggezza f. popolare.
follicle /ˈfɒlɪkl/ n. ANAT. BOT. follicolo m.
follow /ˈfɒləʊ/ **I** tr. **1** *(move after)* seguire [*person, car*] (**into** in); ***to ~ sb. in*** entrare seguendo qcn.; ***he ~ed his father into politics*** si diede alla politica come suo padre; ***they'll ~ us on a later flight*** ci raggiungeranno con un volo successivo **2** *(come after)* seguire [*event, item on list*]; succedere a [*leader*]; ***I ~ed up my swim with a sauna*** dopo aver nuotato ho fatto una sauna **3** *(go along, be guided by)* seguire [*clue, path, fashion, instinct, instructions*] **4** *(support, be led by)* seguire [*teachings, example*]; praticare, professare [*religion*]; aderire a [*faith, ideas*]; essere seguace di [*person, leader*] **5** *(watch or read closely)* seguire [*sport, stock market, serial, trial*] **6** *(understand)* seguire [*explanation, reasoning*]; ***if you ~ my meaning*** se riesci a capire quello che voglio dire **7** *(practise)* esercitare, fare [*trade, profession*]; proseguire [*career*]; seguire [*way of life*] **II** intr. **1** *(move after)* seguire; ***he ~ed on his bike*** venne dietro in bicicletta; ***to ~ in sb.'s footsteps*** seguire le tracce di qcn. **2** *(come after in time)* seguire; ***there ~ed a lengthy debate*** seguì un lungo dibattito; ***there's ice cream to ~*** a seguire ci sarà del gelato; ***the results were as ~s*** i risultati furono i seguenti; ***the sum is calculated as ~s*** la somma viene calcolata come segue *o* nel seguente modo **3** *(be logical consequence)* conseguire, derivare; ***it ~s that*** ne consegue che; ***that doesn't ~*** non c'è alcun nesso; ***that ~s*** ha senso **4** *(understand)* seguire; ***I don't ~*** non capisco.
▪ **follow about**, **follow around:** ***~ [sb.] around*** seguire [qcn.] ovunque.
▪ **follow on** [*person*] seguire; ***to ~ on from*** essere la conseguenza di, derivare da.
▪ **follow out** AE ***~ out [sth.]*** seguire attentamente [*orders, advice*].
▪ **follow through:** ***~ through*** SPORT accompagnare un colpo; ***~ through [sth.], ~ [sth.] through*** portare a termine [*project*]; mettere in atto [*threat*]; portare avanti [*idea, theory*].
▪ **follow up:** ***~ up [sth.], ~ [sth.] up*** **1** *(reinforce, confirm)* sfruttare [*victory, success*] (**with** con); approfittare di [*good start*]; fare seguito a [*letter, threat*] (**with** con); ***he ~ed up with a left hook*** [*boxer*] continuò assestando un gancio sinistro **2** *(act upon, pursue)* indagare su [*story, lead*]; dare seguito a [*complaint, call, article*]; seguire [*suggestion*]; ***~ up [sb.], ~ [sb.] up*** *(maintain contact with)* seguire [*patient*].
follower /ˈfɒləʊwə(r)/ n. **1** *(of thinker, artist)* discepolo m. (-a); *(of political leader)* sostenitore m. (-trice); *(of religion, teachings, tradition)* seguace m. e f. **2** *(of sport, TV series)* appassionato m. (-a); *(of team)* tifoso m. (-a), sostenitore m. (-trice) **3** *(not a leader)* gregario m.
following /ˈfɒləʊwɪŋ/ **I** n. **1 U** *(of theorist, religion)* seguaci m.pl., seguito m.; *(of cult)* adepti m.pl.; *(of party, political figure)* sostenitori m.pl.; *(of soap opera, show)* pubblico m.; *(of sports team)* tifosi m.pl., sostenitori m.pl. **2** *(before list or explanation)* ***you will need the ~*** avrete bisogno di quel che segue; ***the ~ have been elected*** sono state elette le seguenti persone **II** agg. attrib. **1** *(next)* [*year, article, remark*] seguente, successivo **2** *(from the rear)* [*wind*] in poppa **III** prep. in seguito a, a seguito di [*incident, allegation*].
follow-my-leader /ˌfɒləʊmaɪˈliːdə(r)/ ♦ *10* n. = gioco in cui i partecipanti ripetono i gesti del capofila.

follow-on /ˌfɒləʊ'ɒn/ n. ***as a ~ from*** come conseguenza di.
follow-through /ˌfɒləʊ'θruː/ n. **1** SPORT *(of a stroke)* accompagnamento m. **2** *(completion)* esecuzione f., completamento m.
follow-up /'fɒləʊʌp/ **I** n. **1** *(film, record, single, programme)* seguito m. (**to** di) **2** *(of patient, socialwork case)* follow-up m. **II** modif. **1** *(supplementary)* [*survey, work*] = che costituisce il seguito, la prosecuzione di qualcosa; [*interview, inspection*] di controllo; [*discussion, meeting*] che segue, successivo; [*letter*] di sollecitazione **2** *(of patient, ex-inmate)* ***a ~ visit*** un follow-up; ***~ care for ex-prisoners*** assistenza per il reinserimento nella società degli ex detenuti.
folly /'fɒlɪ/ n. **1** *(madness, foolish act)* follia f., pazzia f.; ***it would be ~ to do*** sarebbe una follia fare **2** ARCH. = costruzione stravagante.
foment /fəʊ'ment/ tr. MED. fomentare (anche FIG.).
fond /fɒnd/ agg. **1** *(loving)* [*gesture, embrace*] affettuoso; [*person*] amorevole, tenero; [*eyes*] pieno di affetto; [*heart*] tenero; ***~ memories*** dolci, cari ricordi; ***"with ~est love, Julie"*** "con tutto il mio affetto, Julie" **2** *(heartfelt)* [*ambition, wish*] ardente; [*hope*] vivo **3** *(naïve)* ***in the ~ hope that*** nella vana *o* nell'infondata speranza che **4** *(partial)* ***to be ~ of sb.*** essere legato *o* affezionato a qcn.; ***to be ~ of sth.*** essere appassionato di qcs.; ***to be ~ of doing*** amare fare; ***to be very ~ of sb., sth.*** adorare qcn., qcs. **5** *(irritatingly prone)* ***to be ~ of doing*** avere il vizio di *o* la tendenza a fare.
fondant /'fɒndənt/ n. fondant m., fondente m.
fondle /'fɒndl/ tr. accarezzare.
fondly /'fɒndlɪ/ avv. **1** *(lovingly)* affettuosamente, amorevolmente, teneramente **2** *(naïvely)* ingenuamente.
fondness /'fɒndnɪs/ n. **1** *(love for person)* affetto m., amorevolezza f., tenerezza f. (**for** per, nei confronti di) **2** *(liking for thing, activity)* passione f., inclinazione f. (**for** per) **3** *(irritating penchant)* tendenza f. (**for doing** a fare); vizio m. (**for doing** di fare).
fondue /fɒn'duː/ n. GASTR. fonduta f.
1.font /fɒnt/ n. RELIG. fonte m. battesimale.
2.font /fɒnt/ n. TIP. INFORM. font m.
food /fuːd/ **I** n. **1** *(sustenance)* cibo m., nutrimento m. **2** U *(foodstuffs)* cibo m., alimenti m.pl.; ***frozen ~*** surgelati **3** U *(provisions)* provviste f.pl., scorte f.pl. **4** *(cuisine, cooking)* cucina f., cibo m.; ***is the ~ good in Japan?*** si mangia bene in Giappone? ***to be a lover of good ~*** essere un amante della buona cucina; ***he likes his ~*** gli piace mangiare, è una buona forchetta; ***to be off one's ~*** soffrire di inappetenza **5** *(fuel)* ***that's ~ for thought*** offre spunti di riflessione, fa riflettere **II** modif. [*additive*] per alimenti; [*industry, product, chain*] alimentare; [*rationing*] dei viveri; [*production, shop*] di (generi) alimentari.
food aid n. aiuti m.pl. alimentari.
Food and Drug Administration n. US = ente governativo per il controllo di alimenti e farmaci.
food mixer n. mixer m.
food parcel n. pacco m. viveri.
food poisoning n. intossicazione f. alimentare.
food processor n. robot m. da cucina.
food science n. scienza f. dell'alimentazione.
foodstuff /'fuːdstʌf/ n. derrate f.pl. alimentari, generi m.pl. alimentari.
food value n. valore m. nutritivo.
1.fool /fuːl/ n. **1** *(silly person)* sciocco m. (-a), stupido m. (-a); ***you stupid ~!*** COLLOQ. pezzo di cretino! ***I was a ~ to believe him*** sono stato uno stupido a credergli; ***to make sb. look a ~*** far fare a qcn. la figura dello scemo; ***to make a ~ of sb.*** prendersi gioco di *o* prendere in giro qcn.; ***to be ~ enough to agree*** essere abbastanza sciocco da accettare; ***she's no ~*** è tutt'altro che stupida; ***any ~ could do that*** COLLOQ. chiunque saprebbe farlo; ***to act*** o ***play the ~*** fare lo scemo **2** STOR. *(jester)* buffone m., giullare m. ♦ ***a ~ and his money are soon parted*** PROV. = le persone stupide sprecano presto il loro denaro.
2.fool /fuːl/ **I** tr. ingannare, imbrogliare; ***don't let that ~ you!*** non cascarci! ***you don't ~ me for a minute*** non ti credo neanche un po'; ***to ~ sb. into believing that*** fare credere a qcn. che; ***to ~ sb. out of*** sottrarre [qcs.] a qcn. con l'inganno [*money*]; ***to be ~ed*** farsi imbrogliare *o* beffare (**by** da); ***you really had me ~ed!*** ci ero proprio cascato! **II** intr. *(joke, tease)* scherzare, fare lo stupido ♦ ***you could have ~ed me!*** COLLOQ. a chi vuoi darla a bere!
■ **fool about, fool around** BE COLLOQ. ***~ about, around*** **1** *(waste time)* perdere tempo **2** *(act stupidly)* fare lo stupido (**with** con); ***~ around with [sb., sth.]*** gingillarsi, trastullarsi con [*gadget, toy*].
3.fool /fuːl/ n. BE GASTR. ***fruit ~*** dessert con crema alla frutta e crema pasticciera.
foolery /'fuːlərɪ/ n. stupidità f., idiozia f.
foolhardiness /'fuːlhɑːdɪnɪs/ n. temerarietà f., sconsideratezza f.
foolhardy /'fuːlhɑːdɪ/ agg. temerario, sconsiderato.
foolish /'fuːlɪʃ/ agg. **1** *(naïvely silly)* [*person*] sciocco, ingenuo **2** *(stupid)* [*grin, look*] stupido, scemo; ***to make sb. look ~*** mettere qcn. in ridicolo, fare fare a qcn. la figura dello stupido **3** *(misguided)* [*decision, question, remark*] insensato, assurdo.
foolishness /'fuːlɪʃnɪs/ n. stupidità f., follia f.
foolproof /'fuːlpruːf/ agg. **1** [*method, plan*] infallibile, sicurissimo **2** [*machine*] semplicissimo (da utilizzare).
foolscap /'fuːlzkæp/ n. BE *(paper)* carta f. formato protocollo.
1.foot /fʊt/ ♦ *2, 15* n. (pl. **feet**) **1** *(of person, horse)* piede m.; *(of rabbit, cat, dog)* zampa f.; *(of chair)* piede m.; *(of sock)* pedule m.; ***on ~*** a piedi; ***to set ~ in*** mettere piede in; ***from head to ~*** dalla testa ai piedi; ***to help sb. to their feet*** aiutare qcn. ad alzarsi; ***to be on one's feet*** essere in piedi; ***to get sb., sth. back on their, its feet*** *(after setback)* rimettere in piedi qcn., qcs.; ***bound hand and ~*** legato mani e piedi; ***my ~!*** COLLOQ. un accidente! un corno! neanche per sogno! **2** *(measurement)* piede m. (= 0,3048 m) **3** *(bottom)* *(of mountain)* piedi m.pl.; ***at the ~ of*** ai piedi di [*bed, stairs*]; alla fine di, in fondo a [*list, letter*]; a piè di [*page*] **4** *(of sewing machine)* piedino m. **5** MIL. fanteria f. ♦ ***not to put a ~ wrong*** non sbagliare un colpo; ***to be under sb.'s feet*** stare fra i piedi a qcn.; ***to be rushed off one's feet*** non avere un attimo di tregua, avere il fiato sul collo; ***to catch sb. on the wrong ~*** prendere qcn. in contropiede, cogliere qcn. in fallo; ***to cut the ground from under sb.'s feet*** fare mancare la terra sotto i piedi a qcn., spiazzare qcn.; ***to fall on one's feet*** cadere in piedi; ***to keep one's feet on the ground*** tenere i piedi *o* stare coi piedi per terra; ***to have two left feet*** = essere goffo, maldestro; ***to put one's ~ down*** COLLOQ. *(accelerate)* schiacciare l'acceleratore; *(be firm)* insistere; ***to put one's best ~ forward*** *(do one's best)* fare del proprio meglio; *(hurry)* allungare il passo, affrettarsi; ***to put one's ~ in it*** COLLOQ. fare una gaffe; ***to put one's feet up*** = rilassarsi, riposarsi; ***to stand on one's own (two) feet*** essere indipendente, camminare con le proprie gambe; ***to get off on the wrong, right ~*** partire col piede sbagliato, giusto; ***to wait on sb. hand and ~*** essere servile nei confronti di qcn.
2.foot /fʊt/ tr. ***to ~ the bill*** pagare il conto (**for** di).
footage /'fʊtɪdʒ/ n. U CINEM. metraggio m.; ***news ~*** filmati d'attualità.
foot and mouth (disease) n. afta f. epizootica.
football /'fʊtbɔːl/ ♦ *10* **I** n. **1** *(game)* BE calcio m.; AE football m. americano **2** *(ball)* BE pallone m. da calcio; AE palla f. ovale **II** modif. [*boot*] da calcio; [*match, team*] di calcio; [*pitch*] da, di calcio; [*club, season*] calcistico; AE [*uniform*] da football (americano).
football coupon n. BE schedina f. del totocalcio.
footballer /'fʊtbɔːlə(r)/ ♦ *27* n. BE giocatore m. (-trice) di calcio, calciatore m. (-trice).
football pools n.pl. BE totocalcio m.sing.
footbath /'fʊtbɑːθ/ n. pediluvio m.
foot brake n. AUT. freno m. a pedale.
footbridge /'fʊtbrɪdʒ/ n. passerella f., ponticello m. pedonale.
footfall /'fʊtfɔːl/ n. rumore m. di passi, passi m.pl.
foothills /'fʊthɪlz/ n.pl. colline f. pedemontane.
foothold /'fʊthəʊld/ n. appiglio m., punto m. d'appoggio; ***to gain a ~*** FIG. [*company*] affermarsi; [*ideology*] prendere piede; [*plant*] attecchire; [*insect*] diffondersi.
footing /'fʊtɪŋ/ n. **1** *(basis)* ***on a firm ~*** su solide basi; ***on a war ~*** sul piede di guerra; ***to be on an equal*** o ***even ~ with sb.*** essere su un piano di parità con qcn.; ***to be on a friendly ~ with***

sb. intrattenere relazioni amichevoli con qcn. 2 *(grip for feet)* ***to lose one's ~*** perdere l'equilibrio.
footlights /ˈfʊtlaɪts/ n.pl. TEATR. luci f. della ribalta.
footling /ˈfuːtlɪŋ/ agg. attrib. COLLOQ. insignificante.
footloose /ˈfʊtluːs/ agg. libero, indipendente ♦ ***~ and fancy free*** libero e senza legami.
footman /ˈfʊtmən/ n. ANT. (pl. **-men**) valletto m., lacchè m.
footmark /ˈfʊtmɑːk/ n. orma f., impronta f. (di piede).
footnote /ˈfʊtnəʊt/ n. nota f. a piè di pagina; FIG. *(additional comment)* postilla f.
foot passenger n. *(on ferry, train)* passeggero m. (senza vettura al seguito).
footpath /ˈfʊtpɑːθ, AE -pæθ/ n. *(in countryside)* sentiero m.; *(in town)* marciapiede m.
footprint /ˈfʊtprɪnt/ n. orma f., impronta f. (di piede).
footrest /ˈfʊtrest/ n. poggiapiedi m.
footsie /ˈfʊtsɪ/ n. COLLOQ. ***to play ~ with sb.*** fare piedino a qcn.
footslog /ˈfʊtslɒg/ intr. (forma in -ing ecc. **-gg-**) COLLOQ. marciare, scarpinare.
footsore /ˈfʊtsɔː(r)/ agg. ***to be ~*** avere male ai piedi.
footstep /ˈfʊtstep/ n. passo m. ♦ ***to follow in sb.'s ~s*** seguire le orme di qcn.
footstool /ˈfʊtstuːl/ n. poggiapiedi m.
foot-warmer /ˈfʊtˌwɔːmə(r)/ n. scaldino m., scaldapiedi m.
footwear /ˈfʊtweə(r)/ n. **U** calzature f.pl.
footwell /ˈfʊtwel/ n. AUT. pozzetto m.
footwork /ˈfʊtwɜːk/ n. SPORT lavoro m., gioco m. di gambe.
footy /ˈfʊtɪ/ n. COLLOQ. calcio m., pallone m.
fop /fɒp/ n. SPREG. bellimbusto m., damerino m.
foppish /ˈfɒpɪʃ/ agg. SPREG. [*person*] affettato, vanitoso; [*clothes*] frivolo.
for /*forma debole* fə(r), *forma forte* fɔː(r)/ For often appears in English after a verb (*ask for, hope for, look for* etc.) or an adjective (*sorry for, ready for, useful for*): for translations, consult the appropriate entry (**ask**, **hope**, **look**, **sorry**, **ready**, **useful** etc.). - For further uses of *for*, see the entry below. **I** prep. **1** *(intended to belong to or be used by)* per; ***who are the flowers ~?*** per chi sono i fiori? ***to buy sth. ~ sb.*** comprare qcs. per *o* a qcn.; ***a club ~ young people*** un locale per i giovani **2** *(intended to help or benefit)* per; ***to do sth. ~ sb.*** fare qcs. per qcn.; ***let me carry it ~ you*** lascia che te lo porti io; ***he cooked dinner ~ us*** ci preparò la cena **3** *(indicating purpose)* a, per; ***what's it ~?*** a che serve? ***it's ~ removing stains*** serve a smacchiare; ***"I need it" - "what ~?"*** "mi serve" - "per farne cosa?"; ***what did you say that ~?*** perché l'hai detto? ***to do sth. ~ a laugh*** fare qcs. (tanto) per ridere; ***to go ~ a swim*** andare a fare una nuotata; ***a cure ~ Aids*** una cura contro l'AIDS; ***I sent it away ~ cleaning*** l'ho mandato a lavare; ***the idea was ~ you to work it out yourself*** l'idea era che tu lo risolvessi da solo **4** *(as representative, member, employee of)* ***to work ~ a company*** lavorare per una ditta; ***the MP ~ Oxford*** il deputato eletto a Oxford; ***Minister ~ Foreign Affairs*** Ministro degli Affari Esteri **5** *(indicating cause or reason)* per; ***the reason ~ doing*** la ragione per fare; ***~ this reason, I'd rather...*** per questo motivo, preferirei...; ***grounds ~ divorce*** motivi di divorzio; ***to jump ~ joy*** saltare di gioia; ***if it weren't ~ her...*** se non fosse per lei, ...; ***she is annoyed with me ~ contradicting her*** è seccata con me perché l'ho contraddetta **6** *(indicating consequence)* perché; ***it's too cold ~ her to go out*** fa troppo freddo perché esca; ***there's not enough time ~ us to have a drink*** non c'è abbastanza tempo per bere qualcosa **7** *(indicating person's attitude)* per; ***to be easy ~ sb. to do*** essere semplice per qcn. fare; ***the film was too earnest ~ me*** il film era troppo serio per me; ***living in London is not ~ me*** vivere a Londra non fa per me **8** *(stressing particular feature)* per; ***~ further information write to...*** per ulteriori informazioni, scrivere a...; ***~ efficiency, there is no better system*** quanto a efficienza, non esiste sistema migliore **9** *(considering)* per; ***she is mature ~ her age*** è matura per l'età che ha; ***she's very young ~ a doctor*** è molto giovane per essere un medico **10** *(towards)* per, verso; ***to have respect ~ sb.*** provare rispetto per qcn. **11** *(on behalf of)* per; ***to be pleased ~ sb.*** essere felice per qcn.; ***say hello to him ~ me*** salutalo per me; ***I can't do it ~ you*** non posso farlo al posto tuo; ***let her answer ~ herself*** lascia che risponda da sola; ***I speak ~ everyone here*** parlo a nome di tutti i presenti **12** *(as regards)* ***he's a great one ~ jokes*** è bravissimo a raccontare le barzellette; ***to be all right ~ money*** non avere problemi di denaro **13** *(indicating duration) (taking account of past events)* ***this is the best show I've seen ~ years*** sono anni che non vedo uno spettacolo così bello; ***we've been together ~ 2 years*** stiamo insieme da due anni; *(stressing expected duration)* ***she's off to Paris ~ the weekend*** va a Parigi per il fine settimana; ***will he be away ~ long?*** starà via a lungo? *(stressing actual duration)* ***I was in Paris ~ 2 weeks*** rimasi a Parigi per due settimane; ***to last ~ hours*** durare per ore **14** *(indicating deadline, scheduled time)* per; ***the car won't be ready ~ another 6 weeks*** la macchina non sarà pronta per altre sei settimane; ***you don't have to decide ~ a week yet*** hai ancora una settimana di tempo per decidere; ***that's all ~ now*** è tutto per ora; ***I have an appointment ~ 4 pm*** ho un appuntamento per le 16; ***it's time ~ bed*** è ora di andare a dormire **15** *(on the occasion of)* per; ***invited ~ Easter*** invitati per Pasqua **16** *(indicating distance)* per; ***to drive ~ miles*** guidare per miglia; ***the last shop ~ 30 miles*** l'ultimo negozio per le prossime 30 miglia **17** *(indicating destination)* per; ***a ticket ~ Dublin*** un biglietto per Dublino; ***to leave ~ work*** andare a lavorare *o* al lavoro **18** *(indicating cost, value)* per; ***it was sold ~ £ 100*** è stato venduto per 100 sterline; ***I wouldn't do it ~ anything!*** non lo farei per nulla al mondo! ***a cheque ~ £ 20*** un assegno di 20 sterline **19** *(in favour, support of)* ***to be ~*** essere per, a favore di [*peace, divorce, reunification*]; ***to be all ~ it*** essere pienamente favorevole, approvare; ***who's ~ a game of football?*** chi vuole fare una partita di calcio? ***the argument ~ recycling*** le ragioni in favore del riciclaggio; ***there's no evidence ~ that*** non ci sono prove a favore **20** *(stressing appropriateness)* ***she's the person ~ the job*** è la persona giusta per il lavoro; ***that's ~ us to decide*** tocca *o* spetta a noi decidere **21** *(indicating availability)* ***~ sale*** in vendita, vendesi **22** *(as part of ratio)* ***one teacher ~ five pupils*** un insegnante ogni cinque alunni **23** *(equivalent to)* ***T ~ Tom*** T come Tom; ***what's the Italian ~ "boot"?*** come si dice "boot" in italiano? ***the technical term ~ it is "chloasma"*** il termine tecnico corrispondente è "cloasma" **24** *(in explanations)* ***~ one thing... and ~ another...*** in primo luogo... e in secondo luogo...; ***~ that matter*** in quanto a ciò, quanto a questo; ***I, ~ one, agree with her*** per quanto mi riguarda, sono d'accordo con lei **25** *(when introducing clauses)* ***it would be unwise ~ us to generalize*** sarebbe imprudente da parte nostra generalizzare; ***the best thing would be ~ them to leave*** la cosa migliore sarebbe che se ne andassero; ***there's no need ~ people to get upset*** non c'è di che turbarsi **II** cong. FORM. poiché, dal momento che ♦ ***oh ~ a nice hot bath!*** se potessi farmi un bel bagno caldo! ***I'll be (in) ~ it if...*** BE COLLOQ. finirò nei guai se...; ***that's adolescents ~ you!*** è proprio tipico degli adolescenti! cosa altro aspettarsi dagli adolescenti! ***there's gratitude ~ you!*** è così che mi sei riconoscente!
FOR agg. e avv. (⇒ free on rail) = franco ferrovia.
fora /ˈfɔːrə/ → **forum**.
1.forage /ˈfɒrɪdʒ, AE ˈfɔːr-/ n. **1** *(animal feed)* foraggio m. **2** *(search)* ***to go on a ~ for*** andare in cerca di [*food, wood*].
2.forage /ˈfɒrɪdʒ, AE ˈfɔːr-/ **I** tr. foraggiare [*animals*] **II** intr. ***to ~ (about*** o ***around) for*** rovistare in cerca di.
foray /ˈfɒreɪ, AE ˈfɔːreɪ/ n. **1** *(first venture)* ***to make a ~ into*** fare un tentativo di affermarsi in [*politics, acting, sport*] **2** MIL. *(raid)* incursione f., scorreria f. (**into** in).
forbad(e) /fɔːˈbæd, AE fəˈbeɪd/ pass. → **forbid**.
forbear /fɔːˈbeə(r)/ intr. (pass. **forbore**; p.pass. **forborne**) FORM. astenersi (**from sth.** da qcs.; **from doing**, **to do** dal fare).
forbearance /fɔːˈbeərəns/ n. FORM. indulgenza f., tolleranza f.
forbearing /fɔːˈbeərɪŋ/ agg. FORM. indulgente, tollerante.
forbears → **forebears**.
forbid /fəˈbɪd/ tr. (forma in -ing ecc. **-dd-**; pass. **forbad(e)**; p.pass. **forbidden**) **1** *(disallow)* proibire, vietare; ***~ sb. to do*** proibire a qcn. di fare; ***~ sb. sth.*** proibire qcs. a qcn. **2** *(prevent, preclude)* impedire; ***God ~!*** Dio scampi *o* me ne guardi! ***God ~ she should do that!*** Dio non voglia che lo faccia!

forbidden /fə'bɪdn/ **I** p.pass. → **forbid** **II** agg. [*place*] vietato; [*fruit*] proibito; [*subject*] tabù; ***he is ~ to do*** gli è proibito fare; ***smoking is ~*** è vietato fumare.
forbidding /fə'bɪdɪŋ/ agg. [*edifice*] minaccioso; [*landscape*] inospitale, ostile; [*expression*] arcigno, torvo.
forbore /fɔː'bɔː(r)/ pass. → **forbear**.
forborne /fɔː'bɔːn/ p.pass. → **forbear**.
1.force /fɔːs/ **I** n. **1** *(physical strength, impact) (of blow, collision)* forza f., violenza f.; *(of fall)* impatto m.; ***I hit him with all the ~ I could muster*** lo colpii con tutte le mie forze **2** *(physical means)* forza f. (anche MIL.); ***by ~*** a forza; ***by ~ of arms ~*** ricorrendo alla forza (militare) **3** FIG. *(of intellect, memory, logic, etc.)* forza f.; ***from ~ of habit, of circumstance*** per forza d'abitudine, per cause di forza maggiore **4** *(influence)* forza f.; ***a world ~*** una potenza mondiale **5** U *(organized group)* forze f.pl.; ***peacekeeping ~*** forza di pace **6** *(police)* (anche **Force**) ***the ~*** la polizia **7** FIS. forza f.; ***~ of gravity*** forza di gravità **8** METEOR. ***a ~ 10 gale*** un vento forza 10 **9** **in force** *(in large numbers, strength)* in forze; *(effective)* [*law, prices, ban*] in vigore **II** **forces** n.pl. MIL. (anche **armed ~s**) ***the ~s*** le forze armate.
2.force /fɔːs/ **I** tr. **1** *(compel, oblige)* forzare, obbligare, costringere (**to do** a fare); ***he ~d his voice to remain calm*** si sforzò di mantenere un tono di voce calmo; ***the earthquake ~d the evacuation of hundreds of residents*** il terremoto costrinse centinaia di residenti a evacuare **2** *(push, thrust)* ***to ~ one's way through [sth.]*** farsi largo fra [*crowd*]; aprirsi un varco in [*jungle*]; ***to ~ sb. up against sth.*** spingere qcn. contro qcs.; ***she ~d him to his knees*** lo costrinse a inginocchiarsi **3** *(apply great pressure to)* forzare [*door, lock, safe*]; sforzare [*screw*]; ***to ~ an entry*** DIR. entrare con la forza **4** AGR. *(speed up growth)* forzare la crescita di [*plant*]; ingrassare, mettere all'ingrasso [*animal*] **II** rifl. **1** *(push oneself)* ***to ~ oneself*** sforzarsi (**to do** di fare) **2** *(impose oneself)* ***I wouldn't want to ~ myself on you*** non vorrei importi la mia presenza ♦ ***to ~ sb.'s hand*** forzare la mano a qcn.
■ **force back:** ***~ [sth.] back, ~ back [sth.]*** **1** respingere [*crowd, army*] **2** FIG. trattenere [*tears, emotion*].
■ **force down:** ***~ [sth.] down, ~ down [sth.]*** **1** *(cause to land)* costringere all'atterraggio [*aircraft*] **2** *(eat reluctantly)* mandare giù, ingoiare [*food*]; ***to ~ sth. down sb.*** costringere qcn. a mangiare qcs. **3** ECON. *(reduce)* fare calare, ridurre [*prices, wages, profits, inflation*]; fare calare [*unemployment*] **4** *(squash down)* schiacciare, pigiare [*contents, objects*].
■ **force in:** ***~ [sth.] in, ~ in [sth.]*** fare entrare (con la forza); *(into small opening)* inserire, fare passare (a forza).
■ **force on:** ***~ [sth.] on sb.*** imporre [qcs.] a qcn.; ***the decision was ~d on him*** fu obbligato ad accettare la decisione.
■ **force open:** ***~ [sth.] open, ~ open [sth.]*** forzare [*door, window, box, safe*].
■ **force out:** ***~ [sth.] out, ~ out [sth.]*** *(by physical means)* costringere a uscire [*enemy, object*]; fare uscire, togliere [*cork*]; ***to ~ one's way out (of sth.)*** trovare una via di fuga (da qcs.); ***to ~ [sth.] out of sb.*** strappare a qcn. [*information, apology, smile*]; estorcere *o* strappare a qcn. [*confession*]; ***the injury ~d him out of the game*** l'infortunio lo costrinse ad abbandonare la partita.
■ **force through:** ***~ [sth.] through, ~ through [sth.]*** fare pressione per fare approvare [*legislation, measures*].
■ **force up:** ***~ [sth.] up, ~ up [sth.]*** [*crisis, situation*] fare salire, fare crescere [*prices, demand, unemployment*]; [*company*] fare aumentare [*output, exchange rate*].
forced /fɔːst/ **I** p.pass. → **2.force** **II** agg. **1** *(false)* [*smile, interpretation*] forzato; [*conversation*] innaturale, di circostanza **2** *(imposed)* [*labour, saving, landing*] forzato; [*currency*] forzoso; [*wedding*] riparatore **3** AGR. [*plant*] forzato.
force-feed /'fɔːsfiːd/ tr. (pass., p.pass. **force-fed**) ingozzare, sottoporre ad alimentazione forzata [*animal*] (**on, with** con); alimentare artificialmente [*person*] (**on, with** con).
forceful /'fɔːsfl/ agg. [*person*] forte (di carattere), energico; [*character*] forte, deciso; [*attack*] energico; [*speech*] efficace, convincente, vibrato.
forcefulness /'fɔːsfəlnɪs/ n. forza f., energia f., efficacia f.
forceps /'fɔːseps/ n. (pl. ~) forcipe m.
forcible /'fɔːsəbl/ agg. **1** [*repatriation, removal*] forzato; ***~ eviction*** sfratto giudiziario **2** [*speech, argument*] convincente.
forcibly /'fɔːsəblɪ/ avv. [*restrain, repatriate*] a forza.
forcing house n. AGR. serra f.; FIG. vivaio m.
1.ford /fɔːd/ n. guado m.
2.ford /fɔːd/ tr. guadare [*river*].
fore /fɔː(r)/ **I** agg. **1** anteriore, davanti **2** MAR. di prua **II** n. ***to the ~*** nella parte anteriore, davanti; FIG. ***to come to the ~*** [*person*] venire alla ribalta; [*issue*] diventare di attualità; [*quality*] emergere, spiccare; [*team, party, competitor*] farsi avanti, mettersi in evidenza.
forearm /fɔːr'ɑːm/ ♦ *2* n. avambraccio m.
forebears /'fɔːbeəz/ n.pl. FORM. progenitori m., antenati m.
foreboding /fɔː'bəʊdɪŋ/ n. presentimento m., presagio m.; ***to have ~s about sth.*** avere il presentimento di qcs.
1.forecast /'fɔːkɑːst, AE -kæst/ n. **1** (anche **weather ~**) previsioni f.pl. del tempo; ***the ~ is for rain*** è prevista pioggia **2** COMM. ECON. previsione f. **3** *(in horseracing)* ***a (racing) ~*** un pronostico (su una corsa) **4** *(outlook)* prospettive f.pl.
2.forecast /'fɔːkɑːst, AE -kæst/ tr. (pass., p.pass. **-cast**) predire, prevedere, pronosticare (**that** che); ***sunshine is forecast for tomorrow*** per domani è previsto bel tempo; ***investment is forecast to fall*** è previsto un calo degli investimenti.
forecaster /'fɔːkɑːstə(r), AE -kæst-/ n. **1** *(of weather)* meteorologo m. (-a) **2** *(economic)* esperto m. (-a) di previsioni economiche **3** SPORT = chi fa pronostici.
forecastle /'fəʊksl/ n. castello m. di prua.
foreclose /fɔː'kləʊz/ **I** tr. FORM. **1** ECON. DIR. precludere la facoltà di riscattare [*mortgage, loan*] **2** *(remove)* precludere, escludere [*possibility*] **II** intr. ***to ~ on a mortgage*** precludere *o* escludere la facoltà di riscattare un'ipoteca.
forecourt /'fɔːkɔːt/ n. **1** BE *(of hypermarket, station)* piazzale m.; *(of garage)* area f. di rifornimento **2** *(of church)* sagrato m.; *(of castle)* corte f., cortile m.
forefathers /'fɔːfɑːðəz/ n.pl. antenati m., progenitori m.
forefinger /'fɔːfɪŋgə(r)/ ♦ *2* n. (dito) indice m.
forefoot /'fɔːfʊt/ n. (pl. **-feet**) zampa f. anteriore.
forefront /'fɔːfrʌnt/ n. ***at*** o ***in the ~ of*** all'avanguardia in [*change, research*]; in prima linea in [*campaign, struggle, debate*]; ***it's in the ~ of my mind*** è in cima ai miei pensieri.
forego → **forgo**.
foregoing /'fɔːgəʊɪŋ/ **I** agg. precedente, suddetto **II** n. ***the ~*** FORM. ciò che precede.
foregone /'fɔːgɒn, AE -'gɔːn/ agg. [*conclusion*] scontato.
foreground /'fɔːgraʊnd/ n. primo piano m.
forehand /'fɔːhænd/ n. SPORT diritto m.
forehead /'fɒrɪd, 'fɔːhed, AE 'fɔːrɪd/ ♦ *2* n. fronte f.
foreign /'fɒrən, AE 'fɔːr-/ agg. **1** [*country, trade, market, policy*] estero; [*travel*] all'estero; [*imports*] dall'estero **2** *(alien, unknown)* [*concept*] estraneo (**to** a).
foreign affairs n.pl. affari m. esteri.
Foreign and Commonwealth Office n. GB = ministero degli esteri (e per i rapporti con i paesi del Commonwealth).
foreign body n. corpo m. estraneo.
foreign correspondent ♦ *27* n. corrispondente m. e f. dall'estero, inviato m. (-a) all'estero.
foreigner /'fɒrənə(r)/ n. straniero m. (-a), forestiero m. (-a).
foreign exchange dealer ♦ *27* n. cambista m. e f., cambiavalute m. e f.
foreign exchange market n. mercato m. dei cambi.
foreign legion n. legione f. straniera.
foreign minister n. ministro m. degli esteri.
Foreign Office n. GB = fino al 1968, denominazione del ministero degli esteri britannico.
foreign secretary n. GB → **foreign minister**.
foreknowledge /ˌfɔː'nɒlɪdʒ/ n. U FORM. ***to have ~ of*** prevedere [*disaster*].
foreleg /'fɔːleg/ n. zampa f. anteriore.
forelock /'fɔːlɒk/ n. *(of person, horse)* ciuffo m.
foreman /'fɔːmən/ ♦ *27* n. (pl. **-men**) **1** *(supervisor)* caposquadra m. **2** DIR. capo m. dei giurati.
foremost /'fɔːməʊst/ **I** agg. primo, principale; ***we have many problems, ~ among these are...*** abbiamo molti problemi, tra cui i principali sono... **II** avv. ***first and ~*** anzitutto.
forename /'fɔːneɪm/ n. nome m. (di battesimo).
forensic /fə'rensɪk, AE -zɪk/ agg. **1** *(in crime detection)* ***~ tests*** perizia medico-legale; ***~ evidence*** risultati della perizia

medico-legale **2** FORM. *(in debate)* [*skill, eloquence, attack*] forense.

forensic medicine, **forensic science** n. medicina f. legale e delle assicurazioni.

forensics /fəˈrensɪks, AE -zɪks/ n. + verbo sing. o pl. AE *(public speaking)* (arte) oratoria f.

forensic scientist ♦ *27* n. medico m. legale.

foreordain /ˌfɔːrɔːˈdeɪn/ tr. *(predestine)* predestinare.

foreplay /ˈfɔːpleɪ/ n. **U** *(of sexual intercourse)* preliminari m.pl.

forerunner /ˈfɔːrʌnə(r)/ n. **1** *(predecessor) (person)* precursore m., antesignano m. (-a); *(institution, invention, model)* antenato m. **2** *(sign)* presagio m., indizio m., sintomo m.

foresee /fɔːˈsiː/ tr. (pass. **-saw**; p.pass. **-seen**) prevedere.

foreseeable /fɔːˈsiːəbl/ agg. prevedibile (**that** che); ***for the ~ future*** in un futuro immediato.

foreseen /fɔːˈsiːn/ p.pass. → **foresee**.

foreshadow /fɔːˈʃædəʊ/ tr. presagire.

foreshore /ˈfɔːʃɔː(r)/ n. battigia f.

foreshorten /fɔːˈʃɔːtn/ tr. ART. scorciare; FIG. accorciare, ridurre.

foresight /ˈfɔːsaɪt/ n. previsione f. (**to do** di fare).

foreskin /ˈfɔːskɪn/ n. ANAT. prepuzio m.

forest /ˈfɒrɪst, AE ˈfɔːr-/ n. foresta f., bosco m.

forestall /fɔːˈstɔːl/ tr. prevenire [*event, person*].

forest decline n. riduzione f. delle foreste.

forester /ˈfɒrɪstə(r), AE ˈfɔːr-/ ♦ *27* n. guardia f. forestale, guardaboschi m. e f.

forest fire n. incendio m. boschivo.

forest ranger ♦ *27* n. AE guardia f. forestale.

forestry /ˈfɒrɪstrɪ, AE ˈfɔːr-/ n. selvicoltura f., silvicoltura f.

Forestry Commission n. GB = ente forestale britannico.

foretaste /ˈfɔːteɪst/ n. assaggio m.

foretell /fɔːˈtel/ tr. (pass., p.pass. **-told**) predire (**that** che).

forethought /ˈfɔːθɔːt/ n. **U** premeditazione f.

foretold /fɔːˈtəʊld/ pass., p.pass. → **foretell**.

forever /fəˈrevə(r)/ avv. **1** (anche **for ever**) per sempre; ***it can't go on*** o ***last ~*** [*situation, success*] non può durare per sempre *o* in eterno; ***~ after(wards)*** per sempre; ***the desert seemed to go on ~*** sembrava che il deserto non finisse più **2** *(persistently)* ***to be ~ doing sth.*** fare qcs. in continuazione **3** COLLOQ. (anche **for ever**) *(ages)* ***to take ~*** [*task*] non finire più; [*person*] metterci una vita (**to do** a fare); ***it seemed to go on ~*** [*pain, noise*] sembrava che non dovesse più finire **4** *(always)* sempre; ***~ on the brink of doing*** sempre sul punto di fare.

forevermore /fəˌrevəˈmɔː(r)/ avv. per sempre, in eterno.

forewarn /fɔːˈwɔːn/ tr. preavvisare, preavvertire (**of** di; **that** che) ♦ ***~ed is forearmed*** PROV. uomo avvisato mezzo salvato.

foreword /ˈfɔːwɜːd/ n. prefazione f., introduzione f.

1.forfeit /ˈfɔːfɪt/ **I** n. **1** *(action, process)* confisca f. **2** *(sum, token)* pegno m. **3** *(in game)* pegno m., penitenza f. **4** DIR. COMM. *(fine)* ammenda f., multa f.; *(for breach of contract)* penale f. **II** agg. ***to be ~*** FORM. [*property*] essere confiscato (**to** a).

2.forfeit /ˈfɔːfɪt/ tr. **1** *(under duress)* perdere, essere privato di [*right, liberty*] **2** *(voluntarily)* rinunciare a [*right*] **3** DIR. COMM. dover pagare [*sum*].

forfeitable /ˈfɔːfɪtəbl/ agg. confiscabile.

forfeiter /ˈfɔːfɪtə(r)/ n. DIR. = chi perde qualcosa per confisca.

forfeiture /ˈfɔːfɪtʃə(r)/ n. DIR. *(of property)* confisca f.; *(of right)* decadenza f.

forgave /fəˈgeɪv/ pass. → **forgive**.

1.forge /fɔːdʒ/ n. forgia f.

2.forge /fɔːdʒ/ tr. **1** forgiare, fucinare [*metal*] **2** *(fake, alter)* contraffare, falsificare [*signature, banknotes*]; falsificare [*will*]; ***to ~ a painting*** fare un falso **3** *(establish)* formare [*alliance*]; creare [*identity, link*].

3.forge /fɔːdʒ/ intr. ***to ~ ahead*** avanzare con decisione; FIG. [*industry*] essere in pieno sviluppo, fare notevoli progressi; ***to ~ ahead with*** procedere spedito in [*plan*].

forger /ˈfɔːdʒə(r)/ n. *(of documents)* contraffattore m. (-trice); *(of artefacts, money)* falsario m. (-a).

forgery /ˈfɔːdʒərɪ/ n. **1** *(of document, work of art, banknotes)* falsificazione f. **2** *(fake item) (signature)* firma f. falsa; *(banknote)* soldi m.pl. falsi; *(picture, document)* falso m.

forget /fəˈget/ **I** tr. (forma in -ing **-tt-**; pass. **-got**; p.pass. **-gotten**) **1** *(not remember)* dimenticare, scordare, non ricordare [*date, number, appointment*]; ***to ~ to do*** dimenticare di fare; ***to ~ how*** dimenticare come; ***~ it!*** *(no way)* dimenticatelo! *(drop the subject)* lascia perdere! *(think nothing of it)* non pensarci! **2** *(put aside)* dimenticare [*past, quarrel*]; ***she'll never let me ~ it*** me lo ricorderà sempre **3** *(leave behind)* dimenticare (anche FIG.) **II** intr. (forma in -ing **-tt-**; pass. **-got**; p.pass. **-gotten**) dimenticarsi, scordarsi, non ricordarsi **III** rifl. (forma in -ing **-tt-**; pass. **-got**; p.pass. **-gotten**) ***to ~ oneself*** perdere le staffe.

■ **forget about:** ***~ about [sth., sb.]*** *(overlook)* dimenticarsi di.

forgetful /fəˈgetfl/ agg. **1** *(absent-minded)* smemorato; ***to become ~*** cominciare a perdere la memoria **2** *(negligent)* ***~ of the danger, she...*** noncurante del pericolo, lei...; ***to be ~ of one's duties*** essere dimentico dei propri doveri.

forgetfulness /fəˈgetflnɪs/ n. **1** *(absent-mindedness)* smemorataggine f. **2** *(carelessness)* noncuranza f.

forget-me-not /fəˈgetmɪˌnɒt/ n. nontiscordardimé m.

forgettable /fəˈgetəbl/ agg. [*day, fact*] poco memorabile; [*film, writer*] dimenticabile.

forgivable /fəˈgɪvəbl/ agg. perdonabile.

forgive /fəˈgɪv/ tr. (pass. **-gave**; p.pass. **-given**) perdonare [*person, act*]; condonare [*debt*]; ***to ~ sb. sth.*** perdonare qcs. a qcn.; ***to ~ sb. for doing*** perdonare a qcn. d'aver fatto; ***he could be forgiven for believing her*** non gli si può fare una colpa di averle creduto.

forgiveness /fəˈgɪvnɪs/ n. **1** *(for action, crime)* perdono m. **2** *(of debt)* condono m. **3** *(willingness to forgive)* indulgenza f., clemenza f.

forgiving /fəˈgɪvɪŋ/ agg. [*person*] clemente, indulgente; [*climate*] clemente.

forgo /fɔːˈgəʊ/ tr. (pass. **-went**; p.pass. **-gone**) rinunciare a.

forgot /fəˈgɒt/ pass. → **forget**.

forgotten /fəˈgɒtn/ p.pass. → **forget**.

1.fork /fɔːk/ n. **1** *(for eating)* forchetta f. **2** *(tool)* forca f., forcone m. **3** *(in tree, river, railway)* biforcazione f.; *(in road)* biforcazione f., bivio m.; *(on bicycle)* forcella f. **4** *(in chess)* forchetta f.

2.fork /fɔːk/ **I** tr. inforcare [*hay*]; smuovere con la forca [*manure*] **II** intr. (anche **~ off**) [*road, river*] biforcarsi; [*driver*] girare, svoltare.

■ **fork out** COLLOQ. pagare, sborsare.

■ **fork over:** ***~ [sth.] over, ~ over [sth.]*** smuovere (con la forca) [*manure*]; voltare (con la forca) [*hay*].

forked /fɔːkt/ **I** p.pass. → **2.fork** **II** agg. [*branch, tongue*] biforcuto.

forked lightning n. **U** = fulmine biforcato o a zigzag.

forklift truck /ˌfɔːklɪftˈtrʌk/ n. BE carrello m. elevatore.

fork spanner n. chiave f. a forcella.

forlorn /fəˈlɔːn/ agg. **1** *(sad)* [*appearance*] misero; [*landscape*] desolato; [*sight*] triste **2** *(desperate)* [*attempt*] disperato, vano.

1.form /fɔːm/ n. **1** *(kind, manifestation)* forma f.; *(of taxation)* sistema m.; ***in the ~ of*** sotto forma di; ***he won't touch alcohol in any ~*** non beve nessun tipo di alcolico **2** *(document)* modulo m., formulario m. **3** *(shape)* forma f., aspetto m. **4** *(of athlete, horse)* forma f., condizioni f.pl. fisiche; ***in good ~*** in piena forma; ***to return to ~*** ritrovare la forma **5** LETTER. ART. *(structure)* forma f.; *(genre)* genere m.; ***~ and content*** forma e contenuto **6** *(etiquette)* ***it is bad ~*** non sta bene, non è educato; ***as a matter of ~*** pro forma, per pura formalità **7** BE SCOL. classe f.; ***in the first ~*** in prima **8** *(set of words)* formula f. **9** LING. forma f.; ***in question ~*** in forma interrogativa **10** *(bench)* panca f., banco m.

2.form /fɔːm/ **I** tr. **1** *(organize or create, constitute)* formare [*queue, circle*]; formare, costituire [*club, alliance, government, band*]; allacciare [*friendship, relationship*]; formare [*sentence, tense*]; ***to ~ part of*** fare parte di; ***to ~ the basis of*** costituire le basi di **2** *(conceive)* farsi [*impression, opinion*]; nutrire [*admiration*] **3** *(mould)* formare [*pupil*]; formare, sviluppare [*personality, ideas*]; ***tastes ~ed by television*** gusti indotti dalla televisione **II** intr. formarsi.

■ **form into:** ***~ into [sth.]*** [*people*] formare [*groups*]; ***to ~ sth. into*** organizzare qcs. in [*paragraphs*]; mettere qcs. in [*circle*]; disporre *o* dividere qcs. in [*groups*].

formal /ˈfɔːml/ agg. **1** *(official)* [*agreement, complaint, enquiry, invitation*] formale, ufficiale **2** *(not casual)* [*language, manner*] formale; [*occasion*] formale, solenne; [*clothing*] da cerimonia **3** *(structured)* [*logic, linguistics*] formale **4** *(in recognized institution)* [*training*] professionale; [*qualification*] riconosciuto **5** LETTER. ART. formale.

formal dress n. abito m. da cerimonia; MIL. alta uniforme f.

formal garden n. giardino m. all'italiana.

formalin /ˈfɔːməlɪn/ n. formalina f.

formalism /ˈfɔːməlɪzəm/ n. formalismo m.

formalist /ˈfɔːməlɪst/ **I** agg. formalistico **II** n. formalista m. e f.

formality /fɔːˈmæləti/ n. **1** *(legal or social convention)* formalità f. **2** *(formal nature) (of language, manner)* formalità f.; *(of dress)* eleganza f. formale.

formalize /ˈfɔːməlaɪz/ tr. formalizzare.

formally /ˈfɔːməlɪ/ avv. **1** *(officially)* [*accuse, declare, recognize*] formalmente **2** *(not casually)* [*speak, dress, celebrate*] in modo formale.

1.format /ˈfɔːmæt/ n. **1** *(of book, product)* formato m.; *(of musical group)* formazione f. **2** TELEV. RAD. format m. **3** INFORM. formato m.

2.format /ˈfɔːmæt/ tr. (forma in -ing ecc. **-tt-**) formattare.

formation /fɔːˈmeɪʃn/ n. **1** *(creation)* formazione f.; *(of relationship)* nascita f. **2** *(shape, arrangement)* formazione f. (anche MIL. GEOL.).

formative /ˈfɔːmətɪv/ agg. formativo (anche LING.).

formatting /ˈfɔːmætɪŋ/ n. formattazione f.

1.former /ˈfɔːmə(r)/ **I** agg. **1** *(earlier)* [*era, life, size, state*] precedente; ***to restore sth. to its ~ glory*** restituire a qcs. il suo splendore originale; ***of ~ days*** o ***times*** di una volta, d'altri tempi; ***he's a shadow of his ~ self*** non è più lo stesso *o* quello di prima **2** *(no longer)* ***~ husband*** ex marito **3** *(first of two)* [*proposal, course, method*] primo, precedente **II** n. ***the ~*** *(the first of two)* il primo.

2.former /ˈfɔːmə(r)/ agg. **-former** in composti BE SCOL. ***fourth~*** studente del quarto anno.

formerly /ˈfɔːməlɪ/ avv. **1** *(in earlier times)* precedentemente, anteriormente **2** *(no longer)* un tempo, una volta, in passato; ***Mrs Vincent, ~ Miss Martin*** la signora Vincent, da nubile signorina Martin.

formic /ˈfɔːmɪk/ agg. formico.

Formica® /fɔːˈmaɪkə/ n. formica® f.

formidable /ˈfɔːmɪdəbl, fɔːˈmɪd-/ agg. formidabile, spaventoso.

formless /ˈfɔːmlɪs/ agg. [*mass*] informe; [*novel*] privo di struttura.

form of address n. modo m. di rivolgersi; ***what is the correct ~ for a bishop?*** come ci si rivolge a un vescovo?

formula /ˈfɔːmjʊlə/ **I** n. (pl. **~s, -ae**) **1** formula f. (**for** di; **for doing** per fare) **2** AE *(for babies) (powder)* latte m. in polvere; (anche **~ milk**) latte m. ricostituito **3 Formula** AUT. SPORT ***Formula One, Two*** Formula uno, due **II Formula** modif. AUT. SPORT ***Formula One Grand Prix*** gran premio di Formula uno.

formulate /ˈfɔːmjʊleɪt/ tr. formulare [*rules, principles, reply, idea, policy*]; elaborare [*design*].

formulation /ˌfɔːmjʊˈleɪʃn/ n. *(of principles, reply, idea)* formulazione f.; *(of strategy)* esposizione f. esatta.

fornicate /ˈfɔːnɪkeɪt/ intr. fornicare.

fornication /ˌfɔːnɪˈkeɪʃn/ n. fornicazione f.

forsake /fəˈseɪk/ tr. (pass. **-sook**; p.pass. **-saken**) FORM. abbandonare.

forsaken /fəˈseɪkən/ **I** p.pass. → **forsake II** agg. abbandonato.

forsook /fəˈsʊk/ pass. → **forsake**.

forswear /fɔːˈsweə(r)/ tr. (pass. **-swore**; p.pass. **-sworn**) **1** FORM. *(renounce)* rinunciare a **2** DIR. FORM. *(deny)* negare.

forsythia /fɔːˈsaɪθɪə, AE fərˈsɪθɪə/ n. forsythia f., forsizia f.

fort /fɔːt/ n. forte m. ♦ ***to hold*** o ***hold down the ~*** = badare alla casa, occuparsi di tutto.

forte /ˈfɔːteɪ, AE fɔːrt/ n. ***to be sb.'s ~*** essere il forte di qcn.

forth /fɔːθ/ *Forth* often appears in English after a verb (*bring forth, set forth, sally forth* etc). For translations, consult the appropriate verb entry (**bring, set, sally** etc). - For further uses of *forth*, see the entry below. avv. *(onwards)* ***from this day ~*** da oggi in poi; ***from that day ~*** da allora in poi; ***back and ~*** avanti e indietro; ***and so ~*** e così via.

forthcoming /ˌfɔːθˈkʌmɪŋ/ agg. **1** *(happening soon)* [*book, event*] prossimo **2** mai attrib. *(available)* disponibile, pronto **3** *(communicative)* [*person*] cordiale, affabile; ***to be ~ about sth.*** essere disposti a parlare di qcs.

forthright /ˈfɔːθraɪt/ agg. diretto, franco, schietto; ***in ~ terms*** in termini espliciti.

forthwith /fɔːθˈwɪθ, AE -ˈwɪð/ avv. FORM. immediatamente.

fortieth /ˈfɔːtɪɪθ/ ♦ ***19*** **I** determ. quarantesimo **II** pron. *(in order)* quarantesimo m. (-a) **III** n. *(fraction)* quarantesimo m. **IV** avv. [*finish*] quarantesimo, in quarantesima posizione.

fortification /ˌfɔːtɪfɪˈkeɪʃn/ n. fortificazione f.

fortified /ˈfɔːtɪfaɪd/ **I** p.pass. → **fortify II** agg. [*wine*] liquoroso.

fortify /ˈfɔːtɪfaɪ/ tr. **1** fortificare [*place*]; FIG. fortificare, rinvigorire [*person*] **2** irrobustire [*wine*].

fortitude /ˈfɔːtɪtjuːd, AE -tuːd/ n. forza f. d'animo, fermezza f.

fortnight /ˈfɔːtnaɪt/ ♦ ***33*** n. BE quindici giorni m.pl., due settimane f.pl.; ***the first ~ in August*** la prima quindicina di agosto.

fortnightly /ˈfɔːtnaɪtlɪ/ **I** agg. BE quindicinale, bimensile **II** avv. BE ogni due settimane, quindicinalmente.

fortress /ˈfɔːtrɪs/ n. fortezza f., piazzaforte f.

fortuitous /fɔːˈtjuːɪtəs, AE -ˈtuː-/ agg. FORM. fortuito, casuale.

fortunate /ˈfɔːtʃənət/ agg. fortunato; ***it was ~ for him that*** è stata una fortuna per lui che; ***to be ~ (enough) to do*** avere la fortuna di fare; ***those less ~ than ourselves*** chi è meno fortunato di noi.

fortunately /ˈfɔːtʃənətlɪ/ avv. fortunatamente.

fortune /ˈfɔːtʃuːn/ **I** n. **1** *(wealth)* fortuna f.; ***to make a ~*** accumulare una fortuna; ***to seek fame and ~*** cercare (successo e) fortuna **2** *(luck)* fortuna f., sorte f.; ***to have the good ~ to do*** avere la fortuna di fare; ***by good ~*** per fortuna; ***ill ~*** sfortuna; ***to tell sb.'s ~*** predire il futuro a qcn. **II fortunes** n.pl. vicende f. ♦ ***~ favours the brave*** PROV. la fortuna aiuta gli audaci.

fortune cookie n. AE biscotto m. della fortuna.

fortune hunter n. SPREG. *(man)* cacciatore m. di dote.

fortune-teller /ˈfɔːtʃuːnˌtelə(r)/ n. indovino m. (-a), chiromante m. e f.

forty /ˈfɔːtɪ/ ♦ ***19, 1, 4, 8*** **I** determ. quaranta **II** pron. quaranta; ***there are ~ of them*** ce ne sono quaranta **III** n. quaranta m.; ***to multiply by ~*** moltiplicare per quaranta **IV forties** n.pl. **1** *(decade)* ***the forties*** gli anni '40 **2** *(age)* ***to be in one's forties*** aver passato i quaranta.

forum /ˈfɔːrəm/ n. (pl. **~s, -a**) **1** STOR. DIR. *(place)* foro m. **2** *(meeting)* forum m.

1.forward /ˈfɔːwəd/ **I** agg. **1** *(bold)* impertinente, sfrontato, sfacciato **2** *(towards the front)* [*roll, pass*] in avanti; [*gears*] avanti; ***to be too far ~*** [*seat*] essere troppo in avanti **3** *(advanced)* [*plant*] precoce, primaticcio; [*season*] in anticipo; ***how far ~ are you?*** a che punto siete? **4** ECON. [*delivery*] differito; [*price*] per consegna differita; [*market*] delle operazioni per consegna differita; [*rate*] a termine **II** n. SPORT attaccante m. e f.

2.forward /ˈfɔːwəd/ avv. **1** *(ahead)* ***to step ~*** fare un passo in avanti; ***to go*** o ***walk ~*** avanzare; ***to move sth. ~*** spostare qcs. in avanti; FIG. fare avanzare qcs.; ***"~ march!"*** "avanti, marsc!"; ***a seat facing ~*** un posto rivolto in avanti, in direzione di marcia; ***a way ~*** una soluzione **2** *(towards the future)* ***to go ~ in time*** viaggiare nel futuro; ***from this day ~*** da oggi in poi **3** *(from beginning to end)* ***to wind [sth.] ~*** fare andare avanti [*cassette*].

3.forward /ˈfɔːwəd/ tr. **1** FORM. *(dispatch)* spedire, inviare [*goods, parcel*] **2** *(send on)* inoltrare, far pervenire [*mail*].

forwarder /ˈfɔːwədə(r)/ ♦ ***27*** n. *(of freight)* spedizioniere m.; *(of mail)* mittente m. e f.

forwarding /ˈfɔːwədɪŋ/ n. spedizione f., invio m.

forwarding address n. recapito m.

forwarding agent ♦ ***27*** n. spedizioniere m.

forwarding charges n.pl. spese f. di spedizione.

forward-looking /ˈfɔːwədˌlʊkɪŋ/ agg. *(having modern ideas)* progressista; *(planning for the future)* lungimirante.

forwardness /ˈfɔːwədnɪs/ n. *(of child, behaviour)* impertinenza f., insolenza f., sfacciataggine f.

forward planning n. pianificazione f. a lungo termine.
forwards /'fɔ:wədz/ avv. → **2.forward**.
forward slash n. barretta f. obliqua.
forwent /fɔ:'went/ pass. → **forgo**.
fossil /'fɒsl/ **I** n. fossile m. **II** modif. [*collection*] di fossili; [*organism*] fossile.
fossil fuel n. combustibile m. fossile.
fossilize /'fɒsəlaɪz/ **I** tr. fossilizzare **II** intr. fossilizzarsi.
1.foster /'fɒstə(r)/ agg. attrib. [*child, brother*] adottivo; [*parent*] adottivo; DIR. affidatario.
2.foster /'fɒstə(r)/ tr. **1** *(encourage)* incoraggiare, favorire [*attitude*]; promuovere, incrementare [*activity*] **2** *(cherish)* nutrire [*hope*] **3** *(act as parent to)* prendere in affidamento [*child*] **4** *(place in care of)* ***to ~ sb. with*** dare in affidamento *o* affidare qcn. a [*family*].
foster care n. ***in ~*** in affidamento.
foster family n. famiglia f. affidataria.
fought /fɔ:t/ pass., p.pass. → **2.fight**.
1.foul /faʊl/ **I** agg. **1** *(putrid)* [*place*] sporco, sozzo, sudicio; [*conditions*] pessimo, terribile; [*air*] viziato; [*smell, taste*] disgustoso, schifoso; [*water*] putrido **2** *(grim)* [*weather, day*] orribile; ***to be in a ~ mood*** essere di pessimo umore **3** *(evil)* [*person*] malvagio, perfido, infame; [*crime, treachery*] infame **4** *(offensive)* [*language*] scurrile; ***to have a ~ tongue*** esprimersi con un linguaggio scurrile **5** *(unsporting)* sleale **II** avv. ***to taste ~*** avere un sapore disgustoso ♦ ***to fall ~ of sb.*** *(fall out with)* scontrarsi *o* entrare in conflitto con qcn.
2.foul /faʊl/ n. SPORT fallo m. (**by** di; **on** su).
3.foul /faʊl/ tr. **1** *(pollute)* inquinare, contaminare [*environment*]; sporcare [*pavement*] **2** *(become tangled)* [*weeds, ropes*] impigliarsi in [*engine, propeller*] **3** *(clog)* bloccare [*mechanism*]; ostruire [*channel*] **4** SPORT *(obstruct)* commettere un fallo su [*player*].
■ **foul up:** ***~ up*** COLLOQ. fare confusione, incasinarsi; ***~ up [sth.], ~ [sth.] up*** **1** *(bungle)* rovinare, mandare all'aria [*plan, system*] **2** *(pollute)* inquinare [*air, soil*].
foully /'faʊlɪ/ avv. [*treated*] vergognosamente; [*swear*] in modo scurrile.
foul-mouthed /ˌfaʊl'maʊðd/ agg. SPREG. sboccato, scurrile.
foul play n. **1** *(malicious act)* delitto m., crimine m. **2** SPORT gioco m. irregolare.
foul-smelling /ˌfaʊl'smelɪŋ/ agg. FORM. nauseabondo.
foul-tasting /ˌfaʊl'teɪstɪŋ/ agg. disgustoso.
foul-up /'faʊlʌp/ n. COLLOQ. pasticcio m., casino m.
1.found /faʊnd/ pass., p.pass. → **2.find**.
2.found /faʊnd/ tr. **1** *(establish)* fondare [*town, organization*] **2** *(base)* fondare, basare (**on** su); ***to be ~ed on fact*** essere basato sui fatti.
3.found /faʊnd/ tr. TECN. fondere.
foundation /ˌfaʊn'deɪʃn/ n. **1** *(base)* fondamenta f.pl.; FIG. *(of society, belief)* fondamenta f.pl., base f.; ***to lay the ~s for*** gettare le fondamenta di (anche FIG.) **2** FIG. *(truth)* ***without ~*** senza fondamento **3** *(founding) (of town, organization)* fondazione f. **4** ECON. (anche **Foundation**) *(trust)* fondazione f.
foundation course n. BE UNIV. corso m. propedeutico.
foundation cream n. fondotinta m.
1.founder /'faʊndə(r)/ n. fondatore m. (-trice).
2.founder /'faʊndə(r)/ intr. **1** *(sink)* [*ship*] affondare; [*car, person*] impantanarsi (**in** in) **2** *(fail)* [*marriage*] fallire; [*career, talks*] essere compromesso (**on** da).
founder member n. BE membro m. fondatore.
founding /'faʊndɪŋ/ **I** n. fondazione f. **II** agg. fondatore; ***the Founding Fathers*** US STOR. i Padri Fondatori.
foundling /'faʊndlɪŋ/ n. ANT. trovatello m. (-a).
foundry /'faʊndrɪ/ n. fonderia f.
1.fount /faʊnt/ n. LETT. fonte f., sorgente f.
2.fount /faʊnt/ n. TIP. font m.
fountain /'faʊntɪn, AE -tn/ n. **1** *(structure)* fontana f. **2** *(spray) (of water)* getto m., zampillo m.; *(of sparks)* pioggia f., cascata f.; *(of light)* fascio m.
fountainhead /'faʊntɪnhed, AE -tn-/ n. sorgente f.; FIG. fonte f., origine f.
fountain pen n. (penna) stilografica f.
four /fɔ:(r)/ ♦ ***19, 1, 4*** **I** determ. quattro **II** pron. quattro; ***there are ~ of them*** ce ne sono quattro **III** n. **1** quattro m.; ***to multiply by ~*** moltiplicare per quattro **2** *(rowing team)* quattro m. ♦ ***on all ~s*** a quattro zampe, a carponi; ***to the ~ winds*** ai quattro venti.
four-by-four /ˌfɔ:baɪ'fɔ:(r)/ n. AUT. quattro per quattro f.
four-door /'fɔ:dɔ:(r)/ agg. AUT. a quattro porte.
four-engined /ˌfɔ:r'endʒɪnd/ agg. AER. quadrimotore.
four eyes n. SPREG. quattrocchi m. e f.
four-four time n. MUS. ***in ~*** in quattro quarti.
four-leaf clover, four-leaved clover n. quadrifoglio m.
four-legged friend n. amico m. a quattro zampe.
four-letter word n. parolaccia f., parola f. sconcia.
four-piece band n. MUS. quartetto m.
four-poster /ˌfɔ:'pəʊstə(r)/ n. (anche **~ bed**) letto m. a baldacchino.
foursome /'fɔ:səm/ n. COLLOQ. quartetto m.
foursquare /ˌfɔ:'skweə(r)/ agg. [*building*] squadrato; FIG. solido; [*attitude*] franco.
four-star /'fɔ:stɑ:(r)/ **I** n. BE (anche **~ petrol**) (benzina) super f. **II** agg. [*hotel*] a quattro stelle.
four-stroke /'fɔ:strəʊk/ agg. [*engine*] a quattro tempi.
fourteen /ˌfɔ:'ti:n/ ♦ ***19, 1, 4*** **I** determ. quattordici **II** pron. quattordici; ***there are ~ of them*** ce ne sono quattordici **III** n. quattordici m.; ***to multiply by ~*** moltiplicare per quattordici.
fourteenth /ˌfɔ:'ti:nθ/ ♦ ***19, 8*** **I** determ. quattordicesimo **II** pron. **1** *(in order)* quattordicesimo m. (-a) **2** *(of month)* quattordici m.; ***the ~ of May*** il quattordici maggio **III** n. *(fraction)* quattordicesimo m. **IV** avv. [*finish*] quattordicesimo, in quattordicesima posizione.
fourth /fɔ:θ/ ♦ ***19, 8*** **I** determ. quarto; ***the moon is in its ~ quarter*** la luna è all'ultimo quarto **II** pron. **1** *(in order)* quarto m. (-a) **2** *(of month)* quattro m.; ***the ~ of May*** il quattro maggio **III** n. **1** *(fraction)* quarto m. **2** MUS. quarta f. **3** AUT. (anche **~ gear**) quarta f. **IV** avv. [*finish*] quarto, in quarta posizione.
fourthly /'fɔ:θlɪ/ avv. in quarto luogo.
fourth-rate /ˌfɔ:θ'reɪt/ agg. SPREG. di quart'ordine.
four-wheel /'fɔ:wi:l, AE -hwi:l/ agg. ***~ drive (vehicle)*** quattro per quattro.
fowl /faʊl/ n. *(one bird)* pollo m.; *(group)* pollame m. ♦ ***neither fish nor ~*** né carne né pesce.
1.fox /fɒks/ **I** n. volpe f. **II** modif. [*fur*] di volpe; [*hunt, hunting*] alla volpe.
2.fox /fɒks/ tr. COLLOQ. ingannare, imbrogliare.
fox cub n. volpacchiotto m.
foxglove /'fɒksglʌv/ n. BOT. digitale f.
foxhound /'fɒkshaʊnd/ n. foxhound m.
fox terrier n. fox terrier m.
foxtrot /'fɒkstrɒt/ n. fox-trot m.
foxy /'fɒksɪ/ agg. **1** *(crafty)* astuto **2** COLLOQ. *(sexy)* attraente, sensuale.
foyer /'fɔɪeɪ, AE 'fɔɪər/ n. ARCH. atrio m.; *(in theatre)* ridotto m., foyer m.
FPA n. (⇒ Family Planning Association) = associazione per la pianificazione familiare.
Fr RELIG. ⇒ Father Padre (p.).
fracas /'frækɑ:, AE 'freɪkəs/ n. alterco m., lite f. rumorosa.
fractal /'fræktl/ **I** n. frattale m. **II** agg. [*geometry*] frattale.
fraction /'frækʃn/ n. **1** *(portion)* frazione f. (anche MAT.) **2** *(tiny amount)* minima parte f.; ***to miss by a ~*** mancare per un pelo.
fractional /'frækʃənl/ agg. **1** [*rise, difference*] esiguo, irrilevante **2** MAT. frazionario.
fractionally /'frækʃənəlɪ/ avv. leggermente.
fractious /'frækʃəs/ agg. irritabile, stizzoso.
1.fracture /'fræktʃə(r)/ n. frattura f. (anche MED.).
2.fracture /'fræktʃə(r)/ **I** tr. fratturare, rompere [*bone*]; spaccare [*rock*]; FIG. incrinare [*unity*] **II** intr. [*bone*] fratturarsi, rompersi; [*pipe, masonry*] spaccarsi.
fragile /'frædʒaɪl, AE -dʒl/ agg. **1** *(delicate)* [*glass, structure*] fragile; [*state*] delicato; ***to feel ~*** *(physically)* sentirsi debole; *(emotionally)* essere fragile **2** *(tenuous)* [*link*] debole.
fragility /frə'dʒɪlətɪ/ n. fragilità f.
1.fragment /'frægmənt/ n. *(of shell, manuscript)* frammento m.; *(of china)* coccio m.; *(of glass)* scheggia f., coccio m.; *(of food)* pezzo m.

2.fragment /fræɡ'ment/ **I** tr. frammentare **II** intr. frammentarsi (**into** in).
fragmentary /'fræɡməntrɪ, AE -terɪ/ agg. frammentario.
fragmentation /ˌfræɡmən'teɪʃn/ n. frammentazione f.
fragmented /'fræɡmentɪd/ **I** p.pass. → **2.fragment II** agg. [*account*] frammentario; [*group, job, system*] frammentato; [*rhythm*] spezzato.
fragrance /'freɪɡrəns/ n. fragranza f., profumo m.
fragrant /'freɪɡrənt/ agg. fragrante, profumato.
frail /freɪl/ agg. [*person*] delicato, fragile, debole; [*hope*] debole.
frailty /'freɪltɪ/ n. *(of person)* fragilità f.; *(of health)* debolezza f.; *(of state)* delicatezza f.
1.frame /freɪm/ **I** n. **1** *(of building, boat, roof)* struttura f., ossatura f.; *(of car, bicycle, racquet, bed)* telaio m.; *(of tent)* struttura f. **2** *(of picture)* cornice f.; *(of window)* telaio m.; *(of door)* infisso m. **3** FIG. *(context)* cornice f. **4** ANAT. *(skeleton)* ossatura f.; *(body)* costituzione f. fisica, corporatura f. **5** *(picture)* CINEM. frame m., fotogramma m.; TELEV. FOT. quadro m. **6** *(for weaving)* telaio m. **7** *(in snooker) (triangle)* triangolo m.; *(single game)* partita f. **8** INFORM. frame m. **II frames** n.pl. montatura f.sing. degli occhiali **III -framed** agg. in composti ***timber-~d*** [*house*] con la struttura in legno.
2.frame /freɪm/ tr. **1** *(enclose)* incorniciare (anche FIG.) **2** *(formulate in words)* formulare **3** *(devise)* elaborare [*plan, policy*] **4** *(mouth)* articolare [*words*] **5** COLLOQ. *(set up)* [*police*] montare un'accusa contro, incastrare [*suspect*]; [*criminal*] fare cadere i sospetti su, tramare contro [*associate*].
frame of mind n. stato m. d'animo.
frame of reference n. MAT. SOCIOL. quadro m. di riferimento.
framer /'freɪmə(r)/ ♦ **27** n. corniciaio m. (-a).
frame-up /'freɪmʌp/ n. COLLOQ. macchinazione f., montatura f.
framework /'freɪmwɜːk/ n. **1** struttura f., ossatura f. **2** FIG. *(basis) (of society, system, novel, play)* struttura f.; *(of agreement, theory)* base f.; ***legal ~*** base giuridica; ***a ~ for sth.*** una base per qcs.
framing /'freɪmɪŋ/ n. **1** *(of picture, photograph)* incorniciatura f. **2** CINEM. inquadratura f.
franc /fræŋk/ ♦ **7** n. franco m.
France /frɑːns, AE fræns/ ♦ **6** n.pr. Francia f.
Frances /'frɑːnsɪs, AE 'fræn-/ n.pr. Francesca.
1.franchise /'fræntʃaɪz/ **I** n. **1** POL. diritto m. di voto; ***universal ~*** suffragio universale **2** COMM. esclusiva f., privativa f. **II** modif. COMM. [*business, chain*] in franchising.
2.franchise /'fræntʃaɪz/ tr. AE *(subcontract)* concedere in esclusiva [*product, service*].
franchise holder n. COMM. esclusivista m. e f.
franchiser /'fræntʃaɪzə(r)/ n. COMM. concedente m. di un diritto di esclusiva.
franchising /'fræntʃaɪzɪŋ/ n. franchising m.
Francis /'frɑːnsɪs, AE 'fræn-/ n.pr. Francesco.
Franciscan /fræn'sɪskən/ **I** agg. francescano **II** n. francescano m. (-a).
1.frank /fræŋk/ agg. franco, schietto, aperto (**about** su).
2.frank /fræŋk/ tr. affrancare [*letter*]; obliterare [*stamp*].
Frank /fræŋk/ **I** n. STOR. franco m. (-a) **II** n.pr. Franco.
frankfurter /'fræŋkfɜːtə(r)/ n. würstel m., salsicciotto m.
frankincense /'fræŋkɪnsens/ n. incenso m.
franking machine n. affrancatrice f.
frankly /'fræŋklɪ/ avv. francamente.
frankness /'fræŋknɪs/ n. franchezza f.
frantic /'fræntɪk/ agg. **1** *(wild)* [*activity*] frenetico, convulso **2** *(desperate)* [*effort, search*] disperato, affannoso, frenetico; [*shout*] disperato; [*person*] agitatissimo; ***to be ~ with*** essere fuori di sé da.
frantically /'fræntɪklɪ/ avv. **1** *(wildly)* freneticamente **2** *(desperately)* disperatamente, affannosamente.
frappé /'fræpeɪ/ n. AE *(frozen drink)* = liquore con ghiaccio tritato; *(milk shake)* frappè m.
fraternal /frə'tɜːnl/ agg. fraterno.
fraternity /frə'tɜːnətɪ/ n. **1** *(brotherhood)* fraternità f., fratellanza f. **2** *(sharing profession)* associazione f.; SPREG. consorteria f. **3** US UNIV. = associazione studentesca maschile.
fraternization /ˌfrætənaɪ'zeɪʃn, AE -nɪ'z-/ n. fraternizzazione f.
fraternize /'frætənaɪz/ intr. fraternizzare.
fratricidal /ˌfrætrɪ'saɪdl/ agg. fratricida.
fratricide /'frætrɪsaɪd/ n. **1** *(murder)* fratricidio m. **2** *(person)* fratricida m. e f.
fraud /frɔːd/ n. frode f., truffa f.
Fraud Squad n. BE = squadra speciale di polizia corrispondente ai NAS italiani.
fraudulence /'frɔːdjʊləns, AE -dʒʊ-/ n. **1** → **fraud** **2** *(of signature, figures)* falsificazione f.
fraudulent /'frɔːdjʊlənt, AE -dʒʊ-/ agg. [*practice, dealing, use, claim*] fraudolento; [*signature, cheque, statement*] falso; [*earnings*] illecito.
fraught /frɔːt/ agg. [*situation, atmosphere*] teso, carico di tensione; [*relationship*] teso; ***to be ~ with*** [*situation*] essere pieno di [*danger, difficulty*].
1.fray /freɪ/ n. FORM. ***the ~*** la lotta.
2.fray /freɪ/ **I** tr. consumare, logorare [*material*]; logorare [*nerves*] **II** intr. [*material, rope*] consumarsi, logorarsi; [*nerves*] logorarsi.
frayed /freɪd/ **I** p.pass. → **2.fray** **II** agg. [*material*] consumato, logorato; [*nerves*] logoro; ***tempers were ~*** la gente era nervosa.
frazzle /'fræzl/ n. COLLOQ. ***to burn sth. to a ~*** bruciare completamente qcs., ridurre qcs. in cenere; ***to be worn to a ~*** [*person*] essere ridotto a uno straccio.
1.freak /friːk/ **I** n. **1** *(deformed person)* SPREG. mostro m.; ***a ~ of nature*** uno scherzo di natura **2** *(strange person)* tipo m. strano, stravagante m. e f. **3** *(unusual occurrence)* bizzarria f., anomalia f. **4** COLLOQ. *(enthusiast)* fanatico m. (-a); ***he's a fitness ~*** è un patito del fitness **II** agg. [*accident, storm*] strano, anomalo.
2.freak /friːk/ intr. COLLOQ. andare fuori di testa.
■ **freak out:** ***~ out*** COLLOQ. andare fuori di testa; ***~ [sb.] out, ~ out [sb.]*** *(upset)* mettere in agitazione, spaventare.
freakish /'friːkɪʃ/ agg. **1** *(monstrous)* mostruoso **2** *(surprising)* [*success, weather*] strano, anomalo **3** *(unusual)* [*person, clothes*] bizzarro, stravagante.
freaky /'friːkɪ/ agg. COLLOQ. bizzarro.
1.freckle /'frekl/ n. lentiggine f., efelide f.
2.freckle /'frekl/ intr. [*skin*] coprirsi di lentiggini.
freckled /'frekld/ **I** p.pass. → **2.freckle II** agg. lentigginoso.
Fred /fred/, **Freddie**, **Freddy** /'fredɪ/ n.pr. diminutivo di **Alfred**, **Frederick**.
Frederica /ˌfredə'riːkə/ n.pr. Federica.
Frederick /'fredrɪk/ n.pr. Federico.
1.free /friː/ **I** agg. **1** *(unhindered, unrestricted)* [*person, country, election, press, translation, access, choice*] libero; ***to be ~ to do*** essere libero di fare; ***to leave sb. ~ to do*** lasciare qcn. libero di fare; ***to feel ~ to do*** sentirsi libero di fare; ***feel ~ to ask questions*** chiedete pure; ***"may I use your phone?" - "feel ~"*** "posso usare il telefono?" - "certamente"; ***to break ~ of*** o ***from*** liberarsi da [*influence, restriction*]; ***to set sb. ~ to do*** lasciare a qcn. la libertà di fare **2** *(not captive or tied)* [*person, limb*] libero; [*animal*] libero, in libertà; ***one more tug and the rope was ~*** ancora uno strattone e la corda si sciolse; ***to set [sb., sth.] ~*** liberare [*prisoner*]; liberare, dare la libertà a [*animal*]; ***to pull [sth.] ~*** liberare [*shoe*]; ***to break ~*** [*person, animal*] liberarsi; ***the boat broke ~ from*** o ***of its moorings*** l'imbarcazione ruppe gli ormeggi **3** *(devoid)* ***to be ~ from*** o ***of sb.*** essersi liberato di qcn.; ***~ from*** o ***of weeds*** libero dalle erbacce; ***~ from*** o ***of pollution*** non inquinato; ***he's not entirely ~ from*** o ***of blame*** non è del tutto innocente; ***a day ~ from*** o ***of interruptions*** una giornata senza interruzioni; ***this soup is ~ from*** o ***of artificial colourings*** questa zuppa non contiene coloranti artificiali; ***~ of*** o ***from tax*** ECON. non soggetto a imposta; ***~ of*** o ***from interest*** ECON. senza interessi **4** *(costing nothing)* gratuito; ***"admission ~"*** "ingresso gratuito"; ***~ gift*** COMM. omaggio; ***you can't expect a ~ ride*** FIG. ogni cosa ha il suo prezzo; ***he's had a ~ ride*** FIG. non ha faticato molto per arrivare **5** *(not occupied)* libero; ***are you ~ for lunch on Monday?*** sei libero per pranzo lunedì? ***is this seat ~?*** (questo posto) è libero? ***I'm trying to keep Tuesday ~*** sto cercando di tenermi il martedì libero; ***"please leave*** o ***keep this parking***

space ~ for disabled drivers "posto riservato ai disabili" 6 *(generous, lavish)* ***to be ~ with food*** dare da mangiare generosamente; ***to be ~ with advice*** essere prodigo di consigli; ***to be very ~ with money*** essere spendaccione 7 *(familiar)* disinvolto, sfacciato, impudente; ***to make ~ with sb.*** prendersi delle libertà con qcn. 8 CHIM. [*atom*] libero 9 LING. [*vowel, stress*] libero 10 **-free** in composti ***sugar-, additive-~*** senza zucchero, additivi; ***smoke-~*** dove non si fuma; ***interest-~*** ECON. senza interessi **II** n. (anche **~ period**) SCOL. ora f. libera, ora f. buca ♦ ***to have a ~ hand*** avere mano libera (**in** per; **in doing** per fare); ***~ as a bird*** o ***the air*** libero come l'aria.

2.free /friː/ avv. 1 *(at liberty)* liberamente; ***to go ~*** [*hostage*] essere liberato; [*criminal*] circolare liberamente 2 *(without payment)* gratuitamente, gratis; ***buy two, get one ~*** (offerta) tre per due; ***children are admitted ~*** l'ingresso è gratuito per i bambini; ***for ~*** gratuitamente, gratis.

3.free /friː/ **I** tr. 1 *(set at liberty)* [*run, roam*] liberare; ***to ~ sb. from*** liberare qcn. da [*prison, oppression, anxiety, burden, suffering*]; esentare qcn. da [*blame, responsibility*] 2 *(make available)* sbloccare, rendere disponibile [*capital*]; liberare [*person, hands*] **II** rifl. ***to ~ oneself from*** liberarsi da [*chains, wreckage, influence, burden*]; liberarsi di [*anxiety*]; sottrarsi a [*blame, responsibility*].

free agent n. ***to be a ~*** essere padrone di sé *o* un uomo libero.

free and easy agg. [*person*] informale, alla mano; SPREG. troppo disinvolto; [*relationship*] libero.

freebie, freebee /ˈfriːbiː/ n. COLLOQ. *(free gift)* omaggio m.; *(newspaper)* copia f. omaggio; *(trip)* viaggio m. gratis.

freebooter /ˈfriːbuːtə(r)/ n. pirata m., filibustiere m. (anche FIG.).

freeborn /ˌfriːˈbɔːn/ agg. DIR. nato libero.

Free Church n. Chiesa f. non conformista.

free climbing ♦ *10* n. free climbing m., arrampicata f. libera.

freedom /ˈfriːdəm/ n. 1 *(liberty)* libertà f. (**to do** di fare); ***~ of speech*** libertà di parola; ***~ of movement*** *(of person)* libertà di movimento; *(of part, screw)* gioco; ***to give sb. his, her ~*** restituire a qcn. la sua libertà 2 *(entitlement to use)* ***they gave us the ~ of their house*** hanno messo la loro casa a nostra disposizione; ***to give sb. the ~ of a city*** dare a qcn. la cittadinanza onoraria 3 ***~ from*** *(lack of)* assenza di [*control*]; *(immunity from)* il non avere [*fear*]; il non dovere subire [*influence*].

freedom fighter n. combattente m. e f. per la libertà.

free enterprise n. iniziativa f. privata, libera iniziativa f., libera impresa f.

freefall /ˌfriːˈfɔːl/ n. caduta f. libera.

Freefone® /ˈfriːfəʊn/ n. BE numero m. verde.

free-for-all /ˌfriːfərˈɔːl/ n. *(discussion)* dibattito m. aperto; *(fight)* mischia f., rissa f.

freehand /ˈfriːhænd/ agg. e avv. a mano libera.

free hit n. *(in polo)* tiro m. libero, di punizione.

freehold /ˈfriːhəʊld/ n. proprietà f. assoluta.

freeholder /ˈfriːhəʊldə(r)/ n. = titolare di un diritto di proprietà assoluta.

free house n. GB = locale che può approvvigionarsi di birra di qualsiasi marca.

free kick n. calcio m. di punizione.

1.freelance /ˈfriːlɑːns, AE -læns/ ♦ *27* **I** n. (anche **freelancer**) free-lance m. e f., libero (-a) professionista m. e f. **II** agg. [*journalist*] free-lance, indipendente; ***on a ~ basis*** in free-lance **III** avv. [*work*] (in) free-lance.

2.freelance /ˈfriːlɑːns, AE -læns/ intr. lavorare (in) free-lance.

freeloader /ˈfriːləʊdə(r)/ n. COLLOQ. parassita m. e f., scroccone m. (-a).

freely /ˈfriːlɪ/ avv. 1 *(without restriction)* [*act, speak*] liberamente; ***to breathe ~*** respirare liberamente; FIG. sentirsi sollevato; *(abundantly)* [*spend*] senza preoccupazioni; [*give*] generosamente; [*perspire*] abbondantemente; ***to move ~*** [*part of body*] muoversi facilmente; [*person*] *(around building, country)* circolare liberamente; ***to be ~ available*** *(easy to find)* [*commodity, drug*] trovarsi facilmente; *(accessible)* [*education*] essere aperto a tutti 2 *(willingly)* spontaneamente 3 *(not strictly)* [*translate, adapt*] liberamente.

freeman /ˈfriːmən/ n. (pl. **-men**) (anche **~ of the city**) cittadino m. onorario.

free market n. (anche **~ economy**) economia f. di mercato.

free marketeer n. fautore m. (-trice) dell'economia di mercato.

Freemason /ˈfriːmeɪsn/ n. (fram)massone m.

Freemasonry /ˈfriːˌmeɪsnrɪ/ n. (fram)massoneria f.

free of charge agg. gratuito.

free on board agg. e avv. BE franco a bordo.

Freephone® → **Freefone**®.

free port n. porto m. franco.

freepost /ˈfriːpəʊst/ n. BE *(also on envelope)* spese f.pl. postali a carico del destinatario.

free-range /ˌfriːˈreɪndʒ/ agg. [*chicken*] ruspante; [*pig*] allevato all'aperto.

freesia /ˈfriːzɪə, -ʒə/ n. fresia f.

free speech n. libertà f. di parola.

free spirit n. ***to be a ~*** essere uno spirito libero.

free-standing /ˌfriːˈstændɪŋ/ agg. [*lamp*] a stelo; [*statue*] senza piedistallo; [*cooker, heater, bath*] non fissato al muro.

freestyle /ˈfriːstaɪl/ n. *(in swimming, snowboarding)* free-style m.; *(in skiing)* free-style m., sci m. acrobatico; *(in wrestling)* lotta f. libera.

freethinker /ˌfriːˈθɪŋkə(r)/ n. libero pensatore m.

free throw n. *(in basketball)* tiro m. libero.

free trade n. libero scambio m.

free trader n. liberoscambista m. e f.

free verse n. verso m. libero.

free vote n. = voto parlamentare non soggetto alla disciplina del partito.

freeway /ˈfriːweɪ/ n. AE autostrada f. (senza pedaggio), superstrada f.

freewheel /ˌfriːˈwiːl, AE -ˈhwiːl/ intr. *(on bike)* andare a ruota libera; *(on car)* andare in folle.

freewheeling /ˌfriːˈwiːlɪŋ, AE -ˈhwiːl-/ agg. [*person, attitude*] disinvolto, noncurante.

free will n. FILOS. libero arbitrio m.; ***to do sth. of one's (own) ~*** fare qcs. di propria (spontanea) volontà.

1.freeze /friːz/ n. 1 METEOR. gelo m., gelata f. 2 ECON. congelamento m., blocco m. (**on** di).

2.freeze /friːz/ **I** tr. (pass. **froze**; p.pass. **frozen**) 1 congelare [*food*]; [*cold weather*] gelare [*liquid, pipes*] 2 ECON. congelare, bloccare 3 CINEM. bloccare [*frame*] 4 *(anaesthetize)* anestetizzare con il freddo 5 INFORM. bloccare [*window*] **II** intr. (pass. **froze**; p.pass. **frozen**) 1 *(become solid)* [*water, pipes*] gelare; [*food*] congelarsi 2 *(feel cold)* [*person*] gelare; ***to be freezing to death*** FIG. morire di freddo 3 FIG. *(become motionless)* [*person, animal*] irrigidirsi, rimanere immobile; [*blood*] raggelarsi; ***~!*** ferma! fermi tutti! 4 FIG. *(become haughty)* diventare borioso **III** impers. METEOR. gelare.

■ **freeze out:** ***~ [sb., sth.] out, ~ out [sb., sth.]*** COLLOQ. escludere [*colleague, friend*]; COMM. escludere [*competitor*]; eliminare dal mercato [*goods*].

■ **freeze over** [*lake*] gelare, ghiacciare; [*window*] coprirsi di ghiaccio.

freeze-dried /ˌfriːzˈdraɪd/ agg. liofilizzato.

freeze frame n. CINEM. TELEV. fermo m. immagine.

freezer /ˈfriːzə(r)/ n. freezer m., congelatore m.

freezer compartment n. *(in a fridge)* freezer m.

freezing /ˈfriːzɪŋ/ **I** n. 1 METEOR. ***below ~*** sotto zero 2 ECON. *(of prices)* congelamento m., blocco m. **II** agg. mai attrib. [*room, weather*] gelido; ***I'm ~*** sto congelando; ***it's ~ in here*** fa un freddo glaciale qui.

freezing cold agg. [*room, wind, water*] gelido; [*shower*] gelato.

freezing point n. punto m. di congelamento.

1.freight /freɪt/ **I** n. 1 *(goods)* merce f. trasportata, carico m. 2 *(transport system)* trasporto m. 3 *(cost)* spese f.pl. di trasporto, porto m. **II** modif. COMM. [*company*] di trasporti; [*route, charges*] di trasporto; [*transport, service, train, terminal*] merci; [*traffic*] di merci.

2.freight /freɪt/ tr. COMM. trasportare [*goods*].

freightage /ˈfreɪtɪdʒ/ n. *(charge)* spese f.pl. di trasporto.

freight collect avv. AE COMM. porto assegnato.

freighter /ˈfreɪtə(r)/ n. 1 MAR. cargo m., nave f. da carico 2 AER. cargo m., aereo m. da carico.

freight forward avv. BE COMM. porto assegnato.

freightliner /ˈfreɪtˌlaɪnə(r)/ n. FERR. treno m. merci per container.

freight note n. lettera f. di vettura.
freight operator ➧ *27* n. COMM. trasportatore m.
French /frentʃ/ ➧ *18, 14* **I** agg. [*town, food*] francese; [*embassy*] francese, di Francia **II** n. (pl. ~) **1** *(people)* ***the ~*** + verbo pl. i francesi **2** *(language)* francese m.; ***pardon my ~*** SCHERZ. scusate il linguaggio **III** modif. *(of French)* [*teacher, course*] di francese; *(into French)* [*translation*] in francese ♦ ***to take ~ leave*** filarsela all'inglese, tagliare la corda.
French bean n. BE fagiolino m.
French Canadian ➧ *14* **I** agg. [*person, accent*] franco-canadese; [*town, custom*] del Canada francofono **II** n. **1** *(person)* francocanadese m. e f. **2** LING. francocanadese m.
French chalk n. gesso m. per sarti.
French doors n.pl. AE portafinestra f.sing.
French dressing n. = salsa a base di olio e aceto, usata specialmente per condire insalate.
French fried potatoes, French fries n.pl. patatine f. fritte (a bastoncino).
French horn ➧ *17* n. corno m. francese.
French kiss n. COLLOQ. bacio m. (alla) francese, in bocca.
French knickers n.pl. BE culottes f.
French loaf n. (pl. **French loaves**) baguette f.
Frenchman /ˈfrentʃmən/ n. (pl. **-men**) francese m.
French mustard n. mostarda f., senape f.
French polish n. vernice f. a spirito.
French Riviera n. Costa f. Azzurra.
French-speaking /ˌfrentʃˈspiːkɪŋ/ agg. francofono.
French stick n. baguette f.
French toast n. **U** = fetta di pane passata nell'uovo e fritta.
French window n. portafinestra f.
Frenchwoman /ˈfrentʃwʊmən/ n. (pl. **-women**) francese f.
frenetic /frəˈnetɪk/ agg. frenetico.
frenzied /ˈfrenzɪd/ agg. [*activity*] frenetico; [*passion*] smodato; [*mob*] *(happy)* in delirio; *(angry)* scatenato; [*attempt*] disperato.
frenzy /ˈfrenzɪ/ n. frenesia f., impeto m., parossismo m.; ***to drive [sb., sth.] into a ~*** incitare [*crowd*]; fare diventare pazzo [*person*]; ***there was a ~ of activity*** c'era un'attività frenetica.
frequency /ˈfriːkwənsɪ/ n. frequenza f.; ***to occur with increasing ~*** essere sempre più frequente.
frequency band n. banda f. di frequenza.
frequency modulation n. modulazione f. di frequenza.
1.frequent /ˈfriːkwənt/ agg. frequente; ***she's a ~ visitor to our house*** viene spesso da noi.
2.frequent /frɪˈkwent/ tr. frequentare.
frequently /ˈfriːkwəntlɪ/ avv. frequentemente.
fresco /ˈfreskəʊ/ n. (pl. **~s, ~es**) affresco m.
fresh /freʃ/ agg. **1** *(not old)* [*foodstuff*] fresco; ***bread ~ from the oven*** pane appena sfornato **2** GASTR. [*herbs, pasta*] fresco; ***~ orange juice*** spremuta d'arancia **3** *(renewed, other)* [*linen*] fresco, pulito; [*information, supplies, attempt*] nuovo; ***to make a ~ start*** cominciare di nuovo **4** *(recent)* [*fingerprint, blood*] fresco; [*news*] fresco, recente; ***while it is still ~ in your mind*** mentre te lo ricordi ancora bene **5** *(recently returned)* ***~ from*** o ***out of school*** fresco di studi; ***to be ~ from a trip*** essere appena tornato da un viaggio **6** *(original)* [*approach, way*] nuovo **7** *(energetic, alert)* ***to feel ~*** sentirsi fresco **8** *(cool, refreshing)* fresco **9** AE COLLOQ. *(over-familiar)* sfacciato, insolente **10** METEOR. ***a ~ breeze*** una brezza tesa ♦ ***to be ~ out of*** COLLOQ. avere appena terminato [*supplies*].
fresh air n. aria f. fresca; ***to get some ~*** prendere un po' d'aria.
freshen /ˈfreʃn/ intr. METEOR. ***winds ~ing from the east*** venti freschi da est.
■ **freshen up** darsi una rinfrescata.
fresher /ˈfreʃə(r)/ n. BE UNIV. COLLOQ. matricola f.
fresh-faced /ˌfreʃˈfeɪst/ agg. dal viso, dall'aspetto fresco.
freshly /ˈfreʃlɪ/ avv. [*cut, picked, painted*] di fresco, di recente; ***~ baked bread*** pane appena sfornato; ***~ washed*** o ***laundered*** appena lavato, fresco di bucato.
freshman /ˈfreʃmən/ n. (pl. **-men**) **1** UNIV. matricola f. **2** AE FIG. *(in Congress, in firm)* ultimo arrivato m., nuovo arrivo m.
freshness /ˈfreʃnɪs/ n. freschezza f.
fresh water n. acqua f. dolce.
1.fret /fret/ n. MUS. tasto m., traversina f.
2.fret /fret/ n. *(irritation)* irritazione f., stizza f.; *(torment)* inquietudine f.; ***to be in a ~*** *(irritated)* essere irritato; *(impatient)* essere agitato.
3.fret /fret/ **I** tr. (forma in -ing ecc. **-tt-**) corrodere, intaccare [*wood*] **II** intr. (forma in -ing ecc. **-tt-**) **1** *(be anxious)* agitarsi (**over, about** per) **2** *(cry)* [*baby*] piangere, piagnucolare.
4.fret /fret/ n. ARCH. (anche **Greek ~**) greca f.
5.fret /fret/ tr. (forma in -ing ecc. **-tt-**) ARCH. decorare con greche.
fretful /ˈfretfl/ agg. [*child*] piagnucolone; [*adult*] irritabile, nervoso, scontroso.
fretfully /ˈfretfəlɪ/ avv. [*speak*] con tono irritato; ***to cry ~*** piagnucolare.
fretsaw /ˈfretsɔː/ n. seghetto m. da traforo.
fretwork /ˈfretwɜːk/ n. lavoro m. di intaglio, di traforo.
Freudian /ˈfrɔɪdɪən/ **I** agg. freudiano **II** n. freudiano m. (-a).
Freudian slip n. lapsus m. freudiano.
FRG n. STOR. (⇒ Federal Republic of Germany Repubblica Federale Tedesca) RFT f.
Fri ⇒ Friday venerdì (ven.).
friability /ˌfraɪəˈbɪlətɪ/ n. friabilità f.
friable /ˈfraɪəbl/ agg. friabile.
friar /ˈfraɪə(r)/ n. frate m.
friary /ˈfraɪərɪ/ n. convento m. di frati.
fricassee /ˈfrɪkəsiː/ n. fricassea f.
friction /ˈfrɪkʃn/ n. **1** attrito m. (anche FIS.) **2 U** FIG. *(conflict)* attrito m., frizione f., frizioni f.pl. (**between** tra).
Friday /ˈfraɪdeɪ, -dɪ/ ➧ *36* n. venerdì m.
fridge /frɪdʒ/ n. BE frigo(rifero) m.
fried /fraɪd/ **I** p.pass. → **2.fry** **II** agg. fritto; ***~ food*** fritto, frittura.
friend /frend/ **I** n. **1** amico m. (-a); ***to make ~s*** *(form friendships)* farsi degli amici; *(form a friendship)* fare amicizia; ***to be ~s with sb.*** essere amico di qcn.; ***to be a good ~ to sb.*** essere un vero amico per qcn.; ***she's a ~ of mine*** è una mia amica; ***a cook ~ of his*** un suo amico cuoco; ***let's be ~s!*** *(after quarrel)* facciamo pace! **2** FIG. *(supporter, fellow member, ally)* amico m. (-a), sostenitore m. (-trice); ***~s in high places*** amici influenti *o* che contano **3** FIG. *(familiar object)* ***this book is an old ~*** questo libro mi è molto caro **II Friend** n.pr. RELIG. quacchero m. (-a) ♦ ***a ~ in need is a ~ indeed*** PROV. gli amici si vedono nel momento del bisogno.
friendless /ˈfrendlɪs/ agg. senza amici.
friendliness /ˈfrendlɪnɪs/ n. amichevolezza f., cordialità f.
friendly /ˈfrendlɪ/ **I** agg. **1** [*person, attitude*] amichevole, cordiale; [*argument, match, agreement*] amichevole; [*smile*] *(polite)* amabile; *(warm)* cordiale; [*nation*] amico; [*shop*] accogliente; ***to be, get ~ with sb.*** essere, diventare amico di qcn.; ***on ~ terms with*** in buoni rapporti con; ***to be ~ to*** essere ben disposto verso [*new ideas*]; ***a ~ relationship*** un rapporto d'amicizia; ***~ advice*** consigli da amico **2 -friendly** in composti ***environment-~*** che non danneggia l'ambiente; ***user-~*** facile da usare, di facile impiego; ***child-~*** a misura di bambino **II** n. SPORT amichevole f.
friendly fire n. MIL. EUFEM. ***to be killed by ~*** venire ucciso dal fuoco amico.
Friendly Islands ➧ *12* n.pr.pl. Tonga f., isole f. dell'Amicizia.
friendly society n. BE società f. di mutuo soccorso.
friendship /ˈfrendʃɪp/ n. amicizia f.; ***to form ~s*** farsi degli amici.
Friends of the Earth n.pl. Amici m. della Terra.
fries /fraɪz/ n.pl. AE COLLOQ. patatine f. fritte (a bastoncino).
frieze /friːz/ n. ARCH. fregio m.
frigate /ˈfrɪgɪt/ n. MAR. ZOOL. fregata f.
frigging /ˈfrɪgɪŋ/ agg. POP. fottuto, maledetto.
fright /fraɪt/ n. **1** paura f., spavento m.; ***to take ~*** spaventarsi; ***to have*** o ***get a ~*** prendersi uno spavento; ***to give sb. a ~*** fare prendere uno spavento a qcn.; ***I had the ~ of my life!*** sono morto di paura! **2** COLLOQ. *(person)* mostro m.; ***I look a ~!*** faccio spavento! sono un orrore!
frighten /ˈfraɪtn/ tr. spaventare, impaurire, terrorizzare; ***~ sb. into doing*** far fare qcs. a qcn. intimorendolo.
■ **frighten off:** ***~ off [sb.], ~ [sb.] off*** allontanare (spaventando) [*intruder, rival, buyer, bidder*].

frightened /'fraɪtnd/ **I** p.pass. → **frighten II** agg. spaventato, impaurito, intimorito; ***to be ~*** avere paura (**of** di; **to do** di fare); ***to be ~ that*** temere che; ***to be too ~ even to look*** avere paura persino a guardare ♦ ***to be ~ to death*** avere paura da morire.

frightening /'fraɪtnɪŋ/ agg. [*story, accident, speed, rate*] spaventoso; [*results*] allarmante.

frighteningly /'fraɪtnɪŋlɪ/ avv. spaventosamente, paurosamente.

frightful /'fraɪtfl/ agg. **1** *(inducing horror)* [*scene, sight*] spaventoso **2** COLLOQ. *(terrible, bad)* [*prospect, possibility, mistake*] spaventoso, terribile; [*headache*] terribile **3** COLLOQ. *(expressing disgust)* [*person, decor*] spaventoso, orribile.

frightfully /'fraɪtfəlɪ/ avv. BE COLLOQ. terribilmente, spaventosamente; ***I'm ~ sorry*** mi spiace tantissimo.

frigid /'frɪdʒɪd/ agg. **1** MED. [*woman*] frigido **2** GEOGR. [*zone*] glaciale.

frigidity /frɪ'dʒɪdətɪ/ n. **1** MED. frigidità f. **2** FIG. freddezza f.

frill /frɪl/ **I** n. **1** *(on dress)* balza f. arricciata, volant m., gala f.; *(on shirt front)* jabot m. **2** GASTR. = piccolo cappuccio di carta pieghettata che si infila sull'osso della braciola o della coscia di pollo per poterlo afferrare senza sporcarsi **II frills** n.pl. **1** *(on clothes, furniture)* fronzoli m., orpelli m. **2** *(on car, appliance)* optional m. **3** *(in writing)* svolazzi m.

frilled /frɪld/ agg. [*garment*] a balze, a volant; [*collar*] increspato.

frilly /'frɪlɪ/ agg. ornato di gale.

1.fringe /frɪndʒ/ **I** n. **1** BE *(of hair)* frangia f. **2** *(decorative trim)* frangia f., frange f.pl. **3** *(edge) (of forest etc.)* margine m., margini m.pl.; ***on the ~ of the crowd*** ai margini della folla **4** POL. SOCIOL. *(group)* frangia f. **5** TEATR. ***the ~*** il teatro d'avanguardia *o* sperimentale **II fringes** n.pl. ***on the (outer) ~s of the town*** alla periferia della città; ***on the ~s of society*** ai margini della società **III** modif. **1** TEATR. [*theatre*] d'avanguardia, sperimentale **2** POL. SOCIOL. [*activity*] marginale.

2.fringe /frɪndʒ/ tr. **1** *(put trim on)* ornare di frange, frangiare [*curtains*] **2** *(form border)* [*trees*] contornare [*field*].

fringe benefits n.pl. **1** *(pensions, life or medical cover)* indennità f.sing. accessoria, beneficio m.sing. accessorio **2** *(of job)* fringe benefit m.sing., indennità f.sing. accessoria, beneficio m.sing. accessorio.

fringed /'frɪndʒd/ **I** p.pass. → **2.fringe II** agg. **1** [*garment*] con frange, frangiato **2** *(edged)* contornato (**with, by** di).

frippery /'frɪpərɪ/ n. **U 1** *(trivia)* banalità f.pl., sciocchezze f.pl. **2** *(impractical items)* cianfrusaglie f.pl.

Frisian /'frɪzɪən/ ➧ *14* **I** agg. frisone **II** n. **1** *(person)* frisone m. (-a) **2** LING. frisone m.

1.frisk /frɪsk/ n. perquisizione f.

2.frisk /frɪsk/ **I** tr. perquisire [*person*] **II** intr. [*lamb, puppy*] saltellare, ruzzare.

frisky /'frɪskɪ/ agg. [*puppy*] vivace, giocherellone; [*horse*] nervoso.

frisson /'fri:sɒn/ n. brivido m., fremito m. (di eccitazione).

fritter /'frɪtə(r)/ n. frittella f.

fritter away tr. sprecare [*money, opportunities, time*].

fritz /frɪts/: **on the fritz** AE fuori uso.

frivolity /frɪ'vɒlətɪ/ n. frivolezza f.

frivolous /'frɪvələs/ agg. [*person, attitude*] frivolo; SPREG. [*allegation, enquiry*] futile, vano.

frizz /frɪz/ tr. arricciare [*hair*].

frizzle /'frɪzl/ **I** tr. arricciare [*hair*] **II** intr. [*hair*] arricciarsi.

frizzy /'frɪzɪ/ agg. [*hair*] crespo, riccio.

frock /frɒk/ ➧ *28* n. **1** abito m., vestito m. da donna **2** *(of monk)* tonaca f.

frog /frɒg, AE frɔ:g/ n. **1** ZOOL. rana f., ranocchio m.; ***~s' legs*** cosce di rana **2 Frog** COLLOQ. SPREG. francese m. e f. **3** ABBIGL. alamaro m. ♦ ***to have a ~ in one's throat*** avere la raucedine.

frogman /'frɒgmən, AE 'frɔ:g-/ n. (pl. **-men**) uomo m. rana.

frog-march /'frɒgmɑ:tʃ, AE 'frɔ:g-/ tr. BE spingere, trascinare [qcn.] con le braccia legate dietro la schiena [*person*].

frog-spawn /'frɒgspɔ:n, AE 'frɔ:g-/ n. **U** uova f.pl. di rana.

1.frolic /'frɒlɪk/ n. **1** *(fun)* divertimento m., spasso m. **2** *(lively film)* commedia f.; *(play)* farsa f.

2.frolic /'frɒlɪk/ intr. (forma in -ing ecc. **-ck-**) divertirsi, spassarsela; FIG. darsi alla bella vita.

from /*forma debole* frəm, *forma forte* frɒm/ When *from* is used as a straightforward preposition in English, it is translated by *da* in Italian: *from Rome* = da Roma; *from Lisa* = da Lisa. Remember that the preposition *from* + *the* is translated by one word in Italian; the following cases may occur: *from the cinema* = (da + il) dal cinema; *from the stadium* = (da + lo) dallo stadio; *from the church* = (da + la) dalla chiesa; *from the hospital, from the abbey, from the hotel* = (da + l') dall'ospedale, dall'abbazia, dall'hotel; *from the mountains* = (da + i) dai monti; *from the open spaces* = (da + gli) dagli spazi aperti; *from the houses* = (da + le) dalle case. - *From* is often used after verbs in English (*suffer from, benefit from, protect from* etc.): for translations, consult the appropriate verb entry (**suffer**, **benefit**, **protect** etc.). - *From* is used after certain nouns and adjectives in English (*shelter from, exemption from, free from, safe from* etc.): for translations, consult the appropriate noun or adjective entry (**shelter**, **exemption**, **free**, **safe** etc.). - This dictionary contains lexical notes on such topics as **NATIONALITIES, COUNTRIES AND CONTINENTS, REGIONS**. Many of these use the preposition *from*. For these notes see the end of the English-Italian section. - For examples of the above and particular usages of *from*, see the entry below. prep. **1** *(indicating place of origin)* da; ***goods ~ Spain*** merci dalla Spagna; ***a friend ~ Chicago, Japan*** un amico di Chicago, giapponese; ***people ~ Spain*** gli spagnoli; ***where is he ~?*** da dove viene? di dov'è? ***he comes ~ Oxford*** è di Oxford; ***to take sth. ~ the table*** prendere qcs. sul tavolo **2** *(expressing distance)* da; ***5 km ~ the sea*** a 5 km dal mare; ***far ~ here*** lontano da qui **3** *(expressing time span)* da; ***open ~ 2 pm until 5 pm*** aperto dalle 14 alle 17; ***~ June to August*** da giugno ad agosto; ***15 years ~ now*** fra 15 anni; ***one month ~ now*** un mese a partire da adesso; ***~ day to day*** di giorno in giorno **4** *(using as a basis)* ***~ a short story by Poe*** da un racconto di Poe; ***to speak ~ experience*** parlare per esperienza **5** *(representing, working for)* ***a representative ~ Grunard*** un rappresentante della Grunard **6** *(among)* ***to choose ~*** scegliere tra **7** *(indicating a source)* ***a card ~ Jo*** una cartolina di Jo; ***a letter ~ them*** una loro lettera; ***a quote ~ sb.*** una citazione di qcn. **8** *(expressing extent, range)* da; ***wine ~ £ 5 a bottle*** vino a partire da £ 5 (al)la bottiglia; ***children ~ the ages of 12 to 15*** bambini dai 12 ai 15 anni; ***~ start to finish*** dall'inizio alla fine **9** *(in subtraction)* ***3 ~ 7 leaves 4*** 7 meno 3 fa 4 **10** *(because of, due to)* ***I know ~ speaking to her that*** parlando con lei ho saputo che; ***he knows her ~ work*** l'ha conosciuta sul lavoro **11** *(judging by)* (a giudicare) da; ***~ what he said*** da ciò che ha detto; ***~ the way he talks...*** dal modo in cui parla...

frond /frɒnd/ n. fronda f.

1.front /frʌnt/ n. **1** *(forward facing area) (of house, shop)* facciata f.; *(of cupboard, box, car)* davanti m., parte f. anteriore; *(of sweater)* davanti m.; *(of book)* copertina f.; *(of card)* faccia f.; *(of coin, banknote)* recto m.; *(of fabric)* diritto m. **2** *(furthest forward part) (of train, queue)* testa f.; *(of building)* davanti m.; *(of auditorium)* prima fila f.; ***at the ~ of*** in testa a [*line*]; sul davanti di [*house*]; ***to sit at the ~ of the class*** sedersi in prima fila; ***I'll sit in the ~ with the driver*** mi siedo davanti vicino all'autista; ***there's room at the ~ of the coach*** c'è posto davanti sul pullman **3** MIL. POL. fronte m. **4** *(stomach)* ***to lie on one's ~*** stare a pancia in giù; ***to spill sth. down one's ~*** rovesciarsi qcs. addosso **5** BE *(promenade)* passeggiata f.; ***sea ~*** lungomare **6** METEOR. fronte m. **7** *(area of activity)* fronte m.; ***changes on the domestic*** o ***home ~*** POL. cambiamenti di politica interna **8** FIG. *(outer appearance)* facciata f.; ***to put on a brave ~*** fingere coraggio **9** FIG. COLLOQ. copertura f. (**for** a) **10 in front** *(ahead)* ***who's in ~?*** chi è in testa? ***I'm 30 points in ~*** ho 30 punti di vantaggio **11 in front of** *(before)* davanti a.

2.front /frʌnt/ agg. attrib. **1** *(facing street)* [*entrance, garden, window*] davanti; [*bedroom*] sul davanti della casa **2** *(furthest from rear)* [*wheel, paw, leg*] anteriore, davanti; [*seat*] *(in cinema)* in prima fila; *(in vehicle)* davanti; [*tooth*] davanti; [*carriage*] di testa; ***in the ~ row*** in prima fila; ***~ panel*** *(in car* *radio)* frontalino **3** *(first)* [*page*] primo; [*racing car*] in testa **4** *(head-on)* [*view*] frontale.

3.front /frʌnt/ **I** tr. **1** *(face)* [*house*] essere di fronte a, essere su [*sea*] **2** COLLOQ. *(lead)* essere a capo di, capeggiare [*band, party*] **3** TELEV. presentare [*TV show*] **II** intr. **1** *(face)* ***to ~ onto*** BE o ***on*** AE [*house*] guardare, dare su [*main road*]; essere di fronte a, essere su [*sea*] **2** *(serve as a cover)* ***to ~ for*** servire da copertura a.

frontage /ˈfrʌntɪdʒ/ n. **1** *(of house, shop)* facciata f. **2** *(access)* ***with ocean, river ~*** che dà sull'oceano, sul fiume.

frontal /ˈfrʌntl/ agg. frontale; ***~ system*** METEOR. fronte.

front bench n. GB POL. **1** *(seats)* = i banchi del partito di governo **2** *(members)* = ministri e altri esponenti del partito al governo.

frontbencher /ˌfrʌntˈbentʃə(r)/ n. BE POL. COLLOQ. *(government)* = membro del governo.

front cover n. copertina f.

front door n. porta f. d'ingresso.

frontier /ˈfrʌntɪə(r), AE frʌnˈtɪər/ **I** n. frontiera f. (anche FIG.); ***the ~ between Italy and France*** il confine italo-francese **II** modif. [*town, zone*] di frontiera; [*controls*] alla frontiera.

frontier post n. posto m. di frontiera.

frontiersman /ˈfrʌntɪəzmən, AE frʌnˈtɪər-/ n. (pl. **-men**) abitante m. di una zona di confine; *(in Wild West)* uomo m. della frontiera.

frontispiece /ˈfrʌntɪspiːs/ n. TIP. = illustrazione sul controfrontespizio.

front line I n. **1** MIL. fronte m. **2** FIG. *(exposed position)* prima linea f.; ***to be in*** BE o ***on*** AE ***the ~*** essere in prima linea **3** SPORT *(in rugby)* ***the ~*** gli attaccanti, gli avanti **II front-line** modif. **1** MIL. [*troops, positions*] di prima linea **2** POL. [*state*] confinante con uno stato in guerra.

frontman /ˈfrʌntmən/ n. (pl. **-men**) **1** *(figurehead)* uomo m. di paglia **2** *(TV presenter)* presentatore m. **3** *(lead musician)* leader m.

front matter n. **U** = l'insieme del frontespizio, della prefazione e dell'introduzione di un libro.

front of house n. BE TEATR. foyer m., ridotto m.

front page I n. *(of newspaper, book)* prima pagina f. **II front-page** modif. [*picture, story, headlines*] di prima pagina.

front-runner /ˌfrʌntˈrʌnə(r)/ n. **1** POL. *(favourite)* capolista m. e f. (**in** di) **2** SPORT = chi è in testa, chi conduce.

front-wheel drive n. trazione f. anteriore.

1.frost /frɒst/ n. **1** *(weather condition)* gelo m.; ***10° of ~*** meno 10°, 10° sotto zero; ***there may be a touch of ~ tonight*** potrebbe gelare questa notte **2 C** *(one instance)* gelata f. **3** *(icy coating)* brina f.

2.frost /frɒst/ tr. GASTR. glassare [*cake*].

▪ **frost over, frost up** [*window, windscreen*] gelare, ghiacciare.

frostbite /ˈfrɒstbaɪt/ n. **U** MED. congelamento m.

frostbitten /ˈfrɒstbɪtn/ agg. MED. congelato.

frosted /ˈfrɒstɪd/ **I** p.pass. → **2.frost II** agg. **1** COSMET. [*nail varnish*] madreperlato **2** *(iced)* [*cake*] glassato **3** *(opaque)* [*glass*] smerigliato **4** *(chilled)* [*drinking glass*] ghiacciato.

frostiness /ˈfrɒstɪnɪs/ n. gelo m.; FIG. freddezza f.

frosting /ˈfrɒstɪŋ/ n. glassa f.

frost-resistant /ˈfrɒstrɪzɪstənt/ agg. resistente al gelo, al freddo.

frosty /ˈfrɒstɪ/ agg. **1** [*morning*] gelido; [*windscreen*] ghiacciato; ***it was a ~ night*** quella notte gelò **2** FIG. [*reception*] gelido.

1.froth /frɒθ, AE frɔːθ/ n. **1** *(foam) (on beer, champagne)* spuma f.; *(on water)* schiuma f.; *(around the mouth)* bava f. **2 U** FIG. *(trivia)* inezie f.pl., futilità f.pl.

2.froth /frɒθ, AE frɔːθ/ intr. schiumare, fare schiuma; ***to ~ at the mouth*** avere la bava alla bocca (anche FIG.).

frothy /ˈfrɒθɪ, AE ˈfrɔːθɪ/ agg. **1** *(foamy)* [*beer*] spumoso; [*coffee*] con la schiuma; [*surface of sea*] schiumoso **2** *(lacy)* [*lingerie*] leggero, vaporoso.

1.frown /fraʊn/ n. cipiglio m., espressione f. accigliata.

2.frown /fraʊn/ intr. aggrottare le sopracciglia, accigliarsi; ***to ~ at sb.*** guardare male qcn.

▪ **frown on, frown upon:** ~ ***on*** o ***upon [sth.]*** disapprovare; ***to be ~ed upon*** essere criticato.

froze /frəʊz/ pass. → **2.freeze**.

frozen /ˈfrəʊzn/ **I** p.pass. → **2.freeze II** agg. **1** [*lake, ground*] gelato, ghiacciato; [*person, fingers*] gelato, congelato; ***I'm ~*** sono congelato **2** FIG. ***to be ~ with fear*** essere agghiacciato dalla paura; ***to be ~ to the spot*** rimanere impietrito **3** [*food*] *(bought)* surgelato; *(home-prepared)* congelato **4** ECON. [*prices, assets*] congelato **5** MED. [*embryo*] congelato.

FRS n. (⇒ Fellow of the Royal Society) = membro della Royal Society.

fructify /ˈfrʌktɪfaɪ/ intr. fruttificare.

frugal /ˈfruːgl/ agg. frugale.

frugality /fruːˈgælətɪ/ n. frugalità f.

frugally /ˈfruːgəlɪ/ avv. [*live*] frugalmente; [*manage*] con parsimonia.

1.fruit /fruːt/ **I** n. **1 U** frutta f.; ***a piece of ~*** un frutto **2** *(edible, inedible)* frutto m. (anche FIG.); ***to bear ~*** portare frutti **II** modif. [*drop, gum*] alla frutta.

2.fruit /fruːt/ intr. [*tree*] dare frutti.

fruitarian /fruːˈteərɪən/ n. fruttariano m. (-a).

fruit bowl n. fruttiera f.

fruit cake n. torta f. di frutta secca.

fruit cocktail n. macedonia f.

fruiterer /ˈfruːtərə(r)/ ♦ **27** n. commerciante m. e f. di frutta; fruttivendolo m. (-a).

fruit farmer ♦ **27** n. frutticoltore m. (-trice).

fruit farming n. frutticoltura f.

fruit fly n. drosofila f., moscerino m. della frutta.

fruitful /ˈfruːtfl/ agg. **1** [*relationship, discussion*] fruttuoso **2** LETT. [*earth*] fruttifero, fertile.

fruitfully /ˈfruːtfəlɪ/ avv. [*teach*] fruttuosamente, con successo; [*spend time*] fruttuosamente.

fruitfulness /ˈfruːtflnɪs/ n. **1** LETT. *(of earth)* fruttuosità f., fertilità f. **2** FIG. *(of approach)* utilità f., vantaggio m.

fruition /fruːˈɪʃn/ n. ***to come to ~*** realizzarsi; ***to bring sth. to ~*** portare qcs. a compimento.

fruitless /ˈfruːtlɪs/ agg. [*attempt, search*] infruttuoso, vano; [*discussion*] sterile.

fruit machine n. BE slot machine f. (che ha come simboli dei frutti).

fruit salad n. macedonia f.

fruits of the forest n.pl. frutti m. di bosco.

fruit tree n. albero m. da frutto.

fruity /ˈfruːtɪ/ agg. **1** *(flavoured)* [*wine, fragrance*] fruttato **2** *(mellow)* [*voice, tone*] morbido, pastoso **3** *(salacious)* [*joke*] spinto.

frump /frʌmp/ n. SPREG. *(woman)* sciattona f.

frustrate /frʌˈstreɪt, AE ˈfrʌstreɪt/ tr. **1** *(irk, annoy)* frustrare [*person*] **2** *(thwart)* vanificare [*effort, attempt*]; ostacolare [*move*]; fare fallire [*plan*].

frustrated /frʌˈstreɪtɪd, AE ˈfrʌst-/ **I** p.pass. → **frustrate II** agg. **1** *(irritated)* irritato; ***to become ~ at sth.*** innervosirsi per qcs. **2** *(unfulfilled in aspirations)* [*person*] frustrato; [*desire*] insoddisfatto **3** *(thwarted)* [*plan, effort, attempt*] frustrato, vanificato **4** *(would-be)* ***a ~ diplomat*** un diplomatico mancato **5** *(sexually)* frustrato.

frustrating /frʌˈstreɪtɪŋ, AE ˈfrʌst-/ agg. **1** *(irritating)* irritante; ***you locked yourself out? how ~!*** sei rimasto chiuso fuori? chissà che nervi! **2** *(unsatisfactory, thwarting)* [*situation*] frustrante.

frustratingly /frʌˈstreɪtɪŋlɪ, AE ˈfrʌst-/ avv. ***it is ~ difficult*** è di una difficoltà davvero frustrante.

frustration /frʌˈstreɪʃn/ n. frustrazione f. (**at, with** per); ***to feel anger and ~*** sentirsi in collera e frustrato; ***in ~, he...*** irritato, lui...; ***the ~s of house-buying are endless*** acquistare una casa è un'esperienza lunga e frustrante; ***the ~ of all my hopes*** la delusione di tutte le mie speranze.

1.fry /fraɪ/ n. **1** + verbo pl. ZOOL. avannotti m. **2** FIG. ***small ~*** + verbo pl. *(children)* bambini; *(unimportant people)* pesci piccoli.

2.fry /fraɪ/ tr. e intr. GASTR. friggere.

fryer /ˈfraɪə(r)/ n. **1** *(utensil)* friggitrice f. **2** *(chicken)* pollo m. novello (da friggere).

frying pan n. BE padella f. per friggere ♦ ***to jump out of the ~ into the fire*** cascare dalla padella nella brace.

fry-up /ˈfraɪʌp/ n. BE fritto m. misto, frittura f. mista.

fuchsia /'fju:ʃə/ ➧ 5 **I** n. **1** *(plant)* fucsia f. **2** *(colour)* fucsia m. **II** agg. fucsia.

1.fuck /fʌk/ n. VOLG. scopata f., chiavata f.; ***to have a ~*** fottere, scopare ♦ ***I don't give a ~*** non me ne frega un cazzo.

2.fuck /fʌk/ inter. VOLG. cazzo, porca puttana; ***~ you!*** va' a farti fottere! vaffanculo! ***~ off!*** vaffanculo!

3.fuck /fʌk/ **I** tr. VOLG. scoparsi, chiavarsi [*person*] **II** intr. VOLG. fottere, scopare, chiavare ♦ ***~ knows!*** VOLG. che cazzo ne so! ***we're ~ed*** VOLG. siamo fottuti; ***~ me!*** *(expressing surprise)* porca puttana! minchia! 'sti cazzi!

■ **fuck about, fuck around** VOLG. ***~ about*** o ***around*** cazzeggiare; ***~ [sb.] about*** o ***around*** prendere per il culo.

■ **fuck up** VOLG. ***~ up*** fare casini, fare cazzate; ***~ [sth.] up*** mandare a puttane.

fuck-all /ˌfʌk'ɔ:l/ avv. BE VOLG. ***to know, do ~*** non sapere, non fare un cazzo (di niente).

fucking /'fʌkɪŋ/ **I** agg. VOLG. ***this ~ machine!*** questa fottuta macchina! questa cazzo di macchina! ***you ~ idiot!*** coglione! **II** avv. VOLG. ***~ gorgeous*** strafico.

fuddle /'fʌdl/ n. COLLOQ. stordimento m., rimbambimento m.

fuddled /'fʌdld/ agg. COLLOQ. **1** *(confused)* [*idea, brain*] incasinato; [*state*] di rimbambimento; [*person*] rimbambito **2** *(slightly drunk)* brillo.

fuddy-duddy /'fʌdɪdʌdɪ/ n. COLLOQ. vecchio m. (-a), matusa m. e f.

1.fudge /fʌdʒ/ n. **1** GASTR. *(soft sweet)* INTRAD. m. (caramelle a base di zucchero, burro, panna, simili alle caramelle mou) **2** AE GASTR. *(hot sauce)* INTRAD. m. (crema a base di zucchero, latte, burro e cioccolato) **3** COLLOQ. *(compromise)* ***it's a ~*** è un pastrocchio.

2.fudge /fʌdʒ/ tr. COLLOQ. **1** *(evade)* evitare [*issue*] **2** *(falsify)* truccare [*figures*].

1.fuel /'fju:əl/ n. **1** combustibile m.; *(for car, plane)* carburante m. **2** FIG. ***to provide ~ for*** alimentare [*claims*]; fomentare [*hatred*] ♦ ***to add ~ to the flames*** o ***fire*** aggiungere esca al fuoco.

2.fuel /'fju:əl/ tr. (forma in -ing ecc. **-ll-**, **-l-** AE) **1** *(make run)* [*gas, oil*] alimentare [*furnace, engine*]; ***to be ~led by gas*** andare a gas **2** *(put fuel into)* rifornire di carburante [*vehicle*] **3** FIG. *(spur)* alimentare, suscitare [*tension*]; fomentare [*hatred*]; favorire [*speculation*].

fuel consumption n. *(of plane, car)* consumo m. di carburante; *(in industry)* consumo m. di combustibile.

fuel-efficient /'fju:əlɪˌfɪʃnt/ agg. a bassi consumi.

fuel injection **I** n. iniezione f. (di carburante) **II** modif. [*engine*] a iniezione.

fuel oil n. olio m. combustibile, gasolio m.

fuel pump n. *(in a motor vehicle)* pompa f. dell'alimentazione.

fuel saving **I** n. risparmio m. energetico **II** agg. [*measure*] per il risparmio energetico.

fug /fʌg/ n. BE COLLOQ. aria f. viziata.

fuggy /'fʌgɪ/ agg. BE [*atmosphere*] *(smoky)* fumoso; *(airless)* viziato.

fugitive /'fju:dʒətɪv/ **I** agg. **1** LETT. [*happiness*] effimero, fugace; [*impression*] fugace, fuggevole **2** *(in flight)* [*person*] fuggiasco, fuggitivo **II** n. fuggiasco m. (-a), fuggitivo m. (-a).

fugue /fju:g/ n. MUS. PSIC. fuga f.

fulcrum /'fʊlkrəm/ n. (pl. **~s**, **-a**) fulcro m. (anche FIG.).

fulfil BE, **fulfill** AE /fʊl'fɪl/ **I** tr. (forma in -ing ecc. **-ll-**) **1** *(realize, carry out)* realizzare [*ambition, desire*]; fare avverare, fare adempiere [*prophecy*]; mantenere, adempiere [*promise*]; fare avverare [*hope*]; soddisfare [*need*]; ***to ~ one's potential*** realizzarsi **2** *(satisfy)* appagare [*person*] **3** *(satisfy requirements of)* adempiere [*duty, contract*]; rispettare [*conditions*] **II** rifl. (forma in -ing ecc. **-ll-**) ***to ~ oneself*** realizzarsi.

fulfilling /fʊl'fɪlɪŋ/ agg. appagante.

fulfilment BE, **fulfillment** AE /fʊl'fɪlmənt/ n. **1** *(satisfaction)* soddisfazione f., appagamento m.; ***sexual ~*** appagamento sessuale; ***personal ~*** soddisfazione personale; ***to seek ~*** cercare appagamento **2** *(realization)* ***the ~ of*** la realizzazione di [*ambition*]; il soddisfacimento di [*need*]; l'adempimento di [*promise*] **3** *(of role, duty, obligation)* adempimento m. **4** *(meeting requirements)* ***the ~ of the contract will entail...*** il contratto prevede...

1.full /fʊl/ **I** agg. **1** *(completely filled)* [*box, glass, room, theatre*] pieno; [*hotel, flight, car park*] completo; ***a ~ bottle of whisky*** una bottiglia di whisky piena; ***~ to overflowing*** [*bucket*] traboccante; [*suitcase*] pieno (zeppo); ***I've got my hands ~*** ho le mani piene; FIG. sono pieno di cose da fare; ***don't speak with your mouth ~*** non parlare con la bocca piena; ***he's ~ of his holiday plans*** è preso dai progetti per le vacanze; ***to be ~ of oneself*** SPREG. essere pieno di sé **2** *(sated)* (anche **~ up**) [*stomach*] pieno; ***on a ~ stomach*** a stomaco pieno; ***I'm ~*** COLLOQ. sono sazio *o* pieno **3** *(busy)* [*day, week*] pieno, intenso; [*life*] intenso **4** *(complete)* [*address, breakfast*] completo; [*story*] intero, completo; [*price*] intero; [*control, responsibility, support*] pieno, completo; [*understanding*] pieno, totale; [*inquiry*] approfondito; ***the ~ extent of the damage*** la reale entità del danno; ***the ~ implications of his gesture*** tutto ciò che il suo gesto comporta; ***to be in ~ view*** essere perfettamente visibile **5** *(officially recognized)* [*member*] a tutti gli effetti; [*right*] pieno **6** *(maximum)* [*employment, bloom*] pieno; ***at ~ volume, speed*** a tutto volume, tutta velocità; ***in ~ sunlight*** in pieno sole; ***to make ~ use of sth.*** o ***to use sth. to ~ advantage*** sfruttare al massimo qcs.; ***to get ~ marks*** BE ottenere il massimo dei voti **7** *(for emphasis)* [*hour, month*] buono, intero; [*kilo*] buono **8** *(rounded)* [*cheeks*] pieno; [*lips*] carnoso; [*figure*] robusto; [*skirt, sleeve*] ampio **9** ASTR. [*moon*] pieno **10** *(rich)* [*flavour, tone*] intenso **II** avv. **1** *(directly)* ***to hit sb. ~ in the face*** colpire qcn. in pieno volto; ***to look sb. ~ in the face*** guardare qcn. diritto negli occhi, guardare in faccia qcn. **2** *(very)* ***to know ~ well that*** sapere benissimo *o* perfettamente bene che **3** *(to the maximum)* ***with the heating up ~*** con il riscaldamento al massimo **4 in full** [*write*] per esteso; [*describe*] dettagliatamente; ***to pay sb. in ~*** pagare qcn. per intero; FIG. saldare il conto con qcn. ♦ ***to enjoy*** o ***live life to the ~*** vivere la vita pienamente *o* appieno.

2.full /fʊl/ tr. TESS. follare.

full-back /'fʊlbæk/ n. SPORT *(in football)* terzino m.; *(in rugby)* estremo m.

full beam n. ***on ~*** AUT. con gli abbaglianti accesi.

full blast avv. COLLOQ. ***the TV was on*** o ***going at ~*** la tivù era a tutto volume.

full-blooded /ˌfʊl'blʌdɪd/ agg. **1** *(vigorous)* [*argument*] appassionato; [*condemnation*] vigoroso **2** *(committed)* [*socialism*] allo stato puro **3** *(purebred)* [*person*] di razza pura; [*horse*] purosangue.

full-blown /ˌfʊl'bləʊn/ agg. **1** MED. [*disease*] conclamato; [*epidemic*] devastante; ***to have ~ Aids*** avere l'AIDS in fase conclamata **2** *(qualified)* [*doctor*] con (tutte) le carte in regola **3** *(large-scale)* [*crisis*] generale, su vasta scala; [*war*] totale **4** [*rose*] in piena fioritura.

full board n. pensione f. completa.

full-bodied /ˌfʊl'bɒdɪd/ agg. [*wine*] corposo.

full-cream milk n. BE latte m. intero.

full dress n. abito m. da cerimonia; MIL. alta uniforme f.

full-face /ˌfʊl'feɪs/ agg. e avv. FOT. di fronte.

full-frontal /ˌfʊl'frʌntl/ agg. [*photograph*] = che ritrae una persona nuda vista di fronte.

full-grown /ˌfʊl'grəʊn/ agg. [*person*] adulto; [*tree*] che ha raggiunto il massimo della crescita.

full house n. **1** TEATR. ***to have a ~*** fare il tutto esaurito **2** GIOC. *(in poker)* full m.

full-length /ˌfʊl'leŋθ/ agg. **1** CINEM. ***a ~ film*** un lungometraggio **2** *(head to toe)* [*portrait*] a figura intera; ***~ window*** finestra a tutta altezza, finestrone **3** *(long)* [*coat, curtain*] lungo; [*novel*] in versione integrale.

full name n. nome m. per esteso nome m. e cognome m.

fullness /'fʊlnɪs/ n. **1** *(width)* *(of sleeve, dress)* ampiezza f. **2** *(roundness)* *(of breasts)* rotondità f.; *(of lips)* carnosità f. **3** *(of flavour)* intensità f. ♦ ***in the ~ of time*** *(with the passage of time)* a tempo debito; *(eventually)* a suo tempo.

full-page /ˌfʊl'peɪdʒ/ agg. TIP. a piena pagina, a tutta pagina.

full pay n. stipendio m. intero.

full price agg. e avv. a prezzo intero.

full-scale /ˌfʊl'skeɪl/ agg. **1** *(in proportion)* [*drawing*] a grandezza naturale **2** *(extensive)* [*operation*] su vasta scala; [*investigation, study*] su vasta scala, approfondito **3** *(total)*

[*alert, crisis*] generale; [*war*] totale **4** *(complete)* [*performance*] grande, completo.
full-size(d) /ˌfʊlˈsaɪz(d)/ agg. **1** *(large)* a grandezza naturale **2** [*violin, bike*] per adulti.
full stop n. BE *(in punctuation)* punto m.; ***I'm not leaving, ~!*** non parto, punto e basta! ***to come to a ~*** fermarsi, arrestarsi.
full time I n. SPORT fine f. della partita **II full-time** modif. **1** SPORT [*score*] finale **2** *(permanent)* [*job, student*] a tempo pieno **III** avv. [*study, work*] a tempo pieno.
fully /ˈfʊlɪ/ avv. **1** *(completely)* [*understand*] perfettamente; [*succeed, recover*] pienamente, completamente; [*furnished, awake, developed*] completamente; [*dressed*] interamente; [*aware*] perfettamente; ***to be ~ qualified*** avere tutti i requisiti **2** *(to the maximum)* [*open, stretched*] completamente; ***~ booked*** al completo **3** *(comprehensively)* [*study*] a fondo; [*explain*] in modo dettagliato **4** *(at least)* almeno.
fully-fledged /ˌfʊlɪˈfledʒd/ agg. **1** ZOOL. [*bird*] che ha messo tutte le penne **2** *(established)* [*member*] effettivo; [*lawyer*] esperto.
fully-grown /ˌfʊlɪˈgrəʊn/ → **full-grown**.
fulminate /ˈfʌlmɪneɪt, AE ˈfʊl-/ intr. scagliare fulmini, inveire.
fulsome /ˈfʊlsəm/ agg. FORM. [*compliments*] smaccato; [*manner*] eccessivamente ossequioso.
1.fumble /ˈfʌmbl/ n. AE SPORT liscio m.
2.fumble /ˈfʌmbl/ **I** tr. **1** SPORT lasciarsi sfuggire [*ball*] **2** *(bungle)* sbagliare [*entrance*]; fallire [*attempt*] **II** intr. ***to ~ in one's bag for a cigarette*** frugare nella borsa alla ricerca di una sigaretta; ***to ~ with*** armeggiare, giocherellare con [*buttons*].
■ **fumble about:** ~ ***about*** *(in dark)* brancolare, andare a tentoni (**to do** per fare); ***to ~ about in*** frugare in [*bag*].
fume /fju:m/ intr. **1** COLLOQ. [*person*] fumare di rabbia, essere furioso; ***to ~ with anger*** fumare di rabbia; ***to ~ with impatience*** friggere **2** [*mixture, chemical*] fumare, esalare vapori.
fumes /fju:mz/ n.pl. esalazioni f.; ***petrol ~*** BE o ***gas ~*** AE vapori della benzina; ***traffic ~*** gas di scarico.
fumigate /ˈfju:mɪgeɪt/ tr. suffumicare, disinfettare con fumi.
fumigation /ˌfju:mɪˈgeɪʃn/ n. suffumicazione f.
fun /fʌn/ **I** n. divertimento m.; ***to have (great) ~*** divertirsi (molto) (**doing** a fare; **with** con); ***it is ~ to do sth.*** o ***doing sth. is ~*** è divertente fare qcs.; ***to do sth. for ~, to do sth. for the ~ of it*** fare qcs. per divertimento; ***it's just for ~*** è solo per scherzo; ***to do sth. in ~*** fare qcs. per scherzo *o* per ridere; ***half the ~ of skiing is...*** la cosa più divertente dello sci è...; ***to spoil sb.'s ~*** rovinare il divertimento a qcn., guastare la festa a qcn.; ***to be full of ~*** essere una persona divertente; ***he has a sense of ~*** sa divertirsi; ***he's (such) ~*** è (veramente) uno spasso; ***she is great ~ to be with*** ci si diverte molto con lei **II** agg. divertente, spassoso ♦ ***to become a figure of ~*** diventare lo zimbello (**for** di); ***to have ~ and games*** divertirsi un mondo (anche IRON.); ***to make ~ of*** o ***poke ~ at sb.*** prendersi gioco di qcn., prendere in giro qcn.
1.function /ˈfʌŋkʃn/ n. **1** *(role)* funzione f.; ***to fulfil a ~*** adempiere una funzione; ***to perform a ~ as*** svolgere la funzione di; ***in her ~ as...*** nella sua funzione di...; ***the ~ of the heart is to do*** il cuore ha la funzione di fare; ***bodily ~s*** funzioni fisiologiche *o* corporee **2** *(reception)* ricevimento m.; *(ceremony)* cerimonia f. **3** INFORM. MAT. funzione f.
2.function /ˈfʌŋkʃn/ intr. **1** *(work properly)* funzionare **2** *(operate as)* ***to ~ as*** avere la funzione di.
functional /ˈfʌŋkʃənl/ agg. **1** [*design*] funzionale **2** *(in working order)* funzionante.
functionalism /ˈfʌŋkʃənəlɪzəm/ n. funzionalismo m.
functionary /ˈfʌŋkʃənərɪ, AE -nerɪ/ n. funzionario m. (-a); SPREG. burocrate m. e f.
function key n. tasto m. funzione.
function room n. sala f. per i ricevimenti.
function word n. parola f. funzionale.
1.fund /fʌnd/ **I** n. **1** *(cash reserve)* fondo m.; ***emergency, relief ~*** fondo per le emergenze, di assistenza; ***disaster ~*** stanziamento a favore delle popolazioni colpite **2** FIG. *(store)* ***he's a ~ of wisdom*** è una persona di grande saggezza **II funds** n.pl. **1** *(capital)* fondi m.; ***to be in ~s*** avere mezzi **2** *(credit balance)* capitale m., disponibilità f. **3** *(on cheque)* ***"No ~s"*** o ***"insufficient ~s"*** "insufficienza fondi".
2.fund /fʌnd/ tr. **1** *(finance)* finanziare [*company, project*] **2** *(convert)* consolidare [*debt*].
fundamental /ˌfʌndəˈmentl/ **I** agg. [*issue, meaning*] fondamentale (**to** per); [*error*] gravissimo; [*concern*] principale; ***to be ~ to*** essere essenziale per **II fundamentals** n.pl. ***the ~s*** i fondamenti *o* le basi (**of** di).
fundamentalism /ˌfʌndəˈmentəlɪzəm/ n. fondamentalismo m.; *(Islam)* fondamentalismo m. islamico, integralismo m. islamico.
fundamentalist /ˌfʌndəˈmentəlɪst/ **I** agg. fondamentalista, fondamentalistico; *(Islam)* fondamentalista, integralista **II** n. fondamentalista m. e f.; *(Islam)* fondamentalista m. e f. islamico (-a), integralista m. e f. islamico (-a).
fundamentally /ˌfʌndəˈmentəlɪ/ avv. [*opposed, incompatible*] fondamentalmente; [*change*] radicalmente; ***the project is ~ flawed*** il progetto ha un difetto di base.
funding /ˈfʌndɪŋ/ n. ECON. **1** *(financial aid)* finanziamento m.; ***self-~*** autofinanziamento **2** *(of debt)* consolidamento m.
funding agency, **funding body** n. ente m. per il reperimento e la gestione di fondi.
fund manager ♦ *27* n. ECON. gestore m. (-trice) di fondi.
fund-raiser /ˈfʌndreɪzə(r)/ n. *(person)* = chi raccoglie fondi; *(event)* raccolta f. fondi.
fund-raising /ˈfʌndreɪzɪŋ/ n. raccolta f. fondi.
funeral /ˈfju:nərəl/ **I** n. funerale m., esequie f.pl. **II** modif. [*march, oration*] funebre ♦ ***that's your, her ~!*** COLLOQ. peggio per te, per lei!
funeral director ♦ *27* n. impresario m. (-a) di pompe funebri.
funeral home AE, **funeral parlour** BE, **funeral parlor** AE n. **1** *(business)* impresa f. di pompe funebri **2** *(room)* camera f. ardente (all'interno di un'impresa di pompe funebri).
funerary /ˈfju:nərərɪ, AE -rerɪ/ agg. funerario, funebre.
funereal /ˈfju:nɪərɪəl/ agg. [*atmosphere*] lugubre, funereo; [*voice*] lugubre.
fun fair n. luna park m., parco m. dei divertimenti.
fun fur n. pelliccia f. sintetica, ecologica.
fungal /ˈfʌŋgl/ agg. [*spore*] del fungo; [*infection*] fungino.
fungi /fʌŋgaɪ, -dʒaɪ/ → **fungus**.
fungicide /ˈfʌŋgɪsaɪd, ˈfʌndʒɪ-/ n. fungicida m.
fungus /ˈfʌŋgəs/ n. (pl. **~es**, **-i**) **1** BOT. MED. fungo m. **2** *(mould)* muffa f.
funicular /fju:ˈnɪkjʊlə(r)/ **I** agg. funicolare **II** n. funicolare f.
1.funk /fʌŋk/ n. MUS. funk m.
2.funk /fʌŋk/ n. COLLOQ. ***to be in a (blue) ~*** avere una fifa blu.
funky /ˈfʌŋkɪ/ agg. MUS. funky.
fun-loving /ˈfʌnlʌvɪŋ/ agg. ***he's very ~*** è un gran buontempone.
1.funnel /ˈfʌnl/ n. **1** *(for liquids)* imbuto m. **2** *(on ship, engine)* fumaiolo m.
2.funnel /ˈfʌnl/ **I** tr. (forma in -ing ecc. **-ll-**, **-l-** AE) **1** ***to ~ sth. into, through*** fare passare qcs. in, attraverso; ***to ~ sth. out*** fare uscire qcs. **2** FIG. incanalare [*funds, aid*] (**to** verso) **II** intr. (forma in -ing ecc. **-ll-**, **-l-** AE) ***to ~ into*** infilarsi in.
funnily /ˈfʌnɪlɪ/ avv. in modo buffo, strano, curioso; ***~ enough,...*** strano a dirsi,...
funny /ˈfʌnɪ/ **I** agg. **1** *(amusing)* [*person*] divertente, buffo; [*film, joke*] divertente **2** *(odd)* [*hat, smell*] strano; [*person*] strano, bizzarro, buffo; ***it's ~ how people change*** è curioso quanto la gente cambi **3** COLLOQ. *(unwell)* ***to feel ~*** non sentirsi un granché **II** avv. COLLOQ. [*talk, act*] in modo strano, bizzarro ♦ ***~ peculiar or ~ ha-ha?*** = strano o buffo?
funny bone n. COLLOQ. = parte immediatamente sopra al gomito che, se colpita, provoca una sensazione simile alla scossa elettrica.
funny business n. COLLOQ. **U** intrallazzi m.pl., intrighi m.pl.
funny money n. COLLOQ. *(counterfeit money)* soldi m.pl. falsi.
1.fur /fɜ:(r)/ **I** n. **U 1** *(on animal)* pelo m., pelame m.; *(for garment)* pelliccia f. **2** BE *(in kettle, pipes)* incrostazione m. **II** modif. [*collar, lining*] di pelliccia; ***~ coat*** pelliccia ♦ ***that'll make the ~ fly!*** ne vedremo delle belle!
2.fur /fɜ:(r)/ tr. (forma in -ing ecc. **-rr-**) *(line)* foderare di pelliccia [*garment*]; *(trim)* guarnire con pelliccia [*garment*].
■ **fur up** BE [*kettle, pipes*] incrostarsi.

furious /ˈfjʊərɪəs/ agg. **1** *(angry)* furioso, furibondo (**with, at** con); ***he's ~ about it*** questo lo ha reso furioso **2** FIG. *(violent)* [*struggle, storm*] furioso; [*debate*] accanito, acceso; ***at a ~ rate*** a un ritmo forsennato ♦ ***the pace was fast and ~*** il ritmo era indiavolato.

furiously /ˈfjʊərɪəslɪ/ avv. furiosamente; ***he was ~ angry*** era fuori di sé dalla rabbia.

furl /fɜːl/ tr. ammainare [*sail*]; arrotolare (intorno all'asta) [*flag*].

furlong /ˈfɜːlɒŋ, AE -lɔːŋ/ ♦ *15* n. = unità di misura di lunghezza pari a 1/8 di miglio, equivalente a circa 201 m.

furnace /ˈfɜːnɪs/ n. **1** *(in houses)* bruciatore m.; *(in foundry)* (alto)forno m.; *(for forging)* forgia f. **2** FIG. forno m., fornace f.

furnish /ˈfɜːnɪʃ/ tr. **1** *(put furniture in)* ammobiliare, arredare [*apartment*] **2** *(provide)* fornire [*document, excuse*]; ***to ~ sb. with sth.*** fornire qcs. a qcn.

furnished /ˈfɜːnɪʃt/ **I** p.pass. → **furnish II** agg. [*apartment*] ammobiliato, arredato.

furnishing /ˈfɜːnɪʃɪŋ/ **I** n. *(action)* ammobiliamento m., arredamento m. **II furnishings** n.pl. *(complete decor)* arredamento m.sing.; *(furniture)* mobili m., mobilio m.sing. **III** modif. [*fabric*] da arredamento; ***~ department*** reparto arredamento.

furniture /ˈfɜːnɪtʃə(r)/ **I** n. **U** mobili m.pl., mobilio m.; ***a piece of ~*** un mobile; ***door ~*** maniglieria per porte **II** modif. [*store, maker, restorer*] di mobili; [*industry*] del mobile; [*polish*] per mobili ♦ ***to be part of the ~*** COLLOQ. SCHERZ. fare parte dell'arredamento.

furniture remover ♦ *27* n. BE operaio m. addetto ai traslochi.

furniture van n. camioncino m. dei traslochi.

furore /fjʊˈrɔːrɪ/, **furor** AE /ˈfjuːrɔːr/ n. *(acclaim)* entusiasmo m., furore m.; *(criticism)* scalpore m.; ***to cause a ~*** *(reaction, excitement)* suscitare molto entusiasmo; *(outrage)* fare scalpore; *(acclaim)* fare furore.

furrier /ˈfʌrɪə(r)/ ♦ *27* n. pellicciaio m. (-a).

1.furrow /ˈfʌrəʊ/ n. *(in earth, snow)* solco m.; *(on brow)* ruga f. profonda.

2.furrow /ˈfʌrəʊ/ **I** tr. corrugare [*brow*] **II** intr. ***his brow ~ed*** corrugò la fronte.

furry /ˈfɜːrɪ/ agg. [*toy*] di peluche; [*kitten*] dal pelo folto.

1.further /ˈfɜːðə(r)/ When you are referring to real distances and places, you can use either *farther* or *further* (which is the usual form in spoken English); only *further* is used, however, with the figurative meaning *extra, additional, more.* **I** avv. (compar. di **far**) **1** *(to or at a greater distance)* (anche **farther**) più lontano; ***I can't go any ~*** non posso più andare avanti, oltre; ***how much ~ is it?*** quanto manca ancora? ***to get ~ and ~ away*** allontanarsi sempre di più; ***~ back, forward*** più indietro, avanti; ***~ away*** o ***off*** più lontano, più in là; ***~ on*** ancora più lontano, in là; ***I'll go so far but no ~*** FIG. più in là di così non vado; ***we're ~ forward than we thought*** FIG. siamo più avanti di quanto pensassimo; ***nothing could be ~ from the truth*** niente potrebbe essere più lontano dalla verità **2** *(in time)* ***~ back than 1964*** prima del 1964; ***a year ~ on*** un anno dopo; ***we must look ~ ahead*** dobbiamo guardare ancora più avanti **3** *(to a greater extent)* ulteriormente; ***we will enquire ~ into the matter*** faremo delle ricerche più approfondite; ***I won't delay you any ~*** non voglio trattenerla oltre **4** *(furthermore)* inoltre, in più **5 further to** FORM. facendo seguito a **II** agg. (compar. di **far**) **1** *(additional)* ***a ~ 10%, 50 people*** un altro 10%, altre 50 persone; ***~ changes*** ulteriori cambiamenti; ***to have no ~ use for sth.*** non avere più bisogno di qcs.; ***without ~ delay*** senza ulteriori ritardi, senza indugio; ***there's nothing ~ to discuss*** non c'è nient'altro da dire **2** *(more distant)* (anche **farther**) ***the ~ end*** l'altro capo; ***the ~ bank*** la riva opposta.

2.further /ˈfɜːðə(r)/ tr. aumentare [*chances*]; favorire [*career, plan*]; promuovere [*cause*].

furtherance /ˈfɜːðərəns/ n. ***in (the) ~ of*** per perseguire [*ambition*]; per sostenere [*cause*].

further education n. GB = istruzione post-scolastica non universitaria.

furthermore /ˌfɜːðəˈmɔː(r)/ avv. inoltre, in più.

furthermost /ˈfɜːðəməʊst/ agg. più lontano.

furthest /ˈfɜːðɪst/ When you are referring to real distances and places, you can use either *farthest* or *furthest* (which is the usual form in spoken English); only *furthest* is used, however, with the figurative meaning to the greatest degree or amount. **I** avv. (superl. di **far**) **1** *(in space)* (anche **the ~**) (il) più lontano; ***the ~ north*** il più a nord; ***this plan goes ~ towards solving the problem*** FIG. questo progetto si avvicina più (di tutti) alla soluzione del problema **2** *(in time)* ***the ~ back I can remember is 1978*** non ricordo nulla prima del 1978 **II** agg. (superl. di **far**) più lontano.

furtive /ˈfɜːtɪv/ agg. [*glance, movement*] furtivo; [*person*] che agisce furtivamente; [*behaviour*] sospetto; [*deal, meeting*] segreto.

furtively /ˈfɜːtɪvlɪ/ avv. [*glance, act*] furtivamente; [*eat, smoke*] di nascosto.

fury /ˈfjʊərɪ/ n. furia f. (anche FIG.); ***to be in a ~*** essere infuriato; ***he flew at her in a ~*** si scagliò su di lei come una furia ♦ ***like ~*** COLLOQ. [*run, work*] come un matto.

1.fuse /fjuːz/ n. EL. fusibile m.; ***to blow a ~*** fare saltare un fusibile; COLLOQ. FIG. andare su tutte le furie.

2.fuse /fjuːz/ **I** tr. **1** BE EL. ***to ~ the lights*** fare saltare i fusibili **2** munire di fusibile [*plug*] **3** TECN. *(unite)* saldare [*wires*]; fondere [*metals*] **4** FIG. fondere [*ideas, images*] **II** intr. **1** BE EL. ***the lights have ~d*** i fusibili sono saltati **2** TECN. [*metals, chemicals*] fondersi **3** FIG. (anche **~ together**) [*images, ideas*] fondersi.

3.fuse /fjuːz/ n. **1** *(cord) (for explosive device)* miccia f. **2** *(detonator)* detonatore m., spoletta f. ♦ ***to be on a short ~*** arrabbiarsi facilmente.

fuse box n. EL. cassetta f. di interruzione.

fuselage /ˈfjuːzəlɑːʒ, -lɪdʒ/ n. AER. fusoliera f.

fuse wire n. EL. filo m. fusibile.

fusillade /ˌfjuːzəˈleɪd, AE -sə-/ n. salva f. (di fucileria); FIG. raffica f.

fusion /ˈfjuːʒn/ n. fusione f. (anche FIG.).

1.fuss /fʌs/ n. **1** *(agitation)* trambusto m.; *(verbal)* chiasso m.; ***to make a ~*** fare chiasso; ***to make a big ~ about nothing*** fare un sacco di storie per nulla; ***I don't see what all the ~ is about*** non vedo dov'è il problema **2** *(angry scene)* ***to kick up a ~ about sth.*** piantare un casino per qcs. **3** *(attention)* ***to make a ~ of*** avere mille attenzioni nei riguardi di [*person*]; coccolare [*animal*]; ***he doesn't want any ~*** vuole essere ricevuto senza cerimonie.

2.fuss /fʌs/ **I** tr. AE *(bother)* innervosire, mettere in agitazione **II** intr. **1** *(worry)* agitarsi, preoccuparsi (**about** per); *(be agitated)* agitarsi **2** *(show attention)* ***to ~ over sb.*** COLLOQ. darsi da fare per qcn.

fussily /ˈfʌsɪlɪ/ avv. **1** *(anxiously)* con pignoleria **2** *(ornately)* in modo troppo elaborato.

fussiness /ˈfʌsɪnɪs/ n. **1** *(of decoration)* (l')essere troppo elaborato **2** *(choosiness)* pignoleria f., meticolosità f.

fussing /ˈfʌsɪŋ/ n. ***endless ~ about*** o ***over details*** attenzione maniacale ai dettagli.

fusspot /ˈfʌspɒt/ n. BE COLLOQ. *(finicky person)* pignolo m. (-a).

fussy /ˈfʌsɪ/ agg. **1** *(difficult to please)* esigente (**about** riguardo a); ***"when do you want to leave?" - "I'm not ~"*** "quando vuoi partire?" - "per me fa lo stesso" **2** *(over-elaborate)* [*furniture, decoration*] troppo elaborato; [*style*] enfatico, carico di fronzoli.

fustian /ˈfʌstɪən, AE -tʃən/ n. fustagno m.

fusty /ˈfʌstɪ/ agg. **1** [*smell*] di muffa, di stantio **2** [*idea*] antiquato.

futile /ˈfjuːtaɪl, AE -tl/ agg. **1** *(vain)* vano, inutile **2** *(inane)* futile.

futility /fjuːˈtɪlətɪ/ n. inutilità f.

future /ˈfjuːtʃə(r)/ **I** agg. attrib. [*generation, developments, investment*] futuro; [*prospects*] per l'avvenire; ***at some ~ date*** in data futura **II** n. **1** *(on time scale)* futuro m., avvenire m.; ***in the ~*** in futuro, in avvenire; ***in the near*** o ***not too distant ~*** in un prossimo futuro; ***to see into the ~*** leggere il futuro **2** *(prospects)* futuro m. **3** LING. (anche **~ tense**) futuro m.; ***in the ~*** al futuro **III futures** n.pl. ECON. futures m.

future perfect n. futuro m. anteriore.
futures market n. mercato m. a termine, dei futures.
futurism /'fju:tʃərɪzəm/ n. (anche **Futurism**) futurismo m.
futurist /'fju:tʃərɪst/ (anche **Futurist**) **I** agg. futurista **II** n. futurista m. e f.
futurologist /ˌfju:tʃə'rɒlədʒɪst/ n. futurologo m. (-a).
fuze AE → **3.fuse**.
1.fuzz /fʌz/ n. **1** *(mop of hair)* zazzera f.; *(beard)* barbetta f.; *(downy hair)* lanugine f., peluria f. **2** COLLOQ. *(police)* ***the ~*** + verbo pl. la pula.
2.fuzz /fʌz/ **I** tr. offuscare [*image, vision*] **II** intr. (anche **~ over**) [*image, vision*] offuscarsi.
fuzzbuster /'fʌzbʌstə(r)/ n. = dispositivo per il rilevamento di autovelox®.
fuzziness /'fʌzɪnɪs/ n. **1** *(of image)* sfocatura f. **2** *(of idea)* confusione f.
fuzzy /'fʌzɪ/ agg. **1** [*hair, beard*] *(curly)* increspato; *(downy)* lanuginoso **2** *(blurry)* [*image*] sfocato **3** *(vague)* [*idea, mind*] confuso; [*distinction*] approssimativo.
FWD n. (⇒ four-wheel drive trazione integrale) 4WD f.

g

g, **G** /dʒiː/ n. **1** *(letter)* g, G m. e f. **2** **G** MUS. sol m.
G8 n. G8 m.
1.gab /gæb/ n. COLLOQ. chiacchiera f., parlantina f. ♦ ***to have the gift of the ~*** COLLOQ. avere una bella parlantina.
2.gab /gæb/ intr. (forma in -ing ecc. **-bb-**) COLLOQ. chiacchierare, ciarlare.
gabardine → **gaberdine**.
1.gabble /ˈgæbl/ n. barbugliamento m.
2.gabble /ˈgæbl/ tr. e intr. barbugliare.
■ **gabble away**, **gabble on** farfugliare, biascicare.
gaberdine /ˈgæbədiːn, -ˈdiːn/ n. *(fabric, raincoat)* gabardine f.
gable /ˈgeɪbl/ n. ARCH. timpano m., frontone m.
Gabonese /ˌgæbəˈniːz/ ➧ ***18*** **I** agg. gabonese **II** n. gabonese m. e f.
Gabriel /ˈgeɪbrɪəl/ n.pr. Gabriele.
Gabriella /ˌgeɪbrɪˈelə/, **Gabrielle** /ˈgeɪbrɪəl/ n.pr. Gabriella.
gad /gæd/ intr. (forma in -ing ecc. **-dd-**) → **gad about**, **gad around**.
■ **gad about**, **gad around** COLLOQ. bighellonare, gironzolare, girandolare.
gadabout /ˈgædəbaʊt/ n. COLLOQ. bighellone m. (-a), girandolone m. (-a).
gadfly /ˈgædflaɪ/ n. tafano m. (anche FIG.).
gadget /ˈgædʒɪt/ n. aggeggio m., arnese m.
gadgetry /ˈgædʒɪtrɪ/ n. **U** aggeggi m.pl., arnesi m.pl.
Gaelic /ˈgeɪlɪk, ˈgæ-/ ➧ ***14*** **I** agg. gaelico **II** n. gaelico m.
gaelic coffee n. = bevanda a base di caffè e whisky scozzese.
gaff /gæf/ n. COLLOQ. cavolata f., baggianata f. ♦ ***to blow the ~*** BE parlare, fare una soffiata; ***to blow the ~ on*** BE fare una soffiata su [*conspiracy*].
gaffe /gæf/ n. gaffe f.
gaffer /ˈgæfə(r)/ ➧ ***27*** n. **1** BE *(foreman)* caposquadra m. e f. **2** BE *(boss)* padrone m. (-a), capo m. **3** CINEM. TELEV. capoelettricista m.
gaffer tape n. nastro m. telato.
1.gag /gæg/ n. **1** *(piece of cloth)* bavaglio m. **2** *(censorship)* ***to put a ~ on the press*** mettere il bavaglio alla stampa, imbavagliare la stampa **3** COLLOQ. *(joke)* gag f., battuta f.
2.gag /gæg/ **I** tr. (forma in -ing ecc. **-gg-**) imbavagliare [*hostage*]; GIORN. imbavagliare [*media, journalist*] **II** intr. (forma in -ing ecc. **-gg-**) **1** *(choke)* soffocare, strozzarsi; ***he ~ged on his soup*** si strozzò con la minestra **2** *(feel sick)* avere conati di vomito.
gaga /ˈgɑːgɑː/ agg. COLLOQ. rimbambito; ***to go ~*** rimbambirsi.
gage /geɪdʒ/ AE → **1.gauge**, **2.gauge**.
gaggle /ˈgægl/ n. *(of geese, people)* branco m.
gaiety /ˈgeɪətɪ/ n. gaiezza f., allegria f.
gaily /ˈgeɪlɪ/ avv. **1** *(brightly)* [*laugh, say*] allegramente; ***~ dressed*** vestito con colori vivaci **2** *(casually)* [*announce, reveal*] allegramente, senza farsi troppi problemi.
1.gain /geɪn/ **I** n. **1** *(increase)* aumento m. (**in** di) **2** *(profit)* guadagno m., profitto m.; ***financial ~*** guadagno finanziario; ***to do sth. for material ~*** fare qcs. per guadagnare **3** *(advantage)* vantaggio m.; *(in status, knowledge)* acquisizione f.; ***to make ~s*** [*political party*] rafforzarsi **II** **gains** n.pl. COMM. ECON. guadagni m., profitti m.; ***losses and ~s*** perdite e profitti; ***to make ~s*** [*currency, shares*] essere in rialzo.
2.gain /geɪn/ **I** tr. **1** *(acquire)* acquisire [*experience*]; ottenere [*information*]; ottenere, guadagnare [*respect, support, time*]; conquistare [*freedom*]; ***to ~ popularity*** guadagnare in popolarità; ***we have nothing to ~*** non abbiamo nulla da guadagnare; ***to ~ control of sth.*** ottenere il controllo di qcs.; ***to ~ possession of sth.*** assicurarsi il possesso di qcs.; ***to ~ ground on*** guadagnare terreno su **2** *(increase)* ***to ~ speed*** prendere velocità; ***to ~ weight*** prendere peso; ***to ~ 3 minutes*** [*watch*] essere avanti di 3 minuti **3** *(win)* ***to ~ points*** guadagnare punti; ***they ~ed four seats from the Democrats*** hanno preso quattro seggi ai democratici; ***to ~ the upper hand*** prevalere, spuntarla **4** *(reach)* raggiungere [*place*] **II** intr. **1** *(improve)* ***to ~ in prestige, popularity*** guadagnarci in prestigio, in popolarità; ***to ~ in confidence*** acquisire sicurezza **2** *(profit)* ***she's not ~ed by it*** non ci ha guadagnato nulla; ***do you think we'll ~ by adopting this strategy?*** pensa che ci guadagneremo adottando questa strategia?
■ **gain on:** ~ **on** **[*sb., sth.*]** guadagnare distanza su [*person, vehicle*]; ***the opposition are ~ing on the government*** l'opposizione sta guadagnando terreno sul governo.
gainful /ˈgeɪnfl/ agg. [*employment*] rimunerativo, redditizio.
gainsay /ˌgeɪnˈseɪ/ tr. (pass., p.pass. **-said**) FORM. negare [*argument*]; contraddire [*person*].
gait /geɪt/ n. LETT. andatura f., passo m.
gaiter /ˈgeɪtə(r)/ n. ghetta f., uosa f.
1.gal /gæl/ n. COLLOQ. *(girl)* ragazza f.
2.gal ⇒ gallon gallone (gal).
gala /ˈgɑːlə/ **I** n. galà m. **II** modif. [*dress*] di gala.
galactic /gəˈlæktɪk/ agg. galattico.
galaxy /ˈgæləksɪ/ n. ASTR. galassia f. (anche FIG.).
gale /geɪl/ n. vento m. forte, burrasca f.; ***a force 9 ~*** vento forza 9; ***~s of laughter*** FIG. scoppio di risa.
gale warning n. avviso m. di burrasca.
Galilee /ˈgælɪliː/ ➧ ***24, 20*** n.pr. Galilea f.
1.gall /gɔːl/ n. **1** MED. bile f. **2** *(cheek)* impudenza f.; ***to have the ~ to do*** avere la sfacciataggine di fare.
2.gall /gɔːl/ tr. irritare, infastidire.
gallant /ˈgælənt/ agg. **1** *(courageous)* [*soldier*] valoroso; [*attempt*] eroico **2** ANT. *(courteous)* galante.
gallantry /ˈgæləntrɪ/ n. **1** *(courage)* coraggio m., valore m. **2** ANT. *(courtesy)* galanteria f.
gall bladder ➧ ***2*** n. cistifellea f.
galleon /ˈgælɪən/ n. galeone m.
gallery /ˈgælərɪ/ n. **1** (anche **art ~**) galleria f. **2** ARCH. galleria f.; *(for press, public)* tribuna f. **3** TEATR. galleria f., loggione m. ♦ ***to play to the ~*** cercare di fare colpo.
galley /ˈgælɪ/ n. **1** *(ship)* galea f., galera f. **2** *(ship's, aircraft's kitchen)* cucina f. di bordo **3** TIP. (anche **~ proof**) bozza f. in colonna.

Gallic /ˈgælɪk/ agg. gallico; ***the ~ nation*** la Francia.
gallicism /ˈgælɪsɪzəm/ n. gallicismo m.
galling /ˈgɔ:lɪŋ/ agg. [*remark, criticism*] irritante, fastidioso.
gallivant /ˈgælɪvænt/ intr. → **gallivant around**, **gallivant about**.
▪ **gallivant around**, **gallivant about** andare in giro; ***he's off ~ing around somewhere*** è a bighellonare da qualche parte.
gallon /ˈgælən/ ➧ *3* n. gallone m. (GB = 4,546 litri; US = 3,785 litri).
1.gallop /ˈgæləp/ n. **1** *(fast gait)* galoppo m.; ***to break into a ~*** mettersi a galoppare; ***at a ~*** al galoppo (anche FIG.) **2** *(fast ride)* galoppata f.; ***to go for a ~*** andare a fare una galoppata.
2.gallop /ˈgæləp/ **I** tr. fare galoppare [*horse*] **II** intr. **1** galoppare; ***to ~ away*** partire al galoppo **2** FIG. ***he came ~ing down the stairs*** scese le scale di corsa; ***Japan is ~ing ahead in this field*** il Giappone è all'avanguardia in questo campo.
galloping /ˈgæləpɪŋ/ agg. **1** [*horse*] al galoppo **2** FIG. [*inflation, consumption*] galoppante.
gallows /ˈgæləʊz/ n. (pl. **~es**, **~**) forca f.
gallstone /ˈgɔ:lstəʊn/ n. calcolo m. biliare.
galore /gəˈlɔ:(r)/ agg. e avv. [*prizes, bargains*] in quantità; [*drinks, sandwiches*] a volontà, a gogò.
galosh /gəˈlɒʃ/ n. galoche f.
galvanize /ˈgælvənaɪz/ tr. **1** IND. galvanizzare **2** FIG. galvanizzare [*group, community*]; stimolare [*campaign*]; ***to ~ sb. into doing*** spingere qcn. a fare.
Gambian /ˈgæmbɪən/ ➧ *18* **I** agg. gambiano **II** n. gambiano m. (-a).
gambit /ˈgæmbɪt/ n. **1** *(in chess)* gambetto m. **2** mossa f.; ***opening ~*** mossa iniziale.
1.gamble /ˈgæmbl/ n. **1** *(bet)* scommessa f.; ***to have a ~ on sth.*** scommettere su qcs. **2** FIG. *(risk)* rischio m.; ***to take a ~*** rischiare; ***that's a bit of a ~*** è un po' rischioso; ***his ~ paid off*** ha vinto la scommessa.
2.gamble /ˈgæmbl/ **I** tr. scommettere, arrischiare [*money*]; FIG. puntare (**on** su) **II** intr. *(at cards)* giocare d'azzardo; *(on horses)* scommettere; FIG. puntare (**on** su); ***to ~ for high stakes*** giocare pesante (anche FIG.); ***to ~ on the Stock Exchange*** giocare in borsa.
▪ **gamble away:** ***~ away [sth.], ~ [sth.] away*** perdere al gioco [*money, fortune*].
gambler /ˈgæmblə(r)/ n. giocatore m. (-trice) d'azzardo; ***heavy ~*** grosso giocatore d'azzardo.
gambling /ˈgæmblɪŋ/ **I** n. gioco m. d'azzardo **II** modif. [*debt*] di gioco; [*table, house*] da gioco; ***~ den*** bisca.
gambol /ˈgæmbl/ intr. (forma in -ing ecc. **-ll-**, **-l-** AE) LETT. [*child*] sgambettare; [*animal*] saltellare.
1.game /geɪm/ **I** n. **1** *(activity)* gioco m.; ***to play a ~*** fare un gioco; ***to play the ~*** FIG. stare al gioco; ***don't play ~s with me!*** *(tell me the truth)* non mi raccontare storie! *(don't try to be smart)* non cercare di fare il furbo! **2** *(match) (of chess, cards, football etc.)* partita f.; ***let's have a ~ of cowboys*** giochiamo ai cowboy? **3** *(part of match) (in tennis)* gioco m.; *(in bridge)* manche f.; ***we're two ~s all*** siamo a due giochi pari; ***~ to Hadman*** gioco a Hadman; ***~, set and match*** gioco, set e incontro **4** *(skill at playing)* gioco m.; ***she plays a great ~ of chess*** gioca bene a scacchi **5** COLLOQ. *(trick, scheme)* gioco m., trucco m.; ***what's your ~?*** a che gioco stai giocando? ***so that's his ~!*** così è questo il suo giochetto! **6** COLLOQ. SPREG. o SCHERZ. *(occupation)* ***the insurance ~*** il giro *o* mondo delle assicurazioni; ***I've been in this ~ 10 years*** sono nel giro da 10 anni; ***he's new to this ~*** è nuovo del giro **7** VENAT. GASTR. cacciagione f., selvaggina f. **II games** n.pl. **1** BE SCOL. educazione f.sing. fisica, ginnastica f.sing. **2** (anche **Games**) *(sporting event)* giochi m. **III** modif. **1** [*pâté, dish, stew*] di selvaggina **2 games** BE [*teacher, lesson*] di educazione fisica ♦ ***that's the name of the ~*** è quello che conta; ***the ~'s up*** la partita è persa, non c'è più niente da fare; ***to beat sb. at his, their own ~*** battere qcn. con le sue stesse armi; ***to be on the ~*** BE COLLOQ. fare la vita; ***to give the ~ away*** tradirsi; ***two can play at that ~*** chi la fa l'aspetti.
2.game /geɪm/ agg. **1** *(willing to try)* ardito, risoluto; ***he's ~ for anything*** è pronto a tutto; ***she's always ~ for a laugh*** è sempre pronta a ridere; ***OK, I'm ~*** d'accordo, ci sto **2** *(plucky)* coraggioso.
game birds n.pl. selvaggina f.sing. di penna.
gamekeeper /ˈgeɪmˌki:pə(r)/ ➧ *27* n. guardacaccia m. e f.
gamely /ˈgeɪmlɪ/ avv. coraggiosamente.
game park n. → **game reserve**.
game plan n. SPORT tattica f.
game point n. *(in tennis)* game point m.
game reserve n. *(for hunting)* riserva f. di caccia; *(for preservation)* riserva f. naturale.
games console n. console f. per videogiochi.
game show n. gioco m. televisivo.
gamesmanship /ˈgeɪmzmənʃɪp/ n. **U** SPREG. = capacità di un giocatore di vincere usando l'astuzia e senza violare le regole del gioco.
game warden n. guardacaccia m. e f.
gaming /ˈgeɪmɪŋ/ n. gioco m. d'azzardo.
gaming laws n.pl. leggi f. sul gioco d'azzardo.
gaming machine n. slot-machine f.
gaming table n. tavolo m. da gioco.
gamma /ˈgæmə/ n. gamma m. e f.
gamma ray n. raggio m. gamma.
gammon /ˈgæmən/ n. prosciutto m.
gamut /ˈgæmət/ n. gamma f., serie f.; ***I've run the ~ of parenthood*** sono passato attraverso tutti i problemi del genitore.
gander /ˈgændə(r)/ n. ZOOL. maschio m. dell'oca.
1.gang /gæŋ/ n. **1** *(of criminals)* banda f., gang f.; *(of youths)* SPREG. banda f. **2** *(of friends)* banda f., gruppo m. **3** *(of workmen)* squadra f.; *(of prisoners)* gruppo m.
2.gang /gæŋ/ intr. formare una banda.
▪ **gang together** raggrupparsi.
▪ **gang up** allearsi, coalizzarsi (**on, against** contro).
Ganges /ˈgændʒi:z/ ➧ *25* n.pr. Gange m.
gangland /ˈgæŋlænd/ n. mala(vita) f.
gang leader n. capobanda m. e f.
gangling /ˈgæŋglɪŋ/ agg. allampanato.
gangplank /ˈgæŋˌplæŋk/ n. MAR. passerella f., scalandrone m.
gang-rape /ˈgæŋˌreɪp/ n. stupro m. di gruppo.
gangrene /ˈgæŋgri:n/ n. cancrena f. (anche FIG.).
gangrenous /ˈgæŋgrɪnəs/ agg. cancrenoso.
gangster /ˈgæŋstə(r)/ **I** n. gangster m. e f., malvivente m. e f. **II** modif. [*film, story*] di gangster; [*tactics*] dei gangster.
gangway /ˈgæŋweɪ/ n. **1** *(passage)* passaggio m.; ***"~!"*** "largo!" **2** MAR. passerella f.
gantry /ˈgæntrɪ/ n. **1** FERR. incastellatura f. a cavalletto **2** *(for a rocket)* torre f. di lancio.
gaol BE → **1.jail**, **2.jail**.
gap /gæp/ n. **1** *(space) (between planks, curtains)* interstizio m. (**in** tra); *(in fence, wall)* buco m., varco m. (**in** in); *(between buildings, cars)* spazio m. (**in** tra); *(in text, diagram)* spazio m. (vuoto) (**in** in); *(in hills)* passaggio m. (**in** tra); *(in cloud)* squarcio m. (**in** tra); ***to fill a ~*** colmare un vuoto (anche FIG.) **2** *(break) (in timetable)* buco m.; *(in conversation)* silenzio m., vuoto m.; *(in records, report)* lacuna f., buco m.; *(of time)* intervallo m.; *(in event, performance)* interruzione f. **3** *(discrepancy) (in age)* differenza f.; *(between opinions)* divergenza f.; *(between scores)* differenza f., scarto m. (**in** tra); *(of status)* divario m.; ***a 15-year age ~*** una differenza d'età di 15 anni; ***to close the ~ on sth.*** avvicinarsi a qcs. **4** *(in knowledge, education)* lacuna f.; ***there's a ~ in my memory*** c'è un buco nella mia memoria; ***technology ~*** gap tecnologico **5** COMM. nicchia f. di mercato; ***to look for a ~ in the market*** cercare una nicchia di mercato; ***to fill a ~ in the market*** occupare una nicchia di mercato **6** ECON. deficit m., disavanzo m.; ***trade ~*** deficit commerciale.
gape /geɪp/ intr. **1** *(stare)* restare a bocca aperta; ***to ~ at sth., sb.*** guardare qcs., qcn. a bocca aperta **2** *(open wide)* [*chasm*] aprirsi; [*wound*] essere aperta; [*garment*] essere aperto.
gaping /ˈgeɪpɪŋ/ agg. **1** *(staring)* [*person*] stupito, a bocca aperta **2** *(open)* [*wound*] aperto; [*beak*] spalancato; [*hole*] grosso.
gap-toothed /ˈgæptu:θt/ agg. [*person*] dai denti radi.
1.garage /ˈgærɑ:ʒ, ˈgærɪdʒ, AE gəˈrɑ:ʒ/ n. **1** garage m. **2** *(repair shop)* autofficina f., stazione f. di servizio.
2.garage /ˈgærɑ:ʒ, ˈgærɪdʒ, AE gəˈrɑ:ʒ/ tr. mettere nel garage [*vehicle*].
garage mechanic ➧ *27* n. meccanico m.

garage owner n. garagista m. e f.
garage sale n. = vendita di oggetti usati che in genere avviene nel garage di un'abitazione privata.
garb /gɑ:b/ n. abito m., costume m.
garbage /'gɑ:brdʒ/ n. U **1** AE rifiuti m.pl., immondizia f. **2** FIG. *(nonsense)* ***to talk ~*** dire sciocchezze ♦ ***~ in ~ out*** INFORM. = a un input errato corrisponde un output errato; FIG. = non si può ottenere un risultato di qualità con mezzi o prodotti scadenti.
garbage can n. AE bidone m. dell'immondizia, pattumiera f.
garbage chute n. AE condotto m. della pattumiera.
garbage collector ▶ ***27*** n. AE spazzino m.
garbage disposal unit n. AE tritarifiuti m.
garbage man ▶ ***27*** n. (pl. **garbage men**) spazzino m.
garbage truck n. AE camion m. della nettezza urbana.
garbage TV n. TV f. spazzatura.
garbled /'gɑ:bld/ agg. [*account, instructions*] alterato.
garda /'gɑ:də/ n. (pl. **~i**) *(in Ireland) (police)* polizia f.; *(policeman)* poliziotto m.
Garda /'gɑ:də/ ▶ ***13*** n.pr. GEOGR. ***Lake ~*** il lago di Garda.
gardai /'gɑ:di:/ → **garda**.
1.garden /'gɑ:dn/ **I** n. **1** BE giardino m.; ***front, back ~*** giardino davanti, dietro alla casa **2** AE *(flower)* aiuola f.; *(vegetable)* orto m. **II gardens** n.pl. giardini m. pubblici **III** modif. [*plant, furniture*] da giardino; [*wall, fence, shed*] del giardino ♦ ***to lead sb. up*** o ***down*** AE ***the ~ path*** COLLOQ. menare qcn. a spasso, menare qcn. per il naso.
2.garden /'gɑ:dn/ intr. lavorare nel giardino, fare giardinaggio.
garden apartment n. → **garden flat**.
garden centre BE, **garden center** AE n. centro m. per il giardinaggio.
garden city n. BE città f. giardino.
gardener /'gɑ:dnə(r)/ ▶ ***27*** n. giardiniere m. (-a); ***to be a keen ~*** *(amateur)* essere appassionato di giardinaggio.
garden flat n. BE = appartamento, di solito situato nel seminterrato, con accesso al giardino.
garden gnome n. nano m., nanetto m. (di gesso) da giardino.
gardenia /gɑ:'di:nɪə/ n. gardenia f.
gardening /'gɑ:dnɪŋ/ n. giardinaggio m.
garden party n. garden-party m.
garden produce n. U prodotti m.pl. dell'orto.
garden shears n.pl. cesoie f. (da giardinaggio).
garden suburb n. periferia f. residenziale.
garden-variety /'gɑ:dnvəˌraɪətɪ/ agg. AE [*writer, book*] insignificante.
gargantuan /gɑ:'gæntjʊən/ agg. LETT. gargantuesco.
1.gargle /'gɑ:gl/ n. *(act, liquid)* gargarismo m.
2.gargle /'gɑ:gl/ intr. fare gargarismi.
gargoyle /'gɑ:gɔɪl/ n. gargouille f.
garish /'geərɪʃ/ agg. [*colour, garment*] sgargiante, vistoso; [*light*] abbagliante.
garishly /'geərɪʃlɪ/ agg. [*dressed*] in modo vistoso; [*decorated*] in modo sfarzoso.
1.garland /'gɑ:lənd/ n. ghirlanda f.
2.garland /'gɑ:lənd/ tr. inghirlandare.
garlic /'gɑ:lɪk/ **I** n. aglio m. **II** modif. [*crouton*] all'aglio; [*mushrooms*] con l'aglio; ***~ butter*** burro all'aglio; ***~ bread*** = fetta di pane spalmata di burro all'aglio e riscaldata.
garlic press n. spremiaglio m.
garment /'gɑ:mənt/ n. capo m. di vestiario, indumento m.
garner /'gɑ:nə(r)/ tr. FORM. mettere insieme [*information*]; raccogliere [*memories*].
garnet /'gɑ:nɪt/ n. MINER. granato m., granata f.
1.garnish /'gɑ:nɪʃ/ n. GASTR. guarnizione f., contorno m.
2.garnish /'gɑ:nɪʃ/ tr. GASTR. guarnire.
garret /'gærət/ n. ANT. soffitta f., solaio m.
1.garrison /'gærɪsn/ **I** n. guarnigione f. **II** modif. [*troops*] della guarnigione; [*town*] di presidio.
2.garrison /'gærɪsn/ tr. [*officer*] fornire di guarnigione [*town, zone*]; [*troops*] presidiare [*town, zone*].
1.garrotte BE, **garrote** AE /gə'rɒt/ n. garrot(t)a f.
2.garrotte BE, **garrote** AE /gə'rɒt/ tr. *(officially)* garrot(t)are; *(strangle)* strangolare.
garrulous /'gærʊləs/ agg. garrulo, loquace.
garter /'gɑ:tə(r)/ n. *(for stocking, sock)* giarrettiera f. ♦ ***I'll have your guts for ~s!*** COLLOQ. ti farò a pezzi!
garter belt n. AE reggicalze m.
1.gas /gæs/ **I** n. (pl. **~es, ~ses**) **1** *(fuel)* gas m.; ***to cook with ~*** cucinare con il gas; ***to turn up, turn down the ~*** alzare, abbassare il gas; ***on a low ~*** *(in cooking)* a fuoco lento, a fiamma bassa **2** CHIM. gas m. **3** MED. *(anaesthetic)* anestetico m. **4** MIL. gas m. (asfissiante) **5** AE *(petrol)* benzina f. **6** AE COLLOQ. (anche **~ pedal**) acceleratore m. **II** modif. [*industry, company, pipe*] del gas; [*explosion*] di gas ♦ ***to step on the ~*** accelerare.
2.gas /gæs/ **I** tr. (forma in -ing ecc. **-ss-**) MIL. gassare [*person*] **II** intr. (forma in -ing ecc. **-ss-**) BE ANT. COLLOQ. *(chatter)* ciarlare **III** rifl. (forma in -ing ecc. **-ss-**) ***to ~ oneself*** suicidarsi con il gas.
■ **gas up** AE fare benzina.
gasbag /'gæsˌbæg/ n. COLLOQ. chiacchierone m. (-a), cianciione m. (-a).
gas burner n. bruciatore m. di gas, becco m. a gas.
gas chamber n. camera f. a gas.
Gascony /'gæskənɪ/ ▶ ***24*** n.pr. Guascogna f.
gas cooker n. cucina f. a gas.
gaseous /'gæsɪəs, 'geɪsɪəs/ agg. gassoso.
gas fire n. BE stufa f. a gas.
gas-fired /ˌgæs'faɪəd/ agg. [*boiler, central heating*] a gas.
gas fitter ▶ ***27*** n. gassista m. e f.
1.gash /gæʃ/ n. taglio m., squarcio m. (**in, on** in).
2.gash /gæʃ/ tr. tagliare, squarciare.
gas heater n. *(for room)* stufa f. a gas; *(for water)* scaldabagno m. a gas.
gasholder /'gæshəʊldə(r)/ n. gasometro m.
gas jet n. *(burner)* bruciatore m. di gas, becco m. a gas.
gasket /'gæskɪt/ n. **1** TECN. guarnizione f. **2** MAR. *(for sail)* gerlo m.
gas lamp n. *(domestic)* lampada f. a gas; *(in street)* lampione m. a gas.
gaslight /'gæslaɪt/ n. U *(illumination)* luce f. della lampada a gas; *(of street lamp)* luce f. del lampione.
gas lighter n. *(for cooker)* accendigas m.
gas main n. conduttura f. del gas.
gas man ▶ ***27*** n. (pl. **gas men**) operaio m. del gas.
gas mask n. maschera f. antigas.
gas meter n. contatore m. del gas.
gas oil n. gasolio m.
gasoline /'gæsəli:n/ n. AE benzina f.
gasometer /gæ'sɒmɪtə(r)/ n. gasometro m.
gas oven n. forno m. a gas.
1.gasp /gɑ:sp/ n. *(breathing)* rantolo m.; ***to give*** o ***let out a ~*** emettere un rantolo; ***to give a ~ of horror*** ansimare dallo spavento; ***at the last ~*** FIG. all'ultimo momento.
2.gasp /gɑ:sp/ intr. **1** *(for air)* ansimare **2** *(show surprise)* rimanere senza fiato; ***to ~ in*** o ***with amazement*** restare a bocca aperta dallo stupore **3** COLLOQ. ***to be ~ing for a drink*** morire dalla voglia di bere.
gas pedal n. AE pedale m. dell'acceleratore.
gas-permeable /ˌgæs'pɜ:mɪəbl/ agg. gaspermeabile.
gas pipeline n. gasdotto m.
gas ring n. BE fornello m. a gas.
gas station n. AE stazione f. di servizio.
gas stove n. cucina f. a gas.
gassy /'gæsɪ/ agg. [*drink*] gassato.
gas tank n. AE AUT. serbatoio m.
gas tap n. rubinetto m. del gas.
gastric /'gæstrɪk/ agg. [*juices*] gastrico; ***~ flu*** influenza intestinale.
gastritis /gæ'straɪtɪs/ ▶ ***11*** n. (pl. **-ides**) gastrite f.
gastroenteritis /ˌgæstrəʊˌentə'raɪtɪs/ ▶ ***11*** n. gastroenterite f.
gastronomic /ˌgæstrə'nɒmɪk/ agg. FORM. gastronomico.
gastronomy /gæ'strɒnəmɪ/ n. FORM. gastronomia f.
gasworks /'gæswɜ:ks/ n. + verbo sing. o pl. stabilimento m. del gas.
gate /geɪt/ n. **1** *(of field, level crossing)* sbarra f.; *(in underground)* cancelletto m.; *(of town, prison, garden)* porta f.; *(of courtyard, palace)* portone m.; *(at airport)* uscita f., gate m.; ***at the ~*** all'entrata **2** SPORT ***a ~ of 29,000*** 29.000 spettatori (paganti) **3** *(in skiing)* porta f. **4** INFORM. gate m.

gatecrash /'geɪtkræʃ/ **I** tr. COLLOQ. *(without paying)* entrare senza pagare a [*concert*]; *(without invitation)* imbucarsi a [*party*] **II** intr. COLLOQ. *(at concert)* entrare senza pagare; *(at party)* andare senza essere invitato.
gatecrasher /'geɪtkræʃə(r)/ n. COLLOQ. *(at concert)* portoghese m. e f.; *(at party)* imbucato m. (-a).
gatehouse /'geɪthaʊs/ n. *(at park, estate)* casetta f. del portinaio.
gatekeeper /'geɪtki:pə(r)/ ♦ *27* n. portinaio m. (-a), guardiano m. (-a).
gate money n. SPORT incasso m.
gatepost /'geɪtpəʊst/ n. *(of gate)* pilastro m. ♦ ***between you, me and the*** ~ COLLOQ. detto tra noi.
gateway /'geɪtweɪ/ n. entrata f.; FIG. porta f., via f., strada f.
1.gather /'gæðə(r)/ n. SART. piega f., increspatura f.
2.gather /'gæðə(r)/ **I** tr. **1** *(collect)* raccogliere [*fruit, mushrooms, flowers*]; raccogliere, accumulare [*data, information*]; chiamare a raccolta [*followers, strength*]; prendere [*courage*]; ***the movement is ~ing strength*** il movimento sta acquistando forza; ***to ~ dust*** prendere polvere (anche FIG.); ***to ~ momentum*** prendere lo slancio; ***to ~ speed*** prendere velocità; ***we are ~ed here*** siamo qui riuniti **2** *(embrace)* ***to ~ sb. to*** stringere qcn. contro [*oneself, one's bosom*] **3** *(deduce, conclude)* ***to ~ that*** dedurre che; ***I ~ (that) he was there*** ho capito che c'era; ***I ~ from her (that)...*** da quello che mi ha detto deduco che...; ***as you will have ~ed*** come avete potuto capire; ***as far as I can ~*** per quanto ne riesco a capire **4** SART. raccogliere, pieghettare; ***to ~ a dress at the waist*** arricciare un vestito in vita **II** intr. [*people, crowd*] radunarsi, raccogliersi; [*family*] riunirsi; [*clouds*] addensarsi; [*darkness*] infittirsi.
▪ **gather around** → **gather round**.
▪ **gather in:** ~ ***[sth.] in***, ~ ***in [sth.]*** raccogliere [*papers, crop*]; riscuotere [*money, contributions*].
▪ **gather round:** ~ ***round*** raccogliersi, radunarsi; ***~ round!*** avvicinatevi! ~ ***round [sth., sb.]*** radunarsi attorno a [*teacher, object*]; ~ ***[sth.] round oneself*** avvolgersi in [*shawl*].
▪ **gather together:** ~ ***together*** [*family, people*] riunirsi; ~ ***[sth.] together***, ~ ***together [sth.]*** raccogliere [*belongings, notes, followers, information*].
▪ **gather up:** ~ ***[sth.] up***, ~ ***up [sth.]*** raccogliere [*objects, strength*].
gathering /'gæðərɪŋ/ **I** n. **1** *(meeting)* riunione f., raduno m.; ***social, family*** ~ riunione tra amici, familiare **2** *(action of collecting)* raccolta f. **3** SART. pieghe f.pl., arricciatura f. **II** agg. *(growing)* [*gloom, speed*] crescente.
GATT /gæt/ n. (⇒ General Agreement on Tariffs and Trade Accordo Generale sulle Tariffe e sul Commercio) GATT m.
gauche /gəʊʃ/ agg. [*person, attitude*] goffo; [*remark*] privo di tatto.
gaudy /'gɔ:dɪ/ agg. sfarzoso, vistoso.
1.gauge /geɪdʒ/ n. **1** *(for gun)* calibro m.; *(of metal)* spessore m.; *(of needle, screw)* diametro m. **2** FERR. scartamento m.; ***narrow*** ~ scartamento ridotto **3** *(measuring instrument)* misuratore m.; ***fuel*** ~ AUT. AER. indicatore del livello di benzina **4** *(way of judging)* criterio m. di misurazione; ***it's a good ~ of character*** è un buon metro per giudicare il carattere.
2.gauge /geɪdʒ/ tr. **1** *(measure accurately)* misurare [*diameter, distance, quantity*]; misurare il diametro di [*screw*] **2** *(estimate)* valutare [*reaction*].
Gaul /gɔ:l/ **I** n.pr. Gallia f. **II** n. *(person)* gallo m. (-a).
Gaullist /'gɔ:lɪst/ **I** agg. gollista **II** n. gollista m. e f.
gaunt /gɔ:nt/ agg. **1** [*person*] magro, scarno **2** [*landscape*] desolato.
1.gauntlet /'gɔ:ntlɪt/ n. guanto m. di protezione ♦ ***to throw down the*** ~ gettare il guanto; ***to pick up the*** ~ raccogliere il guanto.
2.gauntlet /'gɔ:ntlɪt/ n. ***to run the ~ of criticism, danger*** esporsi al fuoco delle critiche, al pericolo.
gauze /gɔ:z/ **I** n. **1** *(fabric)* mussolina f., garza f. **2** *(wire)* reticella f. metallica **II** modif. [*curtain*] di mussolina; [*bandage*] di garza.
gauzy /'gɔ:zɪ/ agg. trasparente.
gave /geɪv/ pass. → **1.give**.
gavel /'gævl/ n. martelletto m. (di presidente di assemblea, di banditore d'aste e di giudice).
Gavin /'gævɪn/ n.pr. Gavino.
gavotte /gə'vɒt/ n. *(dance)* gavotta f.
gawk /gɔ:k/ intr. COLLOQ. guardare intontito.
gawky /'gɔ:kɪ/ agg. tonto, goffo.
gawp /gɔ:p/ intr. COLLOQ. → **gawk**.
gay /geɪ/ **I** agg. COLLOQ. **1** [*couple, community*] gay, omosessuale; [*club, magazine*] gay **2** *(lively)* [*laughter, colour*] gaio, allegro; [*street*] animato **3** *(carefree)* spensierato **II** n. COLLOQ. gay m. e f., omosessuale m. e f.
gay lib, gay liberation n. = movimento per il riconoscimento dei diritti degli omosessuali.
gayness /'geɪnɪs/ n. omosessualità f.
Gaza strip /,gɑ:zə'strɪp/ n.pr. striscia f. di Gaza.
1.gaze /geɪz/ n. sguardo m. fisso; ***to hold sb.'s*** ~ reggere lo sguardo di qcn.
2.gaze /geɪz/ intr. ***to ~ at sb., sth.*** fissare qcn., qcs.; *(in wonder)* contemplare qcn., qcs.
▪ **gaze about, gaze around** guardarsi attorno.
gazebo /gə'zi:bəʊ/ n. (pl. **~s, ~es**) gazebo m.
gazelle /gə'zel/ n. (pl. **~s,** ~) gazzella f.
gazette /gə'zet/ n. **1** GIORN. *(newspaper title)* ***Gazette*** Gazzetta **2** BE *(official journal)* = gazzetta ufficiale contenente informazioni di pubblico interesse come le liste delle nomine del governo e dei fallimenti.
gazetteer /,gæzə'tɪə(r)/ n. dizionario m. geografico.
gazump /gə'zʌmp/ tr. BE COLLOQ. SPREG. = vendere un immobile al migliore offerente venendo meno a un accordo precedente con un altro acquirente.
1.GB ⇒ Great Britain Gran Bretagna (GB).
2.GB n. (⇒ gigabyte) GB m.
GCE n. (pl. **~s**) BE (⇒ General Certificate of Education) = diploma di scuola superiore.
GCSE n. (pl. **~s**) BE (⇒ General Certificate of Secondary Education) = diploma conseguito a conclusione del primo ciclo di scuola secondaria superiore.
GDP n. (⇒ gross domestic product prodotto interno lordo) PIL m.
GDR n. STOR. (⇒ German Democratic Republic Repubblica Democratica Tedesca) RDT f.
1.gear /gɪə(r)/ **I** n. **1** *(equipment)* equipaggiamento m.; ***climbing*** ~ attrezzatura da arrampicata **2** COLLOQ. *(possessions)* cose f.pl. **3** *(clothes)* vestiti m.pl.; ***football*** ~ tenuta da calcio **4** AUT. marcia f.; ***bottom*** o ***first*** ~ prima (marcia); ***to be in third*** ~ essere in terza; ***to put a car in*** ~ ingranare la marcia; ***you're not in*** ~ sei in folle; ***"keep in low ~"*** *(on sign)* "utilizzare il freno motore"; ***to get (oneself) into ~ for sth.*** FIG. prepararsi per qcs. **5** TECN. ruota f. dentata **II gears** n.pl. **1** AUT. cambio m.sing. **2** TECN. ingranaggio m.sing.
2.gear /gɪə(r)/ tr. *(tailor)* ***to be ~ed to*** o ***towards sb., sth.*** [*course, policy, tax*] essere mirato a qcn., qcs.
▪ **gear up:** ~ ***up*** prepararsi; ~ ***[sb.] up*** preparare; ***to be ~ed up for*** essere pronto per [*interview, trip*].
gearbox /'gɪəbɒks/ n. scatola f. del cambio.
gear lever n. BE leva f. del cambio.
gearshift /'gɪəʃɪft/ n. AE leva f. del cambio.
gear stick n. BE → **gear lever**.
gecko /'gekəʊ/ n. (pl. **~s, ~es**) geco m.
gee /dʒi:/ inter. AE COLLOQ. caspita.
geek /gi:k/ n. *(computer buff)* fanatico m. (-a) del computer.
geek speak n. COLLOQ. gergo m. dei computer.
geese /gi:s/ → **1.goose**.
gee whiz inter. COLLOQ. caspita.
geezer /'gi:zə(r)/ n. BE COLLOQ. *(old man)* vecchio m.
1.gel /dʒel/ n. gel m.
2.gel /dʒel/ intr. (forma in -ing ecc. **-ll-**) **1** GASTR. gelificare, gelificarsi **2** *(take shape)* [*idea, plan*] prendere forma.
gelatin(e) /'dʒeləti:n, -tɪn/ n. gelatina f.
gelatinous /dʒə'lætɪnəs/ agg. gelatinoso.
gelding /'geldɪŋ/ n. **1** *(horse)* castrone m. **2** *(castration)* castrazione f.
gelignite /'dʒelɪgnaɪt/ n. gelignite f.
gem /dʒem/ n. **1** *(stone)* gemma f. **2** FIG. perla f., gioiello m.; ***this book is a real*** ~ questo libro è veramente bello.
Gemini /'dʒemɪnaɪ, -ni:/ ♦ *38* n. ASTROL. Gemelli m.pl.; ***to be (a)*** ~ essere dei Gemelli *o* un Gemelli.

gemstone /ˈdʒemstəʊn/ n. gemma f. grezza.
1.gen /dʒen/ n. BE COLLOQ. informazioni f.pl.; ***what's the ~ on this?*** che informazioni ci sono su questo?
2.gen /dʒen/ **I** agg. BE COLLOQ. → **1.general II** avv. BE COLLOQ. → **generally**.
3.gen /dʒen/ tr. e intr. (forma in -ing ecc. **-nn-**) → **gen up**.
▪ **gen up** BE COLLOQ. ***~ up*** informarsi; ***~ [sb.] up*** dare istruzioni a; ***to be ~ned up on*** o ***about sth.*** essere informato su qcs.
Gen. ⇒ General generale (Gen.).
gender /ˈdʒendə(r)/ n. **1** LING. genere m. **2** *(of person, animal)* sesso m.
gene /dʒiːn/ n. BIOL. gene m.; ***it's in his ~s*** SCHERZ. ce l'ha nel sangue.
genealogical /ˌdʒiːnɪəˈlɒdʒɪkl/ agg. genealogico.
genealogist /ˌdʒiːnɪˈælədʒɪst/ ▸ *27* n. genealogista m. e f.
genealogy /ˌdʒiːnɪˈælədʒɪ/ n. genealogia f.
gene pool n. pool m. genetico.
genera /ˈdʒenərə/ → **genus**.
1.general /ˈdʒenrəl/ agg. **1** *(widespread)* [*interest, concern, opinion, strike*] generale; ***to be a ~ favourite*** essere apprezzato da tutti; ***in ~ use*** [*word, equipment*] di uso comune **2** *(overall)* [*condition, impression, idea*] generale; [*attitude, behaviour*] generale, comune; ***do you get the ~ idea?*** ti è chiaro in generale? ***as a ~ rule*** in genere, di solito **3** *(not specific)* [*information*] generico; [*promise*] vago; ***to talk in ~ terms*** parlare in termini generali; ***to keep the conversation ~*** mantenere la conversazione su argomenti generali; ***to give sb. a ~ idea of*** dare a qcn. un'idea generale di **4** *(not specialized)* [*medicine, linguistics*] generale; [*user, reader*] medio; ***~ office duties*** lavori d'ufficio **5** *(normal)* [*practice*] abituale; ***in the ~ way of things*** di solito **6 in general** *(usually or non-specifically)* in genere; *(overall, mostly)* nell'insieme.
2.general /ˈdʒenrəl/ ▸ *23* n. **1** MIL. generale m. **2** ***the ~ and the particular*** il generale e il particolare.
general anaesthetic BE, **general anesthetic** AE n. anestesia f. totale.
general degree n. BE = laurea.
general delivery n. AE fermoposta m.
general election n. elezioni f.pl. politiche (a livello nazionale).
general headquarters n. + verbo sing. o pl. quartier m. generale.
generality /ˌdʒenəˈrælətɪ/ n. **1** *(remark)* ***to talk in generalities*** fare osservazioni generali **2** *(majority)* + verbo sing. o pl. ***the ~ of people*** la maggior parte della gente.
generalization /ˌdʒenrəlaɪˈzeɪʃn, AE -lɪˈz-/ n. generalizzazione f.
generalize /ˈdʒenrəlaɪz/ tr. e intr. generalizzare.
general knowledge n. cultura f. generale.
generally /ˈdʒenrəlɪ/ avv. **1** *(widely)* [*agreed, regarded, welcomed*] generalmente; ***a ~ accepted definition*** una definizione ampiamente accettata; ***~ available*** disponibile su vasta scala **2** *(usually)* generalmente, di solito; ***it's ~ best to wait*** in genere è meglio aspettare; ***~ (speaking)...*** generalmente... **3** *(overall)* ***the industry ~ will be affected*** il mondo dell'industria in generale ne subirà le conseguenze; ***he's ~ unwell at the moment*** al momento non è proprio in forma; ***the quality is ~ good*** nell'insieme la qualità è buona **4** *(vaguely)* [*talk, refer*] in modo generico.
general manager ▸ *27* n. general manager m. e f., direttore m. (-trice) generale.
general meeting n. riunione f. generale.
general practice n. **1** *(field of doctor's work)* medicina f. generale; ***to go into ~*** diventare medico generico **2** *(health centre)* studio m. di medicina generale.
general practitioner ▸ *27* n. medico m. generico, medico m. di base.
general public n. (grande) pubblico m.
general-purpose /ˌdʒenrəlˈpɜːpəs/ agg. [*tool*] multiuso; [*dictionary*] generale.
general science n. SCOL. scienze f.pl.
general secretary n. segretario m. generale.
general staff n. MIL. stato m. maggiore.
general store n. emporio m.
generate /ˈdʒenəreɪt/ tr. **1** produrre [*income, data, noise, waste*]; creare [*employment*]; suscitare [*interest, debate*]; generare [*loss, profit, publicity*] **2** EL. generare.
generating station n. centrale f. elettrica.
generation /ˌdʒenəˈreɪʃn/ n. **1** *(in family, society)* generazione f.; ***the younger, older ~*** la nuova, la vecchia generazione **2** *(period of time)* generazione f.; ***it's been like this for ~s*** è così da generazioni **3** *(in product development)* ***second ~ robots*** i robot della seconda generazione **4** *(of electricity, income, data)* produzione f.; *(of employment)* creazione f.
generation gap n. gap m. generazionale.
generative /ˈdʒenərətɪv/ agg. generatore, generativo.
generator /ˈdʒenəreɪtə(r)/ n. **1** EL. generatore m.; *(in hospital, on farm etc.)* gruppo m. elettrogeno **2** *(person) (of ideas)* creatore m. (-trice).
generic /dʒɪˈnerɪk/ agg. generico.
generically /dʒɪˈnerɪklɪ/ avv. genericamente; ***~ similar*** affine; ***~ distinct*** di specie differenti.
generosity /ˌdʒenəˈrɒsətɪ/ n. generosità f. (**to, towards** con); ***~ of mind*** o ***spirit*** spirito generoso.
generous /ˈdʒenərəs/ agg. **1** *(beneficent, lavish)* [*person*] generoso; ***to be ~ with*** essere prodigo di [*praise*]; donare [*time*] **2** *(magnanimous)* magnanimo **3** *(large)* [*supply*] ricco, abbondante; [*funding*] generoso; [*size*] abbondante; [*hem*] buono, abbondante.
generously /ˈdʒenərəslɪ/ avv. generosamente; GASTR. [*sprinkle*] abbondantemente; ***give ~!*** siate generosi!
genesis /ˈdʒenəsɪs/ **I** n. (pl. **-es**) genesi f. **II Genesis** n.pr. BIBL. Genesi f.
genetic /dʒɪˈnetɪk/ agg. genetico.
genetically /dʒɪˈnetɪklɪ/ avv. geneticamente; ***~ engineered***, ***~ manipulated*** ottenuto con manipolazione genetica.
genetically modified agg. geneticamente modificato, transgenico.
genetic engineering n. ingegneria f. genetica.
genetic fingerprinting n. = identificazione di impronte genetiche.
geneticist /dʒɪˈnetɪsɪst/ ▸ *27* n. genetista m. e f.
genetic manipulation n. U manipolazione f. genetica.
genetics /dʒɪˈnetɪks/ n. + verbo sing. genetica f.
genetic testing n. U test m.pl. genetici.
Geneva /dʒɪˈniːvə/ ▸ *34, 13* n.pr. Ginevra f.; ***Lake ~*** il lago di Ginevra.
Genevan /dʒɪˈniːvən/ **I** agg. ginevrino **II** n. ginevrino m. (-a).
genial /ˈdʒiːnɪəl/ agg. cordiale, gioviale.
geniality /dʒiːnɪˈælətɪ/ n. cordialità f., giovialità f.
genie /ˈdʒiːnɪ/ n. (pl. **~s, -ii**) *(spirit)* genio m.
genital /ˈdʒenɪtl/ agg. genitale.
genitalia /ˌdʒenɪˈteɪlɪə/ n.pl. → **genitals**.
genitals /ˈdʒenɪtlz/ ▸ *2* n.pl. (organi) genitali m.
genitive /ˈdʒenətɪv/ n. LING. genitivo m.
genius /ˈdʒiːnɪəs/ n. **1** (pl. **~es**) *(prodigy)* genio m.; ***a mathematical ~*** un genio della matematica **2** *(skill)* ***to have a ~ for doing*** essere tagliato per fare.
Genoa /ˈdʒenəʊə/ ▸ *34* n.pr. Genova f.
genocide /ˈdʒenəsaɪd/ n. genocidio m.
Genoese /ˈdʒenəʊiːz/ **I** agg. genovese **II** n. (pl. **~**) genovese m. e f.
genome /ˈdʒiːnəʊm/ n. genoma m.
genotype /ˈdʒenəʊtaɪp/ n. genotipo m.
genre /ˈʒɑːnrə/ n. LETTER. ART. genere m.
gent /dʒent/ **I** n. COLLOQ. *(gentleman)* ***he's a (real) ~*** è un vero gentiluomo **II gents** n.pl. COLLOQ. *(toilets)* bagno m.sing. (degli uomini).
genteel /dʒenˈtiːl/ agg. **1** *(refined)* [*person, manners*] distinto, signorile **2** SPREG. IRON. *(affected)* [*person*] manieroso; [*behaviour*] affettato.
gentian /ˈdʒenʃn/ n. genziana f.
gentility /dʒenˈtɪlətɪ/ n. **1** ANT. *(refinement)* distinzione f. **2** IRON. o SPREG. *(affectation)* affettazione f.
gentle /ˈdʒentl/ agg. **1** *(not harsh)* [*person, reprimand*] cortese, garbato; [*dentist, nurse*] che ha la mano leggera; [*shampoo*] delicato; [*hint, reminder*] discreto; [*teasing, parody*] bonario; ***be ~ with her*** sii gentile con lei; ***the ~ sex*** LETT. o

IRON. il gentil sesso **2** *(gradual)* [*slope*] lieve; [*curve, stop*] dolce; [*transition*] graduale **3** *(light)* [*pressure, breeze*] leggero; [*exercise*] poco faticoso; [*touch, massage*] delicato, leggero; [*stroll*] tranquillo.

gentleman /ˈdʒentlmən/ n. (pl. **-men**) **1** *(man)* signore m.; ***a ~ of leisure*** un ricco signore **2** *(well-bred)* gentiluomo m., gentleman m. **3** AE POL. *(congressman)* deputato m.

gentleman-farmer /ˌdʒentlmənˈfɑːmə(r)/ n. (pl. **gentlemen-farmers**) proprietario m. terriero.

gentlemanly /ˈdʒentlmənlɪ/ agg. [*behaviour*] signorile, da gentiluomo; [*person, appearance*] distinto.

gentleness /ˈdʒentlnɪs/ n. cortesia f., dolcezza f.

gentlewoman /ˈdʒentlwʊmən/ n. (pl. **-women**) ANT. gentildonna f.

gently /ˈdʒentlɪ/ avv. **1** *(not harshly)* [*rock, blow, stir*] dolcemente; [*treat, cleanse*] delicatamente; [*cook*] a fuoco lento **2** *(kindly)* [*speak*] gentilmente; ***treat her ~*** trattala con gentilezza; ***to break the news ~*** annunciare la notizia con delicatezza **3** *(lightly)* [*exercise*] senza affaticarsi; ***he kissed her ~ on the cheek*** la baciò delicatamente sulla guancia **4** *(gradually)* ***to slope ~ up, down*** salire, scendere dolcemente; ***~ does it!*** piano!

gentrification /ˌdʒentrɪfɪˈkeɪʃn/ n. SPREG. = trasformazione di un quartiere popolare in uno residenziale.

gentry /ˈdʒentrɪ/ n. STOR. piccola nobiltà f.; ***the landed ~*** l'aristocrazia terriera.

genuflect /ˈdʒenjuːflekt/ intr. FORM. genuflettersi.

genuflexion BE, **genuflection** AE /ˌdʒenjuːˈflekʃn/ n. FORM. genuflessione f.

genuine /ˈdʒenjʊɪn/ agg. **1** *(real)* [*reason*] vero; ***in case of ~ emergency*** in caso di assoluta emergenza **2** *(authentic)* [*work of art*] autentico; [*jewel, substance*] vero; ***it's the ~ article*** COLLOQ. è proprio quello vero *o* originale **3** *(sincere)* [*person, effort, interest*] sincero; [*simplicity, inability*] vero; [*buyer*] serio.

genuinely /ˈdʒenjʊɪnlɪ/ avv. **1** *(really and truly)* [*want, upset*] veramente **2** *(in reality)* [*independent*] realmente.

genuineness /ˈdʒenjʊɪnnɪs/ n. *(of person)* sincerità f.; *(of work of art)* autenticità f.

genus /ˈdʒiːnəs/ n. (pl. **~es, -era**) genere m.

Geoffrey /ˈdʒefrɪ/ n.pr. Goffredo.

geographer /dʒɪˈɒgrəfə(r)/ ➧ ***27*** n. geografo m. (-a).

geographic(al) /ˌdʒɪəˈgræfɪk(l)/ agg. geografico.

geographically /ˌdʒɪəˈgræfɪklɪ/ avv. geograficamente; ***~ speaking*** in termini geografici, dal punto di vista della geografia.

geographical mile n. miglio m. geografico.

geography /dʒɪˈɒgrəfɪ/ **I** n. *(study)* geografia f.; *(layout)* configurazione f. geografica **II** modif. [*teacher, book*] di geografia.

geological /dʒɪəˈlɒdʒɪkl/ agg. geologico.

geologist /dʒɪˈɒlədʒɪst/ ➧ ***27*** n. geologo m. (-a).

geology /dʒɪˈɒlədʒɪ/ **I** n. geologia f. **II** modif. [*course*] di geologia; [*degree*] in geologia.

geometric(al) /ˌdʒɪəʊˈmetrɪk(l)/ agg. geometrico.

geometry /dʒɪˈɒmətrɪ/ **I** n. geometria f. **II** modif. [*lesson, book*] di geometria.

geophysical /ˌdʒiːəʊˈfɪzɪkl/ agg. geofisico.

geophysics /ˌdʒiːəʊˈfɪzɪks/ n. + verbo sing. geofisica f.

geopolitical /ˌdʒiːəʊpəˈlɪtɪkl/ agg. geopolitico.

geopolitics /ˌdʒiːəʊˈpɒlətɪks/ n. + verbo sing. geopolitica f.

Geordie /ˈdʒɔːdɪ/ **I** agg. BE COLLOQ. del Tyneside **II** n. BE COLLOQ. nativo m. (-a), abitante m. e f. del Tyneside.

George /dʒɔːdʒ/ n.pr. Giorgio.

Georgia /ˈdʒɔːdʒɪə/ ➧ ***24, 6*** n.pr. GEOGR. Georgia f.

1.Georgian /ˈdʒɔːdʒɪən/ ➧ ***18, 14*** GEOGR. **I** agg. georgiano **II** n. **1** *(inhabitant)* georgiano m. (-a) **2** *(language)* georgiano m.

2.Georgian /ˈdʒɔːdʒɪən/ agg. GB STOR. LETTER. ARCH. georgiano.

geoscience /ˌdʒiːəʊˈsaɪəns/ n. **U** scienze f.pl. della Terra.

geostationary /ˌdʒiːəʊˈsteɪʃənərɪ, AE -nerɪ/ agg. geostazionario.

geosynchronous /ˌdʒiːəʊˈsɪnkrənəs/ agg. geosincrono.

geothermal /ˌdʒiːəʊˈθɜːml/ agg. geotermico.

Gerald /ˈdʒerəld/ n.pr. Gerardo, Gherardo.

Geraldine /ˈdʒerəldiːn/ n.pr. Geraldina.

geranium /dʒəˈreɪnɪəm/ n. geranio m.

Gerard /ˈdʒerɑːd/ n.pr. Gerardo, Gherardo.

gerbil /ˈdʒɜːbɪl/ n. gerbillo m.

geriatric /ˌdʒerɪˈætrɪk/ **I** agg. **1** MED. [*hospital, ward*] geriatrico; ***~ medicine*** medicina geriatrica, geriatria **2** COLLOQ. SPREG. (vecchio) bacucco, rimbambito **II** n. **1** MED. anziano m. (-a) **2** COLLOQ. SPREG. vecchio m. (-a) bacucco (-a), rimbambito (-a).

geriatrician /ˌdʒerɪəˈtrɪʃn/ ➧ ***27*** n. geriatra m. e f.

geriatrics /ˌdʒerɪˈætrɪks/ n. + verbo sing. geriatria f.

germ /dʒɜːm/ n. **1** *(microbe)* germe m. **2** *(seed)* germe m. (anche FIG.).

German /ˈdʒɜːmən/ ➧ ***18, 14*** **I** agg. [*custom, town*] tedesco; [*ambassador, embassy*] tedesco, della Germania **II** n. **1** *(person)* tedesco m. (-a) **2** *(language)* tedesco m. **III** modif. *(of German)* [*teacher, course*] di tedesco; *(into German)* [*translation*] in tedesco.

germane /dʒɜːˈmeɪn/ agg. [*point, remark*] pertinente, appropriato; ***~ to*** che ha pertinenza con, pertinente a [*inquiry, topic*].

Germanic /dʒɜːˈmænɪk/ agg. LING. germanico.

German measles ➧ ***11*** n. + verbo sing. rosolia f.

German shepherd n. pastore m. tedesco, cane m. lupo.

German-speaking /ˈdʒɜːmənˌspiːkɪŋ/ agg. germanofono.

Germany /ˈdʒɜːmənɪ/ ➧ ***6*** n.pr. Germania f.

germicidal /ˌdʒɜːmɪˈsaɪdl/ agg. germicida.

germicide /ˈdʒɜːmɪsaɪd/ n. germicida m.

germinal /ˈdʒɜːmɪnəl/ agg. BIOL. germinale.

germinate /ˈdʒɜːmɪneɪt/ **I** tr. fare germinare (anche FIG.) **II** intr. germinare (anche FIG.).

germination /ˌdʒɜːmɪˈneɪʃn/ n. germinazione f.

germ warfare n. guerra f. batteriologica.

gerontologist /ˌdʒerɒnˈtɒlədʒɪst/ ➧ ***27*** n. gerontologo m. (-a).

gerontology /ˌdʒerɒnˈtɒlədʒɪ/ n. gerontologia f.

gerrymandering /ˌdʒerɪˈmændərɪŋ/ n. SPREG. = broglio consistente nel suddividere i collegi elettorali a proprio vantaggio.

Gertrude /ˈgɜːtruːd, AE ˈgɜːr-/ n.pr. Gertrude.

gerund /ˈdʒerənd/ n. gerundio m.

gerundive /dʒeˈrʌndɪv/ **I** agg. gerundivo **II** n. gerundivo m.

Gervase /ˈdʒɜːvəs/ n.pr. Gervaso.

gestate /dʒeˈsteɪt/ intr. BIOL. essere in stato di gravidanza; FIG. essere in gestazione.

gestation /dʒeˈsteɪʃn/ n. gestazione f. (anche FIG.).

gesticulate /dʒeˈstɪkjʊleɪt/ intr. gesticolare.

gesticulation /dʒeˌstɪkjʊˈleɪʃn/ n. gesticolazione f.

1.gesture /ˈdʒestʃə(r)/ n. gesto m. (anche FIG.); ***a nice ~*** un bel gesto; ***an empty ~*** un gesto privo di significato.

2.gesture /ˈdʒestʃə(r)/ intr. fare un gesto, fare gesti; ***to ~ at*** o ***towards sth.*** indicare qcs. (a gesti); ***to ~ to sb.*** fare segno a qcn.

get /get/ This much-used verb has no multipurpose equivalent in Italian and therefore it is very often translated by choosing a synonym: *to get lunch* = *to prepare lunch* = preparare il pranzo. - *Get* is used in many different contexts and has many different meanings, the most important of which are the following: *obtain* or *receive* (*I got it free* = l'ho avuto gratis), *move* or *travel* (*I got there in time* = ci sono arrivato in tempo), *have* or *own* (*she has got black hair and green eyes* = ha i capelli neri e gli occhi verdi), *become* (*I'm getting old* = sto invecchiando), and *understand* (*got the meaning?* = capito?). - *Get* is also used in many idiomatic expressions (*to get something off one's chest* etc), whose translations will be found in the appropriate entry (**chest** etc). - When *get* + object + infinitive is used in English to mean *to persuade somebody to do something*, *fare* is used in Italian followed by an infinitive: *she got me to clear the table* = mi ha fatto sparecchiare la tavola. When *get* + object + past participle is used to express the idea that a job is done not by you but by somebody else, *fare* followed by an infinitive is also used in Italian: *to get a room painted* = fare verniciare una stanza. - When *get* has the meaning of *become* and is followed by an adjective (*to get rich / drunk* etc), *diventare* is sometimes useful but check the appropriate entry (**rich**, **drunk** etc) as a single verb often suffices (*arricchirsi*, *ubriacarsi* etc). - For examples and further uses of *get* see the entry below. **I** tr. (forma in -ing **-tt-**; pass. **got**; p.pass. **got**,

gotten AE) **1** *(receive)* ricevere [*letter, grant*]; ricevere, percepire [*salary, pension*]; TELEV. RAD. ricevere, prendere [*channel*]; ***what did you ~ for your car?*** quanto hai preso per la tua macchina? ***we ~ a lot of rain*** dalle nostre parti *o* qui piove molto; ***our garden ~s a lot of sun*** il nostro giardino prende molto sole *o* è molto soleggiato; ***we ~ a lot of tourists*** abbiamo molti turisti; ***you ~ what you pay for*** si riceve quello che si paga; ***to ~ help with*** farsi aiutare in, per **2** *(inherit)* ***to ~ sth. from sb.*** ereditare qcs. da qcn. [*article, money*]; FIG. prendere qcs. da qcn. [*trait, feature*] **3** *(obtain) (by applying)* ottenere [*permission, divorce, licence*]; trovare, ottenere [*job*]; *(by contacting)* trovare [*plumber*]; chiamare [*taxi*]; *(by buying)* comprare, acquistare [*item*]; ***to ~ something for nothing, at a discount*** avere qcs. per niente, con uno sconto; ***to ~ sb. sth.***, ***to ~ sth. for sb.*** *(by buying)* prendere *o* comprare qcs. a, per qcn.; ***I'll ~ sth. to eat at the airport*** prenderò qcs. da mangiare all'aeroporto **4** *(subscribe to)* essere abbonato a [*newspaper*] **5** *(acquire)* farsi [*reputation*] **6** *(achieve)* ottenere [*grade, mark, answer*]; ***he got it right*** *(of calculation)* l'ha fatto giusto; *(of answer)* ha risposto bene **7** *(fetch)* prendere [*object, person*]; cercare [*help*]; ***go and ~ a chair*** prenda *o* vada a prendere una sedia; ***to ~ sb. sth.*** o ***to ~ sth. for sb.*** prendere qcs. a *o* per qcn.; ***can I ~ you your coat?*** posso portarti il cappotto? **8** *(move)* ***I'll ~ them there somehow*** ce li porterò in qualche modo; ***can you ~ between the truck and the wall?*** riesci a passare *o* infilarti tra il camion ed il muro? **9** *(help progress)* ***this is ~ting us nowhere*** questo non ci porta da nessuna parte; ***where will that ~ you?*** dove, a che cosa ti porterà? **10** *(contact)* ***did you manage to ~ Dany on the phone?*** sei riuscito a sentire Dany al telefono? **11** *(deal with)* ***I'll ~ it*** *(of phone)* rispondo io; *(of doorbell)* vado io **12** *(prepare)* preparare [*meal*] **13** *(take hold of)* prendere [*person*] (**by** per); ***I've got you, don't worry*** ti tengo, non ti preoccupare; ***to ~ sth. from*** o ***off*** prendere qcs. da [*shelf, table*]; ***to ~ sth. from*** o ***out of*** prendere qcs. da [*drawer, cupboard*] **14** COLLOQ. *(oblige to give)* ***to ~ sth. from*** o ***out of sb.*** ottenere da qcn. [*money*]; FIG. strappare a qcn. [*truth*] **15** COLLOQ. *(catch)* prendere [*escapee*]; ***got you!*** ti ho preso! *(caught in act)* (ti ho) beccato! ti ho visto! **16** MED. prendere, contrarre [*disease*] **17** *(use as transport)* prendere [*bus, train*] **18** *(have)* ***to have got*** avere [*object, money, friend etc.*]; ***I've got a headache*** ho il mal di testa **19** *(start to have)* ***to ~ (hold of) the idea*** o ***impression that*** farsi l'idea, avere l'impressione che **20** *(suffer)* ***to ~ a surprise, shock*** avere una sorpresa, uno choc; ***to ~ a bang on the head*** ricevere un colpo in testa **21** *(be given as punishment)* prendere [*fine*]; ***he got five years*** gli hanno dato cinque anni **22** *(hit)* ***to ~ sb., sth. with*** prendere *o* colpire qcn., qcs. con [*stone, arrow*]; ***got it!*** *(of target)* preso! **23** *(understand, hear)* capire; ***I didn't ~ what you said*** non ho sentito quello che hai detto; ***did you ~ it?*** hai capito? ***I got it from Kathy*** l'ho saputo da Kathy; ***~ this! he was arrested this morning*** senti questa! è stato arrestato stamattina **24** COLLOQ. *(annoy, affect)* ***what ~s me is...*** quello che mi dà fastidio è che... **25** *(learn, learn of)* ***to ~ to do*** COLLOQ. finire per fare; ***how did you ~ to know*** o ***hear of our organization?*** come siete venuti a conoscenza *o* da chi avete sentito parlare della nostra organizzazione? ***we got to know them last year*** abbiamo fatto la loro conoscenza l'anno scorso **26** *(have opportunity)* ***to ~ to do*** avere l'occasione di fare; ***do you ~ to use the computer?*** ti capita di usare il computer? **27** *(start)* ***to ~ (to be)*** cominciare a essere *o* a diventare; ***to ~ to doing*** COLLOQ. cominciare a fare; ***then I got to thinking that*** poi ho cominciato a pensare che; ***we'll have to ~ going*** bisogna che andiamo **28** *(must)* ***to have got to do*** dover fare [*homework, chore*]; ***it's got to be done*** va fatto; ***there's got to be a reason*** ci deve essere una ragione **29** *(persuade)* ***to ~ sb. to do sth.*** far fare qcs. a qcn.; ***I got her to talk*** riuscii a farla parlare; ***did you ~ anything out of her?*** sei riuscito a tirarle fuori qualcosa? **30** *(have somebody do)* ***to ~ sth. done*** far(si) fare qcs.; ***to ~ the car repaired*** fare riparare la macchina; ***to ~ one's hair cut*** farsi tagliare i capelli **31** *(cause)* ***to ~ the car going*** fare partire la macchina; ***as hot as you can ~ it*** il più caldo possibile; ***to ~ one's socks wet*** bagnarsi i calzini; ***I got my finger trapped in the drawer*** mi sono preso *o* pizzicato il dito nel cassetto **II** intr. (forma in -ing **-tt-**; pass. **got**; p.pass. **got**, **gotten** AE) **1** *(become)* diventare [*suspicious, old*]; ***how lucky, stupid can you ~!*** quanto si può essere fortunati, stupidi! com'è fortunata, stupida certa gente! ***it's ~ting late*** si sta facendo tardi **2** *(forming passive)* ***to ~ killed*** rimanere ucciso; ***to ~ oneself killed*** farsi uccidere; ***to ~ hurt*** essere ferito **3** *(become involved in)* ***to ~ into*** *(as hobby)* COLLOQ. darsi a [*astrology etc.*]; *(as job)* dedicarsi a [*teaching, publishing*]; ***to ~ into a fight*** FIG. buttarsi nella mischia **4** *(arrive)* ***to ~ there*** arrivarci; ***to ~ to the airport*** arrivare all'aeroporto; ***how did you ~ here?*** *(by what miracle)* come hai fatto ad arrivare fin qua? *(by what means)* come sei arrivato qua? ***where did you ~ to?*** dove sei andato? ***we've got to page 5*** siamo arrivati a pagina 5 **5** *(progress)* ***it got to 7 o'clock*** si sono fatte le 7; ***I'd got as far as underlining the title*** avevo appena iniziato a sottolineare il titolo; ***I'm ~ting nowhere with this essay*** non sto approdando a niente con questo saggio; ***now we're ~ting somewhere*** ora sì che facciamo progressi **6** COLLOQ. *(put on)* ***to ~ into*** mettere *o* mettersi [*pyjamas, overalls*] ♦ ***~ along with you!*** non essere ridicolo! ma non scherzare! ***~ away with you!*** COLLOQ. ma non dire sciocchezze! ***~ him in that hat!*** COLLOQ. ma guardalo (un po') con quel cappello! ***I'll ~ you for that*** COLLOQ. te la farò pagare (per questo); ***I'm ~ting there*** ci sto arrivando; ***he's got it bad*** COLLOQ. ha preso una bella cotta; ***I've got it*** ho capito; ***to ~ above oneself*** montarsi la testa; ***to ~ it together*** COLLOQ. darsi una regolata; ***to tell sb. where to ~ off*** mandare qcn. a quel paese; ***to ~ with it*** COLLOQ. muoversi, darsi una mossa; ***what's got into her?*** che cosa le ha preso? ***you've got me there!*** bella domanda!

■ **get about** **1** *(manage to move)* spostarsi, muoversi **2** *(travel)* viaggiare, girare; ***he ~s about a bit*** *(travels)* viaggia un bel po'; *(knows people)* vede parecchia gente **3** *(be spread)* [*news*] diffondersi.

■ **get across:** ~ **across** **1** *(pass to other side)* passare (dall'altra parte) **2** *(be communicated)* [*message*] arrivare, essere recepito; ~ **across [sth.]** attraversare [*river, road*]; ~ **[sth.] across** **1** *(transport)* ***how will we ~ it across?*** *(over stream, gap etc.)* come faremo a portarlo dall'altra parte? **2** *(communicate)* fare arrivare, trasmettere [*message*].

■ **get ahead** **1** *(make progress)* andare avanti, fare progressi; ***to ~ ahead of*** essere più avanti di, superare [*competitor*] **2** *(go too fast)* ***let's not ~ ahead of ourselves*** non mettiamo il carro davanti ai buoi.

■ **get along** **1** *(progress)* ***how's the project ~ting along?*** come sta procedendo il progetto? ***how are you ~ting along?*** *(in job)* come te la stai cavando? *(to sick or old person)* come va? come stai? *(in school)* stai facendo progressi? vai bene? **2** *(be suited as friends)* andare d'accordo **3** *(go)* ***I must be ~ting along*** devo andare.

■ **get around:** ~ **around** **1** *(move, spread)* → **get about** **2** ***she'll ~ around to visiting us eventually*** finirà per venire a trovarci prima o poi; ***I must ~ around to reading his article*** bisogna che mi decida a leggere il suo articolo; ***I haven't got around to it yet*** non ci sono ancora arrivato, non ho ancora avuto il tempo di occuparmene; ~ **around [sth.]** *(circumvent)* aggirare [*problem, law*]; ***there's no ~ting around it*** non c'è modo di evitarlo.

■ **get at** COLLOQ. ~ **at [sb., sth.]** **1** *(reach)* arrivare a, raggiungere [*object, person*]; FIG. arrivare a, scoprire [*truth*] **2** *(spoil)* ***the ants have got at the sugar*** le formiche hanno attaccato lo zucchero **3** *(criticize)* dare addosso a [*person*] **4** *(insinuate)* ***what are you ~ting at?*** dove vuoi arrivare?

■ **get away** **1** *(leave)* andare via, andarsene **2** *(escape)* fuggire, scappare **3** FIG. *(escape unpunished)* ***to ~ away with a crime*** farla in barba alla giustizia; ***you'll never ~ away with it!*** non la passerai liscia! non credere di farla franca!

■ **get away from:** ~ **away from [sth.]** **1** *(leave)* lasciare [*town*]; ***I must ~ away from here!*** devo andarmene da qui! **2** FIG. *(deny)* negare [*fact*]; ***there's no ~ting away from it*** non c'è modo di negarlo **3** FIG. farla finita con, abbandonare [*practice*]; ~ **away from [sb.]** sfuggire a (anche FIG.).

■ **get back:** ~ **back** **1** *(return)* (ri)tornare; ***when we ~ back*** quando ritorneremo, al nostro ritorno **2** *(move backwards)* tornare indietro, andare indietro, indietreggiare **3** *(take revenge)* ***to ~ back at*** vendicarsi di; ~ **back to [sth.]** **1** *(return to)* ritornare a, rientrare a [*house*]; ritornare in [*office, city*]; ritornare a [*point*]; ***when we ~ back to London*** quando ritorniamo a Londra **2** *(return to former condition)* tornare a [*teaching, job*]; ***to ~ back to sleep*** tornare a dormire, riaddormentarsi; ***to ~ back to normal*** tornare alla normalità **3** *(return to earlier stage)* tornare a [*main topic, former point*]; **~ back to [sb.]** **1** *(return to)* tornare da, ritornare da **2** *(on telephone)* ***I'll ~ right back to you*** ti richiamo subito; **~ [sth.] back** **1** *(return) (personally)* riportare, restituire; *(by post etc.)* rispedire **2** *(regain)* riavere, recuperare [*lost object, loaned item*]; FIG. riprendere, recuperare [*strength*]; ***she got her money back*** ha avuto indietro i suoi soldi; ***she got her old job back*** ha riavuto il suo vecchio lavoro.

■ **get behind:** **~ behind** *(delayed)* restare indietro, essere in ritardo; **~ behind [sth.]** mettersi dietro [*hedge, sofa etc.*].

■ **get by** **1** *(pass)* passare **2** *(survive)* cavarsela, farcela (**on, with** con).

■ **get down:** **~ down** **1** *(descend)* scendere (**from, out of** da) **2** *(leave table)* alzarsi (da tavola) **3** *(lower oneself) (to floor)* abbassarsi; *(crouch)* accucciarsi; ***to ~ down on one's knees*** mettersi in ginocchio, inginocchiarsi; ***to ~ down to*** abbassarsi fino a [*lower level etc.*]; mettersi a [*work*]; ***to ~ down to sb.'s level*** FIG. mettersi al livello di qcn.; ***let's ~ down to business*** mettiamoci al lavoro; ***when you ~ right down to it*** quando lo si guarda un po' più da vicino; ***to ~ down to doing*** mettersi a fare; **~ down [sth.]** venire giù da, scendere da [*slope*]; **~ [sth.] down**, **~ down [sth.]** **1** *(from height)* mettere giù, tirare giù [*book etc.*] **2** *(swallow)* buttare giù, ingoiare **3** *(record)* prendere nota di, trascrivere; **~ [sb.] down** **1** *(from height)* fare scendere **2** COLLOQ. *(depress)* buttare giù, deprimere.

■ **get in:** **~ in** **1** *(to building)* entrare; *(to vehicle)* salire **2** FIG. *(participate)* ***to ~ in on*** riuscire a entrare in [*project, scheme*]; ***to ~ in on the deal*** COLLOQ. fare parte dell'affare **3** *(return home)* rientrare **4** *(arrive at destination)* [*train*] arrivare **5** *(penetrate)* [*water, sunlight*] entrare, penetrare **6** POL. [*party*] salire al potere; [*candidate*] essere eletto **7** SCOL. UNIV. [*applicant*] entrare, essere ammesso **8** *(associate)* ***to ~ in with*** fare amicizia con [*person*]; **~ [sth.] in**, **~ in [sth.]** **1** *(buy in)* fare provvista di [*supplies*] **2** *(fit into space)* ***I can't ~ the drawer in*** non riesco a fare entrare *o* rimettere dentro il cassetto **3** *(harvest)* raccogliere; *(plant)* piantare **4** *(hand in)* consegnare [*essay*] **5** *(in article, book)* mettere dentro, inserire [*section, remark*] **6** *(fit into schedule)* ***I'll try to ~ in a bit of tennis*** COLLOQ. cercherò di fare un po' di tennis; **~ [sb.] in** fare entrare.

■ **get into:** **~ into [sth.]** **1** *(enter)* entrare in [*building*]; salire su [*vehicle*] **2** *(be admitted) (as member)* entrare in, diventare membro di [*club*]; *(as student)* entrare in, essere ammesso a [*school*]; ***I didn't know what I was ~ting into*** FIG. non sapevo in che cosa mi stavo imbarcando **3** *(squeeze into)* entrare in [*garment, size*]; ***to ~ into the habit of doing sth.*** prendere l'abitudine di fare qcs.; ***to ~ into trouble*** mettersi nei guai; **~ [sb., sth.] into** fare entrare [qcn.] in [*good school*]; fare entrare [qcs.] in [*room*].

■ **get off:** **~ off** **1** *(from bus etc.)* scendere (**at** a) **2** *(start on journey)* partire **3** *(leave work)* smettere, staccare **4** COLLOQ. *(escape punishment)* cavarsela **5** ***to ~ off to*** partire per [*destination*]; *(make headway)* ***to ~ off to a good start*** partire bene; ***to ~ off to sleep*** addormentarsi; **~ off [sth.]** **1** *(climb down from)* scendere da [*wall*] **2** *(alight from)* scendere da [*bus etc.*] **3** FIG. allontanarsi da [*subject*]; **~ off [sb.]** *(leave hold)* COLLOQ. ***~ off me!*** lasciami! toglimi le mani di dosso! **~ [sb., sth.] off** **1** *(lift down)* mettere giù, tirare giù [*object*]; fare scendere [*person*] **2** *(dispatch)* mandare, spedire [*letter, person*] **3** *(remove)* togliere [*stain*] **4** COLLOQ. (fare) addormentare [*baby*].

■ **get on:** **~ on** **1** *(climb aboard)* salire **2** *(work)* ***~ on a bit faster*** procedi un po' più svelto; ***let's ~ on!*** andiamo avanti! **3** BE *(like each other)* andare d'accordo **4** *(fare)* ***how did you ~ on?*** com'è *o* come ti è andata? **5** *(cope)* ***how are you ~ting on?*** come va? come te la stai cavando? **6** BE *(approach)* ***he's ~ting on for 40*** va per i quaranta; ***it's ~ting on for midnight*** è quasi mezzanotte **7** *(grow late)* ***time's ~ting on*** si sta facendo tardi **8** *(grow old)* ***he's ~ting on a bit*** comincia a invecchiare *o* ad essere avanti con gli anni; **~ on [sth.]** salire su [*vehicle*]; **~ [sth.] on**, **~ on [sth.]** mettere, mettersi [*clothing*]; mettere su, montare [*tyre*].

■ **get onto:** **~ onto [sth.]** **1** salire su [*vehicle*] **2** *(be appointed)* entrare in, essere nominato in [*committee*] **3** *(start to discuss)* arrivare a, affrontare [*subject*] **4** BE *(contact)* rivolgersi a, contattare.

■ **get on with:** **~ on with [sth.]** *(continue to do)* ***to ~ on with one's work*** continuare il proprio lavoro; ***let's ~ on with the job!*** andiamo avanti (col lavoro)! **~ on with [sb.]** BE andare d'accordo con.

■ **get out:** **~ out** **1** *(exit)* uscire (**through, by** da); ***~ out and don't come back!*** vattene e non tornare più! **2** *(make social outing)* uscire **3** *(resign)* andarsene **4** *(alight)* scendere **5** *(be let out)* [*prisoner*] uscire, essere rilasciato **6** *(leak)* [*news*] venire fuori, trapelare; **~ [sth.] out**, **~ out [sth.]** **1** *(bring out)* tirare fuori [*handkerchief*]; ***I couldn't ~ the words out*** non riuscivo a tirare fuori *o* fare uscire le parole **2** *(extract)* tirare fuori, via [*cork*] **3** *(erase)* fare andar via, togliere [*stain*] **4** *(take on loan)* prendere in prestito [*library book*]; **~ [sb.] out** *(release)* fare uscire, (fare) rilasciare [*prisoner*]; ***to ~ sth. out of sth.*** *(bring out)* tirare fuori qcs. da qcs.; *(find and remove)* tirare via qcs. da qcs. [*stuck object*]; ***I can't ~ it out of my mind*** non riesco a togliermelo dalla mente.

■ **get out of:** **~ out of [sth.]** **1** uscire da [*building, bed, meeting*]; scendere da [*vehicle*]; uscire da [*prison*]; uscire da, lasciare [*organization*]; sfuggire a, sottrarsi a [*responsibilities*] **2** *(avoid doing)* sottrarsi a, evitare [*appointment, meeting*]; ***I'll try to ~ out of it*** cercherò di liberarmi; ***to ~ out of doing*** evitare di fare **3** *(no longer do)* perdere [*habit*] **4** *(gain from)* ***what do you ~ out of your job?*** che cosa ricavi dal tuo lavoro? ***what will you ~ out of it?*** che cosa ci guadagnerai?

■ **get over:** **~ over** *(cross)* passare; **~ over [sth.]** **1** *(cross)* attraversare [*bridge*] **2** superare, rimettersi da [*illness, shock*]; ***I can't ~ over it*** *(in amazement)* non me ne capacito **3** *(surmount)* superare [*problem*]; ***to ~ sth. over with*** farla finita con qcs. **4** *(stop loving)* ***she never got over him*** non lo ha mai dimenticato; **~ [sb., sth.] over** *(cause to cross)* fare passare [qcn., qcs.] su [*bridge*]; fare superare a qcn., qcs. [*wall etc.*]; ***~ the plumber over here at once*** fai venire qui subito l'idraulico.

■ **get round** BE **~ round**, **~ round [sth.]** → **get around**; **~ round [sb.]** COLLOQ. convincere, persuadere.

■ **get through:** **~ through** **1** *(squeeze through)* passare **2** TEL. ***to ~ through to sb.*** parlare con qcn. (al telefono); ***I couldn't ~ through*** non sono riuscito ad avere la linea **3** *(communicate with)* ***to ~ through to*** comunicare con, convincere [*person*] **4** [*news, supplies*] arrivare **5** [*examinee*] passare, farcela; **~ through [sth.]** **1** attraversare, passare attraverso [*checkpoint, mud*]; arrivare alla fine di, finire [*book*]; finire [*meal, task*]; superare, passare [*exam, qualifying round*]; ***I thought I'd never ~ through the week*** credevo di non arrivare alla fine della settimana **2** *(use)* fare fuori, finire [*food*]; fare fuori, scolarsi [*drink*]; fare fuori, sperperare [*money*]; ***I ~ through two notebooks a week*** consumo due block notes alla settimana; **~ [sb., sth.] through** **1** *(squeeze through)* fare passare [*object, person*] **2** *(help to endure)* [*encouragement, strength of character*] aiutare ad andare avanti **3** SCOL. UNIV. *(help to pass)* aiutare a passare [*candidate*] **4** POL. fare passare [*bill*].

■ **get together:** **~ together** *(assemble)* trovarsi, riunirsi (**about, over** per parlare di); **~ [sb., sth.] together**, **~ together [sb., sth.]** **1** *(assemble)* mettere insieme, riunire [*groups*] **2** *(accumulate)* mettere insieme, raccogliere [*food parcels*] **3** *(form)* formare [*company, action group*].

■ **get under:** **~ under** passare (di) sotto; **~ under [sth.]** passare sotto (a) [*barrier*].

■ **get up:** **~ up** **1** *(from bed, chair etc.)* tirarsi su, alzarsi **2** *(on horse, ledge etc.)* montare **3** METEOR. [*storm*] prepararsi; [*wind*] levarsi **4** ***to ~ up to*** *(reach)* arrivare (fino) a [*page, upper floor*]; ***what did you ~ up to?*** FIG. *(sth. enjoyable)* che cosa hai fatto di bello? *(sth. mischievous)* che cosa hai combinato? **~ up [sth.]** **1** arrivare in cima a [*hill, ladder*] **2** *(increase)* aumentare [*speed*] **3** *(muster)* formare [*group*]; fare [*petition*]; ottenere [*support*]; **~ [sth.] up** organizzare.

getatable /ˌget'ætəbl/ agg. COLLOQ. ***to be ~*** [*object*] essere facile a ottenersi.

getaway /'getəweɪ/ **I** n. ***to make a quick ~*** partire alla svelta **II** modif. ***the robbers had a ~ car outside the bank*** i rapinatori avevano un'auto per scappare pronta fuori dalla banca.

get-together /ˈgettəgeðə(r)/ n. ***we ought to have a ~*** dovremmo combinare di vederci; ***we had a bit of a ~*** facemmo una piccola festicciola.

getup /ˈgetʌp/ n. COLLOQ. SPREG. aspetto m., tenuta f.

get-up-and-go /ˌgetʌpənˈgəʊ/ n. energia f., dinamismo m.

get well agg. [*card, wishes*] di pronta guarigione.

gewgaw /ˈgjuːgɔː/ n. fronzolo m., gingillo m.

geyser /ˈgiːzə(r), ˈgaɪ-/ n. **1** GEOL. geyser m. **2** BE *(water-heater)* scaldaacqua m. (a gas).

G-force /ˈdʒiːˌfɔːs/ n. forza f. di gravità.

Ghanaian /gɑːˈneɪən/ ♦ *18* **I** agg. ghaneano, ghanese **II** n. ghaneano m. (-a), ghanese m. e f.

ghastliness /ˈgɑːstlɪnɪs, AE ˈgæst-/ n. *(of look)* aspetto m. spaventoso; *(of scene)* orrore m.; *(of complexion)* pallore m. spettrale.

ghastly /ˈgɑːstlɪ, AE ˈgæstlɪ/ agg. **1** *(dreadful)* [*scene*] orribile, spaventoso **2** *(sickly)* [*person, colour, taste*] orribile, orrendo; [*light*] spettrale; ***to be ~ pale*** o ***to have a ~ pallor*** essere di un pallore spettrale.

gherkin /ˈgɜːkɪn/ n. cetriolo m., cetriolino m. sott'aceto.

ghetto /ˈgetəʊ/ n. (pl. **~, ~es**) ghetto m.

ghetto blaster n. COLLOQ. (grosso) stereo m. portatile.

1.ghost /gəʊst/ n. **1** *(spectre)* fantasma m., spettro m.; ***you look as if you've seen a ~!*** hai l'aria di uno che ha appena visto un fantasma! **2** FIG. ***the ~ of a smile*** l'ombra di un sorriso; ***they haven't the ~ of a chance of winning!*** non hanno la minima possibilità di vincere! ♦ ***to give up the ~*** esalare lo spirito, rendere l'anima a Dio.

2.ghost /gəʊst/ **I** tr. ***to ~ sb.'s books*** scrivere libri per conto di qcn. **II** intr. ***to ~ for sb.*** fare lo scrittore fantasma per qcn.

ghostly /ˈgəʊstlɪ/ agg. spettrale.

ghost story n. storia f. di fantasmi.

ghost town n. città f. fantasma.

ghost train n. *(at funfair)* tunnel m. degli orrori.

ghostwrite /ˈgəʊstˌraɪt/ tr. e intr. (pass. **-wrote**; p.pass. **-written**) → **2.ghost**.

ghostwriter /ˈgəʊstˌraɪtə(r)/ ♦ *27* n. scrittore m. (-trice) fantasma, negro m.

ghoul /guːl/ n. **1** *(spirit)* = demone malefico che divora cadaveri **2** SPREG. *(person)* ***to be a ~*** essere amante del macabro.

ghoulish /ˈguːlɪʃ/ agg. macabro.

GHQ n. (⇒ General Headquarters Quartier Generale) Q.G. m.

GI n. = soldato statunitense.

giant /ˈdʒaɪənt/ **I** n. gigante m. **II** agg. [*size*] gigante.

giantess /ˈdʒaɪəntes/ n. gigantessa f.

giant-killer /ˈdʒaɪəntˌkɪlə(r)/ n. vincitore m. (-trice) a sorpresa.

giant slalom n. slalom m. gigante.

gibber /ˈdʒɪbə(r)/ intr. [*person*] farfugliare, borbottare; [*monkey*] strillare, berciare.

gibberish /ˈdʒɪbərɪʃ/ n. borbottio m.

gibbet /ˈdʒɪbɪt/ n. forca f., patibolo m.

gibbon /ˈgɪbən/ n. gibbone m.

gibe → **1.jibe**, **2.jibe**.

giblets /ˈdʒɪblɪts/ n.pl. rigaglie f.

Gibraltar /dʒɪˈbrɔːltə(r)/ ♦ *34* n.pr. Gibilterra f.

giddiness /ˈgɪdɪnɪs/ n. **1** *(dizziness)* vertigine f., vertigini f.pl. **2** *(frivolity)* volubilità f.

giddy /ˈgɪdɪ/ agg. **1** *(dizzy)* ***to feel ~*** avere le vertigini *o* il capogiro **2** *(exhilarating)* [*height, speed, success*] vertiginoso **3** *(frivolous)* [*person*] volubile; [*behaviour*] frivolo.

giddy spell n. (attacco m. di) vertigini f.pl., capogiro m.

gift /gɪft/ n. **1** *(present)* dono m., regalo m.; ***to give a ~ to sb.***, ***to give sb. a ~*** fare un dono *o* dare un regalo a qcn.; ***to give sb. a ~ of money*** fare a qcn. un dono in denaro; ***it's for a ~*** è (per) un regalo; ***the ~ of life, sight*** il dono della vita, vista **2** *(donation)* dono m., donazione f.; ***to make a ~ of sth. to sb.*** fare dono di qcs. a qcn. **3** *(talent)* dono m., talento m.; ***to have a ~ for*** o ***of doing*** avere un dono per fare *o* il dono di (saper) fare ♦ ***don't look a ~ horse in the mouth*** PROV. a caval donato non si guarda in bocca.

gifted /ˈgɪftɪd/ agg. *(talented)* [*athlete, artist*] dotato, di talento; *(intellectually)* [*child*] superdotato.

gift shop n. negozio m. di articoli da regalo.

gift token, **gift voucher** n. BE buono m. d'acquisto.

gift wrap n. carta f. da regalo.

gift-wrap /ˈgɪftˌræp/ tr. (forma in -ing ecc. **-pp-**) ***would you like it ~ped?*** lo vuole incartato? le faccio un pacchetto regalo?

1.gig /gɪg/ n. MUS. COLLOQ. concerto m., serata f.

2.gig /gɪg/ n. **1** *(carriage)* calesse m. **2** MAR. lancia f.

gigabyte /ˈgaɪgəbaɪt/ n. gigabyte m.

gigantic /dʒaɪˈgæntɪk/ agg. gigantesco.

1.giggle /ˈgɪgl/ n. **1** risolino m., risatina f.; ***to get the ~s*** essere preso dalla ridarella **2** BE COLLOQ. *(joke)* ***to do sth. for a ~*** COLLOQ. fare qcs. per ridere *o* per scherzo.

2.giggle /ˈgɪgl/ intr. *(stupidly)* ridacchiare; *(nervously)* ridere nervosamente.

giggly /ˈgɪglɪ/ agg. SPREG. [*person*] che ridacchia; ***to be in a ~ mood*** avere la ridarella.

gigolo /ˈʒɪgələʊ/ n. (pl. **~s**) gigolo m.

Gilbert /ˈgɪlbət/ n.pr. Gilberto.

gild /gɪld/ tr. (pass., p.pass. **gilded**, **gilt**) dorare, indorare [*frame, ornament*].

gilded /ˈgɪldɪd/ **I** p.pass. → **gild II** agg. dorato; ***~ youth*** gioventù dorata.

gilding /ˈgɪldɪŋ/ n. doratura f.

Giles /dʒaɪlz/ n.pr. Egidio.

1.gill /gɪl/ n. *(of fish)* branchia f. ♦ ***green about the ~s*** COLLOQ. pallido come un cencio.

2.gill /dʒɪl/ ♦ *3* n. gill m.

gilt /gɪlt/ **I** p.pass. → **gild II** agg. [*frame, paint*] dorato **III** n. doratura f.

gilt-edged /ˌgɪltˈedʒd/ agg. **1** [*page*] con il taglio dorato **2** [*investment*] d'oro.

gilt-edged securities, **gilt-edged stock(s)** n.pl. titoli m. di stato, di prim'ordine.

gimbals /ˈdʒɪmblz/ n.pl. sospensione f.sing. cardanica.

gimcrack /ˈdʒɪmkræk/ **I** n. cianfrusaglia f. **II** agg. vistoso e dozzinale.

gimlet /ˈgɪmlɪt/ n. succhiello m. ♦ ***to have eyes like ~s*** avere lo sguardo penetrante.

gimme /ˈgɪmɪ/ COLLOQ. contr. give me.

gimmick /ˈgɪmɪk/ n. SPREG. *(scheme)* stratagemma m., trucco m.; *(gadget)* aggeggio m., arnese m.

gimmicky /ˈgɪmɪkɪ/ agg. SPREG. [*theatrical production*] pieno di effettacci; [*clothes*] pieno di fronzoli; ***~ idea*** trovata.

gin /dʒɪn/ n. *(drink)* gin m.

gin and it n. BE = bevanda a base di gin e vermut.

gin and tonic n. gin tonic m.

1.ginger /ˈdʒɪndʒə(r)/ ♦ *5* **I** n. **1** BOT. GASTR. zenzero m.; ***root*** o ***fresh ~*** zenzero fresco **2** *(colour) (of hair)* fulvo m., rossiccio m. **II** modif. **1** GASTR. [*cake, biscuit*] allo zenzero **2** *(reddish)* [*hair, beard*] fulvo, rossiccio; [*cat*] dal pelo fulvo.

2.ginger /ˈdʒɪndʒə(r)/ tr. → **ginger up**.

■ **ginger up:** ***~ up [sth.]*** animare [*evening*]; stimolare [*metabolism*].

ginger ale n. = bevanda gassata aromatizzata allo zenzero.

ginger beer n. = bevanda gassata lievemente alcolica aromatizzata allo zenzero.

gingerbread /ˈdʒɪndʒəbred/ n. GASTR. = dolce aromatizzato allo zenzero simile al panpepato ♦ ***that takes the gilt off the ~*** questo rovina tutto.

ginger group n. BE *(in party, organization)* gruppo m. di pressione.

ginger-haired /ˈdʒɪndʒəˌheəd/ agg. dai, con i capelli fulvi, rossicci.

gingerly /ˈdʒɪndʒəlɪ/ avv. cautamente.

gingernut /ˈdʒɪndʒəˌnʌt/, **ginger snap** n. GASTR. = tipo di biscotto aromatizzato allo zenzero.

gingery /ˈdʒɪndʒərɪ/ agg. [*hair, beard*] fulvo, rossiccio.

gingham /ˈgɪŋəm/ n. percalle m.

gingivitis /ˌdʒɪndʒɪˈvaɪtɪs/ ♦ *11* n. gengivite f.

gin rummy ♦ *10* n. pinnacolo m.

ginseng /ˈdʒɪnseŋ/ n. ginseng m.

gipsy n. → **gypsy**.

giraffe /dʒɪˈrɑːf, AE dʒəˈræf/ n. giraffa f.

gird /gɜːd/ tr. (pass., p.pass. **girded** o **girt**) LETT. cingere ♦ ***to ~ (up) one's loins*** SCHERZ. rimboccarsi le maniche.

girder /ˈgɜːdə(r)/ n. trave f.

1.girdle /ˈgɜːdl/ n. **1** *(corset)* busto m. **2** *(belt)* cintura f.

2.girdle /ˈgɜːdl/ tr. cingere.
girl /gɜːl/ n. **1** *(child)* bambina f.; *(teenager)* ragazza f.; ***baby ~*** bimba; ***little ~*** bambina piccola; ***teenage ~*** adolescente; ***young ~*** ragazzina; ***when I was a ~*** *(referring to childhood)* quand'ero bambina; *(referring to adolescence)* quand'ero ragazza; ***the new ~*** SCOL. la (bambina *o* ragazza) nuova **2** *(daughter)* figlia f. **3** *(servant)* donna f.; ***factory ~*** operaia; ***office ~*** impiegata; ***sales*** o ***shop ~*** commessa **4** *(sweetheart)* ragazza f.
girl Friday n. impiegata f. tuttofare.
girlfriend /ˈgɜːlfrend/ n. *(sweetheart)* ragazza f., girlfriend f.; *(friend)* amica f.
girl guide n. BE guida f.
girlhood /ˈgɜːlhʊd/ n. *(childhood)* infanzia f.; *(adolescence)* adolescenza f.
girlie mag(azine) /ˈgɜːlɪˌmæg(əˌziːn)/ n. COLLOQ. rivista f. per soli uomini.
girlish /ˈgɜːlɪʃ/ agg. da ragazzina.
girlishness /ˈgɜːlɪʃnɪs/ n. modi m.pl., carattere m. di ragazzina.
girl scout n. AE → **girl guide**.
giro /ˈdʒaɪrəʊ/ **I** n. (pl. **~s**) BE ECON. **1** *(system)* (sistema di) giroconto m. **2** *(cheque)* assegno m. postale **II** modif. ***~ payment***, ***~ transfer*** *(at bank)* giroconto bancario; *(at post office)* postagiro.
girt /gɜːt/ pass., p.pass. → **gird**.
girth /gɜːθ/ n. *(of person)* girovita m.; *(of object)* circonferenza f.
gist /dʒɪst/ n. essenza f., sostanza f., succo m., nocciolo m.
1.give /gɪv/ **I** tr. (pass. **gave**; p.pass. **given**) **1** *(hand over)* dare [*object, money, prize, hand*]; offrire [*present, drink, sandwich*]; ***to ~ sb. sth.***, ***to ~ sth. to sb.*** dare qcs. a qcn.; *(politely, as gift)* offrire qcs. a qcn.; ***how much will you ~ me for it?*** quanto mi dai per questo? ***what wouldn't I ~ for...!*** che cosa non darei per...! **2** *(cause to have)* ***to ~ sb. [sth.]***, ***to ~ [sth.] to sb.*** fare venire a qcn. [*headache, nightmares*]; attaccare *o* trasmettere a qcn. [*disease*]; ***to ~ sb. pleasure*** dare *o* fare piacere a qcn. **3** *(provide, produce)* dare [*milk, flavour, result, answer, sum*]; fornire [*heat, nutrient*] **4** *(allow, accord)* affidare [*custody*]; concedere, accordare [*grant*]; cedere [*seat*]; ***to ~ sb. time*** dare *o* concedere tempo a qcn.; ***to ~ sb. enough room*** dare *o* lasciare a qcn. spazio sufficiente; ***it's original, I'll ~ you that*** è originale, te lo concedo; ***the polls ~ Labour a lead*** i sondaggi danno il partito laburista in testa **5** MED. ***to ~ sb. sth.***, ***to ~ sth. to sb.*** dare qcs. a qcn. [*treatment, medicine*]; trapiantare qcs. a qcn. [*organ*]; mettere qcs. a qcn. [*pacemaker*]; fare qcs. a qcn. [*injection, massage*] **6** *(communicate)* dare [*advice, information*]; ***I was given to understand that*** mi fu dato a intendere che **7** TEL. ***to ~ sb. sth.*** passare a qcn. [*number, department*]; ***~ me the sales manager, please*** mi passi il direttore commerciale, per favore **8** *(give birth to)* ***she gave him two daughters*** gli diede due figlie **II** intr. (pass. **gave**; p.pass. **given**) **1** *(contribute)* dare, donare; ***"please ~ generously"*** "donate con generosità" **2** *(bend)* [*mattress, sofa*] infossarsi; [*shelf, floorboard, fabric*] cedere; [*branch*] piegarsi **3** *(yield)* [*person, side*] cedere; ***something has to ~*** qualcosa si deve pur concedere ♦ ***don't ~ me that!*** COLLOQ. non cercare di darmela a bere! ***~ or take an inch (or two)*** centimetro più, centimetro meno; ***if this is the big city, ~ me a village every time*** COLLOQ. se questa è la grande città, preferisco mille volte i paesini; ***"I ~ you the bride and groom!"*** = formula che si usa al termine di un discorso per brindare agli sposi; ***I'll ~ you something to complain about!*** COLLOQ. te la do io una ragione per lamentarti! ***to ~ and take*** fare un compromesso; ***to ~ as good as one gets*** rendere colpo su colpo; ***to ~ it all one's got*** COLLOQ. metterci l'anima; ***to ~ sb. what for*** COLLOQ. dare a qcn. una lavata di capo; ***what ~s?*** COLLOQ. che cosa succede?
■ **give away:** ***~ away [sth.]***, ***~ [sth.] away*** **1** dare via, regalare [*item, sample*]; ***we're practically giving them away!*** li stiamo praticamente regalando! **2** *(reveal)* rivelare [*secret, answer*] **3** *(lose carelessly)* regalare [*match, goal, advantage*]; ***~ [sb.] away***, ***~ away [sb.]*** **1** *(betray)* [*expression, fingerprints*] tradire; [*person*] denunciare; ***to ~ oneself away*** tradirsi **2** *(in marriage)* portare all'altare.
■ **give back:** ***~ [sth.] back***, ***~ back [sth.]*** **1** *(return)* dare indietro, restituire, rendere; ***...or we'll ~ you your money back*** ...o sarete rimborsati **2** *(reflect)* rimandare [*echo*].
■ **give in:** ***~ in*** **1** *(yield)* cedere **2** *(stop trying)* arrendersi; ***I ~ in - tell me!*** cedo - dimmelo! ***~ in [sth.]***, ***~ [sth.] in*** consegnare [*written work, key*]; presentare [*ticket*].
■ **give off:** ***~ off [sth.]*** emettere [*signal, radiation, light, fumes*]; emanare [*scent, heat*]; liberare [*oxygen*].
■ **give onto:** ***~ onto [sth.]*** dare su [*street etc.*].
■ **give out:** ***~ out*** [*strength, battery, supplies*] esaurirsi; [*engine, machine*] guastarsi, andare in panne; ***~ out [sth.]***, ***~ [sth.] out*** **1** *(distribute)* distribuire [*leaflets, gifts*] **2** *(emit)* → **give off** **3** *(announce)* dare, rendere pubblico [*information*].
■ **give over:** ***~ over*** COLLOQ. smettere; ***~ over!*** smettila! ***~ over [sth.]***, ***~ [sth.] over*** **1** tenere [*place, room*] (**to** a, per) **2** dedicare [*time, life*] **3** *(hand over)* affidare qcs. a [*person*]; ***~ oneself over to*** *(devote oneself)* dedicarsi a [*writing*]; *(let oneself go)* abbandonarsi a [*despair*].
■ **give up:** ***~ up*** rinunciare, arrendersi; ***don't ~ up!*** non arrenderti! ***to ~ up on*** lasciar perdere [*diet, crossword*]; considerare irrecuperabile [*pupil*]; dare per spacciato [*patient*]; piantare [*friend, partner*]; ***~ up [sth.]***, ***~ [sth.] up*** **1** *(renounce or sacrifice)* abbandonare, perdere [*vice, habit*]; rinunciare a [*title, claim*]; sacrificare [*free time*]; lasciare [*job*]; ***to ~ up smoking, drinking*** smettere di fumare, di bere **2** *(abandon)* abbandonare [*search, hope, struggle, subject*]; rinunciare a [*idea*]; ***to ~ up writing*** smettere di scrivere **3** *(surrender)* cedere [*seat, territory*]; restituire [*passport, key*]; ***~ up [sb.]***, ***~ [sb.] up*** **1** *(hand over)* consegnare; ***to ~ oneself up*** arrendersi, consegnarsi **2** *(drop)* lasciare [*lover*]; lasciar perdere, abbandonare [*friend*].
■ **give way:** ***~ way*** **1** *(collapse)* [*chair*] cedere; [*ceiling*] cedere, crollare; [*cable, rope*] rompersi, spezzarsi; ***his legs gave way*** gli cedettero le gambe **2** BE *(when driving)* dare la precedenza **3** *(yield)* ***to ~ way to*** cedere a [*demands, temptation*]; abbandonarsi a [*despair*]; *(be replaced by)* lasciare il posto a [*sunshine*].
2.give /gɪv/ n. elasticità f.
give-and-take /ˌgɪvənˈteɪk/ n. **U** compromesso m., scambio m. di concessioni.
giveaway /ˈgɪvəweɪ/ n. **1** *(revealing thing)* ***to be a ~*** essere una rivelazione *o* una prova **2** *(free gift, sample)* omaggio m.
given /ˈgɪvn/ **I** p.pass. → **1.give** **II** agg. **1** *(specified)* [*point, level, number*] dato; [*volume, length*] dato, determinato; ***the ~ date*** la data stabilita; ***at a ~ moment*** a un dato momento **2** *(prone)* ***to be ~ to sth., to doing*** essere dedito a qcs., avere l'abitudine di fare; ***I am not ~ to doing*** non sono solito fare **III** prep. **1** ***~ that*** *(seeing as)* dato che; *(assuming that)* supponendo che **2** *(with)* con [*training, proper care*]; ***~ an opportunity I'll tell her this evening*** se si presenterà l'occasione glielo dirò questa sera; ***~ the right conditions*** nelle giuste condizioni.
given name n. nome m. di battesimo.
give way sign n. BE segnale m. di obbligo di precedenza.
gizzard /ˈgɪzəd/ n. ventriglio m.
glacé /ˈglæseɪ, AE glæˈseɪ/ agg. [*fruit*] candito; [*leather*] glacé.
glacial /ˈgleɪsɪəl, AE ˈgleɪʃl/ agg. glaciale (anche FIG.).
glacier /ˈglæsɪə(r)/ n. ghiacciaio m.
glad /glæd/ agg. **1** *(pleased)* contento, lieto, felice; ***I am ~ (that) you are able to come*** sono contento che voi possiate venire; ***he was only too ~ to help me*** non chiedeva altro che di aiutarmi **2** *(cheering)* [*news*] lieto ♦ ***to give sb. the ~ eye*** guardare qcn. con occhi languidi; ***in one's ~ rags*** COLLOQ. in ghingheri; ***I'll be ~ to see the back*** o ***last of them*** COLLOQ. non vedo l'ora che se ne vadano, sarei ben felice di non vederli mai più.
gladden /glædn/ tr. rallegrare, allietare.
glade /gleɪd/ n. radura f.
gladiator /ˈglædɪeɪtə(r)/ n. gladiatore m.
gladiolus /ˌglædɪˈəʊləs/ n. (pl. **-es**, **-i**) gladiolo m.
gladly /ˈglædlɪ/ avv. *(willingly)* volentieri; *(with pleasure)* con piacere ♦ ***she doesn't suffer fools ~*** mal tollera gli idioti.
gladness /ˈglædnɪs/ n. contentezza f., felicità f.
glamor AE → **glamour**.
glamorize /ˈglæməraɪz/ tr. rendere affascinante [*person*]; valorizzare [*place*]; rendere attraente [*attitude, idea*]; dare lustro a [*event*].

glamorous /ˈglæmərəs/ agg. [*person, look*] affascinante, seducente; [*older person*] affascinante, elegante; [*image*] affascinante, incantevole; [*dress*] stupendo; [*occasion*] particolare; [*job*] prestigioso.

glamour, glamor AE /ˈglæmə(r)/ n. *(of person)* fascino m., seduzione f.; *(of job)* prestigio m.; *(of travel, cars)* fascino m.

1.glance /glɑːns, AE glæns/ n. sguardo m., occhiata f.; ***to have a ~ at*** dare un'occhiata a; ***you can tell at a ~ that*** basta un'occhiata per vedere che; ***without a backward ~*** senza voltarsi indietro.

2.glance /glɑːns, AE glæns/ intr. ***to ~ at*** dare un'occhiata a; ***to ~ out of the window*** dare un'occhiata fuori dalla finestra; ***to ~ around the room*** gettare un'occhiata in giro per la stanza.

■ **glance off:** ~ ***off [sth.]*** [*bullet, stone*] schizzare via da; [*ball*] rimbalzare su, contro; [*ray, beam*] riflettersi su.

glancing /ˈglɑːnsɪŋ, AE ˈglænsɪŋ/ agg. [*blow*] di striscio.

gland /glænd/ n. ANAT. ghiandola f.

glandular /ˈglændjʊlə(r), AE -dʒʊ-/ agg. MED. ghiandolare.

glandular fever ➧ *11* n. mononucleosi f. infettiva.

1.glare /gleə(r)/ n. **1** *(angry look)* sguardo m. truce **2** *(from light, headlights etc.)* bagliore m.; ***in the ~ of publicity*** FIG. sotto i riflettori (dei media).

2.glare /gleə(r)/ intr. **1** [*person*] lanciare uno sguardo truce (**at** a) **2** [*light*] abbagliare, accecare.

glaring /ˈgleərɪŋ/ agg. **1** *(obvious)* [*example, error*] lampante **2** *(blinding)* [*light*] abbagliante, accecante **3** *(angry)* [*look*] truce.

glaringly /ˈgleərɪŋlɪ/ avv. ***it's ~ obvious*** è palesemente ovvio.

glass /glɑːs, AE glæs/ **I** n. **1** *(substance)* vetro m.; ***a piece of ~*** un pezzo di vetro; *(tiny)* un frammento di vetro **2** *(drinking vessel)* bicchiere m.; ***wine ~*** bicchiere da vino; ***a ~ of wine*** un bicchiere di vino **3** U (anche **glassware**) cristalleria f. **4** ANT. *(mirror)* specchio m. **5** *(barometer)* barometro m. **II** modif. [*bottle, ornament, shelf*] di vetro **III glasses** n.pl. **1** *(spectacles)* occhiali m.; ***a pair of ~es*** un paio di occhiali; ***he wears reading ~es*** porta gli occhiali (da vista) per leggere **2** *(binoculars)* binocolo m.sing.

glass blower ➧ *27* n. soffiatore m. di vetro.

glass blowing n. soffiatura f. del vetro.

glass case n. *(box)* vetrina f.; *(dome)* campana f. di vetro.

glass cloth n. strofinaccio m. (per i vetri).

glass cutter ➧ *27* n. *(worker)* tagliatore m. (-trice) di vetro; *(tool)* tagliavetro m.

glass door n. porta f. a vetri.

glass eye n. occhio m. di vetro.

glass fibre BE, **glass fiber** AE n. fibra f. di vetro.

glassful /ˈglɑːsfʊl, AE ˈglæs-/ n. bicchiere m.

glasshouse /ˈglɑːsˌhaʊs, AE ˈglæs-/ n. BE serra f.

glassmaking /ˈglɑːsˌmeɪkɪŋ, AE ˈglæs-/ n. fabbricazione f. del vetro.

glass paper n. carta f. vetrata.

glassware /ˈglɑːsweə(r), AE ˈglæs-/ n. cristalleria f.

glassworks /ˈglɑːswɜːks, AE ˈglæs-/ n. + verbo sing. o pl. vetreria f.

glassy /ˈglɑːsɪ, AE ˈglæsɪ/ agg. **1** *(resembling glass)* [*substance*] vetroso, vitreo **2** *(slippery)* [*road*] *(from ice)* ghiacciato; *(from rain)* scivoloso **3** [*waters*] *(calm)* piatto; *(clear)* trasparente **4** [*eyes*] *(from drink, illness)* vitreo; *(hostile)* gelido, glaciale.

glassy-eyed /ˌglɑːsɪˈaɪd, AE ˌglæsɪ-/ agg. *(from drink, illness)* dagli occhi vitrei; *(hostile)* dallo sguardo gelido, glaciale.

Glaswegian /glæzˈwiːdʒən/ **I** agg. [*accent*] di Glasgow **II** n. nativo m. (-a), abitante m. e f. di Glasgow.

glaucoma /glɔːˈkəʊmə/ ➧ *11* n. glaucoma m.

1.glaze /gleɪz/ n. **1** *(on pottery)* vernice f. vitrea, smalto m.; *(on fabric)* lustro m., lucido m. **2** *(for ceramics)* vetrina f.; *(in oil painting)* vernice f. trasparente (protettiva); GASTR. *(of icing)* glassa f.; *(of jelly)* gelatina f. **3** AE *(ice)* ghiaccio m.

2.glaze /gleɪz/ **I** tr. **1** BE invetriare, munire di vetri [*window*]; mettere il vetro a [*picture*] **2** *(coat)* invetriare, smaltare [*ceramics*]; verniciare [*leather*]; GASTR. glassare; FOT. patinare **II** intr. (anche **~ over**) [*eyes*] diventare vitreo.

glazed /gleɪzd/ **I** p.pass. → **2.glaze II** agg. **1** [*door*] a vetri; [*window*] invetriato, dotato di vetri; [*ceramics*] invetriato **2** *(shiny)* [*fabric*] lustro, lucido; [*paper*] patinato **3** GASTR. glassato **4** FIG. [*look*] vitreo.

glazier /ˈgleɪzɪə(r), AE -ʒər/ ➧ *27* n. vetraio m. (-a).

glazing /ˈgleɪzɪŋ/ n. *(act, process)* applicazione f. di vetri.

1.gleam /gliːm/ n. *(of light)* barlume m., bagliore m.; *(of sunshine)* barlume m., sprazzo m.; *(of gold, polished surface)* scintillio m.; *(of water)* luccichio m.; FIG. *(of hope)* barlume m.

2.gleam /gliːm/ intr. [*light*] baluginare; [*knife, surface*] rilucere; [*jewel*] scintillare; [*water*] luccicare; [*eyes, teeth*] brillare.

gleaming /ˈgliːmɪŋ/ agg. [*light*] brillante; [*polished surface*] rilucente; [*eyes, teeth*] brillante; [*water*] luccicante; [*jewel*] scintillante; [*kitchen etc.*] splendente.

glean /gliːn/ tr. e intr. spigolare (anche FIG.).

glee /gliː/ n. gaiezza f., allegrezza f.; *(spiteful)* gioia f.

gleeful /ˈgliːfl/ agg. [*laughter, smile*] gioioso, allegro.

glen /glen/ n. SCOZZ. GEOGR. valle f.

glib /glɪb/ agg. SPREG. disinvolto.

glibness /ˈglɪbnɪs/ n. SPREG. disinvoltura f.

1.glide /glaɪd/ n. *(in skating etc.)* passo m. scivolato; *(in air)* volo m. planato.

2.glide /glaɪd/ intr. **1** [*skater, boat*] scivolare (**on, over** su) **2** *(in air)* [*bird, plane*] planare (**for** su).

glider /ˈglaɪdə(r)/ n. AER. aliante m.

gliding /ˈglaɪdɪŋ/ ➧ *10* n. SPORT volo m. a vela.

1.glimmer /ˈglɪmə(r)/ n. **1** *(faint light)* baluginio m., barlume m. **2** *(trace)* barlume m.

2.glimmer /ˈglɪmə(r)/ intr. baluginare, rilucere.

glimmering /ˈglɪmərɪŋ/ **I** n. *(of lights, stars)* scintillio m.; ***the ~ of an idea*** il barlume di un'idea **II** agg. [*star*] scintillante.

1.glimpse /glɪmps/ n. **1** *(sighting)* (rapida) occhiata f., sguardo m. (veloce); ***to catch a ~ of sth.*** intravedere qcs., vedere qcs. di sfuggita **2** FIG. *(insight)* scorcio m. (**of, at** di).

2.glimpse /glɪmps/ tr. intravedere, vedere di sfuggita (anche FIG.).

1.glint /glɪnt/ n. riflesso m.; *(in eye)* luccichio m.

2.glint /glɪnt/ intr. scintillare.

glisten /ˈglɪsn/ intr. [*eyes, surface*] luccicare, scintillare; [*hair*] splendere; [*tears, water*] luccicare.

glitch /glɪtʃ/ n. COLLOQ. **1** *(minor problem)* intoppo m. **2** INFORM. problema m. tecnico.

1.glitter /ˈglɪtə(r)/ n. **1** U *(substance)* paillettes f.pl., lustrini m.pl. **2** *(of diamonds, frost)* scintillio m., luccichio m.

2.glitter /ˈglɪtə(r)/ intr. [*star*] splendere, scintillare ♦ ***all that ~s is not gold*** PROV. non è tutto oro quel che luccica.

glitterati /ˌglɪtəˈrɑːtɪ/ n.pl. gente f.sing. alla moda, bel mondo m.sing.

glittering /ˈglɪtərɪŋ/ agg. [*stars, jewels*] splendente, scintillante; FIG. [*future*] brillante.

glitz /glɪts/ n. COLLOQ. sfarzo m.

glitzy /ˈglɪtsɪ/ agg. COLLOQ. sfarzoso, appariscente.

gloat /gləʊt/ intr. gongolare (**at, over** per).

gloating /ˈgləʊtɪŋ/ agg. gongolante, malignamente soddisfatto.

global /ˈgləʊbl/ agg. **1** *(world wide)* [*market, problem*] globale, mondiale **2** *(comprehensive)* [*analysis, view*] globale **3** *(spherical)* sferico.

globalism /ˈgləʊbəlɪzəm/ n. ECON. globalizzazione f.

globalization /ˌgləʊbəlaɪˈzeɪʃn, AE -lɪˈz-/ n. globalizzazione f.

globalize /ˈgləʊbəlaɪz/ tr. globalizzare, mondializzare.

globally /ˈgləʊbəlɪ/ avv. [*compete*] a livello mondiale; [*produce*] su scala mondiale; [*famous, influential*] in tutto il mondo.

global village n. villaggio m. globale.

global warming n. riscaldamento m. della temperatura terrestre.

globe /gləʊb/ n. **1** *(world)* ***the ~*** il globo (terrestre) **2** *(model)* mappamondo m.

globe artichoke n. carciofo m.

globetrotter /ˈgləʊbˌtrɒtə(r)/ n. globe-trotter m. e f., giramondo m. e f.

globetrotting /ˈgləʊbˌtrɒtɪŋ/ **I** n. il viaggiare per il mondo **II** agg. che viaggia per il mondo.

globular /ˈglɒbjʊlə(r)/ agg. globulare, sferico.

globule /ˈglɒbjuːl/ n. *(small globe)* globulo m.
gloom /gluːm/ n. **1** *(darkness)* oscurità f., buio m., tetraggine f. **2** *(dejection)* malinconia f., depressione f., tristezza f.; ***to cast a ~ over sb.*** rattristare qcn.; ***to cast a ~ over sth.*** rendere qcs. triste *o* malinconico.
gloomily /ˈgluːmɪlɪ/ avv. [*say, do*] malinconicamente, tristemente.
gloominess /ˈgluːmɪnɪs/ n. **1** *(darkness)* oscurità f., buio m. **2** *(sadness)* tristezza f., tetraggine f.
gloomy /ˈgluːmɪ/ agg. **1** *(dark)* oscuro, buio, tetro **2** *(sad)* [*expression, person, voice*] malinconico, depresso, triste; [*weather*] scuro; [*news, outlook*] deprimente; ***to be ~ about sth.*** essere pessimista a proposito di qcs.
glorified /ˈglɔːrɪfaɪd/ **I** p.pass. → **glorify II** agg. ***the "villa" was a ~ bungalow*** quella che pomposamente chiamavano "villa" non era che una semplice casetta.
glorify /ˈglɔːrɪfaɪ/ tr. glorificare [*God*]; esaltare, celebrare [*person, event*].
glorious /ˈglɔːrɪəs/ agg. **1** *(marvellous)* [*view, weather*] magnifico, splendido; [*holiday*] meraviglioso **2** *(illustrious)* [*reign, victory*] glorioso.
gloriously /ˈglɔːrɪəslɪ/ avv. magnificamente, meravigliosamente.
1.glory /ˈglɔːrɪ/ n. **1** *(honour)* gloria f. (anche RELIG.) **2** *(splendour)* splendore m. **3** *(source of pride)* vanto m., orgoglio m.
2.glory /ˈglɔːrɪ/ intr. ***to ~ in*** gloriarsi *o* essere fiero di [*status, strength*].
1.gloss /glɒs/ n. **1** *(lustre) (of metal, hair, etc.)* lucentezza f., brillantezza f.; *(of paper)* lucidezza f.; FIG. SPREG. *(glamour)* lustro m.; ***to take the ~ off*** *(by accident)* portar via il lucido; *(on purpose)* sverniciare [*wood*]; satinare [*metal*]; FIG. fare perdere lustro a [*occasion*] **2** FIG. *(appearance)* patina f., vernice f., apparenza f. **3** *(paint)* vernice f. lucida.
2.gloss /glɒs/ n. *(in text)* glossa f., chiosa f.
3.gloss /glɒs/ tr. *(explain)* glossare, chiosare [*word, text*].
glossary /ˈglɒsərɪ/ n. glossario m.
gloss finish n. vernice f. lucida di rifinitura.
gloss over tr. *(pass rapidly over)* sorvolare su; *(hide)* dissimulare, mascherare.
gloss paint n. vernice f. lucida.
glossy /ˈglɒsɪ/ agg. [*hair, fur, material*] lucente, lucido; [*wood, metal*] lucido, brillante; [*leaves*] lucido, luccicante; [*photograph*] lucido, su carta patinata; [*brochure*] patinato; FIG. SPREG. [*production, film, interior*] patinato, specioso.
glossy magazine n. rivista f. (illustrata su carta) patinata.
glottal /ˈglɒtl/ agg. glottidale; ***~ stop*** LING. colpo di glottide.
glottis /ˈglɒtɪs/ n. glottide f.
glove /glʌv/ n. guanto m.; ***to put on, take off one's ~s*** mettersi, togliersi i guanti; ***with the ~s off*** FIG. senza esclusione di colpi ♦ ***it fits like a ~*** calza come un guanto; ***to be hand in ~ with sb.*** essere pane e cacio *o* pappa e ciccia *o* culo e camicia POP. con qcn.
glove box, **glove compartment** n. vano m., cassetto m. portaoggetti.
gloved /glʌvd/ agg. guantato.
glove puppet n. burattino m.
1.glow /gləʊ/ n. **1** *(of coal, furnace)* incandescenza f.; *(of room)* luce f. viva; *(of candle)* bagliore m. **2** *(colour)* colore m. acceso; ***there was a ~ in her cheeks*** *(from happiness)* il suo viso era raggiante; *(from exercise)* le sue guance avevano un colorito acceso **3** *(feeling)* sensazione f. di benessere; ***it gives you a warm ~*** ti scalda il cuore.
2.glow /gləʊ/ intr. **1** *(give off light)* [*coal, furnace*] essere incandescente, ardere; [*metal*] essere incandescente; [*lamp, cigarette*] brillare **2** *(look vibrant)* [*colour*] essere acceso, vivido; ***to ~ with health*** [*person*] essere in piena salute; ***to ~ with pride*** infiammarsi d'orgoglio.
glower /ˈglaʊə(r)/ intr. lanciare degli sguardi torvi (**at** a).
glowering /ˈglaʊərɪŋ/ agg. [*face*] corrucciato; [*sky*] minaccioso.
glowing /ˈgləʊɪŋ/ agg. **1** *(bright)* [*ember*] ardente; [*lava*] incandescente; [*face, cheeks*] *(from exercise)* rosso; *(from pleasure)* radioso; [*colour*] brillante **2** *(complimentary)* [*account*] elogiativo; [*picture*] lusinghiero.
glowworm /ˈgləʊwɜːm/ n. lucciola f.
glucose /ˈgluːkəʊs/ **I** n. glucosio m. **II** modif. [*powder, syrup, tablets*] di glucosio; [*drink*] al glucosio.
1.glue /gluː/ n. colla f.
2.glue /gluː/ tr. incollare, appiccicare; ***to ~ sth. on*** o ***down*** incollare qcs.
glued /gluːd/ **I** p.pass. → **2.glue II** agg. COLLOQ. ***to have one's eyes ~ to sb., sth.*** tenere gli occhi addosso a qcn., avere gli occhi incollati a qcs.; ***to be ~ to the TV*** essere incollato davanti alla tivù; ***to be ~ to the spot*** essere inchiodato sul posto.
glue ear ♦ ***11*** n. otite f. sierosa.
glue pen n. = colla liquida trasparente contenuta in un distributore a forma di penna.
glue-sniffing /ˈgluːˌsnɪfɪŋ/ n. (lo) sniffare colla.
glue stick /ˈgluːˌstɪk/ n. colla f. in stick.
glum /glʌm/ agg. cupo, tetro, depresso.
1.glut /glʌt/ n. sovrabbondanza f., eccesso m.
2.glut /glʌt/ tr. (forma in -ing ecc. **-tt-**) saturare [*economy, market*].
gluten /ˈgluːtn/ n. glutine m.
glutinous /ˈgluːtənəs/ agg. colloso, viscido, appiccicoso.
glutted /ˈglʌtɪd/ **I** p.pass. → **2.glut II** agg. ripieno (**with** di) (anche FIG.); ***~ with food*** satollo.
glutton /ˈglʌtn/ n. goloso m. (-a), ghiottone m. (-a), ingordo m. (-a); ***a ~ for punishment*** FIG. un masochista.
gluttony /ˈglʌtənɪ/ n. golosità f., ghiottoneria f., gola f.
glyc(a)emia /glaɪˈsiːmɪə/ n. MED. glicemia f.
glycerin(e) /ˈglɪsəriːn, AE -rɪn/ n. glicerina f.
gm ⇒ gram grammo (g).
GM agg. (⇒ genetically modified) [*crops, seed*] transgenico, geneticamente modificato.
GMO n. (⇒ genetically modified organism organismo geneticamente modificato) ogm m.
GMT n. (⇒ Greenwich Mean Time tempo medio di Greenwich) GMT m.
gnarled /nɑːld/ agg. nodoso.
gnash /næʃ/ tr. ***to ~ one's teeth*** digrignare i denti.
gnat /næt/ n. zanzara f., moscerino m.
gnaw /nɔː/ **I** tr. rodere, rosicchiare [*bone, wood*]; FIG. *(torment)* [*hunger, remorse*] rodere; [*pain*] attanagliare **II** intr. ***to ~ at*** o ***on sth.*** rodere *o* rosicchiare qcs.
gnawing /ˈnɔːɪŋ/ agg. [*hunger, guilt*] attanagliante; [*pain*] lancinante.
gnome /nəʊm/ n. **1** *(goblin)* gnomo m. **2** COLLOQ. SPREG. *(banker)* gnomo m.
GNP n. (⇒ gross national product prodotto nazionale lordo) PNL m.
gnu /nuː/ n. (pl. **~** o **~s**) gnu m.
1.go /gəʊ/ **I** intr. (3ª persona sing. pres. **goes**; pass. **went**; p.pass. **gone**) **1** *(move, travel)* andare; ***to ~ to London, to the States, to Ireland*** andare a Londra, negli Stati Uniti, in Irlanda; ***to ~ to town, to the country*** andare in città, in campagna; ***to ~ home*** andare a casa; ***to ~ up, down, across*** salire, scendere, attraversare; ***to ~ into the room*** entrare nella stanza; ***to ~ by train, plane*** andare *o* viaggiare in treno, aereo; ***to ~ by*** o ***past*** [*person, vehicle*] passare, superare; ***there he goes again!*** *(that's him again)* rieccolo là! FIG. *(he's starting again)* eccolo che ricomincia! ***where do we ~ from here?*** FIG. e adesso cosa facciamo? **2** *(on specific errand, activity)* andare; ***to ~ shopping*** andare a fare spese; ***to ~ for a walk, a drink*** andare a fare una passeggiata, a bere qualcosa; ***to ~ on holiday, on a journey*** andare in vacanza, a fare un viaggio; ***he's gone to get some wine*** è andato a prendere il vino; ***~ and answer the phone*** va a rispondere al telefono **3** *(attend)* andare; ***to ~ to school*** andare a scuola; ***to ~ to work*** andare a lavorare *o* al lavoro; ***to ~ to the doctor's*** andare dal dottore **4** *(used as auxiliary with present participle)* ***she went running up the stairs*** ha salito le scale di corsa; ***he went complaining to the principal*** è andato a lamentarsi dal direttore **5** *(depart)* andare, partire; ***I must ~, I must be going*** devo andare; ***the train goes at six o'clock*** il treno parte alle sei **6** EUFEM. *(die)* morire, dipartirsi; ***when I am gone*** quando me ne sarò andato *o* non sarò più qui **7** *(disappear)* partire, andare; ***half the money goes on school fees*** metà dei soldi partono per le

tasse scolastiche; ***the cake has all gone*** la torta è sparita; ***there goes my chance of winning!*** ecco che se ne vanno le mie possibilità di vittoria! **8** *(be sent, transmitted)* ***it can't ~ by post*** non può essere spedito per posta; ***to ~ before parliament*** essere presentato in parlamento **9** *(become)* ***to ~ red*** arrossire, diventare rosso; ***to ~ white*** diventare bianco, imbiancare; ***to ~ mad*** impazzire **10** *(change over to new system)* ***to ~ Labour*** POL. [*country, constituency*] votare per il partito laburista; ***to ~ metric*** adottare il sistema metrico **11** *(be, remain)* ***we went for two days without food*** siamo stati digiuni per due giorni *o* due giorni senza mangiare; ***to ~ unnoticed*** passare inosservato; ***to ~ unpunished*** restare impunito; ***the question went unanswered*** la domanda è rimasta senza risposta; ***to ~ free*** essere rimesso in libertà **12** *(weaken)* ***his voice, hearing is going*** sta perdendo la voce, sta diventando sordo; ***the battery is going*** la pila si sta scaricando **13** *(elapse)* passare, trascorrere; ***three hours went by before...*** passarono tre ore prima che...; ***three days to ~*** mancano solo tre giorni; ***how's the time going?*** come stiamo col tempo? ***it's just gone seven o'clock*** sono appena passate le sette **14** *(be got rid of)* ***he'll have to ~!*** se ne deve andare! ***that lampshade'll have to ~!*** quella lampada deve sparire! ***either she goes or I do!*** o se ne va lei, o me ne vado io *o* lo faccio io! ***six down and four to ~!*** sei (sono) fatti e quattro da fare! **15** *(operate, function)* [*vehicle, machine, clock*] andare, funzionare; ***to set sth. going*** mettere in funzione *o* in moto qcs.; ***to get going*** [*engine, machine*] mettersi in moto; FIG. [*business*] avviarsi, decollare; ***to get the fire going*** accendere il fuoco; ***to keep going*** [*person*] tenere duro; [*machine*] continuare a funzionare; [*business*] continuare ad andare bene; ***we have several projects going at the moment*** abbiamo diversi progetti in corso al momento **16** *(start)* ***let's get going!*** cominciamo! partiamo! ***to get things going*** darci dentro, muoversi; ***ready, steady, ~!*** pronti, partenza, via! ***here goes! here we ~!*** forza! ci siamo! ***once he gets going, he never stops*** una volta partito, non si ferma più *o* non lo ferma più nessuno **17** *(lead)* andare, condurre, portare; ***the road goes down to the sea, goes up the mountain*** la strada scende verso il mare, sale verso la montagna; ***this road goes past the cemetery*** questa strada prosegue oltre il cimitero **18** *(extend in depth or scope)* ***to ~ very deep*** [*roots*] andare molto profondo; [*reasons, habits*] avere radici profonde, risalire a molto tempo fa; ***it's true as far as it goes*** è vero fino a un certo punto; ***this goes a long way towards explaining his attitude*** questo contribuisce molto a spiegare il suo atteggiamento; ***a hundred pounds doesn't ~ far these days*** al giorno d'oggi con cento sterline non si fa molto; ***you can make £ 5 ~ a long way*** si possono fare molte cose con 5 sterline **19** *(belong, be placed)* andare; ***where do these plates ~?*** dove vanno questi piatti? ***the suitcases will have to ~ in the back*** dovremo mettere le valigie dietro **20** *(fit)* entrare; ***it won't ~ into the box*** non ci sta nella scatola; ***five into four won't ~*** il cinque nel quattro non ci sta **21** *(be expressed)* ***how does the song ~?*** come fa la canzone? ***as the saying goes*** come dice il proverbio; ***the story goes that*** corre voce *o* si dice che **22** *(be accepted)* ***what he says goes*** quello che dice lui, va bene; ***it goes without saying that*** è chiaro che; ***anything goes*** tutto è permesso, qualsiasi cosa va bene **23** *(be about to)* ***to be going to do*** stare per fare; ***it's going to snow*** nevicherà, sta per nevicare; ***I'm going to phone him right now*** gli telefono subito; ***I'm not going to be treated like that!*** non ho intenzione di farmi trattare così! **24** *(happen)* ***the party went very well*** la festa è andata molto bene; ***the way things are going...*** da come vanno le cose...; ***how are things going? how's it going?*** COLLOQ. come vanno le cose? come va? ***how goes it?*** SCHERZ. come va? **25** *(be on average)* ***it's old, as Australian towns ~*** per essere una città australiana, è vecchia; ***it wasn't a bad party, as parties ~*** non è stata una brutta festa rispetto alla media **26** *(be sold)* ***to ~ for over £ 100,000*** andare *o* essere venduto per oltre 100.000 sterline; ***those rugs are going cheap*** li vendono a poco quei tappeti; ***"going, going, gone!"*** *(at auction)* "centomila, ecc. e uno, centomila, ecc. e due, centomila, ecc. e tre, aggiudicato!" **27** *(be on offer)* ***I'll have some coffee, if there's any going*** prenderò un caffè, se ce n'è; ***I'll have whatever's going*** prenderò quello che c'è; ***it's the best machine going*** è la migliore macchina sul mercato; ***there's a job going at their office*** c'è un posto vacante nel loro ufficio **28** *(contribute)* ***the money will ~ towards a new roof*** i soldi serviranno a pagare il tetto nuovo; ***everything that goes to make a good teacher*** tutto quel che ci vuole per fare un buon insegnante **29** *(be given)* [*award, job*] andare; [*estate, inheritance, title*] andare, passare; ***to ~ to charity*** [*money*] andare in beneficenza **30** *(emphatic use)* ***she's gone and told everybody!*** è andata a dirlo a tutti! ***he went and won the competition!*** si è dato una mossa e ha vinto il concorso! ***you've really gone and done it now!*** questa volta l'hai davvero fatta grossa! ***then he had to ~ and lose his wallet*** come se non bastasse, ha anche perso il portafoglio **31** *(be spent)* ***all his money goes on drink*** tutti i suoi soldi vanno in alcolici; ***I don't know where all my money goes (to)!*** non so dove vanno a finire tutti i miei soldi! **32** *(make sound, perform action or movement)* fare; [*bell, alarm*] suonare; ***the cat went "miaow"*** il gatto ha fatto "miao"; ***he went like this with her fingers*** ha fatto così con le dita; ***so he goes "what about my money?"*** COLLOQ. poi fa "e i miei soldi?" **33** *(resort to)* ***to ~ to war*** [*country*] entrare in guerra; [*soldier*] andare in guerra; ***to ~ to law*** BE o ***to the law*** AE ricorrere alla giustizia **34** *(break, collapse)* [*roof*] sfondarsi; [*cable, rope*] spezzarsi, cedere; [*light bulb*] bruciarsi **35** *(take one's turn)* ***you ~ next*** dopo tocca a te; ***you ~ first*** prima tu, dopo di te **36** AE *(in takeaway)* ***to ~*** da asporto; ***two hamburgers to ~!*** due hamburger da portare via! **II** tr. (3ª persona sing. pres. **goes**; pass. **went**; p.pass. **gone**) ***we had gone ten miles before we realized that...*** abbiamo fatto dieci miglia prima di accorgerci che...; ***are you going my way?*** fai la mia stessa strada? vai nella mia direzione? ♦ ***to ~ one better than sb.*** fare meglio di *o* superare qcn.; ***that's how it goes! that's the way it goes!*** così va il mondo! così è la vita! ***there you ~!*** COLLOQ. voilà!

■ **go about:** ~ **about** **1** → **go around 2** MAR. virare di bordo; ~ **about [sth.]** **1** *(undertake)* assumersi [*task*]; ***he knows how to ~ about it*** sa che cosa fare **2** *(be busy with)* ***to ~ about one's business*** badare ai propri affari.

■ **go across:** ~ **across** attraversare; ***he's gone across to the shop*** è andato nel negozio di fronte; ~ **across [sth.]** attraversare [*street*].

■ **go after:** ~ **after [sth., sb.]** *(chase)* inseguire, rincorrere [*person*]; ***he really went after that job*** FIG. ha fatto di tutto per avere quel lavoro.

■ **go against:** ~ **against [sb., sth.]** **1** *(prove unfavourable to)* ***the decision went against them*** la decisione non è stata loro favorevole; ***the war is going against them*** la guerra sta volgendo a loro sfavore **2** *(conflict with)* essere contrario a [*rules, principles*]; ***to ~ against the trend*** andare contro corrente **3** *(oppose)* opporsi a, andare contro [*person, sb.'s wishes*].

■ **go ahead** **1** *(go in front)* ***~ ahead, I'll follow you on*** andate avanti, io vi seguo **2** FIG. *(proceed)* ***~!*** *(in conversation)* continua! ***~ ahead and shoot!*** dai, spara! ***they are going ahead with the project*** stanno portando avanti il progetto; ***we can ~ ahead without them*** possiamo continuare senza di loro.

■ **go along** **1** *(move along)* [*person, vehicle*] andare avanti, avanzare; ***to make sth. up as one goes along*** FIG. inventare qcs. man mano che si avanti **2** *(attend)* andare, partecipare.

■ **go along with:** ~ **along with [sb., sth.]** essere d'accordo, concordare con.

■ **go around:** ~ **around** **1** *(move, travel about)* andare in giro, girare; ***to ~ around barefoot*** andare in giro scalzo **2** *(circulate)* ***there's a rumour going around that*** corre voce *o* si dice in giro che; ***there isn't enough money to ~ around*** non ci sono abbastanza soldi per tutti; ~ **around [sth.]** fare il giro di [*house, shops*]; ***to ~ around the world*** girare il mondo.

■ **go at:** ~ **at [sb.]** *(attack)* attaccare, assalire; ~ **at [sth.]** immergersi, impegnarsi in [*activity*].

■ **go away** andare via, andarsene, partire; ***~ away and leave me alone!*** vattene e lasciami in pace! ***don't ~ away thinking that*** non te ne andare pensando che; ***this cold just won't ~ away!*** questo raffreddore non vuole passare!

■ **go back** **1** *(return)* ritornare, tornare indietro; *(turn back)* fare marcia indietro, retromarcia; *(resume work)* riprendere il lavoro; *(resume classes, studies)* riprendere la scuola, gli studi; ***to ~ back to the beginning*** ricominciare da capo; ***to ~ back to sleep*** riaddormentarsi; ***to ~ back to work*** rimettersi a lavorare; ***there's no going back*** non puoi più tirarti indietro **2** *(in time)* ***to ~ back in time*** risalire *o* andare indietro nel tempo; ***this tradition goes back a century*** questa tradizione risale a un secolo fa; ***we ~ back a long way*** ci conosciamo da un sacco di tempo **3** *(revert)* ***to ~ back to teaching*** tornare all'insegnamento; ***to ~ back to being a student*** riprendere gli studi.

▪ **go back on:** **~ back on [sth.]** venire meno a [*promise*]; tornare su [*decision*].

▪ **go before:** **~ before** *(go in front)* andare davanti a, precedere; FIG. *(in time)* venire prima, precedere; **~ before [sb., sth.]** [*person*] comparire davanti a [*court, judge*]; [*bill*] essere presentato in [*parliament*].

▪ **go below** MAR. scendere sotto coperta.

▪ **go by:** **~ by** passare; ***as time goes by*** col passare del tempo; ***don't let such opportunities ~ by*** non lasciarti scappare queste occasioni; **~ by [sth.]** **1** *(judge by)* stare a, giudicare da; ***going by her looks...*** a giudicare dal suo aspetto...; ***you mustn't ~ by what you read in the papers*** non devi credere a tutto quello che leggi sui giornali **2** *(proceed by)* ***to ~ by the rules*** rispettare *o* osservare le regole.

▪ **go down:** **~ down** **1** *(descend)* andare giù, scendere; [*diver*] immergersi; [*sun*] tramontare, scendere; ***to ~ down to the pub*** andare al pub **2** *(fall)* [*person, aircraft*] cadere; *(sink)* [*ship*] affondare, colare a picco; ***the plane went down over Normandy, the Channel*** l'aereo si è schiantato in Normandia, è caduto nella Manica **3** *(be received)* ***to ~ down well, badly*** essere accolto bene, male; ***another coffee would ~ down nicely!*** un altro caffè ci starebbe bene **4** *(become lower)* [*water level, temperature, price*] scendere, abbassarsi, diminuire; [*standard*] peggiorare, calare; [*tide*] abbassarsi; [*storm, wind*] calmarsi **5** *(become deflated)* [*swelling, tyre*] sgonfiarsi **6** BE UNIV. *(for holiday)* finire i corsi, andare in vacanza; *(permanently)* lasciare l'università **7** SPORT *(be defeated)* perdere, essere sconfitto; *(be downgraded)* retrocedere **8** *(be remembered)* ***he will ~ down as a great statesman*** verrà ricordato *o* passerà alla storia come un grande uomo di stato **9** *(be recorded)* essere annotato **10** *(be stricken)* ***to ~ down with flu*** prendere l'influenza **11** BE COLLOQ. *(go to prison)* andare dentro, in prigione **12** INFORM. [*computer, system*] piantarsi; **~ down [sth.]** scendere da, per [*hill*]; scendere in [*mine*].

▪ **go for:** **~ for [sb., sth.]** **1** COLLOQ. *(favour, have liking for)* preferire, avere una preferenza per [*person*]; amare [*style of music, literature*] **2** *(apply to)* valere per, riguardare; ***the same goes for you!*** lo stesso vale per te! **~ for [sb.]** **1** *(attack)* *(physically)* attaccare, assalire; *(verbally)* attaccare, criticare **2** ***he has a lot going for him*** ha un sacco di qualità; **~ for [sth.]** **1** *(attempt to achieve)* cercare di ottenere [*honour, victory*]; ***she's going for the gold medal*** si sta battendo per la medaglia d'oro; ***~ for it!*** COLLOQ. provaci! fallo! **2** *(choose)* prendere, scegliere; ***I'll ~ for the blue one*** prendo quello blu.

▪ **go forward(s)** avanzare, andare avanti.

▪ **go in** **1** *(enter)* andare dentro, entrare; *(go back in)* rientrare **2** MIL. [*troops*] attaccare, andare all'attacco **3** *(disappear)* [*sun*] andarsene, scomparire.

▪ **go in for:** **~ in for [sth.]** **1** *(be keen on)* avere una passione per, dedicarsi a [*sport, hobby*] **2** *(take up)* ***to ~ in for teaching*** dedicarsi all'insegnamento; ***to ~ in for politics*** darsi alla politica **3** *(take part in)* presentarsi a [*exam*]; iscriversi a [*competition*].

▪ **go into:** **~ into [sth.]** **1** *(enter)* entrare in [*room*]; FIG. *(take up)* entrare, lanciarsi in [*politics, business*] **2** *(examine)* esaminare, approfondire [*question*] **3** *(explain)* ***I won't ~ into why I did it*** non spiegherò perché l'ho fatto; ***let's not ~ into that now*** per il momento lasciamo perdere *o* non parliamone **4** *(be expended)* ***a lot of money went into this project*** in questo progetto è stato investito molto denaro **5** *(hit)* [*car, driver*] andare a sbattere contro.

▪ **go off:** **~ off** **1** *(explode, fire)* [*bomb*] esplodere; ***the gun didn't ~ off*** la pistola non ha sparato **2** [*alarm clock*] suonare; [*fire alarm*] scattare **3** *(depart)* partire, andarsene; ***he went off to work*** se ne è andato al lavoro **4** BE *(go bad)* andare a male; [*milk, cream*] inacidire; [*meat*] avariarsi; [*butter*] irrancidire; *(deteriorate)* [*performer, athlete*] non essere più in forma; [*work*] peggiorare; *(lose one's attractiveness)* [*person*] imbruttirsi **5** COLLOQ. *(fall asleep)* addormentarsi **6** *(cease to operate)* [*lights, heating*] spegnersi **7** *(happen, take place)* [*evening, event*] andare, riuscire **8** TEATR. lasciare la scena, uscire di scena; **~ off [sb., sth.]** BE ***I've gone off whisky*** non mi piace più il whisky; ***I think she's gone off the idea*** penso che abbia abbandonato l'idea.

▪ **go off with:** **~ off with [sb., sth.]** andarsene, scappare con [*person, money*]; ***who's gone off with my pen?*** chi si è preso *o* fregato la mia penna?

▪ **go on:** **~ on** **1** *(happen, take place)* accadere, aver luogo; ***what's going on?*** che cosa succede *o* sta succedendo? ***there's a party going on upstairs*** c'è una festa di sopra; ***how long has this been going on?*** da quanto tempo va avanti questa situazione *o* storia? ***a lot of stealing goes on*** ci sono molti furti **2** *(continue)* continuare, andare avanti; ***to ~ on doing sth.*** continuare a fare qcs.; ***the list goes on and on*** la lista continua all'infinito; ***that's enough to be going on with*** questo basta per tirare avanti; ***~ on (with you)!*** COLLOQ. ma va! **3** *(elapse)* ***as time went on, Ross...*** col (passare del) tempo, Ross...; ***as the evening went on...*** nel corso della serata... **4** *(keep talking)* ***to ~ on about sth.*** continuare a *o* non smettere di parlare di qcs.; ***the way she goes on, you'd think she was an expert on the subject!*** da come parla *o* a sentirla, sembrerebbe un'esperta in materia! **5** *(proceed)* passare a; ***let's ~ on to the next item*** passiamo al punto successivo; ***he went on to say that*** ha continuato dicendo che **6** *(go into operation)* [*heating, lights*] accendersi **7** TEATR. entrare in scena **8** *(approach)* ***it's going on three o'clock*** si stanno avvicinando le tre; ***he's four going on five*** va per i cinque anni **9** *(fit)* ***these gloves won't ~ on*** questi guanti non vanno bene; ***the lid won't ~ on properly*** il coperchio non chiude bene; **~ on [sth.]** basarsi su, giudicare da [*piece of evidence, information*]; ***that's all we've got to ~ on*** è tutto ciò che sappiamo con certezza; ***we've got nothing else to ~ on*** non abbiamo nient'altro su cui basarci.

▪ **go on at:** **~ on at [sb.]** prendersela con, dare addosso a.

▪ **go out** **1** *(leave, depart)* uscire; ***he went out of the room*** è uscito dalla stanza; ***to ~ out walking*** uscire a passeggiare; ***to ~ out for a drink*** andare a bere qualcosa; ***they ~ out a lot*** escono spesso; ***he's gone out to Africa*** è partito per l'Africa **2** *(have relationship)* ***to ~ out with sb.*** uscire con qcn. **3** [*tide*] calare **4** *(become unfashionable)* passare di moda; *(no longer be used)* non essere utilizzato **5** *(be extinguished)* [*fire, light*] spegnersi **6** *(be sent)* [*invitation*] essere spedito; *(be published)* [*magazine*] essere pubblicato, uscire; RAD. TELEV. essere trasmesso **7** SPORT [*athlete*] essere eliminato **8** *(expressing sympathy)* ***my heart goes out to them*** sono loro vicino con tutto il cuore **9** *(disappear)* ***all the spirit seemed to have gone out of her*** sembrava che avesse perso tutta la sua vitalità.

▪ **go over:** **~ over** **1** *(cross over)* andare; ***to ~ over to sb., sth.*** andare verso qcn., qcs.; ***to ~ over to America*** andare *o* emigrare in America; ***we are now going over to Rome*** RAD. TELEV. passiamo ora la linea a Roma **2** *(be received)* ***to ~ over well*** essere accolto bene, piacere **3** *(switch over)* ***to ~ over to Labour*** passare ai laburisti; ***to ~ over to gas (heating)*** passare al riscaldamento a gas; ***to ~ over to Islam*** convertirsi all'islamismo; **~ over [sth.]** **1** *(review)* esaminare, passare in rassegna [*details*]; ripensare a [*events*]; controllare [*accounts, figures*]; esaminare [*facts*]; rileggere [*article*]; ***to ~ over a house*** fare il giro di una casa **2** *(clean)* ***he went over the room with a duster*** ha dato una spolverata alla stanza **3** *(exceed)* superare, eccedere; ***don't ~ over £ 10*** non spendere più di 10 sterline.

▪ **go round** BE: **~ round** **1** *(turn)* [*wheel, etc.*] girare **2** *(call round)* ***to ~ round to see sb.*** andare a trovare qcn. **3** *(suffice)* ***there isn't enough food to ~ round*** non c'è abbastanza cibo per tutti **4** *(circulate)* ***there's a rumour going round that*** si dice in giro che **5** *(make detour)* fare una deviazione; ***we had to ~ the long way round*** abbiamo dovuto fare il giro lungo; **~ round [sth.]** *(visit)* fare il giro di [*shops, house*].

▪ **go through:** **~ through** **1** *(come in)* entrare **2** *(be approved)* [*law, agreement*] passare; [*divorce*] essere accordato **3** *(be completed)* [*business deal*] andare in porto, concludersi felicemente; **~ through [sth.]** **1** *(undergo)* fare [*experience*];

superare [*ordeal*]; passare attraverso [*phase, civil war*]; ***he's gone through a lot*** ne ha passate delle belle; ***to ~ through a crisis*** passare un momento di crisi; ***as you ~ through life*** con l'esperienza; ***you have to ~ through the switchboard*** devi passare dal centralino; ***it went through my mind that*** mi è passato per la mente che **2** *(check, inspect)* controllare, esaminare, studiare; *(rapidly)* scorrere [*documents, files, list*] **3** *(search)* frugare in [*baggage, pockets*] **4** *(perform, rehearse)* osservare [*procedure*]; espletare [*formalities*]; provare [*scene*] **5** *(use up)* spendere, sperperare [*money*]; ***we went through three bottles of wine*** abbiamo fatto fuori tre bottiglie di vino.

▪ **go through with:** ~ *through with [sth.]* realizzare, portare a termine [*plan*]; ***in the end they decided to ~ through with the wedding*** alla fine hanno deciso di sposarsi comunque; ***I can't ~ through with it*** non posso farlo.

▪ **go together 1** *(harmonize)* [*colours, etc.*] andare (bene), stare bene insieme, intonarsi **2** *(entail each other)* accompagnarsi, andare di pari passo.

▪ **go under** [*ship*] affondare, colare a picco; FIG. [*person*] soccombere; [*company*] fallire.

▪ **go up:** ~ *up* **1** *(ascend)* salire; ***to ~ up to bed*** andare a letto **2** *(rise)* [*price, temperature*] salire, alzarsi; [*unemployment*] aumentare; [*cry*] levarsi; TEATR. [*curtain*] alzarsi **3** *(be erected)* [*building*] essere costruito, spuntare; [*poster*] essere appeso **4** *(blown up)* [*building*] saltare in aria, esplodere **5** BE UNIV. *(start university)* entrare all'università; *(start term)* riprendere i corsi **6** *(be upgraded)* ***the team has gone up to the first division*** la squadra è stata promossa in prima divisione **7** *(continue)* ***the book goes up to 1990*** il libro va avanti fino al 1990; ~ *up [sth.]* **1** *(mount)* salire [*hill, mountain*] **2** SCOL. ***to ~ up a class*** passare alla classe superiore.

▪ **go with:** ~ *with [sth.]* **1** *(match, suit)* [*colour, shirt, etc.*] andare (bene) con, stare bene con, intonarsi con; ***white wine goes better with fish*** col pesce va meglio il vino bianco **2** *(accompany)* accompagnarsi a, venire con.

▪ **go without:** ~ *without* rinunciare; ~ *without [sth.]* fare a meno di [*food, luxuries*].

2.go /gəʊ/ **10** n. (pl. **~es**) **1** BE *(turn)* turno m.; *(try)* tentativo m.; ***it's your ~*** è il tuo turno, tocca a te; ***whose ~ is it?*** a chi tocca? ***to have a ~ at sth.*** provare a *o* tentare di fare qcs.; ***he had several goes at the exam*** ha tentato l'esame diverse volte **2** COLLOQ. *(energy)* entusiasmo m.; ***to be full of ~, to be all ~*** essere pieno di energia *o* vita ♦ ***to have a ~ at sb.*** prendersela con qcn.; ***to make a ~ of sth.*** fare un successo di qcs.; ***he's always on the ~*** è sempre in movimento, non si ferma mai; ***we have several different projects on the ~*** abbiamo vari progetti in corso *o* cantiere; ***(it's) no ~!*** (è) impossibile! (non c'è) niente da fare! ***from the word ~*** dall'inizio; ***in one ~*** in un colpo solo, in una volta.

1.goad /gəʊd/ n. pungolo m. (anche FIG.).

2.goad /gəʊd/ tr. **1** *(prod)* pungolare **2** FIG. *(provoke)* pungolare, stimolare (**into doing** a fare).

go-ahead /ˈgəʊəhed/ **I** n. COLLOQ. ***to give sb. the ~*** dare il via libera a qcn. **II** agg. COLLOQ. dinamico, intraprendente.

goal /gəʊl/ n. **1** SPORT goal m., rete f.; ***to keep ~, to play in ~*** giocare in porta; ***to score*** o ***kick a ~*** fare (un) goal, segnare; ***to score an own ~*** fare autogol (anche FIG.) **2** *(objective)* obiettivo m., traguardo m.

goal area n. area f. di porta.

goalie /ˈgəʊlɪ/ n. SPORT COLLOQ. portiere m.

goalkeeper /ˈgəʊlˌkiːpə(r)/ **27** n. portiere m.

goal kick n. calcio m. di rinvio, rimessa f. dal fondo.

goalless /ˈgəʊllɪs/ agg. [*match, draw*] a reti bianche, inviolate.

goal line n. *(endline)* linea f. di fondo; *(between goalposts)* linea f. di porta.

goal mouth n. specchio m. della porta.

goalpost /ˈgəʊlpəʊst/ n. palo m. (della porta) ♦ ***to move the ~s*** cambiare le regole del gioco.

goalscorer /ˈgəʊlˌskɔːrə(r)/ n. cannoniere m.; ***top ~*** capocannoniere.

goat /gəʊt/ **I** n. **1** ZOOL. GASTR. capra f. **2** ASTROL. ***the Goat*** il Capricorno **3** BE COLLOQ. *(fool)* stupido m. (-a), imbecille m. e f. **4** COLLOQ. *(lecher)* (vecchio) porco m. **II** modif. [*cheese, meat, milk*] di capra ♦ ***he really gets my ~*** COLLOQ. mi dà veramente sui nervi; ***to separate the sheep from the ~s*** separare il grano dal loglio.

goatee /gəʊˈtiː/ n. pizzetto m., barbetta f. a punta.

goatherd /ˈgəʊthɜːd/ n. capraio m. (-a).

goatskin /ˈgəʊtskɪn/ n. **1** *(leather)* pelle f. di capra **2** *(leather bottle)* otre m.

gob /gɒb/ n. POP. **1** BE *(mouth)* becco m. **2** *(spittle)* sputo m.

gobbet /ˈgɒbɪt/ n. boccone m.

1.gobble /ˈgɒbl/ n. *(cry of turkey)* glu glu m.

2.gobble /ˈgɒbl/ **I** tr. (anche **~ down**) ingoiare, ingollare [*food*] **II** intr. **1** *(cry)* [*turkey*] gloglottare, fare glu glu **2** *(eat)* ingozzarsi.

▪ **gobble up:** ~ *[sth.] up*, ~ *up [sth.]* ingoiare, inghiottire (anche FIG.).

gobbledegook, gobbledygook /ˈgɒbldɪguːk/ n. COLLOQ. gergo m. incomprensibile, linguaggio m. pomposo.

go-between /ˈgəʊbɪˌtwiːn/ n. intermediario m. (-a), mediatore m. (-trice).

goblet /ˈgɒblɪt/ n. calice m., coppa f.

goblin /ˈgɒblɪn/ n. folletto m., spirito m. maligno.

gobsmacked /ˈgɒbsmækt/ agg. BE COLLOQ. sbalordito, basito.

god /gɒd/ **I** n. RELIG. dio m. (anche FIG.) **II God** n.pr. **1** RELIG. Dio m.; ***so help me God*** giuro davanti a Dio; ***a man of God*** un servo di Dio **2** COLLOQ. ***God!*** *(exasperated)* santo Dio! santo cielo! *(surprised)* oh Dio! cielo! ***God forbid!*** Dio non voglia! ***God knows!*** Dio solo lo sa! ♦ ***God helps those who help themselves*** aiutati che Dio, il ciel t'aiuta; ***to put the fear of God into sb.*** terrorizzare qcn., mettere una paura del diavolo a qcn.; ***to think one is God's gift*** COLLOQ. credersi chissà chi.

God Almighty I n. RELIG. Dio m. onnipotente **II** inter. Dio onnipotente, mio Dio ♦ ***he thinks he's ~*** si crede un padreterno.

godchild /ˈgɒdtʃaɪld/ n. (pl. **-children**) figlioccio m. (-a).

goddammit /ˈgɒddæmɪt/ inter. AE POP. dannazione, maledizione.

goddamn /ˈgɒddæm/ **I** agg. COLLOQ. dannato, maledetto, fottuto **II** avv. COLLOQ. maledettamente, dannatamente **III** inter. COLLOQ. ***~ (it)!*** dannazione! maledizione!

goddaughter /ˈgɒdˌdɔːtə(r)/ n. figlioccia f.

goddess /ˈgɒdɪs/ n. *(divinity, woman)* dea f.

godfather /ˈgɒdˌfɑːðə(r)/ n. padrino m.

God-fearing /ˈgɒdˌfɪərɪŋ/ agg. timorato di Dio.

godforsaken /ˈgɒdfəˌseɪkən/ agg. [*place*] dimenticato, abbandonato da Dio.

Godfrey /ˈgɒdfrɪ/ n.pr. Goffredo.

godless /ˈgɒdlɪs/ agg. empio.

godlike /ˈgɒdlaɪk/ agg. divino.

godliness /ˈgɒdlɪnɪs/ n. devozione f.

godly /ˈgɒdlɪ/ agg. pio, devoto.

godmother /ˈgɒdmʌðə(r)/ n. madrina f.

godparent /ˈgɒdˌpeərənt/ n. *(man)* padrino m.; *(woman)* madrina f.; ***the ~s*** il padrino e la madrina.

godsend /ˈgɒdsend/ n. dono m. del cielo, manna f.

godson /ˈgɒdsʌn/ n. figlioccio m.

goer /ˈgəʊə(r)/ n. BE COLLOQ. **1** *(energetic person)* ***to be a ~*** essere attivo *o* energico **2** SPREG. ***she's a real ~!*** è davvero una ragazza facile! **3 -goer** in composti ***cinema~*** persona che va al cinema, spettatore; *(regular)* cinefilo.

goes /gəʊz/ 3ª persona sing. pres. → **1.go**.

go-getter /ˈgəʊˌgetə(r)/ n. COLLOQ. persona f. intraprendente, rabattino m. (-a).

go-getting /ˈgəʊˌgetɪŋ/ agg. COLLOQ. intraprendente.

goggle /ˈgɒgl/ intr. COLLOQ. sgranare, strabuzzare gli occhi; ***to ~ at sb.*** guardare qcn. con tanto d'occhi.

goggle-box /ˈgɒglbɒks/ n. BE COLLOQ. tivù f.

goggle-eyed /ˌgɒglˈaɪd/ agg. COLLOQ. dagli occhi sporgenti.

goggles /ˈgɒglz/ n.pl. *(cyclist's, worker's)* occhiali m. di protezione, occhialoni m.; *(skier's)* occhiali m. da sci; *(for swimming)* occhialini m.

go-go /ˈgəʊgəʊ/ agg. COLLOQ. ***~ dancing*** = danza provocante eseguita da ballerine in locali notturni.

going /ˈgəʊɪŋ/ **I** n. **1** *(departure)* partenza f. **2** *(progress)* ***that's not bad ~! that's good ~!*** è una bella andatura *o* velocità! ***it was slow ~, the ~ was slow*** *(on journey)* si andava avanti lentamente; *(at work)* si procedeva con lentezza; ***this book is heavy ~*** questo libro è pesante **3** *(condition of ground) (for riding, walking)* (condizioni f.pl. del) terreno m. **4** FIG. *(conditions)* ***when the ~ gets tough*** quando il gioco si fa duro; ***he finds her new job hard ~*** trova che il suo nuovo lavoro sia duro; ***they got out while the ~ was good*** se ne andarono prima che fosse troppo tardi **II** agg. **1** *(current)* [*price*] corrente; ***the ~ rate for babysitters*** la tariffa corrente di una babysitter **2** *(operating)* ***~ concern*** COMM. azienda avviata *o* in attività; ***they bought the business as a ~ concern*** hanno comprato l'impresa già avviata **3** *(existing)* ***the best model ~*** il miglior modello sul mercato; ***the best film-maker ~*** il miglior regista in circolazione **4** **-going** in composti ***the theatre-~, cinema-~ public*** gli amanti del teatro, del cinema.

going-over /ˌɡəʊɪŋˈəʊvə(r)/ n. (pl. **goings-over**) COLLOQ. **1** *(examination) (of vehicle, machine)* revisione f.; *(of document)* esame m. accurato; *(cleaning) (of room)* (ri)pulita f.; ***the doctor gave me a thorough ~*** il medico mi ha fatto una visita completa **2** *(scolding)* lavata f. di capo; *(beating)* botte f.pl.

goings-on /ˌɡəʊɪŋzˈɒn/ n.pl. COLLOQ. *(events)* avvenimenti m.; SPREG. *(activities)* affari m.; *(behaviour)* condotta f.sing., comportamento m.sing.

goitre, **goiter** AE /ˈɡɔɪtə(r)/ n. MED. gozzo m.

go-kart /ˈɡəʊkɑːt/ n. go-kart m.

go-karting /ˈɡəʊkɑːtɪŋ/ ➧ *10* n. karting m., kartismo m.

gold /ɡəʊld/ ➧ *5* **I** n. **1** oro m.; ***to strike ~*** scoprire un filone d'oro **2** *(colour)* oro m. **3** (anche **~ medal**) oro m., medaglia f. d'oro **II** modif. [*jewellery, tooth, ingot, alloy*] d'oro ♦ ***to be as good as ~*** essere una persona d'oro, buono come il pane; ***to be worth one's weight in ~*** valere tanto oro quanto si pesa.

Gold Coast n. **1** STOR. *(Ghana)* Costa d'Oro f. **2** *(in Australia)* = serie di stazioni balneari dell'Australia orientale **3** AE = zona residenziale.

gold digger n. cercatore m. (-trice) d'oro.

gold dust n. polvere f. d'oro; ***to be like ~*** FIG. essere una rarità *o* difficile da trovare.

golden /ˈɡəʊldən/ ➧ *5* agg. **1** *(made of gold)* d'oro **2** *(gold coloured)* dorato, color oro; ***~ hair*** capelli dorati *o* d'oro **3** FIG. [*dream, voice, opportunity*] d'oro; [*summer*] idilliaco, d'oro.

golden age n. età f. dell'oro.

golden anniversary n. → **golden jubilee**.

golden boy n. golden boy m.

golden-brown /ˌɡəʊldənˈbraʊn/ ➧ *5* **I** n. bruno m. dorato **II** agg. bruno dorato, mordorè.

golden eagle n. aquila f. reale.

Golden Fleece n. vello m. d'oro.

golden girl n. golden girl f.

golden goose n. (pl. **golden geese**) ***to kill the ~*** uccidere la gallina dalle uova d'oro.

golden handshake n. COLLOQ. liquidazione f. (d'oro).

golden hello n. gratifica f. d'assunzione.

golden jubilee n. *(wedding anniversary)* nozze f.pl. d'oro; *(other)* cinquantesimo anniversario m.

golden mean n. ***the ~*** l'aurea mediocrità, il giusto mezzo.

golden oldie n. *(song)* = vecchia canzone di successo; *(film)* = vecchio film di successo.

golden rule n. **1** RELIG. regola f. aurea **2** *(basic principle)* ***the ~ for driving is to know road signs*** per guidare è fondamentale conoscere i segnali.

golden syrup n. BE melassa f.

golden wedding n. nozze f.pl. d'oro.

golden yellow ➧ *5* **I** n. giallo m. oro **II** agg. giallo oro.

gold fever n. febbre f. dell'oro.

goldfield n. bacino m. aurifero.

goldfinch /ˈɡəʊldfɪntʃ/ n. cardellino m.

goldfish /ˈɡəʊldfɪʃ/ n. (pl. **~, ~es**) pesce m. rosso.

gold leaf n. (pl. **gold leaves**) foglia f. d'oro.

gold medal n. medaglia f. d'oro.

gold mine n. miniera f. d'oro (anche FIG.).

gold mining n. estrazione f. dell'oro.

gold plate n. **1** *(coating)* doratura f. elettrolitica **2** *(dishes)* vasellame m. d'oro.

gold-plated agg. placcato oro, dorato.

gold rush n. corsa f. all'oro.

goldsmith /ˈɡəʊldsmɪθ/ ➧ *27* n. orafo m. (-a), orefice m. e f.

gold standard n. sistema m. (monetario) aureo, gold standard m.

golf /ɡɒlf/ ➧ *10* **I** n. golf m. **II** modif. [*tournament*] di golf, golfistico; [*umbrella, equipment*] da golf, golfistico.

golf ball n. **1** SPORT palla f. da golf **2** *(on typewriter)* testina f. rotante.

golf club n. **1** *(place)* circolo m. golfistico, golf club m. **2** *(stick)* mazza f. da golf.

golf course n. campo m. da golf.

golfer /ˈɡɒlfə(r)/ n. giocatore m. (-trice) di golf, golfista m. e f.

golfing /ˈɡɒlfɪŋ/ n. ***to go ~*** andare a giocare a golf.

golf links n. → **golf course**.

Golgotha /ˈɡɒlɡəθə/ n.pr. Golgota m.

Goliath /ɡəˈlaɪəθ/ n.pr. Golia.

golliwog /ˈɡɒlɪwɒɡ/ n. bambolotto m. negro di stoffa.

golly /ˈɡɒlɪ/ inter. perbacco, perdio.

Gomorrah /ɡəˈmɒrə/ n.pr. Gomorra f.

gonad /ˈɡəʊnæd/ n. gonade f.

gondola /ˈɡɒndələ/ n. **1** *(boat)* gondola f. **2** *(under airship, balloon)* navicella f., gondola f.; *(cable car)* cabina f. (di teleferica) **3** AE FERR. (anche **~ car**) pianale m. **4** AE *(barge)* chiatta f.

gondolier /ˌɡɒndəˈlɪə(r)/ ➧ *27* n. gondoliere m.

gone /ɡɒn/ **I** p.pass. → **1.go** **II** agg. **1** [*person*] *(departed)* partito, andato; *(dead)* scomparso; ***far ~*** *(ill)* gravemente ammalato; *(drunk)* completamente sbronzo *o* andato; *(drugged)* completamente fatto; ***to be long ~*** [*person*] essere morto da molto tempo; [*machine, device*] essere andato; [*era*] essere passato; [*school*] non esistere più da molto tempo **2** BE *(pregnant)* ***she is six months ~*** è al sesto mese (di gravidanza) **3** COLLOQ. *(infatuated)* ***to be ~ on sb.*** essere partito per qcn. **4** BE *(past)* ***it's ~ six o'clock*** sono le sei passate; ***he's ~ eighty*** ha passato gli ottanta.

goner /ˈɡɒnə(r)/ n. ***to be a ~*** COLLOQ. essere spacciato.

gong /ɡɒŋ/ n. **1** gong m. **2** BE COLLOQ. *(medal)* medaglia f.

gonna /ˈɡɒnə/ COLLOQ. contr. going to.

gonorrh(o)ea /ˌɡɒnəˈrɪə/ ➧ *11* n. gonorrea f.

goo /ɡuː/ n. COLLOQ. sostanza f. appiccicosa.

1.good /ɡʊd/ agg. (compar. **better**; superl. **best**) **1** *(enjoyable)* [*news*] buono; [*book, joke, weather, party*] bello; ***to have a ~ time*** divertirsi; ***have a ~ day!*** buona giornata! ***the ~ life*** la bella vita; ***it's ~ to see you again*** è bello rivederti; ***the ~ old days*** i bei tempi andati **2** *(happy)* ***to feel ~ about, doing*** essere contento di, di fare **3** *(healthy)* [*eye, leg*] sano, buono; [*hearing, memory*] buono; ***you don't look too ~*** non hai un bell'aspetto; ***I don't feel too ~*** non mi sento troppo bene **4** *(high quality)* [*condition, degree, score*] buono; [*photo, hotel, coat*] bello; ***I'm not ~ enough for her*** non vado abbastanza bene per lei, non sono alla sua altezza; ***nothing is too ~ for her son*** non è mai abbastanza per suo figlio **5** *(prestigious)* attrib. [*marriage*] buono **6** *(obedient)* [*child, dog*] buono, bravo; [*manners*] buono; ***there's a ~ boy!*** che bravo bambino! **7** *(favourable)* [*impression, sign*] buono; ***the ~ thing is that*** la cosa positiva è che; ***New York is ~ for shopping*** New York è un buon posto per lo shopping **8** *(attractive)* [*legs, teeth*] bello; ***to look ~ with*** [*garment, accessories*] andare *o* stare bene con; ***she looks ~ in blue*** sta bene col blu, il blu le dona **9** *(tasty)* [*meal*] buono, gustoso; *(fit to eat)* [*meat*] buono; ***to taste, smell ~*** avere un buon sapore, odore **10** *(virtuous)* attrib. [*person*] buono, virtuoso; [*life*] morigerato; ***the ~ guys*** *(in films)* i buoni **11** *(kind)* [*person, deed*] buono, gentile; ***to do sb. a ~ turn*** fare un favore a qcn.; ***would you be ~ enough to do, would you be so ~ as to do*** saresti tanto *o* così gentile da fare **12** *(pleasant)* ***to be in a ~ mood*** essere di buonumore; ***to be very ~ about*** essere molto buono *o* comprensivo riguardo a [*mistake*] **13** *(competent)* [*accountant, teacher*] buono, bravo; ***to be ~ at*** essere bravo in [*Latin*]; essere bravo *o* forte a [*chess*]; ***he's ~ at dancing*** balla bene, è bravo a ballare; ***to be no ~ at*** essere una schiappa in [*chemistry*]; essere una schiappa a [*tennis*]; ***I'm no ~ at singing*** non sono capace a cantare; ***to be ~ with*** saperci fare con [*children, animals*]; essere bravo con [*numbers*]; ***to be ~ with one's hands*** essere bravo nei lavori manuali **14** *(beneficial)* ***to be ~ for*** fare bene a [*person, plant, health*]; giovare a [*business, morale*]; ***he eats more than is ~ for him*** mangia più di quanto dovrebbe; ***say nothing if you know what's ~ for you*** per il tuo bene, non dire niente **15** *(effective, suitable)* [*method*] buono, efficace; [*shampoo*] buono; [*knife*] adatto; [*name, book, moment*] buono, adatto; [*idea, investment, question*] buono; [*point*] giusto; ***this will look ~ on your CV*** BE o ***résumé*** AE questo farà bella figura sul tuo curriculum **16** *(accurate)* [*description*] buono, preciso; *(fluent)* [*language*] buono; ***to keep ~ time*** [*clock*] essere preciso; ***he speaks ~ Spanish*** parla bene lo spagnolo **17** *(fortunate)* ***it's a ~ job*** o ***thing (that)*** fortuna che, meno male che; ***we've never had it so ~*** COLLOQ. le cose non sono mai andate così bene; ***it's too ~ to be true*** è troppo bello per essere vero **18** *(close)* attrib. [*friend*] buono **19** *(serviceable)* ***this season ticket is ~ for two more months*** questo abbonamento è valido per altri due mesi; ***the car is ~ for another 10,000 km*** la macchina può fare ancora altri 10.000 km; ***it's as ~ a reason as any*** è una ragione come un'altra **20** *(substantial)* attrib. [*salary, size*] buono; [*hour*] buono, abbondante; ***it must be worth a ~ 2,000 dollars*** deve valere almeno 2.000 dollari; ***a ~ 20 years ago*** almeno vent'anni fa; ***a ~ long walk*** una passeggiata bella lunga; ***~ and early*** molto presto; ***give it a ~ clean*** dagli una bella pulita **21** ***as ~ as*** *(virtually)* praticamente; ***to be as ~ as new*** essere come nuovo; ***he as ~ as called me a liar*** mi ha praticamente dato del bugiardo; ***it's as ~ as saying yes*** *(tantamount to)* è come *o* equivale a dire di sì ♦ ***~ for you!*** *(approvingly)* bravo! sono contento *o* buon per te! *(sarcastically)* tanto meglio per te! ***that's a ~ one!*** questa è bella! ***~ on you!*** BE COLLOQ. bravo! ***~ thinking*** buona *o* bella idea! ***to be onto a ~ thing, to have a ~ thing going*** COLLOQ. avere per le mani qualcosa di buono; ***you can have too much of a ~ thing*** il troppo stroppia.

2.good /gʊd/ **I** n. **1** *(virtue)* bene m.; ***~ and evil*** il bene e il male; ***to do ~*** fare del bene; ***to be up to no ~*** COLLOQ. combinare qualche guaio; ***to come to no ~*** finire male, fare una brutta fine **2** *(benefit)* bene m.; ***for your own ~*** per il tuo bene; ***for the ~ of his health*** per la sua salute; ***for all the ~ it did me*** per quel che mi è servito, per il bene che mi ha fatto; ***she's too generous for her own ~*** è troppo generosa e finirà per rimetterci; ***to do sb., sth. ~*** fare bene a qcn., qcs. (**to do** fare); ***no ~ can*** o ***will come of it*** non ne uscirà niente di buono; ***no ~ will come of waiting*** aspettare non servirà a nulla; ***to be all to the ~*** essere tutto di guadagnato **3** *(use)* ***it's no ~ crying*** non serve a nulla piangere; ***it's no ~*** è inutile; ***would it do any ~?*** servirebbe a qualcosa? **4** BE *(profit)* ***to be £ 20 to the ~*** essere in credito di 20 sterline **5** ***for ~*** per sempre **II the good** n.pl. *(virtuous people)* i buoni m.

3.good /gʊd/ inter. *(expressing satisfaction)* bene; *(with relief)* tanto meglio; *(to encourage, approve)* bene, ben fatto.

good afternoon inter. *(in greeting)* buongiorno, buon pomeriggio; *(in farewell)* arrivederci.

goodbye /ˌgʊd'baɪ/ inter. arrivederci, addio, ciao ♦ ***to say ~ to sb.*** salutare qcn., dire arrivederci *o* addio a qcn.

good evening inter. buonasera.

goodfella /'gʊdfelə/ n. AE GERG. gangster m.; *(Mafia member)* bravo ragazzo m.

good-for-nothing /ˌgʊdfə'nʌθɪŋ/ n. buono m. (-a) a nulla.

Good Friday n.pr. Venerdì m. Santo.

good-hearted /ˌgʊd'hɑːtɪd/ agg. di buon cuore, generoso.

good-humoured BE, **good-humored** AE /ˌgʊd'hjuːməd/ agg. [*discussion*] disteso; [*crowd*] gioviale; [*rivalry*] cordiale, amichevole; [*joke, remark*] innocente, bonario; [*smile*] amabile; ***to be ~*** essere di buon umore.

good-humouredly BE, **good-humoredly** AE /ˌgʊd'hjuːmədlɪ/ avv. [*smile*] amabilmente; [*say*] allegramente.

goodish /'gʊdɪʃ/ agg. COLLOQ. [*actor*] discreto, abbastanza bravo; [*appetite*] discreto; [*party*] niente male; [*film*] passabile.

good-looking /ˌgʊd'lʊkɪŋ/ agg. bello, di bell'aspetto.

good looks n.pl. bellezza f.sing., bell'aspetto m.sing.

goodly /'gʊdlɪ/ agg. attrib. [*sum*] bello; [*amount, number*] buono, bello.

good morning inter. *(in greeting)* buongiorno; *(in farewell)* arrivederci.

good-natured /ˌgʊd'neɪtʃəd/ agg. [*person*] d'indole buona, bonario; [*animal*] con un buon carattere; [*discussion, remark*] amichevole; [*criticism*] innocente.

goodness /'gʊdnɪs/ **I** n. **1** *(virtue)* bontà f.; *(kindness)* bontà f., gentilezza f. **2** *(nutritive value)* ***don't overcook the carrots, they lose all their ~*** non fare cuocere troppo le carote o perderanno tutto il meglio; ***the soil has lost its ~*** il terreno si è impoverito **II** inter. (anche **~ gracious**) bontà divina ♦ ***I hope to ~ that*** prego il cielo che; ***~ only knows how, when*** Dio solo sa come, quando; ***for ~'sake!*** per l'amor del cielo!

goodnight /ˌgʊd'naɪt/ inter. buonanotte ♦ ***to say ~ to sb.*** dire buonanotte a qcn.

goods /gʊdz/ **I** n.pl. **1** *(for sale)* merci f., articoli m.; ***leather ~*** articoli in pelle, pelletteria; ***electrical ~*** apparecchiature elettriche; ***~ and services*** beni e servizi **2** BE FERR. merci f. **3** *(property)* beni m.; ***~ and chattels*** beni ed effetti **4** COLLOQ. *(what is wanted)* ***to deliver*** o ***come up with the ~*** mantenere i propri impegni; ***that's the ~!*** è una cannonata! **II** modif. BE FERR. [*depot, train, wagon*] merci.

good-sized /ˌgʊd'saɪzd/ agg. [*room, garden*] spazioso, grande.

good-tempered /ˌgʊd'tempəd/ agg. [*person*] d'indole buona; [*animal*] con un buon carattere.

good-time girl n. SPREG. *(fun-loving)* festaiola f.; EUFEM. *(prostitute)* donnina f. allegra.

goodwill /ˌgʊd'wɪl/ **I** n. **1** *(helpful attitude)* buona volontà f. **2** *(kindness)* ***to show ~ to*** o ***towards sb.*** dimostrarsi benevolo verso qcn.; ***in a spirit of ~*** con uno spirito di benevolenza; ***it's the season of ~*** a Natale siamo tutti più buoni **3** COMM. avviamento m.; *(reputation)* (buona) reputazione f.; *(customers)* clientela f. **II** modif. [*gesture*] di buona volontà; [*visit*] per il miglioramento dei rapporti internazionali.

1.goody /'gʊdɪ/ n. COLLOQ. **1** *(hero)* buono m. (-a), eroe m. (-ina) **2** *(good thing)* cosa f. buona.

2.goody /'gʊdɪ/ inter. COLLOQ. INFANT. (che) bello.

goody-goody /'gʊdɪˌgʊdɪ/ n. SPREG. santerellino m. (-a), ipocrita m. e f.

gooey /'guːɪ/ agg. COLLOQ. **1** *(sticky)* appiccicoso **2** FIG. sdolcinato, sentimentale.

1.goof /guːf/ n. COLLOQ. **1** *(idiot)* stupido m. (-a), idiota m. e f. **2** *(blunder)* gaffe f.

2.goof /guːf/ intr. COLLOQ. prendere un granchio.

■ **goof around** COLLOQ. *(fool around)* fare lo stupido; *(laze about)* perdere tempo.

goofy /'guːfɪ/ agg. COLLOQ. stupido.

goon /guːn/ n. COLLOQ. *(clown)* buffone m. (-a), stupido m. (-a); *(thug)* picchiatore m.

1.goose /guːs/ n. (pl. **geese**) ZOOL. GASTR. oca f.; ***you silly ~!*** COLLOQ. idiota! ♦ ***to cook sb.'s ~*** COLLOQ. rompere le uova nel paniere a qcn.; ***to kill the ~ that lays the golden eggs*** ammazzare la gallina dalle uova d'oro.

2.goose /guːs/ tr. COLLOQ. dare una pacca sul sedere a.

gooseberry /'gʊzbrɪ, AE 'guːsberɪ/ n. uva f. spina ♦ ***to be a*** o ***play ~*** reggere la candela *o* il moccolo.

gooseberry bush n. arbusto m. d'uva spina.

gooseberry fool n. = dessert con crema d'uva spina e crema pasticciera o panna.

goosebumps /'guːsbʌmps/ n.pl., **gooseflesh** /'guːsfleʃ/ n., **goose pimples** n.pl. pelle f. d'oca; ***to come out in ~*** avere la pelle d'oca.

1.goose-step /'guːstep/ n. passo m. dell'oca.

2.goose-step /'guːstep/ intr. sfilare al passo dell'oca.

1.gore /gɔː(r)/ n. *(blood)* sangue m.

2.gore /gɔː(r)/ n. *(in fabric)* godet m.

3.gore /gɔː(r)/ tr. [*bull, rhino*] incornare.

1.gorge /gɔːdʒ/ n. **1** GEOGR. gola f., burrone m. **2** ANAT. gola f., fauci f.pl. ♦ ***to make sb.'s ~ rise*** dare la nausea a *o* disgustare qcn.

2.gorge /gɔːdʒ/ rifl. ***to ~ oneself*** ingozzarsi, rimpinzarsi (**on** di).

gorgeous /'gɔːdʒəs/ agg. **1** COLLOQ. *(lovely)* [*cake*] formidabile, buonissimo; [*scenery, day*] magnifico, splendido; [*kitten, baby*] bellissimo, adorabile; [*person*] splendido, formidabile; ***you look ~*** stai benissimo, sei in splendida forma **2** *(sumptuous)* [*velvet*] stupendo, magnifico.

gorilla /gə'rɪlə/ n. gorilla m. (anche FIG.).

gormless /'gɔːmlɪs/ agg. BE COLLOQ. stupido, sciocco.

gorse /gɔːs/ n. **U** ginestrone m.

gory /ˈɡɔːrɪ/ agg. [*film, battle*] cruento, sanguinoso.
gosh /ɡɒʃ/ inter. COLLOQ. caspita, perdinci.
gosling /ˈɡɒzlɪŋ/ n. papero m., papera f.
go-slow /ˌɡəʊˈsləʊ/ n. BE sciopero m. bianco.
gospel /ˈɡɒspl/ **I** n. Vangelo m.; ***to take sth. as ~*** o ***~ truth*** FIG. prendere qcs. per vangelo **II** modif. MUS. [*music, singer*] gospel; ***~ song*** gospel.
gossamer /ˈɡɒsəmə(r)/ n. **1** U *(cobweb)* filo m. di ragnatela **2** *(fabric)* stoffa f. sottilissima.
1.gossip /ˈɡɒsɪp/ n. **1** U *(news) (malicious)* pettegolezzi m.pl., dicerie f.pl.; *(not malicious)* notizie f.pl.; ***a piece of ~*** un pettegolezzo, una diceria; ***do come for coffee and a ~*** vieni da me a prendere un caffè e a fare due chiacchiere **2** *(person)* chiacchierone m. (-a), pettegolo m. (-a).
2.gossip /ˈɡɒsɪp/ intr. spettegolare, sparlare (**about** di).
gossip column n. = rubrica di pettegolezzi mondani, di cronaca rosa.
gossip columnist ➧ *27* n. giornalista m. e f. di cronaca rosa.
gossipy /ˈɡɒsɪpɪ/ agg. COLLOQ. SPREG. [*person*] chiacchierone, pettegolo; [*letter*] pieno di pettegolezzi, di chiacchiere; [*style*] confidenziale.
got /ɡɒt/ **I** pass., p.pass. → **get II** agg. ***to feel ~ at*** COLLOQ. sentirsi perseguitato.
Gothic /ˈɡɒθɪk/ ➧ *14* **I** agg. (anche **gothic**) ARCH. LETTER. TIP. gotico (anche FIG.) **II** n. **1** (also **gothic**) ARCH. TIP. gotico m. **2** *(language)* gotico m.
gotta /ˈɡɒtə/ COLLOQ. contr. got to, got a.
gotten /ˈɡɒtn/ p.pass. AE → **get**.
gouache /ɡʊˈɑːʃ/ n. gouache f., guazzo m.
1.gouge /ɡaʊdʒ/ n. sgorbia f.
2.gouge /ɡaʊdʒ/ tr. scavare [*hole*].
■ **gouge out:** *~ out [sth.], ~ [sth.] out* scavare [*pattern*]; togliere [*bad bit*]; ***to ~ sb.'s eyes out*** cavare gli occhi a qcn.
gourd /ɡʊəd/ n. **1** *(fruit)* zucca f. **2** *(container)* = recipiente ricavato da una zucca.
gourmand /ˈɡʊəmənd/ n. ghiottone m. (-a), goloso m. (-a).
gourmet /ˈɡʊəmeɪ/ n. gourmet m., buongustaio m.
gout /ɡaʊt/ ➧ *11* n. MED. gotta f.
gouty /ˈɡaʊtɪ/ agg. gottoso.
govern /ˈɡʌvn/ **I** tr. **1** AMM. POL. governare [*country, colony*]; amministrare [*city, province*] **2** *(control)* [*law*] regolare, determinare [*conduct, sale, use*] **3** *(determine)* determinare [*development, decision*] **4** FORM. *(restrain)* controllare, tenere a freno [*feelings, temper*] **5** LING. reggere **6** EL. TECN. regolare [*flow, speed*] **II** intr. [*parliament, president*] governare; [*administrator, governor*] amministrare.
governess /ˈɡʌvənɪs/ n. (pl. **~es**) governante f., istitutrice f.
governing /ˈɡʌvənɪn/ agg. [*party*] al potere; [*factor*] dominante; [*class*] dirigente; [*principle*] fondamentale.
governing body n. **1** BE *(of school)* consiglio m. d'istituto; *(of university)* senato m. accademico; *(of hospital, prison)* consiglio m. d'amministrazione **2** *(of sport)* organo m. direttivo **3** *(of trade, professional organization)* consiglio m. direttivo, d'amministrazione.
government /ˈɡʌvənmənt/ **I** n. **1** U *(system) (political)* governo m.; *(administrative)* amministrazione f.; ***parliamentary ~*** regime parlamentare **2** C *(body)* + verbo sing. o pl. governo m.; *(the State)* Stato m.; ***our party is in ~*** il nostro partito è al governo **II** modif. [*decree, funds, official, policy*] governativo; [*intervention, plan*] del governo; [*majority*] di governo; [*loan, expenditure*] pubblico.
governmental /ˌɡʌvənˈmentl/ agg. governativo.
government bond n. AE ECON. titolo m. di stato.
government corporation n. AE azienda f. statale.
government employee ➧ *27* n. statale m. e f., dipendente m. e f. pubblico (-a).
government-funded /ˌɡʌvənməntˈfʌndɪd/ agg. finanziato dal governo.
government official ➧ *27* n. funzionario m. governativo.
governor /ˈɡʌvənə(r)/ n. **1** *(of state, colony)* governatore m. (-trice); BE *(of bank)* governatore m.; *(of prison)* direttore m.; *(of school)* membro m. del consiglio d'istituto; *(of hospital)* membro m. del consiglio d'amministrazione **2** EL. TECN. regolatore m.
Governor-General n. /ˌɡʌvənəˈdʒenrəl/ GB POL. governatore m. generale.
governorship /ˈɡʌvənəʃɪp/ n. *(office of governor)* governatorato m.; *(governing)* governo m.
govt ⇒ government governo.
gown /ɡaʊn/ n. *(for evening wear)* abito m. da sera; *(of judge, academic)* toga f.; *(of surgeon, patient)* camice m.
GP ➧ *27* n. (⇒ General Practitioner) = medico generico, di base.
GPA n. AE SCOL. UNIV. (⇒ grade point average) = media.
GPO n. **1** BE (⇒ General Post Office) = Posta Centrale **2** AE (⇒ Government Printing Office) = istituto corrispondente al Poligrafico dello stato.
gr ⇒ gross lordo.
1.grab /ɡræb/ n. **1** *(snatch)* ***to make a ~ at*** o ***for sth.*** cercare di afferrare qcs.; ***it's up for ~s*** COLLOQ. è per il primo che lo prende **2** *(on excavator)* benna f. (mordente).
2.grab /ɡræb/ **I** tr. (forma in -ing ecc. **-bb-**) **1** (anche **~ hold of**) *(seize)* prendere [*money*]; afferrare [*arm, person*]; FIG. cogliere, afferrare al volo [*opportunity*]; ***to ~ sth. from sb.*** prendere qcs. a qcn.; ***to ~ sb. by the arm*** prendere *o* agguantare qcn. per il braccio **2** *(illegally)* arraffare [*land, resources*] **3** *(snatch)* ***to ~ some sleep*** dormire un po'; ***to ~ a snack*** fare uno spuntino, mangiare un boccone **4** COLLOQ. *(impress)* ***how does he ~ you?*** cosa te ne sembra di lui? **II** intr. (forma in -ing ecc. **-bb-**) ***to ~ at*** cercare di prendere [*sweets*].
1.grace /ɡreɪs/ n. **1** *(physical charm)* grazia f. **2** *(dignity, graciousness)* contegno m., grazia f., decoro m.; ***with (a) good ~*** di buon grado, con buonagrazia; ***to have the ~ to do*** avere la delicatezza di fare **3** *(spiritual)* grazia f.; ***to fall from ~*** perdere la grazia (divina); FIG. cadere in disgrazia **4** *(time allowance)* ***to give sb. two days' ~*** concedere a qcn. una dilazione di due giorni **5** *(prayer) (before or after meal)* preghiera f. di ringraziamento **6** *(quality)* ***sb.'s saving ~*** l'unico pregio di qcn. **7** *(mannerism)* ***to have all the social ~s*** avere molto savoir-vivre ♦ ***there but for the ~ of God go I*** grazie a Dio non è successo a me; ***to be in sb.'s good ~s*** essere nelle grazie di qcn.; ***to put on airs and ~s*** SPREG. darsi delle arie.
2.grace /ɡreɪs/ tr. **1** *(decorate)* ornare, abbellire [*square*] **2** *(honour)* onorare; ***to ~ sb. with one's presence*** onorare qcn. con la propria presenza (anche IRON.).
1.Grace /ɡreɪs/ ➧ *9* n. *(title of archbishop, duke)* ***His, Your ~*** Sua, Vostra Grazia; *(of duchess)* ***Her, Your ~*** Sua, Vostra Grazia.
2.Grace /ɡreɪs/ n.pr. Grazia.
graceful /ˈɡreɪsfl/ agg. **1** [*dancer, movement*] aggraziato; [*person, building*] elegante **2** [*apology*] garbato; ***to make a ~ exit*** FIG. uscire degnamente di scena.
gracefully /ˈɡreɪsfəlɪ/ avv. [*move*] con grazia, eleganza; [*concede*] cortesemente.
gracefulness /ˈɡreɪsflnɪs/ n. grazia f.
graceless /ˈɡreɪslɪs/ agg. [*manner*] sgarbato; [*city, person*] brutto, sgradevole.
gracious /ˈɡreɪʃəs/ **I** agg. **1** *(generous)* [*person*] cortese, affabile; ***to be ~ (to sb.) about*** essere clemente *o* non prendersela (con qcn.) per; ***to be ~ in defeat*** accettare la sconfitta con dignità **2** *(pleasant)* [*lady, smile*] affabile; *(condescending)* condiscendente; ***~ living*** vita agiata **3** *(in royal title)* ***by ~ permission of*** per gentile concessione di **II** inter. ANT. ***good(ness) ~!*** Dio mio! bontà divina!
graciously /ˈɡreɪʃəslɪ/ avv. [*accept*] dignitosamente; [*concede*] gentilmente; ***he ~ agreed to come*** IRON. si è degnato di venire.
graciousness /ˈɡreɪʃəsnɪs/ n. **1** *(generosity)* cortesia f. **2** *(dignity)* ***sb.'s ~ in defeat*** la dignità con cui qcn. accetta la sconfitta.
gradation /ɡrəˈdeɪʃn/ n. **1** *(on a continuum)* gradazione f.; ***colour ~s*** ART. gradazioni *o* sfumature di colore **2** *(on scale)* gradazione f.
1.grade /ɡreɪd/ n. **1** METROL. grado m. **2** COMM. qualità f.; ***high-~*** di alta qualità **3** SCOL. UNIV. *(mark)* voto m. (**in** di); ***to get good ~s*** prendere dei bei voti; ***to get ~ A*** o ***an A ~*** prendere (una) A **4** AMM. livello m.; MIL. rango m.; ***a top-~ civil servant*** un funzionario di alto rango *o* livello; ***salary ~*** livello salariale **5** AE SCOL. *(class)* classe f.; ***he's in the second ~*** fa (la) seconda, è in seconda **6** (anche **Grade**) *(level)*

livello m.; ~ *IV piano* MUS. IV anno di pianoforte **7** AE *(gradient)* salita f., pendio m. ♦ *to make the* ~ raggiungere la meta, farcela.

2.grade /ɡreɪd/ tr. **1** *(categorize) (by quality)* classificare, valutare; *(by size)* classificare, scegliere (**according to** in base a, secondo) **2** SCOL. *(in level of difficulty)* graduare [*tasks, questions*] (**according to** in base a, secondo) **3** AE *(mark)* dare il voto a, classificare [*work*] **4** ART. *(blend)* sfumare [*colours*] **5** AGR. *(in breeding)* selezionare [*animal*].

grade book n. AE registro m. (dei voti).

grade crossing n. AE FERR. passaggio m. a livello.

graded /ˈɡreɪdɪd/ **I** p.pass. → **2.grade II** agg. [*tests, exercises*] graduato; [*hotel*] di categoria.

grader /ˈɡreɪdə(r)/ n. **1** *(of produce) (machine)* cernitore m., calibratore m.; *(person)* cernitore m. (-trice), selezionatore m. (-trice) **2 -grader** in composti AE *first-~, second-~* = scolaro di prima, seconda elementare.

grade school n. AE scuola f. elementare.

gradient /ˈɡreɪdɪənt/ n. **1** *(slope)* salita f., pendio m.; *(degree of slope)* pendenza f. **2** MAT. FIS. gradiente m.

grading /ˈɡreɪdɪn/ n. **1** *(classification)* classificazione f.; *(of personnel)* selezione f. **2** SCOL. *(marking)* votazione f.

gradual /ˈɡrædʒʊəl/ agg. **1** *(slow)* [*change, increase*] graduale **2** *(gentle)* [*slope*] dolce.

gradually /ˈɡrædʒʊlɪ/ avv. progressivamente, in modo graduale; *~, he...* poco a poco, lui...

1.graduate /ˈɡrædʒʊət/ **I** n. **1** UNIV. laureato m. (-a); *arts* ~ laureato in lettere **2** AE SCOL. *(from high school)* diplomato m. (-a) **II** modif. [*course*] di specializzazione post-laurea; [*student*] = che segue un corso di specializzazione post-laurea.

2.graduate /ˈɡrædjʊeɪt/ **I** tr. **1** TECN. graduare [*container*] **2** AE *(give degree to)* conferire un titolo a [*student*] **II** intr. **1** laurearsi (**at, from** a); AE SCOL. diplomarsi (**at, from** a) **2** *(progress) to ~ (from sth.) to sth.* passare (da qcs.) a qcs.

graduate assistant n. AE = dottorando che svolge compiti di assistente universitario.

graduated /ˈɡrædjʊeɪtɪd/ **I** p.pass. → **2.graduate II** agg. [*system, tax*] progressivo, graduale; [*scale*] graduato.

graduate school n. AE = scuola di specializzazione post-laurea.

graduate teacher n. BE insegnante m. e f. laureato (-a).

graduate training scheme n. BE = programma di formazione professionale per laureati.

graduation /ˌɡrædʒʊˈeɪʃn/ n. **1** UNIV. (anche ~ **ceremony**) cerimonia f. di laurea; *(end of course)* laurea f. **2** *(calibration)* calibratura f.

graffiti /ɡrəˈfiːtɪ/ n.pl. + verbo sing. o pl. **1** *(on ancient walls)* graffiti m. **2** *(murals)* graffiti m., murales m.

graffiti artist n. graffitista m. e f., muralista m. e f.

1.graft /ɡrɑːft, AE ɡræft/ n. **1** AGR. MED. trapianto m., innesto m. **2** BE COLLOQ. *(work)* lavoro m.; *hard* ~ sgobbata **3** COLLOQ. *(corruption)* corruzione f.; *(bribe)* bustarella f.

2.graft /ɡrɑːft, AE ɡræft/ tr. AGR. MED. trapiantare, innestare (**onto** su).

Graian Alps /ˈɡreɪən ˌælps/ n.pr.pl. Alpi f. Graie.

Grail /ɡreɪl/ n. → **Holy Grail**.

grain /ɡreɪn/ n. **1** *(commodity)* cereali m.pl. **2** *(seed) (of rice, wheat)* chicco m.; *long ~ rice* riso a chicchi lunghi **3** *(of sand, salt)* granello m., grano m. **4** FIG. *(of hope, comfort)* briciolo m. **5** *(pattern) (in wood, stone)* venatura f.; *(in leather, paper, fabric)* grana f., filo m.; *to cut along the* ~ tagliare secondo il filo **6** FOT. grana f. ♦ *it goes against the* ~ è contro natura.

grainy /ˈɡreɪnɪ/ agg. **1** FOT. [*photograph*] a grana grossa **2** *(resembling wood)* venato; *(resembling leather)* zigrinato **3** *(granular)* [*substance*] granuloso.

gram /ɡræm/ ♦ *37* n. grammo m.

grammar /ˈɡræmə(r)/ **I** n. **1** grammatica f.; *to use bad* ~ fare degli errori di grammatica; *that's bad* ~ è grammaticalmente scorretto **2** (anche ~ **book**) (libro m. di) grammatica f. **II** modif. [*book, lesson, exercise*] di grammatica.

grammar checker n. INFORM. correttore m. grammaticale.

grammarian /ɡrəˈmeərɪən/ n. grammatico m. (-a).

grammar school n. BE = scuola superiore di impostazione classica a numero chiuso.

grammatical /ɡrəˈmætɪkl/ agg. **1** LING. [*error*] di grammatica; [*gender, analysis*] grammaticale **2** *(correct)* grammaticalmente corretto.

grammatically /ɡrəˈmætɪklɪ/ avv. grammaticalmente; *to speak* ~ parlare in modo grammaticalmente corretto.

gramme → **gram**.

gramophone /ˈɡræməˌfəʊn/ n. ANT. grammofono m.

grampus /ˈɡræmpəs/ n. (pl. **~es**) **1** *(dolphin)* grampo m. grigio, delfino m. di Risso **2** *(killer whale)* orca f.

gran /ɡræn/ n. COLLOQ. nonna f.

granary /ˈɡrænərɪ/ **I** n. granaio m. **II** modif. BE [*bread*] integrale.

1.grand /ɡrænd/ agg. **1** *(impressive)* [*building, ceremony*] grandioso; [*park*] magnifico; *in ~ style* in grande stile; *on a ~ scale* su scala molto vasta; *the ~ old man of theatre* il grande signore del teatro **2** *(self-important) she's very* ~ si dà arie da gran dama **3** COLLOQ. *(fine) to have a ~ time* divertirsi incredibilmente; *"is everything all right?" - "it's ~ thanks"* "tutto bene?" - "benissimo, grazie".

2.grand /ɡrænd/ n. COLLOQ. **1** BE mille sterline f.pl.; AE mille dollari m.pl. **2** MUS. pianoforte m. a coda.

Grand Canyon n.pr. Gran Canyon m.

grandchild /ˈɡræntʃaɪld/ n. (pl. **grandchildren**) nipote m. e f. (di nonni).

granddad /ˈɡrændæd/ n. COLLOQ. nonno m.

granddaddy /ˈɡrænˌdædɪ/ n. COLLOQ. nonno m.; SCHERZ. antenato m.

granddaughter /ˈɡrænˌdɔːtə(r)/ n. nipote f. (di nonni).

grand duchess n. granduchessa f.

grand duke n. granduca m.

grandee /ɡrænˈdiː/ n. **1** *(nobleman)* Grande m. e f. di Spagna **2** *(eminent person)* personaggio m. importante.

grandeur /ˈɡrændʒə(r)/ n. *(of scenery)* grandiosità f., bellezza f.; *(of building)* imponenza f.; *(of character)* nobiltà f. (d'animo).

grandfather /ˈɡrænˌfɑːðə(r)/ n. nonno m.

grandfather clock n. pendola f., (orologio a) pendolo m.

grand finale n. gran finale m.

grandiloquent /ˌɡrænˈdɪləkwənt/ agg. FORM. magniloquente, grandiloquente.

grandiose /ˈɡrændɪəʊs/ agg. grandioso.

grand jury n. AE = giuria dell'udienza preliminare.

grand larceny n. AE furto m. grave, di beni di ingente valore.

grandma /ˈɡrænmɑː/ n. nonna f.

grand mal ♦ *11* n. epilessia f., grande male m.

grand master n. *(in chess)* grande maestro m.

grandmother /ˈɡrænˌmʌðə(r)/ n. nonna f. ♦ *to teach one's ~ to suck eggs* i paperi menano a bere le oche.

grandnephew /ˈɡrænˌnevjuː, AE -ˌnef-/ n. pronipote m. (di zii).

grandness /ˈɡrænˌnɪs/ n. grandezza f., grandiosità f.

grandniece /ˈɡrænˌniːs/ n. pronipote f. (di zii).

Grand Old Party n. US POL. Partito m. Repubblicano.

grand opera n. grand opéra m.

grandpa /ˈɡrænpɑː/ n. COLLOQ. nonno m.

grandparent /ˈɡrænˌpeərənt/ n. *(male)* nonno m.; *(female)* nonna f.; *my ~s* i miei nonni.

grand piano ♦ *17* n. (pl. **grand pianos**) pianoforte m. a coda.

grand prix /ɡrɑːˈpriː/ n. (pl. ~) gran premio m., grand prix m.

grand slam n. GIOC. SPORT grande slam m.

grandson /ˈɡrænsən/ n. nipote m. (di nonni).

grandstand /ˈɡrænstænd/ n. **1** *(at stadium)* tribuna f.; *to have a ~ view* o *seat* avere un posto in tribuna; FIG. avere un posto in prima fila **2** *(audience)* pubblico m.

grand total n. totale m. generale; *the ~ for the repairs came to £ 3,000* complessivamente, i lavori di restauro ammontavano a 3.000 sterline.

grand tour n. **1** *he took me on a ~ of the house* mi ha fatto fare il giro completo della casa **2** STOR. (anche **Grand Tour**) Grand Tour m.

grange /ɡreɪndʒ/ n. BE casa f. (padronale).

granite /ˈɡrænɪt/ n. granito m.

granny /ˈɡrænɪ/ n. COLLOQ. **1** *(grandmother)* nonna f. **2** SPREG. *(fusspot)* pignolo m. (-a).

granny flat n. BE = appartamento indipendente utilizzato per ospitare parenti anziani.
granola /grəˈnəʊlə/ n. AE muesli m.
1.grant /grɑːnt, AE grænt/ n. *(from government, authority)* sovvenzione f.; *(for study)* borsa f. di studio; ***research ~*** sovvenzioni per la ricerca.
2.grant /grɑːnt, AE grænt/ tr. **1** FORM. *(allow)* concedere, dare [*permission*]; acconsentire a [*request*] **2** *(give)* ***to ~ sb. sth., to ~ sth. to sb.*** concedere qcs. a qcn. [*interview, visa, citizenship*] **3** *(concede)* ammettere, riconoscere [*truth, validity*]; ***I ~ you that he's gifted*** ammetto che ha molte doti; ***~ed*** o ***~ing that*** ammettendo che ♦ ***to take sth. for ~ed*** dare qcs. per scontato; ***he takes his mother for ~ed*** crede che sua madre sia al suo servizio.
grant aid n. U *(within a country)* sovvenzione f. pubblica; *(to Third World)* contributo m. allo sviluppo.
grant-aided /ˌgrɑːntˈeɪdɪd, AE ˌgrænt-/ agg. sovvenzionato.
granted /ˈgrɑːntɪd, AE ˈgrænt-/ avv. ***~, it's magnificent, but very expensive*** lo ammetto, è stupendo, ma è molto caro.
grant-maintained /ˌgrɑːntmeɪnˈteɪnd, AE ˌgrænt-/ agg. [*school*] sovvenzionata dallo stato.
granular /ˈgrænjʊlə(r)/ agg. [*texture*] granuloso; [*fertilizer*] granulare.
granulated /ˈgrænjʊleɪtɪd/ agg. [*paper*] zigrinato; [*sugar*] cristallizzato.
granule /ˈgrænjuːl/ n. *(of sugar, salt)* granello m.; *(of instant coffee)* granulo m.
grape /greɪp/ **I** n. acino m. d'uva; ***a bunch of ~s*** un grappolo d'uva; ***I love ~s*** adoro l'uva; ***to harvest*** o ***bring in the ~s*** vendemmiare **II** modif. [*juice, jelly*] d'uva ♦ ***sour ~s!*** è tutta invidia!
grapefruit /ˈgreɪpfruːt/ **I** n. pompelmo m. **II** modif. [*juice*] di pompelmo.
grape harvest n. vendemmia f.
grapeseed /ˈgreɪpsiːd/ n. vinacciolo m.
grapeshot /ˈgreɪpʃɒt/ n. MIL. mitragliata f.
grapevine /ˈgreɪpvaɪn/ n. vite f. ♦ ***to hear sth. on the ~*** sapere qcs. da voci di corridoio.
graph /grɑːf, AE græf/ n. INFORM. MAT. grafico m., diagramma m.
graphic /ˈgræfɪk/ agg. **1** ART. INFORM. grafico **2** [*account*] *(of sth. pleasant)* vivido, pittoresco; *(of sth. unpleasant)* crudo.
graphic artist ➧ ***27*** n. grafico m.
graphic arts n.pl. arti f. grafiche.
graphic data processing n. INFORM. elaborazione f. grafica dei dati.
graphic design n. ART. graphic design m.
graphic designer ➧ ***27*** n. grafico m.
graphic(al) display n. INFORM. visualizzazione f. grafica.
graphic equalizer n. equalizzatore m. grafico.
graphics /ˈgræfɪks/ n.pl. **1** INFORM. grafica f.sing. **2** *(in film, TV)* immagini f.; *(in book)* illustrazioni f. **3** ART. arti f. grafiche.
graphics accelerator n. acceleratore m. grafico.
graphics tablet n. tavoletta f. grafica.
graphite /ˈgræfaɪt/ **I** n. grafite f. **II** modif. [*fishing rod*] in fibra di carbonio.
graphologist /grəˈfɒlədʒɪst/ ➧ ***27*** n. grafologo m. (-a).
graphology /grəˈfɒlədʒɪ/ n. grafologia f.
graph paper n. carta f. millimetrata.
graph plotter n. INFORM. plotter m.
grapnel /ˈgræpnəl/ n. → **grappling iron**.
grapple /ˈgræpl/ intr. ***to ~ with*** lottare corpo a corpo con [*person*]; FIG. essere alle prese con [*problem*].
grappling iron n. MAR. grappino m., rampino m.
1.grasp /grɑːsp, AE græsp/ n. **1** *(hold)* presa f.; *(stronger)* stretta f.; ***to hold sth. in one's ~*** tenere qcs. ben stretto (anche FIG.); ***to hold sb. in one's ~*** FIG. tenere qcn. in pugno; ***to take a firm ~ of sth.*** tenersi stretto a qcs.; ***the pen slipped from his ~*** la penna gli è sfuggita di mano; ***success is within their ~*** hanno il successo a portata di mano **2** *(understanding)* comprensione f., padronanza f.; ***to have a good ~ of*** avere una buona padronanza di *o* conoscere bene [*subject*].
2.grasp /grɑːsp, AE græsp/ **I** tr. **1** afferrare [*rope, hand*]; FIG. cogliere [*opportunity*]; ***to ~ hold of*** attaccarsi a **2** *(comprehend)* afferrare, capire [*concept*]; capire [*subject*]; comprendere, rendersi conto di [*situation*] **II** intr. ***to ~ at*** tentare di afferrarsi a [*rope, hand*]; FIG. sforzarsi di capire [*idea*]; attaccarsi a [*excuse*] ♦ ***~ all, lose all*** chi troppo vuole nulla stringe.
grasping /ˈgrɑːspɪŋ, AE ˈgræspɪŋ/ agg. SPREG. avido.
1.grass /grɑːs, AE græs/ **I** n. **1** U erba f.; ***to put out to ~*** dare il benservito (anche FIG.) **2** U *(lawn)* prato m.; ***keep off the ~!*** vietato calpestare l'erba! **3** U *(in tennis)* erba f. **4** C BOT. graminacea f. **5** U COLLOQ. *(marijuana)* erba f. **6** BE COLLOQ. *(informer)* informatore m. (-trice) **II** modif. [*slope*] erboso ♦ ***the ~ is greener (on the other side of the fence)*** l'erba del vicino è sempre più verde; ***he doesn't let the ~ grow under his feet*** = non perde tempo.
2.grass /grɑːs, AE græs/ **I** tr. coprire d'erba [*field*]; seminare a erba [*garden*] **II** intr. BE COLLOQ. *(inform)* ***to ~ on sb.*** fare una soffiata su qcn.
grass court n. campo m. in erba.
grass cuttings n.pl. erba f.sing. tagliata.
grasshopper /ˈgrɑːshɒpə(r), AE ˈgræs-/ n. cavalletta f. ♦ ***knee-high to a ~*** alto come un soldo di cacio.
grassland /ˈgrɑːslənd, AE ˈgræs-/ n. *(prairie)* prateria f.; *(pasture)* pascolo m.
grassroots /ˌgrɑːsˈruːts, AE ˌgræs-/ **I** n.pl. ***the ~*** la base popolare **II** modif. [*movement*] popolare, di base; [*support*] della base.
grass skiing ➧ ***10*** n. sci m. d'erba.
grass snake n. biscia f. (dal collare).
grassy /ˈgrɑːsɪ, AE ˈgræsɪ/ agg. erboso.
1.grate /greɪt/ n. **1** *(fire-basket)* grata f., griglia f. **2** *(hearth)* focolare m.
2.grate /greɪt/ **I** tr. grattugiare [*cheese*] (**over** su) **II** intr. **1** [*metal object*] cigolare, stridere **2** *(annoy)* seccare, irritare; ***her voice ~s*** la sua voce è irritante; ***to ~ on sb.('s nerves)*** dare sui nervi a qcn.
grateful /ˈgreɪtfl/ agg. [*person*] grato, riconoscente; [*letter*] pieno di gratitudine; ***let's be ~ that...*** ringraziamo il cielo che...; ***I would be ~ if you could reply*** le sarei grato se mi rispondesse; ***with ~ thanks*** con i più sentiti ringraziamenti.
gratefully /ˈgreɪtfəlɪ/ avv. [*smile, speak*] con gratitudine, con riconoscenza.
grater /ˈgreɪtə(r)/ n. grattugia f.
gratification /ˌgrætɪfɪˈkeɪʃn/ n. piacere m., soddisfazione f., appagamento m.
gratify /ˈgrætɪfaɪ/ tr. accontentare, compiacere [*person*]; soddisfare, appagare [*desire*].
gratifying /ˈgrætɪfaɪɪŋ/ agg. [*outcome*] soddisfacente; [*change*] gradito; ***it is ~ to know that*** fa piacere sapere che.
1.grating /ˈgreɪtɪŋ/ **I** n. *(noise)* stridore m. **II** agg. [*noise*] stridente, aspro; [*voice*] stridulo.
2.grating /ˈgreɪtɪŋ/ n. *(bars)* grata f., inferriata f.
gratitude /ˈgrætɪtjuːd, AE -tuːd/ n. gratitudine f., riconoscenza f.
gratuitous /grəˈtjuːɪtəs, AE -ˈtuː-/ agg. gratuito.
gratuity /grəˈtjuːətɪ, AE -ˈtuː-/ n. *(tip)* mancia f., gratifica f.; BE *(bonus)* indennità f. (di buonuscita, ecc.), liquidazione f.
1.grave /greɪv/ n. tomba f., fossa f., sepolcro m.; ***beyond the ~*** dopo *o* oltre la morte; ***from beyond the ~*** dall'oltretomba; ***to go to one's ~ believing that*** essere convinto fino alla morte che; ***to go to an early ~*** fare una fine prematura, morire prematuramente ♦ ***to dig one's own ~*** scavarsi la fossa; ***to have one foot in the ~*** avere un piede nella fossa; ***to turn in one's ~*** rivoltarsi nella tomba.
2.grave /greɪv/ agg. **1** *(dangerous)* [*illness*] grave; [*danger*] grave, serio **2** *(solemn)* grave, austero, solenne.
3.grave /grɑːv/ n. (anche **~ accent**) accento m. grave.
gravedigger /ˈgreɪvdɪgə(r)/ ➧ ***27*** n. becchino m.
gravel /ˈgrævl/ n. U **1** *(coarse)* ghiaia f.; *(fine)* ghiaietto m. **2** MED. renella f.
gravelly /ˈgrævəlɪ/ agg. **1** [*path*] ghiaioso **2** [*voice*] roco.
gravel pit n. cava f. di ghiaia.
gravely /ˈgreɪvlɪ/ avv. **1** *(extremely)* [*concerned*] seriamente, profondamente; [*displeased*] estremamente; [*ill*] gravemente, seriamente **2** *(solemnly)* [*say*] gravemente, solennemente.
graven /ˈgreɪvn/ agg. ANT. o LETT. inciso (anche FIG.); ***~ image*** BIBL. idolo.

graverobber /ˈgreɪvrɒbə(r)/ n. predatore m. (-trice) di tombe, tombarolo m. (-a).
graveside /ˈgreɪvsaɪd/ n. ***at the ~*** *(beside the grave)* accanto alla tomba; *(at the cemetery)* al cimitero.
gravestone /ˈgreɪvstəʊn/ n. pietra f. tombale, lapide f. funeraria.
graveyard /ˈgreɪvjɑːd/ n. cimitero m., camposanto m.
graveyard shift n. AE COLLOQ. turno m. di notte.
gravitas /ˈgrævɪtæs, -tɑːs/ n. solennità f.
gravitate /ˈgrævɪteɪt/ intr. ***to ~ to(wards) sth., sb.*** gravitare su *o* verso qcs., qcn., essere attratto da qcs., qcn.
gravitation /ˌgrævɪˈteɪʃn/ n. gravitazione f.
gravitational /ˌgrævɪˈteɪʃənl/ agg. gravitazionale.
gravity /ˈgrævətɪ/ n. **1** FIS. gravità f.; ***law, centre of ~*** legge, centro di gravità; ***the pull of the earth's ~*** l'attrazione gravitazionale della terra **2** *(of situation)* gravità f., serietà f. **3** *(of demeanour)* gravità f., solennità f.
gravy /ˈgreɪvɪ/ n. sugo m. di carne, salsa f. ♦ ***he is on the ~ train*** COLLOQ. ha trovato una miniera d'oro.
gravy boat n. salsiera f.
gray AE → **1.grey, 2.grey**.
grayish AE → **greyish**.
grayness AE → **greyness**.
1.graze /greɪz/ n. abrasione f., escoriazione f., graffio m.
2.graze /greɪz/ tr. **1** *(scrape)* ***to ~ one's elbow*** scorticarsi *o* sbucciarsi un gomito **2** *(skim)* [*fingers*] sfiorare [*skin*].
3.graze /greɪz/ **I** tr. AGR. far pascolare [*animal*]; tenere a pascolo [*land*] **II** intr. AGR. [*cow, sheep*] pascolare.
grazing /ˈgreɪzɪŋ/ n. pascolo m., pastura f.
grazing land n. terreno m. da pascolo.
grazing rights n.pl. servitù f.sing. di pascolo.
1.grease /griːs/ n. **1** *(lubricant)* grasso m. lubrificante, olio m. denso **2** GASTR. *(animal)* grasso m. animale; *(vegetable)* olio m. **3** *(dirt)* grasso m., unto m. **4** *(from hair, skin)* grasso m.
2.grease /griːs/ tr. **1** *(lubricate)* lubrificare, ingrassare **2** GASTR. ungere.
grease gun n. pompa f. per ingrassaggio a pressione.
greasepaint /ˈgriːspeɪnt/ n. TEATR. cerone m.
greaseproof paper /ˌgriːspruːfˈpeɪpə(r)/ n. carta f. oleata.
greaser /ˈgriːsə(r)/ n. COLLOQ. motociclista m. e f. (che fa parte di una banda).
greasiness /ˈgriːsɪnɪs/ n. *(of hair, surface)* oleosità f., untuosità f.; *(of food)* oleosità f., aspetto m. oleoso.
greasing /ˈgriːsɪŋ/ n. ingrassaggio m.
greasy /ˈgriːsɪ/ agg. [*skin, food*] grasso; [*overalls*] oleoso, unto.
1.great /greɪt/ **I** agg. **1** *(large)* [*speed, majority, object, danger, percentage*] grande **2** *(as intensifier)* [*excitement, relief, heat, success*] grande; [*surprise, difficulty*] grande, grosso; [*pain*] grande, forte, acuto; ***a ~ deal of*** una gran quantità di, un gran numero di; ***a ~ many people, houses*** moltissime persone, case; ***in ~ detail*** nei minimi dettagli; ***the map was a ~ help*** la carta geografica è stata di grande aiuto; ***you're a ~ help!*** IRON. bell'aiuto che sei! mi sei proprio di grande aiuto! **3** *(remarkable)* [*writer, painting, discovery*] grande, importante, degno di nota **4** COLLOQ. *(excellent)* [*book, party, weather*] grande, fantastico, magnifico; [*opportunity*] grande, fantastico; ***it's ~ to see you*** è meraviglioso rivederti; ***to feel ~*** sentirsi benissimo *o* in grande forma; ***you look ~!*** *(healthy)* ti vedo in gran forma! *(attractive)* stai benissimo! sei splendida! ***that dress looks ~ on you*** quel vestito ti sta benissimo; ***to have a ~ time*** divertirsi tantissimo *o* un mondo; ***he's the ~est!*** è il più grande *o* il migliore! **5** COLLOQ. *(talented)* [*teacher, singer*] bravissimo; ***to be ~ at*** essere bravissimo a [*tennis*]; ***to be ~ on*** essere bravissimo in [*history*]; ***to be ~ at doing*** essere un mago a fare; ***to be ~ with*** essere bravissimo *o* saperci fare con [*children, animals*] **6** COLLOQ. *(enthusiastic)* [*admirer, organizer*] grande; ***he's a ~ worrier*** è uno che si preoccupa tantissimo *o* da matti **II** avv. COLLOQ. ***I'm doing ~*** le cose mi vanno benissimo *o* alla grande; ***the car is working ~*** l'automobile va benissimo ♦ ***to cross the ~ divide*** andare nel numero dei più.
2.great /greɪt/ n. **1** *(in title)* ***Peter the Great*** Pietro il Grande **2** *(powerful people)* ***the ~*** + verbo pl. i grandi.
great aunt n. prozia f.
Great Barrier Reef n. Grande Barriera f. Corallina.
Great Bear n. Orsa f. Maggiore.
great big agg. molto grande, enorme.
Great Britain ➧ **6** n.pr. Gran Bretagna f.
greatcoat /ˈgreɪtkəʊt/ n. MIL. pastrano m.
Great Dane n. danese m., alano m.
Greater London n.pr. = area amministrativa che comprende Londra e le zone circostanti.
greatest common divisor, greatest common factor n. MAT. massimo comun divisore m.
great grandchild n. (pl. **great grandchildren**) pronipote m. e f. (di nonni).
great granddaughter n. pronipote f. (di nonni).
great grandfather n. bisnonno m.
great grandmother n. bisnonna f.
great grandson n. pronipote m. (di nonni).
great-great grandchild n. (**great-great grandchildren**) trisnipote m. e f.
Great Lakes ➧ **13** n.pl. Grandi Laghi m.
greatly /ˈgreɪtlɪ/ avv. [*admire, regret, influence*] molto, moltissimo; [*exceed*] di gran lunga; [*surprised, respected*] molto, assai; [*improved, changed*] molto, notevolmente, considerevolmente; [*superior, inferior*] di molto, di gran lunga.
great nephew n. pronipote m. (di zii).
greatness /ˈgreɪtnɪs/ n. *(of achievement)* grandezza f., importanza f.; *(of person)* grandezza f.
great niece n. pronipote f. (di zii).
Great Power n. POL. grande potenza f.
great uncle n. prozio m.
Great Wall of China n.pr. Grande Muraglia f. Cinese.
Great War n.pr. STOR. Grande Guerra f.
Grecian /ˈgriːʃn/ agg. greco.
Greece /griːs/ ➧ **6** n.pr. Grecia f.
greed /griːd/, **greediness** /ˈgriːdɪnɪs/ n. **1** *(for money, power)* avidità f., cupidigia f. (**for** di) **2** *(for food)* golosità f., ghiottoneria f.
greedy /ˈgriːdɪ/ agg. **1** [*person*] *(for food)* goloso, ghiotto; *(stronger)* ingordo; [*look*] avido; ***he's a ~ pig*** COLLOQ. mangia come un maiale **2** *(for money, power)* avido, bramoso (**for** di).
Greek /griːk/ ➧ **18, 14 I** agg. greco **II** n. **1** *(person)* greco m. (-a) **2** *(language)* greco m. **III** modif. *(of Greek)* [*teacher*] di greco; *(into Greek)* [*translation*] in greco ♦ ***beware of ~s bearing gifts*** timeo Danaos et dona ferentes; ***it's all ~ to me*** per me è arabo.
green /griːn/ ➧ **5 I** agg. **1** *(in colour)* verde; ***to colour sth. ~*** colorare qcs. di verde; ***to go*** o ***turn ~*** diventare verde (anche FIG.) **2** *(with vegetation)* verde, verdeggiante **3** *(not ready)* [*fruit*] verde, acerbo **4** *(naïve)* ingenuo **5** *(inexperienced)* inesperto, novellino **6** POL. [*policies, issues*] ecologista, dei verdi; [*candidate*] dei verdi; *(ecologically sound)* [*washing powder*] ecologico **7** ECON. *(in EU)* [*currency*] verde **8** COLLOQ. *(off-colour)* che ha una brutta cera, giù di forma **II** n. **1** *(colour)* verde m. **2** *(grassy area)* area f. verde, verde m.; *(vegetation)* verde m. **3** *(in bowling)* prato m. (per le bocce); *(in golf)* green m. **4** POL. verde m. e f.; ***the Greens*** i Verdi **III greens** n.pl. BE *(vegetables)* verdura f.sing., verdure f., ortaggi m. ♦ ***to have ~ fingers*** BE o ***a ~ thumb*** AE avere il pollice verde.
greenback /ˈgriːnbæk/ n. AE COLLOQ. banconota f.
green bean n. fagiolino m. verde.
green belt n. zona f., area f. verde.
green card n. **1** BE *(driving insurance)* carta f. verde **2** AE = documento che permette a uno straniero di lavorare e vivere in modo permanente negli Stati Uniti.
greenery /ˈgriːnərɪ/ n. vegetazione f., fogliame m.
green-eyed monster n. ***the ~*** la gelosia.
greenfinch /ˈgriːnfɪntʃ/ n. ZOOL. verdone m.
greenfly /ˈgriːnflaɪ/ n. afide m. verde.
greengage /ˈgriːngeɪdʒ/ n. prugna f. regina Claudia.
greengrocer /ˈgriːngrəʊsə(r)/ ➧ **27** n. BE *(person)* fruttivendolo m. (-a).
greenhorn /ˈgriːnhɔːn/ n. COLLOQ. SPREG. **1** *(gullible person)* babbeo m. (-a), imbranato m. (-a) **2** *(newcomer)* novellino m. (-a), pivello m. (-a).
greenhouse /ˈgriːnhaʊs/ n. serra f.
greenhouse effect n. effetto m. serra.
greenish /ˈgriːnɪʃ/ agg. verdognolo, verdastro.

Greenland /ˈgriːnlənd/ ♦ *6* n.pr. Groenlandia f.
greenness /ˈgriːnnɪs/ n. **1** *(of pigment)* (l')essere verde, verde m.; *(of countryside)* verde m. **2** *(of fruit)* acerbità f. **3** *(awareness)* coscienza f. ecologista **4** *(inexperience)* inesperienza f., ingenuità f.
green onion n. AE cipolletta f.
green paper n. GB = rendiconto di un comitato governativo.
green pepper n. peperone m. verde.
greenroom /ˈgriːnruːm, -rʊm/ n. TEATR. camerino m.
green salad n. insalata f. verde.
greenstuff /ˈgriːnstʌf/ n. U verdure f.pl., verdura f.
green tea n. tè m. verde.
Greenwich Mean Time /ˌgrenɪtʃˈmiːntaɪm/ n. ora f. di Greenwich, tempo m. medio di Greenwich.
greet /griːt/ tr. **1** *(welcome)* accogliere, ricevere [*person*]; accogliere, salutare [*decision*]; ***to be ~ed with*** o ***by*** essere accolto con [*dismay, applause*] **2** *(salute)* salutare [*person*] **3** *(confront)* ***an amazing sight ~ed me*** una scena straordinaria mi si presentò alla vista.
greeter /ˈgriːtə(r)/ n. = persona che accoglie i clienti (specialmente in un ristorante).
greeting /ˈgriːtɪŋ/ **I** n. saluto m.; ***~s!*** saluti! ***give him my ~s*** gli porga i miei saluti; ***to exchange ~s*** salutarsi **II greetings** n.pl. ***Christmas ~s, Season ~s*** auguri di Natale, di buone feste.
greetings card BE, **greeting card** AE n. biglietto m. d'auguri.
Greg /greg/ n.pr. diminutivo di **Gregory**.
gregarious /grɪˈgeərɪəs/ agg. [*person*] socievole; [*animal*] gregario; [*instinct*] gregale.
Gregorian /grɪˈgɔːrɪən/ agg. gregoriano.
Gregory /ˈgregərɪ/ n.pr. Gregorio.
gremlin /ˈgremlɪn/ n. SCHERZ. folletto m., spiritello m. maligno.
grenade /grəˈneɪd/ n. MIL. granata f.
grenadier /ˌgrenəˈdɪə(r)/ n. granatiere m.
grew /gruː/ pass. → **grow**.
1.grey BE, **gray** AE /greɪ/ ♦ *5* **I** agg. **1** *(colour)* grigio **2** *(grey-haired)* grigio, dai capelli grigi, brizzolato; ***he has gone*** o ***turned ~*** i suoi capelli sono diventati grigi, è ingrigito **3** *(dull)* [*life, day*] grigio, monotono; [*character, town*] spento, incolore **II** n. **1** *(colour)* grigio m. **2** *(horse)* cavallo m. grigio, bigio.
2.grey BE, **gray** AE /greɪ/ intr. diventare grigio; ***to be ~ing at the temples*** avere i capelli che diventano grigi sulle tempie; ***the population is ~ing*** la popolazione invecchia.
grey area n. zona f. grigia, zona f. oscura, situazione f. poco chiara.
grey economy n. economia f. sommersa.
greyed command n. INFORM. comando m. inattivo.
grey-haired /ˌgreɪˈheəd/, **grey-headed** /ˌgreɪˈhedɪd/ agg. dai capelli grigi, brizzolato.
greyhound /ˈgreɪhaʊnd/ n. levriero m.
greyhound racing ♦ *10* n. corsa f. di levrieri.
greyhound track n. cinodromo m.
greyish BE, **grayish** AE /ˈgreɪɪʃ/ agg. grigiastro.
grey matter n. *(brain)* materia f. grigia.
greyness BE, **grayness** AE /ˈgreɪnɪs/ n. grigio m., grigiore m.
grey seal n. foca f. grigia.
grey squirrel n. scoiattolo m. grigio.
grid /grɪd/ n. **1** *(grating)* grata f., griglia f. **2** GEOGR. *(pattern)* reticolo m., reticolato m. **3** BE *(network)* rete f. (elettrica) **4** *(in motor racing)* griglia f. di partenza.
griddle /ˈgrɪdl/ n. *(for meat)* griglia f., piastra f.; *(for pancakes)* piastra f.
gridiron /ˈgrɪdaɪən, AE -aɪərn/ n. **1** GASTR. griglia f., graticola f. **2** AE campo m. di football americano.
gridlock /ˈgrɪdlɒk/ n. **1** ingorgo m.; ***traffic is in complete ~*** la circolazione è completamente bloccata **2** FIG. *(deadlock)* punto m. morto, impasse f.
grief /griːf/ **I** n. **1** *(sorrow)* dolore m., afflizione f., pena f. (**at**, **over** per) **2** COLLOQ. *(trouble)* ***to give sb. ~*** scocciare *o* seccare qcn. **II** inter. ***good ~!*** buon Dio! ♦ ***to come to ~*** [*person*] farsi male; [*business*] andare in malora.
grief-stricken /ˈgriːfstrɪkn/ agg. addolorato, afflitto.
grievance /ˈgriːvns/ n. lagnanza f., lamentela f.
grievance committee n. commissione f. interna (per le vertenze sindacali).
grievance procedure n. AMM. procedura f. per la discussione delle vertenze sindacali.
grieve /griːv/ **I** intr. ***to ~ for*** o ***over*** affliggersi per, piangere [*person, death*] **II** impers. LETT. ***it ~s me that, to hear*** mi addolora (il fatto) che, sapere.
grievous /ˈgriːvəs/ agg. FORM. [*loss*] doloroso, terribile; [*damage*] grave, serio; [*wrong*] grave, terribile.
grievous bodily harm n. DIR. lesioni f.pl. personali gravi.
grievously /ˈgriːvəslɪ/ avv. [*hurt*] gravemente; [*disappointed*] terribilmente.
1.grill /grɪl/ n. **1** BE *(on cooker)* grill m.; ***cook it in*** o ***under the ~*** cuocetelo col grill **2** AE *(barbecue)* griglia f. **3** *(dish)* grigliata f. **4** *(restaurant)* = ristorante dove si servono cibi alla griglia.
2.grill /grɪl/ **I** tr. **1** *(on cooker)* cuocere col grill; *(on barbecue)* cuocere alla griglia **2** COLLOQ. *(interrogate)* torchiare, fare il terzo grado a [*person*] **II** intr. [*steak*] cuocersi sulla griglia, essere arrostito sulla graticola.
grille /grɪl/ n. grata f., inferriata f.; *(on car)* griglia f. del radiatore, mascherina f.
grilling /ˈgrɪlɪŋ/ n. COLLOQ. terzo grado m.
grill pan n. BE gratella f.
grim /grɪm/ agg. **1** *(depressing)* [*news*] sinistro, spiacevole; [*town*] tetro, sinistro; [*sight, conditions*] opprimente, spaventoso; [*reality*] duro; [*future*] cupo **2** *(unrelenting)* [*struggle*] feroce, accanito; [*resolve*] spietato; ***to hold onto sb. like ~ death*** aggrapparsi a qcn. con le unghie e con i denti **3** *(unsmiling)* [*expression*] arcigno, severo; ***to be ~-faced*** avere un volto torvo *o* truce **4** COLLOQ. *(poor)* [*accommodation, food*] pessimo; ***I'm feeling pretty ~*** *(ill)* mi sento malissimo; *(depressed)* ho il morale a terra **5** *(black)* [*humour*] macabro.
1.grimace /grɪˈmeɪs, AE ˈgrɪməs/ n. smorfia f.
2.grimace /grɪˈmeɪs, AE ˈgrɪməs/ intr. *(involuntary)* fare una smorfia (**with**, **in** di); *(pull a face)* fare smorfie, boccacce.
grime /graɪm/ n. *(of city)* sporcizia f., sudiciume m.; *(on object, person)* sporcizia f.
grimly /ˈgrɪmlɪ/ avv. **1** *(sadly)* [*speak*] in tono grave **2** *(relentlessly)* [*pursue, cling*] accanitamente.
grimy /ˈgraɪmɪ/ agg. [*façade*] fuligginoso; [*hands, window*] sporco, sudicio.
1.grin /grɪn/ n. largo sorriso m.
2.grin /grɪn/ intr. (forma in -ing ecc. **-nn-**) sorridere (**at** a; **with** di) ♦ ***to ~ and bear it*** fare buon viso a cattivo gioco.
1.grind /graɪnd/ n. **1** COLLOQ. *(hard work)* sfacchinata f., sgobbata f., faticaccia f.; ***the daily ~*** il solito tran tran; ***it'll be a long hard ~*** sarà una bella sfacchinata **2** *(harsh sound)* stridore m., stridio m. **3** AE COLLOQ. SPREG. *(student)* secchione m. (-a), sgobbone m. (-a).
2.grind /graɪnd/ **I** tr. (pass., p.pass. **ground**) **1** *(crush)* macinare [*corn, coffee beans*]; schiacciare, pestare [*grain*]; triturare [*pebbles*]; tritare [*meat*]; ***to ~ sth. to dust*** o ***to a powder*** ridurre qcs. in polvere; ***to ~ one's teeth*** digrignare i denti **2** *(sharpen)* affilare, arrotare [*knife*]; *(polish)* molare [*lenses*]; levigare [*gems*] **3** *(turn)* girare [*handle*]; suonare [*barrel organ*] **II** intr. (pass., p.pass. **ground**) **1** *(make harsh sound)* [*machine*] stridere; ***to ~ to a halt*** [*vehicle*] fermarsi con stridore di ruote *o* freni; FIG. [*industry, production*] fermarsi **2** AE COLLOQ. *(swot)* sgobbare, sfacchinare.
▪ **grind away** sgobbare, darci sotto.
▪ **grind down:** ***~ down [sth.], ~ [sth.] down*** *(crush)* tritare, triturare; *(pulverize)* polverizzare [*substance*]; ***~ [sb.] down*** opprimere, vessare [*person*].
▪ **grind on** [*project*] avanzare inesorabilmente.
▪ **grind out:** ***~ out [sth.], ~ [sth.] out*** **1** *(extinguish)* spegnere (schiacciando) [*cigarette*] **2** COLLOQ. ***to ~ out novels*** sfornare romanzi.
▪ **grind up** tritare, triturare, sminuzzare.
grinder /ˈgraɪndə(r)/ n. **1** *(industrial)* frantoio m., frantumatore m.; *(domestic)* tritatutto m.; *(for meat)* tritacarne m. **2** TECN. *(for sharpening)* affilatrice f., molatrice f. **3** *(person)*

affilatore m. (-trice), molatore m. (-trice); *(of cutlery)* arrotino m. **4** AE *(sandwich)* = grosso panino farcito.

grinding /ˈgraɪndɪŋ/ **I** n. *(sound)* stridore m., stridio m. **II** agg. [*noise*] stridente, stridulo; ~ ***poverty*** miseria nera.

grindstone /ˈgraɪndstəʊn/ n. mola f. ♦ ***to keep*** o ***have one's nose to the*** ~ lavorare sodo, sgobbare, non alzare la testa dal lavoro.

1.grip /grɪp/ n. **1** *(hold)* presa f., stretta f.; ***to tighten, relax one's ~ on*** stringere, allentare la presa su; ***he's lost her ~ on the rope*** ha mollato la corda **2** *(control)* ***to take a firm ~ on the party*** prendere il controllo del partito; ***to lose one's ~ on reality*** perdere il contatto con la realtà; ***to come to ~s with sth.*** venire alle prese con qcs.; ***to get to ~s with sth.*** venire alle prese con *o* affrontare qcs.; ***get*** o ***take a ~ on yourself!*** controllati! **3** *(ability to hold) (of tyres)* presa f., tenuta f. (di strada); *(of shoes)* aderenza f. al terreno **4** *(clutches)* ***to be in the ~ of an obsession*** essere in preda a un'ossessione; ***in the ~ of winter*** nella morsa dell'inverno **5** *(bag)* valigetta f., borsa f. da viaggio **6** CINEM. macchinista m. e f.

2.grip /grɪp/ tr. (forma in -ing ecc. **-pp-**) **1** *(grab)* afferrare [*arm, rail*]; *(hold)* stringere, impugnare [*handle*] **2** *(adhere to)* [*tyres*] tenere [*road*]; [*shoes*] aderire a [*ground*] **3** *(captivate)* avvincere, colpire.

1.gripe /graɪp/ n. **1** COLLOQ. lamentela f., lagnanza f. **2** MED. ***to have the ~s*** avere le coliche addominali.

2.gripe /graɪp/ intr. COLLOQ. lamentarsi, lagnarsi.

griping /ˈgraɪpɪŋ/ **I** n. COLLOQ. lamentele f.pl., lagnanze f.pl. **II** agg. MED. ***to have ~ pains*** avere le coliche addominali.

gripping /ˈgrɪpɪŋ/ agg. avvincente.

grisly /ˈgrɪzlɪ/ agg. [*story, sight*] spaventoso, orribile; [*remains*] macabro, raccapricciante.

grist /grɪst/ n. ***it's all ~ to his mill*** per lui tutto fa brodo.

gristle /ˈgrɪsl/ n. **U** *(in meat)* cartilagine f.

gristly /ˈgrɪslɪ/ agg. cartilagineo, cartilaginoso.

1.grit /grɪt/ n. **U 1** *(on lens)* polvere f., granelli m.pl. di polvere; *(sandy dirt)* sabbia f., granelli m.pl. di sabbia **2** BE *(for roads)* sabbia f. (grossolana) **3** COLLOQ. *(courage)* coraggio m., fegato m.

2.grit /grɪt/ tr. (forma in -ing ecc. **-tt-**) BE coprire di sabbia [*road*] ♦ ***to ~ one's teeth*** stringere i denti.

grits /grɪts/ n.pl. BE *(oats)* farina f. grossa d'avena; AE *(corn)* farina f. grossa di granturco.

gritter /ˈgrɪtə(r)/ n. BE AUT. (autocarro munito di) spandisabbia m.

gritty /ˈgrɪtɪ/ agg. **1** *(sandy)* sabbioso; *(gravelly)* ghiaioso **2** *(realistic, tough)* [*novel*] crudamente realistico; ***to have a ~ personality*** essere un tipo con i piedi per terra **3** *(courageous)* ***to give a ~ performance*** dare prova di coraggio.

grizzle /ˈgrɪzl/ intr. BE COLLOQ. SPREG. piagnucolare, frignare.

grizzled /ˈgrɪzld/ **I** p.pass. → **grizzle II** agg. [*hair, person*] grigio, brizzolato.

grizzly /ˈgrɪzlɪ/ n. (anche ~ **bear**) grizzly m.

1.groan /grəʊn/ n. *(of pain, despair)* gemito m., lamento m.; *(of disgust)* verso m.; *(of protest)* grugnito m.; ***to give a ~*** *(in pain)* emettere un gemito *o* lamento.

2.groan /grəʊn/ intr. **1** *(in pain)* gemere; *(in disgust, protest)* lamentarsi; ***to ~ in*** o ***with pain*** gemere di dolore **2** *(creak)* [*timbers*] scricchiolare, cigolare.

grocer /ˈgrəʊsə(r)/ ♦ *27* n. *(person)* droghiere m. (-a); AE negoziante m. e f. di alimentari.

groceries /ˈgrəʊsərɪz/ n.pl. **1** *(shopping)* compere f., spesa f.sing. **2** *(type of merchandise)* generi m. di drogheria; AE (generi) alimentari m.

grocery /ˈgrəʊsərɪ/ ♦ *27* n. (anche ~ **shop** BE, ~ **store**) drogheria f.

grog /grɒg/ n. grog m.

groggy /ˈgrɒgɪ/ agg. barcollante, malfermo; ***to feel ~*** non reggersi sulle gambe.

groin /grɔɪn/ ♦ *2* n. **1** ANAT. inguine m.; ***in the ~*** all'inguine; EUFEM. nelle parti basse, al basso ventre **2** ARCH. costolone m., lunetta f., unghia f. **3** AE → **groyne**.

grommet /ˈgrɒmɪt/ n. **1** *(eyelet)* rondella f., occhiello m. **2** MED. drenaggio m. auricolare.

1.groom /gru:m/ n. **1** *(bridegroom)* ***the ~*** lo sposo **2** EQUIT. stalliere m., mozzo m. di stalla; *(for racehorse)* garzone m. di scuderia.

2.groom /gru:m/ tr. **1** *(clean)* pulire, spazzolare [*dog, cat*]; *(professionally)* fare la toeletta a [*dog, cat*]; strigliare, governare [*horse*]; ***to ~ oneself carefully*** vestirsi e prepararsi con cura **2** *(prepare)* ***to ~ sb. for*** preparare qcn. per [*exam*]; avviare qcn. a [*diplomatic career*].

grooming /ˈgru:mɪŋ/ n. *(of horse)* strigliatura f., governatura f.; *(of dog)* toelettatura f.; ***personal ~*** AE cura della propria persona.

groove /gru:v/ n. **1** *(on record)* solco m.; *(for sliding door)* scanalatura f.; *(in joinery)* scanalatura f., incastro m.; *(on head of screw)* taglio m. **2** *(routine)* ***to be stuck in a ~*** essere schiavo della routine, fossilizzarsi **3** MUS. groove m.

grope /grəʊp/ **I** tr. **1** *(feel)* ***he ~d his way down the dark staircase*** scese le scale a tentoni nel buio **2** COLLOQ. *(sexually)* palpeggiare, palpare **II** intr. ***to ~ for sth.*** cercare qcs. a tentoni *o* tastoni; ***to ~ in the dark*** FIG. brancolare nel buio.

1.gross /grəʊs/ agg. **1** COMM. ECON. [*income, profit, weight*] lordo **2** *(serious)* [*error, exaggeration*] evidente, madornale; [*ignorance*] crasso; [*abuse, injustice*] grave, grande; ~ ***negligence*** DIR. colpa grave **3** *(coarse)* [*manner*] volgare, rozzo; [*language*] volgare **4** COLLOQ. *(revolting)* disgustoso **5** COLLOQ. *(obese)* grasso, obeso.

2.gross /grəʊs/ n. (pl. ~) *(twelve dozen)* grossa f., dodici dozzine f.pl.

3.gross /grəʊs/ tr. ***to ~ two million dollars*** avere un introito *o* incasso lordo di due milioni di dollari.

■ **gross out** COLLOQ. ~ ***[sb.] out*** AE disgustare, offendere.

gross domestic product n. prodotto m. interno lordo.

gross indecency n. DIR. abuso m. sessuale.

grossly /ˈgrəʊslɪ/ avv. [*exaggerate*] molto; [*irresponsible, misleading*] molto, estremamente; [*underpaid*] scandalosamente; [*behave*] volgarmente, rozzamente; ~ ***overweight*** obeso.

gross national product n. prodotto m. nazionale lordo.

gross ton n. GB → **ton**.

gross tonnage n. MAR. stazza f. lorda.

grotesque /grəʊˈtesk/ **I** agg. grottesco **II** n. *(art)* arte f. grottesca, grottesco m.

grotto /ˈgrɒtəʊ/ n. (pl. **~s, ~es**) grotta f. (artificiale).

grotty /ˈgrɒtɪ/ agg. BE COLLOQ. brutto, orrendo, squallido; ***to feel ~*** *(ill)* sentirsi male *o* da schifo.

1.grouch /graʊtʃ/ n. COLLOQ. **1** *(person)* brontolone m. (-a) **2** *(complaint)* ***to have a ~ against*** avercela con, essere arrabbiato con.

2.grouch /graʊtʃ/ intr. COLLOQ. lagnarsi, lamentarsi, brontolare.

grouchy /ˈgraʊtʃɪ/ agg. COLLOQ. brontolone.

1.ground /graʊnd/ **I** n. **1** *(surface underfoot)* suolo m., terreno m., terra f.; ***to throw sth. on the ~*** buttare qcs. in *o* a terra; ***to sit on the ~*** sedersi per terra; ***to fall to the ~*** cadere in *o* a terra; ***to pick sth. up off the ~*** raccogliere qcs. da terra; ***get up off the ~*** alzati da terra; ***to get off the ~*** [*plane*] decollare; FIG. [*idea*] decollare, prendere piede; ***to get sth. off the ~*** fare decollare, mettere in moto [*plan, campaign*]; ***to burn to the ~*** incenerire; ***above, below (the) ~*** in superficie, sottoterra; ***to prepare, clear the ~*** preparare, sgombrare il terreno (anche FIG.) **2** *(area, territory)* terreno m., territorio m. (anche FIG.); ***a piece of ~*** un terreno; ***to cover a lot of ~*** fare molta strada; FIG. andare molto avanti, trattare molti argomenti; ***to break fresh*** o ***new ~*** fare importanti scoperte, aprire nuove strade (**by** o **in doing** facendo); ***to be sure of one's ~*** essere sicuro del fatto proprio *o* di ciò che si fa e si dice; ***on dangerous ~*** *(in discussion)* su un terreno minato; *(in dealings)* in una posizione delicata; ***on safe ~*** sul sicuro **3** SPORT terreno m., campo m. **4** *(reason)* motivo m., fondamento m., ragione f. (anche DIR.) **5** FIG. *(in contest)* ***to gain ~*** guadagnare terreno (**on, over** su, nei confronti di); ***to lose ~*** perdere terreno (**to** nei confronti di); ***to give ~*** cedere terreno; ***to make up lost ~*** recuperare il terreno perduto; ***to hold*** o ***stand (one's) ~*** tenere duro, non cedere; ***to shift one's ~*** cambiare la propria posizione *o* le carte in tavola **6** AE EL. terra f., massa f. **7** ART. campo m., sfondo m. **II grounds** n.pl. **1** *(of house)* terreno m.sing., terreni m.; ***private ~s*** terreni privati, proprietà privata **2** *(reasons)* ***~s for*** motivi per *o* di [*divorce, criticism, hope*]; ***~s for doing*** motivi *o* ragioni per fare; ***to have ~s for complaint*** avere motivo *o* ragione di lamentarsi; ***on (the) ~s of*** a causa di, in ragione di [*adultery, negligence*]; ***on (the) ~s***

of ill health per motivi di salute; ***on compassionate ~s*** per motivi personali *o* familiari; ***on the ~s that*** per il fatto che ♦ ***to be thin on the ~*** essercene pochissimi, essere più unico che raro; ***to go to ~*** rintanarsi, nascondersi; ***to run sb., sth. to ~*** scovare *o* stanare qcn., qcs.; ***to run*** o ***drive oneself into the ~*** ammazzarsi *o* sfiancarsi di lavoro; ***it suits me down to the ~*** mi si addice perfettamente, è perfetto per le mie esigenze.

2.ground /graʊnd/ tr. **1** AER. impedire il decollo a [*aircraft*]; tenere, costringere a terra [*pilot*] **2** MAR. fare arenare, fare incagliare [*vessel*] (**on** in) **3** *(base)* ***to ~ sth. on*** o ***in*** basare *o* fondare qcs. su **4** COLLOQ. *(punish)* proibire di uscire [*teenager*] **5** AE EL. mettere a terra, a massa.

3.ground /graʊnd/ **I** pass., p.pass. → **2.grind II** agg. [*coffee, pepper*] macinato.

ground almonds n.pl. mandorle f. tritate.

ground beef n. AE manzo m. tritato.

ground cloth n. AE → **groundsheet**.

ground control n. radioguida f. da terra.

ground crew n. personale m. di terra.

grounded /ˈgraʊndɪd/ **I** p.pass. → **2.ground II** agg. **1** [*airplane*] tenuto a terra **2** EL. messo a terra **3** in composti ***well-~ suspicions*** sospetti fondati.

ground floor I n. BE pianterreno m.; ***on the ~*** al pianterreno **II ground-floor** modif. BE [*room*] al, del pianterreno.

ground forces n.pl. forze f. di terra.

ground frost n. gelata f.

ground hostess ➧ *27* n. hostess f. di terra.

grounding /ˈgraʊndɪŋ/ n. **1 U** *(preparation)* preparazione f., basi f.pl. (**in** di) **2** AER. *(of plane)* (l')essere costretto a rimanere a terra, all'atterraggio.

groundless /ˈgraʊndlɪs/ agg. [*fear, rumour*] infondato.

ground level n. *(of land)* livello m. del suolo; ING. pianterreno m.

groundnut /ˈgraʊndnʌt/ n. BE arachide f., nocciolina f. americana.

groundnut oil n. BE olio m. d'arachidi.

ground rent n. = canone corrisposto al proprietario di un suolo su cui si edifica.

ground rice n. riso m. in polvere, farina f. di riso.

ground rules n.pl. principi m. di base, regole f. del gioco.

groundsheet /ˈgraʊndʃiːt/ n. telone m. impermeabile (da stendere a terra).

groundsman /ˈgraʊndzmən/ n. (pl. **-men**) BE = addetto alla manutenzione e cura dei campi sportivi.

ground speed n. velocità f. rispetto al suolo.

groundstaff /ˈgraʊndstɑːf, AE -stæf/ n. **1** *(for maintenance)* = personale addetto alla manutenzione e cura dei campi sportivi **2** AER. personale m. di terra.

groundswell /ˈgraʊndswel/ n. onde f.pl. lunghe e profonde; FIG. ***a ~ of*** un'ondata di [*support, discontent*].

ground-to-air missile n. missile m. terra-aria.

ground troops n.pl. truppe f. di terra.

ground wire n. AE filo m. di messa a terra.

groundwork /ˈgraʊndwɜːk/ n. **U** lavoro m. di preparazione (**for** per); fondamenti m.pl. (**for** di).

1.group /gruːp/ **I** n. gruppo m.; ***in ~s*** a gruppi **II** modif. [*behaviour*] collettivo, di gruppo; [*work, dynamics, therapy*] di gruppo.

2.group /gruːp/ **I** tr. (anche **~ together**) raggruppare **II** intr. (anche **~ together**) raggrupparsi.

grouper /ˈgruːpə(r)/ n. (pl. **~**, **~s**) cernia f.

group booking n. prenotazione f. di gruppo, collettiva.

grouping /ˈgruːpɪŋ/ n. *(group, alliance)* raggruppamento m., gruppo m.

group insurance n. assicurazione f. collettiva.

Group of Eight n. G8 m.

group practice n. MED. poliambulatorio m.

1.grouse /graʊs/ n. (pl. **~**) tetraone m.

2.grouse /graʊs/ n. COLLOQ. *(complaint)* brontolio m.

3.grouse /graʊs/ intr. COLLOQ. *(complain)* brontolare (**about** per).

grove /grəʊv/ n. boschetto m.; ***lemon ~*** limoneto.

grovel /ˈgrɒvl/ intr. (forma in -ing ecc. **-ll-**, **-l-** AE) **1** (anche **~ about**, **~ around**) *(crawl)* strisciare per terra **2** FIG. strisciare, umiliarsi (**to**, **before** davanti a).

grovelling, **groveling** AE /ˈgrɒvlɪŋ/ agg. [*person*] servile; [*apology*] umiliante.

grow /grəʊ/ **I** tr. (pass. **grew**; p.pass. **grown**) **1** *(increase)* ***to ~ 5 cm, 2%*** crescere di 5 cm, del 2%; ***to ~ one's hair, a beard*** farsi crescere i capelli, la barba **2** *(cultivate)* coltivare [*plant, crop*] **II** intr. (pass. **grew**; p.pass. **grown**) **1** *(increase)* [*crime, population*] aumentare (**by** di); [*deficit, pressure, influence*] aumentare, crescere; [*company, economy*] crescere, essere in espansione; [*movement, support, problem*] acquistare importanza, diventare più importante; [*poverty, crisis*] aggravarsi; [*list*] allungarsi; ***fears are ~ing that*** ci sono crescenti timori che; ***to ~ to*** raggiungere [*level*]; ***to ~ to war proportions*** assumere le proporzioni di una guerra; ***to ~ in*** acquistare, acquisire [*strength, popularity*] **2** *(physically)* [*person, hair, plant*] crescere (**by** di); [*queue*] allungarsi; [*tumour*] svilupparsi; ***haven't you grown!*** come sei cresciuto! ***to let one's nails ~*** farsi crescere le unghie; ***to ~ to a height of 4 metres*** raggiungere un'altezza di 4 metri **3** *(become)* diventare [*hotter, stronger*]; ***to ~ old*** invecchiare, diventare vecchio **4** ***to ~ to do*** finire per *o* arrivare a fare; ***I was ~ing to like him*** cominciava a piacermi.

■ **grow apart:** ~ apart [*people*] allontanarsi l'uno dall'altro; ***to ~ apart from*** allontanarsi da [*person*].

■ **grow away:** ***to ~ away from*** allontanarsi, staccarsi da [*family*].

■ **grow into:** ~ ***into [sth.]*** **1** *(become)* diventare [*adult*] **2** *(fit into)* abituarsi a [*role*]; ***he'll ~ into it*** *(of garment)* quando crescerà gli andrà bene.

■ **grow on:** ***to ~ on sb.*** piacere (sempre di più); ***it's starting to ~ on me*** comincia a piacermi.

■ **grow out of:** ~ ***out of [sth.]*** **1** *(get too old for)* ***he's grown out of his suit*** è diventato troppo grande per il suo vestito; ***he's grown out of discos*** non ha più l'età per andare in discoteca **2** *(come from)* nascere da, svilupparsi da [*idea*].

■ **grow together** *(become close)* [*people*] affiatarsi.

■ **grow up** *(grow)* [*child*] crescere; [*movement*] svilupparsi; *(become adult)* [*person*] diventare adulto; ***when I ~ up*** quando sarò grande; ***to ~ up into*** diventare [*scientist*].

grower /ˈgrəʊə(r)/ n. coltivatore m. (-trice); *(of fruit)* frutticoltore m. (-trice); *(of cereal crops)* cerealicoltore m. (-trice); *(of flowers)* floricoltore m. (-trice).

growing /ˈgrəʊɪŋ/ **I** n. coltivazione f., produzione f.; ***a fruit-~ area*** una regione coltivata a frutteti **II** agg. [*child*] che sta crescendo; [*business*] in crescita; [*number, demand, pressure*] crescente, in aumento; [*optimism, need*] crescente.

growing pains n.pl. dolori m. della crescita; FIG. *(of firm, project)* difficoltà f. iniziali.

1.growl /graʊl/ n. *(of dog)* ringhio m.; *(of person)* brontolio m., grugnito m.

2.growl /graʊl/ intr. [*dog*] ringhiare; [*person*] grugnire (**at** a).

grown /grəʊn/ **I** p.pass. → **grow II** agg. **1** ***a ~ man*** un uomo fatto, un adulto **2** **-grown** in composti ***moss-~*** ricoperto di muschio.

grown-up I /ˌgrəʊnˈʌp/ agg. adulto; ***what do you want to do when you're ~?*** cosa vuoi fare da grande? ***to be ~ for one's age*** essere maturo per la propria età; ***to sound ~*** parlare come un adulto **II** /ˈgrəʊnʌp/ n. adulto m. (-a), grande m. e f.

growth /grəʊθ/ n. **1** *(physical) (of person, plant, hair, nails)* crescita f. **2** *(increase) (of population, movement, idea)* crescita f., sviluppo m.; *(of economy)* crescita f., espansione f., sviluppo m.; *(of numbers, productivity, earnings)* crescita f., aumento m., incremento m. (**in**, **of** di) **3** MED. escrescenza f. **4** BOT. germoglio m.

growth area n. area f. di sviluppo, area f. in espansione.

growth industry n. industria f. in crescita, in sviluppo.

growth rate n. *(of economy, population)* tasso m. di crescita; *(of person, animal, plant)* velocità f., ritmo m. di crescita.

growth ring n. BOT. *(on tree)* anello m. di crescita, cerchia f. annuale.

groyne BE, **groin** AE /grɔɪn/ n. frangiflutti m.

1.grub /grʌb/ n. **1** ZOOL. larva f., bruco m.; *(in fruit)* verme m. **2** COLLOQ. *(food)* roba f. da mangiare; ***~'s up!*** è pronto! a tavola!

2.grub /grʌb/ tr. (forma in -ing ecc. **-bb-**) (anche **~ up**) [*person, machine*] estirpare, sradicare.

■ **grub about**, **grub around:** ~ **about for sth.** frugare, rovistare per cercare qcs.
grubby /ˈgrʌbɪ/ agg. sporco m., sudicio m.; FIG. infame, ignobile.
1.grudge /grʌdʒ/ n. ***to bear sb. a ~*** serbare rancore a *o* avercela con qcn.; ***to harbour*** o ***nurse a ~ against sb.*** nutrire rancore contro *o* risentimento per qcn.
2.grudge /grʌdʒ/ tr. ***to ~ sb. sth.*** invidiare qcs. a qcn.; ***to ~ doing sth.*** essere riluttante *o* storcere il naso a fare qcs.
grudging /ˈgrʌdʒɪŋ/ agg. [*acceptance, admiration*] forzato, a denti stretti; ***to give sb. ~ support*** sostenere qcn. in modo riluttante; ***to be ~ in one's praise*** essere avaro di lodi.
grudgingly /ˈgrʌdʒɪŋlɪ/ avv. [*admit*] controvoglia, a malincuore, in modo riluttante.
gruel /ˈgruːəl/ n. INTRAD. m. (farina di orzo o avena cotta nell'acqua o nel latte).
gruelling, **grueling** AE /ˈgruːəlɪŋ/ agg. faticoso, estenuante.
gruesome /ˈgruːsəm/ agg. *(gory)* raccapricciante, macabro; *(horrifying)* spaventoso.
gruff /grʌf/ agg. *(rough)* [*person*] burbero, rude; [*voice*] aspro, rauco.
1.grumble /ˈgrʌmbl/ n. **1** *(complaint)* lagnanza f., lamentela f., borbottio m. **2** *(of thunder)* rombo m., brontolio m.; *(of stomach)* borbottio m.
2.grumble /ˈgrʌmbl/ intr. **1** [*person*] brontolare, borbottare (**at sth.** per qcs.); lamentarsi (**at sb.** di qcn.; **to** con); ***"How are you?" - "Oh, mustn't ~"*** "come va?" - "Oh, non mi lamento" **2** [*thunder*] brontolare, rombare; [*stomach*] brontolare.
grumbling /ˈgrʌmblɪŋ/ **I** n. **1** *(complaining)* lamentele f.pl., lagnanze f.pl. **2** *(of thunder)* rombo m., brontolio m.; *(of stomach)* brontolio m., borbottio m. **II** agg. *(complaining)* brontolone; ***~ appendix*** appendice dolorante.
grumpily /ˈgrʌmpɪlɪ/ avv. [*speak*] brontolando; [*act*] scontrosamente.
grumpy /ˈgrʌmpɪ/ agg. scontroso, irritabile.
grunge /grʌndʒ/ n. COLLOQ. **1** *(dirt)* sporcizia f., sudiciume m. **2** MUS. grunge m.
1.grunt /grʌnt/ n. grugnito m.
2.grunt /grʌnt/ **I** tr. ***to ~ a reply*** rispondere con un grugnito, grugnire una risposta **II** intr. [*pig*] grugnire; [*person*] grugnire (**with**, **in** di).
Gruyère /ˈgruːjeə(r)/ n. (anche **~ cheese**) gruyère m., groviera f.
GSM n. (⇒ Global Systems for Mobile Communications sistema mondiale per la comunicazione con telefonia mobile su 900 MHz) GSM m.
G-string /ˈdʒiːstrɪŋ/ n. **1** MUS. corda f. del sol **2** *(strip of cloth)* perizoma m.
Gt ⇒ Great grande.
guano /ˈgwɑːnəʊ/ n. (pl. **~s**) guano m.
1.guarantee /ˌgærənˈtiː/ n. **1** COMM. *(warranty, document)* garanzia f.; ***under ~*** BE in garanzia; ***there is a ~ on the vehicle*** il veicolo è in garanzia; ***this television comes with*** o ***carries a one-year ~*** questo televisore ha una garanzia di un anno **2** *(assurance)* garanzia f., assicurazione f.; ***there is no ~ that he will come*** non è sicuro che venga **3** DIR. *(of financial liability, sb.'s debts)* garanzia f., fideiussione f. **4** *(security) (cash)* cauzione f.; *(object)* garanzia f., pegno m.; ***to give [sth.] as a ~*** [*money*] dare qcs. come *o* lasciare qcs. in cauzione; [*object*] lasciare qcs. in pegno.
2.guarantee /ˌgærənˈtiː/ tr. **1** COMM. garantire [*product, goods*] **2** *(assure)* garantire, assicurare; ***to ~ to do*** assicurare di fare; ***I can't ~ that it's true*** non garantisco che sia vero; ***I can ~ you that!*** te lo garantisco! ***the plan is ~d to succeed*** il progetto avrà sicuramente successo **3** DIR. garantire [*cheque*]; avallare [*bill*]; farsi garante, mallevadore di [*debt*]; ***to ~ sb. for a loan*** farsi garante di qcn. per un prestito.
guaranteed /ˌgærənˈtiːd/ **I** p.pass. → **2.guarantee II** agg. garantito, assicurato; [*interest, loan*] garantito; ***~ waterproof*** garantito impermeabile; ***her new novel is a ~ bestseller*** il suo nuovo romanzo sarà sicuramente un best seller *o* è un successo assicurato.
guarantor /ˌgærənˈtɔː(r)/ n. garante m. e f., mallevadore m. (-drice); ***to stand ~ for sb.*** farsi garante di qcn.
1.guard /gɑːd/ ➧ **27** n. **1** *(for person)* sorvegliante m. e f.; *(for place, object)* custode m. e f., guardiano m. (-a), sorvegliante m. e f. **2** *(at prison)* guardiano m. (-a); *(soldier)* guardia f. **3** MIL. *(duty)* guardia f.; ***to be on ~*** essere di guardia; ***to go on, come off ~*** montare, smontare di guardia; ***to keep*** o ***stand ~*** fare la guardia (**over** a); ***the changing of the ~*** BE il cambio della guardia **4** *(watchfulness)* ***to drop*** o ***lower one's ~*** abbassare la guardia; ***to catch sb. off ~*** cogliere qcn. di sorpresa *o* alla sprovvista; ***to be on one's ~*** stare in guardia **5** *(group of soldiers, police)* ***under an armed ~*** sotto scorta *o* sorveglianza armata **6** BE FERR. capotreno m. e f. **7** *(for safety)* dispositivo m. di sicurezza; *(on printer)* coperchio m. di protezione; *(on industrial machinery)* cofano m., schermo m. di protezione **8** *(in Ireland) (policeman)* poliziotto m.
2.guard /gɑːd/ tr. **1** *(protect)* sorvegliare, fare la guardia a [*place*]; custodire [*object*]; difendere, proteggere [*person*]; ***the house is heavily ~ed*** la casa è sotto stretta sorveglianza; ***to ~ sth. with one's life*** difendere qcs. a costo della propria vita **2** *(prevent from escaping)* sorvegliare, fare la guardia a [*prisoner*] **3** *(from discovery)* custodire [*secret*].
■ **guard against:** ~ **against [sth.]** guardarsi da, stare in guardia contro; ***to ~ against doing sth.*** fare attenzione a non fare qcs.
guard dog n. cane m. da guardia.
guarded /ˈgɑːdɪd/ **I** p.pass. → **2.guard II** agg. prudente, guardingo, circospetto.
guardhouse /ˈgɑːdhaʊs/ n. *(for military guards)* corpo m. di guardia; *(for prisoners)* cella f. di detenzione.
guardian /ˈgɑːdɪən/ n. DIR. tutore m. (-trice); *(defender)* difensore m. (-ditrice).
guardian angel n. angelo m. custode (anche FIG.).
guardianship /ˈgɑːdɪənʃɪp/ n. DIR. tutela f.; *(defence)* difesa f.
guard of honour n. guardia f., picchetto m. d'onore.
guard rail n. AUT. guardrail m.; *(on bridge, window)* parapetto m.
guardroom /ˈgɑːdruːm, -rʊm/ n. → **guardhouse**.
guardsman /ˈgɑːdzmən/ n. (pl. **-men**) BE MIL. soldato m., ufficiale m. delle Guardie Reali; AE MIL. soldato m., ufficiale m. della guardia nazionale.
guard's van n. BE FERR. carrozza f. del capotreno.
Guatemalan /ˌgwɑːtəˈmɑːlən/ ➧ **18 I** agg. guatemalteco **II** n. guatemalteco m. (-a).
guava /ˈgwɑːvə, AE ˈgwɔːvə/ n. *(tree, fruit)* guaiava f.
guerrilla /gəˈrɪlə/ **I** n. guerrigliero m. (-a); ***urban ~s*** guerriglia urbana **II** modif. [*organization*] di guerriglieri.
guerrilla war, **guerrilla warfare** n. guerriglia f.
1.guess /ges/ n. congettura f., supposizione f.; ***to have*** o ***make*** o ***take a ~ at sth.*** cercare di *o* tirare a indovinare qcs.; ***my ~ is that they will lose*** secondo me perderanno; ***at a (rough) ~ I would say that he is about 30*** a occhio e croce avrà 30 anni; ***I'll give you three ~es!*** ti do tre possibilità; ***that was a good ~!*** hai colto nel segno, hai azzeccato! ***to make a wild ~*** fare congetture azzardate; ***your ~ is as good as mine*** ne so quanto te; ***it's anybody's ~!*** Dio solo lo sa! e chi lo sa! chi l'indovina è bravo!
2.guess /ges/ **I** tr. **1** (tirare a) indovinare [*answer*]; calcolare (a occhio e croce) [*length, width*]; ***to ~ sb.'s age*** *(correctly)* indovinare l'età di qcn.; *(make estimate)* cercare di indovinare l'età di qcn.; ***you'll never ~ what has happened!*** non indovinerai mai che cosa è successo! ***I ~ed as much!*** lo sospettavo! ***~ what! I've won a prize!*** indovina (un po')! Ho vinto un premio! ***~ who!*** indovina chi! **2** AE *(suppose)* supporre; *(believe, think)* credere, pensare; ***I ~ so, not*** credo di sì, di no **II** intr. (tirare a) indovinare, congetturare; ***to ~ at*** fare delle congetture su [*outcome*]; ***to ~ right, wrong*** indovinare, non indovinare; ***to keep sb. ~ing*** tenere qcn. sulle spine *o* sulla corda.
guessing game n. quiz m.
guesstimate /ˈgestɪmət/ n. COLLOQ. congettura f., ipotesi f.
guesswork /ˈgeswɜːk/ n. **U** congettura f., congetture f.pl., ipotesi f.
guest /gest/ **I** n. **1** *(in home, at table)* ospite m. e f., invitato m. (-a); *(of hotel)* ospite m. e f., cliente m. e f.; *(of boarding house)* pensionante m. e f.; *(at conference, on chat show)* ospite m. e f.; ***~ of honour*** ospite d'onore; ***house ~*** ospite; ***be my ~!*** prego! fai pure! **2** BIOL. ospite m., parassita m. **II** modif. [*singer, speaker*] ospite; ***~ book*** libro degli ospiti; *(of hotel)*

registro dei clienti; **~ list** lista degli invitati; **~ star** guest star, ospite d'onore; *(in film credits)* guest star.
guesthouse /ˈgesthaʊs/ n. pensione f.
guest room n. stanza f. degli ospiti.
guestworker /ˈgestˌwɜːkə(r)/ n. lavoratore m. (-trice) immigrato (-a), operaio m. (-a) immigrato (-a).
guff /gʌf/ n. U COLLOQ. fandonie f.pl., frottole f.pl., balle f.pl.
1.guffaw /gəˈfɔː/ n. risata f. fragorosa, sguaiata.
2.guffaw /gəˈfɔː/ intr. ridere fragorosamente, sguaiatamente.
GUI n. (⇒graphical user interface) = interfaccia grafica utente.
Guiana /gaɪˈænə/ ➧ *6* n.pr. Guyana f.; **the ~s** le Guyane.
guidance /ˈgaɪdns/ n. **1** *(advice)* guida f., consiglio m., assistenza f. (**from** di, da parte di; **on** su, in materia di); **under the ~ of sb.** sotto la guida di qcn.; **this leaflet is for your ~** questo dépliant vi sarà d'aiuto **2** AER. guida f.
1.guide /gaɪd/ n. **1** *(person)* guida f.; **tour ~** guida turistica; **to act as a ~** fare da guida **2** *(estimate)* indicazione f., idea f.; **a ~ as to the cost** una indicazione delle spese; **the figure is meant to be a ~** la cifra è indicativa; **as a rough ~** a titolo indicativo **3** (anche **~ book**) guida f. (**to** di); **TV ~** guida dei programmi TV; **user's ~** manuale dell'utente; **good food ~** guida gastronomica **4** BE (anche **Girl Guide**) guida f. (scout).
2.guide /gaɪd/ tr. **1** *(steer)* guidare, condurre [*person*] **2** *(influence)* [*person*] guidare; [*reason*] guidare, suggerire; **to be ~d by sb.'s advice** essere guidato dai consigli di qcn. **3** AER. MIL. (tele)guidare [*missile*].
guided missile n. missile m. teleguidato.
guide dog n. cane m. guida.
guided tour n. visita f. guidata.
guideline /ˈgaɪdlaɪn/ n. **1** *(rough guide)* indicazione f., istruzione f.; *(advice)* consiglio m., indicazione f. **2** AMM. POL. direttiva f., orientamento m., guideline f.; **pay ~s** piattaforma salariale.
guiding /ˈgaɪdɪŋ/ agg. **~ principle** linea direttrice, principio informatore; **~ light** *(person)* guida; **~ force** FIG. motore.
guild /gɪld/ n. *(medieval)* corporazione f., gilda f.; *(modern)* associazione f.
guilder /ˈgɪldə(r)/ ➧ *7* n. fiorino m. olandese.
guildhall /ˈgɪldhɔːl/ n. *(medieval)* palazzo m., sede f. delle corporazioni; *(modern)* municipio m.; **the Guildhall** = palazzo delle corporazioni della City di Londra.
guile /gaɪl/ n. astuzia f., scaltrezza f.; **without ~** candido, ingenuo.
guileless /ˈgaɪllɪs/ agg. candido, ingenuo.
1.guillotine /ˈgɪlətiːn/ n. **1** *(for execution)* ghigliottina f. **2** *(for paper)* taglierina f. **3** BE POL. = limitazione della durata del dibattito parlamentare per passare alle votazioni.
2.guillotine /ˈgɪlətiːn/ tr. ghigliottinare.
guilt /gɪlt/ n. **1** *(blame)* colpa f., colpevolezza f.; **to admit ~** ammettere la propria colpevolezza; **where does the ~ lie?** chi è il colpevole? **2** *(feeling)* senso m. di colpa (**about sb.** verso qcn.; **about** o **over sth.** per qcs.).
guiltily /ˈgɪltɪlɪ/ avv. [*say, look*] con aria colpevole.
guiltless /ˈgɪltlɪs/ agg. FORM. innocente, incolpevole.
guilty /ˈgɪltɪ/ agg. **1** DIR. colpevole; **to be found ~ of sth.** essere riconosciuto *o* dichiarato colpevole di qcs.; **the ~ party** il colpevole **2** *(remorseful)* [*feeling*] di colpa; [*appearance, look*] colpevole; **to feel ~ about** sentirsi in colpa per; **to have a ~ conscience** avere la coscienza sporca.
guinea /ˈgɪnɪ/ n. GB STOR. ghinea f.
guinea-fowl /ˈgɪnɪfaʊl/, **guinea-hen** /ˈgɪnɪhen/ n. faraona f.
guinea-pig /ˈgɪnɪpɪg/ n. **1** ZOOL. porcellino m. d'India, cavia f. **2** FIG. cavia f.; **to be a ~** fare da cavia.
Guinevere /ˈgwɪŋɪvɪə(r)/ n.pr. Ginevra.
guise /gaɪz/ n. LETT. **in** o **under the ~ of a joke** spacciandolo per uno scherzo; **in various** o **different ~s** sotto *o* in forme diverse.
guitar /gɪˈtɑː(r)/ ➧ *17* **I** n. chitarra f.; **on the ~** alla chitarra **II** modif. [*lesson*] di chitarra; [*concerto*] per chitarra; [*case, string*] della chitarra.
guitarist /gɪˈtɑːrɪst/ ➧ *17, 27* n. chitarrista m. e f.
Gulag /ˈguːlæg/ n. gulag m.
gulch /gʌltʃ/ n. AE gola f., burrone m.
gulf /gʌlf/ n. **1** GEOGR. golfo m. **2** FIG. abisso m., voragine f.
Gulf /gʌlf/ n.pr. **the ~** il Golfo (Persico).
Gulf States n.pr.pl. **the ~** BE gli Stati del Golfo (Persico); AE gli Stati sul Golfo (del Messico).
Gulf Stream n.pr. **the ~** la corrente del Golfo.
Gulf War n.pr. guerra f. del Golfo.
gull /gʌl/ n. ZOOL. gabbiano m.
gullet /ˈgʌlɪt/ n. *(throat)* gola f.; *(oesophagus)* esofago m.
gullibility /ˌgʌləˈbɪlətɪ/ n. credulità f.
gullible /ˈgʌləbl/ agg. credulo, credulone.
gully /ˈgʌlɪ/ n. **1** GEOGR. gola f., burrone m. **2** *(drain)* canale m., fosso m. di scolo.
1.gulp /gʌlp/ n. **1** *(mouthful) (of liquid)* sorso m., sorsata f.; *(of air)* boccata f.; *(of food)* boccone m.; **with** o **in one ~** in un sorso, tutto d'un fiato **2** *(noise) (tearful)* singhiozzo m.; **he swallowed it with a loud ~** lo ingoiò rumorosamente.
2.gulp /gʌlp/ **I** tr. *(swallow)* ingoiare, inghiottire [*food*]; inspirare, mandare giù [*air*] **II** intr. deglutire (a vuoto).
■ **gulp back:** **~ back [sth.], ~ [sth.] back** inghiottire, soffocare [*tears*].
1.gum /gʌm/ n. gengiva f.
2.gum /gʌm/ n. U **1** *(for glueing)* colla f. **2** *(from tree)* gomma f., resina f. **3** (anche **chewing ~**) gomma f. da masticare, chewing gum m.; **a piece** o **stick of ~** un chewing gum.
3.gum /gʌm/ tr. (forma in -ing ecc. **-mm-**) *(spread with glue)* ingommare; *(join with glue)* incollare (**on to** su).
■ **gum up:** **~ up [sth.] ~ up the works** COLLOQ. incasinare tutto, fare un gran casino.
gum arabic n. gomma f. arabica.
gumboot /ˈgʌmbuːt/ n. BE stivale m. di gomma.
gum disease ➧ *11* n. gengivite f.
gumdrop /ˈgʌmdrɒp/ n. caramella f. gommosa.
1.gummy /ˈgʌmɪ/ agg. [*smile*] larghissimo.
2.gummy /ˈgʌmɪ/ agg. [*liquid*] gommoso, appiccicoso.
gumption /ˈgʌmpʃn/ n. COLLOQ. *(common sense)* buonsenso m., senso m. pratico; *(courage)* fegato m., coraggio m.; *(energy)* grinta f.
gumshoe /ˈgʌmʃuː/ n. COLLOQ. *(private investigator)* investigatore m. (-trice) privato (-a); *(police detective)* agente m. e f. investigativo (-a).
gum tree n. albero m. della gomma ♦ **to be up a ~** essere nei guai *o* pasticci.
1.gun /gʌn/ n. **1** *(weapon)* arma f. da fuoco; *(revolver)* revolver m., pistola f., rivoltella f.; *(rifle)* fucile m.; *(cannon)* cannone m.; **to carry a ~** portare una pistola, essere armato; **to fire a ~** sparare (un colpo); **he's got a ~!** è armato! **2** *(tool)* pistola f.; **paint ~** pistola per la vernice **3** AE COLLOQ. sicario m., killer m. e f. ♦ **to go great ~s** COLLOQ. [*business*] andare forte; [*person*] fare scintille, avere grande successo; **to jump the ~** COLLOQ. essere precipitoso; **to stick to one's ~s** COLLOQ. tenere duro, resistere.
2.gun /gʌn/ tr. (forma in -ing ecc. **-nn-**) **to ~ an engine** dare gas a un motore.
■ **gun down:** **~ [sb.] down, ~ down [sb.]** uccidere, freddare [*person*].
■ **gun for:** **~ for [sb.]** dare addosso a, (cercare di) attaccare lite con.
gun barrel n. canna f. di fucile.
gunboat /ˈgʌnbəʊt/ n. cannoniera f.
gun carriage n. affusto m. di cannone.
gundog /ˈgʌndɒg, AE -dɔːg/ n. cane m. da penna.
gunfire /ˈgʌnfaɪə(r)/ n. U *(from hand-held gun)* sparatoria f.; *(from artillery)* cannoneggiamento m.
gunge /gʌndʒ/ n. BE COLLOQ. sostanza f. appiccicosa, roba f. sporca.
gung ho /ˌgʌŋˈhəʊ/ agg. COLLOQ. SCHERZ. o SPREG. *(eager for war)* guerrafondaio; *(overzealous)* (eccessivamente) entusiasta, fanatico.
gunk /gʌŋk/ n. COLLOQ. sostanza f. viscida, oleosa.
gun laws n.pl. = leggi sulle armi da fuoco.
gun licence n. licenza f. di porto d'armi.
gunman /ˈgʌnmən/ n. (pl. **-men**) bandito m., killer m. e f.
gunmetal /ˈgʌnˌmetl/ n. bronzo m. duro.
gunner /ˈgʌnə(r)/ n. *(in navy)* cannoniere m.; *(in army)* artigliere m.
gunnery /ˈgʌnərɪ/ n. artiglieria f.

gunpoint /ˈgʌnpɔɪnt/ n. ***to hold sb. up at ~*** tenere qcn. sotto la minaccia di un'arma.
gunpowder /ˈgʌnpaʊdə(r)/ n. polvere f. da sparo, polvere f. pirica.
Gunpowder Plot n.pr. STOR. Congiura f. delle Polveri.
gunrunner /ˈgʌnˌrʌnə(r)/ n. contrabbandiere m., trafficante m. d'armi.
gunrunning /ˈgʌnˌrʌnɪŋ/ n. contrabbando m., traffico m. d'armi.
gunshot /ˈgʌnʃɒt/ n. **1** *(report)* colpo m. d'arma da fuoco **2** *(range)* ***to be within, out of ~*** essere a tiro, fuori tiro.
gunshot wound n. ferita f. d'arma da fuoco.
gunslinger /ˈgʌnslɪŋə(r)/ n. AE COLLOQ. pistolero m., bandito m.
gunsmith /ˈgʌnsmɪθ/ ➧ ***27*** n. armaiolo m.
gunwale /ˈgʌnl/ n. capo m. di banda, falchetta f.; ***full to the ~s*** pieno fino all'orlo.
1.gurgle /ˈgɜːgl/ n. *(of water)* gorgoglio m.; *(of baby)* gorgoglii m.pl.
2.gurgle /ˈgɜːgl/ intr. [*water*] gorgogliare; [*baby*] fare gorgoglii.
guru /ˈgʊruː, AE gəˈruː/ n. guru m.
Gus /gʌs/ n.pr. diminutivo di **Gustavus**.
1.gush /gʌʃ/ n. **1** *(of liquid)* fiotto m., getto m., zampillo m. **2** *(of enthusiasm)* impeto m., slancio m.; *(of pleasure)* ondata f.
2.gush /gʌʃ/ intr. **1** [*liquid*] sgorgare, zampillare **2** FIG. ***to ~ over*** esaltarsi *o* smaniare per.
■ **gush in** [*water, oil*] riversarsi.
gushing /ˈgʌʃɪŋ/, **gushy** /ˈgʌʃɪ/ agg. [*person*] espansivo; [*letter, style*] sdolcinato, smanceroso.
gusset /ˈgʌsɪt/ n. MECC. fazzoletto m. d'unione.
gust /gʌst/ n. **1** *(of wind, rain, snow)* folata f., raffica f.; ***a ~ of hot air*** una folata d'aria calda **2** *(of anger)* scoppio m., accesso m.
Gustavus /gʊˈstɑːvəs/ n.pr. Gustavo.
gusto /ˈgʌstəʊ/ n. ***with ~*** [*eat*] con entusiasmo, con piacere; [*sing*] con entusiasmo.
gusty /ˈgʌstɪ/ agg. [*day, weather*] ventoso, tempestoso.
1.gut /gʌt/ **I** n. **1** COLLOQ. *(abdomen, belly)* stomaco m., pancia f.; ***beer ~*** pancia (di bevitore di birra) **2** ANAT. *(intestine)* intestino m. **3** *(for racket, bow)* budello m., minugia f. **II guts** n.pl. COLLOQ. **1** *(of human)* budella f.; *(of animal)* interiora f., frattaglie f.; *(of building)* meandri m. **2** *(courage)* coraggio m.sing., fegato m.sing. **III** modif. *(basic)* [*feeling, reaction*] istintivo; [*instinct*] primordiale ♦ ***I hate his ~s*** POP. mi sta sullo stomaco.
2.gut /gʌt/ tr. (forma in -ing ecc. **-tt-**) **1** GASTR. sventrare, pulire [*animal*] **2** *(destroy)* [*fire*] distruggere, sventrare [*building*]; [*looters*] saccheggiare, depredare [*shop*] **3** *(strip)* rifare da cima a fondo [*house*].
gutless /ˈgʌtlɪs/ agg. pauroso, senza fegato.
gutsy /ˈgʌtsɪ/ agg. COLLOQ. *(spirited)* vivace, dinamico; *(brave)* coraggioso, che ha fegato.
gutted /ˈgʌtɪd/ **I** p.pass. → **2.gut II** agg. BE COLLOQ. abbattuto, scoraggiato.
1.gutter /ˈgʌtə(r)/ n. **1** *(on roof)* grondaia f.; *(in street)* canaletto m. di drenaggio, di scolo **2** FIG. ***the language of the ~*** il linguaggio di strada; ***to come up from the ~*** venire dalla strada *o* dai bassifondi.
2.gutter /ˈgʌtə(r)/ intr. [*flame, candle*] tremolare, guizzare.
guttering /ˈgʌtərɪŋ/ n. U grondaie f.pl., fognature f.pl.
gutter press n. SPREG. stampa f. scandalistica.
guttersnipe /ˈgʌtəsnaɪp/ n. BE SPREG. ragazzo m. di strada.
guttural /ˈgʌtərəl/ **I** agg. gutturale **II** n. LING. gutturale f.
guv /gʌv/, **guvnor** /gʌvnə(r)/ n. BE COLLOQ. (accorc. governor) capo m.
guy /gaɪ/ n. COLLOQ. **1** *(man)* individuo m., tipo m.; ***a bad ~*** *(in films)* un cattivo; ***her ~*** *(boyfriend)* il suo ragazzo; ***hey, you ~s!*** *(to men, mixed group)* hey, ragazzi! *(to women)* hey, ragazze! **2** BE = fantoccio di Guy Fawkes che si brucia il 5 novembre.
Guy /gaɪ/ n.pr. Guido.
Guy Fawkes Day /ˈgaɪfɔːksdeɪ/ n. BE = il 5 novembre (giorno in cui si brucia in pubblico il fantoccio di Guy Fawkes che, nella Congiura delle Polveri, tentò di far saltare il parlamento inglese).
guzzle /ˈgʌzl/ **I** tr. COLLOQ. *(eat greedly)* trangugiare; *(drink)* tracannare **II** intr. COLLOQ. gozzovigliare.
guzzler /ˈgʌzlə(r)/ n. COLLOQ. crapulone m. (-a), ubriacone m. (-a).
Gwendolen, Gwendoline /ˈgwendəlɪn/ n.pr. Guendalina.
gym /dʒɪm/ ➧ ***10*** **I** n. **1** (accorc. gymnasium) palestra f. **2** (accorc. gymnastics) ginnastica f., educazione f. fisica **II** modif. [*equipment*] da ginnastica; [*lesson*] di ginnastica.
gymkhana /dʒɪmˈkɑːnə/ n. gincana f. (a cavallo).
gymnasium /dʒɪmˈneɪzɪəm/ n. (pl. **~s, -ia**) palestra f.
gymnast /ˈdʒɪmnæst/ n. ginnasta m. e f.
gymnastic /dʒɪmˈnæstɪk/ agg. ginnico, ginnastico.
gymnastics /dʒɪmˈnæstɪks/ ➧ ***10*** n. + verbo sing. ginnastica f., educazione f. fisica.
gym shoe n. scarpa f. da ginnastica.
gynaecologic(al) BE, **gynecologic(al)** AE /ˌgaɪnəkəˈlɒdʒɪk(l)/ agg. ginecologico.
gynaecologist BE, **gynecologist** AE /ˌgaɪnəˈkɒlədʒɪst/ ➧ ***27*** n. ginecologo m. (-a).
gynaecology BE, **gynecology** AE /ˌgaɪnəˈkɒlədʒɪ/ n. ginecologia f.
1.gyp /dʒɪp/ n. BE COLLOQ. *(pain)* ***my back is giving me ~*** mi fa male la schiena, ho la schiena a pezzi.
2.gyp /dʒɪp/ n. AE COLLOQ. *(swindle)* imbroglio m., truffa f.
3.gyp /dʒɪp/ tr. (forma in -ing ecc. **-pp-**) COLLOQ. ***to get ~ped*** farsi imbrogliare.
gypsophila /dʒɪpˈsɒfɪlə/ n. gipsofila f.
gypsum /ˈdʒɪpsəm/ n. MINER. GEOL. gesso m., pietra f. da gesso.
gypsy /ˈdʒɪpsɪ/ **I** n. zingaro m. (-a); *(Spanish)* gitano m. (-a) **II** modif. [*camp*] di zingari; [*music*] gitano; [*life*] da zingaro.
gyrate /ˌdʒaɪˈreɪt, AE ˈdʒaɪreɪt/ intr. [*dancer*] volteggiare; [*kite*] roteare.
gyration /ˌdʒaɪˈreɪʃn/ n. *(of dancer)* (il) volteggiare, volteggiamento m.; *(of kite, fish)* movimento m. in tondo.
gyrocompass /ˈdʒaɪrəʊkʌmpəs/ n. girobussola f., bussola f. giroscopica.
gyroscope /ˈdʒaɪrəskəʊp/ n. giroscopio m.

h

h, H /eɪtʃ/ n. h, H m. e f.

ha /hɑː/ inter. ah.

habeas corpus /ˌheɪbɪəsˈkɔːpəs/ n. DIR. *(right)* habeas corpus m. (diritto dell'arrestato di conoscere i motivi del suo arresto).

haberdasher /ˈhæbədæʃə(r)/ ➧ ***27*** n. **1** BE merciaio m. (-a) **2** AE venditore m. (-trice) di abbigliamento maschile.

haberdashery /ˈhæbədæʃərɪ/ ➧ ***27*** n. **1** BE *(in department store)* merceria f. **2** *(goods)* BE mercerie f.pl. **3** AE negozio m. d'abbigliamento maschile.

habit /ˈhæbɪt/ n. **1** *(custom)* abitudine f.; SOCIOL. costume m., usanza f.; ***a nervous ~*** un tic nervoso; ***a ~ of mind*** un abito mentale; ***to be in the ~ of doing*** avere l'abitudine di fare, essere abituato a fare; ***to get into the ~ of doing sth.*** prendere l'abitudine di *o* abituarsi a fare qcs.; ***to get out of the ~ of doing sth.*** perdere l'abitudine di *o* non essere più abituato a fare qcs.; ***to do sth. out of*** o ***from ~*** fare qcs. per abitudine; ***to be a creature of ~*** essere un tipo abitudinario **2** *(addiction)* assuefazione f.; ***smoking ~*** vizio del fumo; ***drug ~*** assuefazione alla droga; ***to kick the ~*** COLLOQ. perdere il vizio **3** RELIG. abito m. **4** EQUIT. tenuta f. da equitazione.

habitable /ˈhæbɪtəbl/ agg. abitabile.

habitat /ˈhæbɪtæt/ n. habitat m.

habitation /ˌhæbɪˈteɪʃn/ n. FORM. **1** *(house)* abitazione f., dimora f. **2** *(being inhabited)* ***to show signs of ~*** mostrare segni di presenza umana; ***unfit for human ~*** inadatto a essere abitato.

habit-forming /ˈhæbɪtfɔːmɪŋ/ agg. ***to be ~*** dare assuefazione.

habitual /həˈbɪtʃʊəl/ agg. **1** [*behaviour*] abituale, consueto **2** [*drinker, smoker, liar*] inveterato, impenitente.

habitually /həˈbɪtʃʊəlɪ/ avv. abitualmente.

1.hack /hæk/ **I** tr. tagliare, fare a pezzi [*branch, object*] (**with** con, a colpi di); ***to ~ sb. (to death) with sth.*** colpire qcn. (a morte) con qcs.; ***to ~ a path*** o ***one's way through sth.*** aprirsi un varco attraverso qcs. **II** intr. menare fendenti; ***to ~ through*** tagliare *o* fare a pezzi [*branch, object*].

▪ **hack down:** ***~ down [sth.], ~ [sth.] down*** abbattere [*grass, bush, enemy*].

▪ **hack off:** ***~ off [sth.], ~ [sth.] off*** tagliare, troncare [*piece, branch*]; mozzare [*hand, head*].

2.hack /hæk/ n. **1** COLLOQ. SPREG. *(writer)* scribacchino m. (-a), scrittorucolo m. (-a) **2** POL. COLLOQ. (anche **party ~**) politicante m., politico m. da strapazzo **3** *(old horse)* vecchio ronzino m.

3.hack /hæk/ **I** tr. COLLOQ. *(cope with)* ***I can't ~ it*** non ce la faccio; ***how long do you think he will ~ it?*** quanto pensi che resisterà? **II** intr. BE EQUIT. cavalcare al passo.

4.hack /hæk/ n. INFORM. → **hacker**.

5.hack /hæk/ **I** tr. INFORM. inserirsi illecitamente in [*system*] **II** intr. INFORM. COLLOQ. fare pirateria informatica; ***to ~ into*** inserirsi *o* entrare illecitamente in [*system*].

hacker /ˈhækə(r)/ n. INFORM. COLLOQ. hacker m. e f., pirata m. informatico.

hacking /ˈhækɪŋ/ n. COLLOQ. pirateria f. informatica.

hacking cough n. tosse f. secca.

hackles /ˈhæklz/ n.pl. *(on animal)* peli m. del collo; ***the dog's ~s began to rise*** il cane cominciò a drizzare il pelo; ***to make sb.'s ~s rise*** FIG. fare arrabbiare qcn.

hackney cab /ˌhæknɪˈkæb/ n. vettura f. da nolo.

hackneyed /ˈhæknɪd/ agg. [*joke*] trito (e ritrito); [*subject*] trito (e ritrito), abusato, inflazionato; ***~ phrase*** o ***expression*** frase fatta.

hack reporter n. COLLOQ. SPREG. = giornalista che si occupa di fatti di cronaca di scarso interesse.

hacksaw /ˈhæksɔː/ n. sega f., seghetto m. per metalli.

hackwork /ˈhækwɜːk/ n. **U** = lavoro intellettuale con poche soddisfazioni fatto su commissione.

had /forma debole həd, forma forte hæd/ pass., p.pass. → **1.have**.

haddock /ˈhædək/ n. (pl. **~s**, **~**) eglefino m.

hadn't /ˈhædnt/ contr. had not.

Hadrian /ˈheɪdrɪən/ n.pr. Adriano; ***~'s Wall*** vallo di Adriano.

haematoma BE, **hematoma** AE /ˌhiːməˈtəʊmə/ n. (pl. **~s** o **-ata**) ematoma m.

haemoglobin BE, **hemoglobin** AE /ˌhiːməˈgləʊbɪn/ n. emoglobina f.

haemophilia BE, **hemophilia** AE /ˌhiːməˈfɪlɪə/ ➧ ***11*** n. emofilia f.

haemophiliac BE, **hemophiliac** AE /ˌhiːməˈfɪlɪæk/ **I** agg. emofiliaco **II** n. emofiliaco m. (-a).

1.haemorrhage BE, **hemorrhage** AE /ˈhemərɪdʒ/ n. emorragia f. (anche FIG.).

2.haemorrhage BE, **hemorrhage** AE /ˈhemərɪdʒ/ intr. avere un'emorragia.

haemorrhoids BE, **hemorrhoids** AE /ˈhemərɔɪdz/ n.pl. emorroidi f.

haft /hɑːft/ n. manico m.; *(of dagger)* impugnatura f.

hag /hæg/ n. *(witch)* strega f.; SPREG. *(ugly woman)* ***old ~*** vecchia strega *o* megera.

haggard /ˈhægəd/ agg. [*appearance, person*] smunto, macilento; [*face, expression*] tirato.

haggis /ˈhægɪs/ n. (pl. **~**, **~es**) INTRAD. m. (piatto a base di interiora di pecora cotte nello stomaco dell'animale).

haggle /ˈhægl/ intr. mercanteggiare, contrattare; ***to ~ about*** o ***over sth.*** tirare sul prezzo di qcs.

hagiography /ˌhægɪˈɒgrəfɪ/ n. agiografia f.

Hague /heɪg/ ➧ ***34*** n.pr. ***The ~*** L'Aia.

hah /hɑː/ inter. ah.

ha-ha /hɑːˈhɑː/ inter. *(expressing mockery, surprise)* ah ah.

1.hail /heɪl/ n. grandine f.; FIG. *(of bullets)* scarica f.; *(of insults)* grandinata f., pioggia f.

2.hail /heɪl/ impers. grandinare (anche FIG.).

3.hail /heɪl/ inter. ***Hail!*** Salve!

4.hail /heɪl/ tr. **1** *(call, signal to)* chiamare [*person, taxi*]; salutare [*ship*] **2** *(praise)* ***to ~ sb. as*** acclamare *o* salutare qcn. come; ***to ~ sth. as (being) sth.*** salutare qcs. come qcs.

▪ **hail from** FORM. venire, provenire da.
Hail Mary n. Ave Maria f.
hailstone /ˈheɪlstəʊn/ n. chicco m. di grandine.
hailstorm /ˈheɪlstɔːm/ n. grandinata f.
hair /heə(r)/ **I** n. **1** U *(collectively) (human) (on head)* capelli m.pl., capigliatura f.; *(on body)* peli m.pl.; *(of animal)* pelo m., pelame m.; ***a fine head of ~*** una bella chioma; ***to have one's ~ done*** farsi fare la messa in piega **2** *(individually) (human) (on head)* capello m.; *(on body)* pelo m.; *(animal)* pelo m. **II -haired** agg. in composti ***long-, short~ed*** [*person*] dai capelli lunghi, corti; [*animal*] dal pelo lungo, corto **III** modif. [*conditioner*] per capelli; [*transplant*] di capelli; [*follicle*] pilifero; ***~ cream*** gommina, gel per capelli ♦ ***by a ~, by a ~'s breadth*** per un pelo; ***to have a ~'s breadth escape*** salvarsi per un pelo *o* per il rotto della cuffia; ***he didn't turn a ~*** non ha fatto una piega, non ha battuto ciglio; ***it made my ~ stand on end*** mi ha fatto rizzare i capelli; ***keep your ~ on!*** BE COLLOQ. stai calmo! non preoccuparti! ***to get in sb.'s ~*** COLLOQ. stare tra i piedi a qcn.; ***to have sb. by the short ~s*** AE POP. tenere qcn. in pugno; ***to let one's ~ down*** COLLOQ. rilassarsi, lasciarsi andare; ***to split ~s*** spaccare il capello in quattro; ***to tear one's ~ out*** strapparsi i capelli; ***you need a ~ of the dog (that bit you)*** = hai bisogno di un bicchierino di liquore per farti passare la sbronza.
hairband /ˈheəbænd/ n. cerchietto m.
hairbrush /ˈheəbrʌʃ/ n. spazzola f. per capelli.
hairclip /ˈheəklɪp/ n. BE molletta f. per capelli.
hair curler n. bigodino m.
haircut /ˈheəkʌt/ n. taglio m. di capelli; ***to get a ~*** farsi tagliare i capelli.
hairdo /ˈheəduː/ n. (pl. **~s**) COLLOQ. acconciatura f., pettinatura f.
hairdresser /ˈheədresə(r)/ ♦ *27* n. parrucchiere m. (-a), acconciatore m. (-trice).
hairdressing /ˈheədresɪŋ/ n. acconciatura f. di capelli.
hairdrier, hairdryer /ˈheəˌdraɪə(r)/ n. *(hand-held)* asciugacapelli m., fon m.; *(hood)* casco m. (asciugacapelli).
hair gel n. gel m. per capelli.
hairgrip /ˈheəgrɪp/ n. BE molletta f. per capelli.
hairless /ˈheəlɪs/ agg. [*head*] senza capelli, calvo; [*body, chin*] senza peli, glabro; [*animal*] senza peli.
1.hairline /ˈheəlaɪn/ n. attaccatura f. dei capelli; ***his ~ is receding*** si sta stempiando.
2.hairline /ˈheəlaɪn/ agg. **1** *(thin)* finissimo, sottile **2** *(close)* [*victory*] di stretta misura **3** *(precise)* preciso, esatto.
hairline crack n. incrinatura f., sottile fenditura f.
hairline fracture n. MED. microfrattura f.
hairnet /ˈheənet/ n. retina f. per capelli.
hairpiece /ˈheəpiːs/ n. parrucchino m., toupet m.
hairpin /ˈheəpɪn/ n. forcina f., forcella f. per capelli.
hairpin bend n. curva f. a gomito, tornante m.
hair-raising /ˈheəˌreɪzɪŋ/ agg. [*story*] da far rizzare i capelli.
hair remover n. crema f. depilatoria.
hair shirt n. cilicio m.
hair-slide /ˈheəslaɪd/ n. BE fermacapelli m.
hair splitting n. pedanteria f., cavillosità f.
hairspray /ˈheəspreɪ/ n. lacca f., (spray) fissante m. per capelli.
hairstyle /ˈheəstaɪl/ n. *(arrangement)* acconciatura f., pettinatura f.; *(cut)* taglio m.
hair stylist ♦ *27* n. parrucchiere m. (-a).
hairy /ˈheərɪ/ agg. **1** [*coat, dog, arms, stem*] peloso; [*chest*] villoso; [*roots*] ricoperto di peli **2** COLLOQ. [*adventure, moment*] tremendo, drammatico.
Haitian /ˈheɪʃn/ ♦ *18, 14* **I** agg. haitiano **II** n. **1** *(person)* haitiano m. (-a) **2** *(language)* = variante creola del francese parlato a Haiti.
hake /heɪk/ n. (pl. ~, **~s**) nasello m.
Hal /hæl/ n.pr. diminutivo di **Henry**, **Harold**.
halberd /ˈhælbəd/ n. alabarda f.
halcyon /ˈhælsɪən/ agg. [*time, period*] felice, idilliaco; ***~ days*** giorni felici.
hale /heɪl/ agg. ***to be ~ and hearty*** [*old person*] essere arzillo; [*convalescent*] essere in buona salute.
half /hɑːf, AE hæf/ ♦ **4** **I** n. (pl. **halves**) **1** *(one of two parts)* metà f., mezzo m.; ***~ (of) the page*** metà della pagina; ***to cut sth. in ~*** tagliare qcs. a metà **2** *(fraction)* mezzo m.; ***four and a ~*** quattro e mezzo **3** SPORT *(pitch area)* metà f. campo; *(time period)* ***the first, second ~*** il primo, secondo tempo **4** SPORT → **halfback** **5** BE COLLOQ. *(half pint)* mezza pinta f. **6** BE *(half fare)* biglietto m. ridotto, tariffa f. ridotta **II** agg. ***a ~ page*** mezza pagina; ***a ~ circle*** un semicerchio; ***a ~-litre, ~ a litre*** mezzo litro; ***two and a ~ cups*** due tazze e mezza **III** pron. **1** *(50%)* metà f.; ***only ~ passed*** solo la metà è stata promossa; ***to cut sth. by ~*** dimezzare qcs.; ***that was a meal and a ~!*** COLLOQ. (quello sì che) è stato un pranzo come si deve! **2** *(in time)* ***an hour and a ~*** un'ora e mezza; ***it's ~ (past) two*** sono le due e mezza; ***it starts at ~ past*** comincia a e mezza; ***the buses run at ~ past the hour*** gli autobus passano ai trenta di ogni ora **3** *(in age)* ***she is ten and a ~*** ha dieci anni e mezzo **IV** avv. [*full, asleep, drunk, cooked*] mezzo; [*understood, remembered*] a metà; ***to ~ close the window*** chiudere la finestra a metà; ***it's ~ the price*** è a metà prezzo; ***~ as much money, as many people*** metà (del) denaro, (delle) persone; ***~ as big*** grande la metà; ***he's ~ my age*** ha la metà dei miei anni; ***he's ~ Spanish ~ Irish*** è per metà spagnolo e per metà irlandese; ***he was only ~ serious*** era serio solo a metà; ***~ disappointed ~ relieved*** in parte deluso e in parte sollevato; ***if it was ~ as easy as they say*** se fosse facile la metà di quello che dicono loro; ***I was ~ hoping that*** quasi speravo che; ***I ~ expected it*** me l'aspettavo quasi; ***he wasn't ~ angry*** COLLOQ. altroché se era arrabbiato; ***it doesn't ~ stink!*** COLLOQ. puzza eccome! ***not ~!*** COLLOQ. eccome! altro che! ***not ~ bad*** COLLOQ. niente male ♦ ***~ a minute*** o ***second*** un minuto, un attimo; ***how the other ~ lives*** *(the rich)* come vivono i ricchi; ***if given ~ a chance*** se solo ne avessi la benché minima possibilità; ***to have ~ a mind to do*** avere una mezza intenzione *o* idea di fare; ***one's better*** o ***other ~*** la propria (dolce) metà; ***to go halves with sb.*** fare a metà con qcn.; ***he's too clever by ~*** COLLOQ. è troppo furbo per i miei gusti.
half-and-half /ˌhɑːfnˈhɑːf, AE ˌhæfnˈhæf/ **I** agg. mezz'e mezzo, a metà **II** avv. metà e metà.
halfback /ˈhɑːfbæk, AE ˈhæf-/ n. SPORT mediano m.
half-baked /ˌhɑːfˈbeɪkt, AE ˌhæf-/ agg. COLLOQ. stupido, sciocco.
half-board /ˌhɑːfˈbɔːd, AE ˌhæf-/ n. mezza pensione f.
half-breed /ˈhɑːfbriːd, AE ˈhæf-/ **I** agg. SPREG. meticcio, bastardo **II** n. SPREG. meticcio m. (-a), bastardo m. (-a).
half brother n. fratellastro m.
half-caste /ˈhɑːfkɑːst, AE ˈhæfkæst/ → **half-breed**.
half cock n. ***at ~*** [*firearm*] a mezzo cane, con il grilletto in posizione di sicura ♦ ***to go off at ~*** *(flop)* andare a monte *o* in fumo; *(be hasty)* agire impulsivamente.
half-conscious /ˌhɑːfˈkɒnʃəs, AE ˌhæf-/ agg. semicosciente.
half crown n. GB STOR. mezza corona f.
half-cut /ˌhɑːfˈkʌt, AE ˌhæf-/ agg. BE COLLOQ. brillo.
half day n. ***it's my ~*** è la mia mezza giornata di riposo.
half-dead /ˌhɑːfˈded, AE ˌhæf-/ agg. tra la vita e la morte; FIG. mezzo morto.
half-dozen /ˌhɑːfˈdʌzn, AE ˌhæf-/ n. mezza dozzina f.; ***a ~ eggs*** una mezza dozzina di uova.
half fare n. tariffa f. ridotta.
half-hearted /ˌhɑːfˈhɑːtɪd, AE ˌhæf-/ agg. [*smile, participation*] un po' freddo, senza entusiasmo; [*attempt*] incerto.
half-heartedly /ˌhɑːfˈhɑːtɪdlɪ, AE ˌhæf-/ avv. un po' freddamente, senza entusiasmo.
half holiday n. BE mezza giornata f. di vacanza.
half hour ♦ *33* n. mezz'ora f., mezzora f.; ***on the ~*** alla mezz'ora.
half-hourly /ˌhɑːfˈaʊəlɪ, AE ˌhæf-/ **I** agg. che avviene ogni mezz'ora **II** avv. ogni mezz'ora.
half-jokingly /ˌhɑːfˈdʒəʊkɪŋlɪ, AE ˌhæf-/ avv. tra il serio e il faceto.
half-length /ˌhɑːfˈleŋθ, AE ˌhæf-/ agg. [*portrait*] a mezzo busto.
half-light /ˈhɑːflaɪt, AE ˈhæf-/ n. LETT. penombra f., semioscurità f.
half-life /ˈhɑːflaɪf, AE ˈhæf-/ n. FIS. periodo m. di dimezzamento.

half-mast /ˌhɑːf'mɑːst, AE ˌhæf'mæst/ n. ***at ~*** [*flag*] a mezz'asta; BE SCHERZ. [*trousers*] troppo corto.
half-measures /'hɑːfˌmeʒəz, AE 'hæf-/ n.pl. mezze misure f., compromessi m.
half-moon /ˌhɑːf'muːn, AE ˌhæf-/ **I** n. **1** mezzaluna f.; ASTR. semilunio m. **2** *(of fingernail)* lunetta f., lunula f. ungueale **II** modif. [*spectacles, shape*] a mezzaluna.
halfnote /'hɑːfnəʊt, AE 'hæf-/ n. AE MUS. minima f.
half pay n. ***to be on ~*** percepire uno stipendio ridotto.
halfpenny /'heɪpnɪ/ n. **1** GB STOR. mezzo penny m. **2** FIG. spicciolo m.
half-pint /ˌhɑːf'paɪnt, AE ˌhæf-/ ➧ *3* n. mezza pinta f. (GB = 0,28 l; US = 0,24 l); ***a ~ of milk*** una mezza pinta di latte.
half price avv. e agg. a metà prezzo.
half sister n. sorellastra f.
half size I n. *(of shoe)* mezza taglia f. **II** agg. [*copy*] ridotta della metà.
half slip n. sottoveste f. a vita.
half-staff /ˌhɑːf'stɑːf, AE ˌhæf'stæf/ n. AE → **half-mast**.
half term n. BE SCOL. *(holiday)* vacanze f.pl. di metà trimestre; *(period)* metà trimestre m.
half-timbered /ˌhɑːf'tɪmbəd, AE ˌhæf-/ agg. in legno e muratura.
half-time /ˌhɑːf'taɪm, AE ˌhæf-/ n. **U** SPORT intervallo m.; ***at ~*** a metà partita.
half-truth /'hɑːftruːθ, AE 'hæf-/ n. mezza verità f.
halfway /ˌhɑːf'weɪ, AE ˌhæf-/ **I** agg. ***the ~ stage*** lo stadio intermedio *o* mediano; ***to reach the ~ mark*** o ***point*** essere a metà (strada) **II** avv. **1** *(at the midpoint)* a metà strada (**between** tra); ***to be ~ there*** essere a metà strada; ***to stop ~*** fermarsi a metà strada; ***~ up*** o ***down*** a metà di [*stairs, tree*]; ***~ down the page*** a metà pagina; ***~ across*** in mezzo a [*room, ocean*]; ***to travel ~ across*** o ***round the world for sth.*** viaggiare per *o* girare mezzo mondo per qcs.; ***~ through the film, the morning*** a metà film, mattina; ***to be ~ through doing sth.*** essere a metà di qcs. **2** FIG. ***to go ~ to*** o ***towards*** BE ***(doing) sth.*** essere a metà di qcs.; ***I met him ~*** gli sono andato incontro *o* siamo giunti a un compromesso **3** AE COLLOQ. *(in the least)* [*decent*] quasi, pressoché; [*competent*] più o meno.
halfway house n. **1** *(compromise)* compromesso m. **2** *(rehabilitation centre)* = centro per il reinserimento sociale di detenuti, malati di mente ecc.
halfway line n. SPORT linea f. di metà campo.
halfwit /'hɑːfwɪt, AE 'hæf-/ n. COLLOQ. SPREG. stupido m. (-a), idiota m. e f.
halfwitted /ˌhɑːf'wɪtɪd, AE ˌhæf-/ agg. COLLOQ. SPREG. stupido, idiota.
half-year /ˌhɑːf'jeə(r), AE ˌhæf-/ **I** n. ECON. COMM. semestre m. **II** modif. ECON. COMM. [*profit, results*] semestrale.
half-yearly /ˌhɑːf'jeəlɪ, AE ˌhæf-/ agg. [*meeting, payment*] semestrale
halibut /'hælɪbət/ n. (pl. **~**, **~s**) ippoglosso m., halibut m.
halitosis /ˌhælɪ'təʊsɪs/ ➧ *11* n. alitosi f.
hall /hɔːl/ n. **1** *(in house)* entrata f.; *(corridor)* corridoio m.; *(in hotel)* hall f.; *(in airport, station)* atrio m. **2** *(for public events)* sala f., salone m. **3** *(offices)* ***city, town ~*** municipio, comune **4** UNIV. *(residence)* casa f. dello studente, collegio m. universitario **5** *(country house)* palazzo m. di campagna, maniero m.
hallelujah /ˌhælɪ'luːjə/ inter. alleluia.
1.hallmark /'hɔːlmɑːk/ n. **1** *(typical feature)* caratteristica f. **2** BE *(on metal)* marchio m. di garanzia.
2.hallmark /'hɔːlmɑːk/ tr. apporre un marchio di garanzia a [*metal*].
hallo /hə'ləʊ/ inter. BE → **hello**.
Hall of Fame n. AE **1** *(building)* = edificio che raccoglie memorie di personaggi celebri **2** FIG. *(group of people)* olimpo m.
hall of residence n. casa f. dello studente, collegio m. universitario.
hallow /'hæləʊ/ tr. LETT. santificare, consacrare.
hallowed /'hæləʊd/ **I** p.pass. → **hallow II** agg. **1** *(venerated)* ***a ~ memory*** una sacra memoria **2** *(sanctified)* [*ground*] consacrato.
Halloween /ˌhæləʊ'iːn/ n. INTRAD. m. (festa celebrata il 31 ottobre nei paesi di lingua inglese).
hallstand /'hɔːlstænd/ n. attaccapanni m. (a parete).
hallucinate /hə'luːsɪneɪt/ intr. avere (le) allucinazioni.
hallucination /həˌluːsɪ'neɪʃn/ n. allucinazione f.
hallucinatory /hə'luːsɪnətrɪ, AE -tɔːrɪ/ agg. **1** [*drug, effect*] allucinogeno **2** [*image*] illusorio; [*experience*] allucinante.
hallucinogen /hə'luːsɪnədʒn/ n. allucinogeno m.
hallucinogenic /həˌluːsɪnə'dʒenɪk/ agg. allucinogeno.
hallway /'hɔːlweɪ/ n. vestibolo m., entrata f.
halo /'heɪləʊ/ n. (pl. **~s**, **~es**) **1** aureola f. (anche FIG. SCHERZ.); ***his ~ has become a bit tarnished*** la sua reputazione è un po' sbiadita **2** ASTR. alone m.
halogen /'hælədʒn/ n. alogeno m.
halogen lamp n. lampada f. alogena.
1.halt /hɔːlt/ **I** n. **1** *(stop)* sosta f., fermata f.; ***to come to a ~*** [*group, vehicle*] fermarsi; [*negotiations*] essere interrotto; ***to call a ~ to*** mettere fine a [*fighting*]; ***shall we call a ~?*** *(in work)* facciamo una pausa? **2** *(temporary) (in activity)* interruzione f.; *(in proceedings)* sospensione f. **3** MIL. *(rest)* alt m. **4** BE FERR. piccola stazione f. (di campagna) **II** inter. alt.
2.halt /hɔːlt/ **I** tr. **1** *(temporarily)* fermare, bloccare [*car, train*]; sospendere [*proceedings, game*] **2** *(block)* interrompere, fermare [*arms sales*]; bloccare, frenare [*inflation*]; fermare [*offensive*] **II** intr. fermarsi.
halter /'hɔːltə(r)/ n. **1** *(for horse)* cavezza f. **2** *(for hanging)* capestro m.
halterneck /'hɔːltənek/ **I** n. = abito con collo all'americana che lascia la schiena scoperta **II** agg. [*dress*] che lascia la schiena scoperta.
halting /'hɔːltɪŋ/ agg. [*steps, attempts*] esitante.
haltingly /'hɔːltɪŋlɪ/ avv. [*progress, speak*] a scatti.
halve /hɑːv, AE hæv/ **I** tr. **1** *(reduce by half)* dividere per due [*number*]; dimezzare [*production, rate*] **2** *(divide in two)* tagliare in due, dividere a metà [*cake*] **II** intr. [*number, rate, time*] dimezzarsi ♦ ***a trouble shared is a trouble ~d*** mal comune mezzo gaudio.
halves /hɑːvz, AE hævz/ → **half**.
halyard /'hæljəd/ n. drizza f.
1.ham /hæm/ n. **1** GASTR. prosciutto m. **2** *(of animal)* coscia f. **3** COLLOQ. SCHERZ. *(of person)* = cosce e natiche.
2.ham /hæm/ n. **1** COLLOQ. *(actor)* gigione m. (-a) **2** (anche **radio ~**) radioamatore m. (-trice).
3.ham /hæm/ intr. (forma in -ing ecc. **-mm-**) gigioneggiare; ***to ~ it up*** COLLOQ. fare il gigione.
Ham /hæm/ n.pr. Cam.
hamburger /'hæmbɜːgə(r)/ n. **1** hamburger m. **2** AE *(ground beef)* carne f. (di manzo) tritata.
ham-fisted /ˌhæm'fɪstɪd/ BE, **ham-handed** /ˌhæm'hændɪd/ AE agg. SPREG. maldestro, goffo.
hamlet /'hæmlɪt/ n. piccolo villaggio m., borgo m.
Hamlet /'hæmlɪt/ n.pr. Amleto.
1.hammer /'hæmə(r)/ n. **1** *(tool)* martello m. **2** *(of piano)* martelletto m. **3** *(gavel)* ***to come*** o ***go under the ~*** essere venduto all'asta **4** SPORT *(ball)* martello m.; *(discipline)* lancio m. del martello **5** ANAT. *(in ear)* martello m. **6** *(on firearm)* cane m. ♦ ***to go at it ~ and tongs*** battersi con impeto.
2.hammer /'hæmə(r)/ **I** tr. **1** *(beat)* martellare [*metal, table*]; martellare su [*piano keys*]; ***to ~ sth. into*** piantare qcs. (col martello) in [*wall, fence*]; ***to ~ sth. into shape*** forgiare qcs. a colpi di martello; ***to ~ sth. flat*** appiattire qcs. a martellate **2** FIG. *(insist forcefully)* ***to ~ sth. into sb.*** inculcare qcs. a qcn., fare entrare qcs. in testa a qcn.; ***to ~ home a message*** fare capire bene un messaggio **3** *(attack)* criticare aspramente [*policy, proposal*]; stroncare [*book, film*] **4** SPORT COLLOQ. *(defeat)* battere, stracciare **II** intr. **1** *(use hammer)* martellare **2** *(pound)* ***to ~ on*** o ***at*** [*person*] battere a [*door*]; [*rain, hailstones*] battere con forza contro [*door, window*].
■ **hammer away:** ***~ away*** martellare; ***to ~ away at*** accanirsi contro [*proposal*]; lavorare sodo a [*essay*].
■ **hammer down:** ***~ down [sth.], ~ [sth.] down*** chiudere a colpi di martello; ***~ down*** [*rain*] battere con forza su [*roof*].
■ **hammer in:** ***~ in [sth.], ~ [sth.] in*** conficcare a martellate.
■ **hammer out:** ***~ out [sth.], ~ [sth.] out*** *(negotiate)* raggiungere faticosamente [*agreement, policy, formula*].
hammer and sickle n. ***the ~*** la falce e martello.

hammering /'hæmərɪŋ/ n. 1 *(noise)* martellamento m. (**at** su) 2 COLLOQ. *(defeat)* ***to take*** o ***get a ~*** prendere una batosta.
hammock /'hæmək/ n. amaca f.
1.hamper /'hæmpə(r)/ n. 1 *(for picnic)* cestino m. da picnic 2 BE *(from shop etc.)* = cesto contenente generi alimentari e vini.
2.hamper /'hæmpə(r)/ tr. impedire [*movement*]; ostacolare [*career, progress*]; intralciare [*person*].
hamster /'hæmstə(r)/ n. criceto m., hamster m.
1.hamstring /'hæmstrɪŋ/ n. ANAT. tendine m. del ginocchio; *(of horse)* tendine m. del garretto.
2.hamstring /'hæmstrɪŋ/ tr. (pass., p.pass. **-strung**) bloccare [*initiative*]; paralizzare [*activity*]; immobilizzare [*person*].
1.hand /hænd/ ♦ 2 **I** n. 1 mano f.; ***he had a book in his ~*** aveva un libro in mano; ***he stood there, suitcase in ~*** stava lì con la valigia in mano; ***to get*** o ***lay one's ~s on*** mettere le mani su [*money*]; mettere le mani addosso a [*person*]; ***to keep one's ~s off sth.*** tenere giù le mani da qcs.; ***to keep one's ~s off sb.*** lasciare in pace qcn.; ***~s off!*** COLLOQ. giù le mani! ***to take sb.'s ~*** prendere la mano di qcn.; ***to take sb. by the ~*** prendere qcn. per mano; ***they were holding ~s*** si tenevano per mano; ***to hold sb.'s ~*** tenere la mano a qcn.; FIG. *(give support)* tendere la mano a qcn.; ***to do*** o ***make sth. by ~*** fare qcs. a mano; ***the letter was delivered by ~*** la lettera fu recapitata a mano; ***"by ~"*** *(on envelope)* "Sue Proprie Mani", s.p.m.; ***to have one's ~s full*** avere le mani piene; FIG. avere molto da fare; ***~s up, or I shoot!*** mani in alto o sparo! ***to be on one's ~s and knees*** essere carponi; ***we can always use another pair of ~s*** possiamo sempre trovare qualcun altro che ci dia una mano 2 *(handwriting)* scrittura f., calligrafia f.; ***in her own ~*** scritto di suo pugno 3 *(involvement)* ***to have a ~ in*** avere parte *o* mano in [*project*]; partecipare a, prendere parte a [*demonstration*]; ***to stay*** o ***hold one's ~*** trattenersi, indugiare 4 *(assistance)* ***to give*** o ***lend sb. a (helping) ~*** dare una mano a qcn. 5 *(round of applause)* ***to give sb. a big ~*** fare un bell'applauso a qcn. 6 *(consent to marriage)* ***to ask for sb.'s ~ (in marriage)*** chiedere la mano di qcn. 7 *(possession)* ***to be in sb.'s ~s*** essere nelle mani di qcn.; ***to change ~s*** cambiare proprietario; ***to fall*** o ***get into the wrong ~s*** finire nelle mani sbagliate; ***to be in good*** o ***safe ~s*** essere in buone mani; ***to put one's life in sb.'s ~s*** affidare la propria vita nelle mani di qcn.; ***to place*** o ***put [sth.] in sb.'s ~s*** affidare [qcs.] a qcn. [*office*]; mettere [qcs.] nelle mani di qcn. [*matter*]; ***to play into sb.'s ~s*** fare il gioco di qcn.; ***the matter is out of my ~s*** la questione non è di mia pertinenza 8 *(control)* ***to get out of ~*** [*inflation*] sfuggire al controllo; [*children*] diventare indisciplinato; [*demonstration*] degenerare; ***things are getting out of ~*** le cose ci stanno sfuggendo di mano; ***to take sth. in ~*** prendere in mano [*situation*]; affrontare, occuparsi di [*problem*]; ***to take sb. in ~*** fare rigare diritto *o* tenere a freno qcn. 9 GIOC. *(cards dealt)* carte f.pl.; *(game)* mano f.; ***to show one's ~*** scoprire le proprie carte (anche FIG.) 10 *(worker)* lavoratore m. (-trice), operaio m. (-a); MAR. membro m. dell'equipaggio, marinaio m. 11 *(responsibility)* ***to have [sth.] on one's ~s*** avere [qcs.] sulle spalle [*unsold stock*]; ***to take sb. off sb.'s ~s*** levare di torno qcn. a qcn.; ***to have sth. off one's ~s*** non essere più responsabile di qcs. 12 *(available)* ***to have sth. to ~*** avere qcs. a portata di mano *o* sottomano; ***to be on ~*** [*person*] essere a disposizione *o* disponibile; ***to be close to ~*** o ***near at ~*** essere portata di mano; ***to come to ~*** capitare sottomano 13 *(skill)* ***to try one's ~ at*** cimentarsi in [*photography, painting*]; ***to set*** o ***turn one's ~ to sth., doing*** dedicarsi a qcs., a fare; ***to keep one's ~ in*** non perdere la mano a; ***to get one's ~ in*** fare *o* prendere la mano a 14 *(on clock, dial)* lancetta f. 15 *(source)* ***I got the information first, second ~*** ho avuto queste informazioni di prima, di seconda mano 16 *(side)* ***on the one ~..., on the other ~...*** da un lato... dall'altro... *o* da un canto... d'altro canto; ***on the other ~*** *(conversely)* d'altra parte, tuttavia, però 17 ***in hand*** *(current)* ***the matter in ~*** l'argomento in questione; *(underway)* ***work on the road is already in ~*** i lavori sulla strada sono già in corso; ***the preparations are well in ~*** i preparativi sono già a buon punto; *(to spare)* ***he finished the exam with 20 minutes in ~*** ha finito l'esame con venti minuti di anticipo; ***I'll do it when I have some time in ~*** lo farò quando avrò un po' di tempo (a disposizione) 18 **out of hand** [*reject, dismiss*] d'acchito, subito 19 **at the hands of** da parte di, ad opera di **II -handed** agg. in composti ***heavy-~ed*** dalla mano pesante; ***left-~ed*** mancino ♦ ***to know sth. like the back of one's ~*** conoscere qcs. a menadito *o* come le proprie tasche; ***many ~s make light work*** PROV. l'unione fa la forza; ***he never does a ~'s turn*** non muove mai un dito; ***to win ~s down*** vincere a mani basse.
2.hand /hænd/ tr. ***to ~ sb. sth.*** o ***to ~ sth. to sb.*** dare *o* consegnare *o* passare qcs. a qcn. ♦ ***you've got to ~ it to him...*** bisogna riconoscergli che...
▪ **hand back:** ***~ [sth.] back, ~ back [sth.]*** restituire, rendere [*object*].
▪ **hand down:** ***~ [sth.] down, ~ down [sth.]*** *(transmit)* lasciare in eredità [*property*]; tramandare [*tradition, skill*]; ***~ [sth.] down to sb., ~ down [sth.] to sb.*** passare [qcs.] a qcn.
▪ **hand in:** ***~ [sth.] in, ~ in [sth.]*** presentare [*petition, ticket*]; consegnare [*homework*]; ***to ~ in one's notice*** o ***resignation*** rassegnare le dimissioni.
▪ **hand on:** ***~ [sth.] on, ~ on [sth.]*** passare [*collection plate, baton*].
▪ **hand out:** ***~ [sth.] out, ~ out [sth.]*** distribuire [*food, leaflets*]; infliggere [*fines*].
▪ **hand over:** ***~ over to [sb.]*** 1 TELEV. RAD. passare la linea a [*reporter*] 2 *(transfer power)* lasciare il potere a, passare le consegne a [*deputy, successor*] 3 *(on phone)* ***I'll just ~ you over to Jim*** ti passo subito Jim; ***~ over [sth.], ~ [sth.] over*** consegnare [*weapon, money*]; cedere [*title, company*]; rivelare [*secret*]; lasciare, trasferire [*power*]; delegare [*problem*]; restituire [*keys*]; ***that pen's mine, ~ it over!*** quella penna è mia, ridammela! ***~ [sb.] over, ~ over [sb.]*** consegnare [*prisoner, terrorist*]; ***to ~ a baby, patient over to sb.*** affidare un bambino, un paziente alle mani di qcn.
▪ **hand round:** ***~ [sth.] round, ~ round [sth.]*** distribuire, fare circolare [*leaflets*]; offrire [*drinks, sandwiches*].
handbag /'hændbæg/ n. borsa f., borsetta f.
hand baggage n. bagaglio m. a mano.
handball /'hændbɔːl/ ♦ *10* n. SPORT 1 *(ballgame)* pallamano f. 2 *(in football)* fallo m. di mano.
handbasin /'hænd,beɪsn/ n. lavabo m.
handbell /'hænd,bel/ n. campanella f.
handbill /'hændbɪl/ n. volantino m., manifestino m.
handbook /'hændbʊk/ n. manuale m., guida f.
handbrake /'hændbreɪk/ n. AUT. freno m. a mano.
handcart /'hændkɑːt/ n. carretto m. a mano, barroccino m.
handclap /'hændklæp/ n. applauso m., battimani m.
handcuff /'hændkʌf/ tr. ammanettare.
handcuffs /'hændkʌfs/ n.pl. manette f.; ***to put the ~ on sb.*** mettere le manette a qcn.
hand-dryer, hand-drier /'hændraɪə(r)/ n. asciugatore m. ad aria.
handful /'hændfʊl/ n. 1 *(fistful)* manciata f., pugno m. 2 *(small number) (of people)* pugno m., manipolo m.; *(of buildings, objects, works)* gruppetto m. 3 COLLOQ. *(troublesome person, animal)* ***to be a ~*** [*child*] essere una peste; [*horse*] essere indomabile; [*dog*] essere molesto.
hand grenade n. bomba f. a mano.
handgun /'hændgʌn/ n. pistola f.
hand-held /,hænd'held/ agg. [*camera*] a mano, portatile; [*device*] portatile, manuale; [*computer*] tascabile, palmare; ***a ~ shower*** una doccia a telefono.
1.handicap /'hændɪkæp/ n. 1 *(disability)* handicap m., menomazione f. 2 *(disadvantage)* svantaggio m., ostacolo m. 3 SPORT *(points)* handicap m.
2.handicap /'hændɪkæp/ tr. (forma in -ing ecc. **-pp-**) 1 ostacolare, handicappare [*person, development*] 2 SPORT handicappare [*race*].
handicapped /'hændɪkæpt/ **I** n. ***the ~*** + verbo pl. gli handicappati, i portatori di handicap, i disabili **II** agg. [*person*] handicappato.
handicraft /'hændɪkrɑːft, AE -kræft/ n. oggetto m. d'artigianato; ***"~s"*** *(sign on shop)* "prodotti artigianali".
handily /'hændɪlɪ/ avv. [*located*] a portata di mano.
hand in hand avv. [*walk*] mano nella mano; ***to go ~*** FIG. andare di pari passo.
handiwork /'hændɪwɜːk/ n. lavoro m. fatto a mano; FIG. opera f.

handkerchief /ˈhæŋkətʃɪf, -tʃiːf/ n. fazzoletto m.
1.handle /ˈhændl/ n. **1** *(on bucket, basket, bag, saucepan, piece of cutlery, hammer)* manico m.; *(on door, drawer)* maniglia f.; *(on cup)* ansa f.; *(on wheelbarrow)* stanga f.; *(on pump)* braccio m. **2** FIG. *(hold)* ***to get a ~ on sb.*** riuscire a capire qcn. ♦ ***to fly off the ~*** COLLOQ. perdere le staffe.
2.handle /ˈhændl/ **I** tr. **1** *(touch)* maneggiare, toccare con le mani [*explosives, samples, food*] ***"~ with care"*** "maneggiare con cura" *o* "fragile"; ***"please do not ~ (the goods)"*** "si prega di non toccare (la merce)"; ***to ~ the ball*** SPORT fare un fallo di mano; ***to ~ stolen goods*** ricettare *o* trattare merce rubata **2** *(manage)* manovrare [*car*]; ***to know how to ~ children*** saperci fare con i bambini; ***he's hard to ~*** è uno che non si sa come prendere; ***to ~ sb. roughly*** trattare male *o* maltrattare qcn. **3** *(deal with)* occuparsi di, trattare [*case*]; condurre [*negotiations*]; affrontare, fare fronte a [*situation, crisis*]; reggere [*stress, pace*]; ***I can ~ it*** ci penso io **4** *(process)* [*organization*] gestire [*money, clients, order*]; [*airport, port*] accogliere [*passengers, cargo*]; [*factory*] trattare [*waste*]; [*person*] maneggiare, gestire [*information, money, accounts*]; [*computer*] gestire [*graphics, information*]; [*department, official*] occuparsi di [*complaints, enquiries*]; [*agent*] essere responsabile di [*sale*]; [*lawyer*] occuparsi di, trattare [*case*] **5** *(artistically)* trattare [*theme*] **II** intr. AUT. ***the car ~s badly*** la macchina non risponde ai comandi; ***it ~s well on bends*** ha una buona tenuta in curva ♦ ***to be too hot to ~*** [*situation*] essere scottante.
handlebar moustache n. baffi m.pl. a manubrio.
handlebars /ˈhændlbɑːz/ n.pl. manubrio m.sing.
handler /ˈhændlə(r)/ n. **1** *(of animals)* addestratore m. (-trice) **2** *(advisor) (of star)* agente m. e f.; *(of politician)* consigliere m. (-a).
handling /ˈhændlɪŋ/ n. **1** *(holding, touching) (of substance)* manipolazione f.; *(of tool, weapon)* maneggio m.; ***old books require careful ~*** è necessario trattare i libri antichi con molta cura **2** *(way of dealing)* ***her ~ of the theme*** il suo modo di trattare *o* affrontare il tema; ***the bank's ~ of the affair*** il modo in cui la banca ha affrontato la vicenda; ***their ~ of the economy*** la loro gestione dell'economia **3** COMM. *(storage, shipping)* ***~ facilities*** servizio di imballaggio e spedizione **4** *(processing) (of data, documents)* trattamento m.; *(of process, business)* gestione f. **5** *(training)* ***dog ~*** addestramento di cani.
handling charge n. **1** COMM. spese f.pl. di approntamento **2** AMM. ECON. spese f.pl. di movimentazione.
hand luggage n. bagaglio m. a mano.
handmade /ˌhændˈmeɪd/ agg. fatto a mano.
handmaid /ˈhændmeɪd/, **handmaiden** /ˈhændmeɪdn/ n. ANT. serva f., ancella f.
hand-me-down /ˈhændmiːdaʊn/ n. COLLOQ. ***my sister's ~s*** gli abiti smessi di mia sorella.
handout /ˈhændaʊt/ n. **1** *(payment) (welfare)* sussidio m.; *(to industry)* sovvenzione f.; *(charitable)* elemosina f., carità f.; ***to live off ~s*** vivere d'elemosina **2** *(document)* documento m. **3** *(leaflet)* volantino m., opuscolo m. **4** *(to the press)* comunicato m. stampa.
handover /ˈhændəʊvə(r)/ n. *(of property, power)* trasferimento m., passaggio m.; *(of territory)* cessione f.; *(of ransom, prisoner)* consegna f.
handpick /ˌhændˈpɪk/ tr. scegliere con cura, selezionare attentamente.
handrail /ˈhændreɪl/ n. *(on stairs)* corrimano m., mancorrente m.; *(on balcony, pier)* ringhiera f.
hand-reared /ˌhændˈrɪəd/ agg. [*animal*] nutrito con il biberon.
handset /ˈhændset/ n. TEL. microtelefono m.
hands-free headset n. TEL. *(for mobile phone)* auricolare m.
hands-free kit n. AUT. TEL. vivavoce m. (per auto).
handshake /ˈhændʃeɪk/ n. stretta f. di mano.
hand signal n. *(by a cyclist)* segnalazione f. con la mano.
hands-off /ˌhændzˈɒf, AE -ˈɔːf/ agg. [*manager*] che non interferisce, che delega le responsabilità; [*policy*] di non intervento.
handsome /ˈhænsəm/ agg. **1** *(fine)* [*person, town*] bello; [*building*] armonioso, bello **2** *(appreciable)* [*dividend*] notevole; [*sum*] considerevole, bello; [*reward*] generoso.
handsomely /ˈhænsəmlɪ/ avv. *(amply)* ***to pay off ~*** [*investment*] rendere molto bene *o* dare ottimi risultati; ***to be ~ rewarded*** essere profumatamente *o* lautamente ricompensato.
hands-on /ˌhændzˈɒn/ agg. [*experience*] pratico; [*manager*] attento, partecipe; [*control*] diretto; [*museum*] interattivo; [*approach*] pragmatico.
handspring /ˈhændsprɪŋ/ n. *(in gymnastics)* rovesciata f.
handstand /ˈhændstænd/ n. SPORT verticale f.
hand-to-hand /ˌhændtəˈhænd/ agg. e avv. corpo a corpo.
hand-to-mouth /ˈhændtəmaʊθ/ **I** agg. [*existence, life*] gramo, precario **II hand to mouth** avv. [*live*] alla giornata.
hand towel n. asciugamano m.
hand-woven /ˌhændˈwəʊvn/ agg. tessuto a mano.
handwriting /ˈhændraɪtɪŋ/ n. scrittura f., (calli)grafia f.
handwritten /ˈhændrɪtn/ agg. scritto a mano.
handy /ˈhændɪ/ agg. **1** *(useful)* [*book, skill*] utile; [*bag, pocket, tool*] pratico, comodo; ***to come in ~ for sb., sth., for doing*** venire *o* tornare utile per qcn., qcs., per fare; ***that's ~ to know*** buono a sapersi **2** *(convenient)* [*format, shape, size*] pratico; [*location*] buono, comodo; [*shop*] comodo, vicino; ***to keep, have [sth.] ~*** tenere, avere [qcs.] a portata di mano [*keys, pencil*] **3** COLLOQ. *(skilful)* abile (**at doing** a fare); ***to be ~ with a paintbrush*** essere abile con il pennello.
handyman /ˈhændɪmən/ n. (pl. **-men**) tuttofare m.
1.hang /hæŋ/ n. **1** SART. ***the ~ of a dress*** il modo in cui cade un vestito **2** COLLOQ. *(knack)* ***to get the ~ of sth., of doing*** capire come funziona qcs., come si fa.
2.hang /hæŋ/ **I** tr. (pass., p.pass. **hung**) **1** *(suspend)* appendere, attaccare (**from** a; **by** a, per; **on** a); *(drape over)* stendere (**over** su); *(peg up)* stendere [*washing*] (**on** su) **2** (anche **~ down**) *(let dangle)* sospendere [*rope, line*] (**out of** a); fare ciondolare, fare penzolare [*arm, leg*]; ***to ~ one's head in shame*** chinare il capo per la vergogna **3** *(decorate with)* ***to be hung with*** essere ornato *o* addobbato di [*flags, tapestries*]; essere decorato con [*garlands*] **4** *(interior decorating)* attaccare, incollare [*wallpaper*] **5** ING. TECN. montare, incardinare [*door, gate*] **6** GASTR. fare frollare [*game*] **7** (pass., p.pass. **hanged**) impiccare [*criminal, victim*] (**for** per) **II** intr. (pass., p.pass. **hung**) **1** *(be suspended) (on hook)* essere appeso; *(from height)* essere sospeso; *(on washing line)* essere steso; ***to ~ from the ceiling*** [*chandelier*] pendere dal soffitto; ***her arm hung limply over the arm of the chair*** il suo braccio pendeva mollemente dal bracciolo; ***the children were ~ing out of the window*** i bambini si sporgevano dalla finestra; ***his paintings ~ in the Louvre*** i suoi quadri sono esposti al Louvre **2** SART. *(drape)* ***the dress ~s properly*** il vestito cade bene **3** *(float)* [*fog, cloud*] incombere, permanere; [*smoke, smell*] ristagnare **4** (pass., p.pass. **hanged**) *(die)* morire impiccato **III** rifl. (pass., p.pass. **hanged**) ***to ~ oneself*** impiccarsi (**from** a) ♦ ***~ it all!*** COLLOQ. al diavolo! ***~ the expense!*** COLLOQ. al diavolo i soldi! crepi l'avarizia! ***~ed if I know!*** COLLOQ. che mi venga un colpo se lo so! ***to let it all ~ out*** COLLOQ. lasciarsi andare.
▪ **hang about** COLLOQ. *(wait)* stare ad aspettare; *(aimlessly)* ciondolare, bighellonare.
▪ **hang around** COLLOQ. ***~ around*** → **hang about**; ***to ~ around with sb.*** *(associate with)* frequentare qcn., andare in giro con qcn.; ***~ around [sb.]*** *(inflict oneself on)* stare intorno a.
▪ **hang back** *(in fear)* tirarsi indietro; *(waiting)* indugiare; *(reluctant)* esitare; FIG. essere restio.
▪ **hang behind** restare indietro, attardarsi.
▪ **hang down** pendere, penzolare.
▪ **hang on: ~ on 1** COLLOQ. *(wait)* aspettare; ***can you ~ on?*** *(on phone)* può rimanere in linea? **2** COLLOQ. *(survive)* resistere; ***~ on in there!*** tieni duro! ***~ on [sth.]*** **1** *(depend on)* dipendere da **2** *(listen attentively)* ***to ~ on sb.'s every word*** pendere dalle labbra di qcn.
▪ **hang on to: ~ on to [sth., sb.] 1** *(hold)* aggrapparsi a [*object*]; tenere stretto [*person*]; ***~ on to your hat!*** tieniti bene stretto il cappello! FIG. tieniti forte! **2** COLLOQ. FIG. *(retain)* tenere stretto [*possession, power*].
▪ **hang out: ~ out 1** *(protrude)* sporgere **2** COLLOQ. *(frequent)* bazzicare; ***~ out [sth.], ~ [sth.] out*** stendere [*washing*]; appendere, mettere fuori [*sign, flag*].

▪ **hang over:** *~ over [sb., sth.]* [*threat, suspicion*] incombere su [*person, project*].
▪ **hang together** *(be consistent)* essere coerente, filare.
▪ **hang up:** *~ up (on phone)* riattaccare, mettere giù; ***to ~ up on sb.*** riattaccare il telefono (in faccia) a qcn.; ***~ up [sth.], ~ [sth.] up*** **1** *(on hook, hanger, string)* appendere, attaccare; *(on washing line)* stendere **2** FIG. SCHERZ. ***to ~ up one's skis, one's gloves*** appendere gli sci, i guantoni al chiodo.

hangar /ˈhæŋə(r)/ n. hangar m., aviorimessa f.

hangdog /ˈhæŋdɒg/ agg. [*expression, look*] da cane bastonato.

hanger /ˈhæŋə(r)/ n. **1** *(coat hanger)* gruccia f., ometto m. **2** *(loop)* cappio m.

hanger-on /ˌhæŋərˈɒn/ n. COLLOQ. parassita m. e f., scroccone m. (-a).

hang-glider /ˈhæŋglaɪdə(r)/ n. *(craft)* deltaplano m.; *(pilot)* deltaplanista m. e f.

hang-gliding /ˈhæŋglaɪdɪŋ/ ➧ **10** n. ***to go ~*** fare deltaplano.

hanging /ˈhæŋɪŋ/ **I** n. **1** *(strangulation)* impiccagione f. **2** *(curtain)* tenda f.; *(on wall)* arazzo m. **3** *(of picture)* (l')appendere; *(of wallpaper)* (l')incollare, (l')attaccare **II** agg. **1** DIR. [*offence*] punibile con l'impiccagione **2** *~ **garden*** giardino pensile; *~ **basket*** = cestino o vaso contenente piante decorative che viene appeso a soffitti o lampioni.

hangman /ˈhæŋmən/ n. (pl. **-men**) **1** *(at gallows)* boia m., carnefice m. **2** ➧ **10** GIOC. impiccato m.

hangnail /ˈhæŋneɪl/ n. pipita f.

hang-out /ˈhæŋaʊt/ n. COLLOQ. ritrovo m. abituale.

hangover /ˈhæŋəʊvə(r)/ n. **1** *(from drink)* ***to have a ~*** avere i postumi di una sbronza **2** FIG. *(legacy)* strascico m., conseguenza f. (**from** di).

hang-up /ˈhæŋʌp/ n. COLLOQ. complesso m., fissazione f.; ***to have a ~ about*** essere complessato per [*appearance*]; avere la fobia di [*spiders*].

hank /hæŋk/ n. matassa f.

hanker /ˈhæŋkə(r)/ intr. ***to ~ after sth.*** desiderare ardentemente *o* agognare qcs.

hankering /ˈhæŋkərɪŋ/ n. ***to have a ~ for sth.*** avere una gran voglia di qcs.

hankie, **hanky** /ˈhæŋkɪ/ n. COLLOQ. fazzoletto m.

hanky-panky /ˌhæŋkɪˈpæŋkɪ/ n. COLLOQ. SCHERZ. *(sexual, political)* porcherie f.pl.

Hannah /ˈhænə/ n.pr. Anna.

Hannibal /ˈhænɪbl/ n.pr. Annibale.

Hanoverian /ˌhænəˈvɪərɪən/ agg. STOR. della casa di Hannover.

Hansard /ˈhænsɑːd/ n. = resoconto ufficiale degli atti del Parlamento britannico.

hansom /ˈhænsəm/ n. (anche *~ **cab***) = carrozza a due ruote con il cocchiere seduto a tergo.

ha'penny → **halfpenny**.

haphazard /hæpˈhæzəd/ agg. *(unorganized)* disordinato, confuso; *(random)* casuale, fortuito; ***in a ~ way*** a casaccio.

haphazardly /hæpˈhæzədlɪ/ avv. a casaccio.

hapless /ˈhæplɪs/ agg. LETT. o SCHERZ. sventurato.

happen /ˈhæpən/ intr. **1** *(occur)* accadere, avvenire, succedere; ***what's happening?*** cosa sta succedendo? ***the accident ~ed yesterday*** l'incidente è capitato ieri; ***I wonder what will ~ next*** mi chiedo cosa succederà adesso; ***we must make sure this never ~s again*** dobbiamo assicurarci che questo non accada mai più; ***he reacted as if nothing had ~ed*** reagì come se nulla fosse stato; ***whatever ~s, don't get out*** qualunque cosa accada, non uscire; ***it had*** o ***it was bound to ~*** BE doveva accadere; ***how does it ~*** o ***how can it ~ that such problems are ignored?*** come è possibile che certi problemi vengano ignorati? ***anything might ~!*** potrebbe succedere di tutto! ***he's the sort of person who makes things ~*** è una di quelle persone che ha la capacità di incidere sulle cose **2** *(befall)* ***to ~ to sb.*** accadere *o* succedere a qcn.; ***if anything ~s to her, I shall never forgive myself*** se dovesse accaderle qualcosa, non me lo perdonerei mai **3** *(occur by chance)* ***there ~s to be a free parking space*** per puro caso c'è un parcheggio libero; ***it so ~ed that...*** il caso volle che...; ***as it ~ed, the weather that day was bad*** guarda caso, quel giorno il tempo era brutto; ***if you ~ to see her say hello*** se ti capita di vederla salutala; ***do you ~ to have his phone number?*** hai per caso il suo numero di telefono? **4** *(become of)* ***what will ~ to the children?*** che ne sarà dei bambini? **5** *(used assertively)* ***he just ~s to be my best friend!*** si dà il caso che sia il mio migliore amico!
▪ **happen on:** *~ on [sth.]* trovare per caso [*object*].

happening /ˈhæpənɪŋ/ n. **1** *(occurrence)* evento m., avvenimento m. **2** ART. TEATR. happening m.

happily /ˈhæpɪlɪ/ avv. **1** *(cheerfully)* [*laugh, play, say*] allegramente; ***to be ~ married*** essere felicemente sposato; ***they all lived ~ ever after*** e vissero tutti felici e contenti **2** *(luckily)* fortunatamente **3** *(willingly)* [*accept, agree*] di buon grado, volentieri **4** *(successfully)* [*chosen*] bene, opportunamente.

happiness /ˈhæpɪnɪs/ n. felicità f., contentezza f.

happy /ˈhæpɪ/ agg. **1** *(cheerful)* felice; ***to be ~ doing*** essere lieto di fare **2** *(pleased)* contento, soddisfatto (**with** di); ***he's not ~ about it*** non ne è soddisfatto; ***to keep sb. ~*** accontentare qcn. **3** *(willing)* ***he's quite ~ to leave on Monday*** non gli dispiace di partire lunedì; ***are you ~ to go tomorrow?*** va bene per te andare domani? **4** *(in greetings)* ***Happy birthday!*** Buon compleanno! ***Happy anniversary!*** Felice anniversario! **5** *(lucky)* fortunato; ***he's in the ~ position of having no debts*** è nell'invidiabile posizione di non avere debiti; ***the ~ few*** i pochi fortunati, gli eletti.

happy couple n. ***the ~*** gli sposi.

happy ending n. lieto fine m.

happy event n. ***the ~*** *(birth)* il lieto evento.

happy-go-lucky /ˌhæpɪgəʊˈlʌkɪ/ agg. spensierato.

happy hunting ground n. *(for Amerindians)* paradiso m. (anche FIG.).

happy medium n. giusto mezzo m.

1.harangue /həˈræŋ/ n. *(political)* arringa f.; *(moral)* paternale f.

2.harangue /həˈræŋ/ tr. (forma in -ing **haranguing**) *(politically)* arringare; *(morally)* fare la paternale a.

harass /ˈhærəs, AE həˈræs/ tr. tormentare, molestare.

harassed /ˈhærəst, AE həˈræst/ **I** p.pass. → **harass II** agg. tormentato, molestato.

harassment /ˈhærəsmənt, AE həˈræsmənt/ n. molestia f., vessazione f.; ***sexual ~*** molestie sessuali; ***racial ~*** persecuzione razziale.

harbinger /ˈhɑːbɪndʒə(r)/ n. LETT. *(person)* messaggero m., araldo m.; *(thing)* presagio m.

1.harbour BE, **harbor** AE /ˈhɑːbə(r)/ n. **1** porto m. **2** FIG. *(haven)* rifugio m., asilo m.

2.harbour BE, **harbor** AE /ˈhɑːbə(r)/ tr. **1** *(nurse)* nutrire [*emotion, suspicion*]; cullare [*illusion*] **2** *(shelter illegally)* dare ricetto a [*criminal*].

hard /hɑːd/ **I** agg. **1** *(firm)* [*consistency, object*] duro; [*skin, paint, mud*] indurito; ***to go*** o ***grow*** o ***become ~*** indurirsi **2** *(difficult)* [*problem, question*] difficile, complesso; [*choice, decision*] difficile, sofferto; *(demanding)* [*task, training*] duro, arduo; [*study*] impegnativo; [*fight*] duro, accanito; ***I've had a ~ day*** ho avuto una giornata dura; ***to be ~ to open, find*** essere difficile da aprire, da trovare; ***he's ~ to please*** è difficile da accontentare, è molto esigente; ***his choice was ~ for me to understand*** fu difficile per me comprendere la sua scelta; ***to find it ~ to do sth.*** avere difficoltà a fare qcs.; ***it's ~ to accept, believe*** è difficile accettare, credere (**that** che); ***I'm not afraid of ~ work*** il lavoro duro *o* la fatica non mi spaventa; ***it was ~ work (doing)*** è stata dura (fare); ***to be a ~ worker*** [*student*] essere uno sgobbone; [*worker*] essere un gran lavoratore; ***to do things the ~ way*** complicarsi la vita; ***to find sth. out*** o ***learn sth. the ~ way*** imparare qcs. a proprie spese **3** *(harsh)* [*life, year, time*] difficile; [*blow*] duro, brutto; [*climate, winter*] rigido; ***to be ~ on sb.*** essere duro, severo con qcn.; ***this tax is very ~ on the unemployed*** questa tassa grava molto sui disoccupati; ***~ luck*** o ***lines!*** BE COLLOQ. *(sympathetic)* che sfortuna! *(unsympathetic)* tanto peggio! ***to take a ~ line*** seguire la linea dura (**on sth.** in qcs.); ***it's a ~ life!*** SCHERZ. IRON. dura la vita! ***to fall on ~ times*** cadere in miseria, andare a finire male; ***to give sb. a ~ time*** COLLOQ. *(make things difficult)* rendere la vita difficile a qcn.; *(tell off)* dare una lavata di capo a qcn. **4** *(stern)* [*person*] severo; [*look*] arcigno; [*voice, words*] duro, aspro; [*heart*] duro, di pietra **5** *(forceful)* [*push, knock*] forte, violento **6** *(concrete)* [*evidence*] concreto; [*news*] certo, fondato; ***the ~ facts about sth.*** la verità nuda e cruda su qcs. **7** *(stark)* [*colour, sound, light*] forte, violento **8** *(strong)* [*liquor*] forte; [*drug*] pesante; [*pornography*] hard; ***to be a ~ drinker*** essere un forte bevitore **9** POL. ***the ~ left, right*** l'estrema sinistra, destra **10** CHIM. [*water*] duro **11** LING. [*consonant*] duro **12** COLLOQ. *(tough)* ***so you think you're ~, do you?*** credi di essere un duro, vero? **13** ECON. [*currency*] forte **II** avv. **1** [*push, laugh*] forte; [*work*] duro, sodo; [*study*] molto, sodo; [*rain*] forte, a dirotto; [*snow*] fitto; [*look*] intensamente; [*listen*] attentamente; ***to be ~ hit*** FIG. essere duramente colpito; ***think ~!*** pensaci bene! ***to try ~*** sforzarsi; ***no matter how ~ I try, I...*** per quanto ci provi, io...; ***to be ~ at it*** COLLOQ. o ***at work*** darci dentro *o* lavorare sodo; ***to take sth. (very) ~*** prendere (molto) male qcs. **2** *(with directions)* ***turn ~ left at the traffic lights*** al semaforo giri tutto a sinistra **3** *(indicating proximity)* ***~ behind*** subito *o* immediatamente dietro ♦ ***to play ~ to get*** fare il prezioso, farsi desiderare; ***to be ~ put to do*** trovarsi in grande difficoltà a fare; ***to be, feel ~ done by*** essere, sentirsi trattato male.

hard and fast agg. [*rule, distinction*] ferreo; [*category*] rigido.

hardback /'hɑ:dbæk/ **I** n. libro m. rilegato; ***in ~*** in edizione rilegata **II** modif. [*book*] con copertina rigida, rilegato.

hardball /'hɑ:dbɔ:l/ ➧ *10* n. AE SPORT baseball m.; ***to play ~*** giocare a baseball; FIG. avere un atteggiamento aggressivo.

hardbitten /ˌhɑ:d'bɪtn/ agg. [*person*] indurito, spietato.

hardboard /'hɑ:dbɔ:d/ n. cartone m. di fibra compressa.

hard-boiled /ˌhɑ:d'bɔɪld/ agg. **1** [*egg*] sodo **2** FIG. [*person*] indurito, cinico.

hard cash n. contanti m.pl., denaro m. liquido.

hard copy n. INFORM. hard copy f., copia f. cartacea.

hard core I n. **1** *(of group, demonstrators)* nucleo m. di irriducibili, zoccolo m. duro **2** ING. massicciata f. **II hard-core** agg. **1** *(established)* [*supporter, opponent*] irriducibile **2** *(extreme)* [*pornography*] hard; [*video*] hard-core.

hard court n. SPORT campo m. in terra battuta.

hard disk n. INFORM. hard disk m., disco m. fisso.

hard-earned /ˌhɑ:d'ɜ:nd/ agg. [*cash*] sudato.

harden /'hɑ:dn/ **I** tr. **1** (fare) indurire **2** FIG. rendere insensibile [*person*] (**to** a); rafforzare [*resolve*]; irrigidire [*attitude*]; ***to ~ one's heart*** diventare insensibile **II** intr. **1** indurirsi **2** FIG. [*face, voice*] indurirsi; [*resolve*] rafforzarsi; [*attitude*] irrigidirsi; ***his eyes ~ed*** il suo sguardo si fece duro **3** ECON. [*prices*] consolidarsi.

hardened /'hɑ:dnd/ **I** p.pass. → **harden II** agg. [*criminal*] incallito; [*drinker*] forte, incallito; [*addict*] cronico; ***to become ~ to*** assuefarsi a.

hard-faced /ˌhɑ:d'feɪst/ agg. [*person*] dai lineamenti duri; FIG. duro.

hard feelings n.pl. rancore m.sing., inimicizia f.sing.; ***no ~!*** senza rancore!

hard-fought /ˌhɑ:d'fɔ:t/ agg. [*battle*] aspramente combattuto; [*competition, election*] molto combattuto.

hard hat n. *(helmet)* elmetto m.; EQUIT. casco m. di sicurezza.

hard-headed /ˌhɑ:d'hedɪd/ agg. [*person, approach*] pratico, realistico.

hard-hearted /ˌhɑ:d'hɑ:tɪd/ agg. duro, insensibile.

hard-hitting /ˌhɑ:d'hɪtɪŋ/ agg. [*criticism, speech*] incisivo, efficace.

hardiness /'hɑ:dɪnɪs/ n. **1** *(strength)* robustezza f., vigore m. **2** *(boldness)* audacia f., coraggio m.

hard labour BE, **hard labor** AE n. lavori m.pl. forzati.

hardline /ˌhɑ:d'laɪn/ agg. [*policy, approach*] intransigente; [*communist, conservative, regime*] integralista.

hardliner /ˌhɑ:d'laɪnə(r)/ n. persona f. intransigente; POL. integralista m. e f.

hard luck n. sfortuna f., cattiva sorte f.

hard-luck story n. ***to tell*** o ***give sb. a ~*** raccontare a qcn. le proprie sventure.

hardly /'hɑ:dlɪ/ avv. **1** *(only just, barely)* [*begin*] appena; [*know*] appena, a malapena; [*hear, see*] a stento, a fatica; ***~ had they set off than*** o ***when*** erano appena partiti che, quando **2** *(not really)* ***~!*** certamente no! no di certo! ***you can ~ expect me to believe that!*** non puoi certo aspettarti che ci creda! ***it's ~ a secret!*** non è certo un segreto! ***it's ~ likely*** è poco probabile; ***it's ~ surprising!*** non è una sorpresa! ***I need ~ remind you that*** è inutile che ti ricordi che; ***I can ~ wait!*** non vedo l'ora! (anche IRON.); ***I can ~ believe it!*** stento a crederci! **3** *(almost not)* ***~ any, anybody*** quasi niente, nessuno; ***~ ever*** quasi mai **4** *(harshly)* duramente, severamente.

hardness /'hɑ:dnɪs/ n. durezza f. (anche FIG.).

hard-nosed /ˌhɑ:d'nəʊzd/ agg. [*person*] determinato, testardo; SPREG. [*attitude*] duro; [*businessman*] scaltro, senza scrupoli; [*government*] inclemente, spietato.

hard of hearing agg. ***to be ~*** essere duro d'orecchio.

hard-on /'hɑ:dɒn/ n. VOLG. ***to have*** o ***get a ~*** avercelo duro.

hard-pressed /ˌhɑ:d'prest/, **hard-pushed** /ˌhɑ:d'pʊʃt/ agg. in difficoltà; *(under pressure)* oberato, sotto pressione; ***to be ~ (for time)*** avere l'acqua alla gola; ***to be ~ to do*** avere difficoltà a fare.

hard sell n. (tecnica di) vendita f. aggressiva; ***to give sb. the ~*** imporre un prodotto a qcn.

hardship /'hɑ:dʃɪp/ n. **1 U** *(difficulty)* difficoltà f., avversità f.; *(poverty)* privazioni f.pl., stenti m.pl. **2 C** *(ordeal)* prova f., traversia f.

hard shoulder n. BE corsia f. d'emergenza.

hard standing n. area f. di stazionamento.

hard up agg. COLLOQ. al verde, in bolletta; ***to be ~ for*** essere a corto di.

hardware /'hɑ:dweə(r)/ n. **1** INFORM. hardware m. **2** MIL. armamenti m.pl. **3** *(household goods)* ferramenta f.pl., articoli m.pl. di ferramenta.

hardware shop, **hardware store** ➧ *27* n. negozio m. di ferramenta.

hard-wearing /ˌhɑ:d'weərɪŋ/ agg. resistente.

hard-won /ˌhɑ:d'wʌn/ agg. combattuto, conquistato con fatica.

hardwood /'hɑ:dwʊd/ n. legno m. duro.

hard-working /ˌhɑ:d'wɜ:kɪŋ/ agg. industrioso, operoso.

hardy /'hɑ:dɪ/ agg. **1** *(strong)* [*person*] robusto; [*plant*] resistente **2** *(bold)* [*adventurer*] audace, coraggioso.

1.hare /heə(r)/ n. lepre f. ♦ ***to be as mad as a March ~*** essere matto da legare; ***to run with the ~ and hunt with the hounds*** dare un colpo al cerchio e uno alla botte.

2.hare /heə(r)/ intr. correre come una lepre.

■ **hare off** BE scappare a tutta velocità.

harebell /'heəbel/ n. BOT. campanula f.

harebrained /'heəbreɪnd/ agg. [*person*] scervellato, strambo; [*scheme*] strampalato.

harelip /'heəˌlɪp/ n. labbro m. leporino.

haricot /'hærɪkəʊ/ n. BE (anche **~ bean**) fagiolo m. bianco.

hark /hɑ:k/ intr. ANT. ascoltare.

■ **hark back to:** ***~ back to [sth.]*** *(recall)* ritornare su [*subject*]; *(evoke)* [*style, song*] evocare, ricordare.

harlequin /'hɑ:lɪkwɪn/ **I** n. arlecchino m. **II** agg. arlecchino, variopinto.

harlot /'hɑ:lət/ n. LETT. SPREG. meretrice f.

1.harm /hɑ:m/ n. danno m., male m.; ***to do ~ to sb.*** o ***to do sb. ~*** fare del male a qcn.; ***to do ~ to sth.*** danneggiare qcs.; ***I meant no ~ by*** o ***in doing*** non volevo fare nulla di male facendo; ***it would do no ~ to do*** *(you have nothing to lose)* non ti costerebbe niente fare; *(you ought to)* non ti farebbe male fare; ***you'll come to no ~*** non ti succederà niente di male; ***no ~ done!*** poco male! ***where's the ~ in it?*** che male c'è? ***out of ~'s way*** *(in a safe place)* al sicuro; *(unable to harm)* in condizione di non nuocere.

2.harm /hɑ:m/ tr. fare (del) male a [*person*]; danneggiare [*crops, lungs*]; nuocere a [*population, economy*]; rovinare [*landscape*].

harmful /'hɑ:mfl/ agg. [*bacteria, chemical, ray*] nocivo; [*behaviour, allegation*] dannoso, deleterio (**to** per).

harmless /'hɑ:mlɪs/ agg. **1** *(not dangerous)* [*chemical, virus*] non nocivo, innocuo (**to** a); [*growth, cyst*] benigno; [*rash, bite*] non pericoloso **2** *(inoffensive)* [*person*] innocuo, inoffensivo; [*joke, eccentricity*] innocente.

harmonic /hɑ:'mɒnɪk/ agg. MAT. MUS. armonico.

harmonica /hɑ:'mɒnɪkə/ ➧ *17* n. armonica f.

harmonious /hɑ:'məʊnɪəs/ agg. armonioso.

harmonium /hɑ:'məʊnɪəm/ ➧ *17* n. armonium m.

harmonize /'hɑ:mənaɪz/ **I** tr. armonizzare **II** intr. **1** [*law, practice, people*] accordarsi; [*colour*] armonizzarsi **2** MUS.

[*player*] suonare in armonia; [*singer*] cantare in armonia (**with** con).
harmony /ˈhɑːmənɪ/ n. armonia f.
1.harness /ˈhɑːnɪs/ n. *(for horse)* bardatura f., finimenti m.pl.; *(for dog)* pettorina f.; *(for child)* briglie f.pl., dande f.pl.; ***to work in* ~** lavorare in tandem (**with** con); ***I'm back in* ~** sono tornato alla normale routine.
2.harness /ˈhɑːnɪs/ tr. **1** *(use)* sfruttare, utilizzare [*power*] **2** *(put harness on)* bardare, mettere i finimenti a [*horse*] **3** *(attach)* legare, attaccare [*animal*].
Harold /ˈhærəld/ n.pr. Aroldo.
harp /hɑːp/ ➧ ***17*** n. arpa f.
harpist /ˈhɑːpɪst/ ➧ ***17, 27*** n. arpista m. e f.
harp on intr. COLLOQ. ***to* ~ *(about)*** insistere su, continuare a battere su.
1.harpoon /hɑːˈpuːn/ n. arpione m., fiocina f.
2.harpoon /hɑːˈpuːn/ tr. arpionare, fiocinare.
harpsichord /ˈhɑːpsɪkɔːd/ ➧ ***17*** n. clavicembalo m.
harpy /ˈhɑːpɪ/ n. **1** MITOL. (anche **Harpy**) arpia f. **2** SPREG. *(woman)* arpia f.
harridan /ˈhærɪdən/ n. SPREG. vecchia strega f., megera f.
harrier /ˈhærɪə(r)/ n. ORNIT. albanella f.
Harriet /ˈhærɪət/ n.pr. Enrica, Enrichetta.
harrow /ˈhærəʊ/ n. AGR. erpice m.
harrowing /ˈhærəʊɪŋ/ agg. [*experience*] sconvolgente, atroce; [*film, story*] straziante.
harry /ˈhærɪ/ tr. **1** *(harass)* tormentare, perseguitare **2** MIL. *(destroy)* devastare, saccheggiare.
Harry /ˈhærɪ/ n.pr. Enrico.
harsh /hɑːʃ/ agg. **1** *(severe)* [*punishment, measures*] severo; [*regime*] oppressivo, duro; [*person*] severo, rigido, duro; [*words*] aspro; [*climate, winter*] rigido; [*conditions*] duro, difficile **2** [*light, colour*] violento **3** [*voice, sound*] aspro, stridente **4** [*chemical, cleaner*] corrosivo **5** [*cloth, fabric*] ruvido.
harshly /ˈhɑːʃlɪ/ avv. [*treat, judge*] duramente; [*punish, condemn*] severamente.
harshness /ˈhɑːʃnɪs/ n. *(of punishment, law)* severità f.; *(of regime)* oppressione f., durezza f.; *(of climate, winter)* rigore m.; *(of conditions)* durezza f., difficoltà f.; *(of light, colour)* violenza f.; *(of sound)* asprezza f.
hart /hɑːt/ n. (pl. **~, ~s**) cervo m. maschio.
hartebeest /ˈhɑːtɪbiːst/ n. (pl. **~, ~s**) alcelafo m.
harum-scarum /ˌheərəmˈskeərəm/ **I** agg. COLLOQ. [*person, behaviour*] irresponsabile, sfrenato **II** avv. COLLOQ. [*run*] a rompicollo.
1.harvest /ˈhɑːvɪst/ n. **1** *(of wheat)* mietitura f., messe f.; *(of fruits)* raccolta f.; *(of grapes)* vendemmia f.; ***to get in the* ~** mettere al riparo il raccolto **2** FIG. *(of investment, policy)* frutto m.; ***to reap a rich* ~** ricavare molto frutto; ***to reap a bitter* ~** pagare le conseguenze.
2.harvest /ˈhɑːvɪst/ **I** tr. **1** mietere [*corn*]; (rac)cogliere [*vegetables, fruit*] **2** FIG. *(collect)* raccogliere [*information*] **II** intr. *(of corn)* mietere; *(of fruit)* fare la raccolta; *(of grapes)* vendemmiare.
harvester /ˈhɑːvɪstə(r)/ n. **1** *(machine)* mietitrice f. **2** *(person)* mietitore m. (-trice).
harvest festival n. festa f. del raccolto.
harvest moon n. = plenilunio più vicino all'equinozio d'autunno.
has /*forma debole* həz, *forma forte* hæz/ 3ª persona sing. pres. → **1.have.**
has-been /ˈhæzbiːn/ n. COLLOQ. SPREG. ***a political* ~** un politico che ha fatto il suo tempo.
1.hash /hæʃ/ n. **1** GASTR. = piatto di carne tritata **2** COLLOQ. *(mess)* ***he made a* ~ *of the interview*** al colloquio ha combinato un bel pasticcio *o* casino.
2.hash /hæʃ/ n. COLLOQ. accorc. → **hashish.**
hash browns n.pl. AE = crocchette di patate con cipolla.
hashish /ˈhæʃiːʃ/ n. hashish m.
hasn't /ˈhæznt/ contr. has not.
hasp /hɑːsp/ n. cerniera f. di chiusura a occhiello.
1.hassle /ˈhæsl/ n. **U** COLLOQ. **1** *(inconvenience)* scocciatura f.; ***to cause (sb.)* ~** dare dei grattacapi (a qcn.); ***the* ~ *of (doing) sth.*** la rottura di (fare) qcs. **2** *(pestering)* ***to give sb.* ~** scocciare *o* assillare qcn. (**about** per) **3** AE *(tussle)* battibecco m., baruffa f.
2.hassle /ˈhæsl/ tr. COLLOQ. scocciare, assillare (**about** per).
hassock /ˈhæsək/ n. cuscino m. (di inginocchiatoio).
hast /hæst, həst/ ANT. 2ª persona sing. pres. → **1.have.**
haste /heɪst/ n. fretta f.; ***to act in* ~** agire con premura; ***to make* ~** affrettarsi (**to do** a fare); ***why the* ~?** perché tanta fretta? ♦ ***more* ~ *less speed*** chi ha fretta vada adagio.
hasten /ˈheɪsn/ **I** tr. accelerare [*ageing, destruction*]; precipitare, affrettare [*departure*] **II** intr. affrettarsi, sbrigarsi (**to do** a fare).
hastily /ˈhæstɪlɪ/ avv. [*do*] affrettatamente, frettolosamente; [*say*] precipitosamente.
hasty /ˈheɪstɪ/ agg. **1** *(hurried)* [*marriage, departure*] affrettato; [*talks, meal*] frettoloso; [*note, sketch*] buttato giù, appena abbozzato; ***to beat a* ~ *retreat*** SCHERZ. battere velocemente in ritirata **2** *(rash)* [*decision*] avventato, sconsiderato; [*judgment, conclusion*] affrettato, precipitoso.
hat /hæt/ n. cappello m.; ***we'll draw the winners out of a* ~** estrarremo a sorte i nomi dei vincitori ♦ ***at the drop of a* ~** senza esitazioni; ***that's old* ~** è una vecchia storia, sono cose trite e ritrite; ***I'll eat my* ~ *(if he wins)!*** scommetto la testa (che non vince)! ***to pass the* ~ *around*** fare una colletta; ***keep it under your* ~!** acqua in bocca! ***to put*** o ***throw one's* ~ *into the ring*** entrare in lizza; ***to take one's* ~ *off to sb.*** fare tanto di cappello a qcn.; ***to talk through one's* ~** parlare a vanvera *o* a sproposito.
hatband /ˈhætbænd/ n. nastro m. da cappello.
hatbox /ˈhætbɒks/ n. cappelliera f.
1.hatch /hætʃ/ n. **1** AER. portello m.; MAR. portello m. di boccaporto; AUT. portellone m. posteriore **2** *(in dining room)* passavivande m. ♦ ***down the* ~!** alla salute! cin cin!
2.hatch /hætʃ/ **I** tr. **1** *(incubate)* covare [*eggs*] **2** *(plan secretly)* tramare, ordire [*plot, scheme*] **II** intr. [*chicks*] nascere; [*fish eggs*] schiudersi.
3.hatch /hætʃ/ tr. ART. tratteggiare, ombreggiare.
hatchback /ˈhætʃbæk/ n. *(car)* auto f. con portellone posteriore; *(car door)* portellone m. posteriore.
hatchery /ˈhætʃərɪ/ n. *(for chicks)* incubatore m. industriale; *(for fish)* vivaio m.
hatchet /ˈhætʃɪt/ n. accetta f., ascia f. ♦ ***to bury the* ~** seppellire l'ascia di guerra.
hatching /ˈhætʃɪŋ/ n. ART. tratteggio m., ombreggiatura f.
hatchway /ˈhætʃweɪ/ n. MAR. boccaporto m.
1.hate /heɪt/ n. odio m.; ***pet* ~** bestia nera.
2.hate /heɪt/ tr. **1** odiare, detestare; ***to* ~ *sb. for sth., for doing*** odiare qcn. per qcs., perché ha fatto **2** *(not enjoy)* non amare [*sport, food, activity*]; ***he* ~*s to see me cry*** non gli piace vedermi piangere; ***I* ~ *it when*** non sopporto quando **3** *(regret) (in apology)* ***to* ~ *to do*** o ***doing*** essere spiacente di fare.
hateful /ˈheɪtfl/ agg. odioso.
hate mail n. lettere f.pl. minatorie.
hath /hæθ, həθ/ ANT. 3ª persona sing. pres. → **1.have.**
hatpin /ˈhætpɪn/ n. spillone m. da cappello.
hatred /ˈheɪtrɪd/ n. odio m., avversione f. (**of, for** per); ***ancient* ~*s*** antichi rancori.
hat stand BE, **hat tree** AE n. attaccapanni m. a stelo.
hatter /ˈhætə(r)/ ➧ ***27*** n. *(for ladies)* modista f.; *(for men)* cappellaio m. ♦ ***to be as mad as a* ~** essere matto da legare.
hat trick n. SPORT tripletta f.
haughtily /ˈhɔːtɪlɪ/ avv. altezzosamente, con arroganza.
haughtiness /ˈhɔːtɪnɪs/ n. altezzosità f., arroganza f.
haughty /ˈhɔːtɪ/ agg. [*person, manner*] altezzoso, altero, arrogante.
1.haul /hɔːl/ n. **1** *(taken by criminals)* bottino m., refurtiva f. **2** *(found by police)* ***arms, heroin* ~** partita di armi, di eroina **3** *(journey)* ***it will be a long* ~** sarà un lungo cammino (anche FIG.); ***the long* ~ *from Dublin to London*** il lungo viaggio da Dublino a Londra **4** ***long, medium, short* ~ *flight*** volo a lungo, medio, breve raggio **5** *(of fish)* retata f., pesca f.
2.haul /hɔːl/ tr. **1** *(drag)* tirare, trascinare; ***he* ~*ed himself up on the roof*** si arrampicò sul tetto; ***to be* ~*ed up before sb.*** COLLOQ. essere convocato di fronte a qcn. **2** *(transport)* trasportare ♦ ***to* ~ *sb. over the coals*** dare una strigliata a qcn.

1.have

As an auxiliary verb

- When used as an auxiliary in present perfect, future perfect and past perfect tenses *have* is normally translated by *avere*:

I have seen = ho visto
I had seen = avevo visto.

However, many verbs in Italian – the majority of intransitive verbs, especially verbs of movement and change of state (e.g. andare, venire, partire, scendere, morire), reflexive verbs (e.g. alzarsi, addormentarsi), and the verb essere itself – take essere rather than avere in these tenses:

he has just left = è appena partito
have you gone to see him? = sei andato a trovarlo?
she has already got up = si è già alzata
she has looked at herself in the mirror = si è guardata allo specchio
I've been happy here = qui sono stato felice.

In this case, remember that the past participle agrees with the subject of the verb:

she has just left = è appena partita
Jane and Mary have just left = Jane e Mary sono appena partite.

If you are in doubt as to whether a verb conjugates with *essere* or *avere*, consult the appropriate entries in the Italian-English section.

- Italian has no direct equivalent of tag questions like *hasn't he?* or *have you?* There is a general tag question *è vero? / non è vero?* (literally, *is it true? / isn't it true?*) which will work in many cases:

you have met her, haven't you? = l'hai incontrata, non è vero?
you hadn't seen me, had you? = non mi avevi visto, vero?

Note that *è vero?* is used for positive tag questions and *non è vero?* for negative ones. In colloquial Italian, the tag *no?* is also used: l'hai incontrata, no?

In many cases, however, the tag question is simply not translated at all and the speaker's intonation will convey the implied question.

- Again, there is no direct equivalent for short answers like *yes, I have, no, she hasn't* etc. Therefore, in response to standard enquiry, the tag will not be translated:

"have you got a new skirt?" = "hai una gonna nuova?"
"yes, I have" "sì"
"have they already gone?" = "se ne sono già andati?"
"no, they haven't" "no"

Where the answer *yes* is given to contradict a negative question or statement, or *no* to contradict a positive one, an intensifier – an adverb or a phrase – may be used together with *sì* e *no* in Italian:

"you have not cleaned your hands" "yes, I have!" = "non ti sei pulito le mani!" "e invece sì!" (or "sì che me le sono pulite!")
"you have spoken to her again!" = "le hai parlato un'altra volta!"
"no, I haven't!" "ma no!" (or "no che non le ho parlato!")

- When *have* refers back to another verb, it is not usually translated by the equivalent form of Italian *avere*:

I have written as much as you have = ho scritto tanto quanto te
I haven't worked less than you had = non ho lavorato meno di quanto avessi fatto tu
he said he had not met her, and he hadn't = disse che non l'aveva incontrata, ed era vero / e davvero non l'aveva incontrata
I had a new bike for my birthday and so had George = ho ricevuto una bici nuova per il mio compleanno, e George pure
she gets paid more than I do = lei viene pagata più di me
"I have a Welsh girlfriend" "so have I"/"but I haven't" = "ho una ragazza gallese" "anch'io" / "ma io no".

- For translations of time expressions using *for* or *since* (*he has been in London for six months, he has been in London since June*), see the entries **for** and **since.**
- For translations of time expressions using *just* (*I have just finished my essay, he has just gone*), see the entry **2.just**.
- When *have* + object + past participle is used to express the idea that a job is done not by you but by somebody else, *fare* followed by an infinitive is also used in Italian: *I had my suit dry-cleaned* = ho fatto pulire a secco il mio vestito.
- *To have to* meaning *must* is translated by either *dovere* or the impersonal construction *bisogna che* + subjunctive:

I have to leave now = adesso devo partire / bisogna che parta

In negative sentences, *not to have to* is generally translated by *non essere obbligato* (o *tenuto*) *a*, e.g.: *you don't have to go* (or *you haven't got to go*) = non sei obbligato / tenuto ad andare, non devi andare (implying, if you do not want to).

As a lexical verb

- When *have* is used as a straightforward transitive verb meaning *possess*, *have* (or *have got*) can generally be translated by *avere*, e.g.

I have (got) a car = ho una macchina
she has a good memory = ha una buona memoria
they have got problems = hanno dei problemi.

For examples and particular usages see entry; see also **get**.

- *have* is also used with certain noun objects where the whole expression is equivalent to a verb:

to have dinner = *to dine*
to have a try = *to try*
to have a walk = *to walk*

In such cases the phrase is very often translated by the equivalent verb in Italian (*cenare, tentare, passeggiare*), although a similar expression may exist (*fare un tentativo, fare una passeggiata*). For translations consult the appropriate noun entry (**dinner**, **try**, **walk**).

- ***had*** is used in English at the beginning of a clause to replace an expression with *if*. Such expressions are generally translated by *se* + past perfect tense in the subjunctive (although *se* may be omitted), e.g.

had I taken the train, this would never have happened = (se) avessi preso il treno, questo non sarebbe mai successo
had there been a fire, we would all have been killed = (se) ci fosse stato un incendio, saremmo morti tutti.

- For examples of the above and all other uses of *have*, see the entry.

haulage /'hɔ:lɪdʒ/ n. **U 1** *(transport)* trasporto m. di merci **2** *(cost)* costo m. del trasporto.

haulier /'hɔ:lɪə(r)/ BE, **hauler** /'hɔ:lə(r)/ AE ➧ ***27*** n. *(owner of firm)* autotrasportatore m.; *(firm)* impresa f. di autotrasporti; *(truck driver)* camionista m. e f., autotrasportatore m. (-trice).

haunch /hɔ:ntʃ/ n. *(of human)* anca f.; *(of animal)* coscia f.; ***to squat on one's ~es*** accovacciarsi.

1.haunt /hɔ:nt/ n. *(of people)* (luogo di) ritrovo m.; *(of animals)* tana f.

2.haunt /hɔ:nt/ tr. **1** [*ghost*] infestare [*castle*] **2** [*memory, fear*] perseguitare, tormentare; ***he is ~ed by the fear of dying*** è ossessionato dalla paura della morte.

haunted /'hɔ:ntɪd/ **I** p.pass. → **2.haunt II** agg. **1** [*house*] infestato da fantasmi **2** [*face, expression*] tormentato.

haunting /'hɔ:ntɪŋ/ agg. [*film, image, music*] che rimane in testa; [*beauty*] ammaliante; [*doubt*] tormentoso; [*memory*] incancellabile.

hauteur /əʊ'tɜ:(r)/ n. LETT. alterigia f., superbia f.

Havana /hə'vænə/ ➧ ***34*** **I** n.pr. L'Avana f.; ***in ~*** all'Avana **II** n. *(cigar)* avana m.

1.have /*forma debole* həv, *forma forte* hæv/ **I** tr. (3ª persona sing. pres. **has**; pass., p.pass. **had**) **1** *(possess)* avere; ***he has (got) a dog*** ha un cane **2** *(consume)* ***to ~ a sandwich*** mangiare un panino; ***to ~ a whisky*** bere un whisky; ***to ~ a cigarette***

fumare una sigaretta; ***to ~ breakfast*** fare colazione; ***to ~ dinner*** cenare; ***I had some more cake*** presi ancora un po' di torta **3** *(want)* volere, prendere; ***what will you ~?*** cosa desidera? ***she won't ~ him back*** non vuole riprenderlo con sé; ***I wouldn't ~ him any other way*** non mi piacerebbe se fosse diverso **4** *(receive, get)* ricevere [*letter, parcel*]; avere, ricevere [*news, information*]; ***to let sb. ~ sth.*** lasciare prendere qcs. a qcn. **5** *(hold)* fare [*party, meeting, enquiry*]; organizzare [*competition, exhibition*]; avere [*conversation*] **6** *(exert, exhibit)* avere [*effect, courage, courtesy*] (**to do** di fare); avere, esercitare [*influence*] **7** *(spend)* passare, trascorrere; ***to ~ a nice day*** passare una bella giornata; ***to ~ a good time*** divertirsi **8** *(be provided with)* ***to ~ sth. to do*** avere qcs. da fare; ***I ~*** o ***I've got letters to write*** devo scrivere delle lettere **9** *(undergo, suffer)* avere; ***to ~ (the) flu, a heart attack*** avere l'influenza, un infarto; ***to ~ (a) toothache*** avere mal di denti; ***he had his car stolen*** gli hanno rubato la macchina; ***they like having stories read to them*** gli piace farsi leggere delle storie **10** *(cause to be done)* ***to ~ sth. done*** far fare qcs.; ***to ~ the house painted*** fare tinteggiare la casa; ***to ~ one's hair cut*** farsi tagliare i capelli; ***to ~ an injection*** farsi fare un'iniezione; ***to ~ sb. do sth.*** fare fare qcs. a qcn.; ***she had him close the door*** gli fece chiudere la porta; ***they would ~ us believe that*** ci volevano fare credere che; ***I would ~ you know that*** vorrei che sapessi che; ***he had them laughing*** li fece ridere **11** *(cause to become)* ***he had his camera ready*** aveva la macchina fotografica pronta; ***if you're not careful you'll ~ that glass over*** se non fai attenzione rovescerai quel bicchiere; ***I had it finished by 5 o'clock*** l'avevo finito per le cinque **12** *(allow)* permettere, tollerare; ***I won't ~ this kind of behaviour!*** non tollererò questo tipo di comportamento! ***I won't ~ it!*** non mi va! ***I won't ~ them exploit him*** non lascerò che lo sfruttino; ***I won't ~ him hurt*** non permetterò che si faccia male; ***we can't ~ them staying in a hotel*** non possiamo permettere che stiano in albergo **13** *(physically hold)* tenere; ***she had the glass in her hand*** teneva in mano il bicchiere; ***she had him by by the arm*** lo teneva per il braccio; ***he had his hands over his eyes*** si teneva le mani davanti agli occhi **14** *(give birth to)* [*woman, animal*] avere [*child, young*]; ***has she had it yet?*** ha già partorito? **15** *(as impersonal verb)* ***over here, we ~ a painting by Picasso*** qui abbiamo un dipinto di Picasso; ***what we ~ here is a group of extremists*** quello con cui abbiamo a che fare è un gruppo di estremisti **16** *(have at one's mercy)* ***I've got you now!*** ti ho preso! ***I'll ~ you!*** ora ti faccio vedere io! **II** mod. (3ª persona sing. pres. **has**; pass., p.pass. **had**) **1** *(must)* ***I ~ (got) to leave now*** ora devo andare **2** *(need to)* ***you don't ~ to*** o ***you haven't got to leave so early*** non è necessario che te ne vada così presto; ***did you ~ to spend so much money?*** era necessario che spendessi così tanti soldi? ***something had to be done*** si doveva fare qualcosa **3** *(for emphasis)* ***this has (got) to be the most difficult decision I've ever made*** questa è proprio la decisione più difficile che abbia mai preso **III** aus. (3ª persona sing. pres. **has**; pass., p.pass. **had**) **1** avere; *(with movement and reflexive verbs)* essere; ***she has lost her bag*** ha perso la borsa; ***she has already left*** è già partita; ***she has hurt herself*** si è fatta male **2** *(in tag questions etc.)* ***you've seen the film, haven't you?*** hai visto il film, vero? ***you haven't seen the film, ~ you?*** non hai visto il film, vero? ***you haven't seen my bag, ~ you?*** hai per caso visto la mia borsa? ***"he's already left" - "has he indeed!"*** "è già andato via" - "davvero?"; ***"you've never met him" - "yes I ~!"*** "non l'hai mai incontrato" - "invece sì!" **3** *(in time clauses)* ***having finished his breakfast, he went out*** finito di fare colazione, uscì **4** *(because)* ***having already won twice, he's a favourite*** dato che ha già vinto due volte, è uno dei favoriti ♦ ***to ~ done with sth.*** finire (di usare qcs.) *o* finire con qcs.; ***this TV has had it*** COLLOQ. questa televisione ha fatto il suo tempo; ***when your father finds out, you've had it!*** COLLOQ. quando tuo padre lo viene a sapere, sei rovinato! ***I can't do any more, I've had it!*** COLLOQ. non ne posso più, sono stremato! ***I've had it (up to here)*** COLLOQ. non ne posso più; ***to ~ it in for sb.*** COLLOQ. avercela (a morte) con qcn.; ***she has, doesn't ~ it in her to do*** sarebbe, non sarebbe mai capace di fare; ***he will ~ it that*** sostiene che; ***I've got it!*** ci sono! ho capito! ***you ~*** o ***you've got me there!*** mi hai colto in fallo! *o* toccato! ***and the ayes, noes ~ it*** i sì, i no sono in maggioranza; ***...and what ~ you*** ...eccetera, ...e quant'altro; ***there are no houses to be had*** non c'è modo di trovare delle case.

■ **have around** AE → **have over, have round**.

■ **have back:** ***~ [sth.] back*** ***when can I ~ my car back?*** quando posso avere indietro l'auto?

■ **have in:** ***~ [sb.] in*** fare venire [*doctor, priest*]; fare entrare [*neighbour*]; ***we've (got) decorators in*** abbiamo i decoratori in casa.

■ **have on:** ***~ [sth.] on, ~ on [sth.]*** *(be wearing)* portare, indossare, avere (addosso) [*garment*]; ***to ~ (got) nothing on*** non indossare nulla; ***~ [sth.] on*** *(be busy)* avere in programma, avere da fare; ***~ [sb.] on*** COLLOQ. *(tease)* prendere in giro; ***the police ~ got nothing on me*** la polizia non ha prove contro di me.

■ **have over, have round:** ***~ [sb.] over*** invitare [*friend*].

■ **have up** COLLOQ. ***to be had up*** essere denunciato, processato.

2.have /hæv/ n. ***the ~s and the ~-nots*** i ricchi e i poveri.

haven /ˈheɪvn/ n. **1** *(safe place)* rifugio m. (anche FIG.); ***a ~ of peace*** un'oasi di pace **2** *(harbour)* porto m.

haven't /ˈhævnt/ contr. have not.

haver /ˈheɪvə(r)/ intr. *(dither)* esitare, vacillare.

haversack /ˈhævəsæk/ n. zaino m.; MIL. sacca f. militare.

havoc /ˈhævək/ n. distruzione f., devastazione f.; ***to wreak ~ on*** fare scempio di, distruggere [*building, landscape*]; ***to play ~ with*** mandare a rotoli, sconvolgere [*plans*]; ***to cause ~*** causare distruzioni; FIG. creare scompiglio.

1.haw /hɔː/ n. BOT. biancospino m.

2.haw /hɔː/ intr. ***to hum*** BE o ***hem*** AE ***and ~*** = esitare nel parlare.

Hawaii /həˈwaɪiː/ ➧ ***6, 12*** n.pr. Hawaii f.pl.; ***in ~*** alle Hawaii.

Hawaiian /həˈwaɪən/ ➧ ***18, 14*** **I** n. **1** *(person)* hawaiano m. (-a) **2** *(language)* = lingua polinesiana parlata nelle isole Hawaii **II** agg. hawaiano; ***the ~ Islands*** le isole Hawaii.

1.hawk /hɔːk/ n. falco m., sparviero m.; POL. falco m. ♦ ***to have eyes like a ~*** avere una vista da falco.

2.hawk /hɔːk/ tr. SPREG. *(sell) (door-to-door)* vendere porta a porta; *(in street)* vendere per la strada.

hawker /ˈhɔːkə(r)/ n. venditore m. ambulante.

hawk-eyed /ˈhɔːkaɪd/ agg. dalla vista di falco.

hawkish /ˈhɔːkɪʃ/ agg. POL. da falco, aggressivo.

hawser /ˈhɔːzə(r)/ n. gomenetta f., gherlino m.

hawthorn /ˈhɔːθɔːn/ n. biancospino m.

hay /heɪ/ n. fieno m. ♦ ***to make ~ while the sun shines*** battere il ferro finché è caldo; ***to hit the ~*** COLLOQ. andare a nanna; ***to have a roll in the ~*** COLLOQ. fare l'amore.

haycock /ˈheɪkɒk/ n. mucchio m. di fieno.

hay fever ➧ ***11*** n. febbre f. da fieno.

hay fork n. forcone m. da fieno.

hay loft n. fienile m.

haymaking /ˈheɪˌmeɪkɪŋ/ n. fienagione f.

haystack /ˈheɪstæk/ n. cumulo m. di fieno ♦ ***it is like looking for a needle in a ~*** è come cercare un ago in un pagliaio.

haywire /ˈheɪwaɪə(r)/ agg. **1** mai attrib. COLLOQ. ***to go ~*** [*plan*] saltare; [*machinery, system*] impazzire, andare in tilt **2** AE COLLOQ. *(crazy)* svitato.

1.hazard /ˈhæzəd/ n. **1** *(risk)* rischio m., azzardo m., pericolo m. (**to** per); ***the ~s of sth.*** i rischi che qcs. comporta; ***the ~s of doing*** i pericoli di fare; ***a health ~*** un rischio per la salute; ***fire ~*** pericolo di incendi; ***occupational ~*** rischio professionale **2** *(chance)* caso m.

2.hazard /ˈhæzəd/ tr. **1** *(venture)* arrischiare, azzardare [*opinion, explanation*]; ***to ~ a guess*** azzardare un'ipotesi **2** *(risk)* rischiare [*life, reputation*].

hazardous /ˈhæzədəs/ agg. rischioso, pericoloso.

haze /heɪz/ n. *(mist)* foschia f.; *(of smoke, dust)* nube f., nuvola f.

hazel /ˈheɪzl/ **I** n. nocciolo m., avellano m. **II** ➧ ***5*** agg. [*eyes*] (color) nocciola.

hazelnut /ˈheɪzlnʌt/ n. nocciola f.

haze over intr. METEOR. annebbiarsi.

hazy /ˈheɪzɪ/ agg. [*weather, morning*] nebbioso, pieno di foschia; [*sunshine*] velato; [*image, outline*] sfocato; [*recollection, idea*] vago; ***to be ~ about sth.*** essere confuso nei confronti di qcs.

H bomb /ˈeɪtʃbɒm/ n. bomba f. H, bomba f. all'idrogeno.
HC ⇒ hot and cold (water) (acqua) calda e fredda.
HDTV n. (⇒ high-definition television) = televisione ad alta definizione.
he /*forma debole* hɪ, *forma forte* hiː/ He is usually translated by *lui* (which is in itself the object, not the subject pronoun); the subject pronoun *egli* is rarely used in colloquial language: *he can certainly do it* = lui sa farlo di sicuro. - Remember that in Italian the subject pronoun is very often understood: *he came alone* = è venuto da solo. When used in emphasis, however, the pronoun is stressed, and is placed either at the beginning or at the end of the sentence: *he killed her!* = lui l'ha uccisa!, l'ha uccisa lui! - For exceptions and particular usages, see the entry below. **I** pron. egli, lui; ***~'s seen us*** ci ha visti; ***here ~ is*** eccolo; ***there ~ is*** eccolo là; ***~ didn't take it*** non l'ha preso lui; ***she lives in Oxford but ~ doesn't*** lei abita a Oxford ma lui no; ***~'s a genius*** è un genio; ***~ who..., ~ that...*** colui che...; ***~ who sees*** lui che vede; ***~ and I went to the cinema*** lui e io andammo al cinema **II** agg. **he-** in composti ***~-goat*** caprone, becco; ***~-bear*** orso (maschio) **III** n. COLLOQ. ***it's a ~*** *(of baby)* è un maschietto; *(of animal)* è un maschio.
HE ⇒ His, Her Excellency Sua Eccellenza (SE).
1.head /hed/ ➧ *2* **I** n. **1** testa f.; ***he put his ~ round the door*** sporse la testa *o* fece capolino dalla porta; ***my ~ aches*** ho mal di testa, mi fa male la testa; ***to have a fine ~ of hair*** avere una bella capigliatura; ***to keep one's ~ down*** tenere la testa bassa, stare a capo chino; FIG. *(be inconspicuous)* non dare nell'occhio; *(work hard)* lavorare a testa bassa; ***from ~ to foot*** o ***toe*** dalla testa ai piedi; ***the decision was made over their ~s*** la decisione fu presa senza consultarli; ***~s turned at the sight of...*** tutti si voltarono alla vista di... ; ***to be a ~ taller than sb.*** o ***to be taller than sb. by a ~*** essere più alto di qcn. di tutta una testa **2** *(mind)* testa f., mente f.; ***I can't get it into her ~ that*** non riesco a farle entrare in testa che; ***he has got it into his ~ that*** si è messo in testa che; ***I can't get that tune out of my ~*** non riesco a togliermi dalla testa quel motivo; ***you can put that idea out of your ~!*** puoi scordartelo! toglitelo dalla testa! ***all these interruptions have put it out of my ~*** tutte queste interruzioni me l'hanno fatto passare di mente; ***the name has gone right out of my ~*** ho completamente dimenticato il nome; ***I can't add them up in my ~*** non riesco ad addizionarli a mente; ***to be above*** o ***over sb.'s ~*** essere troppo difficile per qcn., essere fuori dalla portata di qcn.; ***her success has turned her ~*** il successo le ha montato la testa; ***to have a (good) ~ for business*** avere il bernoccolo degli affari; ***to have no ~ for heights*** soffrire di vertigini **3** *(leader)* capo m.; ***at the ~ of*** alla testa di; ***~ of government, State*** capo del governo, di stato; ***~ of department*** AMM. caporeparto; SCOL. direttore di dipartimento; ***~ of personnel*** capo del personale **4** *(individual person or animal)* ***£ 10 a ~*** o ***per ~*** 10 sterline a testa; ***50 ~ of cattle*** 50 capi di bestiame **5** *(of pin, nail)* testa f., capocchia f.; *(of hammer, golf club)* testa f.; *(of axe)* lama f., taglio m.; *(of spear, arrow)* punta f.; *(of tennis racket)* ovale m.; *(of stick)* pomo m. **6** *(of bed)* testiera f., testata f.; *(of table)* capotavola m.; *(of procession)* testa f.; *(of pier, river, valley)* testata f.; ***at the ~ of the stairs, list*** in cima alle scale, alla lista; ***at the ~ of the queue*** all'inizio della fila **7** *(of lettuce)* cespo m.; *(of garlic)* testa f. **8** *(of computer, tape recorder)* testina f. **9** *(on beer)* colletto m. di schiuma **10** *(on boil, spot)* punta f.; ***to come to a ~*** [*spot*] maturare; FIG. [*crisis*] precipitare; ***to bring [sth.] to a ~*** MED. fare maturare [*abscess*]; FIG. fare precipitare [*crisis*]; fare giungere alla fase cruciale [*situation*] **11** GEOGR. capo m., promontorio m. **II heads** n.pl. *(tossing coin)* ***"~s or tails?"*** "testa o croce?"; ***"~s!"*** "testa!"; ***~s we go*** (se esce) testa andiamo **III** modif. **1** [*injury*] alla testa **2** *(chief)* ***~ cook*** capocuoco; ***~ gardener*** giardiniere capo **IV -headed** agg. in composti ***black-~ed bird*** uccello dalla testa nera; ***red-~ed boy*** ragazzo con i capelli rossi; ***two-~ed monster*** mostro a due teste ♦ ***on your own ~ be it!*** la responsabilità è tua! ***to go to sb.'s ~*** [*alcohol, success*] dare alla testa a qcn.; ***you've won, but don't let it go to your ~*** hai vinto, ma non montarti la testa; ***are you off your ~?*** sei fuori di testa? ***to keep, lose one's ~*** mantenere, perdere la calma; ***to be soft*** o ***weak in the ~*** COLLOQ. essere rincretinito; ***he's not right in the ~*** COLLOQ. non ci sta (tanto) con la testa; ***to laugh one's ~ off*** COLLOQ. sganasciarsi dalle risate; ***to shout one's ~ off*** COLLOQ. gridare a squarciagola; ***she talked my ~ off*** COLLOQ. mi ha fatto una testa (grande) così; ***off the top of one's ~*** [*say, answer*] su due piedi, senza pensarci; ***to give a horse its ~*** allentare le briglie al cavallo; ***to be able to do sth. standing on one's ~*** riuscire a fare qcs. anche a occhi bendati; ***I can't make ~ (n)or tail of it*** non riesco a venirne a capo, non ci capisco niente; ***the leaders put their ~s together*** i dirigenti si sono consultati; ***two ~s are better than one*** PROV. quattro occhi vedono meglio di due.
2.head /hed/ **I** tr. **1** *(be at the top of)* essere in testa a [*list, queue*] **2** *(be in charge of)* essere a capo di, dirigere [*firm*]; guidare, essere alla testa di [*committee*]; capitanare [*team*]; condurre [*inquiry*]; guidare [*expedition*] **3** *(entitle)* intitolare [*article, essay*]; intestare [*letter*]; ***~ed writing paper*** carta da lettere intestata **4** *(steer)* condurre, dirigere [*vehicle, boat*]; ***he ~ed the sheep away from the cliff*** fece allontanare le pecore dal dirupo **5** SPORT ***to ~ the ball*** fare un colpo di testa, colpire la palla di testa; ***he ~ed the ball into the net*** segnò di testa **II** intr. ***where was the train ~ed*** o ***~ing?*** dove era diretto il treno? ***to ~ south, north*** MAR. dirigersi verso sud, nord; ***it's time to ~ home*** è ora di tornare a casa; ***look out! he's ~ing this way!*** attento! viene da questa parte!
▪ **head for:** ~ ***for [sth.]*** **1** dirigersi verso; MAR. fare rotta per; ***to ~ for home*** andare verso casa **2** FIG. andare incontro a [*defeat, victory*]; andare in cerca di [*trouble*].
▪ **head off:** ~ ***off*** partire (**for**, **towards** per, verso); ~ ***off [sb., sth.]***, ~ ***[sb., sth.] off*** **1** *(intercept)* intercettare [*person*] **2** FIG. *(forestall)* prevenire [*question*]; scongiurare, evitare [*quarrel*].
headache /ˈhedeɪk/ ➧ *11* n. mal m. di testa; ***to have a ~*** avere mal di testa; ***to be a ~ (to sb.)*** FIG. essere una seccatura (per qcn.).
headband /ˈhedbænd/ n. fascia f. per capelli, cerchietto m.
headboard /ˈhedbɔːd/ n. testiera f., testata f. del letto.
head boy n. BE SCOL. rappresentante m. degli studenti.
headbutt /ˈhedbʌt/ tr. dare una testata a.
head case n. COLLOQ. ***to be a ~*** essere uno svitato.
head cold ➧ *11* n. raffreddore m. di testa.
headcount /ˈhedkaʊnt/ n. ***to do a ~*** fare il conteggio dei presenti.
headdress /ˈheddres/ n. *(of feathers)* copricapo m. di piume; *(of lace)* cuffia f.
header /ˈhedə(r)/ n. **1** COLLOQ. *(dive)* ***to take a ~*** fare un tuffo di testa; ***I took a ~ into bushes*** caddi di testa nei cespugli **2** SPORT colpo m. di testa.
headfirst /ˌhedˈfɜːst/ avv. [*fall*] con la testa in avanti; [*plunge*] di testa; FIG. [*rush into*] a testa bassa.
head gear n. **U** copricapo m.
head girl n. BE SCOL. rappresentante f. degli studenti.
head-hunt /ˈhedhʌnt/ tr. *(seek to recruit)* cercare per assumere [*manager, computer analyst*]; ***he has been ~ed several times*** è stato contattato diverse volte da cacciatori di teste.
head-hunter /ˈhedhʌntə(r)/ n. COMM. cacciatore m. di teste.
heading /ˈhedɪŋ/ n. *(of article, column)* titolo m.; *(of subject area, topic)* sezione f.; *(on notepaper, letter)* intestazione f.; ***chapter ~*** *(quotation)* intestazione del capitolo; *(title)* titolo del capitolo.
headlamp /ˈhedlæmp/ n. → **headlight**.
headland /ˈhedlənd/ n. capo m., promontorio m.
headlight /ˈhedlaɪt/ n. *(of car)* faro m., fanale m. (anteriore); *(of train)* fanale m.
1.headline /ˈhedlaɪn/ n. **1** GIORN. titolo m.; ***to hit the ~s*** fare notizia, finire in prima pagina; ***the front-page ~*** i titoli di prima pagina **2** RAD. TELEV. ***the (news) ~s*** il sommario delle principali notizie.
2.headline /ˈhedlaɪn/ tr. (in)titolare [*feature, newspaper article*].
headlong /ˈhedlɒŋ/ **I** agg. [*fall*] a capofitto; ***a ~ dash*** uno slancio impetuoso **II** avv. [*fall*] a capofitto, di testa; [*run*] a precipizio; ***to rush ~ into sth.*** FIG. buttarsi a capofitto in qcs.
headlouse /ˈhedlaʊs/ n. (pl. **-lice**) pidocchio m.
headman /ˈhedmæn/ n. (pl. **-men**) capo m., capotribù m.
headmaster /ˌhedˈmɑːstə(r), AE -ˈmæstə(r)/ ➧ *27, 9* n. direttore m. di scuola, preside m.

headmistress /ˌhed'mɪstrɪs/ ➧ *27, 9* n. direttrice f. di scuola, preside f.
head office n. sede f. centrale, principale.
head-on /ˌhed'ɒn/ **I** agg. [*crash, collision*] frontale; FIG. [*confrontation*] faccia a faccia; [*approach*] diretto **II** avv. [*collide, crash, attack*] frontalmente.
headphones /'hedfəʊnz/ n.pl. cuffie f.
headquarters /ˌhed'kwɔːtəz/ n.pl. + verbo sing. o pl. **1** COMM. AMM. sede f.sing. centrale **2** MIL. quartier m.sing. generale.
head rest n. poggiatesta m.
headroom /'hedrʊm/ n. ***I haven't got enough ~*** non ci passo con la testa; ***"max ~ 4 metres"*** *(on roadsigns)* "altezza massima 4 metri".
headscarf /'hedskɑːf/ n. (pl. **-scarves**) foulard m.
headset /'hedset/ n. cuffia f.; *(with microphone)* cuffia f. con microfono.
headship /'hedʃɪp/ n. SCOL. *(post)* direzione f.
headshrinker /'hedˌʃrɪŋkə(r)/ n. COLLOQ. strizzacervelli m. e f.
headstand /'hedstænd/ n. SPORT ***to do a ~*** fare la verticale (appoggiandosi sulla testa e sulle mani).
head start n. vantaggio m. (alla partenza); ***to have a ~*** avere un vantaggio.
headstone /'hedstəʊn/ n. *(gravestone)* lapide f., pietra f. tombale.
headstrong /'hedstrɒŋ/ agg. [*person*] caparbio, testardo; [*attitude, behaviour*] ostinato.
head teacher ➧ *27* n. preside m. e f.
head to head **I** n. ***to come together in a ~*** scontrarsi in un testa a testa **II** modif. ***to come together in a head-to-head battle*** battersi in uno scontro testa a testa.
head waiter ➧ *27* n. capocameriere m.
headway /'hedweɪ/ n. ***to make ~*** fare progressi, fare dei passi (in) avanti.
headwind /'hedwɪnd/ n. vento m. contrario; MAR. vento m. di prua.
headword /'hedwɜːd/ n. lemma m.
heady /'hedɪ/ agg. [*wine, mixture, perfume*] inebriante, che dà alla testa; FIG. [*experience, success*] eccitante, esaltante.
heal /hiːl/ **I** tr. guarire [*person, wound*]; FIG. sanare [*pain, suffering*] **II** intr. [*wound*] guarire, cicatrizzarsi; [*fracture, ulcer*] guarire ♦ ***time ~s all wounds*** PROV. il tempo guarisce ogni ferita.
healer /'hiːlə(r)/ n. guaritore m. (-trice) ♦ ***time is a great ~*** il tempo è la miglior medicina.
healing /'hiːlɪŋ/ **I** n. *(of person)* guarigione f.; *(of cut, wound)* cicatrizzazione f. **II** agg. [*power*] curativo; [*lotion*] cicatrizzante; ***the ~ process*** il processo di guarigione.
health /helθ/ n. **1** salute f.; FIG. *(of economy)* stato m. di salute; *(of environment)* (buone) condizioni f.pl. **2** *(in toasts)* ***to drink (to) sb.'s ~*** bere alla salute di qcn.; ***here's (to your) ~! good ~!*** alla (tua) salute!
Health Authority n. GB = amministrazione locale del servizio sanitario pubblico.
health care n. **1** *(prevention of illness)* prevenzione f. **2** AMM. assistenza f. sanitaria.
health centre n. BE poliambulatorio m.
health check n. controllo m. medico.
health club n. centro m. (di) fitness.
health education n. igiene f.
health farm n. beauty farm f.
health food shop ➧ *27* n. negozio m. di alimenti naturali.
healthily /'helθɪlɪ/ avv. [*eat, live*] in modo sano.
health inspector ➧ *27* n. ispettore m. (-trice) sanitario (-a).
health insurance n. assicurazione f. sanitaria, assicurazione f. contro le malattie.
health officer ➧ *27* n. ufficiale m. sanitario.
health resort n. *(by sea)* stazione f. balneare; *(in mountains)* stazione f. climatica; *(spa town)* stazione f. termale.
Health Secretary n. GB ministro m. della Sanità.
Health Service n. **1** GB servizio m. sanitario **2** AE UNIV. infermeria f.
health visitor ➧ *27* n. BE assistente m. e f. sanitario (-a).
health warning n. = comunicazione di rischio sanitario da parte del Ministero della Sanità.

healthy /'helθɪ/ agg. [*person, animal, plant, lifestyle, diet*] sano; [*air*] salubre; [*exercise*] salutare; [*appetite*] robusto; [*crop*] abbondante; [*economy*] prospero, fiorente; [*position*] solido; [*profit*] eccellente; ***to have a ~ respect for*** avere un sano rispetto per [*opponent*]; avere un timore reverenziale di [*teacher*]; ***(a) ~ scepticism*** (un) salutare scetticismo.
1.heap /hiːp/ **I** n. **1** mucchio m., cumulo m.; ***to pile sth. up in a ~*** o ***in ~s*** ammucchiare qcs.; ***to lie in a ~*** [*person*] essere accasciato; [*objects*] essere ammassato **2** COLLOQ. *(lot)* ***~s of*** un mucchio *o* sacco di [*work, problems, time, food*] **II heaps** avv. COLLOQ. ***to feel ~s better*** sentirsi mille volte meglio; ***~s more room*** ancora un sacco di spazio.
2.heap /hiːp/ tr. **1** *(pile)* → **heap up 2** FIG. *(shower)* ***to ~ [sth.] on sb.*** colmare qcn. di [*praise*]; caricare qcn. di [*work*]; coprire qcn. di [*insults*].
▪ **heap up:** ***~ [sth.] up, ~ up [sth.]*** ammucchiare [*leaves*]; ammassare [*food*]; ricoprire [*table*] (**with** di).
heaped /hiːpt/ **I** p.pass. → **2.heap** **II** agg. ***a ~ spoonful*** un cucchiaio (stra)colmo.
hear /hɪə(r)/ **I** tr. (pass., p.pass. **heard**) **1** udire, sentire [*sound, voice*]; ***she heard her brother coming up the stairs*** udì suo fratello che saliva le scale; ***I can ~ the train whistling*** sento il treno che fischia; ***to ~ her talk, you'd think (that)*** a sentirla parlare, si penserebbe (che); ***we haven't heard the end*** o ***last of it*** non abbiamo ancora sentito tutto; ***to make oneself*** o ***one's voice heard*** farsi sentire, fare sentire la propria voce (anche FIG.) **2** *(learn)* sentire [*news, rumour*]; ***to ~ (tell) of sth.*** sentir parlare di qcs.; ***to ~ (it said) that*** sentir dire che, venire a sapere che; ***I've heard so much about you*** ho sentito tanto parlare di voi; ***I've heard it all before!*** conosco la storia! ***have you heard the one about...*** *(joke)* la sai quella di...; ***have you heard?*** hai sentito? ***I ~ you want to be a doctor*** ho saputo che vuoi fare il medico; ***so I ~, so I've heard*** così ho sentito dire **3** *(listen to)* ascoltare, sentire [*lecture, broadcast, record*]; [*judge*] esaminare [*case, evidence*]; ***to ~ what sb. has to say*** stare a sentire quello che qcn. ha da dire; ***do you ~ (me)?*** mi stai ascoltando? ***to ~ Mass*** FORM. sentire la messa **II** intr. (pass., p.pass. **heard**) sentire; ***to ~ about*** sentir parlare di; ***~! ~!*** bravo! bene!
▪ **hear from:** ***~ from [sb.]*** **1** *(get news from)* avere notizie di; ***I'm waiting to ~ from the hospital*** sto aspettando notizie dall'ospedale; ***you'll be ~ing from me!*** *(threat)* mi farò sentire! **2** *(on TV etc.)* sentire il punto di vista di [*expert*]; ascoltare il racconto di [*witness*].
▪ **hear of:** ***~ of [sb., sth.]*** sentir parlare di; ***that's the first I've heard of it!*** è la prima volta che ne sento parlare! ***I won't ~ of it!*** non voglio neanche sentirne parlare!
▪ **hear out:** ***~ out [sb.], ~ [sb.] out*** ascoltare fino alla fine, lasciar finire di parlare.
heard /hɜːd/ pass., p.pass. → **hear**.
hearing /'hɪərɪŋ/ **I** n. **1** *(sense)* udito m.; ***his ~ is not very good*** non ha un buon udito, non ci sente molto bene; ***he is hard of ~*** è duro d'orecchio *o* d'orecchi **2** *(earshot)* ***in*** o ***within my ~*** alla mia portata d'orecchio **3** *(before court etc.)* udienza f.; ***~ of an appeal*** udienza di un appello; ***closed ~*** udienza riservata *o* a porte chiuse; ***private ~*** udienza privata **4** *(chance to be heard)* ***to get a ~*** (avere la possibilità di) farsi ascoltare; ***to give sb., sth. a ~*** ascoltare qcn., qcs., prestare orecchio a qcn., qcs. **II** modif. [*loss*] di udito; [*test*] dell'udito.
hearing aid n. apparecchio m. acustico, audioprotesi f.
hearing-impaired /'hɪərɪŋɪmˌpeəd/ agg. audioleso, non udente.
hearsay /'hɪəseɪ/ n. **U** diceria f.; ***by ~*** per sentito dire.
hearse /hɜːs/ n. carro m. funebre.
heart /hɑːt/ ➧ *2, 10* **I** n. **1** cuore m.; ***my ~ missed a beat*** ebbi un tuffo al cuore; ***to win*** o ***capture sb.'s ~*** conquistare il cuore di qcn.; ***to steal sb.'s ~*** rubare il cuore a qcn.; ***to break sb.'s ~*** spezzare il cuore a qcn.; ***to break one's ~*** avere il cuore a pezzi (**over sb.** per qcn.); ***it does my ~ good to see...*** mi fa bene al cuore *o* mi conforta vedere...; ***with a heavy, light ~*** a malincuore, a cuor leggero; ***to lose one's ~ to sb.*** innamorarsi di qcn.; ***to take sth. to ~*** prendere a cuore qcs.; ***to sob one's ~ out*** piangere tutte le proprie lacrime; ***my ~ goes out to you*** condivido il tuo dolore *o* la tua pena; ***from the bottom of***

one's ~ dal profondo del cuore; ***to open one's ~ to sb.*** aprire il cuore a qcn.; ***to wish with all one's ~ that*** desiderare con tutto il cuore che; ***in my ~ (of ~s)*** in cuor mio; ***my ~ is not in sth., doing sth.*** non riesco ad appassionarmi a qcs.; ***it is close to my ~*** è vicino al mio cuore; ***I have your interests at ~*** i tuoi interessi mi stanno a cuore; ***he's a child at ~*** in fondo in fondo, è ancora un bambino; ***to have no ~*** essere senza cuore; ***to be all ~*** essere di buon cuore, avere un cuore d'oro; ***I didn't have the ~ to refuse*** non ho avuto il cuore di rifiutare; ***have a ~!*** abbi cuore! abbi pietà! ***to have a change of ~*** mutare sentimenti **2** *(courage)* coraggio m.; ***to take, lose ~*** farsi coraggio, perdersi d'animo; ***to be in good ~*** essere su di morale **3** *(centre) (of district)* cuore m.; ***in the ~ of the jungle*** nel cuore della giungla; ***the ~ of the matter*** il nocciolo della questione **4** *(of vegetable)* cuore m. **5** *(in cards)* carta f. di cuori **II hearts** n.pl. + verbo sing. o pl. *(suit)* cuori m. **III** modif. [*patient*] cardiopatico; [*operation, murmur*] al cuore; [*muscle, valve, surgery*] cardiaco; ***~ specialist*** cardiologo; ***to have a ~ condition*** essere ammalato di cuore ♦ ***a man after my own ~*** il mio tipo, un uomo come piace a me; ***by ~*** a memoria; ***by ~*** a memoria; ***cross my ~ (and hope to die)*** giurin giuretta; ***his, her ~ is in the right place*** è di buon cuore; ***home is where the ~ is*** PROV. = la casa è dove ci sono le cose e le persone che amiamo; ***to have one's ~ set on sth., doing. sth.*** essere decisi a qcs., a fare qcs. (a tutti i costi); ***don't set your ~ on it*** non contarci troppo.

heartache /ˈhɑːteɪk/ n. struggimento m., accoramento m.

heart attack n. attacco m. cardiaco, di cuore.

heartbeat /ˈhɑːtbiːt/ n. battito m. del cuore, pulsazione f. cardiaca.

heartbreak /ˈhɑːtbreɪk/ n. crepacuore m.

heartbreaking /ˈhɑːtbreɪkɪŋ/ agg. [*sight, story*] che spezza il cuore; [*cry, appeal*] straziante.

heartbroken /ˈhɑːtbrəʊkn/ agg. ***to be ~*** avere il cuore infranto.

heartburn /ˈhɑːtbɜːn/ ➧ *11* n. bruciore m. di stomaco.

heart disease n. U malattia f. di cuore, affezioni f.pl. cardiache.

hearten /ˈhɑːtn/ tr. rincuorare, incoraggiare.

heartening /ˈhɑːtnɪŋ/ agg. rincuorante, incoraggiante.

heart failure n. arresto m. cardiaco.

heartfelt /ˈhɑːtfelt/ agg. [*gratitude, wish*] sincero.

hearth /hɑːθ/ n. focolare m.

hearth rug n. tappeto m. disposto davanti al focolare.

heartily /ˈhɑːtɪlɪ/ avv. **1** *(enthusiastically)* [*greet*] calorosamente **2** *(vigorously)* [*eat*] di buon appetito **3** *(sincerely)* [*laugh*] di cuore **4** *(thoroughly)* [*glad*] davvero, veramente; [*agree*] completamente; ***I'm ~ sick of it*** COLLOQ. ne sono proprio stufo.

heartiness /ˈhɑːtɪnɪs/ n. *(of person, manner)* cordialità f.

heartland /ˈhɑːtlænd/ n. (anche **~s**) *(centre of a country)* cuore m., zona f. centrale.

heartless /ˈhɑːtlɪs/ agg. [*person*] senza cuore, senza pietà, insensibile; [*treatment*] crudele.

heart-lung machine n. macchina f. cuore-polmone.

heart monitor n. → **heart rate monitor**.

heart rate n. frequenza f. cardiaca, ritmo m. cardiaco.

heart rate monitor n. monitor m. per la registrazione della frequenza cardiaca.

heartrending /ˈhɑːtrendɪŋ/ agg. [*cry, sight, story*] straziante.

heart-searching /ˈhɑːtsɜːtʃɪŋ/ n. U esame m. di coscienza.

heart-stopping /ˈhɑːtstɒpɪŋ/ agg. ***for one ~ moment*** per un attimo angoscioso.

heartstrings /ˈhɑːtstrɪŋz/ n.pl. sentimenti m. (più profondi), corde f. del cuore; ***to pluck*** o ***tug (at) sb.'s ~*** toccare una corda sensibile per qcn.

heart surgeon ➧ *27* n. cardiochirurgo m.

heartthrob /ˈhɑːtθrɒb/ n. COLLOQ. passione f., amore m.

heart-to-heart /ˌhɑːttəˈhɑːt/ **I** agg. e avv. [*talk*] col cuore in mano **II** n. ***to have a ~*** parlare col cuore in mano, francamente.

heart transplant n. trapianto m. di cuore.

heart transplant patient n. trapiantato m. (-a) di cuore.

heart-warming /ˈhɑːtˌwɔːmɪŋ/ agg. che fa bene al cuore, confortante.

hearty /ˈhɑːtɪ/ agg. **1** *(jolly)* [*person*] cordiale, gioviale; [*laugh*] di cuore; [*slap*] vigoroso **2** [*appetite*] forte, grande; [*meal*] abbondante; ***he's a ~ eater*** è un forte mangiatore, una buona forchetta **3** *(wholehearted)* [*admiration*] sincero; ***to have a ~ dislike of sth.*** avere una cordiale avversione per qcs. **4** *(warm)* [*welcome*] cordiale.

1.heat /hiːt/ n. **1** caldo m., calore m.; ***the plants wilted in the ~*** le piante avvizzirono per il caldo; ***the summer ~*** la calura estiva; ***in the ~ of the summer*** nel pieno caldo dell'estate; ***in this*** con questo caldo **2** GASTR. *(of hotplate, gas ring)* fuoco m.; *(of oven)* temperatura f.; ***cook at a low ~*** cuocere a fuoco lento; *(in oven)* fare cuocere a bassa temperatura **3** *(heating)* riscaldamento m. **4** SPORT (prova) eliminatoria f.; *(in athletics)* batteria f. **5** ZOOL. calore m.; ***to be on*** o ***in ~*** essere in calore **6** FIG. *(of argument, discussion)* foga f., fervore m.; ***in the ~ of the moment*** nell'impeto del momento, a caldo; ***to take the ~ off sb.*** alleggerire la pressione su qcn.

2.heat /hiːt/ tr. scaldare, riscaldare [*house, food, pool*]; ***~ the oven to 180°*** fare scaldare il forno a 180°.

■ **heat up:** ***~ up*** [*food, drink*] scaldarsi; [*air*] riscaldarsi; ***~ [sth.] up, ~ up [sth.]*** *(for first time)* (fare) scaldare; *(reheat)* riscaldare [*food*].

heated /ˈhiːtɪd/ **I** p.pass. → **2.heat II** agg. **1** [*water*] caldo; [*pool*] riscaldato; [*windscreen*] termico **2** FIG. [*debate, argument*] acceso, animato; [*denial*] veemente.

heatedly /ˈhiːtɪdlɪ/ avv. animatamente, con veemenza.

heater /ˈhiːtə(r)/ n. radiatore m.; *(portable)* stufa f. elettrica.

heath /hiːθ/ n. *(moor)* landa f.; *(heather)* brughiera f.

heat haze n. foschia f. da calore.

heathen /ˈhiːðn/ **I** agg. SPREG. *(irreligious)* pagano; *(uncivilized)* barbaro **II** n. SPREG. *(unbeliever)* pagano m. (-a); *(uncivilized)* barbaro m. (-a).

heather /ˈheðə(r)/ n. brugo m.; erica f.

heating /ˈhiːtɪŋ/ n. riscaldamento m.

heating engineer ➧ *27* n. caldaista m. e f.

heat loss n. perdita f., dispersione f. di calore.

heat rash n. MED. eruzione f. (cutanea) da calore.

heat-resistant /ˈhiːtrɪˌzɪstənt/ agg. resistente al calore.

heat stroke n. colpo m. di calore.

heat treatment n. **1** MED. termoterapia f. **2** IND. trattamento m. termico.

heatwave /ˈhiːtˌweɪv/ n. ondata f. di caldo.

1.heave /hiːv/ n. *(effort to move)* sforzo m.

2.heave /hiːv/ **I** tr. (pass., p.pass. **heaved**, MAR. **hove**) **1** *(lift)* issare; *(pull)* trascinare **2** ***to ~ a sigh*** emettere un sospiro **3** *(throw)* gettare, lanciare (**at** a) **II** intr. (pass., p.pass. **heaved**, MAR. **hove**) **1** [*sea, ground*] sollevarsi **2** *(pull)* tirare con uno strattone **3** *(retch)* avere i conati di vomito; *(vomit)* vomitare; ***it made my stomach ~*** mi rivoltò lo stomaco.

■ **heave to** MAR. ***~ to*** mettersi in panna.

■ **heave up** ***~ oneself up*** issarsi (**onto** su).

heaven /ˈhevn/ n. **1** RELIG. (anche **Heaven**) cielo m., paradiso m.; ***~ and earth*** cielo e terra; ***~ and hell*** inferno e paradiso; ***the kingdom of ~*** il regno dei cieli **2** *(in exclamations)* ***~s (above)!*** santo cielo! ***~ forbid he should realize!*** il cielo non voglia che se ne accorga! ***~ help us!*** che il cielo ci aiuti! ***good ~s!*** santo cielo! ***thank ~(s)!*** grazie al cielo! **3** *(bliss) (state, place)* paradiso m.; ***the dinner was ~*** la cena fu divina **4** *(sky)* cielo m.; ***the ~s*** il cielo; ***the ~s opened*** si aprirono le cateratte del cielo ♦ ***to be in the seventh ~*** essere al settimo cielo; ***to move ~ and earth*** muovere cielo e terra (**to do** per fare); ***to stink*** o ***smell to high ~*** puzzare lontano un chilometro.

heavenly /ˈhevənlɪ/ agg. **1** [*choir, vision*] celestiale; [*peace*] divino **2** COLLOQ. *(wonderful)* divino.

Heavenly Father n. Padre m. Celeste.

heaven-sent /ˈhevnsent/ agg. piovuto dal cielo, provvidenziale.

heavily /ˈhevɪlɪ/ avv. **1** [*fall, move*] pesantemente; [*weigh*] molto; [*tread*] pesantemente, a passi pesanti; [*sleep, sigh*] profondamente; [*breathe*] *(noisily)* rumorosamente; *(with difficulty)* pesantemente; ***~ built*** costruito solidamente; ***~ underlined*** fortemente sottolineato **2** *(abundantly)* [*rain, snow*] (molto) forte; [*invest, drink, rely*] molto; [*bleed*] copiosamente; [*taxed, armed, in debt*] fortemente, pesantemente; ***she smokes ~*** è una forte *o* accanita fumatrice; ***to be ~ subsidized*** essere fortemente sovvenzionato; **~ *made-up*** pesantemente truccato; ***to be ~ fined*** prendere una grossa multa; ***to lose ~*** *(financially)* perdere molto; *(in game)* essere schiacciato; ***to be ~ into*** COLLOQ. essere un patito di [*music, sport*].

heaving /'hi:vɪŋ/ agg. [*bosom, breast*] ansimante.

heavy /'hevɪ/ ➧ *37* **I** agg. **1** [*person, load, bag*] pesante; MIL. IND. [*machinery*] pesante, grosso; [*artillery*] pesante; ***to make sth. heavier*** appesantire qcs.; ***he's 5 kg heavier than me*** pesa 5 chili più di me **2** *(thick)* [*fabric, coat*] pesante; [*shoes, frame*] grosso, pesante; [*line*] spesso, pesante; [*features*] pesante **3** FIG. *(weighty)* [*movement, step, legs*] pesante, appesantito; [*irony, responsibility, blow*] pesante; [*sigh*] profondo; ***with a ~ heart*** con il cuore gonfio, a malincuore; ***to be a ~ sleeper*** avere il sonno pesante; ***a ~ thud*** un tonfo sordo; ***the interview was ~ going*** il colloquio procedeva a rilento **4** *(abundant)* [*traffic, gunfire*] intenso; [*bleeding*] copioso; ***to be a ~ drinker, smoker*** essere un forte bevitore, un accanito fumatore; ***to be ~ on*** [*machine*] consumare una grande quantità di [*fuel*] **5** *(severe)* [*loss, debt*] pesante; [*attack*] intenso; [*prison sentence, fine*] severo; [*criticism*] pesante, forte; [*cold*] forte; **~ *fighting*** lotta intensa, violenta **6** *(strong)* [*perfume*] forte; [*accent*] pronunciato, forte **7** METEOR. [*rain*] forte; [*frost*] intenso; [*fog*] fitto; [*snow*] abbondante; [*sky*] coperto, minaccioso; ***the air is very ~ today*** oggi l'aria è molto pesante; ***to capsize in ~ seas*** capovolgersi per il mare grosso **8** GASTR. [*meal, food*] pesante **9** *(busy)* [*timetable*] intenso, pieno **10** *(difficult, serious)* [*book, film, lecture*] pesante, impegnativo; ***his article makes ~ reading*** il suo articolo è pesante da leggere **II** avv. ***time hung ~ on her hands*** le sembrava che il tempo non passasse mai **III** n. COLLOQ. *(bodyguard)* gorilla m.

heavy-duty /ˌhevɪ'dju:tɪ, AE -'du:-/ agg. [*plastic, lock*] robusto, resistente; [*equipment*] da lavoro.

heavy goods vehicle n. AUT. tir m.

heavy-handed /ˌhevɪ'hændɪd/ agg. **1** *(clumsy)* [*person, approach*] maldestro **2** *(authoritarian)* autoritario, tirannico.

heavy industry n. industria f. pesante.

heavy-set /ˌhevɪ'set/ agg. tarchiato.

heavyweight /'hevɪweɪt/ **I** n. **1** SPORT *(weight)* pesi m.pl. massimi; *(boxer)* peso m. massimo **2** COLLOQ. FIG. *(in industry)* pezzo m. grosso; *(intellectual)* cervellone m., bella testa f. **II** modif. [*fabric*] pesante.

Hebrew /'hi:bru:/ ➧ *14* **I** agg. [*person*] ebreo; [*calendar, alphabet*] ebraico **II** n. **1** *(person)* ebreo m. (-a) **2** *(language)* ebraico m. **III** modif. *(of Hebrew)* [*teacher*] di ebraico; *(into Hebrew)* [*translation*] in ebraico.

Hebrides /'hebrɪdi:z/ ➧ *12* n.pr.pl. ***the ~*** le Ebridi.

Hecate /'hekətɪ/ n.pr. Ecate.

heck /hek/ **I** n. COLLOQ. ***what the ~ is going on?*** che diamine sta succedendo? ***what the ~!*** al diavolo! chi se ne frega! ***he earns a ~ of a lot*** guadagna un casino di soldi **II** inter. COLLOQ. diamine.

heckle /'hekl/ **I** tr. *(barrack)* schernire; *(interrupt)* interrompere (disturbando) **II** intr. disturbare.

heckler /'heklə(r)/ n. disturbatore m. (-trice).

heckling /'heklɪŋ/ n. **U** interruzioni f.pl., disturbo m. (per interrompere un oratore).

hectare /'hekteə(r)/ ➧ *31* n. ettaro m.

hectic /'hektɪk/ agg. [*activity*] intenso, febbrile; [*period*] movimentato, agitato; [*day, schedule*] movimentato, frenetico; ***at a ~ pace*** a ritmo febbrile; ***to have a ~ life(style)*** fare una vita molto intensa.

hector /'hektə(r)/ **I** tr. tiranneggiare, tartassare **II** intr. tiranneggiare.

Hector /'hektə(r)/ n.pr. Ettore.

hectoring /'hektərɪŋ/ agg. dittatoriale.

he'd /hi:d/ contr. he had, he would.

1.hedge /hedʒ/ n. **1** BOT. siepe f. **2** ECON. copertura f. (**against** da, contro).

2.hedge /hedʒ/ **I** tr. **1** circondare con una siepe [*area*] **2** ECON. proteggersi, mettersi al riparo da [*loss*] **II** intr. *(equivocate)* scantonare, svicolare ♦ ***to ~ one's bets*** tenere il piede in due staffe.

▪ **hedge against:** ~ ***against [sth.]*** proteggersi da, mettersi al riparo da [*inflation, loss*].

hedge-clippers /'hedʒˌklɪpəz/ n.pl. tosasiepi m.sing.

hedged /hedʒd/ **I** p.pass. → **2.hedge II** agg. **~ *with*** circondato da; **~ *about with*** FIG. vincolato da [*problems, restrictions*].

hedgehog /'hedʒhɒg, AE -hɔ:g/ n. riccio m., porcospino m.

hedgerow /'hedʒrəʊ/ n. siepe f.

hedge sparrow n. passera f. scopaiola.

hedonism /'hi:dənɪzəm/ n. edonismo m.

hedonist /'hi:dənɪst/ n. edonista m. e f.

hedonistic /ˌhi:də'nɪstɪk/ agg. edonistico; ***a ~ existence*** una vita all'insegna dell'edonismo.

heebie-jeebies /ˌhi:bɪ'dʒi:bɪz/ n.pl. COLLOQ. ***the ~*** la tremarella.

1.heed /hi:d/ n. attenzione f.; ***to pay ~ to sb.*** dare retta a qcn.; ***to take ~ of sb.*** prestare attenzione a qcn.; ***to pay ~ to*** o ***take ~ of sth.*** tener conto di qcs.

2.heed /hi:d/ tr. tenere conto di [*advice, warning*].

heedless /'hi:dlɪs/ agg. *(thoughtless)* disattento, sbadato.

heedlessly /'hi:dlɪslɪ/ avv. senza prestare attenzione.

heehaw /'hi:hɔ:/ n. hi ho m.

1.heel /hi:l/ ➧ *2* **I** n. *(of foot, sock)* tallone m., calcagno m.; *(of shoe)* tacco m.; ***to turn on one's ~*** girare i tacchi; ***at sb.'s ~s*** alle calcagna di qcn.; ***to bring a dog to ~*** condurre il cane al piede; ***to bring sb. to ~*** FIG. riportare qcn. all'ordine; ***to come to ~*** [*dog*] venire al piede; FIG. [*person*] essere obbediente, sottostare; ***to click one's ~s*** battere i tacchi **II heels** n.pl. (anche **high ~s**) scarpe f. con i tacchi (alti) ♦ ***to cool*** o ***kick one's ~s*** (re)stare ad aspettare, girarsi i pollici; ***to dig one's ~ in*** puntare i piedi, impuntarsi; ***to go head over ~s*** fare un capitombolo; ***to fall*** o ***be head over ~s in love with sb.*** innamorarsi perdutamente *o* essere innamorato cotto di qcn.; ***to be hard*** o ***close on sb.'s ~s*** essere alle calcagna di qcn.; ***to be hot on sb.'s ~s*** tallonare qcn.; ***to follow hard on the ~s of sb.*** stare alle calcagna di qcn.; ***to take to one's ~s*** SCHERZ. darsela a gambe.

2.heel /hi:l/ intr. → **heel over**.

▪ **heel over** [*boat*] ingavonarsi.

heel bar ➧ *27* n. negozio m. di risuolatura rapida.

hefty /'heftɪ/ agg. [*person*] massiccio; [*object*] pesante; [*blow*] possente; [*portion*] enorme; [*profit, sum*] considerevole.

hegemony /hɪ'dʒemənɪ, AE 'hedʒeməʊnɪ/ n. egemonia f.

heifer /'hefə(r)/ n. giovenca f.

height /haɪt/ ➧ *15* **I** n. **1** *(tallness)* altezza f.; *(of person)* altezza f., statura f.; ***what is your ~?*** quanto sei alto? ***to be 1 metre 65 cm in ~*** [*person*] essere alto un metro e 65 cm; [*object*] misurare un metro e 65 cm in altezza; ***to draw oneself up to one's full ~*** ergersi in tutta la propria altezza **2** *(distance from the ground) (of mountain, plane)* altitudine f., quota f.; ***to gain, lose ~*** prendere, perdere quota; ***at a ~ of 2,000 metres*** a una altitudine di 2.000 metri; ***to fall from a ~ of 10 metres*** cadere da un'altezza di 10 metri **3** FIG. *(peak)* ***at the ~ of the season*** nel pieno *o* al culmine della stagione; ***at the ~ of the storm, crisis*** al culmine della tempesta, della crisi; ***to be at the ~ of one's success, popularity*** essere al vertice del successo, della popolarità; ***the violence was at its ~*** la violenza era al colmo **4** *(utmost)* ***the ~ of*** il colmo di [*stupidity, cheek*]; il massimo di [*luxury*]; ***to be the ~ of fashion*** essere l'ultimo grido della moda **II heights** n.pl. *(high place)* altezze f.; ***to be scared of ~s*** soffrire di vertigini; ***to rise to great ~s*** FIG. raggiungere alti livelli, arrivare in alto.

heighten /'haɪtn/ **I** tr. intensificare [*emotion*]; accrescere [*curiosity, desire*]; aumentare [*tension, suspense*]; accentuare [*effect*]; ***to ~ sb.'s awareness of*** accrescere in qcn. la consapevolezza di **II** intr. [*tension*] crescere.

heightened /'haɪtnd/ **I** p.pass. → **heighten II** agg. [*awareness*] accresciuto.

heinous /'heɪnəs/ agg. FORM. atroce, efferato; ***a ~ crime*** un crimine efferato.

heir /eə(r)/ n. erede m. e f. (**to** di); ***his son and ~*** suo figlio ed erede; **~ *apparent*** erede in linea diretta; ***to be ~ to*** FIG. ereditare [*problems, projects*].

heiress /'eərɪs/ n. ereditiera f.

heirloom /'eəlu:m/ n. ***a family ~*** un cimelio di famiglia.

heist /haɪst/ n. AE COLLOQ. *(robbery)* colpo m., furto m.; *(armed)* colpo m., rapina f.

held /held/ pass., p.pass. → **2.hold**.

Helen /'helən/, **Helena** /'helənə/ n.pr. Elena.

helical /ˈhelɪkl, ˈhiːlɪkl/ agg. TECN. elicoidale.
helices /ˈhelɪsiːz, ˈhiː-/ → **helix**.
Helicon /ˈhelɪkən/ n.pr. Elicona m.
1.helicopter /ˈhelɪkɒptə(r)/ n. elicottero m.
2.helicopter /ˈhelɪkɒptə(r)/ tr. elitrasportare.
heliography /ˌhiːlɪˈɒɡrəfɪ/ n. eliografia f.
heliotrope /ˈhiːlɪətrəʊp/ n. eliotropio m.
helipad /ˈhelɪpæd/ n. piattaforma f. (di atterraggio) per elicotteri.
heliport /ˈhelɪpɔːt/ n. eliporto m.
helium /ˈhiːlɪəm/ n. elio m.
helix /ˈhiːlɪks/ n. (pl. **-es**, **-ces**) elica f.
hell /hel/ **I** n. **1** (anche **Hell**) RELIG. inferno m.; ***to go to, be in ~*** andare, essere all'inferno **2** COLLOQ. *(unpleasant experience)* inferno m.; ***to make sb.'s life ~*** rendere la vita di qcn. un inferno; ***to go through ~*** soffrire le pene dell'inferno; ***a neighbour from ~*** COLLOQ. un vicino insopportabile **3** COLLOQ. *(as intensifier)* ***a ~ of a shock*** uno choc terribile; ***it's a ~ of a lot worse*** è infinitamente peggio; ***he's one ~ of a smart guy*** AE è un tipo davvero in gamba; ***we had a ~ of a time*** *(bad)* siamo ammattiti, siamo usciti pazzi COLLOQ.; *(good)* ci siamo divertiti un casino; ***it sure as ~ wasn't me*** garantito al limone che non ero io; ***to run like ~*** correre come un pazzo; ***let's get the ~ out of here!*** togliamoci di qui alla svelta! ***get the ~ out of here!*** fuori subito! ***like ~ I will, you are!*** col cavolo! ***"it's a good film" - "like ~ it is!"*** "è un bel film" - "bello un corno!" ***why, who the ~?*** perché diavolo, chi diavolo? ***what the ~ are you doing?*** che diavolo stai facendo? ***how the ~ should I know?*** come diavolo faccio a saperlo? ***oh, what the ~!*** *(too bad)* accidenti! ***to he ~ with it!*** e che diavolo! all'inferno! **II** inter. POP. diavolo ♦ ***go to ~!*** COLLOQ. va' all'inferno! ***all ~ broke loose*** COLLOQ. si sono scatenati i diavoli dell'inferno; ***come ~ or high water*** COLLOQ. costi quel che costi; ***there was ~ to pay*** è scoppiato un casino; ***to catch ~*** AE COLLOQ. ricevere *o* prendersi una strigliata; ***to do sth. for the ~ of it*** COLLOQ. fare qualcosa per il gusto di farlo; ***to give sb. ~*** POP. *(cause to suffer)* fare soffrire le pene dell'inferno a qcn.; *(scold)* fare una sfuriata a qcn.; ***to raise (merry) ~*** COLLOQ. piantare un casino (**with sb.** con qcn.).
he'll /hiːəl/ contr. he will.
hell-bent /ˌhelˈbent/ agg. ***~ on doing*** decisissimo a fare.
hellcat /ˈhelkæt/ n. arpia f., megera f.
hellebore /ˈhelɪbɔː(r)/ n. elleboro m.
Hellenic /heˈliːnɪk, AE heˈlenɪk/ agg. ellenico.
Hellenism /ˈhelɪnɪzəm/ n. ellenismo m.
hellfire /ˌhelˈfaɪə(r)/ n. fiamme f.pl., fuoco m. dell'inferno.
hell-for-leather /ˌhelfəˈleðə(r)/ agg. e avv. COLLOQ. [*run, ride*] come un pazzo, a più non posso.
hellish /ˈhelɪʃ/ agg. **1** *(hell-like)* [*experience*] infernale, d'inferno **2** COLLOQ. *(awful)* [*traffic*] infernale.
hello /həˈləʊ/ inter. **1** *(greeting)* ciao; *(on phone)* pronto **2** *(in surprise)* to'.
helm /helm/ n. timone m. (anche FIG.); ***to be at the ~*** essere al timone.
helmet /ˈhelmɪt/ n. elmo m. (anche STOR.), elmetto m., casco m.
helmsman /ˈhelmzmən/ n. (pl. **-men**) timoniere m.
1.help /help/ **I** n. **1** *(assistance)* aiuto m., assistenza f.; *(in an emergency)* soccorso m.; ***with the ~ of sb., sth.*** con l'aiuto di qcn., qcs.; ***can I be of ~ (to you)?*** posso esserti d'aiuto? ***to be of ~ to sb.*** [*person*] essere di aiuto a qcn.; [*information, map*] essere utile a qcn.; ***you're a great ~!*** IRON. bell'aiuto sei! ***to come to sb.'s ~*** venire in aiuto di qcn.; ***to cry for ~*** chiamare aiuto; ***it's a ~ if you can speak the language*** serve saper parlare la lingua; ***there's no ~ for it*** non c'è niente da fare; ***he needs (professional) ~*** dovrebbe farsi vedere (da uno specialista) **2** (anche **daily ~**) *(cleaning woman)* collaboratrice f. domestica **II** inter. aiuto.
2.help /help/ **I** tr. **1** *(assist)* aiutare (**do, to do** a fare); *(more urgently)* soccorrere; ***to ~ each other*** aiutarsi (l'un l'altro); ***can you ~ me with this sack?*** puoi aiutarmi con questo sacco? ***can I ~ you?*** *(in shop)* desidera? *(on phone)* mi dica; ***to ~ sb. across, down, out*** aiutare qcn. ad attraversare, a scendere, a uscire; ***I ~ed him to his feet*** l'ho aiutato ad alzarsi in piedi; ***to ~ sb. on, off with*** aiutare qcn. a mettere, togliere [*garment, boot*] **2** *(improve)* migliorare [*situation, problem*]; ***he didn't ~ matters by writing that letter*** non ha migliorato le cose scrivendo quella lettera **3** *(contribute)* contribuire, aiutare (**to do** a fare) **4** *(serve)* ***to ~ sb. to*** servire a qcn. [*food, wine*] **5** *(prevent)* ***it can't be ~ed!*** è inevitabile! non ci si può fare nulla! ***he can't ~ being stupid!*** non è colpa sua se è stupido! ***not if I can ~ it!*** se posso evitarlo, no di certo! ***he won't win if I can ~ it*** non vincerà se riesco ad impedirglielo; ***don't tell her any more than you can ~*** non dirle più dello stretto necessario; ***I can't ~ that*** non posso farne a meno, non posso farci niente; ***you can't ~ but pity him*** non si può far altro che compatirlo **II** intr. **1** *(assist)* aiutare; ***he never ~s with the cooking*** non dà mai una mano in cucina; ***to ~ with the expenses*** partecipare alle spese; ***this map doesn't ~ much*** questa carta non è di grande aiuto *o* non serve a molto; ***every little ~s*** *(when donating money)* anche una piccola offerta può aiutare; *(when saving)* tutto fa (brodo) **2** *(be an improvement)* ***would it ~ if I turned the light off?*** andrebbe meglio se spegnessi la luce? **III** rifl. **1** *(serve)* ***to ~ oneself*** servirsi; ***~ yourselves to coffee*** prendete del caffè **2** ***to ~ oneself to*** *(pinch)* servirsi da, rubare da; ***he has been ~ing himself to the till*** si è servito dalla cassa **3** *(prevent)* ***to ~ oneself*** frenarsi, trattenersi.
■ **help out:** ***~ out*** aiutare, dare una mano; ***~ [sb.] out*** aiutare, dare una mano a.
help desk n. servizio m. d'assistenza.
helper /ˈhelpə(r)/ n. aiuto m., aiutante m. e f.; *(for handicapped person)* accompagnatore m. (-trice).
helpful /ˈhelpfl/ agg. [*tool, machine*] utile; [*person*] servizievole; [*advice, suggestion*] utile; ***I was only trying to be ~!*** stavo solo cercando di essere di aiuto *o* di rendermi utile!
helpfully /ˈhelpfəlɪ/ avv. [*explain, indicate*] con disponibilità, gentilmente.
helping /ˈhelpɪŋ/ n. porzione f.; ***would you like another ~ of meat?*** vuoi un'altra porzione di carne? ***this is my third ~*** è la terza volta che mi servo.
helping hand n. ***to give*** o ***lend sb. a ~*** dare una mano a qcn.
help key n. INFORM. (tasto di) help m.
helpless /ˈhelplɪs/ agg. **1** *(powerless)* [*person*] impotente; *(because of infirmity, disability)* incapace; ***they were ~ with laughter*** non riuscivano a smettere di ridere **2** *(defenceless)* [*person*] indifeso; [*victim*] inerme; *(destitute)* [*family*] privo di mezzi.
helplessly /ˈhelplɪslɪ/ avv. [*watch*] con un senso di impotenza; [*struggle, try*] disperatamente.
helplessness /ˈhelplɪsnɪs/ n. **1** *(powerlessness)* impotenza f.; *(because of infirmity, disability)* incapacità f. **2** *(defencelessness)* vulnerabilità f.
helpline /ˈhelplaɪn/ n. servizio m. di assistenza (telefonica).
helpmate /ˈhelpmeɪt/, **helpmeet** /ˈhelpmiːt/ n. compagno m. (-a), partner m. e f.
helter-skelter /ˌheltəˈskeltə(r)/ **I** n. BE *(in amusement park)* scivolo m. gigante (a spirale) **II** agg. [*rush, account*] confuso, caotico **III** avv. in fretta e furia; ***to run ~*** correre come un pazzo.
1.hem /hem/ n. orlo m.; ***to take up, let down the ~ on*** tirare su, tirare giù l'orlo di [*garment*].
2.hem /hem/ tr. (forma in -ing ecc. **-mm-**) fare l'orlo a [*garment*].
■ **hem in** ***~ [sb., sth.] in, ~ in [sb., sth.]*** circondare [*person, troops*]; ***to feel ~med in*** FIG. sentirsi accerchiato, sentirsi con le spalle al muro.
3.hem /hem/ inter. ehm.
hematoma AE → **haematoma**.
hemisphere /ˈhemɪsfɪə(r)/ n. MED. GEOGR. emisfero m.; ***the western ~*** il mondo occidentale.
hemline /ˈhemlaɪn/ n. *(of dress, skirt)* orlo m.
hemlock /ˈhemlɒk/ n. cicuta f.
hemoglobin AE → **haemoglobin**.
hemophilia AE → **haemophilia**.
hemophiliac AE → **haemophiliac**.
hemorrhage AE → **1.haemorrhage**, **2.haemorrhage**.
hemorrhoids AE → **haemorrhoids**.
hemp /hemp/ n. **1** *(plant, fibre)* canapa f. **2** *(drug)* cannabis f.
hen /hen/ **I** n. **1** *(domestic fowl)* gallina f. **2** *(female bird)* femmina f. **II** modif. [*sparrow, pheasant*] femmina.

her

- It is very important to distinguish the use of *her* as a personal pronoun and its use as a determiner, since different forms are used in Italian.

As a personal pronoun

- The personal pronoun *her* can be translated in Italian by *la, le* and *lei*.
- When used as a direct object pronoun, *her* is translated by *la* (*l'* before *h* or a vowel). Note that the object pronoun normally comes before the verb in Italian:
  I know her = la conosco
  I've already seen her = l'ho già vista.
  In imperatives (and other non-finite forms), however, *la* comes after the verb and is joined to it to form a single word:
  catch her! = prendila!
  When the direct object pronoun is used in emphasis, *her* is translated by *lei* which comes after the verb:
  he loves her, not you = lui ama lei, non te.
- When used as an indirect object pronoun, *her* is translated by *le*, which comes before the verb:
  I've given her the book = le ho dato il libro.
  In imperatives (and other non-finite forms), however, *le* comes after the verb and is joined to it to form a single word:
  phone her! = telefonale!
  Note that *le* becomes *glie* when another pronoun is used as well:
  send it to her at once! = mandaglielo subito!
  we've given it to her = glielo abbiamo dato.
- After prepositions, the translation is *lei*:
  I did it for her = l'ho fatto per lei
  I told her, not him = l'ho detto a lei, non a lui.
- Remember that a verb followed by a particle or a preposition in English may correspond to a verb followed by a direct object in Italian, and vice versa, e.g. *to look at somebody* vs guardare qualcuno and *to distrust somebody* vs dubitare di qualcuno:
  look at her! = guardala!
  they distrust her = dubitano di lei.
- When *her* is used after *as* or *than* in comparative clauses, it is translated by *lei*:
  Jane is as pretty as her = Jane è carina come lei
  I'm younger than her = sono più giovane di lei.
- For particular expressions see the entry **her**.

As a determiner

- When translating *her as* a determiner *(her house* etc.), remember that in Italian possessive adjectives, like most other adjectives, agree in gender and number with the noun they qualify, not as in English with the possessor they refer to; *her is* translated by *suo* + masculine singular noun (her neighbour, her dog = *il suo vicino, il suo cane*), *sua* + feminine singular noun (her teacher, her house = *la sua maestra, la sua casa*), *suoi* + masculine plural noun (her children, her books = *i suoi figli, i suoi libri*), and *sue* + feminine plural noun (her friends, her shoes = *le sue amiche, le sue scarpe*).
- Since both *her* and *his* can be translated by *suo/sua/suoi/sue*, the form *di lei* may be used as an equivalent of *her* to avoid ambiguity:
  Mary opened her book = Maria aprì il suo libro
  John opened her book = John aprì il suo libro / il libro di lei.
- The above examples also show that Italian possessives, unlike English ones, are normally preceded by an article.
- When *own* is used after *her* to intensify the meaning of the possessive, it is not usually translated in Italian:
  she is driving her own car = sta guidando la sua macchina.
- When *her* is used before nouns indicating parts of the body, garments, relatives, food and drink etc., Italian has an article instead: *she had her hair cut* = si è fatta tagliare i capelli; *she kept her hat on* = ha tenuto il cappello; *she came with her sister* = è venuta con la sorella, con sua sorella; *she has eaten up her soup* = ha finito la minestra; *she is in her forties* = ha passato i quaranta.

hence /hens/ avv. FORM. **1** *(from now)* da ora, da adesso; ***three days ~*** fra tre giorni (a partire da adesso), di qui a tre giorni **2** *(for this reason)* donde, da cui, per cui **3** ANT. *(from this place)* da qui.

henceforth /ˌhens'fɔːθ/, **henceforward** /hens'fɔːwəd/ avv. LETT. *(from now on)* d'ora innanzi, d'ora in poi; *(from then on)* da allora in poi.

henchman /'hentʃmən/ n. (pl. **-men**) seguace m., accolito m.

hen coop n. stia f.

hendecasyllable /'hendekəˌsɪləbl/ n. endecasillabo m.

henhouse /'henhaʊs/ n. pollaio m.

henna /'henə/ n. henné m.

hen party n. = festa di addio al nubilato.

hen-pecked /'henpekt/ agg. ***he is ~*** è succube della moglie.

Henrietta /ˌhenrɪ'etə/ n.pr. Enrica, Enrichetta.

Henry /'henrɪ/ n.pr. Enrico.

hepatitis /ˌhepə'taɪtɪs/ ➧ ***11*** n. epatite f.

her /*forma debole* hə(r), *forma forte* hɜː(r)/ **I** pron. **1** *(direct object)* la, lei; ***I know ~*** la conosco; ***let ~ go*** lasciala andare **2** *(indirect object)* le, a lei; ***I gave ~ the book*** le diedi il libro **3** *(after preposition)* lei; ***I did it for ~*** l'ho fatto per lei; ***she looked behind ~*** guardò dietro di sé **4** COLLOQ. ***it's ~*** è lei; ***he's older than ~*** è più vecchio di lei; ***I don't like ~ interfering in my affairs*** non mi piace che (lei) si intrometta nei miei affari **II** determ. suo, di lei; ***~ necklace*** la sua collana; ***Sylvia and ~ brother*** Sylvia e suo fratello; ***she broke ~ arm*** si ruppe il braccio.

1.herald /'herəld/ n. araldo m., messaggero m.; FIG. annunciatore m. (-trice), precursore m. (-corritrice).

2.herald /'herəld/ tr. (anche **~ in**) annunciare, proclamare.

heraldic /he'rældɪk/ agg. araldico.

heraldry /'herəldrɪ/ n. *(study, history)* araldica f.

herb /hɜːb/ n. *(for cooking)* erba f. aromatica; *(with medicinal properties)* pianta f., erba f. medicinale; ***mixed ~s*** erbe aromatiche.

herbaceous /hɜː'beɪʃəs/ agg. erbaceo; ***~ border*** aiuola di piante perenni.

herbal /'hɜːbl/ agg. [*remedy*] a base di erbe.

herbalist /'hɜːbəlɪst/ ➧ ***27*** n. erborista m. e f.

herbarium /hɜː'beərɪəm, AE ɜː'beərɪəm/ n. (pl. **~s**, **-ia**) erbario m.

Herbert /hɜːbət/ n.pr. Erberto.

herb garden n. orto m. di erbe aromatiche.

herbicide /ˌhɜːbɪ'saɪd/ n. erbicida m.

herbivore /'hɜːbɪvɔː(r)/ n. erbivoro m.

herbivorous /hɜː'bɪvərəs/ agg. erbivoro.

herb tea, **herbal tea** n. tisana f., infuso m. (di erbe).

Hercules /'hɜːkjʊliːz/ n.pr. Ercole.

1.herd /hɜːd/ n. *(of sheep)* gregge m.; *(of cattle)* mandria f.; *(of horses)* mandria f., branco m.; *(of reindeer)* branco m.; FIG. SPREG. *(of people)* gregge m., branco m., massa f. ♦ ***to follow the ~*** seguire il gregge, la massa.

2.herd /hɜːd/ **I** tr. *(drive)* radunare, imbrancare [*animals*]; radunare; *(closely)* ammassare [*people*]; ***the prisoners were all ~ed into one room*** i prigionieri erano tutti ammassati in un'unica stanza **II** intr. ***to ~ into sth.*** radunarsi, ammassarsi in qcs.

■ **herd together** radunarsi (insieme); *(closely)* ammassarsi.

herd instinct n. istinto m. gregale.

herdsman /'hɜːdzmən/ ➧ ***27*** n. (pl. **-men**) pastore m., mandriano m.

here /hɪə(r)/ When *here* is used to indicate the location of an object or point etc. close to the speaker, it is generally translated by *qui* or *qua*: *come and sit here* = vieni a sederti qui; *stay here* = stai qua. - When *here* is used to indicate a moment in time, different translations may be used: *now that summer's here* = adesso che è estate; *Christmas is here!* = è arrivato il Natale! - At the beginning of a sentence, *here* may be translated as *ecco*: *here comes the bus* = ecco (che arriva) l'autobus; *here they are!* = eccoli! - For examples and particular usages, see the entry below. **I**

avv. **1** *(indicating place)* qui, qua; ***stand ~*** stai qua; ***far from, near ~*** lontano da qui, qui vicino; ***two kilometres from ~*** a due chilometri da qua; ***come over ~*** vieni qui; ***up to ~, down to ~*** fino a qui; ***I'm up ~*** sono quassù; ***~ lies*** *(on tombstone)* qui giace; ***since you were last ~*** dall'ultima volta che sei stato qui; ***~ and there*** qui e là **2** *(to draw attention)* ***~ they are!*** eccoli! ***~ she comes!*** eccola *o* ecco che arriva! ***~ comes the bus*** ecco (che arriva) l'autobus; ***~ you are*** *(offering sth.)* eccoti, eccotelo; ***my colleague ~ will show you*** il mio collega le mostrerà; ***which one? this one ~ or that one?*** quale? questo qui o quello là? ***~'s what you do*** ecco quello che devi fare **3** *(indicating presence, arrival)* ***she's not ~ right now*** non è qui *o* non c'è in questo momento; ***"John?" - "~ sir"*** *(revealing whereabouts)* "John?" - "sono qui, signore"; *(during roll call)* "John?" - "presente"; ***~ we are*** eccoci (arrivati); ***now that summer's ~*** adesso che è estate; ***~'s our chance*** ecco la nostra occasione **4** COLLOQ. *(emphatic)* ***this ~ contraption*** questo aggeggio qua; ***look*** o ***see ~ you!*** senti un po'! **II** inter. COLLOQ. ***~ stop that!*** ehi, smettila! ***~ goes!*** pronti! cominciamo! ***~'s hoping*** spero; ***~'s to our success, to you!*** al nostro successo, alla tua! ***~ there and everywhere*** dappertutto; ***it's neither ~ nor there*** non ha nessuna importanza.

hereabout /ˈhɪərəbaʊt/ AE, **hereabouts** /ˈhɪərəbaʊts/ BE avv. qui intorno, qui in giro, da queste parti.

hereafter /hɪərˈɑːftə(r)/ **I** n. ***the ~*** l'aldilà **II** avv. DIR. più avanti, in seguito.

here and now I n. ***the ~*** *(present)* il presente **II** avv. immediatamente.

hereby /hɪəˈbaɪ/ avv. AMM. DIR. ***I ~ declare that*** *(in document)* con la presente dichiaro che.

hereditary /hɪˈredɪtrɪ, AE -terɪ/ agg. ereditario.

heredity /hɪˈredətɪ/ n. eredità f.

herein /ˈhɪərɪn/ avv. DIR. *(at beginning of document)* più avanti; *(at end)* qui sotto.

hereinafter /ˌhɪərɪnˈɑːftə(r)/ avv. DIR. più avanti, (qui) di seguito.

hereof /hɪərˈɒv/ avv. DIR. del presente.

heresy /ˈherəsɪ/ n. eresia f.

heretic /ˈherətɪk/ n. eretico m. (-a).

heretical /hɪˈretɪkl/ agg. eretico.

hereto /hɪəˈtuː/ avv. DIR. *(to this)* ***attached ~*** allegato (al presente documento).

heretofore /ˌhɪətuːˈfɔː(r)/ avv. DIR. fino a qui, fino a ora.

hereupon /ˌhɪərəˈpɒn/ avv. al che, a questo punto.

herewith /ˈhɪəwɪð/ avv. FORM. qui accluso.

heritable /ˈherɪtəbl/ agg. DIR. trasmissibile.

heritage /ˈherɪtɪdʒ/ n. **1** RAR. FORM. *(inheritance)* eredità f. **2** *(cultural)* patrimonio m. (storico-)culturale.

Herman /ˈhɜːmən/ n.pr. Ermanno.

hermaphrodite /hɜːˈmæfrədaɪt/ **I** agg. ermafrodito **II** n. ermafrodito m.

Hermes /ˈhɜːmiːz/ n.pr. Ermete.

hermetic /hɜːˈmetɪk/ agg. ermetico.

hermetically /hɜːˈmetɪklɪ/ avv. ermeticamente.

Hermione /hɜːˈmaɪənɪ/ n.pr. Ermione.

hermit /ˈhɜːmɪt/ n. eremita m. e f.

hermitage /ˈhɜːmɪtɪdʒ/ n. eremitaggio m., eremo m.

hermit crab n. bernardo m. l'eremita.

hernia /ˈhɜːnɪə/ n. (pl. **~s, -ae**) ernia f.

hero /ˈhɪərəʊ/ n. (pl. **~es**) eroe m.; ***a ~'s welcome*** un'accoglienza trionfale.

Herod /ˈherəd/ n.pr. Erode.

Herodias /heˈrəʊdɪæs/ n.pr. Erodiade.

heroic /hɪˈrəʊɪk/ agg. [*person, deed*] eroico.

heroically /hɪˈrəʊɪklɪ/ avv. eroicamente.

heroics /hɪˈrəʊɪks/ n.pl. *(language)* linguaggio m.sing. melodrammatico; *(behaviour)* comportamento m.sing. melodrammatico.

heroic treatment n. accanimento m. terapeutico.

heroin /ˈherəʊɪn/ n. *(drug)* eroina f.

heroin addict n. eroinomane m. e f.

heroine /ˈherəʊɪn/ n. *(woman)* eroina f.

heroism /ˈherəʊɪzəm/ n. eroismo m.

heron /ˈherən/ n. airone m.

1.hero-worship /ˈhɪərəʊwɜːʃɪp/ n. culto m. dell'eroe, venerazione f.

2.hero-worship /ˈhɪərəʊwɜːʃɪp/ tr. (forma in -ing ecc. **-pp-**, **-p-** AE) venerare (come un eroe).

herpes /ˈhɜːpiːz/ ♦ ***11*** n. herpes m.

herring /ˈherɪŋ/ n. (pl. **~**, **~s**) aringa f.

herringbone /ˈherɪŋbəʊn/ n. *(design)* motivo m. spinato, a spina di pesce.

hers /hɜːz/ In Italian, possessive pronouns have the same forms as the corresponding adjectives, are usually preceded by an article, and reflect the gender and number of the noun they are standing for. So *hers* is translated by *il suo, la sua, i suoi, le sue,* according to what is being referred to: *your book and hers* = il tuo libro e il suo; *the blue car is hers* = la macchina blu è la sua; *my children are younger than hers* = i miei bambini sono più piccoli dei suoi; *your shoes are brown, while hers are black* = le tue scarpe sono marroni, mentre le sue sono nere. - Since Italian possessive adjectives, unlike English ones, may be preceded by an article, a demonstrative adjective or a numeral, an English possessive pronoun is often translated by an Italian possessive adjective: *a cousin of hers* = un suo cugino; *that school friend of hers* = quel suo compagno di scuola; *four books of hers* = quattro suoi libri. - For examples and particular usages, see the entry below. pron. ***my car is red but ~ is blue*** la mia auto è rossa ma la sua è blu; ***the green pen is ~*** la penna verde è sua; ***which house is ~?*** qual è la sua casa? quale casa è la sua? ***I'm a friend of ~*** sono un suo amico; ***it's not ~*** non è (il) suo; ***the money wasn't ~ to give away*** non doveva dare via soldi non suoi; ***~ was not an easy task*** il suo non era un compito facile.

herself /həˈself/ When used as a reflexive pronoun, direct and indirect, *herself* is generally translated by *si,* which is always placed before the verb: *she's enjoying herself* = si sta divertendo; *she's cut herself* = si è tagliata. - When used as an emphatic to stress the corresponding personal pronoun, the translation is *lei stessa* or *anche lei*: *she herself did not know* = lei stessa non lo sapeva; *she's a stranger here herself* = anche lei è forestiera da queste parti. - When used after a preposition, *herself* is translated by *sé* or *se stessa*: *she can be proud of herself* = può essere fiera di sé / se stessa. - *(All) by herself* is translated by *da sola,* which means alone and/or without help. - For particular usages see below. pron. **1** *(reflexive)* si, sé, se stessa; *(after preposition)* sé, se stessa; ***she's hurt ~*** si è ferita; ***Kathy was pleased with ~*** Kathy era soddisfatta di sé *o* di se stessa **2** *(emphatic)* (lei) stessa; *(after preposition)* lei (stessa); ***she, Sheila ~ said that...*** lei stessa, Sheila stessa ha detto che...; ***for ~*** per lei (stessa) **3** *(expressions)* ***(all) by ~*** (tutto) da sola *o* da sé; ***she's not ~ today*** oggi non è lei *o* non è in sé.

hertz /hɜːts/ n. hertz m.

he's /hiːz/ contr. he is, he has.

hesitancy /ˈhezɪtənsɪ/ n. esitazione f.; *(reluctance)* reticenza f.

hesitant /ˈhezɪtənt/ agg. **1** *(nervous)* [*person, reply*] esitante, incerto; ***to be ~ about doing*** esitare a fare **2** *(reticent)* ***to be ~ about*** essere riluttante riguardo a [*plan*].

hesitantly /ˈhezɪtəntlɪ/ avv. **1** *(nervously)* [*act*] con esitazione; [*speak*] con tono esitante **2** *(reticently)* con riluttanza.

hesitate /ˈhezɪteɪt/ intr. esitare (**over** su); ***to ~ to do*** esitare a fare ♦ ***he who ~s is lost*** PROV. chi si ferma è perduto.

hesitation /ˌhezɪˈteɪʃn/ n. esitazione f.; ***to have no ~ in doing*** non avere alcuna esitazione a fare.

hessian /ˈhesɪən, AE ˈheʃn/ n. tela f. di iuta.

heterodox /ˈhetərədɒks/ agg. eterodosso.

heterogeneous /ˌhetərəˈdʒiːnɪəs/ agg. eterogeneo.

heterosexual /ˌhetərəˈsekʃʊəl/ **I** agg. eterosessuale **II** n. eterosessuale m. e f.

heterosexuality /ˌhetərəˌsekʃʊˈælətɪ/ n. eterosessualità f.

het up agg. COLLOQ. *(angry)* arrabbiato; *(excited)* agitato; ***to get ~ about sth.*** scaldarsi per qcs.

heuristics /hjʊəˈrɪstɪks/ n. + verbo sing. euristica f.

hew /hjuː/ tr. (pass. **hewed**; p.pass. **hewn**) abbattere [*timber*]; estrarre [*coal*]; tagliare [*stone, branch*] (**out of** da).

hex /heks/ n. AE COLLOQ. malocchio m.
hexagon /ˈheksəgən, AE -gɒn/ n. esagono m.
hexagonal /hekˈsægənl/ agg. esagonale.
hexameter /hekˈsæmɪtə(r)/ n. esametro m.
hey /heɪ/ inter. COLLOQ. *(call for attention; in protest)* ehi.
heyday /ˈheɪdeɪ/ n. *(of movement etc.)* periodo m. d'oro; *(of person)* fiore m. degli anni; ***in my ~*** ai miei tempi, nel fiore dei miei anni.
hey presto inter. e voilà; *(in narrative)* come per miracolo.
hi /haɪ/ inter. COLLOQ. ciao.
hiatus /haɪˈeɪtəs/ n. (pl. ~, **~es**) **1** *(pause)* iato m. **2** *(gap)* lacuna f. **3** LING. LETTER. iato m.
hibernate /ˈhaɪbəneɪt/ intr. ibernare.
hibernation /ˌhaɪbəˈneɪʃn/ n. ZOOL. ibernazione f.; ***to go into ~*** andare in letargo.
hibiscus /hɪˈbɪskəs, AE haɪ-/ n. ibisco m.
hiccough → **1.hiccup**, **2.hiccup**.
1.hiccup /ˈhɪkʌp/ n. **1** singhiozzo m.; ***to have (the) ~s*** avere il singhiozzo **2** FIG. *(setback)* inciampo m.
2.hiccup /ˈhɪkʌp/ intr. (forma in -ing ecc. **-p-**, **-pp-**) singhiozzare.
hick /hɪk/ **I** agg. AE COLLOQ. SPREG. ***~ town*** città di provincia **II** n. AE COLLOQ. SPREG. sempliciotto m. (-a).
hickory /ˈhɪkərɪ/ n. hickory m.
hid /hɪd/ pass. → **3.hide**.
hidden /ˈhɪdn/ **I** p.pass. → **3.hide II** agg. [*talent, treasure*] nascosto; ***to be ~ from view*** essere nascosto alla vista.
1.hide /haɪd/ n. *(animal skin)* pelle f.; *(leather)* cuoio m.
2.hide /haɪd/ n. *(for hunter)* posta f., appostamento m.; *(for photographer)* nascondiglio m.
3.hide /haɪd/ **I** tr. (pass. **hid**; p.pass. **hidden**) nascondere [*object, person*] (**from** a); dissimulare, mascherare [*feeling*] **II** intr. (pass. **hid**; p.pass. **hidden**) nascondersi **III** rifl. (pass. **hid**; p.pass. **hidden**) ***to ~ oneself*** nascondersi.
▪ **hide away:** ***~ [sth.] away, ~ away [sth.]*** nascondere.
▪ **hide out** BE, **hide up** AE restare nascosto.
hide and seek BE, **hide-and-go-seek** /ˌhaɪdənˌgəʊˈsiːk/ AE ➧ **10** n. nascondino m., rimpiattino m.
hideaway /ˈhaɪdəweɪ/ n. nascondiglio m., rifugio m.
hidebound /ˈhaɪdbaʊnd/ agg. di vedute limitate, rigido.
hideous /ˈhɪdɪəs/ agg. *(ugly)* [*object, person, monster*] orribile, orrendo; [*noise*] orrendo; *(terrible)* [*murder*] orrendo.
hideously /ˈhɪdɪəslɪ/ avv. *(repulsively)* [*ugly*] orribilmente; [*deformed*] orrendamente; *(terribly)* [*act*] in modo orribile, tremendo.
hideout /ˈhaɪdaʊt/ n. nascondiglio m.
1.hiding /ˈhaɪdɪŋ/ n. ***to go into ~*** nascondersi, sparire; ***to be in ~*** essere, tenersi nascosto; ***to come out of ~*** uscire allo scoperto.
2.hiding /ˈhaɪdɪŋ/ n. *(beating)* legnate f.pl.; FIG. batosta f.; ***to give sb. a (good) ~*** dare a qcn. un fracco di legnate ♦ ***to be on a ~ to nothing*** non avere nessuna possibilità di riuscire *o* di vincere.
hiding place n. nascondiglio m.
hierarchic(al) /ˌhaɪəˈrɑːkɪk(l)/ agg. gerarchico.
hierarchy /ˈhaɪərɑːkɪ/ n. gerarchia f.
hieroglyph /ˈhaɪərəglɪf/ n. geroglifico m. (anche FIG.).
hieroglyphic /ˌhaɪərəˈglɪfɪk/ **I** n. geroglifico m. (anche FIG.) **II hieroglyphics** n.pl. *(mode of writing)* scrittura f.sing. geroglifica; *(characters)* geroglifici m. **III** agg. geroglifico.
hi-fi /ˈhaɪfaɪ/ n. **1** (accorc. high fidelity) hi-fi f., alta fedeltà f. **2** *(set of equipment)* hi-fi m., (impianto) stereo m.
higgledy-piggledy /ˌhɪgldɪˈpɪgldɪ/ agg. e avv. alla rinfusa, sottosopra.
1.high /haɪ/ ➧ **15 I** agg. **1** *(tall)* [*building, wall, table, forehead, cheekbones*] alto; ***it is 50 cm ~*** è alto 50 cm; ***I've known him since he was so ~*** lo conosco da quando era piccolo *o* da quando era alto così **2** *(far from the ground)* [*shelf, ceiling, cloud*] alto; ***at ~ tide*** con l'alta marea; ***how ~ (up) are we?*** *(on top of building)* quanto siamo alti? *(on plane, mountain)* a che altezza siamo? **3** *(numerically large)* [*number, price, frequency*] alto, elevato; [*ratio, volume*] alto; [*wind*] forte; ***at ~ speed*** ad alta velocità; ***to have a ~ temperature*** avere la febbre alta; ***~ in*** ricco di [*fat, iron*] **4** *(great)* [*degree, risk*] alto, elevato; [*hope, expectation*] grande; ***cook on a ~ heat*** cuocere a fuoco vivo; ***to have a ~ colour*** avere un colorito acceso; ***a moment of ~ drama*** un momento di forte drammaticità; ***in ~ summer*** in piena estate; ***feelings are running ~*** gli animi si stanno infiammando **5** *(important)* [*quality, rank*] alto; [*standard*] elevato; ***I have it on the ~est authority*** l'ho saputo da persone molto in alto; ***to have friends in ~ places*** avere amici influenti; ***to be ~ up*** stare in alto; ***to go on to ~er things*** fare cose più importanti **6** *(noble)* [*principle*] alto, elevato; [*ideal*] grande, nobile **7** *(acute)* [*pitch, sound, note*] alto, acuto; [*voice*] acuto **8** GASTR. [*game*] frollato **9** COLLOQ. *(euphoric) (on drug)* sballato; *(happy)* su di giri; ***to be ~ on*** essere sovreccitato per [*drug*]; ***to get ~*** sballare **II** avv. **1** *(to a great height)* [*climb, throw*] in alto; [*jump*] alto, in alto; ***~er up*** più in alto; ***to climb ~er and ~er*** [*person, animal*] salire sempre più in alto; FIG. [*figures, unemployment*] aumentare sempre di più; ***don't go any ~er than £ 5,000*** non andare oltre *o* non superare le 5.000 sterline **2** *(at a high level)* [*set, turn on*] alto; ***to turn sth. up ~*** alzare qcs. **3** MUS. [*sing, play*] in una tonalità alta ♦ ***it's ~ time that sb. did*** è proprio ora che qcn. faccia; ***to hold one's head (up) ~*** tenere la testa alta; ***to search ~ and low for sth.*** cercare qcs. in lungo e in largo, per mari e per monti.
2.high /haɪ/ n. **1** (livello) massimo m., picco m.; ***an all-time ~*** un massimo assoluto; ***to reach a new ~*** raggiungere un nuovo picco **2** COLLOQ. *(euphoric feeling)* ***to give sb. a ~*** [*drug*] fare sballare qcn.; [*success*] dare alla testa a qcn.; ***to be on a ~*** essere su di giri *o* eccitatissimo **3** AE COLLOQ. SCOL. scuola f. (media) superiore **4** ***from on ~*** dall'alto; RELIG. dal Cielo.
high and dry agg. ***to leave sb. ~*** abbandonare qcn. a se stesso.
high and mighty agg. COLLOQ. presuntuoso, arrogante.
highball /ˈhaɪbɔːl/ n. highball m.
high beam n. AE AUT. abbaglianti m.pl.
highborn /ˈhaɪbɔːn/ agg. di alti natali.
highbrow /ˈhaɪbraʊ/ **I** agg. intellettuale **II** n. intellettuale m. e f.
high chair n. *(for child)* seggiolone m.
High Church n. Chiesa f. Alta.
high-class /ˌhaɪˈklɑːs, AE -ˈklæs/ agg. [*hotel, shop, car*] di (prima) classe, di lusso; [*goods*] di prim'ordine, di alta qualità; [*area*] di lusso; [*prostitute*] d'alto bordo.
high command n. alto comando m.
high commission n. alta commissione f.
high commissioner ➧ **27** n. alto commissario m.
high court n. corte f. suprema.
high-definition /ˌhaɪˌdefɪˈnɪʃn/ agg. [*image*] ad alta definizione.
high diving ➧ **10** n. tuffi m.pl. dalla piattaforma.
higher education n. istruzione f. superiore.
higher mathematics n. + verbo sing. matematica f. superiore.
highfalutin(g) /ˌhaɪfəˈluːtɪŋ/ agg. COLLOQ. [*language*] ampolloso; [*ideas*] pretenzioso.
high fashion n. alta moda f.
high-fibre /ˌhaɪˈfaɪbə(r)/ agg. [*foodstuff*] ricco di fibre.
high-fidelity /ˌhaɪfɪˈdelətɪ/ **I** agg. ad alta fedeltà **II** n. alta fedeltà f.
high finance n. alta finanza f.
high-flier /ˌhaɪˈflaɪə(r)/ n. *(ambitious person)* ambizioso m. (-a).
high-flown /ˈhaɪfləʊn/ agg. altisonante.
high-flyer → **high-flier**.
high-flying /ˌhaɪˈflaɪɪŋ/ agg. **1** [*aircraft*] d'alta quota **2** FIG. [*person*] che punta in alto, ambizioso; [*career*] ambizioso.
high-frequency /ˌhaɪˈfriːkwənsɪ/ agg. ad alta frequenza.
high-grade /ˌhaɪˈgreɪd/ agg. [*merchandise, paper*] di alta qualità.
high ground n. altura f.; ***on ~*** ad alta quota; ***to take the (moral) ~*** FIG. attestarsi su posizioni moraliste.
high-handed /ˌhaɪˈhændɪd/ agg. dispotico.
high-handedly /ˌhaɪˈhændɪdlɪ/ avv. dispoticamente.
high-heeled /ˌhaɪˈhiːld/ agg. [*shoe*] con il tacco alto.
high heels n.pl. *(shoes, heels)* tacchi m. alti.
high jinks n.pl. COLLOQ. ***to get up to ~*** fare baldoria.
high jump ➧ **10** n. SPORT salto m. in alto.
highland /ˈhaɪlənd/ n. (anche **~s**) regione f. montagnosa.

Highlander /ˈhaɪləndə(r)/ n. nativo m. (-a), abitante m. e f. delle Highlands.
Highland fling n. = tipo di danza scozzese.
Highland games n.pl. = raduno in cui si svolgono giochi, balli e musiche tradizionali scozzesi.
Highlands /ˈhaɪləndz ➧ *24* n.pr.pl. (anche **Highland Region**) Highlands f.
high-level /ˌhaɪˈlevl/ agg. [*talks*] ad alto livello; [*official*] di alto livello.
high life n. bella vita f.
1.highlight /ˈhaɪlaɪt/ **I** n. **1** ART. zona f. di maggiore luminosità **2** *(in hair) (natural)* riflesso m.; *(artificial)* mèche f. **3** *(best part) (of exhibition)* parte f. migliore; *(of show, event, evening)* (momento) clou m. **II highlights** n.pl. RAD. TELEV. sommario m.sing.
2.highlight /ˈhaɪlaɪt/ tr. **1** *(accentuate)* [*artist*] illuminare, mettere in rilievo; [*photographer*] fare risaltare; [*sun, light*] illuminare **2** *(emphasize)* mettere in rilievo, evidenziare **3** *(with fluorescent pen)* evidenziare.
highlighter /ˈhaɪlaɪtə(r)/ n. *(pen)* evidenziatore m.
highly /ˈhaɪlɪ/ avv. **1** *(very)* [*dangerous, developed, unlikely*] altamente; [*intelligent*] estremamente; ***to be ~ motivated*** essere fortemente motivato; ***~ important*** della massima importanza **2** *(enthusiastically)* ***to speak, think ~ of sb.*** parlare in termini entusiastici di qcn., avere molta stima di qcn.; ***to praise sb. ~*** tessere le lodi di qcn.
highly-charged /ˌhaɪlɪˈtʃɑːdʒd/ agg. [*atmosphere*] molto teso.
highly-coloured BE, **highly-colored** AE /ˌhaɪlɪˈkʌləd/ agg. **1** dai colori vividi **2** *(embellished)* [*description, story*] molto colorito.
highly-paid /ˌhaɪlɪˈpeɪd/ agg. molto ben pagato.
highly-polished /ˌhaɪlɪˈpɒlɪʃt/ agg. estremamente raffinato.
highly-strung /ˌhaɪlɪˈstrʌŋ/ agg. molto teso.
High Mass n. messa f. solenne.
high-minded /ˌhaɪˈmaɪndɪd/ agg. [*person*] d'animo nobile; [*act, principle*] nobile.
high-necked /ˌhaɪˈnekt/ agg. [*blouse*] accollato; [*sweater*] a collo alto.
Highness /ˈhaɪnɪs/ ➧ *9* n. ***His*** o ***Her (Royal) ~*** Sua Altezza (Reale).
high noon n. mezzogiorno m. in punto.
high-performance /ˌhaɪpəˈfɔːməns/ agg. ad elevate prestazioni.
high-pitched /ˌhaɪˈpɪtʃt/ agg. [*voice, sound*] acuto.
high point n. punto m. culminante, clou m.
high-powered /ˌhaɪˈpaʊəd/ agg. **1** *(powerful)* [*car, engine*] di grande potenza, molto potente **2** *(dynamic)* [*person*] molto attivo, energico; *(important)* [*job*] di grande responsabilità.
high pressure I n. METEOR. alta pressione f. **II** modif. **1** TECN. [*pump*] ad alta pressione **2** *(aggressive)* [*salesperson*] insistente, aggressivo **3** *(stressful)* [*job*] stressante.
high priest n. RELIG. sommo sacerdote m. (anche FIG.).
high priestess n. RELIG. (grande) sacerdotessa f. (anche FIG.).
high-principled /ˈprɪnsəpld/ agg. [*person*] di nobili principi.
high-profile /ˌhaɪˈprəʊfaɪl/ agg. [*group*] di alto livello, di rilievo; [*politician*] di primo piano; [*visit*] molto pubblicizzato.
high-ranking /ˈhaɪˌræŋkɪŋ/ agg. [*officer*] di grado elevato.
high rise I n. palazzo m. a molti piani **II** agg. ***~ building*** edificio a molti piani, molto alto.
high-risk /ˌhaɪˈrɪsk/ agg. *(dangerous)* [*occupation*] ad alto rischio; [*prisoner*] pericoloso; *(in danger)* [*person*] ad alto rischio.
high road n. strada f. principale, maestra.
high school n. SCOL. = scuola secondaria superiore.
high sea n. ***on the ~s*** in alto mare.
high season n. ***in (the) ~*** in alta stagione.
high society n. alta società f.
high-sounding /ˌhaɪˈsaʊndɪŋ/ agg. sonoro, altisonante.
high-speed /ˌhaɪˈspiːd/ agg. [*train*] ad alta velocità; [*boat*] (super)veloce; [*film*] ultrarapido.
high-spirited /ˌhaɪˈspɪrɪtɪd/ agg. pieno di entusiasmo.
high spirits n.pl. entusiasmo m.sing.; ***to be in ~*** essere pieno di entusiasmo.
high spot n. → **high point**.
high street BE n. (anche **High Street**) *(in town)* via f. principale.
high-street shop ➧ *27* n. = negozio che fa parte di una catena di distribuzione.
high-street spending n. spese f.pl. di consumo ordinario.
high tea n. GB = pasto consumato nel tardo pomeriggio.
high tech /ˌhaɪˈtek/ **I** n. *(interior design)* high-tech m. e f. **II high-tech** agg. COLLOQ. [*industry*] all'avanguardia; [*equipment, car*] ultramoderno; [*furniture*] high-tech.
high technology I n. alta tecnologia f. **II** modif. [*product*] di alta tecnologia.
high tide n. alta marea f.
high treason n. alto tradimento m.
high voltage I n. alta tensione f. **II high-voltage** agg. ad alta tensione.
high water n. *(high tide)* alta marea f.; *(of river, in harbour)* acqua alta f.
highway /ˈhaɪweɪ/ n. BE *(main road)* strada f. principale, maestra; AE *(motorway)* superstrada f., strada f. ad alta intensità di circolazione; ***public*** o ***king's*** o ***queen's ~*** BE via pubblica; ***~s and byways*** strade e stradine.
Highway Code n. BE codice m. della strada.
highwayman /ˈhaɪweɪmən/ n. (pl. **-men**) bandito m. di strada.
highway patrol n. AE polizia f. stradale.
highway robbery n. rapina f. (sulla pubblica via).
high wire n. *(of rope-walker)* corda f. tesa.
1.hijack /ˈhaɪdʒæk/ n. dirottamento m.
2.hijack /ˈhaɪdʒæk/ tr. **1** dirottare [*plane*] **2** FIG. appropriarsi di [*theory*]; assumere il controllo di, pilotare [*event, demonstration*].
hijacker /ˈhaɪdʒækə(r)/ n. *(of plane)* dirottatore m. (-trice), pirata m. dell'aria; *(of bus, truck)* bandito m.
hijacking /ˈhaɪdʒækɪŋ/ n. dirottamento m.
1.hike /haɪk/ n. **1** *(walk)* camminata f., escursione f.; ***to go on*** o ***for a ~*** (andare a) fare una camminata **2** *(rise)* ***price ~*** impennata dei prezzi.
2.hike /haɪk/ **I** tr. (anche **~ up**) aumentare [*rate, price*] **II** intr. fare escursionismo.
hiker /ˈhaɪkə(r)/ n. camminatore m. (-trice), escursionista m. e f.
hiking /ˈhaɪkɪŋ/ ➧ *10* n. escursionismo m.
hilarious /hɪˈleərɪəs/ agg. esilarante, spassoso.
hilarity /hɪˈlærətɪ/ n. ilarità f.
Hilary /ˈhɪlərɪ/ n.pr. **1** *(male name)* Ilario **2** *(female name)* Ilaria.
Hilda /ˈhɪldə/ n.pr. Ilda.
hill /hɪl/ n. collina f.; *(hillside)* pendio m.; ***over ~ and dale*** LETT. per monti e per valli ♦ ***as old as the ~s*** vecchio come il cucco; ***to be over the ~*** essere sulla china (degli anni).
Hillary /ˈhɪlərɪ/ n.pr. Ilaria.
hillbilly /ˈhɪlbɪlɪ/ n. AE SPREG. montanaro m. (-a), buzzurro m. (-a).
hillock /ˈhɪlək/ n. collinetta f.
hillside /ˈhɪlsaɪd/ n. ***on the ~*** sul fianco della collina.
hilltop /ˈhɪltɒp/ n. cima f. di collina.
hilly /ˈhɪlɪ/ agg. [*landscape, region*] collinoso.
hilt /hɪlt/ n. *(of sword)* impugnatura f., elsa f.; ***(up) to the ~*** fino all'elsa; FIG. *(in debt)* fino al collo; ***to back sb. (up) to the ~*** appoggiare qcn. in tutto e per tutto.
him /*forma debole* ɪm, *forma forte* hɪm/ *Him* can be translated in Italian by *lo, gli* and *lui*. - When used as a direct object pronoun, *him* is translated by *lo* (*l'* before *h* or a vowel). Note that the object pronoun normally comes before the verb in Italian: *I know him* = lo conosco; *I've already seen him* = l'ho già visto. In imperatives (and other non-finite forms), however, *lo* comes after the verb and is joined to it to form a single word: *catch him!* = prendilo! When the direct object pronoun is used in emphasis, *him* is translated by *lui* which comes after the verb: *she loves him, not you* = lei ama lui, non te. - When used as an indirect object pronoun, *him* is translated by *gli*, which comes before the verb: *I've given him the book* = gli ho dato il libro. In imperatives (and other non-finite forms), however, *gli* comes after the verb and is joined to it to form a single word: *phone him!* = telefonagli! Note

that *gli* becomes *glie* when another pronoun is used as well: *send it to him at once!* = mandaglielo subito! *we've given it to him* = glielo abbiamo dato. - After prepositions, the translation is *lui*: *I did it for him* = l'ho fatto per lui; *I told him, not her* = l'ho detto a lui, non a lei. - Remember that a verb followed by a particle or a preposition in English may correspond to a verb followed by a direct object in Italian, and vice versa, e.g. *to look at somebody* vs guardare qualcuno and *to distrust somebody* vs dubitare di qualcuno: *look at him!* = guardalo! *they distrust him* = dubitano di lui. - When *him* is used after *as* or *than* in comparative clauses, it is translated by *lui*: *you're as strong as him* = tu sei forte come lui; *she's younger than him* = lei è più giovane di lui. - For particular expressions see below. pron. **1** *(direct object)* lo, lui; ***I know ~*** lo conosco; ***let ~ go*** lascialo andare **2** *(indirect object)* gli, a lui; ***I gave ~ the book*** gli diedi il libro **3** *(after preposition)* lui; ***I did it for ~*** l'ho fatto per lui; ***he looked behind ~*** guardò dietro di sé **4** COLLOQ. ***it's ~*** è lui; ***she is younger than ~*** è più giovane di lui; ***I don't like ~ going out every night*** non mi piace che (lui) esca tutte le sere.

Himalayas /ˌhɪmə'leɪəz/ n.pr.pl. ***the ~*** (le montagne del)l'Himalaya.

himself /hɪm'self/ When used as a reflexive pronoun, direct and indirect, *himself* is generally translated by *si*, which is always placed before the verb: *he's enjoying himself* = si sta divertendo; *he's cut himself* = si è tagliato. - When used as an emphatic to stress the corresponding personal pronoun, the translation is *lui stesso* or *anche lui*: *he himself did not know* = lui stesso non lo sapeva; *he's a stranger here himself* = anche lui è forestiero da queste parti. - When used after a preposition, *himself* is translated by *sé* or *se stesso*: *he can be proud of himself* = può essere fiero di sé / se stesso. - *(All) by himself* is translated by *da solo*, which means alone and/or without help. - For particular usages see below. pron. **1** *(reflexive)* si, sé, se stesso; *(after preposition)* sé, se stesso; ***he's hurt ~*** si è ferito; ***Tony was pleased with ~*** Tony era soddisfatto di sé *o* di se stesso **2** *(emphatic)* (lui) stesso; *(after preposition)* lui (stesso); ***he, Mark ~ said that...*** lui stesso, Mark stesso disse che...; ***for ~*** per lui (stesso) **3** *(expressions)* **(all) by ~** (tutto) da solo *o* da sé; ***he's not ~ today*** oggi non è lui *o* non è in sé.

1.hind /haɪnd/ n. (pl. ~, ~s) ZOOL. cerva f.

2.hind /haɪnd/ agg. posteriore, di dietro; ***~ legs*** zampe posteriori.

hinder /'hɪndə(r)/ tr. **1** *(hamper)* intralciare [*development*]; *(delay)* rallentare [*progress*]; frenare [*efforts*]; ritardare [*plan*] **2** *(prevent)* ostacolare [*person*].

Hindi /'hɪndɪ/ ➧ ***14*** **I** agg. hindi **II** n. hindi m.

hindquarters /ˌhaɪnd'kwɔːtəz/ n.pl. *(of quadruped)* posteriore m.sing.; *(of horse)* quarti m. posteriori.

hindrance /'hɪndrəns/ n. intralcio m., ostacolo m., impaccio m.; ***to be a ~ to sb., sth.*** essere un impedimento per qcn., essere un intralcio a qcs.

hindsight /'haɪndsaɪt/ n. ***with (the benefit of) ~*** con il senno di poi.

Hindu /ˌhɪn'duː, AE 'hɪnduː/ ➧ ***18*** **I** agg. indù **II** n. indù m. e f.

Hinduism /'hɪnduːɪzəm/ n. induismo m.

Hindustani /ˌhɪndʊ'stɑːnɪ/ ➧ ***14*** **I** agg. indostano **II** n. indostano m. (-a).

1.hinge /hɪndʒ/ n. TECN. cerniera f.; *(of door)* cardine m.; ***to come off its ~s*** [*door*] uscire dai cardini.

2.hinge /hɪndʒ/ intr. (forma in -ing **hingeing**) ***to ~ on sth., sb.*** imperniarsi su qcs., dipendere da qcn.

hinged /hɪndʒd/ **I** p.pass. → **2.hinge II** agg. [*lid*] a cerniera.

1.hint /hɪnt/ n. **1** *(insinuation)* allusione f., accenno m. (**about** a); ***broad ~*** chiara allusione; ***to give a ~ about*** fare allusione a; ***to drop ~s*** fare delle allusioni; ***to drop ~s that*** lasciare intendere che; ***to take a ~*** o ***the ~*** cogliere l'allusione; ***all right, I can take a ~*** va bene, ho capito **2** *(little bit) (of spice, flavouring)* punta f.; *(of colour)* tocco m.; FIG. *(of smile)* abbozzo m.; *(of irony, humour)* pizzico m.; *(accent)* traccia f. **3** *(helpful tip)* suggerimento m., consiglio m. (**for, on** per).

2.hint /hɪnt/ tr. alludere, accennare (**at sth.** a qcs.; **to sb.** a qcn.); ***to ~ that*** accennare al fatto che.

■ **hint at:** ***~ at [sth.]*** fare allusione a.

hinterland /'hɪntəlænd/ n. entroterra m.; *(of port, city)* hinterland m.

1.hip /hɪp/ ➧ ***2*** n. anca f.; fianco m.; ***to break one's ~*** rompersi il (collo del) femore.

2.hip /hɪp/ n. BOT. cinorrodo m.

3.hip /hɪp/ agg. [*person*] al corrente sulle ultime novità, trendy.

4.hip /hɪp/ inter. ***~ ~ hurrah!*** hip hip hip urrà!

hip bath n. semicupio m.

hipbone /'hɪpbəʊn/ n. osso m. iliaco.

hip flask n. fiaschetta f. da tasca.

hip measurement, **hip size** n. giro m. fianchi.

hippie /'hɪpɪ/ **I** agg. hippy **II** n. hippy m. e f.

hippo /'hɪpəʊ/ n. (pl. **~s**) → **hippopotamus**.

hip pocket n. *(of trousers)* tasca f. posteriore.

Hippocrates /hɪ'pɒkrətiːz/ n.pr. Ippocrate.

Hippocratic /ˌhɪpə'krætɪk/ agg. ***~ oath*** giuramento di Ippocrate.

hippopotamus /ˌhɪpə'pɒtəməs/ n. (pl. **~es, -i**) ippopotamo m.

hippy → **hippie**.

hip replacement n. sostituzione f. della testa del femore.

hipsters /'hɪpstəz/ n.pl. pantaloni m. a vita bassa.

1.hire /'haɪə(r)/ **I** n. noleggio m., affitto m.; ***car ~*** autonoleggio; ***to let sth. out on ~*** dare qcs. a noleggio *o* nolo; ***for ~*** [*boat, skis*] a noleggio; [*taxi*] libero **II** modif. [*car*] a noleggio; [*firm*] di noleggio.

2.hire /'haɪə(r)/ tr. noleggiare [*equipment*]; prendere, ingaggiare [*person*].

■ **hire out:** ***~ out [sth.], ~ [sth.] out*** dare a nolo, noleggiare.

hireling /'haɪəlɪŋ/ n. mercenario m. (-a).

hire purchase n. acquisto m. con pagamento rateale; ***on ~*** a rate.

his /*forma debole* ɪz, *forma forte* hɪz/ **I** determ. suo, di lui; ***~ beard*** la sua barba; ***Nick and ~ sister*** Nick e sua sorella; ***he broke ~ ankle*** si ruppe la caviglia **II** pron. ***all the drawings were good but ~ was the best*** tutti i disegni erano buoni ma il suo era il migliore; ***the blue car is ~*** l'auto blu è la sua; ***which house is ~?*** qual è la sua casa? quale casa è la sua? ***I'm a colleague of ~*** sono un suo collega; ***it's not ~*** non è (il) suo; ***the money was not ~ to give away*** non doveva dare soldi non suoi; ***~ was not an easy task*** il suo non era un compito facile.

Hispanic /hɪ'spænɪk/ agg. *(Spanish)* spagnolo, ispanico; *(Latin American)* latino-americano.

1.hiss /hɪs/ n. fischio m.; *(of snake, tape)* sibilo m.

2.hiss /hɪs/ **I** tr. fischiare [*person, performance, speech*] **II** intr. [*person, wind*] fischiare, sibilare; [*steam*] fischiare; [*snake, cassette*] sibilare; [*cat*] soffiare; [*hot fat*] sfrigolare.

histamine /'hɪstəmiːn/ n. istamina f.

histogram /'hɪstəgræm/ n. istogramma m.

histology /hɪ'stɒlədʒɪ/ n. istologia f.

historian /hɪ'stɔːrɪən/ ➧ ***27*** n. storico m. (-a); ***ancient ~*** studioso di storia antica.

historic /hɪ'stɒrɪk, AE -'stɔːr-/ agg. **1** [*event, site, moment*] storico **2** LING. ***past ~*** passato remoto; ***~ present*** presente storico.

historical /hɪ'stɒrɪkl, AE -'stɔːr-/ agg. storico.

historically /hɪ'stɒrɪklɪ, AE -'stɔːr-/ avv. storicamente; ***~ speaking*** in termini storici.

history /'hɪstrɪ/ **I** n. **1** *(past)* storia f.; ***Italian ~*** storia italiana; ***18th century English ~*** storia dell'Inghilterra del diciottesimo secolo; ***~ of art*** storia dell'arte; ***a place in ~*** un posto nella storia; ***to make ~*** fare storia; ***to go down in ~ as*** passare alla storia come **2** DIR. MED. storia f., precedenti m.pl.; ***to have a ~ of heart trouble*** avere dei precedenti di disturbi di cuore; ***to have a ~ of violence*** avere un passato di violenze **3** *(account)* storia f. **4** *(tradition)* tradizione f. **II** modif. [*book, teacher*] di storia ♦ ***the rest is ~*** il resto è storia.

histrionic /ˌhɪstrɪ'ɒnɪk/ agg. SPREG. istrionico.

histrionics /ˌhɪstrɪ'ɒnɪks/ n.pl. istrionismo m.sing.

1.hit /hɪt/ **I** n. **1** *(blow, stroke in sport, fencing)* colpo m.; ***to score a ~*** SPORT fare centro (anche FIG.) **2** *(success) (play,*

his

As a determiner

- When translating *his*, remember that in Italian possessives, like most other adjectives, agree in gender and number with the noun they qualify, not as in English with the possessor they refer to; *his* is translated by *suo* + masculine singular noun (*his neighbour, his dog* = il suo vicino, il suo cane), *sua* + feminine singular noun (*his teacher, his house* = la sua maestra, la sua casa), *suoi* + masculine plural noun (*his children, his books* = i suoi figli, i suoi libri), and *sue* + feminine plural noun (*his friends, his shoes* = le mie amiche, le sue scarpe).
- Since both *his* and *her* can be translated by *suo/sua/suoi/sue*, the form *di lui* may be used as an equivalent of *his* to avoid ambiguity: *John opened his book* = John aprì il suo libro; *Mary opened his book* = Mary aprì il libro di lui.
- The above examples also show that Italian possessives, unlike English ones, are normally preceded by an article.
- When *own* is used after *his* to intensify the meaning of the possessive, it is not usually translated in Italian: *he is driving his own car* = sta guidando la sua macchina.
- When *his* is used before nouns indicating parts of the body, garments, relatives, food and drink etc., Italian has an article instead: *he had his hair cut* = si è fatto tagliare i capelli; *he kept his hat on* = ha tenuto il cappello; *he came with his sister* = è venuto con la sorella, con sua sorella; *he has eaten up his soup* = ha finito la minestra; *he is in his forties* = ha passato i quaranta.

As a possessive pronoun

- In Italian, possessive pronouns have the same forms as the corresponding adjectives, are usually preceded by an article, and reflect the gender and number of the noun they are standing for. So *his* is translated by *il suo, la sua, i suoi, le sue,* according to what is being referred to: *your book and his* = il tuo libro e il suo; *the blue car is his* = la macchina blu è la sua; *my children are younger than his* = i miei bambini sono più giovani dei suoi; *your shoes are brown, while his are black* = le tue scarpe sono marroni, mentre le sue sono nere.
- Since Italian possessive adjectives, unlike English ones, may be preceded by an article, a demonstrative adjective or a numeral, an English possessive pronoun is often translated by an Italian possessive adjective: *a cousin of his* = un suo cugino; *that school friend of his* = quel suo compagno di scuola; *four books of his* = quattro suoi libri.

For examples and particular usages, see the entry **his**.

film, record etc.) successo m.; ***to be a big*** o ***smash ~*** avere un successo enorme; ***to make a ~ with sb.*** fare colpo su qcn., fare una buona impressione a qcn. **II** modif. [*song, play*] di successo.

2.hit /hɪt/ tr. (forma in -ing **-tt-**; pass., p.pass. **hit**) **1** *(strike)* colpire, battere, picchiare [*person*]; colpire [*ball*]; [*head, arm*] urtare contro [*wall*]; ***to ~ one's head on sth.*** battere la testa contro qcs.; ***his father used to ~ him*** suo padre lo picchiava; ***to ~ a good shot*** *(in tennis, cricket)* tirare un bel colpo; ***to ~ the brakes*** frenare di colpo **2** *(strike as target)* [*bullet, assassin*] colpire [*target, victim*] **3** *(collide violently)* urtare, andare a sbattere contro [*wall*]; [*vehicle*] investire [*person*] **4** *(affect adversely)* colpire [*group, incomes*] **5** *(become apparent to)* ***it suddenly hit me that*** improvvisamente mi sono reso conto che **6** *(reach)* raggiungere [*motorway*]; FIG. [*figures, weight*] toccare [*level*] **7** *(come upon)* trovare [*traffic, bad weather*] **8** COLLOQ. *(go to)* ***to ~ the town*** andare a divertirsi **9** COLLOQ. *(attack)* [*robbers*] rapinare [*bank etc.*] ♦ ***a colour which ~s you between the eyes*** un colore che salta all'occhio; ***to ~ the roof*** COLLOQ. andare su tutte le furie; ***to ~ it off with sb.*** andare d'accordo con qcn.; ***not to know what has hit one*** COLLOQ. rimanere frastornato.

■ **hit back: *~ back*** contrattaccare; ***~ [sb.] back if he ~s you, ~ him back!*** se ti colpisce, restituiscigli il colpo! ***~ [sth.] back*** ribattere [*ball*].

■ **hit out *to ~ out at sth.*** sparare a zero contro qcs.

■ **hit upon, hit on: *~ (up)on [sth.]*** avere [*idea*]; trovare, escogitare [*evidence, solution*]; imbattersi in [*problem*].

hit-and-miss /ˌhɪtən'mɪs/ agg. [*method*] approssimativo; [*affair, undertaking*] raffazzonato.

hit-and-run /ˌhɪtən'rʌn/ agg. [*accident*] = in cui l'investitore fugge; ***~ driver*** pirata della strada.

1.hitch /hɪtʃ/ n. **1** *(problem)* intoppo m., ostacolo m., difficoltà f.; ***to pass off without a ~*** procedere senza intoppi **2** *(knot)* nodo m.

2.hitch /hɪtʃ/ **I** tr. **1** *(fasten)* legare [*rope, reins*]; attaccare [*trailer, horse*]; agganciare [*wagon*] **2** COLLOQ. *(thumb)* ***to ~ a lift*** fare l'autostop **II** intr. COLLOQ. fare l'autostop ♦ ***to get ~ed*** COLLOQ. = sposarsi.

■ **hitch up: *~ up [sth.], ~ [sth.] up*** **1** *(pull up)* tirare su [*skirt, trousers, covers*] **2** *(attach)* agganciare [*wagon*]; attaccare [*trailer, horse*].

hitchhike /'hɪtʃhaɪk/ intr. fare l'autostop; ***to ~ to Paris*** andare a Parigi in autostop.

hitchhiker /'hɪtʃhaɪkə(r)/ n. autostoppista m. e f.

hitchhiking /'hɪtʃhaɪkɪŋ/ n. autostop m.

hi-tech → **high tech**.

hither /'hɪðə(r)/ avv. ANT. qui, qua, per di qua; ***~ and thither*** qua e là.

hitherto /ˌhɪðə'tu:/ avv. *(up till now)* finora, fino adesso; *(up till then)* fino allora.

hit list n. lista f. nera.

hit man n. (pl. **hit men**) *(gangster)* killer m.

hit parade n. hit-parade f.

hit single n. singolo m. di successo.

HIV n. (⇒ human immunodeficiency virus virus dell'immunodeficienza umana) HIV m.

1.hive /haɪv/ n. **1** *(beehive)* alveare m., arnia f. **2** *(swarm)* sciame m.; ***the office was a ~ of activity*** l'ufficio ferveva di attività.

2.hive /haɪv/ tr. → **hive off**.

■ **hive off: *~ [sth.] off, ~ off [sth.]*** COMM. AMM. *(separate off)* scorporare, scindere, separare [*part of company*]; *(sell off)* cedere.

HIV-infected /ˌeɪtʃaɪvi:ɪn'fektɪd/ agg. sieropositivo.

HIV-negative /ˌeɪtʃaɪvi:'negətɪv/ agg. sieronegativo.

HIV-positive /ˌeɪtʃaɪˌvi:'pɒzətɪv/ agg. sieropositivo.

hives /haɪvz/ ♦ **11** n. orticaria f.

HMI n. GB (⇒ His, Her Majesty's Inspector) = ispettore che ha il compito di supervisionare le scuole.

HMS n. GB (⇒ His, Her Majesty's Ship) = nave di Sua Maestà; ***~ Victory*** la Victory.

HMSO n. GB (⇒ His, Her Majesty's Stationery Office) = istituto poligrafico dello stato.

HNC n. GB (⇒ Higher National Certificate) = diploma di istituto tecnico o professionale.

HND n. GB (⇒ Higher National Diploma) = diploma di perito tecnico.

1.hoard /hɔ:d/ n. *(of treasure)* gruzzolo m.; *(of provisions)* scorte f.pl.

2.hoard /hɔ:d/ tr. **1** [*person*] accumulare [*supplies*] (anche SPREG.); [*animal*] accumulare, ammucchiare [*food*]; ***to ~ money*** SPREG. ammucchiare soldi **2** *(refuse to throw away)* accumulare [*objects*].

hoarder /'hɔ:də(r)/ n. accaparratore m. (-trice).

1.hoarding /'hɔ:dɪŋ/ n. BE *(saving)* accumulazione f., incetta f., accaparramento m.

2.hoarding /'hɔ:dɪŋ/ n. BE **1** *(billboard)* tabellone m. pubblicitario **2** *(fence)* palizzata f., steccato m.

hoarfrost /'hɔ:frɒst, AE -frɔ:st/ n. brina f.

hoarse /hɔ:s/ agg. [*voice*] rauco, roco, fioco; ***to be ~*** essere rauco; ***to shout oneself ~*** diventare rauco a forza di gridare.

hoarsely /'hɔ:slɪ/ avv. con voce roca.

hoary /'hɔ:rɪ/ agg. **1** [*person*] canuto **2** FIG. ***a ~ old joke*** una battuta trita e ritrita.

1.hoax /həʊks/ **I** n. *(joke)* beffa f., burla f.; *(deception)* imbroglio m., truffa f.; *(false news)* bufala f.; ***bomb ~*** falso allarme bomba **II** modif. [*warning*] falso; ***~ call*** = telefonata

che segnala un attentato, la presenza di una bomba ecc. che si rivela fasullo.
2.hoax /həʊks/ tr. burlare, beffare; *(deceive)* truffare.
hob /hɒb/ n. *(on cooker, stove)* piano m. di cottura; *(on open fire)* piastra f.
hobble /'hɒbl/ intr. *(limp)* zoppicare; ***to ~ in, along*** entrare, avanzare zoppicando.
hobby /'hɒbɪ/ n. hobby m., passatempo m.; ***hobbies and interests*** *(on CV)* interessi personali.
hobby horse n. **1** *(toy)* cavalluccio m. di legno, cavallo m. a dondolo **2** *(obsession)* chiodo m. fisso, pallino m.
hobgoblin /'hɒbgɒblɪn/ n. *(imp)* folletto m. maligno; *(bogey)* babau m., uomo m. nero.
hobnail /'hɒbneɪl/ n. bulletta f.; ***~ boots*** scarponi chiodati *o* ferrati.
hobnob /'hɒbnɒb/ intr. (forma in -ing ecc. **-bb-**) COLLOQ. ***to ~ with sb.*** intrattenersi amichevolmente con qcn.
hobo /'həʊbəʊ/ n. (pl. **~s, ~es**) *(urban vagrant)* vagabondo m. (-a).
Hobson /'hɒbsn/ n.pr. ***it's ~'s choice*** o mangi questa minestra o salti questa finestra.
1.hock /hɒk/ n. *(of horse etc.)* garretto m.; GASTR. zampetto m.
2.hock /hɒk/ n. ENOL. vino m. bianco del Reno.
3.hock /hɒk/ n. COLLOQ. *(pawn)* pegno m.; ***to be in ~*** essere impegnato.
hockey /'hɒkɪ/ ♦ *10* n. **1** BE hockey m. (su prato) **2** AE hockey m. (su ghiaccio).
hockey stick n. mazza f. da hockey.
hocus-pocus /ˌhəʊkəs'pəʊkəs/ n. **1** *(conjuror's skill)* gioco m. di prestigio **2** SPREG. *(trickery)* imbroglio m., raggiro m.
hod /hɒd/ n. *(for coal)* secchio m. del carbone; *(for bricks)* sparviero m., vassoio m. da muratore.
hodgepodge /'hɒdʒpɒdʒ/ n. AE → **hotchpotch**.
1.hoe /həʊ/ n. zappa f.
2.hoe /həʊ/ tr. zappare [*ground*]; sradicare [*plants*]; estirpare [*flowerbeds*].
hoedown /'həʊdaʊn/ n. AE *(dance)* quadriglia f.
1.hog /hɒg/ n. **1** BE *(castrated pig)* porco m. castrato **2** AE *(pig)* porco m., maiale m., verro m. **3** COLLOQ. *(person)* porco m., maiale m. ♦ ***to go the whole ~*** COLLOQ. andare fino in fondo.
2.hog /hɒg/ tr. COLLOQ. (forma in -ing ecc. **-gg-**) *(monopolize)* monopolizzare.
Hogmanay /'hɒgməneɪ/ n. BE SCOZZ. ultimo m. dell'anno, veglione m. di Capodanno.
hogshead /'hɒgzhed/ n. *(cask)* barilotto m.
hogtie /'hɒgtaɪ/ tr. legare le zampe di [*pig, cow*]; FIG. ostacolare [*person*].
hogwash /'hɒgwɒʃ/ n. fesserie f.pl., cavolate f.pl.
hoi polloi /ˌhɔɪpə'lɔɪ/ n.pl. SPREG. volgo m.sing., plebe f.sing.
1.hoist /hɔɪst/ n. paranco m.; ***to give sb. a ~ (up)*** dare una spinta a qcn. (per aiutarlo a salire).
2.hoist /hɔɪst/ tr. issare [*flag, sail*]; issare, sollevare [*heavy object*].
hoity-toity /ˌhɔɪtɪ'tɔɪtɪ/ agg. COLLOQ. SPREG. ***to be ~*** avere la puzza sotto il naso.
hokum /'həʊkəm/ n. **U** AE COLLOQ. *(nonsense)* sciocchezze f.pl., stupidaggini f.pl.; *(sentimentality)* sdolcinatezze f.pl.
1.hold /həʊld/ n. **1** *(grasp)* presa f.; ***to get ~ of*** afferrare [*rope*]; ***to keep (a) ~ of*** o ***on*** mantenere la presa su [*ball*] **2** *(possession)* ***to get ~ of*** procurarsi [*book, ticket*]; [*press*] venire a sapere [*story*]; scoprire [*information*] **3** *(contact)* ***to get ~ of*** chiamare, contattare **4** *(control)* controllo m., influenza f., ascendente m. (**on, over** su); ***to get a ~ of oneself*** riprendersi **5** *(storage, area)* AER. bagagliaio m.; MAR. stiva f. **6** *(in wrestling)* presa f. **7** *(of spray, gel)* fissaggio m. **8** TEL. ***to put a call on ~*** mettere una chiamata in attesa; ***to put a project on ~*** rimandare *o* sospendere momentaneamente un progetto.
2.hold /həʊld/ ♦ *3* **I** tr. (pass., p.pass. **held**) **1** *(clasp)* tenere; ***to ~ sth. in one's hand*** tenere [qcs.] in mano [*brush, pencil*]; *(enclosed)* stringere [qcs.] in mano [*coin*]; ***to ~ sb. by*** tenere qcn. per [*sleeve, leg*]; ***to ~ sb. (in one's arms)*** tenere qcn. tra le braccia; ***to ~ each other*** abbracciarsi **2** *(maintain)* ***to ~ one's head still*** tenere la testa immobile; ***to ~ sth. in place*** o ***position*** tenere qcs. a posto **3** *(arrange)* organizzare [*competition, election*]; tenere [*conversation*]; celebrare [*church service*]; condurre [*enquiry*]; fare [*interview*]; ***to be held*** avere luogo *o* tenersi **4** *(have capacity for)* [*theatre*] avere una capacità di, (potere) contenere [*350 people*]; ***the bus ~s ten (people)*** il pulmino può trasportare 10 persone; ***to ~ one's drink*** reggere l'alcol **5** *(contain)* [*drawer, box*] contenere [*objects*] **6** *(support)* reggere [*load*] **7** *(restrain)* tenere [*dog*]; ***there'll be no ~ing him*** FIG. non lo tiene nessuno **8** *(keep against will)* trattenere [*person*]; ***to ~ sb. hostage*** tenere qcn. in ostaggio **9** *(possess)* possedere, avere [*shares, power*]; detenere [*record, sporting title*]; occupare [*job, position*]; avere, essere in possesso di [*licence, degree*]; avere [*title*]; [*computer*] conservare [*information*]; avere [*mortgage*] **10** *(keep back)* tenere [*place, ticket*]; fare aspettare [*train, flight*]; tenere, non inviare [*letter*]; tenere in sospeso [*order*]; ***~ it!*** COLLOQ. un momento! aspetta un attimo! **11** *(believe)* avere [*opinion, belief*]; ***to ~ sb., sth. to be*** ritenere che qcn., qcs. sia; ***to ~ that*** [*person*] pensare che; [*law*] dire che; ***to ~ sb. liable*** o ***responsible*** ritenere qcn. responsabile **12** *(defend successfully)* tenere [*territory, city*]; conservare, mantenere [*title*]; mantenere [*seat, lead*]; ***to ~ one's own*** tenere duro, non demordere **13** *(captivate)* tenere desta l'attenzione di [*audience*]; attirare [*attention*] **14** TEL. ***to ~ the line*** attendere *o* restare in linea **15** MUS. tenere [*note*] **16** AUT. ***to ~ the road*** tenere la strada **II** intr. (pass., p.pass. **held**) **1** *(remain intact)* [*rope, glue*] tenere; FIG. (anche **~ good**) [*theory*] reggere **2** *(continue)* [*weather*] tenere, mantenersi; [*luck*] durare **3** TEL. attendere (in linea) **4** *(remain steady)* ***~ still!*** stai fermo! **III** rifl. (pass., p.pass. **held**) ***to ~ oneself well*** tenersi bene su.
■ **hold against:** ***to ~ sth. against sb.*** rinfacciare qcs. a qcn.; ***to ~ it against sb. that*** rinfacciare a qcn. che; ***your age could be held against you*** l'età potrebbe giocare a tuo sfavore.
■ **hold back:** ***~ back*** trattenersi (**from doing** dal fare); ***~ [sb., sth.] back, ~ back [sb., sth.]*** **1** *(restrain)* trattenere [*water, crowd, tears*]; legare [*hair*]; trattenere, fermare [*person*]; soffocare [*feelings*]; contenere [*anger*] **2** *(prevent progress of)* tenere indietro, trattenere [*person*]; ritardare [*production, development*]; differire [*payment*] **3** *(withhold)* nascondere [*information*]; *(to protect privacy)* non rendere pubblico, non rivelare [*name*].
■ **hold down:** ***~ [sb., sth.] down, ~ down [sb., sth.]*** **1** *(prevent from moving)* tenere fermo [*carpet*]; trattenere [*person*] **2** *(keep at certain level)* contenere [*expenditure*]; contenere, frenare [*inflation, prices*] **3** *(keep)* (riuscire a) tenersi [*job*].
■ **hold forth** SPREG. fare uno sproloquio (**about, on** su).
■ **hold in:** ***~ [sth.] in, ~ in [sth.]*** **1** *(restrain)* trattenere [*feeling*] **2** *(pull in)* tenere in dentro [*stomach*].
■ **hold off:** ***~ off*** [*creditors*] concedere una dilazione; ***I hope the rain ~s off*** spero che la pioggia ci conceda una tregua; ***~ [sb.] off, ~ off [sb.]*** tenere a distanza, lontano, alla larga; ***~ [sth.] off*** respingere [*attack*].
■ **hold on:** ***~ on*** **1** *(wait)* aspettare, attendere; ***"~ on..."*** *(on telephone)* "attenda in linea..." **2** *(grip)* aggrapparsi, tenersi stretto (**with** a); ***"~ on (tight)!"*** "tieniti (bene)!" **3** *(endure)* [*person*] resistere, tenere duro; ***~ [sth.] on*** [*screw*] bloccare, tenere.
■ **hold on to:** ***~ on to [sb., sth.]*** **1** *(grip)* tenersi stretto a, aggrapparsi a [*branch, rope*]; *(to prevent from falling)* tenere stretto [*person, object*] **2** *(retain)* avere in mano, conservare [*power, lead*]; tenere, conservare [*shares, car*]; ***to ~ on to the belief that*** continuare a credere che **3** *(look after)* conservare [*object*].
■ **hold out:** ***~ out*** **1** *(endure)* ***to ~ out against*** tenere duro di fronte a [*enemy*]; resistere a [*changes*] **2** *(remain available)* [*supplies, food*] durare, bastare; ***~ [sth.] out, ~ out [sth.]*** porgere [*hand, glass*]; ***~ out [sth.] I don't ~ out much hope*** non nutro molte speranze; ***to ~ out on sb.*** COLLOQ. nascondere delle cose a qcn.
■ **hold over:** ***~ [sth.] over, ~ over [sth.]*** **1** *(postpone)* rinviare **2** *(continue to show)* tenere in cartellone [*show*]; prolungare [*exhibition*].
■ **hold to:** ***~ to [sth.]*** rimanere fedele a [*belief, decision*]; ***~ sb. to [sth.]*** fare mantenere a qcn. [*promise*]; vincolare qcn. a [*contract*].

■ **hold together:** *~ together* **1** *(not break)* tenere **2** *(remain united)* [*family, party*] restare unito; *~ [sth.] together* **1** *(keep intact)* fare durare [*machine*]; tenere insieme [*pieces*] **2** *(unite)* tenere unito [*party*].

■ **hold up:** *~ up* **1** *(remain intact)* durare, resistere **2** *(remain valid)* [*theory*] reggere, stare in piedi; *~ [sb., sth.] up, ~ up [sb., sth.]* **1** *(support)* sostenere, sorreggere [*shelf*]; reggere [*trousers*] **2** *(raise)* alzare, sollevare [*object*]; ***to ~ one's hand up*** alzare la mano **3** *(display)* ***to ~ sb., sth. up as an example of*** portare qcn., qcs. come un esempio di; ***to ~ sb. up to ridicule*** ridicolizzare qcn. **4** *(delay)* trattenere [*person*]; bloccare [*flight*]; rallentare [*production*]; ostacolare [*traffic*] **5** *(rob)* rapinare.

■ **hold with:** ***not to ~ with*** non approvare [*idea, system*].

holdall /'həʊldɔ:l/ n. grande valigia f., sacca f. da viaggio.

holder /'həʊldə(r)/ n. **1** *(of passport)* titolare m. e f.; *(of degree, post)* possessore m. (-ditrice); *(of ticket, record, title)* detentore m. (-trice); *(of shares)* possessore m. (-ditrice), titolare m. e f.; ***account ~*** titolare di un conto **2** *(stand)* contenitore m., supporto m.

holding /'həʊldɪŋ/ n. **1** ECON. pacchetto m. azionario, partecipazione f. azionaria **2** AGR. podere m., tenuta f.

holding company n. ECON. holding f., finanziaria f.

holdout /'həʊldaʊt/ n. **1** *(in negotiations)* resistenza f. **2** *(person)* chi fa resistenza, opposizione.

holdover /'həʊldəʊvə(r)/ n. AE = chi resta in carica quando tutti gli altri se ne sono andati.

hold-up /'həʊldʌp/ n. **1** *(delay)* ritardo m.; *(on road)* ingorgo m., intoppo m. **2** *(robbery)* rapina f. a mano armata.

1.hole /həʊl/ n. **1** *(in clothing, hedge, pocket)* buco m. **2** *(in wall)* breccia f., buco m., foro m. **3** BE *(in tooth)* buco m. **4** AUT. *(in road)* buca f. **5** FIG. *(flaw)* imperfezione f., difetto m.; ***to pick ~s in an argument*** trovare i punti deboli di un ragionamento **6** *(of mouse, fox, rabbit)* tana f. **7** ***a ~ in the ozone layer*** un buco nell'ozono **8** *(financial)* buco m.; ***that holiday made a ~ in my pocket*** le vacanze mi hanno lasciato al verde **9** COLLOQ. SPREG. *(place)* buco m., catapecchia f. **10** SPORT *(golf)* buca f.; ***a nine-~ golf course*** un percorso a nove buche ♦ ***to get sb. out of a ~*** tirare fuori qcn. dai pasticci.

2.hole /həʊl/ **I** tr. MAR. [*iceberg*] squarciare il fianco di [*ship*] **II** intr. *(in golf)* fare una buca.

■ **hole out** *(in golf)* andare in buca.

■ **hole up** rintanarsi, rifugiarsi.

hole-and-corner /ˌhəʊlən'kɔ:nə(r)/ agg. clandestino, segreto.

1.holiday /'hɒlədeɪ/ **I** n. **1** BE *(vacation)* vacanza f.; ***the school ~s*** le vacanze scolastiche; ***the summer ~s*** le vacanze estive; ***family ~*** vacanze in famiglia; ***to go, be on ~*** andare, essere in vacanza **2** BE *(time off work)* ferie f.pl. **3** *(public, bank)* giorno m. festivo **4** AE ***the ~s*** le feste **II** modif. [*region, brochure*] turistico.

2.holiday /'hɒlədeɪ/ intr. passare le vacanze.

holiday atmosphere n. clima m. vacanziero.

holiday camp n. BE villaggio m. turistico.

holiday home n. seconda casa f.

holiday job n. BE *(in summer)* lavoro m. estivo.

holidaymaker n. BE vacanziere m. (-a).

holiday resort n. luogo m. di villeggiatura.

holier-than-thou /ˌhəʊlɪəðən'ðaʊ/ agg. ***to be ~*** essere bigotto.

holiness /'həʊlɪnɪs/ n. santità f.

Holiness /'həʊlɪnɪs/ ♦ **9** n. ***His, Your ~*** Sua, Vostra Santità.

holism /'hɒlɪzəm, 'həʊ-/ n. olismo m.

holistic /hɒ'lɪstɪk, həʊ-/ agg. olistico.

Holland /'hɒlənd/ ♦ **6** n.pr. Olanda f.

1.holler /'hɒlə(r)/ n. COLLOQ. urlo m., grido m.

2.holler /'hɒlə(r)/ **I** tr. COLLOQ. gridare, urlare **II** intr. COLLOQ. lanciare un urlo (**at sb.** a qcn.).

1.hollow /'hɒləʊ/ **I** agg. **1** *(not solid)* cavo, vuoto **2** *(sunken)* [*eyes*] incavato, infossato **3** *(booming)* [*voice*] sepolcrale, cupo, cavernoso **4** *(insincere)* [*words*] falso, ingannevole, vano; [*promise*] falso, vano; [*laugh*] forzato; ***to sound ~*** [*excuse*] sembrare falso **II** n. **1** *(in tree)* cavità f.; *(of hand)* cavo m.; *(of back)* incavo m. **2** *(small valley)* valletta f. ♦ ***to beat sb. ~*** COLLOQ. stracciare qcn.

2.hollow /'hɒləʊ/ tr. → **hollow out**.

■ **hollow out:** *~ [sth.] out, ~ out [sth.]* scavare [*hole*].

hollow-cheeked /'hɒləʊtʃi:kt/ agg. dalle, con le guance infossate.

hollow-eyed /'hɒləʊˌaɪd/ agg. dagli, con gli occhi infossati.

holly /'hɒlɪ/ n. *(tree, wood)* agrifoglio m.

hollyhock /'hɒlɪhɒk/ n. malvarosa f., malvone m.

holocaust /'hɒləkɔ:st/ n. olocausto m. (anche STOR.).

Holofernes /hɒlə'fɜ:ni:z/ n.pr. MITOL. Oloferne.

hologram /'hɒləgræm/ n. ologramma m.

holograph /'hɒləgrɑ:f, AE -græf/ n. (anche **~ document**) documento m. olografo.

holography /hə'lɒgrəfɪ/ n. olografia f.

hols /hɒlz/ n. BE COLLOQ. (accorc. holidays) vacanze f.pl.

holster /'həʊlstə(r)/ n. *(on saddle)* fondina f.

holy /'həʊlɪ/ agg. [*place*] sacro; [*water, city, person*] santo; ***~ picture*** immagine sacra; ***on ~ ground*** su terreno consacrato.

Holy Bible n. Sacra Bibbia f.

Holy Communion n. santa comunione f.

Holy Father n. Santo Padre m.

Holy Ghost n. → **Holy Spirit**.

Holy Grail n. santo Graal m.

Holy Land n. Terra f. Santa.

holy of holies n. sancta sanctorum m. (anche FIG.).

Holy See n. Santa Sede f.

Holy Spirit n. Santo Spirito m.

Holy Trinity n. Santissima Trinità f.

holy war n. guerra f. santa.

Holy Week n. settimana f. santa.

Holy Writ n. Sacre Scritture f.pl.

homage /'hɒmɪdʒ/ n. omaggio m.; ***to pay ~ to*** rendere omaggio a.

homburg /'hɒmbɜ:g/ n. cappello m. floscio.

1.home /həʊm/ **I** n. **1** *(dwelling)* abitazione f.; *(house)* casa f., alloggio m.; ***a ~ of one's own*** una casa propria; ***to work from ~*** lavorare a casa; ***to set up ~ in Madrid*** stabilirsi a Madrid **2** *(for residential care)* ricovero m.; ***retirement, nursing ~*** casa di riposo, casa di cura **3** *(family base)* focolare m. domestico, famiglia f.; ***broken ~*** famiglia separata; ***"good ~ wanted"*** "cercasi famiglia rispettabile"; ***to leave ~*** lasciare la famiglia **4** *(country)* patria f., paese m. natale; ***to consider Italy (as) ~*** considerare l'Italia come la propria patria; ***~ of*** [*country*] patria di [*speciality*] **II** modif. **1** *(family)* [*life, background*] familiare; [*comforts*] di casa, familiare **2** *(national)* [*market, affairs, news*] interno **3** SPORT [*match, win*] in casa; [*team*] locale, che gioca in casa **III** avv. **1** [*come, go, arrive*] *(to house)* a casa; *(to country)* in patria; ***on the journey ~*** tornando a casa; *(by boat, plane)* nel viaggio di ritorno; ***is she ~?*** è a casa? **2** FIG. *(to required effect)* ***to push one's point ~*** insistere su un punto; ***to bring sth. ~ to*** fare comprendere qcs. a; ***to strike ~*** colpire nel segno **3 at home** *(in house)* [*work, stay*] a casa; SPORT *(on own ground)* [*play*] in casa; FIG. *(comfortable)* [*be, feel*] a proprio agio; ***to live at ~*** vivere con i propri genitori; ***make yourself at ~*** fai come se fossi a casa tua ♦ ***it's nothing to write ~ about*** non è niente di eccezionale; ***it's ~ from ~*** BE, ***it's ~ away from ~*** AE è una seconda casa; ***to be a bit too close to ~*** toccare sul vivo; ***to be ~ and dry*** avere la vittoria in pugno.

2.home /həʊm/ intr. → **home in**.

■ **home in** ***to ~ in on*** puntare su [*target*].

home address n. *(on form)* indirizzo m. (di casa).

homebody /'həʊmˌbɒdɪ/ n. COLLOQ. tipo m. casalingo.

homebound /'həʊmbaʊnd/ agg. AE **1** *(housebound)* chiuso in casa **2** *(heading home)* [*traffic*] del ritorno; [*traveller*] che ritorna a casa; [*car*] diretto verso casa.

home brew n. birra f. della casa, di produzione propria.

home centre BE, **home center** AE n. negozio m. di articoli casalinghi.

homecoming /'həʊmkʌmɪŋ/ n. **1** *(return home)* ritorno m. a casa **2** AE SPORT = rimpatriata di ex compagni di scuola o di università che si festeggia con una partita di football americano seguita da un ballo.

home computer n. home computer m., (personal) computer m.

home cooking n. cucina f. casereccia.

Home Counties n.pl. GB = contee intorno a Londra.
home economics n. + verbo sing. SCOL. economia f. domestica.
home front n. *(during war)* ***the ~*** il fronte; ***on the ~*** *(in politics)* sul fronte interno.
home ground n. terreno m. familiare; ***to win on one's ~*** SPORT vincere in casa.
homegrown /ˌhəʊm'grəʊn/ agg. **1** [*vegetables*] del proprio orto **2** FIG. [*idea*] proprio.
home help n. BE assistente m. e f. domiciliare.
homeland /'həʊmlænd/ n. paese m. d'origine, patria f., madrepatria f.; *(in South Africa)* bantustan m.
homeless /'həʊmlɪs/ **I** agg. senza casa, senza tetto **II** n. ***the ~*** + verbo pl. i senzatetto.
home life n. vita f. familiare, domestica.
home loan n. mutuo m. edilizio.
homeloving /ˌhəʊm'lʌvɪŋ/ agg. casalingo.
homely /'həʊmlɪ/ agg. **1** BE *(cosy, welcoming)* accogliente **2** BE *(unpretentious)* [*cooking*] casalingo; [*person*] semplice, modesto **3** AE *(plain)* [*person*] bruttino, scialbo, insignificante.
homemade /ˌhəʊm'meɪd/ agg. fatto in casa, casereccio.
homemaker /'həʊmˌmeɪkə(r)/ n. = persona che si occupa della casa; *(woman)* casalinga f.
home movie n. film m. amatoriale, filmino m.
Home Office n. GB POL. ministero m. dell'interno.
homeopath /ˌhəʊmɪə'pæθ/ ➧ **27** n. omeopata m. e f.
homeopathic /ˌhəʊmɪə'pæθɪk/ agg. [*medicine, doctor*] omeopatico.
homeopathy /ˌhəʊmɪ'ɒpəθɪ/ n. omeopatia f.
home owner n. proprietario m. (-a) di una casa.
home ownership n. proprietà f. di una casa.
home plate n. SPORT casa f. base.
home port n. porto m. d'immatricolazione.
Homer /'həʊmə(r)/ n.pr. Omero.
home rule n. POL. autogoverno m.
home run n. *(in baseball)* = colpo con il quale il battitore riesce a fare il giro completo del campo e guadagna un punto.
Home Secretary n. GB POL. ministro m. dell'interno.
homesick /'həʊmsɪk/ agg. ***to be ~*** [*child*] avere nostalgia di casa, della propria famiglia; [*adult*] *(for country)* avere nostalgia del proprio paese.
homesickness /'həʊmsɪknɪs/ n. nostalgia f. di casa.
home side n. → **home team**.
homespun /'həʊmspʌn/ agg. **1** [*cloth*] tessuto in casa **2** FIG. [*wisdom, virtue*] semplice.
homestead /'həʊmsted/ n. **1** *(house and land)* casa f. con terreno **2** *(farm)* fattoria f. **3** AE AMM. = appezzamenti di terreno demaniale che venivano distribuiti ai pionieri.
home team n. squadra f. che gioca in casa, locale.
home town n. città f. natia.
home video n. (pl. **home videos**) (home) video m.
home visit n. MED. visita f. a domicilio.
homeward /'həʊmwəd/ **I** agg. [*journey*] di ritorno **II** avv. ***to travel ~(s)*** andare verso casa; ***to be ~ bound*** essere diretto a casa.
home waters n.pl. MAR. POL. acque f. territoriali.
homework /'həʊmwɜːk/ n. **U 1** SCOL. compiti m.pl. **2** *(research)* ***to do some ~ on*** fare delle ricerche su.
homeworker /'həʊmwɜːkə(r)/ n. lavoratore m. (-trice) a domicilio.
homeworking /'həʊmwɜːkɪŋ/ n. lavoro m. a domicilio.
homey /'həʊmɪ/ agg. *(cosy)* accogliente; *(unpretentious)* semplice, alla buona.
homicidal /ˌhɒmɪ'saɪdl/ agg. omicida.
homicide /'hɒmɪsaɪd/ n. **1** *(murder)* omicidio m. **2** *(person)* omicida m. e f.
homicide bureau n. (pl. **homicide bureaus, homicide bureaux**) AE sezione f. omicidi.
homily /'hɒmɪlɪ/ n. omelia f.
homing /'həʊmɪŋ/ agg. TECN. MIL. [*missile*] autoguidato; ***~ system*** o ***device*** autoguida.
homing instinct n. ZOOL. senso m. dell'orientamento.
homing pigeon n. piccione m. viaggiatore.
hominy grits /'hɒmɪnɪgrɪts/ n. AE INTRAD. m. (sorta di polenta integrale tipica del sud degli Stati Uniti).
homogeneity /ˌhɒmədʒɪ'niːɪtɪ/ n. omogeneità f.
homogeneous /ˌhɒmə'dʒiːnɪəs, ˌhɒməʊ-/ agg. omogeneo.
homogenize /hə'mɒdʒɪnaɪz/ tr. omogen(e)izzare.
homogenous /hə'mɒdʒɪnəs/ agg. omogeneo.
homograph /'hɒməgrɑːf, AE -græf/ n. omografo m.
homologue BE, **homolog** AE /'hɒməlɒg/ n. CHIM. omologo m.
homonym /'hɒmənɪm/ n. omonimo m. (-a).
homophobia /ˌhɒmə'fəʊbɪə/ ➧ **11** n. omofobia f.
homosexual /ˌhɒmə'sekʃʊəl/ **I** agg. omosessuale **II** n. omosessuale m. e f.
homosexuality /ˌhɒməˌsekʃʊ'ælətɪ/ n. omosessualità f.
Hon 1 ⇒ Honourable onorevole **2** ⇒ Honorary onorario.
honcho /'hɒntʃəʊ/ n. (pl. **~s**) AE COLLOQ. ***he's the head ~*** è il grande capo.
hone /həʊn/ tr. **1** *(perfect)* affinare, perfezionare [*style, technique*] **2** *(sharpen)* affilare [*blade, knife*].
honest /'ɒnɪst/ **I** agg. **1** *(truthful)* [*person, attempt*] onesto; ***the ~ truth*** la pura verità **2** *(sincere)* [*person, answer*] sincero; ***be ~!*** sii sincero! dì la verità! ***to be ~,...*** a essere sincero... **3** *(trustworthy)* onesto, integro, probo **4** *(legal)* [*profit, money*] pulito; [*price*] onesto; ***by ~ means*** con mezzi legali; ***to make an ~ living*** guadagnarsi da vivere onestamente **II** inter. ***it wasn't me, ~ (to God)!*** COLLOQ. non sono stato io, lo giuro! ***~ to goodness*** o ***to God!*** santo cielo!
honestly /'ɒnɪstlɪ/ avv. **1** *(truthfully, sincerely)* [*believe, say*] sul serio, sinceramente; ***quite ~,...*** francamente,...; ***~, I mean it!*** lo penso davvero! ***~?*** davvero? ***~, there's no problem*** sul serio, non è un problema **2** *(legally)* [*earn*] onestamente **3** COLLOQ. *(in exasperation)* ***~!*** ma insomma!
honest-to-goodness /ˌɒnɪsttə'gʊdnɪs/ agg. **1** *(simple)* [*meal*] genuino **2** AE *(authentic)* vero.
honesty /'ɒnɪstɪ/ n. **1** *(truthfulness)* onestà f., integrità f., lealtà f. **2** *(sincerity)* sincerità f., franchezza f. ♦ ***~ is the best policy*** l'onestà è la migliore politica.
honey /'hʌnɪ/ n. **1** *(food)* miele m. **2** AE COLLOQ. *(as endearment)* dolcezza f., tesoro m.
honeybee /'hʌnɪbiː/ n. ape f. domestica.
honeybunch /'hʌnɪˌbʌntʃ/, **honeybun** /'hʌnɪˌbʌn/ n. AE COLLOQ. dolcezza f., tesoro m.
honey-coloured BE, **honey-colored** AE /'hʌnɪˌkʌləd/ ➧ **5** agg. color miele.
honeycomb /'hʌnɪkəʊm/ **I** n. **1** *(in hive)* favo m. **2** *(for sale)* miele m. in favi **II** modif. [*design*] a nido d'ape.
honeycombed /'hʌnɪkəʊmd/ agg. ***~ with*** pieno di [*holes*]; crivellato da [*passages, tunnels*].
honeydew melon /ˌhʌnɪdjuː'melən/ n. = varietà di melone dalla polpa verdastra molto dolce.
honeyed /'hʌnɪd/ agg. mielato (anche FIG.).
1.honeymoon /'hʌnɪmuːn/ n. **1** *(wedding trip)* luna f. di miele, viaggio m. di nozze **2** FIG. (anche **~ period**) periodo m. felice.
2.honeymoon /'hʌnɪmuːn/ intr. ***we ~ed in Paris*** abbiamo trascorso la luna di miele a Parigi.
honeypot /'hʌnɪpɒt/ n. barattolo m. per il miele ♦ ***like bees around a ~*** come api intorno al miele.
honeysuckle /'hʌnɪsʌkl/ n. caprifoglio m., madreselva f.
1.honk /hɒŋk/ n. *(of car horn)* colpo m. di clacson; *(of geese)* grido m. dell'oca selvatica.
2.honk /hɒŋk/ **I** tr. ***to ~ one's horn*** suonare il clacson, clacsonare **II** intr. [*geese*] starnazzare; [*car horn*] suonare; [*driver*] suonare il clacson; ***drivers were ~ing at them*** gli autisti gli stavano suonando.
honkie, honky /'hɒŋkɪ/ n. AE POP. SPREG. sporco (-a) bianco m. (-a).
honky-tonk /'hɒŋkɪtɒŋk/ agg. [*music*] honky-tonky; [*piano*] scadente.
honied → **honeyed**.
honor AE → **1.honour**, **2.honour**.
honorable AE → **honourable**.
honorably AE → **honourably**.
honorarium /ˌɒnə'reərɪəm/ n. (pl. **~s, -ia**) onorario m.
honorary /'ɒnərərɪ, AE 'ɒnərerɪ/ agg. **1** [*doctorate, degree*] ad honorem, honoris causa; [*member*] onorario **2** *(voluntary)* [*post*] onorifico.

honorific /ˌɒnəˈrɪfɪk/ agg. onorifico.
honor roll n. AE **1** SCOL. = elenco degli studenti meritevoli **2** MIL. lista f. dei caduti.
1.honour BE, **honor** AE /ˈɒnə(r)/ **I** n. **1** *(privilege)* onore m., privilegio m.; ***place of ~*** posto d'onore; ***it is an ~ (for sb.) to do*** è un onore (per qcn.) fare; ***to give*** o ***do sb. the ~ of doing*** concedere a qcn. l'onore di fare; ***to be an ~ to sb., sth.*** fare onore a qcn., qcs.; ***in ~ of*** in onore di; ***to what do I owe this ~?*** FORM. o IRON. a cosa devo questo onore? **2** *(high principles)* onore m.; ***to impugn sb.'s ~*** FORM. mettere in dubbio l'onore di qcn.; ***a point*** o ***an affair of ~*** una questione d'onore; ***to give one's word of ~*** dare la propria parola d'onore **3** *(in titles)* ***Your Honour*** Vostro Onore **II honours** n.pl. UNIV. ***first, second class ~s*** BE = diversi livelli di valutazione della laurea ♦ ***to do the ~s*** fare gli onori di casa.
2.honour BE, **honor** AE /ˈɒnə(r)/ tr. **1** *(show respect for)* onorare, rispettare; ***to feel, be ~ed*** sentirsi, essere onorato (**by** da); ***to ~ sb. by doing*** FORM. fare onore a qcn. facendo; ***welcome to our ~ed guests*** un benvenuto ai nostri illustri ospiti **2** *(fulfil)* onorare [*cheque, debt*]; rispettare [*commitment, contract, obligation*]; mantenere [*promise*].
honourable BE, **honorable** AE /ˈɒnərəbl/ agg. **1** *(principled)* ***~ man*** uomo d'onore; ***to do the ~ thing*** fare la cosa giusta **2** *(worthy)* [*profession, tradition*] onorevole, onorabile, onorato; *(consistent with self-respect)* [*defeat, victory, performance*] onorevole **3** ➧ **9** *(in titles)* ***the Honourable Mr Justice Jones*** il Giudice Jones; ***the Honourable Gentleman*** POL. l'onorevole.
honourable discharge n. congedo m. (illimitato).
honourable mention n. menzione f. onorevole.
honourably BE, **honorably** AE /ˈɒnərəblɪ/ avv. [*acquit oneself, fight, withdraw*] onorevolmente; [*behave*] onestamente.
honour-bound /ˈɒnəˌbaʊnd/ agg. obbligato per una questione d'onore (**to do** a fare).
honours degree n. = laurea conseguita seguendo un corso di studi di livello più avanzato di quello necessario per un ordinary degree.
Honours List n. GB = elenco di persone a cui vengono concesse onorificenze, titoli cavallereschi e nobiliari dal sovrano.
hooch /huːtʃ/ n. AE COLLOQ. *(alcohol)* liquore m. scadente.
hood /hʊd/ n. **1** *(head gear)* cappuccio m.; *(balaclava)* passamontagna m. **2** *(for falcon)* cappuccio m. **3** *(cover)* *(on cooker)* cappa f. **4** BE *(on car)* capote f., cap(p)otta f.; *(on pram)* soffietto m., mantice m. **5** AE AUT. *(bonnet)* cofano m. **6** UNIV. *(ceremonial)* cappuccio m. di toga universitaria.
hooded /ˈhʊdɪd/ agg. **1** [*garment*] con cappuccio **2** [*attacker*] incappucciato **3** ***to have ~ eyes*** o ***eyelids*** avere gli occhi socchiusi.
hoodlum /ˈhuːdləm/ n. COLLOQ. **1** *(hooligan)* vandalo m. **2** AE *(crook)* imbroglione m. (-a).
hoodoo /ˈhuːduː/ n. (pl. **~s**) COLLOQ. *(bad luck)* iella f., scalogna f.; *(person)* iettatore m. (-trice).
hoodwink /ˈhʊdwɪŋk/ tr. ingannare, imbrogliare.
hooey /ˈhuːɪ/ n. **U** AE fesserie f.pl., sciocchezze f.pl.
1.hoof /huːf/ n. (pl. **~s, hooves**) *(of horse, cow)* zoccolo m.; ***cattle bought on the ~*** bestiame acquistato ancora vivo.
2.hoof /huːf/ tr. COLLOQ. **to ~ it** farsela a piedi.
hoo-ha /ˈhuːhɑː/ n. COLLOQ. finimondo m., pandemonio m.
1.hook /hʊk/ n. **1** *(for clothing, picture)* gancio m., uncino m.; ***~s and eyes*** SART. gancio con occhiello, allacciatura a gancio **2** PESC. amo m. **3** *(on stick)* manico m. ricurvo **4** TEL. ***to take the phone off the ~*** staccare la cornetta **5** *(in boxing)* gancio m. **6** *(in golf)* tiro m. a gancio, tiro m. a uncino **7** AE *(bend)* curva f. ♦ ***to get sb. off the ~*** tirare fuori dai guai qcn.; ***to let sb. off the ~*** = salvare, scagionare qcn.
2.hook /hʊk/ tr. **1** *(hang)* agganciare (**on, onto** a) **2** *(pull through)* fare passare [*string, finger, stick*] (**through** attraverso, in) **3** PESC. prendere all'amo [*fish*]; COLLOQ. SCHERZ. FIG. accalappiare [*spouse*].
■ **hook on:** ~ ***on*** agganciarsi (**to** a); ***~ [sth.] on, ~ on [sth.]*** agganciare (**to** a).
■ **hook up:** ~ ***up*** [*garment*] allacciarsi; ***~ up [sth.], ~ [sth.] up*** **1** *(attach)* allacciare [*garment*]; agganciare [*trailer, picture*] **2** RAD. TELEV. collegare [*stations*] **3** EL. TECN. allacciare, collegare [*appliance*].
hookah /ˈhʊkə/ n. narghilé m.
hooked /hʊkt/ **I** p.pass. → **2.hook II** agg. **1** [*nose, beak*] adunco; [*cross*] uncinato; [*stick*] con manico ricurvo **2** *(addicted)* ***to be ~ on*** essere schiavo di [*drugs*]; essere impallinato di [*computer games*].
hooker /ˈhʊkə(r)/ n. POP. *(prostitute)* puttana f.
hookey → **hooky**.
hook nose n. naso m. adunco, naso m. aquilino.
hook-up /ˈhʊkʌp/ n. **1** RAD. TELEV. collegamento m. **2** AE *(in trailer park)* attacco m.
hookworm /ˈhʊkwɜːm/ n. anchilostoma m.
hooky /ˈhʊkɪ/ n. AE COLLOQ. ***to play ~*** marinare la scuola.
hooligan /ˈhuːlɪgən/ n. vandalo m. (-a), teppista m. e f.; ***soccer ~*** hooligan.
hooliganism /ˈhuːlɪgənɪzəm/ n. teppismo m., vandalismo m.
hoop /huːp/ n. anello m., cerchio m.; *(in croquet)* archetto m. ♦ ***to go through the ~s, to jump through ~s*** passarsela male.
hoopla /ˈhuːplɑː/ ➧ **10** n. **1** BE *(at fair)* tiro m. a segno con i cerchietti **2** AE COLLOQ. *(showy publicity)* montatura f. pubblicitaria, strombazzamento m. **3** AE COLLOQ. *(fuss)* confusione f., trambusto m.
hoopoe /ˈhuːpuː/ n. upupa f.
hooray /hʊˈreɪ/ inter. urrà.
Hooray Henry n. BE SPREG. = giovane di classe sociale elevata pieno di iniziative ma inconcludente.
1.hoot /huːt/ n. **1** *(noise)* *(of owl)* grido m.; *(of train, ship or factory siren)* fischio m.; *(of car)* colpo m. di clacson; *(derisive shout)* fischio m., grida f.pl. di disapprovazione **2** COLLOQ. ***to be a ~*** essere uno spasso ♦ ***I don't give a ~*** o ***two ~s!*** COLLOQ. me ne infischio!
2.hoot /huːt/ **I** intr. [*owl*] chiurlare, stridere; [*train, siren*] fischiare; [*car*] suonare il clacson; [*person, crowd*] *(derisively)* fischiare **II** tr. fischiare [*speaker, actor*]; ***to ~ one's horn*** dare un colpo di clacson (**at sb.** a qcn.)
hooter /ˈhuːtə(r)/ n. **1** *(siren)* sirena f. **2** BE COLLOQ. *(nose)* naso m.
hoover /ˈhuːvə(r)/ tr. BE ***to ~ the carpet, the room*** passare l'aspirapolvere sul tappeto, nella stanza.
Hoover® /ˈhuːvə(r)/ n. BE aspirapolvere m.
hooves /huːvz/ → **1.hoof**.
1.hop /hɒp/ n. **1** *(jump)* salto m., saltello m. **2** COLLOQ. *(short journey)* ***a short ~*** un salto **3** COLLOQ. *(dance)* ballo m. (popolare) ♦ ***to catch sb. on the ~*** BE COLLOQ. cogliere qcn. alla sprovvista; ***to keep sb. on the ~*** BE COLLOQ. dare un bel daffare a qcn.
2.hop /hɒp/ **I** tr. (forma in -ing ecc. **-pp-**) **1** *(jump over)* saltare [*fence*] **2** AE COLLOQ. *(board)* saltare su [*train, bus, flight*] **II** intr. (forma in -ing ecc. **-pp-**) **1** *(jump)* saltare, saltellare; *(on one leg)* saltare su una gamba sola; ***to ~ off a wall*** saltare giù da un muro; ***to ~ over a ditch*** saltare un fosso; ***to ~ up and down with delight*** fare salti di gioia **2** *(move speedily)* ***to ~ into bed*** fiondarsi a letto; ***to ~ off a bus*** saltare giù da un autobus; ***I'll give you a lift, ~ in!*** ti do un passaggio, salta su! **3** COLLOQ. *(travel)* ***to ~ over*** o ***across to*** fare un salto in [*city, country*] ♦ ***to be ~ping mad*** COLLOQ. essere furioso; ***to ~ it*** BE COLLOQ. sloggiare, smammare.
1.hope /həʊp/ n. **1** speranza f.; ***to have high ~s of sb., sth.*** avere grandi speranze per qcn., qcs.; ***to have ~s of doing*** sperare di fare; ***there is little ~ left for them*** non hanno molte speranze; ***to set one's ~s on doing*** sperare di tutto cuore di fare; ***to be beyond (all)*** o ***without ~*** essere senza speranza; ***to keep one's ~s high*** mantenere vive le proprie speranze; ***there are grounds for ~*** ci sono buone ragioni per sperare; ***to raise sb.'s ~s*** dare speranza a qcn.; ***to dash sb.'s ~s*** infrangere le speranze di qcn.; ***to have no ~ of (doing) sth.*** non avere nessuna speranza di (fare) qcs.; ***there is little ~ that*** ci sono poche speranze che; ***there is no ~ of*** non ci sono speranze di; ***what a ~! some ~!*** COLLOQ. magari! ***he hasn't got a ~ in hell*** COLLOQ. non ha la benché minima speranza **2** *(promising person)* speranza f.
2.hope /həʊp/ **I** tr. sperare (***to do*** di fare); ***it is to be ~d that*** c'è da sperare che; ***I ~ (that) he'll come*** spero che venga; ***I only*** o ***just ~ he remembers*** spero solo che si ricordi; ***I (do) ~ so, not*** spero (proprio) di sì, di no; ***hoping to hear from you*** *(in letter)* nella speranza di ricevere presto tue notizie **II** intr.

sperare; ***to ~ for sth.*** sperare *o* confidare in qcs.; ***don't ~ for too much*** non sperarci troppo; ***all we can do is ~*** non ci rimane altro che sperare; ***to ~ for the best*** sperare per il meglio ♦ ***to ~ against hope*** illudersi, coltivare vane speranze.

hope chest n. AE *(chest)* baule m. per il corredo; *(trousseau)* corredo m. da sposa.

hopeful /ˈhəʊpfl/ **I** agg. **1** *(filled with hope)* [*person, attitude*] speranzoso, fiducioso; ***to be ~ about sth.*** nutrire speranze riguardo a qcs.; ***to be ~ of doing*** essere speranzoso di fare **2** *(encouraging)* [*news, sign*] incoraggiante; [*development, situation*] promettente **II** n. ***young ~*** giovane promettente *o* di belle speranze.

hopefully /ˈhəʊpfəlɪ/ avv. **1** *(with luck)* ***~, he'll pay*** se tutto va bene, pagherà; ***"will he pay?" - "~"*** "pagherà?" - "si spera" **2** *(with hope)* [*say*] fiduciosamente, speranzosamente.

hopeless /ˈhəʊplɪs/ agg. **1** *(desperate)* [*attempt, case, struggle*] disperato, senza speranza; [*muddle*] terribile; ***it was ~ trying to convince her*** era impossibile cercare di convincerla; ***it's ~, I give up!*** è inutile, ci rinuncio! **2** COLLOQ. *(incompetent)* ***to be ~ at sth., at doing*** essere una frana *o* un disastro in qcs., a fare; ***you're ~!*** *(affectionately)* sei incorreggibile!

hopelessly /ˈhəʊplɪslɪ/ avv. **1** *(irretrievably)* [*drunk, inadequate*] completamente; [*in love*] perdutamente **2** *(despairingly)* [*speak, weep*] disperatamente.

hopelessness /ˈhəʊplɪsnɪs/ n. **1** *(despair)* disperazione f. **2** *(futility)* inutilità f. (**of doing** di fare).

hop field n. luppoleto m.

hopper /ˈhɒpə(r)/ n. *(for grain, sand, coal)* tramoggia f.

hopping /ˈhɒpɪŋ/ agg. (anche **~ mad**) arrabbiatissimo, furibondo, fuori di sé.

hops /hɒps/ n.pl. AGR. BOT. *(crop)* luppolo m.sing.

hopsack /ˈhɒpˌsæk/ n. AE sacco m. di iuta.

hopscotch /ˈhɒpˌskɒtʃ/ ➧ **10** n. GIOC. settimana f., mondo m., campana f.

Horace /ˈhɒrəs/ n.pr. Orazio.

horde /hɔːd/ n. *(of people)* orda f.; *(of insects)* sciame m., stormo m.; *(of animals)* branco m.; ***the ~(s)*** l'orda.

horizon /həˈraɪzn/ n. orizzonte m.; ***on the ~*** *(visible)* all'orizzonte; FIG. *(imminent)* all'orizzonte *o* in vista; ***to widen*** o ***broaden one's ~s*** FIG. allargare i propri orizzonti.

horizontal /ˌhɒrɪˈzɒntl, AE ˌhɔːr-/ **I** agg. orizzontale **II** n. orizzontale f.

hormonal /hɔːˈməʊnl/ agg. ormonale.

hormone /ˈhɔːməʊn/ n. ormone m.

hormone replacement therapy n. terapia f. ormonale di sostituzione.

horn /hɔːn/ **I** n. **1** ZOOL. *(of animal)* corno m.; *(of snail)* antenna f.; *(of owl)* ciuffo m.; FIG. *(on moon, anvil)* corno m. **2** ➧ **17** MUS. corno m.; ***to play the ~*** suonare il corno **3** *(of car)* clacson m. **4 U** *(substance)* corno m.; ***made of ~*** in, di corno **II** modif. MUS. [*player, teacher*] di corno; [*part*] per corno ♦ ***to draw*** o ***pull in one's ~s*** *(feeling hurt)* ritirarsi nel proprio guscio; *(financially)* tagliare sulle spese; ***to lock ~s with sb.*** scontrarsi (violentemente) con qcn.

horned /hɔːnd/ agg. [*animals*] cornuto.

hornet /ˈhɔːnɪt/ n. calabrone m. ♦ ***to stir up a ~'s nest*** suscitare un vespaio.

horn in intr. AE COLLOQ. ***to ~ (on a conversation)*** intromettersi, mettere il becco (in una conversazione).

horn of plenty n. cornucopia f.

horn-rimmed /ˌhɔːnˈrɪmd/ agg. [*spectacles*] con la montatura di corno; [*frames*] di corno.

horny /ˈhɔːnɪ/ agg. **1** [*claws, protuberance*] corneo **2** [*hands*] calloso **3** POP. *(sexually aroused)* arrapato.

horoscope /ˈhɒrəskəʊp, AE ˈhɔːr-/ n. oroscopo m.

horrendous /hɒˈrendəs/ agg. [*crime, conditions*] orrendo, spaventoso; [*accident, problem, mistake*] terribile; [*cost*] spaventoso.

horrible /ˈhɒrɪbl, AE ˈhɔːr-/ agg. **1** *(unpleasant)* orribile, orrendo, terribile; ***to be ~ to sb.*** comportarsi in modo orribile con qcn. **2** *(shocking)* orrendo, spaventoso.

horribly /ˈhɒrɪblɪ, AE ˈhɔːr-/ avv. **1** [*embarrassed, rude*] terribilmente **2** [*burned, disfigured*] orribilmente, orrendamente.

horrid /ˈhɒrɪd, AE ˈhɔːrɪd/ agg. [*place, smell, thought, experience*] orrendo, orribile.

horrific /həˈrɪfɪk/ agg. orribile, orripilante, raccapricciante.

horrify /ˈhɒrɪfaɪ, AE ˈhɔːr-/ tr. [*tragedy*] atterrire; [*crime*] fare inorridire; [*behaviour*] impressionare, scandalizzare.

horrifying /ˈhɒrɪfaɪɪŋ, AE ˈhɔːr-/ agg. [*experience, sight*] impressionante, sconvolgente; [*behaviour, ignorance*] spaventoso, terribile, scandaloso.

horror /ˈhɒrə(r), AE ˈhɔːr-/ **I** n. **1** *(feeling)* orrore m., ribrezzo m. (**at** di fronte a, davanti a); ***to have a ~ of sth., of doing*** provare orrore per qcs., a fare **2** COLLOQ. *(person)* ***he's a little ~*** COLLOQ. è una piccola peste **3** COLLOQ. *(ugly thing)* orrore m. **II** modif. [*film, story*] dell'orrore ♦ ***to give sb. the ~s*** fare paura a qcn.

horror-stricken /ˈhɒrəˌstrɪkən, AE ˈhɔːr-/, **horror-struck** /ˈhɒrəˌstrʌk, AE ˈhɔːr-/ agg. inorridito.

horse /hɔːs/ n. **1** cavallo m.; ***the ~s*** COLLOQ. *(horseracing)* le corse dei cavalli **2** *(in gym)* cavallo m.; *(pommel)* cavallo m. con maniglie **3 U** MIL. cavalleria f. **4** COLLOQ. *(heroin)* ero(ina) f. ♦ ***I could eat a ~*** ho una fame da lupi; ***to eat like a ~*** mangiare come un lupo; ***to flog*** BE, ***beat*** AE ***a dead ~*** COLLOQ. pestare l'acqua nel mortaio; ***(straight) from the ~'s mouth*** [*information*] di prima mano; ***to get on one's high ~*** darsi delle arie, alzare la cresta; ***hold your ~s!*** COLLOQ. calma! ***it's ~s for courses*** = persone diverse sono adatte a situazioni o compiti diversi; ***that's a ~ of a different colour*** è un altro paio di maniche; ***wild ~s wouldn't drag it out of me*** non te lo dico neanche morto.

horse about, horse around intr. giocare in modo scatenato.

horseback /ˈhɔːsbæk/ n. ***on ~*** a cavallo.

horseback riding ➧ **10** n. AE equitazione f.

horsebox /ˈhɔːsbɒks/ n. van m.

horse chestnut n. *(tree)* ippocastano m., castagno m. d'India; *(fruit)* castagna f. d'India.

horse-drawn /ˈhɔːsˌdrɔːn/ agg. [*carriage, vehicle*] trainato da cavalli.

horseflesh /ˈhɔːsˌfleʃ/ n. *(horses)* cavalli m.pl.; *(horsemeat)* carne f. di cavallo.

horsefly /ˈhɔːsˌflaɪ/ n. tafano m.

Horse Guards n.pl. BE MIL. guardie f. a cavallo.

horsehair /ˈhɔːsheə(r)/ n. crine m. di cavallo.

horseman /ˈhɔːsmən/ n. (pl. **-men**) cavaliere m., cavallerizzo m.

horsemanship /ˈhɔːsmənʃɪp/ n. *(activity, art, skill)* equitazione f.

horsemeat /ˈhɔːsˌmiːt/ n. carne f. di cavallo.

horseplay /ˈhɔːsˌpleɪ/ n. gioco m. scatenato.

horsepower /ˈhɔːspaʊə(r)/ n. cavallo m. vapore; ***a 90 ~ engine*** un motore da 90 cavalli.

horse race n. corsa f. di cavalli.

horseracing /ˈhɔːsˌreɪsɪŋ/ n. ippica f., corse f.pl. dei cavalli.

horseradish /ˈhɔːsrædɪʃ/ n. barbaforte m. e f., rafano m.

horseriding /ˈhɔːsraɪdɪŋ/ ➧ **10** n. equitazione f.

horse sense n. COLLOQ. buonsenso m.

horseshoe /ˈhɔːsʃuː/ n. ferro m. di cavallo.

horseshow /ˈhɔːsʃəʊ/ n. concorso m. ippico.

horsetail /ˈhɔːsteɪl/ n. BOT. equiseto m.

horse trader ➧ **27** n. **1** commerciante m. e f. di cavalli **2** FIG. trafficante m. e f. losco (-a).

horse-trading /ˈhɔːsˌtreɪdɪŋ/ n. **1** commercio m. di cavalli **2** FIG. traffico m. losco.

horse trials n.pl. gara f.sing. equestre.

1.horsewhip /ˈhɔːswɪp/ n. frustino m.

2.horsewhip /ˈhɔːswɪp/ tr. (forma in -ing ecc. **-pp-**) frustare, sferzare.

horsewoman /ˈhɔːsˌwʊmən/ n. (pl. **-women**) amazzone f., cavallerizza f.

hors(e)y /ˈhɔːsɪ/ agg. **1** SPREG. [*face*] equino **2** *(interested in horses)* che ama i cavalli, che s'intende di cavalli.

horticultural /ˌhɔːtɪˈkʌltʃərəl/ agg. orticolo.

horticulture /ˈhɔːtɪkʌltʃə(r)/ n. orticoltura f.

horticulturist /ˌhɔːtɪˈkʌltʃərɪst/ ➧ **27** n. orticoltore m. (-trice).

hosanna /həʊˈzænə/ **I** n. osanna m. **II** inter. osanna.

1.hose /həʊz/ n. **1** *(for garden, cleaning)* tubo m. di gomma **2** *(in firefighting)* idrante m., manichetta f. antincendio **3** AUT. *(in engine)* manicotto m. **4** *(tubing)* tubo m., manichetta f. **5**

STOR. *(garment)* calzamaglia f., calzabraca f. **6** AE *(stockings)* calze f.pl.

2.hose /həʊz/ tr. bagnare con un tubo di gomma [*garden*].

■ **hose down:** ~ *[sth.]* **down**, ~ **down** *[sth.]* lavare [qcs.] usando un tubo di gomma.

hosepipe /ˈhəʊzpaɪp/ n. BE **1** *(for garden)* tubo m. di gomma **2** *(fire)* idrante m.

hosiery /ˈhəʊzɪərɪ, AE ˈhəʊʒərɪ/ n. ANT. calzetteria f.

hospice /ˈhɒspɪs/ n. **1** *(for the terminally ill)* casa f. di cura per malati terminali **2** *(for travellers)* ospizio m.

hospitable /hɒˈspɪtəbl/ agg. [*person, country*] ospitale (**to** verso); [*conditions*] favorevole.

hospital /ˈhɒspɪtl/ **I** n. ospedale m.; ***to*** ~ BE o ***the*** ~ AE all'ospedale; ***to be taken to ~ with...*** essere ricoverato in ospedale per... **II** modif. [*facilities, staff, treatment, ward*] ospedaliero; ~ ***beds*** letti d'ospedale; ~ ***patient*** paziente di un ospedale.

hospital administrator ➧ *27* n. amministratore m. (-trice) di ospedale.

hospital doctor ➧ *27* n. medico m. di ospedale.

hospitality /ˌhɒspɪˈtælətɪ/ n. ospitalità f.

hospitalization /hɒspɪtəlaɪˈzeɪʃn, AE -lɪˈz-/ n. ospedalizzazione f., ricovero m. in ospedale.

hospitalize /ˈhɒspɪtəlaɪz/ tr. ospedalizzare, ricoverare in ospedale.

hospital nurse ➧ *27* n. infermiere m. (-a) di ospedale.

hospital porter ➧ *27* n. BE portantino m.

hospital ship n. nave f. ospedale.

1.host /həʊst/ **I** n. **1** *(to guests, visitors)* ospite m. e f.; ***to play ~ to sb.*** ricevere qcn. **2** BOT. ZOOL. ospite m. **3** TELEV. conduttore m. (-trice), presentatore m. (-trice) **II** modif. [*animal, plant*] ospite; ~ ***country*** nazione ospitante.

2.host /həʊst/ tr. **1** [*city, country*] ospitare **2** TELEV. condurre, presentare **3** INFORM. ospitare [*website*].

3.host /həʊst/ n. *(multitude)* folla f., moltitudine f., schiera f.

4.host /həʊst/ n. RELIG. ostia f.

hostage /ˈhɒstɪdʒ/ n. ostaggio m.; ***to take, hold sb. ~*** prendere, tenere qcn. in ostaggio.

hostel /ˈhɒstl/ n. *(for students)* pensionato m. per studenti, casa f. dello studente; *(for workers)* pensionato m.; *(for refugees)* casa f. d'accoglienza; ***(youth)*** ~ ostello della gioventù.

hostess /ˈhəʊstɪs/ n. **1** *(to guests, visitors)* ospite f., padrona f. di casa **2** ➧ *27 (on plane)* hostess f., assistente f. di volo **3** RAD. TELEV. valletta f. **4** EUFEM. *(in nightclub)* entraîneuse f.

hostile /ˈhɒstaɪl, AE -tl/ agg. ostile, contrario (**to** a).

hostility /hɒˈstɪlətɪ/ **I** n. ostilità f., avversione f. (**to, towards** verso) **II hostilities** n.pl. MIL. ostilità f.

1.hot /hɒt/ **I** agg. **1** *(very warm)* [*season, country, bath, plate, hands, sun*] caldo; [*food, drink*] caldo, bollente; ***it's ~ here*** fa caldo qui; ***the weather is ~ in July*** a luglio fa caldo; ***to be*** o ***feel*** ~ avere caldo; ***to get*** ~ [*person*] cominciare ad avere caldo; [*engine, oven*] riscaldarsi; [*weather*] cominciare a essere caldo; ***the room feels*** ~ fa caldo nella stanza; ***the sun felt ~ on his back*** il sole gli scaldava la schiena; ***your forehead feels*** ~ hai la fronte calda; ***digging is ~ work*** vangare (è un lavoro che) fa venire caldo; ***when the sun is at its ~test*** quando il sole è più caldo; ***how ~ should I have the oven?*** a quale temperatura deve essere il forno? ***a cake ~ from the oven*** una torta appena sfornata; ***to go ~ and cold*** sudare freddo **2** GASTR. [*mustard, spice*] forte; [*sauce, dish*] piccante **3** *(new, fresh)* [*trail*] recente; [*news*] fresco; ~ ***from*** o ***off the press*** [*book*] fresco di stampa **4** *(fierce, keen)* [*competition*] accanito **5** *(short)* ***to have a ~ temper*** avere un temperamento focoso **6** *(in demand)* AE COLLOQ. ***to be*** ~ [*show, film*] spopolare **7** COLLOQ. *(good)* ***a ~ tip*** una buona soffiata; ***to be the ~ favourite*** essere il grande favorito; ***to be ~ on sth.*** *(knowledgeable)* essere ferrato in qcs.; *(keen)* essere entusiasta di qcs. **8** COLLOQ. *(stolen)* che scotta **9** *(bright)* [*colour*] caldo; ~ ***pink*** rosa carico **10** NUCL. *(radioactive)* radioattivo **11** *(close)* ***to be ~ on sb.'s trail*** essere sulle tracce di qcn.; ***to be ~ on the trail of sth.*** seguire una buona pista per trovare qcs.; ***to set off in ~ pursuit of sb.*** lanciarsi all'inseguimento di qcn.; ***you're getting*** ~ *(in guessing games)* fuocherello **12** AE COLLOQ. *(erotic)* [*movie, scene*] spinto, piccante **II hots** n.pl. ***to have the ~s for sb.*** POP. eccitarsi per qcn. ♦ ***to be in ~ water*** essere nei pasticci *o* nei guai; ***to blow ~ and cold*** essere una banderuola al vento; ***to get all ~ and bothered*** agitarsi.

2.hot /hɒt/ tr. e intr. (forma in -ing ecc. **-tt-**) → **hot up**.

■ **hot up:** ~ ***up*** [*match*] riscaldarsi; [*raids, war*] intensificarsi; ***things are ~ting up*** la situazione diventa sempre più calda; ***the pace is ~ting up*** il ritmo si fa incalzante; ~ *[sth.]* **up** forzare [*pace*]; intensificare [*campaign, music*].

hot air n. COLLOQ. aria f. fritta; ***it's just so much ~!*** sono solo discorsi campati in aria!

hot air balloon n. mongolfiera f.

hotbed /ˈhɒtbed/ n. focolaio m.

hot-blooded /ˌhɒtˈblʌdɪd/ agg. [*reaction*] focoso, appassionato.

hot cake n. AE frittella f. ♦ ***to sell like ~s*** andare a ruba, vendersi come il pane.

hotchpotch /ˈhɒtʃpɒtʃ/ n. BE guazzabuglio m., miscuglio m.

hot cross bun n. = panino dolce con una croce sopra che si mangia il Venerdì Santo.

hot dog n. hot dog m.

hot dogging ➧ *10* n. sci m. acrobatico, hot dog m.

hotel /həʊˈtel/ **I** n. hotel m., albergo m. **II** modif. [*room, manager*] di albergo; [*industry*] alberghiero.

hotelier /həʊˈtelɪə(r)/, **hotelkeeper** /həʊˈtelˌkiːpə(r)/ BE ➧ *27* n. albergatore m. (-trice).

hot flush BE, **hot flash** AE n. caldana f., vampata f.

hotfoot /ˈhɒtfʊt/ avv. SCHERZ. IRON. [*go*] in fretta e furia, a gambe levate.

hothead /ˈhɒtˌhed/ n. SPREG. testa f. calda.

hot-headed /ˌhɒtˈhedɪd/ agg. [*person*] impulsivo, irruente; [*decision*] precipitoso.

hothouse /ˈhɒthaʊs/ n. **1** *(for plants)* serra f. (calda) **2** FIG. fucina f.

hothousing /ˈhɒthaʊzɪŋ/ n. SCOL. = corsi intensivi per bambini particolarmente dotati.

hot key n. INFORM. tasto m. di scelta rapida.

hotline /ˈhɒtlaɪn/ n. **1** linea f. diretta; ***drugs*** ~ servizio di assistenza telefonica per tossicodipendenti **2** *(between heads of state)* telefono m. rosso, linea f. calda **3** *(for customer support)* hot line f.

hotly /ˈhɒtlɪ/ avv. [*say, exclaim*] con veemenza; [*disputed, denied*] violentemente.

hotplate /ˈhɒtˌpleɪt/ n. *(of stove, electric cooker)* piastra f.

hotpot /ˈhɒtˌpɒt/ n. BE spezzatino m. con patate.

hot potato n. COLLOQ. patata f. bollente ♦ ***to drop sb. like a*** ~ mollare qcn. da un giorno all'altro.

hot rod n. automobile f. col motore truccato.

hot seat n. AE COLLOQ. sedia f. elettrica ♦ ***to be in the*** ~ essere in una posizione difficile.

hotshot /ˈhɒtʃɒt/ **I** n. pezzo m. grosso; SPREG. pallone m. gonfiato **II** agg. COLLOQ. SPREG. [*executive*] tronfio, arrogante.

hot spot n. COLLOQ. **1** POL. punto m. caldo **2** *(for tourism)* posto m. caldo **3** *(nightclub)* locale m. notturno alla moda **4** INFORM. zona f. cliccabile.

hot spring n. sorgente f. termale.

hotspur /ˈhɒtspɜː(r)/ n. ANT. testa f. calda.

hot stuff n. COLLOQ. ***to be*** ~ *(talented)* essere fantastico; *(attractive)* essere sexy; *(titillating)* [*book, film*] essere eccitante; ***he thinks he's*** ~ pensa di essere il massimo.

hot-tempered /ˌhɒtˈtempəd/ agg. collerico, irascibile.

hot tub n. AE = vasca da idromassaggio per più persone.

hot water bottle n. borsa f. dell'acqua calda.

hot-wire /ˈhɒtwaɪə(r)/ tr. COLLOQ. ***to ~ a car*** fare partire un'automobile senza la chiave.

1.hound /haʊnd/ n. **1** *(dog)* cane m. da caccia, bracco m. **2** SCHERZ. *(scoundrel)* cane m., canaglia f. **3** COLLOQ. *(enthusiast)* ***autograph*** ~ persona che va a caccia di autografi.

2.hound /haʊnd/ tr. perseguitare [*person*].

■ **hound out:** ~ *[sb.]* **out** cacciare, scacciare (**of** da).

hound-dog /ˈhaʊnddɒg/ n. AE COLLOQ. **1** *(dog)* cane m. da caccia, bracco m. **2** *(scoundrel)* canaglia f.

houndstooth (check) /ˈhaʊndztuːθ(ˌtʃek)/ n. TESS. pied-de-poule m.

hour /aʊə(r)/ ➧ *33, 4* **I** n. **1** *(60 minutes)* ora f.; ***an ~ ago*** un'ora fa; ***it's an ~ (away) from London*** è a un'ora da Londra; ***£ 6***

per ~ £ 6 all'ora; ***to be paid by the ~*** essere pagato a ore **2** *(time of day)* ora f.; ***the bus leaves on the ~*** l'autobus parte allo scoccare dell'ora *o* di ogni ora; ***in the early ~s*** alle ore piccole; ***at an early ~*** di buonora; ***to stay out until all ~s*** stare fuori fino all'ora beata, fare le ore piccole **3** *(point in time)* ***her finest ~*** il momento più bello della sua vita; ***in my ~ of need*** nel momento del bisogno **II hours** n.pl. **1** *(times)* orario m.sing.; ***business*** o ***opening ~s*** orario d'apertura; ***office, visiting ~s*** orario di ufficio, di visita; ***I can't serve drinks after ~s*** non posso servire da bere dopo l'orario di chiusura; ***out of ~s*** fuori orario; ***to keep early ~s*** andare a letto presto **2** RELIG. ora f. canonica.

hourglass /ˈaʊəglɑːs, AE -glæs/ n. clessidra f.

hour hand n. lancetta f. delle ore.

hourly /ˈaʊəlɪ/ **I** agg. **1** *(every hour)* [*bulletin*] orario; ***the buses are ~*** c'è un autobus ogni ora **2** *(per hour)* [*rate*] orario; ***on an ~ basis*** all'ora **II** avv. **1** *(every hour)* [*arrive, phone*] (a) ogni ora **2** *(per hour)* ***to pay sb. ~*** pagare qcn. all'ora.

1.house /haʊs/ n. **1** *(home)* casa f., abitazione f.; ***at my, his ~*** a casa mia, sua; ***to go to sb.'s ~*** andare a casa di qcn. *o* da qcn.; ***to be good around the ~*** dare una mano in casa; ***to keep ~*** badare alla casa (**for** di) **2** (anche **House**) POL. Camera f.; ***the bill before the ~*** il progetto di legge sottomesso all'approvazione della Camera **3** COMM. casa f., ditta f.; ***on the ~*** a spese della casa; ***the drinks are on the ~!*** offre la casa! **4** TEATR. *(audience)* pubblico m., spettatori m.pl.; *(auditorium)* sala f.; *(performance)* rappresentazione f.; ***"~ full"*** *(on notice)* "completo"; ***to bring the ~ down*** far venire giù il teatro per gli applausi **5** (anche **House**) *(family line)* casa f., dinastia f.; ***the ~ of Windsor*** la casa dei Windsor **6** BE SCOL. *(team)* = ciascuno dei gruppi in cui gli alunni vengono suddivisi per partecipare a giochi o gare **7** (anche **House**) house (music) f. ♦ ***to put one's ~ in order*** sistemare i propri affari; ***to get on like a ~ on fire*** COLLOQ. andare d'amore e d'accordo.

2.house /haʊz/ tr. **1** *(give lodging to)* alloggiare, ospitare; ***to be badly*** o ***poorly ~d*** essere male alloggiato **2** *(contain)* [*building*] ospitare [*exhibition, books*].

house agent ➧ **27** n. BE agente m. e f. immobiliare.

house arrest n. ***to be under ~*** essere agli arresti domiciliari.

houseboat /ˈhaʊsbəʊt/ n. casa f. galleggiante, house boat f.

housebound /ˈhaʊsbaʊnd/ agg. chiuso in casa; ***she is ~*** è costretta in casa.

housebreaker /ˈhaʊsbreɪkə(r)/ n. scassinatore m. (-trice), ladro m. (-a) di appartamento.

housebreaking /ˈhaʊsbreɪkɪŋ/ n. DIR. violazione f. di domicilio.

housebroken /ˈhaʊsbrəʊkən/ agg. AE [*pet*] abituato a non sporcare in casa.

house call n. visita f. a domicilio.

housecleaning /ˈhaʊskliːnɪŋ/ n. AE pulizie f.pl. di casa.

housecoat /ˈhaʊskəʊt/ n. vestaglia f. da casa.

housefly /ˈhaʊsflaɪ/ n. mosca f. domestica.

houseful /ˈhaʊsfʊl/ n. ***a ~ of*** una casa piena di.

houseguest /ˈhaʊsgest/ n. ospite m. e f.

household /ˈhaʊshəʊld/ **I** n. famiglia f., casa f.; ***the head of the ~*** il capofamiglia **II** modif. [*accounts*] familiare; [*chore*] domestico; [*item*] casalingo.

household appliance n. elettrodomestico m.

Household Cavalry n. BE cavalleria f. della casa reale.

householder /ˈhaʊshəʊldə(r)/ n. chi vive in una casa propria; *(owner)* padrone m. (-a) di casa; *(tenant)* locatario m. (-a) di casa.

household insurance n. assicurazione f. sulla casa.

household linen n. biancheria f. per la casa.

household name n. ***he's a ~*** è conosciuto da tutti.

house-hunting /ˈhaʊshʌntɪŋ/ n. ***to go ~*** essere alla ricerca di un casa.

house husband n. marito m. casalingo.

housekeeper /ˈhaʊsˌkiːpə(r)/ ➧ **27** n. *(in house)* governante f.; *(in institution)* guardiano m. (-a), custode m. e f.

housekeeping /ˈhaʊsˌkiːpɪŋ/ n. **1** *(money)* soldi m.pl. per la casa; *(managing of money)* economia f. domestica, gestione f. della casa **2** POL. ECON. COMM. gestione f.

house lights n.pl. TEATR. luci f. di sala.

housemaid /ˈhaʊsmeɪd/ ➧ **27** n. domestica f., colf f.

houseman /ˈhaʊsmən/ ➧ **27** n. (pl. **-men**) BE MED. medico m. interno.

house-martin /ˈhaʊsmɑːtɪn, AE -tn/ n. ZOOL. balestruccio m.

housemaster /ˈhaʊsˌmɑːstə(r)/ n. BE SCOL. direttore m. di convitto.

housemistress /ˈhaʊsˌmɪstrɪs/ n. BE SCOL. direttrice f. di convitto.

housemother /ˈhaʊsmʌðə(r)/ ➧ **27** n. direttrice f. (di istituto per bambine o ragazze).

House of Commons n. GB Camera f. dei Comuni.

house officer ➧ **27** n. BE MED. medico m. interno.

House of Lords n. GB Camera f. dei Lord, Camera f. dei Pari, Camera f. Alta.

House of Representatives n. US Camera f. dei Rappresentanti.

house painter ➧ **27** n. imbianchino m. (-a).

houseparent /ˈhaʊsˌpeərənt/ n. direttore m. (di istituto per bambini o per ragazzi).

house party n. festa f. in casa.

house physician ➧ **27** n. BE MED. medico m. interno.

houseplant /ˈhaʊsplɑːnt, AE -plænt/ n. pianta f. d'appartamento.

house prices n.pl. prezzi m. delle case.

house-proud /ˈhaʊsˌpraʊd/ agg. ***she's very ~*** tiene molto alla casa.

houseroom /ˈhaʊsruːm/ n. ***I wouldn't give it ~*** *(of object)* non lo metterei mai in casa mia.

house sales n.pl. vendite f. immobiliari.

house-sit /ˈhaʊsˌsɪt/ intr. (forma in -ing ecc. **-tt-**; pass., p.pass. **house-sat**) = stare in una casa in assenza dei padroni per custodirla.

Houses of Congress n.pl. US = Senato e Camera dei Rappresentanti.

Houses of Parliament n. GB Parlamento m.

house surgeon ➧ **27** n. BE chirurgo m. interno.

house-to-house /ˌhaʊstəˈhaʊs/ agg. [*search*] porta a porta.

housetop /ˈhaʊstɒp/ n. → **rooftop**.

house-trained /ˈhaʊsˌtreɪnd/ agg. BE [*pet*] abituato a non sporcare in casa.

house-warming (party) /ˈhaʊzˌwɔːmɪŋ(ˌpɑːtɪ)/ n. ***to have*** o ***give a ~*** dare una festa per inaugurare la casa nuova.

housewife /ˈhaʊswaɪf/ n. (pl. **-wives**) casalinga f.; *(with emphasis on domestic labour)* donna f. di casa, massaia f.

housewifely /ˈhaʊswaɪflɪ/ agg. da (brava) massaia.

house wine n. vino m. della casa.

housework /ˈhaʊswɜːk/ n. lavori m.pl. di casa, faccende f.pl. domestiche.

housewrecker /ˈhaʊsrekə(r)/ ➧ **27** n. demolitore m. di case vecchie.

housing /ˈhaʊzɪŋ/ **I** n. *(houses, flats)* alloggi m.pl. **II** modif. [*crisis, problem, conditions, shortage*] degli alloggi.

housing association n. BE cooperativa f. edilizia.

housing benefit n. BE = denaro concesso da un'autorità locale a persone a basso reddito per pagare l'affitto.

housing development n. complesso m. edilizio.

housing estate n. BE complesso m. urbano residenziale; *(council-run)* quartiere m. di case popolari.

housing project n. AE quartiere m. di case popolari.

hove /həʊv/ p.pass. MAR. → **2.heave**.

hovel /ˈhɒvl/ n. tugurio m.

hover /ˈhɒvə(r)/ intr. **1** [*bird*] librarsi; [*helicopter*] volare a punto fisso (**over, above** su, sopra); ***to ~ around sb.*** ronzare intorno a qcn. **2** *(vacillate)* ***countries ~ing on the brink of war*** paesi sull'orlo della guerra; ***to be ~ing between life and death*** essere sospeso tra la vita e la morte.

hovercraft /ˈhɒvəkrɑːft, AE -kræft/ n. (pl. ~) hovercraft m.

how /haʊ/ The different constructions of direct and indirect questions with *how* are to be noted: in direct questions, *how* is at the beginning of the sentence and the auxiliary precedes the subject (*how could you do that?* = come hai potuto farlo?); in indirect questions, the subject precedes the verb (*please, tell me how you could do that* = per favore, dimmi come hai potuto farlo) or, alternatively, a verb in the infinitive may be used (*please, tell me how to use this tool* = per favore, dimmi come usare /

come si usa questo strumento). - How may precede an adjective (*how nice she is!* = com'è carina!), an adverb (*how often do you go to the cinema?* = quanto spesso vai al cinema?), or a verb clause (*how I wish I could swim!* = quanto vorrei saper nuotare!). - When *how* is used as a question word meaning *in what way*? or *by what means?* it is almost always translated by come: *how did you get here?* = come ci sei arrivato? *how will you do it?* = come lo farai? - When *how* is used as a conjunction meaning the way in which, it is often translated by come: *I don't know how they did it* = non so come l'hanno fatto; *tell me how you write this word* = dimmi come si scrive questa parola. - When how is used as a conjunction meaning that, it is almost always translated by che: *you know how he always arrives late* = sai che arriva sempre tardi; *it's amazing how they survived* = è sorprendente che siano sopravvissuti. - For more examples and particular usages see below. **I** avv. **1** *(in what way, by what means)* come; ***~ did you make it?*** come l'hai fatto? ***to know ~ to do*** sapere come fare; ***I learned ~ to do it*** ho imparato a farlo; ***~ do you feel about it?*** cosa ne pensi? **2** *(enquiring)* ***~ are you?*** come stai? ***~'s your foot?*** come va il piede? ***~'s your brother?*** come sta tuo fratello? ***~ did you like the party?*** ti è piaciuta la festa? ***~'s everything? ~ are things?*** come va? ***~ do you do!*** *(greeting)* piacere! **3** *(in number, quantity questions)* ***~ much does this cost? ~ much is this?*** quanto costa? ***~ much do you weigh?*** quanto pesi? ***~ many times have you been to France?*** quante volte sei stato in Francia? ***I don't know ~ many people will come*** non so quante persone verranno; ***~ much time is there left?*** quanto tempo è rimasto? ***~ long is the rope?*** quanto è lunga la corda? ***~ old is he?*** quanti anni ha? ***~ tall is the tree?*** quanto è alto l'albero? ***~ far is it?*** quanto dista? **4** *(in exclamations)* ***~ wonderful!*** magnifico! ***~ nice you look!*** come sei carina! ***~ clever of him!*** è stato furbo da parte sua! ***~ wrong I was!*** come mi sono sbagliato! ***~ it rained!*** come pioveva! **5** *(why)* ***~ could you?*** come hai potuto? **6 how come** COLLOQ. ***"I don't like it" - "~ come?"*** "non mi piace" - "come mai?"; ***~ come you always win?*** perché vinci sempre? **7 how's that** ***I'll take you home, ~'s that?*** ti porto a casa, ti va? ***~'s that for an honest answer*** è una risposta onesta, non ti pare? ***"he's called Nick" - "~'s that?"*** "si chiama Nick" - "come (hai detto)?" **II** cong. **1** COLLOQ. *(in whichever way)* come; ***you can decorate it ~ you like*** puoi decorarlo come vuoi **2** *(that)* che; ***you know ~ he always arrives late*** sai che arriva sempre tardi ♦ ***and ~!*** eccome! altroché!

howdy /ˈhaʊdɪ/ inter. AE COLLOQ. salve.

however /haʊˈevə(r)/ **I** avv. **1** *(no matter how)* ***~ hard I try, I can't*** per quanto ci possa provare, non riesco; ***~ difficult the task is*** o ***may be, we can't give up*** per quanto il compito sia difficile, non possiamo arrenderci; ***~ small she is*** o ***may be*** per quanto sia piccola; ***everyone, ~ inexperienced*** ognuno, per quanto inesperto; ***~ much it costs*** qualunque sia il suo prezzo; ***~ many people go*** per quante persone vadano; ***~ long it takes, …*** per quanto ci possa impiegare… **2** *(in whatever way)* ***~ you like*** come vuoi; ***~ they travel, they will find it difficult*** in qualsiasi modo decidano di viaggiare, avranno delle difficoltà **3** *(how)* ***~ did you guess?*** come hai fatto a indovinare? **II** cong. comunque, tuttavia; ***~, the recession is not over yet*** tuttavia, la recessione non è ancora terminata; ***they can, ~, explain why*** possono, comunque, spiegare perché; ***if, ~, you prefer to do…*** se, tuttavia, preferite fare…

1.howl /haʊl/ n. ***a ~ of pain*** un urlo di dolore; ***~s of protest*** grida di protesta; ***a ~ of laughter*** una risata fragorosa.

2.howl /haʊl/ **I** tr. gridare, urlare (**at** a) **II** intr. [*child*] urlare, gridare; [*dog, wind*] ululare; ***to ~ with rage*** gridare di rabbia; ***to ~ with laughter*** ridere fragorosamente.

▪ **howl down:** ***~ [sb.] down*** fischiare [*speaker*].

howler /ˈhaʊlə(r)/ n. COLLOQ. strafalcione m., sproposito m.

howling /ˈhaʊlɪŋ/ **I** n. **1** U *(of animal, wind)* ululato m. **2** *(of baby, crowd)* urla f.pl., grida f.pl. **II** agg. **1** [*child, animal*] urlante, che grida; ***the ~ wind*** il vento che fischia **2** COLLOQ. FIG. [*success*] strepitoso.

hp n. (⇒ horsepower cavallo vapore) CV m.

HP n. BE → **hire purchase**.

HQ n. MIL. (⇒ headquarters quartier generale) Q.G. m.

hr ⇒ hour ora (h).

HRH ⇒ Her o His Royal Highness Sua Altezza Reale (S.A.R.).

HRT n. → **hormone replacement therapy**.

HT n. (⇒ high tension alta tensione) AT f.

hub /hʌb/ n. TECN. mozzo m.; FIG. fulcro m., centro m.

hubbub /ˈhʌbʌb/ n. *(noise)* baccano m.; *(turmoil)* baraonda f.

hubby /ˈhʌbɪ/ n. COLLOQ. SCHERZ. marito m.

hubcap /ˈhʌbkæp/ n. AUT. coprimozzo m.

Hubert /ˈhjuːbət/ n.pr. Uberto.

hubris /ˈhjuːbrɪs/ n. FORM. arroganza f.

huckleberry /ˈhʌklbərɪ, AE -berɪ/ n. AE mirtillo m.

huckster /ˈhʌkstə(r)/ ♦ **27** n. AE **1** *(pedlar)* venditore m. (-trice) ambulante **2** SPREG. *(salesman)* imbonitore m. (-trice); *(swindler)* imbroglione m. (-a).

1.huddle /ˈhʌdl/ n. **1** *(of people)* calca f., folla f.; *(of buildings)* gruppo m.; *(of objects)* mucchio m. **2** AE SPORT *(of football players)* = breve consultazione in gruppo per stabilire la tattica da seguire.

2.huddle /ˈhʌdl/ intr. [*person*] rannicchiarsi; [*group*] accalcarsi; ***to ~ around*** stringersi attorno a [*fire, radio*]; ***to ~ together*** stringersi l'uno contro l'altro.

hue /hjuː/ **I** n. **1** LETT. *(shade)* sfumatura f.; *(colour)* colore m., tinta f. **2** FIG. *(political)* tendenza f. **II -hued** agg. in composti LETT. ***rose-~d*** di colore rosa.

hue and cry n. ***to raise a ~ against*** o ***about sth.*** sollevare l'indignazione popolare contro qcs.

1.huff /hʌf/ n. COLLOQ. ***to be in a ~*** essere stizzito; ***to go into a ~*** offendersi.

2.huff /hʌf/ intr. COLLOQ. ***to ~ and puff*** sbuffare e ansimare; FIG. fare molte storie.

huffiness /ˈhʌfɪnɪs/ n. permalosità f.

huffy /ˈhʌfɪ/ agg. COLLOQ. *(annoyed)* stizzito; *(irritable)* permaloso; *(sulky)* imbronciato.

1.hug /hʌg/ n. abbraccio m.; ***to give sb. a ~*** abbracciare qcn.

2.hug /hʌg/ tr. (forma in -ing ecc. **-gg-**) **1** *(embrace)* abbracciare **2** *(keep close to)* [*boat, vehicle*] rasentare; [*road*] costeggiare; ***to ~ the coast*** bordeggiare.

huge /hjuːdʒ/ agg. [*country, room*] vasto, immenso; [*building, person, animal, success*] enorme; [*appetite*] smisurato; [*debts, sum*] ingente.

hugely /ˈhjuːdʒlɪ/ avv. **1** *(emphatic)* [*enjoyable, expensive*] estremamente **2** [*increase, vary, enjoy*] enormemente.

hugeness /ˈhjuːdʒnɪs/ n. vastità f., immensità f.

Hugh /hjuː/, **Hugo** /ˈhjuːgəʊ/ n.pr. Ugo.

huh /hə/ inter. COLLOQ. *(in surprise, inquiry)* uh; *(in derision, disgust)* pfui.

hulk /hʌlk/ n. **1** *(of ship)* relitto m.; *(of machine, tank)* carcassa f. **2** FIG. *(bulk)* massa f. gigantesca; ***a great ~ of a man*** un omaccione.

hulking /ˈhʌlkɪŋ/ agg. enorme.

1.hull /hʌl/ n. *(of peas, beans)* baccello m.; *(of nut)* guscio m.; *(of strawberry)* calicetto m.

2.hull /hʌl/ tr. sgranare [*peas, beans*]; sgusciare [*nuts*]; sbramare [*rice*]; mondare [*grain*].

3.hull /hʌl/ n. *(of ship)* scafo m.; *(of plane)* fusoliera f.; *(of tank)* corpo m.

hullabaloo /ˌhʌləbəˈluː/ n. COLLOQ. *(outcry)* schiamazzi m.pl.; *(noise)* baccano m.

hullo /hʌˈləʊ/ → **hello**.

1.hum /hʌm/ n. *(of insect, engine, machinery)* ronzio m.; *(of traffic, voices)* brusio m.

2.hum /hʌm/ **I** tr. (forma in -ing ecc. **-mm-**) canticchiare (a bocca chiusa) [*tune*] **II** intr. (forma in -ing ecc. **-mm-**) **1** *(make a low sound)* [*person*] canticchiare (a bocca chiusa); [*insect, aircraft, machine*] ronzare **2** *(bustle)* ***to ~ with activity*** [*office*] fervere di attività ♦ ***to ~ and haw*** = esitare nel parlare.

3.hum /hʌm/ inter. ehm.

human /ˈhjuːmən/ **I** agg. umano; ***~ being*** essere umano; ***he's only ~*** è un uomo anche lui; ***to lack the ~ touch*** non avere sensibilità **II** n. essere m. umano; ***fellow ~*** simile.

humane /hjuːˈmeɪn/ agg. **1** [*person*] umano, compassionevole; [*régime*] dal volto umano; [*act*] di umanità **2** [*slaughter, culling*] non crudele.

humanely /hjuːˈmeɪnlɪ/ avv. umanamente, compassionevolmente.

human engineering n. *(in industry)* gestione f. delle risorse umane.

humane society n. AE = associazione per la protezione degli animali.

human interest story n. ***a ~*** una storia di vita vissuta.

humanism /ˈhjuːmənɪzəm/ n. umanesimo m.

humanist /ˈhjuːmənɪst/ **I** agg. umanista **II** n. umanista m. e f.

humanistic /ˌhjuːməˈnɪstɪk/ agg. umanistico.

humanitarian /hjuːˌmænɪˈteərɪən/ **I** agg. umanitario **II** n. umanitario m. (-a).

humanity /hjuːˈmænətɪ/ **I** n. umanità f. **II humanities** n.pl. UNIV. discipline f. umanistiche.

humanize /ˈhjuːmənaɪz/ tr. umanizzare.

humanizing /ˈhjuːmənaɪzɪŋ/ agg. [*influence*] umanizzante.

humankind /ˌhjuːmənˈkaɪnd/ n. genere m. umano.

humanly /ˈhjuːmənlɪ/ avv. umanamente.

human nature n. natura f. umana; ***it's only ~ to do*** è naturale fare.

human resources manager ♦ *27* n. = responsabile della gestione delle risorse umane.

human rights I n.pl. diritti m. dell'uomo **II** modif. [*campaign*] per i diritti dell'uomo; ***~ activist*** attivista nel movimento per i diritti dell'uomo.

Humbert /ˈhʌmbət/ n.pr. Umberto.

1.humble /ˈhʌmbl/ agg. **1** *(lowly)* [*origin, position*] umile **2** *(unpretentious)* [*dwelling, gift*] modesto **3** *(deferential)* ***please accept my ~ apologies*** FORM. La prego di accettare le mie umili scuse; ***in my ~ opinion*** IRON. secondo il mio modesto parere **4** *(showing humility)* [*person, remark*] umile ♦ ***to eat ~ pie*** andare a Canossa.

2.humble /ˈhʌmbl/ **I** tr. umiliare **II** rifl. ***to ~ oneself*** umiliarsi.

humbling /ˈhʌmblɪŋ/ agg. umiliante.

humbly /ˈhʌmblɪ/ avv. [*ask*] umilmente; [*live*] in modo modesto; ***~ born*** di umili origini.

humbug /ˈhʌmbʌg/ n. **1** COLLOQ. *(dishonesty)* imbrogli m.pl. **2** COLLOQ. *(nonsense)* fandonie f.pl. **3** *(person)* imbroglione m. (-a) **4** BE *(sweet)* = caramella alla menta.

humdinger /ˌhʌmˈdɪŋə(r)/ n. COLLOQ. ***it's a real ~!*** è una cannonata!

humdrum /ˈhʌmdrʌm/ **I** agg. monotono, noioso **II** n. noia f., monotonia f.

humerus /ˈhjuːmərəs/ n. (pl. **-i**) omero m.

humid /ˈhjuːmɪd/ agg. umido.

humidifier /hjuːˈmɪdɪfaɪə(r)/ n. umidificatore m.

humidity /hjuːˈmɪdətɪ/ n. umidità f.

humiliate /hjuːˈmɪlɪeɪt/ tr. umiliare.

humiliating /hjuːˈmɪlɪeɪtɪŋ/ agg. umiliante.

humiliation /hjuːˌmɪlɪˈeɪʃn/ n. umiliazione f.

humility /hjuːˈmɪlətɪ/ n. umiltà f.

humming /ˈhʌmɪŋ/ n. *(of insect, machine)* ronzio m.; *(of person)* (il) canticchiare.

humming bird n. colibrì m.

hummock /ˈhʌmək/ n. *(of earth)* collinetta f., montagnetta f.

humor AE → **1.humour**, **2.humour**.

humorist /ˈhjuːmərɪst/ ♦ *27* n. umorista m. e f.

humorless AE → **humourless**.

humorous /ˈhjuːmərəs/ agg. **1** *(amusing)* [*book*] umoristico, divertente; [*anecdote, person*] divertente **2** *(amused)* [*look, smile*] divertito.

humorously /ˈhjuːmərəslɪ/ avv. con umorismo.

1.humour BE, **humor** AE /ˈhjuːmə(r)/ **I** n. **1** *(wit)* umorismo m., humour m.; ***to have a (good) sense of ~*** avere (il) senso dell'umorismo **2** *(mood)* umore m.; ***to be in good ~*** essere di buon umore; ***to be in no ~ for arguing*** non essere in vena di discutere; ***when the ~ takes me*** quando mi prende la voglia **II -humoured** agg. in composti ***good~ed*** amabile; ***bad~ed*** sgarbato.

2.humour BE, **humor** AE /ˈhjuːmə(r)/ tr. compiacere, assecondare [*person*]; soddisfare [*request*].

humourless BE, **humorless** AE /ˈhjuːməlɪs/ agg. [*person*] privo di senso dell'umorismo; [*description*] privo di humor; [*tone*] serio.

1.hump /hʌmp/ n. *(of person, camel)* gobba f.; *(of earth)* collinetta f.; ***road ~*** dosso artificiale ♦ ***to have (got) the ~*** BE COLLOQ. fare il muso; ***to be over the ~*** avere superato lo scoglio.

2.hump /hʌmp/ tr. BE COLLOQ. *(lift, carry)* portare.

humpback /ˈhʌmpbæk/ n. **1** (anche **~ whale**) megattera f. **2** → **hunchback**.

humpback(ed) bridge n. ponte m. a schiena d'asino.

humpbacked /ˈhʌmpbækt/ agg. gobbo, con la gobba.

humpy /ˈhʌmpɪ/ agg. [*land, field*] gibboso.

humus /ˈhjuːməs/ n. humus m.

1.hunch /hʌntʃ/ n. idea f., impressione f.; ***to have a ~ that*** avere la sensazione che.

2.hunch /hʌntʃ/ **I** tr. ***to ~ one's shoulders*** piegare le spalle in avanti **II** intr. ***to ~ over one's desk*** chinarsi sulla scrivania; ***to ~ down*** rannicchiarsi.

hunchback /ˈhʌntʃbæk/ n. SPREG. gobbo m. (-a).

hunchbacked /ˈhʌntʃbækt/ agg. gobbo.

hunched /hʌntʃt/ **I** p.pass. → **2.hunch II** agg. [*back, shoulders*] curvo.

hundred /ˈhʌndrəd/ ♦ *19* **I** determ. cento; ***two ~ pages*** duecento pagine; ***two ~ and five pages*** duecentocinque pagine; ***about a ~ people*** un centinaio di persone; ***to be a ~ (years old)*** essere centenario **II** pron. cento; ***there are three ~ of them*** ce ne sono trecento **III** n. cento m.; ***two ~*** duecento; ***two ~ and one*** duecentouno; ***a ~ to one*** cento contro uno; ***sold by the ~*** venduto a centinaia; ***in nineteen ~*** nel novecento; ***in nineteen ~ and three*** nel millenovecentotre **IV hundreds** n.pl. centinaia f.; ***sold in ~s*** venduto a centinaia; ***in the ~s*** sulle *o* nell'ordine delle centinaia; ***~s of times*** centinaia di volte.

hundred-and-one /ˌhʌndrədəndˈwʌn/ ♦ *19* **I** determ. centouno; ***I've a ~ things to do*** ho mille cose da fare **II** n. centouno m.

hundredfold /ˈhʌndrədfəʊld/ **I** agg. centuplo **II** avv. ***to increase ~*** centuplicare.

hundreds and thousands n.pl. GASTR. codette f.

hundredth /ˈhʌndrətθ/ ♦ *19* **I** determ. centesimo **II** pron. centesimo m. (-a) **III** n. *(fraction)* centesimo m. **IV** avv. [*finish*] centesimo, in centesima posizione.

hundredweight /ˈhʌndrədweɪt/ ♦ *37* n. GB = unità di misura di peso pari a 112 libbre, equivalente a 50,80 kg; US = unità di misura di peso pari a 110 libbre, equivalente a 45,36 kg.

hung /hʌŋ/ **I** pass., p.pass. → **2.hang II** agg. POL. [*jury, parliament*] = in cui nessuna parte riesce a raggiungere la maggioranza.

Hungarian /hʌŋˈgeərɪən/ ♦ *18, 14* **I** agg. ungherese **II** n. **1** *(person)* ungherese m. e f. **2** *(language)* ungherese m. **III** modif. *(of Hungarian)* [*course*] di ungherese; *(into Hungarian)* [*translation*] in ungherese.

Hungary /ˈhʌŋgərɪ/ ♦ *6* n.pr. Ungheria f.

1.hunger /ˈhʌŋgə(r)/ n. fame f.; FIG. brama f., desiderio m. ardente (**for** di).

2.hunger /ˈhʌŋgə(r)/ intr. ***to ~ for*** o ***after*** bramare, desiderare ardentemente.

hunger strike n. sciopero m. della fame.

hung-over /ˌhʌŋˈəʊvə(r)/ agg. COLLOQ. ***to be*** o ***feel ~*** avere i postumi di una sbornia.

hungrily /ˈhʌŋgrɪlɪ/ avv. famelicamente (anche FIG.).

hungry /ˈhʌŋgrɪ/ agg. **1** ***to be*** o ***feel ~*** avere fame; *(stronger)* essere affamato; ***to make sb. ~*** fare venire fame a qcn.; ***to go ~*** *(from necessity)* soffrire la fame; *(by choice)* digiunare **2** FIG. ***to be ~ for*** bramare, desiderare ardentemente **3 -hungry** in composti ***power-~*** avido di potere.

hung-up /hʌŋˈʌp/ agg. COLLOQ. **1** *(tense)* ansioso **2** *(obsessed with)* ***to be ~ on sb., sth.*** essere infatuato di qcn., qcs.

hunk /hʌŋk/ n. **1** *(of bread, cheese)* grosso pezzo m. **2** COLLOQ. *(man)* pezzo m. d'uomo.

hunker /ˈhʌŋkə(r)/ intr. COLLOQ. (anche **~ down**) accosciarsi.

hunkers /ˈhʌŋkəz/ n.pl. ***to sit on one's ~*** accosciarsi; ***to be on one's ~*** essere accosciato.

hunky-dory /ˌhʌŋkɪˈdɔːrɪ/ agg. COLLOQ. stupendo.

1.hunt /hʌnt/ n. **1** *(activity)* caccia f.; ***lion ~*** caccia al leone **2** *(search)* ricerca f. (**for** di); ***the ~ is on for the terrorists*** è aperta la caccia ai terroristi **3** VENAT. *(fox-hunting group)* società f. di caccia alla volpe; *(fox-hunting area)* zona f. di caccia.

2.hunt /hʌnt/ **I** tr. **1** VENAT. cacciare [*game, fox*] **2** *(seek, pursue)* dare la caccia a, ricercare [*murderer*]; ***to ~ sb. out of*** o ***off sth.*** cacciare qcn. da qcs. **II** intr. **1** *(for prey)* cacciare **2** *(search)* ***to ~ for*** cercare ovunque [*object, person, address*]; essere alla ricerca di [*truth, cure*]; ***to ~ high and low for sth.*** cercare qcs. in lungo e in largo.

■ **hunt down:** ***~ down [sth., sb.], ~ [sth., sb.] down*** dare la caccia a [*animal, criminal*]; cercare [*lost object*]; perseguitare [*victim, minority*].

■ **hunt up:** ***~ up [sb., sth.], ~ [sb., sth.] up*** cercare [*person*]; scovare [*lost object*].

hunted /ˈhʌntɪd/ **I** p.pass. → **2.hunt II** agg. [*animal, killer*] braccato.

hunter /ˈhʌntə(r)/ n. **1** *(person)* cacciatore m. (-trice); *(animal)* predatore m. **2** *(horse)* = cavallo per la caccia alla volpe **3** *(dog)* cane m. da caccia **4** *(collector)* ***souvenir ~*** collezionista di souvenir.

hunting /ˈhʌntɪŋ/ **I** n. caccia f. (**of** a); ***to go ~*** andare a caccia **II** modif. [*ground, lodge, season*] di caccia.

hunting crop n. frustino m.

hunting pink n. = giacca scarlatta per la caccia alla volpe.

hunt saboteur n. BE = chi disturba la caccia per salvare gli animali.

huntsman /ˈhʌntsmən/ n. (pl. **-men**) **1** *(hunter)* cacciatore m. **2** *(trainer of hounds)* addestratore m. di cani da caccia.

1.hurdle /ˈhɜːdl/ **I** n. SPORT ostacolo m. (anche FIG.); ***the 110m ~s*** i 110 (metri) ostacoli; ***to clear a ~*** superare un ostacolo (anche FIG.) **II** modif. ***~ race*** corsa a ostacoli.

2.hurdle /ˈhɜːdl/ intr. SPORT partecipare a una corsa a ostacoli.

hurdler /ˈhɜːdlə(r)/ n. **1** *(person)* ostacolista m. e f. **2** *(horse)* ostacolista m.

hurdling /ˈhɜːdlɪŋ/ ♦ **10** n. corsa f. a ostacoli.

hurdy-gurdy /ˌhɜːdɪˈgɜːdɪ/ ♦ **17** n. organetto m. di Barberia.

hurl /hɜːl/ **I** tr. **1** scagliare (**at** contro); ***to be ~ed to the ground*** essere gettato al suolo **2** FIG. ***to ~ insults at sb.*** lanciare insulti a qcn. **II** rifl. ***to ~ oneself*** precipitarsi; FIG. gettarsi (**into** in).

hurly-burly /ˌhɜːlɪˈbɜːlɪ/ n. trambusto m., scompiglio m.

hurrah /hʊˈrɑː/, **hurray** /hʊˈreɪ/ **I** inter. urrà; ***~ for Paul!*** evviva Paul! **II** n. urrà m.

hurricane /ˈhʌrɪkən, AE -keɪn/ n. uragano m.; ***~ force wind*** (vento di) uragano.

hurricane lamp n. lanterna f. controvento.

hurried /ˈhʌrɪd/ **I** p.pass. → **2.hurry II** agg. [*note*] rapido; [*visit, meal*] frettoloso; [*job, work*] affrettato; [*departure*] precipitoso.

hurriedly /ˈhʌrɪdlɪ/ avv. [*dress, pack, write*] in fretta; [*leave*] in fretta, precipitosamente.

1.hurry /ˈhʌrɪ/ n. fretta f., premura f.; ***to be in a ~*** avere fretta (**to do** di fare); ***there's no ~*** non è urgente, non c'è fretta; ***what's (all) the ~?*** che fretta c'è? ***to do sth. in a ~*** fare qcs. in fretta; ***I won't forget that in a ~!*** non lo dimenticherò facilmente!

2.hurry /ˈhʌrɪ/ **I** tr. **1** *(do hastily)* fare [qcs.] in fretta [*meal, task*] **2** *(rush, bustle)* fare fretta a [*person*]; ***to ~ sb. in, out*** fare entrare, fare uscire qcn. in fretta **II** intr. affrettarsi, fare in fretta; ***to ~ out*** uscire in fretta; ***to ~ home*** andare in fretta a casa.

■ **hurry along:** ***~ along*** affrettarsi, fare in fretta; ***~ along [sth.], ~ [sth.] along*** accelerare [*process*].

■ **hurry back** *(to any place)* tornare in fretta (**to** a); *(to one's home)* tornare in fretta (a casa).

■ **hurry off** andarsene in fretta.

■ **hurry up:** ***~ up*** affrettarsi, fare in fretta; ***~ up!*** sbrigati! ***~ [sb.] up, ~ up [sb.]*** fare fretta a [*person*]; ***~ [sth.] up*** accelerare [*process*].

1.hurt /hɜːt/ **I** n. ferita f.; ***his sense of ~*** la sua sensazione di essere stato ferito **II** agg. [*feelings, look*] ferito; ***she was ~ not to have been invited*** si era offesa per non essere stata invitata; ***to sound*** o ***look ~*** sembrare offeso; ***to feel ~*** sentirsi ferito.

2.hurt /hɜːt/ **I** tr. (pass., p.pass. **hurt**) **1** *(injure)* ***to ~ one's back*** farsi male alla schiena; ***was anybody ~?*** ci sono stati dei feriti? ***it wouldn't ~ her to apologize*** non le farebbe male scusarsi **2** *(cause pain to)* fare male a [*person*]; ***you're ~ing my arm*** mi stai facendo male al braccio; ***it ~s him to bend his knee*** ha male se piega il ginocchio **3** *(emotionally)* ferire; *(offend)* offendere; ***to ~ sb.'s feelings*** ferire i sentimenti di qcn.; ***to ~ sb.'s pride*** ferire qcn. nell'orgoglio; ***she's afraid of getting ~*** ha paura di essere ferita **4** *(affect adversely)* [*prices, inflation*] danneggiare **II** intr. (pass., p.pass. **hurt**) **1** *(be painful)* fare male; ***my throat ~s*** mi fa male la gola; ***where does it ~?*** dove le fa male? ***my shoes ~*** le scarpe mi fanno male; ***it ~s when I turn my head*** mi fa male quando giro la testa **2** *(take effect)* [*sanctions, taxes*] farsi sentire **3** *(emotionally)* ***her indifference really ~s*** la sua indifferenza mi ferisce davvero; ***the truth often ~s*** la verità sovente fa male **III** rifl. ***to ~ oneself*** farsi male.

hurtful /ˈhɜːtfl/ agg. [*remark, words*] che ferisce, che fa male.

hurtle /ˈhɜːtl/ intr. ***to ~ down the hill*** precipitarsi giù dalla collina; ***to ~ along a road*** divorare la strada; ***to ~ through the air*** fendere l'aria; ***a stone ~d through the window*** una pietra fu scagliata dalla finestra.

1.husband /ˈhʌzbənd/ n. marito m.

2.husband /ˈhʌzbənd/ tr. amministrare saggiamente [*resources*].

husbandry /ˈhʌzbəndrɪ/ n. agricoltura f.; ***animal ~*** zootecnia.

1.hush /hʌʃ/ **I** n. silenzio m. **II** inter. silenzio.

2.hush /hʌʃ/ **I** tr. fare tacere, zittire [*person*]; fare cessare [*bruit*]; calmare [*baby*] **II** intr. [*person*] tacere.

■ **hush up:** ***~ up*** tacere; ***~ up [sth.]*** mettere a tacere [*scandal*]; ***~ up [sb.], ~ [sb.] up*** fare tacere [*person*].

hushed /hʌʃt/ **I** p.pass. → **2.hush II** agg. [*conversation*] a bassa voce; [*person, audience*] silenzioso; ***in ~ tones*** in tono sommesso.

hush-hush /ˌhʌʃˈhʌʃ/ agg. COLLOQ. segretissimo.

hush money n. COLLOQ. ***to pay sb. ~*** comprare il silenzio di qcn.

1.husk /hʌsk/ n. **1** *(of grains)* buccia f. **2** FIG. involucro m.

2.husk /hʌsk/ tr. sbucciare, mondare [*fruits*]; pilare, brillare [*rice*].

huskily /ˈhʌskɪlɪ/ avv. con voce roca.

1.husky /ˈhʌskɪ/ agg. [*voice*] roco.

2.husky /ˈhʌskɪ/ n. *(dog)* husky m.

hussar /hʊˈzɑː(r)/ n. ussaro m.

hussy /ˈhʌsɪ/ n. ANT. COLLOQ. SPREG. svergognata f.

hustings /ˈhʌstɪŋz/ n. + verbo sing. o pl. ***at, on the ~*** durante la campagna elettorale.

1.hustle /ˈhʌsl/ n. attività f. febbrile; ***~ and bustle*** trambusto.

2.hustle /ˈhʌsl/ **I** tr. **1** *(push)* spingere [*person*] **2** *(urge)* ***to ~ sb. into doing*** spingere qcn. a fare **3** AE COLLOQ. *(sell illegally)* trafficare in; *(obtain by dubious means)* spillare [*money*]; scovare [*job*] **4** *(hurry)* affrettare [*negotiations*]; fare fretta a [*person*] **II** intr. **1** *(hurry)* affrettarsi, fare in fretta **2** AE COLLOQ. *(struggle)* sforzarsi; *(work hard)* darci dentro; *(be a prostitute)* battere.

hustler /ˈhʌslə(r)/ n. AE COLLOQ. **1** *(swindler)* imbroglione m. (-a) **2** *(prostitute)* battona f.

hut /hʌt/ n. *(in garden)* capanno m.; *(in shanty town)* baracca f.; *(for climbers, shepherds)* rifugio m.; *(native type)* capanna f.; *(on beach)* cabina f.

hutch /hʌtʃ/ n. **1** *(for animals)* gabbia f.; *(for rabbits)* conigliera f. **2** FIG. SPREG. *(house)* tugurio m. **3** AE *(furniture)* piattaia f.

hyacinth /ˈhaɪəsɪnθ/ n. giacinto m.

hybrid /ˈhaɪbrɪd/ **I** agg. ibrido **II** n. ibrido m.

hydra /ˈhaɪdrə/ n. (pl. **~s, -ae**) ZOOL. idra f.

hydrangea /haɪˈdreɪndʒə/ n. ortensia f.

hydrant /ˈhaɪdrənt/ n. **1** bocca f. antincendio **2** (anche **fire ~**) idrante m.

1.hydrate /ˈhaɪdreɪt/ n. idrato m.

2.hydrate /ˈhaɪdreɪt/ tr. idratare.

hydraulic /haɪˈdrɔːlɪk/ agg. idraulico.

hydraulic ramp n. AUT. (ponte) sollevatore m.

hydraulics /haɪˈdrɔːlɪks/ n. + verbo sing. idraulica f.

hydro /ˈhaɪdrəʊ/ n. (pl. **~s**) BE stabilimento m. idroterapico.

hydrocarbon /ˌhaɪdrəˈkɑːbən/ n. idrocarburo m.

hydrochloric /ˌhaɪdrəˈklɒrɪk, AE -ˈklɔːrɪk/ agg. cloridrico.

hydroelectric /ˌhaɪdrəʊɪˈlektrɪk/ agg. idroelettrico.

hydroelectricity /ˌhaɪdrəʊɪlekˈtrɪsətɪ/ n. energia f. idroelettrica.

hydrofoil /ˈhaɪdrəfɔɪl/ n. **1** *(craft)* aliscafo m. **2** *(structure)* aletta f. idrodinamica.

hydrogen /ˈhaɪdrədʒən/ n. idrogeno m.
hydrogen bomb n. bomba f. all'idrogeno.
hydrogen peroxide n. perossido m. d'idrogeno, acqua f. ossigenata.
hydrolysis /haɪˈdrɒləsɪs/ n. (pl. **-es**) idrolisi f.
hydrometer /haɪˈdrɒmɪtə(r)/ n. densimetro m.
hydrophobia /ˌhaɪdrəˈfəʊbɪə/ ▸ *11* n. idrofobia f.
hydrophobic /ˌhaɪdrəˈfəʊbɪk/ agg. CHIM. idrofobo.
hydroplane /ˈhaɪdrəpleɪn/ n. **1** *(boat)* idroplano m. **2** AE *(seaplane)* idrovolante m.
hydroplaning /ˌhaɪdrəˈpleɪnɪŋ/ n. aquaplaning m.
hydroponics /ˌhaɪdrəˈpɒnɪks/ n. + verbo sing. idroponica f.
hydrostat /ˈhaɪdrəstæt/ n. misuratore m. di livello.
hydrostatics /ˌhaɪdrəˈstætɪks/ n. + verbo sing. idrostatica f.
hydrotherapy /ˌhaɪdrəʊˈθerəpɪ/ n. idroterapia f.
hyena /haɪˈiːnə/ n. iena f. (anche FIG.).
Hygeia /haɪˈdʒiːə/ n.pr. Igea.
hygiene /ˈhaɪdʒiːn/ n. igiene f.; ***food*** ~ igiene alimentare.
hygienic /haɪˈdʒiːnɪk/ agg. igienico.
hygienist /ˈhaɪdʒiːnɪst/ ▸ *27* n. igienista m. e f.
hygrometer /haɪˈgrɒmɪtə(r)/ n. igrometro m.
hygroscope /ˈhaɪgrəˌskəʊp/ n. igroscopio m.
hygroscopic /ˌhaɪgrəˈskɒpɪk/ agg. igroscopico.
hymen /ˈhaɪmən/ n. ANAT. imene m.
hymn /hɪm/ n. inno m.
hymnal /ˈhɪmnəl/, **hymnbook** /ˈhɪmbʊk/ n. libro m. di inni.
1.hype /haɪp/ n. COLLOQ. pubblicità f. martellante.
2.hype /haɪp/ tr. COLLOQ. pubblicizzare in modo martellante [*film, book*].
▪ **hype up:** ~ ***up [sth.]***, ~ ***[sth.] up*** drogare [*sales, economy*]; pubblicizzare molto [*film, book*]; gonfiare [*issue, story*].
hyped up /ˌhaɪptˈʌp/ agg. COLLOQ. [*person*] eccitato, su di giri.
hyper /ˈhaɪpə(r)/ agg. COLLOQ. su di giri.
hyperactive /ˌhaɪpərˈæktɪv/ agg. iperattivo.
hyperactivity /ˌhaɪpəræk'tɪvətɪ/ n. iperattività f.
hyperbola /haɪˈpɜːbələ/ n. (pl. **~s, -ae**) MAT. iperbole f.
hyperbole /haɪˈpɜːbəlɪ/ n. RET. iperbole f.
hypercritical /ˌhaɪpəˈkrɪtɪkl/ agg. ipercritico.
hyperinflation /ˌhaɪpərɪnˈfleɪʃn/ n. iperinflazione f.
Hyperion /haɪˈpɪərɪən/ n.pr. Iperione.
hypermarket /ˈhaɪpəmɑːkɪt/ n. BE ipermercato m.
hypermedia /haɪpəˈmiːdɪə/ n. INFORM. ipermedia m.
hypersensitive /ˌhaɪpəˈsensətɪv/ agg. ipersensibile.
hypertension /ˌhaɪpəˈtenʃn/ n. ipertensione f.
hypertrophy /haɪˈpɜːtrəfɪ/ n. ipertrofia f.
hyperventilate /ˌhaɪpəˈventɪleɪt/ intr. essere in iperventilazione.
1.hyphen /ˈhaɪfn/ n. trattino m.
2.hyphen /ˈhaɪfn/ tr. → **hyphenate**.
hyphenate /ˈhaɪfəneɪt/ tr. ***to be ~d*** essere scritto con un trattino.
hypnosis /hɪpˈnəʊsɪs/ n. ipnosi f.
hypnotherapy /ˌhɪpnəˈθerəpɪ/ n. ipnoterapia f.
hypnotic /hɪpˈnɒtɪk/ **I** agg. ipnotico **II** n. ipnotico m.
hypnotism /ˈhɪpnətɪzəm/ n. ipnotismo m.
hypnotist /ˈhɪpnətɪst/ n. ipnotizzatore m. (-trice).
hypnotize /ˈhɪpnətaɪz/ tr. ipnotizzare.
hypoallergenic /ˌhaɪpəʊæləˈdʒenɪk/ agg. ipoallergenico.
hypochondria /ˌhaɪpəˈkɒndrɪə/ ▸ *11* n. ipocondria f.
hypochondriac /ˌhaɪpəˈkɒndrɪæk/ **I** agg. ipocondriaco **II** n. ipocondriaco m. (-a).
hypocrisy /hɪˈpɒkrəsɪ/ n. ipocrisia f.
hypocrite /ˈhɪpəkrɪt/ n. ipocrita m. e f.
hypocritical /ˌhɪpəˈkrɪtɪkl/ agg. ipocrita.
hypocritically /ˌhɪpəˈkrɪtɪklɪ/ avv. ipocritamente.
hypodermic /ˌhaɪpəˈdɜːmɪk/ **I** agg. ipodermico **II** n. siringa f. ipodermica.
hypotenuse /haɪˈpɒtənjuːz, AE -tnuːs/ n. ipotenusa f.
hypothermia /ˌhaɪpəʊˈθɜːmɪə/ n. ipotermia f.
hypothesis /haɪˈpɒθəsɪs/ n. (pl. **-es**) ipotesi f.
hypothesize /haɪˈpɒθəsaɪz/ **I** tr. ipotizzare **II** intr. fare un'ipotesi.
hypothetic(al) /ˌhaɪpəˈθetɪk(l)/ agg. ipotetico.
hyssop /ˈhɪsəp/ n. issopo m.
hysterectomy /ˌhɪstəˈrektəmɪ/ n. isterectomia f.
hysteria /hɪˈstɪərɪə/ ▸ *11* n. isterismo m., isteria f.
hysterical /hɪˈsterɪkl/ agg. **1** [*person, behaviour, laughter*] isterico; [*sob*] convulsivo; [*demand, speech*] delirante **2** COLLOQ. *(funny)* spassoso.
hysterically /hɪˈsterɪklɪ/ avv. **1** [*funny*] estremamente **2** ***to sob*** ~ avere una violenta crisi di pianto; ***to shout*** ~ urlare come un matto.
hysterics /hɪˈsterɪks/ n. + verbo sing. o pl. **1** *(fit)* crisi f. isterica; ***to have*** o ***go into*** ~ avere una crisi isterica **2** *(laughter)* ***to be in*** ~ ridere come un matto.

i

i, I /aɪ/ n. *(letter)* i, I m. e f. ♦ ***to dot the i's and cross the t's*** mettere i puntini sulle i.

I /aɪ/ *I* is translated by *io* which, however, is very often understood: *I'm leaving for London tomorrow* = domani parto per Londra. - When *I* is used in emphasis, *io* is employed and stressed, and placed either at the beginning or at the end of the sentence: *I didn't take it* = io non l'ho preso, non l'ho preso io. - When used impersonally, *I* is translated by *si*: *Where can I get the bus number 14, please?* = Dove si può prendere il 14, per favore? - For particular uses see below. pron. io; ***I live in London*** abito a Londra; ***here I am*** eccomi; ***there I am*** eccomi qua; ***I didn't take it*** io non l'ho preso, non l'ho preso io; ***he's a student but I'm not*** lui è studente ma io no; ***I who...*** io che...; ***I who have seen*** io che ho visto; ***he and I went to the cinema*** lui e io siamo andati al cinema.

ib ⇒ibidem ibidem (ib.).

Iberian /aɪˈbɪərɪən/ **I** agg. iberico **II** n. *(person)* iberico m. (-a).

ibex /ˈaɪbeks/ n. stambecco m.

ibid ⇒ibidem ibidem (ibid.).

IBRD n. (⇒ International Bank for Reconstruction and Development Banca Internazionale per la Ricostruzione e lo Sviluppo) BIRS f.

Icarus /ˈɪkərəs/ n.pr. Icaro.

1.ice /aɪs/ n. **1** ghiaccio m.; ***to put sth. on ~*** mettere [qcs.] in ghiaccio [*champagne*]; FIG. accantonare, mettere [qcs.] da parte [*plans, project*]; ***your feet are like ~!*** i tuoi piedi sono di ghiaccio! **2** BE *(ice cream)* gelato m. **3** U COLLOQ. *(diamonds)* diamanti m.pl. ♦ ***to break the ~*** rompere il ghiaccio; ***to cut no ~*** non fare effetto; ***this argument cut no ~ with them*** la discussione li lasciò freddi; ***to be treading*** o ***skating on thin ~*** avanzare su un campo minato.

2.ice /aɪs/ tr. GASTR. glassare [*cake*].

■ **ice over** [*roads*] coprirsi di ghiaccio; [*river*] ghiacciarsi.

■ **ice up** [*lock*] ghiacciarsi; [*airplane*] ricoprirsi di ghiaccio.

ice age n. era f. glaciale.

ice axe n. piccozza f.

iceberg /ˈaɪsbɜːg/ n. iceberg m. ♦ ***the tip of the ~*** la punta dell'iceberg.

iceberg lettuce n. insalata f. iceberg.

ice blue agg. verdeazzurro.

icebound /ˈaɪsˌbaʊnd/ agg. [*ship*] imprigionato dal ghiaccio; [*port, road*] bloccato dal ghiaccio.

icebox /ˈaɪsbɒks/ n. **1** BE *(freezer compartment)* scomparto m. del ghiaccio **2** AE *(fridge)* frigorifero m. **3** *(cool box)* frigo m. portatile **4** *(cabinet)* ghiacciaia f.

icebreaker /ˈaɪsˌbreɪkə(r)/ n. MAR. rompighiaccio m. e f.

ice bucket n. secchiello m. del, per il ghiaccio.

icecap /ˈaɪsˌkæp/ n. calotta f. glaciale.

ice-cold /ˌaɪsˈkəʊld/ agg. [*hand, water*] ghiacciato; [*room*] gelido, ghiacciato; [*wind*] glaciale; [*beer*] ghiacciato, molto freddo; FIG. [*person*] gelido.

ice cream n. GASTR. gelato m.

ice-cream cone, ice-cream cornet n. cono m. (gelato).

ice-cream maker n. gelatiera f.

ice-cream parlour BE, **ice-cream parlor** AE n. gelateria f.

ice-cream seller ➧ ***27*** n. gelataio m. (-a).

ice-cream soda n. AE = gelato servito in un bicchiere con selz e sciroppo.

ice-cube /ˈaɪsˌkjuːb/ n. cubetto m. di ghiaccio.

iced /aɪst/ **I** p.pass. → **2.ice II** agg. [*water*] con ghiaccio; [*tea, coffee*] freddo; [*cake*] gelato.

ice dancer n. pattinatore m. (-trice) ritmico (-a).

ice dancing ➧ ***10*** n. pattinaggio m. ritmico.

ice floe n. blocco m. di ghiaccio galleggiante.

ice hockey ➧ ***10*** n. hockey m. su ghiaccio.

Iceland /ˈaɪslənd/ ➧ ***6*** n.pr. Islanda f.

Icelander /ˈaɪsləndə(r)/ ➧ ***18*** n. islandese m. e f.

Icelandic /aɪsˈlændɪk/ ➧ ***18, 14*** **I** agg. islandese **II** n. *(language)* islandese m.

ice lolly n. BE GASTR. ghiacciolo m.

ice pack n. borsa f. del ghiaccio.

ice pick n. *(implement)* rompighiaccio m.

ice rink n. pista f. di pattinaggio (su ghiaccio).

1.iceskate /ˈaɪsskeɪt/ n. pattino m. da ghiaccio.

2.iceskate /ˈaɪsskeɪt/ intr. pattinare (sul ghiaccio).

ice skater n. pattinatore m. (-trice) (su ghiaccio).

ice-skating /ˈaɪsskeɪtɪŋ/ ➧ ***10*** n. pattinaggio m. su ghiaccio.

ice-tray /ˈaɪsˌtreɪ/ n. vaschetta f. del ghiaccio.

icicle /ˈaɪsɪkl/ n. *(hanging spike)* ghiacciolo m.

icily /ˈaɪsɪlɪ/ avv. [*stare*] con uno sguardo glaciale; [*say*] con un tono gelido.

icing /ˈaɪsɪŋ/ n. **1** GASTR. glassa f. **2** *(on aeroplane)* ghiaccio m. ♦ ***to be the ~ on the cake*** essere la ciliegina sulla torta.

icing sugar n. BE zucchero m. a velo.

icon /ˈaɪkɒn/ n. **1** ART. RELIG. icona f. **2** FIG. *(idol, symbol)* simbolo m. **3** INFORM. icona f.

iconify /aɪˈkɒnɪfaɪ/ tr. INFORM. iconizzare.

iconoclast /aɪˈkɒnəklæst/ n. iconoclasta m. e f.

iconoclastic /aɪˌkɒnəˈklæstɪk/ agg. iconoclastico.

iconographic(al) /ˌaɪkənəˈgræfɪk(l)/ agg. iconografico.

iconography /ˌaɪkəˈnɒgrəfɪ/ n. iconografia f.

icy /ˈaɪsɪ/ agg. **1** [*road*] ghiacciato; ***~ patches*** lastre di ghiaccio **2** *(cold)* [*water, hands*] ghiacciato; [*wind*] glaciale, gelido **3** FIG. [*look, reception*] gelido.

id /ɪd/ n. ***the ~*** l'Es.

I'd /aɪd/ contr. I had, I should, I would.

ID I n. (⇒ identification, identity) = identità **II** modif. (⇒ identity) [*card, papers*] d'identità; ***~ code*** INFORM. identificativo, numero d'identificazione.

Idaho /ˈaɪdəhəʊ/ ➧ ***24*** n. Idaho m.

idea /aɪˈdɪə/ n. **1** *(thought)* idea f.; ***he came up with*** o ***hit on the ~ of doing*** gli venne l'idea di fare; ***it's a good ~ to take a raincoat*** è una buona idea quella di portarsi l'impermeabile;

don't start getting ~s! non iniziare a farti delle idee! ***you can get*** o ***put that ~ out of your head!*** puoi togliertelo dalla testa! ***what are your ~s on this portrayal?*** che cosa ne pensi di questo ritratto? **2** *(notion)* concetto m., idea f.; ***he's got strange ~s about education*** ha uno strano concetto di istruzione; ***if that's your ~ of good work...*** se questo tu lo chiami un buon lavoro... **3** *(impression)* impressione f.; ***to give sb. the ~ that*** dare a qcn. l'impressione *o* l'idea che; ***whatever gave you that ~!*** cosa ti ha fatto venire in mente una simile idea? **4** *(knowledge)* idea f.; ***I have no ~*** non ne ho idea; ***to have no ~ why, how*** non avere idea del perché, di come; ***he hadn't the slightest ~ who I was*** non aveva la più pallida idea di chi fossi; ***to have no ~ of*** o ***about*** non avere alcuna idea di [*price, time*]; ***you've no ~ how pleased I was!*** non hai idea di quanto fossi contento! **5** *(theory)* idea f.; ***I've an ~ that he might be lying*** ho idea che stia mentendo; ***I've got a pretty good ~ who stole it*** penso di sapere chi l'abbia rubato **6** *(aim)* scopo m.; ***what's the ~ behind the offer?*** cosa c'è dietro a questa offerta? **7** *(gist)* ***do you get the ~?*** capisci? afferri il concetto? ***that's the ~!*** questo è il succo! ♦ ***the very ~!*** neanche per sogno! ***what's the big ~?*** COLLOQ. che cosa ti salta in mente?

ideal /aɪˈdiːəl/ **I** agg. ideale **II** n. ideale m.

idealism /aɪˈdɪəlɪzəm/ n. idealismo m.

idealist /aɪˈdɪəlɪst/ n. idealista m. e f.

idealistic /ˌaɪdɪəˈlɪstɪk/ agg. idealistico.

idealization /ˌaɪdɪəlaɪˈzeɪʃn, AE -lɪˈz-/ n. idealizzazione f.

idealize /aɪˈdɪəlaɪz/ tr. idealizzare.

ideally /aɪˈdɪəlɪ/ avv. **1** *(preferably)* ***~, the tests should be free*** l'ideale sarebbe che gli esami fossero gratuiti; ***~, we'd like to stay*** l'ideale per noi sarebbe restare **2** *(perfectly)* ***~ situated*** in una posizione ideale; ***to be ~ suited*** [*couple*] essere perfettamente assortito; ***to be ~ suited for*** essere perfetto per [*job*].

identical /aɪˈdentɪkl/ agg. identico (**to, with** a); ***~ twin*** gemello monozigote.

identically /aɪˈdentɪklɪ/ avv. [*dressed*] in modo identico; [*function*] in modo identico, identicamente; ***to be ~ alike*** essere uguali identici.

identifiable /aɪˌdentɪˈfaɪəbl/ agg. identificabile (**as** come); ***~ by sth.*** riconoscibile da qcs.

identification /aɪˌdentɪfɪˈkeɪʃn/ n. **1** *(of person, body, species)* identificazione f., riconoscimento m. (**from** tramite) **2** *(empathy)* identificazione f. **3** *(proof of identity)* documento m. (d'identità); ***have you got any ~?*** ha un documento?

identify /aɪˈdentɪfaɪ/ **I** tr. **1** *(establish identity of)* identificare [*person, body*] (**as** come); ***he identified the criminal to the police*** andò alla polizia a identificare il criminale **2** *(pick out)* distinguere **3** *(consider as equivalent)* ***to ~ sb., sth. with sb., sth.*** identificare qcn., qcs. con qcn., qcs. **II** intr. *(empathize)* ***to ~ with*** identificarsi con **III** rifl. ***to ~ oneself with sb., sth.*** identificarsi con qcn., qcs.

identikit /aɪˈdentɪkɪt/ n. (anche **Identikit**®, **identikit picture**) identikit m.

identity /aɪˈdentətɪ/ n. identità f.; ***to protect sb.'s ~*** proteggere l'anonimato di qcn.; ***have you any proof of ~?*** ha un documento di identità? ***mistaken ~*** errore di identità.

identity bracelet n. bracciale m. di identificazione.

identity card n. carta f. d'identità.

identity papers n.pl. documenti m. d'identità.

identity parade n. BE ricognizione f. di persona, confronto m. all'americana.

ideogram /ˈɪdɪəgræm/, **ideograph** /ˈɪdɪəgrɑːf, AE -græf/ n. ideogramma m.

ideologic(al) /ˌaɪdɪəˈlɒdʒɪk(l)/ agg. ideologico.

ideologically /ˌaɪdɪəˈlɒdʒɪklɪ/ avv. dal punto di vista ideologico, ideologicamente.

ideologist /ˌaɪdɪˈɒlədʒɪst/ n. ideologo m. (-a).

ideology /ˌaɪdɪˈɒlədʒɪ/ n. ideologia f.

idiocy /ˈɪdɪəsɪ/ n. idiozia f.

idiom /ˈɪdɪəm/ n. **1** LING. *(phrase)* espressione f. idiomatica; *(form)* idiotismo m. **2** *(language) (of speakers)* idioma m.; *(of theatre, sport)* gergo m.; *(of music, art)* stile m.

idiomatic(al) /ˌɪdɪəˈmætɪk(l)/ agg. idiomatico.

idiosyncrasy /ˌɪdɪəˈsɪŋkrəsɪ/ n. **1** *(of machine, person)* particolarità f., peculiarità f. **2** SCHERZ. *(foible)* mania f. **3** MED. idiosincrasia f.

idiosyncratic /ˌɪdɪəsɪŋˈkrætɪk/ agg. [*character*] particolare; [*reaction, attitude*] caratteristico.

idiot /ˈɪdɪət/ n. idiota m. e f.; ***that ~ Martin*** quell'idiota di Martin.

idiotic /ˌɪdɪˈɒtɪk/ agg. [*question, remark*] idiota.

idiotically /ˌɪdɪˈɒtɪklɪ/ avv. [*smile, talk*] in modo idiota, idiotamente.

1.idle /ˈaɪdl/ agg. **1** *(lazy)* [*person*] pigro, indolente **2** *(vain)* [*boast, threat*] vano; [*curiosity*] ozioso; [*chatter*] inutile **3** *(without occupation)* [*person*] sfaccendato; [*day, moment*] di ozio **4** *(not functioning)* [*port, mine, machine*] fermo, inattivo; ***to lie*** o ***stand ~*** [*machine, factory*] rimanere fermo; [*land*] rimanere incolto ♦ ***the devil makes work for ~ hands*** PROV. l'ozio è il padre di tutti i vizi.

2.idle /ˈaɪdl/ intr. [*engine*] girare al minimo.

■ **idle away:** ***~ away [sth.], ~ [sth.] away*** sprecare [qcs.] nell'ozio [*time, day*].

idle character n. INFORM. spazio m. (vuoto).

idleness /ˈaɪdlnɪs/ n. *(inaction)* ozio m., inattività f.; *(laziness)* pigrizia f.

idler /ˈaɪdlə(r)/ n. pigro m. (-a), fannullone m. (-a).

idly /ˈaɪdlɪ/ avv. *(not doing anything)* [*sit*] oziosamente; *(aimlessly)* [*wonder*] inutilmente; [*chat*] per passare il tempo.

idol /ˈaɪdl/ n. idolo m.

idolatrous /aɪˈdɒlətrəs/ agg. idolatra.

idolatry /aɪˈdɒlətrɪ/ n. idolatria f. (anche FIG.).

idolize /ˈaɪdəlaɪz/ tr. adorare [*friend*]; idolatrare [*star*].

idyll /ˈɪdɪl, AE ˈaɪdl/ n. idillio m.

idyllic /ɪˈdɪlɪk, AE aɪˈd-/ agg. idilliaco, idillico.

ie (⇒ id est, letto **that is**) cioè.

if /ɪf/ *If* is almost always translated by *se*, except in the case of a very few usages which are shown below. Please note that both *if* and *whether* are translated by *se* in Italian. **I** cong. **1** *(supposing that)* se; ***I'll help you ~ you pay me*** ti aiuterò se mi pagherai; ***~ he dies, ~ he should die*** se dovesse morire; ***~ he is to be believed*** stando a quanto dice; ***~ asked, I would say that*** se me lo chiedessero direi che; ***~ I were you, I...*** al posto tuo, io...; ***~ it were to snow*** se nevicasse; ***~ it were not for the baby, we could go*** se non fosse per il bambino potremmo andare; ***~ so*** se è così, se le cose stanno così; ***~ not*** se no; ***tomorrow, ~ not sooner*** domani, se non prima; ***~ I'm not mistaken*** se non mi sbaglio **2** *(whenever)* se; ***~ you mention his name, she cries*** basta pronunciare il suo nome e piange **3** *(whether)* se; ***I wonder ~ they will come*** mi chiedo se verranno **4** *(that)* ***I'm sorry ~ she doesn't like it but...*** mi dispiace che non le vada a genio ma...; ***do you mind ~ I smoke?*** vi dà fastidio se fumo? ***I don't care ~ he is married!*** non mi importa se è sposato! **5** *(although)* anche se; ***we'll go even ~ it's dangerous*** ci andremo anche se è pericoloso; ***it's a good shop, ~ a little expensive*** è un buon negozio, benché un po' caro; ***it was interesting, ~ nothing else*** se non altro era interessante **6** *(as polite formula)* ***~ you would sign here please*** se cortesemente vuole firmare qui **7** *(expressing surprise, dismay)* ***~ it isn't our old friend Mr Spencer!*** oh, guarda, il nostro vecchio amico, il signor Spencer! ***well, ~ he didn't try and hit him!*** ha cercato di colpirlo, eccome! **8 what if** ***what ~ I say no?*** e se dicessi di no? ***what ~ he died?*** e se morisse? ***(so) what ~ he*** (o ***I*** etc.) ***did?*** e allora? **9 if only** ***~ only for a moment*** anche solo per un momento; ***~ only for one reason*** foss'anche per una sola ragione; ***~ only I had known!*** se avessi saputo! **II** n. se m.; ***there are lots of ~s and buts about it*** ci sono molti "se" e "ma".

iffy /ˈɪfɪ/ agg. COLLOQ. **1** *(dubious)* dubbio **2** *(undecided)* [*person*] insicuro; [*outcome*] incerto.

igloo /ˈɪgluː/ n. igloo m.

Ignace /ˈɪgneɪs/, **Ignatius** /ɪgˈneɪʃəs/ n.pr. Ignazio.

igneous /ˈɪgnɪəs/ agg. GEOL. igneo.

ignite /ɪgˈnaɪt/ **I** tr. avviare [*motor*]; accendere [*fuel*]; dare fuoco a [*material*] **II** intr. [*petrol, gas*] infiammarsi; [*engine*] accendersi; [*timber*] prendere fuoco.

ignition /ɪgˈnɪʃn/ n. AUT. accensione f.; ***electronic ~*** accensione elettronica; ***to switch on the ~*** accendere il motore.

ignition key n. chiave f., chiavetta f. di accensione.

ignition switch n. interruttore m. dell'accensione, contatto m.

ignoble /ɪɡˈnəʊbl/ agg. FORM. [*thought, act*] ignobile; [*character*] vile.
ignominious /ˌɪɡnəˈmɪnɪəs/ agg. FORM. [*failure*] ignominioso, infamante; [*act, conduct*] ignominioso, vergognoso.
ignominy /ˈɪɡnəmɪnɪ/ n. FORM. ignominia f.
ignoramus /ˌɪɡnəˈreɪməs/ n. (pl. **~es**) ignorantone m. (-a).
ignorance /ˈɪɡnərəns/ n. *(of person)* ignoranza f.; ***to be in ~ of sth.*** ignorare qcs.; ***to keep sb. in ~ of sth.*** tenere qcn. all'oscuro di qcs. ♦ ***~ is bliss*** beata ignoranza.
ignorant /ˈɪɡnərənt/ agg. [*person*] *(of a subject)* ignorante, ignaro; *(uneducated)* ignorante; [*remark*] da ignorante; ***to be ~ about*** essere ignorante in [*subject*]; ***to be ~ of*** ignorare [*rights*]; ***pig ~*** ignorante come una bestia.
ignorantly /ˈɪɡnərəntlɪ/ avv. [*say*] per ignoranza; [*behave*] in modo rozzo.
ignore /ɪɡˈnɔː(r)/ tr. ignorare, non considerare [*person, remark, problem*]; non tenere conto di [*feeling*]; non fare caso a [*mistake*]; non attenersi a [*rule*]; non seguire [*advice*]; ***to ~ sb.'s very existence*** fare come se qcn. non esistesse.
ikon → **icon**.
ilk /ɪlk/ n. specie f., razza f.
1.ill /ɪl/ **I** agg. malato, ammalato; ***to be ~ with sth.*** *(serious illness)* avere qcs.; *(less serious)* soffrire di qcs.; ***to be taken ~, to fall ~*** ammalarsi; ***to feel ~*** sentirsi male **II** n. male m.; ***to wish sb. ~*** augurare del male a qcn.; ***economic ~s*** i mali dell'economia ♦ ***it's an ~ wind (that blows nobody any good)*** PROV. non tutto il male vien per nuocere.
2.ill /ɪl/ avv. FORM. **1** *(badly)* ***he is ~ suited to the post*** non è adatto al posto; ***to speak ~ of sb.*** dire male *o* sparlare di qcn.; ***to bode*** o ***augur ~ for*** LETT. essere di cattivo augurio per **2** *(scarcely)* ***it ~ becomes you to criticize*** mal ti si addice criticare.
I'll /aɪl/ contr. I shall, I will.
ill-advised /ˌɪlədˈvaɪzd/ agg. [*action, remark*] imprudente, malaccorto.
ill-assorted /ˌɪləˈsɔːtɪd/ agg. mal assortito.
ill at ease agg. a disagio.
ill-bred /ˌɪlˈbred/ agg. maleducato.
ill-considered /ˌɪlkənˈsɪdəd/ agg. [*remark, decision*] sconsiderato; [*measure*] mal ponderato.
ill-disposed /ˌɪldɪˈspəʊzd/ agg. maldisposto.
ill effect n. effetto m. negativo.
illegal /ɪˈliːɡl/ **I** agg. **1** *(unlawful)* [*sale*] illegale; [*profits, use*] illecito; [*parking*] = non consentito o irregolare; [*immigrant*] clandestino **2** GIOC. SPORT [*pass, move*] irregolare; [*tackle*] falloso **3** INFORM. [*operation*] non valido, non consentito **II** n. AE immigrante m. e f. clandestino (-a).
illegality /ˌɪlɪˈɡælətɪ/ n. **1** *(unlawfulness)* illegalità f. **2** SPORT *(of pass, move)* irregolarità f.; *(of tackle)* fallosità f.
illegally /ɪˈliːɡəlɪ/ avv. [*import*] illegalmente; [*work*] illegalmente, in nero.
illegible /ɪˈledʒəbl/ agg. illeggibile.
illegibly /ɪˈledʒəblɪ/ avv. illeggibilmente, in modo illeggibile.
illegitimacy /ˌɪlɪˈdʒɪtɪməsɪ/ n. illegittimità f.
illegitimate /ˌɪlɪˈdʒɪtɪmət/ agg. illegittimo.
ill-equipped /ˌɪlɪˈkwɪpt/ agg. male equipaggiato, male attrezzato.
ill-fated /ˌɪlˈfeɪtɪd/ agg. [*enterprise, person, day*] sfortunato.
ill feeling n. risentimento m.
ill-fitting /ˌɪlˈfɪtɪŋ/ agg. [*garment*] che veste male; [*shoe*] che calza male.
ill-founded /ˌɪlˈfaʊndɪd/ agg. infondato.
ill-gotten /ˌɪlˈɡɒtn/ agg. male acquisito.
ill health n. *(chronic)* cattiva salute f.; *(temporary)* problema m. di salute.
illiberal /ɪˈlɪbərəl/ agg. [*society, state*] illiberale; [*person*] gretto, meschino.
illicit /ɪˈlɪsɪt/ agg. illecito, illegale.
illicitly /ɪˈlɪsɪtlɪ/ avv. *(illegally)* illecitamente; *(secretly)* clandestinamente.
ill-informed /ˌɪlɪnˈfɔːmd/ agg. malinformato.
Illinois /ˌɪlɪˈnɔɪ/ ♦ ***24*** n.pr. Illinois m.
illiteracy /ɪˈlɪtərəsɪ/ n. analfabetismo m.
illiterate /ɪˈlɪtərət/ **I** agg. analfabeta, illetterato; *(uncultured)* ignorante, illetterato **II** n. analfabeta m. e f.; ***the ~*** + verbo pl. gli analfabeti.
ill-judged /ˌɪlˈdʒʌdʒd/ agg. poco sensato.
ill luck n. sfortuna f.
ill-mannered /ˌɪlˈmænəd/ agg. maleducato, sgarbato.
ill-natured /ˌɪlˈneɪtʃəd/ agg. *(churlish)* bisbetico, acido; *(malicious)* maligno.
illness /ˈɪlnɪs/ ♦ ***11*** n. malattia f.
illogical /ɪˈlɒdʒɪkl/ agg. illogico.
illogicality /ˌɪlɒdʒɪˈkælətɪ/ n. illogicità f.
illogically /ɪˈlɒdʒɪklɪ/ avv. [*react*] in modo insensato; [*argue*] in modo illogico, illogicamente.
ill-omened /ˌɪlˈəʊmənd/ agg. malaugurato.
ill-prepared /ˌɪlprɪˈpeəd/ agg. malpreparato.
ill-starred /ˌɪlˈstɑːd/ agg. LETT. nato sotto una cattiva stella.
ill-tempered /ˌɪlˈtempəd/ agg. irritabile, stizzoso.
ill-timed /ˌɪlˈtaɪmd/ agg. [*remark, arrival*] inopportuno, intempestivo; [*takeover*] nel momento sbagliato.
ill-treat /ˌɪlˈtriːt/ tr. maltrattare.
ill treatment n. maltrattamento m.
illuminate /ɪˈluːmɪneɪt/ tr. **1** *(light)* illuminare; *(enlighten)* rischiarare **2** FIG. chiarire **3** ART. miniare.
illuminated /ɪˈluːmɪneɪtɪd/ **I** p.pass. → **illuminate II** agg. **1** *(lit up)* [*sign*] luminoso; *(for effect)* illuminato **2** ART. miniato.
illuminating /ɪˈluːmɪneɪtɪŋ/ agg. FIG. illuminante, chiarificante.
illumination /ɪˌluːmɪˈneɪʃn/ **I** n. **1** *(lighting) (of building, sign)* illuminazione f. **2** FIG. chiarimento m. **3** ART. miniatura f. **II illuminations** n.pl. BE luci m.
illusion /ɪˈluːʒn/ n. illusione f.; ***to have ~s about*** farsi delle illusioni su; ***to be*** o ***labour under the ~ that*** illudersi che.
illusive /ɪˈluːsɪv/, **illusory** /ɪˈluːsərɪ/ agg. *(misleading)* ingannevole; *(apparent)* illusorio.
illustrate /ˈɪləstreɪt/ tr. illustrare [*book, point*]; ***to ~ that, how...*** spiegare che, come...
illustrated /ˈɪləstreɪtɪd/ **I** p.pass. → **illustrate II** agg. [*book, poem*] illustrato; [*lecture*] con supporto di immagini.
illustration /ˌɪləˈstreɪʃn/ n. illustrazione f.
illustrative /ˈɪləstrətɪv, AE ɪˈlʌs-/ agg. ***~ material*** materiale illustrativo; ***it is ~ of...*** questo illustra bene...
illustrator /ˈɪləstreɪtə(r)/ ♦ ***27*** n. illustratore m. (-trice).
illustrious /ɪˈlʌstrɪəs/ agg. *(famous)* [*person, name*] illustre; *(distinguished)* [*career, past*] glorioso.
ill will n. rancore m.
ILO n. (⇒ International Labour Organization Organizzazione Internazionale del Lavoro) OIL f.
I'm /aɪm/ contr. I am.
image /ˈɪmɪdʒ/ n. **1** *(mental picture)* immagine f.; *(notion)* idea f.; ***the popular ~ of life in the north*** l'idea che la gente si fa della vita al nord **2** *(public impression) (of company, etc.)* immagine f. **3** TELEV. FOT. CINEM. immagine f. **4** *(likeness)* immagine f.; ***he is the (spitting) ~ of his father*** FIG. è suo padre sputato **5** LETTER. immagine f.
image builder n. → **image maker**.
image-conscious /ˈɪmɪdʒˌkɒnʃəs/ agg. attento alla propria immagine.
image maker n. creatore m. (-trice) di immagine.
imagery /ˈɪmɪdʒərɪ/ n. **U 1** *(photographs, etc.)* immagini f.pl. **2** LETTER. immagini f.pl., figure f.pl. retoriche, linguaggio m. figurato.
imaginable /ɪˈmædʒɪnəbl/ agg. [*situation, danger*] immaginabile; ***the funniest thing ~*** la cosa più divertente che si possa immaginare.
imaginary /ɪˈmædʒɪnərɪ, AE -ənerɪ/ agg. immaginario.
imagination /ɪˌmædʒɪˈneɪʃn/ n. immaginazione f.; ***to see sth. in one's ~*** immaginarsi qcs.; ***is it my ~, or...?*** sogno, o...? ***not by any stretch of the ~ could you say...*** neanche con un grande sforzo di immaginazione potresti dire...
imaginative /ɪˈmædʒɪnətɪv, AE -əneɪtɪv/ agg. [*person, mind*] immaginativo, immaginoso; [*story, film*] di fantasia; [*solution, device*] ingegnoso.
imaginatively /ɪˈmædʒɪnətɪvlɪ, AE -əneɪtɪvlɪ/ avv. [*written, devised*] ingegnosamente; [*performed*] con immaginazione.
imagine /ɪˈmædʒɪn/ tr. **1** *(visualize)* immaginare, immaginarsi [*object, scene*]; ***I can't ~ him travelling alone*** non me lo vedo a viaggiare da solo; ***I can't ~ her liking that, I can't ~ (that) she liked that*** non credo che le piaccia; ***to ~ being rich***

immaginare di essere ricco; ***just ~! just ~ that!*** immagina! ***just ~ my surprise*** immagina la mia sorpresa; ***you must have ~d it*** deve essere frutto della tua immaginazione; ***surely you don't ~ that...?*** non penserai che...? **2** *(suppose)* immaginare; ***I ~ so*** immagino di sì; ***you would ~ he'd be more careful*** lo si sarebbe detto più prudente.

imaging /ˈɪmɪdʒɪŋ/ n. INFORM. MED. produzione f. di immagini.

imaginings /ɪˈmædʒɪnɪŋz/ n.pl. fantasie f.; ***never in my worst ~*** mai nei miei sogni peggiori.

imbalance /ˌɪmˈbæləns/ n. squilibrio m.; ***trade ~*** ECON. squilibrio commerciale.

imbecile /ˈɪmbəsiːl, AE -sl/ **I** agg. imbecille **II** n. imbecille m. e f.

imbecility /ˌɪmbəˈsɪlətɪ/ n. imbecillità f.

imbibe /ɪmˈbaɪb/ **I** tr. FORM. **1** *(drink)* bere **2** *(take in)* assorbire, assimilare [*knowledge*] **II** intr. SCHERZ. *(tipple)* alzare il gomito.

imbroglio /ɪmˈbrəʊlɪəʊ/ n. (pl. **~s**) *(confused situation)* imbroglio m.

imbue /ɪmˈbjuː/ tr. imbevere, impregnare (**with** di) (anche FIG.).

IMF n. (⇒ International Monetary Fund Fondo Monetario Internazionale) FMI m.

imitate /ˈɪmɪteɪt/ tr. **1** *(mimic)* imitare; ***to ~ a cock crowing*** imitare il canto del gallo **2** *(copy)* copiare [*handwriting, design*].

imitation /ˌɪmɪˈteɪʃn/ **I** n. imitazione f.; ***in ~ of*** a imitazione di **II** modif. [*plant*] finto; [*snow*] artificiale; [*fur*] sintetico; [*jewel*] di bigiotteria; ***~ gold*** similoro; ***~ leather*** similpelle; ***~ mink*** imitazione visone ♦ ***~ is the sincerest form of flattery*** l'imitazione è la più bella forma di complimento.

imitative /ˈɪmɪtətɪv, AE -teɪtɪv/ agg. [*person*] che sa imitare; [*sound*] imitativo; [*style*] senza originalità.

imitator /ˈɪmɪteɪtə(r)/ ➧ **27** n. imitatore m. (-trice).

immaculate /ɪˈmækjʊlət/ agg. [*dress*] immacolato; [*performance*] perfetto; [*person*] impeccabile; ***the Immaculate Conception*** l'Immacolata Concezione.

immaculately /ɪˈmækjʊlətlɪ/ avv. [*dressed*] in modo impeccabile; [*furnished*] in modo perfetto.

immaterial /ˌɪməˈtɪərɪəl/ agg. **1** *(unimportant)* irrilevante, senza importanza **2** *(intangible)* immateriale.

immature /ˌɪməˈtjʊə(r), AE -tʊər/ agg. **1** *(not fully grown)* [*animal, plant*] non completamente sviluppato; [*fruit*] immaturo **2** SPREG. *(childish)* immaturo; ***don't be so ~!*** non fare il bambino!

immaturity /ˌɪməˈtjʊərətɪ, AE -tʊər-/ n. **1** *(of plant, animal)* sviluppo m. incompleto **2** SPREG. *(childishness)* immaturità f.

immeasurable /ɪˈmeʒərəbl/ agg. [*damage, quantity*] incommensurabile; [*depth*] insondabile.

immediacy /ɪˈmiːdɪəsɪ/ n. immediatezza f.

immediate /ɪˈmiːdɪət/ agg. **1** *(instant)* [*effect*] immediato; [*thought*] primo **2** *(urgent)* [*concern, goal*] primo; [*problem, crisis*] urgente; [*danger*] immediato **3** *(near)* [*future, vicinity*] immediato; ***his ~ family*** i suoi parenti stretti; ***on my ~ left*** immediatamente alla mia sinistra.

immediately /ɪˈmiːdɪətlɪ/ **I** avv. **1** *(at once)* [*notice, reply*] subito, immediatamente; [*clear*] subito; ***~ at*** o ***to hand*** subito a portata di mano **2** *(directly)* [*threatened, affected*] direttamente; ***~ after, before*** immediatamente dopo, prima **II** cong. BE (non) appena; ***he left ~ he received the call*** è partito subito dopo avere ricevuto la telefonata.

immemorial /ˌɪməˈmɔːrɪəl/ agg. *(timeless)* immemorabile; ***from*** o ***since time ~*** da tempo immemorabile.

immense /ɪˈmens/ agg. immenso.

immensely /ɪˈmenslɪ/ avv. [*enjoy, help*] immensamente; [*complicated, popular*] estremamente.

immensity /ɪˈmensətɪ/ n. immensità f.

immerse /ɪˈmɜːs/ **I** tr. immergere **II** rifl. ***to ~ oneself*** immergersi.

immersed /ɪˈmɜːst/ **I** p.pass. → **immerse II** agg. **1** *(in liquid)* immerso **2** *(in book, task)* immerso, assorto.

immersion /ɪˈmɜːʃn, AE -ʒn/ n. immersione f.; ***baptism by total ~*** battesimo per immersione.

immersion course n. BE corso m. full immersion.

immersion heater n. *(boiler)* boiler m. elettrico.

immigrant /ˈɪmɪgrənt/ n. *(about to arrive)* immigrante m. e f.; *(established)* immigrato m. (-a).

immigrate /ˈɪmɪgreɪt/ intr. immigrare (**to** in).

immigration /ˌɪmɪˈgreɪʃn/ **I** n. immigrazione f.; ***to go through ~*** passare il controllo immigrazione **II** modif. [*restrictions*] all'immigrazione; [*laws*] sull'immigrazione; ***~ control*** controllo immigrazione.

immigration authorities n.pl. = enti preposti al controllo dell'immigrazione.

Immigration Service n. BE = ufficio immigrazione.

imminence /ˈɪmɪnəns/ n. imminenza f.

imminent /ˈɪmɪnənt/ agg. [*arrival, danger*] imminente; ***rain is ~*** sta per piovere.

immobile /ɪˈməʊbaɪl, AE -bl/ agg. *(motionless)* immobile; *(unable to move)* immobilizzato.

immobility /ˌɪməˈbɪlətɪ/ n. immobilità f.

immobilization /ɪməbɪlaɪˈzeɪʃn, AE -lɪˈz-/ n. immobilizzazione f.

immobilize /ɪˈməʊbɪlaɪz/ tr. paralizzare [*traffic, organization*]; bloccare, fermare [*engine*]; immobilizzare [*patient, limb*].

immobilizer /ɪˈməʊbɪlaɪzə(r)/ n. AUT. immobilizzatore m.

immoderate /ɪˈmɒdərət/ agg. FORM. immoderato, smodato.

immodest /ɪˈmɒdɪst/ agg. **1** *(boastful)* immodesto **2** *(improper)* indecente.

immodesty /ɪˈmɒdɪstɪ/ n. **1** *(of claim)* immodestia f. **2** *(sexual)* impudenza f.

immolate /ˈɪməleɪt/ **I** tr. immolare **II** rifl. ***to ~ oneself*** immolarsi.

immoral /ɪˈmɒrəl, AE ɪˈmɔːrəl/ agg. immorale.

immorality /ˌɪməˈrælətɪ/ n. immoralità f.

immortal /ɪˈmɔːtl/ **I** agg. immortale **II** n. (anche **Immortal**) immortale m. e f.

immortality /ˌɪmɔːˈtælətɪ/ n. immortalità f.

immortalize /ɪˈmɔːtəlaɪz/ tr. immortalare [*person, place*].

immovable /ɪˈmuːvəbl/ agg. **1** *(immobile)* immobile **2** *(unchanging)* [*opinion*] fisso, inalterabile; [*person*] irremovibile **3** DIR. [*goods*] immobile; [*property*] immobiliare.

immune /ɪˈmjuːn/ agg. **1** MED. [*person*] immune (**to** da); [*reaction, system*] immunitario; ***~ deficiency*** immunodeficienza **2** *(oblivious)* ***~ to*** insensibile a [*criticism*] **3** *(exempt)* ***to be ~ from*** essere immune da [*attack, arrest*]; essere esentato da [*tax*].

immunity /ɪˈmjuːnətɪ/ n. **1** MED. AMM. immunità f. (**to, against** da); ***tax ~*** esenzione fiscale; ***legal ~*** immunità **2** *(to criticism)* insensibilità f. (**to** a).

immunization /ˌɪmjʊnaɪˈzeɪʃn, AE -nɪˈz-/ n. immunizzazione f. (**against** da).

immunize /ˈɪmjuːnaɪz/ tr. immunizzare (**against** da).

immunocompromised /ˌɪmjʊnəʊˈkɒmprəmaɪzd/ agg. MED. immunodeficiente.

immunogenetics /ˌɪmjʊnəʊdʒɪˈnetɪks/ n. + verbo sing. immunogenetica f.

immunology /ˌɪmjʊˈnɒlədʒɪ/ n. immunologia f.

immunostimulant /ˌɪmjʊnəʊˈstɪmjʊlənt/ **I** agg. immunostimolante **II** n. immunostimolante m.

immunosuppression /ˌɪmjʊnəʊsəˈpreʃn/ n. MED. immunosoppressione f.

immure /ɪˈmjʊə(r)/ **I** tr. LETT. imprigionare **II** rifl. ***to ~ oneself*** FIG. isolarsi.

immutable /ɪˈmjuːtəbl/ agg. immutabile.

imp /ɪmp/ n. *(elf)* spiritello m. maligno; ***he's a little ~*** COLLOQ. FIG. è un diavoletto.

1.impact /ˈɪmpækt/ n. **1** *(effect)* impatto m., influsso m.; ***to have*** o ***make an ~ on*** avere un impatto su **2** *(violent contact)* *(of vehicle)* impatto m., urto m.; *(of hammer)* urto m.; ***on ~*** al momento dell'impatto.

2.impact /ɪmˈpækt/ **I** tr. **1** *(affect)* avere un impatto su **2** *(hit)* urtare contro **II** intr. avere un impatto.

impacted /ɪmˈpæktɪd/ **I** p.pass. → **2.impact II** agg. **1** MED. [*tooth*] incluso; [*fracture*] composto **2** AUT. ***two ~ cars*** due automobili incidentate.

impair /ɪmˈpeə(r)/ tr. indebolire [*memory, hearing*]; diminuire [*concentration*]; danneggiare [*health, productivity*]; compromettere, pregiudicare [*performance*]; ostacolare [*investigation*].

impaired /ɪm'peəd/ **I** p.pass. → **impair II** agg. [*memory, hearing*] indebolito; [*mobility*] ridotto; ***his speech is ~*** ha dei problemi di espressione.
impairment /ɪm'peəmənt/ n. ***mental, physical ~*** problemi mentali, fisici; ***~ of hearing*** problemi di udito.
impale /ɪm'peɪl/ tr. *(transfix)* trafiggere (**on** con); *(as a form of torture)* impalare.
impalpable /ɪm'pælpəbl/ agg. **1** *(intangible)* impalpabile **2** *(hard to describe)* indefinibile.
impart /ɪm'pɑːt/ tr. **1** *(communicate)* trasmettere [*knowledge, enthusiasm*]; comunicare [*information*] **2** *(add)* creare [*atmosphere*].
impartial /ɪm'pɑːʃl/ agg. [*advice, judge*] imparziale; [*account*] obiettivo.
impartiality /ˌɪmˌpɑːʃɪ'ælətɪ/ n. *(of judge)* imparzialità f.; *(of journalist)* obiettività f.
impassable /ɪm'pɑːsəbl, AE -'pæs-/ agg. [*pass*] invalicabile; [*road*] impraticabile.
impassioned /ɪm'pæʃnd/ agg. [*debate*] appassionato; [*speech*] veemente.
impassive /ɪm'pæsɪv/ agg. *(expressionless)* impassibile; *(unruffled)* imperturbabile.
impatience /ɪm'peɪʃns/ n. **1** *(irritation)* intolleranza f., insofferenza f. (**with** verso; **at** a); ***my worst fault is ~*** il mio peggiore difetto è che perdo facilmente la pazienza **2** *(eagerness)* impazienza f.
impatient /ɪm'peɪʃnt/ agg. **1** *(irritable)* intollerante (**at** verso), insofferente (**at** a); ***to be*** o ***get ~ with sb.*** perdere la pazienza con qcn. **2** *(eager)* [*person*] impaziente; [*gesture, tone*] di impazienza; ***to be ~ for sth.*** aspettare qcs. con impazienza.
impatiently /ɪm'peɪʃntlɪ/ avv. [*wait*] impazientemente, con impazienza; [*pace*] con impazienza, nervosamente; [*say*] con tono insofferente.
impeach /ɪm'piːtʃ/ tr. **1** sollevare dubbi su, mettere in dubbio [*honesty*] **2** DIR. POL. accusare, mettere in stato di accusa.
impeachable /ɪm'piːtʃəbl/ agg. DIR. POL. accusabile, incriminabile di impeachment.
impeachment /ɪm'piːtʃmənt/ n. DIR. POL. impeachment m.
impeccable /ɪm'pekəbl/ agg. [*behaviour*] impeccabile, irreprensibile; [*clothes*] impeccabile.
impeccably /ɪm'pekəblɪ/ avv. [*dressed*] in modo impeccabile, impeccabilmente; [*behave*] in modo irreprensibile, impeccabile.
impecunious /ˌɪmpɪ'kjuːnɪəs/ agg. FORM. privo di denaro.
impede /ɪm'piːd/ tr. ostacolare [*progress, career*]; intralciare [*traffic*].
impediment /ɪm'pedɪmənt/ n. **1** *(hindrance)* impedimento m., ostacolo m. **2** (anche **speech ~**) difetto m. di pronuncia.
impel /ɪm'pel/ tr. (forma in -ing ecc. **-ll-**) *(drive)* [*emotion, idea*] spingere [*person*]; *(urge)* [*person, speech*] incitare [*person*]; ***to feel ~led to do*** sentirsi obbligato a fare.
impending /ɪm'pendɪŋ/ agg. incombente, imminente.
impenetrable /ɪm'penɪtrəbl/ agg. [*layer*] impenetrabile; [*jargon*] incomprensibile; [*mystery*] impenetrabile, insondabile.
impenitent /ɪm'penɪtənt/ agg. impenitente.
imperative /ɪm'perətɪv/ **I** agg. [*need*] urgente; [*tone*] imperioso; ***it is ~ that he write*** è indispensabile che scriva; ***it is ~ to act*** è essenziale che noi agiamo **II** n. **1** *(priority)* imperativo m., necessità f. **2** LING. imperativo m.; ***in the ~*** all'imperativo.
imperceptible /ˌɪmpə'septəbl/ agg. impercettibile.
imperfect /ɪm'pɜːfɪkt/ **I** agg. **1** *(incomplete)* incompleto; *(defective)* [*goods*] difettoso; [*logic*] imperfetto **2** LING. [*tense*] imperfetto **II** n. LING. imperfetto m.; ***in the ~*** all'imperfetto.
imperfection /ˌɪmpə'fekʃn/ n. *(defect) (in object)* imperfezione f.; *(in person)* difetto m.
imperial /ɪm'pɪərɪəl/ agg. **1** *(of empire, emperor)* imperiale **2** GB STOR. dell'Impero Britannico **3** BE [*measure*] conforme agli standard britannici.
imperialism /ɪm'pɪərɪəlɪzəm/ n. imperialismo m.
imperialist /ɪm'pɪərɪəlɪst/ **I** agg. imperialista **II** n. imperialista m. e f.
imperialistic /ɪmˌpɪərɪə'lɪstɪk/ agg. imperialistico.
imperil /ɪm'perəl/ tr. (forma in -ing ecc. **-ll-** BE, **-l-** AE) mettere in pericolo [*existence*]; compromettere [*security, plan*].
imperious /ɪm'pɪərɪəs/ agg. imperioso.
imperishable /ɪm'perɪʃəbl/ agg. [*material*] indistruttibile; [*food*] non deteriorabile; FIG. [*memory*] imperituro.
impermanence /ɪm'pɜːmənəns/ n. temporaneità f.
impermanent /ɪm'pɜːmənənt/ agg. [*arrangement, situation*] temporaneo.
impermeable /ɪm'pɜːmɪəbl/ agg. [*membrane, rock*] impermeabile.
impersonal /ɪm'pɜːsənl/ agg. **1** *(objective, cold)* impersonale **2** LING. [*verb*] impersonale.
impersonality /ɪmˌpɜːsə'nælətɪ/ n. *(of person)* freddezza f.; *(of style, organization)* impersonalità f.
impersonate /ɪm'pɜːsəneɪt/ tr. *(imitate)* imitare; *(pretend to be)* spacciarsi per [*police officer, etc.*].
impersonation /ɪmˌpɜːsə'neɪʃn/ n. **1** *(act)* imitazione f. **2** DIR. sostituzione f. di persona.
impersonator /ɪm'pɜːsəneɪtə(r)/ ♦ ***27*** n. *(actor)* imitatore m. (-trice).
impertinence /ɪm'pɜːtɪnəns/ n. impertinenza f.
impertinent /ɪm'pɜːtɪnənt/ agg. impertinente (**to** verso, con).
impertinently /ɪm'pɜːtɪnəntlɪ/ avv. [*act, say, reply*] in modo impertinente.
imperturbable /ˌɪmpə'tɜːbəbl/ agg. imperturbabile.
impervious /ɪm'pɜːvɪəs/ agg. *(to water, gas)* impenetrabile; FIG. *(to charm, suffering)* indifferente; *(to demands)* insensibile.
impetuosity /ɪmˌpetʃʊ'ɒsətɪ/ n. *(of person)* impetuosità f.; *(of action)* impulsività f.
impetuous /ɪm'petʃʊəs/ agg. [*person*] impetuoso; [*action*] impulsivo.
impetus /'ɪmpɪtəs/ n. **1** *(trigger)* impulso m. **2** *(momentum)* slancio m.; FIS. impulso m.
impiety /ɪm'paɪətɪ/ n. **1** *(disrespect)* irriverenza f. **2** RELIG. empietà f.
impinge /ɪm'pɪndʒ/ intr. ***to ~ on*** *(restrict)* limitare [*budget*]; *(affect)* influire su.
impious /'ɪmpɪəs/ agg. **1** *(disrespectful)* irriverente **2** RELIG. empio.
impish /'ɪmpɪʃ/ agg. da diavoletto.
implacable /ɪm'plækəbl/ agg. implacabile.
implacably /ɪm'plækəblɪ/ avv. implacabilmente.
1.implant /'ɪmplɑːnt, AE -plænt/ n. MED. impianto m., trapianto m.
2.implant /ɪm'plɑːnt, AE -'plænt/ tr. MED. impiantare (anche FIG.).
implausible /ɪm'plɔːzəbl/ agg. non plausibile.
1.implement /'ɪmplɪmənt/ n. strumento m.; *(tool)* utensile m.; ***garden ~s*** attrezzi da giardinaggio; ***set of ~s*** GASTR. set di utensili da cucina.
2.implement /'ɪmplɪment/ tr. **1** mettere in pratica [*idea*]; implementare [*contract*]; rendere effettivo [*law*] **2** INFORM. implementare [*software, system*].
implementation /ˌɪmplɪmen'teɪʃn/ n. **1** *(of idea)* attuazione f.; *(of contract, law, policy)* attuazione f., applicazione f. **2** INFORM. implementazione f.
implicate /'ɪmplɪkeɪt/ tr. implicare, coinvolgere.
implication /ˌɪmplɪ'keɪʃn/ n. **1** *(possible consequence)* implicazione f. **2** *(suggestion)* insinuazione f.; ***the ~ is that*** questo significa che.
implicit /ɪm'plɪsɪt/ agg. **1** *(implied)* implicito **2** *(absolute)* [*faith, trust*] assoluto.
implicitly /ɪm'plɪsɪtlɪ/ avv. **1** *(tacitly)* [*assume, admit, recognize*] implicitamente **2** *(absolutely)* [*trust, believe*] in modo assoluto.
implied /ɪm'plaɪd/ **I** p.pass. → **imply II** agg. implicito, tacito.
implode /ɪm'pləʊd/ intr. implodere.
implore /ɪm'plɔː(r)/ tr. implorare.
imploring /ɪm'plɔːrɪŋ/ agg. implorante.
imploringly /ɪm'plɔːrɪŋlɪ/ avv. [*say*] con tono implorante; ***to look at sb. ~*** guardare implorante qcn.
implosion /ɪm'pləʊʒn/ n. implosione f.
imply /ɪm'plaɪ/ tr. **1** *(insinuate)* insinuare; *(make known)* lasciare intendere **2** *(mean)* [*argument, silence*] implicare; [*term, word*] indicare, significare.

impolite /ˌɪmpəˈlaɪt/ agg. scortese, sgarbato (**to** con).
impolitely /ˌɪmpəˈlaɪtlɪ/ avv. sgarbatamente.
impoliteness /ˌɪmpəˈlaɪtnɪs/ n. maleducazione f.
impolitic /ɪmˈpɒlɪtɪk/ agg. impolitico.
imponderable /ɪmˈpɒndərəbl/ **I** agg. imponderabile **II** n. imponderabile m.
1.import /ˈɪmpɔːt/ **I** n. **1** COMM. ECON. *(item of merchandise)* prodotto m. d'importazione; *(act of importing)* importazione f.; ***foreign ~s*** importazioni dall'estero **2** *(cultural borrowing)* prestito m. **3** FORM. *(meaning)* significato m. **4** *(importance)* importanza f.; ***of no (great) ~*** di poca importanza **II** modif. [*ban, price*] d'importazione; [*increase*] delle importazioni.
2.import /ɪmˈpɔːt/ tr. **1** COMM. ECON. importare (**to** in) **2** INFORM. importare [*data, file*].
importance /ɪmˈpɔːtns/ n. importanza f.; ***it's of no ~*** non ha alcuna importanza; ***to be of great ~ to sb.*** essere molto importante per qcn.; ***it is a matter of the utmost ~*** è una questione della massima importanza; ***great ~ is attached to success*** si dà grande importanza al successo.
important /ɪmˈpɔːtnt/ agg. importante; ***it is ~ to remember that...*** è importante ricordare che...; ***this is ~ for our health*** è importante per la nostra salute; ***it is ~ for us to succeed*** è importante per noi riuscire; ***his children are very ~ to him*** i suoi figli sono molto importanti per lui; ***it is ~ to me that...*** è importante per me che...
importantly /ɪmˈpɔːtntlɪ/ avv. **1** *(significantly)* in modo importante; ***and, more ~,...*** e, cosa ancora più importante,...; ***most ~, it means*** ma soprattutto, questo significa **2** *(pompously)* [*announce*] con aria di superiorità.
importation /ˌɪmpɔːˈteɪʃn/ n. COMM. *(act)* importazione f.; *(object)* prodotto m. d'importazione.
import duty n. dazio m. d'importazione.
importer /ɪmˈpɔːtə(r)/ n. importatore m. (-trice).
import-export /ˌɪmpɔːtˈekspɔːt/ **I** n. import-export m. **II** modif. [*growth*] dell'import-export; [*merchant*] di import-export; ***~ trade*** import-export.
importing /ɪmˈpɔːtɪŋ/ **I** agg. [*country*] importatore; [*business*] di importazioni **II** n. importazione f.
import licence BE, **import license** AE n. licenza f. d'importazione.
importunate /ɪmˈpɔːtʃʊnət/ agg. importuno.
importune /ˌɪmpɔːˈtjuːn/ tr. *(pester)* importunare.
impose /ɪmˈpəʊz/ **I** tr. imporre [*embargo, rule*] (**on sb.** a qcn.; **on sth.** su qcs.); infliggere [*punishment, fine*]; imporre [*tax*] (**on** a) **II** intr. imporsi; ***to ~ on sb.'s kindness*** approfittare della gentilezza di qcn. **III** rifl. ***to ~ oneself on sb.*** imporsi a qcn.
imposing /ɪmˈpəʊzɪŋ/ agg. [*appearance, sight*] maestoso; [*array*] imponente.
imposition /ˌɪmpəˈzɪʃn/ n. **1** *(exploitation)* ***I think it's rather an ~*** penso che se ne stia approfittando un po' **2** *(of tax)* imposizione f.
impossibility /ɪmˌpɒsəˈbɪlətɪ/ n. impossibilità f.; ***it's a near ~!*** è praticamente impossibile!
impossible /ɪmˈpɒsəbl/ **I** agg. [*person, situation*] impossibile, intollerabile; [*suggestion*] inattuabile, impossibile; ***it's almost ~ for me to come*** mi è quasi impossibile venire; ***to make it ~ for sb. to do sth.*** rendere impossibile per qcn. fare qcs. **II** n. ***the ~*** l'impossibile.
impossibly /ɪmˈpɒsəblɪ/ avv. *(appallingly)* spaventosamente; *(amazingly)* incredibilmente.
impostor /ɪmˈpɒstə(r)/ n. impostore m. (-a).
imposture /ɪmˈpɒstʃə(r)/ n. impostura f., inganno m.
impotence /ˈɪmpətəns/ n. impotenza f.
impotent /ˈɪmpətənt/ agg. impotente.
impound /ɪmˈpaʊnd/ tr. rimuovere, portare via [*vehicle*]; confiscare, sequestrare [*goods*].
impoverish /ɪmˈpɒvərɪʃ/ tr. impoverire, depauperare.
impoverishment /ɪmˈpɒvərɪʃmənt/ n. impoverimento m., depauperamento m.
impracticable /ɪmˈpræktɪkəbl/ agg. **1** [*idea, plan*] inattuabile, impraticabile, irrealizzabile **2** [*road*] impraticabile.
impractical /ɪmˈpræktɪkl/ agg. **1** *(unworkable)* [*solution*] impraticabile, inattuabile **2** *(unrealistic)* [*idea*] non realistico; [*person*] privo di senso pratico.
impracticality /ɪmˌpræktɪˈkælətɪ/ n. **1** *(unworkable nature)* impraticabilità f., inattuabilità f. **2** *(of person)* mancanza f. di senso pratico.
imprecation /ˌɪmprɪˈkeɪʃn/ n. FORM. imprecazione f.
imprecise /ˌɪmprɪˈsaɪs/ agg. impreciso.
imprecision /ˌɪmprɪˈsɪʒn/ n. imprecisione f.
impregnable /ɪmˈpregnəbl/ agg. [*castle*] inespugnabile; [*leader, party*] imbattibile, invincibile.
impregnate /ˈɪmpregneɪt, AE ɪmˈpreg-/ tr. **1** *(pervade)* impregnare (**with** di) **2** *(fertilize)* mettere incinta [*woman*]; ingravidare [*animal*]; fecondare [*egg*].
impresario /ˌɪmprɪˈsɑːrɪəʊ/ ➧ **27** n. (pl. **~s**) impresario m. (-a).
1.impress /ˈɪmpres/ n. FORM. impronta f., marchio m.
2.impress /ɪmˈpres/ **I** tr. **1** *(arouse respect)* impressionare, fare impressione su, colpire [*person, audience*]; ***to be ~ed by*** o ***with*** essere impressionato da; ***to be easily ~ed*** farsi *o* lasciarsi impressionare facilmente; ***they were (favourably) ~ed*** erano favorevolmente impressionati **2** *(emphasize)* ***to ~ sth. (up)on sb.*** inculcare *o* far capire qcs. a qcn. **3** *(imprint)* ***to ~ sth. on, in*** imprimere qcs. su **II** intr. [*person*] fare una buona impressione.
impression /ɪmˈpreʃn/ n. **1** *(idea)* impressione f.; ***to be under*** o ***have*** o ***get the ~ that*** avere l'impressione che **2** *(impact)* impressione f., effetto m.; ***to make a good ~ on*** fare una buona impressione su; ***to make (quite) an ~*** fare impressione *o* effetto; ***it left a deep ~ on him*** l'ha profondamente impressionato **3** *(perception)* impressione f.; ***to give*** o ***create an ~ of sth.*** dare l'impressione di qcs.; ***an artist's ~ of the building*** la visione dell'edificio da parte di un artista **4** *(imitation)* imitazione f., caricatura f. **5** *(imprint)* *(of hand, hoof)* impronta f.; *(from teeth)* segno m., impronta f.
impressionable /ɪmˈpreʃənəbl/ agg. [*child, mind*] impressionabile, influenzabile.
impressionism /ɪmˈpreʃənɪzəm/ n. (anche **Impressionism**) impressionismo m.
impressionist /ɪmˈpreʃənɪst/ n. **1** ART. MUS. (anche **Impressionist**) impressionista m. e f. **2** *(mimic)* imitatore m. (-trice).
impressionistic /ɪmˌpreʃəˈnɪstɪk/ agg. impressionistico, impressionista.
impressive /ɪmˈpresɪv/ agg. [*achievement, display, result*] impressionante; [*building, sight*] imponente, di grande effetto; ***he is very ~*** ispira rispetto *o* ammirazione.
impressively /ɪmˈpresɪvlɪ/ avv. [*perform, argue*] in modo impressionante, strabiliante; [*cohesive, large*] straordinariamente.
1.imprint /ˈɪmprɪnt/ n. **1** *(impression)* impronta f., traccia f. (anche FIG.) **2** TIP. *(on title page)* sigla f. editoriale; *(publishing house)* casa f. editrice; ***published under the Paravia ~*** pubblicato da Paravia.
2.imprint /ɪmˈprɪnt/ tr. **1** *(fix)* imprimere [*idea, image*] (**on** in) **2** *(print)* stampare [*mark, design*] (**on** su).
imprison /ɪmˈprɪzn/ tr. *(put in prison)* imprigionare, incarcerare; FIG. *(trap)* imprigionare [*finger, limb*].
imprisonment /ɪmˈprɪznmənt/ n. *(act)* imprigionamento m., carcerazione f.; *(condition)* prigionia f., reclusione f.; ***ten years' ~*** dieci anni di carcere; ***~ for life*** ergastolo.
impro /ˈɪmprəʊ/ n. (pl. **~s**) COLLOQ. improvvisazione f.
improbability /ɪmˌprɒbəˈbɪlətɪ/ n. **1** *(of something happening)* improbabilità f.; *(of something being true)* inverosimiglianza f. **2** *(unlikely event)* improbabilità f., cosa f. improbabile.
improbable /ɪmˈprɒbəbl/ agg. *(unlikely to happen)* improbabile; *(unlikely to be true)* inverosimile.
improbably /ɪmˈprɒbəblɪ/ avv. [*claim, state*] inverosimilmente.
impromptu /ɪmˈprɒmptjuː, AE -tuː/ **I** n. MUS. impromptu m., improvviso m. **II** agg. [*speech*] estemporaneo, improvvisato; [*party*] improvvisato **III** avv. [*play*] improvvisando.
improper /ɪmˈprɒpə(r)/ agg. *(unseemly)* [*behaviour*] sconveniente, disdicevole; *(indecent)* [*remark*] indecente; *(dishonest)* [*conduct*] disonesto; *(incorrect)* [*use*] improprio, erroneo, scorretto.
improperly /ɪmˈprɒpəlɪ/ avv. *(unsuitably)* [*behave*] in modo sconveniente; [*dressed*] in modo inappropriato; *(indecently)*

in

- When *in* is used as a straightforward preposition in English, it is translated by *in* in Italian: *in Italy* = in Italia. Remember that the preposition *in + the* is translated by one word, *ne* + article, in Italian; the following cases may occur: *in the cinema* = (ne + il) nel cinema; *in the stadium* = (ne + lo) nello stadio; *in the church* = (ne + la) nella chiesa; *in the hospital, in the abbey, in the hotel* = (ne + l') nell'ospedale, nell'abbazia, nell'hotel; *in the fields* = (ne + i) nei campi; *in the open spaces* = (ne + gli) negli spazi aperti; *in the houses* = (ne + le) nelle case.
- *In* is often used after verbs in English (*join in, tuck in, result in, write in* etc.): for translations, consult the appropriate verb entry (**join**, **tuck**, **result**, **write** etc.).
- If you have doubts about how to translate a phrase or expression beginning with *in* (*in a huff, in business, in trouble* etc.), you should consult the appropriate noun entry (**huff**, **business**, **trouble** etc.).
- Note that when *in* is used with vehicles meaning "by means of" in such examples as *in my car, in a London taxi, in Derek's boat* etc., it is translated by *con* in Italian: con la mia macchina, con un taxi londinese, con la barca di Derek etc.
- When *in* precedes a verb in the gerund to indicate the moment and reason why something happens, it is not translated in Italian at all: *in opening a can of peas, she cut her finger* = aprendo una scatoletta di piselli si è tagliata un dito.
- Note also that *in, into* and *inside* may have one and the same translation in Italian.
- This dictionary contains lexical notes on such topics as AGE, COUNTRIES, DATES, ISLANDS, MONTHS, TOWNS AND CITIES etc. Many of these use the preposition *in*. For these notes see the end of the English-Italian section.
- For examples of the above and particular functions and uses of *in*, see the entry **1.in**.

[*behave*] indecentemente; *(dishonestly)* [*act, obtain*] in modo disonesto; *(incorrectly)* [*use*] impropriamente, erroneamente.

impropriety /ˌɪmprəˈpraɪətɪ/ n. *(unseemliness)* sconvenienza f., disdicevolezza f.; *(indecency)* indecenza f.; *(irregularity)* irregolarità f.

improve /ɪmˈpruːv/ **I** tr. **1** *(qualitatively)* migliorare [*conditions, quality, relations*]; ***to ~ one's German*** perfezionare il proprio tedesco; ***to ~ one's mind*** coltivare *o* sviluppare la mente **2** *(quantitatively)* aumentare [*wages, chances, productivity*] **3** ARCH. ING. apportare migliorie a, abbellire [*building, site*] **II** intr. **1** [*conditions, relations, weather*] migliorare; ***he's improving*** MED. è in via di miglioramento, le sue condizioni stanno migliorando **2** ***to ~ on*** *(better)* migliorare [*score*]; rilanciare, migliorare [*offer*]; ***he has ~d on last year's result*** ha migliorato i risultati dello scorso anno **3** *(increase)* [*productivity*] aumentare.

improvement /ɪmˈpruːvmənt/ n. **1** *(change for the better)* miglioramento m. (**in**, **of**, **to** di); ***an ~ on last year's performance*** un miglioramento rispetto alla prestazione dell'anno scorso; ***safety ~s, ~s in safety*** miglioramenti in materia di sicurezza; ***a 5% ~, an ~ of 5%*** un aumento del 5% **2** *(progress)* ***he has made a big ~*** MED. le sue condizioni sono notevolmente migliorate; ***to make some ~ in maths*** fare progressi in matematica; ***there is room for ~*** ci sono ancora possibilità *o* margini di miglioramento **3** *(alteration)* miglioria f., miglioramento m. (**to** di); ***to make ~s to*** apportare delle migliorie a [*house*]; ***home ~s*** lavori di miglioria della casa.

improvident /ɪmˈprɒvɪdənt/ agg. *(heedless of the future)* imprevidente; *(extravagant)* spendaccione.

improvisation /ˌɪmprəvaɪˈzeɪʃn, AE *anche* ɪmˌprɒvəˈzeɪʃn/ n. improvvisazione f.

improvise /ˈɪmprəvaɪz/ tr. e intr. improvvisare.

imprudence /ɪmˈpruːdns/ n. imprudenza f.

imprudent /ɪmˈpruːdnt/ agg. imprudente.

impudence /ˈɪmpjʊdəns/ n. impudenza f., sfacciataggine f.

impudent /ˈɪmpjʊdənt/ agg. impudente, sfacciato.

impugn /ɪmˈpjuːn/ tr. contestare, mettere in dubbio [*sincerity*]; impugnare [*judgment*].

impulse /ˈɪmpʌls/ n. **1** *(urge)* impulso m., impeto m.; ***to have a sudden ~ to do*** avere *o* sentire l'impulso improvviso di fare; ***to act on (an) ~*** *(rashly)* agire d'impulso; *(spontaneously)* cedere all'impulso; ***a generous ~*** uno slancio di generosità **2** *(stimulus)* impulso m., stimolo m.; ***to give an ~ to economy*** dare un impulso all'economia **3** FISIOL. FIS. impulso m.

impulse buy n. acquisto m. d'impulso.

impulse buying n. **U** acquisto m. d'impulso.

impulse purchase n. → **impulse buy**.

impulsion /ɪmˈpʌlʃn/ n. FORM. impulso m., impeto m.

impulsive /ɪmˈpʌlsɪv/ agg. *(spontaneous)* [*gesture, reaction*] spontaneo, (fatto) d'impulso; *(rash)* [*person, gesture, remark*] impulsivo, precipitoso, irriflessivo.

impulsively /ɪmˈpʌlsɪvlɪ/ avv. *(on impulse)* [*act*] d'impulso; *(rashly)* [*decide, act*] impulsivamente, precipitosamente.

impulsiveness /ɪmˈpʌlsɪvnɪs/ n. impulsività f.

impunity /ɪmˈpjuːnətɪ/ n. impunità f.; ***with ~*** impunemente.

impure /ɪmˈpjʊə(r)/ agg. [*water, thoughts*] impuro.

impurity /ɪmˈpjʊərətɪ/ n. impurità f.

imputation /ˌɪmpjuːˈteɪʃn/ n. *(attribution)* imputazione f., attribuzione f.; *(accusation)* imputazione f.

impute /ɪmˈpjuːt/ tr. imputare, attribuire.

1.in /ɪn/ prep. **1** *(expressing location)* ***~ Spain*** in Spagna; ***~ Paris*** a Parigi; ***~ town*** in città; ***~ hospital*** in *o* all'ospedale; ***~ school*** a *o* nella scuola; ***~ the film*** nel film; ***in the newspaper*** sul giornale; ***~ the dictionary*** sul *o* nel dizionario; ***~ the garden*** in *o* nel giardino; ***~ bed*** a letto; ***I'm ~ here!*** sono qui dentro! **2** *(inside, within)* in, dentro; ***~ the box*** nella scatola; ***there's something ~ it*** c'è qualcosa dentro **3** *(expressing subject, field)* in; ***~ insurance*** nelle assicurazioni; ***a course ~ history*** un corso di storia; ***expert ~ computers*** esperto di computer **4** *(included, involved)* ***to be ~ politics*** occuparsi di politica; ***to be ~ the team*** far parte della squadra; ***to be ~ on*** COLLOQ. essere al corrente di [*secret*] **5** *(in expressions of time)* ***~ May*** a *o* in maggio; ***~ 1998*** nel 1998; ***~ the night*** di *o* nella notte; ***~ the twenties*** negli anni '20; ***at 4 ~ the morning*** alle 4 del mattino **6** *(within the space of)* in; ***to do sth. ~ 10 minutes*** fare qcs. in 10 minuti **7** *(expressing the future)* tra; ***I'll be back ~ half an hour*** sarò di ritorno tra mezz'ora **8** *(for)* da; ***it hasn't rained ~ weeks*** non piove da settimane **9** *(because of)* in, per, a causa di; ***~ his hurry he forgot his keys*** nella fretta dimenticò le chiavi **10** *(with reflexive pronouns)* ***it's no bad thing ~ itself*** in sé non è una brutta cosa; ***how do you feel ~ yourself?*** che cosa provi? ***learning Italian is not difficult ~ itself*** di per sé, imparare l'italiano non è difficile **11** *(present in)* ***you see it ~ children*** lo si vede nei bambini; ***he hasn't got it ~ him to succeed*** non ha la stoffa per farcela; ***there's something ~ what he says*** c'è qualcosa di vero in ciò che dice **12** *(expressing colour, size, composition)* in; ***available ~ several colours*** disponibile in vari colori; ***have you got it ~ a 16?*** avete il 46? ***bags ~ leather*** borse di pelle **13** *(dressed in)* ***~ jeans*** in jeans; ***~ a skirt*** con la gonna; ***dressed ~ black*** vestito di nero **14** *(expressing manner)* ***~ German*** in tedesco; ***~ B flat*** in si bemolle; ***~ pencil*** a *o* con la matita; ***~ a circle*** in cerchio; ***~ pairs*** a coppie; ***"no," he said ~ a whisper*** "no" disse sussurrando; ***chicken ~ a white wine sauce*** pollo in salsa di vino bianco; ***peaches ~ brandy*** pesche al brandy **15** *(as regards)* ***rich ~ minerals*** ricco di minerali; ***deaf ~ one ear*** sordo da un orecchio; ***10 cm ~ length*** 10 cm di lunghezza; ***equal ~ weight*** dello stesso peso **16** *(by)* ***~ accepting*** nell'accettare, accettando **17** *(in superlatives)* di; ***the tallest tower ~ the world*** la torre più alta del mondo **18** *(in measurements)* ***there are 100 centimetres ~ a metre*** ci sono 100 centimetri in un metro; ***there's nothing ~ it*** sono più o meno uguali; ***the temperature was ~ the thirties*** la temperatura superava i trenta gradi **19** *(in ratios)* ***a gradient of 1 ~ 4*** una pendenza del 25%; ***a tax of 20 pence ~ the pound*** una tassa di 20 penny per ogni sterlina; ***to have a one ~ five chance*** avere una possibilità su cinque **20** *(in approximate amounts)* ***~ their hundreds*** a centinaia **21** *(expressing age)* ***he's ~ his twenties*** è un ventenne, ha tra i venti e i trent'anni; ***people ~ their forties*** i quarantenni; ***~ old age*** nella vecchiaia **22 in and out of** ***he's always ~ and out of the room*** entra ed esce in continuazione; ***to weave ~ and out of*** fare la gincana tra [*traffic, tables*] **23 in that** poiché, per la ragione che.

2.in /ɪn/ avv. **1** *(indoors)* ***to come ~*** entrare; ***to run ~*** entrare di corsa; ***to ask*** o ***invite sb. ~*** fare entrare qcn., invitare qcn. a entrare **2** *(at home, at work)* ***to be ~*** esserci; ***I'm usually ~ by 9 am*** di solito arrivo per le 9; ***to be ~ by midnight*** rientrare per mezzanotte; ***to stay ~*** stare *o* rimanere a casa **3** *(in prison, hospital)* ***he's ~ for murder*** è dentro *o* in carcere per omicidio; ***she's ~ for a biopsy*** è ricoverata per una biopsia **4** *(arrived)* ***the train is ~*** il treno è in stazione; ***the ferry is ~*** il traghetto è entrato in porto; ***the sea*** o ***tide is ~*** la marea è alta **5** SPORT *(within the boundary)* ***the ball is ~*** la palla è buona *o* dentro **6** *(gathered)* ***the harvest is ~*** il raccolto è immagazzinato **7** *(in supply)* ***we don't have any ~*** li abbiamo finiti; ***we've got some new titles ~*** ci sono arrivati dei nuovi titoli **8** *(submitted)* ***applications must be ~ by the 3rd*** le domande devono pervenire entro il 3; ***the homework has to be ~ tomorrow*** i compiti vanno consegnati domani **9** *(elected to office)* ***to be ~*** essere al potere ♦ ***to have it ~ for sb.*** COLLOQ. avercela (a morte) con qcn.; ***you're ~ for it*** COLLOQ. sei nei guai; ***he's ~ for a shock*** avrà uno shock.

3.in /ɪn/ agg. *(fashionable)* ***to be ~***, ***to be the ~ thing*** essere alla moda, essere in; ***an ~ place*** un posto alla moda.

4.in /ɪn/ n. ***the ~s and outs*** i retroscena, i dettagli; ***she has an ~ with the boss*** AE la porta del capo è sempre aperta per lei.

in. ⇒ inch pollice.

inability /ˌɪnəˈbɪlətɪ/ n. *(to drive)* incapacità f.; *(to help, pay)* impossibilità f.

in absentia /ˌɪnæbˈsentɪə/ avv. FORM. in sua, loro ecc. assenza.

inaccessible /ˌɪnækˈsesəbl/ agg. [*place*] inaccessibile, irraggiungibile; [*person*] inavvicinabile; [*play, art form*] inaccessibile (**to** a), incomprensibile (**to** per).

inaccuracy /ɪnˈækjərəsɪ/ n. **U** *(of report, estimate)* inesattezza f., imprecisione f.; *(of person)* imprecisione f., mancanza f. di precisione.

inaccurate /ɪnˈækjʊrət/ agg. [*calculation, information*] impreciso, sbagliato, inesatto; [*translation*] non accurato, sbagliato; [*term*] improprio, sbagliato.

inaccurately /ɪnˈækjʊərətlɪ/ avv. [*report, quote*] in modo inesatto, impreciso; ***~ described as*** erroneamente descritto come.

inaction /ɪnˈækʃn/ n. inazione f., inattività f.

inactive /ɪnˈæktɪv/ agg. *(not active)* [*person, life*] inattivo, inoperoso; *(not working)* [*machine*] inoperoso, non in funzione.

inactivity /ˌɪnækˈtɪvətɪ/ n. inattività f., inoperosità f.

inadequacy /ɪnˈædɪkwəsɪ/ n. inadeguatezza f., insufficienza f.

inadequate /ɪnˈædɪkwət/ agg. [*funding, measures, knowledge*] inadeguato, insufficiente; [*system, facilities*] inadeguato; ***to feel ~*** sentirsi inadeguato, non sentirsi all'altezza.

inadequately /ɪnˈædɪkwətlɪ/ avv. [*lit, paid*] in modo inadeguato, insufficiente.

inadmissible /ˌɪnədˈmɪsəbl/ agg. [*behaviour, act*] inammissibile, inaccettabile; DIR. [*evidence*] inammissibile.

inadvertent /ˌɪnədˈvɜːtənt/ agg. *(unintentional)* [*omission, error*] involontario, non intenzionale.

inadvertently /ˌɪnədˈvɜːtəntlɪ/ avv. *(unintentionally)* involontariamente, non intenzionalmente.

inadvisable /ˌɪnədˈvaɪzəbl/ agg. sconsigliabile, inopportuno.

inalienable /ɪnˈeɪlɪənəbl/ agg. DIR. inalienabile.

inane /ɪˈneɪn/ agg. [*person*] vuoto, vacuo; [*conversation*] sciocco, vacuo; [*question*] futile.

inanely /ɪˈneɪnlɪ/ avv. scioccamente, in modo idiota.

inanimate /ɪnˈænɪmət/ agg. inanimato.

inanity /ɪˈnænətɪ/ n. inanità f., vacuità f.

inapplicable /ɪnˈæplɪkəbl, ˌɪnəˈplɪk-/ agg. inapplicabile.

inappropriate /ˌɪnəˈprəʊprɪət/ agg. **1** *(unsuitable)* [*behaviour, reaction*] inappropriato, fuori luogo; [*remark*] inopportuno, fuori luogo; ***this is quite ~ for children*** non è adatto ai bambini **2** *(incorrect)* [*word, advice*] inadeguato, inadatto.

inappropriately /ˌɪnəˈprəʊprɪətlɪ/ avv. in modo inappropriato, inopportuno.

inapt /ɪnˈæpt/ agg. [*expression, term*] improprio, inadatto; [*behaviour, remark*] inopportuno, fuori luogo.

inarticulate /ˌɪnɑːˈtɪkjʊlət/ agg. **1** *(unable to express oneself)* ***to be ~*** esprimersi con difficoltà *o* in modo sconnesso, non riuscire a esprimersi; ***he was ~ with rage*** non riusciva a parlare dalla rabbia **2** *(indistinct)* [*mumble*] inarticolato, indistinto; [*speech*] incomprensibile **3** *(defying expression)* [*rage, grief*] inesprimibile **4** ZOOL. inarticolato.

inasmuch /ˌɪnəzˈmʌtʃ/: **inasmuch as** *(insofar as)* nella misura in cui; *(seeing as)* poiché, giacché.

inattention /ˌɪnəˈtenʃn/ n. disattenzione f., distrazione f.

inattentive /ˌɪnəˈtentɪv/ agg. disattento, non attento, distratto; ***to be ~ to*** avere poca attenzione per [*person, needs*]; non fare *o* prestare attenzione a [*speech*].

inattentively /ˌɪnəˈtentɪvlɪ/ avv. distrattamente, senza prestare attenzione.

inaudible /ɪnˈɔːdəbl/ agg. [*sound*] impercettibile, non udibile; ***he was almost ~*** lo sentivamo a malapena.

inaugural /ɪˈnɔːgjʊrəl/ agg. inaugurale, d'inaugurazione.

inaugurate /ɪˈnɔːgjʊreɪt/ tr. **1** *(open)* inaugurare [*exhibition*] **2** *(induct)* insediare [*president, official*].

inauguration /ɪˌnɔːgjʊˈreɪʃn/ n. **1** *(of exhibition)* inaugurazione f. **2** *(of president)* insediamento m.

inauspicious /ˌɪnɔːˈspɪʃəs/ agg. *(unpromising)* infausto, di cattivo auspicio; *(unfortunate)* sfortunato, malaugurato, sventurato.

inauspiciously /ˌɪnɔːˈspɪʃəslɪ/ avv. [*begin*] in modo infausto, sotto una cattiva stella.

in-between /ɪnbɪˈtwiːn/ agg. di mezzo, intermedio.

inboard /ˈɪnbɔːd/ agg. MAR. interno, entrobordo.

inborn /ˈɪnbɔːn/ agg. *(innate)* [*tendency*] innato; *(inherited)* [*deficiency*] congenito.

in-box /ˈɪnbɒks/ n. *(for email)* posta f. in arrivo.

inbred /ˌɪnˈbred/ agg. **1** *(innate)* [*tendency*] innato, connaturato **2** *(produced by inbreeding)* [*animal*] = ottenuto con accoppiamento tra soggetti consanguinei; [*characteristic*] = risultante dall'accoppiamento tra consanguinei.

inbreeding /ɪnˈbriːdɪŋ/ n. *(in animals)* incrocio m. di consanguinei, inbreeding m., incrocio m.; *(in humans)* matrimoni m.pl., unioni f.pl. tra consanguinei.

inbuilt /ˌɪnˈbɪlt/ agg. *(ingrained)* radicato, connaturato; *(built in)* intrinseco, strutturale.

Inc AE ⇒ incorporated società per azioni (S.p.A.).

incalculable /ɪnˈkælkjʊləbl/ agg. **1** [*harm, loss*] incalcolabile **2** *(unpredictable)* [*person, mood*] imprevedibile.

incandescence /ˌɪnkænˈdesns/ n. incandescenza f.

incandescent /ˌɪnkænˈdesnt/ agg. incandescente.

incantation /ˌɪnkænˈteɪʃn/ n. incantesimo m., magia f.

incapability /ɪnˌkeɪpəˈbɪlətɪ/ n. DIR. incapacità f. (**to do** di fare).

incapable /ɪnˈkeɪpəbl/ agg. incapace (**of doing** di fare); ***drunk and ~*** DIR. in stato d'ubriachezza.

incapacitate /ˌɪnkəˈpæsɪteɪt/ tr. *(immobilize)* [*accident, illness*] rendere inabile, incapace; *(temporarily)* [*pain*] rendere incapace di fare qualsiasi cosa.

incapacity /ˌɪnkəˈpæsətɪ/ n. incapacità f., inabilità f.; DIR. incapacità f. (giuridica).

incarcerate /ɪnˈkɑːsəreɪt/ tr. incarcerare, imprigionare.

incarceration /ɪnˌkɑːsəˈreɪʃn/ n. (in)carcerazione f.

1.incarnate /ɪnˈkɑːnet/ agg. incarnato, personificato; ***the devil ~*** il diavolo in persona.

2.incarnate /ˈɪnkɑːneɪt/ tr. incarnare; ***to be ~d in*** o ***as*** incarnarsi in.

incarnation /ˌɪnkɑːˈneɪʃn/ n. incarnazione f.

incautious /ɪnˈkɔːʃəs/ agg. incauto, imprudente.

incendiary /ɪnˈsendɪərɪ, AE -dɪerɪ/ **I** agg. incendiario (anche FIG.) **II** n. *(bomb)* bomba f. incendiaria.

1.incense /ˈɪnsens/ n. incenso m.

2.incense /ɪnˈsens/ tr. *(enrage)* irritare, esasperare.

incensed /ɪnˈsenst/ **I** p.pass. → **2.incense II** agg. irritato, esasperato (**at, by** da).

incentive /ɪnˈsentɪv/ n. **1** *(motivation)* incentivo m., stimolo m.; ***there is no ~ for people to save*** la gente non è incentivata a risparmiare; ***they've no ~ to work*** non sono motivati a lavorare; ***there are strong ~s to join*** ci sono importanti motivi per aderire **2** ECON. COMM. incentivo m.; ***export ~*** incentivo alle esportazioni.

incentive bonus, **incentive payment** n. incentivo m.
incentivize /ɪnsentɪ'vaɪz/ tr. incentivare, incoraggiare.
inception /ɪn'sepʃn/ n. principio m., inizio m.; ***from*** o ***since its ~ in 1962*** dal suo inizio nel 1962.
incessant /ɪn'sesnt/ agg. incessante, continuo.
incessantly /ɪn'sesntlɪ/ avv. incessantemente.
incest /'ɪnsest/ n. incesto m.
incestuous /ɪn'sestjʊəs, AE -tʃʊəs/ agg. incestuoso; FIG. [*world, community*] (molto) chiuso.
1.inch /ɪntʃ/ ♦ *15* n. **1** pollice m. (= 2,54 cm) **2** FIG. ***~ by ~*** a poco a poco, gradatamente; ***I couldn't see an ~ in front of me*** non vedevo a un palmo di distanza; ***to miss being run over by ~es*** non essere investito per un pelo; ***to come within an ~ of winning*** essere a un passo *o* pelo dalla vittoria; ***he won't give*** o ***budge an ~*** non si sposta di un centimetro ♦ ***give her an ~ and she'll take a mile*** o ***yard*** se le dai un dito, si prende il braccio; ***I don't trust him an ~*** non mi fido minimamente di lui; ***to fight every ~ of the way*** lottare allo stremo; ***to be every ~ an aristocrat*** essere un aristocratico dalla testa ai piedi.
2.inch /ɪntʃ/ **I** tr. ***to ~ [sth.] forward*** spingere avanti di poco [*box*]; andare avanti poco a poco con [*car*] **II** intr. ***to ~ towards*** dirigersi lentamente verso [*door*]; FIG. arrivare a piccoli passi a [*solution*].
inchoate /ɪn'kəʊeɪt, 'ɪn-/ agg. [*idea, plan*] appena abbozzato, non ancora sviluppato.
incidence /'ɪnsɪdəns/ n. **1** *(occurrence)* ***the high ~ of*** l'alta incidenza di [*thefts, attacks*] **2** FIS. incidenza f.
incident /'ɪnsɪdənt/ n. **1** *(event) (in life)* avvenimento m.; *(in narrative)* episodio m. **2** *(disturbance)* incidente m.; ***border, diplomatic ~*** incidente di frontiera, diplomatico.
incidental /,ɪnsɪ'dentl/ **I** agg. **1** *(minor)* [*detail, remark*] incidentale, secondario; [*error*] marginale; ***to be ~ to*** essere connesso a *o* insito in [*job, activity*] **2** *(accidental)* accidentale, fortuito, casuale **II** n. fatto m. accessorio **III incidentals** n.pl. COMM. spese f. occasionali, accessorie.
incidental damages n.pl. DIR. danni m. indiretti.
incidental expenses n.pl. spese f. accessorie, extra.
incidentally /,ɪnsɪ'dentlɪ/ avv. **1** *(by the way)* a proposito, fra l'altro, tra parentesi; ***~, did you see...?*** a proposito, hai visto...? ***...who, ~, owes me £ 10*** ...che, tra l'altro, mi deve 10 sterline **2** *(as a by-product)* incidentalmente, casualmente.
incidental music n. musica f. di sottofondo.
incinerate /ɪn'sɪnəreɪt/ tr. incenerire.
incineration /ɪn,sɪnə'reɪʃn/ n. incenerimento m.
incinerator /ɪn'sɪnəreɪtə(r)/ n. *(industrial, domestic)* inceneritore m.; *(in crematorium)* forno m. crematorio.
incipient /ɪn'sɪpɪənt/ agg. [*disease, crisis, baldness*] incipiente.
incise /ɪn'saɪz/ tr. **1** *(cut)* incidere, tagliare **2** *(engrave)* intagliare.
incision /ɪn'sɪʒn/ n. *(notch)* intaglio m., incisione f.; MED. incisione f.
incisive /ɪn'saɪsɪv/ agg. [*remark*] incisivo, acuto; [*criticism*] tagliente, mordace; [*mind*] penetrante, acuto; [*style*] incisivo, efficace.
incisively /ɪn'saɪsɪvlɪ/ avv. incisivamente.
incisor /ɪn'saɪzə(r)/ n. (dente) incisivo m.
incite /ɪn'saɪt/ tr. ***to ~ violence*** incitare alla violenza; ***to ~ sb. to do*** istigare *o* spingere qcn. a fare.
incitement /ɪn'saɪtmənt/ n. incitamento m.
incl 1 ⇒ including incluso; ***£ 20,000 ~ bonuses*** 20.000 sterline, più incentivi **2** ⇒ inclusive comprensivo; ***£ 110 ~*** 110 sterline tutto compreso.
inclement /ɪn'klemənt/ agg. [*weather*] inclemente, avverso; [*climate*] rigido, avverso; [*judge*] inclemente.
inclination /,ɪŋklɪ'neɪʃn/ n. **1** *(tendency)* inclinazione f., tendenza f., propensione f. (**to, towards** a); ***lazy by ~*** pigro di natura; ***to follow one's own ~s*** seguire le proprie inclinazioni **2** *(desire)* voglia f. (**for** di); *(liking)* inclinazione f., simpatia f. (**for** per); ***to have an ~ to do*** avere voglia di fare **3** *(degree of slope)* inclinazione f., pendenza f.
1.incline /'ɪŋklaɪn/ n. *(slope)* inclinazione f., pendenza f., pendio m.
2.incline /ɪn'klaɪn/ **I** tr. **1** *(tilt)* inclinare [*mirror*]; *(bend)* chinare, inclinare [*head*] **2** FORM. *(persuade)* persuadere, indurre **II** intr. **1** *(tend)* ***to ~ to*** o ***towards*** [*ideas, politics*] tendere a [*extremism*]; ***to ~ to*** o ***towards severity*** avere la tendenza a essere severo; ***to ~ towards the opinion that*** propendere verso l'opinione che **2** *(lean)* [*tree, road*] pendere; [*person*] piegarsi, chinarsi.
inclined /ɪn'klaɪnd/ **I** p.pass. → **2.incline II** agg. ***to be ~ to do*** *(have tendency)* essere incline a fare; *(have desire)* avere voglia di fare; ***if you feel so ~*** se le va, se ne ha voglia; ***he was not ~ to listen*** non era propenso *o* disposto ad ascoltare; ***to be artistically ~*** essere portato per l'arte.
include /ɪn'klu:d/ tr. includere, comprendere; ***all the ministers, O'Connell ~d*** tutti i ministri, compreso O'Connell; ***the guests ~d Mr Brown*** tra gli ospiti c'era il signor Brown; ***£ 50 to ~ taxes*** 50 sterline incluse le tasse; ***your duties ~ answering the phone*** rispondere al telefono rientra nei tuoi compiti; ***does that ~ me?*** riguarda anche me?
including /ɪn'klu:dɪŋ/ prep. che include, comprensivo di, compreso, incluso; ***~ July*** compreso luglio; ***not ~ July*** senza contare luglio; ***up to and ~ Monday*** fino a lunedì compreso; ***~ service*** servizio compreso; ***~ Mary, not ~ Mary we'll be six*** contando Mary, senza contare Mary saremo in sei.
inclusion /ɪn'klu:ʒn/ n. inclusione f. (anche MAT.).
inclusive /ɪn'klu:sɪv/ agg. [*charge*] incluso, compreso; [*price*] inclusivo, comprensivo; [*terms*] tutto compreso; ***those aged 17-24 ~*** le persone dai 17 ai 24 anni compresi; ***prices are all-~*** i prezzi sono tutto compreso; ***the price ~ of delivery*** il prezzo comprensivo della consegna.
incognito /,ɪŋkɒg'ni:təʊ, AE ɪŋ'kɒgnətəʊ/ **I** agg. ***to be ~*** essere in incognito; ***to remain ~*** conservare l'incognito **II** avv. [*travel*] in incognito.
incoherence /,ɪŋkəʊ'hɪərəns/ n. incoerenza f.
incoherent /,ɪŋkəʊ'hɪərənt/ agg. incoerente.
income /'ɪŋkʌm/ n. reddito m., entrate f.pl.; ***an ~ of £ 1,000 per month*** un reddito mensile di 1.000 sterline; ***to be on an ~ of £ 20,000 per year*** avere un reddito di 20.000 sterline all'anno; ***to live beyond, within one's ~*** vivere al di sopra delle, secondo le proprie possibilità; ***low-~ households*** famiglie a basso reddito; ***earned ~*** reddito da lavoro; ***unearned ~*** reddito di capitali, rendita.
income bracket, **income group** n. fascia f. di reddito, categoria f. di contribuenti.
incomes policy n. politica f. dei redditi.
income tax n. imposta f. sul reddito.
income tax inspector ♦ *27* n. ispettore m. (-trice) delle imposte, del fisco.
incoming /'ɪnkʌmɪŋ/ agg. [*mail, call, aircraft*] in arrivo; [*president*] subentrante, nuovo; [*tide*] montante; ***this phone only takes ~ calls*** questo telefono può solo ricevere.
incommunicado /,ɪŋkə,mju:nɪ'kɑ:dəʊ/ **I** agg. *(by choice)* non rintracciabile, irreperibile; *(involuntarily)* segregato, senza possibilità di comunicare **II** avv. [*held*] in segregazione, in isolamento.
incomparable /ɪn'kɒmprəbl/ agg. incomparabile, impareggiabile, senza pari.
incomparably /ɪn'kɒmprəblɪ/ avv. incomparabilmente; ***~ the best*** di gran lunga il migliore.
incompatibility /,ɪŋkəm,pætə'bɪlətɪ/ n. incompatibilità f.
incompatible /,ɪŋkəm'pætɪbl/ agg. [*person, drug, computer*] incompatibile, non compatibile; [*idea, activity*] incompatibile, inconciliabile.
incompetence /ɪn'kɒmpɪtəns/, **incompetency** /ɪn'kɒmpɪtənsɪ/ n. **1** incompetenza f., incapacità f. **2** DIR. incompetenza f.
incompetent /ɪn'kɒmpɪtənt/ **I** agg. **1** [*doctor, government*] incompetente; [*work, performance*] pessimo, fatto in modo incompetente **2** DIR. [*person*] incompetente; [*witness*] incapace (di testimoniare); [*evidence*] inammissibile **II** n. incompetente m. e f., incapace m. e f.
incomplete /,ɪŋkəm'pli:t/ agg. *(unfinished)* [*work, building*] incompiuto, non finito; *(lacking parts)* [*collection*] incompleto; *(imperfect)* [*success*] parziale.
incompletely /,ɪŋkɒm'pli:tlɪ/ avv. parzialmente, in modo incompleto, incompiuto.
incomprehensible /ɪn,kɒmprɪ'hensəbl/ agg. [*reason*] incomprensibile; [*speech*] incomprensibile, indecifrabile.

incomprehension /ɪnˌkɒmprɪˈhenʃn/ n. incomprensione f.; ***to look at sb. in*** **~** guardare qcn. senza capire.
inconceivable /ˌɪŋkənˈsiːvəbl/ agg. inconcepibile, inimmaginabile.
inconceivably /ˌɪŋkənˈsiːvəblɪ/ avv. [*tall, difficult*] incredibilmente; **~ *lazy*** d'una pigrizia inconcepibile.
inconclusive /ˌɪŋkənˈkluːsɪv/ agg. [*meeting*] inconcludente; [*election*] non decisivo; [*evidence*] non probante, non convincente.
inconclusively /ˌɪŋkənˈkluːsɪvlɪ/ avv. [*end*] in modo inconcludente; [*argue*] in modo non convincente.
incongruity /ˌɪŋkɒŋˈgruːətɪ/ n. *(of behaviour)* sconvenienza f., inopportunità f.; *(of situation)* assurdità f.
incongruous /ɪnˈkɒŋgrʊəs/ agg. [*behaviour*] sconveniente, inopportuno; [*clothing*] inadatto; [*situation*] assurdo.
incongruously /ɪnˈkɒŋgrʊəslɪ/ avv. in modo sconveniente, bizzarro.
inconsequential /ɪnˌkɒnsɪˈkwenʃl/ agg. **1** *(unimportant)* insignificante, irrilevante **2** *(illogical)* inconseguente, illogico, incoerente.
inconsiderable /ˌɪŋkənˈsɪdrəbl/ agg. insignificante, trascurabile; ***not*** **~** non trascurabile.
inconsiderate /ˌɪŋkənˈsɪdərət/ agg. *(thoughtless)* [*person*] sconsiderato, sventato; [*remark, behaviour*] sconsiderato, avventato; *(impolite)* [*person*] irriguardoso.
inconsiderately /ˌɪŋkənˈsɪdərətlɪ/ avv. irriguardosamente, avventatamente.
inconsistency /ˌɪŋkənˈsɪstənsɪ/ n. *(of argument, work)* incoerenza f.
inconsistent /ˌɪŋkənˈsɪstənt/ agg. *(erratic)* [*work, behaviour, argument*] incoerente; [*attitude*] incostante, discontinuo; *(incompatible)* incompatibile.
inconsolable /ˌɪŋkənˈsəʊləbl/ agg. inconsolabile.
inconspicuous /ˌɪŋkənˈspɪkjʊəs/ agg. [*person*] che passa inosservato, non appariscente; [*clothing*] non vistoso, non appariscente; [*place*] che non si nota.
inconspicuously /ˌɪŋkənˈspɪkjʊəslɪ/ avv. in modo non appariscente, sobrio, discreto.
inconstancy /ɪnˈkɒnstənsɪ/ n. *(unfaithfulness)* incostanza f., volubilità f.; *(discontinuity)* mutevolezza f., instabilità f.
inconstant /ɪnˈkɒnstənt/ agg. [*lover*] incostante, volubile; [*conditions*] instabile, variabile.
incontestable /ˌɪŋkənˈtestəbl/ agg. incontestabile.
incontinence /ɪnˈkɒntɪnəns/ ➧ ***11*** n. incontinenza f.
incontinent /ɪnˈkɒntɪnənt/ agg. incontinente.
incontrovertible /ˌɪŋkɒntrəˈvɜːtəbl/ agg. [*evidence, sign*] incontrovertibile, inconfutabile; [*argument, statement*] incontestabile, inoppugnabile.
incontrovertibly /ˌɪŋkɒntrəˈvɜːtəblɪ/ avv. [*true, wrong*] incontestabilmente, indiscutibilmente; [*demonstrate*] in modo inconfutabile.
1.inconvenience /ˌɪŋkənˈviːnɪəns/ n. **1** *(trouble)* fastidio m., disturbo m., noia f.; ***to put sb. to great*** **~** dare *o* arrecare molto disturbo a qcn.; ***I don't want to cause you any*** **~** non vorrei arrecarle disturbo **2** *(disadvantage)* inconveniente m., svantaggio m.
2.inconvenience /ˌɪŋkənˈviːnɪəns/ tr. disturbare, incomodare.
inconvenient /ˌɪŋkənˈviːnɪənt/ agg. **1** [*location, arrangement, device*] scomodo; [*time*] scomodo, inopportuno; ***if it's not*** **~** se non le reca disturbo **2** EUFEM. *(embarrassing)* [*fact, incident*] sconveniente, disdicevole.
inconveniently /ˌɪŋkənˈviːnɪəntlɪ/ avv. scomodamente, in modo poco pratico.
incorporate /ɪnˈkɔːpəreɪt/ **I** tr. **1** *(make part of sth.)* incorporare (**into** in) **2** *(contain)* comprendere, includere **3** COMM. DIR. costituire [*society*] **II** intr. COMM. DIR. costituire una società commerciale.
incorporated /ɪnˈkɔːpəreɪtɪd/ **I** p.pass. → **incorporate II** agg. ***Smith and Brown Incorporated*** Smith e Brown S.p.A.
incorporation /ɪnˌkɔːpəˈreɪʃn/ n. **1** incorporazione f. (**into** in); ***to collect information for*** **~** ***into sth.*** raccogliere informazioni per inserirle in qcs. **2** DIR. costituzione f. (di una società).
incorporeal /ˌɪŋkɔːˈpɔːrɪəl/ agg. incorporeo.
incorrect /ˌɪŋkəˈrekt/ agg. **1** *(false, inaccurate)* scorretto, impreciso **2** *(unsuitable)* sconveniente, non appropriato.
incorrectly /ˌɪŋkəˈrektlɪ/ avv. scorrettamente, erroneamente.
incorrectness /ˌɪŋkəˈrektnɪs/ n. **1** *(falseness)* scorrettezza f., imprecisione f. **2** *(unsuitableness)* sconvenienza f., (l')essere inadatto.
incorrigible /ɪnˈkɒrɪdʒəbl, AE -ˈkɔːr-/ agg. incorreggibile.
incorruptible /ˌɪŋkəˈrʌptəbl/ agg. incorruttibile.
1.increase /ˈɪŋkriːs/ n. **1** *(in amount)* aumento m., incremento m., crescita f. (**in** di); ***price*** **~** aumento di prezzo; ***an*** **~** ***of 5%, a 5%*** **~** un aumento del 5% **2** *(in degree)* aumento m., crescita f.; ***to be on the*** **~** essere in aumento *o* crescita.
2.increase /ɪnˈkriːs/ **I** tr. **1** aumentare [*offer, temperature, risk, chances*]; aumentare, incrementare [*sales*]; allungare [*life expectancy*]; ***to*** **~** ***sth. by*** aumentare qcs. di [*percentage*]; ***to*** **~** ***sth. to*** aumentare qcs. fino a **2** *(in knitting)* aumentare di [*stitch*] **II** intr. **1** [*sales, volume, workload*] aumentare, crescere; [*appetite*] aumentare; ***to*** **~** ***by*** aumentare di [*percentage*]; ***to*** **~** ***in number, value*** aumentare di numero, valore; ***to*** **~** ***in size*** ingrandirsi; ***to*** **~** ***from... to*** aumentare *o* crescere da... a **2** *(in knitting)* aumentare.
increased /ɪnˈkriːst/ **I** p.pass. → **2.increase II** agg. [*demand, probability*] maggiore; [*attacks*] più frequente.
increasing /ɪnˈkriːsɪŋ/ agg. [*prices*] in aumento; [*number*] in aumento, crescente.
increasingly /ɪŋˈkriːsɪŋlɪ/ avv. sempre più, in misura crescente.
incredible /ɪnˈkredəbl/ agg. **1** *(unbelievable)* incredibile **2** COLLOQ. *(wonderful)* incredibile, straordinario.
incredibly /ɪnˈkredəblɪ/ avv. **1** *(astonishingly)* incredibilmente, incredibile a dirsi **2** COLLOQ. *(extremely)* incredibilmente, terribilmente.
incredulity /ˌɪŋkrɪˈdjuːlətɪ, AE -ˈduː-/ n. incredulità f.
incredulous /ɪnˈkredjʊləs, AE -dʒə-/ agg. incredulo; ***he was*** **~** ***at the news*** non credeva alla notizia; ***I was*** **~** ***that*** non riuscivo a credere che.
incredulously /ɪnˈkredjʊləslɪ, AE -dʒə-/ avv. [*ask*] con tono incredulo; [*look*] con aria incredula.
1.increment /ˈɪŋkrəmənt/ n. **1** *(on salary)* aumento m., scatto m. **2** *(addition)* aumento m. **3** INFORM. MAT. incremento m.
2.increment /ˈɪŋkrəmənt/ tr. **1** ECON. aumentare [*salary*] **2** INFORM. MAT. incrementare.
incremental /ˌɪŋkrəˈmentl/ agg. **1** INFORM. MAT. [*backup*] incrementale; [*computer*] differenziale **2** *(increasing)* [*benefit*] cumulativo; [*measures*] progressivo.
incriminate /ɪnˈkrɪmɪneɪt/ tr. ***to*** **~** ***sb. in*** incriminare qcn. per, accusare qcn. di [*crime*].
incriminating /ɪnˈkrɪmɪneɪtɪŋ/ agg. DIR. [*document, evidence*] incriminante.
incrimination /ɪnˌkrɪmɪˈneɪʃn/ n. incriminazione f.
in-crowd /ˈɪnkraʊd/ n. COLLOQ. ***to be in with the*** **~** fare parte della gente giusta.
incrust → **encrust**.
incrustation /ˌɪŋkrʌˈsteɪʃn/ n. *(of shells, gems)* incrostazione f., strato m.; *(of salt)* incrostazione f., deposito m.
incubate /ˈɪŋkjʊbeɪt/ **I** tr. **1** [*hen*] covare **2** incubare, tenere in incubazione [*bacteria, culture*] **II** intr. **1** [*eggs, bacteria*] essere in incubazione; ***to take two weeks to*** **~** [*disease*] avere due settimane di incubazione **2** FIG. [*plan*] essere in incubazione.
incubation /ˌɪŋkjʊˈbeɪʃn/ n. incubazione f. (anche FIG.).
incubator /ˈɪŋkjʊbeɪtə(r)/ n. *(for child, eggs)* incubatrice f.; *(for bacteria)* stufa f. termostatica.
inculcate /ˈɪnkʌlkeɪt, AE ɪnˈkʌl-/ tr. ***to*** **~** ***sth. in sb.,*** **~** ***sb. with sth.*** inculcare qcs. in qcn.
incumbency /ɪnˈkʌmbənsɪ/ n. FORM. permanenza f. in carica.
incumbent /ɪnˈkʌmbənt/ **I** n. FORM. **1** AMM. POL. titolare m. e f. di una carica; *(minister)* ministro m. (in carica) **2** *(in Anglican Church)* titolare m. di un beneficio ecclesiastico **II** agg. **1** *(morally)* ***to be*** **~** ***on*** o ***upon sb. to do*** incombere *o* toccare a qcn. fare **2** *(in office)* [*minister*] in carica.
incur /ɪnˈkɜː(r)/ tr. (forma in -ing ecc. **-rr-**) **1** COMM. ECON. contrarre [*debts*]; incorrere in, subire [*loss*]; sostenere, accollarsi [*expense*]; esporsi a [*risk*]; incorrere in [*penalty*] **2** *(bring down)* attirarsi, tirarsi addosso [*wrath*].

incurable /ɪn'kjʊərəbl/ **I** agg. [*disease*] incurabile; FIG. [*optimist*] inguaribile **II** n. malato m. (-a) incurabile, malato m. (-a) cronico (-a).

incurably /ɪn'kjʊərəblɪ/ avv. ***to be ~ ill*** soffrire d'un male incurabile; ***to be ~ romantic*** FIG. essere un inguaribile romantico.

incurious /ɪn'kjʊərɪəs/ agg. non curioso, indifferente.

incursion /ɪn'kɜːʃn, AE -ʒn/ n. irruzione f., invasione f.; MIL. incursione f., scorreria f. (**into** in).

indebted /ɪn'detɪd/ agg. **1** *(grateful)* ***to be ~ to sb.*** essere grato a *o* sentirsi obbligato verso qcn. **2** ECON. [*company, country*] indebitato.

indecency /ɪn'diːsnsɪ/ n. **1** *(lack of decency)* indecenza f. **2** DIR. oltraggio m. al pudore; ***gross ~*** abuso sessuale.

indecent /ɪn'diːsnt/ agg. **1** *(offensive)* indecente, osceno **2** *(inappropriate)* [*haste*] sconveniente, esagerato.

indecent assault n. atti m.pl. di libidine violenta (**on** contro).

indecent exposure n. oltraggio m. al pudore, esibizionismo m. sessuale.

indecently /ɪn'diːsntlɪ/ avv. **1** *(offensively)* [*behave, dress*] in modo indecente, sconcio **2** *(inappropriately)* ***~ soon*** con una velocità sconveniente; ***~ early*** esageratamente presto.

indecipherable /ˌɪndɪ'saɪfrəbl/ agg. indecifrabile.

indecision /ˌɪndɪ'sɪʒn/ n. indecisione f., esitazione f.

indecisive /ˌɪndɪ'saɪsɪv/ agg. [*person*] indeciso; [*reply, result, election*] incerto; [*battle*] non decisivo.

indecisively /ˌɪndɪ'saɪsɪvlɪ/ avv. [*reply*] con tono indeciso; [*behave*] in modo indeciso.

indecisiveness /ˌɪndɪ'saɪsɪvnɪs/ n. *(of person)* (l')essere indeciso, incerto; *(of battle)* (l')essere non decisivo.

indecorous /ɪn'dekərəs/ agg. FORM. indecoroso, disdicevole.

indeed /ɪn'diːd/ avv. **1** *(certainly)* davvero, proprio, effettivamente; ***there had ~ been a plot*** c'è stato davvero un complotto; ***"it's unfair" - "~!"*** "è ingiusto" - "davvero!"; ***"are you interested?" - "~ I am!"*** o ***"yes ~!"*** "ti interessa?" - "certo (che mi interessa)!"; ***"can you see it from there?" - "~ you can"*** o ***"you can ~"*** "si vede da là?" - "certo" **2** *(in fact)* anzi; ***he was a colleague, ~ a friend*** era un collega, o meglio, un amico **3** *(for emphasis)* davvero, proprio, veramente; ***thank you very much ~*** grazie mille **4** IRON. *(expressing surprise)* ***"he knows you" - "does he ~?"*** "ti conosce" - "ah sì?" *o* "davvero?"; ***a bargain ~!*** COLLOQ. proprio un bell'affare! ***"why did he do it?" - "why ~?"*** "perché l'ha fatto?" "già, perché?".

indefatigable /ˌɪndɪ'fætɪgəbl/ agg. infaticabile, instancabile, indefesso.

indefensible /ˌɪndɪ'fensəbl/ agg. **1** *(morally)* [*crime*] imperdonabile; [*behaviour*] imperdonabile, inammissibile; [*severity*] ingiustificabile **2** *(logically)* [*reasoning, cause*] indifendibile, insostenibile **3** MIL. [*position*] indifendibile.

indefinable /ˌɪndɪ'faɪnəbl/ agg. indefinibile.

indefinably /ˌɪndɪ'faɪnəblɪ/ avv. indefinibilmente, vagamente.

indefinite /ɪn'defɪnət/ agg. **1** *(vague)* [*idea, answer*] vago; [*emotion*] indefinito, inesprimibile **2** *(without limits)* [*period*] illimitato; [*delay*] imprecisato; [*number*] imprecisato, indeterminato; SPORT [*ban*] a tempo indeterminato **3** LING. [*article*] indeterminativo.

indefinitely /ɪn'defɪnətlɪ/ avv. [*last, stay*] indefinitamente; [*postpone, ban*] a tempo indeterminato.

indelible /ɪn'deləbl/ agg. [*ink, mark*] indelebile; FIG. [*memory*] indelebile, incancellabile.

indelibly /ɪn'deləblɪ/ avv. [*marked*] indelebilmente; FIG. [*impressed*] indelebilmente, in modo permanente.

indelicacy /ɪn'delɪkəsɪ/ n. *(tactlessness)* indelicatezza f.; *(coarseness)* rozzezza f.

indelicate /ɪn'delɪkət/ agg. *(tactless)* [*action, remark*] indelicato; *(coarse)* [*comment, act*] rozzo.

indemnification /ɪnˌdemnɪfɪ'keɪʃn/ n. **1** *(protection)* assicurazione f. **2** *(compensation)* indennizzo m., risarcimento m. (**for** di).

indemnify /ɪn'demnɪfaɪ/ tr. **1** *(protect)* assicurare **2** *(compensate)* indennizzare, risarcire (**for** di).

indemnity /ɪn'demnətɪ/ n. **1** *(protection)* assicurazione f. **2** *(payment)* indennità f., indennizzo m. **3** DIR. *(exemption)* esenzione f.

1.indent /'ɪndent/ n. **1** BE COMM. ordinativo m.; ***to place an ~ for goods*** fare un'ordinazione di merci **2** TIP. (anche **indentation**) capoverso m. rientrato **3** *(incision)* tacca f., dentellatura f.

2.indent /ɪn'dent/ **I** tr. **1** TIP. (fare) rientrare [*line, text, word, paragraph*] **2** intaccare, dentellare [*edge*] **II** intr. BE COMM. fare un'ordinazione; ***to ~ on a supplier for goods*** ordinare merci a un fornitore.

indentation /ˌɪnden'teɪʃn/ n. **1** *(dent)* incavo m., solco m.; *(in metal)* intaccatura f., tacca f. **2** *(in coastline)* *(action)* frastagliamento m.; *(inlet)* frastagliatura f., insenatura f.

indented /ɪn'dentɪd/ **I** p.pass. → **2.indent II** agg. **1** TIP. [*paragraph*] rientrato **2** [*coastline*] frastagliato; [*edge*] dentellato.

indenture /ɪn'dentʃə(r)/ **I** n. DIR. atto m., contratto m. sinallagmatico **II indentures** n.pl. STOR. contratto m.sing. di apprendistato.

independence /ˌɪndɪ'pendəns/ n. indipendenza f.

Independence Day n. US = il 4 luglio, giorno dell'anniversario della proclamazione dell'indipendenza americana, avvenuta nel 1776.

independent /ˌɪndɪ'pendənt/ **I** agg. **1** *(self-reliant)* [*person*] indipendente (**of** da); ***~ means, an ~ income*** mezzi che consentono di vivere di rendita **2** POL. [*country*] indipendente (**of** da) **3** *(impartial)* [*observer, inquiry*] indipendente, imparziale; [*evidence*] oggettivo **4** *(unconnected)* ***~ surveys give the same result*** sondaggi diversi danno lo stesso risultato **5** *(not part of an organization)* [*candidate, newspaper*] indipendente **6** *(not state run)* [*school, hospital, television*] privato **II** n. **1** POL. indipendente m. e f. **2** *(film company)* produttore m. (-trice) indipendente; *(record company)* etichetta f. discografica indipendente.

independently /ˌɪndɪ'pendəntlɪ/ avv. **1** *(without help)* in modo indipendente **2** *(separately)* [*administer, research*] in modo indipendente, individualmente; ***~ of*** indipendentemente da **3** *(impartially)* [*monitored, confirmed*] da un'autorità indipendente, al di sopra delle parti.

in-depth /ˌɪn'depθ/ agg. [*analysis, interview, knowledge*] approfondito; [*guide*] dettagliato.

indescribable /ˌɪndɪ'skraɪbəbl/ agg. indescrivibile.

indescribably /ˌɪndɪ'skraɪbəblɪ/ avv. [*dirty, beautiful, boring*] incredibilmente; ***he felt ~ happy*** provava una gioia indescrivibile.

indestructible /ˌɪndɪ'strʌktəbl/ agg. indistruttibile.

indeterminate /ˌɪndɪ'tɜːmɪnət/ agg. indeterminato, impreciso, vago.

1.index /'ɪndeks/ n. (pl. **~es, -ices**) **1** *(of book)* indice m.; ***thumb ~*** indice a tacche a semicerchio *o* a unghiatura **2** *(catalogue)* catalogo m., schedario m.; ***author ~*** catalogo *o* indice per autori; ***card ~*** schedario **3** MAT. *(of power)* esponente m.; *(of radical)* indice m. **4** ECON. indice m.; ***cost-of-living ~*** BE indice del costo della vita; ***consumer price ~*** AE indice dei prezzi al consumo; ***share*** o ***stock ~*** indice di borsa **5** FIS. INFORM. indice m. **6** *(indication)* indice m., indicazione f.

2.index /'ɪndeks/ **I** tr. **1** fornire di indice [*book*]; inserire in un indice [*word*] **2** *(catalogue)* catalogare, classificare [*article, book, data*] (**under** in) **3** ECON. INFORM. indicizzare **II** intr. creare un indice.

indexation /ˌɪndek'seɪʃn/ n. ECON. indicizzazione f.

index card n. scheda f.

index finger ➧ *2* n. (dito) indice m.

index-link /'ɪndeksˌlɪŋk/ tr. ECON. indicizzare.

index-linked /'ɪndeksˌlɪŋkt/ **I** p.pass. → **index-link II** agg. ECON. indicizzato.

India /'ɪndɪə/ ➧ *6* n.pr. India f.

India ink n. AE → **Indian ink**.

Indian /'ɪndɪən/ ➧ *18, 14* **I** agg. **1** *(of India)* dell'India, indiano **2** *(American)* [*tribe, village*] indiano; [*culture*] amerindio, degli indiani d'America **II** n. **1** *(from India)* indiano m. (-a) **2** *(American)* indiano m. (-a), amerindio m. (-a).

Indian corn n. AE granoturco m.

Indian elephant n. elefante m. indiano.

Indian file n. fila f. indiana.

Indian ink n. BE inchiostro m. di china.
Indian Ocean ➧ *20* n.pr. oceano m. Indiano.
Indian summer n. estate f. di san Martino (anche FIG.).
Indian wrestling ➧ *10* n. AE braccio m. di ferro.
indicate /ˈɪndɪkeɪt/ **I** tr. **1** *(show)* indicare, mostrare, segnalare **2** *(recommend)* ***to be ~d*** essere necessario *o* richiesto **3** *(make known)* fare sapere, rivelare [*intentions, feelings*] **II** intr. [*driver*] mettere la freccia, indicare il cambio di direzione; [*cyclist*] fare segno di svolta.
indication /ˌɪndɪˈkeɪʃn/ n. indicazione f., indice m., segno m.; ***clear ~ of economic recovery*** chiaro segnale della ripresa economica; ***to be an ~ of*** essere un'indicazione di, indicare; ***it is an ~ that*** è segno che; ***to give no ~ of who, how*** [*person, letter*] non dare indicazione di *o* non rivelare chi, come; ***there is every ~ that, all the ~s are that*** tutto sta a indicare *o* porta a credere che.
indicative /ɪnˈdɪkətɪv/ **I** agg. **1** ***to be ~ of*** essere indice *o* segno di **2** LING. indicativo **II** n. LING. indicativo m.; ***in the ~*** all'indicativo.
indicator /ˈɪndɪkeɪtə(r)/ n. **1** *(pointer)* lancetta f.; *(device)* indicatore m. (anche FIG.) **2** FERR. (anche **~ board**) tabellone m. **3** AUT. indicatore m. di direzione, freccia f. **4** CHIM. indicatore m. **5** LING. deittico m.
indices /ˈɪndɪsiːz/ → **1.index**.
indict /ɪnˈdaɪt/ tr. DIR. mettere in stato d'accusa, incriminare.
indictable /ɪnˈdaɪtəbl/ agg. DIR. [*act, person*] incriminabile, imputabile; [*offence*] perseguibile.
indictment /ɪnˈdaɪtmənt/ n. **1** DIR. *(written)* atto m. d'accusa, accusa f. scritta; *(spoken)* accusa f.; ***under ~ for murder*** sotto accusa per omicidio **2** *(action of indicting)* messa f. in stato d'accusa.
indie /ˈɪndɪ/ **I** n. CINEM. MUS. COLLOQ. indie f., produttore m. indipendente **II** agg. CINEM. MUS. COLLOQ. indipendente.
indifference /ɪnˈdɪfrəns/ n. indifferenza f. (**to, towards** verso, nei confronti di); ***it is a matter of ~ to him*** lo lascia indifferente.
indifferent /ɪnˈdɪfrənt/ agg. **1** *(uninterested)* indifferente (**to, as to** a, verso, nei confronti di); *(to charms)* insensibile (**to** a) **2** *(mediocre)* mediocre.
indifferently /ɪnˈdɪfrəntlɪ/ avv. **1** *(without caring)* con indifferenza **2** *(equally)* indifferentemente **3** *(not well)* mediocremente.
indigence /ˈɪndɪdʒəns/ n. FORM. indigenza f.
indigenous /ɪnˈdɪdʒɪnəs/ agg. indigeno (**to** di).
indigent /ˈɪndɪdʒənt/ agg. FORM. indigente.
indigestible /ˌɪndɪˈdʒestəbl/ agg. indigeribile, indigesto (anche FIG.).
indigestion /ˌɪndɪˈdʒestʃn/ n. indigestione f.; ***to suffer from ~*** soffrire di cattiva digestione.
indignant /ɪnˈdɪɡnənt/ agg. indignato, sdegnato (**at, about, over** da, per); ***to become*** o ***get ~*** indignarsi (**at, about** per).
indignantly /ɪnˈdɪɡnəntlɪ/ avv. [*say*] con indignazione; [*leave*] con aria indignata.
indignation /ˌɪndɪɡˈneɪʃn/ n. indignazione f., sdegno m. (**at** per; **over, about** per, riguardo a; **with** contro).
indignity /ɪnˈdɪɡnətɪ/ n. oltraggio m., trattamento m. indegno.
indigo /ˈɪndɪɡəʊ/ ➧ *5* **I** n. (pl. **~s, ~es**) indaco m. **II** agg. indaco.
indirect /ˌɪndɪˈrekt, -daɪˈr-/ agg. **1** indiretto **2** LING. [*speech, question*] indiretto.
indirectly /ˌɪndɪˈrektlɪ, -daɪˈr-/ avv. indirettamente.
indirect tax n. imposta f. indiretta.
indiscernible /ˌɪndɪˈsɜːnəbl/ agg. indiscernibile, impercettibile.
indiscipline /ɪnˈdɪsɪplɪn/ n. indisciplina f.
indiscreet /ˌɪndɪˈskriːt/ agg. indiscreto, indelicato.
indiscretion /ˌɪndɪˈskreʃn/ n. indiscrezione f.
indiscriminate /ˌɪndɪˈskrɪmɪnət/ agg. *(generalized)* indiscriminato, generalizzato; *(not fussy)* che non discrimina, che non va per il sottile; ***to be ~ in*** scegliere a caso tra.
indiscriminately /ˌɪndɪˈskrɪmɪnətlɪ/ avv. *(without distinction)* indiscriminatamente, confusamente; *(uncritically)* senza discriminare, a caso.
indispensable /ˌɪndɪˈspensəbl/ agg. indispensabile.
indisposed /ˌɪndɪˈspəʊzd/ agg. FORM. **1** *(ill)* indisposto **2** *(unwilling)* maldisposto, poco incline (**to do** a fare).
indisposition /ˌɪndɪspəˈzɪʃn/ n. FORM. **1** *(illness)* indisposizione f. **2** *(unwillingness)* avversione f., indisponibilità f., riluttanza f.
indisputable /ˌɪndɪˈspjuːtəbl/ agg. [*champion*] indiscusso; [*fact*] indiscutibile, incontestabile; [*logic*] inconfutabile, inoppugnabile.
indisputably /ˌɪndɪˈspjuːtəblɪ/ avv. indiscutibilmente.
indissolubility /ˌɪndɪˌsɒljʊˈbɪlətɪ/ n. indissolubilità f.
indissoluble /ˌɪndɪˈsɒljʊbl/ agg. indissolubile.
indistinct /ˌɪndɪˈstɪŋkt/ agg. [*sound*] indistinto; [*memory*] vago; [*photograph*] sfocato.
indistinctly /ˌɪndɪˈstɪŋktlɪ/ avv. [*see, hear*] indistintamente; [*remember*] vagamente.
indistinguishable /ˌɪndɪˈstɪŋɡwɪʃəbl/ agg. **1** *(identical)* indistinguibile **2** *(indiscernible)* indistinguibile, indiscernibile, impercettibile.
individual /ˌɪndɪˈvɪdʒʊəl/ **I** agg. **1** *(for or from one person)* [*effort, freedom, portion, tuition*] individuale; [*comfort, attitude*] personale **2** *(taken separately)* ***each ~ article*** ogni singolo articolo **3** *(idiosyncratic)* personale, caratteristico **II** n. individuo m. (anche SPREG.).
individualism /ˌɪndɪˈvɪdʒʊəlɪzəm/ n. individualismo m.
individualist /ˌɪndɪˈvɪdʒʊəlɪst/ n. individualista m. e f.
individualistic /ˌɪndɪˌvɪdʒʊəˈlɪstɪk/ agg. individualistico.
individuality /ˌɪndɪˌvɪdʒʊˈælətɪ/ n. individualità f.
individualize /ˌɪndɪˈvɪdʒʊəlaɪz/ tr. personalizzare [*gift, clothing*]; individualizzare [*teaching*].
individually /ˌɪndɪˈvɪdʒʊəlɪ/ avv. *(personally)* individualmente, personalmente; *(one at a time)* singolarmente; ***each item is ~ priced*** il prezzo è su ogni articolo.
indivisibility /ˌɪndɪˌvɪzɪˈbɪlətɪ/ n. indivisibilità f.
indivisible /ˌɪndɪˈvɪzəbl/ agg. indivisibile (anche MAT. FIS.).
Indochina /ˌɪndəʊˈtʃaɪnə/ n.pr. Indocina f.
Indochinese /ˌɪndəʊtʃaɪˈniːz/ **I** agg. indocinese **II** n. indocinese m. e f.
indoctrinate /ɪnˈdɒktrɪneɪt/ tr. indottrinare (**with** in).
indoctrination /ɪnˌdɒktrɪˈneɪʃn/ n. indottrinamento m.
Indo-European /ˌɪndəʊˌjʊərəˈpɪən/ **I** agg. indoeuropeo **II** n. indoeuropeo m.
indolence /ˈɪndələns/ n. indolenza f.
indolent /ˈɪndələnt/ agg. indolente.
indomitable /ɪnˈdɒmɪtəbl/ agg. indomabile, indomito.
Indonesian /ˌɪndəʊˈniːzjən/ **I** agg. indonesiano **II** ➧ *18, 14* n. **1** *(person)* indonesiano m. (-a) **2** *(language)* indonesiano m.
indoor /ˈɪndɔː(r)/ agg. [*activity*] al coperto, al chiuso; [*sport, competition*] indoor; [*pool, tennis court*] coperto; [*lavatory*] in casa; [*photography*] d'interni; [*plant*] da appartamento; [*shoes*] da casa.
indoors /ˌɪnˈdɔːz/ avv. all'interno, dentro; *(at home)* a casa; ***~ and outdoors*** dentro e fuori; ***to go ~*** andare dentro, entrare.
indubitable /ɪnˈdjuːbɪtəbl, AE -ˈduː-/ agg. indubitabile.
induce /ɪnˈdjuːs, AE -ˈduːs/ tr. **1** *(persuade)* indurre, persuadere; *(stronger)* istigare (**to** a; **to do** a fare) **2** *(bring about)* indurre, provocare [*emotion, response*] **3** MED. ***to ~ labour*** indurre *o* provocare il travaglio **4** EL. indurre.
inducement /ɪnˈdjuːsmənt, AE -ˈduː-/ n. **1** *(promised reward)* offerta f., incentivo m.; EUFEM. *(bribe)* bustarella f., tangente f. **2** U *(incentive)* stimolo m., incentivo m.
induct /ɪnˈdʌkt/ tr. **1** *(inaugurate)* investire, ordinare [*priest*]; investire, insediare [*president*] **2** AE MIL. arruolare, reclutare.
induction /ɪnˈdʌkʃn/ n. **1** EL. FILOS. TECN. induzione f. **2** MED. *(of labour)* induzione f., stimolazione f. del travaglio **3** *(inauguration)* investitura f. **4** AE MIL. reclutamento m.
induction ceremony n. cerimonia f. di investitura.
induction course n. BE corso m. introduttivo.
inductive /ɪnˈdʌktɪv/ agg. induttivo.
indulge /ɪnˈdʌldʒ/ **I** tr. **1** *(satisfy)* appagare [*whim, desire*]; soddisfare [*passion*] **2** *(humour)* viziare, darla vinta a [*child*]; assecondare [*adult*] **II** intr. concedersi, permettersi; EUFEM. *(drink)* concedersi un goccio; ***to ~ in*** lasciarsi andare a [*speculation*]; abbandonarsi a [*nostalgia*]; concedersi [*food, wine*] **III** rifl. ***to ~ oneself*** indulgere (**in** a); ***to ~ oneself in*** o **with** concedersi [*luxury*].

indulgence /ɪn'dʌldʒəns/ n. **1** *(tolerance)* indulgenza f. (**towards** verso, nei confronti di; **for** per) **2** *(act of indulging)* ***~ in food*** (il) gratificarsi con il cibo; ***~ in nostalgia*** (il) lasciarsi andare alla nostalgia **3** *(luxury)* ***it is my one ~*** è la mia unica debolezza **4** *(enjoyment)* piacere m., lusso m. **5** RELIG. indulgenza f.

indulgent /ɪn'dʌldʒənt/ agg. indulgente (**to**, **towards** verso, nei confronti di).

indulgently /ɪn'dʌldʒəntlɪ/ avv. con indulgenza.

industrial /ɪn'dʌstrɪəl/ agg. [*city, area, sector, size, engineering*] industriale; [*accident, safety*] sul lavoro; [*medicine, tribunal*] del lavoro; [*worker*] dell'industria; [*nation*] industrializzato; [*tool*] industriale, per l'industria; ***~ estate*** BE o ***park*** zona industriale.

industrial action n. BE agitazione f. sindacale; *(strike)* sciopero m.

industrial arts n.pl. AE SCOL. = corsi di preparazione tecnico-industriale.

industrial design n. design m. industriale, industrial design m.

industrial designer ♦ *27* n. designer m. e f. (industriale), industrial designer m. e f.

industrial disease n. malattia f. professionale.

industrial dispute n. conflitto m. di lavoro, vertenza f. sindacale.

industrialist /ɪn'dʌstrɪəlɪst/ n. industriale m. e f.

industrialization /ɪnˌdʌstrɪəlaɪ'zeɪʃn, AE -lɪ'z-/ n. industrializzazione f.

industrialize /ɪn'dʌstrɪəlaɪz/ tr. industrializzare.

industrial relations n.pl. = relazioni tra sindacati e datore di lavoro.

industrial-strength /ɪnˌdʌstrɪəl'streŋθ/ agg. per applicazione industriale.

industrial unrest n. conflittualità f. sindacale.

industrial vehicle n. veicolo m. commerciale.

industrial waste n. rifiuti m.pl. industriali.

industrious /ɪn'dʌstrɪəs/ agg. industrioso, laborioso.

industriously /ɪn'dʌstrɪəslɪ/ avv. industriosamente, laboriosamente.

industriousness /ɪn'dʌstrɪəsnɪs/ n. industriosità f., laboriosità f.

industry /'ɪndəstrɪ/ n. **1** industria f.; ***heavy ~*** industria pesante; ***the catering ~*** l'industria della ristorazione; ***the oil ~*** l'industria petrolifera; ***the Joyce ~*** FIG. SPREG. il filone Joyce **2** FORM. *(diligence)* industriosità f., laboriosità f.

inebriate /ɪ'ni:brɪeɪt/ tr. inebriare, ubriacare.

inebriation /ɪˌni:brɪ'eɪʃn/, **inebriety** /ˌɪni:'braɪətɪ/ n. FORM. ebbrezza f., ubriachezza f.

inedible /ɪn'edɪbl/ agg. [*meal*] immangiabile; [*plants*] non commestibile.

ineffable /ɪn'efəbl/ agg. ineffabile.

ineffective /ˌɪnɪ'fektɪv/ agg. [*method*] inefficace; [*worker*] incapace, inefficiente.

ineffectively /ˌɪnɪ'fektɪvlɪ/ avv. [*try*] invano; [*teach*] inefficacemente, senza successo.

ineffectiveness /ˌɪnɪ'fektɪvnɪs/ n. inefficacia f.

ineffectual /ˌɪnɪ'fektʃʊəl/ agg. [*person*] incapace; [*policy*] inefficace; [*attempt*] vano; [*gesture*] inutile.

ineffectually /ˌɪnɪ'fektʃʊəlɪ/ avv. inefficacemente, invano.

inefficiency /ˌɪnɪ'fɪʃnsɪ/ n. **1** *(lack of organization)* inefficienza f.; *(incompetence)* incompetenza f. **2** *(of method, system)* inefficacia f.

inefficient /ˌɪnɪ'fɪʃnt/ agg. **1** *(disorganized)* inefficiente; *(incompetent)* incompetente **2** [*method, system*] inefficace.

inefficiently /ˌɪnɪ'fɪʃntlɪ/ avv. [*work*] in modo inefficiente; [*perform task*] in modo incompetente.

inelegant /ˌɪn'elɪgənt/ agg. inelegante.

ineligible /ɪn'elɪdʒəbl/ agg. ***to be ~*** *(for job)* non essere idoneo; *(for election)* essere ineleggibile; *(for pension, benefit)* non avere diritto; ***to be ~ to vote*** non avere il diritto di voto.

ineluctable /ˌɪnɪ'lʌktəbl/ agg. ineluttabile.

inept /ɪ'nept/ agg. **1** *(incompetent)* inetto, incapace **2** *(tactless)* inopportuno, fuori luogo.

ineptitude /ɪ'neptɪtju:d, AE -tu:d/, **ineptness** /ɪ'neptnɪs/ n. **1** *(inefficiency)* inettitudine f. **2** *(tactlessness)* inopportunità f.

ineptly /ɪ'neptlɪ/ avv. **1** *(inefficiently)* in modo inetto **2** *(tactlessly)* inopportunamente.

inequality /ˌɪnɪ'kwɒlətɪ/ n. disuguaglianza f.

inequitable /ɪn'ekwɪtəbl/ agg. iniquo, ingiusto.

inequity /ɪn'ekwətɪ/ n. iniquità f., ingiustizia f.

ineradicable /ˌɪnɪ'rædɪkəbl/ agg. inestirpabile.

inert /ɪ'nɜ:t/ agg. inerte (anche CHIM. FIS.).

inertia /ɪ'nɜ:ʃə/ n. inerzia f. (anche FIS.).

inescapable /ˌɪnɪ'skeɪpəbl/ agg. inevitabile, inesorabile.

inessential /ˌɪnɪ'senʃl/ agg. non essenziale, trascurabile.

inestimable /ˌɪn'estɪməbl/ agg. inestimabile.

inevitable /ɪn'evɪtəbl/ **I** agg. inevitabile **II** n. ***the ~*** l'inevitabile.

inevitably /ɪn'evɪtəblɪ/ avv. inevitabilmente.

inexact /ˌɪnɪg'zækt/ agg. inesatto.

inexactly /ˌɪnɪg'zæktlɪ/ avv. inesattamente.

inexcusable /ˌɪnɪk'skju:zəbl/ agg. imperdonabile, ingiustificabile.

inexcusably /ˌɪnɪk'skju:zəblɪ/ avv. imperdonabilmente; ***~ rude*** d'una maleducazione imperdonabile.

inexhaustible /ˌɪnɪg'zɔ:stəbl/ agg. inesauribile.

inexorable /ɪn'eksərəbl/ agg. inesorabile.

inexorably /ɪn'eksərəblɪ/ avv. inesorabilmente.

inexpensive /ˌɪnɪk'spensɪv/ agg. a buon mercato, economico.

inexpensively /ˌɪnɪk'spensɪvlɪ/ avv. a buon mercato.

inexperience /ˌɪnɪk'spɪərɪəns/ n. inesperienza f.

inexperienced /ˌɪnɪk'spɪərɪənst/ agg. inesperto, privo di esperienza.

inexpert /ɪn'ekspɜ:t/ agg. [*sailor*] inesperto, alle prime armi; [*repair*] maldestro.

inexpertly /ɪn'ekspɜ:tlɪ/ avv. in modo inesperto, maldestramente.

inexplicable /ˌɪnɪk'splɪkəbl/ agg. inesplicabile, inspiegabile.

inexplicably /ˌɪnɪk'splɪkəblɪ/ avv. inesplicabilmente, inspiegabilmente.

inexpressible /ˌɪnɪk'spresəbl/ agg. inesprimibile, indicibile.

inexpressibly /ˌɪnɪk'spresəblɪ/ avv. indicibilmente.

inexpressive /ˌɪnɪk'spresɪv/ agg. inespressivo.

inextinguishable /ˌɪnɪk'stɪŋgwɪʃəbl/ agg. inestinguibile.

inextricable /ɪn'ekstrɪkəbl, ˌɪnɪk'strɪk-/ agg. inestricabile.

inextricably /ɪn'ekstrɪkəblɪ, ˌɪnɪk'strɪk-/ avv. inestricabilmente.

infallibility /ɪnˌfælə'bɪlətɪ/ n. infallibilità f.

infallible /ɪn'fæləbl/ agg. infallibile.

infallibly /ɪn'fæləblɪ/ avv. infallibilmente.

infamous /'ɪnfəməs/ agg. [*person*] famigerato, tristemente famoso; [*crime*] infame; [*conduct*] turpe.

infamy /'ɪnfəmɪ/ n. infamia f.

infancy /'ɪnfənsɪ/ n. **1** *(young childhood)* (prima) infanzia f.; ***in (one's) ~*** in tenera età **2** FIG. inizi m.pl.; ***in its ~*** agli inizi.

infant /'ɪnfənt/ **I** n. **1** *(baby)* neonato m., bebè m.; *(young child)* bambino m. (-a) **2** BE SCOL. bambino m. (-a) in età prescolare **II infants** n.pl. BE SCOL. bambini m. della scuola materna **III** modif. **1** [*voice*] di, da bambino; [*disease*] infantile **2** FIG. [*organization*] agli inizi, che muove i primi passi; [*movement*] nascente.

infanticide /ɪn'fæntɪsaɪd/ n. **1** *(crime)* infanticidio m. **2** *(killer)* infanticida m. e f.

infantile /'ɪnfəntaɪl/ agg. **1** SPREG. infantile, puerile **2** MED. infantile.

infant prodigy n. bambino m. (-a) prodigio.

infantry /'ɪnfəntrɪ/ n. fanteria f.

infantryman /'ɪnfəntrɪmən/ n. (pl. **-men**) fante m.

infant school n. scuola f. materna.

infatuated /ɪn'fætʃʊeɪtɪd/ agg. ***~ with*** infatuato *o* invaghito di; ***to become ~ with*** infatuarsi di [*person, idea, object*].

infatuation /ɪnˌfætʃʊ'eɪʃn/ n. infatuazione f. (**with** per).

infect /ɪn'fekt/ tr. **1** contagiare, infettare [*person, blood*]; infettare [*wound*]; contaminare [*food*] **2** FIG. contaminare [*person, society*]; ***to ~ sb. with one's enthusiasm*** contagiare qcn. il proprio entusiasmo.

infected /ɪn'fektɪd/ **I** p.pass. → **infect II** agg. infetto; ***to become ~*** [*wound*] infettarsi; [*person, blood*] essere contagiato.

infection /ɪn'fekʃn/ n. **1** *(of wound, organ)* infezione f.; *(of person, blood)* infezione f., contagio m. **2** *(specific disease)* infezione f.; FIG. contagio m., corruzione f.

infectious /ɪn'fekʃəs/ agg. **1** [*disease*] infettivo, contagioso; [*person*] contagioso **2** FIG. [*laughter*] contagioso.

infelicity /ˌɪnfɪ'lɪsətɪ/ n. FORM. *(unfortunate expression)* espressione f. infelice.

infer /ɪn'fɜː(r)/ tr. (forma in -ing ecc. **-rr-**) **1** *(deduce)* inferire, dedurre, arguire **2** *(imply)* implicare.

inference /'ɪnfərəns/ n. **1** *(act, process)* deduzione f., inferenza f., illazione f.; ***by ~*** per deduzione **2** *(conclusion)* conclusione f.; ***to draw an ~ from*** trarre una conclusione da **3** *(implication)* implicazione f.

inferior /ɪn'fɪərɪə(r)/ **I** agg. **1** *(poor quality)* scadente, di bassa qualità **2** [*position*] inferiore; ***to make sb. feel ~*** fare sentire qcn. inferiore **3** TIP. ***~ letter, number*** pedice **II** n. inferiore m. e f.; MIL. subalterno m.

inferiority /ɪnˌfɪərɪ'ɒrətɪ, AE -'ɔːr-/ n. inferiorità f. (**to** rispetto a).

inferiority complex n. complesso m. d'inferiorità.

infernal /ɪn'fɜːnl/ agg. **1** COLLOQ. *(damned)* [*cat, phone*] maledetto; *(appalling)* [*noise*] infernale; [*weather*] orribile **2** *(of hell)* infernale; ***the ~ regions*** gli inferi.

infernally /ɪn'fɜːnəlɪ/ avv. [*difficult, noisy*] tremendamente, terribilmente.

inferno /ɪn'fɜːnəʊ/ n. (pl. **~s**) inferno m. (anche FIG.).

infertile /ɪn'fɜːtaɪl, AE -tl/ agg. **1** [*land*] sterile, infecondo, improduttivo **2** [*person*] sterile.

infertility /ˌɪnfə'tɪlətɪ/ n. **1** *(of land)* sterilità f., improduttività f. **2** *(of person)* sterilità f.

infest /ɪn'fest/ tr. infestare; ***to be ~ed with rats*** essere infestato dai ratti.

infestation /ˌɪnfes'teɪʃn/ n. infestamento m., infestazione f.

infidel /'ɪnfɪdəl/ n. STOR. infedele m. e f.

infidelity /ˌɪnfɪ'delətɪ/ n. infedeltà f.

infighting /'ɪnfaɪtɪŋ/ n. *(internal conflict)* lotte f.pl. interne.

infiltrate /'ɪnfɪltreɪt/ **I** tr. **1** fare entrare, fare infiltrare [*liquid, gas*] **2** MIL. POL. infiltrarsi in [*territory, group*] **II** intr. infiltrarsi (**into** in).

infiltration /ˌɪnfɪl'treɪʃn/ n. infiltrazione f. (anche MED. MIL. POL.).

infiltrator /ˌɪnfɪl'treɪtə(r)/ n. infiltrato m. (-a), spia f.

infinite /'ɪnfɪnət/ **I** agg. **1** *(boundless)* [*patience, variety*] infinito; [*wealth*] immenso **2** MAT. infinito **II** n. ***the ~*** l'infinito.

infinitely /'ɪnfɪnətlɪ/ avv. infinitamente.

infinitesimal /ˌɪnfɪnɪ'tesɪml/ **I** agg. **1** [*amount*] infinitesimo; [*increase*] minimo **2** MAT. infinitesimale **II** n. MAT. infinitesimo m.

infinitive /ɪn'fɪnətɪv/ **I** agg. LING. infinito **II** n. LING. infinito m.; ***in the ~*** all'infinito.

infinity /ɪn'fɪnətɪ/ n. infinità f.; MAT. FOT. infinito m.; ***to ~*** all'infinito; ***an ~ of...*** un'infinità di...

infirm /ɪn'fɜːm/ agg. *(weak)* infermo, debole, fiacco.

infirmary /ɪn'fɜːmərɪ/ n. **1** *(in school, prison)* infermeria f. **2** *(hospital)* ospedale m.

infirmity /ɪn'fɜːmətɪ/ n. infermità f.

in flagrante delicto /ɪnˌflægrænteɪˌdeɪ'lɪktəʊ/ avv. in flagrante.

inflame /ɪn'fleɪm/ tr. **1** infiammare [*imagination, crowd*]; accendere [*passion*]; aggravare, esasperare [*situation*] **2** MED. infiammare.

inflammable /ɪn'flæməbl/ agg. infiammabile (anche FIG.).

inflammation /ˌɪnflə'meɪʃn/ n. infiammazione f.

inflammatory /ɪn'flæmətrɪ, AE -tɔːrɪ/ agg. **1** [*speech, remarks*] incendiario, che infiamma **2** MED. infiammatorio.

inflatable /ɪn'fleɪtəbl/ **I** agg. [*mattress, dinghy, toy*] gonfiabile **II** n. oggetto m. gonfiabile; *(dinghy)* canotto m. gonfiabile; *(toy)* giocattolo m. gonfiabile.

inflate /ɪn'fleɪt/ **I** tr. **1** gonfiare (anche FIG.) **2** ECON. ***to ~ the economy*** = aumentare la circolazione di moneta facendo aumentare il tasso d'inflazione **II** intr. [*tyre, toy*] gonfiarsi.

inflated /ɪn'fleɪtɪd/ **I** p.pass. → **inflate II** agg. **1** *(excessive)* [*price*] gonfiato; [*claim, salary*] esagerato; [*style*] ampolloso; ***to have an ~ ego*** essere tronfio, avere un'opinione esagerata di sé **2** [*tyre*] gonfio, gonfiato.

inflation /ɪn'fleɪʃn/ n. **1** ECON. inflazione f. **2** *(of dinghy, tyre)* gonfiaggio m.

inflationary /ɪn'fleɪʃənərɪ, AE -nerɪ/ agg. ECON. inflazionistico.

inflect /ɪn'flekt/ **I** tr. **1** LING. flettere, coniugare [*verb*]; flettere, declinare [*noun, adjective*] **2** *(modulate)* modulare [*voice*] **II** intr. [*verb*] flettere, coniugarsi; [*noun, adjective*] flettersi, declinarsi.

inflected /ɪn'flektɪd/ **I** p.pass. → **inflect II** agg. [*language*] flessivo; [*form*] flesso.

inflection /ɪn'flekʃn/ n. **1** LING. flessione f. **2** *(of voice)* modulazione f.

inflexibility /ɪnˌfleksə'bɪlətɪ/ n. **1** *(of attitude, will, rule)* inflessibilità f.; *(of system, method)* rigidità f. **2** *(of material, structure)* rigidità f.

inflexible /ɪn'fleksəbl/ agg. **1** [*person, attitude, will*] inflessibile; [*system*] rigido **2** [*material*] rigido, non flessibile.

inflexion BE → **inflection**.

inflict /ɪn'flɪkt/ tr. infliggere [*pain, punishment*] (**on** a); arrecare [*damage*]; ***to ~ one's presence on sb.*** SCHERZ. imporre la propria presenza a qcn.

in-flight /ˌɪn'flaɪt/ agg. [*meal*] offerto durante il volo.

inflow /'ɪnfləʊ/ n. **1** *(of cash, goods)* afflusso m.; *(of people)* affluenza f., afflusso m. **2** *(into tank)* afflusso m., (il) fluire.

inflow pipe n. tubo m. di afflusso.

1.influence /'ɪnflʊəns/ n. **1** *(factor affecting sth.)* influenza f., influsso m. (**on** su); ***to be*** o ***have an important ~*** avere una notevole influenza; ***to be under sb.'s ~*** subire l'influenza *o* l'influsso di qcn.; ***to be under the ~ of sth.*** essere sotto l'effetto di qcs.; ***to be under the ~*** EUFEM. SCHERZ. essere sbronzo; ***to drive while under the ~ of alcohol*** DIR. guidare sotto l'effetto dell'alcol *o* in stato di ebbrezza **2** *(power to affect sth.)* influenza f., ascendente m., autorità f. (**with sb.** presso qcn.; **over** su); ***to have ~*** essere influente, avere autorità.

2.influence /'ɪnflʊəns/ tr. influenzare [*person*]; influenzare, influire su [*decision, choice, result*]; ***don't let him ~ you!*** non lasciarti influenzare da lui! ***to ~ sb. to do*** portare qcn. a fare; ***to be ~d by sb., sth.*** essere influenzato da qcn., qcs.

influential /ˌɪnflʊ'enʃl/ agg. **1** *(respected)* [*artist, newspaper, work*] influente, autorevole **2** *(key)* [*event, fact*] determinante **3** *(powerful)* [*person*] influente, importante.

influenza /ˌɪnflʊ'enzə/ ◗ **11** n. influenza f.

influx /'ɪnflʌks/ n. **1** *(of money)* afflusso m.; *(of people)* affluenza f., afflusso m. **2** *(of liquid)* flusso m., afflusso m.

info /'ɪnfəʊ/ n. **U** COLLOQ. (accorc. **information**) informazione f., informazioni f.pl.

info highway n. autostrada f. informatica.

infomercial /ˌɪnfəʊ'mɜːʃl/ n. TELEV. documentario m. pubblicitario.

inform /ɪn'fɔːm/ **I** tr. **1** *(notify)* informare (**of**, **about** di, su); ***I ~ed him (that) his visit was unnecessary*** gli ho fatto sapere che la sua visita non era necessaria; ***to keep sb. ~ed*** tenere qcn. informato (**of**, **as to** di); ***I ~ed him of my views*** gli ho fatto sapere come la pensavo; ***I am pleased to ~ you that*** ho il piacere di informarvi che **2** *(pervade)* [*idea, sense*] informare, permeare [*work, law*] **II** intr. **1** *(denounce)* ***to ~ on*** o ***against*** denunciare **2** *(give information)* informare.

informal /ɪn'fɔːml/ agg. **1** *(unaffected)* [*person*] alla mano, alla buona; [*manner, style*] informale, amichevole **2** *(casual)* [*language*] informale, familiare, colloquiale; ***~ clothes*** abbigliamento informale *o* di tutti i giorni; ***dress ~*** *(on invitation)* abbigliamento informale **3** *(relaxed)* [*atmosphere*] informale; [*mood*] rilassato; [*meal*] alla buona, senza cerimonie **4** *(unofficial)* [*announcement*] ufficioso; [*visit, invitation, discussion*] informale; ***on an ~ basis*** in modo informale.

informality /ˌɪnfɔː'mælətɪ/ n. *(of person, event)* informalità f.; *(of arrangement, meeting)* carattere m. informale; *(of language)* stile m. informale.

informally /ɪn'fɔːməlɪ/ avv. **1** *(without ceremony)* [*dress*] in modo informale; [*speak, meet*] senza formalità **2** *(unofficially)* [*discuss*] ufficiosamente.

informant /ɪn'fɔːmənt/ n. informatore m. (-trice).

information /ˌɪnfə'meɪʃn/ n. **U 1** *(facts, details)* informazioni f.pl., notizie f.pl. (**on**, **about** su, riguardo a); ***a piece*** o ***an item of ~*** un'informazione; ***I need more ~*** ho bisogno di

maggiori informazioni; ***my ~ is that*** secondo le mie informazioni; "***for ~***" "a titolo informativo"; ***for your ~, I've never even met him!*** per tua informazione, non l'ho neanche mai incontrato! **2** AE TEL. servizio m. informazioni **3** INFORM. informazione f.
information centre n. centro m. informazioni.
information desk n. banco m. informazioni.
information office n. ufficio m. informazioni.
information officer n. ♦ *27 (PR person, press officer)* addetto m. stampa.
information pack n. materiale m. informativo.
information processing n. elaborazione f. dell'informazione, elaborazione f. dei dati.
information retrieval n. reperimento m. dell'informazione, information retrieval m.
information science n. scienza f. dell'informazione, informatica f.
information scientist ♦ *27* n. informatico m. (-a).
information service n. servizio m. informazioni.
information superhighway n. autostrada f. informatica.
information system n. sistema m. informatico.
information technology n. informatica f., information technology f.
informative /ɪn'fɔ:mətɪv/ agg. [*book*] informativo; [*trip, day*] istruttivo; [*lecturer*] erudito.
informed /ɪn'fɔ:md/ **I** p.pass. → **inform II** agg. **1** [*decision, opinion*] fondato; ***ill-~*** infondato **2** [*person*] informato, documentato; [*source*] (ben)informato; ***ill-~*** male informato.
informer /ɪn'fɔ:mə(r)/ n. informatore m. (-trice), delatore m. (-trice); ***to turn ~*** tradire, fare la spia.
infotech /'ɪnfəʊtek/ n. INFORM. GERG. informatica f.
infraction /ɪn'frækʃn/ n. infrazione f., violazione f.
infra dig /ˌɪnfrə'dɪg/ agg. SCHERZ. indecoroso.
infrared /ˌɪnfrə'red/ **I** agg. infrarosso **II** n. infrarosso m.
infrastructure /'ɪnfrəstrʌktʃə(r)/ n. infrastruttura f.
infrequency /ɪn'fri:kwənsɪ/ n. infrequenza f., rarità f.
infrequent /ɪn'fri:kwənt/ agg. infrequente, raro.
infrequently /ɪn'fri:kwəntlɪ/ avv. raramente.
infringe /ɪn'frɪndʒ/ **I** tr. infrangere, trasgredire [*rule, law*]; violare [*rights*]; contraffare [*patent*] **II** intr. ***to ~ on*** o ***upon*** violare, calpestare [*rights*].
infringement /ɪn'frɪndʒmənt/ n. *(of rule)* infrazione f., trasgressione f.; *(of rights)* violazione f.; *(of patent)* contraffazione f.
infuriate /ɪn'fjʊərɪeɪt/ tr. fare infuriare, rendere furioso.
infuriating /ɪn'fjʊərɪeɪtɪŋ/ agg. esasperante, che fa infuriare.
infuriatingly /ɪn'fjʊərɪeɪtɪŋlɪ/ avv. [*laugh, reply*] in modo irritante, in modo che fa infuriare; ***~ slow*** d'una lentezza esasperante.
infuse /ɪn'fju:z/ **I** tr. **1** *(imbue)* ***to ~ sth. with sth.*** infondere qcs. in qcs. **2** GASTR. fare un infuso di, mettere in infusione [*tea, herb*] **II** intr. stare in infusione.
infusion /ɪn'fju:ʒn/ n. **1** *(of cash)* afflusso m. **2** GASTR. infusione f.
ingenious /ɪn'dʒi:nɪəs/ agg. ingegnoso.
ingeniously /ɪn'dʒi:nɪəslɪ/ avv. ingegnosamente.
ingenuity /ˌɪndʒɪ'nju:ətɪ, AE -'nu:-/ n. ingegnosità f.
ingenuous /ɪn'dʒenjʊəs/ agg. ingenuo.
ingenuously /ɪn'dʒenjʊəslɪ/ avv. ingenuamente.
ingest /ɪn'dʒest/ tr. **1** ingerire [*food*] **2** FIG. assorbire, assimilare [*fact*].
inglorious /ɪn'glɔ:rɪəs/ agg. LETT. inglorioso, disonorevole.
ingoing /'ɪŋgəʊɪŋ/ agg. entrante, in entrata.
ingot /'ɪŋgət/ n. lingotto m.
ingrained /ɪn'greɪnd/ agg. **1** [*dirt*] incrostato **2** *(deep-rooted)* [*habit, hatred*] inveterato, radicato; [*prejudice*] radicato.
ingratiate /ɪn'greɪʃɪeɪt/ rifl. SPREG. ***to ~ oneself with sb.*** ingraziarsi qcn.
ingratiating /ɪn'greɪʃɪeɪtɪŋ/ agg. SPREG. accattivante, insinuante.
ingratitude /ɪn'grætɪtju:d, AE -tu:d/ n. ingratitudine f.
ingredient /ɪn'gri:dɪənt/ n. **1** GASTR. ingrediente m. **2** FIG. ingrediente m., elemento m.
in-group /'ɪngru:p/ n. SPREG. gruppo m. chiuso.
ingrowing /ˌɪn'grəʊɪŋ/, **ingrown** /ˌɪn'grəʊn/ agg. ***~ toenail*** unghia incarnita (del piede).
inhabit /ɪn'hæbɪt/ tr. **1** abitare, vivere in [*house, region*]; vivere su [*planet*] **2** FIG. vivere in [*fantasy world, milieu*].
inhabitable /ɪn'hæbɪtəbl/ agg. abitabile.
inhabitant /ɪn'hæbɪtənt/ n. abitante m. e f.
inhalation /ˌɪnhə'leɪʃn/ n. inalazione f., inspirazione f.
inhale /ɪn'heɪl/ **I** tr. inalare, aspirare [*vapour, fumes, smoke*]; respirare [*scent*] **II** intr. *(breathe in)* inspirare; *(take in smoke)* aspirare il fumo.
inhaler /ɪn'heɪlə(r)/ n. inalatore m.
inherent /ɪn'hɪərənt, ɪn'herənt/ agg. ***~ in*** inerente a, proprio di.
inherently /ɪn'hɪərəntlɪ, ɪn'her-/ avv. [*complex, evil*] naturalmente; [*involve*] intrinsecamente, per sua natura.
inherit /ɪn'herɪt/ tr. ereditare (anche FIG.).
inheritance /ɪn'herɪtəns/ n. **1** *(thing inherited)* eredità f. (anche FIG.); ***to come into an ~*** ricevere un'eredità **2** *(succession)* successione f.; ***by*** o ***through ~*** per successione **3** BIOL. eredità f.
inheritance tax n. AE imposta f. di successione.
inherited /ɪn'herɪtɪd/ **I** p.pass. → **inherit II** agg. [*characteristic*] ereditario; [*wealth*] ereditato.
inheritor /ɪn'herɪtə(r)/ n. erede m. e f.
inhibit /ɪn'hɪbɪt/ tr. **1** *(restrain)* inibire [*person, reaction*]; ostacolare [*activity, progress*]; ***to ~ sb. from doing*** *(prevent)* impedire a qcn. di fare; *(discourage)* scoraggiare qcn. dal fare **2** DIR. *(prohibit)* interdire (**from doing** dal fare).
inhibited /ɪn'hɪbɪtɪd/ **I** p.pass. → **inhibit II** agg. [*person, thinking*] inibito; [*activity, development*] ostacolato.
inhibiting /ɪn'hɪbɪtɪŋ/ agg. → **inhibitory**.
inhibition /ˌɪnhɪ'bɪʃn, ˌɪnɪ'b-/ n. inibizione f.; ***to get rid of one's ~s*** liberarsi delle proprie inibizioni, disinibirsi.
inhibitory /ɪn'hɪbɪtərɪ, AE -tɔ:rɪ/ agg. inibitorio.
in-home /ɪn'həʊm/ agg. [*training, worker*] interno.
inhospitable /ˌɪnhɒ'spɪtəbl/ agg. inospitale.
inhospitality /ɪnˌhɒspɪ'tælətɪ/ n. inospitalità f.
in-house /'ɪnhaʊs, ɪn'haʊs/ agg. [*training, worker*] interno.
inhuman /ɪn'hju:mən/ agg. inumano, disumano.
inhumane /ˌɪnhju:'meɪn/ agg. inumano, disumano, crudele.
inhumanity /ˌɪnhju:'mænətɪ/ n. disumanità f., crudeltà f. (**to** verso).
inhumation /ˌɪnhju:'meɪʃn/ n. FORM. inumazione f.
inimical /ɪ'nɪmɪkl/ agg. nemico, ostile; ***to be ~ to*** andare contro a [*interest*]; essere contrario a [*aim*].
inimitable /ɪ'nɪmɪtəbl/ agg. inimitabile.
iniquitous /ɪ'nɪkwɪtəs/ agg. iniquo, ingiusto.
iniquity /ɪ'nɪkwətɪ/ n. iniquità f., ingiustizia f.
1.initial /ɪ'nɪʃl/ **I** n. iniziale f. **II** agg. iniziale; ***~ letter*** iniziale.
2.initial /ɪ'nɪʃl/ tr. (forma in -ing ecc. BE **-ll-**, AE **-l-**) apporre le proprie iniziali su, siglare [*document*].
initialize /ɪ'nɪʃəlaɪz/ tr. INFORM. inizializzare.
initially /ɪ'nɪʃəlɪ/ avv. all'inizio, inizialmente.
1.initiate /ɪ'nɪʃɪət/ n. iniziato m. (-a).
2.initiate /ɪ'nɪʃɪeɪt/ tr. **1** dare inizio a [*project, reform*]; iniziare [*talks*]; ***to ~ proceedings against sb.*** DIR. intentare un'azione giudiziaria contro qcn. **2** *(admit)* ***to ~ sb. into*** ammettere qcn. in [*secret society*]; iniziare qcn. a [*astrology*] **3** INFORM. lanciare [*programme*]; stabilire [*communication*].
initiation /ɪˌnɪʃɪ'eɪʃn/ n. **1** *(of negotiations)* inizio m.; *(of scheme, process)* avvio m. **2** *(admission) (into sect)* ammissione f. (**into** in); *(into knowledge)* iniziazione f. (**into** a) **3** *(ceremony)* iniziazione f.
initiative /ɪ'nɪʃətɪv/ n. iniziativa f.; ***on one's own ~*** di propria iniziativa; ***to take the ~*** prendere l'iniziativa (**in doing** di fare).
initiator /ɪ'nɪʃɪeɪtə(r)/ n. iniziatore m. (-trice).
inject /ɪn'dʒekt/ **I** tr. **1** iniettare [*vaccine, fuel*] (**into** in); ***to ~ sb. with sth.*** MED. fare un'iniezione di qcs. a qcn. **2** FIG. introdurre [*new ideas*]; infondere [*enthusiasm*]; immettere [*cash*] (**into** in) **II** rifl. ***to ~ oneself with*** farsi delle iniezioni di [*insulin*]; farsi di [*heroin*].
injection /ɪn'dʒekʃn/ n. **1** MED. puntura f., iniezione f. **2** TECN. iniezione f.
in-joke /'ɪnˌdʒəʊk/ n. ***it's an ~*** è una battuta fra di noi.
injudicious /ˌɪndʒu:'dɪʃəs/ agg. FORM. [*act, remark*] poco giudizioso, avventato.
injunction /ɪn'dʒʌŋkʃn/ n. ingiunzione f.

injure /ˈɪndʒə(r)/ **I** tr. **1** MED. ferire, fare male a [*person*]; ***to ~ one's hand*** ferirsi *o* farsi male alla mano **2** *(damage)* nuocere a [*health*]; ledere, danneggiare [*reputation*]; ferire [*self-esteem*]; ***to ~ sb.'s feelings*** ferire i sentimenti di qcn. **II** rifl. ***to ~ oneself*** ferirsi, farsi male.

injured /ˈɪndʒəd/ **I** p.pass. → **injure II** agg. **1** MED. [*person*] ferito; [*limb, back*] leso **2** FIG. [*pride, feelings*] ferito; [*tone*] offeso **3** *(wronged)* [*wife, husband*] tradito; ***the ~ party*** DIR. la parte lesa **III** n. ***the ~*** + verbo pl. i feriti.

injurious /ɪnˈdʒʊərɪəs/ agg. FORM. **1** *(harmful)* dannoso (**to** a, per), nocivo (**to** a) **2** *(abusive)* [*remark*] ingiurioso, offensivo.

injury /ˈɪndʒərɪ/ n. **1** MED. ferita f., lesione f.; ***head ~*** trauma cranico; ***to do sb. an ~*** ferire qcn., fare male a qcn.; ***to do oneself an ~*** SCHERZ. farsi del male **2** FIG. *(to reputation)* lesione f. **3** DIR. illecito m.

injury time n. BE SPORT minuti m.pl. di recupero.

injustice /ɪnˈdʒʌstɪs/ n. ingiustizia f.; ***to do sb. an ~*** commettere un'ingiustizia verso qcn., essere ingiusto con qcn.

1.ink /ɪŋk/ n. inchiostro m.; ***in ~*** a inchiostro; *(using a pen)* a penna.

2.ink /ɪŋk/ tr. inchiostrare.

■ **ink in:** ***~ in [sth.], ~ [sth.] in*** ripassare [qcs.] a inchiostro, a penna [*form, drawing*].

inkblot /ˈɪŋkblɒt/ n. macchia f. d'inchiostro.

inkblot test n. test m. di Rorschach, test m. delle macchie d'inchiostro.

inkjet printer n. stampante f. a getto d'inchiostro.

inkling /ˈɪŋklɪŋ/ n. sentore m., sospetto m.; ***to have an ~ that*** avere sentore che; ***to have no ~ that*** non avere il minimo sospetto che; ***that was the first ~ I had that...*** quella è stata la prima volta che ho intuito che…

inkpad /ˈɪŋkpæd/ n. tampone m. (per inchiostro).

inkstand /ˈɪŋkstænd/ n. portacalamaio m.

inkwell /ˈɪŋkwel/ n. calamaio m.

inky /ˈɪŋkɪ/ agg. **1** [*fingers, page*] macchiato d'inchiostro **2** FIG. [*sky*] nero come l'inchiostro.

inlaid /ˌɪnˈleɪd/ **I** pass., p.pass. → **2.inlay II** agg. [*jewellery*] incrostato (**with** di); [*furniture*] intarsiato; [*sword*] damaschinato.

1.inland /ˈɪnlənd/ agg. **1** *(not coastal)* [*area, navigation*] interno **2** BE *(domestic)* [*mail, trade*] interno; ***~ postage rate*** tariffa postale nazionale.

2.inland /ˌɪnˈlænd/ avv. [*travel*] verso l'interno; [*be situated*] all'interno, nell'entroterra.

Inland Revenue n. GB fisco m.

in-laws /ˈɪnlɔːz/ n.pl. *(parents)* suoceri m.; *(other relatives)* parenti m. acquisiti.

1.inlay /ˈɪnleɪ/ n. **1** *(on jewellery)* incrostatura f., incrostazione f.; *(on wood)* intarsio m.; *(on metal)* damaschinatura f. **2** MED. intarsio m.

2.inlay /ˌɪnˈleɪ/ tr. (pass., p.pass. **-laid**) incrostare [*jewellery*] (**with** di); intarsiare [*wood*]; damaschinare [*sword*].

inlet /ˈɪnlet/ n. **1** *(of sea)* braccio m. di mare, insenatura f.; *(of river)* braccio m. di fiume, immissario m. **2** TECN. *(for fuel, air)* entrata f., apertura f.

in-line skating /ˌɪnlaɪnˈskeɪtɪŋ/ ➧ ***10*** n. pattinaggio m. in linea.

inmate /ˈɪnmeɪt/ n. *(of hospital)* paziente m. e f., degente m. e f.; *(of mental hospital)* internato m. (-a); *(of prison)* detenuto m. (-a), carcerato m. (-a).

inmost /ˈɪnməʊst/ agg. attrib. → **innermost**.

inn /ɪn/ n. **1** *(hotel) (small)* locanda f.; *(larger)* alberghetto m., pensione f. **2** *(pub)* pub m.

innards /ˈɪnədz/ n.pl. viscere f. (anche FIG.).

innate /ɪˈneɪt/ agg. innato.

inner /ˈɪnə(r)/ agg. attrib. [*room, wall*] interno; [*conflict, life*] interiore; [*emotion*] intimo; ***the ~ circle*** la cerchia ristretta; ***the ~ man*** *(spirit)* l'anima, lo spirito; SCHERZ. lo stomaco.

inner city I n. ***the ~*** il centro storico (degradato) **II inner-city** modif. [*problems*] dei quartieri degradati (del centro storico); ***an ~ area*** un quartiere degradato (del centro storico).

inner ear n. orecchio m. interno.

innermost /ˈɪnəməʊst/ agg. attrib. ***sb.'s ~ thoughts*** i pensieri più intimi di qcn.; ***his ~ self*** o ***being*** il profondo della sua anima; ***the ~ part of*** il cuore di [*country, continent*].

inner sanctum n. RELIG. sancta sanctorum m. (anche FIG.).

inner tube n. camera f. d'aria.

inning /ˈɪnɪŋ/ n. AE *(in baseball)* inning m.

innings /ˈɪnɪŋz/ n. (pl. **~es**) BE **1** *(in cricket)* + verbo sing. turno m. di battuta **2** FIG. ***to have had a good ~*** *(when dead)* avere avuto un'esistenza lunga e felice; *(when leaving)* finire in bellezza.

innkeeper /ˈɪnkiːpə(r)/ ➧ ***27*** n. *(of small inn)* locandiere m. (-a); *(of larger inn)* albergatore m. (-trice).

innocence /ˈɪnəsns/ n. innocenza f.

innocent /ˈɪnəsnt/ **I** agg. **1** *(not guilty)* innocente; *(naïve)* innocente, ingenuo, sprovveduto **2** *(innocuous)* [*fun*] innocente; [*remark*] innocente, innocuo; [*error*] innocente, in buonafede **3** *(unaware)* ***~ of*** inconsapevole di [*effect*] **II** n. innocente m. e f.

Innocent /ˈɪnəsnt/ n.pr. Innocenzo.

innocently /ˈɪnəsntlɪ/ avv. [*ask, reply, say*] innocentemente, in modo innocente; [*act, become involved*] in tutta innocenza.

innocuous /ɪˈnɒkjʊəs/ agg. innocuo, inoffensivo.

innovate /ˈɪnəveɪt/ intr. introdurre innovazioni.

innovation /ˌɪnəˈveɪʃn/ n. innovazione f.

innovative /ˈɪnəvətɪv/ agg. innovativo.

innovator /ˈɪnəveɪtə(r)/ n. innovatore m. (-trice).

innovatory /ˌɪnəˈveɪtərɪ, AE -tɔːrɪ/ agg. → **innovative.**

innuendo /ˌɪnjuːˈendəʊ/ n. (pl. **~s, ~es**) *(veiled slights)* allusioni f.pl., insinuazioni f.pl.; *(sexual references)* allusioni f.pl. esplicite.

innumerable /ɪˈnjuːmərəbl, AE ɪˈnuː-/ agg. innumerevole.

inoculate /ɪˈnɒkjʊleɪt/ tr. vaccinare (**against** contro); ***to ~ sb. with sth.*** inoculare qcs. a qcn.

inoculation /ɪˌnɒkjʊˈleɪʃn/ n. inoculazione f., vaccinazione f.

inoffensive /ˌɪnəˈfensɪv/ agg. inoffensivo.

inoperable /ɪnˈɒpərəbl/ agg. MED. inoperabile, non operabile.

inoperative /ɪnˈɒpərətɪv/ agg. inoperante.

inopportune /ɪnˈɒpətjuːn, AE -tuːn/ agg. inopportuno.

inopportunely /ɪnˈɒpətjuːnlɪ, AE -tuːn-/ avv. inopportunamente.

inordinate /ɪnˈɔːdɪnət/ agg. [*appetite, size*] enorme, smisurato; [*cost*] esorbitante; [*desire*] sfrenato; ***an ~ amount of time*** un tempo interminabile.

inordinately /ɪnˈɔːdɪnətlɪ/ avv. [*pleased, long*] estremamente.

inorganic /ˌɪnɔːˈgænɪk/ agg. inorganico.

in-patient /ˈɪnˌpeɪʃnt/ n. degente m. e f., paziente m. e f. interno (-a).

1.input /ˈɪnpʊt/ **I** n. **1 U** *(of money)* contributo m.; *(of energy)* alimentazione f. **2 U** *(contribution)* ***her ~ was minimal*** il suo contributo è stato minimo **3 C** IND. *(resource)* fattore m. produttivo, input m. **4 U** INFORM. *(action)* input m., introduzione f. dei dati; *(data)* input m., dati m.pl. di immissione **II** modif. [*device, protection*] d'ingresso.

2.input /ˈɪnpʊt/ tr. (forma in -ing **-tt-**; pass., p.pass. **-put** o **-putted**) INFORM. introdurre, immettere [*data*].

input data n.pl. INFORM. dati m. di immissione, dati m. di input.

input-output /ˌɪnpʊtˈaʊtpʊt/ n. INFORM. input-output m., ingresso-uscita m.

inquest /ˈɪŋkwest/ n. inchiesta f. (anche DIR.) (**on, into** su); ***to hold an ~*** svolgere *o* condurre un'inchiesta.

inquire /ɪnˈkwaɪə(r)/ **I** tr. chiedere, domandare **II** intr. informarsi, chiedere informazioni (**about** su); ***to ~ after sb.*** chiedere notizie di qcn., informarsi su qcn.; ***to ~ into*** *(ask for information about)* informarsi su; *(research)* fare ricerche su; AMM. DIR. indagare su; ***"~ within"*** "rivolgersi all'interno".

inquirer /ɪnˈkwaɪərə(r)/ n. investigatore m. (-trice), indagatore m. (-trice).

inquiring /ɪnˈkwaɪərɪŋ/ agg. [*look*] indagatore; [*voice*] inquisitorio; [*mind*] avido di sapere.

inquiringly /ɪnˈkwaɪərɪŋlɪ/ avv. [*look*] con sguardo indagatore, interrogativamente.

inquiry /ɪnˈkwaɪərɪ, AE ˈɪŋkwərɪ/ **I** n. **1** *(request for information)* richiesta f. d'informazioni; ***to make an ~ about*** o ***into*** informarsi su; ***to make inquiries*** fare domande (**about** su); ***"all inquiries to..."*** "tutte le domande vanno indirizzate a..."; ***in answer to*** o ***with reference to your ~*** *(by letter)* in risposta

alla vostra domanda; *(by phone)* in seguito alla vostra telefonata **2** AMM. DIR. inchiesta f., indagine f., accertamento m. (**into** su); ***murder*** ~ indagine criminale; ***to conduct an*** ~ condurre un'inchiesta (**into** su); ***to set up*** o ***launch an*** ~ aprire un'inchiesta; ***line of*** ~ pista **II inquiries** n.pl. ufficio m.sing. informazioni.
inquisition /ˌɪnkwɪˈzɪʃn/ **I** n. inchiesta f., investigazione f. **II Inquisition** n.pr. STOR. Inquisizione f.
inquisitive /ɪnˈkwɪzətɪv/ agg. **1** *(inquiring)* [*person*] indagatore; [*mind*] curioso, avido di sapere **2** *(prying)* [*person*] curioso, ficcanaso.
inquisitively /ɪnˈkwɪzətɪvlɪ/ avv. con curiosità.
inquisitiveness /ɪnˈkwɪzətɪvnɪs/ n. curiosità f.
inquisitor /ɪnˈkwɪzɪtə(r)/ n. inquisitore m. (-trice).
inquisitorial /ɪnˌkwɪzɪˈtɔːrɪəl/ agg. inquisitorio.
inquorate /ɪnˈkwɔːreɪt/ agg. ***the meeting is*** ~ la riunione non ha raggiunto il quorum.
inroad /ˈɪnrəʊd/ n. **1** ***to make ~s into*** o ***on*** AE entrare in, infiltrarsi in [*market*]; intaccare [*savings*]; ridurre [*lead*] **2** MIL. incursione f.
inrush /ˈɪnrʌʃ/ n. *(of air, water)* afflusso m.
insalubrious /ˌɪnsəˈluːbrɪəs/ agg. *(insanitary)* insalubre, malsano; *(sleazy)* sordido.
insane /ɪnˈseɪn/ agg. [*person*] pazzo, folle; DIR. alienato; [*idea, desire*] folle, insensato; ***to go*** o ***become*** ~ perdere la ragione; ***to drive sb.*** ~ fare impazzire qcn.
insanely /ɪnˈseɪnlɪ/ avv. follemente; ***to be*** ~ ***jealous*** essere pazzo di gelosia.
insanitary /ɪnˈsænɪtərɪ, AE -terɪ/ agg. insalubre, malsano.
insanity /ɪnˈsænətɪ/ n. **1** pazzia f., follia f. **2** DIR. alienazione f., infermità f. mentale.
insatiable /ɪnˈseɪʃəbl/ agg. insaziabile.
insatiably /ɪnˈseɪʃəblɪ/ avv. insaziabilmente; ~ ***curious*** di una curiosità insaziabile.
inscribe /ɪnˈskraɪb/ tr. **1** *(write)* scrivere (**in** in, su); *(engrave)* iscrivere, incidere (**on** su); ***a plaque ~d with his name*** una targa con inciso il suo nome **2** *(sign)* firmare, fare una dedica su [*book, photograph*].
inscription /ɪnˈskrɪpʃn/ n. *(writing)* iscrizione f., epigrafe f.; *(in book)* dedica f.
inscrutability /ɪnˌskruːtəˈbɪlətɪ/ n. imperscrutabilità f., impenetrabilità f.
inscrutable /ɪnˈskruːtəbl/ agg. enigmatico, imperscrutabile.
insect /ˈɪnsekt/ n. insetto m.
insecticide /ɪnˈsektɪsaɪd/ **I** n. insetticida m. **II** agg. insetticida.
insect repellent n. insettifugo m.
insect spray n. insetticida m. spray.
insecure /ˌɪnsɪˈkjʊə(r)/ agg. **1** *(lacking confidence)* insicuro **2** *(not reliable)* [*job*] precario; [*investment*] rischioso **3** *(unsafe, loose)* [*screw*] svitato; [*rope*] legato male; [*structure*] instabile, traballante; [*lock*] che si chiude male; [*foothold*] malsicuro **4** *(inadequately protected)* [*outpost*] poco sicuro.
insecurity /ˌɪnsɪˈkjʊərətɪ/ n. **1** insicurezza f. **2** *(of position, situation)* instabilità f.; *(of income)* precarietà f.
inseminate /ɪnˈsemɪneɪt/ tr. inseminare, fecondare.
insemination /ɪnˌsemɪˈneɪʃn/ n. inseminazione f., fecondazione f.
insensate /ɪnˈsenseɪt/ agg. **1** *(inanimate)* inanimato, insensibile, privo di sensi **2** *(senseless)* insensato, dissennato.
insensibility /ɪnˌsensəˈbɪlətɪ/ n. **1** *(indifference)* insensibilità f., indifferenza f. **2** MED. *(to stimuli)* insensibilità f.; *(unconsciousness)* incoscienza f.
insensible /ɪnˈsensəbl/ agg. **1** *(indifferent)* insensibile, indifferente **2** MED. *(to stimuli)* insensible; *(unconscious)* incosciente, privo di sensi **3** *(unaware)* inconsapevole (**of, to** di).
insensitive /ɪnˈsensətɪv/ agg. [*person*] *(tactless)* indelicato, privo di tatto; *(unfeeling)* insensibile (**to** a); [*remark*] indelicato, inopportuno; [*attitude*] insensibile, indifferente.
insensitivity /ɪnˌsensəˈtɪvətɪ/ n. insensibilità f.
inseparable /ɪnˈseprəbl/ agg. inseparabile.
1.insert /ˈɪnsɜːt/ n. **1** GIORN. *(enclosed page, leaflet)* inserto m., fascicolo m.; *(advertisement)* inserzione f.; *(amendment)* aggiunta f. **2** *(in dress)* inserto m., applicazione f.
2.insert /ɪnˈsɜːt/ tr. inserire [*word, page, advertisement*]; infilare, inserire [*knife, finger*].
insertion /ɪnˈsɜːʃn/ n. **1** *(action)* inserzione f., introduzione f. **2** GIORN. *(enclosed page, leaflet)* inserto m., fascicolo m.; *(advertisement)* inserzione f.; *(amendment)* aggiunta f. **3** *(in dress)* entre-deux m., tramezzo m.
in-service training n. = formazione professionale che avviene all'interno dell'azienda.
1.inset /ˈɪnset/ n. **1** riquadro m.; *(photo)* fotografia f. in un riquadro **2** *(in sewing)* entre-deux m., tramezzo m.
2.inset /ɪnˈset/ tr. (forma in -ing **-tt-**; pass., p.pass. **-set**) inserire [*map, picture*].
inshore /ˌɪnˈʃɔː(r)/ **I** agg. costiero **II** avv. [*swim*] verso la costa; [*fish*] vicino alla costa.
1.inside I /ˈɪnsaɪd/ n. **1** *(inner area or surface)* interno m.; ***on the*** ~ all'interno; ***locked from the*** ~ chiuso da dentro *o* dall'interno **2** AUT. ***to be on the*** ~ *(in US, Europe etc.)* essere sulla corsia di destra; *(in GB, Australia etc.)* essere sulla corsia di sinistra; ***to overtake on the*** ~ *(in US, Europe etc.)* sorpassare a destra; *(in GB, Australia etc.)* sorpassare a sinistra **3** *(position of trust)* ***sb. on the*** ~ qcn. all'interno **4** COLLOQ. *(prison)* ***life on the*** ~ la vita in prigione **5 inside out** ***your sweater is*** ~ ***out*** hai la maglia a rovescio; ***to turn sth.*** ~ ***out*** rivoltare [*bag*]; mettere sottosopra [*room*]; ***to know sth.*** ~ ***out*** conoscere qcs. a menadito **II insides** /ɪnˈsaɪdz/ n.pl. COLLOQ. *(intestines)* *(of animal)* interiora f.; *(of human)* intestino m., stomaco m., pancia f. **III** /ˈɪnsaɪd/ agg. **1** *(interior)* [*cover, pocket, surface*] interno **2** *(firsthand)* [*information, news*] di prima mano; ***the*** ~ ***story*** la verità **3** *(within an organization)* ***an*** ~ ***source*** una fonte interna; ***it's an*** ~ ***job*** è un colpo fatto con l'aiuto di qualcuno all'interno **4** ~ ***lane*** *(in US, Europe etc.)* corsia di destra; *(in GB, Australia etc.)* corsia di sinistra; *(of athletics track)* corsia interna.
2.inside /ɪnˈsaɪd/ **I** prep. (anche ~ **of** AE) **1** *(in the interior of)* ~ ***the box*** dentro la *o* nella *o* all'interno della scatola; ***to be*** ~ ***the house*** essere dentro *o* in casa; ***you'll feel better with some food*** ~ ***you*** ti sentirai meglio dopo aver mangiato qualcosa **2** *(within an area, organization)* ***my contacts*** ~ ***the company*** i miei contatti all'interno della ditta **3** *(under)* ~ ***(of) an hour*** in meno di *o* entro un'ora; ***to be*** ~ ***the world record*** battere il record mondiale; ~ ***the permitted time*** nei limiti di tempo stabiliti **II** avv. **1** *(indoors)* dentro; *(in a container)* all'interno, dentro; ***she's*** ~ è dentro; ***to go*** o ***come*** o ***step*** ~ entrare **2** COLLOQ. *(in prison)* ***to be*** ~ essere dentro.
inside forward n. SPORT mezzapunta f.
insider /ɪnˈsaɪdə(r)/ n. addetto m. (-a) ai lavori.
insider dealer, insider trader ➧ ***27*** n. ECON. insider trader m. e f.
insider dealing, insider trading n. ECON. insider trading m.
insidious /ɪnˈsɪdɪəs/ agg. insidioso.
insight /ˈɪnsaɪt/ n. **1** *(revealing glimpse)* intuizione f., idea f.; ***a fascinating*** ~ ***into*** un'affascinante intuizione su; ***to give an*** ~ ***into*** dare un'idea di; ***the book provides no new ~s*** il libro non dice niente di nuovo (**into** su); ***to gain an*** ~ ***into sth.*** farsi un'idea di qcs. **2** *(intuition)* perspicacia f., intuizione f.; ***her remarkable*** ~ ***into...*** la sua notevole comprensione di...
insightful /ˈɪnsaɪtfʊl/ agg. [*person*] perspicace; [*analysis*] penetrante.
insignia /ɪnˈsɪgnɪə/ n.pl. **1** *(symbols)* segni m. distintivi **2** *(medals)* decorazioni f., insegne f.
insignificance /ˌɪnsɪgˈnɪfɪkəns/ n. irrilevanza f.; ***to pale*** o ***fade into*** ~ impallidire, perdere importanza.
insignificant /ˌɪnsɪgˈnɪfɪkənt/ agg. [*cost*] irrisorio; [*difference*] irrilevante; [*person, detail*] insignificante.
insincere /ˌɪnsɪnˈsɪə(r)/ agg. insincero, falso, ipocrita; ***to be*** ~ essere ipocrita, mancare di sincerità.
insincerity /ˌɪnsɪnˈserətɪ/ n. insincerità f., falsità f., ipocrisia f.
insinuate /ɪnˈsɪnjʊeɪt/ **I** tr. insinuare **II** rifl. ***to*** ~ ***oneself into sth.*** insinuarsi in qcs.
insinuating /ɪnˈsɪnjʊeɪtɪŋ/ agg. [*smile*] insinuante; ***an*** ~ ***remark*** un'insinuazione.
insinuation /ɪnˌsɪnjʊˈeɪʃn/ n. insinuazione f.
insipid /ɪnˈsɪpɪd/ agg. insipido.

insipidity /ˌɪnsɪˈpɪdətɪ/, **insipidness** /ɪnˈsɪpɪdnɪs/ n. insipidezza f., insipidità f.

insist /ɪnˈsɪst/ **I** tr. **1** *(demand)* insistere; *(authoritatively)* esigere (**that** che); ***I ~ you tell me!*** esigo che tu me lo dica! **2** *(maintain forcefully)* insistere, sostenere (**that** che) **II** intr. insistere; ***all right, if you ~*** va bene, se (proprio) insisti; ***to ~ on*** esigere [*punctuality, silence*]; ***to ~ on doing*** insistere a fare; ***to ~ on sb. doing*** insistere perché qcn. faccia.

insistence /ɪnˈsɪstəns/ n. insistenza f.; ***to do sth. at*** o ***on sb.'s ~*** fare qcs. per l'insistenza di qcn.; ***her ~ on doing*** la sua insistenza nel fare; *(stronger)* la sua ostinazione a fare.

insistent /ɪnˈsɪstənt/ agg. insistente; ***to be ~*** insistere (**about** su; **that** che).

insistently /ɪnˈsɪstəntlɪ/ avv. insistentemente, con insistenza.

in situ /ɪnˈsɪtjuː, AE ɪnˈsaɪtuː/ avv. in situ, in loco, sul posto.

insobriety /ˌɪnsəˈbraɪətɪ/ n. intemperanza f., abuso m. di bevande alcoliche.

insofar /ˌɪnsəˈfɑː(r)/: **insofar as** per quanto, nella misura in cui; ***~ as (it is) possible*** per quanto possibile; ***~ as I can*** per quanto mi è possibile, per quel che posso; ***~ as X is concerned*** per quel che riguarda X.

insole /ˈɪnsəʊl/ n. soletta f.

insolence /ˈɪnsələns/ n. insolenza f.

insolent /ˈɪnsələnt/ agg. insolente.

insolently /ˈɪnsələntlɪ/ avv. insolentemente, con insolenza.

insolubility /ɪnˌsɒljʊˈbɪlətɪ/ n. insolubilità f. (anche CHIM.).

insoluble /ɪnˈsɒljʊbl/ agg. insolubile (anche CHIM.).

insolvency /ɪnˈsɒlvənsɪ/ n. insolvenza f.

insolvent /ɪnˈsɒlvənt/ agg. insolvente.

insomnia /ɪnˈsɒmnɪə/ ➧ ***11*** n. insonnia f.

insomniac /ɪnˈsɒmnɪæk/ n. sofferente m. e f. d'insonnia; ***to be an ~*** soffrire d'insonnia.

insomuch /ˌɪnsəʊˈmʌtʃ/ avv. ***~ as*** *(to the extent that)* a tal punto che, tanto che; *(seeing that)* visto che.

insouciance /ɪnˈsuːsɪəns/ n. **U** FORM. spensieratezza f., noncuranza f.

insouciant /ɪnˈsuːsɪənt/ agg. FORM. spensierato, noncurante.

inspect /ɪnˈspekt/ tr. **1** esaminare [*document, product*]; ispezionare, controllare [*accounts*]; ispezionare [*pitch, wiring*]; sottoporre a ispezione [*school, factory*]; controllare [*passport*] **2** BE controllare [*ticket*] **3** MIL. *(routinely)* ispezionare; *(at ceremony)* passare in rassegna.

inspection /ɪnˈspekʃn/ n. **1** *(of document)* esame m., ispezione f.; *(of school, factory, machinery, wiring)* ispezione f.; *(of passport)* controllo m.; ***to make*** o ***carry out an ~*** eseguire un'ispezione; ***on closer ~*** a un esame più accurato **2** BE *(of ticket)* controllo m. **3** MIL. *(routine)* ispezione f.; *(at ceremony)* rassegna f.

inspection copy n. copia f. in visione.

inspection pit n. pozzetto m. d'ispezione.

inspector /ɪnˈspektə(r)/ ➧ ***27*** n. **1** ispettore m. **2** BE SCOL. (anche **~ of schools**) ispettore m. **3** BE *(on bus, train)* controllore m.

inspectorate /ɪnˈspektərət/ n. ispettorato m.

inspiration /ˌɪnspəˈreɪʃn/ n. **1** *(stimulus)* ispirazione f.; ***to draw one's ~ from sth.*** trarre ispirazione da qcs. **2** *(person, thing that inspires)* fonte f. d'ispirazione; ***she is an ~ to us all!*** è un modello per tutti noi! **3** *(sudden idea)* ispirazione f.

inspirational /ˌɪnspəˈreɪʃənl/ agg. **1** *(inspiring)* ispiratore **2** *(inspired)* ispirato.

inspire /ɪnˈspaɪə(r)/ tr. **1** *(give rise to)* ispirare [*person, work of art, idea*]; motivare [*decision*]; ***the revolution was ~d by these ideals*** la rivoluzione si ispirava a questi ideali **2** *(arouse)* ***to ~ love in sb.*** ispirare amore a qcn.; ***he doesn't ~ much confidence*** non mi ispira molta fiducia **3** *(incite)* incitare, incoraggiare.

inspired /ɪnˈspaɪəd/ **I** p.pass. → **inspire II** agg. **1** [*person, performance*] ispirato; [*idea*] brillante; ***to make an ~ guess*** avere una felice intuizione **2 -inspired** in composti ***French, surrealist-~*** d'ispirazione francese, surrealista.

inspiring /ɪnˈspaɪərɪŋ/ agg. [*leader*] ispiratore; [*speech*] illuminante; [*thought*] esaltante.

inst. ⇒ instant corrente mese (c.m.).

instability /ˌɪnstəˈbɪlətɪ/ n. instabilità f.

instal(l) /ɪnˈstɔːl/ **I** tr. **1** installare [*equipment*]; posare [*windows*] **2** *(in official post)* ***to ~ sb. in office*** insediare qcn. **II** rifl. ***to ~ oneself*** installarsi.

installation /ˌɪnstəˈleɪʃn/ n. installazione f.

installment plan n. AE acquisto m. con pagamento rateale; ***to buy sth. on the ~*** acquistare qcs. con pagamento rateale, comprare qcs. a rate.

instalment, **installment** AE /ɪnˈstɔːlmənt/ n. **1** *(partial payment)* rata f.; ***monthly ~*** rata mensile; ***to pay an ~*** versare una rata; ***in ~s*** a rate **2** *(section) (of serial)* puntata f., episodio m.; *(of novel)* puntata f.

1.instance /ˈɪnstəns/ n. **1** *(case)* caso m.; ***in the first ~*** anzitutto, in primo luogo; ***in this (particular) ~*** in questo caso (particolare) **2** *(request)* ***at the ~ of sb.*** su richiesta di qcn. **3** *(example)* esempio m.; ***for ~*** per, ad esempio.

2.instance /ˈɪnstəns/ tr. citare (come esempio).

instant /ˈɪnstənt/ **I** n. istante m.; ***at that (very) ~*** in quello (stesso) istante; ***come here this ~!*** vieni qui subito! ***the ~ we saw him*** nel momento in cui l'abbiamo visto **II** agg. **1** *(immediate)* [*access, rapport, success*] immediato; [*effect, solution*] istantaneo; ***~ camera*** polaroid® **2** GASTR. [*coffee, soup, mashed potatoes*] istantaneo; [*meal*] pronto, precotto.

instantaneous /ˌɪnstənˈteɪnɪəs/ agg. [*event, response*] istantaneo; [*dislike*] immediato.

instantly /ˈɪnstəntlɪ/ avv. immediatamente, all'istante; [*die*] sul colpo.

instant replay n. AE TELEV. replay m.

instead /ɪnˈsted/ **I** avv. ***we didn't go home - we went to the park ~*** invece di andare a casa siamo andati al parco; ***try camping ~*** prova piuttosto ad andare in campeggio; ***I don't feel like walking - let's take a taxi ~*** non ho voglia di camminare - prendiamo un taxi, invece; ***I was going to phone but wrote ~*** volevo telefonare poi invece ho scritto; ***she couldn't attend so her son went ~*** non poteva partecipare e allora suo figlio è andato al posto suo **II instead of ~ of doing** invece di fare; ***~ of sth.*** invece di qcs.; ***use oil ~ of butter*** usate l'olio invece *o* al posto del burro; ***~ of sb.*** al posto di qcn.

instep /ˈɪnstep/ n. *(of foot, shoe)* collo m.; ***to have a high ~*** [*person*] avere il collo del piede alto; [*shoe*] essere accollato.

instigate /ˈɪnstɪgeɪt/ tr. fomentare, istigare a [*attack*]; promuovere [*proceedings*].

instigation /ˌɪnstɪˈgeɪʃn/ n. ***at the ~ of sb.*** su istigazione di qcn.; ***he stole the car at her ~*** è stata lei a istigarlo a rubare la macchina.

instigator /ˈɪnstɪgeɪtə(r)/ n. istigatore m. (-trice).

instil BE, **instill** AE /ɪnˈstɪl/ tr. (forma in -ing ecc. **-ll-**) instillare [*attitude, fear*] (**in** in); inculcare [*belief*] (**in** a); dare, infondere [*confidence*] (**in sb.** a qcn.).

instinct /ˈɪnstɪŋkt/ n. istinto m.; ***the ~ for survival*** l'istinto di conservazione; ***follow your ~(s)*** lasciati guidare dall'istinto; ***my first ~ was to...*** il mio primo impulso è stato di...

instinctive /ɪnˈstɪŋktɪv/ agg. istintivo.

instinctively /ɪnˈstɪŋktɪvlɪ/ avv. istintivamente, d'istinto.

1.institute /ˈɪnstɪtjuːt, AE -tuːt/ n. **1** *(organization)* istituto m. **2** AE *(course)* corso m.

2.institute /ˈɪnstɪtjuːt, AE -tuːt/ tr. **1** *(initiate)* istituire [*custom, prize*]; aprire [*inquiry*] **2** *(found)* fondare, costituire [*society*] **3** DIR. ***to ~ (legal) proceedings*** intentare un'azione giudiziaria (**against** contro).

institution /ˌɪnstɪˈtjuːʃn, AE -ˈtuːʃn/ n. **1** AMM. POL. istituzione f.; ***charitable ~*** istituto di beneficenza; ***financial ~*** organismo finanziario; ***she has become a national ~*** SCHERZ. è diventata un'istituzione nazionale **2** *(home, hospital)* istituto m.; *(old people's home)* casa f. di riposo, ospizio m.; *(mental hospital)* ospedale m. psichiatrico **3** *(establishment) (of rule, body, prize)* istituzione f.; ***~ of legal proceedings*** DIR. apertura di una procedura legale **4** AE *(organization)* istituto m.

institutional /ˌɪnstɪˈtjuːʃənl, AE -ˈtuː-/ agg. **1** [*structure, reform*] istituzionale; [*food, meals*] assistenziale; ***to be put in ~ care*** [*child*] essere istituzionalizzato **2** COMM. [*buying, investor*] istituzionale.

institutionalize /ˌɪnstɪˈtjuːʃənəlaɪz, AE -ˈtuː-/ tr. **1** *(place in special care)* istituzionalizzare, mettere in un'istituzione assistenziale; *(in mental hospital)* internare **2** *(establish officially)* istituzionalizzare [*event, practice*].

institutionalized /ˌɪnstɪˈtjuːʃənəlaɪzd, AE -ˈtuː-/ **I** p.pass. → **institutionalize II** agg. istituzionalizzato; ***to become ~*** [*custom, practice*] istituzionalizzarsi; [*patient*] essere istituzionalizzato, essere ricoverato in un'istituzione assistenziale.

instruct /ɪnˈstrʌkt/ tr. **1** *(direct)* ***to ~ sb. to do*** dare ordini *o* ordinare a qcn. di fare; ***to be ~ed to do*** ricevere istruzioni *o* ordini per fare; ***to ~ sb. when, how to do*** indicare *o* spiegare a qcn. quando, come fare **2** *(teach)* istruire; ***to ~ sb. in*** istruire qcn. in [*subject*]; ***to ~ sb. how to do*** insegnare a qcn. come fare **3** BE DIR. *(engage)* ***to ~ a solicitor*** dare l'incarico a un avvocato.

instruction /ɪnˈstrʌkʃn/ **I** n. **1** *(order)* istruzione f.; ***to give ~s to sb. to do*** dare istruzioni a qcn. di fare; ***I have ~s to do*** ho l'ordine di fare; ***to be under ~s to do*** essere incaricato di fare **2** U *(teaching)* istruzione f.; ***to give sb. ~ in sth.*** istruire qcn. in qcs., insegnare qcs. a qcn. **II instructions** n.pl. *(for product use)* istruzioni f.; ***~s for use*** istruzioni per l'uso **III** modif. [*book, manual*] di istruzioni.

instructive /ɪnˈstrʌktɪv/ agg. istruttivo.

instructor /ɪnˈstrʌktə(r)/ ♦ *27* n. **1** *(trainer)* istruttore m. (-trice) (**in** di) **2** AE *(in university)* assistente m. e f.; *(any teacher)* professore m. (-essa).

instructress /ɪnˈstrʌktrɪs/ ♦ *27* n. istruttrice f.

instrument /ˈɪnstrʊmənt/ **I** n. **1** *(tool)* strumento m. (anche FIG.); ***to be the ~ of fate*** essere lo strumento del destino **2** MUS. strumento m.; ***to play an ~*** suonare uno strumento **3** AER. AUT. strumento m. (di bordo) **II** modif. [*landing, flying*] strumentale; ***~ panel*** AER. AUT. quadro strumenti, pannello degli strumenti.

instrumental /ˌɪnstrʊˈmentl/ **I** n. **1** MUS. pezzo m. strumentale **2** LING. (caso) strumentale m.; ***in the ~*** allo strumentale **II instrumentals** n.pl. parti f. strumentali **III** agg. **1** ***to be ~ in sth., in doing*** contribuire fattivamente *o* dare un contributo decisivo a qcs., a fare; ***to play an ~ role in...*** avere un ruolo fondamentale in... **2** MUS. LING. strumentale.

instrumentalist /ˌɪnstrʊˈmentəlɪst/ ♦ *27* n. MUS. strumentista m. e f.

instrumentation /ˌɪnstrʊmenˈteɪʃn/ n. AER. TECN. MUS. strumentazione f.

insubordinate /ˌɪnsəˈbɔːdɪnət/ agg. insubordinato.

insubordination /ˌɪnsəˌbɔːdɪˈneɪʃn/ n. insubordinazione f. (anche MIL.).

insubstantial /ˌɪnsəbˈstænʃl/ agg. **1** *(small)* [*meal*] poco sostanzioso; [*helping*] misero **2** *(flimsy)* [*building*] instabile, pericolante; [*evidence*] inconsistente **3** *(unreal)* incorporeo, immateriale.

insufferable /ɪnˈsʌfrəbl/ agg. insopportabile, intollerabile.

insufferably /ɪnˈsʌfrəblɪ/ avv. ***to be ~ rude*** essere di una maleducazione intollerabile.

insufficiency /ˌɪnsəˈfɪʃnsɪ/ n. insufficienza f.

insufficient /ˌɪnsəˈfɪʃnt/ agg. ***there are ~ copies*** non ci sono abbastanza copie (**to do** per fare); ***to be ~ for*** non essere sufficiente per; ***to have ~ resources*** non avere risorse a sufficienza.

insufficiently /ˌɪnsəˈfɪʃntlɪ/ avv. insufficientemente; [*paid*] male; [*understood*] non a sufficienza.

insular /ˈɪnsjʊlə(r), AE -sələr/ agg. **1** SPREG. [*outlook*] ristretto, limitato; [*lifestyle*] gretto, provinciale; ***to be ~*** avere una mentalità ristretta **2** GEOGR. insulare.

insularity /ˌɪnsjʊˈlærətɪ, AE -səˈl-/ n. **1** SPREG. ristrettezza f. di vedute, provincialismo m. **2** GEOGR. insularità f.

insulate /ˈɪnsjʊleɪt, AE -səl-/ tr. **1** *(against cold, heat)* isolare, coibentare [*roof, room*]; *(against noise)* insonorizzare, isolare [*room*] **2** EL. isolare **3** FIG. *(protect)* proteggere (**from** da; **against** contro); *(segregate)* isolare (**from**, **against** da).

insulating /ˈɪnsjʊˌleɪtɪŋ, AE -səl-/ agg. isolante; ***~ tape*** nastro isolante.

insulation /ˌɪnsjʊˈleɪʃn, AE -səˈl-/ n. **1** *(thermal)* isolamento m. termico, coibentazione f. **2** *(acoustic)* isolamento m. (acustico), insonorizzazione f. **3** *(material)* isolante m. **4** EL. isolamento m.

insulator /ˈɪnsjʊleɪtə(r), AE -səl-/ n. **1** *(substance)* isolante m. **2** EL. isolatore m.

insulin /ˈɪnsjʊlɪn, AE -səl-/ n. insulina f.

1.insult /ˈɪnsʌlt/ n. insulto m., offesa f.; ***to add ~ to injury*** avere il danno e le beffe; ***and to add ~ to injury...*** e come se non bastasse...

2.insult /ɪnˈsʌlt/ tr. insultare, offendere.

insulting /ɪnˈsʌltɪŋ/ agg. insultante, offensivo.

insultingly /ɪnˈsʌltɪŋlɪ/ avv. in modo insultante, in modo offensivo.

insuperable /ɪnˈsuːpərəbl, ɪnˈsjuː-/ agg. insuperabile, insormontabile.

insupportable /ˌɪnsəˈpɔːtəbl/ agg. FORM. insopportabile.

insurable /ɪnˈʃɔːrəbl, AE -ˈʃʊər-/ agg. assicurabile.

insurance /ɪnˈʃɔːrəns, AE -ˈʃʊər-/ n. **1** U *(contract)* assicurazione f.; *(policy)* polizza f. di assicurazione; ***~ for the house*** assicurazione sulla casa; ***to take out ~ against sth.*** stipulare un'assicurazione *o* assicurarsi contro qcs.; ***to pay the ~ on sth.*** pagare l'assicurazione su qcs.; ***accident, fire ~*** assicurazione contro gli infortuni, contro l'incendio **2** *(amount paid)* assicurazione f.; ***I pay £ 500 in ~ on the car*** pago 500 sterline di assicurazione per la macchina **3** *(profession)* ***he works in ~*** lavora nelle *o* nel campo delle assicurazioni **4** FIG. *(precaution)* protezione f.

insurance agent ♦ *27* n. agente m. e f. di assicurazioni, agente m. e f. assicurativo (-a).

insurance claim n. richiesta f. di risarcimento.

insurance company n. compagnia f. di assicurazioni.

insurance plan n. AE piano m. assicurativo.

insurance policy n. polizza f. di assicurazione, polizza f. assicurativa.

insurance premium n. premio m. di assicurazione, premio m. assicurativo.

insurance scheme n. BE piano m. assicurativo.

insure /ɪnˈʃɔː(r), AE -ˈʃʊər/ tr. **1** *(protect)* assicurare (**against** contro); ***to insure oneself*** o ***one's life*** stipulare un'assicurazione sulla vita *o* una polizza vita **2** *(take precautions)* ***to ~ against delay*** cautelarsi contro (eventuali) ritardi **3** AE → **ensure**.

insured /ɪnˈʃɔːd, AE -ˈʃʊərd/ **I** p.pass. → **insure II** agg. assicurato; ***a parcel ~ for £ 50*** un pacco assicurato per 50 sterline **III** n. assicurato m. (-a).

insured party n. assicurato m. (-a).

insurer /ɪnˈʃɔːrə(r), AE -ˈʃʊər-/ n. assicuratore m. (-trice).

insurgency /ɪnˈsɜːdʒənsɪ/ n. insurrezione f., sollevazione f.

insurgent /ɪnˈsɜːdʒənt/ **I** agg. insorto **II** n. *(rebel)* insorto m. (-a), ribelle m. e f.

insurmountable /ˌɪnsəˈmaʊntəbl/ agg. insormontabile.

insurrection /ˌɪnsəˈrekʃn/ n. insurrezione f., sollevazione f.

intact /ɪnˈtækt/ agg. intatto, integro; ***to survive ~*** rimanere illeso.

intake /ˈɪnteɪk/ n. **1** *(consumption)* consumo m., quantità f. immessa; ***the daily calorie ~*** l'apporto calorico giornaliero **2** SCOL. UNIV. AMM. + verbo sing. o pl. reclute f.pl., matricole f.pl.; ***the new ~*** *(at school)* i nuovi alunni; *(into training)* i nuovi arrivati; *(into job)* i nuovi assunti **3** *(inhalation)* ***an ~ of breath*** un'inspirazione **4** TECN. *(inlet)* entrata f.

intangible /ɪnˈtændʒəbl/ agg. **1** *(undefinable)* impalpabile **2** COMM. DIR. ***~ assets*** attività immateriali.

integer /ˈɪntɪdʒə(r)/ n. numero m. intero.

integral /ˈɪntɪgrəl/ **I** agg. **1** *(intrinsic)* [*part, feature*] integrante; ***to be ~ to*** essere intrinseco a **2** *(built-in)* [*lighting, component*] incorporato **3** MAT. integrale **4** *(whole)* integrale, intero **II** n. MAT. integrale m.

1.integrate /ˈɪntɪgrət/ agg. integrale, intero.

2.integrate /ˈɪntɪgreɪt/ **I** tr. **1** *(incorporate)* integrare, incorporare [*region, company*]; integrare [*minority, immigrant*] (**into** in) **2** *(combine)* unificare, integrare [*systems*] **3** POL. *(desegregate as policy)* desegregare, rendere [qcs.] accessibile a chiunque [*school, facility*] **II** intr. integrarsi (**into** in).

integrated /ˈɪntɪgreɪtɪd/ **I** p.pass. → **2.integrate II** agg. [*system, service, circuit, ethnic group*] integrato.

integration /ˌɪntɪˈgreɪʃn/ n. integrazione f.

integrity /ɪnˈtegrətɪ/ n. integrità f.; ***a man of ~*** un uomo integro.

intellect /ˈɪntəlekt/ n. **1** *(intelligence)* intelligenza f., intelletto m. **2** *(person)* mente f., intelletto m.

intellectual /ˌɪntəˈlektʃʊəl/ **I** agg. intellettuale **II** n. intellettuale m. e f.

intellectualize /ˌɪntəˈlektʃʊəlaɪz/ **I** tr. intellettualizzare **II** intr. ragionare; SPREG. filosofeggiare (**about** su).

intellectually /ˌɪntəˈlektʃʊəlɪ/ avv. intellettualmente.
intelligence /ɪnˈtelɪdʒəns/ n. **1** intelligenza f. (**to do** di fare); ***use your ~!*** usa la testa! **2** *(information)* informazioni f.pl. (anche MIL.); ***according to the latest ~*** stando alle ultime notizie **3** *(secret service)* intelligence m., spionaggio m., servizi m.pl. segreti; ***military ~*** servizi segreti militari.
intelligence agent ♦ *27* n. agente m. segreto, agente m. dei servizi segreti.
Intelligence Corps n. GB = servizi segreti militari britannici.
intelligence quotient n. quoziente m. di intelligenza.
Intelligence Service n. = servizio segreto britannico.
intelligence test n. test m. di intelligenza.
intelligent /ɪnˈtelɪdʒənt/ agg. intelligente.
intelligent card n. → **smart card**.
intelligently /ɪnˈtelɪdʒəntlɪ/ avv. intelligentemente, con intelligenza.
intelligentsia /ɪnˌtelɪˈdʒentsɪə/ n. ***the ~*** l'intellighenzia.
intelligibility /ɪnˌtelɪdʒəˈbɪlətɪ/ n. intelligibilità f.
intelligible /ɪnˈtelɪdʒəbl/ agg. intelligibile.
Intelsat /ˈɪntelsæt/ n. TEL. (⇒ International Telecommunications Satellite Consortium organizzazione internazionale di telecomunicazioni via satellite) INTELSAT m.
intemperate /ɪnˈtempərət/ agg. **1** *(unrestrained)* [*remark*] intemperante; [*attack*] incontrollato **2** *(given to excess)* [*person*] intemperante **3** [*weather*] inclemente.
intend /ɪnˈtend/ tr. **1** *(have in mind)* intendere, avere in mente [*outcome*]; ***as I ~ed*** come volevo, com'era nelle mie intenzioni; ***sooner than I had ~ed*** prima di quanto avessi voluto; ***to ~ to do, to ~ doing*** avere intenzione di fare **2** *(mean)* ***to ~ sth. as a joke*** dire qcs. per scherzo; ***no insult ~ed*** senza offesa; ***it was clearly ~ed as a reference to...*** voleva essere una chiara allusione a...; ***to be ~ed for*** essere destinato a; ***the law is ~ed to prevent...*** la legge intende impedire...
intended /ɪnˈtendɪd/ **I** p.pass. → **intend II** agg. **1** *(desired)* [*result, effect*] voluto **2** *(planned)* [*visit, purchase*] progettato; [*output*] previsto; ***the ~ victim*** la vittima predestinata **III** n. ANT. ***her ~*** il suo promesso sposo *o* fidanzato; ***his ~*** la sua promessa sposa *o* fidanzata.
intending /ɪnˈtendɪŋ/ agg. [*applicant, traveller*] potenziale.
intense /ɪnˈtens/ agg. **1** *(great)* [*activity, colour*] intenso; [*emotion, pain*] intenso, forte; [*interest, satisfaction*] vivo, grande **2** *(serious)* [*person*] di forti sentimenti.
intensely /ɪnˈtenslɪ/ avv. [*curious*] estremamente; [*hate*] profondamente.
intensification /ɪnˌtensɪfɪˈkeɪʃn/ n. intensificazione f.
intensifier /ɪnˈtensɪfaɪə(r)/ n. LING. elemento m. rafforzativo.
intensify /ɪnˈtensɪfaɪ/ **I** tr. intensificare **II** intr. intensificarsi.
intensity /ɪnˈtensətɪ/ n. intensità f.
intensive /ɪnˈtensɪv/ agg. **1** intensivo **2 -intensive** in composti ***energy-~*** a uso intensivo di energia; ***technology-~*** ad alto livello tecnologico.
intensive care n. ***to be in ~*** essere in terapia intensiva.
intensive care unit n. reparto m. di terapia intensiva.
1.intent /ɪnˈtent/ n. **1** *(intention)* intenzione f., proposito m.; ***with ~*** [*act, say*] di proposito, intenzionalmente; ***it is political in ~*** ha un intento politico **2** DIR. ***with (criminal) ~*** con intenzione criminale ♦ ***to all ~s and purposes*** a tutti gli effetti.
2.intent /ɪnˈtent/ agg. **1** ***to be ~ on doing*** essere (fermamente) deciso a fare **2** *(absorbed)* intento (**on** a; **on doing** a fare); assorto (**on** in; **on doing** nel fare).
intention /ɪnˈtenʃn/ n. intenzione f. (**to do, of doing** di fare); ***our ~ is to do*** è nostra intenzione fare, abbiamo intenzione di fare; ***the ~ is to do*** l'intento è di fare; ***with the best of ~s*** con le migliori intenzioni.
intentional /ɪnˈtenʃənl/ agg. [*action*] volontario; [*insult*] intenzionale; [*effect*] voluto.
intentionally /ɪnˈtenʃənəlɪ/ avv. [*act*] intenzionalmente, di proposito; [*ambiguous*] deliberatamente, volutamente.
intently /ɪnˈtentlɪ/ avv. intentamente.
inter /ɪnˈtɜː(r)/ tr. (forma in -ing ecc. **-rr-**) FORM. interrare, inumare.
interact /ˌɪntərˈækt/ intr. [*factors, phenomena*] interagire; [*people*] interagire, comunicare; [*computers*] dialogare.
interaction /ˌɪntərˈækʃn/ n. interazione f. (anche FIS. INFORM.).
interactive /ˌɪntərˈæktɪv/ agg. **1** interattivo, interagente **2** INFORM. [*computing, mode, terminal, video*] interattivo.
interactivity /ɪntərækˈtɪvətɪ/ n. interattività f.
interbreed /ˌɪntəˈbriːd/ **I** tr. (pass., p.pass. **-bred**) ibridare, incrociare [*cattle, plants*] **II** intr. (pass., p.pass. **-bred**) incrociarsi.
interbreeding /ˌɪntəˈbriːdɪŋ/ n. ibridazione f.
intercede /ˌɪntəˈsiːd/ intr. **1** *(plead)* intercedere (**with** presso; **on sb.'s behalf** a favore di qcn.) **2** *(mediate)* fare da mediatore.
1.intercept /ˈɪntəsept/ n. **1** AE TEL. SPORT intercettazione f., intercettamento m. **2** MAT. segmento m. intercetto.
2.intercept /ˌɪntəˈsept/ tr. intercettare.
interception /ˌɪntəˈsepʃn/ n. TEL. SPORT intercettazione f., intercettamento m.
interceptor /ˌɪntəˈseptə(r)/ n. AER. intercettore m.
intercession /ˌɪntəˈseʃn/ n. **1** *(intervention)* intercessione f. (**with** presso) **2** *(mediation)* mediazione f.
1.interchange /ˈɪntətʃeɪndʒ/ n. **1** *(road junction)* interscambio m. **2** *(exchange)* scambio m., interscambio m.
2.interchange /ˌɪntəˈtʃeɪndʒ/ tr. *(exchange)* scambiare, scambiarsi.
interchangeable /ˌɪntəˈtʃeɪndʒəbl/ agg. intercambiabile.
inter-city /ˌɪntəˈsɪtɪ/ **I** n. BE intercity m. **II** agg. intercity.
intercom /ˈɪntəkɒm/ n. interfono m.
interconnect /ˌɪntəkəˈnekt/ **I** tr. collegare, connettere [*parts*] **II** intr. [*components*] collegarsi; [*rooms*] comunicare, essere comunicanti; [*computers, systems*] interconnettersi.
intercontinental /ˌɪntəˌkɒntɪˈnentl/ agg. intercontinentale.
intercourse /ˈɪntəkɔːs/ n. *(social)* relazione f., rapporto m.; *(sexual)* rapporto m. (sessuale).
interdenominational /ˌɪntədɪˌnɒmɪˈneɪʃənl/ agg. RELIG. interconfessionale.
interdepartmental /ˌɪntəˌdiːpɑːtˈmentl/ agg. **1** UNIV. AMM. interdipartimentale **2** COMM. intersettoriale **3** POL. interministeriale.
interdependence /ˌɪntədɪˈpendəns/ n. interdipendenza f.
interdependent /ˌɪntədɪˈpendənt/ agg. interdipendente.
interdict /ˈɪntədɪkt/ n. FORM. **1** DIR. interdizione f. **2** RELIG. interdetto m.
interdisciplinary /ˌɪntəˌdɪsɪˈplɪnərɪ, AE -nerɪ/ agg. interdisciplinare.
1.interest /ˈɪntrəst/ n. **1** *(enthusiasm)* interesse m. (**in** per); ***to add to the ~ of sth.*** aggiungere un certo fascino a qcs.; ***to be of no ~ to sb.*** non essere di alcun interesse per qcn.; ***we've had a lot of ~ from Europe*** abbiamo attirato molta attenzione in Europa; ***to hold sb.'s ~*** interessare a qcn.; ***as a matter of ~...*** giusto per sapere... **2** *(hobby)* interesse m., hobby m.; ***he has wide ~s*** ha interessi vasti, si interessa di molte cose **3** *(benefit)* interesse m.; ***in the ~(s) of*** *(to promote)* nell'interesse di [*peace, freedom*]; *(out of concern)* per motivi di [*hygiene, justice*]; ***it is in your (own) ~(s) to do*** è nel tuo (stesso) interesse fare; ***I have an ~ in doing*** è nel mio interesse fare; ***to have a vested ~ in sth.*** essere direttamente interessato a qcs.; ***to have sb.'s best ~s at heart*** avere a cuore il bene di qcn. **4** *(concern)* interesse m.; ***of public ~*** d'interesse pubblico **5** ECON. *(accrued monies)* interesse m. (**on** su); ***to earn ~*** [*investment*] fruttare un interesse; ***account paying ~*** conto che matura interessi; ***to return sth. with ~*** FIG. restituire qcs. con gli interessi **6** ECON. COMM. *(share)* interessi m.pl., partecipazione f. (**in** in); ***~ in a grocery business*** interessi in un negozio di alimentari; ***business ~s*** interessi commerciali.
2.interest /ˈɪntrəst/ tr. **1** *(provoke curiosity)* interessare, suscitare l'interesse di; ***can I ~ you in playing for us?*** vi potrebbe interessare giocare nella nostra squadra? ***can I ~ you in our new range?*** posso presentarle il nostro nuovo assortimento? **2** *(concern)* [*problem, policy*] interessare, riguardare.
interested /ˈɪntrəstɪd/ **I** p.pass. → **2.interest II** agg. [*expression, onlooker*] interessato; ***to be ~ in*** interessarsi di [*subject, activity*]; ***I am ~ in doing*** sono interessato a *o* m'interessa fare; ***we're just not ~*** semplicemente non ci interessa; ***to get sb. ~ in*** suscitare l'interesse di qcn. per [*subject*]; ***to become ~ in*** cominciare a interessarsi di; ***the ~ parties*** le parti interessate, gli interessati.

interest group n. gruppo m. di interesse, gruppo m. di pressione.
interesting /ˈɪntrəstɪŋ/ agg. interessante.
interestingly /ˈɪntrəstɪŋlɪ/ avv. 1 *(worthy of note)* ***~, there is no equivalent*** è interessante notare che non c'è un equivalente; ***~, his wife isn't with him*** strano che sua moglie non sia con lui; ***~ enough...*** stranamente, strano a dirsi... 2 *(inspiring interest)* [*speak, write*] in modo interessante.
interest rate n. ECON. tasso m. d'interesse.
1.interface /ˈɪntəfeɪs/ n. INFORM. interfaccia f. (anche FIG.).
2.interface /ˈɪntəfeɪs/ I tr. 1 INFORM. interfacciare 2 SART. intelare II intr. connettersi.
interfacing /ˈɪntəfeɪsɪŋ/ n. SART. controfodera f.
interfere /ˌɪntəˈfɪə(r)/ intr. 1 SPREG. *(involve oneself)* ***to ~ in*** interferire in, intromettersi in [*affairs*]; ***don't ~!*** non intromettersi! 2 *(intervene)* [*court, police*] intervenire; ***to ~ in*** partecipare a [*private life*] 3 *(touch, mess with)* ***to ~ with*** armeggiare intorno a [*machine*] 4 *(hinder)* ***to ~ with*** [*activity*] interferire in [*family life*]; ostacolare [*freedom*]; disturbare [*sleep*]; impedire [*healing*] 5 FIS. interferire.
interference /ˌɪntəˈfɪərəns/ n. 1 *(by government, boss)* ingerenza f.; *(by family)* intromissione f. 2 FIS. interferenza f.
interfering /ˌɪntəˈfɪərɪŋ/ agg. SPREG. [*person*] che si intromette.
interim /ˈɪntərɪm/ I n. intervallo m. di tempo, interim m.; ***in the ~*** nel frattempo II agg. 1 [*arrangement, government*] provvisorio; [*post, employee*] interinale; ***~ report*** relazione interinale; ***the ~ period*** il periodo interinale, l'interim 2 COMM. [*bond, payment*] provvisorio; ***~ profits*** profitti interinali.
interior /ɪnˈtɪərɪə(r)/ I agg. 1 *(inside)* [*wall, paintwork*] interno 2 CINEM. TELEV. [*shot, scene*] di interni 3 *(inner)* [*motive, impulse*] interno, interiore II n. 1 *(of house, bag)* interno m.; ***a Vermeer ~*** ART. un interno di Vermeer 2 *(of country, continent)* interno m.; ***Secretary, Department of the Interior*** US POL. Ministro, Ministero dell'interno.
interior designer ➧ 27 n. arredatore m. (-trice) d'interni.
interject /ˌɪntəˈdʒekt/ tr. intervenire con, interloquire con [*comment*]; ***"I disagree," he ~ed*** "non sono d'accordo," interloquì.
interjection /ˌɪntəˈdʒekʃn/ n. 1 LING. interiezione f. 2 *(interruption)* interruzione f., intromissione f.
interlace /ˌɪntəˈleɪs/ I tr. intrecciare, allacciare II intr. intrecciarsi, allacciarsi.
interleave /ˌɪntəˈliːv/ tr. interfogliare.
interlink /ˌɪntəˈlɪŋk/ I tr. ***to be ~ed with*** essere collegato a *o* interconnesso con II intr. [*problems*] collegarsi, interconnettersi.
1.interlock /ˈɪntəlɒk/ n. 1 INFORM. dispositivo m. di blocco 2 TESS. tessuto m. a trama fitta.
2.interlock /ˌɪntəˈlɒk/ I tr. incastrare [*pipes, tiles*]; inserire [*mechanisms*]; intrecciare [*fingers*] II intr. [*pipes, tiles*] incastrarsi; [*mechanisms*] inserirsi; [*fingers*] intrecciarsi; [*systems*] essere interdipendenti.
interlocutor /ˌɪntəˈlɒkjʊtə(r)/ n. interlocutore m. (-trice).
interloper /ˈɪntələʊpə(r)/ n. intruso m. (-a).
interlude /ˈɪntəluːd/ n. 1 *(interval)* intervallo m. (anche CINEM. TEATR. MUS.) 2 *(brief entertainment)* TEATR. intermezzo m.; MUS. interludio m.
intermarriage /ˌɪntəˈmærɪdʒ/ n. *(within a family)* matrimonio m. tra consanguinei; *(between groups)* matrimonio m. misto.
intermarry /ˌɪntəˈmærɪ/ intr. *(within a family)* sposarsi fra consanguinei; *(between groups)* imparentarsi.
intermediary /ˌɪntəˈmiːdɪərɪ, AE -dɪerɪ/ I agg. intermediario II n. intermediario m. (-a), mediatore m. (-trice).
intermediate /ˌɪntəˈmiːdɪət/ I agg. 1 [*stage*] intermedio 2 SCOL. [*course, exam*] di livello intermedio; [*level*] intermedio 3 ECON. [*credit*] a medio termine II n. 1 *(mediator)* intermediario m. (-a), mediatore m. (-trice) 2 AE AUT. automobile f. di media cilindrata.
interment /ɪnˈtɜːmənt/ n. interramento m., inumazione f.
interminable /ɪnˈtɜːmɪnəbl/ agg. interminabile.
interminably /ɪnˈtɜːmɪnəblɪ/ avv. [*talk*] per ore; ***~ long*** interminabile.
intermingle /ˌɪntəˈmɪŋgl/ I tr. fondere [*themes*]; mescolare [*colours, patterns*] II intr. [*people, themes*] fondersi; [*colours, patterns*] mescolarsi.
intermission /ˌɪntəˈmɪʃn/ n. 1 CINEM. TEATR. intervallo m. 2 *(pause)* pausa f.
intermittent /ˌɪntəˈmɪtənt/ agg. [*noise, activity*] intermittente; [*use*] occasionale.
1.intern /ˈɪntɜːn/ ➧ 27 n. AE 1 MED. medico m. interno 2 stagista m. e f., tirocinante m. e f.
2.intern /ɪnˈtɜːn/ I tr. MIL. POL. internare, confinare II intr. AE fare tirocinio, fare uno stage.
internal /ɪnˈtɜːnl/ agg. 1 *(inner)* [*mechanism, pipe*] interno 2 MED. [*organ, bleeding*] interno; ***~ examination*** visita ginecologica 3 *(within organization)* [*problem, call, mail, candidate*] interno; ***~ financing*** autofinanziamento 4 *(within country)* [*security, flight, trade*] interno; ***~ revenue*** gettito fiscale; ***~ affairs*** POL. affari interni; ***~ fighting*** lotte intestine.
internalize /ɪnˈtɜːnəlaɪz/ tr. interiorizzare.
internally /ɪnˈtɜːnəlɪ/ avv. 1 *(on the inside)* all'interno; ***"not to be taken ~"*** MED. "per uso esterno"; ***to bleed ~*** avere un'emorragia interna 2 *(within organization)* [*recruit*] in seno all'azienda.
Internal Revenue Service n. US fisco m.
international /ˌɪntəˈnæʃnəl/ I agg. internazionale II n. SPORT *(fixture)* incontro m. internazionale; *(player)* (atleta) nazionale m. e f.
internationalize /ˌɪntəˈnæʃnəlaɪz/ tr. internazionalizzare.
internationally /ˌɪntəˈnæʃnəlɪ/ avv. [*known, respected*] in tutto il mondo; ***~, the situation is...*** a livello internazionale, la situazione è...
International Monetary Fund n. Fondo m. Monetario Internazionale.
International Phonetic Alphabet n. Alfabeto m. Fonetico Internazionale.
international reply coupon n. coupon m. internazionale di risposta.
internecine /ˌɪntəˈniːsaɪn/ agg. 1 *(destructive)* [*warfare*] fratricida 2 *(internal)* [*feud, rivalry*] intestino.
internee /ˌɪntɜːˈniː/ n. MIL. POL. internato m. (-a).
Internet /ˈɪntənet/ I n. INFORM. Internet f.; ***to connect to the ~*** collegarsi a Internet; ***on the ~*** su Internet II modif. [*access*] a Internet; [*banking, search*] su Internet; ***~ address*** indirizzo Internet; ***~ service provider*** provider; ***~ user*** internauta, internettista.
internist /ɪnˈtɜːnɪst/ ➧ 27 n. AE MED. internista m. e f.
internment /ɪnˈtɜːnmənt/ n. MIL. POL. internamento m.
internship /ˈɪntɜːnʃɪp/ n. AE 1 tirocinio m., stage m. 2 MED. internato m.
interpersonal /ˌɪntəˈpɜːsənl/ agg. [*skills*] di comunicativa; [*relations, communications*] interpersonale.
interphone /ˈɪntəfəʊn/ n. → **intercom.**
interplanetary /ˌɪntəˈplænɪtrɪ, AE -terɪ/ agg. interplanetario.
interplay /ˈɪntəpleɪ/ n. interazione f.
interpolate /ɪnˈtɜːpəleɪt/ tr. interpolare (anche MAT.) (**into** in).
interpolation /ɪnˌtɜːpəˈleɪʃn/ n. interpolazione f.
interpose /ˌɪntəˈpəʊz/ I tr. interporre II intr. intervenire, interporsi.
interpret /ɪnˈtɜːprɪt/ I tr. interpretare (**as** come; **to** per) II intr. fare da interprete (**for** a), fare l'interprete (**for** per).
interpretation /ɪnˌtɜːprɪˈteɪʃn/ n. interpretazione f.; ***to place an ~ on sth.*** dare un'interpretazione di qcs.
interpreter /ɪnˈtɜːprɪtə(r)/ ➧ 27 n. 1 interprete m. e f. 2 INFORM. *(machine)* macchina f. interpretatrice, interprete m.; *(program)* (programma) interprete m.
interpreting /ɪnˈtɜːprɪtɪŋ/ n. interpretariato m.
interracial /ˌɪntəˈreɪʃl/ agg. interrazziale.
interregnum /ˌɪntəˈregnəm/ n. (pl. **~s, -a**) interregno m.
interrelate /ˌɪntərɪˈleɪt/ I tr. mettere in correlazione, collegare II intr. [*events, ideas*] essere in correlazione, essere collegati.
interrelated /ˌɪntərɪˈleɪtɪd/ I p.pass. → **interrelate** II agg. [*parts*] interdipendente; [*events, ideas*] interrelato, collegato.
interrelation(ship) /ˌɪntərɪˈleɪʃn(ʃɪp)/ n. interrelazione f.
interrogate /ɪnˈterəgeɪt/ tr. interrogare, sottoporre a un interrogatorio.

interrogation /ɪnˌterəˈgeɪʃn/ **I** n. interrogatorio m. (**by** da parte di); ***he confessed under ~*** ha confessato durante l'interrogatorio **II** modif. [*procedure, room*] dell'interrogatorio.
interrogative /ˌɪntəˈrɒgətɪv/ **I** agg. interrogativo (anche LING.) **II** n. LING. pronome m. interrogativo; ***in the ~*** alla forma interrogativa.
interrogator /ɪnˈterəgeɪtə(r)/ n. interrogatore m. (-trice).
1.interrupt /ˌɪntəˈrʌpt/ n. INFORM. interrupt m.
2.interrupt /ˌɪntəˈrʌpt/ **I** tr. **1** *(cut in)* togliere la parola a, interrompere [*person*] **2** *(disturb)* disturbare [*person*]; interrompere [*lecture*] **3** *(block)* ostacolare, impedire [*view*] **4** *(stop)* interrompere [*supply*] **II** intr. interrompere.
interruption /ˌɪntəˈrʌpʃn/ n. interruzione f.
intersect /ˌɪntəˈsekt/ **I** tr. **1** incrociare **2** MAT. intersecare **II** intr. **1** [*roads, wires*] incrociarsi; [*ideas*] convergere; ***to ~ with*** incrociare **2** MAT. intersecarsi.
intersection /ˌɪntəˈsekʃn/ n. MAT. intersezione f.
intersperse /ˌɪntəˈspɜːs/ tr. *(with colour)* punteggiare (**with** di); *(with music, breaks)* inframmezzare (**with** con); ***sunshine ~d with showers*** sole alternato a rovesci temporaleschi.
Interstate /ˈɪntəˌsteɪt/ **I** n. (anche **~ highway**) = autostrada che attraversa vari stati degli USA **II** agg. AE [*commerce, links*] interstatale.
interstellar /ˌɪntəˈstelə(r)/ agg. interstellare.
interstice /ɪnˈtɜːstɪs/ n. interstizio m.
intertwine /ˌɪntəˈtwaɪn/ **I** tr. intrecciare [*fingers, threads*] **II** intr. [*fingers, threads, themes*] intrecciarsi; [*lives, destinies*] incrociarsi.
interval /ˈɪntəvl/ n. **1** *(in time, space)* intervallo m.; ***at regular ~s*** a intervalli regolari; ***at 100 metre ~s*** a intervalli di 100 metri (l'uno dall'altro); ***bright ~s*** METEOR. schiarite **2** BE TEATR. SPORT intervallo m. **3** MUS. intervallo m.
intervene /ˌɪntəˈviːn/ intr. **1** *(take action)* intervenire; ***to ~ on sb.'s behalf*** intervenire a favore di qcn. **2** *(happen)* avvenire, capitare; ***if nothing ~s*** se non capita nulla **3** *(mediate)* intervenire, interporsi.
intervening /ˌɪntəˈviːnɪŋ/ agg. ***in the ~ period*** o ***hours*** nel frattempo; ***in the ~ 10 years*** nei dieci anni intercorsi.
intervention /ˌɪntəˈvenʃn/ n. intervento m.; ***an ~ on my behalf*** un intervento in mio favore.
interventionist /ˌɪntəˈvenʃənɪst/ **I** n. interventista m. e f. **II** agg. interventistico.
1.interview /ˈɪntəvjuː/ n. **1** (anche ***job ~***) colloquio m. (di lavoro) **2** GIORN. intervista f.; ***TV, radio ~*** intervista alla televisione, alla radio.
2.interview /ˈɪntəvjuː/ **I** tr. **1** *(for job)* sottoporre [qcn.] a un colloquio; *(call to interview)* chiamare [qcn.] per un colloquio [*candidate*] **2** [*journalist*] intervistare [*celebrity*]; [*police*] interrogare [*suspect*] **II** intr. [*candidate*] avere un colloquio (di lavoro); [*employer*] tenere un colloquio.
interviewee /ˌɪntəvjuːˈiː/ n. **1** *(for job)* candidato m. (-a) **2** *(on TV, radio, in survey)* intervistato m. (-a).
interviewer /ˈɪntəvjuːə(r)/ ♦ ***27*** n. **1** *(for job)* = persona che tiene un colloquio **2** *(in newspaper, for survey, on radio, TV)* intervistatore m. (-trice).
interwar /ˌɪntəˈwɔː(r)/ agg. ***during the ~ period*** o ***years*** nel periodo, negli anni fra le due guerre.
interweave /ˌɪntəˈwiːv/ tr. (pass. **-wove**; p.pass. **-woven**) intrecciare [*fingers, threads*]; mescolare [*themes, rhythms*].
interwork /ɪntəˈwɜːk/ intr. [*computers*] lavorare in interconnessione.
interwove /ˌɪntəˈwəʊv/ pass. → **interweave**.
interwoven /ˌɪntəˈwəʊvn/ **I** p.pass. → **interweave II** agg. intrecciato; FIG. mescolato.
intestate /ɪnˈtesteɪt/ agg. DIR. intestato.
intestinal /ɪnˈtestɪnl, ˌɪntesˈtaɪnl/ agg. intestinale; ***to have ~ fortitude*** AE avere fegato.
intestine /ɪnˈtestɪn/ n. intestino m.
intimacy /ˈɪntɪməsɪ/ n. **1** *(closeness)* intimità f. **2** EUFEM. *(sexual relations)* rapporti m.pl. intimi.
1.intimate /ˈɪntɪmət/ **I** agg. **1** *(personal)* intimo; [*belief, friendship*] intimo, profondo; ***to be on ~ terms with sb.*** essere intimo di qcn. **2** *(sexual)* [*relationship*] intimo; ***to be ~ with sb.*** avere rapporti intimi con qcn. **3** *(cosy)* [*atmosphere*] intimo **4** *(close)* [*bond, connection*] intimo, stretto; [*knowledge*] profondo **II** n. intimo m.
2.intimate /ˈɪntɪmeɪt/ tr. **1** *(hint)* suggerire, sottintendere [*wishes*]; ***to ~ that*** lasciare intendere che **2** *(announce)* annunciare [*content*]; ***to ~ that*** fare sapere che.
intimately /ˈɪntɪmətlɪ/ avv. **1** *(in a personal way)* [*know*] intimamente; [*speak*] in modo intimo **2** *(deeply)* [*aware*] intimamente, profondamente **3** *(closely)* [*connected, involved*] intimamente.
intimation /ˌɪntɪˈmeɪʃn/ n. **1** *(hint)* indizio m., suggerimento m.; ***he gave her an ~ that*** le lasciò intendere che; ***to have an ~ of danger*** presentire un pericolo **2** *(announcement)* annuncio m.
intimidate /ɪnˈtɪmɪdeɪt/ tr. intimidire, intimorire; ***to ~ sb. into doing*** costringere con le minacce qcn. a fare.
intimidating /ɪnˈtɪmɪdeɪtɪŋ/ agg. [*behaviour*] intimidatorio; [*obstacle, sight, size*] spaventoso; [*prospect*] angosciante.
intimidation /ɪnˌtɪmɪˈdeɪʃn/ n. intimidazione f. (**by** da parte di).
into /ˈɪntʊ, ˈɪntə/ *Into* is used after certain nouns and verbs in English (*change into, stray into* etc.). For translations, consult the appropriate noun or verb entry (**change, stray** etc.). - *Into* is also used in the structure *verb + somebody + into + doing something* (*to bully somebody into doing something, to fool somebody into doing something*). For translations of these structures see the appropriate verb entry (**bully, fool** etc.). - For translations of expressions like *get into trouble, go into details, get into debt* etc., you should consult the appropriate noun entry (**trouble, detail, debt** etc.). prep. **1** *(indicating change of position, location)* ***to put sth. ~*** mettere qcs. in [*container*]; ***to come, go ~*** entrare in [*place*]; ***pour the mixture ~ it*** versarci dentro il composto; ***to move sth. ~ the shade*** spostare qcs. all'ombra; ***to go ~ town, ~ the office*** andare in città, in ufficio; ***to get ~ the car, a train*** salire in macchina, su un treno; ***to get ~ bed*** mettersi a letto; ***to help sb. ~ bed*** aiutare qcn. a mettersi a letto **2** *(indicating change of form)* ***to cut sth. ~ triangles*** tagliare qcs. in *o* a triangoli; ***to break sth. ~ pieces*** fare a pezzi qcs.; ***to translate sth. ~ Greek*** tradurre qcs. in greco; ***to change dollars ~ francs*** cambiare dollari in franchi; ***to turn ~*** trasformarsi in [*frog*]; ***to roll sth. ~ a ball*** fare una palla di qcs. **3** *(indicating duration)* ***to go on ~ the afternoon*** continuare nel pomeriggio; ***long*** o ***far ~ the night*** fino a tarda notte **4** *(indicating a point in a process)* ***we were well ~ 1988 when...*** il 1988 era già iniziato da un pezzo quando...; ***well ~ the second half*** ben dopo l'inizio del secondo tempo; ***to be (well) ~ one's thirties*** avere trent'anni suonati **5** *(indicating direction)* ***to speak ~ the microphone*** parlare nel microfono; ***to stare ~ space*** fissare nel vuoto; ***to ride off ~ the sunset*** partire a cavallo verso il tramonto **6** COLLOQ. *(keen on)* ***to be ~*** interessarsi di, essere (un) appassionato di [*jazz, athletics*]; ***to be ~ drugs*** drogarsi **7** *(indicating impact)* in, contro; ***to run ~ sth.*** sbattere contro qcs.; ***to bang ~ sb., sth.*** urtare (contro) qcn., qcs. **8** MAT. ***8 ~ 24 goes 3 times*** o ***is 3*** l'8 nel 24 ci sta 3 volte ♦ ***to be ~ everything*** [*child*] toccare tutto.
intolerable /ɪnˈtɒlərəbl/ agg. intollerabile, insopportabile (**to** per).
intolerably /ɪnˈtɒlərəblɪ/ avv. [*behave*] in modo intollerabile, in modo insopportabile; [*painful, long*] intollerabilmente.
intolerance /ɪnˈtɒlərəns/ n. intolleranza f. (anche MED.).
intolerant /ɪnˈtɒlərənt/ agg. intollerante (**towards, with** verso).
intonation /ˌɪntəˈneɪʃn/ n. LING. MUS. intonazione f.
intone /ɪnˈtəʊn/ tr. cantare, intonare [*prayer, psalm*]; declamare [*lecture, speech*].
intoxicant /ɪnˈtɒksɪkənt/ n. bevanda f. alcolica.
intoxicate /ɪnˈtɒksɪkeɪt/ tr. **1** *(inebriate)* inebriare, ubriacare **2** *(poison)* intossicare **3** FIG. inebriare.
intoxicated /ɪnˈtɒksɪkeɪtɪd/ **I** p.pass. → **intoxicate II** agg. **1** ubriaco, ebbro **2** FIG. ebbro (**by, with** di).
intoxicating /ɪnˈtɒksɪkeɪtɪŋ/ agg. **1** [*drink*] alcolico; [*effect, substance*] tossico **2** FIG. [*perfume, experience*] inebriante.
intoxication /ɪnˌtɒksɪˈkeɪʃn/ n. **1** ubriachezza f., ebbrezza f. **2** FIG. ebbrezza f.
intra-Community /ˌɪntrəkəˈmjuːnətɪ/ agg. *(in the EC)* intracomunitario.

intractable /ɪn'træktəbl/ agg. [*problem*] intrattabile; [*opinion*] inflessibile; [*illness*] incurabile.
intramural /ˌɪntrə'mjʊərl/ agg. [*course*] che si svolge nell'istituto; [*match*] AE interclasse.
intranet /'ɪntrənet/ n. INFORM. intranet f.
intransigence /ɪn'trænsɪdʒəns/ n. intransigenza f. (**about, over** su, riguardo a).
intransigent /ɪn'trænsɪdʒənt/ agg. intransigente (**about, over** su, riguardo a).
intransitive /ɪn'trænsətɪv/ **I** agg. intransitivo **II** n. intransitivo m.
intrauterine /ˌɪntrə'juːtəraɪn/ agg. intrauterino.
intrauterine device n. MED. spirale f., (dispositivo) anticoncezionale m. intrauterino.
intravenous /ˌɪntrə'viːnəs/ agg. endovenoso.
intravenous drip n. flebo f.
intravenous drug user n. = tossicodipendente che fa uso di droghe per via endovenosa.
intravenous injection n. (iniezione) endovena f.
in-tray /'ɪntreɪ/ n. cassetta f. della corrispondenza da evadere.
intrench → **entrench**.
intrepid /ɪn'trepɪd/ agg. intrepido, impavido.
intricacy /'ɪntrɪkəsɪ/ **I** n. complessità f. **II intricacies** n.pl. *(of story)* grovigli m.; *(of the law)* meandri m.
intricate /'ɪntrɪkət/ agg. [*mechanism, pattern, plot, task*] intricato, complesso; [*problem, relationship*] intricato, complicato.
1.intrigue /'ɪntriːg, ɪn'triːg/ n. U *(plotting)* intrigo m.; ***political ~*** intrighi politici.
2.intrigue /ɪn'triːg/ **I** tr. *(fascinate)* intrigare; ***I'm ~d to know...*** sono curioso di sapere... **II** intr. *(plot)* intrigare, intrallazzare.
intriguing /ɪn'triːgɪŋ/ agg. [*person, smile*] intrigante, affascinante; [*story*] curioso, intrigante.
intrinsic /ɪn'trɪnzɪk, -sɪk/ agg. intrinseco (**to** a).
introduce /ˌɪntrə'djuːs, AE -'duːs/ **I** tr. **1** *(make known)* presentare [*person*] (**as** come); ***to ~ sb. to*** presentare qcn. a [*person*]; iniziare qcn. a [*painting, drugs*]; ***she ~d me to Mozart*** mi ha fatto conoscere Mozart; ***introducing Emily Watson*** CINEM. per la prima volta sullo schermo, Emily Watson **2** *(cause to enter)* introdurre [*object, liquid, theme*] (**into** in); ***he tried to ~ the subject into the conversation*** ha cercato di tirare fuori l'argomento durante la conversazione **3** *(establish)* istituire [*law, reform, change*]; introdurre [*product*]; introdurre, lanciare [*change*] (**into** in, su) **4** *(preface)* introdurre [*talk, chapter*] (**with** con) **5** *(present for debate)* presentare [*bill, proposal*] **6** TELEV. RAD. [*presenter*] presentare, annunciare [*programme*] **II** rifl. ***to ~ oneself*** presentarsi (**to** a).
introduction /ˌɪntrə'dʌkʃn/ n. **1** *(making known)* presentazione f.; ***to make*** o ***do the ~s*** fare le presentazioni; ***"our guest needs no ~"*** "il nostro ospite non ha bisogno di presentazioni"; ***a letter of ~*** una lettera di presentazione **2** *(insertion)* introduzione f. (**into** in) **3** *(establishing) (of system, reform)* introduzione f. (**into** in); ***this system is a recent ~*** questo sistema è stato introdotto di recente **4** *(initiation) (to art, drugs)* iniziazione m. (**to** a) **5** *(preface) (to speech, article)* introduzione f., prefazione f. **6** *(beginner's guide)* ***"An Introduction to French"*** "Introduzione al francese" **7** POL. AMM. *(of bill, proposal)* presentazione f., proposta f.
introduction agency n. agenzia f. matrimoniale.
introductory /ˌɪntrə'dʌktərɪ, AE -tɔːrɪ/ agg. **1** [*speech, paragraph, course*] introduttivo; [*explanation*] preliminare **2** COMM. [*offer*] lancio.
introspection /ˌɪntrə'spekʃn/ n. introspezione f.
introspective /ˌɪntrə'spektɪv/ agg. introspettivo.
introvert /'ɪntrəvɜːt/ n. introverso m. (-a).
introverted /'ɪntrəvɜːtɪd/ agg. introverso.
intrude /ɪn'truːd/ **I** tr. imporre [*opinions*] **II** intr. **1** *(interfere)* ***to ~ in(to) sb.'s affairs*** immischiarsi negli affari di qcn. **2** *(encroach)* ***to ~ (up)on sb.'s privacy*** violare la privacy di qcn.; ***I don't want to ~ on a family gathering*** non voglio intromettermi in una riunione familiare **3** *(disturb)* ***I don't wish to ~*** non voglio disturbare.
intruder /ɪn'truːdə(r)/ n. intruso m. (-a).
intruder alarm n. allarme m. antifurto.
intrusion /ɪn'truːʒn/ n. **1** *(unwelcome arrival)* intrusione f. (**into** in) **2** *(interference)* ingerenza f., interferenza f. (**into** in).
intrusive /ɪn'truːsɪv/ agg. [*question, cameras*] indiscreto; [*neighbours*] invadente; [*phone call, presence*] importuno.
intuit /ɪn'tjuːɪt, AE -'tuː-/ tr. intuire.
intuition /ˌɪntjuː'ɪʃn, AE -tuː-/ n. intuizione f., intuito m. (**about** riguardo a); ***to have an ~ that*** intuire che.
intuitive /ɪn'tjuːɪtɪv, AE -'tuː-/ agg. intuitivo.
inundate /'ɪnʌndeɪt/ tr. inondare, sommergere (anche FIG.) (**with** di).
inundation /ˌɪnʌn'deɪʃn/ n. inondazione f.
inure /ɪ'njʊə(r)/ tr. abituare, assuefare (**to** a).
invade /ɪn'veɪd/ tr. invadere (anche FIG.); ***to ~ sb.'s privacy*** violare la privacy di qcn.
invader /ɪn'veɪdə(r)/ n. invasore m. (-ditrice).
invading /ɪn'veɪdɪŋ/ agg. [*troops*] d'invasione; [*army, bacteria*] invasore; ***thousands of ~ tourists arrived in Rome*** ci fu un'invasione di turisti a Roma.
1.invalid /'ɪnvəliːd, 'ɪnvəlɪd/ **I** n. invalido m. (-a), disabile m. e f. **II** modif. [*parent, relative*] invalido, disabile.
2.invalid /'ɪnvəliːd, 'ɪnvəlɪd/ tr. ***to ~ out of the army*** BE riformare per motivi di salute, dichiarare inabile.
3.invalid /ɪn'vælɪd/ agg. **1** [*argument*] che non regge; [*claim*] infondato **2** AMM. DIR. [*contract*] invalido, nullo; [*marriage*] nullo; [*claim*] privo di fondatezza; [*passport*] non valido.
invalidate /ɪn'vælɪdeɪt/ tr. **1** contestare, confutare [*argument*]; invalidare [*claim*] **2** AMM. DIR. invalidare, infirmare [*will, contract*].
invalidity /ˌɪnvə'lɪdətɪ/ n. invalidità f. (anche AMM. DIR.).
invaluable /ɪn'væljʊəbl/ agg. **1** *(useful)* [*assistance, advice, experience*] prezioso; [*person, service*] impagabile; [*machine*] straordinario **2** *(priceless)* [*jewel, painting*] inestimabile.
invariable /ɪn'veərɪəbl/ agg. invariabile, immutabile.
invariably /ɪn'veərɪəblɪ/ avv. invariabilmente, immutabilmente.
invasion /ɪn'veɪʒn/ n. invasione f.; ***~ of (sb.'s) privacy*** un'intrusione nella vita privata (di qcn.).
invasive /ɪn'veɪsɪv/ agg. [*plant*] infestante; [*cancer, treatment*] invasivo.
invective /ɪn'vektɪv/ n. U invettiva f.
inveigh /ɪn'veɪ/ intr. ***to ~ against sb., sth.*** inveire contro qcn., qcs.
inveigle /ɪn'veɪgl/ tr. SPREG. ***to ~ sb. into doing*** allettare qcn. a fare.
invent /ɪn'vent/ tr. inventare.
invention /ɪn'venʃn/ n. **1** C *(something invented)* invenzione f. **2** U *(act of inventing)* invenzione f.
inventive /ɪn'ventɪv/ agg. inventivo.
inventiveness /ɪn'ventɪvnɪs/ n. inventiva f., creatività f.
inventor /ɪn'ventə(r)/ n. inventore m. (-trice).
1.inventory /'ɪnvəntrɪ, AE -tɔːrɪ/ n. **1** *(list)* inventario m. **2** AE *(stock)* giacenze f.pl., scorte f.pl.; ***~ of fixtures*** descrizione degli impianti.
2.inventory /'ɪnvəntrɪ, AE -tɔːrɪ/ tr. inventariare, fare l'inventario di.
inverse I /ˌɪn'vɜːs/ agg. inverso (anche MAT.); ***in ~ proportion to*** inversamente proporzionale a **II** /'ɪnvɜːs/ n. MAT. inverso m.
inversion /ɪn'vɜːʃn, AE ɪn'vɜːrʒn/ n. inversione f.
invert /ɪn'vɜːt/ tr. **1** *(reverse)* invertire [*word order*]; FIG. rovesciare, sovvertire [*values*] **2** *(upend)* capovolgere, rovesciare [*object*].
inverted /ɪn'vɜːtɪd/ **I** p.pass. → **invert II** agg. **1** *(reversed)* [*word order*] inverso; ***it's ~ snobbery*** è snobismo al contrario **2** *(upended)* [*object*] capovolto, rovesciato.
invertebrate /ɪn'vɜːtɪbreɪt/ **I** n. invertebrato m. **II** agg. invertebrato.
inverted commas n.pl. BE virgolette f.; ***in ~*** fra virgolette.
invest /ɪn'vest/ **I** tr. **1** *(commit)* investire [*money*]; impiegare, investire [*time, energy, resources*] **2** *(bestow)* ***to ~ sb. with*** investire *o* insignire qcn. di [*right, authority, power*]; ***to be ~ed with mystery*** essere avvolto dal mistero **3** *(install)* insediare [*president*]; ***to ~ sb. as sth.*** nominare qcn. qcs., elevare qcn. al rango di qcs. **II** intr. **1** ECON. *(in stock exchange)* fare investimenti, investire denaro; ***to ~ in shares*** investire in azioni **2**

(spend money on) ***to ~ in*** [*company*] fare investimenti in [*equipment*]; [*person*] investire denaro in [*car, hi-fi*].

investigate /ɪn'vestɪgeɪt/ **I** tr. **1** *(inquire into)* investigare, indagare [*cause, case*]; fare indagini su [*crime, person*]; verificare [*allegation, story*] **2** *(study)* esaminare, vagliare [*question, possibility, report*]; studiare attentamente [*subject, culture*]; COMM. saggiare, sondare [*market, sector*] **3** *(try out)* ***it's worth investigating whether*** è il caso di indagare se, vale la pena scoprire se **II** intr. [*police*] investigare, indagare; ***I went to ~*** andai in avanscoperta.

investigation /ɪnˌvestɪ'geɪʃn/ **I** n. **1** *(inquiry) (in police)* indagine f., investigazione f. (**of, into sth.** su qcs.); ***the crime is still under ~*** l'indagine sul crimine è ancora in corso; ***he is under ~*** è indagato **2** *(study)* COMM. MED. esame m., studio m.; ***the matter under ~*** la questione in esame **3** AMM. DIR. *(of company)* verifica f. dei conti societari **II** modif. *(in police)* [*report, committee*] d'inchiesta.

investigative /ɪn'vestɪgətɪv, AE -geɪtɪv/ agg. [*committee, mission*] d'inchiesta; [*reporting, journalist*] d'investigazione, d'indagine.

investigator /ɪn'vestɪgeɪtə(r)/ ➧ ***27*** n. *(in police)* investigatore m. (-trice).

investiture /ɪn'vestɪtʃə(r), AE -tʃʊər/ n. investitura f.

investment /ɪn'vestmənt/ **I** n. **1** ECON. investimento m. **2** *(commitment)* ***a huge emotional ~*** un enorme impegno a livello emotivo **3** MIL. investimento m., assedio m. **II** modif. ECON. [*company, income, trust*] d'investimento; [*analyst, management, manager*] degli investimenti.

investor /ɪn'vestə(r)/ n. investitore m. (-trice); *(in shares)* azionista m. e f.; ***big ~s*** grandi azionisti; ***private ~*** piccolo investitore.

inveterate /ɪn'vetərət/ agg. inveterato.

invidious /ɪn'vɪdɪəs/ agg. [*position*] spiacevole; [*choice*] delicato; [*comparison*] odioso.

invigilate /ɪn'vɪdʒɪleɪt/ **I** tr. sorvegliare [*examination*] **II** intr. esercitare la sorveglianza (**at** a, durante).

invigilation /ɪnˌvɪdʒɪ'leɪʃn/ n. *(at an examination)* sorveglianza f., vigilanza f.

invigilator /ɪn'vɪdʒɪleɪtə(r)/ n. *(at an examination)* sorvegliante m. e f.

invigorate /ɪn'vɪgəreɪt/ tr. invigorire, corroborare.

invincible /ɪn'vɪnsəbl/ agg. [*person, power*] invincibile, imbattibile; [*will*] irriducibile, assoluto.

inviolable /ɪn'vaɪələbl/ agg. inviolabile.

inviolate /ɪn'vaɪələt/ agg. FORM. [*law*] inviolato, rispettato; [*treaty*] inviolato; [*group, institution*] intatto.

invisible /ɪn'vɪzəbl/ agg. invisibile.

invisible ink n. inchiostro m. simpatico.

invisibly /ɪn'vɪzəblɪ/ avv. invisibilmente.

invitation /ˌɪnvɪ'teɪʃn/ n. **1** *(request, card)* invito m.; ***an ~ to dinner*** un invito a cena; ***thank you for your kind ~*** grazie per il vostro cortese invito; ***to receive an ~ to do*** ricevere un invito a fare **2 U** *(act of inviting)* invito m.; ***"by ~ only"*** "solo su invito"; ***at sb.'s ~*** su, dietro invito di qcn. **3** IND. *(summons)* esortazione f., invito m.; ***an urgent ~ to talks*** un appello urgente per intraprendere le trattative **4** ECON. ***an ~ to bid*** un avviso di gara d'appalto; ***an ~ to tender*** un invito a fare un'offerta, un invito d'asta **5** FIG. *(encouragement)* ***unlocked doors are an open ~ to burglars*** non chiudere a chiave la porta è un invito a nozze per i ladri.

1.invite /'ɪnvaɪt/ n. COLLOQ. invito m.

2.invite /ɪn'vaɪt/ tr. **1** invitare [*person*]; ***to ~ sb. to dinner, for a drink*** invitare qcn. a cena, a bere qualcosa; ***why don't we ~ Tara along?*** perché non invitiamo Tara a venire con noi? ***to be ~d back*** *(repaying hospitality)* essere invitato a propria volta; *(a second time)* essere nuovamente invitato; ***to ~ sb. in*** invitare qcn. a entrare; ***he ~d her out*** la invitò a uscire con lui; ***to ~ sb. over*** o ***round (to one's house)*** invitare qcn. (a casa); ***to ~ sb. for (an) interview*** invitare qcn. per un'intervista **2** *(ask for)* sollecitare [*comments*]; ***he ~d questions from the audience*** invitò il pubblico a fare delle domande **3** *(court)* ***to ~ trouble*** andare in cerca di guai **4** ECON. ***to ~ a bid*** invitare a partecipare a una gara d'appalto; ***to ~ tenders*** invitare a fare offerte.

inviting /ɪn'vaɪtɪŋ/ agg. [*room*] accogliente; [*smile*] invitante, seducente; [*meal*] appetitoso, invitante; [*prospect*] allettante.

invitingly /ɪn'vaɪtɪŋlɪ/ avv. [*smile*] in modo invitante, in modo seducente.

in vitro fertilization /ɪnˌviːtrəʊfɜːtɪlaɪ'zeɪʃn, AE -lɪ'z-/ n. fecondazione f. in vitro.

invocation /ˌɪnvə'keɪʃn/ n. invocazione f.

1.invoice /'ɪnvɔɪs/ n. fattura f.

2.invoice /'ɪnvɔɪs/ tr. rilasciare una fattura a [*person, company*]; ***to ~ sb. for sth.*** fatturare *o* addebitare qcs. a qcn.; ***to be ~d*** ricevere una fattura.

invoicing /'ɪnvɔɪsɪŋ/ n. fatturazione f.

invoke /ɪn'vəʊk/ tr. invocare [*God, law*]; evocare [*spirit, demon*].

involuntary /ɪn'vɒləntrɪ, AE -terɪ/ agg. involontario; ***~ repatriation*** rimpatrio forzato.

involve /ɪn'vɒlv/ **I** tr. **1** *(entail)* implicare, richiedere [*effort, travel*]; comportare [*problems*]; ***there is a lot of work ~d*** implica *o* richiede molto lavoro **2** *(cause to participate)* coinvolgere; *(implicate)* implicare [*person, group*]; ***to be ~d in*** *(positive)* partecipare a, occuparsi di [*business, project*]; *(negative)* essere coinvolto *o* implicato in [*scandal, robbery*]; ***to be ~d in doing*** essere impegnato a fare; ***not to get ~d in*** o ***with sth.*** restare fuori da qcs., non farsi coinvolgere in qcs.; ***it will ~ them in heavy expenditure*** comporterà una spesa ingente per loro **3** *(affect)* coinvolgere [*person, animal, vehicle*]; riguardare [*person*]; ***their safety is ~d*** è in gioco la loro sicurezza **4** *(engross)* [*film, book*] coinvolgere, avvincere, appassionare [*person*]; ***to get ~d in*** farsi prendere *o* coinvolgere da [*film, book, work*] **5** *(get emotionally attached)* ***to get ~d with*** legarsi *o* affezionarsi a [*patient, client*]; *(romantically)* essere (sentimentalmente) legato a [*person*]; ***you're too ~d to make a judgment*** sei troppo coinvolto per dare un giudizio **6** *(make a commitment)* ***to get ~d*** impegnarsi **II** rifl. ***to ~ oneself in*** o ***with*** partecipare a [*project*]; impegnarsi in [*task*].

involved /ɪn'vɒlvd/ **I** p.pass. → **involve II** agg. **1** *(complicated)* [*explanation*] involuto; [*problem*] complicato **2** *(affected)* dopo nome [*person, group*] interessato **3** *(implicated)* dopo nome [*person, group*] coinvolto, implicato **4** *(necessary)* dopo nome [*expense, effort*] richiesto, necessario; [*problems*] inerente, che consegue.

involvement /ɪn'vɒlvmənt/ n. **1** *(participation) (in activity)* partecipazione f. (**in** a), coinvolgimento m. (**in** in); *(commitment) (in enterprise, politics)* impegno m. (**in** in) **2 U** *(connections) (with group)* legami m.pl. **3** *(relationship)* legame m., rapporto m.; *(sexual or romantic)* relazione f. **4** *(engrossment) (in film, book)* coinvolgimento m. (**in** in).

invulnerability /ɪnˌvʌlnərə'bɪlətɪ/ n. invulnerabilità f.

invulnerable /ɪn'vʌlnərəbl/ agg. invulnerabile.

inward /'ɪnwəd/ **I** agg. **1** *(inner)* [*satisfaction*] personale; [*relief, calm*] interiore; ***her ~ reaction was to do*** nell'intimo, la sua reazione fu di fare **2** *(towards the inside)* [*bend*] verso l'interno **II** avv. → **inwards**.

inward-bound /'ɪnwədˌbaʊnd/ agg. [*journey, flight*] di ritorno; [*ship*] in viaggio di ritorno; [*cargo*] in entrata.

inward investment n. ECON. investimenti m.pl. dall'estero.

inward-looking /'ɪnwədˌlʊkɪŋ/ agg. [*society*] dalle vedute ristrette; [*person*] introverso; [*policy*] isolazionistico.

inwardly /'ɪnwədlɪ/ avv. [*happy, calm*] interiormente; [*rage, sigh*] dentro di sé; [*gloom*] nell'intimo; [*curse*] fra sé e sé; [*know, feel*] intimamente.

inwards /'ɪnwədz/ avv. [*fold, open, move, grow*] verso l'interno; [*freight, invoice*] in entrata.

IOC n. (⇒ International Olympic Commitee Comitato Internazionale Olimpico) CIO m.

iodine /'aɪədiːn, AE -daɪn/ n. **1** *(element)* iodio m. **2** *(antiseptic)* tintura f. di iodio.

ion /'aɪən/ n. ione m.

Ionian /aɪ'əʊnɪən/ ➧ ***12, 20*** agg. ionio; ***~ Sea*** (Mar) Ionio.

ionic /aɪ'ɒnɪk/ agg. FIS. ionico.

Ionic /aɪ'ɒnɪk/ agg. ARCH. ionico.

ionize /'aɪənaɪz/ tr. ionizzare.

ionosphere /aɪ'ɒnəsfɪə(r)/ n. ionosfera f.

iota /aɪ'əʊtə/ n. **1** iota m. e f. **2** FIG. ***not an*** o ***one ~ of*** non un briciolo di; ***it hasn't changed one ~*** non è cambiato neanche un po'.

IOU n. (⇒ I owe you) = titolo di credito; ***an ~ for £ 500*** un pagherò di 500 sterline.
Iowa /ˈaɪəʊə/ ◗ *24* n.pr. Iowa m.
IPA n. (⇒ International Phonetic Alphabet alfabeto fonetico internazionale) AFI m., IPA m.
Iphigenia /ˌɪfɪdʒɪˈnaɪə/ n.pr. Ifigenia.
IQ n. (⇒ intelligence quotient quoziente di intelligenza) QI m.
IRA n. (⇒ Irish Republican Army Esercito Repubblicano Irlandese) IRA f.
Iranian /ɪˈreɪnɪən/ ◗ *18, 14* **I** agg. iraniano **II** n. **1** *(person)* iraniano m. (-a) **2** *(language)* iranico m.
Iraqi /ɪˈrɑːkɪ/ ◗ *18* **I** agg. iracheno **II** n. iracheno m. (-a).
irascible /ɪˈræsəbl/ agg. irascibile.
irate /aɪˈreɪt/ agg. LETT. irato, adirato (**about** per).
IRBM n. (⇒ Intermediate Range Ballistic Missile missile balistico di media gittata) IRBM m.
Ireland /ˈaɪələnd/ ◗ *6* n.pr. Irlanda f.; ***the Republic of ~*** la Repubblica d'Irlanda.
irides /ˈaɪərɪdiːz/ → **iris**.
iridescent /ˌɪrɪˈdesnt/ agg. iridescente.
iris /ˈaɪərɪs/ n. **1** (pl. **irides**) ANAT. iride f. **2** (pl. **~es**) BOT. iris m.
Irish /ˈaɪərɪʃ/ ◗ *14, 18* **I** agg. irlandese **II** n. **1** *(language)* irlandese m. **2** *(people)* ***the ~*** + verbo pl. gli irlandesi.
Irish Free State n. STOR. Stato m. Libero d'Irlanda.
Irishman /ˈaɪərɪʃmən/ n. (pl. **-men**) irlandese m.
Irish Republic ◗ *6* n. Repubblica f. d'Irlanda.
Irish Sea ◗ *20* n. Mare m. d'Irlanda.
Irish stew n. = stufato di montone, patate e cipolle.
Irishwoman /ˈaɪərɪʃwʊmən/ n. (pl. **-women**) irlandese f.
irk /ɜːk/ tr. infastidire, seccare.
irksome /ˈɜːksəm/ agg. fastidioso, seccante.
1.iron /ˈaɪən, AE ˈaɪərn/ **I** n. **1** *(metal)* ferro m.; ***old*** o ***scrap ~*** ferraglia; ***a will of ~*** FIG. una volontà di ferro **2** *(for clothes)* ferro m. da stiro; ***with a cool ~*** con il ferro appena tiepido; ***to run the ~ over sth., to give sth. an ~*** dare un colpo di ferro a qcs. **3** *(in golf)* ferro m.; ***a six-~*** un ferro sei **4** *(splint)* stecca f. di metallo **II irons** n.pl. ferri m., catene f.; ***in ~s*** ai o in ceppi, ai ferri **III** modif. [*bar, gate, sheet*] di ferro; ***~ and steel works*** industria siderurgica **IV** agg. FIG. [*constitution, will*] di ferro, ferreo; [*rule*] ferreo ♦ ***to have a lot of ~s in the fire*** avere molta carne al fuoco; ***to strike while the ~ is hot*** battere il ferro finché è caldo.
2.iron /ˈaɪən, AE ˈaɪərn/ **I** tr. stirare [*clothes*] **II** intr. [*person*] stirare; [*garment, fabric*] stirarsi.
■ **iron out: ~ out [sth.], ~ [sth.] out 1** eliminare con il ferro [*creases*] **2** FIG. risolvere [*problem*]; appianare [*difficulty*].
Iron Age n. età f. del ferro.
Iron Curtain n. POL. STOR. cortina f. di ferro; ***behind the ~*** oltrecortina.
iron filings n.pl. limatura f.sing. di ferro.
iron fist n. FIG. pugno m. di ferro.
iron foundry n. fonderia f. di ghisa.
iron-grey BE, **iron-gray** AE /ˌaɪənˈgreɪ, AE ˌaɪərn-/ ◗ *5* **I** n. grigio m. ferro **II** agg. (color) grigio ferro.
iron hand n. → **iron fist**.
ironic(al) /aɪˈrɒnɪk(l)/ agg. ironico; *(paradoxical)* paradossale, assurdo.
ironically /aɪˈrɒnɪklɪ/ avv. ironicamente; ***~, she never replied*** ironia della sorte, non rispose mai.
ironing /ˈaɪənɪŋ, AE ˈaɪərnɪŋ/ n. stiratura f.; ***to do the ~*** stirare.
ironing board n. asse f. da stiro.
iron lung n. polmone m. d'acciaio.
ironmonger /ˈaɪənmʌŋgə(r), AE ˈaɪərn-/ ◗ *27* n. BE negoziante m. e f. di ferramenta; ***~'s (shop)*** (negozio di) ferramenta.
iron-on /ˈaɪənɒn, AE ˈaɪərn-/ agg. [*label, patch*] termoadesivo.
iron ore n. minerale m. di ferro.
iron oxide n. ossido m. di ferro.
iron rations n.pl. viveri m. di riserva.
ironwork /ˈaɪənwɜːk, AE ˈaɪərn-/ n. lavoro m. in ferro.
ironworks /ˈaɪənwɜːks, AE ˈaɪərn-/ n.pl. + verbo sing. o pl. stabilimento m.sing. siderurgico.
irony /ˈaɪərənɪ/ n. ironia f.; ***the ~ is that*** l'ironia è che; ***one of life's little ironies*** una delle piccole ironie della sorte.
irradiate /ɪˈreɪdɪeɪt/ tr. irradiare (anche MED. NUCL.).
irradiation /ɪˌreɪdɪˈeɪʃn/ n. irradiazione f., irradiamento m.; MED. NUCL. irradiazione f.
irrational /ɪˈræʃənl/ agg. [*behaviour, fear*] irrazionale; [*hostility*] irragionevole; ***he's ~ about it*** di quello non gli si può parlare.
irrationality /ɪˌræʃəˈnælətɪ/ n. irrazionalità f.
irrationally /ɪˈræʃənəlɪ/ avv. [*act*] in modo irrazionale; [*angry, happy*] senza motivo.
irreconcilable /ɪˈrekənsaɪləbl, ɪˌrekənˈsaɪləbl/ agg. [*opponents, ideas*] inconciliabile; [*conflict*] inconciliabile, irreconciliabile.
irrecoverable /ˌɪrɪˈkʌvərəbl/ agg. [*object*] irrecuperabile; [*loss*] irreparabile; ECON. [*debt*] irrecuperabile, inesigibile.
irredeemable /ˌɪrɪˈdiːməbl/ agg. **1** RELIG. [*sinner*] irredimibile, incorreggibile **2** *(irrecoverable)* [*loss*] irreparabile **3** ECON. [*shares, loan*] irredimibile.
irreducible /ˌɪrɪˈdjuːsəbl, AE -ˈduːs-/ agg. FORM. irriducibile.
irrefutable /ɪˈrefjʊtəbl, ˌɪrɪˈfjuː-/ agg. irrefutabile, inconfutabile.
irregular /ɪˈregjʊlə(r)/ **I** n. MIL. (soldato) irregolare m. **II irregulars** n.pl. MIL. milizie f.pl. irregolari **III** modif. [*army*] irregolare **IV** agg. **1** [*shape*] irregolare; [*life*] disordinato, sregolato **2** LING. irregolare **3** AE COMM. [*merchandise*] di seconda scelta.
irregularity /ɪˌregjʊˈlærətɪ/ n. irregolarità f.
irregularly /ɪˈregjʊləlɪ/ avv. irregolarmente; ***~-shaped*** dalla forma irregolare.
irrelevance /ɪˈreləvəns/, **irrelevancy** /ɪˈreləvənsɪ/ n. **1** *(lack of importance)* irrilevanza f.; ***~ to sth.*** estraneità a qcs. **2** *(unimportant thing)* ***to be an ~*** essere una minuzia *o* un'inezia.
irrelevant /ɪˈreləvnt/ agg. **1** *(unconnected)* [*remark, question*] non pertinente; [*facts*] irrilevante; ***to be ~ to sth.*** essere estraneo a qcs. **2** *(unimportant)* ***the money's ~*** non è il denaro che conta.
irreligious /ˌɪrɪˈlɪdʒəs/ agg. irreligioso.
irremediable /ˌɪrɪˈmiːdɪəbl/ agg. FORM. irrimediabile.
irreparable /ɪˈrepərəbl/ agg. irreparabile.
irreplaceable /ˌɪrɪˈpleɪsəbl/ agg. insostituibile.
irrepressible /ˌɪrɪˈpresəbl/ agg. irrefrenabile, incontenibile.
irreproachable /ˌɪrɪˈprəʊtʃəbl/ agg. irreprensibile.
irresistible /ˌɪrɪˈzɪstəbl/ agg. irresistibile.
irresolute /ɪˈrezəluːt/ agg. irresoluto, indeciso.
irrespective /ˌɪrɪˈspektɪv/: **irrespective of** indipendentemente da, a prescindere da [*age, class, ability*]; ***~ of race*** senza distinzione di razza; ***everyone, ~ of who they are*** tutti, chiunque essi siano; ***~ of whether it rains*** che piova o meno.
irresponsible /ˌɪrɪˈspɒnsəbl/ agg. irresponsabile.
irresponsibly /ˌɪrɪˈspɒnsəblɪ/ avv. irresponsabilmente, in modo irresponsabile.
irretrievable /ˌɪrɪˈtriːvəbl/ agg. [*loss, harm*] irreparabile, irrecuperabile.
irretrievably /ˌɪrɪˈtriːvəblɪ/ avv. irreparabilmente, irrecuperabilmente.
irreverence /ɪˈrevərəns/ n. irriverenza f., insolenza f.
irreverent /ɪˈrevərənt/ agg. irriverente, insolente.
irreversible /ˌɪrɪˈvɜːsəbl/ agg. [*process, decision*] irreversibile; [*disease*] irreversibile, incurabile.
irreversibly /ˌɪrɪˈvɜːsəblɪ/ avv. irreversibilmente.
irrevocable /ɪˈrevəkəbl/ agg. irrevocabile.
irrigation /ˌɪrɪˈgeɪʃn/ n. irrigazione f.
irritability /ˌɪrɪtəˈbɪlətɪ/ n. irritabilità f., irascibilità f.
irritable /ˈɪrɪtəbl/ agg. irritabile, irascibile.
irritant /ˈɪrɪtənt/ **I** agg. irritante **II** n. **1** *(noise, situation etc.)* fastidio m. **2** *(substance)* irritante m.
irritate /ˈɪrɪteɪt/ tr. irritare (anche MED.).
irritating /ˈɪrɪteɪtɪŋ/ agg. irritante, fastidioso (anche MED.).
irritation /ˌɪrɪˈteɪʃn/ n. irritazione f. (anche MED.).
is /*forma debole* s, z, *forma forte* ɪz/ 3ª persona sing. pres. → **be**.
Isaac /ˈaɪzək/ n.pr. Isacco.
Isabel /ˈɪzəbel/ n.pr. Isabella.
Isaiah /aɪˈzaɪə/ n.pr. Isaia.

it

- When *it* is used as a subject pronoun to refer to a specific object (or animal), *esso* o *essa* may be used in Italian according to the gender of the word referred to; in most cases, however, such pronoun forms are understood:
  "where is the book / chair?" = "dov'è il libro / la sedia?"
  "it's in the kitchen" = "è in cucina"
  "do you like my skirt?" = "ti piace la mia gonna?"
  "it's lovely" = "è carina".
- When *it* is used as a direct object pronoun, it is translated by *lo* or *la* (*l'* before *h* or a vowel) according to the gender of the word referred to:
  it's my book, and I want it = è il mio libro e lo voglio
  it's my chair, and I want it = è la mia sedia e la voglio.
- Note that the object pronoun normally comes before the verb in Italian:
  I'll clean it (the floor) = lo pulisco io (il pavimento)
  I'll post it (the letter) = la spedisco io (la lettera)
  I broke it (the dish) = l'ho rotto io (il piatto)
  I broke it (the cup) = l'ho rotta io (la tazza).
  In imperatives (and other non-finite forms), however, *lo* and *la* come after the verb and are joined to it to form a single word:
  catch it! (the dish / the cup) = prendilo! (il piatto) / prendila! (la tazza).
- When used as an indirect object pronoun, *it* is translated by *gli* or *le* according to the gender of the word referred to:
  the gate / door is stuck: give it a push = il cancello è bloccato: dagli una spinta / la porta è bloccata: dalle una spinta.
- When *it* is used after a preposition in English, the two words (prep + *it*) are often translated by one word, i.e. *ne* or *ci*, in Italian.
  If the preposition would normally be translated by *di* in Italian (e.g. *of, about, from* etc.), the *prep + it = ne:*
  I've heard about it = ne ho sentito parlare
  If the preposition would normally be translated by *a* in Italian (e.g. *to, in, at* etc.) the prep + *it = ci:*
  they went to it = ci sono andati
  what should I do with it = che cosa dovrei farci?
  For translations of *it* following prepositions not normally translated by *di* or *a* (e.g. *above, under, over* etc.) consult the entry for the preposition.
- Remember that a verb followed by a particle or a preposition in English may correspond to a verb followed by a direct object in Italian, and vice versa, e.g. *to look at something* vs guardare qualcosa and *to doubt something* vs dubitare di qualcosa:
  look at it! = guardalo!
  I doubt it = ne dubito.
- For translations for impersonal verb uses (*it's raining, it's snowing*), consult the entry for the verb in question.
- *It* is used in expressions of days of the week *(it's Friday)* and clock time *(it's 5 o'clock)*. This dictionary contains usage notes on these and many other topics. For other impersonal and idiomatic uses see the entry **it**.

ISBN n. (⇒ International Standard Book Number codice numerico internazionale per l'identificazione dei libri) ISBN m.

Iscariot /ɪs'kærɪət/ **I** n.pr. ***Judas*** ~ Giuda Iscariota **II** n. FIG. giuda m., traditore m.

ISDN n. (⇒ Integrated Services Digital Network rete numerica integrata nei servizi) ISDN f.

Iseult /'iːzuːlt, ɪ'zuːlt/ n.pr. Isotta.

Ishmael /'ɪʃmeɪəl/ n.pr. Ismaele.

Isidore /'ɪzɪdɔː(r)/ n.pr. Isidoro.

Isis /'aɪsɪs/ n.pr. Iside.

Islam /'ɪzlɑːm, -læm, -'lɑːm/ n. Islam m.

Islamic /ɪz'læmɪk/ agg. islamico.

Islamism /'ɪzlæmɪzəm/ n. islamismo m.

island /'aɪlənd/ **I** n. **1** isola f.; *(small)* isolotto m., isoletta f.; ~ ***of peace*** FIG. isola di pace **2** → **traffic island II** modif. *(of particular island)* isolano, dell'isola; *(of islands generally)* insulare, delle isole ♦ ***no man is an*** ~ = non si può fare meno degli altri.

islander /'aɪləndə(r)/ n. isolano m. (-a).

island hopping n. ***to go*** ~ spostarsi di isola in isola.

isle /aɪl/ ▸ *12* n. **1** *(in place-names)* ***Isle of Man*** isola di Man **2** LETT. isola f.

islet /'aɪlɪt/ n. LETT. isolotto m., isoletta f.

ism /'ɪzəm/ n. SPREG. ismo m.; ***Marxism and other ~s*** il marxismo e altri ismi.

isn't /'ɪznt/ contr. is not.

ISO n. (⇒ International Standards Organization Organizzazione Internazionale per la Standardizzazione) ISO m.

isobar /'aɪsəbɑː(r)/ n. (linea) isobara f.

isolate /'aɪsəleɪt/ tr. isolare.

isolation /ˌaɪsə'leɪʃn/ n. isolamento m.

Isolde /ɪ'zɒldə/ n.pr. Isotta.

isometrics /ˌaɪsə'metrɪks/ n.pl. ginnastica f.sing. isometrica.

isosceles /aɪ'sɒsəliːz/ agg. isoscele.

isotherm /'aɪsəθɜːm/ n. (linea) isoterma f.

isotope /'aɪsətəʊp/ n. isotopo m.

Israel /'ɪzreɪl/ ▸ *6* n.pr. Israele m.; ***in*** ~ in Israele.

Israeli /ɪz'reɪlɪ/ ▸ *18* **I** agg. israeliano **II** n. israeliano m. (-a).

Israelite /'ɪzrɪəlaɪt, -rəlaɪt/ n. israelita m. e f.

1.issue /'ɪʃuː, 'ɪsjuː/ n. **1** *(topic for discussion)* questione f., problema m.; ***that's not the*** ~ non è questo il punto; ***to force the*** ~ spingere a una conclusione; ***to make an ~ (out) of*** fare un caso di; ***the point at*** ~ l'argomento in questione, il punto in discussione; ***her beliefs are not at*** ~ le sue convinzioni non sono in discussione; ***to be at*** ~ *(in disagreement)* essere in discussione (**over**, **about** su, per); ***to take ~ with*** essere in disaccordo con; ***I must take ~ with you on that*** mi vedo costretto a dissentire con te su questo argomento **2** *(allocation) (of supplies)* distribuzione f. **3** *(official release) (of stamps, shares)* emissione f.; *(of book)* pubblicazione f. **4** *(copy) (of newspaper)* edizione f.; *(of journal)* numero m.; ***back*** ~ numero arretrato **5** *(flowing out)* fuoriuscita f., perdita f. **6** *(outcome)* esito m., risultato m. **7** *(offspring)* prole f., discendenza f.; ***to die without*** ~ morire senza discendenza.

2.issue /'ɪʃuː, 'ɪsjuː/ **I** tr. **1** *(allocate)* distribuire; ***to ~ sb. with*** dare in dotazione a qcn.; ***to be ~d with*** ricevere in dotazione **2** *(make public)* rilasciare [*declaration, statement*]; inviare, mandare [*ultimatum*]; impartire, diramare [*order*]; dare [*warning*] **3** *(release officially)* emettere [*stamps, shares*] **4** *(publish)* pubblicare [*book, magazine*] **II** intr. **1** *(flow out)* ***to ~ from*** [*liquid*] uscire da, scaturire da; [*gas, smoke*] uscire da; [*shouts, laughter*] arrivare da, provenire da **2** *(result)* ***to ~ from*** derivare da, risultare da.

issuer /'ɪʃʊə(r)/ n. ECON. emittente m.

isthmus /'ɪsməs/ n. istmo m.

it /ɪt/ pron. **1** *(subject) (animal or object)* esso m. (-a); ***"this is my new house" "~'s lovely"*** "questa è la mia nuova casa" "è molto carina"; ***~'s a good film*** è un bel film **2** *(in questions)* ***who is ~?*** chi è? ***~'s me*** sono io; ***where is ~?*** dov'è? ***what is ~?*** *(of object, noise etc.)* che cos'è? *(what's happening?)* che sta succedendo? *(what is the matter?)* che (cosa) c'è? di che si tratta? ***how was ~?*** com'è stato? **3** *(with impersonal verbs)* ***~'s raining*** sta piovendo; ***~'s cold*** fa freddo; ***~'s Friday, 5 o'clock*** è venerdì, sono le cinque; ***~'s incredible*** è incredibile **4** *(anticipatory subject)* ***~ is important that*** è importante che; ***~ is not easy to find a job*** non è facile trovare lavoro **5** *(to emphasize)* ***~'s John who did it*** è stato John a farlo **6** *(direct object)* lo, la; ***have you seen*** ~ l'hai visto? ***I don't believe*** ~ non ci credo **7** *(indirect object)* gli, le; ***I gave ~ a bone*** gli diedi un osso **8** *(after preposition)* ***I can't get used to*** ~ non riesco ad abituarmici ; ***let's talk about*** ~ parliamone; ***don't look at ~!*** non guardarlo! ♦ ***I didn't have ~ in me to refuse*** non sono stata capace di rifiutare *o* non me la sono sentita di dire di no; ***the best, worst of ~ is that*** la cosa più bella, peggiore è che; ***you're ~!*** GIOC. ce l'hai! ***that's ~!*** *(in triumph)* benissimo! ecco fatto! *(in anger)* ora basta! ne ho abbastanza!

IT n. → **information technology.**

Italian /ɪ'tæljən/ ➧ *18, 14* **I** agg. italiano **II** n. **1** *(person)* italiano m. (-a) **2** *(language)* italiano m. **III** modif. *(of Italian)* [*teacher, course*] di italiano; *(into Italian)* [*translation*] in italiano.
Italianize /ɪ'tæljənaɪz/ **I** tr. italianizzare **II** intr. italianizzarsi.
italic /ɪ'tælɪk/ **I** agg. [*characters*] italico, corsivo **II italics** n.pl. corsivo m.sing.; ***in ~s*** in corsivo.
italicize /ɪ'tælɪsaɪz/ tr. TIP. stampare in corsivo; *(by hand)* sottolineare.
Italy /'ɪtəlɪ/ ➧ *6* n.pr. Italia f.
1.itch /ɪtʃ/ n. **1** *(physical)* prurito m. **2** COLLOQ. *(hankering)* smania f., voglia f. (**for** di); ***I had an ~ to travel*** morivo dalla voglia di viaggiare.
2.itch /ɪtʃ/ intr. **1** *(physically)* prudere, sentire prurito; ***my back is ~ing*** mi prude la schiena; ***these socks make me*** o ***my feet ~*** queste calze mi danno prurito *o* mi fanno prudere i piedi **2** ***to be ~ing for sth., to do*** morire dalla voglia di qcs., di fare.
itching powder n. polvere f. pruriginosa.
itchy /'ɪtʃɪ/ agg. COLLOQ. ***I feel ~ all over*** mi sento prudere ovunque ♦ ***to have ~ feet*** COLLOQ. = avere sempre voglia di spostarsi, non riuscire a rimanere nello stesso luogo.
it'd /'ɪtəd/ contr. it had, it would.
item /'aɪtəm/ n. **1** articolo m., oggetto m.; ***an ~ of furniture*** un mobile; ***~s of clothing*** capi d'abbigliamento **2** INFORM. item m. **3** AMM. POL. ***an ~ on the agenda*** un punto dell'ordine del giorno **4** GIORN. RAD. TELEV. notizia f. (**about** su); ***news ~*** notizia, informazione **5** MUS. brano m., pezzo m.; *(in show)* numero m. **6** COLLOQ. *(couple)* ***to be an ~*** stare insieme.
itemize /'aɪtəmaɪz/ tr. dettagliare, particolareggiare.
itinerant /aɪ'tɪnərənt, ɪ-/ **I** agg. [*life*] nomade; [*worker, preacher*] itinerante **II** n. girovago m. (-a), nomade m. e f.
itinerary /aɪ'tɪnərərɪ, ɪ-, AE -rerɪ/ n. itinerario m.
it'll /'ɪtl/ contr. it will.
its /ɪts/ When translating *its*, remember that in Italian possessives, like most other adjectives, agree in gender and number with the noun they qualify, not as in English with the possessor they refer to; *its* is translated by *suo* + masculine singular noun (*its bone* = il suo osso), *sua* + feminine singular noun (*its cage* = la sua gabbia), *suoi* + masculine plural noun (*its whiskers* = i suoi baffi), and *sue* + feminine plural noun (*its legs* = le sue zampe). - The above examples also show that Italian possessives, unlike English ones, are normally preceded by an article. determ. suo; ***the cat hurt ~ paw*** il gatto si fece male alla zampa; ***the house and ~ garden*** la casa e il giardino; ***what was ~ value?*** quanto valeva?
it's /ɪts/ contr. it is, it has.
itself /ɪt'self/ When used as a reflexive pronoun, direct and indirect, *itself* is translated by *si*, which is always placed before the verb: *the cat hurt itself* = il gatto si è fatto male; *a problem presented itself* = si è posto un problema. - When used as an emphatic to stress the corresponding noun, the translation is *stesso* for a masculine noun and *stessa* for a feminine noun: *the preface itself makes good reading* = la prefazione stessa è bella da leggere. - When used after a preposition, *itself* is translated by *sé* or *se stesso / se stessa*: *the machine in itself is easy to use* = la macchina di per di sé / se stessa è facile da usare. - *(All) by itself* is translated by *da solo / da sola*, which means *alone* and/or *without help*. - For particular usages see below. pron. **1** *(reflexive)* si, se stesso m. (-a) **2** *(emphatic)* stesso; ***the house ~ was pretty*** la casa in sé era graziosa; ***the library is not in the university ~*** la biblioteca non si trova all'interno dell'università; ***he was kindness ~*** era la gentilezza fatta persona **3** *(after prepositions)* ***the heating comes on by ~*** il riscaldamento si accende da solo; ***the house stands by ~ in the middle of a field*** la casa si trova isolata in mezzo a un campo; ***the library is a fine building in ~*** la biblioteca in sé è un bell'edificio; ***learning Italian is not difficult in ~*** imparare l'italiano non è di per sé difficile.
itsy-bitsy /ɪtsɪ'bɪtsɪ/ agg. COLLOQ. minuto, piccolissimo.
ITV n. GB (⇒ Independent Television) = network privato.
IUD n. (⇒ intrauterine device dispositivo anticoncezionale intrauterino) IUD m.
IV n. → **intravenous drip.**
I've /aɪv/ contr. I have.
Ives /aɪvz/ n.pr. Ivo.
IVF n. → **in vitro fertilization.**
ivory /'aɪvərɪ/ ➧ *5* **I** n. **1** U avorio m. **2** *(ornament)* (oggetto in) avorio m. **II** modif. [*object*] d'avorio **III** agg. [*skin*] eburneo, d'avorio ♦ ***to tickle the ivories*** SCHERZ. strimpellare il pianoforte.
Ivory Coast ➧ *6* n.pr. Costa f. d'Avorio.
ivy /'aɪvɪ/ n. edera f.
Ivy League n.pr. (anche **~ colleges**) Ivy League f. (gruppo di otto prestigiose università del nord-est degli Stati Uniti).

j

j, J /dʒeɪ/ n. j, J m. e f.

1.jab /dʒæb/ n. **1** BE MED. *(vaccination)* vaccinazione f.; *(injection)* iniezione f. **2** *(poke)* colpetto m., toccata f. **3** *(in boxing)* jab m., diretto m. sinistro.

2.jab /dʒæb/ **I** tr. (forma in -ing ecc. **-bb-**) ***to ~ sth. into sth.*** conficcare qcs. in qcs. **II** intr. (forma in -ing ecc. **-bb-**) **1** ***she ~bed at the page with her finger*** tamburellava con il dito sulla pagina **2** *(in boxing)* tirare un jab, un diretto sinistro (**at** a).

jabber /ˈdʒæbə(r)/ **I** tr. farfugliare, borbottare, biascicare **II** intr. *(chatter)* chiacchierare, ciarlare; *(in foreign language)* farfugliare.

1.jack /dʒæk/ n. **1** *(for car etc.)* cric m., martinetto m. **2** *(in cards)* jack m., fante m. **3** *(in bowls)* boccino m. **4** EL. TEL. jack m. ♦ ***every man ~ of them*** tutti quanti loro; ***to be (a) ~ of all trades*** essere un factotum SCHERZ.; ***to have an I'm all right Jack attitude*** autocompiacersi.

2.jack /dʒæk/ tr. **1** → **jack in 2** → **jack up**.

■ **jack in** BE COLLOQ. ~ ***in [sth.]***, ~ ***[sth.] in*** piantare, abbandonare [*job*].

■ **jack up:** ~ ***up [sth.]***, ~ ***[sth.] up*** **1** sollevare con un cric, un martinetto [*vehicle*] **2** COLLOQ. FIG. alzare, aumentare [*price*] **3** AE COLLOQ. incitare [*crowd*].

Jack /dʒæk/ n.pr. diminutivo di **John** e **Jacob**.

jackal /ˈdʒækɔːl, AE -kl/ n. sciacallo m.

jackass /ˈdʒækæs/ n. asino m., somaro m. (anche FIG.).

jackboot /ˈdʒækbuːt/ n. stivale m. alla scudiera; FIG. repressione f., oppressione f.

jackdaw /ˈdʒækdɔː/ n. ORNIT. taccola f.

jacket /ˈdʒækɪt/ ➧ ***28*** **I** n. **1** *(garment)* giacca f.; *(short)* giubbotto m., giacchetta f. **2** *(of book)* (anche **dust ~**) sopraccoperta f.; AE *(of record)* copertina f. **3** TECN. *(insulating)* rivestimento m. isolante, guaina f. **II** modif. **1** [*pocket*] della giacca **2** ~ ***potato*** GASTR. patata al forno con la buccia **3** [*design*] di copertina.

jackhammer /ˈdʒækˌhæmə(r)/ n. martello m. pneumatico.

jack-in-the-box /ˈdʒækɪnðəˌbɒks/ n. scatola f. a sorpresa, saltamartino m.

1.jackknife /ˈdʒæknaɪf/ n. (pl. **-knives**) coltello m. a serramanico.

2.jackknife /ˈdʒæknaɪf/ intr. [*lorry*] sbandare affiancandosi alla motrice.

jackpot /ˈdʒækpɒt/ n. jackpot m., monte premi m. ♦ ***to hit the ~*** *(win prize)* fare una grossa vincita, vincere un terno al lotto; *(have great success)* sfondare, avere un gran successo.

jackrabbit /ˈdʒækˌræbɪt/ n. = lepre diffusa nel Nord America.

Jacky /ˈdʒækɪ/ n.pr. diminutivo di **Jack** e **Jacqueline**.

Jacob /ˈdʒeɪkəb/ n.pr. Giacobbe.

Jacobean /ˌdʒækəˈbɪən/ agg. STOR. del regno, dell'epoca di Giacomo I.

Jacobin /ˈdʒækəbɪn/ n. STOR. giacobino m. (-a).

Jacobite /ˈdʒækəbaɪt/ n. STOR. giacobita m. e f.

Jacqueline /ˈdʒækliːn/ n.pr. Giacomina.

jade /dʒeɪd/ ➧ ***5*** **I** n. **1** *(stone)* giada f. **2** *(colour)* (anche **jade green**) verde m. giada **II** agg. verde giada.

jaded /ˈdʒeɪdɪd/ agg. **1** *(exhausted)* sfinito, spossato, stremato **2** *(bored)* [*person*] annoiato; [*palate*] sazio, nauseato.

Jael /ˈdʒeɪəl/ n.pr. Giaele.

jagged /ˈdʒægɪd/ agg. [*rock, cliff*] frastagliato; [*knife*] seghettato; [*saw*] dentellato.

jaguar /ˈdʒægjʊə(r)/ n. giaguaro m.

Jahveh, Jahweh /ˈjɑːveɪ/ n.pr. Javè.

1.jail /dʒeɪl/ **I** n. prigione f., carcere m.; ***to be in, go to ~*** essere, andare in prigione; ***to go to ~ for 10 years*** fare 10 anni di prigione; ***sentenced to 14 days in ~*** condannato a 14 giorni di reclusione **II** modif. ~ ***sentence*** condanna al carcere, alla reclusione.

2.jail /dʒeɪl/ tr. imprigionare, incarcerare.

jailbird /ˈdʒeɪlbɜːd/ n. COLLOQ. avanzo m. di galera, galeotto m.; *(habitual)* recidivo m. (-a).

jailbreak /ˈdʒeɪlbreɪk/ n. evasione f.

jailer /ˈdʒeɪlə(r)/ n. ANT. carceriere m., secondino m.

Jakarta /dʒəˈkɑːtə/ ➧ ***34*** n.pr. Giacarta f.

jalopy /dʒəˈlɒpɪ/ n. COLLOQ. *(old motor vehicle)* carcassa f., macinino m., rottame m.

1.jam /dʒæm/ n. **1** *(congestion) (of people)* calca f., ressa f.; *(of traffic)* ingorgo m., intasamento m. **2** *(of machine, system, department)* arresto m., blocco m. **3** COLLOQ. *(difficult situation)* pasticcio m., guaio m.; ***to help sb. out of a ~*** tirare qcn. fuori dai guai **4** MUS. (anche **~ session**) jam session f.

2.jam /dʒæm/ **I** tr. (forma in -ing ecc. **-mm-**) **1** *(stuff, pile)* ***to ~ things into*** stipare delle cose in [*small space, suitcase, box*]; ***to ~ one's foot on the brake*** fare una gran frenata **2** *(fix firmly, wedge)* incastrare, prendere (in mezzo); ***the key's ~med in the lock*** la chiave si è incastrata nella toppa **3** (anche **~ up**) *(crowd)* intasare, bloccare; ***cars ~med (up) the roads*** le auto intasavano le strade **4** (anche **~ up**) *(block)* [*dirt, malfunction, person*] bloccare, fare inceppare [*mechanism, system*]; bloccare, fare incastrare [*lock, door, window*] **5** RAD. TEL. disturbare (con interferenze) [*frequency, transmission*] **II** intr. (forma in -ing ecc. **-mm-**) **1** *(become stuck)* [*mechanism, switch*] incepparsi, bloccarsi; [*lock, door, window*] bloccarsi, incastrarsi **2** MUS. improvvisare.

■ **jam in:** ~ ***in*** [*people*] affollarsi, assieparsi, stiparsi; ~ ***[sth., sb.] in*** **1** *(trap, wedge)* incastrare **2** *(pack in)* affollare, assiepare.

3.jam /dʒæm/ n. GASTR. marmellata f., confettura f.; ***apricot ~*** marmellata di albicocche.

Jamaica /dʒəˈmeɪkə/ ➧ ***6*** n.pr. Giamaica f.

Jamaican /dʒəˈmeɪkən/ ➧ ***18*** **I** agg. giamaicano **II** n. giamaicano m. (-a).

jamb /dʒæm/ n. stipite m., montante m.

jamboree /ˌdʒæmbəˈriː/ n. **1** *(for scouts)* raduno m. internazionale **2** *(party)* gran festa f., baldoria f.

James /dʒeɪmz/ n.pr. Giacomo.

jam-full /ˌdʒæmˈfʊl/ agg. → **jam-packed**.

jamjar /'dʒæmdʒɑ:(r)/ n. vasetto m. di, da marmellata.
jammed /dʒæmd/ I p.pass. → **2.jam II** agg. **1** *(crowded)* affollato **2** *(blocked)* [*mechanism*] bloccato, inceppato; [*lock, door, window*] incastrato.
jammy /'dʒæmɪ/ agg. **1** BE COLLOQ. [*person*] fortunato; [*job*] facilissimo **2** [*fingers, face*] pieno di marmellata.
jam-packed /ˌdʒæm'pækt/ agg. gremito, stipato; ***to be ~ with sth.*** essere pieno zeppo di qcs.
jam pot n. → **jamjar**.
Jan ⇒ January gennaio (genn.).
Jane /dʒeɪn/ n.pr. Gianna.
Janet /'dʒænɪt/ n.pr. diminutivo di **Jane**.
1.jangle /'dʒæŋgl/ n. *(of keys, pots)* tintinnio m.; *(of bells)* suono m. stonato; *(of alarm)* suono m. stridente.
2.jangle /'dʒæŋgl/ I tr. fare suonare in modo stonato [*bell*]; fare tintinnare [*keys*] **II** intr. **1** *(make noise)* [*bells, bangles*] tintinnare **2** FIG. ***my nerves are jangling*** ho i nervi a fior di pelle.
jangling /'dʒæŋglɪŋ/ I n. → **1.jangle II** agg. [*noise, alarm*] aspro, stridulo, stridente.
janitor /'dʒænɪtə(r)/ n. AE SCOZZ. guardiano m., custode m.
Jansenism /'dʒænsənɪzəm/ n. giansenismo m.
Jansenist /'dʒænsənɪst/ n. giansenista m. e f.
January /'dʒænjʊərɪ, AE -jʊerɪ/ ➧ *16* n. gennaio m.
Japan /dʒə'pæn/ ➧ *6* n.pr. Giappone m.
Japanese /ˌdʒæpə'ni:z/ ➧ *18, 14* I agg. giapponese **II** n. (pl. ~) **1** *(person)* giapponese m. e f. **2** *(language)* giapponese m. **III** modif. *(of Japanese)* [*teacher, course*] di giapponese; *(into Japanese)* [*translation*] in giapponese.
Japheth /'dʒeɪfəθ/ n.pr. Iafet.
1.jar /dʒɑ:(r)/ n. **1** *(jolt)* colpo m., urto m. (anche FIG.) **2** *(noise)* suono m. discordante, stridore m.
2.jar /dʒɑ:(r)/ I tr. (forma in -ing ecc. **-rr-**) **1** *(give shock to)* scuotere [*person*] (anche FIG.); ***to ~ one's shoulder*** battere la spalla **2** AE *(spur)* ***to ~ sb. into action*** spingere qcn. ad agire **II** intr. (forma in -ing ecc. **-rr-**) **1** [*instrument, voice*] stridere, produrre un suono discordante; ***to ~ on sb.*** o ***sb.'s nerves*** dare ai nervi a qcn. **2** *(rattle)* [*windows*] sbattere **3** *(clash)* [*colours*] stonare, stridere; [*note*] stonare; [*opinions*] discordare, contrastare, essere in conflitto.
3.jar /dʒɑ:(r)/ n. vaso m., vasetto m.; *(large)* barattolo m.; *(earthenware)* giara f., orcio m., brocca f.
jargon /'dʒɑ:gən/ n. gergo m.
jargon-ridden /'dʒɑ:gənˌrɪdn/ agg. [*language*] pieno di tecnicismi.
jarring /'dʒɑ:rɪŋ/ agg. [*sound, voice*] stonato, stridente; [*effect*] discordante.
jasmine /'dʒæsmɪn, AE 'dʒæzmən/ n. gelsomino m.
Jasmine /'dʒæzmɪn/ n.pr. Gelsomina.
Jason /'dʒeɪsn/ n.pr. Giasone.
jasper /'dʒæspə(r)/ n. diaspro m.
Jasper /'dʒæspə(r)/ n.pr. Gaspare.
jaundice /'dʒɔ:ndɪs/ ➧ *11* n. ittero m., itterizia f.
jaundiced /'dʒɔ:ndɪst/ agg. **1** *(cynical)* [*attitude, person*] amareggiato, ostile, cinico **2** *(affected with jaundice)* itterico, affetto da ittero.
1.jaunt /dʒɔ:nt/ n. gita f., scampagnata f.
2.jaunt /dʒɔ:nt/ intr. fare una gita, una scampagnata.
jaunty /'dʒɔ:ntɪ/ agg. [*appearance*] spigliato, sbarazzino, disinvolto.
Java /'dʒɑ:və/ ➧ *12* n.pr. Giava f.
Javanese /ˌdʒɑ:və'ni:z/ ➧ *18, 14* I agg. giavanese **II** n. (pl. ~) **1** *(person)* giavanese m. e f. **2** *(language)* giavanese m.
javelin /'dʒævlɪn/ ➧ *10* n. *(object)* giavellotto m.
1.jaw /dʒɔ:/ I n. **1** ➧ *2* *(bone)* mascella f. **2** COLLOQ. *(chat)* ***to have a good ~*** fare una bella chiacchierata **II jaws** n.pl. *(of animal)* fauci f.; *(of tool)* ganasce f. ♦ ***his ~ dropped*** rimase a bocca aperta.
2.jaw /dʒɔ:/ intr. COLLOQ. *(chat)* chiacchierare.
jawbone /'dʒɔ:bəʊn/ n. osso m. mascellare.
jawline /'dʒɔ:laɪn/ n. = lineamenti della parte inferiore del viso.
jay /dʒeɪ/ n. ZOOL. ghiandaia f.
jaywalk /'dʒeɪwɔ:k/ intr. = attraversare la strada al di fuori degli appositi passaggi pedonali.

1.jazz /dʒæz/ I n. MUS. jazz m. **II** modif. [*musician, singer*] jazz; [*fan*] di jazz ♦ ***and all that ~*** COLLOQ. e così via, e compagnia bella.
2.jazz /dʒæz/ tr. → **jazz up.**
■ **jazz up** COLLOQ. **~ up [sth.], ~ [sth.] up 1** *(liven up)* ravvivare [*dress*]; vivacizzare [*room*]; animare, vivacizzare [*party*] **2** *(play like jazz)* suonare in stile jazz [*tune*].
jazz band n. jazz band f., orchestra f. jazz.
jazz dance n. danza f. jazz.
jazzman /'dʒæzmən/ n. (pl. **-men**) jazzista m., musicista m. jazz.
jazzy /'dʒæzɪ/ agg. **1** *(bright)* [*colour*] vivace, sgargiante; [*pattern, dress, wallpaper*] variopinto, chiassoso **2** [*music*] in stile jazz.
jealous /'dʒeləs/ agg. geloso; *(envious)* invidioso; ***to feel ~*** essere geloso; ***to make sb. ~*** fare ingelosire qcn.
jealousy /'dʒeləsɪ/ n. gelosia f.; *(envy)* invidia f.
jean /dʒi:n/ I agg. ***a ~ skirt*** una gonna di jeans **II** ➧ *28* **jeans** n.pl. jeans m.; ***a pair of ~s*** un paio di jeans.
Jean /dʒi:n/ n.pr. Giovanna.
jeep® /dʒi:p/ n. jeep® f.
1.jeer /dʒɪə(r)/ n. *(from person)* derisione f., scherno m., dileggio m.; *(from crowd)* fischi m.pl.
2.jeer /dʒɪə(r)/ I tr. schernire, deridere **II** intr. ***to ~ at*** ridicolizzare, mettere in ridicolo [*idea*]; [*crowd*] deridere, fischiare [*person*]; [*individual*] prendersi gioco di, deridere [*person*].
jeering /'dʒɪərɪŋ/ I n. **U** canzonatura f., presa f. in giro **II** agg. derisorio, beffardo.
Jeff /dʒef/ n.pr. diminutivo di **Jeffr(e)y**.
Jeffr(e)y /'dʒefrɪ/ n.pr. Goffredo.
Jehoshaphat /dʒɪ'hɒʃəfæt/ n.pr. Giosafat.
jejune /dʒɪ'dʒu:n/ agg. LETT. **1** *(naïve)* puerile, immaturo **2** *(dull)* scialbo, vacuo.
jell → **2.gel**.
jellied /'dʒelɪd/ agg. ***~ eels*** anguille in gelatina.
Jell-o® /'dʒeləʊ/ n. AE = preparato per dessert a base di gelatina alla frutta.
jelly /'dʒelɪ/ n. **1** GASTR. *(savoury)* gelatina f. (di carne, pesce); *(sweet)* gelatina f. alla frutta **2** AE *(jam)* marmellata f. ♦ ***to shake like a ~*** tremare come una foglia; ***my legs turned to ~*** le gambe mi fecero giacomo giacomo.
jelly baby n. = caramella gommosa alla frutta (a forma di bambino).
jelly bean n. = gelatina alla frutta (a forma di fagiolo).
jellyfish /'dʒelɪfɪʃ/ n. (pl. **~, ~es**) medusa f.
jelly shoe n. sandalo m. di plastica (da spiaggia).
jemmy /'dʒemɪ/ n. BE piede m. di porco.
Jenny /'dʒenɪ/ n.pr. diminutivo di **Jane**.
jeopardize /'dʒepədaɪz/ tr. compromettere, pregiudicare [*career, chance*]; mettere a repentaglio, mettere in pericolo [*lives*].
jeopardy /'dʒepədɪ/ n. ***in ~*** in pericolo; ***to put sth. in ~*** mettere a repentaglio qcs.
Jeremiah /ˌdʒerɪ'maɪə/, **Jeremy** /'dʒerɪmɪ/ n.pr. Geremia.
Jericho /'dʒerɪkəʊ/ ➧ *34* n.pr. Gerico f.
1.jerk /dʒɜ:k/ n. **1** *(jolt)* scossa f., strattone m., scatto m.; *(twitch)* *(of muscle, limb)* spasmo m., contrazione f.; ***with a ~ of his hand*** con uno scatto della mano; ***to start off with a ~*** [*vehicle*] partire strattonando *o* sobbalzando **2** AE COLLOQ. SPREG. *(obnoxious person)* persona f. volgare, verme m.; *(stupid person)* cretino m. (-a), stupido m. (-a).
2.jerk /dʒɜ:k/ I tr. tirare, spingere (con uno strattone) [*object*] **II** intr. **1** *(jolt)* ***to ~ to a halt*** [*vehicle*] fermarsi con un sobbalzo **2** *(twitch)* [*person, muscle*] contrarsi, tremare.
■ **jerk out: ~ out [sth.]** *(stammer)* farfugliare [*reply, excuse*].
jerkily /'dʒɜ:kɪlɪ/ avv. [*move*] a scatti, a scossoni, a sbalzi; [*speak*] a scatti.
jerkin /'dʒɜ:kɪn/ n. STOR. farsetto m., giustacuore m.
jerky /'dʒɜ:kɪ/ I n. AE GASTR. = carne di manzo essiccata al sole **II** agg. [*movement*] convulso, spasmodico; [*style, phrase*] spezzato, sconnesso.
Jerome /dʒə'rəʊm/ n.pr. Gerolamo, Girolamo.
Jerry /'dʒerɪ/ n.pr. diminutivo di **Gerald**, **Gerard**, **Jeremiah**, **Jeremy** e **Jerome**.

jerry-built /ˈdʒerɪbɪlt/ agg. SPREG. = costruito con materiale scadente.
jersey /ˈdʒɜːzɪ/ n. **1** *(sweater)* pullover m., maglia f. (anche SPORT); ***football ~*** maglia (di squadra di calcio) **2** *(fabric)* jersey m.
Jerusalem /dʒəˈruːsələm/ ♦ *34* n.pr. Gerusalemme f.
Jerusalem artichoke n. topinambur m.
Jervis /ˈdʒɑːvɪs/ n.pr. Gervasio.
1.jest /dʒest/ n. celia f., burla f.; ***in ~*** per scherzo ♦ ***many a true word is spoken in ~*** = molte verità si dicono scherzando.
2.jest /dʒest/ intr. celiare, scherzare, burlare.
jester /ˈdʒestə(r)/ n. burlone m., buffone m.
Jesuit /ˈdʒezjʊɪt, AE ˈdʒeʒəwət/ **I** agg. gesuitico **II** n. gesuita m.
Jesuitical /ˌdʒezjʊˈɪtɪkl, AE ˌdʒeʒʊ-/ agg. gesuitico.
Jesus /ˈdʒiːzəs/ n.pr. Gesù; ***~ Christ*** Gesù Cristo.
1.jet /dʒet/ n. **1** *(plane)* jet m., aereo m. a reazione, aviogetto m. **2** *(of water)* getto m., zampillo m.; *(of flame)* getto m. **3** *(on hob)* becco m.; *(of engine)* getto m., ugello m., spruzzatore m.
2.jet /dʒet/ intr. ***to ~ off to the USA*** raggiungere gli Stati Uniti con un jet.
3.jet /dʒet/ n. *(stone)* giaietto m., giavazzo m.
jet-black /ˌdʒetˈblæk/ agg. [*hair, eyes*] corvino, nero lucente.
jet engine n. motore m. a reazione, reattore m.
jet fighter n. cacciareattore m.
jetfoil /ˈdʒetfɔɪl/ n. aliscafo m.
jet-powered /ˌdʒetˈpaʊəd/, **jet-propelled** /ˌdʒetprəˈpeld/ agg. a reazione, a getto.
jet propulsion n. propulsione f. a reazione.
jetsam /ˈdʒetsəm/ n. → **flotsam**.
jet set n. jet set m.
jet setter n. ***to be a ~*** appartenere al jet set.
1.jet-ski /ˈdʒetskiː/ n. acquascooter m.
2.jet-ski /ˈdʒetskiː/ intr. ***to go ~ing*** andare in acquascooter.
jettison /ˈdʒetɪsn/ tr. **1** *(from ship)* scaricare, gettare in mare; *(from plane)* scaricare in volo **2** *(discard)* sbarazzarsi di, liberarsi di [*old clothes*] **3** FIG. respingere [*idea*].
jetty /ˈdʒetɪ/ n. *(of stone)* gettata f., molo m.; *(of wood)* pontile m.
Jew /dʒuː/ n. ebreo m. (-a).
jewel /ˈdʒuːəl/ n. **1** *(gem)* gemma f.; *(piece of jewellery)* gioiello m. **2** TECN. *(in watch)* rubino m. **3** FIG. *(person)* gioiello m., perla f.; *(town, object)* gioiello m.
jewelled BE, **jeweled** AE /ˈdʒuːəld/ agg. ornato di pietre preziose.
jeweller BE, **jeweler** AE /ˈdʒuːələ(r)/ ♦ *27* n. *(person)* gioielliere m. (-a); ***~'s (shop)*** gioielleria.
jewellery BE, **jewelry** AE /ˈdʒuːəlrɪ/ ♦ *27* n. gioielli m.pl., gioielleria f., preziosi m.pl.; *(in shop, workshop)* gioielli m.pl.; ***a piece of ~*** un gioiello.
Jewess /ˈdʒuːes/ n. ebrea f.
Jewish /ˈdʒuːɪʃ/ agg. ebraico, ebreo, giudaico.
Jewry /ˈdʒʊərɪ/ n. ebrei m.pl., comunità f. ebraica.
Jew's harp n. MUS. = strumento simile allo scacciapensieri.
1.jib /dʒɪb/ n. **1** MAR. fiocco m. **2** *(of crane)* braccio m.
2.jib /dʒɪb/ intr. [*person*] mostrare esitazione, ripugnanza (**at** verso); ***to ~ at*** [*horse*] impuntarsi davanti a [*fence*].
1.jibe /dʒaɪb/ n. beffa f., scherno m.
2.jibe /dʒaɪb/ intr. *(mock)* ***to ~ at sb., sth.*** beffarsi di qcn., qcs.
3.jibe /dʒaɪb/ intr. AE COLLOQ. *(match)* combaciare, coincidere.
jiff(y) /ˈdʒɪf(ɪ)/ n. COLLOQ. secondo m., momento m.; ***in a ~*** fra un momento.
Jiffy bag® n. busta f. imbottita.
1.jig /dʒɪg/ n. MUS. giga f. ♦ ***the ~ is up*** AE COLLOQ. la festa è finita.
2.jig /dʒɪg/ intr. (forma in -ing ecc. **-gg-**) (anche **~ about, ~ around**) agitarsi, saltellare.
jiggery-pokery /ˌdʒɪgərɪˈpəʊkərɪ/ n. BE COLLOQ. imbroglio m., truffa f.
jiggle /ˈdʒɪgl/ **I** tr. muovere a scatti **II** intr. (anche **~ about, ~ around**) tremolare, muoversi a scatti.
jigsaw /ˈdʒɪgsɔː/ n. **1** (anche **~ puzzle**) puzzle m. **2** TECN. seghetto m. da traforo.
jihad /dʒɪˈhɑːd/ n. RELIG. jihad f., guerra f. santa.
jilt /dʒɪlt/ tr. abbandonare, rifiutare [*lover*].
Jim /dʒɪm/ n.pr. diminutivo di **James**.
Jim Crow n. AE COLLOQ. discriminazione f. razziale; ***~ policies*** politiche segregazioniste.
jimmy /ˈdʒɪmɪ/ n. AE *(crowbar)* piede m. di porco.
Jimmy /ˈdʒɪmɪ/ n.pr. diminutivo di **James**.
1.jingle /ˈdʒɪŋgl/ n. **1** *(of keys)* tintinnio m.; *(of bells)* scampanellio m. **2** *(verse)* cantilena f., filastrocca f. **3** *(in advertising)* jingle m., motivo m. musicale.
2.jingle /ˈdʒɪŋgl/ **I** tr. fare tintinnare [*keys*] **II** intr. [*small bells*] tintinnare, scampanellare; [*keys*] tintinnare.
jingoism /ˈdʒɪŋgəʊɪzəm/ n. SPREG. sciovinismo m.
jingoist /ˈdʒɪŋgəʊɪst/ n. SPREG. sciovinista m. e f.
jingoistic /ˌdʒɪŋgəʊˈɪstɪk/ agg. SPREG. sciovinistico, sciovinista.
jink /dʒɪŋk/ intr. SPORT correre schivando, zigzagare.
1.jinx /dʒɪŋks/ n. **1** *(curse)* malocchio m., iettatura f.; ***to put a ~ on*** gettare il malocchio su; ***there's a ~ on me*** sono iellato **2** *(unlucky person)* iettatore m. (-trice), menagramo m. e f., uccello m. del malaugurio; *(unlucky object)* cosa f. che porta iella.
2.jinx /dʒɪŋks/ tr. portare iella a [*person*].
jitters /ˈdʒɪtəz/ n.pl. nervosismo m.sing., agitazione f.sing.; ***to have the ~*** [*person*] essere nervoso, agitato; ***to give sb. the ~*** fare innervosire qcn.
jittery /ˈdʒɪtərɪ/ agg. nervoso, agitato.
1.jive /dʒaɪv/ n. **1** MUS. swing m. **2** AE COLLOQ. *(talk)* chiacchiere f.pl.
2.jive /dʒaɪv/ intr. ballare lo swing.
Jnr ⇒ junior junior (jr).
Joan /dʒəʊn/, **Joanna** /dʒəʊˈænə/ n.pr. Giovanna.
job /dʒɒb/ **I** n. **1** *(employment)* lavoro m., impiego m., occupazione f.; *(post)* posto m. (di lavoro); ***to get a ~*** trovare lavoro; ***a teaching ~*** un lavoro da insegnante; ***what's her ~?*** che lavoro fa? ***a ~ in an office*** un impiego in un ufficio; ***to have a ~ as a secretary*** lavorare come segretaria; ***to be out of a ~*** essere disoccupato **2** *(role)* funzione f., ruolo m.; ***it's my ~ to do*** è mio compito fare **3** *(duty)* dovere m., mansione f.; ***she's only doing her ~*** sta solo facendo il suo dovere **4** *(task)* lavoro m., lavoretto m.; ***to find a ~ for sb. to do*** trovare un lavoro da far fare a qcn. **5** *(assignment) (of company)* progetto m.; *(of individual)* incarico m.; ***the ~ of building the theatre went to X*** il compito di costruire il teatro fu assegnato a X **6** *(result of work)* ***a poor ~*** un pessimo lavoro; ***you've made a good ~ of the chair*** hai fatto un bel lavoro con la sedia **7** COLLOQ. *(difficult activity)* ***a real ~, quite a ~*** una vera impresa, un lavoraccio (**to do, doing** fare) **8** COLLOQ. *(crime, theft)* colpo m., furto m. **9** INFORM. job m. **10** COLLOQ. *(plastic surgery)* ***to have a nose ~*** farsi rifare il naso **II** modif. [*advert, offer*] di lavoro; [*analysis*] delle mansioni; [*pages*] di annunci di lavoro; [*creation*] di posti di lavoro ♦ ***(and a) good ~ too!*** BE per fortuna! meno male! ***it's a good ~ that*** meno male che; ***~s for the boys*** = posti assegnati ai raccomandati; ***just the ~*** proprio quello che ci vuole, come il cacio sui maccheroni; ***on the ~*** *(working)* sul lavoro, sul posto; ***to learn on the ~*** imparare sul posto, sul campo; ***to fall asleep on the ~*** essere un lavativo; ***to do the ~*** servire, funzionare, andare bene; ***to give sth. up as a bad ~*** BE mollare qcs.; ***to make the best of a bad ~*** BE fare buon viso a cattivo gioco.
Job /dʒəʊb/ n.pr. BIBL. Giobbe ♦ ***to be a ~'s comforter*** = essere un pessimo consolatore; ***to have the patience of ~*** avere la pazienza di Giobbe.
job action n. AE azione f. sindacale.
jobber /ˈdʒɒbə(r)/ n. *(on the stock exchange)* jobber m. e f.; AE *(wholesale merchant)* grossista m. e f.
jobbing /ˈdʒɒbɪŋ/ agg. [*gardener*] a cottimo.
Job Centre n. BE ufficio m., agenzia f. di collocamento.
job creation scheme n. piano m. per l'occupazione.
job description n. descrizione f. delle mansioni, delle posizioni.
job-hunter /ˈdʒɒbˌhʌntə(r)/ n. = chi è in cerca di lavoro.
job-hunting /ˈdʒɒbˌhʌntɪŋ/ n. (l')andare in cerca di lavoro.
jobless /ˈdʒɒblɪs/ **I** n. ***the ~*** + verbo pl. i disoccupati **II** modif. [*total*] dei disoccupati; [*rate, figures*] della disoccupazione **III** agg. senza lavoro, disoccupato.

job lot n. 1 *(at auction)* lotto m. 2 FIG. *(collection)* accozzaglia f.
job satisfaction n. ***I get a lot of ~*** il mio lavoro mi dà molte soddisfazioni.
job security n. sicurezza f. del posto di lavoro.
job-share /ˈdʒɒbʃeə(r)/ agg. [*scheme*] di job sharing, di divisione di un lavoro a tempo pieno fra più persone che lavorano part time; [*position*] in job sharing.
job sharing n. job sharing m.
1.jockey /ˈdʒɒkɪ/ n. jockey m., fantino m.
2.jockey /ˈdʒɒkɪ/ **I** tr. ***to ~ sb. into doing sth.*** persuadere qcn. a fare qcs. **II** intr. ***to ~ for position*** [*runners, riders*] lottare per raggiungere un buon piazzamento; FIG. manovrare, brigare per raggiungere una posizione favorevole.
jockey shorts® n.pl. AE boxer m.
jockstrap /ˈdʒɒkstræp/ n. COLLOQ. sospensorio m.
jocose /dʒəʊˈkəʊs/ agg. LETT. giocoso, faceto, scherzoso.
jocular /ˈdʒɒkjʊlə(r)/ agg. giocoso, faceto, scherzoso.
jodhpurs /ˈdʒɒdpəz/ n.pl. SPORT ABBIGL. pantaloni m. da cavallerizzo.
Joe /dʒəʊ/ n.pr. diminutivo di **Joseph**.
Joe Bloggs BE, **Joe Blow** AE n. = il cittadino medio; *(in Italy)* il signor Rossi.
Joel /ˈdʒəʊəl/ n.pr. Gioele.
Joe Public n. BE COLLOQ. = il cittadino medio; *(in Italy)* il signor Rossi.
1.jog /dʒɒg/ n. 1 *(knock)* spinta f., urto m.; *(with elbow)* gomitata f. 2 *(trot)* andatura f. lenta, corsa f. leggera 3 SPORT ***to go for a ~*** andare a fare jogging 4 AE *(in road)* (improvviso) cambio m. di direzione.
2.jog /dʒɒg/ **I** tr. (forma in -ing ecc. **-gg-**) spingere [*elbow*]; urtare contro [*table*]; ***to ~ sb. with one's elbow*** dare una gomitata a qcn.; ***to ~ sb.'s memory*** rinfrescare la memoria a qcn. **II** intr. (forma in -ing ecc. **-gg-**) SPORT fare jogging.
■ **jog along** [*vehicle*] procedere lentamente; FIG. [*person*] seguire il solito tran tran; [*business*] andare avanti come sempre.
jogger /ˈdʒɒgə(r)/ n. = persona che pratica il jogging.
jogging /ˈdʒɒgɪŋ/ ♦ *10* n. jogging m.
joggle /ˈdʒɒgl/ **I** tr. scuotere lievemente **II** intr. sobbalzare.
jog trot n. piccolo trotto m.
john /dʒɒn/ n. AE COLLOQ. *(lavatory)* cesso m.
John /dʒɒn/ n.pr. Giovanni.
John Bull n. *(Englishman)* = personificazione dell'inglese medio.
John Doe n. AE *(average man)* = l'uomo della strada.
Johnnie, **Johnny** /ˈdʒɒnɪ/ n.pr. diminutivo di **John**.
John Q Public n. AE COLLOQ. = personificazione dell'americano medio.
1.join /dʒɔɪn/ n. giuntura f., giunzione f.
2.join /dʒɔɪn/ **I** tr. 1 *(meet up with)* raggiungere, unirsi a [*person*]; ***may I ~ you?*** *(sit down)* posso sedermi accanto a lei? ***would you like to ~ us?*** ti piacerebbe venire con noi? 2 *(go to the end of)* mettersi alla fine di [*row*]; aggiungersi a [*list*]; ***to ~ the queue*** mettersi in coda 3 *(become a member of)* diventare membro di [*organization, team*]; entrare in, diventare socio di [*club*]; iscriversi a [*class*]; aderire a, diventare membro di [*church*]; ***to ~ the army*** entrare nell'esercito, arruolarsi; ***to ~ a union*** iscriversi a un sindacato; ***~ the club!*** benvenuto nel club! sei in buona compagnia! 4 *(become part of)* unirsi a [*crowd, rush*] 5 *(become employee)* entrare in [*firm*]; ***to ~ Ford*** diventare un dipendente della Ford 6 *(participate in)* → **join in** 7 *(associate with)* unirsi a [*person*] (**to do, in doing** per fare); *(professionally)* unirsi a, associarsi a [*colleague*] (**to do, in doing** per fare); ***to ~ forces with*** *(merge)* allearsi con; *(cooperate)* cooperare, collaborare con 8 *(board)* salire su [*train*]; salire a bordo di [*ship*] 9 *(attach)* unire, collegare [*ends, pieces*]; congiungere [*parts*] 10 *(link)* collegare [*points, towns*]; ***to ~ hands*** prendersi per mano; FIG. unirsi, collaborare 11 *(merge with)* [*road*] confluire in [*motorway*]; [*river*] gettarsi in [*sea*] **II** intr. 1 *(become member)* *(of party)* aderire, iscriversi; *(of club)* associarsi; *(of group, class)* iscriversi 2 *(meet)* [*pieces*] unirsi, collegarsi; [*wires*] raccordarsi, congiungersi; [*roads*] congiungersi, confluire.
■ **join in: ~ *in*** partecipare, unirsi; **~ *in [sth.]*** partecipare a, prendere parte a [*talks, game*]; partecipare a [*strike, demonstration*]; ***to ~ in the bidding*** partecipare alla gara d'appalto; ***to ~ in the fun*** andare a divertirsi con gli altri.
■ **join on: ~ *[sth.] on*, ~ *on [sth.]*** *(fasten)* attaccare, collegare; *(add)* aggiungere.
■ **join up: ~ *up*** 1 MIL. *(enlist)* arruolarsi 2 *(meet up)* [*people*] incontrarsi, ritrovarsi 3 *(merge)* [*roads, tracks*] congiungersi; **~ *up [sth.]*, ~ *[sth.] up*** unire, collegare [*characters, dots*]; unire [*pieces*]; ***~ed-up writing*** corsivo.
joiner /ˈdʒɔɪnə(r)/ ♦ *27* n. falegname m. (per serramenti).
joinery /ˈdʒɔɪnərɪ/ n. falegnameria f. (per serramenti).
1.joint /dʒɔɪnt/ n. 1 ANAT. articolazione f.; ***to be out of ~*** [*shoulder, knee*] essere slogato; ***to have stiff*** o ***aching ~s*** avere dei dolori articolari 2 TECN. *(in carpentry)* incastro m.; *(in metalwork)* giunto m., giunzione f.; *(of pipes, tubes)* raccordo m. 3 GASTR. taglio m. di carne (da fare arrosto) 4 COLLOQ. *(place)* locale m., posto m.; *(nightclub, café)* locale m., localino m. 5 COLLOQ. *(cannabis cigarette)* joint m., spinello m. ♦ ***to put sb.'s nose out of ~*** = offendere qcn.
2.joint /dʒɔɪnt/ agg. [*action*] collettivo, congiunto; [*programme, session*] congiunto; [*measures, procedure*] comune; [*winner*] ex aequo; [*talks*] multilaterale.
joint account n. conto m. congiunto.
joint agreement n. accordo m. intersindacale.
joint committee n. comitato m. misto.
jointed /ˈdʒɔɪntɪd/ agg. 1 GASTR. [*chicken*] tagliato a pezzi 2 [*doll, puppet*] snodabile 3 [*rod, pole*] smontabile.
joint effort n. sforzi m.pl. congiunti, collaborazione f.
joint honours n.pl. BE UNIV. = laurea in due discipline.
jointly /ˈdʒɔɪntlɪ/ avv. [*manage, publish, own*] congiuntamente; ***to be ~ owned by X and Y*** essere comproprietà di X e Y.
jointly and severally avv. in solido.
joint management n. cogestione f.
joint owner n. comproprietario m.
joint-stock company n. società f. per azioni, società f. di capitali.
joint venture n. 1 ECON. impresa f. di partecipazione, joint-venture f. 2 collaborazione f., joint-venture f.
joist /dʒɔɪst/ n. ING. travetto m., travicello m.
jojoba /həʊˈhəʊbə/ n. jojoba m.
1.joke /dʒəʊk/ n. 1 *(amusing story)* barzelletta f., battuta f., storiella f. (**about** su); ***to tell a ~*** raccontare una barzelletta; ***to crack ~s*** raccontare barzellette; ***to have a ~ about sth.*** raccontare una storiella su qcs. 2 *(laughing matter)* scherzo m., burla f.; ***the ~ is on you*** sei tu a passare per fesso; ***this is getting beyond a ~*** la cosa si sta facendo seria; ***she can't take a ~*** non sa stare allo scherzo; ***it's no ~ doing*** non è uno scherzo fare 3 *(prank)* scherzo m., burla f.; ***to play a ~ on sb.*** fare uno scherzo a qcn., giocare un brutto tiro a qcn. 4 *(object of ridicule)* *(person)* zimbello m.; *(event, situation)* cosa f. buffa, ridicola; ***the exam was a ~*** l'esame è stato uno scherzo.
2.joke /dʒəʊk/ intr. scherzare, raccontare barzellette; ***you must be joking!*** stai scherzando! non dirai sul serio! ***it's no joking matter*** non è cosa da ridere, non c'è da scherzare.
joker /ˈdʒəʊkə(r)/ n. 1 burlone m. (-a), mattacchione m. (-a) 2 COLLOQ. SPREG. *(person)* tipo m., tizio m. 3 *(in cards)* jolly m., matta f. ♦ ***the ~ in the pack*** = persona o cosa imprevedibile.
jokey /ˈdʒəʊkɪ/ agg. COLLOQ. scherzoso, faceto.
joking /ˈdʒəʊkɪŋ/ n. U scherzo m.
jokingly /ˈdʒəʊkɪŋlɪ/ avv. [*say*] scherzosamente, per scherzo.
jollification /ˌdʒɒlɪfɪˈkeɪʃn/ n. (anche **jollifications**) allegria f., baldoria f.
jollity /ˈdʒɒlətɪ/ n. allegria f., gioiosità f., ilarità f.
1.jolly /ˈdʒɒlɪ/ **I** agg. 1 *(cheerful)* [*person*] allegro, giocondo; [*tune*] allegro 2 ANT. COLLOQ. *(enjoyable)* ***what a ~ time we had!*** come ci siamo divertiti! **II** avv. BE COLLOQ. *(emphatic)* veramente; ***"I'm not going" - "you ~ well are!"*** "non ci vado" - "ci vai eccome!"; ***~ good!*** COLLOQ. fantastico!
2.jolly /ˈdʒɒlɪ/ tr. ***to ~ sb. along*** rabbonire *o* blandire qcn.
Jolly Roger n. *(pirates' flag)* bandiera f. nera.
1.jolt /dʒəʊlt/ n. 1 *(jerk)* scossa f., sobbalzo m. 2 *(shock)* colpo m.
2.jolt /dʒəʊlt/ **I** tr. 1 scuotere, fare sobbalzare 2 FIG. *(shock)* colpire, scuotere [*person*] **II** intr. [*vehicle*] sobbalzare, traballare.

Jonah /ˈdʒəʊnə/, **Jonas** /ˈdʒəʊnəs/ n.pr. BIBL. Giona.
Jonathan /ˈdzɒnəθən/ n.pr. Gionata.
jonquil /ˈdʒɒŋkwɪl/ n. giunchiglia f., tromboncino m.
Jordan /ˈdʒɔːdn/ ➧ *6, 25* n.pr. **1** *(country)* Giordania f. **2** *(river)* Giordano m.
Jordanian /dʒɔːˈdeɪnɪən/ ➧ *18* **I** agg. giordano **II** n. giordano m. (-a).
Joseph /ˈdʒəʊzɪf/ n.pr. Giuseppe.
Josephine /ˈdʒəʊzɪfiːn/ n.pr. Giuseppina.
Joshua /ˈdʒɒʃʊə/ n.pr. Giosuè.
joss stick n. bastoncino m. d'incenso.
jostle /ˈdʒɒsl/ **I** tr. spingere, urtare **II** intr. spingersi, urtarsi, farsi largo; FIG. *(compete)* fare a gara, scontrarsi.
1.jot /dʒɒt/ n. ***he doesn't care a ~*** non gliene importa un fico secco; ***it doesn't matter a ~*** non importa proprio niente.
2.jot /dʒɒt/ tr. (forma in -ing ecc. **-tt-**) → **jot down**.
■ **jot down:** ~ ***[sth.] down***, ~ ***down [sth.]*** annotare [*ideas, names*].
jotter /ˈdʒɒtə(r)/ n. BE *(pad)* taccuino m., bloc-notes m.
jottings /ˈdʒɒtɪŋz/ n.pl. note f., appunti m.
joule /dʒuːl/ n. FIS. joule m.
journal /ˈdʒɜːnl/ n. **1** *(diary)* giornale m., diario m. **2** *(periodical)* periodico m., rivista f.; *(newspaper)* giornale m., quotidiano m.
journalese /ˌdʒɜːnəˈliːz/ n. SPREG. gergo m. giornalistico.
journalism /ˈdʒɜːnəlɪzəm/ n. giornalismo m.
journalist /ˈdʒɜːnəlɪst/ ➧ *27* n. giornalista m. e f.
journalistic /ˌdʒɜːnəˈlɪstɪk/ agg. [*style*] giornalistico.
1.journey /ˈdʒɜːnɪ/ n. **1** *(trip) (long)* viaggio m.; *(short)* escursione f.; *(habitual)* percorso m., tragitto m.; ***bus ~*** tragitto in autobus; ***to go on a ~*** mettersi in viaggio; ***we broke our ~ in Paris*** facemmo tappa a Parigi **2** *(distance covered)* distanza f.
2.journey /ˈdʒɜːnɪ/ intr. viaggiare, fare un viaggio; ***to ~ on*** proseguire nel viaggio.
journeyman /ˈdʒɜːnɪmən/ n. (pl. **-men**) STOR. *(qualified worker)* operaio m. qualificato a giornata.
journo /ˈdʒɜːnəʊ/ n. COLLOQ. giornalista m. e f.
joust /dʒaʊst/ intr. STOR. giostrare, torneare.
Jove /dʒəʊv/ n.pr. **1** MITOL. Giove **2** ASTR. Giove m.
jovial /ˈdʒəʊvɪəl/ agg. [*person, mood*] gioviale; [*remark*] bonario; [*company*] allegro, festoso.
joviality /ˌdʒəʊvɪˈælətɪ/ n. giovialità f., allegria f.
jowl /dʒaʊl/ ➧ *2* n. *(jaw)* mascella f.; *(fleshy fold)* guancia f. ♦ ***to work cheek by ~ with sb.*** = lavorare gomito a gomito con qcn.
joy /dʒɔɪ/ n. **1** *(delight)* gioia f., contentezza f. (**at** a, per) **2** *(pleasure)* piacere m., gioia f.; ***the ~ of doing*** il piacere *o* la gioia di fare **3** BE COLLOQ. *(success)* fortuna f., successo m.; ***I got no ~ out of the bank manager*** non ho avuto fortuna nell'incontro col direttore della banca ♦ ***to be full of the ~s of spring*** avere l'argento vivo addosso.
joyful /ˈdʒɔɪfl/ agg. gioioso, allegro, felice.
joyless /ˈdʒɔɪlɪs/ agg. [*marriage*] infelice; [*occasion*] mesto, triste, doloroso; [*production*] poco felice; [*existence*] cupo, malinconico, triste.
joyous /ˈdʒɔɪəs/ agg. LETT. [*song*] gioioso; [*occasion*] lieto, felice.
joyride /ˈdʒɔɪraɪd/ n. scorribanda f. (su un'auto rubata).
joyrider /ˈdʒɔɪraɪdə(r)/ n. = persona che fa una scorribanda su un'auto rubata.
joyriding /ˈdʒɔɪraɪdɪŋ/ n. (il) fare scorribande (su un'auto rubata).
joystick /ˈdʒɔɪstɪk/ n. AER. cloche f.; *(in video games)* joystick m.
JP n. GB (⇒Justice of the Peace) = giudice di pace.
Jr ⇒junior junior (jr).
jubilant /ˈdʒuːbɪlənt/ agg. [*person*] giubilante; [*crowd*] esultante, in tripudio; [*expression*] di giubilo.
jubilation /ˌdʒuːbɪˈleɪʃn/ n. giubilo m., esultanza f. (**about**, **at**, **over** per); *(rejoicing)* festeggiamenti m.pl.
jubilee /ˈdʒuːbɪliː/ n. giubileo m.; *(anniversary)* anniversario m.
Judaea /dʒuːˈdɪə/ n.pr. Giudea f.
Judaic /dʒuːˈdeɪɪk/ agg. giudaico.
Judaism /ˈdʒuːdeɪɪzəm, AE -dɪɪzəm/ n. giudaismo m.
Judas /ˈdʒuːdəs/ **I** n.pr. Giuda **II** n. FIG. giuda m., traditore m.
1.judder /ˈdʒʌdə(r)/ n. BE sussulto m.
2.judder /ˈdʒʌdə(r)/ intr. BE sussultare, vibrare.
1.judge /dʒʌdʒ/ n. **1** ➧ *9, 27* DIR. giudice m. **2** *(adjudicator) (at competition)* membro m. della giuria; SPORT giudice m. di gara **3** FIG. ***to be a good ~ of character*** essere bravo a giudicare il carattere (di una persona); ***to be no ~ of*** non essere un conoscitore *o* intenditore di [*art, wine*] ♦ ***to be as sober as a ~*** *(not drunk)* = avere la mente lucida; *(solemn)* = avere un atteggiamento solenne *o* maestoso.
2.judge /dʒʌdʒ/ **I** tr. **1** giudicare [*person*] (anche DIR.) **2** *(adjudicate)* fare da giudice, arbitro in [*competition*] **3** *(estimate) (currently)* valutare, stimare [*distance, age*]; *(in the future)* prevedere [*outcome, reaction*] **4** *(consider)* considerare, ritenere **II** intr. giudicare; ***judging by*** o ***from...*** a giudicare da...
judgment, **judgement** /ˈdʒʌdʒmənt/ n. **1** giudizio m. (anche DIR.); ***to pass ~*** emettere una sentenza; ***to sit in ~ on*** o ***over*** ergersi *o* impancarsi a giudice di [*person, situation*] **2** *(opinion)* parere m., avviso m.; ***in my ~*** a mio avviso *o* giudizio; ***to do sth. against one's better ~*** fare qcs. contro ogni buonsenso **3** *(discernment)* giudizio m., discernimento m.; ***an error of ~*** un errore di giudizio *o* valutazione; ***use your own ~*** *(in assessing)* valuta a tua discrezione; *(in acting)* agisci secondo il tuo giudizio **4** *(punishment)* castigo m., punizione f.
judgmental, **judgemental** /ˌdʒʌdʒˈmentl/ agg. ***don't be so ~!*** non fare lo sputasentenze!
Judgment Day n. giorno m. del Giudizio.
judicial /dʒuːˈdɪʃl/ agg. **1** [*inquiry, decision*] giudiziario; ***~ process*** atto di procedura, citazione a comparire; ***to take ~ proceedings against sb.*** intraprendere un'azione legale *o* un procedimento giudiziario contro qcn. **2** *(wise)* [*mind*] equilibrato, saggio **3** *(impartial)* [*silence*] imparziale.
judiciary /dʒuːˈdɪʃɪərɪ, AE -ʃɪerɪ/ **I** n. DIR. **1** *(system of courts)* ordinamento m., sistema m. giudiziario **2** *(judges)* magistratura f., giudici m.pl. **3** *(authority)* potere m. giudiziario **II** modif. [*system, reforms*] giudiziario.
judicious /dʒuːˈdɪʃəs/ agg. giudizioso, assennato.
Judith /ˈdʒuːdɪθ/ n.pr. Giuditta.
judo /ˈdʒuːdəʊ/ ➧ *10* n. judo m.
Judy /ˈdʒuːdɪ/ n.pr. diminutivo di **Judith**.
1.jug /dʒʌg/ n. **1** BE *(glass)* boccale m., caraffa f.; *(earthenware)* brocca f., giara f.; *(for cream, milk)* bricco m.; ***water ~*** brocca *o* caraffa per l'acqua **2** AE *(earthenware)* giara f., bricco m.
2.jug /dʒʌg/ tr. (forma in -ing ecc. **-gg-**) GASTR. cuocere in salmì; ***~ged hare*** lepre in salmì.
jugful /ˈdʒʌgfʊl/ n. **1** BE contenuto m. di una caraffa, di una brocca **2** AE contenuto m. di una giara, di un bricco.
juggernaut /ˈdʒʌgənɔːt/ n. **1** BE *(truck)* tir m., autotreno m. **2** FIG. *(irresistible force)* forza f. inesorabile, rullo m. compressore.
juggle /ˈdʒʌgl/ **I** tr. fare giochi di destrezza, di prestigio con **II** intr. fare giochi di destrezza, di prestigio (**with** con).
juggler /ˈdʒʌglə(r)/ ➧ *27* n. giocoliere m. (-a), prestigiatore m. (-trice).
Jugoslav → **Yugoslav**.
jugular /ˈdʒʌgjʊlə(r)/ **I** n. (vena) giugulare f. **II** agg. giugulare ♦ ***to go (straight) for the ~*** ferire *o* pungere nel vivo.
1.juice /dʒuːs/ n. **1** *(of fruit, vegetable)* succo m. **2** BOT. FISIOL. succo m. **3** COLLOQ. *(petrol)* benzina f. **4** COLLOQ. *(electricity)* corrente f.
2.juice /dʒuːs/ tr. → **juice up**.
■ **juice up:** ~ ***[sth.] up*** ravvivare, animare.
juice box n. brik m. di succo di frutta.
juiciness /ˈdʒuːsɪnɪs/ n. succosità f.
juicy /ˈdʒuːsɪ/ agg. **1** GASTR. succoso **2** COLLOQ. *(racy)* [*story*] piccante, pepato **3** COLLOQ. *(profitable)* redditizio, vantaggioso.
juju /ˈdʒuːdʒuː/ n. **1** *(talisman)* feticcio m. **2** *(power)* potere m. occulto, magia f. nera.
jukebox /ˈdʒuːkbɒks/ n. jukebox m.
Jul ⇒July luglio (lug.).

julep /ˈdʒuːlɪp/ n. (anche **mint ~**) = brandy o whisky con menta, zucchero e ghiaccio.
Julia /ˈdʒuːljə/ n.pr. Giulia.
Julian /ˈdʒuːlɪən/ n.pr. Giuliano.
Juliana /ˌdʒuːlɪˈɑːnə/ n.pr. Giuliana.
Julian Alps n.pr.pl. Alpi f. Giulie.
Juliet /ˈdʒuːljət/ n.pr. Giulietta.
Julius /ˈdʒuːlɪəs/ n.pr. Giulio.
July /dʒuːˈlaɪ/ ➧ ***16*** n. luglio m.
1.jumble /ˈdʒʌmbl/ n. **1** *(of papers, objects)* mucchio m.; *(of ideas, words)* guazzabuglio m., miscuglio m. **2** BE *(items for sale)* cianfrusaglie f.pl., oggetti m.pl. di seconda mano.
2.jumble /ˈdʒʌmbl/ tr. confondere [*ideas, words, letters*].
▪ **jumble up:** ***~ [sth.] up, ~ up [sth.]*** mescolare, mischiare [*letters*]; confondere [*shapes*].
jumble sale n. BE vendita f. di beneficenza, mercatino m. dell'usato.
jumbo /ˈdʒʌmbəʊ/ **I** n. **1** INFANT. elefante m. **2** → **jumbo jet** **II** modif. (anche **~-sized**) [*packet, size*] gigante, enorme.
jumbo jet n. jumbo m.
1.jump /dʒʌmp/ n. **1** *(leap)* salto m., balzo m. **2** EQUIT. ostacolo m. **3** FIG. *(step)* ***to be one ~ ahead*** essere un passo più avanti (**of sb.** rispetto a qcn.) **4** *(sudden increase) (in price)* aumento m. improvviso (**in** in); ***she's made the ~ from deputy to director*** ha fatto un balzo nella carriera passando da sostituta a direttrice.
2.jump /dʒʌmp/ **I** tr. **1** *(leap over)* saltare, superare (con un salto) [*obstacle, ditch*]; ***she can ~ the horse over the fence*** riesce a fare saltare l'ostacolo al cavallo **2** *(anticipate)* ***to ~ the lights*** [*motorist*] passare con il rosso; ***to ~ the queue*** passare davanti agli altri, non rispettare la coda **3** *(escape)* ***to ~ ship*** [*crewman*] abbandonare la nave (violando gli obblighi contrattuali) **4** *(miss)* [*stylus*] saltare [*groove*]; [*disease*] saltare [*generation*] **5** COLLOQ. *(attack)* [*mugger*] aggredire, attaccare [*victim*] **II** intr. **1** *(leap)* saltare, fare un salto; ***to ~ across*** o ***over*** saltare al di là di [*ditch*]; ***to ~ to one's feet*** balzare in piedi; ***to ~ to conclusions*** saltare alle conclusioni; ***to ~ up and down*** [*gymnast*] fare dei saltelli; [*child*] saltellare qua e là; FIG. *(in anger)* sbattere i piedi (dalla rabbia) **2** *(start)* [*person*] trasalire, sussultare **3** *(rise)* [*prices, rate*] salire rapidamente, avere un'impennata **4** *(move)* ***the film ~s from 1800 to 1920*** nel film c'è un salto dal 1800 al 1920 **5** *(welcome)* ***to ~ at*** cogliere al volo [*opportunity*]; accogliere, accettare (volentieri *o* di buon grado) [*offer*] ♦ ***~ to it!*** presto! scattare!
▪ **jump about, jump around** saltare qua e là, saltellare.
▪ **jump back** [*person*] fare un salto indietro; [*lever, spring*] tornare in posizione iniziale.
▪ **jump down** [*person*] saltare giù.
▪ **jump on:** ***~ on [sth.]*** *(mount)* saltare su, prendere al volo [*bus, train*]; montare in [*bicycle*]; montare a [*horse*]; ***~ on!*** sali! monta su! ***~ on [sb.]*** aggredire (verbalmente), criticare aspramente.
▪ **jump out** [*person*] saltare fuori, uscire; ***to ~ out in front of sb.*** spuntare davanti a qcn.
▪ **jump up** [*person*] saltare su, balzare in piedi.
jumped-up /ˈdʒʌmptʌp/ agg. SPREG. [*clerk, waiter*] arricchito.
1.jumper /ˈdʒʌmpə(r)/ n. TECN. sonda f. a percussione manuale.
2.jumper /ˈdʒʌmpə(r)/ ➧ ***28*** n. **1** *(sweater)* maglione m., pullover m. **2** AE *(pinafore)* scamiciato m.
jumper cables n.pl. AE AUT. cavi m. con morsetti.
jumping-off place n. punto m. di partenza.
jump-jet /ˈdʒʌmpˌdʒet/ n. aereo m. a decollo verticale.
jump leads n.pl. cavi m. con morsetti.
jump rope n. AE corda f. per saltare.
jump-start /ˌdʒʌmpˈstɑːt/ tr. fare partire con i cavi [*car*].
jump suit n. ABBIGL. tuta f. intera.
jumpy /ˈdʒʌmpɪ/ agg. COLLOQ. [*person*] nervoso, teso, eccitabile; [*market*] nervoso, instabile.
Jun ⇒ June giugno (giu.).
junction /ˈdʒʌŋkʃn/ n. **1** *(of two roads)* incrocio m., crocevia m.; *(on motorway)* svincolo m. **2** FERR. *(of railway lines)* nodo m. ferroviario; *(station)* stazione f. di diramazione **3** TECN. giunzione f. **4** FIG. FORM. congiungimento m., fusione f.
juncture /ˈdʒʌŋktʃə(r)/ n. congiuntura f., momento m.; ***at this ~*** in questo frangente.
June /dʒuːn/ ➧ ***16*** n. giugno m.
Jungian /ˈjʊŋɪən/ **I** agg. junghiano **II** n. junghiano m. (-a).
jungle /ˈdʒʌŋgl/ n. giungla f. (anche FIG.).
junior /ˈdʒuːnɪə(r)/ **I** agg. **1** *(low-ranking)* [*colleague, worker*] *(inferior)* inferiore, subalterno; *(trainee)* principiante; [*post, rank, position*] subalterno; ***he's very ~*** ha pochissima esperienza **2** *(young)* [*person*] giovane **3** *(the younger)* (anche **Junior**) ***Bob Mortimer ~*** Bob Mortimer junior **II** n. **1** *(younger person)* ***to be 10 years sb.'s ~*** essere di 10 anni più giovane di qcn. **2** *(low-ranking worker)* subalterno m. **3** BE SCOL. = scolaro delle elementari **4** AE UNIV. = studente del terzo anno (in corsi di laurea di quattro anni); *(in high school)* = studente del penultimo anno **5** SPORT *(young player)* juniores m. e f. **III** modif. **1** [*fashion*] giovane, per i giovani; [*activity*] giovanile **2** SPORT [*race, team, player*] juniores.
junior college n. US = istituto universitario che offre corsi di due anni.
Junior Common Room n. BE UNIV. **1** *(room)* sala f. comune per studenti **2** *(student body)* + verbo sing. o pl. studenti m.pl. universitari.
junior doctor n. medico m. tirocinante.
junior high school n. US scuola f. media inferiore.
junior manager n. giovane dirigente m.
junior minister n. sottosegretario m.
junior miss n. AE adolescente f., ragazza f.
junior school n. GB = scuola elementare per bambini dai sette agli undici anni.
juniper /ˈdʒuːnɪpə(r)/ n. ginepro m.
1.junk /dʒʌŋk/ n. **1** U COLLOQ. SPREG. *(poor quality) (furniture, merchandise)* cianfrusaglie f.pl., oggetti m.pl. senza valore; ***clear your ~ off the table!*** togli quelle porcherie dal tavolo! ***how can you read that ~?*** come fai a leggere quella robaccia? **2** U *(second-hand)* cianfrusaglie f.pl., anticaglia f.
2.junk /dʒʌŋk/ n. *(boat)* giunca f.
junk bond n. obbligazione f. di rischio.
junket /ˈdʒʌŋkɪt/ n. **1** GASTR. giuncata f. **2** COLLOQ. *(spree)* festa f., banchetto m.; *(paid trip)* visita f. ufficiale (a spese del governo).
junket(t)ing /ˈdʒʌŋkɪtɪŋ/ n. COLLOQ. *(celebrating)* (il) fare feste, banchetti; *(paid trip)* (il) fare visite ufficiali (a spese del governo).
junk food n. porcherie f.pl., schifezze f.pl.
junkie /ˈdʒʌŋkɪ/ n. COLLOQ. tossico m. (-a).
junk mail n. U stampe f.pl. pubblicitarie (indesiderate), pubblicità f.
junk shop n. negozio m. di rigattiere.
junky → **junkie**.
junkyard /ˈdʒʌŋkjɑːd/ n. *(for scrap)* immondezzaio m.; *(for old cars)* cimitero m. delle auto.
Juno /ˈdʒuːnəʊ/ n.pr. Giunone.
junta /ˈdʒʌntə/ n. giunta f. (militare).
Jupiter /ˈdʒuːpɪtə(r)/ n.pr. **1** MITOL. Giove **2** ASTR. Giove m.
juridical /dʒʊəˈrɪdɪkl/ agg. giuridico, legale.
jurisdiction /ˌdʒʊərɪsˈdɪkʃn/ n. **1** AMM. competenza f., autorità f. **2** DIR. giurisdizione f. (**over** su).
jurisdictional /ˌdʒʊərɪsˈdɪkʃənl/ agg. giurisdizionale.
jurisprudence /ˌdʒʊərɪsˈpruːdns/ n. **1** *(philosophy)* filosofia f. del diritto **2** *(precedents)* giurisprudenza f.
jurist /ˈdʒʊərɪst/ ➧ ***27*** n. giurista m. e f.
juror /ˈdʒʊərə(r)/ n. giurato m.
jury /ˈdʒʊərɪ/ n. giuria f. (anche DIR.); ***to be on a ~*** fare parte di una giuria.
jury box n. banco m. dei giurati.
jury duty n. AE → **jury service**.
juryman /ˈdʒʊərɪmən/ n. (pl. **-men**) giurato m., membro m. della giuria.
jury service n. BE ***to do ~*** essere membro *o* fare parte di una giuria.
1.just /dʒʌst/ agg. **1** *(fair)* [*criticism, action, decision*] giusto; [*anger, complaint, demand*] giustificato; [*person*] giusto, equo, imparziale, onesto; [*comment*] giusto, imparziale; [*suspicion, claim*] fondato; [*reward*] giusto, meritato, adeguato; ***as is only***

~ come è giusto; ***without ~ cause*** senza giusta causa **2** *(exact)* [*account, calculation*] giusto, esatto, corretto **3** DIR. [*claim*] fondato; [*title*] valido; [*request*] legittimo.

2.just /dʒʌst/ avv. **1** *(very recently)* ***she's ~ arrived*** è appena arrivata **2** *(immediately)* subito, appena; ***~ after you left*** subito dopo che tu sei partito; ***~ before*** appena prima; ***it's ~ after 10 am*** sono appena passate le 10 **3** *(slightly) (with quantities)* un po'; *(indicating location or position)* appena; ***~ over, under 20 kg*** un po' più, meno di 20 kg; ***~ after the station*** subito dopo la stazione **4** *(only, merely)* solo; ***~ a cup of tea*** solo una tazza di tè; ***~ for fun*** solo per divertimento; ***~ two days ago*** solo due giorni fa; ***he's ~ a child*** è solo un bambino; ***not ~ men*** non solo (gli) uomini **5** *(purposely)* proprio, per l'appunto, giusto; ***he did it ~ to annoy us*** l'ha fatto giusto per infastidirci **6** *(barely)* ***~ on time*** appena in tempo; ***he's ~ 20*** ha solo 20 anni; ***I (only) ~ caught the train*** ho preso il treno per un pelo **7** *(simply)* solo, soltanto, semplicemente, solamente; ***~ tell the truth*** dì soltanto la verità; ***she ~ won't listen*** non vuole proprio ascoltare; ***~ a moment*** *(please wait)* solo un attimo *o* momento; *(when interrupting, disagreeing)* un momento **8** *(exactly, precisely)* esattamente, proprio, precisamente; ***that's ~ what I suggested*** è esattamente ciò che ho suggerito; ***it's ~ what you were expecting*** è proprio quello che ti aspettavi; ***~ how do you hope to persuade him?*** e allora come pensi di riuscire a convincerlo? ***it's ~ right*** è proprio giusto; ***he likes everything to be ~ so*** a lui piace che tutto sia esattamente così; ***she looks ~ like her father*** assomiglia tantissimo a suo padre; ***it's ~ like you to be late*** è proprio da te arrivare in ritardo; ***~ so!*** proprio così! **9** *(possibly, conceivably)* ***it might*** o ***could ~ be true*** potrebbe essere vero **10** *(at this or that very moment)* ***to be ~ doing*** stare proprio facendo; ***to be ~ about to do*** essere proprio sul punto di fare; ***he was ~ leaving*** stava giusto partendo **11** *(positively, totally)* ***that's ~ ridiculous*** è proprio ridicolo **12** *(easily)* ***I can ~ imagine her as president*** me la vedo proprio come presidente; ***I can ~ smell the pineforests*** sento già il profumo dei pini **13** *(with imperatives)* ***~ keep quiet!*** state (un po') zitti! ***~ look at the time!*** ma guarda che ore sono! ***~ think, you could have been hurt!*** pensa, ti saresti potuto fare male! **14** *(in requests)* ***if I could ~ interrupt you*** se posso permettermi di interromperla **15** *(for emphasis in responses)* ***"that film was dreadful" - "wasn't it ~!"*** "il film era terribile!" - "davvero!" **16** *(equally)* ***~ as big, well as...*** grande, bene esattamente come... **17 just about** appena appena, quasi; ***~ about cooked, finished*** quasi cotto, finito; ***~ about everything*** quasi tutto; ***I can ~ about see it*** riesco appena appena a vederlo; ***I've had ~ about enough!*** ne ho proprio abbastanza! ***it's ~ about the most boring film I've seen*** è forse il film più noioso che abbia mai visto **18 just now** *(a short time ago)* appena; *(at the moment)* proprio adesso, in questo momento **19 just as** proprio quando, nel momento in cui, mentre ♦ ***~ as well!*** tanto meglio! ***I'd ~ as soon you didn't mention it*** preferirei che tu non ne parlassi; ***take your raincoat ~ in case it rains*** prendi il tuo impermeabile, in caso piova *o* caso mai piovesse.

justice /ˈdʒʌstɪs/ n. **1** *(fairness)* giustizia f.; ***to do sb. ~, to do ~ to sb.*** rendere giustizia a qcn.; ***the portrait doesn't do her ~*** il ritratto non le rende giustizia; ***I couldn't do ~ to it*** *(refusing food)* non posso fargli onore **2** *(the law)* giustizia f.; ***to bring sb. to ~*** assicurare qcn. alla giustizia **3** *(judge)* BE giudice m. (dell'Alta Corte di Giustizia); AE giudice m. (della Corte Suprema).

Justice Department n. US Dipartimento m. della Giustizia.

Justice of the Peace n. giudice m. di pace, conciliatore m.

justifiable /ˈdʒʌstɪfaɪəbl/ agg. *(that is justified)* lecito, legittimo; *(that can be justified)* giustificabile; ***~ homicide*** DIR. omicidio per legittima difesa.

justifiably /ˈdʒʌstɪfaɪəblɪ/ avv. giustificabilmente, giustamente, a ragione.

justification /ˌdʒʌstɪfɪˈkeɪʃn/ n. **1** *(reason)* giustificazione f., motivo m.; ***to have some ~ for doing*** avere dei motivi per fare; ***in ~ of sth.*** a giustificazione *o* discolpa di qcs.; ***with some ~*** non senza motivo **2** INFORM. TIP. *(of margins, moving of data)* giustificazione f., allineamento m.

justified /ˈdʒʌstɪfaɪd/ **I** p.pass. → **justify II** agg. **1** [*feeling, complaint, policy*] giustificato; ***to be ~ in doing*** avere dei buoni motivi per fare; ***to feel ~ in doing*** sentirsi in diritto di fare **2** INFORM. TIP. [*margins, text, data*] giustificato, allineato.

justify /ˈdʒʌstɪfaɪ/ tr. **1** giustificare [*feeling, complaint, policy*] **2** INFORM. TIP. giustificare, allineare [*margins, text, data*].

Justin /ˈdʒʌstɪn/ n.pr. Giustino.

Justine /dʒʌsˈtiːn/ n.pr. Giustina.

justly /ˈdʒʌstlɪ/ avv. **1** *(equitably)* equamente, imparzialmente **2** *(justifiably)* giustamente, a ragione.

justness /ˈdʒʌstnɪs/ n. **1** *(aptness)* giustezza f. **2** *(reasonableness) (of claim, request)* ragionevolezza f.

jut /dʒʌt/ intr. (forma in -ing ecc. **-tt-**) (anche **~ out**) [*cape, promontory*] protendersi (**into** in); [*balcony*] sporgere (**over** su).

jute /dʒuːt/ n. **U** iuta f.

juvenile /ˈdʒuːvənaɪl/ **I** agg. **1** *(young)* [*group, gang*] giovanile, di ragazzi **2** SPREG. *(childish)* puerile, immaturo, infantile **3** BOT. ZOOL. giovane **II** n. **1** FORM. *(young person)* giovane m. e f.; DIR. minore m. e f. **2** BOT. pianta f. giovane; ZOOL. animale m. giovane **3** TEATR. → **juvenile lead**.

juvenile court n. tribunale m. per i minorenni.

juvenile crime n. criminalità f. minorile.

juvenile delinquency n. delinquenza f. minorile.

juvenile delinquent n. delinquente m. e f. minorenne.

juvenile lead n. TEATR. attor m. giovane.

juvenile offender n. DIR. delinquente m. e f. minorenne.

juxtapose /ˌdʒʌkstəˈpəʊz/ tr. giustapporre.

juxtaposition /ˌdʒʌkstəpəˈzɪʃn/ n. giustapposizione f.

k

k, **K** /keɪ/ n. **1** *(letter)* k, K m. e f. **2 K** COLLOQ. (⇒thousand) = mille; ***he earns £ 50 K*** guadagna 50.000 sterline.
kabala /kəˈbɑːlə, ˈkæbələ/ n. cabala f.
kaffir /ˈkæfə(r)/ **I** agg. cafro **II** n. cafro m. (-a); AFRIC. SPREG. negro m. (-a).
kaftan /ˈkæftæn/ n. caftan(o) m., caffettano m.
kail, kale /keɪl/ n. (anche **curly ~**) cavolo m. verde.
kaleidoscope /kəˈlaɪdəskəʊp/ n. caleidoscopio m. (anche FIG.).
kaleidoscopic /kəˌlaɪdəˈskɒpɪk/ agg. caleidoscopico.
kamikaze /ˌkæmɪˈkɑːzɪ/ **I** n. kamikaze m. **II** agg. (da) kamikaze, suicida.
kangaroo /ˌkæŋgəˈruː/ n. canguro m.
kangaroo court n. SPREG. tribunale m. illegale.
Kansas /ˈkænzəs/ ➧ ***24*** n.pr. Kansas m.
kaolin /ˈkeɪəlɪn/ n. caolino m.
kapok /ˈkeɪpɒk/ n. capoc m.
kaput /kæˈpʊt/ agg. COLLOQ. kaputt.
karaoke /ˌkærɪˈəʊkeɪ, -kɪ/ n. karaoke m.
karat AE → **carat**.
karate /kəˈrɑːtɪ/ ➧ ***10*** **I** n. karate m., karatè m. **II** modif. ~ ***chop*** colpo di karate; ~ ***expert*** karateka.
karma /ˈkɑːmə/ n. karma m.; FIG. destino m., sorte f.
Karst /kɑːst/ ➧ ***24*** n.pr. Carso m.
kart /kɑːt/ n. (go-)kart m.
Kashmiri /kæʃˈmɪərɪ/ ➧ ***18, 14*** **I** agg. kashmiriano **II** n. **1** *(person)* kashmiriano m. (-a) **2** *(language)* kashmiriano m.
Kate /keɪt/ n.pr. diminutivo di **Katharina**, **Katharine**, **Katherine**.
Katharina /ˌkæθəˈriːnə/, **Katharine**, **Katherine** /ˈkæθərɪn/ n.pr. Caterina.
Katie /ˈkeɪtɪ/ n.pr. → **Kate**.
kayak /ˈkaɪæk/ n. kayak m.
Kazakhstan /ˌkɑːzɑːkˈstɑːn, ˌkæz-/ ➧ ***6*** n.pr. Kazakhistan m.
kazoo /kəˈzuː/ n. kazoo m.
KC n. GB DIR. (⇒King's Counsel) = patrocinante per la corona.
kebab /kɪˈbæb/ n. (anche **shish-~**) kebab m.
kedge /kedʒ/ n. (anche **~ anchor**) ancora f. di tonneggio.
kedgeree /ˈkedʒəriː, ˌkedʒəˈriː/ n. = piatto indiano a base di riso, cipolle, uova, pesce e aromi.
1.keel /kiːl/ n. MAR. AER. chiglia f.; ***to be on an even ~*** essere stabile (anche FIG.).
2.keel /kiːl/ intr. (anche **~ over**) [*boat*] ribaltarsi, capovolgersi; [*person, tree*] cadere, crollare a terra.
keelhaul /ˈkiːlhɔːl/ tr. MAR. STOR. infliggere la pena della cala a; FIG. dare una lavata di capo a.
1.keen /kiːn/ agg. **1** *(eager)* ***to be ~ on doing*** o ***to do*** avere una gran voglia di fare; ***to be ~ for sb. to do*** o ***on sb.'s doing*** o ***that sb. should do*** desiderare ardentemente che qcn. faccia; ***she wants to go but I'm not (too) ~*** lei vuole andare, ma io non ne ho molta voglia **2** *(enthusiastic)* [*supporter, artist, sportsplayer, student*] entusiasta, appassionato, infervorato; ***to be ~ on*** essere entusiasta di [*plan, idea*]; essere appassionato di [*activity*]; avere una passione per [*animals*]; ***he's ~ on my sister*** COLLOQ. mia sorella gli piace molto; ***mad ~*** BE COLLOQ. fanatico, fissato **3** *(intense)* [*desire, interest*] vivo, forte; [*sense of loss, admiration*] profondo, grande; [*appetite*] forte; [*anticipation*] febbrile **4** *(acute)* [*sight, intelligence*] acuto; [*hearing, sense of smell*] fine, sottile; ***to have a ~ eye for sth.*** avere occhio per qcs. **5** *(sharp)* [*blade*] affilato; [*wind*] penetrante, pungente; [*wit*] sottile, pungente **6** *(competitive)* [*price*] competitivo, conveniente; [*competition, demand*] forte; [*debate*] animato, acceso.
2.keen /kiːn/ n. IRLAND. lamento m. funebre.
3.keen /kiːn/ intr. IRLAND. piangere (**over** su, per).
keenly /ˈkiːnlɪ/ avv. [*interested*] vivamente; [*awaited*] ardentemente; [*aware*] perfettamente; [*feel, debate*] appassionatamente; [*contest*] aspramente.
keenness /ˈkiːnnɪs/ n. **1** *(enthusiasm)* entusiasmo m., passione f. **2** *(of feelings)* intensità f.; *(of senses)* finezza f., acutezza f.
1.keep /kiːp/ n. **1** *(maintenance)* mantenimento m., sostentamento m.; ***to earn one's ~*** guadagnarsi da vivere **2** ARCH. maschio m., mastio m. **3 for ~s** per sempre, definitivamente.
2.keep /kiːp/ **I** tr. (pass., p.pass. **kept**) **1** *(cause to remain)* ***to ~ sb. indoors*** [*person*] tenere qcn. in casa; [*illness*] obbligare qcn. a stare in casa; ***to ~ sth., sb. clean*** tenere qcn., qcs. pulito; ***to ~ sth. warm*** tenere qcs. al caldo; ***to ~ sb. warm*** [*garment*] tenere caldo a qcn.; ***to be kept locked*** essere tenuto chiuso; ***to ~ sb. talking, waiting*** fare parlare, fare attendere qcn.; ***to ~ an engine running*** tenere acceso un motore **2** *(detain)* trattenere, fare stare; ***what kept you?*** cosa ti ha trattenuto? ***I won't ~ you a minute*** non ti tratterrò molto **3** *(retain)* conservare, custodire [*book, letter, ticket*]; mantenere [*job, shape*]; tenere [*place*] **4** *(have and look after)* avere, gestire [*shop, restaurant*]; avere [*dog, cat*]; avere, allevare [*sheep, chickens*] **5** *(sustain)* ***to ~ sth. going*** sostenere [*conversation*]; mantenere acceso [*fire*]; mantenere vivo [*tradition*]; ***I'll make you a sandwich to ~ you going*** ti preparo un sandwich così vai avanti ancora un po'; ***it was only his work that kept him going*** è stato solo il suo lavoro a dargli la forza di andare avanti **6** *(store)* tenere, mettere; ***I ~ a spare key in the cupboard*** ho *o* tengo una chiave di riserva nella credenza **7** *(have in stock)* [*shop*] avere, tenere [*product*] **8** *(maintain)* mantenere [*family*]; avere [*servant, car, house*] **9** *(maintain by writing in)* tenere [*accounts, diary*] **10** *(conceal)* ***to ~ sth. from sb.*** nascondere qcs. a qcn. **11** *(prevent)* ***to ~ sb. from doing*** impedire a qcn. di fare **12** *(observe)* mantenere [*promise, secret*]; rispettare [*appointment*]; celebrare [*occasion*]; osservare [*commandments*] **13** MUS. ***to ~ time*** o ***the beat*** tenere il tempo **II** intr. (pass., p.pass. **kept**) **1** ***to ~ doing*** continuare a fare; ***to ~ going*** andare avanti; ***~ at it!*** continua così! dacci dentro! ***"~ left"*** "tenere la sinistra" **2** *(remain)* ***to ~ indoors*** restare dentro; ***to ~ warm*** restare al caldo; ***to ~ calm, silent*** restare calmo, in silenzio **3** *(stay in good condition)* [*food*] mantenersi, conservarsi **4** *(in health)* ***"how are you ~ing?"*** "come stai?"; ***she's ~ing well*** sta bene

III rifl. (pass., p.pass. **kept**) ***to ~ oneself*** mantenersi; ***to ~ oneself warm*** proteggersi dal freddo; ***to ~ oneself healthy*** mantenersi in salute; ***to ~ oneself to oneself*** stare sulle proprie ♦ ***to ~ in with sb.*** restare in buoni rapporti con qcn.; ***I've got something to tell you, it won't ~*** ho una cosa da dirti, è urgente.

▪ **keep at:** ~ ***at [sb.]*** AE assillare [*person*]; ~ ***at it*** persistere.

▪ **keep away:** ~ ***away*** tenersi lontano, stare alla larga; ~ ***[sth., sb.] away*** tenere lontano (**from** da).

▪ **keep back:** ~ ***back*** stare indietro; ***to ~ back from sth.*** non avvicinarsi a qcs.; ~ ***[sth., sb.] back***, ~ ***back [sth., sb.]*** **1** *(prevent from advancing)* respingere [*student*]; [*dam*] trattenere [*water*]; ***to ~ sb. back from sth.*** impedire a qcn. di avvicinarsi a qcs. **2** *(retain)* trattenere [*money*]; conservare [*food, objects*] **3** *(conceal)* nascondere [*information, fact*] (**from** a).

▪ **keep down:** ~ ***down*** stare giù; ~ ***down!*** state giù! ~ ***[sth.] down***, ~ ***down [sth.]*** **1** *(cause to remain at a low level)* limitare, contenere [*number, prices*]; frenare [*inflation*]; controllare [*speed*]; ~ ***your voice down!*** abbassa la voce! ~ ***the noise down!*** fate meno rumore! **2** *(retain in stomach)* trattenere [*food*]; ~ ***[sb.] down*** *(repress)* tenere sotto controllo [*people*].

▪ **keep in:** ~ ***in*** [*car, cyclist*] *(in GB, Australia etc.)* tenere la sinistra; *(in US, Europe etc.)* tenere la destra; ~ ***[sb., sth.] in*** **1** *(cause to remain inside)* non lasciare uscire [*person, animal*]; tenere [*contact lenses*]; ***they're ~ing her in*** *(in hospital)* la ricoverano **2** *(restrain)* tenere indentro [*stomach*]; trattenere, tenere a freno [*emotions*] **3** SCOL. fare rimanere a scuola (in castigo) [*pupil*].

▪ **keep off:** ~ ***off*** stare lontano; ~ ***off!*** state lontano! state alla larga! ~ ***off [sth.]*** **1** *(stay away from)* ***"please ~ off the grass"*** "vietato calpestare l'erba" **2** *(refrain from)* evitare [*alcohol, subject*]; ~ ***[sth.] off***, ~ ***off [sth.]*** allontanare [*insects*]; ***to ~ the rain off*** proteggere dalla pioggia.

▪ **keep on:** ~ ***on doing*** continuare a fare; ***to ~ on with sth.*** continuare, proseguire qcs.; ***to ~ on about sth.*** insistere su qcs.; ***to ~ on at sb.*** dare addosso a qcn. (**to do** perché faccia); ~ ***[sb., sth.] on*** (continuare a) tenere [*employee, flat*].

▪ **keep out:** ~ ***out of [sth.]*** **1** *(not enter)* non entrare in, rimanere fuori da [*house*]; ***"~ out!"*** "vietato l'ingresso" **2** *(avoid being exposed to)* evitare di esporsi a [*sun*]; proteggersi da [*rain*]; evitare [*danger*] **3** *(avoid getting involved in)* tenersi fuori da [*argument*]; ~ ***out of this!*** non intrometterti! ***to ~ out of sb.'s way*** o ***to ~ out of the way of sb.*** *(not hinder)* non stare tra i piedi a qcn.; *(avoid seeing)* stare alla larga da qcn.; ***try to ~ out of trouble!*** cerca di tenerti fuori dai guai! ~ ***[sb., sth.] out***, ~ ***out [sb., sth.]*** non fare entrare, tenere fuori [*person, animal*]; ***to ~ the rain out*** non fare entrare la pioggia; ***to ~ sb. out of sth.*** tenere qcn. fuori da qcs.

▪ **keep to:** ~ ***to [sth.]*** restare su, seguire [*road, path*]; FIG. rispettare [*timetable*]; attenersi a [*facts*]; rispettare, osservare [*rules*]; ***"~ to the left"*** "tenere la sinistra"; ~ ***[sth.] to*** limitare [qcs.] a [*weight, number*]; ***to ~ [sth.] to oneself*** tenersi [qcs.] per sé [*secret, opinion*].

▪ **keep under:** ~ ***[sb.] under*** **1** *(dominate)* opprimere, sottomettere **2** *(cause to remain unconscious)* [*doctor*] tenere sotto anestesia; [*kidnapper*] tenere addormentato (con narcotici).

▪ **keep up:** ~ ***up*** **1** *(progress at same speed)* [*car*] proseguire alla stessa velocità; [*runner*] tenere il passo; [*competitors*] stare al passo **2** *(continue)* [*price*] mantenersi costante; ***if the rain ~s up I'm not going*** se continua a piovere non vado; ~ ***[sth.] up***, ~ ***up [sth.]*** **1** *(cause to remain in position)* tenere su [*trousers*] **2** *(continue)* continuare [*attack, studies*]; mantenere [*friendship, tradition*]; tenere [*pace*]; ***to ~ up the pressure*** continuare a fare pressione (**on** su); ***he kept up his German by going to evening classes*** non ha lasciato arrugginire il suo tedesco frequentando dei corsi serali; ***to ~ up one's strength*** mantenere le forze; ***to ~ up one's spirits*** tenere alto lo spirito; ~ ***[sb.] up*** tenere sveglio, non fare dormire.

▪ **keep up with:** ~ ***up with [sb., sth.]*** **1** *(progress at same speed as)* stare al passo con [*person*]; riuscire a seguire [*class*]; essere all'altezza di [*work*]; [*wages*] seguire l'andamento di [*inflation*]; fare fronte a [*demand*] **2** *(be informed about)* seguire [*fashion, developments*] **3** *(remain in contact with)* mantenere i contatti con [*friends*].

keeper /ˈkiːpə(r)/ n. **1** guardiano m. (-a), custode m. e f.; ***I'm not his ~!*** non sono il suo angelo custode! **2** SPORT portiere m. **3** *(curator)* conservatore m. (-trice) **4** *(guard)* guardia f.

keep fit n. ginnastica f. per mantenersi in forma, fitness m. e f.

keeping /ˈkiːpɪŋ/ n. **1** *(custody)* ***to put sb., sth. in sb.'s ~*** affidare qcn., qcs. alla cura di qcn., dare qcn., qcs. in custodia a qcn. **2** *(conformity)* **in ~ with** conforme a [*law, tradition*]; ***to be in ~ with*** essere in armonia *o* in linea con [*image, character*]; armonizzarsi con [*surroundings*]; ***to be out of ~ with*** non essere adatto a [*occasion*].

keepsake /ˈkiːpseɪk/ n. ricordo m., pegno m.

keg /keg/ **I** n. barilotto m. **II** modif. [*beer*] alla spina.

kelp /kelp/ n. BOT. fuco m.

ken /ken/ n. ***beyond my ~*** al di là della mia comprensione.

kennel /ˈkenl/ n. **1** *(for dog)* cuccia f.; *(for several dogs)* canile m. **2** (BE **kennels** + verbo sing.) *(establishment)* pensione f.sing. per cani.

Kentucky /kenˈtʌkɪ/ ➧ ***24*** n.pr. Kentucky m.

Kenyan /ˈkenjən/ ➧ ***18*** **I** agg. keniano, keniota **II** n. keniano m. (-a), keniota m. e f.

kepi /ˈkeɪpɪ/ n. kepi m., chepì m.

kept /kept/ **I** pass., p.pass. → **2.keep** **II** agg. [*man, woman*] mantenuto.

kerb /kɜːb/ n. BE cordolo m., bordo m. del marciapiede; ***to draw up at the ~*** accostarsi al marciapiede.

kerb crawler n. BE = autista che abborda le donne guidando lentamente lungo il marciapiede.

kerchief /ˈkɜːtʃɪf/ n. RAR. fazzoletto m. per la testa.

kerfuffle /kəˈfʌfl/ n. BE COLLOQ. confusione f., chiasso m.

kernel /ˈkɜːnl/ n. **1** *(of nut)* gheriglio m.; *(of fruitstone)* interno m. del nocciolo, mandorla f.; *(wheat seed)* chicco m. (di grano) **2** FIG. nocciolo m.; ***a ~ of truth*** un fondo di verità.

kerosene, **kerosine** /ˈkerəsiːn/ n. **1** AE AUSTRAL. *(paraffin)* paraffina f. **2** *(aircraft fuel)* kerosene m., cherosene m.

kestrel /ˈkestrəl/ n. gheppio m.

ketchup /ˈketʃəp/ n. ketchup m.

ketonaemia BE, **ketonemia** AE /ˌkiːtəʊˈniːmɪə/ n. chetonemia f., acetonemia f., acetone m. COLLOQ.

kettle /ˈketl/ n. bollitore m.; ***did you put the ~ on?*** hai messo su l'acqua (per il tè)? ***the ~'s boiling*** l'acqua bolle ♦ ***a different ~ of fish*** un altro paio di maniche.

kettledrum /ˈketldrʌm/ ➧ ***17*** n. MUS. timpano m.

1.key /kiː/ **I** n. **1** *(locking device)* chiave f.; ***a set*** o ***bunch of ~s*** un mazzo di chiavi; ***under lock and ~*** sotto chiave **2** *(winding device)* chiavetta f. (**for** di) **3** TECN. chiavetta f., bietta f. **4** *(on computer, piano, phone)* tasto m.; *(on oboe, flute)* chiave f. **5** FIG. *(vital clue)* chiave f.; ***his diary holds the ~ to the mystery*** nel suo diario c'è la chiave del mistero; ***exercise is the ~ to health*** il moto è il segreto per mantenersi in forma **6** *(explanatory list)* legenda f.; *(for code)* chiave f. **7** *(answers)* soluzione f. (anche SCOL.) **8** MUS. tono m., tonalità f.; ***in a major, minor ~*** in (una tonalità) maggiore, minore; ***to sing in ~*** cantare con la giusta tonalità; ***to sing off ~*** cantare in modo stonato **9** GEOGR. banco m. di sabbia, isolotto m. **II** modif. [*figure, role, point, problem*] chiave; [*industry, document*] fondamentale.

2.key /kiː/ tr. **1** *(type)* immettere, digitare [*data*] **2** *(adapt)* adattare, adeguare [*speech*].

▪ **key in:** ~ ***[sth.] in***, ~ ***in [sth.]*** immettere [*data*].

1.keyboard /ˈkiːbɔːd/ ➧ ***17*** **I** n. INFORM. TIP. MUS. tastiera f. **II** **keyboards** n.pl. MUS. tastiere f.

2.keyboard /ˈkiːbɔːd/ tr. digitare, immettere [*data*].

keyboarder /ˈkiːbɔːdə(r)/ ➧ ***27*** n. tastierista m. e f.

keyboarding /ˈkiːbɔːdɪŋ/ n. INFORM. immissione f.

keyboard operator n. → **keyboarder**.

keyboards player n. tastierista m. e f.

key card n. chiave f. magnetica.

keyed-up /ˌkiːdˈʌp/ agg. *(excited)* eccitato, agitato; *(tense)* teso.

keyhole /ˈkiːhəʊl/ n. buco m. della serratura, toppa f.

keyhole journalism n. giornalismo m. scandalistico.

keying /ˈkiːɪŋ/ n. INFORM. digitazione f.

key money n. *(for premises, flat)* caparra f.

keynote /ˈkiːnəʊt/ n. **1** MUS. tonica f. **2** FIG. *(main theme)* concetto m. fondamentale, nota f. dominante.

keynote speaker n. oratore m. (-trice) principale.
keynote speech n. POL. discorso m. programmatico.
key-pad /ˈkiːpæd/ n. TEL. tastierino m.; INFORM. tastierino m. numerico.
key-ring /ˈkiːrɪŋ/ n. portachiavi m.
key signature n. alterazione f. in chiave.
keystone /ˈkiːstəʊn/ n. ARCH. chiave f. di volta (anche FIG.).
keystroke /ˈkiːstrəʊk/ n. INFORM. battuta f.
keyword /ˈkiːwɜːd/ n. parola f. chiave.
khaki /ˈkɑːkɪ/ **I** agg. kaki, cachi **II** n. kaki m., cachi m.
khalif /ˈkeɪlɪf, ˈkæ-/ n. califfo m.
kibbutz /kɪˈbʊts/ n. (pl. **~es**, **~im**) kibbu(t)z m.
kibosh /ˈkaɪbɒʃ/ n. COLLOQ. ***to put the ~ on sth.*** mettere la parola fine a qcs.
1.kick /kɪk/ n. **1** *(of person)* calcio m., pedata f.; *(of horse, cow)* calcio m.; *(of swimmer)* battuta f. delle gambe; *(of footballer)* calcio m., tiro m.; ***to give sb., sth. a ~, to take a ~ at sb., sth.*** dare *o* tirare un calcio a qcn., qcs. **2** COLLOQ. *(thrill)* ***it gives her a ~ to do*** la diverte un mondo fare; ***to get a ~ from doing*** emozionarsi a fare **3** *(of firearm)* contraccolpo m., rinculo m. **4** COLLOQ. *(strength)* energia f., forza f.; ***this punch has quite a ~ (to it)*** questo punch ti dà una botta ♦ ***a (real) ~ in the teeth*** una batosta, un calcio in faccia.
2.kick /kɪk/ **I** tr. *(once)* dare un calcio a [*person, door*]; dare un calcio a, calciare [*ball, tin can*]; *(repeatedly)* prendere a calci, tirare calci a [*person, object*]; ***to ~ sb. on the leg, in the face*** dare un calcio a qcn. alla gamba, in faccia; ***to ~ sth. over a wall*** mandare qcs. con un calcio oltre il muro; ***to ~ sth. away*** spostare qcs. con un calcio; ***to ~ a hole in sth.*** ammaccare qcs. con un calcio; ***to ~ one's legs (in the air)*** [*baby*] scalciare, sgambettare; ***to ~ a goal*** segnare **II** intr. **1** [*person*] *(once)* dare un calcio; *(repeatedly)* tirare calci; [*swimmer*] battere i piedi; [*dancer*] slanciare la gamba; [*horse, cow*] scalciare **2** *(recoil)* [*gun*] rinculare ♦ ***to ~ sb. when they're down*** = criticare, offendere una persona che si trova in una posizione svantaggiata; ***to ~ the habit*** COLLOQ. perdere il vizio; *(of smoking)* smettere; ***I could have ~ed myself*** mi sarei preso a schiaffi da solo; ***to be alive and ~ing*** essere vivo e vegeto; ***to ~ over the traces*** BE ribellarsi.
▪ **kick against:** ***~ against [sth.]*** opporsi a [*idea*]; ribellarsi a [*system*].
▪ **kick around, kick about:** ***~ around, about*** COLLOQ. ***the watering can is kicking around in the garden*** l'innaffiatoio è da qualche parte in giardino; ***he's been ~ing around Europe for a year*** è in giro per l'Europa da un anno; ***~ [sth.] around, about*** **1** prendere a calci [*ball, object*] **2** COLLOQ. discutere [*idea*].
▪ **kick down:** ***~ [sth.] down, ~ down [sth.]*** sfondare, buttare giù a calci [*door*].
▪ **kick in:** ***~ [sth.] in, ~ in [sth.]*** sfondare a calci [*door, box*].
▪ **kick off:** ***~ off*** **1** SPORT battere il calcio d'inizio **2** COLLOQ. cominciare, iniziare; ***~ off [sth.], ~ [sth.] off*** **1** togliersi con un calcio [*shoes*] **2** COLLOQ. cominciare [*meeting, concert*]; ***~ [sb.] off*** COLLOQ. escludere da.
▪ **kick out:** ***~ out*** [*animal*] scalciare; [*person*] tirare calci; ***to ~ out at sb.*** prendere a calci qcn.; ***~ [sb.] out, ~ out [sb.]*** COLLOQ. cacciare via, buttare fuori (a calci, a pedate) [*troublemaker, employee*].
▪ **kick over:** ***~ [sth.] over, ~ over [sth.]*** rovesciare a calci.
▪ **kick up:** ***~ [sth.] up, ~ up [sth.]*** sollevare [*dust*]; ***to ~ up a fuss*** o ***stink*** COLLOQ. piantare grane (**about** per).
kickback /ˈkɪkbæk/ n. tangente f., bustarella f.
kickboxing /ˈkɪkbɒksɪŋ/ ▸ **10** n. kick boxing m.
kick-off /ˈkɪkɒf/ n. SPORT calcio m. d'inizio; ***what time's the ~?*** COLLOQ. FIG. a che ora si comincia?
kick-stand /ˈkɪkstænd/ n. *(on bike, motorbike)* cavalletto m.
1.kick-start /ˈkɪkstɑːt/ n. (anche **kick-starter**) **1** *(on motorbike)* pedale m. d'avviamento **2** FIG. ***to give sth. a ~*** rilanciare qcs.
2.kick-start /ˈkɪkstɑːt/ tr. **1** mettere in moto [*motorbike*] **2** FIG. rilanciare [*economy*].
1.kid /kɪd/ n. **1** COLLOQ. *(child)* bambino m. (-a); *(youth)* ragazzino m. (-a), ragazzo m. (-a); ***their ~s are grown up*** hanno dei figli grandi **2** *(young goat)* capretto m. **3** *(goatskin)* pelle f. di capretto, capretto m.
2.kid /kɪd/ **I** tr. (forma in -ing ecc. **-dd-**) COLLOQ. **1** *(tease)* prendere in giro (***about sth.*** per qcs.) **2** *(fool)* fregare, imbrogliare **II** intr. (forma in -ing ecc. **-dd-**) COLLOQ. *(tease)* scherzare; ***you're ~ding!*** stai scherzando! ***no ~ding!*** sul serio! davvero! **III** rifl. (forma in -ing ecc. **-dd-**) COLLOQ. ***to ~ oneself*** farsi delle illusioni.
kid brother n. AE COLLOQ. fratellino m.
kiddie, kiddy /ˈkɪdɪ/ n. COLLOQ. bambino m. (-a), ragazzino m. (-a).
kid glove n. guanto m. di (pelle di) capretto ♦ ***to treat sb. with ~s*** trattare qcn. con i guanti.
1.kidnap /ˈkɪdnæp/ n. rapimento m., sequestro m. di persona (a scopo di estorsione).
2.kidnap /ˈkɪdnæp/ tr. (forma in -ing ecc. **-pp-**) rapire, sequestrare (a scopo di estorsione).
kidnapper /ˈkɪdnæpə(r)/ n. rapitore m. (-trice), sequestratore m. (-trice).
kidnapping /ˈkɪdnæpɪŋ/ n. rapimento m., sequestro m. di persona (a scopo di estorsione).
kidney /ˈkɪdnɪ/ **I** n. **1** ANAT. rene m. **2** GASTR. rognone m. **II** modif. [*disease*] ai reni, renale; ***to have ~ trouble*** avere dei problemi ai reni.
kidney bean n. fagiolo m. rosso.
kidney dialysis n. emodialisi f.
kidney dish n. MED. fagiolo m.
kidney failure n. insufficienza f. renale.
kidney machine n. rene m. artificiale; ***to be on a ~*** essere in dialisi.
kidney shaped agg. [*table, swimming pool*] a forma di fagiolo.
kidney stone n. calcolo m. renale.
kid sister n. AE COLLOQ. sorellina f.
1.kill /kɪl/ n. **1** *(in hunting)* uccisione f.; ***to be in at the ~*** assistere all'uccisione; FIG. essere presente nel momento cruciale **2** *(prey)* preda f.
2.kill /kɪl/ **I** tr. **1** *(cause to die)* uccidere, ammazzare; ***they ~ed one another*** o ***each other*** si sono ammazzati; ***I'll do it, even if it ~s me!*** COLLOQ. lo farò, anche se dovessi rimetterci le penne! ***it wouldn't ~ you to turn up on time*** COLLOQ. non muori (mica) se arrivi puntuale **2** COLLOQ. *(hurt)* ***my feet are ~ing me*** i piedi mi fanno un male da morire **3** *(end, stop)* fare cessare [*rumour*]; GIORN. eliminare [*story*]; bocciare [*idea*]; ***that remark ~ed the conversation dead*** quel commento ha troncato la conversazione **4** *(deaden)* coprire [*smell*]; alleviare [*pain*]; fare passare [*appetite*] **5** COLLOQ. *(turn off)* spegnere [*engine, television, light*] **6** *(spend)* ***to ~ time*** ammazzare il tempo (**by doing** facendo); ***I have two hours to ~*** devo fare passare due ore **7** COLLOQ. *(amuse)* ***what ~s me is that...*** quello che mi fa morire (dal ridere) è che... **II** intr. uccidere, ammazzare **III** rifl. ***to ~ oneself*** uccidersi, suicidarsi; ***to ~ oneself doing*** FIG. ammazzarsi a fare; ***to ~ oneself laughing*** morire dal ridere.
▪ **kill off:** ***~ off [sth.], ~ [sth.] off*** eliminare.
killer /ˈkɪlə(r)/ **I** n. **1** *(person)* assassino m. (-a), killer m. e f. **2** ***heroin is a ~*** l'eroina uccide; ***cancer is a major ~*** il cancro è una delle principali cause di decesso **II** modif. [*disease, virus, drug*] mortale, letale ♦ ***it's a ~!*** COLLOQ. *(hill)* ti ammazza! *(joke)* fa morire!
killer instinct n. istinto m. omicida; ***to lack the ~*** FIG. non avere grinta.
killer whale n. orca f.
killing /ˈkɪlɪŋ/ **I** n. *(of person)* uccisione f., assassinio m.; *(of animal)* uccisione f.; ***the ~ must stop*** il massacro deve finire **II** agg. COLLOQ. [*pace, work*] che ammazza, micidiale ♦ ***to make a ~*** COLLOQ. fare un sacco di soldi.
killing field n. campo m. di battaglia.
killjoy /ˈkɪldʒɔɪ/ n. guastafeste m. e f.
kiln /kɪln/ n. forno m., fornace f.
kilo /ˈkiːləʊ/ ▸ **37** n. (pl. **~s**) chilo m., kilo m.
kilobyte /ˈkɪləbaɪt/ n. kilobyte m.
kilocycle /ˈkɪləʊsaɪkl/ n. chilociclo m., kilociclo m.
kilogram(me) /ˈkɪləgræm/ ▸ **37** n. chilogrammo m., kilogrammo m.
kilometre /kɪˈlɒmɪtə(r)/ BE, **kilometer** /ˈkɪləmiːtə(r)/ AE ▸ **15** n. chilometro m., kilometro m.

kilowatt /ˈkɪləwɒt/ n. chilowatt m., kilowatt m.
kilowatt-hour /ˌkɪləwɒtˈaʊə(r)/ n. chilowattora m., kilowattora m.
kilt /kɪlt/ n. kilt m., gonnellino m. scozzese.
kimono /kɪˈməʊnəʊ, AE -nə/ n. (pl. **~s**) chimono m., kimono m.
kin /kɪn/ n. **U** parentela f., famiglia f.
1.kind /kaɪnd/ n. **1** *(sort, type)* tipo m., genere m., sorta f.; ***this ~ of book, person*** questo genere di libri, questo tipo di persone; ***all ~s of people, people of all ~s*** persone di ogni tipo; ***what ~ of dog is it?*** che tipo di cane è? ***what ~ of person is he?*** com'è? che tipo è? ***what ~ of person does he think I am?*** per chi mi ha preso? ***what ~ of (a) person would do a thing like that?*** chi potrebbe fare una cosa del genere? ***what ~ of an answer is that?*** che razza di risposta è questa? ***what ~ of talk is that?*** (ma) cosa dici? ***I won't do anything of the ~*** non farò niente del genere; ***I don't believe anything of the ~*** non ci credo; ***decisions of a difficult ~*** decisioni difficili; ***a criminal of the worst ~*** un criminale della peggiore specie; ***this is the only one of its ~*** è l'unico di questo tipo; ***this is one of a ~*** è un esemplare unico nel suo genere; ***a picture of some ~*** un qualche quadro; ***"what do you need?" - "books, toys, that ~ of thing"*** "di cosa avete bisogno?" - "libri, giocattoli e cose del genere"; ***what ~ of thing(s) does he like?*** che cosa gli piace? ***that's the ~ of person she is*** lei è così; ***I'm not that ~ of person*** non sono quel genere di persona; ***they found a solution of a ~*** hanno trovato una qualche soluzione; ***I know his ~*** conosco i tipi come lui **2** *(expressing vague classification)* ***a ~ of*** una specie di; ***a ~ of handbag, soup*** una specie di borsa, minestra; ***I felt a ~ of apprehension*** provai una sorta di apprensione **3 in kind** *(in goods)* ***to pay in ~*** pagare in natura; *(in same way)* ***to repay sb. in ~*** *(good deed)* contraccambiare qcn.; *(bad deed)* ripagare qcn. con la stessa moneta; *(in essence)* ***they are different in ~*** sono fondamentalmente molto diversi **4 kind of** COLLOQ. ***he's ~ of cute, forgetful*** è piuttosto carino, smemorato; ***they were ~ of frightened*** erano un po' spaventati; ***I ~ of like him*** in un certo senso mi piace; ***we ~ of thought that...*** pensavamo quasi che...; ***"is it interesting?" - "~ of"*** "è interessante?" - "direi di sì".
2.kind /kaɪnd/ agg. [*person*] gentile, cortese; [*act, gesture, thought, words*] gentile; ***to be ~ to sb.*** essere gentile con qcn.; ***"X is ~ to your skin"*** "X è delicato sulla pelle"; ***to be ~ to animals*** trattare bene gli animali; ***life has not been ~ to him*** non ha avuto una vita facile; ***that's very ~ of you*** è molto gentile da parte tua; ***would you be ~ enough*** o ***so ~ as to pass me the salt?*** vuole essere così gentile da passarmi il sale? ***he was ~ enough to give me a lift home*** è stato così gentile da accompagnarmi a casa.
kindergarten /ˈkɪndəgɑːtn/ n. asilo m. infantile, scuola f. materna, kindergarten m.
kind-hearted /ˌkaɪndˈhɑːtɪd/ agg. [*person*] di cuore, generoso, buono.
kind-heartedly /ˌkaɪndˈhɑːtɪdlɪ/ avv. generosamente.
kind-heartedness /ˌkaɪndˈhɑːtɪdnɪs/ n. generosità f., bontà f.
kindle /ˈkɪndl/ **I** tr. accendere [*fire*]; dare fuoco a, appiccare il fuoco a [*wood*]; FIG. accendere [*desire, enthusiasm*]; suscitare [*interest*] **II** intr. [*wood*] prendere fuoco.
kindliness /ˈkaɪndlɪnɪs/ n. bontà f., benevolenza f.
kindling /ˈkɪndlɪŋ/ n. legna f. minuta.
1.kindly /ˈkaɪndlɪ/ agg. [*person, smile*] gentile, cordiale; [*nature*] benevolo; [*interest*] premuroso; [*face*] simpatico.
2.kindly /ˈkaɪndlɪ/ avv. **1** *(in a kind way)* gentilmente, cordialmente; ***to speak ~ of sb.*** parlare bene di qcn. **2** *(obligingly)* gentilmente; ***would you ~ do*** potresti gentilmente fare **3** *(favourably)* ***to look ~ on*** approvare [*activity*]; ***to think ~ of*** avere una buona opinione di [*person*]; ***to take ~ to*** accettare volentieri, apprezzare [*idea*].
kindness /ˈkaɪndnɪs/ n. **1 U** *(quality)* gentilezza f., cortesia f.; ***to show sb. ~*** o ***to show ~ to*** o ***towards sb.*** essere gentili con qcn.; ***an act of ~*** un atto di gentilezza; ***out of ~*** per gentilezza **2 C** *(instance)* gentilezza f., cortesia f., favore m.; ***to do sb. a ~*** fare un piacere a qcn. ♦ ***out of the ~ of one's heart*** per pura gentilezza; ***to be full of the milk of human ~*** = essere ricco di umanità.
kindred /ˈkɪndrɪd/ **I** n. **U 1** *(family)* + verbo sing. o pl. parenti m.pl., famiglia f., congiunti m.pl. **2** *(blood relationship)* parentela f. **II** agg. [*language*] imparentato; [*activity*] affine, analogo.
kindred spirit n. anima f. gemella.
kinetic /kɪˈnetɪk/ agg. cinetico.
kinetics /kɪˈnetɪks/ n. + verbo sing. cinetica f.
king /kɪŋ/ ➧ *9* n. **1** *(monarch)* re m., sovrano m., monarca m.; ***King Charles*** il re Carlo **2** FIG. *(of comedy, cinema etc.)* re m. **3** GIOC. *(in chess, cards)* re m.; *(in draughts, checkers)* dama f. ♦ ***to live like a ~*** vivere come un pascià.
kingdom /ˈkɪŋdəm/ n. regno m. (anche FIG.); ***the plant, animal ~*** il regno vegetale, animale ♦ ***to send sb. to ~ come*** spedire qcn. all'altro mondo.
kingfisher /ˈkɪŋˌfɪʃə(r)/ n. martin pescatore m.
kingly /ˈkɪŋlɪ/ agg. regale (anche FIG.).
kingpin /ˈkɪŋˌpɪn/ n. perno m. (anche FIG.).
kingship /ˈkɪŋʃɪp/ n. regalità f.
king-size(d) /ˈkɪŋsaɪz(d)/ agg. [*cigarette, packet, bed*] king size; [*portion, garden*] enorme.
1.kink /kɪŋk/ n. **1** *(in rope)* nodo m.; ***the hosepipe has a ~ in it*** il tubo fa un gomito; ***his hair has a ~ in it*** ha i capelli leggermente crespi **2** *(in personality)* stramberia f.; *(sexual)* perversione f.
2.kink /kɪŋk/ intr. [*rope*] annodarsi, attorcigliarsi.
kinky /ˈkɪŋkɪ/ agg. **1** COLLOQ. [*person, clothes*] stravagante, eccentrico; [*sex*] da pervertito, perverso **2** [*hair*] ricciuto, crespo.
kinsfolk /ˈkɪnzfəʊk/ n. + verbo pl. parentado m., parentela f.
kinship /ˈkɪnʃɪp/ n. **1** *(blood relationship)* parentela f., consanguineità f. **2** FIG. *(empathy)* affinità f.
kiosk /ˈkiːɒsk/ n. **1** *(stand)* chiosco m., edicola f. **2** BE TEL. cabina f. telefonica.
1.kip /kɪp/ n. BE COLLOQ. pisolino m.; ***to have a ~, to get some ~*** schiacciare un pisolino.
2.kip /kɪp/ intr. (forma in -ing ecc. **-pp-**) BE COLLOQ. (anche **~ down**) schiacciare un pisolino.
kipper /ˈkɪpə(r)/ n. aringa f. affumicata.
Kirghiz /ˈkɜːgɪz/ ➧ *18, 14* **I** agg. chirghiso, kirghiso **II** n. **1** *(person)* chirghiso m. (-a) **2** *(language)* lingua f. chirghisa.
Kirghizia /ˌkɜːˈgiːzɪə/, **Kirghizstan** /ˈkɜːgɪstæn/ ➧ *6* n.pr. Kirghizistan m.
kirk /kɜːk/ n. SCOZZ. chiesa f.
1.kiss /kɪs/ n. bacio m.; ***to give sb. a ~*** dare un bacio a qcn.
2.kiss /kɪs/ **I** tr. baciare; ***to ~ sb. on*** baciare qcn. su [*cheek, lips*]; ***we ~ed each other*** ci siamo baciati; ***to ~ sb. goodnight*** dare a qcn. il bacio della buonanotte; ***let me ~ it better!*** un bacino e passa tutto! ***you can ~ your money goodbye!*** puoi dire addio ai tuoi soldi! **II** intr. baciarsi; ***to ~ and make up*** riconciliarsi ♦ ***to ~ and tell*** = rendere di pubblico dominio le proprie imprese sessuali, specialmente con persone famose.
kiss of death n. colpo m. mortale; ***to be the ~*** essere il colpo mortale (**for, to** per).
kiss of life n. BE ***to give sb. the ~*** fare a qcn. la respirazione bocca a bocca.
1.kit /kɪt/ n. **1** *(implements)* cassetta f. degli attrezzi, arnesi m.pl. da lavoro; ***repair ~*** kit di riparazione **2 U** BE SPORT *(gear, clothes)* tenuta f.; ***football ~*** divisa calcistica; ***tennis ~*** abbigliamento tennistico **3** *(parts for assembly)* kit m., set m., scatola f. di montaggio; ***to come in ~ form*** essere disponibile in kit **4** BE MIL. equipaggiamento m., tenuta f.
2.kit /kɪt/ tr. (forma in -ing ecc. **-tt-**) → **kit out**.
■ **kit out:** ***~ out [sb., sth.], ~ [sb., sth.] out*** BE equipaggiare [*person*]; attrezzare [*interior*].
kitbag /ˈkɪtbæg/ n. BE *(for sport, travel)* borsone m., sacca f.; *(soldier's)* zaino m. affardellato.
kitcar /ˈkɪtkɑː(r)/ n. = automobile assemblata dall'acquirente.
kitchen /ˈkɪtʃɪn/ **I** n. cucina f. **II** modif. [*scales, salt*] da cucina; [*door*] della cucina ♦ ***if you can't stand the heat get out of the ~*** o mangi questa minestra o salti questa finestra.
kitchen-diner /ˌkɪtʃɪnˈdaɪnə(r)/ n. cucina f. abitabile.
kitchenette /ˌkɪtʃɪˈnet/ n. cucinino m., angolo m. cottura.
kitchen foil n. carta f. stagnola.
kitchen garden n. BE orto m. di casa.
kitchen paper n. BE carta f. da cucina, Scottex® m.

kitchen roll n. rotolo m. di carta da cucina, rotolo m. di Scottex®.
kitchen sink n. lavandino m., acquaio m., lavello m. ♦ ***to take everything but the ~*** *(on holiday)* portarsi dietro la casa.
kitchen sink drama n. BE = lavoro teatrale che rappresenta la realtà domestica, soprattutto nei suoi aspetti più squallidi e monotoni.
kitchen unit n. modulo m. di cucina componibile.
kitchenware /ˈkɪtʃɪnweə(r)/ n. **U** *(implements)* utensili m.pl. da cucina; *(crockery)* stoviglie f.pl.
kitchen waste n. **U** rifiuti m.pl. domestici.
kite /kaɪt/ n. **1** *(toy)* aquilone m.; ***to fly a ~*** fare volare un aquilone; FIG. fare un sondaggio, saggiare l'opinione pubblica **2** ZOOL. nibbio m.
kitemark /ˈkaɪtmɑːk/ n. GB = marchio a forma di aquilone posto su alcuni prodotti come garanzia di qualità (approvata dalla British Standards Institution).
kit furniture n. **U** mobili m.pl. in kit.
kitsch /kɪtʃ/ **I** agg. kitsch **II** n. kitsch m.
kitten /ˈkɪtn/ n. gattino m. (-a), micino m. (-a) ♦ ***to have ~s*** essere teso *o* agitato.
kitten heel n. tacchetto m. a spillo.
kittenish /ˈkɪtənɪʃ/ agg. [*woman*] che fa la gattina.
kittiwake /ˈkɪtɪweɪk/ n. gabbiano m. tridattilo.
1.kitty /ˈkɪtɪ/ n. COLLOQ. *(cat)* gattino m. (-a), micino m. (-a).
2.kitty /ˈkɪtɪ/ n. *(of money)* cassa f., fondo m. comune.
Kitty /ˈkɪtɪ/ n.pr. diminutivo di **Katherine**.
kiwi /ˈkiːwiː/ n. **1** ZOOL. kiwi m. **2 Kiwi** COLLOQ. = neozelandese.
kiwi fruit /ˈkiːwiːfruːt/ n. BOT. kiwi m.
KKK n. (⇒ Ku Klux Klan Ku Klux Klan) KKK m.
kleptomania /ˌkleptəˈmeɪnɪə/ ▸ **11** n. cleptomania f.
kleptomaniac /ˌkleptəˈmeɪnɪæk/ **I** agg. cleptomane **II** n. cleptomane m. e f.
knack /næk/ n. **1** *(physical dexterity)* abilità f. (**of doing** di fare); ***to get, lose the ~*** farsi, perdere la mano **2** *(talent)* talento m., inclinazione f. (**of doing** di fare; **for doing** per fare).
knacker /ˈnækə(r)/ n. BE = commerciante e macellatore di cavalli; ***to send a horse to the ~'s yard*** condurre un cavallo al macello.
knackered /ˈnækərəd/ agg. POP. stanco morto, sfinito.
knapsack /ˈnæpsæk/ n. zaino m.
knave /neɪv/ n. **1** BE *(in cards)* fante m. **2** ANT. *(rogue)* canaglia f., mascalzone m. (-a), furfante m. e f.
knavery /ˈneɪvərɪ/ n. ANT. mascalzonata f., furfanteria f.
knavish /ˈneɪvɪʃ/ agg. canagliesco, furfantesco.
knead /niːd/ tr. **1** impastare [*dough*] **2** *(massage)* sottoporre a impastamento.
1.knee /niː/ ▸ **2** n. ginocchio m.; ***to be on one's ~s*** essere in ginocchio (anche FIG.); ***to fall to one's ~s*** cadere in ginocchio; ***on (one's) hands and ~s*** a quattro zampe; ***to go down on bended ~ (to sb.)*** mettersi in ginocchio, inginocchiarsi (davanti a qcn.) ♦ ***to bring*** o ***force sb., sth. to his, its ~s*** mettere qcn., qcs. in ginocchio; ***to go weak at the ~s*** sentirsi piegare le ginocchia.
2.knee /niː/ tr. dare una ginocchiata a [*person*].
knee-breeches /ˈniːˌbrɪtʃɪz/ n.pl. calzoni m. al ginocchio.
1.kneecap /ˈniːkæp/ n. rotula f.
2.kneecap /ˈniːkæp/ tr. (forma in -ing ecc. **-pp-**) gambizzare [*person*].
knee-deep /ˌniːˈdiːp/ agg. ***the water was ~*** l'acqua arrivava alle ginocchia; ***to be ~ in paperwork*** FIG. essere sommerso dalle carte.
knee-high /ˌniːˈhaɪ/ agg. [*grass, corn*] che arriva al ginocchio, alto fino alle ginocchia.
knee-jerk /ˈniːdʒɜːk/ agg. [*reaction, response*] istintivo, automatico.
kneel /niːl/ intr. (anche **~ down**) (pass., p.pass. **kneeled**, **knelt**) inginocchiarsi; *(in prayer)* inginocchiarsi, genuflettersi.
knee-length /ˈniːleŋθ/ agg. [*skirt*] (lungo fino) al ginocchio.
kneeler /ˈniːlə(r)/ n. inginocchiatoio m.
knee-pad /ˈniːpæd/ n. ginocchiera f.
knell /nel/ n. LETT. rintocco m. funebre (anche FIG.).
knelt /nelt/ pass., p.pass. → **kneel**.
knew /njuː, AE nuː/ pass. → **1.know**.
knickerbockers /ˈnɪkəˌbɒkəz/ n.pl. knickerbocker m., pantaloni m. alla zuava.
knickers /ˈnɪkəz/ ▸ **28** n.pl. BE mutande f. da donna, culottes f. ♦ ***to get one's ~ in a twist*** COLLOQ. scaldarsi.
knick-knack /ˈnɪknæk/ n. gingillo m., ninnolo m.
1.knife /naɪf/ n. (pl. **knives**) coltello m. ♦ ***to have one's ~ into sb.*** COLLOQ. avercela con qcn.; ***to put the ~ in*** colpire nel vivo; ***to twist the ~ in the wound*** rigirare il coltello nella piaga; ***the knives are out!*** siamo ai ferri corti!
2.knife /naɪf/ tr. accoltellare, dare una coltellata a [*person*].
knife-edge /ˈnaɪfedʒ/ n. filo m. del coltello; ***to be on a ~*** essere sul filo del rasoio.
knife grinder ▸ **27** n. arrotino m.
knife-point /ˈnaɪfpɔɪnt/ n. ***at ~*** sotto la minaccia di un coltello.
knife sharpener n. affilacoltelli m.
knifing /ˈnaɪfɪŋ/ n. accoltellamento m.
1.knight /naɪt/ n. **1** STOR. cavaliere m. **2** *(in chess)* cavallo m. ♦ ***you're my ~ in shining armour!*** IRON. sei il mio prode cavaliere!
2.knight /naɪt/ tr. BE fare cavaliere, investire cavaliere.
knighthood /ˈnaɪthʊd/ n. **1** *(title)* cavalierato m., titolo m. di cavaliere **2** *(chivalry)* cavalleria f.
1.knit /nɪt/ n. *(garment)* indumento m. lavorato a maglia; ***cotton ~*** tricot in cotone.
2.knit /nɪt/ **I** tr. (forma in -ing **-tt-**; pass., p.pass. **knitted**, **knit**) lavorare a maglia [*garment*]; ***to ~ sb. sth.*** lavorare a maglia qcs. per qcn.; ***~ one, purl one*** un diritto, un rovescio **II** intr. (forma in -ing. **-tt-**; pass., p.pass. **knitted**, **knit**) **1** lavorare a maglia, sferruzzare **2** *(join together)* [*broken bones*] saldarsi ♦ ***to ~ one's brows*** aggrottare le sopracciglia.
■ **knit together:** ~ together [*bones*] saldarsi; ~ [sth.] together, ~ together [sth.] **1** lavorare insieme [*strands*] **2** *(bring together)* fare combaciare [*themes, ideas*] **3** *(unite)* unire, tenere unito [*community*].
knitter /ˈnɪtə(r)/ ▸ **27** n. maglierista m. e f.
knitting /ˈnɪtɪŋ/ **I** n. lavoro m. a maglia **II** modif. [*bag*] (fatto) a maglia; [*machine*] per maglieria; [*needle*] da maglia, da calza; [*wool*] da lavorare a maglia.
knitwear /ˈnɪtweə(r)/ n. **U** maglie f.pl., maglieria f.
knives /naɪvz/ → **1.knife**.
knob /nɒb/ n. **1** *(of wood)* nodo m.; *(on a surface)* protuberanza f. **2** *(of door, drawer, cane, on bannister)* pomo m., pomello m. **3** *(control button)* manopola f. **4** *(of butter etc.)* noce f.
knobbly /ˈnɒblɪ/ BE, **knobby** /ˈnɒbɪ/ AE agg. nodoso.
1.knock /nɒk/ n. **1** *(blow)* colpo m., botta f.; ***a ~ on the head*** un colpo sulla, in testa; ***a ~ with a hammer*** un colpo di martello **2** *(at door)* ***I thought I heard a ~ (at the door)*** mi è sembrato di sentire bussare; ***I'll give you a ~ at 7.30*** ti verrò a bussare alle 7.30; ***~! ~!*** toc! toc! **3** FIG. *(setback)* colpo m.; ***to take a ~*** ricevere un brutto colpo; ***you must learn to take the ~s*** devi imparare a incassare (i colpi).
2.knock /nɒk/ **I** tr. **1** *(strike)* colpire, urtare [*object*]; ***to ~ one's head on sth.*** battere la testa contro qcs.; ***to ~ sb. on the arm with sth.*** colpire qcn. al braccio con qcs.; ***to ~ sth. against*** fare battere qcs. contro; ***to ~ sb. unconscious*** fare perdere i sensi a qcn.; ***to ~ a hole in sth.*** fare un buco in qcs. **2** *(cause to move)* ***to ~ sth. off*** o ***out of sth.*** fare cadere qcs. da qcs.; ***to ~ sb., sth. to the ground*** fare cadere a terra qcn., qcs.; ***to ~ a nail into sth.*** piantare un chiodo in qcs.; ***to ~ sb. off his feet*** [*blast, wave*] sollevare qcn. **3** COLLOQ. *(criticize)* criticare [*method, person*] **II** intr. **1** *(make sound) (involuntarily)* [*object*] urtare, sbattere (**on, against** contro); *(deliberately)* [*person*] bussare (**at, on** a); [*engine*] battere in testa **2** *(collide)* ***to ~ into*** o ***against sth.*** urtare contro qcs.; ***to ~ into each other*** scontrarsi ♦ ***his knees were ~ing*** gli tremavano le ginocchia (dalla paura); ***to ~ sth. on the head*** COLLOQ. mandare a monte qcs.; ***to be ~ing on a bit*** COLLOQ. cominciare a invecchiare.
■ **knock about, knock around:** ~ about COLLOQ. girovagare; ***to ~ about with sb.*** COLLOQ. andare in giro con *o* frequentare qcn.; ~ about [sth.] COLLOQ. [*object*] essere lasciato in giro per [*house*].
■ **knock back:** ~ back [sth.], ~ [sth.] back **1** *(return)* [*player*] respingere [*ball*] **2** COLLOQ. *(swallow)* buttare giù, sco-

larsi [*drink*] **3** COLLOQ. *(reject)* rifiutare [*offer, invitation*]; **~ [sb.] back 1** *(surprise)* [*news*] colpire, lasciare di stucco [*person*] **2** COLLOQ. *(cost)* ***that dress must have ~ed her back a few quid*** questo vestito deve esserle costato una fortuna.

▪ **knock down:** **~ [sb., sth.] down, ~ down [sb., sth.] 1** *(cause to fall) (deliberately)* [*aggressor*] abbattere, stendere a terra [*victim*]; [*police*] sfondare [*door*]; [*builder*] abbattere, demolire [*building*]; *(accidentally)* travolgere [*person, object*]; abbattere [*fence*] **2** *(reduce)* [*buyer*] tirare giù [*price*]; [*seller*] abbassare, ridurre [*price*] **3** *(allocate)* [*auctioneer*] aggiudicare [*lot*].

▪ **knock in:** **~ [sth.] in, ~ in [sth.]** conficcare, piantare [*nail, peg*].

▪ **knock off:** **~ off** COLLOQ. [*worker*] smettere di lavorare, staccare; **~ [sb., sth.] off, ~ off [sb., sth.] 1** *(cause to fall)* fare cadere [*person, object*]; cacciare via [*insect*] **2** *(reduce)* ***I'll ~ £ 10 off for you*** vi farò uno sconto di 10 sterline **3** COLLOQ. *(steal)* rubare, fregare [*car, object*] **4** COLLOQ. *(stop)* ***~ it off!*** piantala!

▪ **knock out:** **~ [sb., sth.] out, ~ out [sb., sth.] 1** *(dislodge)* [*person, blow*] fare saltare via [*tooth*]; togliere, cavare [*nail*]; [*person*] vuotare (battendo) [*contents*] **2** *(make unconscious)* [*person, blow*] fare perdere i sensi a; [*drug*] stordire, narcotizzare; [*boxer*] mettere KO, mandare al tappeto [*opponent*]; ***don't drink the punch, it will ~ you out!*** non bere il punch, ti stende! **3** *(destroy)* fare saltare [*tank, factory*] **4** SPORT *(eliminate)* eliminare [*opponent, team*] **5** AUT. *(straighten)* raddrizzare [*dent, metal*] **6** COLLOQ. *(overwhelm)* sbalordire, stendere; **~ oneself out** COLLOQ. sfiancarsi.

▪ **knock over:** **~ [sb., sth.] over, ~ over [sb., sth.]** rovesciare [*object*]; buttare a terra [*person, animal*]; [*vehicle*] investire, travolgere [*person, animal*].

▪ **knock together:** **~ together** [*knees*] tremare; [*objects*] sbattere, battere l'uno contro l'altro; **~ [sth.] together, ~ together [sth.]** COLLOQ. **1** *(create)* montare alla meglio [*furniture*]; preparare in fretta [*meal*]; mettere su, improvvisare [*show*] **2** *(bang together)* battere l'uno contro l'altro.

▪ **knock up:** **~ up** BE *(in tennis)* palleggiare; **~ [sth.] up, ~ up [sth.] 1** COLLOQ. *(make)* montare alla meglio [*furniture*]; preparare in fretta [*meal, outfit*] **2** SPORT COLLOQ. [*competitor*] totalizzare, realizzare [*points, score*]; **~ [sb.] up, ~ up [sb.] 1** *(awaken)* svegliare bussando alla porta **2** COLLOQ. *(exhaust)* sfinire, sfiancare **3** POP. *(make pregnant)* mettere incinta.

1.knockabout /ˈnɒkəbaʊt/ agg. [*comedy, comedian*] grossolano.

2.knockabout /ˈnɒkəbaʊt/ n. **1** SPORT scambio m., palleggio m. **2** AE MAR. veliero m. a un albero.

knockdown /ˈnɒkdaʊn/ **I** agg. [*price*] di liquidazione **II** n. SPORT atterramento m., knock-down m.

knocker /ˈnɒkə(r)/ n. *(on door)* battente m., batacchio m.

knocking /ˈnɒkɪŋ/ n. colpi m.pl.; *(in engine)* detonazione f., battito m. in testa.

knock knees n.pl. ginocchia f. valghe.

knock-on effect n. effetto m. a catena.

knock-out /ˈnɒkaʊt/ **I** n. **1** *(in boxing)* knockout m., KO m. **2** COLLOQ. ***to be a ~*** [*person, show*] essere una cannonata **II** agg. **1** SPORT [*competition*] a eliminazione **2** COLLOQ. *(incapacitating)* [*pills*] sedativo **3** COLLOQ. *(brilliant)* [*idea*] strepitoso.

knock-up /ˈnɒkʌp/ n. SPORT COLLOQ. palleggio m.

knoll /nəʊl/ n. collinetta f., poggio m.

1.knot /nɒt/ n. **1** *(tied part, tangle)* nodo m.; ***to tie sth. in a ~*** annodare qcs., fare il nodo a qcs.; ***to have a ~ in one's stomach*** FIG. avere una stretta allo stomaco **2** *(in wood)* nodo m., nodosità f. **3** *(group)* gruppo m. **4** MAR. nodo m. ♦ ***to do sth. at a rate of ~s*** fare qcs. in fretta e furia; ***to get tied up in ~s*** cadere in contraddizione; ***to tie the ~*** sposarsi.

2.knot /nɒt/ **I** tr. (forma in -ing ecc. **-tt-**) annodare, legare [*strings, ends*] (**together** insieme); fare un nodo a [*scarf, handkerchief*]; ***to ~ one's tie*** farsi il nodo alla cravatta **II** intr. (forma in -ing ecc. **-tt-**) [*stomach*] chiudersi; [*muscles*] contrarsi.

knotty /ˈnɒtɪ/ agg. [*fingers, wood*] nodoso; [*problem*] intricato.

1.know /nəʊ/ **I** tr. (pass. **knew**; p.pass. **known**) **1** *(have knowledge of)* conoscere [*person, place, situation, system*]; sapere, conoscere [*answer, language, name, reason, truth, way*]; ***to ~ sb. by name, sight*** conoscere qcn. di nome, di vista; ***to ~ sth. by heart*** sapere qcs. a memoria; ***to ~ how to do*** sapere fare; *(stressing method)* sapere come fare; ***to ~ that...*** sapere che...; ***you ~ what children are*** sai come sono i bambini; ***to ~ sb., sth. as*** conoscere qcn., qcs. come; ***Virginia known as Ginny to her friends*** Virginia o Ginny per gli amici; ***to let it be known*** o ***to make it known that*** fare sapere che; ***it has been known to snow there*** hanno detto che lì nevica; ***if I ~ him*** se lo conosco; ***he is known to the police*** è conosciuto dalla polizia; ***as you well ~*** come ben sai; ***(do) you ~ something? do you ~ what?*** (ma lo) sai? ***there's no ~ing whether*** non si può sapere se; ***to ~ one's way around*** FIG. sapersi togliere dagli impicci; ***to ~ one's way around a town*** sapersi orientare in una città; ***to ~ one's way around a computer*** sapersela cavare con i computer; ***I ~ what! you could...*** ho un'idea! potresti...; ***he ~s nothing about it*** non ne sa niente **2** *(feel certain)* essere sicuro, sapere; ***I knew it!*** lo sapevo! ***I don't ~ that I want to go really*** non sono sicuro di volerci andare veramente **3** *(realize)* rendersi conto; ***you don't ~ how pleased I am*** non sai quanto mi faccia piacere; ***don't I ~ it!*** a chi lo dici! **4** *(recognize)* riconoscere (**by**, **from** da); ***only their parents ~ one from the other*** solo i genitori riescono a distinguerli; ***she ~s a bargain when she sees one*** sa riconoscere quando si tratta di un vero affare; ***"you are a stupid" "it takes one to ~ one"*** "sei uno stupido" "tra stupidi ci si riconosce" **5** *(acknowledge)* ***to be known for sth., for doing*** essere conosciuto per qcs., per fare **6** *(experience)* conoscere [*sadness, love*] **II** intr. (pass. **knew**; p.pass. **known**) **1** *(have knowledge)* sapere, conoscere; ***as you ~*** come sapete; ***I wouldn't ~*** non saprei; ***to ~ about*** *(have information)* essere al corrente di [*event*]; *(have skill)* conoscere [*computing, engines*]; ***to ~ of*** *(from experience)* conoscere; *(from information)* avere sentito parlare di; ***not that I ~ of*** non che io sappia; ***to let sb. ~ of*** o ***about*** mettere qcn. a conoscenza di [*plans*]; ***we'll let you ~*** vi faremo sapere; ***how should I ~!*** come faccio a saperlo! ***if you must ~*** se proprio vuoi saperlo; ***if I were angry with you, you'd ~ about it*** se fossi arrabbiato con te, te ne accorgeresti; ***you ~ better than to argue with him*** hai di meglio da fare che metterti a discutere con lui; ***you ought to have known better*** non avresti dovuto farlo; ***he says he came home early but I ~ better*** dice che è arrivato a casa presto ma conoscendolo non ci credo **2** *(feel certain)* ***"he won't win" - "oh I don't ~"*** "non vincerà" - "non ne sono sicuro"; ***"I'll take the morning off" - "I don't ~ about that!"*** "mi prenderò mezza giornata" - "non ne sarei così sicuro!"; ***I don't ~ about you but...*** non so cosa ne pensi, ma... ♦ ***not to ~ what to do with oneself*** non sapere cosa fare della propria vita; ***not to ~ where*** o ***which way to turn*** non sapere da che parte voltarsi; ***not to ~ whether one is coming or going*** non sapere più che cosa si sta facendo.

2.know /nəʊ/ n. ***to be in the ~ (about sth.)*** COLLOQ. essere al corrente (di qcs.).

knowable /ˈnəʊəbl/ agg. conoscibile, riconoscibile.

know-all /ˈnəʊɔːl/ n. BE COLLOQ. sapientone m. (-a).

know-how /ˈnəʊhaʊ/ n. know-how m., conoscenza f. specifica di un settore.

knowing /ˈnəʊɪŋ/ agg. [*look, smile*] d'intesa.

knowingly /ˈnəʊɪŋlɪ/ avv. **1** *(intentionally)* [*offend*] intenzionalmente, di proposito **2** *(with understanding)* [*smile, look*] con l'aria di chi la sa lunga.

know-it-all /ˈnəʊɪtɔːl/ n. AE COLLOQ. → **know-all**.

knowledge /ˈnɒlɪdʒ/ n. **1** *(awareness)* conoscenza f.; ***to bring sth. to sb.'s ~*** mettere qcn. a conoscenza di qcs.; ***to my ~*** per quanto ne so; ***with the full ~ of sb.*** con la piena consapevolezza di qcn.; ***to have ~ of*** essere a conoscenza di; ***he has no ~ of what happened*** non sa niente di ciò che è accaduto; ***without sb.'s ~*** all'insaputa di qcn. **2** *(factual wisdom)* sapere m., scienza f.; *(of specific field)* conoscenza f.; ***technical ~*** conoscenze tecniche; ***all branches of ~*** tutte le branche del sapere.

knowledgeable /ˈnɒlɪdʒəbl/ agg. [*person*] bene informato; [*article*] bene documentato; [*remark*] pertinente (**about** su).

knowledgeably /ˈnɒlɪdʒəblɪ/ avv. [*speak, write*] con cognizione di causa.

known /nəʊn/ **I** p.pass. → **1.know** **II** agg. [*authority, danger*] riconosciuto; [*celebrity, cure*] conosciuto, noto; [*quantity*] definito.

knuckle /ˈnʌkl/ n. **1** ANAT. nocca f.; ***to crack one's ~s*** fare scrocchiare le dita; ***to rap sb. on*** o ***over the ~s*** bacchettare qcn. sulle nocche; FIG. sgridare, criticare aspramente qcn. **2** ZOOL. nocca f., nodello m. **3** GASTR. zampetto m.; ***pig's ~s*** stinco di maiale ♦ ***to be near the ~*** COLLOQ. essere molto spinto.

knucklebone /ˈnʌklbəʊn/ n. **1** ANAT. falange f. **2** ZOOL. garretto m.

knuckle down intr. COLLOQ. darci dentro, mettercela tutta.

knuckle-duster /ˈnʌklˌdʌstə(r)/ n. pugno m. di ferro, tirapugni m.

knuckle under intr. COLLOQ. sottomettersi, cedere.

KO n. COLLOQ. (⇒ knock-out knockout) KO m.

koala /kəʊˈɑːlə/ n. (anche **~ bear**) koala m.

kookie, **kooky** /ˈkuːkɪ/ agg. AE COLLOQ. pazzoide.

Koran /kəˈrɑːn/ n. Corano m.

Koranic /kəˈrænɪk/ agg. coranico.

Korea /kəˈrɪə/ ➧ ***6*** n.pr. Corea f.

Korean /kəˈrɪən/ ➧ ***18, 14*** **I** agg. coreano; ***the ~ War*** la guerra di Corea **II** n. **1** *(person)* coreano m. (-a) **2** *(language)* coreano m.

korma /ˈkɔːmə/ n. INTRAD. m. (piatto piccante indiano di carne o pesce marinato nello yogurt).

kosher /ˈkəʊʃə(r)/ agg. **1** RELIG. [*food, restaurant*] kasher **2** COLLOQ. FIG. *(legitimate)* ***it's ~*** è lecito; ***there's something not quite ~ about it*** c'è qualcosa di poco pulito in questo.

Kosovan /ˈkɒsəvn/ agg. kosovaro, cossovaro.

Kosovar /ˈkɒsəvɑː(r)/ n. kosovaro m. (-a), cossovaro m. (-a).

kowtow /ˌkaʊˈtaʊ/ intr. SPREG. prostrarsi, prosternarsi; ***to ~ to sb.*** mostrare eccessiva deferenza verso qcn.

kph n. (⇒ kilometres per hour chilometri all'ora) km/h.

Kremlin /ˈkremlɪn/ n.pr. Cremlino m.

Kremlinologist /kremlɪˈnɒlədʒɪst/ n. cremlinologo m. (-a).

krona /ˈkrəʊnə/ n. (pl. **kronor**) corona f. (svedese).

krone /ˈkrəʊnə/ n. (pl. **kroner**) corona f. (danese e norvegese).

Kt ⇒ knight cavaliere (cav.).

kudos /ˈkjuːdɒs, AE ˈkuː-/ n. COLLOQ. prestigio m., fama f.

kumquat /ˈkʌmkwɒt/ n. kumquat m.

kung fu /ˌkʊŋˈfuː/ ➧ ***10*** n. kung-fu m.

Kurd /kɜːd/ n. *(person)* curdo m. (-a).

Kurdish /ˈkɜːdɪʃ/ ➧ ***14*** **I** agg. curdo **II** n. *(language)* curdo m.

Kurdistan /ˌkɜːdɪˈstæn/ ➧ ***6*** n.pr. Kurdistan m.

Kuwaiti /kʊˈweɪtɪ/ ➧ ***18*** **I** agg. kuwaitiano **II** n. kuwaitiano m. (-a).

l

l, L /el/ n. **1** *(letter)* l, L m. e f. **2** **L** GB AUT. ⇒ Learner principiante (P) **3** **L** AE FERR. ***the L*** la (metropolitana) sopraelevata **4** **L** ⇒ Lake lago **5** **L** ⇒ left sinistra (sx) **6** **l** ⇒ line *(in poetry)* verso (v.); *(in prose)* riga (r.).

la → **lah**.

LA US ⇒ Los Angeles Los Angeles.

lab /læb/ n. → **laboratory**.

Lab. GB POL. ⇒ Labour (Party) (partito) laburista.

lab coat n. camice m. bianco.

1.label /ˈleɪbl/ n. **1** *(on clothing, jar)* etichetta f.; *(on diagram)* legenda f. **2** FIG. ***to hang*** o ***stick a ~ on sb., sth.*** affibbiare un'etichetta a qcn., qcs. **3** MUS. (anche **record ~**) etichetta f., casa f. discografica **4** INFORM. label f. **5** LING. etichetta f.

2.label /ˈleɪbl/ tr. (forma in -ing ecc. **-ll-**, AE **-l-**) **1** *(stick label on)* mettere un'etichetta a, etichettare [*clothing, jar*]; mettere una legenda a [*diagram*] **2** FIG. *(pigeonhole)* etichettare, bollare [*person, work*] **3** LING. etichettare.

labelling /ˈleɪblɪŋ/ n. etichettatura f.

labial /ˈleɪbɪəl/ agg. labiale.

labor AE → **1.labour**, **2.labour**.

laboratory /ləˈbɒrətrɪ, AE ˈlæbrətɔːrɪ/ **I** n. laboratorio m. **II** modif. [*experiment*] di laboratorio; [*animal*] da laboratorio.

laboratory assistant ➧ ***27*** n. assistente m. e f. di laboratorio.

laboratory technician ➧ ***27*** n. tecnico m. (-a) di laboratorio, laboratorista m. e f.

Labor Day AE → **Labour Day**.

Labor Department n. US dipartimento m. del lavoro.

labored AE → **laboured**.

laborer AE → **labourer**.

laborious /ləˈbɔːrɪəs/ agg. laborioso.

labor union n. AE sindacato m.

1.labour BE, **labor** AE /ˈleɪbə(r)/ **I** n. **1** *(work)* lavoro m. (manuale); ***to withdraw one's ~*** astenersi dal lavoro **2** IND. *(workforce)* manodopera f.; *(in contrast to management)* classe f. operaia, lavoratori m.pl. **3** MED. doglie f.pl., travaglio m. del parto; ***to go into*** o ***begin ~*** cominciare ad avere le contrazioni; ***~ pains*** dolori del travaglio **II** modif. [*costs*] della manodopera; [*dispute, relations*] fra i lavoratori e i datori di lavoro; [*market*] del lavoro; [*shortage*] di manodopera; [*leader*] sindacale ♦ ***a ~ of love*** un lavoro fatto per passione.

2.labour BE, **labor** AE /ˈleɪbə(r)/ intr. **1** *(work, try hard)* lavorare sodo, faticare (**at** a; **on** su) **2** *(have difficulties)* affaticarsi, sforzarsi (**to do** a fare); ***to ~ up*** salire a fatica **3** ***to ~ under*** essere vittima di [*delusion, misapprehension*]; ***he's ~ing under the illusion that...*** si sta illudendo che... ♦ ***to ~ the point*** insistere su un punto.

Labour /ˈleɪbə(r)/ **I** n.pr. + verbo pl. partito m. laburista **II** agg. [*supporter, view, manifesto*] del partito laburista, laburista; [*MP, vote*] laburista; ***to vote ~*** votare laburista.

labour camp n. campo m. di lavoro.

Labour Day BE, **Labor Day** AE n. festa f. del lavoro.

laboured BE, **labored** AE /ˈleɪbəd/ **I** p.pass. → **2.labour** **II** agg. **1** *(difficult)* [*movement*] difficile, faticoso; [*breathing*] affannoso, difficile **2** *(showing effort)* [*humour, speech*] elaborato, studiato, affettato.

labourer BE, **laborer** AE /ˈleɪbərə(r)/ ➧ ***27*** n. operaio m. (-a), manovale m.

labour exchange n. BE COLLOQ. ufficio m. di collocamento.

labour force n. forza f. lavoro.

labour-intensive /ˌleɪbərɪnˈtensɪv/ agg. IND. ***to be ~*** [*method, process*] richiedere un alto impiego di manodopera.

labour law n. diritto m. del lavoro.

Labour Party n. GB partito m. laburista.

labour-saving /ˈleɪbəˌseɪvɪŋ/ agg. [*equipment, feature, system*] che fa risparmiare lavoro; ***~ device*** (apparecchio) elettrodomestico.

labour ward n. sala f. travaglio.

labrador /ˈlæbrədɔː(r)/ n. ZOOL. labrador m.

laburnum /ləˈbɜːnəm/ n. laburno m.

labyrinth /ˈlæbərɪnθ/ n. MITOL. labirinto m. (anche FIG.).

1.lace /leɪs/ **I** n. **1** **U** *(fabric)* pizzo m., merletto m., trina f. **2** **C** *(on shoe, boot, dress)* laccio m., stringa f.; *(on tent)* cordone m. **II** modif. [*curtain, dress*] in pizzo.

2.lace /leɪs/ tr. **1** *(tie)* allacciare [*shoes, corset*]; fissare [*tent flap*] **2** *(add substance to)* ***to ~ a drink with alcohol*** correggere una bevanda con dell'alcol.

■ **lace up:** ***~ [sth.] up, ~ up [sth.]*** allacciare [*shoes, corset*]; fissare [*tent flap*].

lacerate /ˈlæsəreɪt/ tr. lacerare (anche FIG.).

laceration /ˌlæsəˈreɪʃn/ n. MED. lacerazione f.

lace-up (shoe) n. scarpa f. con i lacci.

lachrymal /ˈlækrɪml/ agg. lacrimale.

lachrymose /ˈlækrɪməʊs/ agg. FORM. lacrimoso.

1.lack /læk/ n. mancanza f., insufficienza f., carenza f.; ***for*** o ***through ~ of*** per mancanza di; ***there is no ~ of volunteers*** i volontari non mancano.

2.lack /læk/ **I** tr. mancare di, non avere [*confidence*]; essere privo di [*humour, funds*] **II** intr. ***to be ~ing in*** essere privo di; ***to ~ for nothing*** non mancare di niente.

lackadaisical /ˌlækəˈdeɪzɪkl/ agg. [*person, attitude*] apatico, svogliato.

lackey /ˈlækɪ/ n. lacchè m. (anche FIG. SPREG.).

lacking /ˈlækɪŋ/ agg. ***to be ~*** EUFEM. [*person*] essere deficiente.

lacklustre BE, **lackluster** AE /ˈlæklʌstə(r)/ agg. [*person, style*] spento, scialbo; [*performance*] opaco.

laconic /ləˈkɒnɪk/ agg. laconico.

1.lacquer /ˈlækə(r)/ n. **1** *(varnish)* lacca f. (anche COSMET.) **2** ART. *(ware)* lacca f.

2.lacquer /ˈlækə(r)/ tr. **1** *(varnish)* laccare [*surface*] **2** BE spruzzare la lacca su [*hair*].

lacrimal /ˈlækrɪml/ agg. lacrimale.

1.lactate /ˈlækteɪt/ n. lattato m.

2.lactate /lækˈteɪt/ intr. produrre latte.

lactation /læk'teɪʃn/ n. lattazione f.
lactic /'læktɪk/ agg. lattico; *~ **acid*** acido lattico.
lactose /'læktəʊs/ n. lattosio m.
lacy /'leɪsɪ/ agg. in, di pizzo.
lad /læd/ **I** n. COLLOQ. **1** *(boy)* giovanotto m., ragazzo m. **2** EQUIT. *(in racing stables)* palafreniere m.; *(in riding stables)* mozzo m. di stalla **II lads** n.pl. COLLOQ. ***the ~s*** i compagni, gli amici.
1.ladder /'lædə(r)/ n. **1** *(for climbing)* scala f. a pioli; FIG. scala f.; ***social ~*** scala sociale; ***to work one's way up the ~*** FIG. farsi strada **2** BE *(in stockings)* smagliatura f.
2.ladder /'lædə(r)/ **I** tr. BE smagliare [*stocking*] **II** intr. BE [*stocking*] smagliarsi.
ladderproof /'lædəpru:f/ agg. BE [*stockings*] indemagliabile.
laddie /'lædɪ/ n. SCOZZ. COLLOQ. ragazzino m.
laddish /'lædɪʃ/ agg. COLLOQ. SPREG. macho.
laden /'leɪdn/ agg. [*lorry, cart*] carico, caricato; *~ **with*** carico di [*supplies, fruit*]; LETT. FIG. assillato da [*remorse*]; afflitto da, oppresso da [*guilt*].
la-di-da /ˌlɑ:dɪ'dɑ:/ agg. COLLOQ. SPREG. [*behaviour*] pretenzioso; [*manners*] (da) snob.
lading /'leɪdɪŋ/ n. carico m.
1.ladle /'leɪdl/ n. **1** GASTR. mestolo m. **2** IND. secchione m. di colata, siviera f.
2.ladle /'leɪdl/ tr. versare con un mestolo [*soup, sauce*].
▪ **ladle out:** *~ [sth.] out, ~ out [sth.]* **1** versare con un mestolo [*soup, sauce*] **2** FIG. prodigare, dare a profusione [*compliments, money, advice*].
lady /'leɪdɪ/ ➧ *9* **I** n. **1** *(woman)* signora f., dama f.; ***ladies and gentlemen*** signore e signori; ***behave yourself, young ~!*** *(to child)* comportati bene, signorina! ***a little old ~*** una vecchietta; ***she's a real ~*** FIG. è una vera signora; ***the ~ of the house*** la padrona di casa; ***a ~ by birth*** una nobile di nascita **2** BE *(in titles)* ***Lady Churchill*** Lady Churchill **II Ladies** n.pl. *(on toilets)* donne f., signore f.; ***where's the Ladies?*** dove sono i servizi per le signore?
ladybird /'leɪdɪbɜ:d/, **ladybug** /'leɪdɪbʌg/ n. coccinella f.
Lady Chapel n. cappella f. della Madonna.
Lady Day n. RELIG. festa f. dell'Annunciazione.
lady-in-waiting /ˌleɪdɪɪn'weɪtɪŋ/ n. dama f. di compagnia.
lady-killer /'leɪdɪˌkɪlə(r)/ n. COLLOQ. rubacuori m.
ladylike /'leɪdɪlaɪk/ agg. [*person*] distinto, raffinato, signorile; [*behaviour*] da signora, distinto.
lady mayoress ➧ *9* n. BE *(mayor's wife)* moglie f. del sindaco.
Lady Muck n. COLLOQ. SPREG. ***she thinks she's ~*** si crede di essere chissà chi.
Ladyship /'leɪdɪʃɪp/ ➧ *9* n. ***her, your ~*** Sua Eccellenza, Vossignoria.
lady's maid n. cameriera f. personale di signora.
Laertes /leɪ'ɜ:ti:z/ n.pr. Laerte.
1.lag /læg/ n. *(time period)* *(lapse)* intervallo m.; *(delay)* ritardo m.
2.lag /læg/ tr. (forma in -ing ecc. **-gg-**) → **lag behind**.
▪ **lag behind:** *~ behind* [*person, prices*] essere, restare indietro; *~ behind [sb., sth.]* trascinarsi dietro a [*person*]; FIG. restare, essere indietro rispetto a [*rival, product*].
3.lag /læg/ tr. (forma in -ing ecc. **-gg-**) rivestire con isolante termico [*pipe, tank*]; isolare [*roof*].
4.lag /læg/ n. COLLOQ. *(criminal)* ***old ~*** galeotto.
lager /'lɑ:gə(r)/ n. birra f. bionda.
lager lout n. BE SPREG. giovane ubriacone m. (che beve birra).
laggard /'lægəd/ n. RAR. ritardatario m. (-a).
lagging /'lægɪŋ/ n. *(material)* (materiale) isolante m.
lagoon /lə'gu:n/ n. laguna f.
lah /lɑ:/ n. MUS. la m.
lah-di-dah → **la-di-da**.
laid /leɪd/ pass., p.pass. → **4.lay**.
laidback /ˌleɪd'bæk/ agg. COLLOQ. [*attitude*] disteso, rilassato.
lain /leɪn/ p.pass. → **4.lie**.
lair /leə(r)/ n. nascondiglio m., tana f. (anche FIG.).
laird /'leəd/ n. SCOZZ. proprietario m. terriero.
laity /'leɪətɪ/ n. **1** laicato m. **2** ***the ~*** + verbo sing. o pl. il laicato, i laici; *(uninitiated)* i profani.

lake /leɪk/ n. lago m.
lakeside /'leɪksaɪd/ **I** n. ***by the ~*** sulle rive del lago **II** modif. [*café*] sulle rive di un lago; [*scenery*] delle rive del lago.
La-la land /'lɑ:lɑ:lænd/ n. COLLOQ. **1** *(unreal world)* ***to be living in ~*** vivere in un altro mondo *o* su una nuvola **2** *(US film industry)* fabbrica f. dei sogni, mondo m. dorato del cinema.
lam /læm/ tr. (forma in -ing ecc. **-mm-**) COLLOQ. pestare [*person*]; colpire (con forza) [*ball*].
lama /'lɑ:mə/ n. RELIG. lama m.
1.lamb /læm/ n. **1** *(animal)* agnello m. **2 U** GASTR. carne f. di agnello, agnello m.; ***leg of ~*** cosciotto d'agnello **3** *(term of endearment)* tesoro m.
2.lamb /læm/ intr. [*ewe*] figliare; [*farmer*] fare nascere gli agnelli.
lambast(e) /læm'beɪst/ tr. COLLOQ. **1** *(beat)* sferzare, colpire con violenza **2** *(censure)* biasimare aspramente [*person*].
Lambert /'læmbət/ n.pr. Lamberto.
lambskin /'læmskɪn/ **I** n. pelle f. d'agnello, agnello m. **II** modif. [*garment, rug*] (di pelle) d'agnello.
lamb's tails n.pl. BOT. gattini m., amenti m.
lamb's wool n. lambswool m., lana f. d'agnello.
1.lame /leɪm/ agg. **1** *(unable to walk)* [*person, animal*] zoppo; ***to be ~ in the left leg*** zoppicare dalla gamba sinistra **2** FIG. [*excuse*] zoppo.
2.lame /leɪm/ tr. azzoppare [*person, animal*].
lamé /'lɑ:meɪ/ n. lamé m.
lame duck I n. anatra f. zoppa **II** modif. *~ **president*** anatra zoppa; *~ **government*** = (partito del) governo sconfitto alle elezioni, nel periodo in cui resta in carica per completare il proprio mandato.
lamely /'leɪmlɪ/ avv. COLLOQ. [*say*] fiaccamente.
lameness /'leɪmnɪs/ n. *(of person, animal)* zoppia f.; FIG. *(of excuse)* fiacchezza f.
1.lament /lə'ment/ n. **1** *(expression of grief)* lamento m., pianto m. **2** LETTER. *(song)* lamento m.; *(poem)* elegia f.
2.lament /lə'ment/ tr. **1** *(grieve over)* piangere [*wife, loss, death*]; lamentarsi di [*fate, misfortune*] **2** *(complain about)* lamentarsi di [*lack, weakness*]; ***to ~ that*** lamentarsi del fatto che.
lamentable /'læməntəbl/ agg. [*state, result*] deplorevole, pietoso; [*situation*] spiacevole; [*loss*] lamentevole, doloroso.
lamentably /'læməntəblɪ/ avv. lamentevolmente.
lamentation /ˌlæmən'teɪʃn/ n. **C** *(expression of grief)* lamentazione f., lamento m.
lamented /lə'mentɪd/ **I** p.pass. → **2.lament II** agg. ***the late ~ Mr Hill*** il compianto signor Hill.
1.laminate /'læmɪnət/ n. *(plastic)* laminato m. (plastico); *(metal)* laminato m.
2.laminate /'læmɪneɪt/ tr. laminare [*metal*].
laminated /'læmɪneɪtɪd/ **I** p.pass. → **2.laminate II** agg. [*surface*] laminato; [*card, cover*] plastificato; *~ **plastic*** laminato plastico; *~ **metal*** lamiera placcata.
lamp /læmp/ n. lampada f.; *(bulb)* lampadina f.; *(in street)* lampione m.; *(on car, bicycle)* faro m., fanale m.
lamp bracket n. braccio m. (portalampada).
lamplight /'læmplaɪt/ n. luce f. artificiale.
1.lampoon /læm'pu:n/ n. satira f.
2.lampoon /læm'pu:n/ tr. satireggiare, fare la satira di [*person, institution*].
lamppost /'læmppəʊst/ n. (palo di) lampione m. ♦ ***between you, me and the ~*** detto fra noi, in confidenza.
lamprey /'læmprɪ/ n. lampreda f.
lampshade /'læmpʃeɪd/ n. paralume m.
Lancastrian /læŋ'kæstrɪən/ **I** agg. **1** *(from Lancashire)* del Lancashire **2** STOR. della Casa di Lancaster **II** n. **1** *(from Lancashire)* nativo m. (-a), abitante m. e f. del Lancashire **2** STOR. = sostenitore della Casa di Lancaster.
1.lance /lɑ:ns, AE læns/ n. **1** *(weapon)* lancia f. **2** MED. lancetta f.
2.lance /lɑ:ns, AE læns/ tr. MED. incidere [*boil, abscess*].
lance corporal ➧ *23* n. BE (funzionante) caporale m.
Lancelot /'lɑ:nsələt, AE 'læns-/ n.pr. Lancillotto.
lancer /'lɑ:nsə(r), AE 'lænsər/ n. MIL. lanciere m.
lancet /'lɑ:nsɪt, AE 'læn-/ n. MED. lancetta f.
lancet window n. ARCH. finestra f. archiacuta.

1.land /lænd/ **I** n. **1** *(terrain, property)* terra f., terreno m.; *(very large)* terre f.pl.; ***the lie*** BE o ***lay*** AE ***of the ~*** la configurazione del terreno; FIG. lo stato delle cose, la situazione; ***private, public ~*** proprietà privata, pubblica **2** AGR. *(farmland)* terra f.; ***to work the ~*** lavorare la terra **3** *(countryside)* terra f., campagna f.; ***to live on the ~*** vivere in campagna **4** *(country)* terra f., paese m. **5** *(not sea)* terra f., terraferma m.; ***to reach*** o ***make ~*** toccare terra; ***by ~*** per via di terra **II** modif. **1** [*drainage*] del terreno; [*worker*] della terra, agricolo **2** DIR. [*deal, tax*] fondiario; [*law*] agrario **3** [*battle, forces*] di terra, terrestre; [*animal*] terrestre ♦ ***to find out how the ~ lies*** tastare il terreno.

2.land /lænd/ **I** tr. **1** AER. [*pilot*] fare atterrare [*aircraft, spacecraft*]; AER. MAR. sbarcare, scaricare (a terra) [*cargo, luggage*] **2** PESC. prendere, tirare a riva [*fish*] **3** COLLOQ. FIG. *(secure)* assicurarsi, riuscire a procurarsi [*job, contract, prize*] **4** COLLOQ. *(saddle with problem)* ***to ~ sb. with*** affibbiare *o* rifilare a qcn. [*task*]; ***he ~ed me with washing the car*** mi rifilò la macchina da lavare; ***to be ~ed with sb., sth.*** ritrovarsi con qcn., qcs. sulla groppa; ***now you've really ~ed her in it!*** l'hai messa proprio in un bel pasticcio! **5** COLLOQ. *(deliver)* mollare, appioppare [*blow, punch*] **II** intr. **1** AER. [*aircraft, passenger*] atterrare; ***as the plane came in to ~*** quando l'aereo atterrò **2** MAR. [*passenger*] sbarcare; [*ship*] approdare **3** [*sportsman, animal*] atterrare; [*object*] cadere; SCHERZ. atterrare; [*ball*] cadere, toccare terra; ***most of the paint ~ed on me*** praticamente tutta la vernice mi è finita addosso; ***the punch ~ed on his chin*** il pugno gli arrivò sul mento **III** rifl. ***to ~ oneself in*** ritrovarsi in [*situation*]; ***to ~ oneself with*** COLLOQ. ritrovarsi con [*task, problem*].

▪ **land up** COLLOQ. ~ **up** *(end up)* ***the stolen car ~ed up in the river*** l'auto rubata finì nel fiume; ***he ~ed up with the bill*** si ritrovò con il conto da pagare; ~ **up doing** finire per fare.

land agent ◗ ***27*** n. **1** *(on estate)* fattore m. (-essa) **2** *(broker)* agente m. e f. fondiario.

land army n. GB STOR. = durante la seconda guerra mondiale, esercito composto da donne impiegate nei lavori agricoli per sostituire gli uomini partiti come soldati.

landed /ˈlændɪd/ **I** p.pass. → **2.land II** agg. [*class*] terriero; [*property, estates*] fondiario.

landfall /ˈlændfɔːl/ n. MAR. *(land reached or sighted)* approdo m.; ***to make ~*** [*boat, person*] approdare; [*hurricane*] raggiungere la terra.

landfill /ˈlændfɪl/ n. interramento m. di rifiuti.

landfill site n. zona f., area f. di interramento di rifiuti.

landform /ˈlændfɔːm/ n. GEOL. morfologia f. del terreno.

landing /ˈlændɪŋ/ n. **1** *(at turn of stairs)* pianerottolo m.; *(storey)* piano m. **2** *(from boat) (of people)* sbarco m.; *(of cargo)* scarico m.; *(from plane) (by parachute)* lancio m.; *(on runway)* sbarco m. **3** AER. atterraggio m. **4** *(of athlete, parachutist)* atterraggio m.

landing beacon n. (radio)faro m. di atterraggio.

landing card n. AER. MAR. carta f. di sbarco.

landing craft n. mezzo m. da sbarco.

landing gear n. AER. carrello m.

landing lights n.pl. *(on plane)* luci f. di atterraggio; *(on airfield)* luci f. della pista (di atterraggio).

landing party n. MIL. compagnia f. di sbarco.

landing stage n. pontile m. di sbarco.

landlady /ˈlændˌleɪdɪ/ n. *(owner of property)* proprietaria f., padrona f. (di casa); *(living-in)* affittacamere f.; *(of pub)* proprietaria f.

landlocked /ˈlændlɒkt/ agg. senza sbocco sul mare.

landlord /ˈlændlɔːd/ n. *(owner of property)* proprietario m., padrone m. (di casa); *(living-in)* affittacamere m.; *(of pub)* proprietario m.

landlubber /ˈlændˌlʌbə(r)/ n. SCHERZ. o SPREG. marinaio m. d'acqua dolce.

landmark /ˈlændmɑːk/ **I** n. punto m. di riferimento; FIG. tappa f. importante **II** modif. [*reform, speech, victory*] decisivo.

landmass /ˈlændmæs/ n. massa f. continentale, continente m.

land mine n. MIL. mina f. terrestre.

landowner /ˈlændˌəʊnə(r)/ n. proprietario m. terriero.

land reform n. riforma f. agraria.

land registry n. catasto m.

1.landscape /ˈlænskeɪp/ **I** n. paesaggio m. **II** modif. ART. FOT. [*art*] paesaggistico; ARCH. AGR. [*architecture*] del paesaggio; [*design*] di giardini; ***~ gardening*** progettazione di giardini.

2.landscape /ˈlænskeɪp/ tr. allestire [*grounds*].

landscape architect ◗ ***27*** n. architetto m. del paesaggio.

landscape gardener ◗ ***27*** n. progettista m. e f. di giardini.

landscape painter ◗ ***27*** n. PITT. paesaggista m. e f., paesista m. e f.

landscaping /ˈlænskeɪpɪŋ/ n. *(art, process)* progettazione f. di giardini; *(result)* allestimento m. (di un giardino).

landslide /ˈlænslaɪd/ **I** n. **1** GEOL. frana f., smottamento m. **2** POL. vittoria f. schiacciante **II** modif. POL. [*victory, majority*] schiacciante.

landslip /ˈlændslɪp/ n. smottamento m.

land surveyor ◗ ***27*** n. agrimensore m.

land tax n. imposta f. fondiaria.

land yacht n. veicolo m. a vela.

lane /leɪn/ n. **1** *(narrow road) (in country)* sentiero m., stradina f., viottolo m.; *(in town)* vicolo m., viuzza f. **2** *(of road)* corsia f. (di marcia); ***a three-~ road*** una strada a tre corsie **3** AER. MAR. pista f. **4** SPORT corsia f.

lane closure n. interruzione f. di corsia.

lane discipline n. rispetto m. della segnaletica orizzontale.

lane markings n.pl. segnaletica f.sing. orizzontale.

language /ˈlæŋgwɪdʒ/ **I** n. **1 U** *(system)* linguaggio m. **2** *(of a particular nation)* lingua f. **3 U** *(used by a particular group)* linguaggio m. (anche INFORM.); ***formal, legal ~*** linguaggio formale, giuridico; ***spoken ~*** lingua parlata; ***bad*** o ***strong*** o ***foul ~*** linguaggio volgare; ***mind your ~!*** bada a come parli! ***don't use that ~ with me!*** non usare questo linguaggio con me! **II** modif. [*course*] di lingua; [*school*] di lingue; [*barrier, laboratory*] linguistico.

language engineering n. ingegneria f. linguistica.

languid /ˈlæŋgwɪd/ agg. [*person, motion*] languido; [*style*] fiacco.

languidly /ˈlæŋgwɪdlɪ/ avv. languidamente.

languish /ˈlæŋgwɪʃ/ intr. **1** *(remain neglected)* ***to ~ in*** [*person*] languire in [*prison, bed*]; [*object*] giacere abbandonato in [*garage, box*] **2** *(lose strength)* languire.

languishing /ˈlæŋgwɪʃɪŋ/ agg. **1** *(pathetic)* [*look*] languido **2** *(failing)* [*project*] debole, fiacco.

languor /ˈlæŋgə(r)/ n. languore m.

languorous /ˈlæŋgərəs/ agg. languoroso.

lank /læŋk/ agg. [*hair*] dritto, piatto.

lanky /ˈlæŋkɪ/ agg. (alto e) magro, allampanato.

lanolin /ˈlænəlɪn/ n. lanolina f.

lantern /ˈlæntən/ n. lanterna f.

lantern-jawed /ˌlæntənˈdʒɔːd/ agg. dalle guance infossate, incavate.

lanyard /ˈlænjəd/ n. MAR. sagola f., corridore m.

Lao /ˈlɑːɒ, laʊ/ ◗ ***18, 14*** **I** agg. laotiano **II** n. (pl. **~, ~s**) laotiano m. (-a).

Laocoon /leɪˈəʊkəˌɒn/ n.pr. Laocoonte.

Laotian /ˈlɑːɒʃn, ˈlaʊʃɪən/ → **Lao**.

1.lap /læp/ n. ◗ ***2*** *(area of body)* grembo m.; ***to have sth. in one's ~*** tenere qcs. in grembo ♦ ***in the ~ of the gods*** nelle mani degli dei, in balìa della sorte; ***in the ~ of luxury*** nel lusso più sfrenato; ***to drop a problem in sb.'s ~*** scaricare un problema sulle spalle di qcn.; ***to fall into sb.'s ~*** cadere nelle mani di qcn.

2.lap /læp/ n. **1** SPORT giro m. (di pista); ***a ten-~ race*** una gara di dieci giri; ***a ~ of honour*** un giro d'onore; ***to be on the last ~*** essere all'ultimo giro; FIG. essere nella fase finale *o* vicino al traguardo **2** *(part of journey)* tappa f.

3.lap /læp/ tr. (forma in -ing ecc. **-pp-**) SPORT doppiare [*person*].

4.lap /læp/ **I** tr. (forma in -ing ecc. **-pp-**) lappare, leccare [*water, milk*] **II** intr. (forma in -ing ecc. **-pp-**) *(splash)* [*water*] sciabordare.

▪ **lap up:** ~ **[sth.] up**, ~ **up [sth.]** **1** lappare, leccare [*milk, water*] **2** FIG. bearsi di [*compliment, flattery*].

lap and shoulder belt n. AUT. AER. cintura f. di sicurezza (a tre attacchi).

lap belt n. AUT. AER. cintura f. di sicurezza (a due attacchi).

lap dancing n. lapdance f.
lapdog /'læpdɒg, AE -dɔ:g/ n. **1** cagnolino m. da salotto **2** SPREG. *(person)* ***he's her ~*** è il suo cagnolino.
lapel /lə'pel/ n. *(of jacket)* risvolto m., bavero m.
lapis lazuli /ˌlæpɪs'læzjʊlɪ, AE -'læzəlɪ/ n. lapislazzuli m.
Lapland /'læplænd/ ◗ ***24*** n.pr. Lapponia f.
Laplander /'læplændə(r)/ n. lappone m. e f.
Lapp /læp/ **I** agg. lappone **II** n. **1** *(person)* lappone m. e f. **2** *(language)* lappone m.
lapping /'læpɪŋ/ n. *(sound)* sciabordio m.
1.lapse /læps/ n. **1** *(slip)* errore m., sbaglio m.; ***a ~ of memory*** un vuoto di memoria; ***a ~ in concentration*** una distrazione, una caduta della concentrazione **2** *(moral error)* mancanza f. **3** *(interval)* intervallo m., lasso m. (di tempo) **4** *(expiry) (of right, cover)* decadimento m., cessazione f.; *(of patent, policy)* decadimento m.
2.lapse /læps/ intr. **1** *(drift)* ***to ~ into*** passare a [*jargon, slang*]; cadere in [*coma*]; ***to ~ into bad habits*** cadere in *o* prendere delle cattive abitudini; ***to ~ into dialect*** passare al dialetto **2** *(expire)* [*right, patent, law*] decadere; [*contract, policy*] estinguersi, scadere; [*subscription, insurance*] scadere **3** *(slide)* [*standard*] abbassarsi; ***to ~ from*** venire meno a [*virtue, principle*].
lapsed /'læpst/ **I** p.pass. → **2.lapse II** agg. **1** *(expired)* [*patent, policy*] scaduto, decaduto; [*contract*] estinto **2** RELIG. [*Catholic*] non (più) praticante.
laptop /'læptɒp/ n. (anche **~ computer**) laptop m., (computer) portatile m.
lapwing /'læpwɪŋ/ n. pavoncella f.
larceny /'lɑ:sənɪ/ n. RAR. furto m.
larch /lɑ:tʃ/ n. larice m.
1.lard /lɑ:d/ n. lardo m.; *(for cooking)* strutto m.
2.lard /lɑ:d/ tr. **1** GASTR. lardellare [*meat*] **2** FIG. *(embellish)* ***to ~ sth. with*** lardellare *o* infarcire qcs. di [*quotations*]; costellare qcs. di [*allusions*].
larder /'lɑ:də(r)/ n. dispensa f.
large /lɑ:dʒ/ ◗ ***28*** agg. **1** *(big)* [*area, car, feet, house*] grande; [*appetite*] grande, forte; [*piece, nose*] grande, grosso **2** *(substantial)* [*amount*] grosso, forte; [*part*] grosso, grande; [*number, quantity*] grande; [*population*] numeroso; [*crowd, family*] grande, numeroso **3** *(fat)* [*person*] grosso **4 at large** *(free)* [*killer*] a piede libero, in libertà; *(in general)* [*society, population*] in generale, nel suo insieme ♦ ***by and ~*** nel complesso, tutto considerato; ***~r than life*** [*character, personality*] straordinario; ***he turned up two days later as ~ as life*** si fece vivo due giorni dopo in carne e ossa.
large intestine n. intestino m. crasso.
largely /'lɑ:dʒlɪ/ avv. [*ignored, responsible*] in gran parte; ***they are ~ children*** sono soprattutto bambini.
largeness /'lɑ:dʒnɪs/ n. *(of object)* grandezza f.; *(of quantity, sum)* rilevanza f.
large-scale /'lɑ:dʒskeɪl/ agg. su vasta scala, in grande quantità.
largesse /lɑ:'dʒes/ n. larghezza f., generosità f.
largish /'lɑ:dʒɪʃ/ agg. [*amount, sum*] piuttosto grande, notevole; [*crowd*] piuttosto numeroso; [*house, town*] piuttosto grande.
1.lark /lɑ:k/ n. allodola f.; ***to be up with the ~*** alzarsi al canto del gallo.
2.lark /lɑ:k/ n. COLLOQ. *(fun)* ***to do sth. for a ~*** fare qcs. per divertimento.
3.lark /lɑ:k/ intr. → **lark about, lark around**.
■ **lark about, lark around** BE COLLOQ. fare scherzi, giocare.
larkspur /'lɑ:kspɜ:(r)/ n. speronella f.; *(delphinium)* delfinio m.
Larry /'lærɪ/ n.pr. diminutivo di **Laurence** ♦ ***to be as happy as ~*** essere contento come una pasqua.
larva /'lɑ:və/ n. (pl. **-ae**) larva f.
larval /'lɑ:vəl/ agg. larvale.
larynges /læ'rɪndʒi:z/ → **larynx**.
laryngitis /ˌlærɪn'dʒaɪtɪs/ ◗ ***11*** n. laringite f.
larynx /'lærɪŋks/ n. (pl. **~es, -ges**) laringe f.
lasagne /lə'zænjə/ n. **U** lasagne f.pl.
lascivious /lə'sɪvɪəs/ agg. lascivo.
lasciviousness /lə'sɪvɪəsnɪs/ n. lascivia f.
laser /'leɪzə(r)/ n. laser m.
laser beam n. raggio m. laser.
laser disc n. laser disc m.
laser pointer n. puntatore m. laser.
laser printer n. stampante f. laser.
laser surgery n. laserchirurgia f.
laser treatment n. laserterapia f.
1.lash /læʃ/ n. **1** *(eyelash)* ciglio m. **2** *(whipstroke)* frustata f. **3** *(whip)* sferza f., frusta f. **4** *(flogging)* fustigazione f.
2.lash /læʃ/ tr. **1** *(whip)* frustare [*animal, person*] **2** FIG. *(batter)* [*rain*] battere violentemente contro [*windows*]; [*storm*] spazzare [*region*]; [*waves*] sferzare [*shore*] **3** *(criticize)* (anche **~ into**) scagliarsi contro [*person*]; ***to ~ sb. with one's tongue*** usare parole sferzanti contro qcn.
■ **lash out 1** *(hit out)* [*person*] agitarsi, diventare violento; [*cat*] dare una zampata; ***to ~ out at*** [*person*] scagliarsi contro; [*tiger*] dare una zampata a **2** *(verbally)* ***to ~ out at*** o ***against sb., sth.*** inveire contro qcn., qcs. **3** BE COLLOQ. ***to ~ out on*** fare una follia e comprare [*car*].
3.lash /læʃ/ tr. *(secure)* legare (**to** a).
lashing /'læʃɪŋ/ **I** n. *(flogging)* ***to give sb. a ~*** frustare qcn. **II lashings** n.pl. BE COLLOQ. ***~s of*** una montagna di [*cream, food*].
lass /læs/ n. SCOZZ. ragazza f.
lassitude /'læsɪtju:d, AE -tu:d/ n. FORM. lassitudine f.
lasso /læ'su:/ n. (pl. **~es**) lazo m.
1.last /lɑ:st, AE læst/ ◗ ***33*** **I** agg. **1** *(final)* ultimo; ***the ~ person to do*** l'ultima persona a fare; ***for the ~ time, will you be quiet!*** per l'ultima volta, vuoi stare zitto! ***in my ~ job*** nel mio ultimo lavoro; ***every ~ one of them*** tutti loro, fino all'ultimo uomo **2** *(final in series)* ultimo; ***the ~ building but one*** il penultimo edificio; ***his name is ~ but two on the list*** il suo nome è il terzultimo della lista; ***the ~ few children*** i pochi ultimi bambini **3** *(describing past time)* ultimo, scorso; ***~ year*** lo scorso anno, l'anno passato; ***~ Tuesday*** martedì scorso; ***in*** o ***over the ~ ten years*** durante gli ultimi dieci anni; ***he has been in Cambridge for the ~ eight months*** è a Cambridge da otto mesi a questa parte; ***~ night*** *(evening)* ieri sera; *(night-time)* questa notte, la scorsa notte, ieri notte **4** FIG. *(most unlikely)* ultimo; ***he's the ~ person I'd ask!*** è l'ultima persona (al mondo) a cui chiederei! ***the ~ thing they want is publicity!*** l'ultima cosa che vogliono è proprio la pubblicità! ***the ~ thing I need is guests for the weekend*** ci mancavano anche gli invitati per il fine settimana **II** pron. **1** *(final)* ***the ~*** l'ultimo (**to do** a fare); ***that was the ~ I saw of her*** fu l'ultima volta che la vidi; ***I thought we'd seen the ~ of him!*** credevo che fossimo riusciti a liberarcene! ***you haven't heard the ~ of this!*** non finisce qui! ne sentirai ancora parlare! ***to leave sth. till ~*** lasciare qcs. per ultimo **2** *(of series)* ***the ~*** l'ultimo; ***the ~ I heard, he was living in Spain*** l'ultima che ho sentito è che abitava in Spagna; ***the ~ but one*** il penultimo; ***the night before ~*** *(evening)* l'altroieri sera; *(night)* l'altroieri notte; ***the week before ~*** due settimane fa **3** *(all that remains)* ***he poured out the ~ of the whisky*** versò il fondo della bottiglia di whisky; ***the ~ of the guests were just leaving*** gli ultimi invitati stavano andando via **4 at last** alla fine, finalmente **III** n. *(end of life)* ***to the ~*** fino all'ultimo **IV** avv. **1** *(in final position)* ***to come in ~*** [*runner, racing car*] arrivare ultimo; ***the girls left ~*** le ragazze partirono per ultime; ***~ of all*** infine, per ultima cosa **2** *(most recently)* ***he was ~ in Canada in 1976*** l'ultima volta che è stato in Canada fu nel 1976.
2.last /lɑ:st, AE læst/ **I** tr. ***a loaf ~s me two days*** una pagnotta mi basta per due giorni; ***we have enough food to ~ (us) three days*** abbiamo cibo a sufficienza per tre giorni **II** intr. **1** *(extend in time)* durare; ***it won't ~!*** non durerà (a lungo)! ***it's too good to ~!*** è troppo bello perché possa durare! ***he won't ~ long in this place*** non durerà a lungo in questo posto; ***that beer didn't ~ long*** la birra non durò a lungo **2** *(maintain condition)* [*fabric*] durare, resistere all'usura; [*perishables*] durare, conservarsi.
■ **last out:** ~ ***out*** **1** *(not run out)* [*money*] bastare; [*supplies*] durare **2** *(persist)* [*person*] reggere, resistere; ~ ***out [sth.]*** resistere fino alla fine di [*siege*].
3.last /lɑ:st, AE læst/ n. *(for shoes)* forma f.
last-ditch /ˌlɑ:st'dɪtʃ, AE ˌlæst-/ agg. [*attempt, stand*] estremo, disperato.

lasting /ˈlɑːstɪŋ, AE ˈlæstɪŋ/ agg. [*effect*] duraturo; [*impression*] durevole, persistente; [*relationship*] durevole; [*damage*] permanente.
lastly /ˈlɑːstlɪ, AE ˈlæstlɪ/ avv. infine, da ultimo.
last-minute /ˌlɑːstˈmɪnɪt, AE ˌlæst-/ agg. dell'ultimo minuto.
last name n. cognome m.
last number redial n. TEL. ripetizione f. dell'ultimo numero.
last post n. MIL. silenzio m.
last rites n.pl. RELIG. ***the ~*** gli estremi conforti.
Last Supper n. RELIG. ***the ~*** l'Ultima Cena.
1.latch /lætʃ/ n. *(fastening)* chiavistello m.; *(spring lock)* serratura f. (a scatto); ***to put the door on the ~*** chiudere la porta (solo) con il chiavistello.
2.latch /lætʃ/ tr. chiudere con il chiavistello.
▪ **latch on:** ~ ***on*** COLLOQ. *(understand)* afferrare; ~ ***on to [sth.]*** **1** *(seize on)* afferrare, aggrapparsi a [*object*]; *(exploit)* attaccarsi a [*idea*]; persistere in [*weakness*] **2** *(realize)* comprendere [*truth, fact*]; ~ ***on to [sb.]*** attaccarsi a, appiccicarsi a [*person*].
latchkey /ˈlætʃkiː/ n. chiave f. (per serratura a scatto).
latchkey child n. (pl. **latchkey children**) → **latchkey kid**.
latchkey kid n. COLLOQ. SPREG. bambino m. (-a) abbandonato (-a) a se stesso (-a).
late /leɪt/ **I** agg. **1** *(after expected time)* [*arrival, rains, publication*] tardivo; ***in case of ~ delivery*** in caso di ritardo della consegna; ***to have a ~ lunch*** pranzare tardi; ***sorry I'm ~*** mi dispiace di essere in ritardo, scusa il ritardo; ***I'm ~ (for school, work)*** sono in ritardo; ***to make sb. ~*** fare ritardare qcn., far fare tardi a qcn.; ***to be ~ with the rent*** essere in ritardo con (il pagamento del)l'affitto; ***dinner will be a bit ~*** la cena è un po' in ritardo, ceneremo con un po' di ritardo; ***if the payment is more than three days ~*** se il pagamento avviene con più di tre giorni di ritardo **2** *(towards end of day, season etc.)* [*hour*] tardo; [*supper*] a tarda ora; [*pregnancy*] tardivo, in tarda età; ***to take a ~ holiday*** BE o ***vacation*** AE prendersi una vacanza a fine stagione; ***to keep ~ hours*** fare tardi, fare le ore piccole; ***to have a ~ night*** fare tardi, andare a dormire a ora tarda; ***in ~r life*** più tardi negli anni; ***to be in one's ~ fifties*** avvicinarsi alla sessantina; ***to be a ~ starter*** cominciare tardi; ***at this ~ stage*** a questo stadio avanzato; ***in ~ January*** a gennaio inoltrato; ***in the ~ 50's*** alla fine degli anni '50; ***in the ~ Middle Ages*** nel tardo Medioevo; ***it will be ~ afternoon when I arrive*** sarà pomeriggio tardi quando arriverò; ***the ~st appointment is at 4 pm*** l'ultimo appuntamento è alle sedici **3** *(towards end of series)* ***in one of her ~r films*** in uno dei suoi ultimi film; ***in a ~r novel*** in un romanzo successivo; ***her ~r experiments*** i suoi esperimenti successivi **4** *(deceased)* ***the ~ President*** il fu *o* il defunto Presidente; ***my ~ husband*** il mio defunto *o* povero marito **II** avv. **1** *(after expected time)* [*arrive, start, finish*] in ritardo; ***to be running ~*** [*person, train, bus*] essere in ritardo; ***to start three months ~*** cominciare con tre mesi di ritardo **2** *(towards end of time period)* [*get up, open, close*] tardi; ***~ last night*** o ***in the evening*** ieri sera tardi *o* di sera tardi; ***~ last week*** alla fine della scorsa settimana; ***to work ~ into the night*** lavorare fino a tarda notte; ***as ~ as that*** fino ad allora; ***~r on*** più tardi; ***it's a bit ~ in the day to do*** FIG. è un po' tardi per fare; ***too ~!*** troppo tardi! ***don't leave it too ~!*** non aspettare troppo! ***to leave no ~r than 6 am*** partire non più tardi delle sei *o* alle sei al più tardi; ***to marry ~*** sposarsi tardi; ***he left for Italy six months ~r*** partì per l'Italia sei mesi più tardi; ***see you ~r!*** a dopo! ci vediamo! arrivederci! **3** AMM. *(formerly)* ***Miss Stewart, ~ of 48 Temple Rd*** Sig.na Stewart, precedentemente domiciliata in 48 Temple Rd **4 of late** ultimamente.
latecomer /ˈleɪtkʌmə(r)/ n. *(to event)* ritardatario m. (-a).
late developer n. ***to be a ~*** [*child*] essere tardivo *o* in ritardo nello sviluppo; [*adult*] SCHERZ. essere un immaturo.
lately /ˈleɪtlɪ/ avv. ultimamente, negli ultimi tempi; ***until ~*** fino a poco tempo fa.
lateness /ˈleɪtnɪs/ n. *(of person, train etc.)* ritardo m.
late-night /ˈleɪtˌnaɪt/ agg. [*film*] ultimo; [*session*] notturno; ***it's ~ shopping on Thursdays*** i negozi rimangono aperti di sera il giovedì.
latent /ˈleɪtnt/ agg. latente, nascosto; ***~ period*** periodo di latenza.
lateral /ˈlætərəl/ agg. laterale.
late riser n. persona f. che si alza tardi, dormiglione m. (-a).
latest /ˈleɪtɪst/ (superl. di **late**) **I** agg. *(most recent)* [*edition, fashion, news*] ultimo, ultimissimo **II** pron. **1** *(news etc.)* ***have you heard the ~?*** la sai l'ultima? ***what's the ~ on her condition?*** quali sono le ultime notizie sulle sue condizioni? **2** *(most recent)* ***the ~ in modern technology*** l'ultimo grido della tecnologia moderna **3** ***at the latest*** al più tardi.
latex /ˈleɪteks/ n. (pl. **~es, -ices**) lattice m.
lath /lɑːθ, AE læθ/ n. assicella f., listello m.
lathe /leɪð/ n. tornio m.
1.lather /ˈlɑːðə(r), ˈlæð-, AE ˈlæð-/ n. **1** *(of soap)* schiuma f. **2** *(frothy sweat)* schiuma f.; ***he was in a real ~*** COLLOQ. FIG. schiumava di rabbia, aveva la schiuma alla bocca.
2.lather /ˈlɑːðə(r), ˈlæð-, AE ˈlæð-/ **I** tr. insaponare [*face, chin*] **II** intr. schiumare.
latices /ˈleɪtɪsiːz/ → **latex**.
Latin /ˈlætɪn, AE ˈlætn/ ➧ **14 I** agg. **1** [*grammar, author*] latino **2** [*country, temperament*] latino **II** n. **1** *(language)* latino m. **2** *(person)* latino m. (-a) **III** modif. *(of Latin)* [*lesson*] di latino; *(into Latin)* [*translation*] in latino.
Latin America n.pr. GEOGR. America f. Latina.
Latin American I agg. latino-americano **II** n. latino-americano m. (-a).
Latinism /ˈlætɪnɪzəm, AE ˈlætn-/ n. latinismo m.
Latinist /ˈlætɪnɪst, AE ˈlætn-/ n. latinista m. e f.
Latinize /ˈlætɪnaɪz, AE ˈlætnaɪz/ tr. latinizzare.
Latino /læˈtiːnəʊ/ n. AE = statunitense di origine latino-americana.
latitude /ˈlætɪtjuːd, AE -tuːd/ n. **1** GEOGR. latitudine f. **2** *(liberty)* spazio m., libertà f.
latrine /ləˈtriːn/ n. latrina f.
latte /ˈlɑːteɪ, ˈlæteɪ/ n. latte m. macchiato (con schiuma).
latter /ˈlætə(r)/ **I** agg. secondo, ultimo; ***do you prefer the former or the ~ explanation?*** preferisci la prima spiegazione o la seconda? ***in the ~ part of the evening*** nella seconda parte della serata **II** n. ***the ~*** il secondo, quest'ultimo.
latterday /ˌlætəˈdeɪ/ agg. [*crusader, pilgrim*] dei giorni nostri; [*invention, technique*] moderno, recente.
latterly /ˈlætəlɪ/ avv. FORM. *(recently)* ultimamente, di recente; *(in later times)* negli ultimi tempi.
lattice /ˈlætɪs/ n. *(screen)* reticolo m.; *(fence, plant support)* graticcio m.
lattice window n. = finestra con vetri impiombati.
lattice work n. tralicciatura f.
Latvia /ˈlætvɪə/ ➧ **6** n.pr. Lettonia f.
Latvian /ˈlætvɪən/ ➧ **18, 14 I** agg. lettone **II** n. **1** *(person)* lettone m. (-a) **2** *(language)* lettone m.
laud /lɔːd/ tr. FORM. lodare.
laudable /ˈlɔːdəbl/ agg. lodevole.
laudanum /ˈlɔːdənəm/ n. laudano m.
laudatory /ˈlɔːdətərɪ, AE -tɔːrɪ/ agg. laudatorio.
1.laugh /lɑːf, AE læf/ n. **1** risata f., riso m.; ***he gave a loud ~*** scoppiò a ridere fragorosamente; ***with a ~*** ridendo, con una risata; ***she likes a good ~*** le piace ridere, ride volentieri; ***to get*** o ***raise a ~*** fare ridere, suscitare una risata **2** *(source of amusement)* ***to do sth. for a ~*** o ***for ~s*** COLLOQ. fare qcs. per ridere *o* per scherzo; ***their brother is a real ~*** loro fratello è davvero (un tipo) divertente; ***let's go to the party, it will be a ~*** COLLOQ. andiamo alla festa, ci sarà da divertirsi; ***the script isn't exactly full of ~s*** il copione non è certo ricco di battute divertenti ♦ ***to have the last ~ over sb.*** ridere per ultimo; ***she had the last ~*** fu lei che rise per ultima.
2.laugh /lɑːf, AE læf/ intr. ridere (**about, over** di); ***to make sb. ~*** fare ridere qcn.; ***to ~ out loud*** scoppiare a ridere, ridere fragorosamente; ***to ~ at sb., sth.*** ridere di qcn., qcs.; ***we're ~ing with you not at you*** non stiamo ridendo per prenderti in giro; ***he ~ed nervously*** rise nervosamente; ***to ~ to oneself*** ridere fra sé e sé *o* sotto i baffi; ***I don't know whether to ~ or cry!*** non so se ridere o piangere! ***he's afraid of being ~ed at*** teme di essere preso in giro; ***he doesn't have much to ~ at*** o ***about*** non ha proprio da stare allegro ♦ ***he who ~s last ~s longest*** PROV. ride bene chi ride ultimo; ***~ and the world ~s with you*** sorridi e il mondo ti sorriderà; ***you'll be ~ing on the other side of your face*** ti passerà la voglia di ridere; ***to be ~ing all the way to the bank*** fare soldi a palate; ***to ~ in sb.'s face*** ridere in

faccia a qcn.; ***to ~ oneself sick*** o ***silly*** ridere a crepapelle, non poterne più dal ridere.

■ **laugh off:** *~ [sth.] off, ~ off [sth.]* passare sopra a [qcs.] con una risata [*criticism, insult*]; ***he ~ed the matter off*** buttò la cosa sul ridere.

laughable /ˈlɑːfəbl, AE ˈlæf-/ agg. [*proposal*] ridicolo, risibile; [*sum*] ridicolo.

laughing /ˈlɑːfɪŋ, AE ˈlæfɪŋ/ agg. [*person*] che ride; [*eyes, face*] ridente; ***it's no ~ matter*** non c'è niente da ridere, c'è poco da ridere.

laughing gas n. gas m. esilarante.

laughingly /ˈlɑːfɪŋlɪ, AE ˈlæf-/ avv. [*say*] ridendo; ***it is ~ called a hotel*** la cosa ridicola è che lo chiamano hotel.

laughing stock n. ***the ~ of the neighbourhood*** lo zimbello del quartiere.

laugh line n. AE → **laughter line**.

laughter /ˈlɑːftə(r), AE ˈlæf-/ n. U riso m., risate f.pl.; ***to roar*** o ***howl with ~*** ridere fragorosamente; ***a fit of ~*** riso irrefrenabile.

laughter line BE n. ruga f. di espressione.

1.launch /lɔːntʃ/ n. MAR. (anche **motor ~**) (moto)lancia f.; *(for patrolling)* (moto)vedetta f.

2.launch /lɔːntʃ/ n. *(of new boat)* varo m.; *(of rocket)* lancio m.; *(of lifeboat)* messa f. in acqua; *(of campaign, product)* lancio m.

3.launch /lɔːntʃ/ **I** tr. **1** MAR. varare [*new ship*]; calare (in acqua) [*lifeboat*] **2** *(fire)* lanciare [*rocket*] (**against**, **at** su) **3** *(start)* lanciare [*campaign, career, company*]; aprire, avviare [*investigation*]; varare [*plan*]; ***to ~ an attack*** sferrare un attacco (**on** contro) **4** lanciare [*product*] **II** intr. ***to ~ (forth) into*** lanciarsi in [*description, story*]; attaccare [*chorus, song*] **III** rifl. ***to ~ oneself at sb., sth.*** lanciarsi *o* scagliarsi contro qcn., qcs.

■ **launch out** ***to ~ out into*** [*person, company*] lanciarsi in [*business*].

launcher /ˈlɔːntʃə(r)/ n. lanciatore m. (-trice).

launch(ing) pad n. AER. rampa f. di lancio (anche FIG.).

launch party n. festa f. per il lancio (di un prodotto).

launch vehicle n. AER. veicolo m. di lancio.

launder /ˈlɔːndə(r)/ tr. **1** lavare [*clothes*] **2** riciclare [*money, profits*].

launderette /lɔːnˈdret, ˌlɔːndəˈrət/ n. BE lavanderia f. a gettone.

laundering /ˈlɔːndərɪŋ/ n. **1** *(of clothes)* (il fare il) bucato m. **2** *(of money, profits)* riciclaggio m.

laundress /ˈlɔːndrɪs/ ➧ *27* n. lavandaia f.

laundrette n. BE → **launderette**.

laundromat /ˈlɔːndrəmæt/ n. AE → **launderette**.

laundry /ˈlɔːndrɪ/ n. **1** *(place)* lavanderia f. **2** U *(linen)* bucato m.

laundry basket n. cesto m. del bucato, della biancheria sporca.

Laura /ˈlɒrə, AE ˈlɔːrə/ n.pr. Laura.

laureate /ˈlɒrɪət, AE ˈlɔː-/ n. LETT. ***a Nobel ~*** un premio Nobel; ***the poet ~*** BE il poeta laureato.

laurel /ˈlɒrəl, AE ˈlɔːrəl/ n. **1** BOT. alloro m. **2** *(honours)* (anche **laurels**) allori m.pl. ♦ ***to look to one's ~s*** tenere d'occhio la concorrenza; ***to rest on one's ~s*** dormire sugli allori.

Laurence /ˈlɒrəns, AE ˈlɔː-/ n.pr. Lorenzo.

Laurie /ˈlɒrɪ, AE ˈlɔː-/ n.pr. diminutivo di **Laurence**.

lav /læv/ n. BE COLLOQ. → **lavatory**.

lava /ˈlɑːvə/ **I** n. lava f. **II** modif. [*flow*] di lava.

lavatorial /ˌlævəˈtɔːrɪəl/ agg. [*humour*] scatologico.

lavatory /ˈlævətrɪ, AE -tɔːrɪ/ n. toilette f., gabinetto m.

lavatory attendant ➧ *27* n. addetto m. (-a) alle toilette.

lavatory paper n. carta f. igienica.

lavender /ˈlævəndə(r)/ ➧ *5* **I** n. *(plant, perfume)* lavanda f. **II** agg. (color) lavanda.

lavender blue ➧ *5* **I** n. blu lavanda m. **II** agg. blu lavanda.

1.lavish /ˈlævɪʃ/ agg. [*home*] sontuoso, lussuoso; [*lifestyle*] dispendioso; [*hospitality*] generoso; ***to be ~ with sth.*** essere prodigo di qcs.

2.lavish /ˈlævɪʃ/ tr. prodigare [*money, affection*] (**on** a); ***to ~ praise on sth., sb.*** profondersi in elogi per qcs., colmare qcn. di elogi.

lavishly /ˈlævɪʃlɪ/ avv. [*decorated*] sontuosamente, lussuosamente; [*spend*] a profusione; [*entertain*] con grande generosità.

lavishness /ˈlævɪʃnɪs/ n. *(of hospitality)* generosità f.; *(of decor)* lusso m.

law /lɔː/ n. **1** U *(body of rules)* legge f., diritto m.; ***to break the ~*** infrangere la legge; ***to be against the ~*** essere contro la legge, essere vietato; ***under Italian ~*** secondo la legge italiana, secondo il diritto italiano; ***by ~*** conformemente alla legge **2** DIR. *(rule)* legge f.; ***the ~s on*** le leggi su [*gambling, vagrancy*]; ***there ought to be a ~ against it*** occorrerebbe una legge che lo vieti **3** *(justice)* giustizia f.; ***court of ~*** corte di giustizia; ***to go to ~*** ricorrere alla giustizia, fare causa; ***to take the ~ into one's own hands*** farsi giustizia da solo **4** COLLOQ. *(police)* polizia f. **5** *(academic discipline)* diritto m., giurisprudenza f. **6** *(principle)* legge f., principio m. ♦ ***~ and order*** ordine e legalità; ***to be a ~ unto oneself*** non conoscere legge, fare a modo proprio.

law-abiding /ˈlɔːəˌbaɪdɪŋ/ agg. rispettoso della legge.

lawbreaker /ˈlɔːˌbreɪkə(r)/ n. chi viola la legge, delinquente m. e f.

law-breaking /ˈlɔːˌbreɪkɪŋ/ n. violazione f. della legge.

law court n. corte f. di giustizia, tribunale m.

law enforcement agency n. US forze f.pl. dell'ordine.

law enforcement officer n. US agente m. e f. delle forze dell'ordine.

law faculty n. facoltà f. di giurisprudenza.

law firm n. studio m. legale.

lawful /ˈlɔːfl/ agg. [*custody, strike*] legale; [*conduct*] lecito; [*owner, spouse*] legittimo.

lawfully /ˈlɔːfəlɪ/ avv. [*act*] legalmente.

lawfulness /ˈlɔːflnɪs/ n. legalità f.

lawgiver /ˈlɔːgɪvə(r)/ n. legislatore m. (-trice).

lawless /ˈlɔːlɪs/ agg. **1** *(anarchic)* [*society*] privo di legge, anarchico; [*area*] senza legge, che sfugge al controllo della legge **2** *(rebellious)* [*person*] senza legge, senza regole.

lawlessness /ˈlɔːlɪsnɪs/ n. *(of period, streets)* assenza f. della legge, anarchia f.; *(of person)* sregolatezza f.

Law Lord n. GB = giudice della Camera dei Lord.

lawman /ˈlɔːmən/ n. (pl. **-men**) AE poliziotto m.

1.lawn /lɔːn/ n. *(grass)* prato m.

2.lawn /lɔːn/ n. *(fabric)* batista f.

lawnmower /ˈlɔːnˌməʊə(r)/ n. tagliaerba m., tosaerba m.

lawn sprinkler n. irrigatore m. (per prato).

lawn tennis ➧ *10* n. **1** tennis m. **2** *(on grass)* tennis m. su prato.

Lawrence /ˈlɒrəns, AE ˈlɔː-/ n.pr. Lorenzo.

law school n. AE UNIV. = istituto superiore di studi di giurisprudenza.

lawsuit /ˈlɔːsuːt/ n. processo m. (civile), causa f. (civile).

lawyer /ˈlɔːjə(r)/ ➧ *27* n. **1** *(who practises law)* legale m., avvocato m. **2** *(expert in law)* dottore m. (-essa) in legge.

lax /læks/ agg. [*law*] permissivo, tollerante; [*government*] lassista; [*security*] rilassato.

laxative /ˈlæksətɪv/ **I** agg. lassativo **II** n. lassativo m.

laxity /ˈlæksətɪ/, **laxness** /ˈlæksnɪs/ n. lassismo m.

1.lay /leɪ/ pass. → **4.lie**.

2.lay /leɪ/ agg. **1** [*worker*] non esperto, non specializzato; ***~ person*** profano **2** RELIG. [*preacher, member*] laico; ***~ brother*** converso.

3.lay /leɪ/ n. POP. SPREG. chiavata f., scopata f.

4.lay /leɪ/ **I** tr. (pass., p.pass. **laid**) **1** *(place)* posare, porre, mettere [*object, card*]; *(spread out)* stendere [*rug, blanket, covering*]; *(arrange)* collocare, disporre; deporre [*wreath*]; ***he laid the baby in the cot*** adagiò il bambino nella culla; ***he laid his hand on my forehead*** pose la mano sulla mia fronte; ***to ~ hands on sth.*** FIG. *(find)* mettere mano a qcs.; ***to ~ hands on sb.*** RELIG. imporre le mani su qcn. **2** *(set for meal)* apparecchiare, mettere [*table*]; ***to ~ an extra place*** aggiungere un coperto **3** *(prepare)* preparare [*fire, plan*]; gettare [*basis, foundation*]; tendere [*trap*] **4** *(fix in place)* posare [*carpet, tiles, cable, mine*]; costruire [*railway, road*] **5** ZOOL. deporre [*egg*] **6** FIG. sporgere [*charge, complaint*]; muovere [*accusation*]; gettare [*curse, spell*]; ***to ~ stress*** o ***emphasis on sth.*** porre l'accento su qcs. **7** *(bet)* puntare [*money*] (**on** su) **8** POP. *(have sex with)* scopare **II** intr. (pass., p.pass. **laid**) [*bird*] deporre le uova ♦ ***to ~ it on the line*** parlare chiaro e tondo; ***to ~ a finger*** o ***hand***

on sb. *(beat)* alzare un dito contro qcn., mettere le mani addosso a qcn.

■ **lay about:** ***~ about [sb.]*** BE tempestare di colpi, colpire all'impazzata.

■ **lay aside:** ***~ aside [sth.], ~ [sth.] aside*** **1** *(for another activity)* mettere via, posare [*object*]; *(after one stage in process)* mettere da parte [*partly finished dish, model*] **2** FIG. abbandonare [*studies*]; trascurare [*responsibility, principle*]; mettere da parte [*doubt*].

■ **lay before:** ***~ [sth.] before sb.*** sottoporre a qcn. [*law, bill*]; esporre a qcn. [*case, facts*].

■ **lay by:** ***~ by [sth.], ~ [sth.] by*** mettere da parte [*money*].

■ **lay down:** ***~ down [sth.], ~ [sth.] down*** **1** coricare, adagiare [*object, baby, patient*]; stendere [*rug, garment*]; disporre (sul tavolo) [*cards*] **2** posare [*book, suitcase*]; deporre [*weapon, arms*] **3** FIG. ***to ~ down one's life*** sacrificare la propria vita **4** *(establish)* stabilire [*rule, procedure, plan*]; (im)porre [*condition*]; ***it is laid down that...*** è stabilito che... **5** ING. gettare [*foundations*].

■ **lay in:** ***~ in [sth.]*** fare provvista di.

■ **lay into:** ***~ into [sb.]*** **1** ***he laid into me with his umbrella*** mi prese a ombrellate **2** COLLOQ. FIG. *(abuse)* ***she laid into me*** mi è saltata agli occhi *o* addosso.

■ **lay off** *(stop)* COLLOQ. smettere, piantarla; ***~ off [sb.], lay [sb.] off*** *(sack) (temporarily)* lasciare a casa (temporaneamente); *(permanently)* mandare a casa, licenziare; ***~ off [sb.]*** *(leave alone)* COLLOQ. lasciare in pace.

■ **lay on:** ***~ on [sth.], ~ [sth.] on*** **1** *(apply)* mettere, applicare [*plaster*]; stendere [*paint*] **2** BE *(install)* mettere (l'impianto di) [*gas, electricity*] **3** *(supply)* fornire [*meal, transport*] **4** *(organize)* organizzare [*entertainment, excursion*] **5** COLLOQ. FIG. ***you laid it on a bit (thick)*** hai calcato un po' la mano.

■ **lay open:** ***~ [sth.] open*** esporre (**to** a); ***to ~ oneself open to*** esporsi a [*accusations, criticism*].

■ **lay out:** ***~ [sth.] out, ~ out [sth.]*** **1** *(spread out)* disporre [*goods, food*]; *(unfold)* (di)stendere, spiegare [*map, garment, fabric*] **2** *(design)* impostare [*book, advertisement, page*]; impaginare [*letter, illustrations*]; stabilire la disposizione di [*town*]; allestire [*garden*] **3** *(explain)* esporre [*reasons, facts*] **4** COLLOQ. *(spend)* tirare fuori [*sum*]; ***~ out [sb.], ~ [sb.] out*** **1** *(prepare for burial)* preparare [*dead person*] **2** COLLOQ. *(knock unconscious)* stendere.

■ **lay up:** ***~ up [sth.], ~ [sth.] up*** *(store away)* fare provvista di, accumulare [*food, supplies*]; FIG. procurarsi, attirarsi [*trouble*]; ***~ [sb.] up to be laid up*** essere costretto a letto.

layabout /ˈleɪəbaʊt/ n. COLLOQ. SPREG. sfaccendato m. (-a), perdigiorno m. e f.

lay-by /ˈleɪbaɪ/ n. BE AUT. area f. di sosta.

1.layer /ˈleɪə(r)/ n. strato m.

2.layer /ˈleɪə(r)/ tr. **1** AGR. margottare **2** *(in hairdressing)* scalare **3** *(arrange in layers)* disporre a strati.

layette /leɪˈet/ n. *(for newborn baby)* corredino m.

lay figure n. ART. manichino m.

laying /ˈleɪɪŋ/ n. **1** *(of floor, stone, cable, mines)* posa f.; *(of railway)* costruzione f. **2** *(of egg)* deposizione f.

layman /ˈleɪmən/ n. (pl. **-men**) profano m.; RELIG. laico m.

lay-off /ˈleɪɒf/ n. *(permanent)* licenziamento m.; *(temporary)* sospensione f. temporanea (dal lavoro).

layout /ˈleɪaʊt/ n. *(of page, book)* impaginazione f., layout m.; *(of advertisement, article)* impostazione f.; *(of rooms, cards)* disposizione f.; *(of town, estate, building)* pianta f.; *(of engine)* schema m., layout m.; *(of garden, park)* allestimento m.

layout artist ♦ *27* n. grafico m. (-a) impaginatore (-trice).

layover /ˈleɪəʊvə(r)/ n. AE *(by road, rail)* tappa f., sosta f.

layperson /ˈleɪˌpɜːsn/ n. (pl. **-people**) profano m. (-a); RELIG. laico m. (-a).

Lazarus /ˈlæzərəs/ n.pr. Lazzaro.

laze /leɪz/ intr. (anche **~ about**, **~ around**) oziare, poltrire.

lazily /ˈleɪzɪlɪ/ avv. *(idly)* [*move*] pigramente; [*wonder*] oziosamente; *(relaxedly)* [*lie, float*] pigramente, mollemente; *(gently)* [*flow, bob*] pigramente, dolcemente.

laziness /ˈleɪzɪnɪs/ n. pigrizia f.

lazy /ˈleɪzɪ/ agg. [*person*] pigro, ozioso; [*smile, yawn*] indolente; [*holiday*] tranquillo; [*movement, pace*] pigro.

lazybones /ˈleɪzɪbəʊnz/ n. (pl. **~**) COLLOQ. pigrone m. (-a), scansafatiche m. e f.

lazy eye n. ambliopia f.

lazy Susan n. vassoio m. girevole (disposto a centrotavola).

lb ⇒ pound libbra.

LCD n. (⇒ liquid crystal display display a cristalli liquidi) LCD m.

LDS n. (⇒ Licentiate of Dental Surgery) = odontoiatra.

LEA n. GB (⇒ Local Education Authority) = ente amministrativo locale che si occupa dell'istruzione pubblica.

1.lead /liːd/ **I** n. **1** *(winning position)* ***to be in the ~, to have the ~*** essere in testa *o* al primo posto; ***to go into the ~, to take the ~*** passare in testa, assumere il comando **2** *(amount by which one is winning)* vantaggio m. (**over** su); ***to have a ~ of three points*** avere tre punti di vantaggio; ***to increase one's ~*** aumentare il proprio vantaggio (**by** di) **3** *(initiative)* ***to take the ~*** prendere l'iniziativa; ***to take the ~ in doing*** prendere l'iniziativa a fare; ***to follow sb.'s ~*** seguire l'esempio di qcn. **4** *(clue)* pista f., indizio m. **5** TEATR. CINEM. parte f. principale, ruolo m. principale **6** GIORN. ***to be the ~*** essere in prima pagina **7** EL. *(wire)* filo m. **8** BE *(for dog)* guinzaglio m.; ***on a ~*** al guinzaglio **9** *(in cards)* ***it's Tom's ~*** è di mano Tom **II** modif. [*guitarist, guitar*] primo; [*role*] principale; [*article*] d'apertura; ***~ story*** notizia di prima pagina.

2.lead /liːd/ **I** tr. (pass., p.pass. **led**) **1** *(guide, escort)* guidare, condurre [*person*] (**to sth.** a qcs.; **to sb.** da qcn.); ***to ~ sb. away*** condurre via *o* allontanare qcn.; ***to ~ sb. across the road*** fare attraversare la strada a qcn. **2** *(bring)* [*path, sign*] portare (**to** a), guidare (**to** da, verso); [*smell*] guidare [*person*] (**to** da, verso); ***this ~s me to my main point*** con questo arrivo al punto principale **3** *(be leader of)* guidare [*army, team, attack, procession*]; dirigere [*orchestra, research*]; ***to ~ the dancing*** aprire le danze **4** SPORT COMM. *(be ahead of)* condurre su, essere in vantaggio su [*rival*]; guidare su [*team*]; ***to ~ the world*** essere al primo posto nel mondo; ***to ~ the field*** *(in commerce, research)* essere il leader nel settore; *(in race)* condurre, essere in testa; ***to ~ the market*** essere il leader del mercato **5** *(cause, influence)* ***to ~ sb. to do*** portare qcn. a fare; ***he led me to expect that*** mi indusse ad aspettarmi che; ***everything ~s me to conclude that*** tutto mi porta a pensare che; ***to be easily led*** essere facilmente influenzabile **6** *(conduct, have)* condurre, fare [*active life*]; ***to ~ a life of luxury*** vivere nel lusso **II** intr. (pass., p.pass. **led**) **1** *(go, be directed)* ***to ~ to*** [*path*] condurre, portare a; [*door*] dare su; [*exit, trapdoor*] portare a **2** *(result in)* ***to ~ to*** portare a [*complication, discovery, accident, response*]; ***it was bound to ~ to trouble*** era destinato a creare problemi; ***one thing led to another, and we...*** da cosa nacque cosa, e noi... **3** *(be ahead)* [*company*] essere in testa; [*runner, car, team*] condurre, essere in testa, essere al comando; ***to ~ by 15 seconds*** avere un vantaggio di 15 secondi **4** *(go first) (in walk)* fare strada; *(in procession)* essere in testa; *(in action, discussion)* prendere l'iniziativa **5** *(in dancing)* condurre, guidare **6** GIORN. ***to ~ with*** mettere in prima pagina [*story, headline*] **7** *(in boxing)* ***to ~ with one's left*** attaccare di sinistro **8** *(in cards)* essere di mano ♦ ***to ~ the way*** *(go first)* fare strada; *(guide others)* mostrare la via *o* strada; *(be ahead, winning)* essere in testa; ***to ~ the way in space research*** essere il numero uno nella ricerca spaziale.

■ **lead off** *(begin)* cominciare.

■ **lead on:** ***~ [sb.] on*** **1** *(give false hope)* illudere, ingannare [*client, investor*] **2** *(sexually)* provocare.

■ **lead up to:** ***~ up to [sth.]*** **1** *(precede)* precedere **2** *(culminate in)* portare a, concludersi con [*argument, outburst*] **3** *(introduce)* portare a [*topic*].

3.lead /led/ **I** n. **1** *(metal)* piombo m.; ***red ~*** minio **2** COLLOQ. FIG. *(bullets)* piombo m. **3** (anche **blacklead**) *(graphite)* grafite f.; *(in pencil)* mina f. **4** MAR. *(for sounding)* piombo m., scandaglio m. **5** BE *(for roofing)* piombo m. **II** modif. ***~ pencil*** matita di grafite; ***~ poisoning*** avvelenamento da piombo, saturnismo; ***~ shot*** pallini di piombo ♦ ***to fill*** o ***pump sb. full of ~*** COLLOQ. riempire qcn. di piombo; ***to get the ~ out*** AE COLLOQ. *(stop loafing)* darsi una mossa; *(speed up)* liberarsi della zavorra; ***to go over*** AE o ***down*** BE ***like a ~ balloon*** COLLOQ. fallire miseramente.

leaded /ˈledɪd/ agg. **1** piombato; ***~ window*** finestra a piombo **2** ***~ petrol*** BE o ***gasoline*** AE benzina con (il) piombo.

leaden /ˈledn/ agg. **1** *(made of lead)* di piombo, in piombo **2** *(lead coloured)* [*sky, clouds*] di piombo, plumbeo; [*complexion*] cinereo **3** FIG. [*silence*] di morte; [*atmosphere*] pesante, opprimente; [*footsteps, pace, performance*] pesante.

leader /ˈliːdə(r)/ n. **1** *(chief)* capo m., guida f.; *(of nation)* capo m. di Stato; *(of group)* capo m., capogruppo m. e f.; *(of team)* capo m., caposquadra m. e f.; *(of council, club, association)* presidente m.; *(of party, opposition)* leader m. e f.; *(of trade union)* segretario m. (-a); *(of army, troops)* comandante m. e f. **2** *(organizer) (of expedition)* capo m., guida f.; *(of strike, movement)* leader m. e f.; *(of project, operation)* capo m., responsabile m. e f., direttore m. (-trice) **3** *(one in front) (in race or competition)* leader m. e f., primo m. (-a); *(of procession, line of walkers)* capofila m. e f.; *(horse)* leader m., cavallo m. di testa **4** *(in market, field)* leader m. **5** *(in orchestra)* primo violino m.; *(conductor of band)* direttore m. (-trice) d'orchestra **6** GIORN. articolo m. di fondo, editoriale m.

leadership /ˈliːdəʃɪp/ n. **1** *(of party, state, company)* ***the ~*** la dirigenza **2** *(quality)* ***his potential for ~*** la sua attitudine al comando **3** *(fact of being leader)* leadership f.; ***under the ~ of*** sotto la guida *o* direzione di.

leadership election n. elezione f. alla direzione del partito.

lead-free /ˌledˈfriː/ agg. senza piombo.

lead-in /ˈliːdɪn/ n. introduzione f., presentazione f.

leading /ˈliːdɪŋ/ agg. **1** *(top)* [*lawyer, politician*] eminente, di primo piano, di spicco; [*brand*] primario; [*position*] preminente; ***a ~ company*** una delle società principali **2** *(main)* [*role*] principale, da protagonista **3** *(in race)* [*driver, car*] di testa, che è in testa; *(in league)* [*club, team*] in testa alla classifica **4** *(at the front)* [*aircraft, car*] di testa.

leading article n. articolo m. di fondo, editoriale m.

leading edge I n. **1** AER. bordo m. d'attacco, d'entrata **2** FIG. ***at the ~ of*** all'avanguardia di [*technology*] **II leading-edge** modif. [*technology*] all'avanguardia, di punta.

leading lady n. prima donna f., (attrice) protagonista f.

leading light n. luminare m. (**in** di).

leading man n. (pl. **leading men**) (attore) protagonista m.

leading question n. domanda f. tendenziosa.

1.leaf /liːf/ n. (pl. **leaves**) **1** *(of plant)* foglia f.; ***to come into ~*** [*tree*] mettere le foglie, germogliare **2** *(of paper)* foglio m.; *(of book)* pagina f., foglio m. **3** *(of gold, silver)* foglia f. **4** *(of table) (sliding, removable)* prolunga f.; *(hinged)* ribalta f. ♦ ***to shake like a ~*** tremare come una foglia; ***to take a ~ out of sb.'s book*** prendere esempio *o* trarre ispirazione da qcn.; ***to turn over a new ~*** voltare pagina.

2.leaf /liːf/ tr. → **leaf through**.

■ **leaf through:** ***~ through [sth.]*** sfogliare [*pages, book*].

1.leaflet /ˈliːflɪt/ n. dépliant m.; *(advertising, polemic)* volantino m.; ***information ~*** nota esplicativa.

2.leaflet /ˈliːflɪt/ **I** tr. ***to ~ a town*** invadere una città di volantini **II** intr. volantinare, fare volantinaggio.

leaf mould BE, **leaf mold** AE n. pacciame m.

leaf table n. tavolo m. allungabile.

leaf vegetable n. verdura f. in foglie.

leafy /ˈliːfɪ/ agg. [*tree*] frondoso, fronzuto; [*wood*] lussureggiante; [*area*] (ricco di) verde.

1.league /liːg/ n. **1** *(alliance)* lega f. (anche POL.); ***to be in ~ with*** essere alleato con **2** *(in football) (competition)* campionato m.; *(association of clubs)* lega f. **3** FIG. *(class)* categoria f., classe f.; ***they're not in the same ~*** non sono allo stesso livello; ***to be in the big ~*** essere in serie A.

2.league /liːg/ ♦ ***15*** n. ANT. METROL. lega f. ♦ ***to be ~s ahead of sth., sb.*** essere anni luce avanti rispetto a qcs., qcn.

League of Nations n. STOR. Società f. delle Nazioni.

league table n. BE SPORT classifica f. di campionato.

1.leak /liːk/ n. **1** *(in container, roof)* crepa f.; *(in ship)* falla f.; ***to spring a ~*** [*pipe, tank*] creparsi **2** *(escape) (of liquid, gas)* fuga f., perdita f.; *(of charge)* dispersione f. **3** GIORN. *(disclosure)* fuga f. di notizie ♦ ***to take a ~*** POP. pisciare.

2.leak /liːk/ **I** tr. **1** *(disclose)* fare trapelare [*information*]; diffondere, divulgare [*document*] **2** *(expel)* perdere [*oil*]; liberare, diffondere [*fumes*] **II** intr. **1** *(have crack)* [*container, pipe*] perdere; [*boat*] fare acqua **2** *(seep)* [*liquid, gas*] filtrare, fuoriuscire (**from, out of** da); ***to ~ into*** spandersi in [*sea*]; penetrare in [*soil*].

■ **leak out** [*information, secret*] trapelare; [*water, gas*] fuoriuscire, spandersi.

leakage /ˈliːkɪdʒ/ n. **1 U** *(leaking)* perdita f. **2** *(spill)* fuga f., perdita f. **3 U** *(of information)* fuga f. **4** COMM. *(natural loss)* perdita f.

leaky /ˈliːkɪ/ agg. [*container, pipe*] che perde; [*boat*] che fa, imbarca acqua.

1.lean /liːn/ **I** agg. **1** [*person, body*] snello, magro; [*meat*] magro **2** FIG. *(difficult)* [*year, times*] difficile **3** *(efficient)* [*company*] agile, snello **II** n. *(meat)* magro m. ♦ ***to have a ~ time of it*** essere in tempo di vacche magre.

2.lean /liːn/ **I** tr. (pass., p.pass. **leaned, leant**) appoggiare; ***to ~ one's head out of the window*** mettere la testa fuori dalla finestra, sporgersi dalla finestra; ***to ~ one's elbows on sth.*** appoggiarsi con *o* mettere i gomiti su qcs. **II** intr. (pass., p.pass. **leaned, leant**) [*wall, building*] essere inclinato, pendere; ***the ladder was ~ing against the wall*** la scala era appoggiata contro *o* al muro; ***to ~ against a wall*** appoggiarsi contro *o* a un muro.

■ **lean across:** ***~ across*** [*person*] stendersi, allungarsi; ***~ across [sth.]*** stendersi su, allungarsi su [*table*].

■ **lean back** appoggiarsi (all'indietro).

■ **lean forward** piegarsi in avanti.

■ **lean on:** ***~ on [sb., sth.]*** appoggiarsi a [*stick, person*]; affacciarsi a [*windowsill*]; ***~ on [sb.]*** **1** FIG. *(depend on)* contare su **2** FIG. *(pressurize)* fare pressioni su.

■ **lean out:** ***~ out*** sporgersi; ***to ~ out of [sth.]*** sporgersi da [*window*].

■ **lean over:** ***~ over*** [*person*] piegarsi, chinarsi; ***~ over [sth.]*** piegarsi su, chinarsi su [*shoulder*].

leaning /ˈliːnɪŋ/ agg. [*tree, post*] inclinato, piegato; ***the ~ tower of Pisa*** la torre pendente di Pisa.

leanings /ˈliːnɪŋz/ n.pl. disposizione f.sing., tendenze f., inclinazioni f.

leanness /ˈliːnnɪs/ n. snellezza f., magrezza f.

leant /lent/ pass., p.pass. → **2.lean**.

lean-to /ˈliːntuː/ **I** n. (pl. **~s**) = piccola costruzione addossata a un edificio più grande **II** modif. [*shed*] annesso.

1.leap /liːp/ n. **1** salto m. (anche SPORT), balzo m.; ***to take a ~*** fare un salto, saltare **2** FIG. *(big step)* passo m. (in avanti); ***a ~ of the imagination*** uno sforzo d'immaginazione **3** *(in price, demand)* aumento m. improvviso ♦ ***to come on in ~s and bounds*** procedere a passi da gigante.

2.leap /liːp/ **I** tr. (pass., p.pass. **leapt, leaped**) saltare, superare con un salto [*hedge, chasm*]; ***to ~ three metres*** saltare tre metri **II** intr. (pass., p.pass. **leapt, leaped**) **1** [*person, animal*] saltare, balzare; ***to ~ out of bed*** saltare *o* schizzare fuori dal letto; ***to ~ to one's feet*** saltare *o* balzare in piedi; ***to ~ across*** o ***over sth.*** saltare qcs., superare qcs. con un salto; ***to ~ to sb.'s defence*** FIG. accorrere in difesa di qcn. **2** FIG. [*heart*] balzare, fare un salto (**with** di, per) **3** [*price, stock market*] balzare, aumentare improvvisamente (**by** di) ♦ ***look before you ~*** PROV. rifletti prima di agire.

■ **leap around, leap about** saltellare.

■ **leap at** ***~ at [sth.]*** cogliere al volo, buttarsi su [*chance, offer*].

■ **leap in** *(with answer, retort)* lanciarsi, scagliarsi.

■ **leap out** saltare, balzare fuori (**from behind** da dietro); ***~ out at [sb.]*** **1** saltare addosso a, assalire [*passerby*] **2** FIG. saltare agli occhi di [*reader*].

■ **leap up 1** *(jump to one's feet)* balzare, saltare in piedi; ***to ~ up at sb.*** [*dog*] saltare addosso a qcn. **2** [*price, rate*] fare un balzo, aumentare improvvisamente.

1.leapfrog /ˈliːpfrɒg, AE -frɔːg/ ♦ ***10*** n. cavallina f.

2.leapfrog /ˈliːpfrɒg, AE -frɔːg/ tr. (forma in -ing ecc. **-gg-**) saltare, superare con un salto [*obstacle*].

leapt /lept/ p.pass., pass. → **2.leap**.

leap year n. anno m. bisestile.

learn /lɜːn/ **I** tr. (pass., p.pass. **learned, learnt**) **1** *(through study, practice)* imparare, apprendere [*language, facts, trade*]; acquisire [*skills*]; ***to ~ (how) to do*** imparare a fare; ***to ~ to live with sth.*** imparare a convivere con qcs. **2** *(discover)* ***to ~ that*** apprendere che **II** intr. (pass., p.pass. **learned, learnt**) **1** *(acquire knowledge)* imparare; ***to ~ about sth.*** imparare *o* apprendere qcs.; ***to ~ from one's mistakes*** imparare dai propri errori; ***it's been a ~ing experience*** è stata un'esperienza istruttiva; ***you'll ~!*** imparerai (un giorno o l'altro)! **2** *(hear information)* apprendere (**that** che), venire a sapere (**of, about** di) ♦ ***live and ~*** non si finisce mai di imparare.

1.learned /lɜːnd/ **I** p.pass. → **learn II** agg. PSIC. [*behaviour, response*] acquisito.

2.learned /lɜːnɪd/ agg. [*person*] istruito, colto; [*book*] dotto, erudito; [*remark*] dotto, sapiente; [*journal*] specializzato; [*society*] dotta, di eruditi; ***my ~ friend*** DIR. onorevole collega.

learner /'lɜːnə(r)/ n. apprendente m. e f., discente m. e f.; ***he's only a ~*** è solo un principiante; ***to be a quick, slow ~*** imparare rapidamente, con difficoltà.

learner driver n. BE allievo m. (-a) di scuola guida.

learning /'lɜːnɪŋ/ n. **1** *(erudition)* cultura f., erudizione f. **2** *(process)* apprendimento m. ♦ ***a little ~ is a dangerous thing*** PROV. = il conoscere qualcosa in modo superficiale può essere controproducente.

learning difficulties n.pl. difficoltà f. di apprendimento.

learning disability n. AE SCOL. difficoltà f.pl. di apprendimento.

learning support teacher n. insegnante m. e f. di sostegno.

learnt /lɜːnt/ pass., p.pass. → **learn.**

1.lease /liːs/ n. *(contract, period of time)* locazione f. ♦ ***to give sb. a new ~ of*** BE o ***on*** AE ***life*** [*operation, drug*] dare nuove speranze di vita a qcn.; [*news, experience*] ridare vita a qcn.; ***to give a new ~ of life to*** dare nuova vita a [*party, company, movement*].

2.lease /liːs/ tr. dare in locazione, affittare [*house*]; prendere a nolo, affittare [*car*].

leasehold /'liːshəʊld/ **I** n. proprietà f. in locazione **II** agg. [*property*] in locazione.

leaseholder /'liːsˌhəʊldə(r)/ n. locatario m. (-a).

leash /liːʃ/ n. **1** *(for dog)* guinzaglio m. **2** FIG. ***to keep sb. on a tight ~*** tenere qcn. al guinzaglio; ***to be straining at the ~*** mordere il freno.

leasing /'liːsɪŋ/ **I** n. *(by company)* leasing m.; *(by individual)* locazione-vendita f. **II** modif. [*company, scheme*] di leasing.

least /liːst/ (superl. di **little**) When *the least* is used as a quantifier followed by a noun to mean *the smallest quantity of*, it is translated by *(il) meno, (il) più piccolo, (il) minore*: *they had the least food* = hanno ricevuto meno cibo di tutti / la minor quantità di cibo. - But when *the least* is used as a quantifier to mean *the slightest*, it is translated by *il minimo* or *la minima*: *I haven't the least idea about it* = non ne ho la minima idea. - For examples of these and particular usages, see below. - For translations of *least* as a pronoun or adverb see **II** and **III** below. - The phrase *at least* is usually translated by *almeno*. For examples and exceptions, see **III 3** below. - For the phrase *in the least*, see **III 4** below. **I** quantif. ***(the) ~*** (il) meno; *(in negative constructions)* (il) minimo; ***they had the ~ food*** hanno ricevuto meno cibo di tutti *o* la minor quantità di cibo; ***I haven't the ~ idea*** non ne ho la minima idea; ***the ~ thing annoys him*** si secca per un nonnulla; ***he wasn't the ~ bit jealous*** non era minimamente geloso **II** pron. il meno, il minimo; ***we have the ~*** noi abbiamo meno di tutti; ***it was the ~ I could do*** era il minimo che potessi fare; ***the ~ he could have done was phone the police*** avrebbe almeno potuto chiamare la polizia; ***that's the ~ of our problems!*** è l'ultimo dei nostri problemi! ***that's the ~ of it*** questo è il meno; ***he was surprised, to say the ~ (of it)*** era sorpreso, a dir poco **III** avv. **1** *(with adjective or noun)* ***the ~*** (il) meno; ***the ~ wealthy families*** le famiglie meno ricche **2** *(with verbs)* meno; ***I like that one (the) ~*** quello mi piace meno di tutti; ***those ~ able to cope*** coloro che sono meno in grado di cavarsela; ***nobody knew it, Tom ~ of all*** o ***~ of all Tom*** nessuno lo sapeva, Tom meno di tutti *o* meno di tutti Tom **3 at least** almeno, perlomeno; ***he's at ~ 40*** ha almeno quarant'anni; ***you could at ~ have told me!*** perlomeno avresti potuto dirmelo! ***he's gone to bed - at ~ I think so*** è andato a letto - almeno credo; ***such people are at the very ~ guilty of negligence*** tali persone sono come minimo colpevoli di negligenza **4 in the least** minimamente; ***I'm not worried in the ~, I'm not in the ~ (bit) worried*** non sono minimamente preoccupato, non sono preoccupato neanche un po'; ***it doesn't bother me in the ~*** non mi disturba affatto ♦ ***last but not ~, last but by no means ~*** ultimo, ma non meno importante.

leather /'leðə(r)/ **I** n. **1** *(material)* cuoio m., pelle f. **2** (anche **wash ~**) cuoio m. scamosciato, pelle f. scamosciata **II leathers** n.pl. vestiti m. di pelle **III** modif. [*garment*] di pelle; [*object*] di pelle, in cuoio; ***~ wear*** abbigliamento in pelle ♦ ***to go hell for ~*** COLLOQ. correre a spron battuto.

leatherette /ˌleðə'ret/ n. similpelle f.

leather goods n.pl. oggetti m. di pelle, in cuoio.

leathery /'leðərɪ/ agg. [*skin, meat*] simile a cuoio, coriaceo.

1.leave /liːv/ n. **1** (anche **~ of absence**) *(time off)* permesso m., congedo m.; MIL. licenza f.; ***to take three days' ~*** prendere tre giorni di ferie; ***on ~*** in congedo; MIL. in licenza **2** *(permission)* permesso m., autorizzazione f.; ***to give sb. ~ to do*** dare a qcn. il permesso di fare; ***by*** o ***with your ~*** con il vostro permesso **3** *(departure)* ***to take ~ of sb.*** prendere congedo da qcn.; ***he took his ~*** prese congedo.

2.leave /liːv/ **I** tr. (pass., p.pass. **left**) **1** *(depart from)* partire da [*house, station etc.*]; *(more permanently)* lasciare [*country, city etc.*]; *(by going out)* uscire da [*room, building*]; ***he left home early*** è uscito di casa presto; ***to ~ school*** *(permanently)* lasciare la scuola; ***to ~ the table*** alzarsi da tavola; ***to ~ the track*** [*train*] deragliare; ***to ~ the ground*** [*plane*] staccarsi da terra, decollare; ***to ~ one's seat*** lasciare il proprio posto, alzarsi; ***I left him cleaning his car*** l'ho lasciato che stava lavando la sua auto; ***the smile left her face*** FIG. il sorriso scomparve dal suo volto **2** *(leave behind) (forgetfully)* lasciare [*person*]; lasciare, dimenticare [*object*]; *(deliberately)* lasciare [*partner*]; lasciare [*key, instructions*]; *(permanently)* abbandonare [*animal, family*]; ***to ~ sb. sth.*** lasciare qcs. a qcn.; ***to ~ sb., sth. in sb.'s care*** affidare qcn., qcs. alle cure di qcn. **3** *(let remain)* lasciare [*food, drink, gap*]; ***you ~ me no choice but to...*** non mi lasci altra scelta che...; ***to ~ sth. tidy*** lasciare qcs. in ordine; ***we have five minutes left*** abbiamo ancora cinque minuti; ***he was left short of money*** rimase a corto di denaro; ***the accident left him an orphan*** l'incidente lo rese orfano; ***the attack left her with a scar*** l'aggressione le procurò una cicatrice; ***where does that ~ me?*** che ne sarà di me? **4** *(allow to do)* ***to ~ sth. to sb.*** lasciare qcs. a qcn. [*task*]; ***to ~ it (up) to sb. to do*** lasciare a qcn. il compito di fare; ***to ~ the decision (up) to sb.*** lasciare la decisione a qcn.; ***~ him to sleep*** lascialo dormire; ***to ~ sb. to it*** *(to do something)* lasciare che qcn. se la sbrogli; *(to be alone)* lasciare perdere qcn.; ***to ~ sb. to himself, to ~ sb. be*** COLLOQ. lasciare stare qcn.; ***~ it to*** o ***with me*** lascia fare a me **5** *(result in)* [*oil, wine, cup*] lasciare [*stain*]; fare, lasciare [*hole, dent*] **6** *(postpone)* lasciare stare [*task, homework*]; ***~ it till tomorrow*** lascia stare fino a domani **7** *(stop and agree)* ***to ~ it that*** convenire che; ***to ~ it at that*** lasciare stare *o* restare (d'accordo) così **8** *(bequeath)* lasciare in eredità [*money, property*] (**to** a) **9** *(pass)* ***to ~ sth. on one's right*** lasciare qcs. alla propria destra **II** intr. (pass., p.pass. **left**) partire, andarsene **III** rifl. (pass., p.pass. **left**) ***to ~ oneself (with)*** tenersi [*time, money*].

▪ **leave about, leave around:** ***~ [sth.] around*** *(carelessly)* lasciare in disordine [*books, toys*]; *(deliberately)* sparpagliare [*cushions, books*].

▪ **leave aside:** ***~ [sth.] aside, ~ aside [sth.]*** lasciare da parte; ***leaving aside the question of*** per non parlare della questione di.

▪ **leave behind:** ***~ [sb., sth.] behind*** **1** *(go faster than)* lasciare indietro, distanziare [*person, competitor*] **2** *(move away from)* [*vehicle, plane*] allontanarsi da [*coast, country, ground*]; [*traveller*] lasciare dietro di sé [*town, country*]; [*person*] lasciare, lasciarsi dietro [*family*]; FIG. lasciarsi alle spalle, farla finita con [*past, problems*] **3** *(fail to bring)* lasciare, dimenticare [*object, animal*]; ***~ [sth.] behind*** *(cause to remain)* [*person*] lasciare dietro di sé [*problems, bitterness*]; [*storm, flood*] lasciare dietro di sé [*damage*]; ***to be*** o ***get left behind*** *(physically)* [*person*] restare indietro; *(intellectually)* restare indietro, non (riuscire) a seguire; *(in business)* [*country, company*] restare indietro, farsi distanziare.

▪ **leave go, leave hold** lasciare (andare) [*person*]; lasciare [*object*].

▪ **leave off:** **~ off** [*rain*] cessare; [*person*] interrompersi; ***to carry on*** o ***continue where one left off*** riprendere da dove si era rimasti; **~ off doing** *(stop)* smettere di fare; **~ [sth.] off 1** *(not put on)* non mettere [*coat, lid, blanket*]; *(not put back on)* non rimettere [*coat, lid, blanket*] **2** *(not switch on)* non accendere [*light, TV*]; non attaccare [*iron*]; *(leave switched off)* lasciare spento [*light, heating, TV, iron*] **3** *(omit)* lasciare fuori [*name, item, letter*].
▪ **leave on:** **~ [sth.] on 1** *(not remove)* tenere [*coat, hat*]; lasciare [*lid, blanket, bandage, label*] **2** *(not switch off)* lasciare acceso [*light, TV, heating*]; lasciare attaccato [*iron*]; lasciare aperto [*gas, tap*].
▪ **leave out:** **~ [sb., sth.] out, ~ out [sb., sth.] 1** *(accidentally)* omettere, dimenticare [*word, fact*]; dimenticare [*ingredient*]; *(deliberately)* lasciare fuori, omettere [*name, fact*]; non mettere [*ingredient*]; *(from social group, activity)* ***to feel left out*** sentirsi tagliato fuori *o* escluso; ***to ~ sth. out of*** omettere qcs. da [*text*]; ***to ~ sb. out of*** lasciare qcn. fuori da [*group*] **2** *(let remain outdoors)* lasciare fuori [*bicycle*].
▪ **leave over:** **~ [sth.] over 1** *(cause to remain)* lasciare, avanzare [*food*]; ***we have some money left over*** ci rimane del denaro **2** *(postpone)* rimandare [*discussion*].

1.leaven /'levn/ n. lievito m.

2.leaven /'levn/ tr. **1** GASTR. fare lievitare **2** FIG. ravvivare, vivacizzare [*story*].

leaves /li:vz/ → **1.leaf**.

leaving /'li:vɪŋ/ **I** n. partenza f. **II** modif. [*party, present*] d'addio **III leavings** n.pl. avanzi m.

Lebanese /ˌlebə'ni:z/ ➧ **18 I** agg. libanese **II** n. (pl. ~) libanese m. e f.

Lebanon /'lebənən/ ➧ **6** n.pr. (anche **the** ~) Libano m.

lecher /'letʃə(r)/ n. SPREG. sporcaccione m.

lecherous /'letʃərəs/ agg. libidinoso, lascivo.

lechery /'letʃərɪ/ n. libidine f.

lectern /'lektɜ:n/ n. *(stand)* pulpito m.; *(desk)* leggio m.

1.lecture /'lektʃə(r)/ n. **1** *(public talk)* lezione f., conferenza f.; BE UNIV. lezione f.; ***to give a ~*** fare una conferenza; BE UNIV. fare una lezione **2** *(scolding)* ***he gave me a ~*** mi ha fatto una ramanzina *o* la paternale.

2.lecture /'lektʃə(r)/ **I** tr. **1** BE UNIV. dare lezioni a, fare una lezione a **2** *(scold)* fare una ramanzina a, fare la paternale a **II** intr. **1** BE UNIV. dare lezioni, fare una lezione; ***he ~s in mathematics*** insegna matematica (all'università) **2** *(give public talk)* tenere una conferenza.

lecture hall n. AE sala f. conferenze.

lecture notes n.pl. BE UNIV. appunti m. delle lezioni.

lecturer /'lektʃərə(r)/ ➧ **27** n. **1** *(speaker)* conferenziere m. (-a) **2** BE UNIV. = docente che ricopre un ruolo simile a quello di professore associato **3** AE UNIV. = docente a contratto.

lecture room n. BE UNIV. sala f. conferenze.

lectureship /'lektʃəʃɪp/ n. UNIV. = ruolo di lecturer.

lecture theatre n. BE UNIV. anfiteatro m.

led /led/ pass., p.pass. → **2.lead**.

LED (⇒ light-emitting diode diodo fotoemittente) LED m.

Leda /'li:də/ n.pr. Leda.

ledge /ledʒ/ n. **1** *(small shelf)* mensolina f. **2** *(on mountain)* cengia f.; *(tiny)* terrazzo m.; *(in climbing)* terrazzino m., ballatoio m.

ledger /'ledʒə(r)/ n. AMM. libro m. mastro.

lee /li:/ **I** n. **1** riparo m. (dal vento); ***in the ~ of*** al riparo di **2** MAR. lato m. di sottovento **II** agg. [*side*] sottovento.

leech /li:tʃ/ n. sanguisuga f.; ***to cling to sb. like a ~*** attaccarsi a qcn. come una sanguisuga.

leek /li:k/ n. porro m.

1.leer /lɪə(r)/ n. SPREG. sbirciata f., sguardo m. malizioso.

2.leer /lɪə(r)/ intr. SPREG. ***to ~ at sb., sth.*** lanciare a qcn. uno sguardo malizioso, guardare qcs. con malizia.

leery /'lɪərɪ/ agg. ***to be ~ of*** diffidare di.

lees /li:z/ n.pl. *(wine sediment)* feccia f.sing.

leeward /'li:wəd, 'lu:əd/ **I** n. lato m. di sottovento **II** agg. e avv. sottovento.

leeway /'li:weɪ/ n. MAR. AER. deriva f.; FIG. spazio m. di manovra, libertà f. di movimento.

1.left /left/ pass., p.pass. → **2.leave**.

2.left /left/ **I** agg. sinistro **II** n. **1 U** *(side or direction)* sinistra f.; ***on the ~*** a sinistra; ***on your ~*** alla tua sinistra; ***to the ~*** a *o* verso sinistra; ***keep (to the) ~*** AUT. tenersi a sinistra **2 U** + verbo sing. o pl. POL. ***the ~*** la sinistra **3** SPORT sinistro m. **III** avv. a sinistra ♦ ***~, right and centre*** [*criticize, spend money*] a destra e a manca.

left-click /'leftklɪk/ **I** tr. fare clic con il pulsante sinistro del mouse su **II** intr. fare clic con il pulsante sinistro del mouse.

left-hand /ˌleft'hænd/ agg. [*page*] di sinistra; ***it's on the ~ side*** è a sinistra *o* sul lato sinistro.

left-hand drive I n. guida f. a sinistra **II** modif. [*car*] con la guida a sinistra.

left-handed /ˌleft'hændɪd/ agg. [*person*] mancino; [*scissors*] per mancini.

left-hander /ˌleft'hændə(r)/ n. mancino m. (-a).

leftie /'leftɪ/ n. **1** COLLOQ. persona f. di sinistra; SPREG. sinistroide m. e f. **2** AE mancino m. (-a).

leftist /'leftɪst/ **I** n. POL. persona f. di sinistra **II** agg. POL. di sinistra.

left-luggage (office) n. BE deposito m. bagagli.

left-of-centre /ˌleftəv'sentə(r)/ agg. POL. di centrosinistra.

left-over /'leftəʊvə(r)/ agg. rimasto, rimanente.

left-overs /'leftəʊvəz/ n.pl. avanzi m.

left wing I n. **1** POL. ***the ~*** l'ala sinistra, la sinistra **2** SPORT ala f. sinistra, laterale m. sinistro **II left-wing** agg. POL. di sinistra.

left-winger /ˌleft'wɪŋə(r)/ n. POL. persona f. di sinistra.

lefty → **leftie**.

1.leg /leg/ **I** n. **1** ➧ **2** *(of person)* gamba f.; *(of animal)* zampa f.; ***to stand on one ~*** stare su una gamba sola; ***these trousers are too long in the ~*** SART. questi pantaloni sono troppo lunghi di gamba **2** *(of furniture)* gamba f. **3** GASTR. *(of lamb)* cosciotto m.; *(of poultry, frog)* coscia f. **4** *(of journey)* tappa f. **II -legged** agg. in composti ***three-~ged*** [*furniture*] a tre gambe; ***four-~ged*** [*animal*] a quattro zampe; ***long-~ged*** [*person*] dalle gambe lunghe ♦ ***break a ~!*** TEATR. COLLOQ. in bocca al lupo! ***shake a ~!*** datti una mossa! ***he doesn't have a ~ to stand on*** non ha nessuna ragione che tenga; ***to be on its last ~s*** [*car*] essere agli ultimi colpi; [*regime*] stare per cadere; [*company*] stare per chiudere i battenti; ***he is on his last ~s*** è allo stremo; ***to cost an arm and a ~*** costare un occhio della testa; ***to give sb. a ~ up*** COLLOQ. dare una mano a qcn. a salire; FIG. dare una spinta a qcn.; ***to pull sb.'s ~*** prendere in giro qcn.

2.leg /leg/ tr. COLLOQ. (forma in -ing ecc. **-gg-**) ***to ~ it*** *(walk)* camminare; *(walk fast)* camminare in fretta, correre; *(run away)* darsela a gambe.

legacy /'legəsɪ/ n. **1** DIR. lascito m., legato m. **2** FIG. ***the ~ of*** il retaggio di [*era, artist*]; lo strascico di [*war*].

legal /'li:gl/ agg. **1** *(relating to the law)* [*costs, document, matter*] legale; [*process, system*] giudiziario; [*status*] giuridico; ***to take ~ advice*** consultare un avvocato **2** *(lawful)* [*act, heir, separation*] legale; [*owner, claim*] legittimo.

legal action n. azione f. legale; ***to bring a*** o ***take ~ against sb.*** procedere per via legale contro qcn.

legal aid n. DIR. gratuito patrocinio m.

legal eagle n. COLLOQ. = avvocato astuto.

legal holiday n. AE festività f. legale.

legalistic /ˌli:gə'lɪstɪk/ agg. SPREG. legalistico.

legality /li:'gælətɪ/ n. legalità f.

legalization /ˌli:gəlaɪ'zeɪʃn, AE -lɪ'z-/ n. legalizzazione f.

legalize /'li:gəlaɪz/ tr. legalizzare.

legally /'li:gəlɪ/ avv. **1** [*valid*] giuridicamente; ***to be ~ represented*** essere rappresentato da un avvocato; ***to be ~ entitled to do*** avere il diritto di fare **2** *(lawfully)* secondo la legge, legalmente.

legal practitioner n. giurista m. e f.

legal proceedings n.pl. procedimento m.sing. legale, azione f.sing. in giudizio.

legal tender n. moneta f. legale.

legate /'legɪt/ n. STOR. RELIG. legato m.

legatee /ˌlegə'ti:/ n. legatario m. (-a).

legation /lɪ'geɪʃn/ n. legazione f.

legend /'ledʒənd/ n. leggenda f.; ***~ has it that*** secondo la leggenda.

legendary /'ledʒəndrɪ, AE -derɪ/ agg. leggendario.

legerdemain /ˌledʒədəˈmeɪn/ n. **U** giochi m.pl. di prestigio, prestidigitazione f.; FIG. SPREG. inganni m.pl., raggiri m.pl.
leggings /ˈlegɪŋz/ n.pl. gambali m.; *(for baby)* ghette f.; *(for woman)* fuseau m.
leggy /ˈlegɪ/ agg. [*person*] dalle gambe lunghe.
Leghorn /leˈgɔːn/ ➧ *34* n.pr. Livorno f.
legibility /ˌledʒəˈbɪlətɪ/ n. leggibilità f.
legible /ˈledʒəbl/ agg. leggibile.
legibly /ˈledʒəblɪ/ avv. in modo leggibile.
legion /ˈliːdʒən/ **I** n. MIL. legione f.; FIG. moltitudine f., schiera f. **II** agg. mai attrib. legionario.
legionary /ˈliːdʒənərɪ, AE -nerɪ/ **I** agg. legionario **II** n. legionario m.
legionnaire /ˌliːdʒəˈneə(r)/ n. MIL. legionario m.
legionnaire's disease ➧ *11* n. morbo m. del legionario, legionellosi f.
legislate /ˈledʒɪsleɪt/ intr. legiferare; ***to ~ against*** promulgare delle leggi contro.
legislation /ˌledʒɪsˈleɪʃn/ n. legislazione f.; ***a piece of ~*** una legge; ***to introduce ~*** introdurre delle leggi.
legislative /ˈledʒɪslətɪv, AE -leɪtɪv/ agg. legislativo.
legislator /ˈledʒɪsleɪtə(r)/ n. DIR. POL. legislatore m. (-trice).
legislature /ˈledʒɪsleɪtʃə(r)/ n. DIR. POL. corpo m. legislativo, assemblea f. legislativa.
legitimacy /lɪˈdʒɪtɪməsɪ/ n. legittimità f.
1.legitimate /lɪˈdʒɪtɪmət/ agg. **1** *(justifiable)* [*action, question, request*] legittimo; [*excuse*] valido **2** *(lawful)* [*business*] lecito; [*act, child, claim, heir*] legittimo.
2.legitimate /lɪˈdʒɪtɪmeɪt/ tr. → **legitimize**.
legitimately /lɪˈdʒɪtɪmətlɪ/ avv. **1** *(justifiably)* legittimamente **2** *(legally)* legalmente.
legitimation /lɪˌdʒɪtɪˈmeɪʃn/ n. legittimazione f.
legitimize /lɪˈdʒɪtɪmaɪz/ tr. **1** *(legalize)* legittimare **2** *(justify)* giustificare.
legless /ˈleglɪs/ agg. **1** senza gambe **2** BE COLLOQ. SCHERZ. *(drunk)* ubriaco fradicio.
leg-pull /ˈlegpʊl/ n. presa f. in giro.
leg-pulling /ˈlegpʊlɪŋ/ n. (il) prendere in giro.
legroom /ˈlegruːm, -rʊm/ n. spazio m. per le gambe.
legume /ˈlegjuːm/ n. legume m.
leguminous /lɪˈgjuːmɪnəs/ agg. delle leguminose.
leg warmers n.pl. scaldamuscoli m.
legwork /ˈlegwɜːk/ n. *(involving travelling about)* giri m.pl.; ***to do the ~*** fare il galoppino.
leisure /ˈleʒə(r), AE ˈliːʒə(r)/ **I** n. **U** *(spare time)* tempo m. libero; *(activities)* svaghi m.pl.; ***to do sth. at (one's) ~*** fare qcs. con comodo *o* senza fretta **II** modif. [*centre, facilities*] per il tempo libero; ***~ industry*** industria del tempo libero.
leisured /ˈleʒəd, AE ˈliːʒəd/ agg. agiato; ***the ~ classes*** le classi agiate; SPREG. quelli che hanno i soldi.
leisurely /ˈleʒəlɪ, AE ˈliː-/ agg. [*person*] tranquillo, calmo; [*walk*] tranquillo; [*breakfast*] fatto con comodo; ***at a ~ pace*** con calma.
leisure time n. tempo m. libero.
leisure wear n. **U** abbigliamento m. sportivo, per il tempo libero.
LEM n. (⇒ lunar excursion module modulo per l'escursione lunare) LEM m.
lemming /ˈlemɪŋ/ n. lemming m.
lemon /ˈlemən/ ➧ *5* **I** n. **1** *(fruit)* limone m. **2** *(colour)* giallo m. limone **3** COLLOQ. SCHERZ. ***to look a ~*** sembrare stupido **4** AE COLLOQ. *(book, movie)* fregatura f., bidone m. **II** modif. ***~ tree*** limone; ***~ tea*** tè al limone **III** agg. *(colour)* giallo limone.
lemonade /ˌleməˈneɪd/ n. *(fizzy)* gazzosa f.; *(still)* limonata f.; *(fresh)* AE limonata f.
lemon cheese, **lemon curd** n. BE = crema al limone.
lemon juice n. succo m. di limone; BE *(drink)* limonata f.
lemon sole n. BE sogliola f. limanda.
lemon squash n. BE = succo concentrato di limone utilizzato per la preparazione di bevande.
lemon yellow ➧ *5* **I** n. giallo m. limone **II** agg. giallo limone.
Lemuel /ˈlemjʊəl/ n.pr. Lemuele.
Lena /ˈliːnə/ n.pr. diminutivo di **Helen** e **Magdalen(e)**.
lend /lend/ **I** tr. (pass., p.pass. **lent**) **1** *(loan)* prestare [*object, money*]; ***to ~ sb. sth., to ~ sth. to sb.*** prestare qcs. a qcn. **2** *(provide)* conferire, dare [*quality, credibility*]; prestare [*support*]; ***to ~ an ear*** prestare orecchio, prestare ascolto; ***to ~ a hand*** dare una mano; ***to ~ one's name to*** prestare il proprio nome per; ***to ~ weight to sth.*** dare peso a qcs. **II** intr. (pass., p.pass. **lent**) concedere prestiti; ***to ~ at 15%*** concedere un prestito al 15% **III** rifl. (pass., p.pass. **lent**) prestarsi (**to** a).
lender /ˈlendə(r)/ n. prestatore m. (-trice).
lending /ˈlendɪŋ/ **I** n. prestito m. **II** modif. ***~ rate*** tasso d'interesse ufficiale.
length /leŋθ/ ➧ *15* **I** n. **1** lunghezza f.; ***to be 15 cm in ~*** avere una lunghezza di 15 cm; ***X is twice the ~ of Y*** X è lungo il doppio di Y; ***along the whole ~ of*** per tutta la lunghezza di; ***to cycle the (whole) ~ of Italy*** percorrere (tutta) l'Italia in bicicletta; ***there was a ladder running the (whole) ~ of her stocking*** la sua calza era smagliata per tutta la lunghezza **2** *(of book, list)* lunghezza f.; *(of event, activity, prison sentence)* durata f.; LING. *(of syllable)* lunghezza f.; ***a film three hours in ~*** un film di tre ore *o* lungo tre ore; ***a considerable ~ of time*** un tempo considerevolmente lungo; ***he can't concentrate for any ~ of time*** non riesce a concentrarsi molto a lungo **3** *(piece)* *(of string, wood)* pezzo m.; *(of fabric)* lunghezza f.; *(of piping, track)* tratto m.; ***dress, skirt ~*** lunghezza del vestito, della gonna **4** SPORT lunghezza f.; *(in swimming)* vasca f. **5 at length** *(for a long time)* a lungo; *(at last)* finalmente **II -length** agg. in composti ***shoulder-~ hair*** capelli che arrivano alle spalle; ***floor-~ curtains*** tende che arrivano al pavimento **III lengths** n.pl. ***to go to great ~s to do sth.*** fare ogni sforzo per fare qcs., fare di tutto per fare qcs.; ***to be willing to go to any ~s*** essere disposto a fare qualsiasi cosa; ***to go to the ~s of doing*** arrivare al punto di fare.
lengthen /ˈleŋθən/ **I** tr. **1** allungare [*garment*]; allungare, prolungare [*wall, shelf*]; prolungare [*stay, visit*] **2** LING. allungare [*vowel, syllable*] **II** intr. [*queue, list, days*] allungarsi; [*skirt, trousers*] diventare più lungo.
lengthily /ˈleŋθɪlɪ/ avv. lungamente.
lengthiness /ˈleŋθɪnɪs/ n. lungaggine f., prolissità f.
lengthwise /ˈleŋθwaɪz/, **lengthways** /ˈleŋθweɪz/ BE avv. [*cut, fold*] nel senso della lunghezza; [*place, lay*] in lungo.
lengthy /ˈleŋθɪ/ agg. lungo, prolisso.
lenience /ˈliːnɪəns/, **leniency** /ˈliːnɪənsɪ/ n. *(of person)* indulgenza f., clemenza f.; *(of punishment)* clemenza f.
lenient /ˈliːnɪənt/ agg. [*person*] indulgente, clemente; [*punishment*] clemente.
lens /lenz/ n. **1** *(in optical instruments, spectacles)* lente f.; *(in camera)* obiettivo m.; *(contact)* lente f. (a contatto) **2** ANAT. cristallino m.
lens cap n. copriobiettivo m.
lens hood n. paraluce m.
lent /lent/ pass., p.pass. → **lend**.
Lent /lent/ n. quaresima f.
Lenten /ˈlentən/ agg. LETT. quaresimale.
lentil /ˈlentl/ n. lenticchia f.
Leo /ˈliːəʊ/ ➧ *38* n.pr. **1** ASTROL. Leone m.; ***to be (a) ~*** essere del Leone *o* un Leone **2** *(male name)* Leone.
Leonard /ˈlenəd/ n.pr. Leonardo.
leonine /ˈliːənaɪn/ agg. leonino.
Leonora /ˌliːəˈnɔːrə/ n.pr. Leonora.
leopard /ˈlepəd/ n. leopardo m. ♦ ***a ~ cannot change his spots*** PROV. il lupo perde il pelo ma non il vizio.
leopardess /ˈlepədɪs/ n. femmina f. di leopardo.
leopardskin /ˈlepədskɪn/ **I** n. pelle f. di leopardo **II** modif. [*garment*] (in pelle) di leopardo; [*pattern*] leopardato.
Leopold /ˈlɪəpəʊld/ n.pr. Leopoldo.
leotard /ˈliːətɑːd/ n. *(for dancers)* body m.
leper /ˈlepə(r)/ n. lebbroso m. (-a); FIG. appestato m. (-a).
leprechaun /ˈleprəkɔːn/ n. MITOL. *(in Ireland)* gnomo m., folletto m.
leprosy /ˈleprəsɪ/ ➧ *11* n. lebbra f.
leprous /ˈleprəs/ agg. lebbroso.
lesbian /ˈlezbɪən/ **I** agg. lesbico **II** n. lesbica f.
lese-majesty /ˌliːzˈmædʒɪstɪ/ n. DIR. lesa maestà f.
lesion /ˈliːʒn/ n. lesione f.

2.let

- When *let* is used in English with another verb in order to make a suggestion, the first person plural of the appropriate verb in the imperative can generally be used to express this in Italian:

let's do it at once!	= facciamolo subito!
let's go to the cinema tonight!	= andiamo al cinema stasera!
let's go shopping, shall we?	= andiamo a fare spese, dai!

These translations can also be used for negative suggestions:

let's not take (or *don't let's take*) *the bus – let's walk*	= non prendiamo l'autobus – andiamoci a piedi.

For more examples and particular usages see **1** in the entry **2.let.**

- When *let* is used in English with another verb to express defiance or a command (*just let him try!*), the Italian equivalent uses the structure *che* + present subjunctive:

just let him try!	= che ci provi!
don't let me see you here again!	= che non ti riveda più da queste parti!

For more examples and particular usages see **1** in the entry **2.let.**

- When *let* is used to mean *allow*, it is generally translated by the verb *lasciare* or *fare*:

he let me go first	= ha lasciato andare prima me / ha fatto andare me per primo
she did not let the children swim in the pond	= non ha lasciato / fatto nuotare i bambini nello stagno.

For more examples and particular usages see **2** in the entry **2.let.**

- For translations of expressions such as *let fly, let loose, let slip* etc., consult the entry for the second word (**fly, loose, slip** etc.).

less /les/ (compar. di **little**) When *less* is used as a quantifier (*less money*), it is translated by *meno*: *meno soldi*. For examples and particular usages, see **I** in the entry below. - When *less* is used as a pronoun (*you should have taken less*), it is translated by *meno*: *avresti dovuto prenderne meno*. *Less than* is usually translated by *meno di* and *even less* by *ancora meno*. For examples and particular usages of these, see **II** in the entry below. - When *less* is used as an adverb followed by a verb, an adjective, or another adverb (*to eat less, less interesting, less often*), it is translated by *meno*: *mangiare meno, meno interessante, meno spesso*. For examples and particular usages, see **III** in the entry below. - For the phrase *less and less*, see **III.2**. - For *less* used as a preposition (*less 10%*), see **IV**. **I** quantif. meno; ***~ beer*** meno birra; ***I have ~ money than him*** ho meno soldi di lui; ***of ~ value*** di minore valore; ***to grow ~*** diminuire **II** pron. meno; ***I have ~ than you*** ne ho meno di te; ***even ~*** ancora meno; ***~ than half*** meno della metà; ***in ~ than three hours*** in meno di tre ore; ***in ~ than no time*** in un batter d'occhio, in men che non si dica; ***6 is ~ than 9*** 6 è più piccolo di 9; ***a sum of not ~ than £ 10*** una somma non inferiore alle 10 sterline; ***he was ~ than helpful*** fu tutt'altro che disponibile; ***it's an improvement, but ~ of one than I had hoped*** è un miglioramento, ma inferiore a quanto sperassi; ***he's nothing ~ than a common criminal*** non è né più né meno che un criminale; ***it's nothing ~ than a scandal!*** è proprio uno scandalo! ***he's ~ of a fool than you think*** è meno scemo di quel che pensi; ***they will think all the ~ of her for it*** avranno ancora meno stima di lei dopo questo; ***£ 100 and not a penny ~!*** 100 sterline e non un penny di meno! ***the ~ said about it the better*** meno si dice meglio è; ***people have been shot for ~!*** c'è chi è stato ucciso per meno! **III** avv. **1** (di) meno; ***I liked it ~ than you did*** mi è piaciuto meno che a te; ***I dislike him no ~ than you*** non mi sta meno antipatico che a te; ***it matters ~ than it did before*** ha meno importanza di prima; ***he is no ~ qualified than you*** non è meno qualificato di te; ***it's ~ a village than a town*** è più una città che un paese; ***the more I see him, the ~ I like him*** più lo vedo e meno mi piace; ***no ~ than 85%*** non meno dell'85%; ***they live in Kensington, no ~!*** abitano nientemeno che a Kensington! ***no ~ a person than the emperor*** nientemeno che l'imperatore; ***he was ~ offended than shocked*** era più scioccato che offeso **2 less and less** sempre meno **IV** prep. meno; ***~ 15% discount*** meno il 15% di sconto.

lessee /le'si:/ n. DIR. locatario m., conduttore m.

lessen /'lesn/ **I** tr. diminuire [*affection, influence*]; ridurre [*cost, production*]; attenuare [*pain*] **II** intr. diminuire, ridursi.

lessening /lesnɪŋ/ n. diminuzione f.

lesser /'lesə(r)/ **I** agg. minore; [*life form*] poco evoluto; ***to a ~ degree*** o ***extent*** in minor grado, in misura minore; ***~ being*** o ***mortal*** essere inferiore; ***the ~ works of an artist*** le opere minori di un artista **II** avv. meno.

lesson /'lesn/ n. **1** lezione f.; ***Spanish ~*** lezione di spagnolo; ***to give ~s*** dare lezioni (**in** di); ***to take, have ~s*** prendere, seguire lezioni (**in** di); ***we have ~s from 9 to 12*** abbiamo lezione dalle 9 alle 12 **2** RELIG. lettura f.; ***to read the first ~*** leggere la prima lettura **3** FIG. ***let that be a ~ to you!*** che ti serva di lezione! ***I'm going to teach him a ~!*** gli darò una bella lezione! ***that'll teach you a ~!*** ti servirà da lezione!

lessor /le'sɔ:(r)/ n. DIR. locatore m.

lest /lest/ cong. FORM. **1** *(for fear that)* per tema che, per timore che; *(in case that)* nel caso **2** *(after expressions of fear)* ***I was afraid ~ he might*** o ***should die*** temevo morisse.

1.let /let/ n. BE *(lease)* affitto m.

2.let /let/ tr. (forma in -ing **-tt-**; pass., p.pass. **let**) **1** *(when making suggestion, expressing command)* ***~'s go*** andiamo; ***~'s begin by doing*** cominciamo facendo; ***~'s not*** o ***don't ~'s*** BE ***talk about that!*** non parliamone! ***~'s see if...*** vediamo se...; ***~'s pretend that...*** facciamo finta che...; ***~'s face it*** siamo onesti, riconosciamolo; ***~ me see, ~'s see...*** vediamo...; ***~ me think about it*** fammici pensare; ***it's more complex than, ~'s say, a computer*** è più complesso, diciamo, di un computer; ***~ there be no doubt about it!*** che non ci siano dubbi su questo! ***~ the festivities begin!*** abbiano inizio i festeggiamenti! ***never ~ it be said that*** non sia mai detto che; ***just ~ him try it!*** che provi! ***if he wants tea, ~ him make it himself!*** se vuole del tè, che se lo faccia! ***~ me tell you...*** lascia che te lo dica...; ***~ y = 25*** MAT. sia y = 25 **2** *(allow)* **to ~ sb. do sth.** lasciare fare qcs. a qcn.; ***~ me explain*** lasciami spiegare; ***he let himself be intimidated*** si è lasciato intimidire; ***don't ~ it get you down*** non lasciarti buttare giù; ***he wanted to leave but they wouldn't ~ him*** voleva andarsene ma non l'hanno lasciato; ***I won't ~ them talk to me like that!*** non permetto che mi si parli in questo modo! ***don't ~ me forget to do*** ricordami di fare; ***~ me see, ~ me have a look*** fa' vedere, fammi dare un'occhiata; ***~ me introduce you to Jo*** lascia che ti presenti Jo; ***to ~ sth. fall*** lasciare cadere qcs.; ***to ~ one's hair grow*** farsi crescere i capelli; ***to ~ sb. off the bus*** lasciare scendere qcn. dall'autobus; ***can you ~ me off here?*** puoi lasciarmi qui? **3 let alone** per non parlare di, tanto meno; ***he couldn't look after the cat ~ alone a child*** non era in grado di badare al gatto, figuriamoci a un bambino **4** (anche BE **~ out**) *(lease)* dare in affitto (**to** a); ***"to ~"*** "affittasi".

▪ **let down:** **~ [sb.] down** **1** *(disappoint)* deludere; ***it has never let me down*** [*technique, machine*] non mi ha mai dato problemi; ***to feel let down*** sentirsi deluso **2** *(embarrass)* mettere in imbarazzo; **~ [sth.] down, ~ down [sth.]** **1** BE *(deflate)* sgonfiare [*tyre*] **2** *(lower)* calare, fare scendere [*bucket*]; abbassare [*window*] **3** *(lengthen)* allungare [*garment*] **4** sciogliere [*hair*].

▪ **let go** lasciare la presa; ***to ~ go of sb., sth.*** lasciare andare qcn., qcs.; FIG. staccarsi da qcn., qcs.; **~ [sb.] go, ~ go [sb.]** **1** *(free)* rilasciare, lasciare andare [*prisoner*] **2** *(release hold on)* lasciare, mollare [*person, arm*] **3** EUFEM. mandare a spasso, licenziare [*employee*] **4** ***to ~ oneself go*** lasciarsi andare; **~ [sth.] go, ~ go [sth.]** **1** lasciare [*rope, bar*] **2** FIG. ***to ~ it go*** lasciare perdere.

▪ **let in:** **~ in [sth.], ~ [sth.] in** [*roof, window*] fare entrare [*rain*]; [*shoes*] lasciare passare [*water*]; [*curtains*] lasciare passare [*light*]; ~ **[sb.] in**, ~ **in [sb.]** **1** *(show in)* fare entrare; *(admit)* lasciare entrare; ***I let myself in*** sono entrato con la chiave **2** ***to ~ oneself in for*** cacciarsi in [*trouble*]; cercarsi [*disappointment*]; ***I had no idea what I was ~ting myself in for*** non avevo alcuna idea di dove mi stessi cacciando **3** ***to ~ sb. in on, to ~ sb. into*** mettere qcn. al corrente di [*secret, joke*].

▪ **let off:** ~ **off [sth.]** fare esplodere [*bomb*]; sparare un colpo di [*gun*]; ~ **[sb.] off** **1** BE SCOL. fare uscire [*pupils*] **2** *(excuse)* ***to ~ sb. off*** esentare *o* esonerare qcn. da [*homework*] **3** *(leave unpunished)* lasciare andare [*culprit*]; ***to be ~ off with*** cavarsela con [*fine, caution*]; ***to ~ sb. off lightly*** chiudere un occhio *o* essere clemente con qcn.

▪ **let on** **1** *(reveal)* rivelare; ***don't ~ on that you speak German*** non dire che sai il tedesco **2** BE *(pretend)* ***to ~ on that*** fare finta che.

▪ **let out:** ~ **out** AE [*movie, school*] finire (**at** a); ~ **out [sth.]** **1** *(emit)* emettere [*cry, sigh*]; ***to ~ out a roar*** ruggire **2** BE *(reveal)* lasciarsi sfuggire; ~ **[sth.] out**, ~ **out [sth.]** **1** *(release)* liberare, fare uscire [*animal*] **2** dare sfogo a [*grief, anger*] **3** SART. allargare [*garment, waistband*]; ~ **[sb.] out** **1** *(release)* fare uscire, liberare [*prisoner*]; fare uscire [*pupils, employees*] **2** *(show out)* fare uscire; ***I'll ~ myself out*** non scomodatevi, posso uscire da solo.

▪ **let through:** ~ **[sb.] through**, ~ **through [sb.]** **1** *(in crowd)* lasciare passare **2** SCOL. UNIV. fare passare; ~ **[sth.] through**, ~ **through [sth.]** fare passare [*error, faulty product*].

▪ **let up** [*rain, wind, heat*] diminuire; [*pressure*] allentarsi; ***the rain never once let up*** è sempre piovuto intensamente; ***he never ~s up*** non molla mai.

3.let /let/ n. SPORT let m., net m.

letdown /'letdaʊn/ n. delusione f.

lethal /'li:θl/ agg. **1** *(fatal)* [*substance, dose, weapon*] letale; [*disease, blow*] mortale **2** *(dangerous)* [*machine, stretch of road*] molto pericoloso; ***a ~ mixture*** *(drink)* un miscuglio mortale; FIG. SCHERZ. un miscuglio terribile.

lethargic /lɪ'θɑ:dʒɪk/ agg. [*animal*] letargico; FIG. *(lazy)* apatico; ***to feel ~*** sentirsi intorpidito.

lethargy /'leθədʒɪ/ n. letargia f.

let's /lets/ contr. let us.

letter /'letə(r)/ **I** n. **1** lettera f. (**to** per; **from** di); ***to inform sb. by ~*** informare qcn. per lettera; ***~s to the editor*** GIORN. lettere al direttore; ***the ~s of Virginia Woolf*** le lettere di Virginia Woolf **2** *(of alphabet)* lettera f.; *(character)* lettera f., carattere m. **II letters** n.pl. *(literature)* lettere f.; ***a man of ~s*** un uomo di lettere ♦ ***the ~ of the law*** la lettera della legge; ***to follow instructions to the ~*** seguire le istruzioni alla lettera.

letter bomb n. lettera f. esplosiva.

letter box n. cassetta f. per le lettere, buca f. delle lettere.

lettered /'letəd/ agg. ANT. letterato.

letterhead /'letəhed/ n. intestazione f. di carta da lettera.

lettering /'letərɪŋ/ n. lettering m.

letter post n. tariffa f. della lettera.

letterpress /'letəpres/ n. TIP. *(method)* stampa f. rilievografica, rilievografia f.; *(text)* testo m. stampato in rilievo.

letter rack n. = casellario per la corrispondenza.

letters page n. GIORN. = pagina delle lettere al direttore.

letting /'letɪŋ/ n. BE proprietà f. in affitto.

lettuce /'letɪs/ n. insalata f. verde; *(round)* lattuga f.

letup /'letʌp/ n. diminuzione f.; *(respite)* sosta f.

leuk(a)emia /lu:'ki:mɪə/ ➧ ***11*** n. leucemia f.

levee /'levɪ/ n. AE *(by river)* argine m.

1.level /'levl/ **I** n. **1** livello m. (anche FIG.); ***on a ~ with the first floor*** all'altezza del primo piano; ***that is on a ~ with arson*** questo equivale all'incendio doloso; ***at waist-~*** all'altezza della vita; ***at street ~*** al livello della strada; ***an intermediate ~ textbook*** un libro di testo per il livello intermedio; ***on the same ~*** alla stessa altezza, allo stesso livello; ***to be on the same ~ as sb.*** essere allo stesso livello di qcn.; ***to talk to sb. on their ~*** parlare con qcn. da pari a pari; ***on a purely practical ~*** su un piano puramente pratico; ***to be reduced to the same ~ as*** essere messi allo stesso piano di **2** *(degree)* *(of pollution, noise)* livello m.; *(of unemployment)* tasso m., livello m.; *(of spending)* ammontare m.; *(of satisfaction, anxiety)* grado m., livello m.; ***glucose ~s*** livello di glucosio **3** *(in hierarchy)* livello m.; ***at local ~*** a livello locale; ***at a lower ~*** a un livello inferiore **4** *(tool)* livella f. **II levels** n.pl. GEOGR. piana f.sing. **III** agg. **1** *(not at an angle)* [*shelf*] dritto; [*surface*] piano; [*table*] orizzontale **2** *(not bumpy)* [*ground, surface, land*] piatto **3** *(not heaped)* [*teaspoonful*] raso **4** *(equally high)* ***to be ~*** [*shoulders, windows*] essere alla stessa altezza; [*floor, building*] essere allo stesso livello; ***~ with the ground*** a raso terra **5** FIG. *(in achievement, rank)* ***to be ~*** [*competitors*] essere (alla) pari **6** FIG. *(even)* [*tone*] uniforme; ***to remain ~*** [*figures*] rimanere stabile **IV** avv. ***to draw ~*** [*competitors*] essere pari (**with** con) ♦ ***to be ~-pegging*** essere alla pari; ***to be on the ~*** *(trustworthy)* essere in buona fede; ***to keep a ~ head*** mantenere il sangue freddo; ***to try one's ~ best to do sth.*** cercare di fare tutto il possibile per fare qcs.

2.level /'levl/ tr. (forma in -ing ecc. **-ll-** BE, **-l-** AE) **1** radere al suolo, spianare [*village, area*] **2** *(aim)* spianare [*weapon*] (**at** su); lanciare [*accusation*] (**at** contro); rivolgere [*criticism*] (**at** a) ♦ ***to ~ with sb.*** dire le cose come stanno a qcn.

▪ **level off** **1** [*prices, curve*] stabilizzarsi **2** [*plane*] mettersi in assetto orizzontale; [*pilot*] mettere l'aereo in assetto orizzontale **3** [*path*] continuare su un terreno pianeggiante.

▪ **level out** **1** [*terrain*] diventare piano **2** [*prices, curve*] stabilizzarsi.

level crossing n. passaggio m. a livello.

level-headed /ˌlevl'hedɪd/ agg. con la testa a posto.

levelling /'levəlɪŋ/ **I** n. **1** *(making smooth)* livellamento m. **2** *(demolition)* spianamento m. **II** modif. [*effect*] livellatore.

1.lever /'li:və(r), AE 'levər/ n. AUT. TECN. leva f.; *(small)* levetta f., manetta f.

2.lever /'li:və(r), AE 'levər/ tr. ***to ~ sth. off*** spostare qcs. con l'aiuto di una leva, fare leva per spostare qcs.; ***to ~ sth. open*** aprire qcs. con l'aiuto di una leva, fare leva per aprire qcs.

leverage /'li:vərɪdʒ, AE 'lev-/ n. **1** FIS. azione f. di una leva **2** FIG. influenza f. **3** ECON. *(of company)* rapporto m. di indebitamento, leverage m.

leveret /'levərɪt/ n. leprotto m.

leviathan /lɪ'vaɪəθn/ n. leviatano m. (anche FIG.).

levitate /'levɪteɪt/ **I** tr. fare levitare **II** intr. levitare.

levitation /ˌlevɪ'teɪʃn/ n. levitazione f.

levity /'levətɪ/ n. leggerezza f., frivolezza f.

1.levy /'levɪ/ n. *(tax)* tassa f., imposta f.; *(act of collecting)* esazione f.; ***import ~*** tassa sull'importazione.

2.levy /'levɪ/ tr. *(charge)* riscuotere [*tax*]; *(impose)* imporre [*fine*].

lewd /lju:d, AE lu:d/ agg. [*joke, remark*] volgare; [*gesture*] osceno, volgare; [*person, expression*] lascivo, libidinoso.

lewdness /'lju:dnɪs, AE 'lu:d-/ n. *(of joke, remark)* volgarità f.; *(of person, behaviour)* lascivia f.

Lewis /'lu:ɪs/ n.pr. Luigi.

lexical /'leksɪkl/ agg. lessicale.

lexicographer /ˌleksɪ'kɒgrəfə(r)/ ➧ ***27*** n. lessicografo m. (-a).

lexicography /ˌleksɪ'kɒgrəfɪ/ n. lessicografia f.

lexicon /'leksɪkən, AE -kɒn/ n. LING. lessico m.

lhd n. (⇒ left-hand drive) = autoveicolo con la guida a sinistra.

liability /ˌlaɪə'bɪlətɪ/ **I** n. **1** DIR. responsabilità f.; ***~ for tax*** obbligo di pagare le tasse **2** *(drawback)* ostacolo m., inconveniente m. **II liabilities** n.pl. passivo m.sing., debiti m.; ***assets and liabilities*** attivo e passivo.

liable /'laɪəbl/ agg. **1** *(likely)* ***to be ~ to do*** rischiare di fare; ***it's ~ to rain*** è probabile che piova **2** *(prone)* ***he is ~ to colds*** è soggetto a raffreddori; ***the contract is ~ to changes*** il contratto è passibile di modifiche **3** *(legally subject)* ***to be ~ to*** essere passibile di [*fine, prosecution*]; ***to be ~ for*** o ***to tax*** essere tassabile, essere soggetto a tassazione; ***to be ~ for military service*** essere soggetto agli obblighi del servizio militare, essere di leva; ***to be ~ for sb.'s debts*** rispondere dei debiti di qcn.; ***~ for damages*** responsabile dei danni.

liaise /lɪ'eɪz/ intr. fare da collegamento.

liaison /lɪ'eɪzn, AE 'lɪəzɒn/ n. **1** *(intimate relation)* relazione f., liaison f. **2** *(relationship)* relazione f., legame m. **3** MIL. collegamento m. **4** FON. liaison f.

liaison officer n. MIL. ufficiale m. di collegamento; AMM. responsabile m. delle relazioni.

liana /lɪ'ɑ:nə/ n. liana f.

liar /'laɪə(r)/ n. bugiardo m. (-a).

lib /lɪb/ n. COLLOQ. ***women's ~*** movimento di liberazione delle donne.

Lib Dem n. COLLOQ. → **Liberal Democrat**.

1.libel /'laɪbl/ **I** n. **1** *(crime)* diffamazione f. a mezzo stampa; ***to sue sb. for ~*** fare causa a qcn. per diffamazione **2** *(article, statement)* libello m., scritto m. diffamatorio **3** *(slander)* calunnia f. **II** modif. [*action, suit, damages*] per diffamazione; [*laws*] sulla diffamazione.

2.libel /'laɪbl/ tr. (forma in -ing ecc. **-ll-**, **-l-** AE) diffamare.

libellous BE, **libelous** AE /'laɪbələs/ agg. diffamatorio, calunnioso.

liberal /'lɪbərəl/ **I** agg. **1** *(open-minded)* [*person, institution*] liberale (anche POL.) **2** *(generous)* [*amount, offer*] generoso; [*person*] liberale; ***to make ~ use of sth.*** fare un uso abbondante di qcs. **3** [*interpretation*] libero **II** n. POL. liberale m. e f.

Liberal /'lɪbərəl/ **I** agg. POL. liberale **II** n. POL. liberale m. e f.

Liberal Democrat n. GB POL. liberaldemocratico m. (-a); ***the ~s*** i liberaldemocratici.

liberalism /'lɪbərəlɪzəm/ n. liberalismo m. (anche POL. ECON.).

liberality /ˌlɪbə'rælətɪ/ n. **1** *(generosity)* liberalità f. **2** *(open-mindedness)* larghezza f. di vedute.

liberalize /'lɪbərəlaɪz/ tr. liberalizzare.

liberally /'lɪbərəlɪ/ avv. **1** *(generously)* liberalmente, generosamente **2** *(tolerantly)* in modo liberale **3** [*interpret*] liberamente.

liberal-minded /'lɪbərəlˌmaɪndɪd/ agg. di larghe vedute.

liberal studies n.pl. BE SCOL. UNIV. = studio dell'insieme delle discipline umanistiche, della matematica e delle scienze.

liberate /'lɪbəreɪt/ tr. liberare [*country*]; liberare, affrancare [*slave*].

liberated /'lɪbəreɪtɪd/ **I** p.pass. → **liberate II** agg. [*lifestyle*] libero; [*woman*] emancipato.

liberating /'lɪbəreɪtɪŋ/ agg. liberatorio.

liberation /ˌlɪbə'reɪʃn/ n. liberazione f. (anche POL.); ***women's ~*** liberazione della donna.

liberator /'lɪbəreɪtə(r)/ n. liberatore m. (-trice).

libertarian /ˌlɪbə'teərɪən/ n. **1** *(Right)* ultraliberale m. e f. **2** *(Left)* libertario m. (-a).

libertine /'lɪbəti:n/ n. LETT. libertino m. (-a).

liberty /'lɪbətɪ/ n. libertà f. (anche FILOS. POL.); ***civil liberties*** libertà civili; ***to be at ~ (to do)*** essere libero (di fare); ***I am not at ~ to say*** FORM. non ho il diritto di parlarne; ***to take the ~ of doing*** prendersi la libertà di fare; ***to take liberties with sb.*** prendersi delle libertà con qcn. ♦ ***it's ~ hall here!*** qui ognuno fa quello che vuole!

libidinous /lɪ'bɪdɪnəs/ agg. FORM. SCHERZ. libidinoso.

libido /lɪ'bi:dəʊ, 'lɪbɪdəʊ/ n. (pl. **~s**) libido f.

Libra /'li:brə/ ➧ *38* n. ASTROL. Bilancia f.; ***to be (a) ~*** essere della Bilancia *o* una Bilancia.

librarian /laɪ'breərɪən/ ➧ *27* n. bibliotecario m. (-a).

librarianship /laɪ'breərɪənʃɪp/ n. biblioteconomia f.

library /'laɪbrərɪ, AE -brerɪ/ **I** n. biblioteca f.; ***public ~*** biblioteca pubblica; ***photo(graphic) ~*** fototeca **II** modif. [*book, card, ticket*] della biblioteca.

libretti /lɪ'bretɪ/ → **libretto**.

librettist /lɪ'bretɪst/ n. librettista m. e f.

libretto /lɪ'bretəʊ/ n. (pl. **~s**, **-i**) MUS. libretto m.

Libya /'lɪbɪə/ ➧ *6* n.pr. Libia f.

Libyan /'lɪbɪən/ ➧ *18* **I** agg. libico **II** n. libico m. (-a).

lice /laɪs/ → **louse**.

licence BE, **license** AE /'laɪsns/ n. **1** *(for trading)* licenza f.; ***the restaurant doesn't have a ~*** il ristorante non ha la licenza per vendere alcolici; ***sold under ~ (from)*** venduto con l'autorizzazione (di) **2** *(to drive)* patente f. (di guida); *(to carry gun)* porto m. d'armi; *(to fish)* licenza f. di pesca; *(for TV)* abbonamento m.; ***to lose one's (driving) ~*** farsi ritirare la patente; ***to be married by special ~*** sposarsi con dispensa **3** SPREG. ***artistic ~*** licenza d'artista **4** FIG. *(permission)* autorizzazione f.; ***this law is a ~ to harass the innocent*** questa legge è un'autorizzazione a tormentare gli innocenti ♦ ***it's a ~ to print money*** è una miniera d'oro.

licence agreement BE, **license agreement** AE n. contratto m. di licenza.

licence fee n. BE tassa f. sulle concessioni governative.

licence number n. *(of car)* numero m. di immatricolazione.

licence plate BE, **license tag** AE n. AUT. targa f.

1.license AE → **licence**.

2.license /'laɪsns/ tr. **1** *(authorize)* autorizzare **2** denunciare [*gun*]; fare immatricolare [*vehicle*].

licensed /'laɪsnst/ **I** p.pass. → **2.license II** agg. **1** [*restaurant, café, club*] con la licenza per vendere alcolici **2** [*dealer, firm*] autorizzato; [*taxi*] con licenza; [*pilot*] con il brevetto; [*vehicle*] immatricolato; ***to be ~ to carry a gun*** avere il porto d'armi.

licensee /ˌlaɪsən'si:/ n. *(of pub etc.)* = titolare di una licenza per la vendita di alcolici.

licensing hours n.pl. BE orario m.sing. di vendita di alcolici.

licensing laws n.pl. BE leggi f. per la vendita di alcolici.

licentious /laɪ'senʃəs/ agg. licenzioso.

licentiousness /laɪ'senʃəsnɪs/ n. licenziosità f.

lichen /'laɪkən/ n. lichene m.

1.lick /lɪk/ n. **1** leccata f.; ***to give sth. a ~*** dare una leccata a qcs. **2** FIG. ***a ~ of paint*** un leggero strato di vernice **3** COLLOQ. *(in jazz)* chorus m. **4** *(blow)* colpo m. ♦ ***at a fair*** o ***good ~*** COLLOQ. a tutta birra.

2.lick /lɪk/ tr. **1** [*person, animal*] leccare; ***the cat was ~ing its paws*** il gatto si leccava le zampe; ***to ~ sth. clean*** [*animal*] pulire qcs. leccandolo; ***to ~ one's chops*** COLLOQ. o ***lips*** leccarsi le labbra; FIG. *(at prospect)* avere l'acquolina in bocca; ***to ~ sb.'s boots*** COLLOQ. leccare i piedi a qcn. **2** [*flame, wave*] lambire **3** COLLOQ. *(beat in game)* battere [*team, opponent*]; *(beat physically)* picchiare [*person*]; ***to get ~ed*** *(in game)* farsi battere; ***I think we've got the problem ~ed!*** COLLOQ. penso che abbiamo risolto il problema! ♦ ***to ~ one's wounds*** leccarsi le ferite.

licking /'lɪkɪŋ/ n. COLLOQ. *(beating)* botte f.pl.; ***to take*** o ***get a ~*** COLLOQ. prendersele; FIG. prendersi una bella batosta.

licorice AE → **liquorice**.

lid /lɪd/ n. **1** *(cover)* coperchio m. **2** *(eyelid)* palpebra f. ♦ ***to blow the ~ off sth.*** COLLOQ. mettere a nudo qcs.; ***to flip one's ~*** COLLOQ. uscire dai gangheri, dare i numeri; ***to keep the ~ on sth.*** COLLOQ. controllare qcs.; ***that really puts the (tin) ~ on it!*** COLLOQ. questo è il colmo!

lido /'li:dəʊ/ n. (pl. **~s**) **1** *(beach)* lido m. **2** BE *(pool)* piscina f. all'aperto.

1.lie /laɪ/ n. bugia f., menzogna f.; ***to tell a ~*** dire una bugia; ***to give the ~ to sth., sb.*** smentire qcs., qcn. ♦ ***to live a ~*** vivere nella menzogna.

2.lie /laɪ/ **I** tr. (forma in -ing **lying**; pass., p.pass. **lied**) ***he ~d his way into the job*** ha avuto il posto a suon di menzogne **II** intr. (forma in -ing **lying**; pass., p.pass. **lied**) mentire (**to sb.** a qcn.; **about** su, riguardo a); ***he ~d about her*** ha mentito riguardo a lei.

3.lie /laɪ/ n. *(position)* disposizione f., posizione f.

4.lie /laɪ/ intr. (forma in -ing **lying**; pass. **lay**; p.pass. **lain**) **1** *(in horizontal position)* [*person, animal*] *(action)* stendersi, distendersi, sdraiarsi; *(state)* stare disteso, stare sdraiato, giacere; [*objects*] giacere; ***to be lying on the bed*** essere disteso sul letto; ***to be lying in bed*** restare a letto; ***to ~ face down*** stare a faccia in giù, mettersi a faccia in giù; ***don't ~ in the sun too long*** non stare disteso al sole per troppo tempo; ***~ still*** stai giù; ***he lay dead*** giaceva morto; ***here ~s John Brown*** qui giace John Brown **2** *(be situated)* essere situato, trovarsi; *(remain)* restare; ***to ~ open*** [*book*] essere aperto; ***the toys lay all over the floor*** i giochi erano sparsi sul pavimento; ***that's where our future ~s*** il nostro futuro è là; ***to ~ before sb.*** [*life, career*] aprirsi a qcn.; ***what ~s ahead?*** cosa ci aspetta? **3** *(can be found)* stare; ***their interests ~ elsewhere*** i loro interessi stavano da un'altra parte; ***to ~ in*** [*cause, secret, fault*] stare in; [*popularity, strength*] venire da; ***to ~ in doing*** [*solution, cure*] consistere nel fare; ***to ~ behind*** *(be hidden)* stare nascosto dietro; *(instigate)* essere all'origine di; ***the responsibility ~s with them*** la responsabilità è loro **4** *(as covering)* ***the snow lay thick*** c'era uno spesso strato di neve; ***to ~ over*** [*atmosphere*] aleggiare su [*place, gathering*] ♦ ***to ~ low*** non farsi vedere.

■ **lie about, around:** ***~ around*** [*person*] bighellonare; [*object*] essere sparso qua e là; ***to leave sth. lying around*** lasciare qcs. in giro; ***~ around [sth.]*** bighellonare per [*house*].

■ **lie back** (di)stendersi, sdraiarsi; *(relax)* rilassarsi; ***he lay back on the pillow*** appoggiò la testa sul cuscino.
■ **lie down** *(briefly)* sdraiarsi; *(for longer period)* coricarsi; ***to take it lying down*** COLLOQ. FIG. lasciare passare.
■ **lie in** *(in bed)* restare a letto.
■ **lie off** MAR. [*ship*] stare al largo.
■ **lie up** **1** *(stay in bed)* stare a letto **2** *(hide)* nascondersi.
lie detector n. macchina f. della verità.
lie-down /ˈlaɪdaʊn/ n. ***to have a ~*** farsi un sonnellino.
lie-in /ˈlaɪɪn/ n. ***to have a ~*** starsene a letto più del solito.
lieu /lju:/ **1** **in lieu** ***one week's holiday in ~*** una settimana di vacanze in sostituzione **2** **in lieu of** in luogo di, invece di.
Lieut ⇒ Lieutenant *(in GB army, US police)* tenente (Ten.); *(in GB, US navy)* sottotenente di vascello.
lieutenant /lefˈtenənt, AE lu:ˈt-/ ♦ **23** n. **1** MIL. *(in GB army, US police)* tenente m.; *(in GB, US navy)* sottotenente m. di vascello **2** *(assistant)* luogotenente m.
lieutenant colonel ♦ **23** n. tenente m. colonnello.
lieutenant Governor n. vicegovernatore m.
life /laɪf/ **I** n. (pl. **lives**) **1** *(as opposed to death)* vita f.; ***a matter of ~ and death*** una questione di vita o di morte; ***to bring sb. back to ~*** riportare in vita qcn.; MED. rianimare qcn.; ***to take one's own ~*** togliersi la vita; ***plant, marine ~*** la vita vegetale, marina; ***~ has to go on*** la vita continua; ***that's ~*** così è la vita; ***run for your ~!*** si salvi chi può! **2** *(period from birth to death)* vita f.; ***throughout one's ~*** per tutta la vita; ***the first time in my ~*** la prima volta nella mia vita; ***romance of one's ~*** amore della propria vita; ***I got the fright of my ~!*** è stato il più grande spavento della mia vita! ***a job for ~*** un lavoro per tutta la vita; ***to mark sb. for ~*** marcare qcn. a vita; ***in later ~*** più avanti negli anni; ***at my time of ~*** alla mia età; ***in her early ~*** quando era giovane **3** *(biography)* vita f. **4** *(animation)* vita f., vitalità f.; ***full of ~*** pieno di vita; ***there was no ~ in her voice*** non c'era vitalità nella sua voce; ***there's not much ~ in the town in winter*** in questa città non c'è molta vita d'inverno; ***to come to ~*** [*person*] rinvenire, riprendere conoscenza; [*fictional character*] prendere vita; [*party*] animarsi; ***to bring history to ~*** fare rivivere la storia; ***put a bit of ~ into it*** COLLOQ. mettici un po' di animo **5** *(social activity, lifestyle)* vita f.; ***to lead a busy ~*** avere una vita piena di impegni; ***private ~*** vita privata; ***in public ~*** in pubblico; ***way of ~*** modo di vivere; ***to live the good*** o ***high ~*** fare la bella vita **6** *(human beings)* ***without loss of ~*** senza perdite di vite umane; ***the ship sank with the loss of 500 lives*** il naufragio della nave ha causato la morte di 500 persone **7** *(useful duration)* ***the average ~ of a washing machine*** la durata media di una lavatrice; ***there's plenty of ~ still left in them*** sono ancora utilizzabili **8** DIR. ***to serve*** o ***do*** COLLOQ. ***~*** scontare un ergastolo; ***to sentence sb. to ~*** condannare qcn. all'ergastolo; ***to get ~*** COLLOQ. farsi dare l'ergastolo **9** ART. ***from ~*** [*draw, paint*] dal vero **II** modif. [*president, membership, ban*] a vita ♦ ***anything for a quiet ~*** qualsiasi cosa per amore del quieto vivere; ***for dear ~*** più che si può, con tutte le forze; ***he couldn't for the ~ of him see why*** non riusciva assolutamente a capire il perché; ***get a ~!*** COLLOQ. lasciami vivere! ***not on your ~!*** certo che no! neanche per sogno! ***this is the ~!*** questa sì che è vita! ***to frighten the ~ out of sb.*** spaventare a morte qcn.; ***to have the time of one's ~*** divertirsi come matti; ***to take one's ~ in one's hands*** rischiare la vita.
life-and-death /ˌlaɪfənˈdeθ/ agg. [*decision*] cruciale; [*issue*] di vita o di morte.
lifebelt /ˈlaɪfbelt/ n. salvagente m., ciambella f. di salvataggio.
life blood n. FIG. linfa f. vitale.
lifeboat /ˈlaɪfbəʊt/ n. lancia f., scialuppa f. di salvataggio.
lifebuoy /ˈlaɪfbɔɪ/ n. → **lifebelt**.
life cycle n. ciclo m. vitale.
life drawing n. ART. disegno m. dal vero.
life expectancy n. BIOL. speranza f., aspettativa f. di vita; *(of product)* durata f. prevista.
life force n. LETT. forza f. vitale.
life form n. forma f. di vita.
lifeguard /ˈlaɪfgɑ:d/ ♦ **27** n. bagnino m. (-a).
life imprisonment n. ergastolo m.
life insurance n. assicurazione f. sulla vita.
lifejacket /ˈlaɪfˌdʒækɪt/ n. giubbotto m. salvagente.
lifeless /ˈlaɪflɪs/ agg. **1** *(dead)* [*body*] senza vita, esanime; *(without life)* [*planet*] senza vita; *(inanimate)* [*object*] inanimato **2** FIG. [*performance*] senza vigore; [*voice*] spento.
lifelike /ˈlaɪflaɪk/ agg. che sembra vivo.
lifeline /ˈlaɪflaɪn/ n. *(on boat)* sagola f. di salvataggio; *(safety line)* tientibene m.; *(in climbing)* corda f.; FIG. ancora f. di salvezza.
lifelong /ˈlaɪflɒŋ/ agg. [*friendship, ambition*] che dura tutta la vita; ***to have had a ~ fear of*** avere sempre avuto paura di.
life mask n. ART. calco m. del viso.
life preserver n. **1** → **lifejacket** **2** → **lifebelt**.
lifer /ˈlaɪfə(r)/ n. COLLOQ. ergastolano m. (-a).
lifesaver /ˈlaɪfseɪvə(r)/ ♦ **27** n. *(lifeguard)* bagnino m. (-a).
lifesaving /ˈlaɪfseɪvɪŋ/ **I** n. **1** *(swimmers' technique)* salvataggio m. **2** MED. soccorso m. **II** modif. [*course*] *(swimming)* di salvataggio; MED. di (pronto) soccorso.
life sciences n.pl. scienze f. naturali.
life sentence n. DIR. condanna f. all'ergastolo.
life-size /ˈlaɪfsaɪz/ agg. a grandezza naturale.
life span n. durata f. della vita.
life story n. vita f.
lifestyle /ˈlaɪfstaɪl/ n. stile m. di vita.
life-support machine, **life-support system** n. = apparecchio per mantenere artificialmente in vita una persona.
lifetime /ˈlaɪftaɪm/ **I** n. ***the work of a ~*** il lavoro di una vita; ***in her ~*** nell'arco della sua vita; ***the chance of a ~*** l'occasione della propria vita; ***to seem like a ~*** sembrare un'eternità **II** modif. [*subscription, ban*] a vita.
life vest n. AE → **lifejacket**.
1.lift /lɪft/ n. **1** BE *(elevator) (for people)* ascensore m.; *(for goods)* montacarichi m.; ***to take the ~ to the fifth floor*** salire al quinto piano in ascensore **2** *(ride)* passaggio m.; ***to give sb. a ~ to the station*** dare un passaggio a qcn. fino alla stazione; ***can I give you a ~?*** vuoi un passaggio? ***to hitch a ~*** fare l'autostop **3** COLLOQ. *(boost)* ***to give sb. a ~*** [*praise, news*] tirare su qcn. **4** SPORT *(in weight-lifting)* sollevamento m.
2.lift /lɪft/ **I** tr. **1** alzare, sollevare [*object, person*]; alzare, tirare su, sollevare [*arm, head*]; ***to ~ sth. off a ledge*** sollevare qcs. da un ripiano; ***to ~ sth. out of a box*** tirare fuori qcs. da una scatola; ***to ~ sth. into the car*** caricare qcs. sulla macchina; ***to ~ sth. over the wall*** fare passare qcs. sopra il muro; ***he ~ed the spoon to his lips*** portò il cucchiaio alla bocca **2** *(remove)* levare [*siege, ban*]; ***I feel as if a great weight has been ~ed from my mind*** mi sento come se mi avessero tolto un grosso peso **3** *(boost)* ***to ~ sb.'s spirits*** sollevare il morale a qcn. **4** COLLOQ. *(steal)* rubare, fregare [*file, keys, ideas*] (**from** da); copiare [*article, passage*] (**from** da) **5** *(dig up)* cavare [*carrots*] **6** SPORT imprimere un effetto a [*ball*]; ***to ~ weights*** fare pesi **7** COSMET. ***to have one's face ~ed*** farsi fare un lifting **II** intr. [*lid, trapdoor*] sollevarsi; [*bad mood, headache*] scomparire; [*fog*] dissiparsi ♦ ***not to ~ a finger*** non muovere un dito.
■ **lift down:** ***~ [sb., sth.] down***, ***~ down [sb., sth.]*** tirare giù.
■ **lift off:** ***~ off*** [*helicopter*] decollare; [*top, cover*] sollevarsi; ***~ [sth.] off***, ***~ off [sth.]*** sollevare [*cover, lid*].
■ **lift up:** ***~ up*** [*lid, curtain*] sollevarsi; ***~ [sb., sth.] up***, ***~ up [sb., sth.]*** sollevare, alzare [*book, suitcase, lid*]; tirare su, sollevare [*head*]; sollevare, levare [*eyes*]; togliere [*jumper, coat*].
liftboy /ˈlɪftbɔɪ/ ♦ **27** n. BE ragazzo m. addetto all'ascensore.
lifting /ˈlɪftɪŋ/ **I** n. *(of ban, siege)* abolizione f. **II** modif. [*gear*] di sollevamento; [*tackle*] per il sollevamento.
lift-off /ˈlɪftɒf/ n. AER. lancio m.
ligament /ˈlɪgəmənt/ **I** n. legamento m.; ***knee ~*** legamento del ginocchio **II** modif. [*tissue*] legamentoso; [*injury*] al legamento.
1.light /laɪt/ **I** n. **1** *(brightness)* luce f.; ***by the ~ of*** al chiarore di [*fire*]; al chiaro di [*moon*]; ***in the ~ of day*** alla luce del giorno; FIG. a mente fredda; ***to drive back in the ~*** ritornare quando è ancora giorno; ***to cast*** o ***throw*** o ***shed ~ on*** fare luce su, illuminare; FIG. fare *o* gettare luce su; ***to hold sth. up to the ~*** tenere qcs. alla luce; ***against the ~*** in controluce; ***with the ~ behind her*** con la luce alle spalle **2** *(in building, machine, oven)* luce f.; ***to put*** o ***switch*** o ***turn a ~ on*** accendere una luce; ***to put*** o ***switch*** o ***turn a ~ off*** spegnere una luce **3** *(of gauge, dashboard)* spia f.; ***a red ~ comes on, goes off*** si accende, si spegne una spia rossa **4** AUT. *(headlight)* faro m., fanale m.

anteriore; *(rearlight)* fanale m. posteriore; *(inside car)* luce f. di cortesia; ***to put one's ~s on*** accendere i fanali **5** *(flame)* ***to put a ~ to*** accendere [*fire*]; ***to set ~ to*** dare fuoco a; ***to give sb. a ~*** dare da accendere a qcn.; ***have you got a ~?*** hai da accendere? **6** FIG. *(aspect)* luce f.; ***to see sth. in a new ~*** vedere qcs. sotto una nuova luce; ***looking at it in that ~...*** visto in questa luce...; ***in a bad ~*** in cattiva luce; ***in the ~ of*** alla luce di [*evidence, experience*] **7** FIG. *(exposure)* ***to bring to ~*** portare alla luce [*fact, truth*]; ***to come*** o ***be brought to ~*** essere portato alla luce **II lights** n.pl. **1** (anche **traffic ~s**) semaforo m.sing.; ***the ~s are red*** il semaforo è rosso; ***to stop at the ~s*** fermarsi al semaforo; ***to shoot*** o ***jump the ~s*** COLLOQ. passare con il rosso **2** *(decorative display)* luci f., illuminazioni f. ♦ ***the ~ of his life*** la luce dei suoi occhi; ***to go out like a ~*** addormentarsi di colpo; ***to see the ~*** capire.

2.light /laɪt/ **I** tr. (pass., p.pass. **lit** o **lighted**) **1** *(set fire to)* accendere [*fire, oven, cigarette, match, firework*]; dare fuoco a [*wood, paper*] **2** *(illuminate)* [*lamp, sun*] illuminare **II** intr. (pass., p.pass. **lit**) [*fire*] accendersi, prendere; [*cigarette, match*] accendersi; [*wood*] prendere fuoco.

▪ **light up** COLLOQ. **~ up 1** *(light cigarette)* accendere una sigaretta; *(light pipe)* accendere una pipa **2** [*lamp*] accendersi **3** FIG. [*face*] illuminarsi; [*eyes*] brillare di gioia, illuminarsi; **~ up [sth.], ~ [sth.] up 1** accendere [*cigarette, pipe*] **2** *(illuminate)* illuminare [*room*].

3.light /laɪt/ agg. **1** *(bright)* [*evening, room*] luminoso; ***it is ~ enough to do*** c'è abbastanza luce per fare; ***to get*** o ***grow ~er*** [*sky*] rischiararsi; ***it was getting*** o ***growing ~*** cominciava a fare giorno; ***while it's still ~*** mentre è ancora giorno **2** *(pale)* [*colour, fabric, wood, skin*] chiaro; [*hair*] biondo; ***~ blue*** azzurro; ***~ grey*** grigio chiaro.

4.light /laɪt/ ➧ **37 I** agg. **1** *(not heavy)* [*material, wind, clothing, meal*] leggero; [*drinker*] moderato; ***~ rain*** pioggia leggera, pioggerella; ***to have a ~ touch*** [*pianist*] avere il tocco leggero; [*cook*] avere la mano leggera; ***to be a ~ sleeper*** avere il sonno leggero; ***he is 2 kg ~er*** pesa 2 kg di meno **2** *(not severe)* [*damage*] lieve; [*sentence*] poco severo **3** *(delicate)* [*knock, footsteps*] leggero; [*movement*] delicato; ***to be ~ on one's feet*** avere il passo leggero **4** *(not tiring)* [*work, exercise*] leggero, poco faticoso; ***~ duties*** lavoretti; ***~ housework*** lavoretti di casa; ***to make ~ work of sth.*** fare qcs. senza difficoltà **5** *(not intellectually demanding)* [*music, verse*] leggero; ***a bit of ~ relief*** un po' di diversivo; ***some ~ reading*** qualche lettura leggera **6** *(not important)* [*affair*] non serio; ***it is no ~ matter*** non è una cosa da poco; ***to make ~ of*** trattare con leggerezza, prendere sottogamba [*problem*]; non dare importanza a [*injury*] **7** *(low-fat)* [*product*] light **II** avv. con poco bagaglio; ***to travel ~*** viaggiare leggero ♦ ***many hands make ~ work*** PROV. l'unione fa la forza.

5.light /laɪt/ intr. (pass., p.pass. **lit** o **lighted**) [*bird*] posarsi.

▪ **light (up)on: ~ on [sth.]** [*eyes*] posarsi su; [*person*] cadere su.

light bulb n. lampadina f.

1.lighten /ˈlaɪtn/ **I** tr. *(make brighter)* illuminare [*room*]; schiarire [*colour, hair, skin*] **II** intr. *(grow brighter)* [*sky, hair*] schiarirsi.

2.lighten /ˈlaɪtn/ **I** tr. *(reduce weight of)* alleggerire [*burden*]; diminuire [*pressure*]; FIG. rallegrare [*atmosphere*]; tirare su [*mood*] **II** intr. **1** *(grow less heavy)* [*burden, workload*] alleggerirsi; [*pressure*] diminuire **2** *(become more cheerful)* [*atmosphere*] rallegrarsi; ***his heart ~ed*** si sentì sollevato.

light entertainment n. varietà m.

lighter /ˈlaɪtə(r)/ n. **1** *(for smokers)* accendino m.; *(in car)* accendisigari m. **2** *(for gas cooker)* accendigas m.

lighter fuel n. *(gas)* gas m. per accendino; *(liquid)* benzina f. per accendino.

light-fingered /ˌlaɪtˈfɪŋɡəd/ agg. *(thieving)* svelto di mano; *(skilful)* dalle dita veloci.

light-footed /ˌlaɪtˈfʊtɪd/ agg. agile, lesto.

light-headed /ˌlaɪtˈhedɪd/ agg. [*person*] stordito; [*feeling*] di stordimento.

light-hearted /ˌlaɪtˈhɑːtɪd/ agg. *(happy)* allegro, felice; *(not serious)* spensierato.

lighthouse /ˈlaɪthaʊs/ n. *(tower)* faro m.

light industry n. industria f. leggera.

lighting /ˈlaɪtɪŋ/ n. TEATR. luci f.pl., illuminazione f.

lighting-up time n. = l'ora di accensione dei fari degli autoveicoli.

lightly /ˈlaɪtlɪ/ avv. **1** *(delicately)* [*touch*] leggermente, delicatamente; [*kiss, toss*] delicatamente; [*perfumed*] leggermente **2** *(not heavily)* [*move, run*] con leggerezza, agilmente; ***to sleep ~*** avere il sonno leggero **3** *(frivolously)* [*accuse*] con leggerezza; ***it is not a decision I have taken ~*** non è una decisione che ho preso alla leggera **4** *(with little punishment)* ***to get off ~*** cavarsela a buon mercato.

1.lightness /ˈlaɪtnɪs/ n. *(brightness)* luminosità f., splendore m.

2.lightness /ˈlaɪtnɪs/ n. **1** *(in weight, of food)* leggerezza f. **2** *(of movement)* leggerezza f., agilità f.

lightning /ˈlaɪtnɪŋ/ **I** n. U *(in sky)* lampo m., bagliore m.; *(striking sth.)* fulmine m.; ***a flash*** o ***stroke of ~*** un lampo; ***struck by ~*** colpito da un fulmine **II** agg. [*raid, visit*] lampo ♦ ***as quick as ~*** veloce come un fulmine; ***like greased ~, like a streak of ~*** come un lampo.

lightning conductor BE, **lightning rod** n. parafulmine m.

lightning strike n. = sciopero deciso improvvisamente e senza preavviso.

light opera n. operetta f.

light pen n. **1** *(for computer screen)* light pen f., penna f. ottica **2** *(to read barcode)* lettore m. di codici a barre.

light railway n. ferrovia f. vicinale, metropolitana f. leggera.

light-sensitive /ˌlaɪtˈsensətɪv/ agg. fotosensibile.

light switch n. interruttore m. della luce.

lightweight /ˈlaɪtweɪt/ **I** n. **1** SPORT *(weight)* pesi m.pl. leggeri; *(boxer)* peso m. leggero **2** FIG. SPREG. mezzacalzetta f. **II** modif. **1** SPORT [*fight*] di pesi leggeri; [*champion, title*] dei pesi leggeri **2** FIG. SPREG. [*writer*] da strapazzo **III** agg. **1** [*garment*] leggero **2** FIG. SPREG. [*article*] da poco, di poco conto.

light year n. anno m. luce; ***it was ~s ago*** COLLOQ. FIG. è stato secoli fa.

ligneous /ˈlɪɡnɪəs/ agg. ligneo, legnoso.

Ligurian /lɪˈɡjʊərɪən/ **I** agg. ligure **II** n. **1** *(person)* ligure m. e f. **2** *(language)* ligure m.

likable → **likeable**.

1.like /laɪk/ When *like* is used as a preposition (*like a child*; *you know what she's like!*), it can generally be translated by *come*: *come un bambino*; *sai com'è fatta lei!* - Note however that *be like* and *look like* meaning *resemble* are translated by *assomigliare a*: *she's like her father* or *she looks like her father* = assomiglia a suo padre. - *Like* is used after certain other verbs in English to express particular kinds of resemblance (*taste like, feel like, smell like* etc.): for translations, consult the appropriate verb entry (**taste**, **feel**, **smell** etc.). - When *like* is used as a conjunction, it is translated by *come*: *songs like my mother sings* = canzoni come quelle che canta mia madre. - When *like* is used to introduce an illustrative example (*big cities like London*), it is translated by *come*: *le grandi città come Londra*. - For particular usages of *like* as a preposition or conjunction and for noun and adverb uses, see the entry below. **I** prep. **1** *(in the same manner as)* come; ***to act ~ a professional*** agire da professionista; ***~ the liar that he is, he...*** da bugiardo quale è, ...; ***~ me, he loves swimming*** come me, adora nuotare; ***don't talk ~ that!*** non dire così! ***"how do I do it?" - "~ this"*** "come si fa?" - "così"; ***they've gone to Ibiza or somewhere ~ that*** sono andati a Ibiza o in qualche posto del genere **2** *(similar to)* come; ***to be ~ sb., sth.*** essere come qcn., qcs.; ***you know what she's ~!*** sai com'è fatta lei! ***what's it ~?*** com'è? ***what was the weather ~?*** com'era il tempo? che tempo faceva? ***I want one ~ it*** ne voglio uno così; ***there's nothing ~ a nice warm bath!*** non c'è niente di meglio di un bel bagno caldo! ***I've never seen anything ~ it!*** non ho mai visto niente di simile! ***that's more ~ it!*** così va meglio; ***I don't earn anything ~ as much as he does*** sono lontano dal guadagnare quello che guadagna lui **3** *(typical of)* ***it's not ~ her, it's just ~ her to be late*** non è da lei, è da lei essere in ritardo; ***just ~ a man!*** tipico degli uomini! **4** *(close to)* ***it costs something ~ £ 20*** costa circa 20 sterline; ***something ~ velvet*** qualcosa di simile al velluto **II** cong. **1** *(in the same way as)* come; ***nobody can sing***

~ he does nessuno sa cantare come lui; ***it's not ~ I imagined it would be*** non è come me lo ero immaginato; ***~ they used to*** come erano soliti fare **2** COLLOQ. *(as if)* come se; ***he acts ~ he owns the place*** si comporta come se fosse a casa sua **III** agg. **1** FORM. simile; ***cooking, ironing and ~ chores*** cucinare, stirare e lavori simili **2** **-like** in composti ***bird~*** simile a un uccello; ***child~*** infantile, da bambino **IV** avv. *(akin to, near)* ***it's nothing ~ as nice as her house*** lungi dall'essere bella come la sua casa; ***"the figures are 10% more than last year" - "20%, more ~!"*** COLLOQ. "le cifre sono superiori del 10% rispetto all'anno scorso" - "del 20%, direi!" **V** n. ***earthquakes, floods and the ~*** terremoti, alluvioni e simili; ***I've never seen its ~*** o ***the ~ of it*** non ho mai visto una cosa simile; ***the ~(s) of Al Capone*** la gente come Al Capone ♦ ***~ enough***, ***(as) ~ as not*** probabilmente; ***~ father ~ son*** PROV. tale padre tale figlio.

2.like /laɪk/ tr. **1** *(get on well with)* ***I ~ Luke*** Luke mi è simpatico; ***to ~ A better than B*** preferire A a B; ***to ~ A best*** preferire A; ***to be well ~d*** essere apprezzato **2** *(find to one's taste)* ***I ~ cats, music*** mi piacciono i gatti, mi piace la musica; ***Nick doesn't ~ liver*** a Nick non piace il fegato; ***she ~s her coffee strong*** il caffè le piace forte; ***how do you ~ your tea?*** come preferisci il tè? ***what I ~ about him is...*** cosa mi piace di lui è...; ***I don't ~ the look of that man*** quell'uomo non mi piace; ***I don't ~ the sound of that*** non mi piace, non mi convince tanto; ***he hasn't phoned for weeks, I don't ~ it*** non telefona da settimane, la cosa non mi piace; ***I ~ cheese but it doesn't ~ me*** COLLOQ. mi piace il formaggio ma non mi fa bene; ***this plant ~s sunlight*** questa pianta ama la luce; ***I ~ doing, I ~ to do*** mi piace fare; ***that's what I ~ to see!*** così mi piace! ***I ~ it when*** mi piace quando; ***I ~ed it better when we did*** preferivo quando facevamo; ***how do you ~ your new job, living in London?*** ti piace il tuo nuovo lavoro, vivere a Londra? **3** *(approve of)* ***the boss won't ~ it if you're late*** il capo non sarà contento se arrivi in ritardo; ***she doesn't ~ to be kept waiting*** non le piace dovere aspettare; ***he ~s them to do*** gli piace che facciano; ***~ it or not we all pay tax*** ci piaccia o no tutti dobbiamo pagare le tasse **4** *(wish)* volere; ***I would*** o ***should ~ a ticket*** vorrei un biglietto; ***I would*** o ***should ~ to do*** vorrei fare; ***would you ~ to come to dinner?*** cosa ne direste di venire a cena? ***I wouldn't ~ to think I'd upset her*** non vorrei averla sconvolta; ***we'd ~ her to do*** vorremmo che *o* ci piacerebbe facesse; ***would you ~ me to come?*** vuoi che venga? ***if you ~*** se vuoi; ***he's a bit of a rebel if you ~*** è un po' ribelle, se vogliamo; ***you can do what you ~*** puoi fare quello che vuoi; ***say what you ~, I think it's a good idea*** di' quel che vuoi, per me è una buona idea; ***sit (any)where you ~*** si sieda dove vuole **5** *(think important)* ***I ~ to keep fit*** ci tengo a restare in forma.

likeable /ˈlaɪkəbl/ agg. [*person*] piacevole, simpatico; [*novel, music*] piacevole.

likelihood /ˈlaɪklɪhʊd/ n. probabilità f., verosimiglianza f.; ***in all ~*** con ogni probabilità; ***the ~ is that he got lost*** è probabile che si sia perso; ***there is no ~ of peace*** non c'è nessuna possibilità di stabilire la pace; ***to reduce the ~ of that happening*** ridurre le probabilità che questo succeda.

likely /ˈlaɪklɪ/ **I** agg. **1** *(probable)* probabile; [*explanation*] verosimile; ***to be ~ to fail*** rischiare di fallire; ***to be ~ to pass one's exams*** avere buone probabilità di passare gli esami; ***the man most ~ to win*** l'uomo che ha più probabilità di vincere; ***it is*** o ***seems ~ that*** è probabile che; ***it is not ~ that*** o ***it is hardly ~ that*** è improbabile che; ***a ~ story!*** IRON. questa è bella! ***a ~ excuse!*** IRON. bella scusa! **2** *(promising)* [*candidate*] promettente **3** *(potential)* [*client, candidate*] potenziale **II** avv. *(probably)* probabilmente; ***as ~ as not*** probabilmente; ***not ~!*** BE COLLOQ. nemmeno per sogno! neanche per idea!

like-minded /laɪkˈmaɪndɪd/ agg. che ha le stesse idee, che ha gli stessi gusti.

liken /ˈlaɪkən/ tr. paragonare (**to** a).

likeness /ˈlaɪknɪs/ n. **1** *(similarity)* somiglianza f., rassomiglianza f.; ***family ~*** aria di famiglia; ***to be a good ~*** [*picture*] essere molto somigliante **2** *(form)* ***to assume*** o ***take on the ~ of*** prendere l'aspetto di.

likewise /ˈlaɪkwaɪz/ avv. ***~, students feel that...*** così pure gli studenti trovano che...; ***I'm leaving and I suggest you do ~*** me ne vado e vi consiglio di fare altrettanto; ***I'm well and my parents ~*** io sto bene e anche i miei genitori.

liking /ˈlaɪkɪŋ/ n. ***to have a ~ for*** avere una predilezione per [*activity*]; ***to take a ~ to sb.*** prendere in simpatia qcn.; ***you should find this more to your ~*** questo dovrebbe piacerle di più; ***he's too smart for my ~*** è troppo furbo per i miei gusti.

lilac /ˈlaɪlək/ ➧ **5** **I** n. **1** *(flower)* lillà m. **2** *(colour)* lilla m. **II** agg. *(colour)* lilla.

Lil(l)ian /ˈlɪlɪən/ n.pr. Liliana.

Lilliputian /ˌlɪlɪˈpjuːʃn/ **I** agg. lillipuziano **II** n. lillipuziano m. (-a).

Lilo® /ˈlaɪləʊ/ n. = materassino gonfiabile.

lilt /lɪlt/ n. *(of tune)* ritmo m.; *(of accent)* cadenza f.

lilting /ˈlɪltɪŋ/ agg. cadenzato, ritmato.

lily /ˈlɪlɪ/ n. giglio m.

lily-livered /ˈlɪlɪˌlɪvəd/ agg. codardo, vigliacco.

lily of the valley n. giglio m. delle valli, mughetto m.

lily pond n. stagno m. delle ninfee.

limb /lɪm/ ➧ **2** n. **1** *(of person, animal)* arto m., membro m. **2** *(of tree)* ramo m. principale ♦ ***to be out on a ~*** essere solo; ***to go out on a ~*** mettersi nei guai; ***to risk life and ~*** rischiare la vita; ***to tear sb. ~ from ~*** fare a pezzetti qcn.

limber /ˈlɪmbə(r)/ agg. LETT. agile, sciolto.

limber up intr. SPORT scaldarsi, fare esercizi di riscaldamento.

1.limbo /ˈlɪmbəʊ/ n. **U** RELIG. limbo m. (anche FIG.).

2.limbo /ˈlɪmbəʊ/ n. (pl. **~s**) *(dance)* limbo m.

1.lime /laɪm/ n. *(calcium)* calce f.

2.lime /laɪm/ tr. AGR. CONC. calcinare.

3.lime /laɪm/ n. *(citrus tree, fruit)* limetta f., lime m.

4.lime /laɪm/ n. (anche **~ tree**) tiglio m.

lime green ➧ **5** **I** agg. giallo-verde **II** n. colore m. giallo-verde.

lime juice n. succo m. di limetta.

limelight /ˈlaɪmlaɪt/ n. luce f. bianca; ***to be in the ~*** FIG. essere alla ribalta.

limerick /ˈlɪmərɪk/ n. limerick m.

limescale /ˈlaɪmskeɪl/ n. *(in kettles, pipes)* calcare m.

limestone /ˈlaɪmstəʊn/ n. calcare m.

limey /ˈlaɪmɪ/ AE COLLOQ. **I** agg. inglese **II** n. inglese m.

1.limit /ˈlɪmɪt/ n. **1** *(boundary)* limite m.; ***within the ~s of what we can do*** nei limiti di quello che possiamo fare; ***it's beyond the ~(s) of my experience*** è al di là della mia esperienza; ***it's the ~!*** COLLOQ. questo è il colmo! **2** *(legal restriction)* limite m. (**on** a); ***speed ~, safety ~*** limite di velocità, di sicurezza; ***to be over the ~*** *(of alcohol)* essere al di sopra del limite massimo di alcol nel sangue; ***the garden is off ~s*** l'accesso al giardino è vietato.

2.limit /ˈlɪmɪt/ **I** tr. *(restrict)* limitare [*use, imports*]; ***places are ~ed to 60*** i posti sono solo 60 **II** rifl. ***to ~ oneself to*** limitarsi a [*amount, quantity*].

limitation /ˌlɪmɪˈteɪʃn/ n. **1** *(restriction)* limitazione f., restrizione f. **2** *(shortcoming)* limite m.; ***to know one's (own) ~s*** conoscere i propri limiti.

limited /ˈlɪmɪtɪd/ **I** p.pass. → **2.limit** **II** agg. **1** [*resources, vocabulary, intelligence, space*] limitato; [*imagination*] scarso **2** COMM. ***Nolan Computers Limited*** Nolan Computers S.p.A.

limited company n. BE società f. per azioni.

limited edition n. *(book, lithograph)* edizione f. a tiratura limitata; *(recording)* edizione f. limitata.

limited liability company n. società f. a responsabilità limitata.

limitless /ˈlɪmɪtlɪs/ agg. illimitato, sconfinato.

limousine /ˈlɪməziːn, ˌlɪməˈziːn/ n. limousine f.

1.limp /lɪmp/ n. ***to walk with*** o ***have a ~*** zoppicare.

2.limp /lɪmp/ intr. ***to ~ along*** zoppicare, camminare zoppicando; ***to ~ in, away*** entrare, allontanarsi zoppicando.

3.limp /lɪmp/ agg. [*material*] flaccido, molle; [*gesture*] debole, privo di energia; [*style*] privo di vigore, di energia; ***to let oneself go ~*** rilassare i muscoli.

limpet /ˈlɪmpɪt/ n. patella f.

limpid /ˈlɪmpɪd/ agg. limpido, chiaro (anche FIG.).

limply /ˈlɪmplɪ/ avv. [*dangle*] mollemente, senza vita.

limpness /ˈlɪmpnɪs/ n. *(of body)* debolezza f., fiacchezza f.

limp-wristed /ˌlɪmpˈrɪstɪd/ agg. SPREG. effeminato.

linchpin /ˈlɪntʃpɪn/ n. *(essential element)* ***the ~ of*** [*person*] il pilastro *o* perno di [*organization*]; [*principle*] la base *o* il fulcro di [*ideology, theory*].

linctus /ˈlɪŋktəs/ n. sciroppo m. per la tosse.

linden /ˈlɪndən/ n. LETT. (anche **~ tree**) tiglio m.

1.line /laɪn/ n. **1** *(mark)* linea f., riga f., segno m.; *(shorter, thicker)* tratto m.; ART. tratto m.; SPORT *(on pitch, court)* linea f.; MAT. linea f.; ***straight, curved ~*** linea retta, curva; ***to put a ~ through sth.*** tirare una linea sopra qcs., barrare qcs.; ***starting ~, finishing ~*** SPORT linea di partenza, d'arrivo; ***to cross the ~*** SPORT tagliare il traguardo; ***the ~ AB*** *(in geometry)* il segmento AB **2** *(of people, cars)* fila f.; *(of trees)* fila f., filare m.; *(of footprints)* serie f.; ***to stand in a ~*** essere *o* stare in fila; ***he is fifth in ~*** è il quinto della fila; ***to put in ~*** allineare; ***to be in ~ with*** [*cooker*] essere allineato con [*cupboard*]; ***out of ~*** [*picture*] storto, non allineato **3** FIG. ***to be in ~ for promotion, for the post of*** essere candidato alla promozione, al posto di **4** AE *(queue)* coda f.; ***to stand in*** o ***wait in ~*** fare la coda **5** *(on face)* ruga f.; *(on palm)* linea f. **6** ARCH. SART. *(outline shape)* linea f. **7** *(boundary)* linea f. di confine, confine m.; ***state ~*** confine di stato, frontiera **8** *(rope)* corda f., filo m.; PESC. lenza f.; ***to put the washing on the ~*** stendere il bucato **9** EL. *(cable)* linea f. (elettrica) **10** TEL. *(connection)* linea f.; ***bad ~*** linea disturbata; ***outside ~*** linea esterna; ***to be on the ~ to sb.*** essere in linea con qcn.; ***to get off the ~*** COLLOQ. riattaccare; ***at the other end of the ~*** dall'altra parte del filo; ***the ~ went dead*** la linea è caduta **11** FERR. *(connection)* linea f.; *(rails)* binario m.; *(shipping company, airline)* compagnia f. **12** *(in genealogy)* linea f., discendenza f.; ***the male ~*** il ramo maschile; ***the Tudor ~*** la stirpe dei Tudor; ***to trace one's ~ back to sb.*** far risalire le proprie origini a qcn.; ***he is second in ~ to the throne*** è secondo nell'ordine di successione al trono **13** *(in prose)* riga f.; *(in poetry)* verso m.; *(of music)* rigo m.; ***to start a new ~*** andare a capo; ***a ~ from*** una citazione da [*poem*]; ***he has all the best ~s*** ha tutte le battute migliori; ***to learn one's ~s*** TEATR. imparare la parte **14** *(conformity)* ***to fall into ~ with*** [*person*] allinearsi, conformarsi a [*view*]; ***to bring sth. into ~ with*** conformare qcs. a; ***to keep sb. in ~*** fare rigare dritto qcn.; ***our prices are out of ~ with those of our competitors*** i nostri prezzi non sono allineati a quelli dei nostri concorrenti; ***to be (way) out of ~*** [*remark*] essere completamente fuori luogo; ***you're way out of ~!*** COLLOQ. stai esagerando! hai proprio passato il limite! **15** COLLOQ. *(piece of information)* ***to have a ~ on sb., sth.*** avere delle informazioni su qcn., qcs.; ***don't give me that ~!*** non raccontarmi storie! **16** *(stance)* ***to be on the right ~s*** essere sulla strada giusta; ***to take a firm ~ with sb.*** seguire la linea dura con qcn.; ***I don't know what ~ to take*** non so qual è l'atteggiamento da adottare **17** COMM. linea f. (di prodotti) **18** MIL. ***enemy ~s*** linee nemiche; ***they held their ~*** mantennero le loro posizioni **19** *(equator)* ***the ~*** l'equatore **20** COLLOQ. *(of cocaine)* pista f. **21 in line with** ***to be in ~ with*** essere in linea con [*trend, view*]; ***to increase in ~ with*** aumentare proporzionalmente *o* parallelamente a ♦ ***all along the ~, right down the ~*** su tutta la linea; ***somewhere along the ~*** *(at point in time)* in un certo momento; *(at stage)* da qualche parte; ***something along these ~s*** qualcosa di questo genere.

2.line /laɪn/ tr. **1** *(stand along)* [*trees*] fiancheggiare [*route*]; [*spectators*] essere disposto lungo [*street*] **2** *(mark)* ***to be ~d with*** essere segnato da [*worry*].

■ **line up:** ***~ up*** **1** *(side by side)* allinearsi; *(one behind the other)* mettersi in fila **2** *(take sides)* ***to ~ up against sb.*** schierarsi contro qcn.; ***~ up [sb.], ~ [sb.] up*** *(in row)* allineare, mettere in fila; ***~ [sth.] up, ~ up [sth.]*** **1** *(align)* allineare **2** *(organize)* schierare [*team*]; ***to have [sb., sth.] ~d up*** organizzare, preparare [*work*]; assicurarsi la presenza *o* il sostegno di [*candidate*]; ***what have you got ~d up tonight?*** cosa hai organizzato stasera?

3.line /laɪn/ tr. *(add layer)* foderare [*garment*]; rivestire [*box, shelf*].

lineage /ˈlɪnɪɪdʒ/ n. lignaggio m., stirpe f.

lineal /ˈlɪnɪəl/ agg. ***~ descent from*** discendenza in linea diretta da.

lineament /ˈlɪnɪəmənt/ n. FORM. **1** *(of face)* lineamento m. **2** *(distinctive features)* tratto m., caratteristica f.

linear /ˈlɪnɪə(r)/ agg. lineare.

line drawing n. disegno m. al tratto.

lineman /ˈlaɪnmən/ n. (pl. **-men**) **1** ➧ **27** EL. TEL. guardafili m. **2** AE SPORT *(in American football)* attaccante m.

line management n. *(system)* organizzazione f. lineare, line f.

line manager n. dirigente m. e f. di line.

linen /ˈlɪnɪn/ **I** n. **1** *(fabric)* lino m. **2** *(items) (household)* biancheria f.; *(underwear)* biancheria f. (intima) **II** modif. [*jacket, sheet*] di lino; [*industry*] del lino ♦ ***to wash one's dirty ~ in public*** lavare i panni sporchi in pubblico.

linen basket n. cesto m. del bucato, portabiancheria m.

linen cupboard BE, **linen closet** AE n. armadio m. della biancheria.

line of argument n. ragionamento m.

line of attack n. linea f., piano m. d'attacco; FIG. linea f. d'azione.

line of duty n. ***killed in the ~*** [*policeman*] ucciso in servizio.

line of enquiry n. *(in investigation)* pista f.; *(in research)* linea f. di ricerca.

line of fire n. linea f. di tiro.

line of work n. occupazione f., lavoro m.; ***to be in the same ~*** fare lo stesso tipo di lavoro.

line-out /ˈlaɪnaʊt/ n. *(in rugby)* rimessa f. laterale.

line-printer /ˈlaɪnˌprɪntə(r)/ n. stampante f. di linea.

liner /ˈlaɪnə(r)/ n. nave f. di linea.

linesman /ˈlaɪnzmən/ n. BE (pl. **-men**) *(in tennis)* giudice m. di linea; *(in football, hockey)* guardalinee m.

line-spacing /ˈlaɪnˌspeɪsɪŋ/ n. spaziatura f. tra le righe, interlinea f.

line-up /ˈlaɪnʌp/ n. **1** SPORT formazione f.; *(personnel)* squadra f.; *(pop group)* formazione f. **2** *(identification)* confronto m. all'americana.

linger /ˈlɪŋgə(r)/ intr. **1** [*person*] attardarsi, indugiare, soffermarsi; [*gaze*] indugiare, soffermarsi; ***he ~ed for another few weeks*** visse ancora qualche settimana **2** [*memory, smell*] persistere, durare; [*doubt*] rimanere.

■ **linger on** [*memory, pain*] persistere.

■ **linger over:** ***~ over [sth.]*** indugiare su [*meal*].

lingerie /ˈlænʒəriː, AE ˌlɑːndʒəˈreɪ/ n. **U** lingerie f., biancheria f. intima (da donna).

lingering /ˈlɪŋgərɪŋ/ agg. [*look*] prolungato; [*smell, pain*] persistente; [*memory*] tenace; [*death*] lento.

lingo /ˈlɪŋgəʊ/ n. (pl. **~es**) *(language)* lingua f. straniera; *(of class of people)* gergo m.

lingua franca /ˌlɪŋgwəˈfræŋkə/ n. (pl. **lingua francas**, **linguae francae**) lingua f. franca.

linguist /ˈlɪŋgwɪst/ n. **1** LING. linguista m. e f. **2** *(skilled in languages)* ***I'm no (great) ~*** non sono (molto) dotato per le lingue.

linguistic /lɪŋˈgwɪstɪk/ agg. linguistico.

linguistics /lɪŋˈgwɪstɪks/ **I** n. + verbo sing. linguistica f. **II** modif. [*course, lecturer*] di linguistica.

liniment /ˈlɪnɪmənt/ n. *(ointment)* pomata f.; *(liquid)* linimento m.

lining /ˈlaɪnɪŋ/ n. **1** *(for garment, bag)* fodera f. **2** FISIOL. parete f. ♦ ***every cloud has a silver ~*** non tutto il male viene per nuocere.

1.link /lɪŋk/ n. **1** *(in chain)* maglia f., anello m.; ***the weak ~ in*** FIG. l'anello debole di [*chain, argument*] **2** *(in transports)* collegamento m. **3** *(connection) (between facts)* rapporto m., collegamento m.; *(between people)* legame m. **4** *(between nations, companies) (economic tie)* rapporto m.; *(historical, friendly tie)* legame m. **5** TELEV. RAD. collegamento m., connessione f. **6** INFORM. collegamento m., link m.

2.link /lɪŋk/ tr. **1** *(connect physically)* [*road, cable*] collegare, unire [*places, objects*]; ***to ~ A to B*** o ***A with B*** o ***A and B*** collegare A a B *o* A con B *o* A e B; ***to ~ arms*** [*people*] tenersi *o* stare sottobraccio; ***to ~ arms with sb.*** prendere qcn. sottobraccio **2** *(relate)* ***to ~ sth. to*** o ***with*** (col)legare qcs. a, stabilire un collegamento *o* legame tra qcs. e [*fact, illness*]; ***his name has been ~ed with*** il suo nome è stato associato a [*deed, name*] **3** INFORM. collegare [*terminals*]; ***to ~ sth. to*** o ***with*** collegare *o* connettere qcs. a [*mainframe, terminal*] **4** TELEV. RAD. collegare (**by** via, tramite).

■ **link up:** ***~ up*** [*firms, colleges*] unirsi, associarsi.

linkage /ˈlɪŋkɪdʒ/ n. **1** *(connection)* collegamento m., rapporto m. **2** *(of issues in international relations)* collegamento m., connessione f. **3** *(in genetics)* linkage m., associazione f.

linkage editor, **linker** /ˈlɪŋkə(r)/ n. INFORM. redattore m. di collegamenti.

linked /lɪŋkt/ **I** p.pass. → **2.link II** agg. **1** [*circles, symbols*] intrecciato, concatenato **2** FIG. [*problems, crimes*] concatenato, connesso; ***they are romantically ~*** c'è un legame amoroso tra loro.

linkman /ˈlɪŋkmən/ ◗ *27* n. (pl. **-men**) conduttore m., presentatore m.

link road n. BE bretella f. (di raccordo).

links /lɪŋks/ n. campo m. da golf.

link-up /ˈlɪŋkʌp/ n. **1** TELEV. RAD. collegamento m.; ***satellite ~*** collegamento via satellite **2** ECON. COMM. associazione f.

linkwoman /ˈlɪŋkwʊmən/ ◗ *27* n. (pl. **-women**) conduttrice f., presentatrice f.

linnet /ˈlɪnɪt/ n. fanello m.

lino /ˈlaɪnəʊ/ n. (pl. ~**s**) accorc. → **linoleum**.

lino cut n. incisione f. in linoleum.

linoleum /lɪˈnəʊlɪəm/ n. linoleum m.

lino print → **lino cut**.

linseed /ˈlɪnsiːd/ n. **U** seme m. di lino, semi m.pl. di lino.

linseed oil n. olio m. di lino.

lint /lɪnt/ n. **1** MED. garza f., filaccia f. **2** *(fluff)* lanugine f.

lintel /ˈlɪntl/ n. architrave m.

lion /ˈlaɪən/ n. **1** leone m.; ***the ~'s den*** la fossa dei leoni (anche FIG.) **2** ***literary ~*** celebrità letteraria **3** ASTROL. ***the Lion*** il Leone ♦ ***to take the ~'s share*** fare la parte del leone, prendersi la fetta più grossa.

lion cub n. leoncino m., cucciolo m. di leone.

Lionel /ˈlaɪənl/ n.pr. Lionello.

lioness /ˈlaɪənes/ n. leonessa f.

lionize /ˈlaɪənaɪz/ tr. trattare [qcn.] come una celebrità, idoleggiare.

lip /lɪp/ ◗ *2* **I** n. **1** labbro m.; ***to kiss sb. on the ~s*** baciare qcn. sulle labbra *o* sulla bocca; ***to read sb.'s ~s*** leggere le labbra di qcn.; ***my ~s are sealed!*** ho la bocca cucita! **2** *(of cup, basin)* orlo m.; *(of crater)* bordo m.; *(of jug)* becco m., beccuccio m. **3** COLLOQ. *(cheek)* sfacciataggine f. **II** modif. [*pencil*] per labbra; [*movements*] delle labbra **III -lipped** agg. in composti ***thin-, thick-~ed*** dalle labbra sottili, carnose ♦ ***to keep a stiff upper ~*** non battere ciglio.

lip gloss n. COSMET. lucidalabbra m.

liposoluble /laɪpəʊˈsɒljʊbl, lɪpəʊ-/ agg. liposolubile.

liposuction /ˈlaɪpəʊsʌkʃn, ˈlɪpəʊ-/ n. liposuzione f.

lippy /ˈlɪpɪ/ COLLOQ. **I** n. rossetto m. **II** agg. sfacciato.

lip-read /ˈlɪpriːd/ intr. (pass., p.pass. **-read** /-red/) leggere (sul)le labbra.

lipreading /ˈlɪpriːdɪŋ/ n. lettura f. delle labbra, labiolettura f.

lipsalve /ˈlɪpsælv/ n. crema f. protettiva per le labbra, burrocacao m.

lip service n. SPREG. ***he pays ~ to feminism but...*** a parole è per il femminismo ma...

lipstick /ˈlɪpstɪk/ n. rossetto m.

lip-sync /ˈlɪpsɪŋk/ intr. cantare in playback.

liquefy /ˈlɪkwɪfaɪ/ **I** tr. liquefare **II** intr. liquefarsi.

liqueur /lɪˈkjʊə(r), AE -ˈkɜːr/ n. liquore m. (dolce, digestivo).

liqueur glass n. bicchierino m. da liquore.

liquid /ˈlɪkwɪd/ **I** agg. **1** [*state, substance*] liquido **2** *(clear)* [*eyes*] lucente, limpido; [*gaze, sound*] limpido **II** n. *(substance)* liquido m.; ***drink plenty of ~s*** beva molto, assuma molti liquidi.

liquid assets n.pl. attività f. liquide.

liquidate /ˈlɪkwɪdeɪt/ tr. **1** ECON. liquidare [*company, stock*]; saldare [*debt*] **2** *(murder)* liquidare, uccidere.

liquidation /ˌlɪkwɪˈdeɪʃn/ n. *(of company, stock)* liquidazione f.; *(of debt)* pagamento m.

liquidator /ˈlɪkwɪdeɪtə(r)/ n. liquidatore m. (-trice).

liquid crystal display n. display m. a cristalli liquidi.

liquidity /lɪˈkwɪdətɪ/ n. liquidità f.

liquidize /ˈlɪkwɪdaɪz/ tr. BE GASTR. frullare.

liquidizer /ˈlɪkwɪdaɪzə(r)/ n. BE frullatore m., mixer m.

liquid lunch n. SCHERZ. = pranzo fatto in un pub o in un altro locale, in cui si consuma poco cibo e si bevono molti alcolici.

liquid measure n. misura f. per liquidi.

liquor /ˈlɪkə(r)/ n. bevanda f. alcolica, alcolici m.pl.; ***hard*** o ***strong ~*** superalcolici.

liquorice, **licorice** AE /ˈlɪkərɪs/ **I** n. *(plant, substance)* liquirizia f. **II** modif. [*root, stick*] di liquirizia.

liquor store n. AE liquoreria f.

lira /ˈlɪərə/ ◗ *7* n. (pl. ~**s**, **lire**) lira f.

Lisbon /ˈlɪzbən/ ◗ *34* n.pr. Lisbona f.

lisle /laɪl/ **I** n. filo m. di Scozia **II** modif. [*stockings*] di filo di Scozia.

1.lisp /lɪsp/ n. pronuncia f. blesa, blesità f.; ***to have a ~*** essere bleso.

2.lisp /lɪsp/ intr. essere bleso, parlare in modo bleso.

lissom(e) /ˈlɪsəm/ agg. *(nimble)* agile; *(supple)* flessuoso.

1.list /lɪst/ n. lista f., elenco m.; ***to be on a ~*** essere in una lista; ***to be at the top of the ~*** essere in cima alla lista (anche FIG.); ***to be low on one's ~ of priorities*** non essere tra le proprie priorità; ***waiting ~*** lista d'attesa; ***price ~*** listino prezzi; ***~ price*** prezzo di listino.

2.list /lɪst/ tr. **1** fare la lista di, elencare [*objects, people*]; ***to be ~ed under*** essere classificato *o* catalogato come; ***to be ~ed among*** figurare tra; ***to be ~ed in*** essere incluso *o* trovarsi in [*directory, Yellow Pages®*] **2** INFORM. listare **3** ECON. ***to be ~ed on the Stock Exchange*** essere quotato in *o* ammesso alle quotazioni di borsa.

3.list /lɪst/ n. MAR. *(leaning)* sbandamento m., inclinazione f.

4.list /lɪst/ intr. MAR. sbandare, inclinarsi.

listed building n. BE = edificio di interesse artistico o storico.

1.listen /ˈlɪsn/ n. ***have a ~ to this!*** senti questa! ***it's well worth a ~*** vale la pena di ascoltarlo.

2.listen /ˈlɪsn/ intr. **1** *(to music, sounds)* ascoltare; *(pay heed)* ascoltare, prestare ascolto, dare retta; ***to ~ to sb., sth.*** ascoltare qcn., qcs.; ***to ~ at the door*** origliare attraverso la porta; ***to ~ to sb. doing*** ascoltare qcn. fare; ***~ to this!*** senti questa! ***~, can you come tomorrow?*** ascolta, puoi venire domani? **2** *(wait)* ***to ~ for*** stare in ascolto per sentire [*sound*].

■ **listen in 1** *(eavesdrop)* origliare, ascoltare di nascosto; ***to ~ in on*** o ***to*** ascoltare di nascosto [*conversation*] **2** RAD. ***to ~ in to*** ascoltare [*programme*].

listener /ˈlɪsnə(r)/ n. **1** *(personal)* ***to be a good ~*** sapere ascoltare; ***a ready ~*** una persona pronta ad ascoltare **2** gener. pl. RAD. (radio)ascoltatore m. (-trice) (**to** di).

listening /ˈlɪsnɪŋ/ n. ***it makes interesting ~*** è interessante da ascoltare.

listeria /lɪˈstɪərɪə/ n. (pl. ~, ~**s**) *(bacterium)* listeria f.

listeriosis /lɪˌstɪərɪˈəʊsɪs/ ◗ *11* n. MED. listeriosi f.

listing /ˈlɪstɪŋ/ **I** n. **1** ECON. quotazione f.; ***Stock Exchange ~*** ammissione alle quotazioni di borsa **2** INFORM. lista f., listato m. **II listings** n.pl. rubrica f.sing. degli spettacoli.

listless /ˈlɪstlɪs/ agg. [*person*] indolente, svogliato; *(careless)* indifferente.

listlessly /ˈlɪstlɪslɪ/ avv. svogliatamente.

lists /lɪsts/ n.pl. STOR. lizza f.sing. (anche FIG.); ***to enter the ~*** entrare in lizza.

1.lit /lɪt/ pass., p.pass. → **2.light**, **5.light**.

2.lit /lɪt/ n. COLLOQ. (accorc. literature) letteratura f.

litany /ˈlɪtənɪ/ n. RELIG. litania f. (anche FIG.).

liter AE → **litre**.

literacy /ˈlɪtərəsɪ/ **I** n. alfabetismo m., alfabetizzazione f., grado m. d'istruzione; ***our aim is 100% adult ~*** il nostro obiettivo è che il 100% degli adulti sappia leggere e scrivere; ***to teach ~*** alfabetizzare, insegnare a leggere e scrivere **II** modif. [*campaign, level*] di alfabetizzazione; [*class, hour*] in cui si impara a leggere e scrivere.

literal /ˈlɪtərəl/ agg. **1** [*meaning, translation*] letterale; [*depiction*] fedele, alla lettera; SPREG. prosaico, privo di immaginazione **2** *(actual)* esatto, preciso; ***~ truth*** la pura verità.

literally /ˈlɪtərəlɪ/ avv. **1** [*mean, translate*] letteralmente; ***to take sth. ~*** prendere qcs. alla lettera **2** *(without exaggeration)* ***they quite ~ danced all night*** hanno davvero ballato tutta la notte.

literary /ˈlɪtərərɪ, AE ˈlɪtərerɪ/ agg. [*prize, criticism, critic, agent*] letterario; ***a ~ man*** un letterato, un uomo di lettere.

literate /ˈlɪtərət/ agg. **1** *(able to read and write)* ***to be ~*** sapere leggere e scrivere **2** *(cultured)* [*person*] colto, istruito; [*work*] erudito; [*film*] colto.

literati /ˌlɪtəˈrɑːtɪ/ n.pl. letterati m., classe f.sing. colta.

literature /ˈlɪtrətʃə(r), AE -tʃʊər/ **I** n. **1** *(literary writings)* letteratura f.; ***a work of ~*** un'opera letteraria **2** *(pamphlets)* letteratura f., documentazione f., stampati m.pl.; ***sales ~*** opuscoli pubblicitari **II** modif. [*course*] di letteratura.
lithe /laɪð/ agg. *(agile)* agile; *(slim)* snello.
lithium /ˈlɪθɪəm/ n. litio m.
1.lithograph /ˈlɪθəgrɑːf, AE -græf/ n. litografia f., riproduzione f. litografica.
2.lithograph /ˈlɪθəgrɑːf, AE -græf/ tr. litografare.
lithographer /lɪˈθɒgrəfə(r)/ ➧ ***27*** n. litografo m. (-a).
lithographic(al) /ˌlɪθəˈgræfɪk(l)/ agg. litografico.
lithography /lɪˈθɒgrəfɪ/ n. (arte della) litografia f.
lithosphere /ˈlɪθəsfɪə(r)/ n. litosfera f.
Lithuania /ˌlɪθjuːˈeɪnɪə/ ➧ ***6*** n.pr. Lituania f.
Lithuanian /ˌlɪθjuːˈeɪnɪən/ ➧ ***18, 14*** **I** agg. lituano **II** n. **1** *(person)* lituano m. (-a) **2** *(language)* lituano m.
litigant /ˈlɪtɪgənt/ n. DIR. parte f. in causa.
litigate /ˈlɪtɪgeɪt/ **I** tr. DIR. contestare **II** intr. fare causa.
litigation /ˌlɪtɪˈgeɪʃn/ n. **U** controversia f. legale, processo m., vertenza f.; ***the case has come to ~*** il caso è stato portato in tribunale.
litigious /lɪˈtɪdʒəs/ agg. [*person*] litigioso, che intenta cause.
litmus /ˈlɪtməs/ **I** n. CHIM. tornasole m. **II** modif. CHIM. ***~ paper*** cartina al *o* di tornasole; ***~ test*** prova con la cartina al *o* di tornasole; FIG. cartina al tornasole.
litre, liter AE /ˈliːtə(r)/ ➧ ***3*** **I** n. litro m. **II** modif. [*jug, measure*] da un litro.
1.litter /ˈlɪtə(r)/ n. **1** rifiuti m.pl., immondizia f., spazzatura f.; *(paper)* cartacce f.pl.; ***to drop ~*** gettare *o* buttare immondizia (per terra); ***"no ~"*** "divieto di gettare rifiuti" **2** *(random collection)* confusione f., disordine m. **3** ZOOL. figliata f.; ***to have a ~*** figliare **4** *(for farm stock)* strame m., lettiera f.; *(for cat)* lettiera f. **5** *(for casualty)* barella f.; *(for dignitary)* lettiga f., portantina f.
2.litter /ˈlɪtə(r)/ tr. [*leaves, books*] ricoprire [*ground, floor*]; ***to ~ a house with sth.*** disseminare *o* sparpagliare qcs. in tutta la casa [*clothes, magazines*]; ***to be ~ed with papers*** [*ground*] essere ricoperto di cartacce; ***to be ~ed with allusions*** FIG. essere pieno di allusioni.
litter basket, litter bin n. bidone m. della spazzatura, cestino m. dei rifiuti.
litterbug /ˈlɪtəbʌg/, **litter lout** BE n. SPREG. = persona che getta i rifiuti per strada.
litter tray n. vaschetta f. della sabbia (per gatti, ecc.).
1.little /ˈlɪtl/ (compar. **less**; superl. **least**) When *little* is used as a quantifier (*little time, little hope, little money, little chance*), it is translated by *poco / poca / pochi / poche*: *poco tempo, poca speranza, pochi soldi, poche possibilità*. For examples and particular usages, see **I** below. - When *a little* is used as a pronoun (*give me a little*), it is translated by *un po'* or *un poco*: *dammene un po' / un poco*. - When *little* is used alone as a pronoun (*there is little I can do*), it is very often translated *non... un granché*: *non posso fare un granché*. - For examples of these and other uses of *little* as a pronoun (*to do as little as possible* etc.), see the entry below. - For uses of *little* and *a little* as adverbs, see the entry below. - Note that *less* and *least* are treated as separate entries in the dictionary. **I** quantif. ***~ chance*** poche *o* scarse possibilità; ***there's so ~ time*** c'è così poco tempo; ***too ~ money*** troppo pochi soldi; ***there's ~ sense*** o ***point*** non ha molto senso; ***he speaks ~ German*** parla poco il tedesco; ***with no ~ difficulty*** non senza difficoltà; ***I see ~ of Paul these days*** in questi giorni vedo Paul molto di rado **II** pron. ***I only ate a ~*** ne ho mangiato solo un po'; ***a ~ of the money*** un po' del denaro; ***the ~ I saw*** quel poco che ho visto; ***I did what ~ I could*** ho fatto quel poco che ho potuto; ***he remembers very ~*** ricorda molto poco; ***~ of what he says is true*** poco di ciò che dice è vero; ***there's ~ I can do*** non posso fare un granché; ***to have ~ to do with*** c'entrare poco con; ***to do as ~ as possible*** fare il meno possibile; ***to know ~ about*** saper(ne) poco di; ***there's ~ to worry about*** non c'è molto di che preoccuparsi; ***~ of note*** poco di interessante; ***it says very ~ for her*** non depone molto a suo favore, non le fa molto onore; ***~ or nothing*** quasi nulla, praticamente niente ♦ ***~ by ~*** poco a poco, poco per volta, gradualmente; ***to make ~ of*** *(disparage)* dare poca importanza a, non dare peso a [*victory*]; *(not understand)* non capire molto, capirci poco di [*speech*].
2.little /ˈlɪtl/ avv. **1** *(not much)* [*speak, eat, go*] poco; ***his books are ~ read*** i suoi libri sono poco letti **2** *(scarcely)* ***her results were ~ better*** i suoi risultati non erano molto migliori; ***~ more than an hour ago*** poco più di un'ora fa; ***it's ~ short of madness*** rasenta la pazzia; ***a ~-known novel*** un romanzo poco conosciuto **3** *(not at all)* ***~ did he know that*** era ben lontano dall'immaginare che **4** ***a little (bit)*** *(slightly)* un po'; ***a ~ (bit) surprised*** un po' sorpreso; ***a ~ less, more*** un po' meno, un po' più; ***stay a ~ longer*** rimani ancora un po' *o* un po' di più; ***I was not a ~ offended*** ero non poco offeso **5** ***as little as for as ~ as 10 dollars*** per soli 10 dollari; ***I like Mary as ~ as you do*** non mi piace Mary più di quanto piaccia a te.
3.little /ˈlɪtl/ agg. (compar. **less**; superl. **least**) When *little* is used with nouns to express such qualities as smallness, prettiness or disparagement, Italian may convey the same meaning by means of suffixes that alter the sense of the noun: *a little house* = una casetta; *a little old man* = un vecchietto; *my little brother* = il mio fratellino; *her little sister* = la sua sorellina; *little girl* = ragazzina; *a little hat* = un cappellino; *little Mary* = Mariuccia; *a nasty little man* = un perfido ometto; *a silly little woman* = una stupida donnetta. - Please note that, although *smaller* and *smallest* are generally used instead of *littler* e *littlest*, the Italian translation does not change: *più piccolo, il più piccolo*. **1** *(small)* piccolo; ***a ~ house*** una piccola casa, una casetta; ***a ~ something*** qualcosina, una cosina; ***poor ~ thing*** poveretto; ***a ~ old lady*** una vecchietta deliziosa; ***he's a nice ~ thing*** è un cosino delizioso **2** *(young)* [*sister, boy*] piccolo; ***when I was ~*** quando ero piccolo, da piccolo **3** *(feeble)* [*gesture, nod*] piccolo; ***a ~ voice said...*** una vocina flebile disse... **4** *(lacking influence)* [*farmer, businessman*] piccolo **5** *(expressing scorn)* ***he's a ~ despot*** è un piccolo despota; ***a nasty ~ boy*** un ragazzino tremendo **6** *(short)* [*nap, holiday, break*] breve; ***I'll walk with you a ~ way*** farò un pezzetto di strada con te; ***stay a ~ while*** rimani un po'.
Little Bear BE, **Little Dipper** AE n.pr. ASTR. Orsa f. Minore, Piccolo Carro m.
Little Englander /ˌlɪtlˈɪŋgləndə(r)/ n. = cittadino britannico contrario a ogni apertura internazionale della Gran Bretagna.
little finger ➧ ***2*** n. (dito) mignolo m. ♦ ***to wrap*** o ***twist sb. around one's ~*** rigirarsi qcn., far fare a qcn. quello che si vuole.
littoral /ˈlɪtərəl/ **I** n. litorale m. **II** agg. litorale.
liturgic(al) /lɪˈtɜːdʒɪk(l)/ agg. liturgico.
liturgy /ˈlɪtədʒɪ/ n. liturgia f.
livable /ˈlɪvəbl/ agg. [*life*] vivibile; [*house, flat*] abitabile; ***he's not ~ with*** COLLOQ. è insopportabile.
1.live /lɪv/ **I** tr. *(conduct)* vivere; ***to ~ a peaceful, healthier life*** vivere una vita tranquilla, più sana; ***to ~ a life of luxury*** vivere nel lusso; ***to ~ the life of a recluse*** fare una vita da carcerato; ***if I could ~ my life over again*** se nascessi di nuovo **II** intr. **1** *(dwell)* [*animal*] vivere; [*person*] vivere, abitare; *(in permanent dwelling)* abitare; ***they ~ at number 7*** vivono *o* abitano al numero 7; ***to ~ together, alone*** vivere *o* abitare insieme, da solo; ***to ~ in*** vivere *o* abitare in [*house, apartment*]; ***it isn't fit to ~ in*** non è adatto per abitarci; ***he's not very easy to ~ with*** non è facile vivere con lui; ***a nice place to ~*** un bel posto in cui abitare; ***have you found anywhere to ~ yet?*** ha trovato alloggio? ***he ~s in his jeans*** ha sempre i jeans addosso **2** *(lead one's life)* vivere; ***to ~ in luxury, in the computer age*** vivere nel lusso, nell'era informatica; ***to ~ for*** vivere per [*family*]; ***to ~ through sth.*** passare attraverso *o* vivere [*experience*]; ***they ~d happily ever after*** *(in story)* vissero felici e contenti **3** *(remain alive)* vivere; *(survive)* sopravvivere; ***to ~ to be eighty*** vivere fino a ottant'anni; ***he's still living*** è ancora vivo; ***as long as I ~...*** finché vivrò...; ***I don't think he'll ~*** non credo che sopravviverà; ***he'll not ~ through the night*** non supererà la notte; ***I'll ~!*** SCHERZ. sopravviverò! ***you'll ~ to regret it*** te ne pentirai; ***long ~ democracy!*** viva la democrazia! **4** *(subsist)* vivere; ***to ~ on*** o ***off*** nutrirsi solo di [*fruit*]; vivere di [*charity*]; vivere di *o* con [*wage*]; ***to ~ off sb.*** vivere a spese *o* alle spalle di qcn.; ***to ~ on junk food*** mangiare solo schifezze **5** *(put up with)* ***to ~***

with accettare [*situation, fact*]; sopportare [*noise*]; ***to ~ with oneself*** vivere in pace con se stessi, non pensarci **6** *(experience life)* ***this is what I call living*** questo è ciò che chiamo vivere; ***come on! ~ a little!*** su, lasciati andare! ***you haven't ~d until you've been to...*** non puoi dire di aver vissuto finché non sei andato a... ♦ ***~ and let ~*** vivi e lascia vivere; ***to ~ it up*** COLLOQ. spassarsela, darsi alla bella vita; ***to ~ on fresh air*** vivere d'aria; ***you ~ and learn*** non si finisce mai d'imparare; ***I'll never ~ it down!*** non riuscirò mai a perdonarmelo!

■ **live in** [*caretaker*] vivere nell'alloggio di servizio; [*pupil*] essere interno; [*maid*] = abitare nella casa in cui si lavora.

■ **live on** [*reputation, tradition*] durare (ancora).

■ **live out:** ~ ***out*** [*maid*] = non abitare nella casa in cui si lavora; [*pupil*] essere esterno; ***~ out [sth.]*** **1** *(survive)* superare, passare [*winter*] **2** *(spend)* ***to ~ out one's days*** trascorrere *o* passare il resto della propria vita **3** *(enact)* vivere, rendere reale [*fantasies*].

■ **live up to** [*person*] rispondere a [*expectations*]; [*person*] essere all'altezza di [*reputation*]; [*product*] essere all'altezza di [*advertising*].

2.live /laɪv/ **I** agg. **1** *(not dead)* [*person, animal*] vivo; ***~ birth*** bambino nato vivo; ***real ~*** in carne e ossa, vivo e parlante **2** RAD. TELEV. *(not recorded)* [*broadcast*] in diretta; [*concert, performance*] dal vivo, live; ***before a ~ audience*** davanti a un pubblico in diretta **3** EL. sotto tensione **4** *(burning)* [*coal*] ardente; [*match*] acceso **5** *(capable of exploding)* [*gun*] carico; *(unexploded)* [*bomb*] inesploso **II** avv. RAD. TELEV. [*broadcast*] in diretta; [*play*] dal vivo.

liveable → **livable**.

lived-in /ˈlɪvdɪn/ agg. COLLOQ. ***to look ~*** sembrare abitato; ***to have that ~ look*** dare l'impressione di essere comodo.

live-in /ˈlɪvɪn/ agg. [*maid*] = che abita nella casa in cui lavora; ***to have a ~ lover*** convivere con qcn.

livelihood /ˈlaɪvlɪhʊd/ n. sostentamento m., mezzi m.pl. di sussistenza.

liveliness /ˈlaɪvlɪnɪs/ n. *(of place)* animazione f.; *(of person, style)* vivacità f., brio m.

livelong /ˈlɪvlɒŋ, AE ˈlaɪvlɔːŋ/ agg. LETT. ***all the ~ day*** tutto il santo giorno.

lively /ˈlaɪvlɪ/ agg. **1** *(vivacious)* [*person*] vivace, attivo; [*place, conversation*] vivace, animato; [*account*] vivace, vivido; [*intelligence*] vivace, fervido; [*interest*] vivo **2** *(fast)* [*pace*] incalzante; [*music, dance*] travolgente ♦ ***look ~!*** COLLOQ. svegliati! muoviti!

liven /ˈlaɪvn/ → **liven up**.

■ **liven up:** ~ ***up*** animarsi, ravvivarsi; ***~ up [sth.], ~ [sth.] up*** rallegrare [*person*]; ravvivare, animare [*evening*].

liver /ˈlɪvə(r)/ ♦ **2 I** n. GASTR. ANAT. fegato m.; ***grilled, lamb's ~*** fegato alla griglia, d'agnello **II** modif. [*sausage, pâté*] di fegato.

live rail n. rotaia f. sotto tensione.

liverish /ˈlɪvərɪʃ/ agg. **1** ***to feel ~*** avere dolori al fegato **2** [*person*] astioso, bilioso, fegatoso.

Liverpudlian /ˌlɪvəˈpʌdlɪən/ **I** agg. di Liverpool **II** n. nativo m. (-a), abitante m. e f. di Liverpool.

liver salts n.pl. = sali minerali per aiutare la digestione.

liver spot n. chiazza f. brunastra (del viso).

liverwurst /ˈlɪvəwɜːst/ n. AE = salsiccia di fegato.

livery /ˈlɪvərɪ/ n. **1** *(uniform)* livrea f. **2** *(boarding horses)* stallaggio m.

lives /laɪvz/ → **life**.

livestock /ˈlaɪvstɒk/ n. bestiame m., scorte f.pl. vive.

live wire n. **1** EL. filo m. sotto tensione **2** FIG. ***to be a ~*** essere molto dinamico *o* attivo.

livid /ˈlɪvɪd/ agg. **1** COLLOQ. *(furious)* furioso, furibondo **2** [*face*] livido; [*sky*] livido, plumbeo; ***~ with rage*** livido di rabbia.

1.living /ˈlɪvɪŋ/ n. **1** *(livelihood)* mezzi m.pl. di sostentamento; ***to earn*** o ***make a ~*** guadagnarsi da vivere; ***to work for a ~*** lavorare per vivere; ***what do you do for a ~?*** cosa fai di mestiere? che lavoro fai? **2** *(lifestyle)* vita f., modo m. di vivere; ***loose ~*** vita dissoluta; ***high ~*** tenore di vita elevato **3** RELIG. beneficio m., prebenda f. **4** ***the ~*** + verbo pl. i vivi ♦ ***you're still in the land of the ~!*** chi non muore si rivede!

2.living /ˈlɪvɪŋ/ agg. [*person, language*] vivo; [*organism, legend*] vivente; ***to be ~ proof of*** essere la prova vivente di; ***a ~ hell*** un vero inferno; ***within ~ memory*** a memoria d'uomo; ***there wasn't a ~ soul*** non c'era anima viva.

living conditions n.pl. condizioni f. di vita.

living dead n.pl. morti m. viventi; FIG. miserabili m.

living death n. vita f. miserrima, calvario m.

living expenses n.pl. spese f. di sostentamento.

living quarters n.pl. alloggi m.

living room n. soggiorno m.

living space n. **1** *(of nation)* spazio m. vitale **2** *(in house)* spazio m. abitabile.

living standards n.pl. tenore m.sing. di vita, livello m.sing. di vita.

living wage n. salario m. sufficiente per vivere.

living will n. testamento m. biologico.

Liz /lɪz/, **Liza** /ˈlaɪzə/ n.pr. diminutivo di **Elizabeth**.

lizard /ˈlɪzəd/ n. lucertola f.

Lizzie /ˈlɪzɪ/ n.pr. diminutivo di **Elizabeth**.

llama /ˈlɑːmə/ n. ZOOL. lama m.

LLB n. (⇒ legum baccalaureus, Bachelor of Laws) = (diploma di) dottore in giurisprudenza (conseguito con un corso di studi di 3 o 4 anni).

LLD n. (⇒ legum doctor, Doctor of Laws) = (diploma di) dottore in giurisprudenza (con specializzazione post-laurea).

lo /ləʊ/ inter. LETT. (anche **lo and behold**) ecco, guarda.

1.load /ləʊd/ **I** n. **1** *(sth. carried) (on animal, vehicle, etc.)* carico m.; FIG. peso m., carico m., fardello m.; ***to take a ~ off one's mind*** liberarsi da *o* togliersi un peso; ***a bus~ of children was crossing the road*** i bambini scesi dall'autobus stavano attraversando la strada **2** TECN. *(weight)* carico m., pressione f., spinta f. **3** *(shipment) (of sand, cement)* carico m.; ***four ~s of washing*** quattro macchinate (di biancheria) **4** EL. carico m. **5** FIG. *(amount of work)* (carico di) lavoro m.; ***let's try and spread the ~*** cerchiamo di ripartire il lavoro da fare **6** COLLOQ. *(a lot)* ***a (whole) ~ of people*** un mucchio *o* sacco di gente **II loads** n.pl. COLLOQ. ***~s of*** un mucchio *o* sacco di [*people, work, money*]; ***to have ~s of energy*** avere tantissima energia; ***~s of champagne*** champagne a fiumi; ***we had ~s to drink*** avevamo un mucchio di roba da bere ♦ ***get a ~ of this!*** *(listen)* ascolta un po'! ***get a ~ of that!*** *(look)* guarda un po' quello!

2.load /ləʊd/ **I** tr. **1** caricare [*vehicle, donkey, gun, washing machine, camera*] **2** INFORM. caricare [*program*] **3** FIG. ***to ~ sb. with*** colmare qcn. di [*presents, honours*] **4** *(tamper with)* truccare [*dice*]; ***to ~ the dice against sb.*** FIG. svantaggiare in modo disonesto qcn. **II** intr. fare un carico.

■ **load down:** ***~ [sb.] down*** appesantire, sovraccaricare; ***to be ~ed down with*** essere sovraccarico di [*work*].

load-bearing /ˈləʊdˌbeərɪŋ/ agg. [*wall*] portante.

loaded /ˈləʊdɪd/ **I** p.pass. → **2.load II** agg. **1** *(full)* [*tray, lorry*] carico, caricato (**with** di); [*gun*] carico; ***~ with meaning*** FIG. carico *o* pieno di significato **2** *(weighed down)* [*person*] carico (**with** di); ***to be ~ with honours*** FIG. essere carico *o* coperto di onori **3** COLLOQ. FIG. *(rich)* ricco sfondato **4** *(leading)* [*question*] tendenzioso, insidioso **5** AE COLLOQ. *(drunk)* sbronzo.

loading /ˈləʊdɪŋ/ n. *(of vehicle)* carico m.

loading bay n. piattaforma f. di carico.

loaf /ləʊf/ n. (pl. **loaves**) pagnotta f., pane m.; ***a ~ of bread*** una pagnotta ♦ ***half a ~ is better than no bread*** PROV. meglio un uovo oggi che una gallina domani; ***use your ~!*** COLLOQ. usa la zucca *o* testa!

loaf about, **loaf around** intr. oziare, bighellonare.

loafer /ˈləʊfə(r)/ n. **1** *(shoe)* = tipo di mocassino **2** *(idler)* fannullone m. (-a).

loam /ləʊm/ n. terra f. grassa.

1.loan /ləʊn/ n. **1** ECON. *(money or property)* prestito m.; mutuo m.; ***a £ 20,000 ~, a ~ of £ 20,000*** un prestito di 20.000 sterline; ***to take out a ~*** sottoscrivere un prestito *o* mutuo **2** *(act) (of lending)* prestito m.; ***to have the ~ of sth.*** prendere in prestito qcs.; ***to give sb. the ~ of sth.*** prestare qcs. a qcn.; ***to be on ~ to*** [*museum object*] essere in prestito a; ***this book is not for ~, is already on ~*** questo libro è escluso dal, è già in prestito.

2.loan /ləʊn/ tr. (anche ~ **out**) prestare, dare in prestito.
loan account n. ECON. apertura f. di credito in conto corrente.
loan agreement n. ECON. contratto m. di prestito.
loan facility n. agevolazione f. di credito.
loan shark n. COLLOQ. SPREG. usuraio m. (-a), strozzino m. (-a).
loan word n. LING. prestito m.
loath /ləʊθ/ agg. ***to be ~ to do*** essere riluttante *o* poco incline a fare; ***nothing ~*** volentieri.
loathe /ləʊð/ tr. detestare, odiare (**doing** fare).
loathing /'ləʊðɪŋ/ n. disgusto m., ripugnanza f.; *(hate)* odio m.
loathsome /'ləʊðsəm/ agg. ripugnante, disgustoso; *(hateful)* odioso.
loaves /ləʊvz/ → **loaf**.
1.lob /lɒb/ n. SPORT lob m., pallonetto m.
2.lob /lɒb/ tr. (forma in -ing ecc. **-bb-**) lanciare; SPORT lanciare ad arco, facendo un pallonetto [*ball*].
1.lobby /'lɒbɪ/ n. **1** *(of house)* ingresso m., atrio m.; *(of hotel)* hall f.; *(of theatre)* foyer m., ridotto m. **2** GB POL. (anche **division ~**) *(where MPs vote)* = ciascuno dei due corridoi dove i deputati vanno per esprimere il voto a favore o contrario **3** (anche ~ **group**) lobby f., gruppo m. di pressione.
2.lobby /'lɒbɪ/ **I** tr. [*group*] fare, esercitare pressione su [*group*]; POL. fare approvare facendo pressioni [*bill*] **II** intr. esercitare pressioni politiche.
lobbying /'lɒbɪɪŋ/ n. lobbying m., lobbismo m.
lobbyist /'lɒbɪɪst/ n. lobbista m. e f.
lobe /ləʊb/ n. ANAT. BOT. lobo m.
lobelia /lə'bi:ljə/ n. lobelia f.
lobotomy /ləʊ'bɒtəmɪ/ n. lobotomia f.
lobster /'lɒbstə(r)/ **I** n. GASTR. ZOOL. aragosta f.; astice m. **II** modif. [*salad, soup*] di aragosta.
lobster pot n. nassa f. per aragoste.
1.local /'ləʊkl/ n. COLLOQ. **1** *(resident)* ***the ~s*** i locali, la gente del luogo; ***is he a ~?*** è uno del luogo? **2** *(pub)* pub m., locale m. della zona **3** *(train)* (treno) locale m.
2.local /'ləʊkl/ agg. **1** *(neighbourhood)* [*library, shop*] del luogo, della zona **2** *(of the town)* [*newspaper, hospital*] locale **3** *(regional)* [*radio, news*] (d'interesse) locale, regionale; [*speciality*] della zona, regionale; [*tradition*] locale; [*business*] regionale **4** *(of a country)* [*currency, language*] locale, nazionale; [*time*] locale.
local anaesthetic n. anestesia f. locale.
local area network n. INFORM. rete f. in area locale.
local authority n. BE + verbo sing. o pl. ente m. locale.
local (area) call n. TEL. telefonata f. urbana.
local colour BE, **local color** AE n. colore m. locale.
locale /ləʊ'kɑ:l, AE -'kæl/ n. **1** *(setting)* scenario m., ambientazione f. **2** *(place)* luogo m., località f., posto m.
local education authority n. BE + verbo sing. o pl. = ente amministrativo locale che si occupa dell'istruzione pubblica, equivalente al provveditorato agli studi.
local election n. elezioni f.pl. amministrative.
local government n. amministrazione f. locale.
locality /ləʊ'kælətɪ/ n. **1** *(local area)* luogo m., posto m.; ***shops in the ~*** i negozi del luogo **2** *(place)* località f., luogo m.
localize /'ləʊkəlaɪz/ tr. *(pinpoint)* individuare [*problem*]; *(restrict)* circoscrivere, limitare [*damage, effect*].
localized /'ləʊkəlaɪzd/ **I** p.pass. → **localize II** agg. [*damage, problem*] circoscritto.
locally /'ləʊklɪ/ avv. **1** localmente **2** *(within a given area)* in zona, nelle vicinanze.
locate /ləʊ'keɪt, AE 'ləʊkeɪt/ tr. **1** *(find)* trovare, localizzare, individuare [*person, object*]; individuare [*problem*] **2** *(position)* ubicare, situare [*building*]; stabilire, collocare [*site*].
location /ləʊ'keɪʃn/ n. **1** *(place)* luogo m., posto m., sito m.; *(exact site)* ubicazione f.; ***a central ~*** una posizione centrale; ***to know the ~ of sth.*** conoscere l'ubicazione di qcs. **2** CINEM. esterni m.pl.; ***to go on ~*** girare in esterni.
loch /lɒk, lɒx/ n. SCOZZ. lago m., loch m.
loci /'lɒki:/ → **locus**.
1.lock /lɒk/ n. *(of hair)* ricciolo m., ciocca f.; ***curly ~s*** capelli riccioluti.
2.lock /lɒk/ n. **1** *(with key)* serratura f.; *(with bolt)* chiavistello m., catenaccio m.; ***under ~ and key*** sotto chiave **2** MAR. chiusa f. **3** *(in wrestling)* chiave f. **4** AUT. ***to have a good ~*** [*car*] avere un buon raggio di sterzata; ***full ~, half ~*** sterzata a 180°, a 90° **5** INFORM. protezione f. (con password).
3.lock /lɒk/ **I** tr. **1** *(close) (with key)* chiudere (a chiave); *(with bolt)* chiudere con chiavistello, con catenaccio **2** INFORM. proteggere (con password) [*file*] **3** FIG. ***to be ~ed in an embrace*** essere avvinghiati in un abbraccio; ***to ~ horns*** scontrarsi violentemente **II** intr. **1** *(close)* [*door, drawer*] chiudersi con la chiave **2** *(seize up)* [*steering wheel*] bloccarsi, incepparsi.
■ **lock away: ~ *[sth.]* away, ~ away *[sth.]*** chiudere [qcs.] sotto chiave, in cassaforte.
■ **lock in: ~ *[sb.]* in** rinchiudere [*person*]; ***to ~ oneself in*** chiudersi dentro.
■ **lock out: ~ *[sb.]* out** chiudere fuori; ***to ~ oneself out*** chiudersi fuori.
■ **lock together** [*components, pieces*] incastrarsi.
■ **lock up: ~ up** chiudere; **~ *[sth.]* up, ~ up *[sth.]*** chiudere a chiave [*house*]; immobilizzare, impegnare [*capital*]; **~ *[sb.]* up, ~ up *[sb.]*** rinchiudere [*hostage*]; mettere in prigione [*killer*].
locker /'lɒkə(r)/ n. armadietto m. (di metallo).
locker room I n. spogliatoio m. **II** modif. [*humour*] da spogliatoio, volgare.
locket /'lɒkɪt/ n. medaglione m. (da portare al collo).
lock gate n. porta f. di chiusa.
lock-in /'lɒkɪn/ n. **1** COMM. accordo m. esclusivo **2** *(in a pub)* = permanenza dei clienti di un pub oltre l'orario di chiusura.
locking /'lɒkɪŋ/ **I** n. **1** INFORM. protezione f. (con password) **2** ***central ~*** AUT. chiusura centralizzata **II** agg. [*door, petrol cap*] che si chiude a chiave.
lockjaw /'lɒkdʒɔ:/ ➧ ***11*** n. tetano m.
lock keeper ➧ ***27*** n. guardiano m. (-a) di chiusa.
lock-out /'lɒkaʊt/ n. serrata f.
locksmith /'lɒksmɪθ/ ➧ ***27*** n. fabbro m. (per serrature).
lock-up /'lɒkʌp/ n. **1** BE *(garage)* garage m., box m.; *(shop)* = piccolo negozio con un'unica entrata ed eventuale vetrina chiusa da una serranda **2** *(cell)* guardina f.
1.loco /'ləʊkəʊ/ n. BE FERR. COLLOQ. (accorc. **locomotive**) locomotiva f.
2.loco /'ləʊkəʊ/ agg. COLLOQ. *(mad)* pazzo, matto.
locomotion /ˌləʊkə'məʊʃn/ n. locomozione f.
locomotive /ˌləʊkə'məʊtɪv/ **I** n. locomotiva f. **II** agg. **1** [*muscle*] locomotore **2** [*power*] locomotivo.
locum /'ləʊkəm/ n. BE (anche ~ **tenens**) supplente m., vicario m.
locus /'ləʊkəs/ n. (pl. **-i**) MAT. luogo m. (geometrico).
locust /'ləʊkəst/ n. locusta f., cavalletta f.
locution /lə'kju:ʃn/ n. locuzione f.
lodestar /'ləʊdstɑ:(r)/ n. stella f. polare (anche FIG.).
lodestone /'ləʊdstəʊn/ n. magnetite f.
1.lodge /lɒdʒ/ n. **1** *(small house)* casetta f.; *(for gatekeeper)* portineria f.; *(in castle)* casetta f. del custode; ***porter's ~*** UNIV. portineria **2** *(Masonic)* loggia f. **3** *(of beaver)* tana f.
2.lodge /lɒdʒ/ **I** tr. **1** *(accommodate)* alloggiare, ospitare [*person*] **2** DIR. depositare, presentare [*appeal, complaint, protest*] (**with** presso) **3** *(store)* depositare, mettere al sicuro [*valuables*] **II** intr. **1** *(reside)* alloggiare, stare (**with** da, presso) **2** *(stick)* [*bullet*] conficcarsi, piantarsi; [*small object*] bloccarsi, incastrarsi; ***it ~d in her memory*** le si è fissato nella memoria.
lodger /'lɒdʒə(r)/ n. *(room only)* inquilino m. (-a); *(with meals)* pensionante m. e f.
lodging /'lɒdʒɪŋ/ **I** n. alloggio m., sistemazione f.; ***board and ~*** vitto e alloggio **II lodgings** n.pl. camera f.sing. in affitto, appartamento m.sing. ammobiliato; ***to take ~*** prendere alloggio (**with** presso).
loft /lɒft, AE lɔ:ft/ n. **1** *(attic)* soffitta f., solaio m.; ***hay ~*** fienile **2** AE *(apartment)* loft m. **3** ARCH. galleria f.
loft conversion n. = ristrutturazione di una soffitta per renderla abitabile.
loftily /'lɒftɪlɪ, AE 'lɔ:ftɪlɪ/ avv. altezzosamente.
lofty /'lɒftɪ, AE 'lɔ:ftɪ/ agg. **1** [*building, peak*] alto, elevato **2** [*ideas, words*] nobile **3** [*manner*] altero, altezzoso.

1.log /lɒg, AE lɔːg/ n. **1** *(of wood)* tronco m., ceppo m.; *(for burning)* ciocco m. **2** *(written record)* registro m. **3** *(of plane, ship)* giornale m., diario m. di bordo **4** INFORM. giornale m., registrazione f. ♦ ***to sleep like a ~*** dormire come un sasso *o* ghiro.

2.log /lɒg, AE lɔːg/ **I** tr. (forma in -ing ecc. **-gg-**) **1** *(record)* annotare, registrare [*fact*] **2** *(clock up)* (anche **~ up**) totalizzare, percorrere in totale [*miles*] **3** *(achieve)* [*car, train*] viaggiare, andare a [*speed*]; [*plane*] volare a [*speed*]; [*ship*] filare a [*knots*] **II** intr. (forma in -ing ecc. **-gg-**) abbattere alberi, fare legname.

▪ **log in, on** INFORM. entrare (in un sistema usando una password).

▪ **log off, out** INFORM. uscire (da un sistema chiudendo l'accesso mediante password).

loganberry /ˈləʊgənbrɪ, AE -berɪ/ n. = bacca simile alla mora, ma più lunga e più rossa.

logarithm /ˈlɒgərɪðəm, AE ˈlɔːg-/ n. logaritmo m.

log book n. **1** *(of car)* libretto m. di circolazione **2** *(of plane, ship)* giornale m., diario m. di bordo **3** *(written record)* registro m.

log cabin n. capanna f. di tronchi d'albero.

log fire n. fuoco m. di legna.

logger /ˈlɒgə(r)/ ♦ **27** n. taglialegna m.

loggerheads /ˈlɒgəhedz/ n.pl. ***to be at ~*** essere ai ferri corti *o* in disaccordo.

logging /ˈlɒgɪŋ/ n. = taglio e trasporto di tronchi d'albero.

logic /ˈlɒdʒɪk/ n. logica f. (anche FILOS. INFORM.).

logical /ˈlɒdʒɪkl/ agg. logico.

logically /ˈlɒdʒɪklɪ/ avv. logicamente; ***~ speaking*** a rigor di logica.

logician /ləˈdʒɪʃn/ n. logico m. (-a).

login /ˈlɒgɪn/ n. INFORM. login f.

logistic(al) /ləˈdʒɪstɪk(l)/ agg. logistico.

logistically /ləˈdʒɪstɪklɪ/ avv. logicamente.

logistics /ləˈdʒɪstɪks/ n. + verbo sing. o pl. logistica f.

log jam n. = ostruzione di un corso d'acqua provocata dai tronchi; FIG. impasse f., intoppo m.

logo /ˈləʊgəʊ/ n. (pl. **~s**) logo m., logotipo m.

logrolling /ˈlɒgrəʊlɪŋ/ n. AE POL. scambio m. di favori politici (tra partiti).

log tables n.pl. tavole f. logaritmiche.

loin /lɔɪn/ **I** n. GASTR. lonza f., lombata f.; *(of veal)* costoletta f. **II loins** n.pl. ANT. ANAT. reni f. ♦ ***to gird up one's ~s*** prepararsi, farsi coraggio.

loin chop n. costoletta f.

loincloth /ˈlɔɪnklɒθ/ n. perizoma m.

loiter /ˈlɔɪtə(r)/ intr. *(idly)* oziare, bighellonare; *(pleasurably)* andare in giro; *(suspiciously)* aggirarsi.

loll /lɒl/ intr. [*person*] stare rilassato, adagiarsi; [*part of body*] pendere, ciondolare; [*tongue*] penzolare.

▪ **loll about** oziare, stare in panciolle.

lollipop /ˈlɒlɪpɒp/ n. lecca-lecca m.

lollipop lady, lollipop man n. BE COLLOQ. = persona, specialmente anziana, che aiuta gli scolari ad attraversare la strada.

lollop /ˈlɒləp/ intr. camminare a balzelloni.

lolly /ˈlɒlɪ/ n. BE **1** COLLOQ. *(money)* grana f., quattrini m.pl. **2** *(sweet)* lecca-lecca m.; ***ice ~*** ghiacciolo.

Lombard /ˈlɒmbəd/ **I** agg. lombardo **II** n. **1** lombardo m. (-a) **2** STOR. longobardo m. (-a).

Lombardy /ˈlɒmbədɪ/ ♦ **24** n.pr. Lombardia f.

London /ˈlʌndən/ ♦ **34** **I** n.pr. Londra f.; ***in*** o ***to ~*** a Londra; ***inner ~*** = la zona centrale di Londra, che include la City, Westminster e i quartieri adiacenti; ***outer ~*** = i quartieri periferici di Londra **II** modif. [*person, accent*] di Londra, londinese; [*train*] per Londra.

Londoner /ˈlʌndənə(r)/ n. londinese m. e f.

lone /ləʊn/ agg. LETT. *(lonely)* solitario; *(only one)* solo.

loneliness /ˈləʊnlɪnɪs/ n. *(of person)* solitudine f.; *(of position)* isolamento m.

lonely /ˈləʊnlɪ/ agg. [*person*] solitario; [*place*] isolato, solitario; [*decision*] che si prende da soli.

lonely hearts' club n. rubrica f. dei cuori solitari.

lonely hearts' column n. annunci m.pl. matrimoniali.

lone parent n. genitore m. single.

loner /ˈləʊnə(r)/ n. solitario m. (-a), persona f. solitaria.

lonesome /ˈləʊnsəm/ agg. solo, triste ♦ ***to be all on*** BE o ***by*** AE ***one's ~*** essere tutto solo.

lone wolf n. *(person)* lupo m. solitario.

1.long /lɒŋ, AE lɔːŋ/ ♦ **15** agg. **1** *(lengthy)* [*process, wait, journey, vowel*] lungo; [*delay*] prolungato, forte; [*sigh*] lungo, grande; ***20 minutes ~*** (della durata) di 20 minuti; ***how ~ is the interval?*** quanto dura l'intervallo? ***is an hour ~ enough?*** basta un'ora? ***it's been a ~ day*** è stata una lunga giornata; ***to get*** o ***grow*** o ***become ~er*** [*days*] allungarsi; ***a friend of ~ standing*** un amico di vecchia data **2** *(in expressions of time)* ***he's been away a ~ time*** è stato assente per molto tempo *o* a lungo; ***it's been a ~ time since I saw you*** è molto tempo che non ti vedo, è passato molto tempo dall'ultima volta che ti ho visto; ***you've been a ~ time getting here*** ci hai messo tanto per arrivare qui; ***six hours, that's a ~ time*** sei ore, è tanto; ***I've been a teacher for a ~ time*** sono insegnante da molto (tempo); ***for a ~ time I didn't believe her*** per molto tempo non le ho creduto; ***a ~ time ago*** molto tempo fa; ***to take a ~ time*** [*person*] metterci molto (tempo); [*task*] richiedere molto tempo **3** *(in measuring)* [*dress, hair, queue*] lungo; [*grass*] alto; ***20 m ~*** lungo 20 m; ***to get*** o ***grow ~*** [*grass, hair*] crescere; [*list, queue*] allungarsi; ***she's growing her hair ~*** si sta facendo crescere i capelli; ***to make [sth.] ~er*** allungare [*sleeve*] **4** *(in expressions of distance)* ***is it a ~ way to the station?*** è lontana la stazione? ***to live a ~ way away*** o ***off*** abitare lontano; ***July is a ~ way off*** luglio è ancora lontano; ***don't fall, it's a ~ way down*** non cadere, è molto alto; ***a ~ way down the list*** molto in fondo alla lista; ***I saw it a ~ way out*** l'ho visto (molto) in lontananza; ***he is a ~ way out in his calculations*** sta sbagliando di molto i suoi calcoli; ***it's a ~ way up to the tenth floor*** è lunga fino al decimo piano; ***we've come a ~ way*** abbiamo fatto molta strada; ***to go a ~ way*** [*person*] *(be successful)* andare lontano; [*supply*] *(last long)* durare a lungo; ***to have a ~ way to go*** FIG. [*worker*] dover fare ancora molta strada *o* molti sforzi; ***it's the best by a ~ way*** è di gran lunga il migliore; ***to take the ~ way round*** fare un lungo giro *o* una lunga deviazione ♦ ***~ time no see!*** COLLOQ. SCHERZ. sono secoli che non ci vediamo! ***why all the ~ faces?*** cosa sono quei musi lunghi? ***to pull a ~ face*** fare il muso (lungo); ***to have a ~ memory*** avere la memoria lunga, essere una persona che non dimentica.

2.long /lɒŋ, AE lɔːŋ/ avv. **1** *(a long time)* molto tempo, molto; ***not very ~*** non molto (tempo); ***will you be ~?*** ci metterai tanto? ***I shan't be ~*** non ci metterò molto; ***how ~ will you be?*** quanto ci metterai? per quanto ne hai? ***don't be ~ (in getting ready)*** non metterci tanto (a prepararti); ***how ~ will it be before I hear?*** quanto passerà prima di sapere? ***it won't be ~ before you're home again*** non passerà molto che tornerai a casa; ***I've been here ~er than you*** sono qui da più tempo di te; ***the ~er we stayed the hotter it grew*** più il tempo passava e più faceva caldo; ***it's not that ~ since...*** non è passato così tanto tempo da quando...; ***has he been gone ~?*** è via da molto (tempo)? ***I haven't got ~*** non ho molto tempo; ***if you stay ~ enough*** se rimani abbastanza a lungo; ***just ~ enough to...*** giusto il tempo per...; ***that doesn't give us ~ to have dinner*** non abbiamo molto tempo per pranzare; ***~er than expected, than I thought*** più (tempo) del previsto; ***this won't take ~*** non ci vorrà molto tempo; ***how ~ did it take him?*** quanto ci ha messo? ***two days at the ~est*** due giorni al massimo; ***before ~*** *(in past)* poco dopo, di lì a poco; *(in future)* fra breve, fra non molto, presto, di qui a poco; ***for ~*** a lungo, per molto tempo; ***will you be gone for ~?*** sarai assente a lungo? ***~ after*** molto tempo dopo; ***it's ~ after*** o ***past your bedtime*** dovresti essere a letto già da molto tempo; ***~ ago*** molto tempo fa; ***~ before*** molto prima; ***no ~er*** non più; ***I can't stand it a day ~er*** non lo sopporterò un giorno di più; ***I can't stand it any ~er*** non lo sopporto più; ***5 minutes, no ~er!*** 5 minuti, non di più! **2** *(for a long time)* da molto (tempo); ***those days are ~ gone*** quei giorni sono ormai passati **3** dopo nome *(throughout)* ***all night ~*** tutta la notte **4 as long as, so long as** *(in time)* finché, fintantoché; *(provided that)* purché, a condizione che; ***as ~ as I live*** finché vivo; ***for as ~ as you like*** tutto il tempo che vuoi; ***as ~ as you're safe*** basta che tu sia al sicuro; ***as ~ as you keep me informed*** purché *o* a condizione che tu mi tenga informato ♦ ***so ~!*** COLLOQ. ciao! arrivederci!

3.long /lɒŋ, AE lɔ:ŋ/ intr. ***to ~ for*** desiderare ardentemente, avere una gran voglia di, morire dalla voglia di; ***to ~ to do*** *(be impatient)* non vedere l'ora *o* essere impaziente di fare; *(desire sth. elusive)* sognare di fare.

long-awaited /ˌlɒŋə'weɪtɪd, AE ˌlɔ:ŋ-/ agg. a lungo atteso, atteso da lungo tempo.

longboat /'lɒŋbəʊt, AE 'lɔ:ŋ-/ n. scialuppa f., lancia f.

longbow /'lɒŋbəʊ, AE 'lɔ:ŋ-/ n. MIL. STOR. arco m. (da guerra).

long-delayed /ˌlɒŋdɪ'leɪd, AE ˌlɔ:ŋ-/ agg. a lungo rinviato, a lungo posticipato.

long-distance /ˌlɒŋ'dɪstəns, AE ˌlɔ:ŋ-/ **I** agg. [*telephone call*] *(within the country)* interurbano; *(abroad)* internazionale; [*race*] di fondo; ***~ runner*** fondista; ***~ lorry driver*** BE camionista **II** avv. da lontano; *(from abroad)* dall'estero.

long-drawn-out /ˌlɒŋdrɔ:n'aʊt, AE ˌlɔ:ŋ/ agg. lungo, tirato per le lunghe.

longed-for /'lɒŋdfɔ:(r), AE 'lɔ:ŋ-/ agg. tanto atteso, tanto desiderato.

long-established /ˌlɒŋɪ'stæblɪʃt, AE ˌlɔ:ŋ-/ agg. fondato da molto tempo.

longevity /lɒn'dʒevətɪ/ n. longevità f.

long-haired /'lɒŋheəd, AE 'lɔ:ŋ-/ agg. [*person*] dai capelli lunghi; [*animal*] dal pelo lungo.

longhand /'lɒŋhænd/ n. ***in ~*** scritto a mano.

long-haul /'lɒŋhɔ:l, AE 'lɔ:ŋ-/ agg. AER. a lungo raggio.

longing /'lɒŋɪŋ, AE 'lɔ:ŋɪŋ/ **I** n. (grande) desiderio m.; *(stronger)* brama f.; *(nostalgic)* nostalgia f. (**for** di) **II** agg. [*look*] *(amorous)* di desiderio; *(greedy)* bramoso.

longingly /'lɒŋɪŋlɪ, AE 'lɔ:ŋ-/ avv. *(greedily)* con vivo desiderio, ardentemente; *(nostalgically)* nostalgicamente.

longish /'lɒŋɪʃ, AE 'lɔ:ŋɪʃ/ agg. piuttosto lungo.

longitude /'lɒndʒɪtju:d, AE -tu:d/ n. longitudine f.

longitudinal /ˌlɒndʒɪ'tju:dɪnl, AE -'tu:dnl/ agg. longitudinale.

long johns n.pl. COLLOQ. mutandoni m. (da uomo).

long jump ➧ ***10*** n. BE salto m. in lungo.

long-lasting /ˌlɒŋ'lɑ:stɪŋ, AE ˌlɔ:ŋ'læstɪŋ/ agg. che dura a lungo, duraturo.

long-life /'lɒŋlaɪf, AE 'lɔ:ŋ-/ agg. [*milk*] a lunga conservazione; [*battery*] a lunga durata.

long-limbed /'lɒŋlɪmbd, AE 'lɔ:ŋ-/ agg. longilineo.

long-line /'lɒŋlaɪŋ, AE 'lɔ:ŋ-/ agg. SART. [*dress*] lungo.

long-lived /'lɒŋlɪvd, AE 'lɔ:ŋ-/ agg. [*person, animal*] longevo; [*tradition*] duraturo.

long-lost /'lɒŋlɒst, AE 'lɔ:ŋlɔ:st/ agg. [*relative*] che non si vede da molto tempo.

long-playing record BE, **long play record** AE n. 33 giri m., LP m.

long-range /ˌlɒŋ'reɪndʒ, AE ˌlɔ:ŋ-/ agg. [*missile*] a lunga gittata; [*forecast*] a lungo termine.

long-running /ˌlɒŋ'rʌnɪŋ, AE ˌlɔ:ŋ-/ agg. [*play, dispute*] che dura da molto tempo.

longshoreman /'lɒŋʃɔ:mən, AE 'lɔ:ŋ-/ ➧ ***27*** n. AE (pl. **-men**) scaricatore m. di porto.

long shot n. *(risky attempt)* rischio m., impresa f. rischiosa; *(guess)* congettura f.; scommessa f.

long-sighted /ˌlɒŋ'saɪtɪd, AE ˌlɔ:ŋ-/ agg. MED. presbite, ipermetrope.

long-sleeved /'lɒŋsli:vd, AE 'lɔ:ŋ-/ agg. con le, a maniche lunghe.

long-standing /ˌlɒŋ'stændɪŋ, AE ˌlɔ:ŋ-/ agg. [*rivalry, arrangement*] di vecchia data.

long-suffering /ˌlɒŋ'sʌfərɪŋ, AE ˌlɔ:ŋ-/ agg. paziente.

long-tailed /ˌlɒŋ'teɪld, AE ˌlɔ:ŋ-/ agg. con la, dalla coda lunga.

long term I n. ***in the ~*** alla lunga **II long-term** agg. e avv. a lungo termine.

long-time /'lɒŋtaɪm, AE 'lɔ:ŋ-/ agg. di lunga, vecchia data.

long-wave /lɒŋ'weɪv, AE lɔ:ŋ-/ **I** n. onde f.pl. lunghe **II** modif. [*broadcast*] in onde lunghe; [*radio*] a onde lunghe.

longways /'lɒŋweɪz/ avv. nel senso della lunghezza.

long-winded /ˌlɒŋ'wɪndɪd, AE ˌlɔ:ŋ-/ agg. logorroico, prolisso.

loo /lu:/ n. BE COLLOQ. gabinetto m., cesso m.

loofah /'lu:fə/ n. luffa f.

1.look /lʊk/ **I** n. **1** *(glance)* occhiata f., sguardo m.; ***to have*** o ***take a ~ at sth.*** dare un'occhiata a *o* guardare qcs.; ***to have*** o ***take a good ~ at*** esaminare *o* osservare attentamente; ***to have a ~ inside sth.*** dare un'occhiata dentro qcs.; ***to have a ~ round the shops*** dare un'occhiata ai negozi; ***to have a ~ through*** guardare in [*telescope*]; guardare da [*window*]; cercare in [*archives*]; dare una scorsa a, scorrere [*essay, report*]; ***I took one ~ at him and knew that he was ill*** mi è bastata una sola occhiata per capire che era malato; ***to take a long hard ~ at sth.*** FIG. esaminare attentamente qcs. **2** *(search)* ***to have a (good) ~*** guardare (bene) **3** *(expression)* sguardo m., espressione f.; ***a ~ of sadness*** uno sguardo triste; ***to give sb. a kind ~*** guardare qcn. con gentilezza; ***to give sb. a dirty*** o ***evil ~*** lanciare un'occhiataccia a qcn.; ***you could tell from the ~ on his face that*** dalla sua espressione si vedeva che **4** *(appearance)* *(of person)* aspetto m., aria f.; *(of building, car)* aspetto m., linea f.; ***to have a ~ of sadness about one*** avere l'aria triste; ***she has a ~ of her father*** ha qualcosa di *o* ricorda suo padre; ***I don't like the ~ of him*** non mi piace il suo aspetto, non mi ispira fiducia; ***I don't like the ~ of the weather*** il tempo sembra mettersi al peggio; ***I don't like the ~ of that rash*** queste eruzioni cutanee mi piacciono poco; ***by the ~(s) of him*** all'apparenza, a giudicare dal suo aspetto **5** *(style)* look m., stile m.; ***the ~ for the 90's*** il look degli anni '90 **II looks** n.pl. ***he's got the ~s, but can he act?*** è bello, ma sa recitare? ***~s aren't everything*** la bellezza non è tutto; ***he's losing his ~s*** non è più bello come una volta; ***you can't go*** o ***judge by ~s alone*** non si può giudicare solo dalle apparenze ♦ ***if ~s could kill, I'd be dead by now*** = mi ha fulminato con lo sguardo.

2.look /lʊk/ **I** tr. **1** *(gaze, stare)* guardare; ***to ~ sb. in the eye, in the face*** guardare qcn. negli occhi, in faccia; ***to ~ sb. up and down*** guardare *o* squadrare qcn. dalla testa ai piedi; ***~ who it is!*** guarda chi c'è! ***now ~ what you've done!*** guarda che cosa hai fatto! **2** *(appear)* ***to ~ one's age*** dimostrare gli anni che si hanno; ***he's 40 but he doesn't ~ it*** ha 40 anni ma non li dimostra; ***to ~ one's best*** stare benissimo; ***he still ~s the same*** non è cambiato; ***to ~ a fool*** sembrare uno sciocco; ***it won't ~ good if you refuse*** sembra brutto se rifiuti; ***he doesn't ~ himself today*** oggi non sembra lui **II** intr. **1** guardare (**into** in; **over** sopra); ***to ~ and see what's on TV*** guardare cosa c'è in TV; ***to ~ at sb., sth.*** guardare qcn., qcs.; ***to ~ away*** distogliere lo sguardo, guardare da un'altra parte; ***to ~ out of*** o ***through the window*** guardare dalla finestra; ***I'm just ~ing*** *(in shop)* sto solo guardando **2** *(search)* cercare, guardare; ***to ~ down*** scorrere [*list*] **3** *(appear, seem)* sembrare; ***he ~s happy, hot*** sembra felice, sembra che abbia caldo; ***he ~s young for his age*** per uno della sua età ha un aspetto giovanile; ***he ~s about 50*** dimostra una cinquantina d'anni; ***you ~ good in that hat*** ti sta bene quel cappello; ***how do I ~?*** come sto? che aspetto ho? ***you ~ well*** hai un bell'aspetto; ***the picture will ~ good in the study*** il quadro starà bene nello studio; ***how does it ~ to you?*** che te ne sembra? cosa ne pensi? ***it ~s OK to me*** per me può andare; ***it ~s as if*** o ***though it will rain*** sembra che voglia piovere; ***it ~s likely, certain that*** sembra probabile, certo che **4** ***to ~ like sb., sth.*** assomigliare a qcn., qcs.; ***that photograph doesn't ~ like you*** o ***~s nothing like you*** non sembri (assolutamente) tu in quella fotografia; ***what does the house ~ like?*** com'è la casa? ***it ~s like being funny*** sembra (che sia) divertente; ***it ~s like rain*** sembra che voglia piovere; ***it certainly ~s like it*** ne ha tutta l'aria **5** (anche **~ here**) guarda, ascolta; ***~ here, I'm in no mood for jokes*** guarda, non sono in vena di scherzi **6** *(be oriented)* ***to ~ south*** [*house, room*] dare a sud.

■ **look after:** ***~ after [sb., sth.]*** **1** *(care for)* prendersi cura di, occuparsi di [*patient, customer*]; badare a, prendersi cura di [*child*]; provvedere alla manutenzione di [*car*] **2** *(be responsible for)* occuparsi di [*finances, shop*]; badare a [*class, interests*]; ***~ after my luggage, I'll be back soon!*** fai attenzione ai miei bagagli, torno subito! ***~ after oneself*** **1** *(cope)* cavarsela da solo **2** *(be careful)* ***safe journey, and ~ after yourself*** buon viaggio, e sii prudente.

■ **look ahead** guardare avanti; FIG. guardare avanti, al futuro.

■ **look around:** ***~ around*** **1** *(glance around)* guardare in giro, guardarsi intorno **2** *(search)* cercare; ***to ~ around for sb., sth.*** cercare qcn., qcs. **3** *(visit)* *(in town)* fare un giro; *(in room)*

dare un'occhiata; ~ **around [sth.]** visitare, fare un giro in [church, town]; **to ~ around the shops** andare per negozi.
▪ **look at: ~ at [sth.]** 1 guardare; *(briefly)* dare un'occhiata a; **~ at the state of you!** guarda in che stato sei! **you'd never guess, to ~ at her** a guardarla non indovineresti mai; **he's not much to ~ at** non è granché (d'aspetto) 2 *(examine)* esaminare, guardare [patient]; guardare, dare un'occhiata a [car, plumbing]; esaminare, studiare [problem, effects]; **you should get that wound ~ed at** dovresti farti vedere quella ferita 3 *(see, view)* guardare, vedere [life]; analizzare, esaminare [problem, situation]; **try and ~ at it my way** cerca di vedere le cose dal mio punto di vista; **that's how I ~ at it** è così che la vedo; **you can't be too careful, ~ at Tom!** non si è mai troppo attenti, guarda (cosa è successo a) Tom!
▪ **look back: ~ back** 1 *(turn around)* **to ~ back at sb., sth.** girarsi per guardare qcn., qcs. 2 *(reminisce)* tornare (col pensiero), ripensare (**to** a); **if we ~ back to the 19th century** se consideriamo il XIX secolo; **to ~ back on** ripensare a, ricordare [past, experience]; **~ing back on it...** a ripensarci...
▪ **look down: ~ down** *(with modesty, shame)* abbassare lo sguardo; *(from a height)* guardare in basso; **~ down on [sb., sth.]** 1 *(despise)* guardare dall'alto in basso [person]; disprezzare [lifestyle] 2 *(dominate)* [fortress] dominare [valley].
▪ **look for: ~ for [sb., sth.]** *(search for)* cercare; **~ for [sth.]** *(expect)* aspettarsi [cooperation, guarantee, result, reward] (**from** da).
▪ **look forward: to ~ forward to [sth.]** aspettare con impazienza; **I'm ~ing forward to going on holiday** non vedo l'ora di andare in vacanza; **I'm not ~ing forward to the party** la prospettiva della festa non mi entusiasma; **I ~ forward to hearing from you** *(to a friend)* spero di avere presto tue notizie; *(formal)* nell'attesa di una sua risposta.
▪ **look in** *(pay a visit)* fare un salto, passare (**on** da).
▪ **look into: ~ into [sth.]** esaminare, studiare [possibility, problem]; indagare su, investigare su [death, disappearance].
▪ **look on: ~ on** [crowd, spectators] guardare, stare a guardare; **~ on [sb., sth.]** considerare [person, event] (**as** come).
▪ **look onto: ~ onto [sth.]** [house] dare su, guardare [street].
▪ **look out: ~ out** *(take care)* fare attenzione, badare (**for** a); *(be wary)* non fidarsi, essere diffidente (**for** di); **~ out!** attenzione! **~ out for [sb., sth.]** fare la posta a [person]; essere alla ricerca di, a caccia di [new talent, bargain]; cercare, essere in cerca di [apartment]; reperire, cercare [examples]; **~ out for [oneself]** cavarsela da solo; **~ out over [sth.]** [window] dare su, guardare [park].
▪ **look over: ~ [sb.] over** passare in rassegna, ispezionare; **~ [sth.] over** controllare [car]; visitare [animal]; **~ over [sth.]** 1 *(read) (in detail)* esaminare [document]; *(rapidly)* scorrere, dare un'occhiata a [report, notes] 2 *(visit)* visitare [gardens, house].
▪ **look round** 1 *(look behind one)* voltarsi a guardare 2 *(look about)* guardarsi intorno; **I'm just ~ing round** *(in shop)* sto solo dando un'occhiata; **we're ~ing round for a new house** stiamo guardando in giro per trovare una casa nuova; **~ round [sth.]** visitare [town].
▪ **look through: ~ through [sth.]** 1 *(read)* guardare, consultare [archive]; scorrere [essay, list, notes]; *(scan idly)* sfogliare [magazine] 2 *(search)* rovistare in [drawers, briefcase]; **~ through [sb.]** fingere di non vedere [person].
▪ **look to: ~ to [sb., sth.]** 1 *(rely on)* contare su, fare affidamento su 2 *(turn to)* pensare a, guardare a [future]; **~ to [sth.]** *(pay attention)* fare attenzione a, badare a [interests]; **~ to do** *(expect)* sperare di fare.
▪ **look up: ~ up** 1 *(raise one's eyes)* alzare gli occhi, lo sguardo 2 *(raise one's head)* alzare la testa; **to ~ up at the clouds** guardare le nuvole 3 *(improve)* [business] andare meglio, migliorare; [situation] migliorare; [property market] riprendersi; **~ [sb., sth.] up, ~ up [sb., sth.]** 1 *(check in book)* cercare [phone number, price, word] 2 *(visit)* andare a trovare, fare un salto da [friend]; **~ up to [sb.]** ammirare, guardare con ammirazione [person].

look-alike /ˈlʊkəlaɪk/ n. sosia m. e f.

looked-for /ˈlʊktfɔ:(r)/ agg. [result, profits] atteso, che ci si aspettava.

look-in /ˈlʊkɪn/ n. BE **to give sb. a ~** dare un'opportunità a qcn.; **she never got a ~** era come se lei non esistesse.

looking /ˈlʊkɪŋ/ agg. in composti **serious-~** [person] dall'aspetto serio, dall'aria seria; **sinister-~** [place] dall'aspetto sinistro; **he's not bad-~** non è male.

looking-glass /ˈlʊkɪŋglɑ:s, AE -glæs/ n. LETT. specchio m.

look-out /ˈlʊkaʊt/ **I** n. 1 **to be on the ~ for** ricercare [stolen vehicle]; essere in cerca *o* alla caccia di [bargain, new talent]; stare attento per vedere (se arriva) [visitor] 2 *(sentry) (on ship)* vedetta f., marinaio m. di vedetta; *(in army)* vedetta f. 3 *(surveillance post)* posto m. d'osservazione 4 BE COLLOQ. *(private concern)* **that's his ~** sono affari *o* fatti suoi **II** modif. [tower] d'osservazione; **to be on ~ duty** essere di vedetta.

look-up /ˈlʊkʌp/ n. INFORM. ricerca f.

1.loom /lu:m/ n. telaio m.

2.loom /lu:m/ intr. 1 (anche **~ up**) [figure, building] apparire in lontananza (**out of** da; **over** sopra) 2 [war, crisis] incombere; [exam, deadline] incombere, essere imminente; **to ~ large** [exam] incombere, profilarsi preoccupante; [issue] occupare una posizione di primo piano.

looming /ˈlu:mɪŋ/ agg. [spire, tower] minaccioso; FIG. [crisis] incombente; [deadline] imminente.

loony /ˈlu:nɪ/ **I** n. 1 *(eccentric)* tipo m. (-a) strambo (-a) 2 *(crazy)* pazzo m. (-a); SPREG. *(mentally ill)* pazzo m. (-a), matto m. (-a) **II** agg. matto, pazzo.

loony-bin /ˈlu:nɪbɪn/ n. COLLOQ. manicomio m.

1.loop /lu:p/ n. 1 cappio m., laccio m. ad anello; *(for belt)* passante m. 2 AER. giro m. della morte, looping m.; **to ~ the ~** fare il giro della morte 3 INFORM. ciclo m., loop m. 4 FERR. (anche **~-line**) linea f. di raccordo 5 MED. spirale f. intrauterina ♦ **to throw sb. for a ~** AE sconvolgere *o* scioccare qcn.

2.loop /lu:p/ **I** tr. fare un cappio a [string] **II** intr. [road] fare una curva.

loophole /ˈlu:phəʊl/ n. 1 ARCH. feritoia f. 2 FIG. **to close** o **plug a ~** rimediare a una lacuna; **to find a ~** trovare una scappatoia *o* via d'uscita.

loopy /ˈlu:pɪ/ agg. COLLOQ. pazzo, strambo.

1.loose /lu:s/ n. **on the ~** [criminal, animal] libero, in libertà; **there is a gang of hooligans on the ~ in the town** c'è una banda di teppisti che scorrazzano per la città.

2.loose /lu:s/ agg. 1 *(not firm or tight)* [knot] largo, allentato; [screw] allentato; [handle] che si stacca; [component] fissato male; [button] che si stacca, penzolante; [tooth] che dondola; **to come** o **work ~** [knot, screw] allentarsi; [handle] stare per staccarsi; [tooth] dondolare; **to hang ~** [hair] essere sciolto; [thread] penzolare 2 *(free)* **to break ~** [animal] slegarsi (**from** da); FIG. rompere (**from** con), staccarsi (**from** da); **to cut sb. ~** liberare qcn.; **to let** o **set** o **turn ~** liberare [animal, prisoner] 3 COMM. *(not packed)* [tea, sweets] sfuso; **we sell envelopes ~** vendiamo le buste singolarmente; **~ change** spiccioli 4 *(that has come apart)* [page] staccato, volante; [fragment] staccato; [paint] che si stacca, si scrosta; **to come ~** [pages] staccarsi; **"~ chippings"** BE, **"~ gravel"** AE *(roadsign)* "materiale instabile sulla strada" 5 *(not tight)* [jacket, trousers] largo, ampio; [collar] (troppo) largo; *(flaccid)* [skin] flaccido 6 *(not compacted)* [soil] smosso; [link] lasco, tenue; [weave] a trama larga; **to have ~ bowels** avere la dissenteria *o* diarrea 7 *(not strict or exact)* [translation] approssimativo; [wording] impreciso; [interpretation] libero; [guideline] vago; [style] trasandato 8 *(dissolute)* [morals] dissoluto, licenzioso; **~ living** vita dissoluta ♦ **to be at a ~ end** BE o **at ~ ends** AE non sapere che cosa fare.

3.loose /lu:s/ tr. LETT. 1 *(release)* liberare 2 *(shoot)* scoccare, tirare [arrow].

loosebox /ˈlu:sˌbɒks/ n. BE box m. (per cavalli).

loose cover n. BE fodera f. amovibile.

loose-fitting /ˌlu:sˈfɪtɪŋ/ agg. ampio, largo.

loose-leaf /ˈlu:sli:f/ agg. a fogli mobili; **~ binder, ~ folder** raccoglitore.

loose-limbed /lu:sˈlɪmd/ agg. agile, flessuoso.

loosely /ˈlu:slɪ/ avv. 1 *(not tightly)* [fasten, wrap] senza stringere; *(not firmly)* [fix] alla (bell'e) meglio; **his clothes hung ~ on him** i vestiti gli erano larghi *o* abbondanti 2 FIG. *(imprecisely)* [interpret, translate] liberamente, in modo approssimativo; [supervise] senza troppa attenzione; [organized] in modo approssimativo; **the film is ~ based on the novel** il film è liberamente tratto dal romanzo; **~ termed Marxist** definiti, in modo un po' impreciso, marxisti.

loosely knit agg. [*group, structure*] poco unito.
loosen /'lu:sn/ **I** tr. **1** *(make less tight)* sciogliere, allentare [*knot, belt, strap*]; allentare [*collar, screw, rope*]; smuovere [*nail, post*]; sciogliere [*hair*]; FIG. allentare, rendere meno severo [*control, restrictions*]; ***to ~ one's grip*** o ***hold on sth.*** allentare la presa su qcs. (anche FIG.) **2** MED. FARM. ***to ~ the bowels*** liberare l'intestino, avere effetto lassativo **II** intr. *(become less tight)* [*knot, screw, grip*] allentarsi; [*rope*] sciogliersi, slegarsi; FIG. [*ties*] allentarsi ♦ ***to ~ sb.'s tongue*** sciogliere la lingua a qcn.
■ **loosen up 1** SPORT sciogliere i muscoli **2** FIG. [*person*] rilassarsi, calmarsi.
looseness /'lu:snɪs/ n. **1** *(of knot, fastening, screw)* allentamento m.; *(of joint)* gioco m.; *(of clothing)* ampiezza f., larghezza f. **2** FIG. *(of translation)* imprecisione f.; *(of argument)* inesattezza f., mancanza f. di rigore; *(of morals)* rilassamento m.; *(of person)* dissolutezza f.
1.loot /lu:t/ n. **1** *(stolen goods)* bottino m. **2** COLLOQ. *(money)* grana f.
2.loot /lu:t/ **I** tr. saccheggiare **II** intr. darsi al saccheggio.
looter /'lu:tə(r)/ n. saccheggiatore m. (-trice).
looting /'lu:tɪŋ/ n. saccheggio m.
lop /lɒp/ tr. (forma in -ing ecc. **-pp-**) potare [*tree, branch*]; ***he ~ped 10 seconds off the record*** ha migliorato il record di 10 secondi.
1.lope /ləʊp/ n. falcata f., passo m. lungo.
2.lope /ləʊp/ intr. ***to ~ off, in*** andarsene, arrivare a grandi passi.
lop-eared /'lɒpɪəd/ agg. dalle, con le orecchie pendenti.
lopsided /ˌlɒp'saɪdɪd/ agg. **1** [*object*] asimmetrico, sghembo; ***a ~ smile*** un sorrisetto **2** FIG. [*argument, view*] di parte.
loquacious /lə'kweɪʃəs/ agg. FORM. loquace.
loquacity /lə'kwæsətɪ/ n. FORM. loquacità f.
1.lord /lɔ:d/ ➧ *9* n. **1** *(ruler)* signore m. **2** GB *(peer)* lord m., pari m.; ***the (House of) Lords*** la Camera Alta, dei Lord; ***my Lord*** *(to noble)* Vostra Eccellenza; *(to bishop)* Monsignore, Vostra Eccellenza.
2.lord /lɔ:d/ intr. ***to ~ it over sb.*** comandare qcn. a bacchetta.
Lord /lɔ:d/ n. **1** RELIG. Signore m.; ***in the year of our ~ 1604*** nell'anno del Signore, di grazia 1604 **2** COLLOQ. *(in exclamations)* ***good ~!*** Dio mio! ***~ knows where, why...*** Dio solo sa dove, perché…
Lord Chancellor n. GB Lord m. Cancelliere (presidente della Camera dei Lord).
Lord Chief Justice n. GB = presidente dell'Alta Corte di Giustizia.
lordly /'lɔ:dlɪ/ agg. **1** *(proud)* [*manner, tone*] altezzoso **2** *(like a lord)* [*bearing*] signorile, da gran signore.
Lord Mayor ➧ *9* n. = sindaco della City di Londra o di una delle grandi città inglesi.
lordship /'lɔ:dʃɪp/ ➧ *9* n. (anche **Lordship**) ***your, his ~*** *(of noble, bishop, judge)* Vostra, Sua Eccellenza *o* Signoria.
Lord's Prayer n. Padrenostro m.
lore /lɔ:(r)/ n. *(of a people)* tradizioni f.pl., folclore m.
lorry /'lɒrɪ, AE 'lɔ:rɪ/ n. BE camion m., autocarro m.; ***heavy ~*** mezzo pesante; ***army ~*** autocarro militare ♦ ***it fell off the back of a ~*** EUFEM. = è merce rubata.
lorry driver ➧ *27* n. BE camionista m. e f.
lorry load n. BE carico m. (del camion), camionata f.
lose /lu:z/ **I** tr. (pass., p.pass. **lost**) **1** *(mislay)* perdere [*object, person*]; ***to ~ one's way*** perdersi (anche FIG.) **2** *(be deprived of)* perdere; ***to ~ interest in*** perdere interesse per; ***to ~ touch*** *(with reality)* perdere contatto; *(with person)* perdere i contatti; ***to ~ the use of*** perdere l'uso di [*muscle*]; ***to ~ one's life*** perdere la vita; ***many lives were lost*** ci furono molte vittime; ***200 jobs will be lost*** andranno persi 200 posti di lavoro; ***to ~ one's figure*** perdere la linea; ***he's losing his looks*** si sta imbruttendo; ***nothing to ~*** COLLOQ. niente da perdere **3** *(miss, waste)* perdere, sprecare [*chance, time*]; ***there's no time to ~*** non c'è tempo da perdere; ***this allusion was not lost on him*** ha colto l'allusione **4** *(be defeated in)* DIR. POL. SPORT perdere [*war, race, bet, election*]; avere la peggio in [*argument*]; perdere (una causa) in [*appeal*] **5** *(not see)* perdere (di vista) [*moving object*]; ***you've lost me there!*** COLLOQ. FIG. non ti seguo più! **6** *(shake off)* perdere [*habit*]; seminare [*pursuer*]; eliminare [*post*] **7** *(go slow)* [*clock*] rimanere, andare indietro di [*minutes, seconds*] **8** *(cause to forfeit)* ***to ~ sb. sth.*** fare perdere *o* costare qcs. a qcn. **II** intr. (pass., p.pass. **lost**) **1** *(be defeated)* perdere (**to sb.** con, contro qcn.) **2** *(be worse off, deteriorate)* perderci, rimetterci; ***they lost on the sale of the house*** ci hanno rimesso nella vendita della casa **3** [*watch*] rimanere indietro, andare indietro **III** rifl. (pass., p.pass. **lost**) ***to ~ oneself in*** immergersi in [*book*]; perdersi in [*contemplation*].
■ **lose out** ***to ~ out on*** rimetterci *o* perderci in [*deal*]; perdere [*chance*]; ***to ~ out to sb.*** perdere terreno rispetto a qcn.
loser /'lu:zə(r)/ n. perdente m. e f.; ***to be a good, bad ~*** sapere, non saper perdere.
losing /'lu:zɪŋ/ agg. **1** SPORT [*team*] perdente, sconfitto **2** COMM. [*concern*] in perdita ♦ ***it's a ~ battle*** è una battaglia persa in partenza; ***to be on a ~ streak*** collezionare una serie di sconfitte, attraversare un momentaccio.
loss /lɒs, AE lɔ:s/ n. **1** perdita f. (anche COMM. POL.); ***hair ~*** caduta dei capelli; ***~ of blood*** perdita di sangue; ***there was great ~ of life*** ci furono molte vittime; ***~ of income*** o ***earnings*** mancati utili; ***~ of sound, vision*** TELEV. interruzione audio, video; ***a sense of ~*** un senso di vuoto; ***to suffer ~es*** COMM. MIL. subire delle perdite; ***to make a ~*** COMM. registrare una perdita; ***at a ~*** COMM. in perdita **2** ***to be at a ~*** *(puzzled)* essere perplesso; *(helpless)* essere perso; ***to be at a ~ as to what to do*** non sapere assolutamente cosa fare; ***I'm at a ~ to explain it*** non riesco a spiegarlo; ***he was at a ~ for words*** era senza parole; ***he's never at a ~ for words*** sa sempre cosa dire ♦ ***to cut one's ~es*** = ritirarsi da un cattivo affare prima che sia troppo tardi, limitare i danni; ***their ~ is our gain*** mors tua vita mea.
loss adjuster ➧ *27* n. (perito) liquidatore m.
loss leader n. COMM. articolo m. civetta.
loss-making /'lɒsˌmeɪkɪŋ/ agg. [*product*] venduto in perdita; [*company*] (che lavora) in perdita.
lost /lɒst, AE lɔ:st/ **I** pass., p.pass. → **lose II** agg. **1** smarrito, perso; ***we're ~*** ci siamo persi; ***to get ~*** [*person, animal*] perdersi, smarrirsi; ***the ticket got ~*** il biglietto è stato smarrito; ***get ~!*** COLLOQ. sparisci! **2** *(vanished)* [*opportunity*] perso, mancato; [*innocence*] perduto; [*civilization*] scomparso; ***to give sb., sth. up for ~*** perdere la speranza di ritrovare qcn., qcs.; ***my lecture was completely ~ on them*** fare lezione a loro è stato fiato sprecato **3** *(mystified)* [*person, look*] perso, smarrito; ***to be ~ for words*** rimanere senza parole **4** ***to be ~ in*** essere immerso in [*book*]; essere perso *o* immerso in [*thoughts*] **5** *(doomed)* LETT. O SCHERZ. perduto, perso; ***a ~ cause*** una causa persa.
lost and found n. **1** *(articles)* oggetti m.pl. smarriti **2** (anche ***~ office***) ufficio m. oggetti smarriti.
lost property n. BE *(articles)* oggetti m.pl. smarriti.
1.lot /lɒt/ ➧ *22* **I** pron. **1** *(great deal)* ***a ~, ~s*** molto, tanto; ***to spend a ~ on books*** spendere molto in libri; ***there's not a ~ to tell*** non c'è molto da dire; ***he knows a ~ about sport*** sa tantissime cose sullo sport; ***you've taken (rather) a ~ on*** ti sei caricato troppo, ti sei preso troppe cose da fare; ***I'd give a ~ to be able to do*** darei chissà cosa per saper fare; ***it says a ~ about her*** la dice lunga su di lei; ***to have a ~ to do with*** c'entrare molto con, essere strettamente legato a; ***an awful ~*** un mucchio *o* sacco; ***quite a ~*** un bel po'; ***to mean quite a ~ to sb.*** significare molto *o* parecchio per qcn.; ***such a ~*** così tanto, così tante cose; ***...and ~s more*** ...e altro ancora **2** COLLOQ. *(entire amount or selection)* ***the ~*** tutto; ***you can take the ~*** *(whole quantity)* puoi prenderlo tutto; *(everything)* puoi prendere tutto; ***the whole ~ tied with a ribbon*** il tutto legato con un nastro; ***the nicest dress of the ~*** il più bello fra tutti gli abiti; ***heartburn, cramps, the ~!*** bruciore di stomaco, crampi, di tutto! **3** COLLOQ. *(specific group of people)* ***he's the best of the ~*** è il migliore del gruppo; ***that ~*** SPREG. quelli là; ***you ~*** voi; ***they're not a bad ~*** non sono malvagi; ***the best of a bad ~*** COLLOQ. il meno peggio **II** quantif. **1** *(great deal)* ***a ~ of, ~s of*** molto, un sacco *o* mucchio di; ***not a ~ of people*** non molti; ***I see a ~ of him*** lo vedo spesso; ***you've done a ~ of teaching*** hai insegnato molto; ***quite a ~ of, an awful ~ of*** COLLOQ. un bel po' di; ***what a ~ of books!*** quanti libri! ***~s (and ~s) of*** COLLOQ. tantissimo, un sacco di [*cars, shops, wine*] **2** COLLOQ. *(entire group)* ***get out, the (whole) ~ of you!*** (andatevene) fuori tutti! ***I'd sack the ~ of them!*** li licenzierei tutti! **III** avv. ***a ~*** molto; ***a***

1.lot

- When *a lot* is used as a pronoun to mean *much* in both positive and negative expressions, it is translated by *molto*:

they earn a lot	= guadagnano molto
he spends a lot	= spende molto
they didn't have a lot	= non avevano molto

For particular usages, see **I.1** in the entry **1.lot**.

- When *the lot* is used as a pronoun, it is usually translated by *tutto*:

they took the lot	= hanno preso tutto

For particular usages, see **I.2** in the entry **1.lot**.

- When *a lot of* is used as a quantifier, it is translated by *molto / molta / molti / molte* or by the colloquial expressions *un mucchio di* and *un sacco di*:

I don't have a lot of time / hair / hats / jackets	= non ho molto tempo / molti capelli / molti cappelli / molte giacche
I've got a lot of friends	= ho un mucchio di amici
he has come into a lot of money	= ha ereditato un sacco di soldi

The above Italian equivalents may also be used to translate *lots of*. For particular usages, see **II.1** in the entry **1.lot**.

- When *a lot* or *lots* are used as adverbs, they are translated by *molto*:

a lot stronger	= molto più forte
lots better	= molto meglio
he's changed a lot	= è cambiato molto.

~ better, easier molto meglio, molto più facile; ***you find this a ~ with teenagers*** è molto diffuso tra gli adolescenti; ***this happens quite a ~*** capita molto spesso; ***an awful ~ cheaper*** molto meno caro; ***it would help an awful ~*** COLLOQ. aiuterebbe un casino; ***he travels such a ~*** viaggia talmente tanto; ***thanks a ~!*** COLLOQ. grazie mille!

2.lot /lɒt/ n. **1** *(destiny)* destino m., sorte f.; *(quality of life)* condizione f.; ***to be happy with one's ~*** essere contenti di ciò che si ha; ***to be the ~ of many*** essere il destino di molti **2** AE *(piece of land)* lotto m. (di terreno); ***vacant ~*** terreno libero; ***used car ~*** = vasta area all'aperto adibita all'esposizione e alla vendita di macchine usate **3** *(at auction)* (anche **job ~**) lotto m. **4** *(decision-making process)* estrazione f. a sorte, sorteggio m.; ***to draw*** o ***cast ~s*** tirare a sorte; ***the ~ fell to me*** o ***it fell to my ~ to do*** mi è toccato (in sorte) fare **5** CINEM. *(studio)* studio m. **6** *(batch) (of goods)* lotto m.; *(of produce, fish)* partita f.; *(of tourists)* gruppo m.

loth → **loath**.

Lothario /lə'θɑ:rɪəʊ, lə'θeərɪəʊ/ n.pr. Lotario.

lotion /'ləʊʃn/ n. lozione f.

lottery /'lɒtərɪ/ **I** n. lotteria f. (anche FIG.) **II** modif. [*winner, ticket*] della lotteria; [*win*] alla lotteria.

Lottie /'lɒtɪ/ n.pr. diminutivo di **Charlotte**.

lotto /'lɒtəʊ/ ♦ ***10*** n. lotto m.

lotus /'ləʊtəs/ n. loto m.

loud /laʊd/ **I** agg. **1** *(noisy)* [*bang, scream, crash*] forte; [*music, voice*] alto; [*comment*] ad alta voce; [*laugh, applause*] fragoroso; [*whisper*] udibile **2** *(emphatic)* [*objection*] vivace **3** *(vulgar)* [*colour, pattern*] vistoso; [*person, behaviour*] volgare **II** avv. forte; ***out ~*** ad alta voce; ***~ and clear*** forte e chiaro ♦ ***for crying out ~!*** COLLOQ. che diamine! cavolo!

loudhailer /ˌlaʊd'heɪlə(r)/ n. BE megafono m.

loudly /'laʊdlɪ/ avv. [*knock, talk, scream, sing, play music*] forte; [*bang*] fragorosamente; [*protest*] con veemenza.

loudmouth /'laʊdmaʊθ/ n. COLLOQ. sbruffone m. (-a).

loudmouthed /'laʊdmaʊθt/ agg. COLLOQ. sbruffone.

loudness /'laʊdnɪs/ n. **1** *(of sound)* intensità f., altezza f. **2** *(of appearance)* vistosità f.

loudspeaker /ˌlaʊd'spi:kə(r)/ n. *(for announcements)* altoparlante m.; *(for hi-fi)* altoparlante m., cassa f.

lough → **loch**.

Louis /'lu:ɪs/ n.pr. Luigi.

Louisa /lu:'i:zə/, **Louise** /lu:'i:z/ n.pr. Luisa.

Louisiana /lu:ˌi:zɪ'ænə/ ♦ ***24*** n.pr. Louisiana f.

1.lounge /laʊndʒ/ **I** n. **1** *(in house)* sala f., salotto m.; *(hotel)* sala f. **2** *(in airport)* sala f. d'attesa; ***departure ~*** sala d'imbarco **3** (anche **cocktail ~**) bar m. (di un albergo) **II** modif. [*furniture*] da sala.

2.lounge /laʊndʒ/ intr. **1** *(sprawl)* adagiarsi comodamente **2** *(idle)* poltrire.

▪ **lounge about, around** ciondolare, gironzolare.

lounge bar n. BE *(in hotel)* bar m.; *(in pub)* sala f. interna.

lounger /'laʊndʒə(r)/ n. fannullone m. (-a), perdigiorno m. e f.

lounge lizard n. COLLOQ. = frequentatore di salotti.

lounge suit n. BE *(man's)* abito m.

lour /'laʊə(r)/ intr. → **3.lower**.

louse /laʊs/ n. **1** (pl. **lice**) *(insect)* pidocchio m. **2** (pl. **~s**) POP. SPREG. *(comptemptible person)* verme m.

louse up tr. POP. rovinare, mandare a monte.

lousy /'laʊzɪ/ **I** agg. **1** COLLOQ. [*book, holiday, meal, working conditions*] schifoso; [*salary*] infimo; ***to feel ~*** sentirsi male; ***a ~ trick*** un tiro mancino **2** *(louse-infested)* pidocchioso **3** COLLOQ. ***~ with*** pieno di [*tourists*] **II** avv. AE POP. ***to do ~*** fare fiasco (**on** in).

lout /laʊt/ n. *(rude-mannered)* zoticone m. (-a).

loutish /'laʊtɪʃ/ agg. [*person*] rozzo; [*behaviour*] violento.

louvre BE, **louver** AE /'lu:və(r)/ n. *(strip)* stecca f. (di persiana); *(in window, door)* persiana f.

lovable /'lʌvəbl/ agg. [*person*] amabile, adorabile.

1.love /lʌv/ **I** n. **1** *(affection, devotion)* amore m.; ***to do sth. for the ~ of it*** fare qcs. per il gusto di farlo; ***for the ~ of God!*** COLLOQ. per amor del cielo! ***to be, fall in ~*** essere innamorato, innamorarsi (**with** di); ***to make ~*** *(have sex)* fare l'amore (**with, to** con) **2** *(in polite formulas)* ***give my ~ to Jo*** porta i miei affettuosi saluti a Jo; ***~ to Don and the kids*** COLLOQ. baci a Don e ai bambini; ***Tom sends his ~*** Tom ti abbraccia; ***with ~ from Bob, ~ Bob*** con affetto, Bob **3** *(object of affection)* amore m.; ***he was my first ~*** è stato il mio primo amore; ***be a ~ and make some tea*** BE COLLOQ. sii gentile, fa' un po' di tè **4** BE *(term of address) (to adult)* amore (mio) m., tesoro (mio) m.; *(to child)* amore m. **II** modif. [*letter, song, story*] d'amore ♦ ***~ at first sight*** amore a prima vista; ***there's no ~ lost between them*** non si possono vedere; ***not for ~ nor money*** per niente al mondo.

2.love /lʌv/ tr. **1** *(feel affection for)* amare [*lover*]; voler bene a, amare [*child*]; voler bene a [*pet, friend*]; ***to ~ each other*** amarsi; ***"he ~s me, he ~s me not"*** "m'ama, non m'ama" **2** *(appreciate)* amare; *(stronger)* adorare [*activity, place*] (**doing, to do** fare); ***I would ~ to see them*** mi piacerebbe tantissimo vederli; ***"dance?" - "I'd ~ to!"*** "vuoi ballare?" - "con grande piacere!"; ***he'll ~ that!*** IRON. ne sarà felice!

3.love /lʌv/ n. *(in tennis)* zero m.; ***15 ~*** 15 (a) zero; ***two sets to ~*** due set a zero.

love affair n. relazione f. (amorosa), storia f. (d'amore).

lovebite /'lʌvbaɪt/ n. BE ***to give sb. a ~*** fare un succhiotto a qcn.

love child n. (pl. **love children**) EUFEM. figlio m. dell'amore.

love handles n.pl. maniglie f. dell'amore.

loved-up /ˌlʌvd'ʌp/ agg. GERG. impasticcato, calato.

love-hate relationship n. relazione f. d'amore-odio.

loveless /'lʌvlɪs/ agg. senza amore.

love life n. vita f. sentimentale.

lovelock /'lʌvlɒk/ n. tirabaci m.

loveliness /'lʌvlɪnɪs/ n. *(beauty)* grazia f.

lovely /'lʌvlɪ/ agg. **1** *(beautiful)* [*colour, garden, person*] bello; ***you look ~ in pink*** il rosa ti dona molto; ***you look ~ in that dress*** stai benissimo con quel vestito; ***that hat looks ~ with your dress*** quel cappello sta benissimo col tuo vestito **2** *(pleasant)* [*person, letter*] delizioso; [*day, weather*] splendido; [*idea, surprise, present*] bello; [*meal*] squisito; ***to taste ~*** essere squisito; ***there is a ~ smell in the kitchen*** c'è un profumino in cucina **3** *(emphatic)* ***~ and hot, fresh*** bello caldo, bello fresco.

lovemaking /'lʌvˌmeɪkɪŋ/ n. rapporti m.pl. (sessuali).

love match n. matrimonio m. d'amore.

lover /'lʌvə(r)/ n. **1** *(sexual partner)* amante m. e f., partner m. e f.; *(in adultery)* amante m. e f.; ***to take a ~*** farsi l'amante **2** *(person in love)* innamorato m. (-a) **3** *(enthusiast)* amante m. e f.; ***jazz ~*** amante del jazz.

love seat n. amorino m., causeuse f.
lovesick /ˈlʌvsɪk/ agg. malato d'amore; ***to be ~*** soffrire per amore.
lovey-dovey /ˌlʌvɪˈdʌvɪ/ agg. BE COLLOQ. ***to get all ~*** fare i piccioncini.
loving /ˈlʌvɪŋ/ agg. **1** [*look, kiss, husband*] affettuoso; [*mother*] amoroso; [*care*] amorevole; ***from your ~ son, Fred*** *(in letter-writing)* dal tuo affezionato figlio, Fred **2 -loving** in composti ***football-, music-~*** amante del calcio, della musica.
lovingly /ˈlʌvɪŋlɪ/ avv. amorevolmente.
1.low /lˈəʊ/ **I** agg. **1** *(close to the ground)* [*branch, building, chair, cloud*] basso; ***there will be flooding on ~ ground*** le terre basse saranno inondate **2** *(nearly depleted)* [*reservoir*] scarso; [*level*] basso; [*battery*] quasi esaurito; ***to be rather ~*** [*stocks*] scarseggiare; ***the fire was getting ~*** il fuoco si stava spegnendo; ***we're ~ on skilled staff*** ci manca personale qualificato; ***I'm getting ~ on petrol*** sono quasi a secco; ***to be ~ in sugar*** essere a basso contenuto di zuccheri **3** *(minimal)* [*price, wage, number, rate, pressure, temperature*] basso; [*capacity*] scarso, ridotto; [*speed*] ridotto, basso; ***on a ~ heat*** a fuoco lento; ***to be in the ~ twenties*** [*temperature*] essere appena sopra i venti gradi **4** *(inferior)* [*quality, standard*] basso, scadente; [*score*] basso **5** *(depressed)* [*person*] depresso, giù (di corda) **6** *(deep)* [*tone, note*] basso; ***in a ~ voice*** a bassa voce **7** *(vulgar)* [*humour*] di basso livello, volgare; *(base)* [*behaviour*] ignobile **II** avv. **1** *(near the ground)* [*aim*] basso; [*bend*] profondamente; ***to fly ~*** volare basso; ***I wouldn't sink*** o ***stoop so ~*** FIG. non mi abbasserei a tanto **2** *(near the bottom)* ***very ~ (down) on the list*** in fondo alla lista (anche FIG.) **3** *(at a reduced level)* [*buy*] a basso prezzo; [*speak*] a bassa voce, sottovoce; ***to turn sth. down ~*** abbassare [*heating, radio*]; ***stocks are running ~*** le provviste si stanno esaurendo; ***I rate him pretty ~*** ho poca stima di lui **4** MUS. [*sing, play*] in una tonalità bassa ♦ ***to be the ~est of the ~*** essere il peggio del peggio; ***I was laid ~ by flu*** l'influenza mi ha steso.
2.low /ləʊ/ n. **1** METEOR. depressione f., zona f. di bassa pressione **2** FIG. ***at a ~*** in ribasso; ***to hit a ~*** essere in ribasso; ***morale is at an all time ~*** il morale non è mai stato così basso.
3.low /ləʊ/ intr. [*cow*] muggire.
low-alcohol /ˌləʊˈælkəhɒl, AE -hɔːl/ agg. ENOL. a bassa gradazione (alcolica).
lowbrow /ˈləʊbraʊ/ **I** n. SPREG. ***he's a ~*** non è certo un intellettuale, non ha una gran cultura **II** agg. [*person*] di bassa cultura; [*music*] di basso livello.
low-budget /ˌləʊˈbʌdʒɪt/ agg. a budget ridotto, low budget.
low-calorie /ˌləʊˈkælərɪ/ agg. [*diet*] ipocalorico; [*food*] a basso contenuto calorico.
low-cost /ˌləʊˈkɒst, AE -ˈkɔːst/ agg. economico, a buon mercato.
Low Countries n.pr.pl. STOR. Paesi Bassi m.
low-cut /ˌləʊˈkʌt/ agg. scollato.
low-down /ˈləʊdaʊn/ n. COLLOQ. informazioni f.pl. (confidenziali).
1.lower /ˈləʊə(r)/ agg. [*level, part, price*] inferiore; ***in the ~ back*** in fondo alla schiena.
2.lower /ˈləʊə(r)/ **I** tr. **1** *(bring down)* abbassare [*barrier, rifle*]; calare [*curtain*]; ammainare [*flag*]; abbassare [*ceiling*]; ***to ~ sb., sth.*** calare qcn., qcs. (**into** in; **onto** su) **2** *(reduce)* abbassare [*light, volume, age limit, standards*]; abbassare, diminuire [*temperature, prices*]; indebolire [*resistance*]; ***to ~ one's voice*** abbassare la voce; ***to ~ one's guard*** FIG. abbassare la guardia **3** *(abolish)* abolire [*trade barrier*] **4** MAR. ammainare [*sail*]; calare [*lifeboat*] **II** rifl. ***to ~ oneself*** **1** *(demean oneself)* sminuirsi **2** *(sit carefully)* ***to ~ oneself into*** entrare lentamente in [*bath*]; sedersi con cautela su [*chair*].
3.lower /ˈlaʊə(r)/ intr. LETT. *(frown)* assumere un'aria minacciosa (**at** verso).
lower case I n. TIP. (carattere) minuscolo m. **II lower-case** modif. [*letter*] minuscolo.
lower class I n. ***the ~(es)*** il ceto basso **II** agg. dei ceti bassi; [*accent, custom*] popolare.
lowering /ˈləʊərɪŋ/ n. **1** *(of flag, sail)* (l')ammainare; *(of prices, rate)* riduzione f.; *(of age limit, standards, light)* abbassamento m.; *(of resistance)* indebolimento m. **2** FIG. *(of barriers)* eliminazione f.
lower middle class I n. ***the ~(es)*** la piccola borghesia **II** agg. piccolo borghese.
lower sixth n. GB = primo anno della sixth form.
lowest common denominator n. minimo comun denominatore m.; FIG. denominatore m. comune.
low-fat /ˌləʊˈfæt/ agg. [*diet*] povero di grassi; [*cheese*] magro; [*milk*] scremato.
low-flying /ˌləʊˈflaɪŋ/ agg. che vola a bassa quota.
low-frequency /ˌləʊˈfriːkwənsɪ/ agg. [*sound*] a bassa frequenza.
low-grade /ˌləʊˈgreɪd/ agg. *(poor quality)* [*product*] di bassa qualità; *(minor)* [*official*] inferiore.
low-heeled /ˌləʊˈhiːld/ agg. [*shoes*] basso, col tacco basso.
low-income /ˌləʊˈɪŋkʌm/ agg. [*family, bracket*] a basso reddito.
low-key /ˌləʊˈkiː/ agg. [*lifestyle, person*] semplice; [*style*] sobrio; [*meeting, talks*] informale.
lowland /ˈləʊlənd/ **I** n. (anche **~s**) pianura f. **II** modif. [*area*] pianeggiante.
low-level /ˌləʊˈlevl/ agg. **1** AER. [*flight, bombing*] a bassa quota **2** *(informal)* [*meeting, talks*] informale **3** INFORM. [*language*] a basso livello **4** NUCL. [*radiation*] debole.
low-life /ˈləʊlaɪf/ **I** n. (pl. **~s**) COLLOQ. *(person)* uno m. (-a) dei bassifondi; *(criminal)* malvivente m. e f.; *(people collectively)* feccia f. **II** modif. [*character, scene*] dei bassifondi; [*friend, contact*] nei bassifondi.
lowly /ˈləʊlɪ/ agg. modesto, umile.
low-lying /ˌləʊˈlaɪɪŋ/ agg. *(above sea level)* a bassa quota.
low-necked /ˌləʊˈnekt/ agg. scollato.
lowness /ˈləʊnɪs/ n. **1** *(lack of height)* ***the ~ of the bridge*** il ponte basso **2** *(smallness) (of price)* modicità f. **3** METEOR. FIS. ***the ~ of the pressure*** la bassa pressione.
low-nicotine /ˌləʊˈnɪkətiːn/ agg. [*cigarette*] a basso contenuto di nicotina.
low-paid /ˌləʊˈpeɪd/ **I** n. ***the ~*** + verbo pl. i bassi redditi **II** agg. [*job*] a bassa retribuzione; [*worker*] a basso reddito.
low-pitched /ˌləʊˈpɪtʃt/ agg. MUS. grave, basso.
low-priced /ˌləʊˈpraɪst/ agg. a basso prezzo.
low-profile /ˌləʊˈprəʊfaɪl/ agg. [*job*] di basso profilo.
low-quality /ˌləʊˈkwɒlətɪ/ agg. (di qualità) scadente, di bassa qualità.
low-rise /ˌləʊˈraɪz/ agg. [*building*] basso, di pochi piani.
low-risk /ˌləʊˈrɪsk/ agg. [*investment*] a basso rischio.
low-scoring /ˌləʊˈskɔːrɪŋ/ agg. SPORT [*match*] in cui vengono segnati pochi punti.
low season n. bassa stagione f.
low-slung /ˌləʊˈslʌŋ/ agg. [*chassis*] ribassato.
low-spirited /ˌləʊˈspɪrɪtɪd/ agg. abbattuto, mogio.
low-tar /ˌləʊˈtɑː(r)/ agg. [*cigarette*] a basso contenuto di catrame.
low-tech /ˌləʊˈtek/ agg. tecnologicamente poco avanzato.
low tide n. bassa marea f.
low voltage I n. bassa tensione f. **II low-voltage** agg. a bassa tensione.
loyal /ˈlɔɪəl/ agg. [*friend*] leale, fedele; [*customer*] fedele.
loyalist /ˈlɔɪəlɪst/ n. lealista m. e f.
loyally /ˈlɔɪəlɪ/ avv. [*serve*] fedelmente; [*speak*] lealmente.
loyalty /ˈlɔɪəltɪ/ n. *(faithfulness)* fedeltà f.; *(attachment)* devozione f. (**to, towards** a, verso); ***divided loyalties*** interessi contrastanti.
loyalty card n. COMM. carta f. fedeltà.
lozenge /ˈlɒzɪndʒ/ n. **1** *(tablet, sweet)* pasticca f., pastiglia f. **2** *(in mathematics)* rombo m., losanga f.
LP n. (⇒ long-playing record Lunga Esecuzione) LP m.
LPG n. (⇒ liquefied petroleum gas gas di petrolio liquefatto) GPL m.
L-plate /ˈelpleɪt/ n. GB = targa applicata sull'auto dei guidatori principianti.
LSD n. (⇒ lysergic acid diethylamide dietilammide dell'acido lisergico) LSD m.
LSE n. BE (⇒ London School of Economics) = facoltà di economia dell'università di Londra.
L-shaped /ˈelʃeɪpt/ agg. a (forma di) L.
Lt ⇒ Lieutenant *(in GB army, US police)* tenente (Ten.); *(in GB, US navy)* tenente di vascello.

LT ⇒ low tension bassa tensione (BT).
Ltd BE ⇒ limited (liability) società a responsabilità limitata (S.r.l.).
lubricant /ˈluːbrɪkənt/ n. lubrificante m.
lubricate /ˈluːbrɪkeɪt/ tr. MECC. lubrificare, ingrassare.
lubrication /ˌluːbrɪˈkeɪʃn/ n. lubrificazione f.; MECC. ingrassaggio m.
lucerne /luːˈsɜːn/ n. BE alfalfa f.
Lucian /ˈluːsjən/ n.pr. Luciano.
lucid /ˈluːsɪd/ agg. **1** *(clear)* [*argument*] chiaro **2** *(sane)* [*person*] lucido; [*moment*] di lucidità.
lucidity /luːˈsɪdətɪ/ n. **1** *(of argument)* chiarezza f. **2** *(sanity)* lucidità f.
Lucie /ˈluːsɪ/ n.pr. Lucia.
Lucifer /ˈluːsɪfə(r)/ n.pr. Lucifero.
Lucius /ˈluːsjəs/ n.pr. Lucio.
luck /lʌk/ n. **1** *(fortune)* ***good ~, bad ~*** fortuna, sfortuna; ***to bring sb. bad ~*** portare sfortuna a qcn.; ***it's good ~*** porta fortuna, porta bene; ***to try one's ~*** tentare la sorte; ***as ~ would have it*** fortuna volle che; ***bad*** o ***hard ~!*** che sfortuna! ***just my ~!*** IRON. la mia solita fortuna! ***good ~!*** buona fortuna! ***better ~ next time!*** andrà meglio la prossima volta! ***to be down on one's ~*** essere in un periodo sfortunato **2** *(good fortune)* fortuna f.; ***our ~ ran out*** la fortuna ci ha abbandonato; ***to wear sth. for ~*** indossare qcs. come portafortuna; ***by a stroke of ~*** per un colpo di fortuna; ***any ~ with the job hunting?*** come procede la ricerca del lavoro? ***to be in, out of ~*** avere, non avere fortuna ♦ ***it's the ~ of the draw*** è solo questione di fortuna; ***my ~'s in!*** è il mio momento fortunato! ***no such ~!*** no, purtroppo! ***once more for ~*** ancora una volta, non si sa mai; ***to take pot ~*** mangiare quel che passa il convento.
luckily /ˈlʌkɪlɪ/ avv. per fortuna, fortunatamente.
luckless /ˈlʌklɪs/ agg. LETT. [*person*] sfortunato.
luck out intr. AE COLLOQ. avere un colpo di fortuna.
lucky /ˈlʌkɪ/ agg. **1** *(fortunate)* fortunato; ***to be ~ to be alive*** essere fortunato a essere ancora vivo; ***you'll be ~ to get a taxi*** ti andrà bene se riuscirai a trovare un taxi; ***it was ~ for me that I went*** meno male che ci sono andato; ***to be ~ enough to do*** avere la fortuna di fare; ***~ you!*** beato te! ***I, you, etc. should be so ~*** BE COLLOQ. IRON. sarebbe troppo bello; ***you should think*** o ***count yourself ~ that*** ringrazia il cielo che; ***I had a ~ escape*** l'ho scampata bella **2** *(bringing good luck)* [*colour, number*] portafortuna; ***the number three is ~ for me*** il numero tre mi porta bene; ***it's a ~ sign*** è un buon segno ♦ ***to strike it ~*** avere una botta di fortuna; ***to thank one's ~ stars*** ringraziare la buona stella.
lucky dip n. = sorta di pesca di beneficenza in cui invece di biglietti si pescano piccoli regali impacchettati.
lucrative /ˈluːkrətɪv/ agg. lucrativo, vantaggioso.
lucre /ˈluːkə(r)/ n. lucro m.
Lucretia /luːˈkriːʃə/ n.pr. Lucrezia.
Lucretius /luːˈkriːʃəs/ n.pr. Lucrezio.
Lucy /ˈluːsɪ/ n.pr. Lucia.
ludicrous /ˈluːdɪkrəs/ agg. ridicolo, grottesco.
ludo /ˈluːdəʊ/ ➧ *10* n. BE = gioco da tavolo per bambini con dadi e pedine.
1.lug /lʌg/ n. **1** MECC. aggetto m., aletta f. **2** BE POP. → **lughole**.
2.lug /lʌg/ tr. (forma in -ing ecc. **-gg-**) trascinare [*heavy object, person*].
luggage /ˈlʌgɪdʒ/ n. **U** bagaglio m., bagagli m.pl.
luggage handler ➧ *27* n. facchino m.
luggage rack n. portabagagli m. (sul treno).
luggage van n. BE (vagone) bagagliaio m.
lughole /ˈlʌgəʊl/ n. BE COLLOQ. orecchio m.
lugubrious /ləˈguːbrɪəs/ agg. lugubre.
Luke /luːk/ n.pr. Luca.
lukewarm /ˌluːkˈwɔːm/ agg. tiepido (anche FIG.).
1.lull /lʌl/ n. *(in storm, fighting)* tregua f.; *(in conversation)* pausa f.; *(in trading)* stasi f.
2.lull /lʌl/ tr. placare [*person*]; ***to ~ a baby to sleep*** far addormentare un bambino cullandolo; ***he ~ed them into thinking that*** li ha tranquillizzati facendo loro credere che; ***to be ~ed into a false sense of security*** farsi cullare da un falso senso di sicurezza.
lullaby /ˈlʌləbaɪ/ n. ninnananna f.
lumbago /lʌmˈbeɪgəʊ/ n. (pl. **~s**) lombaggine f.
lumbar /ˈlʌmbə(r)/ agg. lombare.
1.lumber /ˈlʌmbə(r)/ n. **1** AE *(wood)* legname m. (da costruzione) **2** BE ANT. *(junk)* cianfrusaglie f.pl., vecchi mobili m.pl.
2.lumber /ˈlʌmbə(r)/ **I** tr. BE COLLOQ. ***to be ~ed with sb., sth.*** essere costretti a subire *o* doversi sorbire qcn., qcs.; ***I'm ~ed with the ironing*** mi tocca stirare **II** intr. AE *(cut timber)* tagliare, fare legname.
3.lumber /ˈlʌmbə(r)/ intr. (anche **~ along**) *(move clumsily)* muoversi goffamente e sgraziatamente; *(rumble)* [*vehicle*] passare pesantemente, facendo fracasso; ***to ~ in, out*** entrare, uscire con passo pesante.
lumbering /ˈlʌmbərɪŋ/ agg. [*animal, person*] sgraziato, goffo; [*vehicle*] che avanza pesantemente; FIG. [*bureaucracy*] macchinoso, pesante.
lumberjack /ˈlʌmbədʒæk/ ➧ *27* n. taglialegna m., boscaiolo m.
lumberjack shirt n. camicia f. spessa a scacchi.
lumber mill n. segheria f.
luminary /ˈluːmɪnərɪ, AE -nerɪ/ n. *(person)* luminare m. e f.
luminescence /ˌluːmɪˈnesns/ n. luminescenza f.
luminescent /ˌluːmɪˈnesnt/ agg. luminescente.
luminosity /ˌluːmɪˈnɒsətɪ/ n. luminosità f.
luminous /ˈluːmɪnəs/ agg. **1** *(bright)* luminoso (anche FIG.) **2** *(clear)* [*explanation*] chiaro; [*remark*] intelligente, brillante.
1.lump /lʌmp/ n. **1** *(of substance)* pezzo m., blocco m.; *(of soil)* zolla f.; *(in sauce)* grumo m.; ***in one*** o ***a ~*** FIG. in blocco **2** *(from knock)* bozzo m., bitorzolo m.; *(on head)* bernoccolo m.; *(tumour)* nodulo m. (**in, on** a) **3** COLLOQ. *(idle person)* tonto m. (-a) ♦ ***to have a ~ in one's throat*** avere un nodo *o* groppo in gola.
2.lump /lʌmp/ **I** tr. *(group together)* raggruppare; *(treat as alike)* accomunare (**with** e) **II** intr. AE *(become lumpy)* [*sauce*] fare i grumi.
3.lump /lʌmp/ tr. COLLOQ. ***he'll have to ~ it*** dovrà ingoiare il rospo; ***like it or ~ it*** prendere o lasciare.
lump sugar n. zucchero m. in zollette.
lump sum n. COMM. *(complete payment)* pagamento m. in un'unica soluzione; *(decided in advance)* somma f. forfettaria.
lumpy /ˈlʌmpɪ/ agg. [*soil*] accidentato; [*pillow*] bitorzoluto; [*sauce*] grumoso; ***to go ~*** [*sauce*] fare i grumi.
lunacy /ˈluːnəsɪ/ n. **1** ANT. MED. demenza f., follia f. **2** FIG. follia f.
lunar /ˈluːnə(r)/ agg. [*landscape, orbit, module*] lunare; [*sea*] della luna; [*eclipse*] di luna; ***~ landing*** allunaggio.
lunatic /ˈluːnətɪk/ **I** n. **1** ANT. MED. demente m. e f., alienato m. (-a) **2** FIG. pazzo m. (-a), matto m. (-a) **II** agg. FIG. [*person*] folle, pazzo; [*plan, idea*] folle, pazzesco.
lunatic asylum n. ANT. manicomio m.
lunatic fringe n. SPREG. frangia f. estremista.
1.lunch /lʌntʃ/ n. pranzo m.; *(light meal)* spuntino m.; ***to have ~*** pranzare; ***to take sb. out for*** o ***to ~*** portare qcn. fuori a pranzo; ***he's gone to ~, he's at ~*** è andato a pranzo; ***(time for) ~!*** a tavola! ***to close for ~*** fare la pausa di mezzogiorno; ***that bar does good ~es*** si mangia bene in quel bar ♦ ***out to ~*** COLLOQ. fuori di testa; ***there's no such thing as a free ~*** non si fa mai niente per niente.
2.lunch /lʌntʃ/ intr. pranzare, fare pranzo (**on, off** con).
lunch box n. **1** contenitore m. per il pranzo **2** BE COLLOQ. *(male genitals)* pacco m.
lunchbreak /ˈlʌntʃbreɪk/ n. pausa f. pranzo.
luncheon /ˈlʌntʃən/ n. FORM. pranzo m.
luncheon meat n. carne f. pressata (in scatola).
luncheon voucher n. buono m. mensa, ticket m.
lunch hour n. pausa f. pranzo.
lunchtime /ˈlʌntʃtaɪm/ **I** n. ora f. di pranzo **II** modif. [*edition*] di mezzogiorno.
lunette /luːˈnet/ n. ARCH. lunetta f.
lung /lʌŋ/ ➧ *2* **I** n. polmone m.; ***the parks are the ~s of the city*** FIG. i parchi sono i polmoni verdi della città **II** modif. [*disease*] polmonare; [*transplant*] di polmone; [*cancer*] ai polmoni.

1.lunge /lʌndʒ/ n. **1** *(movement)* scatto m. in avanti, balzo m.; ***he made a ~ for him with his fist*** si scagliò contro di lui per dargli un pugno **2** *(in fencing)* affondo m., stoccata f.
2.lunge /lʌndʒ/ intr. **1** fare uno scatto, balzare (**for**, **at** verso; **forward** in avanti) **2** *(in fencing)* fare un affondo.
3.lunge /lʌndʒ/ tr. EQUIT. far correre in tondo con la lunghina [*horse*].
1.lurch /lɜːtʃ/ n. **1** *(of vehicle)* sbandamento m. **2** *(of ship)* rollio m. improvviso, beccheggio m.; ***to give a ~*** sbandare.
2.lurch /lɜːtʃ/ intr. [*person*] barcollare, vacillare; [*vehicle*] sbandare; ***to ~ forward*** procedere barcollando; ***to ~ to a halt*** fermarsi sobbalzando.
3.lurch /lɜːtʃ/ n. *(difficult situation)* ***to leave sb. in the ~*** lasciare qcn. nei pasticci.
lurcher /ˈlɜːtʃə(r)/ n. BE = tipo di cane da caccia (incrocio tra collie e levriero).
1.lure /lʊə(r)/ n. **1** *(for birds)* richiamo m.; *(for fish)* esca f. **2** *(attraction)* allettamento m., esca f. (**of** per).
2.lure /lʊə(r)/ tr. attirare (**into** in); ***to ~ sb. into doing sth.*** indurre qcn. a fare qcs. con l'inganno; ***to ~ sb. away from his studies*** distogliere *o* distrarre qcn. dagli studi.
lurid /ˈlʊərɪd/ agg. **1** [*colour*] violento; [*sky*] livido **2** *(shocking)* [*past*] spaventoso, terrificante **3** *(sensational)* [*detail*] clamoroso; [*headline*] sensazionale.
lurk /lɜːk/ intr. [*person*] appostarsi, stare in agguato; FIG. [*danger*] celarsi, essere in agguato.
lurking /ˈlɜːkɪŋ/ agg. [*fear*] latente.
luscious /ˈlʌʃəs/ agg. **1** [*food*] succulento **2** COLLOQ. [*woman*] appetitoso, attraente.
1.lush /lʌʃ/ agg. **1** [*grass*] rigoglioso; [*vegetation*] lussureggiante **2** [*hotel*] lussuoso.
2.lush /lʌʃ/ n. POP. ubriacone m. (-a).
1.lust /lʌst/ n. *(sexual)* desiderio m., concupiscenza f.; *(for money)* brama f., cupidigia f.; *(deadly sin)* lussuria f.; ***~ for power*** sete di potere.
2.lust /lʌst/ intr. ***to ~ for*** o ***after sb., sth.*** bramare *o* desiderare ardentemente qcn., qcs.
lustful /ˈlʌstfl/ agg. libidinoso, lussurioso.
lustre BE, **luster** AE /ˈlʌstə(r)/ n. **1** *(shine)* lustro m., lucentezza f. **2** *(distinction)* lustro m., gloria f.
lustreware BE, **lusterware** AE /ˈlʌstəweə(r)/ n. ceramica f. con riflessi iridescenti.
lustrous /ˈlʌstrəs/ agg. LETT. lucente, splendente.
lusty /ˈlʌstɪ/ agg. energico, vigoroso.
lute /luːt, ljuːt/ ♦ *17* n. liuto m.
Luther /ˈluːθə(r)/ n.pr. STOR. Lutero.
Lutheran /ˈluːθərən/ **I** agg. luterano **II** n. luterano m. (-a).
luv /lʌv, lʊv/ n. BE COLLOQ. *(term of address) (to husband, wife, son)* tesoro m.
Luxembourg /ˈlʌksəmbɜːg/ ♦ *6* n.pr. Lussemburgo m.
Luxembourgian /ˈlʌksəmbɜːgɪən/ ♦ *18* **I** agg. lussemburghese **II** n. lussemburghese m. e f.
luxuriance /lʌgˈzjʊərɪəns/ n. *(of plant)* rigoglio m.; *(abundance)* sovrabbondanza f., ricchezza f.
luxuriant /lʌgˈzjʊərɪənt/ agg. *(growing profusely)* rigoglioso, lussureggiante; *(richly ornate)* (eccessivamente) ornato, sovraccarico; ***~ hair*** folta chioma.
luxuriate /lʌgˈzjʊərɪeɪt/ intr. ***to ~ in*** godersi [*warmth, bath*]; assaporare [*success*].
luxurious /lʌgˈzjʊərɪəs/ agg. [*lifestyle, apartment*] lussuoso, sfarzoso.
luxuriously /lʌgˈzjʊərɪəslɪ/ avv. [*decorate*] sfarzosamente; [*stretch*] voluttuosamente.
luxury /ˈlʌkʃərɪ/ **I** n. lusso m.; ***to have, enjoy the ~ of*** concedersi il piacere *o* lusso di **II** modif. [*product, holiday*] di lusso.
LV n. BE (⇒ luncheon voucher) = buono mensa, ticket.
LW RAD. ⇒ long wave onde lunghe (OL).
lyceum /laɪˈsɪəm/ n. **1** *(building)* sala f. per conferenze **2** AE *(organization)* associazione f. culturale.
lychee /ˈlaɪtʃiː, ˌlaɪˈtʃiː/ n. litchi m.
lychgate /ˈlɪtʃgeɪt/ n. portico m. all'ingresso del cimitero.
Lycidas /ˈlɪsɪdæs/ n.pr. Licida.
Lydia /ˈlɪdɪə/ n.pr. Lidia.
lying /ˈlaɪɪŋ/ **I** n. (il) mentire, menzogne f.pl., bugie f.pl. **II** agg. *(telling lies)* bugiardo, menzognero.
lymph /lɪmf/ n. FISIOL. linfa f.
lymphangitis /ˌlɪmfænˈdʒaɪtɪs/ ♦ *11* n. MED. linfangite f.
lymphatic /lɪmˈfætɪk/ agg. linfatico.
lymphography /lɪmˈfɒgrəfɪ/ n. MED. linfografia f.
lynch /lɪntʃ/ tr. linciare (anche FIG.).
lynching /ˈlɪntʃɪŋ/ n. linciaggio m. (anche FIG.).
lynch mob n. linciatori m.pl.
lynx /lɪŋks/ n. (pl. **~**, **~es**) lince f.
lyre /ˈlaɪə(r)/ ♦ *17* n. lira f.
lyric /ˈlɪrɪk/ **I** n. LETTER. lirica f. **II lyrics** n.pl. *(of song)* parole f., testo m.sing. (di una canzone) **III** agg. MUS. LETTER. lirico.
lyrical /ˈlɪrɪkl/ agg. lirico; ***to wax ~ (about*** o ***over sth.)*** raccontare (qcs.) con tono esaltato.
lyricism /ˈlɪrɪsɪzəm/ n. lirismo m.
lyricist /ˈlɪrɪsɪst/ ♦ *27* n. *(poet)* poeta m. (-essa) lirico (-a); *(songwriter)* paroliere m. (-a).
lyric-writer /ˈlɪrɪkˌraɪtə(r)/ ♦ *27* n. paroliere m. (-a).

m

m, **M** /em/ n. **1** *(letter)* m, M m. e f. **2** **M** ⇒ motorway autostrada; ***on the M3*** sulla M3 **3** **m** ⇒ mile miglio.
ma /mɑː/ n. COLLOQ. *(mother)* ma' f.
MA n. → **Master of Arts.**
ma'am /mæm, mɑːm/ n. *(form of address)* signora f.
mac /mæk/ n. BE COLLOQ. accorc. → **mac(k)intosh.**
macabre /mə'kɑːbrə/ agg. macabro.
macaque /mə'kɑːk, -'kæk/ n. macaco m.
macaroni /ˌmækə'rəʊnɪ/ n. **U** maccheroni m.pl.
macaroni cheese n. = maccheroni conditi con salsa al formaggio.
macaroon /ˌmækə'ruːn/ n. amaretto m.
macaw /mə'kɔː/ n. *(bird)* macao m.
1.mace /meɪs/ n. *(spice)* macis m. e f.
2.mace /meɪs/ n. *(ceremonial staff)* mazza f. da cerimoniere; *(weapon)* mazza f. da guerra.
Macedonian /ˌmæsɪ'dəʊnɪən/ **I** agg. macedone **II** n. macedone m. e f.
macerate /'mæsəreɪt/ **I** tr. (fare) macerare **II** intr. macerarsi (anche FIG.).
machete /mə'tʃetɪ, AE mə'ʃetɪ/ n. machete m.
Machiavellian /ˌmækɪə'velɪən/ agg. machiavellico.
machination /ˌmækɪ'neɪʃn/ n. *(scheme)* macchinazione f.
1.machine /mə'ʃiːn/ n. **1** *(piece of equipment)* macchina f. (**for doing** per fare); ***sewing ~*** macchina da cucire; ***by ~*** a macchina **2** FIG. *(apparatus)* macchina f.; ***electoral ~*** macchina elettorale.
2.machine /mə'ʃiːn/ tr. produrre a macchina [*goods*]; lavorare a macchina [*material*]; cucire a macchina [*cloth*].
machine-assisted translation n. traduzione f. assistita dall' elaboratore.
machine code n. codice m. macchina.
machine gun n. mitragliatrice f.
machine-gun /mə'ʃiːngʌn/ tr. (forma in -ing ecc. **-nn-**) mitragliare.
machine intelligence n. intelligenza f. artificiale.
machine operator ➧ ***27*** n. operatore m. (-trice) (di macchina).
machine-readable /məˌʃiːn'riːdəbl/ agg. [*data, passport*] che può essere riconosciuto dal computer.
machinery /mə'ʃiːnərɪ/ n. **U** **1** *(equipment)* macchinario m., macchine f.pl.; *(working parts)* meccanismo m., ingranaggi m.pl.; ***a piece of ~*** una macchina, un macchinario; ***heavy ~*** macchine pesanti **2** FIG. *(apparatus)* ***the ~ to settle industrial disputes*** gli strumenti per fronteggiare le vertenze sindacali; ***the ~ of justice*** la macchina della giustizia.
machine-stitch /mə'ʃiːnˌstɪtʃ/ tr. cucire a macchina.
machine tool n. macchina f. utensile.
machine translation n. traduzione f. automatica.
machine-washable /məˌʃiːn'wɒʃəbl/ agg. lavabile in lavatrice.
machinist /mə'ʃiːnɪst/ ➧ ***27*** n. *(operator)* operatore m. (-trice) (di macchina utensile); *(engineer)* tecnico m. meccanico.
machismo /mə'tʃɪzməʊ, -'kɪzməʊ/ n. machismo m.
macho /'mætʃəʊ/ agg. macho (anche SPREG.).
mackerel /'mækrəl/ n. (pl.~, **~s**) scombro m.
mackerel sky n. cielo m. a pecorelle.
mac(k)intosh /'mækɪntɒʃ/ n. impermeabile m.
macro /'mækrəʊ/ n. (pl. **~s**) INFORM. macro f.
macrobiotic /ˌmækrəʊbaɪ'ɒtɪk/ agg. macrobiotico.
macrobiotics /ˌmækrəʊbaɪ'ɒtɪks/ n. + verbo sing. macrobiotica f.
macrocosm /'mækrəʊkɒzəm/ n. macrocosmo m.
macroeconomic /ˌmækrəʊiːkə'nɒmɪk, -ekə-/ agg. macroeconomico.
macroeconomics /ˌmækrəʊiːkə'nɒmɪks, -ekə-/ n. + verbo sing. macroeconomia f.
mad /mæd/ agg. **1** *(insane)* [*person*] matto; [*idea*] folle; *(enraged)* [*dog*] rabbioso; [*bull*] infuriato; ***to be ~ with*** essere pazzo di [*grief, joy*]; ***to go ~*** impazzire; COLLOQ. *(spend money)* fare follie; ***it is ~ to do*** o ***doing*** è una follia fare; ***they are ~ to do*** sono pazzi a fare **2** mai attrib. *(angry)* [*person*] infuriato, furioso; ***to be, get ~ at*** o ***with sb.*** essere infuriato, infuriarsi con qcn.; ***to be ~ about sth.*** essere in collera per qcs.; ***to go ~*** COLLOQ. impazzire di rabbia; ***to drive sb. ~*** fare impazzire qcn., portare qcn. all'esasperazione **3** COLLOQ. *(enthusiastic)* ***~ about*** o ***on*** pazzo di [*person*]; pazzo per [*hobby*]; ***to be movie-~*** essere appassionato *o* fanatico di cinema **4** *(frantic)* [*race, panic*] folle; [*traffic*] infernale; ***to be ~ for*** essere avido di [*food, goods*]; ***to be in a ~ rush*** avere una fretta pazzesca; ***it was a ~ scramble to finish on time*** abbiamo fatto corse folli per finire in tempo; ***we made a ~ dash for the bus*** abbiamo corso come dei pazzi per prendere l'autobus ♦ ***like ~*** [*work, laugh, run*] come un pazzo.
Madagascan /ˌmædə'gæskən/ ➧ ***18*** **I** agg. malgascio **II** n. malgascio m. (-a).
madam /'mædəm/ ➧ ***9*** n. **1** (anche **Madam**) *(form of address)* signora f. **2** BE COLLOQ. *(young woman)* *(stuck up)* smorfiosa f.; *(cheeky)* sfacciata f.
madcap /'mædkæp/ agg. attrib. [*idea*] senza senso; [*person*] matto, scriteriato.
mad cow disease ➧ ***11*** n. morbo m. della mucca pazza.
madden /'mædn/ tr. [*attitude, pain, heat*] fare impazzire, esasperare; ***it ~s me to do, that*** mi fa diventare pazzo fare, il fatto che.
maddening /'mædnɪŋ/ agg. [*person, situation*] esasperante.
made /meɪd/ **I** pass., p.pass. → **2.make** **II** agg. **1** ***to be ~*** essere arrivato; ***he's a ~ man*** è un uomo arrivato **2** **-made** in composti ***Italian-~*** fabbricato in Italia ♦ ***he's got it ~*** COLLOQ. *(sure to succeed)* ce la farà; *(has succeeded)* ce l'ha fatta.
Madeira /mə'dɪərə/ ➧ ***12*** n.pr. **1** *(island)* Madera f. **2** *(wine)* madera m.
made-to-measure /ˌmeɪdtə'meʒə(r)/ agg. [*garment*] su misura.
made-up /ˌmeɪd'ʌp/ agg. **1** *(wearing make-up)* truccato; ***heavily ~*** pesantemente truccato **2** [*story*] inventato **3** [*road*] asfaltato **4** [*garment*] prêt-à-porter.

Madge /mædʒ/ n.pr. diminutivo di **Margaret**.
madhouse /'mædhaʊs/ n. COLLOQ. manicomio m. (anche FIG.).
madly /'mædlɪ/ avv. **1** *(frantically)* [*scribble, rush around*] freneticamente **2** *(extremely)* [*amusing, exciting*] da matti; ***~ in love (with sb.)*** follemente innamorato (di qcn).
madman /'mædmən/ n. (pl. **-men**) COLLOQ. matto m., pazzo m.
madness /'mædnɪs/ n. follia f., pazzia f. (anche FIG.); ***it is ~ to do*** è una follia fare.
madras /mə'dræs/ n. **1** *(fabric)* madras m. **2** BE GASTR. = curry molto speziato.
madrigal /'mædrɪgl/ n. madrigale m.
madwoman /'mædwʊmən/ n. (pl. **-women**) COLLOQ. matta f., pazza f.
maelstrom /'meɪlstrəm/ n. **1** maelstrom m. **2** FIG. vortice m.
MAFF n. GB (⇒ Ministry of Agriculture, Fisheries and Food) = Ministero dell'Agricoltura, della Pesca e dell'Alimentazione.
mafia, Mafia /'mæfɪə, AE 'mɑ:-/ **I** n. mafia f. (anche FIG.) **II** modif. [*activity*] mafioso.
mag /mæg/ n. COLLOQ. (accorc. magazine) rivista f.
magazine /,mægə'zi:n, AE 'mægəzi:n/ n. **1** GIORN. rivista f.; ***fashion ~*** rivista di moda; ***monthly ~*** (rivista) mensile **2** *(on radio, TV)* (programma) contenitore m. **3** *(of gun, camera)* caricatore m. **4** *(arms store)* arsenale m.
Magdalen(e) /'mægdəlɪn, ,mægdə'li:n/ n.pr. Maddalena.
magenta /mə'dʒentə/ ➧ *5* **I** n. magenta m. **II** agg. magenta.
Maggie /'mægɪ/ n.pr. diminutivo di **Margaret**.
Maggiore /,mædʒɪ'ɔ:reɪ/ ➧ *13* n.pr. ***Lake ~*** il lago Maggiore.
maggot /'mægət/ n. *(in fruit)* verme m., baco m.; *(for fishing)* verme m.
Maghrebi /'mʌgrəbɪ/ **I** agg. magrebino **II** n. magrebino m. (-a).
Magi /'meɪdʒaɪ/ n.pl. ***the ~*** i (Re) Magi.
magic /'mædʒɪk/ **I** agg. magico; ***it's ~!*** è fantastico! **II** n. **1** *(supernatural power)* magia f.; ***as if by ~*** come per magia *o* per incanto; ***it works like ~!*** funziona a meraviglia! **2** *(enchantment)* magia f., incanto m.
magical /'mædʒɪkl/ agg. **1** *(supernatural)* [*powers*] magico **2** *(enchanting)* [*moment*] magico; [*week, stay*] incantevole.
magic carpet n. tappeto m. volante.
magician /mə'dʒɪʃn/ n. *(wizard)* mago m. (-a); *(entertainer)* illusionista m. e f., mago m. (-a).
Magic Marker® n. pennarello m. indelebile.
magisterial /,mædʒɪ'stɪərɪəl/ agg. **1** *(authoritative)* solenne, magistrale **2** DIR. [*office, duties*] di, del magistrato.
magistrate /'mædʒɪstreɪt/ ➧ *27* n. magistrato m.; ***to appear before (the) ~s*** comparire davanti ai giudici.
magistrates' court, Magistrates' Court n. GB = tribunale competente in materia civile e per reati minori.
magma /'mægmə/ n. (pl. **~s, -ata**) GEOL. magma m.
magna cum laude /,mægnəkʊm'laʊdeɪ/ avv. AE ***to graduate ~*** SCOL. diplomarsi con lode (di livello intermedio); UNIV. laurearsi con lode (di livello intermedio).
magnanimity /,mægnə'nɪmətɪ/ n. magnanimità f.
magnanimous /mæg'nænɪməs/ agg. magnanimo.
magnate /'mægneɪt/ n. magnate m.; ***oil ~*** magnate del petrolio.
magnesia /mæg'ni:ʃə/ n. magnesia f.
magnesium /mæg'ni:zɪəm/ n. magnesio m.
magnet /'mægnɪt/ n. **1** magnete m., calamita f. **2** FIG. calamita f.
magnetic /mæg'netɪk/ agg. **1** [*block, rod*] calamitato; [*force, properties*] magnetico **2** FIG. [*appeal, smile*] magnetico.
magnetically /mæg'netɪklɪ/ avv. magneticamente (anche FIG.).
magnetic compass n. bussola f. magnetica.
magnetic field n. campo m. magnetico.
magnetic tape n. nastro m. magnetico.
magnetism /'mægnɪtɪzəm/ n. magnetismo m. (anche FIG.).
magnetize /'mægnɪtaɪz/ tr. magnetizzare, calamitare (anche FIG.).
magnification /,mægnɪfɪ'keɪʃn/ n. *(by optical instruments)* ingrandimento m.
magnificence /mæg'nɪfɪsns/ n. magnificenza f.
magnificent /mæg'nɪfɪsnt/ agg. magnifico.
magnificently /mæg'nɪfɪsntlɪ/ avv. [*play, perform*] magnificamente; [*dressed, decorated*] splendidamente.
magnify /'mægnɪfaɪ/ tr. **1** [*microscope, lens*] ingrandire **2** *(exaggerate)* esagerare.
magnifying glass n. lente f. d'ingrandimento.
magnitude /'mægnɪtju:d, AE -tu:d/ n. **1** *(of problem, disaster)* vastità f.; ***of the first ~*** di massima importanza **2** ASTR. magnitudine f. **3** GEOL. magnitudo f.
magnolia /mæg'nəʊlɪə/ n. (anche **~ tree**) magnolia f.
magnum /'mægnəm/ n. *(bottle of wine)* magnum m.
magnum opus n. *(of artist)* capolavoro m.
magoo /mə'gu:/ n. AE COLLOQ. INTRAD. m. (torta che gli attori comici si tirano in faccia nelle farse).
magpie /'mægpaɪ/ n. **1** ZOOL. gazza f. **2** FIG. *(person)* = chi raccoglie e colleziona oggetti disparati.
maharajah /,mɑ:hə'rɑ:dʒə/ n. maragià m.
mahogany /mə'hɒgənɪ/ ➧ *5* **I** n. mogano m. **II** modif. [*chair, table*] di mogano **III** agg. mogano.
maid /meɪd/ n. **1** *(in house)* domestica f., donna f. (di servizio); *(in hotel)* cameriera f. **2** ***~ of honour*** damigella d'onore **3** ANT. *(virgin)* fanciulla f., pulzella f.
maiden /'meɪdn/ **I** n. LETT. fanciulla f. **II** agg. [*flight, speech*] inaugurale.
maidenhair /'meɪdnheə(r)/ n. (anche **~ fern**) capelvenere m.
maidenhead /'meɪdnhed/ n. ANT. **1** *(virginity)* innocenza f., virtù f. **2** *(hymen)* velo m. virginale.
maidenhood /'meɪdnhʊd/ n. ANT. fanciullezza f. (di ragazza).
maiden name n. (cog)nome m. da nubile.
maidservant /'meɪd,sɜ:vənt/ n. domestica f.
1.mail /meɪl/ n. **1** *(postal service)* posta f.; ***by ~*** per posta; ***your cheque is in the ~*** il suo assegno è stato spedito **2** *(correspondence)* posta f., corrispondenza f.; *(emails)* posta f. (elettronica).
2.mail /meɪl/ tr. spedire [*parcel*]; spedire, imbucare [*letter*].
3.mail /meɪl/ n. MIL. STOR. ***a coat of ~*** una cotta di maglia.
mailbag /'meɪlbæg/ n. *(for transport)* sacco m. postale; *(of postman)* borsa f. del portalettere; *(correspondence)* posta f.
mail bomb n. pacco m. bomba.
mailbox /'meɪlbɒks/ n. AE **1** cassetta f. delle lettere **2** *(for delivery)* cassetta f. postale; *(for email)* mailbox f.
mail car n. AE → **mail coach**.
mail carrier ➧ *27* n. AE portalettere m. e f.
mail coach n. FERR. vagone m. postale.
mail delivery n. consegna f. della posta.
mailing /'meɪlɪŋ/ n. **1** *(dispatch)* invio m. postale **2** *(in advertising)* mailing m.
mailing address n. indirizzo m. postale.
mailing house n. *(company)* corriere m.; *(department)* reparto m. spedizioni, spedizioni f.pl.
mailing list n. indirizzario m., mailing list f.
mailman /'meɪlmən/ ➧ *27* n. (pl. **-men**) AE postino m.
mail order I n. ordinazione f. per corrispondenza; ***to buy sth. (by) ~*** comprare qcs. per corrispondenza **II** modif. [*business*] di vendita per corrispondenza; [*goods*] in vendita per corrispondenza.
mail room n. = locale adibito alla raccolta e allo smistamento della posta.
mail shot n. pubblicità f. in buca.
mail slot n. buca f. delle lettere.
mail train n. (treno) postale m.
mail van n. **1** *(in train)* vagone m. postale **2** *(delivery vehicle)* furgone m. postale.
maim /meɪm/ tr. *(mutilate)* mutilare; *(disable)* menomare.
main /meɪn/ **I** n. **1** *(pipe) (for water, gas, electricity)* conduttura f. principale; *(for sewage)* collettore m. **2** *(network)* (anche **~s**) *(of water, gas, electricity, sewage)* rete f.; ***to turn [sth.] on, off at the ~(s)*** attaccare, staccare [*electricity*]; aprire, chiudere il rubinetto principale di [*gas, water*]; ***to work*** *o* ***run off the ~(s)*** funzionare a corrente **3** LETT. *(sea)* mare m., oceano m. **II mains** modif. [*gas*] di città; [*electricity*] di rete; [*water*] corrente; [*appliance*] a corrente; [*plug*] di corrente; [*lead*] elettrico; [*voltage*] di alimentazione **III** agg. [*problem, entrance, clause, course*] principale; ***the ~ thing to do is*** la

prima cosa da fare è; ***that's the ~ thing!*** è la cosa più importante! ♦ ***in the ~*** nel complesso.

main chance n. ***to have an eye for*** o ***to the ~*** aspettare la grande occasione.

main deck n. MAR. ponte m. di coperta.

Maine /meɪn/ ➧ 24 n.pr. Maine m.

mainframe /'meɪnfreɪm/ **I** n. (anche **~ computer**, **~ processor**) mainframe m. **II** modif. [*system, network*] di mainframe.

mainland /'meɪnlənd/ **I** n. continente m., terraferma f.; ***on the ~*** sul continente; ***the Chinese ~*** la Cina continentale **II** modif. [*China, town*] continentale.

main line I n. FERR. linea f. principale **II** modif. FERR. [*station, train*] della linea principale.

mainline /'meɪnlaɪn/ **I** tr. COLLOQ. spararsi in vena, farsi una pera di [*heroin*] **II** intr. COLLOQ. bucarsi, farsi una pera.

mainly /'meɪnlɪ/ avv. soprattutto, principalmente.

main man n. (pl. **main men**) AE COLLOQ. compare m.

mainmast /'meɪnmɑːst AE -mæst/ n. albero m. maestro.

main memory n. memoria f. centrale.

main office n. *(of company, newspaper)* sede f. (centrale).

main road n. *(through country)* strada f. principale; *(in town)* via f. principale, via f. maestra.

mainsail /'meɪnseɪl/ n. vela f. maestra.

mainspring /'meɪnsprɪŋ/ n. **1** *(of watch)* molla f. principale **2** FIG. *(of action)* molla f.; *(of life)* ragione f. di vita.

mainstream /'meɪnstriːm/ **I** agg. **1** *(conventional)* tradizionale, convenzionale **2** MUS. **~ *jazz*** mainstream **II** n. corrente f. principale; ***to be in the ~*** [*music*] far parte del grande circuito commerciale *o* del mainstream.

maintain /meɪn'teɪn/ tr. **1** *(keep steady)* mantenere [*temperature, standards*] **2** *(support)* mantenere [*family, army*] **3** *(look after)* curare la manutenzione di [*machine, road*] **4** *(assert)* sostenere [*innocence*]; ***to ~ that*** sostenere *o* affermare che.

maintenance /'meɪntənəns/ n. **1** *(of machine, road)* manutenzione f. **2** *(of standards etc.)* mantenimento m. **3** BE DIR. *(alimony)* alimenti m.pl.

maintenance grant n. *(for student)* borsa f. (di studio).

maintenance order n. BE ingiunzione f. di pagamento degli alimenti.

maisonette /ˌmeɪzə'net/ n. villetta f.

maize /meɪz/ n. mais m.

Maj ⇒ Major Maggiore (Magg.).

majestic /mə'dʒestɪk/ agg. maestoso.

majesty /'mædʒəstɪ/ n. **1** *(of building, scenery)* maestosità f. **2** *(royal authority)* maestà f. **3 Majesty** *(in titles)* ***Her, His Majesty*** Sua Maestà; ***Her, His Majesty's government*** il governo di Sua Maestà (britannica).

1.major /'meɪdʒə(r)/ **I** agg. **1** *(important)* [*change, event, role*] importante; [*damage, crisis*] grave; [*influence, difference, difficulty*] grande; ***a ~ operation*** MED. una grossa operazione **2** *(main)* principale **3** MUS. maggiore **4** BE SCOL. ***Jones ~*** = il più vecchio tra due studenti che si chiamano Jones **II** ➧ 23 n. **1** MIL. maggiore m. **2** AE UNIV. materia f. di specializzazione; ***I'm a physics ~*** mi sto specializzando in fisica **3** DIR. maggiorenne m. e f. **4** MUS. tono m. maggiore.

2.major /'meɪdʒə(r)/ intr. AE UNIV. ***to ~ in*** specializzarsi in.

Majorcan /mə'jɔːkən, -'dʒɔː- / **I** agg. maiorchino **II** n. maiorchino m. (-a).

majordomo /ˌmeɪdʒə'dəʊməʊ/ n. maggiordomo m.

majorette /ˌmeɪdʒə'ret/ n. majorette f.

major-general /ˌmeɪdʒə'dʒenrəl/ ➧ 23 n. MIL. generale m. di divisione.

majority /mə'dʒɒrətɪ, AE -'dʒɔːr-/ **I** n. **1** *(greater part)* + verbo sing. o pl. BE maggioranza f., maggior parte f.; ***the vast ~*** la grande maggioranza; ***to be in a*** o ***the ~*** essere in maggioranza **2** POL. maggioranza f.; ***by a ~ of 50*** con uno scarto di 50 voti; ***a three to one ~*** una maggioranza di tre a uno; ***a working ~*** una maggioranza sufficiente **3** DIR. maggiore età f. **II** modif. [*government*] di maggioranza; [*view*] della maggioranza; [*rule*] maggioritario; [*verdict*] emesso a maggioranza; [*decision*] preso a maggioranza.

1.make /meɪk/ n. **1** *(brand)* marca f.; ***what ~ is your car?*** che (modello di) macchina hai? **2** *(type of manufacture)* produzione f., fabbricazione f. ♦ ***to be on the ~*** COLLOQ. *(for profit)* badare al proprio interesse; *(for sex)* essere a caccia.

2.make /meɪk/ **I** tr. (pass., p.pass. **made**) **1** *(create)* fare [*dress, cake, stain, hole, will, pact, film, sketch, noise*]; ***to ~ a rule*** stabilire una regola; ***wine is made from grapes*** il vino si fa con l'uva; ***to ~ sb. sth.*** fare qcs. a qcn.; ***to be made for sb.*** essere fatto per qcn.; ***to ~ the time for sth.*** trovare il tempo per qcs.; ***what is it made (out) of?*** di che cosa è fatto? ***it's made (out) of gold*** è (fatto) d'oro; ***let's see what he's made of*** vediamo di che pasta è fatto; ***to be as clever as they ~ them*** essere il più furbo possibile; ***God made man*** Dio creò l'uomo; ***to ~ the bed*** fare il letto **2** *(cause to be or become)* ***to ~ sb. happy*** fare felice qcn.; ***to ~ sb. jealous*** fare ingelosire qcn.; ***to ~ sb. popular*** rendere qcn. popolare; ***to ~ sb. hungry*** fare venire fame a qcn.; ***to ~ oneself available*** rendersi disponibile; ***to ~ oneself understood*** farsi capire; ***to ~ sth. better, worse*** migliorare, peggiorare qcs.; ***to ~ passing exams easier, to ~ it easier to pass exams*** facilitare il superamento degli esami; ***to ~ it possible to do*** rendere possibile fare **3** *(cause to do)* ***to ~ sb. cry, smile*** fare piangere, sorridere qcn.; ***it ~s me look fat*** mi fa (sembrare) grasso; ***to ~ sth. happen*** fare in modo che succeda qcs.; ***to ~ the story end happily*** fare finire bene una storia; ***to ~ sth. work*** fare funzionare qcs.; ***it ~s her voice sound funny*** le fa la voce strana **4** *(force)* ***to ~ sb. do*** obbligare qcn. a fare; ***they made me (do it)*** me l'hanno fatto fare; ***to be made to do*** essere costretto a fare; ***to ~ sb. talk*** fare parlare qcn. **5** *(turn into)* ***to ~ sb. a star*** fare di qcn. una star; ***we made him treasurer*** l'abbiamo fatto *o* nominato tesoriere; ***to ~ a monster of sb.*** fare di qcn. un mostro; ***it'll ~ a man of you*** SCHERZ. questo farà di te un uomo; ***he'll never ~ a teacher*** non sarà mai un buon insegnante; ***to ~ sth. sth., to ~ sth. of sth.*** fare qcs. di qcs.; ***to ~ a habit of sth.*** fare di qcs. un'abitudine; ***to ~ too much of it*** farne una questione di stato; ***that will ~ a good shelter*** potrà essere un buon riparo **6** *(amount to)* ***three and three ~ six*** tre più tre fa sei; ***how much does that ~?*** quanto fa? ***that ~s ten pounds altogether*** in tutto fa dieci sterline **7** *(earn)* guadagnare, prendere [*salary*]; ***to ~ £ 300 a week*** prendere 300 sterline alla settimana; ***to ~ a living*** guadagnarsi da vivere; ***to ~ a profit*** trarre profitti; ***to ~ a loss*** subire delle perdite **8** *(reach)* arrivare a, raggiungere [*place, ranking, level*]; fare [*speed, distance*]; ***to ~ the six o'clock train*** riuscire a prendere il treno delle sei; ***to ~ the charts*** entrare in classifica; ***to ~ the front page of*** essere sulla prima pagina di [*newspaper*] **9** *(estimate, say)* ***what time do you ~ it?*** che ora sarà? ***I ~ it five o'clock*** saranno più o meno le 5; ***what do you ~ the distance (to be)?*** quanto credi che sia distante? ***I ~ it about 3 km*** secondo me sono più o meno tre km; ***let's ~ it five dollars*** facciamo cinque dollari; ***can we ~ it a bit later?*** possiamo fare un po' più tardi? ***what do you ~ of it?*** che ne dici? ***I can't ~ anything of it*** non ci capisco niente **10** *(cause success of)* garantire il successo di [*holiday, day*]; ***a good wine can ~ a dinner*** un buon vino può fare il successo di una cena; ***it really ~s the room*** [*feature, colour*] è proprio ciò che rende la stanza perfetta; ***it really made my day*** mi ha davvero reso felice; ***to ~ or break sb., sth.*** fare la fortuna o essere la rovina di qcn., qcs. **11** EL. chiudere [*circuit*] **12** GIOC. mischiare [*cards*]; ***to ~ a trick*** *(win)* vincere una mano **II** intr. (pass., p.pass. **made**) ***to ~ as if to do*** fare (l')atto di fare; ***she made as if to kiss him*** fece per baciarlo ♦ ***to ~ it*** COLLOQ. *(in career, life)* farcela; *(be on time)* farcela (ad arrivare) in tempo; ***I'm afraid I can't ~ it*** *(to party, meeting)* ho paura che non ce la farò (a venire).

▪ **make after:** ***~ after [sb.]*** inseguire.

▪ **make do:** ***~ do*** arrangiarsi; ***to ~ do with*** arrangiarsi con; ***~ [sth.] do*** accontentarsi di.

▪ **make for:** ***~ for [sth.]*** **1** *(head for)* andare verso [*door, place*] **2** *(help create)* assicurare [*easy life, happy marriage*]; ***~ for [sb.]*** **1** *(attack)* gettarsi su, lanciarsi contro **2** *(approach)* dirigersi verso.

▪ **make good:** ***~ good*** fare strada; ***~ good [sth.]*** **1** *(make up for)* rimediare a [*damage*]; recuperare [*lost time*]; compensare [*deficit*] **2** *(keep)* mantenere [*promise*].

▪ **make into:** ***~ [sth.] into*** trasformare in; ***to ~ a house into apartments*** dividere la casa in appartamenti; ***it's been made into a film*** ne è stato tratto un film.

▪ **make off** scappare; ***to ~ off with sth., sb.*** svignarsela con qcs., qcn.

▪ **make out:** ***~ out*** **1** *(manage)* cavarsela; ***how are you making out?*** come te la cavi? **2** AE COLLOQ. *(grope)* ***to ~ out with***

sb. farsi qcn. **3** *(claim)* dichiarare (**that** che); **~ out [sth.], ~ [sth.] out 1** *(distinguish)* distinguere [*shape*]; decifrare [*writing*] **2** *(claim)* ***to ~ sth. out to be*** far credere che qcs. sia **3** *(understand)* risolvere, fare luce su [*mystery*]; ***to ~ out if*** o ***whether*** capire se; ***I can't ~ him out*** non riesco a capirlo **4** *(write out)* fare [*cheque, will, list*]; ***it is made out to X*** è intestato a X **5** *(expound)* ***to ~ out a case for*** sostenere le ragioni di; **~ *oneself out to be*** fare credere di essere [*rich, brilliant*]; fare finta di essere [*stupid, incompetent*].

▪ **make over: ~ over [sth.], ~ [sth.] over** *(transform)* trasformare (**into** in); *(transfer)* cedere [*property*].

▪ **make towards: ~ towards [sth., sb.]** dirigersi verso.

▪ **make up: ~ up 1** *(put make-up on)* truccarsi **2** *(after quarrel)* riconciliarsi (**with** con) **3** ***to ~ up for*** *(compensate for)* recuperare [*time, sleep*]; compensare [*deficit*]; colmare [*personal loss*] **4** ***to ~ up to*** COLLOQ. ingraziarsi [*boss*]; **~ up [sth.], ~ [sth.] up 1** *(invent)* inventare [*excuse, story*] **2** *(prepare)* fare [*parcel, garment, bed, prescription*] **3** *(constitute)* fare, costituire [*whole, society*]; ***to be made up of*** essere composto di *o* da; ***to ~ up 7% of*** costituire il 7% di **4** *(compensate for)* recuperare [*loss, time*]; compensare [*deficit*] **5** *(put make-up on)* truccare [*person, face, eyes*]; ***to ~ oneself up*** truccarsi **6** *(stoke up)* alimentare [*fire*] **7** ***to ~ it up*** *(make friends)* riconciliarsi (**with** con); ***to ~ it up to sb.*** *(when at fault)* farsi perdonare da qcn.; *(when not at fault)* ricambiare qcn.

make-believe /ˈmeɪkbɪliːv/ **I** n. finzione f.; ***it's pure ~*** è pura fantasia; ***the land of ~*** il mondo delle favole **II** modif. [*world, friend*] immaginario.

make believe tr. ***to ~ that*** fare finta che *o* di.

make-do-and-mend /ˈmeɪkdʊənmend/ intr. vivere di espedienti.

makefast /ˈmeɪkfaːst, AE -fæst/ n. ormeggio m.

makeover /ˈmeɪkəʊvə(r)/ n. *(of appereance, public image)* trasformazione f.

maker /ˈmeɪkə(r)/ n. **1** *(manufacturer)* *(of wine, food)* produttore m. (-trice); *(of appliance, clothes)* fabbricante m. e f.; *(of cars, aircraft)* costruttore m. (-trice); ***the ~'s label*** il marchio di fabbrica **2** *(device)* ***coffee ~*** bollitore per il caffè; ***ice-cream ~*** gelatiera ♦ ***to (go to) meet one's Maker*** andare al Creatore.

makeshift /ˈmeɪkʃɪft/ agg. improvvisato, di ripiego.

make-up /ˈmeɪkʌp/ n. **1** *(cosmetics)* trucco m., make-up m.; ***to wear ~*** essere truccato; ***to put on one's ~*** truccarsi **2** *(character)* carattere m.; ***to be part of sb.'s ~*** fare parte del carattere di qcn. **3** *(of whole, committee)* composizione f. **4** TIP. impaginazione f.

make-up artist ➧ **27** n. truccatore m. (-trice).

make-up bag n. trousse f. (per il trucco).

make-up remover n. struccante m.

makeweight /ˈmeɪkweɪt/ n. quantità f. aggiunta (per fare peso); FIG. *(person)* tappabuchi m. e f.

making /ˈmeɪkɪŋ/ n. **1** *(of film, programme)* realizzazione f.; *(of industrial product)* fabbricazione f.; *(of clothes)* confezione f.; *(of meal)* preparazione f.; ***they are problems of his own ~*** sono problemi che si crea da solo; ***a disaster is in the ~*** si sta preparando una catastrofe; ***"this is history in the ~!"*** "stiamo facendo la storia!" **2** *(of person, personality)* ***university was the ~ of her*** l'università l'ha formata; ***this contract will be the ~ of him*** questo contratto segnerà una svolta nella sua carriera ♦ ***to have all the ~s of sth.*** avere (tutta) la stoffa di qcs.

Malachi /ˈmæləkaɪ/ n.pr. Malachia.

maladjusted /ˌmæləˈdʒʌstɪd/ **I** agg. disadattato **II** n. disadattato m. (-a).

maladjustment /ˌmæləˈdʒʌstmənt/ n. disadattamento m.

maladministration /ˌmælədˌmɪnɪˈstreɪʃn/ n. *(of hospital, school)* cattiva gestione f.; *(of company)* cattiva amministrazione f.; *(of state)* malgoverno m.

maladroit /ˌmæləˈdrɔɪt/ agg. FORM. maldestro, goffo.

malady /ˈmælədɪ/ n. LETT. malattia f.; FIG. male m.

Malagasy /ˌmæləˈgæsɪ/ ➧ **18, 14 I** agg. malgascio **II** n. **1** *(person)* malgascio m. (-a) **2** *(language)* malgascio m.

malaise /mæˈleɪz/ n. FORM. malessere m.

malaria /məˈleərɪə/ ➧ **11** n. malaria f.

Malawian /məˈlɑːwɪən/ ➧ **18 I** agg. del Malawi **II** n. nativo m. (-a), abitante m. e f. del Malawi.

Malay /məˈleɪ/ ➧ **18, 14 I** agg. malese; ***the ~ Peninsula*** la penisola di Malacca **II** n. **1** *(person)* malese m. e f. **2** *(language)* malese m.

Malaya /məˈleɪə/ n.pr. Malesia f.

Malayan /məˈleɪən/ → **Malay**.

Malaysia /məˈleɪzɪə/ ➧ **6** n.pr. Malaysia f.

Malaysian /məˈleɪzɪən/ ➧ **18, 14 I** agg. malaysiano **II** n. malaysiano m. (-a).

malcontent /ˈmælkəntent/ **I** agg. FORM. scontento, insoddisfatto **II** n. **1** FORM. *(person)* malcontento m. (-a) **2** *(state of being)* malcontento m.

Maldives /ˈmɔːldɪvz/ ➧ **12, 6** n.pr.pl. (anche **Maldive Islands**) ***the ~*** le Maldive.

male /meɪl/ **I** n. **1** BIOL. ZOOL. maschio m. **2** *(man)* uomo m., maschio m. **II** agg. **1** BIOL. ZOOL. maschile **2** *(of men)* [*population, role, body, voice*] maschile; [*company*] di uomini; ***a ~ singer*** un cantante; ***a ~ model*** un modello; ***~ voice choir*** coro maschile **3** EL. maschio.

male chauvinism n. maschilismo m.

male chauvinist I agg. [*attitude*] (da) maschilista **II** n. maschilista m.; ***~ pig*** schifoso maschilista.

male-dominated /ˌmeɪlˈdɒmɪneɪtɪd/ agg. **1** *(run by men)* [*society*] dominato dagli uomini **2** *(mainly masculine)* [*environment, profession*] maschile.

malefactor /ˈmælɪfæktə(r)/ n. FORM. malfattore m. (-trice).

male menopause n. andropausa f.

malevolence /məˈlevələns/ n. malevolenza f.

malevolent /məˈlevələnt/ agg. malevolo.

malformation /ˌmælfɔːˈmeɪʃn/ n. malformazione f.

malformed /ˌmælˈfɔːmd/ agg. [*limb, nose*] deforme; [*heart, leaf*] malformato.

1.malfunction /ˌmælˈfʌŋkʃn/ n. **1** *(poor operation)* malfunzionamento m., cattivo funzionamento m. **2** *(breakdown)* guasto m. **3** MED. disfunzione f.

2.malfunction /ˌmælˈfʌŋkʃn/ intr. funzionare male.

malice /ˈmælɪs/ n. **1** *(spite)* malignità f., cattiveria f.; ***I bear him no ~*** non covo nessun rancore verso di lui **2** DIR. dolo m., intenzione f. criminosa; ***with ~ aforethought*** premeditato.

malicious /məˈlɪʃəs/ agg. **1** *(spiteful)* [*comment, person*] maligno; [*act*] malvagio; [*allegation*] calunnioso **2** DIR. ***with ~ intent*** con dolo.

1.malign /məˈlaɪn/ agg. [*effect*] dannoso; [*influence*] cattivo; [*intention*] cattivo, maligno.

2.malign /məˈlaɪn/ tr. parlare male di, malignare su [*person*]; diffamare [*group*].

malignancy /məˈlɪgnənsɪ/ n. **1** malvagità f. **2** MED. malignità f.

malignant /məˈlɪgnənt/ agg. **1** [*criticism*] aspro; [*look*] malevolo; [*person*] malvagio; [*nature*] crudele **2** MED. maligno.

maligned /məˈlaɪnd/ **I** p.pass. → **2.malign II** agg. ***much-~*** molto chiacchierato.

malinger /məˈlɪŋgə(r)/ intr. SPREG. darsi malato.

malingerer /məˈlɪŋgərə(r)/ n. SPREG. = chi si dà malato.

mall /mæl, mɔːl/ n. **1** *(shopping arcade)* *(in town)* galleria f. (di negozi); AE *(in suburbs)* centro m. commerciale **2** *(street)* passeggiata f., passeggio m.

mallard /ˈmælɑːd, AE ˈmælərd/ n. (pl. ~, **~s**) anatra f. selvatica.

malleable /ˈmælɪəbl/ agg. malleabile.

mallet /ˈmælɪt/ n. SPORT TECN. maglio m.

mallow /ˈmæləʊ/ n. BOT. malva f.

mall people n.pl. AE SPREG. *(suburbanites)* tamarri m.

malmsey /ˈmɑːmzɪ/ n. malvasia f.

malnourished /mælˈnʌrɪʃt/ agg. malnutrito.

malnutrition /ˌmælnjuːˈtrɪʃn, AE -nuː-/ n. malnutrizione f.

malpractice /ˌmælˈpræktɪs/ n. **1** AMM. DIR. (atto) illecito m.; ***administrative ~*** malversazione; ***electoral ~*** frode elettorale; ***professional ~*** negligenza professionale **2** AE MED. imperizia f.

1.malt /mɔːlt/ n. **1** *(grain)* malto m. **2** (anche **~ whisky**) whisky m. di malto **3** AE *(milk shake)* frappé m., milk-shake m. (al malto); *(hot drink)* latte m. al malto.

2.malt /mɔːlt/ tr. trasformare in malto [*barley etc.*].

malted /ˈmɔːltɪd/ n. (anche **~ milk**) AE frappé m., milk-shake m. (al malto).

Maltese /ˌmɔːlˈtiːz/ ➧ *18, 14* **I** agg. maltese **II** n. (pl. ~) **1** *(person)* maltese m. e f. **2** *(language)* maltese m.
maltreat /ˌmælˈtriːt/ tr. maltrattare.
maltreatment /ˌmælˈtriːtmənt/ n. maltrattamento m.
mama, mamma /ˈmɑːmə/ n. AE INFANT. mamma f.
mammal /ˈmæml/ n. mammifero m.
mammalian /məˈmeɪlɪən/ agg. [*animal*] mammifero; [*female*] di mammifero.
mammary /ˈmæmərɪ/ agg. mammario.
mammograph /ˈmæməgrɑːf, AE -græf/ n. *(radiograph)* mammografia f.
mammography /mæˈmɒgrəfɪ/ n. *(technique)* mammografia f.
Mammon /ˈmæmən/ n.pr. RELIG. Mammona ♦ ***to worship ~*** venerare il dio denaro.
mammoth /ˈmæməθ/ **I** n. mammut m. **II** agg. [*project, structure*] enorme, mastodontico.
mammy /ˈmæmɪ/ n. **1** INFANT. *(mummy)* mamma f. **2** AE ANT. *(servant)* = tata di colore.
1.man /mæn/ **I** n. (pl. **men**) **1** *(adult male)* uomo m.; ***as one ~ to another*** da uomo a uomo; ***a blind ~*** un cieco; ***an old ~*** un vecchio; ***a single ~*** uno scapolo; ***a married ~*** un uomo sposato; ***a ladies' ~*** un gran conquistatore; ***a ~'s ~*** = un uomo che ama frequentare in prevalenza i propri amici maschi; ***a beer ~*** un gran bevitore di birra; ***a ~ of God*** un uomo di chiesa; ***he's your ~*** è l'uomo che fa per te; ***he has worked for the party, ~ and boy*** BE ha lavorato per il partito fin da ragazzo; ***~ of the match*** l'uomo partita; ***good ~!*** *(well done)* bravo! ***my good ~!*** vecchio mio! **2** *(husband)* marito m.; *(partner)* uomo m.; ***~ and wife*** marito e moglie **3** *(person)* ***no ~ could have done more*** nessuno avrebbe potuto fare di più; ***as good as the next ~*** uno come un altro; ***the common ~*** l'uomo comune **4** *(person of courage)* uomo m.; ***be a ~*** sii uomo; ***to make a ~ of sb.*** fare di qcn. un uomo; ***he took it like a ~*** si è comportato da uomo **5** *(mankind)* (anche **Man**) uomo m., umanità f. **6** SPORT *(team member)* uomo m., giocatore m. **7** GIOC. *(in chess)* pezzo m.; *(in draughts)* pedina f. **8** ANT. *(servant)* valletto m. **II men** n.pl. MIL. *(subordinates)* uomini m.; ***officers and men*** ufficiali e truppa **III** inter. COLLOQ. *(expressing surprise)* oddio; *(addressing somebody)* ***hey ~!*** ehi tu! ♦ ***every ~ for himself*** ciascuno per sé; ***to a ~*** tutti, senza eccezioni; ***as one ~*** all'unanimità, come un sol uomo; ***to sort out the men from the boys*** = distinguere chi è più maturo o competente; ***to be one's own ~*** essere padrone di se stesso.
2.man /mæn/ tr. (forma in -ing ecc. **-nn-**) **1** stare a [*switchboard, desk*]; ***will the telephone be ~ned?*** ci sarà qualcuno (addetto) al telefono? **2** MIL. equipaggiare [*ship*]; presidiare [*barricade*]; ***"~ the guns!"*** "prendete posto ai cannoni!".
man-about-town /ˌmænəbaʊtˈtaʊn/ n. uomo m. di mondo.
manacle /ˈmænəkl/ tr. mettere le manette a, ammanettare.
manacles /ˈmænəklz/ n.pl. manette f. (anche IRON.).
manage /ˈmænɪdʒ/ **I** tr. **1** *(succeed)* ***to ~ to do*** riuscire *o* farcela a fare; ***he ~d to find a job*** è riuscito a trovare lavoro; ***how does he ~ to save so much money?*** come fa a risparmiare così tanti soldi? ***he ~d to offend everybody*** IRON. è riuscito a offendere tutti **2** *(find possible)* ***she ~d a smile*** è riuscita a fare un sorriso; ***I can ~ a few words in Italian*** riesco a dire qualche parola di italiano; ***can you ~ lunch on Friday?*** sei libero per pranzo venerdì? ***can you ~ another glass of wine?*** ce la fai a bere un altro bicchiere di vino? **3** *(administer)* amministrare [*finances, company*]; gestire [*business, shop*] **4** *(organize)* gestire [*money, time*] **5** *(handle)* sapere come prendere [*person*]; domare [*animal*]; manovrare [*boat*]; maneggiare [*tool*]; affrontare [*situation*] **II** intr. cavarsela; ***they have to ~ on £ 50 a week*** devono cavarsela con *o* farsi bastare 50 sterline a settimana; ***can you ~?*** ce la fai?
manageable /ˈmænɪdʒəbl/ agg. [*car, boat*] maneggevole; [*person, animal*] docile; [*level*] ragionevole; [*problem*] gestibile; ***~ hair*** capelli facili da pettinare.
management /ˈmænɪdʒmənt/ **I** n. **1** *(control)* gestione f.; ***her skilful ~ of the situation*** la sua abilità nel gestire la situazione **2** *(managers collectively)* dirigenza f., direzione f.; ***top ~*** alta dirigenza, alti dirigenti; ***"under new ~"*** "nuova gestione" **II** modif. [*career, staff*] dirigenziale; [*job*] di dirigente; [*problem*] gestionale, amministrativo; ***the ~ team*** il gruppo dirigente.
management accounting n. contabilità f. analitica, contabilità f. gestionale.
management buyout n. = acquisto di tutte le azioni di una società da parte dei suoi dirigenti.
management consultancy n. società f. di consulenza aziendale.
management consultant ➧ *27* n. consulente m. e f. aziendale.
manager /ˈmænɪdʒə(r)/ ➧ *27* n. *(of company)* dirigente m. e f., manager m. e f.; *(of bank, hotel, theatre)* direttore m. (-trice); *(of cinema, restaurant, shop)* gestore m. (-trice); *(of project)* capo m., direttore m. (-trice); *(in showbusiness)* manager m. e f.; SPORT direttore m. tecnico, manager m. e f.; ***to be a good ~*** *(of household)* saper amministrare bene la casa.
manageress /ˌmænɪdʒəˈres/ ➧ *27* n. *(of hotel)* direttrice f.; *(of restaurant, shop)* gestrice f.; *(of company)* dirigente f., manager f.
managerial /ˌmænɪˈdʒɪərɪəl/ agg. [*experience, skills*] manageriale; [*decision*] della direzione; [*training*] dei dirigenti; ***~ staff*** dirigenti; ***at ~ level*** a livello dirigenziale.
managing director ➧ *27* n. amministratore m. delegato.
managing editor ➧ *27* n. direttore m. editoriale.
Manchu /ˌmænˈtʃuː/ **I** agg. manciù **II** n. (pl. **~, ~s**) **1** *(person)* manciù m. e f. **2** ➧ *14 (language)* manciù m.
Manchuria /ˌmænˈtʃʊərɪə/ ➧ *24* n.pr. Manciuria f.
Mancunian /mæŋˈkjuːnɪən/ **I** agg. di Manchester **II** n. nativo m. (-a), abitante m. e f. di Manchester.
1.mandarin /ˈmændərɪn/ n. *(fruit, tree)* mandarino m.
2.mandarin /ˈmændərɪn/ n. STOR. mandarino m.
mandarin duck n. anatra f. mandarina.
mandate /ˈmændeɪt/ n. **1** *(authority)* autorità f.; POL. mandato m.; ***this gives us a clear ~ to proceed*** questo ci dà una chiara autorizzazione a procedere **2** STOR. *(territory)* (territorio di) mandato m. **3** ECON. DIR. *(document)* mandato m.
mandatory /ˈmændətərɪ, AE -tɔːrɪ/ agg. vincolante, obbligatorio.
man-day /ˈmændeɪ/ n. giorno-uomo m.
mandible /ˈmændɪbl/ ➧ *2* n. mandibola f.
mandolin(e) /ˌmændəˈlɪn/ ➧ *17* n. mandolino m.
mandrake /ˈmændreɪk/ n. mandragora f.
mandrill /ˈmændrɪl/ n. mandrillo m.
mane /meɪn/ n. criniera f. (anche FIG.).
maneuver AE → **1.manoeuvre, 2.manoeuvre**.
Manfred /ˈmænfred/ n.pr. Manfredi.
man Friday n. **1** LETTER. Venerdì **2** *(general assistant)* factotum m., tuttofare m.
manful /ˈmænfl/ agg. valoroso, virile.
manganese /ˈmæŋgəniːz/ n. manganese m.
mange /meɪndʒ/ n. rogna f.
manger /ˈmeɪndʒə(r)/ n. mangiatoia f., greppia f.
mangetout /ˌmɑːnʒˈtuː/ n. taccola f., pisello m. mangiatutto.
1.mangle /ˈmæŋgl/ n. TECN. mangano m.
2.mangle /ˈmæŋgl/ tr. manganare [*clothing*].
3.mangle /ˈmæŋgl/ tr. mutilare, straziare [*body*]; distruggere [*vehicle*]; FIG. massacrare [*translation*]; straziare [*piece of music*]; storpiare [*message*].
mango /ˈmæŋgəʊ/ n. (pl. **~s, ~es**) mango m.
mangold /ˈmæŋgld/ n. n. barbabietola f. da foraggio.
mangrove /ˈmæŋgrəʊv/ n. mangrovia f.
mangy /ˈmeɪndʒɪ/ agg. [*animal*] rognoso; FIG. [*rug*] logoro; [*hotel*] pulcioso.
manhandle /ˈmænhændl/ tr. **1** *(treat roughly)* malmenare, maltrattare **2** *(move by manpower)* spostare a forza di braccia.
manhole /ˈmænhəʊl/ n. *(in road)* botola f.; *(of boiler, tank)* passo m. d'uomo.
manhole cover n. tombino m., chiusino m.
manhood /ˈmænhʊd/ n. **U** virilità f., mascolinità f.
man-hour /ˈmænaʊə(r)/ n. ora-uomo f.
manhunt /ˈmænhʌnt/ n. caccia f. all'uomo.
mania /ˈmeɪnɪə/ n. **1** PSIC. mania f. **2** FIG. mania f., fissazione f.; ***to have a ~ for doing*** avere la mania di fare; ***motorcycle ~*** la passione delle moto.
maniac /ˈmeɪnɪæk/ **I** n. **1** PSIC. maniaco m. (-a) **2** COLLOQ. FIG. maniaco m. (-a); ***to drive like a ~*** guidare come un pazzo **II** agg. **1** PSIC. maniaco **2** FIG. [*driver*] pazzo; [*behaviour*] folle.

maniacal /mə'naɪəkl/ agg. maniacale (anche FIG.).
manic /'mænɪk/ agg. **1** *(manic depressive)* maniaco-depressivo; *(obsessive)* ossessivo **2** FIG. [*activity*] frenetico.
manic depression ➧ *11* n. psicosi f. maniaco-depressiva.
manic depressive I agg. maniaco-depressivo **II** n. soggetto m. maniaco-depressivo.
1.manicure /'mænɪkjʊə(r)/ n. manicure f.; ***to give sb. a ~*** fare la manicure a qcn.
2.manicure /'mænɪkjʊə(r)/ tr. fare la manicure a [*person*]; ***to ~ one's nails*** farsi (la manicure al)le unghie.
manicure set n. trousse f. per la manicure.
manicurist /'mænɪkjʊərɪst/ ➧ *27* n. manicure m. e f.
1.manifest /'mænɪfest/ **I** agg. manifesto, evidente **II** n. MAR. AER. manifesto m.
2.manifest /'mænɪfest/ **I** tr. manifestare, rivelare **II** rifl. ***to ~ itself*** manifestarsi, rivelarsi.
manifestation /ˌmænɪfə'steɪʃn/ n. manifestazione f.
manifesto /ˌmænɪ'festəʊ/ n. (pl. **~s, ~es**) manifesto m., programma m.
manifold /'mænɪfəʊld/ **I** n. AUT. collettore m. **II** agg. LETT. molteplice.
manikin → **mannikin.**
manila /mə'nɪlə/ n. *(paper)* manila f.
manipulate /mə'nɪpjʊleɪt/ tr. **1** *(handle)* manovrare [*machine*] **2** SPREG. manipolare [*person, situation*]; ***to ~ sb.'s emotions*** giocare con i sentimenti di qcn. **3** *(falsify)* manipolare, falsificare [*data*] **4** *(in physiotherapy)* manipolare.
manipulation /məˌnɪpjʊ'leɪʃn/ n. **1** *(of machine)* manovra f. **2** *(of person, situation)* SPREG. manipolazione f. **3** *(of figures, facts)* manipolazione f., falsificazione f. **4** MED. manipolazione f.
manipulative /mə'nɪpjʊlətɪv/ agg. manipolativo.
manipulator /mə'nɪpjʊleɪtə(r)/ n. manipolatore m. (-trice).
mankind /ˌmæn'kaɪnd/ n. umanità f., genere m. umano.
manly /'mænlɪ/ agg. virile, da uomo.
man-made /ˌmæn'meɪd/ agg. [*fibre, fabric*] sintetico; [*pond, environment*] artificiale; [*catastrophe*] causato dall'uomo.
manna /'mænə/ n. BIBL. manna f. (anche FIG.).
manned /'mænd/ **I** p.pass. → **2.man II** agg. AER. [*flight, spacecraft*] con equipaggio a bordo; [*base*] con personale; ***fully ~*** [*ship*] con equipaggio al completo.
mannequin /'mænɪkɪn/ ➧ *27* n. **1** *(dummy)* manichino m. **2** *(person)* modella f., mannequin f.
manner /'mænə(r)/ **I** n. **1** *(way, method)* modo m., maniera f.; ***in this ~*** in questo modo, in questa maniera, così; ***the ~ in which they were treated*** il modo in cui sono stati trattati; ***to do sth. in such a ~ that*** fare qcs. in modo tale che; ***in a ~ of speaking*** per così dire, per modo di dire **2** *(way of behaving)* comportamento m., modo m. di fare; ***he has a bad ~*** ha un brutto modo di fare; ***to have a good telephone ~*** avere una buona attitudine per le comunicazioni telefoniche **3** LETT. *(sort)* sorta f., tipo m.; ***what ~ of man is he?*** che tipo di uomo è lui? ***by no ~ of means*** in nessun modo **4** ART. LETTER. *(style)* in o ***after the ~ of*** secondo lo stile di, alla maniera di **II manners** n.pl. **1** *(social behaviour)* ***to have good, bad ~s*** avere buone, cattive maniere; ***it's bad ~s to do*** non sta bene fare; ***he has no ~s*** è un maleducato; [*child*] non riesce a stare fermo; ***to have the ~s to do*** avere la buona educazione di fare; ***where are your ~s?*** che modi sono questi? ***road ~s*** comportamento educato al volante **2** *(social habits)* usanze f., consuetudini f.; ***comedy of ~s*** commedia di costume ♦ ***to do sth. as if to the ~ born*** fare qcs. come se non si fosse fatto altro dalla nascita.
mannered /'mænəd/ agg. **1** SPREG. manierato **2 -mannered** in composti ***ill-~*** maleducato; ***well-~*** (ben)educato; ***mild-~*** moderato.
mannerism /'mænərɪzəm/ n. **1** *(personal habit)* peculiarità f., caratteristica f. **2** SPREG. *(quirk)* posa f., vezzo m.
Mannerism /'mænərɪzəm/ n. ART. LETTER. manierismo m.
mannikin /'mænɪkɪn/ n. **1** ART. MED. *(also in dressmaking)* manichino m. **2** ANT. *(dwarf)* nanerottolo m.
manning /'mænɪŋ/ n. MIL. IND. organico m.
mannish /'mænɪʃ/ agg. [*woman, clothing*] mascolino, poco femminile.
manoeuvrable BE, **maneuverable** AE /mə'nu:vrəbl/ agg. manovrabile.
1.manoeuvre BE, **maneuver** AE /mə'nu:və(r)/ n. manovra f. (anche FIG.); ***to be on ~s*** MIL. fare le manovre; ***we have some room for ~*** FIG. abbiamo un po' di libertà di manovra.
2.manoeuvre BE, **maneuver** AE /mə'nu:və(r)/ **I** tr. **1** manovrare [*vehicle, object*]; ***to ~ sth. in, out*** fare manovra con qcs. per entrare, uscire; ***to ~ sth. into position*** manovrare qcs. per metterlo in posizione **2** FIG. manovrare [*person*]; sviare [*discussion*] (to verso); ***to ~ sb. into doing*** manovrare qcn. per fargli fare **II** intr. manovrare, fare manovre.
manoeuvring BE, **maneuvering** AE /mə'nu:vərɪŋ/ n. U manovre f.pl. (anche SPREG.).
man-of-war /ˌmænəv'wɔ:(r)/ n. (pl. **men-of-war**) ANT. *(ship)* nave f. da guerra.
manor /'mænə(r)/ n. **1** (anche **~ house**) maniero m., casa f. padronale; ***Lord, Lady of the ~*** castellano, castellana **2** STOR. *(estate)* tenuta f. padronale.
manpower /'mænpaʊə(r)/ n. **1** manodopera f., forza f. lavoro; MIL. uomini m.pl. **2** *(physical force)* forza f.; ***by sheer ~*** con la forza bruta.
mansard /'mænsɑ:d/ n. (anche **~ roof**) tetto m. a mansarda, mansarda f.
manse /mæns/ n. presbiterio m., canonica f.
manservant /'mænsɜ:vənt/ n. (pl. **menservants**) servitore m.
mansion /'mænʃn/ n. *(in countryside)* villa f., casa f. signorile; *(in town) (apartment block)* caseggiato m.
man-sized /'mænsaɪzd/ agg. COMM. [*tissues*] grande; SCHERZ. [*portion*] abbondante, da camionista.
manslaughter /'mænslɔ:tə(r)/ n. DIR. omicidio m. colposo.
mantelpiece /'mæntlpi:s/ n. mensola f. del camino, caminiera f.; ***on the ~*** sul caminetto.
mantis /'mæntɪs/ n. (pl. **~es, ~**) mantide f.
mantle /'mæntl/ n. **1** ANT. *(cloak)* cappa f., mantello m.; *(woman's)* mantella f. **2** FIG. LETT. manto m.
man-to-man /ˌmæntə'mæn/ agg. **1** da uomo a uomo **2** SPORT [*defence*] a uomo.
Mantua /'mæntjʊə/ ➧ *34* n.pr. Mantova f.
1.manual /'mænjʊəl/ n. **1** *(book)* manuale m., guida f. **2** MUS. manuale m., tastiera f.
2.manual /'mænjʊəl/ agg. manuale.
1.manufacture /ˌmænjʊ'fæktʃə(r)/ **I** n. *(of materials, tools)* fabbricazione f.; *(of food products, textiles)* produzione f. **II manufactures** n.pl. manufatti m.
2.manufacture /ˌmænjʊ'fæktʃə(r)/ tr. **1** fabbricare, produrre [*goods*] **2** FIG. SPREG. fabbricare, mettere insieme [*excuse*].
manufactured /ˌmænjʊ'fæktʃəd/ **I** p.pass. → **2.manufacture II** agg. ***~ goods*** beni industriali.
manufacturer /ˌmænjʊ'fæktʃərə(r)/ ➧ *27* n. fabbricante m. e f.; ***car ~*** costruttore di automobili.
manufacturing /ˌmænjʊ'fæktʃərɪŋ/ **I** n. **1** *(sector)* industria f. **2** *(making)* fabbricazione f.; *(of cars, heavy machinery)* costruzione f. **II** modif. [*output, workforce*] industriale; [*costs, engineer*] di produzione; [*process*] produttivo; ***~ plant*** stabilimento industriale.
1.manure /mə'njʊə(r), AE -'nʊ-/ n. concime m. (naturale), letame m.; ***liquid ~*** purino.
2.manure /mə'njʊə(r), AE -'nʊ-/ tr. concimare, letamare.
manuscript /'mænjʊskrɪpt/ **I** n. manoscritto m. **II** modif. [*letter*] manoscritto.
Manx /mæŋks/ ➧ *14* **I** agg. dell'isola di Man **II** n. **1** *(language)* lingua f. dell'isola di Man **2** *(people)* ***the ~*** + verbo pl. gli abitanti dell'isola di Man.
many /'menɪ/ (compar. **more**; superl. **most**) ➧ *22* **I** quantif. molti, tanti; ***~ people, cars*** molta gente, molte macchine; ***~ times*** molte volte, spesso; ***in ~ ways*** in molti modi; ***his ~ friends*** i suoi numerosi amici; ***how ~ people, times?*** quanta gente, quante volte? ***too ~ people, times*** troppa gente, troppe volte; ***for a great ~ years*** per moltissimi anni; ***a good ~ people, times*** parecchia gente, parecchie volte; ***I have as ~ books as you (do)*** ho tanti libri quanto te; ***five exams in as ~ days*** cinque esami in altrettanti giorni; ***~ a man would be glad of...*** più di un uomo sarebbe felice di...; ***I've been there ~ a time, ~'s the time I've been there*** ci sono stato molte volte *o* più di una volta **II** pron. molti m. (-e); ***not ~*** pochi, non molti; ***too ~*** troppi; ***how ~?*** quanti? ***as ~ as you like*** quanti ne vuoi; ***I didn't***

know there were so ~ non sapevo che ce ne fossero così tanti; ***we don't need ~ more*** non ce ne servono ancora molti; ***~ of them were killed*** molti di loro furono uccisi; ***there were too ~ of them*** ce n'erano troppi, erano troppo numerosi; ***a good ~ of the houses were damaged*** parecchie case furono danneggiate; ***you've set one place too ~*** hai preparato un posto di troppo **III** n. ***the ~*** *(the masses)* la folla, le masse; ***the ~ who*** le molte persone che; ***to sacrifice the interests of the few in favour of the ~*** sacrificare gli interessi di pochi a favore di molti ♦ ***to have had one too ~*** COLLOQ. avere bevuto un bicchiere di troppo.

many-coloured BE, **many-colored** AE /ˌmenɪˈkʌləd/ agg. multicolore.

many-sided /ˌmenɪˈsaɪdɪd/ agg. [*personality*] poliedrico; [*phenomenon*] complesso.

Maoism /ˈmaʊɪzəm/ n. maoismo m.

Maori /ˈmaʊrɪ/ ➧ *18, 14* **I** agg. maori **II** n. **1** *(person)* maori m. e f. **2** *(language)* maori m.

1.map /mæp/ n. *(of region)* carta f. geografica, cartina f.; *(of town, underground)* mappa f., piantina f.; ***road ~*** carta stradale; ***street ~*** pianta stradale, stradario; ***the political ~ of Europe*** FIG. il panorama politico europeo ♦ ***to put sb., sth. on the ~*** fare conoscere qcn., qcs.

2.map /mæp/ tr. (forma in -ing ecc. **-pp-**) **1** GEOGR. GEOL. ASTR. fare la carta di [*region, planet*]; fare una mappa di [*town*]; fare un rilevamento topografico di [*crater*] **2** INFORM. stabilire una corrispondenza tra.

▪ **map out:** ~ ***out [sth.]***, ~ ***[sth.] out*** elaborare, mettere a punto [*strategy*]; pianificare [*schedule*]; ***her future is all ~ped out for her*** il suo futuro è già segnato.

maple /ˈmeɪpl/ n. **1** *(tree)* acero m. **2** (anche **~ wood**) (legno d')acero m.

mapping /ˈmæpɪŋ/ n. **1** GEOGR. GEOL. ASTR. rilevamento m. **2** BIOL. INFORM. mappatura f.

mar /mɑː(r)/ tr. spesso passivo (forma in -ing ecc. **-rr-**) guastare, rovinare ♦ ***to make or ~ sth.*** fare la fortuna o essere la rovina di qcs.

Mar ⇒ March marzo (mar.).

marabou /ˈmærəbuː/ n. marabù m.

marathon /ˈmærəθən, AE -θɒn/ **I** n. maratona f. (anche FIG.) **II** modif. **1** SPORT ***~ runner*** maratoneta **2** *(massive)* che dura molto, molto lungo; ***a ~ session*** una seduta fiume.

marauder /məˈrɔːdə(r)/ n. predatore m. (-trice).

marauding /məˈrɔːdɪŋ/ agg. predatorio.

marble /ˈmɑːbl/ **I** n. **1** *(stone, sculpture)* marmo m. **2** GIOC. *(glass)* bilia f. **II marbles** ➧ *10* n.pl. *(game)* + verbo sing. bilie f.; ***to play*** o ***shoot ~s*** AE giocare a bilie **III** modif. [*object*] di marmo, marmoreo ♦ ***to lose one's ~s*** COLLOQ. dare i numeri; ***she doesn't have all her ~s*** COLLOQ. le manca qualche rotella.

marble cutter ➧ *27* n. marmista m. e f.

marbled /ˈmɑːbld/ agg. marmorizzato.

marcasite /ˈmɑːkəsaɪt/ n. marcasite f.

Marcellus /mɑːˈseləs/ n.pr. Marcello.

1.march /mɑːtʃ/ n. **1** *(foot journey)* marcia f. (anche MIL.); ***a 40 km ~*** una marcia di 40 km; ***to be on the ~*** [*army*] essere in marcia; FIG. [*prices*] essere in rialzo **2** *(demonstration)* marcia f.; ***peace ~*** marcia per la pace **3** MUS. marcia f. **4** FIG. avanzata f., cammino m.; ***the ~ of time*** il passare del tempo.

2.march /mɑːtʃ/ **I** tr. ***she ~ed him into the office*** lo scortò nell'ufficio; ***I ~ed her off to the bathroom*** l'ho spedita in bagno **II** intr. **1** marciare; ***to ~ on Rome*** marciare su Roma; ***to ~ (for) 40 km*** fare una marcia di 40 km; ***forward ~!*** avanti, marsc'! **2** *(in protest)* fare una marcia, marciare, sfilare **3** *(walk briskly or angrily)* ***he ~ed into the room*** ha fatto irruzione nella stanza; ***she ~ed up to his desk*** è andata dritta verso la sua scrivania.

March /mɑːtʃ/ ➧ *16* n. marzo m. ♦ ***to be as mad as a ~ hare*** essere matto da legare.

marcher /ˈmɑːtʃə(r)/ n. *(in demonstration)* manifestante m. e f.; *(in procession, band)* marciatore m. (-trice).

marching /ˈmɑːtʃɪŋ/ **I** n. marcia f. **II** agg. [*troops, demonstrators*] in marcia ♦ ***to give sb. their ~ orders*** dare il benservito a qcn., licenziare qcn.

marchioness /ˌmɑːʃəˈnes/ n. *(British noblewoman)* marchesa f.

march-past /ˈmɑːtʃpɑːst, AE -pæst/ n. sfilata f. di truppe.

Marcus /ˈmɑːkəs/ n.pr. Marco.

mare /meə(r)/ n. *(horse)* cavalla f., giumenta f.; *(donkey)* asina f.

Margaret /ˈmɑːgərɪt/ n.pr. Margherita.

margarine /ˌmɑːdʒəˈriːn, AE ˈmɑːdʒəriːn/ n. margarina f.

marge /mɑːdʒ/ n. BE COLLOQ. accorc. → **margarine**.

margin /ˈmɑːdʒɪn/ n. **1** *(on paper)* margine m.; ***in the ~*** in *o* a margine **2** *(of wood, field)* margine m.; *(of river)* riva f. **3** spesso pl. FIG. *(fringe)* margine m.; ***at*** o ***on the ~(s) of*** ai margini di **4** *(allowance)* margine m.; ***~ of*** o ***for error*** margine di errore; ***safety ~*** margine di sicurezza; ***by a wide ~*** con largo margine; ***to lose by a narrow*** o ***small ~*** perdere di poco **5** COMM. (anche **profit ~**) margine m. di profitto.

marginal /ˈmɑːdʒɪnl/ **I** agg. **1** *(minor or peripheral)* marginale **2** GB POL. [*ward*] ottenuto con un minimo scarto di voti **3** [*teacher's remark*] a margine; [*author's note*] in margine **II** n. GB POL. = circoscrizione elettorale ottenuta con un minimo scarto di voti.

marginalia /ˌmɑːdʒɪˈneɪlɪə/ n.pl. marginalia m., annotazioni f. a margine.

marginalize /ˈmɑːdʒɪnəlaɪz/ tr. marginalizzare, emarginare.

Margot /ˈmɑːgəʊ/ n.pr. diminutivo di **Margaret.**

marigold /ˈmærɪgəʊld/ n. BOT. tagete m.

marijuana /ˌmærɪˈhwɑːnə/ n. marijuana f.

marina /məˈriːnə/ n. marina m., porticciolo m.

1.marinade /ˌmærɪˈneɪd/ n. marinata f.

2.marinade /ˌmærɪˈneɪd/ → **marinate.**

marinate /ˈmærɪneɪt/ **I** tr. (fare) marinare **II** intr. marinare.

marine /məˈriːn/ **I** n. **1** *(soldier)* fante m. di marina; ***the Marines*** i marines **2** *(navy)* ***the mercantile*** o ***merchant ~*** la marina mercantile **II** modif. [*mammal, biology*] marino; [*explorer, life*] sottomarino; [*transport*] marittimo ♦ ***tell it to the ~s!*** vallo a raccontare a tua nonna!

Marine Corps n. US corpo m. dei marines.

marine engineer ➧ *27* n. ingegnere m. navale.

mariner /ˈmærɪnə(r)/ n. ANT. marinaio m.

marionette /ˌmærɪəˈnet/ n. marionetta f.

marital /ˈmærɪtl/ agg. coniugale; ***~ status*** AMM. stato civile.

maritime /ˈmærɪtaɪm/ agg. marittimo.

marjoram /ˈmɑːdʒərəm/ n. maggiorana f.

1.mark /mɑːk/ n. **1** *(stain)* macchia f.; *(from injury)* segno m.; ***to make one's ~*** firmare con una croce; FIG. lasciare il segno **2** FIG. *(lasting impression)* ***to bear the ~ of*** [*person*] portare l'impronta di [*genius, greatness*]; [*face*] portare i segni di [*pain, grief*]; ***to leave one's ~ on*** [*person*] dare la propria impronta a [*project*]; [*recession*] segnare [*country*] **3** *(symbol)* ***as a ~ of*** in segno di [*appreciation, esteem*] **4** BE SCOL. UNIV. voto m.; ***he gets no ~s for effort*** FIG. per l'impegno, si merita uno zero **5** *(number on scale)* ***the 3-mile ~*** il segnale delle tre miglia; ***unemployment has reached the two million ~*** la disoccupazione ha raggiunto il limite dei due milioni; ***the high-tide ~*** il livello dell'alta marea; ***at gas ~ 7*** termostato a 7; ***he's not up to the ~*** FIG. non è all'altezza **6** SPORT linea f. di partenza; ***on your ~s!*** ai vostri posti! ***to get off the ~*** partire (dalla linea di partenza); ***he's a bit slow off the ~*** è un po' lento di comprendonio; ***he's very quick off the ~*** è molto sveglio; ***you were quick off the ~!*** non hai perso tempo! **7** *(target) (in archery etc.)* bersaglio m.; ***to find its ~*** [*arrow*] colpire il bersaglio, fare centro; FIG. [*remark*] cogliere nel segno, fare centro; ***to be (way) off the ~*** o ***to be wide of the ~*** sbagliarsi di grosso **8** (anche **Mark**) *(model in series)* modello m.; ***Jaguar Mark II*** Jaguar modello II ♦ ***to be an easy ~*** essere un pollo *o* un sempliciotto.

2.mark /mɑːk/ **I** tr. **1** *(stain)* macchiare [*clothes*]; [*bruise, scar*] segnare [*skin*]; *(with pen)* segnare [*map, belongings*]; ***to ~ sb. for life*** sfigurare qcn. a vita; FIG. segnare qcn. a vita **2** *(indicate, label)* [*person, sign*] indicare [*place, directions*]; FIG. [*event*] segnare [*turning point*]; ***to ~ the occasion with*** festeggiare la ricorrenza con [*party*]; ***to ~ one's place*** *(in book)* segnare il punto (dove si è arrivati) **3** *(characterize)* contraddistinguere, caratterizzare [*style, era*] **4** SCOL. UNIV. dare il voto a, valutare [*examination paper*] **5** SPORT marcare [*player*] **II** intr. **1** SCOL. UNIV. fare delle correzioni **2** *(stain)* macchiarsi **3** SPORT marcare ♦ ***~ my words*** ascoltami bene; ***he'll not live long, ~ my words!***

non vivrà ancora per molto, credimi! ~ *you it won't be easy* guarda che non sarà facile; *to ~ time* segnare il passo; *I'm ~ing time working as a waitress until I go to France* lavoro provvisoriamente come cameriera finché non andrò in Francia.

▪ **mark down:** ~ *[sth.] down*, ~ *down [sth.]* abbassare il prezzo di [*product*]; ~ *[sb.] down* abbassare i voti a [*student*].

▪ **mark off:** ~ *[sth.] off*, ~ *off [sth.]* delimitare [*area*]; spuntare [*names*].

▪ **mark out:** ~ *[sb.] out*, ~ *out [sb.]* **1** *(distinguish)* (contrad)distinguere **2** *(select)* designare; ~ *[sth.] out*, ~ *out [sth.]* segnare i limiti di [*area*].

▪ **mark up:** ~ *[sth.] up*, ~ *up [sth.]* [*company*] caricare il prezzo di [*product*]; [*shopkeeper*] aumentare il prezzo di [*product*] (**by** di); ~ *[sb.] up* alzare i voti a [*student*].

3.mark /mɑːk/ ➧ *7* n. marco m. (tedesco).

Mark /mɑːk/ n.pr. Marco.

mark-down /ˈmɑːkdaʊn/ n. COMM. ribasso m., riduzione f.

marked /mɑːkt/ **I** p.pass. → **2.mark II** agg. **1** *(noticeable)* [*contrast, increase*] netto; [*accent*] marcato **2** *(in danger)* ***he's a ~ man*** il suo destino è segnato.

marker /ˈmɑːkə(r)/ n. **1** (anche ~ **pen**) evidenziatore m., marker m. **2** *(tag)* etichetta f. **3** *(person who keeps score)* segnapunti m. e f. **4** SCOL. UNIV. esaminatore m. (-trice) **5** *(bookmark)* segnalibro m. **6** SPORT marcatore m. (-trice).

1.market /ˈmɑːkɪt/ **I** n. **1** *(trading structure)* mercato m.; ***the job ~*** il mercato del lavoro; ***to put sth. on the ~*** lanciare qcs. sul mercato, mettere qcs. in commercio; ***to be in the ~ for sth.*** essere alla ricerca di qcs. (per comprarla) **2** COMM. *(potential customers)* mercato m.; ***it sells well to the teenage ~*** si vende bene agli adolescenti **3** *(place)* mercato m.; ***fish ~*** mercato del pesce; ***to go to ~*** andare al mercato **4** ECON. Borsa f.; ***to play the ~*** giocare in borsa, speculare **II** modif. [*conditions, trend, capitalization, economy, forces, research, day*] di mercato; ***~ analyst*** o ***researcher*** analista di mercato.

2.market /ˈmɑːkɪt/ tr. *(sell)* distribuire, vendere; *(promote)* lanciare [qcs.] sul mercato [*product*].

marketable /ˈmɑːkɪtəbl/ agg. commerciabile, negoziabile.

market garden n. BE azienda f. ortofrutticola.

market gardener ➧ *27* n. BE ortofrutticoltore m. (-trice).

market gardening n. BE ortofrutticoltura f.

marketing /ˈmɑːkɪtɪŋ/ **I** n. **1** marketing m. **2** *(department)* ufficio m. marketing **II** modif. [*staff*] del(l'ufficio) marketing; [*strategy, company, research*] di marketing; [*department*] (del) marketing.

marketing campaign n. campagna f. di vendita.

marketing man n. (pl. **marketing men**) agente m., rappresentante m.

marketing process n. operazioni f.pl. di marketing.

market leader n. *(product)* prodotto m. di punta; *(company)* (società) leader f. di mercato.

market-led /ˈmɑːkɪtˌled/ agg. determinato dal mercato; [*economy*] di mercato.

market opportunity n. nicchia f. di mercato.

marketplace /ˈmɑːkɪtpleɪs/ n. **1** *(square)* piazza f. del mercato, mercato m. **2** ECON. ***in the ~*** sul mercato.

market price n. prezzo m. di mercato.

market share n. quota f. di mercato.

market square n. piazza f. del mercato.

market stall n. bancarella f., banchetto m.

market town n. = città dove si tiene il mercato.

market trader ➧ *27* n. venditore m. (-trice) ambulante.

market value n. valore m. di mercato, valore m. di scambio.

marking /ˈmɑːkɪŋ/ n. **1** *(on animal)* macchia f.; *(on aircraft)* contrassegno m.; ***road ~s*** segnaletica orizzontale **2** BE SCOL. UNIV. *(process)* valutazione f.; *(marks given)* votazione f., voti m.pl. **3** SPORT marcatura f.

marking ink n. inchiostro m. indelebile.

marksman /ˈmɑːksmən/ n. (pl. **-men**) MIL. SPORT tiratore m. (scelto).

mark-up /ˈmɑːkʌp/ n. **1** *(retailer's margin)* margine m. di utile lordo, mark-up m. **2** *(increase)* aumento m., rialzo m.

marmalade /ˈmɑːməleɪd/ n. marmellata f. di agrumi.

marmalade cat n. gatto m. rosso.

marmoset /ˈmɑːməzet/ n. callitrice f., marmosetta f.

marmot /ˈmɑːmət/ n. marmotta f.

1.maroon /məˈruːn/ ➧ *5* **I** agg. bordeaux **II** n. *(colour)* bordeaux m.

2.maroon /məˈruːn/ n. BE *(rocket)* razzo m. di segnalazione.

3.maroon /məˈruːn/ tr. ***to be ~ed on an island*** essere abbandonato su un'isola.

marquee /mɑːˈkiː/ n. **1** BE *(tent)* tenda f., padiglione m.; *(of circus)* tendone m. **2** AE *(canopy)* padiglione m. (di ingresso a hotel, residence ecc.).

Marquesas Islands /mɑːˈkeɪsæsaɪləndz/ ➧ *12* n.pr.pl. isole f. Marchesi.

marquess /ˈmɑːkwɪs/ n. *(British nobleman)* marchese m.

marquetry /ˈmɑːkɪtrɪ/ n. intarsio m.

marquis /ˈmɑːkwɪs/ ➧ *9* n. *(foreign nobleman)* marchese m.

marquise /mɑːˈkiːz/ ➧ *9* n. *(foreign noblewoman)* marchesa f.

marriage /ˈmærɪdʒ/ **I** n. **1** *(ceremony, contract)* matrimonio m. (**to sb.** con qcn.); ***proposal of ~*** proposta di matrimonio; ***my uncle by ~*** mio zio acquisito **2** FIG. *(alliance)* connubio m. **3** *(in cards)* = re e donna dello stesso seme **II** modif. [*licence, certificate, proposal*] di matrimonio; [*bed, bonds*] coniugale.

marriageable /ˈmærɪdʒəbl/ agg. ANT. [*person*] in età per sposarsi, matrimoniabile; ***of ~ age*** in età da marito.

marriage bureau n. (pl. **marriage bureaus**, **marriage bureaux**) agenzia f. matrimoniale.

marriage ceremony n. cerimonia f. nuziale.

marriage guidance counsellor ➧ *27* n. consulente m. e f. matrimoniale.

marriage of convenience n. matrimonio m. di convenienza.

married /ˈmærɪd/ **I** p.pass. → **marry II** agg. [*person*] sposato (**to** a); [*life*] matrimoniale, coniugale; ***~ couple*** coppia sposata *o* di sposi; ***~ name*** nome da sposata.

marrow /ˈmærəʊ/ n. **1** ANAT. midollo m.; ***frozen to the ~*** gelato fino al midollo **2** BE BOT. zucca f.; ***baby ~*** zucchino.

marrowbone /ˈmærəʊbəʊn/ n. GASTR. ossobuco m.

marrowfat /ˈmærəʊfæt/ n. (anche ~ **pea**) pisello m. gigante (a buccia rugosa).

marry /ˈmærɪ/ **I** tr. **1** [*priest*] sposare, unire in matrimonio; [*bride, groom*] sposarsi con, sposare; ***to get married*** sposarsi (**to** con); ***will you ~ me?*** vuoi sposarmi? **2** FIG. sposare [*ideas, styles*]; ***to be married to one's job*** SCHERZ. vivere per il lavoro **II** intr. sposarsi; ***to ~ into a family*** imparentarsi con una famiglia per matrimonio; ***to ~ into money*** fare un buon matrimonio; ***to ~ beneath oneself*** sposarsi con qualcuno di condizione inferiore.

▪ **marry off:** ~ *off [sb.]*, ~ *[sb.] off* accasare, sposare (**to** a, con).

Mars /mɑːz/ n.pr. **1** MITOL. Marte **2** ASTR. Marte m.

marsh /mɑːʃ/ n. palude f.

1.marshal /ˈmɑːʃl/ n. **1** MIL. = alto ufficiale di vari eserciti **2** BE DIR. = funzionario che fa parte di una circuit court **3** *(at rally, ceremony)* = membro del servizio d'ordine **4** AE DIR. ufficiale m. giudiziario **5** AE STOR. *(sheriff)* sceriffo m. **6** AE *(in fire service)* comandante m. dei vigili del fuoco.

2.marshal /ˈmɑːʃl/ tr. (forma in -ing ecc. **-ll-** BE, **-l-** AE) **1** MIL. schierare, disporre [*troops*]; dirigere [*crowd*]; FERR. smistare [*wagons*]; FIG. raccogliere, riordinare [*ideas, facts*] **2** *(guide)* condurre [*person*].

marshalling yard n. BE FERR. stazione f. di smistamento.

marsh fever ➧ *11* n. febbre f. delle paludi, malaria f.

marsh gas n. gas m. di palude.

marsh harrier n. falco m. di palude.

marshland n. *(terrain)* palude f., terreno m. paludoso; *(region)* paludi f.pl.

marshmallow n. **1** BOT. altea f. **2** GASTR. INTRAD. m. (caramella morbida a base di albume, gelatina e zucchero).

marshy /ˈmɑːʃɪ/ agg. paludoso, acquitrinoso.

marsupial /mɑːˈsuːpɪəl/ **I** n. marsupiale m. **II** agg. marsupiale.

marsupium /mɑːˈsuːpɪəm/ n. (pl. **-ia**) marsupio m.

mart /mɑːt/ n. **1** *(shopping centre)* centro m. commerciale **2** *(market)* mercato m.

marten /ˈmɑːtɪn, AE -tn/ n. martora f.

Martha /ˈmɑːθə/ n.pr. Marta.

martial /ˈmɑːʃl/ agg. [*music, law, art*] marziale; [*spirit*] guerriero.

Martian /ˈmɑːʃn/ **I** agg. marziano **II** n. marziano m. (-a).
martin /ˈmɑːtɪn, AE -tn/ n. ZOOL. balestruccio m.
Martin /ˈmɑːtɪn, AE -tn/ n.pr. Martino.
martinet /ˌmɑːtɪˈnet, AE -tnˈet/ n. ***to be a ~*** essere un caporale *o* un despota.
1.martyr /ˈmɑːtə(r)/ n. martire m. e f.; ***a ~ to the cause*** un martire della causa; ***she's a ~ to her rheumatism*** FIG. è vittima dei suoi reumatismi; ***to play the ~*** fare il martire *o* la vittima.
2.martyr /ˈmɑːtə(r)/ tr. martirizzare (anche FIG.).
martyrdom /ˈmɑːtədəm/ n. martirio m.
martyred /ˈmɑːtəd/ **I** p.pass. → **2.martyr II** agg. [*air, look*] da martire.
1.marvel /ˈmɑːvl/ n. meraviglia f.; ***to work ~s*** fare meraviglie *o* miracoli; ***she's a ~ of patience*** è un prodigio di pazienza.
2.marvel /ˈmɑːvl/ **I** tr. (forma in -ing ecc. **-ll-** BE, **-l-** AE) ***to ~ that*** meravigliarsi che **II** intr. (forma in -ing ecc. **-ll-** BE, **-l-** AE) stupirsi (**at** di), essere meravigliato (**at** da).
marvellous BE, **marvelous** AE /ˈmɑːvələs/ agg. meraviglioso; ***but that's ~!*** ma è stupendo!
marvellously BE, **marvelously** AE /ˈmɑːvələslɪ/ avv. [*get on*] a meraviglia; [*clever, painted*] meravigliosamente.
Marxism /ˈmɑːksɪzəm/ n. marxismo m.
Marxist /ˈmɑːksɪst/ **I** agg. marxista **II** n. marxista m. e f.
Mary /ˈmeərɪ/ n.pr. Maria.
Maryland /ˈmeərɪlænd, AE -lənd/ ➧ ***24*** n.pr. Maryland m.
marzipan /ˈmɑːzɪpæn, ˌmɑːzɪˈpæn/ n. marzapane m.
mascara /mæˈskɑːrə, AE -ˈskærə/ n. mascara m., rimmel® m.
mascot /ˈmæskət, -skɒt/ n. mascotte f.; ***lucky ~*** mascotte portafortuna.
masculine /ˈmæskjʊlɪn/ **I** n. LING. maschile m.; ***in the ~*** al maschile **II** agg. **1** [*clothes, style*] maschile; [*occupation*] da uomo **2** LING. maschile.
masculinity /ˌmæskjʊˈlɪnətɪ/ n. virilità f., mascolinità f.
1.mash /mæʃ/ n. **1** *(for animals)* pastone m. **2** *(in brewing)* infuso m. di malto **3** BE COLLOQ. GASTR. purè m. e f. (di patate).
2.mash /mæʃ/ tr. **1** (anche **~ up**) schiacciare, passare [*fruit, potatoes*] **2** *(in brewing)* mettere in infusione [*malt*].
MASH /mæʃ/ n. US (⇒ mobile army surgical hospital) = ospedale da campo.
mashed /mæʃt/ **I** p.pass. → **2.mash II** agg. ***~ potatoes*** purè di patate.
masher /ˈmæʃə(r)/ n. passaverdura m.
1.mask /mɑːsk, AE mæsk/ n. maschera f. (anche FIG.); ***face ~*** maschera (di bellezza).
2.mask /mɑːsk, AE mæsk/ tr. mascherare (anche FIG.).
masked ball n. ballo m. in maschera.
masking tape n. nastro m. per mascherature.
masochism /ˈmæsəkɪzəm/ n. masochismo m.
masochist /ˈmæsəkɪst/ **I** agg. masochista **II** n. masochista m. e f.
mason /ˈmeɪsn/ ➧ ***27*** n. **1** ING. muratore m. **2 Mason** (anche **Free~**) franco muratore m., (fram)massone m. e f.
masonic /məˈsɒnɪk/ agg. (anche **Masonic**) massonico.
masonry /ˈmeɪsənrɪ/ n. **1** *(art)* arte f. muraria **2** *(stonework)* muratura f. **3 Masonry** (anche **Free~**) (fram)massoneria f.
1.masquerade /ˌmɑːskəˈreɪd, AE ˌmæsk-/ n. **1** *(ball)* mascherata f., ballo m. in maschera **2** FIG. *(pretence)* mascherata f.
2.masquerade /ˌmɑːskəˈreɪd, AE ˌmæsk-/ intr. ***to ~ as sb.*** mascherarsi *o* travestirsi da qcn.; FIG. spacciarsi per qcn.
1.mass /mæs/ n. RELIG. (anche **Mass**) messa f.
2.mass /mæs/ **I** n. **1** *(voluminous body)* massa f.; *(cluster)* massa f., ammasso m. **2** *(large amount) (of people)* massa f., folla f.; *(of evidence, details)* gran quantità f. **3** FIS. ART. massa f. **II masses** n.pl. **1** *(the people)* ***the ~es*** la folla; *(working class)* le masse **2** BE COLLOQ. *(lots)* ***to have ~es of work, of time*** avere un sacco di lavoro, di tempo; ***there were ~es of people*** c'era una grande folla **III** modif. [*exodus, protest, unemployment, tourism, communications*] di massa; [*destruction*] totale; [*hysteria*] collettivo; [*desertions*] in massa; ***to have ~ appeal*** avere successo di pubblico; ***~ meeting*** raduno popolare.
3.mass /mæs/ intr. [*troops*] ammassarsi; [*clouds*] addensarsi.
Massachusetts /ˌmæsəˈtʃuːsɪts/ ➧ ***24*** n.pr. Massachusetts m.
1.massacre /ˈmæsəkə(r)/ n. massacro m. (anche FIG.).
2.massacre /ˈmæsəkə(r)/ tr. massacrare (anche FIG.).
1.massage /ˈmæsɑːʒ, AE məˈsɑːʒ/ n. massaggio m.
2.massage /ˈmæsɑːʒ, AE məˈsɑːʒ/ tr. massaggiare [*person*]; FIG. falsificare [*figures*]; lusingare [*ego*].
mass cult n. AE COLLOQ. cultura f. di massa.
mass-energy /ˌmæsˈenədʒɪ/ n. massa-energia f.
masseur /mæˈsɜː(r)/ ➧ ***27*** n. massaggiatore m.
masseuse /mæˈsɜːz/ ➧ ***27*** n. massaggiatrice f.
mass grave n. fossa f. comune.
massif /ˈmæsiːf, mæˈsiːf/ n. GEOGR. GEOL. massiccio m.
massive /ˈmæsɪv/ agg. [*object, amount, explosion*] enorme; [*error*] madornale; [*majority, victory*] schiacciante; [*campaign*] intenso; [*task*] gravoso; [*attack*] massiccio; [*haemorrhage*] grave.
massively /ˈmæsɪvlɪ/ avv. [*reduce, increase*] enormemente; [*overrated*] decisamente; [*expensive*] estremamente.
mass market n. mercato m. di massa.
mass-marketing /ˌmæsˈmɑːkɪtɪŋ/ n. marketing m. di massa.
mass media n. + verbo sing. o pl. mass media m.pl., mezzi m.pl. di comunicazione di massa.
mass murder n. strage f., massacro m.
mass murderer n. autore m. di una strage.
mass noun n. nome m. di massa.
mass-produce /ˌmæsprəˈdjuːs, AE -ˈduː-/ tr. produrre in serie.
mass production n. produzione f. in serie.
mass screening n. MED. screening m. di massa.
mast /mɑːst, AE mæst/ n. *(on ship, for flags)* albero m.; RAD. TELEV. traliccio m. ♦ ***to nail one's colours to the ~*** = dichiarare la propria posizione in modo netto e definitivo.
mastectomy /məsˈtektəmɪ, AE mæs-/ n. mastectomia f.
1.master /ˈmɑːstə(r), AE ˈmæs-/ **I** n. **1** *(man in charge)* padrone m., signore m.; ***the ~ of the house*** il padrone di casa **2** *(person in control)* padrone m. (-a); ***to be one's own ~*** non dipendere da nessuno; ***to be (the) ~ of one's fate*** essere padrone del proprio destino; ***to be ~ of oneself*** essere padrone di sé **3** *(person who excels)* maestro m.; ***a ~ of*** un maestro di [*narrative*]; un esperto di [*public relations*]; ***to be a ~ at doing*** essere (un) maestro nel fare **4** ART. (anche **Master**) maestro m. **5** BE SCOL. *(primary)* maestro m., insegnante m. elementare; *(secondary)* professore m.; *(headmaster)* preside m. **6** BE UNIV. *(of college)* preside m. **7** TECN. (anche **~ copy**) master m., originale m. **8** UNIV. *(graduate)* dottore m. (-essa); ***~'s (degree)*** = diploma di dottore (conseguito con un corso di studi di cinque o sei anni) **9** MAR. capitano m. **10** *(title of young man)* signore m.; ***the young ~*** ANT. il signorino **II** modif. [*architect, chef*] capo; [*smuggler, spy*] professionista.
2.master /ˈmɑːstə(r), AE ˈmæs-/ tr. **1** *(learn)* padroneggiare [*subject, skill*]; conoscere bene [*computers, theory*] **2** *(control)* dominare, controllare [*feelings*]; vincere [*phobia*].
master bedroom n. camera f. da letto principale.
master builder ➧ ***27*** n. capomastro m.
master copy n. originale m., master m.
master disk n. INFORM. disco m. originale.
masterful /ˈmɑːstəfl, AE ˈmæs-/ agg. **1** *(dominating)* autoritario **2** *(skilled)* [*person*] esperto; [*technique*] magistrale.
master key n. passe-partout m., comunella f.
masterly /ˈmɑːstəlɪ, AE ˈmæs-/ agg. magistrale.
1.mastermind /ˈmɑːstəmaɪnd, ˈmæs-/ n. cervello m. (**of, behind** di).
2.mastermind /ˈmɑːstəmaɪnd, ˈmæs-/ tr. essere il cervello di [*crime, conspiracy*]; organizzare [*event*].
Master of Arts n. = (diploma di) dottore in discipline umanistiche e altre materie (conseguito con un corso di studi di cinque o sei anni).
master of ceremonies n. *(presenter)* presentatore m. (-trice); *(at formal occasion)* maestro m. di cerimonie.
Master of Science n. = (diploma di) dottore in discipline scientifiche (conseguito con un corso di studi di cinque o sei anni).
masterpiece /ˈmɑːstəpiːs, AE ˈmæs-/ n. capolavoro m. (anche FIG.).
master plan n. piano m. generale.
master race n. razza f. padrona.

masterstroke /ˈmɑːstəstrəʊk, AE ˈmæs-/ n. *(piece of skill)* colpo m. da maestro; *(idea)* colpo m. di genio.
master tape n. master m.
mastery /ˈmɑːstərɪ, AE ˈmæs-/ n. **1** *(skill)* maestria f.; *(of subject)* padronanza f. **2** *(control)* dominio m., controllo m.; ***to have ~ over sb., sth.*** dominare qcn., qcs.
masthead /ˈmɑːsthed, AE ˈmæst-/ n. **1** MAR. colombiere m., testa f. d'albero **2** *(of newspaper)* testata f.
masticate /ˈmæstɪkeɪt/ intr. masticare.
mastiff /ˈmæstɪf/ n. mastino m.
mastitis /mæˈstaɪtɪs/ ♦ *11* n. mastite f.
masturbate /ˈmæstəbeɪt/ **I** tr. masturbare **II** intr. masturbarsi.
masturbation /ˌmæstəˈbeɪʃn/ n. masturbazione f.
1.mat /mæt/ **I** n. **1** *(on floor)* tappetino m., stuoia f.; *(for wiping feet)* zerbino m.; ***exercise ~*** materassino **2** *(on table) (heat-proof)* sottopentola f.; *(ornamental)* centrino m.; ***place ~*** tovaglietta (all'americana) **II** agg. → **matt**.
2.mat /mæt/ intr. (forma in -ing ecc. **-tt-**) **1** [*hair*] scompigliarsi **2** [*wool, sweater*] infeltrirsi.
MAT n. → **machine-assisted translation.**
1.match /mætʃ/ n. *(for lighting fire)* fiammifero m.; ***to put a ~ to sth.*** dare fuoco a qcs.
2.match /mætʃ/ n. **1** SPORT incontro m., partita f. **2** *(equal)* ***to be a ~ for sb.*** tenere testa a qcn.; ***to be no ~ for sb.*** non essere all'altezza di qcn., non poter competere con qcn.; ***to meet one's ~*** trovare qualcuno alla propria altezza; ***he's more than a ~ for Max*** Max non regge il confronto con lui **3** *(thing that harmonizes)* ***to be a good ~ for sth.*** [*shoes, curtains, colour*] andare bene con qcs.; ***an exact ~ for the broken cup*** una tazza identica a quella rotta **4** *(marriage)* unione f., matrimonio m.; ***to make a good ~*** sposare un buon partito.
3.match /mætʃ/ **I** tr. **1** *(harmonize with)* [*colour, bag*] intonarsi con, stare bene con; *(correspond to)* corrispondere a; [*product, supply*] rispondere a [*demand*]; [*word*] corrispondere a [*definition*]; ***his job ideally ~es his interests*** il suo lavoro corrisponde perfettamente ai suoi gusti **2** *(equal)* uguagliare [*record, achievements*]; ***we will ~ our competitors' prices*** allineeremo i nostri prezzi con quelli della concorrenza; ***his wit cannot be ~ed*** la sua arguzia non ha pari; ***she more than ~ed him in aggression*** era ben più aggressiva di lui; ***when it comes to cheating there's nobody to ~ him*** quando si tratta di imbrogliare, non c'è nessuno come lui **3** *(find a match for)* ***to ~ trainees with companies*** mettere in contatto gli stagisti con le società; ***to ~ the names to the photos*** abbinare i nomi alle foto **II** intr. [*colours, clothes, curtains*] intonarsi; [*components*] combaciare; ***that button doesn't ~*** quel bottone non è uguale agli altri; ***with gloves to ~*** con guanti coordinati.
■ **match up: ~ *up*** [*pieces*] andare insieme; **~ *up* [*sth.*], ~ [*sth.*] *up*** confrontare [*sides, bits*]; ***to ~ up to*** essere all'altezza di [*expectation*].
matchbox /ˈmætʃbɒks/ n. scatola f. di fiammiferi.
matching /ˈmætʃɪŋ/ agg. [*gloves etc.*] coordinato.
matchless /ˈmætʃlɪs/ agg. [*beauty*] ineguagliabile, impareggiabile; [*indifference*] senza pari.
matchmaker /ˈmætʃˌmeɪkə(r)/ n. **1** *(for couples)* sensale m. e f., paraninfo m. (-a) SCHERZ. **2** *(for business)* intermediario m. (-a).
matchmaking /ˈmætʃˌmeɪkɪŋ/ n. ***to enjoy ~*** divertirsi a combinare i matrimoni.
matchstick /ˈmætʃstɪk/ **I** n. asticella f. di fiammifero **II** modif. [*man*] scheletrico, magro come uno stecchino; [*figure*] stilizzato.
matchwood /ˈmætʃwʊd/ n. legno m. per fiammiferi; ***to reduce sth. to ~*** fare a pezzi qcs.
1.mate /meɪt/ n. **1** BE COLLOQ. *(friend)* amico m. (-a); *(at work)* collega m. e f.; *(at school)* compagno m. (-a); ***hello ~!*** ciao vecchio mio! **2** *(sexual partner)* compagno m. (-a) (anche ZOOL.) **3** *(assistant)* aiutante m. e f.; ***builder's ~*** manovale **4** BE MAR. capitano m. in seconda.
2.mate /meɪt/ **I** tr. accoppiare [*animal*] **II** intr. [*animal*] accoppiarsi.
3.mate /meɪt/ n. *(in chess)* scacco m. matto.
4.mate /meɪt/ **I** tr. *(in chess)* dare scacco matto a **II** intr. *(in chess)* dare scacco matto.
material /məˈtɪərɪəl/ **I** n. **1** *(data)* materiale m., documentazione f.; ***teaching ~*** materiale didattico; ***reference ~*** materiale di consultazione **2** *(subject matter)* materiale m., soggetto m.; ***the ~ in the magazine is controversial*** il contenuto della rivista è discutibile **3** TEATR. TELEV. *(script)* testo m.; *(show)* spettacolo m.; ***he writes all his own ~*** si scrive tutti i testi (da solo); MUS. si scrive tutte le canzoni (da solo) **4** *(substance)* materia f., sostanza f.; ING. TECN. materiale m.; ***natural ~*** sostanza naturale; ***packing ~*** materiale da imballaggio; ***waste ~*** rifiuti **5** *(fabric)* tessuto m., stoffa f. **6** *(personal potential)* attitudine f., stoffa f.; ***she is star ~*** ha la stoffa per diventare una star; ***he is not really university ~*** non è davvero portato per l'università **II materials** n.pl. *(equipment)* materiale m.sing.; ***art*** o ***artist's ~s*** materiale da disegno; ***cleaning ~s*** prodotti per la pulizia **III** agg. **1** *(significant)* [*change, damage*] sostanziale; [*fact, question, evidence*] rilevante; ***to be ~ to sth.*** essere pertinente a qcs. **2** *(concrete)* [*gain, need, possessions, support*] materiale; ***in ~ terms, we are better off*** dal punto di vista materiale stiamo meglio; ***to do sth. for ~ gain*** fare qcs. per motivi di interesse.
materialism /məˈtɪərɪəlɪzəm/ n. materialismo m.
materialist /məˈtɪərɪəlɪst/ **I** agg. materialista, materialistico **II** n. materialista m. e f.
materialistic /məˌtɪərɪəˈlɪstɪk/ agg. materialistico.
materialize /məˈtɪərɪəlaɪz/ intr. **1** *(happen)* [*hope, offer, threat*] materializzarsi, concretizzarsi; [*plan, event, situation*] realizzarsi; [*idea*] prendere forma, concretizzarsi; ***the strike failed to ~*** lo sciopero non ha avuto luogo **2** *(appear)* [*person, object*] materializzarsi, apparire (anche SCHERZ.); [*spirit*] materializzarsi; ***I waited, but he failed to ~*** ho aspettato, ma non si è fatto vedere.
materially /məˈtɪərɪəlɪ/ avv. **1** *(considerably)* sostanzialmente **2** *(physically)* materialmente.
maternal /məˈtɜːnl/ agg. materno.
maternity /məˈtɜːnətɪ/ **I** n. maternità f. **II** modif. [*clothes*] prémaman.
maternity leave n. maternità f., congedo m. di maternità.
maternity unit n. unità f. di ostetricia.
maternity ward n. reparto m. (di) maternità, maternità f.
matey /ˈmeɪtɪ/ agg. BE COLLOQ. amico (**with** di); ***they're very ~*** sono molto amici.
math /mæθ/ n. AE COLLOQ. → **maths**.
mathematical /ˌmæθəˈmætɪkl/ agg. matematico; ***to be a ~ impossibility*** essere matematicamente impossibile.
mathematician /ˌmæθəməˈtɪʃn/ ♦ *27* n. matematico m. (-a).
mathematics /ˌmæθəˈmætɪks/ n. **1** *(subject)* + verbo sing. matematica f. **2** *(mathematical operations)* operazioni f.pl., calcoli m.pl.
Mathilda /məˈtɪldə/ n.pr. Matilde, Matilda.
maths /mæθs/ **I** n. BE COLLOQ. + verbo sing. matematica f. **II** modif. [*class, teacher*] di matematica.
Matilda → **Mathilda.**
matinée /ˈmætɪneɪ, ˈmætneɪ, AE ˌmætnˈeɪ/ **I** n. CINEM. TEATR. matinée f. **II** modif. [*show*] pomeridiano.
mating /ˈmeɪtɪŋ/ n. accoppiamento m.
mating call n. richiamo m. (nella stagione degli amori).
mating season n. stagione f. degli amori.
matins /ˈmætɪnz/ n.pl. *(in Catholic church)* mattutino m.sing.
matriarch /ˈmeɪtrɪɑːk/ n. matriarca f.
matriarchal /ˌmeɪtrɪˈɑːkl/ agg. matriarcale.
matriarchy /ˈmeɪtrɪɑːkɪ/ n. matriarcato m.
matrices /ˈmeɪtrɪsiːz/ → **matrix**.
matricide /ˈmeɪtrɪsaɪd/ n. **1** *(crime)* matricidio m. **2** *(person)* matricida m. e f.
matriculate /məˈtrɪkjʊleɪt/ **I** tr. UNIV. immatricolare, iscrivere **II** intr. UNIV. immatricolarsi, iscriversi.
matriculation /məˌtrɪkjʊˈleɪʃn/ n. UNIV. **1** *(enrolment)* immatricolazione f. **2** BE ANT. = esame di ammissione all'università.
matrimonial /ˌmætrɪˈməʊnɪəl/ agg. [*problems, bond*] coniugale; ***~ home*** tetto coniugale; ***~ causes*** DIR. cause di divorzio *o* separazione.
matrimony /ˈmætrɪmənɪ, AE -məʊnɪ/ n. matrimonio m.; ***united in holy ~*** uniti nel sacro vincolo del matrimonio.

1.may

- When *may* (or *may have*) is used with another verb in English to convey possibility, Italian will generally use the adverb *forse* (= perhaps) with the equivalent verb in the future or present perfect tense:

it may rain	= forse pioverà
we may never know what happened	= forse non sapremo mai che cosa è accaduto
he may have got lost	= forse si è perso.

Alternatively, the construction *può darsi che* + subjunctive (or, more rarely, the future indicative) may be used:

it may rain	= può darsi che piova
we may never know	= può darsi che non lo sapremo mai
she may have been to Scotland	= può darsi che sia stata in Scozia.

For particular usages, see **1** in the entry **1.may**.

- *Può (anche) darsi che* or *forse* are also used in Italian to convey concession:

he may be slow but he's not stupid	= può anche darsi che sia lento, ma non è stupido
you may think I'm crazy but ...	= forse pensi che io sia pazzo ma ...

- When *may* is used to convey permission, the Italian equivalent is *potere*:

you may close the door	= potete chiudere la porta.

Note that the polite question *may I ...?* is translated by *posso...?*:

may I make a suggestion?	= posso fare una proposta?

For particular usages, see **2** in the entry **1.may**.

- When *may* is used in rather formal English to convey purpose in the construction *in order that* + *may*, the Italian equivalent is *affinché* + subjunctive:

in order that he may know	= affinché lo sappia.

Less formally, *so that* + *may* in English and *in modo che* or *così che* + subjunctive in Italian are used:

speak up so that I may hear you better	= parla a voce più alta in modo che ti senta meglio.

- When *may* is used with another verb to express a wish, the Italian uses the subjunctive (either alone or preceded by *che*):

may they be happy!	= possano essere felici!
may God protect you!	= che Dio vi protegga!

- When *may well* + verb is used to convey likelihood, the Italian uses *può ben darsi che* + subjunctive:

he may well have gone elsewhere	= può ben darsi che se ne sia andato altrove.

But note: *that may well be but...* = è possibile ma ...

- In the phrase *may as well*, *may* is used interchangeably with *might*, which is more frequently used. For translations see the entry **1.might**.

matrix /ˈmeɪtrɪks/ n. (pl. **-ices**) matrice f.

matron /ˈmeɪtrən/ n. **1** BE *(nurse)* caposala f. **2** *(of nursing home)* direttrice f. **3** AE *(warder)* guardiana f. **4** *(woman)* SPREG. matrona f.

matronly /ˈmeɪtrənlɪ/ agg. [*figure, manner*] matronale.

matron-of-honour BE, **matron-of-honor** AE /ˌmeɪtrənəvˈɒnə(r)/ n. damigella f. d'onore sposata.

matt /mæt/ agg. opaco.

Mat(t) /mæt/ n.pr. diminutivo di **Matthew**.

matte AE → **matt**.

matted /ˈmætɪd/ agg. [*hair*] arruffato; [*wool, cloth*] infeltrito.

1.matter /ˈmætə(r)/ n. **1** *(affair)* affare m., faccenda f., questione f.; *(on agenda)* punto m.; ***business ~s*** questioni d'affari; ***the ~ in hand*** l'argomento in questione; ***it will be no easy ~*** non sarà una cosa facile; ***~s arising*** AMM. problemi derivanti; ***private ~*** questione privata; ***this is a ~ for the police*** questo è un problema della polizia; ***that's another ~*** quella è un'altra questione *o* storia; ***it's no small ~*** non è cosa da poco; ***to let the ~ drop*** lasciar cadere la cosa; ***to take the ~ further*** portare avanti la questione **2** *(question)* ***a ~ of*** una questione di [*opinion, principle, taste, time*]; ***it's a ~ of urgency*** è (una questione) urgente; ***a ~ of life and death*** una questione di vita o di morte; ***it will just be a ~ of months*** sarà (una) questione di pochi mesi **3** *(trouble)* ***is anything the ~?*** c'è qualche problema? ***what's the ~?*** che cosa c'è? qual è il problema? ***there's nothing the ~ with me*** non ho *o* c'è niente (che non va); ***what's the ~ with Lisa?*** che cos'ha Lisa? **4** *(substance)* materia f., sostanza f.; ***a particle of ~*** una particella di materia; ***colouring ~*** (sostanza) colorante **5** *(on paper)* ***advertising ~*** pubblicità; ***printed ~*** stampati, stampe; ***reading ~*** materiale di lettura, letture **6** *(content of book, speech etc.)* contenuto m., argomento m.; ***subject ~*** argomento; ***~ and style*** contenuto e forma **7** MED. *(pus)* pus m. ♦ ***as a ~ of course*** come logica conseguenza; ***as a ~ of fact*** di fatto, in effetti; ***for that ~*** quanto a ciò; ***no ~!*** non importa! ***no ~ how late it is*** anche (se) tardi; ***no ~ what he did*** qualunque cosa abbia fatto; ***that's the end of the ~*** fine della discussione, il discorso è chiuso; ***to make ~s worse*** per peggiorare le cose *o* la situazione; ***to take ~s into one's own hands*** prendere in mano la situazione.

2.matter /ˈmætə(r)/ intr. importare, essere importante, avere importanza; [*person*] contare, essere importante (**to sb.** per qcn.); ***"I'm late" - "oh, it doesn't ~"*** "sono in ritardo" - "oh, non fa niente"; ***does it really ~?*** è proprio tanto importante?

Matterhorn /ˈmætəhɔːn/ n.pr. ***the ~*** il Cervino.

matter-of-fact /ˌmætərəvˈfækt/ agg. [*voice, tone*] prosaico; [*person*] pratico, realistico.

matter-of-factness /ˌmætərəvˈfæktnɪs/ n. prosaicità f., praticità f.

Matthew /ˈmæθjuː/ n.pr. Matteo.

Matthias /məˈθaɪəs/ n.pr. Mattia.

matting /ˈmætɪŋ/ n. **U 1** *(material)* materiale m. per stuoie **2** *(mats)* stuoie f.pl.

mattock /ˈmætək/ n. gravina f., piccone m.

mattress /ˈmætrɪs/ n. materasso m.

maturation /ˌmætjʊˈreɪʃn/ n. *(of person, fruit)* maturazione f.; *(of wine, whisky)* invecchiamento m.; *(of cheese)* stagionatura f.; MED. maturazione f., suppurazione f.

1.mature /məˈtjʊə(r), AE -ˈtʊər/ agg. **1** [*person, animal, plant*] maturo, adulto **2** [*cheese*] stagionato; [*wine, whisky*] invecchiato **3** ECON. [*policy*] maturato, esigibile.

2.mature /məˈtjʊə(r), AE -ˈtʊər/ **I** tr. invecchiare [*wine, whisky*]; stagionare [*cheese*] **II** intr. **1** [*person, animal, plant*] crescere, diventare adulto; *(psychologically)* [*person*] maturare; FIG. [*idea*] maturare **2** [*wine, whisky*] invecchiare; [*cheese*] stagionare **3** ECON. [*policy*] maturare, scadere.

mature student n. BE = studente che riprende gli studi a un'età successiva a quella regolare.

maturity /məˈtjʊərətɪ, AE -ˈtʊər-/ n. **1** maturità f. **2** ECON. maturazione f., scadenza f.

Maud(e) /mɔːd/ n.pr. diminutivo di **Mat(h)ilda** e **Magdalen**.

maudlin /ˈmɔːdlɪn/ agg. [*song, person*] malinconico.

1.maul /mɔːl/ n. **1** *(hammer)* maglio m., mazza f. **2** *(in rugby)* maul f., mischia f.

2.maul /mɔːl/ tr. **1** *(attack)* [*animal*] straziare, dilaniare **2** *(manhandle)* malmenare, maltrattare **3** *(sexually)* molestare [*woman*] **4** FIG. [*critics*] stroncare, demolire.

Maundy Thursday /ˌmɔːndɪˈθɜːzdeɪ, -dɪ/ n. giovedì m. santo.

Maurice /ˈmɒrɪs, mɒˈriːs/ n.pr. Maurizio.

mausoleum /ˌmɔːsəˈliːəm/ n. mausoleo m.

mauve /məʊv/ ♦ **5 I** agg. mauve, malva **II** n. *(colour)* mauve m., malva m.

maverick /ˈmævərɪk/ **I** n. **1** *(calf)* vitello m. non marchiato **2** *(person)* nonconformista m. e f.; POL. cane m. sciolto **II** agg. nonconformista.

maw /mɔː/ n. fauci f.pl. (anche FIG. IRON.).

mawkish /ˈmɔːkɪʃ/ agg. SPREG. **1** *(sentimental)* melenso, sdolcinato **2** *(insipid)* insipido.

Max /mæks/ n.pr. diminutivo di **Maximilian**.

maxi /ˈmæksɪ/ n. **1** (anche **~ dress**) maxivestito m. **2** (anche **~ skirt**) maxigonna f.

maxim /ˈmæksɪm/ n. massima f.

maxima /ˈmæksɪmə/ → **maximum**.
Maximilian /ˌmæksɪˈmɪlɪən/ n.pr. Massimiliano.
maximization /ˌmæksɪmaɪˈzeɪʃn, AE -mɪˈz-/ n. massimizzazione f.
maximize /ˈmæksɪmaɪz/ tr. **1** massimizzare [*profit, sales*] **2** INFORM. ingrandire a pieno schermo.
maximum /ˈmæksɪməm/ **I** n. (pl. **~s, -a**) massimo m.; ***at the ~*** al massimo; ***to hold a ~ of 300*** contenere al massimo 300 persone **II** agg. [*price, speed, temperature*] massimo **III** avv. al massimo.
maximum security prison n. carcere m. di massima sicurezza.
1.may /meɪ/ mod. (pass., condizionale **might**; negat. del pres. **may not, mayn't**) **1** *(possibility)* ***"are you going to accept?" - "I ~"*** "hai intenzione di accettare?" - "è possibile"; ***this medicine ~ cause drowsiness*** questo medicinale può indurre sonnolenza; ***they're afraid she ~ die*** temono che muoia; ***he ~ not come*** può darsi che non venga; ***that's as ~ be, but...*** può darsi che sia così, ma...; ***come what ~*** accada quel che accada; ***be that as it ~*** sia come sia, comunque sia **2** *(permission)* ***~ I come in?*** (è) permesso? posso entrare? ***if I ~ say so*** se mi è concesso dirlo; ***and who are you, ~ I ask?*** IRON. e chi saresti tu, di grazia?
2.may /meɪ/ n. *(hawthorn)* biancospino m.
May /meɪ/ ➧ ***16*** n. maggio m.
maybe /ˈmeɪbiː/ **I** avv. forse, può darsi; ***~ they'll arrive early*** può darsi che *o* forse arriveranno in anticipo; ***~ he's right*** forse ha ragione **II** n. ***"is that a yes?" - "it's a ~"*** "è un sì?" - "è un forse".
May beetle, May bug n. maggiolino m.
Mayday /ˈmeɪdeɪ/ n. RAD. mayday m.
May Day n. primo maggio m., calendimaggio m.
mayfly /ˈmeɪflaɪ/ n. efemera f.
mayhem /ˈmeɪhem/ n. **1** *(chaos)* caos m., confusione f.; *(violence)* distruzione f. **2** AE DIR. lesione f. personale.
mayn't /ˈmeɪənt/ contr. may not.
mayonnaise /ˌmeɪəˈneɪz, AE ˈmeɪəneɪz/ n. maionese f.
mayor /meə(r), AE ˈmeɪər/ ➧ ***9*** n. sindaco m.
mayoral /ˈmeərəl, AE ˈmeɪərəl/ agg. di sindaco, sindacale.
mayoralty /ˈmeərəltɪ, AE ˈmeɪər-/ n. *(office)* carica f. di sindaco; *(term of office)* mandato m. di sindaco.
mayoress /ˈmeərɪs, AE ˈmeɪə-/ ➧ ***9*** n. sindachessa f.
May queen n. reginetta f. di calendimaggio.
maze /meɪz/ n. **1** *(puzzle)* labirinto m. (anche FIG.) **2** *(network) (of streets)* labirinto m., dedalo m.; *(of pipes)* intrico m.
mazurka /məˈzɜːkə/ n. mazurka f.
MB n. (⇒ megabyte) MB m.
MBA n. UNIV. (⇒ Master of Business Administration) = (diploma di) dottore in amministrazione aziendale.
MBE n. BE (⇒ Member of the Order of the British Empire) = cavaliere dell'ordine dell'impero britannico.
MBO n. → **management buyout**.
m-business /ˈembɪznɪs/ n. = commercio elettronico tramite telefonia mobile.
MC n. **1** → **master of ceremonies** **2** MUS. *(rapper)* ***~ Hammer*** MC Hammer **3** US POL. → **member of congress**.
McCoy /məˈkɔɪ/ n. ***it's the real ~*** è genuino *o* autentico.
MD n. **1** MED. UNIV. (⇒ Doctor of Medicine dottore in medicina) M.D. m. **2** AMM. → **managing director**.
1.me /miː, mɪ/ When used as a direct or indirect object pronoun, *me* is translated by *mi*, which normally comes before the verb: *she knows me* = lei mi conosce; *he loves me* = lui mi ama; *they told me the truth* = mi hanno detto la verità. - When used in emphasis, however, *me* is translated by *me*, which comes after the verb: *he loves me, not Jane* = lui ama me, non Jane. Italian *me* is also used when another pronoun is present as well: compare *he wrote to me* = mi ha scritto and *he wrote that to me* = me lo ha scritto lui (or: me l'ha scritto lui). - Note that in compound tenses like the present perfect and the past perfect, the past participle of the verb agrees with the direct object pronoun: *he's seen me* (male speaker) = lui mi ha visto; *he's seen me* (female speaker) = lui mi ha vista. - In imperatives the translation for both the direct and the indirect object pronoun is *mi* and is joined to the verb to form a single word: *kiss me!* = baciami! *write to me soon!* = scrivimi presto! When two pronouns are joined to the verb in Italian, *mi* is replaced by *me*: *send it to me at once!* = mandamelo subito! *tell me!* dimmelo! - After prepositions, the translation is *me*: *she did it for me* = l'ha fatto per me. - Remember that a verb followed by a particle or a preposition in English may correspond to a verb followed by a direct object in Italian, and vice versa, e.g. *to look at somebody* vs guardare qualcuno and *to distrust somebody* vs dubitare di qualcuno: *look at me!* = guardami! *they distrust me* = dubitano di me. - When *me* is used after *as* or *than* in comparative clauses, it is translated by *me*: *my sister is as pretty as me* = mia sorella è carina come me; *she's younger than me* = è più giovane di me. - After the verb *to be*, *io* (and not *me*/*mi*) is used in Italian: *it's me* = sono io. Likewise, *io* is used to translate *me* when the latter is employed in spoken English with *and* and *or* in a phrase that is the subject of a clause: *John and me are going to the party* = John e io andiamo alla festa. - For particular expressions see below. pron. **1** *(direct object)* me, mi; ***you know ~*** mi conosci; ***let ~ go*** lasciami andare **2** *(indirect object)* mi, a me; ***he gave ~ the book*** mi diede il libro; ***if you were ~*** al mio posto **3** *(after preposition)* me; ***it's for ~*** è per me **4** *(reflexive)* me; ***I looked behind ~*** mi volsi indietro **5** COLLOQ. ***it's ~*** sono io; ***he is younger than ~*** è più giovane di me; ***poor little ~*** COLLOQ. povero me.
2.me /miː/ n. MUS. mi m.
ME n. AE DIR. → **medical examiner**.
mead /miːd/ n. idromele m.
meadow /ˈmedəʊ/ n. **1** *(field)* prato m. **2** U (anche **meadowland**) prati m.pl., terreno m. prativo **3** (anche **water ~**) marcita f.
meadowsweet /ˈmedəʊswiːt/ n. olmaria f., regina f. dei prati.
meagre BE, **meager** AE /ˈmiːgə(r)/ agg. [*income, meal*] magro, scarso; [*sum*] insufficiente; [*living*] misero, gramo; [*response, returns*] scarso.
1.meal /miːl/ n. *(food)* pasto m.; ***did you enjoy your ~?*** avete mangiato bene? ***to go out for a ~*** andare a mangiare fuori ♦ ***don't make a ~ of it!*** COLLOQ. non farne un dramma!
2.meal /miːl/ n. *(from grain)* farina f.
meal ticket n. **1** *(voucher)* buono m. pasto **2** COLLOQ. FIG. *(quality, qualification)* mezzo m. di sostentamento; *(person)* ***I'm just a ~ for you!*** ti interessa solo il mio portafoglio!
mealtime /ˈmiːltaɪm/ n. ora f. dei pasti.
mealy /ˈmiːlɪ/ agg. **1** *(in texture)* farinoso **2** *(pale)* pallido.
mealy-mouthed /ˌmiːlɪˈmaʊðd/ agg. *(insincere)* ipocrita, insincero; *(soft-spoken)* mellifluo.
1.mean /miːn/ agg. **1** *(ungenerous)* [*person*] avaro; [*attitude, nature*] meschino; [*examiner*] severo; ***he's ~ with money*** è attaccato ai soldi **2** COLLOQ. *(unkind)* [*person*] meschino, vile; [*trick*] ignobile **3** *(vicious)* [*animal, person, expression*] cattivo; ***that man has got a ~ streak*** in quell'uomo c'è una vena di cattiveria **4** *(tough)* [*city, street*] ostile **5** COLLOQ. *(skilful)* [*cook, cocktail*] formidabile, fantastico; ***he plays a ~ game of tennis*** gioca a tennis in modo formidabile; ***you're no ~ artist!*** sei un vero artista! **6** COLLOQ. *(small)* ***that's no ~ feat!*** non è cosa da poco! **7** LETT. *(lowly)* [*dwelling*] squallido, meschino; [*birth*] basso; [*origin*] umile, modesto **8** AE COLLOQ. *(unwell)* ***to feel ~*** sentirsi giù di corda, non sentirsi in forma.
2.mean /miːn/ agg. *(average)* medio, intermedio.
3.mean /miːn/ n. **1** MAT. media f.; ***above the ~*** al di sopra della media **2** FIG. *(middle point)* mezzo m., via f. di mezzo.
4.mean /miːn/ tr. (pass., p.pass. **meant**) **1** *(signify)* [*word, symbol, phrase*] significare, voler dire; ***the name ~s nothing to me*** il nome non mi dice niente **2** *(intend)* ***to ~ to do*** avere l'intenzione *o* proporsi di fare; ***to ~ sb. to do*** BE, ***to ~ for sb. to do*** AE volere che qcn. faccia; ***to be meant for sb.*** [*question*] essere rivolto a qcn.; [*bomb*] essere destinato a qcn.; ***I meant it as a joke*** guarda che era uno scherzo; ***he doesn't ~ you any harm*** non vuole *o* intende farti del male; ***what do you ~ by opening my letters?*** che cosa ti salta in testa di aprire le mie lettere? ***to ~ well by sb.*** essere benintenzionato verso qcn.; ***he ~s business*** fa sul serio; ***he ~s what he says*** *(he is sincere)*

dice sul serio; *(he is menacing)* fa sul serio; ***he meant no offence*** non voleva offendere; ***I didn't ~ to do it*** non l'ho fatto apposta; ***without ~ing to*** senza volerlo, inavvertitamente **3** *(entail)* [*strike, law*] comportare [*shortages, changes*] **4** *(intend to say)* ***what do you ~ by that remark?*** che cosa vuoi dire con ciò? ***do you ~ me?*** stai parlando di me? ***I ~ to say, who wants a car that won't start?*** voglio dire, chi vorrebbe una macchina che non parte? ***I know what you ~*** so che cosa intendi *o* vuoi dire **5** *(be of value)* ***a promise ~s nothing*** una promessa non vuol dire nulla; ***money ~s everything to her*** i soldi sono tutto per lei; ***your friendship ~s a lot to me*** la tua amicizia è molto importante per me **6** sempre passivo *(be destined)* ***to be meant to do*** essere destinato a fare; ***it was meant to be*** era destino che fosse così; ***they were meant for each other*** erano fatti l'uno per l'altra **7** sempre passivo *(be supposed to be)* ***he's meant to be*** dovrebbe essere [*impartial, sad*].

meander /mɪˈændə(r)/ intr. **1** *(wind)* [*river, road*] serpeggiare **2** *(wander)* [*person*] vagare, girovagare; [*thoughts*] divagare.

meandering /mɪˈændərɪŋ/ **I** n. gener. pl. (anche **~s**) **1** *(wandering)* meandri m.pl. **2** SPREG. farneticamento m., divagazione f. **II** agg. *(winding)* [*river, road*] sinuoso, serpeggiante.

meanie /ˈmiːnɪ/ n. COLLOQ. *(miser)* meschino m. (-a).

meaning /ˈmiːnɪŋ/ n. **1** *(of word, remark)* senso m., significato m.; *(of symbol, gesture)* significato m.; ***a word with two ~s*** una parola con due significati; ***what is the ~ of this?*** che cosa significa questo? ***yes, I get your ~*** COLLOQ. sì, capisco cosa vuoi dire **2** *(message)* *(of film, dream)* significato m. **3** *(purpose)* senso m.; ***my life no longer has any ~*** la mia vita non ha più senso; ***to give new ~ to*** dare un nuovo senso a [*life, work*] **4** *(eloquence)* ***a look full of ~*** uno sguardo eloquente *o* significativo.

meaningful /ˈmiːnɪŋfl/ agg. **1** *(significant)* [*statement, result*] significativo **2** *(profound)* [*relationship*] importante; [*comment, lyric*] denso di significato; [*experience, insight*] profondo **3** *(eloquent)* [*look, gesture*] eloquente, significativo; [*smile*] eloquente **4** *(constructive)* [*talk*] costruttivo; [*work*] utile; [*process, input*] positivo.

meaningless /ˈmiːnɪŋlɪs/ agg. **1** *(having no sense)* [*claim, phrase*] senza senso, insensato; [*code, figure*] incomprensibile **2** *(worthless)* [*chatter, role, title*] insignificante; [*action, remark*] irrilevante; [*effort*] inutile **3** *(pointless)* [*act, violence*] gratuito; [*sacrifice*] inutile; ***my life is ~*** la mia vita non ha senso.

meanness /ˈmiːnnɪs/ n. **1** *(stinginess)* avarizia f., grettezza f.; *(of portion)* scarsezza f. **2** *(nastiness)* meschinità f., cattiveria f. **3** LETT. *(humbleness)* meschinità f., umiltà f.

means /miːnz/ **I** n. (pl. ~) *(way)* mezzo m., modo m.; ***a ~ of*** un mezzo di [*communication, transport*]; ***by ~ of sth.*** per mezzo di qcs.; ***yes, by all ~*** sì, assolutamente, senza dubbio; ***if you wish to leave, then by all ~ do*** se desideri partire, allora vai pure; ***it is by no ~ certain*** non è per niente sicuro **II** n.pl. *(resources)* mezzi m., risorse f.; ***of moderate ~*** [*person*] di modeste condizioni economiche; ***to live within one's ~*** vivere secondo le proprie possibilità; ***a man of ~*** un uomo agiato *o* benestante ♦ ***by fair ~ or foul*** con le buone o con le cattive; ***for him, it's just a ~ to an end*** per lui è solo un mezzo per raggiungere il suo scopo.

mean-spirited /ˌmiːnˈspɪrɪtɪd/ agg. piccolo, meschino.

means test n. accertamento m. patrimoniale.

means-test /ˈmiːnztest/ tr. accertare le fonti di reddito di.

meant /ment/ pass., p.pass. → **4.mean**.

meantime /ˈmiːntaɪm/ **I** avv. (anche **in the ~**) → **meanwhile** **II** **for the meantime** per il momento, intanto.

meanwhile /ˈmiːnwaɪl/ avv. (anche **in the ~**) intanto, nel frattempo.

measles /ˈmiːzlz/ ➧ ***11*** n. + verbo sing. morbillo m.

measly /ˈmiːzlɪ/ agg. COLLOQ. [*amount*] miserabile; [*gift, result*] meschino, misero.

measurable /ˈmeʒərəbl/ agg. **1** *(perceptible)* [*difference*] notevole **2** *(quantifiable)* [*change*] misurabile; [*phenomena*] quantificabile.

1.measure /ˈmeʒə(r)/ ➧ ***15, 31, 3, 35, 37, 28*** n. **1** *(unit)* misura f., unità f. di misura; ***weights and ~s*** pesi e misure; ***a ~ of length*** una misura di lunghezza; ***liquid ~*** misura di capacità; ***it's made to ~*** [*garment*] è fatto su misura **2** *(standard amount, container)* dose f., misura f.; *(of alcohol)* dose f.; ***he gave me short ~*** mi ha dato meno del dovuto **3** *(device for measuring)* strumento m. di misura **4** FIG. *(qualified amount, extent)* ***a ~ of success*** un certo successo; ***a small ~ of support*** un sostegno limitato; ***a good*** o ***wide ~ of autonomy*** una grande autonomia; ***in large ~*** in larga misura; ***in full ~*** [*feel, contribute*] pienamente; [*possess*] interamente **5** *(way of estimating)* *(of price rises)* misura f.; *(of success, anger)* misura f., indice m.; *(of efficiency, performance)* indicazione f.; ***to be the ~ of*** dare la misura di; ***to give some ~ of*** dare un'idea di [*delight, talent*]; ***to use sth. as a ~ of*** utilizzare qcs. come metro di valutazione per [*effects, impact*]; ***this is a ~ of how dangerous it is*** questo dimostra quanto è pericoloso **6** *(assessment)* ***beyond ~*** [*change*] oltremisura; [*beautiful*] estremamente; ***it has improved beyond ~*** è migliorato incredibilmente; ***to take the ~ of sb.*** giudicare *o* valutare qcn.; ***I have the ~ of them*** so *o* ho capito quanto valgono **7** *(action, step)* misura f., provvedimento m.; ***to take ~s*** prendere *o* adottare delle misure *o* dei provvedimenti; ***safety ~*** misure di sicurezza; ***as a precautionary ~*** come misura precauzionale; ***as a temporary ~*** provvisoriamente ♦ ***for good ~*** per sicurezza, come misura aggiuntiva; ***to do things by half-~s*** fare le cose a metà.

2.measure /ˈmeʒə(r)/ **I** tr. **1** *(assess size)* misurare [*length, rate, person*]; ***to ~ sth. in*** misurare qcs. in [*metres*]; ***to get oneself ~d for*** farsi prendere le misure per **2** *(have a measurement of)* ***to ~ four by five metres*** misurare quattro metri per cinque; ***a tremor measuring 6 on the Richter scale*** una scossa di 6 gradi della scala Richter **3** *(assess)* misurare, valutare [*performance, ability*] **4** *(compare)* ***to ~ sth. against*** paragonare qcs. a [*achievement*] **II** intr. [*person, instrument*] misurare.

■ **measure off:** ~ off [sth.] tagliare [*fabric*].

■ **measure out:** ~ out [sth.] misurare [*land*]; dosare [*medicine, flour, liquid*]; contare [*drops*].

■ **measure up:** ~ up avere i requisiti necessari; ***to ~ up to*** essere all'altezza di [*expectations*]; sostenere il confronto con [*achievement*]; ~ up [sth.] prendere le misure di, misurare [*room etc.*].

measured /ˈmeʒəd/ **I** p.pass. → **2.measure** **II** agg. [*tone, comment*] misurato; [*pace*] cadenzato.

measurement /ˈmeʒəmənt/ ➧ ***31, 28*** n. **1** *(of room, object)* misura f. **2** SART. ***to take sb.'s ~s*** prendere le misure a qcn.; ***chest ~*** circonferenza toracica; ***leg ~*** lunghezza della gamba.

measuring /ˈmeʒərɪŋ/ n. misurazione f.

measuring jug n. brocca f. graduata.

measuring spoon n. misurino m. (a forma di cucchiaio), cucchiaio m. dosatore.

meat /miːt/ n. **1** *(flesh)* carne f., polpa f.; ***red ~*** carne rossa; ***crab ~*** polpa di granchio; ***~ and two veg*** COLLOQ. carne con contorno di due verdure **2** FIG. *(main part)* sostanza f., succo m. ♦ ***political scandals are ~ and drink to them*** gli scandali politici sono un invito a nozze per loro; ***to be strong ~*** essere roba forte, essere difficile da digerire; ***one man's ~ is another man's poison*** PROV. tutti i gusti sono gusti.

meatball /ˈmiːtbɔːl/ n. **1** gener. pl. GASTR. polpetta f. di carne **2** AE COLLOQ. = persona stupida e noiosa.

meat-eater /ˈmiːtˌiːtə(r)/ n. **1** *(animal)* carnivoro m. **2** *(person)* ***they're not great ~s*** non mangiano molta carne.

meat hook n. gancio m. da macelleria.

meat loaf n. (pl. **meat loaves**) polpettone m. di carne.

meat pie n. GASTR. pasticcio m. di carne.

meaty /ˈmiːtɪ/ agg. **1** [*stew, sauce*] ricco di carne; [*chop*] carnoso, polposo; [*flavour, smell*] di carne **2** FIG. [*role*] corposo; [*story*] sostanzioso.

Mecca /ˈmekə/ ➧ ***34*** n.pr. **1** La Mecca f. **2** FIG. (anche **mecca**) ***a ~ for*** una mecca per [*tourists, scholars*].

mechanic /mɪˈkænɪk/ ➧ ***27*** n. meccanico m.

mechanical /mɪˈkænɪkl/ agg. meccanico.

mechanical drawing n. AE disegno m. tecnico.

mechanical engineering n. ingegneria f. meccanica.

mechanics /mɪˈkænɪks/ n.pl. **1** *(subject)* + verbo sing. meccanica f. **2** *(workings)* + verbo pl. meccanismo m.sing. (anche FIG.); ***the ~ of*** il meccanismo di [*engine, pump*]; i meccanismi di [*law, management*]; ***the ~ of doing*** il modo di fare.

mechanism /ˈmekənɪzəm/ n. **1** TECN. BIOL. PSIC. meccanismo m. **2** *(procedure)* meccanismo m.; ***legal ~s*** procedure legali **3** FILOS. *(theory)* meccanicismo m.

mechanization /ˌmekənaɪˈzeɪʃn, AE -nɪˈz-/ n. meccanizzazione f.
mechanize /ˈmekənaɪz/ **I** tr. meccanizzare **II** intr. meccanizzarsi.
medal /ˈmedl/ n. medaglia f.; ***gold* ~** medaglia d'oro.
medallion /mɪˈdælɪən/ n. medaglione m.
medallist BE, **medalist** AE /ˈmedəlɪst/ n. vincitore m. (-trice) di una medaglia, medaglia f.; ***gold* ~** *(person)* medaglia d'oro.
Medal of Honor n. US MIL. medaglia f. d'onore (la più alta decorazione militare degli Stati Uniti), medaglia f. d'oro al valore militare.
meddle /ˈmedl/ intr. SPREG. ***stop meddling!*** smettila di intrometterti! fatti gli affari tuoi! ***to* ~ *in*** immischiarsi in [*affairs*]; ***to* ~ *with*** mettere le mani in, toccare [*property*].
meddler /ˈmedlə(r)/ n. SPREG. impiccione m. (-a), ficcanaso m. e f.
meddlesome /ˈmedəlsəm/ agg. SPREG. indiscreto, intrigante.
1.media /ˈmiːdɪə/ **I** n. + verbo sing. o pl. GIORN. RAD. TELEV. ***the* ~** i media, i mezzi di comunicazione; ***news* ~** mezzi di informazione **II** modif. [*interest, coverage*] dei media, dei mezzi di comunicazione; [*event, personality*] mediatico, massmediatico; [*person*] che lavora nella comunicazione, nei media.
2.media /ˈmiːdɪə/ → **medium**.
mediaeval → **medieval**.
medial /ˈmiːdɪəl/ agg. [*number, amount*] medio.
median /ˈmiːdɪən/ **I** n. **1** MAT. STATIST. mediana f. **2** AE AUT. (anche **~ strip**) aiuola f. spartitraffico **II** agg. STATIST. [*price*] medio; MAT. [*line*] mediano; [*point, value*] medio.
media studies n.pl. studi m. in scienze della comunicazione.
mediate /ˈmiːdɪeɪt/ **I** tr. *(as negotiator)* mediare [*settlement, peace*] **II** intr. mediare, fare da mediatore, da intermediario.
mediation /ˌmiːdɪˈeɪʃn/ n. *(in law, politics, industry)* mediazione f.
mediator /ˈmiːdɪeɪtə(r)/ n. mediatore m. (-trice).
medic /ˈmedɪk/ n. COLLOQ. **1** *(doctor)* medico m. **2** *(student)* studente m. (-essa) di medicina **3** MED. MIL. soldato m. di sanità.
Medicaid /ˈmedɪkeɪd/ n. US = programma di assistenza finanziato dallo stato per contribuire a pagare le spese mediche e ospedaliere per i meno abbienti.
medical /ˈmedɪkl/ **I** n. visita f. medica **II** agg. medico; ***on* ~ *grounds*** per motivi di salute.
medical advice n. ***to seek* ~** consultare un medico; ***against* ~** contro il parere del medico.
medical board n. MIL. commissione f. medica.
medical care n. **U** cure f.pl. mediche; *(in welfare work)* assistenza f. medica.
medical check-up n. controllo m. medico.
medical doctor ♦ ***27*** n. dottore m. (-essa) in medicina.
medical emergency n. urgenza f.
medical examination n. visita f. medica.
medical examiner n. AE DIR. medico m. legale.
medical history n. *(background)* anamnesi f.; *(notes)* cartella f. clinica.
medical insurance n. assicurazione f. sanitaria.
medically /ˈmedɪklɪ/ avv. **~ *fit, unfit*** in buone, cattive condizioni di salute; ***a* ~ *qualified person*** una persona qualificata dal punto di vista medico.
medical officer n. MIL. ufficiale m. medico; IND. ufficiale m. sanitario.
medical profession n. ***the* ~** *(doctors collectively)* i medici; *(occupation)* la professione medica.
medical register n. albo m. dell'ordine dei medici.
Medical Research Council n. GB = consiglio per la ricerca medica.
medical school n. istituto m., facoltà f. di medicina.
medical student n. studente m. (-essa) di medicina.
medicament /mɪˈdɪkəmənt/ n. ANT. medicamento m., rimedio m.
Medicare /ˈmedɪkeə(r)/ n. US = assistenza statale medica e ospedaliera.
medicated /ˈmedɪkeɪtɪd/ agg. [*bandage*] medicato; [*shampoo*] trattante.
medication /ˌmedɪˈkeɪʃn/ n. **1** **U** *(drug treatment)* cura f., trattamento m.; ***to be on* ~** essere in cura, prendere medicine; ***to put sb. on* ~** somministrare dei medicinali a qcn.; ***take sb. off* ~** fare sospendere una cura a qcn. **2** **C** *(medicine)* medicina f., farmaco m.
medicinal /mɪˈdɪsɪnl/ agg. [*property*] terapeutico; [*herb*] medicinale, officinale; **~ *drugs*** medicinali, farmaci; ***I drink brandy for* ~ *purposes*** SCHERZ. bevo brandy a fini terapeutici.
medicine /ˈmedsn, AE ˈmedɪsn/ n. **1** **U** *(discipline)* medicina f., scienza f. medica; ***to study* ~** studiare medicina; ***doctor of* ~** dottore in medicina **2** **C** *(drug)* medicina f., farmaco m.; ***the best* ~** il miglior rimedio (anche FIG.) ♦ ***to give sb. a taste of their own* ~** ripagare qcn. con la stessa moneta; ***to take one's* ~ *like a man*** ingoiare la pillola.
medicine ball n. SPORT palla f. medica.
medicine bottle n. flacone m., boccetta f.
medicine cabinet, **medicine cupboard** n. armadietto m. farmaceutico, dei medicinali.
medicine man n. (pl. **medicine men**) stregone m., sciamano m.
medico /ˈmedɪkəʊ/ n. (pl. **~s**) COLLOQ. → **medic**.
medieval /ˌmedɪˈiːvl, AE ˌmiːd-, *anche* mɪˈdiːvl/ agg. medievale, del medioevo; FIG. *(primitive)* medievale, retrogrado, sorpassato.
mediocre /ˌmiːdɪˈəʊkə(r)/ agg. mediocre.
mediocrity /ˌmiːdɪˈɒkrətɪ/ n. **1** *(state)* mediocrità f. **2** *(person)* mediocre m. e f.
meditate /ˈmedɪteɪt/ **I** tr. meditare (**doing** di fare) **II** intr. meditare, riflettere.
meditation /ˌmedɪˈteɪʃn/ n. meditazione f., riflessione f.
meditative /ˈmedɪtətɪv, AE -teɪt-/ agg. [*person, expression*] meditativo, riflessivo; [*music, experience*] contemplativo; [*atmosphere*] raccolto, di riflessione.
Mediterranean /ˌmedɪtəˈreɪnɪən/ ♦ ***20*** **I** n.pr. **1** (anche **~ sea**) (mar) Mediterraneo m. **2** *(region)* paesi m.pl. del Mediterraneo **3** *(native)* = nativo o abitante di un paese del Mediterraneo **II** agg. mediterraneo.
medium /ˈmiːdɪəm/ ♦ ***28*** **I** n. **1** (pl. **~s, -ia**) CINEM. RAD. TEATR. TELEV. mezzo m.; ***advertising* ~** mezzo *o* veicolo pubblicitario; ***through the* ~ *of*** per mezzo di **2** (pl. **-ia**) ART. *(technique)* tecnica f., mezzo m. espressivo; *(material)* materiale m. **3** *(midpoint)* mezzo m., punto m. medio; ***to find*** o ***strike a happy* ~** trovare il giusto mezzo **4** (pl. **~s**) BIOL. BOT. ambiente m., mezzo m. **5** (pl. **~s**) *(spiritualist)* medium m. e f. **II** agg. **1** [*size, temperature*] medio; ***in the* ~ *term*** nel medio termine *o* periodo **2** RAD. ***on* ~ *wave*** sulle onde medie.
medium-dry /ˌmiːdɪəmˈdraɪ/ agg. [*drink*] demi-sec.
medium-fine /ˌmiːdɪəmˈfaɪn/ agg. [*pen*] con la punta mediofine; [*tip, point*] medio.
medium-length /ˌmiːdɪəmˈleŋθ/ agg. [*book, hair*] di media lunghezza.
medium-range /ˌmiːdɪəmˈreɪndʒ/ agg. [*missile*] a media gittata.
medium-rare /ˌmiːdɪəmˈreə(r)/ agg. [*meat*] poco cotto.
medium-sized /ˈmiːdɪəmˌsaɪzd/ agg. di media grandezza.
medium-term /ˌmiːdɪəmˈtɜːm/ n. ***in the* ~** nel medio termine *o* periodo.
medlar /ˈmedlə(r)/ n. **1** *(fruit)* nespola f. **2** *(tree)* nespolo m.
medley /ˈmedlɪ/ n. **1** MUS. medley m., pot-pourri m. **2** *(in swimming)* gara f. mista; **~ *relay*** staffetta mista **3** *(mixture) (of people, groups)* miscuglio m., mescolanza f.
meek /miːk/ agg. mite, docile, mansueto.
meekness /ˈmiːknɪs/ n. mitezza f., docilità f., mansuetudine f.
meerschaum /ˈmɪəʃəm/ n. (anche **~ pipe**) pipa f. di schiuma.
1.meet /miːt/ n. **1** SPORT riunione f., raduno m., incontro m.; ***track* ~** AE meeting d'atletica **2** BE VENAT. = raduno di cacciatori prima di una battuta di caccia.
2.meet /miːt/ **I** tr. (pass., p.pass. **met**) **1** *(encounter)* incontrare [*person*]; incontrare, affrontare [*team*]; affrontare [*enemy*]; ***to* ~ *each other*** incontrarsi; ***to* ~ *one's death*** FIG. trovare la morte **2** *(make acquaintance of)* conoscere, fare la conoscenza di [*person*]; ***"pleased to* ~ *you!"*** "piacere (di conoscerla)!"; ***Paul,* ~ *Bob*** *(as introduction)* Paul ti presento Bob **3** *(await)* aspettare, attendere; *(fetch)* andare a prendere; ***he went to* ~ *them*** andò a prenderli; ***to* ~ *sb. off*** BE o ***at*** AE

the plane aspettare qcn. all'aeroporto **4** *(come into contact with)* incontrare, incrociare; ***his eyes met hers*** il suo sguardo incontrò quello di lei, i loro sguardi si incrociarono; ***an incredible sight met her eye*** un incredibile spettacolo si presentò alla sua vista **5** *(fulfil)* soddisfare [*criteria, conditions*]; eseguire [*order*]; provvedere a, rispondere a [*needs*]; pagare, saldare [*bills*]; fare fronte a [*costs, debts*]; compensare [*loss*]; fare onore a, fare fronte a [*obligations, commitments*] **6** *(rise to)* rispondere a [*standards*]; essere all'altezza di [*challenge*] **7** *(respond to)* controbattere [*criticism*] **II** intr. (pass., p.pass. **met**) **1** *(come together)* [*people*] incontrarsi; [*teams*] affrontarsi, scontrarsi; [*committee, parliament*] incontrarsi, riunirsi; [*cars*] incrociarsi; ***the two trains met head-on*** i due treni si scontrarono frontalmente; ***to ~ again*** [*people*] rivedersi, incontrarsi ancora; ***goodbye, till we ~ again!*** arrivederci! alla prossima volta! **2** *(make acquaintance)* [*people*] fare conoscenza, conoscersi **3** *(come into contact)* [*lips*] toccarsi; [*roads, eyes*] incontrarsi, incrociarsi ♦ ***there's more to this than ~s the eye*** c'è sotto più di quanto appaia, c'è sotto qualcos'altro; ***to make ends ~*** sbarcare il lunario, fare quadrare i conti.

■ **meet up** COLLOQ. incontrarsi, trovarsi; ***to ~ up with*** COLLOQ. incontrare [*friend*].

■ **meet with:** ***~ with [sb.]*** incontrarsi con; ***~ with [sth.]*** incontrare [*opposition*]; destare, generare [*suspicion*]; riscuotere, trovare, raccogliere [*success*]; incontrare [*approval*]; subire [*failure*]; ***he met with an accident*** ebbe un incidente; ***to ~ with no response*** non avere nessun riscontro; ***to be met with*** essere accolto da [*shouts*]; incontrare, andare incontro a [*disapproval*]; suscitare [*anger*].

meeting /ˈmiːtɪŋ/ n. **1** *(assembly)* riunione f., meeting m.; ***to call a ~*** convocare *o* indire una riunione; ***he's in a ~*** è in riunione **2** *(coming together)* incontro m.; ***a ~ of minds*** FIG. un'immediata affinità **3** BE SPORT manifestazione f., meeting m.

meeting-place /ˈmiːtɪŋpleɪs/ n. luogo m. di ritrovo, punto m. d'incontro, raduno m.

meeting point n. punto m. di incontro.

Meg /meg/ n.pr. diminutivo di **Margaret**.

megabyte /ˈmegəbaɪt/ n. megabyte m.

megahertz /ˈmegəhɜːts/ n. (pl. **~**) megahertz m.

megalith /ˈmegəlɪθ/ n. megalite m.

megalomania /ˌmegələˈmeɪnɪə/ ➧ ***11*** n. megalomania f.

megalomaniac /ˌmegələˈmeɪnɪæk/ **I** agg. megalomane **II** n. megalomane m. e f.

megaphone /ˈmegəfəʊn/ n. megafono m.

melancholia /ˌmelənˈkəʊlɪə/ n. malinconia f., depressione f.

melancholic /ˌmelənˈkɒlɪk/ agg. malinconico, triste.

melancholy /ˈmelənkəlɪ/ **I** n. malinconia f., tristezza f. **II** agg. malinconico, mesto.

Melanesian /ˌmeləˈniːzɪən/ **I** agg. melanesiano **II** n. **1** *(person)* melanesiano m. (-a) **2** *(language)* lingua f. melanesiana.

melanin /ˈmelənɪn/ n. melanina f.

melanoma /ˌmeləˈnəʊmə/ n. melanoma m.

Melba sauce /ˌmelbəˈsɔːs/ n. salsa f. di lamponi.

Melba toast /ˌmelbəˈtəʊst/ n. = sottile fetta di pane tostato.

mêlée, melee /ˈmeleɪ, AE meɪˈleɪ/ n. mischia f., confusione f.

mellifluous /meˈlɪflʊəs/ agg. LETT. melodioso, musicale.

1.mellow /ˈmeləʊ/ agg. **1** *(smooth)* [*wine*] pastoso, maturo, generoso; [*flavour*] delicato, pastoso; [*tone*] suadente, melodioso **2** *(soft)* [*colour*] caldo, pastoso; [*light*] caldo; [*sound*] suadente, dolce **3** *(juicy)* [*fruit*] succoso, maturo **4** *(weathered)* [*stone*] levigato, eroso **5** *(calm)* [*atmosphere*] pacato, tranquillo; *(relaxed)* [*person*] disteso, calmo; ***to get*** o ***grow ~ with age*** ammorbidirsi *o* addolcirsi con l'età.

2.mellow /ˈmeləʊ/ **I** tr. **1** *(calm)* [*experience*] ammorbidire, addolcire [*person*]; *(relax)* [*music, wine*] rilassare, distendere [*person*] **2** *(ripen)* (fare) maturare [*fruit*]; invecchiare, fare diventare pastoso [*wine*] **II** intr. **1** *(calm down)* [*person*] calmarsi, tranquillizzarsi; [*behaviour*] moderarsi, calmarsi **2** *(tone down)* [*attitude*] ammorbidirsi, raddolcirsi **3** *(ripen)* [*fruit*] maturare; [*taste*] diventare delicato, pastoso.

mellowness /ˈmeləʊnɪs/ n. **1** *(of fruit)* maturità f., succosità f.; *(of wine)* pastosità f. **2** *(of colour, voice)* pastosità f., morbidezza f.; *(of conduct, person)* dolcezza f., calma f.

melodic /mɪˈlɒdɪk/ agg. MUS. melodico; *(melodious)* melodioso.

melodious /mɪˈləʊdɪəs/ agg. melodioso.

melodrama /ˈmelədrɑːmə/ n. melodramma m. (anche FIG.).

melodramatic /ˌmelədrəˈmætɪk/ agg. melodrammatico; ***you're being ~!*** ti stai comportando in modo teatrale!

melody /ˈmelədɪ/ n. melodia f.

melon /ˈmelən/ n. *(fruit)* melone m.

1.melt /melt/ n. **1** *(of ice, snow)* disgelo m., scioglimento m. **2** AE GASTR. = sandwich ricoperto da uno strato di formaggio fuso.

2.melt /melt/ **I** tr. **1** fondere, liquefare [*plastic*]; sciogliere, liquefare [*snow, butter*] **2** FIG. intenerire, addolcire [*heart*] **II** intr. **1** [*plastic*] fondere, fondersi, liquefarsi; [*snow, butter*] sciogliersi, liquefarsi; ***to ~ in your mouth*** sciogliersi in bocca **2** FIG. *(soften)* [*heart, person*] intenerirsi, commuoversi **3** *(merge)* ***to ~ into the crowd*** dileguarsi *o* perdersi nella folla.

■ **melt away 1** [*snow, ice*] sciogliersi completamente **2** FIG. [*fear, confidence, money*] svanire, scomparire; [*crowd, people*] disperdersi, dileguarsi.

■ **melt down:** ***~ down [sth.], ~ [sth.] down*** fondere [*metal*].

meltdown /ˈmeltdaʊn/ n. **1** NUCL. meltdown m. **2** ECON. COLLOQ. meltdown m., crollo m., tracollo m.

melting /ˈmeltɪŋ/ agg. **1** [*snow, ice*] che si scioglie, che si liquefa **2** [*word, gaze*] commovente, struggente.

melting point n. punto m. di fusione.

melting pot n. crogiolo m.; FIG. melting pot m., crogiolo m. ♦ ***to be in the ~*** = essere in discussione, essere in trasformazione.

member /ˈmembə(r)/ **I** n. **1** *(of group, committee, family)* membro m.; ***to be a ~ of*** essere (un) membro *o* componente di, appartenere a [*group*]; essere socio di [*club*]; ***~ of staff*** membro del personale; *(in school)* insegnante; ***~ of the opposite sex*** persona dell'altro sesso; ***"~s only"*** "ingresso riservato ai soci"; ***~ of the public*** *(in the street)* passante; *(in theatre, cinema)* spettatore; ***an ordinary ~ of the public*** un cittadino medio; ***like any other ~ of the public*** come tutti gli altri **2** (anche **Member**) *(of parliament)* membro m. del Parlamento, deputato m. (-a) **3** ING. elemento m., pezzo m.; ***cross ~*** traversa **4** MAT. *(of set)* elemento m. **5** *(limb)* membro m. **II** modif. [*nation, state*] membro.

Member of Congress n. US POL. membro m. del Congresso.

Member of Parliament n. GB POL. membro m. del Parlamento, deputato m. (-a) (**for** di).

Member of the European Parliament n. deputato m. (-a) europeo (-a), eurodeputato m. (-a).

membership /ˈmembəʃɪp/ **I** n. **1** condizione f. di socio, adesione f., appartenenza f. (**of** a); ***EU ~*** adesione all'UE; ***group ~*** iscrizione di gruppo; ***to resign one's ~*** non rinnovare la propria iscrizione; ***~ of*** BE o ***in*** AE ***the club is open to all*** il club è aperto a tutti **2** *(fee)* quota f. associativa, quota f. di iscrizione **3** + verbo sing. o pl. *(people belonging)* numero m. di membri; ***it has a ~ of 200*** ha 200 soci; ***~ is declining*** il numero degli iscritti sta diminuendo **II** modif. ***~ card*** tessera associativa *o* di iscrizione.

membrane /ˈmembreɪn/ n. BIOL. BOT. ING. membrana f.

memento /mɪˈmentəʊ/ n. (pl. **~s, ~es**) souvenir m., ricordo m.

memo /ˈmeməʊ/ n. (pl. **~s**) (accorc. memorandum) AMM. nota f., memorandum m.

memo board n. lavagnetta f. per messaggi, bacheca f.

memoirs /ˈmemwɑː(r)z/ n.pl. memorie f.

memo pad n. blocchetto m. per appunti.

memorabilia /ˌmemərəˈbɪlɪə/ n. + verbo sing. o pl. memorabilia m.pl.

memorable /ˈmemərəbl/ agg. [*event*] memorabile; [*person, voice*] indimenticabile.

memorandum /ˌmeməˈrændəm/ n. (pl. **-a**) AMM. nota f., memorandum m. (anche POL.).

memorial /məˈmɔːrɪəl/ **I** n. **1** *(monument)* monumento m. commemorativo **2** *(reminder)* ***as a ~ to*** come ricordo di **3** *(document)* memoriale m. **II** agg. commemorativo.

Memorial Day n. US = giorno in cui vengono commemorati i caduti in guerra.

memorize /ˈmeməraɪz/ tr. memorizzare, imparare a memoria.

memory /'memərɪ/ n. **1** *(faculty)* memoria f.; ***to have a bad ~*** non avere memoria, avere una pessima memoria; ***to lose one's ~*** perdere la memoria; ***from ~*** a memoria; ***to have a good ~ for faces*** essere fisionomista; ***if my ~ serves me right*** se la memoria non mi inganna; ***to have a long ~*** avere una memoria da elefante **2** spesso pl. *(recollection)* memoria f., ricordo m. **3** *(period of time)* ***in living*** o ***recent ~*** a memoria d'uomo **4** *(posthumous fame)* memoria f., ricordo m.; ***their ~ lives on*** il loro ricordo è ancora vivo **5** *(commemoration)* ***in (loving) ~ of*** in memoria di **6** INFORM. memoria f. ♦ ***to take a trip down ~ lane*** abbandonarsi all'onda dei ricordi.

memory bank n. banca f. dati.

men /men/ → **1.man**.

1.menace /'menəs/ n. **1** *(threat)* minaccia f.; ***there was ~ in his eyes*** aveva uno sguardo minaccioso **2** *(danger)* pericolo m. (pubblico); ***a ~ to other motorists*** una minaccia per gli altri automobilisti **3** COLLOQ. *(nuisance)* ***he's a real ~*** è un vero seccatore.

2.menace /'menəs/ tr. minacciare.

menacing /'menəsɪŋ/ agg. minaccioso.

ménage /meɪ'nɑːʒ/ n. ménage m.

menagerie /mɪ'nædʒərɪ/ n. serraglio m. (anche FIG.).

1.mend /mend/ n. **1** *(in fabric) (stitched, darned)* rammendo m.; *(patched)* rattoppo m., rappezzo m. **2** FIG. ***to be on the ~*** [*person*] essere in via di guarigione; [*economy*] essere in ripresa; [*weather, situation*] migliorare.

2.mend /mend/ **I** tr. **1** riparare [*object, road*]; *(stitch, darn)* rammendare; *(add patch)* rattoppare **2** FIG. guarire [*feelings, broken heart*]; ***to ~ relations with*** rinsaldare i rapporti con **II** intr. [*injury*] guarire, rimarginarsi; [*person*] guarire, ristabilirsi ♦ ***to ~ one's ways*** migliorarsi, correggersi.

mendacious /men'deɪʃəs/ agg. FORM. mendace, menzognero.

mendacity /men'dæsətɪ/ n. FORM. mendacità f., mendacia f., falsità f.

mendicant /'mendɪkənt/ **I** agg. FORM. mendicante, questuante **II** n. FORM. mendicante m. e f.

mending /'mendɪŋ/ n. ***to do some ~*** fare dei rammendi.

menfolk /'menfəʊk/ n.pl. uomini m.

menial /'miːnɪəl/ **I** n. *(servant)* servo m. **II** agg. [*job*] umile; [*attitude*] servile.

meningitis /ˌmenɪn'dʒaɪtɪs/ ♦ ***11*** n. meningite f.

meniscus /mə'nɪskəs/ n. (pl. **~es, -i**) menisco m.

menopause /'menəpɔːz/ n. menopausa f.

menservants /'mensɜːvənts/ → **manservant**.

men's room n. AE bagno m., gabinetto m. per uomini.

menstrual /'menstrʊəl/ agg. mestruale.

menstruate /'menstrʊeɪt/ intr. avere le mestruazioni.

menstruation /ˌmenstrʊ'eɪʃn/ n. mestruazione f.

menswear /'menzweə(r)/ n. abbigliamento m., abiti m.pl. da uomo.

mental /'mentl/ agg. **1** MED. [*handicap, illness*] mentale; [*hospital*] psichiatrico; [*institution*] per malattie mentali; [*ward*] di psichiatria; ***~ patient*** malato di mente **2** *(of the mind)* [*ability, effort*] intellettuale; [*process*] mentale **3** *(in one's head)* [*calculation, picture*] mentale; ***to make a ~ note to do*** prendere nota mentalmente di fare **4** COLLOQ. *(mad)* pazzo, matto.

mental block n. blocco m. mentale.

mental health n. **1** salute f. mentale **2** AMM. igiene f. mentale, psichiatria f.

mental home n. casa f. di cura per malattie mentali, clinica f. psichiatrica, clinica f. neurologica.

mentality /men'tælətɪ/ n. mentalità f.

mentally /'mentəlɪ/ avv. **1** MED. ***~ handicapped, retarded*** minorato, ritardato mentale; ***the ~ ill*** i malati mentali; ***to be ~ deranged*** essere squilibrato **2** *(regarding the mind)* ***~ exhausted*** mentalmente stanco *o* affaticato; ***to be ~ alert*** essere agile di mente, avere una mente vivace; ***~ slow*** mentalmente pigro **3** *(inwardly)* [*resolve*] nell'intimo, tra sé; [*calculate*] mentalmente.

menthol /'menθɒl/ n. mentolo m.

mentholated /'menθəleɪtɪd/ agg. mentolato, al mentolo.

1.mention /'menʃn/ n. **1** *(reference)* menzione f., accenno m., citazione f.; ***the mere ~ of my name*** soltanto a sentirmi nominare; ***to make no ~ of*** non fare menzione *o* cenno di; ***the book got a ~ on the radio*** alla radio hanno fatto un breve accenno al libro **2** *(acknowledgement)* menzione f.; ***honourable ~*** menzione d'onore *o* onorevole; MIL. menzione.

2.mention /'menʃn/ tr. **1** *(allude to)* menzionare, fare menzione di [*person, fact*]; ***don't ~ my name*** non fare il mio nome; ***he never ~s his work*** non parla mai del suo lavoro; ***to ~ sb., sth. to sb.*** parlare di qcn., qcs. a qcn.; ***to ~ that*** fare un (breve) accenno a, accennare (brevemente) a; ***I hardly need to ~ that*** non ho bisogno di dire che; ***not to ~*** per non parlare di; ***without ~ing any names*** senza fare nomi; ***too numerous to ~*** troppi per essere menzionati *o* citati; ***to be ~ed in a will*** figurare in un testamento; ***just ~ my name*** dì che ti mando io; ***don't ~ it!*** prego! non c'è di che! di niente! **2** *(acknowledge)* menzionare, citare [*name*]; riconoscere [*service*].

mentor /'mentɔː(r)/ n. mentore m.

menu /'menjuː/ n. menu m. (anche INFORM.).

meow AE → **1.miaow**, **2.miaow**.

MEP n. → **Member of the European Parliament**.

Mephistopheles /ˌmefɪ'stɒfɪliːz/ n.pr. Mefistofele.

mercantile /'mɜːkəntaɪl, AE -tiːl, -tɪl/ agg. [*ship, nation*] mercantile; [*law*] commerciale; [*system, theory*] mercantilista, mercantile.

mercenary /'mɜːsɪnərɪ, AE -nerɪ/ **I** n. mercenario m. **II** agg. [*action, person*] venale, mercenario; [*business interest*] mercantesco.

1.merchandise /'mɜːtʃəndaɪz/ n. merce f., mercanzia f.

2.merchandise /'mɜːtʃəndaɪz/ tr. (anche **merchandize**) **1** *(buy and sell)* commerciare **2** *(promote)* promuovere, pubblicizzare, reclamizzare.

merchant /'mɜːtʃənt/ ♦ ***27*** **I** n. **1** commerciante m. e f. all'ingrosso, grossista m. e f.; *(retailer)* negoziante m. e f. (al minuto), dettagliante m. e f. **2** COLLOQ. ***speed ~*** = persona che corre in auto **II** modif. [*ship*] mercantile; [*sailor*] della marina mercantile.

merchant bank n. BE banca f. d'affari, merchant bank f.

merchant banker ♦ ***27*** n. BE *(executive)* dirigente m. e f. di banca d'affari; *(owner)* banchiere m. (-a) di banca d'affari.

merchantman /'mɜːtʃəntmən/ n. (pl. **-men**) nave f. mercantile.

merchant navy BE, **merchant marine** AE n. marina f. mercantile.

merciful /'mɜːsɪfl/ agg. **1** *(kind)* [*person, sentence*] clemente, pietoso; [*act*] misericordioso, di clemenza; [*God*] misericordioso **2** *(fortunate)* [*occurrence*] fausto, fortunato, propizio; ***a ~ release*** un vero sollievo, una vera liberazione.

mercifully /'mɜːsɪfəlɪ/ avv. **1** *(compassionately)* misericordiosamente, con clemenza, pietosamente **2** *(fortunately)* fortunatamente, per fortuna.

merciless /'mɜːsɪlɪs/ agg. [*ruler, criticism*] spietato, crudele; [*rain, cold*] implacabile.

mercurial /mɜː'kjʊərɪəl/ agg. **1** [*poisoning*] da mercurio **2** *(lively)* [*person*] vivace, brioso, attivo; *(changeable)* [*temperament*] volubile, incostante.

mercury /'mɜːkjʊrɪ/ **I** n. mercurio m. **II Mercury** n.pr. **1** MITOL. Mercurio **2** ASTR. Mercurio m.

Mercutio /mɜː'kjuːʃjəʊ/ n.pr. Mercuzio.

mercy /'mɜːsɪ/ n. **1** *(clemency)* misericordia f., pietà f.; ***to show ~ to sb.*** mostrare compassione di *o* per *o* verso qcn.; ***to have ~ on sb.*** avere pietà di qcn.; ***to beg for ~*** implorare clemenza *o* misericordia; ***an act of ~*** un gesto di compassione **2** *(power)* mercé f.; ***at the ~ of*** alla mercé *o* in balia di; ***to throw oneself on sb.'s ~*** raccomandarsi alla clemenza di qcn. **3** *(fortunate event)* benedizione f., grazia f.; ***it's a ~ that*** è un miracolo *o* una fortuna che ♦ ***let's be grateful for small mercies*** possiamo essere contenti di quello che abbiamo.

mercy killing n. **1 U** eutanasia f. **2 C** *(act)* atto m. di eutanasia.

mere /mɪə(r)/ agg. **1** *(simple)* [*coincidence*] mero, puro; [*nonsense*] vero e proprio; [*fiction, formality*] puro, semplice; ***he's a ~ child*** non è che un bambino; ***a ~ nothing*** una sciocchezza, un nonnulla; ***he's a ~ nobody*** è una vera nullità **2** *(least)* [*sight, idea*] solo; ***the ~ mention of her name*** solo a sentirla nominare; ***the ~ sight of her*** la sola vista di lei **3** *(bare)* appena, solo; ***it's a ~ 2 km from here*** è ad appena 2 km da qui; ***to last a ~ 20 minutes*** durare appena 20 minuti.

merely /ˈmɪəlɪ/ avv. meramente, semplicemente, solamente; ***his accusations ~ damaged his own reputation*** le sue accuse non hanno fatto che danneggiare la sua stessa reputazione; ***it is not enough ~ to do*** non basta soltanto fare; ***~ thinking*** o ***to think about it...*** solo a pensarci...

meretricious /ˌmerɪˈtrɪʃəs/ agg. [*glamour, charm*] vistoso, appariscente, artificioso.

merge /mɜːdʒ/ **I** tr. **1** *(join)* ***to ~ sth. with sth.*** fondere *o* incorporare qcs. con qcs. [*company, group*] **2** *(blend)* mescolare, amalgamare [*colour, design*] **II** intr. **1** (anche **~ together**) *(join)* [*companies, departments*] fondersi, unirsi; [*roads, rivers*] confluire, congiungersi; ***to ~ with*** fondersi *o* unirsi con [*company, department*]; confluire in, congiungersi con [*river, road*] **2** *(blend)* [*colours, sounds*] mescolarsi, amalgamarsi, fondersi; ***to ~ into*** confondersi *o* perdersi in [*colour, sky*]; confondersi *o* mimetizzarsi tra [*trees*].

merger /ˈmɜːdʒə(r)/ n. **1** *(of companies)* fusione f., unione f. **2** *(process of merging)* processo m. di fusione.

meridian /məˈrɪdɪən/ **I** n. **1** GEOGR. ASTR. MAT. meridiano m. **2** FIG. *(peak)* culmine m., apogeo m. **II** modif. [*time*] meridiano.

meringue /məˈræŋ/ n. meringa f.

merino /məˈriːnəʊ/ **I** n. (pl. **~s**) merino m. **II** modif. [*wool*] merino.

1.merit /ˈmerɪt/ n. merito m., valore m., pregio m.; ***to judge sb. on their own ~s*** giudicare qcn. per i suoi meriti; ***there's some ~ in his work*** la sua opera ha un certo valore; ***certificate of ~*** attestato di benemerenza.

2.merit /ˈmerɪt/ tr. meritare.

merit award n. premio m. di merito.

merit list n. albo m. d'onore.

merit mark, merit point n. SCOL. voto m. di merito.

meritocracy /ˌmerɪˈtɒkrəsɪ/ n. meritocrazia f.

meritorious /ˌmerɪˈtɔːrɪəs/ agg. meritorio.

Merlin /ˈmɜːlɪn/ n.pr. Merlino.

mermaid /ˈmɜːmeɪd/ n. MITOL. sirena f.

merman /ˈmɜːmæn/ n. (pl. **-men**) MITOL. tritone m.

merrily /ˈmerɪlɪ/ avv. *(joyfully)* allegramente, gioiosamente; *(unconcernedly)* incoscientemente, con noncuranza.

merriment /ˈmerɪmənt/ n. *(fun)* allegria f., gaiezza f.; *(laughter)* ilarità f.

merriness /ˈmerɪnɪs/ n. gioiosità f.

merry /ˈmerɪ/ agg. **1** *(happy)* allegro, gaio; ***~ Christmas!*** Buon Natale! **2** COLLOQ. *(tipsy)* allegro, brillo, alticcio **3** ANT. (anche **merrie**) ***~ England*** = l'Inghilterra felice del periodo elisabettiano; ***the ~ month of May*** il dolce mese di maggio ♦ ***the more the merrier!*** PROV. più si è, meglio è; ***to make ~*** fare festa *o* baldoria; ***to give sb. ~ hell*** COLLOQ. mettere qcn. nei casini.

merry-go-round /ˈmerɪgəʊˌraʊnd/ n. giostra f., carosello m. (anche FIG.).

merrymaker /ˈmerɪˌmeɪkə(r)/ n. festaiolo m. (-a).

merrymaking /ˈmerɪˌmeɪkɪŋ/ n. festa f., baldoria f.

1.mesh /meʃ/ n. **1** *(of string)* rete f.; *(of metal)* rete f. metallica, reticolato m. **2** *(in net)* maglia f. **3** TECN. presa f.; ***in ~*** ingranato, inserito.

2.mesh /meʃ/ intr. **1** (anche **~ together**) [*branches*] impigliarsi **2** FIG. (anche **~ together**) *(be compatible)* [*ideas*] essere compatibile, accordarsi **3** TECN. [*cogs*] ingranare, incastrarsi.

mesmerize /ˈmezməraɪz/ tr. mesmerizzare, ipnotizzare (anche FIG.).

mesmerized /ˈmezməraɪzd/ **I** p.pass. → **mesmerize II** agg. *(fascinated)* ipnotizzato, incantato.

mesotherapy /ˈmesəʊθerəpɪ/ n. mesoterapia f.

1.mess /mes/ n. **1** *(untidy state)* confusione f., disordine m., casino m. COLLOQ.; ***in a ~*** in disordine; ***what a ~!*** che casino! ***to make a ~*** [*person*] mettere in disordine; ***to tidy*** o ***clear up the ~*** mettere in ordine *o* a posto; ***this report is a ~!*** questa relazione è un disastro! ***my hair is a ~*** ho i capelli tutti spettinati *o* in disordine; ***you look a ~!*** BE ***you look like a ~!*** AE sei proprio malmesso *o* conciato male! **2** FIG. *(muddled state)* ***my life is a ~*** la mia vita è un casino COLLOQ.; ***to be in a terrible ~*** [*economy*] essere allo sbando; ***to make a ~ of the job*** combinare un pasticcio, un casino COLLOQ.; ***how did we get into this ~?*** come abbiamo fatto a ficcarci in questo guaio? ***this is a fine ~ we're in!*** siamo proprio in un bel pasticcio! **3** COLLOQ. *(pitiful state)* ***his face was a ~*** il suo viso era devastato *o* deturpato; ***he's a ~*** *(psychologically)* è molto confuso, è incasinato COLLOQ. **4** *(excrement) (of domestic animal)* cacca f. **5** *(stain)* ***to make a ~ of*** o ***on the tablecloth*** fare una macchia sulla tovaglia **6** MIL. mensa f.; ***officers' ~*** *(in the army)* mensa ufficiali; *(in the navy)* quadrato ufficiali **7** AE COLLOQ. piatto m., porzione f.

2.mess /mes/ intr. COLLOQ. *(meddle)* ***I don't ~ with drugs*** non ho niente a che fare con la droga; ***don't ~ with them*** non immischiarti con loro.

■ **mess about, mess around** COLLOQ. **~ around 1** *(act the fool)* fare lo stupido, fare fesserie; ***to ~ around with*** pasticciare *o* armeggiare con [*chemicals, matches*]; ***don't ~ around with drugs*** stai alla larga dalla droga **2** *(potter)* ***to ~ around in the garden*** oziare in giardino **3** *(sexually)* ***he ~es around*** è un donnaiolo; **~ [sb.] around** COLLOQ. trattare male.

■ **mess up** AE COLLOQ. **~ up** fare casini; **~ [sth.] up, ~ up [sth.] 1** *(muddle up)* scompaginare, scombinare [*papers*]; mettere in disordine, mettere sottosopra [*kitchen*]; *(dirty)* sporcare, macchiare [*napkin, sheets*] **2** *(do badly)* fare male [*exam, work*] **3** *(ruin)* mandare a rotoli, mandare all'aria; **~ [sb.] up** [*drugs, alcohol*] rovinare, distruggere; [*experience*] sconvolgere, turbare, sconcertare.

1.message /ˈmesɪdʒ/ n. **1** *(communication)* messaggio m., comunicazione f.; ***a telephone ~*** un messaggio telefonico; ***to give, leave sb. a ~*** lasciare un messaggio a qcn., lasciar detto a qcn. **2** *(meaning)* messaggio m.; ***to get one's ~ across*** *(be understood)* fare capire il proprio messaggio; *(convince people)* fare accettare *o* recepire il proprio messaggio; ***to get the ~*** COLLOQ. afferrare al volo, capire l'antifona; ***his ~ isn't getting through*** non riesce a far capire il suo messaggio.

2.message /ˈmesɪdʒ/ tr. *(send a message to)* mandare un messaggio a; *(send an e-mail to)* mandare una e-mail a.

mess dress n. MIL. uniforme f. da gala.

messenger /ˈmesɪndʒə(r)/ ♦ ***27*** n. messaggero m. (-a); *(for hotel, company)* fattorino m., messo m.

messenger boy ♦ ***27*** n. fattorino m.

messiah /mɪˈsaɪə/ n. messia m. (anche FIG.); ***the Messiah*** il Messia.

messianic /ˌmesɪˈænɪk/ agg. messianico.

Messrs /ˈmesəz/ n.pl. (⇒ messieurs, nella corrispondenza usato come plurale di **Mr**) signori (sigg., sig.ri).

messy /ˈmesɪ/ agg. **1** *(untidy)* [*house*] disordinato, in disordine; [*appearance*] disordinato, trasandato; [*handwriting*] disordinato, confuso **2** *(dirty)* [*work*] che fa sporcare; ***he's a ~ eater*** quando mangia si sporca sempre **3** *(confused)* [*lawsuit*] difficile, complesso; [*business*] ingarbugliato, confuso.

mestizo /meˈstiːzəʊ/ n. (pl. **~s, ~es**) meticcio m. (-a).

met /met/ pass., p.pass. → **2.meet**.

metabolic /ˌmetəˈbɒlɪk/ agg. [*disease, needs*] metabolico, del metabolismo.

metabolism /mɪˈtæbəlɪzəm/ n. metabolismo m.

metal /ˈmetl/ **I** n. metallo m. **II** modif. [*container, tool*] di metallo, metallico.

metalanguage /ˈmetəlæŋgwɪdʒ/ n. metalinguaggio m., metalingua f.

metal detector n. metal detector m.

metal fatigue n. usura f. del metallo.

metallic /mɪˈtælɪk/ agg. **1** [*substance*] metallico **2** [*paint, finish*] metallizzato **3** *(resembling metal)* [*sound, appearance*] metallico.

metallurgist /mɪˈtælədʒɪst, AE ˈmetəlɜːrdʒɪst/ ♦ ***27*** n. metallurgista m. e f.

metallurgy /mɪˈtælədʒɪ, AE ˈmetəlɜːrdʒɪ/ n. metallurgia f.

metal polish n. = prodotto per lucidare i metalli.

metalwork /ˈmetlwɜːk/ n. *(work in metal)* oggetti m.pl. in metallo; *(art)* fabbricazione f. di oggetti in metallo.

metalworker /ˈmetlwɜːkə(r)/ ♦ ***27*** n. (operaio) metallurgico m.

metamorphose /ˌmetəˈmɔːfəʊz/ **I** tr. trasformare (anche FIG.) **II** intr. trasformarsi (anche FIG.).

metamorphosis /ˌmetəˈmɔːfəsɪs/ n. (pl. **-es**) metamorfosi f.

metaphor /ˈmetəfɔː(r)/ n. metafora f.

metaphoric(al) /ˌmetəˈfɒrɪk(l)/ agg. metaforico.
metaphorically /ˌmetəˈfɒrɪklɪ/ avv. metaforicamente; ~ ***speaking*** parlando metaforicamente.
metaphysical /ˌmetəˈfɪzɪkl/ agg. **1** FILOS. metafisico **2** *(abstract)* metafisico, astratto, astruso.
metaphysics /ˌmetəˈfɪzɪks/ n. + verbo sing. metafisica f.
metastasis /meˈtæstəsɪs/ n. (pl. **-es**) metastasi f.
mete /miːt/ tr. → **mete out**.
■ **mete out:** ~ ***[sth.] out***, ~ ***out [sth.]*** infliggere, assegnare [*punishment*]; rendere [*justice*].
meteor /ˈmiːtɪə(r)/ n. meteora f.
meteoric /ˌmiːtɪˈɒrɪk, AE -ˈɔːr-/ agg. meteorico; FIG. [*rise*] fulmineo, brillante.
meteorite /ˈmiːtɪəraɪt/ n. meteorite m. e f.
meteorological /ˌmiːtɪərəˈlɒdʒɪkl/ agg. meteorologico.
Meteorological Office n. GB = ufficio incaricato di diffondere i bollettini meteorologici.
meteorologist /ˌmiːtɪəˈrɒlədʒɪst/ ➧ ***27*** n. meteorologo m. (-a).
meteorology /ˌmiːtɪəˈrɒlədʒɪ/ n. meteorologia f.
1.meter /ˈmiːtə(r)/ n. **1** *(measuring device)* strumento m. di misura, contatore m.; ***gas*** ~ contatore del gas; ***to read the*** ~ fare la lettura del contatore **2** (anche **parking** ~) parchimetro m.
2.meter /ˈmiːtə(r)/ tr. **1** misurare, controllare [*electricity, gas, pressure*] **2** affrancare con l'affrancatrice.
3.meter AE → **1.metre, 2.metre**.
meter reader n. letturista m. e f.
methadone /ˈmeθədəʊn/ n. metadone m.
methane /ˈmiːθeɪn, AE ˈmeθ-/ n. (gas) metano m.
methanol /ˈmeθənɒl/ n. metanolo m.
method /ˈmeθəd/ n. **1** *(of teaching, contraception, training)* metodo m.; *(of payment, treatment)* modalità f.; ~ ***of transport*** modalità di trasporto; ***production*** ~***s*** metodi di produzione **2** *(orderliness)* metodo m., ordine m.; ***a man of*** ~ un uomo metodico.
method acting n. metodo m. Stanislavski.
method actor n. = attore che usa il metodo Stanislavski.
methodical /mɪˈθɒdɪkl/ agg. metodico, sistematico.
Methodism /ˈmeθədɪzəm/ n. metodismo m.
Methodist /ˈmeθədɪst/ **I** agg. metodista **II** n. metodista m. e f.
methodology /ˌmeθəˈdɒlədʒɪ/ n. metodologia f., metodica f.
meths /meθs/ n. + verbo sing. BE → **methylated spirit(s)**.
Methuselah /mɪˈθjuːzələ/ n.pr. Matusalemme.
methyl /ˈmeθɪl/ **I** n. metile m. **II** modif. ~ ***alcohol*** alcol metilico, metanolo.
methylated /ˈmeθəleɪtɪd/ agg. metilico.
methylated spirit(s) n. + verbo sing. alcol m. denaturato.
meticulous /mɪˈtɪkjʊləs/ agg. meticoloso, minuzioso (**about** in); ***to be*** ~ ***about doing*** fare attenzione a fare.
métier /ˈmetɪeɪ/ n. mestiere m., occupazione f.
Met Office n. GB → **Meteorological Office**.
1.metre /ˈmiːtə(r)/ ➧ ***15*** n. BE metro m.
2.metre /ˈmiːtə(r)/ n. BE **1** LETTER. metro m., verso m. **2** MUS. tempo m.
metric /ˈmetrɪk/ agg. metrico; ***to go*** ~ COLLOQ. adottare il sistema metrico.
metrical /ˈmetrɪkl/ agg. LETTER. metrico.
metricate /ˈmetrɪkeɪt/ tr. convertire al sistema metrico.
metrication /ˌmetrɪˈkeɪʃn/ n. conversione f. al sistema metrico.
metrics /ˈmetrɪks/ n. + verbo sing. metrica f.
metro /ˈmetrəʊ/ n. (pl. ~**s**) metropolitana f., métro m.
metronome /ˈmetrənəʊm/ n. metronomo m.
metropolis /məˈtrɒpəlɪs/ n. metropoli f.
metropolitan /ˌmetrəˈpɒlɪtən/ **I** n. RELIG. (anche ~ **bishop**) metropolita m. **II** agg. **1** *(of city)* [*area, population, traffic*] metropolitano; [*buildings*] della metropoli; ~ ***New York*** l'area metropolitana di New York **2** RELIG. metropolitano.
metropolitan district n. GB AMM. area f. metropolitana.
Metropolitan police n. GB = la polizia di Londra ad esclusione della zona della City.
mettle /ˈmetl/ n. ardore m., coraggio m.; ***to be on one's*** ~ fare del proprio meglio, impegnarsi a fondo; ***to put sb. on his*** ~ mettere alla prova il coraggio di qcn.
mettlesome /ˈmetlsəm/ agg. [*person*] ardente, coraggioso; *(fiery)* [*horse*] focoso.
1.mew /mjuː/ n. *(seagull)* gabbiano m.
2.mew /mjuː/ n. *(of cat)* miagolio m.
3.mew /mjuː/ intr. [*cat*] miagolare.
mews /mjuːz/ n. BE **1** + verbo sing. = vicolo, cortile dove un tempo erano tenuti i cavalli **2** + verbo pl. *(stables)* scuderie f.
Mexican /ˈmeksɪkən/ ➧ ***18*** **I** agg. messicano **II** n. messicano m. (-a).
Mexican jumping bean n. BOT. seme m. saltellante.
Mexican stand off n. AE stallo m., punto m. morto.
Mexican wave n. ola f.
Mexico /ˈmeksɪkəʊ/ ➧ ***6*** n.pr. Messico m.
Mexico City ➧ ***34*** n.pr. Città f. del Messico.
mezzanine /ˈmezəniːn/ n. **1** *(floor)* mezzanino m., ammezzato m. **2** AE TEATR. palco m. di proscenio; BE sottoscena m.
mezzo-soprano /ˌmetsəʊsəˈprɑːnəʊ/ n. (pl. ~**s**) mezzosoprano m.
mezzotint /ˈmetsəʊtɪnt/ n. mezzatinta f.
MF n. (⇒ medium frequency media frequenza) MF f.
Mgr ⇒ Monseigneur, Monsignor monsignore (mons.).
mi /miː/ n. MUS. mi m.
MI5 n. (⇒ Military Intelligence Section Five) = agenzia britannica di controspionaggio con sede in Gran Bretagna.
MI6 n. (⇒ Military Intelligence Section Six) = agenzia britannica di controspionaggio con sede al di fuori della Gran Bretagna.
1.miaow /miːˈaʊ/ n. miao m., miagolio m.
2.miaow /miːˈaʊ/ intr. fare miao, miagolare.
miasma /mɪˈæzmə/ n. (pl. ~**s**, **-ata**) FORM. miasma m.
mica /ˈmaɪkə/ n. MINER. mica f.
mice /maɪs/ → **mouse**.
Michael /ˈmaɪkl/ n.pr. Michele.
Michaelmas /ˈmɪklməs/ n.pr. festa f. di san Michele.
Michaelmas daisy n. BE aster m.
Michaelmas term n. BE UNIV. = il primo trimestre dell'anno accademico.
Michelangelo /ˌmaɪkəlˈændʒələʊ/ n.pr. Michelangelo.
Michigan /ˈmɪʃɪgən/ ➧ ***24*** n.pr. Michigan m.
mickey /ˈmɪkɪ/ n. BE COLLOQ. ***are you taking the*** ~ ***out of me?*** mi stai prendendo in giro?
Mickey Mouse agg. SPREG. [*job*] stupido; [*qualifications*] scadente, senza valore.
micro /ˈmaɪkrəʊ/ n. (pl. ~**s**) INFORM. COLLOQ. microcomputer m.
microbe /ˈmaɪkrəʊb/ n. *(organism)* microbo m.
microbiology /ˌmaɪkrəʊbaɪˈɒlədʒɪ/ n. microbiologia f.
microchip /ˈmaɪkrəʊtʃɪp/ n. (micro)chip m.
microclimate /ˈmaɪkrəʊklaɪmɪt/ n. microclima m.
microcomputer /ˌmaɪkrəʊkəmˈpjuːtə(r)/ n. microelaboratore m., microcomputer m.
microcomputing /ˌmaɪkrəʊkəmˈpjuːtɪŋ/ n. microinformatica f.
microcosm /ˈmaɪkrəkɒzəm/ n. microcosmo m. (anche FIG.).
microelectronic /ˌmaɪkrəʊɪlekˈtrɒnɪk/ agg. microelettronico.
microelectronics /ˌmaɪkrəʊɪlekˈtrɒnɪks/ n. + verbo sing. microelettronica f.
microfibre BE, **microfiber** AE /ˈmaɪkrəʊˌfaɪbə(r)/ n. microfibra f.
microfiche /ˈmaɪkrəʊfiːʃ/ n. microfiche f., microscheda f.
1.microfilm /ˈmaɪkrəʊfɪlm/ n. microfilm m.
2.microfilm /ˈmaɪkrəʊfɪlm/ tr. microfilmare, riprodurre in microfilm.
microlight /ˈmaɪkrəʊlaɪt/ n. ultraleggero m., ULM m.
micromesh /ˈmaɪkrəʊmeʃ/ agg. ~ ***tights*** BE, ~ ***panty hose*** AE collant in microrete.
micron /ˈmaɪkrɒn/ n. micron m.
Micronesian /ˌmaɪkrəʊˈniːzɪən/ **I** agg. micronesiano **II** n. micronesiano m. (-a).
microorganism /ˌmaɪkrəʊˈɔːgənɪzəm/ n. microrganismo m.
microphone /ˈmaɪkrəfəʊn/ n. microfono m.
microphysics /ˈmaɪkrəʊfɪzɪks/ n. + verbo sing. microfisica f.
microprocessing /ˌmaɪkrəʊˈprəʊsesɪŋ, AE -ˈprɒ-/ n. microinformatica f.

microprocessor /ˈmaɪkrəʊprəʊsesə(r), AE -prɒ-/ n. microprocessore m.
microscope /ˈmaɪkrəskəʊp/ n. microscopio m.; ***under the ~*** al microscopio.
microscopic /ˌmaɪkrəˈskɒpɪk/ agg. **1** *(minute)* microscopico **2** *(using a microscope)* [*examination*] microscopico, al microscopio.
microsecond /ˈmaɪkrəʊsekənd/ n. microsecondo m.
microsurgery /ˈmaɪkrəʊsɜːdʒərɪ/ n. microchirurgia f.
microsurgical /ˌmaɪkrəʊˈsɜːdʒɪkl/ agg. [*technique, procedure*] microchirurgico; [*specialist*] in microchirurgia.
1.microwave /ˈmaɪkrəweɪv/ **I** n. **1** *(wave)* microonda f. **2** (anche **~ oven**) forno m. a microonde, microonde m. **II** modif. [*transmitter*] di, a microonde; [*cookery*] al microonde.
2.microwave /ˈmaɪkrəweɪv/ tr. cuocere a microonde, cucinare al forno a microonde.
mid /mɪd/ agg. **mid-** in composti ***in the ~-20th century*** a metà del ventesimo secolo; ***~-afternoon*** metà pomeriggio; ***(in) ~-May*** (a) metà maggio; ***he's in his ~-forties*** è sui quarantacinque.
midair /ˌmɪdˈeə(r)/ **I** agg. [*collision*] in volo **II in midair** *(in mid-flight)* in volo; *(in the air)* a mezz'aria; ***to leave sth. in ~*** FIG. lasciare qcs. in sospeso.
Midas /ˈmaɪdəs/ n.pr. Mida.
mid-Atlantic /ˌmɪdətˈlæntɪk/ agg. ***~ accent*** accento angloamericano.
midday /ˌmɪdˈdeɪ/ ➧ *4* **I** n. mezzogiorno m. **II** modif. [*sun*] di mezzogiorno; [*meal*] di metà giornata.
middle /ˈmɪdl/ **I** n. **1** mezzo m., centro m.; ***in the ~ of*** al centro di, in mezzo a; ***in the ~ of the night*** nel cuore della notte, a notte fonda; ***to be caught in the ~*** essere messo in mezzo, trovarsi tra due fuochi; ***I was in the ~ of a book when...*** ero immerso nella lettura di un libro quando...; ***in the ~ of May*** a metà maggio; ***right in the ~ of*** nel bel mezzo di; ***to split [sth.] down the ~*** dividere [qcs.] in due parti [*bill, work*]; [*issue*] spaccare in due [*group*] **2** COLLOQ. *(waist)* vita f., cintola f. **II** agg. [*door, shelf*] di mezzo, centrale; [*price, size*] medio; [*difficulty*] intermedio, medio; ***in ~ life*** nella mezza età; ***to be in one's ~ thirties*** BE essere sui trentacinque; ***to steer*** o ***take*** o ***follow a ~ course*** seguire *o* scegliere una via di mezzo; ***there must be a ~ way*** deve esserci una via di mezzo ♦ ***in the ~ of nowhere*** in capo al mondo, a casa del diavolo.
middle age n. mezza età f.
middle-aged /ˌmɪdlˈeɪdʒd/ agg. [*person*] di mezza età; FIG. [*outlook, view*] vecchio stile, superato.
Middle Ages n. ***the ~*** il Medioevo, il Medio Evo; ***the early, late ~*** l'alto, il basso Medio Evo.
middle-age spread n. pancetta f. di mezza età.
Middle America n. = il ceto medio americano di tendenze conservatrici.
middlebrow /ˈmɪdlbraʊ/ **I** n. SPREG. persona f. di media cultura **II** agg. SPREG. [*book*] mediocre, banale; [*artist*] di media bravura, mediocre.
middle class I n. ceto m. medio, middle class f. **II middle-class** agg. [*person*] della classe media; [*attitude, view*] borghese.
middle distance I n. **1** ART. FOT. CINEM. secondo piano m. **2** ***in the ~*** in secondo piano; ***to gaze into the ~*** fissare qualcosa in secondo piano **II middle-distance** agg. SPORT [*event*] di mezzofondo; ***~ athlete*** mezzofondista.
Middle East n.pr. Medio Oriente m.
middle-eastern /ˌmɪdlˈiːstən/ agg. [*nation, politics*] del Medio Oriente, mediorientale.
Middle England n. = il ceto medio inglese di tendenze conservatrici.
Middle English n. inglese m. medio.
middle finger ➧ *2* n. (dito) medio m.
middle ground n. compromesso m.; *(in argument)* neutralità f., compromesso m.; POL. area f. moderata.
middle-income /ˌmɪdlˈɪŋkʌm/ agg. [*person, family*] di reddito medio, a medio reddito; [*country*] dal reddito nazionale medio.
middleman /ˈmɪdlmæn/ n. (pl. **-men**) intermediario m., mediatore m. (anche COMM.).
middle management n. media direzione f., direzione f. a medio livello.
middle manager n. direttore m. (-trice) di medio livello.
middle name n. secondo nome m.
middle-of-the-road /ˌmɪdləvðəˈrəʊd/ agg. [*music, artist*] *(banal)* ordinario, banale, dozzinale; *(with wide appeal)* popolare; [*policy*] moderato, di centro; SPREG. senza slanci.
middle-ranking /ˌmɪdlˈræŋkɪŋ/ agg. di posizione media, intermedia.
middle school n. GB = ciclo scolastico per bambini dai 9 ai 13 anni; US = ciclo scolastico per bambini dai 12 o 13 anni ai 14 o 15 anni a seconda degli Stati.
middle-size(d) /ˌmɪdlˈsaɪz(d)/ agg. [*company, town*] di media grandezza; [*person*] di taglia media, di media corporatura.
middleweight /ˈmɪdlweɪt/ n. *(weight)* pesi m.pl. medi; *(boxer)* peso m. medio.
middling /ˈmɪdlɪŋ/ agg. COLLOQ. [*ability*] medio, discreto, mediocre ♦ ***fair to ~*** non c'è male.
Mideast /ˈmɪdiːst/ n.pr. AE Medio Oriente m.
midfield /ˈmɪdfiːld/ **I** n. centrocampo m. **II** modif. ***~ player*** centrocampista.
mid-flight /ˌmɪdˈflaɪt/ **I** agg. [*collision*] in volo **II in mid-flight** in volo.
midge /mɪdʒ/ n. moscerino m.
midget /ˈmɪdʒɪt/ **I** n. COLLOQ. *(small person)* nano m. (-a), nanerottolo m. (-a) **II** agg. minuscolo, piccolissimo; ***~ submarine*** MIL. sottomarino tascabile.
Midlands /ˈmɪdləndz/ ➧ *24* n.pr.pl. ***the ~*** + verbo sing. le Midlands.
midlife /ˈmɪdlaɪf/ **I** n. mezza età f. **II** modif. [*crisis*] di mezza età; [*problems*] della mezza età.
midmost /ˈmɪdməʊst/ agg. *(exactly in the middle)* esattamente al centro, centrale.
midnight /ˈmɪdnaɪt/ ➧ *4* **I** n. mezzanotte f. **II** modif. [*deadline*] della mezzanotte; ***~ sun*** sole di mezzanotte ♦ ***to burn the ~ oil*** = lavorare, studiare fino a tarda notte.
midpoint /ˈmɪdpɔɪnt/ n. punto m. centrale, centro m.
mid-range /ˌmɪdˈreɪndʒ/ **I** n. ***to be in the ~*** [*product*] essere di qualità media **II** modif. [*product*] di qualità media.
midriff /ˈmɪdrɪf/ n. vita f., stomaco m.
midshipman /ˈmɪdʃɪpmən/ n. (pl. **-men**) **1** BE *(officer)* guardiamarina m. **2** AE *(trainee)* allievo m. dell'accademia navale.
midst /mɪdst/ n. ***in the ~ of*** in mezzo a [*group, place*]; nel mezzo di, durante [*event*]; ***in the ~ of war*** nel pieno della guerra; ***in our ~*** fra di noi.
midstream /ˌmɪdˈstriːm/: **in midstream** *(in river)* nel mezzo della corrente; FIG. *(in speech)* nel bel mezzo del discorso.
midsummer /ˌmɪdˈsʌmə(r)/ **I** n. *(season)* piena estate f.; *(solstice)* solstizio m. d'estate **II** modif. [*day*] di piena estate; [*heat*] (del cuore) dell'estate.
Midsummer('s) Day n. festa f. di san Giovanni.
mid-term /ˌmɪdˈtɜːm/ **I** n. ***in ~*** POL. a metà mandato; SCOL. a metà trimestre; *(of pregnancy)* a metà della gravidanza **II** modif. POL. [*crisis, reshuffle*] di medio termine; SCOL. [*results, test*] di metà trimestre.
midtown /ˈmɪdtaʊn/ n. AE centro m. (della) città.
1.midway /ˌmɪdˈweɪ/ **I** agg. [*post, position*] situato a metà strada, a mezza strada; [*stage, point*] intermedio, mediano **II** avv. ***~ between, along*** a metà strada tra, lungo; ***~ through*** nel mezzo di [*event, period*].
2.midway /ˈmɪdweɪ/ n. AE = viale centrale di una fiera o di un parco di divertimenti dove si trovano le principali attrazioni.
midweek /ˌmɪdˈwiːk/ **I** n. metà f. settimana **II** modif. [*performance*] di metà settimana **III** avv. a metà settimana.
Midwest /ˌmɪdˈwest/ ➧ *24* n.pr. ***the ~*** il Midwest.
midwife /ˈmɪdwaɪf/ ➧ *27* n. (pl. **-wives**) ostetrica f., levatrice f.; ***male ~*** ostetrico.
midwifery /ˈmɪdwɪfərɪ, AE -waɪf-/ n. ostetricia f., professione f. di levatrice.
midwinter /ˌmɪdˈwɪntə(r)/ **I** n. *(season)* pieno inverno m.; *(solstice)* solstizio m. d'inverno **II** modif. [*day*] di pieno inverno; [*weather*] del cuore dell'inverno.
mien /miːn/ n. LETT. aspetto m., portamento m.; maniere f.pl.
miffed /mɪft/ agg. COLLOQ. ***to be*** o ***get ~*** essere seccato, scocciarsi.

1.might

- Although usage shows that *may* and *might* are interchangeable in many contexts, *might* indicates a more remote possibility than *may*. Italian may translate this remote element of possibility by using *anche* with *potere* in the conditional:

it might snow	=	potrebbe (anche) venire a nevicare
he might do it	=	potrebbe (anche) farcela.

It is also possible to translate this using *può darsi che* + subjunctive: *può darsi che venga a nevicare*; *può darsi che ce la faccia*; for particular examples see **1** in the entry **1.might**.

- When there is the idea of a possibility in the past which has not in fact occurred (see **2** in the entry **1.might**), Italian uses the past conditional of the verb (which is often *potere*):

it might have been serious (but wasn't in fact)	=	avrebbe potuto essere grave.

This is also the case where something which could have taken place did not, thus causing annoyance (see **7** in the entry **1.might**):

you might have said thanks!	=	avresti potuto dire grazie!

- *Might have* + past participle can often imply two different meanings (depending on the context) and should be therefore translated into Italian accordingly:

a) *she might have told him herself* (but she didn't)	=	avrebbe potuto dirglielo lei stessa
b) *she might have told him herself* (and we do not know whether she did it or not)	=	potrebbe averglielo detto lei stessa.

- *Might*, as the past tense of *may*, will automatically occur in instances of reported speech:

he said you might be hurt	=	disse che avresti potuto farti male.

For more examples see the entry **1.might** and bear in mind the rules for the agreement of tenses.

- When there is a choice between *may* and *might* in making requests, *might* is more formal and even rather dated. Italian *posso permettermi di....?* (= *might I...?*) is extremely formal.

- *Might* can be used to polite effect – to soften direct statements: *you might imagine that* ... or to offer advice tactfully: *it might be wise to* ...; in both cases, Italian uses the conditional tense of the verb: *si potrebbe pensare che...*; *sarebbe forse una buona idea* ... The use of *well* in phrases such as *he might well be right* etc. implies a greater degree of likelihood.

- For translations of *might well, may well*, see **2** in the entry **2.well**. For translations of the phrase *might as well* (*we might as well go home*), see **2** in the entry **2.well**.

1.might /maɪt/ mod. (negat. **might not, mightn't**) **1** *(indicating possibility)* ***he ~ be right*** potrebbe anche aver ragione; ***they ~ not go*** potrebbero anche non andare; ***"will you come?" - "I ~"*** "vieni?" - "può darsi"; ***they ~ have to go away*** è possibile che debbano partire; ***they ~ have got lost*** potrebbero essersi persi; ***you ~ have guessed that*** avresti potuto immaginare che; ***the plane ~ have landed by now*** a quest'ora l'aereo potrebbe essere atterrato; ***I ~ (well) lose my job*** potrei anche perdere il lavoro; ***try as I ~, I can't do it*** per quanto ci provi, non riesco a farlo; ***however unlikely that ~ be*** per quanto ciò possa essere improbabile; ***whatever they ~ think*** qualunque cosa possano pensare **2** *(indicating unrealized possibility)* ***I ~ have been killed!*** avrei potuto rimanere ucciso! ***he was thinking about what ~ have been*** stava pensando a quello che sarebbe potuto succedere **3** *(in sequence of tenses, in reported speech)* ***I said I ~ go into town*** dissi che sarei potuto andare in città; ***I thought it ~ rain*** pensavo che potesse piovere; ***he asked if he ~ leave*** chiese se poteva andare via **4** FORM. *(when making requests)* ***~ I make a suggestion?*** potrei dare un suggerimento? ***if I ~*** se possibile, se posso; ***~ I ask who's calling?*** con chi sto parlando, per favore? ***and who, ~ I ask, are you?*** o ***and who ~ you be?*** *(aggressive)* e potrei sapere chi è lei? **5** *(when making suggestions)* ***it ~ be a good idea to do*** potrebbe essere una buona idea fare; ***you ~ try making some more enquiries*** potresti provare a fare altre indagini; ***they ~ do well to consult an expert*** farebbero bene a consultare un esperto; ***we ~ go out for a meal later*** più tardi potremmo andare a mangiare fuori; ***you ~ like to drop in later*** potresti fare un salto da noi più tardi **6** *(when making statement, argument)* ***one ~ argue*** o ***it ~ be argued that*** si potrebbe sostenere che; ***as you*** o ***one ~ expect*** come ci si potrebbe aspettare; ***as you ~ imagine*** come puoi immaginare **7** *(expressing reproach, irritation)* ***I ~ have known*** o ***guessed!*** avrei dovuto aspettarmelo *o* immaginarlo! ***he ~ at least apologize!*** potrebbe almeno scusarsi! ***you ~ have warned me!*** avresti potuto avvisarmi! **8** *(in concessives)* ***they ~ not be fast but they're reliable*** non saranno veloci ma sono affidabili.

2.might /maɪt/ n. **1** *(power)* potere m., potenza f. **2** *(physical strength)* forza f., potenza f.; ***with all his ~*** con tutte le sue forze.

mightily /ˈmaɪtɪlɪ/ avv. **1** COLLOQ. molto, estremamente **2** ANT. *(powerfully)* potentemente, fortemente.

mightn't /ˈmaɪtnt/ contr. might not.

might've /ˈmaɪtəv/ contr. might have.

mighty /ˈmaɪtɪ/ **I** n. ***the ~*** + verbo pl. i potenti **II** agg. **1** *(powerful)* potente, forte **2** *(large)* imponente, massiccio, grande **3** COLLOQ. *(huge, terrific)* enorme, grandissimo **III** avv. COLLOQ. *(emphatic)* molto, estremamente ♦ ***how are the ~ fallen!*** LETT. come sono caduti in basso i potenti! ***high and ~*** prepotente, arrogante.

migraine /ˈmiːɡreɪn, AE ˈmaɪ-/ ➧ *11* n. emicrania f.

migrant /ˈmaɪɡrənt/ **I** n. **1** *(person)* emigrante m. e f. **2** *(bird)* (uccello) migratore m.; *(animal)* (animale) migratore m. **II** agg. **1** ***~ worker*** lavoratore stagionale **2** ZOOL. migratore.

migrate /maɪˈɡreɪt, AE ˈmaɪɡreɪt/ intr. **1** [*person*] emigrare **2** [*bird, animal*] migrare.

migration /maɪˈɡreɪʃn/ n. **1** *(of a person)* emigrazione f. **2** *(of animals)* migrazione f.

migratory /ˈmaɪɡrətrɪ, maɪˈɡreɪtərɪ, AE ˈmaɪɡrətɔːrɪ/ agg. [*animal*] migratore; [*journey*] di migrazione; [*behaviour*] migratorio.

mike /maɪk/ n. COLLOQ. *(microphone)* microfono m.

Mike /maɪk/ n.pr. diminutivo di **Michael**.

Milan /mɪˈlæn/ ➧ *34* n.pr. Milano f.

mild /maɪld/ **I** agg. **1** *(moderate)* [*punishment*] blando, lieve; [*interest*] moderato, modesto; [*irritation*] leggero; [*surprise*] piccolo **2** *(not cold)* [*weather, winter*] mite; ***a ~ spell*** un periodo di tempo mite **3** *(in flavour)* [*beer*] leggero; [*taste*] delicato; [*tobacco, cheese*] dolce; [*curry*] poco piccante, leggero **4** COSMET. [*soap, detergent, cream*] delicato **5** MED. [*case, infection, attack*] lieve, leggero; [*sedative*] blando, leggero; ***a ~ heart attack*** un lieve attacco di cuore **6** *(gentle)* [*person*] mite, gentile, dolce; [*voice*] dolce, delicato **II** n. BE (anche **~ ale**) birra f. scura leggera.

mildew /ˈmɪldjuː, AE -duː/ n. **1** *(disease)* muffa f., ruggine f. **2** *(mould)* muffa f.

mildly /ˈmaɪldlɪ/ avv. **1** *(moderately)* leggermente, lievemente, moderatamente; ***to put it ~*** senza esagerare, a dir poco; ***that's putting it ~*** è dire poco **2** *(gently)* [*speak*] gentilmente, dolcemente; [*rebuke*] leggermente.

mildness /ˈmaɪldnɪs/ n. *(of character)* mitezza f., gentilezza f., dolcezza f.; *(of weather, punishment)* mitezza f.; *(of product, taste)* delicatezza f.; *(of protest)* moderatezza f.

mile /maɪl/ ➧ *15, 22, 29* n. **1** METROL. miglio m. (= 1609 metri); ***it's 50 ~s away*** è a 50 miglia da qui **2** FIG. ***to walk for ~s*** camminare per miglia; ***it's ~s away!*** è lontanissimo! ***~s from anywhere*** a casa del diavolo, in capo al mondo; ***not a million ~s from here*** non lontanissimo da qui; ***you could smell it a ~ off*** si sentiva l'odore lontano un miglio; ***to stand out a ~*** saltare subito agli occhi, vedersi lontano un miglio; ***I'd run a ~*** me la darei a gambe levate; ***to be ~s away*** *(daydreaming)* avere la testa altrove **3** *(race)* ***the ~*** la corsa di un miglio ♦ ***~s better*** infinitamente meglio; ***to be ~s out*** *(wrong)* [*estimate*] essere del tutto sbagliato; [*person*] essere lontano dalla soluzione; ***a***

miss is as good as a ~ PROV. = per un punto Martin perse la cappa.
mileage /ˈmaɪlɪdʒ/ n. **1** distanza f. in miglia; ***what's the ~ for the trip?*** qual è la distanza in miglia del viaggio? **2** *(done by car)* chilometraggio m., miglia f.pl. **3** *(miles per gallon)* consumo m. **4** FIG. *(use)* ***he's had plenty of ~ out of that coat*** ha molto sfruttato quel cappotto; ***the press got maximum ~ out of the story*** la stampa ha sfruttato al massimo la storia **5** (anche **~ allowance**) indennità f. di percorso.
mileage indicator, **mileometer** /ˌmaɪlˈɒmɪtə(r)/ n. contamiglia m.
milepost /ˈmaɪlpəʊst/ n. pietra f. miliare.
milestone /ˈmaɪlstəʊn/ n. pietra f. miliare (anche FIG.); ***a ~ in his life*** una tappa fondamentale nella sua vita.
milieu /ˈmiːljɜː, AE ˌmiːˈljɜː/ n. (pl. **~s**, **~x**) FORM. milieu m., ambiente m.
militancy /ˈmɪlɪtənsɪ/ n. militanza f., attivismo m.
militant /ˈmɪlɪtənt/ **I** n. *(activist)* militante m. e f., attivista m. e f.; *(armed)* militante m. e f. di lotta armata **II** agg. militante.
militarism /ˈmɪlɪtərɪzəm/ n. SPREG. militarismo m.
militarist /ˈmɪlɪtərɪst/ n. militarista m. e f.
militaristic /ˌmɪlɪtəˈrɪstɪk/ agg. SPREG. militaristico.
militarize /ˈmɪlɪtəraɪz/ tr. militarizzare; ***~d zone*** zona militarizzata.
military /ˈmɪlɪtrɪ, AE -terɪ/ **I** agg. militare **II** n. ***the ~*** *(army)* + verbo sing. l'esercito, le forze armate; *(soldiers)* + verbo pl. i militari.
military academy n. accademia f. militare.
military policeman n. (pl. **military policemen**) soldato m. della polizia militare.
military service n. servizio m. militare; ***to be called up for ~*** essere chiamato sotto le armi.
militate /ˈmɪlɪteɪt/ intr. ***to ~ against sth.*** opporsi a qcs., ostacolare qcs.; ***to ~ for*** militare a favore di.
militia /mɪˈlɪʃə/ n. (pl. **~s**) **1** *(citizen army)* milizia f., civili m.pl. armati **2** AE *(liable for draft)* ***the ~*** la guardia nazionale.
militiaman /mɪˈlɪʃəmən/ n. (pl. **-men**) miliziano m.
1.milk /mɪlk/ n. latte m.; ***baby ~*** latte per neonati; ***condensed ~*** latte condensato; ***powdered, evaporated ~*** latte in polvere, evaporato; ***full cream ~*** latte intero; ***long-life ~*** latte a lunga conservazione; ***skimmed ~*** latte scremato; ***breast ~*** latte materno; ***cleansing ~*** latte detergente ♦ ***it's no good crying over spilt ~*** PROV. è inutile piangere sul latte versato.
2.milk /mɪlk/ **I** tr. **1** mungere **2** FIG. *(exploit)* *(for money)* sfruttare, spremere [*company, state*]; ***to ~ sb. dry*** spremere qcn. come un limone **3** estrarre [*sap, juice*] **II** intr. [*cow, goat*] produrre latte, dare latte; [*farmer*] fare la mungitura.
milk-and-water /ˌmɪlkənˈwɔːtə(r)/ agg. insipido, all'acqua di rose.
milk chocolate n. cioccolato m. al latte.
milk diet n. dieta f. lattea.
milker /ˈmɪlkə(r)/ n. **1** *(person)* mungitore m. (-trice) **2** *(cow)* vacca f. da latte.
milk float n. BE furgoncino m. del lattaio.
milking /ˈmɪlkɪŋ/ n. mungitura f.; ***to do the ~*** fare la mungitura.
milk jug n. bricco m. del latte.
milkman /ˈmɪlkmən/ ➧ ***27*** n. (pl. **-men**) *(delivering)* lattaio m.
milk products n.pl. derivati m. del latte.
milk pudding n. budino m. di riso al latte.
milk run n. AER. COLLOQ. volo m. di routine.
milk shake n. milk-shake m., frappè m.
milksop /ˈmɪlksɒp/ n. ANT. COLLOQ. smidollato m., pappamolle m.
milk tooth n. (pl. **milk teeth**) dente m. da latte.
milk train n. = treno locale delle prime ore del mattino che effettua anche la consegna del latte.
milk truck n. AE furgoncino m. del lattaio.
milky /ˈmɪlkɪ/ agg. **1** *(containing milk)* [*drink*] con (molto) latte; [*diet*] latteo **2** [*skin*] (color) bianco latte, bianco come il latte; [*liquid, colour*] latteo, lattiginoso.
Milky Way n.pr. Via f. Lattea.
1.mill /mɪl/ n. **1** *(building)* *(for flour)* mulino m.; *(factory)* fabbrica f., stabilimento m.; ***paper ~*** cartiera **2** GASTR. macinino m. **3** FIG. routine f., tran tran m. **4** AE FIG. fucina f.; ***diploma ~*** fabbrica di diplomi, diplomificio ♦ ***there'll be trouble at t'~*** COLLOQ. SCHERZ. ci saranno delle grane; ***to go through the ~*** passarne tante *o* di tutti i colori; ***to put sb. through the ~*** mettere sotto torchio qcn., farne passare di tutti i colori a qcn.
2.mill /mɪl/ tr. macinare [*flour, pepper*]; tranciare [*steel*]; tritare [*paper*]; filare [*cotton*]; tessere [*textiles*]; zigrinare [*screw, coin*]; fresare [*nut, bolt*].
▪ **mill around**, **mill about** muoversi in modo disordinato, brulicare.
millennium /mɪˈlenɪəm/ n. (pl. **~s**, **-ia**) **1** millennio m. **2** RELIG. regno m. millenario, millennio m.; FIG. periodo m. di prosperità, epoca f. felice.
miller /ˈmɪlə(r)/ ➧ ***27*** n. **1** *(person)* AGR. mugnaio m. (-a); IND. fresatore m. (-trice) **2** *(machine)* fresatrice f.
millet /ˈmɪlɪt/ n. **1** *(grass)* *(European)* panico m.; *(Indian)* miglio m. **2** *(seed)* miglio m.
milligram(me) /ˈmɪlɪgræm/ ➧ ***37*** n. milligrammo m.
millilitre BE, **milliliter** AE /ˈmɪlɪliːtə(r)/ ➧ ***3*** n. millilitro m.
millimetre BE, **millimeter** AE /ˈmɪlɪmiːtə(r)/ ➧ ***15*** n. millimetro m.
milliner /ˈmɪlɪnə(r)/ ➧ ***27*** n. modista f.
millinery /ˈmɪlɪnərɪ, AE -nerɪ/ n. **1 U** *(hats)* articoli m.pl. di modisteria **2** *(business)* modisteria f.
milling /ˈmɪlɪŋ/ **I** n. *(of corn)* macinatura f.; *(of paper)* triturazione f.; *(of cloth)* tessitura f.; *(of metal)* fresatura f.; *(on coin)* zigrinatura f. **II** agg. LETT. [*crowd*] brulicante.
million /ˈmɪljən/ ➧ ***19*** **I** n. **1** *(figure)* milione m.; ***in ~s*** a milioni; ***thanks a ~!*** COLLOQ. grazie mille! **2** *(money)* ***to have ~s*** essere miliardario *o* ricchissimo **II millions** n.pl. milioni m.; ***the starving ~s*** i milioni di persone che muoiono di fame **III** agg. ***a ~ pounds*** un milione di sterline ♦ ***to feel like a ~ dollars*** COLLOQ. sentirsi splendidamente *o* in ottima forma; ***to look like a ~ dollars*** COLLOQ. avere un ottimo aspetto; ***to be one in a ~*** COLLOQ. essere eccezionale *o* più unico che raro; ***a chance in a ~*** COLLOQ. *(slim)* una probabilità su un milione; *(exceptional)* una possibilità eccezionale.
millionaire /ˌmɪljəˈneə(r)/ n. milionario m. (-a), miliardario m. (-a).
millipede /ˈmɪlɪpiːd/ n. millepiedi m.
mill pond n. gora f., bottaccio m.
millstone /ˈmɪlstəʊn/ n. macina f., mola f. ♦ ***to have a ~ round one's neck*** avere una palla al piede.
millstream /ˈmɪlstriːm/ n. = corrente d'acqua che aziona il mulino.
millwheel /ˈmɪlwiːl, AE -hwiːl/ n. ruota f. di mulino.
milometer /maɪˈlɒmɪtə(r)/ n. BE contamiglia m.
1.mime /maɪm/ n. **1** *(art)* mimo m. **2** *(performance)* pantomima f. **3** ➧ ***27*** *(performer)* mimo m., pantomimo m.
2.mime /maɪm/ **I** tr. mimare **II** intr. fare il mimo.
mime artist /ˈmaɪmˌɑːtɪst/ ➧ ***27*** n. mimo m.
1.mimeograph /ˈmɪmɪəgrɑːf, AE -græf/ n. mimeografo m.
2.mimeograph /ˈmɪmɪəgrɑːf, AE -græf/ tr. mimeografare.
mimetic /mɪˈmetɪk/ agg. BIOL. mimetico.
1.mimic /ˈmɪmɪk/ n. imitatore m. (-trice).
2.mimic /ˈmɪmɪk/ tr. (forma in -ing ecc. **-ck-**) **1** imitare; *(to ridicule)* parodiare, scimmiottare **2** *(simulate)* simulare, fingere di possedere [*ability*]; ZOOL. mimetizzarsi, confondersi con [*surroundings*] **3** SPREG. *(copy)* contraffare, copiare.
mimicry /ˈmɪmɪkrɪ/ n. **1** imitazione f. **2** ZOOL. BIOL. mimetismo m., mimicry m. e f.
mimosa /mɪˈməʊzə, AE -məʊsə/ n. mimosa f.
Min. BE ⇒ Ministry ministero (Min.).
minaret /ˌmɪnəˈret/ n. minareto m.
minatory /ˈmɪnətərɪ, AE -tɔːrɪ/ agg. FORM. minatorio.
1.mince /mɪns/ n. BE GASTR. carne f. tritata.
2.mince /mɪns/ **I** tr. tritare, macinare [*meat*]; tritare, tagliuzzare [*vegetable*] **II** intr. SPREG. *(walk)* camminare in modo affettato, a passettini ♦ ***not to ~ matters*** o ***one's words*** parlare senza mezzi termini, non avere peli sulla lingua.
mincemeat /ˈmɪnsmiːt/ n. BE GASTR. = ripieno dolce composto di mele, frutta secca e spezie ♦ ***to make ~ of sb.*** fare polpette di qcn.
mince pie n. = tortina ripiena di mele, frutta secca e spezie.
mincer /ˈmɪnsə(r)/ n. tritacarne m.

mincing /ˈmɪnsɪŋ/ agg. affettato, lezioso.
mincingly /ˈmɪnsɪŋlɪ/ avv. in modo affettato, leziosamente.
1.mind /maɪnd/ n. **1** *(centre of thought, feelings)* mente f., animo m.; ***peace of*** ~ serenità d'animo, tranquillità; ***it's all in the*** ~ è solo immaginazione; ***to cross sb.'s*** ~ venire in mente a qcn., passare per la mente a qcn.; ***at the back of my*** ~ ***I had my doubts*** in fondo avevo dei dubbi; ***that's a load*** o ***weight off my*** ~ mi sono liberato di un peso, mi sono tolto un pensiero; ***to feel easy in one's*** ~ ***about sth.*** sentirsi tranquillo su qcs.; ***to have something on one's*** ~ essere preoccupato per qualcosa; ***to set sb.'s*** ~ ***at rest*** rassicurare *o* tranquillizzare qcn.; ***nothing could be further from my*** ~ questo pensiero non mi sfiora minimamente, non ci penso neanche **2** *(brain)* mente f., intelligenza f.; ***with the*** ~ ***of a two-year-old*** con l'intelligenza di un bambino di due anni; ***to have a very good*** ~ avere una mente acuta; ***he has a fine legal*** ~ è molto portato per le questioni legali **3** *(way of thinking)* mente f., pensiero m.; ***to have a logical*** ~ avere una mente logica; ***the criminal*** ~ la mente criminale; ***to read sb.'s*** ~ leggere nella mente *o* nel pensiero di qcn. **4** *(opinion)* opinione f., parere m.; ***to be of one*** ~ essere della stessa opinione *o* dello stesso avviso; ***to my*** ~ COLLOQ. secondo me, per me, a mio avviso; ***to make up one's*** ~ ***about, to do*** prendere una decisione su, decidersi di fare; ***my*** ~***'s made up*** ho deciso, ho preso una decisione; ***to change one's*** ~ ***about sth.*** cambiare idea su qcs.; ***to keep an open*** ~ ***about sth.*** non pronunciarsi su qcs., sospendere il giudizio su qcs.; ***to know one's own*** ~ sapere quello che si vuole, avere le idee ben chiare; ***to speak one's*** ~ parlare chiaro, parlare fuori dai denti **5** *(attention)* mente f., attenzione f.; ***to concentrate*** o ***keep one's*** ~ ***on sth.*** concentrare la propria attenzione su qcs.; ***to give*** o ***put one's*** ~ ***to sth.*** impegnarsi in qcs., concentrarsi su qcs.; ***to take sb.'s*** ~ ***off sth.*** distrarre *o* distogliere qcn. da qcs. **6** *(memory)* mente f., memoria f.; ***it came to my*** ~ mi tornò alla mente; ***I can't get him out of my*** ~ non riesco a togliermelo dalla testa *o* a dimenticarlo; ***try to put it out of your*** ~ cerca di non pensarci più; ***my*** ~***'s a blank*** ho un vuoto di memoria; ***it went right*** o ***clean*** o ***completely out of my*** ~ mi era completamente passato *o* uscito di mente; ***to bring sth. to*** ~ ricordare *o* richiamare qcs., fare venire in mente qcs. **7** *(sanity)* mente f., senno m., testa f.; ***her*** ~ ***is going*** sta impazzendo, sta perdendo la ragione; ***are you out of your*** ~***?*** COLLOQ. sei impazzito? sei fuori di testa? **8** *(person as intellectual)* mente f., ingegno m. **9 in mind** ***I bought it with you in*** ~ l'ho comprato pensando a te; ***I have something in*** ~ ***for this evening*** ho in mente qualcosa per questa sera; ***with holidays in*** ~ in prospettiva delle vacanze; ***with this in*** ~***,...*** avendo questa idea,...; ***to have it in*** ~ ***to do sth.*** avere intenzione di fare qcs.; ***to put sb. in*** ~ ***of sb., sth.*** ricordare *o* rammentare qcn., qcs. a qcn. ♦ ***great*** ~***s think alike*** le grandi menti si incontrano; ***if you've a*** ~ ***to*** se ne hai l'intenzione; ***to see sth. in one's*** ~***'s eye*** vedere qcs. con l'occhio della mente; ***I gave him a piece of my*** ~***!*** COLLOQ. gliene ho dette quattro! ***to have a good*** ~ o ***half a*** ~ ***to do*** BE avere intenzione *o* avere una mezza idea di fare; ***to have a*** ~ ***of one's own*** avere le proprie idee, pensare con la propria testa.
2.mind /maɪnd/ tr. **1** *(pay attention to)* fare, prestare attenzione a [*hazard*]; fare attenzione a, badare a [*manners, language*]; ~ ***the step*** attento *o* (fa') attenzione al gradino; ***don't*** ~ ***me*** non badate a me; IRON. fate pure come vi pare **2** *(object to)* ***I don't*** ~ ***the cold*** il freddo non mi dà fastidio; ***I don't*** ~ ***cats, but I prefer dogs*** non ho nulla contro i gatti, ma preferisco i cani; ***"today or tomorrow?" - "I don't*** ~***"*** "oggi o domani?" - "fa lo stesso"; ***will they*** ~ ***us being late?*** gli darà fastidio se arriviamo in ritardo? ***would you*** ~ ***keeping my seat for me?*** ti dispiace *o* rincresce tenermi il posto? ***if you don't*** ~ ***my asking...*** se posso permettermi di fare una domanda indiscreta...; ***"like a cigarette?" - "don't*** ~ ***if I do"*** COLLOQ. "una sigaretta?" - "certo che sì, non posso dire di no"; ***I wouldn't*** ~ ***a glass of wine*** non mi dispiacerebbe un bicchiere di vino; ***if you don't*** ~ se non le spiace (anche IRON.) **3** *(care)* ***he*** ~***s what you think of him*** gli sta a cuore quello che pensi di lui; ***do you*** ~***!*** IRON. (ma) per favore! ***never*** ~ *(don't worry)* non preoccuparti, non farci caso; *(it doesn't matter)* non importa, non fa niente; ***he can't afford an apartment, never*** ~ ***a big house*** non può permettersi un appartamento, figuriamoci una grande casa **4** *(look after)* occuparsi di, badare a [*animal, child, shop*] ♦ ~ ***your own business!*** COLLOQ. fatti gli affari tuoi!

■ **mind out** fare attenzione; ~ ***out of the way!*** COLLOQ. attenzione! pista!
mindbending /ˈmaɪndˌbendɪŋ/ agg. [*drug*] allucinogeno; [*problem*] complicato.
mind-blowing /ˈmaɪndˌbləʊɪŋ/ agg. COLLOQ. allucinante, incredibile.
mind-boggling /ˈmaɪndˌbɒglɪŋ/ agg. COLLOQ. sbalorditivo.
minded /ˈmaɪndɪd/ agg. **1** FORM. ***if you're so*** ~ se vuoi, se ti fa piacere **2 -minded** in composti *(with certain talent)* ***to be business-***~ avere il senso degli affari; ***to be mechanically-***~ essere portato per la meccanica; *(with certain attitude)* ***to be open-***~ avere una mentalità aperta; *(with certain trait)* ***to be feeble-***~ essere uno sciocco *o* stupido.
minder /ˈmaɪndə(r)/ n. BE **1** COLLOQ. *(bodyguard)* guardia f. del corpo **2** (anche **child** ~) bambinaia f.
mindful /ˈmaɪndfl/ agg. ~ ***of*** *(conscious)* conscio di; *(remembering)* memore di; *(attentive)* attento a.
mindless /ˈmaɪndlɪs/ agg. **1** SPREG. *(stupid)* [*person, programme*] stupido; [*vandalism*] gratuito **2** [*work*] ripetitivo, noioso **3** *(careless)* ~ ***of*** incurante di [*danger*].
mindreader /ˈmaɪndˌriːdə(r)/ n. chi legge nel pensiero; ***you must be a*** ~***!*** SCHERZ. ma tu sai leggere nel pensiero!
1.mine /maɪn/ In Italian, possessive pronouns have the same forms as the corresponding adjectives, are usually preceded by an article, and reflect the gender and number of the noun they are standing for. So *mine* is translated by *il mio, la mia, i miei, le mie*, according to what is being referred to: *your book and mine* = il tuo libro e il mio; *the blue car is mine* = la macchina blu è la mia; *his children are younger than mine* = i suoi bambini sono più giovani dei miei; *your shoes are brown, while mine are black* = le tue scarpe sono marroni, mentre le mie sono nere.- Since Italian possessive adjectives, unlike English ones, may be preceded by an article, a demonstrative adjective or a numeral, an English possessive pronoun is often translated by an Italian possessive adjective: *a cousin of mine* = un mio cugino; *that school friend of mine* = quel mio compagno di scuola; *four books of mine* = quattro miei libri. - For examples and particular usages, see the entry below. pron. ***his car is red but*** ~ ***is blue*** la sua macchina è rossa ma la mia è blu; ***the green pen is*** ~ la penna verde è (la) mia; ~***'s a whisky*** COLLOQ. un whisky per me; ***he's a friend of*** ~ è un mio amico; ***it's not*** ~ non è mio; ***the book isn't*** ~ ***to lend you*** non ti posso prestare il libro, non è mio; ~ ***is not an easy task*** il mio non è davvero un compito facile.
2.mine /maɪn/ n. **1** miniera f. (anche FIG.); ***to work in*** o ***down the*** ~***s*** lavorare in miniera; ***a*** ~ ***of information*** FIG. una miniera di informazioni; ***to have a*** ~ ***of experience to draw on*** FIG. avere molte esperienze a cui attingere **2** *(explosive)* mina f.; ***to lay a*** ~ posare *o* piazzare una mina.
3.mine /maɪn/ **I** tr. **1** estrarre [*gems, mineral*]; scavare [*area*] **2** MIL. minare [*area*] **II** intr. estrarre minerali; ***to*** ~ ***for*** estrarre [*gems, mineral*].
mine detector n. rivelatore m. di mine.
minefield /ˈmaɪnˌfiːld/ n. MIL. campo m. minato (anche FIG.).
miner /ˈmaɪnə(r)/ ♦ ***27*** n. minatore m. (-trice).
mineral /ˈmɪnərəl/ **I** agg. minerale; ~ ***ore*** minerale grezzo **II** n. **1** MINER. *(substance, class)* minerale m. **2** MIN. *(for extraction)* minerale m. **3** BE *(drink)* bevanda f. gassata.
mineralogy /ˌmɪnəˈrælədʒɪ/ n. mineralogia f.
mineral oil n. olio m. minerale; AE *(paraffin)* olio m. di paraffina.
mineral rights n.pl. diritti m. minerari.
mineral water n. acqua f. minerale.
minesweeper /ˈmaɪnˌswiːpə(r)/ n. dragamine m.
mineworker /ˈmaɪnˌwɜːkə(r)/ ♦ ***27*** n. minatore m. (-trice).
mingle /ˈmɪŋgl/ **I** tr. mescolare, unire [*quality, feeling*] (**with** a); mischiare, mescolare [*sand, colour, taste*] (**with** con) **II** intr. **1** ***to*** ~ ***with*** mescolarsi a [*crowd, guests*]; entrare a far parte di [*social group*]; ***he doesn't*** ~ non socializza **2** [*colours*] mischiarsi, mescolarsi (**with** a); [*feelings*] mescolarsi, unirsi (**with** a).
mingy /ˈmɪndʒɪ/ agg. COLLOQ. [*person*] spilorcio, taccagno; [*amount*] misero.
mini /ˈmɪnɪ/ n. mini(gonna) f.

miniature /'mɪnətʃə(r), AE 'mɪnɪətʃʊər/ I agg. 1 [*bottle, world*] in miniatura 2 [*breed*] nano II n. miniatura f.
miniature golf ➧ *10* n. minigolf m.
miniature railway n. ferrovia f. in miniatura, trenino m.
miniaturize /'mɪnɪtʃəraɪz/ tr. miniaturizzare.
minibudget /ˌmɪnɪ'bʌdʒɪt/ n. BE budget m. provvisorio.
minibus /'mɪnɪbʌs/ n. (pl. **~es**) BE minibus m.
minicab /'mɪnɪkæb/ n. BE taxi m. (disponibile solo su prenotazione telefonica).
minicourse /'mɪnɪkɔːs/ n. AE UNIV. corso m. breve.
minim /'mɪnɪm/ n. 1 BE MUS. minima f. 2 METROL. goccia f.
minima /'mɪnɪmə/ → **minimum.**
minimal /'mɪnɪml/ agg. minimo.
minimalism /'mɪnɪməlɪzəm/ n. POL. ART. minimalismo m.
minimalist /'mɪnɪməlɪst/ I agg. POL. ART. minimalista, minimalistico II n. POL. ART. minimalista m. e f.
minimally /'mɪnɪməlɪ/ avv. [*damaged*] in minima parte, leggermente; ***~ desirable*** per nulla desiderabile.
minimarket /'mɪnɪˌmɑːkɪt/, **minimart** /'mɪnɪmɑːt/ n. minimarket m.
minimize /'mɪnɪmaɪz/ tr. 1 *(reduce)* ridurre al minimo [*cost, risk*] 2 *(play down)* minimizzare [*incident*] 3 INFORM. ridurre (a icona), iconizzare.
minimum /'mɪnɪməm/ I n. (pl. **-a**) minimo m.; ***to a*** o ***to the ~*** [*keep, reduce*] al minimo; ***the bare*** o ***absolute ~*** lo stretto indispensabile II agg. minimo.
minimum lending rate n. tasso m. minimo di sconto.
minimus /'mɪnɪməs/ agg. BE SCOL. ***Jones ~*** = il più giovane tra più studenti che si chiamano Jones.
mining /'maɪnɪŋ/ I n. 1 MIN. estrazione f., scavi m.pl. 2 MIL. posa f. di mine II modif. [*industry, town, engineer, engineering*] minerario; [*family, union*] di minatori; [*accident*] in miniera.
minion /'mɪnɪən/ n. SPREG. o SCHERZ. lacchè m., tirapiedi m. e f.
mini-skirt /'mɪnɪskɜːt/ n. minigonna f.
1.minister /'mɪnɪstə(r)/ ➧ *9* n. 1 POL. ministro m.; *(in some British government departments)* sottosegretario m. 2 RELIG. ***~ (of religion)*** ministro (del culto).
2.minister /'mɪnɪstə(r)/ intr. 1 *(care for)* FORM. ***to ~ to*** dare assistenza a [*person*]; ***to ~ to sb.'s needs*** provvedere ai bisogni di qcn. 2 RELIG. ***to ~ to*** essere il sacerdote di [*parish*].
ministerial /ˌmɪnɪ'stɪərɪəl/ agg. POL. [*decree*] ministeriale.
ministering angel /ˌmɪnɪstərɪŋ'eɪndʒəl/ n. *(kind-hearted person)* angelo m. custode.
minister of state n. GB POL. sottosegretario m.
ministration /mɪnɪ'streɪʃn/ n. FORM. cura f., assistenza f.
ministry /'mɪnɪstrɪ/ n. 1 POL. ministero m.; ***Ministry of Defence, of Transport*** Ministero della Difesa, dei Trasporti 2 RELIG. sacerdozio m., ministero m. sacerdotale.
mink /mɪŋk/ I n. visone m. II modif. [*garment*] di visone.
Minnesota /ˌmɪnɪ'səʊtə/ ➧ *24* n.pr. Minnesota m.
Minnie /'mɪnɪ/ n.pr. diminutivo di **Wilhelmina**.
minnow /'mɪnəʊ/ n. 1 pesciolino m. (d'acqua dolce) 2 FIG. *(insignificant things)* minutaglia f.; *(insignificant people)* gentucola f.
1.minor /'maɪnə(r)/ I agg. 1 *(not important)* [*artist, role*] minore; [*change, defect*] piccolo; ***~ road*** strada secondaria 2 *(not serious)* [*injury*] lieve; [*operation, surgery*] piccolo 3 MUS. minore 4 AE UNIV. [*subject*] secondario 5 BE SCOL. ***Jones ~*** = il più giovane tra due studenti che si chiamano Jones II n. 1 DIR. minorenne m. e f. 2 AE UNIV. materia f. complementare.
2.minor /'maɪnə(r)/ intr. AE UNIV. ***to ~ in sth.*** scegliere qcs. come materia complementare.
minority /maɪ'nɒrətɪ, AE -'nɔːr-/ I n. 1 minoranza f.; ***to be in the ~*** essere in minoranza; ***to be in a ~ of one*** = essere l'unico ad avere una certa opinione 2 AE POL. opposizione f. 3 DIR. minore età f. II modif. [*government, party*] di minoranza; [*activity*] minoritario.
minority leader n. AE POL. leader m. dell'opposizione.
minority president n. AE POL. = presidente degli Stati Uniti il cui partito è in minoranza al Congresso.
minority rule n. supremazia f. di una minoranza.
minor offence BE, **minor offense** AE n. reato m. minore.
minster /'mɪnstə(r)/ n. *(with cathedral status)* cattedrale f.; *(without)* chiesa f. abbaziale.
minstrel /'mɪnstrəl/ n. menestrello m.
1.mint /mɪnt/ I n. 1 *(plant)* menta f. 2 *(sweet)* mentina f.; ***after-dinner ~*** cioccolatino alla menta II modif. [*tea, sauce*] alla menta; [*flower, leaf*] di menta.
2.mint /mɪnt/ I n. 1 *(for coins)* zecca f. 2 COLLOQ. *(vast sum)* ***to cost a ~*** costare una fortuna II agg. nuovo di zecca; ***in ~ condition*** [*coin*] nuovo di conio, fior di conio.
3.mint /mɪnt/ tr. coniare (anche FIG.).
mint green I n. verde m. menta II agg. verde menta.
minuet /ˌmɪnjʊ'et/ n. minuetto m.
minus /'maɪnəs/ I n. 1 MAT. meno m. 2 *(disadvantage)* svantaggio m.; ***it has its pluses and ~es*** ha i suoi pro e i suoi contro II agg. 1 MAT. [*sign*] meno; [*number, value*] negativo 2 *(disadvantageous)* [*factor, side*] negativo III prep. 1 MAT. meno; ***8 ~ 3*** 8 meno 3; ***it's ~ 5 (degrees)*** ci sono 5 gradi sotto zero 2 SCHERZ. *(without)* senza; ***he woke up ~ his bag*** quando si è svegliato non aveva più la borsa.
minuscule /'mɪnəskjuːl/ I agg. minuscolo II n. *(letter)* minuscola f.; *(writing)* minuscolo m.
1.minute /'mɪnɪt/ ➧ *33, 4* I n. 1 *(unit of time)* minuto m.; ***five ~s past ten*** le dieci e cinque; ***it's five ~s' walk away*** è a cinque minuti a piedi da qui; ***I arrived at eight o'clock to the ~*** sono arrivato alle otto in punto 2 *(short moment)* minuto m., attimo m.; ***just a ~ please*** (solo) un attimo, per favore; ***he won't be a ~*** arriva subito; ***it won't take a ~*** ci vorrà un istante 3 *(exact instant)* ***the ~ I heard the news*** non appena ho avuto la notizia; ***at that very ~*** in quel preciso istante; ***any ~ now*** da un momento all'altro; ***stop it this ~!*** smettila immediatamente! ***I was just this ~ going to phone you*** stavo per telefonarti proprio ora; ***he's at this ~ starting his speech*** sta iniziando il suo discorso in questo preciso istante; ***to arrive at the last ~*** arrivare all'ultimo momento; ***to put sth. off to the last ~*** rimandare qcs. all'ultimo momento; ***he's always up to the ~ with the news*** è sempre al corrente delle ultime notizie 4 MAT. minuto m. II **minutes** n.pl. DIR. AMM. verbale m.sing.; ***to take the ~s*** stendere il verbale.
2.minute /'mɪnɪt/ tr. mettere a verbale, verbalizzare.
3.minute /maɪ'njuːt, AE -'nuːt/ agg. [*particle*] minuscolo; [*quantity, variation*] minimo; ***to describe sth. in ~ detail*** descrivere qcs. in modo minuzioso.
minute hand n. lancetta f. dei minuti.
minutely /maɪ'njuːtlɪ, AE -'nuːt-/ avv. [*describe*] minuziosamente, minutamente; [*differ*] in tutto e per tutto.
minutiae /maɪ'njuːʃiː, AE mɪ'nuː-/ n.pl. minimi particolari m., minuzie f.
minx /mɪŋks/ n. ANT. *(girl)* civetta f.
miracle /'mɪrəkl/ I n. miracolo m.; ***to work*** o ***perform ~s*** fare miracoli II modif. [*cure, recovery*] miracoloso.
miracle play n. LETTER. miracolo m., sacra rappresentazione f.
miraculous /mɪ'rækjʊləs/ agg. 1 [*cure, recovery*] miracoloso 2 *(great)* [*speed, efficiency*] straordinario.
mirage /'mɪrɑːʒ, mɪ'rɑːʒ/ n. miraggio m. (anche FIG.).
Miranda warning /mɪ'rændəˌwɔːnɪŋ/ n. AE = lettura dei diritti all'arrestato da parte dei poliziotti al momento dell'arresto.
mire /'maɪə(r)/ n. pantano m. (anche FIG.); ***to stick in the ~*** cacciarsi in un (bel) pantano ♦ ***to drag sb.'s name through the ~*** trascinare il nome di qcn. nel fango.
1.mirror /'mɪrə(r)/ n. 1 specchio m. (anche FIG.) 2 AUT. specchietto m.
2.mirror /'mɪrə(r)/ tr. riflettere (anche FIG.).
mirror image n. immagine f. speculare.
mirth /mɜːθ/ n. 1 *(laughter)* ilarità f. 2 *(joy)* allegria f.
mirthless /'mɜːθlɪs/ agg. FORM. [*laugh*] forzato; [*account, occasion*] triste.
misadventure /ˌmɪsəd'ventʃə(r)/ n. FORM. disavventura f.; ***death by ~*** BE DIR. morte accidentale.
misalliance /ˌmɪsə'laɪəns/ n. mésalliance f., matrimonio m. male assortito.
misanthrope /'mɪsənθrəʊp/ n. FORM. misantropo m. (-a).
misanthropy /mɪ'sænθrəpɪ/ n. FORM. misantropia f.
misapply /ˌmɪsə'plaɪ/ tr. applicare male, non applicare correttamente.
misapprehend /ˌmɪsæprɪ'hend/ tr. FORM. capire male, fraintendere.

misapprehension /ˌmɪsæprɪˈhenʃn/ n. FORM. malinteso m.; ***to be (labouring) under a ~*** essere vittima di un equivoco.

misappropriate /ˌmɪsəˈprəʊprɪeɪt/ tr. FORM. appropriarsi indebitamente di [*funds*].

misappropriation /ˌmɪsəˌprəʊprɪˈeɪʃn/ n. FORM. appropriazione f. indebita, malversazione f.

misbegotten /ˌmɪsbɪˈgɒtn/ agg. **1** [*plan*] mal concepito **2** ANT. illegittimo; ***~ child*** bastardo.

misbehave /ˌmɪsbɪˈheɪv/ **I** intr. comportarsi male **II** rifl. ***to ~ oneself*** comportarsi male.

misbehaviour BE, **misbehavior** AE /ˌmɪsbɪˈheɪvɪə(r)/ n. comportamento m. riprovevole; SCOL. cattiva condotta f.

miscalculate /ˌmɪsˈkælkjʊleɪt/ **I** tr. valutare male [*risk*]; calcolare male [*amount*] **II** intr. fare un errore di calcolo; FIG. giudicare male.

miscalculation /ˌmɪskælkjʊˈleɪʃn/ n. errore m. di calcolo; FIG. giudizio m. sbagliato.

miscarriage /ˈmɪskærɪdʒ, ˌmɪsˈkærɪdʒ/ n. **1** MED. aborto m. **2** DIR. ***a ~ of justice*** un errore giudiziario.

miscarry /ˌmɪsˈkærɪ/ intr. **1** MED. abortire **2** [*plan, attack*] fallire.

miscast /ˌmɪsˈkɑːst, AE -ˈkæst/ tr. (pass., p.pass. -cast) ***he was badly ~ as...*** è stato uno sbaglio assegnare a lui il ruolo di...; ***the film was ~*** il cast del film non era azzeccato.

miscellaneous /ˌmɪsəˈleɪnɪəs/ agg. misto, vario.

miscellany /mɪˈselənɪ, AE ˈmɪsəleɪnɪ/ n. miscellanea f. (anche LETTER.).

mischance /ˌmɪsˈtʃɑːns, AE -ˈtʃæns/ n. FORM. disdetta f.; ***by ~*** per disgrazia.

mischief /ˈmɪstʃɪf/ n. **1** *(playful behaviour)* ***children are always up to ~*** i bambini ne combinano sempre qualcuna; ***to get into ~*** cacciarsi nei guai, combinare birichinate **2** *(malice)* malizia f.; ***her eyes twinkled with ~*** i suoi occhi erano pieni di malizia **3** LETT. *(harm)* danno m.; ***to make*** o ***create ~*** mettere male, creare discordia ♦ ***to do oneself a ~*** BE farsi del male.

mischief-maker /ˈmɪstʃɪfˌmeɪkə(r)/ n. mettimale m. e f.

mischievous /ˈmɪstʃɪvəs/ agg. [*child*] monello, birichino; [*humour*] vivace; [*smile, eyes*] malizioso.

mischievousness /ˈmɪstʃɪvəsnɪs/ n. *(playfulness)* vivacità f.; *(malice)* maliziosità f.

misconceive /ˌmɪskənˈsiːv/ tr. fraintendere [*remark, meaning*].

misconceived /ˌmɪskənˈsiːvd/ **I** p.pass. → **misconceive II** agg. [*idea, argument*] sbagliato; [*agreement, project*] mal concepito.

misconception /ˌmɪskənˈsepʃn/ n. idea f. sbagliata; ***it is a popular ~ that*** è un pregiudizio diffuso che.

misconduct /ˌmɪsˈkɒndʌkt/ n. *(moral)* cattiva condotta f.; *(bad management)* cattiva gestione f.; ***professional ~*** inadempienza professionale.

misconstruction /ˌmɪskənˈstrʌkʃn/ n. equivoco m., fraintendimento m.

misconstrue /ˌmɪskənˈstruː/ tr. FORM. interpretare male, fraintendere [*words, meaning*].

1.miscount /ˌmɪsˈkaʊnt/ n. POL. ***to make a ~*** sbagliare nello spoglio delle schede elettorali.

2.miscount /ˌmɪsˈkaʊnt/ **I** tr. contare male [*votes*] **II** intr. sbagliare nel conteggio dei voti.

misdeed /ˌmɪsˈdiːd/ n. misfatto m., malefatta f.

misdemeanour BE, **misdemeanor** AE /ˌmɪsdɪˈmiːnə(r)/ n. DIR. infrazione f., reato m. minore.

misdial /ˌmɪsˈdaɪəl/ intr. (forma in -ing ecc. **-ll-** BE, **-l-** AE) sbagliare numero.

misdirect /ˌmɪsdaɪˈrekt, -dɪ- / tr. **1** dare indicazioni sbagliate a [*person*]; ***to ~ sb. to*** mandare per sbaglio qcn. a **2** *(misuse)* indirizzare nella direzione sbagliata [*efforts*]; fare cattivo uso di [*talents*] **3** *(address wrongly)* sbagliare l'indirizzo di [*letter, parcel*]; ***the letter was ~ed to our old address*** la lettera è stata mandata per sbaglio al nostro vecchio indirizzo **4** DIR. dare istruzioni erronee a [*jury*].

mise-en-scène /ˌmiːzɒnˈsen, -ˈseɪn/ n. messa f. in scena (anche FIG.).

miser /ˈmaɪzə(r)/ n. avaro m. (-a).

miserable /ˈmɪzrəbl/ agg. **1** *(gloomy)* [*person*] infelice, triste; [*event, thoughts*] triste; [*weather*] deprimente; ***to feel ~*** sentirsi depresso **2** COLLOQ. *(small)* [*quantity*] misero; [*wage*] da fame; *(pathetic)* [*attempt*] patetico; [*failure, performance, result*] penoso **3** *(poor)* [*life*] miserabile; [*dwelling*] misero, povero.

miserably /ˈmɪzrəblɪ/ avv. **1** *(unhappily)* [*speak*] mestamente; [*stare*] con aria malinconica; ***he was ~ cold*** stava morendo di freddo **2** *(pathetically)* [*fail*] miseramente; [*perform*] penosamente; ***a ~ low wage*** una paga da fame.

miserly /ˈmaɪzəlɪ/ agg. [*person*] avaro; [*habits*] da taccagno; [*allowance, amount*] misero.

misery /ˈmɪzərɪ/ n. **1** *(distress)* sofferenza f.; *(gloom)* infelicità f.; ***to make sb.'s life a ~*** rendere la vita impossibile a qcn.; ***to put sb. out of their ~*** EUFEM. porre fine alle sofferenze di qcn. **2** *(poverty)* miseria f. **3** BE COLLOQ. *(gloomy person)* lagna f.

misfire /ˌmɪsˈfaɪə(r)/ intr. [*gun*] incepparsi, fare cilecca; [*rocket*] non partire; [*engine*] non partire, non accendersi; FIG. [*plan*] fallire; [*joke*] non riuscire.

misfit /ˈmɪsfɪt/ n. disadattato m. (-a).

misfortune /ˌmɪsˈfɔːtʃuːn/ n. *(unfortunate event)* disgrazia f.; *(bad luck)* sfortuna f.

misgiving /ˌmɪsˈgɪvɪŋ/ n. dubbio m., sospetto m.; ***to have ~s about sb., sth.*** avere dubbi su qcn., qcs.

misguided /ˌmɪsˈgaɪdɪd/ agg. [*strategy*] incauto; [*attempt*] maldestro; [*politicians, teacher*] malconsigliato.

mishandle /ˌmɪsˈhændl/ tr. **1** *(inefficiently)* condurre male [*operation, meeting*] **2** *(roughly)* trattare male, maltrattare.

mishap /ˈmɪshæp/ n. incidente m., contrattempo m., (piccolo) guaio m.; ***a slight ~*** un piccolo incidente; ***without ~*** senza incidenti (di percorso).

mishear /ˌmɪsˈhɪə(r)/ tr. (pass., p.pass. **-heard**) capire male; ***I misheard "sea" as "tea"*** ho capito "tea" invece di "sea".

mishmash /ˈmɪʃmæʃ/ n. COLLOQ. guazzabuglio m.; ***a ~ of*** un'accozzaglia di.

misinform /ˌmɪsɪnˈfɔːm/ tr. informare male, dare informazioni sbagliate a [*person*].

misinformation /ˌmɪsɪnfəˈmeɪʃn/ n. *(intentional)* disinformazione f.; *(unintentional)* informazioni f.pl. sbagliate.

misinterpret /ˌmɪsɪnˈtɜːprɪt/ tr. interpretare male [*words, speech*].

misinterpretation /ˌmɪsɪntɜːprɪˈteɪʃn/ n. interpretazione f. sbagliata; ***open to ~*** ambiguo, che si può travisare.

misjudge /ˌmɪsˈdʒʌdʒ/ tr. calcolare male [*speed, distance*]; giudicare male, farsi un'idea sbagliata di [*person, character*].

misjudg(e)ment /ˌmɪsˈdʒʌdʒmənt/ n. errore m. di valutazione; *(wrong opinion)* opinione f. sbagliata.

miskick /ˌmɪsˈkɪk/ **I** tr. AE tirare male [*ball*]; sbagliare [*penalty*] **II** intr. AE sbagliare il tiro.

mislay /ˌmɪsˈleɪ/ tr. (pass., p.pass. **-laid**) mettere in un posto sbagliato, smarrire.

mislead /ˌmɪsˈliːd/ tr. (pass., p.pass. **-led**) *(deliberately)* ingannare; *(unintentionally)* fuorviare; ***to ~ sb. into thinking that*** portare qcn. a pensare che.

misleading /ˌmɪsˈliːdɪŋ/ agg. [*impression, advertising*] ingannevole; [*information, statement*] fuorviante.

misled /ˌmɪsˈled/ pass., p.pass. → **mislead.**

mismanage /ˌmɪsˈmænɪdʒ/ tr. amministrare male, gestire male.

mismanagement /ˌmɪsˈmænɪdʒmənt/ n. *(of economy, funds)* cattiva gestione f.; *(of company, project)* cattiva amministrazione f.

mismatch /ˈmɪsmætʃ/ n. *(of styles, colours)* abbinamento m. sbagliato (**between** di); *(of concepts, perceptions)* discrepanza f. (**between** tra).

mismatched /ˌmɪsˈmætʃt/ agg. [*people, furniture*] male assortito; [*forks, socks*] spaiato.

misname /ˌmɪsˈneɪm/ tr. *(name incorrectly)* chiamare col nome sbagliato; *(give unsuitable name to)* dare un nome inadatto a.

misnomer /ˌmɪsˈnəʊmə(r)/ n. nome m. sbagliato, denominazione f. impropria.

misogynist /mɪˈsɒdʒɪnɪst/ n. misogino m.

misogyny /mɪˈsɒdʒɪnɪ/ n. misoginia f.

misper /ˈmɪspə(r)/ n. BE COLLOQ. persona f. scomparsa.

misplace /ˌmɪsˈpleɪs/ tr. **1** *(mislay)* perdere, smarrire [*keys,* money] 2 *(put in wrong place)* mettere fuori posto [*object*]; riporre male [*trust*].

misplaced /ˌmɪsˈpleɪst/ I p.pass. → **misplace II** agg. 1 [*fears, criticisms*] fuori luogo 2 [*money, passport*] smarrito.

misprint /ˈmɪsprɪnt/ n. errore m. di stampa.

mispronounce /ˌmɪsprəˈnaʊns/ tr. pronunciare male.

mispronunciation /ˌmɪsprəˌnʌnsɪˈeɪʃn/ n. *(act)* (il) pronunciare male; *(instance)* pronuncia f. scorretta.

misquotation /ˌmɪskwəʊˈteɪʃn/ n. citazione f. sbagliata.

misquote /ˌmɪsˈkwəʊt/ tr. riportare in modo erroneo le parole di [*person*]; citare male [*text*]; sbagliare a indicare [*price*].

misread /ˌmɪsˈriːd/ tr. (pass., p.pass. **-read**) 1 *(read wrongly)* sbagliare a leggere [*sentence, map, metre*] 2 *(misinterpret)* interpretare male, fraintendere [*actions*].

misrepresent /ˌmɪsˌreprɪˈzent/ tr. mettere in falsa luce [*person*]; distorcere [*views*]; travisare [*facts, intentions*]; ***to ~ sb. as sth.*** far passare qcn. per qcs.

misrepresentation /ˌmɪsˌreprɪzenˈteɪʃn/ n. *(of facts, opinions)* travisamento m.

misrule /ˌmɪsˈruːl/ n. *(bad government)* malgoverno m.

1.miss /mɪs/ ➧ *9* n. 1 **Miss** signorina f.; *(written abbreviation)* Sig.na; ***the Misses Brown*** le signorine Brown; ***Miss World*** Miss Mondo 2 ANT. *(little girl)* ragazzina f.; ***a pert little ~*** SPREG. una smorfiosetta.

2.miss /mɪs/ n. 1 *(failure to score) (in game)* colpo m. mancato; ***the first shot was a ~*** il primo tiro è andato a vuoto 2 ***to give [sth.] a ~*** COLLOQ. saltare [*activity, lecture, meal*]; non andare a [*work*]; rinunciare a [*entertainment*] 3 *(failure)* fiasco m.

3.miss /mɪs/ I tr. 1 *(fail to hit)* mancare [*target*]; ***the stone just ~ed my head*** la pietra non mi ha colpito la testa per un pelo; ***he just ~ed the other car*** ha mancato di poco l'altra macchina 2 *(fail to take or catch)* perdere [*train, meeting, event, opportunity, chance*]; ***I ~ed her by five minutes*** l'ho mancata per cinque minuti; ***to ~ doing*** non riuscire a fare; ***it's great, don't ~ it!*** è bellissimo, non perdertelo! ***you don't know what you're ~ing!*** non sai cosa ti perdi! ***you didn't ~ much!*** non ti sei perso niente! 3 *(fail to see)* ***you can't ~ it, it's the only one*** non puoi sbagliare, è l'unico; ***the shop's easy to ~*** il negozio non è facile da trovare 4 *(fail to hear or understand)* non cogliere [*joke, remark*]; ***I ~ed that - what did he say?*** non ho sentito - che cosa ha detto? ***he doesn't ~ a thing*** non gli sfugge proprio niente; ***you've ~ed the whole point!*** non hai capito niente! 5 *(omit)* saltare [*line, meal*] 6 *(fail to attend)* non andare a, saltare [*school*] 7 *(avoid)* scampare a [*death*]; evitare [*traffic, bad weather*]; ***I just ~ed doing*** c'è mancato poco che non facessi; ***I just ~ed being injured*** per poco non mi ferivano; ***how he ~ed being run over I'll never know!*** come ha fatto a non farsi investire lo sa solo lui! 8 *(notice absence of)* accorgersi dell'assenza di [*object, person*]; ***she didn't ~ her keys till she got back*** non si è accorta di non avere le chiavi fino a quando non è tornata; ***keep it, I won't ~ it*** tienilo, non ne avrò bisogno 9 *(regret absence of)* ***I ~ you*** mi manchi; ***he ~ed Paris*** gli mancava Parigi; ***he'll be greatly ~ed*** si sentirà molto la sua mancanza II intr. 1 MIL. SPORT sbagliare un colpo; ***you can't ~!*** non puoi sbagliare! ***~ed!*** mancato! 2 AUT. [*engine*] perdere colpi ♦ ***to ~ the boat*** o ***bus*** perdere il treno.

■ **miss out**: ~ *out* perdersi; ~ *out [sb., sth.]*, ~ *[sb., sth.] out* saltare [*line, verse*]; tralasciare [*fact, point*]; escludere [*person*].

■ **miss out on**: ~ *out on [sth.]* lasciarsi sfuggire [*pleasure, chance*]; ***he ~ed out on all the fun*** si è perso tutto il divertimento.

missal /ˈmɪsl/ n. messale m.

misshapen /ˌmɪsˈʃeɪpən/ agg. [*body part*] deforme; [*object*] sformato.

missile /ˈmɪsaɪl, AE ˈmɪsl/ I n. 1 MIL. missile m. 2 *(rock, bottle etc.)* proiettile m. II modif. [*attack, base, site*] missilistico; ***~ launcher*** lanciamissili.

missing /ˈmɪsɪŋ/ agg. [*thing*] mancante; [*person*] scomparso; ***to be ~*** mancare; ***to go ~*** sparire; ***a man with a finger ~*** o ***a ~ finger*** un uomo senza un dito; ***the book was ~ from its usual place*** il libro non era al suo solito posto; ***to report sb. ~*** dare per disperso qcn.; ***the ~ link*** l'anello mancante (anche FIG.).

missing in action agg. MIL. disperso (in azione).

mission /ˈmɪʃn/ I n. 1 missione f.; ***to be on a ~*** essere in missione; ***~ accomplished!*** missione compiuta! 2 MIL. AER. missione f. (di volo) 3 RELIG. missione f. II modif. [*hospital, school*] della missione.

missionary /ˈmɪʃənrɪ, AE -nerɪ/ ➧ *27* I n. missionario m. (-a) II modif. [*vocation*] missionario; [*settlement*] di missionari.

missis → **missus.**

Mississippi /ˌmɪsɪˈsɪpɪ/ ➧ *24, 25* n.pr. Mississippi m.

Missouri /mɪˈzʊərɪ/ ➧ *24, 25* n.pr. Missouri m.

misspell /ˌmɪsˈspel/ tr. (pass., p.pass. **-spelled**, **-spelt** BE) sbagliare a scrivere [*word*].

misspelling /ˌmɪsˈspelɪŋ/ n. errore m. d'ortografia.

misspelt /ˌmɪsˈspelt/ pass., p.pass. BE → **misspell.**

misspent /ˌmɪsˈspent/ agg. ***a ~ youth*** una giovinezza sprecata *o* sciupata.

missus /ˈmɪsɪz/ n. COLLOQ. *(wife)* ***his ~*** la sua signora; ***the ~*** la signora.

1.mist /mɪst/ n. 1 *(thin fog)* foschia f. 2 *(from breath, on window)* appannamento m.; *(of tears)* velo m. ♦ ***lost in the ~s of time*** perso nelle nebbie del passato.

2.mist /mɪst/ tr. vaporizzare [*plant*].

■ **mist over** [*lens, mirror*] appannarsi; [*landscape*] offuscarsi; [*eyes*] velarsi.

■ **mist up** [*lens, window*] appannarsi.

1.mistake /mɪˈsteɪk/ n. errore m., sbaglio m.; ***to make a ~ in*** fare *o* commettere un errore di [*calculations*]; commettere un errore in [*letter, essay*]; ***to make a ~ about sb., sth.*** sbagliarsi su qcn., qcs.; ***by ~*** per sbaglio; ***you'll be punished, make no ~ about it*** o ***that!*** sarai punito, puoi starne certo! ***my ~!*** mea culpa! ***and no ~*** non c'è alcun dubbio.

2.mistake /mɪˈsteɪk/ tr. (pass. **-took**; p.pass. **-taken**) 1 *(confuse)* ***to ~ sth. for sth. else*** prendere qcs. per *o* confondere qcs. con qualcos'altro; ***to ~ sb. for sb. else*** prendere qcn. per qualcun altro; ***there's no mistaking him!*** è inconfondibile! 2 *(misinterpret)* fraintendere [*meaning*].

mistaken /mɪˈsteɪkən/ I p.pass. → **2.mistake II** agg. 1 ***to be ~*** sbagliarsi; ***unless I'm very much ~*** se non sbaglio; ***to do sth. in the ~ belief that*** fare qcs. credendo erroneamente che; ***~ identity*** errore di persona 2 [*enthusiasm, generosity*] fuori luogo.

mistakenly /mɪˈsteɪkənlɪ/ avv. [*think, believe*] a torto.

mister /ˈmɪstə(r)/ ➧ *9* n. 1 signore m. (forma completa, poco comune di **Mr**) 2 COLLOQ. ***now listen here, ~!*** ascoltami bene tu!

mistime /ˌmɪsˈtaɪm/ tr. fare [qcs.] al momento sbagliato, scegliere il momento sbagliato per [*attack, shot*].

mistletoe /ˈmɪsltəʊ/ n. vischio m.

mistook /mɪˈstʊk/ pass. → **2.mistake.**

mistranslate /ˌmɪstrænsˈleɪt/ tr. tradurre male.

mistranslation /ˌmɪstrænsˈleɪʃn/ n. *(mistake)* errore m. di traduzione; *(incorrect translation)* traduzione f. scorretta.

mistreat /ˌmɪsˈtriːt/ tr. maltrattare.

mistreatment /ˌmɪsˈtriːtmənt/ n. maltrattamento m.

mistress /ˈmɪstrɪs/ n. 1 *(sexual partner)* amante f. 2 *(woman in charge)* padrona f.; ***~ of the situation*** padrona della situazione; ***to be one's own ~*** essere padrona di se stessa; ***the ~ of the house*** la padrona di casa 3 BE ANT. *(teacher)* insegnante f.

mistrial /ˌmɪsˈtraɪəl/ n. DIR. processo m. nullo (per vizio di procedura).

1.mistrust /ˌmɪsˈtrʌst/ n. diffidenza f., sfiducia f. (**of, towards** verso, nei confronti di).

2.mistrust /ˌmɪsˈtrʌst/ tr. diffidare di, non avere fiducia in [*judgement, person*].

mistrustful /ˌmɪsˈtrʌstfl/ agg. diffidente (**of** verso, nei confronti di).

misty /ˈmɪstɪ/ agg. [*weather, morning*] nebbioso; [*hills*] avvolto nella foschia; [*lens, window*] appannato; [*photo*] sfocato; ***~ rain*** pioggia mista a nebbia.

misty-eyed /ˌmɪstɪˈaɪd/ agg. [*look*] tenero; ***he goes all ~ about it*** si commuove ogni volta che ne parla.

misunderstand /ˌmɪsʌndəˈstænd/ tr. (pass., p.pass. **-stood**) capire male; *(fail to understand completely)* non capire, non comprendere; ***don't ~ me*** *(to clarify oneself)* non fraintendermi.

misunderstanding /ˌmɪsʌndəˈstændɪŋ/ n. malinteso m.; *(slight disagreement)* incomprensione f., dissapore m.
misunderstood /ˌmɪsʌndəˈstʊːd/ **I** pass., p.pass. → **misunderstand II** agg. ***to feel ~*** sentirsi incompreso; ***much ~*** spesso frainteso.
1.misuse /ˌmɪsˈjuːs/ n. *(of equipment, word)* uso m. improprio; *(of talents)* cattivo uso m.; ***~ of funds*** impiego scorretto dei fondi.
2.misuse /ˌmɪsˈjuːz/ tr. usare in modo scorretto [*equipment, word*]; fare cattivo uso di [*talents*]; abusare di [*authority*].
1.mite /maɪt/ n. **1** *(child)* ***poor little ~!*** povero piccolo! **2 a mite** COLLOQ. *(a bit)* ***~ confused, ridiculous*** un tantino confuso, ridicolo.
2.mite /maɪt/ n. acaro m.
miter AE → **mitre.**
mitigate /ˈmɪtɪgeɪt/ tr. mitigare, attenuare [*effects, distress*]; ridurre [*risks, loss*]; DIR. attenuare [*sentence*].
mitigating /ˈmɪtɪgeɪtɪŋ/ agg. DIR. ***~ circumstances*** o ***factors*** circostanze attenuanti.
mitigation /ˌmɪtɪˈgeɪʃn/ n. **1** *(of effects, distress)* attenuazione f. **2** DIR. *(of sentence)* riduzione f.; ***to make a plea in ~*** appellarsi alle circostanze attenuanti.
mitre BE, **miter** AE /ˈmaɪtə(r)/ n. **1** *(of bishop)* mitra f. (anche FIG.) **2** ING. (anche **~ joint**) giunto m. ad angolo retto.
mitt /mɪt/ n. **1** → **mitten 2** COLLOQ. *(hand)* ***get your ~s off that!*** giù le zampe! **3** SPORT guantone m. da baseball.
mitten /ˈmɪtn/ n. muffola f., manopola f.
1.mix /mɪks/ n. **1** mescolanza f., miscela f., mix m.; *(for cement, paste)* composto m.; *(for cake)* preparato m. **2** MUS. mix m.
2.mix /mɪks/ **I** tr. **1** *(combine)* mescolare [*ingredients, colours*]; combinare [*systems*]; ***to ~ sth. into*** *(add to)* incorporare qcs. a; ***to ~ and match*** abbinare [*colours, styles*] **2** *(make)* preparare, fare [*drink, cement*] **3** MUS. mixare [*record, track*] **II** intr. **1** (anche **~ together**) *(be combined)* [*ingredients, colours*] mescolarsi, mischiarsi (**with** con, a) **2** *(socialize)* essere socievole; ***to ~ with*** frequentare.
▪ **mix in**: ~ *[sth.]* in, ~ in *[sth.]* incorporare [*ingredient, substance*] (**with** a).
▪ **mix up**: ~ *[sth.]* up, ~ up *[sth.]* **1** *(confuse)* confondere, scambiare [*dates, names*]; ***to get two things ~ed up*** confondere due cose **2** *(jumble up)* mettere sottosopra [*papers, photos*] **3** *(involve)* ***to ~ sb. up in*** coinvolgere qcn. in; ***to get ~ed up in*** essere coinvolto in.
mixed /mɪkst/ **I** p.pass. → **2.mix II** agg. **1** *(varied)* [*collection, programme*] vario; [*diet*] variato; [*sweets*] assortito; [*salad*] misto; [*group, community*] *(socially, in age)* eterogeneo; *(racially)* misto; ***of ~ blood*** di sangue misto **2** *(for both sexes)* [*school, team, sauna*] misto; ***in ~ company*** in compagnia di uomini e donne **3** *(contrasting)* [*reaction, reception, feelings*] contrastante; ***to have ~ fortunes*** avere alterne fortune.
mixed ability agg. SCOL. [*class*] che comprende vari livelli; [*teaching*] a studenti di vari livelli.
mixed bag n. *(of things, people)* miscuglio m.
mixed blessing n. ***to be a ~*** avere vantaggi e svantaggi.
mixed doubles n. doppio m. misto.
mixed economy n. economia f. mista.
mixed grill n. grigliata f. mista.
mixed marriage n. matrimonio m. misto.
mixed media agg. multimediale.
mixed race n. razza f. meticcia; ***of ~*** meticcio.
mixed-up /ˌmɪkstˈʌp/ agg. COLLOQ. [*person*] turbato; [*thoughts, memories, emotions*] confuso.
mixer /ˈmɪksə(r)/ n. **1** GASTR. *(electric)* frullatore m.; *(manual)* frullino m. **2** *(drink)* = bevanda non alcolica usata per allungare i superalcolici **3** *(for cement)* betoniera f. **4** MUS. *(engineer)* tecnico m. del missaggio; *(device)* mixer m. **5** *(sociable person)* ***to be a good ~*** legare facilmente con le persone; ***to be a bad ~*** essere un orso.
mixing /ˈmɪksɪŋ/ n. **1** *(of people, objects, ingredients)* mescolamento m.; *(of cement)* preparazione f. **2** MUS. mixing m., missaggio m.
mixing bowl n. GASTR. = ciotola per mescolare ingredienti.
mixing desk n. MUS. mixer m.
mixture /ˈmɪkstʃə(r)/ n. **1** *(combination) (of people, flavours)* mescolanza f.; *(of reasons)* insieme m. **2** GASTR. CHIM. miscela f.
mix-up /ˈmɪksʌp/ n. confusione f. (**over** su).
mnemonic /nɪˈmɒnɪk/ **I** agg. mnemonico **II** n. *(device)* mezzo m. mnemonico.
mo /məʊ/ n. BE COLLOQ. (accorc. moment) ***just a ~!*** solo un attimo *o* un momento!
MO n. **1** MIL. → **medical officer 2** → **money order**.
1.moan /məʊn/ n. **1** *(of person, wind)* gemito m., lamento m. **2** COLLOQ. *(grouse)* lamentela f., lagnanza f. (**about** su, circa).
2.moan /məʊn/ intr. **1** [*person*] gemere (**with** di); [*wind*] gemere **2** COLLOQ. *(grouse)* lamentarsi (**about** di).
moaner /ˈməʊnə(r)/ n. COLLOQ. piagnone m. (-a).
moat /məʊt/ n. fosso m., fossato m.
1.mob /mɒb/ **I** n. + verbo sing. o pl. **1** *(crowd)* folla f., ressa f. **2** *(gang)* gang f.; ***the Mob*** la Mafia **3** COLLOQ. *(group)* combriccola f., banda f. (anche SPREG.); ***and all that ~*** e compagnia bella **4** *(masses)* ***the ~*** SPREG. la plebaglia **II** modif. **1** *(Mafia)* [*boss*] mafioso, della Mafia **2** *(crowd)* [*violence, hysteria*] di massa.
2.mob /mɒb/ tr. (forma in -ing ecc. **-bb-**) *(attack)* attaccare, assalire [*person*]; assaltare [*place*]; *(crowd around)* affollarsi intorno a, circondare.
mobile /ˈməʊbaɪl, AE -bl, *anche* -biːl/ **I** agg. **1** *(moveable)* mobile **2** FIG. *(expressive)* [*features*] espressivo, mobile **3** *(able to get around)* ***to be ~*** *(able to walk)* riuscire a camminare; *(able to travel)* riuscire a spostarsi **II** n. **1** ART. mobile m. **2** (anche **~ phone**) (telefono) cellulare m., telefonino m.
mobile communications n.pl. + verbo sing. telefonia f. mobile.
mobile home n. casa f. mobile.
mobile library n. BE bibliobus m.
mobile shop n. camioncino m. per la vendita ambulante.
mobile telephony n. telefonia f. mobile.
mobility /məʊˈbɪlətɪ/ n. mobilità f.; *(of features)* espressività f., mobilità f.; *(agility)* agilità f.
mobility allowance n. BE = indennità che spetta ai disabili per coprire le spese di assistenza negli spostamenti.
mobilization /ˌməʊbɪlaɪˈzeɪʃn, AE -lɪˈz-/ n. mobilitazione f. (anche MIL.).
mobilize /ˈməʊbɪlaɪz/ tr. mobilitare (anche MIL.); ***to ~ the support of sb.*** cercare l'appoggio di qcn.
mobster /ˈmɒbstə(r)/ n. criminale m., gangster m.
moccasin /ˈmɒkəsɪn/ n. mocassino m.
mocha /ˈmɒkə, AE ˈməʊkə/ n. **1** *(coffee)* moka m. **2** *(flavouring)* = aroma di caffè e cioccolato.
1.mock /mɒk/ **I** agg. **1** *(imitation)* finto [*suede, ivory*]; ***~ leather*** similpelle **2** *(feigned)* [*humility*] falso; [*accident, battle*] simulato; ***in ~ terror*** simulando terrore **3** *(practice)* ***a ~ exam*** una simulazione d'esame **II** n. BE SCOL. simulazione f. d'esame.
2.mock /mɒk/ **I** tr. **1** *(laugh at)* deridere, canzonare, farsi beffe di [*person*]; ridere di [*action, attempt*] **2** *(ridicule by imitation)* fare il verso a, scimmiottare [*person*] **II** intr. prendere in giro.
mocker /ˈmɒkə(r)/ n. burlone m. (-a), canzonatore m. (-trice).
mockery /ˈmɒkərɪ/ n. **1** *(ridicule)* derisione f., scherno m.; ***to make a ~ of*** mettere in ridicolo [*person, work*]; vanificare [*law, rule*] **2** *(travesty)* parodia f.
mock-heroic /ˌmɒkhɪˈrəʊɪk/ agg. LETTER. eroicomico.
mocking /ˈmɒkɪŋ/ **I** n. presa f. in giro **II** agg. [*manner, smile, tone*] beffardo.
mockingbird /ˈmɒkɪŋbɜːd/ n. ZOOL. mimo m.
mock-up /ˈmɒkʌp/ n. **1** *(of car)* modello m. (a grandezza naturale) **2** TIP. menabò m.
mod /mɒd/ n. BE (anche **Mod**) mod m. e f.
MoD n. GB (⇒ Ministry of Defence) = Ministero della Difesa.
modal /ˈməʊdl/ **I** agg. modale **II** n. (anche **~ auxiliary, ~ verb**) (verbo) modale m.
modality /məˈdælətɪ/ n. modalità f.
mod con /ˌmɒdˈkɒn/ n. BE (accorc. modern convenience) ***"all ~s"*** *(in advert)* "tutti i comfort".
mode /məʊd/ n. **1** *(style)* modo m.; ***~ of life*** stile di vita; ***~ of behaviour*** comportamento; ***~ of dress, of expression*** modo

di vestire, di esprimersi; **~ of leadership** stile di comando 2 *(method)* **~ of funding** tipo di finanziamento; **~ of production** metodo di produzione; **~ of transport** mezzo di trasporto 3 *(state) (of equipment)* fase f., modalità f.; *(of person)* vena f., disposizione f.; **in printing ~** in modalità di stampa.

1.model /'mɒdl/ **I** n. 1 *(scale representation)* modello m.; *(made as hobby)* modellino m. 2 *(version of car, appliance, garment)* modello m.; **the latest ~** l'ultimo modello; **computer ~** modello informatico 3 ➧ *27* *(person) (for artist)* modello m. (-a); *(showing clothes)* modello m. (-a), indossatore m. (-trice); **top** o **fashion ~** top model 4 *(thing to be copied)* modello m.; **to hold sth. up** o **out as a ~** prendere qcs. a modello **II** agg. 1 [*railway, village*] in miniatura; **a ~ train** un modellino di treno; **~ soldier** soldatino 2 *(new and exemplary)* [*hospital, prison*] modello 3 *(perfect)* [*spouse, student*] modello; [*conduct*] esemplare.

2.model /'mɒdl/ **I** tr. (forma in -ing ecc. **-ll-**, **-l-** AE) 1 **to ~ sth. on sth.** modellare qcs. su qcs. 2 [*fashion model*] indossare, presentare [*garment*] 3 *(shape)* modellare [*clay, figure*] **II** intr. (forma in -ing ecc. **-ll-**, **-l-** AE) 1 *(for artist)* posare 2 *(in fashion)* fare il modello, la modella 3 **to ~ in** [*artist*] modellare in [*clay, wax*] **III** rifl. (forma in -ing ecc. **-ll-**, **-l-** AE) **to ~ oneself on sb.** prendere qcn. a modello.

modelled, modeled AE /'mɒdld/ **I** p.pass. → **2.model II** agg. 1 [*clothes*] indossato (**by** da) 2 **~ on sth.** modellato su qcs.

modelling, modeling AE /'mɒdəlɪŋ/ n. 1 *(of clothes)* **have you done any ~?** hai già lavorato come modella? **~ is a tough career** la carriera di modella è molto difficile 2 *(for photographer, artist)* **to do some ~** posare 3 *(with clay etc.)* modellatura f. 4 INFORM. modellazione f. su elaboratore.

modelling clay n. creta f. per modellare.

modem /'məʊdem/ n. modem m.

1.moderate /'mɒdərət/ **I** agg. 1 *(not extreme)* [*person, party, tone*] moderato 2 *(of average extent)* [*gain, success*] modesto; [*performance*] mediocre 3 METEOR. [*conditions*] mite; [*wind*] leggero, moderato **II** n. moderato m. (-a).

2.moderate /'mɒdəreɪt/ **I** tr. moderare **II** intr. 1 *(become less extreme)* moderarsi 2 *(chair)* **to ~ over** fare da moderatore in [*debate*] 3 METEOR. [*wind, storm*] placarsi; [*rain*] diminuire.

moderately /'mɒdərətlɪ/ avv. 1 *(quite)* **~ good, interesting** abbastanza buono, interessante 2 **to be ~ priced** avere un prezzo abbordabile; **~ sized** di taglia media 3 *(with restraint)* con moderazione, moderatamente.

moderating /'mɒdəreɪtɪŋ/ agg. [*influence*] moderatore; [*role*] da moderatore.

moderation /ˌmɒdə'reɪʃn/ n. moderazione f.; **in ~** con moderazione.

moderator /'mɒdəreɪtə(r)/ n. 1 *(chairperson)* moderatore m. (-trice) 2 BE SCOL. UNIV. esaminatore m. (-trice).

modern /'mɒdn/ **I** agg. moderno; **all ~ conveniences** tutti i comfort; **~ China** la Cina attuale; **in ~ times** in epoca moderna; *(nowadays)* al giorno d'oggi **II** n. moderno m. (-a).

modern-day /'mɒdnˌdeɪ/ agg. attuale, dei nostri giorni.

modern English n. inglese m. moderno.

modernism /'mɒdənɪzəm/ n. (anche **Modernism**) modernismo m.

modernist /'mɒdənɪst/ **I** agg. modernista **II** n. modernista m. e f.

modernistic /ˌmɒdə'nɪstɪk/ agg. modernistico.

modernity /mɒ'dɜːnətɪ/ n. modernità f.

modernization /ˌmɒdɜːnaɪ'zeɪʃn, AE -nɪ'z-/ n. modernizzazione f.

modernize /'mɒdənaɪz/ **I** tr. modernizzare [*system*]; rimodernare [*kitchen*] **II** intr. modernizzarsi.

modern languages I n.pl. lingue f. (moderne) **II** modif. [*student, lecturer*] di lingue moderne.

modest /'mɒdɪst/ agg. 1 *(unassuming)* [*person*] modesto (**about** riguardo a, circa) 2 *(not large)* [*sum, gift*] modesto 3 *(demure)* [*dress, person*] modesto, dimesso.

modestly /'mɒdɪstlɪ/ avv. [*talk*] con modestia; [*dress*] in modo modesto; **he has been ~ successful** ha avuto un modesto successo.

modesty /'mɒdɪstɪ/ n. modestia f.

modicum /'mɒdɪkəm/ n. minimo m.; **a ~ of sense** un briciolo di buonsenso.

modification /ˌmɒdɪfɪ'keɪʃn/ n. modificazione f., modifica f.; **to make ~s to** o **in sth.** apportare delle modifiche a qcs.; **we accept it without further ~s** lo prendiamo così com'è.

modifier /'mɒdɪfaɪə(r)/ n. LING. modificatore m.

modify /'mɒdɪfaɪ/ tr. 1 *(alter)* truccare [*engine*]; alterare [*drug*] 2 *(moderate)* moderare [*demand, statement, policy*] 3 *(change)* modificare [*attitude*] 4 LING. modificare.

modish /'məʊdɪʃ/ agg. alla moda.

modular /'mɒdjʊlə(r), AE -dʒʊ-/ agg. modulare.

modulate /'mɒdjʊleɪt, AE -dʒʊ-/ **I** tr. RAD. ELETTRON. modulare **II** intr. MUS. modulare.

modulation /ˌmɒdjʊ'leɪʃn, AE -dʒʊ-/ n. modulazione f.

module /'mɒdjuːl, AE -dʒʊ-/ n. ARCH. INFORM. ELETTRON. SCOL. modulo m.

mog /mɒg/, **moggie, moggy** /'mɒgɪ/ n. BE COLLOQ. micio m. (-a).

1.mogul /'məʊgl/ n. *(magnate)* magnate m., pezzo m. grosso.

2.mogul /'məʊgl/ n. *(in skiing)* gobba f.

Mogul /'məʊgl/ n. mogol m.; **the Great** o **Grand ~** il Gran Mogol.

Mohammed /məʊ'hæmed/ n.pr. RELIG. Maometto.

Mohammedan /məʊ'hæmɪdən/ **I** agg. maomettano **II** n. maomettano m. (-a).

Mohammedanism /məʊ'hæmɪdənɪzəm/ n. maomettismo m.

Mohican /məʊ'hiːkən/ **I** agg. mo(h)icano **II** n. 1 STOR. mo(h)icano m. (-a) 2 *(hairstyle)* cresta f.

moiety /'mɔɪətɪ/ n. RAR. metà f.

moist /mɔɪst/ agg. [*climate, soil*] umido; [*cake*] morbido; [*hands*] *(with sweat)* madido; [*skin*] idratato.

moisten /'mɔɪsn/ **I** tr. 1 inumidire [*stamp, cloth*] 2 GASTR. bagnare leggermente **II** intr. [*eyes*] inumidirsi.

moisture /'mɔɪstʃə(r)/ n. *(of soil, in walls)* umidità f.; *(on glass)* condensa f.; *(of skin)* idratazione f.; *(sweat)* sudore m.

moisturize /'mɔɪstʃəraɪz/ tr. idratare [*skin*].

moisturizer /'mɔɪstʃəraɪzə(r)/ n. crema f. idratante.

moisturizing /'mɔɪstʃəraɪzɪŋ/ agg. [*cream, lotion*] idratante.

moke /məʊk/ n. asino m. (-a), somaro m. (-a) (anche FIG.).

molar /'məʊlə(r)/ **I** agg. molare **II** n. molare m.

molasses /mə'læsɪz/ n. + verbo sing. melassa f.

mold AE → **1.mould, 2.mould, 3.mould, 4.mould.**

molder AE → **moulder.**

molding AE → **moulding.**

Moldova /mɒl'dəʊvə/ ➧ *6* n.pr. Moldavia f.

Moldovan /mɒl'dəʊvən/ ➧ *18* **I** agg. moldavo **II** n. moldavo m. (-a).

moldy AE → **mouldy.**

1.mole /məʊl/ n. *(on skin)* neo m.

2.mole /məʊl/ n. *(animal)* talpa f. (anche FIG.).

3.mole /məʊl/ n. *(breakwater)* molo m., frangiflutti m.

molecular /mə'lekjʊlə(r)/ agg. molecolare.

molecule /'mɒlɪkjuːl/ n. molecola f.

molehill /'məʊlhɪl/ n. = monticello di terra sollevato dalla talpa ♦ **to make a mountain out of a ~** fare di una mosca un elefante.

moleskin /'məʊlskɪn/ n. 1 *(fur)* pelliccia f. di talpa 2 *(cotton)* fustagno m.

molest /mə'lest/ tr. *(sexually assault)* molestare.

molestation /ˌməʊle'steɪʃn/ n. *(sexual assault)* molestie f.pl. sessuali.

molester /mə'lestə(r)/ n. molestatore m. (-trice); **child ~** = pedofilo.

moll /mɒl/ n. **a gangster's ~** la pupa di un gangster.

Moll /mɒl/ n.pr. diminutivo di **Mary**.

mollify /'mɒlɪfaɪ/ tr. calmare, placare.

mollusc, mollusk AE /'mɒləsk/ n. mollusco m.

Molly /'mɒlɪ/ n.pr. diminutivo di **Mary**.

mollycoddle /'mɒlɪkɒdl/ tr. coccolare, viziare.

Molotov cocktail /ˌmɒlətɒf'kɒkteɪl/ n. (bomba) molotov f.

molt AE → **1.moult, 2.moult.**

molten /'məʊltən/ agg. attrib. [*metal, rock*] fuso.

Moluccas /mə'lʌkəs/ ➧ *12* n.pr.pl. (anche **Molucca Islands**) **the ~** le (isole) Molucche.

molybdenum /məˈlɪbdɪnəm/ n. molibdeno m.
mom /mɒm/ n. AE COLLOQ. mamma f.
moment /ˈməʊmənt/ n. **1** *(instant)* momento m., istante m., attimo m.; ***at any ~*** da un momento all'altro; ***I don't believe that for one ~*** non ci credo nel modo più assoluto; ***just a ~!*** un attimo! un momento! ***and not a ~ too soon!*** appena in tempo! ***the car hasn't given me a ~'s trouble*** la macchina non mi ha mai dato problemi; ***at the right ~*** al momento giusto; ***to choose one's ~*** scegliere il momento giusto; ***phone me the ~ (that) he arrives*** chiamami appena arriva; ***I've only this ~ arrived*** sono appena arrivato; ***at this ~ in time*** adesso come adesso; ***this is the ~ of truth*** è l'ora della verità **2** *(good patch)* ***the film had its ~s*** il film aveva i suoi momenti buoni; ***he has his ~s*** ha i suoi momenti buoni **3** LETT. *(importance)* ***to be of great ~ to sb.*** essere di grande importanza per qcn. **4** FIS. momento m.
momentarily /ˈməʊməntrəlɪ, AE ˌməʊmənˈterəlɪ/ avv. **1** *(for an instant)* per un attimo **2** AE *(very soon)* in un attimo; *(at any moment)* da un momento all'altro.
momentary /ˈməʊməntrɪ, AE -terɪ/ agg. **1** *(temporary)* momentaneo, temporaneo; ***a ~ silence*** un attimo di silenzio **2** *(fleeting)* [*impulse, indecision*] momentaneo, passeggero; [*glimpse*] rapido.
momentous /məˈmentəs, məʊˈm-/ agg. [*news, event*] importantissimo; [*decision*] grave.
momentum /məˈmentəm, məʊˈm-/ n. **1** *(pace)* slancio m. (anche FIG.); ***to gain ~*** prendere lo slancio **2** FIS. momento m. (della quantità di moto); ***to gain*** o ***gather ~*** aumentare di velocità.
Mon ⇒ Monday lunedì (lun.).
Mona Lisa /ˌməʊnəˈliːzə/ n.pr. ***the ~*** la Gioconda.
monarch /ˈmɒnək/ n. monarca m. e f.
monarchic(al) /məˈnɑːkɪk(l)/ agg. monarchico.
monarchism /ˈmɒnəkɪzəm/ n. monarchismo m.
monarchist /ˈmɒnəkɪst/ **I** agg. monarchico **II** n. monarchico m. (-a).
monarchy /ˈmɒnəkɪ/ n. monarchia f.
monastery /ˈmɒnəstrɪ, AE -terɪ/ n. monastero m.
monastic /məˈnæstɪk/ agg. **1** RELIG. [*vows*] monastico **2** *(ascetic)* [*life*] monacale.
monasticism /məˈnæstɪsɪzəm/ n. monachesimo m.
Monday /ˈmʌndeɪ, -dɪ/ ♦ ***36*** n. lunedì m.
monetarism /ˈmʌnɪtərɪzəm/ n. monetarismo m.
monetarist /ˈmʌnɪtərɪst/ **I** agg. monetarista, monetaristico **II** n. monetarista m. e f.
monetary /ˈmʌnɪtrɪ, AE -terɪ/ agg. monetario.
money /ˈmʌnɪ/ **I** n. soldi m.pl., denaro m.; ***to make ~*** [*person*] fare soldi; [*business*] rendere bene; ***to raise ~*** trovare i capitali; ***there's no ~ in it*** è un pessimo investimento; ***to earn good ~*** guadagnare bene; ***there's big ~ in computers*** COLLOQ. si fanno soldi a palate con i computer **II monies, moneys** n.pl. *(funds)* fondi m.; *(sums)* somme f. **III** modif. [*matters, problems*] di soldi ♦ ***not for love nor ~*** per niente al mondo; ***for my ~*** a mio avviso; ***it's ~ for jam*** o ***for old rope*** sono soldi facili; ***~ talks*** col denaro si può tutto; ***to be in the ~, to be made of ~*** essere ricco sfondato *o* pieno di soldi; ***to have ~ to burn*** avere soldi da buttare via; ***to get one's ~'s worth, to get a good run for one's ~*** spendere bene il proprio denaro; ***to put one's ~ where one's mouth is*** mettere mano al *o* tirare fuori il portafoglio; ***to throw good ~ after bad*** = sprecare denaro per rimediare a un pessimo affare; ***your ~ or your life!*** o la borsa o la vita!
moneybags /ˈmʌnɪbægz/ n. riccone m. (-a).
moneybox /ˈmʌnɪbɒks/ n. salvadanaio m.
money-changer /ˈmʌnɪˌtʃeɪndʒə(r)/ ♦ ***27*** n. cambiavalute m. e f.
moneyed /ˈmʌnɪd/ agg. danaroso, ricco.
money-grubbing /ˈmʌnɪɡrʌbɪŋ/ agg. SPREG. avido di denaro.
money-lender /ˈmʌnɪˌlendə(r)/ ♦ ***27*** n. **1** ECON. COMM. chi concede prestiti **2** *(usurer)* prestasoldi m. e f.
moneymaker /ˈmʌnɪˌmeɪkə(r)/ n. *(product, activity)* miniera f. d'oro; *(person)* persona f. che fa soldi.
moneymaking /ˈmʌnɪˌmeɪkɪŋ/ **I** n. (il) fare soldi **II** agg. [*scheme*] *(profitable)* proficuo, redditizio; *(designed for profit)* per fare soldi.
moneyman /ˈmʌnɪˌmæn/ n. (pl. **-men**) finanziere m.
money market n. mercato m. monetario.
money order n. ordine m. di pagamento, vaglia m.
money rate n. tasso m. di interesse monetario.
money spinner n. BE *(product, activity)* miniera f. d'oro.
money supply n. ECON. massa f. monetaria.
mongol /ˈmɒŋgl/ **I** agg. mongoloide (anche SPREG.) **II** n. mongoloide m. e f., mongolo m. (-a) (anche SPREG.).
Mongol /ˈmɒŋgl/ ♦ ***18*** **I** agg. mongolo **II** n. mongolo m. (-a).
Mongolian /mɒŋˈgəʊlɪən/ ♦ ***18, 14*** **I** agg. mongolo **II** n. **1** *(person)* mongolo m. (-a) **2** *(language)* mongolo m.
mongolism /ˈmɒŋgəlɪzəm/ n. ANT. MED. mongolismo m.
mongoose /ˈmɒŋguːs/ n. mangusta f.
mongrel /ˈmʌŋgrl/ n. *(dog)* (cane) bastardo m.; *(plant, animal)* ibrido m., incrocio m.
monied → **moneyed**.
monies /ˈmʌnɪz/ n.pl. *(funds)* fondi m.; *(sums)* somme f.
1.monitor /ˈmɒnɪtə(r)/ n. **1** TECN. MED. INFORM. monitor m. **2** SCOL. capoclasse m. e f.
2.monitor /ˈmɒnɪtə(r)/ tr. **1** TECN. MED. monitorare **2** SCOL. seguire [*student, progress*].
monitoring /ˈmɒnɪtərɪŋ/ **I** n. **1** *(by person)* controllo m.; *(by device)* monitoraggio m. **2** BE SCOL. ***~ of students, progress*** monitoraggio degli alunni, dei progressi **II** modif. [*device, equipment*] di controllo, di monitoraggio.
monk /mʌŋk/ n. monaco m.
monkey /ˈmʌŋkɪ/ n. **1** ZOOL. scimmia f. **2** COLLOQ. *(rascal)* monello m. (-a) ♦ ***I don't give a ~'s about it*** COLLOQ. non me ne potrebbe fregare di meno; ***to have a ~ on one's back*** COLLOQ. *(be addicted)* avere la scimmia sulla spalla; ***to make a ~ out of sb.*** COLLOQ. far passare qcn. per scemo.
monkey around intr. COLLOQ. fare il cretino; ***to ~ with sth.*** gingillarsi con qcs.
monkey business n. COLLOQ. *(fooling)* buffonate f.pl., pagliacciate f.pl.; *(cheating)* imbroglio m.
monkey nut n. BE COLLOQ. nocciolina f. americana.
monkey puzzle (tree) n. araucaria f.
monkey shines AE, **monkey tricks** n.pl. → **monkey business.**
monkey wrench n. chiave f. inglese.
monkfish /ˈmʌŋkfɪʃ/ n. (pl. **~, ~es**) *(angler fish)* (rana) pescatrice f.; *(angel shark)* squadro m., angelo m. di mare.
mono /ˈmɒnəʊ/ **I** agg. mono **II** n. *(recording)* registrazione f. mono; *(reproduction)* riproduzione f. mono; ***in ~*** in mono.
monochrome /ˈmɒnəkrəʊm/ **I** n. ***in ~*** ART. FOT. in monocromia; *(in black and white)* in bianco e nero **II** agg. **1** CINEM. TELEV. FOT. in bianco e nero; ART. monocromo; INFORM. monocromatico **2** FIG. *(dull)* monotono, incolore.
monocle /ˈmɒnəkl/ n. monocolo m.
monogamous /məˈnɒgəməs/ agg. monogamo.
monogamy /məˈnɒgəmɪ/ n. monogamia f.
monogram /ˈmɒnəgræm/ n. monogramma m.
monogrammed /ˈmɒnəgræmd/ agg. ***his ~ ties*** le sue cravatte con le cifre.
monograph /ˈmɒnəgrɑːf, AE -græf/ n. monografia f.
monolingual /ˌmɒnəʊˈlɪŋgwəl/ **I** agg. monolingue **II** n. monolingue m. e f.
monolith /ˈmɒnəlɪθ/ n. monolito m.
monolithic /ˌmɒnəˈlɪθɪk/ agg. monolitico.
monologue, monolog AE /ˈmɒnəlɒg/ n. monologo m.
monomania /ˌmɒnəˈmeɪnɪə/ ♦ ***11*** n. monomania f.
monomaniac /ˌmɒnəˈmeɪnɪæk/ **I** agg. monomaniaco **II** n. monomaniaco m. (-a).
mononucleosis /ˌmɒnəʊˌnjuːklɪˈəʊsɪs, AE -ˌnuː-/ ♦ ***11*** n. mononucleosi f.
monoplane /ˈmɒnəpleɪn/ n. monoplano m.
monopolist /məˈnɒpəlɪst/ n. monopolista m. e f.
monopolistic /məˌnɒpəˈlɪstɪk/ agg. monopolistico.
monopolization /məˌnɒpəlaɪˈzeɪʃn, AE -lɪˈz-/ n. monopolizzazione f.
monopolize /məˈnɒpəlaɪz/ tr. ECON. monopolizzare (anche FIG.).
monopoly /məˈnɒpəlɪ/ **I** n. ECON. monopolio m. (anche FIG.) **II Monopoly®** n.pr. Monopoli® m.
monorail /ˈmɒnəʊreɪl/ **I** agg. monorotaia **II** n. monorotaia f.

1.monoski /ˈmɒnəskiː/ n. monoscì m.
2.monoski /ˈmɒnəskiː/ intr. fare monoscì, andare sul monoscì.
monosodium glutamate /ˌmɒnəʊˌsəʊdɪəmˈgluːtəmeɪt/ n. glutammato m. di sodio.
monosyllabic /ˌmɒnəsɪˈlæbɪk/ agg. monosillabico.
monosyllable /ˈmɒnəsɪləbl/ n. monosillabo m.
monotheism /ˈmɒnəθiːɪzəm/ n. monoteismo m.
monotheist /ˈmɒnəθiːɪst/ **I** agg. monoteista **II** n. monoteista m. e f.
monotheistic /ˌmɒnəθiːˈɪstɪk/ agg. monoteistico.
monotone /ˈmɒnətəʊn/ n. ***to speak in a ~*** parlare in modo monotono *o* con tono uniforme.
monotonous /məˈnɒtənəs/ agg. monotono.
monotony /məˈnɒtənɪ/ n. monotonia f.
monotype /ˈmɒnətaɪp/ n. ART. monotipo m.
monoxide /məˈnɒksaɪd/ n. monossido m.
monsignor /mɒnˈsiːnjə(r)/ n. monsignore m.
monsoon /mɒnˈsuːn/ n. monsone m.
monster /ˈmɒnstə(r)/ **I** n. mostro m. (anche FIG.) **II** modif. enorme, gigantesco.
monstrance /ˈmɒnstrəns/ n. ostensorio m.
monstrosity /mɒnˈstrɒsɪtɪ/ n. **1** *(eyesore)* orrore m. **2** *(of act)* mostruosità f.
monstrous /ˈmɒnstrəs/ agg. **1** *(odious)* mostruoso; ***it is ~ that*** è assurdo che **2** *(huge)* mostruoso, enorme, gigantesco.
montage /mɒnˈtɑːʒ/ n. ART. CINEM. montaggio m.; FOT. fotomontaggio m.
Montana /mɒnˈtænə/ ➧ ***24*** n.pr. Montana m.
Mont Blanc /ˌmɔːmˈblɑːn/ n.pr. Monte m. Bianco.
month /mʌnθ/ ➧ ***33*** n. mese m.; ***in the ~ of June*** nel mese di giugno; ***what day of the ~ is today?*** quanti ne abbiamo oggi? ***six ~s' pay*** sei mesi di stipendio ♦ ***it's her time of the ~*** EUFEM. ha le sue cose.
monthly /ˈmʌnθlɪ/ **I** agg. mensile **II** n. *(journal)* mensile m. **III** avv. [*pay, earn, publish*] mensilmente; [*happen, visit*] ogni mese; ***it is £ 5 ~*** sono 5 sterline al mese.
monty /ˈmɒntɪ/ n. BE COLLOQ. ***the full ~*** servizio completo; ***we sell books, magazines, newspapers - the full ~*** vendiamo libri, riviste, giornali - tutto quanto.
monument /ˈmɒnjʊmənt/ n. monumento m. (anche FIG.).
monumental /ˌmɒnjʊˈmentl/ agg. monumentale.
monumentally /ˌmɒnjʊˈmentəlɪ/ avv. [*boring*] mortalmente; ***~ ignorant*** di un'ignoranza abissale.
1.moo /muː/ n. muggito m.
2.moo /muː/ intr. muggire.
1.mooch /muːtʃ/ n. AE scroccone m. (-a).
2.mooch /muːtʃ/ tr. AE ***to ~ sth. from*** o ***off sb.*** scroccare qcs. a qcn.
mooch about, mooch along intr. BE bighellonare.
mood /muːd/ n. **1** *(frame of mind)* umore m., stato m. d'animo; ***to be in the ~, in no ~ for doing*** o ***to do*** avere, non avere voglia di fare; ***to be in a good, bad ~*** essere di buon, cattivo umore; ***to be in a relaxed ~*** sentirsi rilassato; ***when he's in the ~*** quando ne ha voglia; ***when*** o ***as the ~ takes him*** secondo il suo umore; ***I'm not in the ~ (for jokes)*** non sono in vena (di scherzare) **2** *(bad temper)* ***to be in a ~*** essere di cattivo umore; ***he's in one of his ~s today*** oggi ha la luna di traverso **3** *(atmosphere) (of place, meeting)* atmosfera f., aria f.; *(of group, party)* umore m.; ***the general ~ was one of despair*** la sensazione generale era di disperazione **4** LING. modo m.; ***in the subjunctive ~*** al congiuntivo.
mood-altering /ˈmuːdˌɔːltərɪŋ/ agg. [*drug*] psicotropo, psicoattivo.
moodily /ˈmuːdɪlɪ/ avv. [*say*] con risentimento; [*look, sit*] con aria cupa.
moody /ˈmuːdɪ/ agg. **1** [*person*] lunatico **2** *(atmospheric)* [*novel, film*] suggestivo.
1.moon /muːn/ n. luna f.; ***there will be a ~ tonight*** stasera si vedrà la luna ♦ ***to be over the ~ about sth.*** essere al settimo cielo per qcs.; ***once in a blue ~*** (a) ogni morte di papa; ***the man in the ~*** il volto della luna.
2.moon /muːn/ intr. **1** *(daydream)* fantasticare (**over** su) **2** COLLOQ. *(display buttocks)* mostrare le chiappe.
■ **moon about, around** COLLOQ. bighellonare, ciondolare.
moonbeam /ˈmuːnbiːm/ n. raggio m. di luna.
moon buggy n. veicolo m. lunare.
moon-faced /ˈmuːnfeɪst/ agg. con la faccia di luna piena.
moon landing n. allunaggio m.
moonless /ˈmuːnlɪs/ agg. senza luna.
1.moonlight /ˈmuːnlaɪt/ n. chiaro m. di luna; ***in the*** o ***by ~*** al chiaro di luna ♦ ***to do a ~ flit*** BE COLLOQ. = scappare di notte senza pagare.
2.moonlight /ˈmuːnlaɪt/ intr. fare un secondo lavoro in nero.
moonlighter /ˈmuːnlaɪtə(r)/ n. = chi fa un secondo lavoro in nero.
moonlit /ˈmuːnlɪt/ agg. [*sky*] illuminato dalla luna; ***a ~ night*** una notte di luna.
moonscape /ˈmuːnˌskeɪp/ n. paesaggio m. lunare.
moonshine /ˈmuːnʃaɪn/ n. **1** *(nonsense)* fesserie f.pl., fantasie f.pl. **2** AE *(liquor)* liquore m. di contrabbando.
moonshot /ˈmuːnʃɒt/ n. lancio m. verso la luna.
moonstone /ˈmuːnˌstəʊn/ n. pietra f. di luna.
moonstruck /ˈmuːnˌstrʌk/ agg. matto, pazzo.
moony /ˈmuːnɪ/ agg. *(dreamy)* distratto, trasognato.
1.moor /mɔː(r), AE mʊər/ n. landa f., brughiera f.
2.moor /mɔː(r), AE mʊər/ **I** tr. ormeggiare, attraccare [*boat*] **II** intr. ormeggiarsi, attraccare.
moorhen /ˈmɔːhen, AE ˈmʊər-/ n. BE gallinella f. d'acqua.
mooring /ˈmɔːrɪŋ, AE ˈmʊər-/ **I** n. *(place)* ormeggio m.; ***a boat at its ~s*** una barca all'ormeggio **II moorings** n.pl. *(ropes)* ormeggi m.
Moorish /ˈmʊərɪʃ/ agg. moresco.
moorland /ˈmɔːlənd, AE ˈmʊər-/ n. landa f., brughiera f.
moose /muːs/ n. (pl. **~**) alce m.
1.moot /muːt/ agg. discutibile, opinabile.
2.moot /muːt/ tr. FORM. proporre, discutere su [*possibility*].
moot point n. ***that is a ~*** è una questione controversa.
1.mop /mɒp/ n. **1** *(for floors) (of cotton)* scopa f. a filacce; *(of sponge)* spazzolone m. (rivestito di spugna) **2** *(for dishes)* spazzolino m. per stoviglie **3** *(hair)* zazzera f.; ***a ~ of curly hair*** una massa di ricci.
2.mop /mɒp/ tr. (forma in -ing ecc. **-pp-**) **1** *(wash)* lavare, spazzare [*floor, deck*] **2** *(wipe)* ***to ~ one's face, brow*** asciugarsi la faccia, la fronte.
■ **mop down:** **~ [sth.] down**, **~ down [sth.]** lavare a fondo [*floor, deck*].
■ **mop up:** **~ up [sth.]**, **~ [sth.] up** **1** raccogliere, asciugare [*liquid*] **2** MIL. annientare [*resistance, rebels*] **3** *(absorb)* prosciugare [*savings, profits*] **4** AE *(polish off)* fare fuori, spazzolare [*food*].
mope /məʊp/ intr. *(brood)* essere abbattuto, avere il muso.
■ **mope about, mope around** aggirarsi come un'anima in pena.
moped /ˈməʊped/ n. motorino m., ciclomotore m.
moraine /məˈreɪn, mɒ-/ n. morena f.
moral /ˈmɒrəl, AE ˈmɔːrəl/ **I** agg. morale; ***to take the ~ high ground*** prendere una posizione moralista **II** n. morale f.; ***to draw a ~ from sth.*** trarre la morale da qcs. **III morals** n.pl. moralità f.sing.; ***to have no ~s*** essere privo di principi morali.
morale /məˈrɑːl, AE -ˈræl/ n. morale m.; ***to raise ~*** tirare su il morale; ***to lower sb.'s ~*** buttare giù di morale qcn.
morale-booster /məˈrɑːlˌbuːstə(r), AE -ˈræl-/ n. ***his comment was a ~*** il suo commento ci ha proprio tirato su di morale.
moral fibre BE, **moral fiber** AE n. tempra f. morale.
moralist /ˈmɒrəlɪst, AE ˈmɔːr-/ n. moralista m. e f. (anche SPREG.).
moralistic /ˌmɒrəˈlɪstɪk, AE ˌmɔːr-/ agg. moralistico.
morality /məˈrælətɪ/ n. moralità f.
morality play n. TEATR. moralità f.
moralize /ˈmɒrəlaɪz, AE ˈmɔːr-/ intr. moraleggiare.
morally /ˈmɒrəlɪ, AE ˈmɔːr-/ avv. moralmente; ***~ wrong*** contrario alla morale.
moral majority n. maggioranza f. benpensante.
moral philosopher n. filosofo m. morale.
moral philosophy n. filosofia f. morale.
morass /məˈræs/ n. palude f.; FIG. pantano m.
moratorium /ˌmɒrəˈtɔːrɪəm/ n. (pl. **-ia**) moratoria f. (**on** di).
moray (eel) /ˈmʌrɪ(iː)l/ n. murena f.

morbid /ˈmɔːbɪd/ agg. morboso (anche MED.).
morbidly /ˈmɔːbɪdlɪ/ avv. morbosamente.
mordant /ˈmɔːdnt/ agg. FORM. [*wit*] pungente, caustico.
more /mɔː(r)/ When used as a *quantifier* to indicate a greater amount or quantity of something, *more* is very often translated by *più, in più* or *ancora*: *more cars than people* = più auto che persone; *some more books* = qualche libro in più / ancora qualche libro. For examples and further uses, see **I.1** below.- When used to modify an adjective or an adverb to form the comparative, *more* is very often translated by *più*: *more expensive* = più caro; *more beautiful* = più bello; *more easily* = più facilmente; *more regularly* = più regolarmente. For examples and further uses, see **III.1** below. **I** quantif. **1** *~ people than expected* più gente del previsto; *a little ~ wine* ancora un po' di vino; *a lot ~ wine* molto più vino; *~ bread* ancora (del) pane; *there's no ~ bread* non c'è più pane; *have you any ~ questions?* avete ancora domande? *we've no ~ time* non abbiamo più tempo; *nothing ~* nient'altro; *something ~* ancora qualcosa **2 more and more** sempre più; *~ and ~ work, time* sempre più lavoro, tempo **II** pron. **1** *(larger amount or number)* più; *it costs ~ than the other one* costa più dell'altro; *he eats ~ than you* mangia più di te; *many were disappointed, ~ were angry* le persone deluse erano molte, ma ancora di più erano le persone arrabbiate; *we'd like to see ~ of you* ci piacerebbe vederti più spesso **2** *(additional amount, number)* (di) più; *tell me ~ (about it)* dimmi di più; *I need ~ of them* me ne servono di più; *I need ~ of it* me ne serve di più; *we found a few ~ (of them)* ne abbiamo trovati ancora alcuni; *I can't tell you any ~* non posso dirti di più; *I have nothing ~ to say* non ho più niente da dire; *in Mexico, of which ~ later* in Messico, di cui riparleremo più avanti; *let's* o *we'll say no ~ about it!* non parliamone più! **III** avv. **1** *(comparative)* *it's ~ serious than we thought* è più grave di quanto pensassimo; *the ~ intelligent (child) of the two* il (bambino) più intelligente tra i due; *he's no ~ honest than his sister* non è più onesto di sua sorella; *the ~ developed countries* le nazioni più sviluppate **2** *(to a greater extent)* di più, più; *you must work, rest ~* devi lavorare, riposare di più; *he sleeps ~ than I do* lui dorme più di me; *the ~ you think of it, the harder it will seem* più ci pensi, più ti sembrerà difficile; *he is (all) the ~ angry because* è ancora più arrabbiato perché **3** *(longer)* *I don't work there any ~* non lavoro più lì **4** *(again)* *once ~* ancora una volta **5** *(rather)* *~ surprised than angry* sorpreso più che arrabbiato **6 more and more** sempre (di) più; *to sleep ~ and ~* dormire sempre di più; *~ and ~ regularly* in modo sempre più regolare **7 more or less** più o meno **8 more so** ancora di più; *in York, and even ~ so in Oxford* a York, e ancor di più a Oxford; *it is interesting, made (even) ~ so because* è interessante, ancor più perché; *he is just as active as her, if not ~ so* o *or even ~ so* è attivo quanto lei, se non di più; *(all) the ~ so because* ancora di più perché; *they are all disappointed, none ~ so than him* sono tutti delusi, ma nessuno quanto lui; *no ~ so than usual* non più del normale **9 more than** *(greater amount or number)* più di; *~ than 8 people* più di 8 persone; *~ than half* più della metà; *~ than enough* più che abbastanza ♦ *he's nothing ~ (nor less) than a thief, he's a thief, neither ~ nor less* è semplicemente un ladro, niente di più e niente di meno; *he's nothing* o *no* o *not much ~ than a servant* è soltanto un servo; *and what is ~* e per di più, e come se non bastasse; *there's ~ where that came from* non è che l'inizio.
moreish /ˈmɔːrɪʃ/ agg. COLLOQ. *to be ~* essere invitante.
moreover /mɔːˈrəʊvə(r)/ avv. inoltre, per di più.
mores /ˈmɔːreɪz, -riːz/ n.pl. costumi m., usanze f.
morganatic /ˌmɔːgəˈnætɪk/ agg. morganatico.
morgue /mɔːg/ n. obitorio m., morgue f.
MORI n. (⇒ Market and Opinion Research Institute) = istituto di sondaggi britannico.
moribund /ˈmɒrɪbʌnd/ agg. moribondo.
Mormon /ˈmɔːmən/ **I** n. mormone m. (-a) **II** agg. mormone.
morning /ˈmɔːnɪŋ/ ➧ **4 I** n. mattino m., mattina f.; *(with emphasis on duration)* mattinata f.; *during the ~* in mattinata; *at 3 o'clock in the ~* alle tre del mattino; *(on) Monday ~* lunedì mattina; *on Monday ~s* il lunedì mattina; *this ~* stamattina; *later this ~* più tardi in mattinata; *early in the ~* di prima mattina, la mattina presto; *I'll do it first thing in the ~* lo faccio come prima cosa domani mattina; *to be on ~s* fare il turno del mattino; *to work ~s* lavorare il mattino **II** modif. [*train, news, paper, star*] del mattino ♦ *the ~ after the night before (hangover or after sex)* il mattino dopo.
morning-after pill n. pillola f. del giorno dopo.
morning coat n. giacca f. da tight, giacca f. a coda di rondine.
morning coffee n. *(at mid-morning)* caffè m. di metà mattina.
morning dress n. tight m.
morning sickness n. nausee f.pl. mattutine.
Moroccan /məˈrɒkən/ ➧ **18 I** agg. marocchino **II** n. marocchino m. (-a).
Morocco /məˈrɒkəʊ/ ➧ **6** n.pr. Marocco m.
morocco (leather) I n. marocchino m. **II** modif. [*binding, shoes*] in marocchino.
moron /ˈmɔːrɒn/ n. COLLOQ. idiota m. e f., scemo m. (-a).
moronic /məˈrɒnɪk/ agg. COLLOQ. idiota, scemo.
morose /məˈrəʊs/ agg. [*person, expression*] imbronciato; [*mood*] cupo.
morpheme /ˈmɔːfiːm/ n. morfema m.
Morpheus /ˈmɔːfɪəs/ n.pr. Morfeo.
morphine /ˈmɔːfiːn/ n. morfina f.
morphology /mɔːˈfɒlədʒɪ/ n. morfologia f.
Morris /ˈmɒrɪs/ n.pr. Maurizio.
morris (dance) n. = danza folcloristica inglese.
morrow /ˈmɒrəʊ, AE ˈmɔːr-/ n. ANT. *(following day)* *on the ~* l'indomani; *(morning)* *good ~!* buongiorno!
morse /mɔːs/ n. tricheco m.
Morse (code) I n. alfabeto m. Morse, morse m.; *in ~* in morse **II** modif. [*signal*] morse.
morsel /ˈmɔːsl/ n. *(of food)* boccone m., pezzetto m.; *(of sense, self-respect)* pizzico m.
mortal /ˈmɔːtl/ **I** agg. [*enemy, sin*] mortale; [*blow*] mortale, fatale **II** n. mortale m. e f.
mortal combat n. duello m. mortale.
mortality /mɔːˈtælətɪ/ n. mortalità f.
1.mortar /ˈmɔːtə(r)/ n. MIL. FARM. mortaio m.
2.mortar /ˈmɔːtə(r)/ n. EDIL. malta f.
mortarboard /ˈmɔːtəbɔːd/ n. BE UNIV. tocco m.
1.mortgage /ˈmɔːgɪdʒ/ **I** n. ipoteca f.; *(loan)* mutuo m. (ipotecario); *to apply for a ~* chiedere un mutuo; *to raise* o *take out a ~* accendere un'ipoteca; *to pay off* o *clear a ~* togliere *o* estinguere un'ipoteca **II** modif. [*agreement, deed*] ipotecario.
2.mortgage /ˈmɔːgɪdʒ/ tr. ipotecare [*property*].
mortgage broker ➧ **27** n. intermediario m. (-a) per mutui ipotecari.
mortgage rate n. tasso m. di interesse ipotecario.
mortgage relief n. = detrazione fiscale per il pagamento di interessi ipotecari.
mortgage repayment n. rata f. del mutuo.
mortice → **mortise**.
mortician /mɔːˈtɪʃn/ ➧ **27** n. AE impresario m. (-a) di pompe funebri.
mortification /ˌmɔːtɪfɪˈkeɪʃn/ n. mortificazione f.
mortify /ˈmɔːtɪfaɪ/ tr. mortificare, umiliare.
mortifying /ˈmɔːtɪfaɪɪŋ/ agg. mortificante, umiliante.
mortise /ˈmɔːtɪs/ n. mortasa f.
mortise lock n. serratura f. incassata.
mortuary /ˈmɔːtʃərɪ, AE -ʃʊerɪ/ **I** n. obitorio m. **II** agg. mortuario; *~ chapel* camera ardente; *~ rite* rito funebre.
mosaic /məʊˈzeɪɪk/ **I** n. mosaico m. (anche FIG.) **II** modif. [*floor, pattern*] a mosaico.
Moscow /ˈmɒskəʊ/ ➧ **34** n.pr. Mosca f.
Moses /ˈməʊzɪz/ n.pr. Mosè; *Holy ~!* COLLOQ. santo Dio!
mosey /ˈməʊzɪ/ intr. COLLOQ. *to ~ down the street* gironzolare per strada; *I'd better be ~ing along* è meglio che me ne vada a fare un giro.
Moslem /ˈmɒzləm/ **I** agg. musulmano **II** n. musulmano m. (-a).
mosque /mɒsk/ n. moschea f.
mosquito /məsˈkiːtəʊ, mɒs-/ n. zanzara f.
mosquito bite n. puntura f. di zanzara.

mosquito net n. zanzariera f.
mosquito repellent n. (repellente) antizanzare m.
moss /mɒs, AE mɔːs/ n. muschio m. ♦ ***a rolling stone gathers no ~*** PROV. pietra smossa non fa muschio.
moss-grown /ˈmɒsgrəʊn, AE ˈmɔːs-/ agg. coperto di muschio, muscoso.
mossy /ˈmɒsɪ, AE ˈmɔːsɪ/ agg. *(moss-grown)* muscoso, coperto di muschio; *(resembling moss)* simile a muschio.
most /məʊst/ When used to form the superlative of adjectives, *most* is translated by *il / la / i / le più* depending on the gender and number of the noun: *the most expensive hotel in Rome* = il più costoso albergo di Roma / l'albergo più costoso di Roma; *the most beautiful woman in the room* = la più bella donna nella stanza / la donna più bella nella stanza; *the most difficult problems* = i problemi più difficili; *the most profitable discussions* = le discussioni più utili. Note that in the plural the adjective in the superlative form usually follows the noun it refers to. - For examples and further uses, see the entry below. **I** quantif. **1** *(the majority of, nearly all)* la maggior parte di; ***~ people*** la maggior parte delle persone **2** *(superlative: more than all the others)* ***he got the ~ votes, money*** ha ottenuto il più alto numero di voti, la somma più alta; ***he had (the) ~ success in China*** ha avuto il maggiore successo in Cina **3 for the most part** per la maggior parte; *(most of the time)* per la maggior parte del tempo; *(basically)* soprattutto; ***for the ~ part, they...*** per lo più, loro...; ***for the ~ part he works in his office*** lavora soprattutto in ufficio; ***his experience is, for the ~ part, in publishing*** ha esperienza soprattutto in campo editoriale **II** pron. **1** *(the majority)* ***~ of the people*** la maggioranza delle persone; ***~ of us*** la maggior parte di noi; ***~ of the bread*** quasi tutto il pane; ***~ of the money*** la maggior parte dei soldi; ***for ~ of the day*** per quasi tutto il giorno; ***~ agreed*** erano quasi tutti d'accordo **2** *(the maximum)* ***the ~ you can expect is...*** il massimo che tu possa sperare è...; ***the ~ I can do is...*** il massimo che io possa fare è...; ***what's the ~ we'll have to pay?*** quanto pagheremo al massimo? **3** *(more than all the others)* ***Joe has got the ~*** Joe ne ha più di tutti **4 at (the) most** *(at the maximum)* al massimo **5 most of all** soprattutto **III** avv. **1** *(used to form superlative)* ***the ~ beautiful town in Italy*** la più bella città d'Italia; ***~ easily*** facilissimamente **2** *(very)* ***~ encouraging, odd*** molto incoraggiante, strano; ***~ amusing*** estremamente divertente; ***~ probably*** molto probabilmente **3** *(more than all the rest)* maggiormente, di più; ***what ~ annoyed him was*** la cosa che lo irritava di più era; ***those who will benefit ~*** quelli che trarranno maggior beneficio **4** AE COLLOQ. *(almost)* quasi; ***~ everyone*** quasi tutti ♦ ***to make the ~ of*** sfruttare al massimo [*opportunity, resources, situation, space*]; godersi il più possibile [*holiday, good weather*].
mostly /ˈməʊstlɪ/ avv. **1** *(chiefly)* soprattutto, essenzialmente; ***he composes ~ for the piano*** compone soprattutto per pianoforte; ***90 people, ~ Americans*** 90 persone, per la maggior parte americani **2** *(most of the time)* quasi sempre, per la maggior parte del tempo; ***~ we travelled by train*** abbiamo viaggiato soprattutto in treno.
1.MOT /ˌeməʊˈtiː/ BE AUT. (⇒ Ministry of Transport) **I** n. (anche **~ test**, **~ inspection**) revisione f. annuale, collaudo m. tecnico periodico; ***to take one's car in for its ~*** portare la macchina a fare la revisione; ***to pass the ~*** passare la revisione; ***"~ until June"*** = certificato di revisione valido fino a giugno **II** modif. [*certificate, centre*] di revisione.
2.MOT /ˌeməʊˈtiː/ tr. BE AUT. portare a fare la revisione [*car*].
mote /məʊt/ n. *(of dust)* granello m., bruscolo m. ♦ ***to see the ~ in one's brother's eye but not the beam in one's own*** vedere la pagliuzza nell'occhio del prossimo e non la trave nel proprio.
motel /məʊˈtel/ n. motel m.
moth /mɒθ, AE mɔːθ/ n. **1** *(night-flying butterfly)* falena f., farfalla f. notturna **2** *(in clothes)* tarma f.
1.mothball /ˈmɒθbɔːl, AE ˈmɔːθ-/ n. pallina f. di naftalina; ***to put sth. in, take sth. out of ~s*** mettere qcs. in, tirare fuori qcs. dalla naftalina (anche FIG.).
2.mothball /ˈmɒθbɔːl, AE ˈmɔːθ-/ tr. mettere in disuso [*pit, shipyard*].
moth-eaten /ˈmɒθiːtn, AE ˈmɔːθ-/ agg. *(shabby)* logoro; *(damaged by moths)* tarlato, tarmato.
1.mother /ˈmʌðə(r)/ n. **1** *(parent)* madre f. **2** *(form of address)* madre f. FORM., mamma f. **3 Mother** RELIG. madre f.; ***Reverend Mother*** reverenda madre ♦ ***every ~'s son (of them)*** = ognuno di loro; ***to learn sth. at one's ~'s knee*** succhiare qcs. col latte della madre.
2.mother /ˈmʌðə(r)/ tr. *(fuss over)* coccolare, viziare.
motherboard /ˈmʌðəbɔːd/ n. scheda f. madre.
mother figure n. figura f. materna.
motherfucker /ˈmʌðəˌfʌkə(r)/ n. VOLG. figlio m. di puttana.
motherhood /ˈmʌðəhʊd/ n. maternità f.; ***the responsibilities of ~*** le responsabilità dell'essere madre; ***to combine ~ with a career*** conciliare famiglia e carriera.
mothering /ˈmʌðərɪŋ/ n. **1** *(motherly care)* cure f.pl. materne **2** *(being a mother)* maternità f.
Mothering Sunday n. GB ANT. = la quarta domenica di quaresima, in cui si celebra la festa della mamma.
mother-in-law /ˈmʌðərɪnˌlɔː/ n. (pl. **mothers-in-law**) suocera f.
motherland /ˈmʌðərlænd/ n. patria f.
motherless /ˈmʌðəlɪs/ agg. [*child*] orfano di madre; [*animal*] senza mamma.
motherly /ˈmʌðəlɪ/ agg. materno.
mother-of-pearl /ˌmʌðərəvˈpɜːl/ **I** n. madreperla f. **II** modif. [*brooch, box*] di madreperla.
mother's boy n. mammone m.
Mother's Day n. festa f. della mamma.
mother's help BE, **mother's helper** AE n. = collaboratrice domestica che bada alla casa e ai bambini.
mothers-in-law /ˈmʌðəzɪnˌlɔː/ → **mother-in-law.**
mother-to-be /ˌmʌðətəˈbiː/ n. futura madre f.
mother tongue n. **1** *(native tongue)* madrelingua f. **2** *(tongue from which others evolve)* lingua f. madre.
mothproof /ˈmɒθpruːf, AE ˈmɔːθ-/ agg. sottoposto a trattamento antitarmico.
motif /məʊˈtiːf/ n. ART. MUS. motivo m.; LETTER. tema m.
1.motion /ˈməʊʃn/ n. **1** *(movement)* movimento m.; ***to set sth. in ~*** dare la carica a [*pendulum*]; FIG. mettere in atto [*plan*]; innescare [*chain of events*]; ***to set the wheels in ~*** FIG. mettere le cose in moto **2** FIS. moto m.; ***perpetual ~*** moto perpetuo **3** *(gesture) (of hands)* gesto m.; *(of head, body)* movimento m. **4** AMM. POL. mozione f., istanza f. **5** MED. *(evacuation)* defecazione f., evacuazione f. ♦ ***to go through the ~s (of doing)*** fare finta (di fare).
2.motion /ˈməʊʃn/ **I** tr. ***to ~ sb. away*** fare segno *o* cenno a qcn. di allontanarsi; ***to ~ sb. to do*** fare segno *o* cenno a qcn. di fare **II** intr. fare segno.
motionless /ˈməʊʃnlɪs/ agg. immobile, fermo; ***they stood ~*** restarono immobili.
motion picture I n. film m. **II** modif. [*industry, director*] cinematografico.
motion sickness ♦ *11* n. chinetosi f.
motivate /ˈməʊtɪveɪt/ tr. motivare.
motivated /ˈməʊtɪveɪtɪd/ **I** p.pass. → **motivate II** agg. **1** [*person, pupil*] motivato **2 *politically, racially ~*** [*act*] di matrice politica, razzista.
motivating /ˈməʊtɪveɪtɪŋ/ agg. [*force, factor*] scatenante.
motivation /ˌməʊtɪˈveɪʃn/ n. motivo m. (**for doing, to do** per fare); ***he lacks ~*** non è motivato.
motive /ˈməʊtɪv/ **I** n. **1** motivo m., ragione f.; ***sb.'s ~ in*** o ***for doing*** il motivo che spinge qcn. a fare **2** DIR. movente m. (**for** di) **II** agg. ***~ force*** o ***power*** forza motrice.
motley /ˈmɒtlɪ/ agg. **1** *(heterogeneous)* [*crowd, collection*] eterogeneo; ***a ~ crew*** SCHERZ. IRON. un bel campionario di gente **2** *(variegated)* variegato, screziato; *(of different colours)* variopinto, multicolore.
1.motor /ˈməʊtə(r)/ **I** n. **1** *(engine)* motore m. **2** COLLOQ. *(car)* macchina f. **II** modif. **1** AUT. [*industry, racing*] automobilistico; [*insurance, show*] dell'auto; [*vehicle*] a motore **2** MED. [*cell*] motore; [*disorder, activity, function, nerve*] motorio.
2.motor /ˈməʊtə(r)/ intr. **1** *(travel by car)* andare in macchina **2** COLLOQ. *(go fast)* andare a tutta birra.
motorbike /ˈməʊtəbaɪk/ n. motociclo m.
motorboat /ˈməʊtəbəʊt/ n. barca f. a motore; *(fast boat)* motoscafo m.

motorcade /ˈməʊtəkeɪd/ n. corteo m., sfilata f. (di automobili).
motor car n. ANT. autovettura f.
motor court n. AE → **motor lodge**.
motorcycle /ˈməʊtəˌsaɪkl/ n. motocicletta f.
motorcycle escort n. scorta f. in motocicletta.
motorcycle messenger ♦ *27* n. pony m. express.
motorcycling /ˈməʊtəˌsaɪklɪŋ/ ♦ *10* n. motociclismo m.
motorcyclist /ˈməʊtəˌsaɪklɪst/ n. motociclista m. e f.
motor home n. camper m., motorhome m.
motoring /ˈməʊtərɪŋ/ **I** n. ANT. *(driving in a car)* automobilismo m. **II** modif. [*organization, accident*] automobilistico; [*correspondent*] che si occupa di automobilismo; [*magazine*] di automobili, di automobilismo; [*holiday*] in automobile; [*offence*] al codice della strada, stradale.
motor inn n. AE → **motor lodge**.
motorist /ˈməʊtərɪst/ n. automobilista m. e f.
motorize /ˈməʊtəraɪz/ tr. motorizzare.
motorized /ˈməʊtəraɪzd/ **I** p.pass → **motorize II** agg. [*regiment*] motorizzato; [*camera, device*] a motore; [*vehicle*] motorizzato, a motore.
motor launch n. motovedetta f.
motor lodge n. AE motel m.
motorman /ˈməʊtəmən/ ♦ *27* n. (pl. **-men**) AE *(of tram, underground train etc.)* conducente m.
motor mechanic ♦ *27* n. meccanico m. (d'auto).
motormouth /ˈməʊtəmaʊθ/ n. COLLOQ. chiacchierone m. (-a).
motor mower n. tosaerba m. (a motore).
motor oil n. olio m. lubrificante.
motor scooter n. (moto)scooter m.
motorway /ˈməʊtəweɪ/ **I** n. BE autostrada f. **II** modif. BE [*markings, traffic, police, network, system, junction*] autostradale; [*service station*] sull'autostrada; [*driving*] in autostrada.
mottled /ˈmɒtld/ agg. [*skin, hands*] a chiazze, chiazzato; [*paper*] marmorizzato, variegato.
motto /ˈmɒtəʊ/ n. motto m., massima f.
mouf(f)lon /ˈmuːflɒn/ n. muflone m.
1.mould BE, **mold** AE /məʊld/ n. *(cast)* stampo m., forma f.; ***to be cast in the same ~*** FIG. essere dello stesso stampo.
2.mould BE, **mold** AE /məʊld/ **I** tr. **1** modellare [*plastic, clay*] (**into** a forma di); modellare [*sculpture, shape*] (**out of, from, in** in) **2** FIG. plasmare [*character*]; formare [*opinion*] (**into** su) **II** intr. ***to ~ to*** o ***round sth.*** modellarsi su qcs.; ***to be ~ed to sb.'s body*** [*dress etc.*] modellare le forme di qcn.
3.mould BE, **mold** AE /məʊld/ n. *(soil)* terriccio m.
4.mould BE, **mold** AE /məʊld/ n. *(fungi)* muffa f.
moulder BE, **molder** AE /ˈməʊldə(r)/ intr. (anche **~ away**) [*ruins*] sgretolarsi, ridursi in polvere; [*corpse, refuse*] decomporsi; FIG. [*person*] marcire.
moulding BE, **molding** AE /ˈməʊldɪŋ/ n. **1** *(of opinion, character)* formazione f. **2** *(trim)* modanatura f.
mouldy BE, **moldy** AE /ˈməʊldɪ/ agg. ammuffito; ***to go ~*** ammuffirsi.
1.moult BE, **molt** AE /məʊlt/ n. ZOOL. muta f.
2.moult BE, **molt** AE /məʊlt/ **I** tr. perdere, cambiare [*fur*]; fare la muta di [*feathers*] **II** intr. [*cat, dog*] perdere il pelo; [*bird*] fare la muta (delle penne).
mound /maʊnd/ n. **1** *(hillock)* montagnola f. **2** *(heap)* mucchio m., montagna f.
1.mount /maʊnt/ n. *(mountain)* monte m.; ***~ Everest*** il monte Everest, l'Everest; ***~ Etna*** l'Etna.
2.mount /maʊnt/ n. **1** *(horse)* cavallo m., cavalcatura f. **2** *(surround) (for jewel, lens)* montatura f.; *(for picture)* cornice f.
3.mount /maʊnt/ **I** tr. **1** *(ascend)* salire [*stairs*]; salire su [*platform, scaffold*] **2** *(fix into place)* montare [*picture*]; incastonare, montare [*jewel*]; inserire (in un album) [*stamp*]; preparare [*specimen*]; TECN. montare [*engine*] **3** *(get on)* montare a [*horse*]; montare in [*bicycle*] **4** *(set up)* allestire [*exhibition*]; organizzare [*campaign*]; TEATR. allestire [*production*]; ***to ~ guard*** montare di guardia (**at, over** a) **5** ZOOL. montare **II** intr. **1** [*climber, staircase*] salire **2** *(increase)* [*temperature*] salire, aumentare; [*debts, toll, number*] aumentare, crescere **3** EQUIT. montare (in sella).
mountain /ˈmaʊntɪn, AE -ntn/ **I** n. montagna f. (anche FIG.); ***in the ~s*** in montagna; ***meat, butter ~*** ECON. eccedenze di carne, di burro **II** modif. [*road, stream, scenery, air*] di montagna; [*tribe*] delle montagne ♦ ***to make a ~ out of a molehill*** fare di una mosca un elefante.
mountain bike n. mountain bike f.
mountain climbing ♦ *10* n. alpinismo m.
mountaineer /ˌmaʊntɪˈnɪə(r), AE -ntnˈɪər/ n. **1** *(climber)* alpinista m. e f. **2** AE *(mountain-dweller)* montanaro m. (-a).
mountaineering /ˌmaʊntɪˈnɪərɪŋ, AE -ntnˈɪərɪŋ/ ♦ *10* n. alpinismo m.
mountain lion n. puma m.
mountainous /ˈmaʊntɪnəs, AE -ntənəs/ agg. [*region*] montuoso; [*landscape*] montano; FIG. [*wave, heap*] enorme, grande come una montagna.
mountain range n. catena f. montuosa.
mountainside /ˈmaʊntɪnsaɪd, AE -ntn-/ n. fianco m., versante m. di una montagna.
mountain top n. cima f., vetta f.
mountebank /ˈmaʊntɪbæŋk/ n. LETT. ciarlatano m.
mounted police n. + verbo pl. polizia f. a cavallo.
Mountie /ˈmaʊntɪ/ n. = membro della polizia a cavallo canadese; ***the ~s*** = la polizia a cavallo canadese.
mounting /ˈmaʊntɪŋ/ n. **1** *(of jewel)* incastonatura f., montatura f.; *(of picture)* montatura f. **2** MECC. montaggio m. **3** *(of play, exhibition)* allestimento m.
mourn /mɔːn/ **I** tr. piangere [*person, death*] **II** intr. *(observe ritual)* portare il lutto; ***to ~ for sth., sb.*** piangere qcs., qcn.
mourner /ˈmɔːnə(r)/ n. *(relation)* chi porta il lutto; *(other)* chi partecipa al funerale.
mournful /ˈmɔːnfl/ agg. [*person, look*] triste, addolorato, dolente; [*sound*] lugubre.
mourning /ˈmɔːnɪŋ/ n. **1** *(state, clothes)* lutto m.; ***to be in deep ~*** essere in lutto stretto; ***to wear ~*** portare il lutto; ***to go into, come out of ~*** mettere, smettere il lutto **2** *(wailing)* lamenti m.pl.
mouse /maʊs/ n. **1** (pl. **mice**) topo m. **2** (pl. **~s**) INFORM. mouse m.
mousehole /ˈmaʊshəʊl/ n. tana f., buco m. (del topo).
mousetrap /ˈmaʊstræp/ n. trappola f. per topi.
mousey /ˈmaʊsɪ/ agg. **1** [*hair*] color topo; [*colour*] (grigio) topo **2** SPREG. *(timid)* scialbo, grigio **3** [*odour*] di chiuso.
mousseline /ˈmuːsliːn/ n. mussolina f.
moustache /məˈstɑːʃ/, **mustache** AE /ˈmʌstæʃ/ n. baffi m.pl.; ***to wear a ~*** avere i baffi.
mousy → **mousey**.
1.mouth /maʊθ/ ♦ *2* n. **1** *(of human, animals)* bocca f.; ***with my, his etc. ~ open*** a bocca aperta; ***he's got a big ~*** COLLOQ. è un chiacchierone **2** *(of cave, tunnel)* imbocco m.; *(of river)* foce f., bocca f.; *(of volcano)* bocca f.; *(of valley)* imboccatura f.; *(of jar, bottle)* imboccatura f., bocca f.; *(of bag, sack)* apertura f., bocca f. ♦ ***by word of ~*** a voce; ***don't put words in my ~*** non farmi dire cose che non ho detto; ***his heart was in his ~*** aveva il cuore in gola; ***to be down in the ~*** essere giù di morale; ***to leave a bad*** o ***nasty taste in one's*** o ***the ~*** lasciare l'amaro in bocca; ***to take the words right out of sb.'s ~*** togliere le parole di bocca a qcn.; ***wash your ~ out!*** lavati la bocca col sapone!
2.mouth /maʊð/ tr. **1** *(move lips silently)* formare [qcs.] con le labbra (senza emettere suoni) [*word*] **2** SPREG. *(say insincerely)* ***to ~ platitudes*** riempirsi la bocca di luoghi comuni; ***to ~ rhetoric*** fare della retorica.
mouthful /ˈmaʊθfʊl/ n. **1** *(of food)* boccone m.; *(of liquid)* sorsata f. **2** COLLOQ. *(long hard word or name)* = parola o nome impronunciabile **3** COLLOQ. *(abuse)* sgridata f.; ***to give sb. a ~*** dare una lavata di capo a qcn.
mouth organ ♦ *17* n. armonica f. a bocca.
mouthpiece /ˈmaʊθpiːs/ n. **1** *(of musical instrument, pipe)* bocchino m.; *(of telephone)* microfono m.; *(of snorkel)* boccaglio m. **2** *(person)* portavoce m. (**of, for** di); FIG. *(newspaper)* organo m. (**of** di).
mouth-to-mouth /ˌmaʊθtəˈmaʊθ/ agg. [*technique*] di respirazione bocca a bocca.
mouth-to-mouth resuscitation n. (rianimazione con) respirazione f. bocca a bocca.

mouthwash /'maʊθwɒʃ/ n. collutorio m.
mouth-watering /'maʊθwɔ:tərɪŋ/ agg. appetitoso, che fa venire l'acquolina in bocca.
movable /'mu:vəbl/ agg. mobile (anche DIR.); *~ feast* festa mobile; *here, lunch is a ~ feast* SCHERZ. qui non si pranza mai alla stessa ora.
movables /'mu:vəblz/ n.pl. beni m. mobili.
1.move /mu:v/ n. **1** *(movement)* movimento m.; *(gesture)* movimento m., mossa f.; *to watch sb.'s every ~* sorvegliare le mosse di qcn. **2** *(transfer) (of residence)* trasloco m.; *(of company)* trasferimento m.; *to make the ~ to* [*family, firm*] trasferirsi a; [*employee*] essere trasferito a; *he made the ~ from sales to management* è passato dal settore vendite alla direzione **3** GIOC. mossa f.; *white has the first ~* il bianco muove per primo; *it's your ~* tocca a te (muovere) **4** *(step, act)* mossa f.; *what's our next ~?* che facciamo ora? *to make the first ~* fare il primo passo; *they have made no ~(s) to...* non hanno mosso un dito per...; *in a ~ to counter opposition attacks* come contromossa agli attacchi dell'opposizione **5 on the move** *to be on the ~* [*army*] essere in marcia; [*train*] essere in movimento; *to be always on the ~* [*diplomat, family, nomad*] spostarsi continuamente; [*traveller*] essere sempre in giro *o* in viaggio ♦ *to get a ~ on* COLLOQ. darsi una mossa; *it's time I made a ~* COLLOQ. è ora che me ne vada; *let's make a ~* COLLOQ. andiamo, muoviamoci.
2.move /mu:v/ **I** tr. **1** *(change position of)* spostare [*object*]; muovere [*game piece*]; *to ~ sb. to another hospital* trasferire qcn. in un altro ospedale; *to ~ sth. off* spostare *o* togliere qcs. da [*table*]; *~ your head, I can't see!* sposta la testa, non vedo niente! *~ the chair out of the way* togli la sedia dai piedi; *to ~ sth. out of, into* portare qcs. fuori da, in [*room*]; *to ~ sth. further away, closer* allontanare, avvicinare qcs. **2** *(set in motion)* [*person*] muovere [*limb, head*]; [*wind*] agitare [*leaves*]; [*mechanism*] fare muovere, mettere in moto [*wheel*] **3** *(to new location or job)* trasferire [*staff, office*] **4** *(to new house, site)* spostare, traslocare [*furniture, belongings*]; *to ~ house* traslocare **5** *(affect)* commuovere, toccare [*person*] **6** *(motivate) to ~ sb. to do* [*circumstance*] spingere qcn. a fare **7** *(propose)* proporre [*amendment*]; *to ~ that the matter (should) be put to the vote* proporre che la questione sia messa ai voti **8** *(sell)* vendere [*goods*] **II** intr. **1** *(stir)* [*person*] muoversi, spostarsi; [*lips, branch, earth*] muoversi; *don't ~!* non ti muovere! *will you please ~!* vuoi spostarti, per favore? **2** *(travel)* [*vehicle, person*] viaggiare, andare, procedere; [*procession*] muoversi, avanzare; [*army*] essere in marcia; *we'd better keep moving* faremmo meglio a non fermarci; *we must get things moving* FIG. dobbiamo darci una mossa; *things are starting to ~ on the job front* qualcosa si sta muovendo sul fronte del lavoro; *go on, get moving!* dai, muoviti! *to ~ into* entrare in; *to ~ out of* uscire da; *to ~ back* indietreggiare; *to ~ forward* spostarsi in avanti **3** COLLOQ. *(proceed quickly) that car's really moving!* quella macchina va come una scheggia! **4** *(change home, location)* [*person*] cambiare casa, traslocare; [*firm, shop*] trasferirsi; *to ~ to* trasferirsi in [*countryside, Italy*]; trasferirsi a [*Rome*]; *to ~ back to England* tornare a vivere in Inghilterra **5** *(change job) to ~ to* essere trasferito a *o* in [*different department*] **6** *(act)* entrare in azione, agire; *to ~ to do* intervenire per fare **7** GIOC. [*player*] muovere; *the bishop ~ in C4* alfiere in C4 **8** COMM. *(sell)* vendere; *this line is moving fast* questa linea di prodotti (si) vende bene ♦ *to ~ with the times* stare al passo coi tempi.
▪ **move about, move around:** *~ about, around* **1** *(to different position)* spostarsi, muoversi (qua e là) **2** *(to different home)* traslocare; *~ [sb., sth.] about, around* spostare [*object*]; *they ~ him around a lot between branches* lo trasferiscono spesso tra le varie succursali.
▪ **move along:** *~ along* **1** *(stop loitering)* andarsene, circolare; *(proceed)* procedere, andare avanti; *(squeeze up)* fare posto **2** FIG. *(progress) things are moving along nicely* le cose stanno andando avanti bene; *~ [sb., sth.] along* fare circolare [*crowd*]; fare andare avanti [*herd, group*].
▪ **move away:** *~ away (by moving house)* traslocare, trasferirsi; *(by leaving scene)* andarsene; *to ~ away from* allontanarsi da, abbandonare [*area, accident scene*]; *~ [sb., sth.] away, ~ away [sb., sth.]* fare allontanare [*crowd*]; spostare, rimuovere [*obstruction*].
▪ **move down:** *~ down* scendere, andare giù; *~ [sb.] down, ~ down [sb.]* **1** BE SCOL. spostare [qcn.] in una classe inferiore [*pupil*] **2** *(in division, ranking)* fare retrocedere [*team*]; *~ [sth.] down, ~ down [sth.]* spostare [qcs.] più in basso.
▪ **move in:** *~ in* **1** *to ~ in with* andare ad abitare con [*friend*]; andare a vivere con [*lover*] **2** *(advance, attack)* avanzare; *to ~ in on* [*police*] attaccare [*person*]; [*demolition men*] cominciare ad abbattere [*site*]; [*attackers*] aggredire [*person*]; [*racketeer*] andare all'attacco di [*market*] **3** *(intervene)* [*company, government*] intervenire; *~ [sb.] in, ~ in [sb.]* **1** *(place in housing)* assegnare una casa a [*family*] **2** *(change residence) a friend helped to ~ me in* un amico mi ha aiutato a traslocare.
▪ **move off** [*procession, vehicle*] partire; [*troops*] mettersi in marcia.
▪ **move on:** *~ on* **1** [*person*] andarsene, partire; [*vehicle*] partire; [*time*] passare; *to ~ on to* passare a [*next item*]; *to ~ on to a new town* andarsene in un'altra città; *let's ~ on* passiamo oltre *o* ad altro **2** *(keep moving)* [*crowd, traffic*] circolare **3** *(develop) things have ~d on since* le cose sono molto cambiate da allora; *~ [sth.] on, ~ on [sth.]* BE portare avanti [*discussion*]; *~ [sb.] on, ~ on [sb.]* BE fare sloggiare, mandare via [*street trader*].
▪ **move out:** *~ out (of house)* andarsene; *(of camp)* [*soldiers*] levare il campo; [*tanks*] sgombrare il campo; *to ~ out of* andarsene da, lasciare [*area*]; *~ [sb., sth.] out, ~ out [sb., sth.]* (fare) evacuare [*residents*]; rimuovere [*object*].
▪ **move over:** *~ over* **1** spostarsi **2** FIG. cedere il posto, farsi da parte; *~ [sb., sth.] over* spostare [*person, object*].
▪ **move up:** *~ up* **1** *(make room)* fare posto **2** *(be promoted)* avere una promozione; *to ~ up to the first division* [*team*] salire *o* essere promosso in massima divisione; *~ [sb.] up, ~ up [sb.]* **1** BE SCOL. spostare [qcn.] in una classe superiore [*pupil*] **2** SPORT *(into higher league, division)* promuovere [*team*]; fare passare in prima squadra, in una squadra di serie superiore [*player*]; *~ [sth.] up* mettere [qcs.] più in alto.
moveable → **movable**.
movement /'mu:vmənt/ n. **1** *(of person, vehicle)* movimento m.; *(of arm, hand)* movimento m., gesto m.; *(of head)* movimento m., cenno m.; *to watch sb.'s ~s* sorvegliare le mosse di qcn. **2** FIG. variazione f., movimento m.; *an upward, downward ~ in prices* un aumento, una diminuzione dei prezzi; *a ~ towards liberalization* un passo verso la liberalizzazione **3** *(organization)* movimento m.; *the trade union ~* i movimenti sindacali **4** MUS. movimento m. **5** *(transporting)* trasporto m. **6** *(circulation)* circolazione f. **7** *(of clock, watch)* meccanismo m.
mover /'mu:və(r)/ ➧ **27** n. **1** *(who proposes motion)* proponente m. e f. **2** AE *(removal person)* traslocatore m. (-trice) **3** *(dancer) to be a lovely ~* COLLOQ. essere un ottimo ballerino.
movie /'mu:vɪ/ **I** n. AE film m. **II movies** n.pl. *the ~s* il cinema; *to go to the ~s* andare al cinema.
movie camera n. macchina f. da presa.
movie director ➧ **27** n. regista m. e f. cinematografico (-a).
moviegoer /'mu:vɪˌgəʊə(r)/ n. frequentatore m. (-trice) di cinema.
movies-on-demand /ˌmu:vɪzɒndɪ'mɑ:nd, AE -'mænd/ n. film m. a pagamento.
movie star n. stella f., star f. del cinema.
movie theater n. AE cinema m.
moving /'mu:vɪŋ/ agg. **1** [*vehicle*] in movimento; [*target, staircase*] mobile **2** *(emotional)* [*scene, speech*] commovente, toccante **3** *(motivating) to be the ~ force* o *spirit behind sth.* essere l'anima di qcs.
mow /məʊ/ tr. (p.pass. **~ed, mown**) tagliare, falciare [*grass, hay*]; mietere [*corn*].
▪ **mow down:** *~ down [sb.], ~ [sb.] down (by machine gun)* falciare [*person*].
mower /'məʊə(r)/ ➧ **27** n. **1** *(person)* falciatore m. (-trice) **2** *(machine)* falciatrice f.; *(lawnmower)* tosaerba m. e f., tagliaerba m.
mown /məʊn/ p.pass. → **mow**.
Mozambique /ˌməʊzæm'bi:k/ ➧ **6** n.pr. Mozambico m.
mozzie /'mɒzɪ/ n. COLLOQ. zanzara f.
MP n. **1** BE → **Member of Parliament** **2** (⇒ military police polizia militare) PM f.; (⇒ military policeman) = soldato della polizia militare.

mpg ⇒ miles per gallon miglia per gallone.
mph ⇒ miles per hour miglia all'ora.
MPhil n. UNIV. (⇒ Master of Philosophy) = (diploma di) dottore in discipline umanistiche (intermedio fra MA e PhD).
Mr /ˈmɪstə(r)/ ➧ 9 n. (pl. **Messrs**) signor; *(written abbreviation)* sig.; *~ Right* il principe azzurro; *~ President* signor Presidente; *~ Big* COLLOQ. grande capo.
MRC n. GB → **Medical Research Council**.
Mrs /ˈmɪsɪz/ ➧ 9 n. signora; *(written abbreviation)* sig.ra.
Ms /mɪz, məz/ ➧ 9 n. signora; *(written abbreviation)* sig.ra.
MS 1 ⇒ manuscript manoscritto (MS) 2 → **multiple sclerosis**.
MSc n. UNIV. → **Master of Science**.
MT → **machine translation**.
much /mʌtʃ/ When *much* is used as an adverb, it is translated by *molto*: *it's much longer* = è molto più lungo; *she doesn't talk much* = lei non parla molto. For particular usages, see **I** below. - When *much* is used as a pronoun, it is usually translated by *molto*: *there is much to learn* = c'è molto da imparare. However, in negative sentences *non... un granché* is also used: *I didn't learn much* = non ho imparato un granché. - When *much* is used as a quantifier, it is translated by *molto* or *molta* according to the gender of the following noun: *they don't have much money / much luck* = non hanno molto denaro / molta fortuna. For particular usages, see **II** below. ➧ 22 **I** avv. **1** *(to a considerable degree)* molto; *~ smaller* molto più piccolo; *~ better than* molto meglio di; *~ more interesting* molto più interessante; *~ less demanding* molto meno esigenti; *it's ~ too dangerous* è un po' troppo pericoloso; *he doesn't ~ care for them* non gli importa un granché di loro; *she doesn't worry ~ about it* non se ne preoccupa molto; *we'd ~ rather stay here* noi preferiremmo di gran lunga restare qui; *they are ~ to be pitied* devono essere compatiti; *your comments would be ~ appreciated* i vostri commenti saranno molto graditi; *he's not ~ good at doing* non è molto bravo a fare; *does it hurt ~?* fa tanto *o* molto male? *she's ~ the best teacher here* è di gran lunga l'insegnante migliore che c'è qui; *~ to my surprise* con mia grande sorpresa **2** *(often)* molto, spesso; *we don't go out ~* non usciamo molto; *do you go to concerts ~?* vai spesso ai concerti? **3** *(nearly)* più o meno, pressappoco, all'incirca; *to be ~ the same* essere quasi uguale (**as** a); *it's pretty ~ like driving a car* è più o meno come guidare una macchina; *in ~ the same way* più o meno nello stesso modo (**as** di); *~ the same is true of* quasi lo stesso si può dire di **4** *(specifying degree to which something is true)* *too ~* troppo; *very ~ (a lot)* molto; *(absolutely)* moltissimo, tantissimo; *he misses you very ~* gli manchi da morire; *thanks very ~* molte *o* mille grazie; *it's very ~ the norm* è piuttosto normale; *I felt very ~ the foreigner* mi sono sentito veramente un estraneo; *so ~* (così) tanto; *I wanted so ~ to meet you* avevo così tanta voglia di incontrarti; *it's so ~ better* è davvero molto meglio; *he hates flying so ~ that* odia talmente volare che; *as ~* tanto (**as** quanto); *I like them as ~ as you (do)* li amo tanto quanto te; *they hated each other as ~ as ever* si odiavano così come sempre; *I thought as ~* me l'aspettavo; *however ~* sebbene, per quanto; *you'll have to accept the decision however ~ you disagree* dovrai accettare la decisione anche se non sei d'accordo **5** *(emphatic)* *not so ~ X as Y* non tanto X, ma piuttosto Y; *the discovery wasn't so ~ shocking as depressing* la scoperta fu più deprimente che scioccante **6 much as** per quanto, anche se; *~ as we regret our decision we have no choice* anche se ci dispiace *o* per quanto ci dispiaccia dover prendere una tale decisione non abbiamo scelta **7 much less** tanto meno; *I've never seen him ~ less spoken to him* non l'ho mai visto, né tanto meno gli ho parlato **8 so much as** *without so ~ as saying goodbye, as an apology* senza neanche salutare, senza neanche scusarsi; *if you so ~ as move* se ti azzardi a muoverti **9 so much for** *so ~ for that problem* chiudiamo l'argomento; *so ~ for equality* COLLOQ. addio uguaglianza; *so ~ for saying you'd help* meno male che avevi detto che avresti dato una mano **10 much-** in composti *~-loved* amatissimo; *~-respected* molto rispettato; *~-maligned* molto chiacchierato; *~-needed* indispensabile **II** quantif. molto, tanto; *I haven't got (very) ~ time* non ho molto tempo; *does he watch ~ TV?* guarda molto la televisione? *she didn't speak ~ English* non parlava molto bene l'inglese; *too ~ energy* troppa forza; *to spend too ~ money* spendere troppi soldi; *we don't have too ~ time* non abbiamo troppo tempo; *don't use so ~ salt* non mettere così tanto sale; *we paid twice as ~ money* abbiamo pagato il doppio (dei soldi); *how ~ time have we got left?* quanto tempo ci rimane? **III** pron. **1** *(a great deal)* molto m., tanto m.; *do you have ~ left?* ne avete ancora molto? *we have ~ to learn* abbiamo molto da imparare; *there isn't ~ to do* non c'è un granché da fare; *he doesn't have ~ to complain about* non ha molto da lamentarsi; *it leaves ~ to be desired* lascia molto a desiderare; *there's ~ to be said for* ci sono molti argomenti a favore di; *~ of* gran parte di; *~ of the difficulty lies in* gran parte della difficoltà sta in; *I don't see ~ of them now* non li frequento molto al momento; *to make ~ of sth.* *(focus on)* dare importanza a qcs.; *I couldn't make ~ of her last book* non ho capito molto del suo ultimo libro **2** *(expressing a relative amount, degree)* *so ~* così tanto; *we'd eaten so ~ that* abbiamo mangiato così tanto che; *so ~ of her work is gloomy* gran parte delle sue opere sono cupe; *so ~ of the time, it's a question of patience* nella maggior parte dei casi è una questione di pazienza; *too ~* troppo; *it costs too ~* è troppo caro; *it's too ~!* è troppo! *(in protest)* questo è troppo! *she's late again? that's a bit ~!* è ancora in ritardo? adesso (si) esagera! *he was too ~ of an egotist to do* era troppo egoista per fare; *the heat was too ~ for them* faceva troppo caldo per loro; *he was too ~ for his opponent* era troppo forte per il suo avversario; *he's read this ~ already* ha già letto tutto questo; *I'll say this ~ for him, he's honest* posso dirti questo di lui: è una persona onesta; *this ~ is certain, we'll have no choice* una cosa è certa, non avremo scelta; *twice as ~* due volte tanto; *if we had half as ~ as you* se avessimo la metà di quello che hai tu; *as ~ as possible* per quanto (è) possibile; *it can cost as ~ as £ 50* si può arrivare a pagarlo 50 sterline; *it was as ~ as I could do not to laugh* sono riuscito a malapena a trattenere le risate; *it is as ~ as to say* equivale a dire; *how ~?* quanto fa? *tell us how ~ you won* dicci quanto hai vinto; *how ~ do they know?* quanto ne sanno? *do you know how ~ this means to me?* sai quanto significa questo per me? **3** *(focusing on limitations, inadequacy)* *it's not o nothing ~* non è niente di che; *it's not up to ~* BE non è un granché; *he's not ~ to look at* (fisicamente) non è un granché; *she doesn't think ~ of him* non ha una buona opinione di lui; *I'm not ~ of a reader* non sono un gran lettore, non amo molto leggere; *it wasn't ~ of a life* così non era vivere; *I'm not ~ of a one for cooking* COLLOQ. cucinare non è il mio forte ♦ *there isn't ~ in* BE o *to* AE *it* *(in contest)* = sono molto vicini; *there isn't ~ in it for us* *(to our advantage)* non ci guadagnamo un granché.
muchness /ˈmʌtʃnɪs/ n. *they're much of a ~* = sono molto simili.
1.muck /mʌk/ n. **1** *(filth)* sporcizia f.; *(mud)* fango m.; *(manure)* letame m.; *dog ~* cacca di cane **2** COLLOQ. FIG. schifezza f., porcheria f.
2.muck /mʌk/ tr. *(fertilize)* concimare; *(dirty)* insudiciare.
▪ **muck about, muck around:** COLLOQ. *~ about* *(fool about)* fare lo scemo; *(dawdle)* gingillarsi; *to ~ about with* trafficare con [*appliance*]; pasticciare [*object*]; *~ [sb.] about* menare [qcn.] per il naso.
▪ **muck in** *(share task)* dare una mano; *(share accommodation)* dividere l'alloggio.
▪ **muck out:** *~ out [sth.]* pulire [*cowshed, stable*].
▪ **muck up:** *~ up [sth.]* **1** *(spoil)* mandare all'aria [*plans*]; non passare [*exam*]; incasinarsi in [*interview, task*]; perdere [*opportunity*] **2** sporcare [*clothes, carpet*].
muckheap /ˈmʌkhiːp/ n. letamaio m.
muckrake /ˈmʌkreɪk/ intr. divulgare scandali.
muckraker /ˈmʌkreɪkə(r)/ n. SPREG. scandalista m. e f.
muckraking /ˈmʌkreɪkɪŋ/ **I** agg. [*story*] scandalistico **II** n. scandalismo m.
mucky /ˈmʌkɪ/ agg. COLLOQ. *(muddy)* infangato, inzaccherato; *(dirty)* sudicio, lurido.
mucus /ˈmjuːkəs/ n. muco m.
mud /mʌd/ n. fango m., melma f. ♦ *his name is ~* non ha una grande reputazione; *it's as clear as ~!* COLLOQ. IRON. chiarissimo! *to drag sb.'s name in o through the ~* trascinare il nome di qcn. nel fango.

1.muddle /'mʌdl/ n. **1** *(mess)* confusione f.; FIG. pasticcio m., imbroglio m.; ***the clients' records have got into a terrible ~*** i dossier dei clienti sono terribilmente in disordine **2** *(mix-up)* ***there was a ~ over my hotel reservation*** hanno fatto un pasticcio con la mia prenotazione all'albergo **3** *(mental confusion)* ***to be in a ~*** essere confuso; ***to get into a ~*** fare confusione.

2.muddle /'mʌdl/ tr. → **muddle up**.

▪ **muddle along** tirare avanti.

▪ **muddle through** cavarsela alla meno peggio.

▪ **muddle up:** ***~ [sth.] up, ~ up [sth.]*** mettere in disordine [*papers*]; ingarbugliare [*string*]; ***~ [sb.] up*** confondere (le idee a) [*person*]; ***to get sth. ~d up*** fare confusione di [*dates, names*]; ***I got you ~d up with Tom*** ti ho preso per *o* ti ho confuso con Tom.

muddled /'mʌdld/ **I** p.pass. → **2.muddle II** agg. confuso.

muddle-headed /,mʌdl'hedɪd/ agg. [*person*] dalle idee confuse; [*idea*] confuso.

1.muddy /'mʌdɪ/ agg. **1** [*hand, shoe, garment*] inzaccherato, infangato; [*road*] fangoso; [*water, coffee*] torbido; [*complexion*] smorto **2** FIG. [*idea*] confuso, nebuloso; [*style*] poco chiaro.

2.muddy /'mʌdɪ/ tr. inzaccherare, infangare [*hands, shoes, clothes*]; intorbidare [*water*] ♦ ***to ~ the waters*** intorbidare le acque.

mud flat n. = zona di terra che rimane scoperta durante la bassa marea o nei periodi di magra dei fiumi.

mudguard /'mʌdgɑ:d/ n. parafango m.

mud hut n. capanna f. di fango.

mudpack /'mʌdpæk/ n. maschera f. (di bellezza) all'argilla.

mud pie n. = tortino di terra o di sabbia che i bambini fanno con le formine.

mudslide /'mʌdslaɪd/ n. colata f. di fango.

mud-slinging /'mʌdslɪŋɪŋ/ n. diffamazione f., denigrazione f.

1.muff /mʌf/ n. ABBIGL. manicotto m.

2.muff /mʌf/ tr. COLLOQ. ciccare [*ball*]; sbagliare [*shot*]; mancare [*catch*]; perdere [*chance*]; confondere [*lines*].

muffin /'mʌfɪn/ n. **1** BE INTRAD. m. (focaccina dolce tonda e piatta) **2** AE *(cupcake)* tortina f.

muffle /'mʌfl/ tr. **1** *(wrap up)* imbacuccare [*person*] **2** *(mute)* attutire il suono di [*bell*]; mettere la sordina a [*drum, trumpet*]; smorzare [*voice*]; soffocare [*laughter*].

muffler /'mʌflə(r)/ n. **1** ABBIGL. sciarpone m. **2** AE AUT. silenziatore m.

1.mug /mʌg/ n. **1** *(for tea, coffee)* mug m., tazzone m.; *(for beer)* boccale m. **2** COLLOQ. *(face)* muso m.; ***what an ugly ~!*** che brutto ceffo! **3** BE *(fool)* gonzo m. (-a); ***it's a ~'s game*** è tempo perso.

2.mug /mʌg/ tr. (forma in -ing ecc. **-gg-**) aggredire, rapinare.

3.mug /mʌg/ tr. (anche ~ **up**) (forma in -ing ecc. **-gg-**) BE COLLOQ. mettersi a studiare [qcs.] di brutto [*subject*].

mugger /'mʌgə(r)/ n. aggressore m. (-ditrice), rapinatore m. (-trice).

mugging /'mʌgɪŋ/ n. **1** *(attack)* aggressione f. (a scopo di rapina) **2** U *(crime)* ***~ is on the increase*** le aggressioni sono in aumento.

muggins /'mʌgɪnz/ n. BE COLLOQ. SCHERZ. ***~ here will pay the bill*** il solito fesso *o* il pollo pagherà il conto.

muggy /'mʌgɪ/ agg. [*weather, day*] afoso; [*room*] soffocante.

mug shot n. foto f. segnaletica.

Muhammad /mə'hæmɪd/ → **Mohammed**.

mujaheddin, mujahedeen /,mu:dʒəhɪ'di:n/ n.pl. ***the ~*** i mujaheddin.

mulatto /mju:'lætəʊ, AE mə'l-/ **I** agg. mulatto **II** n. (pl. **~s, ~es**) mulatto m. (-a).

mulberry /'mʌlbrɪ, AE -berɪ/ ♦ **5 I** n. **1** *(tree)* gelso m., moro m. **2** *(fruit)* mora f. **II** modif. [*juice*] di more; [*leaf*] di gelso.

mulch /mʌltʃ/ n. pacciame m.

1.mule /mju:l/ n. mulo m. (anche FIG.).

2.mule /mju:l/ n. *(slipper)* pianella f.

mulish /'mju:lɪʃ/ agg. testardo (come un mulo).

mull /mʌl/ tr. scaldare e aromatizzare [*wine, cider etc.*].

mullet /'mʌlɪt/ n. (pl. ~) *(red)* triglia f.; *(grey)* muggine m.

mullioned /'mʌlɪənd/ agg. [*window*] a colonnine.

mull over tr. rimuginare.

multicellular /,mʌltɪ'seljʊlə(r)/ agg. multicellulare.

multichannel /,mʌltɪ'tʃænl/ agg. [*television*] multicanali, pluricanale; [*reception*] di molti canali.

multicoloured BE, **multicolored** AE /,mʌltɪ'kʌləd/ agg. multicolore.

multicultural /,mʌltɪ'kʌltʃərəl/ agg. multiculturale.

multidisciplinary /,mʌltɪdɪsɪ'plɪnərɪ, AE -nerɪ/ agg. SCOL. UNIV. pluridisciplinare, multidisciplinare.

multi-ethnic /,mʌltɪ'eθnɪk/ agg. multietnico.

multi-faceted /,mʌltɪ'fæsɪtɪd/ agg. sfaccettato (anche FIG.).

multifarious /,mʌltɪ'feərɪəs/ agg. molteplice, svariato.

multi-function /,mʌltɪ'fʌŋkʃn/ agg. [*watch, calculator, computer*] multifunzione, multifunzionale.

multigym /'mʌltɪdʒɪm/ n. multigym m., attrezzo m. multifunzionale.

multilateral /,mʌltɪ'lætərəl/ agg. **1** POL. [*agreement*] multilaterale **2** MAT. [*shape*] multilatero.

multilevel /,mʌltɪ'levl/ agg. [*access, analysis*] su più livelli; [*parking, building*] multipiano.

multilingual /,mʌltɪ'lɪŋgwəl/ agg. plurilingue, multilingue.

multimedia /,mʌltɪ'mi:dɪə/ agg. multimediale.

multi-million /,mʌltɪ'mɪljən/ agg. ***~ pound, dollar*** da molti milioni di sterline, di dollari.

multimillionaire /,mʌltɪ,mɪljə'neə(r)/ n. multimilionario m. (-a).

multinational /,mʌltɪ'næʃənl/ **I** agg. [*force, agreement*] multinazionale **II** n. (anche **~ company**) multinazionale f.

multi-party /,mʌltɪ'pɑ:tɪ/ agg. POL. [*government, system*] pluripartitico.

multiple /'mʌltɪpl/ **I** agg. multiplo; [*interests*] molteplice **II** n. **1** MAT. multiplo m.; ***sold in ~s of six*** venduto a mezze dozzine **2** BE *(chain of shops)* catena f. di negozi.

multiple choice agg. [*test, question*] a scelta multipla.

multiple entry visa n. visto m. di ingresso multiplo.

multiple occupancy n. = casa con parti condivise da più persone.

multiple ownership n. multiproprietà f.

multiple pile-up n. tamponamento m. a catena.

multiple sclerosis ♦ ***11*** n. sclerosi f. multipla.

multiple store n. BE = negozio che fa parte di una catena.

1.multiplex /'mʌltɪpleks/ **I** agg. TEL. multiplex **II** n. TEL. multiplex m.; CINEM. multiplex m., multisala f.

2.multiplex /'mʌltɪpleks/ tr. TEL. dotare di multiplex.

multiplication /,mʌltɪplɪ'keɪʃn/ n. moltiplicazione f.; ***to do ~*** fare le moltiplicazioni.

multiplication table n. tavola f. pitagorica.

multiplicity /,mʌltɪ'plɪsətɪ/ n. molteplicità f., varietà f.

multiplier /'mʌltɪplaɪə(r)/ n. moltiplicatore m.

multiply /'mʌltɪplaɪ/ **I** tr. moltiplicare (**by** per) **II** intr. **1** MAT. moltiplicare **2** *(increase)* moltiplicarsi (anche BIOL.).

multiply handicapped /,mʌltɪplɪ'hændɪkæpt/ **I** agg. con diversi handicap **II** n. + verbo pl. ***the ~*** = i portatori di diversi handicap.

multiprocessing /,mʌltɪ'prəʊsesɪŋ/ n. INFORM. multiprogrammazione f.

multipurpose /,mʌltɪ'pɜ:pəs/ agg. [*tool, gadget*] multiuso; [*area, organization*] polivalente.

multiracial /,mʌltɪ'reɪʃl/ agg. multirazziale.

multi-screen /'mʌltɪskri:n/ agg. [*cinema*] multischermo.

multistorey /,mʌltɪ'stɔ:rɪ/ agg. BE [*building, car park*] multipiano.

multitrack /'mʌltɪtræk/ agg. [*sound recording*] a piste multiple.

multitude /'mʌltɪtju:d, AE -tu:d/ n. moltitudine f. ♦ ***to hide*** o ***cover a ~ of sins*** SCHERZ. = essere una scusa che funziona sempre.

multiuser /,mʌltɪ'ju:zə(r)/ agg. INFORM. [*computer, system*] multiutente.

1.mum /mʌm/ n. BE COLLOQ. *(mother)* mamma f.

2.mum /mʌm/ avv. ***~'s the word!*** acqua in bocca! ***to keep ~*** non fare parola, stare muto come un pesce.

1.mumble /'mʌmbl/ n. borbottio m.

2.mumble /'mʌmbl/ **I** tr. borbottare, biascicare **II** intr. borbottare.

mumbo jumbo /,mʌmbəʊ'dʒʌmbəʊ/ n. COLLOQ. SPREG. **1** *(speech, writing)* ***it was all ~ to me*** non ci ho capito niente, per me era arabo **2** *(ritual)* = cerimoniale astruso e ridicolo.

mummer /ˈmʌmə(r)/ n. TEATR. mimo m.
mummify /ˈmʌmɪfaɪ/ tr. mummificare.
1.mummy /ˈmʌmɪ/ n. *(embalmed body)* mummia f.
2.mummy /ˈmʌmɪ/ n. BE COLLOQ. *(mother)* mamma f., mammina f.
mummy's boy n. BE mammone m.
mumps /mʌmps/ ➧ *11* n.pl. + verbo sing. orecchioni m.
munch /mʌntʃ/ tr. [*person*] sgranocchiare; [*animal*] masticare, ruminare; ***to ~ one's way through*** divorare [*food*].
mundane /mʌnˈdeɪn/ agg. banale, ordinario.
municipal /mjuːˈnɪsɪpl/ agg. municipale, comunale.
municipal court n. AE DIR. tribunale m. municipale.
municipality /mjuːˌnɪsɪˈpælətɪ/ n. municipalità f.
munificent /mjuːˈnɪfɪsnt/ agg. FORM. munifico.
munitions /mjuːˈnɪʃnz/ **I** n.pl. MIL. munizioni f. **II** modif. [*factory, industry*] di munizioni.
mural /ˈmjʊərəl/ **I** agg. [*art, decoration*] murale **II** n. pittura f. murale; *(in cave)* pittura f. rupestre.
1.murder /ˈmɜːdə(r)/ **I** n. **1** DIR. *(crime)* omicidio m., assassinio m. **2** COLLOQ. *(hell)* ***it's ~ in town today!*** oggi in città è un inferno! ***finding a parking space here is sheer ~!*** parcheggiare qui è un vero macello! ***to be ~ on the feet*** distruggere i piedi **II** modif. [*scene, weapon*] del delitto; [*squad*] omicidi; [*trial*] per omicidio; ***~ charge*** accusa di omicidio; ***~ hunt*** caccia all'assassino; ***~ suspect*** presunto assassino; ***~ victim*** vittima (di un omicidio); ***~ story*** o ***mystery*** giallo, poliziesco ♦ ***to get away with ~*** [*dishonest people*] farla franca; ***that child gets away with ~!*** gliele fanno proprio passare tutte a quel bambino! ***to scream*** o ***yell blue*** BE o ***bloody*** AE ***~*** COLLOQ. [*child*] urlare a squarciagola.
2.murder /ˈmɜːdə(r)/ tr. **1** DIR. *(kill)* assassinare, uccidere; ***I could ~ that woman!*** COLLOQ. FIG. la ammazzerei, quella donna! **2** COLLOQ. *(ruin)* massacrare [*language, piece of music*]; *(defeat)* massacrare, distruggere [*opponents*].
murder case n. *(for police)* caso m. di omicidio; *(for court)* processo m. per omicidio.
murdered /ˈmɜːdəd/ **I** p.pass → **2.murder** **II** agg. ***the ~ man, woman*** la vittima (dell'omicidio).
murderer /ˈmɜːdərə(r)/ n. assassino m., omicida m.
murderess /ˈmɜːdərɪs/ n. assassina f., omicida f.
murderous /ˈmɜːdərəs/ agg. **1** *(deadly)* [*look*] assassino; [*attack, deeds*] criminale; [*intent, thoughts*] omicida **2** COLLOQ. *(emphatic)* [*heat, pressure*] massacrante **3** *(dangerous)* [*route, conditions*] micidiale.
murk /mɜːk/ n. LETT. oscurità f., buio m.
murky /ˈmɜːkɪ/ agg. **1** *(gloomy)* [*night*] cupo, buio; [*water*] scuro; [*colour*] tetro; [*weather*] cupo, fosco; [*distance*] indistinto **2** *(suspect)* [*past*] oscuro.
1.murmur /ˈmɜːmə(r)/ n. mormorio m.; *(of traffic)* rumore m.; ***to obey without a ~*** obbedire senza fiatare.
2.murmur /ˈmɜːmə(r)/ **I** tr. mormorare **II** intr. **1** mormorare **2** *(grumble)* brontolare (**at, against** contro).
murmuring /ˈmɜːmərɪŋ/ **I** n. mormorio m. **II murmurings** n.pl. *(complaints)* proteste f. (**about** contro); *(rumours)* voci f. **III** agg. [*stream*] mormorante.
muscatel /ˌmʌskəˈtel/ n. **1** *(wine)* (vino) moscato m. **2** *(grape)* moscatello m.
1.muscle /ˈmʌsl/ ➧ *2* **I** n. **1** ANAT. muscolo m.; *(tissue)* muscolatura f.; ***without moving a ~*** senza muovere un muscolo; ***don't move a ~!*** non muoverti! **2** *(clout)* potere m.; ***we have the ~ to compete with them*** siamo abbastanza forti da poter competere con loro; ***to give ~ to*** dare forza a [*argument*] **II** modif. [*exercise*] per i muscoli; [*fatigue, tissue*] muscolare **III -muscled** agg. in composti ***strong-~*** forzuto, pieno di muscoli.
2.muscle /ˈmʌsl/ tr. ***to ~ one's way into*** imporsi con la forza in [*discussion*]; farsi largo a spintoni in [*room*].
▪ **muscle in** COLLOQ. immischiarsi (**on** in).
muscle strain n. strappo m. muscolare.
Muscovite /ˈmʌskəvaɪt/ **I** agg. moscovita **II** n. moscovita m. e f.
muscular /ˈmʌskjʊlə(r)/ agg. **1** ANAT. [*disease, tissue*] muscolare **2** *(strong)* [*person, limbs*] muscoloso; ***to have a ~ build*** essere muscoloso **3** FIG. *(vigorous)* [*attitude*] da bullo.
muscular dystrophy ➧ *11* n. distrofia f. muscolare.
1.muse /mjuːz/ n. musa f.
2.muse /mjuːz/ intr. meditare, riflettere (**on, over, about** su).
museum /mjuːˈzɪəm/ **I** n. museo m. **II** modif. [*curator, collection*] del museo.
museum piece n. SPREG. o SCHERZ. pezzo m. da museo.
mush /mʌʃ/ n. **1** *(pulp)* poltiglia f., pappetta f. **2** COLLOQ. *(soppiness)* sdolcinatezza f.
1.mushroom /ˈmʌʃrʊm, -ruːm/ ➧ *5* **I** n. **1** fungo m.; ***to spring*** o ***pop up like ~s*** FIG. crescere *o* spuntare come funghi **2** *(colour)* marroncino m. **II** modif. [*soup*] ai funghi; [*omelette*] di funghi **III** agg. marroncino.
2.mushroom /ˈmʌʃrʊm, -ruːm/ intr. [*buildings*] venire su come funghi; [*towns, group*] espandersi rapidamente; [*business*] avere una rapida crescita; [*profits*] aumentare rapidamente.
mushroom cloud n. fungo m. atomico.
mushroom growth n. rapido sviluppo m.
mushrooming /ˈmʌʃruːmɪŋ, -rʊ-/ **I** n. **1** *(activity)* ***to go ~*** andare per funghi **2** *(spread)* rapida diffusione f., espansione f. **II** agg. [*demand*] crescente; [*trade*] in pieno sviluppo.
mushy /ˈmʌʃɪ/ agg. COLLOQ. **1** *(pulpy)* [*texture*] molle, molliccio; [*vegetables*] spappolato, in poltiglia **2** *(sentimental)* [*film, story*] sdolcinato; [*person*] svenevole.
music /ˈmjuːzɪk/ **I** n. **1** *(art, composition)* musica f.; ***to set sth. to ~*** mettere qcs. in musica, musicare qcs. **2** *(printed)* spartito m.; ***to read ~*** leggere la musica **II** modif. [*exam, lesson, teacher*] di musica; [*festival, critic, practice*] musicale ♦ ***to face the ~*** = affrontare con coraggio le difficoltà, accettare le conseguenze delle proprie azioni.
musical /ˈmjuːzɪkl/ **I** agg. **1** [*person*] *(gifted)* che ha orecchio (per la musica), che ha talento musicale; *(interested)* amante della musica **2** [*voice, laughter*] melodioso **3** [*accompaniment, score*] musicale; [*director*] d'orchestra **II** n. (anche **~ comedy**) musical m., commedia f. musicale.
musical box n. BE carillon m.
musical instrument ➧ *17* n. strumento m. musicale.
music box n. AE carillon m.
music centre n. BE impianto m. stereo.
music hall n. BE music-hall m.
musician /mjuːˈzɪʃn/ ➧ *27* n. musicista m. e f.
musicianship /mjuːˈzɪʃnʃɪp/ n. abilità f. di musicista.
musicology /ˌmjuːzɪˈkɒlədʒɪ/ n. musicologia f.
music stand n. leggio m.
music stool n. sgabello m. per pianoforte.
music video n. video m. musicale, videoclip m.
musing /ˈmjuːzɪŋ/ **I musings** n.pl. riflessioni f. **II** agg. meditabondo, pensieroso.
musk /mʌsk/ n. muschio m.
musket /ˈmʌskɪt/ n. moschetto m.
musketeer /ˌmʌskɪˈtɪə(r)/ n. moschettiere m.
musk-rat /ˈmʌskræt/ n. → **musquash**.
musky /ˈmʌskɪ/ agg. muschiato.
Muslim /ˈmʊzlɪm, AE ˈmʌzləm/ → **Moslem**.
muslin /ˈmʌzlɪn/ n. **1** *(cloth)* mussola f., mussolina f. **2** GASTR. stamigna f., garza f. (per avvolgere burro ecc.).
musquash /ˈmʌskwɒʃ/ n. *(animal)* topo m. muschiato; *(fur)* rat musqué m.
mussel /ˈmʌsl/ n. cozza f., mitilo m.
mussel bed n. vivaio m. di cozze.
1.must /*forma debole* məst, *forma forte* mʌst/ When *must* indicates obligation or necessity, Italian generally has *dovere*; sometimes the impersonal form *si deve* or the impersonal construction *bisogna* + infinitive (or *bisogna che* + subjunctive) are used: *I must go* = devo andare, bisogna che vada; *it must be done* = lo si deve fare, bisogna farlo. For more examples and particular uses see **1** and **3** below. See also **1.have II 1** and the related usage note. - *Must have* + past participle can be translated by either the imperfect or the present indicative of Italian *dovere*: *it must have been a nice place once* = doveva essere un bel posto un tempo; *somebody must have stolen it* = qualcuno deve averlo rubato. - The negative form of *must* is either *mustn't*, which indicates prohibition and should be translated by *dovere*, or *needn't*, which indicates that there is no obligation and is gener-

ally translated by *non c'è bisogno che*: *you mustn't do it* = non lo devi fare; *you needn't do it* = non c'è bisogno che tu lo faccia. - For the conjugation of *dovere*, see the Italian verb tables. mod. (negat. **must not**, **mustn't**) **1** *(indicating obligation)* ***you ~ check your rearview mirror before indicating*** si deve guardare nello specchietto prima di mettere la freccia; ***the feeding bottles ~ be sterilized*** i biberon devono essere sterilizzati; ***he ~ be consulted first*** prima bisogna consultare lui; ***all visitors ~ leave the premises*** i signori visitatori sono pregati uscire; ***the loan ~ be repaid in one year*** il prestito deve essere rimborsato in un anno; ***withdrawals ~ not exceed £ 200*** i prelievi non possono superare le 200 sterline; ***you mustn't mention this to anyone*** non devi farne parola con nessuno **2** *(indicating requirement)* ***candidates ~ be EU nationals*** i candidati dovranno essere cittadini comunitari; ***to gain a licence you ~ spend 40 hours in the air*** per ottenere il brevetto devi avere fatto almeno 40 ore di volo **3** *(stressing importance, necessity)* ***you ~ be patient*** devi avere pazienza; ***tell her she mustn't worry*** dille di non preoccuparsi *o* che non deve preoccuparsi; ***we ~ never forget*** non dimentichiamocelo mai; ***I ~ ask you not to smoke*** devo chiedervi di non fumare; ***I feel I ~ tell you that*** mi sento in dovere di dirti che; ***it ~ be said that*** bisogna dire che; ***I ~ apologize for being late*** chiedo scusa per il ritardo; ***I ~ say, I was impressed*** devo dire che sono rimasto impressionato **4** *(expressing intention)* ***I ~ check the reference*** devo verificare la fonte di riferimento **5** *(indicating irritation)* ***well, come in if you ~*** e va bene, entra, se proprio devi; ***why ~ he always be so cynical?*** perché dev'essere sempre così cinico? ***he's ill, if you ~ know*** è malato, se proprio vuoi saperlo **6** *(in suggestions)* ***we really ~ get together soon*** dobbiamo assolutamente rivederci al più presto; ***you ~ meet John*** devi conoscere John **7** *(expressing assumption, probability)* ***it ~ be difficult living there*** dev'essere difficile vivere là; ***there ~ be some mistake!*** dev'esserci qualche errore! ***what ~ people think?*** che cosa ne deve pensare la gente? ***because he said nothing people thought he ~ be shy*** siccome stava in silenzio, la gente pensava che fosse timido; ***they ~ really detest each other*** si devono veramente detestare; ***anyone who believes her ~ be naïve*** chi le crede è un ingenuo; ***you ~ be out of your mind!*** devi essere impazzito! **8** *(expressing desire)* ***this I ~ see!*** devo assolutamente vederlo! ***we simply ~ get away from here!*** dobbiamo a tutti i costi uscire di qua!

2.must /mʌst/ n. ***it's a ~*** è un must (**for** per); ***this film is a ~*** questo film è imperdibile; ***if you're going to Paris, a visit to the Louvre is a ~*** se vai a Parigi devi assolutamente visitare il Louvre.

3.must /mʌst/ n. ENOL. mosto m.

mustache /ˈmʌstæʃ/ n. AE → **moustache**.

mustard /ˈmʌstəd/ ➧ **5 I** n. **1** *(plant, condiment)* senape f. **2** *(colour)* (giallo) senape m. **II** modif. [*seed*] di senape; ***~ powder*** senape in polvere; ***~ pot*** senapiera, vasetto della senape **III** agg. (giallo) senape ♦ ***to be as keen as ~*** essere pieno di entusiasmo.

1.muster /ˈmʌstə(r)/ n. MIL. adunata f.; *(for inspection etc.)* rivista f., rassegna f. ♦ ***to pass ~*** essere passabile *o* accettabile.

2.muster /ˈmʌstə(r)/ **I** tr. **1** (anche **~ up**) *(summon)* fare appello a [*energy, enthusiasm*]; raccogliere [*support*]; provocare [*argument*] **2** *(gather)* chiamare a raccolta, radunare [*troops*] **II** intr. MIL. (r)adunarsi.

must-have /ˈmʌsthæv/ **I** n. COLLOQ. must m. **II** agg. COLLOQ. ***a ~ item for*** un must per.

mustn't /ˈmʌsnt/ contr. **must not**.

musty /ˈmʌstɪ/ agg. **1** [*room*] che puzza di chiuso; [*book, clothing*] ammuffito; ***to smell ~*** puzzare di vecchio *o* di stantio **2** FIG. [*ideas*] antiquato, ammuffito.

mutant /ˈmju:tənt/ **I** agg. BIOL. mutante **II** n. mutante m. e f.

mutate /mju:ˈteɪt, AE ˈmju:teɪt/ **I** tr. trasformare, mutare **II** intr. [*cell*] subire una mutazione; [*alien*] tramutarsi (**into** in).

mutation /mju:ˈteɪʃn/ n. **1** BIOL. mutazione f. **2** LING. metafonesi f.

mute /mju:t/ **I** agg. **1** *(dumb)* muto **2** *(silent)* muto (anche LING.) **II** n. MUS. sordina f. Although *speech impaired* is often used in English instead of *mute* (in its **I 1** meaning), the Italian translation is *muto* for both English expressions.

muted /ˈmju:tɪd/ agg. **1** *(subdued)* [*response*] tiepido; [*celebration*] in sordina, in tono minore; [*pleasure*] rovinato; [*criticism*] velato; [*colour*] attenuato; [*sound*] attutito **2** MUS. [*trumpet*] in sordina.

mutilate /ˈmju:tɪleɪt/ tr. mutilare.

mutilation /ˌmju:tɪˈleɪʃn/ n. mutilazione f.

mutineer /ˌmju:tɪˈnɪə(r)/ n. ammutinato m. (-a).

mutinous /ˈmju:tɪnəs/ agg. [*soldier, sailor*] ammutinato; [*pupil, behaviour*] ribelle.

1.mutiny /ˈmju:tɪnɪ/ n. ammutinamento m.

2.mutiny /ˈmju:tɪnɪ/ intr. ammutinarsi.

mutt /mʌt/ n. COLLOQ. **1** *(dog)* bastardino m. **2** *(person)* testa f. di legno.

1.mutter /ˈmʌtə(r)/ n. mormorio m., brontolio m.

2.mutter /ˈmʌtə(r)/ **I** tr. mormorare [*prayer, reply*]; borbottare, biascicare [*insult*] **II** intr. brontolare.

muttering /ˈmʌtərɪŋ/ n. mormorii m.pl. (**about** contro).

mutton /ˈmʌtn/ **I** n. GASTR. montone m., carne f. di montone **II** modif. [*stew, pie*] di montone ♦ ***as dead as ~*** morto stecchito; ***~ dressed as lamb*** tardona.

mutton chops n.pl. *(whiskers)* favoriti m., scopettoni m.

mutual /ˈmju:tʃʊəl/ agg. **1** *(reciprocal)* mutuo, reciproco; ***the feeling is ~*** è una cosa reciproca **2** *(common)* comune; ***our ~ friend*** il nostro comune amico; ***by ~ agreement*** di comune accordo; ***it is to their ~ advantage*** è nel loro comune interesse **3** COMM. [*society*] mutuo.

mutual aid, **mutual assistance** n. mutuo m. soccorso.

mutual fund n. AE ECON. fondo m. comune di investimento.

mutually /ˈmju:tʊəlɪ/ avv. reciprocamente; ***~ acceptable*** accettabile da ambedue le parti; ***~ agreed*** accettato di comune accordo.

Muzak® /ˈmju:zæk/ n. SPREG. musica f. di sottofondo (registrata).

1.muzzle /ˈmʌzl/ n. **1** *(snout)* muso m. **2** *(worn by animal)* museruola f. **3** *(of gun, cannon)* bocca f.

2.muzzle /ˈmʌzl/ tr. mettere la museruola a (anche FIG.).

muzzy /ˈmʌzɪ/ agg. COLLOQ. ***my head's ~*** sono rintronato.

MW RAD. ⇒ medium wave onde medie (OM).

my /maɪ/ When translating *my*, remember that in Italian possessives, like most other adjectives, agree in gender and number with the noun they qualify, not as in English with the possessor they refer to; *my* is translated by *mio* + masculine singular noun (*my neighbour, my dog* = il mio vicino, il mio cane), *mia* + feminine singular noun (*my teacher, my house* = la mia maestra, la mia casa), *miei* + masculine plural noun (*my children, my books* = i miei figli, i miei libri), and *mie* + feminine plural noun (*my friends, my shoes* = le mie amiche, le mie scarpe). - The above examples also show that Italian possessives, unlike English ones, are normally preceded by an article. - When *own* is used after *my* to intensify the meaning of the possessive, it is not usually translated in Italian: *I'll get there on my own car* = ci andrò con la mia macchina. - When *my* is used before nouns indicating parts of the body (for which ➧ *2*), garments, relatives, food and drink etc., Italian has an article instead: *I had my hair cut* = mi sono fatto tagliare i capelli; *I kept my hat on* = ho tenuto il cappello; *I have eaten up my soup* = ho finito la minestra; *I'm in my forties* = ho passato la quarantina. **I** determ. mio; ***~ house*** la mia casa; ***my sister*** mia sorella; ***I broke ~ arm*** mi ruppi il braccio **II** inter. ***oh ~!*** mamma mia! mio Dio! ***~ ~!*** accidenti!

myalgic /maɪˈældʒɪk/ agg. ***~ encephalomyelitis*** encefalomielite mialgica.

mycology /maɪˈkɒlədʒɪ/ n. micologia f.

myopia /maɪˈəʊpɪə/ ➧ ***11*** n. MED. miopia f. (anche FIG.).

myopic /maɪˈɒpɪk/ agg. **1** MED. miope (anche FIG.).

myriad /ˈmɪrɪəd/ **I** n. LETT. miriade f. **II** agg. [*items, details*] innumerevole.

myrrh /mɜ:(r)/ n. mirra f.

myrtle /ˈmɜ:tl/ n. mirto m.

myself /maɪˈself, məˈself/ When used as a reflexive pronoun, direct and indirect, *myself* is translated by *mi* which is always placed before the verb: *I've hurt myself* = mi sono fatto male. - When used as an emphatic to stress the corresponding personal pronoun, the translation is *io stesso* or *anch'io*: *I did it myself* = l'ho fatto io stesso; *I'm a stranger here myself* = anch'io sono forestiero da queste parti. - When used after a preposition, *myself* is translated by *me* or *me stesso*: *I did it for myself* = l'ho fatto per me / me stesso. - Note that the difference between *me* and *myself* is not always made clear in Italian: compare *she's looking at me* = lei mi sta guardando and *I'm looking at myself in the mirror* = mi sto guardando allo specchio, or *Jane works for me* = Jane lavora per me and *I work for myself* = io lavoro per me / me stesso. - *(All) by myself* is translated by *da solo*, which means alone and/or without help. - For particular usages see below. pron. **1** *(reflexive)* mi, me, me stesso (-a); *(after preposition)* me, me stesso (-a); ***I hurt ~*** mi sono ferito; ***I'm not pleased with ~*** non sono soddisfatto di me (stesso) **2** *(emphatic)* io stesso (-a), me stesso (-a); ***I saw it ~*** l'ho visto con i miei (stessi) occhi; ***for ~*** per me (stesso) **3** *(expressions)* ***(all) by ~*** (tutto) da solo, da me; ***I'm not much of a dog-lover ~*** personalmente, non amo molto i cani; ***I'm not ~ today*** oggi non sono io *o* non sono in me.

mysterious /mɪˈstɪərɪəs/ agg. misterioso; ***to be ~ about*** fare il misterioso a proposito di.

mysteriously /mɪˈstɪərɪəslɪ/ avv. [*disappear*] misteriosamente; [*say, smile*] con aria misteriosa.

mystery /ˈmɪstərɪ/ **I** n. **1** *(puzzle)* mistero m.; ***it's a ~ to me how*** per me è un mistero come; ***there is no ~ about her success*** non stupisce che abbia successo **2** *(book)* (romanzo) giallo m. **3** RELIG. mistero m. **II** modif. [*death, voice, guest*] misterioso; [*prize, trip*] a sorpresa; ***the ~ man, woman*** l'uomo, la donna del mistero.

mystery play n. mistero m., sacra rappresentazione f.

mystery tour n. = gita con destinazione a sorpresa.

mystic /ˈmɪstɪk/ **I** agg. [*union*] mistico; [*power*] occulto; [*practice*] esoterico **II** n. RELIG. mistico m. (-a).

mystical /ˈmɪstɪkl/ agg. mistico.

mysticism /ˈmɪstɪsɪzəm/ n. misticismo m.

mystification /ˌmɪstɪfɪˈkeɪʃn/ n. **1** *(of issue, process)* mistificazione f. **2** *(of person)* disorientamento m.; ***in some ~, he...*** un po' disorientato, lui...

mystify /ˈmɪstɪfaɪ/ tr. confondere le idee a, disorientare, sconcertare.

mystifying /ˈmɪstɪfaɪɪŋ/ agg. che confonde, sconcertante.

mystique /mɪˈstiːk/ n. ***clothed in ~*** carico di mistero.

myth /mɪθ/ n. **1** *(story)* mito m.; *(fallacy)* leggenda f. **2** U *(mythology)* mito m., miti m.pl.

mythic(al) /ˈmɪθɪk(l)/ agg. [*hero*] mitico, leggendario; [*wealth*] immaginario, fittizio.

mythological /ˌmɪθəˈlɒdʒɪkl/ agg. mitologico.

mythology /mɪˈθɒlədʒɪ/ n. mitologia f.

n

n, N /en/ n. **1** *(letter)* n, N m. e f. **2 N** GEOGR. ⇒ north nord (N) **3 'n'** → **and.**

n/a, N/A ⇒ not applicable *(on forms)* non pertinente.

1.nab /næb/ n. BE (⇒ no alcohol beer) = birra analcolica.

2.nab /næb/ tr. (forma in -ing ecc. **-bb-**) COLLOQ. **1** *(catch)* beccare, acciuffare [*wrongdoer*]; raggiungere [*passerby*]; ***~ Tom when he comes in*** blocca Tom quando arriva **2** *(steal)* sgraffignare.

nabob /ˈneɪbɒb/ n. nababbo m.

nacre /ˈneɪkə(r)/ n. madreperla f.

nadir /ˈneɪdɪə(r)/ n. ASTR. nadir m.; FIG. punto m. più basso; ***to reach a ~*** toccare il fondo.

naff /næf/ agg. BE COLLOQ. *(not fashionable)* da sfigato, da sfigati; *(faulty)* del cavolo.

naff off intr. BE POP. tagliare la corda, andarsene.

NAFTA /ˈnæftə/ n. (⇒ North American Free Trade Agreement) = accordo di libero scambio fra gli stati del Nord America.

1.nag /næg/ n. COLLOQ. SPREG. *(horse)* ronzino m., brocco m.

2.nag /næg/ **I** tr. (forma in -ing ecc. **-gg-**) **1** *(pester)* tormentare, rompere le scatole a [*person*] (**about** per, su); ***to ~ sb. into doing*** tormentare qcn. per fargli fare **2** *(niggle)* [*pain*] non dare pace; [*doubt*] assillare, tormentare; [*conscience*] rimordere **II** intr. (forma in -ing ecc. **-gg-**) **1** *(moan)* brontolare, lamentarsi continuamente; ***to ~ at sb. (to do)*** tormentare qcn. (per fargli fare) **2** *(niggle)* ***to ~ (away) at sb.*** [*pain*] non dare pace a qcn.; [*worry*] tormentare qcn.

nagging /ˈnægɪŋ/ agg. *(niggling)* [*pain*] lancinante; [*doubt, suspicion*] assillante, tormentoso; [*problem*] ossessionante.

1.nail /neɪl/ ➧ **2 I** n. **1** unghia f.; ***to bite one's ~s*** mangiarsi le unghie **2** TECN. chiodo m. **II** modif. [*scissors, file*] per unghie ♦ ***a ~ in sb.'s coffin*** un brutto colpo per qcn.; ***to hit the ~ on the head*** colpire nel segno; ***cash on the ~*** (denaro) sull'unghia *o* in contanti; ***to be as hard*** o ***tough as ~s*** avere il cuore duro; ***to fight tooth and ~*** combattere con le unghie e con i denti.

2.nail /neɪl/ tr. **1** *(attach with nails)* inchiodare; ***to ~ a picture to a wall*** attaccare *o* appendere un quadro al muro **2** COLLOQ. *(pin down)* acchiappare, inchiodare [*wrongdoer*]; beccare [*liar*] **3** COLLOQ. *(expose)* smentire [*rumour*]; distruggere, fare crollare [*myth*].

▪ **nail down:** ***~ down [sth.], ~ [sth.] down*** **1** inchiodare **2** FIG. *(define)* definire [*agreement*]; ***~ [sb.] down*** inchiodare [*person*]; ***to ~ sb. down to a time*** costringere qcn. a fissare una data.

▪ **nail up:** ***~ up [sth.], ~ [sth.] up*** *(attach)* appendere [*picture*]; *(board up)* sprangare [*doors*].

nail-biting /ˈneɪlbaɪtɪŋ/ **I** n. (il) mangiarsi le unghie **II** agg. [*match*] al cardiopalma; [*wait*] snervante.

nailbrush /ˈneɪlbrʌʃ/ n. spazzolino m. (per unghie).

nail clippers n.pl. tagliaunghie m.sing., tronchesina f. sing.

nail polish, nail varnish smalto m. (per unghie).

nail polish remover, nail varnish remover n. solvente m. per smalto, acetone m.

naïve /naɪˈiːv/ agg. **1** ingenuo, candido **2** ART. naïf.

naïvely /naɪˈiːvlɪ/ avv. [*believe, say, behave*] ingenuamente; [*draw, write*] in stile naïf.

naïvety, naïveté /naɪˈiːvətɪ/ n. ingenuità f.

naked /ˈneɪkɪd/ agg. **1** *(bare)* nudo; ***to go ~*** andare in giro nudo; ***~ to the waist*** a torso nudo **2** *(exposed)* [*flame*] libero; [*bulb*] scoperto; [*sword*] sguainato **3** *(blunt)* [*truth*] nudo (e crudo); [*facts*] puro (e semplice); [*terror*] puro ♦ ***to the ~ eye*** a occhio nudo.

nakedness /ˈneɪkɪdnɪs/ n. nudità f.

namby-pamby /ˌnæmbɪˈpæmbɪ/ agg. COLLOQ. SPREG. sdolcinato, stucchevole.

1.name /neɪm/ n. **1** *(of person, place, object)* nome m.; *(of book, film)* titolo m.; ***first ~*** nome; ***my ~ is Bill*** mi chiamo Bill; ***what is your ~?*** come ti chiami? ***what ~ shall I say?*** *(on phone)* chi devo dire? ***he goes by the ~ of Max*** si fa chiamare Max; ***I know it by another ~*** lo conosco sotto un altro nome; ***I only know it by ~*** lo conosco solo di nome; ***in the ~ of God!*** in nome di Dio! ***under the ~ XY*** sotto lo pseudonimo *o* con il nome di XY; ***he's president in ~ only*** è presidente solo sulla carta; ***to take*** o ***get one's ~ from*** prendere il nome da [*flower*]; avere il nome di [*relative*]; ***to put one's ~ down for*** iscriversi a [*course*] **2** *(reputation)* nome m., reputazione f.; ***to have a ~ for*** essere noto per; ***to make one's ~, a ~ for oneself as a writer*** farsi un nome come scrittore; ***to make a ~ for oneself as a liar*** SPREG. farsi la reputazione di bugiardo **3** *(insult)* ***to call sb. ~s*** coprire di insulti qcn.; ***he called me all sorts of ~s*** me ne ha dette di tutti i colori ♦ ***that's the ~ of the game*** è quello che conta, è la cosa più importante; ***to see one's ~ in lights*** = diventare famoso.

2.name /neɪm/ tr. **1** *(call)* chiamare, dare il nome a [*person, area, boat, planet*]; ***they ~d her after*** BE o ***for*** AE ***her mother*** l'hanno chiamata come la mamma; ***a boy ~d Joe*** un ragazzo di nome Joe; ***the product is ~d after its inventor*** il prodotto ha preso il nome dal suo inventore **2** *(cite)* citare, dire il nome di; ***Italy, France, to ~ but a few*** Italia, Francia, per dirne solo alcuni; ***illnesses? you ~ it, I've had it!*** malattie? dinne una che io l'ho avuta! **3** *(reveal identity of)* fare, dire [*names*]; rivelare [*sources*]; rivelare l'identità di [*suspect*]; ***naming no names*** senza fare nomi; ***to be ~d as a suspect*** essere fra i sospetti **4** *(appoint)* nominare [*captain*]; dare la formazione di [*team*]; designare [*heir*]; eleggere [*successor*]; ***to ~ sb. for*** fare il nome di *o* proporre qcn. per [*post*] **5** *(state)* indicare [*place, time*]; fissare [*price, terms*].

name day n. onomastico m.

name-drop /ˈneɪmdrɒp/ intr. (forma in -ing ecc. **-pp-**) SPREG. = fare sfoggio di (presunte) conoscenze importanti.

nameless /ˈneɪmlɪs/ agg. **1** *(anonymous)* [*person*] anonimo, ignoto; ***a certain person, who shall remain*** o ***be ~*** una persona di cui non farò il nome **2** *(indefinable)* [*fear, dread*] indicibile, indescrivibile.

namely /ˈneɪmlɪ/ avv. vale a dire, cioè.

name plate n. *(on door)* targa f., targhetta f.

namesake /ˈneɪmseɪk/ n. omonimo m. (-a).

name tag n. targhetta f. d'identificazione.
name tape n. = etichetta cucita all'interno degli abiti (su cui è scritto il nome del proprietario).
Nancy /'nænsɪ/ n.pr. diminutivo di **Agnes** e **Ann**.
nancy(-boy) /'nænsɪ(bɔɪ)/ n. COLLOQ. SPREG. checca f.
nanny /'nænɪ/ n. **1** *(nurse)* tata f. **2** COLLOQ. *(grandmother)* nonnina f.
nanny goat n. capra f., capretta f.
1.nap /næp/ n. *(snooze)* sonnellino m., pisolino m.; ***to have*** o ***take a ~*** schiacciare un pisolino; *(after lunch)* fare un riposino *o* una siesta.
2.nap /næp/ intr. (forma in -ing ecc. **-pp-**) fare un sonnellino, schiacciare un pisolino ♦ ***to catch sb. ~ping*** COLLOQ. cogliere qcn. alla sprovvista.
3.nap /næp/ n. TESS. pelo m.; ***with, against the ~*** nella direzione del pelo, contropelo.
napalm /'neɪpɑːm/ **I** n. napalm m. **II** modif. [*bomb*] al napalm.
nape /neɪp/ n. nuca f.; ***the ~ of the neck*** la collottola.
naphtha /'næfθə/ n. nafta f.
naphthalene /'næfθəliːn/ n. CHIM. naftalene m.; COMM. naftalina f.
napkin /'næpkɪn/ n. tovagliolo m.; ***~ ring*** portatovagliolo.
Naples /'neɪplz/ ♦ *34* n.pr. Napoli f.
Napoleon /nə'pəʊlɪən/ n.pr. Napoleone.
nappy /'næpɪ/ n. BE pannolino m. (per bambini).
nappy liner n. = in vecchi tipi di pannolino da bambino, parte assorbente da buttare dopo l'uso.
nappy rash n. BE eritema m. da pannolino; ***to have ~*** avere il culetto arrossato.
narcissi /nɑː'sɪsaɪ/ → **narcissus**.
narcissism /'nɑːsɪsɪzəm/ ♦ *11* n. narcisismo m.
narcissistic /ˌnɑːsɪ'sɪstɪk/ agg. narcisistico.
narcissus /nɑː'sɪsəs/ n. (pl. **~es**, **-i**) BOT. narciso m.
Narcissus /nɑː'sɪsəs/ n.pr. MITOL. Narciso.
narcotic /nɑː'kɒtɪk/ **I** n. *(soporific)* narcotico m.; FIG. sonnifero m.; *(illegal drug)* stupefacente m. **II** agg. [*substance*] narcotico; FIG. soporifero.
narcotics squad n. AE squadra f. narcotici.
1.nark /nɑːk/ n. BE COLLOQ. informatore m., spia f.
2.nark /nɑːk/ tr. BE *(annoy)* scocciare, seccare.
narked /nɑːkt/ **I** p.pass. → **2.nark** **II** agg. COLLOQ. incavolato, scocciato.
narrate /nə'reɪt/ tr. LETT. narrare, raccontare.
narration /nə'reɪʃn/ n. narrazione f.
narrative /'nærətɪv/ **I** n. **1** *(account)* storia f., racconto m. **2** *(storytelling)* narrazione f. **II** modif. [*skill, poem*] narrativo; ***~ literature*** narrativa.
narrator /nə'reɪtə(r)/ n. LETTER. narratore m.; MUS. voce f. recitante.
1.narrow /'nærəʊ/ ♦ *15* **I** agg. **1** *(in breadth, size, shape)* [*street, room, shoes, skirt, vase*] stretto; ***to grow*** o ***become ~*** [*road, river, valley*] restringersi **2** *(in scope)* [*range, choice, group, field*] ristretto; [*sense*] stretto; [*vision, interests, understanding*] limitato; [*life*] meschino; [*version*] ridotto **3** *(in degree)* [*majority*] esiguo; [*margin*] stretto; [*lead*] leggero; ***to win a ~ victory*** vincere per un pelo; ***to have a ~ escape*** o ***a ~ squeak*** BE COLLOQ. scamparla bella, salvarsi per miracolo *o* per un pelo **II narrows** n.pl. stretto m.sing. ♦ ***the straight and ~*** la retta via.
2.narrow /'nærəʊ/ **I** tr. **1** *(limit)* restringere [*choice, range, field*]; limitare [*sense, definition*] (**to** a) **2** *(reduce)* ridurre [*gap, deficit*]; ***Elliott has ~ed the gap*** *(in race, poll)* Elliott ha accorciato le distanze **3** *(reduce breadth of)* restringere [*road, arteries*]; ***to ~ one's eyes*** socchiudere gli occhi **II** intr. **1** *(in breadth)* [*street, valley, arteries*] restringersi **2** *(fall off)* [*deficit, margin, lead*] ridursi; [*choice*] limitarsi, restringersi (**to** a).
▪ **narrow down** [*investigation, search*] restringersi, limitarsi; [*field of contestants, suspects*] ridursi (**to** a); ***~ [sth.] down, ~ down [sth.]*** restringere, limitare [*investigation, research*]; ridurre [*numbers, list*] (**to** a).
narrow boat n. BE chiatta f.
narrow gauge n. FERR. scartamento m. ridotto.
narrowly /'nærəʊlɪ/ avv. **1** *(barely)* a malapena, per un pelo **2** *(strictly)* [*define*] in senso stretto.
narrow-minded /ˌnærəʊ'maɪndɪd/ agg. SPREG. di mentalità ristretta, di vedute ristrette.
narrow-mindedness /ˌnærəʊ'maɪndɪdnɪs/ n. SPREG. ristrettezza f. di vedute, di mentalità.
NASA /'næsə/ n. (⇒ National Aeronautics and Space Administration Ente Nazionale Aeronautico e Spaziale) NASA f.
nasal /'neɪzl/ agg. nasale.
nasal spray n. spray m. nasale, nebulizzatore m. per inalazioni.
nascent /'næsnt/ agg. nascente.
nastily /'nɑːstɪlɪ/ avv. [*behave, speak*] scortesemente, sgarbatamente, in malo modo; [*laugh*] sguaiatamente.
nastiness /'nɑːstɪnɪs/ n. **1** *(spitefulness)* cattiveria f. **2** *(of food, medicine)* gusto m. cattivo.
nasturtium /nə'stɜːʃəm/ n. nasturzio m.
nasty /'nɑːstɪ/ **I** agg. COLLOQ. **1** *(unpleasant)* [*crime*] orribile, terribile; [*suspicion, surprise, habit, experience, stain, weather*] brutto; [*sight, feeling, task, rumour*] sgradevole; [*expression*] cattivo; [*taste*] disgustoso, nauseante; [*affair, business*] brutto, sporco; ***a ~ look*** un'occhiataccia; ***I got a ~ fright*** mi sono preso un bello spavento; ***to smell ~*** avere un odoraccio; ***to taste ~*** essere disgustoso, avere un gusto schifoso; ***things could get ~*** le cose potrebbero mettersi male; ***to turn ~*** [*dog*] diventare cattivo; [*person*] incattivirsi; [*weather*] guastarsi; ***to be a ~ piece of work*** essere un brutto tipo **2** *(unkind)* [*person*] odioso; [*trick*] brutto; [*gossip*] cattivo, maligno; [*letter*] scortese; ***to say ~ things about*** dire delle cattiverie su; ***you've got a ~ mind*** pensi subito male **3** *(serious)* [*cut, cold, accident, crack*] brutto **4** *(ugly)* [*colour, shape*] bruttissimo, orrendo **5** *(tricky)* [*problem, question*] difficile; [*bend*] brutto, pericoloso **II** n. COLLOQ. *(in food, water, air)* porcherie f.pl., schifezze f.pl.
Natalie /'nætəlɪ/ n.pr. Natalia.
Nathaniel /nə'θænjəl/ n.pr. Nataniele.
nation /'neɪʃn/ n. *(entity)* nazione f., paese m.; *(people)* popolo m.
national /'næʃənl/ **I** agg. *(pertaining to a country)* nazionale; *(government-run)* [*railway, company*] statale; ***the ~ press*** o ***newspapers*** BE la stampa nazionale; ***~ affairs*** affari interni **II** n. **1** *(citizen)* cittadino m. (-a) **2** BE GIORN. COLLOQ. *(newspaper)* ***the ~s*** i quotidiani nazionali.
national anthem n. inno m. nazionale.
National Curriculum n. GB = programma che le scuole statali inglesi e gallesi devono seguire dal 1990.
national debt n. debito m. pubblico.
National Front n. GB = partito nazionalista.
national grid n. BE EL. rete f. nazionale (di corrente ad alta tensione).
National Health n. GB ***you can get it on the ~*** lo passa la mutua, è mutuabile.
National Health Service n. GB servizio m. sanitario nazionale.
National Insurance n. GB = istituto britannico per la previdenza sociale, corrispondente all'INPS.
National Insurance number n. = numero di previdenza sociale.
nationalism /'næʃnəlɪzəm/ n. nazionalismo m.
nationalist /'næʃnəlɪst/ **I** agg. nazionalista **II** n. nazionalista m. e f.
nationalistic /ˌnæʃnə'lɪstɪk/ agg. nazionalistico (anche SPREG.).
nationality /ˌnæʃə'nælətɪ/ n. nazionalità f.; ***what ~ is he?*** di che nazionalità è?
nationalization /ˌnæʃnəlaɪ'zeɪʃn, AE -lɪ'z-/ n. nazionalizzazione f.
nationalize /'næʃnəlaɪz/ tr. nazionalizzare.
nationally /'næʃnəlɪ/ avv. *(at national level)* [*develop*] a livello nazionale; *(nationwide)* [*broadcast, enforce*] su scala nazionale; [*known*] a livello nazionale; [*available*] su tutto il territorio nazionale.
National Minimum Wage n. (salario) minimo garantito m.
national monument n. monumento m. nazionale.
National Savings Bank n. GB = cassa di risparmio nazionale (che opera attraverso gli uffici postali).
national service n. BE STOR. servizio m. militare.
National Socialism n. STOR. nazionalsocialismo m.

National Trust n. GB = ente per la salvaguardia di luoghi di interesse storico o naturalistico.
nation-state /ˌneɪʃn'steɪt/ n. stato-nazione m.
nationwide /ˌneɪʃn'waɪd/ **I** agg. [*appeal*] a tutta la nazione; [*survey*] su scala nazionale; [*strike, campaign*] nazionale **II** avv. [*broadcast, travel*] in tutto il paese.
native /'neɪtɪv/ **I** agg. **1** *(original)* [*land*] nativo, natio; [*tongue*] materno; ***~ English speaker*** madrelingua inglese **2** BOT. ZOOL. indigeno; ***~ to China*** originario della Cina; ***to go ~*** SCHERZ. assumere i costumi del luogo **3** *(natural)* [*cunning, wit*] innato **II** n. *(person)* indigeno m. (-a); BOT. ZOOL. specie f. indigena; ***to be a ~ of*** [*person, plant*] essere originario di; ***to speak a language like a ~*** parlare una lingua come un parlante nativo.
Native American I agg. amerindio **II** n. amerindio m. (-a).
native speaker n. madrelingua m. e f., parlante m. e f. nativo (-a); ***to have ~ fluency*** parlare come un madrelingua.
Nativity /nə'tɪvətɪ/ n. RELIG. ART. Natività f.
Nativity Play n. TEATR. rappresentazione f. della Natività.
Nato, NATO /'neɪtəʊ/ n. (⇒ North Atlantic Treaty Organization Organizzazione del Trattato Nord Atlantico) NATO f.
1.natter /'nætə(r)/ n. BE COLLOQ. chiacchierata f.
2.natter /'nætə(r)/ intr. BE COLLOQ. (anche **~ on**) chiacchierare.
natty /'nætɪ/ agg. COLLOQ. **1** *(smart)* [*outfit, person*] elegante; ***he's a ~ dresser*** si veste bene **2** *(clever)* [*tool*] furbo.
natural /'nætʃrəl/ **I** agg. **1** [*phenomenon, disaster, harbour, light, resources*] naturale; ***~ history, sciences*** storia naturale, scienze naturali; ***~ selection*** selezione naturale; ***the ~ world*** il mondo della natura **2** *(normal)* naturale, normale; ***it's only ~*** è del tutto normale; ***to die of ~ causes*** morire di morte naturale **3** *(innate)* [*gift, trait*] innato; [*artist, storyteller*] nato; [*affinity*] naturale; ***a ~ advantage*** un atout **4** *(unaffected)* [*person, manner*] spontaneo, semplice **5** MUS. naturale **6** MAT. naturale **II** n. **1** COLLOQ. *(person)* ***as an actor, he's a ~*** è un attore nato **2** MUS. *(sign)* bequadro m.; *(note)* nota f. naturale.
naturalism /'nætʃrəlɪzəm/ n. naturalismo m.
naturalist /'nætʃrəlɪst/ **I** agg. naturalista **II** n. naturalista m. e f.
naturalistic /ˌnætʃrə'lɪstɪk/ agg. naturalistico.
naturalization /ˌnætrəlaɪ'zeɪʃn, AE -lɪ'z-/ n. **1** AMM. naturalizzazione f. **2** BOT. ZOOL. naturalizzazione f., acclimatazione f.
naturalize /'nætʃrəlaɪz/ **I** tr. **1** AMM. naturalizzare **2** BOT. ZOOL. acclimatare **3** LING. naturalizzare **II** intr. AMM. naturalizzarsi.
natural justice n. = garanzia di legittimità e giustizia nel processo civile e penale.
naturally /'nætʃrəlɪ/ avv. **1** *(obviously, of course)* naturalmente; ***~ enough, he refused*** naturalmente, ha rifiutato **2** *(by nature)* [*cautious, shy*] per natura, di carattere; [*pale*] di natura; ***her hair is ~ blonde*** è bionda naturale; ***I was doing what comes ~*** stavo facendo la cosa più naturale; ***politeness comes ~ to her*** le viene spontaneo essere cortese **3** *(unaffectedly)* [*behave, smile*] con naturalezza **4** *(in natural world)* allo stato naturale.
nature /'neɪtʃə(r)/ **I** n. **1** *(the natural world)* natura f.; ***let ~ take its course*** lascia che la natura faccia il suo corso; ***contrary to ~, against ~*** contro natura; ***to paint from ~*** dipingere dal vero; ***to obey a call of ~*** EUFEM. fare un bisognino **2** *(character, temperament)* natura f., indole f.; ***by ~*** per *o* di natura; ***he has a very loving ~*** è molto affettuoso di carattere **3** *(sort)* natura f.; ***nothing of that ~ ever happened*** non è mai successo niente del genere; ***matters of a personal ~*** questioni di carattere personale; ***her letter was something in the ~ of a confession*** la sua lettera fu una specie di confessione; ***"~ of contents"*** "descrizione del contenuto" **4** *(essential character)* natura f.; ***it is in the ~ of things*** è nella natura delle cose **II -natured** agg. in composti ***sweet-~d*** affettuoso; ***pleasant-~d*** piacevole, gradevole.
nature conservancy n. tutela f. della natura.
nature reserve n. riserva f. naturale.
nature trail n. = percorso naturalistico guidato con segnalazione dei vari tipi di piante, animali, ecc.
naturism /'neɪtʃərɪzəm/ n. naturismo m.
naturist /'neɪtʃərɪst/ **I** agg. naturista **II** n. naturista m. e f.
naught /nɔːt/ n. ANT. LETT. niente m.; ***to come to ~*** non portare a niente, risolversi in nulla.
naughtily /'nɔːtɪlɪ/ avv. **1** *(disobediently)* ***to behave ~*** [*child*] comportarsi male, essere disobbediente **2** *(suggestively)* ***he winked at her ~*** SCHERZ. le ha strizzato l'occhio maliziosamente.
naughtiness /'nɔːtɪnɪs/ n. **1** *(of child, pet)* disobbedienza f. **2** *(of joke, story)* volgarità f., salacità f.
naughty /'nɔːtɪ/ agg. **1** *(disobedient)* [*child*] disobbediente; ***you ~ boy!*** sei proprio un birbante! ***don't be ~!*** fai il bravo! **2** *(suggestive)* [*joke, story*] salace, volgare; ***a ~ word*** una parolaccia; ***the ~ nineties*** = la Belle Epoque.
nausea /'nɔːsɪə, AE 'nɔːʒə/ n. nausea f. (anche FIG.).
nauseate /'nɔːsɪeɪt, AE 'nɔːz-/ tr. nauseare (anche FIG.).
nauseating /'nɔːsɪeɪtɪŋ, AE 'nɔːz-/ agg. nauseante (anche FIG.).
nauseatingly /'nɔːsɪeɪtɪŋlɪ, AE 'nɔːz-/ avv. ***~ sweet*** dolce da fare venire la nausea; ***~ rich*** ricco da fare schifo.
nauseous /'nɔːsɪəs, AE 'nɔːʃəs/ agg. [*taste*] disgustoso, nauseante; [*smell*] nauseante, nauseabondo; ***to feel ~*** avere la nausea.
nautical /'nɔːtɪkl/ agg. [*instrument, almanac*] nautico; [*term*] nautico, marinaresco; [*rules*] di navigazione; [*career*] nella marina; ***~ mile*** miglio marino.
naval /'neɪvl/ agg. [*strength, building, academy, battle*] navale; [*officer, recruit*] di marina; [*uniform, affairs*] della marina; [*traditions*] marinaro.
naval base n. base f. navale.
naval dockyard n. cantiere m. navale; BE MAR. MIL. arsenale m.
naval station n. → **naval base**.
naval stores n.pl. *(depot)* deposito m.sing. navale; *(supplies)* materiali m. per navi.
nave /neɪv/ n. ARCH. navata f.
navel /'neɪvl/ n. ombelico m.
navigable /'nævɪgəbl/ agg. navigabile.
navigate /'nævɪgeɪt/ **I** tr. **1** *(sail)* navigare **2** *(guide, steer)* governare [*plane, ship*]; ***to ~ one's way through*** destreggiarsi tra [*crowd, obstacles*] **II** intr. MAR. AER. navigare; AUT. *(in a rally)* fare il navigatore; *(on a journey)* [*passenger*] indicare la strada.
navigation /ˌnævɪ'geɪʃn/ n. navigazione f. (anche INFORM.).
navigational /ˌnævɪ'geɪʃənl/ agg. [*instruments*] nautico; [*science*] della navigazione.
navigation laws n.pl. codice m.sing. di navigazione.
navigation lights n.pl. fanali m. di via.
navigator /'nævɪgeɪtə(r)/ n. AER. MAR. AUT. navigatore m. (-trice).
navvy /'nævɪ/ n. BE COLLOQ. sterratore m. (-trice), terrazziere m. (-a).
navy /'neɪvɪ/ **I** n. *(fleet)* flotta f.; *(fighting force)* marina f. militare **II** modif. MIL. MAR. [*life*] di marina; [*uniform*] della marina **III** agg. ➧ ***5*** (anche **~ blue**) *(colour)* navy, blu marina.
nay /neɪ/ **I** avv. ANT. LETT. **1** *(no)* no **2** *(rather)* anzi, (o) meglio **II** n. *(negative vote)* no m., voto m. contrario.
Nazarene /ˌnæzə'riːn, 'næ-/ n. ***the ~*** il Nazareno.
Nazi /'nɑːtsɪ/ **I** agg. nazista **II** n. nazista m. e f.
Nazi(i)sm /'nɑːtsɪzəm/ n. nazismo m.
NBC n. US TELEV. (⇒ National Broadcasting Company) = una delle maggiori emittenti televisive americane.
NC COMM. ⇒ no charge senza spese.
NCO n. MIL. (⇒ noncommissioned officer) = sottufficiale.
NE ➧ ***21*** ⇒ northeast nordest (NE).
Neanderthal /nɪ'ændətɑːl/ **I** n. Neandertal m. **II** agg. di Neandertal, neandertaliano; ***~ man*** uomo di Neandertal.
neap /niːp/, **neap-tide** /'niːptaɪd/ n. marea f. delle quadrature.
Neapolitan /nɪə'pɒlɪtən/ **I** agg. napoletano **II** n. napoletano m. (-a).
1.near /nɪə(r)/ **I** avv. **1** *(nearby)* vicino; ***to move*** o ***draw ~*** avvicinarsi **2** *(close in time)* ***the time is ~ when...*** si avvicina il tempo in cui...; ***how ~ are you in age?*** quanti anni di differenza ci sono tra voi? **3** *(nearly)* ***as ~ perfect as it could be*** il più vicino possibile alla perfezione; ***nowhere ~ ready*** tutt'altro che pronto **4 near enough** ***there are 20 yachts ~***

enough *(approximately)* ci sono circa 20 yacht; ***that's ~ enough*** *(not any closer)* così vicino va bene; *(acceptable as quantity)* ce n'è abbastanza **II** prep. **1** *(in space)* vicino a [*place, person, object*]; ***~ here*** qui vicino **2** *(in time)* ***~er the time*** quando verrà il momento; ***it's getting ~ Christmas*** si sta avvicinando il *o* siamo quasi a Natale; ***on or ~ the 5th*** il 5 o intorno al 5 **3** *(in degree)* vicino a; ***~ the end of the article*** verso la fine dell'articolo; ***~er what I'm looking for*** più simile a ciò che cerco; ***he's no ~er (making) a decision*** è sempre allo stesso punto, non ha ancora deciso; ***he's nowhere ~ finishing*** è ben lontano dall'avere finito; ***£ 400? it cost ~er £ 600*** 400 sterline? era quasi 600; ***nobody comes anywhere ~ her*** FIG. nessuno può reggere il confronto con lei **4 near to** *(in space)* vicino a [*place, person, object*]; ***~ to where*** vicino al luogo in cui; ***how ~ are we to Venice?*** a che distanza siamo da Venezia? ***to be ~ to tears, to doing*** *(on point of)* essere sul punto di piangere, sul punto di fare; *(in degree)* ***to come ~est to*** avvicinarsi il più possibile a [*ideal*]; ***he came ~ to doing*** c'è mancato poco che facesse.

2.near /nɪə(r)/ agg. **1** *(close in distance, time)* vicino, prossimo; ***in the ~ future*** nel prossimo futuro **2** *(in degree)* ***he's the ~est thing to an accountant we've got*** tra tutti è quello che se ne intende di più di ragioneria; ***it's the ~est thing*** *(to article, colour required)* è la cosa più simile **3** *(short)* ***the ~est route*** la strada più breve **4 near-** in composti quasi; ***a ~-catastrophic blunder*** un errore quasi catastrofico.

3.near /nɪə(r)/ tr. avvicinarsi a (anche FIG.); ***to ~ completion*** [*book*] essere quasi terminato; ***to ~ retirement*** essere vicino *o* prossimo alla pensione.

nearby /nɪə'baɪ/ **I** agg. [*person, village*] vicino, accanto; ***to a ~ garage*** fino all'autofficina più vicina **II** avv. [*park, wait*] nelle vicinanze; ***~, there's a village*** c'è un paese nelle vicinanze.

Near East n.pr. Vicino Oriente m., Levante m.

nearly /'nɪəlɪ/ avv. **1** *(almost)* quasi, circa; ***have you ~ finished?*** hai quasi finito? ***~ a month later*** circa un mese dopo; ***he ~ laughed*** a momenti rideva; ***I very ~ gave up*** c'è mancato proprio poco che mi ritirassi **2** *(used with negatives)* ***not ~*** tutt'altro, affatto; ***not ~ as talented as*** ben lontano dall'essere dotato come.

nearly new agg. [*clothes*] usato d'occasione.

near miss n. AER. mancata collisione f.; ***to have a ~*** [*planes*] sfiorare una collisione; [*cars*] evitare un incidente per un soffio.

nearness /'nɪənɪs/ n. prossimità f., vicinanza f.

nearside /'nɪəsaɪd/ **I** n. AUT. EQUIT. *(in GB)* lato m. sinistro; *(elsewhere)* lato m. destro **II** modif. AUT. EQUIT. [*lane*] *(in GB)* di sinistra; *(elsewhere)* di destra.

near-sighted /ˌnɪə'saɪtɪd/ agg. miope.

near-sightedness /ˌnɪə'saɪtɪdnɪs/ n. miopia f.

neat /ni:t/ **I** agg. **1** *(tidy)* [*person*] *(in habits)* ordinato, pulito; *(in appearance)* curato; [*house, desk*] pulito, ordinato; [*garden*] curato; [*handwriting*] chiaro **2** *(adroit)* [*solution*] acuto, intelligente; [*explanation*] chiaro; [*summary*] conciso; [*slogan*] efficace; ***that's a ~ way of doing it!*** che trovata ingegnosa! **3** *(trim)* [*figure*] ben proporzionato, armonioso; [*features*] regolare **4** AE COLLOQ. *(very good)* [*idea, party, car*] fantastico; [*profit*] eccezionale **5** *(unmixed)* [*alcohol, spirits*] puro; ***a ~ vodka*** una vodka liscia **II** avv. liscio ♦ ***to be as ~ as a new pin*** [*house*] brillare come uno specchio.

neaten /'ni:tn/ tr. aggiustarsi [*tie, skirt*]; sistemare [*pile of paper*].

neatly /'ni:tlɪ/ avv. **1** *(tidily)* [*arrange, wrap*] con cura; [*write*] in modo chiaro; ***his hair was ~ combed*** era ben pettinato **2** *(perfectly)* [*match*] perfettamente; [*illustrate*] chiaramente; ***~ put!*** ben detto!

neatness /'ni:tnɪs/ n. **1** *(tididness) (of person, garden)* aspetto m. curato, ordinato; *(of room, house)* ordine m., pulizia f.; *(of handwriting)* chiarezza f.; ***extra marks are given for ~*** nella valutazione si terrà conto dell'ordine **2** *(adroitness) (of explanation)* chiarezza f.; *(of solution)* acutezza f. **3** *(shapeliness) (of figure)* armoniosità f.; *(of features)* regolarità f.

Nebraska /nɪ'bræskə/ ♦ ***24*** n.pr. Nebraska m.

Nebuchadnezzar /ˌnebjʊkəd'nezə(r)/ n.pr. Nabucodonosor.

nebula /'nebjʊlə/ n. (pl. **-ae**) nebulosa f.

nebulizer /'nebjʊlaɪzə(r)/ n. nebulizzatore m.

nebulous /'nebjʊləs/ agg. nebuloso (anche FIG.).

necessarily /ˌnesə'serəlɪ, 'nesəsərəlɪ/ avv. **1** *(definitely)* necessariamente, per forza **2** *(of necessity)* necessariamente, per forza di cose.

necessary /'nesəsərɪ, AE -serɪ/ **I** agg. **1** *(required)* [*qualification*] richiesto; ***if ~, as ~*** se necessario; ***"no experience ~"*** "non è richiesta nessuna esperienza" **2** *(essential)* [*action*] necessario, inevitabile; ***it is ~ for you to do*** occorre che tu faccia; ***it is ~ that he should do*** occorre proprio che faccia **3** *(inevitable)* [*consequence*] inevitabile **II** n. **1** COLLOQ. *(money)* denaro m. necessario, soldi m.pl. **2** *(needed thing)* ***to do the ~*** fare il necessario **III necessaries** n.pl. beni m. di prima necessità.

necessitate /nɪ'sesɪteɪt/ tr. richiedere [*cuts, operation*]; ***the changes were ~d by*** si è reso necessario fare cambiamenti a causa di.

necessity /nɪ'sesətɪ/ n. **1** *(need)* necessità f., bisogno m.; ***from*** o ***out of ~*** per necessità, per forza di cose; ***the ~ for*** o ***of*** il bisogno *o* la necessità di; ***of ~*** necessariamente; ***there is no ~ for tears, for you to do*** non c'è bisogno di piangere, che tu lo faccia **2** *(essential item)* ***the necessities of life*** i beni di prima necessità; ***the bare necessities*** le cose essenziali, il minimo indispensabile **3** *(essential measure)* imperativo m., necessità f. **4** *(poverty)* necessità f., bisogno m. ♦ ***~ is the mother of invention*** la necessità aguzza l'ingegno.

1.neck /nek/ ♦ **2 I** n. **1** collo m.; ***the back of the ~*** la nuca **2** *(collar)* collo m., colletto m.; *(neckline)* scollatura f.; ***with a high, low ~*** col collo alto, scollato **3** GASTR. *(of lamb, beef)* collo m. **4** *(of bottle, vase)* collo m. **5** GEOGR. istmo m. **II -necked** agg. in composti ***long-~ed, short-~ed*** dal collo lungo, corto; ***high-~ed, low-~ed*** accollato, scollato ♦ ***to be a pain in the ~*** COLLOQ. essere un rompiscatole; ***to be ~ and ~*** essere testa a testa; ***he's up to his ~ in debt*** COLLOQ. è indebitato fino al collo; ***to get*** o ***catch it in the ~*** COLLOQ. prendersi una lavata di capo; ***to risk one's ~*** COLLOQ. rischiare l'osso del collo; ***to stick one's ~ out*** COLLOQ. esporsi (alle critiche); ***to win by a ~*** vincere con un distacco minimo; ***in this ~ of the woods*** COLLOQ. da queste parti, nei paraggi; ***to be dead from the ~ up*** COLLOQ. essere una testa vuota.

2.neck /nek/ intr. COLLOQ. sbaciucchiarsi, pomiciare.

neckerchief /'nekətʃɪf/ n. fazzoletto m. da collo, foulard m.

necking /'nekɪŋ/ n. COLLOQ. **U** sbaciucchiamento m., pomiciata f.

necklace /'neklɪs/ n. collana f.

neckline /'neklaɪn/ n. scollatura f.

necktie /'nektaɪ/ n. AE cravatta f.

necromancer /'nekrəʊmænsə(r)/ n. negromante m. e f.

necromancy /'nekrəʊmænsɪ/ n. negromanzia f.

necropolis /ne'krɒpəlɪs/ n. (pl. **~es**) necropoli f.

necrosis /ne'krəʊsɪs/ n. (pl. **-es**) necrosi f.

necrotic /ne'krɒtɪk/ agg. necrotico.

nectar /'nektə(r)/ n. nettare m.

nectarine /'nektərɪn/ n. *(fruit)* pesca f. nettarina, pescanoce f.; *(tree)* pesconoce m.

Ned /ned/ n.pr. diminutivo di **Edgar**, **Edmund** e **Edward**.

NEDC n. GB (⇒ National Economic Development Council) = consiglio nazionale per lo sviluppo economico.

née /neɪ/ agg. nata; ***Mrs Mary Smith, ~ Miss Brown*** la signora Mary Smith nata Brown.

1.need /ni:d/ When *need* is used as a verb meaning *to require* or *to want*, it is generally translated *avere bisogno di* in Italian: *I need help* = ho bisogno d'aiuto. - When *need* is used as a verb to mean *must* or *have to*, it can generally be translated by *dovere* + infinitive: *I need to leave* = devo partire. - When *need* is used as a modal auxiliary in the negative to say that there is no obligation, it is generally translated by *non c'è bisogno che* + subjunctive: *you needn't finish it today* = non c'è bisogno che tu lo finisca oggi. - When *needn't* is used as a modal auxiliary to say that something is not worthwhile or necessary, it is generally translated by *non è necessario che* or *non vale la pena che* + subjunctive: *I needn't have hurried* = non era necessario che mi sbrigassi / non valeva la pena che mi sbrigassi. - For examples of the above and further uses of need, see the entry below. **I** mod. **1** *(must, have to)* ***you needn't wait*** non c'è bisogno che tu aspetti; ***"I waited" - "you needn't have"*** "ho aspettato" - "non era necessario"; ***~ he reply?*** deve rispondere? ***did you ~ to be so rude?*** dovevi proprio essere così sgarbato? ***"previous applicants ~ not apply"*** "le persone che hanno già risposto all'annuncio sono pregate di non inviare ulteriori domande" **2** *(be logically inevitable)* ***~ that be true?*** deve essere per forza vero? **II** tr. **1** *(require)* ***my shoes ~ to be polished*** o ***~ polishing*** le mie scarpe hanno bisogno di una lucidata *o* vanno lucidate; ***I ~ you to hold the ladder*** ho bisogno che tu mi tenga la scala; ***more time is ~ed*** occorre più tempo; ***this job ~s a lot of concentration*** questo lavoro richiede molta concentrazione; ***they ~ to have things explained to them*** occorre spiegargli le cose; ***it ~ed six men to restrain him*** sono stati necessari sei uomini per trattenerlo; ***you don't ~ me to tell you that...*** non c'è bisogno che io vi dica che...; ***everything you ~ to know about*** tutto ciò che occorre sapere su; ***that's all I ~!*** è tutto ciò di cui ho bisogno! **2** *(have to)* ***you'll ~ to work hard*** dovrai lavorare sodo; ***something ~ed to be done*** bisognava fare qualcosa; ***it ~ only be said that*** occorre solo dire che; ***nobody ~ know*** non è necessario che nessuno lo sappia.

2.need /ni:d/ n. **1** *(necessity)* necessità f., bisogno m. (**for** di); ***there's no ~ for anger*** non è il caso di arrabbiarsi; ***there's no ~ for you to wait*** non c'è bisogno che tu aspetti; ***if ~ be*** se (è) necessario, al bisogno; ***if the ~ arises*** in caso di bisogno; ***there's no ~, I've done it*** non ce n'è bisogno, l'ho fatto io **2** *(want, requirement)* bisogno m., richiesta f. (**for** di); ***manpower ~s*** bisogno di manodopera; ***to be in ~ of sth.*** avere bisogno di qcs. **3** *(adversity)* ***in times of ~*** nel momento del bisogno **4** *(poverty)* bisogno m., indigenza f.; ***to be in ~*** essere povero; ***families in ~*** le famiglie bisognose.

needful /ˈni:dfl/ agg. FORM. necessario, indispensabile.

1.needle /ˈni:dl/ n. **1** SART. MED. BOT. ago m.; ***the eye of a ~*** la cruna di un ago; ***knitting ~*** ferro da maglia; ***crochet ~*** uncinetto **2** *(in compass)* ago m. **3** *(stylus)* puntina f. ♦ ***as sharp as a ~*** [*person*] = acuto; ***to have pins and ~s*** avere il formicolio; ***to be on the ~*** AE COLLOQ. [*drug addict*] bucarsi; ***it is like looking for a ~ in a haystack*** è come cercare un ago in un pagliaio.

2.needle /ˈni:dl/ tr. punzecchiare, stuzzicare [*person*].

needle book, **needle case** n. agoraio m.

needless /ˈni:dlɪs/ agg. **1** [*anxiety, delay, suffering*] inutile, non necessario **2** [*intrusion, intervention*] inopportuno.

needlessly /ˈni:dlɪslɪ/ avv. inutilmente, per niente.

needlewoman /ˈni:dlˌwʊmən/ n. (pl. **-women**) RAR. cucitrice f.

needlework /ˈni:dlwɜ:k/ n. ricamo m., cucito m.

needn't /ˈni:dnt/ contr. need not.

needs /ni:dz/ avv. ***~ must*** RAR. è necessario.

need-to-know /ˌni:dtəˈnəʊ/ agg. ***we operate on a ~ basis, we have a ~ policy*** il nostro metodo è di divulgare le informazioni solo tra i diretti interessati.

needy /ˈni:dɪ/ **I** agg. [*person*] bisognoso; [*sector, area*] senza risorse **II** n. ***the ~*** + verbo pl. i bisognosi.

ne'er /neə(r)/ avv. ANT. → **never**.

nefarious /nɪˈfeərɪəs/ agg. FORM. nefando.

negate /nɪˈgeɪt/ tr. **1** *(cancel out)* annullare [*advantage, effect*] **2** *(deny)* negare [*existence, fact*] **3** *(contradict)* rifiutare [*theory*] **4** LING. volgere alla forma negativa [*phrase*].

negation /nɪˈgeɪʃn/ n. **1** *(contradiction)* rifiuto m. **2** *(denial)* negazione f. **3** LING. FILOS. negazione f.

negative /ˈnegətɪv/ **I** agg. **1** *(saying no)* [*answer, statement*] negativo **2** *(pessimistic)* [*attitude, response*] negativo; ***to be ~ about*** essere pessimista su **3** *(harmful)* [*effect, influence*] negativo **4** *(unpleasant)* [*experience, feeling*] negativo **5** MED. FIS. MAT. negativo **6** FOT. negativo **II** n. **1** *(refusal)* risposta f. negativa, diniego m., rifiuto m.; ***to answer*** o ***reply in the ~*** rispondere negativamente *o* di no **2** FOT. negativo m. **3** LING. negazione f.; ***in the ~*** alla forma negativa **4** ELETTRON. polo m. negativo.

negatively /ˈnegətɪvlɪ/ avv. **1** *(unenthusiastically)* [*react, respond*] negativamente **2** *(harmfully)* [*affect, influence*] in modo negativo.

1.neglect /nɪˈglekt/ n. **1** *(lack of care)* *(of person)* negligenza f., trascuratezza f.; *(of building, garden)* abbandono m., incuria f.; *(of health)* (il) trascurare; *(of appearance)* trascuratezza f., trasandatezza f.; ***to fall into ~*** cadere in uno stato di abbandono **2** *(lack of interest)* indifferenza f., disinteresse m. (**of** per, nei confronti di).

2.neglect /nɪˈglekt/ **I** tr. **1** *(fail to care for)* trascurare [*health, appearance, house, garden*] **2** *(ignore)* trascurare [*person, problem, work*]; disinteressarsi di [*industry, economy*]; non tenere conto di [*needs, wishes, offer, opportunity*] **3** *(fail)* ***to ~ to do*** mancare di fare; ***to ~ to mention*** dimenticarsi di menzionare **II** rifl. ***to ~ oneself*** trascurarsi.

neglected /nɪˈglektɪd/ **I** p.pass. → **2.neglect II** agg. [*person, appearance*] trascurato, trasandato; [*garden, building*] trascurato, abbandonato.

neglectful /nɪˈglektfl/ agg. [*person*] negligente, noncurante; ***to be ~ of sb., sth.*** trascurare qcn., qcs.

negligee, **négligée** /ˈneglɪʒeɪ, AE ˌneglɪˈʒeɪ/ n. négligé m.

negligence /ˈneglɪdʒəns/ n. **1** negligenza f., trascuratezza f.; ***through ~*** per trascuratezza **2** DIR. ***gross ~*** colpa grave; ***contributory ~*** concorso di colpa.

negligent /ˈneglɪdʒənt/ agg. negligente, noncurante; ***to be ~ of one's duties*** FORM. venire meno ai propri doveri.

negligible /ˈneglɪdʒəbl/ agg. irrilevante.

negotiable /nɪˈgəʊʃəbl/ agg. **1** ECON. [*terms, salary*] negoziabile; ***"not ~"*** [*cheque*] "non trasferibile" **2** [*road, pass*] percorribile; [*obstacle*] superabile.

negotiate /nɪˈgəʊʃɪeɪt/ **I** tr. **1** *(discuss)* negoziare, trattare; ***"to be ~d"*** "trattabile" **2** *(manoeuvre around)* (riuscire a) superare [*turn, obstacle*] **3** *(deal with)* risolvere [*problem*]; superare [*difficulty*] **II** intr. negoziare, trattare.

negotiated /nɪˈgəʊʃɪeɪtɪd/ **I** p.pass. → **negotiate II** agg. [*settlement, peace, solution*] negoziato.

negotiating /nɪˈgəʊʃɪeɪtɪŋ/ agg. **1** [*ploy, position, rights*] di negoziazione; ***~ table*** tavolo delle trattative **2** [*team, committee*] che conduce le trattative.

negotiation /nɪˌgəʊʃɪˈeɪʃn/ n. negoziazione f., trattativa f.; ***open for ~*** aperto alle trattative; ***to be under ~*** essere in corso di trattativa; ***to be up for ~*** essere trattabile.

negotiator /nɪˈgəʊʃɪeɪtə(r)/ n. negoziatore m. (-trice).

Negro /ˈni:grəʊ/ **I** agg. SPREG. negro **II** n. (pl. **~es**) SPREG. negro m. (-a).

1.neigh /neɪ/ n. nitrito m.

2.neigh /neɪ/ intr. nitrire.

1.neighbour BE, **neighbor** AE /ˈneɪbə(r)/ n. **1** vicino m. (-a); ***next-door-~*** vicino di casa; ***upstairs ~*** inquilino del piano di sopra **2** RELIG. LETT. prossimo m.

2.neighbour BE, **neighbor** AE /ˈneɪbə(r)/ intr. ***to ~ on*** [*building*] essere vicino a; [*country*] confinare con.

neighbourhood BE, **neighborhood** AE /ˈneɪbəhʊd/ **I** n. **1** *(district)* quartiere m. **2** *(vicinity)* ***in the ~*** nelle vicinanze, nei paraggi; ***in the ~ of*** dalle parti di, vicino a **II** modif. [*facility, shop, office*] di quartiere.

neighbourhood television BE, **neighborhood television** AE n. televisione f. locale.

neighbourhood watch (scheme) BE, **neighborhood watch (scheme)** AE n. = programma di vigilanza organizzato dagli abitanti di un quartiere per combattere la criminalità della loro zona.

neighbouring BE, **neighboring** AE /ˈneɪbərɪŋ/ agg. vicino.

neighbourliness BE, **neighborliness** AE /ˈneɪbəlɪnɪs/ n. buon vicinato m.

neighbourly BE, **neighborly** AE /ˈneɪbəlɪ/ agg. [*person, act*] gentile, cordiale; [*relations*] di buon vicinato.

neither /ˈnaɪðə(r), ˈni:ð-/ When used as coordinating conjunctions *neither... nor* are translated by *né... né*, although the first *né* may be omitted: *she speaks neither English nor French* = lei non parla (né) inglese né francese; *he is neither intelligent nor kind* = non è (né) intelligente né gentile; *neither lemon, nor milk* = né limone né latte. Note that the preceding verb is negated by *non* in Italian. - When used as a conjunction to show agreement or similarity with a negative statement, *neither* is translated by *nemmeno* or *neanche*: *"I don't like him" - "neither do I"* =

"a me non piace" - "nemmeno a me"; *"he's not Spanish"* - *"neither is John"* = "non è spagnolo" - "neanche John"; *"I can't sleep"* - *"neither can I"* = "non riesco a dormire" - "nemmeno io". - When used to give additional information to a negative statement, *neither* can often be translated by *(e) nemmeno* or *(e) neanche* preceded by a negative verb: *she hasn't written, neither has she telephoned* = non ha scritto, e nemmeno ha telefonato; *I don't wish to insult you, but neither do I wish to lose my money* = non voglio offenderti, ma neanche voglio perdere i miei soldi. - For examples and further uses, see the entry below. **I** determ. né l'uno né l'altro, nessuno dei due; ***~ book is suitable*** nessuno dei due libri è adatto; ***~ girl replied*** nessuna delle due ragazze rispose **II** pron. né l'uno né l'altro, né l'una né l'altra; ***~ of them came*** nessuno dei due venne; ***"which one is responsible?" - "~"*** "chi dei due è il responsabile?" - "nessuno dei due" **III** cong. **1** *(not either)* ***I have ~ the time nor the money*** non ho né il tempo né i soldi; ***I've seen ~ him nor her*** non ho visto né lui né lei **2** *(nor)* ***he doesn't have the time, ~ does he have the money*** non ha il tempo e neanche i soldi.

Nell /nel/, **Nellie** /'nelɪ/, **Nelly** /'nelɪ/ n.pr. diminutivo di **Helen** e **Eleanor**.

nem con /ˌnem'kɒn/ avv. (accorc. nemine contradicente) all'unanimità.

nemesis /'neməsɪs/ n. (pl. **-es**) nemesi f.

neoclassical /ˌni:əʊ'klæsɪkl/ agg. neoclassico.

neoclassicism /ˌni:əʊ'klæsɪsɪzəm/ n. neoclassicismo m.

Neolithic /ˌnɪ:ə'lɪθɪk/ **I** n. neolitico m. **II** agg. neolitico.

neologism /ni:'ɒlədʒɪzəm/ n. neologismo m.

neon /'ni:ɒn/ **I** n. **1** CHIM. neon m. **2** *(type of lighting)* neon m. **II** modif. [*light, sign*] al neon; [*atom*] di neon.

neophyte /'ni:əfaɪt/ n. neofita m. e f.

Nepalese /ˌnepə'li:z/ ➧ ***18*** **I** agg. nepalese **II** n. (pl. ~) nepalese m. e f.

Nepali /nɪ'pɔ:lɪ/ ➧ ***18, 14*** **I** agg. nepalese **II** n. **1** *(person)* nepalese m. e f. **2** *(language)* nepalese m.

nephew /'nefju:, 'nev-/ n. nipote m. (di zii).

nephritis /nɪ'fraɪtɪs/ ➧ ***11*** n. nefrite f.

nepotism /'nepətɪzəm/ n. nepotismo m.

Neptune /'neptju:n, AE -tu:n/ n.pr. **1** MITOL. Nettuno **2** ASTR. Nettuno m.

nerd /nɜ:d/ n. POP. SPREG. *(insignificant, boring person)* sfigato m. (-a).

Nero /'nɪərəʊ/ n.pr. Nerone.

1.nerve /nɜ:v/ **I** n. **1** ANAT. nervo m.; BOT. nervatura f. **2** *(courage)* coraggio m., sangue m. freddo; *(confidence)* sicurezza f., padronanza f. di sé; ***to keep one's ~*** mantenere i nervi saldi; ***to lose one's ~*** perdersi d'animo **3** COLLOQ. *(cheek)* sfacciataggine f., faccia f. tosta; ***he's got a ~!*** ha una bella faccia (tosta)! **II nerves** n.pl. *(nervousness)* nervi m.; *(stage fright)* panico m.sing., trac f.sing.; ***an attack of ~s*** un attacco di nervi; ***it's only ~s!*** sei solo nervoso! ***his ~s are on edge*** ha i nervi a fior di pelle; ***to get on sb.'s ~s*** dare sui nervi a qcn.; ***to live on one's ~s*** essere sempre nervoso **III -nerved** agg. in composti ***strong~d*** dai nervi saldi ♦ ***to touch*** o ***hit a raw ~*** toccare un nervo scoperto; ***to strain every ~ to do*** mettercela tutta per fare.

2.nerve /nɜ:v/ tr. ***to ~ oneself*** farsi animo.

nerve centre BE, **nerve center** AE n. ANAT. centro m. nervoso; FIG. centro m. nevralgico.

nerve gas n. gas m. nervino.

nerveless /'nɜ:vlɪs/ agg. **1** *(numb)* [*fingers, limbs*] intorpidito, insensibile **2** *(brave)* [*person*] dai nervi saldi, coraggioso.

nerve racking, **nerve wracking** agg. esasperante, snervante.

nerviness /'nɜ:vɪnɪs/ n. **1** BE *(nervousness)* nervosismo m. **2** AE *(impudence)* sfacciataggine f.

nervous /'nɜ:vəs/ agg. **1** [*person*] *(fearful)* teso; *(anxious)* ansioso, agitato; *(highly strung)* nervoso; [*laugh, habit*] nervoso; ***to be ~ of*** BE o ***around*** AE avere paura di [*strangers, animals*]; ***to be ~ of*** BE o ***about*** AE essere preoccupato per [*change*]; ***to be ~ about doing*** avere paura di fare; ***to feel ~*** *(apprehensive)* essere preoccupato; *(before performance)* avere un attacco di panico; *(afraid)* avere paura; *(ill at ease)* sentirsi a disagio **2** ANAT. MED. nervoso **3** ECON. [*market*] instabile, nervoso.

nervous breakdown n. esaurimento m. nervoso.

nervous energy n. tensione f. nervosa; ***to be full of ~*** essere molto teso.

nervously /'nɜ:vəslɪ/ avv. nervosamente.

nervousness /'nɜ:vəsnɪs/ n. **1** *(shyness)* timidezza f.; *(fear)* paura f.; *(anxiety)* ansia f.; *(stage fright)* trac f.; *(physical embarrassment)* imbarazzo m.; *(tenseness)* nervosismo m., agitazione f., tensione f. **2** ECON. instabilità f.

nervous system n. sistema m. nervoso.

nervous wreck n. COLLOQ. esaurito m. (-a).

nervy /'nɜ:vɪ/ agg. COLLOQ. **1** BE *(anxious)* nervoso **2** AE *(impudent)* sfacciato.

1.nest /nest/ n. **1** nido m.; ***to build*** o ***make its ~*** farsi il nido; ***a ~ of vipers, a vipers' ~*** un covo di vipere (anche FIG.) **2** *(of baby birds, etc.)* nidiata f. **3** *(of criminals, traitors)* covo m., rifugio m. **4** *(of boxes, bowls)* = serie di oggetti che possono essere contenuti l'uno dentro l'altro ♦ ***to feather one's (own) ~*** riempirsi le tasche.

2.nest /nest/ intr. **1** [*bird*] fare il nido, nidificare **2** [*pans*] inserirsi l'uno nell'altro.

nested /'nestɪd/ **I** p.pass. → **2.nest II** agg. **1** [*pans*] impilabile **2** INFORM. [*subroutine*] nidificato.

nest egg n. gruzzolo m.

nesting /'nestɪŋ/ **I** n. **1** ZOOL. nidificazione f. **2** INFORM. nidificazione f. **II** modif. [*place*] adatto alla nidificazione; [*habit, season*] di nidificazione.

nestle /'nesl/ **I** tr. ***to ~ one's head*** appoggiare la testa; ***to ~ a baby in one's arms*** stringere un bambino tra le braccia **II** intr. **1** [*person, animal*] rannicchiarsi **2** [*village, house, object*] annidarsi.

■ **nestle down** accoccolarsi.

■ **nestle up** rannicchiarsi.

nestling /'neslɪŋ/ n. nidiace m.

Nestor /'nestə(r)/ n.pr. Nestore.

1.net /net/ agg. **1** ECON. COMM. [*profit, price, weight*] netto; ***~ of tax*** al netto delle tasse; ***it weighs 8 kilos ~*** il suo peso netto è di 8 chili **2** [*result, effect, increase*] finale, definitivo.

2.net /net/ **I** n. **1** *(in fishing, hunting)* rete f. **2** *(in football, tennis, etc.)* rete f.; ***in the ~*** in rete **3** FIG. *(trap)* rete f.; ***to slip through the ~*** liberarsi dalla trappola **4** TEL. rete f. **5** TESS. tulle m. **II Net** n.pr. ***the Net*** Internet; ***to surf the Net*** navigare in Internet ♦ ***to cast one's ~ wide*** = coinvolgere un gran numero di persone, cose.

3.net /net/ tr. (forma in -ing ecc. **-tt-**) **1** *(catch)* pescare [qcs.] con la rete [*fish*]; catturare [qcs.] con la rete [*butterfly*] **2** FIG. catturare [*criminal*] **3** COMM. ECON. [*person*] guadagnare, ricavare; [*sale, deal*] rendere, fare realizzare un utile di **4** SPORT segnare [*goal*]; vincere [*trophy*].

net cord n. *(in tennis) (shot)* net m.; *(cord)* nastro m.

nethead /'nethed/ n. COLLOQ. fanatico m. (-a) di Internet.

nether /'neðə(r)/ agg. ANT. più basso, inferiore.

Netherlands /'neðələndz/ ➧ ***6*** **I** n.pr. ***the ~*** + verbo sing. i Paesi Bassi **II** modif. [*tradition, climate*] dei Paesi Bassi.

netiquette /'netɪket, -kət/ n. = in Internet, le convenzioni di uso corretto della rete e della posta elettronica.

netizen /'netɪzn/ n. internauta m. e f.

netrepreneur /ˌnetrəprə'nɜ:(r)/ n. imprenditore m. (-trice) su Internet.

netspeak /'netspi:k/ n. gergo m., linguaggio m. di Internet.

netsurf /'netsɜ:f/ intr. navigare in Internet, in rete.

netsurfer /'netsɜ:fə(r)/ n. navigatore m. (-trice) in rete.

netsurfing /'netsɜ:fɪŋ/ n. navigazione f. in Internet, in rete.

netting /'netɪŋ/ n. **1** *(of rope)* rete f.; *(of metal, plastic)* reticolato m. **2** TESS. tulle m.

1.nettle /'netl/ n. (anche **stinging ~**) ortica f. ♦ ***to grasp*** o ***seize the ~*** prendere il toro per le corna.

2.nettle /'netl/ tr. irritare, infastidire.

nettle rash ➧ ***11*** n. orticaria f.

net ton ➧ ***37*** n. US → **ton**.

1.network /'netwɜ:k/ n. rete f.; ***computer ~*** rete informatica; ***road ~*** rete stradale; ***radio ~*** network radiofonico.

2.network /'netwɜ:k/ **I** tr. **1** TELEV. RAD. diffondere [*programme*] **2** INFORM. collegare in rete [*computers*] **II** intr. crearsi dei contatti.

networkable /'netwɜ:kəbl/ agg. INFORM. installabile in rete.

networked /ˈnetwɜːkt/ **I** p.pass. → **2.network** **II** agg. [*computer, workstation*] (collegato) in rete.
networking /ˈnetwɜːkɪŋ/ n. **1** COMM. presa f. di contatto informale **2** INFORM. collegamento m. in rete **3** *(establishing contacts)* ***to do some ~*** crearsi dei contatti.
network television n. AE network m.
neural /ˈnjʊərəl, AE ˈnʊ-/ agg. neurale.
neuralgia /ˌnjʊəˈrældʒə, AE ˌnʊ-/ ➧ ***11*** n. nevralgia f.
neuritis /ˌnjʊəˈraɪtɪs, AE ˌnʊ-/ ➧ ***11*** n. nevrite f.
neurological /ˌnjʊərəˈlɒdʒɪkl, AE ˌnʊ-/ agg. neurologico.
neurologist /ˌnjʊˈrɒlədʒɪst, AE ˌnʊ-/ ➧ ***27*** n. neurologo m. (-a).
neurology /ˌnjʊəˈrɒlədʒɪ, AE ˌnʊ-/ n. neurologia f.
neuron /ˈnjʊərɒn, AE ˈnʊ-/ n. neurone m.
neurosis /njʊəˈrəʊsɪs, AE nʊ-/ ➧ ***11*** n. (pl. **-es**) nevrosi f.; ***to have a ~ about sth.*** FIG. essere ossessionato da qcs.
neurosurgeon /ˌnjʊərəʊˈsɜːdʒn, AE ˌnʊ-/ ➧ ***27*** n. neurochirurgo m. (-a).
neurotic /njʊəˈrɒtɪk, AE nʊ-/ **I** agg. nevrotico; ***to be ~ about*** avere la fissa di **II** n. nevrotico m. (-a).
neurotically /njʊəˈrɒtɪklɪ, AE nʊ-/ avv. nevroticamente.
neurotoxic /ˌnjʊərəʊˈtɒksɪk, AE ˌnʊ-/ agg. neurotossico.
1.neuter /ˈnjuːtə(r), AE ˈnuː-/ **I** agg. BOT. ZOOL. LING. neutro **II** n. LING. neutro m.; ***in the ~*** al neutro.
2.neuter /ˈnjuːtə(r), AE ˈnuː-/ tr. VETER. castrare.
neutral /ˈnjuːtrəl, AE ˈnuː-/ **I** agg. neutrale; ***to have a ~ effect on*** non avere nessun effetto su **II** n. **1** MIL. POL. neutrale m. **2** AUT. folle f.; ***in(to) ~*** in folle.
neutrality /njuːˈtrælətɪ, AE nuː-/ n. **1** CHIM. neutralità f. **2** *(attitude)* neutralità f. (anche POL.).
neutralization /ˌnjuːtrəlaɪˈzeɪʃn, AE ˌnuːtrəlɪˈzeɪʃn/ n. neutralizzazione f. (anche EUFEM.).
neutralize /ˈnjuːtrəlaɪz, AE ˈnuː-/ tr. neutralizzare (anche EUFEM.).
neutron /ˈnjuːtrɒn, AE ˈnuː-/ **I** n. neutrone m. **II** modif. [*bomb*] al neutrone; [*star*] di neutroni.
Nevada /nəˈvɑːdə/ ➧ ***24*** n.pr. Nevada m.
never /ˈnevə(r)/ When *never* is used to modify a verb (*she never wears a hat, I've never seen him*), it is translated *non... mai* in Italian; *non* comes before the verb, and before the auxiliary in compound tenses, and *mai* comes after the verb or auxiliary: *lei non porta mai il cappello, non l'ho mai visto*. - When *never* is used without a verb, it is translated by *mai* alone: *"admit it!" - "never!"* = "ammettilo!" - "mai!" - For examples and particular usages, see the entry below. avv. **1** *(not ever)* ***I ~ go to London*** non vado mai a Londra; ***he ~ says anything*** non dice mai niente; ***I've ~ known him to be late*** non è mai arrivato in ritardo che io sappia; ***~ have I seen such poverty*** mai ho visto una tale povertà; ***it's now or ~*** ora o mai più; ***~ again*** mai più; ***~ before has the danger been so great*** il pericolo non è mai stato così grande; ***he ~ ever drinks alcohol*** non beve assolutamente alcolici; ***~ one to refuse a free meal, he agreed*** dato che non è uno che rifiuterebbe mai un pasto gratis, ha accettato; ***~ a day passes but he phones me*** non trascorre mai un giorno senza che lui mi telefoni; ***you ~ know*** non si sa mai **2** *(as an emphatic negative)* ***I ~ knew that*** non l'ho mai saputo; ***he ~ so much as apologized*** non si è neanche scusato; ***he mustn't catch you crying! that would ~ do*** non deve vederti piangere! non sia mai detto; ***~ fear!*** niente paura! non temere! ***~ mind!*** *(don't worry)* non preoccuparti! *(it doesn't matter)* non importa! **3** *(expressing surprise, shock)* ***you're ~ 40!*** BE non è possibile che tu abbia 40 anni! ***you've ~ gone and broken it have you!*** BE COLLOQ. non dirmi che l'hai rotto! ***~!*** non è possibile! ***well I ~ (did)!*** questa poi!
never-ending /ˌnevərˈendɪŋ/ agg. interminabile.
nevermore /ˌnevəˈmɔː(r)/ avv. LETT. mai più.
never-never /ˌnevəˈnevə(r)/ n. BE COLLOQ. ***to buy sth. on the ~*** comprare qcs. a rate.
Never-never Land n.pr. l'Isola che non c'è; ***to live in ~*** FIG. vivere nel mondo dei sogni.
nevertheless /ˌnevəðəˈles/ avv. **1** *(all the same)* tuttavia, nonostante ciò; ***thanks ~*** grazie lo stesso **2** *(nonetheless)* ***so strong yet ~ so gentle*** così forte e tuttavia così gentile **3** *(however)* ***he did ~ say that*** comunque ha detto che.
new /njuː, AE nuː/ agg. nuovo; ***the subject is ~ to me*** non conosco la materia; ***as good as ~*** come nuovo (anche FIG.); ***"as ~"*** *(in advertisement)* "come nuovo"; ***I feel like a ~ man*** mi sento un altro uomo; ***"what's ~?"*** "che c'è di nuovo?"; ***could I have a ~ plate? this one is dirty*** può portarmi un altro piatto? questo è sporco; ***to be ~ to*** non essere abituato a [*job, way of life*]; ***we're ~ to the area*** siamo nuovi della zona.
New Age **I** n. New Age f. **II** modif. [*music, ideas*] New Age.
newbie /ˈnjuːbɪ/ n. COLLOQ. principiante m. e f. di Internet.
new blood n. ***the company is looking for ~*** l'azienda è alla ricerca di forze fresche.
newborn /ˈnjuːbɔːn, AE ˈnuː-/ agg. appena nato, neonato; ***~ baby*** neonato.
newcomer /ˈnjuːkʌmə(r), AE ˈnuː-/ n. *(in place, club)* nuovo (-a) arrivato m. (-a); *(in job)* novellino m. (-a); *(in sport)* nuovo arrivo m.; *(in theatre, cinema)* giovane attore m. (-trice).
New Delhi /ˌnjuːˈdelɪ, AE ˌnuː-/ ➧ ***34*** n.pr. Nuova Delhi f.
newfangled /ˌnjuːˈfæŋgld, AE ˌnuː-/ agg. SPREG. moderno.
newfound /ˈnjuːfaʊnd, AE ˈnuː-/ agg. [*friend*] nuovo; [*cure*] appena scoperto.
Newfoundland /njuːˈfaʊndlənd, AE ˈnuːfənd-/ ➧ ***12*** **I** n.pr. GEOGR. Terranova f. **II** n. *(dog)* terranova m. **III** modif. [*people, landscape*] di Terranova.
New Guinea /ˌnjuːˈgɪnɪ, AE ˌnuː-/ ➧ ***12*** n.pr. Nuova Guinea f.
newish /ˈnjuːɪʃ, AE ˈnuː-/ agg. abbastanza nuovo.
New Jersey /ˌnjuːˈdʒɜːzɪ, AE ˌnuː-/ ➧ ***24*** n.pr. New Jersey m.
new look **I** n. *(for person)* nuovo look m.; *(for house)* nuovo aspetto m. **II** **new-look** agg. [*product, car*] nuovo; [*team, show*] rinnovato; [*edition*] con una nuova veste grafica.
newly /ˈnjuːlɪ, AE ˈnuː-/ avv. **1** *(recently)* [*arrived, built, elected*] recentemente; [*washed*] da poco; [*shaved*] di fresco **2** *(differently)* in un altro modo.
newlyweds /ˈnjuːlɪwedz, AE ˈnuː-/ n.pl. sposini m.
New Mexico ➧ ***24*** n.pr. Nuovo Messico m.
news /njuːz, AE nuːz/ n. **U** **1** *(public, personal)* notizia f., notizie f.pl.; ***an item*** o ***a bit*** o ***a piece of ~*** una notizia; ***the latest ~ is that...*** secondo le ultime notizie...; ***~ is just coming in of an explosion*** è appena arrivata notizia di un'esplosione; ***here now with ~ of today's sport is XY*** passiamo alla pagina sportiva con XY; ***to be in the ~, to make (the) ~*** fare notizia; ***have you heard the ~?*** hai sentito la notizia? ***that's good ~*** è una bella notizia; ***I have no ~ of her*** non ho sue notizie; ***tell me all your ~!*** raccontami tutto! ***that's ~ to me!*** COLLOQ. è una novità per me! **2** RAD. giornale radio m., notiziario m.; TELEV. telegiornale m.; ***on the ~*** al telegiornale **3** GIORN. ***"financial ~"*** *(column title)* "economia"; ***"The Baltimore News"*** *(newspaper title)* il "Baltimore News" ♦ ***no ~ is good ~*** nessuna nuova, buona nuova.
news agency n. agenzia f. di stampa.
newsagent /ˈnjuːzˌeɪdʒənt, AE ˈnuːz-/ ➧ ***27*** n. BE giornalaio m. (-a), edicolante m. e f.
news bulletin BE, **news cast** AE n. RAD. giornale radio m., notiziario m.; TELEV. telegiornale m., notiziario m.
newscaster /ˈnjuːzˌkɑːstə(r), AE ˈnuːzˌkæstə(r)/ ➧ ***27*** n. conduttore m. (-trice) (di notiziario).
news conference n. conferenza f. stampa.
newsdealer /ˈnjuːzˌdiːlə(r), AE ˈnuːz-/ ➧ ***27*** n. → **newsagent**.
news desk n. *(at newspaper)* redazione f.; ***now over to our ~ for the headlines*** e ora linea allo studio per le notizie di oggi.
news editor ➧ ***27*** n. redattore m. (-trice).
news flash n. flash m. d'agenzia.
newsgroup /ˈnjuːzgruːp, AE ˈnuːz-/ n. *(on the Net)* newsgroup m.
news headlines n.pl. TELEV. titoli m. (delle notizie).
news item n. notizia f.
newsletter /ˈnjuːzˌletə(r), AE ˈnuːz-/ n. bollettino m. di informazioni, newsletter f.
newsman /ˈnjuːzmən, AE ˈnuːz-/ ➧ ***27*** n. (pl. **-men**) giornalista m.
news-on-demand /ˌnjuːzɒndɪˈmɑːnd/ n. notiziari m.pl. a pagamento.
newspaper /ˈnjuːspeɪpə(r), AE ˈnuːz-/ **I** n. **1** *(item)* giornale m., quotidiano m. **2** *(substance)* carta f. di giornale **II** modif. [*article, cuttings*] di giornale; [*archives*] del giornale.

newspaperman /ˈnju:speɪpəmən, AE ˈnu:z-/ ♦ *27* n. (pl. **-men**) giornalista m.
newspaper office n. redazione f. (di giornale).
newspaperwoman ♦ *27* n. (pl. **-women**) giornalista f.
newspeak /ˈnju:spi:k, AE ˈnu:-/ n. SPREG. = linguaggio tendenzioso usato soprattutto nella propaganda politica e nelle dichiarazioni ufficiali.
news photographer ♦ *27* n. fotoreporter m. e f.
newsprint /ˈnju:zprɪnt, AE ˈnu:z-/ n. *(paper)* carta f. da giornale; *(ink)* inchiostro m. da stampa.
newsreader /ˈnju:zˌri:də(r), AE ˈnu:z-/ ♦ *27* n. BE → **newscaster**.
newsreel /ˈnju:zri:l, AE ˈnu:z-/ n. CINEM. STOR. cinegiornale m.
newsroom /ˈnju:zru:m, -rʊm, AE ˈnu:z-/ n. redazione f.
news service n. **1** *(agency)* agenzia f. di informazioni **2** *(service provided by media)* servizio m. di informazione.
news sheet n. bollettino m.
newsstand /ˈnju:zstænd, AE ˈnu:z-/ n. edicola f.
news value n. (il) fare notizia.
news vendor ♦ *27* n. giornalaio m. (-a), edicolante m. e f.
newswoman /ˈnju:zˌwʊmən, AE ˈnu:z-/ ♦ *27* n. (pl. **-women**) giornalista f.
newsworthy /ˈnju:zˌwɜ:ðɪ, AE ˈnu:z-/ agg. che fa notizia.
newsy /ˈnju:zɪ, AE ˈnu:-/ agg. [*letter*] ricco di notizie.
New Testament n.pr. BIBL. Nuovo Testamento m.
New World n. Nuovo Mondo m.
New Year n. **1** *(January 1st)* anno m. nuovo; ***at (the)* ~** il primo dell'anno; ***to see in the* ~** *(celebrate)* salutare il nuovo anno; ***Happy* ~!** felice anno nuovo! buon anno! **2** *(next year)* prossimo anno m.; ***early in the* ~** all'inizio del prossimo anno.
New Year's Day BE, **New Year's** AE n. primo m. dell'anno.
New Year's Eve n. notte f. di san Silvestro, capodanno m.
New Year's resolution n. propositi m.pl. per l'anno nuovo.
New York City /ˌnju:jɔ:kˈsɪtɪ, AE ˌnu:-/ ♦ *34* n.pr. (città di) New York f.
New Yorker /nju:ˈjɔ:kə(r), AE nu:-/ n. newyorkese m. e f.
New York State /ˌnju:jɔ:kˈsteɪt, AE ˌnu:-/ ♦ *24* n.pr. Stato m. di New York.
New Zealand /ˌnju:ˈzi:lənd, AE ˌnu:-/ **I** ♦ *6* n.pr. Nuova Zelanda f. **II** agg. neozelandese.
New Zealander /ˌnju:ˈzi:ləndə(r), AE ˌnu:-/ ♦ *18* n. neozelandese m. e f.
next /nekst/ When *next* is used as an adjective, it is generally translated by *prossimo* when referring to something which is still to come or happen, and by *seguente* when referring to something which has passed or happened: *I'll be 45 next year* = avrò 45 anni l'anno prossimo; *the next year, he went to Spain* = l'anno seguente andò in Spagna. Note that, unlike English, Italian uses the article in both expressions. - For examples and further usages, see the entry below. See also the lexical note **TIME UNITS**. **I** agg. **1** *(in list, order) (following)* successivo, seguente; *(still to come)* prossimo; ***he got on the* ~ *train*** prese il treno dopo; ***what's* ~ *on the list?*** *(while shopping)* che altro manca? FIG. che c'è da fare adesso? ***"~!"*** "il prossimo!"; ***"who's* ~?"** "chi è il prossimo?", "a chi tocca?"; ***"I'm* ~"** "tocca a me"; ***you're* ~ *in line*** sei il prossimo; ***you're* ~ *but one*** ancora una persona e poi tocca a te; ***~ to last*** penultimo; ***the* ~ *size (up)*** la taglia più grande **2** *(in the future)* prossimo; *(in the past)* successivo, seguente; ***~ Monday, Monday* ~** lunedì prossimo; ***~ year*** l'anno prossimo; ***~ time*** la prossima volta; ***I'll phone in the* ~ *few days*** telefonerò tra qualche giorno; ***this time* ~ *week*** tra una settimana; ***the* ~ *day*** il giorno dopo; ***the* ~ *day but one*** dopo due giorni; ***(the)* ~ *thing I knew...*** ancor prima che me ne accorgessi... **3** *(adjacent)* [*street*] vicino; [*building, house, room*] vicino, accanto **II** pron. ***after this train the* ~ *is at noon*** il prossimo treno è a mezzogiorno; ***he's happy one minute, sad the* ~** un momento è felice e un momento dopo è triste; ***I hope my* ~ *will be a boy*** spero che il prossimo sia un maschio; ***from one minute to the* ~** da un momento all'altro; ***to survive from one day to the* ~** sopravvivere di giorno in giorno; ***the* ~ *to speak was Jack*** subito dopo prese la parola Jack; ***the month after* ~** tra due mesi **III** avv. **1** *(afterwards)* in seguito, dopo, poi; ***what happened* ~?** che cosa è successo dopo? ***what word comes* ~?** che parola viene dopo? ***whatever* ~!** cos'altro ancora! **2** *(now)* **~, *I'd like to say...*** a questo punto vorrei dire...; ***what shall we do* ~?** che facciamo adesso? **3** *(on a future occasion)* ***when I* ~ *go there*** la prossima volta che ci vado; ***they* ~ *met in 1981*** si rividero nel 1981 **4** *(nearest in order)* ***he's the* ~ *oldest after Jane*** è il più vecchio dopo Jane; ***after 65, 50 is the* ~ *best score*** dopo 65, il miglior punteggio è 50 **5** **~ *to*** quasi; ***~ to impossible*** quasi impossibile; ***~ to nobody*** quasi nessuno; ***I got this for* ~ *to nothing*** me l'hanno praticamente regalato; ***in* ~ *to no time it was over*** finì in un istante **IV next to** prep. vicino a, accanto a, presso [*bank, school, table*]; ***two seats* ~ *to each other*** due posti a sedere uno accanto all'altro; ***to wear silk* ~ *to the skin*** indossare seta sulla pelle ♦ ***he's as honest as the* ~ *man*** o ***person*** non è né più né meno onesto di chiunque altro.
next door I n. *(people)* vicini m.pl.; ***~'s cat*** il gatto dei vicini **II** agg. (anche **next-door**) [*building*] vicino; ***the girl* ~** la ragazza della porta accanto (anche FIG.) **III** avv. [*live*] vicino; ***to pop* ~** fare un salto dai vicini.
next-door neighbour BE, **next-door neighbor** AE n. vicino m. (-a) di casa.
next of kin n. ***to be sb.'s* ~** essere un parente stretto di qcn.
nexus /ˈneksəs/ n. (pl. **~, ~es**) **1** *(link)* nesso m., legame m. **2** *(network)* rete f. di collegamenti.
NF n. **1** GB POL. (⇒ National Front) = partito nazionalista **2** ECON. (anche **N/F**) (⇒ no funds) = niente fondi, conto scoperto.
NHS I n. GB (⇒ National Health Service) = servizio sanitario nazionale; ***on the* ~** mutuabile **II** modif. [*hospital*] convenzionato con la mutua; [*treatment*] mutuabile.
1.NI n. GB (⇒ National Insurance) = istituto britannico per la previdenza sociale, corrispondente all'INPS.
2.NI GEOGR. ⇒ Northern Ireland Irlanda del Nord.
Niagara /naɪˈægərə/ ♦ *25* n.pr. **~ *Falls*** cascate del Niagara.
nib /nɪb/ n. pennino m.
1.nibble /ˈnɪbl/ n. **1** *(snack food, small meal)* snack m., spuntino m., boccone m. **2** *(action)* (il) mordicchiare, (lo) sbocconcellare; ***to have*** o ***take a* ~ *at*** dare un morsetto a.
2.nibble /ˈnɪbl/ **I** tr. **1** *(eat)* [*mouse*] rosicchiare; [*sheep*] brucare; [*person*] sbocconcellare, sgranocchiare, mangiucchiare **2** *(playfully)* mordicchiare [*ear, neck*] **II** intr. **1** [*animal*] mordicchiare; [*person*] mangiucchiare; ***to* ~ *at*** [*rabbit*] rosicchiare; [*goat*] brucare **2** FIG. ***to* ~ *at*** mostrare un certo interesse per [*idea, proposal*].
Nicaraguan /ˌnɪkəˈrægjʊən/ ♦ *18* **I** agg. nicaraguense **II** n. nicaraguense m. e f.
nice /naɪs/ agg. **1** *(enjoyable)* bello, piacevole; ***it would be* ~ *to do*** sarebbe carino fare; ***did you have a* ~ *time?*** ti sei divertito? ***~ weather isn't it?*** bel tempo, vero? ***a* ~ *cool drink*** una bella bibita fredda; ***a* ~ *long chat*** una lunga e piacevole chiacchierata; ***~ work if you can get it!*** SCHERZ. non sarebbe mica male come lavoro! ***~ to have met you*** piacere di averla conosciuta; ***~ to see you*** felice di rivederti; ***have a* ~ *day!*** buona giornata! **2** *(attractive)* [*house, painting*] bello; [*place*] bello, gradevole; ***you look very* ~!** come stai bene! **3** *(tasty)* ***to taste* ~** essere buono; ***a* ~ *cup of tea*** una buona *o* bella tazza di tè **4** *(kind)* simpatico, carino, gentile (**to** con); ***it was* ~ *of her to do*** è stato carino da parte sua fare; ***he says really* ~ *things about you*** parla molto bene di te **5** *(socially acceptable)* [*girl*] perbene; [*school*] buono; ***~ behaviour*** bei modi; ***it is not* ~ *to do*** non sta bene fare; ***that's not very* ~!** non è molto carino! **6** IRON. ***~ friends you've got!*** begli amici (che) hai! ***a* ~ *mess you've got us into!*** ci hai messo in un bel pasticcio! ***this is a* ~ *state of affairs!*** bell'affare! **7** FORM. *(subtle)* [*distinction*] sottile ♦ ***~ one!*** bravo! (anche IRON.).
nice-looking /ˌnaɪsˈlʊkɪŋ/ agg. attraente, di bell'aspetto.
nicely /ˈnaɪslɪ/ avv. **1** *(kindly)* gentilmente **2** *(attractively)* [*dressed*] bene, elegantemente; ***he sings very* ~** canta molto bene **3** *(satisfactorily)* bene; ***to be* ~ *chilled*** essere ben *o* bello freddo; ***that will do* ~** questo andrà proprio bene **4** *(politely)* [*eat*] bene, educatamente; [*ask*] educatamente; [*explain*] gentilmente.
niceness /ˈnaɪsnɪs/ n. **1** *(kindness)* gentilezza f. **2** *(subtlety)* sottigliezza f.
nicety /ˈnaɪsətɪ/ n. *(subtle detail)* sottigliezza f., precisione f.; ***the social niceties*** *(refinement)* i convenevoli sociali.

niche /nɪtʃ, niːʃ/ n. **1** *(role)* posto m. **2** *(recess)* nicchia f. **3** ECON. nicchia f. di mercato **4** nicchia f. ecologica.
niche market n. mercato m. di nicchia.
Nicholas /ˈnɪkələs/ n.pr. Nicola.
1.nick /nɪk/ n. **1** *(notch)* tacca f., intaccatura f. **2** BE COLLOQ. *(jail)* galera f., gattabuia f.; *(police station)* commissariato m. ♦ ***just in the ~ of time*** giusto in tempo; ***in good ~*** BE COLLOQ. [*car*] in buono stato; [*person*] in forma.
2.nick /nɪk/ **I** tr. **1** *(cut)* fare una tacca su, intaccare [*stick*] **2** BE COLLOQ. *(steal)* sgraffignare, grattare **3** BE COLLOQ. *(arrest)* beccare, pizzicare **4** AE COLLOQ. *(strike)* dare un leggero colpo a **II** rifl. ***to ~ oneself*** farsi uno spelino.
Nick /nɪk/ n.pr. diminutivo di **Nicholas**.
nickel /ˈnɪkl/ n. **1** AE *(coin)* nichelino m. **2** *(metal)* nickel m.
nickel-and-dime /ˌnɪklənˈdaɪm/ agg. AE COLLOQ. da quattro soldi.
nickelodeon /ˌnɪkəˈləʊdɪən/ n. AE *(jukebox)* juke-box m.
nicknack → **knick-knack**.
1.nickname /ˈnɪkneɪm/ n. soprannome m.
2.nickname /ˈnɪkneɪm/ tr. soprannominare.
Nicole /nɪˈkəʊl/ n.pr. Nicoletta.
nicotine /ˈnɪkətiːn/ **I** n. nicotina f. **II** modif. [*addiction, poisoning*] da nicotina; [*chewing gum, patch*] alla nicotina; [*stain*] di nicotina.
niece /niːs/ n. nipote f. (di zii).
nifty /ˈnɪftɪ/ agg. COLLOQ. **1** *(skilful)* [*player*] abile **2** *(attractive)* [*car, clothes*] carino.
Nigerian /naɪˈdʒɪərɪən/ ♦ *18* **I** agg. nigeriano **II** n. *(person)* nigeriano m. (-a).
niggardly /ˈnɪgədlɪ/ agg. **1** [*person*] avaro **2** [*portion, amount*] scarso, misero.
nigger /ˈnɪgə(r)/ n. POP. SPREG. negro m. (-a).
1.niggle /ˈnɪgl/ n. COLLOQ. *(complaint)* reclamo m., critica f.; ***I've a ~ at the back of my mind*** *(worry)* ho un tarlo che mi rode.
2.niggle /ˈnɪgl/ **I** tr. COLLOQ. *(irritate)* scocciare **II** intr. COLLOQ. *(complain)* menarla (**about**, **over** con).
niggling /ˈnɪglɪŋ/ **I** n. lite f., briga f. **II** agg. **1** [*person*] pignolo **2** [*doubt, worry*] assillante.
night /naɪt/ ♦ *33* n. **1** *(period of darkness)* notte f.; *(before going to bed)* sera f.; ***to travel by ~*** viaggiare di notte; ***at ~*** di notte; ***all ~ long*** tutta la notte; ***Rome by ~*** Roma di notte; ***to work ~s*** lavorare di notte; ***to be on ~s*** fare la notte; ***eight o'clock at ~*** le otto di sera; ***late at ~*** la sera tardi; ***he arrived last ~*** è arrivato ieri sera; ***I slept badly last ~*** ho dormito male questa notte; ***he arrived the ~ before last*** è arrivato l'altra sera; ***he had arrived the ~ before*** era arrivato la sera prima; ***on the ~ of May 6*** la notte del 6 maggio; ***on Tuesday ~s*** il martedì sera; ***to sit up all ~ reading*** stare sveglio tutta la notte a leggere; ***to have a good, bad ~*** dormire bene, male; ***to have a late ~*** andare a letto tardi; ***to get an early ~*** andare a letto presto; ***to stay out all ~*** stare fuori tutta la notte **2** *(evening)* sera f.; *(evening as a whole)* serata f.; ***it's his ~ out*** è la sua sera di libera uscita; ***to take a ~ off*** prendersi una serata; ***it's my ~ off*** è la mia sera libera; ***to make a ~ of it*** COLLOQ. trascorrere una serata a fare baldoria *o* a festeggiare **3** *(darkness)* buio m., tenebre f.pl.
nightcap /ˈnaɪtkæp/ n. **1** *(hat)* berretto m. da notte **2** *(drink)* ***to have a ~*** bere qualcosa prima di andare a letto.
nightclub /ˈnaɪtklʌb/ n. night (club) m.
nightclubbing /ˈnaɪtˌklʌbɪŋ/ n. ***to go ~*** andare per night.
nightdress /ˈnaɪtdres/ n. camicia f. da notte.
nightfall /ˈnaɪtfɔːl/ n. ***at ~*** al calar della notte.
nightgown /ˈnaɪtgaʊn/ n. AE camicia f. da notte.
nightie /ˈnaɪtɪ/ n. COLLOQ. camicia f. da notte.
nightingale /ˈnaɪtɪŋgeɪl, AE -tng-/ n. usignolo m.
nightlife /ˈnaɪtlaɪf/ n. vita f. notturna.
night-light /ˈnaɪtlaɪt/ n. lampada f. da notte.
nightly /ˈnaɪtlɪ/ **I** agg. [*journey*] notturno, serale; [*performance, visit*] serale; [*revels, disturbance*] LETT. notturno **II** avv. **1** ogni sera, alla sera **2** ogni notte, di notte.
nightmare /ˈnaɪtmeə(r)/ n. incubo m.; ***to have a ~*** avere un incubo.
nightmarish /ˈnaɪtmeərɪʃ/ agg. da incubo.
night owl n. nottambulo m. (-a).
night porter n. portiere m. di notte.
night school n. scuola f. serale.
night shelter n. ricovero m. notturno.
night shift n. **1** *(period)* ***to be*** o ***work on the ~*** fare il turno di notte, fare la notte **2** *(workers)* turno m. di notte.
nightshirt /ˈnaɪtʃɜːt/ n. camicia f. da notte.
night spot n. COLLOQ. locale m. notturno, night m.
nightstand /ˈnaɪtstænd/ n. AE comodino m.
nightstick /ˈnaɪtstɪk/ n. AE manganello m.
night-time /ˈnaɪttaɪm/ **I** n. notte f.; ***at ~*** di notte **II** modif. notturno.
night vision n. visione f. notturna.
night watchman ♦ *27* n. (pl. **night watchmen**) guardia f. notturna, metronotte m.
nightwear /ˈnaɪtweə(r)/ n. = pigiami, camicie da notte ecc.
nihilism /ˈnaɪɪlɪzəm, ˈnɪhɪl-/ n. nichilismo m.
nihilist /ˈnaɪɪlɪst, ˈnɪhɪl-/ n. nichilista m. e f.
nil /nɪl/ n. **1** ***to be ~*** [*courage, enthusiasm*] essere a zero; [*progress*] essere nullo **2** SPORT zero m. **3** *(on forms)* nessuno m.
Nile /naɪl/ ♦ *25* n.pr. Nilo m.
nimbi /ˈnɪmbaɪ/ → **nimbus**.
nimble /ˈnɪmbl/ agg. [*person*] svelto, agile; [*fingers*] agile, abile; [*mind*] sveglio, pronto.
nimbleness /ˈnɪmblnɪs/ n. *(of person)* sveltezza f., agilità f.; *(of fingers)* agilità f., abilità f.
nimbus /ˈnɪmbəs/ n. (pl. **~es**, **-i**) **1** METEOR. nembo m. **2** *(halo)* nimbo m., aureola f.
nincompoop /ˈnɪŋkəmpuːp/ n. COLLOQ. sciocco m. (-a), sempliciotto m. (-a).
nine /naɪn/ ♦ *19, 1, 4* **I** determ. nove **II** pron. nove; ***there are ~ of them*** ce ne sono nove **III** n. nove m.; ***to multiply by ~*** moltiplicare per nove ♦ ***a ~ day(s') wonder*** un fuoco di paglia; ***to be dressed up to the ~s*** COLLOQ. essere in ghingheri *o* in tiro.
ninepin /ˈnaɪnpɪn/ **I** n. birillo m. **II ninepins** ♦ *10* n.pl. + verbo sing. gioco m. dei birilli, birilli m.pl. ♦ ***to go down*** o ***fall like ~s*** cadere come mosche.
nineteen /ˌnaɪnˈtiːn/ ♦ *19, 1, 4* **I** determ. diciannove **II** pron. diciannove; ***there are ~ of them*** ce ne sono diciannove **III** n. diciannove m.; ***to multiply by ~*** moltiplicare per diciannove ♦ ***to talk ~ to the dozen*** parlare a macchinetta.
nineteenth /ˌnaɪnˈtiːnθ/ ♦ *19, 8* **I** determ. diciannovesimo **II** pron. **1** *(in order)* diciannovesimo m. (-a) **2** *(of month)* diciannove m.; ***the ~ of May*** il diciannove maggio **III** n. *(fraction)* diciannovesimo m. **IV** avv. [*finish*] diciannovesimo, in diciannovesima posizione.
ninetieth /ˈnaɪntɪəθ/ ♦ *19* **I** determ. novantesimo **II** pron. *(in order)* novantesimo m. (-a) **III** n. *(fraction)* novantesimo m. **IV** avv. [*finish*] novantesimo, in novantesima posizione.
nine-to-five /ˌnaɪntəˈfaɪv/ **I** agg. [*job, routine*] impiegatizio **II nine to five** avv. [*work*] dalle 9 alle 5.
ninety /ˈnaɪntɪ/ ♦ *19, 1, 8* **I** determ. novanta **II** pron. novanta; ***there are ~ of them*** ce ne sono novanta **III** n. novanta m.; ***to multiply by ~*** moltiplicare per novanta **IV nineties** n.pl. **1** *(decade)* ***the nineties*** gli anni '90 **2** *(age)* ***to be in one's nineties*** avere passato i novanta.
ninth /naɪnθ/ ♦ *19, 8* **I** determ. nono **II** pron. **1** *(in order)* nono m. (-a) **2** *(of month)* nove m.; ***the ~ of July*** il nove luglio **III** n. **1** *(fraction)* nono m. **2** MUS. nona f. **IV** avv. [*finish*] nono, in nona posizione.
1.nip /nɪp/ n. *(pinch)* pizzicotto m.; *(bite)* morso m.; ***there's a ~ in the air*** FIG. c'è un freddo pungente ♦ ***~ and tuck*** COLLOQ. *(cosmetic surgery)* chirurgia estetica; AE *(neck and neck)* testa a testa.
2.nip /nɪp/ n. COLLOQ. *(small measure)* sorso m.
3.nip /nɪp/ **I** tr. (forma in -ing ecc. **-pp-**) *(pinch)* pizzicare; *(bite)* mordere, morsicare; *(playfully)* mordicchiare **II** intr. (forma in -ing ecc. **-pp-**) **1** *(bite)* [*animal*] mordere; *(playfully)* mordicchiare; [*bird*] beccare **2** BE COLLOQ. ***to ~ into a shop*** infilarsi in un negozio; ***to ~ in front of sb.*** passare davanti a qcn.; ***to ~ downstairs*** fare un salto di sotto ♦ ***to ~ sth. in the bud*** stroncare qcs. sul nascere.
▪ **nip along** [*person, vehicle*] andare a una buona velocità.
▪ **nip off:** ~ ***off*** [*person*] andarsene in fretta, scappare, filare via; ***~ off [sth.], ~ [sth.] off*** strappare, tirare via [*flower, bud*].

nipper /ˈnɪpə(r)/ **I** n. **1** BE COLLOQ. *(child)* monello m. (-a), moccioso m. (-a) **2** *(of crab)* chela f. **II nippers** n.pl. *(tool)* pinze f.

nipple /ˈnɪpl/ n. **1** ANAT. capezzolo m. **2** TECN. (nipple) ingrassatore m., lubrificatore m.

nippy /ˈnɪpɪ/ agg. COLLOQ. **1** *(cold)* [*air*] pungente, gelido; ***it's a bit ~*** fa piuttosto freddo **2** BE *(quick)* [*person*] agile, svelto; [*car*] veloce; ***be ~ about it!*** sbrigati!

nit /nɪt/ n. *(louse) (egg)* lendine m. e f.; *(larva)* larva f. di pidocchio.

nit-pick /ˈnɪtpɪk/ intr. cercare il pelo nell'uovo, fare il pignolo.

nit-picking /ˈnɪtpɪkɪŋ/ **I** n. pignoleria f., pedanteria f. **II** agg. pignolo, pedante.

nitrate /ˈnaɪtreɪt/ n. nitrato m.

nitric /ˈnaɪtrɪk/ agg. nitrico.

nitrogen /ˈnaɪtrədʒən/ n. azoto m.

nitrogenous /naɪˈtrɒdʒɪnəs/ agg. azotato.

nitrous /ˈnaɪtrəs/ agg. nitroso; ***~ oxide*** ossido nitroso.

nitty-gritty /ˌnɪtɪˈgrɪtɪ/ n. COLLOQ. ***the ~*** il nocciolo *o* succo; ***to get down to the ~*** venire al dunque *o* al sodo, arrivare al nocciolo.

nitwit /ˈnɪtwɪt/ n. COLLOQ. imbecille m. e f., stupido m. (-a).

1.no /nəʊ/ When *no* is used as a determiner (meaning *not any*), it precedes either uncountable nouns or countable nouns in the plural: *there is no tea left* = non è rimasto del tè; *there are no clouds in the sky* = non ci sono nuvole in cielo. **I** determ. **1** *(not one, not any)* ***to have ~ money, shoes*** non avere soldi, scarpe; ***~ intelligent man would have done that*** nessuna persona intelligente l'avrebbe fatto; ***~ two people would agree on this*** non si troverebbero due persone d'accordo su questo; ***of ~ interest*** di nessun interesse; ***there's ~ chocolate like Belgian chocolate*** non c'è nessun cioccolato come quello belga, il cioccolato belga non ha uguali **2** *(with gerund)* ***there's ~ knowing what will happen*** (è) impossibile sapere cosa succederà; ***there's ~ denying that*** è inutile negarlo **3** *(prohibiting)* ***~ smoking*** vietato fumare; ***~ parking*** divieto di sosta; ***~ talking!*** silenzio! **4** *(for emphasis)* ***he's ~ expert*** non è certo un esperto; ***this is ~ time to cry*** non è questo il momento di piangere; ***at ~ time did I say that*** non ho mai detto che **5** *(hardly any)* ***in ~ time*** in un istante *o* battibaleno; ***it was ~ distance*** non era lontano **II** n. no m.; *(vote against)* no m., voto m. contrario.

2.no /nəʊ/ avv. no; ***"lend me £ 10" - "~, I won't"*** "prestami 10 sterline" - "no"; ***~ thanks*** no grazie.

3.no /nəʊ/ When *no* precedes an adjective, the latter is usually in the comparative: *no fewer than 50 people came* = non vennero meno di 50 persone. Otherwise, *not* is used, especially before *a, all, many, much,* and *enough*: *she is not stupid* = non è stupida; *not many people came* = non sono venuti in molti. avv. **1** *(not any)* ***it's ~ further than*** non è più lontano di; ***I ~ longer work there*** non lavoro più là; ***~ later than Friday*** non più tardi di venerdì; ***it's ~ different from driving a car*** è esattamente come guidare una macchina; ***~ fewer than 50 people*** non meno di 50 persone; ***they need ~ less than three weeks*** hanno bisogno di almeno tre settimane **2** *(not)* no; ***tired or ~, you're going to bed*** te ne vai a letto, che tu sia stanco o no; ***whether it rains or ~*** che piova o no.

no., No. ⇒ number numero (n.).

Noah /ˈnəʊə/ n.pr. Noè; ***~'s Ark*** l'arca di Noè.

nob /nɒb/ n. BE COLLOQ. *(person)* nobile m. e f.

nobble /ˈnɒbl/ tr. BE COLLOQ. **1** *(bribe)* corrompere; *(threaten)* minacciare **2** *(get the attention of)* attirare l'attenzione di.

nobility /nəʊˈbɪlətɪ/ n. nobiltà f.

noble /ˈnəʊbl/ **I** agg. **1** [*birth, family*] nobile **2** [*spirit, act*] nobile **3** [*building*] imponente, grandioso, maestoso **II** n. nobile m. e f.

nobleman /ˈnəʊblmən/ n. (pl. **-men**) nobile m., nobiluomo m.

noble-minded /ˌnəʊblˈmaɪndɪd/ agg. di animo nobile, magnanimo.

noble savage n. buon selvaggio m.

nobly /ˈnəʊblɪ/ avv. **1** [*behave*] nobilmente; [*give, donate*] generosamente **2** *(aristocratically)* nobilmente; ***~ born*** di nobili natali.

nobody /ˈnəʊbədɪ/ When the pronoun *nobody* is the subject or object of a verb, Italian usually requires *non* before the verb (or auxiliary): *nobody loves him* = non lo ama nessuno / nessuno lo ama; *I heard nobody* = non ho sentito nessuno. - *Nobody* is the negative equivalent of *somebody*: *somebody helped me* = mi ha aiutato qualcuno is the opposite of *nobody helped me* = non mi ha aiutato nessuno. As it is a negative pronoun, *nobody* can not be used in a sentence where another negative form, such as *not* or *never*, is present; in these cases, *anybody* is used instead: *I never meet anybody on my way from work* = non incontro mai nessuno tornando a casa dal lavoro. - For examples and particular usages, see the entry below. **I** pron. (anche **no-one**) nessuno m. (-a); ***~ saw her*** nessuno l'ha vista; ***there was ~ in the car*** non c'era nessuno nell'auto; ***~ but me*** nessuno tranne me **II** n. ***to be a ~*** non essere nessuno ♦ ***to work like ~'s business*** BE COLLOQ. lavorare come un pazzo; ***he's ~'s fool*** è tutt'altro che stupido.

no-claim(s) bonus n. *(in insurance)* = riduzione bonus malus.

nocturnal /nɒkˈtɜːnl/ agg. notturno.

nocturne /ˈnɒktɜːn/ n. MUS. ART. notturno m.

1.nod /nɒd/ n. ***she gave him a ~*** gli fece un cenno col capo; *(as greeting)* lo salutò con un cenno del capo; *(in assent)* gli accennò di sì, gli annuì col capo ♦ ***to give sb., sth. the ~*** BE COLLOQ. dare a qcn., qcs. il via libera; ***on the ~*** BE COLLOQ. senza discutere; ***a ~ is as good as a wink (to a blind horse)*** a buon intenditor poche parole.

2.nod /nɒd/ **I** tr. (forma in -ing ecc. **-dd-**) ***to ~ one's head*** accennare col capo; *(in assent)* accennare di sì col capo; ***he ~ded his assent*** fece un cenno di assenso col capo **II** intr. (forma in -ing ecc. **-dd-**) **1** accennare col capo; *(in assent)* accennare di sì, annuire col capo; ***he ~ded in agreement*** accennò di sì col capo **2** *(sway)* [*flowers, treetops*] ondeggiare **3** *(be drowsy)* ciondolare il capo, sonnecchiare.

▪ **nod off** appisolarsi.

noddle /ˈnɒdl/ n. COLLOQ. testa f., zucca f.

node /nəʊd/ n. BOT. MED. MAT. nodo m.

nodule /ˈnɒdjuːl, AE ˈnɒdʒuːl/ n. nodulo m.

Noel /nəʊˈel/ n.pr. Natale.

noggin /ˈnɒgɪn/ n. ANT. **1** *(drink)* bicchierino m., goccetto m. **2** COLLOQ. *(head)* testa f., zucca f.

no-go /ˌnəʊˈgəʊ/ agg. COLLOQ. ***it's ~*** non serve a nulla.

no-go area n. = quartiere particolarmente pericoloso in cui neanche la polizia osa avventurarsi.

no-hoper /ˌnəʊˈhəʊpə(r)/ n. COLLOQ. = persona inutile.

noise /nɔɪz/ n. **1** rumore m., frastuono m., baccano m.; *(shouting)* schiamazzo m.; ***background ~*** rumore di sottofondo; ***a rattling ~*** un rumore di ferraglia **2** EL. interferenze f.pl. ♦ ***to make ~s*** o ***a ~ about sth.*** fare un gran cancan per qcs.; ***to be a big ~*** COLLOQ. essere un pezzo grosso.

noiseless /ˈnɔɪzlɪs/ agg. silenzioso.

noiselessly /ˈnɔɪzlɪslɪ/ avv. silenziosamente.

noise level n. livello m. di rumore.

noise nuisance, noise pollution n. inquinamento m. acustico.

noisily /ˈnɔɪzɪlɪ/ avv. rumorosamente.

noisiness /ˈnɔɪzɪnɪs/ n. rumore m., rumorosità f.

noisome /ˈnɔɪsəm/ agg. FORM. fetido.

noisy /ˈnɔɪzɪ/ agg. [*person, place*] rumoroso; [*clothes*] chiassoso.

nomad /ˈnəʊmæd/ n. nomade m. e f.

nomadic /nəʊˈmædɪk/ agg. nomade.

nomadism /ˈnəʊmædɪzəm/ n. nomadismo m.

no-man's land n. terra f. di nessuno.

nom de plume /ˌnɒmdəˈpluːm/ n. (pl. **noms de plume**) pseudonimo m.

nomenclature /nəˈmenklətʃə(r), AE ˈnəʊmənkleɪtʃər/ n. nomenclatura f.

nominal /ˈnɒmɪnl/ agg. **1** *(in name only)* nominale **2** *(small)* [*fee, sum*] minimo; [*fine, penalty*] simbolico.

nominally /ˈnɒmɪnəlɪ/ avv. *(in name)* nominalmente; *(in theory)* teoricamente.

nominate /ˈnɒmɪneɪt/ tr. **1** *(propose)* proporre, candidare; ***to ~ sb. for a prize*** proporre qcn. per un premio **2** *(appoint)* ***to ~ sb. (as) chairman*** nominare qcn. presidente; ***to ~ sb. to do*** designare qcn. per fare.

nomination /ˌnɒmɪˈneɪʃn/ n. *(as candidate)* candidatura f. (**for** a); *(appointment)* nomina f., designazione f. (**to** a); *(for award)* selezione f; *(for Academy Award)* nomination f.
nominative /ˈnɒmɪnətɪv/ n. LING. nominativo m.
nominee /ˌnɒmɪˈniː/ n. *(to an office)* persona f. nominata; *(as a candidate)* candidato m. (-a).
nonacademic /ˌnɒnækəˈdemɪk/ agg. [*course*] di formazione; [*staff*] non docente.
nonaddictive /ˌnɒnəˈdɪktɪv/ agg. [*substance*] che non dà dipendenza.
nonaggression /ˌnɒnəˈgreʃn/ **I** n. non aggressione f. **II** modif. [*pact*] di non aggressione.
nonalcoholic /ˌnɒnælkəˈhɒlɪk/ agg. non alcolico, analcolico.
nonaligned /ˌnɒnəˈlaɪnd/ agg. POL. non allineato.
nonallergenic /ˌnɒnæləˈdʒenɪk/, **nonallergic** /ˌnɒnəˈlɜːdʒɪk/ agg. MED. FARM. anallergico.
nonbeliever /ˌnɒnbɪˈliːvə(r)/ n. non credente m. e f.
nonbelligerent /ˌnɒnbɪˈlɪdʒərənt/ agg. non belligerante.
non-budgetary /ˌnɒnˈbʌdʒɪtrɪ/ agg. fuori budget.
nonchalance /ˈnɒnʃələns/ n. nonchalance f., noncuranza f.
nonchalant /ˈnɒnʃələnt/ agg. noncurante.
nonclassified /ˌnɒnˈklæsɪfaɪd/ agg. [*information*] non riservato.
noncombustible /ˌnɒnkəmˈbʌstəbl/ agg. incombustibile.
non-commercial /ˌnɒnkəˈmɜːʃəl/ agg. [*event, activity*] senza fini di lucro.
noncommissioned officer n. MIL. sottufficiale m.
noncommittal /ˌnɒnkəˈmɪtl/ agg. [*person, reply*] evasivo, vago.
noncompliance /ˌnɒnkəmˈplaɪəns/ n. *(with standards) (of substance, machine)* non conformità f. (**with** a); *(with orders) (of person)* inadempienza f. (**with** a).
non compos mentis /ˌnɒnˌkɒmpəsˈmentɪs/ agg. ***to be ~*** DIR. essere incapace di intendere e di volere.
nonconformist /ˌnɒnkənˈfɔːmɪst/ **I** agg. anticonformista **II** n. **1** anticonformista m. e f. **2** BE RELIG. (anche **Nonconformist**) nonconformista m. e f.
noncooperation /ˌnɒnkəʊˌɒpəˈreɪʃn/ n. mancata cooperazione f.
nondenominational /ˌnɒndɪˌnɒmɪˈneɪʃənl/ agg. [*church*] ecumenico; [*school*] aconfessionale.
nondescript /ˈnɒndɪskrɪpt/ agg. [*person, book*] insignificante; [*clothes, building*] qualunque, qualsiasi; [*colour*] indefinito.
none /nʌn/ The pronoun *none (of)* can have three different meanings: a) when it means *not any of a number of people or things*, it is related to a countable plural noun and is translated by *nessuno / nessuna*, as in *none of my relatives came to see me* = nessuno dei miei parenti è venuto a trovarmi, or *none of his statues were sold* = non è stata venduta nessuna delle sue statue; b) when it means *not any of something*, it is related to an uncountable noun and it may be translated by *niente, neanche, nessuno / nessuna* or *nemmeno*, as in *"do you take any sugar in your coffee?" "none, thank you"* = "metti zucchero nel caffè?" "niente, grazie"; c) when it means *not one thing or person*, it is translated by *niente* or *nessuno / nessuna*, as in *even an old car is better than none* = anche una macchina vecchia è meglio di niente. - Please note that *none* is different from *nothing* or *nobody* in that it always has or implies a relative, not an absolute meaning; compare the following examples: *none of my colleagues were at the office* = nessuno dei miei colleghi era in ufficio, and *there was nobody at the office* = non c'era nessuno in ufficio. **I** pron. **1** *(not any, not one)* nessuno m. (-a); ***~ of us*** nessuno di noi; ***"have you any pens?" - "~ at all"*** "hai delle penne?" - "no, neanche una"; ***there's ~ better than*** non ce n'è nessuno migliore di; ***he saw three dogs, ~ of which was black*** ha visto tre cani, nessuno dei quali era nero; ***~ but him*** nessuno tranne lui; ***it was ~ other than...*** non era altri che... **2** *(not any, no part)* ***~ of the wine*** neanche una goccia di vino; ***~ of the bread*** nemmeno una briciola di pane; ***~ of the cheese*** neanche un pezzetto di formaggio; ***"is there any money left?" - "~ at all"*** "sono rimasti dei soldi?" - "neanche un po'"; ***"did you have any difficulty?" - "~ whatsoever*** o ***at all"*** "hai avuto delle difficoltà?" - "proprio nessuna"; ***we have ~*** non ne abbiamo; ***there's ~ left*** non ce ne sono più, non ce n'è più; ***~ of it was true*** non c'era niente di vero; ***he was having ~ of it*** non ne voleva sapere, non voleva sentire storie **3** *(on form, questionnaire)* nessuno m. (-a) **II** avv. *(not, not at all)* ***it was ~ too easy*** non è stato niente affatto facile; ***it's ~ too warm*** non fa per niente caldo; ***he was ~ the worse for the experience*** è uscito incolume da quell'esperienza; ***the play is long, but ~ the worse for that*** l'opera è lunga, ma non per questo meno bella.
non-EC /ˌnɒnˌiːˈsiː/ agg. [*country, national*] extracomunitario.
nonentity /nɒˈnentətɪ/ n. SPREG. ***a complete*** o ***total ~*** un essere completamente insignificante.
nonessentials /ˌnɒnɪˈsenʃlz/ n.pl. *(objects)* oggetti m. non essenziali; *(details)* dettagli m. non essenziali; ***forget the ~*** dimentica i dettagli.
nonetheless /ˌnʌnðəˈles/ avv. → **nevertheless**.
nonevent /ˌnɒnɪˈvent/ n. fiasco m., delusione f.
nonexistent /ˌnɒnɪgˈzɪstənt/ agg. inesistente.
non-family /ˌnɒnˈfæməlɪ/ agg. non di famiglia.
nonfat /ˌnɒnˈfæt/ agg. senza grassi.
nonfiction /ˌnɒnˈfɪkʃn/ n. saggistica f., saggi m.pl.
nonflammable /ˌnɒnˈflæməbl/ agg. ininfiammabile, non infiammabile.
non-fulfilment /ˌnɒnfʊlˈfɪlmənt/ n. *(of contract, obligation)* inadempienza f.; *(of desire)* mancata realizzazione f.
non-governmental organization n. organizzazione f. non governativa.
non-infectious /ˌnɒnɪnˈfekʃəs/ agg. non infettivo.
non-invasive /ˌnɒnɪnˈveɪsɪv/ agg. MED. [*surgery, tumour*] non invasivo.
noniron /ˌnɒnˈaɪən, AE -ˈaɪərn/ agg. autostiro.
nonjudgmental /ˌnɒndʒʌdʒˈmentl/ agg. che non giudica, che non dà giudizi.
non-league /ˌnɒnˈliːg/ agg. SPORT non di campionato.
nonmalignant /ˌnɒnməˈlɪgnənt/ n. MED. benigno.
nonmember /ˌnɒnˈmembə(r)/ n. non socio m. (-a).
no-no /ˈnəʊnəʊ/ n. COLLOQ. ***that's a ~*** questo è tabù.
no-nonsense /ˌnəʊˈnɒnsəns/ agg. [*manner, look, tone, attitude*] diretto; [*person*] serio.
nonpartisan /ˌnɒnpɑːtɪˈzæn/ agg. imparziale.
nonparty /ˌnɒnˈpɑːtɪ/ agg. [*issue, decision*] imparziale; [*person*] che non appartiene a un partito.
nonpayment /ˌnɒnˈpeɪmənt/ n. mancato pagamento m.
nonperson /ˈnɒnˈpɜːsn/ n. **1** SPREG. *(insignificant person)* essere m. insignificante **2** POL. ***officially, he's a ~*** ufficialmente, non esiste.
nonplussed /ˌnɒnˈplʌst/ agg. perplesso.
nonprofessional /ˌnɒnprəˈfeʃənl/ **I** agg. *(amateur)* dilettante; *(not belonging to a profession)* non professionista **II** n. non professionista m. e f.
nonprofit /ˌnɒnˈprɒfɪt/ agg. AE → **non-profitmaking**.
non-profitmaking /ˌnɒnˈprɒfɪtmeɪkɪŋ/ agg. [*organization*] non profit, senza fini di lucro.
non-recyclable /ˌnɒnriːˈsaɪkləbl/ agg. non riciclabile.
non-redeemable /ˌnɒnrɪˈdiːməbl/ agg. ECON. non riscattabile.
nonrefillable /ˌnɒnriːˈfɪləbl/ agg. [*lighter, pen*] non ricaricabile; [*can, bottle*] non riutilizzabile.
nonreligious /ˌnɒnrɪˈlɪdʒəs/ agg. non religioso, laico.
nonresident /ˌnɒnˈresɪdənt/ **I** agg. **1** [*guest*] di passaggio; [*student, visitor*] non residente; [*caretaker*] diurno **2** (anche **non-residential**) [*job, course*] = che non fornisce alloggio **3** INFORM. [*routine*] non residente **II** n. non residente m. e f.
nonreturnable /ˌnɒnrɪˈtɜːnəbl/ agg. [*bottle*] a perdere.
nonsegregated /ˌnɒnˈsegrɪgeɪtɪd/ agg. [*area*] senza segregazione; [*society*] non segregazionista.
nonsense /ˈnɒnsns, AE -sens/ n. **U** *(foolishness)* assurdità f.pl., insensatezze f.pl., nonsenso m.; ***it's a ~ that*** è assurdo che; ***to make (a) ~ of*** dimostrare l'assurdità di [*law, claim*]; ***to talk ~*** dire delle assurdità; ***what's all this ~ about leaving work?*** cosa sono tutte queste stupidaggini sul lasciare il lavoro? ***there's no ~ about him*** esige serietà.
nonsensical /nɒnˈsensɪkl/ agg. *(stupid)* assurdo, insensato, privo di senso.

non sequitur /ˌnɒnˈsekwɪtə(r)/ n. **1** ***to be a ~*** essere illogico **2** FILOS. = conclusione che non deriva dalle premesse.
nonshrink /ˌnɒnˈʃrɪŋk/ agg. irrestringibile.
nonskid /ˌnɒnˈskɪd/, **nonslip** /ˌnɒnˈslɪp/ n. pneumatico m. antisdrucciolevole.
nonsmoker /ˌnɒnˈsməʊkə(r)/ n. non fumatore m. (-trice).
non-specialized /ˌnɒnˈspeʃəlaɪzd/ agg. non specializzato.
nonstarter /ˌnɒnˈstɑːtə(r)/ n. ***to be a ~*** [*person*] non avere possibilità di successo; [*plan*] essere destinato al fallimento.
nonstick /ˌnɒnˈstɪk/ agg. [*pan*] antiaderente.
nonstop /ˌnɒnˈstɒp/ **I** agg. [*flight*] senza scalo, non stop; [*journey*] senza fermate; [*train*] diretto; [*service, pressure, noise*] continuo; [*coverage*] non stop **II** avv. ininterrottamente, senza sosta; [*fly*] senza scalo.
non-taxable /ˌnɒnˈtæksəbl/ agg. non tassabile, non imponibile.
non-U /ˌnɒnˈjuː/ agg. COLLOQ. (accorc. non upper class) poco fine, plebeo.
non-union /ˌnɒnˈjuːnɪən/ agg. [*person*] non iscritto al sindacato.
nonviolence /ˌnɒnˈvaɪələns/ n. nonviolenza f.
non-white, **non-White** /ˌnɒnˈwaɪt, AE -ˈhwaɪt/ n. non bianco m. (-a).
noodles /ˈnuːdlz/ n.pl. GASTR. = tagliatelle.
nook /nʊk/ n. cantuccio m., angolo m. ♦ ***every ~ and cranny*** in ogni angolo.
noon /nuːn/ ➧ *4* n. mezzogiorno m.; ***at 12 ~*** a mezzogiorno; ***at high ~*** a mezzogiorno in punto ♦ ***morning, ~ and night*** giorno e notte.
no-one /ˈnəʊwʌn/ pron. → **nobody I.**
noose /nuːs/ n. *(loop)* laccio m.; *(for hanging)* corda f., cappio m.; ***the hangman's ~*** la corda per impiccare, il capestro ♦ ***to put one's head in a ~*** darsi la zappa sui piedi.
nope /nəʊp/ inter. COLLOQ. no.
nor /nɔː(r), nə(r)/ If you want to know how to translate *nor* when used in combination with *neither*, look at the entry **neither**. - When used as a conjunction to show agreement or similarity with a negative statement, *nor* is very often translated by *nemmeno* or *neanche*: *"I don't like him"*, - *"nor do I"* = "a me non piace" - "nemmeno a me"; *"he's not Spanish"* - *"nor is John"* = "non è spagnolo" - "neanche John"; *"I can't sleep"* - *"nor can I"* = "non riesco a dormire" - "nemmeno io". - When used to give additional information to a negative statement, *nor* can very often be translated by *(e) nemmeno* or *(e) neanche* preceded by a negative verb: *she hasn't written, nor has she telephoned* = non ha scritto, e nemmeno ha telefonato; *I do not wish to insult you, (but) nor do I wish to lose my money* = non voglio offenderti, ma neanche voglio perdere i miei soldi. cong. ***you don't have to tell him, ~ should you*** non è necessario che tu glielo dica, anzi non dovresti proprio.
Nordic /ˈnɔːdɪk/ agg. nordico.
norm /nɔːm/ n. norma f.
normal /ˈnɔːml/ **I** agg. *(usual)* normale; [*time, place*] solito; ***as ~*** come al solito; ***in the ~ course of events*** in condizioni normali, normalmente; ***in ~ circumstances*** in circostanze normali **II** n. **1** norma f., normalità f.; ***above, below ~*** sopra, sotto la norma **2** MAT. normale f., perpendicolare f.
normality /nɔːˈmælətɪ/ n. normalità f.
normalize /ˈnɔːməlaɪz/ **I** tr. normalizzare **II** intr. normalizzarsi.
normally /ˈnɔːməlɪ/ avv. normalmente.
Norman /ˈnɔːmən/ **I** agg. normanno **II** n. **1** *(person)* normanno m. (-a) **2** (anche **~ French**) *(language)* normanno m.
Normandy /ˈnɔːməndɪ/ ➧ *24* n.pr. Normandia f.
normative /ˈnɔːmətɪv/ agg. normativo.
Norse /nɔːs/ agg. [*mythology, saga*] nordico.
north /nɔːθ/ ➧ *21* **I** n. nord m., settentrione m. **II North** n.pr. GEOGR. ***the North*** il Nord; ***the far North*** il Grande Nord **III** agg. attrib. [*side, face, door*] nord; [*coast*] settentrionale; [*wind*] del nord, settentrionale **IV** avv. [*live, lie*] a nord (**of** di); [*move*] verso nord.
North Africa n.pr. Africa f. del Nord, Nordafrica m., Africa f. settentrionale.
North America n.pr. America f. del Nord, Nord America m., America f. settentrionale.
northbound /ˈnɔːθbaʊnd/ agg. [*carriageway, traffic*] in direzione nord; ***the ~ train*** BE *(in underground)* il treno in direzione nord.
North Carolina /ˌnɔːθkærəˈlaɪnə/ ➧ *24* n.pr. Carolina f. del Nord, North Carolina m.
North Dakota /ˌnɔːθdəˈkəʊtə/ ➧ *24* n.pr. Nord Dakota m.
northeast /ˌnɔːθˈiːst/ ➧ *21* **I** n. nord-est m. **II** agg. [*side*] nord-est; [*coast*] nord-orientale; [*wind*] di nord-est **III** avv. [*live, lie*] a nord-est; [*move*] verso nord-est.
northeasterly /ˌnɔːθˈiːstəlɪ/ **I** agg. [*wind*] di nord-est; [*point*] a nord-est **II** n. vento m. di nord-est.
northeastern /ˌnɔːθˈiːstən/ ➧ *21* agg. [*coast*] nord-orientale; [*town, accent*] del nord-est.
northerly /ˈnɔːðəlɪ/ **I** agg. [*wind, area*] del nord; [*point*] a nord **II** n. vento m. del nord.
northern /ˈnɔːðən/ ➧ *21* agg. attrib. [*coast, boundary*] settentrionale; [*town, custom, accent*] del nord; [*Europe*] del nord, settentrionale; [*hemisphere, latitude*] boreale; ***~ England*** il nord dell'Inghilterra.
northerner /ˈnɔːðənə(r)/ n. ***~s*** la gente del nord.
Northern Ireland ➧ *6* n. Irlanda f. del Nord.
Northern Lights n.pl. aurora f.sing. boreale.
North Korea ➧ *6* n.pr. Corea f. del Nord.
North Korean ➧ *18* **I** agg. nordcoreano **II** n. nordcoreano m. (-a).
North Pole n. Polo m. Nord.
North Sea ➧ *20* n. ***the ~*** il Mare del Nord.
North Star n. stella f. polare.
northward /ˈnɔːθwəd/ ➧ *21* **I** agg. [*route, movement*] verso nord; ***in a ~ direction*** in direzione nord **II** avv. (anche **~s**) verso nord.
northwest /ˌnɔːθˈwest/ ➧ *21* **I** n. nord-ovest m. **II** agg. [*side*] nord-ovest; [*coast*] nord-occidentale; [*wind*] di nord-ovest **III** avv. [*live, lie*] a nord-ovest; [*move*] verso nord-ovest.
northwesterly /ˌnɔːθˈwestəlɪ/ **I** agg. [*wind*] di nord-ovest; [*point*] a nord-ovest **II** n. vento m. di nord-ovest.
northwestern /ˌnɔːθˈwestən/ ➧ *21* agg. [*coast*] nord-occidentale; [*town, accent*] del nord-ovest.
Norway /ˈnɔːweɪ/ ➧ *6* n.pr. Norvegia f.
Norwegian /nɔːˈwiːdʒən/ ➧ *18, 14* **I** agg. norvegese **II** n. **1** *(person)* norvegese m. e f. **2** *(language)* norvegese m.
1.nose /nəʊz/ ➧ *2* n. **1** naso m.; ***to speak through one's ~*** parlare nel naso **2** *(of plane, car)* muso m.; *(of boat)* prua f.; ***to travel ~ to tail*** viaggiare incolonnati **3** *(sense of smell)* odorato m.; *(of wine or perfume expert)* naso m.; *(of dog)* fiuto m. **4** *(smell of wine)* bouquet m. **5** FIG. *(instinct)* ***to have a ~ for sth.*** avere naso *o* fiuto per qcs.; ***to follow one's ~*** seguire il proprio fiuto, andare a naso ♦ ***to hit sth. on the ~*** AE centrare qcs. in pieno; ***to keep one's ~ clean*** COLLOQ. tenersi fuori dai guai; ***to lead sb. by the ~*** COLLOQ. menare qcn. per il naso; ***to look down one's ~ at sb., sth.*** guardare qcn., qcs. dall'alto in basso; ***to pay through the ~ for sth.*** pagare qcs. un occhio della testa; ***to poke*** o ***stick one's ~ into sth.*** COLLOQ. ficcare il naso in qcs.; ***to turn one's ~ up at sth.*** arricciare *o* torcere il naso davanti a qcs.; ***(right) under sb.'s ~*** (proprio) sotto il naso *o* sotto gli occhi di qcn.; ***with one's ~ in the air*** con aria di superiorità.
2.nose /nəʊz/ **I** tr. *(manoeuvre)* ***to ~ sth. in, out*** fare entrare, uscire [qcs.] con cautela [*boat, vehicle*] **II** intr. ***to ~ into, out of sth.*** [*boat, vehicle*] entrare in, uscire da [qcs.] con cautela; ***the car ~d into the traffic*** la macchina si infilò lentamente nel traffico.
■ **nose about, nose around** ficcanasare, ficcare il naso.
■ **nose out:** ***~ out*** [*vehicle, boat*] uscire con cautela; ***~ out [sth.], ~ [sth.] out*** **1** fiutare [*animal*] **2** FIG. SPREG. scoprire [*facts, secret*].
nosebag /ˈnəʊzbæg/ n. *(for horses)* musetta f.
nosebleed /ˈnəʊzbliːd/ n. ***to have a ~*** perdere sangue dal naso.
1.nose-dive /ˈnəʊzdaɪv/ n. AER. picchiata f.; ***to go into*** o ***take a ~*** FIG. [*currency, rate*] crollare.
2.nose-dive /ˈnəʊzdaɪv/ intr. [*plane*] scendere in picchiata; FIG. [*demand, prices*] crollare.

not

- When *not* is used without a verb before an adjective, an adverb, a verb or a noun, it is translated by *non*:

not easy	=	non facile
it's here, not there	=	è qui, non là
it's a cat, not a dog	=	è un gatto, non un cane

For examples and particular usages, see the entry **not**.

- When *not* is used to make a verb negative, it is translated by *non* in Italian; *non* comes before the verb or the auxiliary in compound tenses:

it's not a cat	=	non è un gatto
she hasn't been ill	=	non è stata malata
he doesn't like oranges	=	non gli piacciono le arance
she hasn't arrived yet	=	non è ancora arrivata
she won't come by car	=	non verrà in macchina
he decided not to go	=	decise di non andare
you were wrong not to tell her	=	hai sbagliato a non dirglielo.

- Remember that negative sentences in Italian may contain two negative words; therefore, *not + anybody, not + anything, not + either* etc. should be translated with two negative forms:

didn't you meet anybody else?	=	non hai incontrato nessun altro?
I won't eat anything	=	non mangerò niente
we didn't see either John or his sister	=	non abbiamo visto né John né sua sorella.

- When *not* stands for a whole sentence after certain verbs, it is translated by *no* in Italian:

"Is Andrew at home?" "I hope / I think not"	=	"Andrew è a casa?" "spero / penso di no".

- When *not* is used in question tags, the whole tag can usually be translated by the Italian *non è vero?*:

she bought it, didn't she?	=	l'ha comprato, non è vero?

- For usages not covered in this note, see the entry **not**.

nosegay /ˈnəʊzgeɪ/ n. mazzolino m. di fiori.
nose stud n. orecchino m. da naso.
nosey → **nosy**.
nosh /nɒʃ/ n. BE COLLOQ. cibo m.; AE spuntino m.
no-show /ˌnəʊˈʃəʊ/ n. AE = chi prenota un posto e non si presenta a occuparlo.
nosh-up /ˈnɒʃʌp/ n. BE COLLOQ. mangiata f.
nosily /ˈnəʊzɪlɪ/ avv. da ficcanaso.
nostalgia /nɒˈstældʒə/ n. nostalgia f.
nostalgic /nɒˈstældʒɪk/ agg. nostalgico; ***to feel ~ for*** avere nostalgia di.
nostra /ˈnɒstrə/ → **nostrum**.
nostril /ˈnɒstrɪl/ n. *(of person)* narice f.; *(of horse)* frogia f.
nostrum /ˈnɒstrəm/ n. (pl. **~s, -a**) SPREG. rimedio m. da ciarlatani; FIG. panacea f.
nosy /ˈnəʊzɪ/ agg. COLLOQ. ficcanaso.
nosy parker n. COLLOQ. SPREG. ficcanaso m. e f.
not /nɒt/ avv. **1** *(negating verb)* non; ***he isn't at home*** non è a casa; ***we won't need a car*** non avremo bisogno di una macchina; ***has he ~ seen it?*** non l'ha visto? **2** *(replacing word, clause, sentence etc.)* ***I hope ~*** spero di no; ***certainly ~*** certamente no; ***~ only*** o ***just*** non soltanto *o* solo; ***whether it rains or ~*** che piova o no; ***why ~?*** perché no? **3** *(contrasting)* non; ***they live in caves, ~ in houses*** non vivono in case ma in grotte; ***he's ~ so much aggressive as assertive*** è più sicuro di sé che aggressivo **4** *(to emphasize opposite)* ***a ~*** o ***~ an (entirely) unexpected response*** una risposta non del tutto inaspettata **5** *(less than)* meno di; ***~ three hours from here*** a meno di tre ore da qui **6** *(in suggestions)* ***hadn't we better pay the bill?*** non faremmo meglio a pagare il conto? **7** *(with all, every)* ***~ all doctors agree***, ***~ every doctor agrees*** non tutti i medici sono d'accordo; ***it's ~ every day that*** non succede tutti i giorni che **8** *(with a, one)* ***~ one*** o ***a single person knew*** nessuno lo sapeva **9 not at all** niente affatto, per niente; *(responding to thanks)* prego, non c'è di che **10 not that ~** ***that I know of*** non che io sappia; ***if he refuses, ~ that he will...*** se rifiuta, ma non lo farà...
notable /ˈnəʊtəbl/ **I** agg. [*person*] notabile, notevole, ragguardevole; [*success, difference*] notevole, degno di nota **II** n. FORM. notabile m. e f.
notably /ˈnəʊtəblɪ/ avv. **1** *(in particular)* particolarmente, specialmente; ***most ~*** più di tutto **2** *(markedly)* [*unimpressed, resilient*] notevolmente.
notary /ˈnəʊtərɪ/ ♦ **27** n. (anche **~ public**) notaio m.
notation /nəʊˈteɪʃn/ n. MUS. MAT. notazione f.
1.notch /nɒtʃ/ n. **1** *(in plank)* tacca f., incisione f.; *(in fabric, belt)* intaglio m.; *(in lid)* incavo m. a V **2** *(as record)* tacca f. **3** COLLOQ. *(degree)* ***to go up a ~*** [*opinion*] salire di un gradino.
2.notch /nɒtʃ/ tr. *(mark)* intaccare, incidere [*stick, surface*]; intagliare [*fabric*].
■ **notch up** COLLOQ. ***~ up [sth.]*** ottenere [*point, prize*]; riportare [*win, success*].
1.note /nəʊt/ n. **1** nota f., appunto m., annotazione f.; *(short letter)* biglietto m.; ***to make a ~ of*** annotarsi, segnarsi [*date, address*]; ***to take ~ of*** prendere nota di (anche FIG.); ***to take ~s*** prendere appunti **2** FIG. *(tone)* ***to hit the right ~*** trovare la nota giusta; ***to strike*** o ***hit a wrong ~*** toccare un tasto falso; ***on a less serious ~*** passando a cose meno serie **3** MUS. *(sound, symbol)* nota f.; *(piano key)* tasto m. **4** *(banknote)* banconota f., biglietto m. (di banca) **5 of note** [*person*] notabile, notevole; [*development, contribution*] di rilievo, degno di nota ♦ ***to compare ~s*** scambiare le proprie impressioni (**with** con).
2.note /nəʊt/ tr. **1** *(observe)* notare [*change, increase*] **2** *(pay attention to)* fare attenzione a; ***it should be ~d that*** bisogna notare che **3** *(write down)* prendere nota di, annotare [*date, number*] (**in** su).
■ **note down:** ***~ down [sth.], ~ [sth.] down*** annotare, prendere nota di.
notebook /ˈnəʊtbʊk/ n. **1** taccuino m., block-notes m. **2** INFORM. (anche **~ pc**) notebook m.
noted /ˈnəʊtɪd/ **I** p.pass. → **2.note II** agg. [*intellectual, criminal*] noto; ***to be ~ for*** essere famoso per [*tact, wit*].
notepad /ˈnəʊtpæd/ n. blocchetto m. per appunti, block-notes m.
notepaper /ˈnəʊtpeɪpə(r)/ n. carta f. da lettera.
noteworthy /ˈnəʊtwɜːðɪ/ agg. degno di nota, notevole.
not guilty agg. DIR. [*person*] non colpevole, innocente; [*verdict*] di non colpevolezza.
1.nothing /ˈnʌθɪŋ/ **I** pron. **1** *(no item, event, idea)* niente, nulla; ***there's ~ to drink*** non c'è niente da bere; ***I knew ~ about it*** non ne sapevo nulla; ***we can do ~ (about it)*** non possiamo farci niente; ***they behaved as if ~ had happened*** si sono comportati come se niente fosse; ***next to ~*** quasi niente; ***~ much happens here*** non succede molto qui; ***~ more*** niente di più; ***is there ~ more you can do?*** non potete fare niente di più? ***she's just a friend, ~ more or less*** è un'amica e nient'altro; ***~ else*** nient'altro; ***if ~ else it will be a change for us*** se non altro sarà un cambiamento per noi; ***to have ~ to do with*** *(no connection)* non avere (a) che vedere con; *(no dealings, involvement)* non avere niente (a) che fare con; ***to come to ~*** non portare a nulla; ***to stop at ~*** non fermarsi di fronte a nulla; ***to have ~ on*** *(no clothes)* essere nudo, non avere nulla addosso; *(no engagements, plans)* essere libero, non avere impegni; ***you've got ~ on me!*** COLLOQ. *(to incriminate)* non avete prove contro di me! ***he's got ~ on you!*** COLLOQ. non è niente *o* non vale niente in confronto a te! **2** *(emphasizing insignificance)* niente, nulla; ***to get upset over ~*** preoccuparsi per niente; ***we were talking about ~ much*** parlavamo del più e del meno; ***he means*** o ***is ~ to me*** lui non significa niente per me; ***it meant ~ to him*** non gli importava (**that, whether** che); ***the names meant ~ to him*** i nomi non gli dicevano nulla; ***to think ~ of doing*** *(consider normal)* trovare normale fare; *(not baulk at)* non esitare a fare; ***think ~ of it!*** non è nulla! si figuri! ***there's really ~ to it!*** è veramente facile! **3** *(very little indeed)* ***it costs next to ~*** costa praticamente nulla; ***for ~*** *(for free)* gratuitamente, gratis; *(pointlessly)* per niente; ***it's money for ~*** sono soldi regalati **4** *(indicating absence of trait, quality)* ***~ interesting*** o ***of any interest*** niente di interessante; ***it seems easy but it's ~ of the***

nothing

- When *nothing* is used alone as a reply to a question in English, it is translated by *niente* or *nulla*:
  "what are you doing?" = "che cosa stai facendo?"
  "nothing" = "niente".
- When the pronoun *nothing* is the subject of a verb, Italian may require *non* before the verb (or auxiliary):
  nothing changes = niente cambia / non cambia niente.
  nothing has changed = niente è cambiato / non è cambiato niente
- When the pronoun *nothing* is the object of a verb, Italian always requires *non* before the verb (or auxiliary):
  I see nothing = non vedo niente
  I saw nothing = non ho visto niente
- *Nothing* is the negative equivalent of *something*: *there is something in this box* = c'è qualcosa in questa scatola is the opposite of *there is nothing in this box* = non c'è niente in questa scatola. As it is a negative pronoun, *nothing* cannot be used in a sentence where another negative form, such as *not* or *never*, is present; in these cases, *anything* is used instead: *you never eat anything special at that restaurant* = non si mangia mai niente di speciale in quel ristorante.
- For the phrases *nothing but, nothing less than, nothing more than*, and for translations of *nothing* as an adverb (*it's nothing like as difficult*) see **1.nothing** and **2.nothing.**

kind sembra facile ma non è così; ***you'll do ~ of the sort!*** non farai una cosa del genere! **5** *(emphatic: setting up comparisons)* ***there's ~ like it!*** non c'è niente di meglio! ***I can think of ~ worse than*** non riesco a immaginare niente di peggio che; ***to say ~ of*** per non parlare di **6** *(no truth, value, use)* ***you get ~ out of it*** non ci ricavi niente; ***there's ~ in it for me*** non c'è niente di interessante per me; ***there's ~ in it*** *(in gossip, rumour)* non c'è niente di vero; *(in magazine, booklet)* non c'è niente di interessante **7 nothing but *he's ~ but a coward*** non è (altro) che un vigliacco; ***they've done ~ but moan*** COLLOQ. non hanno fatto altro che lamentarsi; ***it's caused me ~ but trouble*** mi ha dato solo problemi; ***he has ~ but praise for them*** non ha che elogi per loro **8 nothing less than *it's ~ less than a betrayal*** è un vero tradimento; ***~ less than real saffron will do*** solamente lo zafferano può andare bene **9 nothing more than *it's ~ more than a strategy to do*** è soltanto una strategia per fare; ***the stories are ~ more than gossip*** le storie sono niente più che pettegolezzi; ***they'd like ~ more than to do*** non chiedono di meglio che fare **II** agg. ***he's ~ without you*** non è niente senza di te **III** n. **1** *(nothingness)* niente m., nulla m. **2** *(trivial matter)* ***it's a mere ~ compared to*** è niente paragonato a ♦ ***~ doing!*** COLLOQ. niente da fare! non se ne parla nemmeno! ***there's ~ for it!*** BE non c'è altro da fare!

2.nothing /ˈnʌθɪŋ/ avv. **1** *(in no way)* ***it is ~ like as difficult as*** è lungi dall'essere difficile quanto; ***she is ~ like her sister*** non assomiglia per niente a sua sorella **2** *(emphatic: totally, only)* ***it's ~ short of brilliant*** è veramente splendido; ***~ short of a miracle can save them*** soltanto un miracolo può salvarli **3** *(emphatic: decidedly)* ***I'm ~ if not stubborn!*** sono a dir poco testardo!

nothingness /ˈnʌθɪŋnɪs/ n. nulla m.

1.notice /ˈnəʊtɪs/ n. **1** *(written sign)* avviso m., annuncio m., comunicazione f. **2** *(advertisement)* annuncio m. **3** *(attention)* attenzione f., considerazione f.; ***to take ~*** fare *o* prestare attenzione (**of** a); ***take no ~*** o ***don't take any ~*** non farci caso, non badarci; ***it was beneath her ~*** non meritava la sua attenzione; ***it has come to my ~ that*** ho notato che **4** *(review)* recensione f., critica f. **5** *(advance warning)* preavviso m.; ***one month's ~*** un mese di preavviso; ***to do sth. at short ~*** fare qcs. con poco preavviso; ***to give sb. ~ of sth.*** avvertire qcn. di qcs.; ***until further ~*** fino a nuovo ordine *o* avviso; ***I'm sorry it's such short ~*** mi dispiace di avervi avvertito così tardi **6** *(notification of resignation, dismissal)* ***to give in*** o ***hand in one's ~*** licenziarsi, dare le dimissioni; ***to give sb. (their) ~*** licenziare qcn.; ***to get one's ~*** essere licenziato.

2.notice /ˈnəʊtɪs/ tr. accorgersi di, notare [*absence, mark*]; ***I ~ that*** noto che; ***to get oneself ~d*** farsi notare; ***I can't say I ~d*** non posso dire di averlo notato.

noticeable /ˈnəʊtɪsəbl/ agg. evidente, visibile.

noticeably /ˈnəʊtɪsəblɪ/ avv. [*increase, improve*] notevolmente; [*better, colder*] nettamente.

noticeboard /ˈnəʊtɪsbɔːd/ n. bacheca f., quadro m. per gli avvisi.

notice to pay n. avviso m. di pagamento.

notifiable /ˈnəʊtɪfaɪəbl/ agg. [*disease*] da denunciare all'autorità sanitaria.

notification /ˌnəʊtɪfɪˈkeɪʃn/ n. **1** U AMM. DIR. *(communication)* notificazione f.; ***to receive ~ that*** essere avvisato che **2** C *(of decision, changes)* comunicazione f.; *(of fine)* notifica f.

notify /ˈnəʊtɪfaɪ/ tr. **1** BE *(give notice of)* notificare; ***to ~ sb. of*** o ***about*** informare qcn. di [*result, incident*]; avvertire qcn. di [*intention*] **2** *(announce formally)* ***to ~ sb. of*** denunciare a qcn. [*birth, death*].

notion /ˈnəʊʃn/ n. **1** *(idea)* idea f.; ***I never had any ~ of asking her*** non ho mai pensato di chiederglielo **2** *(vague understanding)* nozione f., idea f.; ***some ~ of*** alcune nozioni di **3** *(whim, desire)* idea f., voglia f.; ***he had*** o ***took a sudden ~ to go for a swim*** gli è venuta improvvisamente voglia di andare a nuotare.

notional /ˈnəʊʃənl/ agg. ipotetico, teorico.

notoriety /ˌnəʊtəˈraɪətɪ/ n. *(reputation)* notorietà f.

notorious /nəʊˈtɔːrɪəs/ agg. [*criminal, organization*] noto, notorio, famigerato; [*district, venue*] malfamato; [*example, case*] celebre, noto; ***~ for, as sth.*** [*person, place*] noto per, come qcs.

notoriously /nəʊˈtɔːrɪəslɪ/ avv. notoriamente.

notwithstanding /ˌnɒtwɪθˈstændɪŋ/ **I** prep. ***~ the legal difficulties, the legal difficulties ~*** nonostante *o* malgrado le difficoltà legali **II** avv. nondimeno, tuttavia.

nougat /ˈnuːɡɑː, ˈnʌɡət, AE ˈnuːɡət/ n. torrone m.

nought /nɔːt/ n. **1** *(as number)* zero m. **2** *(nothing)* → **naught.**

noughts and crosses ♦ *10* n. + verbo sing. (gioco del) tris m.

noun /naʊn/ n. nome m., sostantivo m.

nourish /ˈnʌrɪʃ/ tr. **1** nutrire [*person, animal, plant*] (**with** con; **on** di) **2** FIG. nutrire, alimentare [*feeling, belief*]; coltivare [*dream*].

nourishing /ˈnʌrɪʃɪŋ/ agg. nutriente.

nourishment /ˈnʌrɪʃmənt/ n. *(food)* nutrimento m.

nous /naʊs/ n. BE COLLOQ. buonsenso m.

nouveau riche /ˌnuːvəʊˈriːʃ/ n. (pl. **nouveaux riches**) nuovo ricco m.

Nov ⇒ November novembre (nov.).

1.novel /ˈnɒvl/ agg. nuovo, originale.

2.novel /ˈnɒvl/ n. romanzo m.

novelette /ˌnɒvəˈlet/ n. SPREG. romanzetto m. rosa.

novelist /ˈnɒvəlɪst/ ♦ *27* n. romanziere m. (-a).

novelty /ˈnɒvəltɪ/ **I** n. **1** novità f.; ***to do sth. for the ~*** fare qcs. per il gusto della novità **2** *(trinket)* ninnolo m. **II** modif. [*key ring, mug*] di moda.

November /nəˈvembə(r)/ ♦ *16* n. novembre m.

novice /ˈnɒvɪs/ n. **1** *(beginner)* novizio m. (-a), principiante m. e f. **2** RELIG. novizio m. (-a).

novitiate /nəˈvɪʃɪət/ n. noviziato m.

now /naʊ/ **I** avv. **1** adesso, ora; ***I'm doing it ~*** lo sto facendo adesso; ***they ~ have 5 children*** ora hanno 5 figli; ***~ I understand why*** ora capisco il perché; ***I'll be more careful ~*** adesso farò più attenzione **2** *(at once)* adesso, subito; ***right ~*** proprio adesso **3** *(with preposition)* ***before ~*** prima d'ora; ***you should have phoned her before ~*** avresti dovuto telefonarle prima; ***until ~*** finora; ***he should be finished by ~*** ormai dovrebbe avere finito; ***between ~ and next Friday*** da qui a venerdì prossimo; ***between ~ and then*** nel frattempo; ***5 days from ~*** da qui a 5 giorni, tra 5 giorni; ***from ~ on(wards)*** d'ora in poi *o* avanti; ***that's enough for ~*** per il momento basta; ***goodbye for ~*** a presto **4** *(in time expressions)* ***it's a week ~ since he left*** è una settimana oggi che è partito; ***he could arrive any time*** o

moment ~ potrebbe arrivare da un momento all'altro **5** *(at that moment, then)* ***it was ~ 4 pm*** ormai erano le quattro (del pomeriggio); ***by ~ it was too late*** ormai era troppo tardi **6** *(sometimes)* ***~ fast, ~ slowly*** ora velocemente, ora lentamente; ***(every) ~ and then*** o ***~ and again*** di quando in quando, di tanto in tanto, ogni tanto, a volte **7** *(introducing a change)* ***~ for the next question*** passiamo alla domanda successiva **8** *(introducing information, opinion)* ***~ there's a man I can trust!*** ecco un uomo di cui posso fidarmi! ***~ Paul would never do a thing like that*** Paul non farebbe mai una cosa del genere **9** *(in requests, warnings, reprimands)* ***careful ~!*** attenzione! ***~ let's see*** allora, vediamo; ***~! ~!*** su! ***come ~!*** dai! su! ***there ~, what did I tell you?*** allora, cosa ti avevo detto? ***~ then, let's get down to work*** bene, riprendiamo il lavoro **II** cong. ***~ (that)*** ora che.

nowadays /'naʊədeɪz/ avv. *(these days)* oggi, al giorno d'oggi, oggigiorno; *(at present, now)* ora, al momento.

nowhere /'nəʊweə(r)/ avv. **1** da nessuna parte, in nessun posto; ***the key is ~ to be found*** la chiave non si trova da nessuna parte; ***I've got ~ else to go*** non ho nessun altro posto in cui andare; ***~ else will you find a better bargain*** non troverete un affare migliore da nessun'altra parte; ***to appear*** o ***come out of ~*** venire dal nulla; ***there's ~ to sit down*** non c'è un posto per sedere; ***~ is this custom more widespread than in China*** la Cina è il luogo in cui questo costume è maggiormente diffuso; ***this team is going ~*** questa squadra sta facendo ben poco; ***£ 10 goes ~ these days*** con 10 sterline non fai molto oggigiorno; ***all this talk is getting us ~*** tutto questo gran parlare non ci porterà a niente; ***flattery will get you ~!*** non otterrai nulla con le lusinghe! **2 nowhere near** ***~ near sufficient*** neanche lontanamente sufficiente; ***we're ~ near finding a solution*** siamo ancora lontani da una soluzione.

no-win /nəʊ'wɪn/ agg. [*situation*] senza possibilità di successo.

noxious /'nɒkʃəs/ agg. nocivo, dannoso.

nozzle /'nɒzl/ n. *(of hose, pipe)* boccaglio m., ugello m.; *(of bellows, hoover)* ugello m.; *(for icing)* bocchetta f.

nr ⇒ near vicino.

NSPCC n. GB (⇒ National Society for the Prevention of Cruelty to Children) = associazione per la tutela dell'infanzia.

1.NT BIBL. ⇒ New Testament Nuovo Testamento (NT).

2.NT n. GB (⇒ National Trust) = ente per la salvaguardia di luoghi di interesse storico o naturalistico.

nth /enθ/ agg. MAT. ennesimo (anche FIG.); ***to the ~ power*** o ***degree*** all'ennesima potenza; ***for the ~ time*** per l'ennesima volta.

nuance /'nju:ɑ:s, AE 'nu:-/ n. sfumatura f.

nub /nʌb/ n. *(of problem)* nocciolo m.; ***the ~ of the matter*** il nocciolo della questione.

nubile /'nju:baɪl, AE 'nu:bl/ agg. *(attractive)* [*girl*] attraente.

nubuck /'nju:bʌk/ n. nabuk m.

nuclear /'nju:klɪə(r), AE 'nu:-/ agg. [*accident, fission, fusion*] nucleare.

nuclear bomb n. bomba f. atomica.

nuclear deterrent n. deterrente m. nucleare.

nuclear energy n. energia f. nucleare, energia f. atomica.

nuclear family n. ANTROP. famiglia f. nucleare.

nuclear-free zone n. BE zona f. denuclearizzata.

nuclear physics n. + verbo sing. fisica f. nucleare.

nuclear power n. **1** *(energy)* → **nuclear energy 2** *(country)* potenza f. nucleare.

nuclear power station n. centrale f. nucleare, centrale f. atomica.

nuclear shelter n. rifugio m. antiatomico.

nuclear waste n. scorie f.pl. radioattive, scorie f.pl. nucleari.

nucleus /'nju:klɪəs, AE 'nu:-/ n. (pl. **-i**) nucleo m.

nude /nju:d, AE nu:d/ **I** agg. [*person*] nudo **II** n. **1** ART. nudo m. **2** ***in the ~*** nudo.

1.nudge /nʌdʒ/ n. colpetto m., gomitata f.

2.nudge /nʌdʒ/ tr. *(push)* dare un colpetto a, dare una gomitata a; *(accidentally)* dare un colpo a, urtare; *(brush against)* sfiorare.

nudism /'nju:dɪzəm, AE 'nu:-/ n. nudismo m.

nudist /'nju:dɪst, AE 'nu:-/ n. nudista m. e f.

nudity /'nju:dətɪ, AE 'nu:-/ n. nudità f.

nugget /'nʌgɪt/ n. pepita f.

nuisance /'nju:sns, AE 'nu:-/ n. **1** *(annoying person) (child)* peste f.; *(adult)* scocciatore m. (-trice), tormento m.; ***to be a ~ to sb.*** [*person*] infastidire qcn., dare fastidio a qcn.; [*action, noise*] dare fastidio a qcn.; ***to make a ~ of oneself*** rompere le scatole **2** *(inconvenience)* disturbo m., seccatura f.; ***the ~ is that...*** la noia è che...; ***what a ~!*** che fastidio! che seccatura! ***I'm sorry to be such a ~*** sono spiacente di disturbarla.

nuisance call n. molestia f. telefonica.

nuisance caller n. molestatore m. (-trice) telefonico (-a).

1.nuke /nju:k, AE nu:k/ n. COLLOQ. arma f. nucleare, arma f. atomica.

2.nuke /nju:k, AE nu:k/ tr. AE COLLOQ. distruggere con un'arma atomica.

null /nʌl/ agg. DIR. [*document, decision*] nullo; ***~ and void*** nullo.

nullify /'nʌlɪfaɪ/ tr. annullare, invalidare.

1.numb /nʌm/ agg. **1** [*limb, face*] *(due to cold)* intirizzito, intorpidito; *(due to pressure)* intorpidito, insensibile; *(due to anaesthetic)* insensibile; ***to go ~*** intorpidirsi **2** FIG. [*person*] intontito (**with** da).

2.numb /nʌm/ tr. **1** [*cold*] intirizzire, intorpidire; [*anaesthetic*] rendere insensibile; ***to ~ the pain*** togliere il dolore **2** [*news, shock*] intontire.

1.number /'nʌmbə(r)/ ♦ *19* **I** n. **1** numero m.; ***a three-figure ~*** un numero a tre cifre; ***odd, even ~*** numero dispari, pari **2** *(in series) (of bus, house, page, telephone)* numero m.; ***a wrong ~*** un numero sbagliato; ***there's no reply at that ~*** non risponde nessuno a quel numero; ***to be ~ three on the list*** essere il terzo sulla lista **3** *(amount, quantity)* numero m., quantità f.; ***a ~ of people, times*** un certo numero di persone, di volte; ***for a ~ of reasons*** per un certo numero di ragioni; ***to come in large ~s*** accorrere numerosi *o* in gran numero; ***large ~s of people*** molte persone; ***on a ~ of occasions*** in un certo numero di occasioni; ***many, few in ~*** molti, pochi; ***they were ten in ~*** erano dieci (di numero) *o* in dieci; ***in equal ~s*** in numero uguale; ***any ~ of times*** mille volte, molto sovente; ***times without ~*** innumerevoli volte **4** *(group)* ***one of our ~*** uno dei nostri **5** *(issue) (of magazine, periodical)* numero m.; ***the May ~*** il numero di maggio **6** MUS. *(song)* pezzo m., brano m.; TEATR. numero m. **7** COLLOQ. *(object of admiration)* ***a little black ~ (dress)*** un bel vestitino nero; ***that car is a neat little ~*** quella macchina è un gioiellino **8** LING. numero m. **II numbers** n.pl. *(in company, of army)* effettivi m.; *(in school)* studenti m.; *(of crowd)* numero m.sing.; ***to win by force*** o ***weight of ~s*** vincere per superiorità numerica; ***to make up the ~s*** fare il conto ♦ ***your ~'s up!*** COLLOQ. è giunta la tua ora! ***to do sth. by the ~s*** AE o ***by ~s*** fare qcs. pedissequamente.

2.number /'nʌmbə(r)/ **I** tr. **1** *(allocate number to)* numerare **2** *(amount to)* contare; ***the regiment ~ed 1,000 men*** il reggimento contava 1.000 uomini **3** *(include)* includere, annoverare; ***to be ~ed among the great novelists*** essere annoverato tra i grandi romanzieri **4** *(be limited)* ***his days are ~ed*** ha i giorni contati **II** intr. *(comprise in number)* ***a crowd ~ing in the thousands*** una folla di migliaia di persone; ***to ~ among the great musicians*** essere annoverato tra i grandi musicisti.

numbering /'nʌmbərɪŋ/ n. numerazione f.

numberless /'nʌmbəlɪs/ agg. LETT. innumerevole.

number one n. **1** COLLOQ. *(oneself)* ***to look after*** o ***look out for*** o ***take care of ~*** pensare prima a se stessi **2** *(most important)* numero m. uno.

numberplate /'nʌmbəpleɪt/ n. BE AUT. targa f.

numbness /'nʌmnɪs/ n. *(physical)* intorpidimento m., insensibilità f.; *(emotional, mental)* torpore m.

numeracy /'nju:mərəsɪ, AE 'nu:-/ n. capacità f. di calcolo; ***to improve pupils' standards of ~*** migliorare le capacità di calcolo degli alunni.

numeral /'nju:mərəl, AE 'nu:-/ **I** agg. numerale **II** n. numero m., cifra f.; ***Roman ~s*** numeri romani.

numerate /'nju:mərət, AE 'nu:-/ agg. ***to be ~*** sapere contare.

numerical /nju:'merɪkl, AE nu:-/ agg. numerico.

numerics /nju:'merɪks, AE nu:-/ n.pl. caratteri m. numerici.

numerous /'nju:mərəs, AE 'nu:-/ agg. numeroso.

numismatic /ˌnju:mɪz'mætɪk, AE ˌnu:-/ agg. numismatico.

numismatics /ˌnju:mɪz'mætɪks, AE ˌnu:-/ n. + verbo sing. numismatica f.

nun /nʌn/ n. suora f., monaca f.; ***to become a*** ~ farsi suora.
nunnery /ˈnʌnərɪ/ n. ANT. convento m., monastero m.
nuptial /ˈnʌpʃl/ agg. LETT. o SCHERZ. nuziale.
nuptials /ˈnʌpʃlz/ n.pl. LETT. o SCHERZ. nozze f., sposalizio m.sing.
1.nurse /nɜːs/ ➧ ***27*** n. **1** MED. infermiere m. (-a); ***male*** ~ infermiere **2** → **nursemaid**.
2.nurse /nɜːs/ **I** tr. **1** MED. curare, assistere [*person*]; curare [*cold*]; ***to ~ sb. through an illness*** prendersi cura di qcn. durante una malattia **2** *(clasp)* stringere [*object*]; ***to ~ a baby in one's arms*** cullare un bambino tra le braccia; ***to ~ one's drink*** sorseggiare *o* centellinare una bevanda **3** *(suckle)* allattare [*baby*] **4** *(foster)* nutrire [*grievance, hope*]; coltivare [*dream*] **II** intr. **1** *(be a nurse)* fare l'infermiere, l'infermiera **2** *(feed)* [*baby*] poppare.
nursemaid /ˈnɜːsmeɪd/ ➧ ***27*** n. bambinaia f.
nursery /ˈnɜːsərɪ/ n. **1** (anche **day** ~) asilo m. nido, nido m. d'infanzia; *(in hotel, shop)* baby-parking m. **2** *(room)* camera f., stanza f. dei bambini **3** AGR. vivaio m.
nursery rhyme n. filastrocca f.
nursery school n. scuola f. materna, asilo m. infantile.
nursery slope n. BE *(in skiing)* pista f. baby.
nurse's aide ➧ ***27*** n. AE aiuto infermiere m. (-a).
nursing /ˈnɜːsɪŋ/ ➧ ***27*** **I** n. **1** *(profession)* professione f. d'infermiere, d'infermiera **2** *(care)* assistenza f. infermieristica **II** agg. **1** [*mother*] che allatta **2** MED. [*staff, practice*] infermieristico; [*methods*] di cura.
nursing auxiliary n. BE infermiere m. (-a) ausiliario (-a).
nursing home n. **1** *(old people's)* casa f. di riposo; *(convalescent's)* casa f. di cura **2** BE *(small private hospital)* clinica f.; *(maternity)* clinica f. ostetrica.
1.nurture /ˈnɜːtʃə(r)/ n. **U 1** *(of child)* allevamento m. **2** ***the nature ~ debate*** la questione della contrapposizione tra natura e cultura.
2.nurture /ˈnɜːtʃə(r)/ tr. **1** allevare [*child*]; crescere [*plant*] **2** FIG. nutrire [*hope, feeling*]; coltivare [*talent*].
nut /nʌt/ **I** n. **1** *(walnut)* noce f.; *(hazelnut)* nocciola f.; *(almond)* mandorla f.; *(peanut)* arachide f., nocciolina f. americana **2** TECN. dado m. **3** COLLOQ. *(mad person)* svitato m. (-a) **4** COLLOQ. *(enthusiast)* fanatico m. (-a); ***a cycling*** ~ un patito della bici **5** COLLOQ. *(head)* zucca f. **II nuts** n.pl. POP. *(testicles)* palle f. ♦ ***I can't draw for ~s*** BE COLLOQ. disegno da schifo; ***he's a hard*** o ***tough ~ to crack*** è un osso duro; ***to do one's*** ~ uscire dai gangheri, incavolarsi; ***the ~s and bolts*** i dettagli pratici.
NUT n. GB (⇒ National Union of Teachers) = sindacato degli insegnanti.
nut-brown /ˈnʌtbraʊn/ ➧ ***5*** agg. [*hair, eyes*] castano; [*skin*] scuro, bruno.
nutcase /ˈnʌtkeɪs/ n. COLLOQ. matto m. (-a).
nutcrackers /ˈnʌtkrækəz/ n.pl. schiaccianoci m.sing.
nut cutlet n. = bistecca vegetariana a base di nocciole.
nuthouse /ˈnʌthaʊs/ n. COLLOQ. manicomio m.
nutmeg /ˈnʌtmeg/ n. *(tree, fruit)* noce f. moscata.
nutrient /ˈnjuːtrɪənt, AE ˈnuː-/ **I** agg. nutriente **II** n. nutriente m.
nutriment /ˈnjuːtrɪmənt, AE ˈnuː-/ n. nutrimento m., alimento m.
nutrition /njuːˈtrɪʃn, AE nuː-/ n. *(process)* nutrizione f., alimentazione f.; *(science)* nutrizionistica f.
nutritional /njuːˈtrɪʃənl, AE nuː-/ agg. [*value*] nutritivo; [*composition, information*] nutrizionale.
nutritionist /njuːˈtrɪʃənɪst, AE nuː-/ ➧ ***27*** n. nutrizionista m. e f.
nutritious /njuːˈtrɪʃəs, AE nuː-/ agg. nutriente, nutritivo.
nut roast n. GASTR. = piatto vegetariano a base di frutta secca, verdura ed erbe.
nuts /nʌts/ agg. COLLOQ. **1** mai attrib. *(crazy)* pazzo, svitato **2** *(enthusiastic)* ***to be ~ about sb., sth.*** andare pazzo per qcn., qcs., impazzire per qcn., qcs.
nutshell /ˈnʌtʃel/ n. **1** guscio m. di noce **2** FIG. ***in a*** ~ in poche parole; ***to put sth. in a*** ~ riassumere qcs. in poche parole.
nutter /ˈnʌtə(r)/ n. BE COLLOQ. svitato m. (-a), pazzo m. (-a).
nutty /ˈnʌtɪ/ agg. **1** *(containing hazelnuts)* [*cake, taste*] di nocciole **2** COLLOQ. *(mad)* [*person*] svitato, fuori (di testa).
nuzzle /ˈnʌzl/ **I** tr. [*horse, dog*] strofinare il muso contro **II** intr. → **nuzzle up**.
■ **nuzzle up** ***to ~ up against*** o ***to sb.*** rannicchiarsi contro qcn.
NW ➧ ***21*** ⇒ northwest nord-ovest (NO).
NY US ⇒ New York New York.
Nyasaland /naɪˈæsəlænd/ n.pr. STOR. Niassa m.
NYC US ⇒ New York City (città di) New York.
nylon /ˈnaɪlɒn/ **I** n. nylon® m., nailon® m. **II nylons** n.pl. calze f. di nailon.
nymph /nɪmf/ n. MITOL. ZOOL. ninfa f.
nympho /ˈnɪmfəʊ/ n. (pl. **~s**) COLLOQ. SPREG. (accorc. nymphomaniac) ninfomane f.
nymphomaniac /ˌnɪmfəˈmeɪnɪæk/ **I** agg. SPREG. ninfomane **II** n. SPREG. ninfomane f.
NZ ⇒ New Zealand Nuova Zelanda.

O

o, O /əʊ/ **I** n. **1** *(letter)* o, O m. e f. **2** **O** *(spoken number)* zero m. **II O** inter. LETT. o, oh.

o' /ə/ COLLOQ. → **of**.

oaf /əʊf/ n. *(clumsy)* persona f. goffa; *(loutish)* zotico m. (-a).

oafish /'əʊfɪʃ/ agg. zotico, rozzo.

oak /əʊk/ **I** n. quercia f. **II** modif. [*table*] in quercia ♦ ***great ~s from little acorns grow*** PROV. i piccoli ruscelli fanno i grandi fiumi.

oak apple n. noce f. di galla.

oaken /'əʊkən/ agg. LETT. in quercia.

oakum /'əʊkəm/ n. stoppa f.

OAP n. BE **1** (⇒ old age pensioner) = pensionato **2** (⇒ old age pension) = pensione di vecchiaia.

oar /ɔ:(r)/ n. **1** remo m. **2** *(person)* rematore m. (-trice) ♦ ***to put one's ~ in*** COLLOQ. metterci il becco, immischiarsi.

oarsman /'ɔ:zmən/ n. (pl. **-men**) rematore m.

OAS n. US (⇒ Organization of American States Organizzazione degli Stati Americani) OSA f.

oasis /əʊ'eɪsɪs/ n. (pl. **-es**) oasi f. (anche FIG.).

oat /əʊt/ n. *(plant)* avena f.; ***~s*** avena ♦ ***to be off one's ~s*** COLLOQ. avere perso l'appetito; ***to sow one's wild ~s*** correre la cavallina.

oatcake /'əʊtkeɪk/ n. focaccia f. di farina d'avena.

oath /əʊθ/ n. **1** DIR. giuramento m.; ***under ~, on ~*** BE sotto giuramento; ***to take the ~, to swear an ~*** giurare, fare giuramento; ***to administer the ~ to sb., to put sb. under ~*** fare prestare giuramento a qcn. **2** *(swearword)* imprecazione f., bestemmia f.

oatmeal /'əʊtmi:l/ **I** n. **U 1** *(cereal)* farina f. d'avena **2** AE *(porridge)* porridge m. **3** *(colour)* (color) corda m. **II** ♦ **5** agg. [*garment*] color corda.

obduracy /'ɒbdjʊrəsɪ, AE -dər-/ n. **1** *(stubbornness)* ostinazione f., caparbietà f. **2** *(hard-heartedness)* durezza f. (di cuore).

obdurate /'ɒbdjʊrət, AE -dər-/ agg. **1** *(stubborn)* ostinato **2** *(hard-hearted)* duro di cuore.

OBE n. GB (⇒ Officer of the Order of the British Empire) = ufficiale dell'ordine dell'impero britannico.

obedience /ə'bi:dɪəns/ n. obbedienza f. (anche RELIG.); ***in ~ to*** secondo [*wish, order*].

obedient /ə'bi:dɪənt/ agg. obbediente.

obediently /ə'bi:dɪəntlɪ/ avv. obbedientemente.

obeisance /əʊ'beɪsns/ n. FORM. *(homage)* omaggio m.; *(bow)* inchino m.

obelisk /'ɒbəlɪsk/ n. ARCH. obelisco m.

obese /əʊ'bi:s/ agg. obeso.

obesity /əʊ'bi:sətɪ/ n. obesità f.

obey /ə'beɪ/ **I** tr. obbedire a [*person*]; obbidire a, attenersi a [*law*]; seguire [*instructions*]; DIR. ottemperare a [*order*] **II** intr. obbedire.

obfuscate /'ɒbfəskeɪt/ tr. FORM. offuscare [*issue*]; offuscare, ottenebrare [*mind*].

obituary /ə'bɪtʃʊərɪ, AE -tʃʊerɪ/ **I** n. (anche **~ notice**) necrologia f., necrologio m. **II** modif. [*column, page*] dei necrologi.

1.object /'ɒbdʒɪkt/ n. **1** *(item)* oggetto m. **2** *(goal)* obiettivo m., scopo m. **3** *(focus)* ***to be the ~ of*** essere oggetto di **4** LING. ***direct ~*** complemento oggetto *o* diretto; ***indirect ~*** complemento indiretto ♦ ***money is no ~*** i soldi non sono un problema *o* un ostacolo.

2.object /əb'dʒekt/ **I** tr. obiettare **II** intr. fare delle obiezioni, opporsi, essere contrario; ***"I ~!"*** "mi oppongo!", "non sono d'accordo!"; ***would you ~ if...?*** ha qualcosa in contrario se...? ***to ~ to*** opporsi a [*plan, law*]; lamentarsi per [*noise*]; essere contro [*candidate*]; sollevare *o* muovere un'obiezione contro [*witness*]; ***to ~ to sb.('s) doing*** opporsi al fatto che qcn. faccia; ***do you ~ to my*** o ***me smoking?*** le dà fastidio se fumo?

objection /əb'dʒekʃn/ n. obiezione f. (**to** a; **from** da parte di; **to doing** a fare); ***I've no ~(s)*** sono d'accordo, non ho nulla in contrario; ***I've no ~ to them coming*** non ho nulla in contrario al fatto che vengano; ***to make ~ to*** DIR. fare delle obiezioni a [*argument, statement*].

objectionable /əb'dʒekʃənəbl/ agg. [*remark*] cui si può obiettare; [*behaviour*] deplorevole, riprovevole; [*person*] insopportabile.

objective /əb'dʒektɪv/ **I** agg. **1** *(unbiased)* obiettivo, oggettivo **2** LING. = relativo al complemento oggetto o di termine **II** n. **1** obiettivo m. (anche MIL.) **2** FOT. obiettivo m. **3** LING. (anche **objective case**) caso m. oggettivo.

objectively /əb'dʒektɪvlɪ/ avv. obiettivamente, oggettivamente.

objectivity /ˌɒbdʒek'tɪvətɪ/ n. obiettività f., oggettività f.

object lesson n. dimostrazione f. (**in** di).

objector /əb'dʒektə(r)/ n. oppositore m. (-trice).

oblate /'ɒbleɪt/ agg. MAT. schiacciato ai poli.

oblation /əʊ'bleɪʃn/ n. RELIG. oblazione f.

obligate /'ɒblɪgeɪt/ tr. obbligare.

obligation /ˌɒblɪ'geɪʃn/ n. **1** *(duty)* obbligo m., dovere m. (**towards, to** verso); ***to be under (an) ~ to do*** essere tenuto a fare **2** *(commitment)* *(contractual)* obbligo m.; *(personal)* impegno m.; ***without ~*** COMM. senza impegno **3** *(debt)* *(financial)* impegno m. di spesa, obbligazione f.; *(of gratitude)* debito m.; ***to be under ~ to sb.*** essere in debito con qcn.

obligatory /ə'blɪgətrɪ, AE -tɔ:rɪ/ agg. *(compulsory)* obbligatorio; *(customary)* d'obbligo.

oblige /ə'blaɪdʒ/ tr. **1** *(compel)* obbligare, costringere **2** *(be helpful)* fare un favore a, fare una cortesia a; ***could you ~ me with a lift?*** potrebbe essere così gentile da darmi un passaggio? ***anything to ~!*** a vostro servizio! **3** *(be grateful)* ***to be ~d to sb.*** essere riconoscente a qcn.; ***I would be ~d if you'd stop smoking*** le sarei grato se smettesse di fumare; ***much ~d!*** obbligato!

obliging /ə'blaɪdʒɪŋ/ agg. [*manner, person*] cortese.

oblique /ə'bli:k/ **I** agg. [*line, stroke*] obliquo; FIG. [*reference, compliment*] indiretto **II** n. TIP. barra f.

obliquely /ə'bli:klɪ/ avv. [*drawn*] obliquamente, in diagonale; FIG. [*answer, refer*] indirettamente.

obliterate /ə'blɪtəreɪt/ tr. **1** *(remove)* cancellare [*trace, word*]; *(destroy)* distruggere [*village*] **2** *(cover)* nascondere [*sun, view*] **3** *(erase from mind)* obliterare, fare svanire [*memory*].

obliteration /əˌblɪtə'reɪʃn/ n. **1** *(of mark, memory)* obliterazione f. **2** *(of city)* distruzione f. totale.

obliterator /ə'blɪtəreɪtə(r)/ n. (macchina) obliteratrice f.

oblivion /ə'blɪvɪən/ n. **1** *(obscurity)* oblio m.; ***to sink into ~*** cadere nell'oblio **2** *(unconsciousness)* ***to drink oneself into ~*** bere fino a perdere i sensi.

oblivious /ə'blɪvɪəs/ agg. **1** *(unaware)* inconsapevole, ignaro; ***to be ~ of*** o ***to*** essere ignaro di [*risk*] **2** *(forgetful)* dimentico, immemore.

oblong /'ɒblɒŋ, AE -lɔːŋ/ **I** agg. [*table, building*] oblungo, bislungo **II** n. = figura oblunga.

obloquy /'ɒbləkwɪ/ n. ingiuria f., offesa f.

obnoxious /əb'nɒkʃəs/ agg. [*person*] odioso, detestabile; [*behaviour*] riprovevole; [*smell*] disgustoso, ripugnante.

oboe /'əʊbəʊ/ ➧ *17* n. oboe m.

oboist /'əʊbəʊɪst/ ➧ *27, 17* n. oboista m. e f.

obscene /əb'siːn/ agg. [*film, remark*] osceno; FIG. [*wealth*] schifoso; [*war*] mostruoso.

obscenely /əb'siːnlɪ/ avv. oscenamente; ***to be ~ rich*** FIG. essere ricco da fare schifo.

obscenity /əb'senətɪ/ n. oscenità f.

obscurantism /ˌɒbskjʊə'ræntɪzəm/ n. oscurantismo m.

obscurantist /ˌɒbskjʊə'ræntɪst/ **I** agg. oscurantista, oscurantistico **II** n. oscurantista m. e f.

1.obscure /əb'skjʊə(r)/ agg. **1** *(hard to understand)* [*meaning, origin*] oscuro **2** *(little-known)* [*writer*] oscuro, sconosciuto **3** *(indistinct)* [*shape*] indistinto; [*memory*] indistinto, vago.

2.obscure /əb'skjʊə(r)/ tr. **1** *(conceal)* offuscare, nascondere [*truth*]; confondere, complicare [*issue*] **2** *(cover)* offuscare, oscurare [*view*].

obscurity /əb'skjʊərətɪ/ n. *(of argument, origin)* oscurità f.; ***to fall back into ~*** ritornare nell'anonimato *o* nell'ombra.

obsequies /'ɒbsɪkwɪz/ n.pl. FORM. esequie f.

obsequious /əb'siːkwɪəs/ agg. ossequioso; SPREG. servile.

obsequiousness /əb'siːkwɪəsnɪs/ n. ossequiosità f.; SPREG. servilismo m.

observable /əb'zɜːvəbl/ agg. *(discernible)* osservabile, visibile; *(noteworthy)* notevole.

observance /əb'zɜːvəns/ n. **1** *(of law, right)* osservanza f., rispetto m.; *(of sabbath)* osservanza f. **2** *(ceremony)* cerimonia f. (religiosa).

observant /əb'zɜːvənt/ agg. osservatore.

observation /ˌɒbzə'veɪʃn/ n. **1** osservazione f.; ***to keep sb., sth. under ~*** tenere qcn., qcs. sotto osservazione; ***under ~*** MED. in osservazione **2** *(remark)* osservazione f.; ***to make the ~ that*** osservare che.

observational /ˌɒbzə'veɪʃənl/ agg. basato, fondato sull'osservazione.

observation car n. FERR. carrozza f. belvedere, vagone m. panoramico.

observation tower n. torre f. panoramica.

observatory /əb'zɜːvətrɪ, AE -tɔːrɪ/ n. osservatorio m.

observe /əb'zɜːv/ tr. **1** *(see, notice)* osservare, notare **2** *(watch)* [*police*] osservare, sorvegliare; [*doctor*] tenere sotto osservazione; [*scientist, researcher*] osservare **3** *(remark)* (fare) osservare, (fare) notare **4** *(adhere to)* osservare, rispettare [*law, custom, Sabbath*].

observer /əb'zɜːvə(r)/ **I** n. **1** *(of event, phenomenon)* osservatore m. (-trice) **2** GIORN. POL. *(commentator)* inviato m. (-a) (**of** in); ***according to a well-placed ~...*** secondo una fonte ben informata... **II** modif. [*delegation*] di osservatori; [*country*] osservatore.

obsess /əb'ses/ tr. ossessionare; ***~ed by*** o ***with*** ossessionato da.

obsession /əb'seʃn/ n. ossessione f. (**with** di, per; **with doing** per fare); ***he has an ~ with tidiness*** ha una vera ossessione per l'ordine; ***sailing is an ~ with him*** la vela per lui è una fissazione.

obsessive /əb'sesɪv/ agg. [*person*] ossessivo, maniaco; [*neurosis*] ossessivo; [*thought*] ossessivo, ossessionante; [*memory*] ossessionante; ***his ~ fear of death*** la sua paura ossessiva della morte.

obsessively /əb'sesɪvlɪ/ avv. ossessivamente; ***~ clean*** di una pulizia maniacale; ***~ interested in*** fissato per; ***~ devoted*** morbosamente affezionato.

obsolescence /ˌɒbsə'lesəns/ n. obsolescenza f.; ***built-in*** o ***planned ~*** obsolescenza programmata.

obsolescent /ˌɒbsə'lesnt/ agg. obsolescente.

obsolete /'ɒbsəliːt/ agg. [*technology, word*] obsoleto; [*custom, idea*] obsoleto, antiquato.

obstacle /'ɒbstəkl/ n. ostacolo m. (anche FIG.); ***to be an ~ to sth.*** essere un ostacolo per *o* di ostacolo a qcs.; ***to put an ~ in sb.'s way*** mettere i bastoni tra le ruote a qcn.

obstacle course n. MIL. percorso m. di guerra; FIG. corsa f. a ostacoli.

obstacle race n. corsa f. a ostacoli.

obstetric /əb'stetrɪk/ agg. ostetrico.

obstetrician /ˌɒbstə'trɪʃn/ ➧ *27* n. *(physician)* (medico) ostetrico m.; *(midwife)* ostetrica f.

obstetrics /əb'stetrɪks/ n. + verbo sing. ostetricia f.

obstinacy /'ɒbstənəsɪ/ n. *(of person)* ostinazione f. (**in doing** a fare); *(of cough, illness)* persistenza f.

obstinate /'ɒbstənət/ agg. [*person*] ostinato, testardo; [*behaviour, silence, effort, stain*] ostinato; [*resistance*] accanito; [*cough, fever*] persistente.

obstreperous /əb'strepərəs/ agg. [*drunk*] turbolento; [*child*] turbolento, ribelle; [*crowd*] tumultuoso.

obstruct /əb'strʌkt/ tr. **1** *(block)* nascondere, impedire [*view*]; ostruire [*road*]; MED. ostruire **2** *(impede)* bloccare [*traffic*]; ostacolare [*plan, person, justice*]; impedire [*progress*]; fare ostruzione su [*player*].

obstruction /əb'strʌkʃn/ n. **U** *(to road, progress)* ostruzione f., ostacolo m.; *(in pipe)* ostruzione f.; MED. ostruzione f., occlusione f.; SPORT ostruzione f.; ***to cause an ~ to traffic*** provocare il blocco del *o* bloccare il traffico.

obstructionism /əb'strʌkʃənɪzəm/ n. ostruzionismo m.

obstructionist /əb'strʌkʃənɪst/ **I** agg. ostruzionista **II** n. ostruzionista m. e f.

obstructive /əb'strʌktɪv/ agg. **1** *(uncooperative)* [*policy, person, behaviour*] ostruzionista **2** MED. ostruttivo.

obtain /əb'teɪn/ **I** tr. ottenere [*information, permission, degree, visa*]; *(for oneself)* ottenere, procurarsi [*money, goods*]; acquistare, acquisire [*experience*]; ottenere, conseguire [*prize*]; ***to ~ sth. for sb.*** procurare qcs. a qcn.; ***our products may be ~ed from any supermarket*** i nostri prodotti si possono trovare in qualsiasi supermercato **II** intr. FORM. [*situation*] perdurare; [*rule*] essere in vigore.

obtainable /əb'teɪnəbl/ agg. ottenibile, procurabile; ***~ in all good bookstores*** disponibile nelle migliori librerie; ***petrol is easily ~*** è facile procurarsi benzina.

obtrude /əb'truːd/ intr. FORM. **1** *(impinge)* ***to ~ on*** imporsi su **2** *(become apparent)* [*opinion*] intrudersi; [*comedy*] spuntare, emergere **3** *(stick out)* protrudere.

obtrusive /əb'truːsɪv/ agg. **1** *(conspicuous)* [*decor*] appariscente, chiassoso; [*stain, object*] vistoso; [*noise*] assordante **2** *(indiscreet)* [*person, behaviour*] importuno, invadente.

obtuse /əb'tjuːs, AE -'tuːs/ agg. **1** *(stupid)* [*person*] ottuso; [*remark*] stupido; ***he's being deliberately ~*** fa il tonto, fa finta di non capire **2** MAT. ottuso.

obtuseness /əb'tjuːsnɪs, AE -'tuːsnɪs/ n. ottusità f.

obverse /'ɒbvɜːs/ **I** n. **1** *(opposite)* opposto m. **2** *(of coin, medal)* diritto m., recto m. **II** agg. **1** *(contrary)* [*argument*] opposto, contrario **2** *(of coin)* ***the ~ side*** o ***face*** il diritto *o* recto.

obviate /'ɒbvɪeɪt/ tr. FORM. ovviare a, aggirare [*difficulty*]; sopperire a [*requirement*]; rimediare a [*delay*]; evitare, eliminare [*danger*].

obvious /'ɒbvɪəs/ **I** agg. **1** *(evident)* ovvio, evidente (**to** per); ***her anxiety was ~*** era visibilmente preoccupata; ***he is the ~ choice for the job*** è chiaramente la persona più adatta al lavoro; ***it was the ~ solution to choose*** era ovviamente la soluzione per cui optare; ***it is the ~ thing to do*** è la cosa più ovvia da fare; ***for ~ reasons...*** per ovvi motivi... **2** *(unsubtle)* [*lie*] palese; [*symbolism*] ovvio; ***he was too ~ about it*** fu troppo esplicito su questo **II** n. ***to state the ~*** dire una cosa ovvia *o* delle ovvietà.

obviously /'ɒbvɪəslɪ/ **I** avv. ovviamente, evidentemente; ***he ~ needs help*** ha evidente bisogno di aiuto; ***he's ~ lying*** è ovvio che sta mentendo; ***he's ~ happy*** è visibilmente felice; ***he was ~ in pain*** era evidente che stava soffrendo **II** inter. *(indicating assent)* ovviamente, certamente.

OC n. MED. (⇒ Oral Contraceptive) = contraccettivo orale, pillola.

1.occasion /ə'keɪʒn/ n. **1** *(particular time)* occasione f.; ***on that ~*** in quella occasione, quella volta; ***on ~*** all'occasione; ***on the ~ of*** in occasione di; ***when the ~ demands it*** quando il caso lo richiede; ***to rise to the ~*** essere all'altezza della situazione **2** *(opportunity)* occasione f.; ***it's no ~ for laughter*** non è il momento *o* caso di ridere; ***should the ~ arise*** se dovesse presentarsi l'occasione **3** *(event)* occasione f., avvenimento m.; ***on special ~s*** nelle occasioni speciali, nelle grandi occasioni; ***for the ~*** per l'occasione; ***the wedding was quite an ~*** il matrimonio fu un avvenimento; ***state ~*** cerimonia di stato **4** FORM. *(cause)* motivo m.; ***there is no ~ for alarm*** non c'è motivo *o* non è il caso di allarmarsi.

2.occasion /ə'keɪʒn/ tr. FORM. occasionare, causare, provocare.

occasional /ə'keɪʒnəl/ agg. **1** [*event*] occasionale, sporadico; ***the ~ cigarette*** una sigaretta di tanto in tanto; ***~ showers*** METEOR. piogge sparse **2** FORM. [*poem*] d'occasione, di circostanza.

occasionally /ə'keɪʒnəlɪ/ avv. occasionalmente, di tanto in tanto; ***very ~*** molto raramente, quasi mai.

Occident /'ɒksɪdənt/ n. ***the ~*** l'Occidente.

occidental /ˌɒksɪ'dentl/ agg. occidentale.

occipital /ɒk'sɪpɪtl/ **I** agg. occipitale **II** n. (osso) occipitale m.

occlude /ə'klu:d/ tr. occludere.

occlusion /ə'klu:ʒn/ n. occlusione f.

1.occult /ɒ'kʌlt/ agg. [*powers, arts, literature*] occulto.

2.occult /ɒ'kʌlt, AE ə'kʌlt/ n. occulto m.

occultism /ɒ'kʌltɪzəm, AE ə'kʌ-/ n. occultismo m.

occultist /'ɒkəltɪst, AE ə'kʌ-/ **I** agg. occultista **II** n. occultista m. e f.

occupancy /'ɒkjʊpənsɪ/ n. occupazione f.; ***a change of ~*** un cambio di occupante; ***to have sole ~ of a house*** essere l'unico occupante di una casa; ***available for immediate ~*** libero subito.

occupant /'ɒkjʊpənt/ n. **1** *(of building, bed, vehicle)* occupante m. e f. **2** *(of post)* titolare m. e f.

occupation /ˌɒkjʊ'peɪʃn/ n. **1** *(of house)* ***ready for ~*** pronto per essere occupato; ***to take up ~*** installarsi (**of** in) **2** MIL. POL. occupazione f.; ***to come under ~*** venire occupato **3** *(job)* *(trade)* occupazione f., impiego m.; *(profession)* professione f. **4** *(leisure activity)* occupazione f.

occupational /ˌɒkjʊ'peɪʃnəl/ agg. [*accident, safety*] sul lavoro; [*activity*] professionale; [*risk*] del mestiere; [*stress*] da lavoro.

occupational hazard n. rischio m. professionale.

occupational health n. medicina f. del lavoro.

occupational pension n. GB *(after retirement)* pensione f.

occupational pension scheme n. GB pensione f. integrativa.

occupational psychologist ➧ ***27*** n. psicologo m. (-a) del lavoro.

occupational therapist ➧ ***27*** n. ergoterapista m. e f.

occupational therapy n. ergoterapia f.

occupier /'ɒkjʊpaɪə(r)/ n. occupante m. e f.

occupy /'ɒkjʊpaɪ/ tr. **1** *(inhabit)* occupare [*house*] **2** *(fill)* occupare [*seat, room*] **3** *(take over)* occupare [*country, territory*] **4** *(take up)* occupare, prendere [*time*]; [*activity*] durare [*day*]; occupare [*area, surface*] **5** *(keep busy)* occupare [*person, mind*]; catturare [*attention*]; ***to be occupied with*** essere occupato con, occuparsi di **6** *(hold)* occupare [*post*].

occur /ə'kɜ:(r)/ intr. (forma in -ing ecc. **-rr-**) **1** *(happen)* [*change, event*] avvenire, verificarsi; [*delay, fault*] verificarsi; [*symptom*] comparire, manifestarsi; [*opportunity*] presentarsi **2** *(be present)* [*disease*] presentarsi; [*species, toxin, mistake*] trovarsi; [*phrase*] ricorrere **3** *(suggest itself)* ***it ~red to me to do*** mi venne in mente di fare; ***it ~s to me that he's wrong*** mi pare che abbia torto.

occurrence /ə'kʌrəns/ n. **1** *(event)* evento m., avvenimento m., fatto m.; ***to be a rare ~*** avvenire *o* verificarsi raramente **2** *(instance)* occorrenza f. **3** *(of disease, phenomenon)* (il) verificarsi.

ocean /'əʊʃn/ **I** n. oceano m. **II oceans** n.pl. COLLOQ. ***~s of*** un oceano *o* mare di [*food, work*]; un'eternità di [*time*] **III** modif. [*voyage, wave*] oceanico; ***~ bed*** fondo dell'oceano, fondale oceanico.

ocean-going /'əʊʃnˌgəʊɪŋ/ agg. ***~ liner*** transatlantico.

Oceania /ˌəʊʃɪ'eɪnɪə/ n.pr. Oceania f.

oceanic /ˌəʊʃɪ'ænɪk/ agg. oceanico.

oceanography /ˌəʊʃə'nɒgrəfɪ/ n. oceanografia f.

ocelot /'əʊsɪlɒt, AE 'ɒsələt/ n. ocelot m.

ochre BE, **ocher** AE /'əʊkə(r)/ ➧ ***5*** **I** n. **1** *(pigment)* ocra f. **2** *(colour)* ocra m. **II** agg. *(colour)* ocra.

o'clock /ə'klɒk/ ➧ ***4*** avv. ***it's two ~*** sono le due; ***12 ~ midday*** mezzogiorno; ***the 10 ~ screening*** la proiezione delle 10.

OCR machine, **OCR reader** n. lettore m. ottico.

Oct ⇒ October ottobre (ott.).

octagon /'ɒktəgən, AE -gɒn/ n. ottagono m.

octagonal /ɒk'tægənl/ agg. ottagonale.

octane /'ɒkteɪn/ n. ottano m.

octave /'ɒktɪv/ n. MUS. LETTER. ottava f.

Octavia /ɒk'teɪvjə/ n.pr. Ottavia.

Octavian /ɒk'teɪvjən/ n.pr. Ottaviano.

Octavius /ɒk'teɪvjəs/ n.pr. Ottavio.

octavo /ɒk'teɪvəʊ/ **I** n. (pl. **~s**) *(size of book)* formato m. in ottavo; *(book)* volume m. in ottavo **II** modif. [*volume*] in ottavo.

octet /ɒk'tet/ n. **1** MUS. *(group, composition)* ottetto m. **2** INFORM. ottetto m. **3** LETTER. ottava f.

October /ɒk'təʊbə(r)/ ➧ ***16*** n. ottobre m.

octopus /'ɒktəpəs/ n. (pl. **~**, **~es**) polpo m.; FIG. piovra f.

ocular /'ɒkjʊlə(r)/ agg. oculare.

oculist /'ɒkjʊlɪst/ ➧ ***27*** n. oculista m. e f.

1.OD /əʊ'di:/ n. COLLOQ. (⇒ overdose) overdose f.

2.OD /əʊ'di:/ intr. (⇒ overdose) (3a pers. pres. **OD's**; forma in -ing **OD'ing**; pass., p.pass. **OD'd, OD'ed**) COLLOQ. → **2.overdose**.

odalisque /'əʊdəlɪsk/ n. odalisca f.

odd /ɒd/ **I** agg. **1** *(strange, unusual)* [*person, object, occurrence*] strano; ***there is something ~ about*** c'è qualcosa di strano in [*appearance*]; ***he's a bit ~*** *(eccentric)* è un po' strano *o* strambo **2** *(occasional)* ***I have the ~ pizza*** mi capita di farmi una pizza di tanto in tanto **3** *(not matching)* [*socks, gloves*] spaiato, scompagnato **4** *(miscellaneous)* ***there are some ~ envelopes left*** ci sono ancora delle buste assortite; ***a few ~ coins*** un po' di spiccioli **5** MAT. [*number*] dispari **6** *(different)* ***spot the ~ man*** o ***one out*** trova l'intruso; ***to feel the ~ one out*** sentirsi fuori luogo *o* un pesce fuor d'acqua **II -odd** in composti *(approximately)* ***a thousand~ dollars*** mille dollari e rotti; ***fifty~ people*** circa cinquanta persone; ***ten~ years later*** più di una decina di anni dopo.

oddball /'ɒdbɔ:l/ n. COLLOQ. originale m. e f.

odd bod n. BE COLLOQ. originale m. e f.

oddity /'ɒdətɪ/ n. *(odd thing)* stranezza f.; *(person)* tipo m. (-a) strambo m. (-a).

odd job n. *(for money)* lavoretto m.; ***to do ~s around the house*** fare lavoretti in casa.

odd-jobman /ˌɒd'dʒɒbmən/ n. (pl. **odd-jobmen**) uomo m. tuttofare.

odd-looking /ˌɒd'lʊkɪŋ/ agg. dall'aria strana, dall'aspetto bizzarro.

oddly /'ɒdlɪ/ avv. [*dress*] in modo strambo, originale; ***~ shaped*** di forma bizzarra; ***~ enough...*** stranamente, curiosamente...

oddment /'ɒdmənt/ n. RAR. scampolo m.

odds /ɒdz/ n.pl. **1** *(in betting)* quotazione f.sing., quota f.sing. (**on** di); ***what are the ~?*** qual è la quotazione? ***the ~ are 6 to 1 on, against*** la quotazione è di 6 a 1 a favore, a sfavore; ***the ~ on Blue Star are 3 to 1*** Blue Star è dato 3 a 1; ***the ~ on Varenne are long*** Varenne è molto quotato **2** *(likelihood)* probabilità f.; ***the ~ are against, in favour of sth.*** le probabilità in favore di qcs. sono poche, molte; ***the ~ are against it*** è poco probabile; ***the ~ in favour of sth. happening*** la probabilità che qcs. accada; ***to fight against the ~*** combattere contro le circostanze avverse; ***to win against the ~*** vincere contro ogni

of

- In almost all its uses the preposition *of* is translated by *di*. Remember that, when the article *the* is used after the preposition *of* in English, the two words are translated by one word in Italian; the following cases may occur:

of the cinema	=	(di + il) del cinema
of the stadium	=	(di + lo) dello stadio
of the church	=	(di + la) della chiesa
of the hospital, of the abbey, of the hotel	=	(di + l') dell'ospedale, dell'abbazia, dell'hotel
of the mountains	=	(di + i) dei monti
of the open spaces	=	(di + gli) degli spazi aperti
of the houses	=	(di + le) delle case.

- Note that the same Italian translation is to be used when equivalent noun phrases, with or without *of*, can alternate in English:

the top of the mountain = the mountain top .	=	la cima della montagna

- To find translations for phrases beginning with *of* (*of course, of all, of late, of old* etc.), you should consult the appropriate noun etc. entry (**course**, **all**, **late**, **old** etc.).
- *Of* also often appears as the second element of a verb (*consist of, deprive of, die of, think of*): for translations, consult the appropriate verb entry. Please note that in some cases *of* is not translated at all:

he reminds me of my father	=	lui mi ricorda mio padre
I often dream of a frightening monster	=	sogno spesso un mostro spaventoso.

- *Of* is used after certain nouns, pronouns and adjectives in English (*a member of, a game of, some of, most of, afraid of, capable of, ashamed of* etc.): for translations, consult the appropriate noun, pronoun or adjective entry (**member**, **game**, **some**, **most**, **afraid**, **capable**, **ashamed** etc.).
- When *of it* or *of them* are used for something already referred to, they are translated by *ne*:

there's a lot of it	=	ce n'è un mucchio
there are several of them	=	ce ne sono parecchi.

- For particular usages see the entry **of**.
- This dictionary contains lexical notes on such topics as AGE, CAPACITY, DATE, ILLNESSES, LENGTH MEASURES, QUANTITIES, TOWNS AND CITIES, and WEIGHT MEASURES, many of which use *of*. For these notes see the end of the English-Italian section.

previsione ♦ ***it makes no ~*** BE non ha importanza; ***to pay over the ~ for sth.*** pagare qcs. più del suo prezzo; ***at ~*** *(in dispute)* in conflitto; *(contradictory)* in contraddizione.

odds and ends, **odds and sods** n.pl. BE COLLOQ. cianfrusaglie f.

odds-on /ˌɒdzˈɒn/ agg. **1** COLLOQ. *(likely)* ***it is ~ that*** è molto probabile che; ***he has an ~ chance of doing*** ha forti probabilità di fare **2** *(in betting)* ***to be the ~ favourite*** essere il grande favorito.

ode /əʊd/ n. ode f.

Odin /ˈəʊdɪn/ n.pr. Odino.

odious /ˈəʊdɪəs/ agg. odioso.

odium /ˈəʊdɪəm/ n. odio m., riprovazione f. generale.

odometer /ɒˈdɒmɪtə(r)/ n. AE AUT. odometro m.

odor AE → **odour**.

odorless AE → **odourless**.

odorous /ˈəʊdərəs/ agg. LETT. odoroso.

odour BE, **odor** AE /ˈəʊdə(r)/ n. odore m. ♦ ***to be in bad ~ with*** essere malvisto da, avere cattiva reputazione presso.

odourless BE, **odorless** AE /ˈəʊdəlɪs/ agg. [*gas*] inodore; [*cosmetic*] non profumato.

odyssey /ˈɒdɪsɪ/ n. odissea f.; ***the Odyssey*** l'Odissea.

OECD n. (⇒ Organization for Economic Cooperation and Development Organizzazione per la Cooperazione e lo Sviluppo Economico) OCSE f.

oedema BE, **edema** AE /ɪˈdiːmə/ n. (pl. **~s**, **-ata**) edema m.

Oedipus /ˈiːdɪpəs/ n.pr. Edipo.

Oedipus complex n. complesso m. di Edipo.

oenologist BE, **enologist** AE /iːˈnɒlədʒɪst/ ♦ **27** n. enologo m. (-a).

oenology BE, **enology** AE /iːˈnɒlədʒɪ/ n. enologia f.

o'er /ɔː(r)/ LETT. → **over**.

oesophagus BE, **esophagus** AE /ɪˈsɒfəgəs/ n. esofago m.

oestrogen BE, **estrogen** AE /ˈiːstrədʒən/ n. estrogeno m.

oestrus BE, **estrus** AE /ˈiːstrəs/ n. ZOOL. *(heat)* estro m.

of /*forma debole* əv, *forma forte* ɒv/ prep. **1** *(in most uses)* di; ***the leg ~ the table*** la gamba del tavolo; ***the king ~ Spain*** il re di Spagna **2** *(made of)* ***a ring (made) ~ gold*** un anello d'oro; ***a will ~ iron*** FIG. una volontà di ferro **3** *(indicating an agent)* ***that's kind ~ you*** è molto gentile da parte tua **4** *(indicating a proportion)* ***some, twelve ~ us*** alcuni, dodici di noi **5** BE *(in expressions of time)* ***I like to play golf ~ an afternoon*** mi piace giocare a golf il *o* di pomeriggio.

1.off /ɒf, AE ɔːf/ *Off* is often found as the second element in verb combinations (*fall off, run off* etc.) and in offensive interjections (*clear off* etc.): for translations consult the appropriate verb entry (**fall**, **run**, **clear** etc.). - *Off* is used in certain expressions such as *off limits, off piste* etc.: translations for these will be found under the noun entry (**limit**, **piste** etc.). - For other uses of *off*, see the entry below. prep. **1** *(away from in distance)* ***~ the west coast*** al largo della costa occidentale; ***two metres ~ the ground*** a due metri dal suolo **2** *(away from in time)* ***to be a long way ~ doing*** essere (ancora) ben lontano dal fare; ***I'm only a year ~ retirement*** mi manca solo un anno alla pensione **3** (anche **just ~**) (proprio) accanto a [*kitchen*]; a poca distanza da [*path*]; ***just ~ the motorway*** appena uscito dall'autostrada **4** *(astray from)* ***it is ~ the point*** non c'entra, è fuori argomento **5** *(detached from)* ***to be ~ its hinges*** essere fuori dai cardini *o* scardinato; ***there's a button ~ your cuff*** manca un bottone al polsino della tua camicia **6** COLLOQ. *(no longer interested in)* ***to be ~ drugs*** avere smesso di drogarsi; ***I'm ~ her at the moment!*** non voglio (più) sentire parlare di lei per il momento! **7** (anche **~ of**) COLLOQ. ***to borrow sth. ~ a neighbour*** prendere qcs. in prestito da un vicino; ***to eat ~ a tray*** mangiare in un vassoio.

2.off /ɒf, AE ɔːf/ avv. **1** *(leaving)* ***to be ~*** partire, andarsene; ***I'm ~*** (me ne) vado; *(to avoid sb.)* non ci sono; ***to be ~ to a good start*** fare una buona partenza, partire bene; ***he's ~ again talking about...*** eccolo che ricomincia a parlare di... **2** *(at a distance)* ***3 metres ~*** a 3 metri (di distanza); ***some way ~*** piuttosto lontano **3** *(ahead in time)* ***Easter is a month ~*** manca un mese a Pasqua **4** TEATR. ***shouting ~*** si sentono delle urla fuori scena.

3.off /ɒf, AE ɔːf/ agg. **1** *(free)* ***to have Monday ~*** prendersi il lunedì (di permesso); ***it's my day ~*** è il mio giorno libero **2** *(turned off)* ***to be ~*** [*water, gas*] essere chiuso; [*light, TV*] essere spento **3** *(cancelled)* ***to be ~*** [*match, party*] essere annullato; [*engagement*] essere rotto; *(from menu)* [*apple pie*] essere finito **4** *(removed)* ***the lid is ~*** non c'è il coperchio; ***with her make-up ~*** senza trucco; ***25% ~*** COMM. 25% di sconto **5** COLLOQ. *(bad)* ***to be ~*** [*food*] essere avariato *o* andato a male; [*milk*] essere inacidito **6** ***off and on*** a periodi ♦ ***how are we ~ for flour, oil?*** COLLOQ. come stiamo a farina, olio? ***that's a bit ~*** BE COLLOQ. non va molto bene; ***to feel a bit ~(-colour)*** BE COLLOQ. sentirsi un po' fuori fase; ***to have an ~ day*** avere una giornata no.

4.off /ɒf, AE ɔːf/ n. COLLOQ. *(start)* ***the ~*** la partenza; ***from the ~*** FIG. fin dall'inizio.

offal /ˈɒfl, AE ˈɔːfl/ n. scarti m.pl.; *(of food)* avanzi m.pl. (anche FIG.).

offbeat /ˌɒfˈbiːt, AE ˌɔːf-/ agg. **1** MUS. [*rhythm*] sul tempo debole **2** *(unusual)* [*humour*] strampalato; [*account*] bizzarro.

off-centre BE, **off-center** AE /ˈɒfˌsentə(r), AE ˈɔːf-/ agg. scentrato, fuori centro.

off-chance /ˈɒftʃɑːns, AE ˈɔːftʃæns/ n. possibilità f., caso m.; ***there's just an ~ that*** c'è una sola remota possibilità che; ***on the ~ that*** nell'improbabile caso in cui.

off-color /ˌɒfˈkʌlə(r), AE ˌɔːf-/ agg. AE [*joke*] osceno.

off-colour /ˌɒfˈkʌlə(r), AE ˌɔːf-/ agg. BE COLLOQ. *(unwell)* fuori fase.

offence BE, **offense** AE /əˈfens/ n. **1** DIR. trasgressione f., reato m.; ***it is an ~ to do*** è reato fare **2** *(insult)* offesa f.; ***to cause*** *o* ***give ~ to sb.*** offendere qcn.; ***to take ~ (at)*** offendersi (per); ***no ~ intended, but...*** senza offesa *o* non ti offendere, ma...; ***no ~ taken*** non c'è niente di male **3** *(attack)* attentato m. **4** MIL. offesa f. **5** AE SPORT attacco m.

offend /əˈfend/ **I** tr. **1** *(hurt)* [*person, remark*] offendere, ferire [*person*]; ***to get ~ed*** offendersi **2** *(displease)* [*decision*] andare contro [*sense of justice*]; ***to ~ the eye*** [*building, etc.*] offendere la vista **II** intr. DIR. commettere un reato; ***to ~ again*** recidivare.

■ **offend against:** ***~ against [sth.]*** **1** *(commit a crime)* trasgredire, infrangere [*law*] **2** *(violate)* offendere [*good taste*]; andare contro [*common sense*].

offender /əˈfendə(r)/ n. **1** DIR. trasgressore m. (-ditrice), reo m. (-a) **2** *(culprit)* colpevole m. e f.

offending /əˈfendɪŋ/ agg. *(responsible)* [*object*] che reca offesa; [*person*] colpevole, responsabile.

offense AE → **offence**.

offensive /əˈfensɪv/ **I** agg. **1** *(insulting)* [*remark, behaviour*] offensivo (**to** per, nei confronti di) **2** *(vulgar)* [*language, gesture*] offensivo, volgare **3** *(revolting)* [*smell*] rivoltante; [*behaviour, idea*] ripugnante **4** MIL. SPORT [*action, play*] offensivo **II** n. **1** MIL. POL. SPORT offensiva f.; ***to be, go on the ~*** essere sull'offensiva, passare all'offensiva **2** COMM. ***advertising, sales ~*** campagna pubblicitaria, commerciale.

1.offer /ˈɒfə(r), AE ˈɔːf-/ n. **1** offerta f. (anche ECON.); ***job ~*** offerta di lavoro; ***~ of marriage*** proposta di matrimonio; ***that's my final*** o ***best ~*** è la mia ultima offerta; ***to put in*** o ***make an ~ on*** fare un'offerta per; ***the house is under ~*** la casa ha ricevuto un'offerta di acquisto; ***or near(est) ~*** *(in property ad)* trattabile **2** COMM. *(promotion)* offerta f., promozione f.; ***to be on special ~*** essere in offerta speciale **3** *(available)* ***the goods on ~ were dear*** la merce in vendita era cara; ***there's a lot, nothing on ~*** c'è molta, non c'è scelta; ***what's on ~ in the catalogue?*** che cosa c'è *o* vendono sul catalogo?

2.offer /ˈɒfə(r), AE ˈɔːf-/ **I** tr. **1** *(proffer)* offrire, dare [*help, reward, cigarette, job*]; dare [*advice, opinion, information*]; fornire [*evidence*]; offrire, proporre [*service*]; ***to ~ sb. sth., to ~ sth. to sb.*** offrire qcs. a qcn. **2** *(provide)* offrire [*advantages, guarantee, resistance, protection*]; fornire [*insight*] **3** *(possess)* conoscere, padroneggiare [*language*]; avere [*experience*] **4** *(sell)* offrire [*goods*]; ***they were being ~ed at bargain prices*** erano in offerta a prezzi convenienti; ***to ~ sth. for sale*** mettere qcs. in vendita **5** *(present)* ***to ~ its flank to the enemy*** offrire il fianco al nemico **II** intr. *(volunteer)* offrirsi **III** rifl. ***to ~ oneself*** offrirsi; ***to ~ itself*** [*opportunity*] offrirsi, presentarsi.

■ **offer up** ***~ [sth.] up, ~ up [sth.]*** offrire [*prayer, sacrifice*]; sacrificare [*animal*].

offering /ˈɒfərɪŋ, AE ˈɔːf-/ n. **1** *(act of giving)* offerta f., (l')offrire **2** *(thing offered)* proposta f. **3** RELIG. offerta f., carità f. **4** *(sacrifice)* offerta f.

offer price n. COMM. prezzo m. di offerta.

offertory /ˈɒfətrɪ, AE ˈɔːfətɔːrɪ/ n. RELIG. offertorio m.

offhand /ˌɒfˈhænd, AE ˌɔːf-/ **I** agg. *(impolite)* brusco **II** avv. ***~, I don't know*** così su due piedi, non saprei.

office /ˈɒfɪs, AE ˈɔːf-/ **I** n. **1** *(place)* ufficio m.; ***the accounts ~*** l'ufficio contabile; ***lawyer's ~*** studio d'avvocato; ***he works in an ~*** lavora in un ufficio, è impiegato d'ufficio **2** *(position)* ufficio m., incarico m.; ***public ~*** ufficio, incarico pubblico; ***to perform the ~ of*** rivestire l'incarico di; ***to be in*** o ***hold ~*** [*president*] essere in carica; [*political party*] essere al potere *o* governo; ***to take ~*** [*president*] entrare in carica; [*political party*] salire al potere *o* governo; ***to go out of*** o ***leave ~*** [*president*] lasciare l'incarico; [*political party*] perdere il potere, uscire dal governo; ***to stand*** BE o ***run*** AE ***for ~*** essere candidato alle elezioni; ***to rise to high ~*** assumere una carica importante **3** RELIG. ufficio m., rito m. **II offices** n.pl. **1** FORM. *(services)* uffici m., servigi m. **2** BE *(of property)* ***"the usual ~s"*** "garage e annessi"; *(in smaller house)* "cucina e servizi" **III** modif. [*furniture*] per ufficio; [*job*] d'ufficio.

office automation n. burotica f., office automation f.

office bearer n. funzionario m. (-a).

office block n. BE palazzo m. di uffici.

office boy n. fattorino m.

office building n. → **office block**.

office hours n.pl. orario m.sing. d'ufficio.

office politics n. intrighi m.pl. d'ufficio.

officer /ˈɒfɪsə(r), AE ˈɔːf-/ n. **1** MIL. MAR. ufficiale m. **2** *(in a company)* responsabile m. e f.; *(in government)* funzionario m. (-a); *(in committee, union, club)* dirigente m. e f. **3** (anche **police ~**) agente m. e f.

office technology n. burotica f.

office worker ➧ **27** n. impiegato m. (-a).

official /əˈfɪʃl/ **I** n. POL. AMM. funzionario m. (-a), pubblico ufficiale m.; *(of party, trade union)* funzionario m. (-a); *(of police, customs)* agente m. e f.; *(at town hall)* impiegato m. (-a) **II** agg. [*document, visit, language*] ufficiale; [*biography*] ufficiale, autorizzato.

Official Birthday n. GB = secondo sabato di giugno, scelto per festeggiare solennemente il genetliaco della regina.

officialdom /əˈfɪʃldəm/ n. burocrazia f.

officialese /əˌfɪʃəˈliːz/ n. SPREG. burocratese m.

Official Secrets Act n. GB legge f. sul segreto di stato; ***to have signed the ~*** dovere mantenere il segreto di stato.

officiate /əˈfɪʃɪeɪt/ intr. [*official*] presiedere; [*priest*] officiare; [*referee*] arbitrare.

officious /əˈfɪʃəs/ agg. SPREG. invadente, importuno.

offing /ˈɒfɪŋ/ n. **in the ~** attrib. [*storm, war*] imminente; [*deal, wedding*] in vista.

off-key /ˌɒfˈkiː, AE ˌɔːf-/ agg. MUS. stonato, fuori tono.

off-licence /ˈɒfˌlaɪsəns, AE ˈɔːf-/ n. BE negozio m. di alcolici.

off-limits /ˌɒfˈlɪmɪts, AE ˌɔːf-/ agg. vietato, proibito.

offline, off-line /ˈɒfˌlaɪn, AE ˈɔːf-/ **I** agg. **1** *(not connected to the Internet)* [*access, service*] non in linea, off-line; ***to be ~*** non essere connesso **2** INFORM. [*equipment, system*] autonomo, indipendente; [*processing*] in differita, fuori linea, off-line; [*storage*] fuori linea, off-line **II** avv. [*write, work*] non in linea, off-line.

off-load /ˌɒfˈləʊd, AE ˌɔːf-/ **I** tr. **1** FIG. *(get rid of)* sbarazzarsi di [*goods*]; scaricare [*investments*]; ***to ~ the blame onto sb.*** scaricare la colpa su qcn. **2** INFORM. scaricare **II** intr. ***to ~ onto sb.*** sfogarsi con qcn.

off-peak /ˌɒfˈpiːk, AE ˌɔːf-/ **I** agg. [*electricity, call*] a tariffa ridotta; [*travel*] in periodo di bassa stagione; ***in the ~ period*** *(of day)* fuori dall'orario di punta **II** avv. TEL. [*call*] in orario di tariffa ridotta.

off-piste /ɒfˈpiːst/ agg. e avv. fuoripista.

offprint /ˈɒfprɪnt, AE ˈɔːf-/ n. *(of article)* ristampa f. in fascicolo separato.

off-putting /ˈɒfˌpʊtɪŋ, AE ˈɔːf-/ agg. [*manner*] che smonta, che fa perdere ogni slancio; ***it was very ~*** mi fece cadere le braccia.

off-roading /ɒfˈrəʊdɪŋ/ ➧ **10** n. SPORT fuoristrada m.

off-road vehicle n. fuoristrada m.

off-screen /ˌɒfˈskriːn, AE ˌɔːf-/ **I** agg. CINEM. [*action, voice*] fuori campo; [*relationship*] fuori dal set, nella vita privata **II** avv. in privato.

off-season /ˌɒfˈsiːzn, AE ˌɔːf-/ **I** n. ***during the ~*** in bassa stagione **II** agg. [*cruise*] in bassa stagione; [*losses*] di bassa stagione.

offset /ˈɒfset, AE ˈɔːf-/ tr. (forma in -ing **-tt-**; pass., p.pass. **offset**) **1** compensare (**by** con); ***to ~ sth. against sth.*** compensare qcs. con qcs. **2** TIP. stampare mediante la tecnica dell'offset.

offset printing n. stampa f. offset.

offshoot /ˈɒfʃuːt, AE ˈɔːf-/ n. *(of tree, organization)* ramificazione f.; *(of plant)* germoglio m.; *(of decision)* frutto m., conseguenza f.

offshore /ˌɒfˈʃɔː(r), AE ˌɔːf-/ **I** agg. **1** MAR. [*fishing*] d'altura, d'alto mare; [*wind*] di terra; ***in ~ waters*** al largo **2** ECON. [*funds*] offshore **3** *(in oil industry)* [*drilling*] offshore, in mare aperto **II** avv. **1** ECON. [*invest*] offshore **2** *(in oil industry)* [*work*] in alto mare, in mare aperto.

offside /ˌɒfˈsaɪd, AE ˌɔːf-/ **I** n. BE AUT. lato destro, del guidatore **II** agg. **1** BE AUT. [*lane, wheel*] (di) destra **2** SPORT ***~ position*** fuorigioco.

offspring /ˈɒfsprɪŋ, AE ˈɔːf-/ n. (pl. **~**) prole f.; SCHERZ. figliolanza f.; ***five ~*** cinque figli.

offstage /ˌɒfˈsteɪdʒ, AE ˌɔːf-/ agg. e avv. TEATR. fuori scena, dietro le quinte.

off-the-cuff /ˌɒfðəˈkʌf, AE ˌɔːf-/ **I** agg. [*remark*] spontaneo; [*speech*] improvvisato **II off the cuff** avv. spontaneamente.

off-the-peg /ˌɒfðəˈpeg, AE ˌɔːf-/, **off-the-rack** /ˌɒfðəˈræk, AE ˌɔːf-/ agg. [*garment*] (pre)confezionato.
off-the-shelf /ˌɒfðəˈʃelf, AE ˌɔːf-/ agg. **1** COMM. [*goods*] *(ready-made)* pronto, preconfezionato; *(from existing stock)* in pronta consegna, disponibile (in magazzino) **2** INFORM. [*software*] preconfezionato.
off-the-shoulder /ˌɒfðəˈʃəʊldə(r), AE ˌɔːf-/ agg. [*dress*] che lascia le spalle scoperte.
off-the-wall /ˌɒfðəˈwɔːl, AE ˌɔːf-/ agg. COLLOQ. demenziale, fuori di testa.
off-white /ˌɒfˈwaɪt, AE ˌɔːf-/ **I** agg. bianco sporco **II** n. bianco m. sporco.
often /ˈɒfn, ˈɒftən, AE ˈɔːfn/ avv. spesso, sovente; ***as ~ as not, more ~ than not*** il più delle volte; ***how ~ do the planes depart?*** ogni quanto *o* con quale frequenza partono gli aerei? ***it cannot be said too ~ that*** non sarà mai ripetuto abbastanza che; ***once too ~*** una volta di troppo; ***every so ~*** *(in time)* di quando in quando; *(in distance, space)* qua e là.
ogive /ˈəʊdʒaɪv/ n. ogiva f.
ogle /ˈəʊgl/ tr. COLLOQ. occhieggiare.
ogre /ˈəʊgə(r)/ n. **1** orco m. **2** FIG. orco m.; *(woman)* orchessa f.
ogress /ˈəʊgres/ n. orchessa f. (anche FIG.).
oh /əʊ/ inter. oh; ***~ dear!*** oh santo cielo! ***~ (really)?*** ah davvero? ***~ really!*** *(cross)* ma insomma! ***~ by the way*** ah, fra l'altro; ***~ no it isn't!*** ma no! ***~ yes?*** *(pleased)* ah sì? *(sceptical)* ma va? ***~ for some sun!*** oh, se solo ci fosse un po' di sole!
Ohio /əʊˈhaɪəʊ/ ➧ **24** n. Ohio m.
ohm /əʊm/ n. ohm m.
OHMS GB (⇒On Her, His Majesty's Service) = al servizio di Sua Maestà (formula che compare sulle pubblicazioni ufficiali dell'amministrazione).
OHP n. (⇒overhead projector) = lavagna luminosa.
1.oil /ɔɪl/ **I** n. **1** *(for fuel)* petrolio m.; *(for lubrication)* olio m.; ***crude ~*** (petrolio) greggio; ***engine ~*** olio per motori; ***heating ~*** olio combustibile, nafta; ***to check the ~*** AUT. controllare il livello dell'olio; ***to change the ~*** AUT. cambiare l'olio, fare il cambio dell'olio; ***to strike ~*** trovare il petrolio; FIG. trovare una miniera d'oro **2** *(for cooking)* olio m. **3** ART. *(medium, picture)* olio m.; ***~ colour*** colore a olio; ***to work in ~s*** dipingere a olio **4** COSMET. olio m.; ***~ of lemon*** essenza di limone **II** modif. [*deposit, producer, reserves, refinery*] di petrolio; [*prices*] del petrolio; [*company, crisis, industry*] petrolifero ♦ ***to pour ~ on troubled waters*** gettare acqua sul fuoco.
2.oil /ɔɪl/ tr. **1** MECC. oliare, lubrificare [*mechanism*] **2** GASTR. ungere [*pan*] **3** COSMET. ungere, cospargere di olio [*skin*] ♦ ***to ~ the wheels*** facilitare le cose.
oil-bearing /ˈɔɪlˌbeərɪŋ/ agg. [*region*] petrolifero, ricco di petrolio; [*palm*] ricco di olio.
oil-burning /ˈɔɪlˌbɜːnɪŋ/ agg. [*heating*] a nafta.
oilcan /ˈɔɪlkæn/ n. *(applicator)* oliatore m.; *(container)* bidone m. (per l'olio).
oil change n. cambio m. dell'olio.
oilcloth /ˈɔɪlklɒθ/ n. tela f. cerata.
oiler /ˈɔɪlə(r)/ n. **1** *(ship)* petroliera f. **2** *(worker)* lubrificatore m. (-trice) **3** COLLOQ. *(oilcan)* oliatore m.
oil field n. campo m. petrolifero.
oil filter n. filtro m. dell'olio.
oil-fired /ˈɔɪlfaɪəd/ agg. [*furnace, heating*] a nafta.
oil gauge n. indicatore m. (del livello) dell'olio.
oil lamp n. lampada f. a olio.
oil man n. (pl. **oil men**) *(worker)* petroliere m.
oil mill n. **1** *(machine)* frantoio m. **2** *(factory)* oleificio m.
oil painting n. *(picture)* (dipinto a) olio m.; *(activity)* pittura f. a olio.
oil pan n. AE coppa f. dell'olio.
oil pipeline n. oleodotto m.
oil pollution n. inquinamento m. da idrocarburi.
oil pressure n. pressione f. dell'olio.
oil-producing /ˈɔɪlprəˌdjuːsɪŋ, AE -ˌduːs-/ agg. [*country*] produttore di petrolio.
oil rig n. *(offshore)* piattaforma f. petrolifera; *(on land)* torre f. di trivellazione.
oilseed rape /ˈɔɪlsiːdˌreɪp/ n. ravizzone m.
oilskin /ˈɔɪlskɪn/ **I** n. BE *(fabric)* tela f. cerata **II oilskins** n.pl. *(in fashion)* cerata f.sing.
oil slick n. onda f. nera, marea f. nera.
oil spill n. perdita f. di petrolio, di nafta.
oil tank n. *(domestic)* serbatoio m. della nafta; *(industrial)* cisterna f. di petrolio.
oil tanker n. petroliera f.
oil well n. pozzo m. petrolifero, di petrolio.
oily /ˈɔɪlɪ/ agg. **1** *(saturated)* [*cloth, food, hair, skin*] unto; [*stain*] di unto, di grasso; [*water*] sporco di olio, nafta **2** *(in consistency)* [*dressing*] oleoso; [*lotion*] grasso **3** SPREG. *(slimy)* [*person, tone*] untuoso.
oink /ɔɪŋk/ n. *(of pig)* grugnito m.
ointment /ˈɔɪntmənt/ n. unguento m., pomata f. ♦ ***he's the fly in the ~*** è lui che mette i bastoni fra le ruote; ***there's one fly in the ~*** c'è una difficoltà.
o.i.r.o. BE ⇒offers in the region of trattabile (tratt.).
OK → **1.okay, 2.okay**.
1.okay /ˌəʊˈkeɪ/ **I** agg. COLLOQ. **1** [*car, colour, job*] discreto, non male; [*plumber*] (abbastanza) bravo; ***it's ~ by me*** per me va bene; ***is it ~ if...?*** va bene se...? ***to be ~ for time*** avere abbastanza tempo; ***he's ~*** è un tipo a posto; ***to feel ~*** sentirsi bene; ***"how was the meeting?" - "~"*** "com'è andata la riunione?" - "bene" **2** *(acceptable)* ***that's ~ for men, but...*** può andare per gli uomini, ma...; ***it's ~ to call him by his nickname*** lo si può chiamare col soprannome **3** *(in agreement)* [*reply, signal*] di OK, di approvazione **II** avv. COLLOQ. **1** [*cope, drive*] (abbastanza) bene **2** *(giving agreement)* OK, sì, va bene **3** *(seeking consensus)* ~? OK? va bene? **4** *(seeking information)* OK, va bene; ***~, whose idea was this?*** OK, di chi è stata l'idea? **5** *(introducing topic)* OK, bene; ***~, let's move on to...*** OK, passiamo a... **III** n. COLLOQ. OK m., approvazione f.; ***to give sb., sth. the ~*** dare l'OK a qcn., qcs.
2.okay /ˌəʊˈkeɪ/ tr. dare l'OK a, approvare [*change, plan*].
Oklahoma /ˌəʊkləˈhəʊmə/ ➧ **24** n.pr. Oklahoma m.
old /əʊld/ ➧ **1 I** agg. **1** *(not young)* vecchio, anziano; ***an ~ man*** un vecchio, un anziano; ***~ people*** i vecchi; ***to get*** *o* ***grow ~*** diventare vecchio, invecchiare; ***~ before one's time*** invecchiato anzitempo; ***~ Mr Brown or young Mr Brown?*** il signor Brown padre o il signor Brown figlio? **2** *(of a particular age)* ***how ~ are you?*** quanti anni hai? ***I'm 8 years ~*** ho 8 anni; ***a six-year ~*** un bambino di sei anni; ***to be two days ~*** [*bread*] essere vecchio di due giorni; ***a centuries~ tradition*** una tradizione vecchia di secoli; ***to be as ~ as sb.*** avere la stessa età di qcn.; ***he is 6 years ~er than me*** ha 6 anni più di me; ***my ~er sister*** mia sorella maggiore; ***I'll tell you when you're ~er*** te lo dirò quando sarai più grande; ***I'm the ~est*** sono il più grande *o* il più vecchio; ***to be ~ enough to do*** essere grande abbastanza per fare; ***you're ~ enough to know better*** alla tua età dovresti avere un po' di buonsenso; ***that dress is too ~ for you*** quel vestito ti invecchia troppo; ***to be ~ for one's age*** essere maturo per la propria età **3** *(not new)* [*object, song, tradition, family, excuse*] vecchio; [*joke*] inflazionato; [*friend*] vecchio, di vecchia data; [*firm*] di antica fondazione **4** *(previous)* [*address, house, job, boss, system*] vecchio, precedente; ***in the ~ days*** ai vecchi tempi, un tempo; ***just like ~ times*** proprio come ai vecchi tempi **5** COLLOQ. *(as term of affection)* vecchio; ***good ~ Bob!*** il caro vecchio Bob! ***good ~ British weather!*** IRON. il solito tempaccio inglese! **6** COLLOQ. *(as intensifier)* ***a right ~ mess*** un gran bel casino; ***any ~ how*** come diavolo ti pare; ***any ~ doctor*** un dottore qualsiasi **II** n. **1** *(old people)* ***the ~*** + verbo pl. i vecchi, gli anziani **2** *(earlier era)* ***(in days) of ~*** un tempo, nei giorni andati; ***I know him of ~*** lo conosco da molto tempo **III olds** n.pl. *(parents)* ***my ~s*** i miei vecchi.
old age n. vecchiaia f.
old-age pension n. BE pensione f. di vecchiaia.
old-age pensioner n. BE pensionato m. (-a).
old boy n. **1** *(ex-pupil)* ex allievo m. **2** COLLOQ. *(old man)* vecchio m. **3** RAR. COLLOQ. *(dear chap)* vecchio m. mio.
old country n. madrepatria f.
olden /ˈəʊldən/ agg. ***the ~ days*** i vecchi tempi, i tempi andati.
Old English n. inglese m. antico.
old-established /ˌəʊldɪˈstæblɪʃt/ agg. antico, di antica fondazione.

1.on

- When *on* is used as a straightforward preposition expressing position, it is generally translated by *su*. Remember that, when the article *the* is used after the preposition *on* in English, the two words are translated by one word in Italian; the following cases may occur: *on the table* = (su + il) sul tavolo; *on the rock* = (su + lo) sullo scoglio; *on the beach* = (su + la) sulla spiaggia; *on the tree, on the swing* = (su + l') sull'albero, sull'altalena; *on the roofs* = (su + i) sui tetti; *on the rocks* = (su + gli) sugli scogli; *on the stairs* = (su + le) sulle scale.
- *On it* is translated by *sopra*: *there's a table over there, put the key on it* = c'è un tavolo laggiù, mettici sopra la chiave.
- *On* is often used in verb combinations in English (*depend on, rely on* etc.): for translations, consult the appropriate verb entry (**depend, rely** etc.).
- If you have doubts about how to translate a phrase or expression beginning with *on* (*on demand, on impulse, on top* etc.), consult the appropriate noun or other entry (**demand, impulse, top** etc.).
- This dictionary contains lexical notes on such topics as DATE, ISLANDS, RIVERS etc. Many of these use the preposition *on*. For these notes see the end of the English-Italian section.
- For examples of the above and further uses of *on*, see the entry **1.on**.

olde-worlde /ˌəʊldɪ'wɜːldɪ/ agg. SCHERZ. o SPREG. dal sapore antico, anticheggiante.
old-fashioned /ˌəʊld'fæʃnd/ agg. [*person, ways, idea, garment, machine*] antiquato; ***good ~ common sense*** il sano vecchio buonsenso.
old favourite n. *(song)* evergreen m.; *(book, play, film)* classico m.
old flame n. COLLOQ. vecchia fiamma f.
old girl n. **1** *(ex-pupil)* ex allieva f. **2** COLLOQ. *(old lady)* vecchietta f.
Old Glory n.pr. = bandiera degli Stati Uniti d'America.
old hand n. esperto m. (-a) del mestiere.
old hat agg. ***to be ~*** COLLOQ. essere superato *o* sorpassato.
oldie /'əʊldɪ/ n. COLLOQ. **1** *(film, song)* vecchio successo m. **2** *(person)* vecchio m. (-a).
old lady n. **1** *(elderly woman)* vecchia signora f. **2** COLLOQ. ***my ~*** *(wife)* la mia vecchia (moglie); *(mother)* la mia vecchia (mamma).
old maid n. SPREG. vecchia zitella f.
old man n. (pl. **old men**) **1** *(elderly man)* (uomo) vecchio m. **2** COLLOQ. ***my ~*** *(husband)* il mio vecchio (marito); *(father)* il mio vecchio (papà) **3** RAR. COLLOQ. *(dear chap)* vecchio m. mio **4** COLLOQ. *(boss)* ***the ~*** il vecchio, il padrone.
old master n. *(work)* opera f. di antico maestro.
Old Nick n. RAR. COLLOQ. = il diavolo.
old people's home n. *(state-run)* ospizio m.; *(private)* casa f. di riposo.
old soldier n. *(former soldier)* veterano m.
old stager n. BE COLLOQ. esperto m. (-a) del mestiere.
old style agg. vecchio stile.
Old Testament n. Antico Testamento m.
old-time /ˌəʊld'taɪm/ agg. del tempo passato.
old-time dancing n. balli m.pl. da sala.
old timer n. COLLOQ. esperto (-a) m. del mestiere.
old wives' tale n. storia f., superstizione f. da donnette.
old woman n. (pl. **old women**) **1** *(elderly lady)* (donna) vecchia f. **2** SPREG. *(man)* ***to be an ~*** essere una donnetta **3** COLLOQ. ***my ~*** *(wife)* la mia vecchia (moglie); *(mother)* la mia vecchia (mamma).
old-world /'əʊldwɜːld/ agg. [*cottage, charm, courtesy*] d'altri tempi.
Old World n. Vecchio Mondo m.
oleander /ˌəʊlɪ'ændə(r)/ n. oleandro m.
oleograph /'əʊlɪəgrɑːf, AE -græf/ n. oleografia f.
olfactory /ɒl'fæktərɪ/ agg. olfattorio, olfattivo.
oligarchic(al) /ˌɒlɪ'gɑːkɪk(l)/ agg. oligarchico.
oligarchy /'ɒlɪgɑːkɪ/ n. oligarchia f.
olive /'ɒlɪv/ ➧ ***5*** **I** n. **1** *(fruit)* oliva f. **2** (anche **~ tree**) olivo m. **3** *(colour)* verde m. oliva **II** agg. [*dress, eyes*] (color) verde oliva; [*complexion*] olivastro ♦ ***to hold out*** o ***extend an ~ branch*** porgere un ramoscello d'olivo.
Olive /'ɒlɪv/ n.pr. Oliva, Olivia.
olive green ➧ ***5*** **I** n. verde m. oliva **II** agg. (color) verde oliva.
olive grove n. oliveto m.
olive oil n. olio m. d'oliva.
olive press n. frantoio m.
Oliver /'ɒlɪvə(r)/ n.pr. Oliviero.
olive-skinned /'ɒlɪvˌskɪnd/ agg. dalla carnagione olivastra.
Olympia /ə'lɪmpɪə/ n.pr. Olimpia.
Olympiad /ə'lɪmpɪæd/ n.pr. olimpiade f.
Olympian /ə'lɪmpɪən/ agg. [*god, hero*] dell'Olimpo; [*calm*] olimpico.
Olympic /ə'lɪmpɪk/ **I** agg. [*torch, athlete, medal*] olimpico; ***the ~ Games*** i giochi olimpici **II** n. ***the ~s*** le olimpiadi.
Omani /əʊ'mɑːnɪ/ ➧ ***18*** **I** agg. omanita **II** n. omanita m. e f.
ombudsman /'ɒmbʊdzmən/ n. (pl. **-men**) AMM. ombudsman m., difensore m. civico.
omega /'əʊmɪgə, AE əʊ'megə/ n. omega m. e f.; ***the alpha and ~ (of sth.)*** l'alfa e l'omega (di qcs.).
omelette /'ɒmlɪt/ n. omelette f.
omen /'əʊmən/ n. augurio m., presagio m., auspicio m.
ominous /'ɒmɪnəs/ agg. [*presence, cloud*] minaccioso; [*development, news*] inquietante; [*sign*] di malaugurio.
omission /ə'mɪʃn/ n. **1** DIR. omissione f. **2** *(from list)* omissione f., dimenticanza f.; *(from team)* esclusione f., assenza f.
omit /ə'mɪt/ tr. (forma in -ing ecc. **-tt-**) omettere.
omnibus /'ɒmnɪbəs/ **I** n. (pl. **~es**) **1** BE (anche **~ edition**) replica f. delle puntate della settimana **2** (anche **~ volume**) volume m. omnibus **3** ANT. *(bus)* omnibus m. **II** agg. AE che comprende argomenti eterogenei, di portata generale.
omnipotence /ɒm'nɪpətəns/ n. onnipotenza f.
omnipotent /ɒm'nɪpətənt/ **I** agg. onnipotente **II** n.pr. ***the Omnipotent*** l'Onnipotente.
omnipresence /ˌɒmnɪ'prezəns/ n. onnipresenza f.
omnipresent /ˌɒmnɪ'preznt/ agg. onnipresente.
omniscience /ɒm'nɪsɪəns/ n. onniscienza f.
omniscient /ɒm'nɪsɪənt/ agg. onnisciente.
omnivorous /ɒm'nɪvərəs/ agg. onnivoro (anche FIG.).
1.on /ɒn/ prep. **1** *(position)* su; ***~ the table*** sul tavolo; ***~ the floor*** sul pavimento, per terra; ***~ the coast*** sulla costa; ***~ top of the piano*** sul pianoforte; ***there's a stain ~ it*** ha una macchia, è macchiato; ***to live ~ Park Lane*** abitare in Park Lane; ***the paintings ~ the wall*** i quadri appesi al muro; ***to travel ~ the bus*** viaggiare in autobus; ***he is ~ the plane*** è in aereo *o* sull'aereo; ***to be ~ one's bike*** essere in bici; ***to leave ~ the first train*** partire con *o* prendere il primo treno **2** *(indicating attachment)* ***to hang sth. ~ a nail*** appendere qcs. a un chiodo; ***~ a string*** legato a un cordino **3** *(about one's person)* ***I've got no small change ~ me*** non ho spiccioli (con me); ***with sandals ~ one's feet*** con i sandali (ai piedi); ***to have a frown ~ one's face*** avere il viso accigliato **4** *(about)* su; ***a book ~ Africa*** un libro sull'Africa; ***we're ~ fractions in maths*** in matematica, siamo alle *o* stiamo facendo le frazioni **5** *(employed, active)* ***to be ~*** essere in, fare parte di [*team, committee*]; ***to be ~ the Gazette*** lavorare alla Gazette; ***a job ~ the railways*** un lavoro nelle ferrovie; ***there's a bouncer ~ the door*** c'è un buttafuori alla porta **6** *(in expressions of time)* ***~ 22 March*** il 22 marzo; ***~ Friday*** venerdì; ***~ Mondays*** il lunedì, tutti i lunedì; ***~ sunny days*** nei giorni di sole **7** *(immediately after)* ***~ his arrival*** al suo arrivo; ***~ hearing the truth...*** al sentire *o* quando seppe la verità... **8** *(taking, using)* ***to be ~ steroids*** prendere (degli) steroidi; ***to be ~ drugs*** drogarsi, essere drogato; ***to be ~ 20 (cigarettes) a day*** fumare 20 sigarette al giorno **9** *(powered by)* ***to work*** o ***run ~ batteries*** funzionare *o* andare a pile **10** *(indicating support)* su; ***to stand ~ one leg*** reggersi su un piede **11** *(indicating a medium)* ***~ TV*** alla TV; ***~ the news*** al notiziario; ***~ cassette*** in *o* su cassetta; ***to play sth. ~ the piano*** suonare qcs. al pianoforte; ***with Bonham ~ drums*** con Bonham alla batteria **12** *(income)* ***to be ~ £ 20,000, ~ a low income*** avere un reddito di 20.000 sterline, un reddito basso

13 *(at the expense of)* ***this round is ~ me*** questo giro tocca a me; ***have a beer ~ me*** ti offro una birra 14 *(in scoring)* ***to be ~ 25 points*** avere 25 punti.

2.on /ɒn/ avv. 1 *(about one's person)* ***to have a hat ~*** portare *o* indossare un cappello; ***he has nothing ~*** non ha niente addosso; ***she has make-up ~*** è truccata; ***with sandals, slippers ~*** con i sandali, in pantofole 2 *(ahead in time)* ***a few years ~ from now*** fra qualche anno; ***from that day ~*** (a partire) da quel giorno; ***he is well ~ in years*** è avanti negli anni; ***well ~ into the night*** fino a tarda notte 3 *(further)* ***to play ~*** continuare a giocare; ***to go to Rome then ~ to Naples*** andare a Roma e poi proseguire fino a Napoli; ***a little further ~*** ancora un po' più lontano 4 *(on stage)* ***I'm ~ after the juggler*** sono (di scena) dopo il giocoliere 5 ***on and off, off and on*** ogni tanto, di tanto in tanto, saltuariamente; ***to flash ~ and off*** lampeggiare, accendersi e spegnersi 6 ***on and on to go ~ and ~*** [*speaker*] continuare a parlare, dilungarsi (per ore); [*speech, list*] continuare (a lungo).

3.on /ɒn/ agg. 1 *(taking place)* ***to be ~*** [*event*] avere luogo, avvenire; ***there's a war ~*** c'è una guerra in corso; ***I've got nothing, a lot ~*** non ho nessun impegno, ho molti impegni 2 *(being broadcast, performed)* ***the news is ~ in 5 minutes*** il telegiornale va in onda *o* comincia fra 5 minuti; ***what's ~?*** *(on TV)* che cosa c'è *o* danno (alla televisione)? *(at the cinema, theatre)* che cosa danno? ***it's ~ at the Rex*** lo danno *o* è in programma al Rex 3 *(functioning)* ***to be ~*** [*TV, oven, light, dishwasher*] essere acceso; [*handbrake*] essere tirato; [*tap*] essere aperto; ***the power is back ~*** è tornata la corrente 4 BE *(permissible)* ***it's just*** o ***simply not ~*** *(out of the question)* è fuori questione, non se ne parla nemmeno; *(not the done thing)* non si fa; *(unacceptable)* è inammissibile 5 *(attached, in place)* ***to be ~*** [*top*] essere posizionato; ***once the roof is ~*** una volta che il tetto è posato; ***not properly ~*** mal messo ♦ ***to be ~*** essere d'accordo; ***to be always ~ at sb.*** avercela sempre con qcn.; ***what's he ~ about?*** BE che cosa vuole dire? ***he's been ~ to me about*** BE mi ha contattato per *o* a proposito di.

onager /ˈɒnəgə(r)/ n. onagro m.

on-board /ˈɒnbɔːd/ agg. di bordo.

once /wʌns/ **I** avv. 1 *(one time)* una volta; ***more than ~*** più di una volta, più volte; ***~ again*** o ***more*** ancora una volta, una volta di più; ***~ and for all*** una volta per tutte; ***~ too often*** una volta di troppo; ***~ a day*** una volta al giorno; ***(every) ~ in a while*** di tanto in tanto; ***it was a ~-in-a-lifetime experience*** è stata un'esperienza unica; ***if I've told you ~ I've told you a hundred times*** non so quante volte te l'ho già detto; ***never ~ did he offer to help*** non si è offerto di aiutare nemmeno una volta; ***if ~ you forget the code*** se ti capita di dimenticare il codice 2 *(formerly)* una volta, un tempo; ***he was ~ very famous*** (un tempo) era molto famoso; ***I'm not as young as I ~ was*** non sono più tanto giovane; ***~ upon a time there was a king*** c'era una volta un re 3 ***at once*** *(immediately)* subito, all'istante; ***all at ~*** improvvisamente; ***don't all talk at ~!*** *(simultaneously)* non parlate tutti insieme *o* allo stesso tempo! **II** cong. una volta che, dopo che; ***~ he had eaten...*** una volta che ebbe mangiato...; ***~ he arrives...*** dopo che sarà arrivato... **III** n. ***I've only been there the ~*** ci sono solo stato una volta; ***just this ~*** solo questa volta; ***for ~*** per una volta.

once-over /ˈwʌnsˌəʊvə(r)/ n. COLLOQ. 1 *(quick look)* ***to give sb., sth. the ~*** dare un'occhiata a qcn., qcs. 2 *(quick clean)* ***to give sth. a quick ~*** dare una passata a qcs.

oncologic(al) /ˌɒŋkəˈlɒdʒɪk(l)/ agg. oncologico.

oncologist /ɒŋˈkɒlədʒɪst/ ➧ **27** n. oncologo m. (-a).

oncology /ɒŋˈkɒlədʒɪ/ n. oncologia f.

oncoming /ˈɒnkʌmɪŋ/ agg. [*vehicle*] proveniente dalla direzione opposta; ***"beware of ~ traffic"*** "circolazione a doppio senso di marcia".

one /wʌn/ When *one* is used impersonally as an indefinite pronoun, it is translated by *si* or *uno* when it is the subject of the verb: *one never knows* = non si sa mai; *one would like to think that...* = uno vorrebbe credere che... When *one* is the object of the verb or comes after a preposition, it is usually translated by *te* o *ti*: *it can make one ill* = ti può far ammalare. - When used as an indefinite pronoun, *one* is very formal; it is only used when you do not mean any one person in particular, in very general statements, stock phrases and proverbs: *one must eat to live, not live to eat* = si deve mangiare per vivere, non vivere per mangiare; *one has to look after one's health* = ci si deve preoccupare della propria salute. - As a consequence, *one* is very often substituted with you: *you can do as you like here* = qui si può fare quello che si vuole. - *One* and its plural form *ones* are used instead of a noun that has already been mentioned, and after *this* and *that*: *"which of these books do you want?" "the big one, please"* = "quale di questi libri vuoi?" "quello grosso, per favore"; *I need some new ones* = ne ho bisogno di nuovi; *give me that one, not this one* = dammi quello, non questo. - *One* and *ones*, however, are not used after *these* and *those*, the genitive case, and cardinal numbers: *I want these* = voglio questi; *I won't drive my car, I'll get there in John's* = non userò la mia macchina, ci andrò con quella di John; *I'll take four* = ne prendo quattro. - For more examples and all other uses, see the entry below. ➧ **19, 1, 4** **I** determ. 1 *(single)* un, uno; ***~ book, dog*** un libro, un cane; ***no ~ person can do it*** nessuno può farlo 2 *(unique, sole)* solo, unico; ***he's the ~ person who...*** è l'unica persona che...; ***the ~ and only Edith Piaf*** la sola e unica Edith Piaf 3 *(same)* stesso; ***at ~ and the same time*** allo stesso tempo; ***it's ~ and the same thing*** è esattamente la stessa cosa; ***to be of ~ mind*** essere unanimi; ***it's all ~ to me*** per me è lo stesso *o* la stessa cosa 4 *(for emphasis)* ***~ Mark Carter*** un certo Mark Carter **II** pron. 1 *(indefinite)* uno m., una f.; ***can you lend me ~?*** puoi prestarmene uno? ***~ of them*** *(person)* uno di loro; *(thing)* uno di essi; ***every ~ of them was broken*** erano tutti rotti; ***he's ~ of us*** è uno di noi, è dei nostri 2 *(impersonal) (as subject)* uno; *(as object)* te, ti; ***~ might think that*** si *o* uno potrebbe credere che; ***it can make ~ ill*** può fare ammalare 3 *(referring to a specific person)* ***~ who knows*** uno che sa; ***I'm not ~ for doing*** non sono uno *o* il tipo che fa; ***he's a clever ~*** è uno intelligente *o* un tipo intelligente; ***you're a ~!*** COLLOQ. sei un bel tipo! ***"who disagrees?" - "I for ~!"*** "chi non è d'accordo?" - "io, per esempio" 4 *(demonstrative)* ***the blue ~, ~s*** quello blu, quelli blu; ***this ~, that ~*** questo qui, quello là; ***which ~?*** quale? ***that's the ~*** è quello (là); ***he's the ~ who*** è (lui) quello che 5 *(in currency)* ***~-fifty*** uno e cinquanta 6 COLLOQ. *(drink)* ***he's had ~ too many*** ne ha bevuto uno di troppo 7 COLLOQ. *(joke)* ***that's a good ~!*** questa è buona! ***have you heard the ~ about...?*** hai sentito quella di...? 8 COLLOQ. *(blow)* ***to land sb. ~*** mollarne uno a qcn. 9 COLLOQ. *(question, problem)* ***that's a tricky ~*** questa è (una domanda) difficile 10 *(person one is fond of)* ***her loved*** o ***dear ~s*** i suoi cari 11 *(in knitting)* ***knit ~, purl ~*** un diritto, un rovescio 12 ***as one*** [*rise*] come un sol uomo; [*reply*] all'unisono 13 ***in one to down a drink in ~*** buttare giù una bevanda in un sorso solo; ***you've got it in ~*** l'hai trovato subito 14 ***one by one*** [*pick up, wash*] uno per uno, uno a uno **III** n. *(number)* uno m.; ***to throw a ~*** *(on dice)* fare uno; ***~ o'clock*** l'una (in punto); ***to arrive in ~s and twos*** arrivare alla spicciolata ♦ ***to be ~ up on sb.*** COLLOQ. essere in vantaggio rispetto a qcn.; ***to go ~ better than sb.*** fare meglio di qcn.; ***to have a thousand and ~ things to do*** avere mille cose da fare.

one another *One another* - in Italian, *l'un l'altro* - is very often translated by simply using a reflexive pronoun: *they have known one another for years* = si conoscono da anni. - For examples and particular usages see the entry below. pron. ***they love ~*** si amano; ***to help ~*** aiutarsi l'un l'altro *o* a vicenda; ***we often use ~'s cars*** ci scambiamo spesso le macchine; ***to worry about ~*** preoccuparsi l'uno per l'altro.

one-armed /ˌwʌnˈɑːmd/ agg. con un braccio solo.

one-armed bandit n. slot machine f.

one-dimensional /ˌwʌndɪˈmenʃənl/ agg. unidimensionale (anche MAT.); ***to be ~*** [*character*] FIG. essere privo di spessore.

one-eyed /ˈwʌnaɪd/ agg. con un occhio solo.

one-for-one /ˌwʌnfəˈwʌn/ agg. MAT. biunivoco.

one-handed /ˌwʌnˈhændɪd/ avv. [*catch, hold*] con una mano sola.

one-horse town n. COLLOQ. paesino m. minuscolo.

one-legged /ˌwʌnˈlegɪd/ agg. con una gamba sola.

one-liner /ˌwʌnˈlaɪnə(r)/ n. battuta f. di spirito.

one-man /ˈwʌnmæn/ agg. 1 ***it's a ~ outfit*** o ***company*** è una ditta individuale; ***she's a ~ woman*** è una donna fedele 2 SPORT [*bobsled*] monoposto.

one-man band n. = suonatore ambulante che suona contemporaneamente più strumenti; FIG. persona f. che fa tutto da sé.
one-night stand n. COLLOQ. **1** *(sexual)* avventura f. di una sera, una notte **2** *(of comic, singer)* serata f. unica.
one-off /ˌwʌnˈɒf, AE -ˈɔːf/ **I** n. BE ***it's a ~*** [*design*] è un modello esclusivo; [*object*] è un esemplare unico **II** agg. BE [*experiment, deal, design*] unico; [*event, offer*] eccezionale; [*example*] insolito.
one-parent family n. famiglia f. monoparentale.
one-piece /ˈwʌnpiːs/ agg. monoblocco (anche TECN.); ~ ***swimsuit*** costume (da bagno) intero.
one-room flat, **one-room apartment** n. monolocale m.
onerous /ˈɒnərəs/ agg. oneroso (anche DIR.).
1.one's /wʌnz/ contr. one is, one has.
2.one's /wʌnz/ When translating *one's*, remember that in Italian determiners, like possessives and most other adjectives, agree in gender and number with the noun they qualify; *one's* is translated by *il proprio* + masculine singular noun (*one's neighbour, one's dog* = il proprio vicino, il proprio cane), *la propria* + feminine singular noun (*one's teacher, one's house* = la propria maestra, la propria casa), *i propri* + masculine plural noun (*one's children, one's books* = i propri figli, i propri libri), and *le proprie* + feminine plural noun (*one's friends, one's shoes* = le proprie amiche, le proprie scarpe). - When *one's* is used as a reflexive pronoun after a verb in the infinitive, it is translated by *si* which is always joined to the verb to form a single word: *to brush one's teeth* = lavarsi i denti. - For examples and particular usages see the entry below. ➧ ***2*** determ. proprio; ~ ***books, friends*** i propri libri, amici; ***to wash ~ hands*** lavarsi le mani; ***to do ~ best*** fare del proprio meglio; ***it upsets ~ concentration*** disturba la concentrazione; ***a car of ~ own*** un'auto tutta per sé.
oneself /ˌwʌnˈself/ When used as a reflexive pronoun, direct and indirect, *oneself* is translated by *si*: *to hurt oneself* = farsi male; *to enjoy oneself* = divertirsi. - When used in emphasis the translation is *sé* o *se stesso*: *to do something oneself* = fare qualcosa da sé. - For particular usages see the entry below. pron. **1** *(reflexive)* si, sé, se stesso; *(after preposition)* sé, se stesso; ***to wash ~*** lavarsi; ***to be sure of ~*** essere sicuro di sé; ***to have the house all to ~*** avere la casa tutta per sé; ***to talk to ~*** parlare da solo *o* fra sé e sé **2** *(emphatic)* se stesso; ***for ~*** per sé *o* per se stesso **3** *(expressions)* ***(all) by ~*** (tutto) da solo; ***not to be oneself*** non essere in sé.
one-shot /ˌwʌnˈʃɒt/ agg. AE → **one-off**.
one-sided /ˌwʌnˈsaɪdɪd/ agg. **1** *(biased)* [*account*] parziale **2** *(unequal)* [*decision*] unilaterale; [*fight*] impari; [*deal*] iniquo; [*relationship*] a senso unico.
one-size /ˌwʌnˈsaɪz/ agg. [*garment*] taglia unica.
one-time /ˈwʌntaɪm/ agg. d'un tempo.
one-to-one /ˌwʌntəˈwʌn/ **I** agg. **1** *(private)* ~ ***meeting*** incontro a due, tête à tête; ~ ***session*** faccia a faccia; ~ ***tuition*** insegnamento individuale **2** MAT. biunivoco **3** SPORT [*contest*] a due; [*marking*] individuale **II** avv. [*discuss*] a quattr'occhi, faccia a faccia.
one-track /ˌwʌnˈtræk/ agg. ***to have a ~ mind*** essere fissato; *(sexually)* avere il chiodo fisso.
one-upmanship /ˌwʌnˈʌpmənʃɪp/ n. capacità f. di surclassare gli altri.
one-way /ˌwʌnˈweɪ/ **I** agg. **1** AUT. [*traffic*] a senso unico; ~ ***street*** (strada a) senso unico **2** *(single)* ~ ***ticket*** (biglietto di) corsa semplice *o* sola andata **3** *(not reciprocal)* [*process, conversation*] a senso unico; [*friendship*] non corrisposto; [*transaction*] unilaterale **4** EL. TEL. [*circuit*] unidirezionale **II** avv. ***it costs £ 5 ~*** l'andata costa 5 sterline.
one-woman /ˌwʌnˈwʊmən/ agg. ***it's a ~ outfit*** o ***company*** gestisce la ditta da sola; ***he's a ~ man*** è un uomo fedele.
ongoing /ˈɒngəʊɪŋ/ agg. [*process*] continuo; [*battle, research*] in corso.
onion /ˈʌnɪən/ n. cipolla f. ♦ ***to know one's ~s*** BE COLLOQ. sapere il fatto proprio.
onionskin /ˈʌnɪənskɪn/ n. carta f. semitrasparente (per lucidi), carta f. velina.
online, **on-line** /ˌɒnˈlaɪn/ **I** agg. **1** *(on the Internet)* [*help, service*] in linea, on-line; [*ordering, shopping, bank, bookshop*] on-line; ***to be ~*** essere on-line *o* in linea *o* connesso **2** INFORM. [*access, mode, data processing, data service, storage*] in linea, on-line **II** avv. [*buy, search*] on-line.
onlooker /ˈɒnlʊkə(r)/ n. spettatore m. (-trice).
only /ˈəʊnlɪ/ **I** agg. *(sole)* solo, unico; ~ ***child*** figlio unico; ***he's not the ~ one*** non è il solo *o* l'unico; ***one and ~*** unico; ***it's the ~ sport for me*** *(preferred)* è l'unico sport che fa per me **II** avv. **1** *(exclusively)* ***I'm ~ interested in CDs*** mi interessano soltanto i CD; ***he ~ reads novels*** legge solo romanzi; ***~ Ann saw her*** solo Ann l'ha vista; ***"men ~"*** "per soli uomini"; ***"for external use ~"*** "solo per uso esterno" **2** *(nothing more than)* ***it's ~ polite*** non è che normale buona educazione; ***it's ~ natural for her to be curious*** è del tutto naturale che sia curiosa **3** *(in expressions of time)* ***~ last week*** non più tardi della scorsa settimana; ***it seems like ~ yesterday*** sembra solo ieri **4** *(merely)* solo; ***he ~ had to ask*** non aveva che da chiedere; ***~ six people turned up*** si sono presentate solo sei persone; ***not ~ charming but also intelligent*** non soltanto affascinante, ma anche intelligente; ***I was ~ joking!*** stavo solo scherzando! **5** *(just)* ***I ~ hope he'll realize*** spero solo che se ne renda conto; ***I can ~ think that Claire did it*** non può essere stata che Claire; ***open up, it's ~ me*** apri, sono solo io **6** ***only just*** appena; ***I've ~ just arrived*** *(very recently)* sono appena arrivato; ***it's ~ just tolerable*** *(barely)* è appena tollerabile; ***it is ~ just long enough*** è lunga appena a sufficienza; ***I caught the bus, but ~ just*** ho preso l'autobus, ma per un pelo **7** ***only too*** fin troppo; ***~ too well*** fin troppo bene; ***he was ~ too pleased to do*** era felicissimo di fare **III** cong. *(but)* ma, però, solo; ***it's like a mouse ~ bigger*** è come un topo, solo più grosso; ***I'd come ~ I'm working tonight*** verrei ma questa sera lavoro ♦ ***goodness*** o ***God*** o ***Heaven ~ knows!*** Dio solo lo sa!
o.n.o. BE ⇒ or nearest offer trattabile (tratt.).
on-off /ˌɒnˈɒf/ agg. [*button, control*] di accensione e spegnimento.
onomatopoeia /ˌɒnəˌmætəˈpɪə/ n. onomatopea f.
onomatopoeic /ˌɒnəˌmætəˈpiːɪk/ agg. onomatopeico.
onrush /ˈɒnrʌʃ/ n. *(of water)* torrente m.; *(of people)* fiumana f.; *(of feelings)* accesso m.
on-screen /ˌɒnˈskriːn/ agg. **1** INFORM. a video, sullo schermo **2** CINEM. sullo schermo.
onset /ˈɒnset/ n. inizio m.
onshore /ˈɒnʃɔː(r)/ agg. [*work*] a terra, terrestre; [*wind*] di mare.
onside /ˌɒnˈsaɪd/ agg. e avv. SPORT in gioco, non in fuori gioco.
on-site /ˌɒnˈsaɪt/ agg. sul posto.
onslaught /ˈɒnslɔːt/ n. assalto m. furibondo (**on** contro).
onstage /ˌɒnˈsteɪdʒ/ **I** agg. di scena **II** avv. in scena, sulla scena; ***to come ~*** entrare in scena.
on-the-job /ˌɒnðəˈdʒɒb/ agg. [*training*] sul posto (di lavoro), sul lavoro.
on-the-spot /ˌɒnðəˈspɒt/ agg. [*team*] sul posto; [*reporting*] dal luogo dei fatti; [*advice, quotation*] immediato, su due piedi.
onto /ˈɒntuː/ prep. (anche **on to**) su ♦ ***to be ~ something*** COLLOQ. aver trovato qualcosa; ***the police are ~ him*** COLLOQ. la polizia gli sta alle costole; ***he's ~ us*** COLLOQ. ha scoperto il nostro gioco.
ontology /ɒnˈtɒlədʒɪ/ n. ontologia f.
onus /ˈəʊnəs/ n. obbligo m., onere m.; ***the ~ is on sb. to do sth.*** l'obbligo di fare qcs. spetta a qcn.
onward /ˈɒnwəd/ **I** agg. ~ ***flight to*** (volo in) coincidenza per; ***the coach then makes the ~ journey to...*** poi il pullman prosegue per...; ***the ~ march of progress*** l'inarrestabile avanzata del progresso **II** avv. → **onwards.**
onwards /ˈɒnwədz/ avv. **1** *(forwards)* ***the journey ~ to...*** il viaggio di proseguimento fino a...; ***to go ~ and upwards*** salire i gradini della gerarchia **2** *(in time phrases)* ***from tomorrow, from that day ~*** da domani, da quel giorno in poi; ***from now ~*** d'ora in poi.
onyx /ˈɒnɪks/ n. onice f.
oodles /ˈuːdlz/ n.pl. COLLOQ. ***to have ~ of*** avere mucchi *o* un sacco di.
ooh /uː/ inter. uh; ***~s and ahs*** delle esclamazioni.
oomph /ʊmf/ n. COLLOQ. grinta f., dinamismo m.
oops /uːps, ʊps/ inter. COLLOQ. ops.

1.ooze /u:z/ n. *(silt)* fanghiglia f., melma f.
2.ooze /u:z/ **I** tr. **1** ***the wound ~d blood*** la ferita sanguinava lievemente; ***to ~ butter*** [*cake*] trasudare burro **2** FIG. [*person*] irradiare [*charm*] **II** intr. **1** ***to ~ with*** trasudare [*butter, cream*] **2** FIG. irradiare [*charm*].
■ **ooze out** (s)gocciolare.
op /ɒp/ n. MED. INFORM. COLLOQ. (accorc. operation) operazione f.
opacity /əˈpæsətɪ/ n. opacità f. (anche FIG.).
opal /ˈəʊpl/ n. opale m. e f.
opalescent /ˌəʊpəˈlesnt/ agg. opalescente.
opaque /əʊˈpeɪk/ agg. opaco (anche FIG.).
Opec, **OPEC** /ˈəʊpek/ n. (⇒ Organization of Petroleum Exporting Countries organizzazione dei paesi esportatori di petrolio) OPEC f.
1.open /ˈəʊpən/ **I** agg. **1** *(not closed)* [*door, box, eyes, shirt, wound, flower*] aperto; [*bank, shop, bar*] aperto (al pubblico); ***to get sth. ~*** aprire qcs.; ***the book lay ~*** il libro stava aperto; ***the door was partly*** o ***half ~*** la porta era socchiusa; ***to be ~ for business*** o ***to the public*** essere aperto al pubblico **2** *(not obstructed)* ***to be ~*** [*road*] essere aperto (al traffico); [*canal, harbour*] essere aperto (per la navigazione); [*telephone line, frequency*] essere libero; ***in the ~ air*** all'aria aperta *o* all'aperto; *(at night)* all'addiaccio *o* all'aperto; ***~ country*** aperta campagna; ***the ~ sea*** il mare aperto; ***the (wide) ~ spaces*** i grandi spazi aperti; ***an ~ view*** una visuale libera; FIG. una visione aperta **3** *(not covered)* [*car, carriage*] scoperto, senza capote; [*mine, sewer*] a cielo aperto; ***an ~ fire*** un fuoco (di camino) **4** *(susceptible)* ***~ to the air, to the wind, to the elements*** esposto all'aria, al vento, agli elementi; ***~ to attack*** esposto all'attacco, agli attacchi; ***to be ~ to offers, to suggestions, to new ideas, to criticism*** essere aperto *o* disposto ad accettare offerte, suggerimenti, nuove idee, critiche; ***to be ~ to persuasion*** essere disposto a farsi convincere; ***to lay oneself ~ to criticism*** essere esposto *o* esporsi alle critiche; ***it is ~ to question whether*** è in dubbio *o* una questione aperta se **5** *(accessible)* [*job, position*] libero, vacante; [*access, competition*] aperto (a tutti); [*meeting, hearing, session*] pubblico; ***to be ~ to sb.*** [*competition, service, park, facilities*] essere aperto a qcn.; ***there are several choices ~ to us*** possiamo scegliere tra diverse opzioni **6** *(candid)* [*person, discussion, declaration, statement*] sincero; ***to be ~ (with sb.) about sth.*** essere sincero (con qcn.) su qcs. **7** *(blatant)* [*hostility, contempt*] evidente, dichiarato; [*disagreement, disrespect*] aperto, evidente **8** *(undecided)* [*question*] aperto; ***to leave the date ~*** lasciare la data in sospeso; ***the election is (wide) ~*** l'elezione è aperta *o* è incerta; ***to have an ~ mind about sth.*** avere una mentalità aperta nei confronti di qcs.; ***~ ticket*** biglietto open; ***I have an ~ invitation to visit him*** sono invitato ad andare da lui quando voglio **9** *(with spaces)* [*weave, material*] traforato **10** SPORT [*contest*] open **11** MUS. [*string*] vuoto **12** LING. [*vowel, syllable*] aperto **II** n. **1** *(outside)* ***in the ~*** all'aperto **2** *(exposed position)* ***in(to) the ~*** allo scoperto; ***to be, come out in the ~*** FIG. essere, uscire allo scoperto; ***to bring sth. out into the ~*** portare qcs. allo scoperto **3** (anche **Open**) SPORT (torneo) open m.
2.open /ˈəʊpən/ **I** tr. **1** *(cause not to be closed)* aprire [*door, box, shirt, wound*]; slacciare [*button*]; dilatare [*pores*]; ***to ~ a door slightly*** o ***a little*** socchiudere una porta, una finestra; ***to ~ one's mind (to sth.)*** aprirsi (a qcs.) **2** *(begin)* aprire, iniziare [*discussions, meeting*]; aprire, intavolare [*conversation*]; aprire [*enquiry*]; ***to ~ fire*** aprire il fuoco; ***he ~ed the show with a song*** aprì lo spettacolo con una canzone **3** COMM. *(set up)* aprire, avviare [*shop, business, branch*] **4** *(inaugurate)* aprire, inaugurare [*exhibition, bridge*]; ***to ~ parliament*** aprire la seduta parlamentare **5** *(make wider)* → **open up** **II** intr. **1** *(become open)* [*door, flower, curtain*] aprirsi; ***his eyes ~ed*** i suoi occhi si aprirono; ***to ~ into*** o ***onto*** [*door, window*] dare su; ***~ wide!*** *(at dentist's)* apra bene! ***to ~ slightly*** o ***a little*** [*window, door*] socchiudersi **2** COMM. *(operate)* [*shop, bank, bar*] aprire **3** *(begin)* [*meeting, discussion, play*] aprirsi, iniziare; ***to ~ by doing*** [*person*] cominciare con il fare **4** *(have first performance)* [*film*] uscire (sugli schermi); [*exhibition*] aprire; ***the play ~s on the 25th*** la prima dello spettacolo sarà il 25 **5** *(be first speaker)* [*person*] aprire il dibattito **6** *(become wider)* → **open up 7** ECON. [*shares*] aprire **8** GIOC. aprire.

■ **open out: ~ *out*** [*river, path, view*] allargarsi; [*countryside*] estendersi; [*flower*] aprirsi, sbocciare; ***to ~ out into*** [*passage*] aprirsi su, dare su [*room, cave*]; [*stream*] gettarsi in [*pool*]; ***~ [sth.] out, ~ out [sth.]*** aprire, spiegare [*map*].
■ **open up: ~ *up*** **1** *(unlock a building)* aprire; ***I'll ~ up for you*** ti apro io **2** *(become wider)* [*gap*] aumentare; [*crack*] aprirsi (anche FIG.) **3** *(speak freely)* aprirsi **4** *(develop)* [*opportunities, market*] aprirsi **5** COMM. *(start up)* [*shop, business*] aprire **6** MIL. *(start firing)* aprire il fuoco; ***~ [sth.] up, ~ up [sth.]*** **1** *(make open)* aprire [*parcel, suitcase, wound*] **2** *(make wider)* aumentare [*gap*]; ***to ~ up a lead*** [*athlete*] aumentare il vantaggio **3** *(unlock)* aprire [*building*] **4** *(start up)* aprire [*shop, business*] **5** *(make accessible)* aprire, liberare [*area, road*]; rendere accessibile [*forest, desert*]; FIG. aprire [*possibilities, career*].
open-air /ˌəʊpənˈeə(r)/ agg. [*swimming pool, market, stage*] all'aperto.
open-and-shut /ˌəʊpənənˈʃʌt/ agg. [*case*] semplicissimo, che non presenta complicazioni.
opencast /ˈəʊpənkɑ:st/ agg. BE **~ *mining*** scavi a cielo aperto.
open competition n. concorso m. (aperto a tutti).
open day n. giornata f. a porte aperte.
open-door /ˌəʊpənˈdɔ:(r)/ agg. ECON. POL. [*policy*] della porta aperta.
open-ended /ˌəʊpənˈendɪd/ agg. [*strategy*] flessibile; [*contract*] aperto, modificabile; [*debate, question*] aperto; [*situation*] fluido; [*stay*] di durata non stabilita; [*period*] indeterminato; [*phrase*] suscettibile di più interpretazioni.
opener /ˈəʊpnə(r)/ n. **1** TEATR. *(first act)* numero m. d'apertura; TELEV. *(first episode)* primo episodio m. **2** GIOC. *(in bridge) (bid)* apertura f.; *(player)* apritore m. **3** *(for bottles)* apribottiglie m.; *(for cans, tins)* apriscatole m. **4 for openers** COLLOQ. tanto per cominciare, come inizio.
open-face(d) sandwich /ˌəʊpənfeɪs(t)ˈsænwɪdʒ, AE -wɪtʃ/ n. AE tartina f.
open government n. POL. = politica di trasparenza nella gestione dello stato.
open-handed /ˌəʊpənˈhændɪd/ agg. generoso, liberale.
open-hearted /ˌəʊpənˈhɑ:tɪd/ agg. *(sincere)* franco, leale, sincero.
open-heart surgery /ˌəʊpənhɑ:tˈsɜ:dʒərɪ/ n. MED. intervento m. a cuore aperto.
open house n. **1** ***to keep ~*** essere ospitale **2** AE → **open day**.
1.opening /ˈəʊpnɪŋ/ n. **1** *(start) (of book, piece of music, film)* inizio m **2** *(inauguration) (of shop)* apertura f.; *(of exhibition)* apertura f., inaugurazione f.; *(of play, film)* prima f. **3** *(gap) (in wall)* apertura f., breccia f., foro m.; *(in garment)* apertura f., foro m.; *(in forest)* radura f.; ***door ~*** vano della porta **4** *(opportunity)* occasione f., opportunità f.; *(in market etc.)* sbocco m.; *(for employment) (in company)* posto m. vacante; *(in field)* possibilità f., prospettiva f. di lavoro **5** GIOC. apertura f.
2.opening /ˈəʊpnɪŋ/ agg. [*scene, chapter*] iniziale; [*remarks, statement*] preliminare, introduttivo; [*speech*] d'apertura; ECON. [*price, offer, bid*] di partenza; *(on the stock exchange)* [*share price*] d'apertura.
opening balance n. AMM. *(of individual)* saldo m. iniziale; *(of company)* bilancio m. d'apertura.
opening ceremony n. (cerimonia d')inaugurazione f., (cerimonia d')apertura f.
opening hours n.pl. COMM. orario m.sing. d'apertura.
opening night n. CINEM. TEATR. prima f.
opening time n. COMM. orario m. d'apertura; *(in pubs)* = orario in cui i pub possono aprire e servire alcolici.
openly /ˈəʊpənlɪ/ avv. apertamente.
open market n. ECON. mercato m. aperto.
open-minded /ˌəʊpənˈmaɪndɪd/ agg. ***to be ~*** avere la mente aperta; ***to be ~ about sth.*** essere di larghe vedute riguardo a qcs.
open-mouthed /ˌəʊpənˈmaʊðd/ agg. con la bocca aperta; ***~ with surprise*** a bocca aperta per la sorpresa.
open-necked /ˌəʊpənˈnekt/ n. [*shirt*] scollato.
openness /ˈəʊpənnɪs/ n. **1** *(of person)* franchezza f.; *(of manner)* lealtà f.; *(of government)* trasparenza f.; *(of atmos-*

phere) (l')essere aperto **2** *(receptiveness)* apertura f. mentale (**to** verso).
open-plan /ˌəʊpən'plæn/ agg. a pianta aperta, senza pareti divisorie; **~ *office*** open space.
open scholarship n. UNIV. = borsa di studio non riservata a categorie particolari di studenti.
open season n. = stagione in cui la caccia e la pesca sono permesse.
open secret n. segreto m. di Pulcinella.
open-toed /ˌəʊpən'təʊd/ agg. [*sandal*] aperto.
Open University n. GB = sistema di insegnamento universitario aperto a tutti che prevede corsi a distanza per corrispondenza, in televisione ecc.
open verdict n. = verdetto che stabilisce che la causa della morte di qualcuno non è conosciuta.
1.opera /'ɒprə/ n. MUS. opera f.
2.opera /'ɒprə/ → **opus**.
operable /'ɒprəbl/ agg. **1** [*plan*] realizzabile, fattibile; [*machine*] funzionante, che funziona; [*system*] in grado di funzionare **2** MED. [*tumour*] operabile.
opera glasses n.pl. binocolo m.sing. da teatro.
opera house n. teatro m. dell'opera, teatro m. lirico.
operate /'ɒpəreɪt/ **I** tr. **1** *(run)* far funzionare, azionare [*appliance, vehicle*] **2** *(enforce)* applicare [*policy, system*]; fare entrare in vigore [*ban*] **3** *(manage)* gestire, dirigere [*service, radio station*]; sfruttare [*mine, racket*]; [*bank*] gestire [*pension plan*] **II** intr. **1** *(do business)* operare, agire; ***they ~ out of London*** operano a Londra **2** *(function)* funzionare **3** *(take effect)* agire **4** MIL. fare un'operazione militare **5** FIG. *(work)* [*factor, force, law*] operare, giocare (**in favour of** a favore di; **against** contro) **6** *(run)* [*service*] essere in funzione, funzionare **7** MED. operare; ***to ~ on*** operare [*person*]; ***to ~ on sb.'s leg, for appendicitis*** operare qcn. alla gamba, di appendicite.
operatic /ˌɒpə'rætɪk/ agg. [*voice*] da cantante lirico; [*composer*] di opere liriche, d'opera.
operating /'ɒpəreɪtɪŋ/ agg. [*costs*] di gestione, di esercizio.
operating room n. AE sala f. operatoria.
operating system n. sistema m. operativo.
operating table n. tavolo m. operatorio.
operating theatre n. BE sala f. operatoria.
operation /ˌɒpə'reɪʃn/ n. **1** *(working)* funzionamento m. **2** MED. operazione f., intervento m.; ***to have an ~*** farsi operare, subire un'operazione; ***to have an ~ on one's knee*** farsi operare *o* subire un'operazione al ginocchio; ***to have a heart ~*** subire un'operazione al cuore **3** *(use) (of machinery)* utilizzo m.; *(of plant, mine)* sfruttamento m.; ***to be in ~*** [*scheme, rule*] essere in vigore; [*oil rig, mine*] essere produttivo; [*machine*] essere in funzione; ***to come into ~*** [*law, scheme*] entrare in vigore; ***to put [sth.] out of ~*** ritirare, non utilizzare più [*machinery, vehicle*] **4** *(undertaking)* operazione f.; ***a big ~*** una grande impresa **5** *(business)* ***their European ~ is expanding*** le loro attività in Europa sono in espansione **6** ECON. INFORM. MIL. operazione f.
operational /ˌɒpə'reɪʃənl/ agg. **1** *(working)* funzionante, in funzione **2** *(encountered while working)* [*budget, costs*] operativo, di gestione, di esercizio **3** MIL. *(ready to operate)* operativo.
operational research, **operations research** AE n. ricerca f. operativa.
operations room n. sala f. operativa.
operative /'ɒpərətɪv, AE -reɪt-/ **I** agg. **1** *(effective)* [*rule, law, system*] in vigore **2** *(important)* ***X being the ~ word*** essendo X la parola chiave **II** n. **1** *(factory worker)* operaio m. (-a); *(artisan)* artigiano m. (-a) **2** *(secret agent)* agente m. segreto.
operator /'ɒpəreɪtə(r)/ ➧ **27** n. **1** *(in telecommunications)* telefonista m. e f., centralinista m. e f., operatore m. (-trice) **2** INFORM. RAD. TECN. operatore m. (-trice) **3** *(in tourism)* operatore m. turistico, tour operator m. **4** *(of equipment)* operatore m. (-trice) **5** *(of business)* imprenditore m. (-trice), esercente m. e f.
Ophelia /ə'fi:lɪə, əʊ-/ n.pr. Ofelia.
ophthalmic /ɒf'θælmɪk/ agg. [*nerve, vein*] oftalmico; [*clinic*] oftalmico, oftalmologico.
opiate /'əʊpɪət/ n. oppiato m.; *(narcotic)* narcotico m., sonnifero m.
opine /əʊ'paɪn/ tr. e intr. LETT. opinare.
opinion /ə'pɪnɪən/ n. **1** *(belief, view)* opinione f.; ***to be of the ~ that*** essere dell'opinione che; ***in my, his ~*** secondo me, lui; ***if you want my honest ~*** se vuoi sapere ciò che penso onestamente; ***that's a matter of ~*** è una questione di punti di vista; ***in the ~ of experts*** o ***in the experts' ~*** secondo gli esperti **2** *(evaluation)* opinione f., stima f.; ***to have a high, low ~ of sb., sth.*** avere una buona, cattiva opinione di qcn., qcs.; ***legal ~*** parere legale; ***to seek*** o ***get a second ~*** cercare il parere di qualcun altro; MED. chiedere un consulto **3 U** *(range of views)* ***a difference of ~*** una divergenza di opinioni; ***~ is divided*** i pareri sono discordi.
opinionated /ə'pɪnɪəneɪtɪd/ agg. dogmatico, supponente.
opinion poll n. sondaggio m. d'opinione.
opium /'əʊpɪəm/ n. oppio m.
opossum /ə'pɒsəm/ n. (pl. ~, **~s**) opossum m.
opponent /ə'pəʊnənt/ n. **1** *(adversary)* avversario m. (-a) **2** POL. *(of regime)* oppositore m. (-trice).
opportune /'ɒpətju:n, AE ˌɒpər'tu:n/ agg. [*time, moment*] opportuno, favorevole.
opportunism /ˌɒpə'tju:nɪzəm, AE -'tu:-/ n. opportunismo m.
opportunist /ˌɒpə'tju:nɪst, AE -'tu:-/ **I** agg. opportunista **II** n. opportunista m. e f.
opportunistic /ˌɒpətju:'nɪstɪk, AE -tu:-/ agg. [*person*] opportunista; [*behaviour*] opportunistico.
opportunity /ˌɒpə'tju:nətɪ, AE -'tu:-/ n. **1** *(occasion)* opportunità f., occasione f.; ***an ~ for discussion*** un'occasione per discutere; ***I should like to take this ~ to say*** vorrei approfittare dell'occasione per dire; ***at the earliest ~*** alla prima occasione **2** *(possibility)* opportunità f., possibilità f.; ***career opportunities*** possibilità di carriera ♦ ***~ knocks!*** la fortuna bussa alla porta!
opposable /ə'pəʊzəbl/ agg. ***~ thumb*** pollice opponibile.
oppose /ə'pəʊz/ tr. fare opposizione a, opporsi a [*plan, bill*]; opporsi a [*bail*].
opposed /ə'pəʊzd/ **I** p.pass. → **oppose II** agg. **1** *(averse)* contrario, avverso; ***to be ~ to sth.*** essere contro qcs., essere contrario a qcs.; ***to be ~ to doing*** essere contrario a fare **2** *(conflicting)* [*interests, characters*] opposto **3 as opposed to** invece di, invece che, al contrario di.
opposing /ə'pəʊzɪŋ/ agg. [*party*] avverso; [*team*] avversario; [*army*] nemico; [*view, style*] opposto.
opposite /'ɒpəzɪt/ **I** n. contrario m., opposto m. (**to**, **of** di); ***quite the ~*** proprio il contrario; ***just the ~*** esattamente l'opposto, il contrario; ***~s attract*** gli opposti si attraggono **II** agg. **1** *(facing)* [*direction, side, pole*] opposto (anche MAT.); [*building*] di fronte; [*page*] accanto; ***at ~ ends of*** ai lati opposti di [*table, road*]; ***to live at ~ ends of the town*** abitare in due parti opposte della città **2** *(different)* [*viewpoint, camp*] opposto; [*effect, approach*] opposto, contrario; ***the ~ sex*** l'altro sesso **III** avv. [*live, stand*] di fronte, dirimpetto **IV** prep. di fronte a, dirimpetto a [*building, park, person*]; davanti a [*port*].
opposite number n. BE **1** omologo m. (-a); ***the Italian Defence Minister and his ~ in Spain*** il Ministro della Difesa italiano e il suo collega spagnolo **2** SPORT avversario m. (-a).
opposition /ˌɒpə'zɪʃn/ **I** n. **1** opposizione f., resistenza f. (**to** a); ***to meet with ~*** incontrare opposizione; ***to put up ~ against*** fare opposizione a **2** POL. (anche **Opposition**) opposizione f. **3** SPORT ***the ~*** l'avversario **II** modif. POL. [*politician, debate, party etc.*] dell'opposizione.
oppress /ə'pres/ tr. opprimere.
oppression /ə'preʃn/ n. oppressione f.
oppressive /ə'presɪv/ agg. [*law*] oppressivo; [*heat*] opprimente.
oppressively /ə'presɪvlɪ/ avv. [*govern, rule*] in modo oppressivo; ***it's ~ hot*** fa caldo da soffocare.
oppressor /ə'presə(r)/ n. oppressore m.
opprobrious /ə'prəʊbrɪəs/ agg. FORM. [*language*] oltraggioso; [*behaviour*] obbrobrioso.
opprobrium /ə'prəʊbrɪəm/ n. FORM. *(disgrace)* obbrobrio m., infamia f.
opt /ɒpt/ intr. ***to ~ for sth.*** optare per qcs.; ***to ~ to do, not to do*** scegliere di fare, di non fare.
■ **opt out** BE decidere di non partecipare (**of** a); [*school, hospital*] = rinunciare al controllo degli enti locali per passare a quello dello stato.

optic /'ɒptɪk/ agg. [*nerve, disc, fibre*] ottico.
optical /'ɒptɪkl/ agg. ottico.
optical illusion n. illusione f. ottica.
optical wand n. lettore m. ottico, penna f. ottica.
optician /ɒp'tɪʃn/ ➧ *27* n. *(selling glasses etc.)* ottico m. (-a); *(eye specialist)* BE oculista m. e f.
optics /'ɒptɪks/ n. + verbo sing. ottica f.
optimism /'ɒptɪmɪzəm/ n. ottimismo m.
optimist /'ɒptɪmɪst/ n. ottimista m. e f.
optimistic /ˌɒptɪ'mɪstɪk/ agg. [*person*] ottimista; [*claim*] ottimista, ottimistico (**about** riguardo a); ***to be ~ that sth. will happen*** essere fiducioso che qcs. accada.
optimize /'ɒptɪmaɪz/ tr. ottimizzare.
optimum /'ɒptɪməm/ **I** n. (pl. **~s**, **-a**) optimum m. (anche BIOL.) **II** agg. [*conditions, level*] ottimale.
option /'ɒpʃn/ n. **1** *(something chosen)* opzione f. (anche INFORM.); ***soft ~*** soluzione comoda *o* facile; ***safe ~*** soluzione *o* scelta sicura; ***it's the only ~ for us*** è l'unica possibilità che abbiamo; ***to keep one's ~s open*** non impegnarsi, riservarsi di decidere **2** *(possibility of choosing)* scelta f.; ***to have the ~ of doing sth.*** poter scegliere di fare qcs.; ***I had little ~*** non avevo molta scelta **3** ECON. COMM. opzione f.; ***to take up an ~*** esercitare il diritto di opzione; ***to have first ~*** avere diritto di prelazione.
optional /'ɒpʃənl/ agg. [*activity, subject*] opzionale, facoltativo; [*colour, size*] a scelta; ***~ extras*** optional.
opulence /'ɒpjʊləns/ n. opulenza f.
opulent /'ɒpjʊlənt/ agg. [*person*] ricco; [*country*] opulento; [*clothing, hotel*] sfarzoso, sontuoso.
opus /'əʊpəs/ n. (pl. **~es**, **opera**) opera f., opus m.
or /ɔ:(r)/ In most uses *or* is translated by *o* or *oppure*. There are two exceptions to this: when used to link alternatives after a negative verb, the translation is *né... né*: *I can't come today or tomorrow* = non posso venire né oggi né domani (for more examples and their translations, see **3** below); when used to indicate consequence or explanation, the translation is *(o) altrimenti*: *it can't be serious or she'd have called us* = non dev'essere una cosa seria, altrimenti ci avrebbe chiamati (see **6** below). - Please note the Italian translations of the expressions *or something*, *or somebody* and *or somewhere*: *I'd like to eat a sandwich or something* = vorrei mangiare un panino, o qualcosa del genere / vorrei mangiare qualcosa, ad esempio un panino; *I want to speak to the manager or somebody* = vorrei parlare con il direttore o qualcun altro; *let's go to the cinema or somewhere* = andiamo al cinema, o da qualche altra parte / andiamo da qualche parte, magari al cinema. - For the uses of *or* after *either* and *whether*, see **2** in the entry below and the entries **either** and **whether**.
cong. **1** *(linking two or more alternatives)* o; ***with ~ without sugar?*** con o senza zucchero? ***any brothers ~ sisters?*** (hai) fratelli o sorelle? **2** *(linking two clear alternatives)* o, oppure; ***either... ~...*** o... o...; ***either here ~ at Dave's*** o qui o da Dave; ***whether he likes it ~ not*** che gli piaccia o no; ***he wants to know whether ~ not you're free*** vuole sapere se sei libero o meno; ***rain ~ no rain, we're going out*** pioggia o non pioggia noi usciamo **3** *(linking alternatives in the negative)* ***I can't come today ~ tomorrow*** non posso venire né oggi né domani; ***I couldn't eat ~ sleep*** non potevo né mangiare né dormire; ***she doesn't drink ~ smoke*** non beve e non fuma **4** *(indicating approximation)* o; ***once ~ twice a week*** una o due volte a settimana; ***a tie ~ something*** una cravatta o qualcosa del genere; ***someone ~ other from Personnel*** qualcuno dell'ufficio personale; ***in a week ~ so*** in una settimana circa **5** *(introducing qualification, correction, explanation)* o; ***I knew her, ~ at least I thought I did!*** la conoscevo, o almeno credevo di conoscerla! ***my daughter, ~ rather our daughter*** mia figlia, anzi nostra figlia; ***X, ~ should I say, Mr X*** X, o dovrei dire il signor X **6** *(otherwise)* o, altrimenti; ***be careful ~ you'll cut yourself*** fai attenzione, se no ti tagli; ***do as you're told - ~ else!*** COLLOQ. fai come ti dico, altrimenti *o* se no (vedrai)!
oracle /'ɒrəkl, AE 'ɔ:r-/ n. oracolo m.
Oracle® /'ɒrəkl, AE 'ɔ:r-/ n.pr. GB TELEV. = servizio di teletext.
oracular /ə'rækjʊlə(r)/ agg. **1** *(of oracle)* oracolare, di oracolo **2** FIG. *(wise)* autorevole, saggio; *(mysterious)* oscuro, sibillino.
oral /'ɔ:rəl/ **I** agg. orale; [*medicine*] da assumere per via orale; [*history*] trasmesso oralmente; [*evidence*] verbale **II** n. BE SCOL. AE UNIV. orale m.
orally /'ɔ:rəlɪ/ avv. **1** [*communicate, testify*] verbalmente; [*examine*] oralmente **2** MED. per via orale.
orange /'ɒrɪndʒ, AE 'ɔ:r-/ ➧ **5 I** n. **1** *(fruit)* arancia f. **2** *(drink)* bibita f. all'arancia; *(juice)* succo m. d'arancia **3** *(colour)* arancione m. **II** modif. [*drink, pudding*] all'arancia; [*jam*] d'arance **III** agg. *(colour)* arancione.
orangeade /ˌɒrɪndʒ'eɪd, AE ˌɔ:r-/ n. aranciata f.
orange blossom n. **U** fiori m.pl. d'arancio, zagara f.
orange grove n. aranceto m.
orange juice n. succo m. d'arancia, spremuta f. d'arancia.
orange peel n. scorza f. d'arancia.
orangery /'ɒrɪndʒərɪ, AE 'ɔ:r-/ n. aranciera f.
orange squash n. BE = succo concentrato di arancia utilizzato per la preparazione di bevande.
orange tree n. arancio m.
orang-outang /ɔ:ˌræŋu:'tæn/ BE, **orangutan** /əˌræŋə'tæn/ AE n. orangutan m., orango m.
oration /ɔ:'reɪʃn/ n. FORM. orazione f., arringa f.
orator /'ɒrətə(r), AE 'ɔ:r-/ n. FORM. oratore m. (-trice).
1.oratory /'ɒrətrɪ, AE 'ɔ:rətɔ:rɪ/ n. FORM. *(art)* (arte) oratoria f.; *(talent)* eloquenza f.
2.oratory /'ɒrətrɪ, AE 'ɔ:rətɔ:rɪ/ n. ARCH. RELIG. oratorio m.
orb /ɔ:b/ n. LETT. orbe m., globo m.
1.orbit /'ɔ:bɪt/ n. orbita f. (anche FIG.).
2.orbit /'ɔ:bɪt/ **I** tr. orbitare attorno a [*planet*] **II** intr. orbitare.
orbital /'ɔ:bɪtl/ agg. ASTR. ANAT. orbitale; ***~ road*** circonvallazione.
orchard /'ɔ:tʃəd/ n. frutteto m.
orchestra /'ɔ:kɪstrə/ n. orchestra f.
orchestral /ɔ:'kestrəl/ agg. [*concert, music*] orchestrale; [*instrument*] di orchestra; ***an ~ player*** un orchestrale.
orchestra pit n. fossa f. dell'orchestra, golfo m. mistico.
orchestra seats AE, **orchestra stalls** BE n.pl. TEATR. poltrone f. (di platea).
orchestrate /'ɔ:kɪstreɪt/ tr. orchestrare (anche FIG.).
orchestration /ˌɔ:kɪ'streɪʃn/ n. orchestrazione f. (anche FIG.).
orchid /'ɔ:kɪd/ n. orchidea f.
ordain /ɔ:'deɪn/ tr. **1** *(decree)* decretare, stabilire **2** RELIG. ordinare, consacrare.
ordeal /ɔ:'di:l, 'ɔ:di:l/ n. **1** STOR. ordalia f. **2** FIG. prova f., traversia f.
1.order /'ɔ:də(r)/ **I** n. **1** *(logical arrangement)* ordine m.; ***to put*** o ***set [sth.] in ~*** mettere in ordine [*affairs*]; ***to set*** o ***put one's life in ~*** mettere ordine nella propria vita **2** *(sequence)* ordine m., successione f.; ***in alphabetical ~*** in ordine alfabetico; ***to put [sth.] in ~*** ordinare, classificare [*files, record cards*]; ***to be out of ~*** [*files, records*] essere in disordine **3** *(discipline, control)* ordine m., disciplina f.; ***to restore ~*** ristabilire l'ordine; ***to keep ~*** [*police, government*] mantenere l'ordine; [*teacher*] mantenere la disciplina **4** *(established state)* ordine m.; ***the existing ~*** l'ordine attuale **5** *(command)* ordine m., comando m.; ***to have*** o ***to be under ~s to do*** avere l'ordine di fare; ***my ~s are to guard the door*** ho l'ordine di fare la guardia alla porta; ***to take ~s from sb.*** prendere *o* ricevere ordini da qcn.; ***I won't take ~s from you*** non accetto ordini da lei; ***that's an ~!*** è un ordine! ***until further ~s*** fino a nuovo ordine **6** COMM. *(request to supply)* ordine m., ordinativo m. (**for** di); *(in restaurant)* ordine m. (**of** di); ***to place an ~ for sth.*** fare un'ordinazione di qcs.; ***the books are on ~*** i libri sono stati ordinati; ***made to ~*** fabbricato su ordinazione **7** *(operational state)* ***in good ~*** in buono stato; ***in working ~*** in grado di funzionare, funzionante; ***to be out of ~*** [*phone line, machine*] essere fuori uso, essere guasto **8** *(correct procedure)* ***~! ~!*** *(in court)* silenzio in aula! ***to call sb. to ~*** richiamare qcn. all'ordine; ***to be in ~*** [*documents*] essere in regola; ***to be out of ~*** [*question*] essere contrario alla procedura, non essere ammissibile; ***it is perfectly in ~ for him to do*** ha tutto il diritto di fare; ***your remark was way out of ~*** la tua affermazione era completamente fuori luogo; ***I hear that congratulations are in***

~ sembra che ci si debba congratulare; ***a toast would seem to be in*** ~ sembra che sia il caso di fare un brindisi; ***economy is the ~ of the day*** FIG. l'economia è all'ordine del giorno **9** RELIG. ordine m. **10** *(rank, scale)* ***craftsmen of the highest*** ~ artigiani di primissimo ordine; ***talent of this ~ is rare*** un talento di questo livello è raro; ***the higher, lower ~s*** le categorie superiori, inferiori; ***of the ~ of 15%*** BE, ***in the ~ of 15%*** AE dell'ordine del 15% **11** ECON. ***pay to the ~ of*** *(on cheque, draft)* pagare all'ordine di; ***money ~*** mandato di pagamento, vaglia **12** BE *(honorary association, title)* ordine m.; ***he was awarded the Order of the Garter*** gli hanno conferito l'Ordine della Giarrettiera **13** MIL. ordine m., schieramento m. **14 in order that** *(with the same subject)* per, al fine di; *(with different subjects)* perché, affinché; ***I've come in ~ that I might help you*** sono venuto per aiutarti; ***he brought the proofs in ~ that I might check them*** ha portato le bozze perché potessi riscontrarle **15 in order to** per, al fine di, allo scopo di; ***he came in ~ to talk to me*** venne per parlarmi **II orders** n.pl. RELIG. ordini m.; ***to take Holy ~s*** prendere gli ordini ♦ ***in short ~*** in poco tempo, in quattro e quattr'otto.

2.order /ˈɔːdə(r)/ **I** tr. **1** *(command)* ordinare [*inquiry, retrial*]; ***to ~ sb. to do*** ordinare *o* comandare a qcn. di fare; ***to ~ the building to be demolished*** ordinare l'abbattimento dell'edificio; ***the soldiers were ~ed to disembark*** i soldati ricevettero l'ordine di sbarcare **2** *(request the supply of)* ordinare [*goods, meal*]; chiamare [*taxi*] (**for** a) **3** *(arrange)* organizzare, sistemare [*affairs*]; ordinare, mettere in ordine [*files, cards*]; ordinare [*names, dates*] **II** intr. [*diner, customer*] ordinare.

▪ **order about, order around:** ***~ [sb.] around*** dare ordini (in continuazione) a, comandare [qcn.] a bacchetta.

▪ **order off** SPORT ***~ [sb.] off*** [*referee*] espellere [*player*].

order book n. libro m. (delle) ordinazioni, registro m. delle ordinazioni.

ordered /ˈɔːdəd/ **I** p.pass. → **2.order II** agg. ordinato (anche MAT.).

order form n. modulo m., bollettino m. di ordinazione.

orderly /ˈɔːdəlɪ/ **I** agg. **1** *(well-regulated)* [*queue, line, file, rank*] ordinato; [*arrangement, pattern*] regolare; [*mind, system*] metodico; [*lifestyle, society*] (ben) regolato; ***in an ~ fashion*** o ***manner*** [*leave etc.*] in modo ordinato, disciplinatamente **2** *(calm)* [*crowd, demonstration, debate*] tranquillo **II** n. **1** MIL. piantone m. **2** MED. inserviente m. e f.

orderly officer n. MIL. ufficiale m. di servizio, ufficiale m. di picchetto.

ordinal /ˈɔːdɪnl, AE -dənl/ **I** agg. ordinale **II** n. (numero) ordinale m.

ordinance /ˈɔːdɪnəns/ n. DIR. ordinanza f., ingiunzione f.

ordinarily /ˈɔːdənrəlɪ, AE ˌɔːrdnˈerəlɪ/ avv. ordinariamente, normalmente, di solito.

ordinary /ˈɔːdənrɪ, AE ˈɔːrdənerɪ/ **I** agg. **1** *(normal)* [*life, experience*] ordinario, comune; [*clothes*] di tutti i giorni; ***to be just ~ people*** essere gente comune; ***this is no ~ case*** non è un caso comune; ***in the ~ way*** normalmente **2** *(average)* [*consumer, family*] medio **3** SPREG. *(uninspiring)* [*place, film, meal, person*] mediocre **II** n. ***to be out of the ~*** essere fuori del comune.

ordination /ˌɔːdɪˈneɪʃn, AE -dnˈeɪʃn/ n. RELIG. ordinazione f.

ordnance /ˈɔːdnəns/ n. **1 U** *(supplies)* materiale m. militare **2** *(artillery)* artiglieria f.

Ordnance Survey n. GB *(body)* = istituto cartografico nazionale britannico.

Ordnance Survey map n. = carta topografica militare britannica.

ore /ɔː(r)/ n. minerale m. (grezzo); ***iron ~*** minerale di ferro.

oregano /ˌɒrɪˈgɑːnəʊ, AE əˈregənəʊ/ n. *(seasoning)* origano m.

Oregon /ˈɒrɪgɒn/ ➧ ***24*** n.pr. Oregon m.

Orestes /ɒˈrestiːz/ n.pr. Oreste.

organ /ˈɔːgən/ ➧ ***17*** **I** n. **1** BOT. ANAT. organo m.; ***donor*** o ***transplant ~*** *(sought)* organo da trapiantare; *(transplanted)* organo trapiantato; ***male ~*** membro (virile) **2** (anche **pipe ~**) MUS. organo m. **3** FIG. *(publication)* organo m.; *(organization)* organo m., organismo m. **II** modif. MUS. [*composition*] per organo, organistico.

organdie /ˈɔːgəndɪ/ n. organdi m., organza f.

organ donor n. donatore m. (-trice) di organi.

organdy AE → **organdie**.

organ grinder ➧ ***27*** n. suonatore m. (-trice) d'organetto.

organic /ɔːˈgænɪk/ agg. **1** *(not artificial)* [*cultivation, grower, produce*] biologico; [*fertilizer*] naturale **2** *(of body or plant)* [*substance, disease*] organico **3** *(integral)* [*society, whole*] organico, integrato.

organism /ˈɔːgənɪzəm/ n. organismo m.

organist /ˈɔːgənɪst/ ➧ ***17, 27*** n. organista m. e f.

organization /ˌɔːgənaɪˈzeɪʃn, AE -nɪˈz-/ n. **1** *(group)* organizzazione f.; *(bureaucratic)* organismo m.; *(voluntary)* associazione f. **2** *(arrangement)* organizzazione f.

organizational /ˌɔːgənaɪˈzeɪʃənl, AE -nɪˈz-/ agg. organizzativo.

organize /ˈɔːgənaɪz/ **I** tr. organizzare [*event, day, time*]; sistemare, ordinare [*books, papers*]; ***I'll ~ the drinks*** mi occuperò delle bevande; ***I had to ~ a babysitter*** ho dovuto trovare una babysitter **II** intr. AE *(unionize)* sindacalizzarsi **III** rifl. ***to ~ oneself*** organizzarsi.

organized /ˈɔːgənaɪzd/ **I** p.pass. → **organize II** agg. [*person, thoughts*] organizzato; ***to get ~*** organizzarsi.

organized crime n. criminalità f. organizzata.

organized labour n. manodopera f. sindacalizzata.

organizer /ˈɔːgənaɪzə(r)/ n. **1** *(person)* organizzatore m. (-trice); ***union*** o ***labour ~*** sindacalista, attivista sindacale **2** (anche **personal ~**) organizer m.; ***electronic ~*** organizer (elettronico), agenda elettronica **3** *(container)* ***desk ~*** portaoggetti da scrivania.

organizing /ˈɔːgənaɪzɪŋ/ **I** n. organizzazione f.; ***she did all the ~*** ha organizzato tutto lei **II** agg. [*group, committee*] organizzatore.

organ loft n. ARCH. galleria f. dell'organo.

organ stop n. MUS. registro m. d'organo.

organ transplant n. MED. trapianto m. d'organo.

orgasm /ˈɔːgæzəm/ n. orgasmo m.

orgasmic /ɔːˈgæzmɪk/ agg. orgasmico.

orgiastic /ˌɔːdʒɪˈæstɪk/ agg. orgiastico.

orgy /ˈɔːdʒɪ/ n. orgia f.

1.orient /ˈɔːrɪənt/ n. ***the Orient*** l'Oriente.

2.orient /ˈɔːrɪənt/ **I** tr. **1** orientare [*building, map*] **2** FIG. orientare, indirizzare [*person, society*] **II** rifl. ***to ~ oneself*** orientarsi (anche FIG.) (**to, in** a).

oriental /ˌɔːrɪˈentl/ agg. orientale.

Oriental /ˌɔːrɪˈentl/ n. orientale m. e f.

orientate /ˈɔːrɪənteɪt/ → **2.orient**.

orientation /ˌɔːrɪənˈteɪʃn/ **I** n. **1** UNIV. *(training)* corso m. di orientamento **2** *(inclination) (political, intellectual)* orientamento m.; *(sexual)* orientamento m., tendenza f. **II** modif. [*course, week*] di orientamento.

oriented /ˈɔːrɪentɪd/ **I** p.pass. → **2.orient II -oriented** agg. in composti ***family~*** orientato verso la *o* mirato alla famiglia.

orifice /ˈɒrɪfɪs/ n. orifizio m. (anche ANAT.).

origin /ˈɒrɪdʒɪn/ n. origine f.; ***his family has its ~s in Scotland*** la sua famiglia è d'origine scozzese; ***the problem has its ~(s) in...*** il problema ha origine in...; ***country of ~*** paese di origine.

original /əˈrɪdʒənl/ **I** agg. **1** *(initial)* [*question, site, strategy*] originale, iniziale; [*member*] originario; [*version*] originale; ***the ~ inhabitants, owner*** i primi abitanti, il primo possessore **2** *(not copied)* [*manuscript, painting, receipt*] originale **3** *(creative)* [*design, suggestion*] originale **4** *(unusual)* [*character, person*] originale; ***he's ~*** è un tipo originale **II** n. originale m.; ***to read sth. in the ~*** leggere qcs. in originale.

original cost n. COMM. ECON. costo m. originario.

originality /əˌrɪdʒəˈnælətɪ/ n. originalità f.

originally /əˈrɪdʒənəlɪ/ avv. **1** *(initially)* originariamente, inizialmente **2** *(in the first place)* originariamente, in origine; ***I am*** o ***come from France ~*** sono originario della Francia **3** *(creatively)* in modo originale.

originate /əˈrɪdʒɪneɪt/ **I** tr. [*action, event*] dare origine a **II** intr. [*custom, style, tradition*] avere origine, nascere; ***to ~ from*** [*goods*] provenire da; [*proposal*] venire da.

originator /əˈrɪdʒɪneɪtə(r)/ n. *(of artwork)* autore m. (-trice); *(of idea, rumour)* chi dà inizio; *(of invention, system)* creatore m. (-trice).

oriole /ˈɔːrɪəʊl/ n. rigogolo m.
Orkneys /ˈɔːknɪz/ ➧ *12* n.pr.pl. (anche ~ **Islands**) (Isole) Orcadi f.; ***in, on*** ~ nelle Orcadi.
ormolu /ˈɔːməluː/ n. bronzo m. dorato.
ornament /ˈɔːnəmənt/ n. **1** C *(trinket)* ninnolo m., soprammobile m. **2** U *(decoration)* ornamento m., decorazione f.
ornamental /ˌɔːnəˈmentl/ agg. [*plant, garden*] ornamentale; [*motif, button*] decorativo.
ornamentation /ˌɔːnəmenˈteɪʃn/ n. ornamentazione f., decorazione f.
ornate /ɔːˈneɪt/ agg. riccamente ornato, adorno; LETTER. [*style*] elaborato.
ornery /ˈɔːnərɪ/ agg. AE COLLOQ. *(cantankerous)* irascibile, litigioso; *(self-willed)* testardo, cocciuto.
ornithologist /ˌɔːnɪˈθɒlədʒɪst/ ➧ *27* n. ornitologo m. (-a).
ornithology /ˌɔːnɪˈθɒlədʒɪ/ n. ornitologia f.
1.orphan /ˈɔːfn/ **I** agg. orfano **II** n. orfano m. (-a).
2.orphan /ˈɔːfn/ tr. rendere orfano.
orphanage /ˈɔːfənɪdʒ/ n. orfanotrofio m.
orphan drug n. MED. FARM. farmaco m. orfano.
Orpheus /ˈɔːfɪəs/ n.pr. Orfeo.
orrery /ˈɒrərɪ, AE ˈɔːr-/ n. planetario m. meccanico.
orthodontist /ˌɔːθəˈdɒntɪst/ ➧ *27* n. ortodontista m. e f.
orthodox /ˈɔːθədɒks/ agg. ortodosso; ***Greek Orthodox church*** Chiesa Ortodossa greca.
orthodoxy /ˈɔːθədɒksɪ/ n. ortodossia f.
orthographic(al) /ˌɔːθəˈɡræfɪk(l)/ agg. ortografico; [*error*] d'ortografia.
orthography /ɔːˈθɒɡrəfɪ/ n. ortografia f.
orthopaedic, **orthopedic** AE /ˌɔːθəˈpiːdɪk/ agg. ortopedico; ~ ***surgeon*** ortopedico.
orthopaedics, **orthopedics** AE /ˌɔːθəˈpiːdɪks/ n. + verbo sing. ortopedia f.
OS 1 ABBIGL. → **outsize 2** GB GEOGR. → **Ordnance Survey**.
oscillate /ˈɒsɪleɪt/ intr. oscillare (anche FIS. TECN.).
oscillation /ˌɒsɪˈleɪʃn/ n. oscillazione f.
osier /ˈəʊzɪə(r), AE ˈəʊʒər/ n. vimine m.
Osiris /əʊˈsaɪrɪs/ n.pr. Osiride.
osmosis /ɒzˈməʊsɪs/ n. osmosi f. (anche FIG.); ***by*** ~ per osmosi.
osprey /ˈɒspreɪ/ n. falco m. pescatore.
ossify /ˈɒsɪfaɪ/ **I** tr. ossificare; FIG. fossilizzare **II** intr. ossificarsi; FIG. fossilizzarsi.
ostensible /ɒˈstensəbl/ agg. apparente.
ostensibly /ɒˈstensəblɪ/ avv. apparentemente.
ostentation /ˌɒstenˈteɪʃn/ n. ostentazione f.
ostentatious /ˌɒstenˈteɪʃəs/ agg. ostentato, pomposo; [*surroundings, house*] pretenzioso.
ostentatiously /ˌɒstenˈteɪʃəslɪ/ avv. ostentatamente, pomposamente.
osteopath /ˈɒstɪəpæθ/ ➧ *27* n. osteopata m. e f.
osteopathy /ˌɒstɪˈɒpəθɪ/ n. osteopatia f.
osteoporosis /ˌɒstɪəʊpəˈrəʊsɪs/ ➧ *11* n. (pl. **-es**) osteoporosi f.
ostracism /ˈɒstrəsɪzəm/ n. ostracismo m.
ostracize /ˈɒstrəsaɪz/ tr. ostracizzare (anche FIG.).
ostrich /ˈɒstrɪtʃ/ **I** n. struzzo m. (anche FIG.) **II** modif. [*feather, egg*] di struzzo.
Oswald /ˈɒzwəld/ n.pr. Osvaldo.
OT 1 BIBL. ⇒ Old Testament Antico Testamento (AT) **2** AMM. ⇒ overtime = straordinario.
Othello /əˈθeləʊ/ n.pr. Otello.
other /ˈʌðə(r)/ **I** agg. **1** *(what is left, the rest)* altro; ***the ~ one*** l'altro; ***the ~ children*** gli altri bambini **2** *(alternative, additional)* altro; ***I only have one ~ shirt*** ho solo un'altra camicia; ***there are ~ possibilities*** ci sono altre possibilità **3** *(alternate)* ***every ~ year*** ogni due anni; ***every ~ Saturday*** ogni due sabati, un sabato sì e uno no **4** *(different, not the same)* altro; ***~ people*** (gli) altri; ***I wouldn't have him any ~ way*** non lo vorrei diverso; ***some ~ time, perhaps*** un'altra volta, forse; ***at all ~ times, phone Paul*** fuori da quelle ore, telefona a Paul; ***the ~ woman*** *(mistress)* l'altra **5** *(opposite)* altro; ***on the ~ side of the street*** dall'altro lato della strada; ***he was going the ~ way*** stava andando nell'altra direzione **6** *(recent)* ***the ~ day*** l'altro giorno **7** *(in lists)* ***he will visit Italy, amongst ~ places*** visiterà, tra gli altri posti, l'Italia **8 other than** *(except)* ***~ than that*** a parte quello; ***nobody knows ~ than you*** nessuno tranne te lo sa; ***we can't get home ~ than by car*** non possiamo tornare a casa se non in macchina; ***I have no choice ~ than to fire her*** non ho altra scelta che licenziarla; *(anything or anyone but)* ***he could scarcely be ~ than relieved*** non poteva che sentirsi sollevato; ***it was none the ~ than the prime minister (himself)*** non era altri che il primo ministro (in persona) **II** pron. ***the ~s*** gli altri; ***some like red wine, ~s prefer white*** ad alcuni piace il vino rosso, altri preferiscono il bianco; ***one after the ~*** uno dopo l'altro; ***somebody*** o ***someone or ~ recommended Paul*** qualcuno ha raccomandato Paul; ***I read it in some book or ~*** l'ho letto in un (qualche) libro; ***somehow or ~*** in un modo o nell'altro; ***he's called Bob something or ~*** si chiama Bob qualcosa ♦ ***my ~ half*** COLLOQ. la mia (dolce) metà.
otherness /ˈʌðənɪs/ n. (l')essere altro, diversità f., differenza f.
otherwise /ˈʌðəwaɪz/ **I** avv. **1** *(differently, in other ways)* ***I have no reason to do ~*** non c'è motivo perché faccia diversamente *o* altrimenti; ***if you improve or ~ change the design*** se lei migliora o comunque modifica il suo progetto; ***no woman, married or ~*** nessuna donna, sposata o meno; ***unless we are told ~*** a meno che non ci dicano il contrario; ***he says he's 29, but I know ~*** dice di avere 29 anni, ma so che non è vero; ***William ~ known as Bill*** William, alias Bill *o* conosciuto anche come Bill **2** *(in other respects)* d'altronde, per il resto; ***my lonely but ~ happy childhood*** la mia infanzia solitaria, ma per il resto felice; ***less damage than might ~ have been the case*** meno danni di quelli che ci si sarebbe potuti aspettare **II** cong. *(or else, in other circumstances)* altrimenti; ***it's quite safe, ~ I wouldn't do it*** non è per niente pericoloso, altrimenti non lo farei.
otherworldly /ˌʌðəˈwɜːldlɪ/ agg. ***to be ~*** non avere i piedi per terra.
OTT agg. (⇒ over-the-top) = esagerato.
otter /ˈɒtə(r)/ n. lontra f.; ***sea ~*** lontra marina.
ottoman /ˈɒtəmən/ n. *(sofa)* ottomana f.
Ottoman /ˈɒtəmən/ **I** agg. ottomano **II** n. ottomano m. (-a).
OU n. GB → **Open University**.
ouch /aʊtʃ/ inter. ahi.
ought /ɔːt/ In virtually all cases, *ought* is translated by the conditional tense of *dovere*: *you ought to go now* = dovresti andartene adesso; *they ought to arrive tomorrow* = dovrebbero arrivare domani. - The past *ought to have done / seen etc* is translated by the past conditional of *dovere*: *he ought to have been more polite* = avrebbe dovuto essere più gentile. For further examples, including negative sentences, see the entry below. - The Italian verb *dovere* is irregular; for its conjugation see the Italian verb tables. mod. **1** *(expressing probability, expectation)* ***that ~ to fix it*** questo dovrebbe mettere a posto le cose; ***he ~ to be back by now*** dovrebbe essere rientrato ormai **2** *(making polite but firm suggestion)* ***oughtn't we to consult them first?*** non dovremmo prima consultarli? **3** *(indicating moral obligation)* ***you ~ not to say things like that*** non dovresti dire cose del genere; ***someone ~ to have accompanied her*** qualcuno avrebbe dovuto accompagnarla **4** *(when prefacing important point)* ***I ~ to say perhaps that*** forse dovrei dire che; ***I think you ~ to know that*** penso che dovresti sapere che.
oughtn't /ˈɔːtnt/ contr. ought not.
ounce /aʊns/ ➧ *37, 3* n. **1** *(weight)* oncia f. (= 28,35 g) **2** *(fluid)* oncia f. fluida (GB = 0,028 l; US = 0,029 l) **3** FIG. oncia f., grammo m.
our /ˈaʊə(r), ɑː(r)/ When translating *our*, remember that in Italian possessives, like most other adjectives, agree in gender and number with the noun they qualify, not as in English with the possessor they refer to; *our* is translated by *nostro* + masculine singular noun (*our neighbour, our dog* = il nostro vicino, il nostro cane), *nostra* + feminine singular noun (*our teacher, our house* = la nostra maestra, la nostra casa), *nostri* + masculine plural noun (*our children, our books* = i nostri figli, i nostri libri), and *nostre* + feminine plural noun (*our friends, our shoes* = le nostre amiche, le nostre scarpe). - The above examples also show that Italian possessives, unlike English ones, are

normally preceded by an article. - When *own* is used after *our* to intensify the meaning of the possessive, it is not usually translated in Italian: *we live in our own flat* = abitiamo nel nostro appartamento. - When *our* is used before nouns indicating parts of the body (for which ➧ *2*), garments, relatives, food and drink etc., Italian has an article instead: *we had our hair cut* = ci siamo fatti tagliare i capelli; *we kept our hat on* = abbiamo tenuto il cappello; *we have eaten up our soup* = abbiamo finito la minestra; *we are both in our forties* = abbiamo entrambi passato i quaranta. determ. nostro; **~ house** la nostra casa; **~ mother** nostra madre; **~ children** i nostri bambini; **it was ~ fault** era colpa nostra.

ours /'aʊəz/ In Italian, possessive pronouns have the same forms as the corresponding adjectives, are usually preceded by an article, and reflect the gender and number of the noun they are standing for. So *ours* is translated by *il nostro, la nostra, i nostri, le nostre*, according to what is being referred to: *your boss and ours* = il tuo capo e il nostro; *this room is ours* = questa stanza è la nostra; *their children are younger than ours* = i loro bambini sono più giovani dei nostri; *your shoes are brown, while ours are black* = le tue scarpe sono marroni, mentre le nostre sono nere. - Since Italian possessive adjectives, unlike English ones, may be preceded by an article, a demonstrative adjective or a numeral, an English possessive pronoun is often translated by an Italian possessive adjective: *a cousin of ours* = un nostro cugino; *that schoolfriend of ours* = quel nostro compagno di scuola; *four books of ours* = quattro nostri libri. - For examples and particular usages, see the entry below. pron. **their car is red but ~ is blue** la loro macchina è rossa, ma la nostra è blu; **which tickets are ~?** quali sono i nostri biglietti? quali biglietti sono i nostri? **it's not ~** non è (il) nostro; **she's a friend of ~** è una nostra amica; **he's no friend of ~!** non è nostro amico! **the book isn't ~ to lend you** il libro non è nostro, non possiamo prestartelo; **~ is not an easy task** FORM. il nostro non è un compito facile.

ourselves /aʊə'selvz, ɑː-/ When used as a reflexive pronoun, direct and indirect, *ourselves* is translated by *ci* which is always placed before the verb: *we've hurt ourselves* = ci siamo fatti male. - When used as an emphatic to stress the corresponding personal pronoun, the translation is *noi stessi* (masculine or mixed gender) / *noi stesse* (feminine gender) or *anche noi*: *we did it ourselves* = l'abbiamo fatto noi stessi; *we're strangers here ourselves* = anche noi siamo forestieri da queste parti. - When used after a preposition, *ourselves* is translated by *noi* or *noi stessi* (masculine or mixed gender) / *noi stesse* (feminine gender): *we did it for ourselves* = l'abbiamo fatto per noi stessi. - Note that the difference between *us* and *ourselves* is not always made clear in Italian: compare *she's looking at us* = lei ci sta guardando and *we're looking at ourselves in the mirror* = ci stiamo guardando allo specchio, or *Jane works for us* = Jane lavora per noi and *we work for ourselves* = noi lavoriamo per noi / noi stessi. - *(All) by ourselves* is translated by *da soli / da sole*, which means alone and/or without help. - For particular usages see the entry below. pron. **1** *(reflexive)* ci; *(after preposition)* noi, noi stessi, noi stesse; **we hurt ~** ci siamo feriti; **we were pleased with ~** eravamo soddisfatti di noi (stessi) **2** *(emphatic)* noi stessi, noi stesse; **we ~ thought that** noi stessi pensavamo che; **for ~** per noi (stessi) **3** *(expressions)* **(all) by ~** (tutto) da soli; **we are not ~ today** oggi non siamo noi.

oust /aʊst/ tr. estromettere, soppiantare [*person*]; costringere alle dimissioni [*government*].

1.out /aʊt/ *Out* is used after many verbs in English to alter or reinforce the meaning of the verb (*hold out, wipe out, filter out* etc.). Very often in Italian, a verb alone will be used to translate those combinations; for translations you should consult the appropriate verb entry (**hold**, **wipe**, **filter** etc.). - When *out* is used as an adverb meaning *outside*, it often adds little to the sense of the phrase: *they're out in the garden = they're in the garden*; in such cases *out* will not usually be translated: *sono in giardino*. - *Out* is used as an adverb to mean *absent* or *not at home*. In this case *she's out* really means *she's gone out* and the Italian translation is: *è uscita*. - For the phrase *out of*, see **19** in the entry below. - For examples of the above and other uses, see the entry below. avv. **1** *(outside)* fuori, all'esterno; **to stand ~ in the rain** restare fuori sotto la pioggia; **to be ~ in the garden** essere (fuori) in giardino; **~ there, here** là fuori, qui fuori **2** *(from within)* **to go** o **walk ~** uscire; **to pull sth. ~** tirare fuori qcs.; **I couldn't find my way ~** non riuscivo a trovare l'uscita **3** *(away)* **~ in China** in Cina; **two days ~ from camp** a due giorni dal campo; **when the tide is ~** quando la marea è bassa *o* si è ritirata; **further ~** più lontano, più in là **4** *(in the world at large)* **there are a lot of people ~ there looking for work** c'è molta gente in giro che cerca lavoro **5** *(absent)* **he's ~** è uscito, è fuori; [*striker*] è in sciopero **6** *(for social activity)* **to invite sb. ~ to dinner** invitare qcn. a cena fuori; **a day ~ at the seaside** una giornata al mare; **let's have an evening ~ this week** usciamo una sera questa settimana **7** *(published, public)* **to be ~** [*book*] essere pubblicato; [*exam results*] essere reso pubblico; **my secret is ~** il mio segreto è di pubblico dominio; **truth will ~** la verità verrà a galla **8** *(in bloom)* **to be ~** [*tree*] essere in fiore; **to be fully ~** [*flower*] essere sbocciato **9** *(in view)* **the sun, the moon is ~** c'è il sole, c'è la luna; **the stars are ~** ci sono le stelle **10** *(extinguished)* **to be ~** [*fire, light*] essere spento; **lights ~ at 10 pm** spegnimento delle luci alle 22 **11** SPORT GIOC. **to be ~** [*player*] essere eliminato; **"~!"** *(of ball)* "out!", "fuori!" **12** *(unconscious)* **to be ~ (cold)** COLLOQ. essere svenuto *o* privo di sensi; [*boxer*] essere al tappeto **13** *(over)* **before the week is ~** prima della fine della settimana **14** BE *(incorrect)* **to be ~ in one's calculations** sbagliarsi nei propri calcoli; **my watch is two minutes ~** *(slow)* il mio orologio è indietro di due minuti; *(fast)* il mio orologio è avanti di due minuti **15** COLLOQ. *(not possible)* **that option is ~** quell'opzione è esclusa **16** COLLOQ. *(in search of)* **to be ~ to do sth.** essere (fermamente) deciso a fare qcs.; **to be ~ to get sb.** essere deciso a vendicarsi; **he's just ~ for what he can get** SPREG. non si lascia scappare alcuna opportunità **17** COLLOQ. *(not in fashion)* **to be ~** [*style, colour*] essere passato di *o* fuori moda **18** DIR. **to be ~** [*jury*] essere in camera di consiglio **19 out of** *(from)* **to go** o **walk** o **come ~ of the house** uscire dalla casa; **get ~ of here!** esci di qui! **to jump ~ of the window** saltare (fuori) dalla finestra; **to take sth. ~ of a box** tirare fuori qcs. da una scatola; **to take sth. ~ of one's bag** prendere qcs. nella borsa; *(expressing ratio)* **two ~ of every three people** due persone su tre; *(part of whole)* **a paragraph ~ of a book** un paragrafo (preso) da un libro; *(beyond defined limits)* lontano da [*reach, sight*]; fuori da [*water*]; al di fuori di [*city*]; *(free from confinement)* **to be ~ of hospital** essere uscito dall'ospedale; *(expressing shelter)* al riparo da [*sun, rain*]; *(lacking)* **to be (right) ~ of** non avere più [*item*]; *(made from)* di, in [*wood, plasticine, metal*]; *(due to)* per [*malice, respect*] ♦ **I want ~!** COLLOQ. non voglio più saperne! **go on, ~ with it!** COLLOQ. dai, sputa il rospo! **to be ~ and about** essere in giro; *(after illness)* essere di nuovo in piedi; **to be ~ of it** COLLOQ. essere rintronato *o* stordito; **you're well ~ of it** hai fatto bene a starne fuori.

2.out /aʊt/ tr. rivelare l'omosessualità di [*person*].

outage /'aʊtɪdʒ/ n. **power ~** (periodo di) interruzione dell'erogazione dell'elettricità.

out-and-out /ˌaʊtən'aʊt/ agg. [*villain, liar*] matricolato; [*supporter*] fanatico, duro e puro; [*success, failure*] completo, totale.

outback /'aʊtbæk/ n. **the ~** = le zone dell'entroterra australiano, disabitate e selvagge.

outbid /ˌaʊt'bɪd/ tr. (forma in -ing **-dd-**; pass., p.pass. **outbid**) rilanciare su, offrire di più di.

outboard /'aʊtbɔːd/ **I** n. fuoribordo m. **II** agg. [*motor*] fuoribordo.

outbound /'aʊtbaʊnd/ agg. [*traffic*] in uscita (dalla città).

out-box /'aʊtbɒks/ n. *(for email)* posta f. in uscita.

outbreak /'aʊtbreɪk/ n. *(of war, unrest, violence)* scoppio m.; *(of spots)* eruzione f.; *(of disease)* attacco m.; **an ~ of rain** un acquazzone.

outbuilding /'aʊtbɪldɪŋ/ n. fabbricato m. annesso.

outburst /ˈaʊtbɜːst/ n. *(of laughter)* scoppio m.; *(of anger)* scoppio m., accesso m.; *(of weeping)* scoppio m., crisi f.
outcast /ˈaʊtkɑːst, AE -kæst/ n. reietto m. (-a), emarginato m. (-a).
outclass /ˌaʊtˈklɑːs, AE -ˈklæs/ tr. surclassare.
outcome /ˈaʊtkʌm/ n. risultato m., esito m.
outcrop /ˈaʊtkrɒp/ n. GEOL. affioramento m.
outcry /ˈaʊtkraɪ/ n. protesta f., clamore m. (**about**, **against** contro).
outdated /ˌaʊtˈdeɪtɪd/ agg. [*idea, theory*] superato; [*clothing, product*] sorpassato, fuori moda; [*word*] obsoleto.
outdid /ˌaʊtˈdɪd/ pass. → **outdo**.
outdistance /ˌaʊtˈdɪstəns/ tr. distanziare, staccare (anche FIG.).
outdo /ˌaʊtˈduː/ tr. (pass. **-did**, p.pass. **-done**) superare, sorpassare.
outdoor /ˈaʊtdɔː(r)/ agg. [*sport, cinema, restaurant, activity*] all'aperto; [*person*] che ama stare all'aperto; [*shoes*] da escursione; ***to lead an ~ life*** vivere all'aria aperta.
outdoors /ˌaʊtˈdɔːz/ **I** avv. [*be, work*] all'aperto; [*live*] all'aria aperta **II** n. ***the great ~*** + verbo sing. i grandi spazi aperti.
outer /ˈaʊtə(r)/ agg. **1** *(furthest)* [*limit*] estremo **2** *(outside)* esteriore, esterno; ***~ clothing*** vestiti, capi di vestiario.
outermost /ˈaʊtəməʊst/ agg. **1** *(furthest)* (il) più remoto, (il) più lontano **2** *(outside)* (il) più esterno.
outer space n. spazio m. (cosmico).
outer suburbs n.pl. estrema periferia f.sing.
outfield /ˈaʊtfiːld/ n. *(in baseball, cricket)* = parte del campo più lontana dai battitori.
1.outfit /ˈaʊtfɪt/ n. **1** *(set of clothes)* tenuta f., completo m. **2** COLLOQ. *(company)* ditta f., impresa f. **3** *(kit)* equipaggiamento m.
2.outfit /ˈaʊtfɪt/ tr. (forma in -ing ecc. **-tt-**) attrezzare, equipaggiare.
outfitter /ˈaʊtfɪtə(r)/ ➧ **27** n. ***ladies', men's ~*** chi confeziona abbigliamento femminile, maschile.
outflank /ˌaʊtˈflæŋk/ tr. **1** MIL. aggirare **2** FIG. avere la meglio su.
outflow /ˈaʊtfləʊ/ n. *(of money)* uscita f.
outfox /ˌaʊtˈfɒks/ tr. essere più astuto di, vincere [qcn.] in astuzia.
outgoing /ˈaʊtgəʊɪŋ/ agg. **1** *(sociable)* socievole, estroverso **2** *(departing)* [*government, president*] uscente; [*mail*] in partenza; [*tide*] calante; ***~ call*** telefonata in uscita.
outgoings /ˈaʊtgəʊɪŋz/ n.pl. BE uscite f., spese f.
outgrow /aʊtˈgrəʊ/ tr. (pass. **-grew**; p.pass. **-grown**) **1** *(grow too big for)* diventare troppo grande per; ***the population has outgrown its resources*** la popolazione è cresciuta troppo rispetto alle risorse **2** *(grow too old for)* ***don't worry he'll ~ it*** non ti preoccupare, col passare del tempo non lo farà più **3** *(grow taller than)* superare in altezza, diventare più alto di.
outgrowth /ˈaʊtgrəʊθ/ n. **1** BOT. MED. escrescenza f. **2** *(spin-off)* conseguenza f., effetto m.
outhouse /ˈaʊthaʊs/ n. BE *(separate)* dépendance f.; *(adjoining)* fabbricato m. annesso.
outing /ˈaʊtɪŋ/ n. gita f., escursione f.
outlaid /ˌaʊtˈleɪd/ pass., p. pass. → **2.outlay**.
outlandish /aʊtˈlændɪʃ/ agg. strano, bizzarro.
outlast /ˌaʊtˈlɑːst, AE -ˈlæst/ tr. durare più a lungo di.
1.outlaw /ˈaʊtlɔː/ n. fuorilegge m. e f.
2.outlaw /ˈaʊtlɔː/ tr. **1** dichiarare illegale [*practice, organization*] **2** STOR. DIR. bandire, mettere al bando [*criminal*].
1.outlay /ˈaʊtleɪ/ n. spesa f., esborso m. (**on** per).
2.outlay /ˌaʊtˈleɪ/ tr. (pass., p.pass. **outlaid**) AE spendere.
outlet /ˈaʊtlet/ n. **1** *(for gas, air)* sbocco m., apertura f.; *(for water)* scarico m. **2** COMM. *(market)* sbocco m.; ***retail*** o ***sales ~*** punto vendita (al dettaglio) **3** FIG. *(for energy, emotion)* sfogo m.; *(for talent)* sbocco m. **4** AE EL. presa f. (di corrente), attacco m.
1.outline /ˈaʊtlaɪn/ n. **1** *(of object)* contorno m., sagoma f.; *(of house, mountain, face)* profilo m. **2** ART. *(sketch)* abbozzo m., schizzo m. **3** *(of plan, policy)* linee f.pl. generali, punti m.pl. essenziali; *(of essay)* *(sketchy)* abbozzo m.; *(structured)* schema m.; ***to give a brief ~ of a plan*** presentare un progetto a grandi linee; ***in ~*** grosso modo, a grandi linee; ***"An Outline of World History"*** "Lineamenti di storia mondiale".
2.outline /ˈaʊtlaɪn/ tr. **1** *(give general summary of)* descrivere a grandi linee [*aims, motives*]; abbozzare, delineare [*plan*] **2** *(draw round)* tracciare il contorno di [*eye, picture*].
outline agreement n. accordo m. quadro.
outlive /ˌaʊtˈlɪv/ tr. sopravvivere a, vivere più a lungo di [*person*]; ***it has ~d its usefulness*** ha fatto il suo tempo.
outlook /ˈaʊtlʊk/ n. **1** *(attitude)* veduta f., modo m. di vedere, punto m. di vista; ***a narrow, positive ~*** un modo di vedere ristretto, positivo **2** *(prospects)* prospettive f.pl., previsioni f.pl.; ***the ~ for tomorrow is rain*** per domani si prevede pioggia **3** *(from window, house)* vista f. (**over**, **onto** su).
outlying /ˈaʊtlaɪɪŋ/ agg. *(away from city centre)* periferico; *(remote)* isolato, fuori mano.
outmanoeuvre BE, **outmaneuver** AE /ˌaʊtməˈnuːvə(r)/ tr. superare (in abilità o strategia).
outmoded /ˌaʊtˈməʊdɪd/ agg. antiquato, fuori moda.
outnumber /ˌaʊtˈnʌmbə(r)/ tr. superare in numero, essere più numeroso di; ***they were ~ed by two to one*** erano due volte meno numerosi.
out of bounds agg. e avv. **1** ***to be ~*** essere vietato, interdetto; ***"Out of bounds"*** *(on sign)* "Accesso vietato" **2** AE SPORT ***to be ~*** non essere in gioco.
out-of-date /ˌaʊtəvˈdeɪt/ agg. [*ticket, passport*] scaduto; [*clothing*] fuori moda; [*theory, concept*] superato.
out-of-pocket /ˌaʊtəvˈpɒkɪt/ agg. **1** ***~ expenses*** spese vive **2** ***to be out of pocket*** averci rimesso, essere in passivo.
out-of-sight /ˌaʊtəvˈsaɪt/ agg. COLLOQ. *(fantastic)* favoloso; *(odd)* strambo.
out-of-the-way /ˌaʊtəvðəˈweɪ/ agg. [*place*] fuori mano, sperduto.
out-of-work /ˌaʊtəvˈwɜːk/ agg. disoccupato.
outpatient /ˈaʊtpeɪʃnt/ n. paziente m. e f. ambulatoriale, paziente m. e f. esterno (-a); ***~s' clinic*** o ***department*** ambulatorio.
outpost /ˈaʊtpəʊst/ n. avamposto m. (anche FIG.).
outpouring /ˈaʊtpɔːrɪŋ/ n. *(of words, emotion)* effusione f., sfogo m.
1.output /ˈaʊtpʊt/ **I** n. **1** *(yield)* rendimento m., produttività f.; *(of factory)* produzione f. **2** INFORM. output m., uscita f. **II** modif. [*message, routine*] di uscita; ***~ data*** dati elaborati.
2.output /ˈaʊtpʊt/ tr. (forma in -ing **-tt-**; pass., p.pass. **-put** o **-putted**) [*computer*] dare un output di [*data*].
1.outrage /ˈaʊtreɪdʒ/ n. **1** *(anger)* indignazione f., sdegno m. (**at** per) **2** *(horrifying act)* attentato m. **3** *(scandal)* oltraggio m., offesa f. (**against** a); ***it's an ~ that*** è uno scandalo che.
2.outrage /ˈaʊtreɪdʒ/ tr. oltraggiare, offendere [*morality*]; scandalizzare, offendere [*public*].
outraged /ˈaʊtreɪdʒd/ **I** p.pass. → **2.outrage II** agg. oltraggiato, offeso (**by** da).
outrageous /aʊtˈreɪdʒəs/ agg. **1** *(disgraceful)* oltraggioso, ingiurioso **2** *(unconventional)* bizzarro, stravagante.
outran /ˌaʊtˈræn/ pass. → **outrun**.
outré /ˈuːtreɪ, AE uːˈtreɪ/ agg. SPREG. eccentrico, insolito.
outrider /ˈaʊtraɪdə(r)/ n. (anche **motorcycle ~**) motociclista m. e f. di una scorta.
outright /ˈaʊtraɪt/ **I** agg. **1** *(absolute)* [*independence, defiance*] totale; [*control, majority*] assoluto; [*ban, refusal*] categorico, netto, completo; [*attack*] vero e proprio **2** *(obvious)* [*victory*] incontestato; [*winner*] incontestato, assoluto **3** *(unreserved)* [*disbelief, hostility*] bell'e buono **II** avv. **1** *(completely)* [*ban, deny, refuse*] categoricamente, completamente; [*win*] nettamente; [*buy, sell*] in blocco; [*kill*] sul colpo **2** *(openly)* [*say*] francamente, chiaro e tondo; ***to laugh ~ at sb.*** ridere in faccia a qcn.
outrun /ˌaʊtˈrʌn/ tr. (forma in -ing **-nn-**; pass. **-ran**; p.pass. **-run**) correre più veloce di, superare nella corsa; FIG. *(exceed)* superare, andare oltre.
outsell /ˌaʊtˈsel/ tr. (pass., p.pass. **-sold**) [*product*] vendersi di più di.
outset /ˈaʊtset/ n. ***at the ~*** all'inizio, al principio; ***from the ~*** dall'inizio.
1.outside I /aʊtˈsaɪd, ˈaʊtsaɪd/ n. **1** *(outer area or surface)* esterno m.; ***on the ~ of*** sull'esterno di [*box, file*]; ***from the ~***

dall'esterno, da fuori **2** AUT. ***to overtake on the ~*** *(in GB, Australia etc.)* sorpassare a destra; *(in US, Europe etc.)* sorpassare a sinistra **3** *(maximum)* ***at the ~*** al massimo, tutt'al più **II** /ˈaʊtsaɪd/ agg. **1** *(outdoor)* [*temperature*] esterno; [*broadcast*] (registrato) in esterni **2** *(outer)* [*edge, wall*] esterno **3** *(in telecommunications)* [*line*] esterno; [*call*] dall'esterno **4** *(beyond usual environment)* [*interests*] *(outside work)* al di fuori del lavoro; ***the ~ world*** il mondo (esterno) **5** *(from elsewhere)* [*help*] (che viene) dall'esterno; [*influence*] esterno; ***an ~ opinion*** l'opinione di qualcuno disinteressato **6** ***~ lane*** *(in GB, Australia etc.)* corsia di destra; *(in US, Europe etc.)* corsia di sinistra; *(of athletics track)* corsia esterna **7** *(faint)* ***an ~ chance*** una remota *o* minima possibilità.

2.outside **I** /ˈaʊtsaɪd, aʊtˈsaɪd/ prep. (anche **~ of**) **1** *(not within)* fuori da [*city, prison*]; al di là di [*boundary*] **2** *(in front of)* davanti a, fuori da [*house, shop*] **3** *(over)* ***to wear a shirt ~ one's trousers*** portare la camicia fuori dai pantaloni **4** FIG. *(beyond)* ***~ office hours*** al di fuori dell'orario d'ufficio; ***it's ~ my experience*** va al di là della mia esperienza **II** /aʊtˈsaɪd/ avv. fuori.

outsider /ˌaʊtˈsaɪdə(r)/ n. **1** *(in community)* estraneo m. (-a); *(to organization, company)* esterno m. (-a) **2** *(unlikely to win)* outsider m. e f.

outsize /ˈaʊtsaɪz/ **I** n. COMM. taglia f. forte **II** agg. enorme, gigantesco.

outsized /ˈaʊtsaɪzd/ agg. enorme, gigantesco.

outskirts /ˈaʊtskɜːts/ n.pl. *(of town)* periferia f.sing., sobborghi m.

outsmart /ˌaʊtˈsmɑːt/ tr. superare in astuzia, essere più furbo di.

outsold /aʊtˈsɒld/ pass., p.pass. → **outsell**.

outspoken /ˌaʊtˈspəʊkən/ agg. [*person*] senza peli sulla lingua; [*criticism*] esplicito, franco; ***to be ~ in one's remarks*** parlare chiaro, non fare giri di parole.

outspread /ˌaʊtˈspred/ agg. [*arms*] teso, disteso; [*wings*] spiegato; [*fingers*] disteso, aperto.

outstanding /ˌaʊtˈstændɪŋ/ agg. **1** *(excellent)* [*achievement, performance*] eccezionale, notevole **2** *(prominent)* [*feature*] saliente; [*example*] lampante, chiaro **3** *(unresolved)* [*issue*] in sospeso; [*work*] arretrato; [*account*] non pagato; [*interest*] scaduto; [*debts*] insoluto.

outstandingly /ˌaʊtˈstændɪŋlɪ/ avv. *(particularly)* eccezionalmente; *(extremely)* notevolmente; ***~ good*** notevole, ottimo.

outstay /ˌaʊtˈsteɪ/ tr. ***to ~ one's welcome*** trattenersi più del necessario, prolungare troppo una visita.

outstretched /ˌaʊtˈstretʃt/ agg. [*hand, fingers, arm*] disteso, aperto; [*wings*] spiegato; [*legs*] disteso.

outstrip /ˌaʊtˈstrɪp/ tr. (forma in -ing ecc. **-pp-**) superare (nella corsa) [*person*]; superare [*production*]; essere superiore a [*demand*].

out-tray /ˈaʊtˌtreɪ/ n. vaschetta f. della corrispondenza in partenza.

outvote /ˌaʊtˈvəʊt/ tr. ***to be ~d*** essere battuto ai voti, essere messo in minoranza.

outward /ˈaʊtwəd/ **I** agg. [*appearance, sign*] esteriore; [*calm*] apparente; ***to all ~ appearances*** stando alle *o* a giudicare dalle apparenze; ***~ journey*** viaggio d'andata **II** avv. → **outwards**.

outward bound **I** agg. [*ship*] in partenza **II** avv. AE ***to be ~*** essere in partenza.

outwardly /ˈaʊtwədlɪ/ avv. apparentemente, in apparenza.

outwards /ˈaʊtwədz/ avv. [*open, bend, grow*] verso l'esterno.

outweigh /ˌaʊtˈweɪ/ tr. *(exceed in importance)* avere maggior peso di.

outwit /ˌaʊtˈwɪt/ tr. (forma in -ing ecc. **-tt-**) essere più astuto di; eludere la sorveglianza di [*guard*]; mettere nel sacco [*opponent*].

outworker /ˈaʊtwɜːkə(r)/ n. BE lavoratore m. (-trice) a domicilio.

outworn /ˌaʊtˈwɔːn/ agg. [*custom, theory*] datato, obsoleto; [*clothing, expression*] logoro.

ova /ˈəʊvə/ → **ovum**.

oval /ˈəʊvl/ **I** agg. (anche **~-shaped**) ovale **II** n. ovale m.

ovary /ˈəʊvərɪ/ n. **1** ANAT. ovaia f. **2** BOT. ovario m.

ovation /əʊˈveɪʃn/ n. ovazione f.; ***to give sb. a standing ~*** alzarsi in piedi ad applaudire qcn., acclamare qcn. con una standing ovation.

oven /ˈʌvn/ n. forno m.; ***cook in a slow ~*** fare cuocere in forno a bassa temperatura.

oven chip n. = patatina da cuocere al forno.

oven glove n. guanto m. da forno.

ovenproof /ˈʌvnpruːf/ agg. che può andare in forno.

oven-ready /ˌʌvnˈredɪ/ agg. pronto per il forno.

over /ˈəʊvə(r)/ *Over* is used after many verbs in English (*change over, fall over, lean over* etc.): for translations, consult the appropriate verb entry (**change**, **fall**, **lean** etc.). - *Over* is often used with another preposition in English (*to, in, on*) without altering the meaning. In this case *over* is usually not translated in Italian: *to be over in France* = essere in Francia; *to swim over to somebody* = nuotare verso qualcuno. - *Over* is often used with nouns in English when talking about superiority (*control over, priority over* etc.) or when giving the cause of something (*concern over, fight over* etc.): for translations, consult the appropriate noun entry (**control**, **priority**, **concern**, **fight** etc.). - *Over* is often used as a prefix in verb combinations (*overeat*), adjective combinations (*overconfident*) and noun combinations (*overcoat*): these combinations are treated as headwords in the dictionary. - For particular usages see the entry below. **I** prep. **1** *(across the top of)* oltre, al di sopra di; ***to look ~ a wall*** guardare di là dal muro; ***a bridge ~ the Thames*** un ponte sul Tamigi **2** *(from or on the other side of)* ***the house ~ the road*** la casa di fronte *o* dall'altra parte della strada; ***it's ~ the river*** è dall'altro lato del fiume; ***~ here, there*** qui, laggiù; ***come ~ here!*** vieni (di) qui! **3** *(above)* su, sopra, al di sopra di; ***clouds ~ the valley*** nuvole sulla valle; ***they live ~ the shop*** vivono sopra il negozio **4** *(covering, surrounding)* su, sopra; ***to wear a sweater ~ one's shirt*** portare un maglione sulla camicia; ***shutters ~ the windows*** persiane alle finestre **5** *(physically higher than)* ***the water came ~ my ankles*** l'acqua mi arrivava alle caviglie **6** *(more than)* più di, oltre; ***children (of) ~ six*** i bambini oltre i sei anni *o* di più di sei anni; ***temperatures ~ 40°*** temperature superiori a 40° **7** *(in rank, position)* ***to be ~ sb.*** essere superiore a qcn.; MIL. essere più alto in grado di qcn. **8** *(in the course of)* ***~ the weekend*** durante il *o* nel fine settimana; ***~ a period of*** durante un periodo di; ***~ the last few days*** negli ultimi giorni; ***he has changed ~ the years*** negli *o* con gli anni è cambiato; ***to do sth. ~ Christmas*** fare qcs. nel periodo di Natale **9** *(recovered from)* ***to be ~*** essersi ripreso da [*illness, operation, loss*]; ***to be ~ the worst*** avere passato il peggio **10** *(by means of)* ***~ the phone*** al *o* per telefono; ***~ the radio*** alla radio **11** *(everywhere in)* ***to travel all ~ the world*** viaggiare in tutto il mondo; ***to search all ~ the house*** cercare in tutta la casa; ***to show sb. ~ a house*** fare visitare una casa a qcn. **12** *(because of)* ***to laugh ~ sth.*** ridere di qcs.; ***to pause ~ sth.*** soffermarsi su qcs. **13** MAT. ***6 ~ 3 is 2*** 6 fratto 3 fa 2 **14 over and above** ***~ and above that*** oltre a ciò, in aggiunta a ciò; ***~ and above the minimum requirement*** ben oltre i requisiti minimi **II** avv. **1** *(above)* (al di) sopra; ***does it go under or ~?*** va sotto o sopra? **2** *(more)* ***children of six and ~*** i bambini di sei anni e oltre **3** *(to one's house, country)* ***to invite*** o ***ask sb. ~*** invitare qcn. (a casa propria); ***we had him ~ on Sunday, for dinner*** è stato nostro ospite domenica, a cena; ***when you're next ~ this way*** quando passi di nuovo da queste parti **4** RAD. TELEV. ***~!*** passo! ***~ to you*** a te *o* voi la linea; ***now ~ to Tom for the weather*** la linea va ora a *o* passiamo la linea a Tom per le previsioni del tempo **5** *(showing repetition)* ***five times ~*** cinque volte di seguito; ***to start all ~ again*** ricominciare da capo; ***I had to do it ~*** AE ho dovuto rifarlo; ***I've told you ~ and ~ (again)...*** ti ho detto migliaia di volte... **6** BE *(excessively)* ***I'm not ~ keen*** non sono troppo entusiasta **7** *(use with verbs not covered in the note above)* ***~ she went*** è caduta; ***~ you go!*** su, andate! **III** agg. **1** *(finished)* ***to be ~*** essere finito *o* terminato; ***to get sth. ~ with*** farla finita con qcs. **2** *(remaining)* ***2 into 5 goes 2 and 1 ~*** il 2 nel 5 sta 2 volte con il resto di 1; ***there's nothing ~*** non è rimasto nulla; ***we have some money left ~*** ci rimane del denaro.

overact /ˌəʊvərˈækt/ **I** tr. esagerare (nel fare) [*role*] **II** intr. strafare, eccedere.

overactive /ˌəʊvərˈæktɪv/ agg. iperattivo, troppo attivo.

1.overall /ˈəʊvərɔːl/ **I** n. BE camice m.; *(child's)* grembiule m. **II overalls** n.pl. BE tuta f.sing. (intera) da lavoro; AE salopette f.sing., pantaloni m. (da lavoro) con pettorina.
2.overall /ˌəʊvərˈɔːl/ **I** agg. [*responsibility, cost*] totale, complessivo; [*improvement, increase, trend, effect*] globale, complessivo; [*control*] generale; [*winner, majority*] assoluto **II** avv. **1** *(in total)* in tutto, complessivamente **2** *(in general)* complessivamente, nell'insieme.
overarm /ˈəʊvərɑːm/ **I** agg. [*service, throw*] (fatto) dall'alto, fatto con il braccio alzato al di sopra della spalla **II** avv. [*serve, throw*] dall'alto, con il braccio alzato al di sopra della spalla.
overate /ˌəʊvərˈeɪt/ pass. → **overeat**.
overawe /ˌəʊvərˈɔː/ tr. intimidire.
overbalance /ˌəʊvəˈbæləns/ **I** tr. sbilanciare **II** intr. [*person*] perdere l'equilibrio, sbilanciarsi; [*pile of objects*] crollare.
overbearing /ˌəʊvəˈbeərɪŋ/ agg. arrogante, prepotente.
overbearingly /ˌəʊvəˈbeərɪŋlɪ/ avv. arrogantemente, in modo prepotente.
overblown /ˌəʊvəˈbləʊn/ agg. [*style*] pomposo, ampolloso; [*flower*] spampanato; [*beauty*] sfiorito.
overboard /ˈəʊvəbɔːd/ avv. fuori bordo, in mare; ***throw sth.~*** gettare qcs. a mare; ***man~!*** uomo in mare! ***to go~*** COLLOQ. FIG. perdere la testa.
overbook /ˌəʊvəˈbʊk/ **I** tr. prenotare in overbooking [*flight*]; prenotare un numero maggiore di posti rispetto a quelli disponibili in [*hotel, theatre*] **II** intr. prenotare un numero maggiore di posti rispetto a quelli disponibili.
overburden /ˌəʊvəˈbɜːdn/ tr. sovraccaricare, oberare; ***he was~ed with guilt*** era sopraffatto dal senso di colpa.
overcame /ˌəʊvəˈkeɪm/ pass. → **overcome**.
overcapacity /ˌəʊvəkəˈpæsətɪ/ n. ECON. eccesso m. di capacità produttiva.
overcast /ˌəʊvəˈkɑːst, AE -ˈkæst/ agg. METEOR. nuvoloso, coperto.
overcharge /ˌəʊvəˈtʃɑːdʒ/ **I** tr. ***to~sb.*** fare pagare qcn. più del dovuto; ***he~d them for it*** glielo ha fatto pagare troppo (caro); ***she~d him by £ 5*** gli ha fatto pagare 5 sterline in più **II** intr. fare pagare un prezzo troppo alto.
overcoat /ˈəʊvəkəʊt/ n. soprabito m.
overcome /ˌəʊvəˈkʌm/ **I** tr. (pass. **-came**; p.pass. **-come**) **1** *(defeat)* sconfiggere, superare, vincere [*opponent*]; controllare [*nerves*]; superare, vincere [*fear*] **2** *(overwhelm)* ***to be overcome by smoke*** essere soffocato dal fumo; ***to be overcome by*** o ***with despair*** essere sopraffatto dalla disperazione; ***he was overcome by fear*** era paralizzato dalla paura; ***I was overcome when I heard the news*** la notizia mi ha annichilito **II** intr. (pass. **-came**; p.pass. **-come**) vincere.
overcompensate /ˌəʊvəˈkɒmpenseɪt/ intr. ***to~for sth.*** compensare qcs. in modo eccessivo (**by doing** facendo).
overconfident /ˌəʊvəˈkɒnfɪdənt/ agg. troppo fiducioso, troppo sicuro di sé.
overcook /ˌəʊvəˈkʊk/ tr. cuocere troppo, scuocere.
overcooked /ˌəʊvəˈkʊkt/ **I** p.pass. → **overcook II** agg. troppo cotto, scotto.
overcrowded /ˌəʊvəˈkraʊdɪd/ agg. [*shop, room*] sovraffollato, stipato (**with** di); [*road*] intasato; [*city*] sovrappopolato; [*class*] sovraffollato.
overcrowding /ˌəʊvəˈkraʊdɪŋ/ n. *(in city)* sovrappopolamento m.; *(in transport)* sovraffollamento m.
overdo /ˌəʊvəˈduː/ tr. (pass. **-did**; p.pass. **-done**) **1** *(exaggerate)* ***to~it*** *(when describing)* esagerare; *(when working)* strafare; *(when performing)* gigioneggiare **2** *(use too much of)* esagerare con [*flavouring, perfume, makeup*] **3** *(overcook)* fare cuocere troppo [*meat, vegetables*].
overdone /ˌəʊvəˈdʌn/ **I** p.pass. → **overdo II** agg. **1** *(exaggerated)* esagerato **2** *(overcooked)* troppo cotto.
1.overdose /ˈəʊvədəʊs/ n. dose f. eccessiva; *(of drugs)* overdose f.
2.overdose /ˌəʊvəˈdəʊs/ intr. ***to~on*** prendere una dose eccessiva di [*tablets*]; farsi un'overdose di [*drugs*].
overdraft /ˈəʊvədrɑːft, AE -dræft/ **I** n. *(debt)* scoperto m.; *(facility)* fido m.; ***to have an~*** essere scoperto **II** modif. ***~facility*** apertura di credito allo scoperto, facilitazione di scoperto, fido.
overdraw /ˌəʊvəˈdrɔː/ tr. (pass. **-drew**; p.pass. **-drawn**) ECON. ***I am £ 50 overdrawn*** ho uno scoperto di 50 sterline; ***your account is £ 50 overdrawn*** il suo conto è scoperto di 50 sterline.
overdress /ˌəʊvəˈdres/ **I** tr. *(too much)* vestire troppo, vestire con abiti troppo pesanti; *(too formally)* vestire in modo eccessivamente formale **II** intr. *(too much)* vestirsi troppo, vestirsi con abiti troppo pesanti; *(too formally)* vestirsi in modo eccessivamente formale.
overdrew /ˌəʊvəˈdruː/ pass. → **overdraw**.
overdrive /ˈəʊvədraɪv/ n. **1** AUT. overdrive m., marcia f. sovramoltiplicata; ***to go into~*** mettere l'overdrive **2** FIG. attività f. frenetica.
overdue /ˌəʊvəˈdjuː, AE -ˈduː/ agg. [*plane, train, work*] in ritardo (**by** di); [*bill*] scaduto; [*baby*] che tarda (a nascere); ***this measure is long~*** questa contromisura è attesa da tempo; ***the book is~*** il prestito del libro è scaduto.
over easy agg. AE [*egg*] al tegamino (cotto su entrambi i lati).
overeat /ˌəʊvərˈiːt/ intr. (pass. **-ate**; p.pass. **-eaten**) mangiare troppo.
overemphasize /ˌəʊvərˈemfəsaɪz/ tr. dare troppa enfasi a [*aspect, fact*]; esagerare [*importance*].
overemployment /ˌəʊvərɪmˈplɔɪmənt/ n. sovraoccupazione f.
overenthusiastic /ˌəʊvərɪnˌθjuːzɪˈæstɪk, AE -ˌθuː-/ agg. troppo entusiasta.
overestimate /ˌəʊvərˈestɪmeɪt/ tr. sopravvalutare, sovrastimare.
overexcited /ˌəʊvərɪkˈsaɪtɪd/ agg. sovreccitato.
overexert /ˌəʊvərɪgˈzɜːt/ rifl. ***to~oneself*** sovraffaticarsi.
overexpose /ˌəʊvərɪkˈspəʊz/ tr. FOT. sovraesporre.
overexposure /ˌəʊvərɪkˈspəʊʒə(r)/ n. FOT. sovraesposizione f. (anche FIG.).
overfeed /ˌəʊvəˈfiːd/ tr. (pass., p.pass. **-fed**) sovralimentare, nutrire eccessivamente [*child, pet*]; concimare eccessivamente [*plant*].
1.overflow /ˈəʊvəfləʊ/ n. **1** *(surplus)* ***the~of students*** l'eccesso *o* la sovrabbondanza di studenti **2** *(from bath, sink)* troppopieno m.; *(from dam)* sfioratore m. **3** *(spillage)* straripamento m., traboccamento m. **4** INFORM. overflow m.
2.overflow /ˌəʊvəˈfləʊ/ **I** tr. ***to~the banks*** [*river*] straripare, esondare **II** intr. [*bath, bin*] traboccare; [*river, water*] tracimare, straripare; [*crowd*] riversarsi (**into** in; **onto** su); ***to be full to~ing*** [*room, theatre*] essere pieno zeppo *o* stracolmo.
overflowing /ˌəʊvəˈfləʊɪŋ/ agg. [*school, prison*] sovraffollato; [*bin, bath*] traboccante, colmo.
overgenerous /ˌəʊvəˈdʒenərəs/ agg. troppo generoso; [*amount*] eccessivo.
overgrown /ˌəʊvəˈgrəʊn/ agg. **1** [*garden*] invaso dalla vegetazione **2** ***to behave like an~schoolboy*** comportarsi come un bambino troppo cresciuto.
1.overhang /ˈəʊvəhæŋ/ n. *(of cliff)* strapiombo m.; *(of roof)* aggetto m., sporgenza f.
2.overhang /ˌəʊvəˈhæŋ/ **I** tr. (pass., p.pass. **-hung**) sporgere sopra, strapiombare su **II** intr. (pass., p.pass. **-hung**) sporgere, strapiombare.
overhanging /ˌəʊvəˈhæŋɪŋ/ agg. [*ledge, cliff*] a strapiombo; [*tree, branch*] sporgente.
1.overhaul /ˈəʊvəhɔːl/ n. *(of machine)* revisione f.; FIG. *(of system)* riorganizzazione f., ristrutturazione f.
2.overhaul /ˌəʊvəˈhɔːl/ tr. **1** revisionare, aggiustare [*car, machine*]; FIG. riorganizzare [*system*] **2** *(overtake)* sorpassare, superare; *(catch up with)* raggiungere [*ship, vehicle*].
1.overhead /ˈəʊvəhed/ **I overheads** n.pl. BE spese f. generali **II** agg. [*cable*] aereo; [*railway*] sopraelevato.
2.overhead /ˌəʊvəˈhed/ avv. **1** *(in the sky)* in cielo, lassù **2** *(above the head)* al di sopra della testa.
overhead light n. plafoniera f.
overhead locker n. AER. scomparto m. bagagli a mano.
overhead projector n. lavagna f. luminosa.
overhear /ˌəʊvəˈhɪə(r)/ tr. (pass., p.pass. **-heard**) udire per caso, sentire di sfuggita [*conversation, words*].
overheat /ˌəʊvəˈhiːt/ **I** tr. surriscaldare [*room*]; fare scaldare troppo [*sauce, oven*] **II** intr. [*car, oven*] surriscaldarsi.

overheated /ˌəʊvəˈhiːtɪd/ **I** p.pass. → **overheat II** agg. [*room*] surriscaldato; [*debate*] infuocato; [*person*] infuriato; [*imagination*] in fermento.
overhung /ˌəʊvəˈhʌŋ/ pass., p.pass. → **2.overhang**.
overindulge /ˌəʊvərɪnˈdʌldʒ/ **I** tr. viziare [*child, pet*] **II** intr. lasciarsi andare; ***to ~ in*** esagerare con.
overindulgence /ˌəʊvərɪnˈdʌldʒəns/ n. **1** *(excess)* eccesso m. (**in** di) **2** *(partiality)* eccessiva indulgenza f. (**of, towards** verso).
overjoyed /ˌəʊvəˈdʒɔɪd/ agg. felicissimo, pazzo di gioia (**at** per).
overkill /ˈəʊvəkɪl/ n. ***advertising, media ~*** martellamento pubblicitario, dei media.
overladen /ˌəʊvəˈleɪdn/ agg. sovraccarico.
overlaid /ˌəʊvəˈleɪd/ pass., p.pass. → **2.overlay**.
overland /ˈəʊvəlænd/ agg. e avv. via terra.
1.overlap /ˈəʊvəlæp/ n. sovrapposizione f. (**between** tra); *(undesirable)* sconfinamento m. (**between** di).
2.overlap /ˌəʊvəˈlæp/ **I** tr. (forma in -ing ecc. **-pp-**) sovrapporre (parzialmente) **II** intr. (forma in -ing ecc. **-pp-**) **1** [*sector, system*] sovrapporsi, accavallarsi (**with** con); *(undesirably)* sconfinare (**with** in); [*events*] coincidere (**with** con) **2** [*materials, edges, tiles*] sovrapporsi (parzialmente); [*one edge*] sporgere.
1.overlay /ˈəʊvəleɪ/ n. **1** *(decoration)* rivestimento m., copertura f. **2** FIG. *(layer)* strato m.
2.overlay /ˌəʊvəˈleɪ/ tr. (pass., p.pass. **-laid**) coprire, ricoprire (**with** con, di).
overleaf /ˌəʊvəˈliːf/ avv. sul verso, sul retro; ***see ~*** vedi retro *o* a tergo.
1.overload /ˈəʊvələʊd/ n. sovraccarico m. (anche FIG.).
2.overload /ˌəʊvəˈləʊd/ tr. sovraccaricare [*machine, system*] (**with** con, di).
overlook /ˌəʊvəˈlʊk/ tr. **1** *(have a view of)* [*building, window*] dare su, guardare su **2** *(miss)* lasciarsi sfuggire, non vedere [*detail, error*]; ***to ~ the fact that*** tralasciare il fatto che **3** *(ignore)* chiudere un occhio su, passare sopra a [*behaviour, mistake*]; ignorare, non considerare [*person*]; non tenere conto di, trascurare [*effect, fact, need, problem*].
overlord /ˈəʊvəlɔːd/ n. signore m. supremo, sovrano m.
overly /ˈəʊvəlɪ/ avv. eccessivamente, troppo.
overmanned /ˌəʊvəˈmænd/ agg. [*factory, office*] con esubero di personale.
overmanning /ˌəʊvəˈmænɪŋ/ n. esubero m. di personale.
overmuch /ˌəʊvəˈmʌtʃ/ avv. eccessivamente, troppo.
1.overnight I /ˈəʊvənaɪt/ agg. **1** *(night-time)* [*journey, train*] notturno; [*stay*] di una notte; [*guest, stop*] per una notte; [*party, rain*] che dura tutta la notte **2** FIG. *(rapid)* [*success*] immediato **II** /ˌəʊvəˈnaɪt/ avv. **1** *(in the night)* durante la notte, di notte; *(for the night)* per la notte; [*keep*] fino al giorno dopo; ***to stay ~*** restare a dormire **2** FIG. *(rapidly)* da un giorno all'altro.
2.overnight /ˌəʊvəˈnaɪt/ intr. ***to ~ in Chicago*** pernottare a Chicago.
overnight bag n. piccola borsa f. da viaggio, ventiquattrore f.
overpaid /ˌəʊvəˈpeɪd/ **I** pass., p.pass. → **overpay II** agg. strapagato.
overpass /ˈəʊvəpɑːs, AE -pæs/ n. cavalcavia m.
overpay /ˌəʊvəˈpeɪ/ tr. (pass., p.pass. **-paid**) strapagare, pagare troppo [*employee*]; ***I was overpaid by £ 500*** mi hanno pagato 500 sterline più del dovuto.
overplay /ˌəʊvəˈpleɪ/ tr. *(exaggerate)* esagerare ♦ ***to ~ one's hand*** spingersi troppo in là.
overpopulated /ˌəʊvəˈpɒpjʊleɪtɪd/ agg. sovrappopolato.
overpopulation /ˌəʊvəpɒpjʊˈleɪʃn/ n. sovrappopolazione f.
overpower /ˌəʊvəˈpaʊə(r)/ tr. **1** sopraffare [*thief, army*] **2** FIG. [*smell, smoke, heat*] opprimere.
overpowering /ˌəʊvəˈpaʊərɪŋ/ agg. [*person*] prepotente; [*personality*] dominante; [*desire, urge*] irresistibile; [*heat*] opprimente, soffocante; [*smell*] irrespirabile.
overpriced /ˌəʊvəˈpraɪst/ agg. troppo caro.
overproduction /ˌəʊvəprəˈdʌkʃn/ n. sovrapproduzione f.
overprotective /ˌəʊvəprəˈtektɪv/ agg. [*attitude, parents*] iperprotettivo.
overqualified /ˌəʊvəˈkwɒlɪfaɪd/ agg. troppo qualificato.
overran /ˌəʊvəˈræn/ pass. → **2.overrun**.
overrate /ˌəʊvəˈreɪt/ tr. sopravvalutare.
overreach /ˌəʊvəˈriːtʃ/ rifl. ***to ~ oneself*** prefiggersi obiettivi troppo ambiziosi, fare il passo più lungo della gamba.
overreact /ˌəʊvərɪˈækt/ intr. reagire in modo eccessivo.
override /ˌəʊvəˈraɪd/ tr. (pass. **-rode**; p.pass. **-ridden**) **1** *(disregard)* passare sopra a, non tenere conto di [*consideration, opinion*] **2** *(take precedence)* avere la precedenza su [*decision*].
overriding /ˌəʊvəˈraɪdɪŋ/ agg. [*importance*] prioritario; [*priority*] assoluto.
overripe /ˌəʊvəˈraɪp/ agg. [*fruit*] troppo maturo; [*cheese*] troppo stagionato.
overrode /ˌəʊvəˈrəʊd/ pass. → **override**.
overrule /ˌəʊvəˈruːl/ tr. DIR. annullare [*decision*]; respingere [*objection*]; avere il sopravvento su [*person*].
1.overrun /ˈəʊvərʌn/ n. ECON. eccedenza f.; ***cost ~*** sforamento del budget.
2.overrun /ˌəʊvəˈrʌn/ **I** tr. (forma in -ing **-nn-**; pass. **-ran**; p.pass. **-run**) **1** *(invade)* invadere [*country, site*] **2** *(exceed)* eccedere, superare [*time, budget*] **II** intr. (forma in -ing **-nn-**; pass. **-ran**; p.pass. **-run**) ***the lecturer overran his time by an hour*** il conferenziere ha sforato di un'ora.
oversaw /ˌəʊvəˈsɔː/ pass. → **oversee**.
overseas /ˌəʊvəˈsiːz/ **I** agg. **1** *(foreign)* [*student, investor*] straniero; [*countries*] d'oltremare **2** *(in or to other countries)* [*travel, investment*] all'estero; [*trade, market*] estero **II** avv. *(abroad)* [*work, retire*] all'estero; *(across the sea)* oltremare; *(across the Channel)* al di là della Manica.
oversee /ˌəʊvəˈsiː/ tr. (pass. **-saw**; p.pass. **-seen**) sovrintendere a, sorvegliare.
overseer /ˈəʊvəsiːə(r)/ n. *(of workers)* caposquadra m. e f.; *(of project)* responsabile m. e f.
oversell /ˌəʊvəˈsel/ tr. (pass., p.pass. **-sold**) lodare esageratamente [*idea, plan, job*].
oversensitive /ˌəʊvəˈsensɪtɪv/ agg. ipersensibile.
oversew /ˈəʊvəsəʊ/ tr. (pass. **-sewed**; p.pass. **-sewn**) sopraggittare.
oversexed /ˌəʊvəˈsekst/ agg. COLLOQ. SPREG. ***to be ~*** essere un assatanato *o* un maniaco.
overshadow /ˌəʊvəˈʃædəʊ/ tr. **1** *(spoil)* gettare un'ombra su, rattristare [*celebration*] **2** *(eclipse)* eclissare, fare passare in secondo piano [*achievement*].
overshoe /ˈəʊvəʃuː/ n. *(rubber)* soprascarpa f.
overshoot /ˌəʊvəˈʃuːt/ tr. (pass., p.pass. **-shot**) oltrepassare [*junction, traffic lights*]; mancare, tirare troppo oltre [*target*] ♦ ***to ~ the mark*** esagerare, passare il segno.
oversight /ˈəʊvəsaɪt/ n. *(omission)* svista f., distrazione f.; *(criticized)* negligenza f.; ***due to an ~*** per distrazione.
oversimplification /ˌəʊvəˌsɪmplɪfɪˈkeɪʃn/ n. schematizzazione f., semplificazione f. eccessiva.
oversimplify /ˌəʊvəˈsɪmplɪfaɪ/ tr. semplificare eccessivamente.
oversize(d) /ˈəʊvəsaɪz(d)/ agg. *(very big)* enorme; *(too big)* [*shirt, sweater*] oversize, abbondante.
oversleep /ˌəʊvəˈsliːp/ intr. (pass., p.pass. **-slept**) non svegliarsi in tempo; ***sorry I'm late - I overslept*** scusate il ritardo - sono rimasto addormentato.
oversold /ˌəʊvəˈsəʊld/ pass., p.pass. → **oversell**.
overspend /ˌəʊvəˈspend/ **I** tr. (pass., p.pass. **-spent**) spendere più di [*budget, income*] **II** intr. (pass., p.pass. **-spent**) spendere troppo.
overspending /ˌəʊvəˈspendɪŋ/ n. **U** spesa f. eccessiva; ECON. AMM. sforamento m. budgetario.
overspent /ˌəʊvəˈspent/ pass., p.pass. → **overspend**.
overspill /ˈəʊvəspɪl/ **I** n. sovrappopolazione f., eccesso m. di popolazione **II** modif. ***an ~ (housing) development*** un'opera di urbanizzazione satellite; ***~ population*** popolazione in eccesso; ***~ town*** città satellite.
overstaffed /ˌəʊvəˈstɑːft, AE -ˈstæft/ agg. [*company*] con esubero di personale.
overstaffing /ˌəʊvəˈstɑːfɪŋ, AE -ˈstæfɪŋ/ n. esubero m. di personale.
overstate /ˌəʊvəˈsteɪt/ tr. esagerare, ingrandire; ***to ~ the case*** gonfiare il caso; ***the importance of this product cannot be ~d*** l'importanza di questo prodotto non sarà mai evidenziata abbastanza.

overstatement /ˌəʊvəˈsteɪtmənt/ n. esagerazione f.
overstay /ˌəʊvəˈsteɪ/ tr. prolungare più del previsto [*visit*]; ***to ~ one's welcome*** trattenersi troppo (come ospite), abusare dell'ospitalità di qcn.; ***to ~ one's visa*** = restare in un paese straniero anche dopo la scadenza del permesso di soggiorno.
overstep /ˌəʊvəˈstep/ tr. (forma in -ing ecc. **-pp-**) oltrepassare [*bounds*]; ***to ~ the mark*** passare il segno, oltrepassare i limiti.
overstretched /ˌəʊvəˈstretʃt/ agg. [*budget*] con uno sforamento; [*resources*] sovrautilizzato; ***she is ~*** ha troppi impegni.
oversubscribed /ˌəʊvəsəbˈskraɪbd/ agg. [*offer, tickets*] in eccesso di domanda; [*share issue*] sottoscritto in eccesso.
overt /ˈəʊvɜːt, AE əʊˈvɜːrt/ agg. aperto, manifesto.
overtake /ˌəʊvəˈteɪk/ tr. (pass. **-took**, p.pass. **-taken**) **1** *(pass)* [*vehicle*] BE superare, sorpassare; [*person*] superare, passare **2** FIG. [*disaster, change*] sconvolgere [*project, country*]; [*storm*] sorprendere [*person*]; ***he was overtaken by*** o ***with fear*** è stato assalito dalla paura; ***to be overtaken by events*** essere sopraffatto dagli eventi.
overtaking /ˌəʊvəˈteɪkɪŋ/ n. AUT. sorpasso m.; ***"no ~"*** "divieto di sorpasso".
overtax /ˌəʊvəˈtæks/ **I** tr. **1** *(strain)* sovraccaricare, pretendere troppo da **2** ECON. AMM. oberare di tasse **II** rifl. ***to ~ oneself*** sovraccaricarsi.
over-the-counter /ˌəʊvəðəˈkaʊntə(r)/ **I** agg. [*medicines*] da banco **II** avv. ***to sell medicines over the counter*** vendere medicinali da banco *o* senza prescrizione medica.
over-the-top /ˌəʊvəðəˈtɒp/ agg. COLLOQ. **1** attrib. esagerato **2** dopo verbo ***to go over the top*** *(with anger)* uscire dai gangheri; *(overreact)* reagire in modo eccessivo.
1.overthrow /ˈəʊvəθrəʊ/ n. POL. rovesciamento m.
2.overthrow /ˌəʊvəˈθrəʊ/ tr. (pass. **-threw**; p.pass. **-thrown**) POL. rovesciare [*government, system*]; FIG. demolire, abbattere [*values*].
overtime /ˈəʊvətaɪm/ **I** n. **1** *(extra hours)* straordinario m.; ***to put in*** o ***do ~*** fare del lavoro straordinario, gli straordinari **2** (anche **~ pay**) *(extra pay)* straordinario m.; ***to earn £ 50 in ~*** guadagnare 50 sterline di straordinario **3** AE SPORT tempo m. supplementare **II** avv. ***to work ~*** fare gli straordinari (anche FIG.).
overtired /ˌəʊvəˈtaɪəd/ agg. strapazzato; [*baby, child*] stanco e capriccioso.
overtly /ˈəʊvɜːtlɪ, AE əʊˈvɜːtlɪ/ avv. apertamente.
overtone /ˈəʊvətəʊn/ n. **1** *(nuance)* sottinteso m., sfumatura f. **2** MUS. armonica f. superiore.
overtook /ˌəʊvəˈtʊk/ pass. → **overtake**.
overture /ˈəʊvətjʊə(r)/ n. **1** MUS. ouverture f. **2** gener. pl. *(approach) (social)* approccio m.; *(business)* proposta f.; ***romantic ~s*** avances.
overturn /ˌəʊvəˈtɜːn/ **I** tr. **1** *(roll over)* rovesciare, capovolgere **2** *(reverse)* revocare [*decision*]; cassare [*sentence, judgment, ruling*]; fare vacillare [*majority*] **II** intr. rovesciarsi, capovolgersi.
overvalue /ˌəʊvəˈvæljuː/ tr. ECON. sopravvalutare [*currency, property*].
overview /ˈəʊvəvjuː/ n. visione f. d'insieme, panoramica f.
overweening /ˌəʊvəˈwiːnɪŋ/ agg. eccessivo, smodato.
overweight /ˌəʊvəˈweɪt/ agg. **1** [*person*] sovrappeso; ***to be ~*** essere (in) sovrappeso **2** ***to be ~*** [*suitcase*] pesare troppo; ***my case is 5 kilos ~*** la mia valigia supera di 5 chili il peso consentito.
overwhelm /ˌəʊvəˈwelm, AE -ˈhwelm/ tr. **1** [*wave, avalanche*] sommergere; [*enemy*] schiacciare, sopraffare **2** FIG. [*letters, offers, phone calls*] sommergere, inondare; [*feeling*] invadere; [*shame, work*] opprimere; [*kindness*] confondere.
overwhelmed /ˌəʊvəˈwelmd, AE -ˈhwelmd/ **I** p.pass. → **overwhelm II** agg. *(with letters, offers, phone calls, kindness)* sommerso (**with**, **by** di); *(with shame, work)* oppresso (**with**, **by** da); *(by sight, experience, emotion)* sopraffatto (**by** da).
overwhelming /ˌəʊvəˈwelmɪŋ, AE -ˈhwelm-/ agg. [*defeat, victory, majority, argument, evidence*] schiacciante; [*desire*] travolgente; [*heat, sorrow*] opprimente; [*concern, impression*] dominante; [*support*] entusiasta; [*conviction*] assoluto.
overwhelmingly /ˌəʊvəˈwelmɪŋlɪ, AE -ˈhwelm-/ avv. [*generous*] straordinariamente; [*win, lose*] in modo schiacciante; [*vote, accept, reject*] con una maggioranza schiacciante, in massa; ***the country is ~ Protestant*** il paese è per la stragrande maggioranza protestante.
1.overwork /ˈəʊvəwɜːk/ n. superlavoro m.
2.overwork /ˌəʊvəˈwɜːk/ **I** tr. strapazzare, fare lavorare troppo [*employee, heart*] **II** intr. lavorare troppo.
overworked /ˌəʊvəˈwɜːkt/ **I** p.pass. → **2.overwork II** agg. **1** [*employee*] affaticato dal lavoro, stressato **2** [*excuse, word*] troppo elaborato.
overwrite /ˌəʊvəˈraɪt/ tr. (pass. **-wrote**; p.pass. **-written**) INFORM. sovrascrivere [*data, memory*].
overwrought /ˌəʊvəˈrɔːt/ agg. nervoso, teso, sovreccitato.
Ovid /ˈɒvɪd/ n.pr. Ovidio.
ovulate /ˈɒvjʊleɪt/ intr. ovulare.
ovulation /ˌɒvjʊˈleɪʃn/ n. ovulazione f.
ovule /ˈəʊvjuːl/ n. ovulo m.
ovum /ˈəʊvəm/ n. (pl. **-a**) ovulo m.
ow /aʊ/ inter. ahi.
owe /əʊ/ tr. **1** *(be indebted for)* dovere [*invention, life, success, failure, talent*]; dovere, essere debitore di [*money*]; ***to ~ sth. to sb.*** o ***sb. sth.*** dovere qcs. a qcn.; ***he still ~s us for the ticket*** ci deve ancora dei soldi per il biglietto; ***I ~ you a favour, I ~ you one*** COLLOQ. a buon rendere; ***he ~s me one*** COLLOQ. mi deve un favore; ***his style ~s much to the Impressionists*** il suo stile ha preso molto dagli *o* deve molto agli impressionisti **2** *(be morally bound to give)* dovere [*apology, duty, loyalty, explanation*]; ***you ~ it to yourself to try everything*** è un dovere verso te stesso di fare ogni tentativo possibile; ***don't think the world ~s you a living!*** COLLOQ. non credere che tutto ti sia dovuto!
owing /ˈəʊɪŋ/ agg. **1** [*sum*] da pagare, dovuto; ***£ 20 is still ~*** deve ancora 20 sterline **2 owing to** a causa di.
owl /aʊl/ n. gufo m.; *(with tufted ears)* civetta f.
owlish /ˈaʊlɪʃ/ agg. [*appearance, gaze*] da gufo; [*expression*] solenne.
1.own /əʊn/ **I** agg. proprio; ***his ~ car, house*** la sua auto, casa; ***my ~ sister*** mia sorella; ***his ~ children*** i suoi figli; ***with my ~ eyes*** con i miei stessi occhi; ***to start one's ~ business*** mettersi in proprio; ***the company has its ~ lawyer*** la ditta ha un suo avvocato; ***he has his ~ ideas about what the truth is*** ha una sua idea su quale sia la verità; ***he has his ~ problems*** ha abbastanza problemi per conto suo; ***he's very nice in his ~ way*** a modo suo è molto gentile; ***in his ~ words*** per usare le sue parole; ***the house has its ~ garage, garden*** la casa ha un garage, giardino (privato); ***he does his ~ cooking*** si fa da mangiare da solo; ***he makes his ~ decisions*** decide da solo **II** pron. ***I don't have a company car, I use my ~*** non ho la macchina della ditta, uso la mia; ***he didn't borrow it, it's his ~*** non l'ha preso in prestito, è proprio suo; ***she borrowed my pen, because she'd lost her ~*** prese in prestito la mia penna perché aveva perso la sua; ***they have problems of their ~*** hanno (abbastanza) problemi per conto loro; ***when you have children of your ~*** quando avrai dei figli; ***he has a room of his ~*** ha una camera tutta per sé; ***a house of our (very) ~*** una casa (tutta) nostra; ***my time's not my ~*** non ho neanche un attimo per me stesso; ***to come into one's ~*** entrare in possesso di ciò a cui si ha diritto; FIG. ottenere il giusto riconoscimento ♦ ***to do one's ~ thing*** fare quel che si vuole; ***each to his ~*** ciascuno per sé; ***to get one's ~ back*** vendicarsi (**on sb.** di qcn.); ***to hold one's ~*** tenere duro; ***on one's ~*** da solo; ***to get sb. on their ~*** incontrare qcn. da solo *o* in privato.
2.own /əʊn/ **I** tr. **1** *(possess)* avere, possedere [*car, house*]; avere [*dog*]; ***she ~s three shops*** è proprietaria di tre negozi; ***who ~s this house?*** di chi è questa casa? ***he walks around as if he ~s the place*** SPREG. si comporta come se questo posto fosse suo **2** *(admit)* riconoscere, ammettere **II** intr. ***to ~ to a mistake*** riconoscere il proprio errore; ***he ~ed to having lied*** ammise di aver mentito.
■ **own up** confessare; ***to ~ up to having done*** o ***to doing*** ammettere *o* confessare di avere fatto; ***to ~ up to the murder, theft*** confessare il delitto, il furto.
own brand n. marchio m. commerciale.
owner /ˈəʊnə(r)/ n. proprietario m. (-a); ***car, home ~*** proprietario di un'auto, di una casa; ***the dog's ~*** il padrone del cane; ***legal*** o ***rightful ~*** legittimo proprietario; ***share ~*** azionista.

owner-driver /ˌəʊnə'draɪvə(r)/ n. padroncino m.
owner-occupied /ˌəʊnə'ɒkjʊpaɪd/ agg. [*flat, house*] occupato dal proprietario.
owner-occupier /ˌəʊnə'ɒkjʊpaɪə(r)/ n. = proprietario che occupa il suo immobile.
ownership /'əʊnəʃɪp/ n. proprietà f.; *(of land)* possesso m.; ***joint*** ~ comproprietà; ***share*** ~ partecipazione al capitale di una società; ***to be in*** o ***under private*** ~ essere (una) proprietà privata; ***to take into public*** ~ nazionalizzare; ***"under new*** ~***"*** "nuova gestione"; ***home*** ~ ***is increasing*** il numero di persone che possiedono la casa in cui abitano è in aumento; ***to provide proof of*** ~ dimostrare di essere proprietario.
own goal n. autogol m. (anche FIG.).
ox /ɒks/ n. (pl. **oxen**) bue m. ♦ ***as strong as an*** ~ forte come un toro; ***a blow that would have felled an*** ~ un colpo che avrebbe steso un elefante.
Oxbridge /'ɒksbrɪdʒ/ n. università f.pl. di Oxford e di Cambridge.
ox cart n. carro m. (trainato) da buoi.
oxen /'ɒksn/ → **ox**.
Oxford /'ɒksfəd/ ♦ ***34*** n.pr. Oxford f.
oxfords /'ɒksfədz/ n.pl. = scarpe classiche da uomo basse e stringate.
oxidation /ˌɒksɪ'deɪʃn/ n. ossidazione f.
oxide /'ɒksaɪd/ n. ossido m.
oxidize /'ɒksɪdaɪz/ **I** tr. ossidare **II** intr. ossidarsi.
Oxon /'ɒksən/ GB UNIV. ⇒ Oxoniensis di Oxford; ***Tom Lewis MA (~)*** Tom Lewis MA (Università di Oxford).
Oxonian /ɒk'səʊnɪən/ **I** n. FORM. **1** *(graduate)* laureato m. (-a) dell'università di Oxford **2** *(inhabitant)* oxoniense m. e f. **II** agg. FORM. oxoniense, di Oxford.
oxtail soup /ˌɒkteɪl'su:p/ n. zuppa f. di coda di bue.
oxyacetylene /ˌɒksɪə'setɪli:n/ agg. ossiacetilenico; ~ ***torch*** cannello ossiacetilenico.
oxygen /'ɒksɪdʒən/ **I** n. ossigeno m. **II** modif. [*bottle, supply, tank*] di ossigeno; [*mask, tent*] a ossigeno.
oxygenate /ɒk'sɪdʒəneɪt/ tr. ossigenare.
oyster /'ɔɪstə(r)/ **I** n. ostrica f. **II** modif. [*knife*] da ostriche; [*shell*] d'ostrica ♦ ***the world's your*** ~ il mondo è tuo.
oyster bed n. banco m. d'ostriche.
oyster catcher n. ORNIT. ostrichiere m.
oyster cracker n. AE = cracker salato che accompagna piatti a base di ostriche o altri molluschi.
oyster farm n. allevamento m. di ostriche, ostricaio m.
oz ⇒ ounce(s) oncia, once.
ozone /'əʊzəʊn/ **I** n. **1** CHIM. ozono m. **2** COLLOQ. *(sea air)* aria f. pura di mare **II** modif. [*depletion*] dello strato di ozono; [*layer, value*] di ozono.
ozone-friendly /ˌəʊzəʊn'frendlɪ/ agg. che non danneggia l'ozono.

P

p, P /piː/ n. **1** *(letter)* p, P m. e f. **2 p** BE (⇒ penny, pence) penny m. ♦ ***you'd better mind your p's and q's*** attento a quel(lo) che dici *o* fai.
pa /pɑː/ n. COLLOQ. papà m.
p.a. ⇒ per annum all'anno.
PA ⇒ personal assistant assistente personale.
1.pace /peɪs/ n. **1** *(step, measure)* passo m. **2** *(rate of movement)* ritmo m., andatura f.; ***at a fast, slow ~*** velocemente, lentamente; ***to quicken one's ~*** affrettare il passo; ***to keep ~ with sth.*** andare al passo con qcs. (anche FIG.); ***I can't stand the ~*** non riesco a stare al passo (anche FIG.); ***to step up, slow down the ~*** accelerare, rallentare il passo; ***to set the ~*** dare il passo; FIG. fare da battistrada ♦ ***to put sb. through their ~s*** mettere qcn. alla prova.
2.pace /peɪs/ **I** tr. percorrere, misurare (a passi) [*cage, room*] **II** intr. (anche **~ up and down**) camminare su e giù; ***to ~ up and down sth.*** misurare qcs. a grandi passi.
pacemaker /ˈpeɪsmeɪkə(r)/ n. **1** MED. pacemaker m., stimolatore m. cardiaco **2** SPORT battistrada m., lepre f.
pacesetter /ˈpeɪssetə(r)/ n. *(athlete)* battistrada m.; FIG. *(trendsetter)* pioniere m. (-a).
pachyderm /ˈpækɪdɜːm/ n. pachiderma m.
pacific /pəˈsɪfɪk/ agg. pacifico.
Pacific /pəˈsɪfɪk/ ➧ **20** n.pr. ***the ~*** il Pacifico.
Pacific Ocean ➧ **20** n.pr. oceano m. Pacifico.
Pacific Standard Time n. = ora solare della zona dell'America settentrionale che si affaccia sul Pacifico.
pacifier /ˈpæsɪfaɪə(r)/ n. AE *(for baby)* ciuccio m., succhiotto m.
pacifism /ˈpæsɪfɪzəm/ n. pacifismo m.
pacifist /ˈpæsɪfɪst/ **I** agg. pacifista **II** n. pacifista m. e f.
pacify /ˈpæsɪfaɪ/ tr. pacificare, tranquillizzare [*person*].
1.pack /pæk/ **I** n. **1** *(box)* pacco m.; *(small)* pacchetto m.; *(large)* scatola f.; *(bag)* sacchetto m. **2** *(group) (of wolves, dogs)* branco m.; *(of people)* banda f.; *(of hounds)* muta f.; *(of scouts)* branco m. **3** *(in rugby)* pacchetto m. **4** *(of cards)* mazzo m. **5** *(backpack)* zaino m.; *(carried by animal)* soma f. **6** MED. impacco m. **II -pack** in composti ***a two-~*** *(of cassettes, beer)* una confezione da due ♦ ***a ~ of lies*** un sacco di bugie.
2.pack /pæk/ **I** tr. **1** *(stow) (in suitcase)* mettere in valigia [*clothes*]; *(in box, crate)* imballare, impacchettare [*ornaments, books*] **2** *(put things into)* riempire [*box, crate*]; ***to ~ one's suitcase*** fare *o* preparare la valigia; ***to ~ one's bags*** fare i bagagli (anche FIG.) **3** *(package commercially)* imballare, impacchettare [*goods*] **4** *(cram into)* [*crowd*] stiparsi in, affollare [*church, theatre*]; ***to be ~ed with*** essere pieno zeppo di [*people*]; essere pieno di [*ideas*] **5** *(press firmly)* pressare [*snow, earth*] **II** intr. **1** *(get ready for departure)* [*person*] fare le valigie **2** *(crowd)* ***to ~ into*** stiparsi, affollarsi in [*place*] ♦ ***to send sb. ~ing*** cacciare via qcn.
■ **pack in:** ***~ [sth.] in, ~ in [sth.]*** **1** *(cram in)* fare entrare, pigiare [*people*] **2** COLLOQ. *(give up)* piantare [*job, boyfriend*]; ***~ it in!*** piantala!
■ **pack off:** ***~ [sb.] off, ~ off [sb.]*** mandare, spedire via.
■ **pack up:** ***~ up*** **1** *(prepare to go)* [*person*] fare i bagagli **2** COLLOQ. [*TV, machine*] guastarsi; [*car*] andare in panne; [*heart, liver*] collassare; ***~ [sth.] up, ~ up [sth.]*** *(put away)* mettere via [*books*]; *(in boxes, crates)* imballare, inscatolare [*books, objects*].
1.package /ˈpækɪdʒ/ n. **1** *(parcel)* pacco m., collo m., pacchetto m. **2** *(collection) (of reforms, measures, proposals)* pacchetto m.; ***it's part of the ~*** è compreso nel prezzo **3** INFORM. pacchetto m., package m.
2.package /ˈpækɪdʒ/ tr. **1** *(put into packaging)* imballare, impacchettare [*goods, object*] **2** *(design image for)* confezionare [*product*]; presentare [*policy, proposal*].
package deal n. COMM. pacchetto m., offerta f. speciale.
package holiday BE, **package tour** n. pacchetto m., viaggio m. tutto compreso.
packaging /ˈpækɪdʒɪŋ/ n. **1** COMM. *(materials)* imballaggio m. **2** *(promotion) (of product)* confezione f., packaging m.; *(of policy, film, singer)* immagine f. pubblica.
pack animal n. bestia f. da soma.
packed /pækt/ **I** p.pass. → **2.pack II** agg. **1** *(crowded)* pieno zeppo, stracolmo; ***~ with*** pieno zeppo di **2** *(having done one's packing)* ***I'm ~*** ho fatto le valigie.
packed lunch n. pranzo m. al sacco.
packer /ˈpækə(r)/ ➧ **27** n. **1** *(person)* imballatore m. (-trice) **2** *(machine)* imballatrice f.
1.packet /ˈpækɪt/ **I** n. **1** *(box)* scatola f., pacchetto m.; *(bag)* sacchetto m., busta f.; *(for drinks)* brick m. **2** *(parcel)* pacco m., collo m. **3** INFORM. pacchetto m. **II** modif. [*soup*] in busta; [*drink*] in brick ♦ ***to cost a ~*** COLLOQ. costare un pacco di soldi.
2.packet /ˈpækɪt/ tr. impacchettare.
pack horse n. cavallo m. da soma.
pack ice n. pack m., banchisa f.
packing /ˈpækɪŋ/ n. **1** COMM. imballaggio m., imballo m. **2** *(of suitcases)* ***to do one's ~*** fare i bagagli *o* le valigie **3** TECN. guarnizione f.
packing case n. cassa f. da imballaggio.
packing density n. INFORM. = densità delle informazioni immagazzinate.
pact /pækt/ n. patto m., accordo m. (anche POL.); ***to make a ~ to do*** mettersi d'accordo per fare.
1.pad /pæd/ n. **1** *(of paper)* blocco m., blocchetto m. **2** *(to prevent chafing)* imbottitura f., protezione f.; *(to absorb liquid)* tampone m., batuffolo m.; *(to give shape)* imbottitura f. **3** *(sticky part on object, plant)* ventosa f. **4** SPORT protezione f.; *(for leg)* gambale m., parastinchi m. **5** *(of paw)* cuscinetto m. palmare; *(of finger)* polpastrello m. **6** (anche **launch ~**) piattaforma f. di lancio **7** *(sanitary towel)* assorbente m. igienico.
2.pad /pæd/ **I** tr. (forma in -ing ecc. **-dd-**) **1** *(put padding in, on)* imbottire [*chair, shoulders, jacket*]; rivestire [*walls, floor, large surface*]; ***to ~ a wound with cotton wool*** tamponare una

ferita con ovatta **2** *(make longer)* → **pad out** **II** intr. (forma in -ing ecc. **-dd-**) ***to ~ along, around*** camminare con passo felpato.

▪ **pad out:** ***~ out [sth.], ~ [sth.] out*** **1** imbottire [*garment*] **2** FIG. inzeppare, infarcire [*essay, speech*] (**with** di); allungare [*meal, dish*].

padded /ˈpædɪd/ **I** p.pass. → **2.pad** **II** agg. [*armrest, bra, seat, jacket*] imbottito (**with** di).

padded cell n. = cella con pareti imbottite per malati mentali.

padded envelope n. busta f. imbottita.

padding /ˈpædɪŋ/ n. **1** *(stuffing)* imbottitura f.; *(on large surface)* rivestimento m. **2** *(in speech, essay)* riempitivo m.

1.paddle /ˈpædl/ n. **1** *(oar)* pagaia f. **2** *(on waterwheel)* pala f. **3** *(wade)* ***to go for a ~*** andare a sguazzare (nell'acqua) **4** AE SPORT racchetta f. da ping-pong.

2.paddle /ˈpædl/ **I** tr. **1** *(row)* ***to ~ a canoe*** pagaiare in canoa **2** *(dip)* immergere [*feet, fingers*] **3** AE *(spank)* sculacciare [*child*] **II** intr. **1** *(row)* pagaiare **2** *(wade)* [*person*] sguazzare **3** *(swim about)* [*duck, swan*] nuotare.

paddle boat n. barca f. a pale.

paddle steamer n. nave f. a ruota, piroscafo m. a ruota.

paddling pool n. *(public)* piscina f. per bambini; *(inflatable)* piscinetta f. gonfiabile.

paddock /ˈpædək/ n. prato m. (recintato), paddock m.

paddy /ˈpædɪ/ n. **1** → **paddyfield** **2** BE COLLOQ. accesso m. d'ira, attacco m. di rabbia.

paddyfield /ˈpædɪˌfiːld/ n. risaia f.

paddy wagon n. AE COLLOQ. *(van)* cellulare m.

1.padlock /ˈpædlɒk/ n. lucchetto m.

2.padlock /ˈpædlɒk/ tr. chiudere col lucchetto [*door, gate*].

padre /ˈpɑːdreɪ/ n. MIL. cappellano m.

Padua /ˈpædjuːə/ ♦ ***34*** n.pr. Padova f.

Paduan /ˈpædjuːən/ **I** agg. padovano **II** n. padovano m. (-a).

paederast → **pederast.**

paediatric → **pediatric.**

paediatrician → **pediatrician.**

paediatrics → **pediatrics.**

paedophile → **pedophile.**

paedophilia → **pedophilia.**

pagan /ˈpeɪgən/ **I** agg. pagano **II** n. pagano m. (-a).

paganism /ˈpeɪgənɪzəm/ n. paganesimo m.

1.page /peɪdʒ/ n. **1** *(in book)* pagina f.; ***on ~ two*** a pagina due **2** INFORM. pagina f.

2.page /peɪdʒ/ n. **1** STOR. paggio m. **2** *(attendant)* *(in hotel)* groom m., fattorino m.

3.page /peɪdʒ/ tr. *(on pager)* chiamare con il cercapersone; *(over loudspeaker)* fare chiamare; ***"paging Mr Jones"*** "il signor Jones (è desiderato) al telefono".

pageant /ˈpædʒənt/ n. *(play)* ricostruzione f. storica; *(carnival)* festa f. a tema storico.

pageantry /ˈpædʒəntrɪ/ n. pompa f., sfarzo m.

pageboy /ˈpeɪdʒbɔɪ/ n. *(bride's attendant)* paggetto m.

page break n. INFORM. interruzione f. di pagina.

page number n. numero m. di pagina.

page proof n. TIP. bozza f. impaginata, impaginato m.

pager /ˈpeɪdʒə(r)/ n. TEL. cercapersone m.

page reference n. rimando m. a pagina.

page set-up n. INFORM. impostazione f. di pagina.

page three n. BE = terza pagina di un giornale popolare con foto di ragazze spesso svestite.

pagination /ˌpædʒɪˈneɪʃn/ n. paginatura f.

paging /ˈpeɪdʒɪŋ/ n. INFORM. paginazione f.

paid /peɪd/ **I** pass., p.pass. → **2.pay** **II** agg. [*job*] rimunerato, pagato; [*holiday*] pagato; ***~ assassin*** sicario ♦ ***to put ~ to sth.*** BE porre termine a qcs.

paid-up /ˌpeɪdˈʌp/ agg. BE [*payment, instalment*] aggiornato; [*share, capital*] versato.

paid-up member n. BE = membro in regola con il pagamento della quota d'iscrizione.

pail /peɪl/ n. secchio m.

1.pain /peɪn/ **I** n. **1** *(suffering)* dolore m., male m.; ***to feel ~, to be in ~*** soffrire, avere male; ***he's caused me a lot of ~*** mi ha fatto soffrire molto **2** *(localized)* dolore m.; ***period ~s*** dolori mestruali; ***I have a ~ in my arm*** ho male a *o* mi fa male un braccio; ***where is the ~?*** dove ti fa *o* hai male? **3** COLLOQ. *(annoying person, thing)* ***he's a ~ in the neck*** è un rompiscatole; ***it's a real ~*** è una vera rottura **4** ***on ~ of death*** sotto pena di morte **II** **pains** n.pl. ***to be at ~s to do sth.*** darsi pena *o* prendersi la briga di fare qcs.; ***to take great ~s over*** o ***with sth.*** darsi gran pena per qcs.

2.pain /peɪn/ tr. **1** *(hurt)* ***my leg ~s me a little*** mi fa un po' male la gamba **2** FORM. *(grieve)* addolorare.

pained /peɪnd/ **I** p.pass. → **2.pain** **II** agg. ***with a ~ expression*** con un'aria afflitta.

painful /ˈpeɪnfl/ agg. **1** [*injury, swelling*] doloroso; FIG. [*lesson, memory*] penoso; [*blow*] duro **2** *(laborious)* [*progress, task*] faticoso **3** COLLOQ. [*performance*] penoso.

painfully /ˈpeɪnfəlɪ/ avv. **1** *(excruciatingly)* ***his arm is ~ swollen*** il suo braccio è gonfio e gli fa male; ***to be ~ shy*** essere tremendamente timido; ***I am ~ aware of that*** lo so fin troppo bene **2** *(laboriously)* ***progress has been ~ slow*** i progressi sono stati terribilmente lenti.

painkiller /ˈpeɪnˌkɪlə(r)/ n. analgesico m., antidolorifico m.

painless /ˈpeɪnlɪs/ agg. **1** [*operation, injection*] indolore **2** *(troublefree)* semplice, facile.

painlessly /ˈpeɪnlɪslɪ/ avv. **1** senza soffrire **2** *(easily)* senza molta fatica.

painstaking /ˈpeɪnzˌteɪkɪŋ/ agg. minuzioso, accurato.

1.paint /peɪnt/ **I** n. vernice f., colore m.; ART. pittura f.; ***"wet ~"*** "vernice fresca" **II** **paints** n.pl. ART. colori m.

2.paint /peɪnt/ **I** tr. **1** dipingere [*subject*]; verniciare, dipingere [*wall*]; dipingere il ritratto di [*person*]; ***to ~ sth. blue*** dipingere qcs. di blu; ***to ~ sth. on*** applicare qcs. su [*varnish, undercoat*]; ***to ~ one's nails*** dipingersi le unghie **2** FIG. *(depict)* dipingere **3** MED. spennellare [*cut, wound*] **II** intr. dipingere ♦ ***to ~ the town red*** fare baldoria.

paintbox /ˈpeɪntbɒks/ n. scatola f. dei colori.

paintbrush /ˈpeɪntbrʌʃ/ n. pennello m.

painter /ˈpeɪntə(r)/ ♦ ***27*** n. **1** *(artist)* pittore m. (-trice); *(workman)* imbianchino m. (-a) **2** MAR. barbetta f.

painting /ˈpeɪntɪŋ/ n. **1** **U** *(activity, art form)* pittura f. **2** *(work of art)* dipinto m., quadro m.; *(unframed)* tela f.; *(of person)* ritratto m. **3** **U** *(domestic decorating)* verniciatura f., tinteggiatura f.

paintpot /ˈpeɪntpɒt/ n. barattolo m. di vernice.

paint remover n. sverniciatore m.

paint roller n. rullo m.

paint spray n. aerografo m., pistola f. a spruzzo.

paint stripper n. *(chemical)* sverniciatore m.; *(tool)* raschietto m.

paint tray n. scatola f. di acquerelli.

paintwork /ˈpeɪntwɜːk/ n. **1** **U** *(on door, window)* verniciatura f. **2** *(on car)* vernice f.

1.pair /peə(r)/ **I** n. **1** *(two matching items)* paio m.; ***to be one of a ~*** fare parte di un paio; ***to work in ~s*** lavorare in gruppi di due *o* a coppie; ***these gloves are not a ~*** questi guanti sono spaiati **2** *(item made of two parts)* ***a ~ of glasses*** un paio di occhiali **3** *(two people, animals etc.)* *(sexually involved)* coppia f.; *(grouped together)* paio m.; ***a coach and ~*** una carrozza a due cavalli **II** **pairs** modif. SPORT [*competition, final*] a coppie.

2.pair /peə(r)/ tr. appaiare [*gloves, socks*]; ***to ~ Paul with Val*** accoppiare *o* mettere Paul con Val; ***to ~ each name with a photograph*** associare ciascun nome a una foto.

▪ **pair off** *(as a couple)* mettersi insieme; *(for temporary purposes)* mettersi a coppie.

▪ **pair up** [*dancers, lovers*] formare una coppia; [*competitors*] accoppiarsi, fare squadra.

paisley /ˈpeɪzlɪ/ n. tessuto m. a motivi cachemire.

pajamas AE → **pyjamas.**

Pakistani /ˌpɑːkɪˈstɑːnɪ, ˌpækɪ-/ ♦ ***18*** **I** agg. pachistano **II** n. pachistano m. (-a).

1.pal /pæl/ n. COLLOQ. amico m. (-a); ***to be ~s with sb.*** essere amico di qcn.

2.pal /pæl/ intr. (forma in -ing ecc. **-ll-**) fare amicizia.

▪ **pal up** fare amicizia (**with** con), diventare amico (**with** di).

PAL /pæl/ n. TELEV. (⇒ phase alternative line linea a fase alternata) PAL m.

palace /ˈpælɪs/ n. *(of monarch)* palazzo m., reggia f.; *(of bishop)* vescovado m.

paladin /'pælədɪn/ n. paladino m. (-a).
palatable /'pælətəbl/ agg. [*food*] saporito, gustoso; [*solution*] accettabile.
palatal /'pælətl/ agg. palatale.
palate /'pælət/ n. **1** ANAT. palato m. **2** *(sense of taste)* palato m., gusto m.
palatial /pə'leɪʃl/ agg. magnifico, splendido.
palaver /pə'lɑːvə(r), AE -'læv-/ n. COLLOQ. **1** *(bother)* seccatura f., fastidio m. **2** *(idle talk)* chiacchiera f. inutile, ciancia f.
1.pale /peɪl/ agg. [*complexion, colour, light*] pallido; ***to turn*** o ***go ~*** impallidire, sbiancare.
2.pale /peɪl/ n. palo m., picchetto m. ♦ ***to be beyond the ~*** [*remark, behaviour*] essere inammissibile; [*person*] essere indecente.
3.pale /peɪl/ intr. **1** [*person, face*] impallidire, sbiancare **2** FIG. ***to ~ into insignificance*** divenire irrisorio.
paleness /'peɪlnɪs/ n. *(of face, person)* pallore m.
paleographer /ˌpælɪ'ɒgrəfə(r)/ ➧ *27* n. paleografo m. (-a).
paleography /ˌpælɪ'ɒgrəfɪ/ n. paleografia f.
Paleolithic /ˌpælɪəʊ'lɪθɪk/ agg. paleolitico.
paleontology /ˌpælɪɒn'tɒlədʒɪ/ n. paleontologia f.
Palestine /'pæləstaɪn/ ➧ *24* n.pr. Palestina f.
Palestine Liberation Organization n. Organizzazione f. per la Liberazione della Palestina.
Palestinian /ˌpælɪ'stɪnɪən/ ➧ *18* **I** agg. palestinese **II** n. palestinese m. e f.
palette /'pælɪt/ n. *(object, colours)* tavolozza f.
palette knife n. (pl. **palette knives**) **1** ART. mestichino m., spatola f. **2** GASTR. spatola f.
palimpsest /'pælɪmpsest/ n. FILOL. palinsesto m.
paling /'peɪlɪŋ/ **I** n. *(stake)* palo m., paletto m. **II palings** n.pl. *(fence)* palizzata f.sing., staccionata f.sing.
palisade /ˌpælɪ'seɪd/ **I** n. *(fence)* palizzata f. **II palisades** n.pl. AE scogliere f., dirupi m.
1.pall /pɔːl/ n. **1** *(coffin cloth)* drappo m. funebre; *(coffin)* bara f. **2** *(covering)* *(of smoke, dust)* cappa f.; *(of gloom, mystery)* velo m.; *(of silence)* manto m.
2.pall /pɔːl/ intr. ***it never ~s*** non stanca *o* stufa mai.
Pallas /'pæləs/ n.pr. Pallade.
pallbearer /'pɔːlbeərə(r)/ n. = chi porta la bara a un funerale.
pallet /'pælɪt/ n. **1** *(for loading)* pallet m. **2** *(mattress)* pagliericcio m.; *(bed)* giaciglio m.
palliative /'pælɪətɪv/ **I** agg. palliativo (anche MED.) **II** n. palliativo m. (anche MED.).
pallid /'pælɪd/ agg. [*skin, light*] pallido.
pallor /'pælə(r)/ n. pallore m.
1.palm /pɑːm/ n. **1** BOT. (anche **~ tree**) *(plant)* palma f. **2** *(branch)* ramo m. di palma; *(leaf)* foglia f. di palma **3** RELIG. palma f.
2.palm /pɑːm/ n. *(of hand)* palma f., palmo m.; ***in the ~ of one's hand*** nel palmo della mano; ***he read my ~*** mi ha letto la mano ♦ ***you have him in the ~ of your hand!*** lo hai in pugno!
3.palm /pɑːm/ tr. *(hide)* nascondere (nel palmo della mano) [*card, coin*]; *(steal)* rubare [*money*].
■ **palm off** COLLOQ. **~ [sth.] off, ~ off [sth.]** spacciare (**as** per); ***to ~ sth. off on sb., to ~ sb. off with sth.*** affibbiare, rifilare qcs. a qcn.
palmist /'pɑːmɪst/ ➧ *27* n. chiromante m. e f.
palmistry /'pɑːmɪstrɪ/ n. chiromanzia f.
Palm Sunday n. domenica f. delle Palme.
palmtop /'pɑːmtɒp/ n. (anche **~ computer**) (computer) palmare m.
palmy /'pɑːmɪ/ agg. ***in the ~ days of sth.*** ai bei tempi di qcs.
palpable /'pælpəbl/ agg. [*fear, tension*] palpabile; [*lie, nonsense*] evidente.
palpation /pæl'peɪʃn/ n. palpazione f. (anche MED.).
palpitate /'pælpɪteɪt/ intr. palpitare (**with** di).
palpitation /ˌpælpɪ'teɪʃn/ n. MED. palpitazione f.
palsy /'pɔːlzɪ/ n. MED. paralisi f.
paltry /'pɔːltrɪ/ agg. [*sum*] irrisorio; [*excuse*] meschino.
Pamela /'pæmələ/ n.pr. Pamela.
pampas /'pæmpəs, AE -əz/ n.pl. + verbo sing. pampa f.
pamper /'pæmpə(r)/ **I** tr. viziare [*person, pet*] **II** rifl. ***to ~ oneself*** viziarsi, coccolarsi.
pamphlet /'pæmflɪt/ n. opuscolo m., brochure f.; *(political)* trattato m.; *(satirical)* pamphlet m., libello m.
pamphleteer /ˌpæmflɪ'tɪə(r)/ n. ANT. pamphlettista m. e f., libellista m. e f.
1.pan /pæn/ n. **1** *(saucepan)* padella f., pentola f., tegame m.; ***heavy ~*** padella a fondo spesso **2** *(on scales)* piatto m. **3** *(in lavatory)* tazza f., coppa f.
2.pan /pæn/ **I** tr. (forma in -ing ecc. **-nn-**) **1** COLLOQ. *(criticize)* stroncare, criticare **2** MINER. vagliare [*gravel, silt*]; estrarre [*gold*] **II** intr. (forma in -ing ecc. **-nn-**) MINER. ***to ~ for*** cercare [*gold*].
■ **pan out** *(turn out)* andare (a finire); *(turn out well)* riuscire, avere successo.
3.pan /pæn/ **I** tr. (forma in -ing ecc. **-nn-**) CINEM. TELEV. fare una panoramica di, panoramicare **II** intr. CINEM. TELEV. (forma in -ing ecc. **-nn-**) [*camera*] fare una panoramica, panoramicare.
panacea /ˌpænə'siːə/ n. panacea f.
panache /pə'næʃ, AE pə-/ n. pennacchio m.
Pan-African /ˌpæn'æfrɪkən/ agg. panafricano.
Panamanian /ˌpænə'meɪnɪən/ ➧ *18* **I** agg. panamense **II** n. panamense m. e f.
Pan-American /ˌpænə'merɪkən/ agg. panamericano.
1.pancake /'pæŋkeɪk/ n. **1** GASTR. frittella f., pancake m. **2** TEATR. COSMET. fondotinta m. solido, pancake m. ♦ ***as flat as a ~*** COLLOQ. piatto come una tavola.
2.pancake /'pæŋkeɪk/ intr. spanciare, atterrare spanciando.
pancake day n. martedì m. grasso.
pancreas /'pæŋkrɪəs/ n. pancreas m.
panda /'pændə/ n. panda m.
panda car n. BE COLLOQ. auto f. della polizia.
pandemonium /ˌpændɪ'məʊnɪəm/ n. pandemonio m.
pander /'pændə(r)/ intr. ***to ~ to*** assecondare [*person, whim*].
pane /peɪn/ n. vetro m., lastra f. di vetro.
panegyric /ˌpænɪ'dʒɪrɪk/ n. LETT. panegirico m.
1.panel /'pænl/ n. **1** *(of experts, judges)* commissione f., gruppo m., panel m.; TELEV. RAD. *(on discussion programme)* ospiti m.pl.; *(on quiz show)* giuria f.; ***to be on a ~*** *(of experts)* fare parte di un panel, di una commissione; TELEV. RAD. fare parte di una giuria **2** ARCH. ING. *(section of wall)* pannello m. **3** AUT. TECN. *(section)* pannello m.; *(of instruments, switches)* pannello m., quadro m. **4** DIR. *(list)* lista f. dei giurati; *(jury)* giuria f.
2.panel /'pænl/ tr. (forma in -ing ecc. **-ll-**, **-l-** AE) rivestire di pannelli.
panel beater ➧ *27* n. carrozziere m.
panel discussion n. RAD. TELEV. dibattito m., tavola f. rotonda.
panel game n. RAD. TELEV. gioco m. a quiz.
panelled, paneled AE /'pænld/ **I** p.pass. → **2.panel II** agg. [*fencing*] in pannelli; [*ceiling, walls*] rivestito di pannelli.
panelling, paneling AE /'pænəlɪŋ/ n. pannellatura f.
panellist, panelist AE /'pænəlɪst/ n. RAD. TELEV. chi partecipa a un panel, a una tavola rotonda.
panel truck n. AE camioncino m., furgoncino m.
pan-fry /'pænfraɪ/ tr. fare saltare in padella.
pang /pæŋ/ n. **1** *(emotional)* fitta f., stretta f. (al cuore); ***a ~ of jealousy*** una fitta di gelosia; ***~s of conscience*** o ***guilt*** rimorsi di coscienza **2** *(physical)* ***~s of hunger*** morsi della fame; ***birth ~s*** doglie; FIG. avvisaglie.
1.panhandle /'pænhændl/ n. **1** manico m. di padella **2** AE = striscia di territorio di uno stato che si insinua fra altri due.
2.panhandle /'pænhændl/ intr. AE COLLOQ. mendicare, chiedere l'elemosina.
panhandler /'pænhændlə(r)/ n. AE COLLOQ. mendicante m. e f., accattone m. (-a).
1.panic /'pænɪk/ **I** n. panico m.; ***to get into a ~*** farsi prendere dal panico; ***to throw sb. into a ~*** gettare qcn. nel panico **II** modif. [*reaction*] dettato dal panico.
2.panic /'pænɪk/ **I** tr. (forma in -ing ecc. **-ck-**) spaventare, terrorizzare [*person, animal*]; scatenare il panico tra [*crowd*]; ***to be ~ked into doing*** lasciarsi prendere dal panico e fare **II** intr. (forma in -ing ecc. **-ck-**) farsi prendere dal panico, essere in preda al panico; ***don't ~!*** niente panico!
panic button n. pulsante m. d'allarme.
panic buying n. ECON. = acquisto provocato da allarmismo.

panicky /ˈpænɪkɪ/ agg. [*person*] preso dal panico, in preda al panico.
panicle /ˈpænɪkl/ n. BOT. pannocchia f.
panic measure n. POL. ECON. = disposizione presa in preda al panico, avventata.
panic selling n. ECON. = vendita provocata da allarmismo.
panic-stricken /ˈpænɪkˌstrɪkn/ agg. preso dal panico, in preda al panico.
pannier /ˈpænɪə(r)/ n. *(on bike)* panierino m.; *(on mule)* paniere m. da basto.
panorama /ˌpænəˈrɑːmə/ n. panorama m. (anche FIG.).
panoramic /ˌpænəˈræmɪk/ agg. panoramico.
panpipes /ˈpænpaɪps/ n.pl. flauto m. di Pan, siringa f.
pan scourer, **pan scrubber** n. paglietta f. per tegami.
pansy /ˈpænzɪ/ n. **1** BOT. viola f. del pensiero **2** COLLOQ. SPREG. checca f., finocchio m.
1.pant /pænt/ n. respiro m. affannoso.
2.pant /pænt/ **I** tr. → **pant out II** intr. ansimare, avere il fiatone; ***to be ~ing for breath*** essere senza fiato.
■ **pant out:** ~ ***out [sth.]***, ~ ***[sth.] out*** dire [qcs.] ansimando.
pantheism /ˈpænθiːɪzəm/ n. panteismo m.
panther /ˈpænθə(r)/ n. **1** *(leopard)* pantera f., maschio m. di pantera **2** AE *(puma)* puma m.
panties /ˈpæntɪz/ ➧ ***28*** n.pl. mutandine f.
panto /ˈpæntəʊ/ n. BE COLLOQ. → **pantomime**.
pantograph /ˈpæntəgrɑːf, AE -græf/ n. pantografo m.
pantomime /ˈpæntəmaɪm/ n. **1** BE TEATR. = rappresentazione teatrale di una fiaba con musica, danze e scherzi che si svolge a Natale **2** *(mime)* pantomima f.
pantry /ˈpæntrɪ/ n. **1** *(larder)* dispensa f. **2** *(butler's etc.)* office m.
pants /pænts/ ➧ ***28*** n.pl. AE *(trousers)* pantaloni m.; BE *(underwear)* mutande f. ♦ ***to bore the ~ off sb.*** COLLOQ. annoiare qcn. a morte; ***to scare the ~ off sb.*** COLLOQ. spaventare qcn. a morte; ***to catch sb. with his, her ~ down*** COLLOQ. cogliere qcn. alla sprovvista; ***to fly by the seat of one's ~*** [*pilot*] pilotare a naso.
pantsuit /ˈpæntsuːt, -sjuːt/ n. AE tailleur-pantalone m.
panty /ˈpæntɪ/ n. → **panties.**
panty girdle n. mutande f.pl. lunghe.
panty hose n.pl. AE collant m.
panty-liner /ˈpæntɪˌlaɪnə(r)/ n. salvaslip m.
pap /pæp/ n. **1** *(mush, babyfood)* pappa f. **2 U** SPREG. *(in book, on TV)* spazzatura f.
papa /pəˈpɑː, AE ˈpɑːpə/ n. **1** BE ANT. padre m. **2** AE COLLOQ. papà m.
papacy /ˈpeɪpəsɪ/ n. papato m.
papal /ˈpeɪpl/ agg. papale, pontificio.
papaw /pəˈpɔː/, **papaya** /pəˈpaɪə/ n. *(fruit, tree)* papaia f.
1.paper /ˈpeɪpə(r)/ **I** n. **1** *(for writing etc.)* carta f.; ***a sheet of ~*** un foglio di carta; ***to get*** o ***put sth. down on ~*** mettere qcs. per iscritto *o* su(lla) carta; ***it's a good idea on ~*** FIG. sulla carta è una buona idea; ***this contract isn't worth the ~ it's written on*** questo contratto vale meno della carta su cui è scritto **2** (anche **wall~**) carta f. da parati **3** *(newspaper)* giornale m. **4** *(scholarly article)* saggio m., articolo m. **5** *(lecture)* lezione f.; *(report)* relazione f., intervento m. **6** *(examination)* esame m. scritto, prova f. (**on** di) **7** ECON. effetto m. (commerciale) **8** *(government publication)* documento m., libro m. **II papers** n.pl. AMM. carte f., documenti m. **III** modif. **1** [*bag, hat, napkin, plate, cup, towel*] di carta; [*industry, manufacture*] della carta **2** FIG. [*loss, profit*] teorico, nominale; [*promise, agreement*] senza valore, sulla carta.
2.paper /ˈpeɪpə(r)/ **I** tr. (anche **wall~**) tappezzare [*room, wall*] **II** intr. ***to ~ over the existing wallpaper*** ricoprire la tappezzeria precedente; ***to ~ over one's differences*** cercare di nascondere le differenze ♦ ***to ~ over the cracks*** metterci una pezza.
paperback /ˈpeɪpəbæk/ **I** n. libro m. tascabile, edizione f. economica **II** modif. [*edition, version*] economico.
paper bank n. = contenitore per il recupero della carta da riciclare.
paper boy n. ragazzo m. dei giornali.
paper chain n. festone m. (di carta).
paperclip /ˈpeɪpəklɪp/ n. graffetta f., clip f.
paper currency n. cartamoneta f., moneta f. cartacea.
paper fastener n. → **paperclip.**
paper feed tray n. INFORM. TIP. vassoio m. di alimentazione della carta.
paperhanger /ˈpeɪpəˌhæŋə(r)/ ➧ ***27*** n. tappezziere m. (-a).
paper knife n. (pl. **paper knives**) tagliacarte m.
paperless /ˈpeɪpəlɪs/ agg. INFORM. [*office, system*] informatizzato.
paper mill n. cartiera f.
paper money n. cartamoneta f., moneta f. cartacea.
paper qualifications n.pl. attestati m.
paper round n. ***he has*** o ***does a ~*** consegna i giornali a domicilio.
paper shop n. edicola f., (negozio di) giornalaio m.
paper shredder n. distruggidocumenti m.
paper tape n. INFORM. nastro m. perforato.
paper thin agg. sottilissimo, finissimo.
paperweight /ˈpeɪpəweɪt/ n. fermacarte m.
paperwork /ˈpeɪpəwɜːk/ n. *(administration)* lavoro m. d'ufficio; *(documentation)* pratiche f.pl.
papery /ˈpeɪpərɪ/ agg. [*leaves*] simile a carta; [*texture*] cartaceo; [*skin*] incartapecorito.
papier mâché /ˌpæpjeɪˈmæʃeɪ/ n. cartapesta f.
paprika /ˈpæprɪkə, pəˈpriːkə/ n. paprica f.
Pap smear, **Pap test** n. AE striscio m. vaginale, pap-test m.
Papua New Guinea /ˌpɑːpʊənjuːˈgɪniː, AE -nuː-/ ➧ ***6*** n.pr. Papua Nuova Guinea f.
papyrus /pəˈpaɪərəs/ n. (pl. **~es**, **-i**) papiro m.
par /pɑː(r)/ n. **1** ***to be on a ~ with*** [*performance*] essere alla pari con *o* paragonabile a; [*person*] essere pari a; ***to be up to ~*** essere all'altezza; ***to be below*** o ***under ~*** [*performance*] essere inferiore alla media; [*person*] non sentirsi *o* non essere in forma **2** *(in golf)* par m., norma f. **3** ECON. parità f.; ***above, below ~*** sopra, sotto la pari ♦ ***to be ~ for the course*** essere normale *o* la norma.
para /ˈpærə/ n. **1** ⇒ paragraph paragrafo (par.) **2** BE COLLOQ. MIL. (⇒ paratrooper) parà m.
parable /ˈpærəbl/ n. BIBL. parabola f.
parabola /pəˈræbələ/ n. MAT. parabola f.
parabolic /ˌpærəˈbɒlɪk/ agg. parabolico.
1.parachute /ˈpærəʃuːt/ n. paracadute m.
2.parachute /ˈpærəʃuːt/ **I** tr. paracadutare, lanciare col paracadute **II** intr. paracadutarsi, lanciarsi col paracadute.
parachute drop, **parachute jump** n. lancio m. con il paracadute.
parachuting /ˈpærəʃuːtɪŋ/ ➧ ***10*** n. ***to go ~*** fare paracadutismo.
parachutist /ˈpærəʃuːtɪst/ n. paracadutista m. e f.
1.parade /pəˈreɪd/ n. **1** *(procession)* parata f., sfilata f. **2** MIL. *(march)* parata f.; *(review)* rassegna f., rivista f.; *(in barracks)* contrappello m.; ***to be on ~*** essere in parata **3** *(display)* *(of designs)* esposizione f., mostra f.; *(of models)* sfilata f.; *(of ideas)* sfoggio m. (anche SPREG.) **4** ***to make a ~ of*** SPREG. fare sfoggio di, ostentare [*grief, knowledge*] **5** BE *(row)* ***a ~ of shops*** una sfilza di negozi.
2.parade /pəˈreɪd/ **I** tr. **1** *(display)* ostentare, fare sfoggio di [*knowledge, wealth*] (anche SPREG.) **2** *(claim)* ***to ~ sth. as sth.*** sfoggiare qcs. come qcs. **II** intr. *(march)* sfilare (in corteo); ***to ~ up and down*** [*soldier, model*] sfilare su e giù.
parade ground n. campo m. di marte, piazza f. d'armi.
paradigm /ˈpærədaɪm/ n. paradigma m.
paradise /ˈpærədaɪs/ n. RELIG. paradiso m. (anche FIG.); ***an island ~*** un'isola paradisiaca.
paradox /ˈpærədɒks/ n. paradosso m.
paradoxical /ˌpærəˈdɒksɪkl/ agg. paradossale.
paraffin /ˈpærəfɪn/ **I** n. **1** BE *(fuel)* cherosene m. **2** (anche **~ wax**) paraffina f. **II** modif. BE [*lamp, heater*] a cherosene.
paragliding /ˈpærəglaɪdɪŋ/ ➧ ***10*** n. *(sport)* parapendio m.
paragon /ˈpærəgən, AE -gɒn/ n. modello m.; ***a ~ of virtue*** un modello di virtù.
paragraph /ˈpærəgrɑːf, AE -græf/ n. **1** *(section)* paragrafo m.; ***new ~*** *(in dictation)* a capo **2** *(article)* trafiletto m.
Paraguayan /ˈpærəgwaɪən/ ➧ ***18*** **I** agg. paraguaiano **II** n. paraguaiano m. (-a).
parakeet /ˈpærəkiːt/ n. parrocchetto m.
1.parallel /ˈpærəlel/ **I** n. **1** MAT. parallela f. **2** GEOGR. parallelo m. **3** *(comparison)* parallelo m. (**to** con); ***to draw a ~ between***

fare un parallelo tra; ***to be on a ~ with sth.*** essere paragonabile a qcs.; ***without ~*** senza pari *o* paragone **II** agg. **1** MAT. parallelo (**to**, **with** a) **2** *(similar)* [*case, example, experience*] analogo, parallelo (**to**, **with** a) **3** *(simultaneous)* parallelo (**to**, **with** a) **4** INFORM. [*printer, transfer*] in parallelo **III** avv. ***~ to*** o ***with*** parallelamente a.

2.parallel /ˈpærəlel/ tr. (forma in -ing ecc. **-ll-** BE, **-l-** AE) *(equal)* uguagliare; *(find a comparison)* trovare un equivalente a.

parallelogram /ˌpærəˈleləgræm/ n. parallelogramma f., parallelogrammo m.

parallel processing n. INFORM. elaborazione f. in parallelo.

parallel turn n. SPORT curva f. a sci paralleli.

Paralympics /pærəˈlɪmpɪks/ n.pl. Paraolimpiadi f.

paralyse BE, **paralyze** AE /ˈpærəlaɪz/ tr. MED. paralizzare (anche FIG.).

paralysis /pəˈræləsɪs/ n. MED. paralisi f. (anche FIG.).

paralytic /ˌpærəˈlɪtɪk/ agg. **1** MED. [*person*] paralitico; [*arm, leg*] paralizzato **2** BE COLLOQ. *(drunk)* ubriaco fradicio.

paramedic /ˌpærəˈmedɪk/ ♦ ***27*** n. paramedico m.

parameter /pəˈræmɪtə(r)/ n. parametro m. (anche MAT.); ***within the ~s of*** entro i limiti di.

paramilitary /ˌpærəˈmɪlɪtrɪ, AE -terɪ/ **I** agg. paramilitare **II** n. membro m. di un'organizzazione paramilitare.

paramount /ˈpærəmaʊnt/ agg. [*consideration, goal*] primario, principale; ***to be ~, to be of ~ importance*** essere di primaria importanza.

paranoia /ˌpærəˈnɔɪə/ ♦ ***11*** n. PSIC. paranoia f. (anche FIG.).

paranoid /ˈpærənɔɪd/ **I** agg. **1** PSIC. paranoide **2** *(suspicious)* paranoico; ***to be ~ about being burgled*** avere la paranoia che vengano i ladri in casa **II** n. paranoico m. (-a), paranoide m. e f.

paranormal /ˌpærəˈnɔːml/ **I** agg. paranormale **II** n. paranormale m.

parapet /ˈpærəpɪt/ n. ARCH. MIL. parapetto m.

paraphernalia /ˌpærəfəˈneɪlɪə/ n. + verbo sing. **1** *(articles, accessories)* arnesi m.pl., armamentario m. **2** BE *(rigmarole)* trafila f.

1.paraphrase /ˈpærəfreɪz/ n. parafrasi f.

2.paraphrase /ˈpærəfreɪz/ tr. parafrasare.

paraplegic /ˌpærəˈpliːdʒɪk/ **I** agg. [*person*] paraplegico; [*games*] per paraplegici **II** n. paraplegico m. (-a).

parapsychology /ˌpærəsaɪˈkɒlədʒɪ/ n. parapsicologia f.

parascending /ˈpærəsendɪŋ/ n. BE paracadutismo m. ascensionale.

parasite /ˈpærəsaɪt/ n. parassita m.; FIG. parassita m. e f.

parasitic(al) /ˌpærəˈsɪtɪk(l)/ agg. **1** BOT. ZOOL. parassita, parassitico (anche FIG.) **2** MED. parassitario.

parasol /ˈpærəsɒl, AE -sɔːl/ n. *(sunshade)* parasole m.

paratrooper /ˈpærətruːpə(r)/ ♦ ***27*** n. paracadutista m., parà m.

paratroops /ˈpærətruːps/ n.pl. truppe f. paracadutiste, reparti m. paracadutisti.

parboil /ˈpɑːbɔɪl/ tr. sbollentare, scottare.

1.parcel /ˈpɑːsl/ n. **1** *(package)* pacco m., collo m. **2** *(of land)* appezzamento m. **3** ECON. *(of shares)* pacchetto m. **4** COLLOQ. FIG. *(of people, problems etc.)* sacco m. ♦ ***to be part and ~ of*** essere *o* fare parte integrante di.

2.parcel /ˈpɑːsl/ tr. (forma in -ing ecc. **-ll-** BE, **-l-** AE) → **parcel up**.

▪ **parcel out:** *~ out [sth.], ~ [sth.] out* ripartire, distribuire.

▪ **parcel up:** *~ up [sth.], ~ [sth.] up* imballare, impacchettare.

parcel bomb n. pacco m. bomba.

parcel office n. ufficio m. pacchi.

parcel post n. servizio m. pacchi postali.

parcels service n. ditta f. di spedizioni.

parch /pɑːtʃ/ tr. essiccare.

parched /pɑːtʃt/ **I** p.pass. → **parch II** agg. **1** [*earth*] riarso **2** COLLOQ. ***to be ~*** morire di sete, avere la gola riarsa.

parchment /ˈpɑːtʃmənt/ n. *(substance, document)* pergamena f., cartapecora f.; *(paper)* (carta) pergamena f.

1.pardon /ˈpɑːdn/ **I** n. **1** perdono m., scusa f.; ***to beg sb.'s ~*** chiedere perdono a qcn.; ***I beg your ~?*** scusi? prego? **2** DIR. (anche **free ~**) grazia f. **3** RELIG. indulgenza f. **II** inter. *(apologizing)* scusi; *(failing to hear)* scusi? prego?

2.pardon /ˈpɑːdn/ tr. **1** perdonare; ***~ me for asking, but...*** perdonatemi la domanda, ma...; ***~ me!*** mi scusi! **2** DIR. graziare [*criminal*].

pardonable /ˈpɑːdnəbl/ agg. perdonabile, scusabile.

pare /peə(r)/ tr. *(peel)* pelare, sbucciare [*apple*]; *(trim)* tagliare [*nails*] ♦ ***to ~ sth. to the bone*** ridurre qcs. all'osso.

▪ **pare down:** *~ [sth.] down, ~ down [sth.]* ridurre (**to** a).

▪ **pare off:** *~ [sth.] off, ~ off [sth.]* *(cut away)* togliere [*rind, peel*]; *(reduce)* ridurre [*amount, percentage*].

pared-down /ˌpeədˈdaʊn/ agg. [*budget, version*] ridotto; [*prose, plot*] stringato.

parent /ˈpeərənt/ n. **1** *(of child)* genitore m. (-trice); ***my ~s*** i miei genitori **2** COMM. (anche **~ company**) casa f. madre **3** COMM. (anche **~ organization**) società f. madre.

parentage /ˈpeərəntɪdʒ/ n. ascendenza f., genitori m.pl.; ***of unknown ~*** di genitori sconosciuti.

parental /pəˈrentl/ agg. [*rights, authority*] parentale.

parent-governor /ˌpeərəntˈgʌvənə(r)/ n. BE SCOL. = rappresentante dei genitori al consiglio di istituto.

parenthesis /pəˈrenθəsɪs/ n. (pl. **-es**) parentesi f.; ***in ~*** tra parentesi.

parenthood /ˈpeərənthʊd/ n. *(fatherhood)* paternità f.; *(motherhood)* maternità f.

parenting /ˈpeərəntɪŋ/ n. cura f. parentale, educazione f. dei figli.

parent power n. SCOL. = potere decisionale di cui godono i genitori degli alunni.

parents' evening n. SCOL. = serata preparata dagli alunni per i genitori.

parent-teacher association n. associazione f. genitori-insegnanti.

parer /ˈpeərə(r)/ n. pelapatate m.

pariah /pəˈraɪə, ˈpærɪə/ n. paria m. e f.

parings /ˈpeərɪŋz/ n.pl. **1** *(of fruit)* bucce f. **2** *(of nails)* pezzetti m. di unghie tagliate.

1.Paris /ˈpærɪs/ ♦ ***34*** **I** n.pr. Parigi f. **II** modif. [*fashion, metro, restaurant*] di Parigi.

2.Paris /ˈpærɪs/ n.pr. Paride.

parish /ˈpærɪʃ/ **I** n. **1** RELIG. parrocchia f. **2** BE AMM. comune m. rurale **II** modif. [*church, register*] parrocchiale.

parishioner /pəˈrɪʃənə(r)/ n. parrocchiano m. (-a).

parish priest n. *(Protestant)* pastore m.; *(Catholic)* parroco m.

Parisian /pəˈrɪzɪən/ **I** agg. parigino **II** n. parigino m. (-a).

parity /ˈpærətɪ/ n. *(equality)* parità f.

1.park /pɑːk/ n. **1** *(public garden)* parco m., giardino m. pubblico **2** *(estate)* parco m. **3** COMM. IND. parco m.; ***industrial ~*** zona industriale **4** BE *(pitch)* campo m.; AE *(stadium)* stadio m. **5** *(on automatic gearbox)* posizione f. di stazionamento.

2.park /pɑːk/ **I** tr. **1** parcheggiare [*vehicle*] **2** COLLOQ. *(deposit)* lasciare, parcheggiare [*objects, person*] **II** intr. [*driver*] parcheggiarsi **III** rifl. COLLOQ. ***to ~ oneself*** parcheggiarsi, insediarsi.

park-and-ride /ˌpɑːkənˈraɪd/ n. AUT. = parcheggio per auto private alla periferia della città collegato al centro con mezzi pubblici.

parking /ˈpɑːkɪŋ/ **I** n. **1** *(action)* parcheggio m.; ***"No ~"*** "divieto di sosta" **2** *(space for cars)* posteggio m., parcheggio m. **II** modif. [*area, permit, problem, regulations*] di parcheggio; [*charge*] di posteggio; [*facilities*] per il posteggio.

parking attendant ♦ ***27*** n. custode m. e f. di parcheggio.

parking light n. AUT. luce f. di posizione.

parking lot n. AE parcheggio m., posteggio m.

parking meter n. parchimetro m.

parking offence BE, **parking offense** AE n. (il) parcheggiare in divieto di sosta.

parking place, **parking space** n. posto m. macchina.

parking ticket n. **1** *(from machine)* voucher m. **2** *(fine)* multa f. per divieto di sosta.

parkland /ˈpɑːklænd/ n. bosco m. adibito a parco.

park ranger, **park warden** ♦ ***27*** n. *(on estate)* guardiano m. (-a) del parco; *(in game reserve)* guardacaccia m. e f.

parkway /ˈpɑːkweɪ/ n. AE viale m., strada f. alberata.

parky /ˈpɑːkɪ/ agg. BE COLLOQ. fresco, freddo.

parlance /ˈpɑːləns/ n. parlata f., linguaggio m.; ***in common ~*** nella lingua corrente.

1.parley /ˈpɑːlɪ/ n. colloquio m., abboccamento m.

2.parley /ˈpɑːlɪ/ intr. parlamentare.

parliament /ˈpɑːləmənt/ **I** n. POL. parlamento m. **II Parliament** n.pr. GB **1** *(institution)* Parlamento m.; ***to get into Parliament*** farsi eleggere in Parlamento **2** *(session)* sessione f. parlamentare.

parliamentarian /ˌpɑːləmenˈteərɪən/ n. **1** *(member)* parlamentare m. e f., membro m. del parlamento **2** *(expert in procedure)* esperto m. (-a) di procedure parlamentari.

parliamentary /ˌpɑːləˈmentrɪ, AE -terɪ/ agg. parlamentare; ***~ election*** elezioni parlamentari; ***~ privilege*** immunità parlamentare.

parliamentary secretary n. GB = deputato che assiste un ministro.

parlour BE, **parlor** AE /ˈpɑːlə(r)/ n. **1** ANT. *(in house)* salottino m. **2** *(in convent)* parlatorio m.

parlour game BE, **parlor game** AE n. gioco m. di società.

parlour maid BE, **parlor maid** AE n. domestica f. (che serve a tavola).

Parmesan /ˈpɑːmɪzæn, AE ˌpɑːrmɪˈzæn/ n. (anche **~ cheese**) parmigiano m.

Parnassus /pɑːˈnæsəs/ n.pr. (monte) Parnaso m.

parochial /pəˈrəʊkɪəl/ agg. **1** SPREG. [*interest, view*] limitato, ristretto **2** AE *(of parish)* parrocchiale.

1.parody /ˈpærədɪ/ n. parodia f.

2.parody /ˈpærədɪ/ tr. fare la parodia di, parodiare [*person, style*].

1.parole /pəˈrəʊl/ n. **1** DIR. libertà f. condizionale; ***to release sb. on ~*** rilasciare qcn. con la condizionale **2** MIL. parola f. d'ordine.

2.parole /pəˈrəʊl/ tr. DIR. rilasciare sulla parola, mettere in libertà condizionale.

paroxysm /ˈpærəksɪzəm/ n. parossismo m., accesso m.

1.parquet /ˈpɑːkeɪ, AE pɑːrˈkeɪ/ n. **1** *(floor)* parquet m. **2** AE TEATR. parterre m.

2.parquet /ˈpɑːkeɪ, AE pɑːrˈkeɪ/ tr. pavimentare con parquet.

parricide /ˈpærɪsaɪd/ n. **1** *(crime)* parricidio m. **2** *(person)* parricida m. e f.

1.parrot /ˈpærət/ n. ZOOL. pappagallo m. (anche FIG. SPREG.) ♦ ***to be as sick as a ~*** COLLOQ. rimanerci malissimo.

2.parrot /ˈpærət/ tr. SPREG. ripetere a pappagallo.

parrot-fashion /ˈpærətˌfæʃn/ avv. come un pappagallo, pappagallescamente.

1.parry /ˈpærɪ/ n. **1** *(in fencing, boxing)* parata f., schivata f. **2** *(verbal)* risposta f. evasiva.

2.parry /ˈpærɪ/ **I** tr. **1** *(in fencing, boxing)* parare, schivare **2** eludere, schivare [*question*] **II** intr. *(in fencing, boxing)* parare, schivare.

parse /pɑːz/ tr. LING. fare l'analisi grammaticale di; INFORM. fare l'analisi sintattica di.

parsimonious /ˌpɑːsɪˈməʊnɪəs/ agg. FORM. parsimonioso.

parsimony /ˈpɑːsɪmənɪ, AE -məʊnɪ/ n. FORM. parsimonia f.

parsley /ˈpɑːslɪ/ n. prezzemolo m.

parsnip /ˈpɑːsnɪp/ n. pastinaca f.

parson /ˈpɑːsn/ n. pastore m., parroco m.

parsonage /ˈpɑːsənɪdʒ/ n. presbiterio m., canonica f.

1.part /pɑːt/ **I** n. **1** *(of whole)* parte f.; *(of country)* parte f., area f.; ***~ of the book*** (una) parte del libro; ***in*** o ***around these ~s*** da queste parti; ***~ of the reason is...*** in parte è perché...; ***to be (a) ~ of*** fare parte di; ***the early ~ of my life*** la prima parte della mia vita, la mia gioventù; ***it's all ~ of being young*** è tipico della giovinezza; ***that's the best ~*** questa è la parte migliore; ***to be good in ~s*** BE avere delle parti buone; ***for the most ~*** per la maggior parte; ***my ~ of the world*** il mio paese; ***what are you doing in this ~ of the world?*** che cosa ci fai da queste parti? **2** *(component)* parte f., pezzo m.; ***spare ~s*** pezzi di ricambio **3** TELEV. *(of serial, programme)* parte f.; ***a two-~ series*** una serie in due puntate **4** *(share, role)* parte f., ruolo m.; ***to do one's ~*** fare la propria parte; ***I want no ~ in it, I don't want any ~ of it*** non voglio saperne niente *o* averci a che fare; ***to take ~*** partecipare, prendere parte (**in** a) **5** TEATR. TELEV. CINEM. ruolo m., parte f.; ***to play the ~ of*** recitare la parte di **6** *(equal measure)* parte f.; ***mix X and Y in equal ~s*** mischiare X e Y in parti uguali; ***in a concentration of 30,000 ~s per million*** in una concentrazione del 3% **7** MUS. *(for instrument, voice)* parte f.; *(score)* partitura f. **8** *(behalf)* ***on the ~ of*** da parte di; ***for my ~*** da parte mia; ***to take sb.'s ~*** prendere le parti di qcn., parteggiare per qcn. **9** AE *(in hair)* scriminatura f., riga f. **II** avv. in parte; ***it was ~ fear, ~ greed*** in parte era paura, in parte avidità ♦ ***a man of (many) ~s*** un uomo di molte risorse; ***to look the ~*** essere perfetto per la parte; ***to take sth. in good ~*** non prendersela per qcs.

2.part /pɑːt/ **I** tr. **1** *(separate)* separare, dividere [*two people*]; divaricare, aprire [*legs*]; scostare, aprire [*lips, curtains*]; aprirsi un varco tra [*crowd*]; aprire [*ocean, waves*] **2** *(make parting in)* ***to ~ one's hair*** farsi la riga **II** intr. **1** *(split up)* [*partners*] separarsi; ***we ~ed friends*** ci siamo lasciati da amici; ***to ~ from*** separarsi da [*spouse*] **2** *(divide)* [*crowd, clouds*] aprirsi **3** *(break)* [*rope, cable*] rompersi.

■ **part with:** ***~ with [sth.]*** disfarsi di [*money*]; separarsi da [*object*].

partake /pɑːˈteɪk/ intr. (pass. **-took**, p.pass. **-taken**) FORM. **1** ***to ~ of*** prendere *o* mangiare un po' di [*food*]; bere un po' di [*drink*]; avere (qualcosa di) [*quality*] **2** ***to ~ in*** partecipare a.

part exchange n. BE = compravendita con ritiro dell'usato; ***to take sth. in ~*** comprare qcs. dando indietro l'usato.

partial /ˈpɑːʃl/ agg. **1** *(not complete)* parziale **2** *(biased)* [*judgment, attitude*] parziale, di parte **3** *(fond)* ***to be ~ to*** avere un debole per.

partiality /ˌpɑːʃɪˈælətɪ/ n. **1** *(bias)* parzialità f., preferenza f. **2** *(liking)* debole m., predilezione f. (**to, for** per).

partially /ˈpɑːʃəlɪ/ avv. **1** *(incompletely)* parzialmente, in parte **2** *(with bias)* [*treat, judge*] con parzialità.

partially sighted **I** agg. ipovedente **II** n. ***the ~*** + verbo pl. gli ipovedenti.

participant /pɑːˈtɪsɪpənt/ n. partecipante m. e f. (**in** a).

participate /pɑːˈtɪsɪpeɪt/ intr. partecipare (**in** a).

participation /pɑːˌtɪsɪˈpeɪʃn/ n. partecipazione f. (**in** a).

participatory /pɑːˌtɪsɪˈpeɪtrɪ, AE -tɔːrɪ/ agg. partecipativo; ***~ democracy*** = democrazia diretta.

participle /ˈpɑːtɪsɪpl/ n. participio m.

particle /ˈpɑːtɪkl/ n. **1** FIS. particella f. **2** *(of ash, dust, metal, food)* granello m.; ***not a ~ of truth*** neanche un briciolo di verità **3** LING. particella f.

particular /pəˈtɪkjʊlə(r)/ **I** n. **1** *(detail)* particolare m., dettaglio m.; ***in every ~*** in tutti i particolari *o* dettagli; ***to go into ~s*** entrare nei dettagli **2** ***in ~*** in particolare; ***are you looking for anything in ~?*** stai cercando qualcosa in particolare *o* di preciso? **II particulars** n.pl. *(information)* dettagli m., particolari m.; *(from person) (name, address etc.)* dati m. personali, generalità f.; *(for missing person, suspect)* segni m. particolari; *(for vehicle, stolen goods etc.)* descrizione f.sing.; ***for further ~s please phone...*** per ulteriori informazioni *o* dettagli siete pregati di telefonare a... **III** agg. **1** *(specific)* particolare; ***for no ~ reason*** senza un *o* per nessun motivo particolare; ***is there any ~ colour you would prefer?*** c'è un colore in particolare che preferiresti? ***no ~ time has been arranged*** non è stata fissata un'ora precisa **2** *(special, exceptional)* particolare; ***to take ~ care over sth.*** fare qcs. con particolare attenzione, usare una particolare attenzione con qcs.; ***he is a ~ friend of mine*** è uno dei miei migliori amici **3** *(fussy)* meticoloso; ***to be ~ about*** essere esigente su [*cleanliness, punctuality*]; fare attenzione a [*appearance*]; essere difficile in fatto di [*food*]; ***"any special time?" - "no, I'm not ~"*** "hai preferenze riguardo all'ora?" - "no, mi va bene tutto".

particularity /pəˌtɪkjʊˈlærətɪ/ n. particolarità f.

particularize /pəˈtɪkjʊləraɪz/ **I** tr. particolareggiare, dettagliare **II** intr. particolareggiare, dare i dettagli.

particularly /pəˈtɪkjʊləlɪ/ avv. *(in particular)* in particolare, particolarmente; *(especially)* particolarmente, specialmente.

parting /ˈpɑːtɪŋ/ **I** n. **1** *(separation)* separazione f., divisione f.; ***the ~ of the ways*** il bivio **2** BE *(in hair)* riga f., scriminatura f. **II** agg. [*gift, words*] d'addio (anche IRON.); ***~ shot*** freccia del parto.

partisan /ˈpɑːtɪzæn, ˌpɑːtɪˈzæn, AE ˈpɑːrtɪzn/ **I** n. MIL. partigiano m. (-a) **II** agg. **1** *(biased)* partigiano, fazioso **2** [*army, attack*] di partigiani.

1.partition /pɑːˈtɪʃn/ n. **1** *(in room, house)* parete f. divisoria, tramezzo m. **2** POL. *(of country)* divisione f., spartizione f. **3** DIR. *(of property)* divisione f., ripartizione f.

2.partition /pɑːˈtɪʃn/ tr. **1** → **partition off** **2** POL. dividere, spartire [*country*] **3** DIR. dividere, ripartire [*property*].

▪ **partition off:** ~ **off** [**sth.**], ~ [**sth.**] **off** tramezzare [*area, room*].

partitive /ˈpɑːtɪtɪv/ agg. partitivo.

partly /ˈpɑːtlɪ/ avv. [*explain, responsible*] in parte.

1.partner /ˈpɑːtnə(r)/ n. **1** COMM. DIR. socio m. (-a), partner m. e f.; ***active*** ~ socio attivo; ***business*** ~ socio in affari; ***general*** ~ accomandatario; ***limited*** ~ accomandante **2** ECON. POL. partner m. e f. **3** SPORT *(in dancing)* partner m. e f.; ***tennis*** ~ compagno di tennis **4** *(in relationship)* partner m. e f. **5** *(workmate)* collega m. e f. ♦ ***to be ~s in crime*** essere complici.

2.partner /ˈpɑːtnə(r)/ tr. essere collega di, lavorare con [*workmate*]; essere il partner di, ballare con [*dancer*]; fare coppia con, giocare con [*player*].

partnership /ˈpɑːtnəʃɪp/ n. **1** DIR. società f., partnership f.; ***to go into ~ with*** associarsi a; ***in ~ with*** in società con; ***to take sb. into ~*** prendere qcn. come socio; ***general*** ~ società in nome collettivo; ***professional ~, non-trading*** ~ società professionale, non commerciale **2** *(alliance)* associazione f., partnership f. **3** *(association)* associazione f.; ***a working*** ~ una squadra.

part of speech n. parte f. del discorso.

partook /pɑːˈtʊk/ pass. → **partake**.

part owner n. comproprietario m. (-a).

part payment n. pagamento m. parziale, acconto m.

partridge /ˈpɑːtrɪdʒ/ n. pernice f.

part song n. canto m. polifonico.

part-time /ˌpɑːtˈtaɪm/ **I** n. part time m., orario m. ridotto **II** agg. [*worker*] part time, a tempo parziale **III** avv. [*work*] part time, a tempo parziale.

part-timer /ˌpɑːtˈtaɪmə(r)/ n. lavoratore m. (-trice) part time.

partway /ˌpɑːtˈweɪ/ avv. ~ ***through the evening*** a un certo punto della serata; ~ ***down the page*** verso fondo pagina; ***to be ~ through doing*** essere a buon punto nel fare.

1.party /ˈpɑːtɪ/ **I** n. **1** *(social event)* festa f.; *(in evening)* soirée f.; *(formal)* ricevimento m.; ***birthday*** ~ festa di compleanno; ***to give*** o ***have a*** ~ dare *o* organizzare una festa **2** *(group)* gruppo m.; MIL. distaccamento m., reparto m.; ***a ~ of tourists*** una comitiva di turisti; ***rescue*** ~ squadra di soccorso **3** POL. partito m.; ***the Party*** il Partito (Comunista) **4** DIR. *(individual, group)* parte f.; ***to be a ~ to a contract*** essere parte contraente di *o* firmare un contratto **5** FORM. *(participant)* ***to be a ~ to*** essere complice di [*crime*] **II** modif. **1** [*spirit*] di festa; [*game*] di società **2** POL. [*member, policy*] di, del partito.

2.party /ˈpɑːtɪ/ intr. COLLOQ. fare festa, divertirsi.

party dress n. abito m. da sera.

party-goer /ˈpɑːtɪɡəʊə(r)/ n. festaiolo m. (-a).

party hat n. cappellino m. di carta (che si indossa alle feste).

party line n. **1** POL. ***the*** ~ la linea del partito (anche FIG.) **2** TEL. duplex m.

party piece n. ***to do one's*** ~ COLLOQ. fare il proprio pezzo forte.

party political broadcast n. tribuna f. politica, elettorale.

party politics n. SPREG. politica f. di partito, partitismo m.

party pooper n. COLLOQ. guastafeste m. e f.

party wall n. muro m. divisorio comune.

paschal /ˈpæskl, ˈpɑːskl/ agg. sacrificale, pasquale.

1.pass /pɑːs, AE pæs/ n. **1** *(to enter, leave)* lasciapassare m.; *(for journalists)* pass m.; *(to be absent)* permesso m. (anche MIL.); *(of safe conduct)* salvacondotto m., passi m. **2** *(travel document)* abbonamento m., tessera f. d'abbonamento **3** SCOL. UNIV. promozione f., sufficienza f.; ***to get a ~ in physics*** superare l'esame di fisica, prendere la sufficienza in fisica **4** SPORT *(in ball games)* passaggio m.; *(in fencing)* affondo m., stoccata f. ♦ ***to come to such a ~ that...*** giungere a tale punto che...; ***to make a ~ at sb.*** provarci con qcn., fare delle avances a qcn.

2.pass /pɑːs, AE pæs/ n. **1** *(in mountains)* passo m., valico m., gola f. **2** AER. ***to make a ~ over sth.*** sorvolare qcs., fare un volo di ricognizione su qcs.

3.pass /pɑːs, AE pæs/ **I** tr. **1** *(go past) (to far side)* passare [*checkpoint, customs*]; *(alongside and beyond)* passare davanti, accanto a, superare, oltrepassare [*building, area*]; [*vehicle*] superare, sorpassare [*vehicle*]; superare [*level*]; superare, andare al di là di [*understanding, expectation*]; ***to ~ sb. in the street*** incrociare qcn. per strada **2** *(hand over) (directly)* passare, porgere; *(indirectly)* fare passare **3** *(move)* (fare) passare; ***he ~ed his hand over his face*** si passò la mano sul viso **4** SPORT passare [*ball*] **5** *(spend)* passare, trascorrere [*time*] **6** *(succeed in)* [*person*] passare, superare [*exam*]; [*car, machine*] superare [*test*] **7** *(declare satisfactory)* approvare, promuovere [*candidate*]; approvare, accettare [*invoice*]; ***to ~ sth. (as being) safe*** giudicare qcs. come sicuro **8** *(vote in)* approvare, fare passare [*bill, motion*] **9** *(pronounce)* pronunciare, emettere [*judgment, sentence*]; ***to ~ a remark*** fare un'osservazione **10** MED. ***to ~ water*** urinare; ***to ~ blood*** avere sangue nelle urine, nelle feci **II** intr. **1** *(go past)* [*person, car*] passare, andare oltre **2** *(move)* passare; ***to ~ through sth.*** passare attraverso qcs., attraversare qcs.; ~ ***down the bus*** scorrete verso il fondo dell'autobus **3** FIG. *(go by)* [*time*] passare, trascorrere; ***let the remark*** ~ lascia correre, chiudi un occhio **4** *(be transferred)* [*title, property*] passare (in eredità), essere trasmesso; [*letter, knowing look*] essere scambiato **5** SPORT passare, effettuare un passaggio **6** GIOC. passare; ***I'm afraid I must ~ on that one*** FIG. *(in discussion)* temo di dover passare la mano **7** LETT. *(happen)* accadere, succedere **8** *(in exam)* passare, essere promosso **9** *(be accepted)* [*person, behaviour*] essere accettato; ***she ~es for 40*** le danno 40 anni ♦ ***it won't ~ my lips*** non ne farò parola.

▪ **pass along:** ~ [**sth.**] **along**, ~ **along** [**sth.**] fare passare, fare circolare.

▪ **pass around:** ~ [**sth.**] **around**, ~ **around** [**sth.**] fare passare, fare circolare [*document, photos*]; offrire, distribuire [*food*]; fare passare [*plates*].

▪ **pass away** EUFEM. passare a miglior vita, mancare, andarsene.

▪ **pass by** [*procession*] passare; [*person*] passare vicino, accanto, davanti; ***life seems to have ~ed me by*** ho l'impressione che la vita mi sia scorsa accanto.

▪ **pass down:** ~ [**sth.**] **down**, ~ **down** [**sth.**] trasmettere, tramandare, passare (in eredità).

▪ **pass off:** ~ **off** **1** *(take place)* [*demonstration*] svolgersi, avere luogo **2** *(disappear)* passare, andare via, svanire; ~ [**sb., sth.**] **off**, ~ **off** [**sb., sth.**] fare passare, spacciare (**as** per).

▪ **pass on:** ~ **on** passare oltre, procedere, andare avanti; ***to ~ on to sth.*** passare a qcs.; ~ [**sth.**] **on**, ~ **on** [**sth.**] porgere [*good wishes, condolences*]; inoltrare, trasmettere [*message*]; trasmettere, passare (in eredità) [*title*]; passare [*book, clothes*]; trasmettere [*cold*]; fare gravare, fare ricadere [*costs*].

▪ **pass out:** ~ **out** **1** *(faint, fall drunk)* svenire, perdere i sensi **2** MIL. *(complete training)* completare un corso di addestramento; ~ [**sth.**] **out**, ~ **out** [**sth.**] distribuire, fare circolare [*leaflets*].

▪ **pass over:** ~ **over** ANT. → **pass away**; ~ [**sb.**] **over** non prendere in considerazione; ***he was ~ed over in favour of another candidate*** fu scartato in favore di un altro candidato; ~ **over** [**sth.**] passare sopra a, non fare caso a [*rude remark, behaviour*].

▪ **pass round** → **pass around**.

▪ **pass through:** ~ **through** [**sth.**] passare per [*place*]; ***I'm just ~ing through*** sono solo di passaggio.

▪ **pass up** COLLOQ. ~ **up** [**sth.**] rifiutare [*opportunity, offer*].

passable /ˈpɑːsəbl, AE ˈpæs-/ agg. **1** *(acceptable)* [*knowledge, performance*] passabile, discreto, accettabile; ***only*** ~ appena accettabile **2** [*road*] transitabile, praticabile; [*river*] guadabile.

passage /ˈpæsɪdʒ/ n. **1** (anche **passageway**) *(indoors)* passaggio m., corridoio m.; *(outdoors)* passaggio m., varco m. **2** ANAT. condotto m., dotto m.; ***nasal ~s*** fosse nasali **3** MUS. LETTER. passo m., brano m.; ***selected ~s*** LETTER. passi scelti **4** *(movement)* passaggio m.; ~ ***of arms*** combattimento, scontro; ***the ~ of time*** il passare del tempo **5** *(journey)* traversata f., viaggio m.; ***the bill had a stormy ~ through parliament*** FIG. l'approvazione del disegno di legge ha avuto un iter travagliato.

passbook /ˈpɑːsbʊk, AE ˈpæs-/ n. ECON. libretto m. di risparmio, libretto m. di deposito.

pass degree n. UNIV. = laurea ottenuta con il minimo dei voti.
passé /ˈpæseɪ, AE pæˈseɪ/ agg. SPREG. superato, passato di moda.
passenger /ˈpæsɪndʒə(r)/ n. **1** *(in car, plane, ship)* passeggero m. (-a); *(in train, bus, tube)* viaggiatore m. (-trice) **2** BE SPREG. *(idler)* parassita m. e f., peso m. morto.
passenger compartment n. BE AUT. abitacolo m.
passenger ferry n. battello m., traghetto m. passeggeri.
passenger jet, **passenger plane** n. aereo m. di linea.
passenger service n. servizio m. passeggeri.
passenger train n. treno m. passeggeri.
passe-partout /ˌpæspɑːˈtuː, ˌpɑːs-/ n. *(key)* passe-partout m., comunella f.; *(frame)* passe-partout m.
passerby /ˌpɑːsəˈbaɪ/ n. (pl. **passersby**) passante m. e f.
passing /ˈpɑːsɪŋ, AE ˈpæs-/ **I** n. **1** *(movement)* passaggio m.; ***the ~ of the years*** il trascorrere *o* passare degli anni **2** *(end)* fine f. **3** EUFEM. *(death)* scomparsa f., dipartita f. **II** agg. **1** *(going by)* [*motorist, policeman*] di passaggio, che passa; ***with each ~ day*** ogni giorno che passa **2** *(momentary)* [*whim*] passeggero, momentaneo **3** *(cursory)* [*reference*] rapido, superficiale **4** *(vague)* [*resemblance*] vago ♦ ***in ~*** di sfuggita, en passant.
passing place n. slargo m. (in una strada).
passing shot n. *(in tennis)* passante m.
passion /ˈpæʃn/ **I** n. **1** *(love, feeling)* passione f. **2** *(anger)* ira f., collera f.; ***a fit of ~*** un accesso d'ira **II Passion** n.pr. RELIG. ***the Passion*** la Passione.
passionate /ˈpæʃənət/ agg. [*kiss, person, nature, speech*] appassionato, ardente; [*advocate, plea*] appassionato, infervorato; [*belief*] profondo; [*relationship*] passionale.
passionately /ˈpæʃənətlɪ/ avv. [*love, kiss*] appassionatamente; [*write, defend*] con passione, infervoratamente; [*believe*] profondamente; [*want*] ardentemente, intensamente; [*oppose*] vibratamente, ferocemente; ***to be ~ fond of sth.*** essere appassionato di qcs.
passion flower n. passiflora f., fior m. di passione.
passion fruit n. frutto m. della passione, granadiglia f.
Passion Sunday n. domenica f. di Passione.
passive /ˈpæsɪv/ **I** agg. passivo (anche LING.); ***~ resistance*** resistenza passiva; ***~ smoking*** fumo passivo **II** n. LING. ***the ~*** il passivo.
passively /ˈpæsɪvlɪ/ avv. **1** [*gaze, stare*] con aria indifferente, assente; [*wait, react*] passivamente **2** LING. al passivo, nella forma passiva.
passiveness /ˈpæsɪvnɪs/, **passivity** /pæˈsɪvətɪ/ n. passività f.
passkey /ˈpɑːskiː, AE ˈpæs-/ n. passe-partout m., comunella f.
pass mark n. SCOL. UNIV. sufficienza f.
Passover /ˈpɑːsəʊvə(r), AE ˈpæs-/ n. Pasqua f. ebraica.
passport /ˈpɑːspɔːt, AE ˈpæs-/ n. passaporto m. (anche FIG.); ***visitor's ~*** BE passaporto temporaneo.
passport holder n. titolare m. e f. di passaporto.
pass-through /ˈpɑːsθruː, AE ˈpæs-/ n. AE passavivande m.
password /ˈpɑːswɜːd, AE ˈpæs-/ n. **1** INFORM. password f. **2** MIL. parola f. d'ordine.
1.past /pɑːst, AE pæst/ ➧ **33 I** n. **1** passato m.; ***in the ~*** in passato, un tempo; ***she has a ~*** ha un passato **2** LING. (anche **~ tense**) passato m.; ***in the ~*** al passato **II** agg. **1** *(preceding)* [*week, month etc.*] passato, scorso, ultimo; ***during the ~ few days*** negli ultimi giorni **2** *(former)* [*achievements, problems, experience*] passato, precedente; [*government*] precedente; ***~ president*** ex presidente; ***in times ~*** nei tempi passati, nei tempi andati **3** *(finished)* ***summer is ~*** l'estate è finita; ***that's all ~*** è tutto passato.
2.past /pɑːst, AE pæst/ ➧ **4 I** prep. **1** *(moving)* ***to walk*** o ***go ~ sb., sth.*** passare davanti *o* oltre a qcn., qcs.; ***to drive ~ sth.*** passare in auto davanti a qcs. **2** *(in time)* ***it's ~ 6*** sono le sei passate; ***twenty ~ two*** le due e venti; ***he is ~ 70*** ha superato i 70 anni, ha passato la settantina **3** *(beyond in position)* oltre, al di là, dopo; ***~ the church*** oltre *o* dopo la chiesa **4** *(beyond a certain level)* ***the temperature soared ~ 40°C*** la temperatura salì bruscamente oltre 40°C; ***he didn't get ~ the first chapter*** non andò più in là del primo capitolo **5** *(beyond scope of)* ***to be ~ understanding*** essere al di là dell'umana comprensione; ***he is ~ playing football*** è troppo in là con gli anni per giocare a calcio **II** avv. **1** *(onwards)* ***to go*** o ***walk ~*** passare oltre **2** *(ago)* ***two years ~*** due anni fa ♦ ***to be ~ it*** COLLOQ. non avere più l'età; ***to be ~ its best*** [*cheese, fruit etc.*] essere un po' passato; [*wine*] perdere un po'; ***I wouldn't put it ~ him to do*** per me sarebbe anche capace di fare; ***I'm ~ caring*** non m'importa più (di nulla) *o* me ne infischio.
pasta /ˈpæstə/ n. **U** pasta f. (alimentare).
1.paste /peɪst/ n. **1** *(glue)* colla f. **2** *(mixture)* impasto m., pasta f. **3** GASTR. *(fish, meat)* pâté m.; *(vegetable)* purè m. **4** *(in jewellery)* strass m.
2.paste /peɪst/ tr. **1** *(stick)* incollare, appiccicare [*label, paper*] **2** *(coat in glue)* spalmare di colla [*wallpaper*] **3** COLLOQ. *(defeat)* stracciare [*opponent*] **4** INFORM. incollare.
■ **paste up: ~ [sth.] up, ~ up [sth.]** **1** affiggere, attaccare [*notice, poster*] **2** TIP. fare un menabò di [*article, page*].
pasteboard /ˈpeɪstbɔːd/ n. TIP. cartone m.
pastel /ˈpæstl, AE pæˈstel/ **I** n. **1** *(medium, crayon)* pastello m. **2** *(drawing)* pastello m., dipinto m. a pastello **II** modif. [*colour, green, pink, shade*] pastello; [*drawing*] a pastello.
pasteurization /ˌpɑːstʃəraɪˈzeɪʃn, AE ˌpæstʃərɪˈzeɪʃn/ n. pastorizzazione f.
pasteurize /ˈpɑːstʃəraɪz, AE ˈpæst-/ tr. pastorizzare.
past historic n. LING. passato m. remoto.
pastille /ˈpæstəl, AE pæˈstiːl/ n. pastiglia f., pasticca f.
pastime /ˈpɑːstaɪm, AE ˈpæs-/ n. passatempo m., svago m.
pasting /ˈpeɪstɪŋ/ n. COLLOQ. **1** *(defeat)* botta f., bastonata f. **2** *(criticism)* ***to take a ~*** ricevere una stroncatura.
past master n. ***to be a ~ at doing*** essere un maestro nel fare.
pastor /ˈpɑːstə(r), AE ˈpæs-/ ➧ **27** n. RELIG. pastore m., ministro m. (del culto).
pastoral /ˈpɑːstərəl, AE ˈpæs-/ **I** n. *(letter)* pastorale f. **II** agg. **1** [*life, scene, poem*] pastorale **2** BE SCOL. UNIV. [*role, work*] di consigliere morale; ***he looks after students' ~ needs*** fornisce assistenza agli studenti **3** RELIG. pastorale.
past perfect n. LING. trapassato m. prossimo.
pastrami /pæˈstrɑːmɪ/ n. = carne di manzo aromatizzata e affumicata.
pastry /ˈpeɪstrɪ/ n. **1** *(mixture)* pasta f., impasto m.; ***to roll out ~*** stendere la pasta **2** *(cake)* pasticcino m., pasta f.
pastry case n. **1** fondo m. di pasta **2** *(of paper)* pirottino m.
pastry cook n. pasticciere m. (-a).
pastry shell n. → **pastry case**.
past tense n. LING. passato m. (remoto).
1.pasture /ˈpɑːstʃə(r), AE ˈpæs-/ n. *(land, grass)* pascolo m., pastura f. ♦ ***to leave for ~s new*** = partire per vedere cose nuove; ***to put sb. out to ~*** dare il benservito a qcn.
2.pasture /ˈpɑːstʃə(r), AE ˈpæs-/ **I** tr. pascolare, portare al pascolo **II** intr. pascolare.
1.pasty /ˈpæstɪ/ n. BE GASTR. pasticcio m., sfoglia f. con ripieno di carne.
2.pasty /ˈpeɪstɪ/ agg. [*skin*] pallidissimo, diafano; [*mixture*] pastoso, molle.
1.pat /pæt/ n. **1** *(gentle tap)* colpetto m., buffetto m. **2** *(of butter)* panetto m. ♦ ***to get a ~ on the back*** ricevere le congratulazioni *o* grandi lodi.
2.pat /pæt/ tr. (forma in -ing ecc. **-tt-**) dare un buffetto a [*hand*]; accarezzare [*dog*]; ***to ~ a ball*** palleggiare; ***to ~ one's hair into place*** sistemarsi *o* mettersi in ordine i capelli.
3.pat /pæt/ agg. **1** *(glib)* sbrigativo, disinvolto **2** *(apt)* adatto, appropriato ♦ ***to have sth. off*** BE o ***down*** AE ~ sapere qcs. a menadito; ***to stand ~*** AE = essere irremovibile.
Pat /pæt/ n.pr. diminutivo di **Patricia**, **Patrick**.
1.patch /pætʃ/ n. (pl. **~es**) **1** *(for repair) (in clothes)* toppa f., pezza f., rattoppo m.; *(on tyre, airbed)* = toppa, pezza per la riparazione di camere d'aria **2** *(protective cover) (on eye)* benda f.; *(on wound)* cerotto m. **3** *(small area) (of snow)* mucchietto m., piccolo cumulo m.; *(of ice)* piccola lastra f., crosta f.; *(of colour, damp, rust, oil)* macchia f., chiazza f.; *(of fog)* (piccolo) banco m.; *(of sunlight, blue sky)* squarcio m.; ***in ~es*** a chiazze *o* macchie **4** *(area of ground)* pezzo m. di terra; ***a ~ of grass*** uno spiazzo erboso **5** BE COLLOQ. *(territory) (of gangster)* territorio m.; *(of salesman, policeman, official)* zona f. **6** COLLOQ. *(period)* periodo m., momento m.; ***to go through*** o ***have a bad ~*** attraversare un brutto periodo *o* un

momento difficile ♦ ***the film isn't a ~ on the book*** il film non regge il confronto con il libro.

2.patch /pætʃ/ tr. **1** *(repair)* rattoppare, rappezzare [*hole, trousers*]; riparare [*tyre*] **2** INFORM. correggere [*software*].

▪ **patch together:** ~ ***[sth.] together*** mettere assieme [*fragments*]; raffazzonare, rabberciare [*deal, report*].

▪ **patch up:** ~ ***up [sth.]***, ~ ***[sth.] up*** [*doctor*] ricucire [*person*]; rattoppare, rappezzare [*hole, trousers*]; riparare [*ceiling, tyre*]; FIG. salvare [*marriage*]; ~ ***up [sth.]*** appianare [*differences*]; comporre [*quarrel*].

patch pocket n. tasca f. applicata.

patch test n. MED. patch-test m.

patchwork /ˈpætʃwɜːk/ n. **1** SART. patchwork m. **2** FIG. miscuglio m., mescolanza f., mosaico m.

patchy /ˈpætʃɪ/ agg. [*colour*] disomogeneo, non uniforme; [*performance*] discontinuo, irregolare; [*knowledge*] frammentario; ~ ***cloud*** nuvole sparse; ~ ***fog*** (piccoli) banchi di nebbia.

pate /peɪt/ n. ANT. testa f., zucca f.; ***a bald*** ~ una testa pelata.

1.patent /ˈpætnt, ˈpeɪtnt, AE ˈpætnt/ **I** n. *(document)* brevetto m. (**for, on** per); ***to take out a ~ on sth.*** brevettare qcs.; ***to come out of*** ~ o ***off*** ~ uscire dal brevetto; ~ ***pending*** brevetto in corso di registrazione **II** agg. **1** *(obvious)* evidente, palese, patente **2** DIR. *(licensed)* munito di brevetto.

2.patent /ˈpætnt, ˈpeɪtnt, AE ˈpætnt/ tr. DIR. brevettare.

Patent and Trademark Office n. US → **Patent Office**.

patent leather n. coppale m., pelle f. verniciata.

patently /ˈpeɪtntlɪ, AE ˈpæt-/ avv. evidentemente, palesemente, ovviamente.

patent medicine n. specialità f.pl. medicinali, farmaceutiche.

Patent Office n. GB = ufficio brevetti.

paternal /pəˈtɜːnl/ agg. paterno.

paternalism /pəˈtɜːnəlɪzəm/ n. paternalismo m.

paternity /pəˈtɜːnətɪ/ n. paternità f.

paternity leave n. congedo m. di paternità.

paternity suit n. DIR. azione f. di accertamento della paternità.

1.path /pɑːθ, AE pæθ/ n. **1** *(track)* (anche **pathway**) sentiero m., viottolo m. **2** *(in garden)* vialetto m. **3** *(course)* *(of projectile, vehicle)* traiettoria f.; *(of planet)* orbita f., moto m., cammino m.; *(of sun)* moto m., cammino m., percorso m.; *(of river)* corso m., cammino m.; *(of hurricane)* corso m.; ***to stand in sb.'s*** ~ essere d'intralcio *o* d'ostacolo a qcn. (anche FIG.) **4** *(option)* via f., scelta f. **5** *(means)* via f. (**to** di) **6** INFORM. path m., percorso m.

2.path /pɑːθ, AE pæθ/ n. → **pathology**.

pathetic /pəˈθetɪk/ agg. **1** *(full of pathos)* patetico, commovente, toccante **2** SPREG. *(inadequate)* patetico, penoso, miserabile **3** COLLOQ. SPREG. *(contemptible)* spregevole, meschino.

pathetically /pəˈθetɪklɪ/ avv. **1** [*vulnerable*] in modo commovente; [*grateful*] in modo lacrimevole **2** COLLOQ. SPREG. [*fail*] miseramente; [*play*] in modo penoso.

pathetic fallacy n. LETTER. = rappresentazione antropomorfica di animali od oggetti inanimati.

pathfinder /ˈpɑːθˌfaɪndə(r), AE ˈpæθ-/ n. **1** *(explorer)* esploratore m. (-trice); FIG. pioniere m. **2** AER. MIL. *(aircraft)* ricognitore m.

pathogen /ˈpæθədʒən/ n. agente m. patogeno.

pathological /ˌpæθəˈlɒdʒɪkl/ agg. **1** [*fear, hatred*] patologico, morboso; ***he's a ~ liar*** COLLOQ. è un bugiardo patologico **2** [*journal*] medico; [*research*] delle cause patologiche.

pathologically /ˌpæθəˈlɒdʒɪklɪ/ avv. ***he's ~ jealous*** è morbosamente geloso.

pathologist /pəˈθɒlədʒɪst/ ♦ ***27*** n. *(doing post-mortems)* medico m. legale; *(specialist in pathology)* patologo m. (-a).

pathology /pəˈθɒlədʒɪ/ n. patologia f.

pathway /ˈpɑːθweɪ, AE ˈpæθ-/ n. sentiero m., viottolo m.

patience /ˈpeɪʃns/ n. **1** pazienza f.; ***to lose*** ~ perdere la pazienza; ***my ~ is running out*** o ***wearing thin*** sto perdendo la pazienza **2** ♦ ***10*** *(game)* solitario m.

patient /ˈpeɪʃnt/ **I** n. paziente m. e f., malato m. (-a); ***heart*** ~ cardiopatico **II** agg. paziente, tollerante.

patiently /ˈpeɪʃntlɪ/ avv. pazientemente, con pazienza.

patina /ˈpætɪnə/ n. *(on metal, wood)* patina f.

patio /ˈpætɪəʊ/ n. (pl. **~s**) **1** *(terrace)* terrazza f. **2** *(courtyard)* patio m.

patio doors n.pl. portafinestra f.sing.

patio furniture n. **U** mobili m.pl. da giardino.

patio garden n. patio m.

patriarch /ˈpeɪtrɪɑːk, AE ˈpæt-/ n. patriarca m. (anche RELIG.).

patriarchal /ˌpeɪtrɪˈɑːkl, AE ˌpæt-/ agg. patriarcale.

Patricia /pəˈtrɪʃə/ n.pr. Patrizia.

patrician /pəˈtrɪʃn/ **I** agg. patrizio **II** n. patrizio m. (-a).

patricide /ˈpætrɪsaɪd/ n. **1** *(act)* parricidio m. **2** FORM. *(person)* parricida m. e f.

Patrick /ˈpætrɪk/ n.pr. Patrizio.

patrimony /ˈpætrɪmənɪ, AE -məʊnɪ/ n. FORM. patrimonio m., eredità f.

patriot /ˈpætrɪət, AE ˈpeɪt-/ n. patriota m. e f.

patriotic /ˌpætrɪˈɒtɪk, AE ˈpeɪt-/ agg. [*mood, song*] patriottico; ~ ***person*** patriota.

patriotism /ˈpætrɪətɪzəm, AE ˈpeɪt-/ n. patriottismo m.

1.patrol /pəˈtrəʊl/ **I** n. **1** perlustrazione f., ricognizione f.; ***to be, go (out) on*** ~ essere di pattuglia, andare in perlustrazione; ***to carry out a*** ~ fare una ricognizione **2** *(of group)* pattuglia f., ronda f. **II** modif. [*helicopter*] di ricognizione; [*vehicle*] di pattuglia.

2.patrol /pəˈtrəʊl/ **I** tr. (forma in -ing ecc. **-ll-**) pattugliare, perlustrare **II** intr. (forma in -ing ecc. **-ll-**) pattugliare, andare in pattuglia, fare la ronda.

patrol boat n. (nave) vedetta f.

patrol car n. auto(radio) f. della polizia, volante f.

patrolman /pəˈtrəʊlmən/ ♦ ***27*** n. (pl. **-men**) **1** AE *(policeman)* poliziotto m. (assegnato a una zona) **2** BE AUT. = persona addetta all'assistenza agli automobilisti.

patrol vessel n. → **patrol boat**.

patrol wagon n. AE (furgone) cellulare m.

patron /ˈpeɪtrən/ n. **1** *(supporter)* *(of artist)* mecenate m. e f.; *(of person)* protettore m. (-trice); *(of charity)* patrono m. (-essa), benefattore m. (-trice); ***to be ~ of an organization*** patrocinare un'organizzazione **2** COMM. *(client)* cliente m. e f. **3** (anche ~ **saint**) patrono m. (-a).

patronage /ˈpætrənɪdʒ/ n. **1** *(support)* patronato m., patrocinio m., egida f.; ~ ***of the arts*** mecenatismo **2** POL. *(right to appoint)* = facoltà di affidare incarichi, di conferire nomine; ***political*** ~ SPREG. clientelismo politico **3** COMM. clientela f.

patronize /ˈpætrənaɪz/ tr. **1** SPREG. trattare con condiscendenza; ***don't ~ me!*** non fare il paternalista! **2** COMM. frequentare abitualmente [*restaurant, cinema*]; ***to ~ a shop*** essere cliente abituale di un negozio **3** *(support)* sostenere, patrocinare [*charity*]; promuovere, incentivare [*the arts*].

patronizing /ˈpætrənaɪzɪŋ/ agg. SPREG. condiscendente, paternalistico.

patronizingly /ˈpætrənaɪzɪŋlɪ/ avv. [*smile, say, treat*] con condiscendenza.

patron saint n. santo patrono m., santa patrona f.

patsy /ˈpætsɪ/ n. POP. SPREG. zimbello m.

1.patter /ˈpætə(r)/ n. COLLOQ. *(of salesman)* imbonimento m., parlantina f.

2.patter /ˈpætə(r)/ n. *(of rain)* picchiettio m.; ~ ***of footsteps*** scalpiccio di piedi.

3.patter /ˈpætə(r)/ intr. [*child*] sgambettare, trotterellare; [*mouse*] zampettare; [*rain, hailstones*] picchiettare.

1.pattern /ˈpætn/ n. **1** *(design)* disegno m., motivo m. **2** *(regular way of happening)* ~ ***of behaviour, behaviour*** ~ schema *o* modello di comportamento; ***working ~s in industry*** l'organizzazione del lavoro nell'industria; ***the current ~ of events*** l'attuale quadro degli avvenimenti; ***a clear ~ emerges from these statistics*** da queste statistiche emerge un quadro molto preciso; ***he could detect a ~ in the plot*** riusciva a intravedere uno schema di fondo *o* un nesso logico nel complotto; ***to follow a set*** ~ seguire uno schema fisso *o* ben preciso; ***traffic*** ~ controllo del traffico aereo nella zona aeroportuale; ***weather ~s*** condizioni climatiche **3** *(model)* campione m., modello m. **4** *(in dressmaking)* cartamodello m.; *(in knitting)* modello m. **5** *(style of manufacture)* stile m. **6** *(sample)* campione m.

2.pattern /ˈpætn/ tr. *(model)* modellare (**on, after** su).

patterned /ˈpætnd/ agg. [*fabric etc.*] a motivi.

patty /'pætɪ/ n. **1** AE *(in hamburger etc.)* polpetta f. **2** *(pie)* tortino m. (di carne).
Paul /pɔːl/ n.pr. Paolo.
Paula /'pɔːlə/ n.pr. Paola.
1.Pauline /'pɔːliːn/ n.pr. diminutivo di **Paula**.
2.Pauline /'pɔːlaɪn/ agg. RELIG. paolino.
paunch /pɔːntʃ/ n. *(of person)* pancia f., trippa f.
pauper /'pɔːpə(r)/ n. indigente m. e f., bisognoso m. (-a).
1.pause /pɔːz/ n. **1** *(brief silence)* pausa f., breve silenzio m. **2** *(break)* pausa f., interruzione f. **3** *(stoppage)* interruzione f., intervallo m. **4** MUS. pausa f.
2.pause /pɔːz/ intr. **1** *(stop speaking)* fare una pausa, smettere, interrompersi **2** *(stop)* fermarsi; ***to ~ in*** interrompere [*activity*]; ***to ~ for thought*** fare una pausa per pensare **3** *(hesitate)* esitare, indugiare.
▪ **pause over:** ***~ over [sth.]*** fermarsi su.
pave /peɪv/ tr. lastricare (**with** di); pavimentare (**with** con) ♦ ***to ~ the way for sth.*** spianare la strada a qcs.
pavement /'peɪvmənt/ n. **1** BE *(footpath)* marciapiede m. **2** AE *(roadway)* carreggiata f., corsia f.; *(road surface)* pavimentazione f. stradale, lastricato m. stradale **3** *(paved area)* lastricato m., selciato m., lastrico m. **4** AE *(material)* pietra f. da selciato, selce f.
pavement artist ♦ *27* n. BE madonnaro m. (-a).
pavement café n. BE caffè m. con dehors.
pavilion /pə'vɪlɪən/ n. padiglione m.
paving /'peɪvɪŋ/ n. materiale m. per pavimentazione stradale.
paving slab, paving stone n. pietra f. da selciato.
1.paw /pɔː/ n. *(of animal)* zampa f.; SPREG. *(hand)* zampa f., manaccia f.
2.paw /pɔː/ tr. **1** [*animal*] dare una zampata a; ***to ~ the ground*** [*horse*] scalpitare; [*bull*] battere il terreno con lo zoccolo **2** SPREG. [*person*] palpare, palpeggiare.
1.pawn /pɔːn/ n. *(in chess)* pedone m.; FIG. pedina f.
2.pawn /pɔːn/ n. COMM. ***in ~*** impegnato, in pegno; ***to get sth. out of ~*** disimpegnare *o* riscattare qcs.
3.pawn /pɔːn/ tr. impegnare, dare in pegno.
pawnbroker /'pɔːnˌbrəʊkə(r)/ ♦ *27* n. gestore m. di agenzia di pegni.
pawnshop /'pɔːnʃɒp/ n. agenzia f. di pegni, banco m. dei pegni, monte m. di pietà.
pawn ticket n. polizza f. di pegno, ricevuta f. di pegno.
pawpaw /'pɔːpɔː/ n. → **papaw**.
1.pay /peɪ/ **I** n. paga f., stipendio m., retribuzione f.; *(to manual worker)* salario m.; *(to soldier)* soldo m.; ***back ~*** arretrati sulla paga; ***extra ~*** (paga) extra; ***to be in the ~ of sb.*** SPREG. essere al soldo di qcn.; ***~ and allowances*** retribuzione e indennità **II** modif. [*agreement, claim, negotiations, deal*] salariale; [*rise, cut*] di stipendio, salariale; [*freeze, structure, policy*] dei salari.
2.pay /peɪ/ **I** tr. (pass., p.pass. **paid**) **1** *(for goods, services)* pagare [*tradesman, creditor, fee*]; saldare, pagare [*bill, debt*]; versare [*down payment*] (**on** per); ***to ~ cash*** pagare in contanti; ***to ~ £ 50 on account*** versare un acconto di 50 sterline; ***to ~ sth. into*** versare qcs. su [*account*] **2** *(for regular work)* pagare, retribuire [*employee*]; ***to ~ low wages*** retribuire male; ***all expenses paid*** tutto spesato **3** ECON. [*account, bond*] rendere, fruttare [*interest*]; ***to ~ dividends*** FIG. dare buoni frutti **4** *(give)* ***to ~ attention, heed to*** fare *o* prestare attenzione a; ***to ~ a tribute to sb.*** rendere *o* tributare omaggio a qcn.; ***to ~ sb. a compliment*** fare un complimento a qcn.; ***to ~ sb. a visit*** fare visita a qcn. **5** *(benefit)* ***it would ~ him to do*** FIG. gli gioverebbe fare; ***it doesn't ~ to do*** non conviene fare **II** intr. (pass., p.pass. **paid**) **1** *(hand over money)* pagare; ***to ~ for sth.*** pagare per qcs. (anche FIG.); ***I'll make you ~ for this!*** FIG. te la farò pagare! questa me la pagherai! ***they're paying for him to go to college*** gli pagano gli studi universitari; ***"~ on entry"*** "pagamento all'ingresso"; ***you have to ~ to get in*** l'ingresso è a pagamento; ***"~ and display"*** *(in carpark)* "esporre il voucher attestante il pagamento"; ***~ on demand*** *(on cheque)* pagare a vista **2** *(settle)* pagare; ***to ~ one's own way*** coprire le proprie spese **3** *(reward employee)* ***the work doesn't ~ very well*** il lavoro non è ben retribuito **4** *(bring gain)* [*business*] rendere, essere redditizio; [*activity, quality*] essere vantaggioso, essere utile; ***to ~ handsomely*** fruttare molto bene; ***to ~ for itself*** [*business, purchase*] ammortizzarsi; ***to make sth. ~*** fare fruttare *o* rendere qcs. ♦ ***there'll be hell*** COLLOQ. o ***the devil to ~*** succederà un putiferio, saranno guai grossi; ***to ~ a visit*** COLLOQ. EUFEM. andare in quel posto, andare al gabinetto.
▪ **pay back:** ***~ [sb.] back*** rimborsare [*person*]; ***I'll ~ him back for the trick he played on me*** gliela farò pagare per lo scherzetto che mi ha giocato; ***~ [sth.] back, ~ back [sth.]*** restituire, rendere [*money*].
▪ **pay down:** ***~ [sth.] down*** versare in acconto.
▪ **pay in** BE ***~ [sth.] in, ~ in [sth.]*** depositare, versare [*cheque, sum*].
▪ **pay off:** ***~ off*** pagare, ripagare; ***his hard work paid off*** la sua fatica è stata ripagata; ***~ [sb.] off, ~ off [sb.]*** **1** *(dismiss)* licenziare, liquidare [*worker*] **2** COLLOQ. *(buy silence)* comprare il silenzio di; ***~ off [sth.], ~ [sth.] off*** pagare, estinguere [*mortgage, debt*].
▪ **pay out:** ***~ out [sth.]*** **1** *(hand over)* sborsare, elargire [*sum*] (**in** per); ***he paid out £ 300 for his new washing machine*** sborsò 300 sterline per la nuova lavatrice **2** *(release)* filare, lasciare scorrere [*rope*].
▪ **pay up** COLLOQ. pagare, saldare.
payable /'peɪəbl/ agg. **1** *(which will be paid)* [*amount, interest*] dovuto; ***to make a cheque ~ to*** emettere un assegno pagabile a **2** *(requiring payment)* ***to be ~*** [*instalment, debt*] dovere essere pagato, essere pagabile; ***~ on demand*** pagabile a richiesta *o* a vista **3** *(which may be paid)* pagabile **4** *(profitable)* [*venture*] rimunerativo, redditizio.
pay-and-display /ˌpeɪəndɪ'spleɪ/ agg. ***~ parking*** = parcheggio a pagamento in cui si espone il ticket emesso dall'apposita macchinetta sul parabrezza dell'auto.
pay-as-you-earn /ˌpeɪəzjʊ'ɜːn/ n. BE = pagamento d'imposta mediante ritenuta alla fonte.
payback /'peɪbæk/ n. **1** *(of debt)* rimborso m. **2** *(revenge)* vendetta f.
paybed /'peɪbed/ n. MED. AMM. = in un ospedale pubblico, posto letto riservato a un paziente che si cura privatamente.
pay channel n. canale m. a pagamento.
pay cheque BE, **pay check** AE n. assegno m. paga.
payday /'peɪdeɪ/ n. *(for wages)* giorno m. di paga; *(in stock exchange)* giorno m. dei compensi, giorno m. di liquidazione.
paydesk /'peɪdesk/ n. cassa f.
PAYE n. BE (⇒ pay-as-you-earn) = pagamento d'imposta mediante ritenuta alla fonte.
payee /peɪ'iː/ n. beneficiario m., prenditore m.
payer /'peɪə(r)/ n. pagatore m. (-trice).
pay gate n. tornello m.
paying /'peɪɪŋ/ agg. ***a ~ proposition*** un affare conveniente *o* che rende.
paying guest n. ospite m. e f. pagante, pensionante m. e f.
paying-in deposit slip n. AE → **paying-in slip**.
paying-in slip n. BE modulo m. di versamento, distinta f. di versamento.
payload /'peɪləʊd/ n. **1** *(of aircraft, ship)* carico m. rimunerativo, carico m. pagante **2** *(of bomb)* carica f. esplosiva.
paymaster /'peɪmɑːstə(r), AE -mæstər/ n. **1** impiegato m. (-a) dell'ufficio paga; MAR. commissario m. di bordo; MIL. ufficiale m. pagatore **2** SPREG. *(employer)* padrone m.
payment /'peɪmənt/ n. pagamento m.; *(in settlement)* saldo m.; *(into account, of instalments)* versamento m.; *(to creditor)* rimborso m., estinzione f. (di un debito); FIG. *(for help)* ricompensa f. (anche IRON.); ***cash ~*** pagamento in contanti; ***~ in full is now requested*** ora si richiede di pagare a saldo; ***in monthly ~s of £ 30*** in rate mensili di 30 sterline; ***~ on*** *(instalment)* pagamento per, rata di [*television, washing machine etc.*]; ***on ~ of £ 30*** contro *o* dietro pagamento di 30 sterline; ***Social Security ~s*** contributi previdenziali.
payoff /'peɪɒf, AE -ɔːf/ n. *(reward)* ricompensa f., premio m.; FIG. resa f. dei conti, momento m. decisivo.
payola /peɪ'əʊlə/ n. AE COLLOQ. bustarella f., mazzetta f.
pay-packet /'peɪˌpækɪt/ n. busta f. paga; FIG. paga f., stipendio m.
pay phone n. telefono m. pubblico.
payroll /'peɪrəʊl/ n. *(list)* libro m. paga; *(sum of money)* importo m., ammontare m. delle retribuzioni; *(employees collectively)* dipendenti m.pl., personale m.; ***to be on a com-***

pany's* ~** essere sul libro paga di una ditta; ***to take sb. off the* ~** licenziare qcn.; ***a ~ of 50 workers un personale di 50 lavoratori.

payslip /ˈpeɪslɪp/ n. cedolino m. dello stipendio, busta f. paga.

pay television n. pay tv f.

1.pc n. (anche **PC**) (⇒ personal computer personal computer) PC m.

2.pc 1 ⇒ per cent per cento **2** ⇒ postcard cartolina postale (c.p.) **3** (anche **PC**) ⇒ politically correct politically correct.

p/c 1 ⇒ prices current prezzi correnti **2** ⇒ petty cash = piccola cassa.

PC GB **1** ⇒ Police Constable agente di polizia **2** ⇒ Privy Council consiglio privato della corona.

pd ⇒ paid pagato.

PD AE ⇒ Police Department dipartimento di polizia.

PE ⇒ physical education educazione fisica, ginnastica.

pea /piː/ n. **1** *(plant)* pisello m. **2** GASTR. (anche **green ~**) pisello m.

peace /piːs/ **I** n. **1** pace f.; ***to be at* ~** essere in pace; ***to make* ~** rappacificarsi, fare la pace; ***to keep the* ~** *(between countries, individuals)* mantenere la pace; *(in town)* [*police*] tutelare l'ordine pubblico *o* la quiete pubblica; [*citizen*] mantenere una buona condotta **2** *(tranquillity)* pace f., tranquillità f., calma f.; ***I need a bit of ~ and quiet*** ho bisogno di starmene un po' tranquillo *o* di (stare) un po' in pace; ***to find ~ of mind*** trovare la serenità d'animo; ***to be at* ~** EUFEM. *(dead)* riposare in pace, dormire nella pace eterna **II** modif. [*process, campaign, mission*] di pace; [*moves, march*] per la pace; [*plan, talks*] di pace, per la pace ♦ ***to hold one's* ~** tacere, non aprire bocca; ***to make one's ~ with sb.*** fare la pace *o* rappacificarsi con qcn.

peaceable /ˈpiːsəbl/ agg. [*person*] pacifico, tranquillo.

peace campaigner n. (attivista) pacifista m. e f.

Peace Corps n. US AMM. = organizzazione di volontari per l'aiuto ai paesi in via di sviluppo.

peace envoy n. negoziatore m. (-trice) di pace.

peaceful /ˈpiːsfl/ agg. **1** *(tranquil)* [*place, holiday*] pacifico, tranquillo **2** *(without conflict)* [*coexistence, protest*] pacifico.

peacefully /ˈpiːsfəlɪ/ avv. **1** *(without disturbance)* [*sleep*] tranquillamente; [*situated*] in un luogo tranquillo **2** *(without violence)* [*demonstrate*] pacificamente.

peacekeeping /ˈpiːskiːpɪŋ/ **I** n. MIL. POL. mantenimento m. della pace **II** modif. **~ *force*** forze di pace.

peace-loving /ˈpiːsˌlʌvɪŋ/ agg. pacifico, amante della pace.

peacemaker /ˈpiːsmeɪkə(r)/ n. **1** POL. mediatore m. (-trice) di pace, pacificatore m. (-trice) **2** *(in family)* paciere m. (-a).

peace offering n. BIBL. offerta f. propiziatoria, sacrificio m. propiziatorio.

peace pipe n. calumet m. della pace.

peacetime /ˈpiːstaɪm/ n. tempo m. di pace.

peach /piːtʃ/ **I** n. **1** *(fruit)* pesca f.; *(tree)* pesco m. **2** *(colour)* (color) pesca m. **3** COLLOQ. ***a ~ of a game*** una partita eccezionale **II** modif. [*jam*] di pesche; [*yoghurt*] alla pesca; [*stone*] della pesca; **~ *blossom*** fiori di pesco **III** agg. (color) pesca.

peacock /ˈpiːkɒk/ n. pavone m. (maschio).

peacock blue ♦ **5 I** agg. blu pavone **II** n. blu m. pavone.

peacock butterfly n. vanessa io f., farfalla f. pavone.

peahen /ˈpiːhen/ n. pavona f., pavonessa f.

1.peak /piːk/ **I** n. **1** *(of mountain)* picco m., cima f., vetta f., sommità f. **2** *(of cap)* visiera f. **3** *(of inflation, demand)* picco m., punta f.; *(of price)* valore m. massimo; *(on a graph)* picco m. **4** FIG. *(of career, empire, creativity)* culmine m., apice m.; *(of fitness, form)* meglio m., top m.; ***at its* ~** al culmine; ***in the ~ of condition*** al meglio della forma; ***to be past its*** o ***one's* ~** essere in declino **5** *(busiest time)* ora f. di punta; TEL. tariffa f. intera **II** modif. [*figure, risk, level, price*] massimo; [*fitness, form, performance*] eccellente, ottimo.

2.peak /piːk/ intr. [*inflation, rate*] raggiungere un picco, un massimo (**at** di); FIG. [*career, interest*] raggiungere l'apice, il culmine; ***to ~ too early*** [*runner*] scattare, spomparsi troppo presto; [*prodigy*] perdersi per strada; *(in career)* bruciarsi troppo presto.

■ **peak out** COLLOQ. [*athlete, skill, luck*] cominciare a declinare; [*inflation*] cominciare a rallentare, frenare; [*rate*] cominciare ad abbassarsi.

peak demand n. domanda f. di punta; EL. carico m. massimo.

1.peaked /piːkt/ agg. *(with peak)* [*cap, hat*] con visiera; *(pointed)* [*roof*] a punta.

2.peaked /piːkt/ agg. AE → **peaky**.

peak hour, **peak period** n. ora f. di punta.

peak rate n. TEL. tariffa f. intera.

peak season n. alta stagione f.

peak time n. **1** *(on TV)* peak time m., picco m. di ascolto **2** *(for traffic)* ore f.pl. di punta.

peaky /ˈpiːkɪ/ agg. COLLOQ. malaticcio, palliduccio.

1.peal /piːl/ n. *(of bells)* scampanio m., suono m. di campane; *(of doorbell)* suono m., squillo m., trillo m.; *(of thunder)* fragore m., scoppio m., rimbombo m.; *(of organ)* suono m.; **~*s of laughter*** scoppi *o* scrosci di risa.

2.peal /piːl/ **I** intr. → **peal out II** tr. fare suonare a distesa [*bells*].

■ **peal out** [*bells*] scampanare, suonare a distesa; [*thunder*] rimbombare; [*organ*] risuonare; [*laughter*] scoppiare, scrosciare.

peanut /ˈpiːnʌt/ **I** n. *(nut)* arachide f., nocciolina f. americana; *(plant)* arachide f. **II peanuts** n.pl. COLLOQ. miseria f.sing.; ***they're paid ~s*** li pagano quattro soldi **III** modif. **~ *butter*** burro d'arachidi; **~ *oil*** olio di arachide.

pear /peə(r)/ n. **1** *(fruit)* pera f. **2** (anche **~ tree**) pero m. ♦ ***to go ~-shaped*** COLLOQ. andare a monte.

pearl /pɜːl/ ♦ **5 I** n. **1** perla f. **2** → **mother-of-pearl 3** FIG. *(person, object)* perla f.; *(city, building)* perla f., gioiello m.; **~*s of wisdom*** perle di saggezza **4** *(colour)* (color) perla m. **II** modif. [*necklace*] di perle; [*button*] di madreperla **III** agg. (color) perla.

pearl barley n. orzo m. perlato.

pearl diver n. pescatore m. (-trice) di perle.

pearl grey BE, **pearl gray** AE ♦ **5 I** n. grigio m. perla **II** agg. grigio perla.

pearl oyster n. ostrica f. perlifera.

pearly /ˈpɜːlɪ/ agg. perlaceo, perlato.

Pearly Gates n.pl. ***the* ~** SCHERZ. le porte del paradiso.

peasant /ˈpeznt/ **I** n. contadino m. (-a); SPREG. zotico m. (-a) **II** modif. [*class, custom, life*] contadino; [*costume*] dei contadini.

peasantry /ˈpezntrɪ/ n. + verbo sing. o pl. contadini m.pl., classe f. contadina.

pea shooter n. *(toy weapon)* cerbottana f.

peat /piːt/ n. torba f.

peat bog n. torbiera f.

pebble /ˈpebl/ n. ciottolo m., sassolino m.

pebbly /ˈpeblɪ/ agg. ciottoloso, ghiaioso.

pecan /ˈpiːkən, prˈkæn, AE prˈkɑːn/ n. **1** *(nut)* noce f. pecan **2** *(tree)* pecan m.

peccadillo /ˌpekəˈdɪləʊ/ n. (pl. **~s**, **~es**) peccatuccio m.

1.peck /pek/ n. **1** *(from bird)* beccata f., colpo m. di becco **2** COLLOQ. *(kiss)* bacio m. frettoloso, bacetto m.

2.peck /pek/ **I** tr. *(with beak)* [*bird*] beccare [*food*]; colpire col becco, beccare [*person, animal*]; ***to ~ a hole in sth.*** fare un buco in qcs. con il becco **II** intr. **1** *(with beak)* ***to ~ at*** beccare [*food*]; beccare, perforare col becco [*tree*] **2** COLLOQ. FIG. ***to ~ at one's food*** [*person*] piluccare del cibo, mangiucchiare.

■ **peck out: ~ [sth.] out, ~ out [sth.]** rompere con il becco [*kernel, seeds*].

pecker /ˈpekə(r)/ n. BE ***to keep one's ~ up*** stare su di morale.

pecking order n. gerarchia f., ordine m. gerarchico (anche FIG.).

peckish /ˈpekɪʃ/ agg. BE COLLOQ. ***to be*** o ***feel* ~** sentire un certo languorino, avere voglia di mettere qualcosa sotto i denti.

pectin /ˈpektɪn/ n. pectina f.

pectoral /ˈpektərəl/ **I** n. RELIG. croce f. pettorale **II pectorals** n.pl. (muscoli) pettorali m. **III** agg. pettorale.

peculiar /prˈkjuːlɪə(r)/ agg. **1** *(odd)* strano, singolare, curioso; ***to feel* ~** sentirsi strano; ***funny* ~** COLLOQ. SCHERZ. bizzarro, curioso **2** *(exceptional)* [*situation, circumstances*] particolare, speciale **3** *(exclusive to)* [*characteristic*] peculiare, proprio, tipico; ***to be ~ to*** [*feature*] essere caratteristico di.

peculiarity /prˌkjuːlɪˈærətɪ/ n. **1** *(feature)* peculiarità f., particolarità f. **2** *(strangeness)* stranezza f., bizzarria f.

peculiarly /prˈkjuːlɪəlɪ/ avv. **1** *(strangely)* stranamente, bizzarramente **2** *(particularly)* particolarmente, specialmente.

pecuniary /pɪˈkjuːnɪərɪ, AE -ɪerɪ/ agg. pecuniario.
pedagogic(al) /ˌpedəˈgɒdʒɪk(l)/ agg. pedagogico.
pedagogy /ˈpedəgɒdʒɪ/ n. pedagogia f.
1.pedal /ˈpedl/ n. pedale m. (anche MUS.).
2.pedal /ˈpedl/ **I** tr. (forma in -ing ecc. **-ll-** BE, **-l-** AE) ***to ~ a bicycle*** pedalare, andare in bicicletta **II** intr. (forma in -ing ecc. **-ll-** BE, **-l-** AE) **1** *(use pedal)* pedalare; ***to ~ hard*** pedalare a tutta forza **2** *(cycle)* ***to ~ down*** fare una discesa in bicicletta.
pedal bin n. BE pattumiera f. a pedale.
pedal boat n. pattino m. a pedali, pedalò® m.
pedal cycle n. bicicletta f.
pedal pushers n.pl. pantaloni m. alla pescatora.
pedant /ˈpednt/ n. pedante m. e f.
pedantic /pɪˈdæntɪk/ agg. pedante.
pedantry /ˈpedntrɪ/ n. pedanteria f.
peddle /ˈpedl/ **I** tr. fare il venditore ambulante di [*wares*]; FIG. diffondere, fare circolare [*ideas*]; ***to ~ drugs*** spacciare droga **II** intr. fare il venditore ambulante.
peddler /ˈpedlə(r)/ n. **1** ***drug ~*** spacciatore (di droga) **2** ***street ~*** venditore ambulante.
pederast /ˈpedəræst/ n. pederasta m.
pedestal /ˈpedɪstl/ n. *(of statue, ornament)* piedistallo m., base f.; *(of washbasin)* colonna f. ♦ ***to put sb. on a ~*** mettere qcn. su un piedistallo; ***to knock sb. off their ~*** fare scendere qcn. dal piedistallo.
pedestrian /pɪˈdestrɪən/ **I** n. pedone m. **II** modif. [*street, area*] pedonale **III** agg. *(humdrum)* pedestre, banale.
pedestrian crossing n. passaggio m. pedonale, attraversamento m. pedonale.
pedestrian precinct n. BE zona f. pedonale.
pediatric /ˌpiːdɪˈætrɪk/ agg. [*ward*] pediatrico, di pediatria; [*illness*] infantile; ***~ medicine*** pediatria; ***~ nursing*** puericultura.
pediatrician /ˌpiːdɪəˈtrɪʃn/ ♦ ***27*** n. pediatra m. e f.
pediatrics /ˌpiːdɪˈætrɪks/ n. + verbo sing. pediatria f.
pedicure /ˈpedɪkjʊə(r)/ n. *(person)* pedicure m. e f.; *(treatment)* pedicure f.
pedigree /ˈpedɪgriː/ **I** n. **1** *(ancestry) (of animal)* pedigree m.; *(of person, family) (line)* lignaggio m., ascendenza f.; *(tree, chart)* albero m. genealogico; *(background)* origini f.pl. **2** *(purebred animal)* animale m. di razza **3** FIG. *(of sportsman)* formazione f., carriera f.; *(of artist)* retroterra m. **II** modif. [*animal*] di razza, con pedigree.
pediment /ˈpedɪmənt/ n. ARCH. frontone m.
pedlar /ˈpedlə(r)/ n. venditore m. (-trice) ambulante.
pedophile /ˈpedəfaɪl/ n. pedofilo m. (-a).
pedophilia /ˌpedəˈfɪlɪə/ n. pedofilia f.
1.pee /piː/ n. COLLOQ. pipì f.; ***to have*** o ***do a ~*** fare (la) pipì.
2.pee /piː/ intr. COLLOQ. fare (la) pipì; *(more vulgar)* pisciare.
1.peek /piːk/ n. sbirciata f.; ***to have*** o ***take a ~ at*** dare una sbirciatina a.
2.peek /piːk/ intr. sbirciare, spiare; ***to ~ at sb., sth.*** sbirciare, guardare furtivamente qcn., qcs.
peekaboo /ˌpiːkəˈbuː/ inter. cucù.
1.peel /piːl/ n. buccia f., scorza f., pelle f.
2.peel /piːl/ **I** tr. sbucciare, pelare [*vegetable, fruit*]; sgusciare [*prawn*]; scortecciare [*stick*] **II** intr. [*paint*] scrostarsi; [*sunburnt person*] spellarsi; [*skin*] esfoliarsi, squamarsi; [*fruit, vegetable*] sbucciarsi.
■ **peel off:** ***~ off*** **1** *(become removed)* [*label, paper*] staccarsi, scollarsi; [*paint*] scrostarsi **2** COLLOQ. SCHERZ. *(undress)* svestirsi, spogliarsi; ***~ off [sth.], ~ [sth.] off*** togliersi, sfilarsi [*clothing*]; staccare [*label*]; perdere [*leaves*].
peeler /ˈpiːlə(r)/ n. **1** *(manual)* sbucciatore m.; *(electric)* pelatrice f.; ***potato ~*** pelapatate, sbucciapatate **2** AE COLLOQ. *(stripper)* spogliarellista m. e f.
peeling /ˈpiːlɪŋ/ **I** n. buccia f., scorza f., pelle f. **II** agg. [*walls, paint*] che si scrosta; [*skin*] che si esfolia, che si squama.
1.peep /piːp/ n. *(look)* ***to have a ~ at*** dare un'occhiata a; *(furtively)* dare una sbirciatina a.
2.peep /piːp/ intr. *(look)* ***to ~ at sth., sb.*** lanciare uno sguardo *o* dare un'occhiata a qcs., qcn.; *(furtively)* sbirciare, spiare qcs., qcn.
■ **peep out** [*person, sun*] spuntare, fare capolino; [*animal*] venire fuori; [*gun, hanky*] spuntare, sporgere.
3.peep /piːp/ n. *(of chick)* pigolio m.; *(of mouse)* squittio m.; *(of car horn)* colpo m. di clacson; ***there wasn't a ~ out of him*** non l'abbiamo sentito fiatare; ***one more ~ out of you and...*** prova a dire un'altra parola e...
4.peep /piːp/ intr. [*chick*] pigolare; [*mouse*] squittire; [*car horn*] suonare.
peephole /ˈpiːphəʊl/ n. *(in door)* spioncino m.
Peeping Tom n. COLLOQ. guardone m., voyeur m.
1.peer /pɪə(r)/ n. **1** *(equal) (in status, merit)* pari m. e f.; *(in profession)* collega m. e f. **2** *(contemporary)* coetaneo m. (-a) **3** GB POL. (anche **~ of the realm**) pari m.
2.peer /pɪə(r)/ intr. ***to ~ at*** guardare attentamente, scrutare; ***to ~ shortsightedly at sth.*** osservare qcs. con sguardo miope; ***to ~ through*** sbirciare *o* fare capolino da.
peerage /ˈpɪərɪdʒ/ n. **1** GB POL. *(title)* paria f., titolo m. di pari; ***to be given a ~*** ricevere il titolo di pari *o* essere nominato pari **2** *(book)* almanacco m. nobiliare.
peeress /ˈpɪəres/ n. GB POL. *(wife, widow of a peer)* = moglie, vedova di un pari; *(woman having the rank of peer)* = donna alla quale è stato conferito il titolo di pari.
peer group n. **1** *(of same status)* pari m.pl. **2** SOCIOL. *(contemporary)* gruppo m. di coetanei.
peer group pressure n. = pressione esercitata dai coetanei.
peerless /ˈpɪəlɪs/ agg. senza pari, impareggiabile.
peer review n. = valutazione di un lavoro scientifico, accademico o professionale da parte di addetti ai lavori.
peeved /piːvd/ agg. COLLOQ. [*person, expression*] seccato, scocciato.
peevish /ˈpiːvɪʃ/ agg. irritabile, irascibile, stizzoso.
peewit /ˈpiːwɪt/ n. pavoncella f.
1.peg /peg/ n. **1** *(to hang garment)* attaccapanni m., gancio m. **2** BE (anche **clothes ~**) molletta f., pinzetta f. da bucato **3** *(to mark place)* piolo m., paletto m. **4** *(in carpentry)* cavicchio m., piolo m. **5** *(for tuning)* bischero m. **6** ECON. indice m. **7** *(barrel stop)* zipolo m. ♦ ***to be a square ~ (in a round hole)*** essere un pesce fuor d'acqua; ***to be taken*** o ***brought down a ~ (or two)*** COLLOQ. essere ridimensionato; ***to take*** o ***bring sb. down a ~ (or two)*** COLLOQ. fare abbassare la cresta a qcn.
2.peg /peg/ tr. (forma in -ing ecc. **-gg-**) **1** *(fasten)* **to ~ [sth.] on** o ***onto a line*** stendere, appendere [qcs.] (al filo) [*washing*]; ***to ~ [sth.] down*** o ***in place*** fissare, puntare [*fabric*]; fissare con dei picchetti, piantare [*tent*] **2** ECON. sostenere, stabilizzare [*price, currency*]; ***to ~ sth. at 10%, at present levels*** fissare qcs. al 10%, ai valori attuali **3** AE *(characterize)* classificare, catalogare [*person*].
■ **peg away** COLLOQ. darci dentro (**at** con).
■ **peg out:** ***~ out*** COLLOQ. morire, crepare; ***~ out [sth.], ~ [sth.] out*** **1** BE *(hang out)* stendere, appendere [*washing*] **2** *(stake out)* picchettare [*land*].
Peg /peg/ n.pr. diminutivo di **Margaret**.
pegboard /ˈpegbɔːd/ n. GIOC. = tavoletta perforata utilizzata come segnapunti.
Peggy /ˈpegɪ/ n.pr. diminutivo di **Margaret**.
peg leg n. gamba f. di legno.
pejorative /pɪˈdʒɒrətɪv, AE -ˈdʒɔːr-/ agg. peggiorativo.
Pekinese /ˌpiːkɪˈniːz/ ♦ ***14*** **I** agg. pechinese **II** n. (pl. **~, ~s**) **1** *(person)* pechinese m. e f. **2** LING. pechinese m. **3** *(dog)* pechinese m.
Peking /ˌpiːˈkɪŋ/ ♦ ***34*** n.pr. Pechino f.
Pekingese → **Pekinese**.
pelican /ˈpelɪkən/ n. pellicano m.
pelican crossing n. BE = attraversamento pedonale regolato da un semaforo azionato dai pedoni.
pellet /ˈpelɪt/ n. **1** *(of paper, wax, mud)* pallina f., pallottolina f. **2** *(of shot)* pallottola f. **3** AGR. pellet m.
pell-mell /ˌpelˈmel/ avv. alla rinfusa, confusamente.
pelmet /ˈpelmɪt/ n. *(border of fabric)* mantovana f.
1.pelt /pelt/: **at full pelt** a tutta velocità, a rotta di collo.
2.pelt /pelt/ **I** tr. bersagliare; ***to ~ sb. with*** colpire qcn. con una raffica di [*stones*] **II** intr. **1** *(fall)* (anche **~ down**) [*rain*] picchiare, scrosciare; ***the ~ing rain*** la pioggia battente **2** COLLOQ. *(run)* correre a rotta di collo; ***to ~ down the road*** precipitarsi in strada.
3.pelt /pelt/ n. *(fur)* pelliccia f.; *(hide)* pelle f.
pelves /ˈpelviːz/ → **pelvis**.

pelvic /ˈpelvɪk/ agg. pelvico.
pelvis /ˈpelvɪs/ ➧ *2* n. (pl. **-es, ~es**) pelvi f., bacino m.
1.pen /pen/ n. *(for writing)* penna f.; ***to run one's ~ through sth.*** depennare qcs.; ***to put ~ to paper*** *(write)* mettersi a scrivere, prendere la penna in mano; *(give signature)* firmare, mettere la firma.
2.pen /pen/ tr. (forma in -ing ecc. **-nn-**) *(write)* scrivere [*letter, article*].
3.pen /pen/ n. *(for animals)* recinto m., chiuso m.
4.pen /pen/ tr. (forma in -ing ecc. **-nn-**) (anche **~ in**) chiudere in un recinto [*animals*].
5.pen /pen/ n. ZOOL. femmina f. del cigno.
6.pen /pen/ n. AE COLLOQ. (accorc. penitentiary) prigione f., gabbia f.
penal /ˈpiːnl/ n. [*reform, law, code, system, colony*] penale; [*institution*] di pena; ***~ servitude*** STOR. lavori forzati.
penalize /ˈpiːnəlaɪz/ tr. **1** *(punish)* ***to ~ sb. for doing*** sanzionare *o* punire qcn. per aver fatto **2** SPORT penalizzare (anche FIG.).
penalty /ˈpenltɪ/ n. **1** *(punishment)* pena f. (anche DIR.), punizione f.; *(fine)* ammenda f., multa f.; ***on*** o ***under ~ of*** sotto pena di **2** FIG. *(unpleasant result)* ***to pay the ~ for sth.*** pagare lo scotto di qcs. **3** SPORT *(in soccer)* penalty m., rigore m.; ***to take a ~*** tirare un rigore **4** GIOC. penalizzazione f., penalità f.
penalty area n. SPORT area f. di rigore.
penalty clause n. COMM. DIR. clausola f. penale.
penalty goal n. SPORT *(in rugby)* trasformato m., meta f. su calcio piazzato.
penalty kick n. SPORT *(in rugby)* calcio m. piazzato; *(in soccer)* calcio m. di rigore.
penalty shoot-out n. *(at the end of a game)* calci m.pl. di rigore.
penance /ˈpenəns/ n. penitenza f. (anche RELIG.).
pence /pens/ BE → **penny**.
penchant /ˈpɑːnʃɑːn, AE ˈpentʃənt/ n. inclinazione f., propensione f.
1.pencil /ˈpensl/ n. matita f.; ***in ~*** a matita.
2.pencil /ˈpensl/ tr. (forma in -ing ecc. **-ll-** BE, **-l-** AE) scrivere a matita [*note*].
■ **pencil in:** *~ [sth.] in, ~ in [sth.]* aggiungere a matita [*word*]; FIG. fissare provvisoriamente [*appointment*]; ***let's ~ in the second of May*** diciamo indicativamente il 2 di maggio.
pencil case n. portamatite m., portapenne m., astuccio m.
pencil pusher n. AE COLLOQ. SPREG. impiegatuccio m. (-a), scribacchino m. (-a).
pencil sharpener n. temperamatite m.
pencil skirt n. ABBIGL. tubino m.
pendant /ˈpendənt/ n. **1** *(necklace)* collana f. con pendente **2** *(bauble) (on necklace, bracelet)* pendente m., ciondolo m.
pendent /ˈpendənt/ agg. pendente (anche DIR.).
pending /ˈpendɪŋ/ **I** agg. **1** *(not yet concluded)* [*matter*] in sospeso; DIR. [*case, charge*] pendente, in essere **2** *(imminent)* imminente, incombente **II** prep. in attesa di, fino a.
pending tray n. = negli uffici, raccoglitore in cui vengono inseriti documenti relativi a questioni rimaste in sospeso.
pendulum /ˈpendjʊləm, AE -dʒʊləm/ n. pendolo m.
penes /ˈpiːniːz/ → **penis**.
penetrate /ˈpenɪtreɪt/ **I** tr. **1** *(enter into or through)* penetrare in, perforare, trapassare [*layer, skin, surface*]; penetrare in, introdursi in [*territory*]; squarciare [*cloud, darkness, silence*]; attraversare [*wall*]; penetrare [*woman*] **2** FIG. *(permeate)* permeare, pervadere, compenetrare [*mind, ideas*]; invadere, diffondersi su [*market*]; [*spy*] infiltrarsi in [*organization*] **3** *(understand)* scoprire [*disguise*]; penetrare in [*mystery*] **II** intr. **1** *(enter)* ***to ~ into*** entrare in, penetrare in [*city*]; ***to ~ as far as*** spingersi fino a, addentrarsi in [*place*] **2** *(be perceived)* [*sound*] arrivare (**to** a); ***nothing I say seems to ~*** sembra che nulla di quello che dico venga compreso.
penetrating /ˈpenɪtreɪtɪŋ/ agg. **1** *(invasive)* [*cold, wind*] penetrante, pungente; [*eyes, sound, voice*] acuto, penetrante **2** *(perceptive)* [*analysis, question*] penetrante, acuto.
penetratingly /ˈpenɪtreɪtɪŋlɪ/ avv. [*shout*] con una voce molto acuta; [*analyse*] in modo acuto, in modo penetrante.
penetration /ˌpenɪˈtreɪʃn/ n. **1** *(entering)* penetrazione f. (**into** in); *(by spies)* infiltrazione f. **2** *(insight)* penetrazione f., acume m., perspicacia f.
pen friend n. amico m. (-a) di penna, corrispondente m. e f.
penguin /ˈpeŋgwɪn/ n. pinguino m.
penicillin /ˌpenɪˈsɪlɪn/ n. penicillina f.
peninsula /pəˈnɪnsjʊlə, AE -nsələ/ n. penisola f.
penis /ˈpiːnɪs/ n. (pl. **~es, -es**) pene m.
penitence /ˈpenɪtəns/ n. pentimento m., penitenza f. (anche RELIG.).
penitent /ˈpenɪtənt/ **I** agg. penitente **II** n. penitente m. e f.
penitential /ˌpenɪˈtenʃl/ agg. penitenziale.
penitentiary /ˌpenɪˈtenʃərɪ/ n. AE penitenziario m., carcere m.
penknife /ˈpennaɪf/ n. (pl. **-knives**) temperino m., coltellino m.
penmanship /ˈpenmənʃɪp/ n. calligrafia f.
pen name n. pseudonimo m., nom de plume m.
pennant /ˈpenənt/ n. **1** *(flag) (on boat)* fiamma f.; *(in procession)* stendardo m., insegna f.; *(on car)* bandierina f. **2** AE SPORT gagliardetto m., stendardo m.
penniless /ˈpenɪlɪs/ agg. spiantato, squattrinato.
Pennine /ˈpenaɪn/ n.pr. ***the ~s*** i (monti) Pennini.
Pennine Alps n.pr.pl. Alpi f. Pennine.
Pennsylvania /ˌpensɪlˈveɪnɪə/ ➧ *24* n.pr. Pennsylvania f.
penny /ˈpenɪ/ ➧ *7* n. **1** (pl. **pennies**) *(small amount of money)* soldo m., centesimo m.; ***it won't cost you a ~!*** non ti costerà niente! ***not a ~ more!*** non un soldo di più! ***not to have a ~ to one's name*** essere al verde, non avere un soldo **2** BE (pl. **pence, pennies**) *(unit of currency)* penny m.; ***fifty pence*** o ***p*** cinquanta penny; ***a five pence*** o ***p piece*** una moneta da cinque penny; ***a 25 pence*** o ***25p stamp*** un francobollo da 25 penny **3** AE (pl. **pennies**) centesimo m., cent m. ♦ ***a ~ for your thoughts*** o ***for them*** COLLOQ. a che cosa stai pensando? ***a pretty ~*** COLLOQ. una bella sommetta; ***in for a ~ in for a pound*** quando si è in ballo si deve ballare, abbiamo fatto trenta facciamo trentuno; ***take care of the pennies and the pounds will take care of themselves*** PROV. il risparmio comincia dal centesimo; ***the ~ dropped*** COLLOQ. finalmente ci sei arrivato; ***they are two*** o ***ten a ~*** te li tirano dietro, ce ne sono a bizzeffe; ***to spend a ~*** BE COLLOQ. EUFEM. andare al gabinetto *o* fare un po' d'acqua; ***to turn up like a bad ~*** saltar fuori di continuo, essere come il prezzemolo. Although the plural form of *penny* is *pence* for a specific sum of money (*10 pence, 24 pence*) and *pennies* for the coins as objects (*a bag of pennies*), in Italian the invariable loanword *penny* is used: *10 penny, 24 penny, una borsa di penny*. Alternatively, the equivalent *centesimo* (plural form *centesimi*) may be used.
penny-farthing /ˌpenɪˈfɑːðɪŋ/ n. biciclo m.
penny-pinching /ˈpenɪpɪntʃɪŋ/ agg. tirchio, avaro, spilorcio.
penny whistle n. piffero m., flautino m.
pennyworth /ˈpenɪwɜːθ/ n. ***a ~ of sweets*** un penny di caramelle.
pen pal n. COLLOQ. amico m. (-a) di penna, corrispondente m. e f.
pen pusher n. COLLOQ. SPREG. impiegatuccio m. (-a), scribacchino m. (-a).
pension /ˈpenʃn/ n. **1** *(payment)* pensione f.; ***to be*** o ***live on a ~*** essere pensionato **2** *(boarding house)* pensione f.
pensionable /ˈpenʃənəbl/ agg. [*post, service*] che dà diritto alla pensione; [*employee, age*] pensionabile.
pensioner /ˈpenʃənə(r)/ n. pensionato m. (-a).
pension fund n. fondo m. pensione.
pension off tr. pensionare, mandare in pensione.
pension plan n. piano m. di pensionamento.
pension rights n.pl. diritto m.sing. alla pensione.
pension scheme n. → **pension plan**.
pensive /ˈpensɪv/ agg. pensoso, pensieroso.
pentagon /ˈpentəgən, AE -gɒn/ n. **1** MAT. pentagono m. **2** **Pentagon** US POL. ***the ~*** il Pentagono.
pentathlon /penˈtæθlən, -lɒn/ n. pentathlon m.
Pentecost /ˈpentɪkɒst, AE -kɔːst/ n. Pentecoste f.
penthouse /ˈpenthaʊs/ **I** n. **1** *(flat)* attico m. **2** *(roof)* tettoia f. a uno spiovente **II** modif. [*accommodation*] al piano attico; [*roof*] spiovente.
pent-up /ˌpentˈʌp/ agg. [*energy, frustration*] soffocato, frenato; [*feelings*] represso.

penultimate /pen'ʌltɪmət/ agg. penultimo.
penurious /pɪ'njʊərɪəs, AE -'nʊr-/ agg. FORM. indigente, misero.
penury /'penjʊrɪ/ n. indigenza f., miseria f.
peony /'pi:ənɪ/ n. peonia f.
1.people /'pi:pl/ **I** n. *(nation)* popolo m., nazione f.; ***an ancient ~*** un popolo antico; ***the English-speaking ~s*** le popolazioni anglofone **II** n.pl. **1** *(in general)* gente f.sing.; *(specified or counted)* persone f.; ***old ~*** gli anziani; ***they're nice ~*** è gente simpatica; ***there were a lot of ~*** c'era molta gente; ***some ~ here think that*** alcuni qui pensano che; ***~ say that*** la gente dice *o* si dice che; ***other ~'s property*** la proprietà altrui; ***he likes helping ~*** ama aiutare il prossimo *o* gli altri; ***you shouldn't do that in front of ~*** non dovresti farlo davanti alla gente *o* in pubblico; ***what do you ~ want?*** che cosa volete? ***you of all ~!*** proprio tu! ***you of all ~ should know that...*** proprio tu *o* tu in particolare dovresti sapere che... **2** *(inhabitants) (of town)* abitanti m.; *(of a country)* popolo m.sing. **3** *(citizens, subjects)* ***the ~*** il popolo, la popolazione; ***the common ~*** la gente comune; ***a man of the ~*** un uomo del popolo **4** COLLOQ. *(experts)* ***the tax ~*** gli agenti delle tasse; ***the heating ~*** gli operai del riscaldamento, quelli del riscaldamento **5** COLLOQ. *(relations)* famiglia f.sing., parenti m.; *(parents)* genitori m.
2.people /'pi:pl/ tr. LETT. popolare (**with** di).
people mover n. AE tapis roulant m.
People's Republic of China ♦ *6* n.pr. Repubblica f. Popolare Cinese.
1.pep /pep/ n. energia f., dinamismo m., vigore m.
2.pep /pep/ tr. (forma in -ing ecc. **-pp-**) vivacizzare.
■ **pep up:** ***~ up*** [*person*] tirarsi su, riprendersi; [*business*] riprendersi; ***~ [sb., sth.] up, ~ up [sb., sth.]*** tirare su [*person*]; animare [*party*]; caricare [*team*].
Pepin /'pepɪn/ n.pr. ***~ the Short*** Pipino il Breve.
1.pepper /'pepə(r)/ n. **1** *(spice)* pepe m. **2** *(vegetable)* peperone m.
2.pepper /'pepə(r)/ tr. **1** pepare [*food*] **2** FIG. *(sprinkle)* disseminare, cospargere (**with** di); ***to be ~ed with*** essere infarcito di [*swearwords, criticisms*] **3** *(fire at)* bersagliare [*wall*]; crivellare [*person*] (**with** di).
pepper-and-salt /ˌpepərən'sɔ:lt/ ♦ *5* agg. [*hair*] pepe e sale, sale e pepe; [*material*] color pepe e sale, sale e pepe.
peppercorn /'pepəkɔ:n/ n. grano m. di pepe nero.
peppercorn rent n. BE canone m. di locazione nominale.
pepper mill n. macinapepe m., macinino m. per il pepe.
peppermint /'pepəmɪnt/ n. **1** *(sweet)* caramella f. alla menta, mentina f. **2** *(plant)* menta f. piperita.
pepper pot, **pepper shaker** n. pepaiola f.
peppery /'pepərɪ/ agg. **1** *(spicy)* pepato **2** *(irritable)* irascibile, collerico.
pep pill n. COLLOQ. pastiglia f. eccitante.
pep talk n. COLLOQ. discorso m. di incitamento.
peptic /'peptɪk/ agg. peptico, gastrico.
per /pɜ:(r)/ prep. **1** *(for each)* per, a, ogni; ***~ head*** a testa, pro capite; ***~ annum*** all'anno; ***80 km ~ hour*** 80 km all'ora; ***to pay sb. £ 5 ~ hour*** pagare qcn. 5 sterline all'ora; ***revolutions ~ minute*** giri al minuto; ***as ~ usual*** COLLOQ. come al solito, come sempre **2** *(by means of)* ***~ post*** per posta, a mezzo posta **3** COMM. ***as ~ invoice*** come da fattura; ***as ~ your instructions*** come da vostre istruzioni.
perambulator /pə'ræmbjʊleɪtə(r)/ n. BE ANT. carrozzina f., passeggino m.
per capita /pə'kæpɪtə/ agg. e avv. a testa, pro capite.
perceive /pə'si:v/ **I** tr. percepire, avvertire, notare **II** rifl. ***to ~ oneself as (being) sth.*** vedersi come qcs.
perceived /pə'si:vd/ **I** p.pass. → **perceive II** agg. [*need, success*] percepito, sentito come tale.
per cent /pə'sent/ **I** n. percentuale f., percento m. **II** avv. per cento.
percentage /pə'sentɪdʒ/ **I** n. percentuale f., tasso m. percentuale; ***to get a ~ on*** guadagnare una percentuale su [*sale*] **II** modif. [*increase, decrease, change*] percentuale.
perceptible /pə'septəbl/ agg. percettibile (**to** a, per).
perceptibly /pə'septəblɪ/ avv. percettibilmente.
perception /pə'sepʃn/ n. **1** FILOS. PSIC. percezione f. **2** *(view)* ***my ~ of him, of the problem*** l'immagine che ho di lui, la mia visione del problema; ***the popular ~*** l'opinione comune **3** *(insight) (of person)* intuizione f., intuito m.; *(of essay, novel)* introspezione f., analisi f. psicologica **4** COMM. DIR. percezione f., riscossione f.
perceptive /pə'septɪv/ agg. **1** [*person, mind, wit*] perspicace, acuto, sottile; [*study*] analitico, minuzioso, puntuale; [*comedy*] acuto **2** PSIC. percettivo.
perceptively /pə'septɪvlɪ/ avv. perspicacemente, acutamente.
Perceval /'pɜ:sɪvl/ n.pr. Parsifal.
1.perch /pɜ:tʃ/ n. **1** *(for bird)* trespolo m., posatoio m. **2** ANT. METROL. pertica f. ♦ ***to knock sb. off their ~*** COLLOQ. fare scendere qcn. dal piedistallo.
2.perch /pɜ:tʃ/ **I** tr. posare, appoggiare (in alto) **II** intr. [*bird, person*] appollaiarsi.
3.perch /pɜ:tʃ/ n. ZOOL. (pesce) persico m.
perchance /pə'tʃɑ:ns, AE -'tʃæns/ avv. LETT. *(perhaps)* forse; *(by accident)* per avventura, per caso.
Percival → **Perceval**.
percolate /'pɜ:kəleɪt/ **I** tr. filtrare [*coffee*] **II** intr. (anche **~ through**) [*coffee*] filtrare; [*water*] filtrare, infiltrarsi; [*information*] giungere, arrivare (**into**, **to** a, fino a); ***the news ~d through*** la notizia filtrò *o* trapelò.
percolator /'pɜ:kəleɪtə(r)/ n. caffettiera f.
percussion /pə'kʌʃn/ **I** n. **1** MUS. percussioni f.pl. **2** *(striking together)* colpo m., percussione f. **II** modif. [*instrument*] a percussione; ***~ section*** percussioni.
percussion cap n. capsula f. d'innesco, detonatore m. a percussione.
percussionist /pə'kʌʃənɪst/ ♦ *27* n. percussionista m. e f.
Percy /'pɜ:sɪ/ n.pr. diminutivo di **Perceval**, **Percival**.
peregrination /ˌperɪgrɪ'neɪʃn/ n. LETT. peregrinazione f.
peremptory /pə'remptərɪ, AE 'perəmptɔ:rɪ/ agg. perentorio, imperioso.
perennial /pə'renɪəl/ **I** n. (anche **hardy ~**) pianta f. perenne **II** agg. **1** *(recurring)* perenne, costante **2** BOT. [*plant*] perenne.
1.perfect /'pɜ:fɪkt/ **I** agg. **1** *(flawless)* perfetto; *(ideal)* ideale, perfetto; ***~ copy*** copia esatta *o* fedele; ***~ crime*** delitto perfetto; ***~ score*** punteggio pieno; ***to be a ~ match*** abbinarsi perfettamente; ***that jacket is a ~ fit*** la giacca veste in maniera perfetta **2** *(total)* [*silence*] perfetto, assoluto; [*pest*] vero; ***a ~ fool, stranger*** un perfetto idiota, sconosciuto **3** LING. ***the ~ tense*** il perfetto **II** n. LING. perfetto m.; ***in the ~*** al perfetto.
2.perfect /pə'fekt/ tr. perfezionare.
perfection /pə'fekʃn/ n. perfezione f.; ***to do sth. to ~*** fare qcs. alla perfezione.
perfectionism /pə'fekʃənɪzəm/ n. perfezionismo m.
perfectionist /pə'fekʃənɪst/ **I** agg. perfezionista **II** n. perfezionista m. e f.
perfective /pə'fektɪv/ **I** agg. LING. perfettivo **II** n. LING. (verbo) perfettivo m.
perfectly /'pɜ:fɪktlɪ/ avv. **1** *(totally)* [*acceptable, normal, obvious, reasonable*] del tutto, assolutamente; [*clear*] perfettamente; ***to be ~ entitled to do*** avere il pieno diritto *o* tutto il diritto di fare **2** *(very well)* [*fit, illustrate*] perfettamente, alla perfezione.
perfidious /pə'fɪdɪəs/ agg. perfido.
perfidy /'pɜ:fɪdɪ/ n. perfidia f.
perforate /'pɜ:fəreɪt/ tr. (per)forare.
perforation /ˌpɜ:fə'reɪʃn/ n. perforazione f.
perforce /pə'fɔ:s/ avv. FORM. per forza, necessariamente.
perform /pə'fɔ:m/ **I** tr. **1** *(carry out)* eseguire, compiere [*task*]; adempiere, assolvere, compiere [*duties*]; eseguire, effettuare [*operation*] **2** *(for entertainment)* rappresentare, mettere in scena [*play*]; cantare, eseguire [*song*]; eseguire, fare [*dance*]; fare [*trick*] **3** *(enact)* celebrare [*ceremony*] **II** intr. **1** [*actor*] recitare, interpretare una parte; [*musician*] suonare, eseguire un brano; ***to ~ in public*** esibirsi in pubblico **2** *(conduct oneself)* ***to ~ well, badly*** [*team*] offrire una buona, cattiva prestazione; [*interviewee*] fare una buona, cattiva impressione; ***the students ~ed better than last year*** gli studenti hanno fatto meglio dell'anno scorso **3** COMM. ECON. [*company, department*] avere un buon andamento.
performance /pə'fɔ:məns/ n. **1** *(rendition)* interpretazione f. **2** *(show, play)* rappresentazione f., spettacolo m.; *(concert)* esecuzione f., concerto m.; ***to put on a ~*** allestire uno spetta-

colo **3** *(of team, sportsman)* performance f., prestazioni f.pl., rendimento m. **4** *(economic record)* performance f., rendimento m.; *(political record)* risultato m.; ***sterling's ~*** l'andamento della sterlina **5** *(of duties)* adempimento m., assolvimento m., compimento m.; *(of rite)* celebrazione f.; *(of task)* esecuzione f., compimento m. **6** AUT. *(of car, engine)* prestazioni f.pl. **7** COLLOQ. *(outburst)* scenata f., piazzata f.; *(elaborate procedure)* impresa f.

performance art n. ART. performance f.

performance artist ♦ *27* n. = artista seguace della performance.

performance-enhancing drug n. MED. SPORT sostanza f. dopante.

performance indicators n.pl. AMM. ECON. indicatori m. di rendimento.

performer /pə'fɔ:mə(r)/ n. **1** *(artist)* artista m. e f., interprete m. e f., performer m. e f. **2** *(achiever)* ***the car is a good, bad ~ on hilly terrain*** l'auto dà buone, cattive prestazioni su un terreno collinoso.

performing /pə'fɔ:mɪŋ/ agg. [*seal, elephant*] ammaestrato.

performing arts n.pl. arti f. dello spettacolo.

1.perfume /'pɜ:fju:m, AE pər'fju:m/ n. profumo m.

2.perfume /'pɜ:fju:m, AE pər'fju:m/ tr. profumare.

perfunctory /pə'fʌŋktərɪ, AE -tɔ:rɪ/ agg. [*search*] frettoloso, negligente; [*greeting*] di circostanza, pro forma; [*kiss, nod*] frettoloso, distratto; [*investigation*] superficiale, sommario.

perhaps /pə'hæps/ avv. forse, può darsi; ***~ he's forgotten*** può darsi che se ne sia dimenticato; ***~ he has missed the train*** forse ha perso il treno.

perigee /'perɪdʒi:/ n. perigeo m.

peril /'perəl/ n. pericolo m., rischio m.; ***at your ~*** a tuo rischio e pericolo.

perilous /'perələs/ agg. pericoloso, rischioso.

perilously /'perələslɪ/ avv. pericolosamente, rischiosamente.

perimeter /pə'rɪmɪtə(r)/ n. perimetro m.; ***on the ~ of*** sul perimetro di, ai bordi di [*park, site*].

perimeter fence n. (anche **perimeter fencing**) muro m. perimetrale, muro m. di cinta.

perineum /,perɪ'ni:əm/ n. (pl. **-a**) perineo m.

period /'pɪərɪəd/ **I** n. **1** periodo m. (anche GEOL. ASTR.); *(longer)* epoca f., era f.; ***trial ~*** periodo di prova; ***Picasso's blue ~*** il periodo blu di Picasso **2** METEOR. ***cloudy, sunny ~s*** annuvolamenti, schiarite; ***bright ~s*** schiarite; ***rainy ~s*** piogge **3** AE *(full stop)* punto m. (anche FIG.) **4** *(menstruation)* ciclo m., mestruazioni m.pl. **5** SCOL. *(lesson)* ora f., lezione f.; ***a double ~ of French*** due ore di francese; ***to have a free ~*** avere un'ora buca **6** SPORT tempo m. **II** modif. *(of a certain era)* [*costume, furniture*] d'epoca, antico; [*instrument*] antico; *(reproduction)* ***~ furniture*** mobili in stile.

periodic /,pɪərɪ'ɒdɪk/ agg. periodico.

periodical /,pɪərɪ'ɒdɪkl/ **I** agg. periodico **II** n. periodico m., pubblicazione f. periodica.

periodically /,pɪərɪ'ɒdɪklɪ/ avv. periodicamente.

periodic law n. legge f. periodica.

periodic table n. tavola f. periodica (degli elementi).

period of office n. POL. AMM. mandato m.

period pains n.pl. dolori m. mestruali.

period piece n. oggetto m. d'epoca.

peripheral /pə'rɪfərəl/ **I** n. INFORM. periferica f. **II** agg. [*suburb*] periferico, di periferia; [*issue*] periferico, marginale; [*vision*] periferico; [*investment*] secondario; ***to be ~ to*** essere marginale *o* di secondaria importanza rispetto a.

periphery /pə'rɪfərɪ/ n. **1** *(edge)* periferia f. **2** FIG. *(fringes)* ***to be, remain on the ~ of*** essere, rimanere ai margini di.

periphrasis /pə'rɪfrəsɪs/ n. (pl. **-es**) perifrasi f.

periscope /'perɪskəʊp/ n. periscopio m.

perish /'perɪʃ/ intr. **1** LETT. *(die)* perire, morire (**from** di); ***to do sth. or ~ in the attempt*** SCHERZ. fare qcs. rischiando il tutto per tutto; ***~ the thought!*** neanche per sogno! lungi da me! **2** *(rot)* [*food*] deperire, deteriorarsi; [*rubber*] consumarsi, logorarsi.

perishable /'perɪʃəbl/ agg. deperibile, deteriorabile.

perishables /'perɪʃəblz/ n.pl. beni m. deperibili.

perished /'perɪʃt/ **I** p.pass. → **perish II** agg. COLLOQ. ***to be ~*** morire di freddo, congelare.

perishing /'perɪʃɪŋ/ agg. COLLOQ. ***it's ~*** fa un freddo cane.

peritonitis /,perɪtə'naɪtɪs/ ♦ *11* n. peritonite f.

periwig /'perɪwɪg/ n. STOR. parrucca f. (da uomo).

1.periwinkle /'perɪwɪŋkl/ ♦ *5* **I** n. **1** BOT. pervinca f. **2** *(colour)* (anche **~-blue**) pervinca m. **II** agg. pervinca.

2.periwinkle /'perɪwɪŋkl/ n. ZOOL. littorina f.

perjure /'pɜ:dʒə(r)/ rifl. ***to ~ oneself*** DIR. giurare il falso; *(morally)* spergiurare.

perjury /'pɜ:dʒərɪ/ n. DIR. falsa testimonianza f.

perk /pɜ:k/ n. COLLOQ. (accorc. perquisite) *(fringe benefit)* beneficio m. accessorio.

perk up I intr. [*person*] riprendere animo, rincuorarsi; [*business*] andare meglio, riprendersi; [*weather*] migliorare **II** tr. rinvigorire [*person, plant*]; fare andare meglio, fare riprendere [*business*]; vivacizzare [*dress*].

perky /'pɜ:kɪ/ agg. vivace, brioso, baldanzoso.

1.perm /pɜ:m/ n. COSMET. permanente f.

2.perm /pɜ:m/ tr. ***to ~ sb.'s hair*** fare la permanente a qcn.

permanence /'pɜ:mənəns/ n. permanenza f.

permanency /'pɜ:mənənsɪ/ n. **1** → **permanence 2** *(job)* impiego m. fisso.

permanent /'pɜ:mənənt/ agg. [*job*] stabile, fisso; [*disability, exhibition, premises*] permanente; [*friendship*] duraturo; [*closure*] definitivo; [*contract*] a tempo indeterminato; [*staff*] assunto a tempo indeterminato.

permanently /'pɜ:mənəntlɪ/ avv. *(constantly)* [*happy, tired*] costantemente; *(definitively)* [*employed*] a tempo indeterminato; [*disabled*] in modo permanente; [*appointed*] permanentemente, definitivamente; [*close, emigrate, settle*] definitivamente, per sempre.

permanent secretary (of state) n. GB POL. AMM. = alto funzionario consigliere di un ministro.

permanent wave n. RAR. permanente f.

permeable /'pɜ:mɪəbl/ agg. permeabile.

permeate /'pɜ:mɪeɪt/ tr. **1** [*liquid, gas*] permeare; [*odour*] pervadere, impregnare **2** FIG. [*ideas*] penetrare in, permeare.

permeated /'pɜ:mɪeɪtɪd/ **I** p.pass. → **permeate II** agg. ***to be ~ with*** essere impregnato *o* pieno di (anche FIG.).

permissible /pə'mɪsɪbl/ agg. [*level, conduct*] accettabile, tollerabile; [*error*] ammissibile; ***to tell sb. what is ~*** informare qcn. di ciò che è consentito.

permission /pə'mɪʃn/ n. permesso m.; *(official)* autorizzazione f.; ***to have ~ to do*** avere il permesso di *o* essere autorizzati a fare; ***to get ~ to do*** ottenere l'autorizzazione a fare; ***to give ~ for sb. to do, to give sb. ~ to do*** dare a qcn. il permesso di fare; ***by kind ~ of*** per gentile concessione di.

permissive /pə'mɪsɪv/ agg. **1** *(morally lax)* permissivo **2** *(liberal)* [*view, law*] tollerante, indulgente.

permissiveness /pə'mɪsɪvnɪs/ n. permissività f.

1.permit /'pɜ:mɪt/ n. **1** *(document)* permesso m.; *(official permission)* autorizzazione f.; ***work ~*** permesso di lavoro **2** AE AUT. foglio m. rosa.

2.permit /pə'mɪt/ **I** tr. (forma in -ing ecc. **-tt-**) **1** *(allow)* permettere, consentire [*action, measure*]; ***smoking is not ~ted*** è vietato fumare; ***to ~ sb. to do*** permettere a qcn. di fare **2** *(allow formally, officially)* ***to ~ sb. to do*** autorizzare qcn. a fare **II** intr. (forma in -ing ecc. **-tt-**) permettere; ***weather ~ting*** tempo permettendo; ***time ~ting*** se ci sarà tempo; ***to ~ of no delay*** FORM. [*matter*] non ammettere (alcun) ritardo; ***to ~ of no defence*** FORM. essere indifendibile **III** rifl. (forma in -ing ecc. **-tt-**) ***to ~ oneself*** permettersi [*smile*]; concedersi [*drink*].

permutation /,pɜ:mjʊ'teɪʃn/ n. **1** MAT. permutazione f. **2** DIR. permuta f.

pernicious /pə'nɪʃəs/ agg. pernicioso.

pernickety /pə'nɪkətɪ/ agg. BE COLLOQ. **1** *(detail-conscious)* meticoloso, puntiglioso **2** *(choosy)* SPREG. pignolo, difficile.

peroration /,perə'reɪʃn/ n. RET. perorazione f.

peroxide /pə'rɒksaɪd/ n. **1** CHIM. perossido m. **2** (anche **hydrogen ~**) FARM. acqua f. ossigenata.

peroxide blonde n. SPREG. bionda f. ossigenata, finta bionda f.

perpendicular /,pɜ:pən'dɪkjʊlə(r)/ **I** n. perpendicolare f. (anche MAT.) **II** agg. **1** [*line*] perpendicolare; ***a ~ cliff face*** una scogliera a picco **2** ARCH. [*style*] gotico perpendicolare.

perpetrate /ˈpɜːpɪtreɪt/ tr. perpetrare [*fraud*]; commettere [*deed*]; organizzare, fare [*hoax*].
perpetrator /ˈpɜːpɪtreɪtə(r)/ n. perpetratore m. (-trice).
perpetual /pəˈpetʃʊəl/ agg. [*meetings, longing, stench*] continuo; [*turmoil, darkness*] perpetuo; [*state*] permanente; [*banter*] incessante.
perpetually /pəˈpetʃʊəlɪ/ avv. perpetuamente.
perpetuate /pəˈpetjʊeɪt/ tr. perpetuare.
perpetuity /ˌpɜːpɪˈtjuːətɪ, AE -ˈtuː-/ n. **1** *(eternity)* eternità f.; ***in ~*** in perpetuo **2** ECON. rendita f. vitalizia.
perplex /pəˈpleks/ tr. rendere perplesso, imbarazzare.
perplexed /pəˈplekst/ **I** p.pass. → **perplex II** agg. perplesso, imbarazzato.
perplexing /pəˈpleksɪŋ/ agg. [*behaviour*] sconcertante; [*situation*] imbarazzante; [*question*] difficile.
perquisite /ˈpɜːkwɪzɪt/ n. *(additional remuneration)* gratifica f.; *(fringe benefit)* beneficio m. accessorio.
per se /ˌpɜːˈseɪ/ avv. in sé, di per sé.
persecute /ˈpɜːsɪkjuːt/ tr. perseguitare.
persecution /ˌpɜːsɪˈkjuːʃn/ n. persecuzione f.
persecution complex ➧ ***11*** n. mania f. di persecuzione.
Persephone /pɜːˈsefənɪ/ n.pr. Persefone.
Perseus /ˈpɜːsjuːs/ n.pr. Perseo.
perseverance /ˌpɜːsɪˈvɪərəns/ n. perseveranza f.
persevere /ˌpɜːsɪˈvɪə(r)/ intr. perseverare (**with, at** in).
Persian /ˈpɜːʃn/ ➧ ***18, 14*** **I** agg. persiano **II** n. **1** *(person)* persiano m. (-a) **2** *(language)* persiano m.
Persian Gulf ➧ ***20*** n.pr. golfo m. Persico.
Persian lamb n. *(animal)* agnello m. di razza karakul; *(fur)* persiano m., astrakan m.
persimmon /pɜːˈsɪmən/ n. *(tree, fruit)* cachi m.
persist /pəˈsɪst/ intr. persistere, insistere (**in doing** nel fare).
persistence /pəˈsɪstəns/ n. persistenza f., perseveranza f.; SPREG. ostinazione f.
persistent /pəˈsɪstənt/ agg. **1** [*person*] *(persevering)* perseverante; *(obstinate)* ostinato **2** *(continual)* [*rain*] incessante; [*denial, inquiries*] continuo; [*noise*] insistente; [*pressure*] costante; [*illness*] persistente; [*fears*] ossessivo; [*idea*] fisso.
persistently /pəˈsɪstəntlɪ/ avv. continuamente.
persistent offender n. DIR. recidivo m. (-a).
person /ˈpɜːsn/ n. **1** *(human being)* (pl. **people, persons** FORM.) persona f., individuo m.; ***the average ~ cannot afford it*** una persona normale non può permetterselo; ***per ~*** a testa; ***to do sth. in ~*** fare qcs. di persona; ***single ~*** single; ***the ~ concerned*** l'interessato; ***no such ~ as Sherlock Holmes ever existed*** non è mai esistito nessun Sherlock Holmes **2** *(type)* ***I didn't know he was a horsey ~!*** COLLOQ. non sapevo che andasse matto per i cavalli! ***I'm not a wine ~ myself*** non amo molto il vino, io; ***what's he like as a ~?*** che tipo è? ***he's a very discreet ~*** è una persona molto discreta **3** *(body)* ***to have sth. about one's ~*** avere qcs. su di sé *o* addosso; ***with drugs concealed about his ~*** con la droga nascosta addosso; ***offences against the ~*** DIR. delitti contro la persona; ***her ~ was pleasing*** ANT. aveva un bel personale **4** LING. persona f.; ***the first ~ singular*** la prima persona singolare.
persona /pɜːˈsəʊnə/ n. **1** TEATR. (pl. **-ae**) personaggio m. **2** PSIC. (pl. **~s** AE, **-ae** BE) persona f.
personable /ˈpɜːsənəbl/ agg. [*man, woman*] di bell'aspetto; ***to be ~*** essere piacente.
personage /ˈpɜːsənɪdʒ/ n. personaggio m., personalità f.
personal /ˈpɜːsənl/ **I** agg. [*opinion, problem, attack, freedom, income, choice, profit, matter*] personale; [*life*] privato; [*service*] personalizzato; ***don't be so ~!*** non andare troppo sul personale! ***on*** o ***at a ~ level*** sul piano personale; ***to take care of one's ~ appearance*** prendersi cura del proprio aspetto; ***to make a ~ appearance*** andare di persona (**at** a); ***he paid her a ~ visit*** è andato a trovarla di persona; ***~ belongings*** o ***effects*** o ***possessions*** effetti personali; ***~ hygiene*** igiene personale; ***as a ~ favour to you*** come piacere personale (che faccio a te) **II** n. AE annuncio m. personale.
personal ad n. annuncio m. personale.
personal assistant ➧ ***27*** n. *(secretary)* segretario m. particolare; segretaria f. privata; *(assistant)* assistente m. e f. personale.
personal column n. rubrica f. degli annunci personali.
personal computer n. personal (computer) m.
personal details n.pl. dati m. personali; *(more intimate)* dettagli m. intimi.
personal injury n. DIR. lesione f. personale.
personality /ˌpɜːsəˈnælətɪ/ n. **1** *(character)* personalità f.; ***to have an extrovert ~*** essere (di carattere) estroverso **2** *(person)* personalità f., personaggio m.; ***a television ~*** una star della televisione.
personalize /ˈpɜːsənəlaɪz/ tr. **1** *(tailor to individual)* personalizzare [*stationery, clothing*] **2** *(aim at individual)* portare, mettere [qcs.] sul (piano) personale [*issue, dispute*].
personal loan n. ECON. *(borrowed)* prestito m. (a titolo personale); *(given by bank etc.)* prestito m. a privato.
personally /ˈpɜːsənəlɪ/ avv. personalmente; ***~ speaking*** per quanto mi riguarda, a mio parere; ***to take sth. ~*** prendersela (come offesa personale).
personal organizer n. agenda f. (personale), organizer m.
personal pension plan, personal pension scheme n. piano m. pensionistico personalizzato.
personal pronoun n. LING. pronome m. personale.
personal property n. DIR. patrimonio m. personale.
personal stereo n. stereo m. portatile.
personal trainer n. allenatore m. (-trice) personale, personal trainer m. e f.
personification /pəˌsɒnɪfɪˈkeɪʃn/ n. **1** *(embodiment)* incarnazione f. **2** LETTER. personificazione f.
personify /pəˈsɒnɪfaɪ/ tr. **1** incarnare [*ideal*] **2** LETTER. personificare [*beauty, faith*].
personnel /ˌpɜːsəˈnel/ n. **1** *(staff)* personale m. **2** AMM. (anche **Personnel**) ufficio m. personale.
personnel carrier n. veicolo m. blindato per il trasporto truppe.
personnel department n. ufficio m. del personale.
personnel manager ➧ ***27*** n. capo m., direttore m. del personale.
personnel officer ➧ ***27*** n. responsabile m. e f. del personale.
person-to-person /ˌpɜːsəntəˈpɜːsən/ agg. TEL. [*call*] = tramite operatore e diretto a una persona specifica.
perspective /pəˈspektɪv/ n. prospettiva f. (anche ART.); ***from one's (own) ~*** dal proprio punto di vista, dalla propria prospettiva; ***to keep things in ~*** mantenere le cose nella giusta prospettiva; ***to put things into ~*** mettere le cose in prospettiva.
perspex® /ˈpɜːspeks/ n. perspex® m.
perspicacious /ˌpɜːspɪˈkeɪʃəs/ agg. FORM. perspicace.
perspicacity /ˌpɜːspɪˈkæsətɪ/ n. FORM. perspicacia f.
perspiration /ˌpɜːspɪˈreɪʃn/ n. **1** *(sweat)* sudore m. **2** *(sweating)* sudorazione f., traspirazione f.
perspire /pəˈspaɪə(r)/ intr. sudare, traspirare.
persuade /pəˈsweɪd/ **I** tr. *(influence)* persuadere; *(convince)* convincere; ***to ~ sb. to do*** persuadere qcn. a fare; ***to ~ sb. that*** convincere qcn. che **II** rifl. ***to ~ oneself*** persuadersi, convincersi.
persuasion /pəˈsweɪʒn/ n. **1 U** persuasione f.; ***no amount of ~ will make her change her mind*** non servirà a nulla tentare di convincerla, non cambierà idea; ***to be open to ~*** essere disposto a lasciarsi convincere **2** RELIG. credo m., fede f. **3** *(view, belief)* idea f., convinzione f. **4** *(kind, sort)* sorta f., tipo m.; ***people of that ~*** gente di quel genere.
persuasive /pəˈsweɪsɪv/ agg. [*person, argument*] persuasivo, convincente.
persuasively /pəˈsweɪsɪvlɪ/ avv. [*speak*] in modo persuasivo; [*demonstrate*] in modo convincente.
pert /pɜːt/ agg. [*person, manner*] *(saucy)* impertinente; *(lively)* spigliato, vivace; [*hat*] sbarazzino; ***a ~ nose*** un nasino impertinente.
pertain /pəˈteɪn/ intr. ***to ~ to*** riguardare; DIR. essere di pertinenza di.
pertinacious /ˌpɜːtɪˈneɪʃəs, AE -tnˈeɪʃəs/ agg. FORM. pertinace.
pertinent /ˈpɜːtɪnənt, AE -tənənt/ agg. FORM. pertinente.
perturb /pəˈtɜːb/ tr. [*news, rumour*] allarmare, perturbare; ***to be ~ed by*** essere turbato da; *(more deeply)* essere sconvolto da.
perturbation /ˌpɜːtəˈbeɪʃn/ n. **1** *(disquiet)* turbamento m. **2** *(disturbance)* perturbazione f.

perturbing /pəˈtɜːbɪŋ/ agg. allarmante; *(more deeply)* sconvolgente.
Peru /pəˈruː/ ♦ *6* n.pr. Perù m.
perusal /pəˈruːzl/ n. FORM. lettura f. accurata.
peruse /pəˈruːz/ tr. FORM. leggere attentamente.
Peruvian /pəˈruːvɪən/ ♦ *18* **I** agg. peruviano **II** n. peruviano m. (-a).
pervade /pəˈveɪd/ tr. pervadere.
pervasive /pəˈveɪsɪv/ agg. [*smell*] penetrante; [*idea, feeling*] pervasivo.
perverse /pəˈvɜːs/ agg. **1** *(twisted)* [*person, desire*] perverso **2** *(contrary)* [*refusal, attempt, attitude*] irrazionale; [*effect*] contrario, opposto; ***it was ~ of her to do*** è stata una cosa assurda da parte sua fare; ***to take a ~ pleasure in doing*** provare un piacere perverso nel fare.
perversely /pəˈvɜːslɪ/ avv. perversamente, in modo perverso.
perversion /pəˈvɜːʃn, AE -ʒn/ n. **1** *(deviation)* perversione f. **2** *(wrong interpretation)* *(of facts)* travisamento m.; *(of justice)* distorsione f., pervertimento m.
perversity /pəˈvɜːsətɪ/ n. *(of person, action)* cattiveria f., malignità f.
1.pervert /ˈpɜːvɜːt/ n. pervertito m. (-a).
2.pervert /pəˈvɜːt/ tr. **1** *(corrupt)* corrompere [*person, mind*] **2** *(misrepresent)* travisare [*truth, facts*]; snaturare [*meaning*]; falsare [*values*]; ***to ~ the course of justice*** DIR. commettere reati volti a intralciare il corso della giustizia.
perverted /pəˈvɜːtɪd/ **I** p.pass → **2.pervert II** agg. **1** *(sexually deviant)* [*person*] pervertito **2** *(distorted)* [*idea*] distorto; [*act*] vizioso.
pesky /ˈpeskɪ/ agg. AE COLLOQ. attrib. scocciante, fastidioso.
pessimism /ˈpesɪmɪzəm/ n. pessimismo m.
pessimist /ˈpesɪmɪst/ n. pessimista m. e f.
pessimistic /ˌpesɪˈmɪstɪk/ agg. pessimistico.
pest /pest/ n. **1** AGR. *(animal)* animale m. nocivo; *(insect)* insetto m. nocivo **2** COLLOQ. *(person)* scocciatore m. (-trice), rompiscatole m. e f.; ***he's such a little ~!*** [*child*] è proprio una (piccola) peste!
pest control n. *(of insects)* disinfestazione f.; *(of rats)* derattizzazione f.
pester /ˈpestə(r)/ tr. **1** *(annoy)* importunare; ***stop ~ing me!*** lasciami in pace! **2** *(harass sexually)* molestare, importunare.
pesticide /ˈpestɪsaɪd/ n. *(for weeds)* pesticida m.; *(for insects)* insetticida m.
pestilence /ˈpestɪləns/ n. LETT. ANT. pestilenza f., peste f.
pestilential /ˌpestɪˈlenʃl/ agg. **1** SCHERZ. *(annoying)* pestifero **2** *(unhealthy)* FORM. pestilenziale.
pestle /ˈpesl/ n. pestello m.
1.pet /pet/ **I** n. **1** *(animal)* animale m. domestico, animale m. da compagnia; ***"no ~s"*** "vietato l'ingresso agli animali" **2** *(favourite)* prediletto m. (-a), cocco m. (-a) **3** *(used affectedly)* ***he's such a ~!*** che tesoro *o* tesoruccio! **II** agg. *(favourite)* [*charity, theory*] preferito, favorito; ***my ~ dog*** il mio cagnolino.
2.pet /pet/ **I** tr. (forma in -ing ecc. **-tt-**) coccolare, vezzeggiare [*person*]; accarezzare [*animal*] **II** intr. (forma in -ing ecc. **-tt-**) pomiciare.
petal /ˈpetl/ n. petalo m.
petard /pɪˈtɑːd/ n. MIL. STOR. petardo m.
Pete /piːt/ n.pr. diminutivo di **Peter.**
Peter /ˈpiːtə(r)/ n.pr. Pietro ♦ ***to rob ~ to pay Paul*** = pagare un debito facendone un altro.
peter out intr. [*conversation*] languire; [*meeting*] volgere al termine; [*plan*] andare a monte; [*supplies*] esaurirsi.
petersham /ˈpiːtəʃæm/ n. gros-grain m.
pet food n. cibo m. per animali.
pet hate n. BE bestia f. nera.
petite /pəˈtiːt/ agg. ***a ~ woman*** una donna minuta.
1.petition /pəˈtɪʃn/ n. **1** *(document)* petizione f. (**to** per); ***a ~ calling for sth.*** una petizione per chiedere qcs. **2** *(formal request)* petizione f., istanza f. **3** DIR. domanda f., istanza f.; ***a ~ for divorce*** una domanda di divorzio.
2.petition /pəˈtɪʃn/ **I** tr. presentare una petizione a [*person, body*] **II** intr. fare una petizione; ***to ~ for divorce*** DIR. chiedere il divorzio.
petitioner /pəˈtɪʃnə(r)/ n. **1** *(signatory)* firmatario m. (-a) di petizione **2** DIR. richiedente m. e f., ricorrente m. e f.; *(in divorce)* richiedente m. e f.
pet name n. vezzeggiativo m.
pet project n. *(special activity)* interesse m. principale, pallino m.
petrel /ˈpetrəl/ n. procellaria f.
petrified /ˈpetrɪfaɪd/ **I** p.pass → **petrify II** agg. pietrificato; *(terrified)* impietrito, pietrificato.
petrify /ˈpetrɪfaɪ/ intr. [*substance*] pietrificarsi; [*civilization, system*] fossilizzarsi.
petrifying /ˈpetrɪfaɪɪŋ/ agg. *(terrifying)* terrificante.
petrochemical /ˌpetrəʊˈkemɪkl/ **I** n. prodotto m. petrolchimico **II** agg. petrolchimico.
petrodollar /ˈpetrəʊdɒlə(r)/ n. petro(l)dollaro m.
petrol /ˈpetrəl/ **I** n. BE benzina f.; ***to fill up with ~*** fare il pieno (di benzina); ***to run on ~*** andare a benzina **II** modif. [*prices, rationing*] della benzina; [*tax*] sulla benzina.
petrol bomb n. BE (bomba) molotov f.
petrol cap n. BE tappo m. del serbatoio (della benzina).
petrol engine n. BE motore m. a benzina.
petroleum /pəˈtrəʊlɪəm/ **I** n. petrolio m. **II** modif. [*product, industry, engineer*] petrolifero.
petrol gauge n. BE indicatore m. (del livello) della benzina.
petrol pump n. BE *(at garage)* pompa f. di benzina; *(in engine)* pompa f. della benzina.
petrol station n. BE distributore m. (di benzina), stazione f. di servizio.
petrol tank n. BE serbatoio m. della benzina.
petrol tanker n. BE *(ship)* petroliera f.; *(lorry)* autocisterna f.
Petruchio /pɪˈtruːkɪəʊ/ n.pr. Petrucchio.
pet shop BE, **pet store** AE n. negozio m. di animali.
pet subject n. argomento m. preferito, pallino m.
petticoat /ˈpetɪkəʊt/ n. *(full slip)* sottoveste f.; *(half slip)* sottogonna f.
pettifogging /ˈpetɪˌfɒgɪŋ/ agg. SPREG. cavilloso.
pettiness /ˈpetɪnɪs/ n. piccolezza f., meschineria f.
petting /ˈpetɪŋ/ n. petting m.
pettish /ˈpetɪʃ/ agg. permaloso.
petty /ˈpetɪ/ agg. [*person, squabble*] meschino; [*detail*] insignificante; [*regulation*] cavilloso; [*snobbery*] gretto.
petty cash n. COMM. piccola cassa f.
petty crime n. *(offence)* reato m. minore; *(activity)* microcriminalità f.
petty expenses n.pl. piccole spese f.
petty-minded /ˌpetɪˈmaɪndɪd/ agg. meschino.
petty officer n. MAR. sottufficiale m.
petty sessions n.pl. BE DIR. = sessioni di collegio speciale giudicante.
petty theft n. DIR. piccolo furto m.
petulance /ˈpetjʊləns, AE -tʃʊ-/ n. irascibilità f., stizzosità f.
petulant /ˈpetjʊlənt, AE -tʃʊ-/ agg. irascibile, stizzoso.
petulantly /ˈpetjʊləntlɪ, AE -tʃʊ-/ avv. in modo stizzito.
petunia /pəˈtjuːnɪə, AE -ˈtuː-/ n. petunia f.
pew /pjuː/ n. banco m. (di chiesa); ***take a ~*** COLLOQ. SCHERZ. prendete posto, accomodatevi.
pewter /ˈpjuːtə(r)/ **I** n. **1** *(metal)* peltro m. **2** *(colour)* grigio m. argentato **II** agg. *(colour)* (grigio) argentato.
PG n. **1** CINEM. (⇒ Parental Guidance) = segnalazione di spettacolo al quale i bambini possono assistere solo se accompagnati dai genitori **2** (⇒ paying guest) = ospite pagante.
PGCE n. GB (⇒ postgraduate certificate in education) = diploma post-laurea di specializzazione nell'insegnamento.
Phaedra /ˈfiːdrə/ n.pr. Fedra.
Phaedrus /ˈfiːdrəs/ n.pr. Fedro.
phalanx /ˈfælæŋks/ n. ANAT. MIL. (pl. **-ges**) falange f.
phalli /ˈfælaɪ/ → **phallus**.
phallic /ˈfælɪk/ agg. fallico.
phallus /ˈfæləs/ n. (pl. **~es, -i**) fallo m.
phantasmagoria /ˌfæntæzməˈgɒrɪə, AE -ˈgɔːrɪə/ n. fantasmagoria f.
phantom /ˈfæntəm/ n. **1** *(ghost)* fantasma m. **2** AER. (anche **~ jet**) Phantom m.
pharaoh /ˈfeərəʊ/ n. (anche **Pharaoh**) faraone m.
Pharisee /ˈfærɪsiː/ n. fariseo m. (-a) (anche FIG. SPREG.).

pharmaceutical /ˌfɑːməˈsjuːtɪkl, AE -ˈsuː-/ agg. farmaceutico.
pharmaceuticals /ˌfɑːməˈsjuːtɪklz, AE -ˈsuː-/ **I** n.pl. prodotti m. farmaceutici **II** modif. [*industry, factory*] farmaceutico.
pharmaceutics /ˌfɑːməˈsjuːtɪks, AE -ˈsuː-/ n. + verbo sing. farmaceutica f.
pharmacist /ˈfɑːməsɪst/ ➧ *27* n. farmacista m. e f.
pharmacology /ˌfɑːməˈkɒlədʒɪ/ n. farmacologia f.
pharmacy /ˈfɑːməsɪ/ ➧ *27* n. **1** *(shop)* farmacia f. **2** *(science)* farmaceutica f.
pharyngitis /ˌfærɪnˈdʒaɪtɪs/ ➧ *11* n. faringite f.
1.phase /feɪz/ n. fase f.; ***to go through a difficult ~*** attraversare un momento difficile; ***it's just a ~ (he's going through)*** è solo una fase (che sta attraversando); ***to be out of ~*** EL. essere fuori fase, sfasato (anche FIG.).
2.phase /feɪz/ tr. programmare [qcs.] in diverse fasi [*changes*].
▪ **phase in:** ***~ in [sth.]*** introdurre [qcs.] per fasi successive.
▪ **phase out:** ***~ out [sth.]*** eliminare [qcs.] gradualmente.
PhD n. (⇒ Doctor of Philosophy) = (diploma di) dottore in discipline umanistiche (con specializzazione post-laurea).
pheasant /ˈfeznt/ n. (pl. ~, **~s**) fagiano m.
phenix AE → **phoenix**.
phenol /ˈfiːnɒl/ n. fenolo m.
phenomena /fəˈnɒmɪnə/ → **phenomenon**.
phenomenal /fəˈnɒmɪnl/ agg. **1** FILOS. fenomenico **2** FIG. fenomenale.
phenomenally /fəˈnɒmɪnəlɪ/ avv. [*grow, increase*] in modo fenomenale; [*stupid, successful*] mostruosamente.
phenomenon /fəˈnɒmɪnən, AE -nɑːn/ n. (pl. **-a**) fenomeno m.
phew /fjuː/ inter. *(in relief)* fiu; *(when too hot)* pff; *(in surprise)* oh; *(in disgust)* puah.
phial /ˈfaɪəl/ n. fiala f.
Phi Beta Kappa /ˌfaɪbiːtəˈkæpə/ n. US UNIV. = associazione alla quale sono ammessi soltanto gli studenti più brillanti.
Philadelphia /ˌfɪləˈdelfɪə/ ➧ *34* n.pr. Filadelfia f.
Philadelphia lawyer n. AE SPREG. = avvocato scaltro e senza scrupoli.
philanderer /fɪˈlændərə(r)/ n. cascamorto m., donnaiolo m.
philanthropic /ˌfɪlənˈθrɒpɪk/ agg. filantropico.
philanthropist /fɪˈlænθrəpɪst/ n. filantropo m. (-a).
philanthropy /fɪˈlænθrəpɪ/ n. filantropia f.
philatelist /fɪˈlætəlɪst/ n. filatelista m. e f.
philately /fɪˈlætəlɪ/ n. filatelia f.
philharmonic /ˌfɪlɑːˈmɒnɪk/ agg. [*orchestra*] filarmonico; ***~ hall*** filarmonica.
Philip /ˈfɪlɪp/ n.pr. Filippo.
Philippa /fɪˈlɪpə/ n.pr. Filippa.
Philippine /ˈfɪlɪpiːn/ ➧ *18* agg. filippino, delle Filippine.
Philippines /ˈfɪlɪpiːnz/ ➧ *6, 12* n.pr.pl. Filippine f.
philistine /ˈfɪlɪstaɪn/ **I** n. filisteo m. (-a) (anche FIG.); ***don't be such a ~!*** non essere così grossolano! **II** agg. [*attitude*] gretto; [*article*] comune, banale; [*public*] di ignoranti.
Phillips screwdriver® /ˌfɪlɪpsˈskruːdraɪvə(r)/ n. cacciavite m. a stella.
philology /fɪˈlɒlədʒɪ/ n. filologia f.
philosopher /fɪˈlɒsəfə(r)/ ➧ *27* n. filosofo m. (-a).
philosopher's stone n. pietra f. filosofale.
philosophic(al) /ˌfɪləˈsɒfɪk(l)/ agg. **1** [*knowledge, question, treatise*] filosofico **2** FIG. *(calm, stoical)* ***to be ~ about sth., to take a ~ view of sth.*** prendere qcs. con filosofia.
philosophically /ˌfɪləˈsɒfɪklɪ/ avv. filosoficamente; ***he took it all very ~*** FIG. ha preso tutto con molta filosofia.
philosophize /fɪˈlɒsəfaɪz/ intr. filosofare (**about** su).
philosophy /fɪˈlɒsəfɪ/ n. filosofia f.
philtre, philter AE /ˈfɪltə(r)/ n. filtro m. d'amore.
phlebitis /flɪˈbaɪtɪs/ ➧ *11* n. flebite f.
phlegm /flem/ n. **1** MED. muco m., catarro m. **2** *(calm)* flemma f.
phlegmatic /flegˈmætɪk/ agg. flemmatico.
phobia /ˈfəʊbɪə/ n. fobia f. (**about** di).
phobic /ˈfəʊbɪk/ agg. fobico; ***to be ~ about sth.*** avere la fobia di qcs.

Phoebus /ˈfiːbəs/ n.pr. Febo.
Phoenician /fɪˈnɪʃɪən/ **I** agg. fenicio **II** n. **1** *(person)* fenicio m. (-a) **2** *(language)* fenicio m.
phoenix /ˈfiːnɪks/ n. fenice f.; ***to rise like a ~ from the ashes*** rinascere dalle proprie ceneri come l'araba fenice.
1.phone /fəʊn/ n. telefono m.; ***to be on the ~*** *(be talking)* essere al telefono; *(be subscriber)* avere il telefono.
2.phone /fəʊn/ **I** tr. telefonare a, chiamare [*person*]; ***to ~ Italy*** telefonare in Italia, chiamare l'Italia **II** intr. telefonare; ***to ~ for a taxi*** chiamare un taxi.
▪ **phone in** [*listener, viewer*] telefonare, chiamare; ***she ~d in sick*** ha telefonato (al lavoro) per dire che era malata.
▪ **phone up:** ***~ up [sb.], ~ [sb.] up*** telefonare a, chiamare [*person, organization*].
phone book n. guida f. telefonica, guida f. del telefono.
phone booth, phone box n. cabina f. telefonica, cabina f. del telefono.
phone call n. telefonata f.; AMM. comunicazione f. telefonica.
phone card n. BE carta f. telefonica.
phone-in /ˈfəʊnɪn/ n. BE = trasmissione radiofonica o televisiva alla quale il pubblico può intervenire telefonando.
phone link n. linea f. telefonica.
phoneme /ˈfəʊniːm/ n. fonema m.
phone number n. numero m. di telefono.
phone tapping n. **U** intercettazioni f.pl. telefoniche.
phonetic /fəˈnetɪk/ agg. fonetico.
phonetics /fəˈnetɪks/ n. + verbo sing. fonetica f.
phone voucher n. carta f. telefonica prepagata.
phoney /ˈfəʊnɪ/ **I** n. **1** COLLOQ. SPREG. *(affected person)* persona f. falsa, chi si atteggia a ciò che non è; *(impostor)* impostore m. (-a), ciarlatano m. (-a) **2** *(forgery, fake)* falso m. **II** agg. COLLOQ. SPREG. [*address, jewel*] falso; [*accent*] contraffatto; [*company*] fasullo; [*excuse*] inventato; [*emotion*] simulato, falso; [*person*] falso, finto.
phoney war n. STOR. ***the ~*** = periodo iniziale della seconda guerra mondiale, durante il quale non ci furono scontri.
phonograph /ˈfəʊnəgrɑːf, AE -græf/ n. fonografo m., grammofono m.
phonology /fəˈnɒlədʒɪ/ n. fonologia f.
phony → **phoney**.
phooey /ˈfuːɪ/ inter. COLLOQ. bleah.
phosphate /ˈfɒsfeɪt/ **I** n. CHIM. fosfato m. **II phosphates** n.pl. AGR. fosfati m., concimi m. chimici.
phosphorescent /ˌfɒsfəˈresnt/ agg. fosforescente.
phosphorus /ˈfɒsfərəs/ n. fosforo m.
photo /ˈfəʊtəʊ/ n. (accorc. photograph) foto f.
photo album n. album m. fotografico, album m. di fotografie.
photo booth n. cabina f. (automatica) per le fotografie.
photocall /ˈfəʊtəkɔːl/ n. BE servizio m. fotografico.
photocell /ˈfəʊtəʊsel/ n. cellula f. fotoelettrica.
photocopier /ˈfəʊtəʊkɒpɪə(r)/ n. fotocopiatrice f.
1.photocopy /ˈfəʊtəʊkɒpɪ/ n. fotocopia f.
2.photocopy /ˈfəʊtəʊkɒpɪ/ tr. fotocopiare.
photoelectric(al) /ˌfəʊtəʊɪˈlektrɪk(l)/ agg. fotoelettrico.
photoengraving /ˌfəʊtəʊɪnˈgreɪvɪŋ/ n. fotocalcografia f.
photo finish n. *(picture)* photo finish m.; *(result)* = ordine d'arrivo stabilito dal photo finish.
Photofit® /ˈfəʊtəʊfɪt/ n. BE Photofit® m.
photoflash /ˈfəʊtəʊflæʃ/ n. flash m.
photogenic /ˌfəʊtəʊˈdʒenɪk/ agg. **1** MED. BIOL. fotogeno **2** *(in photographs)* fotogenico.
1.photograph /ˈfəʊtəgrɑːf, AE -græf/ n. *(picture)* fotografia f.; ***in the ~*** nella fotografia; ***to take a ~ of sb., sth.*** fare *o* prendere *o* scattare una foto a qcn., qcs.
2.photograph /ˈfəʊtəgrɑːf, AE -græf/ **I** tr. fotografare **II** intr. ***to ~ well*** [*person*] venire bene in fotografia, essere fotogenico.
photograph album n. album m. fotografico, album m. di fotografie.
photographer /fəˈtɒgrəfə(r)/ ➧ *27* n. fotografo m. (-a).
photographic /ˌfəʊtəˈgræfɪk/ agg. [*image, reproduction, equipment, studio, agency*] fotografico; [*shop*] di fotografia; ***to have a ~ memory*** avere memoria fotografica.
photographically /ˌfəʊtəˈgræfɪklɪ/ avv. fotograficamente.

photographic library n. fototeca f.
photography /fəˈtɒgrəfɪ/ n. *(art)* fotografia f.
photojournalist /ˌfəʊtəʊˈdʒɜːnəlɪst/ ➧ *27* n. fotogiornalista m. e f.
photon /ˈfəʊtɒn/ n. fotone m.
photo-offset /ˌfəʊtəʊˈɒfset/ n. offset m.
photo opportunity n. = opportunità per un personaggio famoso di venire ripreso dai fotoreporter.
photorealism /ˌfəʊtəʊˈrɪəlɪzəm/ n. iperrealismo m.
photosensitive /ˌfəʊtəʊˈsensətɪv/ agg. fotosensibile.
photo session n. seduta f. fotografica.
photoset /ˈfəʊtəʊset/ tr. (forma in -ing **-tt-**; pass., p.pass. **-set**) fotocomporre.
photo shoot n. → **photo session.**
Photostat® /ˈfəʊtəstæt/ n. copia f. fotostatica, fotocopia f.
photosynthesis /ˌfəʊtəʊˈsɪnθəsɪs/ n. (pl. **-es**) fotosintesi f.
phrasal verb /ˌfreɪzlˈvɜːb/ n. verbo m. frasale.
1.phrase /freɪz/ n. **1** *(expression)* espressione f. **2** LING. locuzione f.; *(part of clause)* sintagma m.; ***noun ~*** sintagma nominale; ***adverbial ~*** locuzione avverbiale **3** MUS. frase f.
2.phrase /freɪz/ tr. **1** *(formulate)* esprimere [*idea*]; formulare [*question, speech*] **2** MUS. fraseggiare.
phrasebook /ˈfreɪzbʊk/ n. manuale m. di conversazione.
phrase marker n. indicatore m. sintagmatico.
phraseology /ˌfreɪzɪˈɒlədʒɪ/ n. fraseologia f.
phrasing /ˈfreɪzɪŋ/ n. **1** *(of thought)* espressione f.; *(of sentence)* formulazione f. **2** MUS. fraseggio m.
phrenology /frəˈnɒlədʒɪ/ n. frenologia f.
phut /fʌt/ avv. COLLOQ. ***to go ~*** [*car*] partire, rompersi; [*plans*] andare a rotoli.
phylogenesis /ˌfaɪləʊˈdʒenəsɪs/, **phylogeny** /faɪˈlɒdʒɪnɪ/ n. filogenesi f.
physical /ˈfɪzɪkl/ **I** agg. **1** *(of the body)* [*strength, pain*] fisico; ***~ abuse*** sevizie; ***it's a ~ impossibility*** è materialmente impossibile; ***he's very ~*** si esprime molto con il corpo; ***did he get ~?*** *(become intimate)* ci ha provato? *(become violent)* è passato alle mani? **2** [*chemistry, sciences, geography, property*] fisico **II** n. COLLOQ. visita f. (medica); ***to have a ~*** andare a fare una visita (medica).
physical education n. educazione f. fisica.
physical examination n. visita f. (medica).
physical fitness n. forma f. (fisica).
physically /ˈfɪzɪklɪ/ avv. fisicamente.
physically handicapped I n. + verbo pl. ***the ~*** gli handicappati (fisici) **II** agg. ***to be ~*** essere fisicamente handicappato.
physical therapist ➧ *27* n. AE MED. fisioterapista m. e f.
physical therapy n. AE MED. fisioterapia f.
physical training n. allenamento m.
physician /fɪˈzɪʃn/ ➧ *27* n. BE ANT., AE medico m. generico; BE medico m. specialista, specialista m. e f.
physicist /ˈfɪzɪsɪst/ ➧ *27* n. fisico m. (-a).
physics /ˈfɪzɪks/ n. + verbo sing. fisica f.
physio /ˈfɪzɪəʊ/ ➧ *27* n. BE COLLOQ. **1** (accorc. physiotherapist) fisioterapista m. e f. **2** (accorc. physiotherapy) fisioterapia f.
physiognomy /ˌfɪzɪˈɒnəmɪ, AE -ˈɒgnəmɪ/ n. *(facial features)* fisionomia f.
physiological /ˌfɪzɪəˈlɒdʒɪkl/ agg. fisiologico.
physiologist /ˌfɪzɪˈɒlədʒɪst/ ➧ *27* n. fisiologo m. (-a).
physiology /ˌfɪzɪˈɒlədʒɪ/ n. fisiologia f.
physiotherapist /ˌfɪzɪəʊˈθerəpɪst/ ➧ *27* n. fisioterapista m. e f.
physiotherapy /ˌfɪzɪəʊˈθerəpɪ/ n. fisioterapia f.
physique /fɪˈziːk/ n. fisico m., corporatura f.
pi /paɪ/ n. MAT. pi m. greco.
pianist /ˈpɪənɪst, AE pɪˈænɪst/ ➧ *27* n. pianista m. e f.
piano /pɪˈænəʊ/ ➧ *17* **I** n. (pl. **~s**) piano(forte) m. **II** modif. [*lesson, teacher*] di piano(forte); [*concerto, music*] pianistico, per pianoforte.
piano accordion ➧ *17* n. fisarmonica f.
piano bar n. piano-bar m.
pianoforte /ˌpɪænəʊˈfɔːtɪ/ ➧ *17* n. FORM. pianoforte m.
pianola® /pɪəˈnəʊlə/ ➧ *17* n. pianola f. (meccanica).
piano stool n. sgabello m. da pianoforte.
piazza /pɪˈætsə/ n. **1** *(public square)* piazza f. **2** AE *(veranda)* veranda f.
picaresque /ˌpɪkəˈresk/ agg. picaresco.
piccalilli /ˌpɪkəˈlɪlɪ/ n. U = tipo di giardiniera con senape e spezie.
piccolo /ˈpɪkələʊ/ ➧ *17* n. (pl. **~s**) ottavino m.
1.pick /pɪk/ n. *(of miner)* piccone m.; *(of climber)* piccozza f.; *(of mason)* martellina f.
2.pick /pɪk/ n. **1** *(choice)* scelta f.; ***to have one's ~ of*** avere la scelta tra; ***take your ~*** scegli, prendine uno **2** *(best)* ***the ~ of the crop*** *(fruit)* la frutta di prima scelta; ***the ~ of the bunch*** il migliore (del gruppo).
3.pick /pɪk/ **I** tr. **1** *(choose)* scegliere (**from** tra); SPORT selezionare [*player*] (**from** tra); formare [*team*]; ***"~ a card"*** "pesca una carta"; ***you ~ed a good time to do it*** hai scelto il momento giusto per farlo (anche IRON.); ***you ~ed the wrong person*** hai scelto la persona sbagliata; ***to ~ a fight*** attaccare briga; *(physically)* cercare la rissa **2** *(navigate)* ***to ~ one's way through*** camminare con cautela tra [*rubble, litter*] **3** *(pluck, gather)* cogliere [*fruit, flowers*] **4** *(poke at)* stuzzicare [*spot, scab*]; grattare [*skin*]; ***to ~ sth. from*** o ***off*** togliere *o* staccare qcs. da; ***to ~ one's nose*** mettersi le dita nel naso; ***to ~ one's teeth*** pulirsi i denti (con uno stuzzicadenti); ***to ~ a lock*** forzare una serratura; ***to ~ sb.'s pocket*** borseggiare qcn. **II** intr. *(choose)* scegliere; ***to ~ and choose*** fare il difficile (**among, between** nella scelta tra).
▪ **pick at:** ***~ at [sth.]*** [*person*] piluccare [*food*]; stuzzicare, toccare [*spot, scab*]; [*bird*] becchettare [*crumbs*].
▪ **pick off:** ***~ [sb.] off, ~ off [sb.]*** *(kill)* abbattere; ***he ~ed them off one by one*** li ha eliminati uno dopo l'altro; ***~ [sth.] off, ~ off [sth.]*** levare, togliere; ***~ [sth.] off sth.*** cogliere [qcs.] da qcs. [*apple, cherry*]; ***to ~ sth. off the floor*** tirare su qcs. dal pavimento.
▪ **pick on:** ***~ on [sb.]*** prendersela con; ***stop ~ing on me!*** smettila di prendertela con me!
▪ **pick out:** ***~ [sb., sth.] out, ~ out [sb., sth.]*** **1** *(select)* selezionare; *(single out)* individuare; ***to ~ out three winners*** selezionare tre vincitori (**from** tra) **2** *(make out)* distinguere [*object, landmark*]; afferrare [*words*]; riconoscere [*person in photo*]; scorgere, individuare [*person in crowd*] **3** *(highlight)* mettere in risalto, evidenziare [*title*]; [*torch*] illuminare [*object*].
▪ **pick over:** ***~ [sth.] over, ~ over [sth.]*** **1** esaminare uno a uno [*articles*] **2** FIG. fare un'analisi accurata di [*film, book*].
▪ **pick up:** ***~ up*** **1** *(improve)* [*trade, market*] essere in ripresa; [*weather, performance, health*] migliorare; [*sick person*] ristabilirsi **2** *(resume)* riprendere; ***to ~ up (from) where one left off*** riprendere da dove ci si era fermati; ***~ [sb., sth.] up, ~ up [sb., sth.]*** **1** *(lift, take hold of) (to tidy)* raccogliere; *(to examine)* prendere (in mano) [*object*]; *(after fall)* tirare su; *(for cuddle)* prendere fra le braccia [*person*]; ***to ~ up the telephone*** alzare la cornetta (del telefono); ***to ~ up the bill*** pagare il conto **2** *(collect)* dare un passaggio a [*hitcher*]; caricare [*cargo*]; fare salire [*passenger*]; (andare a) ritirare [*ticket, keys*]; ***could you ~ me up?*** puoi venirmi a prendere? ***~ [sth.] up, ~ up [sth.]*** **1** *(buy)* prendere, comprare [*milk, bread, newspaper*]; ***to ~ up a bargain*** fare un (buon) affare **2** *(learn, acquire)* imparare [*language*]; prendere [*habit, accent*]; sviluppare [*skill*] **3** *(catch)* prendere [*illness*] **4** *(notice, register)* [*person*] scovare, trovare [*error*]; [*machine*] rilevare [*defect*] **5** *(detect)* [*person, animal*] trovare [*trail, scent*]; [*searchlight, radar*] segnalare la presenza di, individuare [*aircraft, person, object*]; RAD. TEL. captare [*signal*] **6** *(gain, earn)* guadagnare [*point*]; aumentare di [*size*]; ***to ~ up a reputation*** farsi una brutta fama; ***to ~ up speed*** prendere velocità **7** *(resume)* riprendere [*conversation, career*]; ***you'll soon ~ up your Italian again*** ricomincerai in fretta a parlare italiano; ***~ [sb.] up, ~ up [sb.]*** **1** *(rescue)* soccorrere, portare in salvo [*person*] **2** *(arrest)* arrestare [*suspect*] **3** *(meet)* SPREG. abbordare [*person*]; rimorchiare [*partner*]; caricare (in macchina) [*prostitute*] **4** *(find fault with)* riprendere, fare delle critiche a [*person*] (**on** su); ***~ oneself up*** **1** *(get up)* alzarsi **2** FIG. *(recover)* riprendersi, rimettersi.
pickaback /ˈpɪkəbæk/ → **piggyback.**
pickaxe BE, **pickax** AE /ˈpɪkæks/ n. piccone m.
picked /pɪkt/ **I** p.pass → **3.pick II** agg. [*person*] scelto, selezionato.

picker /ˈpɪkə(r)/ n. raccoglitore m. (-trice).
1.picket /ˈpɪkɪt/ n. **1** *(in strike) (group of people)* picchetto m.; *(one person)* picchettatore m. (-trice); ***to be on a ~*** fare picchettaggio **2** MIL. *(detachment)* picchetto m.; *(one soldier)* sentinella f., soldato m. di guardia **3** *(stake)* picchetto m., piolo m.
2.picket /ˈpɪkɪt/ **I** tr. **1** *(to stop work)* picchettare [*factory, site*]; *(to protest)* manifestare davanti a [*meeting place, embassy*] **2** *(fence in)* picchettare [*land*] **II** intr. fare picchettaggio.
picket duty n. ***to be on ~*** fare parte di un picchetto; MIL. essere di picchetto.
picket fence n. palizzata f.
picketing /ˈpɪkɪtɪŋ/ n. **U** picchettaggio m.
picket line n. *(in strike)* picchetto m.; *(in protest)* cordone m. di dimostranti.
picking /ˈpɪkɪŋ/ **I** n. *(of crop)* raccolta f. **II pickings** n.pl. *(rewards)* guadagni m.; ***there'll be slim ~s for us on this job*** non tireremo su molto con questo lavoro.
1.pickle /ˈpɪkl/ n. **1 U** *(preserved food)* sottaceti m.pl. **2 C** *(gherkin)* cetriolino m. sott'aceto; ***~s*** cetriolini sott'aceto **3 U** *(brine)* salamoia f.; *(vinegar)* aceto m. ♦ ***to be in a ~*** SCHERZ. essere nei pasticci.
2.pickle /ˈpɪkl/ tr. *(in vinegar)* mettere sott'aceto; *(in brine)* mettere in salamoia.
pickled /ˈpɪkld/ **I** p.pass. → **2.pickle II** agg. **1** GASTR. [*onion, gherkin*] sott'aceto **2** BE COLLOQ. *(drunk)* sbronzo.
pick-me-up /ˈpɪkmɪʌp/ n. COLLOQ. *(drink)* cordiale m., tonico m.
pickpocket /ˈpɪkpɒkɪt/ n. borseggiatore m. (-trice).
pickup /ˈpɪkʌp/ n. **1** *(of record player)* pick-up m., fonorivelatore m. **2** *(on electric guitar)* pick-up m., trasduttore m. **3** RAD. TELEV. *(reception)* ricezione f. **4** COLLOQ. *(sexual partner)* partner m. occasionale **5** *(collection) (of goods)* raccolta f.; *(passenger)* = passeggero fatto salire lungo la strada **6** AUT. *(acceleration)* ripresa f. **7** *(in business, economy)* ripresa f. (**in** di) **8** *(truck)* pick-up m., furgoncino m. (a sponde basse).
pickup point n. *(for passengers)* punto m. di raccolta; *(for goods)* punto m. di carico.
pickup truck, **pickup van** BE n. pick-up m., furgoncino m. (a sponde basse).
picky /ˈpɪkɪ/ agg. COLLOQ. difficile, esigente (**about** in).
1.picnic /ˈpɪknɪk/ n. picnic m.; ***to go for*** o ***on a ~*** (andare a) fare un picnic ♦ ***it's no ~!*** non è una passeggiata!
2.picnic /ˈpɪknɪk/ intr. (forma in -ing ecc. **-ck-**) fare un picnic.
picnic lunch n. pranzo m. al sacco.
pictogram /ˈpɪktəgræm/ n. **1** *(symbol)* pittogramma m. **2** *(chart)* = mappa in cui le informazioni sono rappresentate da disegni.
pictorial /pɪkˈtɔːrɪəl/ agg. **1** *(in pictures)* [*magazine*] illustrato; [*record, information*] grafico; [*technique*] pittorico **2** *(resembling pictures)* [*language, description*] figurato.
1.picture /ˈpɪktʃə(r)/ **I** n. **1** *(painting)* quadro m., pittura f.; *(drawing)* disegno m.; *(in book)* illustrazione f.; *(in child's book)* figura f.; *(in mind)* immagine f.; ***to paint a ~ of sth.*** dipingere qcs.; ***to paint sb.'s ~*** fare il ritratto di qcn. **2** FIG. *(description)* descrizione f., quadro m.; ***to paint a ~ of sb., sth.*** descrivere qcn., qcs.; ***to give*** o ***present a clear, accurate ~ of sth.*** fare un quadro chiaro, accurato di qcs. **3** FOT. foto(grafia) f.; ***to take a ~ of*** fare una foto a **4** FIG. *(overview)* situazione f.; ***to get the ~*** capire come stanno le cose; ***to put sb. in the ~*** mettere qcn. al corrente; ***to be in the ~*** essere al corrente **5** CINEM. *(film)* film m.; ***to make a ~*** fare un film **6** TELEV. immagine f. **II pictures** n.pl. COLLOQ. ***the ~s*** il cinema ♦ ***to be the ~ of health*** essere il ritratto della salute; ***to look*** o ***be a ~*** sembrare dipinto; ***her face was a ~!*** la sua espressione la diceva lunga!
2.picture /ˈpɪktʃə(r)/ tr. **1** *(form mental image of)* immaginare [*place, scene*] **2** *(show in picture form)* ***to be ~d*** essere ritratto; ***the vase (~d above) is*** il vaso (nell'immagine in alto) è.
picture book n. libro m. illustrato.
picture card n. GIOC. figura f.
picture desk n. GIORN. redazione f. fotografica.
picture editor ➧ *27* n. GIORN. direttore m. (-trice) della redazione fotografica.
picture frame n. cornice f.
picture framing n. incorniciatura f.
picture gallery n. pinacoteca f.
picture hook n. gancetto m. (per appendere i quadri).
picture postcard n. cartolina f. illustrata.
picture rail n. = listello usato per fissare i chiodi a cui appendere i quadri.
picturesque /ˌpɪktʃəˈresk/ agg. pittoresco.
picture writing n. scrittura f. ideografica.
1.piddle /ˈpɪdl/ n. COLLOQ. INFANT. ***to go for a ~*** andare a fare pipì.
2.piddle /ˈpɪdl/ intr. COLLOQ. INFANT. fare pipì.
piddling /ˈpɪdlɪŋ/ agg. COLLOQ. insignificante, inutile.
pidgin /ˈpɪdʒɪn/ n. **1** pidgin m. **2** (anche **~ English**) pidgin-English m.; (anche **~ French**) sabir m.
pie /paɪ/ n. **1** *(savoury)* torta f. salata, pasticcio m.; ***meat ~*** pasticcio di carne **2** *(sweet)* torta f.; ***apple ~*** torta di mele ♦ ***it's all ~ in the sky*** è pura utopia; ***to be as easy as ~*** essere facile come bere un bicchiere d'acqua; ***to have a finger in every ~*** avere le mani in pasta; ***to be as sweet*** o ***nice as ~*** essere uno zuccherino; SPREG. essere tutto zucchero e miele.
piebald /ˈpaɪbɔːld/ **I** n. (cavallo) pezzato m. **II** agg. pezzato.
1.piece /piːs/ n. **1** *(indeterminate amount)* pezzo m. **2** *(unit)* ***a ~ of furniture*** un mobile; ***a ~ of luggage*** una valigia; ***a ~ of advice*** un consiglio; ***a ~ of information*** un'informazione; ***a ~ of legislation*** una legge; ***a ~ of news*** una notizia; ***a ~ of work*** un lavoro; *(referring to book)* un'opera; *(referring to article)* un pezzo; ***a ~ of luck*** una (botta di) fortuna; ***to be paid by the ~*** essere pagato a cottimo; ***they cost £ 5 a ~*** costano 5 sterline cadauno **3** *(component part)* pezzo m.; ***to come in ~s*** [*furniture*] essere da montare; ***to take sth. to ~s*** smontare qcs. **4** *(broken fragment)* pezzo m., frammento m.; ***to fall to ~s*** [*object*] cadere in pezzi; FIG. [*argument*] essere demolito; ***to go to ~s*** FIG. [*person*] *(from shock, emotionally)* avere un crollo (nervoso), andare in pezzi; *(in interview)* andare nel pallone **5** *(artistic work) (of music)* brano m., pezzo m.; *(sculpture, painting, article)* pezzo m.; *(play)* pièce f.; ***he read a ~ out of the book*** ha letto un passaggio del libro **6** *(instance)* ***a ~ of*** un esempio di [*propaganda, flattery*]; ***a wonderful ~ of running, acting*** una magnifica corsa, interpretazione **7** *(coin)* moneta f., pezzo m.; ***a 50p ~*** una moneta da 50 penny **8** GIOC. *(in chess)* pezzo m.; *(in draughts)* pedina f. **9** MIL. *(gun)* fucile m.; *(cannon)* pezzo m. (d'artiglieria) **10** COLLOQ. *(gun)* rivoltella f., pistola f. **11 -piece** in composti ***a 60-~ cutlery set*** un servizio di posate da 60 pezzi; ***a 5-~ band*** MUS. una band di 5 elementi ♦ ***to be (all) of a ~*** [*town, house*] essere costruito in stile omogeneo; ***to be (all) of a ~ with sth.*** [*action, statement, ideas*] essere in pieno accordo con qcs.; ***to be still in one ~*** [*object*] essere ancora intero *o* intatto; [*person*] essere intero *o* indenne; ***to give sb. a ~ of one's mind*** dire a qcn. il fatto suo; ***to pick sth. to ~s*** fare a pezzi *o* demolire qcs.; ***to ~ one's piece*** dire la propria.
2.piece /piːs/ tr. unire, connettere.
■ **piece together** ***~ [sth.] together, ~ together [sth.]*** mettere insieme [*fragments*]; ricostruire [*vase, letter*]; ricomporre [*puzzle*]; FIG. ricostruire [*facts, evidence*].
pièce de résistance /ˌpjesdəreˈzɪstɑːns, AE -ˌreziˈstɑːns/ n. (pl. **pièces de résistance**) pezzo m. forte.
piecemeal /ˈpiːsmiːl/ **I** agg. [*approach, reforms*] frammentario; [*description*] lacunoso; [*research*] senza metodo; [*development*] a macchia di leopardo; *(at different times)* per gradi **II** avv. [*develop, introduce*] poco a poco, per gradi; [*arrive*] alla spicciolata.
pièces de résistance /ˌpjesdəreˈzɪstɑːns, AE -ˌreziˈstɑːns/ → **pièce de résistance.**
piecework /ˈpiːswɜːk/ n. ***to be on ~*** essere pagato a cottimo.
pie chart n. diagramma m. a torta, areogramma m.
pie crust n. = sfoglia di pasta che ricopre la torta.
pie dish /ˈpaɪdɪʃ/ n. teglia f.
Piedmont /ˈpiːdmɒnt/ ➧ *24* n.pr. Piemonte m.
Piedmontese /piːdmɒnˈtiːz/ **I** agg. piemontese **II** n. (pl. **~**) piemontese m. e f.
pie-eyed /ˌpaɪˈaɪd/ agg. COLLOQ. sbronzo.
pier /pɪə(r)/ n. **1** *(at seaside resort)* molo m. **2** *(part of harbour) (built of stone)* molo m.; *(landing stage)* imbarcadero

m. 3 ING. *(of bridge, dam, foundations)* pilone m.; *(pillar in church, of gateway)* pilastro m.; *(wall between openings)* trumeau m.
pierce /pɪəs/ tr. 1 *(make hole in)* bucare, forare; *(penetrate)* perforare [*armour*]; trafiggere [*skin*]; ***to ~ the enemy lines*** MIL. penetrare nelle linee nemiche 2 FIG. *(penetrate)* [*cry*] lacerare; [*light*] filtrare; [*cold, wind*] penetrare.
pierced /pɪəst/ I p.pass. → **pierce** II agg. ***~ ears*** orecchie bucate.
piercing /ˈpɪəsɪŋ/ agg. [*noise*] lacerante; [*light*] intenso; [*cold*] pungente; [*wind, eyes*] penetrante.
piety /ˈpaɪətɪ/ n. pietà f., devozione f.
piffle /ˈpɪfl/ n. U BE COLLOQ. sciocchezze f.pl., stupidaggini f.pl.
piffling /ˈpɪflɪŋ/ agg. BE COLLOQ. *(worthless)* futile; *(silly)* sciocco.
1.pig /pɪg/ n. 1 *(animal)* maiale m., porco m. 2 COLLOQ. FIG. SPREG. *(greedy, dirty)* maiale m.; *(nasty)* porco m.; ***to make a ~ of oneself*** mangiare come un maiale 3 COLLOQ. SPREG. *(policeman)* sbirro m.; ***the ~s*** gli sbirri ♦ ***to buy a ~ in a poke*** comprare a scatola chiusa; ***~s might fly!*** gli asini volano! ***in a ~'s eye!*** AE COLLOQ. neanche per sogno! ***to make a ~'s ear of sth.*** fare un macello di *o* con qcs.
2.pig /pɪg/ tr. (forma in -ing ecc. **-gg-**) COLLOQ. ***to ~ it*** vivere come un maiale.
▪ **pig out** rimpinzarsi (**on** di).
pigeon /ˈpɪdʒɪn/ n. piccione m., colombo m. ♦ ***that's your ~!*** COLLOQ. sono affari tuoi! ***to put*** o ***set the cat among the ~s*** BE scatenare un putiferio.
pigeon-breasted /ˌpɪdʒɪnˈbrestɪd/, **pigeon-chested** /ˌpɪdʒɪnˈtʃestɪd/ agg. con il petto carenato, con lo sterno carenato.
pigeon fancier ➧ *27* n. allevatore m. (-trice) di piccioni, colombofilo m. (-a).
1.pigeonhole /ˈpɪdʒɪnhəʊl/ n. BE *(in desk)* scomparto m.; *(in wall unit)* casella f.
2.pigeonhole /ˈpɪdʒɪnhəʊl/ tr. BE 1 *(categorize)* classificare, catalogare [*person, activity*] 2 *(file)* archiviare [*papers*].
pigeon house, **pigeon loft** n. piccionaia f.
pigeon racing n. U = competizione in cui vengono registrati i tempi che i piccioni viaggiatori impiegano a percorrere una certa distanza.
pigeon-toed /ˈpɪdʒɪntəʊd/ agg. ***to be ~*** avere il piede varo.
pig farming n. allevamento m. dei maiali.
piggery /ˈpɪgərɪ/ n. porcile m. (anche FIG.).
piggy /ˈpɪgɪ/ I n. INFANT. porcellino m. II agg. ***to have ~ eyes*** SPREG. avere gli occhi porcini ♦ ***to be ~ in the middle*** BE essere preso fra due fuochi.
piggyback /ˈpɪgɪbæk/ I n. (anche **~ ride**) ***to give sb. a ~*** portare qcn. a cavalluccio *o* in spalla II avv. [*ride, carry*] a cavalluccio, in spalla.
piggy bank n. porcellino m. (salvadanaio).
pigheaded /ˌpɪgˈhedɪd/ agg. SPREG. cocciuto, testardo.
pig iron n. ghisa f. in pani.
piglet /ˈpɪglɪt/ n. porcellino m., maialino m.
pigment /ˈpɪgmənt/ n. BIOL. ART. pigmento m.
pigmentation /ˌpɪgmənˈteɪʃn/ n. pigmentazione f.
pigmy → **pygmy**.
pigpen /ˈpɪgpen/ n. AE → **pigsty**.
pigskin /ˈpɪgskɪn/ I n. pelle f. di maiale II modif. [*bag etc.*] di pelle di maiale.
pigsty /ˈpɪgstaɪ/ n. porcile m. (anche FIG.).
pigswill /ˈpɪgswɪl/ n. U 1 pastone m. per maiali 2 FIG. *(nasty food)* brodaglia f., sbobba f.
pigtail /ˈpɪgteɪl/ n. codino m.; ***to wear one's hair in ~s*** avere i codini.
1.pike /paɪk/ n. STOR. *(spear)* picca f.
2.pike /paɪk/ n. (pl. **~**, **~s**) *(fish)* luccio m.
pikestaff /ˈpaɪkstɑːf, AE -stæf/ n. ***it's as plain as a ~*** FIG. è chiaro come il sole.
pilaster /pɪˈlæstə(r)/ n. pilastro m.; *(projecting from a wall)* lesena f.
Pilate /ˈpaɪlət/ n.pr. Pilato.
pilau /pɪˈlaʊ/ n. (anche **~ rice**) (riso) pilaf m.
pilchard /ˈpɪltʃəd/ n. sardina f., sarda f.
1.pile /paɪl/ n. 1 *(untidy heap)* mucchio m.; *(stack)* pila f.; ***in a ~*** accatastato, ammucchiato 2 COLLOQ. *(large amount)* ***a ~ of, ~s of*** un mucchio di; ***to have ~s of money*** avere un sacco di soldi 3 EL. NUCL. pila f. 4 LETT. o SCHERZ. *(building)* edificio m. ♦ ***to make one's ~*** COLLOQ. fare fortuna, farsi i soldi.
2.pile /paɪl/ I tr. *(in a heap)* ammucchiare; *(in a stack)* impilare; ***to be ~d with*** [*surface*] essere ingombro *o* pieno di [*objects*]; ***a plate ~d high with cakes*** un piatto ricolmo di dolci II intr. COLLOQ. ***to ~ into*** *(board)* [*people*] ammassarsi su, accalcarsi su [*vehicle*]; *(crash)* [*vehicle*] tamponare [*other vehicle*].
▪ **pile in** COLLOQ. entrare in massa; ***the bus came and we all ~d in*** il bus arrivò e ci accalcammo dentro.
▪ **pile on:** ***to ~ on the charm*** COLLOQ. affidarsi troppo al proprio fascino; ***to ~ it on*** esagerare.
▪ **pile up:** ***~ up*** [*leaves, rubbish*] ammonticchiarsi; [*debts, problems, work, snow, money*] accumularsi; [*cars*] *(in accident)* tamponarsi; ***~ [sth.] up, ~ up [sth.]*** 1 *(in a heap)* ammucchiare; *(in a stack)* impilare 2 FIG. accumulare [*debts, evidence, problems, work*].
3.pile /paɪl/ n. ING. *(post)* palo m., pilastro m.
4.pile /paɪl/ n. *(of fabric, carpet)* pelo m.
pile driver n. battipalo m., berta f.
pile dwelling n. palafitta f.
pile fabric n. TESS. *(velvet)* velluto m.; *(other)* pile m.
piles /paɪlz/ n.pl. COLLOQ. emorroidi f.
pile-up /ˈpaɪlʌp/ n. AUT. COLLOQ. tamponamento m. (a catena).
pilfer /ˈpɪlfə(r)/ I tr. rubacchiare II intr. rubacchiare, fare piccoli furti.
pilgrim /ˈpɪlgrɪm/ n. pellegrino m. (-a).
pilgrimage /ˈpɪlgrɪmɪdʒ/ n. pellegrinaggio m. (anche FIG.); ***to go on*** o ***make a ~*** fare un pellegrinaggio (**to** a).
Pilgrim Fathers n.pl. STOR. Padri m. Pellegrini.
pill /pɪl/ n. 1 MED. FARM. pastiglia f., pillola f., compressa f. (**for** contro, per) 2 *(contraceptive)* ***the ~*** la pillola (anticoncezionale); ***to be on the ~*** prendere la pillola ♦ ***it was a bitter ~ to swallow*** è stato un boccone amaro da mandare giù; ***to sugar*** o ***gild the ~*** indorare la pillola.
1.pillage /ˈpɪlɪdʒ/ n. saccheggio m.
2.pillage /ˈpɪlɪdʒ/ tr. e intr. saccheggiare.
pillar /ˈpɪlə(r)/ n. 1 ARCH. pilastro m. 2 *(of smoke, fire, rock etc.)* colonna f.; ***a ~ of salt*** BIBL. una statua di sale 3 FIG. *(of institution, society)* pilastro m.; ***to be a ~ of strength to sb.*** essere di sostegno a qcn. ♦ ***to go from ~ to post*** COLLOQ. correre a destra e a manca (**doing** per fare); ***to be sent from ~ to post*** COLLOQ. essere mandati da Erode a Pilato.
pillar box n. BE cassetta f. per le lettere (rossa e a forma di colonna).
pillbox /ˈpɪlbɒks/ n. 1 *(for pills)* portapillole m. 2 (anche **~ hat**) = cappello femminile tondo con calotta piatta e tesa rigida.
pillion /ˈpɪlɪən/ I n. (anche **~ seat**) sellino m. posteriore II modif. *(on motorcycle)* ***~ passenger*** passeggero III avv. ***to ride ~*** viaggiare come passeggero (su una moto).
1.pillory /ˈpɪlərɪ/ n. STOR. gogna f., berlina f.
2.pillory /ˈpɪlərɪ/ tr. mettere alla gogna, mettere alla berlina (anche FIG.).
pillow /ˈpɪləʊ/ n. cuscino m., guanciale m.
pillowcase /ˈpɪləʊkeɪs/, **pillowslip** /ˈpɪləʊslɪp/ BE n. federa f.
pillow talk n. COLLOQ. conversazioni f.pl. intime (fatte a letto).
1.pilot /ˈpaɪlət/ ➧ *27* I n. 1 AER. MAR. pilota m. e f. 2 RAD. TELEV. *(programme)* trasmissione f. pilota 3 (anche **~ light**) *(gas)* fiamma f. pilota; *(electric)* spia f. luminosa II modif. 1 COMM. IND. [*course, project*] pilota; [*TV programme*] sperimentale, pilota 2 AER. [*instruction, training*] dei piloti; [*error*] di pilotaggio.
2.pilot /ˈpaɪlət/ tr. 1 AER. MAR. pilotare; ***to ~ sb. through*** FIG. pilotare *o* guidare qcn. attraverso [*crowd, streets*]; ***to ~ a bill through parliament*** fare passare una proposta di legge in parlamento 2 *(test)* mettere alla prova [*course, system*].
pilot boat n. battello m. pilota, pilotina f.
pilot burner n. *(gas)* fiamma f. pilota; *(electric)* spia f. luminosa.

pilot scheme n. progetto m. pilota.
pilot's licence n. brevetto m. di pilota.
pilot whale n. globicefalo m.
pimento /pɪˈmentəʊ/ n. (pl. ~, ~s) *(vegetable)* capsico m.; *(spice)* pimento m., pepe m. della Giamaica; *(tree)* pimenta f., pepe m. della Giamaica.
1.pimp /pɪmp/ n. protettore m., magnaccia m.
2.pimp /pɪmp/ intr. fare il protettore, fare il magnaccia.
pimpernel /ˈpɪmpənel/ n. mordigallina f.
pimple /ˈpɪmpl/ n. brufolo m., pustola f.
pimply /ˈpɪmplɪ/ agg. brufoloso.
1.pin /pɪn/ **I** n. **1** *(for sewing, fastening cloth or paper)* spillo m. **2** *(of plug)* spina f.; ***two-, three-~ plug*** presa a due, tre spine **3** *(to attach wood or metal)* perno m.; *(machine part)* copiglia f. **4** *(in surgery)* chiodo m. **5** *(brooch)* spilla f. **6** *(in bowling)* birillo m. **7** *(in golf)* bandierina f. **II pins** n.pl. COLLOQ. *(legs)* gambe f. ♦ ***for two ~s I would do*** accetterei per due lire; ***you could have heard a ~ drop*** si sarebbe potuto sentire cadere uno spillo.
2.pin /pɪn/ tr. (forma in -ing ecc. **-nn-**) **1** *(attach with pins)* puntare con degli spilli [*dress, hem, curtain*]; ***to ~ sth. to*** appuntare qcs. a; ***to ~ sth. on(to)*** *(with drawing pin)* affiggere qcs. su [*board, wall*]; ***to ~ sth. with*** fissare qcs. con [*brooch, grip, pin*] **2** *(trap, press)* bloccare, immobilizzare [*person, part of body*]; ***to ~ sb. against*** o ***to*** bloccare qcn. contro [*wall*]; tener fermo *o* bloccare qcn. su [*floor*]; ***her arms were ~ned to her sides*** aveva le braccia immobilizzate lungo il corpo **3** COLLOQ. *(attribute, attach)* ***to ~ the blame on sb.*** dare la colpa a qcn.; ***to ~ the crime on sb.*** addossare la colpa di un crimine a qcn. **4** MIL. SPORT bloccare; ***France were ~ned in their own half*** la Francia era costretta nella propria metà campo ♦ ***to ~ one's ears back*** COLLOQ. aprire bene le orecchie.
■ **pin down:** ~ **down [sb.]**, ~ **[sb.] down** **1** *(physically)* immobilizzare (**to** contro) **2** FIG. vincolare; ***to ~ sb. down to a definite date*** costringere qcn. a fissare una data; ***to ~ sb. down to doing*** fare promettere a qcn. di fare; ~ **down [sth.]**, ~ **[sth.] down** **1** fissare con puntine [*piece of paper, cloth*]; spillare [*sheet*] **2** FIG. *(define)* definire, identificare [*concept, feeling*]; ***I can't ~ it down*** non riesco a definirlo *o* a metterlo a fuoco.
■ **pin up:** ~ **up [sth.]**, ~ **[sth.] up** appendere [*poster, map*] (**on** a); affiggere [*notice*] (**on** in); tirare su [*hair*].
PIN /pɪn/ n. (anche ~ **number**) (⇒ personal identification number numero di identificazione personale) PIN m.
pinafore /ˈpɪnəfɔː(r)/ n. grembiule m.
pinafore dress n. scamiciato m.
pinball /ˈpɪnbɔːl/ ➧ ***10*** n. (gioco del) flipper m., (gioco del) biliardino m.
pinball machine n. flipper m., biliardino m.
pince-nez /ˌpænsˈneɪ/ n. (pl. ~) pince-nez m.
pincer /ˈpɪnsə(r)/ **I** n. ZOOL. chela f. **II pincers** n.pl. *(tool)* tenaglie f., pinze f.
1.pinch /pɪntʃ/ n. **1** *(nip)* pizzicotto m. **2** *(of salt, spice)* pizzico m.; ***a ~ of snuff*** una presa di tabacco ♦ ***at*** BE, ***in*** AE ***a ~*** nei guai; ***at*** BE o ***in*** AE ***a ~ I can lend you 10 euros*** al limite posso prestarti 10 euro; ***to feel the ~*** faticare a sbarcare il lunario.
2.pinch /pɪntʃ/ **I** tr. **1** *(with fingers)* pizzicare **2** [*shoe*] stringere [*foot*] **3** COLLOQ. *(steal)* fregare, grattare **4** [*crab*] pizzicare **5** AGR. ***to ~ out*** o ***off*** togliere, staccare (con le mani) [*bud, tip*] **6** AE COLLOQ. *(arrest)* pizzicare, beccare **II** intr. [*shoe*] andare stretto ♦ ***to ~ and scrape*** tirare la cinghia.
pinched /pɪntʃt/ **I** p.pass. → **2.pinch** **II** agg. ***his face looked ~*** aveva l'aria tirata.
pincushion /ˈpɪnˌkʊʃn/ n. puntaspilli m.
1.pine /paɪn/ **I** n. **1** (anche ~ **tree**) pino m. **2** *(timber)* (legno di) pino m. **II** modif. [*furniture*] in pino, di pino.
2.pine /paɪn/ intr. desiderare ardentemente, morire dalla voglia (**for** di; **to do** di fare).
■ **pine away** languire, consumarsi.
pineapple /ˈpaɪnæpl/ **I** n. ananas m. **II** modif. [*juice*] d'ananas; [*yogurt, cake*] all'ananas.
pine cone n. pigna f.
pine kernel n. pinolo m.
pine-needle /ˈpaɪnˌniːdl/ n. ago m. di pino.
pinenut /ˈpaɪnʌt/ n. → **pine kernel**.
pinewood /ˈpaɪnwʊd/ n. *(forest)* pineta f.; *(timber)* (legno di) pino m.
1.ping /pɪŋ/ n. *(of bell)* tintinnio m.; *(of bullet)* sibilo m.
2.ping /pɪŋ/ intr. [*bell*] tintinnare; [*bullet*] sibilare.
ping-pong® /ˈpɪŋˌpɒŋ/ ➧ ***10*** n. ping-pong® m., tennis m. (da) tavolo.
pinhead /ˈpɪnhed/ n. **1** capocchia f. di spillo **2** COLLOQ. SPREG. testa f. di cavolo.
pinhole /ˈpɪnhəʊl/ n. foro m. di spillo.
pinhole camera n. stenoscopio m.
1.pinion /ˈpɪnɪən/ n. **1** LETT. *(wing)* ala f. **2** ZOOL. *(feather)* penna f. remigante.
2.pinion /ˈpɪnɪən/ n. TECN. pignone m.
3.pinion /ˈpɪnɪən/ tr. ***to ~ sb. against*** immobilizzare qcn. contro [*wall, door*]; ***to ~ sb.'s arms*** tenere ferme le braccia a qcn.
1.pink /pɪŋk/ ➧ ***5*** **I** n. **1** *(colour)* rosa m. **2** BOT. garofano m. **II** agg. **1** *(rosy)* rosa; ***to go*** o ***turn ~*** *(blush)* arrossire (**with** di) **2** *(leftwing)* di centro-sinistra **3** COLLOQ. *(gay)* gay ♦ ***to be in the ~*** essere in forma smagliante.
2.pink /pɪŋk/ tr. *(scallop)* traforare [*fabric*].
3.pink /pɪŋk/ intr. BE AUT. battere in testa.
pinkie /ˈpɪŋkɪ/ n. AE SCOZZ. mignolo m.
pinking shears, **pinking scissors** n.pl. *(dressmaker's scissors)* forbici f. seghettate.
pinkish /ˈpɪŋkɪʃ/ agg. **1** [*colour*] rosato **2** *(left-wing)* sinistroide.
pin money n. spiccioli m.pl.
pinnacle /ˈpɪnəkl/ n. ARCH. pinnacolo m.; *(of rock)* picco m.; FIG. apogeo m., culmine m.
1.pinpoint /ˈpɪnpɔɪnt/ n. punta f. di spillo; ***a ~ of light*** un puntino luminoso.
2.pinpoint /ˈpɪnpɔɪnt/ tr. **1** *(identify)* indicare, individuare [*problem, risk, causes*] **2** *(place exactly)* localizzare [*position, site*]; fissare, indicare con esattezza [*time, exact moment*].
pinprick /ˈpɪnprɪk/ n. **1** puntura f. di spillo; *(feeling caused)* fitta f. **2** FIG. *(of jealousy, remorse)* fitta f.
pinstripe /ˈpɪnstraɪp/ **I** n. *(stripe)* righina f. **II pinstripes** n.pl. *(suit)* gessato m.sing. **III** modif. [*fabric, suit*] gessato.
pinstriped /ˈpɪnstraɪpt/ agg. gessato.
pint /paɪnt/ ➧ ***3*** **I** n. **1** pinta f. (GB = 0,57 litri; US = 0,47 litri); ***a ~ of milk*** una pinta di latte **2** BE COLLOQ. ***to go for a ~*** andare a farsi una pinta *o* birra **II** modif. [*carton*] da una pinta.
pint glass, **pint pot** n. pinta f.
pint-size(d) /ˈpaɪntsaɪz(d)/ agg. SPREG. piccolo.
pinup /ˈpɪnʌp/ n. **1** *(woman)* pin-up f.; *(man)* fusto m. **2** *(poster of star)* poster m. (di un personaggio famoso).
pinwheel /ˈpɪnwɪəl, AE -hwɪəl/ n. girandola f.
1.pioneer /ˌpaɪəˈnɪə(r)/ **I** n. pioniere m. (**of, in** di) **II** modif. [*research*] pionieristico; [*life*] da pioniere; [*wagon*] dei pionieri; ***a ~ immunologist*** un pioniere dell'immunologia; ***a ~ astronaut*** uno dei primi astronauti.
2.pioneer /ˌpaɪəˈnɪə(r)/ tr. sperimentare [*invention*]; introdurre [*technique*]; ***to ~ the use of*** essere uno dei primi a usare.
pioneering /ˌpaɪəˈnɪərɪŋ/ agg. [*scheme*] pionieristico; [*surgery, scientist*] all'avanguardia.
pious /ˈpaɪəs/ agg. pio; SPREG. bigotto, ipocrita.
1.pip /pɪp/ n. *(seed)* seme m., semino m.
2.pip /pɪp/ n. BE TEL. bip m., segnale m. acustico; ***the ~s*** RAD. segnale orario.
3.pip /pɪp/ n. **1** *(on card, dice, domino)* puntino m., pallino m. **2** BE MIL. *(showing rank)* stelletta f.
4.pip /pɪp/ tr. (forma in -ing ecc. **-pp-**) BE COLLOQ. ***to be ~ped at*** o ***to the post*** essere battuto sul filo di lana.
1.pipe /paɪp/ ➧ ***17*** **I** n. **1** *(in building)* tubo m.; *(underground)* tubatura f. **2** *(smoker's)* pipa f. **3** MUS. *(on organ)* canna f.; *(flute)* piffero m., flauto m. **II pipes** n.pl. MUS. cornamusa f.sing.
2.pipe /paɪp/ **I** tr. **1** *(carry)* ***to ~ water into a house*** convogliare l'acqua in una casa **2** *(transmit)* trasmettere, diffondere [*music*] (**to** in) **3** SART. adornare, profilare [*cushion, collar*] **4** GASTR. ***to ~ icing onto a cake*** decorare una torta con la glassa **5** MAR. dare [qcs.] con il fischietto [*order*]; ***to ~ sb. aboard*** comandare a qcn. (fischiando) di salire a bordo **II** intr. fischiare.

▪ **pipe down** COLLOQ. *(quieten down)* abbassare la voce, fare meno chiasso.
▪ **pipe up** ***"it's me!" she ~d up*** "sono io!" disse con voce stridula.
pipeclay /ˈpaɪpkleɪ/ n. argilla f. bianca.
pipe-cleaner /ˈpaɪpˌkliːnə(r)/ n. scovolino m.
piped music n. musica f. di sottofondo.
pipe-dream /ˈpaɪpdriːm/ n. castello m. in aria, chimera f.
pipeline /ˈpaɪplaɪn/ n. TECN. conduttura f., condotto m.; *(for oil)* oleodotto m.; *(for gas)* gasdotto m.; ***in the ~*** FIG. [*change*] in corso; [*product*] in fase di produzione; [*novel*] in cantiere.
pipe of peace n. calumet m. della pace.
pipe organ n. MUS. organo m. (a canne).
piper /ˈpaɪpə(r)/ ➧ ***27*** n. *(bagpipe player)* suonatore m. (-trice) di cornamusa, zampognaro m. (-a); *(fluteplayer)* pifferaio m. (-a).
pipe-smoker /ˈpaɪpˌsməʊkə(r)/ n. fumatore m. (-trice) di pipa.
pipe tobacco n. tabacco m. da pipa.
pipette /pɪˈpet/ n. pipetta f.
piping /ˈpaɪpɪŋ/ **I** n. **1** *(conduit)* tubatura f.; *(system of conduits)* tubazioni f.pl. **2** SART. passamano m., profilo m. **3** GASTR. decorazione f., guarnizione f. **II** agg. [*voice, tone*] acuto, stridulo.
piping hot agg. bollente, fumante.
pipsqueak /ˈpɪpskwiːk/ n. COLLOQ. nullità f., mezzacalzetta f.
piquancy /ˈpiːkənsɪ/ n. *(of food)* sapore m. piccante; *(of situation)* salacità f.
piquant /ˈpiːkənt/ agg. **1** [*food*] piccante, speziato **2** [*person*] *(racy)* salace, pungente; *(charming)* attraente.
1.pique /piːk/ n. ripicca f., dispetto m.; ***in a fit of ~*** per ripicca.
2.pique /piːk/ tr. **1** *(hurt)* indispettire, offendere **2** *(arouse)* destare, suscitare [*interest*].
piqued /piːkt/ **I** p.pass. → **2.pique II** agg. seccato (**at** per; **to do** di fare).
piracy /ˈpaɪərəsɪ/ n. **1** MAR. pirateria f. **2** *(of tapes, software)* pirateria f., duplicazione f. abusiva.
piranha /pɪˈrɑːnə/ n. (anche **~ fish**) piranha m.
1.pirate /ˈpaɪərət/ **I** n. **1** MAR. pirata m. (anche FIG.) **2** *(copy of tape, etc.)* copia f. pirata **3** (anche **~ station**) stazione f. pirata **4** *(copier)* plagiario m. **II** modif. [*video, tape*] pirata; [*ship*] pirata, dei pirati.
2.pirate /ˈpaɪərət/ tr. piratare [*tape, software*].
pirated /ˈpaɪərətɪd/ **I** p.pass. → **2.pirate II** agg. [*video, tape, software*] pirata(to).
pirate radio n. radio f. pirata.
1.pirouette /ˌpɪrʊˈet/ n. piroetta f.
2.pirouette /ˌpɪrʊˈet/ intr. piroettare.
Pisces /ˈpaɪsiːz/ ➧ ***38*** n. ASTROL. Pesci m.pl.; ***to be (a) ~*** essere dei Pesci *o* un Pesci.
1.piss /pɪs/ n. POP. piscio m.; ***to need a ~*** avere voglia di pisciare; ***to have*** BE o ***take*** AE ***a ~*** andare a pisciare ♦ ***to take the ~ out of sb.*** POP. prendere per il culo *o* sfottere qcn.
2.piss /pɪs/ **I** tr. POP. ***to ~ blood*** pisciare sangue; ***to ~ one's pants*** pisciarsi addosso **II** intr. POP. pisciare **III** rifl. POP. ***to ~ oneself*** pisciarsi addosso; ***to ~ oneself (laughing)*** scompisciarsi dal ridere.
▪ **piss about, piss around:** ***~ about*** POP. cazzeggiare; ***~ [sb.] about*** sfottere.
▪ **piss down** BE POP. piovere a dirotto, a catinelle.
▪ **piss off:** ***~ off*** POP. togliersi dalle palle; ***~ [sb.] off, ~ off [sb.]*** *(make fed up)* rompere le palle a; *(make angry)* fare incazzare.
pissed /pɪst/ **I** p.pass. → **2.piss II** agg. **1** BE POP. sbronzo **2** AE POP. incazzato (**at sb.** con qcn.).
pissed off agg. POP. [*tone*] scazzato; ***to be ~*** avere le palle piene (**with, at** di).
pisshead /ˈpɪshed/ n. COLLOQ. ubriacone m. (-a).
pistachio /pɪˈstɑːʃɪəʊ, AE -æʃɪəʊ/ ➧ ***5*** **I** n. (pl. **~s**) **1** *(nut, tree, flavour)* pistacchio m. **2** *(colour)* verde m. pistacchio **II** agg. *(colour)* (verde) pistacchio.
piste /piːst/ n. pista f.; ***to ski off ~*** sciare fuoripista.
pistil /ˈpɪstɪl/ n. pistillo m.
pistol /ˈpɪstl/ n. pistola f.
piston /ˈpɪstən/ n. pistone m.
piston engine n. motore m. a pistoni.
piston pin n. spinotto m. di pistone.
piston rod n. biella f.
1.pit /pɪt/ **I** n. **1** *(for storage, weapons, bodies)* fossa f., buca f. **2** *(hollow)* cavità f., depressione f.; ***the ~ of the stomach*** la bocca dello stomaco **3** *(trap)* trappola f. **4** AUT. *(at garage)* fossa f. di riparazione; *(at racetrack)* box m. **5** MIN. miniera f. **6** *(quarry)* cava f. **7** TEATR. platea f.; ***orchestra ~*** golfo mistico **8** AE *(in peach, olive)* nocciolo m. **II** modif. MIN. [*strike*] dei minatori; [*village*] di minatori; [*disaster*] in miniera ♦ ***it's the ~s!*** COLLOQ. *(of place, workplace)* è un inferno!
2.pit /pɪt/ **I** tr. (forma in -ing ecc. **-tt-**) **1** *(in struggle)* ***to ~ sb. against*** opporre qcn. a; ***the match will ~ Italy against Spain*** l'incontro vede l'Italia contro la Spagna **2** *(mark)* bucherellare, fare buchi in [*surface, stone*] **3** AE *(remove stones from)* snocciolare, denocciolare [*peach, olive*] **II** rifl. (forma in -ing ecc. **-tt-**) ***to ~ oneself against sb.*** misurarsi con qcn.
pitapat /ˌpɪtəˈpæt/ n. ***to go ~*** [*heart*] palpitare; [*rain*] picchiettare, picchierellare.
pit bull terrier n. pit bull m.
1.pitch /pɪtʃ/ n. **1** SPORT campo m. (sportivo); ***football ~*** campo di calcio **2** MUS. tono m., tonalità f.; *(of note, voice)* tono m., altezza f.; ***absolute*** o ***perfect ~*** orecchio assoluto **3** *(degree)* grado m.; *(highest point)* colmo m.; ***excitement was at full ~*** l'eccitazione era al massimo **4** *(sales talk)* parlantina f. **5** ING. MAR. pece f. nera **6** BE *(for street trader)* posteggio m. **7** ING. *(of roof)* inclinazione f., pendenza f.
2.pitch /pɪtʃ/ **I** tr. **1** *(throw)* gettare, buttare [*object*] (**into** in); SPORT lanciare **2** *(aim, adjust)* adattare [*campaign, speech*] (**at** a); *(set)* fissare [*price*]; ***newspaper ~ed at young people*** giornale adatto ai giovani; ***the exam was ~ed at a high level*** l'esame è stato adattato a un livello avanzato **3** MUS. [*singer*] prendere [*note*]; [*player*] dare [*note*]; ***to ~ one's voice higher*** alzare il tono di voce **4** *(erect)* piantare, rizzare [*tent*]; ***to ~ camp*** accamparsi **II** intr. **1** *(be thrown)* [*rider, passenger*] cadere **2** MAR. ***to ~ (and roll*** o ***toss)*** beccheggiare **3** AE *(in baseball)* servire.
▪ **pitch in** COLLOQ. **1** *(set to work)* darci dentro; *(join in, help)* dare una mano **2** *(start to eat)* lanciarsi, gettarsi sul cibo.
▪ **pitch into:** ***~ into [sth.]*** attaccare, dare addosso a [*opponent, speaker*]; buttarsi in [*work*]; gettarsi su [*meal*]; ***~ [sb.] into*** proiettare qcn. in [*situation*].
▪ **pitch out:** ***~ out [sb., sth.], ~ [sb., sth.] out*** COLLOQ. buttare fuori, cacciare [*person*].
pitch-and-putt /ˌpɪtʃənˈpʌt/ n. minigolf m.
pitch-black /ˌpɪtʃˈblæk/, **pitch-dark** /ˌpɪtʃˈdɑːk/ agg. nero come la pece; ***it is ~*** è buio pesto.
pitched battle n. battaglia f. campale; FIG. lotta f. all'ultimo sangue.
1.pitcher /ˈpɪtʃə(r)/ n. *(jug)* caraffa f., brocca f.
2.pitcher /ˈpɪtʃə(r)/ n. AE SPORT lanciatore m. (-trice).
1.pitchfork /ˈpɪtʃfɔːk/ n. forcone m., forca f.
2.pitchfork /ˈpɪtʃfɔːk/ tr. **1** AGR. inforcare **2** FIG. ***to ~ sb. into*** spingere qcn. in [*situation*].
piteous /ˈpɪtɪəs/ agg. [*sight, story*] commovente; [*state*] pietoso.
pitfall /ˈpɪtfɔːl/ n. *(of action)* insidia f., tranello m.; *(of language)* trabocchetto m.; *(trap)* trappola f.
pith /pɪθ/ n. **1** *(of fruit)* albedo f.; *(of stem)* midollo m. **2** FIG. essenza f.
pithy /ˈpɪθɪ/ agg. [*remark, style, writing*] *(incisive)* incisivo; *(terse)* conciso.
pitiable /ˈpɪtɪəbl/ agg. **1** *(arousing pity)* [*sight*] commovente; [*existence*] miserando; [*salary*] miserabile **2** *(arousing contempt)* [*attempt, excuse*] meschino.
pitiful /ˈpɪtɪfl/ agg. **1** *(arousing pity)* [*sight*] commovente; [*income*] miserabile; [*state*] pietoso **2** *(arousing contempt)* [*attempt, excuse*] meschino; [*amount*] ridicolo.
pitifully /ˈpɪtɪfəlɪ/ avv. **1** *(arousing pity)* [*thin*] da fare paura; [*cry, suffer*] penosamente **2** *(arousing contempt)* [*perform, sing*] in modo penoso.
pitiless /ˈpɪtɪlɪs/ agg. spietato, crudele, impietoso.
pittance /ˈpɪtns/ n. ***to earn a ~*** guadagnare una miseria.
pitted /ˈpɪtɪd/ **I** p.pass. → **2.pit II** agg. **1** [*surface*] bucherellato; [*face, skin*] butterato (**with** da) **2** [*olive*] snocciolato, denocciolato.

pitter-patter /ˈpɪtəpætə(r)/ n. → **pitapat**.
pituitary /pɪˈtjuːɪtərɪ, AE -tuːəterɪ/ agg. pituitario; ***~ gland*** ghiandola pituitaria, ipofisi.
pit worker ➧ *27* n. minatore m.
1.pity /ˈpɪtɪ/ n. **1** *(compassion)* pietà f., compassione f. **2** *(shame)* peccato m.; ***what a ~!*** che peccato! ***the ~ (of it) is that...*** ciò che dispiace è che...; ***I'm not rich, more's the ~*** non sono ricco, purtroppo.
2.pity /ˈpɪtɪ/ tr. avere pietà di, avere compassione di, compiangere [*person*]; ***he's to be pitied*** è da compatire; ***it's the police I pity, not the criminals*** è la polizia che mi fa pena, non i criminali.
pitying /ˈpɪtɪɪŋ/ agg. *(compassionate)* compassionevole, pietoso.
Pius /ˈpaɪəs/ n.pr. Pio.
1.pivot /ˈpɪvət/ n. MECC. MIL. perno m. (anche FIG.).
2.pivot /ˈpɪvət/ **I** tr. girare (su un perno) [*lever, lamp*] **II** intr. [*lamp, device*] girare (su un perno); FIG. [*outcome, success*] dipendere (**on** da).
pivotal /ˈpɪvətl/ agg. [*role, decision*] centrale, fondamentale; [*moment*] cruciale.
pixie, pixy /ˈpɪksɪ/ n. folletto m.
pizza /ˈpiːtsə/ **I** n. pizza f. **II** modif. [*base*] per pizza; [*oven*] da pizze; [*pan*] da pizza.
pizza parlour BE, **pizza parlor** AE n. pizzeria f.
pizzazz /pɪˈzæz/ n. COLLOQ. slancio m., brio m.
placard /ˈplækɑːd/ n. *(at protest march)* manifesto m.; *(on wall)* manifesto m., cartellone m. pubblicitario.
placate /pləˈkeɪt, AE ˈpleɪkeɪt/ tr. placare, calmare.
placatory /pləˈkeɪtərɪ, AE ˈpleɪkətɔːrɪ/ agg. che placa, calmante.
1.place /pleɪs/ n. **1** *(location, position)* posto m., luogo m.; ***from ~ to ~*** da un luogo all'altro; ***in ~s*** [*damaged, worn*] in diversi punti, qua e là; ***~ of birth, of work*** luogo di nascita, di lavoro; ***~ of residence*** (luogo di) residenza; ***same time, same ~*** stesso posto, stessa ora; ***to be in the right ~ at the right time*** essere nel posto giusto al momento giusto; ***to be in two ~s at once*** essere in due posti contemporaneamente; ***it's no ~ for a child!*** non è un posto per bambini; ***this is the ~ for me!*** questo è il posto che fa per me! ***in Oxford, of all ~s!*** proprio a Oxford, figurati! ***to lose one's ~*** *(in book)* perdere il segno; *(in speech)* perdere il filo (del discorso) **2** *(town, hotel, etc.)* posto m.; ***a good ~ to eat*** un posto in cui si mangia bene; ***a little ~ called...*** un piccolo paese che si chiama...; ***to be seen in all the right ~s*** farsi vedere nei posti giusti; ***all over the ~*** *(everywhere)* dappertutto, ovunque; COLLOQ. [*speech*] senza capo né coda; [*hair*] in disordine **3** *(home, house)* casa f.; ***at, to Jane's ~*** da Jane, a casa di Jane; ***a ~ by the sea*** una casa vicino al mare; ***a ~ of one's own*** un posto tutto per sé; ***your ~ or mine?*** da te o da me? **4** *(seat, space, setting)* posto m.; ***to keep a ~*** tenere un posto; ***please take your ~s*** accomodatevi per favore; ***to lay*** o ***set a ~ for sb.*** apparecchiare *o* mettere un posto per qcn. **5** *(on team, committee, with firm)* posto m. (**on** in); ***a ~ as*** un posto come [*cook, cleaner*] **6** BE UNIV. ***to get a ~ on*** essere ammesso a [*course*] **7** *(in competition, race)* posto m., posizione f.; ***to finish in first ~*** terminare (una gara) al primo posto; ***to take second ~*** FIG. *(in importance)* passare in secondo piano (**to** rispetto a) **8** *(in argument)* ***in the first ~*** *(firstly)* in primo luogo; *(at the outset)* per cominciare, per prima cosa, innanzitutto **9** *(in correct position)* ***everything is in its ~*** è tutto a posto; ***to hold sth. in ~*** tenere qcs. al suo posto; ***in ~*** [*law*] esistente; [*scheme*] in atto; ***to know one's ~*** FIG. sapere stare al proprio posto; ***to put sb. in his, her ~*** rimettere qcn. al suo posto **10** *(role)* ***to have no ~ in*** non avere un ruolo in [*organization*]; ***to fill sb.'s ~*** sostituire qcn.; ***it's not my ~ to do*** non spetta a me fare **11** *(situation)* ***in my, his ~*** al mio, suo posto; ***to change ~s with sb.*** fare cambio *o* scambiarsi di posto con qcn. **12** *(moment)* momento m.; ***this is not the ~ to do*** non è il momento di fare; ***in ~s*** [*funny, boring, silly*] a tratti, di tanto in tanto **13 out of place** [*remark, behaviour*] fuori luogo; ***to look out of ~*** [*building, person*] sembrare fuori posto, stonare; ***to feel out of ~*** sentirsi fuori posto **14 in place of** al posto di [*person, object*] ♦ ***that young man is really going ~s*** COLLOQ. quel ragazzo farà strada; ***to have friends in high ~s*** avere amici influenti; ***corruption in high ~s*** corruzione in alto loco; ***to fall*** o ***click*** o ***fit into ~*** quadrare, diventare chiaro; ***to go ~s*** AE COLLOQ. andare in giro.
2.place /pleɪs/ tr. **1** *(put carefully)* porre, mettere, collocare; *(arrange)* disporre [*object*]; *(locate)* collocare, piazzare, mettere; ***to ~ an advertisement in the paper*** mettere un annuncio sul giornale; ***to ~ an order for sth.*** ordinare qcs.; ***to ~ a bet*** fare una scommessa **2** FIG. ***to ~ emphasis on*** dare rilievo a; ***to ~ one's trust in*** riporre la propria fiducia in; ***to ~ the blame on*** fare ricadere la colpa su **3** *(in competition, exam)* classificare; ***to be ~d third*** [*horse, athlete*] piazzarsi al terzo posto **4** *(judge)* considerare; ***to be ~d among the top scientists*** essere considerato tra i migliori scienziati **5** *(identify)* riconoscere [*person, accent*]; ***I can't ~ his face*** non so dove l'ho già visto **6** AMM. *(send, appoint)* mettere [*student, trainee*]; *(find home for)* trovare una famiglia per [*child*]; ***to ~ sb. in charge of staff*** affidare a qcn. la responsabilità dell'organico.
placebo /pləˈsiːbəʊ/ n. (pl. **~s**) **1** MED. placebo m. **2** FIG. contentino m.
placed /pleɪst/ **I** p.pass. → **2.place II** agg. **1** *(situated)* ***to be well ~ to do*** essere *o* trovarsi nella posizione giusta per fare **2** SPORT [*horse*] piazzato.
place mat n. tovaglietta f. (all'americana).
placement /ˈpleɪsmənt/ n. **1** BE (anche **work ~**) stage m., tirocinio m.; ***I got a ~*** mi fanno fare uno stage **2** *(in accommodation)* sistemazione f.; *(in employment)* collocamento m. **3** ECON. collocamento m.
placement test n. AE SCOL. *(entrance exam)* test m. d'ingresso; *(proficiency test)* test m. di valutazione preliminare.
place-name /ˈpleɪsneɪm/ n. toponimo m.
placenta /pləˈsentə/ n. (pl. **~s, -ae**) placenta f.
placid /ˈplæsɪd/ agg. [*person, animal, nature, smile*] placido.
placing /ˈpleɪsɪŋ/ n. **1** *(position)* *(in race, league)* posto m., posizione f. **2** *(positioning)* *(of players)* disposizione f.; *(location)* *(of ball, players)* posizione f. **3** ECON. collocamento m.
plagiarism /ˈpleɪdʒərɪzəm/ n. plagio m.
plagiarize /ˈpleɪdʒəraɪz/ **I** tr. plagiare **II** intr. ***to ~ from*** plagiare l'opera di [*writer*]; copiare da [*work*].
1.plague /pleɪɡ/ n. **1** MED. *(bubonic)* peste f.; *(epidemic)* pestilenza f.; ***I haven't got the ~!*** SCHERZ. non ho mica la peste! **2** FIG. *(nuisance)* piaga f., tormento m.; ***what a ~ that boy is!*** quel ragazzo è una vera piaga! **3** *(of ants, rats, etc.)* invasione f.; *(of crimes)* ondata f.; ***to reach ~ proportions*** raggiungere dimensioni gigantesche ♦ ***to avoid sb., sth. like the ~*** evitare qcn., qcs. come la peste.
2.plague /pleɪɡ/ tr. **1** *(beset)* ***to be ~d by*** o ***with*** essere assalito da [*doubts*]; essere tormentato da [*remorse*]; essere afflitto da [*difficulties*] **2** *(harass)* tormentare, assillare [*person*].
plaice /pleɪs/ n. (pl. **~**) platessa f., passera f. di mare.
plaid /plæd/ **I** n. *(fabric, pattern)* tessuto m. scozzese **II** modif. [*scarf, shirt, design*] scozzese.
plain /pleɪn/ **I** agg. **1** *(simple)* [*dress, language*] semplice; [*food*] semplice, non elaborato; [*building, furniture*] semplice, sobrio; [*man*] semplice, alla buona **2** *(of one colour)* [*background, fabric, dress*] in tinta unita; [*envelope*] bianco; [*paper*] *(unheaded)* non intestato; *(unlined)* senza righe; ***under ~ cover*** in busta non intestata **3** EUFEM. *(unattractive)* [*woman*] insignificante, bruttino **4** *(obvious)* chiaro, evidente; ***he's jealous, it's ~ to see*** è geloso, è evidente; ***to make it ~ to sb. that*** fare capire chiaramente a qcn. che; ***do I make myself ~?*** sono stato chiaro? **5** *(direct)* [*answer, language*] franco, schietto; ***the ~ truth*** la verità nuda e cruda; ***~ speaking*** franchezza nel parlare; ***can't you speak in ~ English?*** puoi parlare in modo comprensibile? ***in ~ English, this means that*** in parole povere, significa che **6** attrib. *(downright)* [*common sense*] semplice; [*ignorance, laziness*] puro e semplice, completo **7** *(unflavoured)* [*yoghurt*] bianco; [*crisps*] non aromatizzato; [*rice*] in bianco **8** *(in knitting)* [*stitch, row*] diritto **II** n. GEOGR. pianura f.; ***on the ~*** in pianura **III** avv. **1** *(completely)* [*stupid, wrong*] completamente, del tutto **2** *(directly)* [*speak*] chiaramente ♦ ***as ~ as day*** chiaro come il sole; ***to be ~ sailing*** andare liscio come l'olio.
plain chocolate n. cioccolato m. fondente.
plain clothes I n.pl. ***to be in, wear ~*** essere in borghese **II** **plain-clothes** agg. attrib. [*policeman, etc.*] in borghese.
plain flour n. farina f. (senza lievito aggiunto).

plainly /'pleɪnlɪ/ avv. **1** *(obviously)* ovviamente; ***he was ~ lying*** era chiaro che mentiva **2** *(distinctly)* [*hear, see, remember*] perfettamente, chiaramente; [*explain*] chiaramente, in parole povere **3** *(frankly)* [*speak*] con franchezza, in modo schietto **4** *(simply)* [*dress, eat*] in modo semplice; [*furnished*] sobriamente.

plainness /'pleɪnnɪs/ n. **1** *(of decor, dress)* semplicità f., sobrietà f.; *(of food, language)* semplicità f. **2** *(unattractiveness)* bruttezza f., aspetto m. ordinario.

plainsong /'pleɪn,sɒŋ/ n. canto m. fermo.

plain-spoken /,pleɪn'spəʊkən/ agg. schietto, senza peli sulla lingua.

plaintiff /'pleɪntɪf/ n. DIR. querelante m. e f., attore m.

plaintive /'pleɪntɪv/ agg. lamentoso.

1.plait /plæt, AE pleɪt/ n. treccia f.; ***to wear (one's hair in) ~s*** avere le trecce.

2.plait /plæt, AE pleɪt/ tr. intrecciare [*hair, rope*]; ***to ~ one's hair*** farsi le trecce.

1.plan /plæn/ **I** n. **1** *(scheme, course of action)* piano m., programma m.; ***the ~ is to leave very early*** abbiamo programmato di partire molto presto; ***to go according to ~*** andare secondo i piani *o* come previsto; ***make a ~ before you start to write*** fate uno schema prima di cominciare a scrivere **2** *(definite aim)* progetto m.; ***to have a ~ to do*** progettare di fare **3** ARCH. ING. TECN. progetto m. **4** *(map)* pianta f., piantina f. **II plans** n.pl. **1** *(arrangements)* programmi m., progetti m., piani m.; ***to make ~s*** fare progetti; ***what are your ~s for the future?*** quali sono i tuoi progetti per il futuro? ***I have no particular ~s*** *(for tonight)* non ho niente di particolare in programma; *(for the future)* non ho fatto progetti **2** ARCH. ING. ***the ~s*** i disegni, il progetto.

2.plan /plæn/ **I** tr. (forma in -ing ecc. **-nn-**) **1** *(prepare, organize)* pianificare [*future, economy*]; preparare [*timetable*]; organizzare, programmare [*day, meeting, expedition*]; progettare [*career*]; organizzare la struttura di [*essay, book*]; ***to ~ a family*** decidere quanti figli avere; ***he ~ned it so he could leave early*** si è organizzato in modo da poter partire presto **2** *(intend)* organizzare, programmare [*trip*]; *(propose)* proporre [*visit*]; prevedere [*new development*]; progettare [*factory*]; premeditare [*crime*] **3** ARCH. ING. progettare, disegnare [*kitchen, garden, building*] **II** intr. (forma in -ing ecc. **-nn-**) fare previsioni; ***to ~ for*** prevedere [*changes, increase*]; ***to ~ on sth., on doing*** *(expect)* aspettarsi qcs., di fare; *(intend)* avere in programma qcs., di fare; ***why don't you ever ~?*** perché non ti organizzi mai?

▪ **plan ahead** *(vaguely)* fare progetti; *(look, think ahead)* fare previsioni.

▪ **plan out:** **~ out [sth.]** pianificare (bene) [*expenditure*]; preparare (dettagliatamente) [*itinerary*].

1.plane /pleɪn/ **I** n. **1** AER. aereo m., aeroplano m. **2** *(in geometry)* piano m. **3** TECN. *(tool)* pialla f. **4** BOT. (anche **~ tree**) platano m. **II** modif. [*ticket*] (d')aereo; [*accident*] aereo **III** agg. *(flat)* piano, piatto; ***~ geometry*** geometria piana.

2.plane /pleɪn/ **I** tr. piallare [*wood, edge*]; ***to ~ sth. smooth*** levigare qcs. con la pialla **II** intr. [*bird, aircraft, glider*] planare.

planet /'plænɪt/ n. pianeta m.

planetarium /,plænɪ'teərɪəm/ n. (pl. **~s, -ia**) planetario m.

planetary /'plænɪtrɪ, AE -terɪ/ agg. planetario.

plank /plæŋk/ n. **1** asse f., tavola f. **2** FIG. *(of policy, argument)* punto m. importante, caposaldo m. ♦ ***to be as thick as two (short) ~s*** BE COLLOQ. essere una testa di legno.

planking /'plæŋkɪŋ/ n. **U** tavolato m., assito m.

plankton /'plæŋktən/ n. plancton m.

planner /'plænə(r)/ n. progettista m. e f.; *(in town planning)* urbanista m. e f.

planning /'plænɪŋ/ **I** n. **1** *(of industry, economy, work)* pianificazione f.; *(of holiday, party)* organizzazione f.; ***that was bad ~*** è stato organizzato male **2** ARCH. *(in town)* urbanistica f.; *(out of town)* pianificazione f. territoriale **II** modif. **1** AMM. [*decision*] previsionale; ***at the ~ stage*** in fase progettuale *o* di progetto **2** ING. ARCH. [*department, authorities*] responsabile dell'urbanistica; [*decision*] in materia urbanistica.

planning application n. richiesta f. della concessione edilizia.

planning board n. **1** *(in town planning)* commissione f. edilizia **2** ECON. comitato m. per la pianificazione.

planning committee n. *(in town planning)* commissione f. edilizia.

planning permission n. concessione f. edilizia.

1.plant /plɑːnt, AE plænt/ n. **1** BOT. pianta f.; *(seedling)* piantina f. **2** IND. *(factory)* stabilimento m., impianto m.; *(power station)* centrale f.; ***nuclear ~*** centrale nucleare; ***steel ~*** acciaieria **3 U** IND. *(buildings, machinery)* impianto m., impianti m.pl.; *(fixed machinery)* installazioni f.pl.; *(movable machinery)* attrezzatura f. **4** *(person)* infiltrato m., talpa f., spia f.

2.plant /plɑːnt, AE plænt/ **I** tr. **1** *(put to grow)* piantare [*seed, bulb, tree*]; ***to ~ a field with wheat*** seminare un campo a grano **2** *(illicitly)* mettere, collocare, piazzare [*bomb, spy*]; ***to ~ a weapon on sb.*** fare trovare qcn. con un'arma (addosso) **3** *(place)* ***to ~ a foot on*** lasciare una pedata su; ***to ~ a kiss on*** stampare un bacio su; ***to ~ an idea in sb.'s mind*** mettere un'idea in testa a qcn. **II** rifl. ***to ~ oneself between, in front of*** piantarsi tra, davanti a.

▪ **plant out:** **~ [sth.] out, ~ out [sth.]** svasare [*seedlings*].

Plantagenet /plæn'tædʒənɪt/ n.pr. Plantageneto.

plantar /'plæntə(r)/ agg. plantare.

plantation /plæn'teɪʃn/ n. piantagione f.

planter /'plɑːntə(r), AE 'plænt-/ n. *(person)* piantatore m. (-trice); *(machine)* piantatrice f.

plant food n. fertilizzante m.

plant hire n. BE locazione f. di macchinari.

plantigrade /'plæntɪgreɪd/ **I** agg. plantigrado **II** n. plantigrado m.

plant kingdom n. regno m. vegetale.

plant life n. flora f., vegetazione f.

plaque /plɑːk, AE plæk/ n. **1** *(on wall, monument)* placca f., lapide f. **2** MED. placca f. (batterica).

plasma /'plæzmə/ n. FISIOL. FIS. plasma m.

plasma screen n. schermo m. al plasma.

1.plaster /'plɑːstə(r), AE 'plæs-/ n. **1** ING. ART. MED. gesso m.; ***to have a leg in ~*** avere una gamba ingessata **2** BE *(bandage)* cerotto m.; ***a (piece of) ~*** un cerotto.

2.plaster /'plɑːstə(r), AE 'plæs-/ tr. **1** ING. intonacare [*wall*] **2** *(cover) (with posters, pictures)* tappezzare, ricoprire; *(with oil, paint)* imbrattare (**with** di) **3** MED. ingessare.

▪ **plaster down:** **~ down [sth.], ~ [sth.] down** impomatare [*hair*].

▪ **plaster over:** **~ over [sth.]** ING. stuccare [*hole*].

plasterboard /'plɑːstəbɔːd, AE 'plæst-/ n. cartongesso m.

plaster cast n. MED. ingessatura f., gesso m.; ART. *(mould, sculpture)* gesso m.

plastered /'plɑːstəd, AE 'plæst-/ **I** p.pass. → **2.plaster II** agg. COLLOQ. ubriaco, sbronzo.

plasterer /'plɑːstərə(r), AE 'plæst-/ ➧ **27** n. intonacatore m. (-trice).

plastic /'plæstɪk/ **I** agg. **1** *(of or relating to plastic)* [*industry*] della plastica; [*bag, bucket*] di plastica **2** ART. plastico **3** COLLOQ. SPREG. *(unnatural)* [*smile*] falso **II** n. plastica f. **III plastics** n.pl. materie f. plastiche.

plastic bomb n. bomba f. al plastico.

plastic bullet n. pallottola f. di plastica.

plastic foam n. espanso m. plastico.

Plasticine® /'plæstɪsiːn/ n. plastilina® f.

plasticity /,plæs'tɪsətɪ/ n. plasticità f.

plastic money n. COLLOQ. carte f.pl. di credito.

plastic surgeon ➧ **27** n. MED. chirurgo m. plastico.

plastic surgery n. MED. chirurgia f. plastica; ***to have ~*** farsi fare una plastica.

1.plate /pleɪt/ n. **1** *(dish) (for eating, serving)* piatto m.; ***to hand*** o ***present sth. to sb. on a ~*** BE FIG. servire qcs. a qcn. su un piatto d'argento **2** *(dishful)* piatto m. **3** *(sheet of metal)* lamina f., lastra f., lamiera f. **4** *(name plaque)* targa f., targhetta f. **5** *(registration plaque)* targa f. **6 U** *(silverware)* argenteria f.; RELIG. tesoro m. **7** *(metal coating)* ***silver ~*** silver (plate); ***the spoons are ~, not solid silver*** i cucchiai sono placcati, non d'argento massiccio **8** *(illustration)* illustrazione f., tavola f. fuori testo **9** TIP. FOT. lastra f., cliché m. **10** MED. placca f. **11** GEOL. placca f., zolla f. litosferica **12** ZOOL. squama f. ♦ ***to have a lot on one's ~*** avere un sacco di cose da fare.

2.plate /pleɪt/ tr. placcare [*bracelet, candlestick*] (**with** in).

plateau /ˈplætəʊ, AE plæˈtəʊ/ n. (pl. **~s, ~x**) **1** GEOGR. plateau m., altopiano m. **2** FIG. ***to reach a ~*** raggiungere una stabilità.

plated /ˈpleɪtɪd/ **I** p.pass. → **2.plate II -plated** agg. in composti ***gold-, silver-~*** placcato (in) oro, argento.

plate glass I n. vetro m. piano **II** modif. [*window, door*] di vetro.

platelet /ˈpleɪtlɪt/ n. BIOL. piastrina f.

plate-rack /ˈpleɪt,ræk/ n. *(for draining)* scolapiatti m.

plate-warmer /ˈpleɪt,wɔːmə(r)/ n. scaldapiatti m., scaldavivande m.

platform /ˈplætfɔːm/ **I** n. **1** *(stage) (for performance)* palco m.; *(at public meeting)* tribuna f., podio m.; ***to provide a ~ for sb.*** offrire a qcn. l'opportunità di far sentire la propria voce **2** *(in oil industry, in scaffolding, for guns, vehicles)* piattaforma f.; *(on loading vehicle)* piattaforma f. di lavoro; *(on weighing machine)* piatto m. **3** POL. *(electoral programme)* piattaforma f. **4** FERR. binario m., banchina f.; ***at ~ 3*** al binario 3 **5** INFORM. piattaforma f. **II platforms** n.pl. → **platform shoes**.

platform scales n.pl. bascula f.sing.

platform shoes n.pl. scarpe f. con zeppa.

platform ticket n. BE FERR. = biglietto di accesso alla banchina.

plating /ˈpleɪtɪŋ/ n. placcatura f., rivestimento m.; ***silver ~*** argentatura, placcatura d'argento.

platinum /ˈplætɪnəm/ **I** n. platino m. **II** modif. [*ring, alloy*] di platino; [*hair*] platinato; ***~ blonde*** bionda platinata.

platitude /ˈplætɪtjuːd, AE -tuːd/ n. banalità f., luogo m. comune.

platitudinous /plætɪˈtjuːdɪnəs, AE -tuːd-/ agg. banale.

Plato /ˈpleɪtəʊ/ n.pr. Platone.

platonic /pləˈtɒnɪk/ agg. platonico.

platoon /pləˈtuːn/ n. + verbo sing. o pl. *(of soldiers)* plotone m.; *(of police, firemen)* squadra f.; FIG. gruppo m.

platter /ˈplætə(r)/ n. **1** *(serving dish)* piatto m. da portata, vassoio m. **2** *(meal)* piatto m.; ***a seafood ~*** un piatto di frutti di mare.

platypus /ˈplætɪpəs/ n. ornitorinco m.

plaudits /ˈplɔːdɪts/ n.pl. applausi m.

plausible /ˈplɔːzəbl/ agg. [*story, alibi*] plausibile; [*plot*] verosimile; [*person*] credibile, convincente.

plausibly /ˈplɔːzəblɪ/ avv. [*speak*] plausibilmente.

1.play /pleɪ/ ♦ ***10, 17*** n. **1** TEATR. opera f. (teatrale), dramma m., pièce f., rappresentazione f.; ***a radio ~*** un dramma radiofonico **2** *(amusement)* ***the sound of children at ~*** il rumore dei bambini che giocano; ***to learn through ~*** imparare giocando **3** SPORT ***~ starts at 9*** la partita comincia alle 9; ***there was no ~ today*** oggi non hanno giocato; ***rain stopped ~*** la partita è stata interrotta a causa della pioggia; ***the ball is in ~, out of ~*** la palla è, non è buona; ***there was some fine ~ from the Danish team*** si è visto del bel gioco da parte dei danesi **4** FIG. gioco m., azione f.; ***to come into ~*** entrare in gioco *o* in ballo; ***to bring new factors into ~*** tirare in ballo nuovi elementi; ***the ~ of light on the water*** il gioco di luci sull'acqua; ***the free ~ of the imagination*** il libero sfogo dell'immaginazione; ***a ~ on words*** un gioco di parole **5** MECC. gioco m., agio m. ♦ ***all work and no ~ (makes Jack a dull boy)*** PROV. = non c'è solo il lavoro nella vita; ***to make a ~ for sb.*** COLLOQ. = fare di tutto per attirare l'attenzione di qcn.

2.play /pleɪ/ **I** tr. **1** *(for amusement)* ***to ~ football, cards, hide and seek*** giocare a calcio, a carte, a nascondino; ***to ~ sb. at chess, to ~ chess with sb.*** giocare a scacchi con qcn.; ***to ~ a game of tennis with sb.*** fare una partita a tennis con qcn.; ***to ~ a joke on sb.*** fare uno scherzo a qcn. **2** MUS. suonare [*instrument, symphony*]; ***he will ~ a nationwide tour*** sarà in tournée in tutto il paese; ***he's ~ing the jazz club on Monday*** suonerà al jazz club lunedì **3** TEATR. *(act out)* recitare, interpretare (il ruolo di), fare (la parte di); ***to ~ a leading role in*** FIG. giocare un ruolo determinante in **4** *(put on)* mettere [*tape, video, CD*]; ***~ me the record*** fammi sentire il disco; ***to ~ music*** mettere un po' di musica **5** SPORT ***to ~ goal*** giocare in porta; ***to ~ the ball to sb.*** passare la palla a qcn. **6** *(in chess)* muovere [*piece*]; *(in cards)* giocare, buttare (giù) [*card, suit*] **7** ECON. ***to ~ the stock market*** giocare in Borsa **II** intr. **1** giocare; ***to ~ at keeping shop*** giocare al negozio **2** FIG. ***to ~ at being an artist*** atteggiarsi ad artista; ***what does he think he's ~ing at?*** BE COLLOQ. a che gioco sta giocando? **3** SPORT giocare; ***Spain is ~ing against Ireland*** la Spagna gioca contro l'Irlanda; ***he ~s for Milan*** gioca per il Milan; ***to ~ fair*** giocare correttamente; ***to ~ into the net*** mandare la palla in rete **4** MUS. [*musician, band, orchestra*] suonare; ***to ~ to large audiences*** suonare per un vasto pubblico **5** CINEM. TEATR. [*play*] andare in scena; [*film*] essere in programma; [*actor*] recitare; ***she's ~ing opposite him in "Macbeth"*** recita con lui in "Macbeth" **6** *(make noise)* [*fountain, water*] scorrere, mormorare; ***a record ~ed softly in the background*** si sentiva un disco in sottofondo; ***I could hear music ~ing in the next room*** sentivo la musica nella stanza accanto **7** *(move lightly)* ***sunlight ~ed over the water*** la luce del sole giocava sull'acqua; ***a smile ~ed on her lips*** un sorriso errava sulle sue labbra ♦ ***to ~ for time*** cercare di guadagnare tempo.

■ **play along** ***to ~ along with sb.*** MUS. accompagnare qcn.; FIG. stare al gioco di qcn.

■ **play around** COLLOQ. *(act the fool)* fare lo sciocco; ***to ~ around with*** *(rearrange)* giocare con [*dates*]; ***how much time do we have to ~ around with?*** quanto tempo abbiamo a disposizione?

■ **play back:** **~ [sth.] back, ~ back [sth.]** riascoltare [*song*]; rivedere [*film, video*].

■ **play down:** **~ down [sth.]** minimizzare [*defeat, effects*].

■ **play off** ***to ~ sb. off against sb.*** mettere, aizzare qcn. contro qcn. (per trarne vantaggio).

■ **play on:** **~ on** [*musicians*] continuare a suonare; [*footballers*] continuare a giocare; **~ on [sth.]** speculare su [*fears, prejudices*].

■ **play out:** **~ out [sth.]** sviluppare [*fantasy*]; ***the drama which is being ~ed out in India*** il dramma che si svolge in India.

■ **play up:** **~ up** COLLOQ. [*computer, person*] fare le bizze; [*child*] fare i capricci; [*rheumatism*] farsi sentire; **~ up [sth.]** gonfiare [*dangers, advantages*].

■ **play upon** → **play on**.

■ **play with:** **~ with [sth.]** **1** *(fiddle)* giocare, giocherellare con [*pen, paperclip*] **2** FIG. ***to ~ with sb.'s affections*** giocare con i sentimenti di qcn.; ***to ~ with sb.*** *(be insincere)* non essere sincero con qcn.

play-acting /ˈpleɪæktɪŋ/ n. commedia f., finzione f., messinscena f.; ***stop your ~!*** smettila di fare la commedia!

play area n. area f. giochi.

playback /ˈpleɪbæk/ n. *(reproduction of sound, pictures)* riproduzione f.; MUS. CINEM. playback m.

playbill /ˈpleɪbɪl/ n. TEATR. cartellone m., locandina f., manifesto m.

playboy /ˈpleɪbɔɪ/ n. playboy m.

play-by-play /,pleɪbaɪˈpleɪ/ n. AE SPORT telecronaca f. in diretta.

player /ˈpleɪə(r)/ n. SPORT giocatore m. (-trice); MUS. suonatore m. (-trice); TEATR. attore m. (-trice); FIG. *(in negotiations, crisis)* protagonista m. e f.; ***tennis ~*** tennista; ***piano ~*** pianista.

player-piano /,pleɪəˈpɪænəʊ/ n. (pl. **~s**) pianoforte m. meccanico, pianola f.

playful /ˈpleɪfl/ agg. [*remark*] scherzoso; [*mood*] giocoso, allegro; [*child, kitten*] vivace, giocherellone.

playfully /ˈpleɪfəlɪ/ avv. [*remark*] scherzosamente; [*push, pinch*] per dispetto.

playground /ˈpleɪgraʊnd/ n. *(in school)* cortile m. (per la ricreazione); *(in park, city)* parco m. giochi; ***the island is a ~ for the rich*** FIG. l'isola è un luogo di villeggiatura *o* un ritrovo per ricchi.

playgroup /ˈpleɪgruːp/ n. = gruppo di gioco organizzato per bambini in età prescolare.

playhouse /ˈpleɪhaʊs/ n. **1** *(theatre)* teatro m. **2** *(for children)* casetta f.

playing /ˈpleɪɪŋ/ n. **1** MUS. esecuzione f.; TEATR. recitazione f. **2** SPORT gioco m.

playing card n. carta f. da gioco.

playing field n. campo m. da gioco.

playmate /ˈpleɪmeɪt/ n. compagno m. (-a) di giochi.

play-off /ˈpleɪɒf/ n. **1** BE *(at end of match)* tempo m. supplementare **2** AE *(contest)* spareggio m. **3** *(at end of championship)* play off m.

playpen /ˈpleɪpen/ n. *(for children)* box m.
playroom /ˈpleɪruːm, -rʊm/ n. stanza f. dei giochi.
playschool /ˈpleɪskuːl/ n. → **playgroup**.
plaything /ˈpleɪθɪŋ/ n. giocattolo m. (anche FIG.).
playtime /ˈpleɪtaɪm/ n. SCOL. ricreazione f., intervallo m.
playwright /ˈpleɪraɪt/ ➧ *27* n. commediografo m. (-a), drammaturgo m. (-a).
plaza /ˈplɑːzə, AE ˈplæzə/ n. **1** *(public square)* piazza f.; ***shopping ~*** centro commerciale **2** AE *(services point)* area f. di servizio; *(toll point)* casello m.
plc n. BE (⇒public limited company società per azioni) S.p.A. f.
plea /pliː/ n. **1** *(for tolerance, mercy)* appello m., supplica f. (**for** per); *(for money, food)* richiesta f. (**for** di); ***to make a ~ for aid*** lanciare una richiesta d'aiuto **2** DIR. ***to make*** o ***enter a ~ of guilty, of not guilty*** dichiararsi colpevole, innocente **3** *(excuse)* scusa f.; ***on the ~ that*** con la scusa che.
plea bargaining n. DIR. patteggiamento m.
plead /pliːd/ **I** tr. (pass., p.pass. **pleaded**, **pled** AE) **1** *(beg)* implorare, supplicare **2** *(argue)* perorare, patrocinare; ***to ~ sb.'s case*** DIR. perorare *o* patrocinare la causa di qcn. (anche FIG.); ***to ~ insanity*** DIR. chiedere che venga riconosciuta l'infermità mentale **3** *(give as excuse)* ***to ~ ignorance*** addurre come scusa la propria ignoranza **II** intr. (pass., p.pass. **pleaded, pled** AE) **1** *(beg)* supplicare; ***to ~ with sb.*** supplicare qcn. (**to do** perché faccia); ***to ~ with sb. for more time*** supplicare qcn. di concedere più tempo **2** DIR. dichiararsi; ***to ~ guilty, not guilty (to a charge)*** dichiararsi colpevole, innocente.
pleading /ˈpliːdɪŋ/ **I** n. **1** U *(requests)* supplica f. **2** DIR. *(presentation of a case)* patrocinio m., difesa f. **II pleadings** n.pl. DIR. *(documents)* comparse f. **III** agg. [*voice, look*] implorante, supplichevole.
pleasant /ˈpleznt/ agg. [*taste, voice, place*] gradevole; [*person*] amabile, affabile, piacevole (**to** con); ***it's ~ here*** *(nice surroundings)* è molto carino qui; *(nice weather)* fa bello qui; ***it makes a ~ change from work!*** è un piacevole diversivo al lavoro!
pleasantly /ˈplezntlɪ/ avv. [*surprised*] piacevolmente; [*say, behave*] amabilmente; ***it was ~ warm*** faceva caldo e si stava bene.
pleasantry /ˈplezntrɪ/ **I** n. FORM. *(joke)* facezia f., scherzo m. **II pleasantries** n.pl. *(polite remarks)* complimenti m.
1.please /pliːz/ avv. **1** *(with imperative, question)* per favore, per piacere, per cortesia; ***two teas ~*** due tè per favore; ***~ be seated*** FORM. sedetevi per favore; ***"~ do not smoke"*** "si prega di non fumare"; ***can I speak to Jo ~?*** posso parlare con Jo per favore? ***will you ~ be quiet!*** fate silenzio per favore! **2** *(accepting politely)* ***yes ~*** sì grazie **3** *(encouraging)* prego; *(to close friend)* dai; ***~, come in*** entrate, prego; ***"may I?" - "~ do"*** "posso?" - "certo"; ***~ tell me if you need anything*** per favore fatemi sapere se avete bisogno di qualcosa **4** *(in entreaty)* ***~ don't!*** per favore no! ***oh ~!*** *(exasperated)* ma per favore!
2.please /pliːz/ **I** tr. piacere a, fare piacere a, soddisfare, accontentare [*person*]; ***he's easy to ~, he's easily ~d*** è facile accontentarlo; ***there's no pleasing her*** non c'è modo di accontentarla, non è mai contenta **II** intr. **1** *(give happiness or satisfaction)* piacere, soddisfare; ***we aim to ~*** il nostro scopo è la vostra soddisfazione **2** *(think fit)* ***do as*** o ***what you ~*** fai come vuoi **3 if you please** FORM. se permetti; ***he came to the wedding, if you ~!*** *(indignantly)* è venuto al matrimonio, e scusa(te) se è poco! **III** rifl. ***to ~ oneself*** fare ciò che si vuole.
pleased /pliːzd/ **I** p.pass. → **2.please II** agg. compiaciuto, contento, soddisfatto (**about, with** di; **at** a); ***~ with oneself*** soddisfatto di sé; ***I am ~ to inform you that*** ho il piacere di informarla che; ***I'm ~ to hear it!*** mi fa piacere sentirlo! che bella notizia! ***~ to meet you*** piacere, molto lieto.
pleasing /ˈpliːzɪŋ/ agg. [*appearance, colour, voice, personality, effect, manner*] piacevole, gradevole; ***~ to the ear, the eye*** piacevole da sentire, da vedere.
pleasingly /ˈpliːzɪŋlɪ/ avv. piacevolmente, gradevolmente.
pleasurable /ˈpleʒərəbl/ agg. piacevole, gradevole.
pleasure /ˈpleʒə(r)/ n. **1** U *(enjoyment)* piacere m., soddisfazione f.; ***to take ~ in, in doing*** provare piacere a, a fare; ***it gives me no ~ to do*** non mi fa piacere fare; ***to get more ~ out of life*** godersi di più la vita **2** C *(enjoyable activity, experience)* piacere m., divertimento m.; ***it is a ~ to do*** è un piacere fare **3** U *(recreation)* piacere m.; ***to mix business and ~*** unire l'utile al dilettevole; ***are you in Rome for business or ~?*** è a Roma per lavoro o per piacere? **4** *(in polite formulae)* ***it gives me great ~ to do*** mi fa molto piacere fare; ***I look forward to the ~ of meeting you*** spero di poter avere il piacere di incontrarla; ***my ~*** *(replying to request for help)* con piacere; *(replying to thanks)* prego; ***what an unexpected ~!*** che bella sorpresa! (anche IRON.); ***may I have the ~ (of this dance)?*** posso avere l'onore (di questo ballo)? ***"Mr and Mrs Moor request the ~ of your company at their daughter's wedding"*** "i signori Moor hanno il piacere di invitarLa al matrimonio della figlia" **5** FORM. *(will, desire)* ***at one's ~*** a piacere, a piacimento.
pleasure boat n. imbarcazione f., battello m. da diporto.
pleasure craft n. U imbarcazioni f.pl. da diporto.
pleasure cruise n. crociera f.
1.pleat /pliːt/ n. piega f.
2.pleat /pliːt/ tr. pieghettare.
pleated /ˈpliːtɪd/ **I** p.pass. → **2.pleat II** agg. [*skirt*] a pieghe; [*trousers*] con la piega.
plebeian /plɪˈbiːən/ **I** agg. plebeo **II** n. STOR. SPREG. plebeo m. (-a); ***the ~s*** la plebe.
plebiscite /ˈplebɪsɪt, AE -saɪt/ n. plebiscito m.
plectrum /ˈplektrəm/ n. (pl. **~s, -a**) plettro m.
pled /pled/ pass., p.pass. AE → **plead**.
1.pledge /pledʒ/ n. **1** *(promise)* promessa f. (solenne), impegno m.; ***to give a ~ to sb.*** fare una promessa a qcn.; ***to give*** o ***make a ~ to do*** promettere *o* prendersi l'impegno di fare **2** *(to creditor, pawnbroker)* pegno m.; ***as a ~ of her friendship*** FIG. come pegno della sua amicizia **3** *(money promised to charity)* offerta f.
2.pledge /pledʒ/ tr. **1** *(promise)* promettere [*allegiance, aid, support*]; ***to ~ (oneself) to do, to ~ that one will do*** impegnarsi a fare, promettere che si farà; ***the treaty ~s the signatories to do*** il trattato impegna i firmatari a fare; ***to be ~d to secrecy*** essere vincolato al segreto; ***to ~ one's word*** dare la propria parola **2** *(to creditor, pawnbroker)* impegnare, dare in pegno.
plenary /ˈpliːnərɪ, AE -erɪ/ agg. [*session*] plenario; [*powers*] pieno; [*authority*] assoluto.
plenipotentiary /ˌplenɪpəˈtenʃərɪ, AE -erɪ/ **I** agg. [*powers*] pieno; [*authority, ambassador*] plenipotenziario **II** n. plenipotenziario m. (-a).
plentiful /ˈplentɪfl/ agg. [*food, harvest*] abbondante; [*diet*] ricco; ***in ~ supply*** in abbondanza.
plenty /ˈplentɪ/ **I** quantif. *(a lot, quite enough)* ***to have ~ of money, friends*** avere molto denaro, molti amici; ***there is ~ of time*** c'è molto tempo (a disposizione); ***there is ~ more tea*** c'è ancora molto tè; ***there's ~ more where that came from!*** COLLOQ. *(of food, joke, etc.)* ce n'è in quantità *o* finché si vuole! ***to see ~ of sb.*** vedere molto spesso qcn.; ***to have ~ to do*** avere molto da fare; ***that's ~*** è molto, basta e avanza; ***£ 10 will be ~*** 10 sterline basteranno; ***"have you any money?" - "~!"*** "soldi ne hai?" - "un sacco!" **II** n. U *(abundance)* ***a time of ~*** un periodo di prosperità; ***in ~*** in abbondanza, a iosa **III** avv. COLLOQ. ***that's ~ big enough!*** è abbastanza grande! ***he cried ~*** ha pianto un sacco.
pleonasm /ˈpliːənæzəm/ n. pleonasmo m.
plethora /ˈpleθərə/ n. FORM. pletora f.
pleurisy /ˈplʊərəsɪ/ ➧ *11* n. pleurite f.
plexus /ˈpleksəs/ n. (pl. **~, ~es**) plesso m.
pliable /ˈplaɪəbl/ agg. [*twig*] pieghevole, flessibile; [*person*] arrendevole, docile.
pliers /ˈplaɪəz/ n.pl. pinze f.
plight /plaɪt/ n. condizione f., situazione f. (difficile); ***the ~ of the homeless*** la condizione dei senzatetto.
plimsoll /ˈplɪmsəl/ n. BE scarpa f. da tennis, da ginnastica.
plinth /plɪnθ/ n. ARCH. plinto m.; *(of statue)* base f., piedistallo m.
Pliny /ˈplɪnɪ/ n.pr. Plinio.
PLO n. (⇒Palestine Liberation Organization Organizzazione per la Liberazione della Palestina) OLP f.
plod /plɒd/ intr. (forma in -ing ecc. **-dd-**) camminare con passo lento, pesante.

▪ **plod along** avanzare a stento (anche FIG.).
▪ **plod away** lavorare sodo, sgobbare.
▪ **plod on** procedere, continuare a camminare; FIG. (continuare a) fare qcs. a fatica e controvoglia.
▪ **plod through:** *~ through [sth.]* FIG. fare [qcs.] a fatica.
plodder /'plɒdə(r)/ n. sgobbone m. (-a).
plodding /'plɒdɪŋ/ agg. [*step*] pesante; [*style*] laborioso.
1.plonk /plɒŋk/ n. **1** *(sound)* tonfo m., suono m. sordo **2** COLLOQ. *(wine)* = vino poco costoso.
2.plonk /plɒŋk/ tr. COLLOQ. sbattere [*plate, bottle*].
▪ **plonk down:** *~ [sth.] down* COLLOQ. lasciare cadere di peso, sbattere [*box, sack*]; ***to ~ oneself down on*** lasciarsi cadere pesantemente su, sprofondarsi in [*sofa*]; *~ down [sth.]* AE *(pay)* sganciare [*sum*].
1.plop /plɒp/ n. tonfo m.
2.plop /plɒp/ intr. (forma in -ing ecc. **-pp-**) fare un tonfo; ***to ~ into the water*** [*stone*] cadere in acqua facendo un tonfo.
1.plot /plɒt/ n. **1** *(conspiracy)* complotto m., cospirazione f., congiura f. (**to do** per fare) **2** CINEM. LETTER. *(of novel, film, play)* intreccio m., trama f. **3** AGR. ***~ of land*** appezzamento di terreno; ***a vegetable ~*** un appezzamento coltivato a ortaggi **4** EDIL. terreno m., lotto m. edificabile.
2.plot /plɒt/ **I** tr. (forma in -ing ecc. **-tt-**) **1** *(plan)* complottare, macchinare, tramare [*murder, attack*]; organizzare, preparare [*revolution*] **2** *(chart)* tracciare [*course*]; rilevare [*position*] **3** MAT. STATIST. *(on graph)* tracciare [*curve, graph*]; riportare [*figures*]; indicare [*points*]; ***to ~ the progress of sth.*** fare il grafico del progresso di qcs. **4** LETTER. *(invent)* ideare [*episode, story*] **II** intr. (forma in -ing ecc. **-tt-**) cospirare, complottare, tramare.
plotter /'plɒtə(r)/ n. **1** *(schemer)* cospiratore m. (-trice) **2** INFORM. plotter m.
plotting /'plɒtɪŋ/ n. **U** complotto m.
1.plough /plaʊ/ **I** n. BE AGR. aratro m. **II Plough** n.pr. BE ASTR. ***the Plough*** il Grande Carro.
2.plough /plaʊ/ **I** tr. BE **1** AGR. arare [*land, field*]; fare [*furrow*] **2** *(invest)* ***to ~ money into*** investire molti soldi in [*project, company*] **II** intr. BE AGR. arare.
▪ **plough back:** *~ [sth.] back, ~ back [sth.]* reinvestire [*profits, money*] (**into** in).
▪ **plough into:** *~ into [sth.]* **1** *(crash into)* [*vehicle*] andare a sbattere contro [*tree, wall*]; investire [*crowd*] **2** AE *(begin enthusiastically)* gettarsi a corpo morto in [*work*].
▪ **plough through:** *~ through sth.* [*walker, vehicle*] procedere, avanzare a fatica in [*mud, snow*]; FIG. [*person*] leggere con fatica, finire a fatica [*book*]; [*person*] fare a fatica [*task*].
▪ **plough up:** *~ [sth.] up, ~ up [sth.]* AGR. arare [*field*]; FIG. [*car, person*] dissestare [*ground*].
ploughing /'plaʊɪŋ/ n. BE aratura f.
ploughman /'plaʊmən/ ➧ **27** n. (pl. **-men**) BE aratore m.
ploughman's lunch n. BE = piatto freddo a base di pane, formaggio, sottaceti e insalata.
ploughshare /'plaʊʃeə(r)/ n. BE vomere m.
plover /'plʌvə(r)/ n. piviere m.
plow AE → **1.plough, 2.plough**.
plowing AE → **ploughing**.
plow-man AE → **ploughman**.
plow-share AE → **ploughshare**.
ploy /plɔɪ/ n. stratagemma m., manovra f.
1.pluck /plʌk/ n. coraggio m., fegato m.
2.pluck /plʌk/ tr. **1** *(remove)* cogliere [*flower, fruit*]; ***to ~ sth. from sb.'s grasp*** strappare di mano qcs. a qcn.; ***to ~ one's eyebrows*** sfoltire le sopracciglia **2** GASTR. spennare, spiumare [*chicken*] **3** MUS. pizzicare [*strings*] ♦ ***to ~ up one's courage*** prendere il coraggio a due mani.
▪ **pluck at** ***to ~ at sb.'s sleeve, arm*** tirare qcn. per la manica, il braccio.
▪ **pluck off:** *~ off [sth.], ~ [sth.] off* strappare [*feathers, hair*].
▪ **pluck out:** *~ out [sth.], ~ [sth.] out* strappare.
pluckily /'plʌkɪlɪ/ avv. coraggiosamente.
plucky /'plʌkɪ/ agg. coraggioso.
1.plug /plʌg/ n. **1** EL. *(on appliance)* spina f.; ***to pull out the ~*** staccare la spina; ***to pull the ~ on*** COLLOQ. abbandonare [*scheme, project*] **2** INFORM. ELETTRON. *(connecting device)* spina f., spinotto m. **3** EL. *(socket)* presa f.; ***a mains ~*** una presa di corrente **4** *(in bath, sink)* tappo m.; ***to pull out the ~*** togliere il tappo **5** EDIL. *(for screw)* tassello m. **6** *(in barrel)* zaffo m.; *(for leak)* tampone m., tappo m.; *(for medical purpose)* tampone m. **7** AUT. (anche **spark ~**) candela f. **8** RAD. TELEV. COLLOQ. ***to give sth. a ~, put in a ~ for sth.*** fare pubblicità a qcs.
2.plug /plʌg/ **I** tr. (forma in -ing ecc. **-gg-**) **1** *(block)* tamponare, tappare, chiudere [*leak, hole*] **2** RAD. TELEV. COLLOQ. fare pubblicità a, pubblicizzare, promuovere [*product, show*] **3** EL. *(insert)* ***to ~ sth. into*** inserire qcs. in [*socket*]; collegare qcs. a [*computer*] **II** intr. (forma in -ing ecc. **-gg-**) ***to ~ into*** collegarsi a [*TV, computer*].
▪ **plug away** COLLOQ. sgobbare (**at** su).
▪ **plug in:** *~ [sth.] in, ~ in [sth.]* attaccare, collegare [*appliance*].
▪ **plug up:** *~ up [sth.], ~ [sth.] up* tappare [*hole*]; riempire [*gap*].
plughole /'plʌghəʊl/ n. BE scarico m., buco m. di scarico; ***to go down the ~*** [*water*] andare giù nello scarico; [*ring*] cadere nel buco di scarico; COLLOQ. FIG. andare perso *o* sprecato.
plug-in /'plʌgˌɪn/ **I** n. INFORM. plug-in m. **II** agg. [*appliance*] a innesto; [*telephone*] a presa.
plum /plʌm/ ➧ **5 I** n. **1** BOT. *(fruit)* prugna f., susina f.; *(tree)* prugno m., susino m. **2** *(colour)* prugna m. **II** modif. [*jam*] di prugne; [*tart*] di prugne, alle prugne **III** agg. **1** *(colour)* (anche **~-coloured**) (color) prugna **2** COLLOQ. *(good)* ***to get a ~ job*** procurarsi un lavoro favoloso.
plumage /'plu:mɪdʒ/ n. piumaggio m.
1.plumb /plʌm/ **I** n. **1** (anche **~ line**) ING. filo m. a piombo; MAR. scandaglio m. **2** *(perpendicular)* ***out of ~*** o ***off ~*** fuori piombo **II** avv. COLLOQ. **1** AE *(totally)* [*crazy, wrong*] completamente, del tutto **2** *(precisely)* ***~ in the middle*** esattamente nel mezzo.
2.plumb /plʌm/ tr. sondare, scandagliare [*sea, depths*]; ***to ~ the depths of*** FIG. raggiungere il colmo di [*despair, misery*].
plumber /'plʌmə(r)/ ➧ **27** n. idraulico m.
plumbing /'plʌmɪŋ/ n. lavori m.pl. di idraulica; ***~ system*** impianto idraulico.
plume /plu:m/ n. *(feather)* piuma f.; *(of several feathers)* pennacchio m.; FIG. *(of steam, smoke)* pennacchio m.
plumed /plu:md/ agg. [*horse*] impennacchiato; [*helmet, hat*] piumato.
plummet /'plʌmɪt/ intr. [*bird*] cadere a piombo; [*aircraft*] precipitare; FIG. [*prices, profits, sales*] crollare, colare a picco; [*temperature*] abbassarsi bruscamente; [*popularity*] crollare.
plummy /'plʌmɪ/ agg. BE COLLOQ. [*voice, accent*] affettato.
1.plump /plʌmp/ agg. [*person, cheek, face*] grassottello, grassoccio, paffuto; [*arm, leg*] grassoccio, cicciottello, pienotto.
2.plump /plʌmp/ tr. → **plump up**.
▪ **plump down** COLLOQ. [*person*] lasciarsi cadere (pesantemente) (**into** in; **onto** su).
▪ **plump for:** *~ for [sth.]* COLLOQ. scegliere [*candidate, purchase, food*].
▪ **plump up:** *~ up [sth.]* imbottire [*cushion*].
plumpness /'plʌmpnɪs/ n. *(of person, legs, etc.)* (l')essere grassoccio, rotondità f.
1.plunder /'plʌndə(r)/ n. **1** *(act of stealing)* saccheggio m. **2** *(booty)* bottino m.
2.plunder /'plʌndə(r)/ **I** tr. saccheggiare, svaligiare [*shop, property*] **II** intr. saccheggiare, depredare.
1.plunge /plʌndʒ/ n. **1** *(from height)* tuffo m.; ***to take a ~*** *(dive)* tuffarsi **2** ECON. brusca caduta f., crollo m. (**in** di) ♦ ***to take the ~*** saltare il fosso.
2.plunge /plʌndʒ/ **I** tr. ***to ~ sth. into sth.*** affondare qcs. in qcs.; ***he ~d his hand into the water*** immerse la mano nell'acqua; ***to be ~d into*** FIG. sprofondare in [*crisis*]; essere coinvolto in [*strike*]; essere sommerso da [*debt*]; essere avvolto da [*darkness*] **II** intr. **1** [*person*] *(dive)* tuffarsi; *(fall)* cadere; [*plane*] picchiare, scendere in picchiata; [*road*] scendere ripidamente; [*cliff*] cadere a picco; FIG. [*rate, value*] crollare **2** FIG. *(embark on)* ***to ~ into*** intraprendere [*activity, career*]; entrare in [*chaos, crisis*].
▪ **plunge in** [*swimmer*] tuffarsi, immergersi; FIG. *(impetuously)* lanciarsi.
plunger /'plʌndʒə(r)/ n. sturalavandini m.
plunging /'plʌndʒɪŋ/ agg. ***~ neckline*** scollatura vertiginosa.

pluperfect /ˌpluːˈpɜːfɪkt/ **I** n. LING. piuccheperfetto m., trapassato m. prossimo **II** modif. LING. [*form*] del trapassato prossimo; *~ tense* piuccheperfetto, trapassato prossimo.
plural /ˈplʊərəl/ **I** agg. LING. [*noun, adjective*] (al) plurale; [*form, ending*] del plurale **II** n. LING. plurale m.; *in the ~* al plurale.
pluralism /ˈplʊərəlɪzəm/ n. pluralismo m.
pluralist /ˈplʊərəlɪst/ **I** agg. pluralistico, pluralista **II** n. pluralista m. e f.
pluralistic /plʊərəˈlɪstɪk/ agg. pluralistico.
plurality /plʊəˈrælətɪ/ n. **1** *(multitude, diversity)* pluralità f., molteplicità f. **2** AE POL. *(majority)* maggioranza f. relativa.
plus /plʌs/ **I** n. **1** MAT. più m. **2** *(advantage)* vantaggio m. **II** agg. **1** MAT. [*sign*] più; [*number*] positivo **2** EL. positivo **3** *(advantageous)* *~ factor, ~ point* fattore positivo, atout; *the ~ side* il lato positivo **4** *(in expressions of age, quantity)* *50 ~* più di 50; *the 65~ age group* le persone dai 65 anni in su **III** prep. MAT. più; *15 ~ 12* 15 più 12 **IV** cong. e, più; *bedroom ~ bathroom* camera da letto e bagno.
plus-fours /ˈplʌsfɔːz/ n.pl. calzoni m. alla zuava.
plush /plʌʃ/ **I** n. TESS. felpa f., tessuto m. felpato; *(with a long nap)* peluche m. **II** agg. COLLOQ. (anche **plushy**) [*house*] lussuoso, sontuoso; [*hotel*] di lusso; [*area*] elegante.
Plutarch /ˈpluːtɑːk/ n.pr. Plutarco.
Pluto /ˈpluːtəʊ/ n.pr. **1** MITOL. Plutone **2** ASTR. Plutone m.
plutocracy /pluːˈtɒkrəsɪ/ n. plutocrazia f.
plutocrat /ˈpluːtəkræt/ n. plutocrate m. e f.
plutonium /pluːˈtəʊnɪəm/ n. plutonio m.
pluviometer /ˌpluːvɪˈɒmɪtə(r)/ n. pluviometro m.
1.ply /plaɪ/ n. strato m.; *two ~ paper* carta a due strati; *two ~ wool* lana a due capi.
2.ply /plaɪ/ **I** tr. **1** *(sell)* vendere [*wares*] **2** *(perform)* esercitare [*trade*] **3** *(manipulate)* maneggiare [*pen, oars*] **4** *(press)* *to ~ sb. with* assillare qcn. di, incalzare qcn. con [*questions*]; rimpinzare qcn. di [*food*]; *to ~ sb. with drink* offrire di continuo *o* insistentemente da bere a qcn. **II** intr. [*boat, bus*] fare servizio di linea.
plywood /ˈplaɪwʊd/ n. (legno) compensato m.
pm ➧ *4* avv. (⇒post meridiem) *two ~* le due (del pomeriggio), le quattordici; *nine ~* le nove (di sera), le ventuno.
PM n. GB (⇒Prime Minister) = primo ministro.
PMG n. (⇒Postmaster General) = ministro delle poste.
PMS n. (⇒premenstrual syndrome) = sindrome premestruale.
PMT n. (⇒premenstrual tension) = tensione premestruale.
pneumatic /njuːˈmætɪk, AE nuː-/ agg. pneumatico.
pneumatic drill n. martello m. pneumatico.
pneumatic tyre BE, **pneumatic tire** AE n. pneumatico m.
pneumonia /njuːˈməʊnɪə, AE nuː-/ ➧ *11* n. polmonite f.
PO 1 ⇒ post office ufficio postale **2** ⇒ postal order vaglia postale (V.P.).
poach /pəʊtʃ/ **I** tr. **1** *(hunt illegally)* cacciare di frodo [*game*]; pescare di frodo [*fish*] **2** FIG. *(steal)* portare via [*staff, players*]; rubare [*idea, information*] **3** GASTR. fare in camicia [*eggs*] **II** intr. *(hunt)* cacciare di frodo, fare il bracconiere; *to ~ on sb.'s territory* FIG. sconfinare nel territorio di qcn.
poached /pəʊtʃt/ **I** p.pass. → **poach II** agg. GASTR. [*egg*] affogato, in camicia.
poacher /ˈpəʊtʃə(r)/ n. **1** *(hunter)* bracconiere m., cacciatore m. di frodo **2** GASTR. *(for eggs)* pentolino m. (per fare le uova in camicia).
poaching /ˈpəʊtʃɪŋ/ n. caccia f. di frodo.
P.O. BOX ⇒ Post Office Box casella postale (c.p.).
1.pocket /ˈpɒkɪt/ **I** n. **1** *(in garment, suitcase, car door)* tasca f.; *jacket ~* tasca della giacca; *with one's hands in one's ~s* con le mani in tasca; *to go through sb.'s ~s* frugare nelle tasche di qcn.; *out of one's own ~* l'ha pagato di tasca propria; *prices to suit every ~* FIG. prezzi per tutte le tasche **2** FIG. *(small area)* sacca f.; *~ of resistance* sacca di resistenza **3** GEOL. tasca f. **4** *(in billiards)* buca f. **II** modif. [*calculator, diary, dictionary, edition*] tascabile; [*watch*] da tasca ♦ *to be in ~* BE avere guadagnato; *to be out of ~* BE rimetterci; *to have sb. in one's ~* tenere qcn. in pugno; *to line one's ~s* riempirsi le tasche; *to live in each other's ~s* stare sempre appiccicati, essere inseparabili.
2.pocket /ˈpɒkɪt/ tr. mettersi in tasca, intascare (anche FIG.) ♦ *to ~ one's pride* mettere da parte il proprio orgoglio.
pocketbook /ˈpɒkɪtbʊk/ n. **1** *(wallet)* portafoglio m. **2** *(book)* (libro) tascabile m., pocket m. **3** AE *(bag)* busta f.
pocketful /ˈpɒkɪtfʊl/ n. tascata f.
pocket-handkerchief /ˌpɒkɪtˈhæŋkətʃiːf/ n. fazzoletto m. da tasca.
pocketknife /ˈpɒkɪtˌnaɪf/ n. (pl. **-knives**) temperino m., coltellino m.
pocket money n. *(for occasional expenses)* denaro m. per le piccole spese; *(of a child)* paghetta f.
pocket-size(d) /ˈpɒkɪtˌsaɪz(d)/ agg. [*book, map, edition*] tascabile; FIG. *(tiny)* piccino.
pockmarked /ˈpɒkmɑːkt/ agg. [*skin, face*] butterato.
pod /pɒd/ n. *(of peas, beans)* baccello m.
podgy /ˈpɒdʒɪ/ agg. COLLOQ. grassottello.
podia /ˈpəʊdɪə/ → **podium**.
podiatrist /pəˈdaɪətrɪst/ ➧ *27* n. AE podologo m. (-a).
podium /ˈpəʊdɪəm/ n. (pl. **~s, -ia**) podio m.
poem /ˈpəʊɪm/ n. poesia f.; *(longer)* poema m.
poet /ˈpəʊɪt/ n. ➧ *27* poeta m. (-essa).
poetic(al) /pəʊˈetɪk(l)/ agg. poetico.
poetically /pəʊˈetɪklɪ/ avv. poeticamente.
poetic justice n. = giustizia ideale nella distribuzione delle ricompense e delle punizioni.
poetic licence BE, **poetic license** AE n. licenza f. poetica.
poetics /pəʊˈetɪks/ n. + verbo sing. poetica f.
poet laureate n. poeta m. laureato.
poetry /ˈpəʊɪtrɪ/ n. poesia f.; *to read ~* leggere poesie; *a collection of ~* una raccolta di poesie.
po-faced /ˈpəʊfeɪst/ agg. BE COLLOQ. *to look* o *be ~* avere l'aria melensa.
pogo-stick /ˈpəʊgəʊstɪk/ n. pogo m.
poignancy /ˈpɔɪnjənsɪ/ n. *a song of great ~* una canzone molto commovente; *a moment of great ~* un momento di intensa emozione.
poignant /ˈpɔɪnjənt/ agg. intenso, commovente, toccante.
1.point /pɔɪnt/ **I** n. **1** *(of knife, needle, pencil)* punta f.; *to have a sharp ~* essere molto appuntito **2** *(location, position on scale)* punto m.; *(less specific)* posto m.; *boiling ~* punto di ebollizione; *compass ~* punto cardinale; *embarkation ~* luogo di imbarco; *~ of entry* *(into country)* punto di sbarco; *(into atmosphere)* punto di impatto; *~ of no return* punto di non ritorno **3** *(extent)* punto m.; *I've got to the ~ where I can't take any more* sono arrivato al punto di non poterne più; *up to a ~* fino a un certo punto; *he was frank to the ~ of brutality* o *of being brutal* la sua franchezza rasentava la brutalità **4** *(moment)* *(precise)* punto m., momento m.; *(stage)* punto m., stadio m.; *to be on the ~ of doing* essere sul punto di fare; *on the ~ of bankruptcy* sull'orlo del fallimento; *at this ~ I gave up* a quel punto mi sono arreso; *at some ~ in the future* prima o poi; *at one ~* a un certo punto; *when it came to the ~ of deciding* quando è arrivato il momento di decidere; *at this ~ in time* in questo momento **5** *(question)* punto m., questione f.; *(idea)* opinione f.; *(in discussion)* commento m.; *to make a ~* fare una considerazione; *to make the ~ that* fare notare che; *you've made your ~, please let me speak* hai espresso la tua opinione, (adesso) per favore fammi parlare; *to make a ~ of doing* *(make sure one does)* sforzarsi di fare; *(do proudly)* ritenere doveroso fare; *to raise a ~ about sth.* fare di qcs. una questione essenziale; *my ~ is that* ciò che voglio dire è che; *~ by ~* punto per punto; *that's a good ~* questo è interessante; *I take your ~* *(agreeing)* sono d'accordo con te; *I take your ~, but* ho capito quello che vuoi dire, ma; *all right, ~ taken!* bene, ne terrò conto! *you've got a ~ there* su questo punto hai ragione; *in ~ of fact* effettivamente **6** *(central idea)* punto m.; *the ~ is (that)...* il punto *o* fatto è che...; *to come straight to the ~* venire al punto *o* al sodo *o* al dunque; *to keep to* o *stick to the ~* restare in tema, non divagare; *to get, miss the ~* cogliere, non cogliere il nocciolo della questione; *what he said was short and to the ~* ha fatto un discorso breve e pertinente; *that's beside the ~* questo non è pertinente; *that's not the ~* non è questo il punto **7** *(purpose)* motivo m., scopo m., utilità f.; *what's the ~ (of doing)?* a che scopo *o* a cosa serve (fare)? *there's no ~ in doing* non c'è motivo di *o* non serve fare **8** *(feature)* lato m., punto m., caratteristica f.; *good ~s* lati

positivi; ***it has its ~s*** ha le sue qualità; ***punctuality is not her strong ~*** la puntualità non è il suo (punto) forte **9** SPORT punto m.; ***to win by 4 ~s*** vincere per 4 punti; ***to win on ~s*** *(in boxing)* vincere ai punti **10** ECON. ***to be up, down 3 ~s*** guadagnare, perdere 3 punti; ***Smurfit gained 4 ~s*** le Smurfit hanno guadagnato 4 punti **11** *(dot)* punto m.; *(decimal point)* virgola f.; *(diacritic)* segno m. diacritico **12** MAT. *(in geometry)* punto m. **13** GEOGR. promontorio m. **II points** n.pl. **1** BE FERR. ago m.sing. dello scambio **2** AUT. puntine f. (platinate) **3** *(in ballet)* ***to dance on ~(s)*** ballare sulle punte.

2.point /pɔɪnt/ **I** tr. **1** *(aim, direct)* ***to ~ sth. at sb.*** puntare [qcs.] contro qcn. [*gun*]; puntare [qcs.] verso qcn. [*camera*]; ***to ~ one's finger at sb.*** indicare *o* mostrare qcn. (col dito), additare qcn.; ***to ~ the finger at sb.*** *(accuse)* puntare il dito contro qcn.; ***to ~ the car towards*** dirigere l'auto verso; ***to ~ sb. in the right direction*** indicare a qcn. la direzione giusta; FIG. mettere qcn. sulla buona strada **2** *(show)* ***to ~ the way to*** [*person, signpost*] indicare la direzione per; ***to ~ the way to a fairer system*** mostrare la via per rendere il sistema più equo **3** *(in ballet, gym)* ***to ~ one's toes*** ballare sulle punte **4** EDIL. rabboccare [*wall*] **II** intr. **1** *(indicate)* ***to ~ at sb., sth.*** indicare qcn., qcs. (col dito) **2** [*signpost, arrow, needle*] indicare; ***to ~ at sb.*** o ***in sb.'s direction*** [*gun*] essere puntato verso qcn.; [*camera*] inquadrare qcn.; ***everything ~s in that direction*** *(suggest)* tutto fa pensare che sia così **3** INFORM. ***to ~ at sth.*** puntare qcs. (col mouse).

■ **point out:** ***~ out [sth., sb.], ~ [sth., sb.] out*** *(show)* indicare, mostrare; ***~ out [sth.]*** *(remark on)* fare notare, fare rilevare [*fact, discrepancy*].

■ **point up:** ***~ up [sth.]*** mettere in evidenza [*similarity*]; sottolineare, fare notare [*lack*].

point-blank /ˌpɔɪnt'blæŋk/ **I** agg. ***at ~ range*** a bruciapelo **II** avv. **1** [*shoot*] a bruciapelo **2** FIG. [*refuse, deny*] seccamente, in modo categorico; [*ask*] a bruciapelo, di punto in bianco; [*reply*] di punto in bianco.

point duty n. BE ***to be on ~*** [*policeman*] = dirigere il traffico a un incrocio.

pointed /'pɔɪntɪd/ **I** p.pass. → **2.point II** agg. **1** *(sharp)* [*stick, chin*] appuntito, a punta; [*hat*] a punta; [*window, arch*] ogivale, a sesto acuto **2** FIG. [*remark, question*] mirato.

pointedly /'pɔɪntɪdlɪ/ avv. [*ignore, look*] intenzionalmente, di proposito.

pointer /'pɔɪntə(r)/ n. **1** *(piece of information)* indicazione f., suggerimento m., indizio m. **2** *(dog breed)* pointer m.; *(in hunting)* cane m. da ferma **3** *(for teaching)* bacchetta f. **4** *(on projector screen)* cursore m. **5** INFORM. puntatore m.

pointillism /'pɔɪntɪlɪzəm, 'pwæntiːlɪzəm/ n. pointillisme m., puntinismo m.

pointing /'pɔɪntɪŋ/ n. EDIL. rabbocco m.

pointless /'pɔɪntlɪs/ agg. [*request, activity, gesture*] inutile; [*attempt*] vano; ***it's ~ to do, for me to do*** non serve a niente fare, che io faccia.

pointlessly /'pɔɪntlɪslɪ/ avv. inutilmente.

pointlessness /'pɔɪntlɪsnɪs/ n. inutilità f.

point of contact n. punto m. di contatto.

point of departure n. punto m. di partenza.

point of order n. questione f. di procedura; ***to reject sth. on a ~*** respingere qcs. per motivi procedurali.

point of reference n. punto m. di riferimento.

point of sale n. punto m. vendita.

point-of-sale advertising n. pubblicità f. sul punto vendita.

point-of-sale terminal n. terminale m. POS.

point of view n. punto m. di vista.

point(s) system n. sistema m. a punti.

1.poise /pɔɪz/ n. **1** *(aplomb)* padronanza f. di sé; *(confidence)* sicurezza f. di sé **2** *(physical elegance)* portamento m.

2.poise /pɔɪz/ tr. tenere in equilibrio, bilanciare [*javelin, spade*].

poised /pɔɪzd/ **I** p.pass. → **2.poise II** agg. **1** *(self-possessed)* [*person*] padrone di sé, sicuro; [*manner*] calmo e dignitoso **2** *(elegant)* elegante **3** *(suspended)* [*pen, knife*] pronto; [*hand*] sospeso **4** *(balanced)* ***to be ~ on*** stare in equilibrio su [*rock, platform*] **5** *(on the point of)* ***to be ~ to do*** essere sul punto di fare; ***to be ~ for sth.*** essere pronto per qcs.

1.poison /'pɔɪzn/ n. veleno m. (anche FIG.).

2.poison /'pɔɪzn/ tr. [*person*] avvelenare [*person, animal*]; [*lead, fumes*] intossicare; *(make poisonous)* mettere del veleno in, avvelenare [*foodstuffs, water*]; *(contaminate)* contaminare, inquinare [*environment, air, rivers*]; FIG. *(damage)* rovinare, avvelenare [*relationship, life*]; ***to ~ sb.'s mind*** corrompere l'animo di qcn.

poisoner /'pɔɪzənə(r)/ n. avvelenatore m. (-trice).

poison gas n. gas m. asfissiante, gas m. tossico.

poisoning /'pɔɪzənɪŋ/ n. avvelenamento m.; ***alcoholic ~*** intossicazione da alcol.

poison ivy n. albero m. del veleno.

poisonous /'pɔɪzənəs/ agg. **1** *(noxious)* [*chemicals, gas*] tossico; [*plant, mushroom, berry, snake, insect*] velenoso **2** FIG. [*rumour, propaganda*] pernicioso, dannoso; [*person*] maligno.

poison-pen letter n. = lettera anonima diffamatoria o offensiva.

1.poke /pəʊk/ n. *(prod)* colpo m., ditata f.; *(punch)* pugno m. ♦ ***it's better than a ~ in the eye (with a sharp stick)*** è meglio che un pugno in un occhio.

2.poke /pəʊk/ tr. **1** *(jab, prod)* spingere [*person*]; dare dei colpetti a [*pile*]; attizzare [*fire*]; ***to ~ sb. in the ribs, in the eye*** dare una gomitata nelle costole, ficcare un dito in un occhio a qcn.; ***he ~d his food with his fork*** esaminava il contenuto del suo piatto con la forchetta **2** *(push, put)* ***to ~ sth. into*** infilare qcs. in [*hole, pot*]; ***to ~ one's head round the door, out of the window*** fare capolino dalla porta, sporgere la testa dalla finestra **3** *(pierce)* ***to ~ a hole in sth.*** fare un buco in qcs.

■ **poke around, poke about** BE frugare, rovistare.

■ **poke at:** ***~ at [sth.]*** giocherellare con [*food, plate*].

■ **poke out:** ***~ out*** [*toe, spring*] spuntare fuori; [*flower*] spuntare; ***to ~ out through*** [*spring, stuffing*] venire fuori da [*hole, old mattress*]; ***to ~ out [sth.], to ~ [sth.] out*** mettere fuori [*head, nose*]; tirare fuori [*tongue*]; ***to ~ sb.'s eye out*** cavare un occhio a qcn.

poker /'pəʊkə(r)/ ♦ **10** n. **1** *(for fire)* attizzatoio m. **2** *(card game)* poker m. ♦ ***(as) stiff as a ~*** rigido come un manico di scopa.

poker-faced /'pəʊkəfeɪst/ agg. [*person, look*] impassibile.

pokerwork /'pəʊkəwɜːk/ n. pirografia f.

poky /'pəʊkɪ/ agg. *(small)* [*room*] piccolo e stretto.

Poland /'pəʊlənd/ ♦ **6** n.pr. Polonia f.

polar /'pəʊlə(r)/ agg. GEOGR. EL. [*icecap, region, bear*] polare; [*attraction*] *(one)* del polo; *(both)* dei poli, polare; ***~ lights*** aurora polare.

polarity /pə'lærətɪ/ n. EL. FIS. polarità f. (anche FIG.).

polarization /ˌpəʊləraɪ'zeɪʃn, AE -rɪ'z-/ n. EL. FIS. polarizzazione f.

polarize /'pəʊləraɪz/ **I** tr. **1** EL. FIS. polarizzare **2** *(divide)* dividere [*opinion*] **II** intr. *(divide)* [*opinions*] divergere.

1.pole /pəʊl/ n. *(stick)* palo m., asta f.; *(for tent)* palo m.; *(for flag, athletics)* asta f.; *(for skiing)* racchetta f., bastoncino m.; *(piste marker)* paletto m. ♦ ***to be up the ~*** COLLOQ. *(wrong)* sbagliarsi di grosso; *(in difficulties)* essere nei casini; *(mad)* essere svitato *o* fuori di testa.

2.pole /pəʊl/ n. GEOGR. FIS. polo m.; ***North, South Pole*** Polo Nord, Sud; ***negative, positive ~*** polo negativo, positivo; ***to be at the opposite ~ from*** FIG. trovarsi agli antipodi rispetto a ♦ ***to be ~s apart*** [*methods, opinions*] essere diametralmente opposto; [*people*] essere ai poli opposti.

Pole /pəʊl/ ♦ **18** n. polacco m. (-a).

1.poleaxe, poleax AE /'pəʊlæks/ n. *(butcher's axe)* mannaia f.; STOR. *(battle-axe)* azza f.

2.poleaxe, poleax AE /'pəʊlæks/ tr. abbattere [*animal*]; stendere [*person*] (anche FIG.).

polecat /'pəʊlkæt/ n. **1** *(ferret)* furetto m. **2** *(skunk)* puzzola f.

polemic /pə'lemɪk/ n. polemica f.

polemical /pə'lemɪkl/ agg. polemico.

pole position n. pole position f.

pole star n. stella f. polare (anche FIG.).

pole vault n. salto m. con l'asta.

1.police /pə'liːs/ **I** n. **1** + verbo pl. *(official body)* ***the ~*** la polizia **2** *(individuals)* poliziotti m.pl. **II** modif. [*action, intervention, car, escort*] della polizia.

2.police /pə'li:s/ tr. **1** *(keep order)* mantenere l'ordine in [*area*] **2** *(patrol)* sorvegliare [*area, frontier*]; assicurare il servizio d'ordine a [*demonstration, match*] **3** *(monitor)* vigilare su [*measures, regulations*].
police chief ❥ *27* n. commissario m.
police college n. scuola f. di polizia.
police constable n. agente m. e f. di polizia.
police court n. DIR. = corte di giustizia di primo grado.
police custody n. ***to be in ~*** essere trattenuto dalla polizia.
Police Department n. AE dipartimento m. di polizia.
police dog n. cane m. poliziotto.
police force n. corpo m. di polizia.
police headquarters n.pl. comando m.sing. di polizia.
policeman /pə'li:smən/ ❥ *27* n. (pl. **-men**) poliziotto m.
police officer ❥ *27* n. agente m. e f. di polizia.
police record n. fedina f. penale; ***to have no ~*** avere la fedina penale pulita.
police state n. stato m. di polizia.
police station n. posto m. di polizia; *(larger)* commissariato m.
police van n. (furgone) cellulare m.
policewoman /pə'li:sˌwʊmən/ ❥ *27* n. (pl. **-women**) donna f. poliziotto.
police work n. *(detection)* indagini f.pl. della polizia.
policing /pə'li:sɪŋ/ **I** n. **1** *(maintaining law and order)* mantenimento m. dell'ordine **2** *(patrolling)* sorveglianza f. **3** *(of demonstration, match)* servizio m. d'ordine **4** *(of measures, regulations)* controllo m., sorveglianza f., vigilanza f. **II** modif. *(at strike, match)* [*measures, strategy*] di mantenimento dell'ordine.
1.policy /'pɒləsɪ/ **I** n. *(line, rule)* politica f.; ***foreign ~*** politica estera; ***government ~*** linea politica del governo; ***company ~*** politica aziendale; ***it is our ~ to do*** la nostra politica è di fare; ***to have*** o ***follow a ~ of doing*** adottare la politica di fare; ***our company has a no-smoking ~*** nella nostra ditta vige la regola di non fumare **II** modif. [*decision, matter, statement*] *(political)* di (linea) politica; *(administrative)* di politica aziendale; [*meeting, paper*] *(political)* che riguarda la linea politica; *(administrative)* che riguarda la politica aziendale.
2.policy /'pɒləsɪ/ n. *(type of insurance cover)* contratto m. di assicurazione; *(insurance document)* polizza f. assicurativa.
policyholder /'pɒləsɪˌhəʊldə(r)/ n. *(in insurance)* titolare m. e f. di una polizza assicurativa.
policy-making /'pɒləsɪmeɪkɪŋ/ n. (lo) stabilire una politica.
polio /'pəʊlɪəʊ/ ❥ *11* n. accorc. → **poliomyelitis**.
poliomyelitis /ˌpəʊlɪəʊˌmaɪə'laɪtɪs/ ❥ *11* n. poliomielite f.
1.polish /'pɒlɪʃ/ n. **1** *(for floor, car, wood)* cera f.; *(for shoes)* lucido m.; *(for brass, silver)* lucidante m. **2** *(action)* ***to give sth. a ~*** *(dust)* dare una spolverata a qcs.; *(put polish on)* dare la cera *o* una lucidata a qcs. **3** *(shiny quality)* lucentezza f., brillantezza f. **4** FIG. *(of manner, performance, person)* eleganza f.
2.polish /'pɒlɪʃ/ **I** tr. **1** lucidare [*shoes, floor, furniture, car, silver*]; levigare [*stone*]; pulire [*glasses*] **2** FIG. *(refine)* perfezionare [*performance, image*]; affinare [*style*] **II** intr. raffinarsi.
■ **polish off** COLLOQ. **~ off [sth.], ~ [sth.] off** **1** *(eat)* spazzolare, fare fuori [*food*]; sbrigare [*job*] **2** *(see off)* sbarazzarsi di, liquidare [*opponent, team*]; *(beat or kill)* fare fuori [*rival*].
■ **polish up: ~ up [sth.], ~ [sth.] up** **1** lucidare [*car, glass, silver, wood, floor*] **2** COLLOQ. *(perfect)* perfezionare [*French, pianoplaying, sporting skill*]; ***to ~ up one's act*** migliorare.
Polish /'pəʊlɪʃ/ ❥ *18, 14* **I** agg. polacco **II** n. **1** *(people)* ***the ~*** + verbo pl. i polacchi **2** *(language)* polacco m.
polished /'pɒlɪʃt/ **I** p.pass. → **2.polish** **II** agg. **1** [*surface, shoes, silver, wood*] lucidato **2** FIG. *(refined)* [*manner*] distinto, raffinato **3** *(accomplished)* [*performance, production*] curato.
polisher /'pɒlɪʃə(r)/ n. *(for floor)* lucidatrice f.; *(for stones, gems)* levigatrice f.
polite /pə'laɪt/ agg. educato, cortese (**to** con); ***to make ~ conversation*** scambiarsi i convenevoli; ***in ~ company*** o ***society*** nella buona società; ***to keep a ~ distance*** mantenere una cortese distanza; ***to use the ~ form*** LING. dare del lei.
politely /pə'laɪtlɪ/ avv. educatamente, cortesemente.
politeness /pə'laɪtnɪs/ n. educazione f.
politic /'pɒlətɪk/ agg. FORM. *(wise)* ***it would be ~ to do*** sarebbe saggio fare; ***to find*** o ***feel it ~ to do*** trovare opportuno fare.
political /pə'lɪtɪkl/ agg. politico.
political analyst ❥ *27* n. commentatore m. (-trice) politico (-a).
political asylum n. asilo m. politico.
political commentator ❥ *27* n. → **political analyst**.
political correctness n. = l'essere politically correct.
political football n. ***the parties are playing ~*** i partiti si stanno palleggiando le responsabilità.
politically /pə'lɪtɪklɪ/ avv. [*motivated, biased*] politicamente; ***~ speaking*** dal punto di vista politico.
politically correct agg. politically correct, politicamente corretto.
politically-sensitive /pə'lɪtɪklɪˌsensətɪv/ agg. [*issue, problem*] delicato sul piano politico.
political prisoner n. prigioniero m. (-a) politico (-a).
political science n. politologia f.
politician /ˌpɒlɪ'tɪʃn/ ❥ *27* n. politico m. (-a).
politicization /pəlɪtɪsaɪ'zeɪʃn, AE -sɪ'z-/ n. politicizzazione f.
politicize /pə'lɪtɪsaɪz/ tr. politicizzare.
politicking /'pɒlɪtɪkɪŋ/ n. SPREG. (il) fare politica.
politics /'pɒlətɪks/ n. **1** + verbo sing. *(political life, affairs)* politica f.; ***to talk ~*** COLLOQ. parlare di politica **2** + verbo sing. SCOL. UNIV. scienze f.pl. politiche **3** + verbo pl. *(political views)* idee f.pl. politiche.
polka /'pɒlkə, AE 'pəʊlkə/ n. polka f.
polka dot **I** n. pois m. **II** modif. [*pattern, garment*] a pois.
1.poll /pəʊl/ n. **1** *(vote casting)* votazione f.; *(election)* elezioni f.pl.; *(number of votes cast)* voti m.pl.; *(counting of votes)* scrutinio m., spoglio m. delle schede; ***a light, heavy ~*** una bassa, alta percentuale di votanti; ***there was a 75% ~*** l'affluenza alle urne è stata del 75%; ***to go to the ~s*** andare alle urne; ***a heavy defeat at the ~s*** una pesante sconfitta alle elezioni **2** *(list of voters)* lista f. elettorale; *(list of taxpayers)* lista f. dei contribuenti **3** *(survey)* sondaggio m. (d'opinione); ***a ~ of workers*** un sondaggio tra i lavoratori.
2.poll /pəʊl/ **I** tr. **1** *(obtain in election)* ottenere [*votes*] **2** *(canvass)* intervistare [qcn.] per un sondaggio [*group*] **3** INFORM. interrogare **II** intr. *(obtain votes)* ***to ~ badly, well*** registrare pochi, molti voti.
pollen /'pɒlən/ n. polline m.
pollen count n. misurazione f. della quantità di polline nell'atmosfera.
pollen sac n. sacco m. pollinico.
pollinate /'pɒləneɪt/ tr. impollinare.
pollination /ˌpɒlə'neɪʃn/ n. impollinazione f.
polling /'pəʊlɪŋ/ n. **1** *(voting)* voto m.; *(election)* elezioni f.pl.; *(turnout)* affluenza f. alle urne **2** INFORM. polling m., interrogazione f. in sequenza.
polling booth n. cabina f. elettorale.
polling day n. giorno m. delle elezioni.
polling station, polling place AE n. seggio m. elettorale.
pollster /'pəʊlstə(r)/ n. pollster m. e f., sondaggista m. e f.; ***according to the ~s*** secondo i sondaggi.
poll tax n. imposta f. pro capite.
pollutant /pə'lu:tənt/ n. (agente) inquinante m.
pollute /pə'lu:t/ tr. inquinare [*air, water, earth*]; FIG. *(morally)* corrompere; *(physically)* profanare, violare.
polluter /pə'lu:tə(r)/ n. inquinatore m. (-trice).
pollution /pə'lu:ʃn/ **I** n. **1** *(of environment)* inquinamento m.; ***noise ~*** inquinamento acustico; ***oil ~*** inquinamento da idrocarburi **2** FIG. *(moral)* corruzione f. **II** modif. [*level*] di inquinamento; [*control*] dell'inquinamento; [*test*] per l'inquinamento; [*measures*] contro l'inquinamento.
Polly /'pɒlɪ/ n.pr. diminutivo di **Mary**.
polo /'pəʊləʊ/ **I** n. **1** ❥ *10* SPORT polo m. **2** BE *(sweater)* dolcevita f. **II** modif. SPORT [*match, player*] di polo; [*stick*] da polo.
polo neck n. BE *(collar)* collo m. alto; *(sweater)* dolcevita f.
polo shirt n. ABBIGL. polo f.
Polonius /pə'ləʊnɪəs/ n.pr. Polonio.
poly /'pɒlɪ/ n. GB COLLOQ. accorc. → **polytechnic**.

polyanthus /ˌpɒlɪˈænθəs/ n. (pl. **~es**, **-i**) *(garden primula)* primula f. maggiore; *(garden narcissus)* tazzetta f.

polychrome /ˈpɒlɪkrəʊm/ agg. policromo.

polychromy /ˈpɒlɪkrəʊmɪ/ n. policromia f.

polycotton /ˌpɒlɪˈkɒtn/ n. misto cotone m.

polyester /ˌpɒlɪˈestə(r)/ n. poliestere m.

polyethylene /ˌpɒlɪˈeθəliːn/ n. → **polythene**.

polygamist /pəˈlɪgəmɪst/ n. poligamo m. (-a).

polygamous /pəˈlɪgəməs/ agg. poligamo.

polygamy /pəˈlɪgəmɪ/ n. poligamia f.

polyglot /ˈpɒlɪglɒt/ **I** agg. poliglotta **II** n. poliglotta m. e f.

polygon /ˈpɒlɪgən, AE -gɒn/ n. MAT. poligono m.

polyhedron /ˌpɒlɪˈhiːdrən, -ˈhedrən, AE -drɒn/ n. (pl. **~s**, **-a**) poliedro m.

polymath /ˈpɒlɪmæθ/ n. spirito m. eclettico.

polymer /ˈpɒlɪmə(r)/ n. polimero m.

polymerization /pɒlɪməraɪˈzeɪʃn, AE -rɪˈz-/ n. polimerizzazione f.

polymorphism /ˌpɒlɪˈmɔːfɪzəm/ n. BIOL. CHIM. MINER. polimorfismo m.

polymorphous /ˌpɒlɪˈmɔːfəs/ agg. BIOL. CHIM. MINER. polimorfo.

Polynesia /ˌpɒlɪˈniːʒə/ n.pr. Polinesia f.

Polynesian /ˌpɒlɪˈniːʒn/ **I** agg. polinesiano **II** n. **1** *(person)* polinesiano m. (-a) **2** *(language)* polinesiano m.

polyp /ˈpɒlɪp/ n. MED. ZOOL. polipo m.

Polypheme /ˈpɒlɪfiːm/ n.pr. Polifemo.

polyphonic /ˌpɒlɪˈfɒnɪk/ agg. polifonico.

polyphony /pəˈlɪfənɪ/ n. polifonia f.

polypropylene /ˌpɒlɪˈprəʊpɪliːn/ n. polipropilene m.

polystyrene /ˌpɒlɪˈstaɪriːn/ n. polistirolo m., polistirene m.

polysyllabic /ˌpɒlɪsɪˈlæbɪk/ agg. polisillabico, polisillabo.

polysyllable /ˈpɒlɪsɪləbl/ n. polisillabo m.

polytechnic /ˌpɒlɪˈteknɪk/ n. GB = istituto parauniversitario specialmente di orientamento tecnico-scientifico.

polytheism /ˈpɒlɪθiːɪzəm/ n. politeismo m.

polythene /ˈpɒlɪθiːn/ **I** n. BE politene m., polietilene m. **II** modif. [*sheeting*] di polietilene; *~ **bag*** sacchetto di plastica.

polyunsaturates /ˌpɒlɪʌnˈsætʃərɪts/ n.pl. (acidi) grassi m. poliinsaturi.

polyurethane /ˌpɒlɪˈjʊərəθeɪn/ **I** n. poliuretano m. **II** modif. poliuretanico.

pom /pɒm/ n. AUSTRAL. COLLOQ. SPREG. → **pommie**.

pomade /pəˈmɑːd/ n. brillantina f.

pomander /pəˈmændə(r)/ n. diffusore m. (di profumo per ambienti).

pomegranate /ˈpɒmɪgrænɪt/ n. *(fruit)* melagrana f.; *(tree)* melograno m.

pommel /ˈpʌml/ n. **1** *(on saddle, sword)* pomo m. **2** *(in gymnastics)* maniglia f.; *~ **horse*** cavallo con maniglie.

pommie, **pommy** /ˈpɒmɪ/ n. AUSTRAL. COLLOQ. SPREG. inglese m. e f.

pomp /pɒmp/ n. pompa f.; ***with great ~*** in pompa magna; ***~ and circumstance*** apparato.

pompom /ˈpɒmpɒm/, **pompon** /ˈpɒmpɒn/ n. pompon m.

pomposity /pɒmˈpɒsətɪ/ n. pomposità f., solennità f.

pompous /ˈpɒmpəs/ agg. [*air, person*] tronfio, pomposo; [*speech, style*] pomposo.

pompously /ˈpɒmpəslɪ/ avv. [*speak*] con tono pomposo; [*behave*] in maniera pomposa.

1.ponce /pɒns/ n. BE COLLOQ. **1** *(pimp)* magnaccia m. **2** SPREG. *(effeminate man)* checca f.

2.ponce /pɒns/ intr. *(act as pimp)* fare da magnaccia.

▪ **ponce about**, **ponce around** COLLOQ. *(fool around)* bighellonare.

pond /pɒnd/ n. *(large)* stagno m.; *(in garden)* laghetto m.

ponder /ˈpɒndə(r)/ **I** tr. ponderare, valutare [*options, possible action*]; riflettere su [*past events*] **II** intr. riflettere; *(more deeply)* meditare.

ponderous /ˈpɒndərəs/ agg. [*movement*] lento e impacciato; [*tone*] pesante, noioso.

1.pong /pɒŋ/ n. BE COLLOQ. puzzo m.; ***what a ~!*** che tanfo!

2.pong /pɒŋ/ intr. puzzare.

pontiff /ˈpɒntɪf/ n. pontefice m.

pontifical /pɒnˈtɪfɪkl/ agg. pontificale (anche SPREG.).

1.pontificate /pɒnˈtɪfɪkət/ n. RELIG. STOR. pontificato m.

2.pontificate /pɒnˈtɪfɪˌkeɪt/ intr. pontificare (anche FIG.).

1.pontoon /pɒnˈtuːn/ ♦ *10* n. BE GIOC. ventuno m.

2.pontoon /pɒnˈtuːn/ n. **1** *(pier)* pontone m. **2** AER. *(float)* galleggiante m. (di un idrovolante).

pontoon bridge n. ponte m. galleggiante, ponte m. di barche.

pony /ˈpəʊnɪ/ **I** n. pony m. **II** modif. [*trekking*] a dorso di pony.

ponytail /ˈpəʊnɪteɪl/ n. coda f. di cavallo; ***to wear one's hair in a ~*** portare *o* avere la coda di cavallo.

pooch /puːtʃ/ n. COLLOQ. botolo m.

poodle /ˈpuːdl/ n. barboncino m.; SPREG. *(servile follower)* leccapiedi m. e f.

poof /pʊf/, **poofter** /ˈpʊftə(r)/ n. BE COLLOQ. SPREG. *(homosexual)* checca f., finocchio m.

pooh /puː/ **I** n. BE INFANT. popò f. **II** inter. *(expressing disgust)* bleah; *(expressing scorn)* puah.

pooh-pooh /ˌpuːˈpuː/ tr. COLLOQ. snobbare [*idea*].

1.pool /puːl/ n. **1** *(pond)* stagno m.; *(artificial)* laghetto m.; *(still spot in river)* tonfano m.; *(underground: of oil, gas)* giacimento m. **2** (anche **swimming ~**) piscina f. **3** *(puddle)* pozzanghera f.; ***a ~ of blood*** una pozza di sangue; ***a ~ of light*** un cono di luce.

2.pool /puːl/ **I** n. **1** *(in cards)* piatto m., posta f. **2** *(of money, resources, labour)* riserva f.; *(of experts)* pool m.; *(of ideas, experience)* serbatoio m.; *(of teachers, players, candidates)* gruppo m. **3** SPORT *(billiards)* pool m. **II pools** n.pl. BE (anche **football ~s**) totocalcio m.sing.; ***to do the ~s*** giocare al totocalcio *o* la schedina.

3.pool /puːl/ tr. mettere in comune [*information, money, experience*].

pool attendant ♦ *27* n. bagnino m. (-a) (di una piscina).

pool party n. piscina party m.

pool room n. *(room with pool table)* sala f. da pool.

poolside /ˈpuːlsaɪd/ agg. attrib. ai bordi della piscina.

pool table n. tavolo m. da pool.

poop /puːp/ n. **1** *(stern)* poppa f. **2** (anche **~ deck**) cassero m. di poppa.

pooped /puːpt/ agg. COLLOQ. ***to be ~ (out)*** essere stanco morto *o* distrutto.

pooper-scooper /ˈpuːpəskuːpə(r)/, **poop-scoop** /ˈpuːpskuːp/ n. COLLOQ. paletta f. (per gli escrementi del cane).

poor /pɔː(r), AE pʊər/ **I** agg. **1** *(not wealthy)* [*person, country*] povero (**in** di) **2** *(inferior)* [*quality, performance, work*] scadente; [*student*] scarso; [*English*] stentato; [*health*] cagionevole; [*eyesight, memory*] debole; [*soil*] povero; [*chance, visibility*] scarso; [*weather, forecast*] brutto, cattivo; [*consolation*] magro; ***to be ~ at*** [*person*] essere scarso in [*maths, French*]; ***I'm a ~ traveller*** non sono nato per viaggiare **3** *(deserving pity)* povero; ***~ you!*** povero te! ***he's got a cold, ~ thing*** ha il raffreddore, poverino **4** *(sorry, pathetic)* [*attempt, creature*] patetico; [*excuse*] che non regge **II** n. ***the ~*** + verbo pl. i poveri ♦ ***as ~ as a church mouse*** povero in canna.

poor box n. cassetta f. delle elemosine.

poorly /ˈpɔːlɪ, AE ˈpʊərlɪ/ **I** avv. **1** *(not richly)* [*live, dress, dressed*] miseramente; ***to be ~ off*** essere malmesso (economicamente) **2** *(badly)* [*written, paid, argued, managed, lit*] male; ***to do ~*** [*student*] ottenere scarsi risultati **II** agg. malaticcio, in cattiva salute.

poorness /ˈpɔːnɪs, AE ˈpʊərnɪs/ n. *(of soil, diet)* povertà f.; *(of education)* carenza f.; *(of pay)* esiguità f.; *(of eyesight, hearing)* debolezza f.

poor relation n. parente m. povero (anche FIG.).

1.pop /pɒp/ n. **1** *(sound)* scoppio m.; ***to go ~*** [*cork*] fare il botto; [*balloons*] scoppiare **2** COLLOQ. *(drink)* bevanda f. gassata.

2.pop /pɒp/ **I** tr. (forma in -ing ecc. **-pp-**) **1** COLLOQ. *(burst)* fare scoppiare [*balloon, bubble*] **2** *(remove)* fare saltare [*cork*] **3** COLLOQ. *(put)* ***to ~ sth. in(to)*** infilare qcs. in [*oven, cupboard, mouth*]; ***to ~ a letter in the post*** imbucare una lettera; ***to ~ one's head through the window*** fare capolino dalla finestra **4** COLLOQ. *(take)* buttare giù [*pills*] **II** intr. (forma in -ing ecc. **-pp-**) **1** *(go bang)* [*balloon*] scoppiare; [*cork, button*] saltare **2** [*ears*] tapparsi; ***her eyes were ~ping out of her head*** aveva gli occhi fuori dalle orbite **3** BE COLLOQ. *(go)* ***to ~ across*** o ***over to*** fare un salto al *o* dal [*shop, store*]; ***to ~ into town, next door*** fare un salto in città, dai vicini ♦ ***to ~ the question*** = fare una proposta di matrimonio.

■ **pop back** BE COLLOQ. ***I'll ~ back in 5 minutes*** ripasso tra 5 minuti.

■ **pop in** BE COLLOQ. passare, fare un salto; ***I'll ~ in later*** passo più tardi.

■ **pop off** BE COLLOQ. **1** *(leave)* andarsene **2** *(die)* crepare.

■ **pop out** BE uscire.

■ **pop over, pop round** BE passare; ***to ~ over and see sb.*** passare a trovare qcn.

■ **pop up** BE COLLOQ. [*head*] sbucare; [*missing person*] ricomparire; [*missing thing*] saltare fuori.

3.pop /pɒp/ **I** n. *(music)* pop m., musica f. pop **II** modif. [*concert, group, music, song, record, singer*] pop; ~ ***star*** popstar.

4.pop /pɒp/ n. AE COLLOQ. *(dad)* (anche **~s**) pa' m.

pop charts n.pl. hit-parade f.sing., classifica f.sing.

pop corn n. pop-corn m.

pope /pəʊp/ n. papa m.; *(in Orthodox churches)* pope m.

pop-eyed /'pɒpaɪd/ agg. COLLOQ. *(permanently)* dagli occhi sporgenti; *(with amazement)* con gli occhi sgranati.

pop gun n. pistola f. ad aria compressa.

poplar /'pɒplə(r)/ n. pioppo m.

poplin /'pɒplɪn/ n. popeline f.

popover /'pɒpəʊvə(r)/ n. AE GASTR. = dolce di pastella.

popper /'pɒpə(r)/ n. BE COLLOQ. *(press-stud)* bottone m. automatico.

poppet /'pɒpɪt/ n. BE COLLOQ. ANT. ***my (little)*** ~ tesoro mio; ***she's a real*** ~ è davvero un amore.

poppy /'pɒpɪ/ ➧ **5** n. papavero m.

poppycock /'pɒpɪkɒk/ n. **U** COLLOQ. ANT. fesserie f.pl.

Poppy Day n. GB COLLOQ. = giorno in cui vengono commemorati i caduti delle due guerre mondiali.

Popsicle® /'pɒpsɪkl/ n. AE ghiacciolo m.

pop sock n. gambaletto m.

populace /'pɒpjʊləs/ n. *(ordinary people)* popolo m.; *(mob)* volgo m.

popular /'pɒpjʊlə(r)/ agg. **1** *(generally liked)* [*actor, politician*] popolare (**with, among** tra); [*hobby, sport*] diffuso, popolare (**with, among** tra); [*food, dish*] apprezzato (**with, among** da); [*product, resort, colour, design*] di moda (**with, among** tra); ***John is very*** ~ John è simpatico a tutti *o* è molto popolare; ***Smith was a ~ choice as chairman*** in molti hanno approvato la scelta di Smith come presidente; ***she's ~ with the boys*** ha successo con i ragazzi; ***I'm not very ~ with my husband at the moment*** in questo momento mio marito non mi sopporta tanto **2** *(of or for the people)* [*music*] leggero; [*song*] di musica leggera; [*entertainment, TV programme*] popolare; [*science, history etc.*] divulgativo; [*enthusiasm, interest, support*] del pubblico; [*discontent, uprising*] della gente; [*movement*] popolare; ***contrary to ~ belief*** contrariamente a quanto si crede comunemente; ***the ~ view*** o ***perception of sth.*** l'idea comune di qcs.; ***by ~ demand*** o ***request*** a grande richiesta; ***the ~ press*** la stampa popolare.

popularity /ˌpɒpjʊ'lærətɪ/ n. popolarità f. (**with** tra).

popularization /ˌpɒpjʊləraɪ'zeɪʃn, AE -rɪ'z-/ n. diffusione f.; *(of ideas, science)* divulgazione f.

popularize /'pɒpjʊləraɪz/ tr. **1** *(make fashionable)* diffondere **2** *(make accessible)* divulgare, rendere accessibile.

popularly /'pɒpjʊləlɪ/ avv. generalmente, comunemente.

populate /'pɒpjʊleɪt/ tr. popolare.

population /ˌpɒpjʊ'leɪʃn/ **I** n. popolazione f. **II** modif. [*increase, decrease, figure, explosion*] demografico; ***~ control*** controllo demografico *o* delle nascite.

populism /'pɒpjʊlɪzəm/ n. populismo m.

populist /'pɒpjʊlɪst/ **I** agg. populistico, populista **II** n. populista m. e f.

populous /'pɒpjʊləs/ agg. popoloso, densamente popolato.

pop-up book n. (libro) pop-up m.

pop-up menu n. INFORM. menu m. pop-up, a tendina.

pop-up toaster n. tostapane m. (in cui la fetta di pane viene fatta uscire da un meccanismo al termine della cottura).

porcelain /'pɔːsəlɪn/ n. *(substance)* porcellana f.; *(ware)* porcellane f.pl.

porch /pɔːtʃ/ n. **1** *(of house, church)* portico m. **2** AE *(veranda)* veranda f.

porcupine /'pɔːkjʊpaɪn/ n. porcospino m.

pore /pɔː(r)/ n. poro m.

pore over tr. ***~ over*** sgobbare su [*book*]; studiare con attenzione [*map, details*].

pork /pɔːk/ n. carne f. di maiale; ***a leg of ~*** una zampa di maiale.

pork butcher ➧ **27** n. = macellaio che lavora e vende carne di maiale.

pork chop n. braciola f. di maiale.

pork pie n. = tortino a base di carne di maiale tritata.

pork sausage n. salsiccia f. di maiale.

pork scratchings n.pl. BE ciccioli m.

porn /pɔːn/ **I** n. (accorc. pornography) porno m. **II** modif. [*film, magazine*] porno.

pornographic /ˌpɔːnə'græfɪk/ agg. pornografico.

pornography /pɔː'nɒgrəfɪ/ n. pornografia f.

porous /'pɔːrəs/ agg. [*wood, substance*] poroso.

porpoise /'pɔːpəs/ n. ZOOL. focena f., marsovino m.

porridge /'pɒrɪdʒ, AE 'pɔːr-/ n. GASTR. INTRAD. m. (piatto a base di farina d'avena bollita in acqua o latte).

1.port /pɔːt/ **I** n. *(harbour)* porto m. (anche FIG.); ***the ship left ~*** la nave è salpata; ***~ of entry*** porto di sbarco; ***~ of call*** MAR. porto di scalo **II** modif. [*area, facilities, security*] portuale; ***~ authority*** capitaneria di porto ♦ ***any ~ in a storm*** in tempo di tempesta ogni buco è porto.

2.port /pɔːt/ n. AER. MAR. *(left)* sinistra f.

3.port /pɔːt/ n. **1** AER. MAR. → **porthole 2** MIL. MAR. feritoia f. **3** TECN. *(in engine)* condotto m. **4** INFORM. porta f.

4.port /pɔːt/ tr. INFORM. trasferire (da un sistema all'altro) [*piece of software*].

5.port /pɔːt/ n. ENOL. porto m.

portable /'pɔːtəbl/ **I** agg. **1** [*TV, telephone etc.*] portatile **2** INFORM. [*software*] trasferibile **II** n. portatile m.

portage /'pɔːtɪdʒ/ n. *(transport)* trasporto m.; *(costs)* spese f.pl. di trasporto.

Portakabin® /'pɔːtəkæbɪn/ n. prefabbricato m.; *(on building site)* baracca f.

portal /'pɔːtl/ n. ARCH. INFORM. portale m.

portcullis /ˌpɔːt'kʌlɪs/ n. saracinesca f. (di fortezza, castello).

portend /pɔː'tend/ tr. LETT. presagire.

portent /'pɔːtent/ n. LETT. **1** *(omen)* presagio m. **2** *(marvel)* prodigio m., portento m.

portentous /pɔː'tentəs/ agg. LETT. **1** *(ominous)* funesto **2** *(significant)* di somma importanza **3** *(solemn)* solenne **4** *(pompous)* pomposo.

portentously /pɔː'tentəslɪ/ avv. LETT. [*say, announce*] *(ominously)* in un tono funesto; *(pompously)* in tono pomposo.

porter /'pɔːtə(r)/ ➧ **27** n. **1** *(in station, airport, hotel)* facchino m. (-a); *(in hospital)* portantino m. (-a); *(in market)* scaricatore m. (-trice) **2** BE *(at entrance) (of hotel)* portiere m. (-a); *(of apartment block)* portinaio m. (-a); *(of school)* custode m. e f. **3** AE FERR. *(steward)* cuccettista m. e f.

porterhouse /'pɔːtəhaʊs/ n. (anche ~ **steak**) bistecca f. di manzo.

portfolio /pɔːt'fəʊlɪəʊ/ n. (pl. **~s**) **1** *(case)* cartella f.; *(for drawings)* cartellina f. da disegno **2** ART. FOT. *(sample)* portfolio m. **3** POL. *(post)* portafoglio m.; ***minister without ~*** ministro senza portafoglio **4** ECON. *(of investments)* portafoglio m.

porthole /'pɔːthəʊl/ n. *(on ship)* oblò m.; *(on aircraft)* finestrino m.

Portia /'pɔːʃə, -ɪə/ n.pr. Porzia.

portico /'pɔːtɪkəʊ/ n. (pl. **~s**) portico m.; *(colonnade)* colonnato m.

1.portion /'pɔːʃn/ n. **1** *(part, segment) (of house, machine, document, country)* parte f. **2** *(share) (of money)* quota f.; *(food item)* razione f.; *(of responsibility, blame)* parte f. **3** *(at meal)* porzione f. **4** LETT. *(fate)* fato m., sorte f.

2.portion /'pɔːʃn/ tr. → **portion out**.

■ **portion out:** ~ ***out [sth.]***, ~ ***[sth.] out*** ripartire, spartire (**among, between** tra).

portly /'pɔːtlɪ/ agg. *(corpulent)* corpulento, grosso.

portmanteau /pɔːt'mæntəʊ/ n. (pl. **~s, ~x**) baule m.

portmanteau word n. parola f. macedonia.
portrait /ˈpɔːtreɪt, -trɪt/ n. ART. ritratto m. (anche FIG.).
portrait painter ♦ *27* n. ritrattista m. e f.
portraiture /ˈpɔːtreɪtʃə(r), -trɪtʃə(r), AE -treɪtʃʊər/ n. ritrattistica f.
portray /pɔːˈtreɪ/ tr. **1** ritrarre, dipingere [*person, group*]; descrivere [*place, situation, event*] **2** CINEM. TEATR. [*actor*] interpretare, portare sulla scena [*character*] **3** ART. [*artist*] ritrarre [*person*]; [*picture, artist*] raffigurare [*scene*].
portrayal /pɔːˈtreɪəl/ n. **1** *(by actor)* interpretazione f. **2** *(by author, film-maker)* rappresentazione f., descrizione f.
Portugal /ˈpɔːtʃʊgl/ ♦ *6* n.pr. Portogallo m.
Portuguese /ˌpɔːtʃʊˈgiːz/ ♦ *18, 14* **I** agg. [*custom, literature*] portoghese; [*ambassador*] portoghese, del Portogallo **II** n. **1** (pl. ~) *(person)* portoghese m. e f. **2** *(language)* portoghese m. **III** modif. *(of Portuguese)* [*class, course*] di portoghese; *(into Portuguese)* [*translation*] in portoghese.
POS n. (⇒point of sale punto vendita) POS m.
1.pose /pəʊz/ n. **1** *(for portrait, photo)* posa f. **2** SPREG. *(posture)* posa f., atteggiamento m.; ***to strike a ~*** mettersi in posa.
2.pose /pəʊz/ **I** tr. *(present)* porre, sollevare [*problem*] (**for** a); proporre [*challenge*] (**to** a); rappresentare [*threat, risk*] (**to** per); sollevare, porre [*question*] **II** intr. **1** [*artist's model*] posare; [*performer*] posare, mettersi in posa **2** *(masquerade)* ***to ~ as*** spacciarsi *o* passare per **3** SPREG. *(posture)* posare.
poser /ˈpəʊzə(r)/ n. COLLOQ. **1** *(person)* → **poseur 2** *(question)* rompicapo m.; *(problem)* grattacapo m.
poseur /pəʊˈzɜː(r)/ n. posatore m. (-trice).
posh /pɒʃ/ agg. COLLOQ. **1** *(high-class)* [*person, house, resort, clothes, car*] elegante, chic; [*party*] mondano **2** SPREG. *(snobbish)* [*school, district*] bene, snob; ***to talk ~*** COLLOQ. parlare in modo affettato.
1.position /pəˈzɪʃn/ n. **1** *(situation, state)* posizione f., situazione f.; ***in a strong ~*** in posizione di forza; ***to be in a ~ to do*** essere nella condizione di fare; ***to be in no ~ to do*** non essere nella posizione giusta per fare, non potersi permettere di fare; ***to be*** o ***find oneself in the happy ~ of doing*** avere la fortuna di fare; ***if I were in your ~*** se fossi al tuo posto **2** *(attitude, stance)* atteggiamento m., posizione f.; ***the official ~*** la posizione ufficiale **3** *(place, location)* posizione f.; ***to be in ~*** *(in place)* essere in posizione; *(ready)* essere pronti; ***to get into ~*** mettersi in posizione; ***the house is in a good ~*** la casa si trova in un'ottima posizione **4** *(posture)* posizione f.; ***to be in a sitting ~*** essere seduto **5** *(of lever, switch)* posizione f.; ***in the on, off ~*** sull'on, sull'off **6** *(ranking)* posto m. in classifica; *(in sport, competition)* posto m., posizione f. **7** SPORT ruolo m.; ***what ~ does he play?*** in che posizione gioca? **8** *(job)* carica f., posto m.; ***to hold*** o ***occupy a senior ~*** rivestire una carica direttiva **9** *(place in society)* condizione f. (sociale) **10** *(counter)* sportello m.; ***"~ closed"*** "sportello chiuso".
2.position /pəˈzɪʃn/ **I** tr. **1** *(station)* piazzare [*policemen, soldiers*] **2** *(situate)* collocare [*object*] **3** *(get correct angle)* posizionare [*telescope, lamp, aerial*] **II** rifl. ***to ~ oneself*** mettersi, sistemarsi.
positive /ˈpɒzətɪv/ **I** agg. **1** *(affirmative)* [*answer*] affermativo, positivo **2** *(optimistic)* [*message, person, response, tone*] positivo, ottimista; ***to be ~ about*** accogliere favorevolmente [*idea, proposal*]; ***to think ~*** pensare positivo **3** *(constructive)* [*contribution, effect*] positivo; [*progress*] effettivo; [*advantage, good*] reale **4** *(pleasant)* [*experience, feeling*] positivo **5** *(sure)* [*proof, fact*] certo, innegabile; [*identification*] certo; ***to be ~*** essere sicuro; ***~!*** sicuro! **6** *(forceful)* [*action, measure*] concreto **7** MED. [*reaction, result, test*] positivo **8** CHIM. ELETTRON. MAT. FOT. FIS. positivo **9** *(extreme)* [*pleasure, disgrace*] vero; [*genius*] autentico **II** n. **1** LING. grado m. positivo **2** FOT. positivo m., positiva f. **3** MAT. numero m. positivo **4** EL. polo m. positivo.
positive discrimination n. discriminazione f. positiva.
positively /ˈpɒzətɪvlɪ/ avv. **1** *(constructively)* [*contribute, criticize*] in modo costruttivo **2** *(favourably)* [*react, respond*] positivamente; [*speak*] bene **3** *(actively)* [*participate*] concretamente; [*prepare, promote*] attivamente **4** *(definitely)* [*identify, prove*] con sicurezza **5** *(absolutely)* [*beautiful, dangerous, disgraceful*] veramente; [*idiotic*] completamente; [*refuse, forbid*] categoricamente.
positive vetting n. GB AMM. = screening positivo per l'accesso a determinate cariche governative.
positivism /ˈpɒzɪtɪvɪzəm/ n. FILOS. positivismo m.
posse /ˈpɒsɪ/ n. **1** STOR. = uomini convocabili dallo sceriffo per far rispettare la legge **2** *(group)* gruppo m., squadra f. **3** *(gang)* banda f.
possess /pəˈzes/ tr. **1** *(have)* possedere [*property, weapon*]; avere [*proof*]; *(illegally)* detenere, essere in possesso di [*arms, drugs*] **2** *(be endowed with)* avere, possedere [*charm*]; avere [*power, advantage*]; ***to be ~ed of*** FORM. essere dotato di [*charm, feature*] **3** *(take control of)* [*anger, fury*] impadronirsi di [*person*]; [*devil*] possedere [*person*]; ***to be ~ed by*** essere ossessionato da [*idea, illusion*]; ***what ~ed you to do that?*** che ti è preso? perché ti è saltato in mente di farlo?
possessed /pəˈzest/ **I** p.pass. → **possess II** agg. *(by demon)* posseduto.
possession /pəˈzeʃn/ **I** n. **1** *(state of having)* possesso m.; ***to be in ~ of*** essere in possesso di; ***to have ~ of sth.*** avere possesso di qcs. **2** DIR. *(illegal)* detenzione f., possesso m. **3** DIR. *(of property)* possesso m.; ***to take ~ of*** prendere possesso di [*premises, property*] **4** SPORT ***to be in*** o ***have ~*** essere in possesso della palla **5** *(by demon)* possessione f. (**by** di) **6** *(colonial)* possedimento m. **II possessions** n.pl. *(belongings)* beni m., possedimenti m., proprietà f. ♦ ***~ is nine-tenths of the law*** = possedere qualcosa significa quasi averla per diritto.
possessive /pəˈzesɪv/ **I** agg. **1** *(jealous)* [*person, behaviour*] possessivo **2** LING. possessivo **II** n. LING. *(case)* genitivo m. sassone; *(pronoun, adjective)* possessivo m.
possessor /pəˈzesə(r)/ n. possessore m., proprietario m.
possibility /ˌpɒsəˈbɪlətɪ/ **I** n. **1** *(chance, prospect)* possibilità f.; ***there is a definite ~ that he'll come*** ci sono buone probabilità che venga; ***the ~ of him succeeding*** le sue possibilità di successo; ***there is no ~ of changing the text*** è impossibile cambiare il testo; ***within the bounds of ~*** nei limiti del possibile **2** *(eventuality)* ***the ~ of a refusal*** la possibilità di un rifiuto; ***the collapse of the company is now a ~*** attualmente è possibile che la società fallisca **II possibilities** n.pl. *(potential)* ***the idea has possibilities*** l'idea ha buone possibilità di successo.
possible /ˈpɒsəbl/ **I** agg. **1** possible; ***if ~*** se possibile; ***he did as much as ~*** ha fatto il possibile; ***as far as ~*** nei limiti del possibile; ***as quickly as ~*** più rapidamente possibile; ***it's ~ (that) he took it*** è possibile che l'abbia preso **2** *(for emphasis)* ***of what ~ interest can it be to you?*** cosa ci troverai mai di interessante? **II** n. ***he's a ~ for the team*** è un possibile nuovo elemento della squadra; ***it's within the realms of the ~*** rientra nei limiti del possibile.
possibly /ˈpɒsəblɪ/ avv. **1** *(maybe)* forse; ***"will it rain tonight?" - "~"*** "pioverà stasera?" - "può darsi" **2** *(for emphasis)* ***how could they ~ understand?*** come potrebbero capire? ***what can he ~ do to you?*** ma cosa vuoi che ti faccia? ***we can't ~ afford it*** non possiamo assolutamente permettercelo; ***I'll do everything I ~ can*** farò tutto ciò che mi è possibile.
possum /ˈpɒsəm/ n. COLLOQ. opossum m.; ***to play ~*** fingersi addormentato; FIG. fare l'indiano.
1.post /pəʊst/ n. BE *(system)* posta f., poste f.pl.; *(letters)* posta f., corrispondenza f.; *(delivery)* (distribuzione della) posta f.; ***by ~*** per posta; ***by return of ~*** a giro di posta; ***it was lost in the ~*** le poste lo hanno smarrito; ***is there any ~ for me?*** c'è posta per me? ***to catch the ~*** imbucare in tempo per la levata.
2.post /pəʊst/ tr. BE *(send by post)* spedire (per posta); *(put in letterbox)* imbucare ♦ ***to keep sb. ~ed*** tenere qcn. al corrente.
■ **post on** BE ~ ***on [sth.]***, ~ ***[sth.] on*** inoltrare.
3.post /pəʊst/ n. **1** *(job)* posto m. (**as, of** di); ***to hold a ~*** avere un posto; ***to take up a ~*** assumere una carica **2** *(duty, station)* posto m., postazione f. (anche MIL.); ***at one's ~*** al proprio posto.
4.post /pəʊst/ tr. MIL. **1** *(send)* destinare, assegnare **2** *(station)* postare [*guard, sentry*].
5.post /pəʊst/ n. *(pole)* palo m.; *(in horseracing)* traguardo m.; *(in soccer)* palo m. (della porta); ***to be the first past the ~*** tagliare per primo il traguardo; POL. FIG. vincere con la maggioranza relativa.
6.post /pəʊst/ tr. (anche ~ **up**) affiggere [*notice, details, results*]; appendere [*poster*].

postage /ˈpəʊstɪdʒ/ n. tariffa f. postale; ***including ~ and packing*** incluse le spese di spedizione; ***~ extra*** le spese di spedizione sono a parte; ***~ free*** porto affrancato.
postage meter n. AE affrancatrice f.
postage stamp n. francobollo m.
postal /ˈpəʊstl/ agg. [*charges, district, service*] postale; [*application*] spedito per posta.
postal order n. BE vaglia m. postale (**for** di).
postal vote n. BE voto m. per posta.
postbag /ˈpəʊstbæg/ n. BE **1** sacco m. postale **2** *(mail)* posta f.
postbox /ˈpəʊstbɒks/ n. BE buca f., cassetta f. delle lettere.
postcard /ˈpəʊstkɑːd/ n. cartolina f. (postale).
post code n. BE codice m. postale.
postdate /ˌpəʊstˈdeɪt/ tr. postdatare [*document, event*].
poster /ˈpəʊstə(r)/ n. *(for information)* avviso m., affisso m.; *(decorative)* poster m.
poste restante /ˌpəʊstˈrestɑːnt, AE -reˈstænt/ n. BE fermo posta m.
posterior /pɒˈstɪərɪə(r)/ **I** n. SCHERZ. *(buttocks)* posteriore m., didietro m. **II** agg. FORM. posteriore (**to** a).
posterity /pɒˈsterətɪ/ n. posterità f., posteri m.pl.
post-free /ˌpəʊstˈfriː/ agg. e avv. franco di porto.
postgraduate /ˌpəʊstˈgrædʒʊət/ **I** agg. [*course, studies*] di specializzazione post-laurea **II** n. = studente che segue un corso di specializzazione post-laurea.
posthumous /ˈpɒstjʊməs, AE ˈpɒstʃəməs/ agg. postumo.
posthumously /ˈpɒstjʊməslɪ, AE ˈpɒstʃəməslɪ/ avv. [*publish, award*] dopo la morte.
1.posting /ˈpəʊstɪŋ/ n. BE spedizione f.; ***proof of ~*** prova di spedizione.
2.posting /ˈpəʊstɪŋ/ n. *(job)* assegnazione f., destinazione f. (anche MIL.).
postman /ˈpəʊstmən/ ➧ *27* n. (pl. **-men**) postino m.
1.postmark /ˈpəʊstmɑːk/ n. timbro m. postale.
2.postmark /ˈpəʊstmɑːk/ tr. timbrare, apporre il timbro postale su [*letter, postcard*].
postmaster /ˈpəʊstˌmɑːstə(r), AE -ˌmæs-/ ➧ *27* n. direttore m. di un ufficio postale.
Postmaster General n. ministro m. delle Poste.
postmistress /ˈpəʊstmɪstrɪs/ ➧ *27* n. direttrice f. di un ufficio postale.
postmodernist /ˌpəʊstˈmɒdənɪst/ **I** agg. postmodernista **II** n. postmodernista m. e f.
post-mortem /ˌpəʊstˈmɔːtəm/ n. MED. autopsia f.; FIG. analisi f. retrospettiva.
post-natal /ˌpəʊstˈneɪtl/ agg. post-parto.
post office n. **1** *(building)* posta f., ufficio m. postale **2** (anche **Post Office, PO**) ***the ~*** le poste.
Post Office Box n. casella f. postale.
post-operative /ˌpəʊstˈɒpərətɪv, AE -reɪt-/ agg. postoperatorio.
post paid → **post-free**.
postpone /pəˈspəʊn/ tr. rimandare, posticipare, posporre (**until** fino a; **for** di).
postponement /pəˈspəʊnmənt/ n. rinvio m., posticipazione f. (**until** a).
postscript /ˈpəʊsskrɪpt/ n. *(at end of letter, document)* post scriptum m., poscritto m. (**to** a); *(to book)* postfazione f. (**to** a); FIG. seguito m., resto m. (**to** di).
post-tax /ˌpəʊstˈtæks/ agg. e avv. al netto d'imposta.
1.postulate /ˈpɒstjʊlət, AE -tʃʊ-/ n. postulato m. (anche MAT.).
2.postulate /ˈpɒstjʊleɪt, AE -tʃʊ-/ tr. postulare (anche MAT.), presupporre.
1.posture /ˈpɒstʃə(r)/ n. **1** *(pose)* posa f.; FIG. *(stance)* posizione f., atteggiamento m. **2** *(bearing)* portamento m., postura f.
2.posture /ˈpɒstʃə(r)/ intr. SPREG. mettersi in posa, atteggiarsi.
posturing /ˈpɒstʃərɪŋ/ n. SPREG. (l')atteggiarsi.
post-viral (fatigue) syndrome ➧ *11* n. encefalomielite f. mialgica.
postwar /ˌpəʊstˈwɔː(r)/ agg. postbellico, del dopoguerra.
posy /ˈpəʊzɪ/ n. mazzolino m. di fiori.

1.pot /pɒt/ n. **1** *(container)* barattolo m., vasetto m. **2** (anche **tea ~**) teiera f.; ***a ~ of tea for two*** = due tè **3** (anche **coffee ~**) caffettiera f. **4** *(saucepan)* pentola f.; ***~s and pans*** pentolame **5** *(piece of pottery)* ceramica f. **6** (anche **plant ~**) vaso m. **7** (anche **chamber ~**) pitale m.; *(for infant)* vasino m. **8** AE *(in gambling)* posta f. ♦ ***to go to ~*** COLLOQ. [*person*] lasciarsi andare; [*thing*] andare in rovina; ***to have ~s of money*** BE COLLOQ. avere un mucchio di soldi; ***a watched ~ never boils*** pentola guardata non bolle mai; ***to take ~ luck*** *(for meal)* BE mangiare quel che passa il convento; *(for hotel room etc.)* scegliere a casaccio.
2.pot /pɒt/ tr. (forma in -ing ecc. **-tt-**) **1** conservare [qcs.] in un barattolo [*jam*] **2** *(in billiards)* ***to ~ the red*** mandare la rossa in buca **3** (anche **~ up**) piantare [qcs.] in un vaso, mettere [qcs.] in un vaso [*plant*].
3.pot /pɒt/ n. COLLOQ. *(drug)* erba f., maria f.
potash /ˈpɒtæʃ/ n. potassa f.
potassium /pəˈtæsɪəm/ n. potassio m.
potato /pəˈteɪtəʊ/ n (pl. **~es**) patata f.
potato crisps BE, **potato chips** AE n.pl. patatine f.
potato masher n. schiacciapatate m.
potato peeler n. pelapatate m.
pot bellied agg. [*person*] panciuto; [*stove*] bombato.
pot belly n. pancione m., grossa pancia f.
potboiler /ˈpɒtˌbɔɪlə(r)/ n. SPREG. *(artistic work)* = opera realizzata unicamente per vendere.
pot-bound /ˈpɒtˌbaʊnd/ agg. [*plant*] in un vaso troppo piccolo.
potency /ˈpəʊtnsɪ/ n. **1** *(of drug, voice)* potenza f.; *(of image)* forza f., potenza f.; *(of remedy)* efficacia f. **2** *(sexual)* potenza f. sessuale.
potent /ˈpəʊtnt/ agg. **1** *(strong)* [*force, drug*] potente; [*symbol, argument*] convincente; [*remedy*] efficace; [*drink, mixture*] forte **2** *(sexually)* [*man*] potente.
potentate /ˈpəʊtnteɪt/ n. potentato m., sovrano m.
potential /pəˈtenʃl/ **I** agg. [*danger, champion, investor, victim, rival*] potenziale; ***the play is a ~ success*** la commedia ha buone possibilità di essere un successo **II** n. potenziale m.; ***the ~ to do*** le capacità per fare; ***to fulfil one's ~*** mettere a frutto le proprie capacità.
potentiality /pəˌtenʃɪˈælətɪ/ n. potenzialità f., capacità f.pl.
potentially /pəˈtenʃəlɪ/ avv. potenzialmente.
pot-herbs /ˈpɒthɜːbz/ n.pl. erbette f. (da cucina).
pothole /ˈpɒthəʊl/ n. **1** *(in road)* buca f. **2** GEOL. marmitta f. dei giganti.
potholer /ˈpɒthəʊlə(r)/ n. BE speleologo m. (-a) (dilettante).
potholing /ˈpɒthəʊlɪŋ/ ➧ *10* n. BE speleologia f.
pothook /ˈpɒthʊk/ n. gancio m. (per appendere il paiolo).
potion /ˈpəʊʃn/ n. pozione f.
potluck /ˌpɒtˈlʌk/ n. ***~ dinner*** = cena alla quale ogni invitato porta qualcosa; ***we took ~ and got on the first available flight*** siamo saliti a caso sul primo volo disponibile.
potpie /ˈpɒtpaɪ/ n. AE = torta salata a base di carne, cotta al forno o al vapore.
pot plant n. pianta f. d'appartamento.
pot roast n. brasato m.
potshot /ˈpɒtʃɒt/ n. ***to take a ~ at sth.*** tirare a caso su qcs.
potted /ˈpɒtɪd/ **I** p.pass. → **2.pot II** agg. **1** GASTR. ***~ meat*** BE carne in scatola **2** [*plant*] in vaso **3** *(condensed)* [*biography, history*] breve.
1.potter /ˈpɒtə(r)/ ➧ *27* n. vasaio m. (-a), ceramista m. e f.
2.potter /ˈpɒtə(r)/ intr. BE muoversi a rilento.
■ **potter about, potter around** BE *(do odd jobs)* lavoricchiare; *(go about daily chores)* lavoricchiare in casa; *(pass time idly)* bighellonare.
potter's wheel n. tornio m. da vasaio.
pottery /ˈpɒtərɪ/ n. **1** *(craft, subject)* ceramica f. **2 U** *(ware)* ceramiche f.pl.; ***a piece of ~*** una ceramica **3** *(factory, workshop)* laboratorio m. di ceramiche.
potting compost /ˈpɒtɪŋˌkɒmpɒst/ n. terriccio m.
potting shed /ˈpɒtɪŋʃed/ n. *(in garden)* ripostiglio m. per gli attrezzi.
1.potty /ˈpɒtɪ/ n. INFANT. COLLOQ. vasino m.
2.potty /ˈpɒtɪ/ agg. BE COLLOQ. **1** *(crazy)* matto, fuori di testa; *(foolish)* [*idea*] folle **2** *(enthusiastic)* ***to be ~ about sth.*** andare matto per qcs.

potty-train /ˈpɒtɪtreɪn/ tr. ***to ~ a child*** insegnare a un bambino ad usare il vasino.
pouch /paʊtʃ/ n. **1** *(bag)* trousse f., astuccio m.; *(for tobacco)* borsa f. da tabacco; *(for ammunition)* cartucciera f.; *(for cartridges)* giberna f.; *(for mail)* sacco m. postale; *(for money)* borsellino m.; *(of clothes)* tasca f.; *(of skin)* borsa f. **2** ZOOL. *(of marsupials)* marsupio m.; *(of rodents)* tasca f. guanciale.
pouf(fe) /puːf/ n. *(cushion)* pouf m.
poultice /ˈpəʊltɪs/ n. cataplasma m., fomento m.
poultry /ˈpəʊltrɪ/ n. U *(birds)* volatili m.pl.; *(meat)* pollame m.
poultry farm n. azienda f. avicola.
poultry farming n. avicoltura f.
poultryman /ˈpəʊltrɪˌmæn/ ➧ ***27*** n. (pl. **-men**) AE pollivendolo m.
1.pounce /paʊns/ n. balzo m., salto m.
2.pounce /paʊns/ intr. balzare; ***to ~ on*** [*animal*] balzare su [*prey, object*]; [*person*] lanciarsi su [*victim*]; ***he ~d on my mistake*** al mio errore è saltato su immediatamente.
1.pound /paʊnd/ n. **1** ➧ ***37, 7*** METROL. libbra f.; ***two ~s of apples*** due libbre di mele; ***pears are 80 pence a*** o ***per ~*** le pere vengono 80 penny alla libbra; ***~ for ~ chicken is better value than pork*** a parità di peso conviene di più il pollo del maiale **2** *(unit of currency)* sterlina f.; ***I'll match your donation ~ for ~*** donerò una somma pari alla tua.
2.pound /paʊnd/ n. *(for dogs)* canile m.; *(for cars)* deposito m.
3.pound /paʊnd/ **I** tr. **1** GASTR. *(crush)* pestare [*spices, salt*]; battere [*grain, meat*]; ***to ~ sth. to*** ridurre qcs. in [*powder, paste*]; fare qcs. a [*pieces*] **2** *(beat)* [*waves*] battere contro [*shore*]; ***to ~ sth. with one's fists*** battere coi pugni a [*door*]; battere coi pugni su [*table*] **3** *(bombard)* [*artillery*] bombardare [*city*] **4** *(tread heavily)* ***to ~ the streets*** battere le strade **II** intr. **1** *(knock loudly)* ***to ~ on*** battere su [*door, wall*] **2** *(beat)* [*heart*] battere; ***to ~ on*** [*waves*] infrangersi contro [*beach, rocks*] **3** *(run noisily)* ***to ~ up, down the stairs*** correre rumorosamente su, giù per le scale **4** *(throb)* ***my head is ~ing*** mi sta scoppiando la testa.
▪ **pound away:** ~ ***away at [sth.]*** **1** *(strike hard)* pestare su [*piano*] **2** *(work doggedly)* lavorare sodo a [*novel*].
pounding /ˈpaʊndɪŋ/ n. *(sound) (of waves)* (il) frangersi; *(of drums)* rullo m.; *(of heart)* battito m.; *(of guns, fists)* colpi m.pl.; *(of hooves)* scalpitio m.
pour /pɔː(r)/ **I** tr. **1** versare [*liquid*]; colare [*cement, metal, wax*] **2** (anche **~ out**) *(serve)* servire, versare [*drink*]; ***can I ~ you some more coffee?*** le verso ancora un po' di caffè? ***to ~ oneself a drink*** versarsi da bere **3** *(supply freely)* ***to ~ money into industry*** investire molto denaro nell'industria; ***to ~ one's energies into one's work*** concentrare tutte le proprie energie nel lavoro **II** intr. **1** *(flow)* [*liquid*] colare; ***to ~ into*** [*water, liquid*] colare in; [*smoke, fumes, light*] entrare *o* diffondersi in; ***to ~ out of*** o ***from*** [*smoke, fumes*] uscire (in grande quantità) da; [*water*] sgorgare da; ***tears ~ed down her face*** le lacrime le scorrevano sul volto; ***water ~ed down the walls*** l'acqua colava lungo i muri; ***relief ~ed over me*** fui pervaso da un grande senso di sollievo **2** FIG. ***to ~ into*** [*people*] affluire in; ***to ~ from*** o ***out of*** [*people, cars*] uscire in massa *o* riversarsi fuori da; [*supplies, money*] uscire in grande quantità da; ***to ~ across*** o ***over*** [*people*] riversarsi su [*border, bridge*] **3** *(serve tea, coffee)* ***shall I ~?*** servo io? **4** [*jug, teapot*] versare **III** impers. ***it's ~ing (with rain)*** piove a dirotto ♦ ***to ~ cold water on sth.*** farsi vedere poco entusiasti per qcs.
▪ **pour away:** ~ ***away [sth.]***, ~ ***[sth.] away*** buttare via [*surplus, dregs*].
▪ **pour down** ***the rain was ~ing down*** la pioggia cadeva a dirotto.
▪ **pour in** [*letters, requests, money*] piovere; [*water*] entrare a fiotti.
▪ **pour off:** ~ ***off [sth.]***, ~ ***[sth.] off*** gettare via, eliminare [*excess, fat*].
▪ **pour out:** ~ ***out*** [*liquid, smoke*] uscire (in grandi quantità); [*people*] uscire in massa; ~ ***out [sth.]***, ~ ***[sth.] out*** **1** versare, servire [*coffee, wine etc.*] **2** FIG. dare libero sfogo a [*ideas*]; sfogare [*feelings, anger*] (**to sb.** con qcn.); scaricare [*fumes, sewage*]; ***to ~ out one's troubles*** o ***heart to sb.*** sfogarsi con qcn.

pouring /ˈpɔːrɪŋ/ agg. ***in the ~ rain*** sotto la pioggia battente.
1.pout /paʊt/ n. muso m., broncio m.
2.pout /paʊt/ intr. fare il broncio, imbronciarsi.
poverty /ˈpɒvətɪ/ n. **1** *(lack of money)* povertà f.; *(more severe)* miseria f. **2** *(of imagination, resources)* povertà f., scarsezza f.
poverty line, poverty level n. soglia f. di povertà.
poverty-stricken /ˈpɒvətɪstrɪkn/ agg. molto povero, poverissimo.
POW n. (⇒ prisoner of war) = prigioniero di guerra.
1.powder /ˈpaʊdə(r)/ n. polvere f.; COSMET. cipria f.; *(snow)* neve f. farinosa; ***in ~ form*** in polvere ♦ ***to keep one's ~ dry*** tenere gli occhi ben aperti.
2.powder /ˈpaʊdə(r)/ tr. **1** COSMET. incipriare [*face*] **2** *(grind up)* macinare, ridurre in polvere ♦ ***to ~ one's nose*** EUFEM. SCHERZ. *(go to the toilet)* andare a incipriarsi il naso.
powder blue ➧ **5 I** n. azzurro m. pastello **II** agg. azzurro pastello.
powder compact n. portacipria m.
powdered /ˈpaʊdəd/ **I** p.pass. → **2.powder II** agg. [*egg, milk, coffee*] in polvere.
powder keg n. MIL. barile m. di polvere da sparo; FIG. polveriera f.
powder puff n. piumino m. della cipria.
powder room n. EUFEM. toilette f. per signore.
powdery /ˈpaʊdərɪ/ agg. **1** *(in consistency)* in polvere; [*stone*] friabile **2** *(covered with powder)* impolverato, coperto di polvere.
1.power /ˈpaʊə(r)/ **I** n. **1** *(control)* potere m.; ***to be in, come to ~*** essere, salire al potere; ***to be in sb.'s ~*** essere alla mercé di qcn.; ***to have sb. in one's ~*** avere qcn. in pugno **2** *(strength)* potenza f., forza f. **3** *(influence)* influenza f., ascendente m. **4** *(capability)* capacità f.; ***~(s) of persuasion*** forza di persuasione; ***to do everything in one's ~*** fare quanto è in proprio potere; ***to lose the ~ of speech*** perdere l'uso della parola; ***to be at the height of one's ~s*** essere all'apogeo della potenza; [*artist*] essere all'apice della creatività **5 U** *(authority)* poteri m.pl. **6** *(physical force) (of person, explosion)* forza f., potenza f.; *(of storm)* violenza f. **7** FIS. TECN. energia f.; *(current)* corrente f.; ***to switch on the ~*** attaccare la corrente **8** *(of vehicle, plane)* potenza f.; ***to be running at full, half ~*** funzionare a massima potenza, a potenza ridotta **9** *(magnification)* potenza f. **10** MAT. ***8 to the ~ of 3*** 8 alla potenza di 3 **11** *(country)* potenza f. **II** modif. TECN. EL. [*drill, circuit, cable*] elettrico; [*mower*] a motore; [*shovel*] meccanico; ***~ brake*** servofreno ♦ ***to do sb. a ~ of good*** essere un toccasana per qcn.; ***the ~s of darkness*** le potenze delle tenebre; ***the ~s that be*** il potere costituito.
2.power /ˈpaʊə(r)/ tr. alimentare [*engine*]; motorizzare [*plane, boat*]; ***~ed by*** che va a [*engine*]; che funziona a [*gas*]; alimentato da [*electricity, generator*].
power-assisted /ˌpaʊərəˈsɪstɪd/ agg. ***~ steering*** servosterzo.
power base n. POL. base f. di potere.
powerboat /ˈpaʊəbəʊt/ n. fuoribordo m.
power breakfast n. = importante incontro d'affari nel corso di una prima colazione.
power broker n. AE POL. intrallazzatore m. (-trice).
power cut n. interruzione f. di corrente.
power dressing n. = stile nel vestire di chi vuole segnalare la propria posizione di potere (soprattutto nel mondo degli affari).
power-driven /ˈpaʊəˌdrɪvn/ agg. [*lawnmower*] a motore; [*bike*] elettrico.
powered /ˈpaʊəd/ **I** p.pass. → **2.power II** agg. in composti ***electrically-~*** elettrico.
powerful /ˈpaʊəfl/ agg. [*person*] potente, influente; [*arms, engine, computer, bomb*] potente; [*voice*] possente; [*description, portrayal*] efficace; [*smell, emotion, impression, light*] forte, intenso; [*blow*] forte, vigoroso; [*argument, evidence*] convincente; [*performance*] coinvolgente.
powerfully /ˈpaʊəfəlɪ/ avv. [*influenced, affected*] fortemente; [*portrayed*] con efficacia; [*argue*] in modo energico; [*smell*] intensamente; ***to be ~ built*** avere un fisico possente.
powerhouse /ˈpaʊəhaʊs/ n. **1** centrale f. elettrica **2** COLLOQ. FIG. *(of ideas etc.)* fucina f. **3** FIG. *(person)* vulcano m.

powerless /ˈpaʊəlɪs/ agg. impotente (**against** innanzi); ***I was ~ to prevent it*** non ho potuto fare niente per impedirlo.
power line n. linea f. elettrica.
power lunch n. = importante incontro d'affari nel corso di un pranzo di lavoro.
power nap n. sonnellino m. rigenerante.
power of attorney n. procura f.
power plant n. AE → **power station**.
power play n. AE concentrazione f. di forze.
power point n. presa f. (di corrente).
power politics n. *(using military force)* politica f. della forza; *(using coercion)* politica f. intimidatoria.
power sharing n. = tipo di governo in cui i partiti dividono il potere.
power station n. centrale f. elettrica.
power user n. INFORM. utente m. e f. avanzato (-a).
powwow /ˈpaʊwaʊ/ n. **1** *(council)* = consiglio, riunione di indiani del Nord America **2** COLLOQ. FIG. = riunione.
pp 1 *(on document)* ⇒ per procurationem per procura (p.p.) **2** ⇒ pages pagine (pp., pagg.).
p&p n. (⇒ postage and packing) = spese di spedizione.
PR n. **1** (⇒ public relations pubbliche relazioni) PR f. **2** (⇒ proportional representation) = rappresentanza proporzionale.
practicability /ˌpræktɪkəˈbɪlətɪ/ n. **1** *(of proposal, plan)* attuabilità f. **2** *(of roads, access)* praticabilità f.
practicable /ˈpræktɪkəbl/ agg. **1** [*proposal, plan*] realizzabile **2** [*road*] praticabile.
practical /ˈpræktɪkl/ **I** agg. **1** *(concrete, not theoretical)* pratico, concreto; ***for all ~ purposes*** di fatto; ***in ~ terms*** in pratica **2** [*person*] *(sensible)* (con senso) pratico; *(with hands)* pratico **3** *(functional)* [*clothes, equipment*] pratico **4** *(viable)* [*plan*] realizzabile **II** n. *(exam)* esame m. pratico, prova f. pratica; *(lesson)* lezione f. pratica.
practicality /ˌpræktɪˈkælətɪ/ **I** n. **1** *(of person)* senso m. pratico; *(of clothes, equipment)* praticità f. **2** *(of scheme, idea, project)* aspetto m. pratico **II practicalities** n.pl. dettagli m. pratici.
practical joke n. burla f., scherzo m.
practically /ˈpræktɪklɪ/ avv. **1** *(almost, virtually)* quasi, praticamente **2** *(in a practical way)* in modo pratico.
1.practice /ˈpræktɪs/ **I** n. **1 U** *(exercises)* esercizio m.; *(experience)* pratica f.; ***to have had ~ in*** o ***at sth., in*** o ***at doing*** avere esperienza in qcs., nel fare; ***to be in ~*** *(for sport)* essere allenato; *(for music)* essersi esercitato; ***to be out of ~*** essere fuori esercizio **2** *(meeting)* *(for sport)* allenamento m.; *(for music, drama)* prove f.pl. **3** *(procedure)* pratica f., procedura f.; ***it's standard ~ to do*** è una procedura standard fare; ***business ~*** prassi (aziendale) **4 C** *(habit)* abitudine f.; ***to make a ~ of doing*** prendere l'abitudine di fare; ***as is my usual ~*** come faccio di prassi **5** *(custom)* usanza f. **6** *(business of doctor, lawyer)* pratica f. (professionale), esercizio m. (della professione); ***to be in ~*** esercitare (la professione); ***to set up in*** o ***go into ~*** aprire uno studio **7 U** *(as opposed to theory)* pratica f.; ***in ~*** in pratica **II** modif. [*game, match*] di allenamento; [*flight*] di prova ♦ ***~ makes perfect*** vale più la pratica che la grammatica.
2.practice AE → **practise**.
practiced AE → **practised**.
practicing AE → **practising**.
practise BE, **practice** AE /ˈpræktɪs/ **I** tr. **1** *(work at)* provare [*song, speech*]; esercitarsi in [*Italian*]; esercitare [*movement, shot*]; perfezionare [*technique*]; fare le prove per [*play*]; ***to ~ the piano*** esercitarsi al pianoforte **2** *(use)* utilizzare, praticare [*method*]; ***to ~ restraint*** esercitare l'autocontrollo; ***to ~ kindness*** essere gentile **3** *(follow a profession)* praticare, esercitare; ***to ~ medicine*** esercitare la professione di medico **4** *(observe)* osservare, praticare [*custom, religion*] **II** intr. **1** *(train)* *(at piano, violin)* esercitarsi; *(for sports)* allenarsi; *(for play, concert)* provare **2** *(follow a profession)* esercitare una professione; ***to ~ as*** fare il [*doctor, lawyer*] ♦ ***to ~ what one preaches*** mettere in pratica ciò che si predica.
practised BE, **practiced** AE /ˈpræktɪst/ **I** p.pass. → **practise II** agg. [*player, lawyer, cheat*] esperto; [*eye, ear*] allenato; [*movement*] perfetto; ***to be ~ in, in doing*** essere esperto in, a fare.
practising BE, **practicing** AE /ˈpræktɪsɪŋ/ agg. [*Christian, Muslim*] praticante; [*doctor, lawyer*] che esercita; [*homosexual*] (sessualmente) attivo.
practitioner /prækˈtɪʃənə(r)/ n. professionista m. e f.; ***dental ~*** dentista.
pragmatic(al) /prægˈmætɪk(l)/ agg. **1** *(matter-of-fact)* pratico, pragmatico **2** FILOS. pragmatistico.
pragmatics /prægˈmætɪks/ n. + verbo sing. **1** LING. pragmatica f. **2** *(of scheme, situation)* aspetto m. pratico, aspetti m.pl. pratici.
pragmatism /ˈprægmətɪzəm/ n. FILOS. pragmatismo m.
pragmatist /ˈprægmətɪst/ n. **1** *(practical person)* pragmatico m. (-a) **2** FILOS. pragmatista m. e f. **3** LING. studioso m. (-a) di pragmatica.
Prague /prɑːg/ ♦ *34* n.pr. Praga f.
prairie /ˈpreərɪ/ n. prateria f.
prairie dog n. cane m. delle praterie.
prairie wolf n. AE coyote m.
1.praise /preɪz/ n. **1** elogio m., lode f.; ***in ~ of sb.*** in lode di qcn.; ***to be highly ~d*** ricevere molti elogi; ***that's ~ indeed coming from her*** detto da lei è davvero un complimento **2** RELIG. gloria f.; ***Praise be to God!*** Dio sia lodato!
2.praise /preɪz/ tr. **1** lodare [*person, book, achievement*]; ***to ~ sb. for sth., for doing*** lodare qcn. per qcs., per avere fatto; ***to ~ sb. to the skies*** portare *o* levare qcn. alle stelle **2** RELIG. lodare [*God*].
praiseworthiness /ˈpreɪzwɜːðɪnɪs/ n. (l')essere lodevole.
praiseworthy /ˈpreɪzwɜːðɪ/ agg. lodevole, encomiabile.
pram /præm/ n. BE carrozzina f. (per bambini).
prance /prɑːns, AE præns/ intr. [*horse*] impennarsi; [*person*] *(gaily)* saltellare; *(smugly)* camminare impettito; ***to ~ in, out*** [*person*] entrare, uscire baldanzosamente *o* saltellando.
prank /præŋk/ n. burla f., scherzo m.
prankster /ˈpræŋkstə(r)/ n. burlone m. (-a).
prat /præt/ n. BE POP. scemo m. (-a), cretino m. (-a).
1.prattle /ˈprætl/ n. chiacchiere f.pl., ciance f.pl., cicaleccio m.
2.prattle /ˈprætl/ intr. parlare a vanvera, cianciare; ***to ~ on about sth.*** chiacchierare ininterrottamente su qcs.
prawn /prɔːn/ **I** n. gamberetto m. **II** modif. [*salad, cocktail*] di gamberetti; [*sandwich*] con i gamberetti.
1.pray /preɪ/ **I** tr. RELIG. pregare, implorare; ***to ~ God for forgiveness*** implorare il perdono di Dio **II** intr. pregare (anche RELIG.); ***to ~ to God*** pregare Dio; ***to ~ for fair weather*** pregare che faccia bel tempo.
2.pray /preɪ/ avv. ANT. di grazia, per favore (anche IRON.).
prayer /ˈpreə(r)/ **I** n. RELIG. preghiera f.; FIG. *(hope)* supplica f.; ***to say one's prayers*** dire le preghiere; ***his ~s were answered*** FIG. le sue preghiere furono esaudite **II prayers** n.pl. *(informal)* preghiere f.; *(formal)* ufficio m.sing. ♦ ***on a wing and a ~*** COLLOQ. = con ancora un filo di speranza.
prayer beads n.pl. rosario m.sing.
prayer book n. libro m. di preghiere.
prayer mat, **prayer rug** n. tappeto m. di preghiera.
prayer shawl n. taled m.
prayer wheel n. mulino m. da preghiere.
preach /priːtʃ/ **I** tr. RELIG. predicare (**to** a); FIG. predicare, esaltare [*tolerance, virtue, pacifism*] **II** intr. RELIG. predicare (**to** a); FIG. SPREG. fare la predica ♦ ***to practise what one ~es*** mettere in pratica ciò che si predica; ***to ~ to the converted*** sfondare una porta aperta.
preacher /ˈpriːtʃə(r)/ n. predicatore m.
preamble /priːˈæmbl/ n. preambolo m.
prearrange /ˌpriːəˈreɪndʒ/ tr. prestabilire, predisporre.
precarious /prɪˈkeərɪəs/ agg. *(unstable, uncertain)* precario, incerto; *(risky)* rischioso.
precariousness /prɪˈkeərɪəsnɪs/ n. precarietà f.
precast /ˌpriːˈkɑːst, AE -ˈkæst/ agg. prefabbricato; ***~ concrete*** componenti di calcestruzzo prefabbricati.
precaution /prɪˈkɔːʃn/ n. precauzione f.
precautionary /prɪˈkɔːʃənərɪ, AE -nerɪ/ agg. precauzionale, preventivo.
precede /prɪˈsiːd/ tr. precedere.
precedence /ˈpresɪdəns/ n. **1** *(in importance)* priorità f., precedenza f.; ***to take ~ over sb.*** avere la precedenza su qcn. **2** *(in rank)* precedenza f.

precedent /ˈpresɪdənt/ n. precedente m.; ***to set a ~*** creare un precedente.
preceding /prɪˈsiːdɪŋ/ agg. precedente.
precept /ˈpriːsept/ n. *(rule)* precetto m.; *(maxim)* massima f.
preceptor /ˈpriːseptə(r)/ n. AE UNIV. = medico specialista presso il quale gli studenti di medicina svolgono il tirocinio.
precinct /ˈpriːsɪŋkt/ **I** n. **1** BE (anche **shopping ~**) zona f. commerciale **2** BE (anche **pedestrian ~**) isola f., zona f. pedonale **3** AE AMM. *(of county)* circoscrizione f.; *(of city)* distretto m. **II precincts** n.pl. BE *(of university, cathedral)* confini m.
precious /ˈpreʃəs/ **I** agg. **1** *(valuable)* [*resource, object, time*] prezioso **2** *(held dear)* [*person*] caro (**to** a) **3** COLLOQ. IRON. *(beloved)* amato **4** SPREG. *(affected)* [*person*] che si atteggia; [*style*] affettato **II** avv. *(very)* ***~ little time*** molto poco tempo; ***~ few cars*** veramente poche macchine **III** n. *(as endearment)* caro m. (-a).
precipice /ˈpresɪpɪs/ n. precipizio m. (anche FIG.), strapiombo m.
1.precipitate I /prɪˈsɪpɪtət/ agg. *(hasty)* [*action*] precipitoso, affrettato **II** /prɪˈsɪpɪteɪt/ n. CHIM. precipitato m.
2.precipitate /prɪˈsɪpɪteɪt/ **I** tr. **1** CHIM. precipitare **2** *(hurl)* (fare) precipitare **3** *(hasten)* precipitare, accelerare **II** intr. CHIM. precipitare.
precipitately /prɪˈsɪpɪtətlɪ/ avv. FORM. frettolosamente, precipitosamente.
precipitation /prɪˌsɪpɪˈteɪʃn/ n. **1** CHIM. precipitazione f. **2** METEOR. precipitazioni f.pl.
precipitous /prɪˈsɪpɪtəs/ agg. **1** FORM. *(steep)* [*cliff*] scosceso, a picco; [*road, steps*] ripido **2** *(hasty)* [*action*] precipitoso, affrettato.
1.précis /ˈpreɪsiː, AE preɪˈsiː/ n. (pl. ~) riassunto m., sunto m.
2.précis /ˈpreɪsiː, AE preɪˈsiː/ tr. fare un riassunto di, riassumere [*text, speech*].
precise /prɪˈsaɪs/ agg. **1** *(exact)* [*idea, moment, measurement*] preciso **2** *(meticulous)* [*person*] meticoloso, puntiglioso.
precisely /prɪˈsaɪslɪ/ avv. **1** *(exactly)* esattamente, precisamente; ***at ten o'clock ~*** alle dieci precise **2** *(accurately)* [*describe, record*] con precisione.
precision /prɪˈsɪʒn/ **I** n. precisione f. **II** modif. [*tool*] di precisione.
preclude /prɪˈkluːd/ tr. escludere [*possibility*]; impedire [*action*]; ***to ~ sb. (from) doing*** impedire a qcn. di fare.
precocious /prɪˈkəʊʃəs/ agg. precoce.
precociousness /prɪˈkəʊʃəsnɪs/, **precocity** /prɪˈkɒsətɪ/ n. precocità f.
preconceived /ˌpriːkənˈsiːvd/ agg. preconcetto.
preconception /ˌpriːkənˈsepʃn/ n. preconcetto m., idea f. preconcetta, pregiudizio m.
1.precondition /ˌpriːkənˈdɪʃn/ n. requisito m. indispensabile.
2.precondition /ˌpriːkənˈdɪʃn/ tr. preparare, predisporre (anche PSIC.).
precook /ˌpriːˈkʊk/ tr. cuocere prima, preparare prima.
precooked /ˌpriːˈkʊkt/ **I** p.pass. → **precook II** agg. precotto.
precursor /ˌpriːˈkɜːsə(r)/ n. **1** *(person)* precursore m. (-corritrice); *(sign)* presagio m., segnale m. **2** *(prelude)* preludio m. (**to, of** a) **3** *(predecessor)* predecessore m. (-a).
predate /ˌpriːˈdeɪt/ tr. **1** *(put earlier date)* retrodatare [*cheque, document*] **2** *(exist before)* [*discovery*] precedere, essere antecedente a; [*building*] risalire a prima di.
predator /ˈpredətə(r)/ n. predatore m.
predatory /ˈpredətrɪ, AE -tɔːrɪ/ agg. [*animal*] rapace, predatore.
predecease /ˌpriːdɪˈsiːs/ tr. DIR. FORM. premorire a.
predecessor /ˈpriːdɪsesə(r), AE ˈpredə-/ n. predecessore m. (-a).
predestination /ˌpriːdestɪˈneɪʃn/ n. predestinazione f.
predestine /ˌpriːˈdestɪn/ tr. predestinare.
predetermine /ˌpriːdɪˈtɜːmɪn/ tr. **1** *(fix beforehand)* decidere anticipatamente, determinare anticipatamente **2** RELIG. FILOS. predeterminare.
predicament /prɪˈdɪkəmənt/ n. situazione f. difficile.
1.predicate /ˈpredɪkət/ **I** n. LING. FILOS. predicato m. **II** agg. LING. FILOS. predicativo.
2.predicate /ˈpredɪkeɪt/ tr. **1** *(assert)* sostenere [*theory*]; ***to ~ that*** asserire che **2** FILOS. *(affirm)* predicare **3** *(base)* fondare (**on** su).
predicative /prɪˈdɪkətɪv, AE ˈpredɪkeɪtɪv/ agg. LING. predicativo.
predict /prɪˈdɪkt/ tr. predire [*future, event*].
predictable /prɪˈdɪktəbl/ agg. prevedibile.
predictably /prɪˈdɪktəblɪ/ avv. [*boring, late*] come previsto; ***~, nobody came*** come ci si aspettava, non è venuto nessuno.
prediction /prɪˈdɪkʃn/ n. predizione f., previsione f.; *(prophecy)* profezia f.
predigested /ˌpriːdaɪˈdʒestɪd, -dɪ-/ agg. predigerito.
predilection /ˌpriːdɪˈlekʃn, AE ˌpredlˈek-/ n. predilezione f.
predispose /ˌpriːdɪˈspəʊz/ tr. predisporre.
predisposition /ˌpriːdɪspəˈzɪʃn/ n. predisposizione f.
predominance /prɪˈdɒmɪnəns/ n. predominanza f.
predominant /prɪˈdɒmɪnənt/ agg. predominante.
predominantly /prɪˈdɒmɪnəntlɪ/ avv. [*represent, feature*] in predominanza, predominantemente; [*Muslim, female*] prevalentemente; ***the flowers were ~ pink*** i fiori erano in prevalenza rosa.
predominate /prɪˈdɒmɪneɪt/ intr. predominare, prevalere.
pre-eminence /ˌpriːˈemɪnəns/ n. preminenza f.; SPORT superiorità f.
pre-eminent /ˌpriːˈemɪnənt/ agg. **1** *(distinguished)* [*celebrity, scientist*] eminente **2** *(leading)* [*nation, cult, company*] preminente.
pre-eminently /ˌpriːˈemɪnəntlɪ/ avv. **1** *(highly)* [*successful, distinguished*] particolarmente **2** *(above all)* in modo preminente rispetto ad altri.
pre-empt /ˌpriːˈempt/ tr. **1** *(anticipate)* anticipare [*question, decision, move*]; precedere [*person*] **2** *(thwart)* ostacolare, contrastare [*action, plan*].
pre-emptive /ˌpriːˈemptɪv/ agg. MIL. [*strike, attack*] preventivo.
preen /priːn/ **I** tr. [*bird*] lisciarsi [*feathers*] **II** intr. [*bird*] lisciarsi le penne **III** rifl. ***to ~ oneself*** [*bird*] lisciarsi le penne; [*person*] SPREG. pavoneggiarsi.
pre-exist /ˌpriːɪgˈzɪst/ **I** tr. preesistere a, esistere prima di **II** intr. [*situation*] sussistere prima; [*person, soul*] preesistere.
pre-existing /ˌpriːɪgˈzɪstɪŋ/ agg. preesistente.
prefab /ˈpriːfæb, AE ˌpriːˈfæb/ n. prefabbricato m.
prefabricate /ˌpriːˈfæbrɪkeɪt/ tr. prefabbricare.
1.preface /ˈprefɪs/ n. *(to book)* prefazione f.; *(to speech)* preambolo m.
2.preface /ˈprefɪs/ tr. scrivere una prefazione a [*book*]; ***to ~ sth. with sth.*** fare precedere qcs. da qcs.
prefaded /ˌpriːˈfeɪdɪd/ agg. [*jeans*] délavé.
prefatory /ˈprefətrɪ, AE -tɔːrɪ/ agg. [*comments, pages, notes*] introduttivo.
prefect /ˈpriːfekt/ n. **1** POL. STOR. RELIG. prefetto m. **2** BE SCOL. = studente incaricato di mantenere la disciplina tra i suoi compagni.
prefecture /ˈpriːfektjʊə(r), AE -tʃər/ n. POL. STOR. RELIG. prefettura f.
prefer /prɪˈfɜː(r)/ tr. (forma in -ing ecc. **-rr-**) **1** *(like better)* preferire; ***I ~ painting to drawing*** preferisco dipingere piuttosto che disegnare; ***to ~ to walk rather than to take the bus*** preferire camminare piuttosto che prendere l'autobus; ***I would ~ it if you didn't smoke*** preferirei (che) tu non fumassi **2** DIR. ***to ~ charges*** citare in giudizio, denunciare **3** *(promote)* elevare, fare salire di rango [*clergyman*].
preferable /ˈprefrəbl/ agg. preferibile.
preferably /ˈprefrəblɪ/ avv. preferibilmente.
preference /ˈprefrəns/ n. preferenza f.; ***in ~ to*** preferibilmente a; ***in ~ to doing*** piuttosto di *o* che fare.
preference share n. BE ECON. azione f. privilegiata.
preferential /ˌprefəˈrenʃl/ agg. preferenziale.
preferment /prɪˈfɜːmənt/ n. AMM. promozione f., avanzamento m.
preferred /prɪˈfɜːd/ **I** p.pass. → **prefer II** agg. attrib. [*method*] preferito; [*option, solution*] preferibile; [*candidate*] favorito; ***~ creditor*** ECON. creditore privilegiato.

prefigure /ˌpriːˈfɪɡə(r), AE -gjər/ tr. **1** *(be an early sign of)* [*event*] prefigurare; [*person*] essere il precursore di **2** *(imagine beforehand)* prevedere, immaginare.

1.prefix /ˈpriːfɪks/ n. LING. prefisso m.

2.prefix /ˈpriːfɪks/ tr. mettere come prefisso a, prefissare [*word*]; ***to ~ X to Y*** fare precedere X a Y.

pregnancy /ˈpregnənsɪ/ n. gravidanza f., gestazione f.

pregnant /ˈpregnənt/ n. **1** MED. [*woman*] incinta, gravida; [*female animal*] gravida, pregna; ***to get a woman ~*** COLLOQ. mettere incinta una donna; ***two months ~*** incinta di due mesi; ***to be ~ with twins*** aspettare due gemelli **2** FIG. [*pause*] significativo, suggestivo; [*word*] pregnante; ***~ with meaning*** denso di significato; ***~ with danger*** pieno di pericoli.

preheat /ˌpriːˈhiːt/ tr. preriscaldare [*oven*].

prehensile /ˌpriːˈhensaɪl, AE -sl/ agg. prensile.

prehistoric /ˌpriːhɪˈstɒrɪk, AE -tɔːrɪk/ agg. preistorico (anche FIG.).

prehistory /ˌpriːˈhɪstrɪ/ n. preistoria f. (anche FIG.).

pre-ignition /ˌpriːɪgˈnɪʃn/ n. preaccensione f.

prejudge /ˌpriːˈdʒʌdʒ/ tr. dare un giudizio avventato su, giudicare prematuramente [*person*]; dare un giudizio avventato su [*issue*].

1.prejudice /ˈpredʒʊdɪs/ n. **1 C** pregiudizio m., preconcetto m.; ***to overcome one's ~s*** superare i propri pregiudizi **2 U** pregiudizi m.pl., preconcetti m.pl.; ***racial ~*** pregiudizi razziali **3** *(harm)* DIR. pregiudizio m.

2.prejudice /ˈpredʒʊdɪs/ tr. **1** *(bias)* influenzare; ***to ~ sb. against, in favour of*** influenzare negativamente, positivamente qcn. nei confronti di **2** *(harm, jeopardize)* pregiudicare [*claim, case*]; recare pregiudizio a [*person*]; pregiudicare, compromettere [*chances*].

prejudiced /ˈpredʒʊdɪst/ **I** p.pass. → **2.prejudice II** agg. [*person*] con pregiudizi, prevenuto; [*opinion*] preconcetto; [*judgment, account*] tendenzioso; ***~ in favour of*** ben disposto verso.

prejudicial /ˌpredʒʊˈdɪʃl/ agg. FORM. pregiudizievole.

prelate /ˈprelət/ n. prelato m.

prelim /ˈpriːlɪm/ n. gener. pl. **1** BE UNIV. preesame m. **2** BE SCOL. = esame di prova prima dell'esame effettivo.

preliminary /prɪˈlɪmɪnərɪ, AE -nerɪ/ **I** agg. [*comment, test*] preliminare; [*heat, round*] eliminatorio; DIR. [*hearing, inquiry*] preliminare; ***~ data*** prime informazioni; ***~ to*** preliminare a **II** n. **1** ***as a ~ to*** come introduzione *o* preliminare a **2** SPORT eliminatoria f. **III preliminaries** n.pl. preliminari m. (**to** a).

prelude /ˈpreljuːd/ n. preludio m. (anche MUS.).

premarital /ˌpriːˈmærɪtl/ agg. prematrimoniale.

premature /ˈpremətjʊə(r), AE ˌpriːməˈtʊər/ agg. **1** prematuro **2** MED. [*baby*] prematuro; [*ejaculation, menopause*] precoce; ***to be born two weeks ~*** essere nato in anticipo di due settimane.

prematurely /ˈpremətjʊəlɪ, AE ˌpriːməˈtʊərlɪ/ avv. [*act, be born, die*] prematuramente; [*aged, wrinkled*] precocemente.

premedication /ˌpriːmedɪˈkeɪʃn/ n. (anche **premed**) preanestesia f.

premeditate /ˌpriːˈmedɪteɪt/ tr. DIR. premeditare [*act, crime*].

premeditation /ˌpriːmedɪˈteɪʃn/ n. DIR. premeditazione f.

premenstrual /ˌpriːˈmenstrʊəl/ agg. [*syndrome, tension*] premestruale.

premier /ˈpremɪə(r), AE ˈpriːmɪər/ **I** agg. primo **II** n. premier m., primo ministro m., capo m. del governo.

1.première /ˈpremɪeə(r), AE ˈpriːmɪər/ n. TEATR. CINEM. prima f.

2.première /ˈpremɪeə(r), AE ˈpriːmɪər/ **I** tr. dare la prima di [*film, play*] **II** intr. [*film*] essere proiettato per la prima volta.

Premier League n. GB *(in football)* = la serie A.

premiership /ˈpremɪeəʃɪp, AE prɪˈmɪərʃɪp/ n. *(of prime minister)* carica f. di premier, di primo ministro; *(of head of government)* carica f. di capo del governo; *(period of office)* governo m.

premise /ˈpremɪs/ **I** n. BE (anche **premiss** BE) premessa f.; ***on the ~ that*** premesso che **II premises** n.pl. = proprietà immobiliare costituita da edifici ed eventuali terreni adiacenti; ***on the ~s*** nello stabile, nell'edificio; ***off the ~s*** fuori dallo stabile *o* dall'edificio; ***he asked me to leave the ~s*** mi chiese di andarmene *o* di lasciare il locale.

premium /ˈpriːmɪəm/ n. **1** *(extra payment)* premio m., ricompensa f. **2** *(on the stock exchange)* sovrapprezzo m.; ***to sell shares at a ~*** vendere delle azioni sopra la pari **3** *(in insurance)* premio m. (di assicurazione) **4** COMM. *(payment for lease)* buonentrata f. **5** FIG. ***to be at a ~*** valere oro; ***to put*** o ***place*** o ***set a (high) ~ on sth.*** dare (estrema) importanza a qcs.

premium bond n. BE titolo m. di stato a premio.

premium fuel BE, **premium gasoline** AE n. supercarburante m.

premonition /ˌpriːməˈnɪʃn, ˌpre-/ n. premonizione f., presentimento m.

premonitory /prɪˈmɒnɪtərɪ, AE -tɔːrɪ/ agg. FORM. premonitore, premonitorio.

prenatal /ˌpriːˈneɪtl/ agg. AE prenatale.

preoccupation /ˌpriːɒkjʊˈpeɪʃn/ n. preoccupazione f.; ***to have a ~ with*** preoccuparsi di; ***his ~ with*** la sua preoccupazione per.

preoccupied /ˌpriːˈɒkjʊpaɪd/ **I** p.pass. → **preoccupy II** agg. preoccupato (**with**, **by** per).

preoccupy /ˌpriːˈɒkjʊpaɪ/ tr. preoccupare.

preoperative /ˌpriːˈɒpərətɪv, AE -reɪt-/ agg. preoperatorio.

preordained /ˌpriːɔːˈdeɪnd/ agg. **1** [*decree, order*] predisposto **2** RELIG. FILOS. [*outcome, pattern*] prestabilito.

prep /prep/ n. **1** BE COLLOQ. *(homework)* compiti m.pl.; *(study period)* ora f. di studio **2** AE COLLOQ. *(student)* preppy m. e f.

prepack /ˌpriːˈpæk/, **prepackage** /ˌpriːˈpækɪdʒ/ tr. preconfezionare.

prepaid /ˌpriːˈpeɪd/ **I** p.pass. → **prepay II** agg. prepagato; ***carriage ~*** franco di porto; ***~ envelope*** busta preaffrancata.

preparation /ˌprepəˈreɪʃn/ n. **1** *(of meal, report, lecture, event)* preparazione f.; ***~s*** preparativi; ***in ~ for*** in vista di [*event, journey*] **2** *(physical, psychological)* preparazione f.; *(sporting)* allenamento m. **3** COSMET. GASTR. MED. *(substance)* preparato m. **4 U** BE *(homework)* compiti m.pl.

preparatory /prɪˈpærətrɪ, AE -tɔːrɪ/ agg. [*course*] preparatorio, propedeutico; [*training, meeting, report, investigations*] preliminare; [*drawing*] preparatorio; ***~ to sth.*** in vista di qcs., prima di qcs.; ***~ to doing*** prima di fare.

preparatory school n. **1** BE = scuola privata di preparazione alla scuola superiore **2** AE = scuola superiore privata di preparazione al college.

prepare /prɪˈpeə(r)/ **I** tr. *(make ready, plan)* preparare [*food, room, class, speech, report, surprise*]; ***to ~ to do*** prepararsi *o* accingersi a fare; ***to ~ sb. for*** preparare qcn. a [*exam, situation, shock*] **II** intr. ***to ~ for*** prepararsi a [*trip, talks, exam, war*]; prepararsi per [*party, ceremony, game*] **III** rifl. ***to ~ oneself*** prepararsi.

prepared /prɪˈpeəd/ **I** p.pass. → **prepare II** agg. **1** *(willing)* ***to be ~ to do*** essere disposto a fare **2** *(ready)* ***to be ~ for*** essere pronto per, essere preparato a [*event, change*]; ***to be well-, ill-~*** *(with materials)* essere bene, male equipaggiato; ***to come ~*** arrivare preparato; ***to be ~ for the worst*** essere pronti *o* preparati al peggio; ***I really wasn't ~ for this!*** proprio non ero preparato a questo! questo mi coglie impreparato! **3** *(ready-made)* [*meal*] già pronto; [*speech*] preparato; [*response*] pronto, preparato in precedenza.

preparedness /prɪˈpeərɪdnɪs/ n. **1** ***~ for*** (l')essere preparato a [*disaster*]; ***a state of ~*** MIL. stato d'allerta **2** *(willingness)* ***her ~ to address major issues*** la sua disponibilità a trattare questioni di una certa importanza.

prepay /ˌpriːˈpeɪ/ tr. (pass., p.pass. **-paid**) pagare in anticipo.

prepayment /ˌpriːˈpeɪmənt/ n. pagamento m. anticipato, prepagamento m.

pre-plan /priːˈplæn/ tr. (forma in -ing ecc. **-nn-**) pre-programmare.

preponderance /prɪˈpɒndərəns/ n. preponderanza f.

preponderant /prɪˈpɒndərənt/ agg. preponderante.

preponderantly /prɪˈpɒndərəntlɪ/ avv. preponderantemente.

preponderate /prɪˈpɒndəreɪt/ intr. preponderare, prevalere.

preposition /ˌprepəˈzɪʃn/ n. preposizione f.

prepositional /ˌprepəˈzɪʃənəl/ agg. preposizionale; ***~ phrase*** *(used as preposition)* locuzione preposizionale; *(introduced by preposition)* sintagma preposizionale.

prepossessing /ˌpriːpəˈzesɪŋ/ agg. attraente, affascinante.

preposterous /prɪˈpɒstərəs/ agg. assurdo, irragionevole.
preposterously /prɪˈpɒstərəslɪ/ avv. assurdamente, irragionevolmente.
preppie, preppy AE /ˈprepɪ/ **I** agg. preppy **II** n. *(student)* preppy m. e f. (anche FIG. SPREG.).
preprogrammed /ˌpriːˈprəʊɡræmd, AE -ɡrəmd/ agg. programmato in anticipo; INFORM. preprogrammato.
prep school n. → **preparatory school**.
Pre-Raphaelite /ˌpriːˈræfəlaɪt/ **I** agg. preraffaellita **II** n. preraffaellita m. e f.
prerecord /ˌpriːrɪˈkɔːd/ tr. TELEV. RAD. preregistrare [*programme*].
prerecorded /ˌpriːrɪˈkɔːdɪd/ **I** p.pass. → **prerecord II** agg. [*broadcast*] preregistrato.
prerequisite /ˌpriːˈrekwɪzɪt/ **I** agg. [*condition*] essenziale, indispensabile **II** n. **1** *(requirement)* requisito m. indispensabile, presupposto m. **2** AE UNIV. ***to be a ~ for*** [*course*] essere propedeutico a [*higher course*].
prerogative /prɪˈrɒɡətɪv/ n. *(official)* prerogativa f.; *(personal)* prerogativa f., privilegio m.
1.presage /ˈpresɪdʒ/ n. FORM. presagio m.
2.presage /ˈpresɪdʒ/ tr. FORM. presagire [*disaster*].
Presbyterian /ˌprezbɪˈtɪərɪən/ **I** agg. presbiteriano **II** n. presbiteriano m. (-a).
presbytery /ˈprezbɪtrɪ, AE -terɪ/ n. **1** *(part of church)* presbiterio m. **2** *(ruling body)* + verbo sing. o pl. presbiterio m. **3** *(priest's house)* canonica f.
preschool /ˌpriːˈskuːl/ **I** agg. [*child*] in età prescolare; [*years*] prescolastico **II** n. AE *(kindergarten)* scuola f. materna.
prescient /ˈpresɪənt/ agg. presciente.
prescribe /prɪˈskraɪb/ tr. **1** MED. prescrivere (anche FIG.) **2** *(lay down)* stabilire [*rule*].
prescribed /prɪˈskraɪbd/ **I** p.pass. → **prescribe II** agg. **1** [*treatment, course of action*] prescritto **2** *(set)* [*rule*] stabilito; SCOL. UNIV. [*book*] indicato nel programma.
prescription /prɪˈskrɪpʃn/ **I** n. **1** MED. *(paper)* ricetta f.; *(recommendation)* prescrizione f.; ***repeat ~*** ricetta ripetibile **2** FIG. *(formula)* ricetta f.; *(set of rules)* prescrizioni f.pl. **II** modif. MED. [*glasses, lenses*] prescritto; ***~ drug*** = farmaco vendibile solo dietro presentazione di ricetta medica.
prescription charges n.pl. BE MED. = ticket sui medicinali.
prescriptive /prɪˈskrɪptɪv/ agg. **1** *(with set rules)* normativo, prescrittivo (anche LING.) **2** DIR. [*right*] prescrittibile.
presence /ˈprezns/ n. presenza f.; ***in the ~ of sb.*** in *o* alla presenza di qcn.; ***your ~ is requested at*** è richiesta la Sua presenza a; ***a heavy police ~*** una massiccia presenza di polizia; ***to sense a ~*** sentire una presenza ♦ ***to make one's ~ felt*** fare sentire la propria presenza.
presence of mind n. presenza f. di spirito.
1.present /ˈpreznt/ **I** agg. **1** *(attending)* presente; ***all those ~*** o ***everybody ~*** tutti i presenti; ***to be ~ at*** essere presente a; ***~ company excepted*** esclusi i presenti; ***all ~ and correct!*** MIL. tutti presenti! **2** *(current)* [*address, circumstance, government, situation*] attuale; ***up to the ~ day*** fino al giorno d'oggi; ***at the ~ time*** o ***moment*** al momento attuale **3** *(under consideration)* [*argument, issue*] presente; ***the ~ writer feels that*** chi scrive pensa che **4** LING. [*tense, participle*] presente **II** n. **1** ***the ~*** *(now)* il presente; ***for the ~*** per il momento, per ora **2** LING. (anche **~ tense**) presente m.; ***in the ~*** al presente **3 at present** *(at this moment)* in questo momento, ora; *(nowadays)* al presente ♦ ***there is no time like the ~*** = se non ora quando?
2.present /ˈpreznt/ n. *(gift)* presente m., dono m.; ***to give sb. a ~*** fare un regalo a qcn.
3.present /prɪˈzent/ **I** tr. **1** *(raise)* presentare [*problem, risk*]; offrire [*chance, opportunity*]; rappresentare [*challenge*] **2** *(proffer, show)* presentare, mostrare [*documents*]; ***to be ~ed with a choice*** trovarsi dinanzi a una scelta; ***to be ~ed with a huge bill*** trovarsi di fronte un conto salato **3** *(submit for consideration)* presentare [*plan, figures*]; promuovere [*petition*]; fornire [*evidence*] **4** *(formally give)* consegnare [*prize, certificate*]; porgere [*apologies, compliments*]; ***to ~ sth. to sb., to ~ sb. with sth.*** consegnare qcs. a qcn. **5** *(portray)* rappresentare [*person, situation*]; ***to ~ sth. in a different light*** presentare qcs. sotto una luce diversa **6** TELEV. RAD. presentare [*programme, show*] **7** *(put on, produce)* mettere in scena, rappresentare [*play*]; dare [*concert*]; presentare [*production, actor*] **8** FORM. *(introduce)* presentare; ***may I ~ my son Piers?*** posso presentarle mio figlio Piers? **9** MIL. presentare [*arms*]; ***~ arms!*** presentat'arm! **II** intr. MED. [*baby, patient*] presentarsi; [*symptom, condition*] presentarsi, apparire **III** rifl. **1** ***to ~ oneself*** presentarsi **2** ***to ~ itself*** [*opportunity*] presentarsi; [*thought*] presentarsi alla mente.
presentable /prɪˈzentəbl/ agg. presentabile.
presentation /ˌprezənˈteɪʃn/ n. **1** *(of plan, report, bill)* presentazione f. **2** *(by salesman, colleague, executive)* presentazione f., relazione f. **3** *(of gift, award)* consegna f.; ***the chairman will make the ~*** il presidente consegnerà il premio **4** *(portrayal)* rappresentazione f. (anche TEATR.) **5** MED. *(of baby)* presentazione f.
presentation box n. confezione f. regalo.
presentation copy n. copia f. omaggio.
presentation pack n. materiale m. informativo (di presentazione).
presentation skills n.pl. ***to have good ~*** avere buone doti comunicative.
present-day /ˌprezəntˈdeɪ/ agg. attuale.
presenter /prɪˈzentə(r)/ ♦ **27** n. TELEV. RAD. presentatore m. (-trice).
presentiment /prɪˈzentɪmənt/ n. FORM. presentimento m.
presently /ˈprezəntlɪ/ avv. *(currently)* attualmente, in questo momento; *(soon afterwards, in past)* poco dopo, di lì a poco; *(soon, in future)* tra poco, fra poco, a momenti.
present perfect n. passato m. prossimo.
preservation /ˌprezəˈveɪʃn/ n. *(of building)* conservazione f., preservazione f.; *(of peace)* mantenimento m.; *(of food)* conservazione f.; *(of wildlife, dignity, tradition)* salvaguardia f.; *(of life)* salvaguardia f., protezione f.
preservation order n. ***to put a ~ on sth.*** = dichiarare qcs. patrimonio nazionale.
preservative /prɪˈzɜːvətɪv/ **I** agg. [*mixture, product*] per la conservazione; [*effect*] conservativo **II** n. *(for food)* conservante m.; *(for wood)* vernice f. protettiva.
1.preserve /prɪˈzɜːv/ n. **1** GASTR. (anche **~s**) confettura f., composta f. **2** *(territory)* riserva f. di caccia; FIG. area f. riservata, campo m.
2.preserve /prɪˈzɜːv/ tr. **1** *(save from destruction)* conservare, preservare [*building, manuscript*]; salvaguardare [*land, tradition*]; conservare [*wood, leather, painting*] **2** *(maintain)* preservare [*rights*]; mantenere [*peace, order, standards*] **3** *(keep, hold onto)* [*person*] mantenere [*humour, dignity, health*] **4** *(rescue)* preservare; ***God ~ us!*** Dio ci salvi! **5** GASTR. *(prevent from rotting)* conservare [*food*]; *(make into jam)* fare una confettura con [*fruit*].
preserved /prɪˈzɜːvd/ **I** p.pass. → **2.preserve II** agg. [*food*] conservato; [*site*] protetto; ***~ on film*** conservato su pellicola.
preset /ˌpriːˈset/ tr. (pass., p.pass. **preset**) programmare [*timer, cooker*].
preshrunk /ˌpriːˈʃrʌŋk/ agg. [*fabric*] irrestringibile.
preside /prɪˈzaɪd/ intr. ***to ~ at*** presiedere [*meeting*]; ***to ~ over*** presiedere [*conference, committee*]; presiedere a [*activity, change*].
presidency /ˈprezɪdənsɪ/ n. presidenza f.
president /ˈprezɪdənt/ ♦ **9** n. **1** presidente m. (-essa) (anche POL.); ***to run for ~*** essere candidato alla presidenza **2** AE COMM. direttore m. (-trice) generale.
president-elect /ˌprezɪdəntɪˈlekt/ n. = presidente eletto ma non ancora insediato.
presidential /ˌprezɪˈdenʃl/ agg. [*election, government, office, term*] presidenziale; [*race, candidate*] alla presidenza; [*adviser*] del presidente.
pre-soak /ˌpriːˈsəʊk/ tr. mettere in ammollo [*washing*].
1.press /pres/ **I** n. **1** ***the ~, the Press*** + verbo sing. o pl. la stampa; ***in the ~*** sui giornali; ***to get a good, bad ~*** FIG. avere buona, cattiva stampa **2** (anche **printing ~**) stampa f.; ***to go to ~*** andare in stampa; ***at*** o ***in (the) ~*** in stampa **3** *(publishing house)* casa f. editrice; *(print works)* tipografia f., stamperia f.; ***the Starlight Press*** la casa editrice Starlight **4** *(device for flattening)* pressa f. **5** *(act of pushing)* pressione f.; ***to give sth. a ~*** esercitare una pressione su, schiacciare qcs. **6** *(with iron)* stiratura f.; ***to give sth. a ~*** dare una stirata *o* schiacciata a qcs. **7**

(crowd) pigia pigia m. **II** modif. [*acclaim, criticism*] della stampa; [*freedom*] di stampa; [*photo, photographer*] per la stampa; [*announcement, advertising*] tramite la stampa; ***~ story*** o ***~ report*** reportage.

2.press /pres/ **I** tr. **1** *(push)* premere [*button*]; schiacciare [*switch, pedal*]; ***to ~ sth. in*** fare entrare *o* inserire qcs. premendo; ***~ the pedal right down*** schiaccia il pedale fino in fondo; ***~ the switch down*** abbassa l'interruttore; ***to ~ sth. into*** conficcare qcs. in [*clay, ground*]; ***to ~ sth. into sb.'s hand*** mettere qcs. nella mano di qcn. **2** *(apply)* ***to ~ one's nose against sth.*** schiacciare il naso contro qcs.; ***to ~ one's hands to one's ears*** tapparsi le orecchie con le mani; ***to ~ one's knees together*** stringere le ginocchia **3** *(squeeze)* spremere [*fruit*]; pressare [*flower*]; stringere [*arm, hand, person*]; ***to ~ sb. to one*** stringere qcn. a sé **4** *(iron)* stirare con una pressa [*clothes*] **5** *(urge)* fare pressione su, sollecitare [*person*]; insistere su [*point, issue*]; perorare [*case*]; ***to ~ sb. to do*** spingere qcn. a fare; ***to ~ sb. into doing*** esortare qcn. a fare; ***I must ~ you for an answer*** insisto per avere una risposta; ***when ~ed, he admitted that...*** dopo molte insistenze, ha ammesso che...; ***to ~ a point*** insistere **6** TECN. dare [*shape*]; formare [*object*]; stampare [*record, CD, steel, metal, car body*] **II** intr. **1** *(push with hand, foot, object)* ***to ~ down*** schiacciare **2** *(throng, push with body)* [*crowd, person*] accalcarsi, premere **III** rifl. ***to ~ oneself against*** schiacciarsi contro [*wall*]; stringersi a [*person*].

▪ **press ahead** andare avanti; ***to ~ ahead with [sth.]*** persistere nel portare avanti [*reform, plan, negotiations*].

▪ **press for:** *~ for [sth.]* fare pressione per ottenere [*change, support, release*]; ***to be ~ed for sth.*** essere a corto di qcs.

▪ **press on:** *~ on* **1** *(on journey)* continuare **2** *(carry on)* tirare avanti, tirare innanzi; ***to ~ on regardless*** tirare avanti malgrado tutto **3** FIG. *(move on)* andare avanti; ***to ~ on with*** fare andare avanti [*reform, plan*]; passare a [*next item*]; *~ [sth.] on sb.* costringere qcn. a prendere [*gift, food, drink*].

press agency n. agenzia f. di stampa.

press agent ➧ *27* n. addetto m. (-a) stampa, press agent m. e f.

Press Association n. BE = agenzia di stampa britannica.

press attaché ➧ *27* n. → **press agent**.

press baron n. magnate m. della stampa.

press box n. *(at sports ground)* tribuna f. stampa.

press card n. tessera f. da giornalista.

press clipping n. → **press cutting**.

press conference n. conferenza f. stampa.

press corps n. giornalisti m.pl.

press cutting n. ritaglio m. di giornale.

press gallery n. *(in Parliament)* tribuna f. stampa.

press-gang /ˈpresgæŋ/ tr. STOR. arruolare forzatamente; ***to ~ sb. into doing*** FIG. forzare qcn. a fare.

pressing /ˈpresɪŋ/ **I** n. **1** *(of olives)* spremitura f. **2** *(of record)* stampa f. **II** agg. **1** *(urgent)* [*business, concern, duty*] pressante, urgente **2** *(insistent)* [*invitation*] pressante; [*anxiety*] opprimente.

press lord n. magnate m. della stampa.

pressman /ˈpresmən/ ➧ *27* n. (pl. **-men**) **1** *(printer)* tipografo m. **2** BE *(journalist)* giornalista m., cronista m.

pressmark /ˈpresmɑːk/ n. BE segnatura f., collocazione f.

press officer ➧ *27* n. → **press agent**.

press-on /ˈpresɒn/ agg. adesivo.

press pass n. pass m. per la stampa.

press release n. comunicato m. stampa.

pressroom /ˈpresruːm, -rʊm/ n. TIP. reparto m. stampa; GIORN. POL. sala f. stampa.

press run n. tiratura f.

press secretary ➧ *27* n. addetto m. (-a) stampa.

press-stud /ˈpresstʌd/ n. BE (bottone) automatico m.

press-up /ˈpresʌp/ n. flessione f. sulle braccia.

1.pressure /ˈpreʃə(r)/ n. **1** pressione f. (anche TECN. METEOR.); ***blood ~*** pressione sanguigna **2** FIG. *(on person)* pressione f.; ***to put ~ on sb.*** fare pressione su qcn.; ***to do sth. under ~*** fare qcs. sotto costrizione; ***she has come under a lot of ~*** subisce molte pressioni; ***due to ~ of work*** a causa del carico di lavoro; ***financial ~s*** difficoltà finanziarie; ***the ~s of modern life*** lo stress della vita moderna **3** *(volume) (of traffic, tourists, visitors)* flusso m.

2.pressure /ˈpreʃə(r)/ tr. → **pressurize**.

pressure-cook /ˈpreʃəˌkʊk/ tr. cuocere (con la pentola) a pressione.

pressure cooker n. pentola f. a pressione.

pressure gauge n. manometro m.

pressure group n. + verbo sing. o pl. gruppo m. di pressione.

pressure point n. MED. punto m. di compressione.

pressurize /ˈpreʃəraɪz/ tr. **1** pressurizzare [*cabin, compartment*] **2** FIG. fare pressione su [*person*]; ***to be ~d into doing*** essere costretto a fare.

presswoman /ˈpreswʌmən/ ➧ *27* n. (pl. **-women**) BE giornalista f., cronista f.

prestige /preˈstiːʒ/ **I** n. prestigio m. **II** modif. [*car, site*] di prestigio; [*housing, hotel*] prestigioso.

prestigious /preˈstɪdʒəs/ agg. prestigioso.

prestressed /ˌpriːˈstrest/ agg. ***~ concrete*** (cemento armato) precompresso.

presumably /prɪˈzjuːməblɪ, AE -ˈzuːm-/ avv. presumibilmente.

presume /prɪˈzjuːm, AE -ˈzuːm/ **I** tr. **1** *(suppose)* presumere, supporre; ***I ~d him to be honest*** lo credevo onesto; ***"does he know?" - "I ~ so"*** "lo sa?" - "presumo di sì" **2** *(presuppose)* presupporre **3** *(dare)* ***to ~ to do*** permettersi di fare **II** intr. ***to ~ upon*** approfittare di [*person, kindness*]; ***I hope I'm not presuming*** spero di non prendermi delle libertà.

presumption /prɪˈzʌmpʃn/ n. **1** *(supposition)* presunzione f. (anche DIR.), congettura f.; ***on the ~ that*** nella presunzione che; ***to make a ~*** fare una supposizione **2** *(basis)* presupposizione f. **3** *(impudence)* presunzione f., arroganza f.

presumptive /prɪˈzʌmptɪv/ agg. presuntivo, presunto.

presumptuous /prɪˈzʌmptʃʊəs/ agg. presuntuoso, arrogante (**of** da parte di).

presuppose /ˌpriːsəˈpəʊz/ tr. presupporre.

presupposition /ˌpriːsʌpəˈzɪʃn/ n. *(action)* presupposizione f.; *(idea)* presupposto m.

pre-tax /ˌpriːˈtæks/ agg. al lordo di imposte.

pretence BE, **pretense** AE /prɪˈtens/ n. **1** *(false show)* finta f.; ***to make a ~ of sth.*** fingere qcs.; ***to make a ~ of doing*** fare finta di fare; ***to make no ~ of sth.*** non fare mistero di qcs.; ***on*** o ***under the ~ of doing*** con il pretesto di fare; ***to keep up the ~ of doing*** continuare a fare finta di fare **2** *(sham)* finzione f., simulazione f.; ***on*** o ***under false ~*** con un sotterfugio, con l'inganno.

1.pretend /prɪˈtend/ agg. COLLOQ. INFANT. *(make-believe)* [*gun, car*] immaginario; [*jewels*] finto; ***it's only ~!*** è solo per finta!

2.pretend /prɪˈtend/ **I** tr. **1** *(feign)* fingere [*illness, ignorance*]; simulare [*emotion*]; ***let's ~ (that) we are cowboys*** facciamo finta di essere cowboy; ***a thief ~ing to be a policeman*** un ladro che si finge poliziotto **2** *(claim)* ***to ~ to understand*** pretendere *o* avere la pretesa di capire **II** intr. **1** *(feign)* fingere, fare finta **2** *(maintain deception)* fingere; ***I was only ~ing*** stavo solo facendo finta **3** *(claim)* ***to ~ to*** pretendere a [*throne*].

pretended /prɪˈtendɪd/ **I** p.pass. → **2.pretend II** agg. [*emotion, ignorance*] simulato.

pretender /prɪˈtendə(r)/ n. *(to a throne)* pretendente m. e f.

pretense AE → **pretence**.

pretension /prɪˈtenʃn/ n. pretesa f.; ***to have ~s to sth.*** pretendere qcs.

pretentious /prɪˈtenʃəs/ agg. pretenzioso.

preterite /ˈpretərət/ n. LING. preterito m.

preternatural /ˌpriːtəˈnætʃərəl/ agg. preternaturale.

pretext /ˈpriːtekst/ n. pretesto m., scusa f.; ***under*** o ***on the ~ of*** con la scusa di.

prettify /ˈprɪtɪfaɪ/ tr. abbellire, ingraziosire.

prettily /ˈprɪtɪlɪ/ avv. [*arrange, dress, decorate*] graziosamente, elegantemente; [*perform, talk*] con grazia; [*blush, smile*] graziosamente; [*apologize, thank*] gentilmente.

prettiness /ˈprɪtɪnɪs/ n. grazia f., eleganza f.

1.pretty /ˈprɪtɪ/ **I** agg. **1** *(attractive)* carino, grazioso, bello; ***it was not a ~ sight*** non era bello a vedersi **2** SPREG. *(trite)* ***a ~ speech*** un bel discorsetto **II** avv. COLLOQ. *(very)* molto; *(fairly)* abbastanza; *(almost)* quasi; ***~ good*** abbastanza buono; ***~ well all*** praticamente tutto; ***"how are you?" - "~ well"*** "come stai?" - "abbastanza bene" ♦ ~ ***as a picture*** bello come un quadro; ***I'm not just a ~ face*** COLLOQ. SCHERZ. non sono soltanto carina; ***this is a ~ mess*** o ***a ~ state of affairs*** IRON. che bello, bella roba; ***that must have cost you a ~ penny*** COLLOQ. ti deve essere costato una bella cifra; ***to be sitting ~*** COLLOQ. dormire tra due guanciali, essere in una botte di ferro; ***things have come to a ~ pass when...*** le cose si sono messe male quando...

2.pretty /ˈprɪtɪ/ tr. → **pretty up**.

▪ **pretty up:** ~ ***[sth.] up***, ~ ***up [sth.]*** abbellire.

pretty boy n. COLLOQ. SPREG. fichetto m.

pretty-pretty /ˈprɪtɪ,prɪtɪ/ agg. SPREG. affettato, lezioso.

prevail /prɪˈveɪl/ intr. **1** *(win)* [*common sense, vice, virtue*] prevalere (**against** su) **2** *(be usual)* predominare.

▪ **prevail upon:** ~ ***upon [sb.]*** persuadere, convincere.

prevailing /prɪˈveɪlɪŋ/ agg. **1** [*attitude, style*] diffuso, comune **2** ECON. [*rate*] in vigore **3** METEOR. [*wind*] prevalente.

prevalence /ˈprevələns/ n. **1** *(widespread nature)* diffusione f. **2** *(superior position)* predominanza f.

prevalent /ˈprevələnt/ agg. **1** *(widespread)* diffuso **2** *(ruling)* predominante.

prevaricate /prɪˈværɪkeɪt/ intr. FORM. tergiversare.

prevarication /prɪ,værɪˈkeɪʃn/ n. FORM. tergiversazione f.

prevent /prɪˈvent/ tr. prevenire [*illness*]; evitare [*conflict, disaster, damage, fire*]; ostacolare [*marriage*]; ***to ~ sb. from doing*** impedire a qcn. di fare.

preventable /prɪˈventəbl/ agg. evitabile.

preventative /prɪˈventətɪv/ agg. → **preventive**.

prevention /prɪˈvenʃn/ n. prevenzione f.; ***accident ~*** prevenzione degli infortuni; *(on road)* prevenzione degli incidenti stradali; ***fire ~*** prevenzione degli incendi ♦ ~ ***is better than cure*** PROV. prevenire è meglio che curare.

preventive /prɪˈventɪv/ agg. preventivo; ~ ***detention*** DIR. carcerazione preventiva.

1.preview /ˈpriːvjuː/ n. **1** *(of film, play)* anteprima f.; *(of exhibition)* vernissage m. **2** *(report) (of match, programme)* presentazione f.

2.preview /ˈpriːvjuː/ tr. mostrare in anteprima [*match, programme*].

previous /ˈpriːvɪəs/ agg. **1** attrib. *(before)* [*day, meeting, manager*] precedente; *(further back in time)* anteriore; ***on a ~ occasion*** in una precedente occasione, in precedenza; ***on ~ occasions*** altre volte; ***she has two ~ convictions*** DIR. ha già altre due condanne; ***to have a ~ engagement*** essere già impegnato; ***"~ experience essential"*** "è indispensabile esperienza nel settore" **2** mai attrib. COLLOQ. *(hasty)* [*decision*] affrettato; [*action*] prematuro **3 previous to** prima di.

previously /ˈpriːvɪəslɪ/ avv. *(before)* precedentemente, in precedenza, prima; *(already)* già.

prewar /,priːˈwɔː(r)/ agg. prebellico.

prewash /,priːˈwɒʃ/ n. prelavaggio m.

1.prey /preɪ/ n. preda f. (anche FIG.); ***to fall ~ to sth., sb.*** cadere preda di qcs., di qcn.

2.prey /preɪ/ intr. → **prey on**.

▪ **prey on:** ~ ***on [sth.]*** **1** *(hunt)* [*animal*] cacciare, predare **2** FIG. *(worry)* ***to ~ on sb.'s mind*** [*exam, problems*] preoccupare, assillare **3** *(exploit)* sfruttare [*fears, worries*]; ~ ***on [sb.]*** [*con man, mugger*] colpire, prendere di mira.

1.price /praɪs/ n. **1** *(cost)* prezzo m. (anche FIG.); ***the ~ per kilo*** il prezzo al chilo; ***"we pay top ~s for..."*** "offriamo la massima valutazione per..."; ***cars have gone up in ~*** le automobili sono aumentate di prezzo; ***what sort of ~ did you have to pay?*** quanto hai dovuto pagare? ***to pay a high ~ for sth.*** pagare caro qcs.; ***that's a small ~ to pay for sth.*** FIG. è un piccolo sacrificio per ottenere qcs.; ***at any ~*** o ***whatever the ~*** a qualsiasi costo **2** *(value)* valore m. (anche FIG.); ***beyond*** o ***above ~*** inestimabile; ***to put a ~ on*** valutare [*object, antique*]; ***to put*** o ***set a high ~ on*** dare grande valore a [*loyalty, hard work*]; ***what ~ all his good intentions now!*** dove sono finite tutte le sue buone intenzioni? **3** *(in betting)* quotazione f. ♦ ***to put a ~ on sb.'s head*** mettere una taglia sulla testa di qcn.

2.price /praɪs/ tr. **1** *(fix, determine the price of)* fissare il prezzo di (**at** a) **2** *(evaluate the worth of)* stimare, valutare **3** *(mark the price of)* prezzare.

▪ **price out:** ~ ***oneself*** o ***one's goods out of the market*** vendere a prezzi troppo alti per potere rimanere sul mercato.

price bracket n. → **price range**.

price control n. controllo m. dei prezzi.

price cut(ting) n. riduzione f. di prezzo.

priced /praɪst/ **I** p.pass. → **2.price II** agg. ***a moderately-~ hotel*** un hotel dai prezzi ragionevoli; ***a dress ~ at £ 30*** un vestito a 30 sterline.

price fixing n. fissazione f. dei prezzi.

price freeze n. blocco m. dei prezzi, congelamento m. dei prezzi.

price index n. indice m. dei prezzi.

price label n. cartellino m. del prezzo.

priceless /ˈpraɪslɪs/ agg. **1** *(extremely valuable)* [*object, person*] inestimabile; [*advice*] preziosissimo **2** *(amusing)* [*person, joke*] che fa morire (dal ridere).

price list n. listino m. prezzi.

price range n. gamma f. di prezzi; ***that's out of my ~*** è fuori dal mio limite di spesa.

price restrictions n. controllo m. dei prezzi.

price ring n. sindacato m. commerciale.

price rise n. aumento m. dei prezzi, rialzo m. dei prezzi.

price tag n. **1** *(label)* cartellino m. del prezzo **2** FIG. *(cost)* costo m. (**on, for** di).

price ticket n. cartellino m. del prezzo.

price war n. guerra f. dei prezzi.

1.prick /prɪk/ n. **1** *(of needle etc.)* puntura f.; ***to give sth. a ~*** pungere qcs.; ***a ~ of conscience*** FIG. un rimorso di coscienza **2** VOLG. *(penis)* cazzo m. **3** POP. *(idiot)* cazzone m. (-a) ♦ ***to kick against the ~s*** continuare a ostinarsi.

2.prick /prɪk/ **I** tr. **1** *(cause pain)* [*needle, thorn, person*] pungere; ***to ~ one's finger*** pungersi un dito; ***his conscience ~ed him*** FIG. aveva dei rimorsi di coscienza, gli rimordeva la coscienza **2** *(pierce)* forare [*paper, plastic*]; bucare [*bubble, balloon*]; GASTR. punzecchiare [*potato etc.*]; ***to ~ a hole in sth.*** fare un buco in qcs. **II** intr. **1** *(sting)* [*eyes, skin*] pizzicare **2** [*thorn*] pungere.

▪ **prick out:** ~ ***out [sth.]***, ~ ***[sth.] out*** **1** AGR. trapiantare [*seedlings*] **2** ART. tracciare con forellini [*design, outline*].

▪ **prick up:** ~ ***up*** [*dog's ears*] drizzarsi; ~ ***up [sth.]*** ***the dog ~ed up its ears*** il cane drizzò le orecchie; ***to ~ up one's ears*** FIG. drizzare le orecchie.

1.prickle /ˈprɪkl/ n. **1** *(of hedgehog)* aculeo m.; *(of plant)* spina f. **2** *(feeling)* formicolio m.

2.prickle /ˈprɪkl/ **I** tr. [*clothes, jumper*] pungere **II** intr. [*hairs*] drizzarsi (**with** da).

prickly /ˈprɪklɪ/ agg. **1** [*bush, leaf*] spinoso; [*animal*] con aculei; [*thorn*] pungente **2** *(itchy)* [*jumper, beard*] che punge **3** COLLOQ. *(touchy)* permaloso, irritabile.

prickly pear n. fico m. d'India.

1.pride /praɪd/ n. **1** *(satisfaction)* orgoglio m., fierezza f.; ***to take ~ in*** andare orgoglioso di [*ability, achievement*]; curare [*appearence, work*] **2** *(self-respect)* amor m. proprio; SPREG. spocchia f.; ***family ~*** l'onore della famiglia; ***national ~*** orgoglio nazionale **3** *(source of satisfaction)* orgoglio m., vanto m.; ***to be sb.'s ~ and joy*** essere l'orgoglio di qcn. **4** *(of lions)* branco m. ♦ ***to have ~ of place*** occupare il posto d'onore; ~ ***comes before a fall*** PROV. la superbia va a cavallo e torna a piedi.

2.pride /praɪd/ rifl. ***to ~ oneself on sth., on doing*** essere orgoglioso di qcs., di fare.

priest /priːst/ ➧ **27** n. prete m., sacerdote m.; ***parish ~*** parroco.

priestess /ˈpriːstes/ ➧ **27** n. sacerdotessa f.

priesthood /ˈpriːsthʊd/ n. *(calling)* sacerdozio m.; *(clergy)* clero m.; ***to enter the ~*** farsi prete.

prig /prɪg/ n. pedante m. e f.

priggish /ˈprɪgɪʃ/ agg. pedante.

prim /prɪm/ agg. (anche ~ **and proper**) [*person*] sussiegoso; [*manner, appearance*] compassato; [*expression*] compito; [*voice*] affettato; [*clothing*] formale.

prima ballerina /,priːmə,bæləˈriːnə/ n. prima ballerina f.

primacy /ˈpraɪməsɪ/ n. **1** *(primary role)* primato m.; *(of party, power)* supremazia f. **2** RELIG. primato m.

primaeval → **primeval**.

prima facie /,praɪməˈfeɪʃiː/ **I** agg. a prima vista; ~ ***evidence*** DIR. prova sufficiente **II** avv. a prima vista.

primal /ˈpraɪml/ agg. [*quality, feeling, myth, stage*] originario; [*cause*] principale.
primarily /ˈpraɪmərəlɪ, AE praɪˈmerəlɪ/ avv. *(chiefly)* essenzialmente, principalmente; *(originally)* in origine.
primary /ˈpraɪmərɪ, AE -merɪ/ **I** agg. **1** *(main)* [*aim, cause, reason, role*] principale; [*sense, meaning*] primitivo; [*colour*] primario; ***of ~ importance*** di importanza primaria **2** LING. [*stress*] principale **3** SCOL. [*education*] elementare; [*teaching, post*] nella scuola primaria **4** ECON. attrib. [*products*] del settore primario; ***~ industry*** settore primario **II** n. **1** AE POL. (anche **~ election**) primarie f.pl. **2** SCOL. → **primary school**.
primary health care n. cure f.pl. mediche di base.
primary school n. scuola f. elementare, scuola f. primaria.
primary school teacher ➧ *27* n. (anche **primary teacher**) BE insegnante m. e f. di scuola elementare, maestro m. (-a).
primary sector n. ECON. settore m. primario.
primate /ˈpraɪmeɪt/ n. **1** *(mammal)* primate m. **2** RELIG. (anche **Primate**) primate m.
1.prime /praɪm/ **I** agg. **1** *(chief)* [*aim, factor, suspect*] principale; [*importance*] primario **2** *(good quality)* attrib. [*site*] ottimo; [*meat, cuts*] di prima scelta; [*foodstuffs*] di prima qualità; ***in ~ condition*** [*machine*] in ottime condizioni; [*livestock*] di prima categoria; ***of ~ quality*** di prima qualità **3** *(classic)* [*example, instance*] ottimo **4** MAT. primo **II** n. **1** *(peak period)* ***in one's ~*** *(professionally)* all'apice; *(physically)* nel fiore degli anni; ***in its ~*** all'apice; ***to be past its ~*** [*building, car*] avere conosciuto giorni migliori; ***in the ~ of life*** nel fiore degli anni **2** MAT. (anche **~ number**) numero m. primo.
2.prime /praɪm/ tr. **1** *(brief)* preparare [*witness, interviewee*]; ***to ~ sb. about*** mettere qcn. al corrente di [*facts*]; ***to ~ sb. to say*** preparare qcn. a dire **2** *(apply primer to)* dare una vernice di fondo su [*wood, metal*] **3** MIL. innescare [*bomb*]; caricare [*firearm*] **4** TECN. adescare [*pump*].
prime cost n. costo m. variabile, costo m. di funzionamento.
prime minister ➧ *9* n. primo ministro m.
prime-ministerial agg. [*power, role*] del primo ministro.
prime mover n. **1** *(person)* promotore m. (-trice); *(instinct)* motore m. **2** FIS. TECN. forza f. motrice **3** FILOS. primo motore m.
1.primer /ˈpraɪmə(r)/ n. *(textbook) (introductory)* testo m. elementare; *(for reading)* sillabario m.
2.primer /ˈpraɪmə(r)/ n. **1** *(first coat)* vernice f. di fondo, mestica f. **2** *(for detonating)* innesco m.
prime time I n. prime time m. **II prime-time** modif. [*advertising, programme*] di prime time, di prima serata.
primeval /praɪˈmiːvl/ agg. primordiale, primitivo.
primitive /ˈprɪmɪtɪv/ **I** agg. primitivo **II** n. primitivo m. (-a) (anche ART.).
primly /ˈprɪmlɪ/ avv. **1** *(starchily)* [*behave, smile*] in modo freddo, sussiegoso; [*say, reply*] con freddezza **2** *(demurely)* [*behave, sit*] in modo compito.
primordial /praɪˈmɔːdɪəl/ agg. [*chaos, matter*] primordiale.
primrose /ˈprɪmrəʊz/ n. primula f. ♦ ***the ~ path*** la via del piacere.
Primus® /ˈpraɪməs/ n. (anche **~ stove**) fornello m. a petrolio.
prince /prɪns/ ➧ *9* n. principe m. (anche FIG.); ***Prince Charming*** il principe azzurro.
princely /ˈprɪnslɪ/ agg. [*amount, style*] principesco; [*role*] del principe; [*life*] da principe.
prince regent n. principe m. reggente.
princess /prɪnˈses/ ➧ *9* n. principessa f.
principal /ˈprɪnsəpl/ **I** agg. **1** *(main)* principale **2** MUS. TEATR. ***~ violin, clarinet*** primo violino, clarinetto; ***~ dancer*** primo ballerino **3** LING. [*clause*] principale; ***the ~ parts of a verb*** il paradigma di un verbo **II** n. **1** ➧ *9 (of senior school, college)* preside m. e f.; *(of junior school)* direttore m. (-trice) **2** TEATR. primo (-a) attore m. (-trice) **3** MUS. solista m. e f. **4** *(client)* mandante m., preponente m. **5** ECON. *(interest-bearing sum)* capitale m.
principality /ˌprɪnsəˈpælətɪ/ n. principato m.
principally /ˈprɪnsəplɪ/ avv. principalmente.
principle /ˈprɪnsəpl/ n. principio m. (anche MAT. FIS.); ***to have high ~s*** avere sani principi; ***on ~*** per principio; ***it's the ~ of the thing*** o ***it's a point of ~*** è una questione di principio; ***to make it a ~ to do*** avere come principio il fare; ***to get back to first ~s*** tornare ai principi basilari; ***in ~*** in principio.
principled /ˈprɪnsəpld/ agg. [*decision*] di principio; [*person*] di (sani) principi; ***to be ~*** avere sani principi.
1.print /prɪnt/ **I** n. **1 U** *(typeface)* caratteri m.pl.; ***in small, large ~*** a piccoli, grandi caratteri; ***the ~ is very small*** è scritto molto piccolo; ***the small*** o ***fine ~*** FIG. i dettagli; ***don't forget to read the small ~*** non dimenticare di leggere le clausole aggiuntive in piccolo **2** *(published form)* ***in ~*** in commercio; ***out of ~*** fuori commercio; ***to go into ~*** andare in stampa; ***to put*** o ***get sth. into ~*** dare alle stampe qcs.; ***to see sth. in ~*** vedere qcs. pubblicato; ***to see oneself in ~*** vedere pubblicato il proprio lavoro **3** ART. *(etching)* stampa f.; *(engraving)* incisione f., stampa f. **4** FOT. *(from negative)* stampa f. **5** CINEM. *(of film)* stampa f. **6** *(of finger, hand)* impronta f.; *(of foot)* orma f., impronta f.; *(of tyre)* traccia f., impronta f. **7** TESS. (tessuto) stampato m. **8** *(handwriting)* stampatello m. **II** modif. TESS. [*curtains, dress*] in tessuto stampato.
2.print /prɪnt/ **I** tr. **1** TIP. stampare [*poster, book, banknote*] **2** GIORN. *(publish)* pubblicare [*story, interview, photo*] **3** FOT. *(from negative)* stampare [*copy, photos*] **4** *(write)* scrivere in stampatello [*letter*] **II** intr. **1** *(write)* scrivere in stampatello **2** TIP. stampare.
■ **print off:** ***~ off [sth.], ~ [sth.] off*** stampare [*copies*].
■ **print out:** ***~ out [sth.], ~ [sth.] out*** stampare (anche INFORM.).
printable /ˈprɪntəbl/ agg. **1** *(publishable)* pubblicabile **2** TIP. stampabile.
printed /ˈprɪntɪd/ **I** p.pass. → **2.print II** agg. [*fabric, circuit*] stampato; ***"~ matter"*** "stampe"; ***~ notepaper*** carta da lettere intestata.
printer /ˈprɪntə(r)/ ➧ *27* n. **1** *(person)* tipografo m. (-a), stampatore m. (-trice); ***at the ~'s*** o ***~s*** in tipografia **2** TIP. *(machine)* stampatrice f., macchina f. da stampa **3** INFORM. *(machine)* stampante f.
printing /ˈprɪntɪŋ/ **I** n. **1** ART. IND. TIP. *(technique, result)* stampa f. **2** *(print run)* tiratura f. **II** modif. ***~ business*** tipografia; ***~ industry*** industria tipografica.
printing house n. tipografia f.
printing press n. torchio m. tipografico, macchina f. tipografica.
printing works n. tipografia f.
print journalism n. giornalismo m. della carta stampata.
printout /ˈprɪntaʊt/ n. INFORM. stampata f.
print run n. tiratura f.
print shop n. **1** *(workshop)* tipografia f. **2** *(art shop)* negozio m. di stampe.
prion /ˈpriːɒn/ n. prione m.
prior /ˈpraɪə(r)/ **I** agg. **1** *(previous)* [*appointment*] precedente; ***~ notice*** preavviso **2** *(more important)* prioritario **3 prior to** prima di **II** n. RELIG. priore m.
priority /praɪˈɒrətɪ, AE -ˈɔːr-/ **I** n. **1 C** *(main concern)* priorità f.; ***the main*** o ***highest ~*** la massima priorità; ***to get one's priorities right, wrong*** definire correttamente, in modo errato l'ordine delle priorità **2 U** *(prominence)* priorità f.; ***to have*** o ***take ~ over sth.*** avere la priorità su qcs. **II** modif. [*case, expense, mail, call*] prioritario; [*appointment*] più importante.
priory /ˈpraɪərɪ/ n. = monastero retto da un priore.
prise /praɪz/ tr. forzare, staccare facendo leva.
■ **prise apart:** ***~ [sth.] apart*** separare [*layers, people*]; aprire [qcs.] con la forza [*lips, teeth*].
■ **prise away:** ***to ~ sb. away from*** staccare qcn. da [*TV, work*].
■ **prise off:** ***~ [sth.] off*** togliere [qcs.] facendo leva [*lid*].
■ **prise open:** ***~ [sth.] open, ~ open [sth.]*** aprire [qcs.] facendo leva [*box*].
■ **prise out:** ***~ [sth.] out*** estrarre [*bullet*] (**of, from** da); ***to ~ sth. out of sb.*** carpire qcs. a qcn. [*information*]; ***to ~ sb. out of*** tirare via qcn. da [*bed*].
■ **prise up:** ***~ [sth.] up*** sollevare [qcs.] facendo leva [*floorboard*].
prism /ˈprɪzəm/ n. prisma m.
prismatic(al) /prɪzˈmætɪk(l)/ agg. prismatico.
prison /ˈprɪzn/ **I** n. prigione f., carcere m.; ***to go to ~*** andare in prigione; ***to put sb. in ~*** mettere qcn. in prigione; ***to have been in ~*** essere stato in carcere **II** modif. [*administration, population, regulation, reform, authorities*] carcerario; [*cell, governor,*

yard] di prigione; [*chapel, kitchen, governor*] della prigione, del carcere; [*conditions*] di detenzione.
prison camp n. campo m. di prigionia.
prisoner /ˈprɪznə(r)/ n. prigioniero m. (-a) (anche FIG.); *(in jail)* carcerato m. (-a), detenuto m. (-a); ***they took me* ~** mi hanno fatto prigioniero; ***~ of war*** prigioniero di guerra; ***~ of conscience*** detenuto politico.
prison guard ➧ *27* n. AE → **prison officer**.
prison issue agg. fornito dalla prigione.
prison officer ➧ *27* n. BE agente m. e f. di custodia, guardia f. carceraria.
prison sentence n. pena f. detentiva.
prison service n. servizio m. di amministrazione penitenziaria.
prison term n. → **prison sentence**.
prison van n. (furgone) cellulare m.
prissy /ˈprɪsɪ/ agg. [*person*] affettato, lezioso; [*style*] affettato.
pristine /ˈprɪstiːn, ˈprɪstaɪn/ agg. [*snow, sheets*] immacolato; ***to be in ~ condition*** essere come nuovo.
privacy /ˈprɪvəsɪ, ˈpraɪ-/ n. **1** *(private life)* vita f. privata, privacy f.; ***to invade sb.'s ~*** invadere la privacy di qcn. **2** *(solitude)* intimità f., isolamento m.
private /ˈpraɪvɪt/ **I** agg. **1** *(not for general public)* [*property, beach, jet, collection, party*] privato; ***room with ~ bath*** camera con bagno; ***the funeral will be ~*** il funerale sarà celebrato in forma privata **2** *(personal, not associated with company)* [*letter, phone call*] personale; [*life*] privato; [*sale*] a privati; ***to act in a ~ capacity*** agire a titolo personale; ***the ~ citizen*** il privato cittadino **3** *(not public, not state-run)* [*health care, school, housing, industry*] privato; [*accommodation*] presso privati; ***~ lessons*** lezioni private **4** *(not to be openly revealed)* [*talk, meeting, matter*] riservato; [*reason, opinion*] personale; ***to come to a ~ understanding*** accordarsi in via amichevole; ***to keep sth. ~*** mantenere il riserbo su qcs.; ***it's our ~ joke*** è una battuta fra noi **5** *(undisturbed)* [*place*] tranquillo **6** *(secretive)* [*person*] riservato **II** n. **1** ➧ *23* soldato m. semplice **2 in private** in privato **III privates** n.pl. COLLOQ. parti f. intime ♦ ***to go ~*** ECON. privatizzarsi; MED. farsi curare privatamente.
private company n. società f. privata.
private detective ➧ *27* n. investigatore m. (-trice) privato (-a), detective m. e f.
private enterprise n. impresa f. privata.
private eye n. COLLOQ. investigatore m. (-trice) privato (-a), detective m. e f.
private hotel n. = hotel non obbligato ad accettare tutti i clienti.
private investigator ➧ *27* n. → **private detective**.
private investor n. piccolo investitore m.
privately /ˈpraɪvɪtlɪ/ avv. **1** *(in private)* [*talk, admit*] in privato **2** *(out of public sector)* [*educate, be treated, financed*] privatamente; ***~ managed*** a gestione privata; ***~-owned*** privato **3** *(in one's heart)* [*believe, doubt*] personalmente.
private parts n.pl. EUFEM. parti f. intime.
private practice n. BE MED. esercizio m. privato della professione; ***to work*** o ***be in ~*** [*doctor*] esercitare privatamente.
private secretary n. segretario m. (-a) privato (-a), segretario m. (-a) personale (anche POL.).
private soldier n. soldato m. semplice.
private treaty n. ***by ~*** per trattativa privata.
private view n. ART. anteprima f.
privation /praɪˈveɪʃn/ n. privazione f.; ***to suffer ~*** subire delle privazioni.
privatization /ˌpraɪvɪtaɪˈzeɪʃn, AE -tɪˈz-/ n. privatizzazione f.
privatize /ˈpraɪvɪtaɪz/ tr. privatizzare.
1.privilege /ˈprɪvəlɪdʒ/ n. **1** *(honour, advantage)* privilegio m.; ***diplomatic ~*** immunità diplomatica **2** *(prerogative)* prerogativa f. **3** AE ECON. opzione f.
2.privilege /ˈprɪvəlɪdʒ/ tr. privilegiare.
privileged /ˈprɪvəlɪdʒd/ **I** p.pass. → **2.privilege II** agg. [*minority, position*] privilegiato; [*information*] riservato, confidenziale; ***to be ~ to do*** avere il privilegio di fare.
privy /ˈprɪvɪ/ **I** agg. ***to be ~ to sth.*** essere al corrente di qcs. **II** n. ANT. latrina f.
Privy Council n. GB consiglio m. privato della corona.
privy purse n. BE appannaggio m. reale.
1.prize /praɪz/ **I** n. **1** *(award)* premio m.; ***first ~*** primo premio **2** LETT. *(valued object)* tesoro m.; *(reward for effort)* ricompensa f. **II** modif. **1** [*vegetable, bull*] *(for competitions)* da concorso; *(prize-winning)* premiato; FIG. *(excellent)* [*pupil*] eccellente; ***a ~ example of*** un classico esempio di **2** [*possession*] prezioso ♦ ***no ~s for guessing who was there!*** non ci va molto a capire chi c'era!
2.prize /praɪz/ tr. apprezzare, stimare [*independence, possession*].
3.prize → **prise**.
prized /praɪzd/ **I** p.pass. → **2.prize II** agg. [*possession, asset*] prezioso; ***to be ~ for*** essere apprezzato per.
prize day n. giorno m. della premiazione.
prize draw n. *(for charity)* pesca f. di beneficenza; *(for advertising)* estrazione f. a premi.
prize fight n. incontro m. professionistico di pugilato.
prize fighter n. pugile m. professionista.
prize-giving /ˈpraɪzgɪvɪŋ/ n. premiazione f.
prize money n. *(for one prize)* ammontare m. del premio; *(total amount given out)* monte m. premi.
prizewinner /ˈpraɪzˌwɪnə(r)/ n. premiato m. (-a).
prize-winning /ˈpraɪzˌwɪnɪŋ/ agg. vincitore, premiato.
1.pro /prəʊ/ **I** prep. COLLOQ. *(in favour of)* pro, per; ***are you ~ the plan?*** sei favorevole al progetto? **II** n. *(advantage)* ***the ~s and cons*** i pro e i contro.
2.pro /prəʊ/ n. COLLOQ. (accorc. professional) professionista m. e f.
PRO n. **1** (⇒ public relations officer) = responsabile delle pubbliche relazioni **2** (⇒ Public Records Office) = archivio di stato.
pro-abortionist /prəʊəˈbɔːʃənɪst/ agg. ***to be a ~*** essere favorevole all'aborto.
probability /ˌprɒbəˈbɪlətɪ/ n. **1 U** *(likelihood)* probabilità f., possibilità f.; ***in all ~*** con tutta probabilità; ***the ~ of our getting a pay rise is good*** ci sono buone probabilità di avere un aumento di stipendio **2 U** *(likely result)* probabilità f.; ***war is a ~*** la guerra è probabile **3** MAT. STATIST. probabilità f.
probable /ˈprɒbəbl/ **I** agg. probabile **II** n. ***the ~*** *(event)* l'evento probabile; *(person)* il probabile vincitore.
probably /ˈprɒbəblɪ/ avv. probabilmente.
probate /ˈprəʊbeɪt/ n. DIR. *(process)* omologazione f.; ***to grant ~ (of a will)*** omologare un testamento.
probation /prəˈbeɪʃn, AE prəʊ-/ n. **1** DIR. = affidamento in prova al servizio sociale; ***on ~*** *(for adults)* in libertà vigilata, in regime di semilibertà **2** *(trial period)* periodo m. di prova.
probationary /prəˈbeɪʃnrɪ, AE prəʊˈbeɪʃənerɪ/ agg. **1** *(trial)* [*period, year*] di prova **2** *(training)* [*month, period*] di tirocinio.
probationary teacher n. BE SCOL. insegnante m. e f. tirocinante.
probationer /prəˈbeɪʃənə(r), AE prəʊ-/ n. **1** *(trainee)* praticante m. e f., apprendista m. e f. **2** *(employee on trial)* impiegato m. (-a) in prova **3** DIR. = chi è in libertà vigilata o in affidamento ai servizi sociali.
probation officer ➧ *27* n. DIR. = pubblico ufficiale cui è affidato il controllo di chi è sottoposto a regime di libertà vigilata o è affidato ai servizi sociali.
probation order n. DIR. = ordinanza di libertà vigilata o di affidamento ai servizi sociali.
probation service n. DIR. = ente responsabile del controllo di chi è in libertà vigilata o è affidato ai servizi sociali.
1.probe /prəʊb/ n. **1** *(investigation)* indagine f. (**into** su) **2** MED. TECN. *(instrument)* sonda f., specillo m.; *(operation)* sondaggio m. **3** AER. sonda f.
2.probe /prəʊb/ **I** tr. **1** *(investigate)* indagare, investigare su [*affair, mystery*] **2** TECN. sondare [*ground*] **3** MED. specillare [*wound*]; sondare [*tooth*] **4** AER. esplorare [*space*] **5** *(explore)* esplorare con cura [*hole, surface*] **II** intr. fare delle indagini.
■ **probe into:** ***~ into [sth.]*** indagare su [*suspicious activity*]; scandagliare [*private affairs*]; sondare [*mind, thoughts*].
probing /ˈprəʊbɪŋ/ **I** n. **1** *(examination)* (il) sondare, (l')esplorare **2** *(questions)* serie f. di domande, interrogatorio m. **II** agg. [*look*] inquisitore; [*question*] pungente; [*study*] approfondito.
problem /ˈprɒbləm/ **I** n. problema m. (anche MAT.); ***to have a drink ~*** avere problemi con l'alcol; ***to cause*** o ***present a ~***

essere problematico; ***to be a ~ to sb.*** essere un problema per qcn. **II** modif. PSIC. SOCIOL. [*child*] difficile; [*family*] con problemi; [*group*] che crea dei problemi.

problematic(al) /ˌprɒbləˈmætɪk(l)/ agg. problematico.

problem case n. SOCIOL. caso m. sociale.

problem page n. = pagina del giornale in cui un esperto risolve i problemi dei lettori.

procedural /prəˈsiːdʒərəl/ agg. [*detail*] procedurale; [*error*] di procedura.

procedure /prəˈsiːdʒə(r)/ n. procedimento m., procedura f. (**for doing** per fare); DIR. INFORM. procedura f.

proceed /prəˈsiːd, prəʊ-/ **I** tr. ***to ~ to do*** continuare a fare; ***"so...," he ~ed*** "così...," continuò **II** intr. **1** *(act)* [*person, committee*] *(set about)* procedere; *(continue)* proseguire; ***to ~ with*** procedere in [*idea, plan, sale*]; procedere a [*election*]; ***to ~ to*** passare a [*item, problem*]; ***let us ~*** *(begin)* cominciamo; *(continue)* procediamo **2** *(be in progress)* [*project, work*] procedere; [*interview, talks, trial*] proseguire; *(take place)* [*work, interview, talks*] svolgersi **3** *(move along)* [*person, vehicle*] procedere, avanzare; [*road*] continuare **4** FORM. *(issue)* ***to ~ from*** provenire da **5** DIR. ***to ~ against sb.*** procedere contro qcn.

proceeding /prəˈsiːdɪŋ/ **I** n. *(procedure)* procedimento m. **II proceedings** n.pl. **1** *(meeting)* riunione f.sing., seduta f.sing.; *(ceremony)* cerimonia f.sing.; *(discussion)* dibattiti m.; ***to direct ~s*** dirigere le operazioni **2** DIR. procedimento m.sing.; ***extradition ~s*** procedura di estradizione; ***to take*** o ***institute ~s*** intraprendere un procedimento; ***to start divorce ~s*** intentare una causa di divorzio **3** *(report)* verbale m. sing.; *(of conference, society)* atti m.

proceeds /ˈprəʊsiːdz/ n.pl. *(of deal)* proventi m.; *(of event)* ricavato m.sing.

1.process /ˈprəʊses, AE ˈprɒ-/ n. **1** processo m. (**of** di); ***the ~ of doing*** il processo consistente nel fare; ***to begin the ~ of doing*** iniziare a fare; ***to be in the ~ of doing*** stare facendo; ***in the ~ of doing this, he...*** mentre faceva questo, lui...; ***in the ~*** allo stesso tempo; ***it's a long*** o ***slow ~*** ci vuole del tempo **2** *(method)* processo m., procedimento m. **3** DIR. *(lawsuit)* procedimento m.; *(summons)* citazione f. in giudizio.

2.process /ˈprəʊses, AE ˈprɒ-/ tr. **1** portare avanti [*application*] **2** INFORM. elaborare, processare [*data*] **3** IND. trasformare [*raw materials, food product*]; trattare [*chemical, waste*] **4** FOT. sviluppare [*film*] **5** GASTR. *(mix)* tritare; *(chop)* tagliare.

3.process /prəˈses/ intr. **1** RELIG. STOR. andare in processione **2** FORM. *(move)* ***to ~ down, along*** sfialre in, lungo [*road*].

processed /ˈprəusest/ **I** p.pass. → **2.process II** agg. [*food*] trattato; [*meat, peas*] conservato; [*steel*] trattato.

processing /ˈprəʊsesɪŋ, AE ˈprɒ-/ n. **1** *(of application)* esame m. **2** INFORM. *(of data)* elaborazione f. **3** IND. *(of raw material, food product)* trasformazione f.; *(of chemical, waste)* trattamento m.; ***the food ~ industry*** l'industria alimentare, conserviera **4** FOT. sviluppo m.

procession /prəˈseʃn/ n. *(of carnival)* sfilata f.; *(for formal occasion)* corteo m.; RELIG. processione f.

processor /ˈprəʊsesə(r), AE ˈprɒ-/ n. **1** INFORM. processore m. **2** → **food processor**.

pro-choice /prəʊˈtʃɔɪs/ agg. favorevole all'aborto.

proclaim /prəˈkleɪm/ tr. proclamare.

proclamation /ˌprɒkləˈmeɪʃn/ n. *(declaration)* proclamazione f.; *(official announcement)* proclama m.

proclivity /prəˈklɪvətɪ/ n. proclività f.; ***sexual proclivities*** tendenze sessuali.

procrastinate /prəʊˈkræstɪneɪt/ intr. procrastinare.

procrastination /prəʊˌkræstɪˈneɪʃn/ n. **U** procrastinazione f. ♦ ***~ is the thief of time*** PROV. non rimandare a domani ciò che puoi fare oggi.

procreate /ˈprəʊkrɪeɪt/ **I** tr. procreare [*children, young*] **II** intr. riprodursi.

procreation /ˌprəʊkrɪˈeɪʃn/ n. *(human)* procreazione f.; *(animal)* riproduzione f.

procure /prəˈkjʊə(r)/ **I** tr. **1** FORM. *(obtain)* procurarsi [*object, supplies*]; ***to ~ sth. for sb.*** *(directly)* procurare qcs. a qcn.; *(indirectly)* fare ottenere qcs. a qcn. **2** DIR. indurre alla prostituzione [*prostitutes*] **II** intr. DIR. *(in prostitution)* sfruttare la prostituzione.

procurement /prəˈkjʊəmənt/ n. ottenimento m.; MIL. COMM. approvvigionamento m.

procurer /prəˈkjʊərə(r)/ n. **1** AMM. COMM. procuratore m. (-trice) **2** DIR. *(in prostitution)* lenone m.

1.prod /prɒd/ n. **1** *(poke)* colpetto m.; ***to give sth., sb. a ~*** *(with implement)* punzecchiare qcs., qcn.; *(with finger)* toccare qcs., qcn. con un dito **2** COLLOQ. FIG. *(reminder)* ***to give sb. a ~*** spronare qcn.; ***he needs a ~ to do*** ha bisogno di essere spronato a fare.

2.prod /prɒd/ tr. (forma in -ing ecc. **-dd-**) (anche **~ at**) **1** *(poke) (with foot, stick)* dare dei colpetti a; *(with instrument)* pungolare, punzecchiare; *(with finger)* toccare; *(with fork)* punzecchiare; ***stop ~ding me!*** smettila di spintonarmi! **2** COLLOQ. *(remind)* spronare, spingere (**into doing** a fare) **3** *(interrogate)* interrogare.

prodding /ˈprɒdɪŋ/ n. **1** *(reminding)* ***after a bit of ~ he agreed*** dopo qualche incoraggiamento ha acconsentito; ***he needs a bit of ~*** ha bisogno di essere spronato **2** *(interrogation)* domande f.pl.

prodigal /ˈprɒdɪgl/ agg. LETT. [*expenditure*] folle; [*generosity*] ampio; [*government, body*] prodigo; ***to be ~ with*** o ***of*** essere prodigo di; ***the ~ son*** il figliol prodigo.

prodigious /prəˈdɪdʒəs/ agg. prodigioso.

prodigiously /prəˈdɪdʒəslɪ/ avv. [*eat, drink*] in grandi quantità; [*talented, successful*] prodigiosamente; [*increase*] in maniera prodigiosa.

prodigy /ˈprɒdɪdʒɪ/ n. prodigio m.; ***child ~*** bambino prodigio.

1.produce /ˈprɒdjuːs, AE -duːs/ n. **U** prodotti m.pl.; ***"~ of Spain"*** "prodotto spagnolo".

2.produce /prəˈdjuːs, AE -ˈduːs/ tr. **1** *(cause)* produrre [*effect*]; dare [*result*]; provocare [*reaction, change*] **2** AGR. IND. [*region, farmer, company*] produrre (**from** a partire da); [*worker, machine*] fabbricare, produrre **3** *(biologically)* [*gland, animal, plant*] produrre **4** *(generate)* produrre [*heat, sound, energy, profits, returns*] **5** *(form, create)* [*school, era*] produrre [*scientist, artist*]; ***the country that ~ed Picasso*** il paese che ha dato i natali a Picasso **6** *(present)* presentare, esibire [*passport*]; fare [*report*]; fornire [*evidence, argument*]; dare [*example*]; ***to ~ sth. from*** estrarre qcs. da [*pocket, bag*] **7** CINEM. MUS. RAD. TELEV. produrre [*film, show*]; BE TEATR. mettere in scena [*play*] **8** *(put together)* preparare [*meal, package*]; mettere a punto [*argument, timetable, solution*]; pubblicare [*brochure, guide*].

producer /prəˈdjuːsə(r), AE -ˈduːs-/ ♦ **27** n. **1** *(supplier) (of produce, food)* produttore m. (-trice); *(of machinery, goods)* fabbricante m. e f., produttore m. (-trice) **2** CINEM. TEATR. RAD. TELEV. produttore m.

producer goods n.pl. beni m. capitali, beni m. strumentali.

producing /prəˈdjuːsɪŋ, AE -ˈduːs-/ agg. **1** [*country*] produttore **2 -producing** in composti ***oil-~ countries*** paesi produttori di petrolio.

product /ˈprɒdʌkt/ **I** n. prodotto m. (anche COMM. MAT.); ***consumer ~s*** prodotti *o* generi di consumo; ***the end ~*** il risultato finale **II** modif. [*design, launch, testing*] di un prodotto; ***~ range*** gamma di prodotti; ***~ designer*** progettista industriale.

production /prəˈdʌkʃn/ **I** n. **1** AGR. IND. *(of crop, foodstuffs, metal)* produzione f.; *(of machinery, furniture, cars)* fabbricazione f., produzione f.; ***to go into*** o ***be in ~*** essere prodotto; ***to be in full ~*** [*factory*] essere in piena produzione; ***to take land out of ~*** sospendere lo sfruttamento di un terreno **2** *(output)* produzione f. (anche BIOL. FIS.) **3** *(presentation) (of document, ticket, report)* presentazione f.; *(of evidence)* produzione f. **4** CINEM. TEATR. RAD. TELEV. produzione f.; ***X's ~ of "Hamlet"*** allestimento di X dell'"Amleto"; ***to put on a ~ of*** TEATR. mettere in scena [*play*] **II** modif. [*costs, levels, methods, company, manager, quota, unit*] di produzione; [*control, department*] della produzione.

production line n. linea f. di montaggio, catena f. di montaggio.

productive /prəˈdʌktɪv/ agg. **1** *(efficient)* [*factory, land, worker*] produttivo; [*system, use*] efficace **2** *(constructive)* [*discussion*] fruttuoso; [*day, phase, period*] produttivo **3** ECON. produttivo **4** *(resulting in)* ***to be ~ of*** essere causa di.

productively /prəˈdʌktɪvlɪ/ avv. [*work*] in modo produttivo; [*cultivate*] in modo redditizio; [*spend time*] in modo utile.

productivity /ˌprɒdʌk'tɪvətɪ/ **I** n. produttività f. **II** modif. [*agreement, bonus, drive*] di produttività; [*gains, growth*] della produttività.
product liability n. = responsabilità del produttore o dell'impresa nei confronti del consumatore per la vendita di prodotti nocivi.
product licence n. licenza f. di fabbricazione.
product manager ➧ *27* n. product manager m. e f.
Prof ⇒ professor professore (prof.).
1.profane /prə'feɪn, AE prəʊ-/ agg. **1** *(blasphemous)* profano, blasfemo **2** *(secular)* profano.
2.profane /prə'feɪn, AE prəʊ-/ tr. profanare.
profanity /prə'fænətɪ, AE prəʊ-/ n. FORM. **1** *(behaviour)* empietà f. **2** *(oath)* bestemmia f.
profess /prə'fes/ tr. **1** *(claim)* pretendere **2** *(declare openly)* professare, dichiarare apertamente [*opinion, religion*].
professed /prə'fest/ **I** p.pass. → **profess II** agg. **1** [*supporter, Christian*] *(genuine)* dichiarato; *(pretended)* sedicente **2** RELIG. [*nun, monk*] professo.
professedly /prə'fesɪdlɪ/ avv. FORM. *(avowedly)* dichiaratamente; *(with notion of insincerity)* sedicentemente.
profession /prə'feʃn/ n. **1** *(occupation)* professione f., mestiere m.; ***by ~*** di professione; ***the ~s*** le professioni liberali; ***to enter a ~*** iniziare una professione **2** *(group)* ***the legal, medical ~*** gli avvocati, i medici **3** *(statement)* professione f.
professional /prə'feʃənl/ **I** agg. **1** *(relating to an occupation)* professionale; ***~ career*** carriera; ***to seek ~ advice*** chiedere consiglio a un professionista; ***they are ~ people*** sono dei professionisti **2** *(not amateur)* [*footballer*] professionista; [*diplomat, soldier*] di professione, di carriera; ***to turn ~*** [*actor, singer*] diventare professionista; [*footballer, athlete*] passare al professionismo **3** *(of high standard)* [*attitude, person*] professionale; ***he did a very ~ job*** ha fatto un lavoro da professionista **II** n. **1** *(not amateur)* professionista m. e f. **2** *(in small ad)* lavoratore m. (-trice) qualificato (-a).
professional bias n. deformazione f. professionale.
professional fee n. onorario m.
professional foul n. SPORT fallo m. intenzionale.
professionalism /prə'feʃənəlɪzəm/ n. **1** *(high standard)* *(of person, organization)* professionalità f.; *(of performance, piece of work)* alta qualità f. **2** SPORT professionismo m.
professionally /prə'feʃənəlɪ/ avv. **1** *(expertly)* [*designed*] da un professionista; ***~ qualified*** professionalmente qualificato; ***he is ~ trained*** ha avuto una formazione professionale **2** *(from an expert standpoint)* da un punto di vista professionale **3** *(in work situation)* in ambito lavorativo; ***he is known ~ as Tim Jones*** sul lavoro è conosciuto come Tim Jones **4** *(as a paid job)* [*play sport*] professionalmente; ***he sings ~*** è un cantante professionista **5** *(to a high standard)* [*work, behave*] in modo professionale.
professional school n. AE UNIV. *(business school)* = scuola di amministrazione aziendale; *(law school)* = facoltà di giurisprudenza; *(medical school)* = facoltà di medicina.
professor /prə'fesə(r)/ ➧ *9* n. **1** UNIV. *(chair holder)* professore m. (universitario) **2** AE UNIV. *(teacher)* professore m. (-essa).
professorial /ˌprɒfɪ'sɔːrɪəl/ agg. **1** UNIV. [*duties, post*] di professore; [*salary*] da professore **2** *(imposing)* autorevole.
professorship /prə'fesəʃɪp/ n. **1** *(chair)* cattedra f. (universitaria) **2** AE UNIV. *(teaching post)* docenza f.
proffer /'prɒfə(r)/ tr. FORM. **1** *(hold out)* porgere [*pen, handkerchief*] **2** *(offer)* profferire [*advice*]; offrire [*friendship*].
proficiency /prə'fɪʃnsɪ/ n. *(practical)* abilità f. (**in, at** in; **in doing** a fare); *(academic)* conoscenza f. (**in** di); competenza f. (**in** in).
proficiency test n. = esame di profitto, relativo specialmente all'inglese per stranieri.
proficient /prə'fɪʃnt/ agg. competente; ***he is a highly ~ musician*** è un musicista esperto.
1.profile /'prəʊfaɪl/ n. **1** *(of face, body, mountain)* profilo m. (anche FIG.); ***in ~*** di profilo **2** *(graph, table, list)* profilo m. **3** FIG. rilievo m., risalto m.; ***to have, maintain a high ~*** essere molto in vista, mantenere una posizione di rilievo; ***to raise one's ~*** mettersi in evidenza **4** *(of person, genes)* profilo m.; ***psychological, DNA ~*** profilo psicologico, del DNA; ***reader ~*** profilo del lettore.
2.profile /'prəʊfaɪl/ tr. GIORN. tracciare il profilo di [*person*].
profiled /'prəʊfaɪld/ **I** p.pass. → **2.profile II** agg. *(silhouetted)* ***to be ~*** profilarsi.
1.profit /'prɒfɪt/ n. **1** COMM. profitto m.; ***gross, net ~*** profitto lordo, netto; ***to make*** o ***turn a ~*** ricavare un profitto (**on** da); ***to sell sth. at a ~*** vendere qcs. con profitto; ***to operate at a ~*** lavorare in utile **2** FIG. *(benefit)* vantaggio m., guadagno m.
2.profit /'prɒfɪt/ **I** tr. LETT. giovare a **II** intr. ***to ~ by*** o ***from sth.*** profittare di qcs.
profitability /ˌprɒfɪtə'bɪlətɪ/ n. redditività f.
profitable /'prɒfɪtəbl/ agg. COMM. proficuo, redditizio; FIG. fruttuoso.
profitably /'prɒfɪtəblɪ/ avv. **1** ECON. [*sell*] con profitto; [*trade, invest*] proficuamente **2** *(usefully)* proficuamente.
1.profiteer /ˌprɒfɪ'tɪə(r)/ n. SPREG. profittatore m. (-trice).
2.profiteer /ˌprɒfɪ'tɪə(r)/ intr. SPREG. realizzare grandi guadagni.
profiteering /ˌprɒfɪ'tɪərɪŋ/ **I** n. SPREG. realizzazione f. di grandi guadagni **II** agg. SPREG. profittatore.
profit-making organization n. organizzazione f. a scopo di lucro.
profit margin n. margine m. di profitto.
profit sharing n. compartecipazione f. agli utili.
profit squeeze n. compressione f. degli utili.
profit taking n. realizzazione f. dei profitti.
profligate /'prɒflɪgət/ agg. FORM. **1** *(extravagant)* [*government*] che sperpera il denaro pubblico; [*spending*] eccessivo **2** *(dissolute)* dissoluto.
profound /prə'faʊnd/ agg. profondo.
profoundly /prə'faʊndlɪ/ avv. **1** *(very)* profondamente **2** *(wisely)* acutamente.
profundity /prə'fʌndətɪ/ n. FORM. *(of understanding)* profondità f.; *(of changes)* radicalità f.
profuse /prə'fjuːs/ agg. [*growth*] abbondante; [*bleeding*] profuso, copioso; [*praise, thanks*] profuso.
profusely /prə'fjuːslɪ/ avv. [*sweat, bleed*] profusamente, copiosamente; [*bloom*] a profusione; [*thank*] profusamente; ***to apologize ~*** profondere scuse.
profusion /prə'fjuːʒn/ n. profusione f.; ***in ~*** a profusione.
progeny /'prɒdʒənɪ/ n. + verbo sing. o pl. FORM. progenie f.
prognosis /prɒg'nəʊsɪs/ n. (pl. **-es**) **1** MED. prognosi f. (**on, about** su) **2** *(prediction)* pronostico m. (**for** su); previsione f. (**for** per).
prognosticate /prɒg'nɒstɪkeɪt/ tr. pronosticare.
prognostication /prɒgˌnɒstɪ'keɪʃn/ n. pronostico m., previsione f.
1.program /'prəʊgræm, AE -grəm/ n. **1** INFORM. programma m. **2** AE → **1.programme**.
2.program /'prəʊgræm, AE -grəm/ **I** tr. (forma in -ing ecc. **-mm-** BE, **-m-** AE) **1** programmare (**to do** per fare) (anche INFORM.) **2** AE → **2.programme II** intr. (forma in -ing ecc. **-mm-** BE, **-m-** AE) INFORM. programmare (**in** in).
programer AE → **programmer**.
programing AE → **programming**.
1.programme BE, **program** AE /'prəʊgræm, AE -grəm/ n. **1** TELEV. RAD. *(single broadcast)* programma m., trasmissione f. (**about** su); *(schedule of broadcasting)* programmi m.pl., trasmissioni f.pl. **2** *(schedule)* programma m. **3** MUS. TEATR. programma m.
2.programme BE, **program** AE /'prəʊgræm, AE -grəm/ tr. *(set)* programmare [*machine*] (**to do** per fare).
programme music BE, **program music** AE n. MUS. musica f. a programma.
programme note BE, **program note** AE n. commento m., nota f. di programma.
programmer BE, **programer** AE /'prəʊgræmə(r), AE -grəm-/ ➧ *27* n. programmatore m. (-trice).
programming BE, **programing** AE /'prəʊgræmɪŋ, AE -grəm-/ n. programmazione f.
1.progress /'prəʊgres, AE 'prɒgres/ n. **1** *(advances)* progresso m.; ***the patient is making ~*** il paziente sta migliorando **2** *(course, evolution)* *(of person, career)* progresso m., progressi m.pl.; *(of inquiry, event, talks)* andamento m., svolgimento m.; *(of disease)* evoluzione f., andamento m.; ***to make (steady) ~*** fare (costanti) progressi; ***in ~*** [*discussions,*

meeting, work] in corso **3** *(of vehicle)* (l')avanzare, avanzamento m.

2.progress /prə'gres/ intr. **1** *(develop, improve)* [*work, studies*] avanzare, procedere, progredire; [*society*] progredire; [*person*] fare dei progressi, migliorare; ***to ~ towards democracy*** fare progressi verso la democrazia **2** *(follow course)* [*person, vehicle*] muoversi in avanti, avanzare; [*discussion*] procedere, progredire.

progression /prə'greʃn/ n. **1** *(development) (improvement)* progresso m., avanzata f.; *(evolution)* evoluzione f. **2** *(series)* successione f., serie f. **3** MAT. serie f. **4** MUS. progressione f.

progressive /prə'gresɪv/ **I** agg. **1** *(gradual)* [*increase, change*] progressivo; [*illness*] progressivo, evolutivo **2** *(radical)* [*person, idea, policy*] progressista; [*school*] dai metodi didattici moderni; [*age, period*] di sviluppo **3** LING. progressivo **II** n. POL. progressista m. e f.

progressively /prə'gresɪvlɪ/ avv. progressivamente.

progress report n. *(on construction work)* rapporto m. sull'andamento dei lavori; *(on project)* rapporto m. sullo sviluppo del progetto; *(on patient)* cartella f. clinica; *(on pupil)* pagella f., scheda f. scolastica.

prohibit /prə'hɪbɪt, AE prəʊ-/ tr. **1** *(forbid)* proibire; ***to ~ sb. from doing*** proibire a qcn. di fare; ***"smoking ~ed"*** "vietato fumare" **2** FORM. *(make impossible)* impedire (**from doing** di fare).

prohibition /ˌprəʊhɪ'bɪʃn, AE ˌprəʊə-/ **I** n. divieto m. (**on, against** di) **II Prohibition** n.pr. ***the Prohibition*** AE STOR. il proibizionismo.

prohibitionist /ˌprəʊhɪ'bɪʃənɪst, AE ˌprəʊə-/ n. proibizionista m. e f.

prohibitive /prə'hɪbətɪv, AE prəʊ-/ agg. [*cost, price*] proibitivo, astronomico.

prohibitively /prə'hɪbɪtɪvlɪ, AE prəʊ-/ avv. ***prices are ~ high*** i prezzi sono proibitivi.

1.project /'prɒdʒekt/ **I** n. **1** *(scheme)* progetto m. (**to do** di fare) **2** SCOL. UNIV. ricerca f. (**on** su); ***research ~*** ricerca **3** AE *(state housing) (large)* quartiere m. di case popolari; *(small)* caseggiato m. popolare **II** modif. [*budget, funds*] di un progetto; ***~ manager*** project manager, direttore del progetto; ING. progettista; ***~ outline*** progetto preliminare.

2.project /prə'dʒekt/ **I** tr. **1** *(throw, send)* proiettare, gettare [*object*]; lanciare [*missile*]; fare arrivare [*voice*] **2** *(put across)* dare [*image*] **3** *(transfer)* proiettare [*guilt, doubts, anxiety*] **4** *(estimate)* stimare, fare la proiezione di [*figures, results*] **5** CINEM. FIS. proiettare [*light, film*] **6** GEOGR. fare la proiezione di [*earth, map*]; MAT. proiettare [*solid*] **II** intr. **1** *(stick out)* sporgere (**from** da); ***to ~ over*** sporgere in fuori **2** TEATR. [*actor*] emergere **III** rifl. ***to ~ oneself*** **1** *(make an impression)* fare una buona impressione; ***to ~ oneself as being*** dare l'impressione di essere **2** ***to ~ oneself into the future*** proiettarsi nel futuro.

projected /prɒ'dʒektɪd/ **I** p.pass. → **2.project II** agg. [*figure, deficit*] previsto.

projectile /prə'dʒektaɪl, AE -tl/ n. proiettile m.

projecting /prə'dʒektɪŋ/ agg. sporgente, in aggetto.

projection /prə'dʒekʃn/ n. **1** *(of object)* sporgenza f.; *(from building)* aggetto m. **2** *(estimate)* proiezione f., calcolo m. approssimativo, stima f. **3** CINEM. MAT. GEOGR. proiezione f. **4** FIG. *(of thoughts, emotions)* proiezione f.

projectionist /prə'dʒekʃənɪst/ ♦ ***27*** n. proiezionista m. e f.

projection room n. cabina f. di proiezione.

projector /prə'dʒektə(r)/ n. proiettore m.

proletarian /ˌprəʊlɪ'teərɪən/ **I** agg. proletario **II** n. proletario m. (-a).

proletariat /ˌprəʊlɪ'teərɪət/ n. proletariato m.

pro-life /ˌprəʊ'laɪf/ agg. [*movement, campaigner*] per la vita.

proliferate /prə'lɪfəreɪt, AE prəʊ-/ intr. proliferare.

proliferation /ˌprəlɪfə'reɪʃn, AE ˌprəʊ-/ n. proliferazione f.

prolific /prə'lɪfɪk/ agg. **1** *(productive)* [*writer*] prolifico; [*decade*] fecondo; ***~ scorer*** *(of goals)* goleador **2** *(in reproduction)* [*plant*] prolifero; [*animal, person*] prolifico; [*growth*] rapido.

prolix /'prəʊlɪks, AE prəʊ'lɪks/ agg. FORM. prolisso.

prologue /'prəʊlɒg, AE -lɔːg/ n. prologo m. (**to** di).

prolong /prə'lɒŋ, AE -'lɔːŋ/ tr. prolungare, protrarre.

prom /prɒm/ n. COLLOQ. **1** BE → **promenade concert 2** AE *(at high school, college)* ballo m. studentesco **3** BE (accorc. promenade) *(at seaside)* passeggiata f. a mare.

1.promenade /ˌprɒmə'nɑːd, AE -'neɪd/ n. **1** *(path)* passeggiata f.; *(by sea)* passeggiata f. (a mare), lungomare m. **2** *(dance)* promenade f.

2.promenade /ˌprɒmə'nɑːd, AE -'neɪd/ **I** tr. FORM. esibire, ostentare [*virtues*] **II** intr. FORM. passeggiare.

promenade concert n. BE = concerto estivo di musica classica.

prominence /'prɒmɪnəns/ n. **1** *(of person, issue)* importanza f., rilievo m.; ***to rise to ~*** emergere, assumere (notevole) rilievo **2** *(of feature, object)* prominenza f.

prominent /'prɒmɪnənt/ agg. **1** [*person, figure*] eminente, di spicco, di rilievo; [*artist, intellectual, industrialist*] famoso; ***to play a ~ part*** o ***role in sth.*** avere un ruolo di spicco *o* di primo piano in qcs. **2** [*position, place, feature*] prominente, in vista; [*peak, ridge*] che emerge, che spicca; [*marking*] molto evidente, appariscente **3** [*cheekbone*] pronunciato; [*nose*] prominente; [*eye, tooth*] sporgente, in fuori.

prominently /'prɒmɪnəntlɪ/ avv. [*displayed*] bene in vista; ***to feature*** o ***figure ~ in*** avere un ruolo importante *o* di spicco in.

promiscuity /ˌprɒmɪ'skjuːətɪ/ n. promiscuità f.

promiscuous /prə'mɪskjʊəs/ agg. SPREG. [*person*] di facili costumi; [*behaviour*] promiscuo.

1.promise /'prɒmɪs/ n. **1** *(undertaking)* promessa f.; ***to break one's ~*** venire meno alla propria promessa; ***they held him to his ~*** gli hanno fatto mantenere la promessa; ***under a ~ of secrecy*** con la promessa di mantenere il segreto **2 U** *(hope, prospect)* speranza f., prospettiva f. **3 U** *(likelihood of success)* ***she shows great ~*** promette molto bene, è una grande promessa.

2.promise /'prɒmɪs/ **I** tr. **1** *(pledge)* ***to ~ sb. sth.*** promettere qcs. a qcn.; ***to ~ to do*** promettere di fare; ***as ~d*** come promesso **2** *(give prospect of)* annunciare, promettere; ***it ~s to be a fine day*** la giornata promette bene **3** *(assure)* assicurare, garantire; ***it won't be easy, I ~ you*** non sarà facile, te lo assicuro **II** intr. **1** *(give pledge)* promettere; ***do you ~?*** promesso? me lo prometti? **2** FIG. ***to ~ well*** [*young talent, candidate*] essere promettente; [*result, situation*] promettere bene, essere promettente; ***this doesn't ~ well for the future*** questo non promette niente di buono (per il futuro).

promising /'prɒmɪsɪŋ/ agg. [*situation, result, future, artist*] promettente; ***it doesn't look very ~*** [*weather, outlook*] non promette niente di buono.

promisingly /'prɒmɪsɪŋlɪ/ avv. in modo promettente.

promissory note /ˌprɒmɪsərɪ'nəʊt, AE -sɔːrɪ-/ n. pagherò m., vaglia m. cambiario, cambiale f. propria.

promo /'prəʊməʊ/ n. (pl. **~s**) COLLOQ. *(for television programme)* promo m.; *(for pop record)* promo-video m., videoclip m.

promontory /'prɒməntrɪ, AE -tɔːrɪ/ n. promontorio m.

promote /prə'məʊt/ **I** tr. **1** *(in rank)* promuovere, far avanzare di grado; ***he was ~d to manager*** fu promosso direttore **2** *(advertise)* promuovere, pubblicizzare [*product*]; *(market)* promuovere [*brand, book, theory*] **3** *(encourage)* favorire, sostenere [*democracy, understanding*] **4** BE *(in football)* ***to be ~d from the fourth to the third division*** passare dalla quarta alla terza divisione, essere promosso in terza divisione **5** AE SCOL. promuovere **II** rifl. ***to ~ oneself*** farsi pubblicità.

promoter /prə'məʊtə(r)/ n. promotore m. (-trice).

promotion /prə'məʊʃn/ n. **1** *(of employee)* promozione f., avanzamento m.; ***to gain ~*** essere promosso **2** COMM. promozione f., pubblicità f.; ***sales ~*** *(activity)* vendita promozionale; *(campaign)* campagna pubblicitaria **3** *(encouragement)* sostegno m., incoraggiamento m. **4** AE SCOL. promozione f.

promotional /prə'məʊʃənl/ agg. **1** COMM. promozionale **2** *(in workplace)* ***the ~ ladder*** la scala gerarchica.

promotional video n. (pl. **~s**) video m., filmato m. promozionale.

promotion prospects n.pl. prospettive f., possibilità f. di promozione, di avanzamento di carriera.

promotions manager ♦ ***27*** n. responsabile m. e f. del settore promozionale.

1.prompt /prɒmpt/ I agg. [*recovery, result, refund*] rapido; [*action, reply*] pronto, sollecito II n. 1 INFORM. prompt m. 2 COMM. termine m. di pagamento 3 TEATR. suggerimento m. III avv. in punto; ***at six o'clock* ~** alle sei in punto *o* precise.

2.prompt /prɒmpt/ I tr. 1 *(cause)* provocare [*reaction, anger, revolt*]; suscitare [*concern, comment, warning*]; scatenare [*alert*]; ***to ~ sb. to do sth.*** indurre, spingere qcn. a fare qcs. 2 *(encourage to talk)* ***"and then what?" she ~ed*** "e poi?" chiese incalzante 3 *(remind)* suggerire a [*person*] (anche TEATR.) II intr. suggerire (anche TEATR.).

prompt box n. TEATR. buca f. del suggeritore.

prompter /ˈprɒmptə(r)/ ➧ 27 n. TEATR. suggeritore m. (-trice).

prompting /ˈprɒmptɪŋ/ n. suggerimento m.; ***I decided that without any* ~** lo decisi senza che me lo avesse suggerito nessuno.

promptly /ˈprɒmptlɪ/ avv. 1 *(immediately)* subito, immediatamente 2 *(without delay)* [*reply, pay*] prontamente 3 *(punctually)* [*arrive, leave*] puntuale; ***~ at six o'clock*** alle sei in punto *o* precise.

promptness /ˈprɒmptnɪs/ n. 1 *(speed)* prontezza f. 2 *(punctuality)* puntualità f.

prompt note n. COMM. promemoria m. di pagamento.

promulgate /ˈprɒmlgeɪt/ tr. FORM. 1 *(proclaim)* promulgare [*law*] 2 *(promote)* promulgare, diffondere [*theory*].

prone /prəʊn/ agg. 1 *(prostrate)* ***to lie* ~** giacere prono, essere in posizione prona 2 *(liable)* ***to be ~ to*** essere soggetto a [*migraines, colds*]; essere incline a [*depression, violence*] 3 **-prone** in composti ***accident-~*** soggetto a incidenti.

prong /prɒŋ, AE prɔːŋ/ I n. *(on fork)* rebbio m., dente m. II **-pronged** agg. in composti ***two-, three-~ed*** [*fork*] a due, tre rebbi, punte; [*spear*] a due, tre punte; ***two-, three-~ed attack*** *(sided)* attacco su due, tre fronti.

pronominal /prəʊˈnɒmɪnl/ agg. pronominale.

pronoun /ˈprəʊnaʊn/ n. pronome m.

pronounce /prəˈnaʊns/ I tr. 1 LING. pronunciare [*letter, word*] 2 *(announce)* pronunciare, emettere [*sentence, verdict*]; esprimere [*opinion*]; ***to ~ sb. dead*** dichiarare qcn. morto II intr. DIR. pronunciarsi; ***to ~ for, against sb.*** pronunciarsi a favore di, dichiararsi contrario a qcn. III rifl. ***to ~ oneself satisfied*** dichiararsi soddisfatto.

■ **pronounce on:** *~ on* ***[sth.]*** pronunciarsi su [*case, matter*]; affermare [*existence, truth*].

pronounceable /prəˈnaʊnsəbl/ agg. pronunciabile.

pronounced /prəˈnaʊnst/ I p.pass. → **pronounce** II agg. 1 *(noticeable)* [*accent, tendency*] spiccato; [*limp*] pronunciato; [*stammer*] marcato; [*change, difference, increase*] notevole 2 *(strongly felt)* [*idea, opinion*] deciso, chiaro.

pronouncement /prəˈnaʊnsmənt/ n. *(statement)* dichiarazione f.; *(verdict)* verdetto m.

pronto /ˈprɒntəʊ/ avv. COLLOQ. subito.

pronunciation /prəˌnʌnsɪˈeɪʃn/ n. pronuncia f.

1.proof /pruːf/ I n. 1 U *(evidence)* prova f., dimostrazione f.; ***to have ~ that*** avere la prova *o* le prove che; ***to be ~ of sb.'s worth*** essere la prova del valore di qcn.; ***~ of identity*** documento d'identità 2 MAT. FILOS. prova f. 3 TIP. bozza f., prova f. di stampa 4 FOT. provino m. 5 U *(of alcohol)* gradazione f. alcolica standard; ***to be 70°*** o ***70% ~*** = BE avere una gradazione alcolica di 40°; AE avere una gradazione alcolica di 35° II agg. 1 ***to be ~ against*** essere a prova di [*infection, heat*]; essere immune da [*temptation, charms*] 2 **-proof** in composti *(resistant to)* a prova di; ***earthquake-~*** antisismico.

2.proof /pruːf/ tr. 1 *(make waterproof)* impermeabilizzare [*fabric*]; *(make sound-proof)* insonorizzare [*room, house*] 2 → **proofread**.

proof of delivery n. ricevuta f. di consegna.

proof of ownership n. certificato m., documento m. di proprietà.

proof of postage n. ricevuta f. di spedizione.

proof of purchase n. prova f. d'acquisto.

proofread /ˈpruːfriːd/ I tr. (pass., p.pass. **-read** /-red/) 1 *(check copy)* correggere 2 *(check proofs)* correggere le bozze di [*novel*] II intr. (pass., p.pass. **-read** /-red/) 1 *(check copy)* correggere 2 *(check proofs)* correggere bozze.

proofreader /ˈpruːfriːdə(r)/ ➧ 27 n. correttore m. (-trice) di bozze.

proofreading /ˈpruːfriːdɪŋ/ n. correzione f. di bozze.

proof spirit n. = BE alcol a 57,1°; AE alcol a 50°.

1.prop /prɒp/ n. 1 sostegno m., puntello m. (anche FIG.) 2 SPORT *(in rugby)* pilone m.

2.prop /prɒp/ I tr. (forma in -ing ecc. **-pp-**) 1 *(support)* sostenere [*roof, tunnel*]; puntellare, sorreggere [*wall*]; ***I ~ped his head on a pillow*** gli sostenni la testa con un cuscino 2 *(lean)* ***to ~ sb., sth. against sth.*** appoggiare qcn., qcs. contro qcs. II rifl. (forma in -ing ecc. **-pp-**) ***to ~ oneself against sth.*** appoggiarsi a, contro qcs.

■ **prop up:** *~* ***[sth.]*** *up, ~ up* ***[sth.]*** sostenere (anche FIG.).

3.prop /prɒp/ n. (accorc. property) TEATR. oggetto m. di scena, arredi m.pl. scenici.

propaganda /ˌprɒpəˈgændə/ I n. propaganda f. II modif. [*campaign, film, war*] di propaganda.

propagandist /ˌprɒpəˈgændɪst/ n. propagandista m. e f.

propagate /ˈprɒpəgeɪt/ I tr. propagare II intr. propagarsi.

propagation /ˌprɒpəˈgeɪʃn/ n. propagazione f.

propagator /ˈprɒpəgeɪtə(r)/ n. *(tray)* germinatoio m.

propane /ˈprəʊpeɪn/ n. propano m.

propel /prəˈpel/ tr. (forma in -ing ecc. **-ll-**) 1 *(power)* azionare [*vehicle, ship*] 2 *(push)* spingere [*person*]; *(more violently)* sparare [*person*].

propellant /prəˈpelənt/ n. 1 *(in aerosol)* gas m. propellente 2 *(in rocket)* propellente m. 3 *(in gun)* polvere f. di lancio, esplosivo m. da sparo.

propeller /prəˈpelə(r)/ n. AER. MAR. elica f.

propeller-head /prəˈpeləˌhed/ n. COLLOQ. fanatico m. (-a) dell'informatica.

propeller shaft n. AUT. albero m. di trasmissione; MAR. AER. albero m. portaelica.

propelling pencil n. BE portamine m.

propensity /prəˈpensətɪ/ n. propensione f. (**to, for** a; **to do, for doing** a fare).

proper /ˈprɒpə(r)/ agg. 1 *(right)* [*spelling*] giusto, corretto; [*manner, tool, choice, term*] corretto, giusto, appropriato; [*sense*] proprio; [*precautions*] dovuto, necessario; [*clothing*] adatto; ***in the ~ place*** al posto giusto; ***to go through the ~ channels*** passare per i canali ufficiali 2 *(adequate)* [*funding, recognition*] appropriato; [*education, training*] adatto, giusto; [*care, control*] adatto, necessario; ***we have no ~ tennis courts*** non abbiamo campi da tennis decenti 3 *(fitting)* ***~ to*** FORM. adatto a [*position, status*]; ***I did as I thought* ~** ho agito come credevo opportuno 4 *(respectably correct)* [*person*] per bene, corretto; [*upbringing*] appropriato, degno 5 *(real, full)* [*doctor, holiday, job*] vero; [*opportunity*] buono; ***he did a ~ job*** ha fatto un buon lavoro 6 COLLOQ. *(complete)* ***I felt a ~ fool!*** mi sono sentito un vero e proprio stupido! 7 *(actual)* dopo nome ***in the village* ~** nel paese vero e proprio; ***the competition* ~** la gara propriamente detta ♦ ***to beat sb. good and* ~** dare una bella batosta a qcn.

properly /ˈprɒpəlɪ/ avv. 1 *(correctly)* correttamente; ***to do one's job* ~** fare bene il proprio lavoro; ***~ speaking*** a dire il vero, per l'esattezza; ***behave ~!*** *(to child)* comportati come si deve! 2 *(fully)* [*completed, prepared*] bene; [*shut*] completamente; [*read, thank*] come si deve; ***you're not ~ dressed*** non sei abbastanza vestito *o* coperto 3 *(adequately)* [*eat, rest, plan*] a sufficienza; [*insured, ventilated*] adeguatamente 4 *(suitably)* [*dressed*] decorosamente.

proper name, proper noun n. LING. nome m. proprio.

property /ˈprɒpətɪ/ I n. 1 U *(belongings)* proprietà f., patrimonio m., beni m.pl., averi m.pl.; ***government* ~** proprietà di Stato; ***personal* ~** beni personali; ***that is not your* ~** non è roba tua 2 U *(real estate)* beni m.pl. immobili, proprietà f.pl. immobiliari 3 *(house)* proprietà f.; ***the ~ is detached*** la casa è indipendente 4 CHIM. FIS. *(characteristic)* proprietà f., caratteristica f., qualità f. 5 DIR. *(copyrighted work)* proprietà f. II **properties** n.pl. 1 ECON. settore m.sing. immobiliare 2 TEATR. attrezzi m. (di scena), attrezzeria f.sing. III modif. *(real estate)* [*company, development, group, market, speculator, value*] immobiliare; [*law*] sugli immobili; [*prices*] degli immobili ♦ ***to be hot* ~** essere molto richiesto.

property dealer ➧ 27 n. agente m. e f. immobiliare.

property developer ➧ 27 n. impresario m. (-a) edile.

property insurance n. assicurazione f. sulla proprietà.

property owner n. proprietario m. (-a) (di beni immobili).
property sales n.pl. vendita f.sing. immobiliare.
property speculation n. speculazione f. edilizia.
property tax n. imposta f. sul patrimonio, sulla proprietà.
prophecy /ˈprɒfəsɪ/ n. profezia f. (**that** secondo cui); ***to make a ~ that*** profetizzare che.
prophesy /ˈprɒfəsaɪ/ tr. e intr. profetizzare.
prophet /ˈprɒfɪt/ n. profeta m.
prophetess /ˈprɒfɪtes/ n. profetessa f.
prophetic /prəˈfetɪk/ agg. profetico.
prophylactic /ˌprɒfɪˈlæktɪk/ **I** agg. profilattico **II** n. **1** MED. profilassi f. **2** *(condom)* profilattico m.
propinquity /prəˈpɪŋkwətɪ/ n. FORM. *(in space)* prossimità f.
propitiate /prəˈpɪʃɪeɪt/ tr. propiziarsi [*person, gods*].
propitious /prəˈpɪʃəs/ agg. propizio (**for** a).
propitiously /prəˈpɪʃəslɪ/ avv. [*start*] sotto buoni auspici; [*arrive*] a proposito; [*disposed*] favorevolmente.
proponent /prəˈpəʊnənt/ n. fautore m. (-trice), sostenitore m. (-trice).
proportion /prəˈpɔːʃn/ **I** n. **1** *(part, quantity) (of group, population)* parte f., percentuale f.; *(of income, profit, work)* parte f., porzione f. **2** *(ratio)* proporzione f.; ***the ~ of pupils to teachers*** il rapporto *o* la proporzione studenti/insegnanti; ***productivity increases in ~ to the incentives offered*** la produttività aumenta in ragione degli incentivi offerti **3** *(harmony, symmetry)* ***out of, in ~*** sproporzionato, proporzionato **4** FIG. *(perspective)* ***to get sth. out of all ~*** non considerare qcs. nelle sue giuste proporzioni; ***to be out of all ~*** essere del tutto sproporzionato (**to** rispetto a); ***you've got to have a sense of ~*** bisogna avere il senso della misura **II proportions** n.pl. *(of building, machine)* dimensioni f.; *(of problem, project)* dimensioni f., proporzioni f.
proportional /prəˈpɔːʃənl/ agg. proporzionale.
proportionally /prəˈpɔːʃənəlɪ/ avv. proporzionalmente.
proportional representation n. rappresentanza f. proporzionale.
proportionate /prəˈpɔːʃənət/ agg. proporzionato.
proportionately /prəˈpɔːʃənətlɪ/ avv. in proporzione, proporzionalmente.
proposal /prəˈpəʊzl/ n. **1** *(suggestion)* proposta f., offerta f.; ***a ~ for changes*** una proposta di cambiamento **2** *(offer of marriage)* proposta f. di matrimonio **3** *(by insurance company)* (anche **~ form**) proposta f. di assicurazione.
propose /prəˈpəʊz/ **I** tr. **1** *(suggest)* proporre (**doing** di fare) **2** *(intend)* ***to ~ doing*** o ***to do*** avere l'intenzione di *o* proporsi di fare **3** ***to ~ marriage to sb.*** fare una proposta di matrimonio a qcn. **4** *(nominate)* proporre [*person*] (**as, for** come) **II** intr. fare una proposta di matrimonio (**to** a).
proposed /prəˈpəʊzd/ **I** p.pass. → **propose II** agg. [*action, reform*] proposto.
proposer /prəˈpəʊzə(r)/ n. proponente m. e f.
1.proposition /ˌprɒpəˈzɪʃn/ n. **1** *(suggestion)* proposta f., offerta f. **2** *(assertion)* asserzione f. **3** MAT. FILOS. proposizione f. **4** *(enterprise)* affare m., faccenda f. **5** *(sexual overture)* proposta f., avances f.pl.
2.proposition /ˌprɒpəˈzɪʃn/ tr. fare una proposta, delle avances a [*person*].
propound /prəˈpaʊnd/ tr. proporre, avanzare.
proprietary /prəˈpraɪətrɪ, AE -terɪ/ agg. **1** [*rights, duties*] patrimoniale, di proprietà **2** [*manner, attitude*] padronale, da padrone **3** COMM. [*information*] di proprietà riservata; [*system*] brevettato.
proprietary brand n. marchio m. depositato.
proprietary medicine n. specialità f. farmaceutica, farmaco m. brevettato.
proprietary name n. marchio m. registrato, nome m. commerciale.
proprietor /prəˈpraɪətə(r)/ n. proprietario m. (-a), titolare m. e f.
proprietress /prəˈpraɪətrɪs/ n. proprietaria f., titolare f.
propriety /prəˈpraɪətɪ/ n. **1** *(politeness)* proprietà f., decoro m. **2** *(morality)* decenza f.
propulsion /prəˈpʌlʃn/ n. propulsione f.
pro rata /ˌprəʊˈrɑːtə, AE -ˈreɪtə/ **I** agg. ***on a ~ basis*** pro rata, su basi proporzionali **II** avv. [*increase*] pro rata, in proporzione, proporzionalmente; ***salary £ 15,000 ~*** stipendio di 15.000 sterline pro rata.
prosaic /prəˈzeɪɪk/ agg. [*style*] prosaico; [*description*] prosaico, noioso; [*existence*] banale, comune.
proscenium /prəˈsiːnɪəm/ n. (pl. **~s, -ia**) proscenio m.
proscribe /prəˈskraɪb, AE prəʊ-/ tr. proscrivere.
proscription /prəˈskrɪpʃn, AE prəʊ-/ n. proscrizione f.
prose /prəʊz/ n. **1** *(not verse)* prosa f. **2** BE SCOL. UNIV. *(translation)* traduzione f. in lingua straniera; *(in classical languages)* versione f.
prosecute /ˈprɒsɪkjuːt/ **I** tr. **1** DIR. perseguire (penalmente); ***to ~ sb. for doing*** perseguire qcn. per aver fatto; ***"trespassers will be ~d"*** "i trasgressori saranno perseguiti a termini di legge" **2** FORM. *(pursue)* proseguire **II** intr. fare causa, intentare giudizio.
prosecuting attorney n. AE *(lawyer)* avvocato m. dell'accusa; *(public official)* procuratore m.
prosecuting lawyer n. avvocato m. dell'accusa.
prosecution /ˌprɒsɪˈkjuːʃn/ n. **1** DIR. *(institution of charge)* procedimento m. giudiziario; ***the ~ process*** il procedimento giudiziario **2** DIR. *(party)* ***the ~*** *(private individual)* l'accusa; *(state, Crown)* la pubblica accusa, il pubblico ministero **3** FORM. *(of war, research)* prosecuzione f.; ***in the ~ of one's duties*** nell'adempimento delle proprie funzioni, nel compimento del proprio dovere.
prosecutor /ˈprɒsɪkjuːtə(r)/ n. DIR. **1** *(instituting prosecution)* ***to be the ~*** essere l'attore in giudizio **2** *(in court)* = l'organo pubblico o privato che promuove l'azione penale **3** AE *(prosecuting attorney)* avvocato m. dell'accusa; *(public official)* procuratore m.
proselytize /ˈprɒsəlɪtaɪz/ **I** tr. convertire **II** intr. fare proseliti.
1.prospect /ˈprɒspekt/ **I** n. **1** *(hope, expectation) (of change, improvement)* prospettiva f., speranza f.; *(of success)* possibilità f. (**of doing** di fare); ***a bleak, gloomy ~*** una prospettiva triste, deprimente **2** *(outlook)* prospettiva f.; ***to be in ~*** [*changes, cuts*] essere in vista, essere previsto **3** *(good option) (for job)* candidato m. (-a); *(for sports team)* speranza f. **4** COMM. *(likely client)* potenziale cliente m. e f. **5** LETT. *(view)* vista f. (**of** di, su) **II prospects** n.pl. prospettive f.; ***she has good career ~s*** ha delle buone prospettive di fare carriera; ***the ~s for growth*** le prospettive di crescita; ***a young man with ~s*** un giovanotto dall'avvenire brillante.
2.prospect /prəˈspekt, AE ˈprɒspekt/ **I** tr. fare ricerche minerarie in [*land, region*] **II** intr. fare ricerche minerarie; ***to ~ for*** cercare [*gold, oil*].
prospecting /prəˈspektɪŋ, AE ˈprɒspektɪŋ/ **I** n. COMM. GEOL. prospezione f. **II** modif. [*rights, licence*] di prospezione.
prospective /prəˈspektɪv/ agg. [*buyer, earnings, candidate*] potenziale, possibile; ***my ~ son-in-law*** il mio futuro genero.
prospector /prəˈspektə(r), AE ˈprɒspektər/ n. prospettore m.; ***gold ~*** cercatore d'oro.
prospectus /prəˈspektəs/ n. *(booklet)* opuscolo m., dépliant m. informativo; *(for shares, flotation)* prospetto m. informativo; ***university ~, college ~*** = prospetto informativo dell'università, del college.
prosper /ˈprɒspə(r)/ intr. prosperare, essere fiorente.
prosperity /prɒˈsperətɪ/ n. prosperità f., benessere m.
prosperous /ˈprɒspərəs/ agg. [*country*] prospero, florido; [*farm*] prospero, fiorente; [*person*] ricco, benestante; [*appearance*] prosperoso, di prosperità.
prostate /ˈprɒsteɪt/ n. (anche **~ gland**) prostata f.
1.prostitute /ˈprɒstɪtjuːt, AE -tuːt/ n. **1** *(woman)* prostituta f. **2** ***male ~*** *(young)* ragazzo m. di vita; *(transvestite)* travestito m.; *(gigolo)* gigolo m.
2.prostitute /ˈprɒstɪtjuːt, AE -tuːt/ **I** tr. prostituire [*person, talent*] **II** rifl. ***to ~ oneself*** prostituirsi (anche FIG.).
prostitution /ˌprɒstɪˈtjuːʃn, AE -ˈtuː-/ n. prostituzione f.
1.prostrate /ˈprɒstreɪt/ agg. prostrato (anche FIG.); ***~ with grief*** prostrato dal dolore.
2.prostrate /prɒˈstreɪt, AE ˈprɒstreɪt/ **I** tr. ***to be ~d by*** essere prostrato da [*illness, grief*] **II** rifl. ***to ~ oneself*** prostrarsi, prosternarsi (**before** davanti).
prostration /prɒˈstreɪʃn/ n. prostrazione f.

protagonist /prəˈtægənɪst/ n. **1** LETTER. CINEM. protagonista m. e f. **2** *(prominent participant)* protagonista m. e f.; *(advocate)* propugnatore m. (-trice).
protean /ˈprəʊtɪən, -ˈtiːən/ agg. LETT. proteiforme, mutevole.
protect /prəˈtekt/ **I** tr. **1** *(keep safe)* proteggere [*home, person, skin, data, identity*]; salvaguardare, proteggere [*environment*] **2** *(defend)* difendere, tutelare [*consumer, interests, privilege*] (**against** da); proteggere, tutelare [*investment*] (**against, from** da); proteggere [*standards, economy*] (**against, from** contro, da); difendere [*privacy*] (**against, from** contro, da) **II** rifl. ***to ~ oneself*** *(against threat)* tutelarsi (**against, from** contro, da); *(against attack)* proteggersi, difendersi (**against, from** da).
protection /prəˈtekʃn/ n. **1** *(safeguard)* protezione f. (anche FIG.), tutela f., salvaguardia f.; ***to give*** o ***offer sb. ~ against sth.*** proteggere qcn. contro *o* da qcs.; ***environmental ~*** protezione ambientale, salvaguardia dell'ambiente; ***for his own ~*** *(moral)* per il suo bene; *(physical)* per proteggerlo **2** ECON. (anche **trade ~**) protezionismo m. **3** *(extortion)* ***to pay sb. ~*** IRON. pagare delle tangenti a qcn.; ***to buy ~*** IRON. pagare la tangente per ottenere protezione **4** INFORM. protezione f.; ***data ~*** protezione dei dati **5** *(protective clothing)* ***head ~*** casco (protettivo); ***eye ~*** *(goggles)* occhiali protettivi.
protection factor n. *(of sun cream)* fattore m. di protezione.
protectionism /prəˈtekʃənɪzəm/ n. protezionismo m.
protectionist /prəˈtekʃənɪst/ **I** agg. protezionista **II** n. protezionista m. e f.
protection money n. EUFEM. tangente f., pizzo m.
protection racket n. racket m.
protective /prəˈtektɪv/ **I** agg. **1** *(providing security)* [*layer, measure*] protettivo; [*clothing*] protettivo, da lavoro **2** *(caring)* [*attitude, gesture*] protettivo, premuroso; ***to be ~ of*** custodire con cura, essere geloso di [*car*]; proteggere [*discovery, research*] **3** ECON. [*tariff, system*] protezionista, protezionistico **II** n. AE *(condom)* preservativo m.
protective custody n. DIR. ***to place sb. in ~*** trattenere qcn. come misura di sicurezza detentiva.
protector /prəˈtektə(r)/ n. **1** *(defender)* protettore m. (-trice); *(of rights)* difensore m. **2** *(protective clothing)* ***ear ~s*** cuffie antirumore; ***elbow ~*** gomitiera.
protectorate /prəˈtektərət/ n. POL. (anche **Protectorate**) protettorato m.
protégé /ˈprəʊteʒeɪ, AE ˌprəʊtɪˈʒeɪ/ n. protetto m.
protein /ˈprəʊtiːn/ **I** n. proteina f. **II -protein** in composti ***high-~*** ricco di proteine.
1.protest /ˈprəʊtest/ **I** n. **1 U** *(disapproval)* protesta f.; ***in ~*** per protesta, in segno di protesta (**at** o **against** contro); ***without ~*** senza protestare; ***under ~*** malvolentieri, controvoglia **2 C** *(complaint)* protesta f., reclamo m. (**about, at** su, per; **from** di, da parte di); ***as a ~ against*** o ***at sth.*** per protestare contro qcs. **3** *(demonstration)* manifestazione f. di protesta **4** DIR. protesto m. **II** modif. [*march, movement, song*] di protesta.
2.protest /prəˈtest/ **I** tr. **1** *(complain)* ***"that's unfair!" they ~ed*** "non è giusto!" protestarono; ***to ~ that*** protestare per il fatto che **2** *(declare)* affermare [*truth*]; ***to ~ one's innocence*** protestare la propria innocenza **3** AE *(complain about)* manifestare contro (**to** con, presso) **4** ECON. DIR. protestare [*bill*] **II** intr. **1** *(complain)* protestare (**about, at, over** per; **to** con, presso) **2** *(demonstrate)* manifestare, fare una manifestazione di protesta (**against** contro).
Protestant /ˈprɒtɪstənt/ **I** agg. protestante **II** n. protestante m. e f.
Protestantism /ˈprɒtɪstəntɪzəm/ n. protestantesimo m.
protestation /ˌprɒtɪˈsteɪʃn/ n. protesta f.; ***in ~*** per protesta.
protester /prəˈtestə(r)/ n. manifestante m. e f.
Proteus /ˈprəʊtɪuːs/ n. Proteo.
protocol /ˌprəʊtəˈkɒl, AE -ˈkɔːl/ n. protocollo m. (anche POL. INFORM.).
proton /ˈprəʊtɒn/ n. protone m.
protoplasm /ˈprəʊtəplæzəm/ n. protoplasma m.
prototype /ˈprəʊtətaɪp/ **I** n. prototipo m. **II** modif. [*vehicle, aircraft*] prototipo.
protract /prəˈtrækt, AE ˌprəʊ-/ tr. protrarre.
protractor /prəˈtræktə(r), AE ˌprəʊ-/ n. MAT. (goniometro) rapportatore m.
protrude /prəˈtruːd, AE ˌprəʊ-/ intr. protrudere, sporgere (in fuori).
protruding /prəˈtruːdɪŋ, AE ˌprəʊ-/ agg. **1** [*rock*] sporgente; [*nail*] che sporge **2** [*eyes*] sporgente; [*ears*] a sventola; [*ribs, teeth*] in fuori; [*chin*] sporgente, pronunciato.
protrusion /prəˈtruːʒn, AE ˌprəʊ-/ n. FORM. *(on rocks)* sporgenza f.; *(part of building)* aggetto m.; *(on skin)* protuberanza f.
protuberance /prəˈtjuːbərəns, AE ˌprəʊˈtuː-/ n. FORM. protuberanza f.
protuberant /prəˈtjuːbərənt, AE ˌprəʊˈtuː-/ agg. FORM. protuberante.
proud /praʊd/ agg. **1** *(satisfied)* [*person, parent*] orgoglioso, fiero (**of** di; **of doing** di fare); [*owner*] orgoglioso **2** *(self-respecting)* [*person, nation*] fiero, orgoglioso (anche SPREG.) **3** *(great)* [*day, moment*] grande **4** BE *(protruding)* sporgente; ***fill the hole ~*** riempi il buco fino a creare una sporgenza ♦ ***to do sb. ~*** *(entertain)* trattare qcn. con tutti gli onori; *(praise)* fare *o* tributare onore a qcn.; ***to do oneself ~*** trattarsi bene, non farsi mancare nulla.
proudly /ˈpraʊdlɪ/ avv. [*display, show*] con fierezza, con orgoglio; [*speak, walk*] fieramente, con fierezza; ***Disney Studios ~ present "Bambi"*** la Disney è orgogliosa di presentare "Bambi".
prov ⇒ province provincia (prov.).
provable /ˈpruːvəbl/ agg. provabile, dimostrabile.
prove /pruːv/ **I** tr. (pass. **~d**, p.pass. **~d, ~n**) **1** *(show)* provare; *(by demonstration)* dimostrare; ***events ~d her wrong*** i fatti le hanno dato torto **2** DIR. omologare [*will*] **3** GASTR. fare lievitare [*dough*] **II** intr. (pass. **~d**, p.pass. **~d, ~n**) **1** *(turn out)* dimostrarsi, rivelarsi; ***if I ~ to be mistaken*** se risulta che mi sono sbagliato **2** GASTR. [*dough*] lievitare **III** rifl.(pass. **~d**, p.pass. **~d, ~n**) ***to ~ oneself*** mettersi alla prova; ***to ~ oneself (to be)*** rivelarsi, dimostrarsi.
proven /ˈpruːvn/ **I** p.pass. → **prove II** agg. [*competence, talent*] provato, dimostrato; [*method*] provato, sperimentato.
provenance /ˈprɒvənəns/ n. provenienza f.
proverb /ˈprɒvɜːb/ n. proverbio m.
proverbial /prəˈvɜːbɪəl/ agg. **1** [*wisdom*] dei proverbi; [*saying*] proverbiale **2** *(widely known)* proverbiale.
proverbially /prəˈvɜːbɪəlɪ/ avv. ***he is ~ stupid*** è di una stupidità proverbiale.
provide /prəˈvaɪd/ **I** tr. **1** *(supply)* fornire, dare [*answer, opportunity, evidence, meals, support, understanding*] (**for** a); procurare [*jobs*] (**for** a); dare [*satisfaction*] (**for** a); fornire, procurare, mettere a disposizione [*service, food, shelter*] (**for** a); ***to ~ access*** [*path*] dare accesso; *(to information)* consentire l'accesso; ***to ~ sb. with*** procurare a qcn. [*food, shelter, job*]; dare, offrire a qcn. [*opportunity, support*]; fornire a qcn. [*service*]; ***please use the bin ~d*** per favore servitevi del bidone a vostra disposizione; ***write in the space ~d*** scrivete nello spazio apposito **2** DIR. AMM. *(stipulate)* [*law, clause*] prevedere; ***except as ~d*** salvo nei casi previsti **II** intr. provvedere alle necessità.
■ **provide against:** ~ ***against [sth.]*** prepararsi a [*possibility, disaster*].
■ **provide for:** ~ ***for [sth.]*** **1** *(account for)* provvedere a **2** DIR. [*treaty, clause*] prevedere; ~ ***for [sb.]*** provvedere a; ***to be well ~d for*** stare bene economicamente.
provided /prəˈvaɪdɪd/ **I** p.pass. → **provide II** cong. (anche **~ that**) a condizione che, a patto che, purché; ***~ always that*** DIR. AMM. sempre a condizione che.
providence /ˈprɒvɪdəns/ n. (anche **Providence**) *(fate)* provvidenza f.
provident /ˈprɒvɪdənt/ agg. previdente.
providential /ˌprɒvɪˈdenʃl/ agg. FORM. provvidenziale.
provider /prəˈvaɪdə(r)/ n. **1** *(in family)* ***to be a good ~*** provvedere adeguatamente al mantenimento della propria famiglia **2** COMM. fornitore m. (-trice) **3** INFORM. provider m.
providing /prəˈvaɪdɪŋ/ cong. → **provided**.
province /ˈprɒvɪns/ n. **1** *(region)* provincia f.; ***in the ~s*** in provincia **2** FIG. *(field, area)* campo m., sfera f. d'azione.
provincial /prəˈvɪnʃl/ **I** agg. **1** [*doctor, newspaper, capital*] di provincia; [*life*] di provincia, provinciale; [*tour*] in provincia **2** SPREG. *(narrow)* provinciale **II** n. *(person from provinces)* provinciale m. e f. (anche SPREG.).

provincialism /prəˈvɪnʃəlɪzəm/ n. SPREG. provincialismo m., provincialità f.
proving ground n. terreno m. di prova; FIG. banco m. di prova.
provision /prəˈvɪʒn/ **I** n. **1** *(of housing, information, facility)* (il) provvedere; *(of equipment)* rifornimento m., fornitura f.; *(of service)* fornitura f.; *(of food)* approvvigionamento m., vettovagliamento m.; ***health care ~*** servizi sanitari; ***to be responsible for the ~ of transport*** essere responsabile dei trasporti **2** *(for future)* provvedimento m., provvedimenti m.pl., misura f., misure f.pl.; ***to make ~ for*** provvedere a, prendere provvedimenti per, adottare misure per **3** DIR. AMM. *(of agreement)* clausola f.; *(of bill, act)* disposizione f.; ***~ to the contrary*** disposizione contraria; ***to make ~ for*** prevedere; ***under the ~s of*** nei termini di; ***with the ~ that*** a condizione *o* patto che; ***within the ~s of the treaty*** nei termini del trattato **II provisions** n.pl. *(food)* provviste f., viveri m.
provisional /prəˈvɪʒənl/ agg. provvisorio.
provisional driving licence n. BE = foglio rosa.
Provisional IRA n. = ala estremista dell'IRA.
provisionally /prəˈvɪʒnəlɪ/ avv. provvisoriamente.
proviso /prəˈvaɪzəʊ/ n. (pl. **~s, ~es**) condizione f.; DIR. clausola f. condizionale.
provisory /prəˈvaɪzərɪ/ agg. condizionale.
provitamin /prəʊˈvɪtəmɪn, AE -ˈvaɪt-/ n. provitamina f.
provocation /ˌprɒvəˈkeɪʃn/ n. provocazione f.
provocative /prəˈvɒkətɪv/ agg. **1** *(causing controversy)* provocatorio **2** *(sexually)* provocante **3** *(challenging)* [*book, film*] provocatorio, polemico.
provoke /prəˈvəʊk/ tr. **1** *(annoy)* provocare; ***to ~ sb. to do*** o ***into doing sth.*** spingere qcn. a fare qcs. **2** *(cause, arouse)* provocare, suscitare [*anger*]; provocare [*crisis, reaction*]; suscitare [*complaints, laughter*].
provoking /prəˈvəʊkɪŋ/ agg. provocatorio, irritante.
provost /ˈprɒvəst, AE ˈprəʊvəʊst/ n. **1** UNIV. SCOL. rettore m. (-trice); *(of college)* preside m. e f. **2** *(in Scotland)* sindaco m. **3** RELIG. prevosto m.
prow /praʊ/ n. prua f.
prowess /ˈpraʊɪs/ n. **U 1** *(skill)* prodezze f.pl., abilità f. **2** *(bravery)* prodezza f., valore m.
1.prowl /praʊl/ n. ***to be on the ~*** [*animal*] essere in caccia; FIG. [*person*] aggirarsi (**for** alla ricerca di); ***to go on the ~*** [*animal*] andare in cerca di preda; FIG. [*person*] aggirarsi (furtivamente).
2.prowl /praʊl/ **I** tr. ***to ~ the streets at night*** aggirarsi (furtivamente) per le strade di notte **II** intr. (anche **~ around**, **~ about** BE) [*animal*] andare a caccia di preda; [*thief*] aggirarsi furtivamente; *(restlessly)* [*person*] vagare, aggirarsi; [*animal*] *(in cage)* andare avanti e indietro.
prowl car n. AE volante f., gazzella f., radiomobile f. della polizia.
prowler /ˈpraʊlə(r)/ n. malintenzionato m. (-a).
prox ⇒ proximo del mese prossimo venturo (p.v.).
proximity /prɒkˈsɪmətɪ/ n. prossimità f., vicinanza f.
proxy /ˈprɒksɪ/ n. **1** *(person)* procuratore m. (-trice) **2** *(authority)* POL. ECON. procura f.; ***by ~*** per procura.
prude /pruːd/ n. prude m. e f., puritano m. (-a).
prudence /ˈpruːdns/ n. FORM. prudenza f.
prudent /ˈpruːdnt/ agg. FORM. prudente.
prudently /ˈpruːdntlɪ/ avv. FORM. *(wisely)* prudentemente; *(with caution)* con prudenza.
prudery /ˈpruːdərɪ/ n. pruderie f.
prudish /ˈpruːdɪʃ/ agg. prude.
1.prune /pruːn/ n. GASTR. prugna f. secca.
2.prune /pruːn/ tr. **1** AGR. (anche **~ back**) *(cut back)* potare; *(thin out)* spuntare, sfrondare **2** FIG. ridurre, limare [*essay, article*]; sfrondare, tagliare [*budget, expenditure*].
pruning /ˈpruːnɪŋ/ n. *(of bush, tree)* potatura f.
prurience /ˈprʊərɪəns/ n. FORM. lubricità f.
prurient /ˈprʊərɪənt/ agg. FORM. lubrico.
Prussian /ˈprʌʃn/ **I** agg. prussiano **II** n. prussiano m. (-a).
Prussian blue n. ART. CHIM. blu m. di Prussia.
prussic acid /ˌprʌsɪkˈæsɪd/ n. acido m. prussico.
1.pry /praɪ/ n. AE leva f., palanchino m.
2.pry /praɪ/ tr. AE **1** ***to ~ sth. open*** aprire qcs. facendo leva *o* usando un palanchino; ***to ~ the lid off a jar*** togliere il coperchio a un barattolo facendo leva **2** ***to ~ sth. out of sb.*** carpire qcs. a qcn. [*secret*]; sottrarre qcs. a qcn. [*money*].
3.pry /praɪ/ intr. curiosare, spiare; ***to ~ into*** ficcare il naso in [*business*].
prying /ˈpraɪɪŋ/ agg. ficcanaso.
PS n. (⇒ postscriptum post scriptum) P.S. m.
psalm /sɑːm/ n. salmo m.
psalter /ˈsɔːltə(r)/ n. BIBL. salterio m.
psaltery /ˈsɔːltərɪ/ n. MUS. salterio m.
pseud /sjuːd, AE suːd/ **I** agg. COLLOQ. pretenzioso **II** n. COLLOQ. pallone m. gonfiato.
pseudonym /ˈsjuːdənɪm, AE ˈsuːd-/ n. pseudonimo m.
PST n. (⇒ Pacific Standard Time) = ora solare della zona dell'America settentrionale che si affaccia sul Pacifico.
PSV n. BE (⇒ public service vehicle) = veicolo adibito al trasporto pubblico.
psych /saɪk/ tr. COLLOQ. → **psych out**.
■ **psych out** COLLOQ. **~ *[sb., sth.] out, ~ out [sb., sth.]*** COLLOQ. **1** *(unnerve)* spaventare, intimidire **2** AE *(guess)* capire, indovinare.
■ **psych up** COLLOQ. ***to ~ oneself up*** prepararsi psicologicamente (**for** a).
psyche /ˈsaɪkɪ/ n. psiche f.
psychedelic /ˌsaɪkɪˈdelɪk/ agg. psichedelico.
psychiatric /ˌsaɪkɪˈætrɪk, AE ˌsɪ-/ agg. [*hospital, care, nurse, treatment, help*] psichiatrico; [*illness, disorder*] di natura psichiatrica, mentale; [*patient*] che soffre di disturbi psichiatrici.
psychiatrist /saɪˈkaɪətrɪst, AE sɪ-/ ♦ ***27*** n. psichiatra m. e f.
psychiatry /saɪˈkaɪətrɪ, AE sɪ-/ n. psichiatria f.
psychic /ˈsaɪkɪk/ **I** agg. **1** *(paranormal)* [*phenomenon, powers*] paranormale; *(telepathic)* [*person*] dotato di capacità extrasensoriali **2** *(psychological)* psichico **II** n. medium m. e f., veggente m. e f.
psychical /ˈsaɪkɪkl/ agg. → **psychic**.
psychic research n. parapsicologia f.
psychic surgery n. chirurgia f. a mani nude.
psycho /ˈsaɪkəʊ/ n. (pl. **~s**) POP. psicopatico m. (-a).
psychoanalyse BE, **psychoanalyze** AE /ˌsaɪkəʊˈænəlaɪz/ tr. psicoanalizzare.
psychoanalysis /ˌsaɪkəʊəˈnæləsɪs/ n. (pl. **-es**) psicoanalisi f.
psychoanalyst /ˌsaɪkəʊˈænəlɪst/ ♦ ***27*** n. psicoanalista m. e f.
psychoanalytic /ˌsaɪkəʊˌænəˈlɪtɪk/ agg. psicoanalitico.
psychoanalyze AE → **psychoanalyse**.
psychological /ˌsaɪkəˈlɒdʒɪkl/ agg. psicologico.
psychologist /saɪˈkɒlədʒɪst/ ♦ ***27*** n. psicologo m. (-a).
psychology /saɪˈkɒlədʒɪ/ n. psicologia f.
psychopath /ˈsaɪkəʊpæθ/ n. psicopatico m. (-a).
psychopathic /ˌsaɪkəʊˈpæθɪk/ agg. [*personality*] psicopatico.
psychosis /saɪˈkəʊsɪs/ n. (pl. **-es**) psicosi f.
psychosomatic /ˌsaɪkəʊsəˈmætɪk/ agg. psicosomatico.
psychotherapist /ˌsaɪkəʊˈθerəpɪst/ ♦ ***27*** n. psicoterapeuta m. e f.
psychotherapy /ˌsaɪkəʊˈθerəpɪ/ n. psicoterapia f.
psychotic /saɪˈkɒtɪk/ **I** agg. psicotico **II** n. psicotico m. (-a).
pt ⇒ pint pinta.
PT n. (⇒ physical training) = allenamento.
PTA n. SCOL. (⇒ Parent-Teacher Association) = associazione genitori-insegnanti.
Pte ⇒ Private soldato semplice.
PTO (⇒ please turn over) = voltare pagina, vedi retro (v.r.).
Ptolemaic /ˌtɒləˈmeɪɪk/ agg. tolemaico.
pub /pʌb/ n. BE COLLOQ. pub m., birreria f.
pub crawl n. BE ***to go on a ~*** (andare a) fare il giro dei pub.
puberty /ˈpjuːbətɪ/ n. pubertà f.
pubes /ˈpjuːbiːz/ n. (pl. ~) pube m., regione f. pubica.
pubic /ˈpjuːbɪk/ agg. pubico.
pubis /ˈpjuːbɪs/ n. (pl. **-es**) osso m. pubico, pube m.
public /ˈpʌblɪk/ **I** agg. [*amenity, health, library, park, inquiry, debt*] pubblico; [*disquiet, enthusiasm, indifference, support*] generale; [*duty, spirit*] civico; ***to be in the ~ eye*** essere sotto i riflettori dell'opinione pubblica; ***he has decided to go ~ (with his story)*** ha deciso di rendere pubblica la propria storia; ***the company is going ~*** la società sarà quotata in borsa; ***it is ~***

knowledge that è pubblicamente noto che; ***let's go somewhere less~*** andiamo in un posto più appartato; ***at~ expense*** a spese dei contribuenti **II** n. ***open to the~*** aperto al pubblico; ***the theatre-going~*** gli amanti del teatro.

public address (system) n. sistema m. di altoparlanti, altoparlanti m.pl.

publican /ˈpʌblɪkən/ ➧ *27* n. BE *(bar owner)* proprietario m. (-a) di pub.

public assistance n. AE assistenza f. pubblica.

publication /ˌpʌblɪˈkeɪʃn/ n. pubblicazione f.; ***to accept sth. for~*** accettare di pubblicare qcs.; ***"not for~"*** "riservato".

publications list n. elenco m. delle pubblicazioni.

public company n. società f. per azioni.

public convenience n. BE bagno m. pubblico.

public corporation n. BE ente m. pubblico.

public gallery n. *(in court, etc.)* galleria f. destinata al pubblico.

public holiday n. BE festività f. pubblica, festa f. riconosciuta.

public house n. **1** BE FORM. pub m. **2** AE locanda f.

publicist /ˈpʌblɪsɪst/ ➧ *27* n. *(advertiser)* pubblicitario m. (-a); *(press agent)* agente m. e f. di pubblicità.

publicity /pʌbˈlɪsətɪ/ **I** n. **1** *(media attention)* pubblicità f.; ***to attract~*** attirare *o* richiamare l'attenzione del pubblico **2** *(advertising)* pubblicità f., propaganda f.; ***to give sth. great~*** o ***to be great~ for sth.*** fare molta pubblicità a qcs.; ***advance~*** promozione (in anteprima) **3** *(advertising material)* pubblicità f.; *(brochures)* dépliant m.pl., volantini m.pl. pubblicitari; *(posters)* cartelloni m.pl. pubblicitari; *(films)* video m.pl. pubblicitari **II** modif. [*launch, agency, agent*] pubblicitario.

publicity campaign, publicity drive n. *(to sell product)* campagna f. pubblicitaria; *(to raise social issue)* campagna f. di sensibilizzazione.

publicity stunt n. trovata f. pubblicitaria.

publicize /ˈpʌblɪsaɪz/ tr. **1** *(raise awareness of)* richiamare l'attenzione del pubblico su, sensibilizzare l'opinione pubblica su [*issue, event*] **2** *(make public)* rendere pubblico, noto [*intentions, matter*] **3** *(advertise)* pubblicizzare, fare pubblicità a.

publicized /ˈpʌblɪsaɪzd/ **I** p.pass. → **publicize II -publicized** agg. in composti ***well-~***, ***much-~*** [*event*] di grande risonanza; [*scandal, controversy*] che fa notizia; [*show*] molto pubblicizzato.

publicly /ˈpʌblɪklɪ/ avv. [*state, exhibit*] pubblicamente; ***~ owned*** *(state-owned)* pubblico; *(floated on market)* pubblico, per azioni; ***~-funded*** sovvenzionato con fondi pubblici.

public ownership n. ***to be in*** o ***be taken into~*** essere nazionalizzato; ***to bring [sth.] under*** o ***into~*** nazionalizzare [*industry*].

public prosecutor n. BE pubblico m. ministero, avvocato m. della pubblica accusa.

public purse n. tesoro m., erario m. pubblico.

Public Records Office n. GB = archivio di stato.

public relations I n.pl. pubbliche relazioni f. **II** modif. [*manager, officer*] delle pubbliche relazioni; [*department*] (per le) pubbliche relazioni; [*consultant, expert, firm*] di pubbliche relazioni.

public restroom n. AE bagno m. pubblico.

public school n. **1** BE scuola f. superiore privata **2** AE SCOZZ. scuola f. pubblica.

public sector n. settore m. pubblico.

public servant n. dipendente m. pubblico.

public service n. **1 C** *(transport, education etc.)* servizio m. pubblico **2 U** *(public administration, civil service)* servizi m.pl. pubblici.

public service broadcasting n. **U** radiotelevisione f. di Stato.

public service corporation n. AE ente m. pubblico non statale.

public service vehicle n. veicolo m. adibito al trasporto pubblico.

public speaking n. ***the art of~*** l'arte di saper parlare in pubblico.

public-spirited /ˌpʌblɪkˈspɪrɪtɪd/ agg. [*person*] dotato di senso civico; ***it was~ of you*** hai dato prova di senso civico.

public transport n. trasporti m.pl. pubblici, mezzi m.pl. pubblici.

public utility n. servizio m. di pubblica utilità.

publish /ˈpʌblɪʃ/ **I** tr. **1** *(print commercially)* pubblicare [*book, letter, guide, newspaper, magazine*]; ***to be ~ed weekly*** uscire tutte le settimane **2** *(make public)* rendere noto, divulgare [*figures, findings*] **3** [*scholar, academic*] ***have you ~ed anything?*** ha pubblicato qualcosa? ha delle pubblicazioni? **II** intr. [*scholar, academic*] fare una pubblicazione, delle pubblicazioni.

publisher /ˈpʌblɪʃə(r)/ ➧ *27* n. *(person)* editore m. (-trice); *(company)* editore m., casa f. editrice; ***newspaper~*** editore di una testata giornalistica, di testate giornalistiche.

publishing /ˈpʌblɪʃɪŋ/ **I** n. editoria f. **II** modif. [*group, empire*] editoriale.

publishing house n. casa f. editrice.

puce /pjuːs/ ➧ *5* agg. color pulce; ***to turn~*** *(with rage, embarrassment)* diventare paonazzo.

1.puck /pʌk/ n. *(in ice hockey)* puck m., disco m.

2.puck /pʌk/ n. *(sprite)* folletto m.

pucker /ˈpʌkə(r)/ intr. **1** [*face*] raggrinzirsi; [*mouth*] incresparsi, arricciarsi **2** [*fabric*] incresparsi; [*skirt*] spiegazzarsi, fare le grinze; [*cloth*] stropicciarsi; [*seam*] arricciarsi.

pudding /ˈpʊdɪŋ/ n. **1** *(cooked sweet dish)* INTRAD. m. (pietanza dolce a base di farina e uova, di consistenza soffice) **2** BE *(dessert)* dolce m., dessert m. **3** *(cooked savoury dish)* INTRAD. m. (pasticcio a base di carne); ***steak-and-kidney~*** pasticcio di carne e rognone **4** BE *(sausage)* ***black~*** = specie di sanguinaccio a base di strutto; ***white~*** = specie di salsiccia a base di avena e strutto **5** SPREG. *(fat person)* grassone m. (-a); *(slow person)* polentone m. (-a) ♦ ***the proof of the~ is in the eating*** PROV. provare per credere.

pudding basin, pudding bowl n. BE ciotola f., scodella f.

pudding rice n. riso m. a chicchi tondeggianti.

puddle /ˈpʌdl/ n. pozza f., pozzanghera f.

puerile /ˈpjʊəraɪl, AE -rəl/ agg. FORM. puerile.

Puerto Rican /ˌpwɜːtəʊˈriːkən/ ➧ *18* **I** agg. portoricano **II** n. portoricano m. (-a).

Puerto Rico /ˌpwɜːtəʊˈriːkəʊ/ ➧ *6* n.pr. Portorico m.

1.puff /pʌf/ n. **1** *(of smoke, steam)* sbuffo m.; *(of air, of breath)* soffio m.; ***to take a~ at*** dare un tiro a [*cigarette*]; ***to vanish*** o ***disappear in a~ of smoke*** svanire *o* scomparire in una nuvola di fumo; FIG. andare in fumo; ***~s of cloud*** riccioli di nuvole **2** BE COLLOQ. *(breath)* fiato m., respiro m.; ***to be out of~*** COLLOQ. avere il fiatone **3** GASTR. sfogliatina f. **4** COLLOQ. *(favourable review)* gonfiatura f., pompatura f.; *(favourable publicity)* montatura f.

2.puff /pʌf/ **I** tr. **1** fumare, tirare da [*pipe*]; ***to~ smoke*** fare sbuffi di fumo **2** COLLOQ. *(praise)* pompare, gonfiare, decantare [*book, film*] **II** intr. **1** sbuffare; ***smoke ~ed from the chimney*** il fumo usciva a sbuffi dal comignolo; ***to~ (away) at*** tirare boccate a [*cigarette*]; ***to~ along*** [*train*] procedere sbuffando **2** *(pant)* ansimare, ansare; ***she came ~ing and blowing up the hill*** venne su per la collina col fiato grosso.

■ **puff out:** ***~ out*** [*sails*] gonfiarsi; [*sleeve, skirt*] essere a sbuffo; ***~ out [sth.], ~ [sth.] out*** **1** *(swell)* gonfiare [*sails*]; ***to~ out one's cheeks, chest*** gonfiare le guance, il petto; ***the bird ~ed out its feathers*** l'uccello arruffò le piume **2** *(give out)* ***to~ out smoke*** fare sbuffi di fumo.

■ **puff up:** ***~ up*** [*feathers*] arruffarsi; [*eyes*] gonfiare, gonfiarsi; [*rice*] gonfiarsi; ***~ up [sth.], ~ [sth.] up*** arruffare [*feathers, fur*]; ***to be ~ed up with pride*** essere pieno d'orgoglio *o* tutto tronfio.

puffball /ˈpʌfbɔːl/ n. BOT. vescia f. di lupo.

puffed /pʌft/ **I** p.pass. → **2.puff II** agg. **1** COLLOQ. *(breathless)* [*person*] senza fiato, con il fiatone **2** [*sleeve*] a sbuffo.

puffiness /ˈpʌfɪnɪs/ n. *(of face, eyes)* gonfiore m.

puff pastry n. pasta f. sfoglia.

puffy /ˈpʌfɪ/ agg. [*face, eye*] gonfio.

pug /pʌg/ n. (anche **pugdog**) carlino m.

pugnacious /pʌgˈneɪʃəs/ agg. pugnace, combattivo.

pug nose n. naso m. rincagnato.

1.puke /pjuːk/ n. POP. vomito m.

2.puke /pjuːk/ intr. POP. [*adult*] vomitare; [*baby*] rigurgitare.

pukka /ˈpʌkə/ agg. **1** INDIAN. *(real, genuine)* vero, autentico **2** COLLOQ. *(excellent)* fortissimo, fichissimo.

1.pull /pʊl/ n. **1** *(tug)* strattone m., tiro m. **2** *(attraction)* forza f.; FIG. forza f. di attrazione, attrattiva f.; ***gravitational ~*** forza gravitazionale **3** COLLOQ. *(influence)* influenza f. (**over**, **with** su) **4** COLLOQ. *(swig)* sorso m., sorsata f. **5** COLLOQ. *(on cigarette etc.)* tiro m., boccata f. **6** SPORT *(in rowing)* colpo m. di remo; *(in golf)* tiro m. con effetto, effettato **7** *(snag)* *(in sweater)* maglia f. tirata **8** *(prolonged effort)* ***it was a hard ~ to the summit*** è stata una bella tirata arrivare in cima.

2.pull /pʊl/ **I** tr. **1** *(tug)* tirare [*chain, curtain, hair, tail, rope*]; ***to ~ the door open*** aprire la porta (tirando); ***to ~ a sweater over one's head*** *(put on)* infilare un maglione (dalla testa); *(take off)* sfilarsi un maglione (dalla testa) **2** *(tug, move)* *(towards oneself)* tirare (**towards** verso); *(by dragging)* trascinare (**along** lungo); *(to show sth.)* tirare (per il braccio) [*person*] **3** *(draw)* [*vehicle*] trainare [*caravan*]; [*horse, person*] tirare [*cart, sled*] **4** *(remove, extract)* estrarre [*tooth*]; ***to ~ sth. off*** [*child, cat*] tirare qcs. giù da [*shelf, table*]; ***he ~ed her attacker off her*** la liberò dall'aggressore; ***to ~ sth. out of*** tirare qcs. fuori da [*pocket, drawer*]; ***to ~ sb. out of*** estrarre *o* tirare fuori qcn. da [*wreckage*]; ripescare qcn. da [*river*] **5** COLLOQ. *(brandish)* tirare fuori, estrarre [*gun, knife*]; ***to ~ a gun on sb.*** puntare un'arma contro qcn. **6** *(operate)* premere [*trigger*]; tirare [*lever*] **7** MED. *(strain)* strapparsi [*muscle*] **8** *(steer, guide)* ***to ~ a boat into the bank*** portare una barca a riva **9** SPORT [*golfer, batsman*] tirare con effetto [*ball*] **10** BE COLLOQ. *(pour)* spillare [*beer*] **11** COLLOQ. *(attract)* attirare, richiamare [*audience, girls*] **12** *(make)* ***to ~ a face*** fare una smorfia **II** intr. **1** *(tug)* tirare (**at**, **on** su); ***to ~ at sb.'s sleeve*** tirare qcn. per la manica **2** *(resist restraint)* [*dog, horse*] tirare (**at**, **on** su) **3** *(move)* ***to ~ ahead of sb.*** [*athlete, rally driver*] staccare qcn.; [*company*] distanziare [*competitor*] **4** *(smoke)* ***to ~ at*** dare un tiro a [*cigarette*] **5** SPORT [*golfer*] fare un tiro con effetto; [*batsman*] spingere **6** *(row)* remare ♦ ***~ the other one (it's got bells on)!*** COLLOQ. chi credi di prendere in giro!

▪ **pull along:** ***~ [sth.] along***, ***~ along [sth.]*** tirare, trainare; ***~ [sb.] along*** tirare [qcn.] per il braccio.

▪ **pull apart:** ***~ apart*** [*component, pieces*] venire via; ***~ [sb., sth.] apart*** **1** *(dismantle)* smontare [*machine*] **2** *(destroy)* [*child, animal*] fare a pezzi [*toy, object*] **3** FIG. *(disparage)* fare a pezzi, stroncare [*essay*] **4** *(separate)* separare [*combattants, pages*].

▪ **pull away:** ***~ away*** **1** *(move away, leave)* [*car*] allontanarsi, partire; [*person*] andare via, andarsene **2** *(become detached)* [*piece*] staccarsi **3** *(open up lead)* [*car, horse*] staccare gli altri concorrenti; staccarsi; ***~ away from [sb., sth.]*** allontanarsi da [*person, kerb*]; ***~ [sb., sth.] away*** allontanare [*person*]; ritirare [*hand*]; ***to ~ sth. away from sb.*** prendere, togliere qcs. a qcn.; ***to ~ sb., sth. away from*** allontanare qcn., qcs. da [*danger, window*].

▪ **pull back:** ***~ back*** **1** *(withdraw)* [*troops*] ritirarsi (**from** da) **2** *(move backwards)* [*car*] fare retromarcia; [*person*] indietreggiare **3** *(close the gap)* recuperare (il ritardo); ***~ [sb., sth.] back***, ***~ back [sb., sth.]*** **1** *(restrain)* trattenere, tenere [*person, object*] **2** *(tug back)* ***~ the rope back hard*** tira forte la corda.

▪ **pull down:** ***~ [sth.] down***, ***~ down [sth.]*** **1** *(demolish)* buttare giù, demolire [*building*] **2** *(lower)* abbassare [*curtain*]; ***to ~ down one's trousers*** tirarsi giù i pantaloni **3** *(reduce)* abbassare, ribassare [*prices*]; ridurre [*inflation*]; ***~ [sb., sth.] down***, ***~ down [sb., sth.]*** *(drag down)* fare cadere [*person, object*]; FIG. trascinare [*person, company*].

▪ **pull in:** ***~ in*** [*car, bus, driver*] fermarsi; ***to ~ in to the kerb*** accostare *o* accostarsi al marciapiede; ***~ [sb.] in***, ***~ in [sb.]*** **1** *(bring in)* [*police*] fermare [*person*] **2** *(attract)* [*exhibition, show*] attirare [*crowds, tourists*]; ***~ [sth.] in***, ***~ in [sth.]*** **1** *(retract)* [*animal*] ritrarre [*antenna, claw*]; [*person*] tirare in dentro [*stomach*] **2** COLLOQ. *(earn)* [*event*] incassare [*sum*] **3** *(steer)* [*driver*] fermare, accostare [*car*].

▪ **pull off:** ***~ off*** [*lid*] togliersi; [*handle*] essere rimovibile; ***~ off [sth.]*** *(leave)* lasciare [*road*]; ***~ off [sth.]***, ***~ [sth.] off*** **1** *(remove)* togliere, togliersi [*coat, sweater, shoes, socks*]; tirare via [*lid, wrapping, sticker*] **2** COLLOQ. *(clinch)* mettere a segno [*raid, robbery*]; riuscire a concludere [*deal*]; portare a compimento [*coup, feat*]; ottenere, riportare [*win, victory*].

▪ **pull out:** ***~ out*** **1** *(emerge)* [*car, truck, train*] partire; ***to ~ out of*** lasciare *o* uscire da [*drive, station*] **2** *(withdraw)* ritirarsi (**of** da) **3** *(come away)* [*drawer*] venire via; [*component, section*] staccarsi; ***~ [sth.] out***, ***~ out [sth.]*** **1** *(extract)* togliere, cavare [*tooth*]; togliere [*splinter*]; strappare [*weeds*] **2** *(take out)* tirare fuori [*knife, wallet*] **3** *(withdraw)* ritirare, richiamare [*troops*].

▪ **pull over:** ***~ over*** [*motorist, car*] accostare; ***~ [sb., sth.] over*** [*police*] fare accostare [*driver, car*].

▪ **pull through:** ***~ through*** [*accident victim*] cavarsela, farcela; ***~ [sb., sth.] through*** salvare [*accident victim*]; fare passare [*object, thread*].

▪ **pull together:** ***~ together*** collaborare, cooperare; ***~ [sth.] together*** ***~ the two pieces together*** metti insieme i due pezzi; ***to ~ oneself together*** dominarsi, controllarsi, riacquistare il controllo di sé.

▪ **pull up:** ***~ up*** **1** *(stop)* [*car, athlete*] fermarsi **2** *(regain lost ground)* [*athlete, pupil*] recuperare; ***~ up [sth.]***, ***~ [sth.] up*** **1** *(uproot)* strappare [*weeds*] **2** *(lift)* levare [*anchor*]; ***to ~ up one's trousers*** tirarsi su i pantaloni; ***to ~ up a chair*** avvicinare *o* prendere una sedia **3** *(stop)* [*rider*] fermare [*horse*]; ***~ [sb.] up*** **1** *(lift)* tirare su **2** *(reprimand)* riprendere, rimproverare **3** *(stop)* [*policeman*] fermare [*driver*]; SPORT [*official*] squalificare [*athlete*].

pull-down menu n. INFORM. menu m. a tendina.

pullet /ˈpʊlɪt/ n. pollastra f., pollastrella f.

pulley /ˈpʊlɪ/ n. puleggia f., carrucola f.

pull-in /ˈpʊlɪn/ n. BE **1** COLLOQ. *(café)* autogrill m. **2** *(lay-by)* area f. di sosta, piazzola f.

pulling power /ˈpʊlɪŋˌpaʊə(r)/ n. forza f. d'attrazione, potere m. di richiamo.

Pullman /ˈpʊlmən/ n. **1** FERR. *(train)* treno m. di lusso; *(carriage)* pullman m. **2** AE *(suitcase)* valigia f.

pull-off /ˈpʊlɒf/ agg. staccabile.

pull-out /ˈpʊlaʊt/ **I** n. **1** TIP. inserto m., fascicolo m. (da staccare e conservare) **2** *(withdrawal)* ritirata f., ritiro m. **II** agg. [*supplement*] staccabile; [*map, diagram*] fuori testo, pieghevole.

pullover /ˈpʊləʊvə(r)/ n. pullover m., maglione m.

pulmonary /ˈpʌlmənərɪ, AE -nerɪ/ agg. polmonare.

1.pulp /pʌlp/ **I** n. **1** *(soft centre)* polpa f. **2** *(crushed mass)* *(of food)* pappa f., poltiglia f.; *(of wood)* pasta f.; ***to beat sb. to a ~*** COLLOQ. spappolare qcn., ridurre qcn. in poltiglia **3** COLLOQ. SPREG. *(trashy books)* letteratura f. scadente, dozzinale **II** modif. [*literature, novel*] scadente, dozzinale; [*magazine*] scandalistico.

2.pulp /pʌlp/ tr. **1** *(crush)* ridurre in poltiglia [*fruit, vegetable*]; ridurre in pasta [*wood, cloth*]; mandare al macero [*newspapers, books*] **2** COLLOQ. FIG. *(in fight)* spappolare [*person, head*].

pulpit /ˈpʊlpɪt/ n. *(in church)* pulpito m.

pulsate /pʌlˈseɪt, AE ˈpʌlseɪt/ intr. [*vein, blood*] pulsare; [*heart*] pulsare, palpitare.

pulsating /pʌlˈseɪtɪŋ, AE ˈpʌlseɪtɪŋ/ agg. **1** *(beating)* [*heart, vein*] pulsante, che pulsa; [*beat, rhythm*] pulsante **2** FIG. *(exciting)* [*finale*] da cardiopalmo.

pulsation /pʌlˈseɪʃn/ n. pulsazione f.

1.pulse /pʌls/ n. **1** ANAT. MED. polso m.; ***his ~ raced*** aveva il polso accelerato; ***to take*** o ***feel sb.'s ~*** prendere *o* tastare il polso a qcn.; ***to have one's finger on the ~ of sth.*** FIG. avere il polso di qcs. **2** *(beat, vibration)* *(of music)* ritmo m.; *(of drums)* battito m. **3** EL. FIS. impulso m.

2.pulse /pʌls/ n. BOT. GASTR. legume m.

3.pulse /pʌls/ intr. [*blood*] circolare; [*heart*] battere.

pulse rate n. polso m.

pulverize /ˈpʌlvəraɪz/ tr. polverizzare (anche FIG.).

puma /ˈpjuːmə, AE ˈpuːmə/ n. puma m.

pumice /ˈpʌmɪs/ n. (anche **~ stone**) (pietra) pomice f.

pummel /ˈpʌml/ tr. (forma in -ing ecc. **-ll-** BE, **-l-** AE) dare pugni a, colpire.

1.pump /pʌmp/ n. TECN. pompa f.; ***bicycle ~*** pompa della bicicletta; ***to prime the ~*** adescare la pompa; FIG. aprire il rubinetto.

2.pump /pʌmp/ n. **1** BE *(plimsoll)* scarpa f. da ginnastica **2** BE *(flat shoe)* ballerina f. **3** AE *(court shoe)* (scarpa) décolleté f.

3.pump /pʌmp/ **I** tr. **1** *(push)* pompare [*air, gas, water, blood*] (**out of** da, fuori da; **into** in); ***the boiler ~s water to the radiators*** la caldaia pompa acqua nei radiatori; ***to ~ bullets*** COLLOQ. vomitare pallottole; ***to ~ sb. full of drugs*** COLLOQ. imbottire qcn. di medicine; ***to ~ iron*** COLLOQ. fare pesi **2** *(move)* azionare [*handle, lever*] **3** *(shake)* ***to ~ sb.'s hand*** stringere energicamente la mano a qcn. **4** COLLOQ. *(question)* spremere [*person*] (**about** su) **5** MED. ***to ~ sb.'s stomach*** fare una lavanda gastrica a qcn. **II** intr. **1** *(function)* [*machine, piston*] funzionare **2** *(flow)* sgorgare, scorrere (**from, out of** da) **3** *(beat)* [*blood*] pulsare all'impazzata; [*heart*] palpitare, battere all'impazzata.

▪ **pump out:** ~ *out* [*sth.*], ~ [*sth.*] *out* **1** *(pour out)* vomitare, lanciare [*music, propaganda*]; emettere [*fumes*]; scaricare [*sewage*] **2** *(empty)* prosciugare, svuotare (usando una pompa); ***to ~ sb.'s stomach out*** fare una lavanda gastrica a qcn.

▪ **pump up:** ~ *up* [*sth.*], ~ [*sth.*] *up* **1** *(inflate)* gonfiare [*tyre*] **2** COLLOQ. *(increase)* fare alzare, aumentare [*volume*].

pump attendant ➧ *27* n. pompista m. e f.

pumpkin /ˈpʌmpkɪn/ n. zucca f.

1.pun /pʌn/ n. gioco m. di parole (**on** su).

2.pun /pʌn/ intr. (forma in -ing ecc. **-nn-**) fare un gioco di parole, dei giochi di parole.

1.punch /pʌntʃ/ n. **1** *(blow)* pugno m. **2** FIG. *(forcefulness)* *(of person)* grinta f., slancio m., energia f.; *(of style, performance)* energia f., vigore m. ♦ ***to pack a ~*** COLLOQ. [*boxer*] essere un picchiatore; [*book, film*] avere un forte impatto; ***this cocktail packs a ~*** questo cocktail ti stende; ***to pull no ~es*** non risparmiare colpi, andarci pesante.

2.punch /pʌntʃ/ **I** tr. **1** *(hit)* ***to ~ sb. in the face, on the nose*** dare un pugno in faccia, sul naso a qcn. **2** INFORM. TEL. schiacciare, premere [*key*] **II** intr. tirare, dare pugni.

▪ **punch out:** ***to ~ out a number on the phone*** comporre un numero al telefono.

3.punch /pʌntʃ/ n. *(tool)* *(for leather)* lesina f.; *(for metal)* punzone m.; INFORM. perforatore m.; ***ticket ~*** obliteratrice.

4.punch /pʌntʃ/ tr. **1** INFORM. RAD. perforare [*cards, tape*] **2** *(make hole in)* *(manually)* bucare, punzonare; *(in machine)* obliterare [*ticket*]; ***to ~ holes in sth.*** fare dei buchi in qcs.

▪ **punch in:** ~ *in* [*sth.*], ~ [*sth.*] *in* INFORM. introdurre (mediante perforazione) [*data*].

▪ **punch out:** ~ *out* [*sth.*], ~ [*sth.*] *out* *(shape)* tagliare con la perforatrice.

5.punch /pʌntʃ/ n. *(drink)* punch m., ponce m.

Punch /pʌntʃ/ n.pr. Pulcinella ♦ ***to be as pleased as ~*** essere contento come una pasqua.

Punch-and-Judy show n. = spettacolo di burattini.

punchbag /ˈpʌntʃbæg/ n. BE SPORT punching bag m.

punch ball n. punching ball m.

punch card n. scheda f. perforata.

punch-drunk /ˈpʌntʃdrʌŋk/ agg. *(in boxing)* ubriaco, frastornato per i colpi; FIG. *(from tiredness)* ubriaco di stanchezza.

punching bag n. AE → **punchbag**.

punch line n. battuta f. finale (di una barzelletta).

punch-up /ˈpʌntʃʌp/ n. BE COLLOQ. zuffa f.

punchy /ˈpʌntʃɪ/ agg. COLLOQ. [*person, style*] energico, vigoroso; [*music*] incalzante; [*article*] vibrante.

punctilious /pʌŋkˈtɪlɪəs/ agg. FORM. puntiglioso.

punctual /ˈpʌŋktʃʊəl/ agg. puntuale.

punctuality /ˌpʌŋktʃʊˈælətɪ/ n. puntualità f.

punctually /ˈpʌŋktʃʊəlɪ/ avv. [*start, arrive, leave*] in modo puntuale, puntualmente; ***to arrive ~ at 10*** arrivare puntualmente alle dieci.

punctuate /ˈpʌŋktʃʊeɪt/ tr. **1** mettere la punteggiatura in [*text*] **2** *(interrupt)* punteggiare (**with, by** di).

punctuation /ˌpʌŋktʃʊˈeɪʃn/ n. punteggiatura f., interpunzione f.

punctuation mark n. segno m. di punteggiatura, d'interpunzione.

1.puncture /ˈpʌŋktʃə(r)/ n. *(in tyre, balloon)* foratura f., bucatura f.; *(in skin)* puntura f.; ***we had a ~ on the way*** abbiamo forato per strada.

2.puncture /ˈpʌŋktʃə(r)/ **I** tr. **1** *(perforate)* forare, bucare [*tyre, balloon*]; perforare [*organ*] **2** FIG. *(deflate)* sgonfiare [*myth*]; ***to ~ sb.'s pride*** o ***ego*** sgonfiare qcn., fare abbassare la cresta a qcn. **II** intr. [*tyre, balloon*] forarsi, bucarsi.

puncture (repair) kit n. kit m. per la riparazione di forature.

puncture-proof /ˈpʌŋktʃəˌpruːf/ agg. a prova di foratura.

pundit /ˈpʌndɪt/ n. *(expert)* esperto m. (-a) (anche IRON.).

pungency /ˈpʌndʒənsɪ/ n. **1** *(of sauce, dish)* sapore m. piccante; *(of smoke, smell)* acredine f. **2** *(of speech, satire)* mordente m.

pungent /ˈpʌndʒənt/ agg. **1** [*flavour*] forte, aspro; [*smell*] pungente; [*gas, smoke*] acre **2** [*speech, satire*] mordente, caustico, pungente.

punish /ˈpʌnɪʃ/ tr. **1** punire [*person, crime*] **2** COLLOQ. *(treat roughly)* mettere a dura prova [*opponent, car*]; affaticare, sforzare oltre il dovuto [*horse*].

punishable /ˈpʌnɪʃəbl/ agg. punibile; ***~ by a fine*** passibile di un'ammenda.

punishing /ˈpʌnɪʃɪŋ/ **I** n. punizione f.; ***to take a ~*** COLLOQ. [*opponent*] prendere una batosta **II** agg. [*schedule, pace*] pesante, stancante; [*defeat*] cocente.

punishment /ˈpʌnɪʃmənt/ n. **1** punizione f.; *(stronger)* castigo m.; DIR. pena f.; ***as ~, ...*** per punizione, ... **2** COLLOQ. FIG. *(rough treatment)* ***to take a lot of ~*** COLLOQ. essere messo a dura prova.

punitive /ˈpjuːnətɪv/ agg. [*measure, action*] punitivo; [*taxation*] penalizzante, esoso; ***~ damages*** DIR. risarcimento esemplare.

punk /pʌŋk/ **I** n. **1** *(music, fashion, movement)* punk m. **2** *(person)* punk m. e f. **II** agg. punk.

punnet /ˈpʌnɪt/ n. BE cestello m.

1.punt /pʌnt/ n. *(boat)* = piccola imbarcazione dal fondo piatto, spinta con l'uso di una pertica.

2.punt /pʌnt/ intr. *(travel by punt)* ***to go ~ing*** (andare a) fare una gita in barca.

3.punt /pʌnt/ intr. *(bet)* puntare.

4.punt /pʊnt/ ➧ *7* n. *(Irish pound)* lira f. irlandese.

punter /ˈpʌntə(r)/ n. BE COLLOQ. **1** *(at races)* scommettitore m. (-trice); *(at casino)* giocatore m. (-trice) **2** *(average client)* cliente m.

puny /ˈpjuːnɪ/ agg. COLLOQ. SPREG. [*person, body*] minuscolo, gracile; [*effort*] fiacco, debole.

1.pup /pʌp/ n. *(dog)* cagnolino m., cucciolo m.; *(seal, otter etc.)* cucciolo m., piccolo m. ♦ ***to be sold a ~*** COLLOQ. farsi imbrogliare, lasciarsi bidonare.

2.pup /pʌp/ intr. (forma in -ing ecc. **-pp-**) [*bitch, seal*] partorire, fare i cuccioli.

pupa /ˈpjuːpə/ n. (pl. **~s, -ae**) pupa f.

1.pupil /ˈpjuːpɪl/ n. SCOL. alunno m. (-a), scolaro m. (-a), allievo m. (-a).

2.pupil /ˈpjuːpɪl/ n. ANAT. pupilla f.

puppet /ˈpʌpɪt/ **I** n. burattino m., marionetta f. (anche FIG.) **II** modif. [*government, state*] fantoccio.

puppeteer /ˌpʌpɪˈtɪə(r)/ ➧ *27* n. burattinaio m. (-a).

puppet show n. spettacolo m. di burattini.

puppy /ˈpʌpɪ/ n. *(dog)* cucciolo m., cagnolino m.

puppy fat n. BE COLLOQ. pinguedine f., adipe m. infantile.

puppy love n. amore m. acerbo.

1.purchase /ˈpɜːtʃəs/ n. **1** COMM. acquisto m., compera f. **2** *(grip)* appiglio m., presa f.; ***to get*** o ***gain (a) ~ on*** [*climber*] trovare un appiglio su; [*vehicle*] aderire a.

2.purchase /ˈpɜːtʃəs/ tr. **1** COMM. acquistare, comprare **2** FIG. acquistare [*liberty*].

purchaser /ˈpɜːtʃəsə(r)/ n. acquirente m. e f., compratore m. (-trice).

purchasing /ˈpɜːtʃəsɪŋ/ n. acquisto m.

purchasing power n. potere m. d'acquisto.

purdah /ˈpɜːdə/ n. = in India, il nascondere le donne alla vista degli estranei per mezzo di una tenda o un velo; ***to go into ~*** FIG. isolarsi.

pure /pjʊə(r)/ agg. puro; ***~ gold*** oro zecchino; ***~ (new) wool*** pura lana (vergine); ***by ~ accident*** in modo puramente accidentale, per puro caso.

purebred /ˈpjʊəbred/ **I** agg. purosangue, di razza (pura) **II** n. *(horse)* purosangue m.

1.puree /ˈpjʊəreɪ, AE pjʊəˈreɪ/ n. purè m., passato m.

2.puree /ˈpjʊəreɪ, AE pjʊəˈreɪ/ tr. passare, ridurre in purè.

pureed /'pjʊəreɪd, AE pjʊə'reɪd/ **I** p.pass. → **2.puree II** agg. ~ ***vegetables*** passato di verdure.

purely /'pjʊəlɪ/ avv. puramente; ~ ***and simply*** semplicemente, soltanto; ~ ***to be polite*** solo per essere gentile.

purgative /'pɜːgətɪv/ **I** agg. purgativo, purgante **II** n. purgante m.

purgatorial /ˌpɜːgə'tɔːrɪəl/ agg. del purgatorio; FIG. [*experience, place*] infernale.

purgatory /'pɜːgətrɪ, AE -tɔːrɪ/ n. purgatorio m. (anche FIG.).

1.purge /pɜːdʒ/ n. purga f.

2.purge /pɜːdʒ/ tr. **1** MED. purgare (**of** da) **2** POL. epurare [*country, party*] (**of** da); epurare, cacciare [*extremists, dissidents etc.*] (**from** da) **3** RELIG. espiare [*sin*]; FIG. purgare, liberare [*mind, heart*] (**of** da).

purification /ˌpjʊərɪfɪ'keɪʃn/ n. **1** *(of water, air, chemicals)* depurazione f. **2** RELIG. purificazione f.

purifier /'pjʊərɪfaɪə(r)/ n. *(for water, air)* depuratore m.

purify /'pjʊərɪfaɪ/ tr. **1** depurare [*air, water, chemical*] **2** RELIG. purificare.

purist /'pjʊərɪst/ **I** agg. purista, puristico **II** n. purista m. e f.

puritan /'pjʊərɪtən/ **I** agg. puritano (anche FIG.) **II** n. **1 Puritan** RELIG. STOR. puritano m. (-a) **2** FIG. puritano m. (-a).

puritanical /ˌpjʊərɪ'tænɪkl/ agg. RELIG. puritano.

puritanism /'pjʊərɪtənɪzəm/ n. **1 Puritanism** RELIG. STOR. puritanesimo m. **2** FIG. puritanesimo m., rigidezza f.

purity /'pjʊərətɪ/ n. purezza f.

1.purl /pɜːl/ n. punto m. rovescio.

2.purl /pɜːl/ tr. lavorare [qcs.] a punto rovescio [*row, stitch*].

purple /'pɜːpl/ ➧ **5 I** agg. *(bluish)* violaceo, viola; *(reddish)* (color) porpora, purpureo; ***to turn*** ~ [*person*] *(in anger)* diventare paonazzo (dalla rabbia) **II** n. **1** *(colour)* (color) porpora, viola m. **2** RELIG. ***the*** ~ *(rank)* la porpora; *(bishops)* GB i vescovi (anglicani).

purple passage, **purple patch** n. LETTER. SPREG. = passo elaborato, ornato, all'interno di un'opera letteraria.

purplish /'pɜːplɪʃ/ ➧ **5** agg. *(bluish)* violaceo; *(reddish)* porporino, purpureo.

1.purport /'pɜːpət/ n. FORM. senso m., significato m.

2.purport /pə'pɔːt/ tr. ***to*** ~ ***to do*** avere la pretesa *o* pretendere di fare.

purportedly /pə'pɔːtɪdlɪ/ avv. a quanto si dice.

purpose /'pɜːpəs/ n. **1** *(aim)* scopo m., fine m., intenzione f., proposito m.; ***for the*** ~ ***of doing*** con il proposito *o* lo scopo di fare; ***for cooking*** ~***s*** per cucinare; ***for the*** ~***s of this book, ...*** dati gli scopi di questo libro, ...; ***for all practical*** ~***s*** a tutti gli effetti, in pratica, praticamente; ~ ***unknown*** uso sconosciuto; ***this will serve the*** ~ questo andrà bene *o* farà al caso nostro; ***to some*** o ***good*** ~ non invano, con qualche risultato; ***to no*** ~ invano, con nessun risultato; ***to the*** ~ FORM. a proposito, all'uopo **2** *(determination)* (anche **strength of** ~) decisione f., fermezza f.; ***to have a sense of*** ~ essere determinato *o* deciso **3 on purpose** *(deliberately)* apposta, di proposito.

purpose-built /ˌpɜːpəs'bɪlt/ agg. BE costruito, fabbricato appositamente; ***a*** ~ ***apartment*** locali a uso abitativo.

purposeful /'pɜːpəsfl/ agg. risoluto, deciso.

purposeless /'pɜːpəslɪs/ agg. inutile, senza scopo.

purposely /'pɜːpəslɪ/ avv. apposta, volutamente, di proposito.

purpose-made /ˌpɜːpəs'meɪd/ agg. BE fatto appositamente (**for** per).

1.purr /pɜː(r)/ n. **1** *(of cat)* fusa f.pl. **2** *(of engine)* ronzio m.

2.purr /pɜː(r)/ intr. [*cat*] fare le fusa; [*engine*] ronzare.

1.purse /pɜːs/ n. **1** *(for money)* borsellino m., portamonete m. **2** AE *(handbag)* borsa f. **3** FIG. *(resources)* fondi m.pl., possibilità f.pl. economiche **4** *(prize)* premio m. (in denaro) ♦ ***to hold the*** ~***-strings*** tenere i cordoni della borsa.

2.purse /pɜːs/ tr. aggrottare, corrugare [*brows*]; ***to*** ~ ***one's lips*** contrarre le labbra, fare una smorfia di disapprovazione.

purser /'pɜːsə(r)/ ➧ **27** n. commissario m. di bordo.

purse snatcher n. AE scippatore m. (-trice).

pursue /pə'sjuː, AE -'suː/ tr. **1** inseguire [*person*] **2** perseguire [*aim, ambition*]; perseguire, portare avanti [*policy*]; dedicarsi a [*occupation, interest*]; proseguire, portare avanti [*studies*]; ***to*** ~ ***a career*** fare carriera (**in** in); ***to*** ~ ***a line of inquiry*** seguire una pista.

pursuer /pə'sjuːə(r), AE -'suː-/ n. inseguitore m. (-trice).

pursuit /pə'sjuːt, AE -'suː-/ n. **1** U *(following)* inseguimento m.; ***in*** ~ ***of*** all'inseguimento di; ***the*** ~ ***of happiness*** la ricerca della felicità; ***in close*** o ***hot*** ~ alle calcagna **2** *(hobby, interest)* svago m., passatempo m., occupazione f.; ***artistic*** ~***s*** interessi artistici.

purvey /pə'veɪ/ tr. FORM. fornire [*goods, services*].

purveyor /pə'veɪə(r)/ n. FORM. fornitore m. (-trice), approvvigionatore m. (-trice).

pus /pʌs/ n. pus m.

1.push /pʊʃ/ n. **1** *(shove, press)* spinta f., spintone m.; ***at the*** ~ ***of a button*** premendo un pulsante **2** *(campaign, drive)* campagna f., spinta f. **3** FIG. *(stimulus)* stimolo m., impulso m.; ***to give sth., sb. a*** ~ incoraggiare qcs., qcn., dare una spinta a qcs., qcn.; ***to give sth. a*** ~ ***in the right direction*** fare avanzare qcs. nella giusta direzione **4** MIL. offensiva f. (**to** contro; **towards** verso) **5** *(spirit, drive)* decisione f., risolutezza f., grinta f. ♦ ***at a*** ~ BE COLLOQ. al bisogno, in caso d'emergenza; ***to give sb. the*** ~ BE COLLOQ. *(fire)* licenziare qcn.; *(break up with)* mollare qcn.; ***if it comes to the*** ~ se arriva il momento critico, se è assolutamente necessario.

2.push /pʊʃ/ **I** tr. **1** *(move, shove, press)* spingere [*person, animal, car, pram*]; premere, schiacciare [*button, switch*]; premere [*bell*]; ***she*** ~***ed him down the stairs*** l'ha spinto giù dalle scale; ***to*** ~ ***sth. into sb.'s hand*** cacciare qcs. in mano a qcn.; ***to*** ~ ***sb., sth. out of the way*** scostare *o* spingere via qcn., qcs.; ***to*** ~ ***a suggestion aside*** scartare un suggerimento; ***to*** ~ ***one's way through sth.*** aprirsi un varco attraverso qcs.; ***to*** ~ ***the door open*** aprire la porta con uno spintone **2** *(urge, drive)* spingere, incoraggiare [*person*] (**to do**, **into doing** a fare); ***to be*** ~***ed*** COLLOQ. *(under pressure)* essere sotto pressione; ***to be*** ~***ed for sth.*** COLLOQ. *(short of)* essere a corto di qcs. **3** COLLOQ. *(promote)* fare grande pubblicità a, promuovere [*product*]; cercare d'imporre, di fare accettare [*policy, theory*] **4** COLLOQ. *(sell)* spacciare [*drugs*] **II** intr. spingere; ***to*** ~ ***at sth.*** spingere qcs.; ***to*** ~ ***past sb.*** dare una spinta a qcn. per passare; ***to*** ~ ***through*** farsi largo attraverso [*crowd*] **III** rifl. ***to*** ~ ***oneself upright*** raddrizzarsi; ***to*** ~ ***oneself through*** passare attraverso [*gap*]; *(drive oneself)* darsi da fare (**to do** per fare) ♦ ***to be*** ~***ing 50*** avvicinarsi ai 50; ***to*** ~ ***one's luck*** o ***to*** ~ ***it*** COLLOQ. sfidare la sorte; ***that's*** ~***ing it a bit!*** COLLOQ. *(scheduling)* c'è il rischio di non farcela; *(exaggerating)* è un po' azzardato.

▪ **push ahead** *(with plans)* perseverare, andare avanti con determinazione (**with** in); *(on journey)* proseguire.

▪ **push along** [*guest*] andarsene, andare via.

▪ **push around:** ~ ***[sb.] around*** COLLOQ. comandare a bacchetta.

▪ **push back:** ~ ***[sth.] back***, ~ ***back [sth.]*** **1** spingere (indietro) [*object, furniture*] **2** arrestare l'avanzata di [*forest*]; respingere [*enemy*] **3** posticipare [*date, meeting*].

▪ **push down:** ~ ***[sth.] down***, ~ ***down [sth.]*** fare calare [*price, temperature*]; ~ ***down [sb.]***, ~ ***[sb.] down*** fare cadere.

▪ **push for:** ~ ***for [sth.]*** spingere per, reclamare [*reform, action*].

▪ **push forward:** ~ ***forward*** *(with plans)* perseverare, andare avanti con determinazione (**with** in); *(on journey)* proseguire; ~ ***[sth.] forward***, ~ ***forward [sth.]*** avanzare, fare valere [*idea, proposal*]; ***to*** ~ ***oneself forward*** farsi avanti.

▪ **push in:** ~ ***in*** mettersi in testa a una coda (spingendo); ~ ***[sth.] in***, ~ ***in [sth.]*** fare entrare a forza [*button*]; chiudere a forza [*door, window*].

▪ **push off 1** BE COLLOQ. andare, filare via **2** MAR. prendere il largo.

▪ **push on** → **push ahead**.

▪ **push over:** ~ ***over*** COLLOQ. *(move over)* scansarsi; ~ ***over [sth., sb.]***, ~ ***[sth., sb.] over*** fare cadere, buttare giù con una spinta [*person, table*]; rovesciare [*car*].

▪ **push through:** ~ ***[sth.] through***, ~ ***through [sth.]*** fare votare, fare approvare [*bill, legislation*]; fare portare a termine, concludere a fatica [*deal*]; ***to*** ~ ***through a passport application*** accelerare le pratiche per il passaporto.

▪ **push up:** ~ ***up [sth.]***, ~ ***[sth.] up*** fare salire, fare crescere [*price, unemployment*].

push-bike /'pʊʃbaɪk/ n. COLLOQ. bicicletta f.

push button I n. pulsante m. **II push-button** agg. attrib. [*control, tuning, selection*] a pulsante; [*telephone*] a tasti; [*dialling*] a pulsanti.

pushcart /ˈpʊʃkɑːt/ n. carretto m. a mano.
pushchair /ˈpʊʃtʃeə(r)/ n. BE passeggino m.
pusher /ˈpʊʃə(r)/ n. COLLOQ. (anche **drug ~**) spacciatore m. (-trice) di droga.
pushiness /ˈpʊʃɪnɪs/ n. *(ambition)* arrivismo m.; *(tenacity)* tenacia f., ostinazione f.
pushing /ˈpʊʃɪŋ/ n. spinta f., spinte f.pl., spintoni m.pl.
pushover /ˈpʊʃəʊvə(r)/ n. COLLOQ. **1** *(easy to do)* passeggiata f., gioco m. da ragazzi; *(easy to beat)* avversario m. debole, non temibile **2** *(easily convinced)* ***to be a ~*** essere un credulone *o* un pollo.
pushpin /ˈpʊʃpɪn/ n. AE puntina f. da disegno.
pushrod /ˈpʊʃˌrɒd/ n. MECC. asta f. di comando.
1.push-start /ˈpʊʃstɑːt/ n. ***to give sth. a ~*** spingere qcs. (per farlo partire).
2.push-start /ˌpʊʃˈstɑːt/ tr. ***to ~ a car*** spingere una macchina (per farla partire).
push-up /ˈpʊʃʌp/ n. SPORT piegamento m., flessione f. sulle braccia.
pushy /ˈpʊʃɪ/ agg. COLLOQ. *(ambitious)* intraprendente, grintoso; ***she's very ~*** *(assertive)* è una che sa farsi valere.
pusillanimous /ˌpjuːsɪˈlænɪməs/ agg. FORM. pusillanime.
1.puss /pʊs/ n. COLLOQ. *(cat)* micio m., micino m.
2.puss /pʊs/ n. AE COLLOQ. *(mouth)* bocca f., muso m.
pussy /ˈpʊsɪ/ n. **1** BE *(cat)* INFANT. micio m., micino m. **2** VOLG. fica f.
pussy cat n. INFANT. micio m., micino m.
pussyfoot /ˈpʊsɪfʊt/ intr. COLLOQ. (anche **~ around**) non prendere posizione, cercare di non compromettersi.
pussyfooting /ˈpʊsɪfʊtɪŋ/ **I** n. COLLOQ. **U** (il) non prendere posizione, (il) non pronunciarsi **II** agg. COLLOQ. [*attitude, behaviour*] timoroso.
pustule /ˈpʌstjuːl, AE -tʃuːl/ n. pustola f.
put /pʊt/ **I** tr. (forma in -ing **-tt-**; pass., p.pass. **put**) **1** *(place)* mettere, porre [*object*]; ***to ~ one's hands in one's pockets*** mettere le mani in tasca **2** *(cause to go or undergo)* ***to ~ sth. through*** fare scivolare qcs. in [*letterbox*]; passare qcs. da [*window*]; ***to ~ one's head through the window*** sporgere la testa dalla finestra; ***to ~ one's fist through the window*** rompere la finestra con un pugno; ***to ~ sth. through a test*** sottoporre qcs. a una prova; ***to ~ sb. through*** fare andare qcn. a [*university, college*]; fare sostenere a qcn., sottoporre qcn. a [*test*]; fare seguire a qcn. [*course*]; ***after all you've put me through*** dopo tutto quello che mi hai fatto passare; ***to ~ one's hand to*** portare una mano a [*mouth*]; ***to ~ sb. to washing sth.*** mettere qcn. a lavare qcs., fare lavare qcs. a qcn. **3** *(devote, invest)* ***to ~ money, energy into sth.*** mettere *o* investire denaro, energia in qcs.; ***to ~ a lot into*** impegnarsi molto in *o* per [*work, project*] **4** *(add)* ***to ~ sth. towards*** destinare qcs. a [*gift, fund*]; ***to ~ tax on sth.*** mettere una tassa su qcs. **5** *(express)* ***how would you ~ that in French?*** come si direbbe in francese? ***to ~ it bluntly*** per parlar chiaro, per dirla francamente; ***let me ~ it another way*** lasciate che ve lo spieghi in un altro modo; ***that was very well put*** era molto ben espresso *o* molto ben detto; ***to ~ one's feelings into words*** esprimere i propri sentimenti a parole; ***to ~ sth. in writing*** mettere qcs. per iscritto **6** *(offer for consideration)* esporre [*point of view, proposal*]; ***to ~ sth. to*** esporre *o* sottoporre qcs. a [*meeting, conference, board*]; ***to ~ sth. to the vote*** mettere qcs. ai voti **7** *(rate, rank)* ***to ~ sb. in the top rank of artists*** considerare qcn. tra i migliori artisti; ***to ~ safety first*** porre i la sicurezza davanti a tutto **8** *(estimate)* ***to ~ sth. at*** valutare *o* stimare qcs. [*sum*]; ***I'd ~ him at about 40*** gli darei una quarantina d'anni **9** SPORT lanciare [*shot*] **II** rifl. (forma in -ing **-tt-**; pass., p.pass. **put**) ***to ~ oneself in a strong position, in sb.'s place*** mettersi in una posizione di forza, al posto di qcn. ♦ ***I wouldn't ~ it past him!*** penso che ne sarebbe capace! ***to ~ one over*** o ***across*** BE ***on sb.*** COLLOQ. darla a bere a qcn.
■ **put about:** ***~ about*** MAR. virare di bordo; ***~ [sth.] about, ~ about [sth.]*** **1** *(spread)* mettere in giro [*rumour, story*]; ***it is being put about that*** gira voce che **2** MAR. invertire la rotta di, fare virare di bordo [*vessel*].
■ **put across:** ***~ across [sth.], ~ [sth.] across*** comunicare [*idea, message*]; fare valere [*personality*]; ***to ~ oneself across*** farsi valere.
■ **put aside:** ***~ aside [sth.], ~ [sth.] aside*** mettere da parte.
■ **put away:** ***~ away [sth.], ~ [sth.] away*** **1** *(tidy away)* mettere a posto, mettere via, riporre [*toys, dishes*] **2** *(save)* mettere da parte, risparmiare [*money*] **3** COLLOQ. *(consume)* fare fuori, mangiarsi [*food*]; scolarsi, tracannarsi [*drink*]; ***~ away [sb.], ~ [sb.] away*** COLLOQ. *(in mental hospital)* rinchiudere; *(in prison)* mettere dentro, mettere al fresco.
■ **put back:** ***~ back [sth.], ~ [sth.] back*** **1** *(return, restore)* rimettere (a posto); ***to ~ sth. back where it belongs*** rimettere qcs. a posto **2** *(postpone)* rinviare [*meeting, departure*] (**to** a; **until** fino a); posticipare [*date*] **3** spostare, mettere indietro [*clock, watch*] **4** *(delay)* ritardare, rallentare [*project, production*]; ritardare [*deliveries*] (**by** di) **5** COLLOQ. *(knock back)* buttare giù, scolarsi [*drink*].
■ **put by** BE ***~ [sth.] by, ~ by [sth.]*** mettere da parte, risparmiare [*money*].
■ **put down:** ***~ down*** *(land)* [*aircraft*] atterrare; ***~ [sth.] down, ~ down [sth.]*** **1** *(on ground, table)* mettere giù, posare [*object*]; fare atterrare [*plane*]; mettere [*rat poison etc.*] **2** *(suppress)* reprimere [*revolt, opposition*] **3** *(write down)* annotare, scrivere [*date, name*] **4** *(ascribe)* ***to ~ sth. down to*** attribuire *o* imputare qcs. a [*incompetence, human error*] **5** *(charge)* ***to ~ sth. down to*** mettere *o* segnare qcs. su [*account*] **6** VETER. *(by injection)* fare la puntura letale a; *(by other method)* abbattere, sopprimere **7** *(advance, deposit)* ***to ~ down a deposit*** versare una somma in deposito *o* come anticipo; ***to ~ £ 50 down on sth.*** dare 50 sterline come anticipo di qcs. **8** *(store)* mettere in cantina [*wine*]; stagionare [*cheese*] **9** *(put on agenda)* mettere [qcs.] all'ordine del giorno [*motion*]; ***~ [sb.] down, ~ down [sb.]*** **1** *(drop off)* fare scendere, lasciare [*passenger*] **2** COLLOQ. *(humiliate)* umiliare, mortificare [*person*] **3** *(into lower group)* inserire in un livello inferiore [*pupil*]; fare retrocedere [*team*] (**from** da; **to**, **into** a) **4** *(classify, count in)* ***to ~ sb. down as*** considerare qcn. come [*possibility, candidate, fool*]; ***to ~ sb. down for*** *(note as wanting or offering)* segnare qcn. per [*contribution*]; *(put on waiting list)* mettere qcn. in lista per [*school, club*]; ***to ~ sb. down for three tickets*** segnare qcn. per tre biglietti, prenotare tre biglietti per qcn.
■ **put forward:** ***~ forward [sth.], ~ [sth.] forward*** **1** *(propose)* avanzare, proporre [*idea, theory, name, plan, suggestion*]; avanzare [*opinion*] **2** *(in time)* anticipare [*meeting, date*] (**by** di; **to** a); mettere avanti [*clock*] (**by** di); ***~ [sb.] forward, ~ forward [sb.]*** proporre, presentare la candidatura di; ***~ sb. forward as*** presentare qcn. come [*candidate*].
■ **put in:** ***~ in*** **1** [*ship*] fare scalo (**at** a; **to** in; **for** per) **2** *(apply)* ***to ~ in for*** [*person*] proporsi, candidarsi per [*job, promotion*]; fare domanda per [*transfer, overtime*]; ***~ in [sth.], ~ [sth.] in*** **1** *(fit, install)* installare [*central heating*]; montare [*shower, kitchen*]; mettere [*contact lenses*] **2** *(make)* fare, presentare [*request, claim, offer, application*] **3** *(contribute)* dedicare [*time, hours, days*]; contribuire con [*sum, amount*]; ***to ~ in a lot of time doing*** dedicare molto tempo a fare; ***to ~ in a good day's work*** metterci una giornata buona di lavoro; ***to ~ in a lot of work*** metterci un sacco di lavoro **4** *(insert)* mettere, inserire [*paragraph, reference*] **5** *(elect)* eleggere, mandare al potere; ***~ [sb.] in for*** iscrivere a [*exam*]; proporre per [*promotion, job, prize, scholarship*].
■ **put off:** ***~ off*** MAR. salpare; ***~ off from*** allontanarsi da [*quay, jetty*]; ***~ off [sth.], ~ [sth.] off*** **1** *(delay, defer)* rinviare, rimandare [*wedding, meeting*] (**until** a) **2** *(turn off)* spegnere [*light, radio, heating*]; ***~ off [sb.], ~ [sb.] off*** **1** *(fob off, postpone seeing)* rimandare la visita di [*guest*]; ***to be easily put off*** scoraggiarsi facilmente **2** *(repel)* [*appearance, smell*] disgustare, sconcertare; [*manner, person*] sconcertare **3** BE *(distract)* disturbare, distrarre **4** *(drop off)* fare scendere, lasciare [*passenger*].
■ **put on:** ***~ on [sth.], ~ [sth.] on*** **1** mettersi, indossare [*garment*]; mettersi [*make-up*] **2** *(switch on)* accendere [*light, heating*]; mettere [*record, tape, music*]; ***to ~ the kettle on*** mettere il bollitore sul fuoco; ***to ~ the brakes on*** frenare, azionare i freni **3** *(gain)* mettere su, prendere [*weight, kilo*] **4** *(add)* imporre [*tax*] **5** *(produce)* allestire, mettere in scena [*play*]; allestire [*exhibition*] **6** *(adopt)* assumere [*expression*]; prendere [*accent*]; ***he's ~ting it on*** fa finta, fa solo scena **7** *(offer)* aggiungere [*extra train*]; offrire [*meal*] **8** *(put forward)* mettere

avanti [*clock*] **9** *(bet)* puntare, scommettere [*amount*]; ***to ~ a bet on*** fare una scommessa su; **~ [sb.] on 1** TEL. *(connect)* mettere in comunicazione con, passare **2** AE COLLOQ. prendere in giro **3** *(recommend)* ***to ~ sb. on to sth.*** indicare *o* consigliare qcs. a qcn.; ***who put you on to me?*** chi l'ha mandata da me? **4** *(put on track of)* ***to ~ sb. on to*** mettere qcn. sulla pista di [*criminal, runaway*].

■ **put out: ~ out** MAR. salpare; **~ out [sth.], ~ [sth.] out 1** *(extend)* stendere, allungare [*hand*]; ***to ~ out one's tongue*** tirare fuori la lingua **2** *(extinguish)* spegnere [*fire, candle*] **3** *(take outside)* portare, mettere fuori [*bin, garbage*]; fare uscire [*cat*] **4** *(issue)* diramare, trasmettere [*report, warning*]; diffondere, fare [*statement*] **5** *(arrange)* mettere (a disposizione) [*food, dishes, towels etc.*] **6** *(sprout)* mettere [*bud, root*] **7** *(cause to be wrong)* fare sbagliare, fare sballare [*figure, estimate, result*] **8** *(dislocate)* lussarsi, slogarsi [*shoulder*] **9** *(subcontract)* dare fuori [*work*] (**to** a); **~ [sb.] out 1** *(inconvenience)* arrecare disturbo, scomodare; ***to ~ oneself out*** disturbarsi, darsi pena (**to do** per fare); ***to ~ oneself out for sb.*** darsi pena *o* scomodarsi per aiutare qcn. **2** *(annoy)* seccare, contrariare **3** *(evict)* buttare fuori, sfrattare.

■ **put over** → **put across**.

■ **put through: ~ [sth.] through, ~ through [sth.] 1** *(implement)* fare approvare, fare passare [*reform, bill, plan*] **2** TEL. *(transfer)* passare [*call*] (**to** a); **~ [sb.] through** TEL. passare [*caller*] (**to** a); ***I'm just ~ting you through*** la sto mettendo in comunicazione.

■ **put together: ~ [sb., sth.] together, ~ together [sb., sth.] 1** *(assemble)* mettere insieme, assemblare [*parts*]; ***to ~ sth. together again*** o ***to ~ sth. back together*** rimettere insieme qcs.; ***smarter than all the rest put together*** più intelligente di tutti gli altri messi assieme **2** *(place together)* mettere insieme [*animals, objects, people*] **3** *(form)* creare, formare [*partnership, group*] **4** *(edit, make)* creare [*file, portfolio, anthology*]; redigere [*newsletter, leaflet*]; creare, stabilire [*list*]; fare, creare [*film, programme, video*] **5** *(concoct)* improvvisare, preparare [*meal*] **6** *(present)* preparare, presentare [*case*]; preparare, strutturare [*argument, essay*].

■ **put up: ~ up 1** *(stay)* ***to ~ up at sb.'s, in a hotel*** sistemarsi, trovare sistemazione presso qcn., in un albergo **2** ***to ~ up with*** *(tolerate)* sopportare, tollerare [*behaviour, person*]; **~ up [sth.]** opporre [*resistance*]; ***to ~ up a fight, struggle*** lottare, resistere; ***to ~ up a good performance*** [*team, competitor*] difendersi bene; **~ [sth.] up, ~ up [sth.] 1** *(raise)* issare [*flag, sail*]; tirare su [*hair*]; ***to ~ up one's hand*** alzare una mano; ***~ your hands up!*** *(in class)* alzate la mano! **2** *(post up)* affiggere, attaccare [*sign, poster*]; mettere [*plaque*]; affiggere, appendere [*list*] **3** *(erect)* alzare [*fence, barrier, tent*]; costruire [*building*] **4** *(increase, raise)* aumentare [*rent, prices, tax*]; (fare) aumentare, fare crescere [*temperature, pressure*] **5** *(provide)* fornire, mettere [*money*] **6** *(present)* presentare [*proposal, argument*] **7** *(put in orbit)* lanciare in orbita [*satellite, probe*]; **~ [sb.] up, ~ up [sb.] 1** *(lodge)* alloggiare, sistemare **2** *(as candidate)* proporre [*candidate*]; ***to ~ sb. up for*** proporre qcn. come [*leader, chairman*]; proporre qcn. per [*promotion, position*] **3** *(promote)* promuovere [*pupil, team*] **4** *(incite)* ***to ~ sb. up to sth., to doing*** spingere *o* incitare qcn. a qcs., a fare.

■ **put upon: ~ upon [sb.]** dare fastidio a, creare inconvenienti a [*person*]; ***to be put upon*** essere usato *o* sfruttato.

putative /'pju:tətɪv/ agg. FORM. putativo.

put-down /'pʊtdaʊn/ n. dura critica f., parole f.pl. umilianti.

put-out /ˌpʊt'aʊt/ agg. COLLOQ. *(offended)* seccato, contrariato.

putrefaction /ˌpju:trɪ'fækʃn/ n. putrefazione f.

putrefy /'pju:trɪfaɪ/ intr. putrefarsi.

putrid /'pju:trɪd/ agg. **1** FORM. *(decaying)* putrido **2** COLLOQ. *(awful)* schifoso, orribile.

1.putt /pʌt/ n. putt m.

2.putt /pʌt/ **I** tr. colpire con un putt, imbucare con un putt [*ball*] **II** intr. effettuare un putt.

1.putter /'pʌtə(r)/ n. SPORT putter m.

2.putter /'pʌtə(r)/ intr. AE → **2.potter**.

putting green n. = nel golf, area erbosa pianeggiante intorno alla buca.

1.putty /'pʌtɪ/ n. *(in woodwork)* stucco m. per legno; *(for panes of glass)* stucco m. da vetraio.

2.putty /'pʌtɪ/ tr. stuccare.

put-up job n. COLLOQ. imbroglio m., intrallazzo m., macchinazione f.

put-upon /'pʊtəpɒn/ agg. sfruttato, usato.

put-you-up /'pʊtjʊˌʌp/ n. BE COLLOQ. divano letto m.

1.puzzle /'pʌzl/ n. **1** *(mystery)* enigma m., mistero m. **2** GIOC. enigma m., rompicapo m.; ***crossword ~*** parole incrociate, cruciverba.

2.puzzle /'pʌzl/ **I** tr. [*question, attitude*] sconcertare, rendere perplesso [*person*] **II** intr. ***to ~ over sth.*** scervellarsi su qcs.

■ **puzzle out: ~ out [sth.], ~ [sth.] out** (riuscire a) indovinare.

puzzle book n. = libro di giochi e indovinelli per bambini.

puzzled /'pʌzld/ **I** p.pass. → **2.puzzle II** agg. [*person*] perplesso, sconcertato; [*smile*] di perplessità; ***to be ~ as to why*** chiedersi (con perplessità) perché.

puzzling /'pʌzlɪŋ/ agg. sconcertante, enigmatico, che lascia perplesso.

pw ⇒ per week alla settimana.

Pygmalion /pɪg'meɪlɪən/ n.pr. Pigmalione.

pygmy /'pɪgmɪ/ **I** n. pigmeo m. (-a) (anche SPREG.) **II** modif. pigmeo.

pyjamas BE, **pajamas** AE /pə'dʒɑ:məz/ **I** n.pl. pigiama m.sing.; ***a pair of ~*** un pigiama **II pyjama** BE, **pajama** AE modif. [*cord, jacket, trousers*] del pigiama.

pylon /'paɪlən, -lɒn/ n. EL. AER. pilone m.; ***electricity ~*** traliccio dell'elettricità.

pyramid /'pɪrəmɪd/ n. piramide f.

pyramid selling n. = sistema di vendita piramidale.

pyre /'paɪə(r)/ n. pira f.

Pyrenees /ˌpɪrə'ni:z/ n.pr.pl. Pirenei m.

pyromaniac /ˌpaɪrəʊ'meɪnɪæk/ n. piromane m. e f.

pyrotechnics /ˌpaɪrə'teknɪks/ n. **1** + verbo sing. *(science)* pirotecnica f. **2** + verbo sing. *(display)* spettacolo m. pirotecnico, fuochi m.pl. d'artificio **3** + verbo pl. ***intellectual ~*** sfoggio intellettuale.

Pyrrhus /'pɪrəs/ n.pr. Pirro.

Pythagoras /paɪ'θægərəs/ n.pr. Pitagora.

python /'paɪθn, AE 'paɪθɒn/ n. ZOOL. pitone m.

q

q, Q /kjuː/ n. q, Q m. e f.
Q and A n. (accorc. question and answer) domanda e risposta f.
QC n. BE DIR. → **Queen's Counsel.**
QED (⇒quod erat demonstrandum) come dovevasi dimostrare (qed, c.d.d.).
Q-tip® /'kjuːtɪp/ n. cotton fioc® m.
qty ⇒quantity quantità.
qua /kweɪ/ cong. FORM. in quanto, come.
1.quack /kwæk/ n. **1** *(impostor)* ciarlatano m. (-a) **2** BE COLLOQ. *(doctor)* dottore m. (-essa).
2.quack /kwæk/ n. *(cry of duck)* qua qua m.
3.quack /kwæk/ intr. [*duck*] fare qua qua, schiamazzare.
quackery /'kwækərɪ/ n. ciarlataneria f.
1.quad /kwɒd/ n. COLLOQ. accorc. → **quadrangle.**
2.quad /kwɒd/ n. COLLOQ. accorc. → **quadruplet.**
quad bike n. quad m. (tipo di motociclo a quattro larghe ruote).
quadrangle /'kwɒdræŋgl/ n. **1** MAT. quadrangolo m., quadrilatero m. **2** ARCH. corte f. quadrangolare interna.
quadrant /'kwɒdrənt/ n. quadrante m.
quadraphonics /ˌkwɒdrə'fɒnɪks/ n. + verbo sing. quadrifonia f.
quadratic /kwɒ'drætɪk/ agg. quadratico.
quadratic equation n. equazione f. di secondo grado.
quadrilateral /ˌkwɒdrɪ'lætərəl/ **I** agg. quadrilatero **II** n. quadrilatero m.
quadrille /kwɒ'drɪl/ n. *(dance)* quadriglia f.
quadripartite /ˌkwɒdrɪ'pɑːtaɪt/ agg. quadripartito.
quadriplegic /ˌkwɒdrɪ'pliːdʒɪk/ agg. tetraplegico, quadriplegico.
quadroon /kwɒ'druːn/ n. quadroon m. e f., quarterone m. (-a).
quadruped /'kwɒdrʊped/ **I** agg. quadrupede **II** n. quadrupede m.
1.quadruple /'kwɒdrʊpl, AE kwɒ'druːpl/ **I** agg. quadruplo **II** n. quadruplo m.
2.quadruple /'kwɒdrʊpl, AE kwɒ'druːpl/ **I** tr. quadruplicare **II** intr. quadruplicarsi.
quadruplet /'kwɒdrʊplət, AE kwɒ'druːp-/ n. = gemello di parto quadrigemino.
1.quadruplicate /kwɒ'druːplɪkət/ n. ***in*** ~ in quattro copie.
2.quadruplicate /kwɒ'druːplɪkeɪt/ tr. **1** *(quadruple)* quadruplicare **2** *(make four copies of)* fare quattro copie di.
quaff /kwɒf, AE kwæf/ tr. ANT. tracannare [*wine, ale*].
quagmire /'kwɒgmaɪə(r), 'kwæg-/ n. pantano m. (anche FIG.).
1.quail /kweɪl/ n. (pl. **~s**, ~) quaglia f.
2.quail /kweɪl/ intr. sgomentarsi, perdersi d'animo.
quaint /kweɪnt/ agg. **1** *(pretty)* pittoresco **2** *(old-world)* d'altri tempi; *(slightly ridiculous)* un po' antiquato, un po' datato **3** *(odd)* bizzarro, buffo; *(unusual)* curioso, originale.
1.quake /kweɪk/ n. *(earthquake)* terremoto m.
2.quake /kweɪk/ intr. [*earth, person*] tremare.
Quaker /'kweɪkə(r)/ n. quacchero m. (-a).
qualification /ˌkwɒlɪfɪ'keɪʃn/ n. **1** *(diploma, degree etc.* qualifica f., titolo m. di studio; *(experience, skills)* qualifica f. capacità f., competenza f.; ***to have the (necessary*** o ***right)*** ~ ***for*** *(on paper)* avere i titoli *o* i requisiti (necessari) per; *(i experience, skills)* avere le capacità *o* le competenze per **2** BE *(graduation)* ***my first job after*** ~ il mio primo lavoro dopo i diploma **3** *(restriction)* restrizione f., riserva f.; ***to accept sth without*** ~ accettare qcs. senza riserve *o* senza condizioni AMM. *(eligibility)* condizione f., requisito m. **5** LING. qualificazione f.
qualified /'kwɒlɪfaɪd/ **I** p.pass. → **qualify II** agg. **1** *(fo job) (having diploma)* qualificato, diplomato; *(having experience, skills)* qualificato, competente; ***to be*** ~ ***for*** *(on paper* avere i titoli *o* i requisiti per; *(by experience, skills)* avere l capacità *o* le competenze per **2** *(competent) (having authority)* qualificato, abilitato; *(having knowledge)* competente *(modified)* [*approval, success*] limitato, condizionato.
qualifier /'kwɒlɪfaɪə(r)/ n. **1** SPORT *(contestant)* chi si qualifica; *(match)* eliminatoria f. **2** LING. *(adjective)* aggettivo m qualificativo; *(adverb)* avverbio m. qualificativo.
qualify /'kwɒlɪfaɪ/ **I** tr. **1** *(make competent)* ***to*** ~ ***sb. for a jo*** [*degree, diploma*] qualificare qcn. per un lavoro; [*experience skills*] rendere qcn. adatto *o* idoneo a un lavoro; ***to*** ~ ***to d*** avere i requisiti per fare **2** AMM. ***to*** ~ ***sb. for*** dare titolo *o* diritt a qcn. a [*membership, benefit*]; ***to*** ~ ***sb. to do*** dare a qcn. i diritto di fare; ***to*** ~ ***to do*** avere titolo a fare **3** *(give authorit to)* ***to*** ~ ***sb. to do*** autorizzare qcn. a fare; ***taking a few photo hardly qualifies him as a photographer*** il fatto che scatt qualche foto non ne fa certo un fotografo **4** *(modify)* limitar [*approval*]; precisare [*statement, remark*] **5** LING. qualificare **I** intr. **1** *(obtain qualification)* ***to*** ~ ***as*** diplomarsi, ottenere i titolo di; ***while he was*** ~***ing as an engineer*** mentre studiava ingegneria; *(have experience, skill)* ***to*** ~ ***for*** avere le competenze per **2** AMM. acquisire i requisiti, soddisfare (al)le condizioni **3** *(meet standard)* ***he hardly qualifies as a poet*** non s può certo definirlo un poeta **4** SPORT qualificarsi.
qualifying /'kwɒlɪfaɪɪŋ/ agg. **1** [*match*] di qualificazione [*exam*] di abilitazione; ~ ***period*** *(until trained)* (periodo di tirocinio; *(until eligible)* periodo di attesa **2** LING. qualificativo.
qualitative /'kwɒlɪtətɪv, AE -teɪt-/ agg. qualitativo.
quality /'kwɒlətɪ/ **I** n. **1** *(worth)* qualità f. **2** *(attribute)* qualità f., caratteristica f. **II** modif. [*car, workmanship, press*] di qualità.
quality control I n. controllo m. di qualità **II** modif. [*procedure*] di controllo di qualità.
quality controller ♦ ***27*** n. responsabile m. e f. del controllo di qualità.
qualm /kwɑːm/ n. **1** *(scruple)* scrupolo m., preoccupazione f **2** *(feeling of sickness)* nausea f.
quandary /'kwɒndərɪ/ n. difficoltà f., imbarazzo m.; *(serious)* dilemma m.

uango /ˈkwæŋgəʊ/ n. (pl. **~s**) GB = ente parastatale finanziato dallo stato.
uanta /ˈkwɒntə/ → **quantum**.
uantifiable /ˌkwɒntɪˈfaɪəbl/ agg. quantificabile.
uantifier /ˈkwɒntɪfaɪə(r)/ n. LING. FILOS. quantificatore m.
uantify /ˈkwɒntɪfaɪ/ tr. quantificare (anche FILOS. FIS.).
uantitative /ˈkwɒntɪtətɪv, AE -teɪt-/ agg. quantitativo (anche LING.).
uantity /ˈkwɒntətɪ/ ♦ 22 **I** n. quantità f. (anche METR. LING.); ***in ~*** in (grande) quantità; ***unknown ~*** MAT. incognita (anche FIG.) **II** modif. [*purchase, sale*] in (grande) quantità.
uantity surveying n. computo m. metrico ed estimativo dei materiali.
uantity surveyor ♦ 27 n. perito m. misuratore.
uantum /ˈkwɒntəm/ **I** n. (pl. **-a**) quanto m. **II** modif. [*mechanics*] quantistico; [*number*] quantico.
uantum leap n. FIS. salto m. quantico; FIG. grande progresso m., prodigioso balzo m. in avanti.
uantum theory n. teoria f. quantistica, teoria f. dei quanti.
.quarantine /ˈkwɒrənti:n, AE ˈkwɔ:r-/ **I** n. quarantena f. **II** modif. [*hospital, period*] di quarantena.
.quarantine /ˈkwɒrənti:n, AE ˈkwɔ:r-/ tr. mettere in quarantena.
uark /kwɑ:k/ n. quark m.
.quarrel /ˈkwɒrəl, AE ˈkwɔ:-/ n. **1** *(argument)* lite f., litigio m.; ***to have a ~*** litigare **2** *(feud)* contrasto m., dissidio m.; ***to have a ~ with sb.*** essere in dissidio con qcn. **3** *(difference of opinion)* disaccordo m.; ***to have no ~ with sb.*** non avere nulla contro qcn.; ***to have no ~ with sth.*** non avere nulla da ridire su qcs.
.quarrel /ˈkwɒrəl, AE ˈkwɔ:-/ intr. (forma in -ing ecc. **-ll-**, **-l-** AE) **1** *(argue)* litigare, bisticciare **2** *(sever relations)* essere in contrasto, essere in disaccordo **3** *(dispute)* ***to ~ with*** contestare [*claim, idea*]; trovare da ridire su, discutere su [*price, verdict*].
uarrelling, **quarreling** AE /ˈkwɒrəlɪŋ, AE ˈkwɔ:-/ n. **U** liti f.pl., litigi m.pl.
uarrelsome /ˈkwɒrəlsəm, AE ˈkwɔ:-/ agg. [*person, nature*] litigioso, irascibile; [*remark*] aggressivo, brutale.
.quarry /ˈkwɒrɪ, AE ˈkwɔ:rɪ/ n. *(in ground)* cava f.
.quarry /ˈkwɒrɪ, AE ˈkwɔ:rɪ/ **I** tr. (anche **~ out**) cavare [*stone*] **II** intr. ***to ~ for*** estrarre [*stone, gravel*].
.quarry /ˈkwɒrɪ, AE ˈkwɔ:rɪ/ n. *(prey)* preda f. (anche FIG.); *(in hunting)* selvaggina f.
uarry tile n. quadrello m.
uart /kwɔ:t/ ♦ 3 n. = misura di capacità equivalente a un quarto di gallone (GB 1,136 l, US 0.946 l).
.quarter /ˈkwɔ:tə(r)/ ♦ 4, 7, 37 **I** n. **1** *(one fourth)* quarto m.; ***a ~ of a hectare*** un quarto di ettaro **2** *(15 minutes)* ***~ of an hour*** quarto d'ora **3** *(three months)* trimestre m. **4** *(district)* quartiere m. **5** *(group)* ambiente m., settore m.; ***don't expect help from that ~*** non aspettarti alcun aiuto da quella parte **6** *(mercy)* LETT. ***to give no ~*** non dare quartiere a **7** AE *(25 cents)* quarto m. di dollaro **8** METROL. GB = unità di misura di peso equivalente a 113,4 g; US = unità di misura di peso equivalente a 12,7 kg **9** GASTR. ***~ of beef*** quarto di bue **10** MAR. ***on the port ~*** a sinistra; ***on the starboard ~*** a tribordo *o* a destra **11 at close quarters** da vicino; ***to fight at close ~s*** combattere corpo a corpo **II quarters** n.pl. MIL. quartieri m., alloggiamento m.sing.; ***to take up ~s*** acquartierarsi; ***we're living in very cramped ~s*** viviamo allo stretto **III** pron. **1** *(25%)* quarto m. **2** *(in time phrases)* ***at (a) ~ to 9*** BE, ***at a ~ of 9*** AE alle nove meno un quarto; ***an hour and a ~*** un'ora e un quarto **3** *(in age)* ***she's ten and a ~*** ha dieci anni e tre mesi **IV** agg. ***a ~ century*** un quarto di secolo; ***a ~ mile*** un quarto di miglio **V** avv. ***a ~ full*** pieno fino a un quarto; ***a ~ as big*** grande un quarto; ***~ the price*** un quarto del prezzo.
.quarter /ˈkwɔ:tə(r)/ tr. **1** *(divide into four)* dividere in quattro (parti) [*cake, apple*] **2** *(accommodate)* acquartierare [*troops*]; alloggiare [*people*]; trovare un riparo per [*livestock*] **3** STOR. *(torture)* squartare [*prisoner*].
uarterback /ˈkwɔ:təbæk/ n. AE quarterback m.
uarterdeck /ˈkwɔ:təˌdek/ n. MAR. *(on ship)* cassero m. di poppa.
uarterfinal /ˌkwɔ:təˈfaɪnl/ n. quarto m. di finale.
uarterly /ˈkwɔ:təlɪ/ **I** n. *(in publishing)* pubblicazione f. trimestrale, trimestrale m. **II** agg. trimestrale **III** avv. trimestralmente.

quartermaster /ˈkwɔ:təˌmɑ:stə(r), AE ˌmæs-/ ♦ 23 n. **1** *(in army)* ufficiale m. commissario, ufficiale m. di commissariato **2** *(in navy)* timoniere m.
quarternote /ˈkwɔ:təˌnəʊt/ n. AE → **crotchet**.
quarterstaff /ˈkwɔ:təˌstɑ:f, AE -ˌstæf/ n. (pl. **~s**, **quarterstaves**) STOR. MIL. = bastone con punta di ferro.
quartet /kwɔ:ˈtet/ n. quartetto m. (anche MUS.).
quarto /ˈkwɔ:təʊ/ **I** n. (pl. **~s**) (volume) in-quarto m. **II** modif. [*size, book*] in-quarto.
quartz /kwɔ:ts/ **I** n. quarzo m. **II** modif. [*crystal*] di quarzo; [*clock*] al quarzo.
quartzite /ˈkwɔ:tsaɪt/ n. quarzite f.
quasar /ˈkweɪzɑ:(r)/ n. quasar f.
quash /kwɒʃ/ tr. **1** DIR. annullare **2** respingere, rifiutare [*proposal*] **3** domare, reprimere [*rebellion*].
quasi /ˈkweɪzaɪ, ˈkwɑ:zɪ/ agg. e avv. in composti quasi, semi; ***-official*** semiufficiale; ***a ~-state*** un quasi stato.
quatercentenary /ˌkwætəsenˈti:nərɪ, AE -ˈsentənerɪ/ n. quarto centenario m.
quaternary /kwəˈtɜ:nərɪ/ n. MAT. quattro m.; *(set)* quaterna f.
Quaternary /kwəˈtɜ:nərɪ/ **I** n. GEOL. quaternario m. **II** agg. quaternario.
quatrain /ˈkwɒtreɪn/ n. quartina f.
1.quaver /ˈkweɪvə(r)/ n. **1** BE MUS. croma f. **2** *(trembling)* tremolio m., vibrazione f.
2.quaver /ˈkweɪvə(r)/ intr. tremolare, tremare.
quavery /ˈkweɪvərɪ/ agg. tremante, tremolante.
quay /ki:/ n. banchina f., molo m.
queasiness /ˈkwi:zɪnɪs/ n. nausea f.
queasy /ˈkwi:zɪ/ agg. **1** ***to be*** o ***feel ~*** avere la nausea **2** FIG. [*conscience*] inquieto, a disagio; ***to feel ~ about sth.*** sentirsi inquieto riguardo a qcs.
1.queen /kwi:n/ ♦ 9 n. **1** regina f. (anche FIG.) **2** *(in chess)* regina f.; *(in cards)* donna f., regina f. **3** COLLOQ. SPREG. *(homosexual)* finocchio m., frocio m.
2.queen /kwi:n/ tr. *(in chess)* fare regina [*pawn*] ♦ ***to ~ it over sb.*** spadroneggiare su qcn.
queen bee n. ape f. regina ♦ ***she thinks she's (the) ~ bee*** crede di essere la regina *o* chissà chi.
queenly /ˈkwi:nlɪ/ agg. degno di una regina, regale.
queen mother n. regina f. madre.
Queen's Counsel n. BE DIR. = patrocinante per la corona (alto titolo onorifico conferito agli avvocati).
Queen's English n. ***to speak the ~*** parlare un inglese corretto (come viene parlato in Gran Bretagna).
Queen's evidence n. ***to turn ~*** BE DIR. = (il) testimoniare contro i propri complici per ottenere dei benefici.
Queen's Regulations n.pl. GB MIL. = codice di disciplina militare.
1.queer /kwɪə(r)/ **I** agg. **1** *(strange)* strano, bizzarro, curioso **2** *(suspicious)* dubbio, sospetto **3** BE ANT. *(ill)* indisposto; ***to feel ~*** sentirsi poco bene **4** COLLOQ. SPREG. *(homosexual)* da frocio **II** n. COLLOQ. SPREG. *(homosexual)* finocchio m., frocio m. ♦ ***to be in Queer Street*** BE essere pieno di debiti *o* in difficoltà finanziarie.
2.queer /kwɪə(r)/ tr. rovinare, guastare ♦ ***to ~ sb.'s pitch*** rompere le uova nel paniere a qcn.
queerly /ˈkwɪəlɪ/ avv. stranamente, curiosamente.
queerness /ˈkwɪənɪs/ n. stranezza f., singolarità f.
quell /kwel/ tr. placare, calmare [*anger, anxiety*]; reprimere, domare [*revolt*]; ***to ~ sb. with a look*** dominare qcn. con lo sguardo.
quench /kwentʃ/ tr. **1** LETT. spegnere [*flame*]; calmare, spegnere [*thirst*]; spegnere, soffocare [*desire*] **2** TECN. temprare, raffreddare [*metal*].
Quentin /ˈkwentɪn/ n.pr. Quintino.
querulous /ˈkwerʊləs/ agg. querulo, lamentoso.
1.query /ˈkwɪərɪ/ n. **1** *(request for information)* domanda f., quesito m. **2** *(expression of doubt)* ***to raise a ~ about sth.*** sollevare un dubbio *o* una questione su qcs. **3** INFORM. query f., interrogazione f. **4** *(question mark)* punto m. interrogativo.
2.query /ˈkwɪərɪ/ tr. mettere in dubbio, mettere in discussione; ***to ~ whether*** chiedersi se; ***nobody dares to ~ that*** nessuno osa mettere in dubbio che; ***to ~ sb.'s ability*** mettere in dubbio le capacità di qcn.; ***some may ~ my interpretation of***

the data alcuni possono avere dei dubbi sulla mia interpretazione dei dati.

query window n. INFORM. *(for web search)* finestra f. di ricerca.

1.quest /kwest/ n. ricerca f. (**for** di).

2.quest /kwest/ intr. LETT. **~ *for*** o ***after sb., sth.*** andare alla ricerca di *o* cercare qcn., qcs.

1.question /'kwestʃən/ n. **1** domanda f., quesito m. (**about** su); ***to ask sb. a ~, to put a ~ to sb.*** fare una domanda a qcn. **2** *(practical issue)* problema m.; *(ethical issue)* questione f.; ***the Palestinian ~*** la questione palestinese; ***the ~ of pollution*** il problema dell'inquinamento; ***it's a ~ of doing*** si tratta di fare; ***the ~ arises as to who is going to pay the bill*** si pone la questione di chi pagherà il conto; ***that's another ~*** questa è un'altra questione; ***there was never any ~ of you paying*** non se parla neppure che tu debba pagare; ***the person in ~*** la persona in questione; ***it's out of the ~ for him to leave*** è escluso *o* è fuori discussione che lui parta **3** *(uncertainty)* dubbio m., obiezione f.; ***to call*** o ***bring sth. into ~*** mettere qcs. in discussione *o* in dubbio; ***to prove beyond ~ that*** dimostrare senza ombra di dubbio che; ***it's open to ~*** si può mettere in discussione, è dubbio; ***whether we have succeeded is open to ~*** non è detto che ci siamo riusciti; ***his honesty was never in ~*** non si è mai dubitato della sua onestà.

2.question /'kwestʃən/ tr. **1** *(interrogate)* interrogare [*suspect*]; fare domande a, rivolgere un'interpellanza a [*politician*] **2** *(cast doubt upon)* *(on one occasion)* mettere in dubbio, sollevare dubbi su; *(over longer period)* dubitare di [*tactics, methods*]; ***to ~ whether*** dubitare che.

questionable /'kwestʃənəbl/ agg. *(debatable)* [*motive, decision*] discutibile; *(dubious)* [*virtue, evidence, taste*] dubbio; ***it is ~ whether*** è incerto se.

questioner /'kwestʃənə(r)/ n. interrogatore m. (-trice); ***police ~*** inquirente.

questioning /'kwestʃənɪŋ/ **I** n. **1** *(of person)* interrogazione f., domande f.pl.; *(relentless)* interrogatorio m.; ***he is wanted for ~ in connection with the explosion*** lo si ricerca per interrogarlo sull'esplosione; ***under ~*** sotto interrogatorio; ***a line of ~*** una serie di domande mirate **2** *(of criteria, values)* (il) mettere in dubbio **II** agg. **1** [*look, tone*] indagatore, interrogativo **2** [*techniques, tactics*] di fare domande, d'interrogare; *(by police, judge)* di fare gli interrogatori.

question mark n. punto m. interrogativo (anche FIG.); ***there is a ~ about his suitability for the job*** ci si chiede se sia adatto al lavoro.

question master ➧ *27* n. conduttore m. (-trice) di giochi a quiz.

questionnaire /ˌkwestʃə'neə(r)/ n. questionario m.

question tag n. LING. = breve domanda in fondo a una frase.

1.queue /kju:/ n. BE *(of people)* coda f., fila f.; *(of vehicles)* coda f., colonna f.; ***to stand in a ~*** stare in coda, fare la coda; ***to join the ~*** mettersi in coda; ***go to the back of the ~!*** si metta in coda! ***to jump the ~*** COLLOQ. saltare la coda, passare davanti agli altri.

2.queue /kju:/ intr. BE → **queue up**.

▪ **queue up** [*people*] fare la coda, mettersi in coda.

queue-jump /'kju:dʒʌmp/ intr. BE saltare la coda, passare davanti agli altri.

1.quibble /'kwɪbl/ n. cavillo m., sofisma m.

2.quibble /'kwɪbl/ intr. cavillare, sofisticare.

quick /kwɪk/ **I** agg. **1** *(speedy)* [*pace*] veloce, rapido, svelto; [*heartbeat, train, meal*] veloce; [*profit*] rapido, in tempi rapidi; [*storm*] breve; ***to have a ~ coffee*** prendere un caffè in fretta; ***to have a ~ wash*** darsi una lavata veloce; ***she's a ~ worker*** lavora velocemente; ***we're hoping for a ~ sale*** speriamo che si venda in fretta; ***to make a ~ recovery*** ristabilirsi in fretta; ***be ~ (about it)!*** sbrigati! veloce! **2** *(clever)* [*child, student*] vivace, pronto, intelligente; ***to be ~ at arithmetic*** essere bravo in aritmetica **3** *(prompt)* ***a ~ reply*** una risposta pronta; ***to be ~ to do*** essere pronto a fare; ***to be ~ to learn, to be a ~ learner*** imparare in fretta; ***he was ~ to see the advantages*** ne ha immediatamente visto i vantaggi **4** *(lively)* ***to have a ~ temper*** arrabbiarsi con facilità **II** avv. ***(come) ~!*** (vieni) veloce! **III** n. ANAT. MED. carne f. viva; ***to bite one's nails to the ~*** mangiarsi le unghie fino alla carne ♦ ***a ~ one*** → **quickie**; ***(as) ~ as a flash*** veloce come un lampo; ***the ~ and the dead*** i vivi e i morti; ***to cut*** o ***sting sb. to the ~*** toccare qcn. sul vivo; ***to make a ~ buck*** fare soldi alla svelta (e facilmente); ***to make a ~ killing*** fare fortuna in fretta.

quick-assembly /'kwɪkˌæsəmblɪ/ agg. facile da montare.

quick-change artist /ˌkwɪk'tʃeɪndʒˌɑ:tɪst/ ➧ *27* n. TEATR. trasformista m. e f.

quick-drying /'kwɪkˌdraɪɪŋ/ agg. ad asciugatura rapida; ***~ cement*** cemento a presa rapida.

quicken /'kwɪkən/ **I** tr. **1** accelerare [*pace*] **2** FIG. LETT. ravvivare, stimolare [*interest*] **II** intr. **1** [*pace*] accelerare **2** FIG. LETT. [*anger*] intensificarsi **3** [*foetus*] muoversi.

quick fire n. tiro m. rapido.

quick-fire /'kwɪkfaɪə/ agg. [*questions*] a ripetizione, a raffica; [*sketch*] rapido.

quick-freeze /'kwɪkfri:z/ tr. (pass. **-froze**; p.pass. **-frozen**) surgelare.

quickie /'kwɪkɪ/ n. COLLOQ. **1** *(drink)* bicchierino m. (bevuto in fretta) **2** *(question)* domanda f. veloce **3** BE POP. *(sex)* ***to have a ~*** farsi una sveltina.

quicklime /'kwɪklaɪm/ n. calce f. viva.

quickly /'kwɪklɪ/ avv. *(rapidly)* velocemente, rapidamente, in fretta; *(without delay)* velocemente, senza indugio; ***(come) ~!*** (vieni) veloce! ***I acted ~ on his advice*** mi sono affrettato a seguire il suo consiglio; ***I ~ changed the subject*** ho cambiato subito argomento.

quick march **I** n. MIL. = passo di marcia veloce **II** inter. MIL. avanti marsh.

quickness /'kwɪknɪs/ n. **1** *(speed)* velocità f., rapidità f.; ***~ to respond, react*** rapidità a rispondere, a reagire **2** *(nimbleness)* prontezza f., sveltezza f. **3** *(liveliness of mind)* acume m., intelligenza f.

quick-release /ˌkwɪkrɪ'li:s/ agg. [*mechanism*] ad apertura rapida.

quicksand /'kwɪksænd/ n. **U** sabbie f.pl. mobili; FIG. ginepraio m., pantano m.

quick-setting /'kwɪkˌsetɪŋ/ agg. a presa rapida.

quicksilver /'kwɪksɪlvə(r)/ n. CHIM. mercurio m., argento m. vivo.

quick-tempered /ˌkwɪk'tempəd/ agg. impulsivo, irascibile.

quick-witted /ˌkwɪk'wɪtɪd/ agg. [*person*] acuto, perspicace; [*reaction*] pronto.

1.quid /kwɪd/ n. BE COLLOQ. (pl. ~) sterlina f.

2.quid /kwɪd/ n. *(tobacco)* cicca f., pezzo m. di tabacco da masticare.

quid pro quo /ˌkwɪdprəʊ'kwəʊ/ n. contropartita f.

quiescent /kwaɪ'esnt, kwɪ'esnt/ agg. [*person*] quiescente, inattivo; [*mood, spirit*] tranquillo, quieto.

1.quiet /'kwaɪət/ **I** agg. **1** *(silent)* [*person, room*] quieto, silenzioso; ***to keep*** o ***stay ~*** rimanere in silenzio; ***to go ~*** [*person, assembly*] tacere; ***the room went ~*** nella stanza si fece silenzio; ***to keep [sb.] ~*** fare tacere [*dog, child*]; ***be ~!*** silenzio! **2** *(not noisy)* [*voice*] basso; [*engine*] silenzioso; [*music*] tranquillo; [*cough, laugh*] discreto; ***that should keep the children ~*** questo dovrebbe far stare i bambini tranquilli **3** *(discreet)* [*diplomacy*] discreto, riservato; [*deal*] riservato, fatto in privato; [*confidence*] pacato, sereno; [*despair*] velato, dissimulato; [*colour*] sobrio, discreto; ***I had a ~ laugh over it*** ne ho riso fra me e me *o* sotto i baffi; ***to have a ~ word with sb.*** parlare con qcn. in privato **4** *(calm)* [*village, holiday, life*] tranquillo; [*night*] calmo, tranquillo; ***the stock market is ~*** il mercato azionario è stazionario **5** *(for few people)* [*meal, wedding*] intimo **6** *(docile)* [*pony*] tranquillo, docile **7** *(secret)* ***to keep [sth.] ~*** tenere segreto, non divulgare [*plans*]; tenere segreto [*engagement*] **II** n. **1** *(silence)* quiete f. silenzio m.; ***~ please!*** silenzio, per favore! **2** *(peace)* calma f. tranquillità f.; ***let's have some peace and ~*** stiamo un po' tranquilli **3** COLLOQ. *(secret)* ***on the ~*** di nascosto, segretamente.

2.quiet /'kwaɪət/ tr. AE → **quieten.**

quieten /'kwaɪətn/ tr. **1** *(calm)* calmare [*child, animal*] **2** *(allay)* dissipare [*doubts*] **3** *(silence)* fare tacere [*critics, children*].

▪ **quieten down:** **~ down** **1** *(become calm)* [*person, activity*] calmarsi **2** *(fall silent)* tacere; **~ down [sb., sth.], ~ [sb., sth.] down** **1** *(calm)* calmare [*baby, animal*] **2** *(silence)* fare tacere [*child, class*].

quietly /'kwaɪətlɪ/ avv. **1** *(not noisily)* [*move*] silenziosamente, senza fare rumore; [*cough*] discretamente; [*speak*] a voce bassa; [*play*] piano **2** *(silently)* [*read, sit*] in silenzio **3** *(discreetly)* [*pleased, optimistic*] discretamente, moderatamente; ***to be ~ confident that*** essere intimamente fiducioso che **4** *(simply)* [*live*] semplicemente; [*get married*] con una cerimonia semplice **5** *(calmly)* in modo calmo, tranquillamente **6** *(soberly)* [*dress*] sobriamente.

quietness /'kwaɪətnɪs/ n. **1** *(silence)* silenzio m., calma f. **2** *(of person)* calma f. **3** *(of voice)* fievolezza f. **4** *(of place)* tranquillità f.

quiff /kwɪf/ n. BE ciuffo m. (di capelli).

quill /kwɪl/ n. **1** *(feather)* penna f.; *(stem of feather)* calamo m. **2** *(on porcupine)* aculeo m. **3** (anche ~ **pen**) *(for writing)* calamo m., penna f. d'oca.

1.quilt /kwɪlt/ n. **1** BE *(duvet)* piumino m. **2** *(bed cover)* trapunta f.

2.quilt /kwɪlt/ tr. trapuntare.

quilted /'kwɪltɪd/ **I** p.pass. → **2.quilt II** agg. [*cover, garment*] trapuntato.

quilting /'kwɪltɪŋ/ n. **1** *(technique)* (il) trapuntare **2** *(fabric)* tessuto m. trapuntato.

quin /kwɪn/ n. BE COLLOQ. accorc. → **quintuplet**.

quince /kwɪns/ n. *(fruit)* mela f. cotogna; *(tree)* cotogno m.

quincentenary /ˌkwɪnsen'tiːnərɪ, AE -'sentənerɪ/ n. quinto centenario m., cinquecentesimo anniversario m.

quinine /kwɪ'niːn, AE 'kwaɪnaɪn/ n. chinina f.; *(remedy)* chinino m.

quintessence /kwɪn'tesns/ n. quintessenza f.

quintessential /ˌkwɪntɪ'senʃl/ agg. [*quality*] quintessenziale, fondamentale; ***he is the ~ Renaissance man*** è l'uomo del Rinascimento per eccellenza.

quintet /kwɪn'tet/ n. MUS. quintetto m.

Quintin /'kwɪntɪn/ n.pr. Quintino.

1.quintuple /'kwɪntjʊpl, AE kwɪn'tuːpl/ **I** agg. quintuplo **II** n. quintuplo m.

2.quintuple /kwɪn'tjʊpl/ **I** tr. quintuplicare **II** intr. quintuplicarsi.

quintuplet /'kwɪntjuːplet, AE kwɪn'tuːplɪt/ n. = ciascuno di cinque gemelli.

Quintus /'kwɪntəs/ n.pr. Quinto.

1.quip /kwɪp/ n. arguzia f., motto m. arguto, battuta f. di spirito.

2.quip /kwɪp/ intr. (forma in -ing ecc. **-pp-**) dire arguzie, fare battute di spirito.

quire /'kwaɪə(r)/ n. *(4 folded sheets)* quaderno m., quattro fogli m.pl. piegati; *(24 or 25 sheets)* = blocco di 24 o 25 fogli di carta.

Quirinus /kwɪ'raɪnəs/ n.pr. Quirino.

quirk /kwɜːk/ n. *(of person)* vezzo m., (piccola) mania f.; *(of fate, nature)* capriccio m., scherzo m.

quirky /'kwɜːkɪ/ agg. eccentrico, strano.

quisling /'kwɪzlɪŋ/ n. SPREG. quisling m., collaborazionista m. e f.

quit /kwɪt/ **I** tr. (forma in -ing **-tt-**; pass., p.pass. **quitted** o **quit**) **1** *(leave)* lasciare, abbandonare [*job, profession, person*]; andarsene da, lasciare [*place*] **2** INFORM. uscire da [*program*] **II** intr. (forma in -ing **-tt-**; pass., p.pass. **quitted** o **quit**) **1** *(stop, give up)* smettere (**doing** di fare), rinunciare (**doing** a fare); ***I've had enough, I ~*** ne ho avuto abbastanza, lascio; ***to ~ whilst one is ahead*** o ***on top*** *(in career)* lasciare all'apice della carriera **2** *(resign)* dimettersi, dare le dimission **3** INFORM. uscire.

quite /kwaɪt/ avv. **1** *(completely)* [*new, impossible*] del tutto; [*alone, empty, exhausted*] completamente; [*justified*] interamente; [*extraordinary*] davvero, assolutamente; ***I ~ agree*** sono totalmente d'accordo; ***you're ~ right*** hai completamente ragione; ***it's ~ all right*** *(in reply to apology)* va bene, non c'è problema; ***it's ~ out of the question*** è assolutamente fuori discussione; ***I can ~ believe it*** lo credo bene; ***are you ~ sure?*** ne sei proprio sicuro? ***~ frankly*** molto francamente; ***it's ~ clear*** è chiarissimo; ***and ~ right too!*** giustissimo, ben gli sta! ***that's ~ enough!*** è più che abbastanza! **2** *(exactly)* ***not ~*** non esattamente, non proprio; ***it's not ~ what I wanted*** non è esattamente ciò che volevo; ***not ~ so much*** non (proprio) così tanto; ***not ~ as interesting*** non altrettanto *o* un po' meno interessante; ***he didn't ~ understand*** non ha proprio capito; ***I don't ~ know*** non sono sicuro; ***nobody knew ~ what he meant*** nessuno sapeva esattamente cosa volesse dire; ***that's not ~ all*** e non è tutto **3** *(definitely)* ***it was ~ the best answer*** era proprio la risposta migliore; ***he's ~ the stupidest man!*** è proprio (il più) stupido! ***~ simply the best*** semplicemente il migliore **4** *(rather)* [*big, easily, often*] abbastanza, piuttosto; ***it's ~ small*** non è molto grande, è piuttosto piccolo; ***it's ~ warm today*** fa abbastanza caldo oggi; ***it's ~ likely that*** è abbastanza probabile che; ***I ~ like Chinese food*** la cucina cinese mi piace abbastanza; ***~ a few people*** non poche persone; ***~ a lot of money*** un bel po' di soldi; ***~ a lot of opposition*** un'opposizione piuttosto forte; ***I've thought about it ~ a bit*** ci ho pensato un bel po' **5** *(as intensifier)* ***~ a difference*** una bella differenza; ***that will be ~ a change for you*** sarà un bel cambiamento per te; ***she's ~ a woman, she's ~ some woman!*** che donna! ***that was ~ some party!*** quella sì che è stata una festa! ***their car is really ~ something*** COLLOQ. mica male la loro macchina **6** *(expressing agreement)* certo, davvero; ***"he could have told us" - "~ (so)"*** "avrebbe potuto dircelo" - "già".

quits /kwɪts/ agg. COLLOQ. ***to be ~*** essere pari (**with sb.** con qcn.); ***to call it ~*** considerarsi pari, farla finita; ***let's call it ~!*** siamo a posto!

quittance /'kwɪtəns/ n. ANT. *(discharge from a debt)* saldo m., esecuzione f.

quitter /'kwɪtə(r)/ n. COLLOQ. ***he's a ~*** si arrende *o* si dà per vinto facilmente.

1.quiver /'kwɪvə(r)/ n. *(trembling) (of voice, part of body)* tremito m., fremito m.; *(of leaves)* (il) tremolare, (lo) stormire; ***a ~ of excitement*** un fremito d'eccitazione.

2.quiver /'kwɪvə(r)/ intr. [*voice, lip, animal*] tremare (**with** per, di); [*leaves*] tremolare, stormire; [*wings*] battere; [*flame*] tremolare.

3.quiver /'kwɪvə(r)/ n. *(for arrows)* faretra f.

Quixote /'kwɪksət/ **I** n.pr. Chisciotte **II** n. FIG. donchisciotte m.

quixotic /kwɪk'sɒtɪk/ agg. donchisciottesco, idealista.

1.quiz /kwɪz/ n. (pl. **~zes**) **1** *(game)* quiz m.; *(written, in magazine)* questionario m. (**about** su) **2** AE SCOL. interrogazione f.

2.quiz /kwɪz/ tr. (forma in -ing ecc. **-zz-**) fare domande a, interrogare (**about** su).

quiz game n. (gioco a) quiz m.

quiz master ➧ *27* n. conduttore m. (-trice) di giochi a quiz.

quiz show n. → **quiz game**.

quizzical /'kwɪzɪkl/ agg. interrogatorio, interrogativo.

quoin /kɔɪn/ n. immorsatura f., concio m. d'angolo.

quoit /kɔɪt, AE kwɔɪt/ **I** n. = anello usato nel gioco del lancio degli anelli **II** ➧ *10* **quoits** n.pl. = gioco del lancio degli anelli.

quorate /'kwɔːrət, -reɪt/ agg. BE ***the meeting is ~*** la riunione ha raggiunto il quorum.

quorum /'kwɔːrəm/ n. quorum m., numero m. legale; ***to have a ~*** avere raggiunto il quorum.

quota /'kwəʊtə/ n. **1** COMM. *(in UE, prescribed number)* quota f. (**of, for** di); ***this year's ~*** la quota fissata per quest'anno **2** *(share)* parte f., porzione f.; *(officially allocated)* quota f.

quotation /kwəʊ'teɪʃn/ n. **1** *(phrase, passage cited)* citazione f. **2** *(estimate)* preventivo m. **3** ECON. quotazione f.

quotation marks n.pl. virgolette f.; ***to put sth. in ~*** o ***to put ~ around sth.*** mettere qcs. tra virgolette.

1.quote /kwəʊt/ **I** n. **1** *(quotation)* citazione f. **2** *(statement to journalist)* dichiarazione f. **3** *(estimate)* preventivo m. **4** ECON. quotazione f. **II quotes** n.pl. → **quotation marks**.

2.quote /kwəʊt/ **I** tr. **1** *(repeat, recall)* citare [*person, passage, proverb*]; citare, riportare [*words, reference number*]; ***don't ~ me on this, but...*** qui lo dico e qui lo nego,...; ***she was ~d as saying that*** ha dichiarato *o* detto che **2** COMM. *(state)* fare un preventivo di [*price, figure*]; ***they ~d us £ 200*** ci hanno fatto un preventivo di 200 sterline **3** *(on the stock exchange)* quotare [*share, price*] (**at** a) **4** *(in betting)* ***to ~ odds of 3 to 1*** dare 3 a 1; ***to be ~d 6 to 1*** essere dato 6 a 1 **II** intr. **1** *(from text, author)* fare citazioni; ***to ~ from Keats*** fare citazioni da Keats **2** ***~... unquote*** *(in dictation)* aperte (le) virgolette... chiuse (le) virgolette; *(in lecture, speech)* e qui cito...; ***he's in Rome on ~ "business" unquote*** è a Roma per, lui dice, "affari".

quotient /'kwəʊʃnt/ n. **1** MAT. quoziente m. **2** *(factor)* fattore m., quoziente m.

qv ⇒ (quod vide, letto **which see**) vedi (v.).

r

r, **R** /ɑː(r)/ n. **1** *(letter)* r, R m. e f.; ***the three R's*** = leggere, scrivere, far di conto **2 R** ⇒ right destra, destro (dx) **3 R** BE ⇒ Rex Re (R) **4 R** ⇒ Regina Regina.

RA n. BE (⇒ Royal Academy) = Accademia Reale.

rabbi /ˈræbaɪ/ n. rabbino m.

1.rabbit /ˈræbɪt/ n. **1** *(male)* coniglio m.; *(female)* coniglia f. **2** *(fur)* lapin m.; *(meat)* coniglio m. ♦ ***to pull a ~ out of a hat*** tirare fuori un coniglio dal cilindro, fare una mossa a sorpresa.

2.rabbit /ˈræbɪt/ intr. ***to go ~ing*** andare a caccia di conigli.

▪ **rabbit on** BE COLLOQ. parlare in continuazione (a vanvera).

rabbit burrow, **rabbit hole** n. tana f. di coniglio.

rabbit hutch n. conigliera f.

rabbit warren n. garenna f.; FIG. *(maze)* labirinto m.

rabble /ˈræbl/ n. SPREG. **1** *(crowd)* folla f., ressa f. **2** *(populace)* ***the*** ~ la massa, la plebaglia.

rabble-rouser /ˈræblraʊzə(r)/ n. sobillatore m. (-trice), demagogo m. (-a).

rabid /ˈræbɪd, AE ˈreɪbɪd/ agg. **1** VETER. rabbioso, idrofobo **2** *(fanatical)* fanatico, accanito.

rabies /ˈreɪbiːz/ ❥ ***11*** n. idrofobia f., rabbia f.; ***to have*** ~ avere la rabbia.

RAC n. BE (⇒ Royal Automobile Club) = associazione britannica di automobilisti corrispondente all'ACI italiano.

raccoon /rəˈkuːn, AE ræ-/ n. (pl. ~, ~**s**) procione m., orsetto m. lavatore.

1.race /reɪs/ **I** n. **1** SPORT corsa f., gara f.; ***to have a*** ~ fare una corsa; ***to run a*** ~ correre (**with** contro); ***bicycle*** ~ corsa, gara ciclistica; ***a ~ against the clock*** una corsa a tempo; FIG. una corsa contro il tempo **2** FIG. corsa f., gara f.; ***presidential*** ~ la corsa per la presidenza; ***the ~ to reach the moon*** la corsa alla luna **II races** n.pl. EQUIT. corse f.

2.race /reɪs/ **I** tr. **1** *(compete with)* correre contro, gareggiare con [*person, car, horse*] **2** *(enter for race)* fare correre, fare partecipare a una corsa [*horse, dog*]; fare partecipare a una gara [*car, boat*]; correre per, correre su [*Ferrari*] **3** *(rev)* fare girare a vuoto, imballare [*engine*] **II** intr. **1** *(compete in race)* correre, gareggiare; ***to ~ around the track*** correre facendo il giro della pista **2** *(rush)* ***to ~ in*** precipitarsi dentro, entrare di corsa; ***to ~ after sb., sth.*** correre dietro a qcn., qcs.; ***to ~ through*** fare [qcs.] velocemente *o* di corsa [*task*] **3** [*heart*] battere forte; [*engine*] girare a vuoto, imballarsi; [*mind*] lavorare freneticamente **4** *(hurry)* affrettarsi.

▪ **race by** [*time, person*] passare velocemente.

3.race /reɪs/ **I** n. **1** ANTROP. SOCIOL. razza f. **2** BOT. specie f.; ZOOL. razza f. **II** modif. [*attack, riot, equality, law*] razziale.

race card n. EQUIT. programma m. delle corse.

racecourse /ˈreɪskɔːs/ n. EQUIT. ippodromo m.; AUT. pista f.

racegoer /ˈreɪsgəʊə(r)/ n. appassionato m. (-a), frequentatore m. (-trice) assiduo (-a) di corse di cavalli.

racehorse /ˈreɪshɔːs/ n. cavallo m. da corsa.

race meeting n. BE riunione f. ippica, concorso m. ippico.

racer /ˈreɪsə(r)/ n. *(bike)* bicicletta f. da corsa; *(motorbike)* motocicletta f. da corsa; *(car)* automobile f. da corsa; *(horse)* cavallo m. da corsa; *(runner, cyclist)* corridore m.

race relations n.pl. relazioni f. interrazziali, rapporti m interrazziali.

racetrack /ˈreɪstræk/ n. *(for horses)* ippodromo m.; *(for cars)* pista f., circuito m.; *(for dogs)* pista f., cinodromo m.; *(for cycles)* pista f., velodromo m.

raceway /ˈreɪsweɪ/ n. AE *(for cars)* pista f., circuito m.; *(for dogs, harness racing)* pista f.

Rachel /ˈreɪtʃəl/ n.pr. Rachele.

racial /ˈreɪʃl/ agg. razziale.

racialism /ˈreɪʃəlɪzəm/ n. razzismo m.

racialist /ˈreɪʃəlɪst/ **I** agg. razzista **II** n. razzista m. e f.

racing /ˈreɪsɪŋ/ **I** n. **1** EQUIT. ippica f., corse f.pl. dei cavalli; ***did you see the ~?*** hai visto le corse? **2** *(with cars, bikes, dogs)* corsa f.; ***motor*** ~ BE, ***car*** ~ AE automobilismo, corse automobilistiche **II** modif. [*car, bike*] da corsa; [*boat*] da competizione; [*fan, commentator*] delle corse; ~ ***stable*** scuderia (da corsa).

racing cyclist n. corridore m., ciclista m.

racing driver ❥ ***27*** n. pilota m. e f. (da corsa).

racism /ˈreɪsɪzəm/ n. razzismo m.

racist /ˈreɪsɪst/ **I** agg. razzista **II** n. razzista m. e f.

1.rack /ræk/ n. *(for plates)* scolapiatti m.; *(in dishwasher)* cestello m.; *(for bottles)* rastrelliera f. portabottiglie; *(for newspapers)* portariviste m.; *(on train)* portabagagli m., reticella f. portabagagli; *(for clothes)* attaccapanni m.; *(shelving)* scaffale m.; ***roof*** ~ *(on car)* portabagagli (sul tetto).

2.rack /ræk/ n. *(torture)* ruota f.; ***to put sb. on the*** ~ mettere qcn. alla ruota.

3.rack /ræk/ tr. mettere alla ruota, torturare; FIG. [*pain, guilt, fear*] tormentare ♦ ***to ~ one's brains*** scervellarsi.

4.rack /ræk/ n. GASTR. ~ ***of lamb*** carré d'agnello.

5.rack /ræk/ n. ***to go to ~ (and ruin)*** andare in rovina *o* malora.

rack-and-pinion /ˌrækəndˈpɪnɪən/ n. AUT. TECN. pignone m. e cremagliera f.

1.racket /ˈrækɪt/ n. SPORT racchetta f.

2.racket /ˈrækɪt/ n. **1** COLLOQ. *(noise)* baccano m., casino m.; ***to make a*** ~ fare chiasso **2** *(swindle)* imbroglio m. **3** *(illegal activity)* racket m.; ***the drugs*** ~ il racket della droga; ***he's in on the*** ~ COLLOQ. è del racket.

racketeer /ˌrækəˈtɪə(r)/ n. chi fa parte di un racket, malvivente m. e f.

racketeering /ˌrækəˈtɪərɪŋ/ n. racket m.

racking /ˈrækɪŋ/ agg. [*pain*] atroce, tremendo; [*sobs*] tormentoso, assillante.

racoon → **raccoon**.

racquet → **1.racket**.

racquetball /ˈrækɪtbɔːl/ ❥ ***10*** n. AE = sport simile allo squash giocato con una piccola palla dura.

racy /ˈreɪsɪ/ agg. **1** *(lively)* [*account, style*] vivido, vivace **2** *(risqué)* osé, audace.

radar /'reɪdɑ:(r)/ **I** n. radar m.; ***by ~*** con il radar **II** modif. [*operator, screen, station*] radar; ***~ beacon*** radiofaro a impulsi.
radar trap n. autovelox® m.; ***to get caught in a ~*** farsi beccare dall'autovelox.
raddled /'rædld/ agg. [*woman*] dal volto segnato; [*features*] segnato.
radial /'reɪdɪəl/ **I** agg. [*lines, roads*] radiale, a raggiera **II** n. (anche **~ tyre**) pneumatico m. radiale.
radiance /'reɪdɪəns/, **radiancy** /'reɪdɪənsɪ/ n. *(brightness)* radiosità f., splendore m.; *(softer)* chiarore m.; FIG. *(of beauty, smile)* splendore m., radiosità f.
radiant /'reɪdɪənt/ **I** agg. **1** *(shining)* raggiante, brillante **2** FIG. [*person, beauty, smile*] raggiante, radioso; ***to be ~ with*** essere raggiante di [*joy, health*] **3** FIS. radiante **II** n. ASTR. punto m. radiante.
radiantly /'reɪdɪəntlɪ/ avv. [*shine*] fulgidamente; [*smile*] in modo raggiante.
radiate /'reɪdɪeɪt/ **I** tr. **1** emanare, essere raggiante di [*health, happiness*]; diffondere, emanare [*confidence*] **2** FIS. irradiare [*heat*] **II** intr. **1** ***to ~ from*** [*confidence, happiness*] emanare da; [*roads*] irraggiarsi *o* partire a raggiera da **2** FIS. [*heat*] irradiarsi; [*light*] irraggiarsi, irradiarsi.
radiation /ˌreɪdɪ'eɪʃn/ **I** n. **U 1** MED. NUCL. radiazioni f.pl. **2** FIS. irradiazione f. **II** modif. [*level, leak*] di radiazioni; [*effects*] delle radiazioni.
radiation exposure n. esposizione f. alle radiazioni.
radiation sickness n. malattia f. da radiazioni.
radiation therapy n. radioterapia f.
radiator /'reɪdɪeɪtə(r)/ **I** n. **1** *(for heat)* radiatore m., termosifone m.; ***to turn up a ~*** alzare il radiatore *o* il riscaldamento **2** AUT. radiatore m. **II** modif. [*cap, thermostat, valve*] del radiatore.
radical /'rædɪkl/ **I** agg. POL. radicale **II** n. **1** POL. radicale m. e f. **2** CHIM. ***free ~s*** radicali liberi.
radicalism /'rædɪkəlɪzəm/ n. radicalismo m.
radii /'reɪdɪaɪ/ → **radius**.
1.radio /'reɪdɪəʊ/ **I** n. (pl. **~s**) **1** radio f.; ***on the ~*** alla radio **2** *(in telecommunications)* radio(telegrafia) f.; ***a message by ~*** un messaggio via radio **II** modif. [*contact, equipment, link*] radio; [*mast*] della radio; [*programme, journalist*] radiofonico; ***~ engineer*** radiotecnico; ***~ receiver*** radioricevitore; ***~ signal*** radiosegnale.
2.radio /'reɪdɪəʊ/ **I** tr. (3ª persona sing. pres. **~s**; pass., p.pass. **~ed**) ***to ~ sb. that*** dire *o* trasmettere via radio a qcn. che; ***to ~ sb. for sth.*** chiamare qcn. via radio per qcs. **II** intr. (3ª persona sing. pres. **~s**; pass., p.pass. **~ed**) ***to ~ for help*** chiedere aiuto via radio.
radioactive /ˌreɪdɪəʊ'æktɪv/ agg. radioattivo.
radioactivity /ˌreɪdɪəʊæk'tɪvətɪ/ n. radioattività f.
radio alarm (clock) n. radiosveglia f.
radio announcer ➧ ***27*** n. annunciatore m. (-trice) radiofonico (-a).
radio broadcast n. radiodiffusione f., radiotrasmissione f.
radio button n. INFORM. pulsante m. di opzione.
radio cab n. radiotaxi m.
radio car n. radiomobile f., autoradio f.
radiocarbon dating /ˌreɪdɪəʊkɑ:bən'deɪtɪŋ/ n. datazione f. con radiocarbonio.
radio cassette (recorder) n. radioregistratore m. (a cassette).
radio communication n. comunicazione f. via radio.
radio-controlled /ˌreɪdɪəʊkən'trəʊld/ agg. [*toy, boat*] radiocomandato; ***~ taxi*** radiotaxi.
radioecology /ˌreɪdɪəʊˌi:'kɒlədʒɪ/ n. radioecologia f.
radio frequency n. radiofrequenza f.
radiogoniometer /ˌreɪdɪəʊˌgəʊnɪ'ɒmɪθə(r)/ n. radiogoniometro m.
radiographer /ˌreɪdɪ'ɒgrəfə(r)/ ➧ ***27*** n. radiologo m. (-a).
radiography /ˌreɪdɪ'ɒgrəfɪ/ n. radiografia f.
radio ham n. COLLOQ. radioamatore m. (-trice).
radio interview n. intervista f. radiofonica, radiointervista f.
radiologist /ˌreɪdɪ'ɒlədʒɪst/ ➧ ***27*** n. radiologo m. (-a).
radiology /ˌreɪdɪ'ɒlədʒɪ/ **I** n. radiologia f. **II** modif. [*department*] di radiologia.
radio microphone, **radio mike** n. COLLOQ. radiomicrofono m.
radio-operator /'reɪdɪəʊˌɒpəreɪtə(r)/ ➧ ***27*** n. radiotelegrafista m. e f.
radio station n. *(channel)* stazione f. radiofonica; *(installation)* emittente f. radiofonica.
radiotelephone /ˌreɪdɪəʊ'telɪfəʊn/ n. radiotelefono m.
radiotherapist /ˌreɪdɪəʊθerəpɪst/ ➧ ***27*** n. radioterapista m. e f.
radiotherapy /ˌreɪdɪəʊθerəpɪ/ n. radioterapia f.
radio wave n. onda f. radio, radioonda f.
radish /'rædɪʃ/ n. ravanello m.
radium /'reɪdɪəm/ n. radio m.
radius /'reɪdɪəs/ n. (pl. **~es** o **-ii**) **1** MAT. raggio m. **2** *(distance)* raggio m.; ***within a 5 km ~ of here*** in un raggio di 5 km (da qui) **3** ANAT. radio m.
radon /'reɪdɒn/ n. radon m.
RAF n. GB (⇒ Royal Air Force Reale Aviazione Militare Inglese) RAF f.
raffia /'ræfɪə/ n. rafia f.
raffish /'ræfɪʃ/ agg. LETT. [*person, behaviour*] dissipato, dissoluto.
1.raffle /'ræfl/ n. riffa f., lotteria f.
2.raffle /'ræfl/ tr. (anche **~ off**) mettere [qcs.] in palio in una riffa.
raft /rɑ:ft, AE ræft/ n. **1** *(of logs)* zattera f.; *(inflatable lifeboat)* canotto m. di salvataggio **2** AE COLLOQ. *(lot)* ***~s*** o ***a ~ of*** un mucchio *o* casino di.
rafter /'rɑ:ftə(r), AE 'ræftə(r)/ n. ING. travetto m., travicello m.
rafting /'rɑ:ftɪŋ, AE 'ræftɪŋ/ n. rafting m.; ***to go ~*** fare rafting.
1.rag /ræg/ **I** n. **1** *(cloth)* brandello m., cencio m., straccio m.; ***a bit of ~*** uno straccio **2** COLLOQ. *(local newspaper)* giornale m. locale; SPREG. *(tabloid)* giornalaccio m., giornale m. di scarsa qualità **II rags** n.pl. *(old clothes)* stracci m., abiti m. vecchi; ***in ~s*** cencioso, vestito di stracci ♦ ***it's like a red ~ to a bull*** gli fa vedere rosso, lo fa andare in bestia; ***to feel like a wet ~*** sentirsi uno straccio; ***to go from ~s to riches*** passare dalle miseria alla ricchezza; ***to lose one's ~*** AE COLLOQ. uscire dai gangheri.
2.rag /ræg/ tr. (forma in -ing ecc. **-gg-**) COLLOQ. prendere in giro, punzecchiare [*person*].
ragamuffin /'rægəmʌfɪn/ n. **1** ANT. monello m., ragazzaccio m. di strada **2** MUS. ragamuffin m.
rag-and-bone man n. (pl. **rag-and-bone men**) BE ANT. COLLOQ. straccivendolo m.
ragbag /'rægbæg/ n. guazzabuglio m., confusione f.
1.rage /reɪdʒ/ n. **1** *(anger)* rabbia f., collera f.; *(fit of anger)* scatto m. di rabbia; ***to fly into a ~*** andare in collera **2** COLLOQ. *(fashion)* ***to be (all) the ~*** fare furore.
2.rage /reɪdʒ/ intr. **1** [*storm, battle*] infuriare (**across, through** in, per tutto il); [*debate*] scatenarsi (**over, about** su); [*person*] andare in collera, infuriarsi (**at, against** contro) **2** COLLOQ. *(party)* fare festa.
ragga /'rægə/ n. MUS. raga m.
ragged /'rægɪd/ agg. **1** *(tatty)* [*garment*] logoro, stracciato, a brandelli; [*cuff, collar*] sfilacciato; [*person*] cencioso **2** *(uneven)* [*lawn, hedgerow*] irregolare; [*beard*] ispido **3** *(motley)* [*group*] disparato, eterogeneo **4** *(in quality)* [*performance*] diseguale, discontinuo ♦ ***to run sb. ~*** COLLOQ. spompare qcn.
raging /'reɪdʒɪŋ/ agg. **1** [*passion, argument*] violento; [*thirst, pain*] terribile, atroce **2** [*blizzard, sea*] infuriato; ***there was a ~ storm*** infuriava la tempesta.
raglan /'ræglən/ agg. (alla) raglan.
ragout /'rægu:, AE ræ'gu:/ n. ragù m.
1.ragtag /'rægtæg/ agg. COLLOQ. SPREG. [*group*] organizzato alla meglio, indecoroso.
2.ragtag /'rægtæg/ n. ***the ~ and bobtail*** COLLOQ. la plebaglia.
rag trade n. COLLOQ. ***the ~*** l'industria dell'abbigliamento.
1.raid /reɪd/ n. **1** *(military)* raid m., incursione f. (**on** su); *(on bank)* assalto m., rapina f. (**on** a); *(on home)* furto m., svaligiamento m. (**on** di, in); *(by police, customs)* irruzione f. (**on** in) **2** ECON. *(on stock market)* scalata f. (**on** a).
2.raid /reɪd/ tr. **1** *(attack)* [*military*] fare un raid su [*town*]; [*robbers*] assaltare, rapinare [*bank*]; svaligiare [*house*]; [*police*] fare irruzione in [*pub, house*] **2** FIG. SCHERZ. depredare [*piggy bank*]; razziare, fare razzie in [*fridge*] **3** ECON. [*company*] intaccare [*reserves*].

raider /ˈreɪdə(r)/ n. **1** *(soldier)* soldato m. di un commando; *(thief)* razziatore m. (-trice), predone m. (-a); ***bank*** **~** rapinatore **2** ECON. raider m., scalatore m.

1.rail /reɪl/ **I** n. **1** *(in fence)* sbarra f.; *(on balcony)* balaustra f., ringhiera f.; *(on bridge, tower)* parapetto m.; *(handrail)* ringhiera f., corrimano m.; *(on ship)* parapetto m., sponda f. **2** *(in shop)* espositore m. **3** *(for curtains)* bastone m., bacchetta f. **4** FERR. rotaia f.; ***by*** **~** [*send*] su rotaia, per ferrovia **II rails** n.pl. EQUIT. steccato m.sing.; ***to come up on the ~s*** correre allo steccato **III** modif. [*network, traffic, transport*] ferroviario; [*journey, travel*] in treno; [*strike*] dei treni ♦ ***to go off the ~s*** uscire dai binari *o* di carreggiata.

2.rail /reɪl/ tr. munire di sbarre, di cancelli.

3.rail /reɪl/ intr. FORM. ***to ~ against*** o ***at*** inveire *o* scagliarsi contro [*injustice, politician*].

railcar /ˈreɪlkɑ:(r)/ n. automotrice f.

railcard /ˈreɪlkɑ:d/ n. BE = tessera d'abbonamento per studenti e pensionati che dà diritto a tariffe agevolate.

railhead /ˈreɪlhed/ n. stazione f. capolinea, stazione f. di testa.

railing /ˈreɪlɪŋ/ n. **1** (anche **~s**) *(in park, stadium)* inferriata f., grata f., cancellata f. **2** *(on wall)* corrimano m.; *(on tower)* parapetto m.; *(on balcony)* balaustra f., ringhiera f.

raillery /ˈreɪlərɪ/ n. LETT. motteggio m., presa f. in giro.

1.railroad /ˈreɪlrəʊd/ **I** n. AE **1** *(network)* ferrovia f. **2** (anche **~ track**) binario m. **3** *(company)* ferrovie f.pl. **II** modif. AE [*industry, link, accident*] ferroviario; [*tracks*] della ferrovia.

2.railroad /ˈreɪlrəʊd/ tr. COLLOQ. *(push)* ***to ~ sb. into doing*** forzare qcn. a fare; ***to ~ a bill through*** fare passare una legge in tutta fretta.

railroad car n. AE *(for goods)* vagone m.; *(for people)* vagone m., vettura f., carrozza f.

railway /ˈreɪlweɪ/ **I** n. BE **1** *(network)* ferrovia f.; ***to use the ~s*** viaggiare in *o* usare il treno **2** (anche **~ line**) linea f. ferroviaria; ***light*** **~** ferrovia vicinale, metropolitana leggera **3** (anche **~ track**) binario m. **4** *(company)* ferrovie f.pl. **II** modif. BE [*bridge*] ferroviario, della ferrovia; [*museum, link, tunnel, accident*] ferroviario.

railway carriage n. BE *(for goods)* vagone m.; *(for people)* vagone m., vettura f., carrozza f.

railway embankment n. BE massicciata f. della ferrovia.

railway engine n. BE locomotiva f.

railway junction n. BE nodo m. ferroviario.

railwayman /ˈreɪlweɪmən/ ♦ *27* n. (pl. **-men**) BE ferroviere m.

railway station n. BE stazione f. (ferroviaria).

1.rain /reɪn/ **I** n. pioggia f. (anche FIG.); ***the ~ stopped*** smise di piovere; ***in the*** **~** sotto la pioggia; ***it looks like*** **~** minaccia pioggia **II rains** n.pl. stagione f.sing. delle piogge ♦ ***come ~ or shine*** col bello e col cattivo tempo; ***to be (as) right as*** **~** BE [*person*] stare benissimo.

2.rain /reɪn/ **I** impers. piovere **II** tr. ***to ~ blows on sb.*** tempestare qcn. di colpi ♦ ***it never ~s but it pours*** piove sempre sul bagnato, le disgrazie non vengono mai sole.

▪ **rain off** BE, **rain out** AE ***to be ~ed off*** *(cancelled)* essere rinviato per la pioggia; *(stopped)* essere sospeso a causa della pioggia.

rainbow /ˈreɪnbəʊ/ n. arcobaleno m. (anche FIG.) ♦ ***at the ~'s end*** nel mondo dei sogni.

rain check n. AE SPORT = biglietto che permette di assistere a un incontro di recupero nel caso in cui la prima partita sia rinviata per pioggia ♦ ***"can I invite you to lunch?" - "no, thank you, but I'll take a ~ on it"*** "posso invitarti a pranzo?" - "no, grazie, ma tengo buono l'invito per un'altra volta".

raincoat /ˈreɪnkəʊt/ n. impermeabile m.

raindrop /ˈreɪndrɒp/ n. goccia f. di pioggia.

rainfall /ˈreɪnfɔ:l/ n. livello m. delle precipitazioni; ***50 cm of*** **~** 50 cm di pioggia; ***heavy, low*** **~** abbondanti, deboli precipitazioni.

rain forest n. foresta f. pluviale, foresta f. tropicale.

rain gauge n. pluviometro m.

rainstorm /ˈreɪnstɔ:m/ n. temporale m.

rainwater /ˈreɪnwɔ:tə(r)/ n. acqua f. piovana.

rainy /ˈreɪnɪ/ agg. [*afternoon, climate*] piovoso; [*day*] piovoso, di pioggia; [*season*] delle piogge ♦ ***to keep*** o ***save something for a ~ day*** risparmiare per i tempi difficili.

1.raise /reɪz/ n. **1** AE *(pay rise)* aumento m. **2** GIOC. *(in poker)* rilancio m.

2.raise /reɪz/ **I** tr. **1** *(lift)* alzare [*baton, barrier, curtain*]; issare [*flag*]; sollevare, alzare, tirare su [*box, lid*]; aprire [*trapdoor*]; recuperare [*sunken ship*]; ***to ~ one's hand*** alzare la mano; ***he ~d the glass to his lips*** portò il bicchiere alle labbra; ***to ~ a glass to sb.*** brindare a qcn.; ***to ~ one's hat to sb.*** togliersi il cappello *o* scappellarsi per salutare qcn.; ***I've never ~d a hand to my children*** non ho mai alzato le mani sui miei figli; ***to ~ an eyebrow*** alzare le sopracciglia; ***nobody ~d an eyebrow at my suggestion*** FIG. il mio suggerimento non ha suscitato reazioni *o* clamore; ***to ~ sb. from the dead*** risuscitare qcn. **2** *(place upright)* rizzare [*mast*]; fare alzare [*patient*] **3** *(increase)* aumentare [*price, offer, salary*]; alzare [*volume*]; innalzare, migliorare [*standard*]; innalzare [*age limit*]; alimentare [*hopes*]; ***to ~ sb.'s awareness of*** sensibilizzare qcn. a; ***to ~ one's voice*** *(to be heard)* parlare più forte; *(in anger)* alzare la voce; ***to ~ the temperature*** aumentare la temperatura; FIG. fare salire la tensione **4** *(cause)* fare nascere, suscitare [*doubts, fears*]; provocare [*storm of protest*]; ***to ~ a cheer*** [*speech*] essere accolto con grida di approvazione; ***to ~ a laugh*** [*joke*] fare ridere **5** *(mention)* sollevare [*objection, problem*] **6** *(breed)* allevare [*livestock*]; *(bring up)* tirare su [*child, family*]; ***to be ~d (as) an atheist*** avere *o* ricevere un'educazione atea **7** *(find)* trovare [*capital, money*] **8** *(form)* radunare [*army*]; formare [*team*] **9** *(collect)* riscuotere [*tax*]; ottenere [*support*]; raccogliere [*money*]; ***the money ~d from the concert...*** il ricavato del concerto... **10** *(erect)* erigere [*monument*] (**to sb.** in onore di qcn.) **11** *(end)* togliere [*ban*] **12** *(contact)* contattare [*person*] **13** *(give)* ***to ~ the alarm*** dare l'allarme (anche FIG.) **14** *(improve)* ***to ~ the tone*** alzare il tono; FIG. alzare il livello; ***to ~ sb.'s spirits*** sollevare il morale a qcn. **15** *(increase the stake)* ***I'll ~ you 200 dollars!*** rilancio di 200 dollari! ***to ~ the bidding*** *(in gambling)* aumentare la posta; *(at auction)* fare un'offerta più alta **16** MAT. ***to ~ to the power (of) three*** elevare alla terza (potenza) **II** rifl. ***to ~ oneself*** alzarsi.

raised /reɪzd/ **I** p.pass. → **2.raise II** agg. [*platform, jetty*] sopraelevato; ***I heard ~ voices*** ho sentito delle grida.

raisin /ˈreɪzn/ n. uva f. passa, uvetta f.

Raj /rɑ:dʒ/ n. GB STOR. ***the*** **~** = il dominio dell'impero britannico nelle Indie.

rajah /ˈrɑ:dʒə/ n. ragià m.

1.rake /reɪk/ n. *(tool)* rastrello m.; *(in casino)* rastrello m. (del croupier).

2.rake /reɪk/ **I** tr. **1** AGR. rastrellare **2** *(scan)* [*soldier*] setacciare, rastrellare [*ground*]; [*beam*] solcare [*sky*] **3** *(fire)* [*gun*] sparare a raffica su [*enemy*] **II** intr. ***to ~ among*** o ***through*** frugare *o* rovistare tra [*papers*].

▪ **rake about**, **rake around** cercare attentamente.

▪ **rake in** COLLOQ. **~ in [sth.]** intascare [*money*]; ***he's raking it in!*** sta facendo soldi a palate!

▪ **rake over: ~ over [sth.]** rastrellare [*soil*]; FIG. rivangare [*memories*].

▪ **rake up: ~ up [sth.], ~ [sth.] up** rastrellare [*leaves*]; FIG. suscitare [*grievance*]; rivangare [*past*].

3.rake /reɪk/ n. *(libertine)* libertino m.

4.rake /reɪk/ n. *(angle)* angolo m. di inclinazione.

rake-off /ˈreɪkɒf/ n. COLLOQ. *(legal, illicit)* percentuale f.

rakish /ˈreɪkɪʃ/ agg. **1** *(dissolute)* libertino **2** *(jaunty)* disinvolto, sbarazzino; ***at a ~ angle*** [*hat*] sulle ventitré.

1.rally /ˈrælɪ/ **I** n. **1** *(meeting)* raduno m., manifestazione f. **2** *(car race)* rally m. **3** *(in tennis)* scambio m., serie f. di passaggi **4** *(recovery)* miglioramento m., recupero m.; ECON. ripresa f. **II** modif. [*car*] da rally; [*circuit, driver*] di rally.

2.rally /ˈrælɪ/ **I** tr. radunare [*troops*]; raccogliere [*support*]; ***to ~ to his side*** portare dalla propria [*public opinion*] **II** intr. **1** *(come together)* [*people*] radunarsi; ***to ~ to the defence of*** stringersi in difesa di **2** *(recover)* [*dollar*] essere in ripresa; [*patient*] ristabilirsi; [*sportsperson*] rimettersi in forma.

▪ **rally around, rally round: ~ round** [*supporters*] radunarsi; **~ round [sb.]** stringersi intorno a [*person*].

rallying call, rallying cry n. **1** *(slogan)* slogan m., motto m. **2** *(call for support)* chiamata f. a raccolta.

rallying point n. punto m. di raccolta; FIG. punto m. di convergenza.

Ralph /rælf/ n.pr. Rodolfo.
1.ram /ræm/ n. **1** ZOOL. MIL. ariete m. **2** ASTROL. ***the Ram*** l'Ariete **3** EDIL. *(of pile driver)* mazza f. battente; TECN. *(plunger)* pistone m.
2.ram /ræm/ **I** tr. (forma in -ing ecc. **-mm-**) **1** *(crash into)* sbattere contro, cozzare contro [*car, boat*] **2** *(push)* ficcare [*fist, object*] (**into** in) **II** intr. (forma in -ing ecc. **-mm-**) ***to ~ into sth.*** andare a sbattere contro qcs.
▪ **ram down:** ***~ [sth.] down, ~ down [sth.]*** pigiare, schiacciare.
▪ **ram home:** ***~ [sth.] home, ~ home [sth.]*** mandare a segno [*ball, fist*]; FIG. fare entrare in testa [*message, point*].
RAM /ræm/ n. (⇒ random access memory memoria ad accesso casuale) RAM f.
1.ramble /'ræmbl/ n. *(planned)* camminata f., escursione f.; *(casual)* passeggiata f. (senza meta).
2.ramble /'ræmbl/ intr. **1** *(walk)* fare una camminata, una passeggiata **2** *(grow)* [*vine*] crescere arrampicandosi.
▪ **ramble on** *(talk)* divagare.
rambler /'ræmblə(r)/ n. **1** *(hiker)* chi fa gite a piedi, escursionista m. e f. **2** BOT. pianta f. rampicante.
rambling /'ræmblɪŋ/ **I** n. (il) fare gite a piedi, escursionismo m. **II** agg. **1** [*house*] a struttura irregolare **2** [*talk, article*] sconclusionato, incoerente **3** BOT. rampicante.
ramification /,ræmɪfɪ'keɪʃn/ n. ramificazione f.
ramify /'ræmɪfaɪ/ intr. ramificarsi.
ramp /ræmp/ n. **1** rampa f.; *(for wheelchair)* rampa f. di accesso **2** BE *(in roadworks)* dosso m.; *(to slow traffic)* dosso m. artificiale **3** AUT. TECN. (ponte) sollevatore m.; ***hydraulic ~*** ponte sollevatore idraulico **4** AER. scaletta f. **5** AE AUT. *(on, off highway)* bretella f.
1.rampage /'ræmpeɪdʒ/ n. ***to be*** o ***go on the ~*** andare su tutte le furie.
2.rampage /ræm'peɪdʒ/ intr. scatenarsi (**through** in).
rampant /'ræmpənt/ agg. **1** [*crime*] dilagante; [*disease*] che imperversa, imperversante **2** [*plant*] rigoglioso **3** ARALD. rampante.
rampart /'ræmpɑ:t/ n. bastione m., baluardo m. (anche FIG.).
ramrod /'ræmrɒd/ n. *(for small gun)* bacchetta f. ♦ ***straight as a ~*** dritto come un fuso.
Ramses /'ræmsi:z/ n.pr. Ramsete.
ramshackle /'ræmʃækl/ agg. [*building*] sul punto di crollare; [*vehicle*] sgangherato; FIG. [*system*] traballante.
ran /ræn/ pass. → **2.run**.
ranch /rɑ:ntʃ, AE ræntʃ/ n. ranch m.
rancher /'rɑ:ntʃə(r), AE 'ræntʃə(r)/ n. *(manager)* proprietario m. (-a) di un ranch; *(worker)* persona f. che lavora in un ranch.
rancid /'rænsɪd/ agg. rancido; ***to go ~*** diventare rancido, irrancidire.
rancorous /'ræŋkərəs/ agg. rancoroso, che serba rancore.
rancour BE, **rancor** AE /'ræŋkə(r)/ n. rancore m., risentimento m.
Randolph /'rændɒlf/ n.pr. Randolfo.
random /'rændəm/ **I** agg. casuale **II** n. ***at ~*** a caso.
randomly /'rændəmlɪ/ avv. in modo casuale, casualmente.
randomness /'rændəmnɪs/ n. (l')essere casuale, casualità f.
randy /'rændɪ/ agg. COLLOQ. *(highly-sexed)* assatanato; *(sexually excited)* arrapato, allupato.
rang /ræŋ/ pass → **4.ring**.
1.range /reɪndʒ/ n. **1** *(of colours, products)* gamma f., assortimento m., scelta f.; *(of prices)* gamma f.; *(of activities, options)* serie f.; ***a top of the ~ computer*** un modello di punta di computer **2** *(of people, abilities, issues, assumptions)* serie f.; *(of beliefs)* varietà f.; *(of emotions)* gamma f.; ***salary ~, age ~*** fascia retributiva, d'età; ***in the £50-£70 ~*** tra le 50 e le 70 sterline; ***what is your price ~?*** quanto vorrebbe spendere? ***a wide ~ of interests*** un'ampia sfera di interessi; ***a wide ~ of opinions*** opinioni molteplici **3** *(scope) (of influence, knowledge)* sfera f., campo m.; *(of investigation, research)* campo m., area f. **4** *(of radar, transmitter)* portata f.; *(of weapon)* portata f., gittata f. **5** AUT. AER. autonomia f. **6** AE *(prairie)* prateria f.; ***on the ~*** al pascolo **7** *(of mountains)* catena f. **8** AE *(stove) (wood)* fornello m.; *(gas, electric)* cucina f. **9** *(firing area) (for weapons)* poligono m. (di tiro); *(for missiles)* poligono m. sperimentale **10** TEATR. *(of actor)* repertorio m. **11** MUS. *(of voice, instrument)* estensione f.
2.range /reɪndʒ/ **I** tr. *(set)* mettere, disporre; *(draw up)* schierare [*troops*] **II** intr. **1** *(vary)* andare (**from** da; **to** a); [*temperatures*] variare, oscillare; ***to ~ over sth.*** [*speech*] coprire, toccare [*subjects*] **2** *(roam, wander)* errare.
rangefinder /'reɪndʒ,faɪndə(r)/ n. telemetro m.
ranger /'reɪndʒə(r)/ ➧ ***27*** n. **1** guardia f. forestale **2** AE MIL. ranger m.
rangy /'reɪndʒɪ/ agg. slanciato, dalle gambe lunghe.
1.rank /ræŋk/ **I** n. **1** ➧ ***23*** *(in military, police)* grado m.; *(in company, politics)* grado m., livello m.; *(social status)* ceto m. (sociale), rango m.; ***to pull ~*** far pesare il proprio grado *o* la propria autorità **2** *(line) (of people)* fila f., riga f.; *(of objects)* fila f.; ***to break ~s*** [*soldiers*] rompere le file; FIG. [*politician*] uscire dai ranghi; ***to close ~s*** serrare le file *o* i ranghi (anche FIG.) **3** BE *(for taxis)* posteggio m.; ***taxi ~*** stazione di taxi **II ranks** n.pl. MIL. truppa f.sing.; POL. base f.sing.; ***to join the ~s of the unemployed*** andare a ingrossare le file dei disoccupati; ***to rise through the ~s*** FIG. venire dalla gavetta.
2.rank /ræŋk/ **I** tr. **1** *(classify)* reputare, considerare [*player, novel, restaurant*] (**among** tra; **above** superiore a; **below** inferiore a) **2** AE *(be senior to)* [*officer, colleague*] avere un grado più elevato di [*person*] **II** intr. **1** *(rate)* collocarsi, classificarsi; ***to ~ as a great composer*** essere considerato un grande compositore; ***to ~ among the champions*** essere considerato un campione; ***to ~ alongside, below sb.*** essere uguale a, venire dopo qcn. (per grado, importanza) **2** AE MIL. *(be most senior)* [*admiral*] avere il grado più alto.
3.rank /ræŋk/ agg. **1** *(absolute)* [*beginner*] vero e proprio; [*injustice*] bell'e buono; [*stupidity*] totale **2** *(foul)* [*odour*] sgradevole, cattivo **3** *(exuberant)* [*ivy, weeds*] rigoglioso.
rank and file I n. + verbo sing. o pl. MIL. truppa f.; POL. base f. **II rank-and-file** modif. [*opinion, member*] della base.
ranking /'ræŋkɪŋ/ **I** n. SPORT classifica f., ranking m.; ***to improve one's ~*** salire *o* guadagnare posizioni in classifica **II -ranking** agg. in composti ***high-, low-~*** di alto, basso rango.
rankle /'ræŋkl/ intr. ***her behaviour still ~s with me*** il suo comportamento mi fa ancora stare male.
ransack /'rænsæk/ tr. **1** *(search)* rovistare [*drawer*] **2** *(plunder)* svaligiare [*house*].
1.ransom /'rænsəm/ n. riscatto m.; ***to hold sb. to*** BE o ***for*** AE ~ tenere qcn. in ostaggio; FIG. ricattare qcn. ♦ ***a king's ~*** una cifra esorbitante, un mucchio di soldi.
2.ransom /'rænsəm/ tr. riscattare [*prisoner, property*].
rant /rænt/ intr. declamare ♦ ***to ~ and rave*** fare una sfuriata (**at** a), inveire (**at** contro).
ranting /'ræntɪŋ/ n. (anche **~s**) tirate f.pl.
1.rap /ræp/ **I** n. **1** *(tap)* colpo m. secco, colpetto m. **2** MUS. (anche **~ music**) rap m. **3** AE COLLOQ. *(conversation)* chiacchierata f. **4** COLLOQ. *(accusation)* accusa f.; ***to take the ~*** prendersi la colpa (**for** di); ***to beat the ~*** farla franca **II** modif. MUS. [*artist, record*] rap.
2.rap /ræp/ **I** tr. (forma in -ing ecc. **-pp-**) *(tap)* colpire (leggermente) **II** intr. (forma in -ing ecc. **-pp-**) **1** *(tap)* dare dei colpetti; ***to ~ at the door*** bussare alla porta **2** MUS. fare rap **3** AE COLLOQ. *(talk)* chiacchierare, fare quattro chiacchiere.
▪ **rap out:** ***~ out [sth.]*** lanciare [*order*].
rapacious /rə'peɪʃəs/ agg. [*bird*] rapace; [*person*] avido.
rapacity /rə'pæsətɪ/ n. *(of animals)* rapacità f.; *(of people)* avidità f.
1.rape /reɪp/ **I** n. DIR. stupro m., violenza f. carnale **II** modif. DIR. [*case, charge*] di stupro; [*victim*] di violenza carnale.
2.rape /reɪp/ tr. violentare, stuprare.
3.rape /reɪp/ n. AGR. BOT. colza f.
rapeseed /'reɪpsi:d/ n. seme m. di colza.
Raphael /'ræfeɪəl/ n.pr. Raffaele, Raffaello.
rapid /'ræpɪd/ agg. rapido.
rapid deployment force n. MIL. forza f. di pronto intervento.
rapid eye movement n. rapidi movimenti m.pl. oculari.
rapidity /rə'pɪdətɪ/ n. rapidità f.
rapidly /'ræpɪdlɪ/ avv. rapidamente.
rapids /'ræpɪdz/ n.pl. rapide f.
rapid transit n. AE = sistema di trasporti pubblici che sfrutta mezzi rapidi come la metropolitana o la ferrovia sopraelevata.
rapier /'reɪpɪə(r)/ n. stocco m.

rapier thrust n. stoccata f.

rapist /ˈreɪpɪst/ n. violentatore m., stupratore m.

rapper /ˈræpə(r)/ n. **1** MUS. rapper m. e f. **2** AE *(door-knocker)* batacchio m.

rapport /ræˈpɔː(r), AE -ˈpɔːrt/ n. buoni rapporti m.pl., feeling m.; ***in ~ with*** in rapporti amichevoli con.

rapprochement /ræˈprɒʃmɒŋ, ræˈprəʊʃ-, AE ˌræprəʊʃˈmɒŋ/ n. riavvicinamento m., riconciliazione f.

rapt /ræpt/ agg. assorto; [*smile*] estasiato; ***to watch with ~ attention*** guardare *o* osservare rapito.

raptorial /ræpˈtɔːrɪəl/ agg. ZOOL. rapace.

rapture /ˈræptʃə(r)/ n. rapimento m. (estatico), estasi f.; ***to go into ~s over*** o ***about sth.*** andare in estasi per qcs.

rapturous /ˈræptʃərəs/ agg. [*delight*] estatico; [*welcome*] caloroso; [*applause*] frenetico.

1.rare /reə(r)/ agg. **1** *(uncommon)* raro, insolito **2** [*atmosphere, air*] rarefatto **3** *(wonderful)* straordinario; ***to have a ~ old time*** divertirsi molto.

2.rare /reə(r)/ agg. [*steak*] al sangue; ***I like it very ~*** mi piace poco cotto.

rarebit /ˈreəbɪt/ n. → **Welsh rarebit**.

rarefaction /reərɪˈfækʃn/ n. rarefazione f.

rarefied /ˈreərɪfaɪd/ agg. [*atmosphere*] rarefatto; FIG. [*circle*] esclusivo, raffinato.

rarely /ˈreəlɪ/ avv. raramente, di rado.

raring /ˈreərɪŋ/ agg. COLLOQ. ***to be ~ to do*** essere impaziente *o* non vedere l'ora di fare.

rarity /ˈreərətɪ/ n. **1** *(collector's item)* pezzo m. raro, rarità f. **2** *(rare occurrence)* fenomeno m. raro **3** *(rareness)* rarità f.

rascal /ˈrɑːskl, AE ˈræskl/ n. **1** *(used affectionately)* birbante m. **2** *(reprobate)* furfante m., mascalzone m.

1.rash /ræʃ/ n. **1** *(on skin)* eruzione f. cutanea, sfogo m. **2** FIG. ***a ~ of strikes*** un'ondata di scioperi.

2.rash /ræʃ/ agg. [*person, decision*] avventato; ***it was ~ to do*** è stata un'imprudenza fare.

rasher /ˈræʃə(r)/ n. *(of bacon)* fetta f.

rashly /ˈræʃlɪ/ avv. avventatamente.

rashness /ˈræʃnɪs/ n. avventatezza f.

1.rasp /rɑːsp, AE ræsp/ n. **1** *(of saw, voice)* stridore m., suono m. aspro **2** *(file)* raspa f.

2.rasp /rɑːsp, AE ræsp/ **I** tr. *(rub)* raspare **II** intr. [*saw*] stridere.

raspberry /ˈrɑːzbrɪ, AE ˈræzberɪ/ **I** n. **1** *(fruit)* lampone m. **2** COLLOQ. *(noise)* ***to blow a ~*** fare una pernacchia **II** modif. [*ice cream*] al lampone; [*jam, tart*] di lamponi; ***~ cane*** (pianta del) lampone.

rasping /ˈrɑːspɪŋ, AE ˈræs-/ agg. [*voice, sound*] stridulo, stridente.

Rastafarian /ˌræstəˈfeərɪən/ **I** n. rastafariano m. (-a) **II** agg. rastafariano.

1.rat /ræt/ **I** n. **1** ratto m. **2** COLLOQ. SPREG. *(person)* verme m. **3** AE *(informer)* spia f. **II** modif. [*poison, trap*] per topi; ***~ race*** COLLOQ. SPREG. corsa al successo **III rats** inter. maledizione ♦ ***to look like a drowned ~*** essere bagnato come un pulcino; ***to smell a ~*** sentire puzza di bruciato.

2.rat /ræt/ intr. (forma in -ing ecc. **-tt-**) COLLOQ. ***to ~ on*** fare la spia a, tradire [*person*]; tirarsi indietro da [*deal*].

ratable AE → **rateable**.

rat-a-tat /ˌrætəˈtæt/ → **rat-tat-tat**.

ratchet /ˈrætʃɪt/ n. *(toothed rack)* dente m. di arresto; *(wheel)* ruota f. di arpionismo; *(tooth)* nottolino m.

1.rate /reɪt/ **I** n. **1** *(speed)* ritmo m., velocità f.; ***at a ~ of 50 an hour*** ai 50 all'ora; ***at a terrific ~*** [*drive*] a tutta velocità; [*work*] a ritmo indiavolato; ***at this ~ we'll never be able to afford a car*** FIG. di questo passo non potremo mai permetterci un'auto **2** *(number of occurrences)* tasso m., percentuale f.; ***birth ~*** tasso di natalità; ***the failure ~ is 4%*** la percentuale dei bocciati è del 4% **3** *(level)* ***the interest ~*** il tasso di interesse; ***the ~ of inflation*** il tasso di inflazione **4** *(charge)* tariffa f., costo m.; *(wage)* tariffa f.; ***postal ~s*** tariffe postali; ***to get a reduced ~*** beneficiare di una tariffa ridotta; ***the going ~ for a babysitter*** la tariffa attuale di una babysitter; ***what is your hourly ~ of pay?*** quanto sei pagato all'ora? **5** ECON. *(in foreign exchange)* corso m. **II rates** n.pl. BE imposta f.sing. locale, comunale; ***business ~s*** = imposta sugli immobili adibiti a uso commerciale e/o industriale ♦ ***at any ~*** in ogni caso, a ogni modo.

2.rate /reɪt/ **I** tr. **1** *(classify)* ***I ~ his novel very highl[y]*** apprezzo moltissimo il suo romanzo; ***how do you ~ th[is] restaurant?*** che cosa pensi di questo ristorante? ***to ~ sb. as [a] great composer*** considerare qcn. un grande compositore; ***to ~ sb. among the best pianists*** annoverare qcn. tra i miglio[ri] pianisti; ***highly ~d*** molto quotato **2** *(deserve)* meritare [*meda[l], round of applause*] **3** *(value)* ammirare, stimare [*person, hon[esty]*]; tenere in grande considerazione [*friendship*] **II** int[r.] *(rank)* ***she ~s among the best sopranos in Europe*** [è] annoverata tra i migliori soprani d'Europa **III** rifl. ***how d[o] you ~ yourself as a driver?*** come pensi di guidare? ***he does[n't] ~ himself very highly*** non ha una grande considerazione d[i] se stesso.

rateable BE, **ratable** AE /ˈreɪtəbl/ agg. [*property*] tassabile[,] soggetto a tassazione; ***~ value*** BE valore imponibile.

rate-capping /ˈreɪtkæpɪŋ/ n. BE POL. ECON. = imposizion[e] da parte del governo centrale di un tetto di spesa e di un limit[e] alle imposte che gli enti locali possono riscuotere.

ratepayer /ˈreɪtˌpeɪə(r)/ n. BE contribuente m. e f.

rather /ˈrɑːðə(r), AE ˈræ-/ avv. **1** *(somewhat)* piuttosto, abba[stanza]; ***it's ~ like an apple*** è abbastanza simile a una mela; ***I ~ like him*** mi sta abbastanza simpatico, mi piace abbastanza; ***I ~ think he's right*** ho l'impressione che abbia ragione; ***it's ~ [a] pity*** è proprio un peccato; ***it's ~ too, more difficult*** è un po['] troppo, più difficile **2** *(preferably)* ***~ than sth., do*** piuttosto che qcs., che fare; ***I would (much) ~ do*** preferirei (di gra[n] lunga) fare (**than do** piuttosto che fare); ***would you ~ wait[?]*** preferireste aspettare? ***I'd ~ die!*** preferirei morire! ***I'd ~ no[t]*** preferirei di no **3** *(more exactly)* anzi; ***a tree, or ~ a bush*** u[n] albero, anzi un cespuglio; ***practical ~ than decorative*** pratic[o] più che decorativo.

ratification /ˌrætɪfɪˈkeɪʃn/ n. ratifica f.

ratify /ˈrætɪfaɪ/ tr. ratificare, sanzionare.

rating /ˈreɪtɪŋ/ **I** n. **1** *(score)* valutazione f., posizione f. **2** ECON. *(status)* rating m., valutazione f. (del livello di affidabilità); ***share ~*** valutazione dei titoli azionari **3** BE *(local ta[x] due)* imposta f. locale; *(valuation for local tax)* imponibile m. **4** BE MIL. MAR. marinaio m. semplice **II ratings** n.pl. TELEV. RAD. indice m.sing. d'ascolto, audience f.sing., rating m.sing.

rating system n. BE = ripartizione delle imposte locali.

ratio /ˈreɪʃɪəʊ/ n. (pl. **~s**) rapporto m.; ***the pupil to teacher ~ i[s]*** numero di allievi per insegnante; ***the ~ of men to women is two to five*** ci sono due uomini ogni cinque donne; ***in direct[,] inverse ~ to*** direttamente, inversamente proporzionale a; ***in [a] ~ by a ~ of 60:40*** in proporzione di 60 a 40.

1.ration /ˈræʃn, AE ˈreɪʃn/ n. **1** *(of food, petrol)* razione f. **2** FIG. *(of problems)* razione f.; *(of TV, music)* dose f.

2.ration /ˈræʃn, AE ˈreɪʃn/ tr. razionare [*food, petrol*]; limitar[e] la razione di [*person*].

rational /ˈræʃənl/ agg. [*approach, argument*] razionale; [*person*] sensato, ragionevole; FILOS. [*being*] razionale, provvist[o] di ragione.

rationale /ˌræʃəˈnɑːl, AE -ˈnæl/ n. **1** *(reasons)* ragioni f.pl. (effettive) (**for** di; **for doing** per fare) **2** *(logic)* giustificazion[e] f. logica, spiegazione f. logica (**behind** che sta dietro a).

rationalism /ˈræʃnəlɪzəm/ n. razionalismo m.

rationalist /ˈræʃnəlɪst/ **I** agg. razionalista **II** n. razionalista m. e f.

rationalization /ˌræʃnəlaɪˈzeɪʃn, AE -lɪˈz-/ n. **1** *(justification)* giustificazione f., spiegazione f. razionale (**for** di) **2** BE ECON. *(of operation, company)* razionalizzazione f.

rationalize /ˈræʃnəlaɪz/ tr. **1** *(justify)* giustificare **2** BE ECON. razionalizzare [*operation, company*].

rationally /ˈræʃnəlɪ/ avv. razionalmente, ragionevolmente.

rationing /ˈræʃnɪŋ, AE ˈreɪʃnɪŋ/ n. razionamento m.

rattan /rəˈtæn/ n. *(tree)* canna f. d'India; *(material)* rattan m.

rat-tat-tat /ˌrættætˈtæt/ n. toc-toc m.

1.rattle /ˈrætl/ n. **1** *(noise)* *(of bottles, cutlery)* tintinnio m.; *(of chains)* sferragliamento m.; *(of door)* (lo) sbatacchiare; *(o[f] engine, bodywork)* rumore m. di ferraglia; *(of rattlesnake)* = rumore prodotto dagli anelli della coda; *(of gun)* crepitio m. **2** *(toy)* *(of baby)* sonaglio m.; *(of sports fan)* raganella f. **3** *(rattlesnake's tail)* sonaglio m.

2.rattle /ˈrætl/ **I** tr. **1** *(shake)* [*person*] fare tintinnare [*bottles, cutlery*]; fare sferragliare [*chains*]; scuotere [*door handle*] [*wind*] fare sbatacchiare [*door*] **2** COLLOQ. *(annoy)* innervosire [*person*] **II** intr. [*bottles, cutlery*] tintinnare; [*chains*] sferragliare; [*doors*] sbatacchiare; ***the car ~d along*** l'automobile procedeva rumorosamente ♦ ***to shake sb. until his, her teeth*** ~ scuotere *o* scrollare violentemente qcn.

▪ **rattle away** COLLOQ. → **rattle on.**

▪ **rattle off** COLLOQ. ~ **off [sth.]** *(recite)* snocciolare.

▪ **rattle on** COLLOQ. parlare di continuo.

rattlesnake /ˈrætlsneɪk/ n. serpente m. a sonagli, crotalo m.

rattling /ˈrætlɪŋ/ **I** n. *(noise)* → **1.rattle II** agg. *(vibrating)* [*door*] che sbatacchia; [*chain*] sferragliante **III** avv. ~ ***good*** COLLOQ. [*book, meal*] ottimo.

ratty /ˈrætɪ/ agg. COLLOQ. **1** BE *(grumpy)* [*character*] permaloso, irritabile **2** AE *(shabby)* frusto, logoro **3** AE *(tangled)* [*hair*] arruffato.

raucous /ˈrɔːkəs/ agg. [*laughter*] rauco, roco; [*person*] rumoroso, turbolento.

raucously /ˈrɔːkəslɪ/ avv. [*call*] con voce rauca, cupa.

raunchy /ˈrɔːntʃɪ/ agg. COLLOQ. **1** *(earthy)* [*performer, voice, song*] grossolano, rozzo; [*story*] piccante **2** AE *(bawdy)* volgare, licenzioso.

ravage /ˈrævɪdʒ/ tr. devastare (anche FIG.).

ravages /ˈrævɪdʒɪz/ n.pl. danni m. (**of** di, provocati da).

1.rave /reɪv/ **I** n. COLLOQ. (anche ~ **party**) rave m., festa f. rave **II** agg. COLLOQ. [*review*] entusiastico.

2.rave /reɪv/ intr. **1** *(enthusiastically)* parlare entusiasticamente **2** *(angrily)* gridare, inveire (**at, against** contro); *(when fevered)* delirare (anche FIG.).

raven /ˈreɪvn/ n. corvo m. (imperiale).

raven-haired /ˌreɪvnˈheəd/ agg. dai capelli corvini.

ravenous /ˈrævənəs/ agg. [*animal*] vorace, famelico; [*appetite*] feroce; ***to be*** ~ avere una fame da lupi.

ravenously /ˈrævənəslɪ/ avv. [*eat*] voracemente, con voracità; [*look*] avidamente.

rave-up /ˈreɪvʌp/ n. BE COLLOQ. festa f. scatenata.

ravine /rəˈviːn/ n. *(gorge)* gola f., burrone m.

raving /ˈreɪvɪŋ/ **I ravings** n.pl. delirio m.sing., vaneggiamenti m. **II** agg. **1** *(delirious)* delirante, furioso; ***a ~ idiot*** o ***lunatic*** un pazzo furioso **2** COLLOQ. *(tremendous)* [*success*] pazzesco, straordinario; ***she's a ~ beauty*** è uno schianto ♦ ***(stark) ~ mad*** COLLOQ. matto da legare, fuori di testa.

ravioli /ˌrævɪˈəʊlɪ/ n.pl. ravioli m.

ravish /ˈrævɪʃ/ tr. LETT. *(delight)* rapire, incantare, affascinare.

ravishing /ˈrævɪʃɪŋ/ agg. incantevole, affascinante.

raw /rɔː/ **I** agg. **1** *(uncooked)* [*food*] crudo **2** *(unprocessed)* [*rubber, silk*] greggio; [*sugar*] non raffinato; [*sewage*] non trattato **3** *(without skin)* [*part of body, patch*] scorticato, a nudo **4** *(cold)* [*weather, wind, air*] freddo e umido **5** *(inexperienced)* [*recruit, youngster*] inesperto, alle prime armi **6** *(realistic)* [*description*] crudo, realistico **7** *(undisguised)* [*energy*] puro, vero **8** AE *(vulgar)* osceno **II** n. ***in the*** ~ BE allo stato grezzo *o* naturale; COLLOQ. *(naked)* nudo; ***life in the*** ~ la vita secondo la natura *o* lontana dalla civiltà; ***to get sb. on the*** ~ BE toccare qcn. sul vivo; ***to touch a ~ nerve*** toccare un nervo scoperto.

rawboned /ˌrɔːˈbəʊnd/ agg. scarno, ossuto.

rawhide /ˈrɔːhaɪd/ n. cuoio m. greggio.

raw material n. materie f.pl. prime; FIG. materia f. prima.

1.ray /reɪ/ n. *(beam)* raggio m.; ~ ***gun*** pistola a raggi; ***a ~ of hope*** FIG. un raggio di speranza.

2.ray /reɪ/ n. *(fish)* razza f.

Raymond /ˈreɪmənd/ n.pr. Raimondo.

rayon /ˈreɪɒn/ n. *(artificial)* raion® m.; *(natural)* viscosa f.

raze /reɪz/ tr. distruggere completamente; ***to ~ sth. to the ground*** radere al suolo qcs.

razor /ˈreɪzə(r)/ **I** n. rasoio m. **II** modif. [*cut, burn*] da rasoio ♦ ***to live on a ~('s) edge*** essere sul filo del rasoio.

razor blade n. lametta f. (da barba).

razor-sharp /ˌreɪzəˈʃɑːp/ agg. [*knife, edge*] affilato come un rasoio; FIG. [*wit, mind*] acuto.

razor wire n. filo m. spinato.

razzle /ˈræzl/ n. BE COLLOQ. ***to go on the*** ~ andare a fare baldoria.

razzledazzle /ˌræzlˈdæzl/ n. COLLOQ. *(bustle)* cancan m.

razzmatazz /ˌræzməˈtæz/ n. COLLOQ. strombazzamento m. (pubblicitario).

R & B n. (⇒ rhythm and blues) = rhythm and blues.

RC agg. e n. (⇒ Roman Catholic) = cattolico romano.

Rd ⇒ road via (v.), strada (str.).

R&D n. (⇒ research and development) = ricerca e sviluppo.

RDA n. (⇒ recommended daily amount dose giornaliera raccomandata) RDA f.

1.re /reɪ/ n. MUS. re m.

2.re /riː/ prep. (⇒ with reference to) *(in letter head)* oggetto; ~ ***your letter...*** con riferimento alla vostra lettera...

RE n. GB SCOL. (⇒ Religious Education) = educazione religiosa.

reabsorb /riːəbˈzɔːb/ tr. riassorbire.

reabsorption /riːəbˈzɔːpʃn/ n. riassorbimento m.

reaccustom /riːəˈkʌstəm/ tr. riabituare.

1.reach /riːtʃ/ **I** n. **1** *(physical range)* portata f.; ***a boxer with a long*** ~ un pugile con buon allungo; ***"keep out of ~ of children"*** "tenere fuori dalla portata dei bambini"; ***the book is beyond*** o ***out of my*** ~ non arrivo a prendere il libro; ***within (arm's)*** ~ a portata di mano; ***within easy ~ of*** [*place*] in prossimità di, a poca distanza da [*shops, facility*] **2** *(capability)* ***beyond*** o ***out of ~ for sb.*** al di sopra delle capacità di qcn.; ***within ~ for sb.*** alla portata di qcn. **II reaches** n.pl. **1** *(of society)* ***the upper ~es*** i ceti più alti **2** GEOGR. *(of river)* ***the lower ~es*** il tratto inferiore.

2.reach /riːtʃ/ **I** tr. **1** *(arrive at)* [*train, river, product*] arrivare a [*place*]; [*person*] arrivare a, giungere a [*place*]; arrivare da [*person*]; [*news, letter*] arrivare a [*person, place*]; ***to ~ land*** toccare terra; ***easily ~ed by bus*** facilmente raggiungibile con l'autobus **2** *(attain)* raggiungere, arrivare a [*age, level, point*]; ***to ~ the finals*** arrivare in finale **3** *(come to)* raggiungere [*compromise, agreement*]; arrivare a, giungere a [*decision, conclusion*]; DIR. raggiungere [*verdict*] **4** *(by stretching)* arrivare a [*object, shelf, switch*]; ***can you ~ that box for me?*** riesci a prendermi quella scatola? **5** *(contact)* contattare; ***to ~ sb. at 514053, by telephone*** contattare qcn. al numero 514053, telefonicamente **6** *(make impact on)* colpire [*audience, market*] **7** *(in height, length)* arrivare (fino) a [*floor, ceiling*] **II** intr. **1** *(stretch)* ***to ~ up, down*** allungarsi, abbassarsi (**to do** per fare); ***to ~ for one's gun*** cercare di prendere la pistola; ~ ***for the sky!*** punta in alto! **2** *(extend)* ***to ~ (up, down) to*** arrivare (fino) a.

▪ **reach out:** ~ **out** allungare la mano; ***to ~ out for*** FIG. cercare [*affection, success*]; ***to ~ out to*** *(help)* aiutare; *(make contact)* contattare; ~ **out [sth.],** ~ **[sth.] out** allungare, stendere; ***to ~ out one's hand*** allungare la mano.

react /rɪˈækt/ intr. reagire (anche MED. CHIM.).

reaction /rɪˈækʃn/ n. reazione f. (anche MED. CHIM.).

reactionary /rɪˈækʃənrɪ, AE -ənerɪ/ **I** agg. SPREG. reazionario **II** n. SPREG. reazionario m. (-a).

reactivate /rɪˈæktɪveɪt/ tr. riattivare, rimettere in funzione.

reactive /rɪˈæktɪv/ agg. CHIM. *(tending to react)* reattivo; *(taking part in a reaction)* reagente.

reactor /rɪˈæktə(r)/ n. **1** NUCL. reattore m. (nucleare) **2** CHIM. reattore m.

1.read /riːd/ n. ***to have a ~ of*** COLLOQ. leggiucchiare [*article, magazine*]; ***to be an easy*** ~ essere un libro *o* una lettura facile.

2.read /riːd/ **I** tr. (pass., p.pass. **read** /red/) **1** leggere [*book, map, music, sign*]; ***to ~ sth. to oneself*** leggere qcs. in silenzio; ***I can ~ German*** so leggere il tedesco **2** *(say)* ***the card ~s "Happy Birthday"*** sul biglietto c'è scritto "buon compleanno"; ***to ~ 29 degrees*** [*thermometer*] segnare 29 gradi **3** *(decipher)* leggere [*braille*]; decifrare [*handwriting*] **4** *(interpret)* riconoscere [*signs*]; interpretare [*intentions, reactions*]; spiegare [*situation*]; ***to ~ sb.'s thoughts*** o ***mind*** leggere nei pensieri di qcn.; ***to ~ sb.'s mood*** capire di che umore è qcn.; ***to ~ palms*** leggere la mano; ***to ~ sth. into*** leggere qcs. dietro a [*comment, reply*] **5** BE UNIV. studiare [*history*] **6** *(take a recording)* leggere [*meter, gauge, dial*] **7** RAD. TEL. sentire, ricevere [*person*]; ***I can ~ you loud and clear*** ti ricevo forte e chiaro **8** INFORM. [*computer*] leggere [*data, file*] **II** intr. (pass., p.pass. **read** /red/) **1** leggere (**to sb.** a qcn.); ***I read about it in the "Times"*** ho letto qualcosa al proposito sul "Times" **2** BE *(study)* ***to ~ for a degree in chemistry*** studiare chimica all'università **3** *(create an impression)* ***the document ~s well*** il documento si legge bene; ***the translation ~s like the original*** la traduzione scorre come l'originale ♦ ***to ~ between the lines*** leggere tra le righe.

■ **read back:** **~ *[sth.]* back** rileggere [*message, sentence*]; ***to ~ sth. back to oneself*** rileggersi qcs.
■ **read in:** **~ *[sth.]* in, ~ in *[sth.]*** [*computer*] memorizzare [*data*].
■ **read on** continuare a leggere.
■ **read out:** **~ *[sth.]* out, ~ out *[sth.]*** leggere a voce alta.
■ **read over, read through:** **~ over** o **through *[sth.]*, ~ *[sth.]* over** o **through** *(for the first time)* leggere (per intero) [*article*]; *(reread)* rileggere [*notes*].
■ **read up:** ***to ~ up on sth., sb.*** documentarsi su qcs., qcn.
3.read /red/ **I** pass., p.pass. → **2.read II** agg. ***to take sth. as ~*** dare qcs. per scontato.
readable /ˈriːdəbl/ agg. **1** *(legible)* leggibile **2** *(enjoyable)* di piacevole lettura.
readdress /ˌriːəˈdres/ tr. cambiare l'indirizzo su [*envelope*]; rispedire [*mail*].
reader /ˈriːdə(r)/ n. **1** lettore m. (-trice); ***he's a slow ~*** legge lentamente **2** BE UNIV. *(person)* = docente universitario di grado inferiore a un professor **3** AE UNIV. *(person)* assistente m. e f. **4** *(anthology)* antologia f. **5** ELETTRON. lettore m.
readership /ˈriːdəʃɪp/ n. **U** lettori m.pl., readership f.
read head n. INFORM. testina f. di lettura.
readily /ˈredɪlɪ/ avv. **1** *(willingly)* [*accept, give*] senza difficoltà, volentieri; [*reply*] prontamente **2** *(easily)* [*accessible, adaptable*] facilmente; [*forget, achieve*] facilmente, con facilità.
readiness /ˈredɪnɪs/ n. **1** *(preparedness)* (l')essere pronto, preparato; ***in ~ for sth.*** pronto per **2** *(willingness)* sollecitudine f., disponibilità f. **3** *(of response)* prontezza f., vivacità f.
reading /ˈriːdɪŋ/ n. **1** *(skill, pastime)* lettura f.; ***~ and writing*** leggere e scrivere; ***his ~ is poor*** legge male **2** *(books)* letture f.pl.; ***recommended ~*** letture consigliate; ***her novels make heavy ~*** i suoi romanzi sono difficili da leggere **3** *(on meter)* lettura f. (**on** di); *(on instrument)* rilevazione f. (**on** di) **4** *(interpretation)* interpretazione f. **5** BE POL. lettura f.
reading age n. SCOL. ***he has a ~ of eight*** sa leggere come un bambino di otto anni; ***children of ~*** bambini in età da saper leggere.
reading glass n. lente f. (per leggere).
reading glasses n.pl. occhiali m. (da lettura).
reading knowledge n. ***to have a ~ of German*** capire il tedesco scritto; ***her ~ of Italian is good*** la sua comprensione dell'italiano scritto è buona.
reading lamp n. *(by bed)* lampada f. da comodino; *(on desk)* lampada f. da tavolo.
reading list n. SCOL. UNIV. elenco m. dei libri, delle opere da leggere.
reading matter n. ***it is not suitable ~ for them*** non sono letture adatte a loro; ***I've run out of ~*** non ho più nulla da leggere.
reading room n. sala f. (di) lettura.
reading speed n. INFORM. velocità f. di lettura.
readjust /ˌriːəˈdʒʌst/ **I** tr. riaggiustarsi [*hat*]; regolare nuovamente [*TV, lens*]; rimettere a posto [*watch*]; ritoccare [*salary*] **II** intr. riadattarsi.
readjustment /ˌrɪːəˈdʒʌstmənt/ n. **1** *(of television)* regolazione f.; *(of machine)* rimessa f. a punto; *(of salary)* ritocco m. **2** *(to new situation)* riadattamento m.
read mode n. INFORM. modalità f. solo lettura, di sola lettura.
read-only memory n. INFORM. memoria f. di sola lettura.
read-out /ˈriːdaʊt/ n. INFORM. lettura f. e trasferimento m. dalla memoria.
readvertise /riːˈædvətaɪz/ tr. ripubblicare un'inserzione per [*post, sale*].
read-write access n. INFORM. accesso m. in lettura e scrittura.
1.ready /ˈredɪ/ **I** agg. **1** *(prepared)* pronto; ***to get ~*** prepararsi; ***to get sth. ~*** preparare qcs.; ***to make ~ to do*** prepararsi a fare; ***~ when you are*** sono pronto quando vuoi; ***~, steady, go!*** SPORT pronti, via! ***I'm ~, willing and able*** sono a sua completa disposizione; ***~ and waiting*** pronto (a intervenire) **2** *(willing)* disposto; ***more than ~ to do*** più che disponibile a fare; ***to be ~ for*** avere bisogno di [*meal, vacation*] **3** *(quick)* [*answer, wit, smile*] pronto; ***~ with one's criticism*** pronto a criticare **4** *(available)* [*market, supply*] a portata di mano; [*access*] diretto; ***~ cash, ~ money*** COLLOQ. contanti **II** n. ***(to have) a gun, pen at the ~*** (essere) pronto a sparare, scrivere **III readies** n.pl. BE COLLOQ. *(money)* grana f.sing.
2.ready /ˈredɪ/ **I** tr. preparare [*ship, car*] **II** rifl. ***to ~ onese[lf]*** prepararsi.
ready-made /ˌredɪˈmeɪd/ agg. [*suit*] confezionato, prêt-à-porter; [*curtains*] confezionato; [*food*] pronto; [*excuse*] bell' pronto.
ready meal n. piatto m. pronto.
ready-to-serve /ˌredɪtəˈsɜːv/ agg. [*food*] pronto.
ready-to-wear /ˌredɪtəˈweə(r)/ agg. [*garment*] confezionato prêt-à-porter.
reaffirm /ˌriːəˈfɜːm/ tr. riaffermare.
reafforestation /ˌriːəfɒrɪˈsteɪʃn/ BE → **reforestation**.
reagent /riːˈeɪdʒənt/ n. reagente m.
real /rɪəl/ **I** agg. **1** *(not imaginary)* reale, vero; ***he has no ~ power*** non ha potere effettivo; ***in ~ life, in the ~ world*** nella realtà; ***in ~ terms*** in realtà **2** *(not artificial)* [*flower, leather*] vero; [*diamond*] autentico, vero; ***the ~ thing, the ~ McCoy*** COLLOQ. l'originale; ***this time it's the ~ thing*** questa volta è per davvero **3** *(true, proper)* [*Christian, altruism*] vero **4** *(for emphasis)* [*idiot, pleasure*] vero; ***it's a ~ shame*** è un vero peccato; ***this room is a ~ oven*** questa stanza è davvero un forno **5** ECON. COMM. [*cost, value*] reale **6** MAT. reale **II** n. ***the ~*** il reale **III** avv. AE COLLOQ. [*good, sorry*] davvero, proprio ♦ ***for ~*** COLLOQ. davvero, sul serio.
real estate n. **1** DIR. COMM. *(property)* beni m.pl. immobili **2** AE *(selling houses, land)* (settore) immobiliare m.
real estate agent ▸ *27* n. AE agente m. e f. immobiliare.
real estate developer ▸ *27* n. AE impresario m. edile.
real estate office n. AE agenzia f. immobiliare.
realign /ˌriːəˈlaɪn/ **I** tr. riallineare [*objects*]; FIG. ridefinire [*views*] **II** intr. POL. riallinearsi.
realignment /ˌriːəˈlaɪnmənt/ n. **1** *(of view)* ridefinizione f. **2** POL. *(of stance)* riallineamento m. **3** ECON. *(of currency)* riallineamento m.
realism /ˈriːəlɪzəm/ n. realismo m.
realist /ˈriːəlɪst/ **I** agg. realista **II** n. realista m. e f.
realistic /ˌrɪəˈlɪstɪk/ agg. realistico.
realistically /ˌrɪəˈlɪstɪklɪ/ avv. [*look at, describe*] realisticamente; ***~, ...*** volendo essere realistici, ...
reality /rɪˈælətɪ/ n. realtà f.; ***to be out of touch with ~*** vivere al di fuori della realtà.
realizable /ˈrɪəlaɪzəbl/ agg. realizzabile.
realization /ˌrɪəlaɪˈzeɪʃn, AE -lɪˈz-/ n. **1** *(awareness)* consapevolezza f.; ***to come to the ~ that*** rendersi conto che; ***there is a growing ~ in society that*** la società è sempre più consapevole del fatto che **2** *(of dream, design, etc.)* realizzazione f. **3** ECON. realizzo m.
realize /ˈrɪəlaɪz/ tr. **1** *(know)* rendersi conto di, realizzare capire [*gravity, significance*]; rendersi conto di [*error, fact*]; ***more than people ~*** più di quanto la gente (non) creda; ***to come to ~ sth.*** rendersi conto di qcs.; ***to make sb. ~ sth.*** fare capire qcs. a qcn.; ***I didn't ~!*** non me n'ero reso conto! ***I ~ that!*** capisco! mi rendo conto! **2** *(make real)* realizzare [*idea, dream, design*]; ***my worst fears were ~d*** le mie peggiori paure si concretizzarono; ***to ~ one's potential*** sviluppare le proprie capacità **3** ECON. *(liquidate)* liquidare [*assets*] **4** COMM. [*sale*] fruttare [*sum*]; [*person*] realizzare [*sum, profit*] (**on** da).
reallocate /riːˈæləkeɪt/ tr. riassegnare [*funds, task*]; ridistribuire [*space, time*].
really /ˈrɪəlɪ/ **I** avv. **1** *(for emphasis)* veramente, davvero; ***he ~ enjoyed the film*** il film gli è veramente piaciuto; ***you ~ must taste it*** devi proprio assaggiarlo **2** *(very)* [*cheap, hot, big*] molto **3** *(in actual fact)* in effetti, in realtà; ***what I ~ mean is that...*** in realtà, quello che voglio dire è che...; ***he's a good teacher ~*** in effetti, è un buon professore; ***I'll tell you what ~ happened*** vi racconterò che cosa è veramente accaduto **4** *(seriously)* davvero; ***I ~ don't know*** non so proprio; ***~?*** *(expressing disbelief)* davvero? ***does he ~?*** davvero? **II** inter. (anche **well ~**) *(annoyed)* insomma.
realm /relm/ n. reame m., regno m.; FIG. regno m.
real tennis n. pallacorda f.
real time I n. tempo m. reale (anche INFORM.) **II** modif. **real-time** INFORM. [*processing, system*] in tempo reale.

realtor /ˈriːəltə(r)/ n. AE agente m. e f. immobiliare (accreditato).
realty /ˈriːəltɪ/ n. AE (beni) immobili m.pl.
ream /riːm/ n. *(of paper)* risma f.; ***he wrote ~s about it*** FIG. ha scritto pagine e pagine al riguardo.
reamer /ˈriːmə(r)/ n. alesatore m., alesatoio m.
reanimate /ˌriːˈænɪmeɪt/ tr. rianimare (anche FIG.).
reap /riːp/ **I** tr. **1** AGR. mietere, raccogliere [*crop*] **2** FIG. trarre [*benefits*]; ***to ~ the rewards of*** raccogliere i frutti di **II** intr. mietere.
reaper /ˈriːpə(r)/ n. ➧ *27 (person)* mietitore m. (-trice); *(machine)* mietitrice f.
reappear /ˌriːəˈpɪə(r)/ intr. riapparire, ricomparire.
reappearance /ˌriːəˈpɪərəns/ n. riapparizione f., ricomparsa f.
reapply /ˌriːəˈplaɪ/ intr. fare nuovamente domanda.
reappoint /ˌriːəˈpɔɪnt/ tr. rinominare, rieleggere.
reappraisal /ˌriːəˈpreɪzl/ n. *(of question)* riesame m., riconsiderazione f.; *(of writer, work)* rivalutazione f.
reappraise /ˌriːəˈpreɪz/ tr. riesaminare, riconsiderare [*question*]; rivalutare [*writer, work*].
1.rear /rɪə(r)/ **I** n. **1** *(of building, room)* retro m., lato m. posteriore; *(of car)* parte f. posteriore; ***at the ~ of the house*** dietro la casa **2** *(of procession, train)* coda f.; MIL. *(of unit, convoy)* retroguardia f. **3** EUFEM. *(of person)* posteriore m., deretano m., didietro m. **II** agg. **1** [*door*] di servizio, sul retro; [*garden*] sul retro **2** AUT. [*seat, light, bumper, wheel*] posteriore.
2.rear /rɪə(r)/ **I** tr. tirare su [*child*]; allevare [*animals*]; coltivare [*plants*] **II** intr. (anche **~ up**) [*horse*] impennarsi; [*snake*] alzare la testa; FIG. [*building*] sovrastare.
rear admiral ➧ *23* n. contrammiraglio m.
rear-drive /ˌrɪəˈdraɪv/ agg. a trazione posteriore.
rear end n. **1** *(of vehicle)* parte f. posteriore **2** EUFEM. *(of person)* posteriore m., deretano m., didietro m.
rear-end /ˌrɪərˈend/ tr. AE COLLOQ. tamponare [*car*].
rearguard /ˈrɪəgɑːd/ n. + verbo sing. o pl. MIL. retroguardia f. (anche FIG.).
rearguard action n. azione f. di retroguardia.
rearm /ˌriːˈɑːm/ **I** tr. riarmare **II** intr. riarmarsi.
rearmament /ˌriːˈɑːməmənt/ n. riarmo m.
rearmost /ˈrɪəməʊst/ agg. (l')ultimo, il più arretrato; [*carriage*] ultimo, di coda.
rearrange /ˌriːəˈreɪndʒ/ tr. ravviarsi [*hair*]; ridisporre, risistemare [*furniture, room*]; modificare nuovamente [*plans*].
rearrangement /ˌriːəˈreɪndʒmənt/ n. *(of furniture, room)* nuova disposizione f.
rear-view mirror n. specchietto m. retrovisore (interno).
rear-wheel drive **I** n. trazione f. posteriore **II** modif. [*vehicle*] a trazione posteriore.
rear window n. lunotto m. (posteriore).
1.reason /ˈriːzn/ n. **1** *(cause)* causa f., motivo m., ragione f. (**for, behind** di); ***for no*** o ***without good ~*** senza una buona ragione; ***if you are late for any ~*** se per un qualsiasi motivo sei in ritardo; ***for health ~s*** per motivi di salute; ***I have ~ to believe that...*** ho motivi per credere che...; ***by ~ of*** FORM. a causa di; ***the ~ why*** la ragione per cui; ***I'll tell you the ~ why...*** ti spiegherò (il) perché...; ***give me one ~ why I should!*** dimmi perché dovrei! ***what was his ~ for resigning?*** per quale motivo ha dato le dimissioni? ***the ~ is that*** il fatto è che; ***the ~ given is that*** la giustificazione data è che; ***to have every ~ for doing*** o ***to do*** avere tutte le ragioni per fare; ***I see no ~ to think so*** non ho alcuna ragione per pensarlo; ***there is no ~ for you to worry*** non hai motivo di preoccuparti; ***all the more ~ to do*** ragione di più per fare; ***he was angry, and with good ~*** era arrabbiato, e aveva ragione **2** *(common sense)* ragione f., senno m.; ***to lose one's ~*** perdere (il lume del)la ragione; ***to listen to*** o ***see ~*** sentire ragione; ***it stands to ~ that*** non si può negare che; ***within ~*** entro limiti ragionevoli.
2.reason /ˈriːzn/ **I** tr. **1** *(argue)* argomentare **2** *(conclude)* dedurre **II** intr. ***to ~ with sb.*** discutere *o* ragionare con qcn.
reasonable /ˈriːznəbl/ agg. **1** *(sensible)* ragionevole **2** *(understanding)* comprensivo (**about** nei confronti di) **3** *(justified)* ragionevole; ***it is ~ for sb. to do*** è ragionevole che qcn. faccia; ***beyond ~ doubt*** DIR. al di là di ogni ragionevole dubbio **4** COLLOQ. *(moderately good)* accettabile; ***there is a ~ chance that*** è abbastanza possibile che.
reasonableness /ˈriːznəblnɪs/ n. *(of remark, argument)* ragionevolezza f., fondatezza f.
reasonably /ˈriːznəblɪ/ avv. **1** *(legitimately)* ragionevolmente, giustamente **2** *(sensibly)* ragionevolmente **3** *(rather)* [*convenient, satisfied*] abbastanza.
reasoned /ˈriːznd/ **I** p.pass. → **2.reason** **II** agg. [*argument, approach*] ragionato.
reasoning /ˈriːznɪŋ/ n. ragionamento m.
reassemble /ˌriːəˈsembl/ **I** tr. **1** radunare di nuovo [*troops, pupils*] **2** TECN. rimontare, assemblare di nuovo [*unit, engine*] **II** intr. [*people*] riunirsi nuovamente.
reassert /ˌriːəˈsɜːt/ tr. riaffermare [*authority, claim*].
reassess /ˌriːəˈses/ tr. riesaminare, riconsiderare [*problem, situation*]; ECON. calcolare, valutare nuovamente [*liability*]; DIR. stimare di nuovo [*damages*].
reassessment /ˌrɪːəˈsesmənt/ n. *(of situation)* riconsiderazione f.; ECON. DIR. nuova stima f.
reassurance /ˌrɪːəˈʃɔːrəns, AE -ˈʃʊər-/ n. **1** *(comfort)* rassicurazione f. **2** *(official guarantee)* garanzia f.
reassure /ˌriːəˈʃɔː(r), AE -ˈʃʊər/ tr. *(comfort)* rassicurare.
reassuring /ˌriːəˈʃɔːrɪŋ, AE -ˈʃʊər-/ agg. rassicurante.
reassuringly /ˌriːəˈʃɔːrɪŋlɪ, AE -ˈʃʊər-/ avv. [*smile*] in modo rassicurante; [*say*] con voce rassicurante.
reawaken /ˌriːəˈweɪkən/ **I** tr. **1** FORM. risvegliare [*person*] **2** FIG. risvegliare, fare rinascere [*interest*] **II** intr. FORM. [*person*] risvegliarsi.
reawakening /ˌriːəˈweɪkənɪŋ/ n. FORM. risveglio m.
rebate /ˈriːbeɪt/ n. **1** *(refund)* rimborso m. **2** *(discount)* ribasso m., sconto m.
1.rebel /ˈrebl/ **I** n. ribelle m. e f. (anche FIG.) **II** modif. [*soldier*] ribelle; [*group*] di ribelli.
2.rebel /rɪˈbel/ intr. (forma in -ing ecc. **-ll-**) ribellarsi, rivoltarsi (anche FIG.).
rebellion /rɪˈbelɪən/ n. ribellione f., rivolta f.; ***to rise in ~*** ribellarsi.
rebellious /rɪˈbelɪəs/ agg. [*nation, people*] ribelle; [*school*] turbolento; [*class*] indisciplinato.
rebirth /ˌriːˈbɜːθ/ n. rinascita f. (anche FIG.).
reboot /ˌriːˈbuːt/ tr. INFORM. riavviare.
reborn /ˌriːˈbɔːn/ agg. **1** RELIG. ***to be ~*** rinascere (**into** a) **2** ***to be ~ as sth.*** reincarnarsi in qcs.
1.rebound /ˈriːbaʊnd/ n. *(of ball)* rimbalzo m.; ***on the ~*** di rimbalzo; FIG. per ripicca.
2.rebound /rɪˈbaʊnd/ intr. *(bounce)* rimbalzare; ***to ~ on*** FIG. ripercuotersi su.
rebranding /riːˈbrændɪŋ/ n. COMM. cambiamento m. di marchio.
1.rebuff /rɪˈbʌf/ n. secco rifiuto m.
2.rebuff /rɪˈbʌf/ tr. snobbare [*person*]; respingere, rifiutare seccamente [*suggestion, advances*].
rebuild /ˌriːˈbɪld/ tr. (pass., p.pass. **-built**) ricostruire [*building*]; riorganizzare [*business*].
rebuilding /ˌriːˈbɪldɪŋ/ n. ricostruzione f.
rebuilt /ˌriːˈbɪlt/ pass., p.pass. → **rebuild**.
1.rebuke /rɪˈbjuːk/ n. sgridata f., rimprovero m.
2.rebuke /rɪˈbjuːk/ tr. sgridare, rimproverare (**for doing** per avere fatto).
rebus /ˈriːbəs/ n. (pl. **~es**) rebus m.
rebut /rɪˈbʌt/ tr. (forma in -ing ecc. **-tt-**) respingere [*charge*].
rebuttal /rɪˈbʌtl/ n. rifiuto m.; DIR. *(of accusation)* rigetto m.; *(of instance)* diniego m.
recalcitrant /rɪˈkælsɪtrənt/ agg. FORM. recalcitrante.
recalculate /ˌriːˈkælkjʊleɪt/ tr. calcolare nuovamente [*price, loss*].
1.recall /rɪˈkɔːl, ˈriːkɔːl/ n. **1** *(memory)* memoria f.; ***to have total ~ of sth.*** ricordarsi perfettamente di qcs.; ***lost beyond*** o ***past ~*** irrevocabilmente perso **2** *(summons)* richiamo m. (anche MIL. INFORM.).
2.recall /rɪˈkɔːl/ tr. **1** *(remember)* ricordarsi di; ***I ~ seeing, what happened*** mi ricordo di avere visto, di quello che è successo; ***as I ~*** se ricordo bene **2** *(remind of)* ricordare **3** *(summon back)* richiamare [*ambassador*]; ritirare (dal commercio) [*product*]; riconvocare [*parliament*].

recant /rɪ'kænt/ **I** tr. abiurare [*heresy*]; ritrattare [*opinion, statement*] **II** intr. ritrattare; RELIG. abiurare.

1.recap /'ri:kæp/ n. COLLOQ. accorc. → **recapitulation**.

2.recap /'ri:kæp/ tr. (forma in -ing ecc. **-pp-**) COLLOQ. (accorc. recapitulate) ricapitolare, riepilogare.

recapitulate /ˌri:kə'pɪtʃʊleɪt/ **I** tr. FORM. ricapitolare, riepilogare **II** intr. FORM. fare un riepilogo.

recapitulation /ˌri:kəpɪtʃʊ'leɪʃn/ n. FORM. ricapitolazione f., riepilogo m.

1.recapture /ˌri:'kæptʃə(r)/ n. *(of prisoner, animal)* nuova cattura f.; *(of town, position)* riconquista f.

2.recapture /ˌri:'kæptʃə(r)/ tr. ricatturare [*prisoner, animal*]; MIL. POL. riconquistare [*town, position, seat*]; FIG. ritrovare [*feeling*]; ricreare [*period, atmosphere*].

recast /ˌri:'kɑ:st, AE -'kæst/ tr. (pass., p.pass. **recast**) **1** riformulare [*sentence*]; rimaneggiare [*text*]; TEATR. CINEM. allestire [qcs.] con nuovi attori [*work*] **2** TECN. IND. rifondere.

recede /rɪ'si:d/ intr. **1** recedere, indietreggiare; [*tide*] abbassarsi; FIG. [*hope, memory, prospect*] svanire; [*threat*] attenuarsi; [*prices*] scendere **2** *(go bald)* [*person*] stempiarsi.

receding /rɪ'si:dɪŋ/ agg. [*chin*] sfuggente; ***he has a ~ hairline*** è un po' stempiato.

1.receipt /rɪ'si:t/ **I** n. **1** COMM. *(in writing)* ricevuta f., quietanza f. (**for** di); *(from till)* scontrino m.; *(for rent)* ricevuta f. **2** *(on sending, delivery)* ricevuta f. (**for** di) **3** *(of goods, letters)* ricevimento m.; ***within 3 days of ~*** entro 3 giorni dal ricevimento; ***on ~ of sth.*** al ricevimento di qcs.; ***to be in ~ of*** avere ricevuto [*income, benefits*] **II receipts** n.pl. COMM. *(takings)* entrate f., introiti m. (**from** provenienti da).

2.receipt /rɪ'si:t/ tr. quietanzare [*bill, invoice*].

receipt book n. registro m. delle ricevute, bollettario m.

receive /rɪ'si:v/ **I** tr. **1** *(get)* ricevere [*letter, money, treatment, education*]; ricettare [*stolen goods*]; prendere [*bribe*]; ***he ~d a 30-year sentence*** DIR. è stato condannato a 30 anni di prigione; ***"~d with thanks"*** COMM. "per quietanza" **2** *(meet)* ricevere, accogliere [*visitor*]; ricevere [*delegation*]; accogliere [*proposal, play*]; ***to be well*** o ***positively ~d*** essere accolto favorevolmente **3** ***to be ~d into*** essere accolto *o* ammesso in (seno a) [*church, order*] **4** RAD. TELEV. ricevere [*channel, radio message, satellite signal*] **II** intr. FORM. [*host*] ricevere.

received /rɪ'si:vd/ **I** p.pass → **receive II** agg. [*ideas, opinions*] generalmente accettato (per vero).

Received Pronunciation BE, **Received Standard** AE = pronuncia dell'inglese considerata standard.

received wisdom n. opinione f. pubblica.

receiver /rɪ'si:və(r)/ n. **1** *(telephone)* ricevitore m., cornetta f. **2** RAD. TELEV. *(equipment)* apparecchio m. ricevente, ricevitore m. **3** BE ECON. DIR. (anche **Official Receiver**) amministratore m. giudiziario, curatore m. fallimentare **4** BE DIR. ricettatore m. **5** AE *(in baseball)* ***(wide)~*** ricevitore, catcher.

receiver dish n. (antenna) parabolica f.

receivership /rɪ'si:vəʃɪp/ n. BE ECON. DIR. ***to go into ~*** essere in amministrazione controllata.

receiving /rɪ'si:vɪŋ/ **I** n. BE DIR. ricettazione f. **II** agg. attrib. COMM. [*department, office*] ricevimento merci ♦ ***to be on the ~ end of*** essere oggetto di [*criticism*]; ricevere [*blow, punch*].

receiving note n. COLLOQ. bolla f. di consegna.

recent /'ri:snt/ agg. [*change, development, film, event*] recente; [*acquaintance*] nuovo; ***in ~ times*** recentemente; ***in ~ years*** negli ultimi anni; ***~ graduate*** neolaureato.

recently /'ri:sntlɪ/ avv. recentemente, di recente, ultimamente; ***as ~ as Monday*** solo lunedì; ***until ~*** fino a poco tempo fa.

receptacle /rɪ'septəkl/ n. contenitore m.

reception /rɪ'sepʃn/ n. **1** (anche **~ desk**) *(of hotel, office)* reception f.; *(of hospital)* accettazione f. **2** *(gathering)* ricevimento m. (**for sb.** in onore di qcn.; **for sth.** in occasione di qcs.) **3** *(public response)* accoglienza f. (**for** di); ***they gave us a great ~*** [*fans, audience*] ci hanno riservato un'accoglienza straordinaria **4** RAD. TELEV. ricezione f.

reception area n. reception f.

reception camp, **reception centre** n. centro m. di accoglienza.

reception class n. GB SCOL. = prima classe dell'infant school.

reception committee n. comitato m. di accoglienza.

receptionist /rɪ'sepʃənɪst/ ♦ ***27*** n. receptionist m. e f.

reception room n. **1** *(in house)* soggiorno m., salone m. **2** *(in hotel)* salone m., sala f. per i ricevimenti.

receptive /rɪ'septɪv/ agg. ricettivo, aperto (**to** a, nei confronti di).

1.recess /rɪ'ses, AE 'ri:ses/ **I** n. **1** *(parliamentary)* chiusura f. (per le vacanze); *(in courts)* ferie f.pl. giudiziarie **2** AE *(break) (in school)* intervallo m.; *(during meeting)* pausa f. **3** ING. *(for door, window)* rientranza f.; *(large alcove)* alcova f.; *(smaller)* nicchia f.; *(very small)* angolino m. **II recesses** n.pl. ***the ~es of*** gli angoli nascosti di [*cupboard, room*]; i recessi di [*mind, memory*].

2.recess /rɪ'ses/ **I** tr. **1** ING. incassare [*bath, light*] **2** AE *(interrupt)* sospendere [*meeting, hearing*] **II** intr. AE DIR. POL. sospendere i lavori.

recession /rɪ'seʃn/ n. ECON. recessione f.

recessive /rɪ'sesɪv/ agg. [*characteristic, gene*] recessivo.

1.recharge /'ri:tʃɑ:dʒ/ n. *(refill)* ricarica f.

2.recharge /ˌri:'tʃɑ:dʒ/ tr. ricaricare [*battery*].

rechargeable /ˌri:'tʃɑ:dʒəbl/ agg. [*battery*] ricaricabile.

recidivism /rɪ'sɪdɪvɪzəm/ n. DIR. recidività f.

recidivist /rɪ'sɪdɪvɪst/ n. recidivo m. (-a).

recipe /'resəpɪ/ n. **1** GASTR. ricetta f. (**for** di) **2** FIG. ***it's a ~ for disaster*** è una strada che conduce al disastro; ***a ~ for business success*** la chiave del successo negli affari.

recipient /rɪ'sɪpɪənt/ n. *(of mail)* destinatario m. (-a); *(of benefits, cheque)* beneficiario m. (-a); *(of prize)* vincitore m. (-trice).

reciprocal /rɪ'sɪprəkl/ agg. reciproco.

reciprocally /rɪ'sɪprəklɪ/ avv. reciprocamente.

reciprocate /rɪ'sɪprəkeɪt/ **I** tr. ricambiare [*compliment, invitation*]; ricambiare, contraccambiare [*love, kindness*] **II** intr. ricambiare, contraccambiare.

reciprocation /rɪˌsɪprə'keɪʃn/ n. *(exchange)* scambio m.; *(return)* contraccambio m., ricambio m.

reciprocity /ˌresɪ'prɒsətɪ/ n. reciprocità f.

recital /rɪ'saɪtl/ n. **1** *(of music, poetry)* recital m. **2** *(narration)* racconto m., narrazione f.

recitation /ˌresɪ'teɪʃn/ n. TEATR. recitazione f.; SCOL. recita f.

recitative /ˌresɪtə'ti:v/ n. MUS. recitativo m.

recite /rɪ'saɪt/ **I** tr. recitare, declamare [*poem*]; fare, tenere [*speech*]; elencare, enumerare [*facts*] **II** intr. recitare.

reckless /'reklɪs/ agg. [*person*] avventato, sconsiderato, imprudente; ***~ driving*** DIR. guida spericolata.

recklessly /'reklɪslɪ/ avv. [*act*] con imprudenza; [*promise*] in modo avventato; [*spend*] in modo sconsiderato.

recklessness /'reklɪsnɪs/ n. avventatezza f., sconsideratezza f.

reckon /'rekən/ **I** tr. **1** *(judge)* ritenere, reputare; ***he is ~ed (to be) the cleverest*** è considerato il più intelligente **2** COLLOQ. *(think)* pensare, credere; ***I ~ he's about 50*** penso che abbia circa 50 anni; ***I ~ to reach London by midday*** conto di arrivare a Londra per mezzogiorno **3** *(calculate accurately)* calcolare [*amount*] **4** COLLOQ. *(believe to be good)* ***I don't ~ your chances of success*** ho dei dubbi circa le vostre possibilità di successo **5** COLLOQ. *(like)* stimare [*person*] **II** intr. calcolare, contare.

■ **reckon on** COLLOQ. ***~ on [sb., sth.]*** contare su, fare affidamento su; ***~ on doing*** contare di fare.

■ **reckon up: *~ up*** sommare, addizionare.

■ **reckon with: *~ with [sb., sth.]*** tenere conto di, fare i conti con.

■ **reckon without: *~ without [sb., sth.]*** non tenere conto di.

reckoning /'rekənɪŋ/ n. **1** *(estimation)* calcolo m., stima f.; *(accurate calculation)* calcoli m.pl.; ***I was £5 out in my ~*** il mio calcolo era sbagliato di 5 sterline **2** MAR. stima f. ♦ ***day of ~*** giorno della resa dei conti; RELIG. giorno del Giudizio Universale.

reclaim /rɪ'kleɪm/ tr. **1** bonificare [*coastal land, marsh*]; risanare [*site, polluted land*]; rendere fertile [*desert*]; *(recycle)* riciclare, recuperare [*glass, metal*] **2** *(get back)* reclamare, chiedere in restituzione [*deposit, money*].

reclaimable /rɪ'kleɪməbl/ agg. **1** [*waste product*] riciclabile, recuperabile **2** [*expenses*] rimborsabile.

reclamation /ˌreklə'meɪʃn/ n. **1** *(recycling)* recupero m. **2** *(of land, marsh)* risanamento m., bonifica f.

recline /rɪˈklaɪn/ **I** tr. reclinare [*head*] **II** intr. [*person*] appoggiarsi (all'indietro); [*seat*] essere reclinabile.
reclining /rɪˈklaɪnɪŋ/ agg. **1** ART. [*figure*] adagiato **2** [*seat*] reclinabile.
recluse /rɪˈkluːs, AE ˈrekluːs/ n. eremita m. e f., persona f. che vive in solitudine.
reclusive /rɪˈkluːsɪv/ agg. solitario.
recognition /ˌrekəgˈnɪʃn/ n. **1** *(identification)* riconoscimento m., identificazione f.; ***to avoid ~*** per evitare di essere riconosciuto; ***they've changed the town beyond ~*** hanno reso irriconoscibile la città **2** *(realization)* consapevolezza f. **3** *(acknowledgement)* riconoscimento m. (anche POL.); ***to receive*** o ***win ~ for*** ottenere un riconoscimento per [*talent, work*]; ***in ~ of*** come riconoscimento per, in riconoscimento di **4** INFORM. *(of data)* riconoscimento m.; ***voice ~*** riconoscimento vocale.
recognizable /ˌrekəgˈnaɪzəbl, ˈrekəgnaɪzəbl/ agg. riconoscibile.
recognizably /ˌrekəgˈnaɪzəblɪ, ˈrekəgnaɪzəblɪ/ avv. riconoscibilmente.
recognizance /rɪˈkɒgnɪzns/ n. DIR. *(promise)* = promessa formale, fatta dinanzi a un tribunale, di osservare determinate condizioni; *(sum)* cauzione f.
recognize /ˈrekəgnaɪz/ tr. **1** *(identify)* riconoscere [*person, sound, place, symptom*] (**by** da; **as** come) **2** *(acknowledge)* riconoscere [*problem, fact*]; *(officially)* riconoscere, legittimare [*government, claim*] **3** AE *(in debate)* passare, cedere la parola a [*speaker*].
recognized /ˈrekəgnaɪzd/ **I** p.pass. → **recognize II** agg. **1** *(acknowledged)* [*expert, organization*] riconosciuto **2** COMM. *(accredited)* [*firm, supplier*] accreditato; [*agent*] autorizzato.
1.recoil /ˈriːkɔɪl/ n. *(of gun)* rinculo m.; *(of spring)* ritorno m.
2.recoil /rɪˈkɔɪl/ intr. **1** [*person*] *(physically)* indietreggiare, balzare indietro (**from, at** di fronte a, davanti a); *(mentally)* rifuggire (**from** da); ***to ~ in horror*** ritrarsi inorridito **2** [*gun*] rinculare; [*spring*] ritornare indietro **3** *(affect adversely)* ***to ~ on sb.*** ricadere su qcn.
recollect /ˌrekəˈlekt/ **I** tr. ricordare, ricordarsi di **II** intr. ricordare, ricordarsi; ***as far as I ~*** per quanto mi ricordo, se ricordo bene.
recollection /ˌrekəˈlekʃn/ n. ricordo m.; ***to have some ~ of*** avere qualche ricordo di; ***to the best of my ~*** per quanto ricordo.
recommence /ˌriːkəˈmens/ tr. e intr. ricominciare (**doing** a fare).
recommend /ˌrekəˈmend/ tr. **1** *(commend)* raccomandare, consigliare [*person, company, film*] **2** *(advise)* consigliare, suggerire [*investigation, treatment*] **3** *(favour)* ***the strategy has much to ~ it*** la strategia presenta notevoli vantaggi; ***the hotel has little to ~ it*** l'hotel non è particolarmente raccomandabile.
recommendation /ˌrekəmenˈdeɪʃn/ n. raccomandazione f., consiglio m.; ***on the ~ of*** su raccomandazione *o* consiglio di; ***to give sb. a ~*** raccomandare qcn.; ***to write sb. a ~*** scrivere una lettera di raccomandazione per qcn.
recommended daily amount n. dose f. giornaliera consigliata.
recommended reading n. letture f.pl. consigliate.
recommended retail price n. prezzo m. di vendita consigliato.
1.recompense /ˈrekəmpens/ n. **1** FORM. *(reward)* ricompensa f., compenso m. (**for** per) **2** DIR. risarcimento m. (**for** di).
2.recompense /ˈrekəmpens/ tr. **1** FORM. *(reward)* ricompensare (**for** per) **2** risarcire (**for** di) (anche DIR.).
reconcilable /ˈrekənsaɪləbl/ agg. [*differences*] conciliabile; [*views*] compatibile, conciliabile.
reconcile /ˈrekənsaɪl/ tr. **1** *(after quarrel)* riconciliare [*people*]; ***to be*** o ***become ~d*** riconciliarsi **2** *(see as compatible)* conciliare [*attitudes, views*] **3** *(persuade to accept)* ***to ~ sb. to sth., to doing*** convincere qcn. di qcs., a fare; ***to become ~d to sth.*** rassegnarsi a qcs.
reconciliation /ˌrekənˌsɪlɪˈeɪʃn/ n. *(of people)* riconciliazione f., r(i)appacificazione f.; *(of ideas)* conciliazione f.
recondite /ˈrekəndaɪt/ agg. FORM. recondito.
recondition /ˌriːkənˈdɪʃn/ tr. rimettere a nuovo, riparare.
reconnaissance /rɪˈkɒnɪsns/ n. MIL. ricognizione f.
reconnoitre BE, **reconnoiter** AE /ˌrekəˈnɔɪtə(r)/ **I** tr. MIL. fare una ricognizione di, perlustrare **II** intr. MIL. fare una ricognizione.
reconquer /riːˈkɒŋkə(r)/ tr. riconquistare.
reconsider /ˌriːkənˈsɪdə(r)/ **I** tr. *(re-examine)* riconsiderare, riesaminare [*plan, opinion*] **II** intr. *(think further)* ripensare.
reconstitute /ˌriːˈkɒnstɪtjuːt, AE -tuːt/ tr. **1** AMM. POL. ricostituire [*committee, party*] **2** GASTR. ricostituire [*milk, food*].
reconstruct /ˌriːkənˈstrʌkt/ tr. **1** *(rebuild)* ricostruire [*building, system, text*] **2** MED. ricostruire **3** *(re-enact)* [*police*] ricostruire [*crime*].
reconstruction /ˌriːkənˈstrʌkʃn/ n. **1** *(of building, system)* ricostruzione f. **2** *(of crime)* ricostruzione f. **3** MED. ricostruzione f.
reconvene /ˌriːkənˈviːn/ intr. riunirsi di nuovo.
1.record /ˈrekɔːd, AE ˈrekərd/ **I** n. **1** *(written account) (of events)* documentazione f., resoconto m.; *(of official proceedings)* verbale m.; ***to keep a ~ of*** prendere nota di [*order*]; ***I have no ~ of your application*** non c'è traccia della sua domanda; ***the hottest summer on ~*** l'estate più calda che sia mai stata registrata; ***to be on ~ as saying that*** avere dichiarato ufficialmente che; ***to say sth. off the ~*** dire qcs. ufficiosamente; ***to set the ~ straight*** mettere le cose in chiaro **2** *(data)* (anche **~s**) *(historical)* archivi m.pl.; *(personal, administrative)* dossier m.; ***~s of births*** registro delle nascite; ***medical ~s*** cartella clinica **3** *(history) (of individual)* passato m., curriculum m.; *(of organization, group)* operato m.; ***to have a good ~ on*** avere una buona reputazione per quanto riguarda [*human rights, safety*]; ***service ~*** stato di servizio **4** MUS. disco m. (**by, of** di) **5** *(best performance)* record m. (**for, in** di) **6** INFORM. *(collection of data)* record m. **7** DIR. (anche **criminal ~**) fedina f. penale; ***to have no ~*** avere la fedina penale pulita **II** modif. **1** MUS. [*shop*] di dischi; [*label, industry*] discografico **2** *(best)* [*speed, sales, time*] (da) record; ***to be at a ~ high, low*** essere al massimo, al minimo.
2.record /reˈkɔːd/ **I** tr. **1** *(note)* prendere nota di [*detail, idea*]; prendere atto di [*transaction*] **2** *(on disc, tape)* incidere, registrare [*song*]; registrare [*interview*] **3** *(register)* [*equipment*] registrare [*temperature*]; [*dial*] indicare, segnare [*pressure, speed*] **4** *(provide an account of)* raccontare, riportare [*event*] **II** intr. [*video, tape recorder*] registrare.
record book n. libro m. dei record; ***to go down in the ~s*** entrare nel guinness.
record-breaker /ˈrekɔːdˌbreɪkə(r), AE ˈrekərd-/ n. primatista m. e f.
record-breaking /ˈrekɔːdˌbreɪkɪŋ, AE ˈrekərd-/ agg. da primato, da record.
record deck n. piastra f. del giradischi.
recorded /rɪˈkɔːdɪd/ **I** p.pass. → **2.record II** agg. **1** *(on tape, record)* [*interview, music*] registrato **2** *(documented)* [*case, sighting*] denunciato; [*fact*] noto.
recorded delivery n. BE raccomandata f.
recorder /rɪˈkɔːdə(r)/ n. **1** registratore m. **2** MUS. flauto m. dolce.
record-holder /ˈrekɔːdˌhəʊldə(r), AE ˈrekərd-/ n. detentore m. (-trice) di un record, di un primato.
recording /rɪˈkɔːdɪŋ/ **I** n. registrazione f.; ***video, sound ~*** videoregistrazione, registrazione audio; ***to make a ~ of*** registrare **II** modif. [*engineer*] della registrazione; [*artist*] che registra dischi; [*head, studio*] di registrazione.
record library n. discoteca f., nastroteca f.
record player n. giradischi m.
record sleeve n. copertina f. di un disco.
records office n. **1** *(of births, deaths)* ufficio m. dell'anagrafe **2** DIR. *(of court records)* cancelleria f.
record token n. buono m. per l'acquisto di dischi.
recount /rɪˈkaʊnt/ tr. raccontare, narrare.
1.re-count /ˈriːkaʊnt/ n. POL. nuovo conteggio m., nuovo computo m. dei voti.
2.re-count /ˌriːˈkaʊnt/ tr. ricontare, contare di nuovo.
recoup /rɪˈkuːp/ tr. farsi risarcire, rifarsi di [*losses*]; ***to ~ one's costs*** rientrare delle spese.
recourse /rɪˈkɔːs, AE ˈriː-/ n. ricorso m.; ***to have ~ to*** fare ricorso *o* ricorrere a.

recover /rɪˈkʌvə(r)/ **I** tr. **1** *(get back)* recuperare, ritrovare [*money, vehicle*]; riprendere [*territory*]; *(from water)* ripescare, ritrovare [*body, wreck*]; ***to ~ one's sight, strength*** recuperare la vista, le forze; ***to ~ one's health*** rimettersi (in salute); ***to ~ one's confidence*** ritrovare la fiducia in se stesso; ***to ~ consciousness*** riprendere conoscenza **2** *(recoup)* recuperare [*costs*]; ottenere [*loan*]; farsi rimborsare [*taxes*]; rifarsi di [*losses*]; DIR. ottenere il risarcimento di [*damages*] **II** intr. **1** [*person*] *(from illness)* rimettersi, ristabilirsi (**from** dopo); *(from defeat, mistake)* riprendersi (**from** da) **2** ECON. [*economy, shares, currency*] essere in ripresa **3** DIR. vincere una causa.

re-cover /ˌriːˈkʌvə(r)/ tr. foderare [*book, chair*].

recoverable /rɪˈkʌvərəbl/ agg. ECON. IND. recuperabile.

recovery /rɪˈkʌvərɪ/ n. **1** *(getting better)* guarigione f.; FIG. *(of team, player)* recupero m.; ***on the road to ~*** in via di guarigione; ***to make a ~*** *(from illness)* ristabilirsi, guarire; *(from mistake, defeat)* riprendersi **2** ECON. *(of economy, country, company)* ripresa f. (economica); *(of shares, prices)* ripresa f., rialzo m. **3** *(getting back) (of money, costs, vehicle)* recupero m.; *(of losses)* risarcimento m.

recovery room n. MED. sala f. di rianimazione.

recovery vehicle n. AUT. *(car)* veicolo m. di soccorso; *(truck)* autogrù f.

1.recreate /ˈrekrɪeɪt/ tr. *(cheer)* ricreare, svagare, divertire.

2.recreate /ˌriːkrɪˈeɪt/ tr. *(create again)* ricreare, creare di nuovo.

recreation /ˌrekrɪˈeɪʃn/ **I** n. **1** *(leisure)* ricreazione f., divertimento m., svaghi m.pl.; ***what do you do for ~?*** che cosa fai per svagarti? **2** SCOL. *(break)* ricreazione f. **II** modif. [*facilities, centre*] ricreativo; ***~ area*** *(indoor)* sala di ricreazione; *(outdoor)* campo giochi; ***~ room*** AE sala (di) ricreazione; *(for children)* stanza dei giochi.

recreational /ˌrekrɪˈeɪʃənl/ agg. [*facilities*] ricreativo.

recreational drug n. = droga che si assume occasionalmente.

recreational vehicle n. AE veicolo m. ricreazionale.

recrimination /rɪˌkrɪmɪˈneɪʃn/ n. recriminazione f.

rec room /ˈrekˌruːm, -ˌrʊm/ n. AE COLLOQ. stanza f. dei giochi.

1.recruit /rɪˈkruːt/ n. **1** MIL. POL. recluta f. (**to** in) **2** *(new staff member)* recluta f., nuovo membro m.; ***to seek ~s*** reclutare personale.

2.recruit /rɪˈkruːt/ **I** tr. **1** MIL. POL. reclutare [*soldier, agent*] (**from** tra) **2** reclutare, assumere [*nurses, graduates, etc.*] **II** intr. procedere al reclutamento.

recruiting officer n. ufficiale m. di reclutamento.

recruitment /rɪˈkruːtmənt/ n. reclutamento m.

recta /ˈrektə/ → **rectum**.

rectal /ˈrektəl/ agg. rettale.

rectangle /ˈrektæŋgl/ n. rettangolo m.

rectangular /rekˈtæŋgjʊlə(r)/ agg. rettangolare.

rectification /ˌrektɪfɪˈkeɪʃn/ n. **1** rettificazione f. (anche MAT. CHIM.) **2** EL. raddrizzamento m.

rectify /ˈrektɪfaɪ/ tr. **1** rettificare [*error, omission*]; rimediare [*oversight*] **2** MAT. CHIM. rettificare **3** EL. raddrizzare.

rectilinear /ˌrektɪˈlɪnɪə(r)/ agg. rettilineo.

rectitude /ˈrektɪtjuːd, AE -tuːd/ n. rettitudine f.

rector /ˈrektə(r)/ n. **1** RELIG. *(in Church of England)* pastore m. anglicano; *(in seminary)* rettore m.; *(in Episcopal Church)* parroco m. **2** UNIV. rettore m.

rectory /ˈrektərɪ/ n. presbiterio m. (anglicano).

rectum /ˈrektəm/ n. (pl. **~s, -a**) ANAT. (intestino) retto m.

recumbent /rɪˈkʌmbənt/ agg. LETT. disteso, supino.

recuperate /rɪˈkuːpəreɪt/ **I** tr. recuperare, rifarsi di [*loss*] **II** intr. MED. ristabilirsi, rimettersi.

recuperation /rɪˌkuːpəˈreɪʃn/ n. **1** *(of losses)* recupero m. **2** MED. guarigione f., recupero m.

recuperative /rɪˈkuːpərətɪv/ agg. ***~ powers*** capacità di recupero.

recur /rɪˈkɜː(r)/ intr. (forma in -ing ecc. **-rr-**) [*event, error, dream, problem, theme, phrase*] ricorrere, ripetersi; [*illness*] ricomparire; MAT. [*number*] essere periodico.

recurrence /rɪˈkʌrəns/ n. *(of illness)* ricorrenza f.; *(of symptom)* ricomparsa f.

recurrent /rɪˈkʌrənt/ agg. ricorrente.

recurring /rɪˈkɜːrɪŋ/ agg. **1** *(frequent)* [*thought, pain*] ricorrente **2** MAT. ***~ decimal*** numero decimale periodico.

recyclable /ˌriːˈsaɪkləbl/ agg. riciclabile.

recycle /ˌriːˈsaɪkl/ tr. riciclare [*paper, waste*].

recycled paper n. carta f. riciclata.

recycling /ˌriːˈsaɪklɪŋ/ n. riciclaggio m.

red /red/ ♦ **5 I** agg. [*apple, lips, hair, sky*] rosso; [*person, face*] rosso (**with** di); ***to go*** o ***turn ~*** diventare rosso; FIG. arrossire, diventare rosso; ***there'll be ~ faces when...*** ci sarà un grande imbarazzo quando... **II** n. **1** *(colour)* rosso m. **2** COLLOQ. SPREG. (anche **Red**) *(communist)* rosso m. (-a) **3** *(deficit)* ***to be in the ~*** [*person*] essere in rosso, avere il conto scoperto; [*company, account*] essere in passivo *o* rosso **4** *(wine)* rosso m. **5** *(red ball)* (palla) rossa f. (da biliardo) ♦ ***to be caught ~ handed*** essere preso con le mani nel sacco; ***to see ~*** vedere rosso.

red admiral n. ZOOL. atalanta f.

red alert n. MIL. NUCL. allarme m. rosso.

red blood cell n. globulo m. rosso.

red-blooded /ˌredˈblʌdɪd/ agg. [*male, man*] focoso.

redbrick university /ˌredbrɪkjuːnɪˈvɜːsɪtɪ/ n. GB = università fondata a partire dal XIX secolo, in contrapposizione a quelle antiche di Cambridge e Oxford.

red cabbage n. cavolo m. rosso.

red card n. SPORT cartellino m. rosso; ***to be shown the ~*** ricevere un cartellino rosso.

red carpet n. ***to roll out the ~ for sb.*** stendere il tappeto rosso per qcn. (anche FIG.).

redcoat /ˈredkəʊt/ n. **1** BE *(at holiday camp)* animatore m. (-trice) **2** STOR. soldato m. inglese (del XVIII secolo).

Red Cross n. Croce f. Rossa.

redcurrant /ˌredˈkʌrənt/ **I** n. ribes m. rosso **II** modif. [*tart, jelly, bush*] di ribes rossi; [*sweet, yoghurt*] al ribes rosso.

red deer n. (pl. **red deer, red deers**) cervo m. (rosso).

redden /ˈredn/ **I** tr. fare diventare rosso **II** intr. [*face*] arrossire, diventare rosso.

reddish /ˈredɪʃ/ agg. rossastro, rossiccio.

redecorate /ˌriːˈdekəreɪt/ tr. *(paint and paper)* ridecorare; *(paint only)* ridipingere, ritinteggiare.

redeem /rɪˈdiːm/ **I** tr. **1** *(exchange)* scambiare [*voucher*]; *(for cash)* riscattare [*bond, security*] **2** *(pay off)* riscattare [*pawned goods*]; ***her one ~ing feature is*** la caratteristica che la salva è, si salva solo grazie a **3** *(salvage)* salvare, riscattare [*situation, occasion*]; fare ammenda di [*fault*] **4** *(satisfy)* adempiere [*obligation*]; mantenere [*pledge*] **5** RELIG. redimere, salvare **II** rifl. ***to ~ oneself*** redimersi, riscattarsi (**by doing** facendo).

redeemable /rɪˈdiːməbl/ agg. **1** ECON. [*bond, security, loan*] redimibile, riscattabile; [*mortgage*] estinguibile **2** COMM. [*voucher*] scambiabile; [*pawned goods*] riscattabile.

Redeemer /rɪˈdiːmə(r)/ n. RELIG. Redentore m.

redefine /ˌriːdɪˈfaɪn/ tr. ridefinire.

redemption /rɪˈdempʃn/ n. **1** ECON. *(of loan, debt)* rimborso m.; *(of mortgage)* estinzione f. **2** RELIG. redenzione f.; ***beyond*** o ***past ~*** [*situation*] irrimediabile; [*machine, person*] SCHERZ. irrecuperabile.

redeploy /ˌriːdɪˈplɔɪ/ tr. dislocare [*troops*]; ridistribuire [*resources*]; reimpiegare, dislocare [*staff*].

redeployment /ˌriːdɪˈplɔɪmənt/ n. *(of troops)* dislocazione f.; *(of resources)* ridistribuzione f.; *(of staff)* reimpiego m.

redesign /ˌriːdɪˈzaɪn/ tr. riprogettare [*area, building*]; ridisegnare [*logo*].

redevelop /ˌriːdɪˈveləp/ tr. ricostruire [*site, town*]; risanare [*run-down district*].

redevelopment /ˌriːdɪˈveləpmənt/ n. *(of site, town)* ricostruzione f.; *(of run-down area)* risanamento m.

red-eyed /ˈredaɪd/ agg. dagli occhi rossi; ***to be ~*** avere gli occhi rossi.

red-faced /ˌredˈfeɪst/ agg. *(temporarily)* rosso in viso; *(permanently)* rubicondo; FIG. *(embarrassed)* imbarazzato, mortificato.

red grouse n. pernice f. bianca nordica.

red-haired /ˌredˈheəd/ agg. rosso (di capelli).

redhead /ˈredhed/ n. rosso m. (-a).

redheaded /ˌredˈhedɪd/ agg. rosso (di capelli).

red herring n. *(distraction)* depistaggio m.
red-hot /ˌred'hɒt/ **I** n. AE COLLOQ. hot-dog m. **II** agg. **1** [*metal, coal*] incandescente, rovente; FIG. [*passion, lover*] ardente **2** *(recent)* [*news*] recentissimo, fresco fresco.
redial /ˌriː'daɪəl/ **I** tr. TEL. rifare, ricomporre [*number*] **II** intr. TEL. richiamare.
redial button n. tasto m. di richiamata.
redial facility n. funzione f. di ricomposizione automatica dell'ultimo numero.
redid /ˌriː'dɪd/ pass. → **redo.**
Red Indian n. SPREG. pellerossa m. e f.
redirect /ˌriːdɪ'rekt/ tr. rindirizzare [*resources*]; deviare [*traffic*]; rispedire a nuovo indirizzo [*mail*].
rediscover /ˌriːdɪ'skʌvə(r)/ tr. *(find again)* ritrovare; *(re-experience)* riscoprire.
redistribute /ˌriːdɪ'strɪbjuːt/ tr. ridistribuire.
red-letter day n. = giorno memorabile.
red light n. semaforo m. rosso; ***to go through a ~*** passare col rosso.
red light area, red light district n. quartiere m. a luci rosse.
red meat n. carne f. rossa.
red mullet n. (pl. ~) triglia f. di scoglio.
redneck /'rednek/ **I** n. SPREG. = persona rozza, ignorante e reazionaria appartenente ai ceti bassi del Sud degli Stati Uniti **II** agg. ignorante e reazionario.
redness /'rednɪs/ n. rossore m.
redo /ˌriː'duː/ tr. (3a persona sing. pres. **redoes**; pass. **redid**; p.pass. **redone**) rifare.
redolent /'redələnt/ agg. LETT. ***to be ~ of sth.*** profumare di qcs.; FIG. evocare qcs.
redone /ˌriː'dʌn/ p.pass. → **redo.**
redouble /ˌriː'dʌbl/ tr. e intr. raddoppiare.
redoubt /rɪ'daʊt/ n. MIL. ridotta f.
redoubtable /rɪ'daʊtəbl/ agg. formidabile, temibile.
red pepper n. peperone m. rosso.
redraft /ˌriː'drɑːft/ tr. redigere di nuovo.
1.redress /rɪ'dres/ n. *(of wrong)* rimedio m., riparazione f. (anche DIR.); ***he has no (means of) ~*** non ha alcuna possibilità di ottenere una riparazione.
2.redress /rɪ'dres/ tr. riparare [*error, wrong*]; raddrizzare [*situation*]; ristabilire [*balance*].
Red Sea ♦ *20* n. Mar m. Rosso.
redskin /'redskɪn/ n. SPREG. pellerossa m. e f.
red snapper n. luzianide m.
Red Square n. piazza f. Rossa.
red squirrel n. scoiattolo m. rosso.
red tape n. burocrazia f., lungaggini f.pl. burocratiche.
reduce /rɪ'djuːs, AE -'duːs/ **I** tr. **1** *(make smaller)* ridurre [*inflation, pressure, impact*] (**by** di); abbassare, ridurre [*prices, temperature, number*]; MED. ridurre, fare riassorbire [*swelling*]; fare abbassare [*fever*]; ***the jackets have been ~d by 50%*** COMM. il prezzo delle giacche è stato ridotto del 50%; ***"~ speed now"*** AUT. "rallentare" **2** *(in scale)* ridurre [*map*]; *(condense)* ridurre, adattare [*article*] **3** MIL. degradare; ***to ~ to the ranks*** degradare a soldato semplice **4** *(alter the state of)* ***to ~ sth. to shreds, to ashes*** ridurre qcs. a pezzi, in cenere; ***to ~ sb. to tears*** fare piangere qcn.; ***to be ~d to begging*** essere ridotto a mendicare **5** *(simplify)* ridurre [*argument, existence*] **6** DIR. ridurre [*sentence*] (**by** di) **7** GASTR. ridurre [*sauce, stock*] **II** intr. **1** AE *(lose weight)* calare (di peso) **2** GASTR. [*sauce*] ridursi.
reduced /rɪ'djuːst, AE -'duːst/ **I** p.pass. → **reduce II** agg. [*price, scale*] ridotto; ***in ~ circumstances*** FORM. in ristrettezze.
reducible /rɪ'djuːsəbl, AE -'duːsəbl/ agg. riducibile.
reductio ad absurdum /rɪˌdʌktɪəʊædəb'sɜːdəm/ n. dimostrazione f. per assurdo.
reduction /rɪ'dʌkʃn/ n. **1** *(decrease)* riduzione f., diminuzione f. (**in** di) **2** COMM. riduzione f., sconto m. **3** *(simplification)* riduzione f., semplificazione f. **4** CHIM. riduzione f.
reductive /rɪ'dʌktɪv/ agg. [*theory, explanation*] riduttivo.
redundancy /rɪ'dʌndənsɪ/ **I** n. **1** BE IND. licenziamento m. (per esubero di personale) **2** INFORM. TEL. LING. ridondanza f. **II** modif. **1** BE [*scheme, pay*] di licenziamento **2** INFORM. [*check*] per ridondanza.
redundant /rɪ'dʌndənt/ agg. **1** BE IND. [*worker*] in esubero; ***to be made ~*** essere licenziato (per esubero di personale) **2** *(not needed)* [*information, device*] superfluo; [*land, machinery*] inutilizzato; ***to feel ~*** sentirsi di troppo **3** BE *(outdated)* [*technique, practice, craft*] sorpassato **4** INFORM. LING. ridondante.
red wine n. vino m. rosso.
red wine vinegar n. aceto m. (di vino) rosso.
redwood /'redwʊd/ n. sequoia f.
re-echo /ˌriː'ekəʊ/ (pass., p.pass. **~ed**) **I** tr. riecheggiare [*sentiments*] **II** intr. riecheggiare, risuonare.
reed /riːd/ **I** n. **1** BOT. canna f. **2** MUS. *(device)* ancia f.; ***~s*** strumenti ad ancia **II** modif. **1** [*basket, hut*] di canne **2** MUS. [*instrument*] ad ancia ♦ ***Tom is a broken ~*** non si può fare affidamento su Tom.
re-educate /ˌriː'edʒʊkeɪt/ tr. rieducare.
re-education /ˌriːedʒʊ'keɪʃn/ n. rieducazione f.
reedy /riːdɪ/ agg. [*voice, tone*] acuto, stridulo.
reef /riːf/ n. scogliera f., scoglio m. (anche FIG.); ***coral ~*** barriera corallina.
reefer /'riːfə(r)/ n. **1** (anche **~ jacket**) giacca f. alla marinara **2** COLLOQ. *(cannabis cigarette)* joint m., spinello m. di marijuana.
reef knot n. MAR. nodo m. piano.
1.reek /riːk/ n. tanfo m., fetore m., puzzo m. (anche FIG.).
2.reek /riːk/ intr. ***to ~ of sth.*** puzzare di qcs. (anche FIG.).
1.reel /riːl/ n. *(for cable, film, tape)* bobina f.; *(of thread)* rocchetto m.; PESC. mulinello m.; ***~-to-~*** [*tape recorder*] a bobine ♦ ***off the ~*** AE senza posa, tutto d'un fiato.
2.reel /riːl/ **I** tr. *(wind onto reel)* bobinare [*cotton*] **II** intr. *(sway)* [*person*] vacillare, barcollare; ***the government is still ~ing after its defeat*** il governo non si è ancora ripreso dopo la sconfitta.
■ **reel in** tirare su [qcs.] col mulinello [*fish*].
■ **reel off:** ~ off [sth.] dipanare [*thread*]; snocciolare [*list, names*].
3.reel /riːl/ n. = danza popolare scozzese.
re-elect /ˌriːɪ'lekt/ tr. rieleggere.
re-election /ˌriːɪ'lekʃn/ n. rielezione f.; ***to stand*** BE o ***run for ~*** ripresentarsi (alle elezioni).
re-emerge /ˌriːɪ'mɜːdʒ/ intr. [*problem*] riemergere; [*person, sun*] riapparire.
re-enact /ˌriːɪ'nækt/ tr. **1** ricostruire [*crime*]; recitare di nuovo [*role*] **2** DIR. rimettere in vigore.
re-enactment /ˌriːɪ'næktmənt/ n. *(of crime)* ricostruzione f.
re-enlist /ˌriːɪn'lɪst/ intr. riarruolarsi.
re-enter /ˌriː'entə(r)/ **I** tr. rientrare in [*room, country*] **II** intr. *(come back in)* [*person, vehicle*] rientrare.
re-entry /ˌriː'entrɪ/ n. **1** rientro m. (anche AER.) **2** FIG. *(into politics)* rientro m., ritorno m. (**into** in).
re-entry visa n. visto m. di rientro.
re-examine /ˌriːɪg'zæmɪn/ tr. **1** riesaminare [*issue, problem*] **2** *(question)* interrogare di nuovo [*witness*] (anche DIR.).
1.ref /ref/ n. SPORT COLLOQ. (accorc. referee) arbitro m.
2.ref /ref/ tr. e intr. SPORT COLLOQ. arbitrare.
3.ref ⇒ reference riferimento (rif.).
refectory /rɪ'fektrɪ, 'refɪktrɪ/ n. refettorio m.
refer /rɪ'fɜː(r)/ **I** tr. (forma in -ing ecc. **-rr-**) **1** *(pass on)* affidare [*task, problem, enquiry*] **2** DIR. rimettere, deferire [*case*] **3** *(direct)* ***to ~ sb. to*** [*critic, text*] rinviare qcn. a [*article, footnote*]; [*person*] indirizzare qcn. in [*department*]; ***to be ~red to a specialist*** MED. essere mandato da uno specialista **II** intr. (forma in -ing ecc. **-rr-**) **1** *(allude to)* ***to ~ to*** riferirsi a, parlare di [*person, topic, event*] **2** *(as name, label)* ***they ~ to him as Bob*** lo chiamano Bob **3** *(signify)* ***to ~ to*** [*number, date, term*] riferirsi a **4** *(consult)* [*person*] ***to ~ to*** consultare [*notes, article*] **5** *(apply)* ***this ~s to you in particular*** questo riguarda soprattutto te.
1.referee /ˌrefə'riː/ n. **1** SPORT arbitro m. **2** BE *(giving job reference)* referenza f.; ***to act as a ~ for sb.*** fornire delle referenze su qcn.
2.referee /ˌrefə'riː/ tr. e intr. arbitrare.
1.reference /'refərəns/ **I** n. **1** *(allusion)* riferimento m., allusione f.; ***to make ~ to*** fare riferimento a, menzionare **2** *(consultation)* ***to do sth. without ~ to sb., sth.*** fare qcs. senza consultare qcn., qcs.; ***"for ~ only"*** *(on library book)* "solo per consultazione"; ***for future ~, dogs are not allowed*** per il

futuro, è vietato l'ingresso ai cani; ***for easy ~, ...*** per una consultazione più facile, ...; ***without ~ to*** senza tenere conto di [*statistics, needs*] 3 (anche ~ **mark**) segno m. di rinvio, rimando m. 4 COMM. *(on letter, memo)* riferimento m.; ***please quote this ~*** si prega di fare riferimento alla presente 5 *(referee)* referenza f. 6 LING. riferimento m. 7 GEOGR. ***map ~s*** coordinate **II with reference to** in riferimento a; ***with ~ to your letter, request*** in riferimento alla vostra lettera, richiesta.

2.reference /ˈrefərəns/ tr. fornire le fonti di [*book, article*]; ***the book is not well ~d*** il libro non ha una buona bibliografia.

reference book n. opera f. di consultazione.

reference library n. biblioteca f. di consultazione.

reference number n. numero m. di riferimento.

reference point n. FIG. punto m. di riferimento.

referendum /ˌrefəˈrendəm/ n. (pl. **~s**, **-a**) referendum m.

referral /rɪˈfɜːrəl/ n. 1 MED. *(person)* = paziente mandato da uno specialista; *(system)* = il mandare un paziente da uno specialista 2 *(of matter, problem)* rinvio m.

1.refill /ˈriːfɪl/ n. *(for fountain pen)* cartuccia f.; *(for ballpoint, lighter, perfume)* ricarica f.; *(for pencil)* mina f. di ricambio; *(for album, notebook)* fogli m.pl. di ricambio.

2.refill /ˌriːˈfɪl/ tr. ricaricare [*pen, lighter*]; riempire di nuovo [*glass, bottle*].

refine /rɪˈfaɪn/ **I** tr. 1 IND. raffinare [*oil, sugar*] 2 *(improve)* perfezionare [*theory*]; raffinare [*manners*]; affinare [*method, taste, language*] **II** intr. ***to ~ upon*** perfezionare, migliorare.

refined /rɪˈfaɪnd/ **I** p.pass. → **refine II** agg. 1 *(cultured)* raffinato, ricercato 2 *(improved)* [*method, model*] raffinato; [*theory, concept*] perfezionato 3 IND. [*oil, sugar*] raffinato; [*metal*] affinato.

refinement /rɪˈfaɪnmənt/ n. 1 *(elegance)* raffinatezza f.; ***a man of ~*** un uomo raffinato 2 *(improvement)* raffinamento m., miglioramento m.

refinery /rɪˈfaɪnərɪ/ n. *(for oil, foodstuff)* raffineria f.

1.refit /ˈriːfɪt/ n. *(of shop, factory)* rinnovamento m.; *(of ship)* raddobbo m.

2.refit /ˌriːˈfɪt/ tr. (forma in -ing ecc. **-tt-**) rinnovare [*shop, factory*]; raddobbare [*ship*].

reflate /ˌriːˈfleɪt/ tr. ECON. adottare misure reflazionistiche.

reflation /ˌriːˈfleɪʃn/ n. ECON. reflazione f.

reflect /rɪˈflekt/ **I** tr. 1 riflettere, rispecchiare (anche FIG.); ***to be ~ed in sth.*** rispecchiarsi in qcs. (anche FIG.); ***he saw himself, his face ~ed in the mirror*** vide il suo riflesso, il riflesso del suo viso nello specchio 2 *(throw back)* riflettere [*light, heat*] 3 *(think)* pensare **II** intr. 1 *(think)* riflettere (**on**, **upon** su) 2 ***to ~ well on sb.*** fare onore a *o* essere motivo di vanto per qcn.; ***to ~ badly on sb.*** tornare a discredito di *o* disonorare qcn.; ***how is this going to ~ on the school?*** che ripercussioni avrà sulla scuola?

reflection /rɪˈflekʃn/ n. 1 *(image)* riflesso m., immagine f. riflessa (anche FIG.) 2 *(thought)* riflessione f.; ***on ~*** riflettendoci (bene); ***lost in ~*** assorto nei propri pensieri 3 *(idea)* riflessione f., pensiero m.; *(remark)* osservazione f. 4 *(criticism)* ***it is a sad ~ on our society that...*** va a demerito della nostra società che...

reflective /rɪˈflektɪv/ agg. 1 *(thoughtful)* [*mood*] pensieroso; [*person*] riflessivo, meditabondo 2 *(throwing back light, heat)* [*material, surface*] riflettente.

reflector /rɪˈflektə(r)/ n. 1 *(on vehicle)* catarifrangente m. 2 *(of light, heat)* riflettore m.

reflex /ˈriːfleks/ **I** n. riflesso m. (anche FISIOL.) **II** agg. riflesso; ***~ action*** (atto) riflesso.

reflex camera n. macchina f. (fotografica) reflex, reflex m. e f.

reflexive /rɪˈfleksɪv/ **I** n. LING. 1 (anche ~ **verb**) (verbo) riflessivo m. 2 (anche ~ **form**) forma f. riflessiva; ***in the ~*** al riflessivo, nella forma riflessiva **II** agg. LING. riflessivo.

reflexology /ˌriːflekˈsɒlədʒɪ/ n. riflessologia f.

refloat /ˌriːˈfləʊt/ tr. MAR. ECON. riportare a galla.

reflux /ˈriːflʌks/ n. riflusso m.

reforestation /ˌriːfɒrəˈsteɪʃn/ n. (ri)forestazione f., rimboschimento m.

1.reform /rɪˈfɔːm/ n. riforma f.

2.reform /rɪˈfɔːm/ **I** tr. riformare **II** intr. riformarsi.

re-form /ˌriːˈfɔːm/ **I** tr. riformare, ricostituire **II** intr. riformarsi.

reformat /ˌriːˈfɔːmæt/ tr. (forma in -ing ecc. **-tt-**) INFORM. riformattare.

reformation /ˌrefəˈmeɪʃn/ **I** n. *(of system, person)* riforma f. **II Reformation** n.pr. RELIG. Riforma f.

reformatory /rɪˈfɔːmətrɪ, AE -tɔːrɪ/ n. riformatorio m.

reformed /rɪˈfɔːmd/ **I** p.pass. → **2.reform II** agg. 1 [*state, system*] riformato; [*criminal*] riabilitato; ***he's a ~ character*** ha messo la testa a posto 2 RELIG. riformato.

reformer /rɪˈfɔːmə(r)/ n. riformatore m. (-trice).

reformist /rɪˈfɔːmɪst/ **I** n. riformista m. e f. **II** agg. riformistico.

refract /rɪˈfrækt/ tr. FIS. rifrangere.

refraction /rɪˈfrækʃn/ n. FIS. rifrazione f.

refractive /rɪˈfræktɪv/ agg. FIS. rifrangente; ***~ index*** indice di rifrazione.

refractory /rɪˈfræktərɪ/ agg. refrattario.

1.refrain /rɪˈfreɪn/ n. 1 MUS. LETTER. refrain m., ritornello m. 2 FIG. ritornello m.

2.refrain /rɪˈfreɪn/ intr. trattenersi; ***to ~ from doing*** trattenersi *o* astenersi dal fare; ***to ~ from comment*** astenersi da ogni commento; ***please ~ from smoking*** FORM. si prega di non fumare.

refresh /rɪˈfreʃ/ **I** tr. 1 *(invigorate)* [*bath*] rinfrescare, ristorare; [*cold drink*] rinfrescare, dissetare; [*hot drink, rest*] ristorare 2 *(renew)* ***to ~ sb.'s memory*** rinfrescare la memoria a qcn. **II** rifl. ***to ~ oneself*** *(with rest)* riposarsi, ristorarsi; *(with bath, drink)* rinfrescarsi.

refresher course /rɪˈfreʃəkɔːs/ n. corso m. di aggiornamento.

refreshing /rɪˈfreʃɪŋ/ agg. 1 *(invigorating)* [*shower*] rinfrescante; [*drink*] dissetante; [*sleep*] ristoratore 2 *(novel)* [*insight*] originale; ***it is ~ to see...*** fa piacere vedere...

refreshment /rɪˈfreʃmənt/ **I** n. *(rest)* riposo m.; *(food, drink)* ristoro m.; ***to stop for ~*** fermarsi a mangiare, bere qualcosa **II refreshments** n.pl. ***light ~s*** *(on journey)* pasto leggero; ***~s will be served*** *(at gathering)* ci sarà un rinfresco.

refreshment bar, **refreshment stall** n. buffet m., posto m. di ristoro.

refrigerate /rɪˈfrɪdʒəreɪt/ tr. refrigerare.

refrigerated /rɪˈfrɪdʒəreɪtɪd/ **I** p.pass. → **refrigerate II** agg. [*product*] da frigo; [*transport*] frigorifero; ***"keep ~"*** "conservare in frigorifero".

refrigeration /rɪˌfrɪdʒəˈreɪʃn/ n. refrigerazione f.

refrigerator /rɪˈfrɪdʒəreɪtə(r)/ **I** n. *(appliance)* frigorifero m.; *(room)* cella f. frigorifera **II** modif. [*truck, wagon*] frigorifero.

refuel /ˌriːˈfjʊəl/ **I** tr. (forma in -ing ecc. **-ll-** BE, **-l-** AE) fare benzina a [*car*]; rifornire di carburante [*plane*]; FIG. alimentare [*fears*] **II** intr. (forma in -ing ecc. **-ll-** BE, **-l-** AE) fare benzina, rifornirsi di carburante.

refuelling BE, **refueling** AE /ˌriːˈfjʊəlɪŋ/ n. rifornimento m. di carburante.

refuge /ˈrefjuːdʒ/ n. 1 *(protection)* rifugio m.; ***to take ~ from*** mettersi al riparo da [*danger, people*]; ripararsi da [*weather*]; ***to take ~ in*** rifugiarsi in [*place, drink, drugs*] 2 *(hostel)* rifugio m.

refugee /ˌrefjʊˈdʒiː, AE ˈrefjʊdʒiː/ **I** n. rifugiato m. (-a) profugo m. (-a) **II** modif. [*camp*] (di) profughi; [*status*] di rifugiato.

1.refund /ˈriːfʌnd/ n. rimborso m.; ***to get a ~ on sth.*** farsi rimborsare qcs.

2.refund /ˌriːˈfʌnd/ tr. rimborsare [*charge, excess paid*].

refurbish /ˌriːˈfɜːbɪʃ/ tr. rinnovare, rimettere a nuovo.

refurbishment /ˌriːˈfɜːbɪʃmənt/ n. rinnovo m.

refusal /rɪˈfjuːzl/ n. 1 *(negative response)* rifiuto m.; *(to application, invitation)* risposta f. negativa 2 COMM. ***to give sb. first ~*** concedere a qcn. diritto d'opzione *o* di prelazione.

1.refuse /rɪˈfjuːz/ **I** tr. rifiutare, rifiutarsi; ***to ~ sb. sth.*** rifiutare qcs. a qcn. **II** intr. rifiutare.

2.refuse /ˈrefjuːs/ **I** n. BE *(household)* rifiuti m.pl., spazzatura f.; *(industrial)* rifiuti m.pl. industriali; *(garden)* rifiuti m.pl. del giardino **II** modif. [*collection, burning*] dei rifiuti.

refuse bin n. BE bidone m. della spazzatura, pattumiera f.

refuse chute n. BE condotto m. della pattumiera.

refuse collector ▸ ***27*** n. BE spazzino m. (-a).

refuse disposal n. BE smaltimento m. (dei) rifiuti.

refuse disposal unit n. tritarifiuti m.

refuse dump n. BE discarica f. pubblica.
refuse lorry n. BE camion m. della nettezza urbana.
refutation /ˌrefjuːˈteɪʃn/ n. confutazione f.
refute /rɪˈfjuːt/ tr. confutare.
regain /rɪˈgeɪn/ tr. recuperare, riacquistare [*health, strength, sight*]; riconquistare [*power, freedom, seat*]; ritrovare [*balance, composure*]; riprendere [*control*]; recuperare, riguadagnare [*time*]; ***to ~ possession of*** rientrare in possesso di; ***to ~ consciousness*** riprendere conoscenza.
regal /ˈriːgl/ agg. regale, regio, reale.
regale /rɪˈgeɪl/ tr. *(entertain)* intrattenere; *(delight)* deliziare.
regalia /rɪˈgeɪlɪə/ n.pl. *(official)* insegne f.; *(royal)* insegne f. regali; ***in full ~*** in grande pompa (anche SCHERZ.).
regally /ˈriːgəlɪ/ avv. regalmente.
1.regard /rɪˈgɑːd/ **I** n. **1** *(consideration)* riguardo m.; ***out of ~ for*** per riguardo verso **2** *(esteem)* stima f.; ***to have little ~ for money*** avere poca considerazione per i soldi; ***to hold sb., sth. in high ~*** avere molta stima di qcn., qcs. **3** *(connection)* ***with*** o ***in ~ to*** per quanto riguarda, riguardo a, quanto a; ***in this ~*** a questo riguardo, al riguardo **II regards** n.pl. *(good wishes)* saluti m.; ***kindest ~s*** cordiali saluti; ***with ~s*** distinti saluti; ***give them my ~s*** salutali da parte mia.
2.regard /rɪˈgɑːd/ tr. **1** *(consider)* considerare; ***to ~ sb. with suspicion*** nutrire *o* avere sospetti su qcn.; ***highly ~ed*** molto apprezzato; ***to ~ sb. very highly*** stimare molto qcn. **2** *(concern)* riguardare **3 as regards** per quanto riguarda, riguardo a, quanto a.
regarding /rɪˈgɑːdɪŋ/ prep. riguardo a, quanto a.
regardless /rɪˈgɑːdlɪs/ **I** prep. ***~ of cost, age*** senza badare al prezzo, all'età; ***~ of the weather*** qualunque tempo faccia **II** avv. [*continue*] malgrado tutto.
regatta /rɪˈgætə/ n. regata f.
regency /ˈriːdʒənsɪ/ **I** n. POL. STOR. reggenza f.; ***the Regency*** *(in France)* la Reggenza; *(in Great Britain)* il periodo della reggenza (di Giorgio IV) **II Regency** modif. [*furniture*] regency.
regenerate /rɪˈdʒenəreɪt/ **I** tr. rigenerare **II** intr. rigenerarsi.
regeneration /rɪˌdʒenəˈreɪʃn/ n. *(economic, political, etc.)* rigenerazione f.; *(urban)* restauro m.
regenerative /rɪˈdʒenərətɪv/ agg. rigenerativo.
regent /ˈriːdʒənt/ n. POL. STOR. reggente m. e f.
reggae /ˈregeɪ/ n. reggae m.
Reggie /ˈredʒɪ/ n.pr. diminutivo di **Reginald**.
regicide /ˈredʒɪsaɪd/ n. **1** *(act)* regicidio m. **2** *(person)* regicida m. e f.
regime, **régime** /reɪˈʒiːm, ˈreʒiːm/ n. **1** POL. regime m. **2** → **regimen**.
regimen /ˈredʒɪmen/ n. MED. FORM. regime m.
1.regiment /ˈredʒɪmənt/ n. MIL. reggimento m. (anche FIG.).
2.regiment /ˈredʒɪmənt/ tr. MIL. irreggimentare (anche FIG.).
regimental /ˌredʒɪˈmentl/ agg. reggimentale.
regimentation /ˌredʒɪmenˈteɪʃn/ n. irreggimentazione f.
regimented /ˈredʒɪmentɪd/ **I** p.pass. → **2.regiment II** agg. irreggimentato, sottoposto a una rigida disciplina.
Regina /rəˈdʒaɪnə/ n. BE DIR. ***~ v Jones*** la Regina contro Jones.
Reginald /rəˈdʒɪnld/ n.pr. Reginaldo.
region /ˈriːdʒən/ **I** n. GEOGR. regione f., zona f.; ***in the ~s*** BE in provincia **II in the region of** intorno a, all'incirca; ***(somewhere) in the ~ of £ 90*** intorno alle 90 sterline, all'incirca sulle 90 sterline.
regional /ˈriːdʒənl/ agg. regionale; ***~ development*** sviluppo del territorio.
regionalism /ˈriːdʒənəlɪzəm/ n. regionalismo m.
regionalist /ˈriːdʒənəlɪst/ **I** agg. regionalista **II** n. regionalista m. e f.
1.register /ˈredʒɪstə(r)/ n. **1** registro m. (anche AMM. COMM.); SCOL. registro m. delle assenze; ***to take the ~*** SCOL. prendere le presenze; ***~ of births, marriages and deaths*** registro di stato civile, anagrafe **2** MUS. LING. INFORM. registro m. **3** AE *(till)* registratore m. di cassa.
2.register /ˈredʒɪstə(r)/ **I** tr. **1** *(declare officially)* dichiarare, registrare, denunciare [*birth, death, marriage*]; registrare [*vehicle*]; consegnare al check-in [*luggage*]; depositare [*trademark, patent, complaint*]; fare registrare [*company*] **2** [*official*] iscrivere, immatricolare [*student*]; registrare [*name, birth, death, company*]; immatricolare [*vehicle*]; ***to be ~ed (as) disabled*** essere ufficialmente riconosciuto disabile **3** *(show)* [*instrument*] indicare [*speed, temperature*]; [*person*] esprimere [*anger, disapproval*]; ***the earthquake ~ed six on the Richter scale*** il terremoto era del sesto grado della scala Richter **4** *(notice)* prendere nota, registrare (nella mente); *(realize)* rendersi conto **5** *(record)* registrare [*loss, gain*] **6** *(send)* mandare [qcs.] per raccomandata [*letter*]; registrare [*luggage*] **II** intr. **1** *(to vote, for course, school)* iscriversi; *(at hotel)* registrarsi a; *(with police, for taxes)* farsi recensire (**for** per); *(for shares)* intestare (**for** a); ***to ~ for voting, for a course*** iscriversi nelle liste elettorali, a un corso; ***to ~ with a doctor*** iscriversi nella lista dei pazienti di un dottore **2** *(be shown)* [*speed, temperature, earthquake*] essere registrato **3** *(mentally)* ***his name didn't ~ with me*** il suo nome non mi diceva niente.
registered /ˈredʒɪstəd/ **I** p.pass. → **2.register II** agg. **1** [*voter*] iscritto; [*vehicle*] immatricolato; [*charity*] riconosciuto; [*student*] immatricolato, iscritto; [*firearm*] dichiarato; [*company*] registrato, iscritto nel registro delle società; ECON. [*shares*] nominativo **2** [*letter*] *(uninsured)* raccomandato; *(insured)* assicurato.
registered general nurse BE, **registered nurse** AE n. infermiere m. (-a) professionale.
registered trademark n. marchio m. registrato, marchio m. depositato.
register office n. → **registry office**.
registrar /ˌredʒɪsˈtrɑː(r), ˈredʒ-/ ➧ **27** n. **1** BE AMM. ufficiale m. e f. dell'anagrafe **2** UNIV. responsabile m. e f. della segreteria **3** BE MED. (medico) specializzando m. **4** BE DIR. cancelliere m.
registration /ˌredʒɪˈstreɪʃn/ n. **1** *(for course)* iscrizione f.; *(for taxes)* dichiarazione f.; *(for national service)* arruolamento m.; *(of trademark, patent)* deposito m.; *(of birth, death, marriage)* denuncia f.; *(of company, luggage)* registrazione f. **2** AUT. (anche **~ document**) libretto m. di circolazione.
registration form n. modulo m. d'iscrizione.
registration number n. numero m. d'immatricolazione, numero m. di targa.
registration plate n. targa f. di circolazione.
registry /ˈredʒɪstrɪ/ n. BE *(in church, university)* ufficio m. dei registri.
registry office n. BE ufficio m. di stato civile, ufficio m. anagrafico, anagrafe f.; ***to get married in a ~*** sposarsi civilmente *o* in municipio.
regress /rɪˈgres/ intr. BIOL. PSIC. regredire (anche FIG.).
regression /rɪˈgreʃn/ n. regressione f.
regressive /rɪˈgresɪv/ agg. BIOL. PSIC. regressivo.
1.regret /rɪˈgret/ n. rimpianto m., rammarico m. (**about**, **at** per); ***to have no ~s about doing*** non rimpiangere di aver fatto; ***to my great ~*** con mio grande rammarico.
2.regret /rɪˈgret/ tr. (forma in -ing ecc. **-tt-**) **1** *(rue)* rimpiangere [*action, decision*]; ***to ~ doing*** rimpiangere di aver fatto **2** *(feel sad about)* rimpiangere [*absence, lost youth*]; ***I ~ to say that*** mi dispiace dover dire che; ***I ~ to inform you that*** sono spiacente di informarla che; ***it is to be ~ted that*** è deplorevole che.
regretful /rɪˈgretfl/ agg. pieno di rimpianto.
regretfully /rɪˈgretfəlɪ/ avv. **1** *(with sadness)* con rincrescimento, con rimpianto **2** *(unfortunately)* purtroppo.
regrettable /rɪˈgretəbl/ agg. deplorevole, spiacevole.
regrettably /rɪˈgretəblɪ/ avv. **1** *(sadly)* purtroppo **2** *(very)* [*slow, weak*] deplorevolmente.
regroup /ˌriːˈgruːp/ intr. raggrupparsi di nuovo.
regular /ˈregjʊlə(r)/ **I** agg. **1** *(evenly arranged)* [*intervals, features*] regolare; ***on a ~ basis*** regolarmente; ***to take ~ exercise*** allenarsi regolarmente **2** *(usual)* [*activity, customer, visitor*] abituale; COMM. [*price, size*] normale; ***I am a ~ listener to your programme*** sono un vostro fedele ascoltatore **3** *(constant)* ***to be in ~ employment*** avere un impiego fisso **4** BE AMM. MIL. [*soldier, army*] permanente; [*staff*] effettivo **5** *(honest)* [*procedure, method*] regolare **6** COLLOQ. *(thorough)* vero e proprio; ***he's a ~ crook*** è un furfante matricolato **7** AE COLLOQ. *(nice)* ***he's a ~ guy*** è un tipo a posto **II** n. **1** *(habitual client)* cliente

m. e f. abituale, cliente m. e f. fisso (-a); *(habitual visitor)* frequentatore m. (-trice) abituale **2** BE MIL. soldato m. permanente **3** AE *(petrol)* benzina f. normale.

regularity /ˌregjʊˈlærətɪ/ n. regolarità f.

regularize /ˈregjʊləraɪz/ tr. regolarizzare.

regularly /ˈregjʊləlɪ/ avv. regolarmente.

regulate /ˈregjʊleɪt/ tr. **1** *(control)* regolare [*behaviour, activity*]; regolamentare [*use*] **2** *(adjust)* regolare, mettere a punto [*mechanism*].

regulation /ˌregjʊˈleɪʃn/ **I** n. **1** *(rule) (for safety, fire)* norma f.; *(for discipline)* regolamento m.; *(legal)* disposizione f.; ***EEC ~s*** regolamento comunitario; ***fire ~s*** *(laws)* norme antincendio; *(instructions)* istruzioni in caso d'incendio; ***under the (new) ~s*** secondo le (nuove) disposizioni **2** *(act or process of controlling)* regolamentazione f., controllo m. **II** modif. [*width, length*] regolamentare; SCHERZ. [*garment*] di rigore.

regulator /ˈregjʊleɪtə(r)/ n. **1** *(device)* regolatore m. **2** *(person)* chi regola, regolatore m. (-trice) **3** ECON. regolatore m.

regulatory /ˈregjʊleɪtrɪ, AE -tɔːrɪ/ agg. regolatore.

regurgitate /rɪˈgɜːdʒɪteɪt/ tr. rigurgitare; FIG. SPREG. ripetere pedestremente [*opinions, lecture notes*].

regurgitation /rɪˌgɜːdʒɪˈteɪʃn/ n. rigurgito m.; FIG. SPREG. ripetizione f. meccanica.

rehabilitate /ˌriːəˈbɪlɪteɪt/ tr. **1** *(medically)* riabilitare; *(to society)* reinserire [*handicapped person, ex-prisoner*]; riabilitare [*addict*] **2** *(reinstate)* riabilitare (anche POL.) **3** *(restore)* restaurare [*building*]; risanare [*environment*].

rehabilitation /ˌriːəbɪlɪˈteɪʃn/ n. **1** *(of person) (medical)* riabilitazione f.; *(social)* reinserimento m. **2** *(reinstatement)* riabilitazione f. (anche POL.) **3** *(of building)* restauro m.; *(of environment)* risanamento m.

rehabilitation centre BE, **rehabilitation center** AE n. *(for the handicapped)* centro m. di riabilitazione; *(for addicts)* centro m. di reinserimento.

1.rehash /ˈriːhæʃ/ n. SPREG. rimaneggiamento m.

2.rehash /ˌriːˈhæʃ/ tr. SPREG. rimaneggiare.

rehearsal /rɪˈhɜːsl/ n. TEATR. prova f. (anche FIG.).

rehearse /rɪˈhɜːs/ **I** tr. **1** TEATR. provare [*scene*]; fare provare a, far fare le prove a [*performer*]; FIG. provare, preparare [*speech, excuse*] **2** FORM. *(recount)* raccontare [*story*]; enumerare [*grievances*] **II** intr. provare, fare le prove.

reheat /ˌriːˈhiːt/ tr. riscaldare.

reheel /riːˈhiːl/ tr. ***to have one's shoes ~ed*** farsi rifare i tacchi delle scarpe.

rehouse /ˌriːˈhaʊz/ tr. riallogiare.

1.reign /reɪn/ n. regno m. (anche FIG.); ***during the ~ of Churchill*** quando Churchill era al potere; ***~ of terror*** regime di terrore; ***the Reign of Terror*** STOR. il Terrore.

2.reign /reɪn/ intr. regnare (**over** su) (anche FIG.).

reigning /ˈreɪnɪŋ/ agg. [*monarch*] regnante; [*champion*] in carica.

reimburse /ˌriːɪmˈbɜːs/ tr. rimborsare.

reimbursement /ˌriːɪmˈbɜːsmənt/ n. rimborso m.

1.rein /reɪn/ n. redine f., briglia f. (anche FIG.); ***to hold the ~s*** tenere le redini (anche FIG.) ♦ ***to keep sb. on a tight ~*** tenere qcn. sotto stretto controllo; ***to give full*** o ***free ~ to*** dare libero sfogo a, sbrigliare.

2.rein /reɪn/ tr. imbrigliare, mettere le redini a [*horse*].

■ **rein in:** ***~ in [sth.]*** **1** rimettere al passo [*horse*] **2** FIG. contenere [*inflation*]; tenere a freno [*person*].

reincarnate /ˌriːɪnˈkɑːneɪt/ tr. ***to be ~d*** reincarnarsi (**as** in).

reincarnation /ˌriːɪnkɑːˈneɪʃn/ n. reincarnazione f.

reindeer /ˈreɪndɪə(r)/ n. (pl. **~**, **~s**) renna f.

reinforce /ˌriːɪnˈfɔːs/ tr. **1** rinforzare, rafforzare (anche MIL. ING.) **2** FIG. rafforzare [*feeling, trend*]; ravvivare [*hopes*]; avvalorare [*theory*].

reinforced concrete n. cemento m. armato.

reinforcement /ˌriːɪnˈfɔːsmənt/ **I** n. **1** *(action)* rafforzamento m. **2** *(support)* rinforzo m. **II reinforcements** n.pl. MIL. rinforzi m. (anche FIG.).

reinstate /ˌriːɪnˈsteɪt/ tr. reintegrare, riassumere [*employee*]; ripristinare [*legislation*].

reinstatement /ˌriːɪnˈsteɪtmənt/ n. *(of employee)* reintegrazione f., riassunzione f.; *(of legislation)* ripristino m.

reintegrate /ˌriːˈɪntɪgreɪt/ tr. reintegrare (**into** in).

reinvigorate /ˌriːɪnˈvɪgəreɪt/ tr. rinvigorire.

1.reissue /ˌriːˈɪʃuː/ n. *(of book)* riedizione f., ristampa f.; *(of film, record)* riedizione f.

2.reissue /ˌriːˈɪʃuː/ tr. ristampare [*book, record*]; ridistribuire [*film*]; riemettere [*share certificates*].

reiterate /riːˈɪtəreɪt/ tr. reiterare, ripetere.

reiteration /riːˌɪtəˈreɪʃn/ n. reiterazione f., ripetizione f.

1.reject /ˈriːdʒekt/ n. COMM. scarto m. (di produzione).

2.reject /rɪˈdjekt/ tr. **1** rigettare, rifiutare, respingere [*advice, request*]; rifiutare [*invitation, suggestion*]; respingere [*suitor, candidate, manuscript*]; disconoscere [*child, parent*] **2** MED. TECN. INFORM. PSIC. rigettare.

rejection /rɪˈdʒekʃn/ n. rifiuto m.; *(of candidate, manuscript)* rigetto m. (anche MED. INFORM. TECN.); ***to meet with ~*** ricevere un rifiuto.

rejection letter n. lettera f. di rifiuto.

rejection slip n. *(in publishing)* lettera f. di rifiuto.

rejig /ˌriːˈdʒɪg/ BE, **rejigger** /ˌriːˈdʒɪgə(r)/ AE tr. riorganizzare [*plans, timetable*].

rejoice /rɪˈdʒɔɪs/ **I** tr. ***to ~ that*** gioire del fatto che **II** intr. gioire (**at**, **over** per); ***to ~ in*** gioire di [*event*]; godere di [*freedom*].

rejoicing /rɪˈdʒɔɪsɪŋ/ **I** n. *(jubilation)* esultanza f., giubilo m. **II rejoicings** n.pl. FORM. *(celebrations)* festeggiamenti m.

rejoin /riːˈdʒɔɪn/ tr. **1** *(join again)* riunirsi a, ricongiungersi a [*companion*]; rientrare in [*team, organization*]; [*road*] ricongiungersi a [*coast, route*]; ***to ~ ship*** MAR. risalire a bordo, reimbarcarsi **2** *(put back together)* riunire, ricongiungere.

rejoinder /rɪˈdʒɔɪndə(r)/ n. replica f. (anche DIR.).

rejuvenate /rɪˈdʒuːvɪneɪt/ tr. e intr. ringiovanire (anche FIG.).

rejuvenation /rɪˌdʒuːvɪˈneɪʃn/ n. ringiovanimento m. (anche FIG.).

rekindle /ˌriːˈkɪndl/ **I** tr. riaccendere, ravvivare (anche FIG.) **II** intr. riaccendersi, ravvivarsi (anche FIG.).

relaid /riːˈleɪd/ pass., p.pass. → **3.relay**.

1.relapse /ˈriːlæps/ n. MED. ricaduta f. (anche FIG.).

2.relapse /rɪˈlæps/ intr. ricadere (**into** in) (anche MED.).

relate /rɪˈleɪt/ **I** tr. **1** *(connect)* ***to ~ sth. and sth.*** mettere qcs. in relazione con qcs.; ***to ~ sth. to sth.*** collegare qcs. a qcs. **2** *(recount)* raccontare [*story*] **II** intr. **1** *(have connection)* ***to ~ to*** riferirsi a; ***the two things ~*** le due cose sono collegate; ***everything relating to him*** tutto ciò che ha a che fare con lui **2** *(communicate)* ***to ~ to*** comunicare *o* intendersi con; ***to have problems relating (to others)*** avere problemi a rapportarsi (con gli altri) **3** *(identify)* ***I can't ~ to the character*** non mi identifico con quel personaggio; ***I can ~ to that!*** lo posso capire!

related /rɪˈleɪtɪd/ **I** p.pass. → **relate II** agg. **1** *(in the same family)* [*person, language*] imparentato (**by**, **through** per; **to** con); ***we are ~ by marriage*** siamo parenti acquisiti **2** *(connected)* [*subject*] connesso, collegato; [*area, idea, incident*] legato; [*species*] affine, simile; ***the murders are ~*** i crimini sono collegati tra di loro **3 -related** in composti ***drug, work~*** legato alla droga, al lavoro.

relating /rɪˈleɪtɪŋ/ agg. **~ *to*** relativo a, riguardante.

relation /rɪˈleɪʃn/ **I** n. **1** *(relative)* parente m. e f.; ***my ~s*** i miei parenti **2** *(connection)* relazione f., rapporto m.; ***to bear no ~ to*** non avere nulla a che vedere con, non avere alcun rapporto con **3** *(comparison)* ***in ~ to*** in rapporto a; ***with ~ to*** in relazione a, per quanto riguarda **II relations** n.pl. **1** *(mutual dealings)* relazioni f. **2** EUFEM. *(intercourse)* rapporto m.sing. (sessuale).

relational /rɪˈleɪʃnəl/ agg. LING. INFORM. relazionale.

relationship /rɪˈleɪʃnʃɪp/ n. **1** *(human connection)* relazione f., rapporto m.; ***to form ~s*** stabilire legami; ***to have a good ~ with*** avere un buon rapporto con; ***a working ~*** un rapporto di lavoro **2** *(in a couple)* relazione f.; ***sexual ~*** relazione sessuale; ***we have a good ~*** abbiamo un bel rapporto **3** *(family bond)* parentela f.

relative /ˈrelətɪv/ **I** agg. **1** *(comparative)* [*comfort, happiness*] relativo; ***the ~ merits of X and Y*** i rispettivi meriti di X e Y; ***supply is ~ to demand*** l'offerta è proporzionale alla domanda **2** *(concerning)* ***~ to*** relativo a **3** LING. relativo **II** n. *(relation)* parente m. e f.; ***my ~s*** i miei parenti.

relatively /ˈrelətɪvlɪ/ avv. relativamente.

relativism /ˈrelətɪvɪzəm/ n. relativismo m.

relativity /ˌrelə'tɪvətɪ/ n. relatività f. (anche LING. FIS.).
relax /rɪ'læks/ **I** tr. allentare [*grip*]; rilassare, decontrarre [*jaw, muscle*]; ridurre, diminuire [*concentration*]; rilassare [*restrictions, discipline*]; rilassare, distendere [*body, mind*] **II** intr. [*person*] rilassarsi, distendersi; [*grip*] allentarsi; [*jaw, muscle*] rilassarsi; [*discipline, restrictions*] rilassarsi.
relaxation /ˌri:læk'seɪʃn/ n. **1** *(recreation)* distensione f., relax m.; ***what do you do for ~?*** che cosa fai per rilassarti? **2** *(of grip)* allentamento m.; *(of jaw, muscle)* decontrazione f., rilassamento m.; *(of concentration)* diminuzione f.; *(of restrictions, discipline)* rilassamento m. (**in** di); *(of body, mind)* distensione f., rilassamento m.
relaxed /rɪ'lækst/ **I** p.pass. → **relax II** agg. rilassato, disteso; ***he's quite ~ about it*** è abbastanza tranquillo al riguardo.
relaxing /rɪ'læksɪŋ/ agg. [*atmosphere, activity*] rilassante; [*vacation*] riposante, rilassante.
1.relay /'ri:leɪ/ **I** n. **1** *(of workers)* turno m.; *(of horses)* muta f.; ***to work in ~s*** fare i turni **2** RAD. TELEV. trasmissione f. **3** (anche **~ race**) corsa f. a staffetta **4** EL. relè m., relais m. **II** modif. SPORT **~ *runner*** staffettista.
2.relay /'ri:leɪ, rɪ'leɪ/ tr. (pass., p.pass. **relayed**) RAD. TELEV. trasmettere; FIG. trasmettere, inoltrare [*message, question*].
3.relay /ri:'leɪ/ tr. (pass., p.pass. **relaid**) posare di nuovo [*carpet*].
relay station n. RAD. TELEV. radioripetitore m., stazione f. ripetitrice.
1.release /rɪ'li:s/ n. **1** *(liberation)* rilascio m., liberazione f.; ***on his ~ from prison*** alla sua scarcerazione **2** FIG. *(relief)* sollievo m., liberazione f. **3** MIL. *(of missile)* lancio m.; *(of bomb)* sganciamento m. **4** TECN. *(of mechanism)* sgancio m. **5** GIORN. *(announcement)* comunicato m. (stampa) **6** CINEM. *(making publicly available)* distribuzione f.; ***the film is now on general ~*** il film è ora in tutte le sale **7** *(film, video, record)* novità f. **8** *(discharge form)* congedo m.
2.release /rɪ'li:s/ tr. **1** *(set free)* rilasciare, mettere in libertà [*hostage, prisoner*]; liberare [*accident victim, animal*] **2** FIG. ***to ~ sb. from*** sciogliere qcn. da [*promise, obligation*] **3** TECN. sganciare [*catch, clasp*]; FOT. aprire [*shutter*]; AUT. togliere [*handbrake*] **4** *(shoot)* scoccare [*arrow*]; MIL. sganciare [*bomb*]; lanciare [*missile*] **5** *(let go of)* lasciare, mollare [*object, hand*]; ***to ~ one's grip of sth.*** lasciare qcs., allentare la presa su qcs. **6** GIORN. diffondere, rendere pubblico [*news, statement*]; pubblicare [*photo, picture*] **7** CINEM. fare uscire, distribuire [*film*]; MUS. fare uscire, lanciare [*video, record*].
relegate /'relɪgeɪt/ tr. **1** *(downgrade)* relegare [*person, object, issue*] (**to** in) **2** BE SPORT fare retrocedere (**to** in); ***to be ~d*** essere retrocesso.
relegation /ˌrelɪ'geɪʃn/ n. **1** *(downgrading)* relegazione f., retrocessione f. (**to** in) **2** BE SPORT retrocessione f. (**to** in).
relent /rɪ'lent/ intr. [*person, government*] cedere; [*weather, storm*] calmarsi.
relentless /rɪ'lentlɪs/ agg. [*urge*] implacabile; [*ambition*] sfrenato; [*noise, activity*] incessante; [*attack*] accanito.
relentlessly /rɪ'lentlɪslɪ/ avv. [*rain*] incessantemente; [*shine*] implacabilmente; [*argue, attack*] accanitamente; [*advance*] inesorabilmente.
relevance /'reləvəns/ n. pertinenza f. (**to** con), interesse m. (**to** per); ***the ~ of politics to daily life*** l'impatto della politica sulla vita quotidiana; ***to be of ~ to*** essere pertinente a.
relevant /'reləvənt/ agg. **1** *(pertinent)* [*facts, remark, point, issue*] pertinente; [*information, resource*] utile; ***to be ~ to*** essere pertinente a; ***such considerations are not ~*** tali considerazioni non sono rilevanti **2** *(appropriate)* [*chapter*] corrispondente; [*period*] in questione; **~ *document*** DIR. prova rilevante; ***the ~ authorities*** le autorità competenti.
reliability /rɪˌlaɪə'bɪlətɪ/ n. *(of friend)* affidabilità f.; *(of witness)* attendibilità f.; *(of employee, firm)* serietà f., affidabilità f.; *(of car, machine)* affidabilità f., sicurezza f.; *(of information, memory)* attendibilità f., esattezza f.
reliable /rɪ'laɪəbl/ agg. [*friend*] fidato; [*witness*] attendibile; [*employee, firm*] serio, affidabile; [*car, machine*] affidabile; [*information, memory*] sicuro, attendibile.
reliably /rɪ'laɪəblɪ/ avv. [*work*] correttamente; ***to be ~ informed that*** sapere da fonte sicura che.
reliance /rɪ'laɪəns/ n. affidamento m. (**on** su), dipendenza f. (**on** da).
reliant /rɪ'laɪənt/ agg. ***to be ~ on*** essere dipendente da.
relic /'relɪk/ n. **1** RELIG. reliquia f. **2** FIG. *(custom, building)* vestigia f.pl.; *(object)* reliquia f.
1.relief /rɪ'li:f/ **I** n. **1** *(from pain, distress)* sollievo m.; ***to my ~*** con mio grande sollievo; ***that's a ~!*** è un sollievo! che sollievo! **2** *(help)* aiuto m., soccorso m.; ***famine ~*** aiuto alle vittime della carestia; ***to come to the ~ of sb.*** venire in aiuto *o* in soccorso di qcn.; ***tax ~*** agevolazione *o* sgravio fiscale; ***to be on ~*** AE percepire un sussidio statale **3** *(diversion)* divertimento m., distrazione f.; ***to provide light ~*** allentare la tensione con qualche battuta **4** MIL. *(of garrison, troops)* liberazione f., soccorso m. **5** *(replacement on duty)* cambio m. **6** DIR. *(of grievance)* riparazione f. **II** modif. [*operation*] di soccorso; [*programme, project*] di aiuti; [*bus, train*] supplementare; **~ *guard*** cambio (della guardia).
2.relief /rɪ'li:f/ n. ART. ARCH. GEOGR. rilievo m.; ***high ~*** altorilievo; ***low ~*** bassorilievo; ***in ~*** in rilievo; ***to throw sth. into ~*** mettere qcs. in rilievo.
relief agency n. organizzazione f. umanitaria.
relief fund n. fondo m. di assistenza; *(in emergency)* fondo m. di soccorso.
relief map n. carta f. orografica.
relief road n. percorso m. alternativo, strada f. secondaria, circonvallazione f.
relief supplies n.pl. soccorsi m.
relief work n. opere f.pl. assistenziali.
relief worker n. soccorritore m. (-trice).
relieve /rɪ'li:v/ tr. **1** *(alleviate)* alleviare, attenuare [*pain, tension*]; scacciare, ingannare [*boredom*]; ridurre [*poverty, famine*]; alleggerire [*debt*]; rompere [*monotony*]; ***to ~ one's feelings*** sfogarsi; ***to ~ congestion*** MED. AUT. decongestionare **2** *(take away)* ***to ~ sb. of*** togliere a qcn. [*plate, coat*]; alleggerire qcn. di [*burden*]; ***to ~ sb. of a post*** sollevare qcn. da un incarico **3** *(help)* venire in aiuto di, soccorrere [*troops, population*] **4** *(take over from)* dare il cambio a, rilevare [*worker, sentry*]; ***to ~ the guard*** fare il cambio della guardia **5** MIL. liberare dall'assedio [*town*].
relieved /rɪ'li:vd/ **I** p.pass. → **relieve II** agg. ***to be ~ that*** essere sollevato che; ***to be ~ at*** essere sollevato per [*news, results*].
religion /rɪ'lɪdʒən/ n. religione f.; ***to get ~*** COLLOQ. convertirsi, diventare religioso; SPREG. diventare bigotto; ***to lose one's ~*** perdere la fede.
religiosity /rɪˌlɪdʒɪ'ɒsətɪ/ n. religiosità f.; SPREG. bigotteria f.
religious /rɪ'lɪdʒəs/ **I** agg. **1** [*person, faith, practice*] religioso; [*war*] di religione; [*art, music*] sacro **2** FIG. [*care*] religioso **II** n. religioso m. (-a).
Religious Education, **Religious Instruction** n. educazione f. religiósa.
religiously /rɪ'lɪdʒəslɪ/ avv. religiosamente (anche FIG.).
relinquish /rɪ'lɪŋkwɪʃ/ tr. FORM. rinunciare a [*claim, right, privilege*] (**to** a favore di); cedere [*task, power*] (**to** a); lasciare [*responsibility*]; ***to ~ one's hold*** o ***grip on sth.*** lasciare la presa su qcs.
reliquary /'relɪkwərɪ, AE -kwerɪ/ n. reliquiario m.
1.relish /'relɪʃ/ n. **1** ***with ~*** [*eat, drink*] con gusto; [*perform, say*] con (evidente) piacere **2** *(flavour)* sapore m.; FIG. *(appeal)* attrattiva f. **3** GASTR. condimento m., salsa f.
2.relish /'relɪʃ/ tr. **1** gustare, assaporare [*food*] **2** FIG. apprezzare [*joke, sight*]; provare piacere in [*prospect*]; ***I don't ~ the thought of telling her the news*** il pensiero di darle la notizia non mi entusiasma.
relocate /ˌri:ləʊ'keɪt, AE ˌri:'ləʊkeɪt/ **I** tr. trasferire [*employee, offices*] **II** intr. [*company, employee*] trasferirsi.
relocation /ˌri:ləʊ'keɪʃn/ n. *(of company, employee)* trasferimento m. (**to** a, in); *(of refugees)* trasferimento m., spostamento m. (**to** verso).
relocation allowance n. indennità f. di trasferimento.
relocation package n. indennità f. di trasloco.
reluctance /rɪ'lʌktəns/ n. riluttanza f.; ***with ~*** con riluttanza, controvoglia.
reluctant /rɪ'lʌktənt/ agg. [*person*] riluttante; [*consent, promise*] dato a malincuore; ***to be ~ to do*** essere riluttante *o* restio a fare; ***she is a rather ~ celebrity*** la celebrità non le piace molto.
reluctantly /rɪ'lʌktəntlɪ/ avv. con riluttanza, controvoglia.

rely /rɪˈlaɪ/ intr. 1 *(be dependent)* ***to ~ on*** dipendere da [*person, subsidy, aid*]; [*economy, system*] basarsi su [*exports, method, technology*] 2 *(count)* ***to ~ on sb., sth.*** contare su qcn., qcs.; ***she cannot be relied (up)on to help*** non si può contare sul suo aiuto.

REM /rem/ n. (⇒ rapid eye movements rapidi movimenti oculari) REM m.

remade /ˌriːˈmeɪd/ pass., p.pass. → **2.remake.**

remain /rɪˈmeɪn/ intr. 1 *(be left)* restare; ***a lot ~s to be done*** c'è ancora molto da fare; ***the fact ~s that*** resta il fatto che; ***it ~s to be seen whether*** resta da vedere se 2 *(stay)* [*person, memory*] restare, rimanere; [*problem, doubt*] rimanere, sussistere; ***to ~ standing*** restare in piedi; ***to ~ silent*** restare in silenzio; ***to ~ hopeful*** continuare a sperare; ***if the weather ~s fine*** se il tempo resta bello *o* regge; ***"I ~, yours faithfully"*** "distinti saluti".

1.remainder /rɪˈmeɪndə(r)/ I n. *(remaining things, money, time)* resto m. (anche MAT.); *(remaining people)* altri m.pl. (-e), rimanenti m. e f.pl.; ***for the ~ of the day*** per il resto della giornata II **remainders** n.pl. COMM. remainder m.

2.remainder /rɪˈmeɪndə(r)/ tr. liquidare, svendere [*books, goods*].

remains /rɪˈmeɪnz/ n.pl. 1 *(of meal, fortune)* resti m.; *(of building, city)* vestigia f., resti m. 2 *(corpse)* ***human ~*** resti umani.

1.remake /ˈriːmeɪk/ n. remake m., rifacimento m.

2.remake /ˌriːˈmeɪk/ tr. (pass., p.pass. **remade**) rifare.

1.remand /rɪˈmɑːnd, AE -ˈmænd/ n. DIR. rinvio m. a giudizio; ***to be on ~*** *(in custody)* essere in custodia cautelare; *(on bail)* essere in libertà provvisoria dietro cauzione.

2.remand /rɪˈmɑːnd, AE -ˈmænd/ tr. DIR. rimandare, rinviare [*case*]; ***to be ~ed in custody*** essere in custodia cautelare; ***to be ~ed on bail*** essere in libertà provvisoria dietro cauzione; ***to ~ sb. for trial*** rinviare qcn. a giudizio.

remand centre n. BE centro m. di carcerazione preventiva.

remand home n. BE centro m. di carcerazione minorile.

remand prisoner n. BE detenuto m. (-a) in custodia cautelare.

1.remark /rɪˈmɑːk/ n. 1 *(comment, note)* osservazione f. 2 *(casual observation)* riflessione f. 3 *(notice)* ***worthy of ~*** notevole, degno di nota; ***to escape ~*** passare inosservato.

2.remark /rɪˈmɑːk/ tr. 1 *(comment)* ***to ~ that*** osservare *o* notare che 2 *(notice)* FORM. osservare, notare [*change, gesture*].

■ **remark on, remark upon:** ***~ on*** o ***upon [sth.]*** fare delle osservazioni su, commentare.

remarkable /rɪˈmɑːkəbl/ agg. rimarchevole, notevole; ***it is ~ that*** è degno di nota che.

remarkably /rɪˈmɑːkəblɪ/ avv. rimarchevolmente.

remarriage /ˌriːˈmærɪdʒ/ n. seconde nozze f.pl.

remarry /ˌriːˈmærɪ/ I tr. risposare II intr. risposarsi.

remaster /riːˈmɑːstə(r)/ tr. rimasterizzare.

rematch /ˈriːˌmætʃ/ n. SPORT partita f. di ritorno, ritorno m.; *(in boxing)* secondo combattimento m.

remedial /rɪˈmiːdɪəl/ agg. 1 [*measures*] riparatore 2 MED. [*treatment*] curativo; ***~ exercises*** ginnastica correttiva 3 SCOL. [*class*] di recupero.

1.remedy /ˈremədɪ/ n. MED. rimedio m. (**for** a, contro) (anche FIG.); ***beyond (all) ~*** irrimediabile, senza rimedio.

2.remedy /ˈremədɪ/ tr. rimediare a; ***the situation cannot be remedied*** la situazione è irrimediabile.

remember /rɪˈmembə(r)/ I tr. 1 *(recall)* ricordarsi di, ricordare [*person, fact, name, place, event*]; ***to ~ that, doing*** ricordare *o* ricordarsi che, di aver fatto; ***that's worth ~ing*** buono a sapersi, è da tenere a mente; ***a night to ~*** una serata indimenticabile 2 *(not forget)* ***to ~ to do*** ricordarsi di fare; ***~ where you are!*** comportati bene! un po' di contegno! ***she ~ed me in her will*** EUFEM. si è ricordata di me nel suo testamento 3 *(commemorate)* ricordare, commemorare [*battle, war dead*] 4 *(convey greetings from)* ***to ~ sb. to sb.*** salutare qcn. da parte di qcn.; ***he asks to be ~ed to you*** mi ha pregato di salutarti II intr. ricordare, ricordarsi; ***if I ~ rightly*** se (mi) ricordo bene; ***as far as I can ~*** per quanto mi ricordo.

remembrance /rɪˈmembrəns/ n. 1 *(memento)* ricordo m., souvenir m. 2 *(memory)* ricordo m., memoria f.; ***in ~ of*** in ricordo *o* memoria di.

Remembrance Day n. US = giorno consacrato alla commemorazione dei soldati caduti durante le guerre mondiali.

Remembrance Sunday n. GB = domenica consacrata alla commemorazione dei soldati caduti durante le guerre mondiali.

remind /rɪˈmaɪnd/ I tr. ricordare; ***to ~ sb. of sth.*** ricordare qcs. a qcn.; ***he ~s me of my brother*** mi ricorda mio fratello; ***to ~ sb. that, to do*** ricordare a qcn. che, di fare; ***you are ~ed that*** vi ricordiamo che; ***that ~s me...*** a proposito... II rifl. ***to ~ oneself that*** ricordare a se stesso che.

reminder /rɪˈmaɪndə(r)/ n. promemoria m.; ***a ~ to sb. to do*** un promemoria a qcn. perché faccia; ***(letter of) ~*** AMM. (lettera di) sollecito; ***to be a ~ of sth.*** ricordare qcs.; ***~s of the past*** ricordi del passato.

reminisce /ˌremɪˈnɪs/ intr. abbandonarsi ai ricordi, lasciarsi andare ai ricordi (**about** di).

reminiscence /ˌremɪˈnɪsəns/ n. 1 *(recalling)* reminiscenza f. 2 *(memory)* ricordo m.

reminiscent /ˌremɪˈnɪsnt/ agg. ***to be ~ of sb., sth.*** ricordare qcn., qcs.

remiss /rɪˈmɪs/ agg. negligente; ***it was ~ of him not to reply*** è stato negligente da parte sua non rispondere.

remission /rɪˈmɪʃn/ n. 1 DIR. *(of sentence)* condono m. 2 MED. RELIG. remissione f. 3 *(of debt)* remissione f.

1.remit /ˈriːmɪt/ n. competenze f.pl., compito m.; ***it's outside my ~*** è fuori dalla mia giurisdizione.

2.remit /rɪˈmɪt/ tr. (forma in -ing ecc. **-tt-**) 1 *(send back)* rinviare, rimettere [*case*] 2 *(reduce)* ridurre, condonare [*penalty*] 3 *(send)* rimettere, inviare [*money*] 4 *(postpone)* rimettere, dilazionare [*payment*] 5 RELIG. rimettere, perdonare [*sin*].

remittance /rɪˈmɪtəns/ n. *(payment, allowance)* rimessa f.

1.remix /ˌriːˈmɪks/ n. MUS. remix m.

2.remix /ˌriːˈmɪks/ tr. MUS. remixare.

remnant /ˈremnənt/ n. *(of food, commodity)* resti m.pl., avanzi m.pl.; *(of building, past)* vestigia f.pl.; *(of fabric)* scampolo m.

remold AE → **1.remould, 2.remould.**

remonstrance /rɪˈmɒnstrəns/ n. FORM. rimostranza f.

remonstrate /ˈremənstreɪt/ intr. FORM. protestare, rimostrare; ***to ~ with sb.*** fare delle rimostranze a qcn., protestare con qcn. (**about** per).

remorse /rɪˈmɔːs/ n. rimorso m.

remorseful /rɪˈmɔːsfl/ agg. [*person*] tormentato dal rimorso; [*confession*] pieno di rimorso.

remorseless /rɪˈmɔːslɪs/ agg. 1 *(brutal)* spietato, senza rimorsi 2 *(relentless)* [*ambition*] sfrenato; [*optimism*] inguaribile.

remorselessly /rɪˈmɔːslɪslɪ/ avv. 1 *(brutally)* spietatamente, senza rimorsi 2 *(relentlessly)* accanitamente.

remote /rɪˈməʊt/ agg. 1 *(distant)* [*era, antiquity, place*] remoto; [*ancestor, planet, past*] lontano 2 *(isolated)* [*area, village*] remoto, isolato; ***~ from society*** isolato dalla società 3 FIG. *(aloof)* [*person*] distante, assente 4 *(slight)* [*chance, connection*] minimo, vago; ***I haven't (got) the ~st idea*** non ne ho la minima idea; ***there is only a ~ possibility that*** c'è soltanto una remota possibilità che.

remote access n. INFORM. accesso m. remoto.

remote control n. 1 *(gadget)* telecomando m. 2 *(technique)* telecomando m., comando m. a distanza; ***to operate sth. by ~*** telecomandare qcs.

remote-controlled /rɪˌməʊtkənˈtrəʊld/ agg. telecomandato.

remotely /rɪˈməʊtlɪ/ avv. 1 *(at a distance)* [*situated*] lontano da tutto 2 *(slightly)* [*resemble*] vagamente; ***he's not ~ interested*** non è minimamente interessato; ***I don't look ~ like her*** non le assomiglio neanche lontanamente.

remoteness /rɪˈməʊtnɪs/ n. 1 *(isolation)* isolamento m. 2 *(distance)* lontananza f. 3 *(of person)* distacco m., freddezza f. (**from** verso).

1.remould BE, **remold** AE /ˈriːməʊld/ n. BE pneumatico m. ricostruito.

2.remould BE, **remold** AE /ˌriːˈməʊld/ tr. 1 BE AUT. ricostruire [*tyre*] 2 FIG. *(transform)* ristrutturare [*company*]; riplasmare [*personality*].

remount /ˌriːˈmaʊnt/ **I** tr. rimontare in [*bicycle*]; ***to ~ a horse*** rimettersi in sella, rimontare a cavallo **II** intr. [*cyclist*] rimontare in bicicletta; [*rider*] rimontare a cavallo, rimettersi in sella.

removable /rɪˈmuːvəbl/ agg. rimovibile, amovibile.

removal /rɪˈmuːvl/ **I** n. **1** *(of barrier, threat, doubt, worry)* eliminazione f.; *(of tax)* soppressione f. **2** *(cleaning)* ***stain ~*** smacchiatura **3** *(of troops)* ritiro m. **4** MED. rimozione f., asportazione f. **5** *(of home, location)* trasloco m., trasferimento m. **6** *(of employee, official)* destituzione f., rimozione f.; *(of leader)* deposizione f., revoca f. **7** *(of demonstrators)* allontanamento m., espulsione f. **8** *(of patient, prisoner)* trasferimento m. **II** modif. [*costs*] di trasloco, di trasferimento; [*firm*] di traslochi.

removal man ➧ *27* n. (pl. **removal men**) traslocatore m.

removal van n. camion m. per traslochi.

1.remove /rɪˈmuːv/ n. FORM. ***at one ~ from, at many ~s from*** a un passo da, molto lontano da.

2.remove /rɪˈmuːv/ **I** tr. **1** togliere [*object*]; togliere, togliersi [*clothes, shoes*]; togliere, eliminare [*word, stain*]; togliere, abolire [*tax, subsidy*]; MED. togliere, asportare [*tumour, organ*]; ***to ~ a child from a school*** ritirare un bambino da una scuola; ***to ~ sb.'s name from a list*** depennare qcn. da una lista; ***to be ~d to hospital*** BE essere portato all'ospedale; ***to ~ one's make-up*** struccarsi **2** *(oust)* licenziare [*employee*]; ***to ~ sb. from office*** rimuovere *o* destituire qcn. dall'incarico **3** *(dispel)* dissipare [*suspicion*]; fugare [*doubt*]; rimuovere, eliminare [*obstacle, threat*] **4** EUFEM. *(kill)* eliminare, togliere di mezzo [*person*] **5** INFORM. rimuovere **II** intr. FORM. traslocare, trasferirsi.

removed /rɪˈmuːvd/ **I** p.pass. → **2.remove II** agg. **1** ***far ~ from*** molto lontano da [*truth*] **2** *(in kinship)* ***cousin once, twice ~*** cugino di secondo, terzo grado.

remover /rɪˈmuːvə(r)/ ➧ *27* n. **1** *(person)* traslocatore m. (-trice) **2** ***stain ~*** *(chemical)* smacchiatore.

remunerate /rɪˈmjuːnəreɪt/ tr. rimunerare.

remuneration /rɪˌmjuːnəˈreɪʃn/ n. FORM. rimunerazione f.

remunerative /rɪˈmjuːnərətɪv, AE -nəreɪtɪv/ agg. FORM. rimunerativo.

Remus /ˈriːməs/ n.pr. Remo.

renaissance /rɪˈneɪsns, AE ˈrenəsɑːns/ n. *(of culture)* rinascimento m.

Renaissance /rɪˈneɪsns, AE ˈrenəsɑːns/ **I** n.pr. ***the ~*** il Rinascimento **II** modif. [*art*] del Rinascimento, rinascimentale.

renal /ˈriːnl/ agg. renale.

renal dialysis n. emodialisi f.

renal specialist ➧ *27* n. nefrologo m. (-a).

rename /ˌriːˈneɪm/ tr. ribattezzare, rinominare.

rend /rend/ tr. (pass., p.pass. **rent**) strappare, lacerare (anche FIG.).

render /ˈrendə(r)/ tr. **1** *(cause to become)* ***to ~ sth. impossible*** rendere qcs. impossibile; ***to ~ sb. speechless*** lasciare qcn. senza parole **2** *(provide) (give)* rendere [*homage, allegiance*]; prestare [*assistance, aid*]; ***"for services ~ed"*** "per i servizi resi" **3** ART. LETTER. MUS. rendere [*nuance, text, style*] **4** COMM. *(submit)* presentare [*account*]; rilasciare [*statement*] **5** DIR. emettere, pronunciare [*judgment*] **6** ING. rinzaffare [*wall*].

rendering /ˈrendərɪŋ/ n. **1** ART. LETTER. MUS. interpretazione f. **2** *(translation)* traduzione f. **3** ING. rinzaffo m.

1.rendezvous /ˈrɒndɪvuː/ n. (pl. ~) *(meeting)* appuntamento m.; *(place)* punto m. d'incontro; ***to have a ~ with sb.*** avere un rendez-vous con qcn.

2.rendezvous /ˈrɒndɪvuː/ intr. ***to ~ with sb.*** incontrarsi con qcn.

rendition /renˈdɪʃn/ n. ART. LETTER. MUS. interpretazione f.

Renée /ˈrenɪ/ n.pr. Renata.

renegade /ˈrenɪgeɪd/ **I** n. **1** *(abandoning beliefs)* rinnegato m. (-a) **2** *(rebel)* ribelle m. e f. **II** agg. **1** *(abandoning beliefs)* rinnegato **2** *(rebel)* ribelle.

renege /rɪˈniːg, -ˈneɪg/ intr. ritirarsi, tirarsi indietro; ***to ~ on an agreement*** venire meno a un impegno.

renew /rɪˈnjuː, AE -ˈnuː/ tr. rinnovare [*efforts, passport, acquaintance*]; riprendere [*negotiations*]; rinnovare il prestito di [*library book*].

renewable /rɪˈnjuːəbl, AE -ˈnuːəbl/ agg. rinnovabile.

renewal /rɪˈnjuːəl, AE -ˈnuːəl/ n. *(of passport, lease)* rinnovo m.; *(of hostilities)* ripresa f.; *(of interest)* rinnovamento m.; ***to come up for ~*** arrivare alla scadenza, scadere.

renewed /rɪˈnjuːd, AE -ˈnuːd/ **I** p.pass. → **renew II** agg. [*interest, optimism*] rinnovato; [*attack, call*] nuovo.

rennet /ˈrenɪt/ n. *(curdled milk)* caglio m.

renounce /rɪˈnaʊns/ tr. rinunciare a [*party, habit, violence*]; rinnegare [*faith, family*]; ripudiare [*friend*]; denunciare [*agreement, treaty*]; ***to ~ the world*** rinunciare al mondo.

renovate /ˈrenəveɪt/ tr. rinnovare, restaurare [*building*].

renovation /ˌrenəˈveɪʃn/ **I** n. *(process)* restauro m.; ***property in need of ~*** proprietà da restaurare **II renovations** n.pl. lavori m. di restauro.

renown /rɪˈnaʊn/ n. rinomanza f., fama f.

renowned /rɪˈnaʊnd/ agg. rinomato, famoso.

1.rent /rent/ n. *(rip)* strappo m., lacerazione f. (anche FIG.).

2.rent /rent/ n. *(for accommodation)* affitto m.; ***for ~*** affittasi.

3.rent /rent/ **I** tr. **1** *(hire)* affittare, prendere in affitto [*car, house*] **2** *(let)* → **rent out II** intr. **1** *(pay rent)* [*tenant*] essere locatario, essere affittuario **2** *(let for rent)* ***he ~s to students*** [*landlord*] affitta a studenti **3** *(be let)* [*property*] essere affittato.
■ **rent out:** ***~ [sth.] out, ~ out [sth.]*** affittare, dare in affitto.

4.rent /rent/ pass., p.pass. → **rend**.

rental /ˈrentl/ n. *(of premises, equipment)* locazione f., affitto m.; *(of phone line)* canone m. (di noleggio); ***car ~*** autonoleggio.

rent-free /ˌrentˈfriː/ **I** agg. [*house*] concesso in affitto gratuito **II** avv. [*use*] senza pagare l'affitto.

renunciation /rɪˌnʌnsɪˈeɪʃn/ n. *(of faith, friend)* rinnegamento m. (**of** di); *(of pleasures, right)* rinuncia f. (**of** a).

reopen /ˌriːˈəʊpən/ **I** tr. riaprire **II** intr. [*school*] riaprire; [*talks, play*] riprendere.

reopening /ˌriːˈəʊpnɪŋ/ n. riapertura f.

reorganization /ˌriːˌɔːgənaɪˈzeɪʃn, AE -nɪˈz-/ n. riorganizzazione f.

reorganize /ˌriːˈɔːgənaɪz/ **I** tr. riorganizzare [*office*] **II** intr. riorganizzarsi.

1.rep /rep/ n. reps m.

2.rep /rep/ n. TEATR. **1** accorc. → **repertory 2** accorc. → **repertory company**.

3.rep /rep/ n. AE COLLOQ. accorc. → **reputation.**

4.rep /rep/ ➧ *27* n. COMM. accorc. → **representative.**

repackage /riːˈpækɪdʒ/ tr. **1** COMM. rinnovare la confezione di [*product*] **2** FIG. rifare, rinnovare [*pay offer*]; rinnovare l'immagine di [*politician, media personality*].

repaid /ˌriːˈpeɪd/ pass., p.pass. → **repay**.

repaint /ˌriːˈpeɪnt/ tr. ridipingere, riverniciare.

1.repair /rɪˈpeə(r)/ n. **1** riparazione f.; *(of clothes)* rammendo m.; *(of building)* ristrutturazione f.; MAR. *(of hull)* raddobbo m.; ***the ~s to the roof*** la riparazione del tetto; ***to be (damaged) beyond ~*** essere danneggiato in modo irreparabile; ***"road under ~"*** "lavori in corso" **2** FORM. *(condition)* ***to be in good, bad ~*** essere in buono, cattivo stato; ***to keep sth. in good ~*** tenere bene qcs.

2.repair /rɪˈpeə(r)/ tr. **1** riparare, aggiustare [*machine*]; MAR. raddobbare [*hull*] **2** FORM. FIG. riparare, rimediare a [*wrong*].

3.repair /rɪˈpeə(r)/ intr. FORM. *(go)* recarsi.

repair kit n. kit m. di riparazione.

repairman /rɪˈpeəmən/ n. (pl. **-men**) riparatore m.

reparation /ˌrepəˈreɪʃn/ **I** n. FORM. ammenda f. **II reparations** n.pl. POL. risarcimento m.sing. dei danni di guerra.

repartee /ˌrepɑːˈtiː/ n. *(conversation)* scambio m. di battute; *(wit)* battuta f. (pronta); *(reply)* risposta f., replica f.

repatriate /riːˈpætrɪeɪt, AE -ˈpeɪt-/ tr. rimpatriare.

repatriation /ˌriːpætrɪˈeɪʃn, AE -peɪt-/ n. rimpatrio m.

repay /rɪˈpeɪ/ tr. (pass., p.pass. **-paid**) **1** *(pay back)* rimborsare [*person, sum*] **2** *(compensate)* ricambiare [*hospitality, favour*]; ***how can I ever ~ you (for your kindness)?*** come potrò mai ricompensarti (per la tua gentilezza)?

repayable /rɪˈpeɪəbl/ agg. rimborsabile.

repayment /rɪˈpeɪmənt/ n. rimborso m. (**on** di); ***to fall behind with one's ~s*** essere indietro nel pagamento delle rate, essere moroso.

repayment mortgage n. mutuo m. rateale.

1.repeal /rɪ'pi:l/ n. DIR. abrogazione f.

2.repeal /rɪ'pi:l/ tr. DIR. abrogare.

1.repeat /rɪ'pi:t/ **I** n. ripetizione f.; TEATR. RAD. TELEV. replica f.; MUS. ripresa f. **II** modif. [*attack, attempt, order*] ripetuto; **~ order offender** DIR. recidivo.

2.repeat /rɪ'pi:t/ **I** tr. **1** ripetere [*word, action, offer, event*]; SCOL. ripetere [*year*]; rifare [*course*]; RAD. TELEV. replicare [*programme*] **2** MUS. riprendere [*movement*] **II** intr. ***cucumbers ~ on me*** EUFEM. i cetrioli mi tornano su **III** rifl. ***to ~ oneself*** ripetersi.

repeated /rɪ'pi:tɪd/ **I** p.pass. → **2.repeat II** agg. **1** [*warnings, requests, attempts*] ripetuto, reiterato; [*defeats, setbacks*] ripetuto **2** MUS. [*movement*] ripreso.

repeatedly /rɪ'pi:tɪdlɪ/ avv. ripetutamente, più volte.

repel /rɪ'pel/ tr. (forma in -ing ecc. **-ll-**) **1** respingere (anche FIS.) **2** *(disgust)* ripugnare a, disgustare; ***to be ~led by sb.*** essere disgustato da qcn.

repellent /rɪ'pelənt/ agg. repellente, ripugnante.

repent /rɪ'pent/ **I** tr. pentirsi di **II** intr. pentirsi.

repentance /rɪ'pentəns/ n. pentimento m.

repentant /rɪ'pentənt/ agg. pentito, contrito.

repercussion /ˌri:pə'kʌʃn/ n. ripercussione f.

repertoire /'repətwɑ:(r)/ n. TEATR. MUS. repertorio m. (anche FIG.).

repertory /'repətrɪ, AE -tɔ:rɪ/ n. **1** *(repertoire)* repertorio m. **2** *(system of producing and presenting plays)* ***to work in ~*** fare teatro di repertorio.

repertory company n. compagnia f. di repertorio.

repetition /ˌrepɪ'tɪʃn/ n. ripetizione f.

repetitious /ˌrepɪ'tɪʃəs/, **repetitive** /rɪ'petɪtɪv/ agg. ripetitivo.

repetitiveness /rɪ'petɪtɪvnɪs/ n. ripetitività f.

rephrase /ˌri:'freɪz/ tr. riformulare [*remark*].

replace /rɪ'pleɪs/ tr. **1** *(put back)* rimettere [*lid, cork*]; rimettere a posto [*book, ornament*]; ***to ~ the receiver*** riattaccare (la cornetta del telefono) **2** *(supply replacement for)* sostituire [*goods*]; rimpiazzare [*person*] **3** INFORM. sostituire.

replacement /rɪ'pleɪsmənt/ **I** n. **1** *(person)* sostituto m. (-a) (**for** di) **2** COMM. ***we will give you a ~*** *(article)* ve ne daremo un altro in sostituzione **3** *(act)* rimpiazzo m. **4** *(spare part)* ricambio m. **II** modif. [*part*] di ricambio; ***~ staff*** sostituti.

1.replay /'ri:pleɪ/ n. SPORT incontro m. ripetuto; FIG. ripetizione f.; ***action ~*** BE, ***instant ~*** AE TELEV. replay.

2.replay /ˌri:'pleɪ/ tr. **1** MUS. ripetere, suonare di nuovo [*piece*] **2** riascoltare [*cassette*] **3** SPORT rigiocare, ridisputare [*match*].

replenish /rɪ'plenɪʃ/ tr. reintegrare [*stocks*]; riempire [*glass*]; rifornire [*shop shelves*].

replete /rɪ'pli:t/ agg. **1** *(after eating)* sazio (**with** di) **2** *(fully supplied)* pieno (**with** di).

replica /'replɪkə/ n. ART. *(by the same author)* replica f.; *(facsimile)* riproduzione f., copia f.

replicate /'replɪkeɪt/ **I** tr. replicare [*success*]; copiare [*style*]; riprodurre [*result*] **II** intr. MED. [*virus, chromosome*] riprodursi (per replicazione).

1.reply /rɪ'plaɪ/ n. risposta f.; DIR. replica f.; ***in ~ to*** in risposta a; ***to make no ~*** non rispondere.

2.reply /rɪ'plaɪ/ tr. e intr. rispondere; DIR. replicare.

1.report /rɪ'pɔ:t/ **I** n. **1** *(written or verbal account)* resoconto m., relazione f., rapporto m. **2** *(notification)* ***have you had any ~s of lost dogs?*** hai ricevuto segnalazioni di cani smarriti? **3** AMM. *(published findings)* rapporto m., relazione f.; *(of enquiry)* rapporto m. (d'inchiesta) **4** GIORN. RAD. TELEV. servizio m.; *(longer)* reportage m. **5** BE SCOL. pagella f. (scolastica) **6** *(noise)* detonazione f. **II reports** n.pl. *(unsubstantiated news)* ***we are getting ~s of heavy fighting*** ci sono giunte voci di gravi scontri; ***according to ~s...*** corre voce che...; ***I've heard ~s that*** ho sentito dire che.

2.report /rɪ'pɔ:t/ **I** tr. **1** *(relay)* riportare, riferire [*fact*]; ***I have nothing to ~*** non ho niente da segnalare; ***to ~ [sth.] to sb.*** riferire [qcs.] a qcn. [*decision, news*]; ***did she have anything of interest to ~?*** aveva qualcosa di interessante da raccontare? **2** GIORN. TELEV. RAD. *(give account of)* fare la cronaca di [*debate*]; ***only one paper ~ed their presence in London*** un solo giornale ha parlato della loro presenza a Londra **3** AMM. *(notify authorities)* segnalare, denunciare [*theft, accident*]; ***fiv[e] people are ~ed dead*** sono stati segnalati cinque morti; ***to b[e] ~ed missing*** essere dato per o dichiarato disperso **4** *(allege[d]) **it is ~ed that*** si dice che **5** *(make complaint about)* fare rap[porto] contro; SPREG. denunciare [*person*]; ***I shall ~ you t[o] your headmaster*** farò rapporto contro di te al preside **II** intr. **1** *(give account)* ***to ~ on*** fare un resoconto di [*talks, progress*]; GIORN. fare un servizio su [*event*]; ***he will ~ to Parliament o[n] the negotiations*** farà un resoconto al Parlamento su[i] negoziati **2** *(present findings)* [*committee, group*] fare rapporto **3** *(present oneself)* presentarsi; ***~ to reception*** presentarsi alla reception; ***to ~ for duty*** prendere servizio; ***to ~ sic[k]*** darsi malato; ***to ~ to one's unit*** MIL. presentarsi al propri[o] reparto **4** AMM. *(have as superior)* ***to ~ to*** essere agli ordini d[i] [*superior*].

■ **report back:** **~ back** **1** *(after absence)* [*employee*] (ri)presentarsi **2** *(present findings)* [*committee*] presentare un rapporto.

reportage /ˌrepɔ:'tɑ:ʒ/ n. reportage m.

report card n. AE pagella f. (scolastica).

reportedly /rɪ'pɔ:tɪdlɪ/ avv. ***he is ~ unharmed*** (stando) a que[l] che si dice ne è uscito indenne.

reported speech n. discorso m. indiretto.

reporter /rɪ'pɔ:tə(r)/ ➧ **27** n. reporter m. e f.

reporting /ˌrɪ'pɔ:tɪŋ/ n. GIORN. informazione f., cronaca f.

1.repose /rɪ'pəʊz/ n. FORM. *(rest)* riposo m.; *(peace of mind)* quiete f.; ***in ~*** in tranquillità.

2.repose /rɪ'pəʊz/ **I** tr. FORM. riporre [*trust*] **II** intr. FORM. *(li[e] buried)* riposare.

repository /rɪ'pɒzɪtrɪ, AE -tɔ:rɪ/ n. **1** *(of secret, authority)* depositario m. (-a); *(of hopes, fears)* confidente m. e f. **2** *(place)* deposito m. (**of, for** di).

repossess /ˌri:pə'zes/ tr. [*bank*] rientrare in possesso d[i] [*house*]; [*creditor*] riprendersi [*property, goods*].

repossession /ˌri:pə'zeʃn/ n. ripresa f. di possesso, riacquisto m.

repossession order n. sentenza f. di restituzione al proprietario.

reprehensible /ˌreprɪ'hensɪbl/ agg. FORM. riprensibile riprovevole.

represent /ˌreprɪ'zent/ **I** tr. **1** *(act on behalf of)* rappresentare [*person, group*] **2** *(present)* presentare [*person, event*] (**as** come) **3** *(convey)* esporre, fare presente [*facts, reasons*] **4** *(portray)* [*painting, sculpture*] rappresentare, raffigurare **5** *(be symbol of) (on map etc.)* rappresentare, simboleggiare **6** *(constitute)* rappresentare, significare **II** rifl. ***to ~ oneself as*** presentarsi come, farsi passare per.

representation /ˌreprɪzen'teɪʃn/ **I** n. **1** rappresentanza f (anche POL.) **2** TEATR. *(of character, scene)* rappresentazione f.; *(of role)* interpretazione f. **II representations** n.pl. ***to make ~s to sb.*** *(make requests)* fare delle richieste a qcn.; *(complain)* fare delle rimostranze a qcn.

representational /ˌreprɪzen'teɪʃənl/ agg. ART. figurativo.

representative /ˌreprɪ'zentətɪv/ **I** agg. **1** *(typical)* rappresentativo, tipico **2** POL. [*government, institution*] rappresentativo **II** ➧ **27** n. rappresentante m. e f.; COMM. rappresentante m. e f., agente m. e f. di commercio; AE POL. deputato m.

repress /rɪ'pres/ tr. reprimere [*reaction, smile*]; PSIC. rimuovere.

repressed /rɪ'prest/ **I** p.pass. → **repress II** agg. represso; PSIC. rimosso; ***~ content*** o ***experience*** il rimosso.

repression /rɪ'preʃn/ n. repressione f.; PSIC. rimozione f.

repressive /rɪ'presɪv/ agg. repressivo.

1.reprieve /rɪ'pri:v/ n. **1** DIR. sospensione f. della pena **2** *(delay)* rinvio m. **3** *(respite)* tregua f.

2.reprieve /rɪ'pri:v/ tr. **1** DIR. sospendere la pena a [*prisoner*] **2** ***the school was ~d*** *(for limited period)* alla scuola è stata concessa una proroga.

1.reprimand /'reprɪmɑ:nd, AE -mænd/ n. rimprovero m.; AMM. censura f., ammonimento m.

2.reprimand /'reprɪmɑ:nd, AE -mænd/ tr. rimproverare; AMM. censurare, ammonire.

1.reprint /'ri:prɪnt/ n. ristampa f.

2.reprint /ˌri:'prɪnt/ tr. ristampare; ***the book is being ~ed*** il libro è in ristampa.

reprisal /rɪˈpraɪzl/ **I** n. rappresaglia f. (**for, against** contro) **II reprisals** n.pl. rappresaglie f.; ***to take ~s*** compiere rappresaglie.

1.reproach /rɪˈprəʊtʃ/ n. rimprovero m.; ***above*** o ***beyond ~*** irreprensibile, ineccepibile.

2.reproach /rɪˈprəʊtʃ/ **I** tr. rimproverare [*person*]; ***to ~ sb. with*** o ***for sth.*** rimproverare qcn. di *o* per qcs. **II** rifl. ***to ~ oneself for*** o ***with sth.*** rimproverarsi qcs.

reproachful /rɪˈprəʊtʃfl/ agg. [*person*] riprovevole; [*remark, look*] riprovatorio, di biasimo; [*letter, word*] di rimprovero, di biasimo.

reproachfully /rɪˈprəʊtʃfəlɪ/ avv. [*look at*] in modo riprovatorio; [*say*] con tono riprovatorio.

reprobate /ˈreprəbeɪt/ n. ***the old ~*** quella vecchia canaglia.

reprocess /ˌriːˈprəʊses, AE -ˈprɑː-/ tr. rilavorare.

reprocessing /ˌriːˈprəʊsesɪŋ, AE -ˈprɑː-/ **I** n. reprocessing m. **II** modif. ***~ plant*** NUCL. impianto di reprocessing.

reproduce /ˌriːprəˈdjuːs, AE -ˈduːs/ **I** tr. riprodurre **II** intr. (anche **~ oneself**) riprodursi.

reproduction /ˌriːprəˈdʌkʃn/ n. riproduzione f.

reproduction furniture n. **U** mobili m.pl. in stile.

reproductive /ˌriːprəˈdʌktɪv/ agg. [*organ*] riproduttore; [*process*] riproduttivo.

reproof /rɪˈpruːf/ n. rimprovero m.

reprove /rɪˈpruːv/ tr. rimproverare [*person*].

reproving /rɪˈpruːvɪŋ/ agg. ***a ~ glance*** un'occhiata di rimprovero.

reptile /ˈreptaɪl, AE -tl/ n. ZOOL. rettile m. (anche FIG. SPREG.).

republic /rɪˈpʌblɪk/ n. repubblica f.

republican /rɪˈpʌblɪkən/ **I** agg. repubblicano **II** n. repubblicano m. (-a).

Republican /rɪˈpʌblɪkən/ **I** agg. repubblicano **II** n. POL. *(in the US, in Northern Ireland)* repubblicano m. (-a).

republicanism /rɪˈpʌblɪkənɪzəm/ n. **1** repubblicanesimo m. **2 Republicanism** POL. *(in the US)* repubblicanesimo m.; *(in Northern Ireland)* ideologia f. repubblicana.

republish /ˌriːˈpʌblɪʃ/ tr. ripubblicare.

repudiate /rɪˈpjuːdɪeɪt/ tr. **1** *(reject)* respingere, ripudiare [*spouse*] **2** *(give up)* rifiutare [*violence*]; abbandonare [*aim*] **3** DIR. addivenire alla risoluzione non giudiziaria di [*contract*].

repudiation /rɪˌpjuːdɪˈeɪʃn/ n. *(of charge, claim)* respinta f.; *(of violence)* rifiuto m.; *(of spouse)* ripudio m.; *(of treaty)* risoluzione f. non giudiziaria.

repugnance /rɪˈpʌɡnəns/ n. ripugnanza f.

repugnant /rɪˈpʌɡnənt/ agg. ripugnante; ***to be ~ to sb.*** disgustare qcn.

repulse /rɪˈpʌls/ tr. respingere.

repulsion /rɪˈpʌlʃn/ n. repulsione f.

repulsive /rɪˈpʌlsɪv/ agg. repulsivo (anche FIS.).

reputable /ˈrepjʊtəbl/ agg. [*firm*] che gode di buona reputazione; [*profession*] onorevole.

reputation /ˌrepjʊˈteɪʃn/ n. reputazione f., fama f.; ***to have a good, bad ~*** avere una buona, cattiva reputazione; ***he has a ~ for honesty*** è conosciuto per la sua onestà; ***he has a ~ for arriving late*** ha (la) fama di arrivare sempre in ritardo.

repute /rɪˈpjuːt/ n. ***of ~*** rinomato; ***to be of high ~*** godere di grande considerazione; ***of ill ~*** EUFEM. [*woman, house*] di malaffare.

reputed /rɪˈpjuːtɪd/ agg. **1** *(well known)* rinomato; ***to be ~ to be*** avere (la) fama di essere; ***he is ~ to be very rich*** pare che sia molto ricco **2** DIR. *(alleged)* putativo.

reputedly /rɪˈpjuːtɪdlɪ/ avv. a quanto pare.

1.request /rɪˈkwest/ n. **1** *(comment)* domanda f., richiesta f.; ***on ~*** su richiesta; ***at the ~ of*** su richiesta di; ***by popular ~*** a grande richiesta **2** RAD. (radio)dedica f., disco m. a richiesta; ***to play a ~ for sb.*** trasmettere un brano a richiesta per qcn.

2.request /rɪˈkwest/ tr. (ri)chiedere [*information, money*] (**from** a); ***to ~ sb. to do*** chiedere a qcn. di fare; ***to ~ sb.'s help*** chiedere l'aiuto di qcn.; ***you are ~ed not to smoke*** siete pregati di non fumare; ***as ~ed*** *(in correspondence)* come richiesto, come da istruzioni.

request stop n. BE fermata f. a richiesta.

requiem /ˈrekwɪem/ n. requiem m.

requiem mass n. messa f. da requiem.

require /rɪˈkwaɪə(r)/ tr. **1** *(need)* avere bisogno di [*help, money, staff*]; ***take the tablets as ~d*** all'occorrenza prendere le pastiglie **2** *(demand)* [*person, job, situation*] esigere, richiedere [*funds, qualifications*]; ***to be ~d by law*** essere obbligatorio per legge; ***to ~ that*** ordinare che; ***to ~ sth. of*** o ***from*** esigere qcs. da; ***to be ~d to do*** essere tenuto a fare.

required /rɪˈkwaɪəd/ **I** p.pass. → **require II** agg. [*amount, size, qualification*] richiesto; ***to be ~ reading*** [*writer*] essere una lettura obbligatoria; ***by the ~ date*** entro la data stabilita.

requirement /rɪˈkwaɪəmənt/ n. **1** *(need)* bisogno m., esigenza f. (**for** di); ***to meet sb.'s ~s*** soddisfare le richieste *o* i bisogni di qcn. **2** *(condition)* requisito m.; ***university entrance ~s*** requisiti di ammissione all'università; ***to fulfil*** o ***meet the ~s*** avere tutti i requisiti, avere le carte in regola **3** *(obligation)* obbligo m.

requisite /ˈrekwɪzɪt/ **I** agg. richiesto, necessario **II** n. requisito m. **III requisites** n.pl. *(for artist, office)* occorrente m.sing.; ***toilet ~*** accessori da bagno; ***smokers' ~s*** articoli per fumatori.

1.requisition /ˌrekwɪˈzɪʃn/ n. MIL. requisizione f.

2.requisition /ˌrekwɪˈzɪʃn/ tr. MIL. requisire [*supplies, vehicle*].

requital /rɪˈkwaɪtl/ n. FORM. *(reward)* ricompensa f.; *(revenge)* vendetta f., rappresaglia f.

requite /rɪˈkwaɪt/ tr. FORM. *(reward)* ricompensare [*person*]; *(repay bad deed)* vendicarsi di [*person, wrong*].

reran /ˌriːˈræn/ pass. → **2.rerun**.

reroof /ˌriːˈruːf/ tr. rifare il tetto a [*building*].

reroute /ˌriːˈruːt/ tr. cambiare la rotta di [*flight*]; (fare) deviare [*traffic*].

1.rerun /ˈriːrʌn/ n. (anche **re-run**) CINEM. seconda visione f.; TELEV. TEATR. replica f.; FIG. *(of incident, problem)* ripetizione f.

2.rerun /ˌriːˈrʌn/ tr. (forma in -ing **-nn-**; pass. **-ran**; p.pass. **-run**) CINEM. fare uscire di nuovo [*film*]; TEATR. replicare [*play*]; TELEV. ritrasmettere, ridare [*programme*]; POL. rifare [*election, vote*].

resat /ˌriːˈsæt/ pass., p.pass. → **2.resit**.

reschedule /ˌriːˈʃedjuːl, AE -ˈskedʒʊl/ tr. **1** *(change time)* modificare gli orari di; *(change date)* cambiare la data di [*performance*] **2** ECON. riscadenzare, rinegoziare [*debt*].

rescind /rɪˈsɪnd/ tr. DIR. o FORM. abrogare [*law*]; annullare [*decision, treaty*]; rescindere [*contract*]; cassare [*judgment*].

1.rescue /ˈreskjuː/ **I** n. **1** *(aid)* soccorso m.; ***to come*** o ***go to sb.'s, sth.'s ~*** accorrere in aiuto di qcn., di qcs.; ***to come*** o ***go to the ~*** andare alla riscossa **2** *(operation)* salvataggio m.; ***air-sea ~*** soccorso aeronavale **II** modif. [*bid, mission, operation*] di salvataggio; [*team*] di soccorso.

2.rescue /ˈreskjuː/ tr. **1** *(save, preserve)* salvare **2** *(aid)* soccorrere [*person, company*]; intervenire a favore di [*industry*] **3** *(release)* liberare **4** *(salvage)* recuperare [*valuables, documents*]; salvare [*plan, game*].

rescue party n. squadra f. di soccorso.

rescuer /ˈreskjuːə(r)/ n. salvatore m. (-trice).

rescue worker n. soccorritore m. (-trice).

1.research /rɪˈsɜːtʃ, ˈriːsɜːtʃ/ **I** n. **1** *(academic, medical etc.)* ricerca f. (**into, on** su); ***animal ~*** sperimentazione sugli animali; ***a piece of ~*** una ricerca **2** COMM. *(for marketing)* analisi f., indagine f. **3** GIORN. RAD. TELEV. servizio m. (**into** su) **II researches** n.pl. *(investigations)* ricerche f., indagini f. (**into, on** su) **III** modif. [*grant, project*] di ricerca; [*student*] che fa ricerca; [*funding*] per la ricerca; ***~ work*** ricerca; ***~ scientist*** ricercatore scientifico.

2.research /rɪˈsɜːtʃ, ˈriːsɜːtʃ/ tr. **1** fare (delle) ricerche su [*topic*]; fare (delle) ricerche per scrivere [*book, article*]; UNIV. fare ricerca in [*field*] **2** GIORN. RAD. TELEV. documentarsi su [*issue*] **3** COMM. analizzare [*customer needs*]; ***to ~ the market*** fare un'indagine di mercato.

research and development n. ricerca f. e sviluppo m.

research assistant ➧ ***27*** n. UNIV. assistente m. e f. (di ricerca).

researcher /rɪˈsɜːtʃə(r), ˈriːsɜːtʃə(r)/ ➧ ***27*** n. **1** *(academic, scientific)* ricercatore m. (-trice) **2** TELEV. = chi fa ricerche per servizi o programmi.

research establishment n. centro m. ricerche.

research fellow n. BE UNIV. ricercatore m. (-trice) universitario (-a).
resell /riː'sel/ tr. (pass., p.pass. **-sold**) rivendere.
resemblance /rɪ'zembləns/ n. somiglianza f. (**to** con); ***family ~*** aria di famiglia; ***to bear a close ~ to*** (as)somigliare molto a.
resemble /rɪ'zembl/ tr. (as)somigliare a [*person*]; essere simile a, sembrare [*object*]; ***to ~ each other*** (as)somigliarsi.
resent /rɪ'zent/ tr. non sopportare [*person*]; mal sopportare [*change, system*]; essere infastidito da [*tone, term*]; ***he ~ed her*** ce l'aveva con lei (**for doing** per avere fatto); ***to ~ sb.'s success*** patire il successo di qcn.; ***to ~ having to do*** non sopportare di dovere fare; ***I ~ that remark*** non mi è piaciuto quel commento; ***to ~ the fact that*** mal tollerare il fatto che.
resentful /rɪ'zentfl/ agg. [*person*] risentito, pieno di risentimento; [*look*] risentito.
resentment /rɪ'zentmənt/ n. risentimento m. (**about** per; **at** verso).
reservation /ˌrezə'veɪʃn/ n. **1** *(doubt, qualification)* riserva f.; ***without ~*** senza riserve; ***with some ~s*** con qualche riserva; ***to have ~s about sth.*** avere delle riserve su qcs. **2** *(booking)* prenotazione f.; ***do you have a ~?*** avete prenotato? **3** AE *(Indian land)* riserva f.
reservation desk n. prenotazioni f.pl.
1.reserve /rɪ'zɜːv/ **I** n. **1** *(resource, stock)* riserva f., scorta f.; ***oil ~s*** riserve petrolifere; ***to keep*** o ***hold sth. in ~*** tenere qualcosa di scorta **2** *(reticence)* riserbo m., reticenza f. **3** *(doubt)* riserva f.; ***without ~*** senza riserve **4** MIL. ***the ~*** la riserva; ***the ~s*** le riserve **5** SPORT riserva f. **6** *(area of land)* riserva f.; ***wildlife ~*** riserva, parco naturale **II** modif. [*fund, supplies, forces*] di riserva; SPORT [*team*] delle riserve; ***~ player*** riserva.
2.reserve /rɪ'zɜːv/ tr. **1** *(set aside)* mettere da parte, serbare, riservare; ***he ~s his fiercest criticism for*** ha riservato le sue critiche più feroci a; ***to ~ one's strength*** risparmiare le forze; ***to ~ the right to do sth.*** riservarsi il diritto di fare qcs.; ***to ~ judgment*** riservarsi il giudizio **2** *(book)* prenotare, riservare [*room, seat*].
reserved /rɪ'zɜːvd/ **I** p.pass. → **2.reserve II** agg. **1** [*person, manner*] riservato; ***to be ~ about sth.*** essere riservato su qcs. **2** *(booked)* [*table, room*] riservato, prenotato **3** COMM. ***all rights ~*** diritti riservati.
reserve price n. BE *(at auctions)* prezzo m. minimo.
reservist /rɪ'zɜːvɪst/ n. riservista m. e f.
reservoir /'rezəvwɑː(r)/ n. **1** serbatoio m., bacino m. **2** FIG. riserva f.
reset /ˌriː'set/ tr. (forma in -ing **-tt-**; pass., p.pass. **-set**) **1** *(adjust)* aggiustare [*machine*]; regolare [*clock*]; azzerare [*counter*] **2** MED. ridurre [*broken bone*] **3** INFORM. resettare [*computer*].
resettle /ˌriː'setl/ **I** tr. fare inserire [*worker*]; fare stabilire [*immigrant*]; ricolonizzare [*area*] **II** intr. stabilirsi (in una nuova zona, un nuovo paese).
1.reshuffle /ˌriː'ʃʌfl/ n. **1** POL. rimpasto m.; ***cabinet ~*** rimpasto ministeriale **2** *(of cards)* (il) rimischiare, rimescolata f.
2.reshuffle /ˌriː'ʃʌfl/ tr. **1** POL. rimpastare [*cabinet*] **2** GIOC. rimischiare, rimescolare [*cards*].
reside /rɪ'zaɪd/ intr. FORM. **1** *(live)* risiedere (anche DIR.) **2** *(be present in)* trovarsi, risiedere.
residence /'rezɪdəns/ n. **1** *(in property ad)* casa f., residenza f.; *(prestigious)* villa f., casa f. signorile **2** FORM. *(dwelling)* casa f., domicilio m. **3** AMM. DIR. *(in area, country)* residenza f., soggiorno m.; ***place of ~*** luogo di residenza; ***to take up ~*** andare ad abitare, prendere residenza; ***to be in ~*** FORM. [*monarch*] = essere (presente) nella residenza reale **4** AE UNIV. (anche **~ hall, hall of ~**) casa f. dello studente, collegio m. universitario.
residence permit n. permesso m. di soggiorno.
resident /'rezɪdənt/ **I** agg. **1** *(permanent)* [*population*] locale; [*work force*] permanente; ***to be ~ in*** abitare in, risiedere in [*city, region*] **2** *(live-in)* attrib. [*staff, tutor*] = che abita nella casa o nell'istituto in cui lavora **3** [*band*] fisso; [*orchestra*] stabile **II** n. *(of city, region)* abitante m. e f., residente m. e f.; *(of hostel, guest house)* ospite m. e f. fisso (-a), pensionante m. e f.; ***the local ~s*** la popolazione locale.
residential /ˌrezɪ'denʃl/ agg. **1** [*area*] residenziale **2** *(living in)* [*staff*] = che abita nella casa o nell'istituto in cui lavora; ***~ home*** BE *(for elderly)* casa di riposo; *(for disabled)* comunit[à] per disabili; *(for youth)* ostello; ***to be in ~ care*** essere ospitat[o] da un istituto.
residents association n. associazione f. di quartiere.
residual /rɪ'zɪdjʊəl, AE -dʒʊ-/ agg. **1** [*prejudice, need*] residuo, persistente; [*income*] residuale; [*value*] residuo [**2**] CHIM. residuo.
residue /'rezɪdjuː, AE -duː/ n. **1** residuo m. (anche CHIM.) [**2**] FIG. residuo m., resto m.
resign /rɪ'zaɪn/ **I** tr. lasciare, dimettersi da [*post, job*] **II** int[r.] dimettersi (**as** dal posto di; **over** a causa di) **III** rifl. ***to ~ oneself*** rassegnarsi.
resignation /ˌrezɪg'neɪʃn/ n. **1** *(from post)* dimissione f. (**a** dal posto di); ***to hand in one's ~*** rassegnare *o* dare le dimis[sioni] sioni **2** *(patience)* rassegnazione f.
resigned /rɪ'zaɪnd/ **I** p.pass. → **resign II** agg. rassegnato.
resilience /rɪ'zɪlɪəns/ n. **1** *(of person) (mental)* determi[nazione] nazione f.; *(physical)* resistenza f. (fisica) **2** *(of industry, economy)* capacità f. di ripresa **3** *(of material)* resilienza f.
resilient /rɪ'zɪlɪənt/ agg. **1** *(morally)* determinato; *(physically)* resistente **2** [*material, substance*] resiliente.
resin /'rezɪn, AE 'rezn/ n. resina f.
resinous /'rezɪnəs, AE -zən-/ agg. resinoso.
resist /rɪ'zɪst/ **I** tr. **1** *(oppose, struggle against)* opporsi [a] [*reform, attempt*]; respingere [*attack*]; ***to ~ arrest*** far[e] resistenza all'arresto **2** *(refrain from)* resistere a [*temptation, offer*]; ***to ~ doing*** trattenersi dal fare **3** *(to be unaffected by)* essere resistente a, resistere a [*rust, heat*] **II** intr. resistere.
resistance /rɪ'zɪstəns/ **I** n. resistenza f. (anche PSIC. FISIOL. EL.); ***to meet with ~*** incontrare resistenza; ***to put up ~*** resistere; ***his ~ is low*** ha poca resistenza; ***to build up a ~ to sth*** diventare più resistenti contro qcs. **II Resistance** n.pr. POL. STOR. ***the ~*** la Resistenza ♦ ***to take the line*** o ***path of least ~*** prendere la strada più facile.
resistance fighter n. resistente m. e f.
resistance movement n. movimento m. di resistenza, resistenza f.
resistant /rɪ'zɪstənt/ agg. **1** [*virus*] resistente **2** *(opposed)* ***~ to*** refrattario a, che si oppone a [*change, demands*] [3] **-resistant** in composti ***heat-~*** resistente al calore; ***water-~*** impermeabile; ***fire-~*** ignifugo.
1.resit /'riːsɪt/ n. BE (il) ridare un esame.
2.resit /ˌriː'sɪt/ tr. (forma in -ing **-tt-**; pass., p.pass. **-sat**) BE ridare, ripetere [*exam*].
reskill /riː'skɪl/ tr. riqualificare [*staff*].
resold /ˌriː'səʊld/ pass., p.pass. → **resell.**
resolute /'rezəluːt/ agg. [*person*] risoluto; [*action*] deciso [*decision*] fermo.
resolutely /'rezəluːtlɪ/ avv. [*persist*] risolutamente; [*refuse*] fermamente.
resolution /ˌrezə'luːʃn/ n. **1** *(determination)* risolutezza f., fermezza f. **2** *(decree)* risoluzione f.; ***to pass a ~*** approvare una risoluzione **3** *(promise)* risoluzione f., decisione f.; ***to make a ~ to do*** ripromettersi di fare **4** *(solving of problem)* (ri)soluzione f. **5** CHIM. FIS. MED. MUS. INFORM. risoluzione f.
1.resolve /rɪ'zɒlv/ n. **1** *(determination)* determinazione f.; ***to strengthen, weaken sb.'s ~*** motivare, demotivare qcn. **2** *(decision)* risolutezza f., decisione f.
2.resolve /rɪ'zɒlv/ **I** tr. **1** *(solve)* risolvere [*dispute*]; chiarire [*doubts*] **2** *(decide)* ***to ~ that*** decidere che; ***to ~ to do*** risolvere di fare **3** *(break down)* analizzare, scomporre [*problem*] **II** intr. *(decide)* [*person*] decidere; [*government*] deliberare; ***to ~ on doing*** risolvere di fare.
resolved /rɪ'zɒlvd/ **I** p.pass → **2.resolve II** agg. FORM. risoluto.
resonance /'rezənəns/ n. risonanza f.
resonant /'rezənənt/ agg. FORM. [*voice*] sonoro; [*place*] risonante.
resonate /'rezəneɪt/ intr. FORM. [*voice*] risuonare, echeggiare; [*place*] risuonare (**with** di).
1.resort /rɪ'zɔːt/ n. **1** *(resource)* risorsa f.; ***as a last ~*** come ultima risorsa; ***in the last ~*** in fin dei conti **2** *(holiday centre)* ***seaside, ski ~*** stazione balneare, sciistica.
2.resort /rɪ'zɔːt/ intr. ***to ~ to*** ricorrere a, fare ricorso a.

resound /rɪ'zaʊnd/ intr. **1** [*noise*] risuonare (**through** in) **2** [*place*] risuonare (**with** di) **3** [*fame*] avere grande risonanza (**through, throughout** in).
resounding /rɪ'zaʊndɪŋ/ agg. **1** [*voice*] risonante, echeggiante; [*crash*] fragoroso **2** [*success*] eclatante, clamoroso.
1.resource /rɪ'sɔ:s, -'zɔ:s, AE 'ri:sɔ:rs/ n. **1** risorsa f. (anche ECON. IND. AMM. INFORM.); ***natural, energy ~s*** risorse naturali, energetiche; ***the world's ~s of coal*** le risorse mondiali di carbone; ***to be left to one's own ~s*** essere abbandonati a se stessi **2** *(facility, service)* risorsa f., struttura f. **3** FORM. *(cleverness)* ***a man of (great) ~*** un uomo pieno di risorse **4** *(expedient)* risorsa f., mezzo m., espediente m.
2.resource /rɪ'sɔ:s, -'zɔ:s, AE 'ri:sɔ:rs/ tr. fornire le risorse necessarie a [*institution*]; ***to be under-~d*** non avere risorse sufficienti.
resource centre BE, **resource center** AE n. centro m. di documentazione.
resourceful /rɪ'sɔ:sfl, -'zɔ:s-, AE 'ri:sɔ:rsfl/ agg. [*person*] pieno di risorse; [*adaptation*] ingegnoso.
resource(s) room n. sala f. di documentazione.
1.respect /rɪ'spekt/ **I** n. **1** *(admiration)* stima f., rispetto m.; ***to win the ~ of sb.*** guadagnarsi la stima di qcn.; ***to command ~*** avere polso, farsi rispettare **2** *(politeness)* rispetto m.; ***out of ~*** per rispetto (**for** di); ***you've got no ~!*** non hai (nessun) rispetto! ***with (all due) ~*** con tutto il rispetto; ***to treat sb. with ~*** trattare qcn. con riguardo **3** *(regard)* rispetto m.; ***in this ~*** a questo riguardo; ***in many ~s*** sotto molti aspetti; ***in what ~?*** a che riguardo? ***in ~ of*** *(as regards)* riguardo a, per quanto riguarda; *(in payment for)* per **II respects** n.pl. rispetti m., ossequi m.; ***to offer*** o ***pay one's ~s to sb.*** presentare i propri rispetti a qcn.
2.respect /rɪ'spekt/ tr. rispettare; ***as ~s sth.*** rispetto a *o* per quanto riguarda qcs.
respectability /rɪˌspektə'bɪlətɪ/ n. rispettabilità f.
respectable /rɪ'spektəbl/ agg. **1** *(reputable)* [*person*] rispettabile; [*upbringing*] buono; ***in ~ society*** tra gente rispettabile **2** *(adequate)* [*number*] discreto, rispettabile; [*performance*] decoroso.
respectably /rɪ'spektəblɪ/ avv. **1** *(reputably)* [*dress, behave*] in modo decoroso **2** *(adequately)* ***a ~ large audience*** un pubblico piuttosto numeroso; ***he plays tennis very ~*** si difende bene a tennis.
respecter /rɪ'spektə(r)/ n. FORM. ***to be a ~ of sth.*** essere rispettoso *o* avere rispetto di qcs.; ***to be no ~ of persons*** non guardare in faccia nessuno.
respectful /rɪ'spektfl/ agg. rispettoso (**to, towards** verso).
respectfully /rɪ'spektfəlɪ/ avv. rispettosamente.
respecting /rɪ'spektɪŋ/ prep. per quanto riguarda, rispetto a.
respective /rɪ'spektɪv/ agg. rispettivo.
respiration /ˌrespɪ'reɪʃn/ n. *(breathing)* respirazione f.; *(single act of breathing)* respiro m.
respirator /'respɪreɪtə(r)/ n. **1** *(artificial)* respiratore m. (artificiale) **2** *(protective)* maschera f.
respiratory /rɪ'spɪrətrɪ, AE -tɔ:rɪ/ agg. respiratorio.
respite /'respaɪt, -spɪt/ n. **1** FORM. *(relief)* sollievo m.; ***a brief ~*** una breve pausa **2** COMM. DIR. *(delay)* proroga f., dilazione f.
resplendent /rɪ'splendənt/ agg. FORM. (ri)splendente; ***to look ~*** essere radioso.
respond /rɪ'spɒnd/ intr. **1** *(answer)* rispondere; ***to ~ with a phone call*** dare una risposta *o* rispondere per telefono **2** *(react)* [*patient, organism*] rispondere, reagire; [*car*] rispondere; ***to ~ to pressure*** POL. AMM. cedere alle pressioni **3** *(listen, adapt)* adeguarsi.
respondent /rɪ'spɒndənt/ n. **1** *(to questionnaire)* = chi risponde **2** DIR. appellato m. (-a), convenuto m. (-a).
response /rɪ'spɒns/ n. **1** *(answer)* risposta f., responso m.; ***in ~ to*** in risposta a **2** *(reaction)* reazione f.; ***to meet with a favourable ~*** essere accolto favorevolmente **3** RELIG. ***the ~s*** i responsori.
responsibility /rɪˌspɒnsə'bɪlətɪ/ n. responsabilità f. (**for** di); ***to take ~ for sth.*** assumersi la responsabilità di qcs.; ***to take no ~*** declinare ogni responsabilità; ***the terrorists claimed ~ for the attack*** i terroristi hanno rivendicato l'attentato.
responsible /rɪ'spɒnsəbl/ agg. **1** *(answerable)* responsabile (**for** di); ***to hold sb. ~*** ritenere qcn. responsabile; ***the person ~*** la persona responsabile, il responsabile; ***those ~*** i responsabili; ***I won't be ~ for my actions*** non risponderò delle mie azioni **2** *(trustworthy)* ***she is very ~*** è molto responsabile **3** *(involving accountability)* [*job*] di responsabilità.
responsive /rɪ'spɒnsɪv/ agg. **1** *(alert)* [*audience, class, pupil*] ricettivo, reattivo **2** *(adaptable)* [*organization*] dinamico **3** AUT. [*car*] scattante; [*steering*] che risponde bene.
1.respray /'ri:spreɪ/ n. *(of vehicle)* riverniciatura f. (a spruzzo).
2.respray /rɪ'spreɪ/ tr. riverniciare (a spruzzo) [*vehicle*].
1.rest /rest/ n. **1** *(what remains)* ***the ~*** *(of food, day, story)* il resto; ***for the ~ of my life*** per il resto della mia vita; ***for the ~...*** per il resto...; ***and all the ~ of it*** COLLOQ. e tutto il resto **2** *(other people)* ***he is no different from the ~ (of them)*** non è diverso dagli altri; ***why can't you behave like the ~ of us?*** perché non puoi comportarti come tutti gli altri?
2.rest /rest/ n. **1** *(repose)* riposo m.; *(break)* pausa f.; ***to put sb.'s mind at ~*** tranquillizzare qcn.; ***to have a ~*** riposarsi; ***to have a ~ in the afternoon*** fare un riposino pomeridiano **2** *(support)* supporto m. **3** MUS. pausa f. **4** *(immobility)* ***to come to ~*** fermarsi ♦ ***a change is as good as a ~*** PROV. = cambiare fa bene tanto quanto riposarsi; ***give it a ~!*** piantala!
3.rest /rest/ **I** tr. **1** *(lean)* ***to ~ sth. on*** appoggiare qcs. su [*surface*] **2** *(allow to rest)* riposare [*legs*]; tenere a riposo [*injured limb*]; fare riposare [*horse*] **3** AGR. lasciare a maggese [*land*] **4** DIR. ***to ~ one's case*** chiudere il caso; ***I ~ my case*** FIG. non ho niente da aggiungere **II** intr. **1** *(relax)* riposarsi; ***I won't ~ until I know*** non mi darò pace finché non (lo) saprò; ***to ~ easy*** stare tranquillo **2** *(be supported)* ***to ~ on*** appoggiarsi su, essere appoggiato su **3** EUFEM. ***to be ~ing*** [*actor*] essere disoccupato, non avere una parte **4** ***to ~ in peace*** [*dead person*] riposare in pace **5** FIG. ***to let the matter*** o ***things ~*** lasciare perdere; ***you can't just let it ~ there!*** non puoi abbandonare tutto così! ♦ ***to ~ on one's laurels*** riposare sugli allori; ***and there the matter ~s*** tutto qui; ***God ~ his soul*** che Dio l'abbia in gloria.
■ **rest on:** ***~ on [sb., sth.]*** [*eyes*] fermarsi su [*object, person*]; [*decision*] basarsi su [*assumption*].
■ **rest up** riposarsi.
■ **rest with:** ***~ with [sb., sth.]*** [*decision*] essere nelle mani di, dipendere da.
restart /ˌri:'stɑ:t/ tr. **1** riprendere [*work, talks*] **2** riaccendere [*engine, boiler*].
restate /ˌri:'steɪt/ tr. riaffermare.
restatement /ˌri:'steɪtmənt/ n. riaffermazione f.
restaurant /'restrɒnt, AE -tərənt/ n. ristorante m.
restaurant car n. BE vagone m. ristorante.
restaurateur /ˌrestərə'tɜ:(r)/ ♦ **27** n. ristoratore m. (-trice).
rest cure n. cura f. del riposo; ***it wasn't exactly a ~!*** SCHERZ. non è stata una cosa molto riposante!
restful /'restfl/ agg. [*holiday*] riposante; [*spot, place*] tranquillo.
rest home n. casa f. di riposo.
resting place n. ***his last ~*** la sua estrema dimora.
restitution /ˌrestɪ'tju:ʃn, AE -'tu:-/ n. restituzione f.; DIR. risarcimento m.
restive /'restɪv/ agg. [*crowd*] insofferente, irrequieto; [*animal*] restio, recalcitrante.
restless /'restlɪs/ agg. [*person*] irrequieto, agitato; [*movement*] nervoso; [*populace*] irrequieto, scontento; ***to get*** o ***grow ~*** [*audience*] dare segni di impazienza.
restlessly /'restlɪslɪ/ avv. nervosamente, con irrequietezza.
restlessness /'restlɪsnɪs/ n. *(physical)* agitazione f.; *(of character)* irrequietezza f.
restock /ˌri:'stɒk/ tr. rifornire [*shelf, shop*]; ripopolare [*river, forest*] (**with** di).
restoration /ˌrestə'reɪʃn/ n. **1** *(of property, territory)* restituzione f. **2** *(of custom)* ripristino m.; *(of order, democracy)* ristabilimento m.; *(of monarch)* restaurazione f. **3** *(of building, work of art)* restauro m.
Restoration /ˌrestə'reɪʃn/ n.pr. ***the ~*** la Restaurazione (inglese).
restorative /rɪ'stɒrətɪv/ **I** agg. [*tonic*] corroborante; [*sleep*] ristoratore **II** n. ricostituente m.
restore /rɪ'stɔ:(r)/ tr. **1** *(return)* restituire, rendere [*property*] **2** *(bring back)* rendere [*faculty*]; ridare [*good humour*]; restau-

rare, ristabilire [*right*]; ristabilire [*peace*]; POL. restaurare [*monarch*]; ***to be ~d to health*** ristabilirsi, rimettersi in salute; ***to ~ sb. to power*** riportare qcn. al potere; ***you ~ my faith in humanity*** tu mi ridai fiducia nell'umanità **3** *(repair)* restaurare [*work of art, building*] **4** INFORM. ripristinare [*window*].

restorer /rɪˈstɔːrə(r)/ n. *(person)* restauratore m. (-trice).

restrain /rɪˈstreɪn/ **I** tr. **1** *(hold back)* trattenere [*person, tears*]; contenere [*crowd, desires*]; bloccare [*attacker*]; ***to ~ sb. from doing sth.*** impedire a qcn. di fare qcs. **2** *(curb)* limitare [*spending*]; contenere [*inflation*] **II** rifl. ***to ~ oneself*** trattenersi.

restrained /rɪˈstreɪnd/ **I** p.pass → **restrain II** agg. **1** *(sober)* [*style, colour, lifestyle*] sobrio **2** *(kept in check)* [*emotion*] contenuto; [*manner*] compassato; [*discussion, person*] pacato.

restraining order n. ordinanza f. restrittiva.

restraint /rɪˈstreɪnt/ n. **1** *(moderation)* moderazione f. **2** *(restriction)* restrizione f.; ***to talk without ~*** parlare liberamente; ***wage ~s*** controllo dei salari **3** *(rule)* ***social ~s*** convenzioni sociali.

restrict /rɪˈstrɪkt/ **I** tr. limitare [*activity, freedom, growth*]; riservare [*access, membership*] (**to** a); ***visibility was ~ed to 50 metres*** la visibilità era limitata a 50 metri **II** rifl. ***to ~ oneself to sth.*** limitarsi a qcs.

restricted /rɪˈstrɪktɪd/ **I** p.pass. → **restrict II** agg. [*growth, movement*] limitato; [*document*] riservato, confidenziale; [*film*] US = vietato ai minori di 17 anni.

restricted area n. zona f. ad accesso limitato.

restricted parking n. = parcheggio consentito solo in determinate ore del giorno.

restriction /rɪˈstrɪkʃn/ n. **1** *(rule)* restrizione f., limitazione f.; ***to impose ~s on sth., sb.*** imporre dei limiti *o* delle restrizioni a qcs., qcn.; ***~s on arms sales*** limitazioni sulla vendita delle armi; ***credit, currency ~s*** restrizioni creditizie, valutarie; ***price ~s*** controllo dei prezzi; ***speed ~s*** limiti di velocità; ***travel ~s*** restrizioni alla libera circolazione; ***weight ~s*** *(for vehicles)* limiti di peso **2** *(limiting)* *(of amount)* limite m. (**on** di); *(of freedom)* restrizioni f.pl. (**of** a).

restrictive /rɪˈstrɪktɪv/ agg. restrittivo, limitativo (anche LING.).

re-string /ˌriːˈstrɪŋ/ tr. (pass., p.pass. **-strung**) riaccordare [*racket*]; incordare di nuovo [*instrument*]; rinfilare [*necklace, beads*].

rest room n. AE toilette f.

restructure /ˌriːˈstrʌktʃə(r)/ tr. ristrutturare.

re-strung /ˌriːˈstrʌŋ/ pass., p.pass. → **re-string.**

1.restyle /ˈriːstaɪl/ n. nuova pettinatura f.; ***to have a ~*** cambiare pettinatura.

2.restyle /ˌriːˈstaɪl/ tr. cambiare la linea di [*car*]; ***to ~ sb.'s hair*** fare una nuova pettinatura a qcn.

1.result /rɪˈzʌlt/ **I** n. **1** *(consequence)* risultato m., conseguenza f.; ***as a ~ of*** come risultato di; ***as a ~*** come conseguenza **2** *(outcome)* risultato m. (anche MAT.); ***exam(ination), football ~s*** risultati degli esami, delle partite (di calcio) **II results** n.pl. COMM. ECON. risultati m.

2.result /rɪˈzʌlt/ intr. ***to ~ from*** risultare *o* derivare da; ***to ~ in*** avere per risultato, portare a; ***the accident ~ed in him losing his job*** l'incidente gli fece perdere il posto di lavoro.

resume /rɪˈzjuːm, AE -ˈzuːm/ **I** tr. riprendere [*work, talks*]; ricominciare [*relations*]; ***to ~ doing*** rimettersi a fare **II** intr. riprendere.

résumé /ˈrezjuːmeɪ, AE ˌrezʊˈmeɪ/ n. **1** *(summary)* riassunto m. **2** AE *(CV)* curriculum (vitae) m.

resumption /rɪˈzʌmpʃn/ n. ripresa f.

resurface /ˌriːˈsɜːfɪs/ **I** tr. ripavimentare, rifare [*road, court*] **II** intr. [*submarine*] riemergere, tornare in superficie; [*rumour*] riemergere, tornare a galla; [*person*] ricomparire, fare la propria ricomparsa.

resurgence /rɪˈsɜːdʒəns/ n. *(of danger, tradition, economy)* ripresa f.; *(of interest)* rinascita f.

resurgent /rɪˈsɜːdʒənt/ agg. [*country*] che rifiorisce, rinascente; [*economy*] in ripresa.

resurrect /ˌrezəˈrekt/ **I** tr. risuscitare, riportare in vita (anche FIG.) **II** intr. risuscitare, tornare in vita (anche FIG.).

resurrection /ˌrezəˈrekʃn/ **I** n. risurrezione f. **II Resurrection** n.pr. RELIG. ***the ~*** la Risurrezione.

resuscitate /rɪˈsʌsɪteɪt/ tr. MED. rianimare.

resuscitation /rɪˌsʌsɪˈteɪʃn/ n. rianimazione f.

1.ret. ⇒ retired in pensione.

2.ret. ⇒ returned restituito.

1.retail /ˈriːteɪl/ **I** n. vendita f. al minuto, vendita f. al dettaglio **II** modif. [*business, sector*] di vendita al dettaglio, al minuto **III** avv. al dettaglio, al minuto.

2.retail /ˈriːteɪl/ **I** tr. vendere [qcs.] al minuto, vendere [qcs.] al dettaglio **II** intr. ***to ~ at*** essere venduto al minuto *o* al dettaglio a.

retailer /ˈriːteɪlə(r)/ n. dettagliante m. e f.

retailing /ˈriːteɪlɪŋ/ **I** n. distribuzione f. **II** modif. [*giant sector*] della distribuzione; [*group, operations*] di distribuzione.

retail price n. prezzo m. al dettaglio.

retail price index n. indice m. dei prezzi al dettaglio.

retail sales n.pl. vendite f. al dettaglio.

retail trade n. *(companies)* aziende f.pl. che vendono al dettaglio; *(industry)* commercio m. al dettaglio.

retain /rɪˈteɪn/ tr. **1** *(keep)* mantenere [*control, identity*]; conservare [*property*] **2** *(contain)* contenere [*water*]; trattenere [*heat*] **3** *(remember)* tenere a mente [*fact*] **4** DIR. impegnare (pagando un anticipo sull'onorario) [*lawyer*].

retainer /rɪˈteɪnə(r)/ n. **1** *(fee)* = anticipo sull'onorario di qcn. per assicurarsi i suoi servizi **2** ANT. *(servant)* servitore m.

retaining wall n. muro m. di sostegno.

1.retake /ˈriːteɪk/ n. CINEM. nuova ripresa f.

2.retake /ˌriːˈteɪk/ tr. (pass. **-took**; p.pass. **-taken**) **1** CINEM. filmare di nuovo [*scene*] **2** SCOL. UNIV. ripetere [*exam*] **3** MIL. riconquistare [*town*].

retaliate /rɪˈtælɪeɪt/ intr. reagire, rivalersi.

retaliation /rɪˌtælɪˈeɪʃn/ n. rappresaglia f., ritorsione f.; ***in ~*** in rappresaglia, per ritorsione.

retard /rɪˈtɑːd/ tr. ritardare.

retarded /rɪˈtɑːdɪd/ **I** p.pass. → **retard II** agg. **1** PSIC. ritardato **2** AE POP. *(stupid)* ritardato, deficiente.

1.retch /retʃ/ n. conato m. di vomito.

2.retch /retʃ/ intr. avere i conati di vomito.

retd ⇒ retired in pensione.

retell /ˌriːˈtel/ tr. (pass., p.pass. **-told**) raccontare di nuovo.

retention /rɪˈtenʃn/ n. **1** *(of right, territory)* conservazione f. **2** MED. ritenzione f.

retentive /rɪˈtentɪv/ agg. [*memory*] buono; [*soil*] che trattiene.

1.rethink /ˈriːθɪŋk/ n. ***to have a ~*** avere un ripensamento.

2.rethink /ˌriːˈθɪŋk/ **I** tr. (pass., p.pass. **-thought**) ripensare **II** intr. (pass., p.pass. **-thought**) ripensarci.

reticence /ˈretɪsns/ n. reticenza f., riservatezza f. (**on, about** su).

reticent /ˈretɪsnt/ agg. reticente, riservato; ***to be ~ about sth.*** essere evasivo su qcs.

retina /ˈretɪnə, AE ˈretənə/ n. (pl. **~s, -ae**) retina f.

retinue /ˈretɪnjuː, AE ˈretənuː/ n. scorta f., seguito m.

retire /rɪˈtaɪə(r)/ **I** tr. mandare in pensione **II** intr. **1** *(from work)* andare in pensione **2** *(withdraw)* ritirarsi (anche SPORT) **3** ***to ~ (to bed)*** ANT. ritirarsi; ***to ~ early*** coricarsi presto.

retired /rɪˈtaɪəd/ **I** p.pass. → **retire II** agg. [*person*] pensionato, in pensione.

retiree /ˌrɪtaɪəˈriː/ n. AE pensionato m. (-a).

retirement /rɪˈtaɪəmənt/ n. **1** *(action)* pensionamento m.; ***to take early ~*** andare in prepensionamento **2** *(state)* ritiro m., isolamento m.; ***to come out of ~*** uscire dall'isolamento.

retirement age n. età f. pensionabile.

retirement home n. **1** *(individual)* = casa dove si va a vivere dopo essere andati in pensione **2** *(communal)* casa f. di riposo, pensionato m. per anziani.

retirement pension n. pensione f. di anzianità.

retiring /rɪˈtaɪərɪŋ/ agg. **1** *(leaving service)* uscente, che va in pensione **2** *(shy)* riservato, schivo.

retold /ˌriːˈtəʊld/ pass., p.pass. → **retell.**

retook /ˌriːˈtʊk/ pass. → **2.retake.**

1.retort /rɪˈtɔːt/ n. *(reply)* replica f.

2.retort /rɪˈtɔːt/ tr. replicare, ribattere (**that** che).

1.retouch /ˈriːtʌtʃ/ n. ritocco m.

2.retouch /ˌriːˈtʌtʃ/ tr. ritoccare.

retrace /riːˈtreɪs/ tr. ripercorrere [*movements*]; ***to ~ one's steps*** tornare sui propri passi.

retract /rɪˈtrækt/ **I** tr. **1** *(withdraw)* ritrattare [*statement*] **2** *(pull in)* fare rientrare [*landing gear*]; [*cat*] ritrarre [*claws*] **II** intr. [*landing gear*] rientrare; [*horns etc.*] ritrarsi.

retractable /rɪˈtræktəbl/ agg. [*landing gear*] retrattile; [*pen*] a punta retrattile.

retraction /rɪˈtrækʃn/ n. ritrazione f.; *(of landing gear)* rientro m.

retrain /ˌriːˈtreɪn/ **I** tr. riaddestrare **II** intr. riaddestrarsi.

retraining /ˌriːˈtreɪnɪŋ/ n. riaddestramento m., aggiornamento m.

1.retread /ˈriːtred/ n. pneumatico m. (con battistrada) ricostruito.

2.retread /ˌriːˈtred/ tr. (pass., p.pass. **~ed**) ricostruire il battistrada di [*tyre*].

1.retreat /rɪˈtriːt/ n. **1** *(withdrawal)* ritirata f.; ***to beat a hasty ~*** battere velocemente in ritirata **2** *(house)* seconda casa f. **3** RELIG. ritiro m.; ***to go into, go on a ~*** andare in ritiro (spirituale).

2.retreat /rɪˈtriːt/ intr. **1** [*person*] ritirarsi **2** MIL. [*army*] battere in ritirata (**to** su) **3** FIG. ritirarsi (**to** in); ***to ~ into a dream world*** rifugiarsi nel mondo dei sogni **4** [*flood water*] ritirarsi.

retrench /rɪˈtrentʃ/ intr. FORM. ridurre le spese, fare economia.

retrenchment /rɪˈtrentʃmənt/ n. FORM. *(economizing)* risparmio m., taglio m. (delle spese).

retrial /ˌriːˈtraɪəl/ n. DIR. nuovo processo m.

retribution /ˌretrɪˈbjuːʃn/ n. FORM. castigo m. (**for**, **against** per).

retributive /rɪˈtrɪbjʊtɪv/ agg. FORM. di castigo, punitivo.

retrievable /rɪˈtriːvəbl/ agg. recuperabile (anche INFORM.).

retrieval /rɪˈtriːvl/ n. recupero m. (anche INFORM.).

retrieve /rɪˈtriːv/ tr. **1** *(get back)* recuperare, riprendere [*object*] **2** *(save)* raddrizzare, salvare [*situation*] **3** VENAT. [*dog*] riportare [*game*] **4** INFORM. recuperare [*data*].

retriever /rɪˈtriːvə(r)/ n. retriever m., cane m. da riporto.

retro /ˈretrəʊ/ **I** n. gusto m. rétro **II** modif. rétro.

retroactive /ˌretrəʊˈæktɪv/ agg. retroattivo.

retrograde /ˈretrəgreɪd/ agg. retrogrado; ***in ~ order*** in ordine inverso.

retrogress /ˌretrəˈgres/ intr. regredire (anche BIOL. MED.).

retrogressive /ˌretrəˈgresɪv/ agg. **1** retrogrado **2** BIOL. regressivo.

retrorocket /ˈretrəʊˌrɒkɪt/ n. retrorazzo m.

retrospect /ˈretrəʊspekt/ n. ***in retrospect*** in retrospettiva, retrospettivamente, a posteriori.

retrospective /ˌretrəˈspektɪv/ **I** agg. **1** retrospettivo **2** DIR. AMM. retroattivo **II** n. (anche **~ exhibition**, **~ show**) ART. CINEM. retrospettiva f.

retrospectively /ˌretrəˈspektɪvlɪ/ avv. **1** retrospettivamente **2** DIR. AMM. retroattivamente.

retrovirus /ˈretrəʊvaɪərəs/ n. retrovirus m.

retry /ˌriːˈtraɪ/ tr. **1** DIR. ridiscutere, riaprire [*case*] **2** INFORM. rifare [*operation*].

retune /ˌriːˈtjuːn, AE -ˈtuːn/ tr. riaccordare [*musical instrument*]; risintonizzare [*radio, television*].

1.return /rɪˈtɜːn/ **I** n. **1** *(getting back, going back)* ritorno m. (anche FIG.); ***on my ~*** al mio ritorno; ***on your ~ to work*** quando tornerai al lavoro **2** *(recurrence)* ritorno m.; ***I'm hoping for a ~ of the fine weather*** spero che torni il bel tempo **3** *(restitution, bringing back)* *(of law, practice)* ritorno m.; *(of object)* restituzione f., resa f.; ***I hope for its ~*** spero che mi verrà restituito; ***on ~ of the vehicle*** al momento della restituzione del veicolo **4** *(sending back of letter, goods)* rinvio m. **5** *(reward)* ricompensa f. **6** ***in ~*** in cambio (**for** di) **7** ECON. *(yield on investment)* rendimento m., profitto m. (**on** di); *(on capital)* rendita f. **8** *(travel ticket)* (biglietto di) andata e ritorno m. **9** TEATR. *(ticket)* = biglietto acquistato in prevendita e poi rivenduto al botteghino **10** *(book)* giacenza f. **11** SPORT *(of ball)* rinvio m. **II returns** n.pl. POL. risultati m. ♦ ***by ~ of post*** a giro di posta; ***many happy ~s!*** cento di questi giorni!

2.return /rɪˈtɜːn/ **I** tr. **1** *(give back)* ridare, rendere, restituire [*object, money*] **2** *(bring back, take back)* restituire [*purchase*] **3** *(put back)* rimettere a posto [*file, book*] **4** *(send back)* rinviare [*parcel, sample*]; ***"~ to sender"*** "rispedire al mittente" **5** *(give, issue in return)* ricambiare [*greeting, compliment*]; ***to ~ the favour*** contraccambiare (il favore) **6** *(reciprocate)* ricambiare [*love*] **7** MIL. rispondere a [*fire*] **8** SPORT rinviare, rilanciare [*ball*] **9** *(reply, rejoin)* replicare **10** COMM. ***to ~ details of one's income*** fare la dichiarazione dei redditi **11** DIR. emettere [*verdict*] **12** POL. *(elect)* eleggere [*candidate*] **13** TEL. ***to ~ sb.'s call*** richiamare qcn. **II** intr. **1** *(come back, go back)* ritornare; *(get back home)* tornare a casa, rientrare **2** *(resume)* ***to ~ to*** riprendere [*activity*]; ***to ~ to power*** ritornare al potere **3** *(recur)* [*symptom, doubt, days, times*] (ri)tornare.

returnable /rɪˈtɜːnəbl/ agg. ***~ bottle*** vuoto a rendere; ***~ by 6 May*** da restituire entro il 6 maggio.

returner /rɪˈtɜːnə(r)/ n. = donna che si reinserisce nel mondo del lavoro dopo un lungo periodo trascorso a casa per allevare i figli.

returning officer n. BE presidente m. di seggio elettorale.

return journey n. BE viaggio m. di ritorno.

return ticket n. biglietto m. (di) andata e ritorno.

return trip n. AE → **return journey**.

return visit n. ***to make a ~*** ricambiare una visita.

reunification /ˌriːjuːnɪfɪˈkeɪʃn/ n. riunificazione f.

reunion /ˌriːˈjuːnɪən/ n. **1** *(celebration)* riunione f. **2** *(meeting)* incontro m.

reunite /ˌriːjuːˈnaɪt/ **I** tr. gener. passivo riunire [*family*]; riunificare [*country*]; ***he was ~d with his family*** si è ricongiunto alla sua famiglia **II** intr. [*family*] riunirsi; [*country*] riunificarsi.

reusable /ˌriːˈjuːzəbl/ agg. riutilizzabile.

reuse /ˌriːˈjuːz/ tr. riutilizzare.

1.rev /rev/ n. AUT. COLLOQ. (accorc. revolution) giro m. (di motore); ***200 ~s (per minute)*** 200 giri al minuto.

2.rev /rev/ **I** tr. (forma in -ing ecc. **-vv-**) (anche **~ up**) mandare su di giri [*engine*] **II** intr. (forma in -ing ecc. **-vv-**) (anche **~ up**) [*engine*] andare su di giri.

Rev(d) ⇒ Reverend reverendo (Rev.).

revaluation /ˌriːvæljuːˈeɪʃn/ n. COMM. ECON. rivalutazione f.

revalue /ˌriːˈvæljuː/ tr. COMM. ECON. rivalutare.

revamp /ˌriːˈvæmp/ tr. rinnovare [*image*]; riorganizzare [*company*]; rimodernare [*building, clothing*].

rev counter n. BE COLLOQ. contagiri m.

reveal /rɪˈviːl/ **I** tr. **1** *(make public)* rivelare [*truth*]; svelare, rivelare [*secret*]; ***to ~ that*** rivelare che; ***they ~ed him to be a spy*** rivelarono che era una spia; ***to ~ all*** *(divulge)* spiattellare tutto **2** *(make visible)* mostrare [*view, picture*] **II** rifl. ***to ~ oneself*** rivelarsi; ***to ~ oneself to be a traitor*** rivelarsi un traditore.

revealing /rɪˈviːlɪŋ/ agg. **1** [*remark*] significativo, eloquente **2** [*blouse*] scollato.

1.revel /ˈrevl/ n. (anche **~s**) baldoria f., gozzoviglie f.pl.

2.revel /ˈrevl/ intr. (forma in -ing ecc. **-ll-**, **-l-** AE) **1** AE *(celebrate)* fare baldoria, gozzovigliare **2** *(enjoy)* ***to ~ in sth.*** crogiolarsi *o* bearsi in qcs.; ***to ~ in doing*** goderci a *o* nel fare.

revelation /ˌrevəˈleɪʃn/ **I** n. rivelazione f. (anche RELIG.) **II Revelation** n.pr. BIBL. Apocalisse f.

revelatory /ˌrevəˈleɪtrɪ, AE -tɔːrɪ/ agg. rivelatore.

reveller, reveler AE /ˈrevələ(r)/ n. bisboccione m. (-a), gozzovigliatore m. (-trice).

revelry /ˈrevəlrɪ/ n. baldoria f., gozzoviglie f.pl.

1.revenge /rɪˈvendʒ/ n. **1** *(punitive act)* vendetta f.; ***in ~ for sth.*** per vendicare qcs.; ***to take*** o ***get one's ~*** ottenere *o* ricevere vendetta **2** *(getting even)* rivincita f.; ***to get one's ~*** prendersi la rivincita ♦ ***~ is sweet*** = vendicarsi dà soddisfazione.

2.revenge /rɪˈvendʒ/ rifl. ***to ~ oneself*** vendicarsi (**on** di, su).

revengeful /rɪˈvendʒfl/ agg. vendicativo.

revenue /ˈrevənjuː, AE -nuː/ **I** n. reddito m., entrata f. **II revenues** n.pl. ***oil ~s*** ricavi petroliferi; ***tax ~s*** entrate erariali.

Revenue /ˈrevənjuː, AE -nuː/ n. GB (anche **Inland ~**) fisco m.

revenue stamp n. marca f. da bollo.

reverberate /rɪˈvɜːbəreɪt/ intr. [*hills, room*] risuonare (**with** di); [*thunder, footsteps*] rimbombare (**through** in); [*shock wave*] avere risonanza, propagarsi; [*sound*] diffondersi, riverberarsi.

reverberation /rɪˌvɜːbəˈreɪʃn/ n. riverbero m.; FIG. risonanza f.

revere /rɪˈvɪə(r)/ tr. riverire.

reverence /ˈrevərəns/ n. riverenza f.

reverend /ˈrevərənd/ ♦ **9** n. **1** *(Roman Catholic, Anglican)* reverendo m.; *(Protestant)* pastore m. **2 Reverend** *(as title)* reverendo m.

reverent /ˈrevərənt/ agg. [*hush*] religioso; [*expression*] rispettoso, riverente.
reverently /ˈrevərəntlɪ/ avv. con rispetto, con riverenza.
reverie /ˈrevərɪ/ n. fantasticheria f., rêverie f.; ***to fall into a ~*** fantasticare.
revers /rɪˈvɪə(r)/ n.pl. revers m.sing.
reversal /rɪˈvɜːsl/ n. *(of policy)* capovolgimento m.; *(of order, trend)* inversione f.; *(of fortune)* rovescio m.; *(of roles)* rovesciamento m.
1.reverse /rɪˈvɜːs/ **I** n. **1** *(opposite)* ***the ~*** il contrario **2** *(back)* ***the ~*** *(of coin, fabric)* il rovescio; *(of banknote)* il verso; *(of picture)* il retro **3** *(setback)* rovescio m. **4** AUT. (anche **~ gear**) marcia f. indietro, retromarcia f. **II** agg. **1** *(opposite)* [*effect*] contrario; [*direction*] opposto; [*trend*] inverso **2** *(other)* ***the ~ side*** *(of medal, fabric)* il rovescio; *(of picture)* la parte dietro **3** *(backwards)* [*somersault*] (all')indietro; ***to answer the questions in ~ order*** rispondere alle domande cominciando dall'ultima **4** AUT. ***~ gear*** marcia indietro, retromarcia **5** ***in reverse*** [*do, function*] al contrario.
2.reverse /rɪˈvɜːs/ **I** tr. **1** *(invert)* invertire [*trend, process*] **2** *(switch)* rovesciare, ribaltare [*roles*] **3** AUT. ***to ~ one's car*** fare retromarcia **4** TEL. ***to ~ the charges*** fare una telefonata a carico (del destinatario) **II** intr. [*driver, car*] fare marcia indietro, fare retromarcia; ***to ~ down the lane, into a parking space*** percorrere la strada, parcheggiare in retromarcia.
reverse charge call n. telefonata f. a carico del destinatario.
reversible /rɪˈvɜːsəbl/ agg. [*process*] reversibile; [*cloth, coat*] double-face; [*law*] revocabile.
reversing light n. luce f. di retromarcia.
reversion /rɪˈvɜːʃn, AE -ʒn/ n. **1** ritorno m.; ***~ to type*** *(of plant, animal)* regressione (a uno stadio precedente) **2** DIR. reversione f.
revert /rɪˈvɜːt/ intr. **1** *(return)* ***to ~ to*** [*person*] riprendere [*habit, name*]; [*area*] ritornare [*wilderness*]; ***to ~ to normal*** tornare alla normalità; ***to ~ to your question*** per tornare alla vostra domanda **2** BIOL. ZOOL. ***to ~ to type*** regredire a uno stadio precedente; ***he ~ed to type*** FIG. è tornato alle origini **3** DIR. spettare per reversione.
1.review /rɪˈvjuː/ n. **1** *(reconsideration)* revisione f. (anche AMM. DIR. POL.); *(report)* analisi f., esame m.; ***to be under ~*** [*policy*] essere riesaminato; [*salaries*] essere rivisto; ***to come under ~*** essere preso in esame; ***to be subject to ~*** essere suscettibile di revisione; ***the week in ~*** RAD. TELEV. la rassegna delle notizie della settimana **2** GIORN. LETTER. *(critical assessment)* recensione f., critica f. **3** GIORN. *(magazine)* rivista f. **4** MIL. rivista f., rassegna f. **5** AE SCOL. UNIV. *(of lesson)* ripasso m.
2.review /rɪˈvjuː/ tr. **1** *(re-examine)* riconsiderare [*situation*]; rivedere, riesaminare [*attitude, policy*]; esaminare, analizzare [*performance*]; passare in rassegna [*troops*] **2** GIORN. LETTER. recensire [*book, film*]; ***to be well, badly ~ed*** essere bene accolto, stroncato dalla critica **3** AE SCOL. UNIV. ripassare [*subject, lesson*].
review board n. AMM. comitato m. di revisione.
review copy n. copia f. saggio, per recensione.
reviewer /rɪˈvjuːə(r)/ ➧ **27** n. LETTER. MUS. critico m.
revile /rɪˈvaɪl/ tr. FORM. vituperare.
revisable /rɪˈvaɪzəbl/ agg. rivedibile.
revisal /rɪˈvaɪzl/ n. revisione f.
1.revise /rɪˈvaɪz/ n. TIP. seconda bozza f.
2.revise /rɪˈvaɪz/ **I** tr. **1** *(alter)* rivedere, modificare [*estimate*]; cambiare [*attitude*]; ***to ~ one's position*** rivedere la propria posizione; ***to ~ one's opinion of sb., sth.*** cambiare opinione su qcn., qcs.; ***to be ~d upwards, downwards*** [*figures*] essere arrotondato per eccesso, per difetto **2** BE *(for exam)* ripassare [*subject*] **3** *(correct)* rivedere, correggere [*text*] **II** intr. BE ripassare.
revision /rɪˈvɪʒn/ n. **1** *(reviewal)* revisione f. **2** SCOL. UNIV. ripasso m.
revisionism /rɪˈvɪʒənɪzəm/ n. revisionismo m.
revisionist /rɪˈvɪʒənɪst/ **I** agg. revisionistico, revisionista **II** n. revisionista m. e f.
revisit /ˌriːˈvɪzɪt/ tr. rivisitare [*museum etc.*]; tornare a visitare [*person*]; *(look at again)* rivisitare.
revitalization /ˌriːvaɪtəlaɪˈzeɪʃn, AE -lɪˈz-/ n. *(of economy)* rilancio m., rivitalizzazione f.; *(of depressed area)* rinascita f.
revitalize /riːˈvaɪtəlaɪz/ tr. rilanciare, rivitalizzare [*economy*]; dare nuova vita a [*company*].
revival /rɪˈvaɪvl/ n. **1** *(of person)* ripresa f. (anche MED.); FIG. *(of economy)* ripresa f.; *(of hope, interest)* rinascita f. **2** *(of custom, language, fashion)* revival m.; *(of law)* rimessa f. in vigore **3** TEATR. rimessa f. in scena.
revivalist /rɪˈvaɪvəlɪst/ agg. **1** RELIG. revivalista, revivalistico **2** ARCH. ***Greek, Gothic ~*** neogreco, neogotico.
revive /rɪˈvaɪv/ **I** tr. **1** *(from coma, faint)* rianimare, fare riprendere i sensi a [*person*] **2** FIG. ridare vita a [*custom*]; rinfrescare [*memory*]; riaccendere [*interest, hopes*]; rimettere in vigore [*law*]; rilanciare [*debate, career, movement*]; fare tornare in voga [*fashion*]; ridare slancio a [*economy*]; ***to ~ sb.'s (flagging) spirits*** tirare su il morale a qcn. **3** TEATR. rimettere in scena [*play*] **II** intr. [*person*] riprendersi, riprendere conoscenza; [*hopes, interest*] rinascere, riaccendersi; [*economy*] riprendersi.
revocation /ˌrevəˈkeɪʃn/ n. FORM. o DIR. *(of law)* abrogazione f.; *(of will, edict)* revoca f.; *(of decision, order)* annullamento m.
revoke /rɪˈvəʊk/ tr. FORM. o DIR. revocare [*will, edict*]; abrogare [*law*]; annullare [*decision, order*].
1.revolt /rɪˈvəʊlt/ n. rivolta f., ribellione f.; ***to rise in ~*** sollevare una rivolta.
2.revolt /rɪˈvəʊlt/ **I** tr. disgustare, rivoltare **II** intr. rivoltarsi, ribellarsi.
revolting /rɪˈvəʊltɪŋ/ agg. [*person*] ripugnante, disgustoso; [*food, place*] schifoso, rivoltante.
revolution /ˌrevəˈluːʃn/ n. **1** POL. rivoluzione f. (anche FIG.) **2** AUT. TECN. giro m. (di motore); ***200 ~s per minute*** 200 giri al minuto **3** ASTR. rivoluzione f.
revolutionary /ˌrevəˈluːʃənərɪ, AE -nerɪ/ **I** agg. rivoluzionario **II** n. rivoluzionario m. (-a).
revolutionize /ˌrevəˈluːʃənaɪz/ tr. rivoluzionare.
revolve /rɪˈvɒlv/ **I** tr. fare girare **II** intr. girare; ***to ~ around*** FIG. *(be focused on)* essere imperniato su.
revolver /rɪˈvɒlvə(r)/ n. revolver m.
revolving /rɪˈvɒlvɪŋ/ agg. [*chair, stage*] girevole; [*cylinder*] rotante; [*credit, fund*] rotativo; ***~ door*** porta girevole.
revue /rɪˈvjuː/ n. TEATR. rivista f.
revulsion /rɪˈvʌlʃn/ n. disgusto m., repulsione f. (**against** per).
1.reward /rɪˈwɔːd/ n. ricompensa f.; ***there is a 500 dollars ~ for Billy the Kid*** c'è una taglia di 500 dollari su Billy the Kid ♦ ***virtue is its own ~*** PROV. = la virtù ha in se stessa la sua ricompensa.
2.reward /rɪˈwɔːd/ tr. ricompensare (**for** di, per).
rewarding /rɪˈwɔːdɪŋ/ agg. [*experience*] che arricchisce; [*job*] gratificante; ***financially ~*** rimunerativo.
rewind /ˌriːˈwaɪnd/ tr. (pass., p.pass. **-wound**) riavvolgere [*tape, film*].
rewind button n. (tasto di) rewind m.
rewire /ˌriːˈwaɪə(r)/ tr. rifare l'impianto elettrico di [*building*].
reword /ˌriːˈwɜːd/ tr. riformulare [*paragraph, proposal*].
rework /ˌriːˈwɜːk/ tr. rilavorare [*metal*]; rielaborare [*theme*].
reworking /ˌriːˈwɜːkɪŋ/ n. MUS. LETTER. riadattamento m.
rewound /ˌriːˈwaʊnd/ pass., p.pass. → **rewind**.
1.rewrite /ˈriːraɪt/ n. riscrittura f.
2.rewrite /ˌriːˈraɪt/ tr. (pass. **-wrote**; p.pass. **-written**) riscrivere [*story, script*].
Reynold /ˈrenld/ n.pr. Rinaldo.
RFC n. (⇒ rugby football club) = squadra di rugby.
Rhaetian Alps /ˌriːʃɪənˈælps/ n.pr.pl. Alpi f. Retiche.
rhapsodize /ˈræpsədaɪz/ intr. ***to ~ about*** o ***over sth.*** andare in estasi per qcs.
rhapsody /ˈræpsədɪ/ n. **1** MUS. LETTER. rapsodia f. **2** FIG. ***to go into rhapsodies over*** o ***about sth.*** andare in estasi per qcs.
rhd n. → **right-hand drive**.
rhesus /ˈriːsəs/ n. (anche **~ monkey**) reso m.
rhesus baby n. neonato m. (-a) con incompatibilità Rh.
rhesus factor n. fattore m. Rh.
rhesus negative agg. [*blood, person*] Rh negativo.
rhesus positive agg. [*blood, person*] Rh positivo.

rhetoric /'retərɪk/ n. LETTER. retorica f. (anche SPREG.).
rhetorical /rɪ'tɒrɪkl, AE -'tɔ:r-/ agg. LETTER. retorico (anche SPREG.).
rhetorically /rɪ'tɒrɪklɪ, AE -'tɔ:r-/ avv. **1** ***to ask ~*** fare una domanda retorica **2** *(in theory)* ***~ (speaking)*** teoricamente parlando.
rhetorician /ˌretə'rɪʃn/ n. retore m.
rheumatic /ru:'mætɪk/ **I** agg. [*person*] affetto da reumatismi; [*fever, pain*] reumatico **II rheumatics** n.pl. + verbo sing. COLLOQ. reumatismi m.
rheumaticky /ru:'mætɪkɪ/ agg. reumatizzato.
rheumatism /'ru:mətɪzəm/ ♦ *11* n. reumatismo m.
rheumatoid /'ru:mətɔɪd/ agg. [*arthritis , symptom*] reumatoide.
rheumatologist /ˌru:mə'tɒlədʒɪst/ ♦ *27* n. reumatologo m. (-a).
rheumatology /ˌru:mə'tɒlədʒɪ/ n. reumatologia f.
rheumy /'ru:mɪ/ agg. LETT. [*eyes*] umido.
Rhine /raɪn/ ♦ *25* n.pr. Reno m.
rhinestone /'raɪnstəʊn/ n. strass m.
rhino /'raɪnəʊ/ n. (pl. ~, **~s**) → **rhinoceros**.
rhinoceros /raɪ'nɒsərəs/ n. (pl. ~, **~es, -i**) rinoceronte m.
Rhode Island /ˌrəʊd'aɪlənd/ ♦ *24* n.pr. Rhode Island f.
rhododendron /ˌrəʊdə'dendrən/ n. (pl. **~s, -a**) rododendro m.
rhombus /'rɒmbəs/ n. (pl. **~es, -i**) rombo m., losanga f.
Rhone /rəʊn/ ♦ *25* n.pr. Rodano m.
rhubarb /'ru:bɑ:b/ **I** n. rabarbaro m. **II** modif. [*pie*] al rabarbaro; [*leaf, jam*] di rabarbaro.
1.rhyme /raɪm/ n. **1** *(poem)* versi m.pl., poesia f., componimento m. in versi; *(children's)* filastrocca f. **2** *(fact of rhyming)* rima f.; ***to find a ~ for sth.*** trovare una rima per qcs. ♦ ***without ~ or reason*** senza capo né coda.
2.rhyme /raɪm/ **I** tr. fare rimare [*words, lines*] **II** intr. fare rima, rimare.
rhyming couplet n. distico m. rimato.
rhyming slang n. = gergo, come ad esempio il cockney, in cui una parola viene sostituita da un'altra parola o da un gruppo di parole che fa rima con essa.
rhythm /'rɪðəm/ n. ritmo m. (anche MUS. LETTER.).
rhythmic(al) /'rɪðmɪk(l)/ agg. [*beat*] ritmato; [*movement*] ritmico; [*breathing*] regolare.
rhythm section n. sezione f. ritmica.
RI SCOL. (⇒ religious instruction) = istruzione religiosa.
1.rib /rɪb/ n. **1** ANAT. costa f., costola f. **2** GASTR. costoletta f., cotoletta f. con l'osso **3** *(structural) (in umbrella)* stecca f.; ARCH. nervatura f., costolone m.; AER. centina f. **4** *(in knitting) (stitch)* costa f.
2.rib /rɪb/ tr. (forma in -ing ecc. **-bb-**) COLLOQ. *(tease)* prendere in giro, sfottere.
ribald /'rɪbld/ agg. osceno, licenzioso, scurrile.
ribaldry /'rɪbldrɪ/ n. oscenità f., licenziosità f., scurrilità f.
ribbed /rɪbd/ agg. [*garment*] a coste, cordonato; [*ceiling, vault*] a nervature, a costoloni; [*seashell*] scanalato.
ribbing /'rɪbɪŋ/ n. **1** ING. ARCH. nervature f.pl., costoloni m.pl. **2** *(in knitting)* coste f.pl. **3** COLLOQ. *(teasing)* ***to give sb. a ~*** prendere in giro qcn.
ribbon /'rɪbən/ n. **1** *(for hair, medal)* nastro m. **2** FIG. ***a ~ of smoke*** una striscia di fumo; ***in ~s*** a brandelli.
ribbon development n. = eccessivo sviluppo edilizio lungo le principali strade in uscita da una città.
rib cage n. cassa f. toracica.
rib roast n. costoletta f. di manzo.
rib tickler n. COLLOQ. spasso m., storiella f. divertente.
rice /raɪs/ n. riso m.
ricefield /'raɪsfi:ld/ n. risaia f.
rice paper n. ART. carta f. di riso.
rice pudding n. budino m. di riso.
rich /rɪtʃ/ **I** agg. **1** [*person, family*] ricco, facoltoso; [*soil*] fertile, ricco; ***to grow*** o ***get ~*** arricchirsi; ***to make sb. ~*** arricchire *o* rendere ricco qcn.; ***~ in*** ricco di [*vitamins*] **2** *(lavish)* [*costume, furnishings*] sontuoso, sfarzoso **3** *(full, strong)* [*colour*] intenso, carico; [*voice*] pieno, sonoro, profondo; [*food*] sostanzioso, nutriente **II** n. + verbo pl. ***the ~*** i ricchi **III riches** n.pl. ricchezze f. **IV -rich** in composti ***protein-~*** ricco di proteine ♦ ***that's a bit ~!*** BE COLLOQ. questo è davvero troppo! ***to strike it ~*** fare fortuna.
Richard /'rɪtʃəd/ n.pr. Riccardo.
richly /'rɪtʃlɪ/ avv. [*ornamented*] riccamente, sontuosamente, sfarzosamente; [*coloured*] vivacemente; ***~ deserved*** abbondantemente *o* ampiamente meritato.
richness /'rɪtʃnɪs/ n. **1** *(of person, family)* ricchezza f.; *(of soil)* fertilità f., ricchezza f. **2** *(lavishness) (of costume, furnishings)* sontuosità f., sfarzosità f. **3** *(fullness) (of colours)* intensità f., vivacità f.; *(of voice)* profondità f.
Richter scale /'rɪktəˌskeɪl/ n. scala f. Richter; ***on the ~*** della scala Richter.
1.rick /rɪk/ n. *(of hay)* mucchio m., cumulo m.
2.rick /rɪk/ tr. ***to ~ one's ankle*** BE prendere una storta alla caviglia.
rickets /'rɪkɪts/ ♦ *11* n. + verbo sing. rachitismo m.
rickety /'rɪkətɪ/ agg. **1** *(shaky)* [*chair*] traballante, sgangherato; [*house*] pericolante **2** FIG. [*coalition*] traballante, instabile **3** MED. rachitico.
rickshaw /'rɪkʃɔ:/ n. risciò m.
1.ricochet /'rɪkəʃeɪ, AE ˌrɪkə'ʃeɪ/ n. *(of a bullet)* rimbalzo m.
2.ricochet /'rɪkəʃeɪ, AE ˌrɪkə'ʃeɪ/ intr. (pass., p.pass. **ricocheted, ricochetted** /-ˌʃeɪd, AE -'ʃeɪd/) rimbalzare (**off** da).
rid /rɪd/ tr. (forma in -ing **-dd-**; pass., p.pass. **rid**) ***to ~ the house of mice*** liberare *o* disinfestare la casa dai topi; ***to ~ the world of famine*** sconfiggere la fame nel mondo; ***to get ~ of*** liberarsi *o* sbarazzarsi di [*old car, guests*]; sconfiggere [*famine*]; liberarsi da *o* spogliarsi di [*prejudice*].
riddance /'rɪdns/ n. liberazione f. ♦ ***good ~ (to bad rubbish)!*** che liberazione!
ridden /'rɪdn/ **I** p.pass. → **2.ride II** agg. **-ridden** in composti **1** *(afflicted by)* ***guilt-~*** perseguitato *o* tormentato dai sensi di colpa **2** *(full of)* ***flea-~*** infestato dalle pulci; ***cliché-~*** pieno di stereotipi *o* luoghi comuni.
1.riddle /'rɪdl/ n. indovinello m., enigma m. (anche FIG.).
2.riddle /'rɪdl/ n. vaglio m., crivello m., setaccio m.
3.riddle /'rɪdl/ tr. **1** *(perforate)* ***to ~ sth. with*** crivellare qcs. di [*bullets*] **2** *(undermine)* ***to be ~d with*** essere minato *o* roso da [*disease*]; essere tormentato da [*guilt*]; [*language*] pullulare *o* essere pieno di [*ambiguities, errors*]; ***it's ~d with corruption*** è infestato dalla corruzione **3** *(sieve)* passare al crivello, setacciare [*soil*].
1.ride /raɪd/ n. **1** *(from A to B)* tragitto m., percorso m. (**in, on** in); *(for pleasure)* viaggio m., gita f., giro m.; ***it's a five-minute ~ by taxi*** è a cinque minuti di taxi; ***to go for a ~*** andare a fare un giro *o* una passeggiata; ***to give sb. a ~*** AE dare un passaggio (in macchina ecc.) a qcn. **2** EQUIT. *(in race)* corsa f.; *(for pleasure)* cavalcata f., passeggiata f. a cavallo **3** FIG. *(path)* strada f.; ***an easy ~ to the Presidency*** la strada spianata alla presidenza **4** AUT. ***smooth ~*** guida confortevole **5** *(bridle path)* sentiero m., pista f. per cavalli ♦ ***to be in for a rough*** o ***bumpy ~*** imbarcarsi in un'impresa difficile; ***to give sb. a rough ~*** rendere la vita difficile a qcn., dare del filo da torcere a qcn.; ***to go along for the ~*** godersi lo spettacolo; ***to take sb. for a ~*** COLLOQ. prendere in giro *o* fare fesso qcn.
2.ride /raɪd/ **I** tr. (pass. **rode**; p.pass. **ridden**) **1** *(as rider)* cavalcare, montare [*animal*]; ***can you ~ a bike?*** sai andare in bici? ***to ~ a good race*** EQUIT. disputare una bella corsa; ***do you want to ~ my bike, horse?*** vuoi fare un giro con la mia bici? vuoi montare il mio cavallo? ***to ~ one's bike up, down the road*** salire su, scendere giù per la strada in bici **2** AE *(travel on)* viaggiare in [*subway*]; attraversare [*range*] **3** *(float on)* [*surfer*] cavalcare [*wave*] **II** intr. (pass. **rode**; p.pass. **ridden**) **1** *(as rider)* ***to ~ behind*** stare dietro al cavaliere; ***he rode to London on her bike*** andò a Londra in bici; ***to ~ across*** attraversare (a cavallo ecc.); ***to ~ along sth.*** passare (a cavallo ecc.) accanto a qcs. **2** *(travel)* ***to ~ in*** o ***on*** viaggiare *o* andare in [*bus*]; ***riding on a wave of popularity*** FIG. trasportato da un'ondata di popolarità **3** EQUIT. *(as leisure activity)* cavalcare, andare a cavallo; *(as jockey)* correre; ***to ~ well*** cavalcare bene, andare bene a cavallo **4** *(be at stake)* ***there's a lot riding on this project*** si fa molto affidamento su questo progetto, molto dipende da questo progetto ♦ ***to be riding for a fall*** andare in cerca di guai; ***to be riding high*** *(be ambitious)* mirare in alto; *(be successful)* sfondare; ***to let sth.***

o ***things*** ~ lasciare correre qcs., fare seguire il corso naturale alle cose.

▪ **ride about**, **ride around** spostarsi.

▪ **ride down:** ~ ***[sb.]*** ***down***, ~ ***down*** ***[sb.]*** **1** *(trample)* travolgere, calpestare (a cavallo) **2** *(catch up with)* raggiungere (a cavallo).

▪ **ride off** andare via, andarsene (a cavallo, in bici); ***to ~ off to*** andare, dirigersi verso.

▪ **ride out:** ~ ***out*** andare (a cavallo, in bici) (**to** a); ~ ***[sth.]*** ***out***, ~ ***out*** ***[sth.]*** superare [*crisis, recession*]; ***to ~ out the storm*** FIG. superare la crisi.

▪ **ride up 1** *(approach)* [*rider*] arrivare (a cavallo, in bici) (**to** a) **2** *(rise)* [*skirt*] salire, scivolare in su (**over** sopra, lungo).

rider /ˈraɪdə(r)/ n. **1** *(person) (on horse)* cavaliere m., cavallerizzo m. (-a); *(on motorbike)* motociclista m. e f.; *(on bike, in bike race)* ciclista m. e f.; *(in horse race)* fantino m. (-a) **2** *(as proviso)* clausola f. condizionale; *(to document)* allegato m.

ridge /rɪdʒ/ n. **1** *(along mountain top, on hillside)* cresta f., crinale m. **2** *(raised strip) (on rock, metal surface)* striatura f.; *(in ploughed land)* porca f. **3** ING. *(on roof)* colmo m., linea f. di colmo **4** METEOR. ~ ***of high pressure*** dorsale barometrica.

ridge tent n. (tenda) canadese f.

1.ridicule /ˈrɪdɪkjuːl/ n. scherno m., derisione f., ridicolo m.; ***to hold sb., sth. up to ~*** mettere qcn., qcs. in ridicolo.

2.ridicule /ˈrɪdɪkjuːl/ tr. ridicolizzare, mettere in ridicolo [*idea*].

ridiculous /rɪˈdɪkjʊləs/ agg. ridicolo, assurdo.

ridiculously /rɪˈdɪkjʊləslɪ/ avv. [*dressed*] in modo ridicolo, ridicolmente; [*easy, long*] esageratamente.

riding /ˈraɪdɪŋ/ ♦ ***10*** **I** n. equitazione f.; ***to go ~*** fare equitazione **II** modif. [*clothes, boots*] da equitazione; [*lesson*] di equitazione.

riding breeches n.pl. calzoni m. alla cavallerizza.

riding crop n. scudiscio m.

riding habit n. tenuta f. da amazzone.

riding school n. maneggio m.

riding stables n.pl. scuderie f.

rife /raɪf/ agg. dopo verbo ***to be ~*** [*crime*] essere diffuso, dilagare; ***speculation was ~*** le ipotesi si moltiplicavano.

riffle /ˈrɪfl/ tr. (anche ~ **through**) sfogliare, scorrere [*pages*].

riffraff /ˈrɪfræf/ n. SPREG. marmaglia f., gentaglia f., feccia f.

1.rifle /ˈraɪfl/ n. MIL. VENAT. fucile m., carabina f.; *(at fairground)* fucile m.

2.rifle /ˈraɪfl/ tr. svaligiare [*house*]; rovistare, frugare in [*drawer, safe*].

▪ **rifle through:** ~ ***through*** ***[sth.]*** rovistare, frugare in.

rifleman /ˈraɪflmən/ n. (pl. **-men**) MIL. fuciliere m.

rifle range n. MIL. poligono m. di tiro; *(at fairground)* pedana f. di tiro.

rift /rɪft/ n. **1** *(disagreement)* incrinatura f., screzio m.; *(permanent)* spaccatura f., rottura f., frattura f. **2** *(split) (in rock)* crepa f., fenditura f., crepaccio m.; *(in clouds)* squarcio m.

1.rig /rɪg/ tr. (forma in -ing ecc. **-gg-**) manipolare [*election*]; truccare [*result*].

2.rig /rɪg/ n. **1** MAR. attrezzatura f. **2** *(for drilling oil) (on land)* torre f. di trivellazione; *(offshore)* piattaforma f. petrolifera **3** *(piece of equipment)* parte f., apparecchiatura f.; ***lighting ~*** sistema di illuminazione **4** COLLOQ. *(clothes)* → **rig-out**.

3.rig /rɪg/ tr. (forma in -ing ecc. **-gg-**) MAR. attrezzare [*boat*].

▪ **rig out:** ~ ***[sth., sb.]*** ***out***, ~ ***out*** ***[sb., sth.]*** **1** *(equip)* equipaggiare [*soldier*]; accessoriare [*car*] **2** COLLOQ. *(dress)* ***he was ~ged out in his best clothes*** era tutto agghindato, era bardato di tutto punto.

▪ **rig up:** ~ ***up*** ***[sth.]*** montare, allestire [*equipment*]; improvvisare, arrangiare [*shelter*].

1.rigging /ˈrɪgɪŋ/ n. MAR. attrezzatura f.

2.rigging /ˈrɪgɪŋ/ n. *(of election)* broglio m.; *(of competition, result)* manipolazione f.

1.right /raɪt/ **I** n. **1** U *(side, direction)* destra f., parte f. destra; ***keep to the ~*** AUT. tenere la destra, viaggiare a destra; ***on*** o ***to your ~*** alla vostra destra; ***take the second ~*** prenda la seconda a destra **2** U + verbo sing. POL. (anche **Right**) ***the ~*** la destra **3** U *(morally)* giusto m., bene m.; ***~ and wrong*** il bene e il male; ***to be in the ~*** essere dalla parte della ragione **4** *(just claim)* diritto m.; ***to have a ~ to sth.*** avere diritto a qcs.; ***the ~ to work*** il diritto al lavoro; ***what ~ have you to criticize me like that?*** che diritto hai di criticarmi così? ***I've got every ~ to be annoyed*** ho tutte le ragioni per essere seccato; ***human ~s*** diritti dell'uomo; ***civil ~s*** diritti civili; ***to be within one's ~s*** essere nel proprio diritto; ***her husband is a celebrity in his own ~*** suo marito è famoso grazie ai suoi meriti personali; ***the gardens are worth a visit in their own ~*** i giardini da soli meritano una visita **5** *(in boxing)* destro m. **II rights** n.pl. **1** COMM. DIR. diritti m.; ***film ~s*** diritti di adattamento cinematografico; ***to have the sole ~s to sth.*** avere l'esclusiva o il diritto esclusivo su qcs. **2** *(moral)* ***the ~s and wrongs of a matter*** i pro e i contro di una questione ♦ ***by ~s*** di diritto, di regola; ***to put sth. to ~s*** mettere a posto qcs., sistemare qcs.

2.right /raɪt/ agg. **1** *(as opposed to left)* destro; ***on my ~ hand*** *(position)* alla o sulla mia destra **2** *(morally correct)* giusto, onesto, leale; *(fair)* giusto, corretto, equo; ***it's not ~ to steal*** non è onesto rubare; ***I thought it ~ to tell him*** pensavo fosse giusto dirglielo; ***it is ~ and proper that...*** è sacrosanto che...; ***to do the ~ thing*** fare la cosa giusta; ***to do the ~ thing by sb.*** fare il proprio dovere nei confronti di qcn. **3** *(correct, true)* [*choice, direction*] giusto; [*word*] giusto, esatto, appropriato; *(accurate)* [*time*] giusto, esatto, preciso; ***to be ~*** [*person*] avere ragione, essere nel giusto; [*answer*] essere esatto o giusto; ***you're quite ~!*** hai proprio ragione! ***that's ~*** benissimo, giusto; ***that can't be ~*** non può essere giusto; ***what's the ~ time?*** qual è l'ora esatta? ***is that ~?*** *(asking)* è vero? *(double-checking)* giusto? ***am I ~ in thinking that...?*** è vero che...? ***is this the ~ train for Dublin?*** è questo il treno per Dublino? ***is this the ~ way to the station?*** è questa la strada per la stazione? ***the ~ side of a piece of material*** il diritto di un pezzo di tessuto; ***to get one's facts ~*** documentarsi o informarsi bene; ***you've got the spelling ~*** l'ortografia va bene; ***let's hope he gets it ~ this time*** speriamo che lo faccia bene questa volta; ***it wouldn't look ~ if we didn't attend*** non sarebbe giusto se non partecipassimo; ***how ~ you are!*** parole sante! ***time proved him ~*** il tempo gli ha dato ragione **4** *(most suitable)* [*clothes, equipment*] giusto, adatto, appropriato; [*person*] giusto, adatto; ***when the time is ~*** al momento giusto; ***to be in the ~ place at the ~ time*** essere nel posto giusto al momento giusto; ***to know the ~ people*** conoscere le persone giuste; ***he was careful to say all the ~ things*** ebbe il tatto di pronunciare le parole adatte (per la situazione) **5** *(in good order)* [*machine*] in buone condizioni, in buono stato; *(healthy)* [*person*] sano, in buone condizioni; ***I don't feel quite ~ these days*** non mi sento troppo bene in questo periodo; ***the engine isn't quite ~*** il motore non funziona molto bene; ***there's something not quite ~ about him*** in lui c'è qualcosa che non va; ***I sensed that things were not quite ~*** sentivo che le cose non andavano troppo bene **6** *(in order)* ***to put*** o ***set ~*** rimediare a, correggere [*mistake*]; riparare [*injustice*]; sistemare, mettere a posto [*situation*]; riparare [*machine*]; ***to put*** o ***set one's watch ~*** mettere a posto l'orologio; ***they gave him a month to put*** o ***set things ~*** gli diedero un mese per sistemare le cose; ***to put*** o ***set sb. ~*** fare ricredere qcn. **7** MAT. [*angle*] retto; ***at ~ angles to*** ad angolo retto con, perpendicolare a **8** BE COLLOQ. *(emphatic)* ***he's a ~ idiot!*** è un vero idiota! ***it's a ~ mess*** è un vero pasticcio **9** BE COLLOQ. *(ready)* ***are you ~?*** sei pronto? ♦ ***~ you are!*** COLLOQ., ***~-oh!*** BE COLLOQ. benissimo! d'accordo! senz'altro!

3.right /raɪt/ avv. **1** *(of direction)* a destra; ***to turn ~*** girare o svoltare a destra; ***they looked for him ~, left and centre*** COLLOQ. lo cercarono ovunque o da tutte le parti o a destra e a sinistra; ***they are arresting people ~, left and centre*** COLLOQ. stanno arrestando la gente in massa **2** *(directly)* direttamente, proprio; ***it's ~ in front of you*** ti è proprio di fronte; ***I'll be ~ back*** torno subito o immediatamente; ***the path goes ~ down to the river*** il sentiero conduce direttamente al fiume; ***~ before*** proprio prima, appena prima; ***~ after dinner*** subito dopo cena; ***he walked ~ up to her*** si diresse dritto verso di lei **3** *(exactly)* ***~ in the middle of the room*** esattamente o proprio al centro della stanza; ***~ now*** *(immediately)* subito, immediatamente; *(at this point in time)* al momento; ***I'm staying ~ here*** non mi muovo da qui; ***your book's ~ there by the window*** il tuo libro è proprio lì vicino alla finestra; ***they live ~ on the river*** vivono proprio sul fiume **4** *(correctly)* bene, correttamente; ***you're***

not doing it ~ non lo stai facendo nel modo giusto *o* correttamente; ***I guessed*** ~ ho indovinato, ho visto giusto; ***if I remember*** ~ se ben ricordo, se non ricordo male **5** *(completely)* completamente, del tutto; ***a wall goes ~ around the garden*** un muro corre tutto intorno al giardino; ***if you go ~ back to the beginning*** ritornando al principio *o* a monte; ***~ at the bottom*** proprio in fondo; ***~ at the top of the house*** nella parte più alta della casa; ***to read a book ~ through*** leggere un libro fino alla fine; ***he looked ~ through me*** FIG. fece finta di non vedermi; ***to turn the radio ~ up*** alzare al massimo il volume della radio; ***~ up until the 1950s*** fino agli anni '50; ***we're ~ behind you!*** FIG. ti sosteniamo! ti siamo accanto in tutto e per tutto! **6** ➧ *9* GB *(in titles)* ***the Right Honourable X*** l'onorevole X; ***the Right Honourable Gentleman*** *(in parliament)* l'onorevole collega **7** *(very well)* molto bene; ***~, let's have a look*** benissimo, diamo un'occhiata ♦ ***~ enough*** COLLOQ. certamente, innegabilmente, senza dubbio; ***to see sb. ~*** *(financially)* non fare mancare niente a qcn.; *(in other ways)* togliere qcn. dai guai, cavare qcn. dagli impicci.

4.right /raɪt/ **I** tr. **1** *(restore to upright position)* raddrizzare, drizzare [*ship*] **2** *(correct)* riparare [*injustice*]; ***to ~ a wrong*** riparare un torto **II** rifl. ***to ~ oneself*** [*person*] tirarsi su, mettersi in piedi; ***to ~ itself*** [*ship*] raddrizzarsi, tornare diritto; [*situation*] aggiustarsi, sistemarsi.

right angle n. angolo m. retto.

right-angled /ˈraɪtˌæŋgld/ agg. ad angolo retto; ***~ triangle*** triangolo rettangolo.

right away avv. immediatamente, subito, all'istante.

right-click /ˌraɪtˈklɪk/ **I** tr. fare clic con il pulsante destro del mouse su **II** intr. fare clic con il pulsante destro del mouse.

righteous /ˈraɪtʃəs/ agg. **1** *(virtuous)* [*thoughts, person*] retto, virtuoso **2** *(justifiable)* [*anger, indignation*] giustificato, legittimo.

righteously /ˈraɪtʃəslɪ/ avv. in modo giusto, rettamente, virtuosamente.

rightful /ˈraɪtfl/ agg. giusto, legittimo.

rightfully /ˈraɪtfəlɪ/ avv. [*mine, yours etc.*] di diritto; [*belong*] legittimamente.

right-hand /ˌraɪtˈhænd/ agg. [*page*] di destra; ***it's on the ~ side*** è a destra *o* sul lato destro.

right-hand drive I n. guida f. a destra **II** modif. [*car*] con la guida a destra.

right-handed /ˌraɪtˈhændɪd/ agg. [*person*] destrimano; [*blow*] di destro.

right-hander /ˌraɪtˈhændə(r)/ n. destrimano m. (-a).

right-hand man n. FIG. braccio m. destro.

rightist /ˈraɪtɪst/ **I** n. POL. persona f. di destra **II** agg. POL. di destra.

rightly /ˈraɪtlɪ/ avv. **1** *(accurately)* [*describe*] correttamente, bene **2** *(justifiably)* giustamente, a ragione; ***and ~ so*** e a ragione, ed è giusto che sia così; ***~ or wrongly*** a torto o a ragione **3** *(with certainty)* con esattezza; ***I can't ~ say*** non saprei dirlo con precisione; ***I don't ~ know*** non lo so con certezza.

right-minded /ˌraɪtˈmaɪndɪd/ agg. retto, giusto.

right-of-centre /ˌraɪtəvˈsentə(r)/ agg. POL. di centrodestra.

right off avv. immediatamente, subito, all'istante.

right of way n. **1** AUT. diritto m. di precedenza, precedenza f. **2** *(over land)* servitù f. di passaggio.

right-on /ˌraɪtˈɒn/ **I** agg. COLLOQ. SPREG. ***they're very ~*** sono molto aggiornati *o* alla moda **II right on** inter. AE fantastico, benissimo.

rights issue n. ECON. = emissione, sottoscrizione riservata agli azionisti.

right-thinking /ˌraɪtˈθɪŋkɪŋ/ agg. giudizioso, assennato.

right wing I n. **1** POL. ***the ~*** l'ala destra, la destra **2** SPORT ala f. destra, laterale m. destro **II right-wing** agg. POL. di destra; ***they are very ~*** sono di estrema destra.

right-winger /ˌraɪtˈwɪŋə(r)/ n. POL. persona f. di destra.

rigid /ˈrɪdʒɪd/ agg. **1** *(strict)* [*rules*] rigido, ferreo; [*controls*] rigido, rigoroso, severo; [*timetable*] rigido, rigoroso **2** *(inflexible)* [*person, attitude*] rigido, rigoroso, inflessibile, severo **3** *(stiff)* [*material*] rigido; ***to stand ~*** stare impettito ♦ ***to bore sb. ~*** COLLOQ. annoiare a morte qcn.

rigidity /rɪˈdʒɪdətɪ/ n. rigidità f., rigidezza f. (anche FIG.).

rigidly /ˈrɪdʒɪdlɪ/ avv. [*opposed*] categoricamente; [*controlled*] rigorosamente, rigidamente, severamente; [*obey*] rigorosamente, senza obiettare.

rigmarole /ˈrɪgmərəʊl/ n. ***to go through a ~*** *(verbal)* fare uno sproloquio; *(procedure)* fare una trafila.

rigor AE → **rigour**.

rigor mortis /ˌrɪgəˈmɔːtɪs/ n. rigor mortis m., rigidità f. cadaverica.

rigorous /ˈrɪgərəs/ agg. **1** *(strict)* [*discipline*] rigido, rigoroso, ferreo; [*regime*] duro, oppressivo; [*adherence*] stretto, rigido **2** *(careful)* rigoroso, scrupoloso, preciso.

rigorously /ˈrɪgərəslɪ/ avv. [*test, enforce*] rigorosamente.

rigour BE, **rigor** AE /ˈrɪgə(r)/ n. *(severity)* rigore m., severità f.; *(scrupulousness)* rigore m., scrupolosità f., precisione f.

rig-out /ˈrɪgaʊt/ n. COLLOQ. tenuta f., modo m. di vestire.

rile /raɪl/ tr. COLLOQ. irritare, innervosire.

1.rim /rɪm/ n. **1** *(of container)* bordo m., orlo m. **2** *(on wheel)* cerchio m., cerchione m. **3** *(in basketball)* ferro m. (del canestro).

2.rim /rɪm/ tr. (forma in -ing ecc. **-mm-**) bordare, orlare.

rimless glasses n.pl. occhiali m. con montatura a giorno.

rimmed /rɪmd/ **I** p.pass. → **2.rim II** agg. **-rimmed** in composti ***steel-~ spectacles*** occhiali con montatura in acciaio.

rind /raɪnd/ n. **1** *(on cheese)* crosta f.; *(on bacon)* cotenna f. **2** *(on fruit)* buccia f.; ***lemon ~*** scorza di limone.

1.ring /rɪŋ/ n. **1** *(hoop) (for ornament, gymnast, attaching rope)* anello m.; ***a diamond ~*** un anello di diamanti; ***wedding ~*** fede **2** *(circle) (of people, on page)* cerchio m.; ***to put a ~ round*** fare un cerchio intorno a, cerchiare [*ad*]; ***to have ~s under one's eyes*** avere gli occhi cerchiati **3** SPORT *(for horses, circus)* pista f.; *(for boxing)* ring m. **4** *(of smugglers)* rete f., organizzazione f. **5** ZOOL. *(on bird)* collare m. **6** ASTR. ***Saturn's ~s*** gli anelli di Saturno **7** *(on cooker) (electric)* fornello m. elettrico, piastra f. elettrica; *(gas)* fornello m. a gas ♦ ***to run ~s round*** surclassare, stracciare.

2.ring /rɪŋ/ tr. (pass., p.pass. **ringed**) **1** *(encircle)* [*trees*] circondare, cingere; [*police*] circondare, accerchiare **2** *(put a ring on)* inanellare [*bird*].

3.ring /rɪŋ/ n. **1** *(sound) (at door)* squillo m. (di campanello), scampanellata f.; *(of phone)* squillo m.; ***to have a nice ~ to it*** suonare bene; ***that story has a familiar ~ (to it)*** questa storia non è nuova *o* suona familiare **2** BE *(phone call)* telefonata f., colpo m. di telefono; ***to give sb. a ~*** fare uno squillo a qcn., dare un colpo di telefono a qcn.

4.ring /rɪŋ/ **I** tr. (pass. **rang**; p.pass. **rung**) **1** *(cause to sound)* suonare [*bell*]; ***to ~ the (door)bell*** suonare il campanello **2** BE TEL. chiamare [*number*]; telefonare a, chiamare [*person*] **II** intr. (pass. **rang**; p.pass. **rung**) **1** *(sound)* [*telephone*] squillare; ***the doorbell rang*** suonò il campanello, suonarono alla porta **2** *(sound bell)* ***to ~ at the door*** suonare alla porta; ***"please ~ for service"*** "si prega di telefonare per il servizio in camera" **3** *(resonate)* [*footsteps, words*] risuonare, riecheggiare; ***the house rang with laughter*** la casa risuonava di risate; ***that noise makes my ears ~*** quel rumore mi fa ronzare le orecchie; ***to ~ true*** suonare vero; ***to ~ false*** o ***hollow*** suonare falso **4** BE TEL. telefonare; ***to ~ for*** chiamare [*taxi*] ♦ ***to ~ down, up the curtain*** abbassare, alzare il sipario; ***to ~ down the curtain on an era*** porre fine a un'epoca, segnare la fine di un'epoca; ***to ~ in the New Year*** festeggiare l'arrivo del nuovo anno.

■ **ring back** BE ***~ back*** ritelefonare; ***~ [sb.] back*** richiamare [*caller*].

■ **ring in** BE *(to work)* telefonare al lavoro.

■ **ring off** BE mettere giù (il ricevitore), riattaccare.

■ **ring out:** ***~ out*** [*voice, cry*] risuonare, riecheggiare; [*bells*] suonare.

■ **ring up** BE ***~ up*** telefonare; ***~ up [sth.], ~ [sth.] up*** **1** *(phone)* telefonare a, chiamare [*station*] **2** *(on till)* battere [*figure*]; ***~ up [sb.], ~ [sb.] up*** telefonare a, chiamare [*friend*].

ring-a-ring-a-roses /ˌrɪŋəˌrɪŋəˈrəʊzɪz/ ➧ **10** n. girotondo m.

ring binder n. quaderno m. ad anelli.

ringer /ˈrɪŋə(r)/ n. AE COLLOQ. impostore m. (-a), intruso m. (-a), imbucato m. (-a).

ring-fence /ˈrɪŋfens/ tr. BE stanziare, destinare [*funds*].

ring finger ➧ *2* n. (dito) anulare m.

ringing /ˈrɪŋɪŋ/ **I** n. **1** *(noise of bell)* squillo m., suono m., scampanellata f. **2** *(in ears)* ronzio m., fischio m. **II** agg. [*voice*] risonante, squillante, argentino.

ringleader /ˈrɪŋliːdə(r)/ n. caporione m., capobanda m.

ringlet /ˈrɪŋlɪt/ n. boccolo m., ricciolo m.

ringmaster /ˈrɪŋmɑːstə(r), AE -mæs-/ n. direttore m. di circo.

ring-pull /ˈrɪŋpʊl/ n. anello m. (di lattina con apertura a strappo).

ringroad /ˈrɪŋrəʊd/ n. BE circonvallazione f., tangenziale f.; ***inner*** **~** circonvallazione interna.

ringside /ˈrɪŋsaɪd/ n. ***at the*** **~** a bordo ring ♦ ***to have a*** **~** ***seat*** avere un posto in prima fila.

ringtone /ˈrɪŋtəʊn/ n. *(of mobile phone)* suoneria f.

ringworm /ˈrɪŋwɜːm/ ♦ *11* n. tigna f.

rink /rɪŋk/ n. pista f. da pattinaggio.

1.rinse /rɪns/ n. risciacquatura f., risciacquo m.; ***to give sth. a*** **~** sciacquare qcs.

2.rinse /rɪns/ tr. **1** *(to remove soap)* (ri)sciacquare [*dishes, clothes*] **2** *(wash)* lavare.

■ **rinse out:** **~ *out*** [*colour*] venire via con il risciacquo; **~ *[sth.] out*, ~ *out [sth.]*** sciacquare [*glass*].

rinse cycle n. ciclo m. di risciacquo.

1.riot /ˈraɪət/ n. **1** *(disturbance)* insurrezione f., sommossa f., tumulto m., rivolta f.; ***football*** **~** scontri fra tifosi di calcio; ***prison*** **~** rivolta carceraria **2** *(profuse display)* ***a*** **~** ***of*** una profusione *o* un'orgia di [*colours*] **3** COLLOQ. ***it's a*** **~** *(hilarious)* c'è da morire dal ridere, è uno spasso ♦ ***to run*** **~** *(behave wildly)* scatenarsi, lasciarsi andare, perdere ogni freno; FIG. [*imagination*] galoppare; *(grow)* [*plant*] lussureggiare, svilupparsi rigogliosamente.

2.riot /ˈraɪət/ intr. insorgere, rivoltarsi, sollevarsi.

Riot Act n. GB DIR. STOR. = legge che imponeva ai rivoltosi di disperdersi entro un'ora dalla lettura della legge stessa da parte di un magistrato ♦ ***to read the riot act to sb.*** ammonire qcn., richiamare all'ordine qcn.

rioter /ˈraɪətə(r)/ n. rivoltoso m. (-a), facinoroso m. (-a).

riot gear n. equipaggiamento m. antisommossa.

rioting /ˈraɪətɪŋ/ n. U insurrezioni f.pl., sommosse f.pl., tumulti m.pl., rivolte f.pl.

riotous /ˈraɪətəs/ agg. **1** rivoltoso, tumultuante **2** *(boisterous)* [*laughter*] fragoroso, sfrenato; [*welcome*] chiassoso **3** *(wanton)* [*living*] dissoluto, licenzioso.

riotously /ˈraɪətəslɪ/ avv. **~ *funny*** divertentissimo, da scoppiare dal ridere.

riot police n. Celere f., reparti m.pl. antisommossa.

riot shield n. = scudo in dotazione alle squadre antisommossa.

riot squad n. reparto m. antisommossa.

1.rip /rɪp/ n. *(tear)* strappo m., squarcio m.

2.rip /rɪp/ **I** tr. (forma in -ing ecc. **-pp-**) **1** *(tear)* strappare, squarciare, lacerare; ***to*** **~** ***a hole in sth.*** fare un buco in qcs.; ***to*** **~** ***sth. to pieces*** o ***shreds*** fare a pezzi qcs., ridurre qcs. in brandelli **2** *(snatch, pull)* ***to*** **~** ***sth. off*** o ***from sth., from sb.*** strappare *o* tirare via qcs. da qcs., qcn. **II** intr. (forma in -ing ecc. **-pp-**) [*fabric*] strapparsi, lacerarsi, scucirsi ♦ ***to let*** **~** COLLOQ. inveire; ***to let*** **~** ***at sb.*** sgridare violentemente qcn.

■ **rip apart:** **~ *[sth.] apart*** **1** [*bomb blast*] sventrare [*building*] **2** COLLOQ. FIG. sbaragliare, annientare [*team, team's defences*].

■ **rip into:** **~ *into [sb.]*** attaccare verbalmente, assalire.

■ **rip off:** **~ *off [sth.]*, ~ *[sth.] off*** **1** strappare, lacerare [*garment*]; squarciare [*roof*] **2** COLLOQ. *(steal)* rubare, fregare [*idea, design*]; **~ *off [sb.]*, ~ *[sb.] off*** COLLOQ. bidonare, spennare, pelare.

■ **rip open:** **~ *open [sth.]*, ~ *[sth.] open*** aprire (strappando) [*envelope*].

■ **rip through:** **~ *through [sth.]*** [*bomb blast*] sventrare [*building*].

■ **rip up:** **~ *up [sth.]*, ~ *[sth.] up*** stracciare, fare a pezzi, strappare [*paper, contract*]; schiodare [*floorboards*].

RIP (⇒ requiescat, requiescant in pace) ***Anne Smith,*** **~** Anne Smith, riposi in pace.

ripcord /ˈrɪpkɔːd/ n. *(in a parachute)* cavo m. di spiegamento, di apertura.

ripe /raɪp/ agg. **1** [*fruit*] maturo; [*cheese*] maturo, stagionato **2** *(ready)* [*person*] LETT. maturo, pronto; ***the time is*** **~** i tempi sono maturi; ***a site*** **~** ***for development*** un'area edificabile **3** SPREG. [*language*] scurrile, volgare; ***to smell*** **~** mandare cattivo odore, puzzare ♦ ***to live to a*** **~** ***old age*** vivere fino a tarda età.

ripen /ˈraɪpən/ **I** tr. maturare, fare maturare [*fruit*]; maturare, stagionare [*cheese*] **II** intr. [*fruit*] maturare; [*cheese*] maturare, stagionare.

ripeness /ˈraɪpnɪs/ n. maturità f. (anche FIG.).

rip-off /ˈrɪpɒf, AE -ɔːf/ n. COLLOQ. imbroglio m., fregatura f., bidonata f.

rip-off artist, **rip-off merchant** n. COLLOQ. imbroglione m. (-a), truffatore m. (-trice).

riposte /rɪˈpɒst/ n. LETT. replica f., risposta f.

ripping /ˈrɪpɪŋ/ agg. BE ANT. COLLOQ. straordinario, splendido.

1.ripple /ˈrɪpl/ n. **1** *(in water)* increspatura f.; *(in corn)* ondeggiamento m.; *(in hair)* ondulazione f. **2** *(sound)* ***a*** **~** ***of applause*** un leggero applauso **3** *(repercussion)* ripercussione f., contraccolpo m. **4** *(ice cream)* gelato m. variegato.

2.ripple /ˈrɪpl/ **I** tr. ondulare [*hair*]; increspare [*water*]; ***to*** **~** ***one's muscles*** fare guizzare i muscoli **II** intr. **1** [*water*] incresparsi; *(make sound)* gorgogliare, mormorare **2** [*corn*] ondeggiare; [*hair*] ondularsi; [*muscles*] guizzare.

ripple effect n. effetto m. secondario, a catena.

rip-roaring /ˈrɪprɔːrɪŋ/ agg. COLLOQ. [*show*] scatenato; [*success*] pazzesco, folle.

riptide /ˈrɪptaɪd/ n. corrente f. di marea.

1.rise /raɪz/ n. **1** *(increase) (in amount, number)* crescita f. (**in** di); *(in inflation)* crescita f., salita f. (**in** di); *(in rates, prices)* aumento m., rialzo m., incremento m. (**in** di); *(in pressure, temperature)* aumento m. (**in** di); *(in standards)* miglioramento m. (**in di**) **2** BE (anche **pay ~**, **wage ~**) aumento m. salariale, di stipendio **3** *(progress) (of person)* ascesa f.; *(of company, empire)* ascesa f., progresso m.; *(of ideology)* affermazione f.; ***her*** **~** ***to fame*** la sua scalata alla fama **4** *(slope)* salita f. **5** *(hill)* collina f., altura f. **6** FIG. ***to give*** **~** ***to*** dare origine *o* adito a [*rumours, speculation*]; suscitare [*resentment, frustration*]; causare [*problem, unemployment*] ♦ ***to get a*** **~** ***out of sb.*** COLLOQ. fare uscire qcn. dai gangheri.

2.rise /raɪz/ intr. (pass. **rose**; p.pass. **risen**) **1** *(become higher)* [*water*] salire (di livello); [*price, temperature*] aumentare, salire; [*voice*] alzarsi; ***to*** **~** ***above*** [*temperature, amount*] superare **2** FIG. *(intensify)* [*pressure*] aumentare; [*tension*] salire; [*frustration, hopes*] crescere **3** *(get up)* [*person*] alzarsi; *(after falling)* tirarsi su, rialzarsi; ***to*** **~** ***from the dead*** risuscitare; ***"~ and shine!"*** "sveglia!" **4** *(meet successfully)* ***to*** **~** ***to*** essere *o* mostrarsi all'altezza di [*occasion, challenge*] **5** *(progress)* [*person*] fare carriera, farsi una posizione; ***to*** **~** ***to*** diventare [*director, manager*]; ***to*** **~** ***to a rank*** raggiungere una posizione; ***to*** **~** ***to fame*** diventare famoso; ***to*** **~** ***through the ranks*** fare la gavetta **6** *(slope upwards)* [*road*] salire; [*cliff*] elevarsi, ergersi **7** *(appear over horizon)* [*sun, moon*] sorgere, spuntare **8** GEOGR. *(have source)* ***to*** **~** ***in*** [*river*] nascere in [*area*] **9** GASTR. [*cake*] lievitare **10** AMM. POL. [*committee, parliament*] sciogliersi, sospendere la seduta.

■ **rise above:** **~ *above [sth.]*** superare [*problems*]; mostrarsi superiore a [*jealousy*].

■ **rise up** **1** *(ascend)* [*bird, plane*] levarsi, alzarsi in volo; [*smoke*] salire, alzarsi; FIG. [*building*] ergersi, levarsi, innalzarsi **2** *(rebel)* LETT. [*people, nation*] insorgere, ribellarsi, sollevarsi.

risen /ˈrɪzn/ **I** p.pass. → **2.rise II** agg. RELIG. risorto.

riser /ˈraɪzə(r)/ n. **1** *(person)* ***to be an early*** **~** essere un mattiniero **2** *(part of stair)* alzata f.

1.rising /ˈraɪzɪŋ/ n. insurrezione f., ribellione f., sollevazione f.

2.rising /ˈraɪzɪŋ/ **I** agg. **1** *(increasing)* [*costs, unemployment, temperature, demand*] in aumento, in crescita; [*tension*] che sale; [*optimism, discontent*] crescente **2** *(moving upwards)* [*sun, moon*] che sorge, nascente **3** *(becoming successful)* [*politician, singer*] in ascesa; [*talent*] promettente **II** avv. ***to be*** **~** ***forty*** essere vicino alla quarantina.

1.risk /rɪsk/ n. **1** rischio m., pericolo m.; ***is there any*** **~** ***of him catching the illness?*** ci sono rischi che prenda la malattia? rischia di prendersi la malattia? ***there is no*** **~** ***to consumers*** non ci sono rischi per i consumatori, i consumatori non corrono alcun rischio; ***to run the*** **~** ***of being injured*** correre il rischio di essere ferito; ***to take ~s*** correre dei rischi; ***it's not worth the ~*** non vale la pena rischiare; ***at ~*** a rischio; ***to put one's health at ~*** mettere in pericolo la propria salute; ***at one's own ~*** a proprio rischio (e pericolo); ***at the ~ of seeming ungrateful*** a rischio di *o* con il rischio di sembrare ingrato; ***"at owner's ~"*** "a rischio del committente" **2** ECON. rischio m.

2.risk /rɪsk/ tr. **1** *(endanger)* ***to ~ one's life*** rischiare *o* mettere a repentaglio la propria vita; ***to ~ one's neck*** rischiare l'osso del collo **2** *(venture)* ***to ~ doing*** arrischiarsi a fare; ***to ~ death*** rischiare di morire; ***to ~ one's all*** rischiare *o* giocare il tutto per tutto; ***we decided to ~ it*** decidemmo di correre il rischio; ***let's ~ it anyway*** rischiamo!

risk-taker /ˈrɪsktetkə(r)/ n. ***he's always been a ~*** ha sempre rischiato molto nella vita.

risky /ˈrɪskɪ/ agg. [*decision, undertaking*] rischioso, arrischiato, azzardato; [*bond, investment*] a rischio.

risqué /ˈriːskeɪ, AE rɪˈskeɪ/ agg. scabroso, osé, spinto.

rissole /ˈrɪsəʊl/ n. polpetta f., crocchetta f.

rite /raɪt/ n. rito m., cerimonia f.; ***to perform a ~*** celebrare un rito; ***~ of passage*** rito di passaggio.

ritual /ˈrɪtʃʊəl/ **I** n. rituale m., cerimoniale m.; ***the courtship ~*** ZOOL. il rituale del corteggiamento **II** agg. [*dance*] rituale; [*visit*] di rito; ***~ murder*** sacrificio umano rituale.

ritualistic /ˌrɪtʃʊəˈlɪstɪk/ agg. [*activity*] ritualistico; RELIG. ritualista.

ritually /ˈrɪtʃʊəlɪ/ avv. *(ceremonially)* ritualmente, secondo il rito; FIG. *(routinely)* ritualmente, abitualmente.

ritzy /ˈrɪtzɪ/ agg. COLLOQ. lussuoso, chic, elegante.

1.rival /ˈraɪvl/ **I** n. *(person)* rivale m. e f., avversario m. (-a), antagonista m. e f.; *(company)* concorrente m. e f. **II** agg. [*team*] rivale, avversario; [*business*] concorrente, in concorrenza; [*claim*] contrastante, opposto.

2.rival /ˈraɪvl/ tr. (forma in -ing ecc. **-ll-**, **-l-** AE) *(equal)* uguagliare, pareggiare; *(compete favourably)* competere con, fare a gara con (**in** per, in); ***to ~ sb., sth. in popularity*** rivaleggiare con qcn., qcs. in popolarità.

rivalry /ˈraɪvlrɪ/ n. rivalità f., concorrenza f.

river /ˈrɪvə(r)/ ➧ ***25*** n. **1** fiume m.; ***up ~, down ~*** a monte, a valle **2** FIG. *(of lava)* fiume m.; ***~s of blood*** fiumi di sangue ♦ ***to sell sb. down the ~*** tradire *o* ingannare qcn.

riverbank /ˈrɪvəbæŋk/ n. argine m.; ***along the ~*** lungo la sponda del fiume.

river basin n. bacino m. fluviale.

riverbed /ˈrɪvəbed/ n. alveo m., letto m. (di un fiume).

riverboat /ˈrɪvəbəʊt/ n. barca f. fluviale.

river bus n. battello m. (di linea), vaporetto m.

river police n. polizia f. fluviale.

riverside /ˈrɪvəsaɪd/ **I** n. lungofiume m., sponda f. di fiume **II** agg. [*pub*] lungo il fiume, sul lungofiume.

river traffic n. traffico m. fluviale.

1.rivet /ˈrɪvɪt/ n. ribattino m., rivetto m.

2.rivet /ˈrɪvɪt/ tr. **1** *(captivate)* ***to be ~ed by*** essere catturato *o* affascinato da [*performance*] **2** *(fix)* ***to be ~ed to the spot*** [*person*] essere inchiodato sul posto, rimanere di sasso **3** TECN. rivettare.

riveting /ˈrɪvɪtɪŋ/ agg. affascinante, incantevole.

Riviera /ˌrɪvɪˈeərə/ n. ***the Italian ~*** la riviera ligure; ***the French ~*** la Costa Azzurra.

rivulet /ˈrɪvjʊlɪt/ n. ruscelletto m., rigagnolo m.

RN n. GB (⇒ Royal Navy) = marina militare britannica.

RNA n. (⇒ ribonucleic acid acido ribonucleico) RNA m.

1.roach /rəʊtʃ/ n. (pl. **~**) *(fish)* triotto m.

2.roach /rəʊtʃ/ n. AE COLLOQ. blatta f., scarafaggio m.

road /rəʊd/ **I** n. **1** *(between places)* strada f.; ***the ~ to Leeds, the Leeds ~*** la strada per Leeds; ***the ~ north*** la strada che porta a nord; ***the ~ home*** la strada di casa; ***are we on the right ~ for Bath?*** è questa la strada per Bath? ***follow the ~ ahead*** prosegua dritto lungo la strada; ***after three hours on the ~*** dopo tre ore di strada; ***by ~*** su strada; ***to take (to) the ~*** mettersi in viaggio, in cammino; ***£ 5,000 on the ~*** 5.000 sterline chiavi in mano; ***to be on the ~*** [*car*] essere funzionante, in grado di circolare; [*driver*] essere in viaggio, essere sulla *o* per strada; [*band, performers*] essere in tour *o* tournée; ***I've been on the ~ all night*** ho viaggiato tutta la notte; ***to go off the ~*** [*vehicle*] finire fuori strada **2** *(in built-up area)* strada f., via f.; ***he lives just along*** o ***down the ~*** abita appena un po' più avanti (nella via) **3** FIG. strada f., via f.; ***to be on the ~ to success*** essere sulla strada del successo; ***to be on the right ~*** essere sulla strada giusta; ***somewhere along the ~ he learned*** nel corso della vita ha imparato; ***to reach the end of the ~*** arrivare alla fine **II** modif. [*network, map, safety, accident*] stradale; [*maintenance, repair*] della sede stradale; ***~ condition*** viabilità ♦ ***let's get this show on the ~!*** cominciamo!

roadblock /ˈrəʊdblɒk/ n. blocco m. stradale, posto m. di blocco.

road haulage n. trasporto m. su strada.

road hog n. COLLOQ. pirata m. della strada.

roadholding /ˈrəʊdˌhəʊldɪŋ/ n. tenuta f. di strada.

roadhouse /ˈrəʊdhaʊs/ n. = taverna, locanda situata lungo una strada (di campagna).

road hump n. dissuasore m. di velocità.

road manager ➧ ***27*** n. organizzatore m. (-trice) di tournée.

road-mender /ˈrəʊdˌmendə(r)/ ➧ ***27*** n. cantoniere m., stradino m.

road movie n. road movie m.

road racing ➧ ***10*** n. gare f.pl. su strada.

roadroller /ˈrəʊdˌrəʊlə(r)/ n. rullo m. compressore, schiacciasassi m. e f.

road sense n. = capacità di guidare con prudenza oppure di guidare in condizioni di traffico intenso.

roadshow /ˈrəʊdʃəʊ/ n. **1** *(play, show)* spettacolo m. in tournée **2** *(publicity tour)* giro m. promozionale.

roadside /ˈrəʊdsaɪd/ **I** n. ciglio m., bordo m. della strada; ***at*** o ***by*** o ***on the ~*** al margine *o* sul ciglio della strada **II** modif. [*hedge*] sul ciglio della strada; ***~ repairs*** riparazioni di fortuna.

roadsign /ˈrəʊdsaɪn/ n. cartello m. stradale.

roadster /ˈrəʊdstə(r)/ n. roadster f.

roadsweeper /ˈrəʊdˌswiːpə(r)/ ➧ ***27*** n. *(person)* spazzino m. (-a), netturbino m. (-a); *(machine)* spazzatrice f.

road tax n. tassa f. di circolazione.

road tax disc n. bollo m. (di circolazione).

road test n. prova f. su strada.

road transport n. trasporto m. su strada.

road user n. utente m. e f. della strada.

roadway /ˈrəʊdweɪ/ n. carreggiata f., sede f. stradale.

roadworks /ˈrəʊdwɜːks/ n.pl. lavori m. stradali.

roadworthy /ˈrəʊdˌwɜːðɪ/ agg. [*vehicle*] efficiente, in grado di viaggiare.

roam /rəʊm/ **I** tr. vagare per, girovagare per [*world, countryside*]; fare un giro per [*shops*]; ***to ~ the streets*** gironzolare *o* vagare per le strade **II** intr. ***to ~ through*** percorrere [*countryside*]; fare un giro di [*building*].

■ **roam around** [*person*] gironzolare, vagabondare.

roan /rəʊn/ **I** agg. roano **II** n. roano.

1.roar /rɔː(r)/ n. **1** *(of lion)* ruggito m.; *(of person)* urlo m.; ***to give a ~*** [*lion*] ruggire; [*person*] lanciare *o* cacciare un urlo **2** *(of engine)* rombo m.; *(of traffic)* frastuono m., baccano m.; *(of waterfall)* fragore m., scroscio m. **3** *(of sea)* mugghio m., (il) mugghiare **4** *(of crowd)* clamore m., frastuono m.; ***a ~ of laughter*** risate fragorose, uno scroscio di risate.

2.roar /rɔː(r)/ **I** tr. (anche **~ out**) urlare, gridare [*command*] **II** intr. **1** [*lion*] ruggire; [*person*] ruggire, sbraitare, strepitare; ***to ~ with pain*** urlare di dolore **2** *(make noise)* [*sea, wind*] mugghiare; [*fire*] crepitare; [*crowd*] fare clamore, frastuono; [*engine*] rombare.

1.roaring /ˈrɔːrɪŋ/ n. **1** *(of lion)* (il) ruggire; *(of person)* (il) ruggire, (lo) sbraitare, (lo) strepitare **2** *(of storm, wind, sea)* (il) mugghiare **3** *(of thunder)* (il) rombare, (il) mugghiare; *(of waterfall)* (lo) scrosciare **4** *(of engine)* (il) rombare **5** *(of crowd)* clamore m., frastuono m.

2.roaring /ˈrɔːrɪŋ/ agg. **1** *(loud)* [*engine*] che romba; [*traffic*] rumoroso; ***a ~ fire*** un fuoco crepitante **2** [*success*] travolgente, straordinario; ***to do a ~ trade*** fare affari d'oro.

1.roast /rəʊst/ **I** n. GASTR. arrosto m.; AE *(barbecue)* barbecue m., grigliata f. **II** agg. [*meat*] arrosto; [*potatoes*] al forno; ***~ beef*** roast beef, rosbif; ***~ chestnuts*** castagne arrosto, caldarroste.

2.roast /rəʊst/ **I** tr. **1** arrostire, cuocere al forno [*meat, potatoes*]; arrostire [*chestnuts*]; tostare [*coffee beans*] **2** COLLOQ.

(criticize severely) ***to be ~ed alive*** FIG. essere stroncato *o* demolito **II** intr. [*meat*] arrostirsi, arrostire; ***I'm ~ing!*** COLLOQ. FIG. sto morendo di caldo!

roaster /'rəʊstə(r)/ n. **1** *(chicken)* pollo m. arrosto **2** *(oven pan)* tegame m. per l'arrosto.

roasting /'rəʊstɪŋ/ n. COLLOQ. *(scolding)* ***to give sb. a ~*** dare una lavata di capo *o* una bella strigliata a qcn. **II** agg. [*chicken*] da arrostire; [*pan*] per l'arrosto.

rob /rɒb/ tr. (forma in -ing ecc. **-bb-**) **1** [*thief*] derubare, rapinare [*person*]; rapinare, svaligiare [*bank, train*]; ***to be ~bed of sth.*** essere derubato di qcs. **2** *(deprive)* ***to ~ sb. of*** privare qcn. di ♦ ***to ~ sb. blind*** lasciare qcn. in mutande.

Rob /rɒb/ n.pr. diminutivo di **Robert**.

robber /'rɒbə(r)/ n. rapinatore m. (-trice), ladro m. (-a); ***train ~*** assaltatore di treni.

robbery /'rɒbərɪ/ n. rapina f., furto m.; ***it's sheer ~!*** FIG. è un vero furto!

1.robe /rəʊb/ n. **1** *(ceremonial garment)* veste f., abito m.; *(of academic, judge)* toga f.; ***christening ~*** abito da battesimo **2** AE *(bathrobe)* accappatoio m.

2.robe /rəʊb/ tr. vestire [*dignitary*].

robed /rəʊbd/ **I** p.pass. → **2.robe II** agg. ***~ in white*** vestito di bianco.

Robert /'rɒbət/ n.pr. Roberto.

robin /'rɒbɪn/ n. **1** (anche **~ redbreast**) pettirosso m. **2** AE tordo m. migratore.

robot /'rəʊbɒt/ n. *(in sci-fi, industry)* robot m., automa m. (anche SPREG.).

robotic /rəʊ'bɒtɪk/ agg. [*movement, voice*] da automa, robotico; [*device, machine*] robotizzato.

robotics /rəʊ'bɒtɪks/ n. + verbo sing. robotica f.

robotization /,rəʊbətaɪ'zeɪʃn, AE -tɪ'z-/ n. robotizzazione f.

robust /rəʊ'bʌst/ agg. **1** [*person*] robusto, forte, vigoroso; [*toy*] robusto; [*health*] ottimo; [*economy*] solido, fiorente, florido **2** [*humour*] rozzo, grezzo; [*reply*] deciso, energico; [*attitude, tackle*] energico, risoluto **3** [*wine*] robusto, corposo, vigoroso; [*flavour*] forte, intenso.

robustly /rəʊ'bʌstlɪ/ avv. **1** [*made*] solidamente **2** FIG. [*answer*] con decisione, energicamente; [*defend*] efficacemente; [*confident*] estremamente.

robustness /rəʊ'bʌstnɪs/ n. **1** *(of object)* robustezza f. **2** *(of answer)* decisione f.; *(of defence)* efficacia f.; *(of economy)* solidità f., floridezza f.

1.rock /rɒk/ n. **1 U** *(substance)* roccia f.; ***solid ~*** roccia viva; ***hewn out of solid ~*** scavato *o* tagliato nella roccia **2 C** *(boulder)* masso m., macigno m.; ***on the ~s*** MAR. contro gli scogli, sulle rocce; [*drink*] on the rocks; ***to be on the ~s*** FIG. [*marriage*] essere in crisi, naufragare **3** *(stone)* pietra f.; ***"falling ~s"*** "caduta massi" **4** BE *(sweet)* = grossa caramella dura di forma cilindrica **5** gener. pl. COLLOQ. *(diamond)* diamante m. ♦ ***as firm*** o ***solid as a ~*** saldo come la roccia.

2.rock /rɒk/ **I** n. (anche **~ music**) rock m. **II** modif. [*band, concert*] rock; [*industry*] del rock.

3.rock /rɒk/ **I** tr. **1** *(move gently)* dondolare [*cradle*]; cullare [*baby, boat*]; ***I ~ed the baby to sleep*** cullai il bambino per farlo addormentare **2** *(shake)* [*tremor*] scuotere, sconquassare [*town*]; [*scandal*] fare tremare, turbare, scombussolare [*party, government*] **II** intr. **1** *(sway)* [*person, cradle*] dondolare; ***to ~ back and forth*** ondeggiare avanti e indietro; ***to ~ with laughter*** torcersi *o* sbellicarsi dalle risate **2** *(shake)* [*earth, building*] tremare **3** *(dance)* ***to ~ (away)*** ballare.

rock and roll n. (anche **rock'n'roll**) rock and roll m.

rock bottom n. fondo m.; ***to hit ~*** toccare il fondo; ***to be at ~*** essere nel punto più basso.

rock bun n. BE dolce m. all'uvetta.

rock candy n. AE zucchero m. candito.

rock climber n. rocciatore m. (-trice), arrampicatore m. (-trice), scalatore m. (-trice).

rock climbing ▸ **10** n. scalata f.; ***to go ~*** fare roccia.

rock crystal n. cristallo m. di rocca.

rocker /'rɒkə(r)/ n. **1** AE *(chair)* sedia f. a dondolo **2** *(on cradle, chair)* asse f. ricurva **3** (anche **~ switch**) interruttore m. a leva ♦ ***to be*** o ***go off one's ~*** COLLOQ. essere matto da legare, essere svitato.

rockery /'rɒkərɪ/ n. BE giardino m. roccioso.

1.rocket /'rɒkɪt/ **I** n. **1** *(spacecraft, firework)* razzo m. **2** MIL. razzo m., missile m. **II** modif. [*base*] missilistico; [*research, ship*] spaziale; ***~ engine*** motore a razzo, endoreattore; ***~ launcher*** lanciarazzi, lanciamissili ♦ ***to give sb. a ~*** BE COLLOQ. dare una lavata di capo a qcn.

2.rocket /'rɒkɪt/ intr. **1** [*price, profit*] andare alle stelle, crescere vertiginosamente; ***to ~ from 10 to 100*** balzare *o* passare rapidamente da 10 a 100 **2** [*person, car*] ***to ~ past sth.*** passare sfrecciando davanti a qcs.

3.rocket /'rɒkɪt/ n. rucola f., ruchetta f.

rocket-propelled /,rɒkɪtprə'peld/ agg. con propulsione a razzo.

rock face n. parete f. rocciosa.

rockfall /'rɒkfɔːl/ n. caduta f. di massi.

rock formation n. formazione f. rocciosa.

Rockies /'rɒkiːz/ n.pr.pl. Montagne f. Rocciose.

rocking /'rɒkɪŋ/ n. *(gentle)* dondolio m., oscillazione f.; *(vigorous)* scossa f.

rocking chair n. sedia f. a dondolo.

rocking horse n. cavallo m. a dondolo.

rock lobster n. aragosta f.

rock painting n. pittura f. rupestre.

rock salmon n. BE GASTR. gattuccio m.

rock salt n. salgemma m.

rock star n. rock-star f.

rock-steady /,rɒk'stedɪ/ agg. stabile, solido.

1.rocky /'rɒkɪ/ agg. [*beach*] pietroso; [*path*] sassoso; [*coast*] roccioso; ***a ~ road*** FIG. un cammino irto di difficoltà.

2.rocky /'rɒkɪ/ agg. COLLOQ. [*relationship*] instabile, traballante; [*period*] difficile; [*business*] precario.

Rocky Mountains n.pr.pl. Montagne f. Rocciose.

rococo /rə'kəʊkəʊ/ **I** agg. rococò **II** n. rococò m.

rod /rɒd/ n. **1** *(stick)* *(of wood)* verga f., bacchetta f., bastone m.; *(of metal)* sbarra f., spranga f.; ***curtain ~*** bastone *o* bacchetta per le tende **2** *(for punishment)* bacchetta f. **3** PESC. canna f. da pesca **4** *(staff of office)* bastone m. di comando, bacchetta f. ♦ ***to make a ~ for one's own back*** scavarsi la fossa; ***spare the ~ and spoil the child*** PROV. il medico pietoso fa la piaga verminosa.

rode /rəʊd/ pass. → **2.ride**.

rodent /'rəʊdnt/ **I** n. roditore m. **II** agg. roditore.

rodeo /'rəʊdɪəʊ/ n. (pl. **~s**) rodeo m.

Roderick /'rɒdərɪk/ n.pr. Rodrigo.

roe /rəʊ/ n. **1 U** (anche **hard ~**) uova f.pl. di pesce **2** (anche **soft ~**) latte m. di pesce.

roebuck /'rəʊbʌk/ n. (pl. **~**) capriolo m. (maschio).

roe deer n. (pl. **roe deer, roe deers**) capriolo m.; *(female)* capriola f.

roger /'rɒdʒə(r)/ inter. **1** TEL. ricevuto **2** COLLOQ. *(OK)* bene, d'accordo.

Roger /'rɒdʒə(r)/ n.pr. Ruggero.

rogue /rəʊg/ **I** n. **1** SCHERZ. birbone m., canaglia f., briccone m. **2** SPREG. mascalzone m., canaglia f., farabutto m.; ***~s' gallery*** album segnaletico **II** modif. **1** [*elephant*] solitario; [*detective*] anticonformista **2** SPREG. [*trader*] disonesto.

roguery /'rəʊgərɪ/ n. **1** SPREG. *(dishonesty)* mascalzonata f., furfanteria f. **2** *(mischief)* birichinata f., marachella f.

roguish /'rəʊgɪʃ/ agg. furbo, smaliziato.

Roland /'rəʊlənd/ n.pr. Orlando.

role /rəʊl/ n. TEATR. CINEM. ruolo m., parte f. (anche FIG.); ***to take a ~*** interpretare un ruolo; ***title ~*** = parte del personaggio che dà il nome all'opera.

role model n. modello m.; PSIC. modello m. di comportamento.

role-play /'rəʊlpleɪ/ n. PSIC. psicodramma m.; SCOL. gioco m. di ruolo.

role reversal, role swapping n. inversione f., scambio m. dei ruoli.

1.roll /rəʊl/ n. **1** *(of paper, cloth)* rotolo m.; *(of banknotes)* mazzetta f.; *(of flesh)* rotolo m., rotolino m.; ***a ~ of film*** un rullino **2** *(bread)* panino m.; ***cheese ~*** panino al formaggio **3** *(register)* registro m., elenco m.; ***electoral ~*** liste elettorali; ***to call the ~*** fare l'appello.

2.roll /rəʊl/ n. **1** *(rocking motion)* dondolio m. **2** SPORT *(in gymnastics)* capriola f. **3** AER. MAR. rollio m. **4** GIOC. *(of dice)* rotolio m., lancio m. **5** *(deep sound) (of drums)* rullo m.; *(of thunder)* rombo m., rimbombo m., brontolio m.

3.roll /rəʊl/ **I** tr. **1** *(push)* fare rotolare [*ball, log*]; ***to ~ sth. away*** fare rotolare via qcs. **2** *(make)* arrotolare, rollare [*cigarette*]; ***to ~ sth. into a ball*** *(of paper)* appallottolare qcs.; *(of dough, clay)* fare una palla di qcs.; *(of wool)* avvolgere qcs. in gomitolo, raggomitolare qcs. **3** *(flatten)* spianare, stendere, tirare [*dough*]; spianare [*lawn*]; laminare [*metal*] **4** *(turn)* ***to ~ one's eyes*** roteare gli occhi **5** CINEM. TIP. fare girare, azionare [*camera*]; fare funzionare [*presses*] **6** GIOC. lanciare, gettare [*dice*] **7** LING. ***to ~ one's "r"s*** arrotare le erre **II** intr. **1** *(move)* [*ball, rock*] rotolare; [*person, animal*] rotolarsi; ***to ~ backwards*** [*car*] fare marcia indietro; ***to ~ down*** [*car*] scendere da [*hill*]; [*rock*] rotolare giù per [*hill*]; ***to ~ into*** [*train*] entrare in [*station*]; ***to ~ off*** [*car*] precipitare *o* cadere da [*cliff*] **2** *(rotate)* [*car*] rovesciarsi; [*plane*] effettuare il rollio; [*eyes*] roteare **3** *(sway)* [*ship*] rollare, rullare **4** *(reverberate)* [*thunder*] rimbombare, brontolare; [*drum*] rullare **5** *(function)* [*camera*] girare; [*press*] mettersi in funzione ♦ ***heads will ~!*** cadranno delle teste! ***~ on the holidays!*** che arrivino presto le vacanze! ***to be ~ing in it*** COLLOQ. nuotare nell'oro; ***to be X, Y and Z ~ed into one*** essere X, Y e Z riuniti, incorporati in una sola cosa, mescolati in un tutt'uno.

■ **roll about** BE, **roll around** [*animal, person*] rotolarsi; [*marbles, tins*] rotolare (qua e là).

■ **roll back:** ~ [sth.] back, ~ back [sth.] **1** *(push back)* arrotolare (rovesciando) [*carpet*] **2** FIG. andare indietro con [*years*]; superare, abbattere [*frontiers*].

■ **roll down:** ~ [sth.] down, ~ down [sth.] abbassare, tirare giù [*blind, sleeve*].

■ **roll in 1** *(pour in)* [*tourists, money*] affluire **2** *(gather)* [*clouds*] accumularsi **3** *(advance)* [*tanks, trucks*] avanzare **4** COLLOQ. *(stroll in)* arrivare.

■ **roll off:** ~ off [sth.] [*cars*] uscire da [*production line*].

■ **roll on** [*time*] passare, venire (in fretta).

■ **roll out:** ~ [sth.] out, ~ out [sth.] spianare, stendere, tirare [*pastry*]; srotolare, stendere [*rug*].

■ **roll over:** ~ over **1** [*car, boat*] ribaltarsi, rovesciarsi **2** [*person*] (ri)girarsi; ***to ~ over on one's stomach*** girarsi sulla pancia; ~ [sb.] over girare [*patient*] (**onto** su).

■ **roll up:** ~ up **1** COLLOQ. *(arrive)* [*guests*] arrivare, comparire (su invito); ***~ up!*** accorrete! **2** *(form a cylinder)* [*poster*] arrotolarsi ~ up [sth.], ~ [sth.] up arrotolare, avvolgere [*rug*]; ***to ~ up one's sleeves*** rimboccarsi le maniche; ***to ~ sth., sb. up in*** avvolgere qcs., qcn. in.

roll-call /'rəʊlkɔːl/ n. MIL. appello m.

rolled gold n. oro m. laminato.

rolled oats n.pl. GASTR. = avena sgranata e schiacciata.

rolled-up /ˌrəʊld'ʌp/ agg. [*newspaper, carpet*] arrotolato.

roller /'rəʊlə(r)/ n. **1** IND. TECN. rullo m., cilindro m.; ***paint ~*** rullo **2** *(curler)* bigodino m. **3** *(wave)* cavallone m., frangente m.

rollerball /'rəʊləbɔːl/ n. penna f. a sfera.

rollerblade /'rəʊləbleɪd/ n. rollerblade m., pattino m. in linea.

rollerblader /'rəʊləˌbleɪdə(r)/ n. pattinatore m. (-trice) in linea.

roller blind n. tendina f. avvolgibile.

roller coaster n. montagne f.pl. russe, otto m. volante.

rollerdrome /'rəʊlədrəʊm/ n. pista f. di pattinaggio a rotelle.

1.roller-skate /'rəʊləskeɪt/ n. pattino m. a rotelle.

2.roller-skate /'rəʊləskeɪt/ intr. andare sui pattini a rotelle, schettinare.

roller-skating /'rəʊləˌskeɪtɪŋ/ ➧ ***10*** n. pattinaggio m. a rotelle.

roller-skating rink n. pista f. di pattinaggio a rotelle.

roller towel n. asciugamano m. automatico a rullo, bandinella f.

rollicking /'rɒlɪkɪŋ/ agg. [*comedy*] allegro; [*party*] scatenato, chiassoso.

rolling /'rəʊlɪŋ/ agg. **1** [*countryside*] ondulato **2** [*walk, gait*] barcollante, dondolante.

rolling mill n. laminatoio m.

rolling pin n. matterello m.

rolling stock n. FERR. materiale m. rotabile.

rolling stone n. FIG. vagabondo m. (-a).

rolling strike n. IND. sciopero m. articolato, a scacchiera.

rollmop /'rəʊlmɒp/ n. GASTR. = filetto d'aringa cruda arrotolato e conservato sott'aceto.

rollneck /'rəʊlnek/ n. ABBIGL. collo m. alto, maglia f. a collo alto.

roll of honour BE, **roll of honor** AE n. SCOL. SPORT MIL. albo m. d'onore, albo m. d'oro.

roll-on /'rəʊlɒn/ n. deodorante m. roll-on.

roll-on roll-off I n. roll-on roll-off m. **II** agg. ***~ ferry*** nave traghetto da carico.

rollout /'rəʊlaʊt/ n. COMM. IND. lancio m. ufficiale (di un prodotto, un servizio).

roll-top desk n. scrittoio m. a tamburo.

ROM /rɒm/ n. (⇒ read-only memory memoria a sola lettura) ROM f.

roman /'rəʊmən/ n. TIP. (carattere) romano m., tondo m.

Roman /'rəʊmən/ **I** agg. [*empire, calendar, alphabet, road*] romano **II** n. romano m. (-a).

Roman candle n. candela f. romana.

Roman Catholic I agg. cattolico romano **II** n. cattolico m. (-a) romano (-a).

Roman Catholicism n. cattolicesimo m.

1.romance /rəʊ'mæns/ n. **1** *(of era, place)* fascino m., romanticismo m., atmosfera f. romanzesca **2** *(love affair)* avventura f., flirt m.; *(love)* amore m., idillio m. **3** *(novel)* romanzo m. d'amore; *(film)* film m. sentimentale **4** LETTER. *(medieval)* romanzo m. cavalleresco.

2.romance /rəʊ'mæns/ intr. favoleggiare, fantasticare.

Romance /rəʊ'mæns/ **I** agg. LING. romanzo, neolatino **II** n. LING. lingua f. romanza.

Romanesque /ˌrəʊmə'nesk/ agg. ARCH. romanico.

Romanian /rəʊ'meɪnɪən/ ➧ ***18, 14*** **I** agg. rumeno **II** n. **1** *(person)* rumeno m. (-a) **2** LING. rumeno m.

Roman law n. diritto m. romano.

Roman nose n. naso m. aquilino.

Roman numerals n.pl. numeri m. romani.

romantic /rəʊ'mæntɪk/ **I** agg. **1** [*setting, story, person*] romantico **2** *(involving affair)* sentimentale **3** [*film*] sentimentale, d'amore; [*novel*] rosa, d'amore **II** n. persona f. romantica, romantico m. (-a).

Romantic /rəʊ'mæntɪk/ **I** agg. LETTER. ART. MUS. romantico **II** n. LETTER. ART. MUS. romantico m. (-a).

romantically /rəʊ'mæntɪklɪ/ avv. [*sing, play*] romanticamente, appassionatamente; [*behave*] in modo romantico, sentimentale.

romantic comedy n. commedia f. sentimentale.

romantic fiction n. *(genre)* romanzo m. rosa; *(in bookshop)* romanzi m.pl. rosa.

romanticism /rəʊ'mæntɪsɪzəm/ n. romanticismo m., sentimentalismo m., romanticheria f.

Romanticism /rəʊ'mæntɪsɪzəm/ n. LETTER. ART. MUS. romanticismo m.

romanticize /rəʊ'mæntɪsaɪz/ tr. idealizzare, dare un alone romantico a [*person, period*]; romanzare [*war*].

Romany /'rɒmənɪ/ ➧ ***14*** n. **1** *(gypsy)* zingaro m. (-a), zigano m. (-a) **2** LING. zingaro m.

Rome /rəʊm/ ➧ ***34*** n.pr. Roma f. ♦ ***~ wasn't built in a day*** PROV. Roma non fu fatta in un giorno; ***when in ~ do as the Romans do*** PROV. paese che vai usanza che trovi.

Romeo /'rəʊmɪəʊ/ **I** n.pr. *(character)* Romeo **II** n. FIG. seduttore m., conquistatore m., dongiovanni m.

1.romp /rɒmp/ n. **1** *(frolic)* divertimento m., spasso m. **2** *(easy victory)* facile vittoria f.

2.romp /rɒmp/ intr. [*children, puppies*] ruzzare, scatenarsi; ***to ~ home*** vincere con facilità.

■ **romp through:** ~ through [sth.] eseguire agevolmente [*piece, work*].

rompers /'rɒmpəz/ n.pl. (anche **romper suit**) pagliaccetto m.sing.

Romulus /'rɒmjʊləs/ n.pr. Romolo.

Ronald /'rɒnld/ n.pr. Ronaldo, Rinaldo.

1.roof /ruːf/ n. **1** *(of building)* tetto m.; *(of car)* tettuccio m.; ***under one ~*** sotto lo stesso tetto; ***a room under the ~*** una stanza a tetto; ***to have a ~ over one's head*** avere un tetto sulla testa **2** ANAT. ***the ~ of the mouth*** il palato duro, la volta palatina

♦ ***to go through*** o ***hit the*** ~ COLLOQ. [*person*] andare su tutte le furie; [*prices*] salire alle stelle; ***to raise the*** ~ *(be angry)* andare su tutte le furie; *(make noise)* fare baccano, sollevare un putiferio.

2.roof /ruːf/ tr. coprire con un tetto [*building*].

▪ **roof in:** ~ ***in*** ***[sth.]*** coprire, chiudere [*area*].

▪ **roof over:** ~ ***over*** ***[sth.]***, ~ ***[sth.]*** ***over*** coprire, chiudere [*area*].

roofer /'ruːfə(r)/ ➧ *27* n. = persona che costruisce o ripara tetti.

roof garden n. roof-garden m.

roofing /'ruːfɪŋ/ n. **1** *(material)* materiale m. per copertura di tetti **2** *(process)* copertura f. di tetti.

roofing felt n. carta f. catramata.

roof light n. ARCH. ING. lucernario m.

roof rack n. AUT. portapacchi m., portabagagli m. (esterno).

rooftop /'ruːftɒp/ n. tetto m.; ***to shout sth. from the*** ~***s*** gridare *o* strombazzare qcs. ai quattro venti.

1.rook /rʊk/ n. ZOOL. corvo m. (comune).

2.rook /rʊk/ tr. ANT. COLLOQ. *(cheat)* imbrogliare, truffare.

3.rook /rʊk/ n. *(in chess)* torre f.

rookery /'rʊkərɪ/ n. colonia f. di corvi.

rookie /'rʊkɪ/ n. AE COLLOQ. recluta f., spina f.

1.room /ruːm, rʊm/ n. **1** *(for living)* camera f., stanza f.; *(for sleeping)* camera f. da letto; *(for working)* ufficio m.; *(for meetings, operating)* sala f.; *(for teaching)* aula f.; ***in the next*** ~ nella stanza accanto; ***"~s to let"*** "stanze da affittare", "affittasi camere"; ~ ***159*** camera 159; ~ ***and board*** vitto e alloggio; ***he gets*** ~ ***and board*** è a pensione completa **2** U *(space)* spazio m., posto m.; ***to make*** ~ fare spazio *o* posto **3** *(opportunity)* ~ ***for doubt*** adito al dubbio; ~ ***for manoeuvre*** margine di manovra.

2.room /ruːm, rʊm/ intr. AE alloggiare; ***to*** ~ ***with sb.*** abitare con qcn.

roomed /ruːmd, rʊmd/ agg. **-roomed** in composti ***4~*** di 4 stanze.

roominess /'ruːmɪnɪs, 'rʊm-/ n. *(of house, car)* spaziosità f.

rooming house n. pensione f., casa f. con camere in affitto.

roommate /'ruːmmeɪt, 'rʊm-/ n. **1** *(in same room)* compagno m. (-a) di stanza **2** AE *(flatmate)* compagno m. (-a) d'appartamento.

room service n. servizio m. in camera.

room temperature n. temperatura f. ambiente.

roomy /'ruːmɪ, 'rʊmɪ/ agg. [*car, house*] spazioso; [*garment*] largo, ampio; [*bag*] grande.

1.roost /ruːst/ n. *(perch, tree)* posatoio m. ♦ ***to rule the*** ~ dettare legge, spadroneggiare, farla da padrone.

2.roost /ruːst/ intr. [*bird*] *(in trees)* appollaiarsi (per la notte); *(in attic)* annidarsi.

rooster /'ruːstə(r)/ n. gallo m.

1.root /ruːt/ **I** n. **1** BOT. radice f. (anche FIG.); ***to take*** ~ [*plant*] attecchire, radicare, mettere (le) radici; [*idea, value*] attecchire, radicarsi, mettere (le) radici, prendere piede; [*industry*] installarsi, aprire; ***to pull sth. up by the*** ~***s*** sradicare *o* svellere qcs.; ***to destroy sth.*** ~ ***and branch*** distruggere completamente qcs.; ***he has no*** ~***s*** FIG. non ha radici **2** *(origin) (of problem, matter)* radice f.; *(of evil)* radice f., causa f., origine f., fonte f.; ***to get to the*** ~ ***of the problem*** andare alla radice del problema, affrontare un problema alla radice; ***to be at the*** ~ ***of sth.*** essere all'origine di qcs. **3** LING. MAT. radice f. **II** modif. **1** BOT. [*growth*] delle radici; [*system*] radicale **2** FIG. [*cause*] principale, profondo; [*issue*] di fondo.

2.root /ruːt/ **I** tr. **1** BOT. fare attecchire [*plant*] **2** FIG. ***to be*** ~***ed in*** essere radicato a **II** intr. BOT. attecchire, radicare, mettere (le) radici.

▪ **root out:** ~ ***out*** ***[sth.]***, ~ ***[sth.]*** ***out*** sradicare, estirpare [*corruption*].

3.root /ruːt/ intr. *(search)* [*pig*] grufolare; [*person*] frugare, rovistare (**in, through** in).

▪ **root around, root about** [*pig*] grufolare; [*person*] frugare, rovistare.

▪ **root for** COLLOQ. ~ ***for*** ***[sb.]*** fare il tifo per, tifare per.

▪ **root out:** ~ ***[sb.]*** ***out,*** ~ ***out*** ***[sb.]*** snidare, stanare, scovare.

root beer n. AE = bevanda frizzante a base di estratti di radici.

root canal work n. MED. devitalizzazione f.

rooted /'ruːtɪd/ **I** p.pass. → **2.root II** agg. ***deeply-~*** profondamente radicato (anche FIG.); ~ ***to the spot*** inchiodato sul posto.

root ginger n. radice f. di zenzero.

rootless /'ruːtlɪs/ agg. [*person*] sradicato, senza radici.

root sign n. MAT. radicale m.

1.rope /rəʊp/ n. **1** corda f., fune f.; ***the*** ~ *(hanging)* il capestro, la forca; ***to be on the*** ~***s*** *(in boxing)* essere alle corde (anche FIG.) **2** FIG. *(of pearls)* filo m. ♦ ***to give sb. plenty of*** ~ dare corda a qcn., lasciare fare qcn.; ***to know the*** ~***s*** essere pratico del mestiere.

2.rope /rəʊp/ tr. **1** legare [*victim, animal*]; legare, mettere in cordata [*climber*] **2** AE *(lasso)* prendere al lazo [*cattle*].

▪ **rope in** COLLOQ. ~ ***[sb.]*** ***in,*** ~ ***in*** ***[sb.]*** **1** BE *(to help with task)* coinvolgere **2** AE *(by trickery)* irretire, invischiare; ***to get*** ~***d in*** farsi trascinare in.

▪ **rope off:** ~ ***off*** ***[sth.]***, ~ ***[sth.]*** ***off*** cintare, delimitare con corde.

rope ladder n. scala f. di corda.

rop(e)y /'rəʊpɪ/ agg. BE COLLOQ. [*food, performance*] scadente; ***to feel a bit*** ~ non sentirsi troppo bene.

rorqual /'rɔːkwəl/ n. ZOOL. balenottera f.

Rosalie /'rəʊzəlɪ, 'rɒzəlɪ/ n.pr. Rosalia.

Rosalind /'rɒzəlɪnd/ n.pr. Rosalinda.

Rosamund /'rɒzəmənd, 'rəʊ-/ n.pr. Ros(a)munda.

rosary /'rəʊzərɪ/ n. **1** *(prayer)* rosario m. **2** (anche ~ **beads**) corona f. del rosario, rosario m.

1.rose /rəʊz/ ➧ *5* **I** n. **1** *(flower, shrub)* rosa f.; ***the Wars of the Roses*** GB STOR. la guerra delle due rose **2** *(colour)* rosa m. **3** *(nozzle) (on watering can, shower)* cipolla f., fungo m. **II** modif. [*petal*] di rosa; ~ ***bush*** rosa, roseto ♦ ***life is not a bed of*** ~***s*** la vita non è tutta rose e fiori; ***everything is coming up*** ~***s*** tutto sta andando a meraviglia *o* a gonfie vele; ***to come up smelling of*** ~***s*** = uscire da una situazione difficile più forti di prima.

2.rose /rəʊz/ pass. → **2.rise**.

Rose /rəʊz/ n.pr. Rosa.

rosebed /'rəʊzbed/ n. aiuola f. di rose.

rosebowl /'rəʊzbəʊl/ n. vaso m. per le rose.

rosebud /'rəʊzbʌd/ n. bocciolo m. di rosa.

rose-coloured BE, **rose-colored** AE /'rəʊzkʌləd/ ➧ *5* agg. **1** *(red)* rosa, roseo **2** *(optimistic)* [*idea, view*] roseo, ottimistico ♦ ***to see the world through*** ~ ***spectacles*** vedere tutto rosa.

rosegarden /'rəʊz,gɑːdn/ n. roseto m., rosaio m.

rosehip /'rəʊzhɪp/ n. cinorrodo m., frutto m. della rosa canina.

rosemary /'rəʊzmərɪ, AE -merɪ/ n. rosmarino m.

Rosemary /'rəʊzmərɪ, AE -merɪ/ n.pr. Rosamaria.

rose-pink /,rəʊz'pɪnk/ ➧ *5* agg. rosa.

rose-red /,rəʊz'red/ ➧ *5* agg. vermiglio.

rose-tinted /'rəʊztɪntɪd/ agg. → **rose-coloured**.

rosette /rəʊ'zet/ n. **1** *(for winner)* rosetta f., coccarda f.; *(on gift wrap)* nastro m., fiocco m. **2** BOT. *(of leaves)* rosetta f.

rose-water /'rəʊz,wɔːtə(r)/ n. acqua f. di rose.

rose window n. rosone m., rosa f.

rosewood /'rəʊzwʊd/ n. palissandro m.

Rosicrucian /,rəʊzɪ'kruːʃn/ n. rosacroce m., rosacruciano m.

rosin /'rɒzɪn, AE 'rɒzn/ n. colofonia f., pece f. greca.

roster /'rɒstə(r)/ n. (anche **duty** ~) lista f. dei turni di servizio.

rostrum /'rɒstrəm/ n. (pl. ~**s, -a**) pedana f., podio m.

rosy /'rəʊzɪ/ agg. **1** *(pink)* [*cheek*] roseo, rosa, rosato; [*dawn*] roseo **2** *(favourable)* [*future*] roseo, promettente; ***things are looking*** ~ le cose promettono bene; ***to paint a*** ~ ***picture of sth.*** descrivere qcs. a tinte rosee ♦ ***everything in the garden is*** ~ tutto va a meraviglia *o* a gonfie vele.

1.rot /rɒt/ n. **1** decomposizione f., putrefazione f.; FIG. corruzione f., marcio m.; ***the*** ~ ***set in when...*** le cose cominciarono a guastarsi quando... **2** BE COLLOQ. *(rubbish)* sciocchezze f.pl., stupidaggini f.pl.

2.rot /rɒt/ **I** tr. (forma in -ing ecc. **-tt-**) fare decomporre, fare imputridire, fare marcire **II** intr. (forma in -ing ecc. **-tt-**) (anche ~ **away**) decomporsi, imputridire, marcire; FIG. [*person*] marcire.

rota /'rəʊtə/ n. BE lista f. dei turni di servizio; ***on a*** ~ ***basis*** a turno.

rotary /ˈrəʊtərɪ/ **I** n. AE AUT. COLLOQ. rotonda f., rotatoria f. **II** agg. [*motion*] rotatorio; [*engine, pump*] rotativo.
rotary clothes line n. = asciugabiancheria fatto girare su se stesso dal vento.
rotate /rəʊˈteɪt, AE ˈrəʊteɪt/ **I** tr. **1** fare ruotare, girare [*blade, mirror*] **2** *(alternate)* fare a rotazione [*job*]; scambiare [*roles*] **II** intr. [*blade, handle*] ruotare, girare.
rotating /rəʊˈteɪtɪŋ, AE ˈrəʊteɪtɪŋ/ agg. **1** *(turning)* [*blade*] rotante; [*globe*] che ruota **2** [*post, presidency*] a rotazione.
rotation /rəʊˈteɪʃn/ n. **1** *(of blade, crops)* rotazione f. **2** *(taking turns)* ***to work in ~*** lavorare a turno.
rote /rəʊt/ n. ***by ~*** [*learn*] a memoria.
rote learning n. apprendimento m. mnemonico, meccanico.
rotor /ˈrəʊtə(r)/ n. EL. AER. rotore m.
rotor arm n. AUT. spazzola f. dello spinterogeno.
rotor blade n. rotore m. di elicottero.
rotproof /ˈrɒtpruːf/ agg. imputrescibile.
rotten /ˈrɒtn/ **I** agg. **1** *(decayed)* [*produce*] marcio, putrido, putrefatto; [*teeth*] guasto, cariato; [*smell*] di marcio **2** *(corrupt)* marcio, corrotto **3** COLLOQ. *(bad)* [*weather*] schifoso, infame; [*food*] schifoso, pessimo; [*cook, driver*] tremendo, pessimo; ***I feel ~ about it*** (la cosa) mi fa stare male; ***that was a ~ thing to do!*** è stata una carognata! è stato un tiro mancino! **II** avv. ***to spoil sb. ~*** COLLOQ. viziare troppo qcn.
rotten apple n. FIG. mela f. marcia.
rotter /ˈrɒtə(r)/ n. BE ANT. COLLOQ. mascalzone m. (-a).
rotund /rəʊˈtʌnd/ agg. **1** [*person*] rotondetto, paffuto; [*stomach*] rotondo, pieno, prominente **2** [*object, building*] di forma arrotondata.
rotunda /rəʊˈtʌndə/ n. ARCH. rotonda f.
rouble /ˈruːbl/ ➧ **7** n. rublo m.
1.rouge /ruːʒ/ n. COSMET. ANT. belletto m., fard m.
2.rouge /ruːʒ/ tr. COSMET. ANT. ***to ~ one's cheeks*** imbellettarsi le guance.
1.rough /rʌf/ **I** agg. **1** *(not smooth)* [*skin, material, rock*] ruvido; [*surface*] scabro; [*terrain*] ineguale; [*landscape*] selvaggio **2** *(brutal)* [*person*] rude, sgarbato; [*behaviour*] rude, brusco; [*sport*] violento, duro; [*area*] pericoloso; ***to be ~ with sb.*** trattare qcn. duramente; ***to get ~*** diventare violento **3** *(approximate)* [*description, map*] sommario; [*figure, estimate, cost*] approssimativo; ***~ justice*** giustizia sommaria **4** *(difficult)* ***it's ~ on you*** è difficile per te; ***a ~ time*** un periodo difficile; ***to give sb. a ~ ride*** rendere la vita difficile a qcn. **5** *(crude)* [*person, manner*] grossolano, rozzo, rude **6** *(harsh)* [*voice*] roco, rauco; [*taste, wine*] aspro **7** *(stormy)* [*sea*] agitato, grosso, mosso; [*crossing*] tempestoso; [*weather*] burrascoso; *(in plane)* [*landing*] movimentato **8** COLLOQ. *(unwell)* ***to feel ~*** sentirsi a pezzi **II** avv. **1** *(outdoors)* ***to sleep ~*** dormire dove capita **2** *(violently)* [*play*] in modo pesante **III** n. *(draft)* brutta f. (copia).
2.rough /rʌf/ tr. ***to ~ it*** vivere alla buona.
■ **rough in:** ***~ in [sth.]*** *(sketch)* abbozzare.
■ **rough out:** ***~ out [sth.]*** delineare, abbozzare [*plan*]; abbozzare [*drawing*].
■ **rough up** COLLOQ. ***~ [sb.] up, ~ up [sb.]*** **1** *(manhandle)* maltrattare **2** *(beat up)* pestare.
roughage /ˈrʌfɪdʒ/ n. fibre f.pl. (alimentari).
rough-and-ready /ˌrʌfənˈredɪ/ agg. **1** *(unsophisticated)* [*person*] brusco, sbrigativo; [*manner*] sbrigativo, spiccio; [*conditions*] elementare **2** *(improvised)* [*method, system*] improvvisato.
rough-and-tumble /ˌrʌfənˈtʌmbl/ n. **1** *(rough behaviour)* rissa f., baruffa f., zuffa f. **2** FIG. *(of life, politics)* lotta f.
roughcast /ˈrʌfkɑːst, AE -kæst/ n. intonaco m.
rough diamond n. **1** *(gem)* diamante m. grezzo **2** BE *(man)* = brav'uomo dai modi bruschi.
roughen /ˈrʌfn/ **I** tr. (fare) irruvidire [*skin, hands*] **II** intr. [*skin, hands*] irruvidirsi, diventare ruvido.
rough-hewn /ˌrʌfˈhjuːn/ agg. [*wood*] sgrossato.
rough house n. COLLOQ. rissa f., zuffa f., tafferuglio m.
roughly /ˈrʌflɪ/ avv. **1** *(approximately)* [*calculate, describe, indicate*] approssimativamente; [*equal*] pressapoco; ***~ speaking*** all'incirca, grossomodo, a occhio e croce; ***~ 10%*** più o meno il 10% **2** *(with force)* [*treat, hit*] brutalmente **3** *(crudely)* [*make, grate*] grossolanamente.
roughneck /ˈrʌfnek/ ➧ **27** n. COLLOQ. spaccone m. (-a), teppista m. e f.
roughness /ˈrʌfnɪs/ n. **1** *(of skin, surface, material)* ruvidità f.; *(of terrain)* irregolarità f. **2** *(violence)* brutalità f. **3** *(lack of sophistication) (of person, manner)* rozzezza f.
rough paper n. foglio m. di brutta.
roughrider /ˈrʌfˌraɪdə(r)/ ➧ **27** n. domatore m. (-trice) di cavalli.
roughshod /ˈrʌfʃɒd/ agg. ***to ride ~ over sb.*** FIG. calpestare qcn.
rough work n. SCOL. brutta (copia) f.
roulette /ruːˈlet/ n. roulette f.
Roumanian → **Romanian**.
1.round /raʊnd/ *Round* often appears after verbs in English (*change round, gather round, get round, pass round* etc.): for translations, consult the appropriate verb entry (**change**, **gather**, **get**, **pass** etc.). For *go round*, see both the entry **go** and **II.2** in the entry below. **I** avv. BE **1** *(on all sides)* ***all ~*** tutt'intorno; ***whisky all ~!*** whisky per tutti! ***to go all the way ~*** [*fence, wall*] fare tutto il giro **2** *(in circular movement)* ***to go ~ and ~*** [*carousel*] girare; [*person*] girare in tondo; FIG. girare intorno **3** *(to specific place, home)* ***to go ~ to*** passare da [*office, school*]; ***to ask sb. (to come) ~*** chiedere a qcn. di passare; ***to invite sb. ~ for lunch*** invitare qcn. a casa per pranzo; ***I'll be ~ in a minute*** arrivo subito **4** *(in circumference)* ***three metres ~*** [*tree trunk*] di tre metri di circonferenza **5** *(as part of cycle)* ***all year ~*** tutto l'anno; ***this time ~*** questa volta **II** prep. BE **1** *(expressing location)* intorno a [*table etc.*]; ***to sit ~ the fire*** sedersi intorno al fuoco; ***the wall goes right ~ the house*** il muro gira tutt'intorno alla casa; ***what do you measure ~ the waist?*** quanto hai di vita? **2** *(expressing direction)* ***to go ~ the corner*** girare l'angolo; ***to go ~ a bend*** *(in road)* svoltare; ***just ~ the corner*** subito dietro l'angolo; ***to go ~ an obstacle*** aggirare un ostacolo **3** *(on visit)* ***her sister took us ~ Oxford*** sua sorella ci ha fatto vedere Oxford; ***to go ~ the shops*** andare per negozi **4 round about** *(approximately)* pressappoco, circa; ***it happened ~ about here*** è successo più o meno qui; *(vicinity)* ***the people ~ about*** la gente qui intorno.
2.round /raʊnd/ **I** agg. **1** *(circular)* [*object*] rotondo, tondo; [*building*] circolare; ***her eyes grew ~*** sgranò gli occhi **2** *(curved)* [*handwriting*] rotondeggiante; ***to have ~ shoulders*** avere le spalle curve **3** *(spherical)* rotondo **4** *(complete)* [*figure*] tondo; ***in ~ figures, that's £100*** arrotondando, sono cento sterline; ***a ~ dozen*** un'intera dozzina; ***a nice ~ sum*** una bella sommetta **5 round-** in composti ***~-faced*** col viso paffuto **II** n. **1** *(set, series)* serie f.; ***the daily ~ of activities*** il trantran quotidiano **2** *(in competition)* turno m.; ***qualifying ~*** *(in football, rugby, tennis)* turno di qualificazione **3** *(in golf, cards)* giro m.; *(in boxing, wrestling)* round m., ripresa f. **4** EQUIT. *(in event)* percorso m. **5** POL. *(in election)* turno m. **6** *(of drinks)* giro m.; ***it's my ~!*** pago io (da bere)! offro io! **7** *(unit of ammunition)* pallottola f.; ***a ~ of ammunition*** un colpo **8** *(shot fired)* colpo m. **9** *(burst)* ***~ of applause*** applauso; ***to get a ~ of applause*** essere applaudito **10** *(of bread)* ***a ~ of toast*** una fetta di pane tostato **11** *(route)* giro m. **12** *(circular shape)* cerchio m., tondino m. **13** MUS. *(canon)* canone m. **III rounds** n.pl. ***to do one's ~s*** [*doctor*] fare il giro di visite; [*postman*] fare il giro; [*guard*] fare la ronda; ***to do*** o ***go the ~s*** [*rumour*] fare il giro; [*flu*] girare; ***to go*** o ***do the ~s of*** fare il giro di.
3.round /raʊnd/ tr. *(go round)* doppiare [*headland*] (anche MAR.); ***to ~ the corner*** girare l'angolo; ***to ~ a bend*** svoltare.
■ **round down:** ***~ [sth.] down, ~ down [sth.]*** arrotondare [qcs.] per difetto.
■ **round off:** ***~ off [sth.], ~ [sth.] off*** **1** *(finish off)* concludere, terminare [*meal, evening, speech*]; completare [*education*] **2** *(make smooth)* smussare [*corner, edge*] **3** *(change)* arrotondare [*figure*].
■ **round on** BE ***~ on [sb.]*** aggredire, attaccare; ***he ~ed on me*** mi si è rivoltato contro.
■ **round out:** ***~ [sth.] out, ~ out [sth.]*** completare, finire [*list*]; integrare, ampliare [*range*].
■ **round up:** ***~ up [sb.], ~ [sb.] up*** radunare, chiamare a raccolta; ***to be ~ed up*** essere catturato; ***~ up [sth.], ~ [sth.] up*** **1** radunare, raccogliere, riunire [*livestock*] **2** arrotondare [qcs.] per eccesso.

roundabout /ˈraʊndəbaʊt/ **I** n. BE **1** *(in fairground etc.)* giostra f. **2** *(in playpark)* = piattaforma girevole su cui giocano i bambini **3** AUT. rotonda f., rotatoria f. **II** agg. ***to come by a ~ way*** arrivare per vie traverse; ***by ~ means*** in modo tortuoso; ***a ~ way of saying sth.*** un modo indiretto di dire qcs. ♦ ***it's swings and ~s*** = ciò che guadagni da una parte lo perdi dall'altra.

round brackets n.pl. BE parentesi f. tonde.

rounded /ˈraʊndɪd/ agg. **1** [*shape*] tondeggiante; [*edge*] smussato **2** *(developed)* [*phrase*] ben fatto; [*account*] completo.

rounders /ˈraʊndəz/ n.pl. + verbo sing. BE SPORT = sport simile al baseball.

roundish /ˈraʊndɪʃ/ agg. (ro)tondeggiante.

roundly /ˈraʊndlɪ/ avv. [*condemn*] severamente; [*defeat*] completamente.

round-neck(ed) sweater n. maglione m. a girocollo.

roundness /ˈraʊndnɪs/ n. rotondità f.

round robin n. **1** *(collective statement)* petizione f. (con le firme disposte a cerchio) **2** SPORT torneo m. all'italiana.

round-shouldered /ˌraʊndˈʃəʊldəd/ agg. ***to be ~*** avere le spalle curve.

round table n. tavola f. rotonda.

round-the-clock /ˌraʊndðəˈklɒk/ agg. BE [*care, surveillance*] ventiquattr'ore su ventiquattro; ***~ shifts*** tre turni di seguito.

round-the-world /ˌraʊndðəˈwɜːld/ agg. [*cruise, trip*] intorno al mondo.

round trip n. viaggio m. di andata e ritorno.

roundup /ˈraʊndʌp/ n. **1** *(swoop)* retata f. **2** *(of people, animals)* raduno m. **3** *(summary)* riassunto m.

rouse /raʊz/ tr. **1** FORM. *(wake)* destare; ***to ~ sb. from a deep sleep*** svegliare qcn. da un sonno profondo **2** *(stir)* risvegliare, scuotere [*person*]; provocare, suscitare [*anger*]; suscitare, risvegliare [*interest*]; ***to ~ public opinion*** sollevare l'opinione pubblica; ***to ~ sb. to action*** spingere qcn. all'azione.

rousing /ˈraʊzɪŋ/ agg. [*reception*] caloroso; [*speech*] d'incitamento; [*music*] elettrizzante.

roustabout /ˈraʊstəbaʊt/ n. AE scaricatore m. di porto.

1.rout /raʊt/ n. disfatta f., sconfitta f.

2.rout /raʊt/ tr. sconfiggere, sgominare [*enemy*]; FIG. sbaragliare [*team*].

■ **rout out:** **~ [sth., sb.] out, ~ out [sth., sb.]** **1** *(find)* scovare [*person, animal, object*] **2** *(force out)* cacciare, buttare fuori (**of** da).

1.route /ruːt/ n. **1** *(way)* strada f., percorso m.; *(to work)* strada f. (**to** per andare a); ***to plan a ~*** stabilire l'itinerario **2** *(in transport)* rotta f., tratta f.; ***domestic ~s*** tratte nazionali; ***shipping ~*** rotta di spedizione; ***bus ~*** tratta dell'autobus; ***Route 66*** AE la statale 66 **3** *(official itinerary)* percorso m. **4** FIG. *(to power etc.)* strada f. (**to** di, che porta a) **5** AE /raʊt/ ***(newspaper) ~*** giro di consegne (dei giornali).

2.route /ruːt/ tr. spedire, inoltrare [*goods*]; ***this flight is ~d to Athens via Rome*** questo volo è diretto ad Atene via Roma.

route march n. marcia f. d'addestramento.

routine /ruːˈtiːn/ **I** n. **1** *(procedure)* routine f.; ***office ~*** ordinaria amministrazione; ***to establish a ~*** *(at work)* stabilire una procedura; *(for spare time)* impiegare il tempo libero **2** *(drudgery)* routine f. **3** MUS. TEATR. *(act)* numero m. **4** COLLOQ. SPREG. *(obvious act)* scena f., messinscena f. **5** INFORM. routine f. **6** *(sequence of exercises)* programma m. (di repertorio) **II** agg. **1** *(normal)* [*matter*] di routine; ***it's fairly ~*** è abbastanza normale; ***~ maintenance*** manutenzione ordinaria **2** *(uninspiring)* [*task*] routinario; [*lifestyle*] monotono, noioso.

routinely /ruːˈtiːnlɪ/ avv. **1** [*check, review*] sistematicamente **2** *(commonly)* [*tortured, abused*] regolarmente.

rove /rəʊv/ **I** tr. [*person*] vagare per [*country*] **II** intr. [*person*] vagare.

rover /ˈrəʊvə(r)/ n. ***to be a ~*** essere un giramondo.

roving /ˈrəʊvɪŋ/ agg. [*ambassador*] itinerante; ***to have a ~ eye*** essere un farfallone.

1.row /rəʊ/ n. **1** *(line) (of people, houses, seats, books)* fila f.; *(of plants)* fila f., filare m.; ***seated in a ~*** seduti in fila; ***~ after ~ of*** una fila dopo l'altra di; ***in the front ~*** in prima fila **2** *(succession)* ***six times in a ~*** sei volte di seguito *o* di fila; ***the third week in a ~*** la terza settimana di seguito *o* di fila.

2.row /rəʊ/ n. ***to go for a ~*** fare un giro in barca (a remi).

3.row /rəʊ/ **I** tr. sospingere coi remi; ***to ~ a boat up the river*** risalire il fiume in barca, a remi; ***to ~ a race*** fare una gara di canottaggio **II** intr. remare; ***to ~ across*** attraversare [qcs.] con una barca a remi [*lake*].

4.row /raʊ/ n. **1** *(dispute) (public)* baruffa f., rissa f.; *(private)* discussione f.; ***a family ~*** un litigio in famiglia; ***to have a ~ with*** litigare con **2** *(noise)* ***to make a ~*** fare chiasso *o* fracasso.

5.row /raʊ/ intr. *(quarrel)* azzuffarsi, litigare.

rowan /ˈrəʊən, ˈraʊ-/ n. **1** *(tree)* sorbo m. degli uccellatori **2** *(berry)* sorba f. selvatica.

rowboat /ˈrəʊbəʊt/ n. AE barca f. a remi.

rowdiness /ˈraʊdɪnɪs/ n. *(noise)* trambusto m., baccano m.; *(violence)* rissosità f.; *(in class)* chiasso m.

rowdy /ˈraʊdɪ/ agg. *(noisy)* [*behaviour*] chiassoso; *(violent)* violento; [*pupil*] turbolento.

rower /ˈrəʊə(r)/ n. rematore m. (-trice); SPORT canottiere m. (-a).

rowing /ˈrəʊɪŋ/ ▸ **10 I** n. canottaggio m. **II** modif. ***~ boat*** BE barca a remi; ***~ machine*** vogatore.

rowlock /ˈrɒlək, ˈrʌlək/ n. BE scalmo m., scalmiera f.

Roxana /rɒkˈsɑːnə/, **Roxanne** /rɒkˈsæn/ n.pr. Rossana.

royal /ˈrɔɪəl/ **I** agg. **1** [*family, palace*] reale; [*prerogative*] regio; ***the ~ "we"*** il pluralis maiestatis **2** *(splendid)* ***to give sb. a ~ welcome*** accogliere qcn. in modo principesco **II** n. COLLOQ. (membro di una famiglia) reale m. e f.

Royal Air Force n. GB reale aviazione f. militare inglese.

royal blue ▸ **5 I** agg. blu scuro **II** n. blu m. scuro.

royal flush n. *(in poker)* scala f. reale all'asso.

Royal Highness ▸ **9** n. ***His*** o ***Her ~*** Sua Altezza Reale; ***Your ~*** Vostra Altezza Reale.

royal icing n. BE glassa f. reale.

royalist /ˈrɔɪəlɪst/ n. monarchico m. (-a), realista m. e f.

royal jelly n. pappa f. reale.

Royal Mail n. GB = servizio postale britannico.

Royal Marines n.pl. GB fanteria f.sing. di marina.

Royal Navy n. GB marina f. militare britannica.

Royal Society n. GB = associazione di studiosi fondata nel XVII secolo per promuovere la ricerca scientifica.

royalty /ˈrɔɪəltɪ/ n. **1 U** *(person)* = membro di una famiglia reale; *(persons)* reali m.pl. **2** *(state of royal person)* regalità f. **3** *(money) (to author, musician)* royalties f.pl., diritti m.pl. d'autore; *(on patent, on coal deposits)* diritto m. di concessione, diritto m. di sfruttamento.

Royal Ulster Constabulary n. GB = polizia dell'Irlanda del Nord.

RP n. BE (⇒ Received Pronunciation) = pronuncia dell'inglese considerata standard.

RPI n. ECON. (⇒ retail price index) = indice dei prezzi al dettaglio.

rpm n.pl. (⇒ revolutions per minute) = giri al minuto.

RRP BE (⇒ recommended retail price) = prezzo di vendita consigliato.

RSPCA n. GB (⇒ Royal Society for the Prevention of Cruelty to Animals) = società britannica per la protezione degli animali, corrispondente all'ENPA italiana.

Rt Hon GB ⇒ Right Honourable molto onorevole.

1.rub /rʌb/ n. **1** *(massage)* massaggio m.; ***to give [sth.] a ~*** fare un massaggio a [*back*]; dare una strigliata a [*horse*] **2** *(polish)* strofinata f.; ***to give [sth.] a ~*** dare una lucidata a [*spoon*]; dare una pulita *o* passata a [*table*]; sfregare [*stain*].

2.rub /rʌb/ **I** tr. (forma in -ing ecc. **-bb-**) **1** *(touch)* stropicciarsi [*eyes*] **2** *(polish)* strofinare [*surface*]; ***to ~ sth. away*** strofinare via [*stain*] **3** *(massage)* massaggiare [*back*] **4** *(apply)* ***to ~ sth. on to the skin*** spalmare qcs. sulla pelle **5** *(incorporate)* ***~ the cream into your skin*** massaggiare la crema fino all'assorbimento **6** *(chafe)* [*shoe*] scorticare [*heel*]; [*wheel*] sfregare contro [*mudguard*] **II** intr. (forma in -ing ecc. **-bb-**) **1** *(scrub)* strofinare **2** *(chafe)* ***these shoes ~*** queste scarpe fanno male ♦ ***to ~ salt into the wound*** girare il coltello nella piaga; ***to ~ sb. up the wrong way*** prendere qcn. per il verso sbagliato; ***to ~ shoulders with sb.*** essere a contatto di gomito con qcn.

■ **rub along** BE COLLOQ. ***to ~ along with sb.*** andare d'accordo *o* trovarsi bene con qcn.

■ **rub down:** ~ *[sb.]* **down**, ~ **down** *[sb.]* massaggiare [*athlete*]; ~ *[sth.]* **down**, ~ **down** *[sth.]* **1** *(massage)* strigliare [*horse*] **2** *(smooth)* levigare [*plaster, wood*].
■ **rub in:** ~ *[sth.]* **in**, ~ **in** *[sth.]* fare penetrare frizionando [*lotion*]; ***there's no need to ~ it in!*** COLLOQ. FIG. non c'è bisogno di rinfacciarlo *o* di ripeterlo continuamente!
■ **rub off:** ~ **off** **1** *(come off)* [*dye*] stingere, venire via; [*ink*] sporcare **2** *(wipe off)* ***the chalk ~s off easily*** il gesso si cancella facilmente; ~ *[sth.]* **off**, ~ **off** *[sth.]* lavare via [*stain*].
■ **rub out:** ~ **out** [*chalk*] cancellarsi, andare via; ~ *[sth.]* **out**, ~ **out** *[sth.]* cancellare (con la gomma) [*word, drawing*].
1.rubber /ˈrʌbə(r)/ **I** n. **1** *(substance)* gomma f. **2** BE *(eraser)* gomma f. (da cancellare) **3** *(for cleaning)* cancellino m. **4** AE COLLOQ. *(condom)* goldone m. **II** modif. [*ball, sole*] di gomma.
2.rubber /ˈrʌbə(r)/ n. GIOC. SPORT *(set of games)* = partita al meglio delle tre o delle cinque.
rubber band n. elastico m.
rubber bullet n. pallottola f. di gomma.
rubber check n. AE COLLOQ. assegno m. scoperto, a vuoto.
rubber dinghy n. gommone m.
rubber glove n. guanto m. di gomma.
rubberized /ˈrʌbəraɪzd/ agg. [*fabric, surface*] gommato.
rubberneck /ˈrʌbənek/ n. COLLOQ. **1** *(onlooker)* curiosone m. (-a), ficcanaso m. e f. **2** *(tourist)* = turista che viaggia con gruppi organizzati.
rubber plant n. ficus m.
rubber plantation n. piantagione f. di alberi della gomma.
rubber sheet n. traversa f. incerata.
rubber-soled /ˌrʌbəˈsəʊld/ agg. [*shoes*] con la suola di gomma.
rubber stamp n. **1** timbro m. **2** FIG. SPREG. ***to be a ~ for sb.'s decisions*** avallare ciecamente le decisioni di qcn.
rubber-stamp /ˌrʌbəˈstæmp/ tr. **1** *(stamp)* timbrare [*document*] **2** FIG. SPREG. accettare [qcs.] senza fare discussioni, senza fiatare [*decision*].
rubber tapping n. estrazione f. della gomma.
rubber tree n. albero m. della gomma.
rubbery /ˈrʌbərɪ/ agg. [*material*] gommoso.
rubbing /ˈrʌbɪŋ/ n. **1** *(friction)* fregamento m., sfregamento m. **2** *(picture)* = copia o riproduzione ottenuta mediante sfregamento.
1.rubbish /ˈrʌbɪʃ/ n. **U** **1** *(refuse)* rifiuti m.pl.; *(domestic)* spazzatura f., immondizia f.; *(on site)* calcinacci m.pl., macerie f.pl. **2** *(inferior goods)* robaccia f.; *(discarded objects)* scarto m. **3** *(nonsense)* ***to talk ~*** dire stupidaggini; ***this book is ~!*** COLLOQ. questo libro fa schifo!
2.rubbish /ˈrʌbɪʃ/ tr. BE criticare duramente, fare a pezzi [*person, work*].
rubbish bin n. BE pattumiera f., secchio m. dei rifiuti.
rubbish chute n. BE condotto m. della pattumiera.
rubbish collection n. BE raccolta f. dei rifiuti.
rubbish dump n. BE discarica f. (pubblica).
rubbish heap n. cumulo m. di rifiuti.
rubbishy /ˈrʌbɪʃɪ/ agg. COLLOQ. [*film, book*] che fa schifo, molto scadente.
rubble /ˈrʌbl/ n. **U** *(after explosion)* macerie f.pl.; *(on site)* calcinacci m.pl.
rub-down /ˈrʌbdaʊn/ n. ***to give sb. a ~*** fare un massaggio a qcn.; ***to give [sth.] a ~*** strigliare [*horse*]; levigare [*woodwork, plaster*].
rubella /ruːˈbelə/ ➧ **11** n. rosolia f.
rubicund /ˈruːbɪkənd/ agg. LETT. rubicondo.
ruble AE → **rouble**.
rubric /ˈruːbrɪk/ n. FORM. rubrica f.
ruby /ˈruːbɪ/ ➧ **5** **I** n. **1** *(gem)* rubino m. **2** *(colour)* (anche ~ **red**) (rosso) rubino m. **II** modif. [*bracelet*] di rubini; ***a ~ ring*** un rubino **III** agg. [*liquid*] rosso rubino; [*lips*] vermiglio; ~ ***port*** porto rosso.
ruby wedding n. = quarantesimo anniversario di nozze.
RUC n. (⇒ Royal Ulster Constabulary) = polizia dell'Irlanda del Nord.
1.ruck /rʌk/ n. *(in rugby)* mischia f.
2.ruck /rʌk/ n. *(crease)* piega f., grinza f.
3.ruck /rʌk/ tr. sgualcire, spiegazzare.
■ **ruck up** [*dress*] sgualcirsi, spiegazzarsi.
rucksack /ˈrʌksæk/ n. zaino m.
ruckus /ˈrʌkəs/ n. AE COLLOQ. ***a ~*** un putiferio.
ructions /ˈrʌkʃnz/ n.pl. BE COLLOQ. finimondo m.sing., tumulto m.sing.
rudder /ˈrʌdə(r)/ n. *(on boat, plane)* timone m.
ruddy /ˈrʌdɪ/ agg. **1** [*cheeks*] colorito; [*sky*] rosso **2** BE COLLOQ. ANT. dannato, maledetto.
rude /ruːd/ agg. **1** *(impolite)* [*comment, reply*] scortese, sgarbato; [*person*] maleducato, sgarbato, scortese (**to** con); ***it is ~ to do*** è maleducato fare; ***I don't mean to be ~ but...*** non voglio essere scortese, ma... **2** *(indecent)* [*joke*] sporco, sconcio; EUFEM. [*scene*] osé; ***a ~ word*** una parola oscena **3** *(abrupt)* [*shock*] duro; [*reminder*] brusco ♦ ***to be in ~ health*** LETT. avere una salute di ferro.
rudely /ˈruːdlɪ/ avv. *(impolitely)* sgarbatamente; *(abruptly)* bruscamente.
rudeness /ˈruːdnɪs/ n. maleducazione f. (**to, towards** verso).
rudimentarily /ˌruːdɪˈmentərɪlɪ/ avv. in modo rudimentale, rudimentalmente.
rudimentary /ˌruːdɪˈmentrɪ/ agg. *(basic)* [*knowledge*] rudimentale, elementare; *(primitive)* [*tool*] rudimentale, primitivo.
Rudolph /ˈruːdɒlf/ n.pr. Rodolfo.
1.rue /ruː/ n. BOT. ruta f.
2.rue /ruː/ tr. pentirsi di [*decision*].
rueful /ˈruːfl/ agg. [*smile*] mesto; [*thought*] triste.
ruefully /ˈruːfəlɪ/ avv. mestamente.
ruff /rʌf/ n. **1** *(of lace)* gorgiera f. **2** *(of fur, feathers)* colletto m.
ruffian /ˈrʌfɪən/ n. ANT. farabutto m. (-a); mascalzone m. (-a).
1.ruffle /ˈrʌfl/ n. *(at sleeve)* pieghettatura f.; *(at neck)* ruche f.; *(on shirt front)* jabot m., davantino m. pieghettato; *(on curtain)* balza f. increspata.
2.ruffle /ˈrʌfl/ tr. **1** arruffare, scompigliare [*hair, fur*]; arruffare [*feathers*] **2** [*wind*] increspare [*water*] **3** *(disconcert)* sconcertare; *(upset)* turbare, mettere in agitazione.
ruffled /ˈrʌfld/ **I** p.pass. → **2.ruffle** **II** agg. ***to smooth ~ feathers*** FIG. calmare le acque.
rug /rʌg/ n. **1** *(mat, carpet)* tappeto m.; *(by bed)* scendiletto m. **2** BE *(blanket)* plaid m., (spessa) coperta f. (di lana) ♦ ***to be as snug as a bug in a ~*** COLLOQ. stare al calduccio.
rugby /ˈrʌgbɪ/ ➧ **10** n. rugby m.
rugby league n. = rugby giocato con squadre di 13 giocatori.
rugby tackle n. placcaggio m.
rugby union n. = rugby giocato con squadre di 15 giocatori.
rugged /ˈrʌgɪd/ agg. **1** [*terrain*] accidentato; [*landscape*] aspro; [*coastline*] frastagliato **2** [*man*] robusto; [*features*] marcato **3** *(tough)* [*character*] forte, duro; [*defence*] accanito **4** *(durable)* [*equipment*] solido, robusto, resistente.
rugger /ˈrʌgə(r)/ ➧ **10** n. BE COLLOQ. ANT. rugby m.
1.ruin /ˈruːɪn/ **I** n. **1** **U** *(collapse)* *(physical)* rovina f., distruzione f.; *(financial)* rovina f., fallimento m.; *(moral)* rovina f., fine f.; ***in a state of ~*** [*building*] in rovina; ***to fall into ~*** andare *o* cadere in rovina **2** *(building)* rovine f.pl. **II** **ruins** n.pl. rovine f., resti m., ruderi m.; ***in ~s*** distrutto, rovinato (anche FIG.) ♦ ***to go to rack and ~*** andare in rovina, in malora.
2.ruin /ˈruːɪn/ tr. **1** *(destroy)* distruggere [*career, economy*]; ***to ~ one's health*** rovinarsi la salute **2** *(spoil)* rovinare [*holiday, clothes*]; rovinare, guastare [*meal*]; FIG. viziare [*child, pet*]; ***it's ~ing our lives*** ci sta rovinando la vita.
ruination /ˌruːɪˈneɪʃn/ n. rovina f.
ruined /ˈruːɪnd/ **I** p.pass. → **2.ruin** **II** agg. **1** *(derelict)* [*building*] in rovina **2** *(spoilt)* [*reputation, holiday, meal, clothes*] rovinato; [*furniture*] danneggiato; *(financially)* rovinato.
ruinous /ˈruːɪnəs/ agg. [*lawsuit*] rovinoso; [*prices*] spropositato, esorbitante; [*course of action*] disastroso.
1.rule /ruːl/ n. **1** *(regulation)* *(of game, language)* regola f.; *(of school, organization)* regolamento m.; ***to bend the ~s*** fare uno strappo alla regola; ***to be against the ~s*** essere vietato; ***it is a ~ that*** è la norma che; ***~s and regulations*** normativa; ***I make it a ~ always to do*** per me è d'obbligo fare sempre **2** *(usual occurrence)* regola f., norma f.; ***as a ~*** generalmente, di regola *o* norma **3** **U** *(authority)* dominio m., governo m.; ***majority ~*** regola della maggioranza; ***under the ~ of a tyrant*** sotto il dominio di un tiranno **4** *(for measuring)* righello m., regolo m.

2.rule /ru:l/ **I** tr. **1** [*ruler, party*] governare; [*law*] regolare; [*monarch*] regnare su; [*army*] tenere in pugno **2** *(control)* [*money*] dominare [*life*]; [*person, consideration, factor*] determinare, dettare [*behaviour, strategy*]; ***to be ~d by sb.*** lasciarsi guidare *o* farsi condurre da qcn.; ***to let one's heart ~ one's head*** lasciare che l'istinto prevalga sulla ragione **3** *(draw)* fare, tirare [*line*]; ***~d paper*** foglio a righe **4** [*court, umpire*] ***to ~ that*** decretare *o* sentenziare che **II** intr. **1** regnare, essere al potere **2** [*court, umpire*] decidere.

■ **rule out:** ~ *out [sth.]*, ~ *[sth.] out* **1** *(eliminate)* escludere, scartare [*possibility*]; ***to ~ out doing*** escludere di fare **2** *(prevent)* impedire, rendere impossibile [*activity*].

rulebook /'ru:lbʊk/ n. regolamento m.

rule of law n. POL. supremazia f. della legge.

rule of thumb n. regola f. pratica.

ruler /'ru:lə(r)/ n. **1** *(leader)* governante m. e f., sovrano m. (-a) **2** *(measure)* righello m., regolo m.

ruling /'ru:lɪŋ/ **I** agg. **1** *(in power)* [*class*] dominante; [*group*] dirigente; [*party*] al potere **2** *(dominant)* [*idea, passion*] dominante, predominante, preponderante **II** n. sentenza f., decreto m. (**by** di); ***to give a ~*** emettere una sentenza.

rum /rʌm/ n. rum m.; ***white ~*** rum bianco.

Rumanian → **Romanian**.

1.rumble /'rʌmbl/ n. *(of thunder, artillery)* rimbombo m., boato m.; *(of machines)* fracasso m., frastuono m.; *(of stomach)* brontolio m.

2.rumble /'rʌmbl/ **I** tr. BE COLLOQ. scoprire, smascherare [*trick*]; ***we've been ~d!*** ci hanno beccato! **II** intr. **1** *(make noise)* [*thunder, artillery, machines*] rimbombare, rintronare; [*stomach*] brontolare **2** *(trundle)* ***to ~ by*** [*vehicle*] passare rimbombando.

rumble seat n. AE AUT. = sedile esterno pieghevole sul retro di un'automobile.

rumble strip n. *(on streets)* banda f. rumorosa.

rumbling /'rʌmblɪŋ/ **I** n. **U** *(of thunder)* boato m.; *(of machines)* frastuono m.; *(of stomach)* brontolio m.; *(in pipes)* gorgoglio m. **II rumblings** n.pl. avvisaglie f., segnali m.

rumbustious /rʌm'bʌstɪəs/ agg. BE COLLOQ. [*music*] chiassoso; [*person*] esuberante, vivace.

ruminant /'ru:mɪnənt/ **I** n. ruminante m. **II** agg. ruminante.

ruminate /'ru:mɪneɪt/ intr. **1** ZOOL. ruminare **2** FIG. ***to ~ on*** o ***about*** ruminare *o* rimuginare su [*decision*].

1.rummage /'rʌmɪdʒ/ n. **1** *(look)* ***to have a ~ in*** rovistare *o* frugare in **2** AE *(jumble)* cianfrusaglie f.pl.

2.rummage /'rʌmɪdʒ/ intr. frugare, rovistare (**for** alla ricerca di).

rummy /'rʌmɪ/ ♦ *10* n. ramino m.

rumour BE, **rumor** AE /'ru:mə(r)/ n. diceria f., pettegolezzo m.; ***to start a ~*** mettere in giro delle voci; ***~s are circulating that, ~ has it that*** circolano voci che, corre voce che.

rumoured BE, **rumored** AE /'ru:məd/ agg. ***it is ~ that*** si dice *o* corre voce che.

rumourmonger BE, **rumormonger** AE /'ru:mə-ˌmʌŋgə(r)/ n. pettegolo m. (-a), malalingua f.

rump /rʌmp/ n. **1** (anche **~ steak**) fesa f. **2** *(of animal)* groppa f.; *(of bird)* codrione m. **3** SCHERZ. *(of person)* didietro m., sedere m. **4** *(of party)* superstiti m.pl.

rumple /'rʌmpl/ tr. arruffare, scompigliare [*hair*]; sgualcire [*clothes, sheets*]; spiegazzare, stropicciare [*papers*].

rumpus /'rʌmpəs/ n. COLLOQ. **1** *(noise)* chiasso m., baccano m. **2** *(protest)* putiferio m., finimondo m.

rumpus room n. AE sala f. dei giochi.

rum toddy n. grog m.

1.run /rʌn/ n. **1** *(act of running)* corsa f.; ***a two-mile ~*** una corsa di due miglia; ***to go for a ~*** andare a correre, fare una corsa; ***at a ~*** di corsa; ***to take a ~ at*** prendere la rincorsa per saltare [*hedge*]; ***to give sb. a clear ~*** FIG. lasciare campo libero a qcn. **2** *(flight)* ***on the ~*** [*prisoner*] in fuga; ***to have sb. on the ~*** mettere qcn. in fuga; FIG. riuscire a spaventare qcn.; ***to make a ~ for it*** scappare di corsa **3** *(series)* serie f., sfilza f.; ***to have a ~ of (good) luck, bad luck*** avere una fortuna, una sventura dopo l'altra **4** TEATR. repliche f.pl., programmazione f.; ***to have a six-month ~*** essere replicato per sei mesi **5** *(trend) (of events, market)* tendenza f., andamento m.; ***the ~ of the cards was against me*** mi sono capitate delle carte bruttissime; ***in the normal ~ of things*** nell'ordine normale delle cose **6** *(series of thing produced) (in printing)* tiratura f.; *(in industry)* serie f., produzione f. **7** *(on the stock exchange)* corsa f., assalto m. **8** *(trip)* giro m., viaggio m.; *(route)* percorso m.; ***the ~ up to York*** il viaggio per York **9** *(in cricket, baseball)* punto m. **10** *(for rabbit, chickens)* recinto m. **11** *(in tights, material)* smagliatura f. **12** *(for skiing etc.)* pista f. **13** *(in cards)* serie f., scala f. ♦ ***to give sb. the ~ of sth.*** mettere qcs. a disposizione di qcn.; ***in the long ~*** a lungo andare, alla lunga; ***in the short ~*** a breve scadenza *o* termine.

2.run /rʌn/ **I** tr. (forma in -ing **-nn-**; pass. **ran**; p.pass. **run**) **1** *(cover by running)* correre per [*distance*]; fare, correre [*marathon*]; ***she ran a very fast time*** ha fatto un ottimo tempo **2** *(drive)* ***to ~ sb. to the station*** portare qcn. alla stazione; ***to ~ sth. over to sb.'s house*** portare qcs. a casa di qcn.; ***to ~ the car into a tree*** schiantarsi con la macchina contro un albero **3** *(pass, move)* ***to ~ one's hand over sth.*** passare la mano su qcs.; ***to ~ one's eye(s) over sth.*** percorrere qcs. con lo sguardo; ***to ~ one's pen through sth.*** cancellare qcs. con la penna **4** *(manage)* dirigere [*business*]; gestire [*store*]; governare [*country*]; ***who is ~ning things here?*** chi è responsabile qui dentro? ***stop trying to ~ my life!*** smettila di cercare di gestirmi la vita! **5** *(operate)* azionare, fare funzionare [*machine*]; fare girare [*program*]; usare [*car*]; ***to ~ tests on sth.*** effettuare dei test su qcs.; ***to ~ a check on sb.*** raccogliere informazioni su qcn. **6** *(organize, offer)* organizzare [*competition*]; organizzare, tenere [*course*]; mettere a disposizione [*bus*] **7** *(pass)* fare passare [*cable*] **8** *(cause to flow)* preparare [*bath*]; aprire [*tap*] **9** GIORN. pubblicare [*article*] **10** *(pass through)* discendere [*rapids*]; forzare [*blockade*]; passare con [*red light*] **11** *(smuggle)* introdurre [qcs.] di contrabbando [*guns, drugs*] **12** *(enter)* iscrivere a una corsa [*horse*]; presentare alle elezioni, fare concorrere [*candidate*] **II** intr. (forma in -ing **-nn-**; pass. **ran**; p.pass. **run**) **1** *(move quickly)* correre; ***to ~ for*** o ***to catch the bus*** fare una corsa per prendere l'autobus; ***to ~ across sth.*** attraversare qcs. di corsa; ***to ~ for the exit*** precipitarsi verso l'uscita; ***to ~ in the 100 metres*** partecipare alla gara dei 100 metri **2** *(flee)* fuggire; ***~ for your life!*** COLLOQ. mettetevi in salvo! ***~ for it*** COLLOQ. correte! **3** COLLOQ. *(rush off)* ***sorry - must ~!*** scusa - devo scappare **4** *(function)* [*machine*] andare, funzionare; ***to leave the engine ~ning*** lasciare il motore acceso; ***to ~ off*** andare a [*mains, battery*]; ***to ~ on*** andare a [*diesel, unleaded*]; ***to ~ fast, slow*** [*clock*] andare avanti, restare indietro; ***the organization ~s very smoothly*** l'organizzazione procede senza intoppi **5** *(continue, last)* [*contract, lease*] essere valido, valere; ***to ~ from... to...*** [*school year, season*] andare da... a... **6** TEATR. [*play, musical*] restare in cartellone, essere in programma **7** *(pass)* ***to ~ past, through sth.*** [*frontier, path*] passare, attraversare qcs.; ***to ~ (from) east to west*** estendersi da est a ovest; ***the road ~s north for about 10 kilometres*** la strada prosegue a nord per circa 10 chilometri; ***a scar ~s down her arm*** ha una cicatrice lungo tutto il braccio **8** *(move)* [*sledge, vehicle*] andare; [*curtain*] scorrere; ***to ~ through sb.'s hands*** [*rope*] scivolare tra le mani di qcn.; ***a pain ran up my leg*** un dolore mi percorse tutta la gamba; ***a wave of excitement ran through the crowd*** un'ondata di entusiasmo attraversò la folla; ***his eyes ran over the page*** diede un'occhiata alla pagina **9** *(operate regularly)* [*buses*] circolare; [*train*] viaggiare **10** *(flow)* [*water, liquid*] scorrere; [*tap*] essere aperto; ***my nose is ~ning*** mi cola il naso; ***tears ran down his face*** le lacrime gli scorrevano sul viso, aveva il volto rigato di lacrime; ***the streets will be ~ning with blood*** FIG. le strade saranno macchiate di sangue **11** *(flow when wet or melted)* [*garment, makeup, butter*] colare **12** *(as candidate)* candidarsi, concorrere, presentarsi alle elezioni; ***to ~ for president*** candidarsi alla presidenza **13** *(be worded)* ***the telex ~s*** il telex dice; ***so the argument ~s*** così prosegue il ragionamento **14** *(snag)* [*tights*] smagliarsi.

■ **run about, around 1** scorrazzare, correre qua e là **2** COLLOQ. *(have affair with)* ***to ~ around with*** farsela *o* vedersi con.

■ **run across** COLLOQ. ~ *across [sth., sb.]* imbattersi in [*person, reference*].

■ **run after:** ~ *after [sb.]* rincorrere [*thief*]; correre dietro a (anche FIG.).

■ **run along** andare via; ***~ along!*** fila via!

▪ **run at:** _~ at [sth.]_ 1 *(charge towards)* precipitarsi verso [*door*] 2 *(be at)* [*inflation*] raggiungere, toccare [*rate*].
▪ **run away:** _~ away_ 1 *(flee)* fuggire; ***to ~ away from home*** scappare di casa 2 *(run off)* [*liquid*] colare; _~ away with [sth., sb.]_ 1 *(flee)* scappare, svignarsela con [*object*]; scappare, fuggire con [*person*] 2 *(carry off easily)* fare piazza pulita di [*prizes*] 3 *(get into one's head)* ***to ~ away with the idea that*** immaginarsi che; ***to let one's enthusiasm ~ away with one*** lasciarsi trascinare *o* trasportare dall'entusiasmo.
▪ **run down:** _~ down_ [*battery*] scaricarsi; [*watch*] fermarsi; [*machine, company*] indebolirsi; _~ down [sth., sb.], ~ [sth., sb.] down_ 1 *(in vehicle)* investire, travolgere, mettere sotto 2 *(allow to decline)* diminuire [*production, defences*]; fare scaricare [*battery*] 3 *(disparage)* denigrare, criticare, parlare male di 4 *(track down)* rintracciare, scovare.
▪ **run in:** _~ in [sth.], ~ [sth.] in_ rodare, fare il rodaggio a [*car*]; "***~ning in***" "in rodaggio".
▪ **run into:** _~ into [sth., sb.]_ 1 *(collide with)* scontrarsi con [*car*]; finire contro [*wall*] 2 *(encounter)* imbattersi in, incontrare per caso [*person*]; incorrere in, incontrare [*difficulty*]; ***to ~ into debt*** indebitarsi 3 *(amount to)* [*income*] ammontare a [*hundreds, millions*].
▪ **run off:** _~ off_ 1 [*person, animal*] scappare, fuggire 2 [*liquid*] scorrere via; _~ off [sth.], ~ [sth.] off_ *(print)* stampare, fare [*copy*].
▪ **run on:** _~ on_ [*meeting*] andare avanti, prolungarsi; _~ on [sth.]_ [*mind*] essere rivolto a; [*conversation*] trattare di, vertere su; _~ on [sth.], ~ [sth.] on_ 1 TIP. non andare a capo, andare di seguito 2 LETTER. fare l'enjambement di [*line*].
▪ **run out:** _~ out_ 1 *(become exhausted)* [*supplies, oil*] finire, esaurirsi; ***time is ~ning out*** il tempo sta finendo; ***my patience is ~ning out*** sto perdendo la pazienza 2 *(have no more)* [*pen*] essere finito; [*vending machine*] essere vuoto; ***sorry, I've run out*** mi dispiace, non ne ho più 3 *(expire)* [*passport*] scadere; _~ out of_ non avere più [*time, money, ideas*]; ***the car ran out of petrol*** la macchina ha finito la benzina.
▪ **run out on:** _~ out on [sb.]_ abbandonare [*family*]; lasciare, piantare [*lover*].
▪ **run over:** _~ over_ 1 [*meeting, programme*] andare oltre l'orario previsto; ***to ~ over by an hour*** sforare di un'ora 2 *(overflow)* [*container*] traboccare; _~ over [sth.]_ *(run through)* rivedere [*arrangements*]; _~ over [sth., sb.], ~ [sth., sb.] over_ 1 *(injure)* investire; *(kill)* schiacciare, mettere sotto 2 *(drive over)* passare sopra [*log, bump*].
▪ **run through:** _~ through [sth.]_ 1 *(be present in)* [*theme, concern*] attraversare, pervadere [*work, society*] 2 *(look through)* scorrere, dare un'occhiata a [*list, article*]; *(discuss)* rivedere, riepilogare velocemente 3 *(use, get through)* sperperare [*money*]; _~ through [sth.], ~ [sth.] through_ *(rehearse)* provare [*scene, speech*]; ***to ~ sth. through the computer*** controllare qcs. sul computer.
▪ **run to:** _~ to [sth.]_ *(extend to)* [*book, report*] arrivare a [*number of pages, words*]; ***her tastes don't ~ to modern jazz*** coi gusti che ha sicuramente non apprezza il jazz moderno; ***I don't think I can ~ to that*** non penso di potermelo permettere.
▪ **run up:** _~ up [sth.], ~ [sth.] up_ 1 *(accumulate)* accumulare [*bill, debt*] 2 *(make)* confezionare, fare [*dress*] 3 *(raise)* issare [*flag*].
▪ **run up against:** _~ up against [sth.]_ incappare in, imbattersi in, incontrare [*difficulty*].

runabout /ˈrʌnəbaʊt/ n. BE COLLOQ. utilitaria f.

runaround /ˈrʌnəraʊnd/ n. ***he's giving me the ~*** si sta inventando un sacco di scuse.

runaway /ˈrʌnəweɪ/ I n. *(child)* scappato m. (-a) di casa; *(slave)* fuggitivo m. (-a) II agg. 1 *(having left)* [*teenager*] scappato (di casa); [*slave*] fuggiasco, fuggitivo 2 *(out of control)* [*vehicle*] fuori controllo, impazzito; [*horse*] imbizzarrito; [*inflation*] galoppante 3 *(great)* [*success*] travolgente; [*victory*] schiacciante.

rundown /ˈrʌnˌdaʊn/ n. 1 *(report)* resoconto m. 2 *(of industry, factory)* riduzione f., rallentamento m. dell'attività.

run-down /ˌrʌnˈdaʊn/ agg. 1 *(exhausted)* [*person*] sfinito, spossato 2 *(shabby)* [*house*] malridotto, malandato, cadente.

rune /ruːn/ n. *(character)* runa f.; *(charm)* formula f. magica.

1.rung /rʌŋ/ p.pass. → **4.ring**.

2.rung /rʌŋ/ n. 1 *(of ladder)* piolo m. 2 *(in hierarchy)* scalino m.

runic /ˈruːnɪk/ agg. runico.

run-in /ˈrʌnɪn/ n. COLLOQ. battibecco m.

runner /ˈrʌnə(r)/ n. 1 *(person)* corridore m. (-trice); *(animal)* animale m. da corsa 2 SPORT *(horse)* partente m. 3 MIL. *(messenger)* staffetta f. 4 *(for door, seat, drawer, curtain)* guida f. di scorrimento; *(on sled)* pattino m. 5 BOT. stolone m. ♦ ***to do a ~*** COLLOQ. filarsela all'inglese.

runner bean n. BE fagiolo m. di Spagna.

runner up n. (pl. **runners up**) *(placed second)* secondo m. (-a) (**to** dopo).

running /ˈrʌnɪŋ/ ♦ ***10*** I n. 1 *(sport, exercise)* corsa f., (il) correre 2 *(management)* direzione f. II modif. [*shoes*] da corsa III agg. 1 *(flowing)* [*water*] corrente; [*tap*] aperto; [*knot*] scorsoio; ***~ sore*** piaga purulenta; FIG. seccatura continua 2 *(consecutive)* ***five days ~*** cinque giorni di seguito *o* di fila ♦ ***to be in the ~*** essere ancora in corsa; ***to be out of the ~*** essere fuori gara; ***to make the ~*** fare l'andatura.

running battle n. lotta f., lite f. continua.

running board n. montatoio m., predellino m.

running commentary n. cronaca f. diretta.

running costs n.pl. *(of scheme)* costi m. correnti; *(of car)* costi m. di manutenzione.

running mate n. AE = candidato alla meno importante di due cariche abbinate; *(vice-presidential)* candidato m. (-a) alla vicepresidenza.

running time n. *(of film, cassette)* durata f.

running total n. totale m. aggiornato.

running track n. pista f.

runny /ˈrʌnɪ/ agg. [*jam, sauce*] troppo liquido, acquoso; [*butter*] squagliato, liquefatto; [*omelette*] poco cotto; ***to have a ~ nose*** avere il naso che cola.

runoff /ˈrʌnɒf/ n. POL. ballottaggio m.; SPORT spareggio m.

run-of-the-mill /ˌrʌnəvðəˈmɪl/ agg. banale, ordinario.

runproof /ˈrʌnpruːf/ agg. 1 [*fabric*] indemagliabile 2 [*makeup*] che non cola.

runt /rʌnt/ n. 1 *(of litter)* = animale più piccolo (di una figliata) 2 SPREG. *(weakling)* ranocchio m.

run-through /ˈrʌnθruː/ n. 1 *(practice)* prova f. 2 *(summary)* ripasso m.

run-up /ˈrʌnʌp/ n. BE 1 SPORT rincorsa f.; ***to take a ~*** prendere la rincorsa 2 *(preceding period)* ***the ~ to*** il periodo che precede [*election, Christmas*].

runway /ˈrʌnweɪ/ n. AER. pista f.

rupee /ruːˈpiː/ ♦ ***7*** n. rupia f.

Rupert /ˈruːpət/ n.pr. Ruperto.

1.rupture /ˈrʌptʃə(r)/ n. 1 MED. *(hernia)* ernia f.; *(of blood vessel, kidney)* rottura f. 2 TECN. *(in tank, container)* rottura f. 3 *(in relations)* rottura f., spaccatura f.

2.rupture /ˈrʌptʃə(r)/ I tr. 1 MED. perforare [*appendix*]; ***to ~ oneself*** farsi venire un'ernia 2 rompere [*relations*]; distruggere [*unity*] II intr. 1 MED. [*appendix*] perforarsi 2 TECN. [*container*] rompersi.

rural /ˈrʊərəl/ agg. 1 [*life, community*] rurale; [*industry*] agricolo 2 *(pastoral)* [*scene*] bucolico.

ruse /ruːz/ n. stratagemma m., astuzia f.

1.rush /rʌʃ/ n. *(plant, stem)* giunco m.

2.rush /rʌʃ/ I n. 1 *(of crowd)* ressa f., calca f.; ***a ~ for the door*** una corsa verso la porta; ***to make a ~ for sth.*** [*crowd*] prendere d'assalto qcs.; [*individual*] lanciarsi su *o* verso qcs. 2 *(hurry)* ***in a ~*** in fretta e furia, di corsa; ***to be in a ~*** avere fretta; ***what's the ~?*** che fretta c'è? perché tutta questa fretta? ***is there any ~?*** è urgente? 3 *(peak time)* *(during day)* ora f. di punta; *(during year)* alta stagione f.; ***the morning ~*** le ore di punta del mattino; ***beat the ~!*** evita la ressa! 4 *(surge)* *(of liquid)* flusso m.; *(of adrenalin)* scarica f., ondata f.; *(of air)* corrente f., afflusso m.; *(of emotion)* impeto m., ondata f.; *(of complaints)* pioggia f.; ***a ~ of blood to the head*** FIG. un colpo di testa II **rushes** n.pl. CINEM. prima stampa f.sing.

3.rush /rʌʃ/ I tr. 1 *(transport urgently)* ***to ~ sth. to*** portare qcs. di corsa a; ***to be ~ed to the hospital*** essere portato d'urgenza all'ospedale 2 *(do hastily)* fare [qcs.] frettolosamente [*task, speech*]; ***don't try to ~ things*** cerca di non precipitare le cose 3 *(pressurize, hurry)* mettere fretta a, sollecitare [*person*]

4 *(charge at)* assalire, attaccare [*person*]; prendere d'assalto [*building*] **II** intr. **1** [*person*] *(make haste)* affrettarsi; *(rush forward)* correre, precipitarsi; ***don't ~*** fa' con calma; ***to ~ out of the room*** uscire di corsa dalla stanza; ***to ~ at sth.*** precipitarsi su qcs.; ***to ~ down the stairs*** correre giù per le scale **2** *(travel)* ***to ~ along at 160 km/h*** sfrecciare a 160 chilometri orari; ***the sound of ~ing water*** il rumore delle acque impetuose.

▪ **rush into:** ~ *into [sth.]* lanciarsi in [qcs.] senza riflettere [*purchase*]; prendere [qcs.] senza pensarci su [*commitment*]; ***to ~ into marriage*** sposarsi in fretta; ~ *[sb.] into doing* spingere qcn. a fare; ***don't be ~ed into it*** non farti mettere fretta.

▪ **rush out:** ~ *out* [*person*] uscire in fretta, precipitarsi fuori; ~ *out [sth.]*, ~ *[sth.] out* fare uscire [qcs.] in fretta, pubblicare [qcs.] in fretta [*edition*].

▪ **rush through:** ~ *through [sth.]* sbrigare [*task*]; scorrere velocemente [*book*]; ~ *[sth.] through*, ~ *through [sth.]* fare approvare [qcs.] in fretta [*legislation*]; occuparsi di [qcs.] sollecitamente [*order, application*]; ~ *[sth.] through to* inviare [qcs.] d'urgenza a.

rushed /rʌʃt/ **I** p.pass. → **3.rush II** agg. [*attempt*] affrettato; [*letter*] frettoloso.

rush hour n. ora f. di punta.

rush job n. COLLOQ. lavoro m. urgente.

rusk /rʌsk/ n. galletta f.

russet /ˈrʌsɪt/ **I** n. **1** *(colour)* rosso m. bruno **2** *(apple)* renetta f. del Canada **II** agg. rosso bruno.

Russian /ˈrʌʃn/ ➧ *18, 14* **I** agg. russo; ~ ***roulette*** roulette russa **II** n. **1** *(person)* russo m. (-a) **2** *(language)* russo m. **III** modif. *(of Russian)* [*class, course*] di russo; *(into Russian)* [*translation*] in russo.

Russian Federation n. confederazione f. russa (degli stati dell'ex Unione Sovietica).

Russian-speaking /ˈrʌʃnˌspi:kɪŋ/ agg. russofono.

1.rust /rʌst/ n. ruggine f.

2.rust /rʌst/ **I** tr. (fare) arrugginire **II** intr. **1** arrugginirsi **2** FIG. [*skill*] deteriorarsi.

rusted /ˈrʌstɪd/ **I** p.pass. → **2.rust II** agg. arrugginito; ***to become ~*** arrugginirsi.

rustic /ˈrʌstɪk/ **I** agg. [*furniture*] rustico; [*charm*] agreste; [*accent*] rozzo **II** n. contadino m. (-a); SPREG. campagnolo m. (-a).

1.rustle /ˈrʌsl/ n. *(of paper, dry leaves, silk)* fruscio m.; *(of leaves)* (lo) stormire.

2.rustle /ˈrʌsl/ tr. **1** fare frusciare [*papers*] **2** AE rubare [*cattle*].

▪ **rustle up:** ~ *up [sth.]* preparare in fretta, improvvisare [*supper*].

rustler /ˈrʌslə(r)/ n. AE ladro m. (-a) di bestiame.

rustling /ˈrʌslɪŋ/ n. **1** *(of paper, dry leaves, silk)* fruscio m.; *(of leaves)* (lo) stormire **2** AE furto m. di bestiame.

rust-proof /ˈrʌstpru:f/ agg. [*material*] inossidabile; [*paint*] antiruggine.

rusty /ˈrʌstɪ/ agg. arrugginito (anche FIG.).

1.rut /rʌt/ n. *(in ground)* solco m. ♦ ***to get into a ~*** diventare abitudinario.

2.rut /rʌt/ n. ZOOL. fregola f.

3.rut /rʌt/ intr. (forma in -ing ecc. **-tt-**) ZOOL. essere in calore, essere in fregola.

ruthless /ˈru:θlɪs/ agg. spietato, crudele.

ruthlessly /ˈru:θlɪslɪ/ avv. spietatamente, in modo spietato.

rutted /rʌtɪd/ agg. [*road*] pieno di solchi.

rutting /ˈrʌtɪŋ/ n. ZOOL. fregola f., calore m.; ~ ***season*** stagione degli amori.

RV n. AE (⇒ recreational vehicle) = veicolo ricreazionale.

Rwanda /rʊˈændə/ ➧ *6* n.pr. Ruanda m.

Rwandan /rʊˈændən/ ➧ *18, 14* **I** agg. ruandese **II** n. **1** *(person)* ruandese m. e f. **2** *(language)* ruandese m.

rye /raɪ/ **I** n. **1** *(cereal)* segale f. **2** AE (anche **~ whiskey**) whisky m. di segale **II** modif. [*bread*] di segale.

rye grass n. loglierella f.

S

s, S /es/ n. **1** *(letter)* s, S m. e f. **2 S** GEOGR. ⇒ south sud (S) **3 S** ⇒ Saint santo (S.).
sabbath /ˈsæbəθ/ n. (anche **Sabbath**) *(Jewish)* sabato m.; *(Christian)* domenica f., giorno m. del Signore.
sabbatical /səˈbætɪkl/ **I** n. anno m. sabbatico; ***to go on ~*** prendersi un anno sabbatico; ***to be on ~*** essere in anno sabbatico **II** agg. [*leave, year*] sabbatico.
saber AE → **sabre**.
sable /ˈseɪbl/ n. *(fur, animal)* zibellino m.
1.sabotage /ˈsæbətɑːʒ/ n. sabotaggio m.
2.sabotage /ˈsæbətɑːʒ/ tr. sabotare [*equipment*]; boicottare [*campaign*]; impedire [*discussion*].
saboteur /ˌsæbəˈtɜː(r)/ n. sabotatore m. (-trice).
sabre BE, **saber** AE /ˈseɪbə(r)/ n. MIL. SPORT sciabola f.
sac /sæk/ n. ANAT. ZOOL. BOT. sacco m.
saccharin /ˈsækərɪn/ n. saccarina f.
saccharine /ˈsækəriːn/ agg. SPREG. **1** [*sentimentality*] svenevole; [*novel*] sdolcinato; [*smile*] mellifluo **2** [*drink, food*] stucchevole.
saccharose /ˈsækərəʊs/ n. saccarosio m.
sachet /ˈsæʃeɪ, AE sæˈʃeɪ/ n. *(containing sugar, shampoo)* bustina f.; *(for drawers, closets)* sacchetto m. profumato.
1.sack /sæk/ n. **1** *(bag)* sacco m. **2** COLLOQ. *(dismissal)* ***to get the ~*** essere licenziato; ***to give sb. the ~*** licenziare *o* mandare a spasso qcn.; ***to be threatened with the ~*** essere minacciato di licenziamento **3** COLLOQ. *(bed)* ***to hit the ~*** andarsene a letto, mettersi a cuccia.
2.sack /sæk/ tr. COLLOQ. *(dismiss)* licenziare, mandare a spasso [*employee*].
3.sack /sæk/ n. LETT. *(pillage)* saccheggio m., sacco m.
4.sack /sæk/ tr. LETT. *(pillage)* saccheggiare, mettere a sacco [*town*].
sackcloth /ˈsækklɒθ/ n. tela f. da sacco ♦ ***to wear ~ and ashes*** cospargersi il capo di cenere.
sackful /ˈsækfʊl/ n. ***a ~ of*** un sacco pieno di; ***letters by the ~*** lettere a mucchi.
sacking /ˈsækɪŋ/ n. **1** TESS. tela f. da sacco; *(jute)* tela f. di iuta **2** COLLOQ. *(dismissal)* licenziamento m.
sackload /ˈsækləʊd/ n. → **sackful**.
sacra /ˈseɪkrə/ → **sacrum**.
sacrament /ˈsækrəmənt/ n. **1** *(religious ceremony)* sacramento m. **2 Sacrament** *(Communion bread)* pane m. eucaristico; ***to receive the ~*** fare la comunione.
sacramental /ˌsækrəˈmentl/ agg. sacramentale.
sacred /ˈseɪkrɪd/ agg. **1** *(holy)* [*place*] sacro, consacrato; [*book*] sacro; ***to hold sth. ~*** considerare qcs. sacro **2** *(revered)* [*name*] venerato; [*tradition*] sacrosanto; ***is nothing ~?*** SCHERZ. non c'è più religione! ***"~ to the memory of"*** "dedicato alla memoria di" **3** *(binding)* [*duty*] sacro; [*trust*] incrollabile.
sacred cow n. *(idea)* dogma m.; *(institution)* mostro m. sacro.
1.sacrifice /ˈsækrɪfaɪs/ n. sacrificio m. (anche RELIG.).
2.sacrifice /ˈsækrɪfaɪs/ **I** tr. sacrificare (anche RELIG.) **II** rifl. ***to ~ oneself*** sacrificarsi.
sacrificial /ˌsækrɪˈfɪʃl/ agg. [*victim*] sacrificale; ***to be the ~ lamb*** FIG. fare da capro espiatorio.
sacrilege /ˈsækrɪlɪdʒ/ n. sacrilegio m. (anche FIG. SCHERZ.).
sacrilegious /ˌsækrɪˈlɪdʒəs/ agg. sacrilego (anche FIG. SCHERZ.).
sacristan /ˈsækrɪstən/ n. ANT. sagrestano m.
sacristy /ˈsækrɪstɪ/ n. sagrestia f.
sacrosanct /ˈsækrəʊsæŋkt/ agg. sacrosanto, inviolabile.
sacrum /ˈseɪkrəm/ n. (pl. **~s, -a**) osso m. sacro.
sad /sæd/ agg. **1** *(unhappy)* triste; ***I'm ~ to do*** mi rattrista fare; ***it makes me ~*** mi rattrista; ***to be ~ that*** essere triste che; ***we are ~ about*** o ***at the accident*** siamo dispiaciuti per l'incidente; ***it's ~ that*** è triste che; ***it was a ~ sight*** era uno spettacolo penoso **2** *(unfortunate)* [*truth*] triste; [*fact*] increscioso, spiacevole; ***~ to say*** triste a dirsi **3** *(deplorable)* [*situation, attitude*] deplorevole; ***it's a ~ state of affairs when one has to*** è deplorevole quando uno deve; ***it's a ~ day for democracy*** è una giornata nera per la democrazia ♦ ***to be a ~der but wiser person*** aver imparato una lezione a proprie spese.
sadden /ˈsædn/ tr. rattristare, rendere triste [*person*].
1.saddle /ˈsædl/ n. **1** *(on bike)* sellino m.; *(on horse)* sella f.; ***to climb into the ~*** EQUIT. montare in sella **2** BE GASTR. ***~ of lamb, venison*** sella di agnello, di cervo **3** GEOGR. *(ridge)* sella f.
2.saddle /ˈsædl/ **I** tr. **1** EQUIT. sellare [*horse*] **2** *(impose)* ***to ~ sb. with sth.*** addossare *o* accollare [qcs.] a qcn. [*responsibility*]; appioppare [qcs.] a qcn. [*task*] **II** rifl. ***to ~ oneself with sth.*** prendersi qcs. sulle spalle.
■ **saddle up** sellare un cavallo.
saddle bag n. bisaccia f.
saddle horse n. cavallo m. da sella.
saddler /ˈsædlə(r)/ ♦ **27** n. sellaio m. (-a).
saddlery /ˈsædlərɪ/ n. **1** *(equipment)* finimenti m.pl. per cavalli **2** *(place)* selleria f.
saddo /ˈsædəʊ/ n. (pl. **~s**) COLLOQ. nullità f., zero m.
sadism /ˈseɪdɪzəm/ n. sadismo m.
sadist /ˈseɪdɪst/ n. sadico m. (-a) (anche FIG.).
sadistic /səˈdɪstɪk/ agg. sadico.
sadly /ˈsædlɪ/ avv. **1** *(with sadness)* [*sigh, say*] con tristezza; ***he will be ~ missed*** ci mancherà molto **2** *(unfortunately)* sfortunatamente, purtroppo **3** *(emphatic)* ***he is ~ lacking in sense*** non ha un minimo di buonsenso; ***you are ~ mistaken*** ti sbagli di grosso.
sadness /ˈsædnɪs/ n. tristezza f.
sadomasochism /ˌseɪdəʊˈmæsəkɪzəm/ n. sadomasochismo m.
sadomasochist /ˌseɪdəʊˈmæsəkɪst/ n. sadomasochista m. e f.
sae n. → **stamped addressed envelope.**
safari /səˈfɑːrɪ/ n. safari m.
safari hat n. casco m. coloniale.

safari jacket n. sahariana f.
safari park n. zoosafari m.
safe /seɪf/ **I** agg. **1** *(after ordeal, risk)* [*person*] salvo, indenne, incolume; [*object*] intatto; **~ *and sound*** sano e salvo; ***to hope for sb.'s ~ return*** sperare che qcn. ritorni sano e salvo **2** *(free from threat, harm)* ***to be ~*** [*person, valuables*] essere al sicuro; [*job*] essere sicuro; [*reputation*] essere inattaccabile; ***to feel ~*** sentirsi sicuro; ***is the bike ~ here?*** è sicuro lasciare qui la bicicletta? ***he's ~ in bed*** dorme tranquillamente nel suo letto; ***have a ~ journey!*** fai buon viaggio! ***to keep sb. ~*** proteggere qcn.; ***to keep sth. ~*** *(protect)* mettere qcs. al riparo; *(store)* tenere qcs. al sicuro; ***to be ~ from*** essere al riparo da [*attack, curiosity*] **3** *(risk-free)* [*product, method, place, vehicle, route, structure*] sicuro; [*animal*] innocuo, inoffensivo; [*speed*] ragionevole; ***the ~st way to do*** il modo più sicuro per fare; ***to watch from a ~ distance*** guardare da una distanza di sicurezza; ***in a ~ condition*** [*machine*] in buono stato; ***let's go - it's ~*** andiamo, non c'è pericolo; ***it's not ~ (to do)*** è pericoloso (fare); ***the drug is ~ for pregnant women*** il farmaco non comporta rischi per le donne in stato di gravidanza; ***the toy is not ~ for children*** il giocattolo non è adatto ai bambini; ***it's ~ to swim in*** (ci) si può fare il bagno; ***the water is ~ for drinking*** l'acqua è potabile; ***that car is not ~ to drive*** è pericoloso guidare quella macchina; ***to make [sth.] ~*** rendere [qcs.] sicuro [*premises*]; disinnescare [*bomb*] **4** *(prudent)* [*person, estimate*] prudente; [*choice*] cauto; [*investment*] sicuro; [*topic*] che non suscita polemiche, inoffensivo; ***it would be ~r not to do*** sarebbe meglio non fare; ***it is ~ to say that*** possiamo dire con sicurezza che; ***it's ~ to assume that*** si può presumere che **5** *(reliable)* [*driver*] prudente; [*guide*] affidabile; ***to be in ~ hands*** essere in buone mani **II** n. cassaforte f. ♦ ***as ~ as houses*** BE *(secure)* [*person*] in una botte di ferro; [*place*] sicuro; *(risk-free)* senza rischi; ***better ~ than sorry*** meglio prevenire che curare; ***just to be on the ~ side*** per non correre rischi, per andare sul sicuro; ***to play (it) ~*** agire con prudenza *o* con cautela.
safe bet n. ***it's a ~*** è una cosa certa; ***it's a ~ that*** è sicuro che.
safe-breaker /ˈseɪfˌbreɪkə(r)/ n. BE scassinatore m. (-trice) di casseforti.
safe-conduct /ˌseɪfˈkɒndʌkt/ n. salvacondotto m., lasciapassare m.
safe-deposit box n. cassetta f. di sicurezza.
1.safeguard /ˈseɪfgɑːd/ n. salvaguardia f., tutela f.
2.safeguard /ˈseɪfgɑːd/ tr. salvaguardare (**against**, **from** da).
safe house n. covo m., rifugio m.
safekeeping /ˌseɪfˈkiːpɪŋ/ n. ***to give sth. to sb. for ~*** affidare qcs. a qcn., lasciare qcs. in custodia a qcn.
safely /ˈseɪflɪ/ avv. **1** *(without harm)* [*come back*] *(of goods)* intatto; [*land*] *(of plane)* senza problemi; ***I got back ~*** sono tornato sano e salvo; ***you can walk around quite ~*** si può andare in giro tranquillamente **2** *(without worry or risk)* [*do, go*] in tutta tranquillità, tranquillamente; [*say, assume*] con certezza **3** *(causing no concern)* [*locked*] al sicuro; [*hidden*] bene **4** *(carefully)* [*drive*] con prudenza.
safeness /ˈseɪfnɪs/ n. *(of structure)* solidità f.; *(of method, product)* sicurezza f.
safe passage n. lasciapassare m.
safe seat n. POL. seggio m. sicuro.
safe sex n. sesso m. sicuro.
safety /ˈseɪftɪ/ **I** n. sicurezza f.; ***there are fears for her ~*** si teme per la sua incolumità; ***in ~*** in tutta sicurezza; ***to help sb. to ~*** aiutare qcn. a mettersi in salvo; ***to flee to ~*** mettersi in salvo; ***to reach ~*** raggiungere la salvezza; ***in the ~ of one's home*** a casa propria al sicuro; ***road ~*** la sicurezza sulle strade; ***~ in the home*** la sicurezza nelle case **II** modif. [*check, code, limit, measure, regulations, test, bolt*] di sicurezza ♦ ***there's ~ in numbers*** l'unione fa la forza; ***to play for ~*** agire con prudenza.
safety belt n. cintura f. di sicurezza.
safety catch n. *(on gun, knife)* dispositivo m. di sicurezza, sicura f.
safety curtain n. TEATR. tagliafuoco m., spartifuoco m.
safety glass n. vetro m. di sicurezza.
safety helmet n. casco m. di protezione.
safety match n. fiammifero m. di sicurezza, fiammifero m. svedese.
safety net n. rete f. di sicurezza; FIG. protezione f., garanzia f.
safety pin n. spilla f. da balia, spilla f. di sicurezza.
safety valve n. valvola f. di sicurezza; FIG. valvola f. di sfogo.
saffron /ˈsæfrən/ **I** n. zafferano m. **II** modif. [*flower*] di zafferano; [*rice*] allo zafferano **III** ➧ **5** agg. (giallo) zafferano.
1.sag /sæg/ n. **1** *(in ceiling)* cedimento m. **2** *(in value)* abbassamento m., calo m.
2.sag /sæg/ intr. (forma in -ing ecc. **-gg-**) **1** [*ceiling*] cedere; [*mattress*] infossarsi; [*tent*] afflosciarsi; [*rope*] allentarsi **2** [*breasts*] cedere; [*flesh*] inflaccidirsi **3** *(weaken)* ***her spirits ~ged*** il suo entusiasmo si smorzò **4** *(fall)* [*currency*] diminuire, calare.
saga /ˈsɑːgə/ n. **1** COLLOQ. *(lengthy story)* storia f. lunga **2** LETTER. saga f.
sagacious /səˈgeɪʃəs/ agg. FORM. sagace.
sagaciousness /səˈgeɪʃəsnɪs/, **sagacity** /səˈgæsətɪ/ n. sagacia f.
1.sage /seɪdʒ/ ➧ **5** n. *(plant)* salvia f.
2.sage /seɪdʒ/ **I** n. *(wise person)* saggio m. (-a) **II** agg. *(wise)* saggio; ***to give ~ advice*** dare dei buoni consigli.
sage green ➧ **5 I** n. verde m. salvia **II** agg. verde salvia.
sagging /ˈsægɪŋ/ agg. **1** [*beam*] abbassato, incurvato; [*cable*] allentato; [*tent*] afflosciato **2** [*breast*] cadente; [*flesh*] flaccido **3** [*spirits*] smorzato; [*morale*] a terra.
Sagittarius /ˌsædʒɪˈteərɪəs/ ➧ **38** n. ASTROL. Sagittario m.; ***to be (a) ~*** essere del Sagittario *o* un Sagittario.
sago /ˈseɪgəʊ/ n. (pl. **~s**) sagù m.
said /sed/ **I** pass., p.pass. → **2.say II** agg. FORM. DIR. ***the ~ Mr X*** il suddetto signor X; ***on the ~ day*** il suddetto giorno.
1.sail /seɪl/ n. **1** *(on boat)* vela f. **2** *(navigation)* ***to set ~*** salpare, alzare le vele; ***to set ~ from, for*** salpare da, per; ***to be under ~*** essere sottovela; ***a ship in full ~*** una nave a vele spiegate **3** *(on windmill)* pala f. **4** *(journey)* ***to go for a ~*** fare un giro in barca ♦ ***to take the wind out of sb.'s ~s*** smontare qcn., fare abbassare la cresta a qcn.
2.sail /seɪl/ **I** tr. **1** *(be in charge of)* essere al comando di; *(steer)* governare, pilotare [*ship*] **2** *(travel across)* attraversare [*ocean, channel*] **3** *(own)* avere [*yacht*] **II** intr. **1** *(travel)* [*person*] navigare, viaggiare per mare; ***to ~ around the world*** fare il giro del mondo in barca a vela **2** *(move across water)* ***to ~ across*** [*ship*] attraversare [*ocean*]; ***to ~ into*** [*ship*] entrare in [*port*] **3** *(set sail)* salpare **4** *(as hobby)* fare vela; ***to go ~ing*** andare in barca a vela **5** *(move smoothly)* ***to ~ past sb.*** passare con grazia davanti a qcn.; ***the ball ~ed over the fence*** la palla volò al di là della staccionata ♦ ***to ~ close to the wind*** trovarsi sul filo del rasoio.
■ **sail through: *~ through [sth.]*** vincere facilmente [*match*]; passare facilmente [*exam*].
sailboard /ˈseɪlbɔːd/ n. tavola f. da windsurf, windsurf m.
sailboarder /ˈseɪlˌbɔːdə(r)/ n. windsurfista m. e f.
sailboarding /ˈseɪlˌbɔːdɪŋ/ n. windsurf m.
sailboat /ˈseɪlbəʊt/ n. AE barca f. a vela.
sailcloth /ˈseɪlklɒθ, AE -klɔːθ/ n. tela f. da vele.
sailing /ˈseɪlɪŋ/ ➧ **10 I** n. **1** *(sport)* vela f. **2** *(departure)* ***the next ~*** la prossima partenza (della nave); ***three ~s a day*** tre uscite in barca al giorno **II** modif. [*instructor*] di vela; [*club*] nautico, velico; [*holiday*] in barca a vela; [*boat, vessel*] a vela; [*time, date*] della partenza.
sailing ship n. veliero m., nave f. a vela.
sailor /ˈseɪlə(r)/ n. ➧ **23** marinaio m.; ***to be a good, bad ~*** non soffrire, soffrire il mal di mare.
sailor suit n. vestito m. alla marinara.
sailplane /ˈseɪlpleɪn/ n. aliante m.
saint /seɪnt, snt/ n. santo m. (-a); ***Saint Mark*** san Marco.
Saint Bernard n. (cane) sanbernardo m.
sainthood /ˈseɪnthʊd/ n. santità f.
saintly /ˈseɪntlɪ/ agg. [*person*] pio; [*expression*] da santo.
saint's day n. onomastico m.
sake /seɪk/ n. **1** *(purpose)* ***for the ~ of*** per [*principle, prestige*]; ***for the ~ of clarity***, ***for clarity's ~*** per chiarezza; ***for the ~ of argument*** per il gusto di discutere; ***to kill for the ~ of killing*** uccidere per il gusto di uccidere; ***to do sth. for its own ~*** fare qcs. per il piacere di farlo; ***for old times' ~*** in ricordo dei vecchi tempi **2** *(benefit)* ***for the ~ of sb.*** o ***for sb.'s ~*** per amore di qcn.; ***for their, your ~*** per il loro, tuo bene; ***for all our ~s*** nel-

l'interesse di noi tutti **3** *(in anger, plea)* ***for God's, heaven's ~!*** per l'amor di Dio, del cielo!
salaam /sə'lɑːm/ intr. fare un inchino.
salable AE → **saleable**.
salacious /sə'leɪʃəs/ agg. *(lustful)* lascivo; *(obscene)* osceno, salace.
salad /'sæləd/ n. insalata f.; ***green, mixed ~*** insalata verde, mista.
salad bowl n. insalatiera f.
salad cream n. BE = condimento per insalata simile alla maionese.
salad days n.pl. ANT. COLLOQ. *(youth)* = anni verdi, acerbi della giovinezza.
salad dressing n. condimento m. per insalata.
salad oil n. olio m. da tavola.
salad servers n.pl. posate f. da insalata.
salamander /'sæləmændə(r)/ n. ZOOL. MITOL. salamandra f.
salami /sə'lɑːmɪ/ n. salame m.
salaried /'sælərɪd/ agg. [*person*] stipendiato; [*post*] retribuito.
salary /'sælərɪ/ n. stipendio m.
sale /seɪl/ **I** n. **1** *(selling)* vendita f.; ***for ~*** in vendita; ***to go on ~*** BE essere messo in vendita; ***on ~ or return*** vendita in conto deposito **2** *(cut price)* saldo m., svendita f. (di fine stagione); ***in the ~(s)*** BE, ***on ~*** AE in saldo **3** *(event)* asta f., vendita f. all'asta; ***book ~*** asta di libri; ***to have a ~*** organizzare un'asta **4** *(by salesman)* compravendita f.; ***to make a ~*** concludere una vendita **II sales** n.pl. **1** *(amount sold)* vendite f.; ***wine ~s*** fatturato (della vendita) del vino **2** *(department)* ufficio m.sing. vendite, reparto m.sing. vendite.
saleable /'seɪləbl/ agg. vendibile.
sale item n. articolo m. in saldo.
sale of work n. BE vendita f. di beneficenza.
sale price n. *(retail price)* prezzo m. di vendita; *(reduced price)* prezzo m. scontato.
saleroom /'seɪlruːm, -rʊm/ n. BE sala f. esposizione.
sales assistant BE, **salesclerk** /'seɪlzklɑːk, AE -klɜːrk/ AE ➧ ***27*** n. commesso m. (-a).
sales director ➧ ***27*** n. direttore m. (-trice) dell'ufficio vendite.
sales executive ➧ ***27*** n. direttore m. (-trice) commerciale.
sales force n. → **sales staff**.
salesgirl /'seɪlzgɜːl/ ➧ ***27*** n. *(representative)* venditrice f. (giovane); *(in shop)* commessa f. (giovane).
salesman /'seɪlzmən/ ➧ ***27*** n. (pl. **-men**) **1** *(representative)* rappresentante m. di commercio; ***insurance ~*** agente di assicurazioni **2** *(in shop, showroom)* commesso m.; ***used car ~*** rivenditore di auto usate.
sales manager ➧ ***27*** n. → **sales director**.
salesmanship /'seɪlzmənʃɪp/ n. *(technique)* tecnica f. delle vendite; *(skill)* capacità f. di vendita.
sales office n. ufficio m. vendite.
salesperson /'seɪlz,pɜːsn/ ➧ ***27*** n. *(representative)* rappresentante m. e f. di commercio; *(in shop)* commesso m. (-a).
sales pitch n. → **sales talk**.
sales rep(resentative) ➧ ***27*** n. rappresentante m. e f. commerciale.
sales staff n. personale m. addetto alle vendite.
sales talk n. imbonimento m.
saleswoman /'seɪlz,wʊmən/ ➧ ***27*** n. (pl. **-women**) *(representative)* rappresentante f. di commercio; *(in shop)* commessa f.
salient /'seɪlɪənt/ **I** agg. saliente **II** n. MIL. saliente m.
saline /'seɪlaɪn/ **I** n. MED. (anche **~ solution**) soluzione f. salina **II** agg. [*liquid, deposit*] salino.
saliva /sə'laɪvə/ n. saliva f.
salivary /sə'lɪvərɪ, -'laɪ-, AE 'sæləverɪ/ agg. salivare.
salivate /'sælɪveɪt/ intr. salivare; FIG. sbavare.
1.sallow /'sæləʊ/ n. BOT. salice m.; *(wood)* legno m. di salice.
2.sallow /'sæləʊ/ agg. [*complexion*] giallognolo, giallastro.
1.sally /'sælɪ/ n. **1** MIL. sortita f. **2** *(witty remark)* uscita f., battuta f., trovata f.
2.sally /'sælɪ/ intr. MIL. fare una sortita.
▪ **sally forth** SCHERZ. *(set off)* mettersi in viaggio; *(go out)* andarsene.
▪ **sally out** andarsene, uscire.
Sally /'sælɪ/ n.pr. diminutivo di **Sarah**.
salmon /'sæmən/ **I** n. (pl. **~**) salmone m. **II** modif. [*fillet, pâté*] di salmone; [*fishing, sandwich*] al salmone.
salmonella /,sælmə'nelə/ n. (pl. **~s, -ae**) BIOL. salmonella f.
salmon pink ➧ ***5*** **I** n. (rosa) salmone m. **II** agg. rosa salmone.
salmon steak n. trancio m. di salmone.
salmon trout n. (pl. **salmon trout**) trota f. salmonata.
salon /'sælɒn, AE sə'lɒn/ n. salone m.; ***hairdressing ~*** (salone di) parrucchiere; ***beauty ~*** salone di bellezza.
saloon /sə'luːn/ n. **1** (anche **~ car**) BE AUT. berlina f. **2** (anche **~ bar**) BE = sala interna di pub o hotel più costosa ed elegante delle altre; AE *(in Wild West)* saloon m. **3** *(on boat)* ponte m. di prima classe.
1.salt /sɔːlt/ **I** n. **1** CHIM. GASTR. sale m.; ***to put ~ on food*** salare il cibo **2** COLLOQ. ANT. *(sailor)* ***an old ~*** un vecchio lupo di mare **II salts** n.pl. FARM. sali m. **III** modif. [*crystal*] di sale; [*industry, refining*] del sale; [*solution*] salino; [*water, lake*] salato; [*beef, pork*] sotto sale ♦ ***to be the ~ of the earth*** essere il sale della terra; ***you should take his remarks with a grain*** o ***a pinch of ~*** prendi i suoi commenti cum grano salis; ***any teacher worth his ~ knows that*** ogni insegnante che si rispetti lo sa.
2.salt /sɔːlt/ tr. salare [*food*].
▪ **salt away: ~ away [sth.], ~ [sth.] away** mettere via [qcs.] di nascosto.
SALT /sɔːlt/ n. (⇒ Strategic Arms Limitation Talks trattative per la limitazione delle armi strategiche) SALT m.pl.
saltcellar /'sɔːlt,selə(r)/ n. saliera f., spargisale m.
salt flat n. piana f. salina.
saltiness /'sɔːltɪnɪs/ n. **1** *(taste)* sapore m. salato **2** *(salt content)* salinità f.
salt lake n. lago m. salato.
salt marsh n. palude f. salmastra.
saltmine /'sɔːltmaɪn/ n. MIN. miniera f. di salgemma, salina f.
saltpan /'sɔːltpæn/ n. salina f.
saltpetre BE, **saltpeter** AE /,sɔːlt'piːtə(r)/ n. salnitro m., nitrato m. di potassio.
saltshaker /'sɔːlt,ʃeɪkə(r)/ n. saliera f.
saltwater /'sɔːlt,wɔːtə(r)/ agg. [*fish*] d'acqua salata; [*plant, mammal*] marino.
salty /'sɔːltɪ/ agg. [*water, food, flavour*] salato; [*deposit, soil*] salino; FIG. [*language, humour*] salace.
salubrious /sə'luːbrɪəs/ agg. salubre, sano; FIG. [*neighbourhood*] rispettabile, raccomandabile.
salutary /'sæljʊtrɪ, AE -terɪ/ agg. salutare.
salutation /,sæljuː'teɪʃn/ n. **1** FORM. *(greeting)* saluto m. **2** *(in letter writing)* formula f. introduttiva.
1.salute /sə'luːt/ n. **1** *(greeting)* saluto m. (anche MIL.); ***to give a ~*** fare il saluto militare; ***to take the ~*** rispondere al saluto delle truppe che sfilano; ***victory ~*** segno della vittoria **2** *(firing of guns)* salva f.; ***a 21-gun ~*** una salva di 21 colpi di cannone **3** *(tribute)* tributo m., omaggio m.
2.salute /sə'luːt/ **I** tr. **1** *(greet)* salutare (anche MIL.) **2** FIG. *(honour)* onorare, rendere onore a **II** intr. salutare, fare il saluto militare.
Salvador(e)an /,sælvə'dɔːrɪən/ ➧ ***18*** **I** agg. salvadoregno **II** n. salvadoregno m. (-a).
1.salvage /'sælvɪdʒ/ **I** n. **1** *(rescue)* salvataggio m. **2** *(goods rescued)* materiale m. recuperato **3** *(reward)* premio m. per il recupero marittimo **II** modif. [*operation, team*] di salvataggio.
2.salvage /'sælvɪdʒ/ tr. **1** *(rescue)* salvare [*cargo, belongings*]; effettuare il salvataggio di, recuperare [*ship*] **2** FIG. salvare [*marriage, reputation, game*]; conservare [*pride*] **3** *(save for recycling)* recuperare [*metal, paper*].
salvation /sæl'veɪʃn/ n. salvezza f. (anche RELIG.).
Salvation Army n. Esercito m. della Salvezza.
1.salve /sælv, AE sæv/ n. *(balm)* balsamo m. (anche FIG.).
2.salve /sælv, AE sæv/ tr. ***to ~ one's conscience*** mettersi la coscienza a posto.
salver /'sælvə(r)/ n. vassoio m.
salvo /'sælvəʊ/ n. (pl. **~s, ~es**) MIL. salva f. (anche FIG.).
Sam /sæm/ n.pr. diminutivo di **Samuel, Samantha**.
SAM n. (⇒ surface-to-air missile missile terra-aria) SAM m.
Samantha /sə'mænθə/ n.pr. Samanta, Samantha.

Samaritan /sə'mærɪtən/ **I** agg. samaritano **II** n. samaritano m. (-a).

same /seɪm/ **I** agg. **1** *(identical)* stesso, medesimo; ***the result is the ~*** il risultato è il medesimo *o* lo stesso; ***you're all the ~!*** siete tutti uguali! ***it is the ~ with*** è lo stesso per, lo stesso capita per; ***they all look the ~ to him*** a lui sembrano tutti uguali; ***to be the ~ as sth.*** essere come qcs.; ***one wine is the ~ as another to him*** per lui un vino vale l'altro; ***the ~ time last week*** la settimana scorsa alla stessa ora; ***the ~ time last year*** l'anno scorso nello stesso periodo; ***in the ~ way*** nello stesso modo; ***to feel the ~ way about*** provare le stesse sensazioni riguardo a; ***to think the ~ way about*** pensarla allo stesso modo su; ***to go the ~ way as*** andare nella stessa direzione di; ***the ~ thing*** la stessa cosa, lo stesso; ***it's the ~ thing*** è lo stesso; ***it amounts*** o ***comes to the ~ thing*** non fa alcuna differenza; ***it's all the ~ to me*** per me è lo stesso *o* è uguale **2** *(for emphasis)* stesso (**as** di); ***the ~ one*** lo stesso; ***"ready the ~ day"*** "pronto in giornata"; ***that ~ week*** quella stessa settimana; ***in that ~ house*** in quella stessa casa; ***at the ~ time*** nello stesso momento; ***they are one and the ~ (person)*** si tratta della stessa persona; ***the very ~*** proprio *o* esattamente lo stesso; ***the very ~ day that*** proprio lo stesso giorno in cui **3** *(unchanged)* stesso; ***she's not the ~ woman*** non è più la stessa donna; ***to be still the ~*** essere sempre lo stesso; ***things are just the ~ as before*** le cose non sono cambiate; ***it's, he's the ~ as ever*** è sempre lo stesso, è lo stesso di sempre; ***my views are the ~ as they always were*** le mie opinioni sono sempre le stesse *o* non sono cambiate; ***she's much the ~*** non è molto cambiata; ***to remain*** o ***stay the ~*** rimanere lo stesso, non cambiare; ***things were never the ~ again*** nulla era più come prima; ***it's not the ~ without you*** non è lo stesso senza di te; ***the ~ old excuse*** la stessa vecchia scusa **II the same** avv. [*act, speak, dress*] allo stesso modo, nello stesso modo; ***I feel the ~ (as you)*** la penso come te; ***to feel the ~ about*** pensarla allo stesso modo riguardo a **III the same** pron. **1** *(the identical thing)* ***the ~*** lo stesso, la stessa cosa (**as** di); ***the ~ applies to*** o ***goes for...*** lo stesso dicasi di...; ***to say the ~ about*** dire altrettanto di; ***to do the ~ as sb.*** fare lo stesso di; ***and we're hoping to do the ~*** e speriamo di fare altrettanto; ***I'd do the ~ again*** rifarei la stessa cosa; ***the ~ to you!*** altrettanto! ***(the) ~ again please!*** un altro, per favore! ***(the) ~ here!*** COLLOQ. anch'io! anche a *o* per me! **2** DIR. ***the ~*** il medesimo, la medesima; ***"are you Mr X?" - "the ~"*** "è lei il sig. X?" - "in persona" ♦ ***all the ~..., just the ~,...*** ciononostante..., comunque...; ***thanks all the ~*** grazie lo stesso; ***life goes on just the ~*** la vita va avanti lo stesso.

same-day /ˌseɪm'deɪ/ agg. [*processing, service*] (fatto) in giornata.

sameness /'seɪmnɪs/ n. **1** SPREG. *(lack of variety)* monotonia f., ripetitività f. **2** *(similarity)* somiglianza f.

Sammy /'sæmɪ/ n.pr. diminutivo di **Samuel**.

Samoan /sə'məʊən/ **I** agg. samoano **II** n. **1** *(person)* samoano m. (-a) **2** ♦ ***14*** *(language)* samoano m.

1.sample /'sɑːmpl, AE 'sæmpl/ **I** n. **1** *(of rock, water)* campione m.; ***to take a soil ~*** prelevare un campione di terreno **2** COMM. ***a tissue ~*** un campione di tessuto; ***a perfume ~*** un campioncino di profumo **3** MED. BIOL. *(of individual)* prelievo m., campione m.; *(one of many kept in lab)* campione m.; ***to take a blood ~*** fare un prelievo di sangue **4** STATIST. *(of public, population)* campione m. **II** modif. **1** COMM. [*cassette, video*] promozionale; ***~ bottle, packet etc.*** campione **2** *(representative)* [*question*] modello; ***~ prices*** prezzi a titolo d'esempio.

2.sample /'sɑːmpl, AE 'sæmpl/ tr. **1** assaggiare, gustare [*food, wine*]; ***to ~ the delights of Paris*** provare i piaceri di Parigi **2** COMM. campionare [*products*] **3** SOCIOL. STATIST. sondare [*opinion, market*].

sampler /'sɑːmplə(r), AE 'sæmplər/ n. *(embroidery)* imparaticcio m.

sampling /'sɑːmplɪŋ, AE 'sæmpl-/ n. **1** *(taking of specimens)* prelievo m., campionamento m. **2** *(of population group)* campionamento m. **3** *(of wine, cheese)* degustazione f.

Samson /'sæmsən/ n.pr. Sansone.

Samuel /'sæmjʊəl/ n.pr. Samuele.

sanatorium /ˌsænə'tɔːrɪəm/ n. (pl. **~s, -ia**) BE **1** *(clinic)* sanatorio m., casa f. di cura **2** *(in school)* infermeria f.

sancta /'sænktə/ → **sanctum**.

sanctify /'sæŋktɪfaɪ/ tr. santificare, consacrare.

sanctimonious /ˌsæŋktɪ'məʊnɪəs/ agg. SPREG. ipocrita, bigotto.

1.sanction /'sæŋkʃn/ **I** n. **1** *(authorization)* autorizzazione f., permesso m.; *(approval)* sanzione f. **2** DIR. *(deterrent)* ***legal*** o ***criminal ~*** sanzione penale **II sanctions** n.pl. POL. ECON. sanzioni f.; ***trade ~s*** sanzioni commerciali; ***to break ~s against a country*** violare l'embargo contro un paese.

2.sanction /'sæŋkʃn/ tr. *(permit)* autorizzare; *(approve)* sanzionare, approvare.

sanctity /'sæŋktətɪ/ n. **1** *(of life, law)* inviolabilità f., carattere m. sacro **2** RELIG. santità f.

sanctuary /'sæŋktʃʊərɪ, AE -tʃʊerɪ/ n. **1** *(safe place)* rifugio m., sede f. inviolabile, santuario m.; ***a place of ~*** un rifugio **2** *(holy place)* santuario m. **3** *(for wildlife)* riserva f.; *(for mistreated pets)* rifugio m.

sanctum /'sæŋktəm/ n. (pl. **~s, -a**) **1** *(private place)* rifugio m.; ***his inner ~*** il suo sancta sanctorum **2** RELIG. ***the (inner) ~*** il sancta sanctorum.

1.sand /sænd/ **I** n. sabbia f., rena f. **II sands** n.pl. **1** *(beach)* spiaggia f.sing. **2** *(desert)* sabbie f. del deserto ♦ ***to stick*** o ***bury one's head in the ~*** fare (come) lo struzzo; ***the ~s of time run slow*** il tempo scorre lentamente.

2.sand /sænd/ tr. **1** (anche **~ down**) *(smooth)* levigare con la sabbia [*floor*]; carteggiare [*woodwork*] **2** *(put sand on)* cospargere di sabbia [*icy road*].

sandal /'sændl/ n. *(footwear)* sandalo m.

sandalwood /'sændlwʊd/ n. *(tree)* sandalo m.; *(wood)* (legno di) sandalo m.

1.sandbag /'sændbæg/ n. sacchetto m. di sabbia.

2.sandbag /'sændbæg/ tr. (forma in -ing ecc. **-gg-**) **1** *(against gunfire)* proteggere [qcs.] con sacchetti di sabbia [*position*] **2** COLLOQ. FIG. *(bully)* costringere, forzare [*person*].

sandbank /'sændbæŋk/ n. banco m. di sabbia.

sandblast /'sændblɑːst, AE -blæst/ tr. IND. sabbiare.

sandboy /'sændbɔɪ/ n. ***as happy as a ~*** contento come una pasqua.

sand castle n. castello m. di sabbia.

sand dune n. duna f. (di sabbia).

sander /'sændə(r)/ n. smerigliatrice f., levigatrice f.

Sandie /'sændɪ/ n.pr. diminutivo di **Alexandra**.

sandlot /'sændlɒt/ n. AE = zona sabbiosa in cui giocano i bambini.

sandman /'sændmən/ n. mago m. sabbiolino (uomo che porta il sonno ai bambini spargendo sabbia sui loro occhi).

1.sandpaper /'sændpeɪpə(r)/ n. carta f. vetrata.

2.sandpaper /'sændpeɪpə(r)/ tr. cartavetrare [*plaster, wood*]; levigare [*glass, metal*].

sandpit /'sændpɪt/ n. *(for children)* = buca, recinto con la sabbia dove giocano i bambini.

sandstone /'sændstəʊn/ n. arenaria f.

sandstorm /'sændstɔːm/ n. tempesta f. di sabbia.

1.sandwich /'sænwɪdʒ, AE -wɪtʃ/ n. **1** sandwich m., panino m., tramezzino m. **2** BE *(cake)* = torta di pan di Spagna farcita di crema, marmellata ecc.

2.sandwich /'sænwɪdʒ, AE -wɪtʃ/ tr. ***to be ~ed between*** [*car, person*] essere stretto, schiacciato tra; [*building*] essere stretto tra; ***her talk was ~ed between two meetings*** il suo discorso era inserito tra due riunioni.

sandwich board n. = cartellone pubblicitario portato da un uomo sandwich.

sandwich course n. BE = corso universitario che prevede un periodo di stage presso una ditta.

sandwich loaf n. (pl. **sandwich loaves**) pancarré m.

sandwich man ♦ ***27*** n. (pl. **sandwich men**) uomo m. sandwich.

sandy /'sændɪ/ agg. **1** GEOL. [*beach*] sabbioso, di sabbia; [*path, soil, sediment*] sabbioso **2** *(yellowish)* [*hair*] biondo rossiccio; [*colour*] sabbia.

Sandy /'sændɪ/ n.pr. diminutivo di **Alexander**, **Alexandra**.

sane /seɪn/ agg. **1** *(not mad)* [*person*] sano di mente; ***it's the only thing that keeps me ~*** è l'unica cosa che m'impedisce di impazzire **2** *(reasonable)* [*policy, judgment*] di buonsenso, sensato.

sang /sæŋ/ pass. → **sing**.

sangfroid /sɒŋ'frwɑ:/ n. sangue freddo m.
sanguinary /'sæŋgwɪnərɪ, AE -nerɪ/ agg. FORM. sanguinario.
sanguine /'sæŋgwɪn/ agg. FORM. ottimista, fiducioso; ***to take a ~ view*** vedere le cose con ottimismo.
sanitarium /ˌsænɪ'teərɪəm/ n. (pl. **~s**, **-ia**) AE sanatorio m., casa f. di cura.
sanitary /'sænɪtrɪ, AE -terɪ/ agg. **1** [*installations*] sanitario; [*facilities*] igienico; ~ ***engineer*** installatore di impianti **2** *(hygienic)* igienico; *(clean)* pulito.
sanitary napkin AE, **sanitary towel** BE n. assorbente m. igienico.
sanitation /ˌsænɪ'teɪʃn/ n. *(toilets)* **U** servizi m.pl. igienici.
sanitation worker ➧ *27* n. AE operatore m. (-trice) ecologico (-a).
sanitize /'sænɪtaɪz/ tr. **1** SPREG. *(tone down)* rendere accettabile [*politics, violence*] **2** *(sterilize)* disinfettare.
sanity /'sænətɪ/ n. **1** *(mental health)* sanità f. mentale; ***to preserve one's ~*** restare sano di mente **2** *(good sense)* buonsenso m., ragionevolezza f.; ~ ***prevailed*** è prevalso il buonsenso.
sank /sæŋk/ pass. → **2.sink**.
Sanskrit /'sænskrɪt/ ➧ *14* n. sanscrito m.
Santa (Claus) /'sæntə(klɔ:z)/ n.pr. = figura della tradizione popolare analoga a Babbo Natale.
1.sap /sæp/ n. BOT. linfa f.
2.sap /sæp/ tr. (forma in -ing ecc. **-pp-**) indebolire, togliere linfa a [*strength, courage, confidence*].
sapling /'sæplɪŋ/ n. giovane albero m.
sapper /'sæpə(r)/ ➧ *23* n. BE MIL. soldato m. del genio, geniere m.
Sapphic /'sæfɪk/ agg. saffico.
sapphire /'sæfaɪə(r)/ ➧ *5* **I** n. **1** *(stone)* zaffiro m. **2** *(colour)* blu zaffiro m. **II** agg. *(colour)* zaffiro.
Sappho /'sæfəʊ/ n.pr. Saffo.
Saracen /'særəsn/ n. saraceno m. (-a).
Sara(h) /'seərə/ n.pr. Sara.
saranwrap® /sə'rænræp/ n. AE → **clingfilm**.
sarcasm /'sɑ:kæzəm/ n. sarcasmo m.
sarcastic /sɑ:'kæstɪk/ agg. sarcastico.
sarcastically /sɑ:'kæstɪklɪ/ avv. sarcasticamente.
sarcophagus /sɑ:'kɒfəgəs/ n. (pl. **-i**, **~es**) sarcofago m.
sardine /sɑ:'di:n/ n. sardina f.
Sardinia /sɑ:'dɪnɪə/ ➧ *12, 24* n.pr. Sardegna f.
Sardinian /sɑ:'dɪnɪən/ **I** agg. sardo **II** n. sardo m. (-a).
sardonic /sɑ:'dɒnɪk/ agg. [*laugh, look*] sardonico; [*person, remark*] beffardo.
sardonically /sɑ:'dɒnɪklɪ/ avv. [*laugh*] sardonicamente; [*say*] in modo beffardo.
sardonyx /'sɑ:dənɪks/ n. sardonica f.
sargasso /sɑ:'gæsəʊ/ n. (pl. **~s**) (anche **~ weed**) sargasso m.
Sargasso Sea n.pr. Mar m. dei Sargassi.
sarge /sɑ:dʒ/ n. COLLOQ. (accorc. sergeant) sergente m.
sartorial /sɑ:'tɔ:rɪəl/ agg. FORM. [*elegance, eccentricity*] nel vestire.
SAS n. GB (⇒ Special Air Service = Forza Aerea Speciale) SAS f.
1.sash /sæʃ/ n. *(window frame)* telaio m. di finestra a ghigliottina.
2.sash /sæʃ/ n. *(round waist)* fascia f.; *(ceremonial)* fusciacca f.
sashay /'sæʃeɪ/ intr. COLLOQ. *(walk casually)* camminare con aria disinvolta; *(walk seductively)* camminare in modo seducente.
sash window n. finestra f. a ghigliottina.
Sassenach /'sæsənæk/ n. SCOZZ. SPREG. inglese m. e f.
sassy /'sæsɪ/ agg. AE COLLOQ. **1** *(cheeky)* impertinente, sfacciato **2** *(smart)* elegante, chic.
sat /sæt/ pass., p.pass. → **sit.**
Sat ⇒Saturday sabato (sab.).
SAT /sæt/ n. **1** GB SCOL. → **Standard Assessment Task 2** US SCOL. → **Scholastic Aptitude Test.**
Satan /'seɪtn/ n.pr. Satana.
satanic /sə'tænɪk/ agg. satanico.
satchel /'sætʃəl/ n. cartella f. (da scolaro).
sated /'seɪtɪd/ agg. mai attrib. FORM. [*desire*] soddisfatto, appagato; [*person*] sazio, satollo; [*appetite*] soddisfatto, saziato.
sateen /sæ'ti:n/ n. rasatello m.
satellite /'sætəlaɪt/ **I** n. satellite m. **II** modif. [*broadcasting, transmission*] via satellite; [*photograph*] dal satellite; [*town, country*] satellite.
satellite dish n. antenna f. parabolica, parabola f.
satellite receiver n. ricevitore m. satellitare.
satellite television, **satellite TV** n. televisione f. via satellite.
satiate /'seɪʃɪeɪt/ tr. saziare [*person*]; saziare, soddisfare [*appetite*]; soddisfare, appagare [*desire*].
satiety /sə'taɪətɪ/ n. sazietà f.
satin /'sætɪn, AE 'sætn/ **I** n. satin m., raso m. **II** modif. [*garment, shoe*] di raso; ***to have a ~ finish*** [*paper, paint*] essere satinato.
satire /'sætaɪə(r)/ n. satira f.
satiric(al) /sə'tɪrɪk(l)/ agg. satirico.
satirically /sə'tɪrɪklɪ/ avv. satiricamente, in modo satirico.
satirist /'sætərɪst/ n. scrittore m. (-trice) di satire; *(satirical writer)* scrittore m. (-trice) satirico (-a).
satirize /'sætəraɪz/ tr. satireggiare; ***~d by*** che è stato l'oggetto della satira di.
satisfaction /ˌsætɪs'fækʃn/ n. **U 1** *(pleasure)* soddisfazione f. (**with** per); ***to get*** o ***derive ~ from*** avere *o* ricavare soddisfazione da; ***to get*** o ***derive ~ from doing*** provare soddisfazione nel *o* a fare; ***if it gives you any ~, he has been fired*** se può farti piacere, è stato licenziato; ***he felt he had done the work to his own ~*** era rimasto soddisfatto del suo lavoro; ***the conclusions were to everybody's ~*** le conclusioni hanno soddisfatto tutti; ***"~ guaranteed"*** "soddisfatti o rimborsati" **2** *(fulfilment)* soddisfazione f., appagamento m., soddisfacimento m. (**of sth.** di qcs.; **of doing** nel fare) **3** *(compensation)* soddisfazione f., indennizzo m.; *(apology)* riparazione f.; ***to obtain ~ (for sth.)*** ottenere soddisfazione (per qcs.).
satisfactorily /ˌsætɪs'fæktərəlɪ/ avv. in modo soddisfacente, soddisfacentemente.
satisfactory /ˌsætɪs'fæktərɪ/ agg. soddisfacente (**to sb.** per qcn.); ***his work is far from ~*** il suo lavoro lascia molto a desiderare; ***to bring a matter to a ~ conclusion*** condurre una questione a buon fine.
satisfied /'sætɪsfaɪd/ **I** p.pass. → **satisfy II** agg. **1** *(pleased)* soddisfatto (**with**, **about** di); ***not ~ with winning the match, they...*** non contenti di aver vinto la partita, loro...; ***now are you ~?*** *(said angrily)* sei contento ora? **2** *(convinced)* convinto (**by** da); ***to be ~ that*** essere convinto che.
satisfy /'sætɪsfaɪ/ **I** tr. **1** *(fulfil)* soddisfare, appagare [*need, desires, curiosity*]; soddisfare, accontentare [*person*]; soddisfare, saziare [*hunger*] **2** *(persuade, convince)* convincere [*critics, police*] **3** *(meet)* soddisfare (a), essere conforme a [*criteria, demand, requirements*]; soddisfare [*conditions*] **II** rifl. ***to ~ oneself*** convincersi, persuadersi.
satisfying /'sætɪsfaɪɪŋ/ agg. **1** *(filling)* [*meal*] sostanzioso; [*food*] nutriente **2** *(rewarding)* [*job*] gratificante, che dà soddisfazioni; [*life*] appagante, pieno di soddisfazioni; [*relationship*] felice **3** *(pleasing)* [*result, progress*] soddisfacente.
saturate /'sætʃəreɪt/ tr. **1** *(soak)* impregnare, inzuppare [*clothes*]; impregnare [*ground*] (**with** di); FIG. saturare [*market*] (**with** con, di) **2** CHIM. saturare.
saturation /ˌsætʃə'reɪʃn/ **I** n. saturazione f. **II** modif. [*campaign, coverage*] di saturazione; ~ ***bombing*** bombardamento a tappeto *o* di saturazione.
saturation point n. punto m. di saturazione (anche FIG.).
Saturday /'sætədeɪ, -dɪ/ ➧ *36* n. sabato m.
Saturn /'sætən/ n.pr. **1** MITOL. Saturno **2** ASTR. Saturno m.
saturnine /'sætənaɪn/ agg. malinconico, saturnino.
satyr /'sætə(r)/ n. satiro m. (anche FIG.).
sauce /sɔ:s/ n. **1** GASTR. salsa f., sugo m.; AE *(stewed fruit)* composta f.; ***tomato ~*** salsa di pomodoro **2** COLLOQ. *(impudence)* impertinenza f., sfacciataggine f. ♦ ***what's ~ for the goose is ~ for the gander*** = quello che vale per la moglie vale anche per il marito.
sauceboat /'sɔ:sbəʊt/ n. salsiera f.
saucepan /'sɔ:spən/ n. casseruola f.
saucer /'sɔ:sə(r)/ n. piattino m., sottocoppa m.
saucily /'sɔ:sɪlɪ/ avv. [*speak, behave*] con impertinenza; [*dress*] in modo provocante.

saucy /ˈsɔːsɪ/ agg. **1** [*person*] *(impudent)* impertinente, sfacciato; *(sexually suggestive)* ammiccante, piccante **2** [*dress*] provocante, audace.
Saudi /ˈsaʊdɪ/ ▸ *18* **I** agg. saudita **II** n. saudita m. e f.
Saudi Arabia ▸ *6* n.pr. Arabia f. Saudita.
Saudi Arabian ▸ *18* n. → **Saudi**.
sauerkraut /ˈsaʊəkraʊt/ n. **U** crauti m.pl.
sauna /ˈsɔːnə, ˈsaʊnə/ n. sauna f.
1.saunter /ˈsɔːntə(r)/ n. ***to go for a ~*** andare a fare quattro passi *o* un giretto *o* una passeggiatina.
2.saunter /ˈsɔːntə(r)/ intr. (anche **~ along**) girovagare, gironzolare; ***to ~ off*** allontanarsi con passo noncurante.
sausage /ˈsɒsɪdʒ, AE ˈsɔːs-/ n. *(for cooking)* salsiccia f.; *(ready to eat)* salame m.
sausage dog n. COLLOQ. bassotto m., dachshund m.
sausage meat n. carne f. tritata per salsicce.
sausage roll n. = piccolo rotolo di sfoglia ripieno di carne tritata.
1.sauté /ˈsəʊteɪ, AE səʊˈteɪ/ agg. (anche **sauté(e)d**) sauté, saltato.
2.sauté /ˈsəʊteɪ, AE səʊˈteɪ/ tr. (forma in -ing **-éing** o **-éeing**; pass., p.pass. **-éd** o **-éed**) GASTR. fare saltare.
1.savage /ˈsævɪdʒ/ **I** agg. **1** [*blow, beating*] violento; [*attack*] feroce **2** FIG. [*temper*] violento; [*satire, criticism*] feroce **3** ECON. GIORN. [*price increases*] selvaggio **II** n. selvaggio m. (-a), barbaro m. (-a) (anche SPREG.).
2.savage /ˈsævɪdʒ/ tr. **1** *(physically)* [*dog*] attaccare ferocemente; [*lion*] sbranare [*person, animal*] **2** FIG. attaccare violentemente [*book, film, opponents*].
savagely /ˈsævɪdʒlɪ/ avv. **1** [*beat, attack*] selvaggiamente, ferocemente **2** FIG. [*criticize, satirize*] violentemente.
savagery /ˈsævɪdʒrɪ/ n. *(of war)* barbarie f.; *(of primitive people)* stato m. selvaggio; *(of attack)* ferocia f., violenza f.
savanna(h) /səˈvænə/ n. savana f.
savant /ˈsævənt, AE sæˈvɑːnt/ n. FORM. erudito m. (-a).
1.save /seɪv/ n. **1** SPORT salvataggio m., parata f. **2** INFORM. salvataggio m.
2.save /seɪv/ **I** tr. **1** *(rescue)* salvare; ***to ~ sb., sth. from doing*** impedire a qcn., qcs. di fare; ***to ~ sb.'s life*** salvare la vita a qcn. (anche FIG.); ***he can't speak German to ~ his life!*** COLLOQ. è assolutamente negato per il tedesco! ***to ~ the day*** o ***the situation*** salvare la situazione **2** *(put by, keep)* risparmiare, mettere da parte [*money*]; conservare, tenere in serbo [*food*]; conservare [*goods, documents*]; ***to have money ~d*** avere dei soldi da parte; ***to ~ sth. for sb., to ~ sb. sth.*** tenere qcs. per qcn. ***to ~ an evening for sb.*** tenersi libera una serata per qcn. **3** *(economize on)* risparmiare [*money, energy*]; guadagnare [*time, space*] (**by doing** facendo); ***to ~ sb. sth.*** fare risparmiare [qcs.] a qcn. [*money, time*]; risparmiare [qcs.] a qcn. [*trouble, expense, journey*]; ***to ~ sb., sth. (from) doing*** evitare a qcn., qcs. di fare; ***to ~ doing*** evitare di fare **4** SPORT parare [*penalty*] **5** RELIG. salvare, redimere [*soul, mankind*] **6** INFORM. salvare [*file, data*] (**on, to** su) **7** *(collect)* collezionare, fare collezione di [*stamps, cards*] **II** intr. **1** *(put by funds)* risparmiare **2** *(economize)* economizzare, fare economie; ***to ~ on*** fare economia di, economizzare su [*energy, paper*] **III** rifl. ***to ~ oneself*** **1** *(rescue oneself)* salvarsi (anche FIG.); ***to ~ oneself from doing*** risparmiarsi *o* evitarsi di fare **2** *(keep energy)* risparmiarsi (**for** per) **3** *(avoid waste)* ***to ~ oneself money*** risparmiare, fare economie; ***to ~ oneself time*** guadagnare tempo; ***to ~ oneself a journey*** risparmiarsi un viaggio.
▪ **save up** risparmiare, fare economie; ***to ~ up for*** o ***towards*** risparmiare, mettere da parte dei soldi per [*car, house, holiday*].
3.save /seɪv/ prep. ANT. (anche **~ for**) salvo, tranne, eccetto.
saver /ˈseɪvə(r)/ n. risparmiatore m. (-trice).
1.saving /ˈseɪvɪŋ/ **I** n. **1** *(reduction)* ***a 5% ~*** un risparmio del 5% **2 U** ECON. *(activity)* risparmio m.; ***to learn about ~*** imparare a risparmiare **3** *(conservation)* risparmio m.; ***energy ~*** risparmio energetico **II savings** n.pl. risparmi m.; ***to live off one's ~s*** vivere dei propri risparmi **III -saving** agg. in composti ***energy-, fuel-~*** che fa risparmiare energia, carburante; ***labour-~*** [*system*] che fa risparmiare lavoro e fatica.
2.saving /ˈseɪvɪŋ/ prep. ANT. FORM. salvo, tranne; ***~ your presence*** con rispetto parlando.
saving grace n. (unica) buona qualità f.; ***it's his ~*** è ciò che lo salva.
savings account n. **1** BE conto m. di risparmio **2** AE conto m. di deposito fruttifero.
savings and loan (association) n. US = cassa cooperativa di risparmio e credito.
savings bank n. cassa f. di risparmio.
savings certificate n. certificato m. di risparmio.
saviour BE, **savior** AE /ˈseɪvɪə(r)/ n. **1** salvatore m. (-trice) **2 The Saviour, Our Saviour** il Salvatore.
savoir-faire /ˌsævwɑːˈfeə(r)/ n. **1** *(social)* savoir-faire m., tatto m. **2** *(practical)* (il) saperci fare, abilità f.
savor AE → **1.savour, 2.savour**.
1.savory /ˈseɪvərɪ/ n. *(herb)* satureia f., santoreggia f.
2.savory AE → **savoury**.
1.savour BE, **savor** AE /ˈseɪvə(r)/ n. **1** sapore m., gusto m.; FIG. *(enjoyable quality)* ***life has lost its ~ for her*** ha perduto il gusto della vita **2** *(trace, hint)* vena f.; ***a ~ of cynicism*** una vena di cinismo.
2.savour BE, **savor** AE /ˈseɪvə(r)/ **I** tr. assaporare, gustare (anche FIG.) **II** intr. ***to ~ of*** sapere di, avere sapore di.
savoury BE, **savory** AE /ˈseɪvərɪ/ **I** agg. **1** GASTR. *(not sweet)* salato; *(appetizing)* appetitoso; *(tasty)* gustoso, saporito; ***~ biscuits*** biscotti salati **2** FIG. ***not a very ~ individual, area*** un individuo, quartiere poco raccomandabile; ***the less ~ aspects of the matter*** gli aspetti meno piacevoli della faccenda **II** n. *(pie, flan, stew)* pietanza f. salata.
savoy cabbage /səˌvɔɪˈkæbɪdʒ/ n. verza f.
savvy /ˈsævɪ/ **I** n. COLLOQ. buonsenso m., giudizio m. **II** agg. AE COLLOQ. astuto, furbo.
1.saw /sɔː/ p.pass. → **1.see**.
2.saw /sɔː/ n. *(tool)* sega f.; ***electric*** o ***power ~*** sega elettrica.
3.saw /sɔː/ tr. (pass. **sawed**; p.pass. **sawn** BE, **sawed** AE) segare; ***to ~ off*** tagliare via con la sega, segare (via); ***he was ~ing away at the bread*** cercava di affettare il pane; ***to ~ the air*** gesticolare.
▪ **saw up:** *~ up [sth.], ~ [sth.] up* segare, fare a pezzi con la sega.
sawdust /ˈsɔːdʌst/ n. segatura f.
sawed-off /ˈsɔːdɒf, -ɔːf/ agg. AE → **sawn-off**.
sawfish /ˈsɔːfɪʃ/ n. (pl. **~, ~es**) pesce m. sega.
sawhorse /ˈsɔːhɔːs/ n. cavalletto m. (per segare la legna).
sawmill /ˈsɔːmɪl/ n. segheria f.
sawn /sɔːn/ p.pass. BE → **3.saw**.
sawn-off /ˈsɔːnɒf, AE -ɔːf/ agg. BE [*shotgun*] a canne mozze.
sax /sæks/ ▸ *17* n. COLLOQ. (pl. **~es**) accorc. → **saxophone**.
Saxon /ˈsæksn/ **I** agg. sassone **II** n. **1** *(person)* sassone m. e f. **2** *(language)* sassone m.
saxophone /ˈsæksəfəʊn/ ▸ *17* n. sassofono m.
saxophonist /sækˈsɒfənɪst/ ▸ *17, 27* n. sassofonista m. e f.
1.say /seɪ/ n. ***to have one's ~*** dire la propria, dare il proprio parere (**on** su); ***to have a ~, no ~ (in the matter)*** avere, non avere voce in capitolo; ***they want more*** o ***a bigger ~*** vogliono avere più peso; ***to have the most*** o ***biggest ~*** avere più voce in capitolo *o* più peso.
2.say /seɪ/ **I** tr. (pass., p.pass. **said**) **1** [*person*] dire [*words, prayer, yes, no*] (**to** a); ***"hello," he said*** "ciao" disse; ***~ after me...*** ripetete dopo di me...; ***to ~ (that)*** dire che; ***didn't I ~ so?*** non l'avevo detto? ***if*** o ***though I do ~ so myself!*** non dovrei dirlo io! ***so they ~*** *(agreeing)* così dicono; ***or so they ~*** *(doubtful)* così almeno dicono; ***so to ~*** per così dire; ***as you ~...*** come dici tu...; ***as they ~*** come si dice, come si suol dire; ***people*** o ***they ~ he's very rich, he is said to be very rich*** si dice che sia molto ricco; ***to ~ sth. to oneself*** dire fra sé (e sé); ***what do you ~ to that?*** e adesso? come rispondi? ***what do you ~ to...?*** cosa ne pensi di...? ***what would you ~ to a little walk?*** che ne diresti di fare quattro passi? ***what (do you) ~ we eat now?*** COLLOQ. e se mangiassimo adesso? ***it's not for me to ~*** non sono io che devo dirlo, non tocca a me dirlo; ***you said it!*** COLLOQ. l'hai detto! ***you can ~ that again!*** COLLOQ. puoi ben dirlo! ***I should ~ it is!*** eccome! ***well said!*** ben detto! ***~ no more, enough said*** COLLOQ. va bene, non dire *o* aggiungere altro; ***let's ~ no more about it*** non ne parliamo più; ***there's no more to be said*** non c'è nient'altro da aggiungere; ***it goes without ~ing that*** va da sé *o* è ovvio che; ***don't ~ it's raining***

again! non mi dire che piove di nuovo! ***you might just as well ~...*** tanto vale dire che…; ***that is to ~*** cioè, vale a dire; ***that's not to ~ that*** ciò non vuol dire che; ***he was displeased, not to ~ furious*** era scontento, per non dire furioso; ***I must ~ (that)*** devo dire (che); ***to have a lot to ~ for oneself*** *(negative)* essere pieno di sé; *(positive)* avere molti pregi; ***what have you got to ~ for yourself?*** che cos'hai da dire in tua difesa? ***that's ~ing a lot*** COLLOQ. non è poco **2** [*writer, book, letter, report, map*] dire; [*painting, music, gift*] esprimere; [*sign, poster, gauge*] indicare; [*gesture, signal*] significare, voler dire; ***it ~s on the radio, in the rules that*** la radio, il regolamento dice che; ***it ~s here that*** qui dice che; ***the clock ~s three*** l'orologio fa le tre; ***the dial ~s 300*** il quadrante segna 300 **3** *(guess)* ***how high would you ~ it is?*** secondo te quanto è alto? ***I'd ~ it was a bargain*** secondo me era un affare; ***I'd ~ she was about 25*** le avrei dato 25 anni **4** *(assume)* ***let's ~ (that)*** supponiamo *o* mettiamo che **II** intr. (pass., p.pass. **said**) **1** ***stop when I ~*** fermati quando te lo dico; ***he wouldn't ~*** non ha voluto dirlo; ***you don't ~!*** IRON. ma non mi dire! ma va là! ***~s you!*** COLLOQ. *(taunting)* lo dici tu! ***~s who!, who ~s?*** COLLOQ. *(sceptical)* ah sì? *(on whose authority?)* e chi lo dice? **2** BE ANT. ***I ~!*** *(listen)* ascolta! *(shocked)* giuro, sulla mia parola! ♦ ***it ~s a lot for sb., sth.*** la dice lunga su qcn., qcs.; ***that ~s it all*** è tutto dire; ***there's a lot to be said for that method*** molte cose si possono dire in favore di questo metodo; ***there's a lot to be said for keeping quiet*** ci sono molti motivi per stare zitti; ***when all is said and done*** tutto considerato, a conti fatti.

3.say /seɪ/ avv. diciamo, poniamo; ***you'll need, ~, £ 50 for petrol*** avrai bisogno di, diciamo, 50 sterline per la benzina.

4.say /seɪ/ inter. AE ehi, senti (un po').

saying /ˈseɪɪŋ/ n. detto m., massima f.; ***as the ~ goes*** come si suol dire.

say-so /ˈseɪsəʊ/ n. COLLOQ. permesso m., autorizzazione f.

s/c ⇒ self-contained = indipendente.

scab /skæb/ n. **1** MED. crosta f. **2** BOT. VETER. scabbia f. **3** COLLOQ. SPREG. *(strikebreaker)* crumiro m. (-a).

scabbard /ˈskæbəd/ n. *(for sword, dagger)* fodero m., guaina f.

scabby /ˈskæbɪ/ agg. **1** [*skin*] coperto di croste **2** [*animal, plant*] scabbioso **3** COLLOQ. *(nasty)* schifoso.

scabies /ˈskeɪbi:z/ ♦ **11** n. scabbia f.

scab labour n. COLLOQ. SPREG. = personale che sostituisce i lavoratori in sciopero.

scads /skædz/ n.pl. AE COLLOQ. ***~ of*** un mucchio *o* casino di.

scaffold /ˈskæfəʊld/ n. **1** *(gallows)* forca f., patibolo m. **2** EDIL. ponteggio m., impalcatura f.

scaffolding /ˈskæfəldɪŋ/ n. *(structure)* ponteggio m., impalcatura f.

1.scald /skɔ:ld/ n. scottatura f., ustione f.

2.scald /skɔ:ld/ **I** tr. **1** *(burn)* scottare, ustionare [*person*] **2** *(heat)* sbollentare [*fruit, vegetable*]; *(nearly boil)* scaldare (senza fare bollire) [*milk*] **II** rifl. ***to ~ oneself*** scottarsi ♦ ***to run off like a ~ed cat*** scappare a gambe levate.

scalding /ˈskɔ:ldɪŋ/ **I** agg. [*heat*] che scotta; [*water*] che scotta, bollente **II** avv. ***~ hot*** [*iron etc.*] rovente; [*water*] bollente; [*weather*] torrido.

1.scale /skeɪl/ **I** n. bilancia f. **II scales** n.pl. bilancia f.sing.

2.scale /skeɪl/ n. **1** *(extent) (of crisis, disaster, success, defeat, violence, development, recession)* dimensioni f.pl., ampiezza f.; *(of reform, task, activity, operation)* portata f.; ***on a large ~*** su vasta scala; ***on a small ~*** in piccole proporzioni; ***on a modest ~*** di dimensioni modeste **2** *(grading system)* scala f.; ***pay*** o ***salary ~*** scala retributiva; ***social ~*** scala sociale; ***on a ~ of 1 to 10*** in una scala da 1 a 10 **3** *(for maps, models)* scala f.; ***on a ~ of 2 km to 1 cm*** su scala di 1 cm per 2 km **4** *(on thermometer, gauge)* scala f., gradazione f. **5** MUS. scala f.

3.scale /skeɪl/ tr. *(climb)* scalare [*wall, peak, tower*].

▪ **scale back** diminuire (progressivamente) [*expenditure, import etc.*].

▪ **scale down:** ***~ [sth.] down, ~ down [sth.]*** **1** ridurre la scala di [*drawing, map*] **2** FIG. diminuire (progressivamente) [*production, expenditure, activity*].

▪ **scale up:** ***~ [sth.] up, ~ up [sth.]*** **1** aumentare la scala di [*drawing, map*] **2** FIG. aumentare (progressivamente) [*activity, work*].

4.scale /skeɪl/ n. **1** ZOOL. squama f. **2** *(deposit) (in kettle, pipes)* (deposito di) calcare m.; *(on teeth)* tartaro m. ♦ ***the ~s fell from my eyes*** d'un tratto capii la verità.

5.scale /skeɪl/ tr. **1** *(take scales off)* squamare [*fish*] **2** *(in kettle, pipes)* togliere il calcare a.

scaled-down /ˈskeɪldˌdaʊn/ agg. ridotto (progressivamente).

scale drawing n. disegno m. in scala.

scale pan n. piatto m. della bilancia.

scallion /ˈskælɪən/ n. AE **1** *(spring onion)* cipollina f. **2** *(shallot)* scalogno m.

1.scallop /ˈskɒləp/ n. **1** ZOOL. pettine m. **2** GASTR. capasanta f. **3** SART. smerlo m., festone m.

2.scallop /ˈskɒləp/ tr. SART. smerlare, tagliare a festone [*border*].

scalloped potatoes agg. = patate gratinate.

scally /ˈskælɪ/ n. BE COLLOQ. bulletto m., teppistello m.

scallywag /ˈskælɪwæg/ n. COLLOQ. *(rascal) (child)* birbante m. e f.; *(adult)* mascalzone m. (-a).

1.scalp /skælp/ n. **1** ANAT. cuoio m. capelluto **2** FIG. *(trophy)* scalpo m., trofeo m.; ***he's after my ~*** COLLOQ. vuole la mia testa.

2.scalp /skælp/ tr. **1** *(remove scalp)* scalpare, scotennare **2** AE COLLOQ. FIG. *(defeat)* sconfiggere, distruggere **3** AE COLLOQ. *(sell illegally)* fare il bagarino di [*tickets*].

scalpel /ˈskælpl/ n. MED. scalpello m., bisturi m.

scaly /ˈskeɪlɪ/ agg. [*wing, fish, skin, bark*] squamoso, scaglioso; [*plaster, wall*] scaglioso.

scam /skæm/ n. imbroglio m., raggiro m.

scamp /skæmp/ n. COLLOQ. *(child)* birbante m. e f., monello m. (-a); *(dog)* canaglia f.

scamper /ˈskæmpə(r)/ intr. (anche **~ about**, **~ around**) [*child, dog*] scorrazzare; [*mouse*] zampettare; ***to ~ away*** o ***off*** tagliare la corda.

scampi /ˈskæmpɪ/ n.pl. + verbo sing. o pl. scampi m.

1.scan /skæn/ n. **1** MED. *(CAT)* TAC f.; *(ultrasound)* ecografia f. **2** *(radar, TV)* scansione f., esplorazione f.; *(picture)* scansione f.

2.scan /skæn/ **I** tr. (forma in -ing ecc. **-nn-**) **1** *(cast eyes over)* scorrere [*list, small ads*] **2** *(examine)* esaminare, scrutare [*face, horizon*] **3** [*light, radar*] esplorare [*area*] **4** MED. esplorare con apparecchio a scansione [*organ*] **5** LETTER. scandire **6** INFORM. scannerizzare [*document, image*] **II** intr. (forma in -ing ecc. **-nn-**) LETTER. potersi scandire.

scandal /ˈskændl/ n. **1** *(outcry)* scandalo m.; ***the Profumo ~*** lo scandalo Profumo **2** *(gossip)* maldicenze f.pl., pettegolezzi m.pl.; *(shocking stories)* storie f.pl. scandalistiche.

scandalize /ˈskændəlaɪz/ tr. scandalizzare.

scandalmonger /ˈskændlmʌŋgə(r)/ n. malalingua f., calunniatore m. (-trice).

scandalmongering /ˈskændlmʌŋgərɪŋ/ n. maldicenze f.pl.

scandalous /ˈskændələs/ agg. scandaloso.

scandal sheet n. giornale m. scandalistico.

Scandinavian /ˌskændɪˈneɪvɪən/ **I** agg. scandinavo **II** n. scandinavo m. (-a).

scanner /ˈskænə(r)/ n. **1** MED. *(CAT)* tomografo m. **2** *(for bar codes etc.)* scanner m., decodificatore m. **3** *(radar)* esploratore m. **4** INFORM. scanner m.

scansion /ˈskænʃn/ n. scansione f.

scant /skænt/ agg. [*concern, coverage*] scarso, insufficiente; ***a ~ five metres*** cinque metri scarsi; ***to show ~ regard for sth.*** dimostrare scarso interesse *o* poca considerazione per qcs.

scantily /ˈskæntɪlɪ/ avv. scarsamente, insufficientemente; ***~ clad*** o ***dressed*** vestito succintamente; ***~ cut*** [*dress*] succinto; [*pants*] sgambato.

scanty /ˈskæntɪ/ agg. [*meal, supply*] scarso, magro; [*report*] inadeguato, insufficiente; [*information, knowledge*] scarso; [*swimsuit*] microscopico, ridottissimo.

scapegoat /ˈskeɪpgəʊt/ n. capro m. espiatorio (**for** di).

scapula /ˈskæpjʊlə/ n. (pl. **-ae**, **~s**) scapola f.

1.scar /skɑ:(r)/ n. cicatrice f. (anche FIG.); *(from knife on face)* sfregio m.; ***to bear the ~s of*** portare i segni di.

2.scar /skɑ:(r)/ **I** tr. (forma in -ing ecc. **-rr-**) deturpare (anche FIG.); *(psychologically)* segnare; *(with knife on face)* sfregiare; ***to ~ sb. for life*** lasciare a qcn. una cicatrice permanente; FIG. segnare qcn. per tutta la vita **II** intr. (forma in -ing ecc. **-rr-**) cicatrizzare, cicatrizzarsi.

scarab /'skærəb/ n. scarabeo m. sacro.

scarce /skeəs/ agg. **1** *(rare)* raro **2** *(insufficient)* scarso, insufficiente; ***to become ~*** cominciare a scarseggiare ♦ ***to make oneself ~*** COLLOQ. tagliare la corda, svignarsela.

scarcely /'skeəslɪ/ avv. **1** *(only just)* appena, a malapena, a stento; ***it ~ matters*** non ha molta importanza; ***~ a week passes without someone telephoning me*** non passa quasi settimana senza che qualcuno mi telefoni; ***~ anybody believes it*** quasi nessuno ci crede; ***we have ~ any money*** praticamente non abbiamo una lira; ***~ ever*** quasi mai **2** IRON. *(not really)* difficilmente; ***I can ~ accuse him*** non posso certo accusarlo **3** *(not sooner)* ***~ had he finished when...*** aveva appena finito quando...

scarcity /'skeəsətɪ/ n. **1** *(dearth)* scarsezza f., scarsità f., penuria f. **2** *(rarity)* rarità f.

1.scare /skeə(r)/ n. **1** *(fright)* spavento m., paura f.; ***to give sb. a ~*** fare prendere uno spavento *o* fare paura a qcn. **2** *(alert)* ***(security) ~*** allerta **3** *(rumour)* voci f.pl. allarmistiche; ***food, bomb ~*** allarme alimentare, bomba.

2.scare /skeə(r)/ **I** tr. spaventare, fare paura a; ***to ~ sb. into doing sth.*** far fare qcs. a qcn. con l'intimidazione **II** intr. ***to ~ easily*** spaventarsi facilmente.

■ **scare away**, **scare off:** ~ ***away [sth., sb.]***, ~ ***[sth., sb.] away*** **1** *(put off)* scoraggiare, fare scappare (spaventando) [*investors, customers*] **2** *(drive away)* mettere in fuga (spaventando) [*animal, attacker*].

scarecrow /'skeəkrəʊ/ n. spaventapasseri m.

scared /skeəd/ **I** p.pass. → **2.scare II** agg. spaventato, impaurito; ***to be*** o ***feel ~*** avere paura, essere spaventato; ***to be ~ about sth.*** essere preoccupato di qcs.; ***to be ~ stiff of, of doing*** COLLOQ. avere una paura nera di, di fare; ***to be running ~*** avere paura.

scaredy cat /'skeədɪkæt/ n. COLLOQ. INFANT. fifone m. (-a), coniglio m.

scaremonger /'skeə,mʌŋgə(r)/ n. allarmista m. e f.

scaremongering /'skeə,mʌŋgərɪŋ/ n. allarmismo m.

scare tactic n. tattica f. allarmistica.

scarf /skɑ:f/ n. (pl. **scarves**) *(long)* sciarpa f.; *(square)* foulard m.

scarlet /'skɑ:lət/ ➧ **5 I** n. (colore) scarlatto m. **II** agg. scarlatto.

scarlet fever ➧ **11** n. scarlattina f.

scarlet woman n. (pl. **scarlet women**) LETT. prostituta f.

scarp /skɑ:p/ n. scarpata f., scarpa f.

scarper /'skɑ:pə(r)/ intr. BE COLLOQ. svignarsela, tagliare la corda.

scarves /skɑ:vz/ → **scarf**.

scary /'skeərɪ/ agg. COLLOQ. **1** *(inspiring fear)* che fa paura, pauroso **2** *(causing distress)* [*experience*] terribile, terrificante.

scathing /'skeɪðɪŋ/ agg. [*remark, tone, wit*] pungente, caustico; [*criticism*] feroce, aspro; [*look*] fulminante.

scatology /skæ'tɒlədʒɪ/ n. scatologia f.

1.scatter /'skætə(r)/ n. **1** *(of houses, stars, papers)* sparpagliamento m. **2** STATIST. dispersione f.

2.scatter /'skætə(r)/ **I** tr. **1** (anche **~ around**, **~ about**) *(throw around)* spargere, disseminare [*seeds, earth*]; sparpagliare, disseminare [*books, papers, clothes*]; disperdere [*debris*]; ***to be ~ed around*** o ***about*** essere sparpagliato qua e là; ***to be ~ed with sth.*** essere disseminato di qcs. **2** *(cause to disperse)* disperdere, mettere in fuga [*crowd, birds, crowd*] **II** intr. [*people, animals, birds*] disperdersi, sparpagliarsi.

scatterbrain /'skætəbreɪn/ n. sventato m. (-a), sbadato m. (-a).

scatter-brained /'skætəbreɪnd/ agg. [*person*] sventato, sbadato; [*idea*] bislacco, strampalato.

scattered /'skætəd/ **I** p.pass. → **2.scatter II** agg. [*houses, villages, trees, population, clouds*] sparso (qua e là); [*books, litter*] sparso, sparpagliato; [*support*] sporadico, occasionale; ***~ showers*** piogge sparse.

scattering /'skætərɪŋ/ n. *(of people)* manciata f., gruppetto m.; *(of shops etc.)* costellazione f.; ***a ~ of papers*** fogli sparsi (qua e là).

scatty /'skætɪ/ agg. BE COLLOQ. sbadato, sventato.

scavenge /'skævɪndʒ/ **I** tr. cercare tra i rifiuti [*food, scrap metal*] **II** intr. ***to ~ in*** o ***through the dustbins for sth.*** frugare nei bidoni dell'immondizia alla ricerca di qcs.

scavenger /'skævɪndʒə(r)/ n. **1** *(for food)* chi rovista nei bidoni dell'immondizia **2** *(for objects)* chi cerca tra i rifiuti **3** *(animal)* animale m. saprofago.

scenario /sɪ'nɑ:rɪəʊ, AE -'nær-/ n. (pl. **~s**) **1** CINEM. sceneggiatura f., scenario m. **2** FIG. scenario m.

scene /si:n/ n. **1** *(in play, film, novel)* scena f.; TEATR. *(stage scenery)* scena f., scenario m.; ***to set the ~ for*** FIG. creare le premesse per; ***the ~ was set for a major tragedy*** FIG. si preparava lo scenario per una tragedia di enormi proporzioni; ***behind the ~s*** dietro le quinte (anche FIG.) **2** *(location)* scena f., luogo m.; ***these streets have been the ~ of violent fighting*** queste strade sono state teatro di violenti scontri; ***to come on the ~*** [*police, ambulance*] arrivare sul luogo; FIG. comparire; ***you need a change of ~*** hai bisogno di cambiare ambiente *o* aria **3** *(sphere, field)* mondo m., ambiente m.; ***the jazz, fashion ~*** il mondo del jazz, della moda; ***it's not my ~*** non è il mio genere **4** *(emotional incident)* scena f., scenata f.; ***there were chaotic ~s in parliament*** ci sono stati momenti di caos in parlamento; ***to make a ~*** fare una scenata **5** *(image, sight)* immagine f., scena f. **6** *(view)* vista f., veduta f.; ART. scena f.

scene designer, **scene painter** ➧ **27** n. TEATR. scenografo m. (-a).

scenery /'si:nərɪ/ n. U **1** *(landscape)* paesaggio m., panorama m.; ***a change of ~*** FIG. un cambiamento d'ambiente *o* d'aria **2** TEATR. scenario m.

scene shifter ➧ **27** n. macchinista m. e f.

scenic /'si:nɪk/ agg. [*drive, route, walk*] panoramico; [*location, countryside*] pittoresco; ***the area is well-known for its ~ beauty*** la regione è molto conosciuta per la bellezza del suo panorama.

scenic railway n. *(train)* trenino m. (in uno zoo ecc.); *(roller coaster)* BE montagne f.pl. russe.

1.scent /sent/ n. **1** *(smell)* odore m.; *(perfume)* profumo m., fragranza f. **2** VENAT. scia f., traccia f., pista f.; FIG. pista f.; ***to pick up the ~*** fiutare la pista (anche FIG.); ***to throw the dogs, the police off the ~*** fare perdere le tracce ai cani, alla polizia; ***to be (hot) on the ~ of sb.*** essere alle calcagna *o* sulle tracce di qcn.

2.scent /sent/ tr. **1** *(smell)* fiutare [*prey, animal*]; FIG. avere sentore di, subodorare [*danger, trouble*] **2** *(perfume)* profumare [*room*].

■ **scent out:** ~ ***[sth.] out***, ~ ***out [sth.]*** scoprire col fiuto; FIG. scoprire, scovare.

scented /'sentɪd/ **I** p.pass. → **2.scent II** agg. **1** profumato, odoroso (**with** di) **2 -scented** in composti *(with scent added)* profumato a, al profumo di; *(natural)* che ha il profumo di; ***the pine-~ air*** l'aria che profuma di pini.

scepter AE → **sceptre**.

sceptic BE, **skeptic** AE /'skeptɪk/ n. scettico m. (-a).

sceptical BE, **skeptical** AE /'skeptɪkl/ agg. **1** scettico (**about**, **of** riguardo a).

sceptically BE, **skeptically** AE /'skeptɪklɪ/ avv. scetticamente, con scetticismo.

scepticism BE, **skepticism** AE /'skeptɪsɪzəm/ n. scetticismo m. (**about** riguardo a).

sceptre BE, **scepter** AE /'septə(r)/ n. scettro m.

1.schedule /'ʃedju:l, AE 'skedʒʊl/ n. **1** AMM. COMM. ING. programma m.; *(projected plan)* piano m., prospetto m.; ***production ~*** piano di produzione; ***ahead of, behind ~*** in anticipo, in ritardo rispetto ai piani *o* alla tabella di marcia; ***to work to a tight ~*** lavorare a ritmo serrato; ***to draw up*** o ***make out a ~*** stabilire una scaletta; ***to be on ~*** procedere come previsto; ***finished on ~*** finito in tempo *o* nei tempi stabiliti; ***according to ~*** come previsto, come da programma; ***a ~ of events*** un calendario *o* un elenco di eventi **2** *(of appointments)* programma m.; ***to fit sb., sth. into one's ~*** inserire qcn., qcs. tra i propri impegni **3** *(timetable)* orario m.; ***bus, train ~*** orario degli autobus, dei treni; ***to arrive on, ahead of, behind ~*** arrivare in orario, in anticipo, in ritardo **4** COMM. DIR. *(list) (of charges)* prospetto m., distinta f.; *(of repayments)* piano m., tabella f.; *(of contents)* inventario m.; *(to a contract)* allegato m.

2.schedule /ˈʃedjuːl, AE ˈskedʒʊl/ tr. mettere in programma, fissare [*activity*]; programmare [*holiday, appointment*]; ***I am ~d to speak at 2.00*** secondo il programma, devo parlare alle 2; ***the plane is ~d to arrive at 2.00*** l'aereo è atteso per le 2; ***the station is ~d for completion in 2006*** i programmi prevedono il completamento della stazione nel 2006.

scheduled building n. BE *(in insurance)* immobile m. elencabile.

scheduled flight n. volo m. di linea.

scheduled territories n.pl. BE territori m. elencati, area f.sing. della sterlina.

scheduling /ˈʃedjuːlɪŋ, AE ˈskedʒʊlɪŋ/ n. **1** *(of project, work)* programmazione f. **2** BE *(of monument)* classificazione f.

schema /ˈskiːmə/ n. (pl. **-ata**) schema m.

schematic /skɪˈmætɪk/ agg. schematico.

1.scheme /skiːm/ n. **1** *(systematic plan)* piano m., progetto m.; ***a ~ for sth., for doing*** un piano per qcs., per fare **2** BE AMM. *(system)* sistema m., progetto m. (governativo); ***insurance ~*** piano assicurativo; ***road ~*** progetto per lo sviluppo e il miglioramento delle strade **3** SPREG. *(impractical idea)* progetto m. (impossibile), idea f. (balzana); ***to think*** o ***dream up a ~*** inventarsi un piano (impossibile) **4** *(plot)* intrigo m., complotto m. **5** *(design) (for house, garden etc.)* progetto m., disegno m. ♦ ***in the ~ of things,...*** considerando la situazione nel suo insieme,...; ***he was unsure how he fitted into the ~ of things*** non sapeva quale era il suo posto nell'ordine delle cose.

2.scheme /skiːm/ intr. SPREG. complottare, tramare.

schemer /ˈskiːmə(r)/ n. SPREG. cospiratore m. (-trice), chi ordisce complotti.

scheming /ˈskiːmɪŋ/ **I** n. **U** SPREG. intrighi m.pl., complotti m.pl. **II** agg. SPREG. [*person*] intrigante.

schism /ˈsɪzəm/ n. scisma m.

schist /ʃɪst/ n. scisto m.

schizoid /ˈskɪtsɔɪd/ **I** agg. schizoide **II** n. schizoide m. e f.

schizophrenia /ˌskɪtsəʊˈfriːnɪə/ ➧ ***11*** n. schizofrenia f.

schizophrenic /ˌskɪtsəʊˈfrenɪk/ **I** agg. schizofrenico **II** n. schizofrenico m. (-a).

schmal(t)zy /ˈʃmɔːltsɪ/ agg. COLLOQ. [*novel, film*] sentimentale, sdolcinato; [*music*] struggente.

schmuck /ʃmʌk/ n. AE POP. *(jerk)* fesso m. (-a); *(bastard)* bastardo m. (-a), carogna f.

scholar /ˈskɒlə(r)/ n. **1** *(learned person)* studioso m. (-a); *(erudite person)* erudito m. (-a); ***Hebrew ~*** studioso di ebraico; ***he's not much of a ~*** non è un gran letterato **2** *(student with scholarship)* borsista m. e f., vincitore m. (-trice) di borsa di studio.

scholarly /ˈskɒləlɪ/ agg. **1** *(erudite)* [*essay, approach*] colto, erudito **2** [*journal, circles*] *(academic)* accademico; *(serious)* colto, intellettuale **3** *(like a scholar)* [*appearance*] da intellettuale.

scholarship /ˈskɒləʃɪp/ n. **1** *(award)* borsa f. di studio (**to** per) **2** *(meticulous study)* erudizione f., competenza f. **3** *(body of learning)* cultura f., sapere m.; *(of individual)* cultura f., erudizione f.; ***the book is a fine piece of ~*** il libro è un bell'esempio di erudizione.

scholastic /skəˈlæstɪk/ agg. scolastico (anche FILOS.).

scholastically /skəˈlæstɪklɪ/ avv. scolasticamente.

Scholastic Aptitude Test n. US = esame sostenuto dagli studenti che vogliono andare all'università.

1.school /skuːl/ **I** n. **1** scuola f.; ***to go to ~*** andare a scuola; ***no ~ today*** non c'è lezione oggi **2** *(college) (of music, education etc.)* facoltà f.; ***to go to medical, law ~*** studiare medicina, legge **3** AE *(university)* università f. **4** *(of painting, literature, thought)* scuola f. **II** modif. [*holiday, outing, life, uniform, year, fees*] scolastico; *(of particular school)* [*canteen, library, playground*] della scuola ♦ ***of the old ~*** di vecchio stampo; ***to learn sth. in a hard ~*** imparare qcs. alla dura scuola della vita.

2.school /skuːl/ tr. **1** *(educate)* ***to ~ sb. in [sth.]*** insegnare [qcs.] a qcn. [*art, trick*] **2** *(train)* addestrare [*horse*].

3.school /skuːl/ n. *(of whales, dolphins etc.)* branco m.

school age n. età f. scolare.

schoolbag /ˈskuːlbæg/ n. zainetto m.; *(traditional)* cartella f.

schoolbook /ˈskuːlbʊk/ n. libro m. scolastico, libro m. di testo.

schoolboy /ˈskuːlbɔɪ/ **I** n. alunno m., allievo m.; *(of primary age)* scolaro m.; *(secondary)* studente m. di scuola media; *(sixth former)* BE studente m. di scuola superiore **II** modif. **1** [*attitude, behaviour*] da studente; [*slang*] studentesco **2** [*champion*] a livello studentesco; [*championships*] studentesco.

school bus n. scuolabus m.

schoolchild /ˈskuːltʃaɪld/ n. (pl. **-children**) alunno m. (-a), scolaro m. (-a).

school council n. consiglio m. d'istituto.

schooldays /ˈskuːldeɪz/ n.pl. giorni m. di scuola; ***in my ~*** quando andavo a scuola.

school dinner n. → **school lunch**.

schoolfriend /ˈskuːlfrend/ n. compagno m. (-a) di scuola.

schoolgirl /ˈskuːlgɜːl/ **I** n. alunna f., allieva f.; *(of primary age)* scolara f.; *(secondary)* studentessa f. di scuola media; *(sixth former)* BE studentessa f. di scuola superiore **II** modif. [*complexion, figure*] di ragazza.

school graduation age n. AE SCOL. → **school leaving age**.

schoolhouse /ˈskuːlhaʊs/ n. scuola f., edificio m. scolastico.

schooling /ˈskuːlɪŋ/ n. **1** *(of child)* istruzione f., scolarità f. **2** *(of horse)* addestramento m.

school-leaver /ˈskuːlˌliːvə(r)/ n. BE chi ha finito un corso di studi, chi ha assolto l'obbligo scolastico.

school leaving age n. età f. dell'adempimento dell'obbligo scolastico.

school lunch n. pranzo m. nella mensa scolastica.

schoolmaster /ˈskuːlˌmaːstə(r), AE -ˌmæs-/ ➧ ***27*** n. insegnante m.

schoolmate /ˈskuːlmeɪt/ n. compagno m. (-a) di scuola.

schoolmistress /ˈskuːlˌmɪstrɪs/ ➧ ***27*** n. insegnante f.

school prefect n. BE SCOL. = studente incaricato di mantenere la disciplina tra i suoi compagni.

school record n. curriculum m. scolastico.

school report BE, **school report card** AE n. pagella f.

schoolroom /ˈskuːlrʊm, -ruːm/ n. classe f., aula f.

schoolteacher /ˈskuːltiːtʃə(r)/ ➧ ***27*** n. insegnante m. e f.; *(secondary)* insegnante m. e f. di scuola superiore, professore m. (-essa); *(primary)* insegnante m. e f., maestro m. (-a).

schoolwork /ˈskuːlwɜːk/ n. lavoro m., compito m. in classe; ***to do well in one's ~*** fare *o* andare bene a scuola.

1.schooner /ˈskuːnə(r)/ n. *(boat)* goletta f., schooner m.

2.schooner /ˈskuːnə(r)/ n. *(glass)* AE boccale m.; BE = grande bicchiere per lo sherry.

sciatica /saɪˈætɪkə/ ➧ ***11*** n. MED. sciatica f.

science /ˈsaɪəns/ **I** n. **1** scienza f.; ***to teach ~*** insegnare scienze; ***the natural ~s*** le scienze naturali **2** *(skill)* abilità f., tecnica f. **II** modif. [*subject*] scientifico; [*faculty, teacher, textbook, exam*] di scienze ♦ ***to blind sb. with ~*** confondere qcn. facendo sfoggio di parole difficili.

science fiction n. science fiction f., fantascienza f.

scientific /ˌsaɪənˈtɪfɪk/ agg. scientifico; ***it's a very ~ game*** è un gioco che richiede abilità intellettuali.

scientifically /ˌsaɪənˈtɪfɪklɪ/ avv. [*investigate, show*] scientificamente; [*trained*] nelle scienze.

scientist /ˈsaɪəntɪst/ ➧ ***27*** n. scienziato m. (-a); *(eminent)* sapiente m. e f., dotto m. (-a).

sci-fi /ˈsaɪfaɪ/ n. COLLOQ. science fiction f., fantascienza f.

scintillate /ˈsɪntɪleɪt, AE -təleɪt/ intr. scintillare; FIG. [*person*] brillare.

scintillating /ˈsɪntɪleɪtɪŋ, AE -təleɪtɪŋ/ agg. scintillante; FIG. [*person, conversation, wit*] brillante.

scion /ˈsaɪən/ n. FORM. rampollo m.

scissors /ˈsɪzəz/ n.pl. forbici f.; ***a pair of ~*** un paio di forbici; ***a ~-and-paste job*** un lavoro di taglia e incolla; FIG. SPREG. un lavoro fatto scopiazzando qua e là.

scissors kick n. *(in football)* sforbiciata f.

sclerosis /skləˈrəʊsɪs/ ➧ ***11*** n. sclerosi f.

1.scoff /skɒf, AE skɔːf/ tr. BE COLLOQ. *(eat)* ingollare, trangugiare.

2.scoff /skɒf, AE skɔːf/ **I** intr. farsi beffe (**at** di) **II** tr. *(mock)* ***"love!" he ~ed*** "l'amore!" disse in tono di scherno.

scold /skəʊld/ **I** tr. sgridare, rimproverare (**for doing** per avere fatto) **II** intr. trovare (sempre) da ridire.

scolding /ˈskəʊldɪŋ/ n. U sgridata f., rimprovero m.; ***to give sb. a ~*** sgridare qcn.
scollop → **1.scallop**, **2.scallop**.
scone /skɒn, skəʊn, AE skəʊn/ n. BE INTRAD. m. (piccola focaccina tonda).
1.scoop /skuːp/ n. **1** *(implement) (for shovelling)* mestolo m., paletta f.; *(for measuring)* misurino m., dosatore m.; *(for ice cream)* porzionatore m. (per gelato) **2** *(of coffee, flour)* cucchiaiata f.; *(of earth)* palettata f.; *(of ice cream)* palla f., pallina f. **3** GIORN. scoop m., esclusiva f.; ***to get a ~*** avere un'esclusiva.
2.scoop /skuːp/ tr. COLLOQ. *(win, obtain)* ottenere, assicurarsi [*prize, sum*]; GIORN. COLLOQ. avere l'esclusiva di [*story*].
■ **scoop out:** *~ out [sth.], ~ [sth.] out* scavare [*earth*]; ***to ~ the flesh out of a tomato*** togliere la polpa da *o* svuotare un pomodoro.
■ **scoop up:** *~ [sth.] up, ~ up [sth.]* tirare su, raccogliere [*earth, snow*]; raccogliere [*water*]; sollevare, prendere in braccio [*child*].
scoot /skuːt/ intr. COLLOQ. filare via di corsa, darsela a gambe.
scooter /ˈskuːtə(r)/ n. **1** *(child's)* monopattino m. **2** *(motorized)* scooter m. **3** AE *(boat)* scooter m.
scope /skəʊp/ n. **1** *(opportunity)* possibilità f., opportunità f., sbocco m.; ***~ for sb. to do*** possibilità per qcn. di fare **2** *(range) (of plan)* portata f.; *(of inquiry, report, study)* ambito m.; *(of changes, knowledge, power)* ampiezza f.; *(of disaster)* dimensioni f.pl.; *(of textbook, survey)* campo m.; ***to be within, outside the ~ of the study*** rientrare, non rientrare nel proprio campo *o* ambito di studi **3** *(capacity)* competenze f.pl., attribuzioni f.pl.; ***to be within, beyond the ~ of sb.*** rientrare, non rientrare nelle proprie competenze.
1.scorch /skɔːtʃ/ n. (anche **~ mark**) bruciatura f., scottatura f. superficiale.
2.scorch /skɔːtʃ/ **I** tr. [*fire*] bruciare, bruciacchiare; [*sun*] seccare, inaridire [*grass, trees*]; [*iron etc.*] bruciare, strinare [*fabric*] **II** intr. **1** [*grass*] seccarsi; [*fabric*] strinarsi **2** AE COLLOQ. (anche **~ along**) *(speed)* [*car, driver, athlete*] filare, correre.
scorched earth policy n. MIL. tattica f. della terra bruciata.
scorcher /ˈskɔːtʃə(r)/ n. COLLOQ. giornata f. torrida.
scorching /ˈskɔːtʃɪŋ/ agg. COLLOQ. (anche **~ hot**) [*heat, day*] torrido; [*sun*] cocente; [*weather, summer*] torrido, infuocato; [*surface*] rovente.
1.score /skɔː(r)/ n. **1** *(points gained)* SPORT punteggio m., punti m.pl., marcatura f.; *(in cards)* punti m.pl.; ***there is still no ~*** il punteggio è ancora fermo sullo zero a zero; ***the final ~ was 3-1*** il punteggio finale è stato di 3 a 1; ***to keep (the) ~*** segnare *o* tenere i punti; ***what's the ~?*** SPORT a quanto siamo? FIG. come siamo messi? **2** *(in exam, test)* punteggio m.; ***his ~ in the test was poor*** o ***low*** ha preso un brutto voto nella prova **3** MUS. *(written music)* spartito m., partitura f.; *(for ballet)* musica f.; *(for film)* colonna f. sonora **4** *(twenty)* ***a ~*** una ventina; ***three ~ years and ten*** settant'anni; ***by the ~*** a decine; ***~s of requests*** decine (e decine) di richieste **5** *(scratch)* graffio m., sfregio m.; *(cut)* incisione f., intaglio m. **6** *(account)* motivo m., ragione f.; ***on this ~*** a questo riguardo, in quanto a questo ♦ ***to settle a ~ with sb.*** regolare i conti con qcn.; ***to know the ~*** conoscere la situazione, sapere come stanno le cose.
2.score /skɔː(r)/ **I** tr. **1** SPORT segnare, realizzare, fare [*goal*]; realizzare, fare [*point*]; ottenere, riportare [*victory, success*]; ***to ~ 9 out of 10*** riportare un punteggio di 9 su 10 **2** MUS. *(arrange)* arrangiare; *(orchestrate)* orchestrare; CINEM. comporre la colonna sonora di [*film*] **3** *(mark) (with chalk, ink)* segnare, marcare; *(cut)* incidere [*wood, meat*] **II** intr. **1** SPORT *(gain point)* fare un punto; *(obtain goal)* segnare un goal; ***to ~ well*** o ***highly*** ottenere un buon risultato *o* punteggio; ***to ~ over*** o ***against sb.*** *(in argument)* avere la meglio su qcn. **2** *(keep score)* segnare i punti **3** COLLOQ. *(be successful)* fare centro; ***you ~d last night!*** hai rimorchiato ieri sera!
■ **score off:** *~ off [sth.], ~ [sth.] off* cancellare, tirare una riga su [*name, figure*]; *~ off [sb.] (in argument)* avere la meglio su, umiliare [*opponent*].
■ **score out:** *~ out [sth.], ~ [sth.] out* cancellare, tirare una riga su [*name, figure*].

scoreboard /ˈskɔːbɔːd/ n. tabellone m. segnapunti, scoreboard m.
scorecard /ˈskɔːkɑːd/ n. scheda f. segnapunti (anche SPORT); *(in cards)* cartoncino m. segnapunti.
scoreline /ˈskɔːlaɪn/ n. punteggio m., risultato m. finale.
scorer /ˈskɔːrə(r)/ n. marcatore m. (-trice).
scoresheet /ˈskɔːʃiːt/ n. foglio m. segnapunti; ***to add one's name to the ~*** inserire il proprio nome nel tabellino dei marcatori.
scoring /ˈskɔːrɪŋ/ n. **1** SPORT ***to open the ~*** aprire le marcature **2** MUS. arrangiamento m., orchestrazione f.
1.scorn /skɔːn/ n. disprezzo m., disdegno m.; ***to be held up to ~ by sb.*** essere oggetto di scherno da parte di qcn.; ***to pour*** o ***heap ~ on*** trattare con disprezzo [*person*]; denigrare [*attempt, argument, organization*].
2.scorn /skɔːn/ tr. **1** *(despise)* disprezzare [*person, action*]; disdegnare, disprezzare [*fashion, make-up*] **2** *(reject)* rifiutare con sdegno [*advice, invitation*]; accogliere sdegnosamente [*claim, suggestion*] **3** FORM. ***to ~ doing*** o ***to do*** (di)sdegnare di fare.
scornful /ˈskɔːnfl/ agg. sprezzante, sdegnoso; ***to be ~ of*** provare disprezzo per.
scornfully /ˈskɔːnfəlɪ/ avv. in modo sprezzante, sdegnosamente.
Scorpio /ˈskɔːprɪəʊ/ ➧ ***38*** n. ASTROL. Scorpione m.; ***to be (a) ~*** essere dello Scorpione *o* essere uno Scorpione.
scorpion /ˈskɔːprɪən/ n. **1** ZOOL. scorpione m. **2** ASTROL. ***the Scorpion*** lo Scorpione.
Scot /skɒt/ ➧ ***18*** n. scozzese m. e f.
scotch /skɒtʃ/ tr. soffocare [*rumour, revolt*]; mandare a monte, rovinare [*plans*]; annientare [*hopes*].
Scotch /skɒtʃ/ **I** agg. scozzese **II** n. (anche **~ whisky**) whisky m. scozzese, scotch m.
Scotch egg n. BE = uovo sodo avvolto in un impasto di carne tritata e fritto.
Scotch mist n. = nebbia fitta mista a pioggia.
Scotch pine n. → **Scots pine**.
Scotch tape® n. AE nastro m. adesivo, scotch® m.
scot-free /ˌskɒtˈfriː/ agg. ***to get off*** o ***go ~*** *(unpunished)* farla franca; *(unharmed)* uscire incolume *o* illeso.
Scotland /ˈskɒtlənd/ ➧ ***6*** n.pr. Scozia f.
Scotland Yard n. Scotland Yard f. (sede della polizia metropolitana di Londra).
Scots /skɒts/ ➧ ***14*** **I** agg. scozzese **II** n. LING. dialetto m. scozzese.
Scotsman /ˈskɒtsmən/ n. (pl. **-men**) scozzese m.
Scots pine n. pino m. silvestre.
Scotswoman /ˈskɒtsˌwʊmən/ n. (pl. **-women**) scozzese f.
Scottish /ˈskɒtɪʃ/ ➧ ***18*** agg. scozzese.
Scottish National Party n. partito m. nazionalista scozzese.
Scottish Office n. POL. ministero m. per la Scozia.
scoundrel /ˈskaʊndrəl/ n. SPREG. canaglia f., furfante m. e f. (anche SCHERZ.).
1.scour /ˈskaʊə(r)/ tr. *(scrub)* strofinare, pulire sfregando.
2.scour /ˈskaʊə(r)/ tr. *(search)* battere, perlustrare [*area*] (**for** alla ricerca di); ***to ~ the shops for sth.*** fare il giro dei negozi alla ricerca di qcs.
scourer /ˈskaʊərə(r)/ n. *(pad)* paglietta f. (per strofinare).
1.scourge /skɜːdʒ/ n. sferza f., frusta f., flagello m. (anche FIG.).
2.scourge /skɜːdʒ/ tr. **1** sferzare, frustare, flagellare **2** FIG. [*ruler*] opprimere; [*disease, war*] affliggere, flagellare.
scouse /skaʊs/ **I** agg. BE COLLOQ. di Liverpool **II** n. BE COLLOQ. **1** *(person)* nativo m. (-a), abitante m. e f. di Liverpool **2** LING. dialetto m. di Liverpool.
scout /skaʊt/ **I** n. **1** (anche **Scout**) scout m. e f. **2** MIL. esploratore m.; ***to have a ~ around*** andare in perlustrazione *o* in ricognizione (anche FIG.) **3** (anche **talent ~**) talent scout m. e f. **II** modif. (anche **Scout**) [*camp, leader, movement*] scout; [*uniform*] da scout; [*troop*] di scout.
scout around intr. MIL. andare in perlustrazione, andare in ricognizione; ***to ~ for sth.*** andare alla ricerca di qcs., cercare qcs.
scouting /ˈskaʊtɪŋ/ n. scoutismo m.

1.scowl /skaʊl/ n. cipiglio m.; ***with a ~*** con sguardo severo *o* corrucciato.
2.scowl /skaʊl/ intr. aggrottare le ciglia, accigliarsi.
scrabble /ˈskræbl/ intr. **1** (anche ~ **around**) *(search)* rovistare, frugare **2** *(scrape)* grattare; [*animal*] raspare; ***he ~d desperately for a hold*** cercava disperatamente un appiglio.
Scrabble® /ˈskræbl/ n. scarabeo® m.
scrag /skræg/ n. GASTR. (anche ~ **end**) collo m. di montone.
scraggly /ˈskræglɪ/ agg. AE [*beard*] incolto.
scraggy /ˈskrægɪ/ agg. [*person*] magro, ossuto; [*part of body*] ossuto, scarno; [*animal*] scheletrico.
scram /skræm/ intr. COLLOQ. (forma in -ing ecc. **-mm-**) filare via, smammare.
1.scramble /ˈskræmbl/ n. **1** *(rush)* gara f., lotta f., corsa f. **2** *(climb)* scalata f., arrampicata f. **3** SPORT gara f. di motocross **4** AER. MIL. decollo m. rapido.
2.scramble /ˈskræmbl/ **I** tr. **1** GASTR. ***to ~ eggs*** fare le uova strapazzate **2** RAD. TEL. codificare, rendere indecifrabile [*signal*]; TELEV. criptare [*signal*] **3** MIL. fare decollare in fretta [*aircraft*] **II** intr. **1** *(clamber)* arrampicarsi, inerpicarsi; ***to ~ up*** arrampicarsi su; ***~ down*** scendere (aiutandosi con braccia e gambe); ***to ~ over*** scalare [*rocks*]; scavalcare [*debris*]; ***to ~ through*** aprirsi un passaggio tra [*bushes*]; ***to ~ to one's feet*** alzarsi in modo goffo **2** *(compete)* ***to ~ for*** contendersi, lottare per [*jobs, prizes*]; ***to ~ to do*** darsi da fare per fare **3** *(rush)* ***to ~ for, to do*** precipitarsi verso, a fare.
scrambled eggs n.pl. GASTR. uova f. strapazzate.
scrambler /ˈskræmblə(r)/ n. **1** RAD. TEL. dispositivo m. per codificare messaggi **2** BE *(motorcyclist)* crossista m. e f.
scrambling /ˈskræmblɪŋ/ ➧ **10** n. **1** SPORT motocross m. **2** RAD. TEL. codifica f. di messaggi **3** TELEV. (il) criptare.
1.scrap /skræp/ **I** n. **1** *(fragment)* *(of paper, cloth)* pezzetto m., brandello m.; *(of verse, conversation)* frammento m.; *(cutting)* ritaglio m.; *(of land)* particella f., lotto m.; ***~s of news, information*** notizie, informazioni frammentarie; ***there wasn't a ~ of evidence*** non c'era neanche uno straccio di prova; ***he never does a ~ of work*** non fa mai niente **2** *(discarded goods)* *(metal)* ferraglia f.; ***to sell sth. for ~*** vendere qcs. come rottame **II scraps** n.pl. *(of food)* avanzi m.; *(in butcher's)* ritagli m., scarti m. **III** modif. [*price, value*] di rottamazione.
2.scrap /skræp/ tr. (forma in -ing ecc. **-pp-**) **1** COLLOQ. *(do away with)* lasciare perdere [*system, scheme*]; abbandonare [*talks*] **2** *(dispose of)* smantellare, demolire [*aircraft, equipment*].
3.scrap /skræp/ n. COLLOQ. *(fight)* zuffa f., rissa f.
4.scrap /skræp/ intr. COLLOQ. (forma in -ing ecc. **-pp-**) *(fight)* azzuffarsi.
scrapbook /ˈskræpbʊk/ n. album m. (di ritagli di giornali ecc.).
scrap (metal) dealer ➧ **27** n. rottamaio m., ferrovecchio m.
1.scrape /skreɪp/ n. **1** COLLOQ. *(awkward situation)* ***to get into a ~*** mettersi nei guai *o* nei pasticci; ***to get sb. into a ~*** fare finire qcn. nei pasticci **2** *(in order to clean)* ***to give sth. a ~*** raschiare qcs. **3** *(sound)* *(of cutlery, shovels)* rumore m. stridulo; *(of boots)* raschio m.
2.scrape /skreɪp/ **I** tr. **1** *(clean)* pelare [*vegetables*]; strofinare, sfregare [*shoes*] **2** *(damage)* graffiare, scalfire [*car part, furniture*] **3** *(injure)* scorticare, sbucciare [*elbow, knee etc.*] **4** *(making noise)* strisciare [*chair, feet*] **5** COLLOQ. *(get with difficulty)* ***to ~ a living*** sbarcare il lunario, tirare avanti (**doing** facendo); ***he ~d a c in biology*** è riuscito a strappare una sufficienza in biologia **II** intr. **1** ***to ~ against sth.*** [*car part*] strisciare contro qcs. **2** *(economize)* fare economia ♦ ***to ~ the bottom of the barrel*** raschiare il fondo del barile.
▪ **scrape along** → **scrape by**.
▪ **scrape by** sbarcare il lunario, tirare avanti.
▪ **scrape in** *(to university)* essere ammesso a stento; *(to class)* essere promosso per il rotto della cuffia.
▪ **scrape off:** ***~ off [sth.], ~ [sth.] off*** scrostare, grattare via.
▪ **scrape out:** ***~ out [sth.], ~ [sth.] out*** grattare via [*contents of jar*]; pulire raschiando [*saucepan*].
▪ **scrape through:** ***~ through*** farcela a stento; ***~ through [sth.]*** passare per il rotto della cuffia [*exam*].
▪ **scrape together:** ***~ [sth.] together, ~ together [sth.]*** racimolare, raggranellare [*sum of money*].
▪ **scrape up** → **scrape together**.
scraper /ˈskreɪpə(r)/ n. raschietto m.
scrap heap n. mucchio m. di rottami; ***to be thrown on the ~*** FIG. essere messo nel dimenticatoio.
scrap iron n. rottami m.pl. di ferro.
scrap merchant ➧ **27** n. rottamaio m.
scrap metal n. ferraglia f., rottame m.
scrap paper n. **U** carta f. straccia.
1.scrappy /ˈskræpɪ/ agg. *(disorganized)* [*report*] sconnesso, sconclusionato; [*game*] sconclusionato; [*meal*] preparato alla meglio.
2.scrappy /ˈskræpɪ/ n. AE COLLOQ. SPREG. *(pugnacious)* rissoso, litigioso.
scrap yard n. deposito m. di rottami; ***to take sth. to the ~*** portare qcs. dal rottamaio.
1.scratch /skrætʃ/ **I** n. **1** *(wound)* graffio m., graffiatura f.; ***I got a ~ from a cat*** un gatto mi ha graffiato **2** *(on metal, furniture, record, glass)* graffio m., riga f. **3** *(to relieve an itch)* ***to have a ~*** grattarsi, darsi una grattata **4** *(sound)* stridio m., (il) grattare **5** COLLOQ. ***she is not up to ~*** non è all'altezza **6** *(zero)* ***to start from ~*** cominciare da zero **7** SPORT scratch m., linea f. di partenza **II** agg. **1** [*team*] raccogliticcio, improvvisato; [*golfer*] improvvisato; [*meal*] improvvisato, fatto alla meglio **2** INFORM. [*file*] temporaneo.
2.scratch /skrætʃ/ **I** tr. **1** *(cancel)* cancellare [*meeting*] **2** INFORM. *(delete)* cancellare [*file*] **3** *(trace)* incidere [*initials*]; tracciare [*line*] **4** *(wound)* [*thorns, cat, person*] graffiare [*person*] **5** *(react to itch)* grattare [*spot*]; ***to ~ an itch*** grattarsi; ***to ~ one's head*** grattarsi la testa; FIG. essere perplesso, mostrare perplessità **6** *(damage)* rigare, graffiare [*car, record*]; graffiare, scalfire [*wood*]; [*cat*] farsi le unghie su [*furniture*] **7** SPORT ritirare da una gara [*competitor*] **II** intr. **1** *(relieve itch)* [*person*] grattarsi **2** *(inflict injury)* [*person, cat*] graffiare **III** rifl. ***to ~ oneself*** grattarsi ♦ ***you ~ my back and I'll ~ yours*** una mano lava l'altra.
▪ **scratch about, scratch around** [*hen*] razzolare.
▪ **scratch out:** ***~ out [sth.], ~ [sth.] out*** raschiare via, cancellare; ***to ~ sb.'s eyes out*** cavare gli occhi a qcn.
scratchcard /ˈskrætʃkɑːd/ n. gratta e vinci m.
scratch mark n. frego m.
scratch pad n. blocchetto m. di fogli per appunti.
scratch tape n. nastro m. di lavoro.
scratch test n. MED. scratch test m., test m. di scarificazione.
scratch video n. = tecnica di montaggio in cui una rapida successione di immagini è accompagnata da una colonna sonora.
scratchy /ˈskrætʃɪ/ agg. [*fabric, wool*] ruvido.
1.scrawl /skrɔːl/ n. scarabocchio m., sgorbio m.
2.scrawl /skrɔːl/ tr. e intr. scarabocchiare.
scrawny /ˈskrɔːnɪ/ agg. magro, ossuto, scheletrico.
1.scream /skriːm/ n. **1** *(of person)* grido m., strillo m.; *(stronger)* urlo m.; *(of animal)* grido m., stridio m.; *(of brakes, tyres)* stridore m.; ***~s of laughter*** scoppio di risa *o* risate **2** COLLOQ. ***to be a ~*** essere uno spasso.
2.scream /skriːm/ **I** tr. gridare, urlare; FIG. GIORN. [*headline*] mettere in risalto **II** intr. [*person*] gridare, strillare; *(stronger)* urlare; [*animal*] gridare; [*brakes, tyres*] stridere; FIG. [*colour*] saltare agli occhi, essere molto vistoso; ***to ~ at sb.*** urlare dietro a qcn.; ***to ~ with*** urlare di [*fear, pain, rage*]; gridare per [*excitement, pleasure*]; ***to ~ with laughter*** ridere a crepapelle ♦ ***to ~ the place down*** urlare a squarciagola; ***to drag sb. kicking and ~ing to the dentist*** trascinare qcn. di forza dal dentista.
screaming /ˈskriːmɪŋ/ n. *(of person)* grida f.pl., strilli m.pl.; *(stronger)* urla f.pl.; *(of animal)* grida f.pl.; *(of brakes, tyres)* stridio m., stridore m.
scree /skriː/ n. detrito m. di falda, falda f. detritica.
1.screech /skriːtʃ/ n. grido m., strillo m. acuto; *(of tyres)* stridio m., stridore m.
2.screech /skriːtʃ/ **I** tr. gridare, urlare **II** intr. [*person*] gridare, strillare, urlare; [*animal*] gridare; [*tyres*] stridere.
screech-owl /ˈskriːtʃˌaʊl/ n. BE barbagianni m.
1.screen /skriːn/ **I** n. **1** CINEM. INFORM. TELEV. schermo m.; ***on ~*** INFORM. a video; CINEM. TELEV. su schermo; ***the big, small ~*** FIG. il grande, piccolo schermo; ***he writes for the ~*** CINEM. scrive per il cinema **2** *(folding panel)* paravento m.; *(parti-*

tion) muro m. divisorio, parete f. divisoria; *(to protect)* schermo m.; ***a ~ of trees*** una fila di alberi **3** FIG. *(cover)* ***to act as a ~ for*** servire da copertura a [*illegal activity*] **4** MED. esame m. diagnostico **II** modif. CINEM. [*star*] del cinema; [*actor, appearance, debut*] cinematografico.

2.screen /skriːn/ tr. **1** CINEM. *(show on screen)* proiettare [*film*]; TELEV. trasmettere [*programme*] **2** *(conceal)* coprire; *(protect)* proteggere, riparare **3** *(test)* selezionare [*applicants*]; vagliare la richiesta di [*refugees*]; *(at airport)* controllare [*baggage*]; MED. sottoporre a esame diagnostico [*patient*]; ***to be ~ed*** [*staff*] essere sottoposto a dei controlli **4** *(sieve)* vagliare.

▪ **screen off:** ***~ off [sth.], ~ [sth.] off*** separare (con un divisorio) [*part of room, garden*].

screen door n. porta f. a zanzariera.

screen dump n. INFORM. stampa f. della schermata.

screening /ˈskriːnɪŋ/ n. **1** CINEM. TELEV. proiezione f.; ***the film has already had two ~s*** il film è già stato trasmesso due volte **2** *(of candidates)* selezione f. **3** MED. *(of patients)* screening m.; ***blood ~*** analisi del sangue; ***cancer ~*** esame diagnostico del cancro **4** *(vetting) (of calls, etc.)* selezione f.

screening room n. cabina f. di proiezione.

screening service n. MED. screening m.

screenplay /ˈskriːnpleɪ/ n. CINEM. sceneggiatura f.

screen printing n. serigrafia f.

screen rights n.pl. diritti m. cinematografici.

screen saver n. INFORM. salvaschermo m., screen saver m.

screen test n. CINEM. provino m.

screen wash n. AUT. **1** *(device)* lavacristallo m. **2** *(liquid)* liquido m. lavavetri.

screenwiper /ˈskriːnˌwaɪpə(r)/ n. AUT. tergicristallo m.

screenwriter /ˈskriːnˌraɪtə(r)/ ➧ ***27*** n. CINEM. TELEV. sceneggiatore m. (-trice).

1.screw /skruː/ n. **1** TECN. vite f. **2** AER. MAR. elica f. **3** BE COLLOQ. *(prison guard)* guardia f. carceraria **4** VOLG. *(sex)* ***to have a ~*** farsi una scopata, chiavare ♦ ***to have a ~ loose*** COLLOQ. essere svitato; ***to put the ~s on sb.*** COLLOQ. forzare la mano a qcn.

2.screw /skruː/ **I** tr. **1** TECN. avvitare [*object*] (**into** in); ***to ~ the top on the bottle*** mettere il tappo alla bottiglia, chiudere la bottiglia con il tappo **2** COLLOQ. *(extort)* ***to ~ sth. out of sb.*** estorcere qcs. a qcn. **3** POP. *(swindle)* fregare [*person*] **4** POP. *(have sex with)* chiavare, scopare **II** intr. **1** TECN. ***to ~ onto, into*** avvitarsi su, in **2** POP. *(have sex)* chiavare, scopare ♦ ***to have one's head ~ed on*** avere la testa sulle spalle.

▪ **screw down:** ***~ down*** avvitarsi; ***~ [sth.] down, ~ down [sth.]*** avvitare.

▪ **screw in:** ***~ in*** avvitarsi; ***~ [sth.] in, ~ in [sth.]*** avvitare.

▪ **screw off:** ***~ off*** svitarsi; ***~ [sth.] off, ~ off [sth.]*** svitare.

▪ **screw on:** ***~ on*** avvitarsi; ***~ [sth.] on, ~ on [sth.]*** avvitare.

▪ **screw round** ***to ~ one's head round*** girare la testa.

▪ **screw together:** ***~ together*** [*parts*] avvitarsi; ***~ [sth.] together, ~ together [sth.]*** fissare con viti [*table*].

▪ **screw up:** ***~ up*** COLLOQ. [*person*] piantare un casino; [*company*] andare in malora; ***~ [sth.] up, ~ up [sth.]*** **1** *(crumple)* accartocciare [*piece of paper*]; ***to ~ up one's eyes, one's face*** strizzare gli occhi, fare una smorfia **2** COLLOQ. *(make a mess of)* mandare all'aria [*plan*] **3** *(summon)* ***to ~ up the courage to do*** trovare il coraggio di fare; ***~ [sb.] up*** COLLOQ. scombussolare, innervosire [*person*].

screwball /ˈskruːbɔːl/ **I** n. COLLOQ. svitato m. (-a) **II** modif. COLLOQ. [*person*] svitato; [*film*] demenziale.

screw-cap /ˌskruːˈkæp, AE ˈskruːˌkæp/ n. coperchio m., tappo m. a vite.

screwdriver /ˈskruːdraɪvə(r)/ n. cacciavite m., giravite m.

screwed-up /ˌskruːdˈʌp/ agg. COLLOQ. *(confused)* incasinato, scombussolato; *(neurotic)* isterico, nevrotico.

screw-in /ˈskruːˌɪn/ agg. [*lightbulb*] a vite.

screw top I n. coperchio m., tappo m. a vite **II screw-top** modif. [*jar*] con coperchio a vite; [*bottle*] con tappo a vite.

screwy /ˈskruːɪ/ agg. COLLOQ. svitato.

1.scribble /ˈskrɪbl/ n. scarabocchio m., sgorbio m.

2.scribble /ˈskrɪbl/ tr. e intr. scarabocchiare, scribacchiare.

▪ **scribble down:** ***~ [sth.] down, ~ down [sth.]*** scarabocchiare [*note*].

▪ **scribble out:** ***~ [sth.] out, ~ out [sth.]*** scribacchiare, scarabocchiare [*sentence*].

scribe /skraɪb/ n. STOR. BIBL. scriba m.

scrimmage /ˈskrɪmɪdʒ/ n. **1** AE *(in football)* mischia f. **2** *(struggle)* rissa f., zuffa f.

scrimp /skrɪmp/ intr. economizzare, fare economia; ***to ~ on sth.*** SPREG. lesinare su qcs.; ***to ~ and save*** fare economia su tutto.

1.script /skrɪpt/ n. **1** CINEM. TEATR. RAD. TELEV. testo m., sceneggiatura f., copione m. **2** *(handwriting)* calligrafia f. **3** BE SCOL. UNIV. compito m. scritto, elaborato m.

2.script /skrɪpt/ tr. scrivere la sceneggiatura di [*film, etc.*].

scripted /ˈskrɪptɪd/ **I** p.pass. → **2.script II** agg. CINEM. RAD. TELEV. da, secondo copione.

scriptural /ˈskrɪptʃərəl/ agg. FORM. scritturale, relativo alla Sacra Scrittura.

scripture /ˈskrɪptʃə(r)/ n. (anche **Holy Scripture**, **Holy Scriptures**) *(Christian)* Sacre Scritture f.pl.; *(other)* testi m.pl. sacri.

scriptwriter /ˈskrɪptraɪtə(r)/ ➧ ***27*** n. CINEM. RAD. TELEV. sceneggiatore m. (-trice), soggettista m. e f.

1.scroll /skrəʊl/ n. **1** *(manuscript)* rotolo m. **2** ARCH. ART. *(on column)* voluta f.; *(on violin)* riccio m., chiocciola f.

2.scroll /skrəʊl/ **I** tr. INFORM. ***to ~ sth. up, down*** fare scorrere verso l'alto, il basso **II** intr. INFORM. scorrere.

scroll arrow n. INFORM. freccia f. di scorrimento; ***up, down, right ~*** freccia di scorrimento verso l'alto, il basso, destra.

scroll bar n. INFORM. barra f. di scorrimento.

scrolling /ˈskrəʊlɪŋ/ n. INFORM. scorrimento m.

Scrooge /skruːdʒ/ n. COLLOQ. spilorcio m. (-a), taccagno m. (-a).

scrotum /ˈskrəʊtəm/ n. (pl. **~s, -a**) scroto m.

1.scrounge /skraʊndʒ/ n. COLLOQ. ***to be on the ~*** scroccare.

2.scrounge /skraʊndʒ/ **I** tr. COLLOQ. scroccare; ***to ~ sth. off sb.*** scroccare qcs. a qcn. **II** intr. COLLOQ. ***to ~ off sb.*** vivere sulle spalle di qcn.

scrounger /ˈskraʊndʒə(r)/ n. COLLOQ. scroccone m. (-a).

1.scrub /skrʌb/ n. **1** *(clean)* ***to give sth. a (good) ~*** dare una bella pulita a qcs. **2** BOT. sterpaglia f., macchia f. **3** COSMET. peeling m.

2.scrub /skrʌb/ **I** tr. (forma in -ing ecc. **-bb-**) **1** *(clean)* sfregare, pulire fregando [*floor, object, back*]; lavare bene [*mussel, vegetable*]; ***to ~ one's nails*** pulirsi le unghie **2** COLLOQ. *(scrap)* mandare a monte, annullare [*meeting*]; scartare, lasciare perdere [*idea*] **II** intr. (forma in -ing ecc. **-bb-**) pulire fregando, sfregare **III** rifl. (forma in -ing ecc. **-bb-**) ***to ~ oneself*** sfregarsi.

▪ **scrub down:** ***~ down [sth., sb.], ~ [sth., sb.] down*** lavare, sfregare bene.

▪ **scrub off:** ***~ off [sth.], ~ [sth.] off*** raschiare via [*stain, graffiti*].

▪ **scrub out:** ***~ out [sth.], ~ [sth.] out*** *(clean inside)* sfregare bene [*pan*]; *(rub out)* cancellare (con la gomma) [*word, line*].

▪ **scrub up** [*surgeon*] lavarsi bene le mani e gli avambracci (prima di un intervento).

scrubbing board n. asse f. da, per lavare.

scrubb(ing) brush n. spazzola f. dura, spazzolone m.

scrubby /ˈskrʌbɪ/ agg. [*land*] sterposo, coperto di arbusti; [*tree*] stentato, cresciuto male.

scruff /skrʌf/ n. **1** *(nape)* ***by the ~ of the neck*** per la collottola **2** BE COLLOQ. *(untidy person)* ***he's a bit of a ~*** è piuttosto trasandato.

scruffy /ˈskrʌfɪ/ agg. [*clothes, person*] sciatto, trasandato; [*flat, town*] fatiscente.

scrum /skrʌm/ n. **1** *(in rugby)* mischia f. **2** BE COLLOQ. *(crowd)* calca f.

scrum half n. SPORT mediano m. di mischia.

scrummage /ˈskrʌmɪdʒ/ n. *(in rugby)* mischia f.

scrumptious /ˈskrʌmpʃəs/ agg. COLLOQ. delizioso.

scrumpy /ˈskrʌmpɪ/ n. BE = sidro forte prodotto principalmente nel sud-ovest dell'Inghilterra.

1.scrunch /skrʌntʃ/ n. scricchiolio m.

2.scrunch /skrʌntʃ/ intr. [*footsteps*] scricchiolare; [*tyres*] stridere.

▪ **scrunch up:** ***~ up*** AE accartocciarsi; ***~ [sth.] up, ~ up [sth.]*** accartocciare.

1.scruple /'skru:pl/ n. scrupolo m.; ***to have ~s, no ~s about doing*** farsi scrupolo, non farsi scrupoli di fare.
2.scruple /'skru:pl/ intr. ***not to ~ to do*** non farsi scrupolo di fare.
scrupulous /'skru:pjʊləs/ agg. scrupoloso; ***to be ~ about punctuality*** tenerci molto alla puntualità.
scrutineer /ˌskru:tɪ'nɪə(r), AE -tn'ɪər/ n. scrutatore m. (-trice), scrutinatore m. (-trice).
scrutinize /'skru:tɪnaɪz, AE -tənaɪz/ tr. scrutare [*face*]; esaminare minuziosamente [*document*]; verificare [*accounts*]; analizzare a fondo [*motives*]; scrutinare [*votes*]; controllare [*activity*].
scrutiny /'skru:tɪnɪ, AE 'skru:tənɪ/ n. **1** *(investigation)* esame m. (approfondito); ***to come under ~*** essere esaminato approfonditamente; ***to avoid ~*** evitare il controllo **2** *(surveillance)* sorveglianza f. **3** *(look)* sguardo m. scrutatore.
scuba /'sku:bə/ n. autorespiratore m.
scuba diver n. SPORT sub m. e f., subacqueo m. (-a).
scuba diving ➧ *10* n. ***to go ~*** fare immersioni subacquee con autorespiratore.
scud /skʌd/ intr. (forma in -ing ecc. **-dd-**) [*ship*] correre in poppa; [*cloud*] correre, inseguirsi.
1.scuff /skʌf/ n. (anche **~ mark**) segnaccio m., frego m.
2.scuff /skʌf/ tr. consumare [*shoes*]; rigare [*floor, furniture*]; ***to ~ one's feet*** strisciare i piedi.
1.scuffle /'skʌfl/ n. baruffa f.
2.scuffle /'skʌfl/ intr. fare baruffa, azzuffarsi.
1.scull /skʌl/ n. **1** *(boat)* sandolino m. **2** *(single oar)* remo m. da bratto **3** *(one of a pair of oars)* remo m. di coppia, remo m. doppio.
2.scull /skʌl/ *(with one oar at stern)* brattare; *(with two oars)* vogare, remare (con remi di coppia).
scullery /'skʌlərɪ/ n. BE retrocucina m.
sculpt /skʌlpt/ tr. e intr. scolpire.
sculptor /'skʌlptə(r)/ ➧ *27* n. scultore m.
sculptress /'skʌlptrɪs/ ➧ *27* n. scultrice f.
sculptural /'skʌlptʃərəl/ agg. scultoreo.
1.sculpture /'skʌlptʃə(r)/ **I** n. scultura f. **II** modif. [*class*] di scultura; [*gallery*] di sculture.
2.sculpture /'skʌlptʃə(r)/ tr. scolpire.
scum /skʌm/ n. **1** *(on pond, liquid)* schiuma f., strato m. di impurità (che si forma in superficie) **2** *(on bath)* patina f. di sporco **3** POP. SPREG. ***they're the ~ of the earth*** sono la feccia della società.
scupper /'skʌpə(r)/ tr. BE **1** affondare deliberatamente, mandare a picco [*ship*] **2** COLLOQ. FIG. mandare all'aria [*plan*].
scurf /skɜ:f/ n. U **1** *(dandruff)* forfora f. **2** *(dead skin)* squama f.
scurfy /'skɜ:fɪ/ agg. [*hair*] forforoso.
scurrility /skə'rɪlətɪ/ n. FORM. scurrilità f.
scurrilous /'skʌrɪləs/ agg. scurrile.
1.scurry /'skʌrɪ/ n. U ***the ~ of feet*** il rumore di passi affrettati.
2.scurry /'skʌrɪ/ intr. affrettarsi, precipitarsi; ***to ~ to and fro*** correre su e giù; ***to ~ away, off*** scappare, fuggire.
scurvy /'skɜ:vɪ/ ➧ *11* n. MED. scorbuto m.
1.scuttle /'skʌtl/ n. **1** *(hatch)* portellino m., oblò m. **2** (anche **coal ~**) *(bucket)* secchio m. per il carbone.
2.scuttle /'skʌtl/ **I** tr. affondare deliberatamente (aprendo i portelli) [*ship*]; FIG. mandare in fumo, all'aria [*project*] **II** intr. ***to ~ across sth.*** attraversare qcs. correndo velocemente; ***to ~ away, off*** correre via, filarsela.
1.scythe /saɪð/ n. falce f. fienaia.
2.scythe /saɪð/ tr. falciare [*grass*].
Scythian /'sɪðɪən, AE 'sɪθ-/ **I** agg. scita **II** n. **1** *(person)* scita m. e f. **2** *(language)* lingua f. scita.
SDLP n. POL. *(in Ireland)* (⇒ Social Democratic and Labour Party) = partito socialdemocratico e laburista.
SE ➧ *21* ⇒ southeast sud-est (SE).
sea /si:/ ➧ *20* **I** n. **1** mare m.; ***beside*** o ***by the ~*** vicino al mare; ***open ~*** mare aperto; ***to be at ~*** essere in mare; ***once out to ~*** una volta (che saremo) in mare aperto; ***to put (out) to ~*** prendere il largo; ***to go to ~*** [*boat*] salpare; ***a long way out to ~*** molto lontano dalla costa; ***by ~*** [*travel, send*] per mare; ***to bury sb. at ~*** seppellire qcn. in mare; ***the Mediterranean, North Sea*** il Mare Mediterraneo, del Nord **2** *(as career)* ***to go to ~*** *(join Navy)* arruolarsi in marina; *(join ship)* imbarcarsi **3** *(sailor's life)* ***the ~*** la vita del marinaio **4** FIG. ***a ~ of*** una marea di [*faces*] **II seas** n.pl. ***heavy ~s*** mare grosso **III** modif. [*breeze*] marino; [*air*] di mare; [*crossing*] del mare; [*voyage*] per mare; [*battle*] navale; [*creature*] del mare, marino; [*power*] marittimo ♦ ***to be all at ~*** essere *o* sentirsi sperso; ***to get one's ~ legs*** abituarsi al mare.
sea anemone n. anemone m. di mare.
sea bass n. (pl. **~, ~es**) branzino m., spigola f.
seabed /'si:bed/ n. fondo m. marino, fondale m.
seaboard /'si:bɔ:d/ n. costa f., litorale m.
sea bream n. pagello m.
sea captain ➧ *23* n. capitano m. di marina.
sea change n. inversione f. di rotta, svolta f. radicale.
sea defences BE, **sea defenses** AE n.pl. dighe f.
sea dog n. lupo m. di mare.
sea dumping n. scarico m. di rifiuti in mare.
seafaring /'si:ˌfeərɪŋ/ agg. [*nation*] marinaro; ***my ~ days*** la mia vita da marinaio; ***a ~ man*** un uomo di mare.
seafood /'si:fu:d/ **I** n. frutti m.pl. di mare **II** modif. [*dish*] di frutti di mare; [*sauce*] ai frutti di mare.
seafront /'si:frʌnt/ n. lungomare m.
seagoing /'si:ˌgəʊɪŋ/ agg. [*ship*] d'altura.
sea-green /ˌsi:'gri:n/ ➧ *5* **I** agg. verde mare **II** n. *(colour)* verde m. mare.
seagull /'si:ˌgʌl/ n. gabbiano m.
sea horse n. cavalluccio m. marino, ippocampo m.
seakale /'si:ˌkeɪl/ n. cavolo m. marino.
1.seal /si:l/ **I** n. ZOOL. foca f. **II** modif. ZOOL. [*hunting*] alla foca; [*meat*] di foca; [*population*] di foche.
2.seal /si:l/ n. **1** sigillo m. (anche DIR.); ***to set one's ~ on*** mettere il proprio sigillo su [*document*]; FIG. concludere [*match*]; ***to set the ~ on*** suggellare [*friendship*]; confermare [*trend, regime*]; ***to give sth. one's ~ of approval*** dare la propria approvazione a qcs.; ***look for our ~ of quality*** controllate che ci sia il nostro marchio di qualità **2** *(on container, door)* guarnizione f.; *(on package, letter)* sigillo m. **3** *(closure)* chiusura f.; ***to have a poor ~*** chiudere male.
3.seal /si:l/ tr. **1** *(authenticate)* sigillare [*document*] **2** *(close)* sigillare [*envelope*]; piombare [*container*]; chiudere [*pipe*]; riempire [*gap*] **3** *(make airtight, watertight)* chiudere ermeticamente [*jar, tin*] **4** FIG. suggellare [*alliance, friendship*]; concludere [*deal*]; ***to ~ sb.'s fate*** decidere della sorte di qcn.
▪ **seal in: *~ [sth.] in, ~ in [sth.]*** conservare [*flavour*].
▪ **seal off: *~ [sth.] off, ~ off [sth.]*** **1** *(isolate)* isolare [*corridor*] **2** *(cordon off)* circondare [*building*]; bloccare (l'accesso a) [*street*].
▪ **seal up: *~ [sth.] up, ~ up [sth.]*** chiudere ermeticamente [*jar*]; riempire [*gap*].
sea lane n. rotta f. marittima.
sealant /'si:lənt/ n. *(coating)* rivestimento m. a tenuta stagna; *(filler)* sigillante m.
seal cull(ing) n. massacro m. delle foche.
sealed /si:ld/ **I** p.pass. → **3.seal II** agg. [*envelope, door*] sigillato; [*orders*] in busta chiusa; [*jar*] chiuso ermeticamente.
sea level n. livello m. del mare; ***above, below ~*** sopra, sotto il livello del mare.
sealing wax n. ceralacca f.
sea lion n. leone m. marino.
sealskin /'si:lskɪn/ **I** n. pelle f. di foca **II** modif. [*gloves*] in pelle di foca.
1.seam /si:m/ n. **1** SART. cucitura f.; ***to be bursting at the ~s*** [*suitcase*] essere pieno zeppo; ***to come apart at the ~*** [*garment*] scucirsi; FIG. [*marriage*] sfaldarsi; [*plan*] fallire **2** IND. TECN. giunzione f. **3** GEOL. filone m.
2.seam /si:m/ tr. SART. cucire.
seaman /'si:mən/ ➧ *23* n. (pl. **-men**) MIL. MAR. marinaio m.
seamanship /'si:mənʃɪp/ n. arte f. della navigazione.
seamed /si:md/ **I** p.pass. → **2.seam II** agg. [*stockings*] con cucitura.
sea mile n. miglio m. marino.
seamless /'si:mlɪs/ agg. [*garment, cloth*] senza cuciture; [*transition*] ininterrotto; [*process*] continuo.
seamstress /'semstrɪs/ ➧ *27* n. sarta f., cucitrice f.

seamy /ˈsiːmɪ/ agg. [*intrigue*] squallido; [*scandal*] sordido; [*area*] malfamato.
seance /ˈseɪɑːns/ n. seduta f. spiritica.
seaplane /ˈsiːpleɪn/ n. idrovolante m.
seaport /ˈsiːpɔːt/ n. porto m. marittimo.
seaquake /ˈsiːkweɪk/ n. maremoto m.
sear /sɪə(r)/ tr. **1** *(scorch)* disseccare, inaridire **2** *(seal)* cauterizzare [*wound*] **3** *(brown)* scottare [*meat*].
1.search /sɜːtʃ/ n. **1** *(seeking)* ricerca f. (**for sb., sth.** di qcn., qcs.); ***in ~ of*** alla ricerca *o* in cerca di **2** *(of house, area, etc.)* ispezione f.; ***to carry out a ~ of sth.*** perquisire qcs. **3** INFORM. ricerca f.
2.search /sɜːtʃ/ **I** tr. **1** *(examine)* perlustrare [*area*]; rovistare in [*drawer*]; perquisire [*person, luggage, house*]; [*person*] esaminare (attentamente) [*page, map, records*]; frugare in [*memory*]; ***~ me!*** COLLOQ. non ne ho la più pallida idea! chi lo sa! **2** INFORM. cercare in [*file*] **II** intr. **1** *(seek)* cercare; ***to ~ for*** o ***after sb., sth.*** cercare qcn., qcs. **2** *(examine)* ***to ~ through*** frugare in [*bag, records, file*] **3** INFORM. ***to ~ for*** cercare [*data, file*].
▪ **search about**, **search around** cercare qua e là.
▪ **search out:** ***~ [sb., sth.] out, ~ out [sb., sth.]*** scoprire.
search-and-replace /ˌsɜːtʃənrɪˈpleɪs/ n. INFORM. trova e sostituisci m.
search engine n. motore m. di ricerca.
searcher /ˈsɜːtʃə(r)/ n. cercatore m. (-trice).
searching /ˈsɜːtʃɪŋ/ agg. [*look, question*] inquisitorio.
searchlight /ˈsɜːtʃlaɪt/ n. proiettore m.
search party n. squadra f. di soccorso.
search warrant n. DIR. mandato m. di perquisizione.
searing /ˈsɪərɪŋ/ agg. [*heat*] incandescente; [*pain*] lancinante; [*criticism, indictment*] virulento.
sea route n. rotta f. navale.
sea salt n. sale m. marino.
seascape /ˈsiːskeɪp/ n. ART. marina f.
seashell /ˈsiːʃel/ n. conchiglia f.
seashore /ˈsiːʃɔː(r)/ n. *(part of coast)* litorale m.; *(beach)* spiaggia f.
seasick /ˈsiːsɪk/ agg. ***to be*** o ***get*** o ***feel ~*** avere il mal di mare.
seasickness /ˈsiːsɪknɪs/ ♦ ***11*** n. mal m. di mare.
seaside /ˈsiːsaɪd/ **I** n. ***the ~*** il mare, la spiaggia; ***to go to the ~*** andare al mare **II** modif. [*holiday*] al mare; [*hotel*] lungomare; [*town*] marittimo; ***~ resort*** stazione balneare.
1.season /ˈsiːzn/ n. **1** *(time of year)* stagione f.; ***rainy ~*** stagione delle piogge; ***football ~*** stagione calcistica; ***it's the ~ for tulips*** è la stagione dei tulipani; ***strawberries are in, out of ~*** le fragole sono di stagione, fuori stagione; ***the town is quiet out of ~*** la città è tranquilla durante la bassa stagione; ***late in the ~*** alla fine della stagione; ***the holiday ~*** il periodo delle vacanze **2** *(festive period)* ***the Christmas ~*** il periodo natalizio; ***Season's greetings!*** *(on Christmas cards)* Buone Feste! **3** CINEM. TEATR. TELEV. stagione f.; ***a ~ of Italian films*** una rassegna di film italiani.
2.season /ˈsiːzn/ tr. **1** GASTR. *(with spices)* insaporire, aromatizzare; *(with condiments)* condire; ***~ with salt and pepper*** salare e pepare **2** *(prepare)* stagionare [*timber, cask*].
seasonable /ˈsiːznəbl/ agg. **1** [*clothes*] adatto alla stagione; [*weather*] tipico della stagione **2** [*timely*] tempestivo, opportuno.
seasonal /ˈsiːzənl/ agg. [*work*] stagionale; [*fruit, produce*] di stagione.
seasonally /ˈsiːzənəlɪ/ avv. [*change*] a seconda della stagione; ***~ adjusted figures*** ECON. cifre corrette a seconda dei cambiamenti stagionali.
seasoned /ˈsiːznd/ **I** p.pass. → **2.season II** agg. **1** [*timber*] stagionato; [*wine*] invecchiato **2** *(experienced)* [*soldier, traveller, leader*] esperto; [*campaigner, performer*] esperto, provetto **3** GASTR. [*dish*] condito.
seasoning /ˈsiːznɪŋ/ n. GASTR. condimento m.
season ticket n. *(in transport, sport, theatre)* abbonamento m.
season ticket holder n. *(in transport, sport, theatre)* abbonato m. (-a).
1.seat /siːt/ **I** n. **1** *(allocated place)* posto m. (a sedere); ***to book a ~*** *(in theatre)* prenotare un posto; *(on train)* fare una prenotazione; ***has everybody got a ~?*** siete riusciti a sedervi tutti? avete tutti un posto a sedere? ***keep your ~s please*** rimanete ai vostri posti per favore **2** *(type, object)* sedia f., sedile m. (anche AUT.); *(bench-type)* panchina f.; ***back ~*** sedile posteriore; ***take*** o ***have a ~*** sedetevi; ***sit in the front ~*** siediti davanti **3** BE POL. seggio m.; ***safe ~*** seggio sicuro; ***marginal ~*** = seggio ottenuto con una maggioranza minima; ***to have a ~ on the council*** avere un seggio in consiglio **4** *(location)* sede f.; ***~ of government, learning*** sede del governo, del sapere **5** EQUIT. ***to have a good ~*** avere un buon assetto **6** EUFEM. *(bottom)* sedere m. **7** *(of trousers)* fondo m. **II -seat** agg. in composti ***a 150~ plane*** un aereo da 150 posti ♦ ***to take*** o ***occupy a back ~*** tenersi in disparte.
2.seat /siːt/ **I** tr. **1** *(assign place to)* fare sedere [*person*] **2** *(have seats for)* ***the car ~s five*** l'automobile ha cinque posti; ***the table ~s six*** è un tavolo da sei persone; ***the room ~s 30 people*** la stanza ha 30 posti a sedere **II** rifl. ***to ~ oneself*** sedersi.
seatbelt /ˈsiːtbelt/ n. cintura f. di sicurezza.
seatbelt tensioner /ˈsiːtbeltˌtenʃnə(r)/ n. AUT. pretensionatore m.
seated /ˈsiːtɪd/ **I** p.pass. → **2.seat II** agg. seduto; ***to be ~ at*** essere seduto a [*table*]; ***is everybody ~?*** siete tutti seduti? ***please remain ~*** per favore state seduti.
seater /ˈsiːtə(r)/ n. **-seater** in composti ***two-~*** AUT. automobile a due posti, biposto; AER. velivolo a due posti, biposto; *(sofa)* divano a due posti; ***all-~ stadium*** BE stadio senza posti in piedi.
seating /ˈsiːtɪŋ/ **I** n. *(places)* posti m.pl. a sedere; ***to introduce extra ~*** aggiungere delle sedie; ***I'll organize the ~*** mi occuperò della disposizione dei posti (a sedere) **II** modif. ***~ capacity*** numero di posti a sedere; ***~ plan*** assegnazione dei posti a sedere.
sea trout n. (pl. ~) trota f. di mare.
sea urchin n. riccio m. di mare.
sea view n. vista f. sul mare.
seawall /ˌsiːˈwɔːl/ n. diga f. marittima, argine m.
seaward /ˈsiːwəd/ **I** agg. [*side of building*] che dà sul mare; [*side of cape*] che si affaccia sul mare **II** avv. (anche **~s**) [*fly*] verso il mare; [*move, gaze*] verso il mare, al largo.
seawater /ˌsiːˈwɔːtə(r)/ n. acqua f. di mare.
seaway /ˈsiːˌweɪ/ n. *(connecting two tracts of sea)* canale m.
seaweed /ˈsiːwiːd/ n. alga f. marina.
seaworthy /ˈsiːwɜːðɪ/ agg. [*vessel*] atto alla navigazione, navigabile.
sebaceous /sɪˈbeɪʃəs/ agg. sebaceo.
Sebastian /sɪˈbæstɪən/ n.pr. Sebastiano.
sebum /ˈsiːbəm/ n. sebo m.
sec /sek/ n. (accorc. second) **1** secondo m. **2** COLLOQ. *(short instant)* attimo m.
secant /ˈsiːkənt/ n. MAT. secante f.
secateurs /ˌsekəˈtɜːz, ˈsekətɜːz/ n.pl. BE cesoie f.
secede /sɪˈsiːd/ intr. separarsi.
secession /sɪˈseʃn/ n. secessione f.
secessionist /sɪˈseʃənɪst/ **I** n. secessionista m. e f. **II** agg. secessionista, secessionistico.
secluded /sɪˈkluːdɪd/ agg. isolato, ritirato.
seclusion /sɪˈkluːʒn/ n. isolamento m.; ***to live in ~*** fare una vita ritirata; ***in the ~ of one's own home*** nell'intimità della propria casa.
1.second /ˈsekənd/ ♦ ***19, 8, 4, 33*** **I** determ. secondo; ***~ teeth*** denti permanenti; ***every ~ day*** ogni due giorni; ***to have*** o ***take a ~ helping (of sth.)*** prendere un'altra porzione (di qcs.); ***to have a ~ chance to do sth.*** avere una seconda occasione per fare qcs.; ***to ask for a ~ opinion*** *(from doctor)* chiedere il parere di un altro dottore **II** pron. **1** *(ordinal number)* secondo m. (-a); ***he came a good*** o ***close ~*** non è arrivato primo per un pelo; ***he came a poor ~*** è arrivato secondo, ma con un grande stacco dal primo; ***the problem of crime was seen as ~ only to unemployment*** il problema della criminalità viene subito dopo quello della disoccupazione **2** *(of month)* due m.; ***the ~ of May*** il due maggio **III** n. **1** *(unit of time)* secondo m. (anche MAT. FIS.); *(instant)* momento m.; ***this won't take a ~*** ci vorrà un attimo; ***they should arrive any ~ now*** dovrebbero arrivare da un momento all'altro; ***at six o'clock to the ~*** alle sei precise **2** GB UNIV. ***upper, lower ~*** = livello di valutazione

più alto, più basso nel second class degree 3 AUT. (anche ~ **gear**) seconda f. 4 *(defective article)* merce f. di seconda scelta 5 *(in boxing)* secondo m.; *(in duel)* secondo m., padrino m. 6 MUS. seconda f. IV avv. 1 *(in second place)* secondo; [*come, finish*] secondo, in seconda posizione; [*speak*] per secondo; [*travel*] in seconda classe; ***the fact that he's my father comes*** ~ il fatto che sia mio padre è secondario 2 (anche **secondly**) secondo, in secondo luogo ♦ ***to be ~ nature*** venire naturale; ***to be ~ to none*** non essere secondo a nessuno; ***to do sth. without (giving it) a ~ thought*** fare qcs. senza pensarci due volte; ***on ~ thoughts*** ripensandoci; ***to have ~ thoughts about doing*** pensarci due volte prima di *o* avere dei ripensamenti sul fare.

2.second /ˈsekənd/ tr. appoggiare [*motion*].

3.second /sɪˈkɒnd/ tr. MIL. COMM. distaccare.

secondary /ˈsekəndrɪ, AE -derɪ/ I agg. 1 [*consideration, importance*] secondario, marginale; [*effect, road, colour*] secondario; [*sense, meaning*] derivato 2 LING. [*accent, stress*] secondario 3 PSIC. [*process*] secondario 4 SCOL. [*education, level*] secondario; [*teacher*] della scuola secondaria 5 ECON. ***~ industry*** settore secondario II n. MED. metastasi f.

secondary health care n. assistenza f. sanitaria postospedaliera.

secondary infection n. superinfezione f.

secondary modern (school) n. GB = scuola superiore che offre una preparazione generale ai ragazzi che non hanno intenzione di continuare gli studi.

secondary school n. scuola f. secondaria.

second ballot n. ballottaggio m.

second best I n. ***to settle for*** o ***take ~*** accontentarsi di un ripiego; ***as a ~, ...*** come soluzione di ripiego, ... II avv. ***he came off ~*** BE o ***out ~*** AE è arrivato secondo; ***quality often comes off ~*** spesso la qualità viene penalizzata.

second chamber n. camera f. alta.

second class I n. 1 GB = posta ordinaria 2 FERR. seconda classe f. II **second-class** agg. 1 GB [*stamp*] per posta ordinaria; ***second-class mail*** = posta ordinaria 2 FERR. [*carriage, ticket*] di seconda classe 3 BE UNIV. ***second-class degree*** = diploma di laurea di livello inferiore al first degree 4 *(second rate)* [*goods*] di seconda qualità; [*treatment*] di qualità inferiore; [*citizen*] di serie B III avv. 1 FERR. [*travel*] in seconda classe 2 [*send*] con posta ordinaria.

second cousin n. cugino m. (-a) di secondo grado, cugino m. (-a) secondo (-a).

second degree n. UNIV. = diploma di laurea di livello inferiore al first degree.

seconder /ˈsekəndə(r)/ n. = persona che appoggia una mozione.

second-guess /ˌsekəndˈges/ tr. COLLOQ. indovinare [*thoughts*]; prevedere [*reaction*]; ***to ~ sb.*** anticipare le mosse di qcn.

second hand I n. *(on watch, clock)* lancetta f. dei secondi II **second-hand** agg. [*clothes, car, goods, news, information*] di seconda mano; [*market, value*] dell'usato; [*opinion*] non originale; ***second-hand dealer*** rigattiere III avv. [*buy*] di seconda mano; [*find out*] indirettamente.

second in command ➧ 23 n. 1 MIL. comandante m. in seconda, vicecomandante m. 2 *(to a person in charge)* secondo m.

second language n. seconda lingua f.

secondly /ˈsekəndlɪ/ avv. secondariamente, in secondo luogo.

secondment /sɪˈkɒndmənt/ n. distacco m.; ***on ~*** in trasferta.

second name n. 1 *(surname)* cognome m. 2 *(second forename)* secondo nome m.

second-rate /ˌsekəndˈreɪt/ agg. [*actor, novel*] di second'ordine, mediocre; [*institution*] di second'ordine; [*product*] di scarsa qualità.

seconds /ˈsekəndz/ n.pl. COLLOQ. *(helping)* bis m.sing.; ***to ask for, have ~*** chiedere, fare il bis.

second sight n. preveggenza f.

secrecy /ˈsiːkrəsɪ/ n. segretezza f.; ***in ~*** in segreto; ***why all the ~?*** perché tutti questi segreti? ***there's no need for ~*** non è un segreto; ***she's been sworn to ~*** le è stato fatto giurare di mantenere il segreto.

secret /ˈsiːkrɪt/ I agg. [*passage, meeting, admirer*] segreto; [*contributor*] anonimo; ***to keep sth. ~ from sb.*** tenere qcs. nascosto a qcn.; ***to be a ~ drinker*** bere di nascosto II n. 1 *(unknown thing)* segreto m.; ***to let sb. in on a ~*** mettere qcn. a parte di un segreto; ***I make no ~ of my membership of the party*** la mia appartenenza al partito non è un segreto; ***it's an open ~*** è un segreto di Pulcinella; ***there's no ~ about how*** non è un segreto come 2 *(key factor)* segreto m. 3 **in secret** in segreto.

secret agent n. agente m. segreto.

secretarial /ˌsekrəˈteərɪəl/ agg. [*course*] per segretario; [*skills*] di, da segretario; [*work*] di segretario; [*college*] per segretarie d'azienda; [*staff*] addetto a mansioni segretariali.

secretariat /ˌsekrəˈteərɪət/ n. segretariato m.

secretary /ˈsekrətrɪ, AE -roterɪ/ ➧ 27 n. 1 AMM. segretario m. (-a) (**to sb.** di qcn.) 2 GB POL. ***Foreign, Home Secretary*** ministro degli esteri, dell'interno; ***Secretary of State for the Environment*** ministro dell'ambiente 3 US POL. ***Defense Secretary*** ministro della difesa; ***Secretary of State*** GB ministro; US ministro degli esteri.

secrete /sɪˈkriːt/ tr. 1 BIOL. MED. secernere 2 *(hide)* celare.

secretion /sɪˈkriːʃn/ n. BIOL. MED. secrezione f.

secretive /ˈsiːkrətɪv/ agg. [*person*] riservato; [*organization*] segreto; [*expression, conduct*] misterioso; ***to be ~ about*** essere misterioso riguardo a.

secretively /ˈsiːkrətɪvlɪ/ avv. *(mysteriously)* in modo misterioso, misteriosamente; *(furtively)* furtivamente.

secretly /ˈsiːkrɪtlɪ/ avv. segretamente.

secret police n. polizia f. segreta.

secret service n. servizi m.pl. segreti.

Secret Service n. US = servizi segreti incaricati di proteggere il presidente e gli alti funzionari di stato.

secret society n. società f. segreta.

secret weapon n. arma f. segreta (anche FIG.).

sect /sekt/ n. setta f.

sectarian /sekˈteərɪən/ I agg. settario II n. settario m. (-a).

sectarianism /sekˈteərɪənɪzəm/ n. settarismo m.

1.section /ˈsekʃn/ n. 1 *(of train)* scompartimento m.; *(of aircraft, town, area)* parte f., zona f.; *(of pipe, tunnel, road, river)* troncone m.; *(of object)* componente m.; *(of kit)* pezzo m.; *(of fruit)* spicchio m.; *(of population)* fetta f.; *(of group)* parte f. 2 *(department) (of company)* ufficio m.; *(of government)* settore m.; *(of library, shop)* reparto m. 3 *(of act, bill)* articolo m.; *(of report)* paragrafo m.; *(of newspaper)* rubrica f., pagina f.; ***under ~ 7*** ai sensi dell'articolo 7 4 *(of book)* passo m., brano m.; *(larger)* parte f., sezione f. 5 MIL. plotone m. 6 BIOL. lamina f. 7 MAT. sezione f. 8 MED. sezione f. 9 FERR. *(part of network)* tronco m. 10 AE FERR. *(of sleeping car)* scompartimento m. di vagone letto.

2.section /ˈsekʃn/ tr. sezionare (anche MED.).

■ **section off:** ~ ***off [sth.]***, ~ ***[sth.] off*** separare [*part, area*].

sectional /ˈsekʃənl/ agg. 1 *(factional)* [*interest, discontent*] di gruppo 2 *(in section)* [*drawing, view*] in sezione 3 AE [*bookcase, sofa*] componibile.

sector /ˈsektə(r)/ n. settore m.

secular /ˈsekjʊlə(r)/ agg. [*politics, law, power*] secolare; [*education, priest*] secolare, laico; [*society*] laico; [*belief, music*] profano.

secularism /ˈsekjʊlərɪzəm/ n. laicismo m.

secularize /ˈsekjʊləraɪz/ tr. laicizzare [*society, education*]; secolarizzare [*church property*].

1.secure /sɪˈkjʊə(r)/ agg. 1 *(stable)* [*job, income, investment*] sicuro; [*marriage*] saldo; [*base, foundation*] solido 2 *(safe)* [*hiding place, route*] sicuro; ***to be ~ against sth.*** essere al sicuro da qcs. 3 *(reliable)* [*padlock, foothold*] sicuro; [*knot*] saldo; [*rope*] assicurato; [*door*] a prova di scasso; ***to make a rope ~*** assicurare una corda 4 PSIC. [*feeling*] di sicurezza; [*family*] rassicurante; ***to feel ~*** sentirsi sicuro; ***to be ~ in the knowledge that*** avere la certezza che 5 *(fraud-proof)* [*line, transaction*] protetto.

2.secure /sɪˈkjʊə(r)/ tr. 1 *(obtain)* ottenere [*job, majority, visa, victory*]; raggiungere [*objective*] 2 *(make firm, safe)* assicurare [*rope*]; assicurare, serrare [*door*]; fissare [*wheel, ladder*] 3 *(make safe)* proteggere [*house, camp*]; assicurarsi [*future, job*]; farsi [*position*] 4 ECON. garantire [*loan*].

securely /sɪˈkjʊəlɪ/ avv. 1 *(carefully)* [*fasten, fix, tie*] in modo ben saldo; [*wrap, tuck, pin*] con cura 2 *(safely)* [*lock up*] bene 3 FIG. [*founded*] solidamente; [*settled*] bene.

secure unit n. *(in children's home)* = reparto di casa di rieducazione sotto stretta sorveglianza; *(in psychiatric hospital)* reparto m. di massima sicurezza.

securities /sɪˈkjʊərətɪz/ **I** n.pl. ECON. titoli m. **II** modif. ECON. [*market*] dei titoli; [*company*] finanziario, di intermediazione mobiliare.

security /sɪˈkjʊərətɪ/ **I** n. **1** *(of person, financial position, investment)* sicurezza f.; ***~ of employment, job ~*** sicurezza lavorativa **2** *(for site, prison, VIP)* sicurezza f.; ***state*** o ***national ~*** sicurezza nazionale **3** *(department)* ***to call ~*** chiamare la sicurezza **4** *(guarantee)* garanzia f.; ***to leave sth. as ~*** lasciare in garanzia qcs.; ***to stand ~ for sb.*** fungere da *o* rendersi garante per qcn. **5** spesso pl. ECON. titolo m., valore m. mobiliare **II** modif. [*camera, check, device, measures, forces*] di sicurezza; [*staff*] addetto alla sorveglianza; [*firm*] di sorveglianza.

security guard ♦ *27* n. guardia f. giurata.

security leak n. fuga f. di informazioni.

security officer ♦ *27* n. addetto m. (-a) alla sicurezza.

security risk n. *(person)* pericolo m. per la società.

security van n. BE furgone m. blindato.

sedan /sɪˈdæn/ n. AE berlina f.

sedan chair n. portantina f.

1.sedate /sɪˈdeɪt/ agg. [*person*] posato, calmo; [*lifestyle, pace*] tranquillo.

2.sedate /sɪˈdeɪt/ tr. somministrare sedativi a [*patient*].

sedation /sɪˈdeɪʃn/ n. MED. somministrazione f. di sedativi, sedazione f.; ***under ~*** sotto (l'effetto di) sedativo.

sedative /ˈsedətɪv/ **I** agg. [*effect, drug*] sedativo **II** n. sedativo m., calmante m.

sedentary /ˈsedntrɪ, AE -terɪ/ agg. [*job, lifestyle*] sedentario.

sedge /sedʒ/ n. carice f., falasco m.

sediment /ˈsedɪmənt/ n. deposito m.; GEOL. sedimento m.; *(of wine)* fondo m.

sedimentary /ˌsedɪˈmentrɪ, AE -terɪ/ agg. sedimentario.

sedimentation /ˌsedɪmenˈteɪʃn/ n. GEOL. CHIM. sedimentazione f.

sedition /sɪˈdɪʃn/ n. sedizione f.

seditious /sɪˈdɪʃəs/ agg. sedizioso.

seduce /sɪˈdjuːs, AE -ˈduːs/ tr. **1** *(sexually)* sedurre **2** FIG. [*idea, project*] tentare, allettare; ***to be ~d into doing*** lasciarsi convincere a fare; ***to ~ sb. away from sth.*** distogliere qcn. da qcs.

seducer /sɪˈdjuːsə(r), AE -ˈduːs-/ n. seduttore m.

seduction /sɪˈdʌkʃn/ n. **1** *(act of seducing)* seduzione f. **2** *(attractive quality)* attrattiva f.

seductive /sɪˈdʌktɪv/ agg. [*person, smile*] seducente, attraente; [*argument, proposal*] allettante.

1.see /siː/ **I** tr. (pass. **saw**; p.pass. **seen**) **1** *(perceive)* vedere; ***you'll ~ how it's done*** vedrai come si fa; ***to ~ sb. do sth.*** o ***doing sth.*** vedere qcn. fare qcs.; ***there's nobody to be seen*** non si vede nessuno; ***can you ~ him?*** riesci a vederlo? lo vedi? ***I could ~ (that) he'd been crying*** si vedeva che aveva pianto; ***I could ~ it coming, I could ~ it a mile off*** me lo sentivo; ***I don't know what you ~ in him*** COLLOQ. non capisco che cosa ci trovi in lui; ***I must be ~ing things!*** devo soffrire di allucinazioni! ***to ~ one's way (clear) to doing sth.*** capire come si deve fare qcs. **2** *(visit)* andare a trovare [*person*]; visitare [*country*]; andare a vedere [*building*]; ***to ~ a doctor about sth.*** andare dal dottore per qcs.; ***I'm ~ing a psychiatrist*** sono in cura da uno psichiatra; ***to ~ the sights*** fare il giro turistico di una città; ***they ~ a lot of each other*** si vedono spesso; ***~ you!*** COLLOQ. ci vediamo! ***he's ~ing a married woman*** si vede con *o* frequenta una donna sposata **3** *(receive)* [*doctor, headmaster*] ricevere [*person*] **4** *(understand)* vedere [*advantage, problem*]; capire [*joke*]; ***do you ~ what I mean?*** hai capito cosa intendo? **5** *(consider)* vedere; ***to ~ sb. as*** vedere qcn. come [*leader, hero*]; ***I ~ it as an opportunity*** penso che sia un'opportunità da non perdere; ***I ~ it as an insult*** lo considero un insulto; ***it can be seen from this example that...*** da questo esempio si può notare che...; ***it remains to be seen whether*** o ***if...*** bisogna ancora vedere se... **6** *(envisage)* ***I can't ~ sb., sth. doing*** non riesco a immaginare qcn., qcs. fare; ***I can ~ a time when this country will be independent*** credo che un giorno questo paese diventerà indipendente **7** *(make sure)* ***to ~ (to it) that...*** fare sì che... **8** *(witness)* vedere; *(experience)* conoscere; ***next year will ~ the completion of the road*** la strada sarà terminata il prossimo anno **9** *(accompany)* ***to ~ sb. home, to the station*** accompagnare qcn. a casa, alla stazione **II** intr. (pass. **saw**; p.pass. **seen**) **1** *(with eyes)* vedere; ***I can't ~*** non riesco a vedere, non vedo; ***~ for yourself*** vedi tu; ***so I ~*** si vede; ***you can ~ for miles*** si riesce a vedere a miglia di distanza **2** *(understand)* capire; ***now I ~*** adesso capisco; ***as far as I can ~*** per quel che ne capisco **3** *(check, find out)* ***I'll go and ~*** vado a vedere; ***we'll just have to wait and ~*** non ci resta che aspettare **4** *(think, consider)* ***I'll have to ~*** devo pensarci, devo vedere; ***let's ~*** o ***let me ~*** vediamo un po' **III** rifl. (pass. **saw**; p.pass. **seen**) ***to ~ oneself*** vedersi; FIG. vedersi, immaginarsi; ***I can't ~ myself being chosen*** non penso che sarò scelto; ***I can't ~ myself as an actor*** non riesco a vedermi come attore ♦ ***I'll ~ you right*** COLLOQ. ci penso io; ***now I've seen it all!*** questo è il colmo!

■ **see about:** *__~ about [sth.]__* occuparsi di; ***we'll soon ~ about that!*** COLLOQ. IRON. ce ne occuperemo *o* ci penseremo noi! ***to ~ about doing*** pensare di fare.

■ **see off:** *__~ [sb.] off, ~ off [sb.]__* **1** *(say goodbye to)* ***I saw him off at the station*** lo salutai alla stazione **2** *(throw out)* ***he was seen off the premises*** è stato messo alla porta.

■ **see out:** *__~ [sth.] out, ~ out [sth.]__* ***we have enough coal to ~ the winter out*** il carbone che abbiamo basta per tutto l'inverno; *__~ [sb.] out__* accompagnare (alla porta); ***I'll ~ myself out*** non c'è bisogno che mi accompagni.

■ **see through:** *__~ through [sth.]__* ***it was easy enough to ~ through the excuse*** è stato facile capire che si trattava di una scusa; ***I can ~ through him*** ho capito che tipo è; *__~ [sth.] through__* portare a termine; *__~ [sb.] through__* ***there's enough food to ~ us through the week*** il cibo ci basta per tutta la settimana; ***this money will ~ you through*** con questi soldi non avrai più problemi.

■ **see to:** *__~ to [sth.]__* occuparsi di [*person, task*].

2.see /siː/ n. *(of bishop)* vescovado m.; *(of archbishop)* arcivescovado m.

1.seed /siːd/ n. **1** *(of plant)* seme m.; *(fruit pip)* seme m., semino m. **2 U** *(for sowing)* semi m.pl., semente f.; GASTR. seme m.; ***to go*** o ***run to ~*** [*plant*] sementire, fare seme; FIG. [*person*] rovinarsi; [*organization, country*] andare in rovina **3** FIG. *(beginning)* germe m. **4** SPORT testa f. di serie; ***the top ~*** la testa di serie numero uno.

2.seed /siːd/ **I** tr. **1** *(sow)* seminare [*field, lawn*] (**with** a) **2** GASTR. (anche **deseed**) togliere i semi da [*grape*] **3** SPORT scegliere come testa di serie; ***to be ~ed sixth*** o ***(number) six*** essere scelto come sesta testa di serie; ***~ed player*** (giocatore scelto come) testa di serie **II** intr. [*plant*] sementire, fare seme.

seedbed /ˈsiːdbed/ n. semenzaio m., vivaio m. (anche FIG.).

seed box n. → **seed tray**.

seedcake /ˈsiːdkeɪk/ n. = dolce aromatizzato con semi di cumino.

seedless /ˈsiːdlɪs/ agg. senza semi.

seedling /ˈsiːdlɪŋ/ n. giovane pianta f., piantina f.

seed merchant ♦ *27* n. *(person)* commerciante m. e f. di semi; ***~'s (shop)*** negozio di granaglie.

seed tray n. germinatoio m.

seedy /ˈsiːdɪ/ agg. **1** *(shabby)* [*hotel, street*] squallido; [*person*] trasandato **2** *(disreputable)* [*activity, person*] losco; [*area, club*] malfamato **3** COLLOQ. *(ill)* giù di corda, indisposto.

seeing /ˈsiːɪŋ/ cong. ***~ that, ~ as*** visto che, dato che.

seek /siːk/ **I** tr. (pass., p.pass. **sought**) **1** *(try to obtain)* cercare [*agreement, help, means, refuge, solution*]; chiedere [*backing, permission, redress*]; cercare [*revenge*]; ***to ~ one's fortune*** cercare fortuna **2** *(look for)* [*police, employer*] cercare [*person*] **II** intr. (pass., p.pass. **sought**) ***to ~ for*** o ***after sth.*** cercare qcs.

■ **seek out:** *__~ out [sth., sb.], ~ [sth., sb.] out__* scovare, reperire.

seeker /ˈsiːkə(r)/ n. ***~ after*** o ***for sth.*** chi cerca qcs., cercatore di qcs.

seeking /ˈsiːkɪŋ/ agg. **-seeking** in composti ***pleasure-~*** che cerca il piacere, gaudente.

seem /siːm/ intr. **1** *(give impression)* sembrare; ***he ~s to be looking for...*** sembra che stia cercando...; ***it would ~ so, not*** sembrerebbe così, non sembrerebbe; ***things are not always***

what they ~ le cose non sono sempre come sembrano; ***how does he ~ today?*** come ti sembra che stia oggi? **2** *(have impression)* ***it ~s to me that...*** mi sembra che...; ***there ~ to me to be two possibilities*** mi sembra che ci siano due possibilità; ***it (very much) ~s as if*** o ***as though*** sembra (proprio) che; ***I ~ to have offended him*** ho l'impressione di averlo offeso; ***it ~s hours since...*** sembra che siano passate ore da quando...; ***it ~ed like a good idea*** sembrava una buona idea **3** *(expressing criticism)* ***he ~s to think that...*** a quanto pare pensa che...; ***they don't ~ to realize that...*** non sembrano rendersi conto che...; ***what ~s to be the problem?*** qual è il problema? **4** *(despite trying)* ***I just can't ~ to do*** proprio non ci riesco a fare.

seeming /'si:mɪŋ/ agg. [*ease*] apparente.

seemingly /'si:mɪŋlɪ/ avv. [*unaware, oblivious*] apparentemente.

seemly /'si:mlɪ/ agg. FORM. [*conduct*] decoroso; [*dress*] decente.

seen /si:n/ p.pass. → **1.see**.

seep /si:p/ intr. colare, gocciolare; ***to ~ away*** colare via; ***to ~ through sth.*** [*water, gas, light*] filtrare attraverso qcs.

seepage /'si:pɪdʒ/ n. *(trickle)* gocciolamento m.; *(leak) (from container)* fuga f.; *(into structure, soil)* infiltrazione f.

seer /'si:ə(r), sɪə(r)/ n. veggente m. e f.

1.seesaw /'si:sɔ:/ n. altalena f. (anche FIG.).

2.seesaw /'si:sɔ:/ intr. **1** andare sull'altalena **2** FIG. [*price, rate*] oscillare; [*fight*] avere fasi alterne.

seethe /si:ð/ intr. **1** [*water*] bollire; [*sea*] ribollire **2** ***to ~ with rage*** bollire di rabbia **3** *(teem)* pullulare, essere gremito; ***seething with unrest*** in preda all'agitazione.

see-through /'si:θru:/ agg. trasparente.

1.segment /'segmənt/ n. **1** ANAT. ZOOL. MAT. INFORM. LING. segmento m. **2** *(of economy, market)* settore m.; *(of population)* parte f. **3** *(of orange)* spicchio m.

2.segment /seg'ment/ tr. **1** dividere in spicchi [*orange*] **2** ECON. segmentare [*market, surface*].

segmentation /,segmen'teɪʃn/ n. segmentazione f.

segregate /'segrɪgeɪt/ tr. **1** *(separate)* separare [*races, sexes*]; dividere [*pupils*] (**by** in base a) **2** *(isolate)* segregare, isolare [*patient, prisoner*].

segregated /'segrəgeɪtɪd/ **I** p.pass. → **segregate II** agg. [*education, parliament, society*] segregazionista; [*area, school*] che applica la segregazione razziale; [*facilities*] riservato a persone di un'unica razza.

segregation /,segrɪ'geɪʃn/ n. *(of races, religions, prisoners)* segregazione f.; *(of rivals)* separazione f.

seismic /'saɪzmɪk/ agg. sismico.

seismograph /'saɪzməgrɑ:f, AE -græf/ n. sismografo m.

seismologist /,saɪz'mɒlədʒɪst/ ➧ ***27*** n. sismologo m. (-a).

seismology /saɪz'mɒlədʒɪ/ n. sismologia f.

seize /si:z/ **I** tr. **1** *(take hold of)* afferrare; ***to ~ hold of*** afferrare [*person*]; impossessarsi di [*object*]; farsi allettare da [*idea*] **2** FIG. cogliere [*opportunity, moment*]; prendere [*initiative*]; ***to be ~d by*** essere preso da [*emotion*] **3** MIL. POL. impossessarsi di [*territory, prisoner*]; prendere [*power*] **4** DIR. sequestrare [*arms, drugs, person, property*] **II** intr. [*engine, mechanism*] grippare, ingripparsi.

■ **seize on:** *~ on [sth.]* cogliere al volo [*suggestion*]; non lasciarsi sfuggire [*error*].

■ **seize up** [*engine*] grippare, ingripparsi; [*back*] bloccarsi.

■ **seize upon** → **seize on**.

seizure /'si:ʒə(r)/ n. **1** *(of territory)* presa f. di possesso; *(of power)* presa f.; *(of arms, drugs, property)* sequestro m., confisca f.; *(of person) (legal)* arresto m., cattura f.; *(illegal)* sequestro m. **2** MED. attacco m., crisi f. (anche FIG.).

seldom /'seldəm/ avv. raramente, di rado; ***I ~ hear from him*** ricevo sue notizie di rado; ***~ have I seen...*** mi è capitato raramente di vedere...; ***~ if ever*** quasi mai.

1.select /sɪ'lekt/ agg. [*group*] scelto; [*audience*] selezionato; [*restaurant, area*] esclusivo; ***a ~ few*** pochi privilegiati.

2.select /sɪ'lekt/ tr. selezionare, scegliere [*candidate*]; scegliere [*item*] (**from, from among** tra).

select committee n. commissione f. d'inchiesta.

selected /sɪ'lektɪd/ **I** p.pass. → **2.select II** agg. [*poems, candidate*] scelto; [*customers*] selezionato; [*country, materials*] scelto, selezionato; [*ingredients*] di prima scelta; ***in ~ stores*** nei migliori negozi.

selection /sɪ'lekʃn/ **I** n. selezione f., scelta f.; SPORT selezione f.; ***~s from Mozart*** brani scelti di Mozart **II** modif. [*panel, process*] di selezione.

selective /sɪ'lektɪv/ agg. **1** *(positively biased)* [*memory, school*] selettivo; [*admission, education*] basato su criteri selettivi; ***~ recruitment*** selezione professionale; ***he should be more ~ about the friends he makes*** dovrebbe scegliere meglio i suoi amici **2** *(negatively biased)* [*account, perspective*] tendenzioso **3** AGR. [*weedkiller, breeding*] selettivo.

selectivity /,sɪlek'tɪvətɪ/ n. selettività f. (anche EL. RAD.).

selector /sɪ'lektə(r)/ n. **1** SPORT *(person)* selezionatore m. **2** TECN. *(device)* selettore m.

selenium /sɪ'li:nɪəm/ n. selenio m.

self /self/ n. (pl. **selves**) **1** sé m. (anche PSIC.); ***her true ~*** il suo vero io; ***he's back to his old ~ again*** è tornato quello di una volta; ***one's better ~*** la parte migliore di sé **2** ECON. *(on cheque)* me medesimo (-a), me stesso (-a).

self-abuse /,selfə'bju:s/ n. masturbazione f.

self-acting /,self'æktɪŋ/ agg. automatico.

self-addressed envelope n. busta f. indirizzata a se stessi.

self-adhesive /,selfəd'hi:sɪv/ agg. autoadesivo.

self-adjusting /,selfə'dʒʌstɪŋ/ agg. ad autoregolazione, a regolazione automatica.

self-analysis /,selfə'næləsɪs/ n. autoanalisi f.

self-apparent /,selfə'pærənt/ agg. lapalissiano.

self-appointed /,selfə'pɔɪntɪd/ agg. [*leader*] che si è nominato da sé.

self-appraisal /,selfə'preɪzl/ n. autostima f.

self-assembly /,selfə'semblɪ/ agg. da montare, componibile.

self-assertion /,selfə'sɜ:ʃn/ n. autoaffermazione f.

self-assessment /,selfə'sesmənt/ n. autovalutazione f.

self-assurance /,selfə'ʃɔ:rəns, AE -ə'ʃʊərəns/ n. sicurezza f. di sé.

self-assured /,selfə'ʃɔ:d, AE -'ʃʊərd/ agg. [*person*] sicuro di sé; [*performance*] disinvolto.

self-awareness /,selfə'weənɪs/ n. autocoscienza f.

self-belief /,selfbɪ'li:f/ n. fiducia f. in sé.

self-catering /,self'keɪtərɪŋ/ agg. BE [*flat, accommodation*] con uso cucina; [*holiday*] in locali con uso cucina.

self-centred BE, **self-centered** AE /,self'sentəd/ agg. egocentrico.

self-coloured BE, **self-colored** AE /self'kʌləd/ agg. in tinta unita, monocromatico.

self-confessed /,selfkən'fest/ agg. confesso.

self-confidence /,self'kɒnfɪdəns/ n. fiducia f. in sé.

self-confident /,self'kɒnfɪdənt/ agg. [*person*] sicuro di sé; [*attitude*] sicuro, disinvolto.

self-conscious /,self'kɒnʃəs/ agg. **1** *(shy)* imbarazzato, timido; ***to be ~ about doing*** essere impacciato nel fare **2** *(deliberate)* [*style, artistry*] cosciente **3** *(aware)* autocosciente.

self-consciously /,self'kɒnʃəslɪ/ avv. **1** *(shyly)* [*behave*] timidamente, in modo impacciato **2** *(deliberately)* [*refer*] coscientemente, consapevolmente.

self-contained /,selfkən'teɪnd/ agg. **1** [*flat*] indipendente; [*project, unit*] autonomo **2** [*person*] riservato.

self-contradictory /,self,kɒntrə'dɪktərɪ, AE -tɔ:rɪ/ agg. contraddittorio.

self-control /,selfkən'trəʊl/ n. self-control m., autocontrollo m.; ***to exercise ~*** controllarsi.

self-controlled /,selfkən'trəʊld/ agg. [*person*] padrone di sé; [*manner*] controllato.

self-correcting /,selfkə'rektɪŋ/ agg. autocorrettivo.

self-critical /,self'krɪtɪkl/ agg. autocritico.

self-criticism /,self'krɪtɪsɪzəm/ n. autocritica f.

self-deception /,selfdɪ'sepʃn/ n. (l')ingannare se stesso, illusione f.

self-defeating /,selfdɪ'fi:tɪŋ/ agg. controproducente.

self-defence BE, **self-defense** AE /,selfdɪ'fens/ **I** n. autodifesa f.; DIR. legittima difesa f. **II** modif. [*course*] di autodifesa.

self-denial /,selfdɪ'naɪəl/ n. abnegazione f.

self-deprecating /,self'deprɪkeɪtɪŋ/ agg. [*person*] che tende all'autodenigrazione; [*remark*] autodenigratorio.

1.self-destruct /ˌselfdɪˈstrʌkt/ agg. [*mechanism*] di autodistruzione.
2.self-destruct /ˌselfdɪˈstrʌkt/ intr. autodistruggersi.
self-destructive /ˌselfdɪˈstrʌktɪv/ agg. autodistruttivo.
self-determination /ˌselfdɪˌtɜːmɪˈneɪʃn/ n. autodeterminazione f. (anche POL.).
self-determining /ˌselfdɪˈtɜːmɪnɪŋ/ agg. [*country*] autonomo; [*action, move*] di autodeterminazione.
self-discipline /ˌselfˈdɪsɪplɪn/ n. autodisciplina f.
self-drive /ˌselfˈdraɪv/ agg. BE [*car*] da noleggio senza autista; [*holiday*] con auto noleggiata.
self-educated /ˌselfˈedʒʊkeɪtɪd/ agg. autodidatta.
self-effacing /ˌselfɪˈfeɪsɪŋ/ agg. schivo, che si tiene nell'ombra.
self-elected /ˌselfɪˈlektɪd/ agg. [*leader*] che si è eletto da solo.
self-employed /ˌselfɪmˈplɔɪd/ **I** agg. [*worker*] indipendente; ***to be ~*** lavorare in proprio **II** n. ***the ~*** + verbo pl. i lavoratori autonomi.
self-employment /ˌselfɪmˈplɔɪmənt/ n. lavoro m. autonomo.
self-esteem /ˌselfɪˈstiːm/ n. autostima f.
self-evident /ˌselfˈevɪdənt/ agg. lampante, lapalissiano.
self-evidently /ˌselfˈevɪdəntlɪ/ avv. lapalissianamente.
self-examination /ˌselfɪgˌzæmɪˈneɪʃn/ n. **1** *(of conscience, motives)* autoesame m., esame m. di coscienza **2** MED. autoesame m.
self-explanatory /ˌselfɪkˈsplænətrɪ, AE -tɔːrɪ/ agg. che si spiega da sé, ovvio.
self-expression /ˌselfɪkˈspreʃn/ n. espressione f. di sé, della propria personalità.
self-financing /ˌselfˈfaɪnænsɪŋ/ **I** agg. che si autofinanzia **II** n. autofinanziamento m.
self-fulfilment /ˌselffʊlˈfɪlmənt/ n. realizzazione f. del proprio io, autorealizzazione f.
self-governing /ˌselfˈgʌvənɪŋ/ agg. autonomo, indipendente, che si autogoverna.
self-governing trust n. BE = ospedale gestito indipendentemente.
self-government /ˌselfˈgʌvənmənt/ n. autogoverno m., autonomia f.
self-help /ˌselfˈhelp/ **I** n. (il) contare sulle proprie forze **II** modif. [*group, meeting, book*] di self-help.
self-ignition /ˌselfɪgˈnɪʃn/ n. autoaccensione f., autocombustione f.
self-image /ˌselfˈɪmɪdʒ/ n. immagine f. di sé.
self-importance /ˌselfɪmˈpɔːtəns/ n. SPREG. presunzione f.
self-important /ˌselfɪmˈpɔːtnt/ agg. SPREG. presuntuoso.
self-imposed /ˌselfɪmˈpəʊzd/ agg. che si è autoimposto.
self-improvement /ˌselfɪmˈpruːvmənt/ n. **U** miglioramento m. personale.
self-induced /ˌselfɪnˈdjuːst, AE -ˈduː-/ agg. autoindotto.
self-indulgence /ˌselfˌɪnˈdʌldʒəns/ n. indulgenza f. verso se stesso.
self-indulgent /ˌselfɪnˈdʌldʒənt/ agg. indulgente con se stesso.
self-inflicted /ˌselfɪnˈflɪktɪd/ agg. inflitto a se stesso.
self-interest /ˌselfˈɪntrəst/ n. interesse m. personale.
self-interested /ˌselfˈɪntrəstɪd/ agg. [*person*] interessato.
selfish /ˈselfɪʃ/ agg. egoista; ***to be ~ of sb. to do*** essere egoistico da parte di qcn. fare.
selfishly /ˈselfɪʃlɪ/ avv. egoisticamente.
selfishness /ˈselfɪʃnɪs/ n. egoismo m.
self-knowledge /ˌselfˈnɒlɪdʒ/ n. conoscenza f. di sé.
selfless /ˈselflɪs/ agg. [*person*] altruista; [*action, devotion*] disinteressato.
selflessly /ˈselflɪslɪ/ avv. [*give*] disinteressatamente.
selflessness /ˈselflɪsnɪs/ n. *(of person)* altruismo m.; *(of action, devotion)* disinteresse m.
self-loading /ˌselfˈləʊdɪŋ/ agg. [*gun*] automatico.
self-locking /ˌselfˈlɒkɪŋ/ agg. autobloccante.
self-made /ˌselfˈmeɪd/ agg. [*man, star*] che si è fatto da sé.
self-management /ˌselfˈmænɪdʒmənt/ n. COMM. autogestione f.
self-motivated /ˌselfˈməʊtɪveɪtɪd/ agg. motivato.
self-obsessed /ˌselfəbˈsest/ agg. ossessionato da se stesso, narcisistico.
self-perpetuating /ˌselfpəˈpetjʊeɪtɪŋ/ agg. che si perpetua.
self-pity /ˌselfˈpɪtɪ/ n. autocommiserazione f.
self-pitying /ˌselfˈpɪtɪɪŋ/ agg. [*person*] che si autocommisera; [*look*] di autocommiserazione.
self-portrait /ˌselfˈpɔːtreɪt/ n. autoritratto m.
self-possessed /ˌselfpəˈzest/ agg. [*person*] padrone di sé.
self-possession /ˌselfpəˈzeʃn/ n. padronanza f. di sé.
self-preservation /ˌselfprezəˈveɪʃn/ n. autoconservazione f.; ***~ instinct*** istinto di conservazione.
self-proclaimed /ˌselfprəˈkleɪmd/ agg. autoproclamato.
self-raising flour n. BE farina f. con aggiunta di lievito.
self-regard /ˌselfrɪˈgɑːd/ n. considerazione f. di sé.
self-regulating /ˌselfˈregjʊleɪtɪŋ/ agg. autoregolante.
self-regulation /ˌselfˌregjʊˈleɪʃn/ n. autoregolamentazione f.
self-regulatory /ˌselfˈregjʊleɪtrɪ, AE -tɔːrɪ/ agg. → **self-regulating**.
self-reliant /ˌselfrɪˈlaɪənt/ agg. che ha fiducia in sé.
self-representation /ˌselfreprɪzenˈteɪʃn/ n. *(before tribunal)* = possibilità di rappresentarsi.
self-respect /ˌselfrɪˈspekt/ n. rispetto m. di sé.
self-respecting /ˌselfrɪˈspektɪŋ/ agg. [*teacher, comedian*] *(worthy of that name)* che si rispetti; [*person*] che ha rispetto di sé, che ha amor proprio.
self-restraint /ˌselfrɪˈstreɪnt/ n. moderazione f.
self-righteous /ˌselfˈraɪtʃəs/ agg. SPREG. moralista, moraleggiante.
self-righteously /ˌselfˈraɪtʃəslɪ/ avv. SPREG. moralisticamente.
self-rising flour n. AE → **self-raising flour**.
self-rule /ˌselfˈruːl/ n. autogoverno m.
self-ruling /ˌselfˈruːlɪŋ/ agg. che si autogoverna.
self-sacrifice /ˌselfˈsækrɪfaɪs/ n. sacrificio m. di sé, abnegazione f.
selfsame /ˈselfseɪm/ agg. identico; ***it is the ~ thing*** è esattamente la stessa cosa.
self-satisfied /ˌselfˈsætɪsfaɪd/ agg. SPREG. compiaciuto di sé.
self-sealing /ˌselfˈsiːlɪŋ/ agg. autoadesivo.
self-seeking /ˌselfˈsiːkɪŋ/ **I** agg. egoistico, egoista **II** n. egoismo m.
self-service /ˌselfˈsɜːvɪs/ **I** n. self-service m. **II** agg. [*cafeteria*] self-service.
self-starter /ˌselfˈstɑːtə(r)/ n. **1** = persona ambiziosa e piena di iniziativa **2** AUT. RAR. autostarter m.
self-study /ˌselfˈstʌdɪ/ **I** n. autoapprendimento m. **II** modif. [*book*] di autoapprendimento; [*method*] autodidattico, di autoapprendimento.
self-styled /ˈselfˌstaɪld/ agg. sedicente.
self-sufficiency /ˌselfsəˈfɪʃnsɪ/ n. autosufficienza f.
self-sufficient /ˌselfsəˈfɪʃnt/ agg. autosufficiente.
self-supporting /ˌselfsəˈpɔːtɪŋ/ agg. indipendente, che si mantiene da sé.
self-tanning /ˌselfˈtænɪŋ/ agg. autoabbronzante.
self-taught /ˌselfˈtɔːt/ agg. [*person, musician*] autodidatta.
self-willed /ˌselfˈwɪld/ agg. caparbio, ostinato.
1.sell /sel/ n. COLLOQ. *(deception)* fregatura f., bidone m.
2.sell /sel/ **I** tr. (pass., p.pass. **sold**) **1** vendere; ***to ~ sth. to sb., to ~ sb. sth.*** vendere qcs. a qcn.; ***to ~ sth. at*** o ***for £ 5*** vendere qcs. a 5 sterline; ***"stamps sold here"*** "si vendono francobolli"; ***the novel has sold millions (of copies)*** il romanzo ha venduto milioni di copie; ***to ~ sth. back*** rivendere qcs. **2** *(promote sale of)* [*scandal*] fare vendere [*newspaper*]; ***her name will help to ~ the film*** il suo nome farà pubblicità al film **3** [*person, government*] *(put across)* trasmettere, comunicare; *(make attractive)* fare accettare [*idea, image, policy*] **4** COLLOQ. *(cause to appear true)* ***to ~ sb. sth., to ~ sth. to sb.*** fare credere [qcs.] a qcn. [*story, excuse*] **5** *(betray)* tradire [*country*] **II** intr. (pass., p.pass. **sold**) **1** [*person, shop*] vendere **2** [*product, house, book*] vendersi; ***the new model isn't ~ing (well)*** il nuovo modello non si vende (bene) **III** rifl. (pass., p.pass. **sold**) ***to ~ oneself*** *(prostitute oneself)* vendersi; *(put oneself across)* valorizzarsi; ***you've got to ~ yourself at the interview*** bisogna sapersi vendere al colloquio ♦ ***to be sold on*** essere entusiasta di [*idea, person*].

■ **sell off:** ~ *[sth.]* *off*, ~ *off [sth.]* liquidare [*goods*]; *(in sale)* svendere [*item*].

■ **sell out:** ~ *out* 1 [*merchandise, newspapers*] vendersi, andare esaurito; ***we've sold out of tickets*** i biglietti sono esauriti; ***sorry, we've sold out*** mi spiace, è tutto esaurito 2 TEATR. CINEM. [*show, play*] fare il tutto esaurito 3 ECON. *(of company, shares)* vendere, cedere la propria parte 4 COLLOQ. *(betray one's principles)* tradire; ***to ~ out to the opposition*** vendersi all'opposizione; ~ *[sth.] out*, ~ *out [sth.]* 1 ***the concert is sold out*** per il concerto è tutto esaurito; ***"sold out"*** "tutto esaurito" 2 ECON. vendere, cedere [*shares*].

■ **sell up:** ~ *up* vendere (tutto); ~ *up [sth.]* liquidare [*business*].

sell-by date n. *(on products)* data f. di scadenza.

seller /ˈselə(r)/ n. 1 *(person)* venditore m. (-trice) 2 *(product, book, etc.)* ***it's a good, poor ~*** si vende bene, male.

seller's market n. ECON. mercato m. al rialzo; COMM. mercato m. favorevole alla vendita.

selling /ˈselɪŋ/ n. U vendita f.; ***telephone ~*** vendita per telefono.

selling-off /ˈselɪŋɒf, AE -ɔːf/ n. *(of company, assets)* liquidazione f.; *(of stock)* svendita f.

selling point n. = qualità che favorisce la vendita di un prodotto.

sellotape /ˈseləʊteɪp/ tr. attaccare con lo scotch.

Sellotape® /ˈseləʊteɪp/ n. scotch® m.

sellout /ˈselaʊt/ I n. 1 ***the show was a ~*** lo spettacolo ha fatto il tutto esaurito; ***the product has been a ~*** il prodotto si è venduto davvero bene 2 COLLOQ. *(betrayal)* tradimento m., voltafaccia m. II modif. [*concert, performance, production*] che fa registrare il tutto esaurito.

seltzer /ˈseltsə(r)/ n. (anche **~ water**) selz m.

selvage, selvedge /ˈselvɪdʒ/ n. TESS. cimosa f., vivagno m.

selves /selvz/ → **self**.

semantic /sɪˈmæntɪk/ agg. semantico.

semantics /sɪˈmæntɪks/ I n. + verbo sing. *(subject)* semantica f. II n.pl. *(meaning)* significato m.sing., semantica f.sing.

semaphore /ˈseməfɔː(r)/ n. MAR. FERR. semaforo m.

semblance /ˈsembləns/ n. sembianza f., apparenza f., parvenza f.; ***a*** o ***some ~ of*** una parvenza di [*order, normality*].

semen /ˈsiːmən/ I n. U sperma m., seme m. II modif. [*donor*] di sperma.

semester /sɪˈmestə(r)/ n. semestre m.

semi /ˈsemɪ/ n. 1 BE COLLOQ. *(house)* casa f. bifamiliare 2 AE AUT. COLLOQ. semirimorchio m.

semiautomatic /ˌsemɪɔːtəˈmætɪk/ I agg. semiautomatico II n. arma f. semiautomatica.

semiautonomous /ˌsemɪɔːˈtɒnəməs/ agg. semiautonomo.

semibasement /ˌsemɪˈbeɪsmənt/ n. BE seminterrato m.

semibreve /ˈsemɪˌbriːv/ n. BE MUS. semibreve f.

semicircle /ˈsemɪˌsɜːkl/ n. semicerchio m.

semicircular /ˌsemɪˈsɜːkjʊlə(r)/ agg. semicircolare.

semicolon /ˌsemɪˈkəʊlən/ n. punto e virgola m.

semiconductor /ˌsemɪkənˈdʌktə(r)/ n. semiconduttore m.

semiconscious /ˌsemɪˈkɒnʃəs/ agg. semicosciente.

semidarkness /ˌsemɪˈdɑːknɪs/ n. penombra f.

semi-detached /ˌsemɪdɪˈtætʃt/ n. (anche **~ house**) casa f. bifamiliare.

semifinal /ˌsemɪˈfaɪnl/ n. semifinale f.

semifinalist /ˌsemɪˈfaɪnəlɪst/ n. semifinalista m. e f.

seminal /ˈsemɪnl/ agg. 1 [*work, thinker*] influente; [*influence*] determinante 2 FISIOL. [*fluid*] seminale.

seminar /ˈsemɪnɑː(r)/ n. seminario m.

seminary /ˈsemɪnərɪ, AE -nerɪ/ n. RELIG. seminario m.

semiology /ˌsemɪˈɒlədʒɪ/ n. semiologia f.

semiotics /ˌsemɪˈɒtɪks/ n. + verbo sing. semiotica f.

semiprecious /ˌsemɪˈpreʃəs/ agg. [*metal*] semiprezioso; [*stone*] duro.

semiquaver /ˈsemɪˌkweɪvə(r)/ n. BE MUS. semicroma f.

Semiramis /seˈmɪrəmɪs/ n.pr. Semiramide.

semiskilled /ˌsemɪˈskɪld/ agg. [*work*] semispecializzato; ***~ worker*** manovale qualificato.

semi-skimmed /ˌsemɪˈskɪmd/ agg. [*milk*] parzialmente scremato.

Semite /ˈsiːmaɪt/ n. semita m. e f.

Semitic /sɪˈmɪtɪk/ I agg. semitico II n. 1 *(person)* semita m. e f. 2 *(language)* semitico m.

semitone /ˈsemɪtəʊn/ n. MUS. semitono m.

semolina /ˌseməˈliːnə/ n. semolino m.

Sen 1 ⇒ senator senatore (sen.) 2 ⇒ senior senior.

senate /ˈsenɪt/ n. 1 POL. STOR. senato m. 2 UNIV. senato m. accademico.

senator /ˈsenətə(r)/ ♦ 9 n. senatore m. (-trice) (**for** di).

senatorial /ˌsenəˈtɔːrɪəl/ agg. senatoriale.

send /send/ tr. (pass., p.pass. **sent**) 1 *(dispatch)* mandare, spedire, inviare [*letter, goods*]; mandare, inviare [*person*]; RAD. inviare [*signal*]; ***to ~ sth. to sb., to ~ sb. sth.*** mandare qcs. a qcn.; ***to ~ sb. to do sth.*** mandare qcn. a fare qcs.; ***I'll ~ a car for you*** manderò una macchina a prendervi; ***to ~ sb. to bed*** mandare qcn. a letto *o* a dormire; ***to ~ sb. to prison*** mandare qcn. in prigione; ***~ her my love!*** mandale i miei saluti! salutala da parte mia! ***Joe ~s her regards*** ti saluta Joe, saluti da Joe; ***to ~ word that*** mandare a dire che 2 *(cause to move)* ***the noise sent people running in all directions*** il rumore fece scappare la gente in tutte le direzioni; ***to ~ share prices soaring*** mandare i prezzi delle azioni alle stelle; ***to ~ shivers down sb.'s spine*** far venire i brividi a qcn. 3 *(cause to become)* ***to ~ sb. mad*** rendere qcn. folle (di rabbia); ***to ~ sb. into a rage*** mandare qcn. su tutte le furie; ***to ~ sb. to sleep*** fare addormentare qcn. 4 COLLOQ. *(excite)* ***this music really ~s me!*** questa musica mi fa impazzire! ♦ ***to ~ sb. packing, to ~ sb. about his business*** COLLOQ. cacciare via qcn. (senza troppi complimenti).

■ **send around** AE → **send round**.

■ **send away:** ~ *away for [sth.]* ordinare per corrispondenza; ~ *[sb., sth.] away* mandare, spedire [*object*]; mandare via [*person*]; ***to ~ a child away to boarding school*** mandare un bambino in collegio.

■ **send down:** ~ *[sb., sth.] down*, ~ *down [sb., sth.]* mandare; ***~ him down to the first floor*** mandatelo (giù) al primo piano; ~ *[sb.] down* 1 BE UNIV. espellere 2 BE COLLOQ. mandare in prigione.

■ **send for:** ~ *for [sb., sth.]* (mandare a) chiamare, fare venire [*doctor, taxi, plumber*]; chiedere [*reinforcements*].

■ **send in:** ~ *[sb., sth.] in*, ~ *in [sb., sth.]* inviare, spedire [*letter, form, application*]; mandare, inviare [*troops*]; fare entrare [*visitor*].

■ **send off:** ~ *off for [sth.]* ordinare per corrispondenza; ~ *[sth.] off*, ~ *off [sth.]* *(post)* inviare, spedire [*letter, parcel*]; ~ *[sb.] off*, ~ *off [sb.]* SPORT espellere; ~ *[sb.] off to* mandare a [*school*].

■ **send on:** ~ *[sb.] on (ahead)* MIL. mandare in avanscoperta; ~ *[sth.] on*, ~ *on [sth.]* 1 *(send in advance)* spedire [*luggage*] 2 *(forward)* inoltrare [*letter, mail*].

■ **send out:** ~ *out for [sth.]* mandare a prendere [*newspaper*] ~ *[sth.] out*, ~ *out [sth.]* 1 *(post)* inviare, spedire [*letter*] 2 *(emit)* emettere [*light*]; emanare [*heat*]; ~ *[sb.] out* mandare fuori [*pupil*] ~ *[sb.] out for* mandare a prendere [*pizza*].

■ **send round** BE ~ *[sb., sth.] round*, ~ *round [sb., sth.]* 1 *(circulate)* fare circolare [*letter*] 2 *(cause to go)* ***I've sent him round to my neighbour's*** l'ho mandato dal mio vicino.

■ **send up:** ~ *[sth.] up* *(post)* inviare; ~ *[sb.] up* 1 BE COLLOQ. *(parody)* fare la parodia di, prendere in giro 2 AE COLLOQ. *(put in prison)* mandare in prigione; ~ *[sb., sth.] up*, ~ *up [sb., sth.]* 1 *(into space)* inviare, mandare [*astronaut*] 2 *(to upper floor)* ***can you ~ it up to me?*** puoi mandarmelo su?

sender /ˈsendə(r)/ n. mittente m. e f.

send-off /ˈsendɒf, AE -ɔːf/ n. addio m., saluto m.

send-up /ˈsendʌp/ n. BE COLLOQ. parodia f.

Senegalese /ˌsenɪgəˈliːz/ ♦ 18 I agg. senegalese II n. (pl. ~) senegalese m. e f.

senescence /sɪˈnesns/ n. senescenza f.

senile /ˈsiːnaɪl/ agg. senile (anche SPREG.).

senile dementia ♦ 11 n. demenza f. senile.

senility /sɪˈnɪlətɪ/ n. senilità f.

senior /ˈsiːnɪə(r)/ I agg. 1 *(older)* [*person*] anziano; ***to be ~ to sb.*** essere più vecchio *o* anziano di qcn.; ***Mr Brown ~*** *(the older)* il signor Brown senior; *(father)* il signor Brown padre 2 *(superior)* [*person*] superiore; [*civil servant, diplomat*] alto; [*colleague, minister*] (più) anziano; [*aide*] senior; [*figure*] eminente, di rilievo; [*job, post*] di livello superiore; ***to be ~ to sb.*** essere il superiore di qcn., occupare un posto di livello superiore rispetto a qcn. **II** n. **1** *(older person)* anziano m.; ***to be sb.'s ~ by 2 years*** essere 2 anni più vecchio *o* avere 2 anni più di qcn.; ***to be sb.'s ~*** essere più vecchio *o* anziano di qcn. **2** *(superior)* superiore m. **3** BE SCOL. = allievo dai 12 ai 16 anni **4** AE SCOL. = allievo dell'ultimo anno **5** AE UNIV. = studente dell'ultimo anno **6** SPORT senior m. e f. **III** modif. **1** SPORT [*league*] seniores; [*player*] senior(es) **2** AE UNIV. [*year*] ultimo; [*prom*] di diploma.

senior citizen n. anziano m. (-a).

senior editor ➧ *27* n. redattore m. (-trice) capo.

senior executive n. direttore m., alto dirigente m.

senior high school n. AE SCOL. = scuola secondaria superiore.

seniority /ˌsiːnɪˈɒrətɪ, AE -ˈɔːr-/ n. *(in rank)* superiorità f. di grado; *(in years)* anzianità f.; *(in years of service)* anzianità f. (di servizio).

senior management n. AMM. direzione f.

senior manager n. alto dirigente m.

senior officer n. **1** *(in police)* funzionario m. superiore **2** *(official)* alto funzionario m.; ***inform your ~*** informa il tuo superiore.

senior partner n. socio m. anziano, partner m. principale.

senior school n. BE **1** *(secondary school)* scuola f. media **2** *(older pupils)* classi f.pl. degli ultimi anni.

senior staff n. AMM. quadri m.pl. superiori.

sensation /senˈseɪʃn/ n. **1** *(feeling, impression, stir)* sensazione f.; ***to cause*** o ***create a ~*** fare sensazione **2** COLLOQ. *(person)* ***to be a ~*** essere sensazionale.

sensational /senˈseɪʃənl/ agg. **1** *(dramatic)* [*discovery, event*] sensazionale **2** SPREG. *(sensationalist)* [*story, news*] sensazionalistico **3** COLLOQ. *(emphatic)* sensazionale, clamoroso.

sensationalism /senˈseɪʃənəlɪzəm/ n. **1** SPREG. sensazionalismo m. **2** FILOS. sensazionismo m.

sensationalist /senˈseɪʃənəlɪst/ agg. **1** GIORN. SPREG. [*headline, story*] sensazionalistico; [*writer*] sensazionalista **2** FILOS. sensazionista.

sensationalize /senˈseɪʃənəlaɪz/ tr. SPREG. sensazionalizzare [*event, story*].

sensationally /senˈseɪʃənəlɪ/ avv. **1** SPREG. [*write, describe*] in modo sensazionalistico **2** COLLOQ. *(emphatic)* [*beautiful, bad*] straordinariamente, incredibilmente.

1.sense /sens/ **I** n. **1** *(faculty, ability)* senso m.; ***~ of hearing*** udito; ***~ of sight*** vista; ***~ of smell*** olfatto, odorato; ***~ of taste*** gusto; ***~ of touch*** tatto; ***to dull, sharpen the ~s*** offuscare, acuire i sensi; ***~ of direction*** senso dell'orientamento; ***~ of time*** cognizione del tempo **2** *(feeling)* senso m., sensazione f.; ***~ of guilt*** senso di colpa **3** *(practical quality)* buonsenso m.; ***to have more ~ than to do*** avere abbastanza giudizio da non fare **4** *(reason)* ***there's no ~ in doing*** non ha senso fare; ***what's the ~ in getting angry?*** a che cosa serve arrabbiarsi? ***it makes ~ to do*** ha senso fare; ***I can't make ~ of this sentence*** non riesco a capire (il senso di) questa frase; ***to make ~*** [*sentence, film, theory*] avere (un) senso **5** *(meaning)* senso m., significato m. (anche LING.); ***in a*** o ***one*** o ***some ~...*** in un certo senso... **II senses** n.pl. *(sanity)* ragione f.sing.; ***to bring sb. to his ~s*** riportare *o* ridurre qcn. alla ragione; ***to take leave of one's ~s*** perdere la ragione, uscire di senno ♦ ***to knock*** o ***pound*** AE ***some ~ into sb.*** riportare qcn. alla ragione, far rinsavire qcn.; ***to see ~*** intendere ragione; ***to talk ~*** parlare in modo sensato.

2.sense /sens/ tr. **1** *(be aware of)* sentire, percepire, avvertire; ***to ~ danger*** intuire un pericolo **2** *(detect)* [*machine*] rilevare [*heat, light*] **3** INFORM. rilevare [*location*].

senseless /ˈsenslɪs/ agg. **1** *(pointless)* [*idea, discussion*] assurdo, privo di senso; [*act*] insensato, stupido; [*violence*] gratuito; [*waste*] assurdo **2** *(unconscious)* privo di conoscenza, di sensi, incosciente; ***to knock sb. ~*** tramortire qcn.

senselessly /ˈsenslɪslɪ/ avv. in modo assurdo.

sense organ n. organo m. di senso, sensoriale.

sensibility /ˌsensəˈbɪlətɪ/ **I** n. FORM. *(sensitivity)* sensibilità f. (**to** per) **II sensibilities** n.pl. FORM. *(susceptibilities)* suscettibilità f.sing.

sensible /ˈsensəbl/ agg. **1** *(showing common sense)* [*person*] assennato, ragionevole, di buonsenso; [*remark*] ragionevole, sensato; [*policy, solution, investment*] assennato, saggio, sensato; [*diet*] equilibrato, intelligente **2** *(practical)* [*garment*] pratico **3** *(perceptible)* [*rise*] sensibile, notevole.

sensibly /ˈsensəblɪ/ avv. [*act, talk*] in modo avveduto, ragionevole; [*dressed, equipped*] in modo pratico; [*chosen, managed*] in modo sensato; ***~ priced*** a un prezzo ragionevole.

sensing /ˈsensɪŋ/ n. INFORM. rilevamento m.

sensitive /ˈsensətɪv/ agg. **1** *(easily affected)* [*skin, instrument, area*] sensibile **2** FIG. [*person, character*] sensibile; SPREG. suscettibile, permaloso **3** *(aware)* [*person, approach*] sensibile; [*portrayal, artist*] eccellente **4** *(delicate)* [*situation*] delicato, spinoso; [*issue, job*] difficile; [*information*] delicato, riservato.

sensitively /ˈsensətɪvlɪ/ avv. **1** [*speak, treat*] con delicatezza **2** [*react*] con suscettibilità **3** [*chosen, portrayed*] con sensibilità.

sensitivity /ˌsensəˈtɪvətɪ/ n. sensibilità f.

sensitize /ˈsensɪtaɪz/ tr. sensibilizzare.

sensor /ˈsensə(r)/ n. sensore m.

sensory /ˈsensərɪ/ agg. [*nerve*] sensoriale; [*organ*] sensoriale, sensorio; ***~ deprivation*** PSIC. deprivazione sensoriale.

sensual /ˈsenʃʊəl/ agg. sensuale.

sensuality /ˌsenʃʊˈælətɪ/ n. sensualità f.

sensuous /ˈsenʃʊəs/ agg. sensuale, voluttuoso.

sent /sent/ pass., p.pass. → **send**.

1.sentence /ˈsentəns/ n. **1** DIR. pena f., condanna f.; ***to be under ~ of death*** essere condannato a morte; ***to serve a ~*** scontare una pena; ***to pass ~ on sb.*** emettere una condanna contro qcn.; ***a three year ~*** una condanna a tre anni di reclusione **2** LING. frase f.

2.sentence /ˈsentəns/ tr. condannare (**to** a; **to do** a fare; **for** per).

sententious /senˈtenʃəs/ agg. sentenzioso.

sentient /ˈsenʃnt/ agg. senziente.

sentiment /ˈsentɪmənt/ n. **1** *(feeling)* sentimento m. **2** *(opinion)* opinione f., parere m.; ***public ~*** l'opinione pubblica **3** *(sentimentality)* sentimentalismo m. (anche SPREG.).

sentimental /ˌsentɪˈmentl/ agg. sentimentale (anche SPREG.); ***to be ~ about*** intenerirsi alla vista di [*children, animals*]; ricordare nostalgicamente [*past*].

sentimentality /ˌsentɪmenˈtælətɪ/ n. sentimentalità f. (anche SPREG.).

sentimentalize /ˌsentɪˈmentəlaɪz/ **I** tr. *(treat sentimentally)* rendere sentimentale **II** intr. fare il sentimentale (**about, over** con).

sentimentally /ˌsentɪˈmentəlɪ/ avv. sentimentalmente.

sentinel /ˈsentɪnl/ n. **1** *(guard)* sentinella f.; ***to stand ~*** stare di sentinella *o* guardia **2** INFORM. sentinella f., segnale m. indicatore.

sentry /ˈsentrɪ/ n. sentinella f.

sentry box n. garitta f.

sentry duty n. guardia f.; ***to be on ~*** essere di guardia *o* sentinella.

sepal /ˈsepl/ n. sepalo m.

separable /ˈsepərəbl/ agg. separabile.

1.separate /ˈsepərət/ **I** agg. **1** *(with singular noun)* [*piece, organization*] separato, a sé stante; [*discussion, issue, occasion*] altro, diverso; ***the flat is ~ from the rest of the house*** l'appartamento è indipendente dal resto della casa; ***a ~ appointment for each child*** un incontro individuale per ogni bambino; ***under ~ cover*** in un plico a parte **2** *(with plural noun)* [*pieces, sections*] separato, differente; [*problems, agreements*] diverso, distinto, separato; ***they have ~ rooms*** hanno stanze separate; ***to ask for ~ bills*** *(in restaurant)* chiedere conti separati **II** avv. ***keep the knives ~*** tieni i coltelli a parte; ***keep the knives ~ from the forks*** tieni i coltelli separati dalle forchette.

2.separate /ˈsepəreɪt/ **I** tr. **1** *(divide)* [*wall, river*] dividere, separare [*country*]; [*intolerance, belief*] dividere [*people*]; separare [*milk, egg*]; ***to ~ the issue of pay from that of working hours*** distinguere *o* tenere separata la questione dello stipendio da quella dell'orario di lavoro **2** (anche **~ out**) *(sort out)* suddividere [*pupils, children*]; smistare, selezionare [*objects*] **II** intr. [*person, couple*] separarsi.

eparated /'sepəreɪtɪd/ **I** p.pass. → **2.separate II** agg. [*person, couple*] separato.
eparately /'sepərətlɪ/ avv. separatamente, a parte.
eparates /'sepərəts/ n.pl. *(garments)* (abiti) coordinati m.
eparation /ˌsepə'reɪʃn/ n. separazione f.
eparatism /'sepərətɪzəm/ n. separatismo m.
eparatist /'sepərətɪst/ **I** agg. separatista **II** n. separatista m. e f.
epia /'si:pɪə/ ➧ **5 I** n. **1** *(colour)* seppia m. **2** *(cuttlefish)* seppia f. **II** modif. [*ink*] seppia; [*photograph*] seppiato; [*drawing*] a nero di seppia.
epsis /'sepsɪs/ ➧ **11** n. (pl. **-es**) sepsi f.
ep(t) ⇒ September settembre (sett.).
eptember /sep'tembə(r)/ ➧ **16** n. settembre m.
eptet /sep'tet/ n. MUS. settimino m.
eptic /'septɪk/ agg. settico.
epticaemia /ˌseptɪ'si:mɪə/ ➧ **11** n. BE setticemia f.
eptic tank n. fossa f. biologica, fossa f. settica.
epulchral /sɪ'pʌlkrəl/ agg. sepolcrale (anche FIG.).
epulchre BE, **sepulcher** AE /'seplkə(r)/ n. sepolcro m.
equel /'si:kwəl/ n. seguito m., continuazione f. (**to** di).
equence /'si:kwəns/ n. **1** *(of problems)* serie f., sfilza f., sequela f.; *(of photos)* sequenza f.; *(of events)* successione f. **2** *(order)* ordine m.; ***in chronological ~*** in ordine cronologico **3** CINEM. sequenza f.; ***the dream ~*** la scena del sogno **4** *(dance)* variazione f. **5** MUS. *(of notes, chords)* sequenza f. **6** INFORM. MAT. sequenza f. **7** GIOC. *(in card games)* scala f., sequenza f. **8** LING. **~ *of tenses*** concordanza dei tempi, consecutio temporum.
equential /sɪ'kwenʃl/ agg. sequenziale (anche INFORM.).
equester /sɪ'kwestə(r)/, **sequestrate** /'si:kwestreɪt/ tr. sequestrare.
equestration /ˌsi:kwɪ'streɪʃn/ n. sequestro m.
equin /'si:kwɪn/ n. lustrino m.
equin(n)ed /'si:kwɪnd/ agg. [*garment*] ornato di lustrini.
era /'sɪərə/ → **serum.**
eraph /'serəf/ n. (pl. **~s, ~im**) serafino m.
erb /sɜ:b/, **Serbian** /'sɜ:bɪən/ ➧ **18, 14 I** agg. serbo **II** n. **1** *(person)* serbo m. (-a) **2** *(language)* serbo m.
erbo-Croat /ˌsɜ:bəʊ'krəʊæt/, **Serbo-Croatian** /ˌsɜ:bəʊkrəʊ'eɪʃn/ ➧ **14 I** agg. serbocroato **II** n. *(language)* serbocroato m.
.serenade /ˌserə'neɪd/ n. serenata f.
.serenade /ˌserə'neɪd/ tr. cantare una serenata a.
erendipity /ˌserən'dɪpətɪ/ n. FORM. serendipità f.; ***it was pure ~ that...*** fu per puro caso che...
erene /sɪ'ri:n/ agg. sereno; ***His, Her Serene Highness*** Sua Altezza Serenissima.
erenity /sɪ'renətɪ/ n. serenità f.
erf /sɜ:f/ n. servo m. (-a).
erge /sɜ:dʒ/ n. serge f.
erge /sɜ:dʒ/ n.pr. Sergio.
ergeant /'sɑ:dʒənt/ ➧ **23** n. **1** MIL. sergente m. **2** *(in police)* = soprintendente.
ergeant major ➧ **23** n. **1** BE = il più alto grado militare di sottufficiale **2** AE = grado militare equivalente a maresciallo.
ergius /'sɜ:dʒɪəs/ n.pr. Sergio.
erial /'sɪərɪəl/ **I** n. **1** TELEV. RAD. serial m., racconto m. a puntate, a episodi; ***TV ~*** serial televisivo; ***a six part ~*** un serial in sei puntate; ***to broadcast sth. as a ~*** trasmettere qcs. a puntate **2** *(publication)* periodico m., pubblicazione f. a puntate **II** agg. INFORM. [*computer, input, printer*] seriale.
erialization /ˌsɪərɪəlaɪ'zeɪʃn, AE -lɪ'z-/ n. **1** *(arrangement)* trasformazione f. in serial **2** *(broadcasting)* trasmissione f. a puntate; *(publication)* pubblicazione f. a puntate.
erialize /'sɪərɪəlaɪz/ tr. **1** *(arrange in a serial)* trasformare in un serial **2** *(broadcast)* trasmettere a puntate; *(publish)* pubblicare a puntate.
erial killer n. serial killer m.
erial number n. *(of machine, car)* numero m. di serie; AE *(of soldier)* numero m. di matricola.
ericeous /sɪ'rɪʃəs/ agg. setoso, serico.
ericulture /'serɪkʌltʃə(r)/ n. sericoltura f.
ericulturist /ˌserɪ'kʌltʃərɪst/ ➧ **27** n. sericoltore m. (-trice).

series /'sɪəri:z/ **I** n. (pl. ~) **1** *(set)* serie f.; *(of books)* collana f. **2** RAD. TELEV. LETTER. serie f.; ***a drama ~*** una fiction a puntate; ***this is the last in the present ~*** questa è l'ultima puntata di questo programma **3** SPORT = insieme di incontri disputati da due squadre nel corso di un evento sportivo **4** EL. ELETTRON. serie f. **II** modif. EL. ELETTRON. [*circuit, connection*] in serie.
serious /'sɪərɪəs/ agg. **1** *(not frivolous)* serio; ***to be ~ about doing*** avere davvero l'intenzione di fare; ***is he ~ about her?*** fa sul serio con lei? ***to give ~ thought to sth.*** pensare seriamente a qcs.; ***you can't be ~*** non dirai sul serio, non scherzare; ***to spend ~ money*** COLLOQ. spendere un sacco di soldi; ***if you want to do some ~ surfing...*** COLLOQ. se vuoi fare surf come si deve... **2** *(grave)* [*accident, problem*] serio, grave; [*crime, error*] grave; [*concern, doubt*] serio.
seriously /'sɪərɪəslɪ/ avv. **1** *(not frivolously)* seriamente; ***are you ~ suggesting that...?*** vuoi davvero dire che...? ***but ~, ...*** ma, davvero, ...; ***to take sb., sth. ~*** prendere qcn., qcs. sul serio **2** *(gravely)* [*ill, injured*] gravemente; [*damaged*] seriamente, gravemente; [*divided*] profondamente **3** COLLOQ. *(extremely)* [*boring, funny*] davvero, veramente.
seriousness /'sɪərɪəsnɪs/ n. **1** *(of person, study, intention)* serietà f.; *(of tone, reply)* serietà f., gravità f.; ***in all ~*** in tutta serietà, (molto) seriamente **2** *(of illness)* gravità f.; *(of damage, problem, situation)* serietà f., gravità f.
sermon /'sɜ:mən/ n. sermone m.; ***to give*** o ***preach a ~*** RELIG. fare un sermone.
seropositive /ˌsɪərəʊ'pɒzətɪv/ agg. sieropositivo.
serpent /'sɜ:pənt/ n. serpente m.
serpentine /'sɜ:pəntaɪn, AE -ti:n/ **I** n. MINER. serpentino m. **II** agg. LETT. [*river, road*] serpeggiante.
serrated /sɪ'reɪtɪd, AE 'sereɪtɪd/ agg. dentellato, seghettato; [*knife*] seghettato.
serration /sɪ'reɪʃn/ n. dentellatura f., seghettatura f.
serried /'serɪd/ agg. serrato.
serum /'sɪərəm/ n. (pl. **~s, -a**) siero m.; ***snake-bite ~*** siero antiveleno.
serval /'sɜ:vl/ n. servalo m., gattopardo m.
servant /'sɜ:vənt/ ➧ **27** n. **1** *(in household)* servo m. (-a), servitore m. (-trice), domestico m. (-a); ***to keep a ~*** avere un domestico **2** FIG. servo m. (-a), servitore m. (-trice).
1.serve /sɜ:v/ n. SPORT servizio m., battuta f.; ***it's my ~*** servo io, tocca a me servire; ***to have a big ~*** avere un ottimo servizio.
2.serve /sɜ:v/ **I** tr. **1** *(work for)* servire [*country, cause, public*]; essere al servizio di [*employer, family*]; ***to ~ sb., sth. well*** servire bene qcn., a qcs. **2** *(attend to customers)* servire; ***are you being ~d?*** La stanno servendo? **3** GASTR. servire [*guest, meal, dish*]; ***to ~ sb. with sth.*** servire qcs. a qcn.; ***~s four*** *(in recipe)* per quattro persone **4** *(provide facility)* [*power station, reservoir*] rifornire; [*public transport, library, hospital*] servire [*area*] **5** *(satisfy)* soddisfare [*needs, interests*] **6** *(function)* essere utile a; ***my sense of direction has ~d me well*** il mio senso dell'orientamento mi è stato molto utile; ***if my memory ~s me well*** se la memoria non mi tradisce; ***the table ~s me as a desk*** il tavolo mi serve *o* fa da scrivania; ***to ~ a purpose*** o ***function*** servire a uno scopo, avere una funzione; ***to ~ no useful purpose*** essere senza alcuna utilità, non servire a niente; ***to ~ the*** o ***sb.'s purpose*** servire allo scopo **7** *(spend time)* ***to ~ a term*** POL. restare in carica per un mandato; ***to ~ a sentence*** scontare una condanna; ***to ~ five years*** scontare *o* fare cinque anni di prigione **8** DIR. ***to ~ a writ on sb.*** notificare un mandato a qcn.; ***to ~ a summons on sb.*** intimare a qcn. un mandato di comparizione; ***to ~ notice of sth. on sb.*** notificare qcs. a qcn. (anche FIG.) **9** SPORT servire [*ball*] **II** intr. **1** *(in shop, church, at table)* servire **2** *(on committee, in government)* prestare servizio (**as** come, in qualità di); ***to ~ on*** fare parte di [*committee, jury*] **3** MIL. essere nell'esercito **4** *(meet a need)* servire (**as** come, da); ***any excuse will ~*** qualsiasi scusa andrà bene; ***this should ~ as a warning*** questo dovrebbe servire di avvertimento **5** SPORT battere; *(in tennis)* servire; ***Conti to ~*** Conti al servizio, alla battuta ♦ ***it ~s you right!*** ben ti sta! ti sta (proprio) bene!
▪ **serve out:** ~ out [sth.], ~ [sth.] out **1** GASTR. servire [*food*] **2** *(finish)* finire [*term of duty*]; espiare, scontare [*prison sentence*].

■ **serve up** GASTR. servire; **~ up [sth.], ~ [sth.] up** 1 GASTR. servire; ***to ~ sth. up again*** servire di nuovo qcs. 2 COLLOQ. FIG. propinare [*idea, excuse*].

serve-and-volley /ˌsɜːvən'vɒlɪ/ agg. SPORT [*game*] a rete, sotto rete, serve-and-volley; [*player*] che gioca sotto rete.

server /'sɜːvə(r)/ n. 1 SPORT battitore m. (-trice) 2 INFORM. server m. 3 GASTR. vassoio m. 4 RELIG. chierico m., chierichetto m. (-a).

server-managed /ˌsɜːvə'mænɪdʒd/ agg. INFORM. gestito da un server.

1.service /'sɜːvɪs/ I n. 1 *(department, facility)* servizio m.; ***information ~*** servizio informazioni; ***for ~s rendered*** COMM. per servizi resi; ***it's all part of the ~*** *(don't mention it)* non c'è di che; *(it 's all included)* è tutto compreso; ***"normal ~ will be resumed as soon as possible"*** RAD. TELEV. "i programmi riprenderanno il più presto possibile"; ***my ~s don't come cheap!*** mi faccio pagare bene io! i miei servizi costano! 2 *(work, period of work done)* servizio m. (anche AMM. MIL.); ***a lifetime of ~ to the firm*** una vita al servizio dell'azienda; ***I'm at your ~*** sono al vostro servizio; ***to put*** o ***place sth. at sb.'s ~*** mettere qcs. al servizio *o* a disposizione di qcn.; ***he gave his life in the ~ of his country*** ha dato la vita per servire il suo paese; ***to be in ~*** STOR. essere a servizio; ***to go into ~ with sb.*** andare a servizio presso qcn. 3 COMM. *(customer care)* servizio m.; ***to get good ~*** ricevere un buon trattamento; ***"includes ~"*** *(on bill)* "servizio compreso" 4 *(from machine, vehicle, product)* servizio m.; ***to give good*** o ***long ~*** [*machine*] funzionare *o* durare a lungo; [*product, garment*] fare un buon servizio; ***"out of ~"*** "fuori servizio" 5 *(transport facility)* servizio m. (**to** per); ***to run a regular ~*** fornire un servizio regolare; ***an hourly train ~*** un treno ogni ora; ***the number 28 bus ~*** la linea del 28 6 AUT. TECN. *(overhaul)* revisione f. 7 RELIG. ufficio m.; ***Sunday ~*** ufficio domenicale; ***marriage ~*** cerimonia nuziale 8 *(crockery)* servizio m.; ***tea ~*** servizio da tè 9 SPORT battuta f., servizio m.; ***your ~!*** tocca a te battere! 10 *(good turn)* servizio m.; ***to do sb. a ~*** rendere un servizio a qcn.; ***to be of ~ to sb.*** essere di aiuto a qcn. 11 DIR. notifica f. 12 *(of female animal)* monta f. II **services** n.pl. 1 MIL. MAR. ***the ~s*** le armi 2 *(on motorway)* area f.sing. di servizio III modif. MIL. [*pay, pension*] militare; [*personnel*] militare, dell'esercito; [*life*] militare, nell'esercito.

2.service /'sɜːvɪs/ tr. 1 AUT. TECN. *(overhaul)* fare la revisione a [*vehicle*]; fare la manutenzione di [*machine*]; ***to have one's car ~d*** far fare la revisione alla *o* fare revisionare la propria auto 2 ECON. pagare gli interessi di [*debt*].

serviceable /'sɜːvɪsəbl/ agg. 1 *(usable)* efficiente, utilizzabile 2 *(practical)* [*garment*] pratico, comodo.

service area n. area f. di servizio.

service break n. SPORT break m.; ***to have a ~*** perdere il servizio, subire un break.

service centre BE, **service center** AE n. centro m. assistenza post-vendita.

service charge n. 1 *(in restaurant)* (prezzo del) servizio m.; ***there is a ~*** il servizio è a parte; ***what is the ~?*** a quanto ammonta il servizio? 2 *(in banking)* spese f.pl. (di gestione del conto) 3 *(for property maintenance)* spese f.pl.

service company n. società f. di servizi.

service contract n. COMM. contratto m. di assistenza.

service department n. *(office)* ufficio m. assistenza; *(workshop)* officina f. di assistenza.

service elevator AE → **service lift**.

service engineer ♦ *27* n. tecnico m. addetto all'assistenza.

service entrance n. ingresso m. di servizio.

service flat n. BE appartamento m. in affitto con servizio di pulizia.

service game n. SPORT battuta f., servizio m.

service hatch n. passavivande m.

service industry n. COMM. *(company)* industria f. di servizi; *(sector)* settore m. terziario.

service lift n. BE *(in hotel, building)* ascensore m. di servizio; *(for heavy goods)* montacarichi m.

serviceman /'sɜːvɪsmən/ n. (pl. **-men**) militare m.

service road n. BE via f. d'accesso; ING. strada f. di servizio.

service sector n. settore m. dei servizi, (settore) terziario m.

service station n. stazione f. di servizio.

servicewoman /'sɜːvɪswʊmən/ n. (pl. **-women**) militare m.

servicing /'sɜːvɪsɪŋ/ n. AUT. TECN. manutenzione f. riparazione f.; ***the machine has gone in for ~*** la macchina è in riparazione.

serviette /ˌsɜːvɪ'et/ n. BE tovagliolo m. (di carta).

servile /'sɜːvaɪl, AE -vl/ agg. servile.

servility /sɜː'vɪlətɪ/ n. servilismo m.

serving /'sɜːvɪŋ/ I n. *(helping)* porzione f.; ***enough for four ~s*** sufficiente per quattro persone II agg. MIL. [*officer*] in servizio; AMM. [*official*] in carica.

serving dish n. piatto m. da portata.

serving hatch n. passavivande m.

serving spoon n. cucchiaio m. da portata.

servitude /'sɜːvɪtjuːd, AE -tuːd/ n. *(condition)* servitù f. (anche DIR.).

servomechanism /'sɜːvəʊˌmekənɪzəm/ n. servomeccanismo m.

servomotor /'sɜːvəʊˌməʊtə(r)/ n. servomotore m.

sesame /'sesəmɪ/ n. sesamo m.

session /'seʃn/ n. 1 POL. *(term)* sessione f. 2 AMM. DIR. POL. ECON. *(sitting)* seduta f., riunione f.; ***in ~*** DIR. [*court*] in seduta; ***to go into closed*** o ***private ~*** riunirsi a porte chiuse; ***trading ~*** seduta in Borsa 3 *(meeting)* riunione f.; *(informal discussion)* discussione f.; ***drinking ~*** COLLOQ. bevuta 4 BE SCOL. *(year)* anno m. scolastico; AE *(term)* trimestre m.; *(period of lessons)* corsi m.pl., lezioni f.pl. 5 MED. seduta f. 6 MUS. SPORT. sessione f.; ***training ~*** SPORT allenamento.

1.set /set/ n. 1 *(collection) (of keys, spanners)* set m., serie f.; *(of stamps, coins)* serie f.; *(of golf clubs)* set m.; *(of cutlery)* servizio m.; *(of encyclopedias)* raccolta f.; FIG. *(of data, rules tests)* serie f., insieme m.; ***a new ~ of clothes*** un nuovo guardaroba; ***they're sold in ~s of 10*** li vendono in confezioni da 10; ***a ~ of fingerprints*** = le impronte digitali di una persona schedate da un'autorità; ***a ~ of traffic lights*** un impianto semaforico 2 *(kit, game)* ***a chess ~*** un gioco di scacchi; ***a magic ~*** un set da prestigiatore 3 *(pair)* ***a ~ of sheets*** una parure di lenzuola; ***a ~ of false teeth*** una dentiera; ***one ~ of grandparents lives in Canada*** due dei miei nonni abitano in Canada 4 SPORT *(in tennis)* set m. 5 *(television)* apparecchio m.; ***TV ~, television ~*** televisione, televisore 6 *(group)* ambiente m., mondo m.; ***the smart*** o ***fashionable ~*** il bel mondo 7 *(scenery)* TEATR. scenario m.; CINEM. TELEV. set m. 8 MAT. insieme m. 9 BE SCOL. *(class, group)* gruppo m. 10 *(hairdo)* messa f. in piega; ***to have a shampoo and ~*** farsi fare uno shampoo e piega 11 MUS. pièce f. 12 *(position)* posizione f. atteggiamento m. ♦ ***to make a (dead) ~ at sb.*** BE COLLOQ. fare di tutto per conquistare qcn.

2.set /set/ I pass., p.pass. → **3.set** II agg. 1 *(fixed)* attrib. [*procedure, rule, task*] determinato; [*time, price*] fisso; [*menu*] a prezzo fisso; [*formula*] tutto compreso; [*idea*] radicato; ***I had no ~ purpose*** non avevo nessuno scopo preciso; ***~ phrase, ~ expression*** frase fatta, luogo comune; ***to be ~ in one's ways*** essere un abitudinario, avere le proprie abitudini; ***the weather is ~ fair*** il tempo è sul bello stabile *o* si è messo al bello 2 *(stiff)* [*expression, smile*] fisso 3 SCOL. UNIV. *(prescribed)* [*book*] previsto dal programma; [*topic*] fondamentale 4 mai attrib. *(ready)* pronto 5 *(determined)* ***to be (dead) ~ against sth., doing*** essere (del tutto, fermamente) contrario a qcs., al fare; ***to be ~ on sth., on doing*** essere deciso a qcs., a fare 6 *(firm)* [*jam, honey, yoghurt*] denso; [*cement*] duro, rappreso ♦ ***to be well set-up*** COLLOQ. *(financially)* stare bene, disporre di mezzi.

3.set /set/ I tr. (forma in -ing ecc. **-tt-**; pass., p.pass. **set**) 1 *(place)* mettere, porre [*object*]; montare, incastonare [*gem*]; ***to ~ sth. before sb.*** mettere qcs. davanti a qcn. [*food, plate*]; FIG. presentare qcs. a qcn. [*proposals, findings*]; ***to ~ sth. in the ground*** piantare qcs. nel terreno; ***to ~ sth. into sth.*** mettere o incastrare *o* infilare qcs. in qcs.; ***to ~ sth. straight*** *(align)* raddrizzare qcs., mettere qcs. dritto [*painting*]; FIG. *(tidy)* mettere qcs. in ordine [*papers, room*]; ***to ~ matters*** o ***the record straight*** FIG. mettere le cose in chiaro; ***his eyes are set very close together*** ha gli occhi molto ravvicinati 2 *(prepare)* preparare, apparecchiare [*table*]; tendere [*trap*]; ***~ three places*** apparecchia per tre; ***the stage is set for the final*** tutto è pronto per la finale; ***to ~ one's mark*** o ***stamp on sth.*** lasciare il segno su qcs. **3** *(affix, establish)* fissare [*date, deadline, place, price, target*]; lanciare [*fashion*]; dare [*tone*]; stabilire [*precedent, record*]; ***to ~ a good, bad example to sb.*** dare il buon, il cattivo esempio a qcn.; ***to ~ one's sights on*** mettere gli occhi su [*job*] **4** *(adjust)* regolare [*clock*]; mettere, puntare [*alarm clock*]; programmare [*timer, video*]; ***to ~ the oven to 180°*** mettere il forno a 180°; ***~ your watch by mine*** regola il tuo orologio sul mio **5** *(start)* ***to ~ sth. going*** mettere in marcia, avviare [*machine*]; ***to ~ sb. laughing, thinking*** fare ridere, riflettere qcn. **6** *(impose)* [*teacher*] dare, assegnare [*homework, essay*]; porre [*problem*]; ***to ~ a book for study*** inserire *o* mettere un libro nel programma; ***to ~ sb. the task of doing*** incaricare qcn. di fare **7** CINEM. LETTER. TEATR. TELEV. ambientare [*book, film, play*] **8** MUS. ***to ~ sth. to music*** mettere qcs. in musica **9** TIP. comporre [*text, type*] **10** MED. immobilizzare [*broken leg*] **11** *(style)* ***to have one' s hair set*** farsi fare la piega **12** *(cause to harden)* fare rapprendere [*jam*]; fare solidificare [*concrete*] **II** intr. (forma in -ing ecc. **-tt-**; pass., p.pass. **set**) **1** [*sun*] tramontare **2** *(harden)* [*jam*] rapprendersi; [*concrete*] solidificarsi; [*glue*] asciugare, asciugarsi **3** MED. [*fracture, bone*] saldarsi.

■ **set about:** ***~ about [sth.]*** mettersi, accingersi a [*work*]; ***to ~ about doing*** cominciare a fare; ***to ~ about the job*** o ***task*** o ***business of doing*** cominciare *o* mettersi a fare; ***I don't know how to ~ about it*** non so come cominciare; ***~ about [sb.]*** COLLOQ. attaccare (**with** con).

■ **set against** ***~ [sb.] against*** mettere [qcn.] contro [*person*]; ***to ~ oneself against sth.*** mettersi contro qcs., opporsi a qcs.; ***~ sth. against sth.*** *(compare)* confrontare qcs. con qcs.; ***the benefits seem small, set against the risks*** i benefici sembrano miseri, se paragonati ai rischi.

■ **set apart:** ***~ [sb., sth.] apart*** distinguere (**from** da).

■ **set aside:** ***~ [sth.] aside, ~ aside [sth.]*** **1** *(put down)* mettere da parte [*book, knitting*] **2** *(reserve)* riservare [*area, room, time*] (**for** per); mettere da parte [*money, stock*] **3** *(disregard)* mettere da parte, accantonare [*prejudices*] **4** AMM. DIR. *(reject)* rifiutare, accantonare [*decision*]; annullare [*verdict*]; annullare, cassare [*judgment, ruling*].

■ **set back:** ***~ [sth.] back*** **1** *(position towards the rear)* spostare indietro [*chair, table*]; ***the house is set back from the road*** la casa è a una certa distanza dalla strada **2** *(adjust)* mettere, spostare indietro [*clock, watch*]; ***~ back [sth.], ~ [sth.] back*** *(delay)* ritardare, rallentare [*production, recovery*]; ***~ [sb.] back*** COLLOQ. costare un occhio della testa.

■ **set by:** ***~ [sth.] by, ~ by [sth.]*** mettere da parte.

■ **set down:** ***~ [sb., sth.] down*** fare scendere [*passenger*]; mettere giù, posare [*object*]; ***~ down [sth.], ~ [sth.] down*** **1** *(establish)* stabilire, fissare [*conditions*] **2** *(record)* fermare, fissare [*event, fact*]; ***to ~ down one's thoughts (on paper)*** affidare i propri pensieri alla carta **3** *(land)* fare atterrare [*helicopter*].

■ **set forth:** ***~ forth*** *(leave)* avviarsi; ***~ forth [sth.]*** esporre [*facts*]; presentare [*argument*].

■ **set in:** ***~ in*** [*infection, gangrene*] insorgere; [*complications, winter*] sopravvenire, sopraggiungere; [*depression*] instaurarsi; [*resentment*] prendere piede; ***the rain has set in for the afternoon*** la pioggia durerà tutto il pomeriggio; ***~ [sth.] in*** applicare, riportare [*sleeve*].

■ **set off:** ***~ off*** partire, mettersi in cammino (**for** per); ***to ~ off on a journey*** partire per un viaggio; ***to ~ off to do*** partire per fare; ***he set off on a long description*** si lanciò in una lunga descrizione; ***~ off [sth.], ~ [sth.] off*** **1** *(trigger)* azionare, attivare [*alarm*]; fare partire [*fireworks*]; fare esplodere [*bomb*]; provocare, scatenare [*riot, row, panic*] **2** *(enhance)* mettere in risalto, fare risaltare [*dress, tan*]; ***~ [sb.] off*** fare piangere [*baby*]; ***she laughed and that set me off*** rise e così mi misi a ridere anch'io; ***don't mention politics, you know it always ~s him off*** non nominare la politica, lo sai che quando comincia non la smette più.

■ **set on:** ***~ on [sb.]*** attaccare; ***~ [sth.] on sb.*** sguinzagliare [qcs.] contro qcn., lanciare [qcs.] all'inseguimento di qcn. [*dog*]; ***to ~ sb. onto sb.*** o ***sb.'s track*** mettere qcn. sulle orme *o* sulla pista di qcn.

■ **set out:** ***~ out*** *(leave)* avviarsi (**for** per; **to do** per fare); ***we set out from Paris at 9 am*** lasciammo Parigi alle 9; ***to ~ out on a journey*** partire per un viaggio; ***to ~ out to do*** *(intend)* [*book, report, speech*] avere il fine di fare; [*person*] proporsi di fare; ***~ [sth.] out, ~ out [sth.]*** **1** *(spread out)* disporre, esporre [*goods*]; disporre [*food, chairs, chessman*]; collocare, disporre [*books, papers*]; organizzare [*information*] **2** *(state, explain)* presentare, illustrare [*ideas*]; formulare [*objections*]; stabilire, dettare [*terms*].

■ **set to** mettersi sotto, mettersi di buona lena.

■ **set up:** ***~ up*** *(establish oneself)* [*business person, trader*] aprire un'attività, mettersi in affari; ***to ~ up on one's own*** mettersi in proprio; ***to ~ up (shop) as a decorator*** aprire un'attività come decoratore; ***to ~ up in business*** mettersi in affari; ***~ [sth.] up, ~ up [sth.]*** **1** *(erect)* montare, tirare su [*stand, stall*]; montare [*equipment, easel*]; aprire [*deckchair*]; creare [*roadblock*]; erigere [*statue*]; ***to ~ up home*** o ***house*** mettere su casa; ***to ~ up camp*** accamparsi, piantare un accampamento **2** *(prepare)* preparare, allestire [*experiment*] **3** *(found, establish)* istituire, fondare [*business, company*]; impiantare [*factory*]; formare [*group, charity*]; costituire [*committee*]; aprire [*fund*]; lanciare [*scheme*] **4** *(start)* provocare, causare [*vibration*]; suscitare [*reaction*] **5** *(organize)* organizzare [*conference, meeting*]; mettere a punto [*procedures*] **6** TIP. comporre [*page*]; ***~ [sb.] up*** **1** *(establish in business)* ***to ~ sb. up (in business) as*** fare aprire a qcn. un'attività di **2** *(improve one's health, fortune)* rimettere in sesto; ***that deal has set her up for life*** con quell'affare si è sistemata per tutta la vita **3** BE COLLOQ. *(trap)* [*police*] tendere una trappola a, incastrare [*criminal*]; [*colleague, friend*] montare un'accusa contro [*person*] **4** INFORM. settare, configurare; ***~ [oneself] up*** **1** COMM. ***to ~ oneself up as*** mettersi in proprio come; ***to ~ oneself up in business*** mettersi in (affari per conto) proprio **2** *(claim)* ***I don't ~ myself up to be an expert*** non pretendo di essere un esperto; ***he ~s himself up as an authority on Italian art*** si spaccia per un esperto di arte italiana.

■ **set upon:** ***~ upon [sb.]*** attaccare.

setback /ˈsetbæk/ n. **1** battuta f. d'arresto, blocco m.; ***this is a ~ to our plans*** questo rappresenta un ostacolo per i nostri piani; ***a temporary ~*** un contrattempo **2** MIL. sconfitta f. **3** ECON. ribasso m.

set designer ➧ *27* n. TEATR. scenografo m. (-a).

set piece n. **1** SPORT mossa f., azione f. studiata **2** MUS. brano m. famoso, pezzo m. forte **3** TEATR. *(piece of scenery)* arredo m. di scena.

set play n. colpo m. studiato, azione f. studiata (anche SPORT).

set point n. set point m.

set square n. BE TECN. squadra f. (da disegno).

settee /seˈtiː/ n. sofà m., divano m.

setter /ˈsetə(r)/ n. *(dog)* setter m.

setting /ˈsetɪŋ/ n. **1** *(location) (for a building, event, film, novel)* ambientazione f., sfondo m., scenario m.; ***a house in a riverside ~*** una casa situata sulle rive di un fiume; ***Rome will be the ~ for the gala*** il galà si svolgerà a Roma; ***Dublin is the ~ for her latest novel*** il suo ultimo romanzo è ambientato a Dublino **2** *(in jewellery)* montatura f., incastonatura f. **3** *(position on dial)* posizione f.; ***speed ~*** velocità; ***put the iron on the highest ~*** metti il ferro da stiro al massimo *o* alla massima temperatura **4** MUS. *(of poem)* (il) musicare, (il) mettere in musica **5** ***the ~ of the sun*** il tramonto (del sole).

setting lotion n. fissatore m.

setting-up /ˌsetɪŋˈʌp/ n. *(of committee, programme, scheme, business)* creazione f.; *(of inquiry)* apertura f.; *(of factory)* installazione f.

1.settle /ˈsetl/ n. = cassapanca dotata di schienale e braccioli.

2.settle /ˈsetl/ **I** tr. **1** *(position comfortably)* sistemare [*person, animal*] **2** *(calm)* calmare [*stomach, nerves*] **3** *(resolve)* sistemare [*matter, business*]; comporre [*dispute*]; risolvere, appianare [*conflict*]; risolvere [*problem*]; ***~ it among yourselves*** risolvete le cose tra di voi; ***that's ~d*** è deciso *o* fatto; ***that ~s it!*** *(making decision)* ho deciso! *(in exasperation)* e con questo ho chiuso! **4** *(agree on)* stabilire, fissare [*arrangements*] **5** *(put in order)* ***to ~ one's affairs*** sistemare i propri affari **6** COMM. *(pay)* regolare, saldare [*bill, debt*]; ***to ~ money on sb.*** lasciare *o* intestare del denaro a qcn. **7** *(colonize)* colonizzare, insediarsi in [*country*] **II** intr. **1** *(come to rest)* [*bird, insect, wreck*] posarsi; [*dregs*] depositarsi; ***to let the dust ~*** fare posare *o* depositare la polvere; FIG. lasciare passare il polverone, lasciare che le acque si calmino; ***to ~ over*** [*mist*] scendere su [*town*]; FIG. [*silence, grief*] scendere su [*community*] **2** *(become resident)* fermarsi, stabilirsi, sistemarsi **3** *(become compacted)* [*ground, wall*] assestarsi **4** *(calm down)* [*baby*] calmarsi; *(go to sleep)* addormentarsi **5** *(take hold)* ***to be settling*** [*snow*] tenere; [*mist*] persistere **6** DIR. *(agree)* mettersi d'accordo; ***to ~ out of court*** raggiungere un accordo amichevole **III** rifl. ***to ~ oneself in*** sistemarsi su [*chair*]; sistemarsi in, a [*bed*] ♦ ***to ~ a score with sb.*** sistemare una faccenda *o* regolare i conti con qcn.

■ **settle back:** ~ **back** appoggiarsi (all'indietro), mettersi comodo; ***to ~ back in a chair*** appoggiarsi allo schienale di una sedia (sedendosi).

■ **settle down:** ~ **down 1** *(get comfortable)* mettersi comodo, accomodarsi **2** *(calm down)* [*person*] calmarsi; [*situation*] accomodarsi, sistemarsi; ***~ down!*** calma! **3** ***to ~ down to work*** mettersi a lavorare; ***to ~ down to doing*** mettersi *o* decidersi a fare.

■ **settle for:** ~ **for [sth.]** accontentarsi di; ***why ~ for less?*** perché accontentarsi di meno?

■ **settle in 1** *(move in)* stabilirsi, sistemarsi **2** *(become acclimatized)* ambientarsi, abituarsi.

■ **settle on:** ~ **on [sth.]** scegliere [*name, colour*].

■ **settle up:** ~ **up 1** *(pay)* pagare, saldare **2** *(sort out who owes what)* fare, regolare i conti **3** ***to ~ up with*** pagare [*waiter, tradesman*].

settled /setld/ **I** p.pass. → **2.settle II** agg. stabile; ***I feel ~ here*** *(in home)* mi sento bene qui.

settlement /ˈsetlmənt/ n. **1** *(agreement)* accordo m., patto m., intesa f. **2** *(resolving)* accordo m., accomodamento m.; DIR. accordo m., transazione f. **3** ECON. *(of money)* liquidazione f., saldo m. (**on** a favore di) **4** SOCIOL. *(social work centre)* centro m. sociale **5** *(dwellings)* paesino m., gruppo m. di case **6** *(creation of new community)* insediamento m., colonizzazione f.

settler /ˈsetlə(r)/ n. colono m. (-a).

set-to /ˈsettuː/ n. COLLOQ. battibecco m., bisticcio m., discussione f.

set-top box /setˌtɒpˈbɒks/ n. TELEV. decoder m., decodificatore m.

set-up /ˈsetʌp/ **I** n. COLLOQ. **1** *(system, organization)* organizzazione f. **2** *(trick, trap)* montatura f., inganno m. **II** modif. [*costs*] iniziale; [*time*] per i preparativi.

seven /ˈsevn/ ♦ ***19, 1, 4*** **I** determ. sette **II** pron. sette; ***there are ~ of them*** ce ne sono sette **III** n. sette m.; ***to multiply by ~*** moltiplicare per sette.

seventeen /ˌsevnˈtiːn/ ♦ ***19, 1, 4*** **I** determ. diciassette **II** pron. diciassette; ***there are ~ of them*** ce ne sono diciassette **III** n. diciassette m.; ***to multiply by ~*** moltiplicare per diciassette.

seventeenth /ˌsevnˈtiːnθ/ ♦ ***19, 8*** **I** determ. diciassettesimo **II** pron. **1** *(in order)* diciassettesimo m. (-a) **2** *(of month)* diciassette m.; ***the ~ of May*** il diciassette maggio **III** n. *(fraction)* diciassettesimo m. **IV** avv. [*finish*] diciassettesimo, in diciassettesima posizione.

seventh /ˈsevnθ/ ♦ ***19, 8*** **I** determ. settimo **II** pron. **1** *(in order)* settimo m. (-a) **2** *(of month)* sette m.; ***the ~ of May*** il sette maggio **III** n. **1** *(fraction)* settimo m. **2** MUS. settima f. **IV** avv. [*finish*] settimo, in settima posizione.

seventieth /ˈsevntɪəθ/ ♦ ***19*** **I** determ. settantesimo **II** pron. *(in order)* settantesimo m. (-a) **III** n. *(fraction)* settantesimo m. **IV** avv. [*finish*] settantesimo, in settantesima posizione.

seventy /ˈsevntɪ/ ♦ ***19, 1, 8*** **I** determ. settanta **II** pron. settanta; ***there are ~ of them*** ce ne sono settanta **III** n. settanta m.; ***to multiply by ~*** moltiplicare per settanta **IV seventies** n.pl. **1** *(decade)* ***the seventies*** gli anni '70 **2** *(age)* ***to be in one's seventies*** avere superato la settantina.

seventy-eight /ˌsevəntɪˈeɪt/ n. *(record)* settantotto giri m.

seven-year itch /ˌsevnjɪərˈɪtʃ, -jɜː(r)-/ n. = impulso o tendenza all'infedeltà che si verifica dopo il settimo anno di matrimonio.

sever /ˈsevə(r)/ tr. **1** recidere, tagliare [*limb, artery, rope*]; tagliare [*wire, branch, head*]; ***to ~ sth. from*** staccare qcs. da **2** FIG. *(break off)* troncare [*contact, relations*].

several /ˈsevrəl/ **I** quantif. **1** *(a few)* ***~ books*** alcuni *o* diversi *o* parecchi libri **2** FORM. *(respective)* rispettivo **II** pron. ***~ of you*** alcuni *o* parecchi di voi.

severally /ˈsevrəlɪ/ avv. separatamente, distintamente.

severance /ˈsevərəns/ n. **1** *(separation)* rottura f., separazione f. **2** *(redundancy)* licenziamento m.

severance pay n. indennità f. di fine rapporto.

severe /sɪˈvɪə(r)/ agg. **1** *(extreme)* [*damage, loss, shortage, injury, shock*] grave; [*weather*] brutto, cattivo; [*cold, winter*] rigido; [*headache*] (molto) forte **2** *(harsh)* severo **3** *(austere)* austero, severo.

severely /sɪˈvɪəlɪ/ avv. **1** *(seriously)* [*restrict, damage*] severamente; [*affect, shock, disabled, injured*] gravemente **2** *(harshly)* [*treat, speak*] severamente; [*beat*] violentemente, duramente **3** *(austerely)* in modo austero.

severity /sɪˈverətɪ/ n. **1** *(seriousness) (of problem, situation, illness)* gravità f.; *(of shock, pain)* violenza f. **2** *(harshness) (of sentence, treatment)* severità f.; *(of climate)* rigore m.

Seville orange /səˌvɪlˈɒrɪndʒ, AE -ˈɔːr-/ n. arancia f. amara.

sew /səʊ/ **I** tr. (pass. **sewed**; p.pass. **sewn, sewed**) cucire; ***he ~ed the button back on*** riattaccò il bottone **II** intr. (pass. **sewed**; p.pass. **sewn, sewed**) cucire.

■ **sew up:** ~ **[sth.] up,** ~ **up [sth.] 1** ricucire [*hole, tear*]; fare, cucire [*seam*]; (ri)cucire, suturare [*wound*] **2** COLLOQ. *(settle)* concludere [*deal*]; accaparrarsi [*game*]; *(control)* monopolizzare [*market*]; ***they've got the election sewn up*** si sono assicurati le elezioni; ***the deal is all sewn up!*** l'affare è fatto!

sewage /ˈsuːɪdʒ, ˈsjuː-/ n. acque f.pl. nere, di scarico.

sewage disposal n. smaltimento m. delle acque nere.

sewage farm n. = azienda agricola che usa il liquame come fertilizzante e per l'irrigazione.

sewer /ˈsuːə(r), ˈsjuː-/ n. fogna f.

sewing /ˈsəʊɪŋ/ **I** n. *(activity)* cucito m.; *(piece of work)* lavoro m. (di cucito) **II** modif. [*scissors*] da sarto; [*thread, basket*] da cucito.

sewing machine n. macchina f. da cucire.

sewn /səʊn/ p.pass. → **sew**.

1.sex /seks/ **I** n. **1** *(gender)* sesso m. **2** *(intercourse) (one act)* rapporto m. sessuale; *(repeated)* sesso m., rapporti m.pl. sessuali; ***to have ~ with sb.*** fare (del) sesso con qcn., avere dei rapporti sessuali con qcn. **II** modif. [*act, organ, life, education, discrimination, abuse*] sessuale.

2.sex /seks/ tr. sessare [*animal*].

sex appeal n. sex appeal m.

sex attack n. aggressione f. sessuale.

sex change n. ***to have a ~*** cambiare sesso.

sex crime n. crimini m.pl. a sfondo sessuale; *(one incident)* crimine m. a sfondo sessuale.

sex drive n. impulso m. sessuale.

sexism /ˈseksɪzəm/ n. sessismo m.

sexist /ˈseksɪst/ **I** agg. sessista **II** n. sessista m. e f.

sexless /ˈsekslɪs/ agg. asessuato.

sex offender n. criminale m. sessuale.

sexology /sekˈsɒlədʒɪ/ n. sessuologia f.

sextant /ˈsekstənt/ n. sestante m.

sextet /sekˈstet/ n. sestetto m.

sexton /ˈsekstən/ n. sagrestano m.

sex tourism n. turismo m. sessuale.

sexual /ˈsekʃʊəl/ agg. [*organs, abuse*] sessuale.

sexuality /ˌsekʃʊˈælətɪ/ n. sessualità f.

sexually /ˈsekʃʊəlɪ/ avv. [*dominant, explicit, mature*] sessualmente; [*discriminate*] in base al sesso; [*transmit, infect*] per via sessuale; ***~ abused*** vittima di violenza sessuale.

sexually transmitted disease n. malattia f. sessualmente trasmissibile.

sexy /ˈseksɪ/ agg. COLLOQ. **1** *(erotic)* [*book, film, show*] erotico, sexy; [*person, clothing*] sexy **2** *(appealing)* [*image, product*] di richiamo.

SF n. (⇒ science fiction) = science fiction, fantascienza.

sh /ʃ/ inter. ssh.

shabbily /ˈʃæbɪlɪ/ avv. **1** [*dressed*] miseramente, in modo trasandato **2** [*behave, treat*] in modo meschino.

shabbiness /ˈʃæbɪnɪs/ n. **1** *(of clothes, place)* aspetto m. trasandato, misero **2** *(of behaviour)* meschinità f.

shabby /ˈʃæbɪ/ agg. **1** [*person*] vestito miseramente, in modo trasandato; [*room, furnishings*] misero, squallido; [*clothing*] logoro, trasandato **2** [*treatment*] meschino.

shack /ʃæk/ n. baracca f., capanna f., tugurio m.

1.shackle /ˈʃækl/ n. *(chain)* ferro m., ceppo m., manetta f.; FIG. *(constraint)* catena f.

2.shackle /ˈʃækl/ tr. mettere ai ferri, ai ceppi, ammanettare.

shack up intr. COLLOQ. ***~ up with sb.*** vivere insieme a *o* convivere con qcn.

1.shade /ʃeɪd/ **I** n. **1** *(shadow)* ombra f.; ***in the ~*** all'ombra; ***to provide ~*** fare ombra **2** *(tint)* sfumatura f. (anche FIG.); ***that should appeal to all ~s of opinion*** dovrebbe piacere a tutti gli orientamenti **3** *(small amount, degree)* ***a ~ too loud*** un tantino *o* un po' troppo forte; ***a ~ of resentment*** un'ombra di risentimento **4** (anche **lamp ~**) paralume m. **5** *(eyeshade)* visiera f. **II shades** n.pl. **1** COLLOQ. *(sunglasses)* occhiali m. da sole **2** *(undertones)* ***~s of Mozart*** echi di Mozart ♦ ***to put sb., sth. in the ~*** mettere in ombra qcn., qcs.

2.shade /ʃeɪd/ **I** tr. **1** *(screen)* fare ombra a, proteggere dal sole; ***the garden was ~d by trees*** il giardino era ombreggiato dagli alberi; ***to ~ one's eyes*** ripararsi gli occhi dal sole **2** → **shade in II** intr. *(blend)* [*colour, tone*] sfumare (**into** in).

▪ **shade in:** ***~ in [sth.], ~ [sth.] in*** ombreggiare [*drawing*]; *(by hatching)* tratteggiare, ombreggiare [*area, map*]; [*child*] colorare [*picture*].

shaded /ˈʃeɪdɪd/ **I** p.pass. → **2.shade II** agg. **1** *(shady)* ombreggiato **2** *(covered)* [*lamp*] coperto con un paralume **3** ART. (anche **~-in**) [*background*] ombreggiato; *(produced by hatching)* tratteggiato, ombreggiato.

shading /ˈʃeɪdɪŋ/ n. *(in drawing, painting)* ombreggiatura f.; *(hatching)* tratteggio m.

1.shadow /ˈʃædəʊ/ **I** n. **1** *(shade)* ombra f. (anche FIG.); ***in (the) ~*** nell'ombra; ***in the ~ of*** *(near)* nelle vicinanze di [*mine, power station*]; *(in fear of)* nella paura di [*Aids, war*]; ***to stand in the ~s*** stare nell'ombra; ***she's a ~ of her former self*** è l'ombra di se stessa; ***the war casts a long ~*** le conseguenze della guerra si fanno ancora sentire; ***without*** o ***beyond the ~ of a doubt*** senza ombra di dubbio, oltre ogni possibile dubbio; ***to have ~s under one's eyes*** avere gli occhi cerchiati *o* le occhiaie **2** *(person following another)* ombra f.; *(detective)* detective m., investigatore m. (-trice); ***to put a ~ on sb.*** fare seguire qcn. **II shadows** n.pl. LETT. *(darkness)* tenebre f.

2.shadow /ˈʃædəʊ/ tr. **1** *(cast shadow on)* fare ombra a, su **2** *(follow)* pedinare, seguire.

shadow boxing n. allenamento m. con l'ombra; FIG. attacco m. puramente accademico.

shadow cabinet n. GB POL. gabinetto m. ombra, governo m. ombra.

shadow minister n. GB POL. → **shadow secretary**.

shadow play n. teatro m. d'ombre.

shadow secretary n. GB POL. ***the ~ for employment, foreign affairs*** = portavoce dell'opposizione in materia di lavoro, per gli affari esteri.

shadowy /ˈʃædəʊɪ/ agg. **1** *(dark)* [*path, woods*] ombroso; [*corridor*] in ombra **2** *(indistinct)* [*image, outline*] confuso, indistinto; [*form*] vago, indistinto **3** *(mysterious)* losco, misterioso.

shady /ˈʃeɪdɪ/ agg. **1** [*place*] ombreggiato, ombroso **2** *(dubious)* [*deal*] losco, sospetto; [*businessman*] equivoco, disonesto.

shaft /ʃɑːft, AE ʃæft/ n. **1** *(rod) (of tool)* manico m.; *(of arrow, spear)* asta f.; *(of sword)* impugnatura f.; *(in machine)* asse m., albero m.; *(on a cart)* stanga f. **2** *(passage, vent)* condotto m. **3** FIG. *(of wit)* lampo m. di genio **4** ***~ of light*** raggio di luce; ***~ of lightning*** lampo.

1.shag /ʃæg/ n. *(tobacco)* trinciato m.

2.shag /ʃæg/ tr. (forma in -ing ecc. **-gg-**) BE VOLG. scopare, fottere.

shaggy /ˈʃægɪ/ agg. [*hair, beard, eyebrows*] lungo e ispido; [*animal*] a pelo lungo; [*carpet*] a pelo lungo e ispido.

shaggy dog story n. = barzelletta molto lunga con un finale paradossale.

shagreen /ʃæˈgriːn/ n. zigrino m.

Shah /ʃɑː/ n. scià m.

1.shake /ʃeɪk/ n. **1** scossa f., scrollata f., scrollone m.; ***with a ~ of the*** o ***one's head*** scuotendo la testa **2** (anche **milk~**) frappè m. ♦ ***in a ~*** o ***in two ~s*** COLLOQ. in un batter d'occhio, in quattro e quattr'otto; ***to be no great ~s*** COLLOQ. non valere (un) granché, non essere niente di speciale; ***to have the ~s*** COLLOQ. *(from fear)* avere la tremarella; *(from cold, fever)* avere i brividi; *(from alcohol)* tremare.

2.shake /ʃeɪk/ **I** tr. (pass. **shook**; p.pass. **shaken**) **1** [*person*] scuotere; [*blow, earthquake*] fare tremare; ***"~ before use"*** "agitare prima dell'uso"; ***to ~ salt over the dish*** spargere sale sul piatto, cospargere il piatto di sale; ***to ~ one's fist at sb.*** mostrare i pugni a qcn.; ***I shook him by the shoulders*** lo presi per le spalle e lo scrollai; ***to ~ one's head*** scuotere la testa; ***to ~ hands with sb., to ~ sb.'s hand*** stringere la mano a qcn., dare una stretta di mano a qcn.; ***~ hands on the deal*** suggellare l'affare con una stretta di mano; ***to ~ hands on it*** *(after argument)* fare pace dandosi la mano **2** FIG. *(shock)* fare vacillare [*belief, confidence, faith*]; scuotere, sconvolgere [*person*] **3** AE *(get rid of)* liberarsi di **II** intr. (pass. **shook**; p.pass. **shaken**) **1** *(tremble)* [*person, hand, voice, leaf, building, windows*] tremare; ***to ~ with*** tremare per [*cold, emotion*]; trasalire *o* tremare per [*fear*]; torcersi *o* sbellicarsi da [*laughter*] **2** *(shake hands)* ***they shook on it*** *(on deal, agreement)* conclusero l'affare, l'accordo con una stretta di mano; *(after argument)* fecero la pace dandosi la mano; ***"~!"*** "qua la mano!" **III** rifl. (pass. **shook**; p.pass. **shaken**) ***to ~ oneself*** [*person, animal*] scuotersi.

▪ **shake about, shake around:** ***~ about*** o ***around*** oscillare; ***~ [sth.] about*** o ***around*** scuotere [qcs.] in tutte le direzioni.

▪ **shake down 1** *(settle down)* [*contents*] assestarsi **2** COLLOQ. *(to sleep)* andarsi a coricare.

▪ **shake off:** ***~ [sb., sth.] off, ~ off [sb., sth.]*** liberarsi da [*depression, habit, person*]; liberarsi di [*feeling*]; guarire da [*cold*].

▪ **shake out:** ***~ [sth.] out, ~ out [sth.]*** scuotere; ***to ~ some tablets out of a bottle*** scuotere un flacone per farne uscire delle compresse; ***~ [sb.] out of*** scuotere [qcn.] (per farlo uscire) da [*depression, bad mood*].

▪ **shake up:** ***~ up [sth.], ~ [sth.] up*** sprimacciare [*pillow*]; agitare, scuotere [*bottle, mixture*]; ***~ [sb., sth.] up, ~ up [sb., sth.]*** **1** [*car ride*] sballottare [*person*] **2** FIG. *(rouse, stir)* scuotere [*person*] **3** *(reorganize)* COMM. ristrutturare [*company*]; POL. rimpastare [*cabinet*].

shakedown /ˈʃeɪkdaʊn/ n. *(makeshift bed)* letto m. di fortuna.

shaken /ˈʃeɪkən/ **I** p.pass. → **2.shake II** agg. *(shocked)* scioccato; *(upset)* sconvolto.

shaker /ˈʃeɪkə(r)/ n. *(for cocktails)* shaker m.; *(for dice)* bussolotto m.; *(for salt)* saliera f., spargisale m.; *(for pepper)* spargipepe m., pepaiola f.; *(for salad)* scolainsalata m.

Shakespearean /ʃeɪkˈspɪərɪən/ agg. LETTER. [*drama*] shakespeariano; [*quotation*] da, di Shakespeare.

shake-up /ˈʃeɪkʌp/ n. COMM. ristrutturazione f.; POL. rimpasto m.

shakily /ˈʃeɪkɪlɪ/ avv. [*say, speak*] con voce tremante; [*walk*] con passo vacillante, incerto; ***he writes ~*** ha una grafia tremolante; ***they started rather ~*** partirono in modo piuttosto traballante.

shaky /ˈʃeɪkɪ/ agg. **1** *(liable to shake)* [*chair, ladder*] traballante, barcollante; ***my hands are rather ~*** mi tremano le mani; ***I feel a bit ~*** mi tremano le gambe **2** FIG. *(liable to founder)* [*relationship, argument*] poco solido; [*position*] insicuro, privo di certezza; [*knowledge, memory, prospects*] incerto; [*regime*] debole, vacillante **3** FIG. *(uncertain)* ***we got off to a rather ~ start*** *(in relationship, business)* l'inizio è stato un po' incerto; *(in performance)* all'inizio eravamo un po' insicuri; ***my French is a bit ~*** il mio francese è un po' incerto *o* traballante; ***to be on ~ ground*** essere su terreno infido.

shale /ʃeɪl/ **I** n. scisto m. **II** modif. [*beach, quarry*] di scisto.

shall /*forma debole* ʃəl, *forma forte* ʃæl/ When *shall* is used to form the future tense in English, the same rules apply as for *will*. You will find a note on this and on question tags and short answers in the grammar note **1.will**. Note, however, that while *shall* can be used in question tags like other auxiliaries (*we shan't be late, shall we?* = non faremo mica tardi, vero?), it is also used in the question tag for the imperative construction introduced by *let's* with no precise and fixed equivalent in Italian: *let's go shopping, shall we?* = andiamo a fare spese, eh? *let's start working, shall we?* = mettiamoci a lavorare, dai! mod. **1**

(in future tense) ***I ~*** o ***I'll see you tomorrow*** ti vedrò domani; ***we ~ not*** o ***shan't have a reply before Friday*** non avremo una risposta prima di venerdì **2** *(in suggestions)* ***~ I set the table?*** apparecchio la tavola? vuoi che apparecchi la tavola? ***~ we go to the cinema?*** andiamo al cinema? ***let's buy some apples, ~ we?*** compriamo delle mele, va bene? **3** FORM. *(in commands, contracts etc.)* ***you ~ do as I say*** farai come ti dico io; ***the sum ~ be paid on signature of the contract*** la somma sarà versata alla firma del contratto; ***thou shalt not steal*** BIBL. non rubare.

shallot /ʃəˈlɒt/ n. BE scalogno m.; AE erba f. cipollina.

shallow /ˈʃæləʊ/ **I** agg. **1** [*container, water*] poco profondo, basso; [*stairs*] dai, con i gradini bassi; [*breathing*] leggero, superficiale **2** [*character, response, conversation*] superficiale; [*writing*] piatto, privo di profondità; [*wit*] vacuo, inconsistente **II shallows** n.pl. bassifondi m.

shallowness /ˈʃæləʊnɪs/ n. *(of water)* scarsa profondità f., bassezza f.; *(of person, conversation)* superficialità f.

1.sham /ʃæm/ **I** n. *(person)* impostore m. (-a); *(democracy, election)* burla f.; *(ideas, views)* mistificazione f.; *(activity)* frode f., finzione f. **II** agg. attrib. [*election, democracy*] fasullo; [*object, building, idea*] falso; [*activity*] finto, fittizio; [*organization*] fantoccio.

2.sham /ʃæm/ **I** tr. (forma in -ing ecc. **-mm-**) ***to ~ sleep, death*** fare finta di dormire, di essere morto **II** intr. (forma in -ing ecc. **-mm-**) fare finta.

shaman /ˈʃeɪmən/ n. sciamano m.

shamble /ˈʃæmbl/ intr. camminare con andatura dinoccolata.

shambles /ˈʃæmblz/ n. COLLOQ. *(of administration, room)* sfascio m., baraonda f.; *(of meeting etc.)* disastro m.

shambolic /ʃæmˈbɒlɪk/ agg. BE COLLOQ. SCHERZ. [*situation, person*] incasinato.

1.shame /ʃeɪm/ n. **1** *(embarrassment, disgrace)* vergogna f.; ***to feel ~ at*** provare vergogna per, vergognarsi di; ***to my eternal ~*** con mio grande disonore; ***the ~ of it!*** che vergogna! che disonore! ***to bring ~ on*** disonorare, essere la vergogna di; ***~ on you!*** vergognati! ma non ti vergogni? **2** *(pity)* ***it is a ~ that*** è un peccato che; ***it's a ~ about the factory closing*** è un peccato che la fabbrica abbia chiuso, chiuda; ***nice costumes - ~ about the play!*** COLLOQ. i costumi erano belli - peccato la recita! ♦ ***to put sb. to ~*** disonorare qcn., portare disonore a qcn.; ***your garden puts the others to ~*** il tuo giardino fa sembrare miseri tutti gli altri.

2.shame /ʃeɪm/ tr. **1** *(embarrass)* imbarazzare, fare vergognare; ***I was ~d by her words*** le sue parole mi imbarazzarono; ***he was ~d into a confession*** fu costretto a confessare per la vergogna **2** *(disgrace)* disonorare.

shamefaced /ˌʃeɪmˈfeɪst/ agg. [*person, look*] imbarazzato, vergognoso.

shameful /ˈʃeɪmfl/ agg. [*conduct*] vergognoso, disonorevole; [*waste*] vergognoso, deplorevole; ***it is ~ that*** è vergognoso *o* è una vergogna che.

shamefully /ˈʃeɪmfəlɪ/ avv. [*behave*] in modo disonorevole, ignobile; [*mistreated*] vergognosamente.

shameless /ˈʃeɪmlɪs/ agg. [*person*] svergognato, sfacciato; [*attitude, negligence*] spudorato, sfacciato; ***to be quite ~ about*** non avere nessuna vergogna di.

shamelessly /ˈʃeɪmlɪslɪ/ avv. [*behave*] in modo svergognato; [*lie*] spudoratamente.

shamelessness /ˈʃeɪmlɪsnɪs/ n. impudenza f.

shaming /ˈʃeɪmɪŋ/ agg. [*defeat, behaviour*] umiliante, imbarazzante.

1.shampoo /ʃæmˈpuː/ n. shampoo m.

2.shampoo /ʃæmˈpuː/ tr. (3ª persona sing. pres. **~s**; pass., p.pass. **~ed**) **1** fare uno shampoo a [*person*]; ***to ~ one's hair*** farsi uno shampoo **2** pulire con schiuma detergente [*carpet*].

shamrock /ˈʃæmrɒk/ n. trifoglio m. (simbolo nazionale dell'Irlanda).

shandy /ˈʃændɪ/, **shandygaff** /ˈʃændɪgæf/ AE n. = bibita a base di birra e ginger beer o gazzosa.

shanghai /ʃæŋˈhaɪ/ tr. **1** MAR. *(pressgang)* ***to ~ sb.*** = imbarcare qcn. con la forza (come membro dell'equipaggio) **2** COLLOQ. FIG. ***to ~ sb. into doing sth.*** obbligare qcn. a fare qcs.

Shangri-La /ˌʃæŋgrɪˈlɑː/ n. paradiso m. terrestre.

shank /ʃæŋk/ n. **1** ZOOL. zampa f.; GASTR. stinco m. **2** *(of knife)* codolo m.; *(of golf club)* canna f.; *(of drill-bit, screw)* gambo m.

shan't /ʃɑːnt/ contr. shall not.

1.shanty /ˈʃæntɪ/ n. *(hut)* baracca f.

2.shanty /ˈʃæntɪ/ n. *(song)* canzone f. di marinai.

shantytown /ˈʃæntɪtaʊn/ n. baraccopoli f., bidonville f.

1.shape /ʃeɪp/ n. **1** forma f.; ***what ~ is it?*** che forma ha? ***to be an odd ~*** avere una forma strana; ***to be round in ~*** avere forma rotonda; ***it's like a leaf in ~*** ha una forma simile a una foglia; ***in the ~ of*** a forma di [*star, cat*]; sotto forma di [*money*]; nella persona di [*policeman*]; ***to take ~*** prendere forma (anche FIG.); ***to lose its ~*** [*garment*] perdere la forma, sformarsi; ***in all ~s and sizes*** di tutte le forme e le misure; ***it changed the ~ of our lives*** ha cambiato il nostro modo di vivere; ***I don't condone violence in any ~ or form*** non ammetto nessuna forma di violenza **2** *(optimum condition)* forma f.; ***to be, get in ~*** essere, rimettersi in forma **3** *(vague form)* forma f., sagoma f. (indistinta) **4** GASTR. *(mould)* stampino m.

2.shape /ʃeɪp/ tr. **1** *(fashion, mould)* [*person*] modellare [*clay*]; [*wind*] scolpire, modellare [*rock*]; [*hairdresser*] fare la piega a [*hair*]; ***~ the dough into balls*** fate delle palle con la pasta **2** FIG. [*person, event*] influenzare; *(stronger)* determinare [*future, idea*]; formare [*character*] **3** SART. *(fit closely)* dare la linea a [*garment*].

■ **shape up 1** *(develop)* [*person*] riuscire; ***how are things shaping up at (the) head office?*** come vanno le cose nella sede centrale? **2** *(meet expectations)* essere all'altezza **3** *(improve one's figure)* mettersi in forma.

shaped /ʃeɪpt/ **I** p.pass. → **2.shape II** agg. ***to be ~ like sth.*** avere la forma di qcs. **III -shaped** in composti ***star-, V-~*** a forma di stella, di V; ***oddly-~*** di forma strana.

shapeless /ˈʃeɪplɪs/ agg. senza forma, informe.

shapely /ˈʃeɪplɪ/ agg. [*object*] proporzionato; [*leg*] ben tornito; [*woman*] benfatto.

shard /ʃɑːd/ n. frammento m.

1.share /ʃeə(r)/ **I** n. **1** *(of money, profits, blame)* parte f.; *(of food)* parte f., porzione f.; ***to have a ~ in*** avere una parte in, contribuire a [*success etc.*]; ***he's had more than his (fair) ~ of bad luck*** ha avuto più sfortuna di quanta ne meritasse; ***to do one's ~ of sth.*** fare la propria parte di qcs.; ***to pay one's (fair) ~*** pagare la propria parte **2** ECON. azione f.; ***to have a ~ in a company*** avere una partecipazione in una società **II** modif. ECON. [*issue*] di azioni; [*capital*] azionario; [*price*] delle azioni.

2.share /ʃeə(r)/ **I** tr. condividere [*money, house, opinion*] (**with** con); [*two or more people*] dividersi [*task*]; [*one person*] partecipare a [*task*]; ***we ~ a birthday*** compiamo gli anni lo stesso giorno **II** intr. ***to ~ in*** prendere parte a [*happiness*]; condividere, avere la propria parte di [*success, benefits*] ♦ ***~ and ~ alike*** dividete in parti uguali.

■ **share out** ***~ [sth.] out, ~ out [sth.]*** [*people*] dividersi, condividere [*food etc.*]; [*person, organization*] ripartire, suddividere [*food etc.*]; ***we ~d the cakes out between us*** ci dividemmo i dolci.

3.share /ʃeə(r)/ n. ANT. AGR. vomere m.

shared /ʃeəd/ **I** p.pass. → **2.share II** agg. [*facilities*] comune; [*interest, grief*] comune, condiviso; [*house*] in comune.

shared ownership n. comproprietà f.

shareholder /ˈʃeəˌhəʊldə(r)/ n. azionista m. e f.

share-out /ˈʃeəraʊt/ n. suddivisione f., ripartizione f.

shark /ʃɑːk/ n. squalo m. (anche FIG.).

sharkskin /ˈʃɑːkˌskɪn/ n. ZOOL. TESS. zigrino m.

sharp /ʃɑːp/ **I** agg. **1** *(good for cutting)* [*knife, scissors, edge*] tagliente, affilato **2** *(pointed)* [*tooth, fingernail*] affilato; [*end, pencil, nose*] appuntito; [*rock*] aguzzo; [*needle*] acuminato, appuntito; [*point*] sottile, fine; [*features*] angoloso **3** *(abrupt)* [*angle*] acuto; [*bend*] stretto; [*movement, fall, rise*] brusco, improvviso; [*incline*] forte **4** *(acidic)* [*taste*] forte, aspro; [*smell*] acre; [*fruit*] aspro, acido **5** *(piercing)* [*pain*] acuto, pungente; [*cry*] acuto; [*blow*] forte, duro; [*frost*] forte, intenso; [*cold*] pungente **6** FIG. *(aggressive)* [*tongue*] tagliente; [*tone*] aspro **7** *(alert)* [*person, wit, mind, eyesight*] acuto; [*hearing*] fine; ***to keep a ~ look-out*** restare sul chi vive; ***to have a ~ eye for sth.*** FIG. avere occhio per qcs. **8** SPREG. *(clever)* [*business-*

man, person] astuto; ~ ***operator*** furbo **9** *(clearly defined)* [*image, sound*] netto, nitido; [*contrast, distinction*] netto; ***to bring sth. into ~ focus*** mettere bene a fuoco qcs.; FIG. mettere qcs. in primo piano **10** BE COLLOQ. [*suit*] sgargiante, vistoso **11** AE COLLOQ. *(stylish)* sciccoso **12** MUS. diesis; *(too high)* (troppo) alto, acuto **II** avv. **1** *(abruptly)* [*stop*] bruscamente, improvvisamente **2** *(promptly)* ***at 9 o'clock ~*** alle nove in punto, precise **3** MUS. [*sing, play*] in una tonalità troppo alta, troppo alto **III** n. MUS. diesis m. ♦ ***to be at the ~ end*** essere in prima linea; ***to look ~*** BE COLLOQ. sbrigarsi, spicciarsi.

sharpen /ˈʃɑ:pən/ **I** tr. **1** affilare, arrotare [*blade*]; appuntire, fare la punta a, temperare [*pencil*] **2** *(accentuate)* rendere più netto [*contrast*]; aumentare [*focus*]; mettere più a fuoco, più in evidenza [*image*] **3** *(make stronger)* acuire [*anger, desire*]; stimolare [*appetite*]; rendere pronti [*reflexes*]; ***to ~ sb.'s wits*** affinare la mente di qcn. **II** intr. [*tone, voice, look*] indurirsi; [*pain*] acutizzarsi.

sharpener /ˈʃɑ:pənə(r)/ n. *(for pencil)* temperino m.; *(for knife)* affilatoio m.

sharp-eyed /ˌʃɑ:pˈaɪd/ agg. dalla vista acuta; FIG. attento, vigile.

sharpish /ˈʃɑ:pɪʃ/ avv. BE COLLOQ. [*do, leave*] presto, in fretta.

sharply /ˈʃɑ:plɪ/ avv. **1** *(abruptly)* [*turn, change, rise, fall*] bruscamente, improvvisamente; [*stop*] bruscamente, di colpo **2** *(harshly)* [*speak*] bruscamente, seccamente; [*criticize*] severamente, aspramente; [*look*] duramente **3** *(distinctly)* [*differ, defined*] nettamente; ***to bring sth. ~ into focus*** mettere qcs. nitidamente a fuoco; FIG. mettere qcs. in primissimo piano **4** *(perceptively)* [*observe*] acutamente, con acutezza; [*drawn*] finemente; [*aware*] fortemente.

sharpness /ˈʃɑ:pnɪs/ n. **1** *(of blade, scissors)* filo m. **2** *(of turn, bend)* strettezza f. **3** *(of image, sound)* nettezza f., nitidezza f. **4** *(of voice, tone)* bruschezza f., asprezza f.; *(of criticism)* severità f., asprezza f. **5** *(of pain)* acutezza f. **6** *(acidity) (of taste)* asprezza f.; *(of smell)* acredine f.; *(of fruit, drink)* acidità f.

sharp practice n. = operazioni, traffici loschi al limite della legalità.

sharpshooter /ˈʃɑ:pˌʃu:tə(r)/ n. tiratore m. scelto.

shat /ʃæt/ pass., p.pass. → **2.shit**.

shatter /ˈʃætə(r)/ **I** tr. fracassare, mandare in frantumi [*window*]; frantumare, mandare in frantumi [*glass*]; FIG. rompere [*silence*]; distruggere, rovinare [*life*]; distruggere [*hope*]; fare a pezzi [*nerves*] **II** intr. [*window*] fracassarsi, andare in pezzi; [*glass*] frantumarsi, andare in pezzi.

shattered /ˈʃætəd/ **I** p.pass. → **shatter II** agg. **1** [*dream*] infranto; [*life*] distrutto, rovinato **2** [*person*] *(devastated)* distrutto, sconvolto; *(tired)* COLLOQ. distrutto, sfinito, a pezzi.

shattering /ˈʃætərɪŋ/ agg. [*blow, effect*] sconvolgente; [*news*] devastante.

1.shave /ʃeɪv/ n. ***to have a ~*** radersi; ***to give sb. a ~*** radere qcn. ♦ ***that was a close ~!*** c'è mancato poco!

2.shave /ʃeɪv/ **I** tr. (p.pass. **~d** o **shaven**) **1** [*barber*] fare la barba a, radere [*person*]; ***to ~ sb.'s beard off*** rasare, tagliare la barba a qcn.; ***to ~ one's legs*** radersi, depilarsi le gambe **2** *(plane)* piallare [*wood*] **3** FIG. spennare [*customer*] **II** intr. (p.pass. **~d** o **shaven**) [*person*] radersi, farsi la barba.

shaver /ˈʃeɪvə(r)/ n. (anche **electric ~**) rasoio m. elettrico.

shaving /ˈʃeɪvɪŋ/ n. **1** *(process)* rasatura f. **2** *(sliver)* *(of wood, metal)* truciolo m.

shaving brush n. pennello m. da barba.

shaving foam n. schiuma f. da barba.

shaving soap n. sapone m. da barba.

shawl /ʃɔ:l/ n. scialle m.

she /ʃi:, ʃɪ/ *She* is almost always translated by *lei* (which is in itself the feminine object, not subject pronoun); the feminine subject pronoun *ella* is no longer used but in very formal writing: *she closed the door* = lei ha chiuso la porta. - Remember that in Italian the subject pronoun is very often understood: *she came alone* = è venuta da sola. When used in emphasis, however, the pronoun is stressed, and is placed either at the beginning or at the end of the sentence: *she killed him!* = lei l'ha ucciso! l'ha ucciso lei! - For particular usages, see the entry below.

I pron. ella, lei; ***~'s not at home*** non è a casa; ***here ~ is*** eccola; ***there ~ is*** eccola là; ***~ didn't take it*** non l'ha preso lei; ***~'s a genius*** è un genio; ***~ who..., ~ that...*** colei che...; ***~ who sees*** colei che vede; ***~'s a lovely boat*** è una bella barca **II** agg. **she-** in composti ***~-bear*** orsa **III** n. ***it's a ~*** COLLOQ. *(of baby)* è femmina, è una bambina; *(of animal)* è una femmina.

sheaf /ʃi:f/ n. (pl. **sheaves**) *(of corn)* covone m.; *(of flowers, papers)* fascio m.

shear /ʃɪə(r)/ tr. (pass. **sheared**; p.pass. **shorn**) tosare [*grass, sheep*]; tagliare [*hair*].

▪ **shear off:** ***~ off*** [*metal component*] spezzarsi, cedere; ***~ off [sth.], ~ [sth.] off*** tosare [*hair, fleece*]; [*accident, storm*] spezzare [*branch*].

shears /ʃɪəz/ n.pl. **1** cesoie f. **2** *(for sheep)* forbici f. per la tosatura.

sheath /ʃi:θ/ n. **1** *(condom)* preservativo m. **2** BOT. guaina f. **3** *(case) (of sword, knife)* fodero m.; *(of cable)* guaina f.

sheathe /ʃi:ð/ tr. ringuainare, rinfoderare [*sword, dagger*]; rinfoderare, ritrarre [*claws*]; rivestire [*cable*]; ***~d in*** inguainato in [*silk etc.*].

sheath knife n. (pl. **sheath knives**) coltello m. con fodero.

sheaves /ʃi:vz/ → **sheaf**.

shebang /ʃɪˈbæŋ/ n. AE COLLOQ. ***the whole ~*** tutta la baracca, baracca e burattini.

1.shed /ʃed/ n. rimessa f., capanno m.; *(lean-to)* annesso m.; *(bigger) (at factory site etc.)* capannone m.

2.shed /ʃed/ tr. (pass., p.pass. **shed**) **1** versare [*tears*]; perdere [*leaves, weight*]; togliersi, spogliarsi di [*clothes*]; liberarsi da [*inhibitions*]; sbarazzarsi di [*image*]; ***to ~ skin*** [*snake*] mutare la pelle; ***to ~ blood*** *(one's own)* versare (il proprio) sangue; *(somebody's else)* spargere sangue; ***to ~ staff*** EUFEM. sfoltire l'organico **2** *(transmit)* diffondere [*light*]; emanare [*happiness*].

she'd /ʃi:d, ʃɪd/ contr. she had, she would.

sheen /ʃi:n/ n. *(of hair, silk)* lucentezza f.

sheep /ʃi:p/ n. (pl. ~) ovino m.; *(ewe)* pecora f.; ***black ~*** FIG. pecora nera; ***lost ~*** FIG. pecorella smarrita ♦ ***to count ~*** FIG. contare le pecore; ***to make ~'s eyes at sb.*** fare gli occhi dolci a qcn.; ***may as well be hung for a ~ as for a lamb*** = se le conseguenze sono ugualmente negative, tanto vale commettere la mancanza più grave.

sheep dog n. cane m. da pastore.

sheep farm n. allevamento m. di pecore.

sheep farmer ♦ *27* n. allevatore m. (-trice) di pecore.

sheepfold /ˈʃi:pfəʊld/ n. ovile m.

sheepish /ˈʃi:pɪʃ/ agg. timido, imbarazzato.

sheepshearing /ʃi:pˌʃɪərɪŋ/ n. tosatura f.

sheepskin /ˈʃi:pskɪn/ n. **1** pelle f. di pecora, di montone **2** AE COLLOQ. UNIV. laurea f.

sheep station n. AUSTRAL. allevamento m. di pecore.

1.sheer /ʃɪə(r)/ **I** agg. **1** *(pure)* [*boredom, hypocrisy, stupidity*] puro; ***out of ~ malice*** per pura cattiveria; ***by ~ accident*** per puro caso **2** *(utter)* ***the ~ immensity of it*** la sua immensità **3** *(steep)* [*cliff*] ripido, a picco **4** *(fine)* [*fabric*] sottile, fine; [*stockings*] velato **II** avv. [*rise, fall*] a picco.

2.sheer /ʃɪə(r)/ intr. virare, invertire la rotta (anche FIG.).

▪ **sheer away, sheer off** scostarsi, allargarsi (con una virata).

sheet /ʃi:t/ n. **1** *(of paper, stamps)* foglio m. **2** *(for bed)* lenzuolo m.; *(shroud)* sudario m.; ***waterproof ~*** (tela) cerata **3** GIORN. *(periodical)* periodico m.; *(newspaper)* giornale m.; ***fact*** o ***information ~*** bollettino d'informazione **4** *(of plastic, rubber)* foglio m.; *(of canvas, tarpaulin)* telo m.; *(of metal, glass)* lastra f.; *(thinner)* foglio m., lamina f. **5** *(of mist, fog)* cortina f.; ***a ~ of ice*** *(on road)* una lastra di ghiaccio; ***a ~ of flame*** un muro di fiamme **6** MAR. scotta f. **7** AE COLLOQ. DIR. sentenza f. di carcerazione ♦ ***to be as white as a ~*** essere bianco come un lenzuolo.

sheet anchor n. MAR. ancora f. di speranza; FIG. ancora f. di salvezza.

sheeting /ˈʃi:tɪŋ/ n. *(fabric)* tela f. per lenzuola; ING. *(iron)* lamiera f.; ***plastic ~*** rivestimento in plastica.

sheet iron n. lamiera f.

sheet lightning n. bagliore m. di fulmini (tra le nubi).

sheet metal n. AUT. MIN. lamiera f.

sheet music n. spartiti m.pl.

sheik /ʃeɪk, AE ʃi:k/ n. sceicco m.
sheila /ˈʃi:lə/ n. AUSTRAL. COLLOQ. ragazza f.
shekel /ˈʃekl/ ➧ *7* **I** n. siclo m. **II shekels** n.pl. COLLOQ. *(money)* soldi m., denaro m.sing.
shelf /ʃelf/ n. (pl. **shelves**) **1** *(at home)* mensola f., ripiano m.; *(in oven, fridge)* ripiano m.; *(in shop)* scaffale m.; ***a set of shelves*** uno scaffale **2** GEOL. *(of rock, ice)* ripiano m., terrazzo m. ♦ ***to be left on the ~*** *(remain single)* restare zitella.
shelf-life /ˈʃelflaɪf/ n. **1** *(of product)* = tempo per il quale un prodotto può essere commerciato **2** FIG. *(of technology, pop music)* vita f.; *(of politician, star)* periodo m. di successo.
shelf mark n. BIBLIOT. segnatura f.
1.shell /ʃel/ n. **1** BOT. ZOOL. *(of egg, nut, snail)* guscio m.; *(of crab, tortoise)* corazza f.; ***sea ~*** conchiglia; ***to develop a hard ~*** FIG. [*person*] costruirsi una corazza **2** MIL. *(bomb)* granata f.; *(cartridge)* cartuccia f., proiettile m. **3** IND. TECN. *(of vehicle)* scocca f.; *(of building)* armatura f.; *(of machine)* carcassa f., intelaiatura f.; ***body ~*** AUT. carrozzeria **4** *(remains) (of building)* scheletro m. ♦ ***to come out of one's ~*** uscire dal proprio guscio.
2.shell /ʃel/ tr. **1** MIL. bombardare [*town, installation*] **2** GASTR. sgranare, sbaccellare [*peas*]; sgusciare [*prawn, nut*]; aprire [*oyster*].
■ **shell out** COLLOQ. ~ *out* sbancarsi; ~ *out [sth.]* sganciare, sborsare [*sum*].
she'll /ʃi:l/ contr. she will.
1.shellac /ʃəˈlæk, ˈʃelæk/ n. AE (anche ~ **varnish**) gommalacca f.
2.shellac /ʃəˈlæk, ˈʃelæk/ tr. (forma in -ing **-ack-**; pass., p.pass. **-acked**) *(varnish)* laccare.
shellfire /ˈʃelfaɪə(r)/ n. bombardamento m.
shellfish /ˈʃelfɪʃ/ n. (pl. ~, **~es**) **1** ZOOL. *(crustacean)* crostaceo m.; *(mollusc)* mollusco m. **2** GASTR. frutto m. di mare.
shelling /ˈʃelɪŋ/ n. bombardamento m.
shell pink ➧ *5* **I** n. rosa m. pallido **II** agg. rosa pallido.
shell-proof /ˈʃelpru:f/ agg. [*shelter*] a prova di bomba.
shell-shocked /ˈʃelʃɒkt/ agg. **1** [*soldier*] che ha subito un trauma da bombardamento **2** FIG. [*person*] sotto choc.
shell suit n. tuta f. da ginnastica impermeabile.
1.shelter /ˈʃeltə(r)/ n. **1** U *(protection)* rifugio m., riparo m.; ***in the ~ of*** al riparo di; ***to take ~ from*** mettersi al riparo da; ***to give sb. ~*** [*person*] dare rifugio *o* riparo a qcn.; [*hut, tree*] offrire un riparo a qcn.; [*country*] dare asilo a qcn. **2** U *(covered place)* riparo m.; ***nuclear ~*** rifugio antiatomico **3** *(for homeless)* ricovero m.; *(for refugee)* asilo m.
2.shelter /ˈʃeltə(r)/ **I** tr. **1** *(protect) (against weather)* riparare, proteggere (**from, against** da); *(from truth)* proteggere (**from** da) **2** *(give refuge, succour to)* accogliere, dare asilo a [*refugee, criminal*]; ***to ~ sb. from sb., sth.*** accogliere qcn. in fuga da qcn., qcs. **II** intr. **1** *(from weather, bomb)* mettersi al riparo, ripararsi **2** [*refugee, fugitive*] rifugiarsi.
sheltered accommodation n. BE = residenza per persone anziane, disabili, handicappati, senzatetto.
1.shelve /ʃelv/ tr. **1** *(postpone)* accantonare, rinviare [*plan*] **2** *(store on shelf)* riporre in scaffali **3** *(provide with shelves)* munire di scaffali, scaffalare.
2.shelve /ʃelv/ intr. [*beach, sea bottom*] digradare.
shelves /ʃelvz/ → **shelf**.
shelving /ˈʃelvɪŋ/ n. U *(at home)* mensole f.pl., ripiani m.pl.; *(in shop)* ripiani m.pl., scaffali m.pl.
Shem /ʃem/ n.pr. Sem.
1.shepherd /ˈʃepəd/ ➧ *27* n. pastore m.; ***the Good Shepherd*** il Buon Pastore.
2.shepherd /ˈʃepəd/ tr. **1** [*host, teacher*] condurre, guidare [*guests, children*] **2** [*herdsman*] custodire, guardare [*animals*]; ***to ~ animals into a pen*** condurre gli animali nel recinto.
shepherdess /ˌʃepəˈdes, AE ˈʃepərdɪs/ ➧ *27* n. pastora f.
shepherd's crook n. bastone m. da pastore.
shepherd's pie n. BE = pasticcio di carne tritata ricoperta di purè di patate.
sherbet /ˈʃɜ:bət/ n. **1** BE *(powder)* magnesia f. effervescente aromatizzata **2** AE *(sorbet)* sorbetto m.
sheriff /ˈʃerɪf/ ➧ *27* n. sceriffo m.
sherry /ˈʃerɪ/ n. sherry m.
she's /ʃi:z/ contr. she is, she has.
Shetland /ˈʃetlənd/ ➧ *12* **I** n.pr. (anche ~ **Islands**) isole f.pl. Shetland; ***in ~, in the ~s*** nelle (isole) Shetland **II** modif. [*scarf, sweater*] di shetland **III** agg. [*family*] shetlandese.
shhh /ʃ/ inter. sst.
Shia(h) /ˈʃi:ə/ **I** n. (pl. ~, **~s**) *(religious group)* sciiti m.pl.; *(member)* sciita m. e f. **II** agg. sciita.
1.shield /ʃi:ld/ n. **1** MIL. scudo m.; ARALD. scudo m. araldico; FIG. scudo m., protezione f., riparo m. (**against** contro) **2** SPORT scudetto m. **3** TECN. *(on machine)* schermo m. protettivo **4** AE *(policeman's badge)* distintivo m.
2.shield /ʃi:ld/ tr. *(from weather)* proteggere, riparare; *(from danger)* proteggere; *(from authorities) (by lying)* coprire; *(by harbouring)* dare asilo a [*criminal*]; ***to ~ one's eyes*** proteggersi gli occhi; ***to ~ sb. with one's body*** fare scudo a qcn. con il proprio corpo.
1.shift /ʃɪft/ n. **1** *(alteration)* cambiamento m. (**in** di); ***a ~ to the left*** POL. uno spostamento verso sinistra; ***the ~ from agriculture to industry*** il passaggio dall'agricoltura all'industria **2** IND. *(period of time)* turno m.; *(group of workers)* squadra f. di turno, turno m.; ***to work ~s*** o ***be on ~s*** fare i turni; ***to be on night ~s*** fare il turno di notte, fare la notte **3** *(woman's dress)* chemisier m.; *(undergarment)* ANT. sottoveste f. **4** LING. mutamento m. linguistico **5** AE AUT. → **gearshift 6** *(on keyboard)* → **shift key**.
2.shift /ʃɪft/ **I** tr. **1** *(move)* spostare [*furniture, vehicle*]; muovere, spostare [*arm*]; TEATR. cambiare [*scenery*]; ***to ~ one's position*** FIG. cambiare posizione *o* idea **2** *(get rid of)* fare scomparire, eliminare [*stain, dirt*]; ***I can't ~ this cold!*** BE COLLOQ. non riesco a liberarmi di questo raffreddore! **3** *(transfer) (to another department)* avvicendare; *(to another town, country)* trasferire [*employee*]; FIG. scaricare [*blame*] (**onto** su); ***to ~ attention away from a problem*** distogliere l'attenzione da un problema **4** AE AUT. ***to ~ gear*** cambiare marcia **II** intr. **1** (anche ~ **about**) *(move around)* [*load*] spostarsi, muoversi; ***to ~ from one foot to the other*** spostare il peso da un piede all'altro **2** *(move)* ***the scene ~s to Ireland*** CINEM. TEATR. la scena si sposta in Irlanda; ***this stain won't ~!*** questa macchia non se ne vuole andare! ***~!*** BE COLLOQ. spostati! fatti più in là! **3** *(change)* [*attitude*] cambiare, modificarsi; [*wind*] girare, cambiare (direzione); ***opinion has ~ed to the right*** l'opinione pubblica ha virato a destra **4** BE COLLOQ. *(go quickly)* [*person*] andare a tutta birra; [*vehicle*] filare **5** AE AUT. ***to ~ into second gear*** mettere la seconda **III** rifl. ***to ~ oneself*** spostarsi.
shifting /ˈʃɪftɪŋ/ agg. [*belief*] mutevole, instabile; [*population*] in movimento.
shift key n. (tasto) shift m.
shiftless /ˈʃɪftlɪs/ agg. **1** *(lazy)* inconcludente, apatico **2** *(lacking initiative)* indolente.
shift lock n. (tasto) fissamaiuscole m.
shift system n. IND. sistema m. di lavoro a turni.
shift work n. lavoro m. a turni; ***to be on ~*** fare i turni.
shifty /ˈʃɪftɪ/ agg. [*person, manner*] losco, ambiguo.
Shiite /ˈʃi:aɪt/ **I** n. sciita m. e f. **II** agg. sciita.
shilling /ˈʃɪlɪŋ/ ➧ *7* n. BE STOR. scellino m. ♦ ***to take the King's*** o ***Queen's ~*** BE arruolarsi.
shillyshally /ˈʃɪlɪʃælɪ/ intr. COLLOQ. tergiversare, tentennare.
1.shimmer /ˈʃɪmə(r)/ n. *(of jewels, water)* luccichio m.
2.shimmer /ˈʃɪmə(r)/ intr. **1** [*jewels, water, silk*] luccicare **2** *(in heat)* [*landscape*] scintillare.
1.shin /ʃɪn/ n. stinco m.
2.shin /ʃɪn/ intr. (forma in -ing ecc. **-nn-**) arrampicarsi.
■ **shin down:** ~ *down [sth.]* scendere da, calarsi da [*tree*].
■ **shin up:** ~ *up [sth.]* arrampicarsi su [*tree*].
shinbone /ˈʃɪnbəʊn/ n. tibia f.
shindig /ˈʃɪndɪg/, **shindy** /ˈʃɪndɪ/ n. COLLOQ. **1** *(disturbance)* confusione f., casino m.; ***to kick up a ~*** fare un gran casino **2** *(party)* baldoria f., festa f. rumorosa.
1.shine /ʃaɪn/ n. lucentezza f., splendore m., brillantezza f.; ***to give [sth.] a ~*** dare una lucidata a, lucidare [*floor, shoes*]; rendere splendente [*hair*] ♦ ***to take a ~ to sb.*** COLLOQ. prendersi una cotta per qcn.; ***to take the ~ off sth.*** togliere il gusto a qcs.
2.shine /ʃaɪn/ **I** tr. **1** (pass., p.pass. **shone**) fare luce con [*headlights, torch*] **2** (pass., p.pass. **shined**) lucidare [*brass,*

shoes] **II** intr. (pass., p.pass. **shone**) **1** [*light, sun, hair, floor*] brillare, splendere; ***to ~ through*** trasparire attraverso [*mist, gloom*]; ***the light is shining in my eyes*** ho la luce negli occhi **2** FIG. *(be radiant)* [*eyes, face*] brillare, risplendere (**with** di, per) **3** *(excel)* brillare; ***to ~ at*** essere bravo in [*science, languages*] ♦ ***to ~ up to sb.*** AE COLLOQ. insaponare *o* cercare di ingraziarsi qcn.

▪ **shine in** [*light*] penetrare.

▪ **shine out** [*light*] brillare.

▪ **shine through** [*talent*] trasparire, vedersi chiaramente.

shiner /ˈʃaɪnə(r)/ n. COLLOQ. *(black eye)* occhio m. nero.

shingle /ˈʃɪŋgl/ n. **1** U *(pebbles)* ghiaia f., ciottoli m.pl. **2** ING. *(tile)* scandola f. **3** AE COLLOQ. *(nameplate)* targa f.

shingles /ˈʃɪŋglz/ ➧ *11* n.pl. MED. fuoco m.sing. di sant'Antonio, herpes m.sing. zoster.

shingly /ˈʃɪŋglɪ/ agg. [*beach*] di ghiaia, di ciottoli.

shinguard /ˈʃɪngɑːd/ n. → **shinpad**.

shining /ˈʃaɪnɪŋ/ agg. **1** *(shiny)* [*car, floor*] splendente, lucido; [*hair, bald spot*] splendente, lucente; [*brass*] lucido, brillante **2** *(glowing)* [*eyes*] brillante, splendente; [*face*] radioso, splendente **3** FIG. [*achievement*] splendido, brillante; ***a ~ example of*** un fulgido esempio di.

shinpad /ˈʃɪnpæd/ n. parastinchi m.

shiny /ˈʃaɪnɪ/ agg. **1** [*hair*] splendente, lucente; [*metal, surface*] scintillante **2** [*shoes, wood*] lucido, brillante **3** [*seat of trousers*] lucido, liso.

1.ship /ʃɪp/ n. nave f.; *(smaller)* battello m.; ***passenger ~*** nave passeggeri ♦ ***we are like ~s that pass in the night*** ci incrociamo solo ogni tanto; ***the ~ of state*** la macchina dello stato; ***the ~ of the desert*** *(camel)* la nave del deserto; ***to run a tight ~*** fare andare avanti alla perfezione; ***when my ~ comes in*** quando farò fortuna.

2.ship /ʃɪp/ tr. (forma in -ing ecc. **-pp-**) **1** *(send) (by sea)* spedire via mare; *(by air)* spedire per via aerea; *(overland)* spedire per via terra **2** *(take on board)* caricare [*cargo*]; levare [*oars*]; imbarcare [*water*].

▪ **ship off:** ***~ [sth., sb.] off, ~ off [sth., sb.]*** spedire via (anche IRON.).

shipboard /ˈʃɪpbɔːd/ agg. [*ceremony*] a bordo; [*duty*] di bordo.

shipbuilder /ˈʃɪpbɪldə(r)/ ➧ *27* n. costruttore m. (-trice) navale.

shipbuilding /ˈʃɪpbɪldɪŋ/ n. costruzione f. navale.

shipload /ˈʃɪpləʊd/ n. carico m. totale (di una nave).

shipmate /ˈʃɪpmeɪt/ n. compagno m. (-a) di bordo.

shipment /ˈʃɪpmənt/ n. **1** *(cargo)* carico m. **2** *(sending)* spedizione f.

ship owner n. armatore m. (-trice).

shipper /ˈʃɪpə(r)/ n. spedizioniere m. (marittimo).

shipping /ˈʃɪpɪŋ/ **I** n. **1** *(boats)* navigazione f., traffico m. marittimo; ***attention all ~!*** avviso a tutte le imbarcazioni! **2** *(sending)* spedizione f. marittima **II** modif. [*agent, office*] marittimo; [*charges*] di spedizione.

shipping clerk ➧ *27* n. spedizioniere m.

shipping company n. *(sea)* compagnia f. di navigazione; *(road)* impresa f. di trasporti.

shipping forecast n. avvisi m.pl. ai naviganti.

shipping lane n. corridoio m. di navigazione.

shipping line n. compagnia f., linea f. di navigazione.

ship's company n. equipaggio m.

ship's doctor ➧ *27* n. medico m. di bordo.

shipshape /ˈʃɪpʃeɪp/ agg. BE ordinato.

ship-to-shore radio /ˌʃɪptəˈʃɔː(r)ˌreɪdɪəʊ/ n. contatto m. radio con la costa, da bordo a terra.

1.shipwreck /ˈʃɪprek/ n. *(event)* naufragio m.; *(ship)* relitto m.

2.shipwreck /ˈʃɪprek/ tr. ***to be ~ed*** fare naufragio, naufragare.

shipwrecked /ˈʃɪprekt/ **I** p.pass. → **2.shipwreck II** agg. ***a ~ sailor*** un naufrago.

shipyard /ˈʃɪpjɑːd/ n. cantiere m. navale.

shire /ˈʃaɪə(r)/ n. BE **1** ANT. contea f. (inglese) **2** POL. ***the ~s*** le contee dell'Inghilterra centrale.

shirk /ʃɜːk/ **I** tr. sottrarsi a [*task, responsibility*]; schivare [*problem*]; ***to ~ doing sth.*** evitare di fare qcs. **II** intr. defilarsi.

shirker /ˈʃɜːkə(r)/ n. scansafatiche m. e f., lazzarone m. (-a).

shirt /ʃɜːt/ ➧ *28* n. *(man's)* camicia f. da uomo; *(woman's)* camicetta f. di foggia maschile; *(for sport)* maglia f. ♦ ***keep your ~ on!*** COLLOQ. stai calmo! ***to lose one's ~*** COLLOQ. perdere la camicia; ***to sell the ~ off one's back*** vendersi (anche) la camicia.

shirtfront /ˈʃɜːtfrʌnt/ n. sparato m. (di camicia).

shirt-sleeve /ˈʃɜːtsliːv/ n. manica f. di camicia; ***in one's ~s*** in maniche di camicia; ***to roll up one's ~s*** rimboccarsi le maniche (anche FIG.).

shirttail /ˈʃɜːtteɪl/ n. **1** *(of shirt)* lembo m. di camicia **2** AE COLLOQ. GIORN. = informazioni aggiunte in fondo a un articolo ♦ ***~ cousin*** AE cugino alla lontana.

shirty /ˈʃɜːtɪ/ agg. BE COLLOQ. [*person*] incavolato.

1.shit /ʃɪt/ **I** n. POP. **1** *(excrement)* merda f. (anche FIG.) **2** *(act of excreting)* ***to have, need a ~*** cacare, avere voglia di cacare **3** (anche **bull~**) cazzate f.pl., stronzate f.pl. **4** POP. *(marijuana)* roba f.; AE *(heroin)* eroina f. **II** inter. merda; ***tough ~!*** che sfiga di merda! che cazzo di sfiga! ♦ ***I don't give a ~ for*** o ***about sb., sth.*** non me ne frega un cazzo di qcn., qcs.; ***to be in the ~*** essere nella merda fino al collo; ***to beat the ~ out of sb.*** massacrare qcn. di botte; ***when the ~ hits the fan*** quando verrà fuori tutto il casino.

2.shit /ʃɪt/ **I** tr. e intr. (forma in -ing ecc. **-tt-**; pass., p.pass. **shat**) cacare **II** rifl. (forma in -ing ecc. **-tt-**; pass., p.pass. **shat**) ***to ~ oneself*** cacarsi addosso.

shitty /ˈʃɪtɪ/ agg. POP. merdoso, di merda (anche FIG.).

1.shiver /ˈʃɪvə(r)/ **I** n. brivido m. (anche FIG.); ***to give a ~*** avere un brivido; ***to send a ~ down sb.'s spine*** fare venire i brividi a *o* fare rabbrividire qcn. **II shivers** n.pl. brividi m.; ***an attack of the ~s*** un attacco di brividi; ***to give sb. the ~s*** fare venire i brividi a *o* fare rabbrividire qcn. (anche FIG.).

2.shiver /ˈʃɪvə(r)/ intr. *(with cold)* tremare, rabbrividire (**with** di, da, per); *(with excitement)* fremere (**with** per); *(with fear, disgust)* rabbrividire (**with** per).

shivery /ˈʃɪvərɪ/ agg. *(feverish)* febbrile.

shoal /ʃəʊl/ n. **1** *(of fish)* banco m. **2** *(of sand)* banco m. di sabbia; *(shallows)* bassofondo m., secca f.

1.shock /ʃɒk/ **I** n. **1** *(psychological)* shock m.; ***to get*** o ***have a ~*** avere uno shock; ***to give sb. a ~*** provocare uno shock a *o* scioccare qcn.; ***her death came as a ~ to us*** la sua morte ci ha scioccato; ***to recover from*** o ***get over the ~*** riprendersi da *o* superare uno shock; ***he's in for a nasty ~*** COLLOQ. gli prenderà un colpo; ***to express one's ~*** *(indignation)* esprimere la propria indignazione; *(amazement)* esprimere il proprio stupore; ***~! horror!*** GIORN. SCHERZ. scandalo! orrore! **2** MED. shock m.; ***in (a state of) ~*** in stato di *o* sotto shock; ***to be suffering from ~*** essere in stato di shock **3** EL. scossa f.; ***to get a ~*** prendere una scossa; ***to give sb. a ~*** dare la scossa a qcn. **4** *(impact) (of collision)* colpo m.; *(of earthquake)* scossa f.; *(of explosion)* urto m. **5** *(of corn)* bica f.; FIG. *(of hair)* zazzera f. **6** COLLOQ. → **shock absorber II** modif. COLLOQ. [*effect*] shock; [*decision, result*] scioccante.

2.shock /ʃɒk/ tr. *(distress)* sconvolgere; *(scandalize)* scioccare.

shock absorber n. ammortizzatore m.

shocked /ʃɒkt/ **I** p.pass. → **2.shock II** agg. *(distressed)* sconvolto; *(scandalized)* scioccato; ***she's not easily ~*** non si sciocca facilmente.

shocker /ˈʃɒkə(r)/ n. COLLOQ. *(book, film, programme)* provocazione f.

shocking /ˈʃɒkɪŋ/ agg. **1** *(upsetting)* [*sight*] scioccante; *(scandalous)* [*news*] scioccante, sconvolgente **2** COLLOQ. *(appalling)* disastroso, terribile.

shocking pink ➧ *5* **I** n. rosa m. shocking **II** agg. rosa shocking.

shockproof /ˈʃɒkpruːf/, **shock resistant** agg. [*sole*] antishock; [*watch*] antiurto.

shock therapy n. shockterapia f.

shock treatment n. PSIC. cura f. mediante elettroshock; FIG. terapia f. d'urto.

shock troops n.pl. truppe f. d'assalto.

shock wave n. **1** onda f. d'urto **2** FIG. ripercussione f.; ***the news has sent ~s through the stock market*** la notizia ha avuto molte ripercussioni in Borsa.

shod /ʃɒd/ **I** pass., p.pass. → **2.shoe** **II** agg. calzato; ***well*** ~ con delle belle scarpe.

shoddily /ˈʃɒdɪlɪ/ avv. **1** ***to be ~ made, built*** essere di fabbricazione, di costruzione scadente **2** [*behave*] scorrettamente.

shoddy /ˈʃɒdɪ/ agg. **1** [*product*] scadente, di qualità inferiore; [*work*] malfatto **2** [*behaviour*] meschino; ***a ~ trick*** un tiro mancino.

1.shoe /ʃuː/ ➧ *28* **I** n. **1** *(footwear)* scarpa f.; ***a pair of ~s*** un paio di scarpe **2** *(for horse)* ferro m. **3** AUT. (anche **brake ~**) ganascia f. del freno **II** modif. [*box, polish*] da scarpe; [*shop*] di calzature, di scarpe; ***what's your ~ size?*** che numero porti di scarpe? ♦ ***it's a question of dead men's ~s*** = bisogna aspettare che qualcuno muoia per poter prendere il suo posto; ***in sb.'s ~s*** nei panni *o* al posto di qcn.; ***to shake*** o ***shiver in one's ~s*** tremare di paura; ***to step into sb.'s ~s*** prendere il posto di qcn.; ***I saved ~ leather and took a bus*** per non farmela a piedi ho preso l'autobus.

2.shoe /ʃuː/ tr. (forma in -ing **shoeing**; pass., p.pass. **shod**) ferrare [*horse*].

shoehorn /ˈʃuːhɔːn/ n. calzascarpe m.

shoelace /ˈʃuːleɪs/ n. laccio m., stringa f. da scarpe.

shoemaker /ˈʃuːmeɪkə(r)/ ➧ *27* n. calzolaio m. (-a).

shoe rack n. scarpiera f.

shoe repairer ➧ *27* n. calzolaio m. (-a).

shoeshine (boy) /ˈʃuːʃaɪn(ˌbɔɪ)/ ➧ *27* n. lustrascarpe m.

shoestring /ˈʃuːstrɪŋ/ n. AE laccio m., stringa f. da scarpe ♦ ***on a ~*** COLLOQ. con pochissimi soldi.

shoe tree n. forma f. per scarpe.

shone /ʃɒn/ pass., p.pass. → **2.shine.**

1.shoo /ʃuː/ inter. sciò, via.

2.shoo /ʃuː/ tr. (anche **~ away**) cacciare via, scacciare.

shook /ʃʊk/ pass. → **2.shake.**

1.shoot /ʃuːt/ n. **1** BOT. *(young growth)* getto m.; *(offshoot)* germoglio m. **2** BE *(in hunting) (meeting)* partita f. di caccia **3** CINEM. ripresa f.

2.shoot /ʃuːt/ **I** tr. (pass., p.pass. **shot**) **1** *(fire)* sparare [*bullet*]; lanciare [*missile*]; tirare, scoccare [*arrow*] **2** *(hit with gun)* sparare a [*person, animal*]; *(kill)* uccidere [*person, animal*]; ***to be shot in the back*** essere colpito *o* ferito alla schiena; ***to ~ sb. for desertion*** fucilare qcn. per diserzione; ***to ~ sb. dead*** colpire qcn. a morte; ***to be shot to pieces*** COLLOQ. essere crivellato di colpi; FIG. essere fatto a pezzi **3** *(direct)* lanciare, scoccare [*look*] (**at** a); ***to ~ questions at sb.*** bombardare qcn. di domande **4** CINEM. FOT. *(film)* girare [*film, scene*]; riprendere [*subject*] **5** *(push)* tirare, spingere [*bolt*] **6** *(in canoeing)* scendere [*rapids*] **7** *(in golf)* ***to ~ 75*** fare 75 punti **8** AE giocare a [*pool, craps*] **9** *(in hunting)* andare a caccia di [*game*] **10** COLLOQ. *(inject)* → **shoot up II** intr. (pass., p.pass. **shot**) **1** *(fire a gun)* sparare (**at** a, contro) **2** *(move suddenly)* ***to ~ forward*** scagliarsi in avanti; ***the car shot past*** la macchina sfrecciò a tutta velocità; ***to ~ to fame*** FIG. sfondare **3** CINEM. girare **4** SPORT *(in football etc.)* [*player*] tirare **5** *(in hunting)* [*person*] andare a caccia **III** rifl. (pass., p.pass. **shot**) ***to ~ oneself*** spararsi ♦ ***to ~ a line*** COLLOQ. spararla grossa; ***to ~ oneself in the foot*** COLLOQ. darsi la zappa sui piedi.

■ **shoot down:** ***~ down [sb., sth.], ~ [sb., sth.] down*** AER. MIL. abbattere [*plane, pilot*]; ***to ~ [sb., sth.] down in flames*** abbattere [*plane*]; FIG. distruggere [*argument, person*].

■ **shoot out** [*water*] scaturire; [*flame*] sprigionarsi; ***the car shot out of a side street*** la macchina è saltata fuori da una viuzza laterale.

■ **shoot up:** ***~ up*** **1** [*flames, spray*] divampare; FIG. [*prices, profits*] salire alle stelle **2** *(grow rapidly)* [*plant*] crescere rapidamente; ***that boy has really shot up!*** FIG. quel ragazzo è cresciuto tutto d'un colpo! ***~ up [sth.], ~ [sth.] up*** COLLOQ. farsi di [*heroin*].

shooting /ˈʃuːtɪŋ/ ➧ *10* **I** n. **1** *(act) (killing)* uccisione f. (con arma da fuoco) **2** U *(firing)* spari m.pl., sparatoria f. **3** *(in hunting)* caccia f. **4** SPORT *(at target etc.)* tiro m. **5** CINEM. riprese f.pl. **II** agg. [*pain*] lancinante.

shooting gallery n. *(place)* tiro m. a segno.

shooting range n. *(ground)* tiro m. a segno.

shooting star n. ASTR. stella f. cadente.

shooting stick n. = bastone con impugnatura che si trasforma in sgabello, utilizzato durante la caccia.

shoot-out /ˈʃuːtaʊt/ n. COLLOQ. sparatoria f.

1.shop /ʃɒp/ n. **1** negozio m.; ***to go to the ~s*** andare a fare la spesa; ***to set up ~*** aprire bottega, mettere su un'attività (anche FIG.); ***to shut up ~*** COLLOQ. chiudere bottega (anche FIG.) **2** AE *(in department store)* reparto m. **3** *(workshop)* officina f. **4** AE SCOL. laboratorio m. **5** BE COLLOQ. *(shopping)* ***to do the weekly ~*** fare la spesa per la settimana ♦ ***all over the ~*** BE COLLOQ. dappertutto; ***to talk ~*** parlare (solo) di lavoro.

2.shop /ʃɒp/ **I** tr. (forma in -ing ecc. **-pp-**) BE COLLOQ. *(inform on)* denunciare, vendere [*person*] **II** intr. (forma in -ing ecc. **-pp-**) fare shopping, fare compere; ***to go ~ping*** andare a fare compere *o* shopping; *(browsing)* andare (in giro) per negozi.

■ **shop around** *(compare prices)* fare il giro dei negozi (for per trovare); FIG. *(compare courses, services etc.)* cercare bene.

shopaholic /ʃɒpəˈhɒlɪk/ n. COLLOQ. maniaco m. (-a) dello shopping.

shop assistant ➧ *27* n. BE commesso m. (-a).

shopfloor /ˌʃɒpˈflɔː(r)/ n. ***problems on the ~*** problemi con gli operai.

shop front n. vetrina f. di un negozio.

shopkeeper /ˈʃɒpˌkiːpə(r)/ ➧ *27* n. negoziante m. e f.

shoplift /ˈʃɒpˌlɪft/ intr. taccheggiare.

shoplifter /ˈʃɒpˌlɪftə(r)/ n. taccheggiatore m. (-trice).

shopper /ˈʃɒpə(r)/ n. *(person)* ***the streets were crowded with ~s*** le strade erano invase da gente in giro a fare shopping.

shopping /ˈʃɒpɪŋ/ n. U **1** *(activity)* spesa f., shopping m., compere f.pl., acquisti m.pl.; ***to do some, the ~*** fare la spesa **2** *(purchases)* compere f.pl., acquisti m.pl.

shopping bag n. borsa f. della spesa, sporta f.

shopping basket n. paniere m. (della spesa).

shopping centre BE, **shopping center** AE n. centro m. commerciale, shopping centre m.

shopping mall n. AE centro m. commerciale.

shopping precinct n. zona f. commerciale.

shopping trip n. ***to go on a ~*** andare a fare un giro per negozi.

shopping trolley n. carrello m. della spesa.

shop-soiled /ˈʃɒpsɔɪld/ agg. [*garment*] sciupato, stinto (perché in negozio da troppo tempo).

shop steward n. rappresentante m. e f. sindacale.

shop window n. vetrina f. (anche FIG.).

shopworn /ˈʃɒpwɔːn/ agg. AE → **shop-soiled.**

1.shore /ʃɔː(r)/ n. **1** *(coast, edge) (of sea)* costa f., riva f.; *(of lake)* riva f.; *(of island)* costa f.; ***off the ~ of*** MAR. al largo di **2** MAR. *(dry land)* terra f.; ***on ~*** a terra; ***from ship to ~*** da bordo a terra **3** *(beach)* spiaggia f.

2.shore /ʃɔː(r)/ tr. puntellare.

■ **shore up:** ***~ up [sth.], ~ [sth.] up*** puntellare [*building*]; FIG sostenere [*economy*].

shore leave n. MAR. MIL. permesso m. di scendere a terra.

shorn /ʃɔːn/ p.pass. → **shear.**

1.short /ʃɔːt/ ➧ *15* agg. **1** *(not long-lasting)* [*stay, walk, speech, period*] breve; [*course*] di breve durata; [*memory*] corto; ***a ~ time ago*** poco tempo fa; ***in four ~ years*** nel breve spazio di quattro anni; ***to work ~er hours*** lavorare meno ore; ***the days are getting ~er*** le giornate si stanno accorciando; ***the ~ answer is that*** per farla breve **2** *(not of great length)* [*fur, hair, dress, stick*] corto; *(very short)* [*fur, hair*] raso; [*distance*] breve; ***too ~ in the sleeves*** [*garment*] corto di maniche **3** *(not tall)* [*person*] basso **4** *(scarce)* [*food, supply*] scarso; ***time is getting ~*** il tempo sta per finire; ***he gave me a ~ measure*** *(in shop)* mi ha fregato sul peso **5** *(lacking)* ***he is ~ of sth.*** gli manca qcs.; ***to be ~ on*** [*person*] mancare di [*talent, tact*]; ***to go ~ of*** essere a corto di [*clothes, money, food*]; ***my wages are £30 ~*** ho preso 30 sterline in meno sullo stipendio; ***I'm running ~ of sth.*** sto esaurendo qcs. **6** *(in abbreviation)* ***Tom is ~ for Thomas*** Tom è il diminutivo di Thomas; ***this is Nicholas, Nick for ~*** ti presento Nicholas, per gli amici Nick **7** mai attrib. *(abrupt)* ***to be ~ with sb.*** essere brusco con qcn. **8** LING. [*vowel*] breve **9** ECON. [*loan, credit*] a breve termine **10** GASTR. [*pastry*] frolla ♦ ***~ and sweet*** rapido e indolore; ***to make ~ work of sth., sb.*** liquidare qcs., qcn. in fretta.

2.short /ʃɔːt/ avv. **1** *(abruptly)* [*stop*] improvvisamente **2 in short** in breve, brevemente **3 short of** *(just before)* un po' prima di; *(just less than)* poco meno di; ***that's nothing ~ of blackmail!*** non è altro che un ricatto! *(except)* a meno di; ***~ of locking him in, I can't stop him*** a meno di non chiuderlo in casa, non posso fermarlo ♦ ***to bring*** o ***pull sb. up ~*** cogliere qcn. di sorpresa; ***to sell oneself ~*** sottovalutarsi; ***to be caught ~*** essere colto di sorpresa *o* preso alla sprovvista.

3.short /ʃɔːt/ **I** n. **1** *(drink)* cicchetto m. **2** EL. corto m. **3** CINEM. cortometraggio m. **4** ECON. *(deficit)* ammanco m., deficit m. **II shorts** n.pl. shorts m., pantaloncini m.; *(underwear)* mutande f. da uomo ♦ ***the long and ~ of it is that they...*** il succo del discorso è che loro...

4.short /ʃɔːt/ tr. e intr. → **short-circuit**.

shortage /ˈʃɔːtɪdʒ/ n. carenza f., mancanza f., scarsità f.; ***housing ~*** crisi degli alloggi; ***there is no ~ of applicants*** i candidati non mancano.

short back and sides n. = taglio di capelli maschile corto.

shortbread /ˈʃɔːtbred/, **shortcake** /ˈʃɔːtkeɪk/ n. biscotto m. di pasta frolla.

short-change /ˌʃɔːtˈtʃeɪndʒ/ tr. dare il resto sbagliato a [*shopper*]; FIG. truffare, imbrogliare [*associate, investor*].

short circuit n. cortocircuito m.

short-circuit /ˌʃɔːtˈsɜːkɪt/ **I** tr. cortocircuitare; FIG. aggirare **II** intr. fare cortocircuito.

shortcomings /ˈʃɔːtˌkʌmɪŋz/ n.pl. difetti m., punti m. deboli.

shortcrust pastry /ˌʃɔːtkrʌstˈpeɪstrɪ/ n. pasta f. brisée.

short cut n. **1** scorciatoia f. **2** FIG. ***to take ~s*** prendere una scorciatoia; ***there are no ~s to becoming a musician*** non esistono scorciatoie per diventare musicista.

shorten /ˈʃɔːtn/ **I** tr. abbreviare [*visit*]; accorciare [*life, garment, talk*]; ridurre [*time, list*]; alleggerire [*syllabus*]; ***to ~ sail*** MAR. ridurre le vele **II** intr. [*days, nights*] accorciarsi, abbreviarsi; [*odds*] diminuire.

shortening /ˈʃɔːtnɪŋ/ n. **1** GASTR. grasso m. per pasticceria **2** *(reduction)* riduzione f. **3** *(abridging)* abbreviazione f.

shortfall /ˈʃɔːtfɔːl/ n. *(in budget, accounts)* deficit m.; *(in earnings, exports etc.)* diminuzione f.; ***there is a ~ of £ 10,000 in our budget*** c'è un deficit *o* un buco di 10.000 sterline nel nostro budget.

shorthand /ˈʃɔːthænd/ **I** n. **1** COMM. stenografia f., steno f.; ***to take sth. down in ~*** stenografare qcs. **2** FIG. *(verbal short cut)* eufemismo m. **II** modif. [*notebook, qualification*] di stenografia.

short-handed /ˌʃɔːtˈhændɪd/ agg. *(in company)* a corto di personale; *(on site)* a corto di manovalanza.

shorthand-typist /ˌʃɔːthændˈtaɪpɪst/ ♦ ***27*** n. stenodattilografo m. (-a).

short-haul /ˈʃɔːthɔːl/ agg. AER. a breve raggio.

1.shortlist /ˈʃɔːtlɪst/ n. lista f. ristretta, rosa f. di candidati.

2.shortlist /ˈʃɔːtlɪst/ tr. selezionare [*applicant*].

short-lived /ˌʃɔːtˈlɪvd, AE -ˈlaɪvd/ agg. [*triumph*] breve, di breve durata; [*effect, happiness*] passeggero; ***to be ~*** avere vita breve.

shortly /ˈʃɔːtlɪ/ avv. **1** *(very soon)* tra breve, tra poco **2** *(a short time)* ***~ after(wards), before*** poco (tempo) dopo, prima **3** *(crossly)* [*reply*] seccamente, bruscamente.

shortness /ˈʃɔːtnɪs/ n. *(in time)* brevità f.; ***~ of breath*** mancanza di fiato.

short-range /ˌʃɔːtˈreɪndʒ/ agg. [*weather forecast*] a breve termine; [*missile*] a corta gittata.

short sight n. miopia f.

shortsighted /ˌʃɔːtˈsaɪtɪd/ agg. **1** miope **2** FIG. *(lacking foresight)* [*person, policy, decision*] miope, poco lungimirante.

shortsightedness /ˌʃɔːtˈsaɪtɪdnɪs/ n. **1** miopia f. **2** FIG. miopia f., mancanza f. di perspicacia (**about** riguardo a).

short-sleeved /ˌʃɔːtˈsliːvd/ agg. con le, a maniche corte.

short-staffed /ˌʃɔːtˈstɑːft, AE -ˈstæft/ agg. ***to be ~*** essere a corto di personale.

short-stay /ˈʃɔːtsteɪ/ agg. [*car park*] per sosta breve; [*housing*] a breve termine.

short story n. LETTER. racconto m., short story f.

short-tempered /ˌʃɔːtˈtempəd/ agg. collerico, irascibile.

short term I n. ***in the ~*** *(looking to future)* a breve termine; *(looking to past)* per un breve periodo **II short-term** agg. a breve termine, a breve scadenza (anche ECON.).

short time n. *(in industry)* orario m. ridotto.

short wave I n. onda f. corta **II** modif. [*radio*] a onde corte; [*broadcast*] su onde corte.

1.shot /ʃɒt/ n. **1** *(from gun etc.)* sparo m.; ***to fire*** o ***take a ~ at sb., sth.*** sparare un colpo su *o* contro qcn., qcs.; ***to fire the opening ~*** FIG. aprire il fuoco **2** SPORT *(in tennis, golf, cricket)* colpo m.; *(in football)* tiro m.; ***to have*** o ***take a ~ at goal*** *(in football)* tirare in porta; ***"good ~!"*** "bel tiro!" **3** FOT. foto f. (**of** di) **4** CINEM. ripresa f. (**of** di); ***action ~*** scena d'azione; ***out of ~*** fuori campo **5** *(injection)* puntura f., iniezione f. (**of** di); ***to give sb. a ~*** fare una puntura a qcn. **6** *(attempt)* ***to have a ~ at doing*** tentare *o* provare a fare; ***to give it one's best ~*** fare del proprio meglio **7** *(in shotputting)* peso m. **8** *(pellet)* **C** pallino m., piombino m.; *(pellets collectively)* **U** pallini m.pl.; *(smaller)* migliarini m.pl. **9** *(person who shoots)* ***a good ~*** un buon tiratore **10** COLLOQ. *(dose)* ***a ~ of whisky*** un bicchierino di whisky ♦ ***to call the ~s*** dettare legge, comandare; ***to give sth. a ~ in the arm*** dare una spinta *o* impulso a qcs.; ***he'd go like a ~*** partirebbe al volo; ***it was a ~ in the dark*** ha tirato a indovinare.

2.shot /ʃɒt/ **I** pass., p.pass. → **2.shoot II** agg. **1** (anche ~ **through**) [*silk*] cangiante; ***~ (through) with*** [*material*] striato di [*gold, red*] **2** COLLOQ. (anche **~ away**) ***he is ~ (away)*** è distrutto, esausto; ***his nerves were ~*** aveva i nervi a pezzi ♦ ***to be ~ of*** essersi sbarazzato di.

shotgun /ˈʃɒtgʌn/ n. fucile m. (da caccia).

shotgun wedding n. matrimonio m. riparatore.

shot put ♦ ***10*** n. SPORT lancio m. del peso.

should /*forma debole* ʃəd, *forma forte* ʃʊd/ mod. (negat. **should not, shouldn't**) **1** *(ought to)* ***you ~ have told me*** avresti dovuto dirmelo; ***why shouldn't I do it?*** perché non dovrei farlo? ***that ~ be them arriving now!*** dovrebbero essere loro quelli che stanno arrivando! ***how ~ I know?*** come faccio a saperlo? ***everything is as it ~ be*** tutto va come dovrebbe; ***flowers! you shouldn't have!*** dei fiori! non era il caso! **2** *(in conditional sentences)* ***had he asked me, I ~ have accepted*** se me l'avesse chiesto, avrei accettato; ***I don't think it will happen, but if it ~...*** non penso che si arriverà a tanto, ma se dovesse accadere...; ***if you ~ change your mind, ...*** se dovesse cambiare idea, ...; ***~ the opportunity arise*** se si presentasse l'occasione **3** *(expressing purpose)* ***in order that they ~ understand*** affinché riuscissero a capire; ***we are anxious that he ~ succeed*** vorremmo tanto che lui ci riuscisse **4** *(in polite formulas)* ***I ~ like a drink*** prenderei volentieri qualcosa da bere; ***I ~ like to go there*** mi piacerebbe andarci **5** *(expressing opinion, surprise)* ***I ~ think so, not!*** spero proprio di sì, di no! ***"how long?" - "an hour, I ~ think"*** "quanto?" - "un'ora, suppongo"; ***I ~ think she must be about 40*** secondo me, deve avere sui 40 anni; ***I ~ say so!*** direi proprio di sì! eccome! ***who ~ walk in but John!*** e chi doveva entrare se non John!

1.shoulder /ˈʃəʊldə(r)/ n. ♦ ***2*** **1** spalla f.; ***on*** o ***over one's ~*** sulla spalla, in spalla; ***on*** o ***over one's ~s*** sulle spalle; ***too tight across the ~s*** troppo stretto di spalle; ***if you need a ~ to cry on*** se hai bisogno di una spalla su cui piangere; ***to look over one's ~*** guardarsi alle spalle (anche FIG.); ***the burden is*** o ***falls on my ~s*** il peso cade sulle mie spalle; ***~ to ~*** [*stand*] fianco a fianco; [*work*] spalla a spalla **2** *(on mountain)* spalla f. **3** *(on road)* bordo m. **4** GASTR. spalla f. ♦ ***to stand head and ~s above sb.*** sorpassare qcn. di una buona testa; FIG. lasciare indietro qcn.; ***to have a good head on one's ~s*** avere la testa sulle spalle; ***to have an old head on young ~s*** essere più maturo della propria età; ***to put one's ~ to the wheel*** mettersi all'opera; ***to rub ~s with sb.*** frequentare qcn.; ***straight from the ~*** COLLOQ. [*comment, criticism*] sincero.

2.shoulder /ˈʃəʊldə(r)/ tr. **1** mettere [qcs.] in spalla [*bag, implement*]; ***~ arms!*** MIL. spallarm! **2** FIG. caricarsi di [*burden, task*]; addossarsi, sobbarcarsi [*responsibility, expense*] **3** *(push)* ***to ~ sb. aside*** spostare qcn. con una spallata.

shoulder bag n. borsa f. a tracolla.

shoulder blade n. scapola f.

shoulder-length /ˌʃəʊldəˈlenθ/ agg. [*hair*] sulle spalle.

shoulder pad n. SART. spallina f.

shoulder strap n. *(of garment)* bretellina f.; *(of bag)* tracolla f.

should

- When *should* is used to mean *ought to*, it is translated by the conditional tense of *dovere*:

we should leave at seven	= dovremmo partire alle sette.

The past *should have* meaning *ought to have* is translated by the past conditional of *dovere*:

she should have told him the truth	= avrebbe dovuto dirgli la verità.

The same verb is used in negative sentences:

you shouldn't do that	= Lei non dovrebbe farlo / non dovresti farlo
he shouldn't have resigned	= non avrebbe dovuto dimettersi.

For the conjugation of *dovere*, see the Italian verb tables.

- *Should have* + past participle can often imply two different meanings (depending on the context) and should therefore be translated into Italian accordingly:

a) *she should have told him yesterday* (but she didn't)	= avrebbe dovuto dirglielo ieri
b) *she should have told him yesterday* (and we do not know whether she did it or not)	= dovrebbe averglielo detto ieri.

- When *should* is used as an auxiliary verb to form the conditional, *should* + verb is translated by the conditional of the appropriate verb in Italian:

I should like to go to Paris	= mi piacerebbe andare a Parigi
I should have liked to go to Paris	= mi sarebbe piaciuto andare a Parigi.

Note, however, that since the use of *should* after *I* and *we* in conditional sentences is avoided as too formal by many speakers, *should* is mainly used to mean *ought to* while *would* is the only auxiliary verb in conditional sentences. Compare the following examples:

I know we shouldn't do it, but...	= so che non dovremmo farlo, ma...
We wouldn't do it if you did it for us	= non lo faremmo se voi lo faceste al posto nostro.

- In formal English, *should* can be used after *if* to stress that something might (or might not) happen; alternatively, *should* can replace *if* at the beginning of the sentence; in both cases, Italian uses the subjunctive of *dovere*, either preceded or (more formally) not preceded by *se*:

if it should rain / should it rain, we can go to the cinema	= se dovesse piovere / dovesse piovere, possiamo al cinema.

- When *should* is used as an auxiliary verb in *that* clauses after such verbs as *suggest, think, order, expect, suppose, insist* or *agree*, *should* + verb is translated by the subjunctive of the appropriate verb in Italian:

he suggested that they should leave at 10	= suggerì che partissero alle 10
Mary insisted that we should go and see them	= Mary insistette perché andassimo a trovarli.

- For particular usages see the entry **should**.

shouldn't /ˈʃʊdnt/ contr. should not.

1.shout /ʃaʊt/ n. **1** *(cry)* grido m., urlo m. **2** BE COLLOQ. *(round of drinks)* giro m. ♦ ***I'll give you a ~*** ti chiamo io.

2.shout /ʃaʊt/ **I** tr. **1** *(cry out)* gridare; *(stronger)* urlare **2** BE COLLOQ. *(buy)* ***to ~ a round (of drinks)*** pagare da bere (a tutti) **II** intr. gridare, urlare; ***to ~ at sb.*** gridare contro qcn.; ***to ~ at*** o ***to sb. to do*** gridare a qcn. di fare; ***to ~ for help*** gridare (per chiedere) aiuto ♦ ***it's nothing to ~ about*** non è niente di speciale, di straordinario.

■ **shout down:** ***~ down [sb.], ~ [sb.] down*** fare tacere (a forza di gridare).

■ **shout out:** ***~ out*** mandare un grido; ***~ out [sth.]*** gridare [*names, answers*].

shouting /ˈʃaʊtɪŋ/ n. grida f.pl. ♦ ***it's all over bar the ~*** è tutto finito, ma se ne parla ancora.

1.shove /ʃʌv/ n. COLLOQ. ***to give sb., sth. a ~*** dare una spinta a qcn., qcs. ♦ ***if push comes to ~*** nella peggiore delle ipotesi.

2.shove /ʃʌv/ **I** tr. COLLOQ. **1** *(push)* spingere; ***to ~ sth. through*** spingere qcs. in [*letterbox*]; spingere qcs. attraverso [*gap*]; ***to ~ sth. in sb.'s face*** sbattere qcs. in faccia a qcn.; ***to ~ sth. down sb.'s throat*** FIG. far ingoiare qcs. a qcn. **2** *(stuff hurriedly)* ficcare, cacciare **3** *(jostle, elbow)* spintonare, sgomitare [*person*]; ***he ~d his way to the front of the crowd*** si è fatto largo tra la folla a spintonate **II** intr. spingere; ***people were pushing and shoving*** la gente spingeva e sgomitava.

■ **shove off 1** BE COLLOQ. *(leave)* sparire, filare **2** *(in boat)* prendere il largo.

■ **shove over** COLLOQ. farsi più in là.

■ **shove up** COLLOQ. farsi avanti.

shove halfpenny ♦ *10* n. BE = gioco da tavola che consiste nello spingere monete o dischetti con un colpo secco della mano.

1.shovel /ˈʃʌvl/ n. *(spade)* pala f.; *(digger)* escavatore m. a cucchiaio.

2.shovel /ˈʃʌvl/ tr. (forma in -ing ecc. **-ll-** BE, **-l-** AE) spalare [*dirt, snow*] (**off** da); ***to ~ food into one's mouth*** COLLOQ. mangiare a quattro palmenti, ingozzarsi.

■ **shovel up:** ***~ up [sth.], ~ [sth.] up*** spalare [*dirt, snow*].

shovelful /ˈʃʌvlfʊl/ n. palata f.

1.show /ʃəʊ/ n. **1** *(as entertainment)* spettacolo m. (anche TEATR. CINEM.); *(particular performance)* rappresentazione f.; RAD. TELEV. trasmissione f.; *(of slides)* proiezione f.; ***on with the ~!*** *(as introduction)* lo spettacolo abbia inizio! **2** COMM. *(of cars, boats etc.)* salone m.; *(of fashion)* sfilata f.; *(of flowers, crafts)* mostra f.; ***on ~*** esposto, in mostra **3** *(of feelings)* prova f., dimostrazione f.; *(of strength)* dimostrazione f.; *(of wealth)* ostentazione f.; ***to make*** o ***put on a (great) ~ of doing*** ostentare *o* fare sfoggio di (sapere) fare; ***he made a ~ of concern*** ostentava la sua preoccupazione; ***to be all ~*** essere solo apparenza, essere molto fumo e poco arrosto **4** *(performance)* ***he put up a good ~*** ha fatto una bella figura; ***it was a poor ~ not to thank them*** che brutta figura non ringraziarli **5** COLLOQ. *(business, undertaking)* ***he runs the whole ~*** comanda solo lui ♦ ***to steal the ~*** TEATR. rubare la scena; FIG. monopolizzare l'attenzione.

2.show /ʃəʊ/ **I** tr. (pass. **showed**; p.pass. **shown**) **1** *(present for viewing)* mostrare [*person, object, photo*]; presentare [*fashion collection*]; mostrare, fare vedere [*ticket*]; [*TV channel, cinema*] dare [*film*]; ***to ~ sb. sth., sth. to sb.*** mostrare qcs. a qcn. **2** *(display competitively)* fare sfilare [*animal*]; esporre, mettere in mostra [*flowers*] **3** *(reveal)* mostrare [*feeling*]; esporre [*principle, fact*]; [*garment*] lasciare vedere [*underclothes*]; [*patient*] presentare [*symptoms*]; ***to ~ interest in*** mostrare interesse per **4** *(indicate)* indicare [*time, direction*] **5** *(demonstrate)* [*reply*] dimostrare, testimoniare [*wit, intelligence*]; [*gesture, gift*] dimostrare [*respect, gratitude*]; ***to ~ one's age*** dimostrare la propria età; ***as shown in diagram 12*** come si vede nella figura 12 **6** *(prove)* dimostrare [*truth, guilt*]; ***to ~ that*** [*document*] provare che; [*findings*] dimostrare che; [*expression*] mostrare che **7** *(conduct)* ***to ~ sb. to their seat*** [*host, usher*] fare sedere qcn.; ***to ~ sb. to their room, to the door*** accompagnare qcn. in camera, alla porta **8** COLLOQ. *(teach a lesson to)* ***I'll ~ him!*** *(as revenge)* gli faccio vedere io! *(when challenged)* gli farò vedere! **II** intr. (pass. **showed**; p.pass. **shown**) **1** *(be noticeable)* [*stain, label, emotion*] vedersi **2** *(be exhibited)* [*artist*] esporre; [*film*] passare ♦ ***it just goes to ~*** come volevasi dimostrare; ***~ a leg!*** COLLOQ. giù dal letto! ***to have nothing to ~ for sth.*** restare con un pugno di mosche; ***to ~ one's face*** COLLOQ. farsi vedere; ***to ~ one's hand*** scoprire le proprie carte; ***to ~ the way forward*** aprire la strada.

■ **show in:** ***~ [sb.] in*** fare entrare, accompagnare dentro.

■ **show off:** ***~ off*** COLLOQ. farsi vedere, mettersi in mostra; ***~ [sb., sth.] off, ~ off [sb., sth.]*** fare risaltare [*special feature, skill*]; fare vedere [*baby*]; sfoggiare [*car*].

■ **show out:** ***~ [sb.] out*** fare uscire, accompagnare fuori, alla porta.

▪ **show round:** ~ **[sb.] round** fare visitare, fare vedere.
▪ **show up:** ~ **up 1** *(be visible)* [*mark*] vedersi; [*details, colour*] notarsi, risaltare **2** COLLOQ. *(arrive)* farsi vedere, presentarsi; ~ **up [sth.]** rivelare [*fault, mark*]; ~ **[sb.] up 1** *(let down)* fare fare una brutta figura a, fare vergognare [*person*] **2** *(reveal truth about)* ***research has shown him up for what he is*** l'indagine ha messo in luce la sua vera natura.
show biz /ˈʃəʊbɪz/ n. COLLOQ. → **show business**.
showboat /ˈʃəʊbəʊt/ n. AE showboat m.
show business n. industria f. dello spettacolo, show business m.
showcase /ˈʃəʊkeɪs/ **I** n. vetrina f., bacheca f.; FIG. *(for products, paintings, ideas)* vetrina f.; *(for artists etc.)* trampolino m. (di lancio) **II** modif. [*village, prison*] modello.
showdown /ˈʃəʊdaʊn/ n. confronto m., resa f. dei conti.
1.shower /ˈʃaʊə(r)/ n. **1** *(for washing)* doccia f.; ***to have*** o ***take a*** ~ fare una doccia; ***in the*** ~ sotto la doccia **2** METEOR. acquazzone m., rovescio m., temporale m. **3** *(of confetti, sparks)* pioggia f.; *(of praise, gifts)* valanga f. **4** AE ***bridal, baby*** ~ = festa in cui ogni invitato porta un regalo alla futura sposa, al bebè **5** BE COLLOQ. SPREG. *(gang)* banda f., branco m.
2.shower /ˈʃaʊə(r)/ **I** tr. **1** *(wash)* lavare [*dog*]; fare la doccia a [*child*] **2** ***to*** ~ ***sth. on*** o ***over sb., sth., to*** ~ ***sb., sth. with sth.*** [*fire, volcano*] fare piovere qcs. su qcn., qcs.; [*person*] spruzzare qcn., qcs. di qcs. **3** FIG. ***to*** ~ ***sb. with [sth.], to*** ~ ***[sth.] on sb.*** coprire qcn. di [*gifts, compliments*] **II** intr. **1** [*person*] fare la doccia **2** ***ash*** ~***ed down*** cadeva una pioggia di cenere.
shower attachment n. doccetta f. estraibile.
shower cap n. cuffia f. da bagno, da doccia.
showerproof /ˈʃaʊəˌpruːf/ agg. impermeabile.
showery /ˈʃaʊərɪ/ agg. [*day, weather*] piovoso.
showgirl /ˈʃəʊɡɜːl/ n. showgirl f.
showground /ˈʃəʊɡraʊnd/ n. terreno m. utilizzato per fiere, esposizioni ecc.; EQUIT. terreno m. di gara.
show house n. = casa arredata per l'esposizione al pubblico.
showing /ˈʃəʊɪŋ/ n. **1** CINEM. *(screening)* spettacolo m., proiezione f. **2** *(performance)* prestazione f., performance f. (anche SPORT).
showjumper /ˈʃəʊdʒʌmpə(r)/ n. **1** *(person)* cavallerizzo m. (-a) di salto ostacoli **2** *(horse)* ostacolista m., cavallo m. da salto ostacoli.
showman /ˈʃəʊmən/ n. (pl. **-men**) showman m.; ***to be a*** ~ FIG. essere un esibizionista.
shown /ʃəʊn/ p.pass. → **2.show**.
show-off /ˈʃəʊɒf, AE -ɔːf/ n. COLLOQ. spaccone m. (-a), gradasso m. (-a).
show of hands n. alzata f. di mano.
showpiece /ˈʃəʊpiːs/ n. *(exhibit)* pezzo m. in esposizione; *(in trade fair)* oggetto m. in esposizione; ***this hospital is a*** ~ FIG. questo è un ospedale modello.
showplace /ˈʃəʊpleɪs/ n. AE *(for tourists)* attrazione f. turistica.
showroom /ˈʃəʊruːm, -rʊm/ n. showroom m., salone m. d'esposizione; ***in*** ~ ***condition*** [*furniture, car*] in condizioni impeccabili.
showstopper /ˈʃəʊstɒpə(r)/ n. COLLOQ. *(in theatre)* = pezzo, numero che suscita applausi a scena aperta.
show trial n. STOR. processo m. esemplare.
showy /ˈʃəʊɪ/ agg. SPREG. [*clothing, style*] vistoso, appariscente.
shrank /ʃræŋk/ pass. → **2.shrink**.
shrapnel /ˈʃræpnl/ n. shrapnel m.
1.shred /ʃred/ n. **1** *(of evidence)* straccio m.; *(of emotion, sense, truth)* briciolo m. **2** *(of paper, fabric)* brandello m.
2.shred /ʃred/ tr. (forma in -ing ecc. **-dd-**) stracciare, sbrindellare [*paper*]; sminuzzare [*vegetables*].
shredder /ˈʃredə(r)/ n. *(for paper)* distruggidocumenti m.
shrew /ʃruː/ n. **1** ZOOL. toporagno m. **2** ANT. SPREG. *(woman)* bisbetica f.
shrewd /ʃruːd/ agg. [*person*] astuto, scaltro; [*face*] furbo; [*move, assessment, investment*] astuto; ***I have a*** ~ ***idea that*** mi sa che, ho il sospetto che; ***to make a*** ~ ***guess*** avere un'intuizione (felice).
shrewdly /ˈʃruːdlɪ/ avv. [*act*] astutamente; [*assess*] con astuzia.
shrewdness /ˈʃruːdnɪs/ n. *(of person)* perspicacia f., astuzia f.; *(of move)* astuzia f.
shrewish /ˈʃruːɪʃ/ agg. bisbetico.
1.shriek /ʃriːk/ n. **1** *(of pain, fear)* grido m., urlo m.; *(of delight)* gridolino m.; ~***s of laughter*** risate stridule **2** *(of bird)* grido m.
2.shriek /ʃriːk/ intr. gridare, urlare (**in, with** di).
shrift /ʃrɪft/ n. ***to give sb., sth. short*** ~ liquidare qcn., qcs. senza tanti complimenti.
1.shrill /ʃrɪl/ agg. **1** [*voice, cry, laugh, whistle, tone*] stridulo, stridente **2** SPREG. [*criticism*] insistente, petulante.
2.shrill /ʃrɪl/ intr. [*bird*] emettere un grido stridulo; [*telephone*] trillare.
shrimp /ʃrɪmp/ n. (pl. ~, ~**es**) ZOOL. GASTR. gamberetto m.
shrimping /ˈʃrɪmpɪŋ/ n. pesca f. dei gamberetti.
shrine /ʃraɪn/ n. **1** *(place of worship)* santuario m. (**to** dedicato a) **2** *(in catholicism) (alcove)* teca f.; *(building)* cappella f.
1.shrink /ʃrɪŋk/ n. COLLOQ. strizzacervelli m. e f., psichiatra m. e f.
2.shrink /ʃrɪŋk/ **I** tr. (pass. **shrank**; p.pass. **shrunk** o **shrunken**) fare restringere [*fabric*] **II** intr. (pass. **shrank**; p.pass. **shrunk** o **shrunken**) **1** [*fabric*] restringersi, ritirarsi; [*forest, area*] ritirarsi; [*boundaries*] avvicinarsi, restringersi; [*economy, sales*] essere in calo; [*resources, funds*] restringersi, diminuire; [*old person, body*] rattrappirsi; ***to have shrunk to nothing*** [*team, household*] essere ridotto a poche persone *o* a quattro gatti COLLOQ.; [*person*] essere solo pelle e ossa **2** *(recoil)* ***to*** ~ ***from*** rifuggire da [*conflict, responsibility*]; ***to*** ~ ***from doing*** essere riluttante a fare.
shrinkage /ˈʃrɪŋkɪdʒ/ n. *(of fabric)* restringimento m.; *(of economy)* calo m.; *(of resources, area)* diminuzione f.
shrinking /ˈʃrɪŋkɪŋ/ agg. [*asset, audience*] in diminuzione; [*population, market*] in calo.
shrinking violet n. COLLOQ. SCHERZ. mammola f., persona f. timida.
1.shrink-wrap /ˈʃrɪŋkræp/ n. pellicola f. termoretrattile.
2.shrink-wrap /ˈʃrɪŋkræp/ tr. (forma in -ing ecc. **-pp-**) imballare con pellicola termoretrattile.
shrivel /ˈʃrɪvl/ **I** tr. (forma in -ing ecc. **-ll-**, **-l-** AE) [*sun, heat*] raggrinzire [*skin*]; seccare [*plant, leaf*] **II** intr. (forma in -ing ecc. **-ll-**, **-l-** AE) (anche ~ **up**) [*fruit, vegetable*] disidratarsi; [*skin*] raggrinzirsi; [*plant, leaf, meat*] seccarsi.
1.shroud /ʃraʊd/ n. **1** *(cloth)* sudario m., lenzuolo m. funebre **2** FIG. *(of fog, secrecy)* velo m. **3** MAR. *(rope)* sartia f.
2.shroud /ʃraʊd/ tr. avvolgere [*body, person*].
Shrove Tuesday /ˌʃrəʊvˈtjuːzdeɪ, -dɪ, AE -ˈtuː-/ n. RELIG. martedì m. grasso.
shrub /ʃrʌb/ n. arbusto m., cespuglio m.
shrubbery /ˈʃrʌbərɪ/ n. **1** BE **C** *(in garden)* cespuglio m. di arbusti **2 U** *(collectively)* arbusti m.pl.
1.shrug /ʃrʌɡ/ n. (anche ~ **of the shoulders**) scrollata f. di spalle.
2.shrug /ʃrʌɡ/ tr. (forma in -ing ecc. **-gg-**) (anche ~ **one's shoulders**) scrollare le spalle.
▪ **shrug off:** ~ **off [sth.]**, ~ **[sth.] off** prendere alla leggera, minimizzare [*problem, rumour*].
shrunk /ʃrʌŋk/ p.pass. → **2.shrink**.
shrunken /ˈʃrʌŋkən/ **I** p.pass. → **2.shrink II** agg. [*person, body*] rattrappito; [*apple*] raggrinzito; [*budget*] ridotto.
shuck /ʃʌk/ tr. AE sgusciare [*nut*]; sgranare, sbaccellare [*pea*].
shucks /ʃʌks/ inter. AE COLLOQ. *(in irritation)* accidenti; *(in embarrassment)* smettila!
1.shudder /ˈʃʌdə(r)/ n. **1** *(of person)* brivido m.; ***the news sent a*** ~ ***of terror through them*** alla notizia, un brivido di terrore li percorse **2** *(of vehicle)* scossa f.
2.shudder /ˈʃʌdə(r)/ intr. **1** [*person*] rabbrividire (**with** di); ***I*** ~ ***to think!*** il solo pensiero mi fa rabbrividire! **2** ***to*** ~ ***to a halt*** [*vehicle*] dare qualche scossa e poi fermarsi.
1.shuffle /ˈʃʌfl/ n. **1** *(way of walking)* andatura f. strascicata **2** *(sound)* strascichio m., rumore m. di passi strascicati.
2.shuffle /ˈʃʌfl/ **I** tr. **1** (anche ~ **about**) spostare [*objects, people*] **2** ***to*** ~ ***one's feet (in embarrassment)*** stropicciare i piedi (con imbarazzo) **3** *(mix together)* mischiare, mescolare [*papers*] **4** GIOC. mischiare [*cards*] **II** intr. strascicare i piedi; ***to*** ~ ***along*** camminare strascicando i piedi.

▪ **shuffle off:** ~ ***off*** andarsene strascicando i piedi; ~ ***off [sth.]*** scaricare [*responsibility, blame, guilt*] (**on, onto** su).
shufty /ˈʃʊftɪ/ n. BE COLLOQ. ***to have a ~ at sth.*** dare un'occhiata a qcs.
shun /ʃʌn/ tr. (forma in -ing ecc. **-nn-**) **1** *(avoid)* evitare [*people, publicity*]; sfuggire a [*responsibility*]; scansare [*work*] **2** *(reject)* respingere [*job, person, offer*].
1.shunt /ʃʌnt/ n. MED. ELETTRON. shunt m.
2.shunt /ʃʌnt/ **I** tr. **1** COLLOQ. *(send)* ***to be ~ed from place to place*** essere sballottato da una parte all'altra; ***to ~ sb. back and forth*** sballottare qcn. avanti e indietro **2** FERR. *(move)* smistare [*wagon, engine*] (**into** su) **II** intr. ***to ~ back and forth*** manovrare, fare manovra.
1.shush /ʃʊʃ/ inter. sst.
2.shush /ʃʊʃ/ tr. COLLOQ. fare tacere, zittire [*person*].
1.shut /ʃʌt/ agg. *(closed)* [*door, book, shop*] chiuso; ***to slam the door ~*** chiudere la porta facendola sbattere; ***to keep one's mouth ~*** COLLOQ. tenere la bocca chiusa.
2.shut /ʃʌt/ **I** tr. (forma in -ing **-tt-**; pass., p.pass. **shut**) **1** *(close)* chiudere [*door, book, shop*]; ***~ your mouth*** o ***trap*** o ***face!*** COLLOQ. tappati la bocca! **2** *(confine)* rinchiudere **II** intr. (forma in -ing **-tt-**; pass., p.pass. **shut**) **1** [*door, book, box*] chiudersi **2** [*office, factory*] chiudere; ***the shop ~s at five*** il negozio chiude alle cinque.
▪ **shut away:** ~ ***[sb., sth.] away***, ~ ***away [sb., sth.]*** *(lock up)* rinchiudere, mettere sotto chiave [*person*]; mettere sotto chiave [*valuables*]; ~ ***[oneself] away*** ritirarsi, nascondersi.
▪ **shut down:** ~ ***down*** [*business*] chiudere; [*machinery*] fermarsi; ~ ***[sth.] down***, ~ ***down [sth.]*** chiudere [*business*]; fermare, arrestare [*machinery*].
▪ **shut in:** ~ ***[sb., sth.] in*** rinchiudere [*person, animal*]; ***to feel shut in*** FIG. sentirsi soffocare.
▪ **shut off:** ~ ***[sth.] off***, ~ ***off [sth.]*** tagliare [*supply*]; spegnere [*oven, fan, motor*]; chiudere [*valve*].
▪ **shut out:** ~ ***out [sth., sb.]***, ~ ***[sth., sb.] out*** **1** *(keep out)* chiudere fuori [*animal, person*]; eliminare [*noise*]; ***to be shut out*** essere chiuso fuori **2** *(keep at bay)* tenere lontano [*thought*] **3** *(reject)* escludere, respingere [*world*]; ***to feel shut out*** sentirsi escluso **4** *(block)* impedire a [qcs.] di entrare, non far passare [*light*]; bloccare, impedire [*view*].
▪ **shut up:** ~ ***up*** COLLOQ. stare zitto, tacere (**about** riguardo a); ~ ***up!*** zitto! taci! tappati la bocca! ~ ***[sb., sth.] up***, ~ ***up [sb., sth.]*** **1** COLLOQ. fare tacere [*person*] **2** *(confine)* rinchiudere [*person, animal*] **3** *(close)* chiudere [*business*]; ***to ~ up shop*** COLLOQ. chiudere bottega (anche FIG.).
shutdown /ˈʃʌtdaʊn/ n. chiusura f.; NUCL. arresto m. (di reattore).
shut-eye /ˈʃʌtaɪ/ n. COLLOQ. ***to get some ~*** schiacciare un pisolino *o* sonnellino.
shutout /ˈʃʌtaʊt/ n. AE SPORT cappotto m.
1.shutter /ˈʃʌtə(r)/ n. **1** *(on window) (wooden, metal)* persiana f.; *(on shop front)* saracinesca f.; ***to put up the ~s*** chiudere il negozio; FIG. chiudere bottega **2** FOT. otturatore m.
2.shutter /ˈʃʌtə(r)/ tr. **1** mettere le persiane a [*window*] **2** *(close)* chiudere le persiane di [*window*]; chiudere la saracinesca di [*shop*].
shutter speed n. tempo m. di esposizione.
1.shuttle /ˈʃʌtl/ n. **1** *(in transport)* navetta f. **2** (anche **space ~**) navetta f. spaziale, shuttle m. **3** (anche **~cock**) *(in badminton)* volano m.
2.shuttle /ˈʃʌtl/ **I** tr. trasportare [*passengers*] **II** intr. ***to ~ between*** fare la navetta *o* spola tra.
shuttle bus n. autobus m. navetta.
shuttle diplomacy n. POL. = negoziati diplomatici condotti da un mediatore che si reca dalle parti in causa separatamente.
shuttle service n. servizio m. navetta.
1.shy /ʃaɪ/ agg. **1** *(timid)* [*person*] timido (**with, of** con); [*animal*] pauroso (**with, of** con) **2** *(afraid)* ***to be ~ of*** essere timoroso di **3** *(avoid)* ***to fight ~ of*** stare alla larga da.
2.shy /ʃaɪ/ intr. [*horse*] adombrarsi (**at** davanti a).
▪ **shy away** indietreggiare, arretrare intimorito; ***to ~ away from doing*** rifuggire dal fare, evitare di fare.
shyness /ˈʃaɪnɪs/ n. timidezza f.
Siamese /ˌsaɪəˈmiːz/ ➧ ***18, 14*** **I** agg. siamese **II** n. (pl. ~) **1** *(person)* siamese m. e f. **2** *(language)* siamese m. **3** (anche **~ cat**) siamese m.
Siamese twins n.pl. MED. gemelli m. (-e) siamesi.
Siberian /saɪˈbɪərɪən/ **I** agg. siberiano **II** n. siberiano m. (-a).
sibilant /ˈsɪbɪlənt/ **I** n. LING. sibilante f. **II** agg. LING. sibilante.
sibling /ˈsɪblɪŋ/ n. *(brother)* fratello m.; *(sister)* sorella f.; ***~ rivalry*** rivalità tra fratelli e sorelle.
Sibyl /ˈsɪbl/ **I** n. STOR. sibilla f. (anche FIG.) **II** n.pr. Sibilla.
Sicilian /sɪˈsɪlɪən/ **I** agg. siciliano **II** n. **1** *(person)* siciliano m. (-a) **2** *(dialect)* siciliano m.
Sicily /ˈsɪsɪlɪ/ ➧ ***24*** n.pr. Sicilia f.
1.sick /sɪk/ **I** agg. **1** *(ill)* malato; ***to feel ~*** sentirsi male; ***to fall*** o ***take ~*** BE ammalarsi; ***to be off ~*** BE essere in malattia; ***to go ~*** COLLOQ. darsi malato **2** *(nauseous)* ***to be ~*** vomitare, rigettare; ***to feel ~*** avere la nausea, avere voglia di vomitare; ***to have a ~ feeling in one's stomach*** *(from nerves)* avere un nodo allo stomaco **3** *(tasteless)* [*joke*] di cattivo gusto, disgustoso **4** *(disturbed)* [*mind, imagination*] malato **5** *(disgusted)* disgustato, schifato; ***you make me ~!*** mi fai schifo! ***it's enough to make you ~!*** c'è di che essere disgustati! **6** COLLOQ. *(fed-up)* ***to be ~ of*** essere stufo di; ***to be ~ and tired of*** essere stufo marcio di; ***to be ~ of the sight of*** non sopportare (neanche più) la vista di **II** n. **1** ***the ~*** + verbo pl. i malati **2** BE COLLOQ. *(vomit)* vomito m. ♦ ***to be worried ~*** COLLOQ. essere molto in ansia *o* preoccupato da morire.
2.sick /sɪk/ intr. vomitare.
▪ **sick up** BE COLLOQ. ~ ***up [sth.]***, ~ ***[sth.] up*** vomitare [*food*].
sickbay /ˈsɪkbeɪ/ n. *(in school, factory)* infermeria f.
sickbed /ˈsɪkbed/ n. capezzale m., letto m. di malato.
sick building syndrome n. = insieme di disturbi che colpiscono chi lavora in un ufficio e che sono attribuibili a fattori quali aria viziata, illuminazione inadatta ecc.
sicken /ˈsɪkən/ **I** tr. fare ammalare; FIG. nauseare, disgustare **II** intr. **1** LETT. ammalarsi; ***to be ~ing for sth.*** avere i sintomi di qcs., covare qcs. **2** FIG. *(grow weary)* ***to ~ of*** stancarsi *o* essere stufo di.
sickening /ˈsɪkənɪŋ/ agg. **1** *(nauseating)* nauseante; [*sight*] disgustoso; [*smell*] nauseabondo, nauseante; FIG. [*cruelty*] ripugnante **2** COLLOQ. *(annoying)* [*person, behaviour*] insopportabile, stucchevole.
sickle /ˈsɪkl/ n. falce f., falcetto m.
sick leave n. ***to be on ~*** essere in malattia *o* mutua.
sickle cell anaemia ➧ ***11*** n. MED. anemia f. falcemica.
sickly /ˈsɪklɪ/ agg. **1** *(unhealthy)* [*person*] cagionevole, malaticcio; [*plant*] malaticcio; [*complexion*] pallido, diafano **2** *(nauseating)* [*smell, taste*] nauseante; [*colour*] pallido; ***~ sweet*** dolciastro.
sickness /ˈsɪknɪs/ n. **1** *(illness)* malattia f.; ***absent because of ~*** assente per motivi di salute *o* per malattia **2** **U** *(nausea)* nausea f.; ***bouts of ~*** conati di vomito.
sickness benefit n. **U** BE indennità f. di malattia (concessa dallo stato).
sickness insurance n. assicurazione f. contro le malattie.
sick note n. COLLOQ. *(for school)* giustificazione f. per motivi di salute; *(for work)* certificato m. medico.
sickpay /ˈsɪkpeɪ/ n. indennità f. di malattia (concessa dal datore di lavoro).
sickroom /ˈsɪkruːm, -rʊm/ n. *(in school, institution)* infermeria f.; *(at home)* camera f. dell'ammalato.
1.side /saɪd/ **I** n. **1** *(of body, hill)* fianco m., lato m.; *(of boat)* fiancata f.; *(of object, building)* lato m.; *(of ravine, cave)* parete f.; *(of box)* lato m.; ***on my left ~*** alla mia sinistra; ***by my ~*** al mio fianco; ***on one's*** o ***its ~*** di lato; ***~ by ~*** fianco a fianco; ***don't leave my ~*** resta al mio fianco; ***the north ~ of town*** la parte settentrionale della città; ***"this ~ up"*** *(on package, box)* "alto" **2** *(surface of flat object)* lato m.; *(of record)* lato m., facciata f.; ***the right ~*** *(of cloth)* il dritto; *(of coin, paper)* il recto; ***the wrong ~*** *(of cloth, coin, paper)* il rovescio **3** *(edge) (of lake, road)* bordo m., margine m.; ***at*** o ***by the ~ of*** sul bordo *o* margine di [*road*]; sulla sponda di [*lake*] **4** *(aspect)* lato m., faccia f., aspetto m.; *(of story)* versione f.; ***he's on the marketing ~*** *(in company)* lavora per l'ufficio marketing **5**

(opposing group) parte f., fazione f.; ***to take ~s*** prendere posizione **6** SPORT *(team)* squadra f.; ***you've really let the ~ down*** FIG. ci hai veramente delusi **7** *(page)* facciata f. **8** *(line of descent)* discendenza f.; ***on his mother's ~*** per parte di madre **9** COLLOQ. *(TV channel)* canale m. **10 on the side** ***a steak with salad on the ~*** una bistecca con contorno di insalata; ***to do sth. on the ~*** *(in addition)* fare qcs. come attività secondaria; *(illegally)* fare qcs. in nero **II** modif. [*door, window, entrance, road*] laterale; **~ *arm*** arma da fianco **III -sided** agg. in composti ***six-~d figure*** figura a sei lati; ***many-~d problem*** problema complesso *o* sfaccettato ♦ ***he's like the ~ of a house*** è grosso come una casa; ***time is on our ~*** il tempo è dalla nostra parte *o* ci è favorevole; ***to be on the safe ~*** *(allowing enough time)* per non correre rischi; *(to be certain)* per stare sul sicuro; ***to be (a bit) on the big ~*** essere (un po') grosso; ***to be on the wrong, right ~ of 40*** avere più, meno di 40 anni; ***to get on the wrong, right ~ of sb.*** prendere qcn. per il verso sbagliato, giusto; ***to have right on one's ~*** essere nel giusto; ***to put sth. to one ~*** mettere [qcs.] da parte [*object, task*]; ***to take sb. to one ~*** prendere qcn. da parte.

2.side /saɪd/ intr. → **side with**.

■ **side with** prendere le parti di [*person*].

sideboard /ˈsaɪdbɔːd/ n. credenza f., buffet m.

sideboards /ˈsaɪdbɔːdz/ BE, **sideburns** /ˈsaɪdbɜːnz/ n.pl. *(on face)* basette f.

sidecar /ˈsaɪdkɑː(r)/ n. sidecar m.

side dish n. GASTR. contorno m.

side effect n. *(of drug)* effetto m. collaterale; FIG. *(of action)* ripercussione f.

side issue n. questione f. secondaria.

sidekick /ˈsaɪdˌkɪk/ n. COLLOQ. assistente m. e f.

sidelight /ˈsaɪdlaɪt/ n. **1** AUT. luce f. di posizione **2** *(window) (in house)* lucernario m.; *(in car)* deflettore m.

sideline /ˈsaɪdlaɪn/ n. **1** *(extra)* attività f. extra **2** SPORT linea f. laterale; ***to be on the ~s*** essere in panchina; FIG. essere ai margini.

sidelong /ˈsaɪdlɒŋ, AE -lɔːŋ/ agg. [*glance*] furtivo.

side order n. GASTR. contorno m.

side plate n. piattino m. (per burro, pane ecc.).

side saddle I n. sella f. all'amazzone **II** avv. ***to ride ~*** cavalcare all'amazzone.

side salad n. contorno m. di insalata.

side show n. *(at fair)* attrazione f.

sidesplitting /ˈsaɪdˌsplɪtɪŋ/ agg. COLLOQ. divertentissimo, che fa sbellicare dalle risate.

sidestep /ˈsaɪdstep/ tr. (forma in -ing ecc. **-pp-**) schivare [*opponent*]; FIG. evitare, eludere [*issue*].

side street n. strada f. laterale, traversa f.

1.sideswipe /ˈsaɪdswaɪp/ n. strisciata f.

2.sideswipe /ˈsaɪdswaɪp/ tr. colpire di striscio.

sidetrack /ˈsaɪdtræk/ tr. distogliere [qcn.] dal suo proposito [*person*]; ***to get ~ed*** essere distratto.

sidewalk /ˈsaɪdwɔːk/ n. AE marciapiede m.

sideways /ˈsaɪdweɪz/ **I** agg. [*glance*] di traverso; ***a ~ move in his career*** un cambiamento di direzione nella sua carriera **II** avv. [*move*] lateralmente; [*carry*] su un lato; [*park*] di traverso; [*look at*] di traverso, in tralice; **~ *on*** [*person*] di profilo ♦ ***to knock sb. ~*** strabiliare qcn.

side-whiskers /ˈsaɪdˌwɪskəz, AE -ˌhwɪskəz/ n.pl. favoriti m.

siding /ˈsaɪdɪŋ/ n. **1** FERR. binario m. di stazionamento **2** AE *(coating)* rivestimento m. esterno.

sidle /ˈsaɪdl/ intr. ***to ~ into*** intrufolarsi *o* sgattaiolare in; ***to ~ out of*** sgattaiolare fuori da; ***to ~ up to*** avanzare furtivamente verso.

SIDS /sɪdz/ n. MED. (⇒ sudden infant death syndrome morte improvvisa del lattante) SIM f.

siege /siːdʒ/ n. assedio m.; ***to lay ~ to sth.*** porre l'assedio a qcs., cingere d'assedio qcs. (anche FIG.).

Sienese /sɪəˈniːz/ **I** agg. senese **II** n. (pl. **~**) senese m. e f.

sienna /sɪˈenə/ n. terra f. di Siena.

siesta /sɪˈestə/ n. siesta f.; ***to have a ~*** fare la siesta.

1.sieve /sɪv/ n. *(for draining)* colino m.; *(for sifting)* setaccio m.; *(for coal, stones, wheat)* vaglio m. ♦ ***to have a memory like a ~*** essere smemorato, non avere memoria.

2.sieve /sɪv/ tr. setacciare [*earth*]; passare al setaccio, setacciare [*flour*]; vagliare, passare al vaglio [*coal, wheat*].

sift /sɪft/ tr. **1** *(sieve)* setacciare, passare al setaccio [*flour*]; setacciare [*soil*]; vagliare, passare al vaglio [*coal, wheat*] **2** FIG. vagliare [*evidence, information*].

■ **sift out:** ***~ [sb.] out, ~ out [sb.]*** *(dispose of)* sbarazzarsi di [*troublemakers*]; ***~ [sth.] out, ~ out [sth.]*** cercare [qcs.] con il vaglio [*gold etc.*].

■ **sift through:** ***~ through [sth.]*** scartabellare, spulciare [*documents*].

sifter /ˈsɪftə(r)/ n. spolverino m. (per dolci).

1.sigh /saɪ/ n. sospiro m.; ***to breathe*** o ***heave a ~*** fare un sospiro.

2.sigh /saɪ/ intr. **1** *(exhale)* sospirare; ***to ~ with relief*** fare un sospiro di sollievo **2** *(pine)* ***to ~ for sth.*** rimpiangere qcs. **3** *(complain)* ***to ~ over sth.*** lamentarsi di qcs. **4** *(whisper)* [*wind*] spirare; [*trees*] frusciare.

1.sight /saɪt/ **I** n. **1** *(faculty)* vista f.; ***to have good, poor ~*** avere, non avere la vista buona **2** *(act of seeing)* vista f.; ***at first ~*** a prima vista; ***at the ~ of*** alla vista di [*blood*]; ***at the ~ of her*** vedendola; ***to catch ~ of*** scorgere; ***to lose ~ of*** perdere di vista (anche FIG.); ***to know sb. by ~*** conoscere qcn. di vista **3** *(range of vision)* ***to be in ~*** [*land, border*] essere in vista; ***the end is in ~!*** la fine è vicina! ***to come into ~*** presentarsi alla vista, apparire; ***to be out of ~*** *(hidden)* essere nascosto; *(having moved)* non essere più in vista; ***out of ~ of sb.*** di nascosto da qcn.; ***to keep sb., sth. out of ~*** tenere nascosto qcn., qcs.; ***don't let her out of your ~!*** non perdetela di vista! **4** *(thing seen)* spettacolo m.; ***a ~ to behold*** uno spettacolo per gli occhi; ***it was not a pretty ~!*** IRON. non era un bello spettacolo! ***you're a ~!*** guarda come ti sei ridotto! **II sights** n.pl. **1** *(places worth seeing)* luoghi m. di interesse turistico; ***to see the ~s*** visitare, fare un giro turistico; ***to show sb. the ~s*** far fare un giro turistico a qcn. **2** *(on rifle, telescope)* mirino m.sing. **3** FIG. ***to have sb., sth. in one's ~s*** tenere qcn., qcs. nel mirino; ***to set one's ~s on sth.*** mirare a *o* su qcs.; ***to raise, lower one's ~s*** puntare più in alto, più in basso ♦ ***a damned*** o ***jolly*** BE ***~ better*** molto meglio; ***out of ~, out of mind*** PROV. lontano dagli occhi, lontano dal cuore; ***out of ~!*** COLLOQ. favoloso! fantastico!

2.sight /saɪt/ tr. avvistare, scorgere [*land, ship, rare bird*].

sighted /ˈsaɪtɪd/ **I** agg. [*person*] vedente **II** n. ***the ~*** + verbo pl. i vedenti.

sighting /ˈsaɪtɪŋ/ n. avvistamento m.

sightless /ˈsaɪtlɪs/ agg. *(blind)* non vedente.

sight-read /ˈsaɪtriːd/ **I** tr. (pass., p.pass. **sight-read**) *(play, sing)* suonare, cantare [qcs.] a prima vista **II** intr. (pass., p.pass. **sight-read**) *(play, sing)* suonare, cantare a prima vista.

sight-reading /ˈsaɪtriːdɪŋ/ n. *(playing, singing)* (il) suonare, (il) cantare a prima vista.

sightseeing /ˈsaɪtsiːɪŋ/ n. ***to go ~*** fare un giro turistico.

sightseer /ˈsaɪtsiːə(r)/ n. **1** *(visitor)* turista m. e f. **2** SPREG. curioso m. (-a).

sight unseen avv. COMM. [*buy*] senza prendere visione.

1.sign /saɪn/ n. **1** *(symbolic mark)* segno m., simbolo m.; ***the pound ~*** il simbolo della sterlina **2** *(object) (roadsign, billboard etc.)* cartello m.; *(outside inn, shop)* insegna f. **3** *(gesture)* gesto m.; ***the ~ of the cross*** il segno della croce **4** *(signal)* segnale m.; ***the ~ for us to leave*** il nostro segnale di partenza **5** *(visible evidence)* segno m.; ***there was no ~ of life*** non c'erano segni di vita **6** *(indication, pointer)* segno m.; ***this is a ~ that*** è segno che; ***the ~s are that*** tutto indica che; ***there is no ~*** o ***there are no ~s of*** non c'è segno di [*change*]; non c'è ombra di [*solution*]; ***to show ~s of*** mostrare segni di [*stress, talent*]; ***to show ~s of doing*** dare segni di fare **7** ➧ **38** ASTROL. *(of zodiac)* segno m.; ***what ~ are you?*** di che segno sei?

2.sign /saɪn/ **I** tr. **1** *(put signature to)* firmare [*document*]; ***it's ~ed, sealed and delivered*** FIG. = è completamente finito, concluso **2** *(on contract)* ingaggiare [*footballer, band*] **II** intr. **1** [*person*] firmare **2** SPORT [*player*] firmare il contratto **3** *(signal)* ***to ~ to sb. to do*** fare cenno a qcn. di fare **4** *(communicate in sign language)* comunicare con il linguaggio dei segni.

■ **sign away:** ***~ away [sth.], ~ [sth.] away*** rinunciare per iscritto a [*inheritance*].

■ **sign in:** ***~ in*** firmare il registro (all'arrivo); ***~ in [sb.], ~ [sb.] in*** registrare il nome di [*guest*].

■ **sign off:** ***~ off*** **1** *(on radio, TV show)* chiudere **2** *(end letter)* chiudere una lettera (con la firma).

▪ **sign on: ~ on 1** BE *(for benefit)* iscriversi nelle liste di collocamento **2** *(to course of study)* iscriversi (**for** a); **~ on [sb.]** ingaggiare [*player*].
▪ **sign out** firmare il registro (alla partenza).
▪ **sign up: ~ up 1** *(in forces)* arruolarsi; *(by contract)* firmare (il contratto) **2** *(for course)* iscriversi (**for** a); **~ up [sb.]** ingaggiare [*player, filmstar*].
1.signal /ˈsɪgnl/ **I** n. **1** *(cue)* segnale m. (**for** di); ***to give the ~ to attack*** dare il segnale di attacco; ***this is a ~ to do*** questo indica che bisogna fare **2** *(sign, indication)* segnale m.; ***to be a ~ that*** essere segno che; ***to send a ~ to sb. that*** segnalare a qcn. che **3** RAD. TELEV. ELETTRON. FERR. segnale m. **4** FIG. *(message)* ***conflicting ~s*** segnali contraddittori; ***to read the ~s*** capire **II** agg. attrib. FORM. [*failure*] clamoroso; ***a ~ honour*** un grande onore.
2.signal /ˈsɪgnl/ **I** tr. (forma in -ing ecc. **-ll-** BE, **-l-** AE) **1** *(gesture to)* segnalare; ***to ~ (to sb.) that*** fare segno (a qcn.) che; ***to ~ sb. to do*** fare segno a qcn. di fare **2** FIG. *(indicate)* indicare [*shift, determination, support*]; annunciare [*release*]; ***to ~ one's intention to do*** annunciare la propria intenzione di fare; ***to ~ that*** indicare che **3** *(mark)* segnare [*end, decline*] **II** intr. (forma in -ing ecc. **-ll-** BE, **-l-** AE) fare segnali.
signal box n. FERR. cabina f. di blocco, cabina f. di manovra.
signalman /ˈsɪgnlmən/ ♦ **27** n. (pl. **-men**) FERR. deviatore m., scambista m.
signatory /ˈsɪgnətrɪ, AE -tɔːrɪ/ **I** agg. firmatario **II** n. firmatario m. (-a).
signature /ˈsɪgnətʃə(r)/ n. firma f.; ***to put*** o ***set one's ~ to*** firmare [*letter, document*].
signature tune n. sigla f. musicale (di apertura).
signboard /ˈsaɪnbɔːd/ n. cartello m. pubblicitario.
signet /ˈsɪgnət/ n. sigillo m.
signet ring n. anello m. con sigillo.
significance /sɪgˈnɪfɪkəns/ n. **1** *(importance)* importanza f.; ***not of any ~, of no ~*** senza importanza **2** *(meaning)* significato m., senso m.
significant /sɪgˈnɪfɪkənt/ agg. **1** *(substantial)* [*amount, increase*] significativo **2** *(important)* [*event, role*] significativo, importante **3** *(meaningful)* [*gesture*] eloquente; [*name, phrase*] significativo.
significantly /sɪgˈnɪfɪkəntlɪ/ avv. **1** *(considerably)* sensibilmente **2** *(meaningfully)* [*name*] significativamente; [*look*] in modo espressivo.
signify /ˈsɪgnɪfaɪ/ **I** tr. **1** *(denote)* [*symbol*] indicare; [*dream*] significare **2** *(imply)* [*gesture, statement*] indicare **3** *(display)* esprimere [*disapproval, joy*] **II** intr. FORM. avere importanza; ***it doesn't ~*** non importa.
signing /ˈsaɪnɪŋ/ n. *(of treaty)* firma f.; *(of footballer etc.)* ingaggio m.
sign language n. lingua f. dei segni, linguaggio m. dei segni.
1.signpost /ˈsaɪnpəʊst/ n. **1** *(old free-standing type)* cartello m. indicatore **2** *(direction sign)* segnale m., cartello m. stradale **3** FIG. *(pointer)* indicazione f.
2.signpost /ˈsaɪnpəʊst/ tr. indicare [*place, direction*]; ***to be ~ed*** essere indicato.
signposting /ˈsaɪnpəʊstɪŋ/ n. segnaletica f.
Sikh /siːk/ **I** agg. sikh **II** n. sikh m. e f.
silage /ˈsaɪlɪdʒ/ n. insilato m.
1.silence /ˈsaɪləns/ n. **1** silenzio m.; ***~ fell*** cadde il silenzio; ***a two-minute ~*** due minuti di silenzio **2** FIG. *(absence of communication)* silenzio m. (**about, on, over** su); ***to break one's ~*** rompere il silenzio; ***right of ~*** DIR. facoltà di non rispondere.
2.silence /ˈsaɪləns/ tr. **1** *(quieten)* fare tacere, ridurre al silenzio [*person, enemy guns*] **2** *(gag)* fare tacere [*critic, press*].
silencer /ˈsaɪlənsə(r)/ n. **1** ARM. silenziatore m. **2** BE AUT. marmitta f., silenziatore m.
silent /ˈsaɪlənt/ agg. **1** *(quiet)* [*engine, person, room*] silenzioso; ***to remain*** o ***stay ~*** rimanere silenzioso; ***to fall ~*** [*room, person*] farsi silenzioso **2** *(taciturn)* taciturno **3** *(unexpressed)* [*disapproval, prayer*] muto **4** CINEM. ***the ~ screen*** il cinema muto **5** LING. muto ♦ ***as ~ as the grave*** muto come una tomba.
silently /ˈsaɪləntlɪ/ avv. [*leave, move*] silenziosamente; [*listen, pray, stare, work*] in silenzio.
silent majority n. maggioranza f. silenziosa.
silent partner n. AE → **sleeping partner**.
Silesia /saɪˈliːzɪə/ ♦ **24** n.pr. Slesia f.
Silesian /saɪˈliːzɪən/ **I** agg. slesiano **II** n. slesiano m. (-a).
1.silhouette /ˌsɪluːˈet/ n. **1** sagoma f.; ***in ~*** di profilo **2** ART. silhouette f.
2.silhouette /ˌsɪluːˈet/ tr. ***to be ~d against sth.*** stagliarsi contro qcs.
silica /ˈsɪlɪkə/ n. silice f.
silicon /ˈsɪlɪkən/ n. silicio m.
silicon chip n. INFORM. chip m.
silicone /ˈsɪlɪkəʊn/ n. silicone m.
silicone rubber n. gomma f. al silicone.
Silicon Valley n.pr. = area della California nota per la concentrazione di industrie informatiche.
silk /sɪlk/ **I** n. **1** *(fabric, thread)* seta f. **2** gener. pl. *(clothing)* seteria f. **3** *(of spider)* seta f. **4** BE DIR. = patrocinante per la corona **II** modif. [*garment*] di seta; ***~ route*** via della seta ♦ ***as soft*** o ***smooth as ~*** liscio come la seta.
silken /ˈsɪlkən/ agg. **1** *(shiny)* [*hair*] setoso, serico; [*skin*] come la seta **2** *(made of silk)* serico, di seta **3** *(soft)* [*voice*] dolce; SPREG. sdolcinato.
silk factory n. setificio m.
silk farming n. sericoltura f.
silk finish agg. [*fabric*] setoso; [*paint*] satinato.
silk hat n. (cappello a) cilindro m.
silk-screen printing n. *(technique)* serigrafia f.
silkworm /ˈsɪlkwɜːm/ n. baco m. da seta.
silky /ˈsɪlkɪ/ agg. **1** [*fabric, hair*] setoso; [*skin*] come la seta **2** *(soft)* [*tone, voice*] dolce; SPREG. sdolcinato.
sill /sɪl/ n. *(of window)* davanzale m.
silliness /ˈsɪlɪnɪs/ n. sciocchezza f., stupidaggine f.
silly /ˈsɪlɪ/ **I** agg. [*person, question*] sciocco, stupido; [*game*] stupido; [*behaviour, clothes*] ridicolo; ***don't be ~*** non dire sciocchezze; ***what a ~ thing to do!*** che cosa stupida! **II** avv. *(senseless)* ***to drink oneself ~*** stordirsi con l'alcol; ***to bore sb. ~*** stufare qcn. a morte.
silly season n. BE GIORN. = stagione morta durante la quale i giornali pubblicano solo notizie frivole di scarsa importanza.
silo /ˈsaɪləʊ/ n. (pl. **~s**) AGR. MIL. silo m.
1.silt /sɪlt/ n. silt m., limo m.
2.silt /sɪlt/ intr. (anche **~ up**) [*river*] *(with mud)* riempirsi di fango; *(with sand)* insabbiarsi.
1.silver /ˈsɪlvə(r)/ ♦ **5 I** n. **1** *(metal, colour)* argento m. **2** *(silverware)* argenteria f.; *(cutlery)* posate f.pl. d'argento; *(coins)* monete f.pl. d'argento **3** (anche **~ medal**) argento m., medaglia f. d'argento **II** modif. **1** [*ring, coin*] d'argento **2** *(colour)* [*hair, moon*] d'argento; [*paint*] grigio metallizzato.
2.silver /ˈsɪlvə(r)/ tr. argentare [*cutlery, dish*].
silver birch n. betulla f. bianca.
silver foil n. BE carta f. stagnola, foglio m. d'alluminio (da cucina).
silver-gilt /ˌsɪlvəˈgɪlt/ n. vermeil m.
silver-grey BE, **silver-gray** AE /ˌsɪlvəˈgreɪ/ ♦ **5** agg. [*hair, silk*] grigio argento; [*paint*] grigio metallizzato.
silver-haired /ˈsɪlvəˌheəd/ agg. dai capelli d'argento.
silver jubilee n. *(date)* venticinquesimo anniversario m.
silver lining n. lato m. positivo, buono.
silver paper n. carta f. argentata.
silver plated agg. placcato d'argento.
silver screen n. *(industry)* cinema m.
silverside /ˈsɪlvəsaɪd/ n. GASTR. girello m. di bue.
silversmith /ˈsɪlvəˌsmɪθ/ ♦ **27** n. argentiere m. (-a).
silverware /ˈsɪlvəweə(r)/ n. *(solid)* argenteria f.; *(plate)* oggetti m.pl. in silver.
silver wedding n. nozze f.pl. d'argento.
silvery /ˈsɪlvərɪ/ agg. **1** [*hair*] d'argento **2** [*voice*] argentino.
Simeon /ˈsɪmɪən/ n.pr. Simeone.
simian /ˈsɪmɪən/ **I** agg. scimmiesco (anche FIG.) **II** n. scimmia f.
similar /ˈsɪmɪlə(r)/ agg. [*object, situation*] simile, analogo (**to** a); ***something ~*** qualcosa di simile; ***it's ~ to riding a bike*** è come andare in bici; ***~ in price*** di prezzo analogo; ***it is ~ in appearance to...*** assomiglia a...
similarity /ˌsɪmɪˈlærətɪ/ n. **1** *(fact of resembling)* somiglianza f., rassomiglianza f. (**to, with** con) **2** *(aspect of resemblance)* somiglianza f., similarità f., analogia f. (**to, with** con).

since

As a preposition

In time expressions

- *Since* is used in English after a verb in the present perfect or progressive present perfect tense to indicate when something that is still going on started. To express this Italian uses a verb in the present tense + *da*:

I've been waiting since Saturday	=	aspetto da sabato
I've lived in Rome since 1988	=	vivo a Roma dal 1988.

- When *since* is used after a verb in the past perfect tense, Italian uses the imperfect + *da*:

I had been waiting since nine o'clock	=	aspettavo dalle nove.

As a conjunction

In time expressions

- When *since* is used as a conjunction, it is translated by *da quando* and the tenses used in Italian parallel exactly those used with the preposition *da* (see above):

since she's been living in Oxford	=	da quando abita a Oxford
since he'd been in Oxford	=	da quando era a Oxford

Note that in time expressions with *since*, Italian native speakers may prefer to use a noun where possible when English uses a verb:

I haven't seen him since he left	=	non lo vedo dalla sua partenza (*or* da quando è partito)
she's been living in York since she got married	=	abita a York dal suo matrimonio (*or* da quando si è sposata).

- Please note the Italian translation of *since* when the following variant construction is used in English:

it's a long time since I saw him	=	è molto tempo che non lo vedo
it was a week since she had sent me an e-mail	=	era una settimana che non mi mandava un'e-mail.

- For particular usages, see the entry **since.**

***Meaning* because**

- When *since* is used to mean *because*, it is translated by *siccome* or *poiché*:

since she was ill, she couldn't go	=	siccome era ammalata, non poté andare
since it was raining, I stayed at home	=	poiché pioveva sono rimasto a casa.

As an adverb

- When *since* is used as an adverb, it is translated by *da allora*:

he hasn't been seen since	=	non lo si vede da allora.

- For particular usages see **III** in the entry **since.**

similarly /ˈsɪmɪləlɪ/ avv. [*behave, dressed*] in modo simile, in modo analogo; ~ ***elaborate*** altrettanto elaborato; ***and ~, ...*** e allo stesso modo, ...

simile /ˈsɪmɪlɪ/ n. similitudine f.

1.simmer /ˈsɪmə(r)/ n. lenta ebollizione f.

2.simmer /ˈsɪmə(r)/ **I** tr. fare cuocere a fuoco lento [*vegetables*]; lasciare bollire [*soup, water*] **II** intr. **1** [*soup*] cuocere a fuoco lento; [*water*] bollire lentamente **2** FIG. [*person*] fremere, ribollire (**with** di); [*revolt, violence*] covare; ***to ~ with discontent*** covare malcontento.

■ **simmer down** COLLOQ. [*person*] calmarsi.

Simon /ˈsaɪmən/ n.pr. Simone.

1.simper /ˈsɪmpə(r)/ n. SPREG. sorriso m. affettato.

2.simper /ˈsɪmpə(r)/ intr. SPREG. sorridere in modo affettato.

simpering /ˈsɪmpərɪŋ/ agg. SPREG. [*person*] lezioso; [*smile*] affettato.

simple /ˈsɪmpl/ agg. **1** *(not complicated)* [*task, instructions, solution*] semplice; ***the ~ truth*** la pura verità; ***I can't make it any ~r*** non posso semplificarlo ulteriormente, più semplice di così non si può; ***what could be ~r?*** niente di più semplice! ***computing made ~*** informatica semplice **2** *(not elaborate)* [*dress, furniture, style*] sobrio, semplice; [*food, tastes*] semplice **3** *(unsophisticated)* [*pleasures, people*] semplice **4** *(dim-witted)* ottuso, ignorante **5** *(basic)* [*structure*] elementare; [*sentence, tense*] semplice.

simple fraction n. frazione f. semplice.

simple-minded /ˌsɪmplˈmaɪndɪd/ agg. SPREG. [*person*] credulone, ingenuo.

simpleton /ˈsɪmpltən/ n. semplicione m. (-a), sempliciotto m. (-a).

simplicity /sɪmˈplɪsətɪ/ n. semplicità f.

simplification /ˌsɪmplɪfɪˈkeɪʃn/ n. semplificazione f.

simplify /ˈsɪmplɪfaɪ/ tr. semplificare.

simplistic /sɪmˈplɪstɪk/ agg. semplicistico.

Simplon Pass /ˈsɪmplənpɑːs, AE -pæs/ n.pr. passo m. del Sempione.

simply /ˈsɪmplɪ/ avv. **1** [*write, dress, live*] in modo semplice, semplicemente; ***to put it ~...*** semplificando... **2** *(merely)* semplicemente; ***it's ~ a question of explaining*** basta semplicemente spiegare **3** *(absolutely)* ***it was ~ wonderful*** è stato semplicemente meraviglioso; ***I ~ must dash!*** devo proprio scappare!

simulate /ˈsɪmjʊleɪt/ tr. **1** *(feign)* simulare [*illness, grief, interest*] **2** *(reproduce)* simulare [*behaviour, conditions*]; imitare [*sound*].

simulated /ˈsɪmjʊleɪtɪd/ **I** p.pass. → **simulate II** agg. **1** *(fake)* [*fur*] sintetico; [*pearls*] finto **2** *(feigned)* [*grief*] simulato.

simulation /ˌsɪmjʊˈleɪʃn/ n. simulazione f. (anche MED. PSIC. FIS.).

simulator /ˈsɪmjʊleɪtə(r)/ n. simulatore m. (anche TECN.).

simulcast /ˈsɪməlkɑːst, AE -kæst/ tr. (pass., p.pass. **simulcast, simulcasted**) = trasmettere simultaneamente alla radio e alla televisione.

simultaneity /ˌsɪmltəˈniːətɪ, AE ˌsaɪm-/ n. simultaneità f.

simultaneous /ˌsɪmlˈteɪnɪəs, AE ˌsaɪm-/ agg. simultaneo (**with** a).

simultaneously /ˌsɪmlˈteɪnɪəslɪ, AE ˌsaɪm-/ avv. simultaneamente.

1.sin /sɪn/ n. RELIG. peccato m.; FIG. offesa f., errore m.; ***to live in ~*** vivere nel peccato; ***it's a ~ to steal*** rubare è peccato ♦ ***for my ~s*** SCHERZ. disgraziatamente per me.

2.sin /sɪn/ intr. (forma in -ing ecc. **-nn-**) peccare (**against** contro).

since /sɪns/ **I** prep. da; ***he'd been a teacher ~ 1965*** faceva l'insegnante dal 1965; ***he's been waiting ~ 10 am*** aspetta dalle 10; ***I haven't seen him ~ then*** da allora non l'ho più visto; ***~ arriving*** o ***~ his arrival he...*** da quando è arrivato, ... **II** cong. **1** *(from the time when)* da quando; ***~ he's been away*** da quando è via; ***ever ~ I married him*** da quando l'ho sposato; ***it's 2 years ~ we last met*** sono 2 anni che non ci vediamo **2** *(because)* poiché, giacché, siccome; ***~ you ask, I'm fine*** dato che me lo chiedi, sto bene; ***~ you're so clever, why don't you do it yourself?*** visto che sei così intelligente, perché non lo fai tu? **III** avv. *(subsequently)* ***we've kept in touch ever ~*** da allora siamo sempre rimasti in contatto; ***I haven't phoned her ~*** da allora non le ho più telefonato; ***they've long ~ left*** sono andati via da molto (tempo); ***not long ~*** da poco (tempo).

sincere /sɪnˈsɪə(r)/ agg. [*person, apology, belief*] sincero; [*attempt*] reale; ***~ thanks*** sentiti ringraziamenti.

sincerely /sɪnˈsɪəlɪ/ avv. sinceramente; ***Yours ~, Sincerely yours*** AE *(end of letter)* cordiali saluti.

sincerity /sɪnˈserətɪ/ n. sincerità f.; ***with ~*** sinceramente.

sine /saɪn/ n. MAT. seno m.

sinecure /ˈsaɪnɪkjʊə(r), ˈsɪn-/ n. sinecura f.

sinew /ˈsɪnjuː/ n. **1** ANAT. tendine m. **2** FIG. nerbo m., forza f., vigore m.

sinewy /ˈsɪnjuːɪ/ agg. **1** [*person, animal*] muscoloso **2** [*meat*] tendinoso, fibroso.

sinful /ˈsɪnfl/ agg. [*pleasure, thought*] peccaminoso; [*waste*] deplorevole; [*world*] empio; ***a ~ man*** un peccatore.

sing /sɪŋ/ **I** tr. (pass. **sang**; p.pass. **sung**) cantare [*song*]; ***to ~ a role*** cantare in un ruolo; ***to ~ the part of...*** cantare nel ruolo di...; ***to ~ sth. to, for sb.*** cantare qcs. a, per qcn.; ***to ~ sb. to sleep*** cantare per fare addormentare qcn.; ***to ~ sb.'s praises*** cantare le lodi di qcn. **II** intr. (pass. **sang**; p.pass. **sung**) **1** [*person*] cantare; ***to ~ to an accompaniment*** cantare con un accompagnamento **2** [*bird, cricket*] cantare; [*kettle, wind*] fischiare; [*ears*] fischiare, ronzare; ***to make sb.'s ears ~*** fare fischiare le orecchie a qcn. **3** COLLOQ. *(confess)* cantare ♦ ***to ~ a different*** o ***another song*** cambiare idea.

■ **sing along** cantare insieme (**with** a).

■ **sing out:** ~ ***out*** *(sing loud)* cantare ad alta voce; *(call out)* chiamare; ~ ***out [sth.]*** *(shout)* gridare.

■ **sing up** cantare più forte.

sing-along /ˈsɪŋəlɒŋ/ n. AE ***to have a ~*** trovarsi a cantare insieme.

1.singe /sɪndʒ/ n. (anche ~ **mark**) bruciacchiatura f.; *(from iron)* strinatura f.

2.singe /sɪndʒ/ tr. (forma in -ing **singeing**) bruciacchiare [*hair, clothing*]; *(when ironing)* strinare [*clothes*].

singer /ˈsɪŋə(r)/ ➧ ***27*** n. cantante m. e f.; *(in a church choir)* cantore m. (-a).

singing /ˈsɪŋɪŋ/ **I** n. **1** MUS. canto m.; ***to teach ~*** insegnare canto; ***opera ~*** opera **2** *(sound) (of kettle, wind)* fischio m.; *(in ears)* fischio m., ronzio m. **II** modif. [*lesson*] di canto; [*career*] di cantante; ***~ voice*** voce.

1.single /ˈsɪŋgl/ **I** agg. **1** *(sole)* solo; ***in a ~ day*** in un solo giorno **2** *(not double)* [*sink*] a una vasca; [*unit*] unico; [*door*] a un battente; [*wardrobe*] a un'anta; [*sheet, duvet*] a una piazza; ***inflation is in ~ figures*** ECON. l'inflazione è inferiore al 10% **3** *(for one)* [*bed*] a una piazza; [*tariff*] singolo, per una persona; [*portion*] individuale, per una persona **4** *(unmarried)* [*man*] celibe, scapolo; [*woman*] nubile **5** *(used emphatically)* ***every ~ day*** tutti i santi giorni; ***every ~ one of those people*** ciascuna di quelle persone; ***there wasn't a ~ person there*** non c'era assolutamente nessuno in quel posto; ***not a ~ thing was left*** non è rimasto proprio nulla **6** *(describing main cause, aspect)* ***the ~ most important factor*** il fattore più importante **II** n. **1** *(person)* single m. e f. **2** (anche ~ **ticket**) biglietto m. di sola andata, (sola) andata f. **3** (anche ~ **room**) (camera) singola f. **4** MUS. singolo m.

2.single /ˈsɪŋgl/ tr. → **single out**.

■ **single out:** ~ ***[sb., sth.] out,*** ~ ***out [sb., sth.]*** [*person*] scegliere, selezionare; ***to be ~d out for*** essere scelto per [*special treatment*]; essere oggetto di [*attention, criticism*].

single-breasted /ˌsɪŋglˈbrestɪd/ agg. [*jacket*] a un petto solo.

single combat n. singolar tenzone f., duello m.

single cream n. = panna liquida (a basso contenuto di grassi).

single currency n. moneta f. unica.

single decker n. autobus m. a un solo piano.

single entry n. partita f. semplice.

single file avv. (anche **in** ~) [*walk*] in fila indiana.

single-handed(ly) /ˌsɪŋglˈhændɪd(lɪ)/ avv. [*manage, cope*] da solo, senza aiuto.

single market n. mercato m. unico.

single-minded /ˌsɪŋglˈmaɪndɪd/ agg. [*determination*] accanito; [*person*] determinato, risoluto; ***to be ~ about doing*** essere determinato a fare.

single-mindedness /ˌsɪŋglˈmaɪndɪdnɪs/ n. determinazione f., tenacia f.

single mother n. madre f. single.

single parent **I** n. genitore m. single **II** **single-parent** modif. [*family*] monoparentale.

single-party /ˌsɪŋglˈpɑːtɪ/ agg. [*government, rule*] monopartitico.

singles /ˈsɪŋglz/ n. SPORT *(event)* ***the women's ~*** il singolo femminile.

singles bar n. bar m. frequentato da single, single bar m.

single seater n. *(airplane)* monoposto m.

single-sex /ˌsɪŋglˈseks/ agg. [*school*] non misto.

single-sided disk n. dischetto m. a singola faccia.

single-storey /ˌsɪŋglˈstɔːrɪ/ agg. [*house*] a un solo piano.

singlet /ˈsɪŋglɪt/ n. BE canottiera f.

single-track /ˌsɪŋglˈtræk/ agg. **1** [*road*] a corsia unica; [*line*] a un solo binario **2** FIG. [*commitment*] totale.

singly /ˈsɪŋglɪ/ avv. **1** *(one by one)* singolarmente, a uno a uno **2** *(alone)* da solo.

singsong /ˈsɪŋsɒŋ/ **I** agg. BE [*voice, dialect*] cantilenante **II** n. BE **1** ***to have a ~*** trovarsi a cantare insieme **2** *(monotonous verse)* cantilena f.

singular /ˈsɪŋgjʊlə(r)/ **I** agg. **1** LING. [*noun, verb*] (al) singolare; [*form, ending*] del singolare **2** *(strange)* singolare **II** n. LING. singolare m.; ***in the ~*** al singolare.

singularity /ˌsɪŋgjʊˈlærətɪ/ n. singolarità f.

singularly /ˈsɪŋgjʊləlɪ/ avv. singolarmente.

Sinhalese /ˌsɪŋhəˈliːz/ ➧ ***18, 14*** **I** agg. singalese **II** n. **1** (pl. ~) *(person)* singalese m. e f. **2** *(language)* singalese m.

sinister /ˈsɪnɪstə(r)/ agg. [*person, place, look, sign*] sinistro.

1.sink /sɪŋk/ n. **1** *(in kitchen)* lavello m., acquaio m. lavandino m.; *(in bathroom)* lavabo m., lavandino m.; ***double ~*** lavello con due vasche **2** *(cesspit)* pozzo m. nero; FIG. cloaca f. **3** (anche **sinkhole**) GEOL. dolina f. a inghiottitoio.

2.sink /sɪŋk/ **I** tr. (pass. **sank**; p.pass. **sunk**) **1** affondare [*ship*] **2** *(bore)* perforare [*oilwell*]; scavare [*foundations*] **3** *(embed)* conficcare [*post*] (**into** in); ***to ~ one's teeth into*** affondare i denti in [*sandwich*] **4** BE COLLOQ. buttare giù [*drink*] **5** SPORT mandare, mettere in buca [*billiard ball*]; fare [*putt*] **6** *(destroy)* [*scandal*] fare crollare [*party*]; ***without capital we're sunk*** senza capitale siamo perduti **7** *(invest heavily)* ***to ~ money into sth.*** investire denaro in qcs. **II** intr. (pass. **sank**; p.pass. **sunk**) **1** *(fail to float)* [*ship, object, person*] affondare; ***to ~ without a trace*** FIG. [*idea, project etc.*] cadere nell'oblio **2** *(drop to lower level)* [*sun*] calare, tramontare; [*cake*] abbassarsi; [*pressure, water level, production*] abbassarsi, calare; ***the sun ~s in the West*** il sole tramonta a occidente; ***to ~ to the floor*** crollare a terra; ***to ~ to one's knees*** cadere in ginocchio; ***to ~ into a chair*** lasciarsi cadere sulla sedia; ***to ~ into a deep sleep*** cadere in un sonno profondo; ***he has sunk in my estimation*** la mia stima per lui è crollata **3** *(subside)* [*building, wall*] crollare; ***to ~ into*** [*person*] affondare in [*mud*]; [*country*] cadere in [*anarchy*]; [*celebrity*] cadere in [*obscurity*]; ***to ~ under the weight of*** [*shelf*] piegarsi sotto il peso di [*boxes*]; [*person, company*] crollare sotto il peso di [*debt*].

■ **sink in** **1** [*lotion, water*] penetrare **2** FIG. [*news, announcement*] fare presa, essere recepito.

sinker /ˈsɪŋkə(r)/ n. **1** PESC. piombo m. **2** AE GASTR. ciambella f. (fritta) ♦ ***he fell for the story hook, line and ~*** si è bevuto la mia storia interamente.

sinking /ˈsɪŋkɪŋ/ **I** n. **1** MAR. affondamento m.; *(accidentally)* naufragio m. **2** ING. MIN. scavo m. **II** agg. [*feeling*] angosciante.

sink unit n. lavello m. a incasso.

sinner /ˈsɪnə(r)/ n. peccatore m. (-trice).

Sinn Féin /ʃɪnˈfeɪn/ n. Sinn Féin m. (partito indipendentista dell'Irlanda del Nord).

Sinologist /saɪˈnɒlədʒɪst/ n. sinologo m. (-a).

sinuous /ˈsɪnjʊəs/ agg. sinuoso.

sinus /ˈsaɪnəs/ n. (pl. **~es**) ANAT. seno m., cavità f.

sinusitis /ˌsaɪnəˈsaɪtɪs/ ➧ ***11*** n. sinusite f.

1.sip /sɪp/ n. (piccolo) sorso m.

2.sip /sɪp/ tr. (forma in -ing ecc. **-pp-**) bere a piccoli sorsi; *(with pleasure)* sorseggiare.

1.siphon /ˈsaɪfn/ n. sifone m.

2.siphon /ˈsaɪfn/ tr. (anche ~ ***off***) **1** travasare [qcs.] per mezzo di un sifone [*petrol, water*] **2** ECON. dirottare [*money*] (**out of**, **from** da).

sir /sɜː(r)/ ➧ ***9*** n. **1** *(form of address)* signore m.; ***yes ~*** sì, signore; *(to president)* sì, signor presidente; *(to headmaster)* sì, signor direttore; MIL. signorsì; ***Dear Sir*** *(in letter)* Egregio Signore **2** BE *(in titles)* ***Sir James*** Sir James **3** AE COLLOQ. *(emphatic)* ***yes ~!*** sissignore!

1.sire /ˈsaɪə(r)/ n. **1** *(of animal)* padre m. **2** ➧ ***9*** ANT. *(form of address) (to king)* sire m.

2.sire /ˈsaɪə(r)/ tr. generare.

siren /ˈsaɪərən/ n. **1** *(alarm)* sirena f. **2** MITOL. ZOOL. sirena f. (anche FIG.).

sirloin /ˈsɜːlɔɪn/ n. lombo m. di manzo.

sirloin steak n. bistecca f. di lombo.

sisal /'saɪsl/ n. sisal f.

sissy /'sɪsɪ/ **I** n. COLLOQ. SPREG. *(coward)* donnicciola f., femminuccia f., pappamolle m. e f.; *(effeminate)* checca f. **II** agg. ***that's a ~ game!*** è un gioco da femminucce!

sister /'sɪstə(r)/ **I** n. **1** *(sibling)* sorella f. **2** BE MED. (infermiera) caposala f. **3** (anche **Sister**) RELIG. sorella f. **4** *(fellow woman)* sorella f. **II** modif. [*publication*] dello stesso gruppo editoriale; ***~ company*** consorella; ***~ nation*** nazione consorella.

sisterhood /'sɪstəhʊd/ n. **1** RELIG. congregazione f. religiosa femminile **2** *(being sisters)* sorellanza f. **3** *(in feminism)* sorellanza f.

sister-in-law /'sɪstərɪnˌlɔ:/ n. (pl. **sisters-in-law**) cognata f.

sisterly /'sɪstəlɪ/ agg. **1** [*feeling*] da sorella; ***~ rivalry*** rivalità tra sorelle **2** [*solidarity*] femminile.

sister ship n. nave f. gemella.

Sisyphus /'sɪsɪfəs/ n.pr. Sisifo.

sit /sɪt/ **I** tr. (forma in -ing **-tt-**; pass., p.pass. **sat**) **1** *(put)* ***to ~ sb. in, near sth.*** mettere a sedere qcn. in qcs., vicino a qcs.; ***to ~ sth. on, near sth.*** mettere qcs. su qcs., vicino a qcs. **2** BE SCOL. UNIV. sostenere, dare [*exam*] **II** intr. (forma in -ing **-tt-**; pass., p.pass. **sat**) **1** *(take a seat)* sedersi; ***to ~ on the floor*** sedersi per terra **2** *(be seated)* essere seduto; [*bird*] essere appollaiato; ***to be ~ting reading*** essere seduto a leggere; ***to ~ over*** essere chino su [*books*]; ***to ~ at home*** rimanere a casa **3** *(meet)* [*committee, court*] riunirsi **4** *(hold office)* ***to ~ as*** essere [*judge, magistrate*]; ***to ~ on*** fare parte di [*committee, jury*] **5** *(fit)* ***to ~ well, badly (on sb.)*** [*jacket*] cadere bene, male (addosso a qcn.); ***power ~s lightly on her*** FIG. il potere non le pesa **6** *(remain untouched)* ***the books were still ~ting on the desk*** i libri erano ancora posati sul banco **7** ZOOL. ***to ~ on*** [*bird*] covare [*eggs*].

■ **sit about, sit around** stare seduto con le mani in mano.

■ **sit back:** ***~ back*** **1** *(lean back)* appoggiarsi (all'indietro) **2** *(relax)* distendersi; ***to ~ back on one's heels*** accosciarsi.

■ **sit down:** ***~ down*** sedersi; ***to ~ down to dinner*** mettersi a tavola; ***~ [sb.] down*** fare sedere; ***to ~ oneself down*** sedersi.

■ **sit in:** ***to ~ in*** [*observer*] assistere; ***to ~ in on*** assistere a [*meeting*].

■ **sit on** COLLOQ. ***~ on [sth.]*** *(not deal with)* mettere nel cassetto [*form, letter*].

■ **sit out:** ***~ out*** sedere all'aperto; ***~ [sth.] out*** **1** *(stay to the end)* restare fino alla fine di [*lecture*] **2** *(not take part in)* non partecipare a [*game*]; FIG. aspettare la fine di [*crisis*]; ***I'll ~ the next one out*** *(dance)* non farò il prossimo ballo.

■ **sit through:** ***~ through [sth.]*** stare fino alla fine di [*lecture, concert*].

■ **sit up:** ***~ up*** **1** *(raise oneself upright)* mettersi a sedere (da sdraiato); ***to be ~ing up*** essere seduto; ***~ up straight!*** stai su con la schiena! ***to make sb. ~ up and take notice*** fare svegliare qcn., imporsi all'attenzione di qcn. **2** *(stay up late)* stare alzato, rimanere in piedi (**doing** per fare); ***to ~ up with sb.*** vegliare qcn.; ***~ [sb., sth.] up*** mettere a sedere (da sdraiato).

sitcom /'sɪtkɒm/ n. COLLOQ. (accorc. situation comedy) sitcom f.

sit-down /'sɪtdaʊn/ **I** n. BE ***to have a ~*** sedersi **II** modif. [*meal*] da seduti.

sit-down strike n. = sciopero con occupazione del posto di lavoro.

1.site /saɪt/ n. **1** (anche **building ~**) *(before building)* terreno m.; *(during building)* cantiere m. **2** *(of building, town)* sito m.; ARCHEOL. sito m. (archeologico) **3** *(of recent event, accident)* luogo m. **4** *(on the Web)* sito m.

2.site /saɪt/ tr. situare [*building*]; ***to be ~d*** essere situato.

sit-in /'sɪtɪn/ n. sit-in m.

sitter /'sɪtə(r)/ n. **1** ART. FOT. modello m. (-a) **2** *(babysitter)* baby-sitter m. e f.

sitting /'sɪtɪŋ/ **I** n. **1** AMM. ART. *(session)* seduta f.; ***I read it at one ~*** l'ho letto tutto d'un colpo **2** *(period in which food is served)* servizio m. (del pasto) **3** *(incubation period)* cova f. **II** agg. **1** *(seated)* ***to be in a ~ position*** essere seduto **2** AGR. ***~ hen*** chioccia.

sitting duck n. COLLOQ. bersaglio m. facile, facile preda f.

sitting room n. salotto m.

sitting target n. bersaglio m. facile (anche FIG.).

sitting tenant n. DIR. affittuario m. attuale, inquilino m.

situate /'sɪtjʊeɪt, AE 'sɪtʃʊeɪt/ tr. **1** situare, collocare [*building*] **2** *(put into context)* situare, collocare [*problem, event*].

situated /'sɪtjʊeɪtɪd, AE 'sɪtʃʊeɪtɪd/ agg. **1** *(placed)* ***to be ~*** essere situato, trovarsi **2** FIG. ***to be well ~ to do*** essere in una buona situazione per fare.

situation /ˌsɪtjʊ'eɪʃn, AE ˌsɪtʃʊ-/ n. **1** situazione f.; ***in an interview ~*** durante un colloquio di lavoro; ***the housing ~ is worsening*** il problema degli alloggi sta peggiorando; ***he doesn't know how to behave in social ~s*** non sa come comportarsi in pubblico **2** *(of house, town etc.)* posizione f. **3** FORM. o ANT. *(job)* occupazione f., impiego m.; ***"~s vacant"*** "offerte di lavoro".

situation comedy n. situation-comedy f.

sit-ups /'sɪtʌps/ n.pl. addominali m.

six /sɪks/ ♦ *19, 1, 4* **I** determ. sei **II** pron. sei; ***there are ~ of them*** ce ne sono sei **III** n. sei m.; ***to multiply by ~*** moltiplicare per sei ♦ ***to be (all) at ~es and sevens*** [*person*] essere confuso; [*affairs*] essere sottosopra; ***it's ~ of one and half a dozen of the other*** è la stessa cosa, se non è zuppa è pan bagnato; ***to be ~ foot*** o ***feet under*** essere morto e sepolto; ***to knock sb. for ~*** BE COLLOQ. sbalordire qcn., lasciare qcn. di stucco.

Six Counties n.pr.pl. = le sei contee dell'Irlanda del Nord.

six-pack /'sɪkspæk/ n. pacco m. da sei.

sixpence /'sɪkspəns/ n. GB STOR. = moneta da sei penny.

sixteen /ˌsɪk'sti:n/ ♦ *19, 1, 4* **I** determ. sedici **II** pron. sedici; ***there are ~ of them*** ce ne sono sedici **III** n. sedici m.; ***to multiply by ~*** moltiplicare per sedici.

sixteenth /sɪk'sti:nθ/ ♦ *19, 8* **I** determ. sedicesimo **II** pron. **1** *(in order)* sedicesimo m. (-a) **2** *(of month)* sedici m.; ***the ~ of May*** il sedici maggio **III** n. *(fraction)* sedicesimo m. **IV** avv. [*finish*] sedicesimo, in sedicesima posizione.

sixth /sɪksθ/ ♦ *19, 8* **I** determ. sesto **II** pron. **1** *(in order)* sesto m. (-a) **2** *(of month)* sei m.; ***the ~ of May*** il sei maggio **III** n. **1** *(fraction)* sesto m. **2** MUS. sesta f. **3** GB SCOL. → **sixth form IV** avv. [*finish*] sesto, in sesta posizione.

sixth form n. GB SCOL. *(lower)* = il penultimo anno di scuola superiore; *(upper)* = l'ultimo anno di scuola superiore.

sixth form college n. GB SCOL. = istituto che ha solo studenti degli ultimi due anni di scuola superiore.

sixth former n. GB SCOL. = studente degli ultimi due anni di scuola superiore.

sixth sense n. sesto senso m.

sixtieth /'sɪkstɪəθ/ ♦ *19* **I** determ. sessantesimo **II** pron. *(in order)* sessantesimo m. (-a) **III** n. *(fraction)* sessantesimo m. **IV** avv. [*finish*] sessantesimo, in sessantesima posizione.

sixty /'sɪkstɪ/ ♦ *19, 1, 8* **I** determ. sessanta **II** pron. sessanta; ***there are ~ of them*** ce ne sono sessanta **III** n. sessanta m.; ***to multiply by ~*** moltiplicare per sessanta **IV sixties** n.pl. **1** *(decade)* ***the sixties*** gli anni '60 **2** *(age)* ***to be in one's sixties*** aver passato i sessanta.

sizable → **sizeable**.

1.size /saɪz/ ♦ *28* n. **1** *(dimensions)* *(of person)* taglia f.; *(of part of body, object, room)* grandezza f., dimensioni f.pl.; *(of book, envelope)* formato m.; *(of apple, egg)* grandezza f., calibro m.; *(of region)* grandezza f., estensione f.; ***it's about the ~ of an egg*** è all'incirca delle dimensioni di un uovo; ***he's about your ~*** è all'incirca della tua taglia; ***to increase in ~*** [*tree*] crescere; [*company, town*] ingrandirsi; ***to cut sth. to ~*** tagliare qcs. della grandezza giusta; ***to be of a ~*** [*people*] essere della stessa taglia; [*boxes*] essere della stessa grandezza **2** *(number)* *(of population, audience)* ampiezza f.; *(of class, school, company)* grandezza f. **3** *(of garment)* taglia f.; *(of gloves)* misura f.; *(of shirt collar)* collo m.; *(of shoes)* numero m.; ***what ~ do you take?*** *(in clothes)* che taglia porti? *(in shoes)* che numero porti? ***to take ~ X*** *(in clothes)* avere *o* portare la (taglia) X; ***to take ~ X shoes*** portare il numero X (di scarpe); ***"one ~"*** "taglia unica"; ***try this for ~*** prova se è della taglia giusta; FIG. prova se questo va bene ♦ ***that's about the ~ of it!*** le cose stanno all'incirca così! ***to cut sb. down to ~*** ridimensionare qcn., fare scendere qcn. dal piedistallo.

2.size /saɪz/ tr. **1** classificare [qcs.] secondo la grandezza, calibrare [*eggs, fruit*] **2** INFORM. ridimensionare [*window*].

■ **size up:** ***~ up [sb., sth.], ~ [sb., sth.] up*** farsi un'idea di [*person*]; valutare le dimensioni di [*surroundings*]; valutare [*situation*].

3.size /saɪz/ n. TECN. *(for paper)* patina f.; *(for textiles)* appretto m.; *(for plaster)* colla f.

4.size /saɪz/ tr. TECN. patinare [*paper*]; apprettare [*textile*]; incollare [*plaster*].

sizeable /ˈsaɪzəbl/ agg. [*proportion, house*] piuttosto grande; [*amount, fortune*] ragguardevole; ***a ~ majority*** una maggioranza abbastanza ampia.

sizzle /ˈsɪzl/ intr. sfrigolare, sfriggere.

sizzling /ˈsɪzlɪŋ/ agg. **1** [*fat, sausage*] sfrigolante; ***a ~ sound*** uno sfrigolio **2** COLLOQ. (anche **~ hot**) [*day, weather*] caldissimo.

1.skate /skeɪt/ n. *(ice)* pattino m. da ghiaccio; *(roller)* pattino m. a rotelle ♦ ***get your ~s on!*** COLLOQ. pedala! sbrigati! ***we'd better get our ~s on!*** COLLOQ. faremmo meglio a sbrigarci!

2.skate /skeɪt/ intr. pattinare (**on, along** su); ***to ~ across*** o ***over*** attraversare pattinando [*lake*] ♦ ***to be skating on thin ice*** avanzare su un campo minato.

3.skate /skeɪt/ n. (pl. **~, -s**) *(fish)* razza f.

1.skateboard /ˈskeɪtbɔːd/ n. skateboard m.

2.skateboard /ˈskeɪtbɔːd/ intr. andare sullo skateboard.

skateboarder /ˈskeɪtbɔːdə(r)/ n. skater m. e f.

skateboarding /ˈskeɪtbɔːdɪŋ/ ➧ ***10*** n. skateboard m., skating m.

skater /ˈskeɪtə(r)/ n. pattinatore m. (-trice), skater m. e f.

skating /ˈskeɪtɪŋ/ ➧ ***10*** n. SPORT pattinaggio m.; ***to go ice ~*** fare pattinaggio su ghiaccio.

skating boots n.pl. BE pattini m. (a stivaletto).

skating rink n. pista f. di pattinaggio.

skedaddle /skɪˈdædl/ intr. COLLOQ. scappare, svignarsela.

skein /skeɪn/ n. **1** *(of wool)* matassa f. **2** *(of birds)* stormo m.

skeletal /ˈskelɪtl/ agg. ANAT. scheletrico (anche FIG.).

skeletal code n. INFORM. codice m. strutturale.

skeleton /ˈskelɪtn/ **I** n. **1** ANAT. scheletro m. **2** ING. ossatura f., scheletro m. **3** FIG. *(of plan, novel)* scheletro m. **II** modif. [*staff*] ridotto al minimo, all'osso ♦ ***to have a ~ in the cupboard*** BE o ***closet*** AE avere uno scheletro nell'armadio.

skeleton key n. passe-partout m., comunella f.

skeptic AE → **sceptic**.

skeptical AE → **sceptical**.

skeptically AE → **sceptically**.

skepticism AE → **scepticism**.

1.sketch /sketʃ/ n. **1** *(drawing, draft)* schizzo m.; *(hasty outline)* abbozzo m. **2** *(comic scene)* sketch m. **3** *(brief account)* profilo m., descrizione f. sommaria; ***character ~ of sb.*** = ritratto o descrizione sintetica di una persona.

2.sketch /sketʃ/ **I** tr. **1** *(make drawing of)* schizzare; *(hastily)* abbozzare **2** *(describe briefly)* descrivere sommariamente, delineare [*story*] **II** intr. *(as art, hobby)* fare schizzi.

■ **sketch in: ~ *in [sth.]*, ~ *[sth.] in*** *(by drawing)* aggiungere lo schizzo di [*background, trees*]; FIG. *(by describing)* inserire nel profilo [*detail, background*].

sketchbook /ˈsketʃbʊk/ n. *(for sketching)* album m. per schizzi; *(book of sketches)* album m. di schizzi.

sketchiness /ˈsketʃɪnɪs/ n. *(of information, report)* insufficienza f., incompletezza f.; *(of memory)* vaghezza f.

sketchpad /ˈsketʃpæd/ n. album m. per schizzi.

sketchy /ˈsketʃɪ/ agg. [*information, report*] insufficiente, incompleto; [*memory*] vago.

1.skew /skjuː/ **I** agg. obliquo, sbieco **II** n. ***on the ~*** di *o* per traverso.

2.skew /skjuː/ **I** tr. **1** *(distort)* alterare, distorcere [*result*] **2** *(angle)* inclinare [*object*] **3** *(divert)* fare deviare [*vehicle*] **II** intr. (anche **~ round**) [*vehicle, ship*] deviare.

1.skewer /ˈskjuːə(r)/ n. spiedo m., spiedino m.

2.skewer /ˈskjuːə(r)/ tr. infilzare in uno spiedo [*joint, kebab*].

skew-whiff /ˌskjuːˈwɪf/ agg. BE COLLOQ. storto.

1.ski /skiː/ n. **1** *(for snow)* sci m.; *(for water)* sci m. (d'acqua); ***cross-country ~s*** sci da fondo; ***downhill ~s*** sci da discesa; ***on ~s*** su *o* sugli sci **2** AER. pattino m.

2.ski /skiː/ intr. (pass., p.pass. **ski'd** o **skied**) sciare; ***to ~ down a slope*** scendere lungo un pendio con gli sci.

ski binding n. attacco m. (degli sci).

ski boot n. scarpone m. da sci.

1.skid /skɪd/ n. **1** *(of car etc.)* slittata f., sbandata f.; ***to correct a ~*** controllare una sbandata **2** FIG. *(of prices)* crollo m. **3** *(to help move sth.)* scivolo m. ♦ ***to put the ~s under sb.*** *(pressurize)* mettere fretta a qcn.; *(undermine)* fare fallire qcn.

2.skid /skɪd/ intr. (forma in -ing ecc. **-dd-**) [*car*] sbandare, slittare; ***to ~ off the road*** sbandare e finire fuori strada; ***to ~ across the floor*** [*person, animal*] scivolare sul pavimento; ***to ~ to a halt*** [*vehicle*] arrestarsi sbandando.

skid row n. AE COLLOQ. quartiere m. malfamato.

skier /ˈskiːə(r)/ n. sciatore m. (-trice).

skiff /skɪf/ n. *(working boat)* schifo m.; *(for racing)* skiff m., singolo m.

skiing /ˈskiːɪŋ/ ➧ ***10*** n. sci m.; ***to go ~*** andare a sciare; ***cross country ~*** sci di fondo; ***downhill ~*** sci alpino.

skiing holiday n. vacanze f.pl. sulla neve.

ski(ing) instructor ➧ ***27*** n. maestro m. (-a) di sci.

1.ski jump n. **1** *(jump)* salto m. dal trampolino **2** *(ramp)* trampolino m.

2.ski jump intr. saltare dal trampolino.

ski jumping ➧ ***10*** n. salto m. dal trampolino.

skilful BE, **skillful** AE /ˈskɪlfl/ agg. **1** *(clever)* [*person*] abile, bravo, esperto (**at** in); [*portrayal, speech*] eccellente; ***~ at doing*** abile *o* bravo a fare **2** *(requiring talent)* [*operation*] delicato.

skilfully BE, **skillfully** AE /ˈskɪlfəlɪ/ avv. **1** *(with ability)* [*play*] abilmente, con abilità; [*written*] con maestria **2** *(with agility)* con destrezza, con agilità.

skilfulness BE, **skillfulness** AE /ˈskɪlflnɪs/ n. *(mental)* abilità f.; *(physical)* destrezza f., agilità f.

ski lift n. skilift m.

skill /skɪl/ **I** n. **1 U** *(intellectual)* abilità f. (**at** in; **at, in** nel fare); *(physical)* destrezza f.; ***to have ~*** essere abile **2 C** *(special ability) (acquired)* abilità f., competenza f.; *(innate)* attitudine f.; *(practical)* tecnica f.; *(gift)* talento m.; ***your ~(s) as*** la tua abilità come [*mechanic*]; ***~ at*** o ***in doing*** capacità di fare; ***~ at*** o ***in sth.*** competenza in qcs. **II skills** n.pl. *(training)* capacità f.; ***computer ~s*** conoscenza dell'informatica.

skilled /skɪld/ agg. **1** *(trained)* [*labour*] qualificato; [*work*] specializzato; ***semi-~ worker*** manovale qualificato **2** *(talented)* [*actor, negotiator*] abile, bravo; ***to be ~ at doing*** essere bravo a fare.

skillet /ˈskɪlɪt/ n. padella f.

skillful AE → **skilful**.

skillfully AE → **skilfully**.

skillfulness AE → **skilfulness**.

skim /skɪm/ **I** tr. (forma in -ing ecc. **-mm-**) **1** *(remove floating matter)* scremare [*milk*]; schiumare [*liquid*]; sgrassare [*sauce*] **2** *(touch lightly)* [*plane, bird*] rasentare [*surface, treetops*]; ***it only ~s the surface of the problem*** sfiora soltanto il problema **3** *(read quickly)* scorrere [*page*] **4** AE COLLOQ. non dichiarare [*part of income*] **II** intr. (forma in -ing ecc. **-mm-**) **1** [*plane, bird*] ***to ~ over*** o ***across*** o ***along sth.*** passare rasente qcs., rasentare qcs. **2** [*reader*] ***to ~ through*** o ***over sth.*** scorrere qcs.; ***to ~ over sth.*** sfiorare [*facts*].

ski mask n. passamontagna m.

skim(med) milk n. latte m. scremato.

skimp /skɪmp/ intr. ***to ~ on*** lesinare su [*expense, food*]; risparmiare [*effort*].

skimpily /ˈskɪmpɪlɪ/ avv. [*work, make*] in modo approssimativo; ***a ~ stocked larder*** una dispensa poco fornita.

skimpy /ˈskɪmpɪ/ agg. [*garment*] succinto, striminzito; [*portion, income*] scarso; [*work*] insufficiente.

1.skin /skɪn/ ➧ ***2*** **I** n. **1** *(of person)* pelle f. **2** *(of animal)* pelle f.; ***leopard ~*** pelle di leopardo **3** *(of fruit, vegetable, sausage)* buccia f., pelle f. **4** *(on hot milk, cocoa)* pellicina f. **II** modif. [*care, cancer*] della pelle; [*cream*] per la pelle; [*test*] dermatologico ♦ ***I've got you under my ~*** sono completamente preso di te; ***to have a thick ~*** avere la pelle dura; ***to jump out of one's ~*** fare un salto per lo spavento; ***to be*** o ***get soaked to the ~*** essere bagnato *o* bagnarsi fino alle ossa; ***it's no ~ off my nose*** o ***back*** COLLOQ. non sono affari miei; ***by the ~ of one's teeth*** [*pass*] per un pelo, per il rotto della cuffia; [*survive*] per miracolo.

2.skin /skɪn/ tr. (forma in -ing ecc. **-nn-**) **1** spellare [*animal*] **2** *(graze)* ***to ~ one's knee*** sbucciarsi il ginocchio ♦ ***to keep one's eyes ~ned*** tenere gli occhi ben aperti, stare molto attento.

skin-deep /ˌskɪnˈdiːp/ agg. superficiale.

skin diver n. = chi si immerge a piccole profondità senza tuta né bombole.
skin diving ➧ *10* n. = immersione a piccole profondità senza tuta né bombole.
skinflint /ˈskɪnˌflɪnt/ n. spilorcio m. (-a), taccagno m. (-a).
skin graft n. **1** U (anche ~ **grafting**) innesto m. cutaneo **2** *(area)* cute f. innestata.
skinhead /ˈskɪnhed/ n. BE skinhead m. e f.
skinny /ˈskɪnɪ/ agg. COLLOQ. smilzo.
skinny-ribbed sweater n. maglione m. aderente.
skint /skɪnt/ agg. BE COLLOQ. senza una lira, al verde.
skintight /ˌskɪnˈtaɪt/ agg. molto aderente.
1.skip /skɪp/ n. *(jump)* salto m.
2.skip /skɪp/ **I** tr. (forma in -ing ecc. **-pp-**) **1** *(not attend)* saltare [*meeting, lunch, school*] **2** *(leave out)* saltare [*chapter*]; ***you can ~ the formalities*** puoi evitare le formalità; ***~ it!*** COLLOQ. lascia perdere! **3** COLLOQ. *(leave)* ***to ~ town*** scappare dalla città **II** intr. (forma in -ing ecc. **-pp-**) **1** *(jump) (once)* saltare; *(several times)* saltellare **2** *(with rope)* saltare la corda **3** *(travel, move)* ***he ~ped from Turin to Milan*** da Torino ha fatto un salto a Milano; ***to ~ from one chapter to another*** saltare da un capitolo all'altro.
3.skip /skɪp/ n. BE *(rubbish container)* cassone m. per macerie.
ski pants n.pl. pantaloni m. da sci.
ski pass n. skipass m.
ski plane n. aereo m. con pattini.
ski pole n. → **ski stick**.
skipper /ˈskɪpə(r)/ n. **1** MAR. *(of merchant ship)* capitano m. (-a); *(of fishing boat)* padrone m. (-a); *(of yacht)* skipper m. e f. **2** *(leader)* capo m. (-a).
skipping /ˈskɪpɪŋ/ n. (il) saltare (la corda).
skipping rope n. corda f. (per saltare).
ski racer ➧ *27* n. sciatore m. (-trice) (a livello agonistico).
ski racing ➧ *10* n. gara f. di sci.
ski rack n. portasci m.
ski resort n. stazione f. sciistica.
1.skirmish /ˈskɜːmɪʃ/ n. **1** *(fight)* scaramuccia f. (anche MIL.) **2** *(argument)* schermaglia f., scaramuccia f.
2.skirmish /ˈskɜːmɪʃ/ intr. avere una scaramuccia (anche MIL.).
1.skirt /skɜːt/ ➧ *28* n. **1** *(garment, of dress)* gonna f.; *(of frock coat)* falda f. **2** *(of vehicle, machine)* gonna f. **3** COLLOQ. *(woman)* donna f., ragazza f. ♦ ***to cling to one's mother's ~s*** stare sempre attaccato alla sottana della mamma.
2.skirt /skɜːt/ tr. **1** circondare [*wood, city*] **2** girare attorno a [*problem*].
■ **skirt round, skirt around: ~ round [sth.]** scansare.
skirting board n. zoccolo m., battiscopa m.
skirt length n. *(piece of fabric)* lunghezza f. per una gonna.
ski run n. pista f. da sci (da competizione).
ski slope n. pista f. da sci.
ski stick n. racchetta f. da sci, bastoncino m.
ski suit n. tuta f. da sci.
skit /skɪt/ n. *(parody)* parodia f. (**on** di); *(sketch)* sketch m., scenetta f. (**on, about** su).
ski touring ➧ *10* n. scialpinismo m.
ski tow n. impianto m. di risalita.
skitter /ˈskɪtə(r)/ intr. *(scamper)* [*mouse*] correre velocemente; [*bird*] svolazzare.
skittish /ˈskɪtɪʃ/ agg. **1** *(difficult to handle)* capriccioso **2** *(playful)* giocherellone.
skittle /ˈskɪtl/ ➧ *10* **I** n. birillo m. **II skittles** n.pl. gioco m.sing. dei birilli.
skive /skaɪv/ intr. BE COLLOQ. (anche ~ **off**) **1** *(shirk)* fare lo scansafatiche **2** *(be absent) (from school)* marinare la scuola; *(from work)* non andare a lavorare **3** *(leave early)* squagliarsela.
skivvy /ˈskɪvɪ/ n. BE COLLOQ. serva f., sguattera f. (anche FIG.).
ski wax n. sciolina f.
skulduggery /skʌlˈdʌgərɪ/ n. COLLOQ. U loschi traffici m.pl.
skulk /skʌlk/ intr. muoversi furtivamente; ***to ~ out, off*** uscire, allontanarsi furtivamente.
skull /skʌl/ n. **1** ANAT. cranio m., teschio m. **2** COLLOQ. *(brain)* cranio m.
skull and crossbones n. *(emblem)* teschio m.; *(flag)* bandiera f. con il teschio.
skull cap n. *(Catholic)* zucchetto m.; *(Jewish)* kippar f.
1.skunk /skʌŋk/ n. **1** *(animal, fur)* moffetta f. **2** FIG. POP. SPREG. farabutto m. (-a), mascalzone m. (-a).
2.skunk /skʌŋk/ tr. AE *(defeat)* fare cappotto a [*team, opponent*].
sky /skaɪ/ **I** n. cielo m.; ***clear*** o ***open ~*** cielo sereno; ***in(to) the ~*** in cielo; ***a patch of blue ~*** uno squarcio di blu; ***there are blue skies ahead*** FIG. all'orizzonte il cielo è sereno; ***under the open ~*** all'aperto, sotto le stelle **II skies** n.pl. METEOR. cielo m.sing.; ART. LETT. cieli m. (anche FIG.); ***a day of rain and cloudy skies*** un giorno nuvoloso con pioggia; ***to take to the skies*** [*plane*] decollare ♦ ***the ~'s the limit*** tutto è possibile; ***reach for the ~!*** mani in alto!
sky-blue /ˌskaɪˈbluː/ ➧ *5* **I** agg. celeste, azzurro cielo **II** n. celeste m., azzurro m. cielo.
skycap /ˈskaɪkæp/ n. AE facchino m. (dell'aeroporto).
skydiver /ˈskaɪˌdaɪvə(r)/ n. skydiver m. e f.
skydiving /ˈskaɪˌdaɪvɪŋ/ ➧ *10* n. skydiving m.
sky-high /ˌskaɪˈhaɪ/ **I** agg. [*prices, rates*] altissimo **II** avv. ***to rise ~*** alzarsi fino al cielo; ***to blow sth. ~*** fare esplodere qcs.
skyjacker /ˈskaɪdʒækə(r)/ n. pirata m. dell'aria, dirottatore m. (-trice).
skylark /ˈskaɪlɑːk/ n. allodola f.
skylarking /ˈskaɪlɑːkɪŋ/ n. COLLOQ. cagnara f., chiasso m.
skylight /ˈskaɪlaɪt/ n. lucernario m.
skyline /ˈskaɪlaɪn/ n. *(in countryside)* linea f. dell'orizzonte, orizzonte m.; *(in city)* skyline m.
1.skyrocket /ˈskaɪrɒkɪt/ n. razzo m. (di fuoco artificiale).
2.skyrocket /ˈskaɪrɒkɪt/ intr. [*price, inflation*] salire alle stelle.
skyscraper /ˈskaɪˌskreɪpə(r)/ n. grattacielo m.
sky train n. AER. aerotreno m.
skyward(s) /ˈskaɪwəd(z)/ avv. verso il cielo.
skyways /ˈskaɪweɪz/ n.pl. AE AER. vie f. aeree.
skywriting /ˈskaɪraɪtɪŋ/ n. = pubblicità mediante scritte tracciate in cielo dal fumo di un aereo.
S & L n. AE (⇒ savings and loan association) = cassa cooperativa di risparmio e credito.
slab /slæb/ n. **1** *(of stone, ice)* lastra f.; *(of wood)* tavola f.; *(of concrete)* piastra f.; *(of meat, cheese, cake)* fetta f.; *(of chocolate)* tavoletta f., barra f.; ***butcher's ~*** tagliere del macellaio **2** COLLOQ. *(operating table)* tavolo m. operatorio; *(mortuary table)* tavolo m. per l'autopsia.
slabber /ˈslæbə(r)/ → **slobber**.
slabbery /ˈslæbərɪ/ → **slobbery**.
1.slack /slæk/ agg. **1** *(careless)* [*worker, student*] indolente, svogliato; [*work*] trascurato; ***to be ~ about doing*** essere svogliato nel fare; ***to get ~*** [*worker*] impigrirsi; [*discipline, surveillance*] allentarsi **2** *(not busy)* [*period*] morto; [*demand, sales*] debole; ***business is ~*** gli affari ristagnano **3** *(loose, limp)* [*rope*] lento, allentato; [*body*] rilassato, disteso; ***to go ~*** rilassarsi, distendersi.
2.slack /slæk/ **I** n. **1** *(in rope, cable)* allentamento m.; ***to take up the ~ in a rope*** tendere una corda; ***to take up the ~*** tagliare le spese inutili **2** FIG. *(in schedule etc.)* margine m. **3** *(in trade)* stagnazione f. **II slacks** n.pl. pantaloni m. ampi.
3.slack /slæk/ intr. [*worker*] impigrirsi.
■ **slack off** [*business, trade*] diminuire, ristagnare; [*rain*] diminuire.
4.slack /slæk/ n. *(coal)* polverino m.
slacken /ˈslækən/ **I** tr. **1** *(release)* allentare [*rope, nut, reins, grip*]; diminuire, ridurre [*pressure*] **2** *(reduce)* ridurre [*pace*] **3** *(loosen)* allentare [*control*] **II** intr. **1** *(loosen)* [*rope, nut, bolt, grip*] allentarsi; [*pressure*] diminuire; ***his grip on the rope ~ed*** allentò la presa sulla corda **2** *(ease off)* [*pace, speed, pressure*] diminuire, calare; [*business, interest*] ristagnare.
■ **slacken off** → **slack off**.
slackening /ˈslækənɪŋ/ n. *(of grip, discipline, rope, tension)* allentamento m.; *(of pace)* rallentamento m.; *(of business, economy)* stagnazione f., ristagno m.
slacker /ˈslækə(r)/ n. fannullone m. (-a), scansafatiche m. e f.
slackness /ˈslæknɪs/ n. *(of worker)* indolenza f., svogliatezza f.; *(in trade, economy)* stagnazione f.; *(in discipline)* allentamento m.; *(in security)* diminuzione f.

1.slag /slæg/ n. **1** *(from coal)* BE minerali m.pl. sterili; *(from metal)* scorie f.pl. **2** BE POP. SPREG. donnaccia f.
2.slag /slæg/ tr. (forma in -ing ecc. **-gg-**) → **slag off**.
▪ **slag off** POP. ~ **off [sb., sth.]**, ~ **[sb., sth.] off** BE parlare male di, sparlare di.
slag heap n. cumulo m. di scorie.
slain /sleɪn/ p.pass. → **slay**.
slake /sleɪk/ tr. estinguere, placare [*thirst*]; FIG. appagare [*desire*].
slalom /ˈslɑːləm/ ➧ *10* n. slalom m.; ***giant, special*** **~** slalom gigante, speciale.
1.slam /slæm/ n. **1** *(of door)* sbattimento m. **2** GIOC. slam m.
2.slam /slæm/ **I** tr. (forma in -ing ecc. **-mm-**) **1** *(shut loudly)* [*person*] sbattere [*door*]; [*wind*] fare sbattere [*door*]; ***to ~ the door behind one*** sbattere la porta uscendo; ***to ~ the door in sb.'s face*** sbattere la porta in faccia a qcn. (anche FIG.) **2** *(with violence)* ***to ~ one's fist on the table*** battere il pugno sul tavolo; ***to ~ sb. into a wall*** scaraventare qcn. contro il muro; ***to ~ on the brakes*** COLLOQ. inchiodare **3** COLLOQ. *(criticize)* stroncare **4** COLLOQ. *(defeat)* stracciare **II** intr. (forma in -ing ecc. **-mm-**) **1** [*door*] sbattere **2** ***to ~ into sth.*** [*vehicle, body*] sbattere contro qcs.
▪ **slam down:** ~ **down** [*heavy object*] sbattere (**onto** su); ~ **down [sth.]**, ~ **[sth.] down** sbattere [*phone, lid, car bonnet*]; sbattere, scagliare [*object*] (**on, onto** su).
slammer /ˈslæmə(r)/ n. COLLOQ. gattabuia f.
1.slander /ˈslɑːndə(r), AE ˈslæn-/ n. **1 C** *(statement)* calunnia f., maldicenza f. **2 U** DIR. calunnia f.
2.slander /ˈslɑːndə(r), AE ˈslæn-/ tr. calunniare (anche DIR.).
slanderous /ˈslɑːndərəs, AE ˈslæn-/ agg. calunnioso (anche DIR.).
slang /slæŋ/ n. gergo m., slang m.
slanging match n. BE scambio m. di insulti.
slangy /ˈslæŋɪ/ agg. COLLOQ. [*style*] gergale.
1.slant /slɑːnt, AE slænt/ n. **1** *(perspective)* punto m. di vista, angolazione f.; ***with a European ~*** da un punto di vista europeo **2** SPREG. *(bias)* tendenza f. **3** *(slope)* inclinazione f., pendenza f. **4** TIP. barra f.
2.slant /slɑːnt, AE slænt/ **I** tr. **1** *(twist)* alterare, distorcere [*facts*] **2** *(lean)* inclinare [*object*] **II** intr. [*floor, ground*] pendere, essere in pendenza; [*handwriting*] pendere (**to** verso); [*painting*] pendere.
slanted /ˈslɑːntɪd, AE ˈslæn-/ agg. **1** *(biased)* propenso, incline (**to, towards** verso) **2** *(sloping)* inclinato, obliquo.
slant-eyed /ˌslɑːntˈaɪd, AE ˌslæn-/ agg. COLLOQ. SPREG. dagli occhi a mandorla.
slanting /ˈslɑːntɪŋ, AE ˈslæn-/ agg. [*roof*] in pendenza, obliquo; **~ *eyes*** occhi a mandorla.
slantwise /ˈslɑːntwaɪz, AE ˈslæn-/ avv. (anche **slantways**) obliquamente, di traverso.
1.slap /slæp/ n. *(blow)* pacca f.; *(on face)* schiaffo m., sberla f., ceffone m.; ***it was a real ~ in the face for him*** FIG. è stato un vero schiaffo (morale) per lui; ***to give sb. a ~ on the back*** dare una pacca sulle spalle a qcn.; FIG. *(in congratulation)* congratularsi con qcn.
2.slap /slæp/ avv. → **slap bang**.
3.slap /slæp/ tr. (forma in -ing ecc. **-pp-**) **1** *(hit)* dare una pacca a [*person, animal*]; dare una pacca su [*part of body*]; ***to ~ sb. on the back*** *(in friendly way)* dare una pacca sulle spalle a qcn.; FIG. *(congratulate)* congratularsi con qcn.; ***to ~ sb. in the face*** dare uno schiaffo *o* una sberla a qcn.; ***to ~ sb. on the wrist*** FIG. tirare gli orecchi a qcn. **2** *(put)* ***he ~ped the money (down) on the table*** ha sbattuto i soldi sul tavolo; ***she ~ped some make-up on her face*** si è data un po' di trucco sul viso; ***they ~ped 50p on the price*** COLLOQ. hanno aumentato il prezzo di 50 penny.
▪ **slap down:** ~ **[sth.] down**, ~ **down [sth.]** *(put)* ***to ~ sth. down on*** sbattere qcs. su [*table*]; ~ **[sb.] down** zittire.
slap bang avv. COLLOQ. ***he ran ~ into the wall*** correndo ha sbattuto contro il muro; ***~ in the middle (of)*** nel bel mezzo (di).
slapdash /ˈslæpdæʃ/ agg. COLLOQ. [*person*] precipitoso, avventato; [*work*] fatto in fretta; ***in a ~ way*** frettolosamente.
slapstick /ˈslæpstɪk/ n. slapstick m.
slap-up /ˈslæpʌp/ agg. BE COLLOQ. [*meal*] coi fiocchi.

1.slash /slæʃ/ n. **1** *(wound)* taglio f.; *(on face)* sfregio m. **2** *(cut) (in fabric, seat, tyre)* squarcio m.; *(in painting)* sfregio m. **3** TIP. barra f. **4** COMM. ECON. ***a 10% ~ in prices*** un taglio del 10% ai prezzi **5** ABBIGL. spacco m.
2.slash /slæʃ/ **I** tr. **1** *(wound)* sfregiare [*cheek, person*]; tagliare [*throat*]; ***to ~ one's wrists*** tagliarsi le vene **2** *(cut)* sfregiare [*painting*]; squarciare [*fabric, tyres*]; tranciare [*cord*]; ***to ~ one's way through*** aprirsi un varco attraverso [*undergrowth*] **3** *(reduce)* diminuire, ridurre [*price*]; tagliare [*spending*]; ridurre [*amount, size*]; ***to ~ 40% off the price*** abbattere *o* ridurre il prezzo del 40% **4** ABBIGL. fare uno spacco in [*skirt*] **II** intr. ***to ~ at*** tagliare [*grass*]; dare un gran colpo a [*ball*]; ***to ~ through*** tranciare [*cord*]; squarciare [*fabric*].
slasher film, **slasher movie** AE n. COLLOQ. = film con scene molto violente.
slat /slæt/ n. *(of shutter, blind, table)* stecca f.
1.slate /sleɪt/ n. **1** *(rock)* ardesia f. **2** *(piece)* lastra f. di ardesia; ***a roof ~*** una tegola di ardesia **3** *(tablet)* lavagna f. **4** AE POL. lista f. di candidati ♦ ***to put sth. on the ~*** COLLOQ. mettere qcs. sul conto; ***to wipe the ~ clean*** mettere una pietra sopra.
2.slate /sleɪt/ tr. **1** coprire [qcs.] di tegole d'ardesia [*roof*] **2** AE POL. mettere in lista [*candidate*].
3.slate /sleɪt/ tr. BE COLLOQ. *(criticize)* stroncare [*film, politician*].
slate blue ➧ *5* **I** agg. grigiazzurro **II** n. grigiazzurro m.
slate grey BE, **slate gray** AE ➧ *5* **I** agg. ardesia **II** n. ardesia m.
slater /ˈsleɪtə(r)/ ➧ *27* n. **1** *(roofer)* = chi ricopre tetti con tegole di ardesia **2** *(quarrier)* cavatore m. di ardesia **3** ZOOL. ligia f.
1.slating /ˈsleɪtɪŋ/ n. *(material)* tegola f. di ardesia; *(laying slates)* posa f. di tegole di ardesia.
2.slating /ˈsleɪtɪŋ/ n. BE COLLOQ. *(criticism)* stroncatura f.; ***to get a ~ from sb.*** essere stroncato da qcn.
slatted /ˈslætɪd/ agg. [*table, shutter*] a stecche.
slattern /ˈslætən/ n. ANT. SPREG. sudiciona f., sciattona f.
slatternly /ˈslætənlɪ/ agg. ANT. SPREG. [*woman, appearance*] trasandato, sciatto.
1.slaughter /ˈslɔːtə(r)/ n. **1** *(in butchery)* macellazione f., macello m.; ***to go to ~*** andare al macello **2** *(massacre)* macello m.; ***~ on the roads*** strage sulle strade **3** SPORT FIG. massacro m. ♦ ***like a lamb to the ~*** come una bestia condotta al macello.
2.slaughter /ˈslɔːtə(r)/ tr. **1** *(in butchery)* macellare **2** *(massacre)* massacrare **3** SPORT COLLOQ. massacrare, stracciare.
slaughterhouse /ˈslɔːtəhaʊs/ n. *(place)* macello m.
Slav /slɑːv, AE slæv/ **I** agg. slavo **II** n. slavo m. (-a).
1.slave /sleɪv/ **I** n. **1** *(servant)* schiavo m. (-a) **2** FIG. *(victim)* ***to be a ~ to*** *o* ***of*** essere schiavo di [*fashion*]; ***a ~ to convention*** schiavo delle convenzioni **II** modif. **1** [*colony*] di schiavi; [*market*] degli schiavi **2** INFORM. [*computer, station*] secondario.
2.slave /sleɪv/ intr. (anche **~ away**) lavorare come uno schiavo; ***to ~ (away) at housework*** non fermarsi un momento con i lavori di casa.
slave driver n. STOR. sorvegliante m. di schiavi; FIG. negriero m. (-a), schiavista m. e f.
slave labour n. *(activity)* lavoro m. degli schiavi; *(manpower)* manodopera f. degli schiavi.
1.slaver /ˈsleɪvə(r)/ n. STOR. **1** *(dealer)* mercante m. di schiavi **2** *(ship)* nave f. negriera.
2.slaver /ˈslævə(r)/ n. saliva f., bava f.
3.slaver /ˈslævə(r)/ intr. *(drool)* ***to ~ over*** [*animal*] sbavare per [*meat*]; SPREG. o SCHERZ. [*person*] sbavare per, perdere le bave per [*dish*].
slavery /ˈsleɪvərɪ/ n. **1** *(practice, condition)* schiavitù f.; ***to be sold into ~*** essere venduto come schiavo **2** FIG. *(devotion)* ***~ to*** schiavitù di [*fashion*].
slave ship n. nave f. negriera.
slave trade n. tratta f. degli schiavi; ***the African ~*** la tratta dei neri.
slave-trader /ˈsleɪvtreɪdə(r)/ n. mercante m. di schiavi.
slavish /ˈsleɪvɪʃ/ agg. **1** *(servile)* [*adherence, person*] servile **2** *(unoriginal)* [*imitation, translation*] pedissequo.
slavishly /ˈsleɪvɪʃlɪ/ avv. servilmente.
Slavonic /sləˈvɒnɪk/ ➧ *14* **I** agg. slavo **II** n. LING. slavo m.
slaw /slɔː/ n. AE → **coleslaw**.

slay /sleɪ/ tr. (pass. **slew**; p.pass. **slain**) LETT. uccidere [*enemy, dragon*].
sleaze /sli:z/ n. COLLOQ. SPREG. **1** *(pornography)* pornografia f. **2** *(corruption)* corruzione f.
sleazy /ˈsli:zɪ/ agg. COLLOQ. SPREG. [*club, area, hotel*] squallido; [*character*] sordido; [*story*] scabroso.
1.sled /sled/ n. slittino m., slitta f.; *(pulled)* slitta f.
2.sled /sled/ intr. (forma in -ing ecc. **-dd-**) andare in slitta, in slittino.
1.sledge /sledʒ/ n. **1** BE slittino m., slitta f. **2** *(pulled)* slitta f.
2.sledge /sledʒ/ intr. BE andare in slitta, in slittino.
sledgehammer /ˈsledʒhæmə(r)/ n. *(for iron, rocks)* mazza f.
sleek /sli:k/ agg. **1** *(glossy)* [*hair*] morbido e lucente; [*animal*] liscio e lucente **2** *(smooth)* [*elegance*] raffinato; [*shape*] elegante; [*figure*] slanciato **3** *(prosperous-looking)* [*person*] benestante.
1.sleep /sli:p/ n. sonno m.; ***to go*** o ***get to ~*** addormentarsi; ***to send*** o ***put sb. to ~*** fare addormentare qcn.; ***to get some ~*** o ***to have a ~*** dormire; *(have a nap)* fare un pisolino; ***my leg has gone to ~*** COLLOQ. mi si è addormentata la gamba; ***I didn't get any ~*** o ***a wink of ~ last night*** non ho chiuso occhio la scorsa notte, ho passato la notte in bianco; ***I need my ~*** ho bisogno delle mie ore di sonno; ***to have a good night's ~*** dormire bene, passare bene la notte; ***to rock a baby to ~*** cullare un bambino fino a farlo addormentare; ***I could do it in my ~!*** potrei farlo a occhi chiusi! ***he's losing ~ over it*** ci sta perdendo il sonno; ***to put an animal to ~*** EUFEM. fare sopprimere un animale ♦ ***the big ~*** il sonno eterno.
2.sleep /sli:p/ **I** tr. (pass., p.pass. **slept**) ***the house ~s six (people)*** la casa può ospitare sei persone a dormire **II** intr. (pass., p.pass. **slept**) **1** dormire; ***to ~ soundly*** dormire profondamente; *(without worry)* dormire sonni tranquilli; ***to ~ on one's feet*** dormire in piedi; ***~ tight!*** dormi bene! **2** *(stay night)* ***to ~ at a friend's house*** passare la notte *o* dormire da un amico; ***to ~ with sb.*** EUFEM. *(have sex)* andare a letto con qcn. ♦ ***to ~ like a log*** o ***top*** dormire come un ghiro *o* sasso.
■ **sleep around** COLLOQ. andare a letto con tutti.
■ **sleep in** *(stay in bed late)* dormire fino a tardi; *(oversleep)* dormire oltre l'ora prevista.
■ **sleep off:** ***~ off [sth.], ~ [sth.] off to ~ it off*** COLLOQ. smaltire la sbornia con una dormita.
■ **sleep on:** ***~ on*** continuare a dormire; ***~ on [sth.]*** dormire su [*decision*]; ***I'd like to ~ on it*** preferirei dormirci sopra.
■ **sleep out** dormire all'aperto.
■ **sleep over** ***to ~ over at sb.'s house*** passare la notte *o* dormire a casa di qcn.
sleeper /ˈsli:pə(r)/ **I** n. **1** chi dorme, dormiente m. e f.; ***to be a sound ~*** avere il sonno pesante **2** FERR. *(berth)* cuccetta f.; *(sleeping car)* vagone m. letto; *(train)* treno m. con cuccette, con vagoni letto **3** BE *(on railway track)* traversina f. **4** AE COLLOQ. *(successful book, film etc.)* successo m. inaspettato **II sleepers** n.pl. AE tutina f.sing., pigiamino m.sing. (per bambini).
sleepily /ˈsli:pɪlɪ/ avv. con aria assonnata.
sleeping /ˈsli:pɪŋ/ agg. che dorme, addormentato ♦ ***let ~ dogs lie*** PROV. non svegliare il can che dorme.
sleeping bag n. sacco m. a pelo.
sleeping car n. vagone m. letto.
sleeping partner n. BE COMM. socio m. (-a) accomandante, non operante.
sleeping pill n. pastiglia f. di sonnifero, sonnifero m.
sleeping policeman n. (pl. **sleeping policemen**) BE COLLOQ. dosso m. artificiale, dissuasore m. di velocità.
sleeping quarters n.pl. *(in barracks)* camerata f.sing.; *(dormitory)* dormitorio m.sing.
sleeping sickness ▸ **11** n. malattia f. del sonno.
sleeping tablet n. → **sleeping pill**.
sleepless /ˈsli:plɪs/ agg. [*person, hours*] insonne; ***to pass a ~ night*** trascorrere una notte insonne *o* in bianco.
sleeplessness /ˈsli:plɪsnɪs/ n. insonnia f.
sleepwalk /ˈsli:pwɔ:k/ intr. camminare nel sonno, essere sonnambulo.
sleepwalker /ˈsli:pˌwɔ:kə(r)/ n. sonnambulo m. (-a).
sleepwalking /ˈsli:pˌwɔ:kɪŋ/ ▸ **11** n. sonnambulismo m.
sleepy /ˈsli:pɪ/ agg. [*person, voice*] assonnato; [*village*] quieto, tranquillo; ***to feel*** o ***be ~*** avere sonno, essere assonnato; ***to make sb. ~*** fare venire a qcn. voglia di dormire; [*wine*] mettere sonno *o* indurre sonnolenza a qcn.
sleepyhead /ˈsli:pɪhed/ n. COLLOQ. dormiglione m. (-a), pigrone m. (-a).
1.sleet /sli:t/ n. nevischio m.
2.sleet /sli:t/ impers. nevischiare.
sleeve /sli:v/ n. **1** *(of garment)* manica f.; ***to pull*** o ***tug at sb.'s ~*** tirare qcn. per la manica; ***to roll up one's ~s*** rimboccarsi le maniche (anche FIG.) **2** *(of record)* copertina f.; *(of CD)* custodia f. **3** TECN. *(inner)* camicia f.; *(outer)* ghiera f.; *(short outer)* manicotto m. ♦ ***to laugh up one's ~*** ridere sotto i baffi; ***to wear one's heart on one's ~*** parlare col cuore in mano; ***to have something up one's ~*** tenere qualcosa di riserva; ***to have a few tricks up one's ~*** avere ancora delle carte da giocare.
sleeveless /ˈsli:vlɪs/ agg. senza maniche.
sleigh /sleɪ/ n. slitta f.
sleight of hand /ˌslaɪtəvˈhænd/ n. **1** *(dexterity)* destrezza f. (di mano) **2** *(trick)* gioco m. di destrezza, trucco m.
slender /ˈslendə(r)/ agg. **1** *(thin)* [*person*] magro, snello; [*waist, neck*] sottile; [*finger*] affusolato, sottile; [*stem, arch*] slanciato **2** *(slight)* [*majority*] esiguo; ***to win by a ~ margin*** vincere di (stretta) misura **3** *(meagre)* [*income, means*] modesto, insufficiente.
slenderness /ˈslendənɪs/ n. **1** *(of person)* snellezza f., magrezza f.; *(of part of body)* esilità f., magrezza f. **2** *(of majority)* esiguità f.
slept /slept/ pass., p.pass. → **2.sleep**.
sleuth /slu:θ/ n. *(detective)* segugio m., detective m.
S-level /ˈeslevl/ n. GB SCOL. (accorc. Special Level) = esame opzionale che si sostiene generalmente all'età di 18 anni e che rappresenta il massimo livello del GCE.
1.slew /slu:/ pass. → **slay**.
2.slew /slu:/ intr. [*vehicle*] sbandare, fare un testa-coda.
1.slice /slaɪs/ n. **1** *(of bread, meat, cheese, pie)* fetta f.; *(of lemon, cucumber)* fettina f. **2** *(proportion) (of income, profits, territory, population)* fetta f., parte f. **3** GASTR. *(utensil)* spatola f., paletta f. **4** SPORT tiro m. tagliato, slice m.
2.slice /slaɪs/ **I** tr. **1** *(section)* affettare, tagliare a fette [*loaf, roast*]; tagliare a fettine [*cucumber*] **2** *(cleave)* fendere [*water, air*]; ***to ~ sb.'s throat*** tagliare la gola a qcn. **3** SPORT tagliare [*ball*] **II** intr. ***to ~ through*** fendere [*water, air*]; tagliare [*timber, rope, meat*].
sliced bread /ˌslaɪstˈbred/ n. pane m. affettato, a fette ♦ ***it's the best*** o ***greatest thing since ~!*** COLLOQ. SCHERZ. è la cosa migliore del mondo!
sliced loaf /ˌslaɪstˈləʊf/ n. (pl. **sliced loaves**) pagnotta f. a fette.
slice of life n. CINEM. TEATR. tranche f. de vie.
1.slick /slɪk/ agg. **1** *(adept)* [*production, campaign*] ottimo, eccellente **2** SPREG. *(superficial)* [*programme*] superficiale **3** SPREG. *(insincere)* [*person*] falso; [*answer*] ingegnoso; [*excuse*] ben congegnato; ***~ salesman*** venditore scaltro **4** AE *(slippery)* [*road*] sdrucciolevole; [*hair*] liscio.
2.slick /slɪk/ n. **1** *(on water, shore)* chiazza f. di petrolio **2** *(tyre)* slick m.
3.slick /slɪk/ tr. lisciare, lucidare.
slicker /ˈslɪkə(r)/ n. AE *(raincoat)* impermeabile m.
slickly /ˈslɪklɪ/ avv. **1** *(cleverly)* [*worded*] abilmente; ***~ presented*** ben presentato **2** *(smoothly)* [*carried out*] con facilità **3** *(stylishly)* [*dressed*] elegantemente.
slickness /ˈslɪknɪs/ n. **1** *(cleverness) (of style)* brillantezza f.; *(of answer, person)* prontezza f.; *(of salesman)* astuzia f. **2** *(smoothness) (of magician)* destrezza f.; *(of operation)* facilità f.
slid /slɪd/ pass., p.pass. → **2.slide**.
1.slide /slaɪd/ n. **1** *(chute) (in playground, factory; for logs)* scivolo m.; *(on ice)* lastra f., lastrone m. **2** FOT. diapositiva f. **3** *(microscope plate)* vetrino m. **4** BE *(hair clip)* fermacapelli m., fermaglio m. **5** MUS. *(slur)* portamento m. **6** MUS. *(of trombone)* coulisse f. **7** FIG. *(decline)* diminuzione f., ribasso m. (**in** di).
2.slide /slaɪd/ **I** tr. (pass., p.pass. **slid**) *(move)* fare entrare, infilare [*bolt, component*]; ***to ~ sth. forward*** fare scivolare *o* scorrere qcs. in avanti **II** intr. (pass., p.pass. **slid**) **1** (anche ~

about, BE ~ **around**) *(slip)* [*car*] sdrucciolare; [*person*] scivolare; ***to ~ off*** scivolare *o* cadere da [*roof, table*]; uscire di, andare fuori [*road*] **2** *(move)* ***to ~ down*** scivolare giù per [*slope*]; ***to ~ in and out*** [*drawer, component*] scorrere; ***to ~ up and down*** [*window*] scorrere su e giù; ***to ~ out of*** uscire furtivamente da [*room*]; infilarsi in, uscire da [*seat*] **3** *(decline)* [*prices*] essere in ribasso; ***the economy is sliding into recession*** l'economia sta scivolando in una fase di recessione; ***to let sth. ~*** FIG. lasciare andare alla deriva qcs.

■ **slide back:** ~ ***[sth.] back***, ~ ***back [sth.]*** andare indietro con, tirare indietro [*car seat*]; tirare [*bolt*]; chiudere [*hatch, sunroof*].

slide projector n. proiettore m. (per diapositive), diaproiettore m.

slide rule BE, **slide ruler** AE n. regolo m. calcolatore.

slide show n. proiezione f. di diapositive.

slide trombone ♦ *17* n. trombone m. a tiro.

sliding /ˈslaɪdɪŋ/ agg. [*door*] scorrevole; [*roof*] apribile; [*seat*] regolabile.

sliding scale n. ECON. scala f. mobile.

1.slight /slaɪt/ **I** agg. **1** [*delay, rise*] leggero, lieve; [*change, pause*] piccolo; [*risk, chance*] minimo; ***not to have the ~est difficulty*** non avere alcuna difficoltà; ***not in the ~est*** per niente *o* nulla **2** [*person*] esile, sottile **II** n. affronto m. (**on** a; **from** da parte di).

2.slight /slaɪt/ tr. **1** *(offend)* offendere [*person*] **2** AE *(underestimate)* trascurare, non tenere in conto.

slighting /ˈslaɪtɪŋ/ agg. [*remark*] offensivo.

slightly /ˈslaɪtlɪ/ avv. [*change, rise*] leggermente, di poco; [*embarrassed, uneasy*] un po'; ~ ***built*** esile.

1.slim /slɪm/ agg. **1** *(shapely)* [*person, figure*] magro, snello; [*waist*] snello, sottile; ***of ~ build*** snello; ***to get ~*** dimagrire, diventare magro **2** *(thin)* [*book*] sottile; [*watch, calculator*] piatto **3** *(slight)* [*chance*] minimo; [*margin*] esiguo.

2.slim /slɪm/ intr. (forma in -ing ecc. **-mm-**) BE *(lose weight)* dimagrire; ***I'm ~ming*** sono a dieta.

■ **slim down:** ~ ***down*** **1** [*person*] dimagrire, perdere peso **2** [*organization*] ridimensionarsi; ~ ***[sth.] down***, ~ ***down [sth.]*** ridurre [*workforce*].

slime /slaɪm/ n. melma f.; *(on riverbed)* limo m.; *(on beach)* alghe f.pl.; *(of slug, snail)* bava f.

slimline /ˈslɪmlaɪn/ agg. [*garment*] che snellisce; [*drink*] dietetico.

slimmer /ˈslɪmə(r)/ n. = persona che segue una cura dimagrante; ***~s' disease*** COLLOQ. anoressia.

slimy /ˈslaɪmɪ/ agg. **1** [*weed*] viscido; [*plate*] unto; [*wall*] umido **2** BE SPREG. *(obsequious)* untuoso, viscido **3** AE SPREG. *(sleazy)* viscido.

1.sling /slɪŋ/ n. **1** *(weapon)* catapulta f.; *(smaller)* fionda f. **2** *(for support)* MED. fascia f., benda f.; *(for carrying baby)* marsupio m. **3** SPORT *(in climbing)* imbracatura f.

2.sling /slɪŋ/ tr. (pass., p.pass. **slung**) **1** COLLOQ. lanciare, scaraventare [*object*]; lanciare [*insult*] (**at** a); ***to ~ a bag over one's shoulder*** mettersi una borsa su una spalla **2** *(carry or hang loosely)* sospendere [*rope*]; ***to ~ sth. over one's shoulder*** mettersi qcs. a tracolla [*bag, rifle*]; ***to ~ sth. from*** appendere qcs. a [*branch, hook*].

■ **sling out** COLLOQ. ~ ***[sth.] out***, ~ ***out [sth.]*** sbarazzarsi di, buttare; ~ ***[sb.] out*** mettere alla porta.

slingback /ˈslɪŋbæk/ n. = scarpa da donna allacciata sul calcagno con un cinturino.

slingshot /ˈslɪŋʃɒt/ n. catapulta f.

slink /slɪŋk/ intr. (pass., p.pass. **slunk**) ***to ~ in*** entrare furtivamente; ***to ~ off*** svignarsela, filarsela.

slinky /ˈslɪŋkɪ/ agg. COLLOQ. [*dress*] attillato.

1.slip /slɪp/ n. **1** *(piece of paper)* biglietto m., foglietto m.; *(receipt)* ricevuta f.; ***a ~ of paper*** un pezzo di carta **2** COLLOQ. *(slender person)* ***a ~ of a girl*** una ragazza minuta.

2.slip /slɪp/ n. **1** *(error)* errore m., svista f.; *(by schoolchild)* errore m. di distrazione; *(faux pas)* passo m. falso; ***to make a ~*** fare uno sbaglio; ***a ~ of the tongue*** un lapsus (linguae) **2** *(slipping)* scivolone m., scivolata f.; *(stumble)* passo m. falso **3** *(petticoat) (full)* sottoveste f.; *(half)* sottogonna f. ♦ ***to give sb. the ~*** sfuggire a qcn., seminare qcn.

3.slip /slɪp/ **I** tr. (forma in -ing ecc. **-pp-**) **1** *(slide)* ***to ~ [sth.] into sth.*** fare scivolare [qcs.] in qcs. [*note, coin*]; infilare [qcs.] in qcs. [*joke, hand*]; ***to ~ one's feet into one's shoes*** infilarsi le scarpe; ***to ~ [sth.] out of sth.*** togliere [qcs.] da qcs. [*object, hand*]; ***she ~ped the shirt over her head*** *(put on)* si infilò la camicia; *(take off)* si sfilò la camicia; ***to ~ sth. into place*** mettere qcs. al suo posto; ***to ~ a car into gear*** ingranare la marcia **2** COLLOQ. *(give surreptitiously)* ***to ~ sb. sth.***, ***to ~ sth. to sb.*** allungare *o* mollare qcs. a qcn. **3** *(escape from)* [*dog*] liberarsi di [*leash*]; MAR. [*boat*] mollare [*moorings*]; ***it ~ped my notice*** o ***attention that*** non mi sono accorto *o* mi è sfuggito che; ***it had ~ped my mind (that)*** FIG. mi era sfuggito di mente il fatto che; ***to let ~*** lasciarsi scappare [*opportunity, remark*] **4** *(in knitting)* ***to ~ a stitch*** passare un punto senza lavorarlo **5** MED. ***to ~ a disc*** procurarsi un'ernia del disco **6** AUT. ***to ~ the clutch*** fare slittare la frizione **II** intr. (forma in -ing ecc. **-pp-**) **1** *(slide)* ~ ***into*** infilarsi [*dress*]; adattarsi a [*role*]; andare *o* entrare in [*coma*]; ***to ~ out of*** togliersi, sfilarsi [*dress*] **2** *(slide quietly)* ***to ~ into, out of*** entrare furtivamente in, uscire furtivamente da [*room*]; ***to ~ across the border*** riuscire a passare la frontiera **3** *(slide accidentally)* [*person*] scivolare; [*vehicle*] sdrucciolare; [*pen, load*] cadere, scivolare; ***the glass ~ped out of his hand*** il bicchiere gli scappò di mano; ***to ~ through sb.'s fingers*** FIG. sfuggire di mano a qcn. **4** COLLOQ. *(lose one's grip)* ***I must be ~ping!*** sto perdendo colpi!

■ **slip away** *(leave unnoticed)* andarsene di soppiatto.

■ **slip back:** ~ ***back*** [*person*] ritornare furtivamente (**to** a); ~ ***[sth.] back*** rimettere.

■ **slip by** [*life, months*] scorrere, passare.

■ **slip in:** ~ ***in*** *(enter quietly)* entrare furtivamente, intrufolarsi; ***a few errors have ~ped in*** sono scappati alcuni errori; ~ ***[sth.] in***, ~ ***in [sth.]*** infilare [*remark*].

■ **slip off:** ~ ***off*** [*person*] squagliarsela; ~ ***[sth.] off***, ~ ***off [sth.]*** togliersi [*coat, ring*].

■ **slip on:** ~ ***[sth.] on***, ~ ***on [sth.]*** infilarsi [*coat, ring*].

■ **slip out 1** *(leave quietly)* [*person*] uscire di nascosto; ***he's just ~ped out to the market*** è andato un attimo al mercato **2** *(come out accidentally)* ***it just ~ped out!*** mi è scappata!

■ **slip up** COLLOQ. fare una gaffe.

slipcover /ˈslɪpkʌvə(r)/ n. **1** *(for books)* sopraccoperta f. **2** AE → **loose cover**.

slipknot /ˈslɪpnɒt/ n. nodo m. scorsoio, cappio m.

slip-on (shoe) n. mocassino m.

slipover /ˈslɪpˌəʊvə(r)/ n. pullover m. senza maniche.

slippage /ˈslɪpɪdʒ/ n. **1** *(delay)* ritardo m. **2** *(discrepancy)* discrepanza f.

slipped disc n. MED. ernia f. del disco.

slipper /ˈslɪpə(r)/ n. pantofola f., ciabatta f.

slippery /ˈslɪpərɪ/ agg. **1** *(difficult to grip)* [*road*] scivoloso, sdrucciolevole; [*fish*] viscido **2** *(difficult to deal with)* [*subject*] scabroso **3** COLLOQ. *(untrustworthy)* [*person*] sfuggente; ***a ~ customer*** COLLOQ. un tipo subdolo ♦ ***to be on the ~ slope*** essere su una brutta china.

slippy /ˈslɪpɪ/ agg. COLLOQ. [*path, surface*] scivoloso, sdrucciolevole.

slip road n. bretella f., raccordo m. autostradale.

slipshod /ˈslɪpʃɒd/ agg. [*person*] negligente (**about**, **in** in); [*appearance*] trasandato; [*work*] trascurato, sciatto.

slipstream /ˈslɪpstriːm/ n. AER. SPORT scia f.

slip-up /ˈslɪpʌp/ n. COLLOQ. errore m., cantonata f.

slipway /ˈslɪpweɪ/ n. MAR. scalo m. di alaggio.

1.slit /slɪt/ **I** n. fessura f., fenditura f.; ***to make a ~ in sth.*** aprire una fessura in qcs.; ***his eyes narrowed to ~s*** i suoi occhi divennero due fessure **II** modif. [*eyes*] socchiuso; [*skirt*] con lo spacco.

2.slit /slɪt/ tr. (forma in -ing **-tt-**; pass., p.pass. **slit**) *(on purpose)* fare un taglio in, aprire una fessura in; *(by accident)* strappare; ***to ~ a letter open*** aprire una lettera; ***to ~ sb.'s throat*** tagliare la gola a qcn., sgozzare qcn.; ***to ~ one's wrists*** tagliarsi le vene.

slither /ˈslɪðə(r)/ intr. [*person*] scivolare; [*snake*] strisciare; ***to ~ about on*** scivolare su [*ice, surface*].

slithery /ˈslɪðərɪ/ agg. scivoloso, sdrucciolevole.

sliver /ˈslɪvə(r)/ n. *(of glass)* scheggia f.; *(of soap)* scaglia f.; *(of food)* fettina f.

Sloane /sləʊn/ n. BE SPREG. (anche ~ **Ranger**) = giovane donna, generalmente londinese, che appartiene a un'alta classe sociale e indossa abiti costosi e classici.

slob /slɒb/ n. COLLOQ. *(lazy)* fannullone m. (-a); *(messy)* sciattone m. (-a); ***fat ~!*** grassone!

slobber /ˈslɒbə(r)/ intr. COLLOQ. sbavare; ***to ~ over sb., sth.*** FIG. sbavare per qcn., qcs.

slobbery /ˈslɒbərɪ/ agg. COLLOQ. SPREG. [*kiss*] bavoso.

sloe /sləʊ/ n. **1** *(fruit)* prugnola f. **2** *(bush)* pruno m. selvatico.

sloe-eyed /ˈsləʊˌaɪd/ agg. *(dark-eyed)* dagli occhi scuri; *(slant-eyed)* dagli occhi a mandorla.

1.slog /slɒg/ n. COLLOQ. **1** *(hard work)* ***a hard ~*** una sgobbata, un lavoraccio; *(walking)* una scarpinata; ***it was a real ~*** è stata proprio una sfacchinata **2** *(hard stroke)* botta f.

2.slog /slɒg/ **I** tr. (forma in -ing ecc. **-gg-**) **1** *(hit hard)* colpire violentemente [*opponent*]; tirare una botta a [*ball*]; ***to ~ it out*** prendersi a pugni, scazzottarsi; FIG. discutere animatamente **2** *(progress with difficulty)* ***to ~ one's way through*** farsi strada a fatica attraverso **II** intr. (forma in -ing ecc. **-gg-**) **1** *(work hard)* sgobbare **2** *(progress with difficulty)* ***we ~ged up the hill*** ci siamo inerpicati su per la collina.

■ **slog away** lavorare sodo (**at** a, su).

slogan /ˈsləʊgən/ n. slogan m.

sloop /slu:p/ n. sloop m.

1.slop /slɒp/ **I** n. **1** *(pigswill)* broda f. **2** COLLOQ. SPREG. *(food)* brodaglia f. **3** COLLOQ. SPREG. sdolcinatezze f.pl. **II slops** n.pl. **1** *(food)* broda f.sing. **2** *(dirty water)* risciacquatura f.sing. di piatti.

2.slop /slɒp/ **I** tr. (forma in -ing ecc. **-pp-**) versare, rovesciare [*liquid*] **II** intr. (forma in -ing etc. **-pp-**) (anche **~ over**) traboccare, versarsi.

■ **slop around**, **slop about** [*person*] bighellonare.

1.slope /sləʊp/ n. **1** *(incline)* pendio m., pendenza f.; *(of writing)* inclinazione f. **2** *(hillside)* pendio m., versante m.; ***south ~*** versante sud; ***uphill, downhill ~*** salita, discesa; ***upper ~s*** cima, sommità.

2.slope /sləʊp/ intr. [*ground*] digradare; [*floor*] pendere, essere in pendenza; [*writing*] essere inclinato.

■ **slope off** COLLOQ. svignarsela, squagliarsela.

sloping /ˈsləʊpɪŋ/ agg. [*ground*] digradante; [*floor*] in pendenza; [*writing*] inclinato; [*shoulders*] cadente.

sloppily /ˈslɒpɪlɪ/ avv. con negligenza, in modo trasandato; ***~ run*** male amministrato.

sloppiness /ˈslɒpɪnɪs/ n. *(of thinking, discipline)* mancanza f. di rigore; *(of work)* negligenza f.; *(of dress)* trasandatezza f., sciatteria f.

sloppy /ˈslɒpɪ/ agg. **1** COLLOQ. *(careless)* [*appearance*] trasandato, sciatto; [*language*] poco curato; [*management*] negligente; [*discipline*] rilassato; [*method*] privo di rigore; ***to be a ~ eater*** essere uno sbrodolone **2** COLLOQ. *(sentimental)* sdolcinato **3** BE *(baggy)* [*sweater*] a sacco.

slosh /slɒʃ/ **I** tr. **1** COLLOQ. *(spill)* versare, rovesciare [*liquid*] **2** BE POP. *(hit)* tirare una botta a [*person*] **II** intr. COLLOQ. (anche **~ about**) sciabordare.

sloshed /slɒʃt/ **I** p.pass. → **slosh II** agg. COLLOQ. sbronzo; ***to get ~*** prendersi una sbronza.

1.slot /slɒt/ n. **1** *(for coin, ticket)* fessura f.; *(for letters)* buca f. **2** *(groove)* scanalatura f. **3** *(in TV, radio)* spazio m.; *(in schedule)* buco m. **4** *(job)* posto m.

2.slot /slɒt/ **I** tr. (forma in -ing ecc. **-tt-**) inserire, infilare; ***to ~ a film into the timetable*** inserire un film nella programmazione **II** intr. (forma in -ing ecc. **-tt-**) ***to ~ into*** [*coin, piece*] infilarsi *o* inserirsi in.

■ **slot in:** ***~ in*** infilarsi, inserirsi; ***~ [sth.] in, ~ in [sth.]*** infilare, inserire [*coin, piece*]; trovare uno spazio per [*programme*]; piazzare [*person*].

■ **slot together:** ***~ together*** incastrarsi; ***~ [sth.] together*** incastrare [*parts*].

sloth /sləʊθ/ n. **1** ZOOL. bradipo m. **2** FORM. *(idleness)* accidia f., ignavia f.

slothful /ˈsləʊθfl/ agg. FORM. accidioso, ignavo.

slot machine n. slot-machine f.; *(for vending)* distributore m. automatico.

slot meter n. *(for gas, electricity)* contatore m. a moneta; *(parking meter)* parchimetro m.

slotted spoon n. schiumarola f.

1.slouch /slaʊtʃ/ n. **1** ***to walk with a ~*** avere un'andatura ciondolante *o* dinoccolata **2** COLLOQ. *(lazy person)* fannullone m. (-a) ♦ ***he's no ~*** è in gamba; ***he's no ~ at sth.*** se la cava bene a *o* in qcs.

2.slouch /slaʊtʃ/ intr. **1** *(sit badly)* stravaccarsi COLLOQ.; *(stand badly)* stare scomposto **2** (anche **~ around**) bighellonare, ciondolare.

1.slough /slaʊ, AE *anche* slu:/ n. **1** *(bog)* palude f., pantano m. **2** FIG. *(of despair)* abisso m.

2.slough /slʌf/ intr. fare la muta, cambiare pelle.

■ **slough off:** ***~ off [sth.], ~ [sth.] off*** **1** ZOOL. mutare [*skin*] **2** FIG. disfarsi di.

Slovak /ˈsləʊvæk/ ➧ ***18, 14*** **I** agg. slovacco **II** n. **1** *(person)* slovacco m. (-a) **2** *(language)* slovacco m.

Slovakia /sləˈvækɪə/ ➧ ***6*** n.pr. Slovacchia f.

Slovene /ˈsləʊvi:n/, **Slovenian** /sləˈvi:nɪən/ ➧ ***18, 14*** **I** agg. sloveno **II** n. **1** *(person)* sloveno m. (-a) **2** *(language)* sloveno m.

slovenliness /ˈslʌvnlɪnɪs/ n. sciatteria f., trascuratezza f.

slovenly /ˈslʌvnlɪ/ agg. [*person, work*] sciatto, trasandato; [*dress, appearance*] trasandato; [*speech, style*] inappropriato.

1.slow /sləʊ/ **I** agg. **1** *(not quick, dull)* lento; ***to be ~ to do*** o ***~ in doing*** essere lento nel fare; ***attitudes are ~ to change*** gli atteggiamenti cambiano lentamente; ***he is ~ to anger*** non si arrabbia facilmente **2** *(slack)* [*business, market*] fiacco; [*economic growth*] lento **3** *(dim)* [*learner*] lento, tardo; ***~ at sth.*** scarso in qcs. **4** *(showing incorrect time)* [*clock, watch*] ***to be ~*** essere indietro; ***to be 5 minutes ~*** essere indietro di 5 minuti **5** *(not too hot)* [*oven*] a bassa temperatura; [*flame*] lento **6** SPORT [*pitch*] pesante **II** avv. [*go*] piano, lentamente; ***~-acting*** ad azione lenta; ***~-cooked dish*** piatto cotto a fuoco lento.

2.slow /sləʊ/ tr. e intr. rallentare.

■ **slow down, slow up:** ***~ down*** rallentare; ***to ~ (down) to a crawl*** rallentare fino a procedere a passo d'uomo; ***to ~ (down) to 2%*** scendere al 2%; ***at your age you should ~ down*** alla tua età dovresti prendertela più calma; ***~ down [sth., sb.], ~ [sth., sb.] down*** rallentare, frenare [*car, runner*].

slowcoach /ˈsləʊkəʊtʃ/ n. BE COLLOQ. pigrone m. (-a), lumacone m. (-a).

slow cooker n. stufaiola f. elettrica.

slowdown /ˈsləʊdaʊn/ n. rallentamento m.; ***~ in demand*** calo della domanda.

slow handclapping n. = applauso ritmato che esprime disapprovazione o impazienza.

slow lane n. *(in UK, Australia)* corsia f. di sinistra (per veicoli lenti); *(elsewhere)* corsia f. di destra (per veicoli lenti).

slowly /ˈsləʊlɪ/ avv. lentamente, piano, adagio.

slow motion n. rallentatore m.; ***in ~*** al rallentatore.

slow-moving /ˌsləʊˈmu:vɪŋ/ agg. lento.

slowness /ˈsləʊnɪs/ n. **1** *(of motion, vehicle, pace)* lentezza f. **2** *(of pitch)* pesantezza f. **3** *(of mind)* ottusità f.

slowpoke /ˈsləʊpəʊk/ n. AE COLLOQ. → **slowcoach**.

slow train n. treno m. merci locale.

slow-witted /ˌsləʊˈwɪtɪd/ agg. duro di comprendonio, ottuso.

sludge /slʌdʒ/ n. **1** (anche **sewage ~**) acque f.pl. di scolo, di rifiuto **2** *(mud)* melma f., fango m.

1.slug /slʌg/ n. ZOOL. lumaca f. (anche FIG.).

2.slug /slʌg/ n. **1** COLLOQ. *(bullet)* pallottola f., proiettile m. **2** *(of alcohol)* sorso m., goccio m.

3.slug /slʌg/ tr. (forma in -ing ecc. **-gg-**) COLLOQ. **1** *(hit)* tirare una botta a [*person*] **2** AE SPORT tirare una botta a [*ball*] ♦ ***to ~ it out*** POP. lottare fino all'ultimo.

slug bait n. lumachicida m.

sluggard /ˈslʌgəd/ n. pelandrone m. (-a).

sluggish /ˈslʌgɪʃ/ agg. **1** [*person*] indolente, pigro; [*reaction, traffic*] lento; [*river*] che scorre lento **2** ECON. [*demand, market*] fiacco; ***after a ~ start*** dopo una partenza difficile.

slug pellets n.pl. lumachicida m.sing. in grani.

sluice /slu:s/ n. (anche **~way**) canale m. artificiale (con chiusa).

sluice down, sluice out **I** tr. lavare, risciacquare in acqua corrente **II** intr. defluire.

sluice gate n. chiusa f.

1.slum /slʌm/ **I** n. **1** *(poor area)* quartiere m. povero, slum m. **2** COLLOQ. *(dwelling)* topaia f. **II** modif. [*area, housing, house*] povero, degradato; [*child*] dei quartieri poveri; [*conditions*] nei quartieri poveri.

2.slum /slʌm/ intr. (forma in -ing ecc. **-mm-**) COLLOQ. (anche **~ it**) *(accept lower standards)* ridursi male.
1.slumber /ˈslʌmbə(r)/ n. sonno m.
2.slumber /ˈslʌmbə(r)/ intr. dormire (anche FIG.).
slum clearance n. = risanamento dei quartieri degradati.
slummy /ˈslʌmɪ/ agg. COLLOQ. [*area, house*] povero, degradato.
1.slump /slʌmp/ n. **1** *(in trade, price)* crollo m., caduta f. (**in** di); ***to experience a ~*** [*market*] subire un crollo **2** *(in popularity)* calo m.; *(in support)* perdita f. (**in** di); ***the party is experiencing a ~*** il partito è in crisi.
2.slump /slʌmp/ intr. **1** [*price, market*] subire un crollo **2** [*support, popularity*] essere in forte calo **3** [*person*] lasciarsi cadere, accasciarsi.
slung /slʌŋ/ pass., p.pass. → **2.sling**.
slunk /slʌŋk/ pass., p.pass. → **slink**.
1.slur /slɜ:(r)/ n. **1** calunnia f.; ***to cast a ~ on sb., sth.*** denigrare qcn., qcs.; ***to be a ~ on sb., sth.*** essere un disonore *o* un'onta per qcn., qcs.; ***a racial ~*** una diffamazione razziale **2** MUS. legatura f.
2.slur /slɜ:(r)/ tr. (forma in -ing ecc. **-rr-**) **1** ***to ~ one's speech*** o ***words*** mangiarsi le parole; [*drunkard*] farfugliare **2** MUS. legare [*notes*].
slurp /slɜ:p/ tr. *(eat)* mangiare rumorosamente; *(drink)* bere rumorosamente.
slurry /ˈslʌrɪ/ n. **1** *(of cement)* impasto m. **2** *(waste) (from animals)* liquame m.; *(from factory)* scarti m.pl.
slush /slʌʃ/ n. **1** *(melted snow)* neve f. sciolta, fanghiglia f. (mista a neve) **2** COLLOQ. SPREG. *(sentimentality)* sdolcinatezza f., svenevolezza f. **3** AE GASTR. granita f.
slush fund n. fondi m.pl. neri.
slushy /ˈslʌʃɪ/ agg. **1** [*snow*] sciolto, ridotto in poltiglia; [*street*] coperto di neve ridotta in poltiglia **2** COLLOQ. FIG. [*novel, film*] sentimentale.
slut /slʌt/ n. **1** POP. SPREG. *(promiscuous woman)* zoccola f., sgualdrina f. **2** COLLOQ. *(dirty woman)* sudiciona f., sciattona f.
sluttish /ˈslʌtɪʃ/ agg. **1** POP. SPREG. *(promiscuous)* [*behaviour*] da sgualdrina; ***a ~ woman*** una zoccola, una sgualdrina **2** COLLOQ. *(dirty)* sudicio.
sly /slaɪ/ agg. **1** SPREG. *(cunning)* furbo, scaltro **2** *(secretive)* [*smile, look*] d'intesa ♦ ***on the ~*** COLLOQ. alla chetichella, di nascosto.
slyly /ˈslaɪlɪ/ avv. **1** *(cunningly)* astutamente, scaltramente **2** *(secretively)* [*smile, look*] con aria d'intesa.
1.smack /smæk/ n. **1** *(blow)* colpo m.; *(with hand on face)* schiaffo m., ceffone m. **2** *(sound) (of blow)* colpo m.; *(of lips, whip)* schiocco m. **3** *(loud kiss)* bacio m. con lo schiocco, bacione m. ♦ ***a ~ in the eye*** uno smacco.
2.smack /smæk/ **I** tr. **1** (s)battere [*object*]; schiaffeggiare [*person*]; ***to ~ sb. on the bottom*** sculacciare qcn. **2** (fare) schioccare [*lips, whip*] **II** intr. *(hit)* ***to ~ into*** o ***against sth.*** sbattere contro qcs. ♦ ***to ~ one's lips*** avere l'acquolina in bocca.
3.smack /smæk/ avv. COLLOQ. (anche **~ bang, ~ dab** AE) violentemente, in pieno; ***~ in the middle of*** proprio in mezzo a.
4.smack /smæk/ n. **1** *(flavour)* sapore m., gusto m. **2** *(suggestion)* sentore m.
5.smack /smæk/ intr. *(have suggestion of)* ***to ~ of*** sapere *o* puzzare di.
6.smack /smæk/ n. MAR. peschereccio m.
7.smack /smæk/ n. POP. *(heroin)* ero f.
smacker /ˈsmækə(r)/ n. COLLOQ. **1** *(kiss)* bacio m. con lo schiocco, bacione m. **2** *(money)* BE sterlina f.; AE dollaro m.
smacking /ˈsmækɪŋ/ n. sculacciata f.
1.small /smɔ:l/ ♦ *28* **I** agg. **1** *(not big)* [*house, mistake, quantity*] piccolo; [*change, increase*] piccolo, lieve; [*majority, number*] esiguo, ridotto; ***a ~ book*** un libricino; ***a ~ job*** un lavoretto; ***his influence was ~*** la sua influenza fu trascurabile; ***written with a ~ letter*** scritto con la lettera minuscola; ***in their own ~ way*** nel loro piccolo; ***the ~est room*** COLLOQ. EUFEM. il gabinetto **2** *(petty)* [*person, act*] meschino, piccolo **3** *(not much)* ***to have ~ reason for worrying*** o ***to worry*** avere scarsi motivi di preoccupazione; ***it is ~ comfort*** o ***consolation to sb.*** è una misera consolazione per qcn.; ***it is of ~ consequence*** è irrilevante *o* di poca importanza; ***~ wonder he left!*** non c'è da stupirsi che sia partito! **4** *(quiet)* [*sound*] debole; ***a ~ voice*** una vocina; ***a ~ noise*** un rumorino **5** *(humiliated)* ***to feel*** o ***look ~*** sentirsi *o* farsi piccolo piccolo (per la vergogna); ***to make sb. feel*** o ***look ~*** umiliare qcn. **II** avv. [*write*] piccolo.
2.small /smɔ:l/ **I** n. ***the ~ of the back*** la parte bassa della schiena, le reni **II smalls** n.pl. BE COLLOQ. EUFEM. indumenti m. intimi.
small ad n. BE piccolo annuncio m., annuncio m. economico.
small change n. spiccioli m.pl.
small claims court n. BE DIR. tribunale m. delle liti minori, ufficio m. di conciliazione.
smallholder /ˈsmɔ:lˌhəʊldə(r)/ ♦ *27* n. BE AGR. DIR. piccolo proprietario m. terriero.
smallholding /ˈsmɔ:lˌhəʊldɪŋ/ n. BE AGR. DIR. piccola proprietà f. terriera, piccola azienda f. agricola.
small hours n.pl. ore f. piccole.
small intestine n. intestino m. tenue.
smallish /ˈsmɔ:lɪʃ/ agg. piccoletto.
small-minded /ˌsmɔ:lˈmaɪndɪd/ agg. gretto, meschino.
smallpox /ˈsmɔ:lpɒks/ ♦ *11* n. vaiolo m.
small print n. **1** TIP. caratteri m.pl. minuscoli, minuscolo m. **2** FIG. ***to read the ~*** leggere nei minimi dettagli; ***to read the ~ of a contract*** leggere tutte le clausole di un contratto.
small-scale /ˌsmɔ:lˈskeɪl/ agg. [*model*] in scala (ridotta); [*industry*] piccolo.
small screen n. *(TV)* piccolo schermo m.
small talk n. chiacchiere f.pl.; ***to make ~*** fare conversazione.
small-time /ˌsmɔ:lˈtaɪm/ agg. [*performer*] mediocre, modesto; ***~ crook*** delinquente da strapazzo.
small-town /ˌsmɔ:lˈtaʊn/ agg. SPREG. provinciale.
smarmy /ˈsmɑ:mɪ/ agg. BE COLLOQ. [*manner*] untuoso; [*person*] viscido.
1.smart /smɑ:t/ **I** agg. **1** *(elegant)* elegante, alla moda **2** COLLOQ. *(intelligent)* [*child*] sveglio; [*decision*] intelligente; ***to be ~ at doing*** essere bravo a fare; ***it was definitely the ~ choice*** è stata sicuramente la scelta migliore; ***he thinks he's so ~*** si crede tanto furbo **3** [*restaurant, hotel*] chic, alla moda; ***the ~ set*** il bel mondo **4** *(stinging)* [*rebuke*] pungente, secco, tagliente; ***a ~ blow*** un gran *o* bel colpo **5** *(brisk)* ***to walk at a ~ pace*** camminare di buon passo; ***that was ~ work!*** è stato presto fatto! **6** INFORM. [*system*] intelligente **II** n. *(pain)* dolore m. acuto, bruciore m. (anche FIG.).
2.smart /smɑ:t/ intr. **1** [*graze, cheeks*] bruciare, fare male **2** FIG. *(emotionally)* soffrire, essere punto sul vivo; ***he is ~ing over*** o ***from his defeat*** la sconfitta gli brucia ancora.
smart alec(k) /ˈsmɑ:tˌælɪk/ n. COLLOQ. saccente m. e f., saputello m. (-a).
smartarse BE, **smartass** AE /ˈsmɑ:tɑ:s/ n. POP. sapientone m. (-a), sputasentenze m. e f.
smart bomb n. bomba f. intelligente.
smart card n. INFORM. ECON. carta f. di credito, tessera f. a memoria magnetica.
smarten /ˈsmɑ:tn/ tr. abbellire, adornare.
■ **smarten up:** ~ *[sth., sb.]* **up,** ~ **up** *[sth., sb.]* riordinare [*room*]; ***to ~ oneself up*** mettersi in ghingheri, farsi bello.
smartly /ˈsmɑ:tlɪ/ avv. **1** [*dressed*] *(neatly)* bene, con cura; *(elegantly)* elegantemente **2** *(quickly)* [*rebuke*] seccamente **3** *(briskly)* [*turn, walk*] rapidamente **4** *(cleverly)* [*answer*] brillantemente.
smart money n. COLLOQ. ***the ~ was on Blue Orchid*** i bene informati puntavano su Blue Orchid; ***the ~ is on our shares*** le nostre azioni sono un investimento sicuro.
1.smash /smæʃ/ n. **1** *(crash) (of glass, china)* fracasso m.; *(of vehicles)* schianto m. **2** COLLOQ. (anche **~-up**) *(accident)* scontro m., collisione f. **3** COLLOQ. (anche **~ hit**) MUS. CINEM. grande successo m., successone m. **4** ECON. *(collapse)* crollo m., tracollo m.; *(on the stock exchange)* crac m. **5** SPORT *(in tennis)* smash m., schiacciata f.
2.smash /smæʃ/ **I** tr. **1** spaccare, rompere; *(more violently)* fracassare; ***thieves ~ed their way into the shop*** i ladri hanno fatto irruzione nel negozio; ***he ~ed the car into a tree*** distrusse *o* sfasciò l'automobile contro un albero **2** *(destroy)* soffocare [*protest*]; schiacciare [*opponent*]; sgominare [*gang*] **3** SPORT *(break)* polverizzare [*record*]; ***to ~ the ball*** *(in tennis)* fare uno smash *o* una schiacciata **II** intr. **1** *(disintegrate)* sfasciarsi,

schiantarsi **2** *(crash)* **to ~ into** [*vehicle*] andare a schiantarsi *o* a sbattere contro; ***the raiders ~ed through the door*** i rapinatori sfondarono la porta **3** ECON. fare fallimento.

■ **smash down:** ~ ***[sth.] down***, ~ ***down [sth.]*** buttare giù [*wall*].

■ **smash in:** ~ ***[sth.] in*** sfondare [*skull, door*]; ***I'll ~ your face in!*** COLLOQ. ti spacco la faccia!

■ **smash open:** ~ ***[sth.] open***, ~ ***open [sth.]*** sfondare [*door*].

■ **smash up:** ~ ***[sth.] up***, ~ ***up [sth.]*** demolire [*vehicle, building*]; ***they'll ~ the place up!*** spaccheranno tutto!

smash-and-grab /ˌsmæʃən'græb/ n. BE COLLOQ. (anche ~ **raid**) = furto commesso sfondando una vetrina e prelevando tutto ciò che vi è esposto.

smashed /smæʃt/ **I** p.pass. → **2.smash II** agg. **1** COLLOQ. *(intoxicated) (on alcohol)* ubriaco fradicio; *(on drugs)* completamente fatto (**on** di) **2** *(shattered)* [*limb, vehicle*] fracassato; [*window*] sfondato.

smasher /'smæʃə(r)/ n. BE COLLOQ. *(attractive person)* schianto m.; ***you're a ~!*** sei un fico!

smashing /'smæʃɪŋ/ agg. BE COLLOQ. favoloso, fantastico.

smattering /'smætərɪŋ/ n. ***to have a ~ of Russian*** avere un'infarinatura di russo.

1.smear /smɪə(r)/ n. **1** *(spot)* macchia f.; *(streak)* striscia f. **2** *(defamation)* calunnia f.; ***a ~ on sb.'s character*** una macchia sulla reputazione di qcn.

2.smear /smɪə(r)/ **I** tr. **1** *(dirty)* imbrattare, macchiare [*wall, face*] **2** *(slander)* diffamare [*person*]; rovinare [*reputation*] **3** *(spread)* spalmare [*butter*]; stendere [*paint*]; spalmare, applicare [*lotion*] **II** intr. [*paint*] macchiare; [*make-up*] sbavare.

smear campaign n. campagna f. diffamatoria.

smear tactics n.pl. tattica f.sing. diffamatoria.

smear test n. MED. striscio m. (vaginale), pap-test m.

1.smell /smel/ n. **1** *(odour)* odore m.; *(pleasant)* profumo m.; *(unpleasant)* puzzo m., puzza f., fetore m. **2** *(sense)* ***(sense of)*** ~ olfatto, odorato **3** *(action)* ***to have a ~ of*** o ***at sth.*** odorare *o* annusare qcs. **4** FIG. *(of dishonesty)* puzzo m., sentore m.

2.smell /smel/ **I** tr. (pass., p.pass. **smelled, smelt** BE) **1** *(notice)* sentire odore di; *(sniff deliberately)* annusare; [*animal*] fiutare **2** FIG. *(detect)* fiutare [*danger, problem*]; scoprire [*liar, cheat*] **II** intr. (pass., p.pass. **smelled, smelt** BE) **1** *(have odour)* avere odore; *(pleasantly)* profumare; *(unpleasantly)* puzzare **2** FIG. ***to ~ of*** puzzare di [*racism, corruption*] **3** *(have sense of smell)* avere l'olfatto, sentire gli odori.

■ **smell out:** ~ ***[sth.] out***, ~ ***out [sth.]*** **1** *(sniff out)* [*dog*] fiutare [*drugs, explosives*]; FIG. [*person*] fiutare [*plot, corruption*]; smascherare [*spy, traitor*] **2** *(cause to stink)* appestare [*room, house*].

smelling salts n.pl. MED. sali m. (ammoniacali).

smelly /'smelɪ/ agg. **1** [*animal, person, breath*] che puzza, puzzolente **2** COLLOQ. FIG. [*idea, place*] che puzza.

1.smelt /smelt/ pass., p.pass. BE → **2.smell**.

2.smelt /smelt/ tr. ottenere mediante fusione [*metal*]; fondere [*ore*].

smelter /'smeltə(r)/ n. fonderia f.

1.smile /smaɪl/ n. sorriso m.; ***to give (sb.) a ~*** fare un sorriso, sorridere (a qcn.); ***to be all ~s*** essere tutto contento, sprizzare gioia da tutti i pori.

2.smile /smaɪl/ **I** tr. ***"of course," he ~d*** "certamente," disse sorridendo; ***to ~ a sad smile*** fare un sorriso triste **II** intr. sorridere (**at sb.** a qcn.; **with** di); ***we ~d at the idea*** l'idea ci fece sorridere; ***keep smiling!*** sorridi!

■ **smile on:** ~ ***on [sb., sth.]*** [*luck*] arridere a, essere favorevole a; [*person, authority*] essere favorevole a.

smiling /'smaɪlɪŋ/ agg. sorridente.

smiley /'smaɪlɪ/ n. *(symbol)* smiley m.

1.smirk /smɜːk/ n. *(self-satisfied)* sorriso m. compiaciuto; *(knowing)* sorrisetto m., mezzo sorriso m.

2.smirk /smɜːk/ intr. *(in a self-satisfied way)* fare un sorriso compiaciuto; *(knowingly)* fare un sorrisetto.

smite /smaɪt/ tr. ANT. (pass. **smote**; p.pass. **smitten**) *(strike)* colpire.

smith /smɪθ/ ➧ **27** n. fabbro m. ferraio.

smithereens /ˌsmɪðə'riːnz/ n.pl. ***in ~*** in mille pezzi; ***to smash sth. to ~*** mandare qcs. in frantumi.

smithy /'smɪðɪ/ n. fucina f., officina f. del fabbro.

smitten /'smɪtn/ **I** p.pass. → **smite II** agg. **1** *(afflicted)* **~ by** divorato da [*guilt, regret*]; afflitto da [*illness*] **2** *(in love)* **~ by** o **with sb.** follemente innamorato *o* cotto di qcn.

1.smock /smɒk/ n. grembiule m., camice m.

2.smock /smɒk/ tr. ornare [qcs.] a punto smock.

smocking /'smɒkɪŋ/ n. punto m. smock.

smog /smɒg/ n. smog m.

smog mask n. mascherina f. antismog.

1.smoke /sməʊk/ n. **1** *(fumes)* fumo m.; ***to go up in ~*** COLLOQ. bruciare completamente; FIG. andare in fumo **2** COLLOQ. *(cigarette)* sigaretta f., sigaro m.; ***to have a ~*** farsi una fumata ♦ ***there's no ~ without fire*** o ***where there's ~ there's fire*** non c'è fumo senza arrosto.

2.smoke /sməʊk/ **I** tr. **1** fumare [*cigarette etc.*] **2** GASTR. affumicare [*fish, meat*] **II** intr. **1** *(use tobacco, substances)* fumare **2** *(be smoky)* [*fire, lamp*] fumare ♦ ***to ~ like a chimney*** COLLOQ. fumare come un turco.

■ **smoke out:** ~ ***[sth.] out***, ~ ***out [sth.]*** stanare (con il fumo) [*animal*]; ~ ***[sb.] out***, ~ ***out [sb.]*** stanare, scoprire [*fugitive*]; FIG. mettere allo scoperto [*culprit*].

smoke alarm n. rivelatore m. di fumo.

smoke bomb n. bomba f. fumogena.

smoked /sməʊkt/ **I** p.pass. → **2.smoke II** agg. [*food, glass*] affumicato.

smoke-dried /'sməʊkdraɪd/ agg. affumicato.

smoke-filled /'sməʊkfɪld/ agg. fumoso, pieno di fumo.

smokeless /'sməʊklɪs/ agg. [*fuel*] che non emette fumi.

smoker /'sməʊkə(r)/ n. **1** *(person)* fumatore m. (-trice) **2** *(on train)* scompartimento m. (per) fumatori.

smoke screen n. cortina f. fumogena (anche FIG.).

smokestack /'sməʊkstæk/ n. *(chimney)* ciminiera f.; *(funnel)* fumaiolo m.

smokey → **smoky**.

smoking /'sməʊkɪŋ/ **I** n. ***~ and drinking*** il fumo e l'alcol; ***to give up ~*** smettere di fumare; ***"no ~"*** "vietato fumare" **II** agg. attrib. [*chimney, volcano*] fumante; [*cigarette*] acceso.

smoking ban n. divieto m. di fumare.

smoking compartment BE, **smoking car** AE n. scompartimento m., carrozza f. (per) fumatori.

smoking-related /'sməʊkɪŋrɪˌleɪtɪd/ agg. [*disease*] legato al fumo, portato dal fumo.

smoking room n. sala f. (per) fumatori.

smoky /'sməʊkɪ/ **I** agg. [*room*] fumoso, pieno di fumo; [*fire*] che fa fumo; [*cheese, ham*] affumicato; [*glass*] affumicato, fumé **II** n. AE COLLOQ. *(cop)* = poliziotto; *(police)* = polizia.

smolder AE → **smoulder**.

smoldering AE → **smouldering**.

smooch /smuːtʃ/ intr. COLLOQ. sbaciucchiarsi.

1.smooth /smuːð/ agg. **1** *(even)* [*stone, sea, skin, fabric*] liscio; [*road*] piano; [*curve, line, breathing*] regolare; [*sauce*] omogeneo; [*movement*] agevole, sciolto; ***the tyres are worn ~*** le gomme sono diventate lisce; ***the engine is very ~*** il motore gira bene **2** FIG. *(problem-free)* [*journey, flight, life*] tranquillo, senza intoppi; ***the bill had a ~ passage through Parliament*** la legge è passata senza difficoltà in Parlamento **3** *(pleasant)* [*taste, wine*] amabile, rotondo **4** *(suave)* SPREG. [*person*] mellifluo; [*manners, appearance*] untuoso; ***to be a ~ talker*** essere un politicone; ***a ~ operator*** un ammaliatore ♦ ***the course of true love never did run ~*** = l'amore vero non è mai privo di difficoltà; ***to take the rough with the ~*** prendere le cose come vengono.

2.smooth /smuːð/ tr. **1** *(flatten out)* lisciare [*paper, hair, surface*]; *(get creases out)* togliere le pieghe a, stirare [*fabric*]; ***~ the cream over your face*** applicate la crema sul viso **2** FIG. *(make easier)* facilitare [*process*]; spianare [*path*].

■ **smooth away:** ~ ***away [sth.]***, ~ ***[sth.] away*** eliminare [*wrinkles*]; togliere [*creases*]; appianare [*problems*].

■ **smooth down:** ~ ***[sth.] down***, ~ ***down [sth.]*** lisciare [*hair, fabric*]; levigare [*wood, rough surface*].

■ **smooth out:** ~ ***[sth.] out***, ~ ***out [sth.]*** **1** *(lay out)* spiegare [*map, paper, cloth*]; *(remove creases)* togliere le pieghe a, stirare [*paper, cloth*] **2** FIG. appianare [*difficulties*]; eliminare, fare scomparire [*imperfections*].

■ **smooth over:** ~ ***[sth.] over***, ~ ***over [sth.]*** minimizzare [*differences*]; superare [*awkwardness*]; appianare [*difficulties, problems*]; ***to ~ things over*** risolvere la faccenda.

smooth-faced /ˈsmuːðfeɪst/ agg. imberbe.

smoothie /ˈsmuːðɪ/ n. COLLOQ. SPREG. persona f. viscida.

smoothly /ˈsmuːðlɪ/ avv. **1** *(easily)* [*move*] facilmente, senza difficoltà; [*start, stop, land*] dolcemente; [*write, spread*] in modo regolare; FIG. senza difficoltà; ***to run ~*** [*engine, business*] girare bene; [*holiday*] andare bene; ***things are going very ~*** tutto sta filando liscio **2** *(suavely)* [*say, lie*] in modo mellifluo.

smoothness /ˈsmuːðnɪs/ n. **1** *(of surface, skin)* levigatezza f.; *(of crossing, flight)* tranquillità f.; *(of car, engine)* buon funzionamento m.; *(of movement)* scioltezza f. **2** FIG. *(absence of problems)* assenza f. di problemi **3** *(of wine, taste)* amabilità f., rotondità f. **4** *(suaveness)* untuosità f., mellifluità f.

smooth running I n. *(of engine, organization)* buon funzionamento m.; *(of event)* buona organizzazione f. **II smooth-running** agg. [*engine*] che gira bene; [*organization*] che funziona bene; [*event*] ben organizzato.

smooth-tongued /ˌsmuːðˈtʌŋd/ agg. SPREG. suadente, mellifluo.

smoothy → **smoothie**.

smote /sməʊt/ pass. → **smite**.

smother /ˈsmʌðə(r)/ tr. **1** *(stifle)* soffocare [*person, fire, yawn, scandal*] **2** *(cover)* ***to ~ sb. with kisses*** coprire qcn. di baci; ***a cake ~ed in cream*** una torta tutta coperta di panna; ***to be ~ed in blankets*** essere tutto avvolto nelle coperte.

smoulder BE, **smolder** AE /ˈsməʊldə(r)/ intr. **1** [*fire*] covare sotto la cenere; [*cigarette*] consumarsi; [*ruins*] bruciare (senza fiamma) **2** FIG. [*hatred*] covare; ***to ~ with*** covare [*resentment*]; essere divorato *o* roso da [*jealousy*].

smouldering BE, **smoldering** AE /ˈsməʊldərɪŋ/ agg. **1** [*fire*] che cova sotto la cenere; [*cigarette*] che si consuma; [*ruins*] fumante **2** FIG. *(intense)* [*hatred, resentment*] forte, che consuma; [*jealousy*] divorante; *(sexy)* [*eyes, look*] ardente.

1.smudge /smʌdʒ/ n. *(mark)* macchia f., sbavatura f.

2.smudge /smʌdʒ/ **I** tr. sbavare [*make-up, ink, print*]; fare delle sbavature su [*paper, paintwork*] **II** intr. [*paint, ink, print, make-up*] macchiare, sbavare.

3.smudge /smʌdʒ/ n. AE AGR. fumigazione f.

smudged /smʌdʒd/ **I** p.pass. → **2.smudge II** agg. [*paint, make-up*] colato, sbavato; [*writing, letter*] con sbavature; [*paper, cloth*] macchiato.

smudgy /ˈsmʌdʒɪ/ agg. **1** *(marked)* [*paper, face*] sporco, imbrattato; [*writing, letter*] con sbavature **2** *(indistinct)* [*photograph, image*] sfocato; [*outline*] sfumato.

smug /smʌg/ agg. molto compiaciuto; ***to be ~ about winning*** essere molto fiero di avere vinto.

smuggle /ˈsmʌgl/ **I** tr. contrabbandare [*cigarettes, alcohol*]; mandare clandestinamente [*message, food*]; trafficare in [*arms, drugs*]; ***to ~ sth. in*** fare entrare qcs. di contrabbando; ***to ~ sb. into a country*** fare entrare clandestinamente qcn. in uno stato; ***to ~ sth. through*** o ***past customs*** contrabbandare qcs. **II** intr. esercitare il contrabbando.

smuggled /ˈsmʌgld/ **I** p.pass. → **smuggle II** agg. [*goods, cigarettes*] di contrabbando.

smuggler /ˈsmʌglə(r)/ n. contrabbandiere m. (-a); ***arms ~*** trafficante di armi; ***drug ~*** narcotrafficante.

smuggling /ˈsmʌglɪŋ/ n. contrabbando m.; ***drug, arms ~*** traffico di droga, di armi.

smut /smʌt/ n. **1 U** *(vulgarity)* oscenità f. **2** *(stain)* macchia f.

smutty /ˈsmʌtɪ/ agg. **1** *(crude)* osceno **2** *(dirty)* [*face, object*] nero, sporco, macchiato.

1.snack /snæk/ n. **1** *(small meal)* pasto m. leggero; *(between meals)* snack m., spuntino m.; ***to have*** o ***eat a ~*** fare uno spuntino; (*in the afternoon*) fare merenda **2** *(crisps, peanuts etc.)* snack m., stuzzichino m.

2.snack /snæk/ intr. fare uno spuntino; (*in the afternoon*) fare merenda.

snack bar n. snack-bar m., tavola f. calda.

snaffle /ˈsnæfl/ n. (anche **~ bit**) EQUIT. filetto m.

1.snag /snæg/ n. **1** *(hitch)* intoppo m., difficoltà f.; ***there's just one ~*** c'è solo un problema **2** *(tear)* piccolo strappo m. **3** *(projection)* sporgenza f.

2.snag /snæg/ **I** tr. (forma in -ing ecc. **-gg-**) impigliare [*garment*] (**on** in); smagliare, strappare [*tights*]; rompersi [*fingernail*]; graffiarsi [*hand, finger*] (**on** contro) **II** intr. (forma in -ing ecc. **-gg-**) ***to ~ on*** [*fabric*] rimanere impigliato a; [*propeller, part*] urtare contro.

snail /sneɪl/ n. chiocciola f., lumaca f. (con il guscio); ***at a ~'s pace*** a passo di lumaca.

1.snake /sneɪk/ n. **1** ZOOL. serpente m., serpe f. **2** SPREG. *(person)* serpe f. ♦ ***a ~ in the grass*** SPREG. = un pericolo in agguato.

2.snake /sneɪk/ intr. [*road*] serpeggiare.

snakebite /ˈsneɪkbaɪt/ n. **1** morso m. di serpente **2** *(drink)* = bevanda a base di sidro e birra.

snake charmer n. incantatore m. (-trice) di serpenti.

snakes and ladders ➧ **10** n. + verbo sing. BE GIOC. = gioco simile al gioco dell'oca.

snaky /ˈsneɪkɪ/ agg. [*movement*] sinuoso; [*road*] serpeggiante, tortuoso.

1.snap /snæp/ ➧ **10 I** n. **1** *(cracking sound)* *(of branch)* schianto m., colpo m. secco; *(of fingers, elastic)* schiocco m. **2** *(bite)* ***with a sudden ~ of his jaws, the fox...*** chiudendo di scatto la bocca, la volpe... **3** FOT. COLLOQ. foto f. **4** GIOC. = gioco di carte simile al rubamazzo **5** COLLOQ. *(vigour)* brio m., energia f. **II** agg. [*decision, judgment*] improvviso, veloce **III** inter. ***~! we're wearing the same tie!*** COLLOQ. toh (guarda), abbiamo la cravatta uguale!

2.snap /snæp/ **I** tr. (forma in -ing ecc. **-pp-**) **1** *(click)* fare schioccare [*fingers, elastic*]; fare scattare, chiudere di scatto [*jaws*]; ***to ~ sth. shut*** chiudere di colpo qcs. **2** *(break)* spezzare, rompere **3** *(say crossly)* ***"stop it!" he ~ped*** "smettila!" disse con tono seccato **4** FOT. COLLOQ. scattare una foto a **II** intr. (forma in -ing ecc. **-pp-**) **1** *(break)* [*branch*] spezzarsi di schianto; [*elastic*] rompersi; [*rope*] spezzarsi **2** FIG. *(lose control)* [*person*] perdere il controllo; ***my patience finally ~ped*** alla fine la mia pazienza si esaurì **3** *(click)* ***to ~ open, shut*** aprirsi, chiudersi di scatto **4** *(speak sharply)* parlare duramente ♦ ***~ out of it!*** COLLOQ. reagisci! ***~ to it!*** COLLOQ. sbrigati! ***to ~ to attention*** MIL. scattare sull'attenti.

■ **snap at:** ~ **at** [**sth., sb.**] **1** *(speak sharply)* parlare duramente a [*person*] **2** *(bite)* [*dog, fish*] cercare di acchiappare (con la bocca).

■ **snap off:** ~ **off** spezzarsi (con un colpo secco); ~ **off** [**sth.**], ~ [**sth.**] **off** spezzare, rompere.

■ **snap up:** ~ **up** [**sth.**] portare via, soffiare [*bargain*].

snapdragon /ˈsnæpˌdrægən/ n. BOT. bocca f. di leone.

snap fastener n. (bottone) automatico m.

snap-on /ˈsnæpɒn, AE -ɔːn/ agg. [*lid, attachment*] a scatto.

snappish /ˈsnæpɪʃ/ agg. aggressivo, stizzoso.

snappy /ˈsnæpɪ/ agg. **1** *(bad-tempered)* [*person, animal*] aggressivo **2** *(lively)* [*rhythm*] vivace; [*reply*] pronto; *(punchy)* [*advertisement*] accattivante **3** COLLOQ. *(smart)* [*clothing*] alla moda ♦ ***make it ~!*** COLLOQ. sbrigati!

snapshot /ˈsnæpʃɒt/ n. foto f., istantanea f.

1.snare /sneə(r)/ n. laccio m., trappola f. (anche FIG.).

2.snare /sneə(r)/ tr. prendere al laccio, intrappolare [*animal, person*].

1.snarl /snɑːl/ n. **1** *(growl)* ringhio m.; ***"you'd better watch out!" he said with a ~*** "faresti meglio a fare attenzione!" disse con tono rabbioso **2** *(grimace)* espressione f. truce.

2.snarl /snɑːl/ **I** tr. ringhiare [*order, insult*]; ***"don't be so stupid," he ~ed*** "non fare lo stupido," urlò rabbioso **II** intr. *(growl)* [*animal*] ringhiare; [*person*] urlare, ringhiare.

3.snarl /snɑːl/ n. *(tangle)* *(of traffic)* ingorgo m.; *(in single rope)* nodo m.; *(of several ropes)* groviglio m., intrico m.

4.snarl /snɑːl/ **I** tr. *(twist together)* aggrovigliare, ingarbugliare (anche FIG.) **II** intr. aggrovigliarsi, ingarbugliarsi (anche FIG.).

■ **snarl up:** ~ **up** [*rope, wool*] aggrovigliarsi, ingarbugliarsi; ~ **up** [**sth.**] bloccare; ***to be ~ed up*** [*road, network*] essere bloccato; [*economy, system*] essere paralizzato; ***the hook got ~ed up in the net*** l'amo è rimasto impigliato nella rete.

snarl-up /ˈsnɑːlʌp/ n. *(in traffic)* imbottigliamento m., ingorgo m.; *(in distribution network)* blocco m.

1.snatch /snætʃ/ n. **1** *(fragment)* *(of conversation)* frammento m., stralcio m.; *(of poem)* alcuni versi m.pl.; *(of concerto)* brano m.; *(of tune)* pezzetto m., pezzo m. **2** *(grab)* ***to make a ~ at sth.*** cercare di afferrare qcs. **3** *(theft)* scippo m.; ***bag ~*** borseggio **4** SPORT *(in weight-lifting)* strappo m.

2.snatch /snætʃ/ **I** tr. **1** *(grab)* afferrare [*object*]; cogliere [*opportunity*]; strappare [*victory*]; prendere [*lead*]; ***to ~ sth. from sb.*** strappare qcs. a qcn. **2** COLLOQ. *(steal)* rubare, scippare [*handbag, jewellery*]; rapire [*baby*]; rubare [*kiss*] (**from** a) **3** *(take hurriedly)* ***try to ~ a few hours' sleep*** cerca di dormire qualche ora; ***have we got time to ~ a meal?*** possiamo mangiare qualcosa al volo? **II** intr. ***to ~ at*** cercare di afferrare [*rope, letter*].

■ **snatch away:** ~ ***[sth.] away*** portare via, strappare (**from sb.** a qcn.).

■ **snatch up:** ~ ***up [sth.]*** raccogliere velocemente [*clothes, papers*]; afferrare [*child*]; ***to ~ up a bargain*** fare un affare.

snatcher /ˈsnætʃə(r)/ n. *(thief)* scippatore m. (-trice); *(kidnapper)* rapitore m. (-trice).

snazzy /ˈsnæzɪ/ agg. COLLOQ. [*clothing, colour*] sgargiante.

1.sneak /sniːk/ n. BE COLLOQ. SPREG. **1** *(telltale)* spione m. (-a) **2** *(devious person)* sornione m. (-a).

2.sneak /sniːk/ **I** tr. (pass., p.pass. **~ed**, COLLOQ. **snuck**) **1** COLLOQ. *(have secretly)* mangiare di nascosto [*chocolate etc.*]; fumare di nascosto [*cigarette*] **2** COLLOQ. *(steal)* prendere furtivamente, sgraffignare (**out of, from** da); ***she ~ed him out by the back door*** l'ha fatto uscire di nascosto dalla porta di servizio; ***to ~ a look at sth.*** dare un'occhiata furtiva a qcs. **II** intr. (pass., p.pass. **sneaked**, COLLOQ. **snuck**) **1** *(move furtively)* ***to ~ away, around*** andarsene, aggirarsi furtivamente; ***to ~ into*** infilarsi furtivamente in [*room, bed*]; ***he ~ed out of the room*** uscì dalla stanza quatto quatto **2** BE COLLOQ. *(tell tales)* fare la spia; ***to ~ on sb.*** fare la spia a qcn., denunciare qcn.

sneaker /ˈsniːkə(r)/ n. AE scarpa f. da ginnastica.

sneaking /ˈsniːkɪŋ/ agg. ***she has a ~ suspicion that he's lying*** ha il vago sospetto che lui stia mentendo; ***I have a ~ admiration for her*** sotto sotto la ammiro.

sneak preview n. CINEM. anteprima f. (anche FIG.); ***to give sb. a ~ of sth.*** dare qcs. a qcn. in anteprima, dare a qcn. un'anticipazione su qcs.

sneak thief n. (pl. **sneak thieves**) ladruncolo m. (-a).

sneaky /ˈsniːkɪ/ agg. **1** SPREG. *(cunning)* [*act, person*] meschino, subdolo, spregevole; [*plan*] astuto **2** *(furtive)* ***to have a ~ look at sth.*** dare un'occhiata furtiva a qcs.

1.sneer /snɪə(r)/ n. **1** *(expression)* ghigno m., sogghigno m. **2** *(remark)* sarcasmo m., osservazione f. beffarda.

2.sneer /snɪə(r)/ intr. **1** *(smile)* sogghignare **2** *(speak)* ***to ~ at sb.*** deridere qcn.

sneering /ˈsnɪərɪŋ/ **I** n. derisione f., scherno m. **II** agg. [*remark*] canzonatorio, sarcastico; [*smile*] beffardo, di scherno.

1.sneeze /sniːz/ n. starnuto m.

2.sneeze /sniːz/ intr. starnutire ♦ ***it is not to be ~d at*** non è una cosa da buttar via.

1.snick /snɪk/ n. COLLOQ. taglietto m.

2.snick /snɪk/ tr. COLLOQ. fare un taglietto a, incidere.

1.snicker /ˈsnɪkə(r)/ n. AE risolino m., risatina f. maliziosa.

2.snicker /ˈsnɪkə(r)/ intr. AE ridacchiare.

snide /snaɪd/ agg. [*person, remark*] maligno.

1.sniff /snɪf/ n. **1** *(with cold, crying)* (il) tirare su col naso; *(of disgust, disdain)* smorfia f. **2** *(inhalation)* fiutata f.; *(of drug)* sniffata f.; ***to take a ~ of*** annusare [*perfume*] **3** FIG. *(slight scent)* ***there has never been a ~ of scandal*** non c'è mai stata ombra di scandalo.

2.sniff /snɪf/ **I** tr. fiutare [*air*]; annusare [*perfume, food*]; sniffare [*glue, cocaine*] **II** intr. [*person*] tirare su col naso; [*dog*] annusare, fiutare; ***to ~ at*** annusare; FIG. arricciare *o* storcere il naso di fronte a [*idea, dish*]; ***a free car is not to be ~ed at*** un'automobile gratis non è da disprezzare.

■ **sniff out:** ~ ***out [sth.]*** fiutare (anche FIG.).

sniffer dog n. cane m. antidroga.

1.sniffle /ˈsnɪfl/ n. **1** COLLOQ. *(sniff)* (il) tirare su col naso **2** *(slight cold)* (leggero) raffreddore m.

2.sniffle /ˈsnɪfl/ intr. tirare su col naso.

sniffy /ˈsnɪfɪ/ agg. COLLOQ. sdegnoso, sprezzante.

snifter /ˈsnɪftə(r)/ n. **1** COLLOQ. *(drink)* cicchetto m., bicchierino m. **2** AE *(glass)* napoleone m., bicchiere m. da cognac.

1.snigger /ˈsnɪgə(r)/ n. risolino m., risatina f.

2.snigger /ˈsnɪgə(r)/ intr. ridacchiare (**at sb.** di qcn.; **at sth.** per qcs.).

1.snip /snɪp/ n. **1** *(action)* forbiciata f., colpo m. di forbici **2** *(sound of scissors)* zac zac m. **3** *(piece of fabric)* scampolo m., ritaglio m. **4** COLLOQ. *(bargain)* buon affare m., affarone m. **5** *(in horse races)* vincitore m. sicuro.

2.snip /snɪp/ tr. (forma in -ing ecc. **-pp-**) tagliuzzare [*fabric, paper*]; rifilare [*hedge*].

■ **snip off:** ~ ***[sth.] off,*** ~ ***off [sth.]*** tagliare [*nail, twig*].

1.snipe /snaɪp/ n. ZOOL. beccaccino m.

2.snipe /snaɪp/ intr. ***to ~ at*** *(shoot)* sparare da un luogo nascosto a; *(criticize)* criticare, sparare a zero su [*person*].

sniper /ˈsnaɪpə(r)/ n. MIL. cecchino m., sniper m.

snippet /ˈsnɪpɪt/ n. gener. pl. ***~s of conversation*** frammenti di conversazione; ***~s of information*** spigolature; ***~s of fabric*** scampoli di stoffa.

1.snitch /snɪtʃ/ n. COLLOQ. *(telltale)* spione m. (-a).

2.snitch /snɪtʃ/ **I** tr. COLLOQ. *(steal)* fregare, sgraffignare **II** intr. COLLOQ. *(reveal secret)* fare la spia.

snivel /ˈsnɪvl/ intr. (forma in -ing ecc. **-ll-**) piagnucolare, frignare.

snob /snɒb/ **I** n. snob m. e f. **II** modif. [*value, appeal*] snobistico.

snobbery /ˈsnɒbərɪ/ n. snobismo m.

snobbish /ˈsnɒbɪʃ/ agg. [*person*] snob; [*behaviour*] snobistico, da snob.

snobbishness /ˈsnɒbɪʃnɪs/ n. snobismo m.

snobby /ˈsnɒbɪ/ agg. COLLOQ. → **snobbish**.

snog /snɒg/ intr. (forma in -ing ecc. **-gg-**) COLLOQ. sbaciucchiarsi, pomiciare.

snook /snuːk/ n. ***to cock a ~ at sb.*** fare marameo a qcn.

1.snooker /ˈsnuːkə(r)/ ♦ ***10*** n. **1** *(game)* snooker m. **2** *(shot)* colpo m. formidabile.

2.snooker /ˈsnuːkə(r)/ tr. = costringere l'avversario in posizione tale da non poter colpire direttamente alcuna delle palle che è consentito colpire; FIG. ostacolare [*person*].

1.snoop /snuːp/ n. → **snooper**.

2.snoop /snuːp/ intr. COLLOQ. farsi gli affari altrui; ***to ~ into sth.*** ficcare il naso in qcs.

■ **snoop around** COLLOQ. ficcanasare.

snoop around n. COLLOQ. ***to have a ~*** dare un'occhiata in giro.

snooper /ˈsnuːpə(r)/ n. COLLOQ. SPREG. ficcanaso m. e f., impiccione m. (-a).

snooping /ˈsnuːpɪŋ/ **I** n. COLLOQ. spionaggio m. **II** agg. COLLOQ. impiccione.

snooty /ˈsnuːtɪ/ agg. COLLOQ. [*restaurant, club*] esclusivo; [*tone*] sdegnoso; [*person*] con la puzza sotto il naso.

1.snooze /snuːz/ n. COLLOQ. pisolino m., sonnellino m.

2.snooze /snuːz/ intr. COLLOQ. fare un pisolino, fare un sonnellino.

snooze button n. = pulsante di una sveglia che si schiaccia dopo che essa ha suonato affinché la soneria si fermi e riparta dopo alcuni minuti.

1.snore /snɔː(r)/ n. (il) russare.

2.snore /snɔː(r)/ intr. russare.

snoring /ˈsnɔːrɪŋ/ n. (il) russare.

1.snorkel /ˈsnɔːkl/ n. **1** *(for swimmer)* respiratore m., boccaglio m., snorkel m. **2** *(on submarine)* presa f. d'aria, snorkel m.

2.snorkel /ˈsnɔːkl/ intr. (forma in -ing ecc. **-ll-**) fare snorkelling.

snorkelling /ˈsnɔːklɪŋ/ ♦ ***10*** n. SPORT snorkelling m.

1.snort /snɔːt/ n. **1** *(of horse, bull)* sbuffo m.; *(of person, pig)* grugnito m. **2** COLLOQ. *(of cocaine)* sniffata f. **3** COLLOQ. *(drink)* cicchetto m., bicchierino m.

2.snort /snɔːt/ **I** tr. COLLOQ. sniffare [*drug*] **II** intr. [*person, pig*] grugnire; [*horse, bull*] sbuffare; ***to ~ with laughter*** fare una risata cavallina.

snot /snɒt/ n. COLLOQ. moccio m.

snotty /ˈsnɒtɪ/ agg. **1** [*nose*] moccioso, pieno di moccio **2** [*person*] altezzoso.

snout /snaʊt/ n. muso m.; *(of pig)* grugno m.; FIG. SCHERZ. *(of person)* muso m.; ***keep your ~ out of this*** non ficcare il naso in questa faccenda.

1.snow /snəʊ/ n. neve f.

2.snow /snəʊ/ impers. nevicare; ***it's ~ing*** sta nevicando, nevica.

■ **snow in:** ***to be ~ed in*** rimanere bloccati a causa della neve.
■ **snow under:** ***to be ~ed under*** essere coperto di neve; FIG. *(with work, letters)* essere sommerso (**with** da).
■ **snow up** → **snow in.**
1.snowball /ˈsnəʊbɔːl/ n. palla f. di neve ♦ ***he hasn't got a ~'s chance in hell*** COLLOQ. non ha la benché minima probabilità.
2.snowball /ˈsnəʊbɔːl/ intr. [*profits, problem*] crescere a valanga.
snowbank /ˈsnəʊbæŋk/ AE n. cumulo m. di neve.
snow-blind /ˈsnəʊblɪnd/ agg. accecato dal riverbero della neve.
1.snowboard /ˈsnəʊbɔːd/ n. snowboard m.
2.snowboard /ˈsnəʊbɔːd/ intr. fare snowboard.
snowboarder /ˈsnəʊbɔːdə(r)/ n. snowboardista m. e f.
snowboarding /ˈsnəʊbɔːdɪŋ/ ♦ ***10*** n. snowboard m.
snowboot /ˈsnəʊbuːt/ n. ABBIGL. SPORT doposci m.
snowbound /ˈsnəʊbaʊnd/ agg. [*person, vehicle*] bloccato dalla neve; [*region*] isolato a causa della neve.
snow-capped /ˈsnəʊkæpt/ agg. [*mountain*] innevato, incappucciato di neve.
snow chains n.pl. AUT. catene f. (da neve).
snowdrift /ˈsnəʊˌdrɪft/ n. cumulo m. di neve.
snowdrop /ˈsnəʊdrɒp/ n. bucaneve m.
snowfall /ˈsnəʊfɔːl/ n. **1** nevicata f. **2** METEOR. nevosità f.
snowflake /ˈsnəʊfleɪk/ n. fiocco m. di neve.
snow line n. limite m. delle nevi perenni.
snowman /ˈsnəʊmən/ n. (pl. **-men**) pupazzo m. di neve.
snow mobile n. motoslitta f.
snow plough BE, **snow plow** AE n. AUT. SPORT spazzaneve m.
snow report n. METEOR. bollettino m. della neve.
snow shoe n. racchetta f. da neve.
snowslide /ˈsnəʊslaɪd/, **snow slip** n. slavina f.
snowstorm /ˈsnəʊstɔːm/ n. tormenta f., bufera f. di neve.
snow suit n. tuta f. da sci.
snow tyre BE, **snow tire** AE n. gomma f. da neve, (pneumatico) antineve m.
snow-white /ˌsnəʊˈwaɪt, AE -ˈhwaɪt/ agg. bianco (come la neve), niveo, candido.
snowy /ˈsnəʊɪ/ agg. **1** *(after a snowfall)* [*landscape*] innevato, coperto di neve; *(usually under snow)* [*region*] nevoso; ***it will be ~ tomorrow*** domani nevicherà **2** ♦ ***5*** FIG. *(white)* bianco (come la neve).
Snr. ⇒ Senior senior.
1.snub /snʌb/ n. affronto m., mortificazione f.
2.snub /snʌb/ tr. (forma in -ing ecc. **-bb-**) snobbare, trattare male.
snub nose n. naso m. all'insù.
snub-nosed /ˌsnʌbˈnəʊzd/ agg. col naso all'insù.
snuck /snʌk/ pass., p.pass. COLLOQ. → **2.sneak**.
1.snuff /snʌf/ tr. *(put out)* spegnere [*candle*] ♦ ***to ~ it*** COLLOQ. tirare le cuoia.
■ **snuff out:** ***~ [sth.] out, ~ out [sth.]*** **1** spegnere [*candle*] **2** FIG. smorzare [*hope, interest*]; soffocare [*rebellion*] **3** COLLOQ. *(kill)* fare fuori [*person*].
2.snuff /snʌf/ n. tabacco m. da fiuto.
snuffbox /ˈsnʌfˌbɒks/ n. tabacchiera f.
snuffle /ˈsnʌfl/ intr. tirare su col naso.
■ **snuffle around** annusare, fiutare.
snuffles /ˈsnʌflz/ n. ***to have the ~*** avere il naso chiuso.
snug /snʌg/ **I** agg. [*bed, room*] confortevole, accogliente; [*coat*] caldo e comodo **II** n. BE séparé m. ♦ ***to be as ~ as a bug in a rug*** stare al calduccio.
snuggle /ˈsnʌgl/ intr. rannicchiarsi, aggomitolarsi (**into** in).
■ **snuggle up** rannicchiarsi (**against, beside** contro).
snugly /ˈsnʌglɪ/ avv. ***the lid should fit ~*** il coperchio dovrebbe infilarsi perfettamente; ***he's ~ tucked up in bed*** è a letto tutto bello coperto.
so /səʊ/ avv. **1** *(so very)* così, talmente; ***what's ~ funny?*** che cosa c'è di tanto divertente? ***not ~ tall as*** COLLOQ. non alto come *o* quanto; ***he's not ~ stern a father as yours*** non è un padre severo quanto il tuo; ***I'm not feeling ~ good*** COLLOQ. non mi sento troppo bene **2** *(to limited extent)* ***I can only work ~ fast and no faster*** non posso lavorare più velocemente di così; ***~ much (and no more)*** non più di così **3** *(in such a way)* ***~ arranged that*** disposto in modo tale che; ***do ~*** fai così; ***and ~ on (and ~ forth)*** e così via, e avanti di questo passo; ***~ be it!*** così sia! **4** *(for that reason)* ***~ it was that*** e fu così che; ***he was young and ~ lacked experience*** era giovane e quindi inesperto **5** *(true)* ***is that ~?*** davvero? ***if (that's) ~*** se è così **6** *(also)* anche; ***if you accept ~ do I*** se accetti, accetto anch'io **7** COLLOQ. *(thereabouts)* ***20 or ~*** circa 20 **8** *(as introductory remark)* ***~ there you are*** e così, eccoti qua **9** *(avoiding repetition)* ***he's the owner or ~ he claims*** è il proprietario o almeno così dice; ***he dived and as he did ~...*** si tuffò e nel farlo *o* facendolo...; ***I believe ~*** credo di sì; ***~ I believe*** è quel che penso; ***I'm afraid ~*** temo di sì; ***~ it would appear*** così sembrerebbe; ***~ to speak*** per così dire; ***I told you ~*** te l'avevo detto; ***~ I see*** lo vedo; ***I think ~*** penso di sì; ***I don't think ~*** penso di no; ***who says ~?*** chi lo dice? ***he said ~*** ha detto così; ***only more ~*** ancora di più **10** *(reinforcing a statement)* ***"I thought you liked it?" - "~ I do"*** "credevo che ti piacesse" - "sì che mi piace"; ***"it's broken" - "~ it is"*** "è rotto" - "lo vedo"; ***"I'm sorry" - "~ you should be"*** "sono dispiaciuto" - "lo credo bene"; ***it just ~ happens that*** guarda caso **11** COLLOQ. *(refuting a statement)* ***"he didn't hit you" - "he did ~!"*** "non ti ha picchiato" - "sì che l'ha fatto!"; ***I can ~ make muffins*** sì che so fare i muffin **12** COLLOQ. *(as casual response)* ***"I'm leaving" - "~?"*** "me ne vado" - "e allora?"; ***~ why worry!*** e allora perché preoccuparsi! ***~ what?*** embè? **13 so (that)** *(in such a way that)* in modo che; *(in order that)* affinché **14 so as** per; ***~ as not to disturb people*** per non disturbare **15 so many** *(such large numbers)* ***~ many of her friends*** così tanti suoi amici; *(in comparisons)* ***to behave like ~ many schoolgirls*** comportarsi come tante ragazzine; *(limited amount)* ***I can only make ~ many loaves*** posso fare solo tante pagnotte così **16 so much** *(such large quantity)* ***~ much sugar*** così tanto zucchero; ***~ much of her life*** così tanta parte della sua vita; *(limited amount)* ***I can only make ~ much bread*** posso fare solo tanto pane così; ***there's only ~ much you can take*** non puoi sopportare oltre; *(to such an extent)* ***~ much worse*** talmente peggio; ***to hate sth. ~ much that*** detestare qcs. talmente tanto che; ***thank you ~ much*** grazie mille; *(in contrasts)* ***not ~ much X as Y*** non tanto X quanto Y **17 so much as** *(even)* neanche; ***he never ~ much as apologized*** non si è neanche scusato **18 so much for** ***~ much for that problem, now for...*** e questo è tutto per quanto riguarda questo problema, passiamo ora a...; ***~ much for equality*** COLLOQ. alla faccia dell'uguaglianza; ***~ much for saying you'd help*** COLLOQ. meno male che avevi detto che avresti dato una mano **19 so long as** COLLOQ. purché, a patto che ♦ ***~ long!*** COLLOQ. *(goodbye)* arrivederci! ciao! ***~ much the better, the worse*** tanto meglio, peggio; ***~ there!*** ecco!
1.soak /səʊk/ n. **1** ***to give sth. a ~*** BE mettere a bagno *o* in ammollo qcs.; ***to have a ~*** [*person*] fare un lungo bagno **2** COLLOQ. *(drunk)* ubriacone m. (-a), spugna f.
2.soak /səʊk/ **I** tr. **1** *(wet)* infradiciare, inzuppare [*person*]; ***to get ~ed*** infradiciarsi **2** *(immerse)* lasciare in ammollo [*clothes*]; mettere a bagno [*dried foodstuff*] **3** COLLOQ. FIG. *(drain)* spennare, pelare [*customer*] **II** intr. **1** *(be immersed)* inzupparsi; ***to leave sth. to ~*** mettere [qcs.] a bagno *o* in ammollo [*clothes*] **2** *(be absorbed)* ***to ~ into*** [*water*] essere assorbito da; ***to ~ through*** [*blood*] intridere [*bandages*]; [*rain*] inzuppare [*coat*] **III** rifl. ***to ~ oneself*** *(get wet)* bagnarsi, infradiciarsi; *(in bath)* fare un lungo bagno.
■ **soak away** [*water*] essere assorbito.
■ **soak in** [*water, ink*] penetrare.
■ **soak off:** ***~ off*** [*label*] staccarsi (perché bagnato); ***~ [sth.] off, ~ off [sth.]*** staccare [qcs.] (mettendo a bagno) [*label*].
■ **soak up:** ***~ [sth.] up, ~ up [sth.]*** assorbire [*water*]; ***~ up [sth.]*** [*person*] imbeversi di [*atmosphere*]; ***to ~ up the sun*** fare un bagno di sole.
soaked /səʊkt/ **I** p.pass. → **2.soak II** agg. **1** [*person, clothes*] bagnato, fradicio, zuppo; ***to be ~ through*** o ***to the skin*** essere bagnato fino alle ossa **2 -soaked** in composti ***blood-~*** intriso di sangue; ***sweat-~*** fradicio di sudore; ***rain-~*** [*pitch*] zuppo; ***sun-~*** assolato.
soaking /ˈsəʊkɪŋ/ **I** n. BE COLLOQ. *(drenching)* bagnata f.; ***to give sb. a ~*** bagnare qcn., fare la doccia a qcn. **II** agg. zuppo; ***I'm ~ wet*** sono bagnato fradicio.

1.soap /sǝʊp/ n. **1** U *(for washing)* sapone m.; ***a bar of*** ~ una saponetta, un pezzo di sapone **2** COLLOQ. *(flattery)* (anche **soft** ~) insaponata f. **3** COLLOQ. ***a*** ~ una soap opera.
2.soap /sǝʊp/ tr. insaponare.
soapbox /ˈsǝʊpbɒks/ n. *(for speeches)* palco m. improvvisato; ***to get on one's*** ~ partire col proprio cavallo di battaglia.
soapbox orator n. oratore m. (-trice) improvvisato (-a).
soapdish /ˈsǝʊpdɪʃ/ n. portasapone m.
soapflakes /ˈsǝʊpfleɪks/ n.pl. sapone m.sing. in scaglie.
soap opera n. RAD. TELEV. SPREG. soap opera f.
soap powder n. detersivo m. in polvere.
soapsuds /ˈsǝʊpsʌdz/ n.pl. saponata f.sing.
soapy /ˈsǝʊpɪ/ agg. **1** [*water*] saponoso; [*hands, face*] insaponato **2** *(cajoling)* [*voice*] mellifluo; [*manner*] untuoso; [*tone*] adulatorio.
soar /sɔ:(r)/ intr. **1** *(rise sharply)* [*price*] salire alle stelle; [*hopes*] crescere rapidamente **2** ECON. *(rise)* ***to*** ~ ***beyond, above, through*** superare; ***to*** ~ ***to*** [*shares, popularity*] raggiungere velocemente **3** *(rise up)* alzarsi in volo **4** *(glide)* [*bird, plane*] planare **5** LETT. [*sound*] aumentare di volume; [*tower, cliffs*] ergersi.
■ **soar up** [*bird*] alzarsi, levarsi in volo; [*ball*] volare in alto.
soaring /ˈsɔ:rɪŋ/ agg. [*inflation, demand, popularity*] in forte crescita; [*prices, temperatures*] in forte aumento; [*skyscraper*] torreggiante.
1.sob /sɒb/ n. singhiozzo m.
2.sob /sɒb/ **I** tr. (forma in -ing ecc. **-bb-**) ***to*** ~ ***oneself to sleep*** piangere fino ad addormentarsi **II** intr. (forma in -ing ecc. **-bb-**) singhiozzare ♦ ***to*** ~ ***one's heart out*** piangere tutte le proprie lacrime.
■ **sob out:** ~ ***out*** **[*sth.*]** raccontare [qcs.] tra i singhiozzi [*story*].
sobbing /ˈsɒbɪŋ/ **I** n. U singhiozzi m.pl. **II** agg. [*child*] singhiozzante.
1.sober /ˈsǝʊbǝ(r)/ agg. **1** *(not drunk)* sobrio **2** *(no longer drunk)* ***don't drive until you're*** ~ non metterti al volante fino a quando non ti è passata la sbornia **3** *(serious)* [*person, mood*] serio **4** *(realistic)* [*estimate*] ragionevole; [*judgement*] assennato; [*reminder*] lucido **5** *(discreet)* [*colour, style*] sobrio.
2.sober /ˈsǝʊbǝ(r)/ tr. [*news, reprimand*] fare riflettere [*person*].
■ **sober up** smaltire la sbornia.
sobering /ˈsǝʊbǝrɪŋ/ agg. ***it is a*** ~ ***thought*** è un pensiero che fa riflettere.
soberly /ˈsǝʊbǝlɪ/ avv. **1** *(seriously)* [*speak*] seriamente; [*describe*] in modo preciso **2** *(discreetly)* [*dressed, decorated*] in modo sobrio, sobriamente.
soberness /ˈsǝʊbǝnɪs/ n. **1** *(seriousness)* serietà f. **2** *(of dress, decor)* sobrietà f.
sobriety /sǝˈbraɪǝtɪ/ n. **1** *(moderation)* moderazione f., sobrietà f. **2** *(seriousness)* serietà f.
sob story n. COLLOQ. storia f. strappalacrime.
soccer /ˈsɒkǝ(r)/ ➧ **10** **I** n. calcio m., football m. **II** modif. [*player*] di calcio; [*team*] calcistico, di calcio; [*star*] del calcio; ~ ***violence*** violenza negli stadi.
sociability /ˌsǝʊʃǝˈbɪlǝtɪ/ n. cordialità f., socievolezza f.
sociable /ˈsǝʊʃǝbl/ agg. [*person*] socievole; [*village*] accogliente.
social /ˈsǝʊʃl/ **I** agg. **1** *(relating to human society)* sociale **2** *(recreational)* [*activity*] di gruppo; ***a*** ~ ***call*** o ***visit*** una visita; ***he's a*** ~ ***drinker*** ama bere in compagnia; ***he's got no*** ~ ***skills*** non sa come muoversi in società **3** *(gregarious)* [*animal*] gregario **II** n. *(party)* serata f. mondana; *(gathering)* incontro m.
social climber n. *(still rising)* arrampicatore m. (-trice) sociale, arrivista m. e f.; *(at one's peak)* parvenu m.
social club n. circolo m. sociale.
social column n. rubrica f. di cronaca mondana.
social democrat n. socialdemocratico m. (-a).
social engagement n. impegno m., appuntamento m. (mondano).
social evening n. serata f. mondana.
social event n. evento m. mondano.
social gathering n. incontro m. fra amici.
socialism /ˈsǝʊʃǝlɪzǝm/ n. socialismo m.
socialist, Socialist /ˈsǝʊʃǝlɪst/ **I** agg. socialista **II** n. socialista m. e f.
socialite /ˈsǝʊʃǝlaɪt/ n. persona f. che fa vita mondana.
socialize /ˈsǝʊʃǝlaɪz/ **I** tr. *(adapt to society)* fare socializzare, inserire [*child*] **II** intr. *(mix socially)* socializzare; ***to*** ~ ***with sb.*** fare amicizia con qcn.
social life n. *(of person)* vita f. sociale; *(of town)* vita f. culturale.
socially /ˈsǝʊʃǝlɪ/ avv. [*meet, acceptable*] in società; [*inferior, superior*] socialmente; [*oriented*] verso il sociale; ***I know him*** ~, ***not professionally*** lo conosco sul piano personale, ma non so niente del suo lavoro.
socially excluded **I** agg. emarginato **II** n. + verbo pl. ***the*** ~ gli emarginati.
social misfit n. disadattato m. (-a).
social outcast n. emarginato m. (-a), paria m. e f.
social register n. AE = registro in cui sono elencate le persone che contano.
social scene n. ***he's well known on the London*** ~ è molto conosciuto sulla scena londinese.
social science n. scienze f.pl. sociali.
social secretary n. *(of club)* segretario m. (-a) (di un circolo).
social security n. previdenza f. sociale; ***to be on*** ~ ricevere il sussidio di previdenza.
Social Security Administration n. AE = ente che si occupa della gestione della previdenza sociale.
social service n. AE → **social work**.
Social Services n.pl. BE servizi m. sociali.
social studies n. + verbo sing. scienze f.pl. sociali.
social welfare n. assistenza f. sociale.
social work n. servizio m. sociale.
social worker ➧ **27** n. assistente m. e f. sociale.
society /sǝˈsaɪǝtɪ/ **I** n. **1** U *(the human race)* società f., collettività f. **2** C *(individual social system)* società f. **3** *(group) (for social contact)* compagnia f.; *(for mutual hobbies)* club m., circolo m.; *(for intellectual, business contact)* associazione f.; ***drama*** ~ compagnia teatrale **4** *(upper classes)* (anche **high** ~) alta società f.; ***fashionable*** ~ il bel mondo **II** modif. [*columnist, photographer, wedding*] mondano; [*hostess*] dei salotti; ~ ***gossip*** pettegolezzi mondani.
Society of Jesus n. compagnia f. di Gesù.
sociological /ˌsǝʊsɪǝˈlɒdʒɪkl/ agg. sociologico.
sociologist /ˌsǝʊsɪˈɒlǝdʒɪst/ ➧ **27** n. sociologo m. (-a).
sociology /ˌsǝʊsɪˈɒlǝdʒɪ/ n. sociologia f.
1.sock /sɒk/ ➧ **28** n. (AE pl. **~s, sox**) **1** *(footwear)* calzino m., calza f. **2** AER. (anche **wind** ~) manica f. a vento ♦ ***to put a*** ~ ***in it*** COLLOQ. tapparsi la bocca; ***to pull one's ~s up*** COLLOQ. = combinare qualcosa di meglio.
2.sock /sɒk/ n. COLLOQ. *(punch)* cazzotto m.
3.sock /sɒk/ tr. COLLOQ. tirare un cazzotto a [*person*] ♦ ***to*** ~ ***it to sb.*** COLLOQ. fare vedere i sorci verdi a qcn.
socket /ˈsɒkɪt/ n. **1** EL. *(for plug)* presa f. (di corrente); *(for bulb)* portalampada m. **2** ANAT. *(of joint)* cavità f. (articolare); *(of eye)* orbita f.; ***he nearly pulled my arm out of its*** ~ mi ha quasi lussato la spalla.
Socrates /ˈsɒkrǝti:z/ n.pr. Socrate.
1.sod /sɒd/ n. POP. *(person)* stronzo m. (-a); *(annoying task)* rottura f.; ***you lucky*** ~***!*** che rottinculo!
2.sod /sɒd/ tr. (pass., p.pass. **-dd-**) mandare affanculo.
■ **sod off** POP. levarsi dalle palle.
3.sod /sɒd/ n. *(turf)* zolla f. erbosa, piota f.
soda /ˈsǝʊdǝ/ n. **1** CHIM. soda f., carbonato m. di sodio **2** (anche **washing** ~) soda f. (da bucato) **3** (anche ~ **water**) acqua f. di soda, selz m.; ***whisky and*** ~ whisky e soda **4** (anche ~ **pop**) AE = bevanda gassata aromatizzata.
soda bread n. = pane fatto lievitare con il bicarbonato.
soda fountain n. AE *(device)* = distributore di bevande gassate alla spina.
soda siphon n. sifone m. (per il selz).
sodden /ˈsɒdn/ agg. [*clothing*] fradicio; [*ground*] zuppo; ~ ***with drink*** FIG. ubriaco fradicio.
sodding /ˈsɒdɪŋ/ agg. POP. schifoso, di merda.
sodium /ˈsǝʊdɪǝm/ n. sodio m.
Sodom /ˈsɒdǝm/ n.pr. Sodoma f.

sodomite /ˈsɒdəmaɪt/ n. sodomita m.
sodomize /ˈsɒdəmaɪz/ tr. sodomizzare.
sodomy /ˈsɒdəmɪ/ n. sodomia f.
sofa /ˈsəʊfə/ n. sofà m., divano m.
sofa bed n. divano m. letto.
soft /sɒft, AE sɔːft/ agg. **1** *(not rigid or firm)* [*ground*] molle; [*rock*] tenero; [*iron*] dolce; [*snow*] soffice; [*bed, cushion, hair*] morbido, soffice; [*fabric, skin, hand, leather*] morbido; [*muscle*] molle, flaccido; ***to get ~*** [*butter, mixture*] ammorbidirsi; ***~ ice cream*** = gelato industriale prodotto al momento da una apposita macchina e generalmente servito in cono **2** *(muted)* [*colour*] tenue; [*sound*] sommesso; [*lighting*] smorzato; [*step, knock*] leggero **3** *(gentle, mild)* [*breeze, rain*] leggero; [*climate*] mite; [*look, word, heart*] tenero; [*impact*] morbido; [*touch*] leggero; [*eyes*] dolce; ***the ~ left*** POL. la sinistra moderata; ***to take a ~ line with sb.*** adottare la linea morbida con qcn. **4** *(not sharp)* [*outline, fold*] morbido **5** ECON. [*market*] debole **6** *(lenient)* [*parent, teacher*] (troppo) permissivo **7** COLLOQ. *(in love)* ***to be ~ on sb.*** avere un debole per qcn. **8** *(idle)* [*life*] comodo; [*job*] di tutto riposo **9** COLLOQ. *(stupid)* sciocco, stupido; ***to be ~ in the head*** essere rimbecillito.
softback /ˈsɒftbæk, AE ˈsɔːft-/ n. libro m. tascabile, edizione f. economica.
softball /ˈsɒftbɔːl, AE ˈsɔːft-/ ♦ *10* n. AE softball m.
soft-boiled /ˌsɒftˈbɔɪld, AE ˌsɔːft-/ agg. [*egg*] alla coque.
soft-centred /ˌsɒftˈsentəd, AE ˌsɔːft-/ agg. [*chocolate*] ripieno.
soft cheese n. formaggio m. molle.
soft copy n. INFORM. copia f. in memoria.
soft drink n. bevanda f. analcolica, analcolico m.
soft drug n. droga f. leggera.
soften /ˈsɒfn, AE ˈsɔːfn/ **I** tr. **1** *(make less firm or rough)* rendere molle [*ground*]; rendere malleabile [*metal*]; ammorbidire [*skin*]; addolcire [*hard water*]; fare ammorbidire [*butter*]; rendere morbido [*fabric*] **2** FIG. attenuare [*blow, impact, shock, pain*]; addolcire [*refusal*]; ammorbidire [*approach, rule*]; minimizzare [*fact*] **3** *(make quieter)* attutire [*sound, voice*] **4** *(make less sharp)* ammorbidire [*outline*]; abbassare [*light*] **II** intr. **1** [*light, outline, music, colour*] attenuarsi; [*skin*] diventare morbido; [*substance, ground*] diventare molle **2** FIG. [*person, approach*] ammorbidirsi **3** ECON. [*market*] essere in flessione.
■ **soften up:** ***~ up*** ammorbidirsi; ***~ up [sb.], ~ [sb.] up*** FIG. indebolire [*opponent*]; ammorbidire, blandire [*customer*].
softener /ˈsɒfnə(r), AE ˈsɔːf-/ n. **1** (anche **fabric ~**) ammorbidente m. **2** (anche **water ~**) addolcitore m. (dell'acqua).
softening /ˈsɒfnɪŋ, AE ˈsɔːf-/ n. *(of substance, surface)* ammorbidimento m.; *(of light, colour)* smorzamento m.; *(of outline, water, character, attitude)* addolcimento m.; *(of sound)* attenuazione f.; *(of economy)* flessione f.
soft focus n. effetto m. flou.
soft fruit n. U frutti m.pl. di bosco.
soft furnishings n.pl. tessuti m. da arredamento.
soft-hearted /ˌsɒftˈhɑːtɪd, AE ˌsɔːft-/ agg. [*person*] dal cuore tenero.
softie → **softy**.
softly /ˈsɒftlɪ, AE ˈsɔːft-/ avv. [*speak*] in modo sommesso; [*touch*] delicatamente, con delicatezza; [*fall*] morbidamente.
softly-softly /ˌsɒftlɪˈsɒftlɪ, AE ˌsɔːftlɪˈsɔːftlɪ/ agg. ***to take a ~ approach*** avere un approccio molto cauto, procedere con molta cautela.
softness /ˈsɒftnɪs, AE ˈsɔːft-/ n. *(of surface, skin)* morbidezza f.; *(of colour, light, outline, sound)* delicatezza f.; *(of substance)* mollezza f.; *(of attitude, approach, view)* moderazione f.; *(in economy)* flessione f.
soft option n. ***to take the ~*** scegliere la soluzione più semplice.
soft palate n. palato m. molle.
soft pedal n. MUS. pedale m. di sordina.
soft-pedal /ˌsɒftˈpedl, AE ˌsɔːft-/ intr. (forma in -ing ecc. **-ll-** BE **-l-** AE) **1** MUS. suonare il pianoforte con la sordina **2** FIG. ***to ~ on sth.*** attenuare *o* smorzare qcs.
soft porn n. COLLOQ. porno m. soft-core.
soft sell n. = tecnica di vendita che fa leva sulla persuasione.
soft soap n. **1** sapone m. molle **2** COLLOQ. FIG. insaponata f.
soft-soap /ˈsɒftsəʊp, AE ˈsɔːft-/ tr. insaponare, lisciare [*person*].
soft-spoken /ˌsɒftˈspəʊkn, AE ˌsɔːft-/ agg. ***to be ~*** avere una voce suadente.
soft spot n. COLLOQ. ***to have a ~ for sb.*** avere un debole per qcn.
soft target n. MIL. facile bersaglio m. (anche FIG.).
soft tissue n. MED. tessuti m.pl. molli.
soft-top /ˈsɒfttɒp, AE ˈsɔːft-/ n. AUT. decappottabile f.
soft touch n. COLLOQ. tatto m.
soft toy n. peluche m., pupazzo m. di pezza.
software /ˈsɒftweə(r), AE ˈsɔːft-/ **I** n. software m. **II** modif. [*engineering, market*] del software; [*company*] di software; ***~ product*** software, prodotto informatico.
software house n. software house f.
software package n. software m. applicativo.
softwood /ˈsɒftwʊd, AE ˈsɔːft-/ n. **1** *(timber)* legno m. dolce **2** *(tree)* conifera f.
softy /ˈsɒftɪ, AE ˈsɔːftɪ/ n. COLLOQ. **1** SPREG. *(weak person)* rammollito m. (-a) **2** *(indulgent person) (man)* pasta f. (d'uomo); *(woman)* donna f. dal cuore tenero.
soggy /ˈsɒgɪ/ agg. [*ground, clothes*] zuppo, fradicio; [*food*] molliccio, umido.
soh /səʊ/ n. MUS. sol m.
1.soil /sɔɪl/ n. suolo m., terreno m., terra f.; ***on British ~*** in territorio britannico.
2.soil /sɔɪl/ tr. sporcare (anche FIG.).
1.sojourn /ˈsɒdʒən, AE səʊˈdʒɜːrn/ n. FORM. soggiorno m.
2.sojourn /ˈsɒdʒən, AE səʊˈdʒɜːrn/ intr. FORM. soggiornare.
1.solace /ˈsɒləs/ n. *(comfort)* conforto m.; *(source of comfort)* consolazione f.
2.solace /ˈsɒləs/ tr. confortare.
solar /ˈsəʊlə(r)/ agg. [*power, panel*] solare; [*warmth*] del sole; [*eclipse*] di sole; [*heating*] a energia solare.
solarium /səˈleərɪəm/ n. (pl. **~s, -ia**) solarium m.
sold /səʊld/ pass., p.pass. → **2.sell**.
1.solder /ˈsəʊldə(r), ˈsɒ-, AE ˈsɒdər/ n. **1** *(alloy)* lega f. (per saldatura) **2** *(join)* saldatura f.
2.solder /ˈsəʊldə(r), ˈsɒ-, AE ˈsɒdər/ **I** tr. (anche **~ on**) saldare **II** intr. saldarsi.
soldering iron n. saldatore m., saldatoio m.
1.soldier /ˈsəʊldʒə(r)/ ♦ *27* n. soldato m., militare m.; ***old ~*** veterano.
2.soldier /ˈsəʊldʒə(r)/ intr. fare il soldato.
■ **soldier on** tenere duro, non mollare.
soldierly /ˈsəʊldʒəlɪ/ agg. [*person*] dall'atteggiamento marziale; [*appearance, bearing*] marziale, militaresco.
1.sole /səʊl/ agg. **1** *(single)* solo, unico; ***for the ~ purpose of doing*** unicamente per fare **2** *(exclusive)* [*agent*] esclusivo; [*trader*] in proprio; ***to be in ~ charge of sth.*** essere il responsabile unico di qcs.
2.sole /səʊl/ n. (pl. **~, ~s**) sogliola f.
3.sole /səʊl/ **I** n. *(of shoe)* suola f.; *(of sock)* piede m.; *(of iron)* piastra f.; *(of foot)* pianta f. **II -soled** agg. in composti ***rubber, leather ~d shoes*** scarpe con la suola di gomma, di cuoio.
4.sole /səʊl/ tr. risuolare [*shoe*].
sole beneficiary n. DIR. beneficiario m. unico.
solecism /ˈsɒlɪsɪzəm/ n. **1** LING. solecismo m. **2** *(social)* scorrettezza f., atto m. di maleducazione.
solely /ˈsəʊlɪ/ avv. *(wholly)* totalmente, completamente; *(exclusively)* unicamente, esclusivamente.
solemn /ˈsɒləm/ agg. **1** *(serious)* [*person*] serio; [*duty, warning*] formale **2** *(reverent)* solenne.
solemnity /səˈlemnətɪ/ **I** n. solennità f. **II solemnities** n.pl. cerimonie f. solenni.
solemnize /ˈsɒləmnaɪz/ tr. solennizzare [*marriage, treaty*].
sol-fa /ˌsɒlˈfɑː, AE ˌsəʊl-/ n. solfeggio m.
solicit /səˈlɪsɪt/ **I** tr. **1** *(request)* sollecitare [*attention, opinion*]; chiedere con insistenza [*information, money*] **2** DIR. [*prostitute*] adescare [*client*] **II** intr. **1** DIR. [*prostitute*] adescare clienti **2** *(request)* ***to ~ for*** sollecitare [*votes, support*].
solicitant /səˈlɪsɪtənt/ n. postulante m. e f.
soliciting /səˈlɪsɪtɪŋ/ n. DIR. adescamento m.
solicitor /səˈlɪsɪtə(r)/ ♦ *27* n. **1** BE DIR. *(for documents, oaths)* notaio m.; *(for court and police work)* avvocato m.; ***a firm of ~s*** uno studio legale **2** AE DIR. *(chief law officer)* legale m. **3** AE COMM. piazzista m. e f.

solicitous /sə'lɪsɪtəs/ agg. FORM. [*expression, person*] sollecito, premuroso; [*enquiry, letter, response*] sollecito.
solicitude /sə'lɪsɪtju:d, AE -tu:d/ n. sollecitudine f.
solid /'sɒlɪd/ **I** agg. **1** *(not liquid or gaseous)* solido; ***to go*** o ***become*** **~** solidificarsi **2** *(of one substance)* [*gold, steel*] massiccio; ***cut through ~ rock*** scavato nella roccia viva **3** *(dense)* [*crowd, earth*] compatto **4** *(unbroken)* [*line, expanse*] continuo; ***a ~ area of red*** una superficie tutta rossa **5** *(uninterrupted)* ***five ~ days, five days ~*** cinque interi giorni; ***for three ~ hours*** per tre ore filate **6** *(strong)* [*structure, basis, argument*] solido; [*building*] massiccio; ***to be on ~ ground*** FIG. avere argomenti concreti **7** *(reliable)* [*information*] fondato; [*advice*] valido; [*investment*] sicuro; [*worker*] affidabile, serio; ***a ~ piece of work*** un lavoro serio **8** *(firm)* [*grip*] fermo; ***the strike has remained ~*** gli scioperanti sono rimasti uniti **9** *(respectable)* [*citizen*] modello **II** n. CHIM. MAT. solido m. **III solids** n.pl. *(food)* cibi m. solidi **IV** avv. [*freeze*] completamente; FIG. [*vote*] in massa; ***the play is booked ~*** lo spettacolo è esaurito.
solidarity /ˌsɒlɪ'dærətɪ/ n. solidarietà f.; ***to feel ~ with sb.*** sentirsi solidale con qcn.
solidify /sə'lɪdɪfaɪ/ **I** tr. solidificare **II** intr. [*liquid*] solidificarsi; [*honey*] cristallizzarsi.
solidity /sə'lɪdətɪ/ n. solidità f.
solidly /'sɒlɪdlɪ/ avv. **1** *(strongly)* [*built*] solidamente, in modo solido **2** *(densely)* **~ *packed*** [*crowd, earth*] compatto **3** *(continuously)* [*work*] ininterrottamente **4** *(staunchly)* [*conservative, socialist*] al cento per cento; ***they are ~ behind him*** gli danno tutto il loro sostegno.
solid-state /ˌsɒlɪd'steɪt/ agg. [*microelectronics*] a transistor; **~ *physics*** fisica dei solidi.
soliloquy /sə'lɪləkwɪ/ n. soliloquio m.
solitaire /ˌsɒlɪ'teə(r), AE 'sɒlɪteər/ ➧ *10* n. **1** *(ring)* solitario m. **2** AE *(card game)* solitario m. **3** *(board game)* dama f. cinese.
solitary /'sɒlɪtrɪ, AE -terɪ/ **I** agg. **1** *(unaccompanied)* [*occupation, walker*] solitario **2** *(lonely)* [*person*] solo **3** *(isolated)* [*farm, village*] isolato **4** *(single)* [*example, question*] solo, unico; ***the ~ case of*** il caso unico di **II** n. *(loner)* solitario m. (-a).
solitary confinement n. DIR. MIL. isolamento m.
solitude /'sɒlɪtju:d, AE -tu:d/ n. solitudine f.
solo /'səʊləʊ/ **I** n. MUS. assolo m. **II** agg. **1** MUS. *(unaccompanied)* ***for ~ piano*** per pianoforte solo; ***for ~ voice*** per voce sola **2** *(single-handed)* [*album*] da solista; [*flight*] in solitaria **III** avv. [*perform, play*] da solo; [*fly*] in solitaria; ***to go ~*** fare qualcosa per conto proprio *o* da solo.
soloist /'səʊləʊɪst/ n. solista m. e f.
Solomon /'sɒləmən/ n.pr. Salomone.
solstice /'sɒlstɪs/ n. solstizio m.
solubility /ˌsɒljʊ'bɪlətɪ/ n. CHIM. solubilità f.
soluble /'sɒljʊbl/ agg. solubile; ***water-~*** idrosolubile.
solution /sə'lu:ʃn/ n. **1** *(answer)* soluzione f. (**to** di) **2** CHIM. FARM. *(act of dissolving)* dissoluzione f.; *(mixture)* soluzione f.
solve /sɒlv/ tr. risolvere [*problem, crossword, mystery*]; trovare una soluzione per combattere [*crisis*].
solvency /'sɒlvənsɪ/ n. ECON. solvibilità f.
solvent /'sɒlvənt/ **I** agg. CHIM. ECON. solvente **II** n. CHIM. solvente m.
Somali /sə'mɑ:lɪ/ ➧ *18, 14* **I** agg. somalo **II** n. **1** *(person)* somalo m. (-a) **2** *(language)* somalo m.
sombre BE, **somber** AE /'sɒmbə(r)/ agg. [*sky*] scuro, fosco; [*character*] tetro, cupo.
1.some /*forma forte* sʌm, *forma debole* səm/ When *some* is used as a quantifier to mean an unspecified amount of something, it precedes either uncountable nouns or countable nouns in the plural: *give me some milk and some chocolate biscuits* = dammi del latte e dei biscotti al cioccolato. - *Some* is translated by *del, della, dei* or *delle* according to the gender and number of the noun that follows: *I'd like some bread* = vorrei del pane; *have some tea* = prenda del tè; *we've bought some books* = abbiamo comprato dei libri; *they've bought some peaches* = hanno comprato delle pesche. - *Some* as a quantifier can also be rendered by *qualche, alcuni* or *alcune,* and *un po'(di); qualche* is invariable and it is always followed by the singular: *he showed me some pictures* = mi mostrò qualche fotografia; *alcuni* and *alcune* are always used in the plural and agree in gender with the nouns they qualify: *I bought some* books / some *pencils* = ho comprato alcuni libri / alcune matite; *give me some money!* = dammi un po' di soldi! - *Some* is generally used in affirmative sentences; when used in interrogative sentences, *some* implies an answer in the affirmative (typically, when you offer something to somebody) or a feeling of surprise: *will you have some coffee?* = vuole del caffè?; *but didn't I give you some money this morning?* = ma non ti ho già dato dei soldi stamattina? - For particular usages see below. determ., quantif. **1** *(unspecified amount or number)* **~ *cheese*** del formaggio, un po' di formaggio; **~ *socks*** delle calze **2** *(certain: in contrast to others)* **~ *children like it*** a certi bambini piace; **~ *tulips are black*** certi tulipani sono neri; ***in ~ ways, I agree*** per certi aspetti, sono d'accordo; **~ *people say that*** qualcuno dice che **3** *(considerable amount or number)* ***he has ~ cause for complaint*** ha le sue ragioni per lamentarsi; ***greeted with ~ hostility*** accolto con una certa ostilità; ***it will take ~ doing*** richiederà un certo impegno; ***for ~ time*** per parecchio tempo **4** *(a little)* ***to have ~ knowledge of*** avere una conoscenza di base di; ***you must have ~ idea where the house is*** devi pur avere una qualche idea di dove sia la casa; ***to ~ extent*** abbastanza; ***well that's ~ consolation anyway!*** beh, è comunque una consolazione! **5** SPREG. *(unspecified)* **~ *man came to your house*** un tipo è venuto a casa tua; ***he's doing ~ course*** sta seguendo un qualche corso; ***a car of ~ sort, ~ sort of car*** una specie di macchina **6** COLLOQ. *(remarkable)* ***that was ~ film!*** che film! ***that's ~ woman!*** che donna! **7** COLLOQ. *(not much)* **~ *help you are!*** IRON. sei proprio di grande aiuto! **~ *mechanic he is!*** che razza di meccanico! **~ *people!*** SPREG. che gente!
2.some /sʌm/ *Some* can be translated by *ne* which is placed before the verb in Italian: *would you like some?* = ne vuole?; *I've got some* = ne ho. pron. **1** *(unspecified amount or number)* ***I'd like ~ of those*** vorrei un po' di quelli; ***(do) have ~!*** prendetene *o* servitevi! **2** *(certain ones: in contrast to others)* **~ *(of them) are blue*** certi sono blu; **~ *say that*** qualcuno dice che; ***I agree with ~ of what you say*** sono d'accordo con alcune delle cose che dici; **~ *(of them) arrived early*** qualcuno di loro è arrivato presto.
3.some /sʌm/ avv. **1** *(approximately)* circa, più o meno; **~ *20 people*** una ventina di persone **2** AE COLLOQ. *(a lot)* ***to wait ~*** aspettare un bel po'; ***to work ~*** lavorare sodo.
somebody /'sʌmbədɪ/ pron. **1** *(unspecified person)* qualcuno; **~ *famous*** una persona famosa; **~ *came to see me*** qualcuno è venuto a trovarmi; ***Mr Somebody(-or-other)*** il tal dei tali **2** *(important person)* ***he (really) thinks he's ~*** pensa proprio di essere qualcuno; ***they think they're ~*** si credono chissà chi.
somehow /'sʌmhaʊ/ avv. **1** *(by some means)* (anche **~ or other**) in un modo o nell'altro, in qualche modo; ***he ~ broke his leg*** si è rotto una gamba non si sa come; ***it has ~ disappeared*** è come svanito nel nulla **2** *(for some reason)* **~ *it doesn't seem very important*** per qualche ragione, non sembra molto importante; ***it was ~ amusing to see...*** è stato piuttosto divertente vedere...
someone /'sʌmwʌn/ pron. → **somebody**.
someplace /'sʌmpleɪs/ avv. → **somewhere**.
1.somersault /'sʌməsɒlt/ n. *(of gymnast)* salto m. mortale; *(of child)* capriola f.; *(accidental)* capitombolo m.; *(of vehicle)* capottamento m.; ***to turn ~s*** [*gymnast*] fare salti mortali; [*child*] fare le capriole.
2.somersault /'sʌməsɒlt/ intr. [*gymnast*] fare un salto mortale; [*vehicle*] cappottare.
something /'sʌmθɪŋ/ **I** pron. **1** *(unspecified thing)* qualcosa, qualche cosa; **~ *new*** qualcosa di nuovo; ***there's ~ wrong*** c'è qualcosa che non va; **~ *or other*** una cosa o l'altra; ***he's ~ (or other) in the army*** ha un qualche lavoro nell'esercito; **~ *else*** qualcos'altro **2** *(thing of importance)* ***it proves ~*** questo prova qualche cosa; ***to make ~ of oneself*** o ***one's life*** fare strada (nella vita); ***he got ~ out of it*** ne ha ricavato qualcosa; ***he is quite*** o ***really ~!*** è un gran bel tipo! ***that house is quite*** o ***really ~!*** quella casa è veramente notevole! ***there's ~ in what***

he says c'è del vero in quello che dice; ***you've got ~ there!*** hai proprio colpito nel segno! hai ragione! ***he has a certain ~*** ha un certo non so che **3** *(forgotten, unknown name, amount etc.)* ***his name's Andy ~*** si chiama Andy qualcosa; ***in nineteen-sixty~*** nel millenovecentosessanta e qualcosa; ***she's gone shopping or ~*** è andata a fare compere o qualcosa di simile; ***are you stupid or ~?*** sei stupido o cosa? **II** avv. **1** *(a bit)* un po'; ***~ over £ 20*** un po' più di 20 sterline; ***~ around 5 kilos*** all'incirca 5 chili **2** COLLOQ. *(a lot)* ***he was howling ~ awful*** stava urlando a squarciagola **3 something of** *(quite)* ***he is ~ of an actor, an expert*** è un buon attore, un vero esperto; ***it was ~ of a surprise*** è stata una vera sorpresa.

sometime /ˈsʌmtaɪm/ **I** avv. presto o tardi, prima o poi, un giorno o l'altro; ***I'll phone you ~ tomorrow*** ti telefonerò domani in giornata **II** agg. **1** *(former)* [*president, chairman*] ex **2** AE *(occasional)* [*employee*] temporaneo; [*event*] occasionale.

sometimes /ˈsʌmtaɪmz/ avv. talvolta, qualche volta; *(in contrast)* ***~ angry, ~ depressed*** ora arrabbiato, ora depresso.

somewhat /ˈsʌmwɒt/ avv. un po'; ***~ discouraging*** abbastanza scoraggiante; ***things have changed ~*** le cose sono un po' cambiate; ***~ improbably*** in modo alquanto improbabile; ***~ to her surprise*** con sua grande sorpresa.

somewhere /ˈsʌmweə(r)/ avv. **1** *(some place)* da qualche parte; ***he's ~ about*** o ***around*** è da qualche parte qui intorno; ***~ hot, special*** un posto caldo, speciale; ***he needs ~ to sleep*** ha bisogno di un posto dove dormire; ***~ or other*** da una parte o dall'altra; ***~ (or other) in Asia*** da qualche parte in Asia; ***he lives in Bath or ~*** COLLOQ. abita a Bath o lì vicino **2** *(at an unspecified point in range)* ***~ between 20 and 70 people*** tra le 20 e le 70 persone; ***~ around 8 o'clock*** intorno alle 8; ***I paid ~ around £ 5*** ho pagato all'incirca 5 sterline ♦ ***now we're getting ~!*** *(in questioning)* questo sì che è interessante! *(making progress)* ora sì che stiamo facendo progressi!

somnambulism /sɒmˈnæmbjʊlɪzəm/ n. FORM. sonnambulismo m.

somnambulist /sɒmˈnæmbjʊlɪst/ n. FORM. sonnambulo m. (-a).

somnolent /ˈsɒmnələnt/ agg. FORM. sonnolento, assonnato.

son /sʌn/ n. **1** *(male child)* figlio m. **2** COLLOQ. *(as form of address)* *(kindly)* figliolo m.; *(patronizingly)* ragazzo m. ♦ ***every mother's ~ (of them)*** = tutti loro.

sonar /ˈsəʊnɑː(r)/ n. sonar m.

sonata /səˈnɑːtə/ n. sonata f.; ***violin ~*** sonata per violino.

song /sɒŋ/ n. **1** MUS. canzone f.; ***give us a ~*** cantaci qualcosa; ***to burst into ~*** mettersi a cantare **2** *(of bird)* canto m. ♦ ***for a ~*** COLLOQ. per quattro soldi; ***to make a ~ and dance about sth.*** BE COLLOQ. scatenare un putiferio per qcs.

songbird /ˈsɒŋbɜːd/ n. uccello m. canterino.

songbook /ˈsɒŋbʊk/ n. canzoniere m.

Song of Songs, **Song of Solomon** n. Cantico m. dei Cantici.

songwriter /ˈsɒŋraɪtə(r)/ ➧ *27* n. *(of words)* paroliere m. (-a); *(of music)* compositore m. (-trice) (di canzoni); *(of both)* autore m. (-trice) di canzoni.

sonic /ˈsɒnɪk/ agg. [*bang, boom*] sonico; [*vibration*] sonoro.

son-in-law /ˈsʌnɪnlɔː/ n. (pl. **sons-in-law**) genero m.

sonnet /ˈsɒnɪt/ n. sonetto m.

sonny /ˈsʌnɪ/ n. COLLOQ. *(kindly)* figliolo m.; *(patronizingly)* ragazzo m.

son-of-a-bitch /ˌsʌnəvəˈbɪtʃ/ n. AE POP. figlio m. di puttana.

sonority /səˈnɒrətɪ, AE -ˈnɔːr-/ n. sonorità f.

sonorous /ˈsɒnərəs, səˈnɔːrəs/ agg. [*voice*] sonoro; [*name*] altisonante.

sons-in-law /ˈsʌnzɪnlɔː/ → **son-in-law.**

soon /suːn/ avv. **1** *(in a short time)* presto; ***~ there will be no snow left*** di qui a poco non ci sarà più neve; ***it will ~ be three years since we met*** tra poco faranno tre anni che ci conosciamo; ***see you ~!*** a presto! **2** *(quickly)* presto, in fretta; ***it ~ became clear that*** fu subito chiaro che **3** *(early)* presto; ***the ~er the better*** prima è meglio è; ***the ~er we leave, the ~er we'll get there*** prima partiamo, prima arriveremo; ***as ~ as possible*** il più presto possibile; ***as ~ as you can*** appena puoi; ***~er or later*** prima o poi, presto o tardi; ***all too ~ the summer was over*** l'estate passò in un baleno; ***and not a moment too ~!*** appena in tempo! **4** *(not long)* ***he left ~ after us*** se ne è andato poco dopo di noi; ***~ afterwards*** poco (tempo) dopo; ***no ~er had I done...*** avevo appena fatto... **5** *(rather)* ***he would just as ~ do*** preferirebbe fare; ***I would just as ~ do X as do Y*** farei volentieri sia X che Y; ***I would ~er not do*** preferirei non fare; ***~er him than me!*** meglio a lui che a me! ***he would ~er die than do*** preferirebbe morire piuttosto che fare ♦ ***least said ~est mended*** PROV. = meno se ne parla, meglio è; ***no ~er said than done*** detto fatto.

soot /sʊt/ n. fuliggine f.

soothe /suːð/ **I** tr. calmare [*person*]; placare [*anger*]; lenire [*pain, sunburn*] **II** intr. [*voice*] rassicurare; [*lotion, massage*] calmare, lenire il dolore.

▪ **soothe away:** ***~ away [sth.], ~ [sth.] away*** placare [*anger*]; lenire [*pain*].

soothing /ˈsuːðɪŋ/ agg. [*music*] distensivo; [*cream, effect*] calmante; [*person, voice*] rassicurante; [*word*] di conforto.

soothingly /ˈsuːðɪŋlɪ/ avv. [*stroke*] cercando di calmare; [*speak*] con tono rassicurante.

soothsayer /ˈsuːθseɪə(r)/ n. ANT. divinatore m. (-trice).

sooty /ˈsʊtɪ/ agg. fuligginoso.

1.sop /sɒp/ n. **1** *(piece of food)* = pezzo di pane, di biscotto ecc. inzuppato **2** *(concession)* contentino m.; ***as a ~ to her pride*** per placare il suo orgoglio.

2.sop /sɒp/ tr. (forma in -ing ecc. **-pp-**) inzuppare [*bread, cake*].

▪ **sop up:** ***~ up [sth.], ~ [sth.] up*** asciugare, assorbire [*liquid*]; ***to ~ up one's soup with some bread*** inzuppare del pane nella minestra.

Sophia /səˈfaɪə/, **Sophie**, **Sophy** /ˈsəʊfɪ/ n.pr. Sofia.

sophism /ˈsɒfɪzəm/ n. sofisma m.

sophisticate /səˈfɪstɪkeɪt/ tr. rendere sofisticato [*person*]; raffinare [*technique*]; alterare [*text*]; sofisticare [*wine*].

sophisticated /səˈfɪstɪkeɪtɪd/ **I** p.pass. → **sophisticate II** agg. **1** *(smart)* [*person*] *(cultured)* sofisticato; *(elegant)* raffinato, distinto; [*clothes*] elegante; [*restaurant*] chic; [*magazine*] alla moda **2** *(discriminating)* [*mind, taste, public*] raffinato **3** *(advanced)* [*civilization*] evoluto **4** *(elaborate)* [*equipment*] sofisticato; [*argument, joke*] sottile; [*style*] ricercato.

sophistication /səˌfɪstɪˈkeɪʃn/ n. **1** *(of person)* *(in lifestyle, of tastes)* raffinatezza f.; *(in judgment)* finezza f.; *(in appearance)* distinzione f.; *(of clothes)* ricercatezza f. **2** *(of public)* gusto m. raffinato **3** *(of civilization)* evoluzione f. **4** *(of equipment)* sofisticazione f.; *(of argument, joke)* sottigliezza f.

Sophocles /ˈsɒfəkliːz/ n.pr. Sofocle.

sophomore /ˈsɒfəmɔː(r)/ n. AE SCOL. UNIV. = studente del secondo anno di università o di scuola secondaria superiore.

soporific /ˌsɒpəˈrɪfɪk/ **I** agg. soporifero, soporifico **II** n. sonnifero m.

sopping /ˈsɒpɪŋ/ agg. (anche **~ wet**) (bagnato) fradicio.

soppy /ˈsɒpɪ/ agg. COLLOQ. SPREG. sdolcinato, lacrimevole.

soprano /səˈprɑːnəʊ, AE -ˈpræn-/ **I** n. (pl. **~s**) *(voice, singer)* soprano m. **II** modif. [*saxophone*] soprano.

sorbet /ˈsɔːbeɪ, ˈsɔːbet/ n. sorbetto m.

sorcerer /ˈsɔːsərə(r)/ n. stregone m.

sorceress /ˈsɔːsərɪs/ n. strega f.

sorcery /ˈsɔːsərɪ/ n. stregoneria f.; FIG. magia f.

sordid /ˈsɔːdɪd/ agg. sordido; ***to go into all the ~ details of sth.*** SCHERZ. raccontare qcs. nei minimi dettagli.

sore /sɔː(r)/ **I** n. piaga f. **II** agg. **1** *(sensitive)* [*eyes, nose, gums*] infiammato, irritato; [*muscle, foot*] dolorante; ***to have a ~ throat*** avere mal di gola; ***to be*** o ***feel ~ (all over)*** sentire male (dappertutto); ***my leg is a bit ~*** la gamba mi fa un po' male; ***you'll only make it ~ by scratching*** se gratti ti farà ancora più male **2** AE COLLOQ. *(peeved)* irritato; ***to be ~ about*** o ***over sth., at sb.*** essere arrabbiato *o* seccarsi per qcs., con qcn.; ***to get ~*** aversela a male **3** LETT. *(extreme)* ***to be in ~ need of sth.*** avere un disperato bisogno di qcs. **4** *(delicate)* attrib. [*subject*] delicato; [*point*] dolente; ***to touch on a ~ point*** FIG. mettere il dito nella piaga ♦ ***to be like a bear with a ~ head*** essere di umore nero; ***she is a sight for ~ eyes*** ci si rifà gli occhi a guardarla.

sorely /ˈsɔːlɪ/ avv. [*tempted*] fortemente; ***~ tried*** o ***tested*** messo a dura prova; ***volunteers are ~ needed*** c'è un disperato bisogno di volontari.

sorority /sə'rɒrətɪ, AE -'rɔːr-/ n. **1** AE UNIV. *(club)* associazione f. universitaria femminile **2** *(sisterhood)* congregazione f. religiosa femminile.
1.sorrel /'sɒrəl, AE 'sɔːrəl/ n. **1** acetosa f. **2** (anche **wood ~**) acetosella f.
2.sorrel /'sɒrəl, AE 'sɔːrəl/ ♦ **5 I** n. sauro m. **II** agg. [*horse*] sauro.
sorrow /'sɒrəʊ/ n. dolore m., afflizione f., pena f.; ***to my ~*** con mio grande dolore; ***I am writing to express my ~ at your sad loss*** ti scrivo per esprimerti il mio cordoglio per la dolorosa perdita.
sorrowful /'sɒrəʊfl/ agg. [*occasion*] triste; [*look*] afflitto.
sorry /'sɒrɪ/ **I** agg. **1** *(apologetic)* spiacente, dispiaciuto; *(for emphasis)* desolato; ***I'm ~*** mi spiace, mi rincresce; ***I'm ~ I'm late*** mi scuso per il ritardo; ***to be ~ for doing, to do*** scusarsi *o* essere spiacente di avere fatto, di fare; ***to be ~ about*** scusarsi di [*behaviour, mistake*]; ***~ about that!*** scusa! ***to say ~*** chiedere scusa, scusarsi **2** *(sympathetic)* ***I'm ~ to hear of*** o ***that*** mi dispiace sentire che; ***I'm very ~ about your uncle*** sono addolorato per tuo zio; ***to feel ~ for oneself*** compiangersi, autocommiserarsi **3** *(regretful)* ***we are ~ to inform you that*** siamo spiacenti di informarla che; ***no-one will be ~ to see him go!*** nessuno sentirà la sua mancanza! ***and, I'm ~ to say*** e, mi spiace dirlo; ***do it now or you'll be ~!*** fallo adesso o te ne pentirai! **4** *(pathetic)* [*state*] pietoso; [*sight*] penoso; [*person*] misero **II** inter. **1** *(apologizing)* scusa **2** *(failing to hear, understand)* ***~?*** scusa? prego? **3** *(interrupting)* ***~, time is running out*** scusate *o* spiacente, ma il tempo sta per scadere; ***we have two, ~, three options*** abbiamo due, cosa dico, tre scelte; ***~, may I just say that*** scusate, volevo soltanto dire che.
1.sort /sɔːt/ n. **1** *(kind, type)* tipo m., sorta f., genere m.; ***all ~s of people*** tutti i tipi di persone; ***board games, chess, that ~ of thing*** giochi di società, scacchi e cose del genere; ***that's my ~ of holiday*** è la vacanza che fa per me; ***I'm not that ~ of person*** non sono il tipo; ***this must be some ~ of joke*** dev'essere uno scherzo; ***an odd ~ of chap*** un tipo strano; ***any ~ of knife will do*** va bene un coltello qualsiasi; ***what ~ of person would do such a thing?*** chi mai farebbe una cosa del genere? ***what ~ of person do you think I am?*** per chi mi prendi? ***what ~ of a reply is that?*** che (razza di) risposta è? ***you know the ~ of thing (I mean)*** sai cosa voglio dire; ***a liar of the worst ~*** un bugiardo della peggior specie; ***something of that*** o ***the ~*** una cosa così, una cosa del genere; ***"I'll pay" - "you'll do nothing of the ~!"*** "pago io" - "neanche per sogno!"; ***I know his ~*** conosco il tipo; ***we see all ~s here*** ne vediamo di tutti i colori qui; ***he's a good ~*** è un buon uomo **2 of sorts, of a sort** ***a duck of ~s*** o ***of a ~*** una specie di anatra; ***a hero of ~s*** una sorta di eroe; ***progress of ~s*** un qualche progresso **3 sort of** *(a bit)* ***~ of cute*** piuttosto carino; ***to ~ of understand*** capire abbastanza; ***"is it hard? - "~ of"*** "è difficile?" - "abbastanza", "più o meno"; *(approximately)* ***~ of blue*** che dà sul blu; ***it just ~ of happened*** è semplicemente successo ♦ ***to be*** o ***feel out of ~s*** *(ill)* essere fuori fase; *(grumpy)* avere la luna storta; ***it takes all ~s (to make a world)*** PROV. il mondo è bello perché è vario.
2.sort /sɔːt/ tr. **1** *(classify, arrange)* classificare, ordinare [*files, stamps*]; smistare [*letters*]; selezionare [*apples, potatoes*]; ***to ~ books into piles*** dividere i libri in pile **2** *(separate)* separare, dividere.
▪ **sort out:** **~ [sth.] out, ~ out [sth.]** **1** *(resolve)* risolvere [*problem*]; regolare [*matter*]; ***to ~ out the confusion*** chiarire un malinteso; ***I'll ~ it out*** lo sistemo io **2** *(organize)* occuparsi di [*details, arrangements*]; organizzare [*ideas*] **3** *(tidy up)* mettere in ordine, riordinare [*desk*]; ordinare [*files*]; mettere a posto [*finances, affairs*]; ***to ~ out one's life*** fare ordine nella propria vita **4** *(select)* selezionare [*photos, clothes*] **5** *(mend)* mettere a posto [*clutch, fault*]; **~ out [sth.]** **1** *(separate)* ***to ~ out the clean socks from the dirty*** separare le calze pulite da quelle sporche; ***to ~ out the truth from the lies*** distinguere le bugie dalla verità **2** *(establish)* ***to ~ out who is responsible*** stabilire chi è il responsabile; ***I'm still trying to ~ out what happened*** sto ancora cercando di capire cosa sia successo; **~ [sb.] out** COLLOQ. **1** *(punish)* ***I'll ~ him out!*** lo aggiusto *o* arrangio io! **2** *(help)* ***the doctor will soon ~ you out*** il dottore ti rimetterà presto in sesto; **~ [oneself] out** *(get organized)* organizzarsi, mettersi a posto; ***to get oneself ~ed out*** mettere la testa a posto; ***things will ~ themselves out*** le cose andranno a posto da sole.
▪ **sort through:** **~ through [sth.]** passare in rassegna, scorrere [*files, invoices*].
sort code n. codice m. bancario.
sorter /'sɔːtə(r)/ ♦ **27** n. **1** *(person)* selezionatore m. (-trice) **2** *(machine)* AGR. selezionatrice f.; *(in post office)* smistatrice f.
sortie /'sɔːtɪ/ n. MIL. sortita f.; ***to make a ~ to*** SCHERZ. fare un salto in [*shops, beach*].
sorting /'sɔːtɪŋ/ n. selezione f., classificazione f.; *(in post office)* smistamento m.
sorting office n. *(in post office)* centro m. di smistamento (postale).
sort-out /'sɔːtaʊt/ n. BE COLLOQ. ***to have a ~*** dare una riordinata.
SOS /esəʊ'es/ n. SOS m. (anche FIG.).
so-so /ˌsəʊ'səʊ/ agg. e avv. COLLOQ. così così.
sought /sɔːt/ pass., p.pass. → **seek**.
sought-after /'sɔːtˌɑːftə(r), AE -ˌæf-/ agg. [*person, skill, brand*] richiesto, ricercato; [*job, role*] ambito.
soul /səʊl/ n. **1** *(immortal)* anima f.; ***to sell one's ~*** vendere l'anima (al diavolo); FIG. dare l'anima (**to do** per fare) **2** *(innermost nature)* anima f., animo m.; ***to have the ~ of a poet*** avere un animo poetico **3** *(essence)* ***he's the ~ of discretion*** è la discrezione fatta persona **4 U** *(emotional appeal)* ***to lack ~*** [*performance*] non avere anima; [*building*] essere anonimo **5** *(character type)* ***a sensitive ~*** un animo sensibile; ***she's a motherly ~*** è molto materna **6** *(person)* ***you mustn't tell a ~!*** non devi dirlo a anima viva! ***"many people there?" - "not a ~"*** "c'era gente?" - "neanche un'anima"; ***she's too old, poor ~!*** è troppo vecchia, poveretta! **7** MUS. (anche **~ music**) soul m., musica f. soul ♦ ***it's good for the ~*** SCHERZ. fa bene al cuore; ***to be the life and ~ of the party*** essere l'anima della festa; ***to throw oneself into sth. heart and ~*** lanciarsi anima e corpo in qcs.
soul brother n. AE *(in black slang)* fratello m.
soul-destroying /'səʊldɪˌstrɔɪɪŋ/ agg. spossante, alienante.
soul food n. AE = cucina tradizionale degli afroamericani.
soulful /'səʊlfl/ agg. *(full of feeling)* profondo.
soulfulness /'səʊlfəlnɪs/ n. profondità f. (di sentimento), passione f.
soulless /'səʊllɪs/ agg. [*building*] anonimo; [*job*] meccanico, monotono; [*interpretation*] piatto, senz'anima.
soul mate n. anima f. gemella.
soul-searching /'səʊlˌsɜːtʃɪŋ/ n. **U** ***to do some ~*** fare un esame di coscienza.
soul sister n. AE *(in black slang)* sorella f.
soul-stirring /'səʊlˌstɜːrɪŋ/ agg. toccante, commovente.
1.sound /saʊnd/ **I** n. **1** FIS. TELEV. RAD. suono m. **2** *(noise)* rumore m.; *(of bell, instrument, voice)* suono m.; ***the ~ of voices*** il brusio; ***without a ~*** senza fare rumore **3** *(volume)* audio m., volume m. **4** MUS. *(distinctive style)* ***the Motown ~*** il sound Motown **5** FIG. *(impression from hearsay)* ***I don't like the ~ of that*** (la cosa) non mi ispira *o* non mi piace per niente; ***by the ~ of it, ...*** a quanto pare, ... **II** modif. [*engineer, technician*] del suono **III** agg. **1** *(in good condition)* [*building, constitution*] solido; [*heart*] forte; [*lungs, physique*] sano; [*health*] buono; ***of ~ mind*** sano di mente **2** *(well-founded)* [*basis, education*] solido; [*judgment*] sensato; [*advice*] valido; ***he has a ~ grasp of the basic grammar*** ha delle solide basi grammaticali; ***a ~ move*** una mossa accorta **3** *(trustworthy)* ***he's very ~*** è molto fidato **4** ECON. COMM. [*investment*] sicuro; [*management*] oculato **5** *(deep)* [*sleep*] profondo **6** *(correct, acceptable)* ***that is ~ economics*** è molto sensato dal punto di vista economico; ***our products are ecologically ~*** i nostri prodotti sono ecologicamente compatibili; ***he's politically ~*** ha sane idee politiche **IV** avv. ***to be ~ asleep*** essere profondamente addormentato, dormire della grossa.
2.sound /saʊnd/ **I** tr. **1** fare suonare [*siren*]; suonare [*trumpet*]; ***to ~ one's horn*** suonare il clacson; ***to ~ the alarm*** dare l'allarme (anche FIG.) **2** LING. pronunciare [*letter*] **3** MED. auscultare [*chest*] **4** *(express)* dare [*warning*] **II** intr. **1** *(seem)* sembrare; ***it ~s good*** sembra proprio interessante; ***it ~s as if he's really in trouble*** sembra che sia proprio nei pasticci; ***it ~s***

dangerous sembra pericoloso; ***it doesn't ~ to me as if he's interested*** non mi pare proprio che sia interessato **2** *(give impression by voice or tone)* ***to ~ banal, boring*** sembrare banale, noioso; ***you make it ~ interesting*** lo rendi interessante; ***you ~ as if you've got a cold*** sembri raffreddato; ***that ~s like a flute*** si direbbe un flauto; ***you ~ like my mother!*** mi sembra di sentire mia madre! ***I don't want to ~ pessimistic*** non voglio sembrare pessimista; ***spell it as it ~s*** scrivilo come si pronuncia **3** *(convey impression)* fare, suonare; ***she calls herself Geraldine - it ~s more sophisticated*** si fa chiamare Geraldine - fa più sofisticato; ***it may ~ silly, but...*** può sembrare stupido, ma... **4** *(make a noise)* [*trumpet, alarm, buzzer, siren*] suonare.

▪ **sound off** COLLOQ. ~ ***off*** avere da ridire.

▪ **sound out:** ~ ***out [sb.]***, ~ ***[sb.] out*** sondare, interrogare.

3.sound /saʊnd/ n. GEOGR. stretto m.

sound archives n.pl. fonoteca f.sing.

sound barrier n. muro m. del suono, barriera f. del suono.

sound bite n. = breve estratto di un'intervista registrata.

sound effect n. effetto m. sonoro.

sound head n. **1** CINEM. testina f. sonora **2** *(on tape recorder)* testina f.

sounding /'saʊndɪŋ/ **I** n. sondaggio m. (anche FIG.) **II -sounding** agg. in composti ***a grand-~, English-~ name*** un nome altisonante, che suona inglese.

sounding-board /'saʊndɪŋbɔ:d/ n. cassa f. di risonanza (anche FIG.); ***can I use you as a ~?*** hai voglia di ascoltarmi?

sound insulation n. isolamento m. acustico.

soundless /'saʊndlɪs/ agg. silenzioso.

soundlessly /'saʊndlɪslɪ/ avv. senza fare rumore.

sound library n. fonoteca f.

soundly /'saʊndlɪ/ avv. **1** [*sleep*] profondamente; ***we can sleep ~ in our beds, now that...*** possiamo dormire sonni tranquilli ora che... **2** [*beat*] sonoramente **3** [*built*] solidamente.

soundness /'saʊndnɪs/ n. *(correctness)* bontà f., validità f.

1.sound-proof /'saʊndpru:f/ agg. [*wall, room*] insonorizzato; [*material*] insonorizzante.

2.sound-proof /'saʊndpru:f/ tr. insonorizzare [*room*].

sound-proofing /'saʊnd,pru:fɪŋ/ n. insonorizzazione f.

sound system n. *(hi-fi)* stereo m.; *(for disco etc.)* sound system m.

soundtrack /'saʊndtræk/ n. *(of film)* colonna f. sonora; *(on record)* solco m.; *(on spool of film)* audio m., banda f. sonora.

sound wave n. onda f. acustica.

soup /su:p/ n. minestra f., zuppa f.; FIG. minestrone m. ♦ ***to be in the ~*** essere nei pasticci.

soup kitchen n. mensa f. per i poveri.

soup plate n. piatto m. fondo.

soupspoon /'su:pspu:n/ n. cucchiaio m. (da minestra).

soup up tr. truccare [*car, engine*].

1.sour /'saʊə(r)/ agg. **1** *(acidic)* [*taste*] acido, aspro; [*unripe fruit*] aspro **2** *(off)* [*milk*] acido; [*smell*] acre, pungente; ***to go ~*** diventare acido, inacidire; FIG. andare a rotoli **3** *(bad-tempered)* [*person*] acido; [*look*] pungente.

2.sour /'saʊə(r)/ **I** tr. guastare [*relations, atmosphere*] **II** intr. [*attitude*] inacidirsi; [*relationship*] guastarsi.

1.source /sɔ:s/ **I** n. **1** *(origin)* fonte f. (anche GEOGR. LETTER.); ***energy, food ~s*** risorse energetiche, alimentari; ***at ~*** alla fonte **2** *(cause)* ~ ***of*** fonte di [*anxiety, satisfaction*]; causa di [*problem, pollution*]; origine di [*rumour*] **II** modif. [*code, language, program*] sorgente; ~ ***material*** fonti, materiale di partenza.

2.source /sɔ:s/ tr. IND. procurarsi [*products, energy*]; ***to be ~d from*** provenire da [*region, country*].

sour cream n. panna f. acida.

sourdough /'saʊədəʊ/ n. AE lievito m. naturale.

sour-faced /'saʊəfeɪst/ agg. [*person*] corrucciato.

sour grapes n.pl. ***it's (a touch of) ~!*** è come la volpe con l'uva!

souse /saʊs/ tr. **1** *(soak)* bagnare **2** GASTR. marinare [*herring*].

soutane /su:'tɑ:n/ n. *(of priest)* sottana f., tonaca f.

south /saʊθ/ ♦ ***21*** **I** n. sud m., meridione m. **II South** n.pr. GEOGR. ***the South*** il Sud **III** agg. attrib. [*side, face, wall*] sud; [*coast*] meridionale; [*wind*] del sud, meridionale **IV** avv. [*lie, live*] a sud (**of** di); [*move*] verso sud.

South Africa ♦ ***6*** n.pr. *(country)* Sudafrica m.; *(region)* Africa f. del Sud.

South America n.pr. America f. del Sud, Sudamerica m., America f. meridionale.

southbound /'saʊθbaʊnd/ agg. [*carriageway, traffic*] in direzione sud; ***the ~ train*** BE *(in underground)* il treno in direzione sud.

South Carolina /,saʊθkærə'laɪnə/ ♦ ***24*** n.pr. Carolina f. del Sud, South Carolina m.

South Dakota /,saʊθdə'kəʊtə/ ♦ ***24*** n.pr. Sud Dakota m.

southeast /,saʊθ'i:st/ ♦ ***21*** **I** n. sud-est m. **II** agg. [*side*] sud-est; [*coast*] sud-orientale; [*wind*] di sud-est **III** avv. [*lie, live*] a sud-est (**of** di); [*move*] verso sud-est.

South-East Asia n.pr. Sud-Est m. asiatico.

southeasterly /,saʊθ'i:stəlɪ/ **I** agg. [*wind*] di sud-est; [*point*] a sud-est **II** n. vento m. di sud-est.

southeastern /,saʊθ'i:stən/ ♦ ***21*** agg. [*coast*] sud-orientale; [*town, accent*] del sud-est.

southerly /'sʌðəlɪ/ **I** agg. [*wind, area*] del sud; [*point*] a sud **II** n. vento m. del sud.

southern /'sʌðən/ ♦ ***21*** agg. [*coast, boundary*] meridionale; [*state, town, accent*] del sud; [*hemisphere*] australe; ~ ***England*** il sud dell'Inghilterra.

Southern Alps n.pr.pl. Alpi f. australiane.

southerner /'sʌðənə(r)/ n. ~***s*** la gente del sud.

Southern Lights n.pl. aurora f.sing. australe.

South Korea ♦ ***6*** n.pr. Corea f. del Sud.

South Korean ♦ ***18*** **I** agg. sudcoreano **II** n. sudcoreano m. (-a).

South Pole n.pr. Polo m. Sud.

southward /'saʊθwəd/ ♦ ***21*** **I** agg. [*route, movement*] verso sud; ***in a ~ direction*** in direzione sud **II** avv. (anche ~**s**) verso sud.

southwest /,saʊθ'west/ ♦ ***21*** **I** n. sud-ovest m. **II** agg. [*side*] sud-ovest; [*coast*] sud-occidentale; [*wind*] di sud-ovest **III** avv. [*live, lie*] a sud-ovest; [*move*] verso sud-ovest.

southwesterly /,saʊθ'westəlɪ/ **I** agg. [*wind*] di sud-ovest; [*point*] a sud-ovest **II** n. vento m. di sud-ovest.

southwestern /,saʊθ'westən/ ♦ ***21*** agg. [*coast*] sud-occidentale; [*town, accent*] del sud-ovest.

souvenir /,su:və'nɪə(r), AE 'su:vənɪər/ n. souvenir m., ricordino m. (**of, from** di).

sovereign /'sɒvrɪn/ **I** n. **1** *(monarch)* sovrano m. (-a) **2** STOR. *(coin)* sovrana f. **II** agg. **1** *(absolute)* [*power, state*] sovrano **2** *(utmost)* [*indifference*] sovrano.

sovereignty /'sɒvrəntɪ/ n. sovranità f.

Soviet /'səʊvɪət, 'sɒ-/ ♦ ***18*** agg. STOR. sovietico.

Soviet Union ♦ ***6*** n.pr. STOR. Unione f. Sovietica.

1.sow /saʊ/ n. scrofa f.

2.sow /səʊ/ tr. (pass. **sowed**, p.pass. **sowed, sown**) seminare (anche FIG.); ***to ~ a field with wheat*** seminare un campo a grano; ***to ~ the seeds of doubt*** FIG. gettare il seme del dubbio.

sower /'səʊə(r)/ n. seminatore m. (-trice).

sowing /'səʊɪŋ/ n. **U** semina f.

sowing machine n. seminatrice f.

sown /səʊn/ p.pass. → **2.sow**.

soya /'sɔɪə/ **I** n. soia f. **II** modif. [*burger, flour, milk*] di soia.

soya bean n. soia f.

soy(a) sauce n. salsa f. di soia.

sozzled /'sɒzld/ agg. COLLOQ. sbronzo.

spa /spɑ:/ n. **1** terme f.pl.; *(town)* località f. termale **2** AE *(health club)* beauty farm f.

1.space /speɪs/ **I** n. **1 U** *(room)* spazio m., posto m.; ***to sell (advertising) ~*** vendere spazi pubblicitari; ***to invade sb.'s (personal) ~*** invadere lo spazio vitale di qcn.; ***to give sb. ~*** FIG. dare spazio a qcn. **2 C** *(gap)* spazio m.; MUS. interlinea f.; TIP. *(between words)* spazio m.; *(between lines)* interlinea f., spaziatura f.; ***in the ~ provided*** *(on form)* nell'apposito spazio **3 C** *(area of land)* spazio m. **4** *(interval of time)* intervallo m.; ***in*** o ***within the ~ of a week*** nello spazio di una settimana; ***in a short ~ of time*** in un breve lasso di tempo **5** FIS. spazio m. **II** modif. [*research, programme, rocket, capsule, platform*] spaziale; [*exploration*] dello spazio.

2.space /speɪs/ tr. spaziare.

▪ **space out:** ***to ~ out [sth.], ~ [sth.] out*** spaziare, distanziare [*objects*]; diradare [*visits*]; scaglionare [*payments*].
space age I n. era f. spaziale **II space-age** modif. [*design*] avveniristico, futuristico.
space-bar /ˈspeɪsbɑː(r)/ n. barra f. spaziatrice.
spacecraft /ˈspeɪskrɑːft, AE -kræft/ n. (pl. ~) astronave f., veicolo m. spaziale.
spaced out agg. COLLOQ. *(on drugs)* fatto, sballato.
space flight n. *(activity)* viaggi m.pl. spaziali; *(single journey)* volo m. spaziale.
space helmet n. casco m. (della tuta) spaziale.
spaceman /ˈspeɪsmən/ n. (pl. **-men**) astronauta m., cosmonauta m.
space race n. POL. = corsa (delle nazioni) al primato nell'esplorazione spaziale.
space-saving /ˈspeɪsˌseɪvɪŋ/ agg. salvaspazio.
spaceship /ˈspeɪsʃɪp/ n. astronave f., navicella f. spaziale.
space station n. stazione f. spaziale.
spacesuit /ˈspeɪsˌsuːt, -ˌsjuːt/ n. tuta f. spaziale.
spacewoman /ˈspeɪswʊmən/ n. (pl. **-women**) astronauta f., cosmonauta f.
spacing /ˈspeɪsɪŋ/ n. **1** TIP. spaziatura f.; ***in double ~*** con interlinea doppia **2** (anche **~ out**) *(of objects, buildings)* distanziamento m.; *(of payments)* scaglionamento m.
spacious /ˈspeɪʃəs/ agg. spazioso.
spaciousness /ˈspeɪʃəsnɪs/ n. **U** spaziosità f., (l')essere spazioso.
spade /speɪd/ ♦ ***10*** **I** n. **1** *(tool)* vanga f., badile m.; *(toy)* paletta f. **2** POP. SPREG. *(black person)* negro m. (-a) **3** *(in cards)* carta f. di picche **II spades** n.pl. + verbo sing. o pl. *(suit)* picche f. ♦ ***to call a ~ a ~*** dire pane al pane (e vino al vino).
spadeful /ˈspeɪdfʊl/ n. vangata f., palata f.; ***by the ~*** a palate.
spadework /ˈspeɪdwɜːk/ n. FIG. lavoro m. preparatorio, sgrossatura f.
spaghetti /spəˈgetɪ/ n. **U** spaghetti m.pl.; ***~ western*** COLLOQ. spaghetti western, western all'italiana.
Spain /speɪn/ ♦ ***6*** n.pr. Spagna f.
1.spam /spæm/ n. **U** COLLOQ. = fastidiosi messaggi pubblicitari di posta elettronica.
2.spam /spæm/ tr. (forma in -ing ecc. **-mm-**) inondare di posta elettronica inutile [*e-mail users*].
1.span /spæn/ n. **1** *(period of time)* periodo m., arco m. di tempo; ***time ~*** periodo di tempo; ***over a ~ of several years*** nell'arco di diversi anni **2** *(across hand)* spanna f.; *(across arms)* apertura f.; *(of bridge)* campata f.; *(of arch)* luce f.; ***wing-~*** *(of bird, aircraft)* apertura alare; ***the whole ~ of human history*** FIG. l'intero corso della storia dell'umanità.
2.span /spæn/ tr. (forma in -ing ecc. **-nn-**) **1** [*bridge, arch*] attraversare **2** ING. costruire un ponte su [*river*] **3** FIG. *(encompass)* estendersi, comprendere; abbracciare [*century*]; ***a group ~ning the age range 10 to 14*** un gruppo che comprende ragazzi fra i 10 e i 14 anni.
spangle /ˈspæŋgl/ n. lustrino m., paillette f.
spangled /ˈspæŋgld/ agg. luccicante (**with** di).
Spaniard /ˈspænjəd/ ♦ ***18*** n. spagnolo m. (-a).
spaniel /ˈspænjəl/ n. spaniel m., cocker m. (spaniel).
Spanish /ˈspænɪʃ/ ♦ ***18, 14*** **I** agg. [*custom, people, literature*] spagnolo; [*king*] di Spagna; [*embassy*] spagnolo, della Spagna **II** n. **1** *(people)* ***the ~*** + verbo pl. gli spagnoli **2** *(language)* spagnolo m. **III** modif. *(of Spanish)* [*teacher, course*] di spagnolo; *(into Spanish)* [*translation*] in spagnolo.
Spanish America n.pr. America f. latina.
Spanish American I agg. latino-americano **II** n. latino-americano m. (-a).
Spanish Armada n. ***the ~*** l'Invincibile Armata.
1.spank /spæŋk/ n. sculacciata f.
2.spank /spæŋk/ tr. sculacciare, dare una sculacciata a.
spanking /ˈspæŋkɪŋ/ **I** n. sculacciata f. **II** agg. COLLOQ. ***at a ~ pace*** a passo sostenuto **III** avv. COLLOQ. ***a ~ new car*** una macchina nuova di zecca.
spanner /ˈspænə(r)/ n. BE MECC. chiave f.; ***adjustable ~*** chiave registrabile ♦ ***to put*** o ***throw a ~ in the works*** mettere i bastoni fra le ruote.
1.spar /spɑː(r)/ n. MAR. asta f.
2.spar /spɑː(r)/ intr. (forma in -ing ecc. **-rr-**) [*boxers*] allenarsi; FIG. [*debaters*] discutere; ***to ~ with*** FIG. beccarsi con [*boyfriend*]; affrontare [*opponent*].
1.spare /speə(r)/ **I** n. *(part)* (pezzo di) ricambio m.; *(wheel)* ruota f. di scorta; ***use my pen, I've got a ~*** prendi la mia penna, io ne ho una di riserva **II** agg. **1** *(surplus)* [*cash*] di riserva; [*capital, land, seat*] restante, ancora disponibile; [*copy*] d'avanzo; [*moment*] libero; ***I've got a ~ ticket*** ho un biglietto in più **2** *(in reserve)* [*component, bulb*] di ricambio; [*wheel*] di scorta **3** *(lean)* [*person, build*] esile; [*building, style*] semplice **4** *(meagre)* [*diet*] povera; [*meal*] frugale **5** BE COLLOQ. furioso; ***to go ~*** andare fuori di testa.
2.spare /speə(r)/ **I** tr. **1** ***have my pen, I've got one to ~*** prendi la mia penna, io ne ho una di riserva; ***to catch the train with 5 minutes to ~*** prendere il treno con 5 minuti di anticipo; ***I have no time to ~ for doing*** non ho tempo da perdere per fare; ***the project was finished with only days to ~*** il progetto fu terminato pochi giorni prima della data stabilita **2** *(treat leniently)* risparmiare [*person, animal*]; ***to ~ sb. sth.*** risparmiare qcs. a qcn. **3** *(be able to afford)* avere (da offrire) [*money*]; dedicare [*time*]; ***can you ~ a minute?*** hai un minuto? ***to ~ a thought for*** avere un pensiero per **4** *(manage without)* ***to ~ sb. for*** fare a meno di qcn. per [*job*] **II** rifl. ***to ~ oneself sth.*** risparmiarsi qcs. ♦ ***to ~ no effort*** fare tutto il possibile; ***to ~ no pains*** fare ogni sforzo.
spare part n. AUT. TECN. (pezzo di) ricambio m.
spare part surgery n. chirurgia f. sostitutiva.
spare rib n. costoletta f. di maiale.
spare room n. camera f. per gli ospiti.
spare time n. **U** tempo m. libero.
spare tyre BE, **spare tire** AE n. **1** AUT. ruota f. di scorta **2** COLLOQ. *(fat)* salvagente m., salsicciotto m.
spare wheel n. AUT. ruota f. di scorta.
sparing /ˈspeərɪŋ/ agg. [*person, use*] parsimonioso; ***to be ~ with*** *(economical)* economizzare, fare economia di [*food*]; *(mean)* essere avaro di [*advice*]; dare poco [*help*]; *(careful)* usare con moderazione [*flavouring*].
sparingly /ˈspeərɪŋlɪ/ avv. [*use, add*] con moderazione.
1.spark /spɑːk/ n. **1** scintilla f. (anche EL.) **2** FIG. *(of originality)* sprazzo m.; *(of enthusiasm)* scintilla f.; *(of intelligence)* barlume m.; ***the ~ has gone out of their relationship*** ormai non fanno più faville.
2.spark /spɑːk/ **I** tr. → **spark off II** intr. [*fire*] fare, sprigionare scintille; [*wire, switch*] emettere scintille.
▪ **spark off:** ***~ off [sth.]*** suscitare [*interest, anger, fear*]; accendere [*controversy*]; provocare [*speculation, reaction*]; dare origine a [*friendship, affair*]; fare scoppiare [*war*]; scatenare [*riot*]; avviare [*growth, change*].
1.sparkle /ˈspɑːkl/ n. *(of light, star, tinsel)* scintillio m.; *(in eye)* brillio m.; FIG. *(of performance)* brillantezza f.; ***he's lost her ~*** ha perso il suo brio; ***to add ~ to sth.*** dare brillantezza a [*glasses*].
2.sparkle /ˈspɑːkl/ intr. **1** *(flash)* [*flame, light*] scintillare, brillare; [*jewel, eyes*] brillare; [*frost, metal, water*] luccicare; ***to ~ with*** FIG. [*conversation*] essere pieno di [*wit*] **2** *(fizz)* [*drink*] frizzare.
sparkler /ˈspɑːklə(r)/ n. *(firework)* = fuoco d'artificio che emette piccole scintille.
sparkling /ˈspɑːklɪŋ/ **I** agg. **1** *(twinkling)* [*light*] scintillante; [*jewel*] brillante; [*water*] luccicante; [*eyes*] che brilla (**with** di) **2** *(witty)* [*conversation*] frizzante; [*wit*] brillante **3** [*drink*] frizzante, gassato **II** avv. *(for emphasis)* ***~ clean*** pulito e splendente; ***~ white*** bianco splendente.
spark plug n. EL. AUT. candela f. (d'accensione).
sparring match n. *(in boxing)* combattimento m. d'allenamento; FIG. battibecco m.
sparring partner n. *(in boxing)* sparring partner m.; FIG. = persona con la quale si è soliti discutere.
sparrow /ˈspærəʊ/ n. passero m.
sparrowhawk /ˈspærəʊhɔːk/ n. sparviero m.
sparse /spɑːs/ agg. [*population*] sparso; [*vegetation, hair*] rado; [*resources, information*] scarso; [*use*] sporadico; ***~ furnishings*** pochi mobili; ***trading was ~*** ci sono stati pochi scambi in Borsa.

sparsely /ˈspɑːslɪ/ avv. poco; *~ wooded* poco boscoso; *~ populated* (*permanently*) scarsamente popolato; (*temporarily*) poco frequentato.

Spartan /ˈspɑːtən/ **I** agg. **1** (*from Sparta*) spartano **2** FIG. (anche **spartan**) [*life, regime*] spartano **II** n. spartano m. (-a).

spasm /ˈspæzəm/ n. **1** MED. spasmo m. **2** (*of pain*) fitta f.; (*of anxiety, panic*) attacco m.; (*of rage, coughing*) accesso m.

spasmodic /spæzˈmɒdɪk/ agg. **1** (*intermittent*) [*activity*] sporadico, intermittente **2** MED. [*coughing, cramp*] spasmodico.

spasmodically /spæzˈmɒdɪklɪ/ avv. (*intermittently*) sporadicamente, a intervalli.

spastic /ˈspæstɪk/ **I** agg. MED. spastico (anche COLLOQ. SPREG.) **II** n. MED. spastico (-a) (anche COLLOQ. SPREG.).

1.spat /spæt/ n. COLLOQ. (*quarrel*) battibecco m.

2.spat /spæt/ n. (*on shoe*) ghetta f.

3.spat /spæt/ pass., p.pass. → **3.spit**.

spate /speɪt/ n. **1** *in full ~* BE [*river*] in piena; [*person*] che parla a ruota libera **2** *a ~ of* una serie di [*incidents*].

spatial /ˈspeɪʃl/ agg. spaziale.

1.spatter /ˈspætə(r)/ n. **1** (*of liquid*) spruzzo m., schizzo m.; *a ~ of rain* due gocce (di pioggia) **2** (*sound*) picchiettio m., crepitio m.

2.spatter /ˈspætə(r)/ **I** tr. (*splash*) schizzare; (*deliberately*) spruzzare **II** intr. picchiettare, crepitare.

spatula /ˈspætʃʊlə/ n. spatola f.; (*to hold down the tongue*) abbassalingua m.

1.spawn /spɔːn/ n. (*of frog, fish*) uova f.pl.

2.spawn /spɔːn/ **I** tr. SPREG. produrre, sfornare [*product, imitation*]; generare, mettere al mondo [*person*] **II** intr. **1** ZOOL. [*frog, fish*] deporre le uova **2** (*multiply*) moltiplicarsi.

spay /speɪ/ tr. asportare le ovaie a [*female animal*]; *to have one's cat ~ed* fare sterilizzare la gatta.

1.speak /spiːk/ **I** tr. (pass. **spoke**; p.pass. **spoken**) **1** parlare [*language*]; *can you ~ English?* parla inglese? *"French spoken"* "si parla francese"; *English as it is spoken* l'inglese parlato **2** (*tell, utter*) dire [*truth*]; recitare [*poetry*]; pronunciare, dire [*word, name*]; *to ~ one's mind* esprimere la propria opinione, dire quel che si pensa **II** intr. (pass. **spoke**; p.pass. **spoken**) **1** (*talk*) parlare (**to** a; **about**, **of** di); *to ~ in a whisper* parlare sottovoce, sussurrare; *to ~ ill, well of sb.* parlare male, bene di qcn.; *to ~ through* parlare *o* comunicare per mezzo di [*medium, interpreter*]; *who's ~ing please?* (*on phone*) chi parla? *(this is) Jane ~ing* sono Jane; *"is that Mrs Cox?" - "~ing!"* "la signora Cox?" - "sono io!"; *I'm ~ing from a phone box* sto chiamando da una cabina telefonica; *this is your captain ~ing* AER. è il capitano che vi parla; *~ing of which, have you booked a table?* a proposito, hai prenotato un tavolo? *~ing of lunch...* a proposito del pranzo...; *he is well spoken of in academic circles* hanno una buona opinione di lui nel mondo accademico; *he spoke very highly of her* ha parlato molto bene di lei; *~ing as a layman...* parlando da profano...; *~ing personally, I hate her* personalmente, la odio; *generally ~ing* in generale, in genere; *roughly ~ing* all'incirca, approssimativamente; *strictly ~ing* in senso stretto, a rigore; *we've had no trouble to ~ of* non abbiamo avuto problemi degni di nota; *he's got no money to ~ of* è praticamente senza soldi; *"what did you see?" - "nothing to ~ of"* "che cosa hai visto?" - "niente di particolare"; *not to ~ of the expense* per non parlare della spesa; *so to ~* per così dire **2** (*converse*) parlare, conversare, discorrere; *they're not ~ing (to each other)* non si parlano (più); *I know her by sight but not to ~ to* la conosco di vista ma non le ho mai rivolto la parola **3** (*make a speech*) parlare; (*more formal*) prendere la parola; *to ~ from the floor* POL. prendere la parola; *to ~ for* parlare in favore di [*view*] **4** LETT. (*express*) *to ~ of* manifestare, rivelare [*suffering*]; [*music, poem*] trasmettere [*feeling*].

■ **speak for:** *~ for [sth., sb.]* **1** (*on behalf of*) parlare per, a nome di, per conto di; *to ~ for oneself* esprimere la propria opinione; *~ing for myself...* a mio parere..., secondo me...; *~ for yourself!* parla per te! *the facts ~ for themselves* i fatti si commentano da soli **2** (*reserve*) *to be spoken for* [*object*] essere prenotato; [*person*] essere impegnato, non essere libero.

■ **speak out** esprimere la propria opinione, pronunciarsi; *don't be afraid! ~ out!* non aver paura! parla francamente!

■ **speak to:** *~ to [sth.]* AMM. discutere, commentare [*motion*].

■ **speak up 1** (*louder*) alzare la voce, parlare a voce più alta **2** (*dare to speak*) parlare francamente, senza reticenze; *to ~ up for* dichiararsi *o* pronunciarsi a favore di.

2.speak /spiːk/ n. **-speak** in composti linguaggio m., gergo m.; *computer-~* linguaggio informatico.

speakeasy /ˈspiːkˌiːzɪ/ n. AE STOR. = spaccio clandestino di bevande alcoliche.

speaker /ˈspiːkə(r)/ n. **1** (*person talking*) = persona che parla; (*public speaker*) oratore m. (-trice); (*invited lecturer*) conferenziere m. (-a); (*conference lecturer*) relatore m. (-trice) **2** *a French ~* (*mother tongue*) un madrelingua francese; (*of foreign language*) un parlante di francese **3** GB POL. (anche **Speaker**) presidente m. (della Camera dei Comuni) **4** EL. MUS. altoparlante m.

speaking /ˈspiːkɪŋ/ **I** n. (*elocution*) oratoria f., eloquenza f.; (*pronunciation*) pronuncia f. **II -speaking** in composti *English-~* [*person*] di lingua inglese, anglofono; [*area*] anglofono.

speaking engagement n. *to have a ~* dover pronunciare un discorso.

speaking part, **speaking role** n. = ruolo drammatico con battute.

speaking terms n.pl. *we're not on ~* non ci parliamo, non ci rivolgiamo (più) la parola.

speaking tour n. ciclo m. di conferenze.

1.spear /ˈspɪə(r)/ n. (*weapon*) lancia f.

2.spear /ˈspɪə(r)/ tr. **1** fiocinare, arpionare [*fish*]; trafiggere, trapassare (con la lancia) [*person*] **2** (*with fork*) infilzare, infilare [*food*].

3.spear /ˈspɪə(r)/ n. (*of plant*) stelo m.; (*of asparagus, broccoli*) gambo m.

spear carrier n. (*actor*) figurante m. e f.

1.spearhead /ˈspɪəhed/ n. punta f. della lancia; FIG. (*leading element*) avanguardia f., uomo m. di punta.

2.spearhead /ˈspɪəhed/ tr. lanciare [*offensive*]; guidare, capeggiare [*revolt*]; essere promotore di [*reform*].

spearmint /ˈspɪəmɪnt/ n. menta f. verde.

1.spec /spek/ n. COLLOQ. (accorc. specification) specificazione f., descrizione f. particolareggiata; *to ~* secondo le specifiche.

2.spec /spek/ n. COLLOQ. (accorc. speculation) *on ~* rischiando.

special /ˈspeʃl/ **I** agg. **1** (*for a specific purpose*) [*equipment, procedure*] specifico, apposito **2** (*marked*) [*affection, interest*] particolare **3** (*particular*) [*reason, significance, treatment*] particolare, speciale **4** (*unique*) [*offer, skill*] speciale; [*case, quality*] unico, eccezionale; (*out of the ordinary*) [*guest, occasion*] speciale, straordinario; *what is so ~ about this computer?* cosa ha di così speciale questo computer? *as a ~ treat...* come trattamento di favore...; *going anywhere ~?* vai da qualche parte di particolare? *you're ~ to me* per me sei una persona speciale; *the wine is nothing ~* il vino non è niente di speciale **5** (*personal*) [*chair, recipe*] personale; [*friend*] intimo, caro **II** n. **1** (*in restaurant*) piatto m. del giorno; *the chef's ~* la specialità dello chef **2** COLLOQ. (*discount offer*) *to be on ~* essere in offerta speciale **3** (*extra broadcast*) special m., speciale m. **4** (*bus*) autobus m. speciale; (*train*) treno m. speciale.

special agent n. agente m. speciale.

Special Branch n. GB = reparto di polizia che garantisce la sicurezza nazionale.

special delivery n. consegna f. per espresso.

special effect I n. CINEM. TELEV. effetto m. speciale **II special effects** modif. [*specialist, team, department*] degli effetti speciali.

special interest group n. POL. gruppo m. di interesse, di pressione.

specialism /ˈspeʃəlɪzəm/ n. specialismo m.

specialist /ˈspeʃəlɪst/ **I** n. **1** ▸ *27* MED. (medico) specialista m.; *heart ~* cardiologo; *cancer ~* oncologo **2** (*expert*) specialista m. e f., esperto m. (-a) (**in** di, in) **II** agg. [*shop, equipment*] specializzato; [*knowledge, care*] specialistico; [*help*] di uno specialista; [*work*] da specialista, da esperto.

speciality /ˌspeʃɪˈælətɪ/ BE, **specialty** /ˈspeʃəltɪ/ AE **I** n. **1** (*special service, product, food*) specialità f. **2** (*special skill, interest*) specialità f., campo m. specialistico **II** modif. [*product*] speciale; *a ~ recipe* o *dish* una specialità.

specialization /ˌspeʃəlaɪˈzeɪʃn, AE -lɪˈz-/ n. specializzazione f.

specialize /ˈspeʃəlaɪz/ intr. specializzarsi; ***we ~ in training staff*** siamo specializzati nella formazione del personale; ***company specializing in chemicals*** ditta specializzata in prodotti chimici.

special licence n. GB DIR. = permesso di matrimonio con dispensa dalle pubblicazioni.

specially /ˈspeʃəlɪ/ avv. **1** *(specifically)* [*come, make*] appositamente; [*trained, chosen, created*] appositamente, espressamente; ***~ for you*** apposta per te **2** *(particularly)* [*interesting, useful*] particolarmente; ***I like animals, ~ dogs*** mi piacciono gli animali, specialmente i cani.

special needs n.pl. **1** SOCIOL. svantaggi m. **2** SCOL. difficoltà f. d'apprendimento.

special relationship n. POL. legami m.pl. privilegiati.

special school n. BE scuola f. speciale (per bambini con difficoltà d'apprendimento).

specialty /ˈspeʃəltɪ/ n. AE → **speciality**.

species /ˈspiːʃiːz/ n. (pl. ~) specie f.

specific /spəˈsɪfɪk/ **I** agg. [*information*] preciso, esatto; [*case, example*] specifico; ***~ to sb., sth.*** *(unique)* specifico *o* caratteristico di qcn., qcs. **II** n. MED. farmaco m. specifico (**for** per, contro) **III specifics** n.pl. dettagli m., particolari m.; ***to get down to (the) ~s*** scendere nei particolari.

specifically /spəˈsɪfɪklɪ/ avv. **1** *(specially)* [*designed, written*] appositamente, espressamente **2** *(explicitly)* [*ask, forbid*] esplicitamente, espressamente **3** *(in particular)* [*mention, address*] specificamente, in modo particolare; ***more ~*** più specificamente.

specification /ˌspesɪfɪˈkeɪʃn/ **I** n. **1** (anche **specifications**) *(of design, building)* capitolato m. d'appalto, descrizione f. particolareggiata (**for, of** di); ***built to sb.'s ~s*** costruito seguendo le direttive di qcn. **2** DIR. *(stipulation)* capitolato m., specificazione f. **II specifications** n.pl. *(of job, car)* caratteristiche f.; *(of computer)* specifiche f.

specification sheet n. caratteristiche f.pl. tecniche, specifiche f.pl.

specified /ˈspesɪfaɪd/ **I** p.pass. → **specify II** agg. [*amount, date, value*] specificato, precisato; ***unless otherwise ~*** salvo indicazione contraria.

specify /ˈspesɪfaɪ/ tr. [*law, contract*] stabilire; [*person*] specificare, precisare.

specimen /ˈspesɪmən/ **I** n. *(of rock)* campione m.; *(of blood, tissue, urine)* campione m.; *(of species, plant)* esemplare m. **II** modif. [*page*] di specimen; ***~ copy*** specimen; ***~ signature*** specimen di firma, deposito della firma.

specious /ˈspiːʃəs/ agg. FORM. [*argument*] specioso, fallace, ingannevole.

speck /spek/ n. *(of dust)* granello m.; *(of dirt, blood, ink)* macchiolina f.; *(of light)* puntino m.

1.speckle /ˈspekl/ n. *(on skin, fabric)* macchiolina f., chiazza f.; *(on bird, animal)* pezza f.

2.speckle /ˈspekl/ tr. [*rain*] punteggiare [*surface*]; [*sun*] chiazzare [*skin*].

spec sheet n. → **specification sheet**.

spectacle /ˈspektəkl/ **I** n. spettacolo m.; ***to make a ~ of oneself*** rendersi ridicolo **II** modif. [*case, frame, lens*] degli occhiali **III spectacles** n.pl. ANT. occhiali m.

spectacular /spekˈtækjʊlə(r)/ **I** agg. spettacolare, straordinario **II** n. spettacolo m. eccezionale, favoloso.

spectacularly /spekˈtækjʊləlɪ/ avv. spettacolarmente; ***it was ~ successful*** ha avuto un successo spettacolare.

spectator /spekˈteɪtə(r)/ n. spettatore m. (-trice).

spectator sport n. = sport di grande richiamo per il pubblico.

specter AE → **spectre**.

spectra /ˈspektrə/ → **spectrum**.

spectral /ˈspektrəl/ agg. **1** *(ghostly)* spettrale, fantomatico **2** FIS. spettrale.

spectre BE, **specter** AE /ˈspektə(r)/ n. spettro m., fantasma m.

spectrography /spekˈtrɒgrəfɪ/ n. spettrografia f.

spectrometry /spekˈtrɒmɪtrɪ/ n. spettrometria f.

spectroscope /ˈspektrəskəʊp/ n. spettroscopio m.

spectroscopy /spekˈtrɒskəpɪ/ n. spettroscopia f.

spectrum /ˈspektrəm/ n. (pl. **~s, -a**) **1** FIS. spettro m. **2** *(range)* gamma f.; ***people across the political ~*** persone di ogni tendenza politica.

specular /ˈspekjʊlə(r)/ agg. speculare.

speculate /ˈspekjʊleɪt/ **I** tr. supporre, congetturare; ***it has been widely ~d that*** si sono fatte molte ipotesi sul fatto che **II** intr. **1** speculare, meditare; ***to ~ as to why*** meditare sulle ragioni per cui **2** ECON. speculare; ***to ~ on the Stock Exchange*** fare speculazioni in Borsa.

speculation /ˌspekjʊˈleɪʃn/ n. **1 U** speculazione f., congettura f., ipotesi f. **2** ECON. speculazione f. (**in** su).

speculative /ˈspekjʊlətɪv, AE *anche* ˈspekjəleɪtɪv/ agg. speculativo, congetturale.

speculator /ˈspekjʊleɪtə(r)/ n. ECON. speculatore m. (-trice).

sped /sped/ pass., p.pass. → **2.speed**.

speech /spiːtʃ/ n. **1** *(oration)* discorso m., orazione f.; TEATR. tirata f.; ***to give a ~*** fare un discorso **2** *(faculty)* parola f., linguaggio m.; *(spoken form)* lingua f. parlata; ***direct, indirect ~*** LING. discorso diretto, indiretto; ***in ~*** nella lingua parlata **3** *(language)* linguaggio m., lingua f.; ***everyday ~*** il linguaggio corrente, la lingua comune **4** AE SCOL. UNIV. oratoria f.

speech and drama n. SCOL. UNIV. arte f. drammatica.

speech clinic n. = clinica per la cura dei disturbi del linguaggio.

speech community n. LING. comunità f. linguistica.

speech day n. BE SCOL. = alla fine dell'anno scolastico, giorno in cui si tengono discorsi e avviene la premiazione annuale degli studenti.

speech defect n. → **speech impediment**.

speechifying /ˈspiːtʃɪfaɪɪŋ/ n. SPREG. sproloquio m.

speech impaired agg. *(not having speech)* muto; *(having a speech impediment)* con un difetto di pronuncia.

speech impediment n. difetto m. di pronuncia.

speechless /ˈspiːtʃlɪs/ agg. muto; ***to be ~ with*** ammutolire per [*horror*]; ***I was ~ at the news*** la notizia mi fece ammutolire; ***I'm ~!*** COLLOQ. sono senza parole!

speech organ n. organo m. fonatorio.

speech recognition n. INFORM. riconoscimento m. vocale.

speech synthesis n. INFORM. sintesi f. della voce.

speech therapist ♦ *27* n. logopedista m. e f., foniatra m. e f., ortofonista m. e f.

speech therapy n. logopedia f., foniatria f., ortofonia f.

speech training n. corso m. di dizione.

1.speed /spiːd/ n. **1** *(of vehicle, wind, record)* velocità f.; *(of response, reaction)* velocità f., prontezza f., rapidità f.; ***at (a) great ~*** a tutta velocità; ***at ~*** [*go, run*] a tutta velocità; [*work, read*] di buona lena, speditamente; ***"full ~ ahead!"*** MAR. "avanti tutta!"; ***what ~ were you doing?*** a che velocità andavi? **2** *(gear)* marcia f.; ***three~ bicycle*** bicicletta a tre marce **3** FOT. *(of film)* (foto)sensibilità f.; *(of shutter)* velocità f. **4** COLLOQ. *(drug)* anfetamina f., droga f. stimolante.

2.speed /spiːd/ **I** tr. (pass., p.pass. **sped** o **speeded**) accelerare [*process, recovery*]; sveltire, snellire [*traffic*]; ***to ~ sb. on his, her way*** augurare buon viaggio a qcn. **II** intr. **1** (pass., p.pass. **sped**) *(move swiftly)* ***to ~ along*** sfrecciare, andare a tutta velocità; ***to ~ away*** partire in quarta; ***the train sped past*** il treno passò sfrecciando **2** (pass., p.pass. **speeded**) *(drive too fast)* superare i limiti di velocità, guidare a velocità eccessiva; ***he was caught ~ing*** fu fermato per eccesso di velocità.

■ **speed up: ~ up** [*car, train*] accelerare; [*athlete, walker*] accelerare, aumentare l'andatura; [*worker*] aumentare il ritmo, accelerare; **~ up [sth.], ~ [sth.] up** accelerare [*process*]; sveltire, snellire [*traffic*].

speedboat /ˈspiːdbəʊt/ n. motoscafo m. da competizione.

speed bump n. → **speed hump**.

speed camera n. autovelox® m.

speed hump n. dosso m. artificiale.

speedily /ˈspiːdɪlɪ/ avv. velocemente, rapidamente.

speeding /ˈspiːdɪŋ/ n. AUT. eccesso m. di velocità.

speed limit n. limite m. di velocità; ***to drive within the ~*** guidare rispettando i limiti di velocità.

speedometer /spɪˈdɒmɪtə(r)/ n. tachimetro m.

speed reading n. lettura f. rapida.

speed restriction n. limitazione f., riduzione f. di velocità.
speed skating ➧ *10* n. pattinaggio m. di velocità.
speed trap n. AUT. = tratto (della strada) a velocità controllata.
speed-up /'spi:dʌp/ n. accelerazione f.
speedway /'spi:dweɪ/ n. *(course)* pista f. da speedway.
speedway racing ➧ *10* n. speedway m.
speedy /'spi:dɪ/ agg. veloce; [*recovery*] pronto.
speed zone n. AE zona f. a velocità limitata.
speleologist /ˌspi:lɪ'ɒlədʒɪst/ ➧ *27* n. speleologo m. (-a).
speleology /ˌspi:lɪ'ɒlədʒɪ/ n. speleologia f.
1.spell /spel/ n. *(magic words)* formula f. magica, incantesimo m.; ***evil ~*** maleficio; ***to be under a ~*** essere vittima di un incantesimo; ***to cast*** o ***put a ~ on sb.*** stregare qcn. (anche FIG.); ***to be under sb.'s ~*** FIG. essere stregato *o* ammaliato da qcn.
2.spell /spel/ n. *(period)* periodo m. (di tempo), lasso m. di tempo; ***a ~ in hospital*** un ricovero in ospedale; ***a warm ~*** un'ondata di caldo; ***rainy ~*** periodo piovoso *o* di piogge; ***sunny ~*** schiarita; ***to go through a bad ~*** passare un brutto periodo.
3.spell /spel/ **I** tr. (pass., p.pass. **spelled** o **spelt**) **1** compitare, sillabare; ***the word is spelt like this*** la parola si scrive così; ***he ~s his name with an e*** il suo nome si scrive con la e; ***to ~ sth. correctly*** o ***properly*** scrivere correttamente qcs.; ***C-A-T ~s cat*** le lettere C-A-T formano la parola cat; ***will you ~ that please?*** *(on phone)* può fare lo spelling per favore? **2** *(imply)* comportare [*danger*]; significare [*ruin, end*] **II** intr. (pass., p.pass. **spelled** o **spelt**) scrivere correttamente; ***he can't ~*** non conosce l'ortografia; ***he ~s badly, well*** fa, non fa errori di ortografia; ***to learn (how) to ~*** imparare l'ortografia.
■ **spell out:** ~ ***out*** **[sth.]**, ~ **[sth.]** ***out*** compitare, sillabare [*word*]; FIG. spiegare chiaramente, nei dettagli [*consequences*]; ***do I have to ~ it out (to you)?*** come devo fare a spiegartelo?
spellbinding /'spelbaɪndɪŋ/ agg. incantevole, affascinante.
spellbound /'spelbaʊnd/ agg. incantato, ammaliato, affascinato; ***to hold sb. ~*** stregare *o* ammaliare qcn.
spellcheck /'speltʃek/ tr. INFORM. eseguire il controllo ortografico di [*text*].
spellchecker /'speltʃekə(r)/ n. INFORM. correttore m. ortografico.
speller /'spelə(r)/ n. ***a good, bad ~*** una persona che conosce, non conosce l'ortografia.
spelling /'spelɪŋ/ **I** n. ortografia f. **II** modif. [*mistake, test*] di ortografia.
spelling-book /'spelɪŋˌbʊk/ n. sillabario m., abbecedario m.
spelt /spelt/ pass., p.pass. → **3.spell**.
1.spend /spend/ n. AMM. spese f.pl.
2.spend /spend/ **I** tr. (pass., p.pass. **spent**) **1** *(pay out)* spendere, sborsare; ***to ~ money on clothes, rent*** spendere denaro in vestiti, per pagare l'affitto; ***to ~ money on one's house, children*** spendere soldi per la propria casa, per i bambini **2** passare, trascorrere [*time, week*] **3** *(exhaust)* esaurire, finire [*ammunition*]; consumare, esaurire [*energy, resources*] **II** intr. (pass., p.pass. **spent**) spendere.
spender /'spendə(r)/ n. ***a big ~*** un gran spendaccione.
spending /'spendɪŋ/ n. U spesa f., spese f.pl.; ***~ on education*** spese per l'istruzione; ***credit card ~*** acquisti effettuati con carta di credito; ***defence ~*** spese per la difesa; ***government ~, public ~*** spesa pubblica.
spending cut n. riduzione f. delle spese; POL. taglio m. alla spesa.
spending money n. denaro m. (per spese personali); *(of a child)* paghetta f.
spending power n. ECON. potere m. d'acquisto.
spending spree n. spese f.pl. folli.
spendthrift /'spendθrɪft/ **I** n. spendaccione m. (-a), scialacquatore m. (-trice) **II** agg. [*person*] spendaccione, scialacquatore; [*habit, policy*] dispendioso.
spent /spent/ **I** pass., p.pass. → **2.spend** **II** agg. **1** *(used up)* [*bullet*] esploso; [*battery*] esaurito, consumato; [*match*] consumato, usato **2** *(exhausted)* [*person*] sfinito, esausto; [*passion*] consumato, spento; ***to be a ~ force*** FIG. aver perso lo smalto, aver esaurito le forze.
sperm /spɜ:m/ n. **1** *(cell)* spermatozoo m. **2** *(semen)* sperma m.
spermatozoon /ˌspɜ:mətə'zəʊɒn/ n. (pl. **spermatozoa**) spermatozoo m.
sperm bank n. banca f. del seme.
sperm donation n. donazione f. di sperma.
sperm donor n. donatore m. di sperma.
spermicidal /ˌspɜ:mɪ'saɪdl/ agg. spermicida.
spermicide /'spɜ:mɪsaɪd/ n. spermicida m.
sperm whale n. capodoglio m.
spew /spju:/ **I** tr. **1** (anche **~ out**) eruttare, vomitare, sputare [*lava*]; vomitare, sputare [*insults*]; buttare fuori [*coins, paper*] **2** COLLOQ. (anche **~ up**) vomitare [*food*] **II** intr. (anche **~ out**) [*smoke*] fuoriuscire; [*insults*] piovere.
SPF n. (⇒ sun protection factor) = fattore di protezione solare.
sphere /sfɪə(r)/ n. **1** *(shape)* sfera f. **2** ASTR. sfera f. celeste **3** *(field)* sfera f., campo m., settore m.; ***~ of influence*** sfera d'influenza **4** *(social circle)* ambiente m.
spherical /'sferɪkl/ agg. sferico.
sphincter /'sfɪŋktə(r)/ n. sfintere m.
sphinx /sfɪŋks/ n. (pl. **~es, sphinges**) sfinge f.
1.spice /spaɪs/ **I** n. **1** GASTR. spezia f.; ***mixed ~*** spezie miste **2** FIG. mordente m., gusto m., pimento m. **II** modif. [*jar, rack*] per le spezie; [*trade, route*] delle spezie ♦ ***variety is the ~ of life*** la diversità è il sale della vita.
2.spice /spaɪs/ tr. **1** GASTR. speziare, condire con spezie, aromatizzare [*food*] **2** (anche **~ up**) dare sapore, gusto a [*life*]; insaporire, speziare [*story*].
spick-and-span /ˌspɪkən'spæn/ agg. lustro, lindo, lucente.
spicy /'spaɪsɪ/ agg. [*food*] speziato, aromatizzato; FIG. [*story*] piccante, salace.
spider /'spaɪdə(r)/ n. **1** ZOOL. ragno m. **2** BE *(elastic straps)* ragno m. **3** AE padella f. (con piedi) per friggere.
spider's web n. ragnatela f.
spiderweb /'spaɪdəˌweb/ n. AE → **spider's web**.
spidery /'spaɪdərɪ/ agg. [*writing*] sottile, filiforme.
spiel /ʃpi:l, AE spi:l/ n. COLLOQ. SPREG. imbonimento m.
spigot /'spɪgət/ n. **1** *(of barrel)* zipolo m. **2** AE *(faucet)* rubinetto m.
1.spike /spaɪk/ **I** n. **1** *(pointed object)* punta f., spuntone m. **2** SPORT *(on shoe)* chiodo m., tacchetto m.; ***a set of ~s*** ramponi **II spikes** n.pl. SPORT scarpette f. chiodate (da corsa).
2.spike /spaɪk/ tr. **1** *(pierce)* trafiggere [*person*]; infilzare, infilare [*meat*] **2** COLLOQ. *(add alcohol to)* correggere [*drink*] **3** GIORN. *(reject)* rifiutare, bocciare [*story*] **4** SPORT *(in volleyball)* schiacciare [*ball*] **5** *(thwart)* contrastare, bloccare [*scheme*]; mettere a tacere, soffocare [*rumour*] ♦ ***to ~ sb.'s guns*** mandare all'aria i piani di qcn.
3.spike /spaɪk/ n. BOT. *(of corn)* spiga f.
spike heel n. tacco m. a spillo.
spiky /'spaɪkɪ/ agg. **1** *(having spikes)* [*hair*] irto, da istrice; [*branch*] irto, appuntito, pungente; [*object*] appuntito, aguzzo **2** BE COLLOQ. *(short-tempered)* [*person*] irritabile, scontroso, permaloso.
1.spill /spɪl/ n. **1** *(accidental) (of oil, etc.)* fuoriuscita f., rovesciamento m. **2** *(fall) (from bike, horse)* caduta f., capitombolo m., ruzzolone m.
2.spill /spɪl/ **I** tr. (pass., p.pass. **spilt** o **~ed**) **1** *(overturn)* rovesciare, versare; *(drip)* fare gocciolare [*liquid*] (**from, out of** da; **on, onto** su) **2** *(disgorge)* scaricare [*oil, rubbish*] **II** intr. (pass., p.pass. **spilt** o **~ed**) *(empty out)* [*contents, liquid*] rovesciarsi, versarsi; ***to ~ from*** o ***out of*** fuoriuscire da; ***to ~ (out) into*** o ***onto the street*** FIG. [*people*] defluire *o* riversarsi in strada ♦ ***(it's) no use crying over spilt milk*** è inutile piangere sul latte versato; ***to ~ the beans*** COLLOQ. spifferare tutto, vuotare il sacco; ***to ~ blood*** versare *o* spargere sangue.
■ **spill out:** ~ ***out*** [*liquid*] rovesciarsi, versarsi; ~ ***out*** **[sth.]**, ~ **[sth.]** ***out*** rovesciare, versare [*contents*]; FIG. rivelare, svelare [*secrets*]; raccontare [*story*].
■ **spill over** traboccare, fuoriuscire; ***to ~ over into*** FIG. estendersi, propagarsi a [*region*]; trasformarsi in [*hostility*].
3.spill /spɪl/ n. *(for candles)* = piccolo pezzo di carta o legno usato per accendere candele.
spillage /'spɪlɪdʒ/ n. **1** *(of oil, etc.)* fuoriuscita f. **2** *(spilling)* U rovesciamento m.
spillikins /'spɪlɪkɪnz/ ➧ *10* n.pl. + verbo sing. sciangai m.

spillover /ˈspɪləʊvə(r)/ n. AE *(of traffic)* intasamento m., congestionamento m.; *(of liquid)* traboccamento m., straripamento m.

spilt /spɪlt/ pass., p.pass. → **2.spill**.

1.spin /spɪn/ n. **1** *(of wheel)* giro m.; *(of dancer, skater)* piroetta f., volteggio m.; ***to give sth. a ~*** fare ruotare qcs.; ***to put ~ on a ball*** SPORT dare l'effetto a una palla **2** AER. ***to go into a ~*** compiere un avvitamento **3** *(pleasure trip)* giretto m., gitarella f.; ***to go for a ~*** andare a fare un giretto **4** AE *(interpretation)* ***to put a new ~ on sth.*** dare una nuova interpretazione a qcs., guardare qcs. da una nuova angolazione ♦ ***to be in a ~*** essere agitato *o* eccitato.

2.spin /spɪn/ **I** tr. (forma in -ing **-nn-**; pass., p.pass. **spun**) **1** *(rotate)* fare girare [*top, wheel*]; fare girare, fare ruotare [*globe*]; [*bowler*] dare l'effetto a [*ball*] **2** *(flip)* ***to ~ a coin*** lanciare in aria una moneta **3** TESS. filare [*wool, thread*] **4** ZOOL. [*spider*] filare [*web*] **5** *(wring out)* centrifugare [*clothes*] **6** *(tell)* raccontare, inventare [*tale, yarn*] **II** intr. (forma in -ing ecc. **-nn-**; pass., p.pass. **spun**) **1** *(rotate)* [*wheel*] girare; [*weathercock, top*] girare, ruotare; [*dancer*] piroettare, volteggiare; ***to go ~ning through the air*** [*ball*] volteggiare in aria **2** FIG. girare; ***my head is ~ning*** mi gira la testa; ***the room was ~ning*** i muri della stanza sembravano girare **3** *(turn wildly)* [*wheels*] ruotare, slittare; [*plane*] scendere in picchiata (a vite) **4** TESS. filare ♦ ***to ~ one's wheels*** AE perdere tempo.

■ **spin along** [*car*] sfrecciare, filare.

■ **spin out:** ***~ [sth.] out, ~ out [sth.]*** prolungare [*visit*]; tirare per le lunghe, sbrodolare [*speech*]; fare durare [*money*].

■ **spin round:** ***~ round*** [*person*] girare in tondo; [*dancer, skater*] piroettare, volteggiare; [*car*] fare un testacoda; ***he spun round in his chair*** si girò di colpo sulla sedia; ***~ [sb., sth.] round*** fare girare [*wheel*]; fare volteggiare [*dancer*]; fare girare vorticosamente [*top*].

spinach /ˈspɪnɪdʒ, AE -ɪtʃ/ n. **1** *(plant)* spinacio m. **2 U** *(vegetable)* spinaci m.pl.

spinal /ˈspaɪnl/ agg. [*injury, damage*] alla colonna vertebrale; [*column*] vertebrale; [*nerve, muscle*] spinale; [*disc*] intervertebrale; [*ligament*] delle vertebre; ***~ cord*** midollo spinale.

spindle /ˈspɪndl/ n. **1** *(on spinning wheel, machine)* fuso m. **2** *(on machine tool)* mandrino m.

spindly /ˈspɪndlɪ/ agg. [*tree*] alto, brullo; [*legs*] magro, gracile, sottile.

spin-drier, spin-dryer /ˌspɪnˈdraɪə(r)/ n. centrifuga f. (per il bucato).

spin-dry /ˌspɪnˈdraɪ/ tr. centrifugare [*washing*].

spine /spaɪn/ n. **1** *(spinal column)* spina f. dorsale, colonna f. vertebrale; ***it sent shivers up and down my ~*** *(of fear)* un brivido mi corse lungo la schiena; *(of pleasure)* fui percorso da un brivido di piacere **2** FIG. *(backbone)* spina f. dorsale, carattere m. **3** *(of plant)* spina f., aculeo m.; *(of animal)* aculeo m., pungiglione m. **4** *(of book)* dorso m.

spine-chilling /ˈspaɪnˌtʃɪlɪŋ/ agg. [*film*] che fa rabbrividire, impressionante.

spineless /ˈspaɪnlɪs/ agg. **1** ZOOL. invertebrato **2** SPREG. *(weak)* smidollato, rammollito.

spinet /spɪˈnet, AE ˈspɪnɪt/ ▸ **17** n. MUS. spinetta f.

spinner /ˈspɪnə(r)/ n. **1** ▸ **27** TESS. filatore m. (-trice) **2** PESC. cucchiaino m.

spinning /ˈspɪnɪŋ/ **I** n. **1** TESS. filatura f. **2** PESC. SPORT spinning m. **II** modif. TESS. [*thread, wool*] da filare.

spinning machine n. filatoio m., filatrice f.

spinning mill n. filanda f.

spinning top n. trottola f.

spinning wheel n. filatoio m. a mano.

spin-off /ˈspɪnɒf, AE -ɔːf/ **I** n. **1** *(incidental benefit)* ricaduta f., conseguenza f. positiva **2** *(by-product)* prodotto m. secondario, sottoprodotto m. (**of, from** di) **3** TELEV. CINEM. spin-off m.; ***TV ~ from the film*** adattamento televisivo del film **II** modif. [*effect*] secondario; [*technology, product*] derivato; ***~ series*** TELEV. = serie televisiva tratta da un film.

spinster /ˈspɪnstə(r)/ n. DIR. nubile f.; SPREG. zitella f.

spiny /ˈspaɪnɪ/ agg. [*plant*] spinoso; [*animal*] provvisto di aculei.

1.spiral /ˈspaɪərəl/ **I** n. **1** *(shape)* spirale f. (anche MAT. AER.); ***in a ~*** [*object, spring*] a spirale **2** *(trend)* spirale f.; ***a ~ of violence*** una spirale di violenza; ***downward, upward ~*** discesa, salita a spirale **II** modif. [*motif, structure, spring*] a spirale.

2.spiral /ˈspaɪərəl/ intr. (forma in -ing ecc. **-ll-** BE, **-l-** AE) **1** ECON. [*costs, interest rates*] crescere, aumentare vertiginosamente; ***to ~ downwards*** scendere vertiginosamente **2** *(of movement)* ***to ~ up(wards), down(wards)*** salire, scendere a spirale.

spiral binding n. rilegatura f. a spirale.

spiralling BE, **spiraling** AE /ˈspaɪərəlɪŋ/ agg. [*costs, interest rates*] in crescita vertiginosa.

spiral notebook n. bloc-notes m. a spirale.

spiral staircase n. scala f. a chiocciola.

spire /ˈspaɪə(r)/ n. ARCH. guglia f., cuspide f.

1.spirit /ˈspɪrɪt/ **I** n. **1** *(of law, game, era)* spirito m., essenza f.; ***it's not in the ~ of the agreement*** non è nello spirito dell'accordo **2** *(mood, attitude)* spirito m.; ***team ~*** spirito di squadra; ***~ of forgiveness*** disposizione al perdono; ***~ of optimism*** atteggiamento ottimistico; ***in the right, wrong ~*** con lo spirito giusto, sbagliato; ***that's the ~!*** COLLOQ. questo è lo spirito giusto! **3** *(courage, determination)* coraggio m., animo m., vigore m.; ***to break sb.'s ~*** abbattere il morale di qcn.; ***a performance full of ~*** una rappresentazione piena di vivacità *o* brio; ***with ~*** [*play*] energicamente; [*defend*] tenacemente **4** *(soul)* spirito m. (anche RELIG.); ***the life of the ~*** la vita spirituale; ***the Holy Spirit*** lo Spirito Santo **5** *(supernatural being)* spirito m., folletto m. **6** *(drink)* superalcolico m.; ***wines and ~s*** COMM. vini e liquori **7** CHIM. FARM. spirito m., alcol m. etilico **II spirits** n.pl. ***to be in good, poor ~s*** essere di buon, cattivo umore; ***to be in high ~s*** essere di ottimo umore; ***to keep one's ~s up*** tenere alto il morale; ***to raise sb.'s ~s*** sollevare il morale a qcn.; ***my ~s rose, sank*** mi incoraggiai, mi scoraggiai **III** modif. [*lamp, stove*] a spirito.

2.spirit /ˈspɪrɪt/ tr. ***to ~ sth., sb. away*** fare scomparire qcs., qcn.; ***to ~ sth. in, out*** introdurre, portare via qcs. in gran segreto.

spirited /ˈspɪrɪtɪd/ agg. [*horse*] animoso, focoso; [*debate*] animato, infuocato; [*reply*] vivace; [*music, performance*] vivace, brioso; [*attack, defence*] coraggioso, vigoroso.

spiritless /ˈspɪrɪtləs/ agg. [*person*] abbattuto, avvilito, sfiduciato.

spirit level n. livella f. a bolla.

spiritual /ˈspɪrɪtʃʊəl/ **I** agg. spirituale; ***~ adviser*** o ***director*** guida spirituale **II** n. MUS. spiritual m.

spiritualism /ˈspɪrɪtʃʊəlɪzəm/ n. spiritismo m.

spiritualist /ˈspɪrɪtʃʊəlɪst/ **I** agg. spiritico, spiritistico **II** n. spiritista m. e f.

spirituality /ˌspɪrɪtʃʊˈælətɪ/ n. spiritualità f.

spiritually /ˈspɪrɪtʃʊəlɪ/ avv. spiritualmente; ***~ inclined*** incline alla vita spirituale.

1.spit /spɪt/ n. **1** GASTR. spiedo m.; ***on a ~*** allo spiedo; ***rotating ~*** girarrosto **2** GEOL. promontorio m.

2.spit /spɪt/ n. *(in mouth)* saliva f.; *(on ground)* sputo m.; ***to give a ~*** sputare ♦ ***~ and polish*** = pulizia accurata; ***to be the (dead) ~ of sb.*** essere l'immagine sputata di qcn.

3.spit /spɪt/ **I** tr. (forma in -ing **-tt-**; pass., p.pass. **spat**) **1** [*person*] sputare [*blood, food*]; [*volcano*] sputare, vomitare [*lava*]; [*pan*] schizzare [*oil*] **2** FIG. sputare [*oath*] (**at** contro) **II** intr. (forma in -ing ecc. **-tt-**; pass., p.pass. **spat**) **1** [*cat*] soffiare; [*person*] sputare (**at, on** su, addosso a; **into** in; **out of** da); ***to ~ in sb.'s face*** sputare in faccia a qcn. (anche FIG.) **2** *(be angry)* ***to ~ with*** schiumare di [*anger*] **3** *(crackle)* [*oil, sausage*] sfrigolare; [*logs, fire*] crepitare, scoppiettare **III** impers. (forma in -ing ecc. **-tt-**; pass., p.pass. **spat**) ***it's ~ting (with rain)*** pioviggina.

■ **spit out:** ***~ [sth.] out, ~ out [sth.]*** sputare [*blood, drink*]; FIG. sputare [*phrase*]; ***~ it out!*** COLLOQ. sputa il rospo!

■ **spit up:** ***~ [sth.] up, ~ up [sth.]*** sputare [*blood*].

1.spite /spaɪt/ n. **1** *(malice)* malignità f., perfidia f.; *(vindictiveness)* ripicca f., rancore m. **2 in spite of** malgrado [*circumstances*]; nonostante, a dispetto di [*advice*]; ***in ~ of the fact that*** nonostante il fatto che.

2.spite /spaɪt/ tr. vessare, contrariare; *(less strong)* indispettire ♦ ***to cut off one's nose to ~ one's face*** darsi la zappa sui piedi.

spiteful /ˈspaɪtfl/ agg. [*person*] *(malicious)* maligno, perfido; *(vindictive)* rancoroso, vendicativo; [*remark, gossip*] malevolo, maligno; [*article*] velenoso, pieno di rancore.
spitefully /ˈspaɪtfəlɪ/ avv. malignamente, perfidamente.
spitfire /ˈspɪtfaɪə(r)/ n. COLLOQ. = persona dal carattere impetuoso e irascibile.
spitting /ˈspɪtɪŋ/ agg. ***to be the ~ image of sb.*** essere l'immagine sputata di qcn., essere tale e quale a qcn.; ***to be within ~ distance of*** essere a uno sputo da.
spittle /ˈspɪtl/ n. **1** *(of person) (in mouth)* saliva f.; *(on surface)* sputo m. **2** *(of animal)* schiuma f.
spittoon /spɪˈtuːn/ n. sputacchiera f.
spiv /spɪv/ n. BE COLLOQ. SPREG. trafficone m., maneggione m.
1.splash /splæʃ/ n. **1** *(sound)* tonfo m., sciabordio m.; ***to make a big ~*** fare un gran tonfo; FIG. fare splash, fare sensazione **2** *(patch) (of mud, oil)* schizzo m.; *(of water)* spruzzo m., schizzo m.; *(of colour)* macchia f.; *(of tonic, soda)* spruzzata f.
2.splash /splæʃ/ **I** tr. **1** *(spatter)* schizzare, spruzzare [*person, surface*] **2** *(sprinkle)* ***to ~ water on to one's face*** spruzzarsi il viso con acqua **3** *(maliciously)* ***to ~ water onto*** buttare dell'acqua su **4** GIORN. mettere in evidenza, dare grande risalto a [*story*]; ***the news was ~ed across the front page*** la notizia fu sbattuta in prima pagina **II** intr. **1** *(spatter)* [*coffee, paint*] schizzare (**onto, over** su); ***water was ~ing from the tap*** l'acqua scrosciava dal rubinetto **2** *(move)* ***to ~ through sth.*** [*person*] attraversare qcs. inzaccherandosi; [*car*] attraversare qcs. schizzando acqua e fango **3** *(in sea, pool)* sguazzare.
▪ **splash around:** ***~ around*** sguazzare; ***~ [sth.] around*** schizzare tutt'intorno [*water*].
▪ **splash down** [*spacecraft*] ammarare.
▪ **splash out** COLLOQ. *(spend money)* fare una pazzia; ***~ out on sth.*** fare una pazzia e comprare qcs.
splashback /ˈsplæʃbæk/ n. paraspruzzi m. (per lavandino).
splashboard /ˈsplæʃbɔːd/ n. AUT. parafango m.
splashdown /ˈsplæʃdaʊn/ n. *(of a spacecraft)* ammaraggio m.
splashguard /ˈsplæʃgɑːd/ n. → **splashboard**.
1.splat /splæt/ n. ***there was a ~*** ci fu un tonfo; ***he landed with a ~*** si spiaccicò al suolo.
2.splat /splæt/ intr. (forma in -ing ecc. **-tt-**) spiaccicarsi, spappolarsi.
1.splatter /ˈsplætə(r)/ n. *(of rain)* scroscio m.; *(of bullets)* raffica f., scarica f.
2.splatter /ˈsplætə(r)/ **I** tr. ***to ~ sb., sth. with sth., to ~ sth. over sb., sth.*** schizzare qcn., qcs. con qcs., spruzzare qcs. addosso a qcn., su qcs.; ***the car ~ed mud everywhere*** l'auto schizzò fango ovunque **II** intr. **1** [*ink, mud*] ***to ~ onto*** o ***over sth.*** schizzare su *o* insozzare qcs. **2** [*body*] schiantarsi, spiaccicarsi; [*fruit*] spiaccicarsi, spappolarsi.
splattered /ˈsplætəd/ **I** p.pass. → **2.splatter II** agg. **1** ***~ with*** schizzato di; ***blood-~*** schizzato *o* sporco di sangue; ***mud-~*** insozzato di fango **2** *(squashed)* spiaccicato, spappolato.
1.splay /spleɪ/ n. ARCH. strombatura f., strombo m.
2.splay /spleɪ/ **I** tr. allargare [*end of pipe*]; strombare, sguanciare [*side of window, door*]; allargare, divaricare [*legs, fingers*] **II** intr. (anche **~ out**) [*end of pipe*] essere allargato.
splayed /spleɪd/ **I** p.pass. → **2.splay II** agg. [*fingers, legs*] allargato, divaricato.
spleen /spliːn/ n. **1** ANAT. milza f. **2** FIG. *(bad temper)* irritabilità f., malumore m.; ***to vent one's ~ on sb.*** sfogare il proprio malumore su qcn.
splendid /ˈsplendɪd/ agg. [*view, collection*] splendido, stupendo, magnifico; [*building, ceremony*] splendido, sontuoso, lussuoso; [*idea*] splendido, ottimo, eccellente; [*holiday, performance, victory, opportunity*] splendido, magnifico, eccezionale; ***we had a ~ time!*** ci siamo divertiti un mondo! ***~!*** splendido! fantastico!
splendidly /ˈsplendɪdlɪ/ avv. splendidamente, stupendamente, magnificamente.
splendour BE, **splendor** AE /ˈsplendə(r)/ n. splendore m., magnificenza f., sontuosità f.; ***to live in ~*** vivere nello sfarzo.
splenetic /splɪˈnetɪk/ agg. [*person, temperament*] irritabile.
1.splice /splaɪs/ n. *(in tape, film)* montaggio m., giuntura f.; *(in rope)* impiombatura f.
2.splice /splaɪs/ tr. montare, giuntare [*tape, film*]; MAR. impiombare [*ends of rope*]; FIG. mescolare, amalgamare [*styles*].
splint /splɪnt/ n. **1** MED. stecca f.; ***to put sb.'s leg in a ~*** steccare una gamba a qcn. **2** *(sliver of wood)* assicella f., listello m.
1.splinter /ˈsplɪntə(r)/ n. *(of glass, wood)* scheggia f.; *(of metal)* frammento m.; *(of bone)* scheggia f., frammento m.; ***to get a ~ in one's finger*** infilarsi una scheggia nel dito.
2.splinter /ˈsplɪntə(r)/ **I** tr. scheggiare, frantumare [*glass, windscreen*]; scheggiare [*wood*]; FIG. spaccare, dividere [*party, group*] **II** intr. [*glass, windscreen*] scheggiarsi, frantumarsi; [*wood*] scheggiarsi; FIG. [*party, alliance*] spaccarsi, dividersi.
splinter group n. POL. gruppo m. di dissidenti.
splinterproof glass n. vetro m. infrangibile.
1.split /splɪt/ **I** n. **1** *(in fabric, garment)* strappo m.; *(in rock, wood)* spaccatura f., fenditura f.; *(in skin)* screpolatura f. **2** *(in party, alliance)* scissione f.; *(stronger)* rottura f., frattura f., spaccatura f.; ***a three-way ~*** una scissione in tre gruppi **3** *(share-out) (of money, profits)* spartizione f., divisione f., frazionamento m. **4** AE *(of soft drink)* mezzo bicchiere m., bicchierino m.; *(of wine)* mezza bottiglia f. **5** GASTR. *(dessert)* banana split f. **II splits** n.pl. spaccata f.sing.; ***to do the ~s*** fare la spaccata **III** agg. [*garment*] strappato; [*seam*] disfatto, scucito; [*log*] spaccato; [*lip*] screpolato.
2.split /splɪt/ **I** tr. (forma in -ing **-tt-**; pass., p.pass. **split**) **1** *(slit)* spaccare, fendere [*wood, rock*]; disfare, scucire [*seam*]; strappare [*garment*] **2** *(cause dissent)* dividere, spaccare [*party, alliance*] **3** *(divide)* → **split up 4** *(share)* dividere [*cost*]; ***shall we ~ a bottle of wine (between us)?*** prendiamo una bottiglia di vino in due? ***to ~ sth. three ways*** dividere qcs. in tre parti **5** INFORM. dividere [*window*] **II** intr. (forma in -ing ecc. **-tt-**; pass., p.pass. **split**) **1** [*log, rock*] fendersi, spaccarsi; [*garment*] strapparsi; [*seam*] disfarsi, scucirsi; ***to ~ in(to) two*** [*stream, road*] biforcarsi; ***my head's ~ting*** FIG. mi scoppia la testa **2** POL. [*party, alliance*] dividersi, scindersi; *(stronger)* spaccarsi **3** *(divide)* → **split up 4** BE COLLOQ. *(tell tales)* fare la spia, svelare segreti **5** COLLOQ. *(leave)* scappare, andare ♦ ***to ~ the difference*** venire a *o* raggiungere un compromesso; ***to ~ one's sides (laughing)*** COLLOQ. piegarsi in due dalle risate.
▪ **split off:** ***~ off*** [*branch, piece*] staccarsi; [*path*] biforcarsi; [*party, company*] scindersi, dividersi; ***~ [sth.] off*** staccare [*piece*]; ***to ~ sth. off from*** staccare qcs. da [*piece*]; separare qcs. da [*company, department*].
▪ **split open:** ***~ open*** [*bag, fabric*] strapparsi; [*seam*] disfarsi, scucirsi; ***~ [sth.] open*** aprire [*box*]; aprire, spaccare [*coconut*]; ***to ~ one's head open*** spaccarsi la testa.
▪ **split up:** ***~ up*** [*band*] sciogliersi, dividersi; [*couple, parents*] separarsi, dividersi, lasciarsi; [*crowd, demonstrators*] disperdersi; [*alliance*] rompersi; [*federation*] dividersi, scindersi; ***to ~ up with*** lasciarsi con [*partner*]; separarsi *o* dividersi da [*husband*]; ***~ [sb.] up*** separare, dividere [*friends, partners*]; ***to ~ the children up into groups*** dividere i bambini in gruppi; ***~ [sth.] up, ~ up [sth.]*** ripartire, spartire [*profits, work*]; ***to ~ a novel up into chapters*** suddividere un romanzo in capitoli.
split decision n. SPORT verdetto m. ai punti.
split ends n.pl. doppie f. punte.
split infinitive n. LING. = forma di infinito in cui si inserisce un avverbio fra to e la forma verbale.
split level I n. ***the flat is on ~s*** l'appartamento è su due livelli *o* a piani sfalsati **II split-level** agg. [*cooker*] con piani di cottura e forno indipendenti; [*apartment*] su due livelli.
split peas n.pl. piselli m. secchi spezzati.
split personality n. personalità f. dissociata.
split pin n. copiglia f.
split screen I n. schermo m. (sud)diviso **II split-screen** agg. [*technique, facility*] dello schermo (sud)diviso; [*film*] proiettato su uno schermo (sud)diviso.
split second I n. frazione f. di secondo **II split-second** modif. [*decision*] repentino; ***split-second timing*** tempismo perfetto.
split shift n. orario m. spezzato; ***to work ~s*** lavorare con orario spezzato.
split-site /ˈsplɪt,saɪt/ agg. [*school*] con sedi distaccate.
split ticket n. US POL. = voto dato contemporaneamente a candidati di liste diverse.

splitting /ˈsplɪtɪŋ/ **I** n. *(of wood, stone)* spaccatura f., fenditura f.; *(of profits)* frazionamento m., ripartizione f.; *(of group)* divisione f., scissione f. **II** agg. ***to have a ~ headache*** avere un fortissimo mal di testa.

splodge /splɒdʒ/ BE, **splotch** /splɒtʃ/ AE n. COLLOQ. *(of ink, paint)* macchia f., chiazza f.

1.splurge /splɜːdʒ/ n. COLLOQ. spesa f. pazza; ***I went on*** o ***had a ~ and bought...*** ho fatto una follia e ho comprato...

2.splurge /splɜːdʒ/ **I** tr. COLLOQ. sperperare [*money*] (**on** per) **II** intr. COLLOQ. (anche **~ out**) spendere un sacco di soldi (**on** per).

1.splutter /ˈsplʌtə(r)/ n. *(of person) (spitting)* sputacchiamento m.; *(stutter)* balbettamento m., farfugliamento m.; *(of engine)* scoppiettio m.; *(of fire)* crepitio m., scoppiettio m.

2.splutter /ˈsplʌtə(r)/ **I** tr. (anche **~ out**) balbettare, farfugliare [*excuse, words*] **II** intr. [*person*] *(stutter)* balbettare, farfugliare; *(spit)* sputacchiare; [*fire*] crepitare, scoppiettare; [*fat*] sfrigolare; ***the engine ~ed to a stop*** il motore si fermò scoppiettando.

spoil /spɔɪl/ **I** tr. (pass., p.pass. **~ed** o **~t** BE) **1** *(mar)* rovinare, guastare [*evening*]; deturpare [*view*]; rovinare [*taste, effect*]; ***it will ~ your appetite*** ti rovinerà l'appetito; ***to ~ sth. for sb.*** rovinare qcs. a qcn.; ***they ~ it*** o ***things for other people*** sono dei guastafeste; ***to ~ sb.'s enjoyment of sth.*** rovinare il divertimento a qcn.; ***why did you go and ~ everything?*** perché hai rovinato tutto? ***to ~ sb.'s fun*** *(thwart)* guastare la festa a qcn. **2** *(ruin)* sciupare [*garment*]; danneggiare [*crop*]; ***to ~ one's chances of doing*** giocarsi la possibilità di fare **3** *(pamper)* viziare [*person, pet*]; ***to ~ sb. rotten*** COLLOQ. viziare troppo qcn. **4** POL. annullare, rendere nullo [*vote*] **II** intr. (pass., p.pass. **~ed** o **~t** BE) [*product, foodstuff*] guastarsi, andare a male, deteriorarsi; ***your dinner will ~!*** si fredda la cena! **III** rifl. (pass., p.pass. **~ed** o **~t** BE) ***to ~ oneself*** trattarsi bene, coccolarsi; ***let's ~ ourselves and eat out!*** trattiamoci bene a andiamo a mangiare fuori! ♦ ***to be ~ing for a fight*** avere voglia di menare le mani.

spoiled /spɔɪld/ **I** p.pass. → **spoil II** agg. **1** SPREG. [*child, dog*] viziato **2** POL. [*vote*] nullo ♦ ***to be ~ for choice*** avere l'imbarazzo della scelta.

spoiler /ˈspɔɪlə(r)/ n. AUT. spoiler m.; AER. spoiler m., diruttore m.

spoils /spɔɪlz/ n.pl. *(of war)* spoglia f.sing., bottino m.sing.; *(political)* vantaggi m., benefici m., agevolazioni f.; *(commercial)* guadagni m., profitti m.; *(sporting)* vittorie f.

spoilsport /ˈspɔɪlspɔːt/ n. COLLOQ. SPREG. guastafeste m. e f.

spoilt /spɔɪlt/ BE → **spoiled**.

1.spoke /spəʊk/ n. *(in wheel)* raggio m.; *(on ladder)* piolo m. ♦ ***to put a ~ in sb.'s wheel*** mettere i bastoni fra le ruote a qcn.

2.spoke /spəʊk/ pass. → **1.speak**.

spoken /ˈspəʊkən/ **I** p.pass. → **1.speak II** agg. [*dialogue, language*] parlato; ***~ words*** parole (dette a voce).

spokesman /ˈspəʊksmən/ n. (pl. **-men**) portavoce m.

spokesperson /ˈspəʊkspɜːsn/ n. portavoce m. e f.

spokeswoman /ˈspəʊkswʊmən/ n. (pl. **-women**) portavoce f.

1.sponge /spʌndʒ/ n. **1** *(for cleaning)* spugna f. **2** **U** *(material)* spugna f. **3** ZOOL. spugna f. **4** (anche **~ cake**) pan m. di Spagna **5** MED. *(pad)* tampone m. di garza.

2.sponge /spʌndʒ/ **I** tr. **1** *(wipe)* pulire con la spugna [*garment, stain*]; lavare con la spugna [*surface*]; detergere, tamponare [*wound*]; assorbire [*excess liquid*] **2** COLLOQ. SPREG. ***to ~ sth. off*** o ***from sb.*** scroccare qcs. a qcn. **II** intr. COLLOQ. SPREG. ***to ~ off*** o ***on*** vivere alle spalle di [*family, State*].

▪ **sponge down:** ***~ [sth.] down, ~ down [sth.]*** lavare con la spugna [*car, surface*].

sponge bag n. BE pochette f., trousse f. (per la toilette).

sponge bath n. spugnatura f.

sponge finger n. BE savoiardo m.

sponge mop n. = scopa con la spazzola in spugna.

sponge pudding n. BE = dolce a base di farina, grasso e uova cotto al vapore o al forno.

sponger /ˈspʌndʒə(r)/ n. COLLOQ. SPREG. scroccone m. (-a).

sponge roll n. BE = rotolo di pan di Spagna farcito con marmellata o cioccolato.

sponge rubber n. gomma f. spugnosa.

sponginess /ˈspʌndʒɪnɪs/ n. *(of ground)* porosità f.; *(of texture)* spugnosità f.

spongy /ˈspʌndʒɪ/ agg. [*ground, wood*] poroso; [*texture*] spugnoso; [*flesh*] molle.

1.sponsor /ˈspɒnsə(r)/ n. **1** ECON. *(advertiser, backer)* sponsor m., finanziatore m. **2** *(patron)* patrocinatore m. (-trice) **3** *(guarantor)* mallevadore m., garante m. e f. **4** RELIG. *(godparent)* padrino m., madrina f. **5** *(for charity)* patrono m. (-essa), benefattore m. (-trice) **6** POL. *(of motion, law)* promotore m.

2.sponsor /ˈspɒnsə(r)/ tr. **1** ECON. sponsorizzare [*event, team*]; finanziare [*course, enterprise*] **2** *(support)* promuovere, essere favorevole a [*violence*]; favorire [*invasion*] **3** POL. *(advocate)* presentare [*bill*] **4** *(for charity)* patrocinare [*person*].

sponsorship /ˈspɒnsəʃɪp/ n. **1** ECON. sponsorizzazione f., finanziamento m. (**from** di); ***to seek ~ for sth.*** cercare dei finanziatori per qcs. **2** *(backing) (financial)* finanziamento m., sponsorizzazione f.; *(cultural)* patronato m., patrocinio m.; *(moral, political)* sostegno m. **3** **C** (anche **~ deal**) contratto m. di sponsorizzazione **4** POL. *(of bill, motion)* sostegno m.

spontaneity /ˌspɒntəˈneɪətɪ/ n. spontaneità f.

spontaneous /spɒnˈteɪnɪəs/ agg. spontaneo.

spontaneously /spɒnˈteɪnɪəslɪ/ avv. spontaneamente.

1.spoof /spuːf/ **I** n. COLLOQ. **1** *(parody)* parodia f., caricatura f. (**on** di) **2** *(trick)* imbroglio m., raggiro m. **II** modif. COLLOQ. *(parody)* ***a ~ horror film*** una parodia di un film dell'orrore.

2.spoof /spuːf/ tr. COLLOQ. **1** *(parody)* parodiare [*book, film*] **2** *(trick)* imbrogliare, raggirare.

1.spook /spuːk/ n. COLLOQ. **1** *(ghost)* fantasma m., spettro m. **2** AE *(spy)* spia f.

2.spook /spuːk/ tr. COLLOQ. *(frighten)* spaventare, impaurire.

spooky /ˈspuːkɪ/ agg. COLLOQ. [*house, atmosphere*] tetro, spettrale; [*story*] pauroso, spaventoso.

1.spool /spuːl/ n. *(of thread)* rocchetto m.; *(of tape, film)* bobina f.

2.spool /spuːl/ tr. INFORM. ***to ~ data*** = memorizzare temporaneamente dei dati mentre il sistema esegue altre operazioni.

1.spoon /spuːn/ n. cucchiaio m.; *(for tea, coffee)* cucchiaino m.; ***soup-~*** cucchiaio da minestra ♦ ***to be born with a silver ~ in one's mouth*** nascere con la camicia.

2.spoon /spuːn/ tr. *(in cooking, serving)* ***to ~ sth. into a dish*** mettere qcs. in un piatto con il cucchiaio; ***to ~ sth. up, out*** tirare su, servire qcs. con il cucchiaio.

spoonerism /ˈspuːnərɪzəm/ n. = gioco di parole consistente nello scambio delle iniziali di due o più parole.

spoon-feed /ˈspuːnfiːd/ tr. (pass., p.pass. **-fed**) **1** imboccare, nutrire col cucchiaio [*baby, invalid*] **2** FIG. SPREG. [*teacher*] fare trovare la pappa pronta a [*students*].

spoonful /ˈspuːnfʊl/ n. (pl. **~**, **~s**) cucchiaiata f., cucchiaio m.

spoor /spɔː(r), AE spʊər/ n. VENAT. pista f., traccia f., orma f.

sporadic /spəˈrædɪk/ agg. sporadico.

sporadically /spəˈrædɪklɪ/ avv. sporadicamente.

spore /spɔː(r)/ n. spora f.

sporran /ˈspɒrən/ n. = borsa di pelo indossata sopra al kilt.

1.sport /spɔːt/ n. **1** *(physical activity)* sport m., attività f. sportiva; ***team ~s*** sport di squadra; ***indoor, outdoor ~s*** sport che si praticano al coperto, all'aperto **2** SCOL. *(subject)* educazione f. fisica **3** FORM. *(fun)* ***to have great ~*** divertirsi moltissimo; ***to make ~ of sb.*** farsi gioco di qcn. **4** COLLOQ. ***to be a good ~*** *(in games)* essere sportivo; *(when teased)* sapere stare allo scherzo *o* al gioco; ***be a ~!*** non prendertela!

2.sport /spɔːt/ tr. sfoggiare, ostentare [*hat*].

sport coat n. AE → **sports jacket**.

sporting /ˈspɔːtɪŋ/ agg. **1** [*event*] sportivo; ***~ year*** stagione sportiva **2** *(generous)* [*offer*] generoso; ***it's very ~ of you to do*** è molto generoso da parte tua fare; ***to have a ~ chance of winning*** avere buone probabilità di vittoria.

sportingly /ˈspɔːtɪŋlɪ/ avv. sportivamente, lealmente, generosamente.

sports car n. auto f. sportiva.

sportscast /ˈspɔːtskɑːst, AE -kæst/ n. AE cronaca f. sportiva, trasmissione f. sportiva.

sports centre BE, **sports center** AE n. centro m. sportivo.

sports channel n. canale m. sportivo.

sports club n. club m. sportivo, circolo m. sportivo, società f. sportiva.
sports day n. BE SCOL. = giornata di competizioni sportive all'aperto.
sports ground n. *(large)* stadio m.; *(in school, club)* campo m. sportivo.
sports hall n. palestra f.
sports jacket n. BE giacca f. sportiva da uomo.
sportsman /ˈspɔːtsmən/ n. (pl. **-men**) sportivo m.
sportsmanlike /ˈspɔːtsmənlaɪk/ agg. **1** sportivo **2** *(fair)* leale, corretto.
sportsperson /ˈspɔːtspɜːsn/ n. *(man)* sportivo m.; *(woman)* sportiva f.
sports shirt n. maglia f.
sportswear n. sportswear m., abbigliamento m. sportivo.
sportswoman n. (pl. **-women**) sportiva f.
sports writer ♦ *27* n. redattore m. (-trice) sportivo (-a).
sporty /ˈspɔːtɪ/ agg. COLLOQ. **1** *(fond of sport)* sportivo, appassionato di sport; ***I'm not the ~ type*** non sono un tipo sportivo **2** [*trousers, shirt*] elegante, chic.
1.spot /spɒt/ n. **1** *(on animal)* macchia f., chiazza f.; *(on fabric)* pois m.; *(on dice, domino)* punto m.; ***to see ~s before one's eyes*** vedere delle macchioline **2** *(stain)* macchia f., chiazza f. **3** *(pimple)* pustola f., brufolo m.; ***to come out in ~s*** riempirsi di brufoli **4** *(place)* luogo m., posto m., punto m.; ***to be on the ~*** essere sul posto; ***to decide on the ~*** decidere seduta stante *o* su due piedi; ***this record has been on the top ~ for two weeks*** questo disco è in cima alle classifiche da due settimane **5** COLLOQ. *(small amount)* ***a ~ of cream, of gin*** un po' di crema, un goccio di gin; ***a ~ of sightseeing*** un breve giro turistico; ***would you like a ~ of lunch?*** ti va qualcosa per pranzo? ***to have*** o ***be in a ~ of bother*** avere un bel grattacapo **6** *(drop)* goccia f. **7** COLLOQ. *(difficulty)* ***to be in a (tight) ~*** essere nei pasticci; ***to put sb. on the ~*** mettere qcn. alle strette **8** COMM. comunicato m. pubblicitario, spot m. **9** TELEV. RAD. *(regular slot)* spazio m. fisso, passaggio m. fisso **10** *(moral blemish)* macchia f.; ***it's a ~ on his reputation*** è una macchia per la sua reputazione **11** CINEM. TEATR. riflettore m., spot m.; *(in home)* faretto m. **12** SPORT *(for penalty kick)* dischetto m. (del rigore); *(for snooker ball)* acchito m. ♦ ***to change one's ~s*** cambiare vita *o* abitudini; ***to knock ~s off sth., sb.*** superare di gran lunga qcs., qcn.
2.spot /spɒt/ **I** tr. (forma in -ing ecc. **-tt-**) **1** *(see)* vedere, individuare, scorgere; ***to ~ sb. doing*** vedere qcn. mentre sta facendo; ***well ~ted!*** che vista! **2** *(recognize)* riconoscere, distinguere [*car, person, symptoms*]; scoprire, individuare [*defect, difference*]; fiutare [*bargain*]; osservare [*birds, trains*] **3** *(stain)* macchiare [*carpet, shirt*] **II** impers. (forma in -ing ecc. **-tt-**) *(rain)* ***it's ~ting*** pioviggina.
spot cash n. ECON. denaro m. contante, contanti m.pl.
spot check n. *(unannounced)* controllo m. improvviso; *(random)* controllo m. casuale.
spot-check /ˌspɒtˈtʃek/ tr. *(without warning)* eseguire un controllo a sorpresa su [*passengers*]; *(randomly)* eseguire un controllo (qualità) a campione su [*goods*].
spot fine n. multa f. conciliata (sul luogo dell'infrazione).
spotless /ˈspɒtlɪs/ agg. **1** *(clean)* immacolato **2** *(beyond reproach)* [*reputation*] senza macchia, irreprensibile.
spotlessly /ˈspɒtlɪslɪ/ avv. ***~ clean*** candido, immacolato, perfettamente pulito.
1.spotlight /ˈspɒtlaɪt/ n. **1** CINEM. TEATR. riflettore m., spot m.; *(in home)* faretto m. **2** FIG. ***to be in*** o ***under the ~*** essere sotto i riflettori; ***the ~ is on Aids*** l'attenzione è puntata sull'AIDS; ***to turn*** o ***put the ~ on*** puntare i riflettori su.
2.spotlight /ˈspɒtlaɪt/ tr. (pass., p.pass. **-lit** o **-lighted**) **1** CINEM. TEATR. illuminare con i riflettori [*actor, area*] **2** FIG. puntare i riflettori su [*problem*].
spot-on /ˌspɒtˈɒn/ agg. BE esatto, corretto, preciso.
spot remover n. smacchiatore m.
spotted /ˈspɒtɪd/ **I** p.pass. → **2.spot II** agg. [*fabric*] a pois; [*plumage*] macchiato, chiazzato.
spotted dick n. BE GASTR. pudding m. con uva passa.
spotting /ˈspɒtɪŋ/ n. **U** MED. perdite f.pl. di sangue.
spotty /ˈspɒtɪ/ agg. **1** *(pimply)* [*adolescent, skin*] brufoloso, foruncoloso; ***he's very ~*** è pieno di brufoli **2** *(patterned)* [*dress, fabric*] a pois; [*dog*] chiazzato, macchiato.
spot-weld /ˈspɒtweld/ tr. saldare a punti.
spouse /spaʊz, AE spaʊs/ n. coniuge m. e f., consorte m. e f.
1.spout /spaʊt/ n. **1** *(of kettle, teapot)* beccuccio m., becco m.; *(of tap)* bocca f. di uscita; *(of hose)* apertura f.; *(of fountain)* cannella f.; *(of gutter)* bocca f. di scarico **2** *(spurt) (of liquid)* getto m., zampillo m. ♦ ***to be up the ~*** BE COLLOQ. [*plan, life*] essere rovinato, distrutto; [*woman*] rimanere incinta, rimanerci.
2.spout /spaʊt/ **I** tr. **1** *(spurt)* [*pipe, fountain*] fare zampillare, fare sgorgare [*water*] **2** SPREG. *(recite)* declamare [*poetry, statistics, theories*] (**at** a) **II** intr. **1** *(spurt)* [*liquid*] scaturire, zampillare, sgorgare (**from, out of** da) **2** BE COLLOQ. SPREG. (anche **~ forth**) *(talk)* parlare a getto continuo **3** [*whale*] soffiare.
1.sprain /spreɪn/ n. distorsione f., storta f.
2.sprain /spreɪn/ tr. ***to ~ one's ankle*** distorcersi la caviglia; ***to have a ~ed ankle*** avere una distorsione alla caviglia.
sprang /spræŋ/ pass. → **2.spring**.
sprat /spræt/ n. spratto m.
1.sprawl /sprɔːl/ n. *(of suburbs, buildings)* espansione f. incontrollata; ***the ~ of Paris*** l'agglomerato urbano di Parigi.
2.sprawl /sprɔːl/ intr. [*person*] *(casually)* stravaccarsi, spaparanzarsi; *(exhaustedly)* crollare; [*town*] espandersi in modo incontrollato; [*forest*] estendersi; ***he lay ~ed across the sofa*** era stravaccato sul divano.
sprawling /ˈsprɔːlɪŋ/ agg. [*suburb, city*] tentacolare; [*handwriting*] grande e disordinato.
1.spray /spreɪ/ n. *(of flowers) (bunch)* mazzo m.; *(single branch)* frasca f., ramoscello m.; *(single flowering stem)* stelo m.
2.spray /spreɪ/ **I** n. **1 U** *(seawater)* spruzzi m.pl.; *(other liquid)* goccioline f.pl. **2** *(container) (for perfume)* vaporizzatore m.; *(for deodorant, paint)* bomboletta f.; *(for inhalant, throat)* nebulizzatore m. **3** *(shower) (of bullets)* scarica f. **II** modif. [*deodorant, paint*] spray.
3.spray /spreɪ/ **I** tr. spruzzare, vaporizzare [*liquid*]; gettare acqua su [*demonstrator, oil slick*]; ***to ~ water onto fire*** gettare acqua sul fuoco; ***to ~ sth. over sb., sth.*** annaffiare *o* spruzzare qcn., qcs. con qcs.; ***to ~ sb., sth. with*** FIG. crivellare qcn., qcs. di [*bullets*] **II** intr. schizzare, zampillare; *(more violently)* sgorgare.
spray can n. bomboletta f. spray.
sprayer /ˈspreɪə(r)/ n. spruzzatore m., vaporizzatore m.
spray gun n. pistola f. a spruzzo.
spray-on /ˈspreɪɒn/ agg. [*conditioner*] spray.
spray paint n. vernice f. a spruzzo.
spray-paint /ˈspreɪˌpeɪnt/ tr. verniciare a spruzzo [*car*]; [*graffiti artist*] tracciare con (una) bomboletta spray [*slogan*].
1.spread /spred/ n. **1** *(of disease)* diffusione f., trasmissione f.; *(of drugs, weapons)* diffusione f.; *(of news, information)* diffusione f., divulgazione f.; *(of democracy)* progresso m.; ***the ~ of sth. to*** l'estensione di qcs. a [*group, area*] **2** *(extent, range) (of wings, branches)* apertura f.; *(of arch)* campata f., passata f.; *(of products, services)* gamma f. **3** GIORN. ***a three-column ~*** un articolo a tre colonne; ***double-page ~*** articolo *o* pubblicità su pagina doppia **4** GASTR. pasta f. spalmabile; ***salmon ~*** crema al salmone **5** *(assortment of dishes)* banchetto m., lauto pranzo m. **6** AE grande fattoria f.
2.spread /spred/ **I** tr. (pass., p.pass. **spread**) **1** *(unfold)* aprire, spiegare, distendere [*cloth, map*]; stendere [*rug*]; [*bird*] spiegare [*wings*]; ***I spread dust sheets over the furniture*** ho messo dei teli sui mobili per ripararli dalla polvere **2** *(apply in layer)* spalmare, stendere [*jam, butter, glue*] (**on** su); *(cover with layer)* ricoprire [*surface*] (**with** con, di) **3** *(distribute over area)* distribuire, dislocare [*troops*]; spargere, spandere [*fertilizer, sand*]; dividere, ripartire [*workload, responsibility*]; ***to ~ mud everywhere*** sporcare tutto di fango; ***to ~ one's resources very thin(ly)*** gestire molto oculatamente le proprie risorse **4** (anche **~ out**) *(space out)* distribuire, scaglionare [*payments*]; distanziare [*meetings*] **5** *(diffuse)* diffondere, propagare, trasmettere [*disease*]; propagare [*fire*]; diffondere, predicare [*religion*]; seminare, disseminare [*confusion, panic*]; diffondere, divulgare [*rumour, story*]; ***to ~ sth. to sb.*** comunicare qcs. a qcn. [*news*]; ***to ~ the word that*** fare circolare la voce che **II** intr. (pass., p.pass. **spread**) **1** [*butter, glue*] spal-

marsi, stendersi **2** *(cover area or time)* [*forest, network*] estendersi (**over** su); [*drought*] prolungarsi (**over** per); [*experience*] durare (**over** per) **3** *(proliferate)* [*disease*] diffondersi, propagarsi, trasmettersi; [*fire*] propagarsi; [*fear*] disseminarsi, diffondersi; [*rumour, story*] diffondersi, divulgarsi; [*stain*] spandersi, estendersi; ***the disease spread from the liver to the kidney*** la malattia si irradiò dal fegato al rene; ***rain will ~ to most regions*** la pioggia si estenderà a quasi tutte le regioni ♦ ***to ~ oneself too thin*** mettere troppa carne al fuoco; ***to ~ one's wings*** spiccare il volo.

▪ **spread around**, **spread about:** **~ [sth.] around** diffondere, divulgare [*rumour*]; ***he's been ~ing it around that*** ha messo in giro la voce che.

▪ **spread out:** **~ out** [*group*] disperdersi; [*wings, tail*] spiegarsi; [*landscape, town, woods*] estendersi; **~ [sth.] out, ~ out [sth.]** **1** *(open out)* aprire, spiegare, (di)stendere [*cloth, map, newspaper*]; *(flatten out)* stendere [*rug*] **2** *(distribute over area)* stendere, spiegare [*map*]; sparpagliare [*trinkets, cards*]; distribuire, dislocare [*troops*].

spread-eagled /ˌspred'i:gld/ agg. a braccia e gambe divaricate.

spreadsheet /'spredʃi:t/ n. INFORM. spreadsheet m., foglio m. elettronico.

spree /spri:/ n. ***to go on a ~*** *(drinking)* fare bisboccia; ***to go on a spending ~*** fare delle spese folli; ***to go on a killing ~*** fare una carneficina.

spree killer n. pazzo m. (-a) omicida (che spara nel mucchio).

sprig /sprɪg/ n. rametto m., ramoscello m.

sprightly /'spraɪtlɪ/ agg. vivace, allegro, brioso.

1.spring /sprɪŋ/ **I** n. ➧ ***26*** **1** *(season)* primavera f. **2** TECN. *(coil)* molla f. (a spirale); ***to be like a coiled ~*** FIG. *(ready to pounce)* essere pronto a scattare; *(tense)* essere teso come una corda di violino **3** *(leap)* balzo m., salto m., scatto m. **4** *(elasticity)* elasticità f.; ***to have a ~ in one's step*** camminare a passo sciolto **5** *(water source)* sorgente f., fonte f. **II** modif. **1** [*weather, flowers*] primaverile; [*day*] primaverile, di primavera; [*equinox*] di primavera **2** [*mattress*] a molle; [*binder, balance*] a molla.

2.spring /sprɪŋ/ **I** tr. (pass. **sprang**; p.pass. **sprung**) **1** *(set off)* fare scattare [*trap, lock*] **2** *(develop)* ***to ~ a leak*** [*tank*] cominciare a perdere (dopo l'apertura di una falla) **3** *(cause unexpectedly)* ***to ~ sth. on sb.*** comunicare di punto in bianco qcs. a qcn.; ***to ~ a surprise*** fare una sorpresa (**on** a) **4** COLLOQ. *(liberate)* fare evadere, liberare [*prisoner*] **II** intr. (pass. **sprang**; p.pass. **sprung**) **1** *(jump)* saltare, balzare; ***to ~ at sb.*** [*dog*] avventarsi contro qcn.; [*person*] scagliarsi contro qcn.; ***to ~ from, over sth.*** saltare da, su qcs.; ***to ~ to one's feet*** balzare in piedi **2** *(move suddenly)* ***to ~ open, shut*** [*door*] aprirsi, chiudersi di scatto; ***to ~ into action*** [*troops*] passare all'azione; ***to ~ to attention*** [*guards*] scattare sull'attenti; ***to ~ to sb.'s aid*** accorrere in aiuto di qcn.; ***tears sprang to his eyes*** gli vennero le lacrime agli occhi; ***the first name that sprang to mind was Bob*** il primo nome che venne in mente fu Bob; ***to ~ into*** o ***to life*** [*machine, motor*] accendersi **3** *(originate)* ***to ~ from*** nascere *o* essere dettato da [*jealousy, fear*]; ***where did these people ~ from?*** da dove sono spuntate quelle persone?

▪ **spring back** *(step back)* [*person*] balzare all'indietro; *(return to its position)* [*lever*] tornare a posto.

▪ **spring up** **1** *(get up)* [*person*] alzarsi di scatto, balzare in piedi **2** *(appear)* [*problem*] sorgere, presentarsi; [*weeds, flowers*] spuntare, nascere; [*building*] spuntare; [*wind*] alzarsi; [*trend*] nascere, propagarsi.

springboard /'sprɪŋbɔ:d/ n. SPORT trampolino m. (di lancio) (**to**, **for** per) (anche FIG.).

springbok /'sprɪŋbɒk/ n. ZOOL. antilope f. saltante.

spring chicken n. pollo m. novello ♦ ***he's no ~*** ha parecchie primavere.

spring-clean /ˌsprɪŋ'kli:n/ tr. fare le pulizie pasquali, di primavera in [*house*].

spring-cleaning /ˌsprɪŋ'kli:nɪŋ/ n. pulizie f.pl. pasquali, pulizie f.pl. di primavera.

spring-like /'sprɪŋlaɪk/ agg. primaverile.

spring onion n. BE GASTR. cipollina f.

spring roll n. GASTR. involtino m. primavera.

spring tide n. MAR. METEOR. marea f. sizigiale.

springtime /'sprɪŋtaɪm/ n. primavera f. (anche FIG.), stagione f. primaverile.

spring water n. acqua f. di sorgente, acqua f. sorgiva.

springy /'sprɪŋɪ/ agg. [*mattress*] a molle; [*ground, curls*] elastico.

1.sprinkle /'sprɪŋkl/ n. *(of salt, flour)* pizzico m.; *(of herb)* spolverata f.

2.sprinkle /'sprɪŋkl/ tr. **1** ***to ~ sth. with sth., to ~ sth. on*** o ***over sth.*** spargere qcs. su qcs., cospargere *o* spolverare qcs. di qcs.; ***to ~ sth. with water*** spruzzare acqua su qcs. **2** *(water)* irrigare [*lawn*].

sprinkler /'sprɪŋklə(r)/ n. **1** *(for lawn)* macchina f. irroratrice **2** *(for field)* irrigatore m. a pioggia; *(smaller)* annaffiatoio m. **3** *(to extinguish fires)* sprinkler m.

sprinkler system n. impianto m. a sprinkler.

sprinkling /'sprɪŋklɪŋ/ n. *(of salt)* pizzico m.; *(of sugar)* spolverata f.; *(of snow, rain)* spruzzata f.

1.sprint /sprɪnt/ n. *(act of sprinting)* sprint m.; *(race)* corsa f. veloce; ***the final ~*** lo sprint finale (anche FIG.).

2.sprint /sprɪnt/ intr. effettuare uno sprint, sprintare; ***he ~ed past them*** li superò con uno sprint.

sprite /spraɪt/ n. folletto m., spiritello m.

sprocket /'sprɒkɪt/ n. **1** (anche **~ wheel**) ruota f. dentata; *(of cinema projector)* rocchetto m. **2** *(cog)* dente m. (di ingranaggio).

1.sprout /spraʊt/ n. **1** *(on plant, tree, potato)* germoglio m., getto m. **2** (anche **Brussels ~**) cavoletto m. di Bruxelles, cavolino m. di Bruxelles.

2.sprout /spraʊt/ **I** tr. fare crescere [*beard*]; ***to ~ shoots*** germogliare **II** intr. **1** [*bulb, seed*] germogliare; [*grass, weeds*] spuntare; ***buds are ~ing on the trees*** gli alberi stanno germogliando **2** *(develop)* [*horns*] spuntare; FIG. [*child*] crescere velocemente **3** FIG. *(appear)* → **sprout up**.

▪ **sprout up** [*plants*] spuntare; FIG. [*buildings*] spuntare come funghi.

1.spruce /spru:s/ n. **1** (anche **~ tree**) picea f., abete m. **2** *(wood)* bosco m. di abeti, abetaia f.

2.spruce /spru:s/ agg. [*person*] ordinato, agghindato; [*clothes*] impeccabile, elegante; [*house*] lindo, tirato a lucido; [*garden*] ordinato, curato.

3.spruce /spru:s/ tr. → **spruce up**.

▪ **spruce up:** **~ up [sth., sb.], ~ [sth., sb.] up** agghindare, adornare [*person*]; tirare a lucido [*house*]; curare, tenere in ordine [*garden*]; ***to ~ oneself up*** agghindarsi, farsi bello.

sprung /sprʌŋ/ **I** p.pass. → **2.spring** **II** agg. [*mattress*] a molle; ***a well-~ bed*** un letto ben molleggiato.

spry /spraɪ/ agg. arzillo, vispo, vivace.

spud /spʌd/ n. COLLOQ. patata f.

spun /spʌn/ **I** pass., p.pass. → **2.spin** **II** agg. [*glass, gold, sugar*] filato.

spunk /spʌŋk/ n. COLLOQ. coraggio m., fegato m.

spunky /'spʌŋkɪ/ agg. COLLOQ. coraggioso, che ha fegato.

1.spur /spɜ:(r)/ n. **1** *(stimulus)* sprone m., stimolo m.; ***to be the ~ for*** o ***of*** essere da sprone per; ***to act as a ~ to*** incitare a [*crime, action*] **2** *(for horse, on dog's or cock's leg)* sperone m. **3** GEOL. contrafforte m. **4** FERR. (anche **~ track**) binario m. di raccordo ♦ ***on the ~ of the moment*** lì per lì, sul momento, d'impulso; ***to win one's ~s*** = affermarsi, distinguersi.

2.spur /spɜ:(r)/ tr. (forma in -ing ecc. **-rr-**) **1** *(stimulate)* stimolare, incoraggiare [*growth, advance*]; esortare a, incitare a [*action*]; sollecitare [*reaction*]; ***to ~ sb. to sth., to do*** incitare qcn. a qcs., a fare **2** [*rider*] spronare, incitare [*horse*].

▪ **spur on:** **~ [sth.] on, ~ on [sth.]** [*rider*] incitare [*horse*]; **~ on [sb.], ~ [sb.] on** [*success*] spronare, stimolare; [*government*] incoraggiare; [*fear, threat*] spingere, indurre; [*example*] esortare; ***to ~ sb. on to greater efforts*** spronare qcn. a compiere sforzi maggiori.

spurious /'spjʊərɪəs/ agg. SPREG. [*allegation, evidence, credentials*] falso; [*excuse*] falso, pretestuoso; [*documents*] apocrifo, spurio; [*sentiment*] fittizio, superficiale.

spurn /spɜ:n/ tr. rifiutare con sdegno, disprezzare [*advice, offer, help, gift*]; respingere [*suitor*].

spur road n. BE strada f. di raccordo.

1.spurt /spɜ:t/ n. **1** *(of water, blood)* zampillo m., fiotto m.; *(of oil)* schizzo m.; *(of flame)* guizzo m.; *(of steam)* getto m. **2**

(of energy) guizzo m.; *(of activity)* scoppio m., impeto m.; *(of enthusiasm)* ondata f., ventata f.; ***to put on a ~*** [*cyclist*] scattare, fare uno sprint; [*worker*] lavorare di gran lena; ***to do sth. in ~s*** fare qcs. a scatti.

2.spurt /spɜːt/ **I** tr. ***the wound was ~ing blood*** il sangue usciva a fiotti dalla ferita; ***the pipes are ~ing water*** l'acqua sgorga dai tubi **II** intr. **1** *(gush)* [*liquid*] zampillare, schizzare, sgorgare; [*flames*] propagarsi **2** *(speed up)* [*runner*] scattare, sprintare.

▪ **spurt out:** ~ ***out*** [*flames*] propagarsi; [*liquid*] zampillare, schizzare, sgorgare.

sputter /ˈspʌtə(r)/ → **1.splutter, 2.splutter**.

sputum /ˈspjuːtəm/ n. **U** espettorato m., escreato m.

1.spy /spaɪ/ **I** n. *(political, industrial)* spia f.; *(for police)* informatore m. (-trice) **II** modif. [*film, network*] di spionaggio; [*trial*] per spionaggio.

2.spy /spaɪ/ **I** tr. individuare, distinguere [*figure, object*] **II** intr. ***to ~ on sb., sth.*** spiare qcn., qcs.; ***to ~ for sb.*** essere la spia di qcn.

▪ **spy out:** ~ ***out [sth.]***, ~ ***[sth.] out*** indagare su [*activity*]; ***to ~ out the land*** tastare il terreno.

spy glass n. cannocchiale m.

spyhole /ˈspaɪhəʊl/ n. spia f., spioncino m.

spying /ˈspaɪɪŋ/ n. spionaggio m.

spy ring n. organizzazione f. spionistica.

spy story n. spy story f., storia f. di spionaggio.

sq. ⇒ square quadrato (q); ***10 ~ m*** 10 mq.

Sq ⇒ Square Piazza (P.za).

squab /skwɒb/ n. ZOOL. piccione m. (implume).

1.squabble /ˈskwɒbl/ n. battibecco m., bisticcio m.

2.squabble /ˈskwɒbl/ intr. bisticciare, beccarsi.

squabbling /ˈskwɒblɪŋ/ n. **U** battibecchi m.pl., bisticci m.pl.

squad /skwɒd/ n. squadra f., gruppo m.; MIL. squadra f., drappello m., pattuglia f.; SPORT *(from which team is selected)* selezione f., rosa f.; ***the Olympics ~*** la squadra olimpica.

squad car n. auto f. della polizia, volante f.

squaddie /ˈskwɒdɪ/ n. BE COLLOQ. soldato m. semplice.

squadron /ˈskwɒdrən/ n. BE MIL. squadrone m.; AER. MAR. squadriglia f.

squadron leader ♦ ***23*** n. BE AER. MIL. maggiore m. dell'aeronautica.

squalid /ˈskwɒlɪd/ agg. [*house, clothes*] squallido, misero; [*street*] squallido, desolato; [*affair, story*] squallido, sordido.

1.squall /skwɔːl/ n. METEOR. turbine m., raffica f.; *(at sea)* groppo m. (di vento), burrasca f.

2.squall /skwɔːl/ n. *(cry)* grido m., urlo m.

3.squall /skwɔːl/ intr. [*baby*] urlare, gridare.

squalor /ˈskwɒlə(r)/ n. *(of house, street, conditions, life)* squallore m.

squander /ˈskwɒndə(r)/ tr. dilapidare, sperperare [*money*] (**on** in); sprecare [*opportunities, talents, resources, time*]; sciupare [*youth, health*].

squanderer /ˈskwɒndərə(r)/ n. scialacquatore m. (-trice), sperperatore m. (-trice).

1.square /skweə(r)/ n. **1** *(in town)* piazza f.; *(in barracks)* piazzale m.; ***main ~*** piazza principale **2** *(four-sided shape)* quadrato m.; *(in board game, crossword)* casella f.; *(of glass, linoleum)* piastrella f., mattonella f. **3** MAT. *(second power)* quadrato m. **4** TECN. *(instrument)* squadra f. **5** COLLOQ. *(conventional person)* inquadrato m. (-a) **6 on the square** COLLOQ. onesto; ***to do things on the ~*** fare le cose onestamente ♦ ***to go back to ~ one*** tornare al punto di partenza; ***to be out of ~*** essere fuori squadra, fuori posto.

2.square /skweə(r)/ ♦ ***31*** agg. **1** *(right-angled)* [*shape, box, jaw, shoulders*] quadrato; *(correctly aligned)* allineato, dritto **2** MAT. METROL. [*mile, metre, etc.*] quadrato, quadro; ***four ~ metres*** quattro metri quadrati; ***an area four metres ~*** un'area di quattro metri quadrati **3** FIG. *(level, quits)* ***to be (all) ~*** [*accounts*] essere in regola; [*teams*] essere pari; ***I'll give you £ 5 and we'll be ~*** ti do 5 sterline e siamo a posto; ***it's all ~ at two all*** sono tutti a due punti **4** *(honest)* [*person, transaction*] onesto; ***to give sb. a ~ deal*** riservare a qcn. un trattamento onesto **5** COLLOQ. *(boring)* palloso, inquadrato **6 square-** in composti ***~-faced*** col volto quadrato, con la faccia quadrata; ***~-shouldered*** con le spalle quadrate.

3.square /skweə(r)/ avv. *(directly)* [*fall*] esattamente, ad angolo retto; ***he hit me ~ on the jaw*** mi ha dato un pugno dritto sulla mascella; ***to look sb. ~ in the eye*** guardare qcn. dritto negli occhi.

4.square /skweə(r)/ tr. **1** *(make right-angled)* squadrare [*stone, timber, corner, end*]; ***to ~ one's shoulders*** raddrizzare le spalle **2** MAT. elevare al quadrato, alla seconda [*number*] **3** *(settle)* saldare [*debt*]; ***to ~ one's account(s) with*** regolare i conti con (anche FIG.) **4** SPORT ***~ the score, the series*** pareggiare **5** *(persuade)* occuparsi di, sistemare [*person*]; *(bribe)* corrompere, comprare [*person*]; ***I'll ~ it with the boss*** sistemo io le cose col capo; ***I have problems ~ing this with my beliefs*** non riesco a conciliare tutto questo con i miei principi.

▪ **square up:** ~ ***up*** **1** *(prepare to fight)* mettersi in guardia, prepararsi a combattere; FIG. fare fronte (**to** a) **2** *(settle accounts)* saldare i conti; ~ ***up [sth.]***, ~ ***[sth.] up*** **1** *(cut straight)* squadrare [*paper, wood, corner*] **2** *(align correctly)* allineare, mettere dritto.

▪ **square with:** ~ ***with [sth.]*** *(be consistent with)* quadrare con [*evidence, fact*].

square bracket n. parentesi f. quadra.

square built agg. tozzo, tarchiato.

squared /ˈskweəd/ **I** p.pass. → **4.square II** agg. **1** [*paper*] quadrettato **2** MAT. [*number*] (elevato) al quadrato.

square dance n. quadriglia f.

square dancing n. **U** ballo m. della quadriglia.

squarely /ˈskweəlɪ/ avv. **1** *(directly)* [*hit*] in pieno; [*land*] esattamente; ***to look ~ at*** affrontare apertamente [*problem, situation*]; ***~ behind sth.*** esattamente dietro qcs. **2** *(honestly)* onestamente, lealmente **3** *(fully)* ***the blame rests ~ on his shoulders*** la colpa è tutta sua.

square meal n. pasto m. completo.

square measure n. unità f. di misura di superficie.

square-rigged /ˌskweəˈrɪgd/ agg. [*vessel*] a vele quadre.

square root n. radice f. quadrata.

square-toed /ˌskweəˈtəʊd/ agg. [*shoes*] a punta quadrata.

1.squash /skwɒʃ/ n. *(vegetable)* zucca f.

2.squash /skwɒʃ/ ♦ ***10*** **I** n. **1** SPORT (anche **~ rackets**) squash m. **2** *(drink) (concentrated)* succo m. concentrato; *(diluted)* succo m. **3** *(crush)* calca f., ressa f.; ***it will be a bit of a ~*** si starà un po' stretti **II** modif. SPORT [*club*] di squash; [*racket*] da squash.

3.squash /skwɒʃ/ **I** tr. **1** *(crush)* schiacciare [*fruit, insect*]; schiacciare, appiattire [*hat*] **2** *(force)* ***to ~ sth. into*** pigiare qcs. in [*box*]; ***to ~ sb. into*** fare entrare a forza qcn. in [*car*] **3** *(put down)* zittire, mettere a tacere [*person*]; soffocare, domare [*revolt*]; porre fine a [*rumour*]; stroncare [*idea*] **II** intr. **1** *(become crushed)* schiacciarsi, spiaccicarsi **2** *(pack tightly)* [*people*] stiparsi, accalcarsi.

▪ **squash in** COLLOQ. ~ ***in*** infilarsi, riuscire a entrare; ~ ***in [sth., sb.]***, ~ ***[sth., sb.] in*** fare entrare, spingere dentro.

▪ **squash up** COLLOQ. ~ ***up*** [*person*] stringersi; [*crowd*] ammassarsi; ***to ~ oneself up against*** schiacciarsi contro.

squashy /ˈskwɒʃɪ/ agg. COLLOQ. [*fruit*] molle; [*pillow*] soffice; [*ground*] molle, pantanoso.

1.squat /skwɒt/ **I** n. **1** *(position)* posizione f. accovacciata **2** COLLOQ. *(home)* = locale abitato abusivamente **II** agg. [*person*] tozzo, tarchiato; [*object, structure*] tozzo.

2.squat /skwɒt/ intr. (forma in -ing ecc. **-tt-**) COLLOQ. **1** *(crouch)* accovacciarsi **2** (anche **~ down**) chinarsi, piegarsi **3** *(inhabit)* ***to ~ in*** abitare abusivamente in [*building*].

squatter /ˈskwɒtə(r)/ n. squatter m. e f., occupante m. e f. abusivo (-a).

squatting /ˈskwɒtɪŋ/ n. squatting m., occupazione f. abusiva.

squaw /skwɔː/ n. SPREG. *(North American Indian woman)* squaw f.

1.squawk /skwɔːk/ n. *(of hen)* (il) chiocciare; *(of duck)* starnazzamento m.; *(of parrot)* verso m.; *(of crow)* gracchio m.; FIG. SPREG. *(of person)* vivace rimostranza f., protesta f.

2.squawk /skwɔːk/ intr. [*hen*] chiocciare; [*duck*] starnazzare; [*parrot*] emettere strida rauche; [*crow*] gracchiare; [*baby*] strillare; [*person*] strillare, starnazzare; *(protest)* lamentarsi sbraitando.

1.squeak /skwiːk/ n. **1** *(of door, wheel, mechanism)* cigolio m.; *(of chalk)* stridio m.; *(of mouse, soft toy)* squittio m.; *(of* *furniture, shoes)* scricchiolio m.; *(of infant)* vagito m.; ***without a ~*** COLLOQ. [*accept*] senza fiatare; ***there wasn't a ~ from her*** COLLOQ. non ha fiatato **2** COLLOQ. *(escape)* ***to have a narrow ~*** salvarsi per il rotto della cuffia.

2.squeak /skwi:k/ intr. [*child*] strillare, urlare; [*door, wheel*] cigolare; [*chalk*] stridere; [*mouse, toy*] squittire; [*shoes, furniture*] scricchiolare.

squeaky /'skwi:kɪ/ agg. [*voice*] stridulo; [*gate, hinge, wheel*] cigolante; ***~ shoes*** scarpe che scricchiolano.

squeaky-clean /ˌskwi:kɪ'kli:n/ agg. COLLOQ. [*hair, dishes*] pulitissimo; FIG. SCHERZ. [*person*] irreprensibile.

1.squeal /skwi:l/ n. *(of animal)* stridio m.; *(of person)* grido m. acuto, strillo m.; *(of brakes)* stridio m.; *(of tyres)* stridore m.; ***~s of laughter*** uno scoppio di risate.

2.squeal /skwi:l/ intr. **1** [*person*] gridare, urlare (**in**, **with** di); [*animal*] stridere, emettere versi striduli; ***to ~ with laughter*** ridere in modo sguaiato **2** COLLOQ. *(inform)* cantare, spifferare; ***to ~ on sb.*** fare la spia su qcn.

squeamish /'skwi:mɪʃ/ agg. **1** *(easily sickened)* delicato di stomaco; *(by screen violence, etc.)* impressionabile **2** *(prudish)* prude, che si scandalizza facilmente.

squeegee /'skwi:dʒi:/ n. **1** FOT. prosciugatoio m. **2** *(for windows)* lavavetri m.

1.squeeze /skwi:z/ n. **1** ***to give sth. a ~*** stringere [*hand*]; spremere [*tube*]; ***to give sb. a ~*** dare una stretta a qcn. (in segno di affetto), abbracciare qcn. **2** *(small amount)* ***a ~ of lemon*** una spruzzatina di limone; ***a ~ of glue*** un po' di colla **3** ECON. stretta f., restrizione f.; ***to feel the ~*** essere in ristrettezze economiche; ***to put the ~ on*** COLLOQ. fare pressione su [*debtors*] **4** COLLOQ. ***we can all get in the car but it will be a (tight) ~*** in macchina ci stiamo tutti, ma staremo un po' schiacciati.

2.squeeze /skwi:z/ tr. **1** *(press)* spremere [*lemon, tube*]; comprimere, schiacciare [*bottle, bag, parcel*]; stringere [*arm, hand*]; premere [*trigger*]; schiacciare [*spot*]; ***to ~ toothpaste onto sth.*** mettere del dentifricio su qcs. **2** FIG. *(get)* ***I ~d £ 5 out of dad*** sono riuscito a spillare 5 sterline a papà; ***to ~ the truth out of sb.*** strappare la verità a qcn. **3** *(fit)* ***we can ~ a few more people into the room*** possiamo farci stare ancora qualcuno nella stanza; ***I can just ~ into that dress*** in quel vestito ci entro appena; ***to ~ behind, under sth.*** infilarsi dietro, sotto qcs. **4** ECON. restringere [*profit, margins*]; schiacciare [*small business*].

■ **squeeze in:** ~ in [*person*] entrare, infilarsi; ~ [sb.] in [*doctor*] fare passare, inserire [qcn.] (tra un appuntamento e l'altro).

■ **squeeze out:** ~ out [*person*] riuscire a uscire; ~ [sth.] out spremere [*juice*]; ***to ~ water out of*** strizzare [*cloth, sponge*].

■ **squeeze past:** ~ past [*car, person*] riuscire a passare, infilarsi.

squeezer /'skwi:zə(r)/ n. **1** *(for juice)* spremiagrumi m. **2** *(pressure)* spremitura f. **3** *(mechanical device)* torchio m., strettoio m.

1.squelch /skweltʃ/ n. ***the ~ of water in their boots*** il cic ciac dell'acqua nei loro stivali.

2.squelch /skweltʃ/ intr. [*water, mud*] fare cic ciac; ***to ~ along, in, out*** avanzare, entrare, uscire facendo cic ciac con le scarpe.

squelchy /'skweltʃɪ/ agg. [*ground*] fangoso; [*mud*] bagnato; [*fruit*] molle.

squib /skwɪb/ n. razzo m., petardo m. ♦ ***to be a damp ~*** BE COLLOQ. [*event*] essere un fiasco.

squid /skwɪd/ n. calamaro m.

squidgy /'skwɪdʒɪ/ agg. BE COLLOQ. *(moist)* molle e umidiccio.

squiggle /'skwɪgl/ n. *(wavy line)* linea f. ondulata; *(written)* ghirigoro m.

1.squint /skwɪnt/ n. **1** MED. strabismo m.; ***to have a ~*** essere strabico **2** COLLOQ. *(look)* ***to have*** o ***take a ~ at sth.*** dare una sbirciata a qcs.

2.squint /skwɪnt/ intr. **1** *(look narrowly)* strizzare gli occhi **2** MED. essere strabico.

squire /'skwaɪə(r)/ n. **1** *(country gentleman)* signorotto m. **2** STOR. *(retainer)* scudiero m. **3** BE COLLOQ. *(form of address)* ***cheerio ~!*** salve capo! **4** AE *(judge)* giudice m. (di pace), magistrato m.; *(lawyer)* avvocato m.

1.squirm /skwɜ:m/ n. contorcimento m., attorcigliamento m.

2.squirm /skwɜ:m/ intr. [*snake, worm*] attorcigliarsi; [*fish*] guizzare; [*person*] *(in pain)* contorcersi; FIG. *(with embarrassment)* sentirsi a disagio.

squirrel /'skwɪrəl, AE 'skwɜ:rəl/ n. scoiattolo m.

1.squirt /skwɜ:t/ n. **1** *(of water, oil)* spruzzo m.; *(of paint)* schizzo m. **2** *(small amount)* spruzzatina f. **3** COLLOQ. SPREG. *(person)* ***a little ~*** una mezzatacca, una mezzacalzetta.

2.squirt /skwɜ:t/ **I** tr. spruzzare [*liquid*] (**from**, **out of** da; **into** in; **onto** su); ***to ~ water at sb., to ~ sb. with water*** spruzzare qcn. con acqua **II** intr. [*liquid*] sprizzare, zampillare (**from**, **out of** da).

■ **squirt out:** ~ out [*water, oil*] schizzare (**of**, **from** da); ~ [sth.] out, ~ out [sth.] fare fuoriuscire [*liquid*] (**of** da).

Sr **1** ⇒ Senior senior **2** ⇒ Sister sorella.

Sri Lankan /ˌsri:'læŋkən/ ♦ *18* **I** agg. dello Sri Lanka **II** n. *(native)* nativo m. (-a), abitante m. e f. dello Sri Lanka.

SRN n. BE ⇒ (State Registered Nurse) = infermiere professionale.

1.SS **1** MAR. ⇒ steamship piroscafo; ***the ~ Titanic*** il Titanic **2** RELIG. ⇒ Saints santi (SS.).

2.SS /es'es/ n. MIL. STOR. ***the ~*** le SS.

SSA n. AE (⇒ Social Security Administration) = ente che si occupa della gestione della previdenza sociale.

st BE ⇒ stone = misura di peso.

St **1** ⇒ Saint santo (S.) **2** ⇒ Street via (v.).

1.stab /stæb/ n. **1** *(with knife)* coltellata f.; *(with dagger)* pugnalata f.; ***a ~ in the back*** una pugnalata alle spalle (anche FIG.) **2** FIG. *(of pain)* fitta f.; *(of anger, jealousy)* accesso m.; ***a ~ of fear*** una paura improvvisa **3** COLLOQ. *(attempt)* tentativo m., prova f.; ***to make*** o ***take a ~ at sth., at doing*** cimentarsi in qcs., provare a fare.

2.stab /stæb/ **I** tr. (forma in -ing ecc. **-bb-**) **1** *(pierce)* accoltellare, pugnalare [*person*]; ***to ~ the meat with one's fork*** conficcare la forchetta nella carne; ***to ~ sb. to death*** uccidere qcn. a pugnalate; ***to ~ sb. in the back*** pugnalare qcn. alle spalle (anche FIG.) **2** *(poke hard)* toccare [*person, object*] **II** rifl. (forma in -ing ecc. **-bb-**) ***to ~ oneself*** *(accidentally)* tagliarsi; *(deliberately)* accoltellarsi.

stabbing /'stæbɪŋ/ **I** n. aggressione f. con arma da taglio, accoltellamento m. **II** agg. [*pain*] lancinante.

stability /stə'bɪlətɪ/ n. stabilità f.

stabilization /ˌsteɪbəlaɪ'zeɪʃn, AE -lɪ'z-/ n. stabilizzazione f.

stabilize /'steɪbəlaɪz/ **I** tr. stabilizzare, rendere stabile; MED. stabilizzare [*medical condition*] **II** intr. stabilizzarsi.

stabilizing /'steɪbəlaɪzɪŋ/ agg. [*effect, influence*] stabilizzatore.

stabilizer /'steɪbəlaɪzə(r)/ n. **1** AER. MAR. TECN. *(device)* stabilizzatore m. **2** *(substance)* stabilizzatore m., stabilizzante m.

1.stable /'steɪbl/ **I** n. **1** *(building)* stalla f. **2** EQUIT. scuderia f. **3** FIG. *(of companies, publications)* gruppo m.; *(of people)* gruppo m., équipe f.; *(of racing cars)* scuderia f. **II stables** n.pl. (anche **riding ~s**) scuderia f.sing. **III** agg. **1** *(steady)* [*economy, situation*] stabile; [*relationship*] stabile, solido; [*job*] stabile, fisso; [*medical condition*] stabile, stazionario **2** *(psychologically)* equilibrato **3** CHIM. FIS. stabile.

2.stable /'steɪbl/ tr. *(put in stable)* mettere in una stalla [*horse*]; *(keep in stable)* tenere in una stalla [*horses*].

stable boy ♦ *27* n. garzone m. di stalla, stalliere m.

stable door n. porta f. della stalla ♦ ***to close the ~ after the horse has bolted*** chiudere la stalla quando i buoi sono scappati.

stab wound n. ferita f. da taglio.

1.stack /stæk/ **I** n. **1** *(pile)* *(of straw)* pagliaio m.; *(of hay)* cumulo m.; *(of books, papers, chairs)* pila f.; *(of plates, wood)* catasta f. **2** *(chimney)* ciminiera f.; *(group of chimneys)* gruppo m. di comignoli **3** INFORM. stack m. **II stacks** n.pl. **1** *(in library)* scaffali m. **2** COLLOQ. ***~s of*** un mucchio *o* sacco di [*time, work, food*] ♦ ***to blow one's ~*** COLLOQ. perdere le staffe.

2.stack /stæk/ tr. **1** AGR. ammucchiare, ammassare [*hay, straw*] **2** (anche **~ up**) *(pile)* impilare [*boxes, books, chairs*]; accatastare [*plates*] **3** *(fill)* riempire [*shelves*] **4** AER. mettere in circuito d'attesa [*planes*]; TEL. mettere in attesa [*calls*] ♦ ***to have the odds*** o ***cards ~ed against one*** partire in svantaggio, essere sfavorito.

▪ **stack up:** ~ ***up [sth.]***, ~ ***[sth.] up*** impilare [*objects*].
stadium /ˈsteɪdɪəm/ n. (pl. **~s**, **-ia**) stadio m.
1.staff /stɑːf, AE stæf/ n. **1** (pl. **~s**, **staves**) *(stick) (for walking)* bastone m.; *(crozier)* (bastone) pastorale m. **2** (pl. **~s**) *(employees)* personale m., dipendenti m.pl.; ***to be on the ~ of a company*** fare parte del personale di un'azienda; ***a small business with a ~ of ten*** una piccola impresa con dieci dipendenti **3** U (anche **teaching ~**) SCOL. UNIV. corpo m. docente; ***a ~ of 50*** un effettivo di 50 insegnanti **4** U MIL. stato m. maggiore **5** MUS. pentagramma m.
2.staff /stɑːf, AE stæf/ tr. [*owner*] dotare di personale [*company, business*]; ***the restaurant is entirely ~ed by Italians*** il personale del ristorante è tutto italiano.
staff college n. MIL. accademia f. militare.
staff discount n. agevolazioni f.pl., sconto m. per il personale.
staffing /ˈstɑːfɪŋ, AE ˈstæf-/ n. ***the company is having ~ problems*** la compagnia ha difficoltà con il reclutamento del personale.
staffing levels n.pl. numero m.sing. di dipendenti.
staff meeting n. SCOL. riunione f. del corpo docente.
staff nurse n. vice caposala m. e f.
staff officer ♦ ***23*** n. ufficiale m. di stato maggiore.
staff of office n. FIG. bastone m. del comando.
staff room n. SCOL. sala f. professori.
stag /stæg/ n. **1** ZOOL. cervo m. **2** BE ECON. aumentista m. e f., rialzista m. e f.
1.stage /steɪdʒ/ **I** n. **1** *(phase) (of illness)* stadio m. (**of**, **in** di); *(of development, project, process)* stadio m., fase f. (**of**, **in** di); *(of career, life, match, negotiations)* fase f. (**of**, **in** di); *(of journey)* fase f., tappa f. (**of**, **in** di); ***the baby has reached the walking ~*** il bambino ha raggiunto la fase in cui cammina; ***at this ~*** *(at this point)* a questo punto; *(yet, for the time being)* per il momento; ***at this ~ in*** o ***of your career*** in questa fase della tua carriera; ***at a late ~*** a uno stadio avanzato; ***at an earlier, later ~*** in una fase precedente, seguente; ***at every ~*** in ogni fase; ***she ought to know that by this ~*** arrivati a questo punto dovrebbe saperlo; ***by ~s*** per gradi; ***~ by ~*** passo dopo passo; ***in ~s*** poco per volta; ***the project is still in its early ~s*** il progetto è ancora allo stadio iniziale; ***she's going through a difficult ~*** sta attraversando una fase difficile **2** *(raised platform)* palco m., piattaforma f.; TEATR. palcoscenico m.; ***to go on ~*** entrare in scena; ***to hold the ~*** FIG. tenere banco; ***to set the ~*** TEATR. allestire la scenografia; ***to set the ~ for sth.*** FIG. fare i preparativi per qcs. **3** TEATR. ***the ~*** il teatro; ***to go on the ~*** darsi al teatro **4** FIG. *(setting) (actual place)* teatro m.; *(backdrop)* scenario m., scena f. **II** modif. TEATR. [*equipment*] scenico; [*lighting*] di scena; [*play, performance, production, career*] teatrale.
2.stage /steɪdʒ/ tr. **1** *(organize)* organizzare [*event, strike, coup, rebellion*] **2** *(fake)* inscenare [*quarrel*]; mettere su [*scene*]; ***the whole thing was ~d*** è stata tutta una messa in scena **3** TEATR. mettere in scena, rappresentare [*play, performance*].
stagecoach /ˈsteɪdʒkəʊtʃ/ n. STOR. diligenza f.
stagecraft /ˈsteɪdʒkrɑːft, AE -kræft/ n. scenotecnica f., tecnica f. teatrale.
stage designer ♦ ***27*** n. scenografo m. (-a).
stage direction n. *(instruction)* didascalia f.
stage door n. ingresso m. degli artisti.
stage fright n. trac f., panico m. da palcoscenico.
stagehand /ˈsteɪdʒhænd/ ♦ ***27*** n. macchinista m. e f.
stage-manage /ˈsteɪdʒˌmænɪdʒ/ tr. *(be stage manager)* fare il direttore di scena di; FIG. organizzare, orchestrare.
stage-manager /ˈsteɪdʒˌmænɪdʒə(r)/ ♦ ***27*** n. direttore m. (-trice) di scena.
stage name n. nome m. d'arte.
stage-struck /ˈsteɪdʒstrʌk/ agg. appassionato di teatro.
stage whisper n. TEATR. a parte m.; FIG. sussurro m. volutamente udibile.
stagey → **stagy**.
1.stagger /ˈstægə(r)/ n. *(movement)* ***with a ~*** *(weakly)* vacillando; *(drunkenly)* barcollando.
2.stagger /ˈstægə(r)/ **I** tr. **1** *(astonish)* sconcertare, meravigliare **2** *(spread out)* scaglionare [*holidays, journeys, payments*] **II** intr. [*person*] *(from weakness, illness)* vacillare; *(drunkenly)* barcollare; [*animal*] vacillare; ***to ~ in, out, off*** entrare, uscire, andarsene barcollando.
staggered /ˈstægəd/ **I** p.pass. → **2.stagger II** agg. *(astonished)* sconcertato, meravigliato.
staggering /ˈstægərɪŋ/ agg. [*amount, increase*] incredibile, sbalorditivo; [*news*] sconcertante; [*event*] sconvolgente; [*achievement, contrast*] stupefacente, sbalorditivo; [*success*] strabiliante, sbalorditivo.
staggeringly /ˈstægərɪŋlɪ/ avv. incredibilmente, straordinariamente.
stag hunting n. *(activity)* caccia f. al cervo.
staging /ˈsteɪdʒɪŋ/ n. **1** TEATR. allestimento m. **2** ING. impalcatura f., ponteggio m.; *(for spectators)* palco m.
staging post n. linea f. di attestamento; FIG. passaggio m. obbligato.
stagnant /ˈstægnənt/ agg. stagnante.
stagnate /stægˈneɪt, AE ˈstægneɪt/ intr. [*water, pond*] stagnare, ristagnare; FIG. [*economy, sales*] stagnare, ristagnare; [*person, mind*] fossilizzarsi.
stagnation /stægˈneɪʃn/ n. ECON. ristagno m., stagnazione f.; MED. ristagno m.
stag night, **stag party** n. addio m. al celibato.
stagy /ˈsteɪdʒɪ/ agg. SPREG. [*person*] che si atteggia; [*manner*] affettato.
staid /steɪd/ agg. [*person*] posato, compassato; [*place*] solenne; [*appearance*] serioso.
1.stain /steɪn/ n. **1** *(mark)* macchia f., chiazza f. (anche FIG.); ***without a ~ on one's character*** senza macchia *o* macchie **2** *(dye) (for wood, fabric etc.)* mordente m.
2.stain /steɪn/ **I** tr. **1** *(soil)* macchiare [*clothes, carpet, table etc.*] **2** BIOL. TECN. trattare con un mordente [*wood, fabric, specimen*] **II** intr. [*fabric*] macchiarsi.
stained /steɪnd/ **I** p.pass. → **2.stain II** agg. in composti ***oil-, ink-~*** macchiato d'olio, d'inchiostro.
stained glass n. *(glass)* vetro m. colorato.
stained glass window n. vetrata f. colorata.
stainless /ˈsteɪnlɪs/ agg. [*reputation etc.*] senza macchia.
stainless steel n. acciaio m. inossidabile.
stain remover n. smacchiatore m.
stain-resistant /ˌsteɪnˈrɪzɪstənt/ agg. antimacchia.
stair /steə(r)/ **I** n. **1** *(step)* gradino m., scalino m. **2** FORM. *(staircase)* scalinata f., gradinata f. **II stairs** n.pl. *(staircase)* ***the ~s*** la scala, le scale; ***a flight of ~s*** una rampa di scale; ***to fall down the ~s*** cadere (giù) per le scale.
staircase /ˈsteəkeɪs/ n. scala f., scale f.pl.
stair rod n. = bacchetta per fissare la passatoia agli scalini.
stairway /ˈsteəweɪ/ n. scala f., scale f.pl.
stairwell /ˈsteəwel/ n. tromba f. delle scale.
1.stake /steɪk/ n. **1** *(pole) (for support, marking)* paletto m., picchetto m.; *(thicker)* palo m. **2** STOR. *(for execution)* rogo m.; ***to be burnt at the ~*** essere bruciato sul rogo.
2.stake /steɪk/ tr. AGR. sostenere con dei pali [*plant, tree*].
▪ **stake out:** ~ ***out [sth.]***, ~ ***[sth.] out*** **1** *(place under surveillance)* [*police*] piantonare, sorvegliare [*place*] **2** *(mark with stakes)* delimitare con dei paletti [*land*].
3.stake /steɪk/ n. **1** GIOC. *(amount risked)* posta f. (anche FIG.); ***to raise the ~s*** alzare la posta; ***to be at ~*** essere in gioco; ***there is a lot at ~*** c'è una posta molto alta in gioco; ***to put sth. at ~*** mettere qcs. in gioco **2** *(investment)* partecipazione f., quota f. (**in** in).
4.stake /steɪk/ tr. **1** *(gamble)* scommettere, puntare [*money*]; scommettere [*property*]; rischiare [*reputation*]; ***I would ~ my life on it*** ci scommetterei la testa **2** AE *(back)* finanziare, sostenere finanziariamente [*person*].
stakeout /ˈsteɪkaʊt/ n. piantonamento m.
stalactite /ˈstæləktaɪt, AE stəˈlæk-/ n. stalattite f.
stalagmite /ˈstæləgmaɪt, AE stəˈlæg-/ n. stalagmite f.
1.stale /steɪl/ agg. **1** *(old)* [*bread*] vecchio, raffermo, stantio; [*beer, cake*] vecchio; [*cheese*] stantio; [*air*] viziato; ***to go ~*** [*bread*] diventare raffermo; ***to smell ~*** [*room, house*] puzzare di chiuso **2** *(hackneyed)* [*jokes*] detto e stradetto; [*ideas*] superato, sorpassato; [*style*] antiquato, sorpassato; [*convention*] disusato **3** *(tired)* [*player*] spossato.
2.stale /steɪl/ intr. [*pleasure*] esaurirsi; [*pastime*] diventare noioso.

stalemate /ˈsteɪlmeɪt/ n. **1** *(in chess)* stallo m. **2** *(deadlock)* stallo m., punto m. morto.

1.stalk /stɔːk/ n. **1** BOT. GASTR. *(of grass)* stelo m.; *(of rose)* stelo m., gambo m.; *(of broccoli, mushroom)* gambo m.; *(of leaf, apple, pepper)* picciolo m.; *(of grape)* raspo m. **2** ZOOL. *(organ)* peduncolo m. ♦ ***my eyes were out on ~s*** COLLOQ. avevo gli occhi fuori dalle orbite.

2.stalk /stɔːk/ **I** tr. **1** *(hunt)* [*hunter, animal*] avvicinarsi furtivamente a; [*murderer*] seguire **2** *(affect, haunt)* [*fear, danger*] dilagare in; [*disease*] diffondersi in, propagarsi in; [*killer*] aggirarsi in [*place*] **3** *(harass)* molestare (ossessivamente), perseguitare **II** intr. **1** *(walk)* ***to ~ out of the room*** *(angrily)* andarsene dalla stanza infuriato **2** *(prowl)* ***to ~ through*** aggirarsi per [*countryside, streets*].

stalking horse n. POL. candidato m. (-a) civetta.

1.stall /stɔːl/ **I** n. **1** *(at market, fair)* banco m., bancarella f.; *(newspaper stand)* chiosco m. dei giornali **2** *(in stable)* posta f. **3** EQUIT. gabbia f. di partenza **4** ARCH. *(in church)* stallo m., scanno m. **5** *(cubicle) (for shower)* box m. doccia **6** AE *(parking space)* posto m. auto **II stalls** n.pl. BE TEATR. poltrona f.sing. (in platea); ***in the ~s*** nelle prime file.

2.stall /stɔːl/ **I** tr. **1** AUT. (fare) spegnere [*engine*]; (fare) fermare [*car*] **2** *(hold up)* sospendere, portare a un punto morto [*talks*]; bloccare [*action, process*] **II** intr. **1** [*car, driver*] fermarsi; [*engine*] arrestarsi **2** [*plane*] andare in stallo **3** *(stagnate)* [*market*] fermarsi; [*talks*] arrivare a un punto morto.

3.stall /stɔːl/ **I** tr. *(play for time)* temporeggiare con, guadagnare tempo con [*person*] **II** intr. *(play for time)* temporeggiare; ***to ~ for time*** cercare di guadagnare tempo.

stallholder /ˈstɔːlˌhəʊldə(r)/ ♦ ***27*** n. bancarellista m. e f.

stallion /ˈstælɪən/ n. stallone m. (anche FIG.).

stalwart /ˈstɔːlwət/ **I** n. sostenitore m. (-trice) **II** agg. **1** *(loyal)* [*defender, member, supporter*] leale, fedele; [*support*] incondizionato **2** *(unyielding)* [*defence, resistance*] imbattibile; *(sturdy)* robusto, aitante.

stamen /ˈsteɪmən/ n. (pl. **~s**, **-ina**) stame m. (anche FIG.).

1.stamina /ˈstæmɪnə/ n. *(resistance) (to physical strain)* resistenza f.; *(to hardship)* (capacità di) sopportazione f., vigore m.

2.stamina /ˈsteɪmɪnə/ → **stamen**.

1.stammer /ˈstæmə(r)/ n. balbuzie f.; ***to have a ~*** essere balbuziente.

2.stammer /ˈstæmə(r)/ tr. e intr. balbettare.

1.stamp /stæmp/ **I** n. **1** *(on letters, postcards)* francobollo m.; ***a 30 pence ~*** un francobollo da 30 penny; ***"no ~ needed"*** "non affrancare" **2** *(token) (for free gift)* bollino m., buono m.; *(towards bill)* bollo m. **3** *(marking device)* timbro m., stampiglia f.; *(for metals)* stampo m., punzone m.; ***date ~*** datario; ***to give sth. one's ~ of approval*** FIG. approvare qcs. **4** FIG. *(hallmark)* impronta f., marchio m.; ***to set one's ~ on sth.*** lasciare il segno in qcs. **5** *(calibre)* stampo m. **6** *(sound of feet)* scalpiccio m.; ***with a ~ of her foot*** battendo il piede per terra **II** modif. [*album, collection*] di francobolli.

2.stamp /stæmp/ **I** tr. **1** *(mark)* apporre con un timbro [*date, name*] (**on** su); timbrare [*ticket, library book*]; apporre un marchio su [*goods, boxes*]; timbrare, mettere un timbro su [*document, ledger*]; punzonare [*metal*]; ***to ~ one's authority on*** affermare la propria autorità su [*project, match*] **2** *(with foot)* ***to ~ one's foot*** *(in anger)* pestare *o* battere i piedi per terra; ***to ~ one's feet*** *(rhythmically, for warmth)* battere i piedi; ***to ~ sth. into the ground*** schiacciare qcs. per terra **3** *(for posting)* affrancare [*envelope*] **II** intr. **1** *(thump foot)* [*person*] pestare i piedi; [*horse*] scalpitare; ***to ~ on*** pestare [*foot*]; calpestare [*toy*] **2** *(walk heavily)* ***to ~ into, out of sth.*** entrare in, uscire da qcs. con passo pesante **3** *(crush)* ***to ~ on*** sgretolare, frantumare [*soil, ground*]; FIG. scartare [*idea, suggestion*].

▪ **stamp out:** ***~ out [sth.], ~ [sth.] out*** **1** *(put out)* estinguere [*fire, flames*] **2** *(crush)* sconfiggere [*disease*]; sradicare [*fraud, crime*].

stamp-collecting /ˈstæmpkəˌlektɪŋ/ n. filatelia f., (il) collezionare francobolli.

stamp-collector /ˈstæmpkəˌlektə(r)/ n. collezionista m. e f. di francobolli.

stamp duty n. DIR. tassa f. di bollo, imposta f. di bollo.

stamped addressed envelope /ˌstæmptəˌdrestˈenvələʊp, -ˈɒn- / n. busta f. preaffrancata e preindirizzata.

1.stampede /stæmˈpiːd/ n. **1** *(rush) (of animals)* fuga f. disordinata; *(of humans)* fuga f. disordinata, fuggi fuggi m. **2** *(rodeo)* rodeo m.

2.stampede /stæmˈpiːd/ **I** tr. **1** fare fuggire, mettere in fuga [*animals, spectators*]; seminare il panico tra [*crowd*] **2** FIG. *(force sb.'s hand)* ***to ~ sb. into doing*** costringere (con la forza) qcn. a fare **II** intr. [*animals*] scappare disordinatamente; [*people, crowd*] darsi a una fuga precipitosa.

stamping ground /ˈstæmpɪŋˌgraʊnd/ n. BE COLLOQ. FIG. rifugio m., luogo m. di ritrovo.

stance /stɑːns, stæns/ n. **1** *(attitude)* atteggiamento m., (presa di) posizione f. **2** *(way of standing)* posa f., posizione f.

stanch AE → **2.staunch**.

stanchion /ˈstænʃən, AE ˈstæntʃən/ n. *(pillar)* palo m., pilone m.; *(vertical strut)* montante m.; *(support)* sostegno m.

1.stand /stænd/ n. **1** *(piece of furniture) (for coats, hats)* appendiabiti m., attaccapanni m.; *(for plant)* portavasi m.; *(for sheet music)* leggio m. **2** *(stall) (on market)* bancarella f.; *(kiosk)* chiosco m.; *(at exhibition, trade fair)* stand m., padiglione m. **3** SPORT *(in stadium)* tribuna f., stand m. **4** DIR. *(witness box)* banco m. dei testimoni; ***to take the ~*** salire sul banco dei testimoni **5** *(stance)* ***to take*** o ***make a ~ on sth.*** prendere posizione su qcs. **6** *(resistance)* ***to make a ~*** opporre resistenza **7** *(standstill)* ***to come to a ~*** arrestarsi.

2.stand /stænd/ **I** tr. (pass., p.pass. **stood**) **1** *(place)* mettere in piedi, fare stare in piedi [*person*]; mettere dritto [*object*]; ***~ it over there*** mettilo lì **2** *(bear)* ***I can't ~ liars*** non posso soffrire *o* non sopporto i bugiardi; ***he can't ~ to do*** o ***doing*** non sopporta di fare; ***she won't ~ any nonsense*** non ammetterà sciocchezze; ***it won't ~ close scrutiny*** non reggerà a un esame attento **3** COLLOQ. *(pay for)* ***to ~ sb. sth.*** pagare qcs. a qcn. **4** DIR. ***to ~ trial*** subire un processo **5** *(be liable)* ***to ~ to lose sth.*** rischiare di perdere qcs.; ***she ~s to gain a million pounds*** c'è la possibiltà che guadagni un milione di sterline **II** intr. (pass., p.pass. **stood**) **1** (anche **~ up**) alzarsi **2** *(be upright)* [*person*] stare in piedi; [*object*] essere in piedi, essere dritto; ***to remain ~ing*** restare in piedi; ***don't just ~ there, do something!*** non stare lì impalato, fai qualcosa! **3** *(be positioned)* [*building etc.*] essere situato, trovarsi; *(clearly delineated)* stagliarsi; ***the train now ~ing at platform one*** il treno fermo al primo binario **4** *(step)* ***to ~ on*** calpestare [*insect*]; pestare [*foot*] **5** *(be)* ***to ~ empty*** [*house*] restare vuoto; ***to ~ ready*** essere pronto; ***as things ~*** così come stanno le cose; ***I want to know where I ~*** FIG. vorrei sapere come sono messe le cose per me; ***where do you ~ on capital punishment?*** qual è la tua posizione riguardo alla pena di morte? ***nothing ~s between me and getting the job*** non c'è niente che mi impedisca di ottenere il posto; ***to ~ in sb.'s way*** bloccare il passaggio a qcn.; FIG. ostacolare qcn. **6** *(remain valid)* [*offer*] rimanere valida; [*agreement, statement*] valere **7** *(measure in height)* ***the hill ~s 500 metres high*** la collina è alta 500 metri **8** *(be at certain level)* ***the total ~s at 300*** il totale è di 300 **9** *(be a candidate)* candidarsi (**for** a) **10** *(not move)* [*water*] stagnare; [*mixture*] riposare ♦ ***to leave sb. ~ing*** [*athlete*] infliggere un notevole distacco a; [*student, company*] superare; ***to ~ up and be counted*** fare sentire la propria voce.

▪ **stand about**, **around** starsene, restarsene (**doing** a fare).

▪ **stand aside** farsi da parte, scansarsi (**to do** per fare).

▪ **stand back 1** *(move back)* [*person*] indietreggiare, farsi indietro (**from** da); FIG. prendere le distanze (**from** da) **2** *(be situated)* [*house*] essere arretrato (**from** rispetto a).

▪ **stand by:** ***~ by*** **1** *(be prepared)* [*army, emergency services*] essere pronto a intervenire; ***to be ~ing by to do*** [*services*] essere pronto a fare **2** *(refuse to act)* stare a guardare; ***he stood by and did nothing*** è rimasto lì senza intervenire; ***~ by [sb., sth.]*** *(be loyal to)* sostenere, appoggiare [*person*]; attenersi a [*decision*]; tenere fede a [*principles*].

▪ **stand down** *(resign)* dimettersi.

▪ **stand for:** ***~ for [sth.]*** **1** *(represent)* [*party, person*] rappresentare, incarnare [*ideal*] **2** *(denote)* [*initials*] stare per, significare; [*company, name*] significare [*quality etc.*] **3** *(tolerate)* [*person*] consentire, permettere [*reduction*]; tollerare [*insubordination*].

▪ **stand in** *to* **~** *in for sb.* sostituire qcn.
▪ **stand off** *(reach a stalemate)* arrivare a un punto morto.
▪ **stand out 1** *(be noticeable)* [*person*] distinguersi, spiccare (**against** tra); [*building*] stagliarsi (**against** contro); [*design*] risaltare (**against** su); [*work, ability*] distinguersi; ***to* ~ *out from*** [*person*] distinguersi da [*group*] **2** *(protrude)* sporgere **3** *(take a stance)* ***to* ~ *out against*** opporsi a [*change, decision*].
▪ **stand over:** *~ over [sb.]* *(supervise)* supervisionare [*employee etc.*].
▪ **stand to** MIL. essere in stato di allerta.
▪ **stand up:** *~ up* **1** *(rise)* alzarsi (in piedi) (**to do** per fare) **2** *(stay upright)* stare in piedi **3** *(withstand investigation)* [*theory*] reggere; [*story*] stare in piedi; ***to* ~ *up to*** resistere a [*investigation*] **4** *(resist)* ***to* ~ *up to*** tenere testa a [*person*] **5** *(defend)* ***to* ~ *up for*** prendere le parti di, difendere [*person*]; sostenere, difendere [*rights*]; ***to* ~ *up for oneself*** difendersi; *~ [sth.] up* mettere dritto [*object*]; ***to* ~ *sth. up against, on*** mettere qcs. (dritto) contro, su; *~ [sb.] up* COLLOQ. *(fail to meet)* dare buca a, tirare un bidone a, bidonare [*boyfriend*].
standard /ˈstændəd/ **I** n. **1** *(level of quality)* standard m., livello m. qualitativo; ***~s of service*** la qualità dei servizi; ***excellent by any ~s*** eccellente da tutti i punti di vista; ***to have high, low ~s*** [*person*] avere grandi pretese, essere di poche pretese; [*school, institution*] avere, non avere standard molto alti; ***to have double ~s*** usare due pesi e due misure **2** *(official specification)* norma f. (**for** di) **3** *(requirement) (of student, work)* requisito m. (**for** di); *(of hygiene, safety)* norme f.pl.; ***not to be up to* ~** essere al di sotto della media **4** *(banner)* stendardo m. **5** *(classic song)* ***a rock* ~** un classico del rock **II** agg. **1** *(normal)* [*rate, size*] standard; [*image*] tradizionale; [*procedure*] normale, standard; ***this model includes a car radio as* ~** in questo modello è inclusa l'autoradio **2** *(authoritative)* [*work*] fondamentale **3** (anche **~ class**) BE FERR. [*ticket*] di seconda classe.
Standard Assessment Task n. GB SCOL. = esame di idoneità scolastica sostenuto all'età di 7, 11 e 14 anni.
standard-bearer /ˈstændədˌbeərə(r)/ n. MIL. portabandiera m. e f. (anche FIG.).
standard deviation n. STATIST. deviazione f. standard.
standard-issue /ˈstændədˌɪʃuː, -ˌɪsjuː/ agg. regolamentare.
standardization /ˌstændədaɪˈzeɪʃn, AE -dɪˈz-/ n. standardizzazione f., normalizzazione f.
standardize /ˈstændədaɪz/ tr. standardizzare [*component, spelling*]; conformare [*laws*]; uniformare [*size*].
standard lamp n. BE lampada f. a stelo.
standard of living n. tenore m. di vita.
standard time n. ora f. solare vera.
standby /ˈstændbaɪ/ **I** n. **1** *(person)* riserva f., rimpiazzo m.; *(food, ingredient)* scorta f., riserva f.; ***to be on* ~** [*army, emergency services*] essere pronti a intervenire; *(for airline ticket)* essere in lista d'attesa **2** *(in telecommunications)* stand-by m. **II** modif. **1** *(emergency)* [*circuit*] d'emergenza; [*battery*] di riserva **2** [*ticket*] stand-by; [*passenger*] in stand-by.
standee /stænˈdiː/ n. *(spectator)* spettatore m. (-trice) in piedi; *(passenger)* passeggero m. (-a) in piedi.
stand-in /ˈstændɪn/ n. sostituto m. (-a); CINEM. controfigura f.; TEATR. *(double)* controfigura f.; *(replacement)* rimpiazzo m.
standing /ˈstændɪŋ/ **I** n. **1** *(reputation)* reputazione f., posizione f. (**among, with** tra); ***of high*** o ***considerable* ~** di ottima reputazione **2** *(length of time)* ***of long* ~** di lunga data **II** agg. **1** *(permanent)* [*army, committee*] permanente **2** *(continuing)* [*rule*] in vigore; [*invitation*] sempre valido; ***his absent-mindedness is a* ~ *joke among his friends*** la sua distrazione è diventata una barzelletta per i suoi amici **3** SPORT *(from standing position)* [*jump*] da fermo, senza rincorsa.
standing charge n. spese f.pl. fisse.
standing order n. ECON. ordine m. permanente.
standing ovation n. standing ovation f.
standing room n. **U** posti m.pl. in piedi.
standing stone n. *(monolith)* monolito m.; *(menhir)* menhir m.
stand-off /ˈstændɒf, AE -ɔːf/ n. **1** *(stalemate)* stallo m., punto m. morto **2** SPORT (anche **~ half**) mediano m. d'apertura.
stand-offish /stændˈɒfɪʃ, AE -ˈɔːf-/ agg. COLLOQ. [*person, manner*] altezzoso, spocchioso.
standpipe /ˈstændpaɪp/ n. tubo m., tubazione f. verticale.
standpoint /ˈstændpɔɪnt/ n. punto m. di vista.
standstill /ˈstændstɪl/ n. **1** *(stop) (of traffic)* arresto m.; *(of economy, growth)* punto m. morto; ***to be at a* ~** [*traffic*] essere bloccato; [*factory, services*] essere fermo; [*talks*] essere bloccato *o* a un punto morto; ***to bring sth. to a* ~** paralizzare [*traffic*]; portare a un arresto [*factory*] **2** *(on wages, taxes etc.)* congelamento m.
stand-up /ˈstændʌp/ **I** n. (anche **~ comedy**) spettacolo m. di cabaret **II** agg. **1** TEATR. TELEV. ***~ comedian*** cabarettista **2** *(eaten standing)* **3** *(aggressive)* [*argument*] violento.
stank /stæŋk/ pass. → **2.stink.**
Stanley knife® /ˈstænlɪnaɪf/ n. cutter m.
stanza /ˈstænzə/ n. LETTER. strofa f., stanza f.
staphylococcus /ˌstæfɪləˈkɒkəs/ n. (pl. **-i**) stafilococco m.
1.staple /ˈsteɪpl/ n. **1** *(for paper)* graffetta f., punto m. metallico **2** ING. *(nail)* cambretta f.; *(rod)* cavallotto m.
2.staple /ˈsteɪpl/ **I** n. **1** *(basic food)* alimento m. base, alimento m. principale **2** ECON. *(crop, product)* prodotto m. principale; *(industry)* industria f. principale **3** FIG. *(topic, theme)* argomento m. principale **4** TESS. *(fibre)* fibra f. **II** agg. attrib. [*food, product*] principale; [*crop, meal*] base.
3.staple /ˈsteɪpl/ tr. *(attach)* pinzare (**to** a; **onto** su).
staple gun, stapler /ˈsteɪplə(r)/ n. pinzatrice f., cucitrice f.
1.star /stɑː(r)/ **I** n. **1** ASTR. ASTROL. stella f.; ***the ~s are out*** sono spuntate le stelle **2** *(person)* star f., stella f. **3** *(asterisk)* asterisco m. **4** *(award) (to hotel, restaurant)* stella f.; *(to pupil)* punto m. di merito **5** MIL. *(mark of rank)* stelletta f. **6** **-star** in composti ***three-~ hotel*** albergo a tre stelle **II stars** n.pl. ASTROL. stelle f., oroscopo m.sing.; ***it's written in the ~s*** lo dicono le stelle ♦ ***to reach for the ~s*** puntare molto in alto; ***to see ~s*** vedere le stelle.
2.star /stɑː(r)/ **I** tr. (forma in -ing ecc. **-rr-**) **1** CINEM. TEATR. ***a comedy ~ring Lenny Henry*** una commedia con Lenny Henry protagonista **2** gener. passivo *(mark with star)* segnare con un asterisco **3** *(decorate)* tempestare, decorare; ***~red with*** tempestato di [*flowers*] **II** intr. (forma in -ing ecc. **-rr-**) [*actor*] avere il ruolo di protagonista; ***Bela Lugosi ~s as*** o ***in the role of Dracula*** il protagonista è Bela Lugosi nel ruolo di Dracula.
star anise n. anice m. stellato.
starboard /ˈstɑːbəd/ **I** n. **1** MAR. dritta f., destra f.; ***to turn to* ~** virare a dritta **2** AER. destra f. **II** modif. [*engine*] di destra; ***on the* ~ *side*** a destra.
1.starch /stɑːtʃ/ n. **U 1** *(carbohydrate)* amido m.; ***wheat* ~** amido di grano; ***potato* ~** fecola di patate **2** *(for clothes)* amido m., appretto m.
2.starch /stɑːtʃ/ tr. inamidare, apprettare.
star chart n. carta f. celeste.
starchy /ˈstɑːtʃɪ/ agg. **1** [*food, diet*] ricco di amido **2** [*substance*] amidaceo **3** COLLOQ. SPREG. [*person, tone*] sostenuto, affettato.
stardom /ˈstɑːdəm/ n. celebrità f., notorietà f.; ***to rise to* ~** diventare una stella.
1.stare /steə(r)/ n. sguardo m. fisso; ***he gave me a* ~** mi ha fissato (in modo inquisitorio).
2.stare /steə(r)/ **I** tr. ***the solution was staring us in the face*** FIG. avevamo la soluzione sotto gli occhi **II** intr. guardare fisso; ***to* ~ *at sb., sth.*** fissare qcn., qcs.; ***to* ~ *up at sb., sth.*** fissare qcn., qcs. dal basso.
▪ **stare down** → **stare out.**
▪ **stare out:** *~ [sb.] out, ~ out [sb.]* fare abbassare lo sguardo a.
starfish /ˈstɑːˌfɪʃ/ n. (pl. **~, ~es**) stella f. di mare.
stargazer /ˈstɑːgeɪzə(r)/ n. *(astrologer)* astrologo m. (-a); *(astronomer)* astronomo m. (-a).
staring /ˈsteərɪŋ/ agg. [*eyes*] fisso; [*people, crowd*] curioso.
stark /stɑːk/ agg. **1** *(bare)* [*landscape, building*] desolato; [*appearance, beauty*] semplice; [*room*] spoglio; [*decor*] essenziale; [*lighting*] crudo **2** *(unadorned)* [*fact*] nudo e crudo; [*statement, warning, reminder*] duro **3** *(total)* [*contrast*] forte ♦ ***to be* ~ *naked*** essere nudo come un verme; ***~ raving mad, ~ staring mad*** BE COLLOQ. matto da legare.
starkers /ˈstɑːkəz/ agg. BE COLLOQ. SCHERZ. completamente nudo, nudo come un verme.
starkly /ˈstɑːklɪ/ avv. [*clear*] assolutamente, perfettamente; [*demonstrated*] chiaramente.

starless /ˈstɑːlɪs/ agg. senza stelle.
starlet /ˈstɑːlɪt/ n. starlet f., stellina f.
starlight /ˈstɑːlaɪt/ n. luce f. delle stelle.
starling /ˈstɑːlɪŋ/ n. ORNIT. storno m.
starlit /stɑːlɪt/ agg. [*night*] illuminato dalle stelle.
starry /ˈstɑːrɪ/ agg. **1** *(with stars)* [*night, sky*] stellato **2** *(shining)* [*eyes*] lucente, che brilla.
starry-eyed /ˌstɑːrɪˈaɪd/ agg. [*person*] sognante, ingenuo.
Stars and Stripes n. + verbo sing. = bandiera degli Stati Uniti d'America.
star sign n. segno m. zodiacale.
Star-spangled Banner /ˌstɑːˌspæŋgldˈbænə(r)/ n. *(flag)* = bandiera degli Stati Uniti d'America.
starstruck /ˈstɑːstrʌk/ agg. abbagliato dalla celebrità.
star-studded /ˈstɑːˌstʌdɪd/ agg. [*cast, line-up*] pieno di star del cinema.
star system n. **1** ASTR. galassia f. **2** *(in films)* star system m.
1.start /stɑːt/ n. **1** *(beginning)* inizio m., principio m.; ***at the ~*** all'inizio; ***to make a ~ on doing*** mettersi a fare; ***to make an early ~*** *(on journey)* partire di buonora; *(on work)* cominciare presto; ***that's a good ~*** è un buon inizio; IRON. cominciamo bene; ***to make a fresh*** o ***new ~*** ricominciare da capo; ***for a ~*** tanto per cominciare **2** *(advantage)* vantaggio m.; *(in time, distance)* vantaggio m., distacco m.; ***to give sb. a ~ in business*** aiutare qcn. ad avviare un'attività **3** SPORT *(departure line)* linea f. di partenza **4** *(movement)* sobbalzo m.; ***to give a ~*** sobbalzare.
2.start /stɑːt/ **I** tr. **1** *(begin)* cominciare, iniziare [*day, activity*]; cominciare [*packet*]; ***to ~ doing*** o ***to do*** cominciare a fare; ***don't ~ that again!*** non iniziare di nuovo! **2** *(cause, initiate)* cominciare, dare inizio a [*quarrel, war*]; stabilire [*custom*]; accendere, appiccare [*fire*]; creare [*trouble*]; mettere in giro [*rumour*]; lanciare [*fashion*]; fondare [*enterprise*]; ***to ~ a family*** metter su famiglia **3** *(activate)* fare partire, mettere in moto [*car, machine*] **II** intr. **1** *(begin)* cominciare, iniziare (**by doing** col fare); ***to ~ again*** o ***afresh*** ricominciare, cominciare da capo; ***to ~ on*** cominciare a lavorare a [*memoirs*]; intraprendere [*journey*]; ***let's get ~ed on the washing-up*** forza, cominciamo a lavare i piatti; ***don't ~ on me*** *(in argument)* non cominciare; ***~ing Monday*** a partire da lunedì **2** *(depart)* partire **3** *(jump nervously)* sobbalzare (**in** per) **4** AUT. MECC. *(be activated)* [*car, engine, machine*] partire **5 to start with** *(at first)* all'inizio; *(at all)* ***I should never have told her to ~ with*** tanto per cominciare non avrei dovuto dirle niente ♦ ***~ as you mean to go on*** parti bene sin dall'inizio.
▪ **start back** **1** *(begin to return)* mettersi sulla via del ritorno, cominciare il viaggio di ritorno **2** *(step back)* fare un salto all'indietro.
▪ **start off: ~ off** **1** *(set off)* [*train, bus*] mettersi in moto, partire; [*person*] partire **2** *(begin)* [*person*] cominciare, esordire (**by doing** col fare); [*matter*] cominciare; [*business*] essere avviato; **~ *[sb., sth.]* off, ~ off *[sb., sth.]*** **1** *(begin)* cominciare [*visit, talk*]; dare il via a, avviare [*programme*] **2** BE COLLOQ. *(cause to do)* ***don't ~ her off laughing*** non farla ridere; ***don't ~ him off*** non provocarlo **3** *(put to work)* mettere in moto [*machine*] **4** SPORT dare il via a [*competitors*].
▪ **start out** **1** *(set off) (on journey)* partire; ***he ~ed out with the aim of*** FIG. è partito con l'intenzione di **2** *(begin)* [*matter*] cominciare; [*business*] essere avviato; [*employee*] iniziare (**as** come; **in** in).
▪ **start over** ricominciare, cominciare da capo.
▪ **start up: ~ up** [*engine*] mettersi in moto, avviarsi; [*noise*] rimbombare; [*person*] iniziare; **~ *[sth.]* up, ~ up *[sth.]*** fare partire [*car*]; aprire [*shop*]; avviare [*business*].
starter /ˈstɑːtə(r)/ n. **1** SPORT *(participant)* concorrente m. e f., partecipante m. e f.; ***to be a fast ~*** essere molto veloce alla partenza **2** SPORT *(official)* starter m. **3** AUT. TECN. starter m., motorino m. d'avviamento **4** GASTR. antipasto m. ♦ ***for ~s*** COLLOQ. tanto per cominciare.
starting line /ˈstɑːtɪŋlaɪn/ n. SPORT linea f. di partenza.
starting pistol /ˈstɑːtɪŋˌpɪstl/ n. SPORT pistola f. dello starter.
starting point /ˈstɑːtɪŋpɔɪnt/ n. punto m. di partenza.
starting price /ˈstɑːtɪŋˌpraɪs/ n. *(in horseracing)* quotazioni f.pl. dei cavalli alla partenza.
starting salary /ˈstɑːtɪŋˌsælərɪ/ n. stipendio m. iniziale.
startle /ˈstɑːtl/ tr. **1** *(take aback)* [*reaction, discovery*] sorprendere, sbigottire **2** *(alarm)* [*sight, sound, person*] allarmare, spaventare.
startled /ˈstɑːtld/ **I** p.pass. → **startle II** agg. **1** *(taken aback)* sorpreso, sbigottito (**at** per; **to do** di fare) **2** *(alarmed)* [*person, voice*] spaventato, allarmato; [*animal*] spaventato, impaurito; ***a ~ cry*** un grido di terrore.
startling /ˈstɑːtlɪŋ/ agg. [*resemblance*] sorprendente.
startlingly /ˈstɑːtlɪŋlɪ/ avv. [*different*] sorprendentemente; [*beautiful*] straordinariamente.
start-up costs /ˈstɑːtʌpˌkɒsts/ n.pl. COMM. costi m. di avviamento.
star turn n. **1** *(act)* attrazione f. principale, numero m. principale **2** *(person)* protagonista m. e f.
starvation /ˌstɑːˈveɪʃn/ **I** n. fame f. **II** modif. [*rations, wages*] da fame.
starvation diet n. ***to go on a ~*** fare una dieta rigidissima.
starve /stɑːv/ **I** tr. **1** *(deliberately)* fare morire [qcn.] di fame; ***it's pointless starving yourself*** non mangiare non ti serve a niente; ***to ~ oneself to death*** lasciarsi morire di fame **2** *(deprive)* ***to ~ sb., sth. of*** privare qcn., qcs. di [*cash, oxygen, affection*]; ***to be ~d for*** avere una gran voglia di [*company, conversation*] **II** intr. MED. essere denutrito; ***to ~ (to death)*** morire di fame.
▪ **starve out: ~ *[sb.]* out, ~ out *[sb.]*** prendere per fame.
starving /ˈstɑːvɪŋ/ agg. **1** COLLOQ. *(hungry)* ***to be ~*** FIG. morire di fame **2** *(hunger-stricken)* affamato.
stases /ˈsteɪsiːs, ˈstæsiːs/ → **stasis**.
1.stash /stæʃ/ n. COLLOQ. **1** *(hiding place)* nascondiglio m. **2** *(hidden supply)* scorta f. segreta.
2.stash /stæʃ/ tr. COLLOQ. nascondere [*money, drugs*].
▪ **stash away** COLLOQ. **~ *[sth.]* away, ~ away *[sth.]*** mettere via, nascondere [*money, drugs*].
stasis /ˈsteɪsɪs, ˈstæsɪs/ n. (pl. **-es**) *(stagnation)* stasi f. (anche MED.).
1.state /steɪt/ **I** n. **1** *(condition)* stato m.; ***~ of mind*** stato d'animo; ***what ~ is the car in?*** in che stato è la macchina? ***the present ~ of affairs*** lo stato attuale delle cose; ***a shocking ~ of affairs*** una situazione scandalosa; ***to be in a good, bad ~*** essere in buono, cattivo stato; ***in a good, bad ~ of repair*** in buone, cattive condizioni; ***he's not in a fit ~ to drive*** non è in condizioni di guidare; ***in a liquid ~*** allo stato liquido; ***what's the ~ of play?*** a che punto siamo? **2** POL. AMM. (anche **State**) stato m. **3** *(ceremonial)* pompa f., cerimonia f.; ***in ~*** in pompa magna; ***she will lie in ~*** il suo corpo verrà esposto nella camera ardente; ***robes of ~*** uniforme di gala **II States** n.pl. ***the States*** gli Stati Uniti **III** modif. **1** *(government)* [*school, sector, enterprise*] pubblico; [*pension, university*] statale; [*TV, railways, secret, subsidy*] di stato; [*budget*] nazionale; ***~ election*** *(at a national level)* elezioni politiche (a livello nazionale); AE elezioni statali **2** *(ceremonial)* [*coach*] di gala; [*occasion, visit, banquet*] ufficiale; [*funeral*] di stato.
2.state /steɪt/ tr. **1** *(express, say)* esporre [*fact, truth*] esprimere [*opinion*]; *(provide information)* indicare [*age, income*]; ***to ~ that*** [*person*] dichiarare che; ***to ~ one's case*** esporre le proprie ragioni; DIR. esporre i fatti; ***as ~d above, below*** come indicato sopra, sotto **2** *(specify)* specificare [*amount, place, terms, preference*] ♦ ***to be in a ~*** essere in agitazione.
State capital n. US capitale f. di stato.
State Capitol n. US POL. assemblea f. legislativa di stato.
state-controlled /ˌsteɪtkənˈtrəʊld/ agg. statale; ***~ television*** televisione di stato.
stated /ˈsteɪtɪd/ **I** p.pass. → **2.state II** agg. **1** *(settled)* stabilito; *(regular)* regolare, fisso; ***at ~ times*** a ore stabilite **2** [*fact*] dichiarato, asserito.
State Department n. US POL. dipartimento m. di stato.
state-funded /ˌsteɪtˈfʌndɪd/ agg. sovvenzionato dallo stato.
statehood /ˈsteɪthʊd/ n. ***our aim is ~*** il nostro obiettivo è divenire uno stato.
State house n. US *(for legislature)* = edificio dove si riunisce il corpo legislativo di ciascuno degli Stati Uniti.
stateless /ˈsteɪtlɪs/ agg. apolide, senza patria; ***~ persons*** gli apolidi.
Stateline /ˈsteɪtlaɪn/ n. AE confine m. (tra stati).

stately /ˈsteɪtlɪ/ agg. imponente, maestoso, sontuoso.
stately home n. BE = villa o palazzo monumentale (aperto al pubblico).
statement /ˈsteɪtmənt/ n. **1** *(expression of view)* dichiarazione f., asserzione f. (**by** di; **on**, **about** riguardo a, circa); ***official*** ~ comunicato ufficiale; ~ ***of belief*** professione di fede; ~ ***of fact*** enunciazione dei fatti **2** ECON. *(of bank account)* estratto m. conto; ***a financial*** ~ un rendiconto **3** DIR. dichiarazione f.
state of the art agg. [*equipment*] modernissimo; [*technology*] d'avanguardia, avanzata.
state-owned /ˌsteɪtˈəʊnd/ agg. [*company*] statale.
State Registered Nurse ♦ 27 n. BE MED. infermiere m. (-a) professionale.
stateroom /ˈsteɪtruːm, -rʊm/ n. *(on passenger ship)* cabina f. di lusso.
state-run /ˌsteɪtˈrʌn/ agg. [*newspaper, radio, television*] di stato; [*company*] gestito dallo stato.
State's attorney n. US DIR. avvocato m. e f. che rappresenta uno stato.
State's evidence n. US DIR. ***to turn*** ~ testimoniare a carico dell'accusa.
stateside /ˈsteɪtsaɪd/ agg. degli Stati Uniti.
statesman /ˈsteɪtsmən/ n. (pl. **-men**) uomo m. di stato, statista m.
statesmanlike /ˈsteɪtsmənlaɪk/ agg. [*behaviour*] degno di un uomo di stato.
statesmanship /ˈsteɪtsmənʃɪp/ n. **U 1** *(statecraft)* arte f. di governare **2** *(skill of a statesman)* abilità f. di statista.
state trooper n. AE agente m. e f. della polizia dello stato.
statewide /ˈsteɪtwaɪd/ **I** agg. AE relativo a tutto il territorio di uno stato **II** avv. AE in tutto il territorio di uno stato.
static /ˈstætɪk/ **I** agg. **1** *(stationary)* [*scene, actor, display*] statico; [*image*] fisso; [*traffic*] bloccato, fermo **2** *(unchanging)* [*society, ideas, values*] immutabile; [*style*] inalterato **3** *(stable)* [*population*] stabile; [*prices, demand*] stabile, stazionario **4** FIS. statico **5** INFORM. fisso, stabile **II** n. **1** (anche ~ **electricity**) elettricità f. statica **2** RAD. TELEV. *(interference)* interferenze f.pl., disturbi m.pl.
statics /ˈstætɪks/ n. + verbo sing. statica f.
1.station /ˈsteɪʃn/ n. **1** FERR. stazione f. (ferroviaria); ***in*** o ***at the*** ~ alla stazione **2** *(service)* RAD. emittente f. radiofonica; TELEV. emittente f. televisiva; *(frequency)* stazione f. **3** *(base)* base f. (anche MIL. MAR.) **4** MIL. MAR. *(post)* posto m., postazione f.; ***at one's*** ~ al proprio posto **5** (anche **police** ~) commissariato m.; *(small)* stazione f. di polizia **6** AGR. allevamento m. **7** ANT. *(rank)* ceto m., classe f. sociale; ***to get ideas above one's*** ~ avere delle pretese impossibili.
2.station /ˈsteɪʃn/ **I** tr. posizionare [*person*]; MIL. appostare [*guard*]; disporre [*troops*]; ***to be ~ed in Germany*** essere di stanza in Germania **II** rifl. ***to ~ oneself*** posizionarsi, piazzarsi.
stationary /ˈsteɪʃənrɪ, AE -nerɪ/ agg. [*queue, vehicle*] fermo; [*traffic*] bloccato, fermo; [*prices*] stabile.
station break n. AE RAD. TELEV. stacco m. pubblicitario.
stationer /ˈsteɪʃnə(r)/ ♦ 27 n. **1** *(person)* cartolaio m. (-a) **2** (anche **~'s**) *(shop)* cartoleria f.
stationery /ˈsteɪʃnərɪ, AE -nerɪ/ **I** n. **1** *(writing materials)* cancelleria f.; *(for office)* forniture f.pl. per uffici **2** *(writing paper)* carta f. da lettere **II** modif. [*cupboard*] della cancelleria; [*department*] cancelleria.
stationery shop BE, **stationery store** AE n. cartoleria f.
stationmaster /ˈsteɪʃnˌmɑːstə(r), AE -ˌmæstə(r)/ ♦ 27 n. capostazione m. e f.
station wagon n. AE station wagon f.
statistic /stəˈtɪstɪk/ n. statistica f.
statistical /stəˈtɪstɪkl/ agg. statistico.
statistically /stəˈtɪstɪklɪ/ avv. statisticamente.
statistician /ˌstætɪˈstɪʃn/ ♦ 27 n. statistico m. (-a), studioso m. (-a) di statistica.
statistics /stəˈtɪstɪks/ n. *(subject)* + verbo sing. statistica f.
statue /ˈstætʃuː/ n. statua f.
statuesque /ˌstætʃʊˈesk/ agg. statuario, scultoreo.
statuette /ˌstætʃʊˈet/ n. statuetta f.
stature /ˈstætʃə(r)/ n. **1** *(height)* statura f., altezza f.; ***small, tall of*** o ***in*** ~ basso, alto di statura **2** *(status)* statura f., levatura f.
status /ˈsteɪtəs/ n. (pl. **~es**) **1** *(position)* posizione f., stato m. **2 U** *(prestige)* prestigio m. **3** AMM. DIR. statuto m., stato m. (**as** di); ***financial*** ~ situazione finanziaria; ***refugee*** ~ condizione di rifugiato.
status bar n. INFORM. barra f. di stato.
status quo n. status quo m.
status symbol n. status symbol m.
statute /ˈstætʃuːt/ n. DIR. POL. legge f.; ***by*** ~ secondo la legge.
statute book n. ***to be on the*** ~ essere in vigore.
statutory /ˈstatʃʊtərɪ, AE -tɔːrɪ/ agg. [*powers, requirements*] legale; [*body*] ufficiale; [*sick pay*] previsto dalla legge.
1.staunch /stɔːntʃ/ agg. [*supporter*] leale; [*ally*] fedele; [*defender*] forte.
2.staunch, **stanch** AE /stɑːntʃ, stɔːntʃ/ tr. **1** tamponare [*wound*] **2** FIG. arrestare [*decline*].
staunchly /ˈstɔːntʃlɪ/ avv. [*defend, oppose*] fermamente, risolutamente; [*Catholic, Communist*] fermamente.
1.stave /steɪv/ n. MUS. pentagramma m.
2.stave /steɪv/ intr. (pass., p.pass. **staved**, **stove**) → **stave off**.
■ **stave off:** ~ ***off*** ***[sth.]*** placare [*hunger*]; alleviare [*fatigue*]; evitare [*bankruptcy, crisis*]; allontanare [*threat*].
staves /steɪvz/ → **1.staff**.
1.stay /steɪ/ n. **1** *(visit, period)* soggiorno m., permanenza f.; ***to have an overnight ~ in Athens*** passare la notte ad Atene; ***"enjoy your ~!"*** "buona permanenza!" **2** DIR. sospensione f.; ~ ***of execution*** *(of death penalty)* sospensione di esecuzione.
2.stay /steɪ/ intr. **1** *(remain)* stare, restare, rimanere; ***to ~ for lunch*** fermarsi a pranzo; ***to ~ in teaching*** rimanere nell'insegnamento; ***to ~ in nursing*** continuare a lavorare come infermiere; ***to ~ in business*** FIG. *(not go under)* restare a galla; ***"~ put!"*** "resta qui e non muoverti!"; ***"~ tuned!"*** *(on radio)* "restate sintonizzati!"; ***computers are here to*** ~ ormai i computer fanno parte della nostra vita **2** *(have accommodation)* alloggiare; ***to ~ in a hotel, at a friend's house*** stare in albergo, a casa di un amico **3** *(spend the night)* passare la notte; ***it's very late, why don't you ~?*** è tardi, perché non rimani? ***to ~ overnight in Denver*** passare la notte a Denver **4** *(visit for unspecified time)* ***to come to*** ~ *(for a few days)* venire a stare per qualche giorno; *(for a few weeks)* venire a stare per qualche settimana; ***do you like having people to ~?*** ti piace avere gente a dormire?
■ **stay away 1** *(not come)* (re)stare lontano; ***to ~ away from*** evitare [*town centre*]; non avvicinarsi a [*window, strangers*] **2** *(not attend)* ***to ~ away from work*** assentarsi dal lavoro.
■ **stay in 1** *(not go out)* restare a casa, non uscire **2** *(remain in cavity)* [*hook, nail*] starci, stare dentro.
■ **stay on** *(not leave)* restare, trattenersi.
■ **stay out 1** *(remain away)* ***to ~ out late, all night*** restare fuori fino a tardi, tutta la notte; ***to ~ out of trouble*** restare fuori dai guai; ***to ~ out of sb.'s way*** evitare qcn.; ***~ out of this!*** resta fuori da questa storia! **2** *(continue strike)* continuare lo sciopero.
■ **stay up 1** *(as treat, waiting for sb.)* restare alzato, in piedi **2** *(as habit)* andare a letto tardi **3** *(not fall down)* restare su.
stay-at-home /ˈsteɪətˌhəʊm/ **I** n. BE pantofolaio m. (-a) **II** agg. BE sedentario.
stayer /ˈsteɪə(r)/ n. ***to be a*** ~ avere molta resistenza.
staying-power /ˈsteɪɪŋˌpaʊə(r)/ n. resistenza f.; ***to have*** ~ SPORT avere resistenza, essere dotato di fondo.
STD n. **1** MED. (⇒ sexually transmitted disease malattia sessualmente trasmissibile) MST f. **2** BE TEL. (⇒ subscriber trunk dialling) = teleselezione.
St David's Day n. = festa nazionale gallese, che cade il primo giorno di marzo.
STD (area) code n. BE prefisso m. teleselettivo.
stead /sted/ n. ***in sb.'s*** ~ al posto di qcn. ♦ ***to stand sb. in good*** ~ tornare utile a qcn.
steadfast /ˈstedfɑːst, AE -fæst/ agg. [*determination*] forte; [*belief*] immutabile; [*refusal*] deciso; [*gaze*] fisso; ***to be ~ in one's belief*** rimanere fermo nelle proprie convinzioni.
steadfastly /ˈstedfɑːstlɪ, AE -fæstlɪ/ avv. [*oppose*] fermamente; [*continue*] ostinatamente.
steadily /ˈstedɪlɪ/ avv. **1** *(gradually)* progressivamente **2** *(without interruption)* [*work*] assiduamente; [*rain*] incessantemente **3** ***to look ~ at sb.*** guardare fisso qcn.

1.steady /'stedɪ/ **I** agg. **1** *(gradual)* [*increase, decline*] progressivo **2** *(continual)* [*breathing, drip*] regolare; [*progress*] costante; [*stream*] regolare, costante; [*rain*] persistente **3** *(firm, unwavering)* [*hand*] fermo; FIG. [*faith*] incrollabile; ***to keep*** o ***hold sth. ~*** tenere fermo qcs.; ***he isn't very ~ on his feet*** *(from age)* non è molto saldo sulle gambe; *(from drunkenness)* barcolla un po'; ***to hold ~*** ECON. [*interest rates*] rimanere stabile **4** *(calm)* [*voice*] fermo; [*gaze*] calmo **5** *(reliable)* [*job*] fisso, stabile; [*boyfriend*] fisso; [*relationship*] stabile **II** avv. ***to go ~ with sb.*** fare coppia fissa con qcn. **III** inter. BE COLLOQ. ***~!*** con calma! piano! ***~ on!*** *(reprovingly)* fai attenzione!

2.steady /'stedɪ/ **I** tr. **1** *(keep still)* tenere fermo [*ladder, camera*] **2** *(control)* ***to ~ one's nerves*** controllare i propri nervi **II** intr. stabilizzarsi **III** rifl. ***to ~ oneself*** *(physically)* riprendere l'equilibrio; *(mentally)* mettere la testa a posto, mettere giudizio.

steak /steɪk/ n. GASTR. *(of beef)* bistecca f.; ***~ and chips*** bistecca e patatine (fritte); ***cod ~*** filetto di merluzzo; ***salmon ~*** trancio di salmone.

steak and kidney pie n. GB = pasticcio di manzo e rognone cotto in crosta.

steak and kidney pudding n. GB = piatto a base di manzo e rognone cotto al vapore.

steakhouse /'steɪkhaʊs/ n. = ristorante in cui si servono prevalentemente bistecche.

steak sandwich n. panino m. con bistecca.

1.steal /sti:l/ n. COLLOQ. *(bargain)* ***it's a ~!*** è un'occasione da non perdere!

2.steal /sti:l/ **I** tr. (pass. **stole**; p.pass. **stolen**) rubare (anche FIG.) (**from sb.** a qcn.); ***to ~ a few minutes' sleep*** rubare qualche minuto di sonno; ***to ~ a glance at sth.*** guardare furtivamente qcs.; ***to ~ a kiss*** rubare un bacio **II** intr. (pass. **stole**; p.pass. **stolen**) **1** *(thieve)* rubare, commettere un furto; ***to ~ from sb.*** rubare a qcn.; ***to ~ from a house*** rubare da una casa **2** *(creep)* ***to ~ out of a room*** uscire furtivamente da una stanza; ***to ~ up on sb.*** avvicinarsi furtivamente a qcn. ♦ ***to ~ a march on sb.*** battere qcn. sul tempo; ***to ~ the show*** TEATR. rubare la scena; FIG. monopolizzare l'attenzione.

■ **steal away** sgattaiolare (via).

stealing /'sti:lɪŋ/ n. *(theft)* furto m.

stealth /stelθ/ n. ***by ~*** furtivamente, di nascosto.

stealthily /'stelθɪlɪ/ avv. furtivamente, di soppiatto.

stealthy /'stelθɪ/ agg. [*step, glance*] furtivo.

1.steam /sti:m/ **I** n. **1** *(vapour)* vapore m.; *(on window)* vapore m., appannamento m.; ***powered by ~*** a vapore **2** MECC. *(from pressure)* vapore m.; ***full ~ ahead!*** MAR. a tutto vapore! (anche FIG.) **II** modif. [*bath, cloud*] di vapore; [*cooking*] al vapore; [*iron, railway*] a vapore ♦ ***to get up*** o ***pick up ~*** [*machine*] acquistare velocità; [*campaign*] decollare; ***to run out of ~*** [*athlete*] spomparsi; [*worker*] sfinirsi; ***to let off ~*** sfogarsi; ***under one's own ~*** con i propri mezzi.

2.steam /sti:m/ **I** tr. *(cook)* GASTR. cucinare al vapore [*vegetables*] **II** intr. **1** *(give off vapour)* [*kettle, soup*] fumare; [*machine*] fumare, emettere fumo; [*volcano*] esalare fumo **2** FERR. ***trains used to ~ through the countryside*** i treni attraversavano le campagne sbuffando.

■ **steam open:** ***~ [sth.] open, ~ open [sth.]*** aprire col vapore [*envelope*].

■ **steam up:** [*window, glasses*] appannarsi; ***~ [sth.] up*** appannare [*window*]; ***to get ~ed up*** FIG. [*person*] andare su tutte le furie (**over** per).

steamboat /'sti:mbəʊt/ n. battello m. a vapore.

steamed /sti:md/ **I** p.pass. → **2.steam II** agg. ***~ pudding*** BE pudding cotto al vapore.

steam engine n. *(locomotive)* locomotiva f. a vapore.

steamer /'sti:mə(r)/ n. **1** *(boat)* vaporetto m. **2** *(pan)* = pentola per la cottura a vapore.

steaming /'sti:mɪŋ/ agg. [*bath*] caldissimo; [*tea*] bollente.

steam locomotive n. locomotiva f. a vapore.

steam power n. energia f. (termica) del vapore.

1.steamroller /'sti:mrəʊlə(r)/ n. rullo m. compressore.

2.steamroller /'sti:mrəʊlə(r)/ tr. sopraffare [*opposition*]; travolgere [*rival*]; ***to ~ a bill through*** fare approvare a tutti i costi un progetto di legge da [*Parliament*].

steamship /'sti:mʃɪp/ n. nave f. a vapore; *(for passengers)* piroscafo m.

steamy /'sti:mɪ/ agg. **1** *(full of vapour)* [*bathroom*] pieno di vapore; [*window*] appannato **2** *(humid)* [*day, climate*] umido **3** COLLOQ. *(erotic)* [*scene*] spinto.

1.steel /sti:l/ **I** n. **1** *(metal)* acciaio m. **2** *(knife sharpener)* acciaino m. **II** modif. [*bodywork, plate*] d'acciaio; [*industry*] siderurgico; [*manufacturer*] del settore siderurgico; [*production*] dell'acciaio.

2.steel /sti:l/ **I** tr. TECN. acciaiare **II** rifl. ***to ~ oneself*** armarsi di coraggio, farsi forza.

steel band n. steel band f.

steel guitar ➧ **17** n. chitarra f. hawaiana, ukulele m.

steel-plated /ˌsti:l'pleɪtɪd/ agg. corazzato, ricoperto d'acciaio.

steel wool n. lana f. di acciaio.

steelworker /'sti:lˌwɜ:kə(r)/ ➧ **27** n. operaio m. (-a) metallurgico (-a).

steelworks /'sti:lwɜ:ks/ n. + verbo sing. o pl. acciaieria f.

steelyard /'sti:ljɑ:d/ n. stadera f.

steely /'sti:lɪ/ agg. **1** [*nerves*] d'acciaio; ***~-eyed*** dallo sguardo d'acciaio **2** [*sky*] grigio piombo.

1.steep /sti:p/ agg. **1** *(sloping)* [*street, stairs, ascent*] ripido; [*slope*] scosceso, dirupato; [*roof*] spiovente; ***a ~ drop*** una caduta a picco **2** *(sharp)* [*rise*] considerevole, forte; [*fall*] notevole **3** COLLOQ. *(excessive)* [*price*] esorbitante; [*bill*] salato ♦ ***that's a bit ~!*** BE COLLOQ. è un po' troppo!

2.steep /sti:p/ **I** tr. *(soak)* ***to ~ sth. in*** immergere qcs. in **II** intr. immergersi.

steeped /sti:pt/ **I** p.pass. → **2.steep II** agg. ***to be ~ in*** essere impregnato di [*history*]; essere pieno di [*prejudice*].

steeple /'sti:pl/ n. *(tower)* torre f., campanile m.; *(spire)* guglia f.

steeplechase /'sti:pltʃeɪs/ n. EQUIT. steeple-chase m., corsa f. a ostacoli, corsa f. a siepi; SPORT *(in athletics)* corsa f. a ostacoli.

steeplejack /'sti:pldʒæk/ n. = chi esegue lavori e riparazioni su campanili, camini ecc.

steeply /'sti:plɪ/ avv. **1** [*rise*] ripidamente; [*drop*] a picco **2** ECON. [*rise*] vertiginosamente.

steepness /'sti:pnɪs/ n. *(of slope)* ripidezza f., ripidità f.

1.steer /stɪə(r)/ n. AGR. ZOOL. giovenco m., manzo m.

2.steer /stɪə(r)/ n. AE COLLOQ. *(tip)* dritta f., suggerimento m.; ***a bum ~*** un suggerimento strampalato.

3.steer /stɪə(r)/ **I** tr. **1** *(control direction of)* guidare, condurre, pilotare [*car*]; governare, pilotare [*boat*] **2** *(guide)* dirigere, guidare [*person*]; FIG. dirigere, pilotare [*conversation*]; ***to ~ a course through*** FIG. farsi largo attraverso; ***to ~ a bill through parliament*** fare passare un progetto di legge in parlamento **II** intr. **1** ***to ~ towards*** dirigersi *o* incamminarsi verso **2** AUT. ***the car ~s well*** la macchina si manovra bene *o* risponde bene ai comandi **3** MAR. manovrarsi, governarsi; ***to ~ towards*** o ***for*** fare rotta verso ♦ ***to ~ clear of sth., sb.*** tenersi *o* girare alla larga da qcs., qcn.; ***to ~ a middle course*** seguire una via di mezzo.

steering /'stɪərɪŋ/ n. **1** *(mechanism)* (meccanismo di) sterzo m. **2** *(action)* governo m.

steering column n. piantone m. dello sterzo.

steering committee n. comitato m. direttivo.

steering lock n. AUT. bloccasterzo m.

steering wheel n. AUT. volante m.

stellar /'stelə(r)/ agg. ASTR. stellare.

1.stem /stem/ n. **1** *(of flower)* stelo m., gambo m.; *(of leaf)* gambo m., picciolo m.; *(of fruit)* picciolo m. **2** *(of glass)* gambo m., stelo m.; *(of pipe)* cannuccia f., cannello m.; *(of letter, note)* gamba f., asta f.

2.stem /stem/ intr. (forma in -ing ecc. **-mm-**) *(originate)* ***to ~ from*** derivare *o* provenire da.

3.stem /stem/ tr. (forma in -ing ecc. **-mm-**) *(restrain)* arrestare, arginare [*flow*]; FIG. arrestare, contenere, arginare [*advance, tide, increase, inflation*]; arginare, contenere [*protest*].

stem cell n. cellula f. staminale.

stem stitch n. punto m. erba.

stench /stentʃ/ n. puzza f., puzzo m., tanfo m.

1.stencil /'stensɪl/ n. **1** *(card, pattern)* stencil m. **2** *(in typing)* matrice f. per ciclostile.

2.stencil /ˈstensɪl/ tr. (forma in -ing ecc. **-ll-**, **-l-** AE) decorare con uno stencil [*fabric, surface*].

stencilling, stenciling AE /ˈstensɪlɪŋ/ n. *(technique)* stencil m.

stenographer /stenˈɒgrəfə(r)/ ➧ *27* n. AE stenografo m. (-a).

stenography /steˈnɒgrəfɪ/ n. AE stenografia f.

stentorian /stenˈtɔːrɪən/ agg. FORM. [*voice*] stentoreo.

1.step /step/ **I** n. **1** *(pace)* passo m.; ***to take a ~*** fare un passo; ***to walk*** o ***keep in ~*** andare *o* marciare al passo; ***to fall into ~ with sb.*** mettersi al passo con qcn.; ***one ~ out of line and you're finished!*** COLLOQ. FIG. se sgarri sei rovinato! ***to be out of ~ with the times*** FIG. non essere al passo coi tempi; ***to watch one's ~*** guardare dove si mettono i piedi; ***you'd better watch your ~!*** COLLOQ. FIG. faresti meglio a fare attenzione! ***to be one ~ ahead of the competition*** FIG. essere un passo avanti rispetto ai propri concorrenti; ***I'm with you every ~ of the way*** FIG. sarò sempre al tuo fianco **2** *(footsteps)* passo m. **3** FIG. *(move)* passo m.; ***a ~ forwards, backwards*** un passo avanti, indietro; ***it's a ~ in the right direction*** è un passo nella giusta direzione; ***to be one ~ closer to victory*** essere più vicino alla vittoria; ***the first ~ is to...*** la prima cosa da fare è...; ***promotion to head teacher would be a ~ up for him*** la nomina a preside sarebbe un avanzamento per lui **4** FIG. *(measure)* misura f., provvedimento m.; *(course of action)* linea f. di azione, di condotta; ***to take ~s to do*** prendere dei provvedimenti per fare **5** FIG. *(stage)* passo m., tappa f. (**in** in); ***to go one ~ further*** fare un ulteriore passo avanti **6** *(way of walking)* passo m., andatura f. **7** *(in dance)* passo m. **8** *(stair)* scalino m., gradino m.; ***a flight of ~s*** *(to upper floor)* delle scale, una scalinata; *(outside building)* degli scalini **II steps** n.pl. **1** *(small ladder)* scaletta f.sing., scaleo m.sing. **2** *(stairs) (to upper floor)* scale f.; *(in front of building)* scalinata f.sing. ♦ ***one ~ at a time*** un passo alla *o* per volta.

2.step /step/ intr. (forma in -ing ecc. **-pp-**) fare un passo, camminare; ***to ~ into*** entrare in [*house, lift, room*]; salire *o* montare in [*car*]; salire *o* montare su [*dinghy*]; ***if you would just like to ~ this way*** se vuole seguirmi; ***to ~ off*** scendere da [*bus, plane, pavement*]; ***to ~ onto*** salire su [*scales, pavement*]; ***to ~ over*** scavalcare [*fence*]; ***to ~ out of*** uscire da [*house, room*]; ***to ~ out of line*** [*soldier*] uscire dai ranghi (anche FIG.); ***to ~ up to*** avvicinarsi a [*microphone*] ♦ ***to ~ on it*** COLLOQ. sbrigarsi, spicciarsi; ***to ~ on the gas*** COLLOQ. pigiare sull'acceleratore, sbrigarsi.

■ **step aside 1** *(physically)* farsi da parte (**in order to** per) **2** *(in job transfer)* farsi da parte (**in favour of sb.** per qcn.).

■ **step back** FIG. prendere le distanze (**from** da).

■ **step down** dimettersi, ritirarsi; *(as electoral candidate)* ritirarsi, rinunciare.

■ **step in** intervenire; ***to ~ in to do*** o ***to ~ in and do*** intervenire per fare.

■ **step up:** ~ ***up [sth.]*** aumentare [*production*]; intensificare [*campaign, efforts*]; aumentare, rafforzare [*surveillance*].

step aerobics ➧ *10* n. + verbo sing. step m.

stepbrother /ˈstepˌbrʌðə(r)/ n. fratellastro m.

step by step I avv. [*analyse, explain*] gradualmente, passo passo **II step-by-step** agg. [*guide*] completo; [*programme, reduction*] graduale.

stepchild /ˈsteptʃaɪld/ n. (pl. **stepchildren**) figliastro m. (-a).

stepdaughter /ˈstepˌdɔːtə(r)/ n. figliastra f.

stepfather /ˈstepˌfɑːðə(r)/ n. patrigno m.

Stephanie /ˈstefənɪ/ n.pr. Stefania.

Stephen /ˈstiːvn/ n.pr. Stefano.

stepladder /ˈstepˌlædə(r)/ n. scala f. a libretto.

stepmother /ˈstepmʌðə(r)/ n. matrigna f.

stepparent /ˈstepˌpeərənt/ n. *(stepfather)* patrigno m.; *(stepmother)* matrigna f.

steppe /step/ n. steppa f.

stepping stone /ˈstepɪŋstəʊn/ n. passatoio m., pietra f. per guadare; FIG. trampolino m. (di lancio).

stepsister /ˈstepˌsɪstə(r)/ n. sorellastra f.

stepson /ˈstepsʌn/ n. figliastro m.

stereo /ˈsterɪəʊ/ **I** n. (pl. **~s**) **1** *(technique)* stereo f., stereofonia f. **2** *(set)* (impianto) stereo m.; ***car ~*** car stereo; ***personal ~*** walkman® **II** modif. [*cassette player*] stereo; [*recording, broadcast*] in stereo.

stereophonic /ˌsterɪəˈfɒnɪk/ agg. stereofonico.

stereoscope /ˈsterɪəskəʊp/ n. stereoscopio m.

stereoscopic /ˌsterɪəˈskɒpɪk/ agg. stereoscopico.

1.stereotype /ˈsterɪətaɪp/ n. *(person, idea)* stereotipo m.

2.stereotype /ˈsterɪətaɪp/ tr. rendere stereotipato [*person*].

stereotyped /ˈsterɪətaɪpt/ **I** p.pass. → **2.stereotype II** agg. [*ideas, image*] stereotipato.

sterile /ˈsteraɪl, AE ˈsterəl/ agg. sterile.

sterilize /ˈsterəlaɪz/ tr. sterilizzare.

sterilizer /ˈsterəlaɪzə(r)/ n. sterilizzatore m.

sterling /ˈstɜːlɪŋ/ ➧ *7* **I** n. ECON. (lira) sterlina f.; ***£ 100 ~*** 100 sterline **II** modif. ECON. [*payment*] in sterline **III** agg. attrib. *(excellent)* [*quality*] notevole.

sterling silver n. argento m. sterling.

1.stern /stɜːn/ n. MAR. poppa f.

2.stern /stɜːn/ agg. [*look, parent*] severo; [*measure*] duro, rigido; [*message*] grave.

sterna /ˈstɜːnə/ → **sternum.**

sternly /ˈstɜːnlɪ/ avv. [*say, speak*] severamente, duramente; [*look*] in modo severo, arcigno.

sternness /ˈstɜːnnɪs/ n. severità f., durezza f.

sternum /ˈstɜːnəm/ n. (pl. **~s**, **-a**) sterno m.

steroid /ˈstɪərɔɪd, ˈste-/ n. gener. pl. FARM. MED. steroide m.; ***to be on ~s*** prendere steroidi; ***anabolic ~*** steroide anabolizzante.

stet /stet/ n. TIP. vive.

stethoscope /ˈsteθəskəʊp/ n. stetoscopio m.

stetson /ˈstetsn/ n. = cappello da cowboy.

Steve /stiːv/ n.pr. diminutivo di **Stephen, Steven**.

stevedore /ˈstiːvədɔː(r)/ ➧ *27* n. stivatore m. (-trice).

Steven /ˈstiːvn/ n.pr. Stefano.

Stevie /ˈstiːvɪ/ n.pr. diminutivo di **Stephen**.

1.stew /stjuː, AE stuː/ n. GASTR. stufato m., spezzatino m.; *(with game)* salmì m. ♦ ***to be, get in a ~*** COLLOQ. *(worry)* stare in ansia.

2.stew /stjuː, AE stuː/ **I** tr. fare cuocere in umido, stufare; cuocere in salmì [*game*]; fare cuocere [*fruit, vegetables*] **II** intr. **1** GASTR. [*meat*] cuocere in umido; [*fruit*] cuocere **2** COLLOQ. [*person*] *(in heat)* crepare dal caldo ♦ ***to ~ in one's own juice*** COLLOQ. cuocere nel proprio brodo.

steward /stjʊəd, AE ˈstuːərd/ ➧ *27* n. *(on plane, ship)* steward m., assistente m. di volo; *(of club)* amministratore m. (-trice), sovrintendente m. e f.; *(at races)* organizzatore m. (-trice).

stewardess /ˈstjʊədes, AE ˈstuːərdəs/ ➧ *27* n. *(on plane)* hostess f., assistente f. di volo.

stewed /stjuːd, AE stuːd/ **I** p.pass. → **2.stew II** agg. [*meat*] in umido, stufato; [*fruit*] cotto; ***~ apples*** composta di mele.

stg ⇒ sterling sterlina.

St Helena ➧ *12* n.pr. Sant'Elena f.

1.stick /stɪk/ **I** n. **1** *(piece of wood)* bastone m.; *(for kindling)* bastoncino m., pezzo m. di legno; *(for ice cream, lollipop)* stecchino m., bastoncino m. **2** (anche **walking ~**) bastone m. (da passeggio) **3** *(rod-shaped piece)* ***a ~ of chalk*** un pezzetto di gesso; ***a ~ of dynamite*** un candelotto di dinamite; ***a ~ of celery*** un gambo di sedano; ***a ~ of (French) bread*** un bastone, una baguette **4** SPORT *(in hockey, polo)* mazza f. **5** *(conductor's baton)* bacchetta f. **6** COLLOQ. *(piece of furniture)* mobile m.; ***a few ~s (of furniture)*** qualche mobile **7** AE COLLOQ. *(person)* ***a funny old ~*** un tipo strano; ***he's a dry old ~*** è un vecchio barboso **8** COLLOQ. *(criticism)* ***to get*** o ***take (some) ~*** beccarsi dure critiche; ***to give sb. (some) ~*** criticare qcn. violentemente **II sticks** n.pl. COLLOQ. ***in the ~s*** in (piena) campagna ♦ ***to have*** o ***get hold of the wrong end of the ~*** prendere un abbaglio, capire fischi per fiaschi; ***to up ~s and leave*** COLLOQ. prendere armi e bagagli e partire.

2.stick /stɪk/ **I** tr. (pass., p.pass. **stuck**) **1** *(stab)* conficcare, piantare [*pin, spade, knife*] (**into** in) **2** *(put)* ***he stuck his head round the door*** cacciò la testa fuori dalla porta; ***she stuck her hands in her pockets*** si ficcò le mani in tasca; ***~ your coat on the chair*** COLLOQ. molla il cappotto sulla sedia; ***to ~ an advert in the paper*** COLLOQ. mettere un annuncio sul giornale; ***to ~ sb. in a home*** COLLOQ. mettere *o* ficcare qcn. in un ospizio **3** *(fix)* incollare, attaccare [*stamp*] (**in** in; **on** su; **to** a); attaccare, affiggere [*poster*] (**in** in; **on** a); ***"~ no bills"*** "divieto di affissione" **4** BE COLLOQ. *(bear)* sopportare, reggere [*person, situa-*

tion]; ***I can't ~ it any longer*** non ce la faccio più **5** COLLOQ. *(impose)* ***to ~ an extra £ 10 on the price*** fare pagare 10 sterline in più sul prezzo; ***I was stuck with Paul*** mi hanno appioppato Paul **II** intr. (pass., p.pass. **stuck**) **1** *(be pushed)* ***the nail stuck in my foot*** mi si è piantato *o* conficcato un chiodo nel piede **2** *(be fixed)* [*stamp, glue*] tenere, attaccare; ***to ~ to the pan*** [*sauce, rice*] attaccarsi alla pentola **3** *(jam)* [*drawer, door, lift*] bloccarsi **4** *(remain)* restare, rimanere; ***to ~ in sb.'s memory*** o ***mind*** restare impresso nella memoria di qcn.; ***we've caught the murderer, but now we have to make the charges ~*** abbiamo preso l'assassino, ora dobbiamo provare la sua colpevolezza.

▪ **stick around** COLLOQ. *(stay)* restare, rimanere; ***~ around!*** resta lì! non allontanarti!

▪ **stick at:** ***~ at [sth.]*** perseverare in [*task*]; ***~ at it!*** insisti!

▪ **stick by:** ***~ by [sb.]*** essere fedele a, restare al fianco di.

▪ **stick out:** ***~ out*** [*nail, sharp object*] sporgere, essere sporgente; ***his ears, teeth ~ out*** ha le orecchie sporgenti, i denti in fuori; ***his stomach ~s out*** ha la pancia; ***to ~ out of sth.*** [*screw*] sporgere da qcs.; ***~ [sth.] out, ~ out [sth.]*** **1** *(cause to protrude)* ***to ~ out one's hand, foot*** allungare una mano, un piede; ***to ~ out one's chest*** gonfiare il petto; ***to ~ one's tongue out*** tirare fuori la lingua **2** *(cope with)* ***to ~ it out*** COLLOQ. tener duro.

▪ **stick to:** ***~ to [sth., sb.]*** **1** *(keep to)* attenersi a [*facts, point, plan*]; stare a [*diet*]; ***he stuck to his version of events*** ha mantenuto la propria versione dei fatti **2** *(stay faithful to)* restare fedele a [*brand, principles*].

▪ **stick together:** ***~ together*** **1** *(become fixed to each other)* [*pages*] attaccarsi, incollarsi **2** COLLOQ. *(remain loyal)* aiutarsi, sostenersi a vicenda **3** COLLOQ. *(not separate)* rimanere uniti, restare insieme; ***~ [sth.] together, ~ together [sth.]*** attaccare, incollare [*pieces*].

▪ **stick up:** ***~ up*** *(project)* [*pole, mast*] levarsi, elevarsi; ***to ~ up for sb.*** *(defend)* difendere *o* sostenere qcn.; *(side with)* prendere le parti di qcn.; ***to ~ up for oneself*** difendere i propri interessi; ***~ [sth.] up, ~ up [sth.]*** *(put up)* attaccare, affiggere [*poster, notice*]; ***~ 'em up!*** COLLOQ. mani in alto!

▪ **stick with** COLLOQ. ***~ with [sb.]*** restare con [*person*]; ***~ with [sth.]*** mantenere, conservare [*job*]; attenersi a [*plan*].

sticker /ˈstɪkə(r)/ n. adesivo m., etichetta f. adesiva.

sticker price n. COMM. AUT. prezzo m. ufficiale (stabilito dal produttore).

sticking plaster /ˈstɪkɪŋˌplɑːstə(r), AE -ˌplæs-/ n. cerotto m.

sticking point /ˈstɪkɪŋˌpɔɪnt/ n. TECN. punto m. d'arresto; FIG. punto m. morto, blocco m.

stick insect n. insetto m. stecco.

stick-in-the-mud /ˈstɪkɪnðəˌmʌd/ n. COLLOQ. conservatore m. (-trice), retrogrado m. (-a).

stickler /ˈstɪklə(r)/ n. *(person)* ***to be a ~ for sth.*** tenere molto a *o* essere un accanito sostenitore di qcs.

stick-on /ˈstɪkɒn/ agg. [*label*] adesivo.

stick-up /ˈstɪkʌp/ n. COLLOQ. rapina f. a mano armata.

sticky /ˈstɪkɪ/ agg. **1** *(tending to adhere)* [*hand, floor*] appiccicoso; [*substance*] appiccicoso, appiccicaticcio; [*label*] adesivo **2** *(hot and humid)* [*weather, day*] afoso, caldo e umido **3** *(sweaty)* [*hand, palm*] sudato, appiccicaticcio; ***to feel*** o ***be hot and ~*** essere in un bagno di sudore **4** *(difficult)* [*situation, problem*] sgradevole, difficile ♦ ***to come to a ~ end*** fare una brutta fine.

sticky bun n. BE COLLOQ. = piccola ciambella ricoperta di zucchero.

sticky tape n. BE COLLOQ. nastro m. adesivo, Scotch® m.

1.stiff /stɪf/ n. COLLOQ. **1** *(corpse)* cadavere m. **2** AE *(humourless person)* musone m. (-a), persona f. scontrosa.

2.stiff /stɪf/ **I** agg. **1** *(restricted in movement)* rigido, duro; *(after sport, sleeping badly)* irrigidito, indolenzito; ***to have a ~ neck*** avere il torcicollo **2** *(hard to move)* [*drawer*] duro da aprire; [*lever*] duro da muovere **3** *(rigid)* [*cardboard*] rigido **4** GASTR. ***beat the egg whites until ~*** montare i bianchi d'uovo a neve ferma **5** *(not relaxed)* [*manner, person, style*] rigido, compassato **6** *(harsh)* [*warning, sentence*] severo, duro **7** *(difficult)* [*exam*] difficile; [*climb*] erto, scosceso; [*competition*] duro, accanito; [*opposition*] duro, tenace **8** *(high)* [*charge, fine*] salato, elevato **9** *(strong)* [*breeze*] forte; ***I need a ~ drink*** ho bisogno di bere qualcosa di forte **II** avv. COLLOQ. ***to be bored ~*** annoiarsi da morire; ***to be frozen ~*** essere congelato; ***to be scared ~*** avere una paura nera, essere spaventato a morte; ***to scare sb. ~*** fare una paura nera a qcn., spaventare qcn. a morte ♦ ***to keep a ~ upper lip*** non mettere in mostra le proprie emozioni, non fare una piega.

stiffen /ˈstɪfn/ **I** tr. indurire [*card*]; irrigidire [*structure*]; inamidare, apprettare [*fabric*] **II** intr. **1** *(grow tense)* [*person*] irrigidirsi **2** GASTR. [*egg whites*] diventare fermo; [*mixture*] rassodarsi **3** [*joint*] anchilosarsi, irrigidirsi; [*limbs*] intorpidirsi.

stiffly /ˈstɪflɪ/ avv. **1** [*say*] freddamente **2** [*move*] rigidamente **3** ***~ polite*** d'una cortesia rigida *o* affettata.

stiff-necked /ˈstɪfnekt/ agg. SPREG. *(obstinate)* ostinato, testardo.

stiffness /ˈstɪfnɪs/ n. **1** *(physical)* rigidezza f., rigidità f., intorpidimento m. **2** *(of manner)* affettazione f. **3** *(of fabric, substance)* rigidezza f.

stifle /ˈstaɪfl/ tr. soffocare (anche FIG.).

stifling /ˈstaɪflɪŋ/ agg. soffocante (anche FIG.); ***it's ~!*** si soffoca!

stigma /ˈstɪgmə/ n. (pl. **~s, -ata**) **1** BOT. stigma m. **2** *(disgrace)* marchio m. (d'infamia).

stigmatize /ˈstɪgmətaɪz/ tr. stigmatizzare, bollare.

stile /staɪl/ n. *(in wall, hedge)* scaletta f.

stiletto /stɪˈletəʊ/ n. (pl. **~s**) **1** (anche **~ heel**) *(shoe)* scarpa f. con tacco a spillo; *(heel)* tacco m. a spillo **2** *(dagger)* stiletto m.

1.still /stɪl/ avv. **1** *(up to and including a point in time)* ancora; ***eat this bread while it's ~ fresh*** mangia questo pane finché è ancora fresco; ***you're ~ too young*** sei ancora troppo giovane; ***I ~ have some money left*** mi restano ancora dei soldi; ***she ~ doesn't like him*** continua a non piacerle **2** *(expressing surprise)* ancora; ***I ~ can't believe it!*** stento ancora a crederci! **3** *(yet to happen)* ancora; ***it has ~ to be decided*** deve ancora essere deciso **4** *(expressing probability)* ancora; ***there is ~ a chance that*** c'è ancora una possibilità che; ***if I'm ~ alive*** se sarò ancora vivo **5** *(nevertheless)* ancora, tuttavia; ***it ~ doesn't explain why*** ciò non spiega ancora perché; ***~, it's the thought that counts*** in fondo, è il pensiero che conta **6** *(with comparatives: even)* ancora; ***faster ~, ~ faster*** ancora più veloce; ***worse ~*** ancora peggio.

2.still /stɪl/ **I** agg. **1** *(motionless)* [*air, water*] calmo; [*hand, person*] immobile, fermo **2** *(peaceful)* [*house, streets*] tranquillo, silenzioso **3** [*drink*] non gassato; [*water*] non gassato, liscio; [*wine*] fermo **II** avv. **1** *(immobile)* [*lie, stay*] immobile; ***to hold [sth.] ~*** tenere (ben) fermo [*camera, mirror*] **2** *(calmly)* ***to sit ~*** sedere tranquillo; ***to keep*** o ***stand ~*** non muoversi, stare fermo ♦ ***~ waters run deep*** l'acqua cheta rompe i ponti.

3.still /stɪl/ n. **1** *(calmness)* ***the ~ of the night*** il silenzio della notte **2** CINEM. fotogramma m.; FOT. posa f.

4.still /stɪl/ tr. **1** *(silence)* fare tacere [*critic, voice*] **2** *(calm)* calmare [*crowd, doubt*].

5.still /stɪl/ n. *(for making alcohol)* *(apparatus)* distillatore m., alambicco m.; *(distillery)* distilleria f.

stillbirth /ˈstɪlbɜːθ/ n. MED. *(event)* nascita f. di un bambino morto.

stillborn /ˈstɪlbɔːn/ agg. **1** [*foetus*] nato morto **2** FIG. [*plan*] abortito, fallito sul nascere.

still life n. (pl. **still lifes**) natura f. morta.

stillness /ˈstɪlnɪs/ n. *(of lake)* calma f.; *(of evening)* calma f., quiete f., tranquillità f.

stilt /stɪlt/ n. *(pole)* trampolo m.; ***on ~s*** sui trampoli.

stilted /ˈstɪltɪd/ agg. affettato, ampolloso, innaturale.

stimulant /ˈstɪmjʊlənt/ n. stimolante m. (**to** per).

stimulate /ˈstɪmjʊleɪt/ tr. stimolare [*appetite, creativity, person*]; stimolare, incentivare [*demand*].

stimulating /ˈstɪmjʊleɪtɪŋ/ agg. stimolante.

stimulation /ˌstɪmjʊˈleɪʃn/ n. stimolazione f.

stimulus /ˈstɪmjʊləs/ (pl. **-i**) n. **1** FISIOL. stimolo m. **2** FIG. *(boost)* stimolo m., impulso m., sprone m. **3** FIG. *(incentive)* stimolo m., incentivo m.

1.sting /stɪŋ/ n. **1** *(organ)* *(of insect)* pungiglione m., aculeo m.; *(of scorpion)* pungiglione m. **2** *(wound)* *(of insect, plant)* puntura f.; ***bee ~*** puntura d'ape **3** *(pain)* fitta f., dolore m. acuto **4** AE COLLOQ. *(rip-off)* truffa f., fregatura f. ♦ ***a ~ in the tail*** una brutta sorpresa alla fine, in cauda venenum; ***to take the ~ out of*** svelenire, rendere meno velenoso [*remark*]; mitigare *o* attenuare l'effetto di [*action*].

2.sting /stɪŋ/ **I** tr. (pass., p.pass. **stung**) **1** [*insect, plant*] pungere **2** [*wind*] colpire, sferzare **3** FIG. [*criticism*] pungere sul vivo **II** intr. (pass., p.pass. **stung**) [*eyes, antiseptic*] bruciare; [*cut*] bruciare, fare male; ***my knee ~s*** sento delle fitte al ginocchio.

stingily /ˈstɪndʒɪlɪ/ avv. con avarizia, da spilorcio.

stinginess /ˈstɪndʒɪnɪs/ n. avarizia f., spilorceria f.

stinging /ˈstɪŋɪŋ/ agg. **1** [*criticism, remark*] pungente **2** [*sensation*] di dolore pungente; [*pain*] pungente.

stinging nettle n. ortica f.

stingray /ˈstɪŋreɪ/ n. pastinaca f.

stingy /ˈstɪndʒɪ/ agg. SPREG. [*person*] avaro, taccagno, tirchio; [*firm*] attento alle spese; [*amount*] scarso, insufficiente.

1.stink /stɪŋk/ n. **1** *(stench)* puzzo m., puzza f., fetore m. **2** COLLOQ. *(row)* chiasso m., scalpore m.; ***to kick up*** o ***cause a ~*** fare un gran casino, piantare una grana.

2.stink /stɪŋk/ intr. (pass. **stank**; p.pass. **stunk**) **1** *(smell)* puzzare; ***to ~ of garlic*** puzzare d'aglio **2** COLLOQ. FIG. *(reek)* ***to ~ of corruption*** puzzare di corruzione; ***the contract ~s!*** il contratto fa schifo!

■ **stink out:** ~ ***[sth.] out***, ~ ***out [sth.]*** appestare, impuzzolentire [*room, house*].

stink-bomb /ˈstɪŋkˌbɒm/ n. fialetta f. puzzolente.

stinker /ˈstɪŋkə(r)/ n. COLLOQ. *(difficult problem)* rompicapo m., problema m. difficile; ***the test was a real ~*** la prova era incasinata *o* era davvero difficile.

stinking /ˈstɪŋkɪŋ/ agg. **1** *(foul-smelling)* [*place, person, clothes*] puzzolente, fetido **2** COLLOQ. SPREG. *(emphatic)* attrib. [*place, car*] che fa schifo, schifoso; ***a ~ cold*** un terribile raffreddore ♦ ***to be ~ rich*** essere ricco da fare schifo.

1.stint /stɪnt/ n. **1** *(period of work)* ***to do a three-year ~ with a company*** lavorare tre anni per una ditta; ***I've done my ~ for today*** ho fatto la mia parte per oggi **2** *(limitation)* ***without ~*** senza limite, senza restrizioni.

2.stint /stɪnt/ **I** tr. tenere a stecchetto, imporre delle limitazioni a [*person*] (**of** in) **II** rifl. ***to ~ oneself*** privarsi (**of** di).

stipend /ˈstaɪpend/ n. stipendio m.; RELIG. congrua f.

stipendiary /staɪˈpendɪərɪ, AE -dɪerɪ/ agg. stipendiato, retribuito.

stipple /ˈstɪpl/ tr. TECN. disegnare a puntini, punteggiare.

stippled /ˈstɪpld/ **I** p.pass. → **stipple II** agg. [*effect*] ombreggiato.

stipulate /ˈstɪpjʊleɪt/ tr. stipulare, pattuire.

stipulation /ˌstɪpjʊˈleɪʃn/ n. condizione f., clausola f.; DIR. stipulazione f., stipula f.

1.stir /stɜː(r)/ n. **1** *(act of mixing)* ***to give the sauce a ~*** dare una rimescolata alla salsa **2** *(commotion)* ***to cause*** o ***make a ~*** fare rumore *o* sensazione.

2.stir /stɜː(r)/ **I** tr. (forma in -ing ecc. **-rr-**) **1** *(mix)* mescolare, girare [*liquid, sauce*]; mescolare, mischiare [*paint, powder*]; ***to ~ sth. into sth.*** incorporare qcs. in qcs., aggiungere qcs. in qcs. mescolando **2** *(move slightly)* [*breeze*] muovere, agitare [*leaves, papers*] **3** *(move, arouse)* commuovere [*person*]; stimolare, eccitare [*curiosity, imagination*]; ***to ~ sb. to pity*** ispirare pietà a qcn. **II** intr. (forma in -ing ecc. **-rr-**) **1** *(move gently)* [*leaves, papers*] tremare, muoversi; [*curtains*] muoversi; ***to ~ in one's sleep*** [*person*] muoversi *o* agitarsi nel sonno **2** *(awaken)* svegliarsi **III** rifl. (forma in -ing ecc. **-rr-**) ***to ~ oneself*** agitarsi.

■ **stir in:** ~ ***[sth.] in***, ~ ***in [sth.]*** incorporare [*flour, powder*].

■ **stir up:** ~ ***[sth.] up***, ~ ***up [sth.]*** **1** *(whip up)* [*wind*] smuovere, sollevare [*dust, leaves*] **2** FIG. causare [*trouble*]; fomentare [*hatred, unrest*]; rinvangare [*past*]; ***to ~ things up*** COLLOQ. invelenire la situazione, seminare zizzania; ~ ***[sb.] up***, ~ ***up [sb.]*** eccitare, incitare [*crowd*].

stir crazy agg. AE COLLOQ. ***when I had to stay in bed for three weeks I went ~*** quando sono dovuto restare a letto per tre settimane pensavo di impazzire.

1.stir-fry /ˈstɜːfraɪ/ n. GASTR. sauté m.

2.stir-fry /ˈstɜːfraɪ/ tr. saltare in olio bollente [*beef, vegetable*].

stirring /ˈstɜːrɪŋ/ **I** n. **1** *(feeling)* ***to feel a ~ of desire*** sentire un'ondata di desiderio **2** *(sign)* ***the first ~s of revolt*** le prime avvisaglie della rivolta **II** agg. [*story*] emozionante, appassionante; [*music*] commovente; [*performance, speech*] entusiasmante.

stirrup /ˈstɪrəp/ n. staffa f.

stirrup cup n. bicchiere m. della staffa.

1.stitch /stɪtʃ/ n. **1** *(in sewing, embroidery)* punto m.; *(single loop in knitting, crochet)* maglia f., punto m.; *(style of knitting, crochet)* punto m. **2** MED. punto m.; ***to have ~es*** farsi mettere dei punti; ***she had 10 ~es*** le hanno dato 10 punti (di sutura) (**in, to** a); ***to have one's ~es out*** farsi togliere i punti **3** *(pain)* ***I got a ~*** mi è venuta una fitta al fianco ♦ ***a ~ in time saves nine*** un punto in tempo ne salva cento; ***to be in ~es*** COLLOQ. ridere a crepapelle, sbellicarsi dalle risa; ***to have sb. in ~es*** COLLOQ. fare ridere qcn. a crepapelle, fare piegare qcn. in due dal ridere.

2.stitch /stɪtʃ/ tr. **1** cucire (**to, onto** a) **2** MED. suturare, dare dei punti a [*wound, face*].

■ **stitch together:** ~ ***[sth.] together*** cucire, mettere insieme [*garment*]; FIG. mettere insieme rapidamente, alla bell'e meglio [*coalition*]; trovare velocemente [*compromise*].

■ **stitch up:** ~ ***up [sth.]***, ~ ***[sth.] up*** dare dei punti a [*hem, seam, wound, hand*].

stitching /ˈstɪtʃɪŋ/ n. cucitura f.

St John Ambulance n. GB = organizzazione di volontari che assicura il pronto soccorso durante le manifestazioni pubbliche.

stoat /stəʊt/ n. ZOOL. ermellino m.

1.stock /stɒk/ **I** n. **1 U** *(in shop, warehouse)* stock m., scorta f., provvista f.; ***to have sth. in ~*** *(in shop)* avere qcs. in magazzino; *(in warehouse)* essere provvisto di qcs.; ***to be out of ~*** [*product, model*] essere esaurito; [*shop, warehouse*] avere esaurito le scorte **2** *(supply, store)* *(on large scale)* stock m.; *(on domestic scale)* provviste f.pl.; ***to get in*** o ***lay in a ~ of provisions*** fare provviste; ***while ~s last*** fino a esaurimento scorte **3** ECON. *(capital)* capitale m. azionario, capitale m. sociale **4** *(descent)* famiglia f., etnia f., stirpe f.; ***to be of peasant ~*** venire da una famiglia contadina **5** *(standing)* credito m., stima f.; ***his ~ has risen since...*** la considerazione per lui è aumentata da quando... **6** GASTR. brodo m. ristretto; ***beef ~*** brodo di manzo **7** *(of gun)* calcio m. **8** BOT. violacciocca f. **9** SART. *(cravat)* lavallière f. **10** AGR. ZOOL. + verbo pl. *(cattle)* bestiame m.; *(bloodstock)* cavalli m.pl. di razza **11** BOT. + verbo pl. portainnesto m. **II stocks** n.pl. **1** STOR. DIR. ***the ~s*** la gogna, la berlina **2** ECON. azioni f., titoli m., obbligazioni f.; ***government ~s*** titoli di stato; ***~s closed higher, lower*** la borsa ha chiuso in rialzo, in ribasso; ***~s and shares*** valori mobiliari, titoli **III** agg. [*size*] standard; [*answer*] scontato, banale; [*character*] stereotipato ♦ ***to take ~*** fare il punto (**of** di).

2.stock /stɒk/ tr. **1** COMM. *(sell)* avere, vendere; ***I'm sorry, we don't ~ it*** mi dispiace, non lo abbiamo **2** *(fill with supplies)* fornire, riempire [*larder, fridge*]; rifornire, riempire [*shelves*]; rifornire, approvvigionare [*shop*]; ***to ~ a lake with fish*** popolare un lago di pesci.

■ **stock up** fare scorta (**with, on** di).

stockade /stɒˈkeɪd/ n. *(fence)* palizzata f.

stock-breeder /ˈstɒkˌbriːdə(r)/ ➧ ***27*** n. allevatore m. (-trice) di bestiame.

stockbroker /ˈstɒkˌbrəʊkə(r)/ ➧ ***27*** n. agente m. e f. di cambio, operatore m. di borsa, stockbroker m. e f.

stockbroker belt n. BE = periferia residenziale in cui vive gente benestante.

stockbroking /ˈstɒkbrəʊkɪŋ/ **I** n. attività f. dell'operatore di borsa **II** modif. [*firm*] specializzato negli investimenti in titoli.

stock car n. **1** AUT. stock car f. **2** AE FERR. carro m. bestiame.

stock-car racing ➧ ***10*** n. corsa f. di stock car.

stock company n. ECON. società f. per azioni.

stock-cube n. dado m. da brodo.

stocked /stɒkt/ **I** p.pass. → **2.stock II** agg. ***well-~*** [*library*] ben fornito.

stock exchange n. (anche **Stock Exchange**) ***the ~*** la borsa valori; ***listed on the ~*** quotato in borsa.

stockfish /ˈstɒkfɪʃ/ n. (pl. ~, **~es**) stoccafisso m.

stockholder /ˈstɒkhəʊldə(r)/ n. azionista m. e f.

stocking /ˈstɒkɪŋ/ ➧ ***28*** n. calza f. (da donna); ***a pair of ~s*** un paio di calze; ***silk ~*** calza di seta; ***in one's ~(ed) feet*** scalzo, senza scarpe.

stock-in-trade /ˌstɒkɪn'treɪd/ n. ferri m.pl. del mestiere, attrezzatura f.; ***irony is part of the ~ of any teacher*** l'ironia è una dote essenziale dell'insegnante.
stockist /'stɒkɪst/ n. COMM. fornitore m. (-trice), grossista m. e f.
stock jobber ➧ *27* n. operatore m. (-trice) di borsa.
stockman /'stɒkmən/ ➧ *27* n. (pl. **-men**) *(for cattle)* guardiano m. di bestiame; *(for sheep and cattle)* mandriano m.
stock market I n. **1** *(stock exchange)* borsa f. valori, mercato m. azionario **2** *(prices, trading activity)* mercato m. azionario **II** modif. [*analyst*] di borsa; [*trading, quotation*] in borsa; [*crash, flotation*] della borsa; ***~ price*** o ***value*** quotazione.
1.stockpile /'stɒkpaɪl/ n. riserve f.pl., scorte f.pl.
2.stockpile /'stɒkpaɪl/ tr. accumulare, fare delle scorte di [*weapons*]; fare delle scorte di [*food, goods*].
stockpiling /'stɒkpaɪlɪŋ/ n. stoccaggio m., immagazzinamento m.
stockpot /'stɒkpɒt/ n. pentola f. per il brodo.
stock room n. COMM. magazzino m.
stock-still /ˌstɒk'stɪl/ avv. ***to stand ~*** rimanere fermo *o* immobile.
stocktaking /'stɒkˌteɪkɪŋ/ n. **1** COMM. inventario m.; ***to do ~*** fare l'inventario **2** FIG. inventario m., valutazione f.
stocky /'stɒkɪ/ agg. [*person*] tracagnotto, tozzo, tarchiato; [*animal*] robusto, grosso.
stockyard /'stɒkjɑ:d/ n. recinto m. per il bestiame.
stodge /stɒdʒ/ n. **U** BE COLLOQ. *(food, writing, speech)* mattone m.
stodgy /'stɒdʒɪ/ agg. [*food*] pesante; [*person, speech, book*] pesante, barboso.
stoic /'stəʊɪk/ **I** agg. stoico **II** n. stoico m. (-a).
stoical /'stəʊɪkl/ agg. stoico.
stoicism /'stəʊɪsɪzəm/ n. stoicismo m.
stoke /stəʊk/ tr. (anche **~ up**) alimentare, attizzare [*fire*]; tenere acceso, alimentare [*furnace*]; FIG. alimentare, accendere [*enthusiasm*]; accendere, aizzare [*anger*].
stokehole /'stəʊkhəʊl/ n. (anche **stokehold**) MAR. locale m. caldaia.
stoker /'stəʊkə(r)/ ➧ *27* n. MAR. IND. FERR. fuochista m. e f.
STOL /stəʊl/ n. (⇒ short take off and landing) = decollo e atterraggio corto.
1.stole /stəʊl/ n. stola f.
2.stole /stəʊl/ pass. → **2.steal**.
stolen /'stəʊlən/ p.pass. → **2.steal**.
stolid /'stɒlɪd/ agg. [*person, character*] flemmatico, impassibile.
1.stomach /'stʌmək/ ➧ *2* **I** n. stomaco m.; *(belly)* pancia f., ventre m.; ***to have a pain in one's ~*** avere mal di stomaco; ***to lie on one's ~*** stare a pancia in giù; ***on an empty ~*** a stomaco vuoto, a digiuno; ***to be sick to one's ~*** FIG. avere la nausea, essere disgustato; ***to have a strong ~*** avere uno stomaco forte *o* di ferro; FIG. avere un bello stomaco *o* uno stomaco di ferro; ***to turn sb.'s ~*** rivoltare lo stomaco a qcn., stomacare qcn. **II** modif. [*ulcer, cancer, operation*] allo stomaco; [*disease*] dello stomaco; ***to have (a) ~ ache*** avere mal di stomaco; ***to have ~ trouble*** avere problemi di stomaco.
2.stomach /'stʌmək/ tr. digerire [*food*]; FIG. digerire, sopportare [*person, behaviour, violence*]; ***I can't ~ that guy!*** quel tipo non lo digerisco!
stomachache /'stʌməkeɪk/ ➧ *11* n. mal m. di stomaco.
stomp /stɒmp/ intr. *(walk heavily)* ***to ~ in, out*** entrare, uscire con passo pesante; ***he ~ed off in a rage*** è corso via furiosamente.
stomping ground /'stɒmpɪŋgraʊnd/ n. posto m. preferito; *(bar)* bar m. preferito.
1.stone /stəʊn/ ➧ *37* **I** n. **1 U** *(material)* pietra f.; ***(made) of ~*** (fatto) di pietra **2** *(small rock)* pietra f., sasso m. **3** *(for particular purpose)* pietra f.; *(standing vertically)* cippo m.; *(engraved)* stele f.; ***to lay a ~*** posare una pietra; ***not a ~ was left standing*** nulla rimase in piedi **4** (anche **precious ~**) *(gem)* pietra f. preziosa, gemma f. **5** BOT. *(in fruit)* nocciolo m. **6** MED. calcolo m.; ***kidney ~*** calcolo renale **7** BE METROL. = unità di misura di peso pari a 6,35 kg **II** modif. [*wall, floor*] di pietra; [*jar*] di porcellana dura, in grès ♦ ***to leave no ~ unturned*** non lasciare nulla d'intentato, fare ogni tentativo possibile; ***it's a ~'s throw from here*** è a un tiro di schioppo da qui; ***to sink like a ~*** colare a picco; ***people in glass houses shouldn't throw ~s*** chi è senza peccato scagli la prima pietra.
2.stone /stəʊn/ tr. **1** *(throw stones at)* ***to ~ sb. to death*** lapidare qcn. **2** *(remove stone from)* snocciolare, togliere il nocciolo a [*peach, cherry*].
Stone Age n. età f. della pietra.
stone circle n. cromlech m.
stone-cold /ˌstəʊn'kəʊld/ **I** agg. gelido, freddo come il marmo **II** avv. ***~ sober*** perfettamente sobrio.
stonecutter /'stəʊnˌkʌtə(r)/ ➧ *27* n. scalpellino m. (-a), marmista m. e f.
stoned /stəʊnd/ agg. COLLOQ. *(drunk)* bevuto; *(drugged)* fatto; ***to get ~*** farsi (**on** di).
stone-deaf /ˌstəʊn'def/ agg. sordo come una campana.
stoneground /'stəʊngraʊnd/ agg. macinato con mole di pietra.
stone mason ➧ *27* n. scalpellino m. (-a), marmista m. e f.
stonewall /ˌstəʊn'wɔ:l/ intr. **1** SPORT *(in cricket)* fare un gioco difensivo, giocare in difesa **2** *(filibuster)* fare ostruzionismo.
stonewalling /ˌstəʊn'wɔ:lɪŋ/ n. ostruzionismo m.
stoneware /'stəʊnweə(r)/ n. articoli m.pl. di grès.
stonewashed /ˌstəʊn'wɒʃt/ agg. *(in fashion)* slavato, stonewashed.
stonework /'stəʊnwɜ:k/ n. *(part of building)* muratura f. (in pietra).
stonily /'stəʊnɪlɪ/ avv. [*stare*] impassibilmente, con sguardo gelido; [*say*] freddamente, con tono glaciale.
stony /'stəʊnɪ/ agg. **1** *(rocky)* [*path, beach*] pietroso, sassoso **2** FIG. *(cold)* [*look, silence*] glaciale ♦ ***to fall on ~ ground*** cadere nel vuoto.
stony-broke /ˌstəʊnɪ'brəʊk/ agg. BE COLLOQ. in bolletta, al verde.
stood /stʊd/ pass., p.pass. → **2.stand**.
stooge /stu:dʒ/ n. **1** COLLOQ. SPREG. *(subordinate)* tirapiedi m., lacchè m. **2** TEATR. spalla f.
stool /stu:l/ n. **1** *(furniture)* sgabello m., seggiolino m. **2** *(faeces)* feci f.pl. ♦ ***to fall between two ~s*** *(not to belong to either of two categories)* non essere né carne né pesce; *(in choice)* fare come l'asino di Buridano.
stool pigeon n. COLLOQ. confidente m., informatore m., spia f.
1.stoop /stu:p/ n. *(curvature)* ***to have a ~*** essere curvo (in avanti); ***to walk with a ~*** camminare curvo.
2.stoop /stu:p/ intr. **1** *(be bent over)* essere, camminare curvo **2** *(lean forward)* piegarsi, chinarsi; ***to ~ down*** piegarsi, abbassarsi **3** *(debase oneself)* ***to ~ so low as to do sth.*** abbassarsi a fare qcs.
3.stoop /stu:p/ n. AE *(veranda)* = terrazza sopraelevata, portico sopraelevato sul davanti di una casa.
1.stop /stɒp/ **I** n. **1** *(halt, pause)* arresto m., interruzione f., pausa f.; *(short stay)* breve pausa f., fermata f.; AER. MAR. scalo m.; ***the train makes three ~s*** il treno fa tre fermate; ***our next ~ will be (in) Paris*** *(on tour, trip)* la nostra prossima fermata *o* tappa sarà Parigi; ***next ~ Dover*** prossima fermata Dover; ***to bring sth. to a ~*** arrestare *o* fermare qcs.; ***to come to a ~*** [*vehicle, work*] arrestarsi, fermarsi; ***to put a ~ to*** mettere fine a, porre termine a **2** *(stopping place) (for bus)* fermata f.; *(for train, tube)* stazione f. **3** *(punctuation mark) (in telegram)* stop m.; *(in dictation)* punto m. **4** *(on organ) (pipes)* registro m.; *(knob)* tasto m. di registro **II** modif. [*button, lever, signal*] d'arresto ♦ ***to pull out all the ~s*** fare l'impossibile (**to do** per fare).
2.stop /stɒp/ **I** tr. (forma in -ing ecc. **-pp-**) **1** *(cease)* [*person*] arrestare, cessare, smettere, interrompere [*work, activity*]; ***~ that noise*** smetti di fare quel rumore; ***~ it!*** fermati! *(that's enough)* basta! smettila! ***to ~ doing*** smettere di fare; ***to ~ smoking*** smettere di fumare **2** *(bring to a halt) (completely)* [*person, mechanism*] fermare [*person, vehicle, process, match*]; [*strike, power cut*] fermare, arrestare, bloccare [*activity, production*]; *(temporarily)* [*person, rain*] interrompere, sospendere [*process, match*]; [*strike, power cut*] interrompere, bloccare [*activity, production*]; ***rain ~ped play*** il gioco è stato interrotto a causa della pioggia; ***to ~ a bullet*** COLLOQ. essere colpito da una

pallottola **3** *(prevent)* impedire [*war, publication*]; ostacolare, trattenere [*person*]; ***what's ~ping you?*** che cos'è che ti blocca? ***to ~ sb. (from) doing*** impedire a qcn. di fare **4** *(refuse to provide) (definitively)* abolire [*allowance*]; bloccare [*payments, deliveries, subscription*]; tagliare [*gas, water*]; *(suspend)* sospendere, bloccare [*grant, payment*]; ***to ~ a cheque*** fermare *o* bloccare un assegno; ***to ~ £ 50 out of sb.'s pay*** BE trattenere 50 sterline dallo stipendio di qcn. **5** *(plug)* chiudere, otturare [*gap, hole*]; chiudere, tappare [*bottle*]; chiudere, tamponare [*leak*] **II** intr. (forma in -ing ecc. **-pp-**) **1** *(halt)* [*person, vehicle, heart*] fermarsi **2** *(cease)* [*person, discussion, bleeding*] fermarsi, smettere, cessare; [*pain, worry, battle*] finire, cessare; [*noise, rain*] smettere; ***without ~ping*** senza fermarsi; ***to ~ to do*** fermarsi per fare; ***you didn't ~ to think*** non ti sei fermato a pensare **3** BE COLLOQ. *(stay)* fermarsi, rimanere; ***to ~ for dinner*** fermarsi a cena **III** rifl. (forma in -ing ecc. **-pp-**) ***to ~ oneself*** *(restrain oneself)* trattenersi; ***I nearly fell but I ~ped myself*** stavo per cadere ma mi sono fermato in tempo.

■ **stop by** COLLOQ. **~ by** fare un salto, passare; ***to ~ by at Eric's place*** fare un salto da Eric; **~ by [sth.]** fare un salto *o* passare in [*bookshop*]; fare un salto *o* passare a [*café*].

■ **stop in** BE COLLOQ. *(stay in)* restare in casa.

■ **stop off** fare una sosta, fare una tappa; ***to ~ off in Bristol*** fare una sosta a Bristol; ***to ~ off at Paul's house*** fermarsi a casa di Paul.

■ **stop out** BE COLLOQ. ***to ~ out late*** restare fuori fino a tardi.

■ **stop over** ***to ~ over in Athens*** fare tappa ad Atene; AER. MAR. fare scalo ad Atene.

■ **stop up: ~ up** BE COLLOQ. restare alzato, non andare a letto; **~ [sth.] up, ~ up [sth.]** tappare, otturare [*hole*].

stopcock /ˈstɒpkɒk/ n. rubinetto m. d'arresto.

stopgap /ˈstɒpgæp/ **I** n. tappabuchi m. e f. **II** modif. [*measure*] provvisorio, d'emergenza, tampone.

stop-go /ˌstɒpˈgəʊ/ agg. ECON. [*policy*] stop and go, di incentivi e disincentivi.

stop light n. *(traffic light)* (semaforo) rosso m.

stop-off /ˈstɒpɒf, AE -ɔ:f/ n. *(quick break)* (breve) pausa f.; *(longer)* intervallo m., sosta f.

stopover /ˈstɒpəʊvə(r)/ n. sosta f., fermata f.; AER. MAR. scalo m.

stoppage /ˈstɒpɪdʒ/ n. **1** IND. *(strike)* interruzione f. del lavoro, sciopero m. **2** BE *(deduction from wages)* trattenuta f., ritenuta f.

stopper /ˈstɒpə(r)/ n. *(for bottle, jar)* tappo m., turacciolo m.

stopping /ˈstɒpɪŋ/ **I** n. ***"no ~"*** "divieto di fermata" **II** modif. AUT. [*distance, time*] d'arresto.

stopping train n. treno m. locale, treno m. che fa molte fermate.

stop-press /ˌstɒpˈpres/ n. ultimissime f.pl.

stop sign n. (segnale di) stop m.

stopwatch /ˈstɒpwɒtʃ/ n. cronometro m., cronografo m.

storage /ˈstɔ:rɪdʒ/ **I** n. **1** *(keeping) (of food, fuel, goods)* immagazzinamento m.; *(of heat, energy)* accumulazione f.; ***to be in ~*** essere immagazzinato **2** *(space)* magazzino m., deposito m. **3** INFORM. *(facility)* memoria f.; *(process)* memorizzazione f. **II** modif. [*compartment, space*] di immagazzinamento.

storage device n. INFORM. dispositivo m. di memorizzazione.

storage heater n. calorifero m. ad accumulazione di calore.

storage jar n. *(glass)* vaso m.; *(ceramic)* giara f., orcio m.

storage tank n. *(for oil, chemicals)* serbatoio m.; *(for rainwater)* cisterna f.

storage unit n. *(cupboard)* mobile m. contenitore.

1.store /stɔ:(r)/ **I** n. **1** ➧ **27** *(shop)* grande magazzino m., emporio m.; *(smaller)* negozio m.; ***the big ~s*** i grandi magazzini **2** *(supply) (of food, fuel, paper)* provvista f., riserva f.; *(of information)* bagaglio m. **3** *(place of storage) (for food, fuel, forniture)* deposito m., magazzino m.; MIL. magazzino m. **4** *(storage)* ***to put sth. in(to) ~*** mettere qcs. in magazzino; ***I wonder what the future has in ~ (for us)*** mi chiedo cosa ci riservi il futuro **II stores** n.pl. *(supplies)* provviste f., scorte f. ♦ ***to set great ~ by sth.*** dare molta importanza a qcs., tenere qcs. in gran conto.

2.store /stɔ:(r)/ tr. **1** *(put away)* conservare, mettere da parte [*food*]; immagazzinare [*objects*]; stoccare [*nuclear waste, chemicals*]; fare tesoro di [*information*]; AGR. riporre in magazzino, nel granaio [*crops, grain*] **2** INFORM. memorizzare, immagazzinare [*data*].

■ **store up: ~ up [sth.]** fare provvista, scorta di [*food, supplies*]; accumulare [*energy, heat*]; FIG. accumulare [*hatred*]; ***you're storing up trouble for yourself*** non fai che accumulare guai.

store cupboard n. dispensa f.

store detective ➧ **27** n. sorvegliante m. e f. (in un grande magazzino).

storefront /ˈstɔ:frʌnt/ n. AE vetrina f. (di un negozio).

storehouse /ˈstɔ:haʊs/ n. magazzino m., deposito m.

storekeeper /ˈstɔ:ˌki:pə(r)/ ➧ **27** n. AE negoziante m. e f., esercente m. e f.

storeroom /ˈstɔ:ru:m, AE -rʊm/ n. *(in house, school, office)* dispensa f.; *(in factory, shop)* magazzino m.

storey BE, **story** AE /ˈstɔ:rɪ/ **I** n. (pl. **-reys** BE, **-ries** AE) piano m.; ***on the third ~*** BE al terzo piano; AE al quarto piano **II -storeyed** BE, **-storied** AE agg. in composti ***a three-~ed building*** BE, ***a three storied building*** AE un edificio di tre piani.

stork /stɔ:k/ n. cicogna f.

1.storm /stɔ:m/ n. **1** *(violent weather)* tempesta f.; *(thunderstorm)* temporale m.; *(gale)* burrasca f. **2** *(attack)* ***to take a town by ~*** MIL. prendere una città d'assalto; ***she took Broadway by ~*** FIG. ebbe un successo travolgente a Broadway **3** *(outburst)* esplosione f., tempesta f.; ***a ~ of criticism*** una pioggia *o* tempesta di critiche; ***a ~ of applause*** uno scroscio di applausi.

2.storm /stɔ:m/ **I** tr. **1** *(invade)* prendere d'assalto [*citadel, prison*] **2** *(roar)* ***"get out!" he ~ed*** "esci!" disse in un accesso d'ira **II** intr. **1** [*wind, rain*] infuriare, scatenarsi **2** *(move angrily)* ***he ~ed off in a temper*** è andato via furibondo.

stormbound /ˈstɔ:mbaʊnd/ agg. bloccato, trattenuto dalla tempesta.

stormcloud /ˈstɔ:mklaʊd/ n. nuvola f. temporalesca; FIG. nube f. minacciosa.

storm damage n. danni m.pl. provocati dalla tempesta.

storm door n. controporta f., porta f. doppia.

storm force wind n. burrasca f., vento m. di tempesta.

storming /ˈstɔ:mɪŋ/ **I** n. assalto m. **II** agg. COLLOQ. fantastico, straordinario, da sballo.

storm lantern n. lampada f. antivento.

storm petrel n. uccello m. delle tempeste, procellaria f.

storm-tossed /ˈstɔ:mtɒst/ agg. [*waters*] agitato dalla tempesta; [*ship*] sballottato dal vento.

storm trooper n. assaltatore m., soldato m. dei reparti d'assalto.

storm warning n. avviso m. di burrasca.

storm window n. controfinestra f.

stormy /ˈstɔ:mɪ/ agg. **1** [*weather, sky*] tempestoso, burrascoso; [*sea*] tempestoso, grosso; [*night*] tempestoso, di tempesta **2** *(turbulent)* [*meeting*] burrascoso; [*relationship*] burrascoso, tormentato; ***~ scenes*** scenate.

1.story /ˈstɔ:rɪ/ n. **1** *(account)* storia f.; ***to stick to, change one's ~*** attenersi alla, cambiare la propria versione dei fatti ***what is the real ~?*** qual è la verità? **2** *(tale)* storia f. (**about, o** di); LETTER. racconto m., favola f.; ***read us a (bedtime) ~!*** leggici una favola! **3** GIORN. articolo m., servizio m. (**on, about** su); ***exclusive ~*** servizio in esclusiva **4** *(lie)* storia f., bugia f. frottola f.; ***to make up a ~*** inventare una storia **5** *(rumour)* diceria f., voce f. (**about** su) **6** (anche **~ line**) *(of novel, play)* trama f., intreccio m.; *(of film)* trama f. **7** *(unfolding of plot)* storia f., azione f. ♦ ***but that's another ~*** ma questa è un'altra storia *o* un altro paio di maniche; ***to cut a long ~ short*** per farla breve; ***that's not the whole ~*** e non è tutto; ***that's the ~ of my life!*** capitano tutte a me! ***it's always the same ~*** o ***it's the same old ~*** è sempre la stessa storia; ***a likely ~!*** ma va là, bella scusa! ***the ~ goes, has it that*** corre voce che..., si dice che... ***what's the ~?*** COLLOQ. che succede?

2.story /ˈstɔ:rɪ/ n. AE → **storey**.

storybook /ˈstɔ:rɪbʊk/ n. libro m. di fiabe, di racconti.

storyteller /ˈstɔ:rɪtelə(r)/ n. **1** *(writer)* narratore m. (-trice) novelliere m. (-a), cantastorie m. e f. **2** *(liar)* bugiardo m. (-a).

stoup /stu:p/ n. RELIG. acquasantiera f.

1.stout /staʊt/ n. *(drink)* stout f. (birra forte e scura).

2.stout /staʊt/ agg. **1** *(fat)* [*person*] robusto, corpulento; [*animal*] grosso, pingue; ***to grow ~*** ingrassare **2** *(strong)* [*fence*] solido, resistente **3** *(valiant)* [*resistance, supporter*] fermo, accanito, tenace.

stout-hearted /ˌstaʊtˈhɑːtɪd/ agg. LETT. coraggioso, intrepido.

stoutly /ˈstaʊtlɪ/ avv. **1** *(strongly)* ***~ made*** solido, resistente **2** *(valiantly)* [*resist*] accanitamente, energicamente, tenacemente; [*deny*] fermamente.

stoutness /ˈstaʊtnɪs/ n. *(of person)* robustezza f., pinguedine f.

1.stove /stəʊv/ n. **1** *(cooker)* fornello f. (da cucina); ***electric, gas ~*** fornello elettrico, a gas **2** *(heater)* stufa f. ♦ ***to slave over a hot ~*** SCHERZ. essere schiavo dei fornelli.

2.stove /stəʊv/ pass., p.pass. → **2.stave**.

stovepipe /ˈstəʊvpaɪp/ n. **1** *(flue)* tubo m. da stufa **2** (anche **~ hat**) (cappello a) cilindro m.

stow /stəʊ/ tr. *(pack)* riporre [*baggage*]; stivare, mettere nella stiva [*ropes*].

■ **stow away:** ~ ***away*** [*passenger*] viaggiare da clandestino; ***~ [sth.] away, ~ away [sth.]*** riporre [*baggage*].

stowaway /ˈstəʊəweɪ/ n. passeggero m. (-a) clandestino (-a).

St Patrick's Day n. = il 17 marzo, giorno in cui si festeggia san Patrizio, patrono degli irlandesi.

strabismus /strəˈbɪzməs/ ➧ **11** n. strabismo m.

1.straddle /ˈstrædl/ n. (anche **~ jump**) SPORT salto m. ventrale.

2.straddle /ˈstrædl/ tr. **1** *(in position)* [*person*] inforcare [*bike*]; montare, cavalcare [*horse*]; mettersi a cavalcioni di [*chair*] **2** *(in location)* [*village*] essere attraversato da, essere ai due lati di [*border*].

strafe /strɑːf, streɪf/ tr. MIL. AER. attaccare, mitragliare a bassa quota, a volo radente.

straggle /ˈstræɡl/ intr. **1** *(spread untidily)* ***to ~ along*** sparpagliarsi lungo [*road, beach*] **2** *(dawdle)* attardarsi, essere indietro, bighellonare.

straggler /ˈstræɡlə(r)/ n. ritardatario m. (-a), chi rimane indietro.

straggling /ˈstræɡlɪŋ/ agg. ***a ~ village, suburb*** un villaggio, un sobborgo di case sparse.

straggly /ˈstræɡlɪ/ agg. [*hair*] in disordine, arruffato; [*beard*] incolto.

1.straight /streɪt/ n. SPORT rettilineo m.; ***back ~*** = rettilineo parallelo al rettilineo d'arrivo; ***home ~*** dirittura *o* rettilineo d'arrivo.

2.straight /streɪt/ **I** agg. **1** *(not bent or curved)* [*line, road*] dritto, diritto; [*hair*] liscio; ***in a ~ line*** in linea retta **2** *(level, upright)* [*shelf, hem, edge, wall*] dritto; [*bedclothes, tablecloth*] dritto, messo bene; ***your tie isn't ~*** hai la cravatta storta **3** *(tidy, in order)* ordinato, in ordine, a posto; ***to get*** o ***put sth. ~*** mettere qcs. a posto (anche FIG.) **4** *(clear)* ***to get sth. ~*** capire (bene) qcs.; ***now let's get one thing ~*** chiariamo bene una cosa; ***to put*** o ***set sb. ~ about sth.*** chiarire qcs. a qcn.; ***to put*** o ***set the record ~*** mettere le cose in chiaro **5** *(honest, direct)* [*person*] retto, onesto; [*answer*] schietto; ***to be ~ with sb.*** essere franco con qcn., comportarsi lealmente con qcn. **6** *(unconditional)* [*majority, profit, choice*] netto; [*refusal*] netto, categorico; ***to do a ~ swap*** fare un cambio; ***a ~ fight*** BE POL. una contesa tra due candidati **7** *(undiluted)* [*drink*] puro, liscio **8** *(consecutive)* [*wins, defeats*] consecutivo, di fila; ***he got ~ "A"s*** SCOL. ha preso "A" in tutto **9** TEATR. [*actor, role*] classico **10** COLLOQ. [*person*] *(conventional)* normale, convenzionale; *(not on drugs)* che non fa uso di droghe; *(heterosexual)* eterosessuale **II** avv. **1** *(not obliquely)* [*walk, stand up, grow, cut*] dritto, diritto; ***stand up ~!*** stai dritto! ***sit up ~!*** siedi con la schiena dritta! ***he held his arm out ~*** teneva il braccio dritto *o* teso; ***to go ~ ahead*** andare (sempre) dritto; ***to look ~ ahead*** guardare dritto davanti a sé; ***to look sb. ~ in the eye*** guardare qcn. dritto negli occhi; ***he headed ~ for the bar*** è andato direttamente verso il bar; ***the car was coming ~ at*** o ***towards me*** la macchina veniva dritto verso di me; ***~ above our heads*** proprio sopra le nostre teste; ***the bullet went ~ through his body*** il proiettile gli attraversò il corpo (da parte a parte); ***they drove ~ past me*** sono passati in macchina senza fermarsi **2** *(without delay)* direttamente, difilato, dritto; ***to go ~ home*** andare direttamente a casa; ***she wrote ~ back*** ha risposto subito; ***to come ~ to the point*** venire dritto al punto; ***~ after*** subito dopo; ***~ away, ~ off*** subito, immediatamente; ***it seemed like something ~ out of the Middle Ages*** sembrava venire direttamente dal Medioevo **3** *(frankly)* chiaramente; ***I'll tell you ~*** te lo dirò chiaramente; ***give it to me ~*** COLLOQ. dimmelo chiaro e tondo; ***she told him ~ out that...*** gli ha detto chiaro e tondo che...; ***to play ~ with sb.*** comportarsi in modo leale con qcn. **4** *(neat)* ***to drink one's whisky ~*** bere il whisky liscio ♦ ***to keep a ~ face*** rimanere serio; ***to keep to the ~ and narrow*** seguire la retta via, condurre una vita onesta; ***to go ~*** COLLOQ. [*criminal*] rigare dritto, mettere la testa a posto; ***~ up?*** BE COLLOQ. sul serio? davvero?

straightaway /ˈstreɪtəweɪ/ avv. subito, immediatamente.

straighten /ˈstreɪtn/ **I** tr. **1** tendere [*arm, leg*]; raddrizzare [*picture, teeth*]; raddrizzare, aggiustare [*tie, hat*]; rendere dritto, rifare dritto [*road*]; ***to ~ one's back*** o ***shoulders*** raddrizzarsi; ***to have one's nose ~ed*** farsi rifare il naso **2** *(tidy)* mettere in ordine [*room*] **II** intr. raddrizzarsi.

■ **straighten out:** ***~ out*** [*road*] diventare dritto; ***~ out [sth.], ~ [sth.] out*** chiarire, risolvere [*problem*]; ***to ~ things out*** sistemare *o* organizzare le cose.

■ **straighten up:** ***~ up*** **1** [*person*] raddrizzarsi **2** FIG. *(tidy up)* mettere a posto; ***~ up [sb., sth.], ~ [sb., sth.] up*** mettere a posto, riordinare [*objects, room*]; ***to ~ oneself up*** mettersi in ordine, aggiustarsi.

straight-faced /ˌstreɪtˈfeɪst/ agg. serio, impassibile.

straightforward /ˌstreɪtˈfɔːwəd/ agg. **1** *(honest)* [*person, answer*] franco, schietto **2** *(simple)* [*explanation, case, question*] chiaro, semplice.

straight-laced /ˌstreɪtˈleɪst/ agg. *(rigid)* rigido; *(prudish)* puritano.

straight man n. (pl. **straight men**) TEATR. spalla f.

1.strain /streɪn/ n. **1** *(weight)* sforzo m. (**on** su); *(from pulling)* tensione f. (**on** di); ***to put a ~ on*** sottoporre a sforzo *o* sollecitazione [*beam, bridge*]; affaticare, sottoporre a sforzo [*heart, lungs*]; ***to take the ~*** [*beam, rope*] reggere alle sollecitazioni; ***the rope can't take the ~*** la corda non può reggere **2** *(pressure)* *(on person)* tensione f., stress m.; *(in relations)* tensione f.; ***mental*** o ***nervous ~*** tensione nervosa; ***to put a ~ on*** mettere a dura prova [*relationship, patience*]; creare tensioni in [*alliance*]; mettere a dura prova, gravare su [*finances*]; ***to be under ~*** [*person*] essere sotto pressione; [*relations*] essere teso; ***he can't take the ~*** non regge alla tensione *o* allo stress; ***the ~ (on him) was beginning to tell*** erano visibili in lui i primi segni della fatica **3** *(injury)* strappo m. muscolare; distorsione f.

2.strain /streɪn/ **I** tr. **1** *(stretch)* tendere, tirare, sottoporre a tensione [*rope*]; ***to ~ one's eyes*** *(to see)* strizzare gli occhi; ***to ~ one's ears*** tendere le orecchie **2** FIG. mettere a dura prova, gravare su [*finances*]; creare tensioni in seno a [*relationship*]; mettere a dura prova [*patience*] **3** *(injure)* ***to ~ a muscle*** strappare un muscolo; ***to ~ one's shoulder*** farsi uno strappo alla spalla; ***to ~ one's eyes*** affaticare gli occhi; ***to ~ one's back*** procurarsi uno stiramento alla schiena **4** *(sieve)* filtrare [*sauce*]; scolare [*vegetables, pasta*] **II** intr. ***to ~ at*** tirare con forza [*leash, rope*] **III** rifl. ***to ~ oneself*** affaticarsi, fare sforzi.

■ **strain off:** ***~ [sth.] off, ~ off [sth.]*** filtrare, colare [*liquid, fat*].

3.strain /streɪn/ **I** n. **1** *(breed)* *(of animal)* razza f.; *(of plant, seed)* varietà f.; *(of virus, bacteria)* specie f. **2** *(recurring theme)* vena f. **3** *(tendency)* tendenza f. (**of** a) **4** *(style)* tono m., stile m.; ***in the same ~*** sullo stesso tono **II strains** n.pl. LETT. *(tune)* canto m., motivo m. musicale; ***to the ~s of...*** sul motivo *o* sulla melodia di...

strained /streɪnd/ **I** p.pass. → **2.strain II** agg. **1** *(tense)* [*atmosphere, relations*] teso; [*smile*] forzato **2** *(injured)* [*muscle*] che ha subito uno strappo **3** *(sieved)* [*baby food*] passato.

strainer /ˈstreɪnə(r)/ n. colino m., filtro m.

strait /streɪt/ **I** n. GEOGR. stretto m.; ***the Straits of Gibraltar*** lo stretto di Gibilterra **II straits** n.pl. difficoltà f., ristrettezze f.; ***to be in dire ~s*** essere in gravi *o* serie difficoltà.

straitened /ˈstreɪtnd/ agg. ***in ~ circumstances*** in ristrettezze, in gravi difficoltà.

straitjacket /'streɪtdʒækɪt/ n. **1** camicia f. di forza **2** FIG. camicia f. di forza, catene f.pl., costrizioni f.pl.
strait-laced → **straight-laced**.
1.strand /strænd/ n. **1** *(of hair)* ciocca f.; *(of fibre, wire)* filo m.; *(of beads)* filo m., giro m. **2** FIG. *(element)* aspetto m.
2.strand /strænd/ n. LETT. *(beach)* spiaggia f., lido m.
stranded /strændɪd/ agg. [*climber, traveller*] bloccato; ***to leave sb.*** ~ lasciare qcn. a piedi, piantare qcn. in asso.
strange /streɪndʒ/ agg. **1** *(unfamiliar)* sconosciuto, ignoto, estraneo; ***a ~ man*** uno sconosciuto **2** *(odd)* strano, bizzarro, curioso; ***it is ~ (that)...*** è strano che...; ***it feels ~*** fa una strana impressione; ***there's something ~ about her*** c'è qualcosa di strano *o* curioso in lei; ***in a ~ way...*** stranamente...; ***~ as that might seem*** per quanto possa sembrare strano; ***~ but true*** strano ma vero; ***~ to say*** strano a dirsi **3** *(unwell)* ***to feel ~*** non sentirsi bene **4** FORM. *(new)* ***to be ~ to*** essere nuovo di [*place*].
strangely /'streɪndʒlɪ/ agg. [*behave, react*] in modo strano; [*quiet, empty*] stranamente; ***she looks ~ familiar*** ha un'aria stranamente familiare; ***~ enough, ...*** stranamente, ... cosa strana, ... sorprendentemente, ...
strangeness /'streɪndʒnɪs/ n. *(of place, routine, thought, feeling)* stranezza f.
stranger /'streɪndʒə(r)/ n. **1** *(unknown person)* estraneo m. (-a), sconosciuto m. (-a); ***a complete*** o ***total ~*** un perfetto sconosciuto; ***"hello, ~!"*** COLLOQ. "toh, chi si rivede!" **2** *(newcomer)* ***she's a ~ to the town*** non conosce la città.
strangers' gallery n. GB = galleria dei visitatori alla Camera dei Comuni.
strangle /'stræŋgl/ tr. **1** *(throttle)* [*person*] strangolare, strozzare; ***to ~ sb. to death*** strangolare qcn., ammazzare qcn. strozzandolo; ***I could cheerfully have ~d him*** SCHERZ. l'avrei strozzato **2** *(curb)* soffocare [*creativity*]; ostacolare, impedire [*project*]; soffocare, impedire [*development, growth*].
stranglehold /'stræŋglhəʊld/ n. **1** *(in combat)* stretta f. alla gola **2** FIG. *(control)* controllo m. asfissiante.
strangler /'stræŋglə(r)/ n. strangolatore m. (-trice).
strangulate /'stræŋgjʊleɪt/ tr. strozzare (anche MED.).
strangulation /ˌstræŋgjʊ'leɪʃn/ n. **1** *(of person)* strangolamento m. **2** MED. strozzamento m. **3** FIG. *(of economy)* soffocamento m.
1.strap /stræp/ n. **1** *(on bag, case, harness)* cinghia f.; *(on watch)* cinturino m.; *(on handbag)* tracolla f.; *(on bus, train)* maniglia f. a pendaglio **2** SART. *(on dress, bra, overalls)* bretella f., spallina f. **3** *(punishment)* ***the ~*** la cinghia.
2.strap /stræp/ tr. (forma in -ing ecc. **-pp-**) **1** *(secure)* ***to ~ sth. to*** assicurare *o* legare con cinghie qcs. a [*surface, seat*]; ***to ~ sb. into*** bloccare qcn. con una cintura in [*seat, pram*] **2** MED. SPORT *(bandage)* coprire con un cerotto **3** *(punish)* prendere a cinghiate.
■ **strap down:** ***~ [sth., sb.] down, ~ down [sth., sb.]*** legare (con cinghie) [*prisoner, equipment*].
■ **strap in:** ***~ [sb.] in, ~ in [sb.]*** mettere la cintura di sicurezza a [*passenger*]; ***to ~ oneself in*** mettersi la cintura di sicurezza.
straphanger /'stræphæŋə(r)/ n. COLLOQ. pendolare m. e f.
strapless /'stræplɪs/ agg. [*bra, dress*] senza bretelle, spalline.
strapped /stræpt/ agg. COLLOQ. ***to be ~ for*** essere a corto di [*cash, staff*].
strapping /'stræpɪŋ/ agg. ***a ~ fellow*** un tipo robusto; ***a big ~ girl*** una ragazzona, una ragazza ben piantata.
Strasbourg /'stræzbɜ:g/ ➧ **34** n.pr. Strasburgo f.
strata /'strɑ:tə, AE 'streɪtə/ → **stratum**.
stratagem /'strætədʒəm/ n. stratagemma m.
strategic(al) /strə'ti:dʒɪk(l)/ agg. strategico.
strategically /strə'ti:dʒɪklɪ/ avv. [*plan*] in modo strategico; [*placed*] strategicamente.
strategist /'strætədʒɪst/ n. stratega m. e f. (anche MIL. POL.).
strategy /'strætədʒɪ/ n. strategia f.; ***business ~*** strategia aziendale.
stratification /ˌstrætɪfɪ'keɪʃn/ n. stratificazione f. (anche GEOL.).
stratify /'strætɪfaɪ/ **I** tr. stratificare **II** intr. stratificarsi.
stratosphere /'strætəsfɪə(r)/ n. stratosfera f.
stratum /'strɑ:təm, AE 'streɪtəm/ n. (pl. **-a**) **1** GEOL. strato m. **2** *(social)* strato m. sociale.

straw /strɔ:/ **I** n. **1** paglia f.; *(stem)* filo m. di paglia, fuscello m., pagliuzza f. **2** *(for thatching)* paglia f. **3** *(for drinking)* cannuccia f. **II** modif. [*bag, hat*] di paglia ♦ ***to draw ~s*** tirare a sorte (usando le pagliuzze); ***to grasp*** o ***clutch at ~s*** attaccarsi *o* aggrapparsi a qualsiasi cosa; ***the last*** o ***final ~*** la goccia che fa traboccare il vaso; ***a man of ~*** un uomo di paglia; ***a ~ in the wind*** un indizio, un segno premonitore.
strawberry /'strɔ:brɪ, AE -berɪ/ **I** ➧ **5** n. fragola f.; ***wild ~*** fragola di bosco; ***strawberries and cream*** fragole con panna **II** modif. [*flan, tart*] di fragole, alle fragole; [*ice cream*] alla fragola; [*jam, field*] di fragole.
strawberry bed n. fragoleto m.
strawberry blonde I n. donna f. dai capelli biondo ramato **II** ➧ **5** agg. [*hair*] biondo ramato.
strawberry mark n. voglia f. di fragola.
straw-coloured BE, **straw-colored** AE /'strɔ:ˌkʌləd/ ➧ **5** agg. (color) paglia.
straw poll, straw vote n. POL. sondaggio m. d'opinione preelettorale.
1.stray /streɪ/ **I** agg. **1** *(lost)* [*dog, cat*] randagio; [*sheep*] smarrito **2** *(isolated)* [*bullet*] vagante; [*car, tourist*] isolato, sporadico **II** n. *(animal)* randagio m.
2.stray /streɪ/ intr. **1** *(wander)* [*animal, person*] vagare, vagabondare; ***to ~ from the road*** allontanarsi dalla strada; ***to ~ onto the road*** [*animal*] finire sulla strada; ***to ~ into a shop*** finire per caso in un negozio **2** FIG. [*eyes, mind*] vagare; ***to ~ from the point*** [*person*] divagare **3** EUFEM. *(commit adultery)* fare una scappatella.
1.streak /stri:k/ n. **1** *(in character)* traccia f., tocco m., vena f.; ***a ~ of cruelty*** una punta di crudeltà **2** *(period)* breve periodo m., momento m.; ***to be on a winning ~*** essere in un buon momento *o* periodo, attraversare un periodo fortunato **3** *(mark) (of paint, substance, water)* riga f., striscia f.; *(of light)* raggio m.; ***~ of lightning*** lampo, fulmine **4** COSMET. mèche f.; ***to have ~s done*** farsi le mèche.
2.streak /stri:k/ **I** tr. **1** [*light, red*] striare, screziare [*sea, sky*] **2** COSMET. ***to get one's hair ~ed*** farsi le mèche **II** intr. **1** *(move fast)* ***to ~ past*** passare come un lampo **2** COLLOQ. *(run naked)* fare lo streaking, correre nudi in pubblico per protesta.
streaked /stri:kt/ **I** p.pass. → **2.streak II** agg. *(with tears)* rigato (**with** di); *(with dirt)* segnato, chiazzato (**with** di); *(with colour, light)* striato, screziato (**with** di).
streaker /'stri:kə(r)/ n. COLLOQ. chi fa lo streaking.
streaking /'stri:kɪŋ/ n. streaking m.
streaky /'stri:kɪ/ agg. [*surface*] striato, screziato.
streaky bacon n. BE bacon m. venato.
1.stream /stri:m/ n. **1** *(small river)* corso m. d'acqua, torrente m., ruscello m. **2** *(current)* corrente f. **3** *(flow)* ***a ~ of*** un flusso continuo di [*traffic, customers*]; una serie continua di [*questions*]; un fascio di [*light*]; una colata di [*lava*]; un flusso di [*water*]; ***a ~ of abuse*** un torrente d'insulti **4** BE SCOL. = gruppo di studenti dello stesso livello; ***the top, middle, bottom ~*** = il gruppo di allievi del livello avanzato, intermedio, di base ♦ ***to come on ~*** [*factory*] entrare in funzione, cominciare la produzione.
2.stream /stri:m/ **I** tr. BE SCOL. dividere in gruppi secondo il livello [*class, children*] **II** intr. **1** *(flow)* [*blood, water*] scorrere, fluire; ***light was ~ing into the room*** un fascio di luce entrava nella stanza; ***tears were ~ing down his face*** le lacrime gli scendevano copiose sul volto **2** *(move)* [*cars, people*] *(into a place)* affluire; *(out of a place)* defluire; ***they ~ed through the gates*** passarono a frotte attraverso i cancelli **3** *(flutter)* [*banners, hair*] ondeggiare, fluttuare **4** [*eyes*] lacrimare (molto); [*nose*] colare; ***my eyes were ~ing*** mi lacrimavano gli occhi.
■ **stream in** [*people*] riversarsi dentro.
■ **stream out** uscire a fiotti, riversarsi fuori; ***the crowd ~ed out of the theatre*** la folla si riversò fuori dal teatro.
streamer /'stri:mə(r)/ n. **1** *(flag)* bandiera f. al vento, fiamma f.; *(ribbon of paper)* festone m. di carta **2** GIORN. *(headline)* titolo m. a tutta pagina.
streaming /'stri:mɪŋ/ **I** n. BE SCOL. = divisione degli studenti in gruppi a seconda del loro livello **II** agg. COLLOQ. ***a ~ cold*** raffreddore con naso che cola.
streamline /'stri:mlaɪn/ tr. **1** *(in design)* dare forma aerodinamica a **2** *(make more efficient)* rendere più efficiente

ottimizzare [*distribution, production*]; EUFEM. *(cut back)* ridurre, sfoltire il personale di [*company*].

streamlined /ˈstriːmlaɪnd/ agg. **1** *(in design)* [*hull, body*] aerodinamico; [*cooker, furniture*] = dalla linea moderna **2** FIG. [*production, system*] semplificato, efficiente.

stream of consciousness n. flusso m. di coscienza.

street /striːt/ **I** n. strada f., via f.; ***in*** o ***on the*** ~ in *o* nella strada; ***across*** o ***over*** BE ***the*** ~ dall'altro lato della strada; ***to be on the*** o ***walk the*** ~***s*** [*homeless person*] vivere in strada; [*prostitute*] battere il marciapiede; ***to take to the*** ~***s*** [*rioters*] scendere in strada *o* piazza; ***the man in the*** ~ l'uomo della strada **II** modif. [*accident*] stradale; [*musician*] di strada; [*culture*] della strada, di strada; ~ ***furniture*** arredo urbano ♦ ***it's right up your*** ~ COLLOQ. è proprio il tuo campo; ***to be*** ~***s ahead of*** BE COLLOQ. essere di gran lunga superiore a.

streetcar /ˈstriːtkɑː(r)/ n. AE tram m.

street cleaner ♦ **27** n. *(person)* spazzino m. (-a), operatore m. ecologico; *(machine)* spazzatrice f.

street clothes n.pl. AE abbigliamento m.sing. casual.

street cred(ibility) n. COLLOQ. ***to have*** ~ essere popolare (specialmente tra i giovani).

street door n. portone m., porta f. sulla strada.

street guide n. stradario m.

streetlamp /ˈstriːtlæmp/ n. lampione m.; *(old gas lamp)* lampione m. a gas.

street level n. pianterreno m.

streetlight /ˈstriːtlaɪt/ n. → **streetlamp**.

street lighting n. illuminazione f. stradale.

street market n. mercato m. (all'aperto).

street newspaper n. giornale m. di strada.

street plan n. → **street guide**.

street theatre BE, **street theater** AE n. teatro m. di strada.

street value n. valore m. sul mercato, al dettaglio.

streetwalker /ˈstriːtˌwɔːkə(r)/ n. passeggiatrice f., prostituta f.

streetwise /ˈstriːtwaɪz/ agg. [*person*] sveglio, che ha imparato ad arrangiarsi.

strength /streŋθ/ n. **1** *(power) (of person, wind)* forza f., energia f.; *(of lens, magnet, voice)* potenza f.; ***to save one's*** ~ risparmiare le forze; ***his*** ~ ***failed him*** gli mancarono le forze; ***to build up one's*** ~ *(after illness)* recuperare le forze **2** *(toughness) (of structure, equipment)* solidità f.; *(of material, substance)* resistenza f. **3** *(concentration) (of solution)* titolo m.; *(of dose)* concentrazione f.; ***alcoholic*** ~ gradazione alcolica **4** *(capability)* forza f., capacità f.; ***economic, military*** ~ forza *o* potenza economica, militare **5** *(intensity) (of bond)* forza f., solidità f.; *(of feeling)* forza f., intensità f. **6** EL. *(of bulb)* potenza f. **7** ECON. *(of currency)* forza f.; ***to gain*** ~ rafforzarsi **8** *(resolution)* forza f.; ~ ***of character*** forza di carattere; ~ ***of purpose*** determinazione **9** *(credibility) (of argument)* forza f., incisività f.; *(of case, claim)* forza f.; ***convicted on the*** ~ ***of the evidence*** condannato sulla base di prove; ***I got the job on the*** ~ ***of his recommendation*** ho ottenuto il lavoro grazie alla sua raccomandazione **10** *(asset)* forza f., punto m. di forza **11** *(total size)* ***at full*** ~, ***below*** ~ [*team*] al completo, non al completo; ***to bring the team up to*** ~ completare la squadra ♦ ***to go from*** ~ ***to*** ~ acquistare forza, andare di bene in meglio; ***give me*** ~***!*** COLLOQ. che pazienza ci vuole!

strengthen /ˈstreŋθn/ **I** tr. **1** *(reinforce)* rinforzare, consolidare [*building*] **2** *(increase the power of)* rafforzare [*government*]; rafforzare, dare forza a [*argument, position*]; rafforzare, rendere più solido [*bond*] **3** *(increase)* rafforzare [*love*]; rafforzare, consolidare [*power, role*] **4** *(build up)* potenziare [*muscles*]; rafforzare [*dollar, economy*] **II** intr. [*muscles*] potenziarsi, rafforzarsi; [*wind*] aumentare (di forza); [*economy, yen*] rafforzarsi (**against** rispetto a).

strengthening /ˈstreŋθnɪŋ/ **I** n. **1** *(of building)* consolidamento m. **2** *(of numbers of people)* (il) rafforzarsi, aumento m. **II** agg. [*current, wind*] che aumenta (di forza); [*currency, pound*] che si rafforza.

strenuous /ˈstrenjʊəs/ agg. **1** *(demanding)* [*exercise*] faticoso, difficile; [*schedule*] carico; [*day, work*] duro, faticoso **2** *(determined)* [*protest*] strenuo, vigoroso; ***to make*** ~ ***efforts*** impegnarsi strenuamente.

strenuously /ˈstrenjʊəslɪ/ avv. [*deny*] strenuamente, vigorosamente; [*work*] duramente.

streptococcus /ˌstreptəˈkɒkəs/ n. (pl. **-i**) streptococco m.

1.stress /stres/ n. **1** *(nervous)* stress m., tensione f.; ***emotional, mental*** ~ tensione emotiva, mentale; ***to suffer from*** ~ essere stressato; ***to be under*** ~ essere stressato *o* sotto stress; ***in times of*** ~ nei momenti difficili; ***the*** ~***es and strains of modern life*** lo stress e la tensione della vita moderna **2** *(emphasis)* ***to lay*** o ***put*** ~ ***on*** mettere l'accento *o* insistere su [*fact, problem*] **3** FIS. sollecitazione f., tensione f.; ***subject to high*** ~***es*** sottoposto a forti sollecitazioni **4** LING. MUS. accento m.

2.stress /stres/ tr. **1** *(emphasize)* mettere l'accento su, insistere su, sottolineare [*issue*]; ***to*** ~ ***the importance of sth.*** sottolineare l'importanza di qcs.; ***to*** ~ ***the need for sth., to do*** sottolineare la necessità di qcs., di fare; ***to*** ~ ***the point that*** insistere sul fatto che; ***to*** ~ ***(that)*** sottolineare che **2** LING. MUS. accentare [*note, syllable*].

■ **stress out** COLLOQ. ~ ***[sb.]*** ***out*** stressare.

stressed /strest/ **I** p.pass. → **2.stress** **II** agg. **1** (anche ~ **out**) *(emotionally)* ***to feel*** ~ sentirsi stressato **2** FIS. attrib. [*components, covering, structure*] sotto sforzo **3** LING. accentato.

stress fracture n. MED. frattura f. da stress.

stress-free /stresˈfriː/ agg. antistress.

stressful /ˈstresfl/ agg. [*lifestyle, situation, work*] stressante, logorante.

stress mark n. accento m.

1.stretch /stretʃ/ **I** n. **1** *(in gymnastics)* allungamento m., stiramento m.; ***to have a*** ~ stiracchiarsi; ***to be at full*** ~ [*rope, elastic*] essere teso al massimo; FIG. [*factory, office*] essere a pieno regime; ***I can lend you £ 50 at a*** ~ ti posso prestare al massimo 50 sterline **2** *(elasticity)* elasticità f. **3** *(section) (of road, track, coastline, river)* tratto m. **4** *(expanse) (of water, countryside)* distesa f. **5** *(period)* periodo m.; ***I did an 18-month*** ~ ***in Tokyo*** ho passato 18 mesi a Tokyo; ***to work for 12 hours at a*** ~ lavorare 12 ore di fila *o* seguito **6** COLLOQ. *(prison sentence)* ***a five-year*** ~ cinque anni dentro **II** agg. attrib. [*fabric*] elasticizzato; [*limousine*] a carrozzeria allungata.

2.stretch /stretʃ/ **I** tr. **1** *(extend)* tendere [*rope, net*]; ***to*** ~ ***one's arms*** distendere *o* allungare le braccia; ***to*** ~ ***one's legs*** FIG. sgranchirsi le gambe, fare una passeggiata; ***to*** ~ ***one's wings*** spiegare le ali; FIG. spiegare il volo **2** *(increase the size)* tendere [*spring, elastic*]; tirare [*fabric*]; *(deliberately)* allargare [*shoe*]; *(distort)* sformare [*garment, shoe*] **3** *(bend)* distorcere [*truth*]; fare uno strappo a [*rules*]; ***to*** ~ ***a point*** *(make concession)* fare un'eccezione; *(exaggerate)* tirare troppo la corda **4** *(push to the limit)* abusare di [*patience*]; sfruttare al massimo [*resources, person*]; ***the system is*** ~***ed to the limit*** il sistema è sfruttato al massimo; ***I need a job that*** ~***es me*** ho bisogno di un lavoro che mi metta alla prova; ***isn't that*** ~***ing it a bit?*** COLLOQ. non state esagerando un po'? **5** *(eke out)* fare bastare [*supplies*] **II** intr. **1** *(extend one's limbs)* stirarsi, distendersi **2** *(spread)* [*road, track*] snodarsi, stendersi; [*forest, water, beach*] stendersi; ***to*** ~ ***to*** o ***as far as sth.*** [*flex, string*] arrivare fino a qcs.; ***how far does the queue*** ~***?*** fino a dove arriva la coda? ***the weeks*** ~***ed into months*** le settimane diventarono mesi **3** *(become larger)* [*elastic*] allungarsi; [*shoe*] allargarsi; [*fabric, garment*] sformarsi, cedere **4** COLLOQ. *(afford)* ***I think I can*** ~ ***to a bottle of wine*** penso di potermi permettere una bottiglia di vino; ***the budget won't*** ~ ***to a new computer*** nel nostro budget non ci sta un computer nuovo **III** rifl. ***to*** ~ ***oneself*** stirarsi; FIG. fare uno sforzo.

■ **stretch out:** ~ ***out*** **1** *(lie down)* distendersi, allungarsi **2** *(extend)* stendersi; ~ ***out [sth.]***, ~ ***[sth.] out*** *(extend)* tendere [*hand, foot*]; stendere, allungare [*arm, leg*]; tirare [*nets, sheet*]; ***I*** ~***ed my speech out to an hour*** ho fatto in modo che il mio discorso durasse un'ora.

stretcher /ˈstretʃə(r)/ n. MED. barella f., lettiga f.

stretcher-bearer /ˈstretʃəˌbeərə(r)/ ♦ **27** n. barelliere m. (-a).

stretcher case n. = persona ferita o malata che deve essere trasportata in barella.

stretch mark n. smagliatura f. cutanea.

stretchy /ˈstretʃɪ/ agg. elastico, flessibile.

strew /struː/ tr. (pass. **strewed**; p.pass. **strewed**, **strewn**) sparpagliare [*clothes, litter, paper*] (**on**, **over** su); spargere [*straw, flowers*] (**on**, **over** su); disseminare [*wreckage*] (**on**, **over** su); ***strewn with*** cosparso di.

stricken /ˈstrɪkən/ **I** p.pass. → **2.strike II** agg. **1** *(afflicted)* [*face, look*] afflitto **2** *(affected)* [*area*] disastrato; **~ *with*, ~ *by*** preso da, in preda a [*fear*]; colpito da [*illness*]; affetto da [*chronic illness*]; ***guilt~*** divorato dal senso di colpa **3** [*plane, ship*] in avaria.
strict /strɪkt/ agg. **1** *(not lenient)* [*person, discipline, school*] severo, rigido; [*view*] rigido; [*Catholic*] rigidamente osservante **2** *(stringent)* [*instructions, meaning, limit*] preciso; [*observance*] stretto; *(absolute)* [*silence*] assoluto; ***in the ~ sense of the word*** nel senso stretto del termine; ***in ~ confidence*** in via strettamente confidenziale; ***in ~ secrecy*** in gran segreto; ***on the ~ understanding that*** soltanto a condizione che.
strictly /ˈstrɪktlɪ/ avv. **1** *(not leniently)* [*treat*] severamente **2** *(absolutely)* [*confidential*] strettamente; ***~ speaking*** in senso stretto, a rigor di termini; ***~ between ourselves...*** che resti tra noi...; ***that is not ~ true*** non è del tutto vero.
strictness /ˈstrɪktnɪs/ n. *(of person, regime)* severità f.; *(of views, principles)* rigore m., rigidità f.
stricture /ˈstrɪktʃə(r)/ n. **1** *(censure)* critica f., censura f. (**against**, **on** di) **2** *(restriction)* restrizione f. **3** MED. restringimento m.
stridden /ˈstrɪdn/ p.pass. → **2.stride**.
1.stride /straɪd/ n. **1** *(long step)* passo m. lungo, falcata f. **2** *(gait)* andatura f.; ***to lengthen one's ~*** allungare il passo ♦ ***to get into one's ~*** trovare il ritmo giusto; ***to make great ~s*** fare passi da gigante; ***to put sb. off his, her ~*** distrarre qcn., fare perdere il ritmo *o* passo a qcn.; ***to take sth. in one's ~*** continuare a fare qcs. senza fare una piega.
2.stride /straɪd/ intr. (pass. **strode**; p.pass. **stridden**) ***to ~ across, out, in*** attraversare, uscire, entrare a grandi passi; ***to ~ up and down sth.*** andare su e giù per qcs. a grandi passi.
stridency /ˈstraɪdnsɪ/ n. *(of sound, voice)* stridore m.
strident /ˈstraɪdnt/ agg. **1** *(harsh)* [*sound, voice*] stridente, stridulo **2** *(vociferous)* [*group*] chiassoso; [*statement*] vibrato.
strife /straɪf/ n. *(conflict)* conflitto m.; *(dissent)* lite f., litigio m.
strife-ridden /ˌstraɪfˈrɪdn/, **strife-torn** /ˌstraɪfˈtɔːn/ agg. dilaniato dalla guerra.
1.strike /straɪk/ **I** n. **1** sciopero m.; ***to be on ~*** essere in *o* fare sciopero; ***to come out on ~*** entrare *o* mettersi in sciopero **2** *(attack)* attacco m. (**on**, **against** contro) (anche MIL.) **3** MIN. *(discovery)* scoperta f. (di un giacimento); ***lucky ~*** FIG. colpo di fortuna **II** modif. [*committee, notice*] di sciopero; [*leader*] degli scioperanti.
2.strike /straɪk/ **I** tr. (pass. **struck**; p.pass. **struck**, **stricken**) **1** *(hit)* [*person, stick*] colpire [*person, object, ball*]; [*missile*] colpire, centrare [*target*]; [*ship, car*] colpire, urtare [*rock, tree*]; ***to ~ sth. with*** battere qcs. con [*stick, hammer*]; ***he struck his head on the table*** ha dato una testata sul tavolo; ***to be struck by lightning*** [*tree, person*] essere colpito da un fulmine; ***to ~ sb. a blow*** dare un colpo a qcn.; ***to ~ sb. dead*** [*lightning*] fulminare qcn.; ***to be struck dumb with amazement*** ammutolire per lo stupore **2** *(afflict)* [*disease, storm, disaster*] abbattersi su, colpire [*area, people*]; ***to ~ terror into sb.*** o ***sb.'s heart*** terrorizzare qcn. **3** *(make impression on)* [*idea, thought*] venire in mente a; [*resemblance*] colpire; ***it ~s me as funny that*** mi sembra divertente che; ***to ~ sb. as odd*** sembrare *o* parere strano a qcn.; ***how does the idea ~ you?*** che cosa ne pensi *o* te ne pare di questa idea? ***how did he ~ you?*** che impressione ti ha fatto? ***it ~s me (that)*** mi colpisce (il fatto che); ***I was struck with him*** COLLOQ. mi ha colpito **4** *(discover)* scoprire, trovare [*gold*]; finire su, trovare [*road*] **5** *(achieve)* concludere [*bargain*]; ***to ~ a balance*** trovare il giusto equilibrio **6** *(ignite)* accendere [*match*] **7** [*clock*] battere [*time*]; ***it had just struck two*** erano appena suonate le due **8** *(delete)* cancellare [*word, sentence*] **9** *(dismantle)* smontare [*tent*]; ***to ~ camp*** levare il campo, togliere le tende **10** ECON. *(mint)* battere [*coin*] **II** intr. (pass. **struck**; p.pass. **struck**, **stricken**) **1** *(deliver blow)* colpire; ***my head struck against a beam*** ho sbattuto la testa contro una trave; ***to ~ at*** attaccare **2** *(attack)* [*army, animal*] attaccare; [*killer*] aggredire; [*disease, storm*] colpire; ***disaster struck*** è successo un disastro; ***Henry ~s again!*** COLLOQ. SCHERZ. Henry colpisce *o* ha colpito ancora! **3** [*worker*] scioperare, fare sciopero **4** [*match*] accendersi **5** [*clock*] battere, suonare **6** *(proceed)* ***to ~ north*** dirigersi a nord; ***to ~ across*** prendere per [*field*]; attraversare [*country*].
■ **strike back** *(retaliate)* rispondere (**at** a).
■ **strike down:** **~ *[sb.] down*, ~ *down [sb.]*** abbattere, mettere a terra; ***to be struck down by*** *(affected)* essere colpito da [*illness*]; *(incapacitated)* essere abbattuto da [*illness, bullet*].
■ **strike off:** **~ *off*** *(go off)* tagliare (**across** per); **~ *[sth.] off*, ~ *off [sth.]*** **1** *(delete)* depennare [*item on list, name*] **2** FORM. tagliare, recidere [*branch*]; **~ *[sb.] off*** radiare [*doctor*]; **~ *[sb., sth.] off*** depennare, radiare da [*list*].
■ **strike out:** **~ *out*** **1** *(hit out)* colpire; ***to ~ out at*** attaccare [*adversary*]; FIG. prendersela con [*critics*] **2** *(proceed)* ***to ~ out towards*** dirigersi verso; ***to ~ out in new directions*** FIG. intraprendere nuove strade; ***to ~ out on one's own*** mettersi in proprio; **~ *[sth.] out*, ~ *out [sth.]*** *(delete)* cancellare, depennare [*name, paragraph*].
■ **strike up:** **~ *up*** [*orchestra*] cominciare a suonare; **~ *up [sth.]*** [*orchestra*] attaccare [*piece*]; ***to ~ up an acquaintance with sb.*** fare la conoscenza di qcn. in modo casuale; ***to ~ up a conversation*** cominciare una conversazione; ***to ~ up a friendship*** stringere un'amicizia; ***to ~ up a relationship*** stabilire un rapporto.
strikebound /ˈstraɪkbaʊnd/ agg. [*factory, area*] paralizzato dallo sciopero.
strikebreaker /ˈstraɪkˌbreɪkə(r)/ n. crumiro m. (-a).
strike force n. MIL. forza f. d'urto.
strike fund n. stanziamento m. a favore degli scioperanti.
stricken /ˈstrɪkən/ p.pass. → **2.strike**.
strike pay n. = indennità di sciopero distribuita agli scioperanti dai sindacati.
striker /ˈstraɪkə(r)/ n. **1** scioperante m. e f. **2** SPORT *(in football)* attaccante m. e f.
striking /ˈstraɪkɪŋ/ **I** agg. **1** [*person*] che colpisce, che fa colpo; [*clothes, pictures*] che colpisce, mozzafiato; [*similarity, contrast*] impressionante **2** [*worker*] scioperante, in sciopero **II** n. **1** *(of clock)* suoneria f. **2** *(of coin)* conio m.
striking distance n. ***to be within ~*** [*army, troops*] essere a tiro; ***we are within ~ of winning*** siamo molto vicini alla vittoria.
strikingly /ˈstraɪkɪŋlɪ/ avv. [*beautiful, different*] incredibilmente; [*stand out, differ*] in modo sorprendente.
1.string /strɪŋ/ **I** n. **1** U *(twine)* corda f. **2** *(length of cord)* *(for packaging)* spago m.; *(on garment)* cordino m.; *(on bow racket)* corda f.; *(on puppet)* filo m.; ***to pull the ~s*** tirare i fili; FIG. muovere i fili, tenere le fila **3** *(series)* ***a ~ of*** una sfilza di [*visitors, boyfriends, awards*]; una serie di [*crimes, novels, insults*]; una catena di [*shops*] **4** *(set)* ***~ of garlic*** treccia d'aglio; ***~ of pearls*** filo di perle; ***~ of islands*** fila di isole **5** EQUIT. ***a ~ of racehorses*** una scuderia di cavalli da corsa **6** MUS. *(on instrument)* corda f. **7** INFORM. stringa f., sequenza f. **8** GASTR. *(in bean)* filo m. **II strings** n.pl. MUS. ***the ~s*** gli strumenti ad arco, gli archi ♦ ***to have sb. on a ~*** manovrare, fare ballare qcn.; ***to pull ~s*** COLLOQ. manovrare nell'ombra; ***without ~s*** o ***with no ~s attached*** senza condizioni, incondizionatamente.
2.string /strɪŋ/ tr. (pass., p.pass. **strung**) **1** MUS. SPORT incordare [*racket, guitar, violin*]; ***to ~ [sth.] tightly*** tendere le corde di [*racket*] **2** *(thread)* infilare [*beads, pearls*] **3** *(hang)* ***to ~ sth (up) above, across*** appendere qcs. sopra, attraverso [*street*] ***to ~ sth. up on*** appendere qcs. su [*lamppost*]; ***to ~ sth between*** appendere qcs. tra [*trees*].
■ **string along** BE COLLOQ. **~ *along*** aggregarsi (**with** a); **~ *[sb.] along*** SPREG. menare per il naso.
■ **string out:** **~ *out*** mettersi in fila; **~ *[sth.] out*, ~ *out [sth.]*** mettere in fila; ***to be strung out along*** [*vehicles*] essere in fila *o* coda lungo [*road*]; ***to be strung out across*** [*people*] disporsi in [*field*].
■ **string together:** **~ *[sth.] together*, ~ *together [sth.]*** mettere in fila [*sentences, words*]; legare [*songs*].
■ **string up** COLLOQ. **~ *[sb.] up*** impiccare.
string bag n. rete f. (per la spesa).
string bean n. fagiolino m. verde.
stringency /ˈstrɪndʒənsɪ/ n. **1** *(of criticism, law, measure)* severità f. **2** *(of control, regulation, test)* rigore m.
stringent /ˈstrɪndʒənt/ agg. [*measure, standard*] rigoroso; [*ban, order*] formale.
stringently /ˈstrɪndʒəntlɪ/ avv. [*observe, respect, apply, treat*] rigorosamente; [*examine, test*] scrupolosamente.

string(ed) instrument ➧ *17* n. MUS. strumento m. a corda, ad arco.
string-pulling /ˈstrɪŋˌpʊlɪŋ/ n. COLLOQ. maneggi m.pl., intrallazzi m.pl.
string quartet n. quartetto m. d'archi.
stringy /ˈstrɪŋɪ/ agg. **1** SPREG. [*meat, beans*] fibroso **2** SPREG. *(thin)* [*hair*] lungo e secco **3** *(wiry)* LETT. [*person, build*] filiforme.
1.strip /strɪp/ n. **1** *(narrow piece) (of material, paper)* striscia f.; *(of land, sand)* striscia f., lingua f.; ***a ~ of garden, beach*** una striscia di giardino, di spiaggia; ***centre*** BE o ***median ~*** AE *(on motorway)* banchina, aiuola spartitraffico **2** (anche **~tease**) spogliarello m., strip m., strip-tease m. **3** SPORT *(clothes)* tenuta f. sportiva ♦ ***to tear sb. off a ~, to tear a ~ off sb.*** COLLOQ. dare una lavata di capo a qcn.
2.strip /strɪp/ **I** tr. (forma in -ing ecc. **-pp-**) **1** (anche **~ off**) *(remove)* togliere [*clothes, paint*]; ***to ~ sth. from*** o ***off sth.*** togliere *o* staccare qcs. da qcs. **2** *(remove everything from)* svestire [*person*]; svuotare [*house, room*]; spogliare [*tree, plant*]; disfare [*bed*]; *(remove paint from)* sverniciare [*window, door*]; *(dismantle)* smontare [*engine*]; ***to ~ sb. of*** spogliare qcn. di [*belongings, rights*]; ***to ~ sb. of his*** o ***her rank*** degradare qcn.; ***he was ~ped of his title*** gli hanno tolto il titolo **3** *(damage)* spanare [*screw*] **II** intr. (forma in -ing ecc. **-pp-**) spogliarsi, svestirsi.
▪ **strip down:** ***~ down*** spogliarsi, svestirsi; ***~ [sth.] down, ~ down [sth.]*** smontare [*gun, engine*]; disfare [*bed*]; sverniciare [*door, window*].
▪ **strip off:** ***~ off*** spogliarsi, svestirsi; ***~ [sth.] off, ~ off [sth.]*** *(remove)* togliere [*paint, wallpaper, clothes*]; spogliare di [*leaves*].
strip cartoon n. fumetto m.
strip club n. locale m. di strip-tease.
stripe /straɪp/ n. **1** *(on fabric, wallpaper)* riga f., striscia f. **2** *(on crockery)* filetto m. **3** *(on animal) (isolated)* striscia f.; *(one of many)* zebratura f., striatura f. **4** MIL. gallone m.
striped /straɪpt/ agg. a righe, rigato; ***blue~*** a righe blu.
strip light n. neon m., luce f. al neon.
strip lighting n. illuminazione f. al neon.
stripling /ˈstrɪplɪŋ/ n. LETT. SPREG. sbarbatello m., giovincello m.
stripped /strɪpt/ **I** p.pass. → **2.strip II** agg. [*pine, wood*] scortecciato.
stripped-down /strɪptˈdaʊn/ agg. [*decor, style*] spoglio, sobrio.
stripper /ˈstrɪpə(r)/ ➧ *27* n. spogliarellista m. e f., stripper m. e f.
1.strip-search /ˈstrɪpsɜːtʃ/ n. = perquisizione personale in cui il soggetto viene fatto spogliare.
2.strip-search /ˈstrɪpsɜːtʃ/ tr. ***to ~ sb.*** perquisire qcn. (facendolo spogliare).
strip show n. (spettacolo di) strip-tease m.
stripy /ˈstraɪpɪ/ agg. rigato, a righe.
strive /straɪv/ intr. (pass. **strove**; p.pass. **striven**) **1** *(try)* cercare, sforzarsi (**to do** di fare); ***to ~ for*** o ***after sth.*** aspirare *o* ambire a qcs. **2** *(fight)* lottare, battersi (anche FIG.).
strobe /strəʊb/ n. (anche **~ light**) luce f. stroboscopica.
strobe lighting n. illuminazione f. stroboscopica.
strode /strəʊd/ pass. → **2.stride**.
1.stroke /strəʊk/ **I** n. **1** *(blow)* colpo m.; *(in tennis, golf)* tiro m., colpo m. **2** FIG. *(touch)* colpo m.; ***at one*** o ***at a single ~*** in un solo colpo; ***a ~ of luck*** un colpo di fortuna; ***a ~ of genius*** un colpo di genio **3** *(in swimming) (movement)* bracciata f.; *(style)* nuoto m. **4** SPORT *(in rowing)* colpo m. di remi, remata f. **5** *(mark) (of pen)* tratto m.; *(of brush)* tocco m., pennellata f. **6** *(in punctuation)* barra f. obliqua **7** *(of clock)* colpo m., rintocco m.; ***on the ~ of four*** alle quattro in punto **8** MED. colpo m. apoplettico **9** *(caress)* carezza f.; ***to give sb., sth. a ~*** accarezzare qcn., qcs. **II** modif. MED. ***~ victim, ~ patient*** (paziente) apoplettico ♦ ***not to do a ~ of work*** non fare niente, battere la fiacca; ***to put sb. off their ~*** *(upset timing)* fare perdere il ritmo a qcn.; FIG. *(disconcert)* disturbare qcn., fare perdere la concentrazione a qcn.
2.stroke /strəʊk/ tr. **1** *(caress)* accarezzare [*person, animal*] **2** SPORT *(in rowing)* ***to ~ an eight*** essere il capovoga di un otto.
1.stroll /strəʊl/ n. passeggiata f.; ***to go for*** o ***take a ~*** andare a fare due passi *o* una passeggiata.
2.stroll /strəʊl/ intr. **1** (anche **~ about**, **~ around**) *(walk)* passeggiare; *(aimlessly)* andare a spasso; ***to ~ in*** entrare senza fretta **2** COLLOQ. (anche **~ home**) vincere facilmente.
stroller /ˈstrəʊlə(r)/ n. **1** *(walker)* chi passeggia; *(more aimless)* chi va a spasso **2** AE *(pushchair)* passeggino m.
strong /strɒŋ, AE strɔːŋ/ agg. **1** *(powerful)* [*arm, person*] forte, robusto; [*army, country, state, swimmer*] forte, potente; [*current, wind*] forte **2** *(sturdy)* [*rope*] resistente, forte; [*table, shoe*] solido, robusto; FIG. [*bond, alibi*] solido, forte; [*cast*] d'eccezione; [*candidate*] forte, favorito; [*currency*] forte, stabile; ***to have a ~ stomach*** COLLOQ. FIG. avere stomaco, avere uno stomaco di ferro **3** *(concentrated)* [*coffee*] ristretto, forte **4** *(alcoholic)* [*drink*] forte, molto alcolico **5** *(noticeable)* [*smell, taste*] forte; [*colour*] forte, acceso **6** *(heartfelt)* [*desire, feeling, conviction*] forte, profondo; [*believer, supporter*] accanito, convinto; [*opinion*] forte, fermo; [*criticism, opposition, reaction*] forte, deciso; ***I have a ~ feeling that he won't come*** ho la netta sensazione che non verrà; ***in the ~est possible terms*** senza mezzi termini **7** *(resolute)* [*ruler, leadership*] forte, deciso; [*action, measure, sanction*] deciso, severo **8** *(pronounced)* [*accent*] forte, marcato; [*rhythm*] forte **9** *(definite)* [*chance*] forte, buono **10** *(good)* ***to be ~ in physics*** essere forte *o* ferrato in fisica; ***he finished the race a ~ second*** nella corsa si è piazzato secondo e con un distacco minimo (dal primo); ***spelling is not my ~ point*** l'ortografia non è il mio forte **11** *(immoderate)* ***~ language*** parole forti, linguaggio volgare **12** LING. [*verb*] forte; [*syllable*] forte, accentato **13** *(in number)* ***the workforce is 500 ~*** la manodopera è forte di 500 persone ♦ ***to be still going ~*** [*person, company*] difendersi ancora bene.
1.strong-arm /ˈstrɒŋɑːm, AE ˈstrɔːŋ-/ agg. [*measure, method*] forte; ***~ tactics*** maniere forti.
2.strong-arm /ˈstrɒŋɑːm, AE ˈstrɔːŋ-/ tr. ***to ~ sb. into doing*** convincere qcn. con le maniere forti a fare.
strongbox /ˈstrɒŋbɒks, AE ˈstrɔːŋ-/ n. cassaforte f.
stronghold /ˈstrɒŋhəʊld, AE ˈstrɔːŋ-/ n. roccaforte f. (anche FIG.), fortezza f.
strongly /ˈstrɒŋlɪ, AE ˈstrɔːŋlɪ/ avv. **1** *(with force)* [*blow*] forte; [*defend oneself*] vigorosamente; FIG. [*oppose, advise, protest, suggest*] vivamente; [*criticize, attack*] ferocemente; [*deny, suspect*] fortemente; [*believe*] fermamente; ***to feel ~ about sth.*** accalorarsi per qcs.; ***~ held beliefs*** forti convinzioni; ***to be ~ in favour of, against sth.*** essere decisamente a favore, contro qcs. **2** *(solidly)* [*fixed, made*] solidamente **3** *(powerfully)* ***to smell ~*** avere un forte odore; ***~ flavoured*** dal gusto forte.
strongly-worded /ˌstrɒŋlɪˈwɜːdɪd, AE ˌstrɔːŋlɪ-/ agg. virulento.
strong-minded /ˌstrɒŋˈmaɪndɪd, AE ˌstrɔːŋ-/ agg. determinato, deciso.
strongroom /ˈstrɒŋruːm, -rʊm, AE ˈstrɔːŋ-/ n. camera f. blindata.
strong-willed /ˌstrɒŋˈwɪld, AE ˌstrɔːŋ-/ agg. tenace, con grande forza di volontà.
strop /strɒp/ n. COLLOQ. ***to be in a ~*** essere di cattivo umore, avere il broncio.
stroppy /ˈstrɒpɪ/ agg. BE COLLOQ. irascibile, indisponente.
strove /strəʊv/ pass., p.pass. → **strive**.
struck /strʌk/ pass., p.pass. → **2.strike**.
structural /ˈstrʌktʃərəl/ agg. strutturale; ***~ engineering*** ingegneria strutturale.
structural engineer ➧ *27* n. strutturista m. e f.
structuralism /ˈstrʌktʃərəlɪzəm/ n. strutturalismo m.
structuralist /ˈstrʌktʃərəlɪst/ **I** agg. strutturalista **II** n. strutturalista m. e f.
structurally /ˈstrʌktʃərəlɪ/ avv. strutturalmente, dal punto di vista strutturale; ***~ sound*** di costruzione solida.
1.structure /ˈstrʌktʃə(r)/ n. **1** *(organization)* struttura f.; ***wage ~*** quadro retributivo; ***career ~*** = l'insieme dei livelli e delle mansioni cui si può giungere intraprendendo una determinata carriera **2** ING. *(building)* struttura f., costruzione f., edificio m.; *(manner of construction)* costruzione f.
2.structure /ˈstrʌktʃə(r)/ tr. *(organize)* strutturare [*essay*]; organizzare [*day*].

1.struggle /'strʌgl/ n. 1 *(battle, fight)* lotta f. (anche FIG.); ***to put up a (fierce) ~*** lottare, difendersi (con accanimento) 2 *(scuffle)* rissa f., scontro m. 3 *(difficult task)* ***it was a ~*** è stata dura; ***I find it a real ~ to do*** o ***doing*** trovo davvero difficile fare; ***they had a ~ to do*** o ***doing*** hanno fatto fatica a fare.

2.struggle /'strʌgl/ intr. 1 *(put up a fight)* [*person, animal*] battersi; *(tussle, scuffle)* [*people, animals, forces*] lottare, battersi; ***to ~ free*** lottare per liberarsi 2 FIG. *(try hard)* battersi, lottare; ***to ~ with a problem*** essere alle prese con un problema 3 *(have difficulty)* [*person, company*] avere delle difficoltà; ***to ~ to keep up*** fare fatica ad andare avanti 4 *(move with difficulty)* ***he ~d into his jeans*** si è infilato nei jeans a fatica; ***to ~ to one's feet*** alzarsi con fatica.

■ **struggle along** procedere a fatica, arrancare (anche FIG.).

■ **struggle back** ritornare a fatica.

■ **struggle on** continuare a stento (anche FIG.).

■ **struggle through:** ***~ through*** superare a stento, a fatica; ***~ through [sth.]*** farsi strada a fatica in [*snow, jungle, crowd*].

struggling /'strʌglɪŋ/ agg. [*artist*] che fatica ad affermarsi.

strum /strʌm/ I tr. (forma in -ing ecc. **-mm-**) 1 *(carelessly)* strimpellare [*guitar, tune*] 2 *(gently)* suonare dolcemente [*guitar*]; ***to ~ a tune*** suonare dolcemente una canzone II intr. (forma in -ing ecc. **-mm-**) ***to ~ on*** *(carelessly)* strimpellare [*guitar*]; *(gently)* suonare dolcemente [*guitar*].

strung /strʌŋ/ pass., p.pass. → **2.string**.

strung out agg. COLLOQ. 1 *(addicted)* ***to be ~ on*** avere dipendenza da [*drug*] 2 *(physically wasted)* ***to be ~*** essere fuso *o* distrutto.

strung up agg. COLLOQ. nervoso, teso.

1.strut /strʌt/ n. 1 *(support)* montante m., puntone m. 2 *(swagger)* andatura f. impettita.

2.strut /strʌt/ intr. (anche **~ about**) (forma in -ing ecc. **-tt-**) pavoneggiarsi; ***to ~ along*** camminare (tutto) impettito.

strychnine /'strɪkni:n/ n. stricnina f.

1.stub /stʌb/ n. 1 *(of pencil, stick)* mozzicone m.; *(of cigarette)* cicca f., mozzicone m. 2 *(counterfoil) (of cheque, ticket)* matrice f.

2.stub /stʌb/ tr. (forma in -ing ecc. **-bb-**) ***to ~ one's toe*** battere il piede (**on** contro).

■ **stub out:** ***~ [sth.] out, ~ out [sth.]*** spegnere [*cigarette*].

stubble /'stʌbl/ n. 1 *(straw)* stoppia f. 2 *(beard)* barba f. corta e ispida.

stubbly /'stʌblɪ/ agg. [*chin*] ispido, non rasato.

stubborn /'stʌbən/ agg. [*person, animal*] testardo, cocciuto; [*behaviour*] ostinato, testardo; [*independence*] tenace; [*resistance, refusal, stain*] ostinato.

stubbornly /'stʌbənlɪ/ avv. [*refuse, deny, resist*] ostinatamente; [*act*] di testa propria.

stubbornness /'stʌbənnɪs/ n. testardaggine f.

stubby /'stʌbɪ/ agg. [*finger*] corto; [*tail*] mozzato; [*person*] tozzo.

1.stucco /'stʌkəʊ/ n. (pl. **~s, ~es**) stucco m.

2.stucco /'stʌkəʊ/ tr. stuccare.

stuck /stʌk/ I pass., p.pass. → **2.stick** II agg. 1 *(unable to move)* bloccato; ***to get ~ in*** impantanarsi in [*mud*]; ***to be ~ with*** COLLOQ. non riuscire a liberarsi di, essere obbligato a fare [*task*]; non riuscire a sbarazzarsi di [*object, person*] 2 COLLOQ. *(stumped)* ***to be ~*** essere imbarazzato *o* in difficoltà 3 *(in a fix)* ***to be ~*** essere nei guai; ***to be ~ for cash*** non riuscire a trovare i contanti; ***to be ~ for something to say*** non sapere che cosa dire, non avere niente da dire.

stuck-up /ˌstʌk'ʌp/ agg. COLLOQ. pieno di sé, montato.

1.stud /stʌd/ n. 1 (anche **~ farm**) stazione f. di monta 2 *(for breeding)* ***to put a horse out to ~*** passare un cavallo in razza 3 COLLOQ. *(man)* stallone m.

2.stud /stʌd/ n. 1 *(on jacket)* borchia f.; *(on door)* chiodo m. a testa grossa 2 *(earring)* piccolo orecchino m. (non pendente) 3 *(for grip) (on shoe)* chiodo m.; *(on football boot)* tacchetto m. 4 *(fastener)* ***collar ~*** bottoncino da colletto 5 *(in road)* catarifrangente m. 6 AUT. *(wheel bolt)* mozzo m. della ruota; *(in tyre)* chiodo m.

studded /'stʌdɪd/ agg. 1 [*jacket*] borchiato; [*door, beam, tyres*] chiodato; ***~ boots, ~ shoes*** SPORT scarpe coi tacchetti 2 *(sprinkled)* ***~ with*** costellato di [*diamonds, jewels*].

student /'stju:dnt, AE 'stu:-/ I n. 1 alunno m. (-a), scolaro m. (-a); studente m. (-essa) (anche UNIV.) 2 *(person interested in a subject)* ***a ~ of*** una persona che studia *o* si interessa di [*history*] II modif. UNIV. [*life*] da studente; [*unrest*] studentesco.

student driver n. AE allievo m. (-a) di scuola guida.

student grant n. UNIV. borsa f. di studio.

student ID card n. AE UNIV. carta f. dello studente.

student nurse n. allievo m. (-a) infermiere (-a).

student teacher n. = studente che fa tirocinio come insegnante.

student union n. *(union)* unione f. studentesca; *(building)* casa f. dello studente.

studhorse /'stʌdhɔ:s/ n. stallone m. da monta.

studied /'stʌdɪd/ I p.pass. → **2.study** II agg. [*negligence*] calcolato, falso; [*elegance*] studiato, affettato.

studio /'stju:dɪəʊ, AE 'stu:-/ n. (pl. **~s**) 1 *(of dancer, film or record company)* studio m.; *(of artist)* atelier m., studio m. 2 (anche **~ apartment** AE, **~ flat** BE) monolocale m. 3 *(film company)* casa f. di produzione cinematografica.

studio audience n. pubblico m. in studio.

studio portrait n. FOT. fotografia f. d'artista.

studio theatre BE, **studio theater** AE n. teatro m. sperimentale.

studious /'stju:dɪəs, AE 'stu:-/ agg. 1 *(hardworking)* [*person*] studioso, diligente 2 *(deliberate)* [*calm*] studiato, calcolato.

stud mare n. cavalla f. da riproduzione, (cavalla) fattrice f.

1.study /'stʌdɪ/ I n. 1 *(gaining of knowledge)* studio m. 2 *(piece of research)* studio m., ricerca f. (**of, on** su) 3 *(room)* studio m., ufficio m. 4 ART. MUS. studio m. 5 *(model)* ***a ~ in incompetence*** un modello di incompetenza II **studies** n.pl. studi m.; ***computer studies*** informatica III modif. [*group*] di studio; ***~ leave*** congedo di studio; ***~ period*** ore di studio; ***~ tour*** o ***trip*** viaggio studio ♦ ***his face was a ~!*** il suo viso era degno di attenzione!

2.study /'stʌdɪ/ I tr. studiare; ***to ~ to be a teacher*** studiare per diventare *o* studiare da COLLOQ. insegnante II intr. 1 *(revise)* studiare 2 *(get one's education)* seguire un corso di studi, studiare (**under sb.** con qcn.).

study aid n. supporto m. didattico.

study hall n. AE 1 *(room)* sala f. di studio 2 *(period)* ore f.pl. di studio assistito.

1.stuff /stʌf/ n. U 1 *(unnamed substance)* roba f., cose f.pl.; ***what's that ~ in the bottle?*** che cos'è quella roba *o* che cosa c'è nella bottiglia? ***she loves the ~*** adora quella roba; ***expensive ~, caviar*** roba cara, il caviale; ***we've sold lots of the ~*** abbiamo venduto molta di quella roba; ***it's strong ~*** *(of drink, drug, detergent)* è roba forte 2 COLLOQ. *(unnamed objects)* roba f., robe f.pl.; *(implying disorder)* pasticcio m.; *(belongings)* roba f., cose f.pl. 3 COLLOQ. *(content of speech, book, film, etc.)* ***who wrote this ~?*** chi ha scritto questo? SPREG. chi ha scritto questa roba(ccia)? ***there's some good ~ in this article*** c'è qualcosa di buono in questo articolo; ***have you read much of her ~?*** hai letto qualcosa di suo *o* qualche sua opera? ***it's romantic ~*** è romantico; ***painting and drawing and ~ like that*** COLLOQ. pittura, disegno e cose del genere; ***it's all about music and ~*** parla solo di musica e cose simili 4 *(fabric)* stoffa f. (anche FIG.); ***her husband was made of somewhat coarser ~*** suo marito era di natura più rozza ♦ ***a bit of ~*** COLLOQ. una bella tipa; ***to do one's ~*** COLLOQ. fare quello che si deve fare; ***to know one's ~*** COLLOQ. sapere il fatto proprio; ***that's the ~!*** COLLOQ. è quello che ci vuole! ben fatto! ben detto!

2.stuff /stʌf/ I tr. 1 *(fill, pack)* riempire, imbottire [*cushion, pillow*] (**with** di); *(implying haste)* riempire [*pocket, suitcase*] (**with** di); *(block up)* tappare [*hole, crack*] 2 *(pack in)* ficcare, infilare [*objects, clothes*] (**in, into** in); ***to ~ one's hands in one's pockets*** infilarsi *o* ficcarsi le mani in tasca; ***to ~ sth. up one's jumper*** infilarsi qcs. sotto la maglia; ***to ~ food into one's mouth*** riempirsi la bocca di cibo 3 GASTR. farcire [*turkey*] 4 impagliare [*animal*] II rifl. COLLOQ. ***to ~ oneself*** rimpinzarsi, riempirsi.

■ **stuff up:** ***~ [sth.] up, ~ up [sth.]*** tappare [*crack, hole*].

stuffed /stʌft/ I p.pass. → **2.stuff** II agg. [*tomato*] ripieno; [*olive*] farcito; [*toy animal*] di pezza, di peluche; [*bird, fox*]

impagliato ♦ ***to be a ~ shirt*** COLLOQ. SPREG. essere un pallone gonfiato.
stuffiness /'stʌfɪnɪs/ n. **1** *(lack of air)* mancanza f. d'aria fresca **2** *(staidness)* compassatezza f.
stuffing /'stʌfɪŋ/ n. **1** GASTR. ripieno m., farcitura f. **2** *(of furniture, pillow)* imbottitura f.; *(of stuffed animal)* paglia f., impagliatura f. ♦ ***to knock the ~ out of sb.*** COLLOQ. [*illness*] buttare a terra qcn., buttare giù qcn.; [*defeat, loss*] buttare a terra qcn., smontare qcn.
stuffy /'stʌfɪ/ agg. **1** [*room, atmosphere*] soffocante **2** *(staid)* [*person, remark*] compassato **3** *(blocked)* [*nose*] chiuso, tappato.
stultify /'stʌltɪfaɪ/ tr. stordire [*person*]; appannare [*mind, senses*].
stultifying /'stʌltɪfaɪɪŋ/ agg. che stordisce.
1.stumble /'stʌmbl/ n. passo m. incerto, malfermo; FIG. passo m. falso.
2.stumble /'stʌmbl/ intr. **1** *(trip)* inciampare, incespicare (**against** contro; **on**, **over** in) **2** *(stagger)* ***to ~ in, out*** entrare, uscire con passo malfermo **3** *(in speech)* esitare, impaperarsi; ***to ~ over*** incespicare in [*phrase, word*].
stumble across: ***~ across [sb., sth.]*** imbattersi in [*person, information*].
stumble (up)on: ***~ (up)on [sb., sth.]*** imbattersi in [*person, event*]; trovare per caso [*place, item*].
stumbling block n. ostacolo m., intoppo m.
1.stump /stʌmp/ n. **1** *(of tree)* ceppo m. **2** *(of candle, pencil)* mozzicone m. **3** *(of limb)* moncone m.; *(of tooth)* radice f. **4** *(in cricket)* paletto m. **5** AE POL. *(rostrum)* podio m. ♦ ***to be on the ~*** AE tenere un comizio.
2.stump /stʌmp/ **I** tr. **1** COLLOQ. *(perplex)* sconcertare, sbalordire [*person*]; ***to be ~ed for an answer*** non riuscire a trovare una risposta; ***the question had me ~ed*** la domanda mi ha messo in difficoltà; ***I'm ~ed (in quiz)*** non ne ho idea; *(nonplussed)* non so che pesci pigliare **2** AE POL. tenere comizi elettorali, fare una campagna elettorale in [*state*] **II** intr. **1** *(stamp)* ***to ~ in, out*** entrare, uscire con passo pesante **2** AE POL. fare una campagna elettorale, tenere comizi elettorali.
stump up BE COLLOQ. sborsare (**for** per).
stumpy /'stʌmpɪ/ agg. [*person*] tarchiato, tozzo; [*legs*] tozzo.
stun /stʌn/ tr. (forma in -ing ecc. **-nn-**) **1** *(physically)* stordire, intontire **2** *(amaze, shock)* sbalordire.
stung /stʌŋ/ pass., p.pass. → **2.sting**.
stunk /stʌŋk/ p.pass. → **2.stink**.
stunned /stʌnd/ **I** p.pass. → **stun II** agg. **1** *(dazed)* stordito, intontito **2** *(amazed, shocked)* scioccato, ammutolito.
stunner /'stʌnə(r)/ n. COLLOQ. ***she's a ~*** è uno schianto.
stunning /'stʌnɪŋ/ agg. **1** *(beautiful)* favoloso, stupendo **2** *(amazing)* scioccante, sbalorditivo **3** [*blow*] che stordisce.
1.stunt /stʌnt/ n. **1** SPREG. trovata f., trucco m. **2** CINEM. TELEV. *(with risk)* caduta f. pericolosa, acrobazia f.; ***aerial ~s*** acrobazie aeree **3** AE COLLOQ. bravata f.
2.stunt /stʌnt/ tr. arrestare, bloccare, impedire [*development, growth*].
stunted /'stʌntɪd/ **I** p.pass. → **2.stunt II** agg. **1** *(deformed)* [*tree, plant*] striminzito; [*body*] striminzito, rachitico **2** *(blighted)* [*personality*] ritardato.
stuntman /'stʌntmæn/ ➧ **27** n. (pl. **-men**) stuntman m., cascatore m.
stunt pilot ➧ **27** n. pilota m. acrobatico.
stuntwoman /'stʌnt,wʊmən/ ➧ **27** n. (pl. **-women**) stuntwoman f., cascatrice f.
stupefaction /,stju:pɪ'fækʃn/ n. **1** *(astonishment)* stupore m. **2** *(torpor)* torpore m.
stupefy /'stju:pɪfaɪ, AE 'stu:-/ tr. **1** *(astonish)* stupefare **2** *(make torpid)* intorpidire, ottundere.
stupefying /'stju:pɪfaɪɪŋ, AE 'stu:-/ agg. stupefacente.
stupendous /stju:'pendəs, AE stu:-/ agg. [*idea, film, building, view*] stupendo, meraviglioso; [*size*] enorme; [*loss, folly*] incredibile, immenso.
stupid /'stju:pɪd, AE 'stu:-/ **I** agg. **1** *(unintelligent)* [*person, animal*] stupido **2** *(foolish)* [*person, idea, remark*] stupido, idiota; ***it is ~ of you to do*** è stupido da parte tua fare; ***I've done something ~*** ho fatto una stupidaggine; ***the ~ car won't start!*** questa stupida macchina non vuole partire! **3** *(in a stupor)* stordito (**with** da) **II** n. COLLOQ. stupido m. (-a).
stupidity /stju:'pɪdətɪ, AE stu:-/ n. **1** *(foolishness) (of person, idea, remark)* stupidità f., stupidaggine f. **2** *(lack of intelligence)* stupidità f.
stupidly /'stju:pɪdlɪ, AE 'stu:-/ avv. stupidamente.
stupor /'stju:pə(r), AE 'stu:-/ n. stupore m., torpore m.; ***to be in a ~*** essere in stato stuporoso.
sturdy /'stɜ:dɪ/ agg. [*person, animal*] forte, robusto; [*plant, object*] resistente, robusto.
sturgeon /'stɜ:dʒən/ n. storione m.
1.stutter /'stʌtə(r)/ n. balbuzie f.; ***to have a ~*** balbettare.
2.stutter /'stʌtə(r)/ tr. e intr. balbettare.
St Valentine's Day n. san Valentino m.
1.sty /staɪ/ n. (anche **stye**) orzaiolo m.
2.sty /staɪ/ n. *(for pigs)* porcile m.
1.style /staɪl/ n. **1** *(manner)* stile m. (anche LETTER.); ***in the neoclassical ~*** in stile neoclassico **2** *(elegance)* classe f., stile m.; ***to bring a touch of ~ to*** dare un tocco di classe a; ***to win in ~*** vincere alla grande; ***to do things in ~*** fare le cose in grande stile **3** *(design) (of car, clothing)* modello m.; *(of house)* tipo m. **4** *(fashion)* moda f.; ***the latest ~*** l'ultima moda **5** *(approach)* stile m., modo m. di fare; ***I don't like your ~*** non mi piace il tuo stile *o* il tuo modo di fare **6** *(hairstyle)* taglio m. **7 -style** in composti ***Californian-~*** in stile californiano; ***Italian-~*** all'italiana.
2.style /staɪl/ **I** tr. **1** *(design)* disegnare, progettare [*car, kitchen, building*]; disegnare, creare [*collection, dress*] **2** *(cut)* acconciare, tagliare [*hair*] **II** rifl. ***to ~ oneself doctor*** farsi chiamare *o* attribuirsi il titolo di dottore.
styli /'staɪlaɪ/ → **stylus**.
styling /'staɪlɪŋ/ **I** n. **1** *(design)* styling m., progettazione f. **2** *(contours)* linea f. **3** *(in hairdressing)* acconciatura f., taglio m. **II** modif. [*gel, mousse*] fissante; [*equipment*] per parrucchiere.
styling brush n. spazzola f. arricciacapelli elettrica.
stylish /'staɪlɪʃ/ agg. **1** *(smart)* [*person, coat, car, flat*] elegante, alla moda; [*resort, restaurant*] chic, alla moda, di moda **2** *(accomplished)* [*performance, player*] di gran classe; [*thriller*] ricco di stile; [*writer*] di grande stile.
stylist /'staɪlɪst/ ➧ **27** n. **1** *(hairdresser)* parrucchiere m. (-a), stylist m. e f. **2** *(writer)* maestro m. (-a) di stile, stilista m. e f. **3** *(in fashion)* stilista m. e f. **4** IND. designer m. e f. (industriale), stilista m. e f.
stylistic /staɪ'lɪstɪk/ agg. stilistico.
stylistic device n. LETTER. artificio m. stilistico, stilismo m.
stylistics /staɪ'lɪstɪks/ n. + verbo sing. LETTER. stilistica f.
stylized /'staɪlaɪzd/ agg. *(non-realist)* stilizzato.
stylus /'staɪləs/ n. (pl. **~es**, **-i**) **1** *(of record player)* puntina f. **2** *(for writing)* stilo m.
stymie /'staɪmɪ/ tr. COLLOQ. ostacolare, fare fallire [*plan*]; ostacolare, frustrare [*person*].
stymied /'staɪmɪd/ agg. COLLOQ. *(thwarted)* ostacolato, frustrato.
suave /swɑ:v/ agg. [*person, manner*] mellifluo, untuoso.
sub /sʌb/ n. **1** SPORT (accorc. substitute) riserva f. **2** MAR. (accorc. submarine) sottomarino m. **3** (accorc. subscription) *(to association, scheme)* quota f. associativa; *(to magazine, TV)* abbonamento m. **4** AE (accorc. substitute teacher) supplente m. e f.
subaltern /'sʌbltən, AE sə'bɔ:ltərn/ ➧ **23** n. BE MIL. ufficiale m. subalterno.
subaqua /,sʌb'ækwə/ agg. [*club*] di immersioni.
subatomic /,sʌbə'tɒmɪk/ agg. subatomico.
subcommittee /'sʌbkəmɪtɪ/ n. sottocomitato m.
subconscious /,sʌb'kɒnʃəs/ **I** agg. inconscio; PSIC. subconscio **II** n. ***the ~*** il subcosciente, il subconscio.
subconsciously /,sʌb'kɒnʃəslɪ/ avv. inconsciamente; PSIC. in modo subconscio.
subcontinent /,sʌb'kɒntɪnənt/ n. subcontinente m.
1.subcontract /,sʌb'kɒntrækt/ n. subappalto m.
2.subcontract /,sʌbkən'trækt/ tr. subappaltare (**to**, **out to** a).
subcontracting /,sʌbkən'træktɪŋ/ n. (il) subappaltare.
subcontractor /,sʌbkən'træktə(r)/ ➧ **27** n. subappaltatore m. (-trice).

subcutaneous /ˌsʌbkju:ˈteɪnɪəs/ agg. sottocutaneo.
subdivide /ˌsʌbdɪˈvaɪd/ **I** tr. suddividere [*house, site*] **II** intr. suddividersi.
subdivision /ˌsʌbdɪˈvɪʒn/ n. suddivisione f.
subdue /səbˈdju:, AE -ˈdu:/ tr. **1** *(conquer)* sottomettere, assoggettare [*people, nation*]; domare [*rebellion*] **2** *(hold in check)* contenere, controllare [*emotion*].
subdued /səbˈdju:d, AE -ˈdu:d/ **I** p.pass. → **subdue II** agg. **1** *(downcast)* [*person*] sottomesso, assoggettato; [*mood*] depresso; [*voice*] pacato, sommesso **2** *(muted)* [*excitement, reaction*] contenuto; [*conversation*] pacato; [*lighting*] soffuso; [*colour*] smorzato.
subedit /ˌsʌbˈedɪt/ tr. BE curare la revisione di, rivedere [*text*].
subeditor /ˌsʌbˈedɪtə(r)/ ♦ *27* n. BE *(in publishing)* revisore m.
subgroup /ˈsʌbgru:p/ n. sottogruppo m.
subheading /ˈsʌbhedɪŋ/ n. *(in text)* sottotitolo m.
subhuman /ˌsʌbˈhju:mən/ agg. [*behaviour*] inumano, mostruoso.
1.subject /ˈsʌbdʒɪkt/ n. **1** *(topic)* soggetto m., argomento m.; ***to change*** o ***drop the*** ~ cambiare argomento, lasciare cadere l'argomento; ***to raise a*** ~ sollevare una questione; ***while we're on the*** ~ ***of...*** visto che siamo in tema di... **2** *(at school, college)* materia f.; *(for research, study)* soggetto m.; ***her*** ~ ***is genetics*** è specializzata in genetica **3** ART. FOT. soggetto m. **4** *(focus)* ***to be the*** ~ ***of an inquiry*** essere l'oggetto di un'inchiesta **5** LING. soggetto m. **6** *(citizen)* suddito m. (-a).
2.subject /ˈsʌbdʒɪkt/ agg. **1** *(subservient)* [*people, race*] asservito, sottomesso **2** *(obliged to obey)* ***to be*** ~ ***to*** essere soggetto a [*law, rule*] **3** *(liable)* ***to be*** ~ ***to*** essere soggetto a [*flooding, fits*]; essere assoggettabile a [*tax*]; ***prices are*** ~ ***to increases*** i prezzi possono subire aumenti; ***flights are*** ~ ***to delay*** i voli possono subire ritardi **4** *(dependent)* ***to be*** ~ ***to*** dipendere da [*approval*]; ***"~ to alteration"*** "soggetto a variazioni"; ***"~ to availability"*** *(of flights, tickets)* "in base alla disponibilità"; *(of goods)* "salvo venduto".
3.subject /səbˈdʒekt/ tr. **1** *(expose)* ***to*** ~ ***sb. to*** esporre qcn. a [*insults*]; sottoporre qcn. a [*stress*]; ***to be*** ~***ed to*** dover sopportare [*noise*]; essere oggetto di [*attacks*]; essere sottoposto a [*torture*]; ***to*** ~ ***sth. to heat*** esporre qcs. al calore **2** LETT. *(subjugate)* sottomettere [*race, country*].
subject heading n. voce f. (di indice, catalogo ecc.).
subject index n. *(in book)* indice m. analitico; *(in library)* indice m. per soggetti.
subjection /səbˈdʒekʃn/ n. soggezione f., sottomissione f. (**to** a).
subjective /səbˈdʒektɪv/ agg. *(personal or biased)* soggettivo.
subject matter n. soggetto m., argomento m., tema m.
sub judice /ˌsʌbˈdʒu:dɪsɪ, sʊbˈju:dɪkeɪ/ agg. [*case*] sub judice, da discutere in tribunale.
subjugate /ˈsʌbdʒʊgeɪt/ tr. **1** *(oppress)* soggiogare, assoggettare [*country, people*] **2** *(suppress)* domare [*desire*]; soggiogare, sottomettere [*will*].
subjugation /ˌsʌbdʒʊˈgeɪʃn/ n. soggiogamento m., assoggettamento m.
subjunctive /səbˈdʒʌŋktɪv/ **I** agg. LING. [*form, tense*] del congiuntivo; [*mood*] congiuntivo **II** n. LING. congiuntivo m.
sublet /ˌsʌbˈlet/ tr. e intr. (forma in -ing **-tt-**; pass., p.pass. **-let**) subaffittare, sublocare.
sublieutenant /ˌsʌblefˈtenənt, AE -lu:ˈt-/ ♦ *23* n. GB sottotenente m. di vascello.
sublimate /ˈsʌblɪmeɪt/ tr. CHIM. PSIC. sublimare.
sublimation /ˌsʌblɪˈmeɪʃn/ n. CHIM. PSIC. sublimazione f.
sublime /səˈblaɪm/ **I** agg. **1** [*genius, beauty*] sublime **2** COLLOQ. [*food, clothes, person*] fantastico **3** [*indifference*] supremo, notevole **II** n. ***the*** ~ il sublime.
sublimely /səˈblaɪmlɪ/ avv. **1** [*play, perform, sing*] in modo sublime, sublimemente **2** [*indifferent*] notevolmente.
subliminal /səbˈlɪmɪnl/ agg. [*advertising, message, level*] subliminale.
submachine gun /ˌsʌbməˈʃi:ngʌn/ n. mitra m.
submarine /ˌsʌbməˈri:n, AE ˈsʌb-/ **I** n. MAR. sottomarino m. **II** agg. [*plant, life, cable*] subacqueo, sottomarino.
submenu /ˈsʌbmenju:/ n. INFORM. sottomenu m.
submerge /səbˈmɜ:dʒ/ **I** tr. [*sea, flood*] sommerger[e] [*person*] immergere; ***to remain*** ~***d*** [*submarine*] restare [i]mmersione **II** rifl. ***to*** ~ ***oneself in*** immergersi in [*work*].
submerged /səbˈmɜ:dʒd/ **I** p.pass. → **submerge II** ag[g.] sommerso, immerso (anche FIG.).
submersion /səbˈmɜ:ʃn, AE -mɜ:rʒn/ n. *(action)* imme[r]sione f.; *(fact of being submerged)* sommersione f.
submission /səbˈmɪʃn/ n. **1** *(obedience, subjection)* so[t]tomissione f. (**to** a); SPORT resa f.; ***to frighten sb. into*** ~ so[t]tomettere qcn. con la paura **2** *(of application etc.)* prese[n]tazione f. (**to** a) **3** *(report)* rapporto m. **4** DIR. *(closing argu[-]ment)* proposta f. di compromesso.
submissive /səbˈmɪsɪv/ agg. [*person, attitude*] sottomess[o,] remissivo; [*behaviour*] docile.
submit /səbˈmɪt/ **I** tr. (forma in -ing ecc. **-tt-**) **1** *(send, presen[t])* presentare [*report, accounts, plan, resignation*] (**to** a); pr[e]sentare, proporre [*bill, application*] (**to** a); depositare, presenta[re] [*claim, estimate*] (**to** a); sottomettere [*script*] (**to** a) **2** FORM[.] *(propose)* proporre (anche DIR.) **II** intr. (forma in -ing ecc. **-tt**[**-**]) sottomettersi, cedere; ***to*** ~ ***to*** subire [*injustice*]; sottoporsi [a] [*will, demand, discipline*]; DIR. sottostare a [*decision*].
subnormal /sʌbˈnɔ:ml/ agg. **1** SPREG. [*person*] subnormale [**2**] [*temperature*] al di sotto del normale.
1.subordinate /səˈbɔ:dɪnət, AE -dənət/ **I** agg. [*positio[n]*] subordinato; [*officer, rank*] subalterno; [*matter, question*] seco[n]dario (**to** a) **II** n. subordinato m. (-a), subalterno m. (-a).
2.subordinate /səˈbɔ:dɪneɪt/ tr. subordinare (**to** a) (anch[e] LING.).
subordinate clause n. LING. proposizione f. subordinata.
subordination /səˌbɔ:dɪˈneɪʃn/ n. subordinazione f.
suborn /səˈbɔ:n/ tr. subornare.
1.subpoena /səˈpi:nə/ n. mandato m. di comparizione.
2.subpoena /səˈpi:nə/ tr. (3ª persona sing. pres. **~s**; pass[.] p.pass. **~ed**) emanare un mandato di comparizione nei co[n]fronti di.
subroutine /ˈsʌbru:ti:n/ n. INFORM. subroutine f., sottopr[o]gramma m.
subscribe /səbˈskraɪb/ **I** tr. *(pay)* sottoscrivere [*su[m,] amount*] **II** intr. **1** *(agree with)* ***to*** ~ ***to*** aderire a [*view, value*] **2** *(buy)* ***to*** ~ ***to*** abbonarsi a [*magazine etc.*] **3** ECON. *(apply)* ~ ***for*** sottoscrivere [*shares*] **4** *(contribute)* ***to*** ~ ***to*** contribuire [a] [*charity, fund*].
subscriber /səbˈskraɪbə(r)/ n. **1** *(to periodical etc.)* abbo[-]nato m. (-a) **2** TEL. abbonato m. (-a) (telefonico) **3** *(to fun[d,] shares)* sottoscrittore m. (-trice).
subscription /səbˈskrɪpʃn/ n. **1** *(to magazine)* abbonamen[to] m. **2** BE *(fee) (to association, scheme)* quota f. associativ[a;] *(to TV)* abbonamento m. **3** *(to fund, share issue)* sott[o]scrizione f.
subscription rate n. quota f. d'abbonamento.
subsection /ˈsʌbsekʃn/ n. sottosezione f. (anche DIR.).
subsequent /ˈsʌbsɪkwənt/ agg. *(in past)* successivo, ult[e]riore; *(in future)* successivo, susseguente.
subsequently /ˈsʌbsɪkwəntlɪ/ avv. successivamen[te,] susseguentemente.
subservience /səbˈsɜ:vɪəns/ n. subordinazione f., servilism[o] m. (**to** verso).
subservient /səbˈsɜ:vɪənt/ agg. **1** SPREG. servile (**to** verso) [**2**] *(subordinate)* subordinato (**to** a).
subset /ˈsʌbset/ n. MAT. sottoinsieme m.
subside /səbˈsaɪd/ intr. **1** *(die down)* [*storm, wind*] cessa[re,] calmarsi; [*applause, noise*] diminuire, attenuarsi; [*anger, fea[r]*] placarsi, passare; [*laughter, excitement*] smorzarsi; [*fever*] sce[n]dere; [*flames*] estinguersi **2** *(sink)* [*water*] ritirarsi; [*lan[d]*] abbassarsi, avvallarsi, sprofondare; [*building*] sprofondare [**3**] *(sink down)* [*person*] sprofondarsi, lasciarsi cadere (**into** [o] **onto** su).
subsidence /səbˈsaɪdəns, ˈsʌbsɪdəns/ n. subsidenza f.
subsidiarity /səbˌsɪdɪˈærətɪ/ n. DIR. sussidiarietà f.
subsidiary /səbˈsɪdɪərɪ, AE -dɪerɪ/ **I** n. (anche ~ **compan[y]**) consociata f. **II** agg. [*reason, question*] secondario (**to** in ra[p]porto a).
subsidize /ˈsʌbsɪdaɪz/ tr. sovvenzionare, sussidiare.
subsidy /ˈsʌbsɪdɪ/ n. sovvenzione f., sussidio m. (**to**, **for** a).

subsist /səb'sɪst/ intr. sussistere.
subsistence /səb'sɪstəns/ **I** n. sussistenza f. **II** modif. [*level, wage*] di sussistenza; ~ ***farming*** agricoltura di sussistenza.
subsoil /'sʌbsɔɪl/ n. sottosuolo m.
substance /'sʌbstəns/ n. **1** *(matter)* sostanza f. **2** *(essence) (of argument, talks)* essenza f., sostanza f.; *(of book)* sostanza f.; ***in ~*** in sostanza **3** *(solidity, reality) (of argument)* solidità f., consistenza f.; *(of claim)* fondatezza f.; *(of play, book)* solidità f.; ***there is no ~ to the allegations*** queste asserzioni sono prive di fondamento; ***to lend ~ to*** dare peso a [*claim*] **4** FORM. *(significance)* ***something of ~*** qualcosa d'importante **5** ANT. FORM. *(wealth)* ***a person of ~*** una persona agiata.
substance abuse n. abuso m. di sostanze stupefacenti.
substandard /ˌsʌb'stændəd/ agg. [*goods*] di qualità inferiore, scadente; [*essay*] insufficiente; [*performance, workmanship*] inadeguato.
substantial /səb'stænʃl/ agg. **1** *(in amount)* [*sum, quantity, majority, number*] considerevole; [*imports, loss*] sostanziale; [*meal*] sostanzioso **2** *(in degree)* [*change, difference, fall, impact, risk, damage*] considerevole; [*role*] importante, considerevole **3** *(solid)* [*chair*] resistente; [*evidence*] solido, fondato **4** *(wealthy)* [*business*] (finanziariamente) solido.
substantially /səb'stænʃəlɪ/ avv. **1** *(considerably)* [*increase, reduce*] considerevolmente; [*higher, lower, better, less*] nettamente, decisamente **2** *(mainly)* [*true, correct*] sostanzialmente, in gran parte.
substantiate /səb'stænʃɪeɪt/ tr. FORM. provare, sostanziare [*allegation*]; sostanziare, suffragare [*statement*].
substantive /'sʌbstəntɪv/ **I** agg. **1** FORM. *(significant)* sostanziale, importante **2** LING. sostantivo **II** n. LING. sostantivo m.
1.substitute /'sʌbstɪtju:t, AE -tu:t/ **I** n. **1** *(person)* sostituto m. (-a), rimpiazzo m.; SPORT riserva f. **2** *(product, substance)* (prodotto) succedaneo m.; ***coffee ~*** succedaneo del caffè; ***sugar ~*** dolcificante; ***there is no ~ for a good education*** non c'è nulla che possa sostituire una buona istruzione **II** modif. [*machine, device*] sostitutivo; [*family, parent*] putativo; ***~ player*** SPORT riserva; ***~ teacher*** AE supplente.
2.substitute /'sʌbstɪtju:t, AE -tu:t/ **I** tr. sostituire (**for** a); ***to ~ X for Y*** sostituire X a Y **II** intr. ***to ~ for sb., sth.*** sostituire *o* rimpiazzare qcn., qcs.
substitute's bench n. SPORT panchina f. (delle riserve).
substitution /ˌsʌbstɪ'tju:ʃn, AE -'tu:-/ n. sostituzione f.; ***the ~ of X for Y*** la sostituzione di X a Y.
substitutional /ˌsʌbstɪ'tju:ʃənl, AE -'tu:-/ agg. sostitutivo.
substratum /ˌsʌb'strɑ:təm, AE 'sʌbstreɪtəm/ n. (pl. **-a**) **1** *(basis)* fondo m. **2** GEOL. *(subsoil)* sottosuolo m.; *(bedrock)* substrato m. **3** SOCIOL. base f.
subsume /səb'sju:m, AE -'su:m/ tr. sussumere (**into, under** a).
subterfuge /'sʌbtəfju:dʒ/ n. sotterfugio m.; pretesto m.
subterranean /ˌsʌbtə'reɪnɪən/ agg. sotterraneo.
subtext /'sʌbtekst/ n. LETTER. significato m. sottinteso; FIG. allusione f.
1.subtitle /'sʌbtaɪtl/ n. sottotitolo m.
2.subtitle /'sʌbtaɪtl/ tr. sottotitolare.
subtitling /'sʌbtaɪtlɪŋ/ n. sottotitolazione f.
subtle /'sʌtl/ agg. **1** *(barely perceptible)* [*distinction*] sottile; [*change*] leggero **2** *(finely tuned)* [*analysis, allusion, hint*] sottile; [*strategy, idea*] astuto, ingegnoso; [*humour*] sottile, pungente; [*performance*] complesso, ricco di sfumature **3** *(perceptive)* [*analyst*] perspicace; [*person, mind*] sottile, acuto **4** *(delicate)* [*blend, colour*] delicato; [*lighting*] soffuso.
subtlety /'sʌtltɪ/ n. **1** *(of film, book, music, style)* complessità f. **2** *(of actions, manner)* sottigliezza f., astuzia f. **3** *(of flavour)* delicatezza f.
subtly /'sʌtlɪ/ avv. **1** *(imperceptibly)* [*change*] impercettibilmente; [*different*] leggermente, vagamente **2** *(in a complex way)* [*argue*] sottilmente; [*analyse, act*] con sottigliezza **3** *(delicately)* [*flavoured, coloured*] delicatamente.
subtotal /'sʌbtəʊtl/ n. subtotale m.
subtract /səb'trækt/ **I** tr. MAT. sottrarre (**from** da) **II** intr. fare una sottrazione, delle sottrazioni.
subtraction /səb'trækʃn/ n. sottrazione f.
suburb /'sʌbɜ:b/ **I** n. sobborgo m.; ***inner ~*** periferia **II** **suburbs** n.pl. ***the ~s*** la periferia (residenziale); ***the outer ~s*** l'estrema periferia.
suburban /sə'bɜ:bən/ agg. **1** [*street, shop*] di periferia; [*development*] suburbano; AE [*shopping mall*] in periferia; ***~ sprawl*** sviluppo disordinato delle periferie **2** SPREG. [*outlook*] ristretto; [*values*] piccolo borghese.
suburbanite /sə'bɜ:bənaɪt/ n. SPREG. chi abita in periferia.
suburbia /sə'bɜ:bɪə/ n. **U** periferia f.
subvention /səb'venʃn/ n. **1 C** *(subsidy)* sovvenzione f., sussidio m. **2 U** *(financing)* sovvenzioni f.pl., finanziamento m.
subversion /sə'bvɜ:ʃn, AE -'vɜ:rʒn/ n. sovversione f.
subversive /səb'vɜ:sɪv/ **I** agg. sovversivo **II** n. *(person)* sovversivo m. (-a).
subvert /səb'vɜ:t/ tr. sovvertire, rovesciare [*establishment*]; corrompere [*agent*]; mandare a monte [*negotiations*].
subway /'sʌbweɪ/ **I** n. **1** BE *(for pedestrians)* sottopassaggio m. **2** AE *(underground railway)* metropolitana f. **II** modif. AE [*station*] della metropolitana; [*train*] sotterraneo.
sub-zero /ˌsʌb'zɪərəʊ/ agg. [*temperature*] sottozero.
succeed /sək'si:d/ **I** tr. succedere a, subentrare a [*person*]; ***to ~ sb. as king*** succedere a qcn. sul trono; ***she ~ed him as president*** è successa a lui come presidente **II** intr. **1** *(achieve success)* [*person, plan*] riuscire, avere successo; ***to ~ in doing*** riuscire a fare; ***to ~ in business*** riuscire *o* avere successo negli affari **2** *(accede)* ***to ~ to*** salire a [*throne*]; succedere a [*presidency*].
succeeding /sək'si:dɪŋ/ agg. *(in past)* seguente, successivo; *(in future)* prossimo, a venire; ***with each ~ year*** di anno in anno.
success /sək'ses/ n. **1** successo m., riuscita f.; ***to meet with ~*** avere successo; ***he made a ~ of his life*** è riuscito ad avere successo nella vita; ***they made a ~ of the business*** l'affare è stato un successo per loro; ***sb.'s ~ in*** il successo di qcn. a [*exam, election*] **2** *(person, thing that succeeds)* successo m.; ***to be a huge ~*** [*party, film*] essere *o* avere un grande successo *o* un successone.
successful /sək'sesfl/ agg. **1** *(effective)* [*attempt, operation*] riuscito; [*plan, campaign*] coronato da successo; [*treatment, policy*] efficace; ***to be ~ in*** o ***at doing*** riuscire a fare **2** *(that does well)* [*film, writer*] *(profitable)* di successo; *(well regarded)* apprezzato; [*businessman, company*] di successo; [*career*] brillante, di successo; ***to be ~*** riuscire, avere successo **3** *(that wins, passes)* [*candidate*] vincente; [*applicant*] scelto; [*team*] vittorioso, vincente; ***her application was not ~*** la sua domanda non è stata accettata **4** *(happy)* [*marriage*] riuscito; [*outcome*] positivo.
successfully /sək'sesfəlɪ/ avv. con successo.
succession /sək'seʃn/ n. **1** *(sequence) (of attempts, events)* serie f., successione f.; ***in ~*** di seguito; ***in close*** o ***quick ~*** in rapida successione **2** *(inheriting)* successione f.; *(descent)* eredi m.pl.; ***~ to the throne*** successione al trono.
successive /sək'sesɪv/ agg. [*attempt, generation*] successivo; [*day, week, year*] consecutivo; ***with each ~ season...*** a ogni nuova stagione...
successor /sək'sesə(r)/ n. **1** *(person)* successore m. (**of sb., to sb.** di qcn.; **to sth.** a qcs.); ***to be sb.'s ~ as*** succedere a qcn. come [*monarch, minister*] **2** *(invention, concept)* sostituto m. (-a).
success rate n. percentuale f. di studenti promossi.
success story n. storia f. di un successo, realizzazione f.
succinct /sək'sɪŋkt/ agg. [*statement, person*] succinto, breve, conciso.
1.succour BE, **succor** AE /'sʌkə(r)/ n. FORM. soccorso m.
2.succour BE, **succor** AE /'sʌkə(r)/ tr. FORM. soccorrere.
succulent /'sʌkjʊlənt/ **I** n. pianta f. grassa **II** agg. succulento (anche BOT.).
succumb /sə'kʌm/ intr. soccombere (**to** a).
such /sʌtʃ/ **I** pron. *(this)* ***~ is life*** così è la vita; ***she's a good singer and recognized as ~*** è una brava cantante ed è riconosciuta come tale; ***religion as ~*** la religione in quanto tale **II** determ. **1** *(of kind previously mentioned) (replicated)* tale; *(similar)* così, simile; *(of similar sort)* di questo tipo; ***~ a situation*** una situazione tale; ***~ individuals*** tipi così; ***in ~ a situation*** in una situazione come questa; ***at ~ a time*** in un

momento simile; ***and other ~ arguments*** e altri argomenti così *o* di questo tipo; ***doctors, dentists and all ~ people*** dottori, dentisti e gente del genere; ***a mouse or some ~ animal*** un topo o un animale simile *o* così; ***there was some ~ case last year*** c'è stato un caso simile l'anno scorso; ***you'll do no ~ thing!*** non sognarti di fare una cosa simile! **2** *(of specific kind)* ***to be ~ that*** essere tale che; ***his movements were ~ as to arouse suspicion*** i suoi spostamenti erano tali da fare sorgere dei *o* destare sospetti; ***in ~ a way that*** in modo tale da **3** *(any possible)* ***~ money as I have*** quei pochi soldi che ho; ***until ~ time as*** fino a quando *o* al momento in cui **4** *(so great)* tale; ***~ was his admiration that*** la sua ammirazione era tale che **III** avv. **1** *(to a great degree) (with adjectives)* così, talmente; *(with nouns)* tale; ***~ a nice boy!*** un ragazzo così simpatico! ***~ good quality as this*** di qualità (buona) come questa; ***it was ~ (a lot of) fun*** è stato così divertente; ***~ a lot of problems*** (così) tanti problemi; ***(ever) ~ a lot of people*** (così) tanta gente **2 such as** come, tale che; ***~ a house as this, a house ~ as this*** una casa come questa; ***a person ~ as her*** una persona come lei; ***~ as?*** *(as response)* per esempio? ***there are no ~ things as giants*** i giganti non esistono; ***have you ~ a thing as a screwdriver?*** hai per caso un cacciavite?

such and such determ. tale; ***at ~ a time*** in un momento come questo, in un tale momento.

suchlike /'sʌtʃlaɪk/ **I** pron. COLLOQ. ***and ~*** e simili, e così via **II** agg. COLLOQ. così, di questo tipo.

1.suck /sʌk/ n. ***to give sth. a ~*** succhiare qcs.; ***to have a ~ of*** dare un'assaggiatina a [*drink*].

2.suck /sʌk/ **I** tr. **1** *(drink in)* aspirare [*liquid, air*] (**through** con); *(extract)* succhiare; ***to ~ sb. dry*** FIG. *(of money)* succhiare il sangue a qcn., spremere tutti i soldi a qcn. **2** *(lick)* succhiare [*fruit, pencil, thumb*]; [*baby*] succhiare [*breast*] **3** *(pull)* [*current, wind, mud*] risucchiare [*person*]; ***to be ~ed down*** o ***under*** essere risucchiato; ***to get ~ed into*** FIG. essere risucchiato in **II** intr. [*baby*] poppare; ***to ~ at*** succhiare [*ice*]; ***to ~ on*** aspirare da [*pipe*].

▪ **suck in:** ~ ***in [sth.], ~ [sth.] in*** [*person*] inspirare [*air*]; [*machine*] aspirare [*air, liquid*]; ***to ~ in one's cheeks*** risucchiarsi le guance; ***to ~ in one's stomach*** tirare in dentro lo stomaco.

▪ **suck out:** ~ ***[sth.] out, ~ out [sth.]*** aspirare [*air, liquid, dirt*]; succhiare [*poison, blood*].

▪ **suck up:** ~ ***up*** COLLOQ. leccare i piedi (**to sb.** a qcn.); ~ ***[sth.] up, ~ up [sth.]*** pompare [*liquid*]; aspirare [*dirt*].

sucker /'sʌkə(r)/ n. **1** COLLOQ. *(dupe)* babbeo f. (-a), cretino m. (-a); ***he's a ~ for compliments*** si piscia addosso per un complimento **2** BOT. pollone m. **3** *(animal's pad)* ventosa f.

sucking pig n. lattonzolo m., maiale m. da latte.

suckle /'sʌkl/ tr. allattare [*baby*].

sucrose /'su:krəʊz, -rəʊs/ n. saccarosio m.

suction /'sʌkʃn/ n. aspirazione f., suzione f.

suction pad n. tampone m.

suction pump n. pompa f. aspirante.

Sudanese /ˌsu:də'ni:z/ ♦ *18* **I** agg. sudanese **II** n. (pl. ~) sudanese m. e f.

sudden /'sʌdn/ agg. [*impulse, death*] improvviso; [*movement*] brusco; ***all of a ~*** all'improvviso, a un tratto, di colpo; ***it was all very ~*** è successo tutto troppo in fretta.

sudden death n. SPORT (anche **~ play-off** BE) sudden death f.

suddenly /'sʌdnlɪ/ avv. improvvisamente; *(all of a sudden)* all'improvviso, a un tratto, di colpo.

suddenness /'sʌdnnɪs/ n. subitaneità f.; *(of death, illness)* fulmineità f.

suds /sʌdz/ n.pl. (anche **soap ~**) *(foam)* schiuma f.sing. (di sapone); *(soapy water)* acqua f.sing. saponata.

sue /su:, sju:/ **I** tr. DIR. intentare causa a, citare; ***to ~ sb. for divorce*** presentare istanza di divorzio a qcn. **II** intr. DIR. intentare causa; ***to ~ for damages*** intentare causa per danni.

Sue /su:/ n.pr. diminutivo di **Susan**.

suede /sweɪd/ **I** n. pelle f. scamosciata; ***imitation ~*** similpelle scamosciata **II** modif. [*shoe, glove*] scamosciato.

suet /'su:ɪt, 'sju:ɪt/ n. grasso m. (di rognone), sego m.

Suez /'sʊɪz/ ♦ *34* n.pr. ***the ~ Canal*** il canale di Suez.

suffer /'sʌfə(r)/ **I** tr. **1** *(undergo)* subire [*punishment, defeat, loss, delay*]; soffrire [*hunger*]; ***he ~ed a great deal of pain*** ha sofferto moltissimo; ***he ~ed a severe injury*** è stato gravemente ferito; ***to ~ a heart attack*** avere un attacco cardiaco; ***the region has ~ed severe job losses*** la regione ha subito un grave calo dell'occupazione **2** FORM. *(tolerate)* sopportare, tollerare **II** intr. **1** *(with illness)* ***to ~ from*** soffrire di [*rheumatism, depression*]; patire [*cold*]; avere [*headache*] **2** *(experience pain)* soffrire; ***you'll ~ for it later*** più avanti ne porterai le conseguenze **3** *(do badly)* [*company, profits, popularity*] soffrire, risentire; [*health, quality, work*] risentire; ***the country ~s from its isolation*** il paese risente del suo isolamento.

sufferance /'sʌfərəns/ n. ***I'm only here on ~*** io qui sono solo tollerato.

sufferer /'sʌfərə(r)/ n. chi soffre, vittima f.; ***leukemia ~s*** i leucemici.

suffering /'sʌfərɪŋ/ **I** agg. sofferente **II** n. **U** sofferenza f. patimento m.

suffice /sə'faɪs/ **I** tr. FORM. bastare a, essere sufficiente a **II** intr. FORM. bastare, essere sufficiente; ***~ it to say (that)*** basti dire (che).

sufficient /sə'fɪʃnt/ agg. ***~ time*** tempo sufficiente, abbastanza tempo; ***a ~ amount*** una quantità sufficiente; ***to be ~*** essere sufficiente, bastare; ***to be quite ~*** bastare largamente; ***to be ~ for sb. to do*** bastare a qcn. per fare.

sufficiently /sə'fɪʃntlɪ/ avv. sufficientemente, abbastanza.

suffix /'sʌfɪks/ n. suffisso m.

suffocate /'sʌfəkeɪt/ **I** tr. **1** [*smoke, fumes*] asfissiare, soffocare; [*person, pillow*] soffocare **2** FIG. [*rage, anger*] soffocare **II** intr. **1** *(by smoke, fumes)* [*crowd*] essere asfissiato, soffocato *(by pillow)* [*person*] essere soffocato **2** FIG. soffocare, asfissiare (**with** per, da).

suffocating /'sʌfəkeɪtɪŋ/ agg. [*smoke, fumes*] asfissiante [*atmosphere, heat*] soffocante.

suffocation /ˌsʌfə'keɪʃn/ n. *(by smoke, fumes, enclosed space, crowd)* soffocamento m., asfissia f.; *(by pillow)* soffocamento m.

suffrage /'sʌfrɪdʒ/ n. *(right)* diritto m. di voto; *(system)* suffragio m.

suffragette /ˌsʌfrə'dʒet/ n. suffragetta f.

suffuse /sə'fju:z/ tr. FORM. soffondere.

suffused /sə'fju:zd/ **I** p.pass. → **suffuse II** agg. FORM. ***with*** [*writing*] soffuso di; [*person*] pervaso da [*melancholy*] inondato di [*light*].

1.sugar /'ʃʊgə(r)/ **I** n. **1** GASTR. zucchero m.; ***brown ~*** zucchero di canna **2** AE COLLOQ. *(as endearment)* dolcezza f. tesoro m. **II** modif. [*industry, prices*] dello zucchero; [*production, refinery*] di zucchero; [*spoon, canister*] dello zucchero; ***cube*** o ***lump*** zuccherino, zolletta di zucchero.

2.sugar /'ʃʊgə(r)/ tr. zuccherare [*tea, coffee*] ♦ ***to ~ the pi***[ll] indorare la pillola.

sugar beet n. barbabietola f. da zucchero.

sugar bowl n. zuccheriera f.

sugar cane n. canna f. da zucchero.

sugarcoat /'ʃʊgəkəʊt/ tr. **1** *(cover with sugar)* rivestire di zucchero **2** FIG. addolcire, inzuccherare.

sugar daddy n. COLLOQ. = vecchio danaroso che mantiene una giovane donna.

sugared almond n. confetto m. alla mandorla.

sugar-free /ˌʃʊgə'fri:/ agg. senza zucchero.

sugar pea n. pisello m. mangiatutto, taccola f.

sugar plantation n. piantagione f. di canna da zucchero.

sugary /'ʃʊgərɪ/ agg. **1** [*food*] zuccherino **2** FIG. [*person, smile*] sdolcinato; [*sentimentality*] stucchevole.

suggest /sə'dʒest, AE səg'dʒ-/ tr. **1** *(put forward for consideration)* suggerire [*solution, possibility*]; ***can you ~ how, where...*** secondo lei come, dove...? ***it would be wrong to ~ that*** sarebbe sbagliato dire che; ***what are you ~ing?*** che cosa stai insinuando? ***I venture to ~ that*** mi permetto di suggerire che **2** *(recommend)* suggerire, consigliare, proporre; ***where do you ~ we go?*** dove ci suggerisci di andare? ***they ~ed that I (should) leave*** mi hanno consigliato di partire; ***the committee ~s that steps be taken*** il comitato propone di prendere delle misure; ***I ~ waiting*** suggerisco di aspettare; ***an idea ~ed itself (to me)*** mi è venuta un'idea **3** *(indicate)* [*evidence, result, poll*] indicare (**that** che) ***there is nothing to ~ that*** non c'è niente che possa fare pensare che **4** *(evoke)* [*image, sound*] evocare, ricordare.

suggestible /sə'dʒestəbl, AE səg'dʒ-/ agg. suggestionabile.
suggestion /sə'dʒestʃn, AE səg'dʒ-/ n. **1** *(proposal)* suggerimento m., consiglio m.; ***to make*** o ***put forward a ~*** dare un suggerimento; ***any ~s?*** qualche suggerimento? ***there is no ~ that*** non è mai stato detto che; ***there is no ~ of fraud*** non c'è niente che faccia pensare a una truffa; ***at*** o ***on sb.'s ~*** su consiglio di qcn.; ***there was some ~ that*** è stato suggerito che **2** *(hint) (of cruelty, pathos)* traccia f.; *(of smile)* accenno m. **3** PSIC. suggestione f.
suggestions box n. cassetta f. dei suggerimenti.
suggestive /sə'dʒestɪv, AE səg'dʒ-/ agg. **1** *(evocative)* suggestivo; ***to be ~ of sth.*** evocare qcs. **2** *(provocative)* provocante, insinuante.
suicidal /ˌsu:ɪ'saɪdl, ˌsju:-/ agg. suicida (anche FIG.).
suicidally /ˌsu:ɪ'saɪdəlɪ, ˌsju:-/ avv. [*behave, drive*] come un pazzo suicida; [*decide*] follemente; ***he's ~ depressed*** è talmente depresso che potrebbe suicidarsi.
suicide /'su:ɪsaɪd, 'sju:-/ **I** n. *(action)* suicidio m. (anche FIG.); *(person)* suicida m. e f.; ***to commit ~*** suicidarsi **II** modif. [*attempt*] di suicidio; [*rate*] di suicidi; ***~ note*** biglietto scritto prima di suicidarsi.
1.suit /su:t, sju:t/ n. **1** *(man's)* completo m., abito m. da uomo; *(woman's)* tailleur m.; ***to be wearing a ~ and tie*** essere in *o* indossare giacca e cravatta; ***a ~ of clothes*** un completo; ***a ~ of armour*** un'armatura **2** DIR. *(lawsuit)* azione f. legale; ***to file a ~ against*** intentare causa a *o* contro **3** *(in cards)* seme m., colore m.; ***to be sb.'s strong ~*** FIG. essere il punto forte di qcn.; ***to follow ~*** rispondere con lo stesso seme; FIG. seguire l'esempio.
2.suit /su:t, sju:t/ **I** tr. **1** *(flatter)* [*colour*] stare bene a, addirsi a [*person*]; [*outfit*] andare bene a [*person*]; ***to ~ sb. down to the ground*** COLLOQ. [*garment*] stare benissimo a qcn. **2** *(be convenient)* [*date, arrangement*] andare bene a [*person*]; ***does Sunday ~ you?*** domenica ti va bene? ***it ~s me fine*** mi sta *o* va bene; ***~s me!*** COLLOQ. va benissimo! ***she's liberal when it ~s her*** è tollerante quando le fa comodo; ***it ~s him to live alone*** a lui piace vivere da solo **3** *(be appropriate)* [*part, job*] addirsi a, essere adatto a [*person*]; ***a loan that ~s your needs*** un prestito che soddisfa i vostri bisogni *o* che risponde perfettamente alle vostre esigenze **4** *(be beneficial)* [*sea air*] fare bene a [*person*] **5** *(adapt)* ***to ~ sth. to*** adattare qcs. a [*need, occasion*] **II** intr. convenire, andare bene **III** rifl. ***to ~ oneself*** fare come si vuole; ***~ yourself!*** fai come vuoi!
suitability /ˌsu:tə'bɪlətɪ, ˌsju:t-/ n. *(of person)* idoneità f.; *(of place)* comodità f.
suitable /'su:təbl, 'sju:-/ agg. [*qualification, employment, venue*] adeguato; [*clothing*] adatto; [*candidate*] idoneo; [*treatment, gift*] appropriato; ***did you see anything ~?*** hai visto qualcosa che possa andare bene? ***to be ~ for*** essere appropriato per [*person*]; essere adatto per [*activity, occasion, role, job*]; adattarsi bene a [*climate*]; ***to be a ~ model for sb.*** essere un modello da imitare per qcn.; ***to be ~ to*** essere appropriato per [*person, age group, culture*]; ***now seems a ~ time to discuss it*** adesso sembra il momento giusto per parlarne.
suitably /'su:təblɪ, 'sju:-/ avv. **1** [*dressed, qualified*] adeguatamente **2** *(to the right degree)* [*austere*] sufficientemente; [*chastened, impressed*] dovutamente.
suitcase /'su:tkeɪs, 'sju:-/ n. valigia f. ♦ ***to be living out of a ~*** vivere con la valigia sempre pronta.
suite /swi:t/ n. **1** *(furniture)* mobilia f., arredo m.; ***bathroom ~*** mobili da bagno **2** *(rooms)* suite f.; ***a ~ of rooms*** una suite **3** MUS. suite f. **4** LETT. *(retinue)* seguito m.
suited /'su:tɪd, 'sju:-/ **I** p.pass. → **2.suit II** agg. ***to be ~ to*** [*place, vehicle, clothes, game*] essere adatto per; [*person*] essere fatto per; ***they are ideally ~ (to each other)*** sono fatti l'uno per l'altro.
suitor /'su:tə(r), 'sju:-/ n. **1** RAR. pretendente m., corteggiatore m. **2** DIR. attore m.
sulfate AE → **sulphate**.
sulfide AE → **sulphide**.
sulfur AE → **sulphur**.
sulfuric AE → **sulphuric**.
1.sulk /sʌlk/ **I** n. ***to be in a ~*** essere di malumore **II sulks** n.pl. ***to have (a fit of) the ~s*** essere di cattivo umore.
2.sulk /sʌlk/ intr. tenere il broncio (**about**, **over** per).
sulkiness /'sʌlkɪnɪs/ n. **1** *(characteristic)* tetraggine f. **2** *(behaviour)* broncio m., musoneria f.
sulky /'sʌlkɪ/ agg. imbronciato; ***to look ~*** avere l'aria imbronciata.
sullen /'sʌlən/ agg. [*person*] accigliato; [*expression*] imbronciato; [*day, sky*] cupo; [*mood, silence*] tetro.
sully /'sʌlɪ/ tr. LETT. macchiare, insudiciare.
sulphate BE, **sulfate** AE /'sʌlfeɪt/ n. solfato m.
sulphide BE, **sulfide** AE /'sʌlfaɪd/ n. solfuro m.
sulphur BE, **sulfur** AE /'sʌlfə(r)/ n. zolfo m.
sulphuric BE, **sulfuric** AE /sʌl'fjʊərɪk/ agg. solforico; ***~ acid*** acido solforico.
sultan /'sʌltən/ n. sultano m.
sultana /sʌl'tɑ:nə, AE -'tænə/ n. **1** GASTR. uva f. sultanina **2** *(wife of sultan)* sultana f.
sultriness /'sʌltrɪnɪs/ n. *(of atmosphere)* afosità f.
sultry /'sʌltrɪ/ agg. **1** [*day, weather*] caldo, afoso; [*place*] soffocante **2** [*voice, woman, look*] voluttuoso, sensuale.
1.sum /sʌm/ n. **1** *(amount of money)* somma f., ammontare m., importo m.; ***a large, small ~ of money*** una grossa, piccola somma di denaro **2** *(calculation)* aritmetica f., calcolo m.; ***to be good at ~s*** essere bravo in aritmetica; ***to do one's ~s*** FIG. fare bene i propri conti **3** *(total)* totale m.; ***the ~ of*** l'insieme di [*experience*]; il complesso di [*achievements*] **4** *(summary)* ***in ~*** in breve.
2.sum /sʌm/ tr. (forma in -ing ecc. **-mm-**) → **sum up.**
■ **sum up:** ***~ up*** ricapitolare; ***to ~ up, I'd like to say...*** ricapitolando, vorrei dire; ***~ up [sth., sb.]*** **1** *(summarize)* riassumere [*argument*] **2** *(judge accurately)* valutare [*situation*]; farsi un'idea di [*person*].
summa cum laude /ˌsʊməkʊm'laʊdeɪ/ n. AE UNIV. = laurea con lode.
summarily /'sʌmərəlɪ, AE sə'merəlɪ/ agg. sommariamente.
summarize /'sʌməraɪz/ tr. riassumere [*book*]; riassumere, ricapitolare [*argument*].
summary /'sʌmərɪ/ **I** n. riassunto m., sommario m.; ***news ~*** sommario delle notizie; ***in ~*** riassumendo **II** agg. DIR. [*judgment, justice*] sommario.
summer /'sʌmə(r)/ ♦ ***26*** **I** n. estate f. **II** modif. [*evening*] d'estate; [*clothes*] estivo.
summer camp n. AE campeggio m. estivo.
summer holiday n. BE vacanze f.pl. estive (anche SCOL. UNIV.).
summerhouse /'sʌməhaʊs/ n. padiglione m., chiosco m.
summer resort n. stazione f. estiva.
summer school n. SCOL. UNIV. corso m. estivo.
summer term n. BE UNIV. = terzo trimestre dell'anno accademico.
summertime /'sʌmətaɪm/ **I** n. **1** *(period)* estate f. **2** BE **summer time** *(by clock)* ora f. estiva, legale **II** modif. d'estate, estivo.
summer vacation n. vacanze f.pl. estive (anche SCOL. UNIV.).
summery /'sʌmərɪ/ agg. estivo.
summing-up /ˌsʌmɪŋ'ʌp/ n. riassunto m., riepilogo m.; DIR. ricapitolazione f.
summit /'sʌmɪt/ **I** n. **1** POL. summit m., vertice m.; ***Nato, peace ~*** vertice della Nato, per la pace **2** *(of mountain)* sommità f., cima f., vetta f. **3** FIG. apice m., culmine m. **II** modif. POL. [*meeting, talks*] al vertice.
summon /'sʌmən/ tr. **1** *(call for)* chiamare [*doctor, police, waiter, taxi*]; convocare [*ambassador*]; ***to ~ sb. to a meeting*** convocare qcn. a una riunione; ***to ~ sb. in*** fare entrare qcn.; ***to ~ sb. to do sth.*** intimare a qcn. di fare qcs.; ***to ~ help*** chiedere aiuto **2** *(summons)* citare (in giudizio); ***to be ~ed (to appear) before the court*** essere chiamato a comparire dinanzi alla corte **3** *(convene)* convocare [*parliament, meeting*].
■ **summon up:** ***~ up [sth.]*** *(gather)* fare appello a [*energy, courage*]; *(evoke)* evocare [*image, spirits*].
1.summons /'sʌmənz/ n. **1** DIR. citazione f.; ***a ~ to appear*** un mandato di comparizione; ***to serve a ~*** notificare un mandato di comparizione; ***to serve sb. with a ~*** notificare un mandato di comparizione a qcn. **2** *(order)* ingiunzione f.
2.summons /'sʌmənz/ tr. DIR. citare; ***to be ~ed to appear in court*** essere citato in giudizio.
sump /sʌmp/ n. **1** *(for draining water)* pozzo m. di drenaggio **2** BE AUT. coppa f. dell'olio.

sumptuous /'sʌmptʃʊəs/ agg. sontuoso.

sum total n. *(of money)* somma f., totale m.; *(of achievements)* insieme m., totalità f.; ***is that the ~ of your achievements?*** IRON. è tutto lì quello che sei riuscito a fare?

1.sun /sʌn/ n. sole m.; ***in the ~*** al sole; ***to come out of the ~*** mettersi all'ombra; ***a place in the ~*** *(position)* un posto soleggiato; *(house)* una casa esposta al sole; FIG. un posto al sole; ***it's the most beautiful place under the ~*** è il posto più bello del mondo; ***they sell everything under the ~*** vendono di tutto; ***to be up before the ~*** alzarsi prima dell'alba.

2.sun /sʌn/ rifl. AE (forma in -ing ecc. **-nn-**) ***to ~ oneself*** [*person*] prendere il sole; [*animal*] scaldarsi al sole.

Sun ⇒ Sunday domenica (dom.).

sunbaked /'sʌnbeɪkt/ agg. riarso dal sole.

sunbathe /'sʌnbeɪð/ intr. prendere il sole.

sunbather /'sʌnˌbeɪðə(r)/ n. persona f. che prende il sole.

sunbathing /'sʌnˌbeɪðɪŋ/ n. (il) prendere il sole, (l')esporsi al sole.

sunbeam /'sʌnbi:m/ n. raggio m. di sole (anche FIG.).

sunbed /'sʌnbed/ n. *(lounger)* sdraio f.; *(with sunlamp)* lettino m. abbronzante.

sun blind n. BE tendone m., tenda f. parasole.

sun block n. crema f. solare (ad alto fattore di protezione).

sunburn /'sʌnbɜ:n/ n. scottatura f., eritema m. solare.

sunburned /'sʌnbɜ:nd/, **sunburnt** /'sʌnbɜ:nt/ agg. *(burnt)* bruciato, ustionato dal sole; *(tanned)* BE abbronzato; ***to get ~*** *(burn)* prendersi una scottatura, scottarsi; *(tan)* BE abbronzarsi.

sun cream n. → **suntan cream**.

sundae /'sʌndeɪ, AE -di:/ n. INTRAD. m. (coppa di gelato guarnita con pezzi di frutta, granella di nocciole, panna montata ecc.).

Sunday /'sʌndeɪ, -dɪ/ ➧ ***36*** **I** n. domenica f. **II Sundays** n.pr.pl. ***the ~s*** i giornali della domenica **III** modif. [*Mass, lunch*] domenicale; [*newspaper*] della domenica.

Sunday best n. ***(dressed) in one's ~*** con il vestito della domenica *o* della festa.

sundeck /'sʌndek/ n. *(on ship)* ponte m. scoperto; *(in house)* terrazzo m.

sundial /'sʌndaɪl/ n. meridiana f.

sundown /'sʌndaʊn/ n. → **sunset**.

sundrenched /'sʌndrentʃt/ agg. assolato, soleggiato.

sundress /'sʌndres/ n. prendisole m.

sun-dried /'sʌndraɪd/ agg. seccato al sole.

sundries /'sʌndrɪz/ n.pl. articoli m. vari.

sundry /'sʌndrɪ/ agg. ***~ objects*** vari oggetti; ***~ occasions*** diverse occasioni; ***(to) all and ~*** (a) tutti quanti; *(critical)* (a) cani e porci.

sunflower /'sʌnflaʊə(r)/ **I** n. girasole m. **II** modif. [*oil*] (di semi) di girasole; [*seed*] di girasole.

sung /sʌŋ/ p.pass. → **sing**.

sunglasses /'sʌnˌglɑ:sɪz, AE -ˌglæs-/ n.pl. occhiali m. da sole.

sun hat n. cappello m. da sole.

sunk /sʌŋk/ p.pass. → **2.sink**.

sunken /'sʌŋkən/ agg. **1** *(under water)* [*treasure, wreck*] sommerso; [*vessel*] affondato, inabissato **2** *(recessed)* [*eye*] infossato; [*cheek*] incavato, scavato **3** *(low)* [*bath, garden, living area*] incassato.

sunlamp /'sʌnlæmp/ n. *(for tanning)* lampada f. abbronzante; MED. lampada f. a raggi ultravioletti.

sunlight /'sʌnlaɪt/ n. luce f. del sole; ***in the ~*** alla luce del sole; ***in direct ~*** in pieno sole.

sunlit /'sʌnlɪt/ agg. soleggiato.

sun lotion n. → **suntan lotion**.

sunlounger /'sʌnˌlaʊndʒə(r)/ n. sdraio f.

sunny /'sʌnɪ/ agg. **1** [*morning*] assolato; [*room, side*] *(facing the sun)* esposto al sole; *(sunlit)* soleggiato; ***~ weather*** bel tempo; ***~ interval*** o ***period*** periodo di bel tempo; ***it's going to be ~*** sta uscendo il sole **2** FIG. [*person, temperament*] solare, allegro; ***to look on the ~ side (of things)*** guardare le cose dal lato positivo; ***~ side up*** [*egg*] all'occhio di bue.

sun oil n. → **suntan oil**.

sun porch n. veranda f.

sun protection factor n. fattore m. di protezione solare.

sunrise /'sʌnraɪz/ n. alba f., (il) sorgere del sole.

sunrise industry n. AE industria f. in espansione.

sunroof /'sʌnru:f/ n. tettuccio m. apribile.

sunscreen /'sʌnskri:n/ n. **1** *(screen)* schermo m. solare *(cream, lotion)* filtro m. solare.

sunset /'sʌnset/ **I** n. tramonto m. (anche FIG.) **II** agg. A AMM. DIR. [*law, clause*] = che prevede la sospensione di pro grammi governativi non rinnovati.

sunset industry n. AE industria f. in declino.

sunshade /'sʌnʃeɪd/ n. *(parasol)* parasole m.; *(awning* tenda f. parasole; *(in car)* aletta f. parasole.

sunshield /'sʌnʃi:ld/ n. parasole m.

1.sunshine /'sʌnʃaɪn/ n. luce f. del sole, sole m.; METEOR. b tempo m.; ***12 hours of ~*** 12 ore di luce.

2.sunshine /'sʌnʃaɪn/ agg. AE AMM. DIR. [*law, bill, claus* sulla trasparenza.

sunshine roof n. → **sunroof**.

sunspot /'sʌnspɒt/ n. ASTR. macchia f. solare.

sunstroke /'sʌnstrəʊk/ n. insolazione f., colpo m. di sole; *get ~*** prendersi un'insolazione.

suntan /'sʌntæn/ n. abbronzatura f.; ***to get a ~*** abbronzarsi; ***have a good*** o ***nice ~*** avere una bella abbronzatura.

suntan cream n. crema f. solare.

suntan lotion n. lozione f. solare.

suntanned /'sʌntænd/ agg. abbronzato.

suntan oil n. olio m. solare.

suntrap /'sʌntræp/ n. = luogo soleggiato e riparato dal vento

sun umbrella n. parasole m.

sunup /'sʌnʌp/ n. AE COLLOQ. → **sunrise**.

sun visor n. *(in car)* aletta f. parasole; *(for eyes)* visiera f.

sun worshipper n. amante m. e f. del sole.

super /'su:pə(r), 'sju:-/ **I** n. **1** AE *(petrol)* super f. **2** (accor superintendent) soprintendente m. e f. **II** agg. COLLOQ. ***it's to do...*** è stupendo fare... **III** inter. COLLOQ. formidabile.

superabundance /ˌsu:pərə'bʌndəns, ˌsju:-/ n. sovrabbo danza f.

superabundant /ˌsu:pərə'bʌndənt, ˌsju:-/ agg. sovrabbo dante.

superannuated /ˌsu:pər'ænjʊeɪtɪd, ˌsju:-/ agg. in pension FIG. sorpassato, antiquato.

superannuation /ˌsu:pərˌænjʊ'eɪʃn, ˌsju:-/ **I** n. *(pensio* pensione f. **II** modif. ***~ fund*** fondo pensioni; ***~ plan*** o ***schem*** piano di giubilazione.

superb /su:'pɜ:b, sju:-/ agg. superbo, magnifico.

Super Bowl /'su:pəbəʊl, 'sju:-/ n. AE SPORT superbowl m (finale del campionato di football americano).

supercharge /'su:pətʃɑ:dʒ, 'sju:-/ tr. TECN. AUT. sovral mentare.

supercilious /ˌsu:pə'sɪlɪəs, ˌsju:-/ agg. sdegnoso, altezzoso

supercooling /'su:pəku:lɪŋ, 'sju:-/ n. sottoraffreddamento m

super-duper /ˌsu:pə'du:pə(r), ˌsju:-/ agg. e inter. COLLO favoloso.

superficial /ˌsu:pə'fɪʃl, ˌsju:-/ agg. superficiale.

superficiality /ˌsu:pəˌfɪʃɪ'ælətɪ, ˌsju:-/ n. superficialità f.

superfine /'su:pəfaɪn, 'sju:-/ agg. [*chocolate*] finissim [*needle*] sottilissimo; [*quality*] sopraffino; ***~ flour*** farina 00; ***sugar*** AE zucchero raffinato.

superfluity /ˌsu:pə'flu:ətɪ, ˌsju:-/ n. *(overabundance)* supe fluità f.

superfluous /su:'pɜ:flʊəs, sju:-/ agg. superfluo; ***to fe (rather) ~*** sentirsi di troppo.

supergrass /'su:pəgrɑ:s, 'sju:-, AE -græs/ n. BE COLLOQ. grosso informatore della polizia.

superhuman /ˌsu:pə'hju:mən, ˌsju:-/ agg. sovrumano.

superimpose /ˌsu:pərɪm'pəʊz, ˌsju:-/ tr. sovrapporre [*pi ture, soundtrack*] (**on** a); ***~d images*** immagini in sovrimpre sione.

superintend /ˌsu:pərɪn'tend, ˌsju:-/ tr. sorvegliare, contro lare [*person*]; sovrintendere a [*organization, research*].

superintendent /ˌsu:pərɪn'tendənt, ˌsju:-/ n. **1** *(superviso* soprintendente m. e f., supervisore m. **2** (anche **police** soprintendente m. e f. **3** AE *(in apartment house)* custode m. f. **4** AE (anche **school ~**) ispettore m. (-trice) scolastico (-a).

superior /su:'pɪərɪə(r), sju:-, sʊ-/ **I** n. superiore m. (anch RELIG.) **II** agg. **1** *(better than average)* superiore; [*product*] qualità superiore; *(better than another)* migliore **2** *(condescending)* [*person, look*] sussiegoso; [*smile, air*] di sufficienza.

superior court n. AE tribunale m. di grado superiore.

superiority /suːˌpɪərɪˈɒrətɪ, sjuː-, AE -ˈɔːr-/ n. superiorità f. (**over, to** su).

superlative /suːˈpɜːlətɪv, sjuː-/ **I** agg. superlativo, eccellente **II** n. LING. superlativo m.

superlatively /suːˈpɜːlətɪvlɪ, sjuː-/ avv. superlativamente.

superman /ˈsuːpəmən, ˈsjuː-/ n. (pl. **-men**) superuomo m.; SCHERZ. superman m.

supermarket /ˈsuːpəmɑːkɪt, ˈsjuː-/ n. supermarket m., supermercato m.

supermodel /ˈsuːpəˌmɒdl, ˈsjuː-/ n. top model f.

supernatural /ˌsuːpəˈnætʃrəl, ˌsjuː-/ **I** agg. soprannaturale **II** n. soprannaturale m.

supernumerary /ˌsuːpəˈnjuːmərərɪ, ˌsjuː-, AE -ˈnuːmərerɪ/ **I** agg. soprannumerario **II** n. CINEM. TEATR. *(extra)* comparsa f.

superpower /ˈsuːpəpaʊə(r), ˈsjuː-/ **I** n. superpotenza f. **II** modif. [*summit*] delle superpotenze.

superscript /ˈsuːpəskrɪpt, ˈsjuː-/ agg. [*number, letter*] soprascritto.

supersede /ˌsuːpəˈsiːd, ˌsjuː-/ tr. sostituire [*model, arrangement*]; soppiantare [*belief, theory*].

supersonic /ˌsuːpəˈsɒnɪk, ˌsjuː-/ agg. supersonico.

superstition /ˌsuːpəˈstɪʃn, ˌsjuː-/ n. superstizione f.

superstitious /ˌsuːpəˈstɪʃəs, ˌsjuː-/ agg. superstizioso.

superstore /ˈsuːpəstɔː(r), ˈsjuː-/ n. **1** *(large supermarket)* ipermercato m. **2** *(specialist shop)* grande negozio m.

superstructure /ˈsuːpəˌstrʌktʃə(r), ˈsjuː-/ n. EDIL. MAR. sovrastruttura f.

supertax /ˈsuːpətæks, ˈsjuː-/ n. ECON. sovrimposta f.

supervise /ˈsuːpəvaɪz, ˈsjuː-/ **I** tr. **1** *(watch over)* supervisionare [*activity, staff, work*]; sorvegliare [*child, patient*]; essere il relatore di [*thesis, student*] **2** *(control)* sovrintendere a, dirigere [*department, project*] **II** intr. [*supervisor*] sovrintendere; [*doctor, parent*] sorvegliare; [*manager*] dirigere.

supervision /ˌsuːpəˈvɪʒn, ˌsjuː-/ n. **1** *(of work)* supervisione f., sovrintendenza f.; *(of staff)* direzione f.; ***she is responsible for the ~ of two students*** UNIV. è relatrice di due studenti **2** *(of child, patient, prisoner)* sorveglianza f.

supervisor /ˈsuːpəvaɪzə(r), ˈsjuː-/ ♦ ***27*** n. **1** AMM. COMM. supervisore m.; sovrintendente m. e f.; ***factory ~*** caporeparto; ***shop ~*** capocommesso **2** EDIL. capomastro m.; ***site ~*** capomastro di cantiere edile **3** BE UNIV. *(for thesis)* relatore m. (-trice) **4** AE SCOL. = responsabile di tutti i corsi che riguardano una certa materia e di tutti gli insegnanti di quella materia.

1.supine /ˈsuːpaɪn, ˈsjuː-/ agg. e avv. supino (anche FIG.).

2.supine /ˈsuːpaɪn, ˈsjuː-/ n. LING. supino m.

supper /ˈsʌpə(r)/ n. **1** *(evening meal)* cena f.; ***to have*** o ***eat ~*** cenare **2** *(late snack)* spuntino m. serale **3** RELIG. ***the Last Supper*** l'Ultima Cena.

supper club n. AE = locale notturno o ristorante in cui la cena è accompagnata da uno spettacolo.

supper licence n. BE DIR. = autorizzazione a vendere alcolici dopo l'ora stabilita per legge se accompagnati a un pasto.

supper time n. ora f. di cena.

supplant /səˈplɑːnt, AE -ˈplænt/ tr. soppiantare.

supplanter /səˈplɑːntə(r), AE -ˈplæn-/ n. soppiantatore m. (-trice).

supple /ˈsʌpl/ agg. [*body, person*] agile, flessuoso; [*mind*] duttile.

1.supplement /ˈsʌplɪmənt/ n. **1** *(to diet)* integratore m.; *(to income)* integrazione f. **2** *(in tourism)* supplemento m.; ***a single room ~*** un supplemento (per la) camera singola **3** GIORN. supplemento m.

2.supplement /ˈsʌplɪmənt/ tr. integrare [*staff, diet*]; arrotondare [*income*]; completare [*knowledge, training*]; potenziare [*service*].

supplementary /ˌsʌplɪˈmentrɪ/ agg. [*angle, comment, question, staff*] supplementare; [*charge, payment*] addizionale; [*pension*] integrativo.

supplementary benefit n. BE AMM. *(formerly)* assegno m. integrativo.

supplementation /sʌplɪmenˈteɪʃn/ n. ***vitamin ~*** integrazione vitaminica.

suppleness /ˈsʌplnɪs/ n. *(of body, person)* agilità f., flessuosità f.; *(of mind)* duttilità f.

supplication /ˌsʌplɪˈkeɪʃn/ n. supplica f., implorazione f.

supplicatory /ˈsʌplɪkətrɪ, AE -tɔːrɪ/ agg. supplicatorio.

supplier /səˈplaɪə(r)/ n. fornitore m. (-trice) (**of, to** di).

1.supply /səˈplaɪ/ **I** n. **1** *(stock)* provvista f., scorta f.; ***a plentiful ~ of money*** un'abbondante scorta di denaro; ***in short, plentiful ~*** scarso, in grande quantità; ***to get in a ~ of sth.*** rifornirsi di qcs. **2** *(of fuel, gas)* erogazione f.; *(of food)* apporto m.; ***the blood ~ to the heart*** il flusso di sangue al cuore **3** *(action of providing)* fornitura f., rifornimento m. (**to** a) **II supplies** n.pl. **1** *(food)* viveri m., provviste f.; *(equipment)* attrezzature f.; ***to cut off sb.'s supplies*** tagliare i viveri a qcn. **2** *(for office, household)* forniture f., materiali m. **3** BE POL. AMM. stanziamenti m. **III** modif. [*ship*] cisterna; [*train*] merci; [*route*] *(for population)* di approvvigionamento, di rifornimento; ***~ company*** società fornitrice.

2.supply /səˈplaɪ/ tr. **1** *(provide)* fornire [*goods, information*] (**to, for** a); suggerire [*word*]; dare [*love*] (**to** a); ***to ~ arms to sb.*** o ***to ~ sb. with arms*** fornire armi a qcn.; ***to keep sb. supplied with*** assicurare a qcn. regolare rifornimento di; ***to keep a machine supplied with fuel*** assicurare l'alimentazione di carburante di una macchina; ***he keeps me supplied with information*** è la mia fonte regolare di informazioni **2** *(provide food, fuel for)* approvvigionare [*town*]; rifornire [*area*] (**with** di) **3** *(provide raw materials for)* rifornire [*factory*] (**with** di) **4** *(fulfil)* sopperire a, soddisfare [*wants, needs*]; rispondere a [*demand*].

supply and demand n. domanda f. e offerta f.

supply teacher n. BE supplente m. e f.

1.support /səˈpɔːt/ n. **1** *(moral, financial, political)* supporto m., sostegno m., appoggio m., aiuto m.; ***there is considerable public ~ for the strikers*** gli scioperanti godono di una grande solidarietà pubblica; ***there is little public ~ for this measure*** questo provvedimento trova scarso consenso di pubblico; ***~ for the party is increasing*** il partito ha sempre più sostenitori; ***air, land, sea ~*** MIL. appoggio aereo, terrestre, marittimo; ***to give sb., sth. (one's) ~*** dare a qcn., qcs. il proprio sostegno; ***in ~ of sb., sth.*** a sostegno di qcn., qcs.; ***a collection in ~ of war victims*** una colletta per le vittime della guerra; ***means of ~*** *(financial)* mezzi di sostentamento *o* di sussistenza **2** *(physical, for weight)* supporto m. (anche ING.); *(for limb)* stecca f.; ***athletic ~*** sospensorio; ***he used his stick as a ~*** usava il bastone come sostegno *o* per sostenersi **3** *(person)* sostegno m., aiuto m.; ***she was a great ~*** è stata un grande sostegno **4** *(at concert)* supporter m. e f.

2.support /səˈpɔːt/ **I** tr. **1** *(provide moral, financial backing)* sostenere [*cause, party*]; tifare per [*team*]; appoggiare [*person*]; fare [*charity*]; ***the museum is ~ed by public funds*** il museo è sovvenzionato dai fondi pubblici **2** *(physically)* sostenere, reggere [*weight, person*] **3** *(validate)* confermare, corroborare [*argument, theory*] **4** *(maintain)* [*breadwinner*] mantenere, sostentare [*family*]; [*land, farm*] nutrire, sostentare; [*charity*] aiutare; ***she ~ed her son through college*** ha mantenuto suo figlio agli studi **5** *(put up with)* FORM. sopportare [*adverse conditions*]; sopportare, tollerare [*bad behaviour*] **6** INFORM. [*computer*] supportare [*programme*] **II** rifl. ***to ~ oneself*** mantenersi.

supporter /səˈpɔːtə(r)/ n. sostenitore m. (-trice); POL. simpatizzante m. e f.; SPORT supporter m. e f., tifoso m. (-a).

support group n. SOCIOL. gruppo m. di sostegno.

supporting /səˈpɔːtɪŋ/ agg. **1** CINEM. TEATR. ***"best ~ actor, actress"*** "migliore attore, attrice non protagonista"; ***~ cast*** personaggi secondari **2** ING. [*wall*] portante **3** DIR. ***~ evidence*** prova corroborante.

supportive /səˈpɔːtɪv/ agg. [*organization*] che aiuta, che sostiene; [*role, network*] di sostegno; ***he was very ~*** mi fu di grande sostegno.

support services n.pl. servizi m. di assistenza tecnica.

support stockings n.pl. calze f. contenitive.

support system n. sistema m. di sostegno; INFORM. programma m. di sostegno.

support tights n.pl. calze f. contenitive.

suppose /səˈpəʊz/ tr. **1** *(think)* ***to ~ (that)*** supporre che; ***I don't ~ (that) he knows*** non penso che (lo) sappia; ***to ~ sb. to be sth.*** presumere che qcn. sia qcs.; ***I ~d him to be a friend*** lo credevo un amico **2** *(assume)* ***I ~ (that) you've checked*** immagino *o* suppongo che tu abbia controllato; ***it is generally ~d that*** si pensa *o* tutti credono che; ***I ~ so, not*** immagino di sì, di no; ***even supposing he's there*** anche supponendo che sia lì **3** *(admit)* ***I ~ that if I'm honest...*** a essere sincero devo ammettere che... **4** *(imagine)* ***who do you ~ I saw yesterday?*** indovina chi ho visto ieri? ***~ (that) it's true, what will you do?*** supponiamo che sia vero, che cosa farai? ***~ (that) he doesn't come?*** e se non viene? **5** *(making a suggestion)* ***~ we go to a restaurant?*** e se andassimo al ristorante?

supposed /sə'pəʊzd/ **I** p.pass. → **suppose II** agg. **1** *(putative)* [*father*] putativo; [*owner, witness*] presunto; [*advantage, benefit*] ipotetico, presunto **2** *(expected)* ***I'm ~ to do*** dovrei fare, si presume che io faccia; ***I'm ~ to be at work*** dovrei essere al lavoro; ***there was ~ to be a room for us*** avrebbe dovuto esserci una stanza per noi **3** *(alleged)* ***it's ~ to be a good hotel*** pare che sia un buon hotel.

supposedly /sə'pəʊzɪdlɪ/ avv. ***to be ~ rich*** essere apparentemente ricco; ***the ~ developed nations*** i paesi che vengono considerati sviluppati; ***~ she's very shy*** apparentemente è molto timida.

supposing /sə'pəʊzɪŋ/ cong. ***~ (that) he says no?*** e se dicesse no? ***~ your income is X, you pay Y*** supponendo che il tuo reddito sia X, dovresti pagare Y.

supposition /ˌsʌpə'zɪʃn/ n. supposizione f., ipotesi f.

suppository /sə'pɒzɪtrɪ, AE -tɔ:rɪ/ n. supposta f.

suppress /sə'pres/ tr. **1** *(prevent)* trattenere [*smile, urge, tears, sneeze*]; contenere [*anger, excitement*]; reprimere [*doubt, opposition, sexuality*]; nascondere, celare [*information, fact*]; dissimulare [*truth*]; occultare [*evidence*]; sopprimere [*party, group*]; mettere a tacere [*scandal*]; sopprimere, abolire [*activity*]; soffocare [*yawn*] **2** *(reduce, weaken)* impedire, inibire [*growth*]; indebolire [*immune system*]; eliminare [*weeds*]; inibire [*symptom, reaction*].

suppressant /sə'presənt/ n. *(drug etc.)* inibitore m.

suppression /sə'preʃn/ n. **1** *(of party)* soppressione f.; *(of truth)* dissimulazione f.; *(of activity)* soppressione f., abolizione f.; *(of evidence, information, facts)* occultamento m.; *(of revolt)* repressione f.; *(of scandal)* (il) mettere a tacere; PSIC. *(of feeling) (deliberate)* repressione f.; *(involuntary)* rimozione f. **2** *(of growth, development)* inibizione f.

suppurate /'sʌpjʊreɪt/ intr. suppurare.

supremacist /su:'preməsɪst, sju:-/ n. POL. = sostenitore della supremazia di un gruppo o di una razza.

supremacy /su:'preməsɪ, sju:-/ n. **1** *(power)* supremazia f. **2** *(greater ability)* primato m., superiorità f.

supreme /su:'pri:m, sju:-/ agg. [*ruler, power, achievement, courage*] supremo; [*importance*] sommo, supremo; [*stupidity, arrogance*] estremo; ***to reign ~*** avere il potere supremo; FIG. regnare sovrano; ***to make the ~ sacrifice*** compiere il sacrificio supremo, immolarsi.

Supreme Commander n. MIL. comandante m. supremo.

1.surcharge /'sɜ:tʃɑ:dʒ/ n. **1** supplemento m. **2** EL. sovraccarico m. **3** *(on a stamp)* sovrastampa f.

2.surcharge /'sɜ:tʃɑ:dʒ/ tr. fare pagare un supplemento a [*person*].

sure /ʃɔ:(r), AE ʃʊər/ **I** agg. **1** *(certain)* sicuro, certo (**about, of** di); ***I feel ~ that...*** sono sicuro che...; ***I'm not ~ when he's coming*** non so esattamente quando verrà; ***I'm not ~ if*** o ***whether he's coming or not*** non sono sicuro che venga; ***to be ~ of one's facts*** sapere il fatto proprio; ***you can be ~ of a warm welcome*** potrete contare su un caloroso benvenuto; ***she'll be on time, of that you can be ~*** sarà puntuale, puoi starne certo; ***one thing you can be ~ of...*** di una cosa puoi stare sicuro...; ***I'm ~ I don't know*** o ***I don't know I'm ~*** non lo so proprio; ***we can never be ~*** non si può mai essere sicuri; ***I wouldn't be so ~ about that!*** non ne sarei così sicuro! ***I won't invite them again, and that's for ~!*** COLLOQ. una cosa è sicura, non li inviterò più! ***we'll be there next week for ~!*** ci saremo di sicuro la settimana prossima! ***we can't say for ~*** non ne siamo certi; ***nobody knows for ~*** nessuno lo sa per certo; ***he is, to be ~, a very charming man*** è sicuramente un uomo molto affascinante; ***to make ~ that*** *(ascertain)* accertarsi *o* sincerarsi *o* assicurarsi che; *(ensure)* fare in modo che; ***make ~ all goes well*** fai in modo che tutto vada bene; ***he made ~ to lock the door*** si assicurò di avere chiuso la porta a chiave; ***he's a ~ favourite (to win)*** SPORT è il grande favorito **2** *(bound)* ***he's ~ to fail*** è destinato a fallire, fallirà sicuramente **3** *(confident)* ***~ of oneself*** sicuro di sé **4** *(reliable)* [*friend*] affidabile; [*method, remedy*] sicuro; ***he was chain-smoking, a ~ sign of agitation*** fumava una sigaretta dopo l'altra, (un) segno evidente della sua agitazione **5** *(steady)* [*hand, footing*] fermo; ***to have a ~ aim*** avere una buona mira **II** avv. **1** COLLOQ. *(yes)* certo; ***"you're coming?" - "~!"*** "vieni?" - "sicuro!" **2** COLLOQ. *(certainly)* ***it ~ is cold*** fa proprio freddo; ***"is it cold?" - "it ~ is!"*** "fa freddo?" - "altro che!"; ***that ~ smells good!*** AE COLLOQ. che buon profumo che ha! **3** ***~ enough*** effettivamente, infatti ♦ ***as ~ as eggs is eggs*** COLLOQ. o ***as I'm standing here*** sicuro come due più due fa quattro; ***~ thing!*** AE COLLOQ. certamente! sicuro!

sure-fire /'ʃɔ:ˌfaɪə(r), AE 'ʃʊər-/ agg. COLLOQ. [*success*] garantito; [*method*] infallibile.

sure-footed /ˌʃɔ:'fʊtɪd, AE ˌʃʊər-/ agg. che non fa passi falsi (anche FIG.).

surely /'ʃɔ:lɪ, AE 'ʃʊərlɪ/ avv. **1** *(expressing certainty)* sicuramente, certamente; ***~ we've met before?*** non ci siamo già conosciuti? ***you noted his phone number, ~?*** ovviamente ti sei segnato il suo numero di telefono, vero? ***~ you can understand that?*** lo capisci, vero? **2** *(expressing surprise)* ***~ you don't think that's true!*** non penserai mica che sia vero! ***~ not.*** certo che no! ***~ to God*** o ***goodness you've written that letter by now!*** non dirmi che non hai ancora scritto quella lettera! **3** *(expressing disagreement)* ***"it was in 1991" - "1992, ~"*** "era il 1991" - "1992, vorrai dire" **4** *(yes)* certo; ***"will you meet me?" - "~"*** "mi verrai incontro?" - "sicuramente".

sureness /'ʃɔ:nɪs, AE 'ʃʊərnɪs/ n. *(of technique)* infallibilità f.; *(of intent)* sicurezza f.; ***~ of touch*** piglio sicuro.

surety /'ʃɔ:rətɪ, AE 'ʃʊərtɪ/ n. ECON. DIR. **1** *(money)* garanzia f., cauzione f. **2** *(guarantor)* garante m. e f., fideiussore m.; ***to stand ~ for sb.*** farsi garante di qcn.

1.surf /sɜ:f/ n. **1** *(waves)* frangente m. **2** *(foam)* schiuma f.

2.surf /sɜ:f/ **I** tr. INFORM. ***to ~ the Internet*** navigare in *o* su Internet; ***to ~ the Web, Net*** navigare sul web, in rete **II** intr. SPORT fare surf.

1.surface /'sɜ:fɪs/ **I** n. **1** *(of water, land, object)* superficie f.; ***on the ~*** *(of liquid)* in superficie; *(of solid)* sulla superficie; FIG. ***to skim the ~ of an issue*** sfiorare appena un argomento; ***on the ~*** in apparenza; ***beneath the ~ he's very shy*** in fondo è molto timido; ***to come*** o ***rise to the ~*** [*tensions, emotions*] venire a galla, manifestarsi, affiorare **3** *(of solid, cube) (area)* superficie f.; *(face)* faccia f. **4** *(worktop)* piano m. di lavoro **II** modif. **1** [*transport*] via terra; [*work*] in superficie; [*wound*] superficiale; ***~ measurements*** misure di superficie **2** FIG. [*resemblance, problem*] superficiale.

2.surface /'sɜ:fɪs/ **I** tr. pavimentare [*road*]; ***to ~ sth. with*** rivestire qcs. con **II** intr. **1** [*object*] venire a galla; [*person*] salire in superficie; [*submarine*] emergere **2** FIG. *(come to surface)* [*tension, anxiety, racism, problem*] manifestarsi; [*evidence, scandal*] emergere **3** *(reappear)* [*person*] *(after absence)* ricomparire, rifarsi vivo; *(from bed)* alzarsi; [*object*] ricomparire.

surface area n. superficie f.

surface mail n. = posta via terra o mare.

surface noise n. *(of a gramophone record)* fruscio m. di fondo.

surface tension n. FIS. tensione f. superficiale.

surface-to-air /ˌsɜ:fɪstə'eə(r)/ agg. terra-aria, superficie-aria.

surface-to-surface /ˌsɜ:fɪstə'sɜ:fɪs/ agg. terra-terra, superficie-superficie.

surfboard /'sɜ:fbɔ:d/ n. surf m., tavola f. da surf.

surfboarding /'sɜ:fˌbɔ:dɪŋ/ ♦ ***10*** n. surfing m., surf m.

surfeit /'sɜ:fɪt/ n. eccesso m.

surfer /'sɜ:fə(r)/ n. **1** SPORT surfista m. e f. **2** INFORM. navigatore m. (-trice) in rete.

surfing /'sɜ:fɪŋ/ ♦ ***10*** n. surfing m., surf m.; ***to go ~*** andare a fare surf.

surf'n'turf /ˌsɜ:fən'tɜ:f/ n. GASTR. = piatto a base di carne e pesce.

1.surge /sɜ:dʒ/ n. **1** *(of water)* ondata f.; *(of blood)* flusso m.; *(of energy, adrenalin)* scarica f.; FIG. *(of anger)* accesso m.

(of desire) ondata f.; *(of optimism, enthusiasm)* slancio m. **2** *(increase) (in prices, inflation)* impennata f., picco m.; *(in unemployment, immigration)* brusco aumento m.; *(in demand, imports)* aumento m., incremento m. (**in** di) **3** EL. (anche **power ~**) sovratensione f. **4** SPORT *(increase in speed)* rimonta f.

2.surge /sɜːdʒ/ intr. **1** *(rise)* [*water, waves*] sollevarsi; [*blood*] affluire; [*energy*] aumentare d'intensità; FIG. [*emotion*] crescere, salire, montare (**in sb.** in qcn.); ***the crowd ~d into the stadium, (out) into the streets*** la folla si è riversata nello stadio, nelle strade; ***to ~ forward*** [*crowd*] riversarsi, fluire in massa; [*car*] partire come un razzo **2** SPORT ***to ~ through (to win)*** rimontare (per vincere).

surgeon /ˈsɜːdʒən/ ➧ **27** n. chirurgo m. (-a).

surgery /ˈsɜːdʒərɪ/ n. **1** MED. *(operation)* intervento m. chirurgico, operazione f.; ***to have*** o ***to undergo ~*** farsi operare, sottoporsi a un intervento chirurgico; ***to need ~*** dovere essere operato **2** *(branch of medical practice)* chirurgia f. **3** BE MED. *(building)* ***doctor's ~*** studio medico **4** BE *(consulting hours) (of doctor, MP)* (orario di) ricevimento m.; ***to take ~*** ricevere **5** AE *(operating room)* sala f. operatoria.

surgical /ˈsɜːdʒɪkl/ agg. chirurgico; [*boot, appliance*] ortopedico; [*stocking*] contenitivo; ***with ~ precision*** FIG. con precisione chirurgica.

surgical dressing n. fasciatura f.

surgically /ˈsɜːdʒɪklɪ/ avv. [*treat*] chirurgicamente; ***to remove sth. ~*** asportare qcs. (chirurgicamente).

surgical shock n. MED. shock m. operatorio.

surgical spirit n. alcol m. denaturato.

surgical ward n. reparto m. (di) chirurgia, chirurgia f.

Surinam /ˌsʊərɪˈnæm/ ➧ **6** n.pr. Suriname m.

surly /ˈsɜːlɪ/ agg. intrattabile, scontroso, musone.

surmise /səˈmaɪz/ tr. FORM. congetturare, supporre.

surmount /səˈmaʊnt/ tr. **1** *(be on top of)* sormontare **2** FIG. *(overcome)* sormontare, superare [*difficulty*]; risolvere [*problem*].

surname /ˈsɜːneɪm/ n. cognome m.

surpass /səˈpɑːs, AE -ˈpæs/ **I** tr. sorpassare, superare; *(go beyond)* superare [*expectations*]; ***to ~ sth. in size, height*** superare qcs. in grandezza, in altezza **II** rifl. ***to ~ oneself*** superare se stesso.

surpassing /səˈpɑːsɪŋ, AE -ˈpæs-/ agg. FORM. eccellente, superiore.

surplus /ˈsɜːpləs/ **I** n. (pl. **~es**) surplus m., sovrappiù m., eccedenza f. (anche ECON. COMM.); ***to be in ~*** essere in sovrappiù *o* in esubero *o* in eccedenza; ***trade ~*** eccedenza (della bilancia) commerciale **II** agg. [*milk, clothes*] in eccedenza, in più; ECON. COMM. [*money, food, labour*] eccedentario, in eccedenza.

1.surprise /səˈpraɪz/ **I** n. **1** *(unexpected event, gift)* sorpresa f.; ***it came as no ~ to us to hear that*** non ci ha affatto sorpreso venire a sapere che; ***it came as*** o ***was a complete ~ to me*** è stata una vera sorpresa per me; ***to spring a ~ on sb.*** fare una sorpresa a qcn.; ***~, ~!*** sorpresa! ***is he in for a ~!*** vedrai che sorpresa per lui! **2** *(astonishment)* sorpresa f., stupore m.; ***to express ~ at sth.*** manifestare (la propria) sorpresa per qcs.; ***much to my ~*** con mia grande sorpresa; ***with ~*** con stupore; ***to take sb. by ~*** cogliere *o* prendere qcn. di sorpresa **II** modif. [*announcement, result*] inaspettato; [*party, attack*] a sorpresa; ***~ tactics*** tattica basata sulla sorpresa; ***to pay sb. a ~ visit*** fare una sorpresa *o* un'improvvisata a qcn.

2.surprise /səˈpraɪz/ tr. **1** *(astonish)* sorprendere, meravigliare, stupire; ***it ~d them that*** li sorprese il fatto che; ***it might ~ you to know that*** potrebbe sorprenderti sapere che; ***nothing ~s me any more!*** non mi stupisco più di nulla! ***you (do) ~ me!*** IRON. tu mi stupisci! ***go on, ~ me!*** forza, stupiscimi! **2** *(come upon)* sorprendere [*intruder*]; attaccare [qcs.] di sorpresa [*garrison*].

surprised /səˈpraɪzd/ **I** p.pass. → **2.surprise II** agg. sorpreso, stupito; ***I'm not ~*** non mi sorprende *o* stupisce; ***I would, wouldn't be ~ if*** sarei sorpreso, non mi sorprenderei se; ***"there'll be no-one" - "oh, you'd be ~"*** "non ci sarà nessuno" - "vedrai"; ***I'm ~ at him!*** da lui non me lo sarei aspettato!

surprising /səˈpraɪzɪŋ/ agg. sorprendente, stupefacente; ***what is even more ~ is that...*** ciò che sorprende ancora di più è che...

surprisingly /səˈpraɪzɪŋlɪ/ avv. [*calm, cheap, bad, well*] incredibilmente; [*quickly*] sorprendentemente, incredibilmente; ***~ frank*** di una franchezza sorprendente; ***they didn't know her, ~ enough*** sorprendentemente *o* cosa incredibile, non la conoscevano; ***not ~,...*** non c'è da meravigliarsi che...

surreal /səˈrɪəl/ agg. surreale; ART. LETTER. surrealistico.

surrealism /səˈrɪəlɪzəm/ n. (anche **Surrealism**) surrealismo m.

surrealist /səˈrɪəlɪst/ **I** agg. surrealista **II** n. surrealista m. e f.

surrealistic /ˌsərɪəˈlɪstɪk/ agg. surrealistico.

1.surrender /səˈrendə(r)/ n. **1** MIL. resa f., capitolazione f. (**to** a); ***no ~!*** non ci arrenderemo! **2** *(giving up) (of territory)* abbandono m., cessione f.; *(of power)* rinuncia f.; *(of insurance policy)* riscatto m. **3** *(handing over) (of weapons, ticket, document)* consegna f. **4** FIG. *(to joy, despair)* abbandono m. (**to** a).

2.surrender /səˈrendə(r)/ **I** tr. **1** MIL. consegnare [*town*] **2** *(give up)* rinunciare a, cedere [*power*]; riscattare [*insurance policy*] **3** *(hand over)* consegnare [*ticket, passport, firearm*] **II** intr. **1** *(give up)* [*army, soldier, country*] arrendersi, capitolare; ***I ~*** mi arrendo (anche FIG.) **2** *(give way)* ***to ~ to*** abbandonarsi a, cedere a [*passion, despair*] **III** rifl. ***to ~ oneself to*** abbandonarsi a, lasciarsi andare a [*emotion*].

surreptitious /ˌsʌrəpˈtɪʃəs/ agg. [*glance, gesture*] furtivo; [*search, exit*] discreto.

surrogate /ˈsʌrəgeɪt/ n. **1** *(substitute)* sostituto m. (-a) (**for** di) **2** (anche **~ mother**) madre f. surrogata, madre f. sostituta.

1.surround /səˈraʊnd/ n. BE **1** *(for fireplace)* incorniciatura f. **2** *(border)* bordo m., bordura f.

2.surround /səˈraʊnd/ **I** tr. circondare (anche FIG.); [*police*] accerchiare, circondare [*building*]; circondare, attorniare [*person*] **II** rifl. ***to ~ oneself with*** circondarsi di.

surrounding /səˈraʊndɪŋ/ agg. circostante; ***the ~ area*** o ***region*** i dintorni, l'area circostante.

surroundings /səˈraʊndɪŋz/ n.pl. dintorni m., vicinanze f.; *(of town)* periferia f.sing.; ***in their natural ~*** nel loro ambiente naturale.

surround sound n. CINEM. (suono) surround m.

surtax /ˈsɜːtæks/ n. *(on income)* (imposta) complementare f.; *(additional tax)* (imposta) addizionale f., soprattassa f.

surveillance /sɜːˈveɪləns/ **I** n. sorveglianza f. **II** modif. [*team, equipment*] di sorveglianza; [*camera*] di videosorveglianza.

1.survey /ˈsɜːveɪ/ n. **1** *(of trends, prices, reasons)* indagine f. (**of** su); *(by questioning people)* sondaggio m., indagine f.; *(study, overview of work)* studio m., ricerca f. (**of** di, su); ***a ~ of 500 young people*** un sondaggio condotto tra 500 giovani **2** BE *(in housebuying) (inspection)* perizia f. (**on** di); *(report)* perizia f., stima f. **3** GEOGR. GEOL. *(action)* rilevamento m. topografico; *(map)* carta f. topografica **4** *(rapid examination)* (rapido) esame m.

2.survey /səˈveɪ/ tr. **1** *(investigate)* fare un'indagine su [*trends*]; fare un'indagine di [*market*]; *(by questioning people)* fare un sondaggio tra [*people*]; fare un'indagine, un sondaggio su [*opinions, intentions*] **2** BE *(in housebuying)* fare una perizia di, stimare [*property*] **3** GEOGR. GEOL. fare il rilevamento topografico di, rilevare [*area*] **4** *(look at)* contemplare [*scene, picture*].

survey course n. AE UNIV. corso m. istituzionale.

surveying /səˈveɪɪŋ/ **I** n. **1** BE *(in housebuying)* perizia f. (immobiliare) **2** GEOGR. GEOL. *(science) (for land)* rilevamento m. topografico **II** modif. [*instrument*] topografico.

surveyor /səˈveɪə(r)/ ➧ **27** n. **1** BE *(in housebuying)* perito m. (edile) **2** GEOGR. GEOL. *(for map-making)* topografo m. (-a); *(for industry, oil)* perito m.

survival /səˈvaɪvl/ **I** n. **1** *(act, condition)* sopravvivenza f.; ***the ~ of the fittest*** la sopravvivenza degli individui più adatti **2** *(remaining person, belief etc.)* reliquia f., vestigio m. **II** modif. [*kit, equipment, course*] di sopravvivenza.

survive /səˈvaɪv/ **I** tr. **1** *(live through)* sopravvivere a [*winter, operation*]; scampare, sopravvivere a [*accident, fire*]; FIG. sopravvivere a, superare [*crisis*] **2** *(live longer than)* sopravvivere a [*person*] **II** intr. sopravvivere (anche FIG.); ***to ~ on sth.*** vivere di qcs., sopravvivere grazie a qcs.

surviving /sə'vaɪvɪŋ/ agg. sopravvissuto.
survivor /sə'vaɪvə(r)/ n. sopravvissuto m. (-a), superstite m. e f.; *(resilient person)* ***to be a ~*** essere un osso duro.
Susan /'su:zn/ n.pr. Susanna.
susceptibility /səˌseptə'bɪlətɪ/ n. **1** *(vulnerability)* sensibilità f.; *(to disease)* predisposizione f. **2** *(impressionability)* impressionabilità f.
susceptible /sə'septəbl/ agg. **1** *(vulnerable)* sensibile; *(to disease)* predisposto **2** *(impressionable)* impressionabile **3** FORM. ***~ of*** *(amenable to)* suscettibile di.
Susie /'su:zɪ/ n.pr. diminutivo di **Susan**.
1.suspect /'sʌspekt/ **I** n. persona f. sospetta, sospetto m. (-a) **II** agg. [*claim, person, vehicle, foodstuff*] sospetto; [*item*] di provenienza sospetta, di dubbia provenienza.
2.suspect /sə'spekt/ tr. **1** *(believe)* sospettare [*murder, plot*]; ***to ~ that*** sospettare che; ***we strongly ~ that...*** abbiamo *o* nutriamo il forte sospetto che...; ***it isn't, I ~, a difficult task*** a mio avviso, non è un compito difficile **2** *(doubt)* dubitare di [*truth, motives*]; ***he ~s nothing*** non ha il minimo sospetto, non sospetta nulla **3** *(have under suspicion)* sospettare [*person*].
suspected /sə'spektɪd/ **I** p.pass. → **2.suspect II** agg. attrib. [*sabotage, pneumonia, criminal*] sospetto, presunto.
suspend /sə'spend/ tr. **1** *(hang)* appendere (**from** a) **2** *(float)* ***to be ~ed in*** [*balloon, feather*] essere sospeso in [*air*] **3** *(call off)* sospendere [*talks, services, meeting, match*] **4** *(reserve)* riservare [*comment*]; ***to ~ (one's) judgment*** riservarsi il giudizio **5** *(remove from activities)* sospendere [*employee, official, pupil*]; squalificare, sospendere [*athlete*] **6** DIR. ***her sentence was ~ed*** l'esecuzione della sua sentenza è stata sospesa; ***an 18 month sentence ~ed for 12 months*** una condanna a 18 mesi con un anno di condizionale.
suspended animation n. morte f. apparente; ***to be in a state of ~*** FIG. [*service, business*] essere in stato comatoso.
suspended sentence n. condanna f. con sospensione della pena; ***to give sb. a two-year ~*** condannare qcn. a due anni con la condizionale.
suspender belt /sə'spendəˌbelt/ n. BE reggicalze m.
suspenders /sə'spendəz/ n.pl. **1** BE *(for socks, stockings)* giarrettiera f.sing. **2** AE *(for trousers)* bretelle f.
suspense /sə'spens/ n. *(tension)* suspense f., tensione f.; ***to wait in ~ for sth.*** aspettare qcs. con impazienza; ***to keep*** o ***leave sb. in ~*** tenere qcn. in sospeso *o* sulle spine.
suspension /sə'spenʃn/ n. **1** *(postponement)* sospensione f., interruzione f. **2** *(temporary dismissal) (of employee, pupil)* sospensione f.; *(of athlete)* squalifica f., sospensione f. **3** CHIM. sospensione f.
suspension bridge n. ponte m. sospeso.
suspension points n.pl. puntini m. di sospensione.
suspicion /sə'spɪʃn/ n. **1** *(mistrust)* sospetto m.; ***to view sb., sth. with ~*** vedere qcn., qcs. con sospetto, diffidare di qcn., qcs.; ***to arouse ~*** destare sospetti **2** *(of guilt)* ***arrested on ~ of murder*** arrestato perché sospettato di omicidio; ***he is under ~*** è sospettato; ***to be above ~*** essere al di sopra di ogni sospetto **3** *(idea, feeling)* ***to have a ~ that*** avere il sospetto che; ***to have ~s about sb., sth.*** avere sospetti su qcn., qcs. **4** FIG. *(hint)* sospetto m., pizzico m.; ***a ~ of garlic*** una punta d'aglio.
suspicious /sə'spɪʃəs/ agg. **1** *(wary)* sospettoso, diffidente; ***to be ~ of*** sospettare di [*person, scheme*]; ***to be ~ that...*** sospettare che...; ***we became ~ when...*** abbiamo cominciato a insospettirci *o* ad avere qualche sospetto quando... **2** *(suspect)* [*activity*] losco, sospetto; ***a ~-looking individual*** un individuo dall'aria sospetta, un tipo sospetto.
suspiciously /sə'spɪʃəslɪ/ avv. **1** *(warily)* sospettosamente, con aria sospettosa **2** *(oddly)* [*behave*] in modo sospetto; [*quiet, heavy*] stranamente; [*clean*] IRON. sospettosamente; ***to look ~ like*** avere tutta l'aria di essere.
suss /sʌs/ tr. BE COLLOQ. intuire, capire; ***to have it ~ed*** avere capito tutto.
■ **suss out** COLLOQ. ***~ [sth., sb.] out, ~ out [sth., sb.]*** scoprire, sgamare.
sustain /sə'steɪn/ tr. **1** *(maintain)* mantenere [*interest, success, quality*]; perseguire [*war, policy*] **2** MUS. tenere [*note*] **3** *(provide strength)* sostenere **4** *(support)* sostenere [*regime, market*]; ***to ~ life*** mantenere in vita, sostentare **5** *(suffer)* ricevere [*injury, blow*]; subire [*defeat, damage*] **6** *(bear)* sostenere, sopportare [*weight*] **7** DIR. *(uphold)* accogliere [*claim*]; ***objection ~ed!*** obiezione accolta!
sustainable /sə'steɪnəbl/ agg. **1** *(in ecology)* [*development, forestry*] sostenibile; [*resource*] rinnovabile **2** ECON. [*growth*] sostenibile.
sustained /sə'steɪnd/ **I** p.pass. → **sustain II** agg. sostenuto; [*applause, period*] prolungato.
sustained-release /sə'steɪndrɪˌli:s/ agg. [*drug, vitamin*] a rilascio prolungato.
sustenance /'sʌstɪnəns/ n. **1** *(nourishment)* sostanza f., nutrimento m. **2** *(food)* sostentamento m., nutrimento m.
1.suture /'su:tʃə(r)/ n. sutura f.
2.suture /'su:tʃə(r)/ tr. suturare.
Suzy /'su:zɪ/ n.pr. diminutivo di **Susan**.
svelte /svelt/ agg. svelto, snello, slanciato.
SW ➧ *21* **1** GEOGR. ⇒ southwest sud-ovest (SO) **2** RAD. ⇒ short wave onde corte (OC).
1.swab /swɒb/ n. **1** MED. *(for cleaning)* tampone m.; *(specimen)* tampone m. diagnostico **2** *(mop)* strofinaccio m.; MAR. redazza f.
2.swab /swɒb/ tr. (forma in -ing ecc. **-bb-**) **1** MED. lavare [qcs.] con un tampone [*wound*] **2** MAR. (anche **~ down**) redazzare [*deck*].
swaddle /'swɒdl/ tr. fasciare, avvolgere in fasce [*baby*].
swaddling clothes n.pl. fasce f.
swag /swæg/ n. ANT. COLLOQ. *(stolen property)* bottino m. malloppo m.
1.swagger /'swægə(r)/ n. andatura f. spavalda; ***with a ~*** pavoneggiandosi.
2.swagger /'swægə(r)/ intr. **1** *(walk)* camminare tutto impettito, pavoneggiarsi **2** *(boast)* vantarsi, pavoneggiarsi (**about** di).
1.swallow /'swɒləʊ/ n. ZOOL. rondine f. ♦ ***one ~ doesn't make a summer*** PROV. una rondine non fa primavera.
2.swallow /'swɒləʊ/ n. *(gulp) (of liquid)* sorso m.; *(of food)* boccone m.
3.swallow /'swɒləʊ/ **I** tr. **1** *(eat)* inghiottire, ingoiare, buttare giù [*food, drink, pill*] **2** COLLOQ. *(believe)* bere [*story, explanation*]; ***I find that hard to ~*** lo trovo difficile da buttare giù **3** *(suffer)* inghiottire, ingoiare, sopportare [*insult, sarcasm*], reprimere [*anger*]; rinunciare a [*pride*] **4** FIG. *(consume)* inghiottire, trangugiare **II** intr. inghiottire; ***to ~ hard*** ingoiare un boccone amaro.
■ **swallow back:** ***~ back [sth.], ~ [sth.] back*** ringhiottire.
■ **swallow up:** ***~ up [sth.], ~ [sth.] up*** inghiottire (anche FIG.); ***I wanted the ground to ~ me up*** sarei voluto sprofondare.
swallow dive n. BE SPORT tuffo m. ad angelo.
swallowtailed coat /ˌswɒləʊteɪld'kəʊt/ n. (giacca a) coda di rondine.
swam /swæm/ pass. → **2.swim**.
1.swamp /swɒmp/ n. palude f., acquitrino m.
2.swamp /swɒmp/ tr. sommergere, inondare; ***to be ~ed with*** o ***by*** essere inondato da [*applications, mail*]; essere sommerso da [*work*]; essere invaso da [*tourists*].
swampy /'swɒmpɪ/ agg. paludoso, acquitrinoso.
1.swan /swɒn/ n. cigno m.
2.swan /swɒn/ intr. BE COLLOQ. (forma in -ing ecc. **-nn-**) ***to ~ around*** o ***about*** svolazzare qua e là, gironzolare; ***to ~ in*** entrare maestosamente.
swan dive n. tuffo m. ad angelo.
1.swank /swæŋk/ n. COLLOQ. *(boastful behaviour)* vanto m. vanteria f.
2.swank /swæŋk/ intr. vantarsi, pavoneggiarsi.
swanky /'swæŋkɪ/ agg. COLLOQ. **1** *(posh)* [*car, hotel*] alla moda, sciccoso **2** *(boastful)* [*person*] borioso, sbruffone.
swansdown /'swɒnzdaʊn/ n. *(feathers)* piumino m. (di cigno); *(fabric)* mollettone m.
swansong /'swɒnsɒŋ/ n. FIG. canto m. del cigno.
1.swap /swɒp/ n. COLLOQ. scambio m., cambio m.
2.swap /swɒp/ tr. COLLOQ. (forma in -ing ecc. **-pp-**) scambiare [*object, stories, news*]; ***to ~ sth. for sth.*** scambiare *o* barattare qcs. con qcs.
■ **swap around:** ***~ [sth.] around, ~ around [sth.]*** scambiarsi.

■ **swap over** BE **~ over** scambiarsi; **~ [sth.] over, ~ over [sth.]** scambiarsi [*objects, jobs*].

1.swarm /swɔːm/ n. *(of bees)* sciame m.; *(of flies, locusts)* sciame m., nugolo m.; ***a ~ of people, ~s of people*** uno sciame *o* una frotta di persone.

2.swarm /swɔːm/ intr. **1** *(move in swarm)* [*bees*] sciamare **2** [*people*] ***to ~ into, out of*** entrare, uscire in massa *o* sciamare dentro, fuori; ***to ~ around sth.*** accalcarsi *o* affollarsi attorno a qcs.; ***to be ~ing with*** brulicare di, essere pieno di [*ants*]; pullulare di, brulicare di [*tourists*] **3** *(climb)* ***to ~ up*** arrampicarsi su [*hill*].

swarthy /ˈswɔːðɪ/ agg. scuro di carnagione.

swashbuckler /ˈswɒʃˌbʌklə(r)/ n. fanfarone m. (-a), spaccone m. (-a), gradasso m. (-a).

swashbuckling /ˈswɒʃˌbʌklɪŋ/ agg. [*adventure, tale*] di cappa e spada; [*hero*] spaccone, prepotente; [*appearance*] da spaccone.

swastika /ˈswɒstɪkə/ n. svastica f.

1.swat /swɒt/ n. **1** *(object)* acchiappamosche m. **2** *(action)* colpo m. secco, schiaffo m.

2.swat /swɒt/ tr. (forma in -ing ecc. **-tt-**) schiacciare [*fly, wasp*].

swath /swɔːθ/ n. *(band) (of grass, corn)* andana f., falciata f.; *(of land)* striscia f. ♦ ***to cut a ~ through*** aprirsi un varco tra [*obstacles, difficulties*].

1.swathe /sweɪð/ n. → **swath.**

2.swathe /sweɪð/ n. *(cloth)* benda f., fascia f.

3.swathe /sweɪð/ tr. avvolgere; ***~d in*** fasciato da [*bandages*]; avvolto in [*blankets, clothes*].

1.sway /sweɪ/ n. **1** *(of tower, bridge, train)* oscillazione f.; *(of boat)* oscillazione f., beccheggio m. **2** *(power)* ***to hold ~*** avere una grande influenza; ***to hold ~ over*** dominare [*person, country*].

2.sway /sweɪ/ **I** tr. **1** *(influence)* influenzare; ***to ~ sb. in favour of doing*** persuadere qcn. a fare; ***to ~ the outcome in sb.'s favour*** volgere la situazione in favore di qcn. **2** *(rock)* fare ondeggiare [*trees*]; fare oscillare [*building*]; ***to ~ one's hips*** ancheggiare; ***to ~ one's body*** dondolarsi **II** intr. [*tree, robes*] ondeggiare; [*building, bridge*] oscillare; [*vessel, carriage*] dondolare, oscillare; [*person*] *(from weakness, inebriation)* barcollare; *(to music)* dondolarsi.

swear /sweə(r)/ **I** tr. (pass. **swore**; p.pass. **sworn**) **1** *(promise)* giurare (anche DIR.); ***I ~ to God, I didn't know*** giuro (davanti a Dio) che non lo sapevo; ***I could have sworn she was there*** avrei giurato che lei ci fosse; ***to ~ sb. to secrecy*** fare giurare a qcn. di mantenere il segreto; ***she had been sworn to secrecy*** le era stato fatto giurare di mantenere il segreto; ***to be sworn to do*** avere giurato di fare; ***to be sworn into office*** entrare in carica prestando giuramento **2** *(curse)* ***"damn!" he swore*** "dannazione!" imprecò; ***to ~ at*** imprecare contro; ***to be*** o ***get sworn at*** farsi insultare **II** intr. (pass. **swore**; p.pass. **sworn**) **1** *(curse)* bestemmiare, imprecare; ***he never ~s*** non bestemmia mai, non dice mai parolacce **2** *(attest)* ***I wouldn't*** o ***couldn't ~ to it*** non ci giurerei, non potrei giurarlo.

■ **swear by** COLLOQ. **~ by [sth., sb.]** avere piena fiducia in [*remedy, expert*].

■ **swear in: ~ in [sb.], ~ [sb.] in** fare giurare [*jury, witness*]; ***to be sworn in*** entrare in carica prestando giuramento.

■ **swear off: ~ off [sth.]** giurare di rinunciare a [*alcohol, smoking*].

swearing /ˈsweərɪŋ/ n. bestemmie f.pl., imprecazioni f.pl.

swearing-in ceremony n. cerimonia f. d'investitura.

swearword /ˈsweəwɜːd/ n. bestemmia f., parolaccia f., imprecazione f.

1.sweat /swet/ **I** n. **1** *(perspiration)* sudore m.; ***to be in a ~*** essere (tutto) sudato; ***to be dripping with ~*** essere madido *o* grondante *o* in un bagno di sudore; ***to break out into a ~*** cominciare a sudare; ***to work up a (good) ~*** farsi una (bella) sudata; ***to be in a cold ~ about sth.*** FIG. avere i sudori freddi *o* sudare freddo per qcs. **2** LETT. *(hard work)* sfacchinata f.; ***by the ~ of his brow*** col sudore della fronte **II sweats** n.pl. AE tuta f.sing. ♦ ***no ~!*** COLLOQ. nessun problema! ***to be, get in a ~*** COLLOQ. scaldarsi, agitarsi.

2.sweat /swet/ **I** tr. BE GASTR. fare trasudare [*vegetables*] **II** intr. [*person, animal*] sudare; [*hands, feet*] sudare, traspirare ♦ ***to ~ blood over sth.*** sudare *o* sputare sangue per qcs.; ***to let*** o ***make sb. ~*** COLLOQ. fare stare qcn. sulle spine.

■ **sweat off: ~ [sth.] off, ~ off [sth.]** perdere [qcs.] sudando [*weight*].

■ **sweat out** ***to ~ it out*** MED. curare con una sudata; COLLOQ. FIG. non mollare, tenere duro.

■ **sweat over** COLLOQ. **~ over [sth.]** sudare su [*task*].

sweatband /ˈswetbænd/ n. SPORT fascia f. tergisudore; *(on hat)* inceratino m.

sweated labour n. manodopera f. sfruttata.

sweater /ˈswetə(r)/ ➧ **28** n. *(pullover)* pullover m., golf m.; *(any knitted top)* maglia f.

sweat gland n. ghiandola f. sudoripara.

sweat pants n.pl. AE pantaloni m. di felpa, pantaloni m. della tuta.

sweatshirt /ˈswetʃɜːt/ ➧ **28** n. felpa f.

sweatshop /ˈswetʃɒp/ n. = azienda che sfrutta la manodopera.

sweatsuit /ˈswetsuːt, -sjuːt/ n. tuta f. (da ginnastica).

sweaty /ˈswetɪ/ agg. **1** *(sweatstained)* [*person, hand*] sudato; [*clothing*] bagnato di sudore; [*cheese, food*] che traspira **2** *(hot)* [*atmosphere*] soffocante; [*work*] faticoso, che fa sudare.

swede /swiːd/ n. BE BOT. navone m.

Swede /swiːd/ ➧ **18** n. svedese m. e f.

Sweden /ˈswiːdn/ ➧ **6** n.pr. Svezia f.

Swedish /ˈswiːdɪʃ/ ➧ **18, 14 I** agg. svedese **II** n. **1** *(people)* ***the ~*** gli svedesi **2** *(language)* svedese m.

1.sweep /swiːp/ n. **1** (anche **~ out**) scopata f., spazzata f.; ***to give sth. a ~*** dare una scopata a qcs. **2** *(movement)* ***with a ~ of his arm*** con un ampio movimento del braccio; ***to make a wide ~ south*** fare un ampio giro a sud **3** *(of land, woods, hills)* distesa f.; *(of fabric)* pezza f. **4** *(of events, history, country)* estensione f.; *(of opinion)* ventaglio m., gamma f.; *(of telescope, gun)* portata f. **5** *(search) (on land)* perlustrazione f., ricerca f.; *(by air)* sorvolo m.; *(attack)* bombardamento m. a tappeto; *(to capture)* rastrellamento m.; ***to make a ~ of*** *(search) (on land)* esplorare, perlustrare; *(by air)* sorvolare; *(to capture)* rastrellare **6** (anche **chimney ~**) spazzacamino m.

2.sweep /swiːp/ **I** tr. (pass., p.pass. **swept**) **1** *(clean)* scopare, spazzare [*floor, room*]; pulire [*chimney*] **2** *(remove with brush)* ***to ~ the crumbs off the table*** spazzare *o* fare cadere le briciole giù dal tavolo **3** *(push)* ***to ~ sth. off the table*** fare cadere qcs. dal tavolo (con un ampio gesto della mano); ***to ~ sb. off his, her feet*** [*wave*] fare cadere *o* fare perdere l'equilibrio a qcn.; FIG. *(romantically)* fare perdere la testa a qcn.; ***to be swept into power*** essere portato al potere (con una maggioranza schiacciante) **4** *(spread through)* [*disease, crime, craze*] dilagare in, diffondersi in; [*storm*] estendersi in; [*fire*] propagarsi in; [*rumour*] diffondersi in, divulgarsi in **5** *(search, survey)* [*beam, searchlight*] proiettarsi su; [*person*] scrutare; [*vessel, submarine*] scandagliare; [*police*] rastrellare (**for** alla ricerca di); ***to ~ sth. for mines*** dragare qcs. alla ricerca di mine **II** intr. (pass., p.pass. **swept**) **1** *(clean)* spazzare, scopare **2** *(move)* ***to ~ in, out*** (anche FIG.) *(quickly)* entrare, uscire impetuosamente; *(majestically)* entrare, uscire maestosamente; ***the wind swept in from the east*** il vento soffiava da est; ***to ~ into*** [*invaders*] irrompere in, invadere [*region*]; ***to ~ (in)to power*** POL. essere portato al potere (con una maggioranza schiacciante); ***to ~ to victory*** riportare una vittoria schiacciante; ***to ~ through*** [*disease, crime, craze, change*] dilagare, diffondersi in; [*storm*] estendersi in; [*fire*] propagarsi in; [*rumour*] diffondersi, divulgarsi in; ***to ~ over*** [*searchlight*] proiettarsi su; [*gaze*] percorrere; ***fear swept over him*** fu sopraffatto dalla paura **3** *(extend)* ***the road ~s north*** la strada descrive un'ampia curva verso nord; ***the mountains ~ down to the sea*** le montagne scendono maestosamente fino al mare ♦ ***to ~ sth. under the carpet*** BE o ***rug*** AE nascondere *o* insabbiare qcs.

■ **sweep along: ~ [sb., sth.] along** trascinare; ***to be swept along by*** essere trascinato da [*crowd*]; essere spinto da [*public opinion*].

■ **sweep aside: ~ [sb., sth.] aside, ~ aside [sb., sth.]** ignorare, mettere da parte [*person*]; ignorare [*objection*]; respingere [*offer*].

■ **sweep away: ~ [sb., sth.] away, ~ away [sb., sth.] 1** [*river*] trascinare via, travolgere [*person*]; spazzare via, distruggere [*bridge*] **2** FIG. eliminare, spazzare via [*obstacle, difficulty*]; ***to be swept away by*** lasciarsi trascinare da [*enthusiasm*]; essere travolto da [*passion*].

■ **sweep out: ~ [sth.] out, ~ out [sth.]** spazzare bene, scopare bene [*room*].

■ **sweep up: ~ up** spazzare, scopare; **~ up [sth.], ~ [sth.] up** **1** *(with broom)* spazzare, scopare, raccogliere con la scopa; *(with arms)* tirare su, raccogliere **2** FIG. ***to be swept up in*** essere travolto da [*revolution*]; essere trascinato da [*wave of enthusiasm*].

sweeper /ˈswiːpə(r)/ n. **1** *(cleaner) (person)* chi spazza; *(machine)* spazzatrice f. **2** SPORT libero m.

sweeping /ˈswiːpɪŋ/ **I** agg. **1** *(far-reaching)* [*change*] radicale, di vasta portata; [*legislation*] onnicomprensivo; [*power*] assoluto; [*cut, gains, losses*] considerevole **2** *(over-general)* [*assertion, statement*] generico, di carattere generale **3** [*movement, curve*] ampio **II sweepings** n.pl. briciole f., spazzatura f.sing.

sweet /swiːt/ **I** agg. **1** [*food, taste*] dolce; [*fruit, wine*] *(not bitter)* dolce; *(sugary)* zuccherino; [*perfume*] *(pleasant)* dolce, buono; *(sickly)* stucchevole, nauseante; ***to have a ~ tooth*** essere goloso di dolci **2** *(kind)* [*person*] dolce, gentile; [*face, smile, voice*] dolce **3** *(pure)* [*water*] dolce; [*breath*] fresco; [*sound, song, note*] dolce, soave, melodioso **4** *(cute)* [*baby*] dolce, adorabile; [*cottage*] grazioso, delizioso **5** *(pleasurable)* [*certainty, solace*] dolce **6** IRON. *(for emphasis)* ***to go one's own ~ way*** seguire la propria strada; ***he'll do it in his own ~ time*** lo farà quando gli tornerà comodo **II** avv. ***to taste ~*** avere un gusto dolce, essere dolce; ***to smell ~*** avere un buon profumo *o* un profumo dolce **III** n. **1** BE *(candy)* caramella f.; *(dessert)* dolce m., dessert m. **2** COLLOQ. *(term of endearment)* caro m. (-a), tesoro m. ♦ ***to keep sb. ~*** tenersi buono qcn.; ***to whisper ~ nothings into sb.'s ear*** sussurrare paroline dolci all'orecchio di qcn.

sweet-and-sour /ˌswiːtənˈsaʊə(r)/ agg. agrodolce.

sweetbread /ˈswiːtbred/ n. *(of veal, lamb)* animella f.

sweet chestnut n. *(nut)* castagna f., marrone m.; *(tree)* castagno m.

sweetcorn /ˈswiːtkɔːn/ n. mais m. dolce, granoturco m. dolce.

sweeten /ˈswiːtn/ tr. **1** addolcire, dolcificare [*food, drink*] **2** profumare [*air, room*] **3** COMM. rendere [qcs.] più allettante [*offer, deal*].

■ **sweeten up: ~ [sb.] up, ~ up [sb.]** ungere, tenersi buono.

sweetener /ˈswiːtnə(r)/ n. **1** dolcificante m. **2** COLLOQ. *(bribe)* bustarella f.; *(concession)* contentino m.

sweetheart /ˈswiːthɑːt/ n. *(boyfriend)* fidanzatino m., innamorato m.; *(girlfriend)* fidanzatina f., innamorata f.; ***he's a real ~*** è un vero tesoro; ***hello ~*** ciao amore *o* tesoro.

sweetie /ˈswiːtɪ/ n. **1** BE COLLOQ. *(to eat)* caramella f. **2** *(person)* tesoro m., amore m.

sweetish /ˈswiːtɪʃ/ agg. dolciastro.

sweetly /ˈswiːtlɪ/ avv. [*say, smile*] dolcemente; [*sing*] melodiosamente; [*dressed, decorated*] in modo adorabile.

sweetmeal /ˈswiːtmiːl/ agg. BE [*biscuit*] integrale.

sweet-natured /ˌswiːtˈneɪtʃəd/ agg. → **sweet-tempered**.

sweetness /ˈswiːtnɪs/ n. **1** *(of food, drink)* dolcezza f. **2** *(of air, perfume)* fragranza f., dolcezza f.; *(of smile)* dolcezza f., tenerezza f.; *(of sound, music, voice)* dolcezza f., melodiosità f.; *(of person)* dolcezza f., gentilezza f. ♦ ***to be all ~ and light*** essere tutto zucchero e miele.

sweet pea n. pisello m. odoroso.

sweet potato n. (pl. **sweet potatoes**) patata f. dolce, patata f. americana, batata f.

1.sweet-talk /ˈswiːttɔːk/ n. COLLOQ. lusinga f., sviolinata f.

2.sweet-talk /ˈswiːttɔːk/ tr. COLLOQ. lusingare, sviolinare.

sweet-tempered /ˌswiːtˈtempəd/ agg. [*person*] dolce, affettuoso.

sweet trolley n. BE carrello m. dei dolci.

sweet william n. garofano m. dei poeti.

1.swell /swel/ **I** n. **1** *(of waves)* onda f. morta **2** MUS. crescendo m. seguito da diminuendo **3** *(of belly)* rotondità f. **II** agg. AE ANT. COLLOQ. **1** *(smart)* [*car, outfit*] di classe, alla moda; [*restaurant*] alla moda, chic; ***to look ~*** essere elegantissimo **2** *(great)* formidabile, meraviglioso.

2.swell /swel/ **I** tr. (pass. **swelled**; p.pass. **swollen, swelled**) **1** *(increase)* ingrossare, accrescere [*population*]; aumentare, ingrossare [*membership, number*]; gonfiare [*bank balance, figures*] **2** *(fill)* [*wind*] gonfiare [*sail*]; [*floodwater*] ingrossare, gonfiare [*river*] **II** intr. (pass. **swelled**; p.pass. **swollen, swelled**) **1** *(expand)* [*fruit, sail, stomach*] gonfiarsi; [*dried fruit, wood*] dilatarsi, gonfiarsi; [*ankle, gland*] gonfiare, gonfiarsi; [*river*] ingrossarsi; ***her heart ~ed with pride*** aveva il cuore gonfio di orgoglio **2** *(increase)* [*crowd, population*] crescere, aumentare; [*prices*] gonfiarsi, aumentare, salire; ***to ~ to 20,000*** salire *o* arrivare a 20.000 **3** *(grow louder)* [*music, sound*] diventare più forte, aumentare di volume **4** *(ooze)* [*liquid*] colare (**from, out of** da).

■ **swell out: ~ [sth.] out, ~ out [sth.]** [*wind*] gonfiare [*sails*].

■ **swell up** [*ankle, finger*] gonfiare, gonfiarsi.

swelled head n. AE COLLOQ. ***to get a ~*** montarsi la testa.

swelling /ˈswelɪŋ/ **I** n. **U** *(bump)* gonfiore m., protuberanza f., tumefazione f.; *(on head)* bernoccolo m., bozzo m.; *(of limb, skin)* gonfiore m.; *(of sails)* (il) gonfiarsi; *(of crowd, population)* aumento m., crescita f. **II** agg. [*river*] gonfio, in piena; [*crowd, number*] crescente; ***a ~ tide*** FIG. un'ondata.

swelter /ˈsweltə(r)/ intr. COLLOQ. soffocare, morire di caldo.

sweltering /ˈsweltərɪŋ/ agg. COLLOQ. [*conditions*] opprimente; [*day*] torrido, afoso; [*heat*] soffocante, torrido.

swept /swept/ pass., p.pass. → **2.sweep**.

1.swerve /swɜːv/ n. scarto m., deviazione f.

2.swerve /swɜːv/ **I** tr. [*driver*] fare deviare [*vehicle*] **II** intr. [*person*] scartare, deviare; [*vehicle*] scartare, sbandare; ***to ~ into sth.*** (scartare e) andare a sbattere contro qcs.; ***to ~ off the road*** (sbandare *o* sterzare e) andare fuori strada **2** FIG. ***to ~ from*** scostarsi da, abbandonare [*plan*].

1.swift /swɪft/ agg. rapido, celere, pronto; ***to be ~ to do*** o ***doing*** essere svelto a fare.

2.swift /swɪft/ n. ZOOL. rondone m.

swiftly /ˈswɪftlɪ/ avv. rapidamente, in fretta.

swiftness /ˈswɪftnɪs/ n. *(of movement)* rapidità f., celerità f.; *(of response)* prontezza f.

1.swig /swɪg/ n. COLLOQ. sorsata f.

2.swig /swɪg/ tr. (forma in -ing ecc. **-gg-**) tracannare, bere a grandi sorsi.

1.swill /swɪl/ n. **1** *(food)* pastone m. (per maiali) **2** *(act of swilling)* bevuta f.

2.swill /swɪl/ tr. COLLOQ. *(drink)* trincare, sbevazzare.

■ **swill around, swill about** [*liquid*] spandersi.

■ **swill down: ~ [sth.] down, ~ down [sth.]** **1** COLLOQ. *(drink)* tracannare, buttare giù **2** *(wash)* sciacquare.

1.swim /swɪm/ n. nuotata f.; ***to go for a ~*** *(in sea, river)* andare a fare il bagno; *(in pool)* andare a fare una nuotata ♦ ***to be in the ~*** essere al corrente.

2.swim /swɪm/ **I** tr. (forma in -ing **-mm-**; pass. **swam**; p.pass. **swum**) nuotare [*length, stroke*]; attraversare a nuoto [*river*]; ***to ~ a race*** fare una gara di nuoto **II** intr. (forma in -ing **-mm-**; pass. **swam**; p.pass. **swum**) **1** [*person, animal*] nuotare (**out to** verso, fino a); ***to ~ across sth.*** attraversare qcs. a nuoto **2** *(be bathed)* ***to be ~ming in*** nuotare *o* essere affogato in [*sauce*]; ***the kitchen was ~ming in water*** la cucina era allagata; ***her eyes were ~ming in*** o ***with tears*** aveva gli occhi pieni di lacrime **3** *(wobble)* [*scene, room*] girare; ***my head is ~ming*** mi gira la testa ♦ ***sink or ~*** o la va o la spacca.

swimmer /ˈswɪmə(r)/ n. nuotatore m. (-trice).

swimming /ˈswɪmɪŋ/ ♦ **10** **I** n. nuoto m.; ***to go ~*** *(in sea, river)* andare a fare il bagno; *(in pool)* andare a nuotare **II** modif. [*contest, course, instructor*] di nuoto.

swimming baths n.pl. piscina f.sing.

swimming cap n. BE cuffia f. da bagno.

swimming costume n. BE costume m. da bagno.

swimmingly /ˈswɪmɪŋlɪ/ avv. ANT. a meraviglia.

swimming pool n. piscina f.

swimming trunks n.pl. (***a pair of***) ~ un costume da bagno (da uomo).

swimsuit /ˈswɪmsuːt, -sjuːt/ n. costume m. da bagno (intero).

1.swindle /ˈswɪndl/ n. truffa f.; ***a tax ~*** una frode fiscale.

2.swindle /ˈswɪndl/ tr. truffare; ***to ~ sb. out of sth.*** fregare qcs. a qcn.

swindler /ˈswɪndlə(r)/ n. truffatore m. (-trice), imbroglione m. (-a).

swine /swaɪn/ n. 1 *(pig)* (pl. ~) maiale m., porco m. 2 POP. SPREG. (pl. ~s) porco m. ♦ ***to cast pearls before ~*** dare le perle ai porci.

1.swing /swɪŋ/ n. 1 *(movement) (of pendulum, needle)* oscillazione f.; *(of body)* dondolamento m.; *(in golf, boxing)* swing m.; ***to aim*** o ***take a ~ at*** cercare di colpire [*person, ball*] 2 *(in voting, public opinion)* mutamento m., cambiamento m.; *(in prices, values, economy)* fluttuazione f.; *(in business activity)* variazione f.; *(in mood)* sbalzo m. (**in** di); ***a ~ away from*** *(in opinions)* un allontanamento da; *(in behaviour, buying habits)* un rifiuto di 3 *(in playground)* altalena f. 4 MUS. swing m. 5 *(rhythm)* ritmo m. ♦ ***to go with a ~*** COLLOQ. [*party*] andare a gonfie vele; ***to get into the ~ of things*** COLLOQ. entrare nell'ordine di idee; ***to be in full ~*** [*meeting, inquiry*] essere in pieno svolgimento.

2.swing /swɪŋ/ I tr. (pass., p.pass. **swung**) 1 *(move to and fro)* dondolare 2 *(move around, up, away)* ***to ~ sb. onto the ground*** buttare qcn. a terra; ***to ~ a bag onto one's back*** mettersi una borsa a tracolla; ***he swung the child into the saddle*** piazzò il bambino in sella; ***he swung the telescope through 90°*** ruotò il telescopio di 90° 3 *(cause to change)* ***to ~ a trial sb.'s way*** fare girare un processo in favore di qcn.; ***to ~ the voters*** fare cambiare opinione agli elettori 4 COLLOQ. *(cause to succeed)* organizzare [*election, match*]; ***to ~ a deal*** concludere un affare; ***can you ~ it for me?*** puoi combinarmi qualcosa? II intr. (pass., p.pass. **swung**) 1 *(move to and fro)* dondolare; [*pendulum*] oscillare; ***with his legs ~ing*** con le gambe penzoloni; ***to ~ on the gate*** dondolarsi sul cancelletto 2 *(move along, around)* ***to ~ onto the ground*** *(with rope)* lanciarsi a terra; ***to ~ up into the saddle*** balzare in sella; ***to ~ open*** aprirsi di scatto; ***the car swung into the drive*** la macchina si immise sul viale sterzando bruscamente 3 ***to ~ at*** *(with fist)* (fare il gesto di) colpire con un pugno 4 FIG. *(change)* ***to ~ from optimism to despair*** passare dall'ottimismo alla disperazione; ***the party swung towards the left*** il partito ha avuto una svolta a sinistra 5 [*music, musician*] avere ritmo 6 COLLOQ. *(be lively)* ***a club which really ~s*** un locale molto di tendenza; ***the party was ~ing*** la festa era molto animata 7 COLLOQ. o ANT. ***to ~ for*** *(be hanged)* essere impiccato per.

■ **swing around, swing round:** ***~ around*** girarsi (bruscamente); ***~ [sb., sth.] around he swung the car around*** ha girato la macchina; ***to ~ a child around and around*** fare girare un bambino (per gioco, tenendolo per le mani).

swingbin /ˈswɪŋˌbɪn/ n. pattumiera f. a pedale.

swingbridge /ˌswɪŋˈbrɪdʒ/ n. ponte m. girevole.

swing door n. BE porta f. a vento.

swingeing /ˈswɪndʒɪŋ/ agg. [*cuts, sanctions*] drastico; [*attack*] violento.

swinging /ˈswɪŋɪŋ/ agg. [*music*] ritmato; [*band*] che fa musica ritmata; [*rhythm*] trascinante; [*place, nightlife*] vivace.

swinging door n. AE → **swing door**.

swingometer /ˌswɪŋˈɒmɪtə(r)/ n. = strumento che permette di visualizzare le conseguenze dello spostamento di voti in un'elezione.

1.swipe /swaɪp/ n. ***to take a ~ at*** *(try to hit)* cercare di colpire [*ball, person*]; *(criticize)* attaccare [*government*].

2.swipe /swaɪp/ I tr. 1 COLLOQ. *(steal)* fregare, grattare 2 *(validate)* passare (in un lettore di carta magnetica), strisciare [*credit card*] II intr. ***to ~ at*** *(try to hit)* cercare di colpire [*person, object*]; *(criticize)* attaccare [*government*].

swipe card n. carta f. magnetica.

1.swirl /swɜːl/ n. *(shape)* turbine m.

2.swirl /swɜːl/ intr. [*water*] fare un vortice, fare un mulinello; [*skirt*] svolazzare; [*snow*] turbinare.

swirling /ˈswɜːlɪŋ/ agg. [*skirt*] svolazzante; [*snow*] che turbina; [*water*] vorticoso.

1.swish /swɪʃ/ I n. *(of water, skirt)* fruscio m.; *(of whip)* sibilo m. II agg. COLLOQ. alla moda.

2.swish /swɪʃ/ I tr. fare sibilare [*whip*]; fare frusciare [*skirt, long grass*] II intr. [*skirt*] frusciare; [*whip*] sibilare.

Swiss /swɪs/ ♦ 18 I agg. svizzero II n. svizzero m. (-a).

Swiss Army knife n. (pl. **Swiss Army knives**) coltellino m. svizzero.

Swiss chard n. bietola f.

1.switch /swɪtʃ/ n. 1 *(change)* cambiamento m. (**in** di); ***the ~ (away) from gas to electricity*** il passaggio dal gas all'elettricità; ***a ~ to the Conservatives*** uno spostamento verso il partito conservatore 2 *(for light)* interruttore m.; *(on radio, appliance)* pulsante m., bottone m.; ***on, off ~*** interruttore di accensione, di spegnimento 3 AE FERR. *(points)* scambio m., deviatoio m.

2.switch /swɪtʃ/ I tr. 1 *(change)* spostare, trasferire [*support, attention*]; ***to ~ brands, flights*** cambiare marca, volo; ***to ~ the conversation to another topic*** passare a un altro argomento di conversazione; ***he ~ed his allegiance back to Labour*** è tornato a sostenere i laburisti; ***could you ~ the TV over?*** potresti cambiare canale? 2 (anche **~ round**) *(change position of)* spostare [*objects, roles*]; ***to ~ the furniture round*** cambiare la disposizione dei mobili 3 FERR. (fare) deviare, smistare [*train*] II intr. 1 *(change)* cambiare (anche FIG.); ***to ~ between two languages*** passare da una lingua all'altra; ***we have ~ed (over) from oil to gas*** siamo passati dal gasolio al gas; ***she ~ed back to teaching*** è tornata a insegnare 2 (anche **~ over** o **round**) *(change positions)* cambiare; *(change scheduling)* fare cambio (**with** con).

■ **switch off:** ***~ off*** 1 [*appliance, light*] spegnersi, essere spento 2 COLLOQ. *(stop listening)* smettere di ascoltare; ***~ off [sth.], ~ [sth.] off*** spegnere [*appliance, light*].

■ **switch on:** ***~ on*** [*appliance, light*] accendersi, essere acceso; ***~ on [sth.], ~ [sth.] on*** accendere [*appliance, light*].

■ **switch over** TELEV. RAD. cambiare canale.

switchback /ˈswɪtʃbæk/ I n. 1 BE *(roller coaster)* montagne f.pl. russe; FIG. *(in road)* saliscendi m. 2 *(twisty) (road)* strada f. a tornanti II modif. [*road*] a saliscendi.

switchblade /ˈswɪtʃbleɪd/ n. AE coltello m. a scatto.

switchboard /ˈswɪtʃbɔːd/ n. *(installation, staff)* centralino m.

switchboard operator ♦ 27 n. centralinista m. e f.

switchover /ˈswɪtʃəʊvə(r)/ n. cambiamento m., passaggio m.

Switzerland /ˈswɪtzələnd/ ♦ 6 n.pr. Svizzera f.

1.swivel /ˈswɪvl/ I n. perno m. II modif. [*lamp*] orientabile; [*bridge*] girevole.

2.swivel /ˈswɪvl/ I tr. (forma in -ing ecc. **-ll-** BE, **-l-** AE) fare girare, fare ruotare [*chair, telescope*]; girare, ruotare [*eyes, head, body*] II intr. (forma in -ing ecc. **-ll-** BE, **-l-** AE) [*person, head, chair*] girare.

■ **swivel round:** ***~ round*** girarsi; ***~ [sth.] round, ~ round [sth.]*** fare girare.

swivel chair, swivel seat n. sedia f. girevole.

swizzle stick /ˈswɪzlˌstɪk/ n. bastoncino m. per mescolare i cocktail.

swollen /ˈswəʊlən/ I p.pass. → **2.swell** II agg. [*ankle, gland*] gonfio; [*river*] gonfio di pioggia, in piena ♦ ***to have a ~ head, to be ~headed*** COLLOQ. essere pieno di sé, essere un montato.

1.swoon /swuːn/ n. LETT. deliquio m.

2.swoon /swuːn/ intr. svenire; FIG. andare in estasi.

1.swoop /swuːp/ n. 1 *(of bird)* discesa f. rapida; *(of plane)* picchiata f. 2 *(police raid)* retata f., blitz m.

2.swoop /swuːp/ intr. 1 [*bird, bat*] piombare; [*plane*] andare in picchiata; ***to ~ down*** scendere in picchiata; ***to ~ down on*** abbattersi su 2 [*police, raider*] fare una retata, fare un blitz.

swoosh /swʊʃ/ intr. [*tall grass, leaves*] frusciare.

swop → **1.swap, 2.swap**.

sword /sɔːd/ n. spada f.; ***to put sb. to the ~*** passare qcn. a fil di spada ♦ ***to be a double-edged*** o ***two-edged ~*** essere un'arma a doppio taglio; ***to cross ~s with sb.*** incrociare le armi con qcn.

swordfish /ˈsɔːdfɪʃ/ n. (pl. ~, ~es) pesce m. spada.

swordplay /ˈsɔːdpleɪ/ n. (arte della) scherma f.

swordsman /ˈsɔːdzmən/ n. (pl. **-men**) spadaccino m.

swore /swɔː(r)/ pass. → **swear**.

sworn /swɔːn/ I p.pass. → **swear** II agg. 1 DIR. *(under oath)* [*statement*] giurato, fatto sotto giuramento 2 *(avowed)* [*enemy*] giurato; [*ally*] fedele.

1.swot /swɒt/ n. COLLOQ. secchione m. (-a).

2.swot /swɒt/ intr. (forma in -ing ecc. **-tt-**) COLLOQ. studiare sodo; ***to ~ for an exam*** sgobbare per un esame.

swum /swʌm/ p.pass. → **2.swim**.

swung /swʌŋ/ pass., p.pass. → **2.swing**.

swung dash n. tilde f.

sybarite /ˈsɪbəraɪt/ n. FORM. sibarita m. e f.
sybaritic /ˌsɪbəˈrɪtɪk/ agg. FORM. sibaritico.
Sybil, Sybyl /ˈsɪbɪl/ n.pr. Sibilla.
sycamore /ˈsɪkəmɔ:(r)/ n. *(in Africa)* sicomoro m.; *(in America)* platano m. americano.
sycophant /ˈsɪkəfænt/ n. leccapiedi m. e f., ruffiano m. (-a).
sycophantic /ˌsɪkəˈfæntɪk/ agg. servile, ruffiano.
syllabi /ˈsɪləbaɪ/ → **syllabus**.
syllabic /sɪˈlæbɪk/ agg. sillabico.
syllable /ˈsɪləbl/ n. sillaba f.; ***in words of one ~*** con parole semplici; ***not one ~*** non una sillaba *o* parola.
syllabus /ˈsɪləbəs/ n. (pl. **~es, -i**) SCOL. programma m.
syllogism /ˈsɪlədʒɪzəm/ n. sillogismo m.
sylph /sɪlf/ n. MITOL. silfide f. (anche FIG.).
Sylvester /sɪlˈvestə(r)/ n.pr. Silvestro.
Sylvia /ˈsɪlvɪə/ n.pr. Silvia.
symbiosis /ˌsɪmbaɪˈəʊsɪs, ˌsɪmbɪ-/ n. (pl. **-es**) simbiosi f.
symbiotic /ˌsɪmbaɪˈɒtɪk, ˌsɪmbɪ-/ agg. simbiotico.
symbol /ˈsɪmbl/ n. simbolo m. (**of, for** di).
symbolic(al) /sɪmˈbɒlɪk(l)/ agg. simbolico.
symbolism /ˈsɪmbəlɪzəm/ n. simbolismo m.
symbolist /ˈsɪmbəlɪst/ **I** n. simbolista m. e f. **II** agg. simbolista.
symbolize /ˈsɪmbəlaɪz/ tr. simbolizzare.
symmetry /ˈsɪmətrɪ/ n. simmetria f.
sympathetic /ˌsɪmpəˈθetɪk/ agg. **1** *(compassionate)* compassionevole; [*gesture*] di compassione; *(understanding)* comprensivo; *(kindly)* cordiale; *(well-disposed)* bendisposto (**to, towards** verso), favorevole (**to, towards** a); ***he is ~ to their cause*** simpatizza con la loro causa **2** *(friendly)* amichevole **3** *(environmentally)* [*development*] che rispetta l'ambiente **4** MED. ***~ nervous system*** sistema nervoso simpatico.
sympathetically /ˌsɪmpəˈθetɪklɪ/ avv. *(compassionately)* compassionevolmente; *(kindly)* benevolmente; *(favourably)* favorevolmente.
sympathize /ˈsɪmpəθaɪz/ intr. **1** *(feel compassion)* commiserare, compiangere; ***I ~ with you in your grief*** partecipo al tuo dolore; ***I ~, I used to be a teacher*** posso capire, sono stato anch'io un insegnante **2** *(support)* ***to ~ with*** simpatizzare per, sostenere [*cause, organization*]; approvare [*aims, views*].
sympathizer /ˈsɪmpəθaɪzə(r)/ n. **1** *(supporter)* simpatizzante (**of** di) **2** *(at funeral etc.)* = persona che fa le condoglianze.
sympathy /ˈsɪmpəθɪ/ **I** n. **1** *(compassion)* compassione f.; ***he could show a bit more ~!*** potrebbe avere un po' più di comprensione! ***"with deepest ~"*** "sentite condoglianze" **2** *(solidarity)* solidarietà f.; ***to be in ~ with sb.*** essere d'accordo con qcn., simpatizzare per qcn.; ***I am in ~ with their aims*** condivido i loro obiettivi; ***I have little ~ for their cause*** non ho molta simpatia per la loro causa **3** *(affinity)* affinità f.; ***there is a deep ~ between them*** sono in grande sintonia **II sympathies** n.pl. ***to have left-wing sympathies*** avere simpatie per la sinistra; ***my sympathies lie with the workers*** sono dalla parte dei lavoratori.
symphonic /sɪmˈfɒnɪk/ agg. sinfonico.
symphony /ˈsɪmfənɪ/ n. sinfonia f. (anche FIG.).
symphony orchestra n. orchestra f. sinfonica.
symposium /sɪmˈpəʊzɪəm/ n. (pl. **~s, -ia**) simposio m.
symptom /ˈsɪmptəm/ n. sintomo m.
symptomatic /ˌsɪmptəˈmætɪk/ agg. sintomatico.
synagogue /ˈsɪnəgɒg/ n. sinagoga f.
1.sync(h) /sɪŋk/ n. (accorc. synchronization) sincronizzazione f.; ***in, out of ~*** [*machine*] sincronizzato, non sincronizzato; ***to be in, out of ~ with*** [*person*] essere, non essere in sintonia con.
2.sync(h) /sɪŋk/ tr. (accorc. synchronize) sincronizzare.
synchromesh /ˌsɪŋkrəʊˈmeʃ/ agg. ***a ~ gearbox*** un cambio sincronizzato.
synchronization /ˌsɪŋkrənaɪˈzeɪʃn/ n. sincronizzazione f.; ***in, out of ~*** sincronizzato, non sincronizzato.
synchronize /ˈsɪŋkrənaɪz/ **I** tr. sincronizzare **II** intr. sincronizzarsi.
syncopate /ˈsɪŋkəpeɪt/ tr. sincopare.
syncope /ˈsɪŋkəpɪ/ n. sincope f.
1.syndicate /ˈsɪndɪkət/ n. **1** COMM. ECON. *(of people)* associazione f. (di imprenditori); *(of companies)* consorzio m. (industriale); ***to be a member of a ~*** [*industrialist*] fare parte di un consorzio industriale; [*banker*] fare parte di un consorzio bancario **2** GIORN. *(agency)* associazione f. di agenzie di stampa **3** AE *(association) (of criminals)* associazione f. a delinquere; *(for lottery)* = gruppo di persone che si uniscono in consorzio per giocare a una lotteria; ***crime ~*** sindacato del crimine; ***drug(s) ~*** cartello della droga.
2.syndicate /ˈsɪndɪkeɪt/ tr. **1** GIORN. vendere a una catena di giornali [*column*]; ***~d in over 50 newspapers*** pubblicato contemporaneamente su più di 50 giornali **2** AE RAD. TELEV. *(sell)* distribuire su licenza [*programme*] **3** *(assemble)* unire in sindacato [*workers*]; raggruppare in consorzio [*bankers*].
syndicated /sɪndɪˈkeɪtɪd/ **I** p.pass. → **2.syndicate II** agg. **1** GIORN. [*columnist*] d'agenzia **2** ECON. [*loan, shares*] consorziale.
syndicate room n. sala f. riunioni.
syndrome /ˈsɪndrəʊm/ n. sindrome f.
synod /ˈsɪnəd/ n. sinodo m.
synonym /ˈsɪnənɪm/ n. sinonimo m. (**of, for** di).
synonymous /sɪˈnɒnɪməs/ agg. sinonimo (**with** di).
synopsis /sɪˈnɒpsɪs/ n. (pl. **-es**) sinossi f., sinopsi f.
syntactic(al) /sɪnˈtæktɪk(l)/ agg. sintattico; ***~ errors*** errori di sintassi.
syntax /ˈsɪntæks/ n. sintassi f.
synthesis /ˈsɪnθəsɪs/ n. (pl. **-es**) sintesi f.
synthesize /ˈsɪnθəsaɪz/ tr. sintetizzare (anche CHIM. IND.).
synthesizer /ˈsɪnθəsaɪzə(r)/ n. sintetizzatore m.
synthetic /sɪnˈθetɪk/ **I** agg. sintetico **II** n. *(textile)* fibra f. sintetica; *(substance)* materiale m. sintetico.
syphilis /ˈsɪfɪlɪs/ ➧ ***11*** n. sifilide f.
syphilitic /ˌsɪfɪˈlɪtɪk/ **I** agg. sifilitico **II** n. sifilitico m. (-a).
syphon → **1.siphon, 2.siphon.**
Syracuse ➧ ***34*** n.pr. **1** /ˈsaɪərəkju:z/ *(Sicilian town)* Siracusa f. **2** /ˈsɪrəkju:z/ *(American town)* Syracuse f.
Syria /ˈsɪrɪə/ ➧ ***6*** n.pr. Siria f.
Syrian /ˈsɪrɪən/ ➧ ***18, 14*** **I** agg. siriano **II** n. **1** *(person)* siriano m. (-a) **2** *(language)* siriano m.
1.syringe /sɪˈrɪndʒ/ n. siringa f.
2.syringe /sɪˈrɪndʒ/ tr. MED. siringare [*wound*]; ***to have one's ears ~d*** farsi siringare il cerume dalle orecchie.
syrup /ˈsɪrəp/ n. sciroppo m.; ***cough ~*** sciroppo per la tosse.
syrupy /ˈsɪrəpɪ/ agg. sciropposo (anche FIG.).
system /ˈsɪstəm/ n. **1** sistema m., metodo m. (**for doing, to do** per fare); ***filing ~*** metodo di classificazione; ***to lack ~*** non avere metodo; ***educational ~*** sistema educativo **2** INFORM. sistema m. **3** *(electrical, mechanical)* impianto m.; ***public address ~*** sistema di altoparlanti; ***stereo ~*** impianto stereo **4** *(established structures)* ***the ~*** il sistema; ***to work within the ~*** muoversi all'interno del sistema; ***to beat the ~*** sconfiggere il sistema **5** *(network)* rete f.; ***road, river ~*** rete stradale, fluviale **6** ANAT. MED. ***nervous ~*** sistema nervoso; ***reproductive ~*** apparato riproduttivo **7** *(whole body)* organismo m.; ***to get sth. out of one's ~*** eliminare, buttare fuori qcs. (anche FIG.).
systematic /ˌsɪstəˈmætɪk/ agg. **1** *(efficient)* [*person*] sistematico, metodico; [*approach*] regolare, che segue un metodo; [*method, way*] sistematico **2** *(deliberate)* [*attempt, abuse, destruction*] sistematico.
systematically /ˌsɪstəˈmætɪklɪ/ avv. **1** *(in ordered way)* [*list, work*] con metodo, metodicamente; [*arrange*] in modo sistematico **2** *(deliberately)* [*destroy*] sistematicamente.
systematize /ˈsɪstəmətaɪz/ tr. sistematizzare.
systemic /sɪˈstemɪk/ agg. **1** [*change*] strutturale, di sistema **2** FISIOL. AGR. LING. sistemico.
systems analysis n. analisi f. dei sistemi.
systems analyst ➧ ***27*** n. analista m. e f. dei sistemi.
systems design n. progettazione f. di sistemi.
systems disk n. disco m. di sistema.
systems engineer ➧ ***27*** n. ingegnere m. dei sistemi.
systems engineering n. ingegneria f. dei sistemi.
system(s) software n. software m. di sistema, software m. di base.
systems programmer ➧ ***27*** n. programmatore m. (-trice) dei sistemi.
systems theory n. teoria f. dei sistemi.

t

t, T /tiː/ n. *(letter)* t, T m. e f. ♦ ***it suits me to a T*** [*job*] è fatto su misura per me; [*garment*] mi va a pennello; ***that's Jo to a T*** è tale e quale a Jo; *(physically)* è Jo sputato.
t. ⇒ tempo tempo (t).
ta /tɑː/ inter. BE COLLOQ. grazie.
1.tab /tæb/ n. **1** *(on garment)* *(decorative)* patta f.; *(loop)* passante m. **2** *(on can)* linguetta f. **3** *(on files)* cavalierino m. **4** *(for identification)* etichetta f. **5** AE *(bill)* conto m.; ***to pick up the ~*** pagare (il conto) **6** COLLOQ. *(cigarette)* cicca f. ♦ ***to keep ~s on sb.*** COLLOQ. tenere d'occhio qcn.
2.tab /tæb/ **I** n. INFORM. (accorc. tabulator) *(machine)* tabulatrice f.; *(of word processor, typewriter)* *(device)* tabulatore m.; *(setting)* ***to set ~s*** impostare i tabulatori **II** modif. [*character, stop*] del tabulatore; ***~ key*** tab, tabulatore.
3.tab /tæb/ tr. (forma in -ing ecc. **-bb-**) (accorc. tabulate) tabulare, incolonnare.
tabagism /ˈtæbədʒɪzəm/ ➧ **11** n. tabagismo m.
tabby (cat) /ˈtæbɪ(kæt)/ n. gatto m. tigrato, gatto m. soriano.
tabernacle /ˈtæbənækl/ n. tabernacolo m.
1.table /ˈteɪbl/ n. **1** *(piece of furniture)* tavolo m., tavola f.; ***garden ~*** tavolo da giardino; ***at ~*** a tavola; ***to lay*** o ***set the ~*** preparare la tavola; ***to put sth. on the ~*** FIG. BE *(propose)* avanzare; AE *(postpone)* rinviare, aggiornare [*proposal*]; ***the offer is still on the ~*** l'offerta è ancora valida; ***he keeps a good ~*** FIG. da lui si mangia bene **2** *(list)* tavola f., tabella f. **3** MAT. tabellina f.; ***the six-times ~*** la tabellina del sei **4** SPORT (anche **league ~**) classifica f. **5** GEOGR. tavoliere m., tavolato m. ♦ ***to do sth. under the ~*** fare qcs. sottobanco; ***to turn the ~s on sb.*** cambiare le carte in tavola a danno di qcn.; ***to lay*** o ***put one's cards on the ~*** mettere le carte in tavola.
2.table /ˈteɪbl/ tr. **1** BE *(present)* presentare [*bill, proposal*]; ***to ~ sth. for discussion*** mettere qcs. in discussione **2** AE *(postpone)* rinviare, aggiornare [*motion, bill*].
tablecloth /ˈteɪblklɒθ, AE -klɔːθ/ n. tovaglia f.
table d'hôte /ˌtɑːblˈdəʊt/ agg. [*meal*] a prezzo fisso.
table football ➧ **10** n. calcetto m., calcio-balilla m.
table manners n.pl. ***to have good, bad ~*** comportarsi bene, male a tavola.
table mat n. *(under serving dish)* sottopentola m.
table napkin n. tovagliolo m.
table salt n. sale m. fino, sale m. da tavola.
tablespoon /ˈteɪblspuːn/ n. **1** *(object)* cucchiaio m. da tavola **2** METROL. GASTR. (anche **~ful**) cucchiaio m., cucchiaiata f. (GB = 18 ml, US = 15 ml).
tablet /ˈtæblɪt/ n. **1** *(pill)* compressa f., pastiglia f. **2** *(commemorative)* targa f. (commemorativa), lapide f. **3** ARCHEOL. *(for writing)* tavoletta f. **4** *(of chocolate)* tavoletta f. **5** INFORM. *(pad)* mouse pad m., tappetino m. (per il mouse) **6** AE *(writing pad)* blocchetto m., bloc-notes m. **7** *(detergent block)* ***dishwasher ~s*** pastiglie per lavastoviglie.
table tennis ➧ **10** **I** n. tennis m. (da) tavolo, ping-pong® m. **II table-tennis** modif. [*player*] di ping-pong®; [*table*] da ping-pong®.
tableware /ˈteɪblweə(r)/ n. vasellame m., stoviglie f.pl.
table wine n. vino m. da tavola.
tabloid /ˈtæblɔɪd/ **I** n. SPREG. (anche **~ newspaper**) giornale m. popolare, giornale m. scandalistico, tabloid m.; ***the ~s*** la stampa scandalistica **II** modif. **1** SPREG. [*press, journalist*] scandalistico **2** [*format*] tabloid.
taboo /təˈbuː/ **I** n. tabù m. **II** agg. [*word, subject*] tabù.
tabular /ˈtæbjʊlə(r)/ agg. tabulare.
tabulate /ˈtæbjʊleɪt/ tr. *(set out)* presentare in forma di tabella [*data, results*]; *(in typing)* tabulare.
tabulation /ˌtæbjʊˈleɪʃn/ n. *(of data, results)* disposizione f. in tabelle; *(in typing)* tabulazione f.
tabulator /ˈtæbjʊleɪtə(r)/ n. *(on typewriter, computer)* tabulatore m.
tachograph /ˈtækəgrɑːf, AE -græf/ n. AUT. tachigrafo m.
tachometer /təˈkɒmɪtə(r)/ n. *(to measure the speed)* tachimetro m.; *(to measure revolutions per minute)* contagiri m.
tachycardia /ˌtækɪˈkɑːdɪə/ n. tachicardia f.
tacit /ˈtæsɪt/ agg. tacito.
taciturn /ˈtæsɪtɜːn/ agg. taciturno.
1.tack /tæk/ n. **1** *(nail)* chiodo m., bulletta f. **2** AE *(drawing pin)* puntina f. (da disegno) **3** *(approach)* approccio m., tattica f. **4** MAR. bordata f.; ***on the port ~*** con le mure a babordo **5** EQUIT. bardatura f., finimenti m.pl. **6** SART. *(stitch)* punto m. di imbastitura.
2.tack /tæk/ **I** tr. **1** *(nail)* ***to ~ sth. to*** inchiodare *o* attaccare qcs. a [*wall*]; ***to ~ sth. down*** fissare qcs. con dei chiodi **2** SART. imbastire **II** intr. [*sailor*] fare una virata di bordo; [*yacht*] virare di bordo.
▪ **tack on:** ***~ [sth.] on, ~ on [sth.]*** SART. imbastire; FIG. aggiungere [*ending, building*].
▪ **tack up:** ***~ [sth.] up, ~ up [sth.]*** appendere [*poster*].
tacking /ˈtækɪŋ/ n. SART. imbastitura f.
1.tackle /ˈtækl/ n. **1** SPORT *(in soccer, hockey)* tackle m.; *(in rugby, American football)* placcaggio m. **2** *(equipment)* equipaggiamento m., attrezzatura f.; *(for fishing)* attrezzatura f. da pesca **3 U** *(on ship)* attrezzatura f.; *(for lifting)* paranco m.
2.tackle /ˈtækl/ **I** tr. **1** *(handle)* affrontare [*problem, subject*] **2** *(confront)* ***to ~ sb.*** confrontarsi con qcn.; ***to ~ sb. about*** affrontare con qcn. [*subject, problem*] **3** SPORT *(in soccer, hockey)* contrastare, fare un tackle su, entrare in tackle su [*player*]; *(in rugby, American football)* placcare **4** *(take on)* afferrare, acciuffare [*intruder, criminal*] **II** intr. *(in soccer, hockey)* fare un tackle; *(in rugby, American football)* fare un placcaggio.
tacky /ˈtækɪ/ agg. **1** *(sticky)* [*surface*] appiccicoso; ***the paint is still ~*** la vernice è ancora fresca **2** COLLOQ. SPREG. [*place*] squallido; [*garment, object*] pacchiano.
tact /tækt/ n. *(sensitivity)* tatto m.
tactful /ˈtæktfl/ agg. [*person*] pieno di tatto; [*reply, letter, intervention*] garbato; [*enquiry*] discreto; [*attitude, approach*] diplomatico.

tactfully /'tæktfəlɪ/ avv. [*say, behave, refuse*] con tatto; [*ask*] con diplomazia; [*decide, refuse, refrain*] diplomaticamente.
tactic /'tæktɪk/ **I** n. (anche **~s**) tattica f., stratagemma m.; ***questionable ~s*** metodi discutibili; ***strong-arm ~s*** SPREG. le maniere forti **II tactics** n.pl. + verbo sing. MIL. tattica f.sing.
tactical /'tæktɪkl/ agg. tattico.
tactical voting n. votazione f. tattica.
tactician /tæk'tɪʃn/ n. tattico m.
tactile /'tæktaɪl, AE -tl/ agg. tattile.
tactless /'tæktlɪs/ agg. [*person*] importuno, privo di tatto; [*question*] indiscreto; [*reply*] poco diplomatico; ***it was ~ of him to do*** è stato indelicato da parte sua fare.
tactlessly /'tæktlɪslɪ/ avv. [*behave, ask*] senza tatto; [*worded, expressed*] in modo indelicato.
tadpole /'tædpəʊl/ n. girino m.
Tadzhik /'tɑ:dʒɪk/ ➧ ***18*** **I** agg. tagiko **II** n. *(person)* tagiko m. (-a).
Tadzhiki /tɑ:'dʒɪki:/ ➧ ***14*** n. *(language)* tagiko m.
Tadzhikistan /tɑ:ˌdʒɪkɪ'stɑ:n/ ➧ ***6*** n.pr. Tagikistan m.
ta'en /'teɪn/ → **taken**.
taffeta /'tæfɪtə/ n. taffettà m.
Taffy /'tæfɪ/ n. BE COLLOQ. SPREG. gallese m.
1.tag /tæg/ n. **1** *(label)* etichetta f., cartellino m.; *(on luggage)* targhetta f.; *(on cat, dog)* medaglietta f.; *(on file)* cavalierino m., targhetta f. segnaletica; ***price ~*** cartellino del prezzo **2** *(for hanging)* laccetto m. **3** LING. → **tag question 4** *(quotation)* citazione f.; *(hackneyed)* frase f. fatta, luogo m. comune **5** *(for criminal)* ***electronic ~*** bracciale elettronico **6** *(on shoelace)* puntale m., aghetto m. **7** INFORM. etichetta f.
2.tag /tæg/ tr. (forma in -ing ecc. **-gg-**) **1** *(label)* etichettare, mettere un cartellino a [*goods*]; cifrare, mettere un'etichetta su [*clothing*]; mettere un cavalierino su [*file*] **2** DIR. applicare un bracciale elettronico a [*criminal*].
■ **tag along** seguire passo passo; ***to ~ along behind*** o ***after sb.*** andare dietro a qcn.
■ **tag on: *~ [sth.] on*** aggiungere [*paragraph, phrase*]; ***to ~ sth. onto sth.*** attaccare qcs. a qcs. [*label, note*].
3.tag /tæg/ n. GIOC. chiapparello m.
tagging /'tægɪŋ/ n. DIR. ***electronic ~ (of criminals)*** applicazione di un braccialetto elettronico (ai criminali).
tagliatelle /ˌtæljə'telɪ, ˌtæglɪə'telɪ/ n. **U** tagliatelle f.pl.
tag question n. LING. = breve domanda retorica in coda alla frase principale.
tag wrestling ➧ ***10*** n. SPORT wrestling m. a coppie.
Tahitian /tə'hi:ʃn/ **I** agg. tahitiano **II** n. tahitiano m. (-a).
1.tail /teɪl/ **I** n. **1** *(of animal)* coda f. **2** *(end piece) (of aircraft, comet, procession)* coda f. **3** COLLOQ. *(police observer)* ***to put a ~ on sb.*** fare pedinare qcn. **II tails** n.pl. **1** *(tailcoat)* frac m.sing., marsina f.sing.; ***wearing ~s*** in frac **2** *(of coin)* rovescio m.sing., croce f.sing.; ***heads or ~s?*** testa o croce? ♦ ***I can't make head (n)or ~ of this*** non riesco a venire a capo di tutto questo; ***to be on sb.'s ~*** essere alle calcagna *o* sulle tracce di qcn.; ***to go off with one's ~ between one's legs*** andarsene con la coda fra le gambe; ***to turn ~*** SPREG. darsela a gambe.
2.tail /teɪl/ tr. COLLOQ. pedinare, seguire [*suspect, car*] (**to** fino a); ***we're being ~ed*** ci stanno seguendo.
■ **tail back** BE ***to ~ back from, to*** [*traffic jam*] partire da, arrivare fino a; ***the traffic ~s back for miles*** c'è una coda (di auto) lunga diverse miglia.
■ **tail off 1** *(reduce)* [*figures, demand*] calare, diminuire **2** *(fade)* [*remarks*] cessare; [*voice*] affievolirsi.
tailback /'teɪlbæk/ n. BE coda f. di auto, incolonnamento m.
tailboard /'teɪlbɔ:d/ n. *(of lorry, cart)* sponda f. posteriore ribaltabile.
tailcoat /ˌteɪl'kəʊt/ n. frac m., marsina f.
tail end n. *(last piece) (of roast)* ultimo pezzo m.; *(of film, conversation)* parte f. finale, finale m.
1.tailgate /'teɪlgeɪt/ n. *(of lorry, cart)* sponda f. posteriore ribaltabile; *(of car)* portellone m. posteriore.
2.tailgate /'teɪlgeɪt/ tr. COLLOQ. stare incollato a, stare sotto a [*car*].
taillight /'teɪllaɪt/ n. *(of train)* fanalino m. di coda; *(of car)* luce f. posteriore.
tail-off /'teɪlɒf, AE -'ɔ:f/ n. diminuzione f., calo m. (**in** di).
1.tailor /'teɪlə(r)/ ➧ ***27*** n. sarto m. (-a).
2.tailor /'teɪlə(r)/ tr. spesso passivo **1** *(adapt)* ***to ~ sth. to*** adattare qcs. a [*needs, person*]; ***to ~ sth. for*** fare qcs. su misura per [*user, market*] **2** *(make)* confezionare.
tailored /'teɪləd/ **I** p.pass. → **2.tailor II** agg. [*garment*] di sartoria.
tailor-made /ˌteɪlə'meɪd/ agg. [*jacket*] (fatto) su misura, confezionato su misura; [*solution, system*] (fatto) su misura.
tailspin /'teɪlspɪn/ n. **1** AER. avvitamento m.; ***to go into a ~*** avvitarsi **2** FIG. ***to be in a ~*** essere in tilt.
1.taint /teɪnt/ n. **1** *(mark) (of crime, corruption, cowardice)* macchia f.; *(of insanity)* tara f. **2** *(trace) (of contamination, infection)* traccia f.
2.taint /teɪnt/ tr. **1** *(sully)* macchiare [*reputation*]; infangare [*public figure*] **2** *(poison)* contaminare [*air, water*]; guastare [*food*].
tainted /'teɪntɪd/ **I** p.pass. → **2.taint II** agg. **1** *(sullied)* [*reputation*] macchiato; [*organization*] infangato; [*money*] sporco **2** *(poisoned)* [*food*] avariato, guasto; [*water, air*] contaminato (**with** da).
1.take /teɪk/ n. **1** CINEM. ripresa f. **2** *(catch) (of fish)* pesca f.; *(of game)* carniere m. ♦ ***to be on the ~*** COLLOQ. prendere bustarelle.
2.take /teɪk/ **I** tr. (pass. **took**; p.pass. **taken**) **1** *(take hold of)* prendere [*object, money*]; ***to ~ sb. by the hand*** prendere qcn. per (la) mano; ***to ~ sth. from*** prendere qcs. da [*shelf*]; prendere qcs. in [*drawer*]; ***to ~ sth. out of*** tirare fuori qcs. da [*box*]; ***to ~ a knife to sb.*** vibrare coltellate contro qcn. **2** *(have)* fare [*bath, shower*]; fare, prendersi [*holiday*]; prendere [*milk, pills*]; ***to ~ drugs*** fare uso di droga; ***I'll ~ some apples, please*** vorrei delle mele, per favore; ***~ a seat!*** accomodatevi! **3** *(carry along)* portare [*object*]; ***to ~ sb. sth.***, ***to ~ sth. to sb.*** portare qcs. a qcn.; ***to ~ the car to the garage*** portare la macchina dal meccanico; ***did he ~ an umbrella (with him)?*** ha preso l'ombrello? **4** *(accompany, lead)* ***to ~ sb. to school*** accompagnare qcn. a scuola; ***to ~ sb. to*** [*bus*] portare qcn. in [*place*]; [*road*] portare *o* condurre qcn. a [*place*]; ***I'll ~ you up to your room*** ti accompagno alla tua camera; ***you can't ~ him anywhere!*** SCHERZ. non si può andare in giro con uno così! ***I'll ~ you through the procedure*** vi illustrerò la procedura; ***his work ~s him to many different countries*** il suo lavoro lo porta a viaggiare in molti paesi; ***what took you to Rome?*** cosa ti ha portato a Roma? **5** *(go by)* prendere [*bus, plane*]; prendere, imboccare [*road*]; ***~ the first turn on the right*** prendi la prima (svolta) a destra **6** *(negotiate)* [*driver*] prendere [*bend*]; girare [*corner*]; [*horse*] saltare [*fence*] **7** *(accept)* [*machine*] prendere [*coin*]; [*shop*] accettare [*credit card*]; [*person*] accettare, prendere [*bribe*]; prendere [*patients, pupils*]; accettare [*job*]; prendere [*phone call*]; sopportare [*pain, criticism*]; accettare [*punishment*]; ***will you ~ £10 for the radio?*** vi vanno bene 10 sterline per la radio? ***~ it or leave it!*** prendere o lasciare! ***vodka? I can ~ it or leave it!*** la vodka? mi è indifferente; ***he just sat there and took it!*** è stato lì e ha incassato senza battere ciglio! ***he can't ~ a joke*** non accetta le battute, non sta allo scherzo; ***I can't ~ any more!*** non ce la faccio più! **8** *(require)* [*activity, course of action*] richiedere [*skill, courage*]; ***it ~s patience to do*** ci vuole pazienza per fare; ***it ~s two hours to do*** ci vogliono due ore per fare; ***it won't ~ long*** non ci vorrà molto; ***it took her 5 minutes to repair it*** ci ha impiegato 5 minuti a ripararlo; ***the wall won't ~ long to build*** costruire il muro non prenderà tanto tempo; ***it will ~ some doing!*** sarà dura! ***he'll ~ some persuading*** ci vorrà del bello e del buono per convincerlo **9** LING. reggere [*object, case*] **10** *(react to)* ***to ~ sth. well, badly, seriously*** prendere qcs. bene, male, sul serio **11** *(adopt)* adottare [*measures, steps*]; ***to ~ the view*** o ***attitude that*** essere dell'avviso che **12** *(assume)* ***I ~ it that*** suppongo che; ***to ~ sb. for*** o ***to be sth.*** prendere qcn. per; ***what do you ~ me for?*** per chi mi prendi? ***what do you ~ this poem to mean?*** che significato dai a questa poesia? **13** *(consider)* fare [*example*]; prendere (in esempio) [*person, case*]; ***~ John (for example), ...*** prendi John (per esempio), ... **14** *(record)* prendere [*notes*]; prendere nota di [*statement*]; misurare [*temperature, blood pressure*]; prendere, sentire [*pulse*]; ***to ~ sb.'s measurements*** *(for clothes)* prendere le misure a qcn. **15** *(hold)* [*hall, bus, tank, container*] (potere) contenere; ***the suitcase won't ~ any more clothes*** nella valigia non ci stanno più vestiti **16** ➧ ***28*** *(wear) (in*

clothes) portare, avere [*size*]; ***to ~ a size 4*** *(in shoes)* portare il 37 **17** FOT. prendere, fare [*photograph*] **18** MAT. *(subtract)* sottrarre [*number*] **19** SCOL. UNIV. *(study)* studiare, prendere [*subject*]; seguire [*course*]; prendere [*lessons*] (**in** di); *(sit)* dare [*exam*]; fare [*test*]; *(teach)* [*teacher*] fare lezione a [*students*]; ***to ~ sb. for French*** fare lezione di francese a qcn. **20** *(officiate at)* [*priest*] celebrare [*service*] **21** *(capture)* [*army*] prendere, espugnare [*fortress, city*]; *(in chess)* [*player*] mangiare [*piece*]; *(in cards)* [*person*] prendere, vincere [*prize*]; ***to ~ a trick*** fare un punto **II** intr. (pass. **took**; p.pass. **taken**) *(have desired effect)* [*drug*] fare effetto; [*dye*] prendere; *(grow successfully)* [*plant*] attecchire ♦ ***to ~ it*** o ***a lot out of sb.*** chiedere tanto a qcn.; ***to ~ it upon oneself to do*** farsi carico di fare; ***to ~ sb. out of himself*** fare distrarre *o* divertire qcn.; ***you can ~ it from me, ...*** credimi, ...

▪ **take aback:** ***~ [sb.] aback*** cogliere alla sprovvista [*person*].

▪ **take after:** ***~ after [sb.]*** (as)somigliare a, prendere da [*parent*].

▪ **take against:** ***~ against [sb.]*** prendere in antipatia.

▪ **take along:** ***~ [sb., sth.] along, ~ along [sb., sth.]*** portare, prendere [*object*]; portare [*person*].

▪ **take apart:** ***~ apart*** smontarsi; ***~ [sth.] apart*** **1** *(separate into parts)* smontare [*car, machine*] **2** COLLOQ. *(criticize)* fare a pezzi, criticare [*essay, film*].

▪ **take aside:** ***~ [sb.] aside*** prendere in disparte.

▪ **take away:** ***~ [sb., sth.] away, ~ away [sb., sth.]*** **1** *(remove)* togliere, levare [*object*]; portare via [*person*]; fare passare [*pain, fear*]; ***"two pizzas to ~ away, please"*** BE "due pizze da portar via, per favore"; ***to ~ away sb.'s appetite*** fare passare l'appetito a qcn. **2** *(subtract)* sottrarre [*number*]; ***9 ~ away 7 is 2*** 9 meno 7 fa 2; ***that doesn't ~ anything away from his achievement*** FIG. questo non toglie niente al suo successo.

▪ **take back:** ***~ [sth.] back, ~ back [sth.]*** **1** *(return to shop)* [*customer*] riportare, portare indietro [*goods*] **2** *(retract)* ritirare [*statement, words*]; ***~ [sb.] back*** *(cause to remember)* fare ricordare il passato a [*person*]; ***~ [sb., sth.] back, ~ back [sb., sth.]*** *(accept again)* riprendere [*gift, ring*]; [*shop*] prendere indietro [*goods*].

▪ **take down:** ***~ [sth.] down, ~ down [sth.]*** **1** *(remove)* tirare giù [*curtains*]; togliere, staccare [*picture*]; smontare [*tent, scaffolding*]; *(lower)* tirare giù, calare [*trousers*] **2** *(write down)* annotare [*name, statement*].

▪ **take hold:** ***~ hold*** [*disease*] propagarsi; [*idea, ideology*] diffondersi; [*influence*] accrescersi; ***to ~ hold of*** *(grasp)* prendere, afferrare [*object, hand*]; FIG. *(overwhelm)* [*idea*] ossessionare; [*feeling*] sopraffare [*person*].

▪ **take in:** ***~ [sb.] in, ~ in [sb.]*** **1** *(deceive)* ingannare, imbrogliare; ***don't be taken in by appearances!*** non lasciarti ingannare dalle apparenze! ***I wasn't taken in by him*** non mi sono fatta fregare da lui **2** *(allow to stay)* accogliere [*person, refugee*]; prendere, ospitare [*lodger*]; ***~ in [sth.]*** **1** *(understand)* capire, comprendere [*situation*] **2** *(observe)* esaminare [*detail*]; osservare [*scene*] **3** *(encompass)* comprendere [*developments*] **4** *(absorb)* assimilare [*nutrients*]; assorbire [*oxygen*]; FIG. immergersi in [*atmosphere*] **5** MAR. [*boat*] prendere [*water*] **6** SART. stringere [*garment*] **7** *(accept for payment)* fare [qcs.] a domicilio [*washing*] **8** COLLOQ. *(visit)* andare a [*exhibition*].

▪ **take off:** ***~ off*** **1** *(leave the ground)* [*plane*] decollare **2** FIG. [*idea, fashion*] prendere piede; [*product*] decollare; [*sales*] impennarsi **3** COLLOQ. *(leave hurriedly)* filare (via), tagliare la corda; ***~ [sth.] off*** **1** *(deduct)* ***to ~ £ 5 off (the price)*** ridurre il prezzo di 5 sterline **2** *(have as holiday)* ***to ~ two days off*** prendere due giorni di vacanza; ***I'm taking next week off*** la prossima settimana me la prendo di vacanza ***~ [sth.] off, ~ off [sth.]*** **1** *(remove)* togliersi, sfilarsi [*clothing, shoes*]; togliere [*lid, hands*]; togliere dal menu [*dish*]; sopprimere [*train*]; ***to ~ sth. off the market*** ritirare qcs. dal mercato **2** *(amputate)* amputare, tagliare [*limb*] **3** *(withdraw)* annullare [*show, play*]; ***~ [sb.] off, ~ off [sb.]*** **1** COLLOQ. *(imitate)* fare il verso a [*person*] **2** *(remove)* ***to ~ sb. off the case*** [*police*] togliere il caso a qcn.; ***to ~ oneself off*** partire (**to** per), andarsene (**to** a).

▪ **take on:** ***~ on*** *(get upset)* ***don't ~ on so*** *(stay calm)* non te la prendere; *(don't worry)* non ti preoccupare; ***~ [sb., sth.] on, ~ on [sb., sth.]*** **1** *(employ)* assumere, prendere [*worker*] **2** *(compete against)* giocare contro [*team, player*]; *(fight)* combattere contro, affrontare [*opponent*]; ***to ~ sb. on at chess*** sfidare qcn. a scacchi **3** *(accept)* accettare, prendere [*work, task*]; assumersi, prendersi [*responsibilities*] **4** *(acquire)* prendere [*look, colour, meaning*].

▪ **take out:** ***~ out*** togliersi; ***~ [sb., sth.] out, ~ out [sb., sth.]*** **1** *(remove)* togliere [*object*] (**from, of** da); estrarre [*tooth*]; togliere, asportare [*appendix*]; *(from bank)* ritirare [*money*] (**of** da); ***~ your hands out of your pockets!*** togli le mani dalle tasche! **2** *(go out with)* uscire con [*person*]; ***to ~ sb. out to dinner*** portare qcn. fuori a cena **3** COLLOQ. *(kill)* fare fuori, eliminare [*person*] **4** ***to ~ sth. out on sb.*** sfogare qcs. su qcn. [*anger*]; ***to ~ it out on sb.*** prendersela con qcn.

▪ **take over:** ***~ over*** **1** *(take control)* [*army, faction*] prendere il potere **2** *(be successor)* [*person*] subentrare (**as** come); ***to ~ over from*** succedere a [*predecessor*]; ***~ over [sth.]*** *(take control of)* prendere il controllo di [*country*]; dirigere [*business*]; ECON. rilevare [*company*].

▪ **take part** ***to ~ part in*** prendere parte *o* partecipare a [*production, activity*].

▪ **take place** avere luogo.

▪ **take to:** ***~ to [sb., sth.]*** **1** *(develop liking for)* essere preso da [*person, job*] **2** *(begin)* ***to ~ to doing*** mettersi *o* cominciare a fare; ***he's taken to smoking*** si è messo a fumare **3** *(go)* ritirarsi su [*hills*]; rifugiarsi in [*forest*]; ***to ~ to one's bed*** [*sick person*] mettersi a letto; ***to ~ to the streets*** = diventare un barbone.

▪ **take up:** ***~ up to ~ up where sth. left off*** riprendere da dove qcs. si era interrotto; ***to ~ up with*** aggregarsi a [*person, group*]; ***~ up [sth.]*** **1** *(lift up)* alzare, sollevare [*carpet*]; rialzare [*pavement*]; raccogliere [*pen*] **2** *(start)* darsi a [*golf*]; cominciare [*job*]; ***to ~ up a career as an actor*** intraprendere la carriera di attore; ***to ~ up one's duties*** o ***responsibilities*** assumersi le proprie responsabilità **3** *(continue)* riprendere [*discussion*]; ricominciare [*refrain*] **4** *(accept)* accettare [*offer, invitation*]; raccogliere [*challenge*]; ***to ~ up sb.'s case*** DIR. accettare il caso **5** ***to ~ sth. up with sb.*** sollevare qcs. con qcn. [*matter*] **6** *(occupy)* prendere, occupare [*space*]; richiedere [*time, energy*] **7** *(adopt)* prendere [*position, stance*] **8** SART. *(shorten)* accorciare [*garment*] **9** *(absorb)* assorbire [*liquid*]; ***~ [sb.] up*** **1** *(adopt)* adottare [*technique*] **2** ***to ~ sb. up on*** *(challenge)* contestare a qcn. [*assertion*]; ***to ~ sb. up on an invitation*** *(accept)* accettare l'invito di qcn.

take-away /ˈteɪkəweɪ/ **I** n. BE **1** *(meal)* cibo m. da asporto **2** *(restaurant)* takeaway m. **II** modif. [*food*] da asporto.

take-home pay n. stipendio m. netto.

taken /ˈteɪkən/ **I** p.pass. → **2.take II** agg. **1** *(occupied)* ***to be ~*** [*seat, room*] essere occupato **2** *(impressed)* ***to be ~ with*** essere preso da [*idea, person*].

take-off /ˈteɪkɒf, AE -ɔːf/ n. **1** AER. decollo m. **2** COLLOQ. *(imitation)* imitazione f.

take-out /ˈteɪkaʊt/ agg. AE [*food*] da asporto.

takeover /ˈteɪkəʊvə(r)/ n. **1** ECON. rilevamento m., acquisizione f. di controllo **2** POL. *(of country)* presa f. di potere.

takeover bid n. ECON. offerta f. pubblica di acquisto.

taker /ˈteɪkə(r)/ n. acquirente m. e f.

take-up /ˈteɪkʌp/ n. *(of benefit, rebate, shares)* domanda f.

taking /ˈteɪkɪŋ/ **I** n. ***it was his for the ~*** non doveva fare altro che prenderlo **II takings** n.pl. incasso m.sing.

talc /tælk/, **talcum powder** /ˈtælkəm,paʊdə(r)/ n. talco m. (in polvere), borotalco® m.

tale /teɪl/ n. *(story)* storia f.; *(fantasy story)* favola f.; *(narrative, account)* racconto m.; *(legend)* leggenda f.; ***the figures tell the same, another ~*** le cifre confermano la cosa, dicono tutt'altra cosa; ***the recent events tell their own ~*** i recenti avvenimenti si commentano da soli; ***to spread*** o ***tell ~s*** sparlare ♦ ***a likely ~!*** non raccontare storie! ***dead men tell no ~s*** i morti non parlano; ***to live to tell the ~*** sopravvivere (per potere raccontare la propria esperienza); ***to tell ~s out of school*** fare la spia.

talent /ˈtælənt/ n. **1** dono m., dote f., talento m.; ***he has a remarkable ~ for*** è molto dotato *o* ha grande talento per; ***there's a lot of ~ in that team*** ci sono molti talenti *o* campioni in quella squadra **2** BE COLLOQ. *(sexually attractive people)* ***to eye up the (local) ~*** dare un'occhiata alla fauna locale **3** STOR. *(unit of money)* talento m.

talent contest n. concorso m. per giovani talenti.
talented /'tæləntɪd/ agg. dotato.
talent scout 27 n. talent scout m. e f.
talent show n. → **talent contest**.
talisman /'tælɪzmən, 'tælɪs-/ n. talismano m.
1.talk /tɔ:k/ **I** n. **1** *(talking, gossip)* **U** chiacchiere f.pl., voci f.pl.; ***there is ~ of sth., of doing*** si parla di qcs., di fare; ***there is ~ of me doing*** si dice (in giro) che io faccia; ***there is ~ that*** corre voce che; ***he's all ~*** è uno che sa solo parlare (ma non fa i fatti); ***it's just ~*** sono solo chiacchiere; ***they are the ~ of the town*** sono sulla bocca di tutti **2** *(conversation)* conversazione f., colloquio m.; ***to have a ~ with sb.*** parlare con qcn. **3** *(speech)* discorso m., conferenza f. (**about**, **on** su); *(more informal)* conversazione f.; ***to give a ~*** tenere una conferenza **II talks** n.pl. negoziati m., trattative f.; ***arms ~s*** negoziati sul disarmo; ***pay ~s*** trattative salariali.
2.talk /tɔ:k/ **I** tr. **1** *(discuss)* ***to ~ French*** parlare francese; ***to ~ business*** parlare di affari; ***to ~ nonsense*** dire cose senza senso *o* sciocchezze; ***we're ~ing three years*** COLLOQ. si parla *o* si tratta di tre anni; ***we're ~ing a huge investment*** COLLOQ. stiamo parlando di un grande investimento **2** *(persuade)* ***to ~ sb. into, out of doing*** persuadere qcn. a fare, dissuadere qcn. dal fare; ***you've ~ed me into it!*** mi hai convinto! ***to ~ one's way out of doing*** riuscire (parlando) a evitare di fare **II** intr. **1** parlare, discutere; *(gossip)* chiacchierare; SPREG. sparlare; ***to ~ to*** o ***with sb.*** parlare a *o* con qcn.; ***to ~ to oneself*** parlare da solo *o* tra sé e sé; ***to ~ at sb.*** parlare a qcn. senza ascoltare le sue risposte; ***to keep sb. ~ing*** fare parlare qcn. (il più a lungo possibile); ***~ing of films...*** a proposito di film...; ***look who's ~ing! you're a fine one to ~! you can ~!*** senti chi parla! ***now you're ~ing!*** questo sì che è parlare! ***~ about stupid!*** COLLOQ. (pensa) che scemo! ***~ about expensive!*** alla faccia dei prezzi! **2** *(give information)* [*prisoner*] parlare.
▪ **talk back** rispondere, ribattere.
▪ **talk down:** ~ *down to sb.* parlare a qcn. con arroganza.
▪ **talk over:** ~ *[sth.] over* discutere di, parlare di [*issue*]; ~ *[sb.] over* fare cambiare idea a.
▪ **talk round:** ~ *round [sth.]* girare attorno a [*subject*]; ~ *[sb.] round* fare cambiare idea a.
▪ **talk through:** ~ *[sth.] through* discutere a fondo.
▪ **talk up:** ~ *[sb., sth.] up*, ~ *up [sb., sth.]* magnificare (le virtù di) [*candidate, product*].
talkative /'tɔ:kətɪv/ agg. loquace.
talked-about /'tɔ:ktəbaʊt/ agg. ***the much ~ resignation*** le tanto discusse dimissioni.
talker /'tɔ:kə(r)/ n. ***he's not a great ~*** non è un gran conversatore; ***to be a slow, fluent ~*** parlare lentamente, con scioltezza.
talking /'tɔ:kɪŋ/ **I** n. ***there's been enough ~!*** basta discussioni! ***I'll do the ~*** parlerò io; ***"no ~!"*** "silenzio!" **II** agg. [*bird, doll*] parlante.
talking book n. audiolibro m.
talking heads n.pl. *(television presenters)* mezzibusti m.
talking point n. argomento m. di conversazione.
talking-to /'tɔ:kɪŋˌtu:/ n. ramanzina f., rimprovero m.; ***to give sb. a ~*** fare la ramanzina a qcn.
talk show n. TELEV. talk show m.
tall /tɔ:l/ agg. [*person*] alto, di alta statura; [*building, tree, mast*] alto; ***how ~ are you?*** quanto sei alto? ***he's six feet ~*** è alto sei piedi; ***to get*** o ***grow ~(er)*** crescere ♦ ***that's a bit of a ~ order!*** questo è chiedere troppo! ***a ~ story*** o ***tale*** una storia incredibile; ***to walk ~*** camminare a testa alta; ***to feel (about) ten feet ~*** essere gonfio di orgoglio.
tallboy /'tɔ:lbɔɪ/ n. = cassettone con le gambe alte.
tall drink n. long drink m.
tallness /'tɔ:lnɪs/ n. *(of person)* alta statura f.; *(of building, tree, mast)* (l')essere alto.
tallow /'tæləʊ/ n. sego m.
1.tally /'tælɪ/ n. **1** *(record)* conto m., conteggio m.; ***to keep a ~ of*** tenere il conto di **2** SPORT *(score)* punteggio m.
2.tally /'tælɪ/ **I** tr. (anche **~ up**) tenere il conto di [*expenses*]; contare [*points*] **II** intr. *(correspond)* corrispondere (**with** a); *(be the same)* concordare (**with** con).
talon /'tælən/ n. ZOOL. artiglio m.
tamarind /'tæmərɪnd/ n. tamarindo m.
tamarisk /'tæmərɪsk/ n. tamerice f., tamarisco m.
tambourine /ˌtæmbə'ri:n/ 17 n. tamburello m.
1.tame /teɪm/ agg. **1** [*animal*] addomesticato; ***to become*** o ***grow ~*** [*animal*] addomesticarsi **2** *(unadventurous)* [*story, party*] noioso; [*reform*] debole; [*reply, ending of book, film*] banale.
2.tame /teɪm/ tr. **1** *(domesticate)* addomesticare [*animal*]; *(train)* domare [*lion, tiger*] **2** FIG. *(curb)* soggiogare [*person, opposition*].
tameable /'teɪməbl/ agg. addomesticabile, domabile.
tamely /'teɪmlɪ/ avv. *(meekly)* docilmente; *(flatly)* in modo banale.
tamer /'teɪmə(r)/ n. *(of lions, tigers)* domatore m. (-trice).
tammy /'tæmɪ/, **tam-o'-shanter** /ˌtæmə'ʃæntə(r)/ n. = berretto scozzese di lana con pompon.
tamper /'tæmpə(r)/ intr. ***to ~ with*** manomettere [*car, lock*]; falsificare [*accounts*]; inquinare [*evidence*].
tampon /'tæmpɒn/ n. tampone m.; *(sanitary towel)* tampone m., assorbente m. interno.
1.tan /tæn/ **I** n. **1** (anche **sun~**) abbronzatura f., tintarella f.; ***to get a ~*** abbronzarsi **2** *(colour)* *(of leather, fabric)* marroncino m. chiaro, terra f. di Siena **II** agg. [*leather, fabric*] marroncino chiaro, terra di Siena.
2.tan /tæn/ **I** tr. (forma in -ing ecc. **-nn-**) **1** [*sun*] abbronzare; ***to ~ one's back*** abbronzarsi la schiena **2** conciare [*animal hide*] **3** COLLOQ. *(beat)* ***I'll ~ your hide (for you)!*** te la faccio vedere io! **II** intr. (forma in -ing ecc. **-nn-**) abbronzarsi.
3.tan ⇒ tangent tangente (tan).
Tancred /'tæŋkred/ n.pr. Tancredi.
tandem /'tændəm/ n. tandem m.
tang /tæŋ/ n. **1** *(taste)* gusto m. intenso; *(smell)* odore m. pungente **2** *(of knife, chisel)* codolo m.
tanga /'tæŋgə/ n. tanga m.
tangency /'tændʒənsɪ/ n. MAT. tangenza f.
tangent /'tændʒənt/ n. tangente f.; ***to fly off at a ~*** [*object, ball*] deviare; ***to go off at*** o ***on a ~*** *(in speech)* partire per la tangente.
tangential /tæn'dʒenʃl/ agg. **1** MAT. tangenziale **2** FIG. marginale (**to** rispetto a).
tangerine /'tændʒəri:n/ **I** n. *(fruit)* tangerino m.; *(colour)* mandarino m. **II** agg. mandarino.
tangible /'tændʒəbl/ agg. tangibile.
tangibly /'tændʒəblɪ/ avv. *(clearly)* evidentemente.
1.tangle /'tæŋgl/ n. *(of hair, string, wires)* groviglio m.; *(of clothes, sheets)* ammasso m.; ***in a ~*** aggrovigliato; ***to get in*** o ***into a ~*** [*wool*] ingarbugliarsi; FIG. [*person*] mettersi nei pasticci.
2.tangle /'tæŋgl/ **I** tr. → **tangle up II** intr. **1** [*hair, string, cable*] attorcigliarsi **2** → **tangle up**.
▪ **tangle up:** ~ *up* aggrovigliarsi; ~ *up [sth.]*, ~ *[sth.] up* ingarbugliare; ***to get ~d up*** [*hair, string, wires*] ingarbugliarsi; [*clothes*] attorcigliarsi; FIG. [*person*] impelagarsi.
▪ **tangle with:** ~ *with [sb., sth.]* litigare, attaccarsi con qcn.
tangled /'tæŋgld/ **I** p.pass. → **2.tangle II** agg. [*hair, wool, wire*] ingarbugliato, aggrovigliato; FIG. [*situation*] contorto.
1.tango /'tæŋgəʊ/ n. tango m.
2.tango /'tæŋgəʊ/ intr. ballare il tango ♦ ***it takes two to ~*** = la ragione non è mai da una parte sola.
tangy /'tæŋɪ/ agg. [*taste*] intenso; [*smell*] penetrante.
tank /tæŋk/ n. **1** *(for storage)* serbatoio m., cisterna f.; *(for water)* cisterna f.; *(for processing)* vasca f.; *(small)* tanica f.; *(for fish)* vasca f., acquario m.; AUT. serbatoio m.; ***fuel ~, petrol ~*** BE, ***gas ~*** AE serbatoio della benzina; ***fill the ~!*** (mi faccia) il pieno! **2** MIL. carro m. armato.
tankard /'tæŋkəd/ n. = boccale da birra spesso dotato di coperchio.
tanked up agg. COLLOQ. sbronzo.
tanker /'tæŋkə(r)/ n. **1** MAR. nave f. cisterna; ***oil ~, petrol ~*** petroliera **2** *(lorry)* autocisterna f.; ***water ~*** autobotte.
tankful /'tæŋkfʊl/ n. *(of petrol)* (serbatoio) pieno m.; *(of water)* cisterna f. (piena).
tanned /'tænd/ **I** p.pass. → **2.tan II** agg. (anche **sun~**) abbronzato.
tanner /'tænə(r)/ n. conciatore m. (-trice).
tannery /'tænərɪ/ n. conceria f.

tannin /'tænɪn/ n. tannino m.

tanning /'tænɪŋ/ **I** n. **1** *(by sun)* abbronzatura f. **2** *(of hides)* concia f. **II** modif. [*lotion, product*] abbronzante; ***~ center*** AE, ***~ salon*** BE solarium.

Tannoy® /'tænɔɪ/ n. BE ***the ~*** il sistema di altoparlanti, gli altoparlanti; ***over the ~*** all'altoparlante.

tantalize /'tæntəlaɪz/ tr. allettare, stuzzicare (tormentando).

tantalizing /'tæntəlaɪzɪŋ/ agg. [*suggestion, possibility*] allettante; [*glimpse*] provocante; [*smell*] allettante, stuzzicante.

tantalizingly /'tæntəlaɪzɪŋlɪ/ avv. ***to be ~ close to victory*** avere la vittoria quasi a portata di mano; ***the truth was ~ elusive*** la verità sembrava vicina, ma continuava a sfuggire.

Tantalus /'tæntələs/ n.pr. MITOL. Tantalo.

tantamount /'tæntəmaʊnt/ agg. ***to be ~ to*** essere equivalente *o* equivalere a.

tantrum /'tæntrəm/ n. stizza f.; ***to throw*** o ***have a ~*** [*child*] fare i capricci, le bizze; [*adult*] andare in collera.

Tanzanian /,tænzə'nɪən/ ♦ *18* **I** agg. tanzaniano **II** n. tanzaniano m. (-a).

1.tap /tæp/ n. **1** *(for water, gas)* rubinetto m.; *(on barrel)* spina f., zipolo m.; ***the hot ~*** il rubinetto dell'acqua calda; ***to turn the ~ on, off*** aprire, chiudere il rubinetto; ***on ~*** [*beer*] alla spina; [*wine*] sfuso; FIG. disponibile, a disposizione **2** *(listening device)* ***to put a ~ on a phone*** mettere una cimice in un telefono.

2.tap /tæp/ n. *(blow)* colpetto m.; ***he felt a ~ on his shoulder*** sentì un colpetto sulla spalla; ***he heard a ~ at the door*** sentì bussare alla porta.

3.tap /tæp/ **I** tr. (forma in -ing ecc. **-pp-**) *(knock)* [*person*] picchiettare, dare colpetti; ***to ~ one's feet (to the music)*** battere i piedi (a tempo di musica); ***to ~ a rhythm*** battere il ritmo; ***to ~ one's fingers on the table*** tamburellare le dita sul tavolo **II** intr. (forma in -ing ecc. **-pp-**) [*person, foot*] battere, picchiettare; ***to ~ on*** o ***at the door*** bussare alla porta.

■ **tap in:** ***~ [sth.] in, ~ in [sth.]*** conficcare [*nail, peg*]; INFORM. immettere [*information, number*].

4.tap /tæp/ tr. **1** *(install listening device)* mettere sotto controllo [*telephone*] **2** *(extract contents)* mettere una spina a [*barrel*]; incidere [*rubber tree*]; sfruttare [*resources, energy*]; ***to ~ sb. for money*** COLLOQ. spillare denaro a qcn.

tap dance n. tip tap m., tap dance f.

1.tape /teɪp/ n. **1** *(for recording)* nastro m. magnetico; ***to put sth. on ~*** registrare qcs. su nastro **2** *(cassette)* (audio)cassetta f.; *(for computer)* nastro m.; *(for video)* videocassetta f.; ***to play a ~*** mettere una cassetta; ***on ~*** in cassetta **3** *(recording)* registrazione f. **4** *(strip of fabric)* nastro m. **5** (anche **adhesive ~, sticky ~**) scotch® m., nastro m. adesivo **6** SPORT *(in race)* nastro m. d'arrivo; ***to cut the ~*** tagliare il traguardo **7** *(for measuring)* metro m. a nastro.

2.tape /teɪp/ tr. **1** *(on cassette, video)* registrare; ***to ~ sth. from*** registrare qcs. da [*radio, TV*] **2** *(stick)* sigillare (con il nastro adesivo) [*parcel*]; ***to ~ sb.'s mouth shut*** imbavagliare qcn. con il nastro adesivo; ***to ~ sth. to*** attaccare qcs. a [*surface*] ♦ ***to have sb. ~d*** COLLOQ. inquadrare qcn.; ***to have sth. ~d*** COLLOQ. avere le idee chiare su qcs.

■ **tape up:** ***~ [sth.] up, ~ up [sth.]*** impacchettare con il nastro adesivo.

tape cassette n. (audio)cassetta f.

tape deck n. piastra f. di registrazione, deck m.

tape head n. testina f. di registrazione.

tape library n. nastroteca f.

tape measure n. metro m. a nastro; *(retractable)* rotella f. metrica; SART. metro m. da sarto.

1.taper /'teɪpə(r)/ n. *(spill)* accenditoio m.; *(candle)* cero m.

2.taper /'teɪpə(r)/ **I** tr. restringere verso il fondo [*stick, fabric*] **II** intr. [*trouser leg*] stringersi verso il fondo; [*column*] rastremarsi; ***to ~ to a point*** finire con una punta.

■ **taper off:** ***~ off*** andare diminuendo; ***~ off [sth.], ~ [sth.] off*** diminuire, ridurre progressivamente.

tape-record /'teɪprɪ,kɔ:d/ tr. registrare (su nastro).

tape recorder n. registratore m.

tape recording n. registrazione f.

tapered /'teɪpəd/ **I** p.pass. → **2.taper II** agg. → **tapering**.

tapering /'teɪpərɪŋ/ agg. [*trousers*] stretto in fondo; [*column*] rastremato; [*finger*] affusolato; [*flame*] sottile.

tapestry /'tæpəstrɪ/ n. arazzo m.

tapeworm /'teɪpwɜ:m/ n. verme m. solitario, tenia f.

tapioca /,tæpɪ'əʊkə/ n. tapioca f.

tapir /'teɪpə(r)/ n. tapiro m.

tappet /'tæpɪt/ n. punteria f.

tap water n. acqua f. del rubinetto.

1.tar /tɑ:(r)/ **I** n. catrame m.; *(on roads)* asfalto m. **II** modif. [*road*] asfaltato; ***~ paper*** carta catramata; ***~ content*** *(of cigarette)* contenuto di catrame.

2.tar /tɑ:(r)/ tr. (forma in -ing ecc. **-rr-**) (in)catramare [*roof*]; asfaltare [*road*] ♦ ***to ~ and feather sb.*** mettere qcn. alla gogna; ***to ~ everyone with the same brush*** fare di ogni erba un fascio; ***they're ~red with the same brush*** sono della stessa razza.

tarantula /tə'ræntjʊlə, AE -tʃələ/ n. tarantola f.

tardy /'tɑ:dɪ/ agg. LETT. **1** *(slow)* tardo (**in doing** a fare) **2** *(late)* tardivo.

1.tare /teə(r)/ n. METROL. tara f.

2.tare /teə(r)/ tr. METROL. fare la tara a, tarare.

1.target /'tɑ:gɪt/ **I** n. **1** bersaglio m.; MIL. obiettivo m.; ***to be right on ~*** centrare il bersaglio **2** *(goal)* obiettivo m., scopo m.; ***to meet one's ~*** avere il risultato sperato; ***the figures are way below ~*** le cifre sono al di sotto delle aspettative **3** *(butt)* bersaglio m.; ***to be the ~ of*** essere bersaglio di [*ridicule*] **II** modif. [*date, figure*] previsto; [*audience*] di riferimento.

2.target /'tɑ:gɪt/ tr. **1** *(aim)* puntare [*weapon, missile*] (**at, on** verso, su); *(choose as objective)* mirare a [*site, factory*] **2** FIG. *(in marketing)* individuare [*group, sector*]; ***to be ~ed at*** [*product*] essere diretto *o* mirato a [*group*].

target group n. target m., gruppo m. di riferimento.

targeting /'tɑ:gɪtɪŋ/ n. **1** COMM. individuazione f. del target **2** MIL. ***the ~ of enemy bases*** l'individuazione delle basi nemiche.

target language n. lingua f. d'arrivo.

target practice n. **U** esercitazioni f.pl. di tiro al bersaglio.

target price n. prezzo m. di riferimento, prezzo m. base.

tariff /'tærɪf/ **I** n. **1** *(price)* tariffa f. **2** *(customs duty)* tariffa f. doganale **II** modif. [*agreement, barrier, reform*] tariffario; [*cut*] delle tariffe doganali; [*union*] doganale.

1.tarmac /'tɑ:mæk/ **I** n. **1** (anche **Tarmac®**) macadam m. all'asfalto **2** BE *(of airfield)* pista f. **II** modif. [*road*] = pavimentato con macadam all'asfalto.

2.tarmac /'tɑ:mæk/ tr. (forma in -ing ecc. **-ck-**) = pavimentare con macadam all'asfalto.

tarnish /'tɑ:nɪʃ/ **I** tr. ossidare [*metal*]; FIG. macchiare [*honour*] **II** intr. [*metal*] ossidarsi; FIG. [*honour*] macchiarsi.

tarot /'tærəʊ/ ♦ *10* n. gioco m. dei tarocchi, tarocchi m.pl.

tarpaulin /tɑ:'pɔ:lɪn/ n. *(material)* tela f. cerata; *(sheet)* telone m. (impermeabile).

tarragon /'tærəgən/ **I** n. dragoncello m. **II** modif. [*sauce*] al dragoncello; [*leaf*] di dragoncello.

1.tarry /'tɑ:rɪ/ agg. [*substance*] catramoso; [*beach*] coperto di catrame.

2.tarry /'tærɪ/ intr. ANT. o LETT. *(delay)* indugiare, attardarsi; *(stay)* trattenersi, sostare.

tarsus /'tɑ:səs/ n. (pl. **-i**) tarso m.

1.tart /tɑ:t/ n. *(individual)* tortina f.; BE *(large)* torta f.

2.tart /tɑ:t/ n. POP. SPREG. sgualdrina f., puttanella f.

3.tart /tɑ:t/ tr. → **tart up**.

■ **tart up** BE COLLOQ. ***~ [sth.] up, ~ up [sth.]*** riarredare, ridecorare (in modo pacchiano) [*room*]; ***~ oneself up*** agghindarsi (in modo vistoso).

4.tart /tɑ:t/ agg. aspro, acido (anche FIG.).

tartan /'tɑ:tn/ **I** n. *(cloth)* tartan m.; *(pattern)* disegno m. scozzese; ***to wear the ~*** portare il kilt **II** agg. [*fabric*] scozzese.

tartar /'tɑ:tə(r)/ n. MED. ENOL. tartaro m.

Tartar /'tɑ:tə(r)/ n. **1** *(person)* ta(r)taro m. (-a) **2** *(language)* ta(r)taro m. **3** *(formidable person)* *(man)* energumeno m.; *(woman)* virago f.

tartly /'tɑ:tlɪ/ avv. [*say*] acidamente, aspramente.

task /tɑ:sk, AE tæsk/ n. compito m., incombenza f., dovere m. (**of doing** di fare) ♦ ***to take sb. to ~*** rimproverare qcn.

taskbar /'tɑ:skbɑ:(r), AE 'tæsk-/ n. barra f. delle applicazioni.

task-based learning n. = apprendimento basato sulla pratica.

task force n. MIL. task force f.; *(of police)* squadra f. speciale; *(committee)* task force f.
taskmaster /ˈtɑːskmɑːstə(r), AE ˈtæskmæstə(r)/ n. negriero m., tiranno m.
Tasmanian /tæzˈmeɪnɪən/ ➧ *18* **I** agg. tasmaniano **II** n. tasmaniano m. (-a).
tassel /ˈtæsl/ n. *(ornamental)* fiocco m.; *(on corn)* barba f.
tasselled, **tasseled** AE /ˈtæsld/ agg. infiocchettato.
1.taste /teɪst/ n. **1** *(sensation)* gusto m., sapore m.; *(sense)* gusto m.; ***bitter to the ~*** amaro (al palato); ***to leave a bad*** o ***nasty ~ in the mouth*** lasciare un gusto cattivo in bocca; FIG. lasciare l'amaro in bocca **2** *(small quantity)* pizzico m., pezzettino m.; ***add just a ~ of brandy*** aggiungete una goccia di brandy **3** FIG. *(brief experience, foretaste)* assaggio m. **4** *(liking)* gusto m.; ***to acquire*** o ***develop a ~ for sth.*** prendere gusto a qcs.; ***too violent for my ~(s)*** troppo violento per i miei gusti; ***is this to your ~?*** è di tuo gusto? ***add salt to ~*** salare quanto basta **5** *(sense of beauty, appropriateness)* (buon)gusto m.; ***he has exquisite ~ in clothes*** ha un ottimo gusto nel vestire; ***that's a matter of ~*** è un questione di gusti; ***it would be in bad*** o ***poor ~ to do*** sarebbe di cattivo gusto fare ♦ ***there's no accounting for ~s!*** tutti i gusti sono gusti!
2.taste /teɪst/ **I** tr. **1** *(perceive flavour)* ***I can ~ the brandy in this coffee*** sento il gusto del brandy nel caffè **2** *(try)* assaggiare [*wine, food*] **3** FIG. *(experience)* assaporare [*freedom, success, power*]; conoscere [*failure, hardship*] **II** intr. ***to ~ sweet*** essere, avere un sapore dolce; ***to ~ horrible*** avere un gusto terribile; ***the milk ~s off to me*** secondo me il latte è diventato acido; ***what does it ~ like?*** che gusto ha? ***it ~s of apple*** sa di mela.
taste bud n. papilla f. gustativa.
tasteful /ˈteɪstfl/ agg. [*clothes, choice*] di buongusto, raffinato.
tastefully /ˈteɪstfəlɪ/ avv. [*furnish, dress*] con buongusto.
tasteless /ˈteɪstlɪs/ agg. **1** [*remark, joke, garment*] di cattivo gusto **2** *(without flavour)* [*food*] insipido; [*drink*] senza gusto; [*medicine*] privo di gusto.
taster /ˈteɪstə(r)/ n. **1** *(person) (to check quality)* degustatore m. (-trice); *(to check for poison)* assaggiatore m. (-trice) **2** *(foretaste)* assaggio m. (**of, for** di).
tasting /ˈteɪstɪŋ/ **I** n. degustazione f.; ***wine ~*** degustazione di vini **II -tasting** agg. in composti ***sweet-~*** dolce (di gusto); ***pleasant-~*** dal sapore gradevole.
tasty /ˈteɪstɪ/ agg. **1** *(full of flavour)* saporito, succulento, gustoso **2** COLLOQ. *(attractive)* [*price*] interessante; [*garment*] provocante; ***he's ~*** è un fico.
1.tat /tæt/ n. BE COLLOQ. *(junk)* robaccia f., ciarpame m.; *(clothing)* cenci m.pl.
2.tat /tæt/ n. ***tit for ~*** occhio per occhio; ***to give tit for ~*** rendere pan per focaccia.
ta-ta /təˈtɑː/ inter. INFANT. ciao, ciao.
tattered /ˈtætəd/ agg. [*clothing*] a brandelli, sbrindellato; [*book, document*] stracciato; [*person*] cencioso.
tatters /ˈtætəz/ n.pl. brandelli m.; ***in ~*** [*clothing*] sbrindellato, a brandelli; [*career, reputation*] rovinato; ***my hopes are in ~*** le mie speranze sono andate in fumo.
tatting /ˈtætɪŋ/ n. ARTIG. chiacchierino m., merletto m.
1.tattle /ˈtætl/ n. (anche **tittle-tattle**) **U** chiacchiere f.pl., pettegolezzi m.pl.
2.tattle /ˈtætl/ intr. (anche **tittle-tattle**) chiacchierare, spettegolare.
1.tattoo /təˈtuː, AE tæˈtuː/ n. **1** MIL. *(on drum, bugle)* segnale m. della ritirata, ritirata f.; ***to beat*** o ***sound the ~*** suonare la ritirata **2** *(parade)* parata f. militare **3** FIG. *(drumming noise)* rull(i)o m., tambureggiamento m.; ***to beat a ~ on the table with one's fingers*** tamburellare sul tavolo con le dita.
2.tattoo /təˈtuː, AE tæˈtuː/ n. *(on skin)* tatuaggio m.
3.tattoo /təˈtuː, AE tæˈtuː/ tr. tatuare.
tattoo artist ➧ *27* n. tatuatore m. (-trice).
tattooing /təˈtuːɪŋ, AE tæˈtuː-/ n. *(mark)* tatuaggio m.; *(practice)* tatuaggio m., (il) fare tatuaggi.
tattooist /təˈtuːɪst, AE tæˈtuːɪst/ ➧ *27* n. tatuatore m. (-trice).
tatty /ˈtætɪ/ agg. BE [*appearance*] trasandato; [*carpet, garment, shoes*] malandato; [*book*] malridotto; [*building*] scalcinato.
taught /tɔːt/ pass., p.pass. → **teach**.
1.taunt /tɔːnt/ n. scherno m., derisione f.
2.taunt /tɔːnt/ tr. deridere, schernire (**about, over** per).
taunting /ˈtɔːntɪŋ/ **I** n. **U** scherno m., derisione f. **II** agg. derisorio, sarcastico.
Taurus /ˈtɔːrəs/ ➧ *38* n. ASTROL. Toro m.; ***to be (a) ~*** essere del Toro *o* un Toro.
taut /tɔːt/ agg. teso, tirato.
tauten /ˈtɔːtn/ **I** tr. tendere, tirare **II** intr. tendersi, irrigidirsi.
tautological /ˌtɔːtəˈlɒdʒɪkl/ agg. tautologico.
tautology /tɔːˈtɒlədʒɪ/ n. tautologia f.
tavern /ˈtævən/ n. osteria f., taverna f.
tawdry /ˈtɔːdrɪ/ agg. [*furnishings, house*] pacchiano; [*clothes, jewellery*] vistoso, pacchiano; FIG. [*motives, methods*] basso; [*affair*] misero.
tawny /ˈtɔːnɪ/ agg. fulvo.
tawny owl n. allocco m.
1.tax /tæks/ n. tassa f., imposta f.; ***sales ~*** imposta sulle vendite; ***before, after ~*** al lordo, al netto; ***to be liable for ~*** essere soggetto alle imposte; ***to pay £ 500 in ~*** pagare 500 sterline di imposte.
2.tax /tæks/ tr. **1** tassare [*person, earnings, luxury goods*] **2** AUT. ***to ~ a vehicle*** pagare il bollo dell'auto; ***the car is ~ed till May*** il bollo dell'auto scade a maggio **3** FIG. *(strain)* mettere a dura prova [*patience*].
■ **tax with:** ~ **[sb.] with** accusare, tacciare di [*misdeed*].
taxable /ˈtæksəbl/ agg. [*earnings, profit*] imponibile, tassabile.
tax allowance n. detrazione f. fiscale, sgravio m. d'imposta.
tax arrears n.pl. arretrati m. fiscali.
taxation /tækˈseɪʃn/ n. **1** *(imposition of taxes)* tassazione f., imposizione f. **2** *(revenue from taxes)* imposte f.pl., contributi m.pl.
tax avoidance n. elusione f. fiscale.
tax bracket n. scaglione m. d'imposta.
tax break n. agevolazione f. fiscale.
tax burden n. onere m. fiscale, carico m. fiscale.
tax code n. codice m. tributario.
tax collector ➧ *27* n. esattore m. (-trice).
tax-deductible /ˌtæksdɪˈdʌktəbl/ agg. detraibile.
tax disc n. bollo m. (di circolazione).
tax evasion n. evasione f. fiscale.
tax-exempt /ˌtæksɪgˈzempt/ agg. esentasse, esente da imposte.
tax exemption n. esenzione f. fiscale.
tax exile n. esule m. e f. per motivi fiscali.
tax-free /ˌtæksˈfriː/ agg. [*income*] esentasse, esente da imposte.
tax haven n. paradiso m. fiscale.
1.taxi /ˈtæksɪ/ n. taxi m., tassì m.; ***by ~*** in taxi.
2.taxi /ˈtæksɪ/ intr. [*plane*] rullare.
taxicab /ˈtæksɪkæb/ n. → **1.taxi**.
taxidermist /ˈtæksɪdɜːmɪst/ ➧ *27* n. tassidermista m. e f.
taxidermy /ˈtæksɪdɜːmɪ/ n. tassidermia f., imbalsamazione f.
taxi driver ➧ *27* n. taxista m. e f., tassista m. e f.
taximeter /ˈtæksɪmiːtə(r)/ n. tassametro m.
tax incentive n. incentivo m. fiscale.
taxing /ˈtæksɪŋ/ agg. [*job*] gravoso, faticoso.
taxi rank BE, **taxi stand** AE n. posteggio m. dei taxi.
taxman /ˈtæksmæn/ n. COLLOQ. ***the ~*** il fisco.
tax office n. ufficio m. tributi, delle imposte.
taxonomy /tækˈsɒnəmɪ/ n. tassonomia f.
taxpayer /ˈtæksperə(r)/ n. contribuente m. e f.
tax relief n. sgravio m. fiscale, detrazione f. fiscale.
tax return n. **1** *(form)* modulo m. della dichiarazione dei redditi **2** *(declaration)* denuncia f., dichiarazione f. dei redditi; ***to file a ~*** compilare la denuncia dei redditi.
tax year n. anno m. fiscale.
TB n. (⇒ tuberculosis tubercolosi) tbc f.
T-bar /ˈtiːbɑː(r)/ n. *(for skiers)* ancora f.
tbsp n. (⇒ tablespoon) = cucchiaio.
te /tiː/ n. MUS. (anche **ti**) si m.
tea /tiː/ n. **1** tè m. **2** BE *(in the afternoon)* tè m.; *(evening meal)* = pasto consumato nel tardo pomeriggio e che funge da cena ♦ ***it's not my cup of ~*** non fa per me; ***he's not my cup of ~*** non è il mio tipo; ***to give sb. ~ and sympathy*** SCHERZ. = confortare qcn.

tea bag n. bustina f. di tè.
tea break n. BE pausa f. caffè.
tea cake n. BE pasticcino m. da tè.
teach /tiːtʃ/ **I** tr. (pass., p.pass. **taught**) **1** *(instruct)* insegnare a, istruire [*children*]; ***to ~ sb. about sth.*** insegnare qcs. a qcn.; ***to ~ sb. (how) to do*** insegnare a qcn. a fare **2** *(impart)* insegnare [*subject, skill*]; ***to ~ sth. to sb., to ~ sb. sth.*** insegnare qcs. a qcn.; ***he ~es swimming*** è un insegnante di nuoto; ***to ~ school*** AE fare l'insegnante; ***to ~ sb. a lesson*** FIG. [*person*] dare una (bella) lezione a qcn.; [*experience*] servire da lezione a qcn.; ***that will ~ you to lie!*** COLLOQ. così impari a dire le bugie! **3** *(advocate)* insegnare [*creed, virtue*] **II** intr. (pass., p.pass. **taught**) insegnare **III** rifl. (pass., p.pass. **taught**) ***to ~ oneself to do*** imparare a fare; ***to ~ oneself French*** imparare il francese da solo *o* da autodidatta ♦ ***you can't ~ an old dog new tricks*** = è impossibile fare cambiare idee o abitudini a persone che le hanno ormai da tempo.
teacher /ˈtiːtʃə(r)/ ♦ **27 I** n. *(in general)* insegnante m. e f., docente m. e f.; *(secondary)* professore m. (-essa); *(primary)* maestro m. (-a); *(special needs)* educatore m. (-trice); ***Latin ~*** professore di latino; ***to be a ~ of English*** essere un insegnante di inglese **II** modif. [*recruitment*] degli insegnanti; [*shortage*] di docenti.
teacher certification n. AE = abilitazione all'insegnamento.
teacher education n. AE formazione f. degli insegnanti.
teachers' centre BE, **teachers' center** AE n. = centro di documentazione per insegnanti.
teacher training n. formazione f. degli insegnanti.
teacher-training college n. = centro di formazione per insegnanti.
teaching /ˈtiːtʃɪŋ/ **I** n. insegnamento m.; ***to go into*** o ***enter ~*** dedicarsi all'insegnamento; ***to do some ~ in the evenings*** tenere dei corsi *o* dare delle lezioni serali **II** modif. [*career, post, qualification*] di insegnante; [*method, materials*] didattico; ***~ staff*** corpo docente.
teaching aid n. sussidio m. didattico.
teaching assistant ♦ **27** n. **1** SCOL. = persona non abilitata all'insegnamento che affianca l'insegnante **2** UNIV. = assistente.
teaching hospital n. clinica f. universitaria.
teaching practice n. BE tirocinio m. didattico; ***to be on*** o ***be doing ~*** fare tirocinio.
teachware /ˈtiːtʃweə(r)/ n. INFORM. software m. didattico.
tea cloth n. BE strofinaccio m. (da cucina).
tea cosy BE, **tea cozy** AE n. copriteiera m.
teacup /ˈtiːkʌp/ n. tazza f. da tè ♦ ***a storm in a ~*** una tempesta in un bicchier d'acqua.
teak /tiːk/ n. *(tree)* tek m.; *(wood)* (legno di) tek m.
tea lady ♦ **27** n. BE = donna incaricata di preparare e servire il tè negli uffici e nelle fabbriche.
tea leaf n. (pl. **tea leaves**) foglia f. di tè; ***to read the tea leaves*** leggere il destino nelle foglie del tè.
1.team /tiːm/ **I** n. **1** *(of people)* squadra f., équipe f., gruppo m., team m.; ***rugby ~*** squadra di rugby; ***management ~*** un team di dirigenti; ***a ~ of doctors*** un'équipe di medici; ***to work well as a ~*** fare un bel lavoro di squadra **2** *(of horses, oxen)* tiro m.; *(of huskies)* muta f. **II** modif. [*sport*] di squadra; [*colours, performance, leader*] di una squadra.
2.team /tiːm/ tr. abbinare [*garment*].
■ **team up:** ***~ up*** [*people*] collaborare; [*organizations*] unirsi; ***~ [sb.] up*** mettere insieme.
team-mate /ˈtiːmmeɪt/ n. compagno m. (-a) di squadra.
team member n. membro m. di una squadra.
team spirit n. spirito m. di gruppo.
teamster /ˈtiːmstə(r)/ n. AE camionista m. e f.
teamwork /ˈtiːmwɜːk/ n. lavoro m. di équipe, di squadra.
tea party n. tè m.; *(for children)* festicciola f.
tea plate n. piattino m.
teapot /ˈtiːpɒt/ n. teiera f.
1.tear /tɪə(r)/ n. gener. pl. lacrima f.; ***close to ~s*** sul punto di piangere; ***to burst into ~s*** scoppiare in lacrime; ***to shed ~s of rage*** versare lacrime di rabbia; ***it brought ~s to her eyes, it moved her to ~s*** le fece venire le lacrime agli occhi; ***there were ~s in his eyes*** aveva le lacrime agli occhi ♦ ***to end in ~s*** [*game*] finire in lacrime; [*campaign, experiment*] finire male.
2.tear /teə(r)/ n. **1** *(from strain)* strappo m. (**in** in); *(on nail, hook)* rottura f. (**in** di) **2** MED. lacerazione f.
3.tear /teə(r)/ **I** tr. (pass. **tore**; p.pass. **torn**) **1** *(rip)* strappare [*garment, paper*] (**on** contro); dilaniare, lacerare [*prey*]; ***to ~ sth. from*** o ***out of*** strappare qcs. da [*notepad*]; ***to ~ a hole in sth.*** fare uno strappo *o* un buco in qcs.; ***to ~ [sth.] to pieces*** o ***bits*** o ***shreds*** strappare [*fabric*]; demolire [*object*]; FIG. demolire [*proposal, film*]; ***to ~ sb. to pieces*** FIG. fare a pezzi *o* distruggere qcn.; ***to ~ one's hair (out)*** strapparsi i capelli (anche FIG.); ***to ~ a muscle*** strapparsi un muscolo **2** *(remove by force)* strappare (**from, off** da) **3** sempre passivo *(emotionally)* ***to be torn between*** essere combattuto tra [*options, persons*] **4** *(divided)* ***to be torn by war*** essere dilaniato dalla guerra **II** intr. (pass. **tore**; p.pass. **torn**) **1** *(rip)* strapparsi; ***to ~ into*** fare un buco in [*cloth*] **2** *(rush)* ***to ~ out, off, past*** uscire, andarsene, passare di corsa; ***to ~ down the stairs*** scendere le scale di corsa; ***the car came ~ing around the corner*** l'auto prese la curva a tutta birra **3** *(pull forcefully)* ***to ~ at*** [*animal*] dilaniare [*prey*]; [*person*] trascinare [*rubble*] **4** COLLOQ. *(criticize)* ***to ~ into*** criticare duramente [*person, film*] ♦ ***that's torn it!*** BE COLLOQ. ci mancava solo questa!
■ **tear apart:** ***~ [sth.] apart, ~ apart [sth.]*** **1** *(destroy)* dilaniare [*prey*]; demolire [*building*]; distruggere [*organization, country*]; FIG. criticare duramente, demolire [*film, book*] **2** *(separate)* separare [*connected items*]; ***~ [sb.] apart*** **1** COLLOQ. *(criticize)* fare a pezzi **2** *(dismember)* smembrare; *(separate)* separare [*two people*].
■ **tear away:** ***~ away*** [*paper, tape*] strapparsi; ***~ away [sth.]*** strappare [*wrapping, bandage*]; ***~ [sb.] away*** strappare [*person*]; ***to ~ one's gaze away*** distogliere lo sguardo.
■ **tear down:** ***~ [sth.] down, ~ down [sth.]*** demolire, abbattere [*building*].
■ **tear off:** ***~ [sth.] off, ~ off [sth.]*** *(carefully)* staccare (strappando) [*coupon*]; *(violently)* strappare [*paper*].
■ **tear open:** ***~ open [sth.], ~ [sth.] open*** aprire strappando.
■ **tear out:** ***~ [sth.] out, ~ out [sth.]*** staccare [*cheque*]; strappare [*page*].
■ **tear up:** ***~ [sth.] up, ~ up [sth.]*** **1** *(destroy)* strappare [*letter*] **2** *(remove)* sradicare [*tree*]; spiantare [*tracks*]; dissestare [*street*].
tearaway /ˈteərəˌweɪ/ n. scavezzacollo m. e f.
teardrop /ˈtɪədrɒp/ n. lacrima f.
tear duct n. condotto m. lacrimale.
tearful /ˈtɪəfl/ agg. **1** *(weepy)* [*person, face*] in lacrime; [*voice*] lacrimoso; ***to feel ~*** avere voglia di piangere **2** SPREG. *(marked by tears)* [*farewell, reunion*] lacrimevole.
tearfully /ˈtɪəfəlɪ/ avv. [*say*] con le lacrime agli occhi.
tear gas n. gas m. lacrimogeno.
tearing /ˈteərɪŋ/ agg. **1** [*sound*] assordante **2** ***to be in a ~ hurry*** BE COLLOQ. avere una fretta indiavolata *o* del diavolo.
tear-jerker /ˈtɪədʒɜːkə(r)/ n. SCHERZ. SPREG. ***this film is a real ~*** questo film è proprio strappalacrime.
tear-off /ˈteərɒf, AE -ɔːf/ agg. [*coupon*] staccabile; ***~ perforations*** INFORM. perforazione.
tearoom /ˈtiːruːm, -rʊm/ n. sala f. da tè.
tear-stained /ˈtɪəsteɪnd/ agg. [*face*] rigato di lacrime; [*pillow, letter*] bagnato di lacrime.
1.tease /tiːz/ n. **1** *(joker)* canzonatore m. (-trice), provocatore m. (-trice) **2** SPREG. *(woman)* = donna che ama provocare gli uomini senza però concedersi.
2.tease /tiːz/ **I** tr. **1** *(provoke)* prendere in giro, canzonare [*person*]; infastidire [*animal*] **2** TESS. *(separate)* cardare; *(brush)* pettinare **3** *(backcomb)* cotonare [*hair*] **II** intr. scherzare.
■ **tease out:** ***~ out [sth.], ~ [sth.] out*** districare [*knots*].
teasel /ˈtiːzl/ n. BOT. cardo m. dei lanaioli.
teaser /ˈtiːzə(r)/ n. **1** COLLOQ. *(puzzle)* rompicapo m. **2** *(person)* dispettoso m. (-a), provocatore m. (-trice).
tea service, tea set n. servizio m. da tè.
tea shop n. BE *(tearoom)* sala f. da tè.
teasing /ˈtiːzɪŋ/ **I** n. presa f. in giro, canzonatura f. **II** agg. canzonatore, provocatore.
teaspoon /ˈtiːspuːn/ n. cucchiaino m.

teaspoonful /'ti:spu:nfʊl/ n. cucchiaino m.
tea strainer n. colino m. da tè.
teat /ti:t/ n. **1** *(of cow, goat, ewe)* capezzolo m. **2** BE *(on baby's bottle)* tettarella f.
teatime /'ti:taɪm/ n. *(in the afternoon)* ora f. del tè; *(in the evening)* ora f. di cena.
tea towel n. BE strofinaccio m., straccio m. da cucina.
tea tree n. melaleuca f.
tea-trolley /'ti:ˌtrɒlɪ/ BE, **tea wagon** AE n. carrello m. da tè, carrello m. portavivande.
teazle → **teasel**.
tech /tek/ n. BE COLLOQ. accorc. → **technical college**.
technical /'teknɪkl/ agg. **1** tecnico (anche MUS. SPORT); ~ ***hitch*** problema tecnico; ~ ***terms*** termini tecnici **2** DIR. [*point, detail*] di procedura; ~ ***offence*** contravvenzione.
technical college n. = scuola superiore nella quale si studiano materie tecniche e scienze applicate.
technical drawing n. disegno m. tecnico.
technicality /ˌteknɪ'kælətɪ/ n. **1** *(technical detail)* particolare m. tecnico **2** AMM. dettaglio m., cavillo m.; DIR. formalità f.; ***the case was dismissed on a*** ~ il caso è stato archiviato per vizio di forma **3** *(technical nature)* tecnicità f.
technical knock-out n. SPORT knock-out m. tecnico.
technically /'teknɪklɪ/ avv. **1** *(strictly)* ~ ***speaking*** tecnicamente parlando **2** *(technologically)* [*advanced*] tecnologicamente **3** *(in technique)* [*good*] sul piano tecnico.
technician /tek'nɪʃn/ ➧ *27* n. IND. TECN. tecnico m. (-a); ***laboratory*** ~ tecnico di laboratorio.
technique /tek'ni:k/ n. **1** *(method)* tecnica f., metodo m.; ***printing ~s*** tecniche di stampa **2** *(skill)* tecnica f.
techno /'teknəʊ/ **I** n. MUS. (musica) techno f., techno-music f. **II** agg. MUS. techno.
technobabble /'teknəʊˌbæbl/ n. gergo m. tecnologico.
technocracy /tek'nɒkrəsɪ/ n. tecnocrazia f.
technocrat /'teknəkræt/ n. tecnocrate m. e f.
technological /ˌteknə'lɒdʒɪkl/ agg. tecnologico.
technologically /ˌteknə'lɒdʒɪklɪ/ avv. tecnologicamente.
technology /tek'nɒlədʒɪ/ n. tecnologia f.; ***information*** ~ informatica.
technology park n. parco m. tecnologico.
tectonic /tek'tɒnɪk/ agg. tettonico.
tectonics /tek'tɒnɪks/ n. + verbo sing. tettonica f.
Ted /ted/ n.pr. diminutivo di **Edward** e **Theodore**.
teddy /'tedɪ/ n. INFANT. (anche ~ **bear**) orsacchiotto m. (di peluche, di pezza), teddy m.
Teddy /'tedɪ/ n.pr. diminutivo di **Edward** e **Theodore**.
teddy boy n. BE teddy boy m.
tedious /'ti:dɪəs/ agg. noioso, tedioso.
1.tee /ti:/ n. *(on golf course)* tee m.
2.tee /ti:/ tr. mettere sul tee [*ball*].
■ **tee off** giocare la pallina dal tee, cominciare la partita.
■ **tee up** mettere la pallina sul tee.
1.teem /ti:m/ intr. ***to*** ~ o ***be ~ing with*** brulicare di [*people*]; pullulare di [*wildlife, ideas*].
2.teem /ti:m/ impers. ***it was ~ing (with rain)*** stava diluviando.
1.teeming /'ti:mɪŋ/ agg. [*city*] brulicante, formicolante (**with** di); [*crowds*] brulicante.
2.teeming /'ti:mɪŋ/ agg. *(pouring)* [*rain*] battente, scrosciante.
teen /ti:n/ agg. COLLOQ. [*fashion*] giovane, per i giovani; [*magazine*] per adolescenti; [*idol*] dei teen-ager; [*problem*] dell'adolescenza, degli adolescenti.
teenage /'ti:neɪdʒ/ agg. [*son*] adolescente; [*actor*] giovane; [*illiteracy, problem*] degli adolescenti; [*drug-taking*] in età adolescenziale; [*pregnancy*] precoce; [*fashion*] giovane; ~ ***boy, girl*** adolescente, teen-ager.
teenager /'ti:neɪdʒə(r)/ n. adolescente m. e f., teen-ager m. e f.
teens /ti:nz/ n.pl. adolescenza f.sing.; ***to be in one's ~, in one's early*** ~ essere un adolescente, essere nella prima adolescenza.
teeny /'ti:nɪ/ agg. COLLOQ. (anche ~ **weeny**) minuscolo, piccolissimo.
teepee /'ti:pi:/ n. tepee m.
tee-shirt /'ti:ʃɜ:t/ n. maglietta f., T-shirt f., tee-shirt f.
teeter /'ti:tə(r)/ intr. barcollare, traballare; ***to ~ on the edge*** o ***brink of sth.*** FIG. essere sull'orlo di qcs.
teeter-totter /'ti:tətɒtə(r)/ n. AE altalena f.
teeth /ti:θ/ → **tooth**.
teethe /ti:ð/ intr. mettere i denti.
teething /'ti:ðɪŋ/ n. dentizione f.
teething ring n. dentaruolo m., massaggiagengive m.
teething troubles n.pl. FIG. problemi m., difficoltà f. iniziali.
teetotal /ti:'təʊtl, AE 'ti:təʊtl/ agg. ***he's*** ~ è astemio.
teetotaller BE, **teetotaler** AE /ti:'təʊtələ(r)/ n. astemio m. (-a).
TEFL /'tefl/ n. (⇒ Teaching of English as a Foreign Language) insegnamento dell'inglese come lingua straniera.
tel ⇒ telephone telefono (tel.).
telebanking /'telɪˌbæŋkɪŋ/ n. → **telephone banking.**
1.telecast /'telɪkɑ:st, AE -kæst/ n. trasmissione f. televisiva.
2.telecast /'telɪkɑ:st, AE -kæst/ tr. (pass., p.pass. ~, ~**ed**) trasmettere per televisione.
telecommunications /ˌtelɪkəˌmju:nɪ'keɪʃnz/ **I** n.pl. + verbo sing. o pl. telecomunicazioni f. **II** modif. [*expert*] di telecomunicazioni; [*satellite*] per telecomunicazioni; [*industry*] delle telecomunicazioni.
telecommuting /ˌtelɪkə'mju:tɪŋ/ n. telelavoro m.
teleconference /'telɪˌkɒnfərəns/ n. teleconferenza f.
telefax /'telɪfæks/ n. (tele)fax m.; ***by*** ~ per fax.
telegenic /ˌtelɪ'dʒenɪk/ agg. telegenico.
telegram /'telɪgræm/ n. telegramma m.
1.telegraph /'telɪgrɑ:f, AE -græf/ **I** n. telegrafo m.; MAR. trasmettitore m. telegrafico, telegrafo m. di macchina **II** modif. [*pole, wire*] telegrafico; ~ ***office*** (ufficio del) telegrafo.
2.telegraph /'telɪgrɑ:f, AE -græf/ tr. telegrafare.
telegraphic /ˌtelɪ'græfɪk/ agg. telegrafico.
telegraphically /ˌtelɪ'græfɪklɪ/ avv. telegraficamente.
telegraphist /tɪ'legrəfɪst/ ➧ *27* n. telegrafista m. e f.
telegraphy /tɪ'legrəfɪ/ n. telegrafia f.
telekinesis /ˌtelɪkaɪ'ni:sɪs, -kɪ'ni:sɪs/ n. telecinesi f., psicocinesi f.
telemarketer /telɪ'mɑ:kɪtə(r)/ ➧ *27* n. operatore m. (-trice) di telemarketing.
telemarketing /'telɪˌmɑ:kɪtɪŋ/ n. telemarketing m.
telemessage® /'telɪmesɪdʒ/ n. BE = telegramma.
telemeter /'telɪmi:tə(r), tɪ'lemɪtə(r)/ n. telemetro m.
telemetry /tɪ'lemətrɪ/ n. telemetria f.
teleobjective /ˌtelɪɒb'dʒektɪv/ n. teleobiettivo m.
teleological /ˌtelɪə'lɒdʒɪkl, ˌti:-/ agg. teleologico.
teleology /ˌtelɪ'ɒlədʒɪ, ˌti:-/ n. teleologia f.
telepathic /ˌtelɪ'pæθɪk/ agg. telepatico.
telepathy /tɪ'lepəθɪ/ n. telepatia f.
1.telephone /'telɪfəʊn/ **I** n. telefono m.; ***on*** o ***over the*** ~ al telefono; ***to be on the*** ~ *(connected)* avere il telefono; *(talking)* essere al telefono; ***to answer the*** ~ rispondere al telefono **II** modif. [*conversation, message, survey*] telefonico; [*engineer*] delle telecomunicazioni.
2.telephone /'telɪfəʊn/ **I** tr. telefonare a, contattare, chiamare [*person, organization*]; trasmettere per telefono [*instructions, message*]; ***to ~ Greece*** telefonare in Grecia **II** intr. telefonare.
telephone answering machine n. segreteria f. telefonica.
telephone banking n. ECON. servizi m.pl. bancari via telefono.
telephone book n. → **telephone directory**.
telephone booth, **telephone box** BE n. cabina f. telefonica.
telephone call n. telefonata f., chiamata f. telefonica.
telephone directory n. elenco m. telefonico, guida f. telefonica.
telephone exchange n. ufficio m. servizi telefonici, servizi m.pl. telefonici.
telephone number n. numero m. telefonico, di telefono.
telephone operator ➧ *27* n. telefonista m. e f.
telephone subscriber n. abbonato m. (-a) al telefono.
telephonist /tɪ'lefənɪst/ ➧ *27* n. BE telefonista m. e f., centralinista m. e f.
telephony /tɪ'lefənɪ/ n. telefonia f.

telephotograph /ˌtelɪ'fəʊtəgrɑːf, AE -græf/ n. telefotografia f.

telephotography /ˌtelɪfə'tɒgrəfɪ/ n. telefotografia f.

telephoto lens n. teleobiettivo m.

teleprinter /'telɪprɪntə(r)/ n. telescrivente f.

telesales /'telɪseɪlz/ n. + verbo sing. telemarketing m.

1.telescope /'telɪskəʊp/ n. *(for astronomy)* telescopio m.; *(hand-held)* cannocchiale m.

2.telescope /'telɪskəʊp/ **I** tr. piegare [*stand, umbrella*]; FIG. condensare, riassumere [*content, series*] (**into** in) **II** intr. [*stand, umbrella*] essere pieghevole; [*train*] incastrarsi.

telescopic /ˌtelɪ'skɒpɪk/ agg. [*aerial*] telescopico; [*stand, umbrella*] pieghevole; **~ *lens*** FOT. teleobiettivo; **~ *sight*** *(on gun)* telescopio da mira.

teleshopping /'telɪʃɒpɪŋ/ n. = l'ordinare un prodotto telefonicamente o tramite Internet.

teletext /'telɪtekst/ n. teletext m., televideo m.

Teletype® /'telɪtaɪp/, **teletypewriter** /ˌtelɪ'taɪpraɪtə(r)/ n. telescrivente f.

televangelism /ˌtelɪ'vændʒəlɪzəm/ n. telepredicazione f.

televise /'telɪvaɪz/ tr. trasmettere per televisione.

televised /'telɪvaɪzd/ **I** p.pass. → **televise II** agg. televisivo.

television /'telɪvɪʒn, -'vɪʒn/ **I** n. **1** *(medium)* televisione f.; ***on ~*** in, alla televisione; ***for ~*** per la televisione; ***a job in ~*** un lavoro alla televisione; ***live on ~*** in diretta televisiva; ***it makes good ~*** fa audience **2** *(set)* televisore m., apparecchio m. televisivo **II** modif. [*broadcast, channel, producer, studio*] televisivo; [*play*] in, alla televisione; [*film, script*] per la televisione; [*interview*] alla televisione; **~ *news*** telegiornale; **~ *camera*** telecamera.

television dinner n. = pasto che viene consumato davanti al televisore.

television licence n. abbonamento m. alla televisione.

television listings n.pl. elenco m.sing. dei programmi TV.

television lounge n. sala f. TV.

television programme n. programma m. televisivo.

television room n. → **television lounge**.

television schedule n. *(in newspaper)* programmi m.pl. TV.

television screen n. schermo m. televisivo.

television set n. televisore m., apparecchio m. televisivo.

televisual /ˌtelɪ'vɪʒʊəl/ agg. televisivo, per la televisione.

teleworker /'telɪwɜːkə(r)/ n. telelavoratore m. (-trice).

1.telex /'teleks/ **I** n. telex m., telescrivente f.; ***by ~*** via telex **II** modif. [*number*] di telex; **~ *machine*** telescrivente; **~ *operator*** operatore del servizio telex.

2.telex /'teleks/ tr. trasmettere via telex.

tell /tel/ **I** tr. (pass., p.pass. **told**) **1** *(give information)* [*person*] dire, riferire; [*manual*] dire, spiegare; [*gauge*] indicare; ***to ~ sb. sth., to ~ sth. to sb.*** dire qcs. a qcn.; ***to ~ sb. how, what to do*** spiegare a qcn. come, che cosa fare; ***to ~ the time*** [*clock*] segnare l'ora; [*person*] leggere *o* dire l'ora; ***can you ~ me the time please?*** potresti *o* puoi dirmi l'ora per favore? ***his behaviour ~s us a lot about...*** il suo comportamento la dice lunga su...; ***I can't ~ you how happy I am to...*** non sai quanto sia felice di...; ***I told you so!*** te l'avevo detto, io! ***what did I ~ you!*** che cosa ti avevo detto? ***you're ~ing me!*** a chi lo dici! ***it's true, I ~ you!*** ti dico che è vero! **2** *(recount)* raccontare [*joke, story*]; ***to ~ sb. about*** o ***of sth.*** raccontare a qcn. di qcs., raccontare qcs. a qcn.; ***~ me all about it!*** raccontami tutto! ***~ me about it!*** IRON. non me ne parlare! ***I could ~ you a thing or two about her!*** potrei raccontarvi alcune cosette su di lei! **3** *(deduce)* ***you can, could ~ (that)*** si vede, si vedeva che; ***you can ~ a lot from the clothes people wear*** si possono capire molte cose dal modo di vestire di una persona **4** *(distinguish)* distinguere; ***he can't ~ right from wrong*** non sa distinguere il bene dal male; ***can you ~ the difference?*** riuscite a vedere *o* sentire la differenza? ***how can you ~ which is which? how can you ~ them apart?*** come si possono distinguere l'uno dall'altro? **5** *(order)* ***to ~ sb. to do*** dire *o* ordinare a qcn. di fare; ***do as you are told!*** fai quello che ti dicono! ***he just won't be told!*** si rifiuta di obbedire! **II** intr. (pass., p.pass. **told**) **1** *(reveal secret)* ***promise me you won't ~!*** promettimi di non dirlo; ***that would be ~ing!*** non ti voglio rovinare la sorpresa! **2** *(be evidence)* ***to ~ of*** rivelare, essere la prova di **3** *(know for certain)* sapere; ***as*** o ***so far as I can ~*** per quel che ne so; ***how can you ~?*** come fai a dirlo *o* saperlo? ***you never can ~*** non si sa mai, non si può mai dire **4** *(produce an effect)* ***her age is beginning to ~*** gli anni cominciano a farsi sentire; ***her inexperience told against her at the interview*** al colloquio l'inesperienza giocò a suo sfavore **III** rifl. (pass., p.pass. **told**) ***to ~ oneself*** dirsi, ripetere a se stesso ♦ ***~ me another!*** COLLOQ. trovane un'altra! ma valla a raccontare a qualcun altro! ***to ~ sb. where to get off*** COLLOQ. mandare qcn. a quel paese; ***you ~ me!*** a chi lo dici! ***to ~ it like it is*** parlare chiaro; ***to ~ the world about sth.*** dire qcs. ai quattro venti; ***time (alone) will ~*** PROV. chi vivrà vedrà.

■ **tell off:** ~ ***[sb.]*** **off** *(scold)* sgridare, riprendere [*person*]; ***he got told off for arriving late*** è stato sgridato perché è arrivato in ritardo.

■ **tell on:** ~ **on** ***[sb.]*** **1** *(reveal information about)* denunciare [*person*] (**to** a) **2** *(have visible effect on)* ***the strain is beginning to ~ on him*** iniziano a farsi vedere su di lui i primi segni di fatica; ***her age is beginning to ~ on her*** sta incominciando a sentire il peso degli anni.

teller /'telə(r)/ ➧ **27** n. **1** *(in bank)* cassiere m. (-a), sportellista m. e f. **2** *(in election)* scrutatore m. (-trice) **3** (anche **storyteller**) narratore m. (-trice).

telling /'telɪŋ/ **I** n. racconto m., narrazione f.; ***a funny story that lost nothing in the ~*** un aneddoto che non perdeva la sua comicità a essere raccontato; ***her adventures grew more and more fantastic in the ~*** le sue avventure diventavano sempre più fantastiche a mano a mano che le raccontava **II** agg. **1** *(effective)* [*blow*] ben dato, efficace; [*speech*] efficace **2** *(revealing)* [*remark*] significativo; [*omission*] rivelatore ♦ ***there's no ~ what will happen next*** nessuno può dire che cosa succederà adesso.

tellingly /'telɪŋlɪ/ avv. **1** *(effectively)* [*argue*] efficacemente **2** *(revealingly)* ***~, he did not allude to this*** non a caso non vi ha fatto alcuna allusione.

telling-off /ˌtelɪŋ'ɒf/ n. sgridata f., ramanzina f.; ***to give sb. a (good) ~*** fare una bella ramanzina a qcn.

tell-tale /'telteɪl/ **I** n. SPREG. pettegolo m. (-a), spione m. (-a) **II** agg. [*sign*] eloquente.

telluric /te'l(j)ʊərɪk/ agg. tellurico.

telly /'telɪ/ n. BE COLLOQ. tele f., tivù f.

temerity /tɪ'merətɪ/ n. temerarietà f., audacia f.

1.temp /temp/ **I** n. BE COLLOQ. (accorc. temporary employee) lavoratore m. (-trice) interinale **II** modif. BE COLLOQ. (accorc. temporary) [*agency*] di lavoro interinale.

2.temp /temp/ intr. avere un lavoro interinale.

1.temper /'tempə(r)/ n. **1** *(mood)* umore m.; ***to be in a good ~*** essere di buon umore; ***to be in a ~*** essere in collera; ***to keep*** o ***control one's ~*** mantenere la calma; ***to lose one's ~*** perdere le staffe; ***to fly into a ~*** infuriarsi, andare su tutte le furie; ***~s flared*** o ***frayed*** gli animi si surriscaldarono; ***in a fit of ~*** in un impeto di collera **2** *(nature)* carattere m.; ***to have an even, a hot ~*** avere un carattere mite, irascibile; ***to have a nasty ~*** avere un brutto carattere **3** IND. tempra f.

2.temper /'tempə(r)/ tr. **1** *(moderate)* attenuare, moderare, temperare **2** IND. temprare [*steel*].

tempera /'tempərə/ n. tempera f.

temperament /'temprəmənt/ n. **1** *(nature)* temperamento m., indole f. **2** *(excitability)* eccessiva emotività f.; ***an outburst of ~*** un improvviso cambiamento di umore.

temperamental /ˌtemprə'mentl/ agg. **1** *(volatile)* [*person*] lunatico; [*horse*] bizzoso; [*machine*] inaffidabile **2** *(natural)* [*inclination*] naturale; [*differences*] caratteriale.

temperamentally /ˌtemprə'mentəlɪ/ avv. **1** *(by nature)* per natura; ***they are ~ unsuited*** c'è un'incompatibilità di carattere tra di loro **2** *(in volatile manner)* [*behave*] capricciosamente.

temperance /'tempərəns/ **I** n. **1** *(moderation)* moderazione f., sobrietà f., temperanza f. **2** *(teetotalism)* astinenza f. dall'alcol **II** modif. [*league*] contro l'alcolismo, antialcolico.

temperate /'tempərət/ agg. [*climate, zone*] temperato; [*person*] morigerato, sobrio; [*habit*] spartano.

temperature /'temprətʃə(r), AE 'tempərtʃʊər/ ➧ **32** n. **1** temperatura f. (anche FIG.); ***room ~*** temperatura ambiente **2** MED. febbre f., temperatura f. corporea; ***to be running*** o ***have a***

~ avere la febbre, essere febbricitante; ***to have a ~ of 39°*** avere la febbre a 39; ***to take sb.'s ~*** misurare la febbre a qcn.
tempest /'tempɪst/ n. tempesta f. (anche FIG.).
tempestuous /tem'pestʃʊəs/ agg. [*relationship*] tempestoso, burrascoso; [*wind*] impetuoso; [*sea*] in tempesta.
tempi /'tempi:/ → **tempo**.
temping /'tempɪŋ/ n. (anche ~ **job**) lavoro m. temporaneo, interinale.
template /'templeɪt/ n. **1** SART. sagoma f. **2** INFORM. modello m.
1.temple /'templ/ n. ARCH. tempio m.
2.temple /'templ/ n. ANAT. tempia f.
tempo /'tempəʊ/ n. (pl. **~s**, **-i**) MUS. tempo m., movimento m.; FIG. ritmo m.
1.temporal /'tempərəl/ agg. temporale.
2.temporal /'tempərəl/ agg. ANAT. temporale.
temporarily /'tempərəlɪ, AE -pərerɪlɪ/ avv. *(for a limited time)* temporaneamente; *(provisionally)* provvisoriamente.
temporary /'temprərɪ, AE -pərerɪ/ agg. [*contract*] a termine; [*worker, job*] temporaneo, interinale; [*secretary*] temporaneo; [*solution, accommodation*] provvisorio; ~ ***teacher*** supplente; ***on a ~ basis*** temporaneamente, a titolo provvisorio.
temporize /'tempəraɪz/ intr. temporeggiare, prendere tempo.
tempt /tempt/ tr. tentare, istigare; ***to ~ sb. into doing sth.*** istigare *o* incitare qcn. a fare qcs.; ***can I ~ you to a vodka?*** posso offrirti una vodka? ♦ ***to ~ fate*** o ***providence*** sfidare il destino *o* la sorte.
temptation /temp'teɪʃn/ n. tentazione f.; ***to give in to ~*** cedere alla tentazione; ***to put ~ in sb.'s way*** indurre qcn. in tentazione, tentare qcn.
tempting /'temptɪŋ/ agg. [*offer, idea*] allettante; [*food, smell*] appetitoso.
temptress /'temptrɪs/ n. tentatrice f.
ten /ten/ ♦ ***19, 1, 4*** **I** determ. dieci **II** pron. dieci; ***there are ~ of them*** ce ne sono dieci **III** n. dieci m.; ***to multiply by ~*** moltiplicare per dieci; ***in ~s*** [*sell*] a decine; [*count*] per dieci, di dieci in dieci; ***~s of thousands*** decine di migliaia ♦ ***~ to one (it'll rain)*** dieci a uno (che pioverà).
tenable /'tenəbl/ agg. **1** *(valid)* [*theory, suggestion*] sostenibile, difendibile **2** *(available)* ***the job is ~ for a year*** il lavoro ha la durata di un anno.
tenacious /tɪ'neɪʃəs/ agg. tenace.
tenacity /tɪ'næsətɪ/ n. tenacia f., fermezza f.
tenancy /'tenənsɪ/ n. locazione f., affitto m.; ***six-month, life ~*** locazione per sei mesi, a vita; ***terms of ~*** termini del contratto di affitto.
tenancy agreement n. contratto m. di locazione.
tenant /'tenənt/ n. inquilino m., affittuario m.
ten-cent store n. AE = negozio che vende articoli vari a prezzi bassi.
tench /tentʃ/ n. tinca f.
1.tend /tend/ **I** tr. curare, prendersi cura di [*patient*]; coltivare, lavorare [*garden*]; badare a [*store*] **II** intr. ***to ~ to*** curare, prendersi cura di [*patient*]; occuparsi di [*guests*]; ***to ~ to sb.'s needs*** provvedere alle esigenze di qcn.
2.tend /tend/ intr. *(incline)* ***to ~ to do*** tendere a fare; ***to ~ upwards*** tendere a salire; ***to ~ towards sth.*** [*views*] propendere verso qcs.; ***I ~ to think that*** sono propenso a credere che; ***it ~s to be the case*** di solito è così.
tendency /'tendənsɪ/ n. tendenza f. (**to**, **towards** a); ***there is a ~ for people to do...*** le persone tendono *o* hanno la tendenza a fare...
tendentious /ten'denʃəs/ agg. tendenzioso.
1.tender /'tendə(r)/ agg. **1** *(soft)* [*food, bud*] tenero **2** *(loving)* [*kiss, love*] tenero, affettuoso; ~ ***care*** cure amorevoli **3** *(sensitive)* [*bruise*] dolorante; [*skin*] sensibile, delicato **4** LETT. *(young)* ***at the ~ age of two*** alla tenera età di due anni.
2.tender /'tendə(r)/ n. **1** FERR. tender m., carro m. scorta **2** MAR. *(for people)* tender m., imbarcazione f. di servizio; *(for supplies)* nave f. appoggio.
3.tender /'tendə(r)/ n. ECON. offerta f. (di appalto); ***to put work out to tender*** dare un lavoro in appalto; ***to put in*** o ***make a ~ for a contract*** presentare un'offerta per un appalto, partecipare a una gara d'appalto.
4.tender /'tendə(r)/ **I** tr. offrire in pagamento [*money*]; porgere [*apology, thanks*]; rassegnare [*resignation*] **II** intr. partecipare a una gara d'appalto.
tenderhearted /ˌtendə'hɑ:tɪd/ agg. sensibile, dal cuore tenero.
tenderize /'tendəraɪz/ tr. ammorbidire, rendere tenero.
tenderloin /'tendəlɔɪn/ n. GASTR. filetto m.
tenderloin district n. AE quartiere m. malfamato.
tenderly /'tendəlɪ/ avv. teneramente.
tenderness /'tendənɪs/ n. **1** *(gentleness)* tenerezza f., dolcezza f. **2** *(soreness)* sensibilità f. **3** *(texture)* *(of shoot)* fragilità f.; *(of meat)* tenerezza f.
tendon /'tendən/ **I** n. tendine m. **II** modif. [*injury*] al tendine.
tendril /'tendrəl/ n. **1** *(of plant)* viticcio m. **2** *(of hair)* ciuffetto m.
tenement /'tenəmənt/ n. (anche ~ **block** o ~ **building** BE, ~ **house** AE) casa f. popolare.
tenet /'tenɪt/ n. principio m.; FILOS. POL. RELIG. dogma m.
ten four I n. AE ***that's a ~*** affermativo **II** inter. AE ricevuto.
tenner /'tenə(r)/ n. BE COLLOQ. *(note)* banconota f. da dieci sterline.
Tennessee /tenə'si:/ ♦ ***24*** n.pr. Tennessee m.
tennis /'tenɪs/ ♦ ***10*** **I** n. tennis m.; ***a game of ~*** una partita di tennis; ***men's ~*** tennis maschile **II** modif. [*ball, racket, shoe*] da tennis; [*match*] di tennis; ~ ***player*** tennista.
tennis court n. campo m. da tennis, court m.
tennis elbow n. gomito m. del tennista, epicondilite f.
tennis whites n.pl. completo m.sing. da tennis.
tenon /'tenən/ n. TECN. tenone m.
tenor /'tenə(r)/ **I** n. **1** MUS. *(singer, voice)* tenore m. **2** *(tone)* tenore m., tono m. **3** DIR. *(exact wording)* copia f. esatta **II** modif. MUS. [*saxophone*] tenore.
tenpin bowling BE, **tenpins** AE ♦ ***10*** n. bowling m. (con dieci birilli).
1.tense /tens/ n. LING. tempo m. (verbale); ***the present ~*** il presente; ***in the past ~*** al passato.
2.tense /tens/ agg. *(strained)* [*atmosphere, person*] teso; [*moment*] difficile, carico di tensione; ***it makes me ~*** mi rende nervoso.
3.tense /tens/ **I** tr. tendere [*muscle*]; irrigidire [*body*]; ***to ~ oneself*** irrigidirsi **II** intr. irrigidirsi.
■ **tense up: 1** *(stiffen)* [*muscle*] tendersi; [*body*] irrigidirsi **2** *(become nervous)* [*person*] innervosirsi.
tensed up agg. teso, nervoso.
tensely /'tenslɪ/ avv. [*wait*] ansiosamente, in stato di ansia; ***to smile ~*** fare un sorriso tirato.
tensile /'tensaɪl, AE 'tensl/ agg. [*material*] tensile; [*metal*] duttile.
tension /'tenʃn/ n. **1** *(unease, suspense)* tensione f. (**within** in seno a; **over** per, dovuto a) **2** ING. ELETTRON. tensione f.
tent /tent/ n. tenda f.
tentacle /'tentəkl/ n. tentacolo m. (anche FIG.).
tentative /'tentətɪv/ agg. **1** *(hesitant)* [*inquiry, smile, suggestion*] timido; [*movement*] esitante **2** *(provisional)* [*conclusion, plan*] provvisorio.
tentatively /'tentətɪvlɪ/ avv. **1** *(provisionally)* [*agree, plan*] provvisoriamente **2** *(cautiously)* [*smile, speak, suggest*] timidamente.
tenterhooks /'tentəhʊks/ n.pl. ***to be on ~*** essere sui carboni ardenti *o* sulle spine; ***to keep sb. on ~*** tenere sulle spine qcn.
tenth /tenθ/ ♦ ***19, 8*** **I** determ. decimo **II** pron. **1** *(in order)* decimo m. (-a) **2** *(of month)* dieci m.; ***the ~ of May*** il dieci maggio **III** n. **1** *(fraction)* decimo m.; ***nine-~s of*** FIG. la maggior parte di [*work*] **2** MUS. decima f. **IV** avv. [*finish*] decimo, in decima posizione.
tent peg n. picchetto m. da tenda.
tent pole BE, **tent stake** AE n. paletto m. da tenda.
tenuous /'tenjʊəs/ agg. [*argument*] debole; [*distinction, link*] sottile.
tenure /'tenjʊə(r), AE 'tenjər/ n. **1** *(right of occupancy)* ~ ***of land, property*** godimento di un terreno, di una proprietà; ***security of ~*** diritto di proprietà **2** UNIV. *(job security)* ***to have ~*** essere di ruolo *o* titolare di una cattedra **3** *(period of office)* durata f. di un incarico, mandato m.
tenured /'tenjʊəd, AE 'tenjərd/ agg. [*professor*] di ruolo [*job*] stabile.

tepee → **teepee**.

tepid /ˈtepɪd/ agg. tiepido (anche FIG.).

tercentenary /ˌtɜːsenˈtiːnərɪ, tɜːˈsentənerɪ/ n. tricentenario m., terzo centenario m.

tercet /ˈtɜːsɪt/ n. terzina f.

Terence /ˈterəns/ n.pr. Terenzio.

1.term /tɜːm/ **I** n. **1** *(period of time)* periodo m.; SCOL. UNIV. trimestre m., semestre m.; DIR. *(session)* sessione f.; *(duration of lease)* durata f.; ***the president's first ~ of office*** il primo mandato del presidente; ***~ of imprisonment*** periodo di detenzione; ***to have reached (full) ~*** *(of pregnancy)* essere al termine della gravidanza; ***a ~ baby, a baby born at ~*** un bambino (nato) a termine; ***autumn, spring, summer ~*** SCOL. UNIV. primo, secondo, terzo trimestre **2** *(word, phrase)* termine m., vocabolo m.; ***~ of abuse*** insulto; ***he condemned his action in the strongest possible ~s*** ha condannato molto duramente la sua azione **3** *(limit)* termine m., limite m. **II terms** n.pl. **1** *(conditions)* termini m., condizioni f., clausole f.; *(of will)* disposizioni f.; COMM. condizioni m. di pagamento; ***name your own ~s*** dettate le vostre condizioni; ***~s and conditions*** DIR. modalità; ***~s of trade*** COMM. ECON. ragioni di scambio; ***on easy ~s*** COMM. con agevolazioni di pagamento; ***~s of reference*** sfera di competenza **2** ***to come to ~s with*** ammettere, riconoscere [*identity, past*]; accettare, ammettere [*death, failure*]; affrontare [*issue*] **3** *(relations)* rapporti m., relazioni f.; ***to be on good ~s with sb.*** essere in buoni rapporti con qcn.; ***they are on first name ~s*** si danno del tu **4** *(point of view)* ***in his ~s*** secondo il suo punto di vista **5** **in terms of** *(as expressed by)* espresso in, in funzione di; *(from the point of view of)* dal punto di vista di; ***he owns very little in ~s of real property*** possiede ben pochi beni immobili; ***I was thinking in ~s of how much it would cost*** stavo cercando di calcolare quanto costerebbe.

2.term /tɜːm/ tr. chiamare, definire.

terminal /ˈtɜːmɪnl/ **I** n. **1** *(at station)* terminal m.; AER. (air) terminal m.; ***rail ~*** terminal, stazione di testa; ***oil ~*** terminal petrolifero; ***ferry ~*** terminal traghetti **2** INFORM. terminale m. **3** EL. terminale m. **II** agg. **1** *(last)* [*stage*] terminale; MED. *(incurable)* [*patient*] terminale, incurabile; FIG. [*boredom*] mortale; ***he is suffering from ~ cancer*** è un malato terminale di cancro **2** COMM. SCOL. trimestrale.

terminally /ˈtɜːmɪnəlɪ/ avv. ***the ~ ill*** i malati terminali.

terminal point, **terminal station** n. FERR. terminal m., stazione f. di testa.

terminal ward n. MED. = reparto nel quale vengono messi i malati terminali.

terminate /ˈtɜːmɪneɪt/ **I** tr. **1** terminare, porre fine a [*discussion, meeting, phase*]; troncare [*relationship*]; rescindere [*contract*]; interrompere [*pregnancy*]; sciogliere, annullare [*agreement*]; sospendere [*treatment*] **2** AE *(make redundant)* licenziare [*employee*] **3** AE COLLOQ. *(kill)* fare fuori **II** intr. **1** *(end)* [*speaker, meeting, programme, work contract, road*] finire, terminare **2** *(end route)* terminare la corsa; ***"this train ~s in Oxford"*** "ultima stazione, Oxford".

termination /ˌtɜːmɪˈneɪʃn/ n. **1** *(of contract)* revoca f., rescissione f.; *(of service)* interruzione f.; *(of discussion, relations, scheme)* fine f. **2** MED. interruzione f. di gravidanza **3** LING. terminazione f., desinenza f.

termini /ˈtermɪnaɪ/ → **terminus**.

terminology /ˌtɜːmɪˈnɒlədʒɪ/ n. terminologia f.

terminus /ˈtɜːmɪnəs/ n. (pl. **~es**, **-i**) BE *(of trains)* terminal m., stazione f.; *(of buses)* capolinea m., terminal m.

termite /ˈtɜːmaɪt/ n. termite f.

tern /tɜːn/ n. sterna f.

ternary /ˈtɜːnərɪ/ agg. CHIM. MAT. MUS. ternario.

Terpsichore /tɜːpˈsɪkərɪ/ n.pr. Tersicore.

terrace /ˈterəs/ **I** n. **1** *(of café, house)* terrazza f. **2** *(on hillside)* terrazza f. **3** ARCH. = fila di case a schiera **II terraces** n.pl. *(in stadium)* gradinate f.

terraced /ˈterəst/ agg. [*garden, hillside*] a terrazze, terrazzato.

terrace(d) house n. ARCH. casa f. a schiera.

terracotta /ˌterəˈkɒtə/ **I** n. **1** *(earthenware)* terracotta f. **2** *(colour)* terracotta m. **II** modif. [*pot*] di terracotta.

terrain /ˈtereɪn/ n. terreno m. (anche MIL.); ***all-~ vehicle*** fuoristrada.

terrapin /ˈterəpɪn/ n. emide f.

terrestrial /təˈrestrɪəl/ agg. *(pertaining to the globe)* terrestre.

terrible /ˈterəbl/ agg. terribile, orribile; ***to be ~ at*** essere un disastro a [*rugby*]; essere un disastro in [*maths*]; ***you look ~ in that hat*** stai malissimo con quel cappello; ***I feel ~*** *(guilty)* mi sento molto in colpa; *(ill)* mi sento malissimo; ***a ~ liar*** un bugiardo nato; ***it would be a ~ shame*** sarebbe davvero un peccato.

terribly /ˈterəblɪ/ avv. **1** *(very)* [*flattered, pleased*] molto; [*clever, easy, hot, polite*] estremamente; ***~ well, badly*** molto bene, male; ***I'm ~ sorry*** sono molto dispiaciuto *o* desolato **2** *(badly)* [*suffer, worry*] terribilmente; [*sing, drive, write*] terribilmente male; [*injured*] spaventosamente.

terrier /ˈterɪə(r)/ n. terrier m.

terrific /təˈrɪfɪk/ agg. **1** *(huge)* [*amount, pleasure, size*] enorme; [*pain, heat*] tremendo, terribile; [*noise*] spaventoso; [*argument*] acceso; [*speed*] folle; [*accident, problem, shock, worry*] terribile; [*struggle*] accanito **2** COLLOQ. *(wonderful)* formidabile, fantastico; ***to look ~*** *(healthy)* sembrare in ottima forma; *(attractive)* essere bellissimo, stupendo; ***I had a ~ time*** mi sono divertito un mondo.

terrifically /təˈrɪfɪklɪ/ avv. [*difficult, gifted, kind, large*] estremamente; [*expensive, hot, noisy*] tremendamente.

terrified /ˈterɪfaɪd/ **I** p.pass. → **terrify II** agg. [*animal, person, face*] terrorizzato; [*scream*] di terrore; ***to be ~ of*** avere una paura folle *o* tremenda di [*spiders*].

terrify /ˈterɪfaɪ/ tr. terrorizzare, spaventare ♦ ***to ~ the life out of sb.*** COLLOQ. spaventare a morte qcn.

terrifying /ˈterɪfaɪɪŋ/ agg. *(frightening)* terrificante, spaventoso; *(alarming)* allarmante.

terrifyingly /ˈterɪfaɪɪŋlɪ/ avv. [*fast, real*] spaventosamente; [*dangerous*] terribilmente; [*shake, tilt*] in modo terrificante; [*drop*] in modo spaventoso.

territorial /ˌterəˈtɔːrɪəl/ agg. territoriale.

Territorial /ˌterəˈtɔːrɪəl/ n.pr. GB MIL. = membro della Territorial Army.

Territorial Army n.pr. GB = riserva di volontari per la difesa territoriale.

territory /ˈterətrɪ, AE ˈterɪtɔːrɪ/ n. **1** *(land)* territorio m. **2** POL. territorio m. dipendente **3** *(of salesperson)* zona f., territorio m. **4** *(area of influence, knowledge)* zona f. di competenza, sfera f. di conoscenza; ***I'm on familiar ~*** sono sul mio terreno **5** AE SPORT campo m.

terror /ˈterə(r)/ **I** n. **1** *(fear)* terrore m.; ***to have a ~ of*** avere il terrore di, essere terrorizzato da; ***to strike ~ into (the heart of) sb.*** incutere terrore a qcn. **2** *(unruly person)* ***a little, holy ~*** COLLOQ. una piccola peste **II** modif. [*bombing*] terroristico; [*gang*] di terroristi; [*tactic*] intimidatorio.

terrorism /ˈterərɪzəm/ n. terrorismo m.; ***act of ~*** azione terroristica.

terrorist /ˈterərɪst/ **I** n. terrorista m. e f. **II** modif. [*attack, bombing, plot*] terroristico; [*group*] di terroristi.

terroristic /terəˈrɪstɪk/ agg. terroristico.

terrorize /ˈterəraɪz/ tr. terrorizzare; ***to ~ sb. into doing sth.*** costringere qcn. a fare qcs. terrorizzandolo.

terror-stricken /ˈterəˌstrɪkən/ agg. terrorizzato, spaventato a morte.

terry /ˈterɪ/ **I** n. (anche **~ towelling** BE, **~ cloth** AE) tessuto m. di spugna **II** modif. [*bathrobe*] di spugna.

Terry /ˈterɪ/ n.pr. diminutivo di **Teresa**, **Theresa** e **Terence**.

terse /tɜːs/ agg. [*statement*] conciso; [*style*] laconico, terso; [*person*] laconico.

tertiary /ˈtɜːʃərɪ, AE -ʃɪerɪ/ agg. [*era, sector*] terziario; [*education, college*] superiore; [*burn*] di terzo grado; [*syphilis*] terziario.

Terylene® /ˈterəliːn/ n. terilene® m., terital® m.

TESL /ˈtesl/ n. (⇒ Teaching English as a Second Language) = insegnamento dell'inglese come seconda lingua.

Tess /tes/ n.pr. diminutivo di **Teresa** e **Theresa**.

tessellated /ˈtesəleɪtɪd/ agg. [*floor*] tessellato, (decorato) a mosaico.

1.test /test/ n. **1** *(of person, ability, resources)* prova f., test m.; PSIC. test m.; SCOL. *(written)* test m., interrogazione f. scritta; *(oral)* interrogazione f. (orale); UNIV. *(written)* (esame)

that

As a determiner

- The Italian equivalents of *that* and *those* vary in form according to the gender and the initial sound of the noun or adjective they precede; therefore, *that* is translated
  a) by *quel* + masculine singular noun
  (*that policeman, that dog* = quel poliziotto, quel cane)
  b) by *quello* + masculine singular noun beginning with *s* + consonant, *z, gn, ps, x*
  (*that uncle, that gnome* = quello zio, quello gnomo)
  c) by *quella* + feminine singular noun
  (*that secretary, that chair* = quella segretaria, quella sedia)
  d) by *quell'* + masculine or feminine singular noun beginning with a vowel or mute *h*
  (*that author, that man, that nurse, that absence, that hotel* = quell'autore, quell'uomo, quell'infermiera, quell'assenza, quell'hotel)
  and *those* is translated
  e) by *quelli* + masculine plural nouns
  (*those policemen, those dogs* = quei poliziotti, quei cani)
  f) by *quegli* + masculine plural nouns beginning with a vowel, mute *h*, or with *s* + consonant, *z, gn, ps, x*
  (*those authors, those men, those hotels, those uncles, those gnomes* = quegli autori, quegli uomini, quegli hotel, quegli zii, quegli gnomi)
  g) by *quelle* + feminine plural nouns
  (*those nurses, those absences* = quelle infermiere, quelle assenze).
- For particular usages, see the entry **1.that**.

As a pronoun meaning *that one, those ones*

- In Italian, pronouns reflect the gender and number of the noun they are referring to. So *that* is translated by *quello* for a masculine noun, *quella* for a feminine noun, and *those* is translated by *quelli* for a masculine noun and *quelle* for a feminine noun:
  I think I like that one (dress) best = penso che quello mi piaccia più di tutti.
- For other uses of *that* and *those* as pronouns (e.g. *who's that?*) there is no straightforward translation, so see the entry **1.that** for examples of usage.

As a relative pronoun

- When used as a relative pronoun in a relative clause, *that* is never preceded by a comma and restricts the meaning of the sentence. In this usage *that* often replaces *who* (for persons) and *which* (for things) as subjects or objects of a restrictive relative clause. Although *that* is only compulsory when it is the subject of the verb and can be understood when it is its object, the Italian equivalent *che* must always be used:
  I recognized the man that had stolen the car = riconobbi l'uomo che aveva rubato la macchina
  the film (that) I saw yesterday was shot in Wales = il film che ho visto ieri venne girato in Galles
- Remember that in such tenses as the present perfect and past perfect, the past participle will agree with the noun to which *che* as object refers (although this is no longer common in everyday Italian, and the invariable masculine form is often used):
  the book that I bought = il libro che ho comprato
  the books that I bought = i libri che ho comprati
  the apple that I bought = la mela che ho comprata
  the apples that I bought = le mele che ho comprate
- When *that* is used as a relative pronoun with a preposition it is translated by *il quale* when standing for a masculine singular noun, by *la quale* when standing for a feminine singular noun, by *i quali* when standing for a masculine plural noun, and by *le quali* when standing for a feminine plural noun:
  the man that I was speaking to = l'uomo al quale stavo parlando
  the chair that I was sitting on = la sedia sulla quale ero seduto
  the children that I bought the books for = i bambini per i quali comprai i libri
  the girls that she was playing with = le ragazze con cui stava giocando
  Note that, although *that* can be understood in these cases, the Italian equivalent can not. In Italian, however, when the relative pronoun *il quale, la quale, i quali, le quali* is preceded by a preposition, it can be substituted with the invariable form *cui*: l'uomo a cui stavo parlando, la sedia su cui ero seduto, etc.

As a conjunction

- When used as a conjunction, *that* can almost always be translated by *che*:
  she said that she would do it = disse che l'avrebbe fatto lei.
- In spoken English, *that* is very often left out in a *that* clause after such common verbs as *know, think, say* or *see*, and after such common adjectives as *afraid, glad, sorry, sure* etc.; *that* is not left out, however, if the main verb is passive or the *that* clause does not immediately follow the verb; anyway, the Italian equivalent *che* must always be used:
  I think (that) we'll be late for dinner = penso che arriveremo in ritardo per la cena
  I am sure she did not pay for it = sono sicura che non l'ha pagato
  she was told that Jane was waiting for her = le dissero che Jane la stava aspettando
  they told him twice that nobody would come = gli dissero due volte che non sarebbe venuto nessuno.
- In certain verbal constructions, *che* is followed by a subjunctive in Italian. If you are in doubt about the construction to use, consult the appropriate verb entry. For particular usages see the entry **2.that**.

As an adverb

- For the adverbial use of *that* and *those* (e.g. *that much, that many*) there is no straightforward translation, so see the entry **3.that** for examples of usage.

---

scritto m.; *(oral)* (esame) orale m.; ***to put sb., sth. to the ~*** mettere qcn., qcs. alla prova; ***a method that has stood the ~ of time*** un metodo sperimentato; ***it was a severe ~ of my patience*** ha messo a dura prova la mia pazienza; ***Monday's poll should be a good ~ of...*** il sondaggio di lunedì dovrebbe darci un'idea di...; ***the best ~ of a good novel...*** il modo migliore per verificare le qualità di un romanzo... **2** COMM. IND. TECN. collaudo m. **3** MED. *(of blood, urine)* analisi f.pl., esame m.; *(of organ)* esame m.; *(to detect virus, cancer)* esame m.; CHIM. FARM. analisi f.; ***eye ~*** esame della vista; ***Aids ~*** test dell'AIDS **4** AUT. (anche **driving ~**) esame m. di guida.

2.test /test/ **I** tr. **1** *(assess, examine)* mettere alla prova, valutare [*intelligence, efficiency*]; SCOL. *(in classroom)* interrogare [*student*] (**on** in, di); *(at exam time)* esaminare [*student*]; PSIC. sottoporre a un test [*person*] **2** COMM. TECN. collaudare [*vehicle*]; testare [*product*]; MED. FARM. CHIM. analizzare, fare un'analisi di [*blood, sample*]; sperimentare [*new drug*]; ***to have one's eyes ~ed*** fare un esame della vista; ***he was ~ed for Aids*** gli hanno fatto il test dell'AIDS; ***to be ~ed for faults*** [*equipment*] essere sottoposto a collaudo; ***to ~ the water*** [*swimmer*] sentire la temperatura dell'acqua; FIG. sondare il terreno **3** *(strain)* mettere alla prova [*strength, patience*] **II** intr. ***to ~ for an infection*** fare delle analisi per scoprire la causa di un'infezione; ***his blood ~ed negative*** il suo esame del sangue è risultato negativo.

testament /ˈtestəmənt/ n. **1** DIR. testamento m.; ***last will and ~*** ultime volontà, disposizioni testamentarie **2** *(proof)* testimonianza f., prova f. (**to sth.** di qcs.) **3** ***the Old, the New Testament*** il Vecchio, il Nuovo Testamento.

test ban n. = accordo internazionale di messa al bando di esperimenti nucleari.

test card n. BE TELEV. monoscopio m.

test case n. DIR. processo m. cavia.

test drive n. giro m. di prova, prova f. su strada.

test-drive /'testdraɪv/ tr. (pass. **test-drove**; p.pass. **test-driven**) fare un giro di prova su [*car*].
test driver ▸ *27* n. collaudatore m. (-trice).
test-drove /'testdrəʊv/ pass. → **test-drive**.
tester /'testə(r)/ ▸ *27* n. **1** *(person)* collaudatore m. (-trice); *(device)* tester m. **2** COSMET. *(sample)* campione m., tester m.
test-flew /'testflu:/ pass. → **test-fly**.
test flight n. volo m. di prova, collaudo m.
test-fly /'testflaɪ/ tr. (pass. **test-flew**; p.pass. **test-flown**) fare un volo di prova su [*plane*].
testicle /'testɪkl/ n. testicolo m.
testify /'testɪfaɪ/ **I** tr. testimoniare, attestare (**that** che) **II** intr. **1** *(state solemnly)* testimoniare; ***to ~ to*** essere la prova di [*fact, presence*] **2** *(prove)* ***to ~ to sth.*** testimoniare di *o* dimostrare qcs.
testily /'testɪlɪ/ avv. [*say, reply*] con tono seccato.
testimonial /ˌtestɪ'məʊnɪəl/ n. **1** *(reference)* referenza f. **2** *(tribute)* tributo m., omaggio m.
testimony /'testɪmənɪ, AE -məʊnɪ/ n. **1** *(true statement)* testimonianza f.; DIR. deposizione f.; ***to give ~*** fare una deposizione, deporre **2** *(evidence)* prova f., dimostrazione f. (**to** di).
testing /'testɪŋ/ **I** n. **U** *(of equipment, vehicle)* collaudo m.; *(of drug, cosmetic)* sperimentazione f.; *(of blood, water etc.)* analisi f.; *(of person)* (il) mettere alla prova; MED. esame m.; PSIC. test m.pl.; SCOL. verifica f., test m. **II** agg. [*situation, work*] difficile, impegnativo.
testing ground n. MIL. = zona in cui vengono fatti esperimenti (nucleari); IND. TECN. banco m. di prova (anche FIG.).
1.test market n. mercato m. di prova.
2.test market tr. = mettere un prodotto sul mercato per vedere qual è la reazione del pubblico.
test marketing n. marketing m. di prova.
test match n. incontro m. internazionale (di cricket).
test pattern n. AE TELEV. monoscopio m.
test piece n. MUS. = brano eseguito dai concorrenti in un concorso musicale.
test pilot n. pilota m. collaudatore.
test run n. giro m. di prova.
test tube n. provetta f.
test-tube baby /'testtju:bˌbeɪbɪ, AE -tu:b-/ n. bambino m. in provetta.
testy /'testɪ/ agg. [*person*] irascibile, suscettibile; [*comment, reply*] seccato, stizzoso.
tetanus /'tetənəs/ ▸ *11* **I** n. tetano m. **II** modif. [*injection, vaccine*] antitetanico.
tetchy /'tetʃɪ/ agg. [*mood, person*] irascibile; [*behaviour, voice*] stizzoso.
1.tether /'teðə(r)/ n. pastoia f. ♦ ***to be at the end of one's ~*** non poterne più, essere allo stremo delle forze.
2.tether /'teðə(r)/ tr. legare (**to** a).
Teutonic /tju:'tɒnɪk, AE tu:-/ agg. teutonico.
Texan /'teksn/ **I** agg. texano **II** n. texano m. (-a).
Texas /'teksəs/ ▸ *24* n.pr. Texas m.
Tex Mex /ˌteks'meks/ **I** agg. tex-mex **II** n. *(language)* tex-mex m.
1.text /tekst/ n. testo m. (**by** di).
2.text /tekst/ tr. TEL. mandare un messaggio a, messaggiare [*person*].
textbook /'tekstbʊk/ **I** n. manuale m., libro m. di testo (**about, on** di) **II** agg. [*case, landing*] esemplare; [*pregnancy*] ideale; [*example*] perfetto.
textile /'tekstaɪl/ **I** n. stoffa f., tessuto m. **II textiles** n.pl. (prodotti) tessili m. **III** modif. [*fibre, industry*] tessile.
text message n. messaggio m., SMS m.
text processing n. INFORM. elaborazione f. automatica dei testi.
textual /'tekstʃʊəl/ agg. [*analysis*] testuale, del testo; [*study*] del testo.
texture /'tekstʃə(r)/ n. **1** *(of cream)* consistenza f.; *(of surface)* struttura f.; *(of cloth)* trama f., consistenza f. **2** FIG. *(of music)* carattere m.
textured /'tekstʃəd/ agg. [*fabric, paint*] operato; ***rough-~*** a trama grossa.
TGWU n. BE (⇒ Transport and General Workers' Union) = sindacato dei trasportatori e dei lavoratori generici.
Thad(d)eus /'θædrəs/ n.pr. Taddeo.
Thai /taɪ/ ▸ *18* **I** agg. t(h)ailandese **II** n. (pl. ~, ~**s**) **1** *(person)* t(h)ailandese m. e f. **2** *(language)* t(h)ailandese m.
Thailand /'taɪlænd/ ▸ *6* n.pr. T(h)ailandia f.
Thales /'θeɪli:z/ n.pr. Talete.
Thalia /θə'laɪə/ n.pr. Talia.
thalidomide /θə'lɪdəmaɪd/ n. talidomide m.
Thames /temz/ ▸ *25* n.pr. ***the (river) ~*** il (fiume) Tamigi ♦ ***he'll never set the ~ on fire*** BE non farà mai faville.
than /*forma debole* ðən, *forma forte* ðæn/ When *than* is used as a preposition in expressions of comparison, it is translated by *di* or *che (non)*: *he's taller than me* = è più alto di me; *Glasgow is bigger than Oxford* = Glasgow è più grande di Oxford; *your car is less expensive than mine* = la tua auto è meno cara della mia; *I was more surprised than annoyed* = ero più sorpreso che irritato. - For expressions with numbers, temperatures etc., see the entry below. See also the entries **hardly**, **less**, **more**, **other**, **rather**, **soon**. - When *than* is used as a conjunction, it is translated by *di quanto* and the verb following it is preceded by *non*: *it was farther than I thought* = era più lontano di quanto non pensassi. However, Italian speakers often try to phrase the comparison differently: *it was more difficult than we expected* = è stato più difficile del previsto. For more uses and their translations, see the entry below. - See also the entries **hardly**, **rather**, **soon**.
I prep. **1** *(in comparisons)* di, che, che non; ***thinner ~ him*** più magro di lui; ***he has more ~ me*** ha più di me; ***more surprised ~ annoyed*** più sorpreso che irritato **2** *(expressing quantity, degree, value)* di; ***more, less ~ 10*** più, meno di 10; ***more ~ half*** più di metà; ***temperatures lower ~ 30 degrees*** temperature inferiori ai 30 gradi **II** cong. **1** *(in comparisons)* di, di quanto, che, piuttosto che; ***he's older ~ I am*** è più vecchio di me; ***it was further away ~ I remembered*** era più lontano di quanto non mi ricordassi **2** *(expressing preferences)* ***I'd rather do X ~ do Y*** preferirei fare X piuttosto che fare Y **3** *(when)* ***hardly had he left ~ the phone rang*** non appena uscì il telefono squillò **4** AE *(from)* ***to be different ~ sth.*** essere diverso da qcs.
thank /θæŋk/ tr. ringraziare [*person*] (**for** di, per; **for doing** per avere fatto); ***we've got Bob to ~ for that*** dobbiamo dire grazie a Bob per questo (anche IRON.); ***you've only got yourself to ~ for that!*** devi solo ringraziare te stesso! ***I'll ~ you to do*** ti sarei grato se facessi, per favore puoi fare; ***he won't ~ you for doing*** non gli farai certo un favore a fare; ***~ God!*** grazie a Dio! ***~ goodness, heavens!*** grazie al cielo!
thankful /'θæŋkfl/ agg. *(grateful)* riconoscente, grato (**to** a; **for** per); *(relieved)* contento, sollevato (**to do** di fare; **for** di); ***that's something to be ~ for!*** è già un sollievo!
thankfully /'θæŋkfəlɪ/ avv. **1** *(luckily)* fortunatamente, per fortuna **2** *(with relief)* [*sit down*] sollevato; *(with gratitude)* [*smile*] con gratitudine.
thankless /'θæŋklɪs/ agg. [*task*] ingrato, faticoso; [*person*] ingrato, irriconoscente.
thanks /θæŋks/ **I** n.pl. **1** ringraziamento m.sing.; ***with ~*** ringraziando, con gratitudine; ***"received with ~"*** COMM. "per quietanza" **2 thanks to** grazie a; ***we did it, no ~ to you!*** COLLOQ. ce l'abbiamo fatta, non certo per merito tuo! **II** inter. COLLOQ. grazie; ***~ a lot*** grazie molte; ***no ~*** no, grazie.
thanksgiving /θæŋks'gɪvɪŋ/ n. RELIG. ringraziamento m.
Thanksgiving (Day) n. US giorno m. del Ringraziamento.
thank you **I** n. (anche **thank-you**, **thankyou**) grazie m., ringraziamento m.; ***to say ~ to sb., to say one's ~s to sb.*** dire grazie a *o* ringraziare qcn. **II** modif. (anche **thank-you** o **thankyou**) [*letter, gift*] di ringraziamento **III** avv. grazie; ***~ very much*** (anche IRON.) tante grazie; ***no ~*** no, grazie.
1.that **I** /*forma debole* ðət, *forma forte* ðæt/ determ. (pl. **those**) quello; ***~ chair, ~ man*** quella sedia, quell'uomo; ***I said that dress!*** ho detto quel vestito! ***you can't do it ~ way!*** non puoi farlo in quel modo! ***he went ~ way*** è andato da quella parte; ***those patients (who are) able to walk*** i pazienti che sono in grado di camminare; ***~ lazy son of yours*** quel pigro di tuo figlio **II** /ðæt/ pron. dimostr. (pl. **those**) **1** *(that one)* quello m. (-a); ***we prefer this to ~*** preferiamo questo a quello **2** *(the thing or person observed or mentioned)* quello m. (-a),

the

- *The* is pronounced [ðə] in front of words beginning with a consonant, [j] and [ju] (*the book, the house, the year, the use*); it is pronounced [ðɪ] in the other cases (*the ants, the hour, the umbrella*); when it is stressed, the pronunciation of *the* is [ði:].
- Italian frequently employs the definite article where it is not used in English and conversely it is omitted in Italian in certain cases where it is used in English. While referring to the relevant note in the Italian-English section of the dictionary for the use of the Italian definite article (at the entry **il**), the usage of *the* can be summarized as follows:
  a) *the* is used in front of names that define unique objects: *the sky* = il cielo, *the moon* = la luna;
  b) *the* is used if you are mentioning specific things or people that have already been referred to and are already known to the reader or listener: *and the student answered...* = e la studentessa rispose...;
  c) *the* is used whenever an *of*-phrase, a relative clause, a superlative etc. specifies what is meant: *the life of an artist is interesting* = la vita di un artista è interessante; *the food that you cooked yesterday was delicious* = il cibo che hai cucinato ieri era delizioso; *the most important person I've ever met* = la persona più importante che io abbia mai incontrato;
  d) *the* is used in front of the names of musical instruments, rivers, seas and oceans, isles, group of mountains, countries that are plural or contain the word *state*: *she played the piano* = suonava il pianoforte, *the Thames* = il Tamigi, *the North Sea* = il Mare del Nord, *the Atlantic Ocean* = l'Oceano Atlantico, *the Isle of Wight* = l'isola di Wight, *the Rocky Mountains* = le Montagne Rocciose, *the United States* = gli Stati Uniti;
  e) *the* is not used with uncountable or plural nouns when you mean something in general or when the subject has not yet been spoken about: *life is often hard* = la vita è spesso dura; *I like cheese / pears* = mi piace il formaggio / mi piacciono le pere, *she started listening to pop music* = si mise a sentire musica pop;
  f) *the* is not usually used at all with expressions of time (*at sunset* = al tramonto, *by night* = di notte, *on Tuesday* = martedì, *last year* = l'anno scorso, *before lunch* = prima di pranzo), names of languages (*I speak German* = io parlo il tedesco), names of diseases (*she's got cancer* = ha il cancro), names of streets, places, countries, mountains and lakes (*Regent Street* = Regent Street, *London* = Londra, *England* = l'Inghilterra, *Mount Everest* = l'Everest, *Lake Ontario* = il lago Ontario), and in many fixed expressions (*by bus* = in autobus, *in prison* = in prigione, *day by day* = giorno per giorno, *from beginning to end* = dall'inizio alla fine); there are, however, exceptions.
- In Italian, the definite article varies according to the gender, the number and also the initial sound of the noun or adjective it precedes; therefore, *the* is translated
  a) by *il* + masculine singular noun (*the policeman, the dog* = il poliziotto, il cane);
  b) by *lo* + masculine singular noun beginning with *s* + consonant, *z, gn, ps, x* (*the uncle, the gnome* = lo zio, lo gnomo);
  c) by *la* + feminine singular noun (*the secretary, the chair* = la segretaria, la sedia);
  d) by *l'* + masculine or feminine singular noun beginning with a vowel or mute *h* (*the author, the man, the nurse, the absence, the hotel* = l'autore, l'uomo, l'infermiera, l'assenza, l'hotel);
  e) by *i* + masculine plural nouns (*the policemen, the dogs* = i poliziotti, i cani);
  f) by *gli* + masculine plural nouns beginning with a vowel, mute *h*, or with *s* + consonant, *z, gn, ps, x* (*the authors, the men, the hotels, the uncles, the gnomes* = gli autori, gli uomini, gli hotel, gli zii, gli gnomi);
  g) by *le* + feminine plural nouns (*the nurses, the absences* = le infermiere, le assenze).
- When *the* is used after a preposition in English, the two words (prep + *the*) are translated by one word in Italian if the prepositions involved are *di, a, da, in* or *su*. For example, when the preposition *to* + *the* is to be translated into Italian, the following cases may occur:

to the cinema	=	(a + il) al cinema
to the stadium	=	(a + lo) allo stadio
to the church	=	(a + la) alla chiesa
to the ospital, to the abbey, to the hotel	=	(a + l') all'ospedale, all'abbazia, all'hotel
to the mountains	=	(a + i) ai monti
to the open spaces	=	(a + gli) agli spazi aperti
to the houses	=	(a + le) alle case.

- Other than this, there are only a few problems in translating *the* into Italian. The following cases are, however, worth remembering as not following exactly the pattern of the English:
  a) in both English and Italian the definite article is used before an adjective to make it into a noun when you are referring to a category of people; unlike English, however, the Italian adjective is in the plural form: *the good, the poor* etc. = i buoni, i poveri etc.;
  b) when a dynasty or a family is referred to, both English and Italian use the definite article, but the proper noun is not made plural in Italian: *the Tudors, the Batemans, the Joneses* etc. = i Tudor, i Bateman, i Jones etc.;
  c) unlike English, Italian has no definite article in such titles as *Charles the First, Elizabeth the Second* etc. = Carlo I (read 'primo'), Elisabetta II (read 'seconda') etc.;
  d) note also such examples as *she's the violinist of the century* = è la violinista del secolo / è la più grande violinista del secolo, or *Mr. Bloom is busy at the moment* = in questo momento il signor Bloom è occupato.
- For expressions such as *the more, the better* and for other particular usages, see the entry **the.**
- This dictionary contains lexical notes on such topics as WEIGHT MEASURES, DAYS OF THE WEEK, RIVERS, ILLNESSES, HUMAN BODY and MUSICAL INSTRUMENTS, many of which use *the*; for these notes see the end of the English-Italian section.

questo m. (-a); ***what's ~?*** che cos'è quello? ***who's ~?*** chi è quello? *(on phone)* chi è? ***is ~ John?*** quello è John? ***who told you ~?*** chi te l'ha detto? ***~'s why he did it*** ecco perché l'ha fatto; ***what did he mean by ~?*** che cosa intendeva dire con ciò? ***~'s the man I was talking to*** quello è l'uomo a cui stavo parlando; ***before ~, he had always lived in London*** prima di allora, era sempre vissuto a Londra **3** *(before relative pronoun)* ***those who...*** quelli che... **III** /ðət/ pron. rel. *(as subject, object)* che, il quale, la quale, i quali, le quali; *(with preposition)* il quale, la quale, i quali, le quali, cui; ***the woman ~ won*** la donna che ha vinto; ***the book ~ I bought*** il libro che ho comprato; ***the house ~ they live in*** la casa in cui vivono; ***the day ~ she arrived*** il giorno in cui arrivò ♦ ***...and (all) ~*** ...e così via, ...e così di seguito; ***...and he's very nice at ~!*** ...e per di più è molto gentile! ***I might well go at ~!*** in effetti, potrei proprio andarci! ***at ~, he got up and left*** sentendo quello, si alzò e se ne andò; ***with ~ he got up and left*** al che, si alzò e se ne andò; ***~ is (to say)...*** cioè..., vale a dire...; ***~'s it!*** *(that's right)* proprio così! esattamente! *(that's enough)* basta! ***I don't want to see you again and ~'s ~!*** non ti voglio più vedere, punto e basta! ***well, ~'s it then!*** e questo è quanto!

2.that /ðət/ cong. **1** che; ***he said ~...*** disse che...; ***it's likely ~...*** è probabile che... **2** *(expressing wish)* ***oh ~ he would come*** se solo venisse; *(expressing surprise)* ***~ she should treat me so badly!*** come ha potuto trattarmi così male! ***~ it should come to this!*** come si è potuto arrivare a questo punto!

3.that /ðæt/ avv. *(to the extent shown)* ***it's about ~ thick*** grosso modo è spesso così; ***she's ~ much smaller than me*** è più bassa di me di tanto così; ***I can't do ~ much work*** non posso fare così tanto lavoro; ***he can't swim ~ far*** non può andare così lontano a nuoto.

1.thatch /θætʃ/ n. **1** ING. paglia f. per tetti **2** FIG. *(of hair)* massa f. di capelli.

2.thatch /θætʃ/ tr. coprire con la paglia [*cottage, roof*].

thatched cottage /ˌθætʃtˈkɒtɪdʒ/ n. = cottage con il tetto di paglia.

thatched roof /ˌθætʃtˈru:f/ n. tetto m. di paglia.

thatcher /ˈθætʃə(r)/ n. = artigiano specializzato nella costruzione di tetti di paglia.

1.thaw /θɔː/ n. **1** METEOR. disgelo m., sgelo m. **2** FIG. *(political)* disgelo m., distensione f.; ***a ~ in her attitude towards me*** *(social)* un miglioramento del suo atteggiamento nei miei confronti.

2.thaw /θɔː/ **I** tr. [*heat*] sciogliere, fare fondere [*ice, snow*]; [*person*] scongelare [*frozen food*] **II** intr. **1** [*snow*] sciogliersi, fondere; [*ground*] sgelare; [*frozen food*] scongelarsi **2** FIG. [*person*] sciogliersi, diventare più cordiale; [*relations*] distendersi **III** impers. sgelare.

■ **thaw out:** ***~ out*** [*frozen food*] scongelarsi; [*ground*] sgelare; [*fingers, person*] scaldarsi; ***~ [sth.] out, ~ out [sth.]*** [*person*] scongelare [*frozen food*]; [*sun*] sgelare [*ground*].

the /*forma debole davanti a vocale* ðɪ, *davanti a consonante* ðə, *forma forte* ðiː/ determ. **1** *(specifying, identifying etc.)* il, lo, la, i, gli, le; ***two chapters of ~ book*** due capitoli del libro; ***I met him at ~ supermarket*** l'ho incontrato al supermercato **2** *(best etc.)* ***~ French restaurant*** il ristorante francese per eccellenza; ***~ way of losing weight*** il modo più efficace per perdere peso **3** *(with family names)* ***~ Buntings*** i Bunting, la famiglia Bunting **4** *(with genre)* ***~ ballet*** il balletto **5** *(with era)* ***~ fifties*** gli anni cinquanta **6** *(with adjectives)* ***~ impossible*** l'impossibile **7** *(with adjectives forming group)* ***~ French*** i francesi; ***~ dead*** i morti **8** *(with comparative adjectives)* ***the news made her all ~ sadder*** la notizia la rese ancora più triste **9** *(in double comparatives)* ***~ more I learn ~ less I understand*** più studio meno capisco; ***~ sooner ~ better*** prima è meglio è **10** *(with superlatives)* ***~ fastest train*** il treno più veloce; ***~ prettiest house in the village*** la casa più carina del paese.

theatre, theater AE /ˈθɪətə(r)/ **I** n. **1** *(place, art form)* teatro m.; ***to go to the ~*** andare a teatro **2** AE *(cinema)* cinema m. **3** (anche **lecture ~**) anfiteatro m. **4** BE MED. (anche **operating ~**) sala f. operatoria **5** MIL. ***~ of operations*** teatro di operazioni **II** modif. **1** [*lover, staff, audience*] del teatro; [*ticket*] per il teatro; [*company, production, workshop*] teatrale **2** BE MED. [*nurse*] di sala operatoria; [*equipment*] della sala operatoria **3** AE *(cinema)* [*manager, seat*] del cinema.

theatregoer /ˈθɪətəˌgəʊə(r)/ n. frequentatore m. (-trice) di teatro.

theatreland /ˈθɪətəlænd/ n. = quartiere di una città nel quale si trovano la maggior parte dei teatri.

theatrical /θɪˈætrɪkl/ agg. [*star*] del teatro; [*group, photographer, agency, production, technique, family, gesture*] teatrale.

theatrically /θɪˈætrɪklɪ/ avv. **1** TEATR. [*gifted*] per il teatro, per la recitazione; [*effective, striking*] dal punto di vista teatrale **2** *(dramatically)* [*laugh, wave*] teatralmente.

theatricals /θɪˈætrɪklz/ n.pl. rappresentazioni f. teatrali.

Thecla /ˈθeklə/ n.pr. Tecla.

thee /ðiː/ pron. ANT. te, ti.

theft /θeft/ n. furto m.; ***car ~*** furto d'auto; ***~s from tourists, shops*** furti a danno dei turisti, nei negozi.

their /ðeə(r)/ Although in Italian possessives, like most other adjectives, agree in gender and number with the noun they qualify, not as in English with the possessor they refer to, *their* is always translated by *loro*; however, since Italian possessives, unlike English ones, are normally preceded by an article, the article - if not the possessive *loro* - will have to agree with the noun: *loro* + masculine singular noun (*their neighbour, their dog* = il loro vicino, il loro cane), *loro* + feminine singular noun (*their teacher, their house* = la loro maestra, la loro casa), *loro* + masculine plural noun (*their children, their books* = i loro figli, i loro libri), and *loro* + feminine plural noun (*their friends, their shoes* = le loro amiche, le loro scarpe). - When *own* is used after *their* to intensify the meaning of the possessive, it is not usually translated in Italian: *they are getting to London in their own car* = stanno andando a Londra con la loro macchina. - When *their* (or *their own*) is used to avoid saying *his* or *her* after words like *everyone, no-one, anyone* etc., it is usually translated by the adjective *proprio* in Italian: *everyone is responsible for their own actions* = ognuno è responsabile delle proprie azioni. - When *their* is used before nouns indicating parts of the body (for which ➧ *2*), garments, relatives, food and drink etc., Italian has an article instead: *they had their hair cut* = si sono fatti tagliare i capelli; *they kept their hat on* = hanno tenuto il cappello; *they came with their sister* = sono venuti con la sorella, con la loro sorella; *they have eaten up their soup* = hanno finito la minestra; *they are in their forties* = hanno passato i quaranta. determ. loro.

theirs /ðeəz/ Although in Italian possessives, like most other adjectives, agree in gender and number with the noun they qualify, not as in English with the possessor they refer to, *theirs* is always translated by *loro*; however, since Italian possessives, unlike English ones, are normally preceded by an article, the article - if not the possessive *loro* - will have to agree with the noun. So *theirs* is translated by *il loro, la loro, i loro, le loro*, according to what is being referred to: *our boss and theirs* = il nostro capo e il loro; *this room is theirs* = questa stanza è la loro; *our children are younger than theirs* = i nostri bambini sono più giovani dei loro; *your shoes are brown, while theirs are black* = le vostre scarpe sono marroni, mentre le loro sono nere. - Since Italian possessive adjectives, unlike English ones, may be preceded by an article, a demonstrative adjective or a numeral, an English possessive pronoun is often translated by an Italian possessive adjective: *a cousin of theirs* = un loro cugino; *that school friend of theirs* = quel loro compagno di scuola; *four books of theirs* = quattro loro libri. - For examples and particular usages, see the entry below. pron. ***my car is red but ~ is blue*** la mia macchina è rossa, ma la loro è blu; ***the green hats are ~*** i cappelli verdi sono loro; ***which house is ~?*** qual è la loro casa? ***I'm a friend of ~*** sono un loro amico; ***it's not ~*** non è loro; ***the money wasn't ~ to give away*** non spettava a loro dare via quei soldi; ***I saw them with that dog of ~*** SPREG. li ho visti con il loro cagnaccio.

theism /ˈθiːɪzəm/ n. FILOS. teismo m.

them /*forma debole* ðəm, *forma forte* ðem/ pron. ***both of ~*** entrambi, tutti e due; ***some of ~*** alcuni di loro; ***take ~ all*** prendili tutti; ***none of ~ wants it*** nessuno di loro lo vuole; ***every single one of ~*** ciascuno di loro.

thematic /θɪˈmætɪk/ agg. tematico.

theme /θiːm/ n. **1** *(topic, motif)* tema m. (anche MUS. LING.) **2** AE *(essay)* tema m., saggio m.

theme park n. parco m. dei divertimenti (a tema).

theme restaurant n. ristorante m. a tema.

theme tune n. CINEM. tema m. (musicale); RAD. TELEV. sigla f. musicale; FIG. solfa f.

themselves /ðəmˈselvz/ When used as a reflexive pronoun, direct and indirect, *themselves* is translated by *si*, which is always placed before the verb: *they are enjoying themselves* = si stanno divertendo; *they have hurt themselves* = si sono fatti male. - When used as an emphatic to stress the corresponding personal pronoun, the translation is *loro stessi* (masculine or mixed gender) / *loro stesse* (feminine gender) or *anche loro*: *they did it themselves* = l'hanno fatto loro stessi; *they are strangers here themselves* = anche loro sono forestieri da queste parti. - When used after a preposition, *themselves* is translated by *sé* or *se stessi* / *se stesse*: *they can be proud of themselves* = possono essere fieri di sé / se stessi. - *(All) by themselves* is translated by *da soli* / *da sole*, which means alone and/or without help. - For particular usages see below. pron. **1** *(reflexive)* si; *(after preposition)* sé, se stessi, se stesse; ***they hurt ~*** si sono feriti; ***they were pleased with ~*** erano soddisfatti di sé *o* di se stessi **2** *(emphatic)* essi stessi, esse stesse; ***they ~ thought that*** essi stessi pensavano che; ***for ~*** per sé *o* per se stessi **3** *(expressions)* ***(all) by ~*** (tutto) da soli; ***they are not ~ today*** oggi non sono quelli di sempre.

then /ðen/ When *then* is used to mean *at that time*, it is translated by *allora, a quel tempo* or *in quei tempi*: *I was working in Oxford then* = allora / a quel tempo lavoravo a Oxford. For particular usages, see **I.1** in the entry below. - For translations of *by then, since then, from then, until then*, see the entries **by**, **since**, **from**, **until** and **I.1** in the entry below. - When *then* is used to mean *next*, it can be translated by either *poi* or *dopo*: *a man, a horse and then a dog* = un uomo, un cavallo e poi / dopo un cane. For par-

them

- *Them* can be translated in Italian by *li, le, gli, loro, essi, esse.*
- When used as a direct object pronoun, referring to people, animals, or things, *them* is translated by *li* (for masculine nouns) or *le* (for feminine nouns):

I know them (the policemen)	=	li conosco (i poliziotti)
I broke them (the dishes)	=	li ho rotti (i piatti)
I know them (the nurses)	=	le conosco (le infermiere)
I broke them (the cups)	=	le ho rotte (le tazze)

- Note that the object pronoun normally comes before the verb in Italian and that in compound tenses like the present perfect and the past perfect, the past participle agrees in gender and number with the direct object pronoun:
  he's seen them (*them* being masculine or of mixed gender) = li ha visti, (*them* being all feminine gender) = le ha viste.
- In imperatives (and other non-finite forms), however, *li* and *le* come after the verb and are joined to it to form a single word: *catch them!* = prendili! (masculine or mixed gender), prendile! (feminine gender). When the direct object pronoun is used in emphasis, *them* is translated by *loro* which comes after the verb: *she praised them, not you* = ha lodato loro, non voi.
- When used as an indirect object pronoun, *them* is translated by *gli* or *loro*; *gli* is used in colloquial language and comes before the verb, while *loro* – still widely used in formal Italian – follows the verb:

I've given them the book	=	gli ho dato il libro / ho dato loro il libro
I told them to come at once	=	gli ho detto di venire subito / ho detto loro di venire subito.

- In imperatives (and other non-finite forms), *them* is translated by *gli* or *loro*; *gli* is used in colloquial language and joined to the verb to form a single word, while *loro* – still widely used in formal Italian – follows the verb as a separate word:
  phone them! = telefonagli! / telefona loro!
- Note that the indirect object pronoun *gli* becomes *glie* when another pronoun is used as well: *we've given it to them* = glielo abbiamo dato; *send it to them at once!* = mandaglielo subito! If the more formal *loro* variant is used, there is no change: lo abbiamo dato loro, mandalo loro.
- When *them* is used to avoid saying *him* or *her* after words like *everyone, no one, anyone* etc., it is regularly translated by *gli* or *loro* in Italian: *if any customer calls, tell them I'll be back soon* = se passano dei clienti, digli / dì loro che torno presto.
- After prepositions, the translation is *loro* if people are referred to, while *essi* (masculine nouns) or *esse* (feminine nouns) are used for animals and things:

I did it for them	=	l'ho fatto per loro
I told them, not John	=	l'ho detto a loro, non a John
who's taking care of them (my dogs) while I'm away?	=	chi si occuperà di essi mentre io sono via?
what can be done for them (my plants)?	=	che cosa si può fare per esse (le mie piante)?

- Remember that a verb followed by a particle or a preposition in English may correspond to a verb followed by a direct object in Italian, and vice versa, e.g. *to look at somebody* vs guardare qualcuno and *to distrust somebody* vs dubitare di qualcuno: *don't look at them!* = non guardarli! / non guardarle! *I distrust them* = io non mi fido di loro.
- When *them* is used after *as* or *than* in comparative clauses, it is translated by *loro*:

she's as intelligent as them	=	è intelligente come loro
she's younger than them	=	è più giovane di loro.

- For particular usages see the entry **them.**

ticular usages, see **I.2** in the entry below. - When *then* is used to mean *in that case*, it is translated by *allora*: *then why worry?* = allora perché preoccuparsi? - Note the Italian translation of the following expressions: *every now and then* = ogni tanto / di tanto in tanto; *from then on* = da allora in poi; *now then* = dai / suvvia / via. - For all other uses, see the entry below. **I** avv. **1** *(at that point in time)* allora, in quel periodo; *(implying more distant past)* a quel tempo, a quell'epoca; ***we were living in Bath*** ~ abitavamo a Bath allora; ***just ~ he heard a noise*** in quel momento sentì un rumore; ***from ~ on*** a partire da allora; ***since ~*** da allora; ***by ~ the damage had been done*** il danno era già stato fatto; ***they will let us know by ~*** per allora ci faranno sapere; ***we won't be in contact until ~*** non saremo in contatto prima di allora **2** *(afterwards, next)* poi, dopo, in seguito; ***~ came the big news*** poi arrivò la grande notizia; ***~ after that...*** dopo di che...; ***and ~ what?*** *(with bated breath)* e poi? **3** *(in that case)* allora; ***if not yesterday ~ the day before*** ieri o l'altro ieri; ***if it's a problem for you ~ say so*** se per te è un problema, allora dillo; ***~ why did you tell her?*** e allora perché glielo hai detto? ***how about tomorrow ~?*** e allora per domani? **4** *(therefore)* dunque; ***these ~ are the results*** ecco dunque i risultati; ***overall ~ it would seem that*** facendo il punto della situazione, sembrerebbe che **5** *(in addition, besides)* inoltre, e poi; ***and ~ there's the fare to consider*** e poi bisogna anche tenere conto del costo del biglietto **6** *(on the other hand)* d'altra parte; ***she's good but ~ so is he*** lei è brava, d'altronde anche lui (lo è) **7** *(rounding off a topic: so)* allora; ***it's all arranged ~?*** allora è tutto pronto? ***that's all right ~*** allora va bene **8** *(focusing on topic)* allora; ***now ~ what's all this?*** allora, che succede? **II** agg. attrib. ***the ~ prime minister*** l'allora primo ministro.

thence /ðens/ avv. LETT. **1** *(from there)* di là, da quel luogo **2** *(therefore)* quindi, pertanto.

thenceforth /ðens'fɔ:θ/ avv. da allora (in poi).

Theo /'θɪəʊ/ n.pr. diminutivo di **Theodore** e **Theodora**.

theocracy /θɪ'ɒkrəsɪ/ n. teocrazia f.

theocratic /θɪə'krætɪk/ agg. teocratico.

theodolite /θɪ'ɒdəlaɪt/ n. teodolite m.

Theodora /θɪə'dɔ:rə/ n.pr. Teodora.

Theodore /'θɪədɔ:(r)/ n.pr. Teodoro.

theologian /ˌθɪə'ləʊdʒən/ n. teologo m. (-a).

theological /ˌθɪə'lɒdʒɪkl/ agg. [*issue, thought, writing*] teologico; [*book, faculty, student*] di teologia; [*study*] della teologia.

theology /θɪ'ɒlədʒɪ/ n. teologia f.

theorem /'θɪərəm/ n. teorema m.

theoretical /ˌθɪə'retɪkl/ agg. **1** *(pertaining to theory, ideal)* teorico **2** FILOS. teoretico.

theoretically /ˌθɪə'retɪklɪ/ avv. [*prove, speak*] teoricamente, in modo teorico; [*new, possible*] teoricamente, in teoria; ~ ***speaking*** teoricamente parlando, in teoria.

theoretician /ˌθɪərɪ'tɪʃn/ n. teorico m. (-a).

theorize /'θɪəraɪz/ intr. formulare delle teorie.

theory /'θɪərɪ/ n. teoria f.

theosophy /θi:'ɒsəfɪ/ n. teosofia f.

therapeutic /ˌθerə'pju:tɪk/ agg. terapeutico.

therapist /'θerəpɪst/ n. terapeuta m. e f.

therapy /'θerəpɪ/ **I** n. MED. PSIC. terapia f.; ***to have*** o ***be in ~*** essere in terapia **II** modif. [*group*] di terapia; [*session*] terapeutico.

there /*forma debole* ðə(r), *forma forte* ðeə(r)/ *There* is generally translated by *là* after prepositions (*up to there* = fino a là) and when emphasizing the location of an object / point etc. visible to the speaker: *put them there* = metteteli là. - Remember that *ecco* is used in Italian to draw attention to a visible place / object / person (*there's our village!* = ecco il nostro villaggio! *there's my watch!* = ecco il mio orologio! *there comes Mary!* = ecco che arriva Mary!), whereas *c'è / ci sono* is used for generalizations: *there's a village nearby* = c'è vicino un villaggio. - *There* when unstressed with verbs such as *go* and *be* is translated by *ci* (*we went there last year* = ci siamo andati l'anno scorso; *we'll be there in a few minutes* = ci arriveremo tra pochi minuti), but not where emphasis is made: *it was there that we went last year* = è là che siamo andati l'anno scorso. - For examples of the above and further uses of *there*, see the entry below. **I** pron. *(as impersonal subject)* ***~ is, are*** c'è, ci sono; ***~ are many reasons*** ci sono molte ragioni; ***~ is some left*** ce n'è ancora un po'; ***once upon***

a time ~ was c'era una volta; ***~'ll be a singsong later*** più tardi si canterà insieme; ***~'s no denying that*** non si può negare che; ***~ seems*** o ***appears to be*** sembra esserci *o* che ci sia **II** avv. **1** *(in space)* là, lì; ***up to ~, down to ~*** fin là; ***put it in ~*** mettilo là (dentro); ***in ~ please*** *(ushering sb.)* di là, prego; ***stand ~*** mettiti là; ***go over ~*** vai là, vai laggiù; ***it's ~ that*** è là che; *(when indicating)* è laggiù che; ***to go ~ and back in an hour*** andare e tornare in un'ora; ***take the offer while it's ~*** FIG. approfitta dell'occasione mentre è possibile; ***will she be ~ now?*** ci sarà adesso? ***~ I was at last*** finalmente ci arrivai *o* arrivai là **2** *(to draw attention) (to person, activity etc.)* ecco (là); *(to place)* là, lì; ***what have you got ~?*** cos'hai lì? ***~ goes the coach*** ecco il pullman che se ne va; ***~ you go again*** FIG. (ecco che) ci risiamo; ***~ you are*** *(seeing sb. arrive)* eccoti; *(giving object)* ecco a te; *(that's done)* ecco fatto; ***~'s a bus coming*** ecco (che arriva) l'autobus; ***my colleague ~ will show you*** il mio collega le mostrerà; ***which one? this one or that one ~?*** quale? questo qui o quello là? ***~'s why!*** ecco il perché! ora si spiega tutto! **3** *(indicating juncture)* ***~ we must finish*** ci dobbiamo fermare lì; ***~ was our chance*** era la nostra occasione; ***I think you're wrong ~*** penso che ti stia sbagliando su quello **4** COLLOQ. *(emphatic)* ***hello ~!*** ciao! ***hey you ~!*** ehi tu! **5** ***there and then*** lì per lì, subito, sul momento **6** ***there again*** *(on the other hand)* d'altra parte **III** inter. ***~ ~!*** *(soothingly)* su dai! ***~!*** *(triumphantly)* oh là! ***~, I told you!*** ecco, visto, te lo avevo detto! ***~, you've woken the baby!*** ecco, hai svegliato il bimbo!

thereabouts /ˌðeərəˈbaʊts/ BE, **thereabout** /ˈðeərəbaʊt/ AE avv. **1** *(in the vicinity)* lì vicino, nei dintorni **2** *(roughly)* ***100 dollars or ~*** 100 dollari o giù di lì.

thereafter /ðeərˈɑːftə(r), AE -ˈæftər/ avv. in seguito, successivamente.

thereby /ðeəˈbaɪ, ˈðeə-/ cong. così, in tal modo ♦ ***~ hangs a tale*** c'è tutta una storia a questo proposito.

there'd /ðeəd/ contr. there had, there would.

therefore /ˈðeəfɔː(r)/ avv. quindi, dunque, perciò.

therein /ðeərˈɪn/ avv. **1** *(in that)* ***~ lies...*** è in questo che sta...; ***the aircraft and the persons ~*** l'aereo e le persone a bordo **2** DIR. *(in contract)* ***contained ~*** ivi contenuto.

there'll / ðəl, ðeəl/ contr. there will.

thereof /ðeərˈɒv/ avv. **1** DIR. di ciò **2** ANT. ***he partook ~*** ne mangiò.

there's /*forma debole* ðəz, *forma forte* ðeəz/ contr. there is, there has.

Theresa /tɪˈriːzə/ n.pr. Teresa.

thereupon /ˌðeərəˈpɒn/ avv. FORM. al riguardo.

therm /θɜːm/ n. termia f.

thermal /ˈθɜːml/ **I** agg. [*spring, treatment*] termale; [*garment, energy, insulation*] termico **II** n. corrente f. ascensionale.

thermal baths n.pl. terme f.

thermal imaging n. termografia f.

thermic /ˈθɜːmɪk/ agg. FIS. TECN. termico.

thermodynamics /ˌθɜːməʊdaɪˈnæmɪks/ n. + verbo sing. termodinamica f.

thermometer /θəˈmɒmɪtə(r)/ n. termometro m.

thermonuclear /ˌθɜːməʊˈnjuːklɪə(r), AE -ˈnuː-/ agg. termonucleare.

thermoplastic /ˌθɜːməʊˈplæstɪk/ agg. termoplastico.

thermos flask /ˈθɜːməsflɑːsk, AE -flæsk/ n. t(h)ermos® m.

thermostat /ˈθɜːməstæt/ n. termostato m.

thermostatic /ˌθɜːməˈstætɪk/ agg. termostatico.

thesaurus /θɪˈsɔːrəs/ n. (pl. **~es, -i**) thesaurus m.

these /ðiːz/ → **1.this.**

theses /ˈθiːsiːz/ → **thesis.**

Theseus /ˈθiːsjuːs, ˈθiːsjəs/ n.pr. Teseo.

thesis /ˈθiːsɪs/ n. (pl. **-es**) tesi f.

Thespian /ˈθespɪən/ **I** agg. ANT. o SCHERZ. drammatico **II** n. ANT. o SCHERZ. attore m. (-trice) drammatico (-a).

they /ðeɪ/ *They* is usually translated by *loro* (which is in itself the object, not the subject pronoun); the subject pronouns *essi* (masculine) and *esse* (feminine) are rarely used in colloquial language: *they can certainly do it* = loro sanno farlo di sicuro. - Remember that in Italian the subject pronoun is very often understood: *they came by train* = sono venuti in treno. When used in emphasis, however, the pronoun is stressed, and is placed either at the beginning or at the end of the sentence: *they killed her!* = loro l'hanno uccisa! l'hanno uccisa loro! - When *they* is used impersonally, it is translated by *si* (+ verb in the third person singular): *they drink a lot of beer in Britain, don't they?* = si beve molta birra in Gran Bretagna, vero? *they say he has left* = si dice che sia partito. - When *they* is used to avoid saying *he* or *she* after words like *everyone, no-one, anyone* etc., it is usually understood in Italian: *everyone should do what they like* = ognuno dovrebbe fare quello che vuole / tutti dovrebbero fare quello che vogliono. - For more examples and exceptions, see below. pron. ***~ have already gone*** *(masculine or mixed)* sono già partiti; *(feminine)* sono già partite; ***here ~ are!*** *(masculine or mixed)* eccoli! *(feminine)* eccole! ***there ~ are!*** *(masculine or mixed)* eccoli là! *(feminine)* eccole là! ***~ won't be there*** loro non ci saranno; ***she bought one but ~ didn't*** lei ne comprò uno ma loro no.

they'd /ðeɪd/ contr. they had, they would.

they'll /ðeɪl/ contr. they will.

they're /ðeə(r)/ contr. they are.

they've /ðeɪv/ contr. they have.

thick /θɪk/ **I** agg. **1** [*layer, garment*] spesso; [*liquid*] denso; [*vegetation*] fitto; [*fog*] fitto, spesso; [*hair, eyebrows*] folto; [*lips*] grosso; [*make-up*] pesante; [*accent*] forte; [*voice*] *(from sore throat)* roco, rauco; *(from alcohol)* impastato; ***to be 6 cm ~*** essere spesso 6 cm; ***to make [sth.] ~er*** addensare [*sauce*]; ***~ with smoke*** fumoso, pieno di fumo; ***~ with noise*** rumoroso; ***~ with emotion*** carico di emozioni; ***fields ~ with poppies*** campi coperti di papaveri; ***the ground was ~ with ants*** il terreno brulicava di formiche **2** COLLOQ. *(stupid)* tonto **3** COLLOQ. *(friendly)* ***they're very ~ (with each other)*** sono molto amici **4** BE COLLOQ. *(unreasonable)* ***it's a bit ~ expecting me to do that!*** è un po' troppo aspettarsi che lo faccia! **II** avv. ***don't spread the butter on too ~*** non spalmarci troppo burro; ***sliced ~*** tagliato a fette grosse **III** n. *(of forest)* folto m. ♦ ***offers of help are coming in ~ and fast*** stanno arrivando offerte di aiuto da tutte le parti; ***through ~ and thin*** nella buona e nella cattiva sorte, nel bene e nel male; ***to be in the ~ of*** essere nel bel mezzo di.

thicken /ˈθɪkən/ **I** tr. ispessire [*layer*]; addensare [*liquid*]; infittire [*vegetation*]; infoltire [*hair, eyebrows*]; appesantire [*make-up*]; rendere rauco [*voice*] **II** intr. [*sauce, soup*] addensarsi, rapprendersi; [*fog, snow, cloud*] infittirsi; [*waistline*] aumentare; [*accent*] diventare più forte; [*voice*] arrochirsi; [*traffic*] intensificarsi ♦ ***the plot ~s!*** la faccenda si ingarbuglia!

thickening /ˈθɪkənɪŋ/ n. ispessimento m.; GASTR. legante m.

thicket /ˈθɪkɪt/ n. boschetto m., folto m. d'alberi.

thick-headed /ˌθɪkˈhedɪd/ agg. COLLOQ. tonto.

thickly /ˈθɪklɪ/ avv. [*spread*] abbondantemente; [*cut*] a pezzi grandi; [*say, speak*] con la voce rauca; ***the grass grew ~*** l'erba cresceva folta; ***a ~-wooded landscape*** un paesaggio ricco di boschi.

thickness /ˈθɪknɪs/ n. **1** *(of piece)* spessore m.; *(of material)* spessore m., pesantezza f.; *(of liquid)* densità f.; *(of fog)* fitezza f., spessore m.; *(of hair, vegetation)* foltezza f.; *(of make-up)* pesantezza f. **2** *(layer)* spessore m.

thickset /ˌθɪkˈset/ agg. [*person*] tozzo, tarchiato; [*hedge*] fitto.

thick-skinned /ˌθɪkˈskɪnd/ agg. dalla pelle dura.

thick-skulled /ˌθɪkˈskʌld/ agg. COLLOQ. tonto.

thief /θiːf/ n. (pl. **-ves**) ladro m. (-a); ***stop ~!*** al ladro! ♦ ***set a ~ to catch a ~*** ci vuole un ladro per prendere un ladro; ***to be as thick as thieves*** essere amici per la pelle, essere pane e cacio.

thieve /θiːv/ tr. e intr. rubare.

thievery /ˈθiːvərɪ/ n. furto m.

thieves /θiːvz/ → **thief.**

thieving /ˈθiːvɪŋ/ **I** n. furto m. **II** agg. ***~ children*** bambini che rubano.

thievish /ˈθiːvɪʃ/ agg. ladresco.

thigh /θaɪ/ ♦ *2* n. coscia f.

thighbone /ˈθaɪbəʊn/ n. femore m.

thighboot /ˈθaɪbuːt/ n. stivalone m.

thimble /ˈθɪmbl/ n. ditale m.

1.thin /θɪn/ **I** agg. **1** *(in width)* [*nose, lips, stick, wall, line*] sottile; [*string, wire*] fine; [*strip*] stretto **2** *(in depth)* [*slice, layer, paper*] sottile; [*fabric, garment*] sottile, leggero; [*mist*] leggero

3 *(in consistency)* [*mud*] acquoso; [*mixture, oil*] fluido; [*soup*] lungo, leggero; [*sauce*] brodoso; [*liquid*] diluito, acquoso 4 *(lean)* [*person, face*] magro; ***to get ~*** dimagrire 5 *(in tone)* *(high-pitched)* acuto; *(weak)* debole 6 *(sparse)* [*population*] scarso; [*crowd*] rado, esiguo; [*hair*] rado 7 FIG. [*excuse*] magro; [*evidence*] poco convincente; [*plot*] debole, inconsistente; ***to wear ~*** [*joke, excuse*] essere trito; ***my patience is wearing ~*** sto perdendo la pazienza 8 [*air*] rarefatto II avv. COLLOQ. [*slice*] sottilmente; [*spread*] leggermente ♦ ***to be ~ on the ground*** essercene pochissimi, essere più unico che raro; ***to get ~ on top*** *(bald)* diventare pelato; ***to have a ~ time of it*** passare un brutto momento.

2.thin /θɪn/ I tr. (forma in -ing ecc. **-nn-**) 1 (anche **~ down**) *(dilute)* diluire, allungare [*paint, sauce, soup*] 2 *(disperse)* → **thin out** II intr. (forma in -ing ecc. **-nn-**) (anche **~ out**) [*fog, mist, hair*] diradarsi; [*crowd*] disperdersi.

■ **thin down** AE dimagrire.

■ **thin out:** ~ **[sth.] out**, ~ **out [sth.]** sfoltire [*seedlings, hedge*]; ridurre [*population*].

thine /ðaɪn/ I pron. ANT. → **yours** II determ. ANT. → **your**.

thing /θɪŋ/ I n. 1 *(object)* cosa f., oggetto m.; ***there isn't a ~ to eat in the house!*** non c'è niente da mangiare in questa casa! ***the one ~ he wants is...*** l'unica cosa che vuole è...; ***it was a big box ~*** era una specie di grossa scatola 2 *(action, task, event)* cosa f.; ***she'll do great ~s in life*** farà grandi cose nella vita; ***that was a silly ~ to do*** è stato stupido farlo; ***there wasn't a ~ I could do*** non c'era niente che potessi fare; ***it's a good ~ you came*** è un bene che tu sia venuto; ***the ~ to do is...*** la cosa da fare è...; ***the heat does funny ~s to people*** il calore ha strani effetti sulla gente 3 *(matter, fact)* cosa f.; ***the ~ to remember is...*** quello che bisogna ricordare è...; ***I couldn't hear a ~ (that) he said*** non riuscivo a sentire una parola di quello che diceva; ***the whole ~ is crazy!*** tutto questo è folle! ***the ~ is (that)...*** il fatto è che...; ***the only ~ is, ...*** l'unica cosa è...; ***the good ~ (about it) is...*** di buono c'è...; ***the ~ about him is that he's very honest*** bisogna riconoscere che è una persona molto onesta; ***the ~ about him is that he can't be trusted*** il problema è che non ci si può fidare di lui 4 *(person, animal)* ***she's a pretty little ~*** è carina; ***you lucky ~!*** COLLOQ. fortunello! ***you stupid ~!*** COLLOQ. scemo! ***(the) stupid ~!*** COLLOQ. *(of object)* stupido coso! II **things** n.pl. 1 *(personal belongings, equipment)* cose f., robe f.; ***~s to be washed*** roba da lavare 2 *(situation, matters)* cose f.; ***to see ~s as they really are*** vedere le cose come stanno; ***how are ~s with you? how are ~s going?*** come va? come ti vanno le cose? ***to worry about ~s*** farsi dei problemi; ***as ~s are*** o ***stand*** nello stato attuale delle cose; ***as ~s turned out*** in fin dei conti; ***all ~s considered*** tutto sommato ♦ ***it's not the done ~ (to do)*** non è cosa da farsi (fare); ***it's the in ~*** COLLOQ. è alla moda; ***the latest ~ in hats*** un cappello all'ultima moda; ***that's just the ~*** o ***the very ~!*** è proprio quello che ci vuole! ***it's become quite the ~ (to do)*** è diventato alla moda (fare); ***it was a close*** o ***near ~*** per un pelo; ***he's on to a good ~*** ha trovato l'America; ***he likes to do his own ~*** COLLOQ. fa quello che gli pare e piace; ***for one ~... (and) for another ~...*** primo... (e) secondo..., in primo luogo... (e) in secondo luogo...; ***to have a ~ about*** COLLOQ. *(like)* andare matto per [*blondes*]; essere fissato con [*old cars*]; *(hate)* non potere vedere [*dogs*]; ***he's got a ~ about flying*** COLLOQ. ha paura di volare; ***to make a big ~ (out) of it*** COLLOQ. farne una questione di stato; ***to know a ~ or two about sth.*** COLLOQ. saperla lunga in fatto di qcs.; ***I could tell you a ~ or two about him!*** COLLOQ. potrei raccontarti un paio di cosette sul suo conto! ***and then, of all ~s, she...*** e allora, chissà perché, lei...; ***I must be seeing ~s!*** devo avere le allucinazioni! ***I must be hearing ~s!*** credo di sentire le voci! ***it's (just) one of those ~s*** sono cose che capitano; ***it's one (damned) ~ after another!*** COLLOQ. è una seccatura dopo l'altra! ***one ~ led to another and...*** una cosa tira l'altra e...; ***taking one ~ with another*** tutto sommato; ***what with one ~ and another, ...*** tra una cosa e l'altra, ...; ***(to try) to be all ~s to all men*** (cercare di) fare contenti tutti.

thingumabob /ˈθɪŋəməbɒb/, **thingumajig** /ˈθɪŋəmədʒɪg/, **thingummy** /ˈθɪŋəmɪ/ n. COLLOQ. coso m., aggeggio m.

1.think /θɪŋk/ n. ***to have a ~ about sth.*** BE riflettere su qcs. ♦ ***to have another ~ coming*** BE COLLOQ. sbagliarsi di grosso.

2.think /θɪŋk/ I tr. (pass., p.pass. **thought**) 1 *(hold view, believe)* pensare, credere; ***when do you ~ he will come?*** quando credi che verrà? ***I ~ so*** penso di sì; ***I don't ~ so, I ~ not*** FORM. non penso, penso di no; ***"is he reliable?" - "I'd like to ~ so but..."*** "ci si può fidare di lui?" - "mi piacerebbe poterlo credere ma..."; ***to ~ it best to do, that*** credere che la cosa migliore sia fare, che; ***I ~ it's going to rain*** penso stia per piovere 2 *(imagine)* pensare, credere; ***who'd have thought it!*** chi lo avrebbe mai detto! ***I never thought you meant it!*** non ho mai pensato che dicessi sul serio! ***I can't ~ how, why*** non riesco a immaginare come, perché; ***who do you ~ you are?*** SPREG. ma chi ti credi di essere? ***what on earth do you ~ you're doing?*** che diamine stai facendo? ***I thought as much!*** lo immaginavo! ***six weeks' holiday! that's what you ~!*** sei settimane di vacanze! tu sogni! ***and to ~ that...*** e pensare che... 3 *(have thought, idea)* pensare; ***I didn't ~ to check*** non ho pensato di controllare; ***I was just ~ing: suppose we sold it?*** stavo pensando: e se lo vendessimo? ***let's ~ Green!*** COLLOQ. pensiamo verde! 4 *(rate, assess)* ***to ~ a lot, not much of*** avere una buona opinione di, stimare poco 5 *(remember)* ***I'm trying to ~ where, how*** sto cercando di ricordarmi dove, come II intr. (pass., p.pass. **thought**) 1 *(engage in thought)* pensare (**about**, **of** a), riflettere (**about** su); ***I'll have to ~ about it*** ci devo pensare; ***to ~ hard*** pensarci bene; ***to ~ clearly*** o ***straight*** avere le idee chiare; ***to ~ for oneself*** ragionare con la propria testa; ***I'm sorry, I wasn't ~ing*** mi scusi, non ci pensavo; ***we are ~ing in terms of economics*** vediamo le cose dal punto di vista economico; ***let's ~: three people at £ 70 each...*** allora: tre persone a 70 sterline a testa...; ***come to ~ of it...*** adesso che ci penso..., a pensarci bene... 2 *(take into account)* ***to ~ about*** o ***of sb., sth.*** pensare a qcn., qcs.; ***I can't ~ of everything!*** non posso pensare a tutto! 3 *(consider)* ***to ~ of sb. as*** considerare qcn. come [*brother, friend*]; ***to ~ of oneself as*** considerarsi [*expert*] 4 *(have in mind)* ***to ~ of doing*** pensare *o* avere intenzione di fare; ***to ~ about doing*** pensare a fare; ***whatever were you ~ing of?*** che cosa mai ti era saltato in mente? 5 *(imagine)* ***a million pounds, ~ of that!*** un milione di sterline, ci pensi! 6 *(tolerate idea)* ***I couldn't ~ of letting you pay*** non potrei proprio farti pagare 7 *(remember)* ***to ~ of*** ricordare, ricordarsi; ***if you ~ of anything else*** se ti viene in mente qualcos'altro ♦ ***to ~ on one's feet*** reagire con prontezza.

■ **think again** *(reflect more)* pensarci su; *(change mind)* ripensarci; ***if that's what you ~, you can ~ again*** se è quello che pensi, ti sbagli.

■ **think ahead** pensarci in anticipo; ***~ing ahead to our retirement, ...*** guardando al nostro pensionamento, ...

■ **think back** ripensare, ritornare con la memoria (**to** a).

■ **think out:** ~ **out [sth.]**, ~ **[sth.] out** pensare bene a; ***well, badly thought out*** ben, mal pensato.

■ **think over:** ~ **over [sth.]**, ~ **[sth.] over** riflettere su [*proposal*].

■ **think through:** ~ **through [sth.]**, ~ **[sth.] through** riflettere a fondo su, ponderare [*proposal, action*]; analizzare [*problem, question*].

■ **think up:** ~ **up [sth.]** escogitare [*plan*].

thinker /ˈθɪŋkə(r)/ n. pensatore m. (-trice).

thinking /ˈθɪŋkɪŋ/ I n. 1 *(reflection)* riflessione f.; ***to do some (hard) ~*** riflettere (molto) 2 *(way one thinks)* opinione f.; ***to my way of ~*** a parer mio II agg. [*person*] ragionevole.

think-tank /ˈθɪŋktæŋk/ n. + verbo sing. o pl. gruppo m. di esperti.

thin-lipped /ˌθɪnˈlɪpt/ agg. [*person*] dalle labbra sottili; [*smile*] tirato.

thinly /ˈθɪnlɪ/ avv. 1 *(sparingly)* [*slice*] finemente, sottilmente; [*spread, butter*] leggermente 2 FIG. *(scarcely)* ***~ disguised*** appena camuffato.

thinner /ˈθɪnə(r)/ n. (anche **thinners** + verbo sing.) diluente m.

thinness /ˈθɪnnɪs/ n. *(of nose, lips, wall, line, slice, layer)* sottigliezza f.; *(of string, wire)* finezza f.; *(of mixture, oil)* fluidità f.; *(of person, face)* magrezza f.; *(of garment)* leggerezza f.

thinnish /ˈθɪnɪʃ/ agg. [*nose, lips, line, slice, layer*] piuttosto sottile; [*string, wire*] piuttosto fine; [*mixture, oil*] piuttosto fluido; [*person, face*] magrolino; [*garment*] leggerino.

this

As a determiner

- The Italian equivalents of *this* and *these* agree in gender and number with the noun they precede; therefore, *this* is translated;
  a) by *questo* + masculine singular noun (*this policeman, this dog, this uncle* = questo poliziotto, questo cane, questo zio);
  b) by *questa* + feminine singular noun (*this secretary, this chair* = questa segretaria, questa sedia);
  c) by *quest'* + masculine or feminine singular noun beginning with a vowel or mute *h* (*this author, this man, this nurse, this absence, this hotel* = quest'autore, quest'uomo, quest'infermiera, quest'assenza, quest'hotel);
  and *these* is translated
  d) by *questi* + masculine plural nouns (*these policemen, these dogs, these authors, these men, these hotels, these uncles* = questi poliziotti, questi cani, questi autori, questi uomini, questi hotel, questi zii);
  e) by *queste* + feminine plural nouns (*these nurses, these absences* = queste infermiere, queste assenze).
- For particular usages see the entry **1.this**.
- This dictionary contains usage notes on such topics as TIME UNITS and DAYS OF THE WEEK, all of which use *this* in many expressions. For these notes see the end of the English-Italian section.

As a pronoun meaning *this one, these ones*

- In Italian, pronouns reflect the gender and number of the noun they are referring to. So *this* is translated by *questo* for a masculine noun, *questa* for a feminine noun, and *these* is translated by *questi* for a masculine noun and *queste* for a feminine noun:
  of all the dresses this is the prettiest one = di tutti i vestiti, questo è il più bello.
- For other uses of *this* used as a pronoun *(who's this? this is my brother, this is wrong* etc.) and for *this* used as an adverb *(it was this big* etc.), see the entries **1.this**, **2.this**.

thin-skinned /ˌθɪn'skɪnd/ agg. suscettibile.
third /θɜːd/ ➧ *19, 8* **I** determ. terzo **II** pron. **1** *(in order)* terzo m. (-a) **2** *(of month)* tre m.; ***the ~ of May*** il tre maggio **III** n. **1** *(fraction)* terzo m. **2** (anche **~-class degree**) GB UNIV. = laurea ottenuta con il minimo dei voti **3** MUS. terza f. **4** (anche **~ gear**) AUT. terza f. **IV** avv. [*finish*] terzo, in terza posizione.
third-class /ˌθɜːd'klɑːs, AE -'klæs/ **I** agg. **1** [*carriage*] di terza classe; ***~ mail*** = posta non urgente **2** GB UNIV. ***~ degree*** = laurea ottenuta con il minimo dei voti **II third class** avv. [*travel*] in terza classe; ***to send sth. ~*** = spedire qcs. con la posta non urgente.
third degree n. COLLOQ. terzo grado m.; ***to give sb. the ~*** fare il terzo grado a qcn. (anche FIG.).
thirdhand /ˌθɜːd'hænd/ **I** agg. [*vehicle, garment*] di terza mano; [*report, evidence*] indiretto **II** avv. [*hear, learn*] in modo indiretto.
thirdly /'θɜːdlɪ/ avv. in terzo luogo.
third party I n. DIR. terzo m. **II third-party** modif. ***~ insurance*** assicurazione sulla responsabilità civile; ***~ liability*** responsabilità civile.
third-rate /ˌθɜːd'reɪt/ agg. SPREG. [*actor, work*] di terz'ordine, scadente; [*hotel*] di terza categoria.
Third Way n. POL. terza via f.
Third World n. terzo mondo m.
1.thirst /θɜːst/ n. sete f. (**for** di) (anche FIG.).
2.thirst /θɜːst/ intr. ANT. o LETT. avere sete (**after, for** di).
thirstily /'θɜːstɪlɪ/ avv. [*drink*] a grandi sorsi.
thirsty /'θɜːstɪ/ agg. assetato (anche FIG.); ***to be ~*** avere sete (**for** di) (anche FIG.); ***to make sb. ~*** fare venire sete a qcn.
thirteen /ˌθɜː'tiːn/ ➧ *19, 1, 4* **I** determ. tredici **II** pron. tredici; ***there are ~ of them*** ce ne sono tredici **III** n. tredici m.; ***to multiply by ~*** moltiplicare per tredici.
thirteenth /ˌθɜː'tiːnθ/ ➧ *19, 8* **I** determ. tredicesimo **II** pron. **1** *(in order)* tredicesimo m. (-a) **2** *(of month)* tredici m.; ***the ~ of May*** il tredici maggio **III** n. *(fraction)* tredicesimo m. **IV** avv. [*finish*] tredicesimo, in tredicesima posizione.
thirtieth /'θɜːtɪəθ/ ➧ *19, 8* **I** determ. trentesimo **II** pron. **1** *(in order)* trentesimo m. (-a) **2** *(of month)* trenta m.; ***the ~ of May*** il trenta maggio **III** n. *(fraction)* trentesimo m. **IV** avv. [*finish*] trentesimo, in trentesima posizione.
thirty /'θɜːtɪ/ ➧ *19, 1, 4, 8* **I** determ. trenta **II** pron. trenta; ***there are ~ of them*** ce ne sono trenta; ***at seven-~*** alle sette e trenta **III** n. trenta m.; ***to multiply by ~*** moltiplicare per trenta **IV thirties** n.pl. **1** *(decade)* ***the thirties*** gli anni '30 **2** *(age)* ***to be in one's thirties*** avere passato i trenta.
thirty something n. COLLOQ. trentenne m. e f. (di successo).
1.this /ðɪs/ **I** determ. (pl. **these**) ***~ paper, book*** questa carta, questo libro; ***~ woman came up to me*** COLLOQ. una donna mi è venuta incontro **II** pron. (pl. **these**) ***what's ~?*** che cos'è questo? ***who's ~?*** chi è? *(on telephone)* chi parla? ***~ is the bathroom*** questo è il bagno; ***where's ~?*** *(on photo)* qui dov'è? ***before, after ~*** prima, dopo; ***~ is my sister Sue*** ti presento mia sorella Sue; ***what did you mean by ~?*** cosa volevi dire con questo? ***what's all ~ about?*** che cos'è questa storia? ***~ is what happens when...*** ecco cosa succede quando... ♦ ***to talk about ~ and that*** parlare del più e del meno; ***to run ~ way and that*** correre di qua e di là.
2.this /ðɪs/ avv. ***it's ~ big*** è grande così; ***having got ~ far it would be a pity to stop now*** arrivati a questo punto sarebbe un peccato fermarci; ***I can't eat ~ much*** non posso mangiare tutto questo; ***I didn't realize it was ~ serious*** non mi ero reso conto che fosse una cosa così seria.
thistle /'θɪsl/ n. BOT. cardo m.
thistledown /'θɪsldaʊn/ n. lanugine f. del cardo.
thither /'ðɪðə(r), AE 'θɪðər/ avv. ANT. colà.
tho' → **though**.
Thomas /'tɒməs/ n.pr. Tommaso.
thong /θɒŋ/ **I** n. **1** *(on whip)* striscia f. (di cuoio) **2** *(on shoe, garment)* stringa f. (di cuoio) **3** *(underwear)* tanga m., perizoma m. **II thongs** n.pl. AE AUSTRAL. *(sandals)* infradito m. e f.
thoraces /'θɔːrəsiːz/ → **thorax**.
thoracic /θɔː'ræsɪk/ agg. toracico.
thorax /'θɔːræks/ n. (pl. **-es** o **-aces**) torace m.
thorn /θɔːn/ n. **1** *(on plant)* spina f. **2** *(bush)* cespuglio m. spinoso, rovo m. ♦ ***to be a ~ in sb.'s side*** essere una spina nel fianco di qcn.
thorny /'θɔːnɪ/ agg. spinoso (anche FIG.).
thorough /'θʌrə, AE 'θʌrəʊ/ agg. **1** *(detailed)* [*analysis, knowledge*] approfondito; [*preparation, search, work*] minuzioso, accurato; ***to give sth. a ~ cleaning*** pulire qcs. a fondo; ***a ~ grasp of sth.*** una padronanza totale di qcs. **2** *(meticulous)* meticoloso, scrupoloso **3** *(utter)* ***to make a ~ nuisance of oneself*** rendersi assolutamente insopportabile.
thoroughbred /'θʌrəbred, AE 'θʌrəʊ-/ **I** agg. purosangue, di razza **II** n. purosangue m.
thoroughfare /'θʌrəfeə(r), AE 'θʌrəʊ-/ n. strada f.; ***"no ~"*** "divieto di transito".
thoroughgoing /'θʌrəgəʊɪŋ/ agg. [*analysis*] approfondito; [*conviction*] profondo.
thoroughly /'θʌrəlɪ, AE 'θʌrəʊlɪ/ avv. **1** *(meticulously)* [*clean, examine, read*] a fondo; [*prepare*] con cura; [*check, search, test*] minuziosamente **2** *(completely)* [*clean*] completamente; [*convincing, dangerous, reliable*] veramente; [*depressing, unpleasant*] profondamente; [*beaten*] duramente; [*deserved*] del tutto; ***to ~ enjoy sth., doing*** amare veramente qcs., fare **3** *(without reservation)* [*agree, understand*] perfettamente; [*recommend*] caldamente.
thoroughness /'θʌrənɪs, AE 'θʌrəʊnɪs/ n. minuziosità f.
those /ðəʊz/ → **1.that**.
thou /ðaʊ/ pron. ANT. tu.
though /ðəʊ/ **I** cong. **1** *(although)* sebbene, benché; ***strange ~ it may seem*** per quanto strano possa sembrare; ***talented ~ he is, I don't like him*** non mi piace sebbene abbia talento **2** *(but)* anche se, ma; ***a foolish ~ courageous act*** un'azione folle anche se coraggiosa; ***that was delicious ~ I say so myself!***

non dovrei essere io a dirlo ma era delizioso! 3 **even though** anche se II avv. comunque, tuttavia; ***fortunately, ~, they survived*** fortunatamente, però, sono sopravvissuti.

1.thought /θɔːt/ pass., p.pass. → **2.think**.

2.thought /θɔːt/ I n. 1 *(idea)* idea f., pensiero m.; ***that's a ~!*** questa sì che è un'idea! buona idea! ***what a kind ~!*** che pensiero gentile! 2 U *(reflection)* pensieri m.pl.; ***deep in ~*** immerso *o* assorto nei propri pensieri; ***after much ~*** dopo (una) lunga riflessione 3 *(consideration)* considerazione f.; ***to give ~ to sth.*** considerare *o* prendere in considerazione qcs.; ***we never gave it much ~*** non ci abbiamo mai fatto molto caso; ***don't give it another ~*** non ci pensare più; ***to put a lot of ~ into a gift*** scegliere un regalo con molta cura 4 *(intention)* ***to have no ~ of doing*** non avere alcuna intenzione di fare; ***I've given up all ~s of moving*** ho rinunciato del tutto all'idea di spostarmi II **thoughts** n.pl. 1 *(mind)* pensieri m.; ***to collect*** o ***gather one's ~s*** raccogliere *o* riordinare le idee; ***my ~s were elsewhere*** pensavo ad altro 2 *(opinions)* opinione f.sing.

thoughtful /ˈθɔːtfl/ agg. 1 *(reflective)* [*expression*] pensieroso, pensoso; [*silence*] profondo 2 *(considerate)* [*person, gesture*] premuroso; [*letter, gift*] gentile 3 *(well thought-out)* [*analysis*] ponderato, vagliato attentamente.

thoughtfully /ˈθɔːtfəlɪ/ avv. 1 *(considerately)* [*behave, treat*] con premura; [*chosen, worded*] con attenzione 2 *(pensively)* [*stare*] con aria pensierosa 3 *(reflectively)* [*write, describe*] in modo meditato, con ponderatezza.

thoughtfulness /ˈθɔːtflnɪs/ n. 1 *(kindness)* premurosità f. 2 *(of expression, character)* pensierosità f.

thoughtless /ˈθɔːtlɪs/ agg. [*person*] distratto, sbadato, disattento; [*remark, act*] irriflessivo, sconsiderato; ***to be ~ towards*** non avere riguardo per.

thoughtlessly /ˈθɔːtlɪslɪ/ avv. *(insensitively)* irriguardosamente; *(unthinkingly)* irriflessivamente.

thought-out /ˌθɔːtˈaʊt/ agg. ***well, badly ~*** ben, mal congegnato.

thought process n. meccanismi m.pl. mentali.

thought-provoking /ˌθɔːtprəˈvəʊkɪŋ/ agg. [*film*] che fa pensare.

thousand /ˈθaʊznd/ ♦ 19 I determ. mille; ***four ~ pounds*** quattromila sterline; ***about a ~ people*** un migliaio di persone II pron. mille; ***there are two ~ of them*** ce ne sono duemila III n. mille m.; ***a ~ and two*** milledue; ***three ~*** tremila; ***about a ~*** un migliaio; ***by the ~*** *(roughly)* a migliaia IV **thousands** n.pl. migliaia f.; ***in their ~s*** a migliaia; ***to lose ~s*** perdere una fortuna.

thousandth /ˈθaʊznθ/ ♦ 19 I determ. millesimo II pron. millesimo m. (-a) III n. *(fraction)* millesimo m.

thrall /θrɔːl/ n. LETT. ***to be in ~ to sth.*** essere alla mercè di qcs.

1.thrash /θræʃ/ n. 1 BE COLLOQ. *(party)* grande festa f. 2 MUS. thrash (metal) m.

2.thrash /θræʃ/ tr. 1 *(whip)* sferzare 2 MIL. SPORT COLLOQ. battere, sconfiggere.

■ **thrash about, thrash around:** ~ **about,** ~ **around** agitarsi, dibattersi; ~ **[sth.] around** agitare.

■ **thrash out:** ~ **out [sth.]** venire a capo di [*difficulties, problem*]; riuscire a elaborare [*plan*]; giungere a [*compromise*].

thrashing /ˈθræʃɪŋ/ n. botte f.pl., percosse f.pl.; FIG. sconfitta f.

1.thread /θred/ n. 1 SART. filo m.; ***to be hanging by a ~*** essere appeso a un filo (anche FIG.) 2 FIG. *(of argument, story)* filo m.; ***common ~*** punto comune; ***to pull all the ~s together*** annodare le fila; ***to pick up the ~s of*** ricominciare [*career, life*] 3 TECN. *(of screw)* filetto m.

2.thread /θred/ I tr. 1 infilare [*bead, needle*]; mettere, introdurre [*film, tape*] 2 TECN. filettare [*screw*] 3 FIG. *(move)* ***to ~ one's way through*** infilarsi tra [*obstacles*] II intr. [*film, tape*] passare, scorrere.

■ **thread up:** ~ **up [sth.]** infilare l'ago di [*sewing machine*].

threadbare /ˈθredbeə(r)/ agg. consumato, logoro; FIG. trito, vieto.

threadlike /ˈθredlaɪk/ agg. filiforme.

threat /θret/ n. minaccia f.; ***to make ~s against sb.*** fare delle minacce a qcn.; ***to pose a ~ to*** costituire una minaccia per; ***to be under ~*** essere minacciato (**from** da); ***under ~ of*** con la minaccia di [*death, injury*]; ***because of the ~ of more rain*** per il rischio che piova ancora di più.

threaten /ˈθretn/ I tr. minacciare (**to do** di fare); ***to be ~ed with extinction*** essere in via di estinzione II intr. [*danger, bad weather*] minacciare.

threatening /ˈθretnɪŋ/ agg. [*gesture, expression*] minaccioso; [*letter, phone call*] minatorio.

three /θriː/ ♦ 19, 1, 4 I determ. tre II pron. tre; ***there are ~ of them*** ce ne sono tre III n. tre m.; ***to multiply by ~*** moltiplicare per tre; ***to play the best of ~*** SPORT giocare al meglio dei tre.

three-cornered /ˌθriːˈkɔːnəd/ agg. [*object*] triangolare; [*discussion*] a tre; ~ ***hat*** tricorno.

three-D /ˌθriːˈdiː/ I agg. in 3D II n. ***in ~*** in 3D.

three-day event /ˌθriːdeɪɪˈvent/ n. = concorso ippico che comprende tre gare disputate in tre giorni consecutivi.

three-dimensional /ˌθriːdɪˈmenʃənl/ agg. tridimensionale.

three-legged /ˌθriːˈlegɪd/ agg. [*object*] a tre piedi.

threepence /ˈθrepəns, ˈθrʌpəns/ n. GB STOR. = moneta da tre penny.

threepenny /ˈθrəpənɪ, ˈθrʌpənɪ, AE ˈθriːˌpenɪ/ agg. GB attrib. da tre penny.

three-piece suit /ˌθriːpiːsˈsuːt, -ˈsjuːt/ n. abito m. con gilè.

three-piece suite /ˌθriːpiːsˈswiːt/ n. = divano con due poltrone coordinate.

three-quarter /ˌθriːˈkwɔːtə(r)/ I agg. [*portrait*] di tre quarti; [*sleeve*] tre quarti II n. SPORT trequarti m.

three-quarters /ˌθriːˈkwɔːtəz/ ♦ 33 I n.pl. tre quarti m.; ***~ of an hour*** tre quarti d'ora II avv. [*empty, full, done*] per tre quarti.

three R's n.pl. SCOL. = leggere, scrivere, far di conto.

threesome /ˈθriːsəm/ n. gruppo m. di tre.

three-way /ˈθriːweɪ/ agg. [*junction*] di tre vie; [*split*] in tre; [*discussion, battle*] a tre.

three-wheeler /ˌθriːˈwiːlə(r), AE -ˈhwiːlər/ n. *(car)* vettura f. a tre ruote; *(bicycle)* triciclo m.

thresh /θreʃ/ I tr. trebbiare II intr. trebbiare il grano.

thresher /ˈθreʃə(r)/ n. 1 *(machine)* trebbiatrice f. 2 *(person)* trebbiatore m. (-trice).

threshing /ˈθreʃɪŋ/ n. trebbiatura f.

threshing floor n. = superficie su cui viene eseguita la trebbiatura.

threshing machine n. trebbiatrice f.

threshold /ˈθreʃəʊld, -həʊld/ n. soglia f. (anche FIG.); ***pain ~*** soglia del dolore; ***on the ~ of*** alle soglie di [*new era*].

threw /θruː/ pass. → **2.throw**.

thrice /θraɪs/ avv. ANT. tre volte.

thrift /θrɪft/ n. 1 *(frugality)* economia f., parsimonia f. 2 BOT. armeria f.

thrift shop n. AE = negozio che vende a fini caritativi abiti o oggetti per la casa usati.

thrifty /ˈθrɪftɪ/ agg. [*person*] economo, parsimonioso; [*life, meal*] economico.

1.thrill /θrɪl/ n. 1 *(sensation)* fremito m., brivido m. 2 *(pleasure)* emozione f.; ***to get a ~*** o ***one's ~s*** avere delle forti emozioni, eccitarsi ♦ ***the ~s and spills of sth.*** = le sensazioni forti provocate da qcs.

2.thrill /θrɪl/ I tr. *(with joy)* fare fremere di gioia; *(with admiration)* entusiasmare [*person, audience*]; appassionare [*readers, viewers*] II intr. fremere (**at, to** a).

thrilled /θrɪld/ I p.pass. → **2.thrill** II agg. ~ ***with*** entusiasta di.

thriller /ˈθrɪlə(r)/ n. CINEM. LETTER. TELEV. thriller m.

thrilling /ˈθrɪlɪŋ/ agg. [*adventure, sensation*] eccitante; [*match*] elettrizzante, appassionante; [*story*] avvincente; [*concert, moment*] emozionante.

thrive /θraɪv/ intr. (pass. **throve** o **thrived**; p.pass. **thriven** o **thrived**) 1 [*person, animal, plant*] crescere vigoroso 2 FIG. [*business, community*] prosperare; ***to ~ on*** [*person*] trarre profitto da; [*idea, thing*] nutrirsi di.

thriving /ˈθraɪvɪŋ/ agg. [*business, community*] prospero, fiorente; [*person, animal*] vigoroso; [*plant*] rigoglioso.

throat /θrəʊt/ ♦ 2 I n. gola f.; ***sore ~*** mal di gola; ***to have a lump in one's ~*** avere un nodo *o* groppo in gola; ***to stick in sb.'s ~*** restare in gola a qcn. II modif. [*disease*] della gola; [*injury*] alla gola; [*medicine*] per la gola ♦ ***to be at each other's ~s*** COLLOQ. essere come cane e gatto; ***to cut one's own ~*** tirarsi *o* darsi la zappa sui piedi; ***to jump down sb.'s ~*** COLLOQ. saltare al collo a qcn.

throaty /ˈθrəʊtɪ/ agg. **1** *(husky)* gutturale **2** COLLOQ. *(with sore throat)* rauco, roco.

1.throb /θrɒb/ n. **1** *(of engine, machine)* vibrazione f.; ***the ~ of the loudspeakers*** il tum tum delle casse **2** *(of heart, pulse)* battito m.; *(of pain)* (il) pulsare.

2.throb /θrɒb/ intr. (forma in -ing ecc. **-bb-**) **1** [*heart, pulse*] battere; ***my head is ~bing*** mi martellano le tempie, sembra che la testa mi si spacchi **2** [*motor*] vibrare; [*music, building*] risuonare; ***~bing with life*** brulicante di vita.

throbbing /ˈθrɒbɪŋ/ **I** n. **1** *(of heart, pulse)* battito m.; *(of blood, pain)* (il) pulsare **2** *(of motor)* vibrazione f.; ***the ~ of the drum*** il tum tum del tamburo **II** agg. **1** [*pain, ache, sound, music*] pulsante; [*head, finger*] che pulsa **2** [*engine*] vibrante.

throes /θrəʊz/ n.pl. **1** ***death ~*** agonia (anche FIG.) **2** ***to be in the ~ of sth.*** essere alle prese con qcs.

thrombosis /θrɒmˈbəʊsɪs/ ♦ *11* n. (pl. **-es**) trombosi f.

throne /θrəʊn/ n. trono m.; ***on the ~*** sul trono ♦ ***the power behind the ~*** l'eminenza grigia.

1.throng /θrɒŋ, AE θrɔːŋ/ n. folla f., schiera f.

2.throng /θrɒŋ, AE θrɔːŋ/ **I** tr. affollare [*street, town*] **II** intr. ***to ~ to*** o ***towards*** convergere in massa verso; ***to ~ around*** ammassarsi attorno a.

1.throttle /ˈθrɒtl/ n. **1** (anche **~ valve**) valvola f. a farfalla **2** *(accelerator)* acceleratore m.; ***at full ~*** a tutta velocità, a tutto gas.

2.throttle /ˈθrɒtl/ tr. strangolare; FIG. soffocare [*growth, project*].

1.through /θruː/ prep. **1** *(from one side to the other)* attraverso, per; ***the nail went right ~ the wall*** il chiodo attraversò il muro; ***to stick one's finger ~ the slit*** infilare il dito nella fessura; ***he was shot ~ the head*** il proiettile gli trapassò il cranio; ***it has a crack running ~ it*** è attraversato da una crepa **2** *(via, by way of)* ***to go ~ the town centre*** passare per il centro della città; ***go straight ~ that door*** passate da quella porta; ***to look ~*** guardare in [*binoculars*]; guardare da [*hole, window*] **3** *(past)* ***to go ~*** passare con [*red light*]; ***to get*** o ***go ~*** passare attraverso [*barricade*]; passare [*customs*] **4** *(among)* ***to fly ~ the clouds*** volare tra le nuvole; ***to leap ~ the trees*** saltare di ramo in ramo; ***to search ~*** frugare in [*bag*] **5** *(expressing source or agency)* ***it was ~ her that I got this job*** è stato grazie a lei che ho avuto questo lavoro; ***to book sth. ~ a travel agent*** prenotare qcs. tramite un'agenzia di viaggi; ***I only know her ~ her writings*** la conosco solo attraverso i suoi scritti **6** *(because of)* ***~ carelessness*** per negligenza **7** *(until the end of)* ***all*** o ***right ~ the day*** per tutta la giornata **8** *(up to and including)* ***from Friday ~ to Sunday*** da venerdì a domenica; ***open April ~ September*** AE aperto da aprile a settembre compreso ♦ ***to have been ~ a lot*** averne passate di cotte e di crude; ***you really put her ~ it*** gliene hai fatte vedere di tutti i colori.

2.through /θruː/ avv. **1** *(from one side to the other)* ***the water went right ~*** l'acqua è passata da parte a parte; ***to let sb. ~*** lasciare passare qcn. **2** *(completely)* ***cooked right ~*** ben cotto **3** *(from beginning to end)* ***to read sth. right ~*** leggere qcs. fino in fondo *o* fino alla fine; ***I'm halfway ~ the article*** ho letto metà dell'articolo **4** TEL. ***you're ~*** è in linea **5 through and through** ***to know sth. ~ and ~*** conoscere qcs. come le proprie tasche; ***English ~ and ~*** inglese fino al midollo.

3.through /θruː/ agg. **1** COLLOQ. *(finished)* finito; ***are you ~ with the paper?*** hai finito col giornale? ***we're ~*** *(of a couple)* tra noi è finita **2** *(direct)* [*train*] diretto; [*ticket*] cumulativo; [*freight*] a corpo; ***a ~ route to the station*** una strada che va direttamente alla stazione; ***"no ~ road"*** "strada senza uscita"; ***"~ traffic"*** *(on roadsign)* "circonvallazione" **3** *(successful)* ***to be ~ to the next round*** passare al turno successivo **4** BE *(worn)* ***your trousers are ~ at the knee*** i tuoi pantaloni sono bucati al ginocchio.

throughout /θruːˈaʊt/ **I** prep. **1** *(all over)* ***~ the country*** in *o* per tutto il paese; ***~ the world*** in tutto il mondo **2** *(for the duration of)* ***~ his life*** per tutta la vita; ***~ history*** in tutta la storia **II** avv. ***lined ~*** interamente foderato.

throughput /ˈθruːpʊt/ n. **1** INFORM. capacità f. di trattamento, prestazione f. **2** IND. *(of machinery)* produzione f., rendimento m.

through-ticketing /ˈθruːˌtɪkɪtɪŋ/ n. FERR. = sistema che permette, con un solo biglietto, di utilizzare per un viaggio più reti ferroviarie.

throughway /ˈθruːweɪ/ n. AE superstrada f.

throve /θrəʊv/ pass. → **thrive**.

1.throw /θrəʊ/ n. **1** SPORT GIOC. *(in football)* lancio m., tiro m.; *(of javelin, discus etc.)* lancio m.; *(in judo, wrestling etc.)* atterramento m.; *(of dice)* lancio m. **2** COLLOQ. *(each)* ***CDs £ 5 a ~!*** i CD a 5 sterline l'uno! **3** AE *(blanket)* telo m. **4** AE *(rug)* tappetino m.

2.throw /θrəʊ/ **I** tr. (pass. **threw**; p.pass. **thrown**) **1** *(project) (with careful aim)* lanciare (**at** a); *(downwards)* gettare; *(with violence)* scagliare, buttare; ***~ the ball up high*** lancia la palla in alto; ***she threw her arms around my neck*** mi gettò le braccia al collo; ***to ~ a six*** *(in dice)* fare sei **2** FIG. *(direct)* dare [*punch, glance, look*] (**at** a); fare [*question*] (**at** a); mandare [*kiss*]; proiettare [*image, light*] (**on** su); fare [*shadow*] (**on** su); destinare [*money*] (**at** a, per); ***to ~ suspicion on sb., sth.*** fare nascere dei sospetti su qcn., qcs. **3** FIG. *(disconcert)* sconcertare; ***to ~ [sth., sb.] into confusion*** o ***disarray*** mettere confusione in [*meeting, group*]; confondere [*people*] **4** TECN. *(activate)* azionare [*switch, lever*]; ***to ~ the machine into gear*** mettere in moto la macchina **5** COLLOQ. *(indulge in)* ***to ~ a fit*** FIG. uscire dai gangheri, andare in collera **6** COLLOQ. *(organize)* dare [*party*] **7** *(in pottery)* modellare [*pot*] **II** intr. (pass. **threw**; p.pass. **thrown**) fare un lancio **III** rifl. (pass. **threw**; p.pass. **thrown**) ***to ~ oneself*** gettarsi (**onto** su); ***to ~ oneself to the ground*** gettarsi a terra; ***to ~ oneself into*** buttarsi in (anche FIG.) ♦ ***it's ~ing it down!*** BE COLLOQ. sta piovendo a dirotto! ***to ~ in one's lot with sb.*** condividere la sorte di qcn.

■ **throw around, throw about:** ***~ [sth.] around*** **1** ***to ~ a ball around*** passarsi la palla **2** FIG. lanciare [*ideas*]; fare [*names*]; sperperare [*money*]; ***~ oneself around*** dimenarsi.

■ **throw aside:** ***~ aside [sth.], ~ [sth.] aside*** **1** lanciare da una parte [*books*] **2** FIG. non rispettare [*principles*].

■ **throw away:** ***~ away*** GIOC. scartare una carta; ***~ [sth.] away, ~ away [sth.]*** **1** buttare via [*rubbish, chance, money*] **2** *(utter casually)* buttare là [*remark, information*].

■ **throw back:** ***~ back [sth.], ~ [sth.] back*** ributtare in acqua [*fish*]; rilanciare [*ball*]; ***we have been thrown back on our own resources*** FIG. abbiamo dovuto ricorrere a mezzi propri.

■ **throw in:** ***~ in [sth.], ~ [sth.] in*** **1** COMM. *(give free)* omaggiare di [*extra product*] **2** *(add)* aggiungere [*ingredient*] **3** *(contribute)* fare [*remark*]; dare [*suggestion*].

■ **throw off:** ***~ off [sth.], ~ [sth.] off*** **1** *(take off)* togliere in fretta [*clothes, bedclothes*] **2** FIG. *(cast aside)* liberarsi di [*cold, handicap, pursuers*]; sbarazzarsi di [*burden*]; abbandonare [*tradition*]; uscire da [*depression*] **3** FIG. *(compose quickly)* buttare giù [*poem, music*]; ***~ off [sb.], ~ [sb.] off*** *(from train, bus, plane)* scaricare.

■ **throw on:** ***~ on [sth.], ~ [sth.] on*** *(put on)* infilare in fretta [*clothing*].

■ **throw open:** ***~ open [sth.], ~ [sth.] open*** **1** spalancare [*door*] **2** FIG. aprire al pubblico [*facility, tourist attraction*].

■ **throw out:** ***~ out [sb., sth.], ~ [sb., sth.] out*** *(eject)* gettare, buttare via [*rubbish*]; *(from bar, club)* buttare fuori [*person*] (**of** da); ***to be thrown out of work*** essere licenziato; ***~ out [sth.], ~ [sth.] out*** **1** *(extend)* ***~ your chest out*** petto in fuori **2** *(reject)* respingere, cestinare [*application*]; opporsi a [*decision*]; POL. respingere [*bill*] **3** *(utter peremptorily)* uscirsene con, buttare là, lì [*comment*]; *(casually)* ***he just threw out some comment about wanting...*** se ne è uscito dicendo che voleva...; ***~ [sb.] out*** *(mislead)* sconcertare.

■ **throw over** BE COLLOQ. ***~ over [sb.], ~ [sb.] over*** lasciare, piantare.

■ **throw together:** ***~ [sb.] together*** fare incontrare [*people*]; ***~ [sth.] together*** raffazzonare [*meal, entertainment*]; mettere insieme [*ingredients*].

■ **throw up:** ***~ up*** COLLOQ. vomitare, rigettare; ***~ up [sth.], ~ [sth.] up*** **1** COLLOQ. *(abandon)* lasciare [*job*] **2** *(reveal)* fare conoscere [*fact*]; esporre [*idea, problem, findings*]; creare, erigere [*obstacle*]; tirare fuori [*question, statistic*] **3** *(emit)* mandare fuori [*smoke*]; erogare [*spray*]; eruttare [*lava*] **4** *(toss into air)* [*car*] fare schizzare [*stone*]; [*person*] alzare [*arms*]; lanciare [*ball*] **5** *(open)* spalancare [*window*] **6** *(vomit)* vomitare [*meal*].

throwaway /ˈθrəʊəweɪ/ agg. **1** *(discardable)* [*goods, object*] usa e getta; [*packaging*] a perdere **2** *(wasteful)* [*society*] dei consumi **3** *(casual)* [*remark*] buttato là, lasciato cadere; [*entertainment, style*] improvvisato.

throw-back /ˈθrəʊbæk/ n. **1** ANTROP. ZOOL. organismo m. regredito **2** FIG. ritorno m. (**to** di).

thrower /ˈθrəʊə(r)/ n. lanciatore m. (-trice) (anche SPORT).

throw-in /ˈθrəʊɪn/ n. SPORT rimessa f. in gioco.

thrown /θrəʊn/ p.pass. → **2.throw**.

thru AE → **1.through, 2.through, 3.through**.

1.thrush /θrʌʃ/ n. ORNIT. tordo m. bottaccio.

2.thrush /θrʌʃ/ ♦ *11* n. MED. *(oral)* mughetto m.; *(vaginal)* candida f.

1.thrust /θrʌst/ n. **1** spinta f. (anche TECN. ARCH.) **2** *(with pointed arm)* puntata f.; ***sword ~*** colpo di spada **3** *(of argument, essay)* senso m., significato m. **4** *(attack)* frecciata f., stoccata f. (**at** rivolta a).

2.thrust /θrʌst/ **I** tr. (pass., p.pass. **thrust**) ***to ~ sth. towards*** o ***at sb.*** mettere bruscamente qcs. davanti a qcn.; ***to ~ sth. into sth.*** (con)ficcare qcs. in qcs.; ***to ~ sb., sth. away*** o ***out of the way*** spingere *o* cacciare via qcn., qcs. **II** rifl. (pass., p.pass. **thrust**) ***he thrust himself to the front of the crowd*** si spinse in prima fila; ***to ~ oneself forward*** spingersi in avanti; FIG. mettersi in mostra; ***to ~ oneself on*** o ***onto sb.*** *(impose oneself)* imporsi a qcn.

▪ **thrust aside:** ***~ [sth., sb.] aside, ~ aside [sth., sb.]*** spingere via [*object, person*]; FIG. respingere [*protest, argument*].

▪ **thrust back:** ***~ [sth.] back, ~ back [sth.]*** respingere.

▪ **thrust forward:** ***~ forward*** [*crowd*] spingersi in avanti; ***~ [sth.] forward, ~ forward [sth.]*** spingere in avanti.

▪ **thrust on(to)** → **thrust upon**.

▪ **thrust out:** ***~ [sth.] out, ~ out [sth.]*** allungare improvvisamente [*hand, leg*]; spingere in fuori [*jaw, chin*]; tirare fuori [*implement*].

▪ **thrust up** [*plant*] crescere rigoglioso.

▪ **thrust upon:** ***~ [sth.] upon sb.*** imporre a qcn. [*idea, job*].

thrusting /ˈθrʌstɪŋ/ agg. SPREG. [*person, campaign*] aggressivo; [*ambition*] potente, forte.

1.thud /θʌd/ n. rumore m. sordo, tonfo m.

2.thud /θʌd/ intr. (forma in -ing ecc. **-dd-**) emettere un rumore sordo; ***to ~ up the stairs*** salire le scale con passo pesante; ***her heart was ~ding*** le batteva forte il cuore.

thug /θʌg/ n. *(ruffian)* teppista m. e f.

thuggery /ˈθʌgərɪ/ n. SPREG. criminalità f.

thuggish /ˈθʌgɪʃ/ agg. da teppista.

1.thumb /θʌm/ ♦ *2* n. pollice m. ♦ ***to be all ~s*** essere molto maldestro (con le mani); ***to be under sb.'s ~*** essere sotto il controllo di qcn.; ***to stick out like a sore ~*** essere un pugno in un occhio.

2.thumb /θʌm/ tr. **1** sfogliare [*book, magazine*] **2** COLLOQ. *(hitchhiking)* ***to ~ a lift*** o ***a ride*** fare l'autostop ♦ ***to ~ one's nose at sb.*** fare marameo a qcn.; FIG. fregarsene di qcn.

▪ **thumb through:** ***~ through [sth.]*** sfogliare [*book, magazine*].

thumb index n. indice m. a tacche a semicerchio, a unghiatura.

thumbnail /ˈθʌmneɪl/ n. unghia f. del pollice.

thumbnail sketch n. *(description) (of person)* profilo m.; *(of event)* schizzo m.

thumbs down n. COLLOQ. *(signal)* pollice m. verso; ***to give [sb., sth.] the ~*** FIG. bocciare [*candidate, proposal, idea*]; ***to get the ~*** [*candidate, proposal, idea*] essere bocciato; [*new product, experiment*] essere accolto freddamente.

thumbs up n. COLLOQ. ***to give [sb., sth.] the ~*** *(approve)* approvare [*candidate, plan, suggestion*]; ***to get the ~*** [*plan, person, idea*] essere approvato; ***start the car when I give you the ~*** metti in moto l'auto quando ti do il via; ***she gave me the ~ as she came out of the interview*** uscendo mi ha fatto segno che il colloquio era andato bene.

1.thumbtack /ˈθʌmtæk/ n. AE puntina f. da disegno.

2.thumbtack /ˈθʌmtæk/ tr. fissare con puntine da disegno.

1.thump /θʌmp/ n. **1** *(blow)* botta f., colpo m. **2** *(sound)* rumore m. sordo.

2.thump /θʌmp/ **I** tr. dare un pugno a [*person*]; battere il pugno su [*table*] **II** intr. **1** *(pound)* [*heart*] martellare; [*music, rhythm*] risuonare; ***my head is ~ing*** ho delle fitte lancinanti alla testa; ***to ~ on*** picchiare a [*door*]; pestare su [*piano*] **2** *(clump)* ***to ~ upstairs*** salire le scale.

▪ **thump out:** ***~ out [sth.]*** strimpellare [*tune*].

thumping /ˈθʌmpɪŋ/ **I** n. **1** *(of drums)* (il) battere **2** COLLOQ. *(beating)* botte f.pl. **II** agg. **1** BE COLLOQ. *(emphatic)* ***~ big*** o ***~ great*** enorme **2** *(loud)* [*noise*] sordo; [*rhythm, sound*] martellante; [*headache*] lancinante, martellante.

1.thunder /ˈθʌndə(r)/ n. **1** METEOR. tuono m.; ***a clap*** o ***peal of ~*** un tuono **2** *(noise) (of hooves)* fragore m.; *(of traffic, cannons)* rombo m.; *(of applause)* scroscio m. ♦ ***to steal sb.'s ~*** battere qcn. sul tempo; ***with a face like ~*** o ***with a face as black as ~*** scuro in volto.

2.thunder /ˈθʌndə(r)/ **I** tr. *(shout)* (anche **~ out**) tuonare [*command, order*] **II** intr. **1** *(roar)* [*person*] tuonare; [*cannon*] rombare; [*hooves*] fare un rumore fragoroso (**on** su) **2** *(rush)* ***to ~ along*** o ***past*** sfrecciare rombando **III** impers. tuonare.

thunderbolt /ˈθʌndəbəʊlt/ n. METEOR. fulmine m.; FIG. fulmine m. (a ciel sereno).

thunderclap /ˈθʌndəklæp/ n. tuono m.

thundercloud /ˈθʌndəklaʊd/ n. nube f. temporalesca, nuvolone m.

thundering /ˈθʌndərɪŋ/ **I** agg. **1** *(angry)* [*rage*] nero **2** *(huge)* [*success*] straordinario; [*nuisance*] terribile; [*noise*] assordante **II** avv. BE COLLOQ. *(intensifier)* ***a ~ great skyscraper*** un enorme grattacielo.

thunderous /ˈθʌndərəs/ agg. **1** *(loud)* [*welcome*] fragoroso; [*music, noise*] assordante; ***~ applause*** applausi scroscianti **2** *(angry)* [*face, expression*] minaccioso.

thunderstorm /ˈθʌndəstɔːm/ n. temporale m.

thunderstruck /ˈθʌndəstrʌk/ agg. sbalordito.

thundery /ˈθʌndərɪ/ agg. [*weather*] da temporale; ***it's ~*** c'è aria di temporale.

Thur(s) ⇒ Thursday giovedì (giov.).

Thursday /ˈθɜːzdeɪ, -dɪ/ ♦ *36* n. giovedì m.

thus /ðʌs/ avv. *(in this way)* così, in questo modo; *(consequently)* così, di conseguenza; ***~ far*** finora, sinora.

1.thwack /θwæk/ n. *(blow)* colpo m., botta f.; *(with hand)* schiaffo m.; *(sound)* colpo m. secco.

2.thwack /θwæk/ tr. battere [*ball*]; picchiare [*person, animal*].

thwart /θwɔːt/ tr. opporsi a, ostacolare, contrastare [*plan*]; contrariare, contrastare [*person*].

thwarted /ˈθwɔːtɪd/ **I** p.pass. → **thwart II** agg. [*love, plan*] contrastato (**in** in); [*person*] contrariato (**in** riguardo a).

thy /ðaɪ/ determ. ANT. → **your**.

thyme /taɪm/ n. timo m.

thyroid /ˈθaɪrɔɪd/ **I** n. (anche **~ gland**) tiroide f. **II** modif. [*artery*] tiroideo; [*disorder*] alla tiroide.

thyself /ðaɪˈself/ pron. ANT. → **yourself**.

tiara /tɪˈɑːrə/ n. *(woman's)* diadema m.; *(Pope's)* tiara f.

Tiber /ˈtaɪbə(r)/ ♦ *25* n.pr. Tevere m.

tibia /ˈtɪbɪə/ ♦ *2* n. (pl. **~s, -ae**) tibia f.

tic /tɪk/ n. tic m.

1.tick /tɪk/ n. **1** *(of clock)* tic tac m., ticchettio m. **2** BE *(mark on paper)* segno m. di spunta, spunta f.; ***to put a ~ against sth.*** mettere un segno di spunta a qcs. **3** BE COLLOQ. *(short time)* minuto m., istante m.; ***I won't be a ~*** faccio in un attimo.

2.tick /tɪk/ **I** tr. BE *(make mark)* fare un segno di spunta a [*box, answer*]; spuntare [*name*] **II** intr. [*bomb, clock*] fare tic tac, ticchettare; ***I know what makes him ~*** so cosa lo spinge a comportarsi così.

▪ **tick away** [*time*] passare; [*clock*] andare avanti; [*meter*] girare.

▪ **tick by** [*time*] passare.

▪ **tick off:** ***~ [sth.] off, ~ off [sth.]*** BE *(mark)* spuntare [*name, item*]; ***~ [sb.] off*** **1** BE COLLOQ. *(reprimand)* sgridare [*person*] **2** AE COLLOQ. *(annoy)* mandare in bestia [*person*].

▪ **tick over** BE **1** AUT. [*car*] essere in moto; [*engine*] girare **2** FIG. [*company, business*] tirare avanti; [*mind*] essere in funzione.

3.tick /tɪk/ n. VETER. ZOOL. zecca f.

4.tick /tɪk/ n. BE COLLOQ. *(credit)* ***on ~*** a credito.

ticker /ˈtɪkə(r)/ n. COLLOQ. *(heart)* cuore m.

ticker tape n. nastro m. di telescrivente ♦ ***to give sb. a ~ welcome*** o ***reception*** accogliere qcn. con una pioggia di coriandoli.

1.ticket /ˈtɪkɪt/ n. **1** *(for bus, train, cinema, museum etc.)* biglietto m.; *(for cloakroom, laundry, left-luggage)* scontrino m.; *(for library)* tessera f.; ***admission by ~ only*** ingresso consentito solo ai possessori di biglietto **2** *(tag, label)* etichetta f., cartellino m. **3** AUT. COLLOQ. *(for fine)* multa f. **4** AE POL. *(of political party)* lista f. (di candidati); *(platform)* piattaforma f. ♦ ***that's (just) the ~!*** COLLOQ. è (proprio) quello che ci vuole!

2.ticket /ˈtɪkɪt/ tr. etichettare [*goods, baggage*].

ticket agency n. = agenzia che vende biglietti aerei, dell'autobus, del cinema, del teatro ecc.

ticket inspector ❥ *27* n. controllore m.

ticket office n. biglietteria f.

ticket tout n. BE bagarino m.

ticking /ˈtɪkɪŋ/ n. **1** *(of clock)* tic tac m., ticchettio m. **2** TESS. *(material)* tela f. da materassi; *(cover)* fodera f.

ticking-off /ˌtɪkɪŋˈɒf/ n. ***to give sb. a ~*** BE COLLOQ. sgridare qcn.

1.tickle /ˈtɪkl/ n. solletico m.; ***to give sb. a ~*** fare il solletico a qcn.

2.tickle /ˈtɪkl/ **I** tr. **1** [*person, feather*] fare il solletico a, solleticare; [*wool, garment*] pungere **2** COLLOQ. FIG. *(gratify)* stuzzicare [*palate, vanity*]; stimolare [*senses*]; *(amuse)* divertire [*person*]; ***to ~ sb.'s fancy*** piacere a qcn. **II** intr. [*blanket, garment*] pungere; [*feather*] fare il solletico ♦ ***to be ~d pink*** o ***to death*** essere contento come una pasqua.

tickling /ˈtɪklɪŋ/ n. solletico m.

ticklish /ˈtɪklɪʃ/ agg. **1** [*person*] che soffre il solletico **2** *(tricky)* [*situation, problem*] spinoso, delicato.

tick-tack-toe /ˌtɪktækˈtəʊ/ n. AE (gioco del) tris m.

tidal /ˈtaɪdl/ agg. [*river*] soggetto a maree; [*current*] di marea; [*flow*] della marea; [*energy, power*] delle maree.

tidal wave n. raz m. di marea; FIG. ondata f., impeto m.

tidbit /ˈtɪdbɪt/ n. AE → **titbit**.

tiddler /ˈtɪdlə(r)/ n. BE pesciolino m., pescetto m.

tiddly /ˈtɪdlɪ/ agg. BE COLLOQ. **1** *(drunk)* alticcio, brillo **2** *(tiny)* piccolissimo.

tiddlywinks /ˈtɪdlɪwɪŋks/ ❥ *10* n. + verbo sing. gioco m. delle pulci.

1.tide /taɪd/ n. **1** MAR. marea f.; ***the ~ is in, out*** c'è alta, bassa marea; ***the ~ is turning*** sta cambiando la marea; ***at high, low ~*** con l'alta, la bassa marea **2** FIG. *(trend) (of emotion)* ondata f.; *(of events)* corso m.; ***to go, swim against the ~*** andare, nuotare contro corrente; ***the ~ has turned*** c'è stata una svolta ♦ ***time and ~ wait for no man*** non si può fermare il tempo.

tidemark /ˈtaɪdmɑːk/ n. linea f. di marea; BE FIG. *(line of dirt)* = riga di sporco nella vasca da bagno che indica fin dove è stata riempita di acqua.

tide over tr. ***to ~ sb. over*** aiutare qcn. a farcela.

tidily /ˈtaɪdɪlɪ/ avv. [*arrange, write*] in modo ordinato; [*dress*] con cura; [*fit*] in modo impeccabile.

tidiness /ˈtaɪdɪnɪs/ n. *(of place)* ordine m.; *(of person, appearance)* aspetto m. accurato.

tidings /ˈtaɪdɪŋz/ n.pl. LETT. nuove f.

1.tidy /ˈtaɪdɪ/ **I** agg. **1** [*house, room, desk, person*] ordinato; [*garden, work, appearance*] curato; [*hair*] in ordine; ***to make oneself ~*** darsi una sistemata **2** COLLOQ. [*amount*] bello, discreto **II** n. BE → **tidy-out**.

2.tidy /ˈtaɪdɪ/ tr. e intr. → **tidy out**.

■ **tidy away:** ~ **[sth.] away**, ~ **away [sth.]** mettere via, riporre [*toys, plates*].

■ **tidy out:** ~ **[sth.] out**, ~ **out [sth.]** sgombrare [*cupboard*].

■ **tidy up:** ~ **up** rimettere in ordine, riordinare; ***to ~ up after*** rimettere in ordine dopo il passaggio di [*person*]; ~ **up [sth.]**, ~ **[sth.] up 1** rimettere in ordine, riordinare [*house, room*]; rimettere a posto [*objects*]; risistemare [*garden, town, appearance*]; dare una sistemata a [*hair*] **2** FIG. sistemare [*problem*]; mettere a posto [*finances*]; ~ **oneself up** darsi una sistemata.

tidy-out /ˈtaɪdɪaʊt/, **tidy-up** /ˈtaɪdɪʌp/ n. BE ***to have a ~*** mettere in ordine.

1.tie /taɪ/ n. **1** *(piece of clothing)* cravatta f. **2** *(fastener) (for bags)* laccetto m.; FERR. traversina f. **3** gener. pl. *(bond)* ***family ~s*** legami familiari **4** *(constraint)* vincolo m. **5** *(draw)* SPORT pareggio m.; ***to end in a ~*** [*game*] concludersi con un pareggio, finire in parità; ***there was a ~ for second place*** finirono secondi ex aequo *o* a pari merito; ***there was a ~ between the candidates*** i candidati ottennero lo stesso numero di voti **6** BE SPORT *(arranged match)* incontro m. (a eliminazione diretta) **7** MUS. legatura f.

2.tie /taɪ/ **I** tr. (forma in -ing **tying**) **1** *(attach, fasten closely)* legare [*label, animal, hands, parcel*] **2** *(join in knot)* fare il nodo a, annodare [*scarf, cravat, laces*]; ***to ~ a knot in the string*** fare un nodo allo spago **3** FIG. *(link)* collegare; ***to be ~d to*** *(linked to)* essere collegato a [*growth, activity*]; ECON. essere indicizzato a [*inflation, interest rate*]; *(constrained by)* [*person*] essere inchiodato a [*job*]; essere costretto a [*house*] **II** intr. (forma in -ing **tying**) **1** *(fasten)* legarsi **2** *(draw) (in match)* pareggiare; *(in race)* arrivare ex aequo; *(in vote)* [*candidates*] ottenere lo stesso numero di voti.

■ **tie back:** ~ **[sth.] back**, ~ **back [sth.]** legare dietro la nuca [*hair*]; legare, raccogliere [*curtain*].

■ **tie down:** ~ **[sb., sth.] down**, ~ **down [sb., sth.]** *(hold fast)* immobilizzare [*hostage*]; ***she feels ~d down*** FIG. si sente costretta *o* soffocata; ***to ~ sb. down to sth.*** *(limit)* imporre qcs. a qcn.; ***to ~ sb. down to an exact date*** vincolare qcn. a una data precisa; ***to ~ oneself down*** vincolarsi (**to** a).

■ **tie in with:** ~ **in with [sth.] 1** *(tally)* concordare con [*fact, event*] **2** *(have link)* essere collegato a; ~ **[sth.] in with sth.**, ~ **in [sth.] with sth.** *(combine)* combinare [qcs.] con qcs.

■ **tie on:** ~ **[sth.] on**, ~ **on [sth.]** attaccare (con un laccio) [*label, ribbon*].

■ **tie together:** ~ **[sth.] together**, ~ **together [sth.]** legare insieme.

■ **tie up:** ~ **[sb., sth.] up**, ~ **up [sb., sth.] 1** *(secure)* legare **2** ECON. *(freeze)* immobilizzare, vincolare [*capital*]; bloccare [*shares*] **3** *(finalize)* definire [*details, matters*]; concludere [*deal*]; ***to ~ up the loose ends*** fare gli ultimi ritocchi, aggiustare gli ultimi dettagli **4** *(hinder)* bloccare [*procedure*]; AE bloccare [*traffic, route*]; AE sospendere, bloccare [*production*]; ***to be ~d up*** *(be busy)* essere impegnato *o* occupato.

tieback /ˈtaɪbæk/ n. *(for curtain)* = nastrino per legare le tende.

tie break(er) n. *(in tennis)* tie-break m.; *(in quiz)* domanda f. di spareggio.

tie-dye /ˈtaɪdaɪ/ tr. rendere chiné.

tie in n. *(link)* legame m.

tie pin n. spilla f. da cravatta.

1.tier /tɪə(r)/ n. *(of cake, sandwich)* strato m.; *(of organization, system)* livello m.; *(of seating)* gradinata f.

2.tier /tɪə(r)/ tr. disporre in livelli [*organization, system*]; disporre su gradinate [*seating*].

tie-up /ˈtaɪʌp/ n. **1** *(link)* legame m. **2** AE *(stoppage) (of work)* sospensione f.; *(of traffic)* blocco m.

tiff /tɪf/ n. battibecco m.

tiger /ˈtaɪgə(r)/ n. tigre f.

tight /taɪt/ **I** agg. **1** *(firm)* [*grip, knot*] stretto; ***to hold sb. in a ~ embrace*** tenere qcn. stretto tra le braccia **2** *(taut)* [*rope, voice*] teso **3** *(constrictive)* [*space*] stretto, angusto; [*clothing*] stretto, aderente; [*shoes*] stretto; *(closefitting)* [*shirt, jeans*] attillato; ***it was a ~ squeeze*** eravamo schiacciati come sardine **4** *(strict)* [*security*] assoluto; [*deadline*] rigido; [*discipline*] rigido, rigoroso; [*control*] stretto, severo; [*budget*] limitato; [*credit*] difficile; ***to be ~ (with one's money)*** essere taccagno; ***money is a bit ~ these days*** in questo periodo sono un po' a corto di soldi **5** *(packed)* [*schedule*] fitto; [*timetable*] serrato **6** *(compact)* [*group*] serrato; [*bunch*] folto **7** BE COLLOQ. *(drunk)* ubriaco, sbronzo **8** *(sharp, oblique)* [*angle*] acuto; [*turn*] stretto **II** avv. [*hold, grip*] stretto; [*fasten, close*] bene; ***hold ~!*** tieniti forte! ***sit ~!*** stai fermo! ***I just sat ~ and waited for the scandal to pass*** FIG. ho tenuto duro **III tights** n.pl. BE collant m. ♦ ***to be in a ~ spot*** o ***situation*** o ***corner*** essere in una situazione difficile; ***to run a ~ ship*** = avere una gestione molto efficiente e molto rigida.

tighten /ˈtaɪtn/ **I** tr. stringere, serrare [*grip, lid, screw*]; tendere [*spring, bicycle chain*]; FIG. rafforzare [*security, restrictions*]; inasprire [*legislation, policy*] **II** intr. **1** *(contract)* [*lips*] serrarsi; [*muscle*] contrarsi **2** [*screw, nut*] stringersi **3** *(become strict)* [*laws*] inasprirsi; [*credit controls*] aumentare ♦ ***to ~ one's belt*** FIG. tirare la cinghia.

■ **tighten up:** ~ **up [sth.]**, ~ **[sth.] up** stringere [*screw*]; fissare [*hinge*]; rafforzare [*security*]; inasprire [*legislation*]; ***to ~ up on*** inasprire la regolamentazione in materia di [*immigration, fiscal policy*].

tight-fisted /ˌtaɪtˈfɪstɪd/ agg. COLLOQ. SPREG. taccagno, spilorcio.
tight-fitting /ˌtaɪtˈfɪtɪŋ/ agg. SART. attillato.
tight-knit /ˌtaɪtˈnɪt/ agg. FIG. unito.
tight-lipped /ˌtaɪtˈlɪpt/ agg. ***they are remaining ~ about the events*** mantengono le bocche cucite sui fatti; ***he watched, ~*** guardava senza fare commenti.
tightly /ˈtaɪtlɪ/ avv. **1** *(firmly)* [*grasp*] saldamente; [*hold, embrace*] stretto; [*tied, fastened*] strettamente **2** *(closely)* ***the ~ packed crowd*** la folla assiepata **3** *(taut)* ***a ~ stretched rope*** una corda molto tesa **4** *(precisely)* [*controlled*] strettamente.
tightness /ˈtaɪtnɪs/ n. **1** *(contraction)* ***there was a sudden ~ in her chest*** improvvisamente sentì una stretta al petto **2** *(of restrictions, security)* rafforzamento m. **3** *(of space, garment)* strettezza f.
tightrope /ˈtaɪtrəʊp/ n. *(for acrobats)* fune f.
tightrope walker ➧ *27* n. funambolo m. (-a).
tigress /ˈtaɪgrɪs/ n. tigre f. femmina.
1.tile /taɪl/ n. *(for roof)* tegola f.; *(for floor, wall)* piastrella f. ♦ ***to go out*** o ***have a night on the ~s*** BE COLLOQ. fare bisboccia *o* baldoria.
2.tile /taɪl/ tr. coprire con tegole [*roof*]; piastrellare [*floor, wall*].
tiling /ˈtaɪlɪŋ/ n. U *(tiles) (of roof)* tegole f.pl.; *(of floor, wall)* piastrelle f.pl.
1.till /tɪl/ → **until**.
2.till /tɪl/ n. cassa f. ♦ ***to have one's hand in the ~*** avere le mani lunghe.
3.till /tɪl/ tr. coltivare, lavorare.
tiller /ˈtɪlə(r)/ n. MAR. barra f. (del timone).
till receipt n. scontrino m. fiscale.
1.tilt /tɪlt/ n. **1** *(incline)* inclinazione f., pendenza f. **2** FIG. *(attack)* attacco m.; ***to have*** o ***take a ~ at*** criticare [*person, organization*]; cimentarsi in [*championship*].
2.tilt /tɪlt/ **I** tr. *(slant)* inclinare, fare pendere [*table, sunshade*]; inclinare [*head*]; mettere a sghimbescio [*hat, cap*] **II** intr. **1** *(slant)* pendere **2** FIG. ***to ~ at*** attaccare [*person, organization*].
Tim /tɪm/ n.pr. diminutivo di **Timothy**.
timber /ˈtɪmbə(r)/ n. **1** *(for building)* legname m. (da costruzione) **2** *(lumber)* tronchi m.pl. d'albero **3** *(beam)* trave f.
timbered /ˈtɪmbəd/ agg. [*house*] in legno; ***half-~ house*** = casa con ossatura in legno e tramezzi in muratura.
timberland /ˈtɪmbəlænd/ n. AE terreno m. coltivato a foresta.
timber yard n. deposito m. di legname.
timbre /ˈtɪmbə(r), ˈtæmbrə/ n. *(of sound, voice)* timbro m.
1.time /taɪm/ ➧ *33, 4* n. **1** *(continuum)* tempo m.; ***in*** o ***with ~*** col tempo; ***in the course of ~*** nel corso del tempo; ***as ~ goes, went by*** con il passare del tempo; ***at this point in ~*** a questo punto; ***for all ~*** per tutto il tempo, per sempre; ***the biggest drugs haul of all ~*** la più grossa partita di droga mai vista **2** *(specific duration)* tempo m.; ***most of the ~*** la maggiore parte del tempo; ***for some of the ~*** per un certo periodo; ***I was waiting for you here all the ~*** ti ho aspettato qui per tutto il tempo; ***she was lying all the ~*** aveva sempre mentito; ***you've got all the ~ in the world*** hai tutto il tempo del mondo; ***you've got plenty of ~*** hai molto tempo; ***to take one's ~*** prendersela comoda; ***it'll be a long ~ before I go back there!*** passerà molto tempo prima che io ci torni! ***you took a long ~!*** ce ne hai messo di tempo! ***we had to wait for a long ~*** abbiamo dovuto aspettare a lungo; ***a long, short ~ ago*** molto, poco tempo fa; ***we haven't heard from her for some ~*** non abbiamo sue notizie da un po' di tempo; ***in no ~ at all*** o ***in next to no ~*** in un niente; ***in five days' ~*** nel giro di *o* in cinque giorni; ***within the agreed ~*** entro i termini convenuti; ***in your own ~*** *(at your own pace)* al tuo ritmo; *(outside working hours)* al di fuori dell'orario di lavoro; ***on company ~*** durante l'orario di ufficio; ***my ~ isn't my own*** non sono padrone del mio tempo **3** *(hour of the day, night)* ora f.; ***what ~ is it? what's the ~?*** che ora è? che ore sono? ***the ~ is 11 o'clock*** sono le 11 (in punto); ***10 am Italian ~*** le dieci antimeridiane, ora italiana; ***this ~ last week, year*** la scorsa settimana a questa stessa ora, l'anno scorso in questo stesso periodo; ***by this ~ next week*** a quest'ora fra una settimana; ***on ~*** a tempo, puntualmente; ***the train ~s*** gli orari dei treni; ***it's ~ for bed*** è ora di andare a letto; ***it's ~ we started*** è ora di cominciare; ***to lose ~*** [*clock*] restare indietro; ***that clock keeps good ~*** quell'orologio è sempre preciso; ***about ~ too!*** alla buonora! ***not before ~!*** era proprio ora! ***to arrive in good ~*** arrivare in anticipo; ***in ~ for Christmas*** (in tempo) per Natale; ***to be behind ~*** essere in ritardo *o* indietro; ***twenty minutes ahead of ~*** venti minuti in anticipo **4** *(era, epoch)* tempo m., epoca f.; ***in Victorian ~s*** nell'epoca vittoriana; ***in Dickens' ~s*** ai tempi di Dickens; ***at the ~*** al tempo, all'epoca; ***~ was*** o ***there was a ~ when one could...*** ci fu un tempo in cui *o* un tempo si poteva...; ***to be ahead of*** o ***in advance of the ~s*** precorrere i tempi; ***to be behind the ~s*** non essere al passo con i tempi; ***to keep up*** o ***move with the ~s*** tenersi *o* essere al passo con i tempi; ***in ~s past, in former ~s*** nei tempi passati, nel passato; ***it's just like old ~s*** è proprio come ai vecchi tempi; ***give peace in our ~*** RELIG. concedi la pace ai nostri giorni; ***at my ~ of life*** alla mia età; ***she was a beautiful woman in her ~*** era una bella donna ai suoi tempi; ***it was before my ~*** *(before my birth)* non ero ancora nato; *(before I came here)* non ero ancora venuto qua; ***if I had my ~ over again*** se potessi ricominciare, se potessi ritornare indietro, se ridiventassi giovane; ***to die before one's ~*** morire prima del tempo *o* prematuramente **5** *(moment)* momento m.; ***at ~s*** a volte; ***at the ~ I didn't notice*** al momento non l'avevo notato; ***at the right ~*** al momento giusto; ***this is no ~ for jokes*** non è il momento di scherzare; ***at all ~s*** tutti i momenti, sempre; ***at any ~*** in qualsiasi momento; ***the ~ has come for action*** è giunto il momento di agire; ***by the ~ I finished the letter the post had gone*** quando finii la lettera la posta era già partita; ***by the ~ she had got downstairs he had gone*** quando scese di sotto era già partito; ***by this ~ most of them were dead*** a quel punto la maggior parte di loro erano morti; ***some ~ this week*** un giorno di questa settimana; ***some ~ next month*** il mese prossimo; ***for the ~ being*** per il momento; ***from that*** o ***this ~ on*** a partire da quel *o* questo momento; ***when the ~ comes*** quando viene il momento; ***in ~s of crisis*** nei momenti di crisi; ***until such ~ as*** fino al momento in cui; ***at the same ~*** allo stesso tempo; ***I can't be in two places at the same ~*** non posso essere in due posti allo stesso tempo **6** *(occasion)* volta f.; ***nine ~s out of ten*** nove volte su dieci; ***three ~s a month*** tre volte al mese; ***~ after ~*** o ***~ and ~ again*** continuamente, in continuazione; ***three at a ~*** tre per *o* alla volta; ***she passed her driving test first ~ round*** ha passato l'esame di guida al primo colpo; ***from ~ to ~*** di tanto in tanto; ***for months at a ~*** per mesi interi; ***(in) between ~s*** nel frattempo *o* intanto **7** *(experience)* ***to have a tough*** o ***hard ~ doing*** incontrare delle difficoltà a fare; ***he's having a rough*** o ***hard*** o ***tough ~*** sta attraversando un periodo difficile; ***we had a good ~*** ci siamo divertiti; ***to have an easy ~ (of it)*** cavarsela facilmente; ***the good, bad ~s*** i momenti felici, difficili; ***she enjoyed her ~ in Canada*** è stata molto bene durante il suo soggiorno in Canada **8** AMM. IND. *(hourly rate)* ***to work, be paid ~*** lavorare, essere pagato a ore; ***to be paid ~ and a half*** essere pagato una volta e mezza la tariffa normale **9** *(length of period)* ***flight, journey ~*** durata del volo, del viaggio **10** MUS. tempo m.; ***to beat*** o ***mark ~*** battere *o* segnare il tempo; ***in waltz ~*** a tempo di valzer **11** SPORT tempo m.; ***a fast ~*** un buon tempo; ***to keep ~*** cronometrare **12** MAT. FIG. ***three ~s four*** tre per quattro; ***ten ~s stronger*** dieci volte più forte; ***eight ~s as much*** otto volte tanto ♦ ***from ~ out of mind*** dalla notte dei tempi; ***there is a ~ and place for everything*** c'è un tempo e un luogo per ogni cosa; ***there's always a first ~*** c'è sempre una prima volta; ***he'll tell you in his own good ~*** te lo dirà a suo tempo *o* quando lo vorrà lui; ***all in good ~*** tutto *o* ogni cosa a suo tempo; ***only ~ will tell*** chi vivrà vedrà; ***to pass the ~ of day with sb.*** fare due chiacchiere con qcn.; ***to have ~ on one's hands*** avere del tempo libero; ***to have a lot of ~ for sb.*** ammirare *o* apprezzare molto qcn.; ***I've got no ~ for that sort of attitude*** non sopporto quel tipo di atteggiamento; ***to do ~*** COLLOQ. *(in prison)* stare al fresco; ***give me Italy every ~!*** non c'è niente come l'Italia! ***long ~ no see!*** COLLOQ. è un bel po' che non ci si vede!
2.time /taɪm/ **I** tr. **1** *(schedule)* fissare, programmare [*holiday, visit*]; fissare [*appointment, meeting*]; ***we ~ our trips to fit in with school holidays*** programmiamo i nostri viaggi in modo che coincidano con le vacanze scolastiche; ***the bomb is ~d to go off at midday*** la bomba è regolata per esplodere a mezzogiorno; ***to be well-, badly-timed*** avvenire al momento giusto,

sbagliato; ***the announcement was perfectly ~d*** l'annuncio fu dato al momento giusto **2** *(judge)* calibrare [*blow, shot*]; ***to ~ a joke*** scegliere il momento adatto per una battuta **3** *(measure speed, duration)* cronometrare [*athlete, cyclist*]; calcolare la durata di [*journey, speech*] **II** rifl. ***to ~ oneself*** cronometrarsi.

time-and-motion study n. analisi f. tempi e metodi.

time bomb n. bomba f. a orologeria; FIG. bomba f. a scoppio ritardato.

time-card /ˈtaɪmkɑːd/ n. AE → **time-sheet**.

time check n. RAD. segnale m. orario.

time-consuming /ˌtaɪmkənˈsjuːmɪŋ, AE -ˈsuː-/ agg. ***to be ~*** prendere (molto) tempo.

time delay n. ritardo m.

time difference n. scarto m., sfasamento m. temporale.

time-frame /ˈtaɪmˌfreɪm/ n. *(period envisaged)* calendario m.; *(period allocated)* tempo m. previsto.

time-honoured /ˈtaɪmˌɒnəd/ agg. ***a ~ tradition*** un'usanza di antica tradizione.

timekeeper /ˈtaɪmkiːpə(r)/ ♦ ***27*** n. **1** SPORT cronometrista m. e f. **2** *(punctual person)* ***he's a good ~*** è sempre puntuale.

time-lag /ˈtaɪmlæg/ n. scarto m., sfasamento m. temporale.

timeless /ˈtaɪmlɪs/ agg. senza tempo, eterno, atemporale.

time-limit /ˈtaɪmlɪmɪt/ n. **1** *(deadline)* limite m. di tempo; *(date)* data f. limite; ***within the ~*** entro i limiti fissati **2** *(maximum duration)* tempo m. massimo, durata f. massima.

timely /ˈtaɪmlɪ/ agg. tempestivo, opportuno.

time machine n. macchina f. del tempo.

1.time-out /ˌtaɪmˈaʊt/ n. INFORM. timeout m., impostazione f. di attesa.

2.time-out /ˌtaɪmˈaʊt/ n. SPORT time out m.

timepiece /ˈtaɪmpiːs/ n. orologio m.

timer /ˈtaɪmə(r)/ n. *(for cooking)* contaminuti m., timer m.; *(for controlling equipment)* timer m., temporizzatore m.

timesaver /ˈtaɪmseɪvə(r)/ n. ***a dishwasher is a real ~*** la lavastoviglie è un bel risparmio di tempo.

time-saving /ˈtaɪmseɪvɪŋ/ agg. che fa risparmiare tempo.

time-scale /ˈtaɪmskeɪl/ n. periodo m. (di tempo), lasso m. di tempo.

time-server /ˈtaɪmˌsɜːvə(r)/ n. SPREG. opportunista m. e f.

timeshare /ˈtaɪmʃeə(r)/ n. *(house)* casa f. in multiproprietà; *(apartment)* appartamento m. in multiproprietà.

time-sharing /ˈtaɪmʃeərɪŋ/ n. **1** INFORM. time-sharing m. **2** *(of house, apartment)* multiproprietà f.

time-sheet /ˈtaɪmʃiːt/ n. cartellino m. (orario).

time-signal /ˈtaɪmˌsɪgnl/ n. segnale m. orario.

timespan /ˈtaɪmspæn/ n. periodo m.

time-switch /ˈtaɪmswɪtʃ/ n. interruttore m. a tempo

1.timetable /ˈtaɪmteɪbl/ n. **1** *(schedule)* programma m.; *(for plans, negotiations)* calendario m.; ***a ~ for reform*** il calendario delle riforme; ***to work to a strict ~*** seguire un programma di lavoro molto rigido **2** AUT. FERR. SCOL. UNIV. orario m.

2.timetable /ˈtaɪmteɪbl/ tr. stabilire l'orario di [*class, lecture*]; stabilire la data di, fissare [*meeting*]; stabilire il calendario di [*negotiations*]; ***the bus is ~d to leave at 11.30 am*** l'orario prevede che l'autobus parta alle 11.30.

time trial n. SPORT *(in cycling)* prova f. a cronometro; *(in athletics)* gara f. a cronometro.

time-wasting /ˈtaɪmweɪstɪŋ/ n. perdita f. di tempo.

time-worn /ˈtaɪmˌwɔːn/ agg. logoro, usurato.

time zone n. fuso m. orario.

timid /ˈtɪmɪd/ agg. [*person, smile, reform*] timido; [*animal*] timoroso.

timidity /tɪˈmɪdətɪ/ n. timidezza f.

timing /ˈtaɪmɪŋ/ n. **1** *(scheduling)* ***the ~ of the announcement was unfortunate*** l'annuncio venne fatto in un momento infelice *o* non adatto; ***there is speculation about the ~ of the election*** si fanno congetture circa la data delle elezioni; ***to get one's ~ right, wrong*** scegliere il momento giusto, sbagliato **2** *(coordination)* coordinazione f.; ***to have a good sense of ~*** TEATR. avere un buon sincronismo **3** AUT. fasatura f. **4** MUS. senso m. del ritmo.

Timon /ˈtaɪmən/ n.pr. Timone.

timorous /ˈtɪmərəs/ agg. timoroso.

Timothy /ˈtɪməθɪ/ n.pr. Timoteo.

timpani /ˈtɪmpənɪ/ ♦ ***17*** n.pl. timpani m.

1.tin /tɪn/ **I** n. **1** *(metal)* stagno m. **2** BE *(can)* lattina f., scatoletta f., barattolo m.; ***to eat out of ~s*** mangiare cibo in scatola; ***to come out of a ~*** essere in lattina *o* scatola **3** *(container) (for biscuits, cake)* scatola f.; *(for paint)* barattolo m.; ***a biscuit ~*** una biscottiera; ***a ~ of biscuits*** una scatola di biscotti **4** GASTR. teglia f. **II** modif. [*mug, bath*] di stagno.

2.tin /tɪn/ tr. (forma in -ing ecc. **-nn-**) BE inscatolare.

tin can n. lattina f., scatoletta f.

tincture /ˈtɪŋktʃə(r)/ n. FARM. tintura f.; ***~ of iodine*** tintura di iodio.

tinder /ˈtɪndə(r)/ n. esca f. (per il fuoco).

tinderbox /ˈtɪndəbɒks/ n. **1** = contenitore per l'esca, l'acciarino e la pietra focaia **2** FIG. polveriera f.

tin foil n. foglio m. d'alluminio.

1.ting /tɪŋ/ n. tintinnio m.

2.ting /tɪŋ/ **I** tr. fare tintinnare [*bell*] **II** intr. tintinnare.

ting-a-ling /ˌtɪŋəˈlɪŋ/ n. din din m.

1.tinge /tɪndʒ/ n. tocco m., sfumatura f.

2.tinge /tɪndʒ/ tr. tingere (**with** di); *(more lightly)* sfumare (**with** di).

1.tingle /ˈtɪŋgl/ n. *(physical)* pizzicore m., formicolio m.; *(psychological)* fremito m., brivido m.

2.tingle /ˈtɪŋgl/ intr. **1** *(physically)* [*fingers, body*] pizzicare, formicolare **2** *(psychologically)* fremere; ***to ~ with*** fremere per *o* provare un brivido di [*excitement*].

tingling /ˈtɪŋglɪŋ/ n. formicolio m., pizzicore m.

tingly /ˈtɪŋglɪ/ agg. ***my fingers have gone all ~*** mi formicolano tutte le dita.

tin god n. SPREG. falso idolo m.

tin hat n. elmetto m.

1.tinker /ˈtɪŋkə(r)/ n. **1** RAR. stagnino m. (ambulante) **2** BE COLLOQ. FIG. *(child)* monello m. (-a) ♦ ***I don't give a ~'s curse*** o ***damn!*** COLLOQ. non me ne frega niente *o* un fico secco!

2.tinker /ˈtɪŋkə(r)/ intr. (anche **to ~ about** o **around**) trafficare, armeggiare; ***to ~ with*** cercare di riparare [*car, machine*]; *(tamper)* ritoccare [*wording, document*].

1.tinkle /ˈtɪŋkl/ n. *(of glass, bell)* tintinnio m.; ***to give sb. a ~*** BE COLLOQ. dare uno squillo *o* un colpo di telefono a qcn.

2.tinkle /ˈtɪŋkl/ **I** tr. fare tintinnare [*glass, bell*] **II** intr. [*glass, bell*] tintinnare.

tinkling /ˈtɪŋklɪŋ/ n. *(of glass, bell)* tintinnio m.

tinned /ˈtɪnd/ **I** p.pass. → **2.tin II** agg. BE [*meat*] in scatola; [*fruit*] in conserva, in scatola.

tinny /ˈtɪnɪ/ agg. **1** [*sound*] metallico **2** *(badly made)* [*radio*] gracchiante; [*car*] di latta.

tin opener n. BE apriscatole m.

tinpot /ˈtɪnpɒt/ agg. BE COLLOQ. SPREG. [*dictatorship, organization*] da operetta.

tinsel /ˈtɪnsl/ n. **1** U *(decoration)* decorazioni f.pl. luccicanti **2** *(sham brilliance)* lucchichio m., sfavillio m.

tin soldier n. soldatino m. di piombo.

1.tint /tɪnt/ n. **1** *(trace)* sfumatura f.; *(pale colour)* tinta f. **2** *(hair colour)* tinta f.

2.tint /tɪnt/ tr. tingere [*glass, hair*]; ***to get one's hair ~ed*** fare il colore ai capelli.

tinted /ˈtɪntɪd/ **I** p.pass. → **2.tint II** agg. **1** [*colour*] sfumato; [*glass, window, spectacles*] fumé, affumicato **2** [*hair*] tinto.

tiny /ˈtaɪnɪ/ agg. [*person, object, house*] piccino, minuscolo; [*improvement*] molto piccolo, molto ridotto.

1.tip /tɪp/ **I** n. **1** *(end) (of stick, leaf, sword, wing, tail, ski)* punta f., estremità f.; *(of pen, shoe, nose, tongue, finger)* punta f.; ***to stand on the ~s of one's toes*** essere in punta di piedi **2** *(protective cover) (of umbrella)* puntale m.; *(of shoe heel)* rinforzo m. **II -tipped** agg. in composti ***silver--ped*** con la *o* dalla punta argentata; ***spiky--ped*** appuntito.

2.tip /tɪp/ tr. (forma in -ing ecc. **-pp-**) *(put something on the end of)* ricoprire la punta di [*sword, cane, heel*].

3.tip /tɪp/ n. BE **1** *(waste dump)* discarica f. **2** COLLOQ. *(mess)* immondezzaio m., pattumiera f.

4.tip /tɪp/ **I** tr. (forma in -ing ecc. **-pp-**) **1** *(tilt)* inclinare [*object, bowl*]; inclinare, reclinare [*seat*]; ***to ~ sth. to one side*** inclinare qcs. da un lato; ***to ~ sth. onto its side*** mettere qcs. sul fianco; ***to ~ one's chair back*** inclinare la sedia all'indietro; ***to ~ the scales at 60 kg*** toccare i, pesare 60 chili **2** *(pour)* ***to ~ sth.***

upside down rovesciare *o* ribaltare qcs.; ***to ~ sth. down the sink*** versare qcs. nello scarico del lavandino; ***to ~ sth. away*** buttare qcs. **3** *(dump)* scaricare [*waste*] **4** FIG. ***to ~ sb. over the edge*** fare uscire qcn. di testa; ***to ~ the balance*** o ***scales*** fare pendere l'ago della bilancia (**in favour of** dalla parte di, a favore di) **II** intr. (forma in -ing ecc. **-pp-**) **1** *(tilt)* [*seat, object*] inclinarsi; ***to ~ forward, back*** inclinarsi in avanti, (all')indietro **2** FIG. [*balance, scales*] pendere (**in favour of sb., in sb.'s favour** dalla parte di qcn., a favore di qcn.).

▪ **tip down** BE COLLOQ. ***it is ~ping (it) down*** piove a catinelle, a dirotto.

▪ **tip out: *~ out [sth.], ~ [sth.] out*** rovesciare [*drawer, contents*].

▪ **tip over: *~ over*** [*chair, cupboard*] rovesciarsi, ribaltarsi; [*bucket, pile*] rovesciarsi; ***~ over [sth.], ~ [sth.] over*** fare rovesciare, ribaltare [*chair, cupboard*]; fare rovesciare [*bucket, pile*].

▪ **tip up: *~ up*** inclinarsi; ***~ up [sth.], ~ [sth.] up*** inclinare [*cup, bottle, chair*].

5.tip /tɪp/ n. **1** *(gratuity)* mancia f.; ***a £ 5 ~*** una mancia di cinque sterline **2** *(hint)* suggerimento m., consiglio m. **3** *(in betting)* soffiata f.

6.tip /tɪp/ tr. (forma in -ing ecc. **-pp-**) **1** *(predict)* ***to ~ sb., sth. to win*** dare qcn., qcs. come vincente; ***to be ~ped as a future champion*** essere dato come un futuro campione **2** *(give money to)* dare la mancia a [*waiter, driver*]; ***to ~ sb. £ 5*** dare 5 sterline di mancia a qcn.

▪ **tip off: *~ off [sb.], ~ [sb.] off*** dare un'informazione riservata a [*person*]; fare una soffiata a [*police*].

7.tip /tɪp/ tr. (forma in -ing ecc. **-pp-**) *(gently push)* ***to ~ the ball over the net*** dare un colpetto alla palla per farla passare al di là della rete.

tip-off /ˈtɪpɒf/ n. soffiata f., dritta f.

tipper /ˈtɪpə(r)/ n. (anche **~ lorry** BE, **~ truck**) autocarro m. a cassone ribaltabile.

Tipp-Ex® /ˈtɪpeks/ n. BE bianchetto m.

1.tipple /ˈtɪpl/ n. COLLOQ. *(drink)* cicchetto m.

2.tipple /ˈtɪpl/ intr. COLLOQ. *(drink alcohol)* bere.

tipster /ˈtɪpstə(r)/ n. **1** pronosticatore m. (-trice) **2** informatore m. (-trice).

tipsy /ˈtɪpsɪ/ agg. brillo, alticcio.

1.tiptoe /ˈtɪptəʊ/ n. ***on ~*** in punta di piedi.

2.tiptoe /ˈtɪptəʊ/ intr. camminare in punta di piedi.

tip-top /ˌtɪpˈtɒp/ agg. COLLOQ. eccellente; ***to be in ~ condition*** essere al massimo della forma.

tirade /taɪˈreɪd, AE ˈtaɪreɪd/ n. *(long vehement speech)* tirata f.

1.tire AE → **tyre**.

2.tire /ˈtaɪə(r)/ **I** tr. *(make tired)* stancare **II** intr. **1** *(get tired)* stancarsi **2** *(get bored)* **to ~ of** stancarsi di [*person, place, activity*].

▪ **tire out: *~ [sb.] out*** sfinire; ***to be ~d out*** essere sfinito; ***to ~ oneself out*** stancarsi (**doing** a fare).

tired /ˈtaɪəd/ **I** p.pass. → **2.tire II** agg. **1** *(weary)* [*person, face, eyes, legs*] stanco, affaticato; [*voice*] stanco; ***it makes me ~*** mi stanca **2** *(bored)* ***to be ~ of sth., of doing*** essere stanco di qcs., di fare; ***to grow*** o ***get ~*** stancarsi (**of** di; **of doing** di fare) **3** *(hackneyed)* [*idea, image*] trito **4** *(worn-out)* [*machine*] usurato; [*clothes, curtains*] frusto **5** *(wilted)* [*lettuce*] appassito.

tiredness /ˈtaɪədnɪs/ n. stanchezza f.

tireless /ˈtaɪəlɪs/ agg. [*person*] instancabile, infaticabile; [*efforts*] costante.

tirelessly /ˈtaɪəlɪslɪ/ avv. instancabilmente.

Tiresias /taɪˈriːsɪæs/ n.pr. Tiresia.

tiresome /ˈtaɪəsəm/ agg. [*person, habit*] fastidioso, irritante; [*problem, duty*] fastidioso, noioso.

tiring /ˈtaɪərɪŋ/ agg. affaticante, stancante.

'tis /tɪz/ contr. it is.

tissue /ˈtɪʃuː/ n. **1** ANAT. BOT. tessuto m. **2** *(handkerchief)* fazzolettino m. di carta **3** (anche **~ paper**) carta f. velina **4** FIG. trama f.; ***a ~ of lies*** un ordito di menzogne.

1.tit /tɪt/ n. → **titmouse**.

2.tit /tɪt/ n. POP. **1** *(breast)* tetta f., poppa f. **2** *(idiot)* babbeo m. (-a), imbecille m. e f.

3.tit /tɪt/ n. ***~ for tat*** occhio per occhio; ***to give ~ for tat*** rendere pan per focaccia.

Titan /ˈtaɪtn/ n. MITOL. ASTR. Titano m. (anche FIG.).

titanic /taɪˈtænɪk/ agg. titanico.

titanium /tɪˈteɪnɪəm/ n. titanio m.

titbit /ˈtɪtbɪt/ n. BE *(of food)* prelibatezza f., leccornia f.; *(of gossip)* notizia f. ghiotta, primizia f.

titchy /ˈtɪtʃɪ/ agg. BE COLLOQ. minuscolo.

tithe /taɪð/ n. decima f.

Titian /ˈtɪʃn/ n.pr. Tiziano.

titillate /ˈtɪtɪleɪt/ tr. titillare.

titillating /ˈtɪtɪleɪtɪŋ/ agg. titillante, titillatorio.

titivate /ˈtɪtɪveɪt/ tr. abbellire; ***to ~ oneself*** agghindarsi.

1.title /ˈtaɪtl/ **I** n. **1** *(of book, film, play)* titolo m.; ***a film with the ~ "Rebecca"*** un film dal titolo *o* intitolato "Rebecca" **2** SPORT titolo m.; ***to hold the ~*** detenere il titolo **3** *(name)* titolo m. (anche DIR.) **II titles** n.pl. CINEM. titoli m.

2.title /ˈtaɪtl/ tr. intitolare [*book, play*].

titled /ˈtaɪtld/ **I** p.pass. → **2.title II** agg. titolato.

title deed n. titolo m. di proprietà.

title fight n. *(in boxing)* = combattimento per il conseguimento del titolo.

titleholder /ˈtaɪtlˌhəʊldə(r)/ n. detentore m. (-trice) del titolo.

title page n. frontespizio m.

title role n. ruolo m. principale.

titmouse /ˈtɪtmaʊs/ n. (pl. **-mice**) cincia f.

1.titter /ˈtɪtə(r)/ n. risolino m., risatina f.

2.titter /ˈtɪtə(r)/ intr. ridacchiare.

tittle-tattle /ˈtɪtltætl/ n. pettegolezzi m.pl., chiacchiere f.pl.

titular /ˈtɪtjʊlə(r), AE -tʃʊ-/ agg. [*president, head*] onorario.

tizzy /ˈtɪzɪ/ n. COLLOQ. ***to be in, get into a ~*** mettersi in agitazione.

T-junction /ˈtiːdʒʌŋkʃn/ n. incrocio m. a T.

TM n. (⇒ trademark) = marchio di fabbrica.

TNT n. (⇒ trinitrotoluene trinitrotoluene) TNT m.

1.to /*forma debole davanti a consonante* tə, *davanti a vocale* tʊ, *forma forte* tuː/ part.inf. **1** *(expressing purpose)* per; ***to do sth. ~ impress sb.*** fare qcs. per impressionare qcn. **2** *(linking consecutive acts)* ***he looked up ~ see...*** guardò in su e vide... **3** *(after superlatives)* a; ***the youngest ~ do*** il più giovane a fare **4** *(avoiding repetition of verb)* ***"did you go?" - "no I promised not ~"*** "sei andato?" - "no, ho promesso di no *o* di non farlo"; ***"are you staying?" - "I'd like ~ but..."*** "resti?" - "vorrei ma..." **5** *(following impersonal verb)* ***it is difficult ~ do sth.*** è difficile fare qcs. **6** *(expressing wish)* ***oh ~ be able to stay in bed!*** SCHERZ. che bello se potessi restare a letto!

2.to /*forma debole davanti a consonante* tə, *davanti a vocale* tʊ, *forma forte* tuː/ ➧ **4** prep. **1** *(in direction of)* a [*shops, school etc.*]; *(with purpose of visiting)* da [*doctor's, dentist's etc.*]; ***she's gone ~ Mary's*** è andata da Mary; ***~ Paris*** a Parigi; ***~ Spain*** in Spagna; ***~ town*** in città; ***the road ~ the village*** la strada per il paese; ***trains ~ and from*** i treni per e da [*place*] **2** *(facing towards)* verso; ***turned ~ the wall*** girato verso il muro; ***with his back ~ them*** con le spalle rivolte verso di loro, volgendo loro le spalle **3** *(against)* contro; ***holding the letter ~ his chest*** stringendosi la lettera al petto; ***back ~ back*** schiena contro schiena **4** *(up to)* fino a; ***~ the end, this day*** fino alla fine, fino a oggi; ***50 ~ 60 people*** dalle 50 alle 60 persone, fra le 50 e le 60 persone; ***in five ~ ten minutes*** fra cinque-dieci minuti, fra i cinque e i dieci minuti **5** *(used as dative)* [*give, offer*] a; ***give the book ~ Sophie*** dai il libro a Sophie **6** *(in attitude to)* ***be nice ~ your brother*** sii gentile *o* fai il bravo con tuo fratello **7** *(in the opinion of)* ***~ me it's just a minor problem*** per me, non è che un problema secondario **8** *(in toasts, dedications)* a; ***~ prosperity*** alla prosperità; *(on tombstone)* ***~ our dear mother*** alla nostra cara mamma **9** *(in accordance with)* ***is it ~ your taste?*** è di tuo gusto? ***to dance ~ the music*** ballare a ritmo *o* tempo di musica **10** *(in relationships, comparisons)* ***to win by three goals ~ two*** vincere per tre gol a due; ***perpendicular ~ the ground*** perpendicolare al terreno; ***next door ~ the school*** di fianco alla scuola **11** *(showing accuracy)* ***three weeks ~ the day*** tre settimane giuste; ***~ scale*** in scala; ***~ time*** tempestivamente, a tempo (debito) **12** *(showing reason)* ***to invite sb. ~ dinner*** invitare qcn. a cena; ***~ this end*** con *o* per questo fine **13** *(belonging to)* di; ***the key ~ the safe*** la chiave della cassaforte; ***a room ~ myself*** una stanza tutta per me; ***there's no sense ~ it*** non ha alcun senso **14** *(on*

to

- When *to* is used as a preposition with movement verbs (*go*, *travel* etc.), it is often translated by *a*: *to fly to Rome*: andare in aereo a Roma. Remember that the preposition *to + the* is translated by one word, *a* + article, in Italian; the following cases may occur:

to the cinema	= (a + il) al cinema
to the stadium	= (a + lo) allo stadio
to the gate 5	= (a + la) all'uscita 5
to the hospital, to the abbey, to the hotel	= (a + l') all'ospedale, all'abbazia, all'hotel
to the boundaries of the old city	= (a + i) ai confini della città vecchia
to the farthest limits of the country	= (a + gli) agli estremi limiti del paese
to the abbeys	= (a + le) alle abbazie

Please note that, when used as a preposition with movement verbs, *to* can also be translated by *in* or *da* in Italian:

to fly to Spain	= andare in aereo in Spagna
she's gone to Mary's	= è andata da Mary / a casa di Mary.

- When *to* forms the infinitive of a verb taken alone (by a teacher, for example), it needs no translation:

to go	= andare
to find	= trovare

However, when *to* is used as part of an infinitive giving the meaning *in order to*, it is translated by *per* or *a*:

he's gone into town to buy a shirt	= è andato in città per / a comprare una camicia.

- When *to* is used as part of an infinitive after certain adjectives, it is usually translated by *da*:

it's difficult to understand	= è difficile da capire
it's easy to read	= è facile da leggere

However, when the infinitive has an object, *to* is usually not translated at all:

it's easy to lose one's way	= è facile perdere la strada

To check translations, consult the appropriate adjective entry: **difficult**, **easy** etc.

- When *to* is used as part of an infinitive after certain verbs, the translation is usually either *di* or *a*, depending on the verb used in Italian:

she told me to wash my hands	= mi disse di lavarmi le mani
I'll help him to tidy the room	= l'aiuterò a mettere in ordine la stanza

To find the correct translation, consult the appropriate verb entry: **tell**, **2.help** etc.

- For all other uses, see the entry **2.to**.
- This dictionary contains lexical notes on such topics as CLOCK, WEIGHT MEASURES, GAMES AND SPORTS, COUNTRIES AND CONTINENTS etc. Many of these use the preposition *to*. For these notes see the end of the English-Italian section.

to) [*tied*] a; [*pinned*] a [*noticeboard etc.*]; su [*lapel, dress etc.*] **15** *(showing reaction)* con; ***~ his (great) surprise*** con sua (grande) sorpresa ♦ ***that's all there is ~ it*** *(it's easy)* è tutto qua; *(not for further discussion)* è tutto quello che c'è da dire; ***there's nothing ~ it*** non c'è niente di difficile; ***what's it ~ you?*** COLLOQ. che cosa te ne importa?

3.to /tu:/ avv. COLLOQ. *(closed)* ***to push the door ~*** chiudere la porta.

toad /təʊd/ n. ZOOL. rospo m.

toadstool /ˈtəʊdstu:l/ n. fungo m. velenoso.

1.toady /ˈtəʊdɪ/ n. SPREG. leccapiedi m. e f., adulatore m. (-trice).

2.toady /ˈtəʊdɪ/ intr. SPREG. ***to ~ to*** leccare i piedi a [*patron, boss*].

to and fro /ˌtu:ənˈfrəʊ/ avv. [*swing*] avanti e indietro; ***to go ~*** [*person*] andare avanti e indietro.

1.toast /təʊst/ n. *(grilled bread)* pane m. tostato; ***a piece*** o ***slice of ~*** una fetta di pane tostato ♦ ***to be as warm as ~*** [*person*] essere *o* stare bello caldo; [*bed, room*] essere ben caldo.

2.toast /təʊst/ tr. GASTR. tostare, abbrustolire [*bread, roll*].

3.toast /təʊst/ n. **1** *(tribute)* brindisi m.; ***to drink a ~ to sb.*** fare un brindisi a *o* per qcn. **2** *(popular person)* ***the ~ of*** l'idolo di [*group*]; ***she's the ~ of the town*** è la più bella *o* la reginetta di bellezza della città.

4.toast /təʊst/ tr. fare un brindisi per, brindare a [*person, success*]; bere alla salute di [*person*].

toasted /ˈtəʊstɪd/ **I** p.pass. → **2.toast** **II** agg. [*sandwich*] tostato.

toaster /ˈtəʊstə(r)/ n. tostapane m.

toastmaster /ˈtəʊstmɑ:stə(r), AE -mæs-/ n. = persona incaricata di proporre i brindisi durante occasioni ufficiali.

tobacco /təˈbækəʊ/ **I** n. (pl. **~s**) *(plant, product)* tabacco m. **II** modif. [*leaf*] di tabacco; [*industry*] del tabacco; ***~ tin*** BE, ***~ can*** AE scatola per il tabacco, tabacchiera; ***~ plant*** (pianta del) tabacco.

tobacconist /təˈbækənɪst/ ♦ **27** n. BE *(person)* tabaccaio m. (-a); ***~'s (shop)*** tabaccheria.

Tobiah /təˈbaɪə/, **Tobias** /təˈbaɪəs/ n.pr. Tobia.

1.toboggan /təˈbɒgən/ n. toboga m.

2.toboggan /təˈbɒgən/ intr. ***to ~ down a hill*** fare una discesa in toboga.

tobogganning /təˈbɒgənɪŋ/ ♦ **10** n. toboga m.

Toby /ˈtəʊbɪ/ n.pr. diminutivo di **Tobiah**, **Tobias**.

tod /tɒd/ n. BE COLLOQ. ***(all) on one's ~*** tutto (da) solo.

today /təˈdeɪ/ ♦ **8, 36** **I** n. oggi m. (anche FIG.); ***what's ~'s date?*** che giorno è *o* quanti ne abbiamo oggi? ***~ is Thursday*** oggi è giovedì; ***the computers of ~*** i computer di oggi **II** avv. **1** oggi; ***~ week, a week from ~*** fra una settimana a partire da oggi; ***a month ago ~*** un mese oggi; ***all day ~*** oggi per tutto il giorno, tutta la giornata di oggi; ***later ~*** più tardi nel corso della giornata **2** FIG. *(nowadays)* al giorno d'oggi ♦ ***he's here ~, gone tomorrow*** oggi è qui, domani non si sa.

toddle /ˈtɒdl/ intr. **1** *(walk)* [*child*] fare i primi passi; ***to ~ to the door*** andare verso la porta con passo incerto **2** COLLOQ. *(go)* ***to ~ into town*** fare un giro in città.

■ **toddle about**, **toddle around** [*child*] trotterellare.

■ **toddle off** COLLOQ. andare, andarsene.

toddler /ˈtɒdlə(r)/ n. bambino m. (-a) piccolo (-a) (che muove i primi passi).

toddy /ˈtɒdɪ/ n. punch m.

to-do /təˈdu:/ n. (pl. **~s**) COLLOQ. trambusto m., confusione f.

1.toe /təʊ/ ♦ **2** n. **1** ANAT. dito m. (del piede); ***big ~*** alluce; ***little ~*** mignolo (del piede); ***to tread*** o ***step on sb.'s ~s*** pestare i piedi a qcn. (anche FIG.) **2** *(of sock, shoe)* punta f. ♦ ***to keep sb. on their ~s*** tenere qcn. sempre attivo; ***from top to ~*** dalla testa ai piedi.

2.toe /təʊ/ tr. ***to ~ the line*** SPORT [*athletes*] disporsi sulla linea di partenza; FIG. rigare dritto; ***to ~ the party line*** FIG. attenersi alla, seguire la linea del partito.

TOEFL n. (⇒ test of English as a foreign language) = test d'inglese come lingua straniera.

toehold /ˈtəʊhəʊld/ n. **1** *(in climbing)* appoggio m. **2** FIG. *(access)* ***to get*** o ***gain a ~ in*** fare breccia in [*market, organization*].

toenail /ˈtəʊneɪl/ n. unghia f. dei piedi.

toff /tɒf/ n. BE RAR. COLLOQ. aristocratico m.

toffee /ˈtɒfɪ, AE ˈtɔ:fɪ/ n. caramella f. mou ♦ ***he can't sing, write for ~*** BE COLLOQ. non sa cantare, scrivere per niente *o* neanche un po'.

toffee apple n. = mela ricoperta di caramello e infilata su un bastoncino.

toffee-nosed /ˈtɒfɪˌnəʊzd, AE ˈtɔ:fɪ-/ agg. BE COLLOQ. SPREG. che ha la puzza sotto il naso.

tog /tɒg/ tr. (forma in -ing ecc. **-gg-**) vestire.

■ **tog out** BE COLLOQ. ***to ~ oneself out*** mettersi in ghingheri.

1.together /təˈgeðə(r)/ *Together* in its main adverbial senses is almost always translated by *insieme*. - *Together* frequently occurs as the second element in certain verb combinations (*get together, pull together, put together, tie together* etc.): for translations for these, see the appropriate verb entry (**get**, **pull**, **put**, **tie** etc.). - For examples and further uses, see the entry below. avv. **1** *(as a pair or* *group)* insieme; ***they're always ~*** sono sempre insieme; ***to get back ~ again*** rimettersi insieme; ***to be close ~*** essere molto vicini; ***he's cleverer than all the rest of them put ~*** è più intelligente di tutti gli altri messi insieme; ***we're all in this ~*** ci siamo dentro tutti quanti; ***they belong ~*** *(objects)* vanno insieme; *(people)* sono fatti l'uno per l'altro **2** *(in harmony)* ***the talks brought the two sides closer ~*** i colloqui riavvicinarono le due parti **3** *(at the same time)* insieme, contemporaneamente; ***they were all talking ~*** parlavano tutti insieme; ***all my troubles seem to come ~*** sembra che i miei problemi arrivino tutti insieme **4** *(without interruption)* di fila; ***for four days ~*** per quattro giorni di fila **5** **together with** insieme a, con ♦ ***to get one's act ~, to get it ~*** COLLOQ. organizzarsi.

2.together /tə'geðə(r)/ agg. COLLOQ. ***he's a very ~ guy*** è un tipo molto posato *o* equilibrato.

togetherness /tə'geðənɪs/ n. *(in team, friendship)* cameratismo m.; *(in family, couple)* unione f.

toggle /'tɒgl/ n. *(fastening)* olivetta f.

1.toil /tɔɪl/ n. fatica f.; ***years of ~*** anni di duro lavoro.

2.toil /tɔɪl/ intr. **1** (anche **toil away**) *(work)* faticare, lavorare duramente **2** *(struggle)* ***to ~ up the hill*** faticare su per la collina.

toilet /'tɔɪlɪt/ n. **1** *(room)* toilette f., gabinetto m.; ***public ~(s)*** gabinetto pubblico **2** *(lavatory)* gabinetto m., water m. **3** ANT. *(washing and dressing)* toilette f.

toilet bag n. pochette f., trousse f. (per la toilette).

toilet paper, **toilet tissue** n. carta f. igienica.

toiletries /'tɔɪlɪtrɪz/ n.pl. prodotti m., articoli m. da toeletta.

toilet roll n. *(roll)* rotolo m. di carta igienica; *(tissue)* carta f. igienica.

toilet seat n. sedile m. del water.

toilet soap n. sapone m. da toeletta.

toilet-train /'tɔɪlɪttreɪn/ tr. ***to ~ a child*** insegnare a un bambino ad andare al gabinetto.

toing and froing /ˌtu:ɪŋən'frəʊɪŋ/ n. ***all this ~*** tutto questo andirivieni *o* andare e venire.

token /'təʊkən/ **I** n. **1** *(for machine, phone)* gettone m. **2** *(voucher)* punto m.; ***book ~*** buono (per acquisto di) libri **3** *(symbol)* segno m., dimostrazione f.; ***a ~ of*** un segno di [*esteem, gratitude, affection*]; ***but by the same ~...*** ma per la stessa ragione... **II** agg. SPREG. [*payment, punishment*] simbolico; [*strike*] dimostrativo; ***to make a ~ effort, gesture*** fare uno sforzo formale, un gesto simbolico; ***she's the ~ Left-winger*** è la donna simbolo della sinistra.

tokenism /'təʊkənɪzəm/ n. SPREG. ***policy of ~*** politica di facciata.

told /təʊld/ pass., p.pass. → **tell**.

tolerable /'tɒlərəbl/ agg. *(bearable)* tollerabile, sopportabile; *(adequate)* tollerabile, accettabile.

tolerably /'tɒlərəblɪ/ avv. [*well*] abbastanza, discretamente; [*certain, confident*] abbastanza.

tolerance /'tɒlərəns/ n. tolleranza f. (anche MED.).

tolerant /'tɒlərənt/ agg. tollerante.

tolerantly /'tɒlərəntlɪ/ avv. [*accept, treat*] con tolleranza.

tolerate /'tɒləreɪt/ tr. **1** *(permit)* tollerare [*attitude, person*] **2** *(put up with)* tollerare [*isolation, treatment*].

toleration /ˌtɒlə'reɪʃn/ n. tolleranza f.

1.toll /təʊl/ n. **1** *(number)* ***the ~ of*** il numero di [*victims, incidents*]; ***death ~*** numero dei morti, vittime (**from** di, per) **2** *(levy) (on road, bridge)* pedaggio m., dazio m. ♦ ***to take a heavy ~*** *(on lives)* fare molte vittime; *(on industry, environment)* esigere un pesante tributo; ***to take its*** o ***their ~*** [*earthquake, disease*] fare strage.

2.toll /təʊl/ n. *(of bell)* rintocco m.; *(for funeral)* rintocco m. funebre.

3.toll /təʊl/ **I** tr. suonare a morto [*bell*] **II** intr. [*bell*] suonare a morto.

tollbooth /'təʊlbu:θ/ n. *(on toll road)* casello m.

toll bridge n. ponte m. a pedaggio.

toll call n. AE chiamata f. in teleselezione.

toll-free /ˌtəʊl'fri:/ agg. AE [*call*] gratuito; [*number*] verde; [*crossing*] esente da pedaggio.

toll gate n. *(on motorway)* casello m.; *(on border)* barriera f. daziaria.

tom /tɒm/ n. ZOOL. gatto m. maschio.

Tom /tɒm/ n.pr. diminutivo di **Thomas** ♦ ***every ~, Dick and Harry*** COLLOQ. Tizio, Caio e Sempronio.

tomato /tə'mɑ:təʊ, AE tə'meɪtəʊ/ **I** n. (pl. **~es**) pomodoro m. **II** modif. [*juice, puree, sauce*] di pomodoro; [*salad*] di pomodori; [*soup*] al pomodoro.

tomb /tu:m/ n. tomba f.

tomboy /'tɒmbɔɪ/ n. *(girl)* maschiaccio m.

tombstone /'tu:mstəʊn/ n. pietra f. tombale.

tomcat /'tɒmkæt/ n. ZOOL. gatto m. (maschio).

tome /təʊm/ n. tomo m.

tomfoolery /tɒm'fu:lərɪ/ n. stupidaggini f.pl., cretinate f.pl.

Tommy /'tɒmɪ/ n.pr. diminutivo di **Thomas**.

Tommy gun n. RAR. COLLOQ. mitra m.

tomorrow /tə'mɒrəʊ/ ♦ *8, 36* **I** n. **1** domani m. (anche FIG.); ***~ will be a difficult day*** domani sarà una giornata difficile; ***I'll do it by ~*** lo farò per domani; ***who knows what ~ may bring?*** chi sa che cosa ci porterà il domani? ***~'s world*** il mondo di domani **II** avv. **1** domani; ***see you ~!*** ci vediamo domani! a domani! ***~ week*** fra otto giorni; ***a week ~*** sei giorni fa; ***early ~*** domani (sul) presto; ***as from ~*** a partire da domani; ***first thing ~*** domani per prima cosa **2** FIG. domani, nel domani ♦ ***~ is another day*** domani è un altro giorno; ***never put off till ~ what can be done today*** PROV. non rimandare a domani quello che puoi fare oggi; ***to live like there was no ~*** vivere alla giornata, come se si dovesse morire il giorno dopo.

tomorrow afternoon **I** n. ***~'s meeting*** la riunione di domani pomeriggio **II** avv. domani pomeriggio.

tomorrow evening **I** n. ***~'s party*** la festa di domani sera **II** avv. domani sera.

tomorrow morning **I** n. ***~'s lecture*** la lezione di domani mattina **II** avv. domani mattina.

tom-tom /'tɒmtɒm/ n. tam tam m.

ton /tʌn/ ♦ *37, 3* n. **1** *(in weight)* GB (anche **gross** o **long ~**) long ton m. (unità di misura equivalente a 1.016 kg); US (anche **net** o **short ~**) short ton m. (unità di misura equivalente a 907,2 kg); ***metric ~*** tonnellata **2** COLLOQ. *(a lot)* ***a ~ of*** una tonnellata *o* montagna di [*papers etc.*]; ***~s of*** tonnellate *o* montagne di [*food, bands*]; ***her new car is ~s better than the other one*** la sua nuova macchina è mille volte meglio dell'altra ♦ ***they'll come down on us like a ~ of bricks*** ci piomberanno addosso come una valanga.

tonal /'təʊnl/ agg. tonale.

tonality /tə'nælətɪ/ n. tonalità f.

1.tone /təʊn/ n. **1** *(quality of sound)* tono m., timbro m.; *(of radio, TV)* suono m. **2** *(character of voice)* tono m., timbro m.; ***his ~ of voice*** il suo timbro di voce; ***in angry ~s*** con tono irato **3** *(character) (of letter, speech, meeting)* tono m.; ***to set the ~*** dare tono (**for** a); ***to lower the ~ of*** abbassare il livello di [*conversation*]; compromettere l'immagine di [*area*] **4** *(colour)* tono m., colore m. **5** TEL. segnale m.; ***dialling ~*** segnale di libero **6** *(firmness of muscle)* tono m. **7** MUS. *(interval)* tono m.

2.tone /təʊn/ **I** tr. (anche **~ up**) dare tono a, tonificare [*body, muscle*] **II** intr. (anche **~ in**) *(blend)* [*colours*] intonarsi (**with** a, con).

■ **tone down:** **~ *[sth.]* down, ~ down *[sth.]*** attenuare, sfumare [*colours*]; FIG. attenuare [*criticism*]; attenuare il tono di [*letter, statement*].

tone-deaf /ˌtəʊn'def/ agg. MUS. ***to be ~*** non avere orecchio.

toneless /'təʊnlɪs/ agg. atono.

toner /'təʊnə(r)/ n. **1** *(for photocopier)* toner m. **2** COSMET. tonico m.

tongs /tɒŋz/ n.pl. *(for coal)* molle f.; *(in laboratory)* pinza f.sing.; *(for sugar)* mollette f. (per lo zucchero) ♦ ***to go at it hammer and ~*** battersi con impeto *o* violentemente.

1.tongue /tʌŋ/ ♦ *2* n. **1** ANAT. lingua f. (anche FIG.); ***to stick out one's ~ at sb.*** fare la lingua *o* la linguaccia a qcn.; ***to lose, find one's ~*** FIG. perdere, ritrovare la lingua **2** *(language)* lingua f.; ***native ~*** madrelingua **3** GASTR. lingua f.; ***ox ~*** lingua di bue **4** *(flap) (on shoe)* linguetta f. ♦ ***has the cat got your ~?*** COLLOQ. ti sei mangiato la lingua? ***to get the rough side*** o ***edge of sb.'s ~*** essere insultato da qcn.; ***I have his name on the tip of my ~*** ho il suo nome sulla punta della lingua; ***to loosen sb.'s ~*** sciogliere la lingua a qcn.; ***I can't get my ~ round it*** non riesco a pronunciarlo; ***a slip of the ~*** un lapsus;

hold your ~! COLLOQ. frena la lingua! ***watch your ~!*** bada a come parli!

2.tongue /tʌŋ/ tr. MUS. staccare [*note, passage*].

tongue-in-cheek /ˌtʌŋɪnˈtʃiːk/ **I** agg. ironico, scherzoso **II** avv. ironicamente, scherzosamente.

tongue-tied /ˈtʌŋˌtaɪd/ agg. ammutolito.

tongue-twister /ˈtʌŋˌtwɪstə(r)/ n. scioglilingua m.

tonic /ˈtɒnɪk/ **I** agg. tonico; ***~ wine*** vino tonico **II** n. **1** *(drink)* (anche **~ water**) (acqua) tonica f.; ***a gin and ~*** un gin tonic **2** MED. tonico m., ricostituente m.; ***to be a ~ for sb.*** FIG. [*news, praise*] tirare su di morale qcn. **3** MUS. tonica f.

tonight /təˈnaɪt/ **I** n. ***~'s concert*** il concerto di questa sera **II** avv. *(this evening)* questa sera; *(after bedtime)* questa notte.

toning /ˈtəʊnɪŋ/ **I** agg. [*colours*] intonato **II** modif. [*gel, cream*] tonificante.

tonnage /ˈtʌnɪdʒ/ n. **1** *(ship's capacity)* stazza f. **2** *(total weight)* tonnellaggio m.

tonne /tʌn/ ♦ **37** n. tonnellata f.

tonsil /ˈtɒnsl/ n. tonsilla f.; ***to have one's ~s out*** farsi togliere le tonsille.

tonsillitis /ˌtɒnsɪˈlaɪtɪs/ ♦ **11** n. tonsillite f.

tonsure /ˈtɒnʃə(r)/ n. tonsura f.

Tony /ˈtəʊnɪ/ n.pr. diminutivo di **Antony** e **Anthony**.

too /tuː, tʊ, tə/ avv. When *too* means *also*, it is generally translated by *anche*, which is usually placed before the word it refers to: *you too* = anche tu; *can I have some too?* = posso averne un po' anch'io? - When *too* means to an excessive degree (*too high, too dangerous, too fast*), it is translated by *troppo*: *troppo alto, troppo pericoloso, troppo in fretta*. - For examples of the above and further usages, see the entry below. **1** *(also)* anche; ***"I love you" - "I love you ~"*** "ti amo" - "ti amo anch'io"; ***have you been to India ~?*** *(like me)* sei stato anche tu in India? *(as well as other countries)* sei stato anche in India? ***"have a nice evening" - "you ~!"*** "buona serata" - "anche a te!" ***she's kind but she's strict ~*** è gentile ma è anche esigente **2** *(reinforcing an opinion)* ***you should do it - and soon ~*** dovresti farlo, e presto; ***she was very annoyed and quite right ~!*** era molto arrabbiata e ne aveva tutte le ragioni! **3** *(expressing indignation, annoyance)* ***about time ~!*** alla buon'ora! ***"I'm sorry" - "I should think so ~!"*** "mi dispiace" - "lo spero bene!" ***...and in front of your mother ~!*** ...e per di più di fronte a tua madre! **4** *(excessively)* troppo; ***the coat is ~ big for him*** il cappotto è troppo grosso per lui; ***it's ~ early to leave*** è troppo presto per partire; ***~ many, ~ few people*** troppe, troppo poche persone; ***I ate ~ much*** mangiai troppo; ***he was in ~ much of a hurry to talk*** aveva troppa fretta per parlare; ***~ silly for words*** troppo stupido per parlarne; ***it was ~ little ~ late*** era troppo poco e troppo tardi **5** *(emphatic: very)* troppo; ***you're ~ kind!*** sei troppo gentile! ***they'll be only ~ pleased to help*** saranno ben felici di aiutare; ***he's only ~ ready to criticize*** è sempre prontissimo a fare critiche; ***she hasn't been ~ well recently*** non è stata troppo bene di recente; ***that's ~ bad!*** *(a pity)* è un gran peccato! *(tough)* tanto peggio! **6** *(in negatives)* troppo; ***he's not ~ mad about jazz*** non va granché matto per il jazz; ***it wasn't ~ bad*** [*film, trip*] non era tanto male; ***we're not ~ thrilled*** non siamo tanto entusiasti; ***I'm not ~ sure about that*** non ne sono troppo *o* tanto sicuro; ***"they've arrived" - "none ~ soon!"*** "sono arrivati" - "mai troppo presto!".

took /tʊk/ pass. → **2.take**.

1.tool /tuːl/ n. **1** attrezzo m., utensile m.; ***a set of ~s*** una cassetta per gli attrezzi **2** *(aid)* strumento m.; ***management ~s*** strumenti di gestione *o* gestionali **3** INFORM. strumento m. **4** SPREG. *(puppet)* strumento m., marionetta f. ♦ ***the ~s of the trade*** i ferri *o* gli attrezzi del mestiere; ***to down ~s*** BE *(go on strike)* incrociare le braccia, mettersi in sciopero; *(take break from work)* interrompere il lavoro.

2.tool /tuːl/ tr. lavorare [*leather*].

■ **tool up:** **~ up [sth.], ~ [sth.] up** attrezzare [*plant, factory*].

toolbox /ˈtuːlˌbɒks/ n. cassetta f. degli attrezzi.

tool house n. AE → **tool shed**.

tool kit n. kit m. degli attrezzi.

tool shed n. capanno m. degli attrezzi.

1.toot /tuːt/ n. *(car horn)* (suono del) clacson m., colpo m. di clacson; *(train whistle)* fischio m.

2.toot /tuːt/ **I** tr. ***to ~ one's horn*** suonare il clacson **II** intr. [*car horn*] suonare; [*train*] emettere un fischio.

tooth /tuːθ/ ♦ **2** **I** n. (pl. **teeth**) *(of person, animal, comb, zip, saw)* dente m.; ***set of teeth*** *(one's own)* dentatura; *(false)* dentiera **II -toothed** agg. in composti ***fine-, wide-~ed comb*** pettine a denti fitti, larghi ♦ ***to be a bit long in the ~*** COLLOQ. non essere più giovane; ***to be fed up to the back teeth*** non poterne più, averne le scatole piene; ***to do sth. in the teeth of*** fare qcs. alla faccia di *o* in barba a; ***to get one's teeth into sth.*** applicarsi a fondo a qcs.; ***to lie through one's teeth*** mentire spudoratamente; ***to set sb.'s teeth on edge*** dare sui nervi a qcn., fare innervosire qcn.

toothache /ˈtuːθeɪk/ ♦ **11** n. mal m. di denti; ***to have (a) ~*** avere mal di denti.

toothbrush /ˈtuːθbrʌʃ/ n. spazzolino m. da denti.

tooth decay n. carie f. dentaria.

toothless /ˈtuːθlɪs/ agg. **1** [*grin, person*] sdentato, senza denti **2** FIG. [*law, organization*] inefficace.

toothpaste /ˈtuːθˌpeɪst/ n. dentifricio m.

toothpick /ˈtuːθˌpɪk/ n. stuzzicadenti m.

toothy /ˈtuːθɪ/ agg. ***to give a ~ grin*** fare un sorriso tutto denti.

tootle /ˈtuːtl/ intr. **1** BE COLLOQ. ***I'll just ~ into town*** farò un giretto in città **2** *(on wind instrument)* emettere una serie di note (**on** con).

tootsie, **tootsy** /ˈtʊtsɪ/ n. COLLOQ. **1** INFANT. *(foot)* piede m. **2** tesoruccio m.

1.top /tɒp/ **I** n. **1** *(highest or furthest part) (of page, ladder, stairs, wall)* cima f.; *(of list)* testa f.; *(of mountain, hill)* cima f., punta f.; *(of garden, field)* fondo m., capo m.; ***at the ~ of*** in cima a [*page, stairs, street, scale*]; sulla cima di [*hill*]; in testa a [*list*]; ***at the ~ of the building*** in cima all'edificio; ***at the ~ of the table*** a capotavola; ***to be at the ~ of one's list*** FIG. essere in cima alla lista; ***to be at the ~ of the agenda*** FIG. avere la priorità **2** FIG. *(highest position)* ***to aim for the ~*** mirare alle vette; ***to get to*** o ***make it to the ~*** farcela, arrivare in cima; ***to be ~ of the class*** essere il primo della classe; ***to be ~ of the bill*** TEATR. essere in testa al cartellone **3** *(surface) (of table)* piano m.; *(of box)* lato m. alto **4** *(upper part)* parte f. superiore; ***the ~ of the milk*** la schiuma del latte **5** *(cap, lid) (of pen)* cappuccio m.; *(of bottle)* tappo m.; *(of paint-tin, saucepan)* coperchio m. **6** *(garment)* top m.; ***a sleeveless ~*** un top senza maniche **II** agg. **1** *(highest)* [*step, storey*] ultimo, più alto; [*bunk*] di sopra; [*button, shelf*] più alto; [*layer*] superiore; [*concern, priority*] FIG. maggiore, principale; ***in the ~ left-hand corner*** nell'angolo in alto a sinistra; ***the ~ notes*** MUS. le note più alte; ***the ~ tax band*** l'aliquota imponibile più alta; ***to pay the ~ price for sth.*** [*buyer*] pagare qcs. al prezzo più alto; ***to get ~ marks*** SCOL. avere *o* ottenere il massimo dei voti **2** *(furthest away)* [*field, house*] ultimo **3** *(leading)* [*adviser*] di prim'ordine; [*agency*] di punta; [*authority*] massimo; [*job*] d'alto livello; ***one of their ~ chefs*** uno dei loro più grandi chef; ***to be in the ~ three*** essere fra i primi tre **4** *(best)* [*wine*] eccellente, di prima qualità; [*restaurant*] eccellente, di prim'ordine **5** *(upper)* [*lip*] superiore **6** *(maximum)* [*speed*] massimo **7** ***on ~ of*** su [*cupboard, fridge, layer*]; *(in addition to)* oltre a [*salary, workload*]; ***to live on ~ of each other*** vivere uno sopra all'altro; ***to be on ~ of a situation*** FIG. avere il controllo della situazione, avere la situazione in pugno; ***things are getting on ~ of him*** *(he's depressed)* si sta lasciando sopraffare; *(he can't cope)* non ce la fa ♦ ***on ~ of all this, to ~ it all*** oltre a tutto questo, come se non bastasse; ***from ~ to bottom*** da cima a fondo; ***to be over the ~*** COLLOQ. *(in behaviour, reaction)* essere esagerato; ***to be the ~s*** COLLOQ. ANT. essere il massimo *o* il meglio; ***to be, stay on ~*** essere sulla vetta; ***to be ~ dog*** essere il capo; ***to come out on ~*** *(win)* venirne fuori vincitore; *(survive)* uscirne vivo; ***to feel on ~ of the world*** sentirsi in cima al mondo; ***to say things off the ~ of one's head*** *(without thinking)* dire quello che passa per la mente; ***I'd say 30, but that's just off the ~ of my head*** *(without checking)* direi 30, ma ho fatto un calcolo approssimativo *o* su due piedi; ***to shout at the ~ of one's voice*** gridare a squarciagola.

2.top /tɒp/ **I** tr. (forma in -ing ecc. **-pp-**) **1** *(head)* essere in testa a [*charts, polls*] **2** *(exceed)* oltrepassare [*sum, figure*] **3** *(finish off)* completare, rifinire [*building, creation*]; GASTR. ricoprire [*cake*] (**with** di); ***a mosque ~ped with three domes*** una moschea sormontata da tre cupole **4** COLLOQ. *(kill)* fare fuori [*person*] **II** rifl. (forma in -ing ecc. **-pp-**) COLLOQ. ***to ~ oneself*** uccidersi, suicidarsi.

▪ **top off:** ***~ off [sth.], ~ [sth.] off*** concludere [*meal, outing, creation*].

▪ **top up** ***to ~ up with petrol*** rabboccare, fare il pieno; ***~ up [sth.], ~ [sth.] up*** riempire (di nuovo) [*tank, glass*].

3.top /tɒp/ n. *(toy)* trottola f.

top-and-tail /ˌtɒpən'teɪl/ tr. pulire [*fruit*]; spuntare [*beans*].

topaz /'təʊpæz/ **I** n. topazio m. **II** agg. (color) topazio.

top banana n. AE COLLOQ. grande capo m.

top-box /'tɒpbɒks/ n. *(on motorbike)* bauletto m.

top class agg. [*race, professional*] ai massimi livelli.

topcoat /ˌtɒp'kəʊt/ n. soprabito m.

top-drawer /ˌtɒp'drɔː(r)/ agg. RAR. COLLOQ. [*family*] dell'alta borghesia.

top-flight /'tɒpflaɪt/ agg. eccellente, di prima qualità.

top hat n. cappello m. a cilindro, tuba f.

top-heavy /ˌtɒp'hevɪ/ agg. **1** [*structure, object*] sbilanciato **2** FIG. [*firm, bureaucracy*] con troppi dirigenti.

topiary /'təʊpɪərɪ, AE -ɪerɪ/ n. (arte) topiaria f.

topic /'tɒpɪk/ n. *(subject) (of conversation, conference, essay)* argomento m.; *(of research)* argomento m., soggetto m.

topical /'tɒpɪkl/ agg. d'attualità, attuale.

topicality /ˌtɒpɪ'kælətɪ/ n. attualità f.

topless /'tɒplɪs/ agg. [*model*] in topless; ***~ bar*** topless bar; ***~ swimsuit*** topless, monokini.

top-level /'tɒpˌlevl/ agg. [*talks, negotiations*] ai massimi livelli.

top management n. top management m., alta dirigenza f.

topmost /'tɒpˌməʊst/ agg. ***the ~ branch*** il ramo più alto.

top-notch /'tɒpˌnɒtʃ/ agg. [*business, executive*] eccellente, di prim'ordine.

top-of-the-range /ˌtɒpəvðə'reɪndʒ/ agg. [*model*] di prima qualità; [*car*] di alta gamma.

topographer /tə'pɒgrəfə(r)/ ➧ ***27*** n. topografo m. (-a).

topography /tə'pɒgrəfɪ/ n. topografia f.

topping /'tɒpɪŋ/ **I** n. *(of jam, cream)* strato m.; ***with a ~ of breadcrumbs*** ricoperto (da uno strato) di pangrattato **II** agg. BE RAR. COLLOQ. eccellente.

topple /'tɒpl/ **I** tr. rovesciare, fare cadere [*object, government*] **II** intr. *(sway)* [*vase, pile of books*] vacillare; *(fall)* (anche **~ over**) [*vase*] rovesciarsi, cadere; [*pile of books*] crollare; [*person*] cadere, ruzzolare; FIG. [*government*] cadere; ***to ~ over the edge of*** cadere dal bordo di [*cliff, table*].

top-ranking /ˌtɒp'ræŋkɪŋ/ agg. di massimo livello.

top secret agg. top secret.

top security agg. [*prison, building*] di massima sicurezza.

topside /'tɒpsaɪd/ n. GASTR. controgirello m., fesa f.

topsoil /'tɒpsɔɪl/ n. strato m. arabile.

top spin n. top spin m.

topsy-turvy /ˌtɒpsɪ'tɜːvɪ/ **I** agg. COLLOQ. ***it's a ~ world*** è un mondo davvero strano **II** avv. COLLOQ. sottosopra.

top-up /'tɒpʌp/ n. COLLOQ. ***who's ready for a ~?*** chi ne vuole ancora?

top-up loan n. prestito m. complementare.

1.torch /tɔːtʃ/ n. *(burning)* torcia f., fiaccola f.; BE *(flashlight)* torcia f. (elettrica) ♦ ***to carry a ~ for sb.*** essere innamorato di qcn.; ***to carry the ~ for democracy*** tenere alta la fiaccola della democrazia.

2.torch /tɔːtʃ/ tr. dare fuoco a [*building*].

torchlight /'tɔːtʃlaɪt/ **I** n. ***by ~*** *(burning torches)* alla luce delle torce, delle fiaccole; BE *(electric)* alla luce di una torcia (elettrica) **II** modif. (anche **torchlit**) ***~ walk, procession*** fiaccolata.

tore /tɔː(r)/ pass. → **3.tear**.

1.torment /'tɔːment/ n. tormento m.; LETT. supplizio m.; ***to be in ~*** essere torturato.

2.torment /tɔː'ment/ tr. tormentare; ***to be ~ed by jealousy*** essere tormentato *o* roso dalla gelosia.

tormentor /tɔː'mentə(r)/ n. tormentatore m. (-trice).

torn /tɔːn/ **I** p.pass. → **3.tear II** agg. strappato, lacerato.

tornado /tɔː'neɪdəʊ/ n. (pl. **~es, ~s**) METEOR. tornado m.

1.torpedo /tɔː'piːdəʊ/ n. (pl. **~es**) MIL. siluro m.; STOR. torpedine f.

2.torpedo /tɔː'piːdəʊ/ tr. silurare (anche FIG.).

torpid /'tɔːpɪd/ agg. FORM. torpido.

torpor /'tɔːpə(r)/ n. torpore m.

torque /tɔːk/ n. FIS. momento m. torcente, di torsione.

torrent /'tɒrənt, AE 'tɔːr-/ n. *(of water)* torrente m. (anche FIG.); ***the rain is falling in ~s*** cade una pioggia torrenziale.

torrential /tə'renʃl/ agg. torrenziale.

torrid /'tɒrɪd, AE 'tɔːr-/ agg. torrido.

torsion /'tɔːʃn/ n. torsione f.

torso /'tɔːsəʊ/ n. (pl. **~s**) ANAT. SCULT. torso m.

tort /tɔːt/ n. torto m., illecito m.

tortoise /'tɔːtəs/ n. testuggine f., tartaruga f. (di terra).

tortoiseshell /'tɔːtəsʃel/ n. **1** *(shell)* tartaruga f. **2** *(butterfly)* vanessa f. **3** *(cat)* gatto m. tricolore.

tortuous /'tɔːtʃʊəs/ agg. [*path*] tortuoso; FIG. [*argument*] tortuoso, contorto.

1.torture /'tɔːtʃə(r)/ n. tortura f.; FIG. supplizio m.

2.torture /'tɔːtʃə(r)/ tr. torturare; FIG. tormentare.

Tory /'tɔːrɪ/ n. BE Tory m. e f.

Toryism /'tɔːrɪzəm/ n. BE torismo m.

1.toss /tɒs/ n. **1** *(of coin)* ***to win, lose the ~*** vincere, perdere a testa o croce; ***to decide sth. on the ~ of a coin*** decidere qcs. facendo a testa o croce **2** *(throw)* lancio m., tiro m. **3** *(jerky movement)* ***a ~ of the head*** un movimento brusco del capo **4** COLLOQ. *(fall)* ***to take a ~*** fare una caduta (da cavallo) ♦ ***I don't*** o ***couldn't give a ~*** COLLOQ. non me ne importa un fico, non me ne frega niente.

2.toss /tɒs/ **I** tr. **1** *(throw)* lanciare, tirare, gettare [*ball, stick*] **2** COLLOQ. *(chuck)* ***~ me the newspaper*** passami il giornale **3** *(flip)* fare saltare [*pancake*]; lanciare [*dice*]; ***to ~ a coin*** fare a testa o croce **4** GASTR. girare [*salad*]; fare saltare [*vegetables, meat*] **5** *(throw back)* [*animal*] scuotere, scrollare [*head, mane*]; ***to ~ one's head*** [*person*] gettare la testa all'indietro **6** *(unseat)* [*horse*] disarcionare [*rider*] **7** *(move violently)* [*wind*] scuotere [*branches, leaves*]; [*waves*] sballottare [*boat*] **II** intr. **1** *(turn restlessly)* [*person*] rigirarsi; ***I ~ed and turned all night*** mi sono rigirato tutta la notte **2** *(flip a coin)* tirare a sorte, fare a testa o croce; ***to ~ for first turn*** fare a testa o croce *o* tirare a sorte per stabilire a chi tocca per primo.

▪ **toss about, toss around:** ***~ around*** [*boat, person*] essere sballottato; ***~ [sth.] around*** [*people*] fare dei passaggi con, passarsi [*ball*]; FIG. lanciare [*ideas*].

▪ **toss away:** ***~ [sth.] away, ~ away [sth.]*** gettare, buttare [*rubbish*].

▪ **toss back:** ***~ [sth.] back, ~ back [sth.]*** rinviare [*ball*].

▪ **toss off** COLLOQ. ***~ [sth.] off, ~ off [sth.]*** buttare giù [*drink, article*].

▪ **toss out:** ***~ [sth.] out, ~ out [sth.]*** gettare, buttare [*newspaper, empty bottles*]; ***~ sb. out*** buttare qcn. fuori (**from** da).

▪ **toss up** *(flip a coin)* fare a testa o croce, tirare a sorte.

toss-up /'tɒsʌp/ n. COLLOQ. **1** *(flip of a coin)* ***let's have a ~ to decide*** facciamo a testa o croce *o* tiriamo a sorte per decidere **2** *(two-way choice)* ***it's a ~ between a pizza and a sandwich*** si può scegliere tra una pizza e un panino **3** *(even chance)* ***it was a ~ who would be chosen*** avevano le stesse probabilità di essere scelti.

1.tot /tɒt/ n. **1** COLLOQ. *(toddler)* bimbetto m. (-a) **2** BE *(of whisky, rum)* goccia f., dito m.

2.tot /tɒt/ tr. sommare, addizionare.

▪ **tot up** BE ***~ up*** [*person*] sommare; ***~ up [sth.], ~ [sth.] up*** fare il totale di.

1.total /'təʊtl/ **I** agg. **1** *(added together)* [*cost, amount, profit*] totale **2** *(complete)* [*effect*] globale; [*disaster, eclipse*] totale; [*ignorance*] completo **II** n. totale m.; ***in ~*** in totale; ***it comes to a ~ of £ 50*** ammonta a un totale di 50 sterline.

2.total /'təʊtl/ tr. (forma in -ing ecc. **-ll-** BE, **-l-** AE) **1** *(add up)* sommare [*figures*] **2** *(reach)* [*debts, income*] ammontare a (un totale di) [*sum*].

totalitarian /ˌtəʊtælɪ'teərɪən/ **I** agg. totalitario **II** n. totalitarista m. e f.

totalitarianism /ˌtəʊtælɪ'teərɪənɪzəm/ n. totalitarismo m.

totality /təʊ'tælətɪ/ n. totalità f.

totalize /'təʊtəlaɪz/ tr. totalizzare.

totalizer /'təʊtəlaɪzə(r)/ n. EQUIT. totalizzatore m.

totally /ˈtəʊtəlɪ/ avv. [*blind, deaf*] completamente; [*unacceptable, convinced*] totalmente; [*agree, change, different*] completamente, del tutto.

1.tote /təʊt/ n. EQUIT. COLLOQ. → **totalizer**.

2.tote /təʊt/ tr. COLLOQ. portare [*bag*]; portare, essere armato di [*gun*].

totem /ˈtəʊtəm/ n. *(pole)* totem m.; *(symbol)* simbolo m., emblema m.

totter /ˈtɒtə(r)/ intr. [*person*] traballare, vacillare; *(drunkenly)* barcollare; [*pile of books, building*] vacillare, oscillare; FIG. [*regime, government*] vacillare.

tottering /ˈtɒtərɪŋ/, **tottery** /ˈtɒtərɪ/ agg. [*step*] barcollante; [*person*] vacillante, traballante; FIG. [*regime, government*] vacillante.

toucan /ˈtuːkæn, -kən, AE *anche* tʊˈkɑːn/ n. tucano m.

1.touch /tʌtʃ/ n. **1** *(physical contact)* tocco m., contatto m. (fisico); ***at the slightest ~*** al minimo tocco *o* contatto; ***I felt a ~ on my shoulder*** mi sentii toccare sulla spalla **2** *(sense)* tatto m.; ***soft to the ~*** soffice al tatto; ***by ~*** al tatto **3** *(style, skill)* tocco m., mano f.; ***the Spielberg ~*** lo stile di Spielberg **4** *(element)* ***feminine ~*** tocco femminile; ***the boss lacks the human ~*** il capo manca di calore umano; ***a ~ of sadness, of sarcasm*** una nota di tristezza, una punta di sarcasmo; ***a ~ of garlic*** un pochino di aglio; ***to add*** o ***put the finishing ~es to sth.*** aggiungere *o* dare il tocco finale a qcs.; ***a clever ~*** un tocco geniale; ***her gift was a nice ~*** il suo regalo fu un bel gesto; ***there's a ~ of class about her*** ha della classe; ***he's got a ~ of flu*** ha un po' d'influenza **5** *(little)* ***a ~*** un pochino *o* tantino; ***just a ~ (more)*** appena un po' di più **6** *(communication)* contatto m.; ***to get, stay in ~ with*** mettersi, rimanere in contatto con; ***to lose ~ with*** perdere i contatti con; ***he's out of ~ with reality*** ha perso il senso della *o* il contatto con la realtà **7** SPORT *(area)* touch-down m. ♦ ***to be an easy*** o ***soft ~*** COLLOQ. essere facile da raggirare; ***to lose one's ~*** perdere la mano.

2.touch /tʌtʃ/ **I** tr. **1** *(come into contact with)* toccare; ***to ~ sb. on the shoulder*** toccare qcn. sulla spalla; ***to ~ ground*** [*plane*] atterrare; ***he ~ed his hat politely*** portò la mano al cappello in segno di saluto **2** *(interfere with)* toccare; ***the police can't ~ me*** la polizia non mi può toccare **3** *(affect)* colpire; *(with sadness)* toccare, commuovere; *(as matter of concern)* preoccupare; ***matters which ~ us all*** questioni che riguardano noi tutti; ***we were most ~ed*** fummo profondamente toccati **4** *(consume)* toccare [*food, drink, drugs, cigarettes*]; ***you've hardly ~ed your meal*** non hai quasi toccato cibo **5** *(equal)* ***when it comes to cooking, no-one can ~ him*** in fatto di cucina, nessuno lo può eguagliare **6** *(reach)* [*price, temperature*] toccare, raggiungere [*level*] **II** intr. **1** *(come together)* [*wires, hands*] toccarsi **2** *(with hand)* toccare; ***"do not ~"*** "non toccare", "vietato toccare".

■ **touch down 1** [*plane, rocket*] atterrare **2** SPORT *(in rugby)* realizzare un touch-down.

■ **touch off:** ~ ***[sth.]*** off, ~ off ***[sth.]*** fare partire [*firework*]; FIG. scatenare [*riot, debate*].

■ **touch (up)on:** ~ ***(up)on [sth.]*** toccare [*subject, matter*].

■ **touch up:** ~ ***[sth.] up***, ~ ***up [sth.]*** ritoccare [*paint, photograph*].

touch-and-go /ˌtʌtʃənˈgəʊ/ agg. rischioso, incerto.

touchdown /ˈtʌtʃdaʊn/ n. **1** *(of plane, rocket)* atterraggio m. **2** SPORT touch-down m.

touché /tuːˈʃeɪ, ˈtuːʃeɪ, AE tuːˈʃeɪ/ inter. touché.

touched /tʌtʃt/ **I** p.pass. → **2.touch II** agg. **1** *(emotionally)* toccato, commosso **2** COLLOQ. *(mad)* tocco, toccato.

touching /ˈtʌtʃɪŋ/ agg. toccante, commovente.

touch line n. SPORT *(in soccer)* linea f. laterale; *(in rugby)* linea f. di touche.

touchpaper /ˈtʌtʃˌpeɪpə(r)/ n. carta f. nitrata.

touch screen n. schermo m. sensibile, touch screen m.

touch-sensitive /ˈtʌtʃˌsensətɪv/ agg. [*key*] a sfioramento.

touchstone /ˈtʌtʃstəʊn/ n. pietra f. di paragone (anche FIG.).

touch-tone /ˈtʌtʃˌtəʊn/ agg. AE [*telephone*] a tastiera.

touch-type /ˈtʌtʃˌtaɪp/ intr. = battere (a macchina) senza guardare la tastiera.

touch-typing /ˈtʌtʃˌtaɪpɪŋ/ n. = battitura (a macchina) senza guardare la tastiera.

touchwood /ˈtʌtʃwʊd/ n. esca f. per il fuoco.

touchy /ˈtʌtʃɪ/ agg. **1** *(edgy)* [*person*] suscettibile **2** *(difficult)* [*subject, issue*] delicato.

1.tough /tʌf/ **I** agg. **1** *(ruthless)* [*businessman*] duro; [*criminal*] incallito; ***a ~ guy*** COLLOQ. un (osso) duro **2** *(severe)* [*policy, measure, law*] duro, severo; [*opposition*] tenace; [*competition*] duro; [*criticism*] aspro; ***to get ~ with sb.*** usare le maniere forti con qcn.; ***~ talk*** parole dure **3** *(difficult)* [*conditions*] difficile, duro; [*problem, task*] arduo; ***to have a ~ time doing*** trovare difficile fare; ***she's having a ~ time*** sta attraversando un periodo difficile **4** *(hardy)* [*person, animal*] robusto; [*plant*] resistente **5** *(durable)* [*material*] resistente; SPREG. [*meat*] duro, coriaceo **6** *(rough)* [*area*] brutto, difficile; [*school*] duro **7** COLLOQ. *(unfortunate)* ***that's ~!*** questa è scalogna! ***~ luck!*** che sfortuna! *(unsympathetically)* peggio per te! **II** n. *(person)* duro m. (-a) **III** inter. COLLOQ. peggio per te ♦ ***this meat is as ~ as old boots*** COLLOQ. questa carne è dura come una suola di scarpa.

2.tough /tʌf/ tr. → **tough out**.

■ **tough out** COLLOQ. ~ ***[sth.] out*** affrontare [*situation*]; ***to ~ it out*** reggere il colpo.

toughen /ˈtʌfn/ tr. **1** *(make stronger)* rinforzare [*leather, plastic*]; temperare [*glass, steel*]; ispessire [*skin*]; indurire, temprare [*person*] **2** *(make stricter)* (anche ~ **up**) rendere più severo [*law*].

■ **toughen up:** ~ ***up*** [*person*] temprarsi; ~ ***[sb.] up***, ~ ***up [sb.]*** indurire, temprare [*person*].

tough-minded /ˈtʌfˌmaɪndɪd/ agg. deciso, risoluto.

toughness /ˈtʌfnɪs/ n. **1** *(ruthlessness) (of businessman, criminal)* durezza f. **2** *(severity) (of law, measure)* durezza f., severità f. **3** *(harshness) (of conditions)* durezza f., difficoltà f. **4** *(robustness)* robustezza f., resistenza f. **5** *(durability) (of material, leather)* robustezza f.; SPREG. *(of meat)* durezza f. **6** *(difficulty) (of work)* durezza f., difficoltà f.; *(of question)* difficoltà f.

toupee /ˈtuːpeɪ, AE tuːˈpeɪ/ n. toupet m.

1.tour /tʊə(r), tɔː(r)/ n. **1** *(of country, city)* giro m.; *(of building)* visita f.; *(trip in bus, etc.)* gita f.; ***cycling, walking ~*** escursione in bicicletta, a piedi; ***to go on a ~ of*** visitare [*one thing*]; fare il giro di [*several things*]; ***he took me on a ~ of his house*** mi ha fatto fare il giro della casa; ***a ~ of inspection*** un giro d'ispezione **2** MUS. TEATR. SPORT tournée f.; ***to go on ~*** andare in tournée; ***lecture ~*** UNIV. giro di conferenze **3** MIL. ***a ~ of duty*** un turno di servizio.

2.tour /tʊə(r), tɔː(r)/ **I** tr. **1** visitare [*building, country, gallery*] **2** MUS. SPORT TEATR. essere in tournée in [*country*] **II** intr. **1** ***to go ~ing*** fare del turismo **2** MUS. SPORT TEATR. [*orchestra, play, team*] essere in tournée.

tourer /ˈtʊərə(r), ˈtɔːrə(r)/ n. *(sports car)* (automobile) gran turismo f.; BE *(caravan)* roulotte f.; *(bicycle)* bicicletta f. da cicloturismo.

touring /ˈtʊərɪŋ, ˈtɔːr-/ **I** n. **1** turismo m. **2** MUS. SPORT TEATR. tournée f. **II** modif. [*exhibition, holiday*] itinerante; MUS. TEATR. SPORT [*band, company, show*] in tournée.

tourism /ˈtʊərɪzəm, ˈtɔːr-/ n. turismo m.

tourist /ˈtʊərɪst, ˈtɔːr-/ **I** n. turista m. e f. **II** modif. [*guide, resort, season*] turistico; ***the ~ trade*** il turismo, l'industria turistica.

tourist class n. AER. classe f. turistica.

tourist (information) office n. *(in town)* ufficio m. del turismo, di informazioni turistiche; *(national organization)* ente m. per il turismo.

touristy /ˈtʊərɪstɪ, ˈtɔːr-/ agg. COLLOQ. SPREG. invaso dai turisti.

tourmaline /ˈtʊəməlɪn/ n. tormalina f.

tournament /ˈtʊənəmənt, ˈtɔːn-, AE ˈtɜːrn-/ n. torneo m.

tourniquet /ˈtʊənɪkeɪ, AE ˈtɜːrnɪkət/ n. MED. laccio m. emostatico.

tousle /ˈtaʊzl/ tr. arruffare [*hair*].

tousled /ˈtaʊzld/ **I** p.pass. → **tousle II** agg. [*hair*] arruffato; [*person, appearance*] scarmigliato.

1.tout /taʊt/ n. **1** BE *(selling tickets)* bagarino m. **2** COMM. SPREG. *(soliciting custom)* imbonitore m. (-trice) **3** *(in horseracing)* = chi vende informazioni sui cavalli concorrenti.

2.tout /taʊt/ **I** tr. **1** [*street merchant*] imbonire **2** BE *(illegally)* rivendere illegalmente [*tickets*] **3** *(publicize)* pubblicizzare, reclamizzare [*product, invention*] **II** intr. ***to ~ for business*** procacciare affari.

1.tow /təʊ/ n. **1** AUT. ***to be on ~*** essere rimorchiato; ***to give sb. a ~*** rimorchiare qcn. **2** FIG. SCHERZ. *(following)* ***a father with two children in ~*** un padre con due figli al seguito.

2.tow /təʊ/ tr. rimorchiare [*trailer, caravan*].

■ **tow away:** ***~ away [sth.], ~ [sth.] away*** [*police*] sottoporre a rimozione forzata; [*recovery service*] rimorchiare, portare via.

3.tow /təʊ/ n. TESS. stoppa f.

toward(s) /tə'wɔːd(z), tɔːd(z)/ prep. **1** *(in the direction of)* verso; ***~ the east*** verso est; ***he was standing with his back ~ me*** era in piedi di spalle (rispetto a me) **2** *(near)* verso; ***~ the end of*** verso la fine di [*day, month*] **3** *(in relation to)* verso, nei confronti di; ***their attitude ~ Europe*** il loro atteggiamento verso *o* nei confronti dell'Europa; ***to be friendly, hostile ~ sb.*** essere amichevole con, ostile nei confronti di qcn. **4** *(as a contribution to)* ***the money will go ~ a new car*** il denaro servirà per un'auto nuova; ***to save ~ a holiday*** risparmiare per fare una vacanza.

1.towel /'taʊəl/ n. asciugamano m. ♦ ***to throw*** o ***chuck in the ~*** COLLOQ. gettare la spugna.

2.towel /'taʊəl/ tr. (forma in -ing ecc. **-ll-** BE, **-l-** AE) tamponare, asciugare (con un asciugamano).

towelling /'taʊəlɪŋ/ n. TESS. spugna f., tessuto m. di spugna.

towel rail n. portasciugamani m. (a muro).

1.tower /'taʊə(r)/ n. torre f. ♦ ***to be a ~ of strength*** essere saldo come una torre.

2.tower /'taʊə(r)/ intr. **1** *(dominate)* ***to ~ above*** o ***over*** torreggiare su, dominare [*village*] **2** *(outstrip)* ***to ~ above*** dominare [*rival*].

tower block n. BE torre f., caseggiato m. a torre.

towered /'taʊəd/ **I** p.pass. → **2.tower II** agg. turrito, difeso da torri.

towering /'taʊərɪŋ/ agg. attrib. **1** [*cliff, building etc.*] torreggiante **2** FIG. *(tremendous)* [*performance*] magistrale, straordinario; ***to be in a ~ rage*** essere su tutte le furie.

Tower of Babel n.pr. torre f. di Babele.

towline /'təʊlaɪn/ n. cavo m. di traino.

town /taʊn/ n. città f.; ***to go into ~*** andare in città; ***to be in ~, out of ~*** essere in, fuori città ♦ ***to go out on the ~*** andare a fare baldoria; ***to have a night (out) on the ~*** fare baldoria tutta la notte; ***to go to ~ on*** non badare a spese per [*decor, catering*]; raccontare nei minimi dettagli [*story, scandal*]; ***he's the talk of the ~*** è sulla bocca di tutti.

town-and-country planning n. pianificazione f. territoriale.

town centre n. centro m. (città).

town clerk ➧ ***27*** n. BE *(formerly)* segretario m. comunale.

town council n. BE consiglio m. comunale.

town councillor n. BE consigliere m. comunale.

town hall n. municipio m., palazzo m. comunale.

town house n. **1** residenza f. di città **2** *(urban terrace)* = elegante e moderna casa a schiera.

town meeting n. AE = assemblea cittadina.

town planning n. BE urbanistica f.

townsfolk /'taʊnzfəʊk/ n.pl. ANT. o DIAL. BE → **townspeople**.

township /'taʊnʃɪp/ n. **1** comune m., municipalità f. **2** *(in South Africa)* township f.

townspeople /'taʊnzpiːpl/ n.pl. cittadini m., cittadinanza f.sing.

towpath /'təʊpɑːθ, AE -pæθ/ n. alzaia f.

towrope /'təʊrəʊp/ n. → **towline**.

tow truck n. AE carro m. attrezzi.

toxic /'tɒksɪk/ agg. tossico.

toxicity /tɒk'sɪsətɪ/ n. tossicità f.

toxic waste n. rifiuti m.pl. tossici.

toxin /'tɒksɪn/ n. tossina f.

1.toy /tɔɪ/ **I** n. giocattolo m., gioco m. **II** modif. [*gun, telephone*] giocattolo; ***~ car, boat, plane, railway*** macchinina, barchetta, aeroplanino, trenino.

2.toy /tɔɪ/ intr. ***to ~ with*** giocherellare *o* gingillarsi con [*object*]; giocare con [*feelings*]; carezzare [*idea*]; ***to ~ with one's food*** piluccare, smangiucchiare.

toy boy n. BE COLLOQ. SPREG. = amante molto più giovane di una donna matura.

toy dog n. cane m. di piccola taglia, cane m. d'appartamento.

toy poodle n. barboncino m. nano.

toyshop /'tɔɪʃɒp/ n. negozio m. di giocattoli.

toy soldier n. soldatino m.

1.trace /treɪs/ n. **1** *(evidence)* traccia f., resto m.; ***there is no ~ of*** non rimane traccia di **2** *(hint) (of irony)* punta f., pizzico m.; *(of flavour, garlic)* pizzico m.; *(of accent)* traccia f.; *(of chemical, drug)* traccia f., residuo m. **3** *(aiding retrieval)* traccia f., indizio m.; ***without ~*** [*disappear, sink*] senza lasciare traccia.

2.trace /treɪs/ tr. **1** *(locate)* rintracciare [*person*]; ritrovare [*weapon, car*]; scoprire, individuare [*fault*]; ***to ~ sb. to*** seguire le tracce di qcn. fino a [*hideout*]; ***to ~ the cause of*** risalire alla causa di; ***the call was ~d to a London number*** si è scoperto che la telefonata veniva da un numero di Londra **2** *(follow development)* seguire le fasi di [*growth*]; descrivere, tracciare [*life, progress*]; fare risalire [*origins, ancestry*] (**to** a) **3** (anche **~ out**) *(copy)* ricalcare [*map, outline*]; *(form)* tracciare, disegnare [*pattern*].

■ **trace back:** ***~ [sth.] back, ~ back [sth.]*** ricondurre, fare risalire (**to** a).

3.trace /treɪs/ n. *(of harness)* tirella f. ♦ ***to kick over the ~s*** ribellarsi.

traceable /'treɪsəbl/ agg. [*connection*] rintracciabile, riscontrabile.

tracer /'treɪsə(r)/ **I** n. **1** MIL. *(bullet)* proiettile m. tracciante; *(shell)* cartuccia f., proietto m. tracciante **2** CHIM. MED. *(substance)* elemento m. tracciante **3** *(instrument)* traccialinee m. **II** modif. [*bullet*] tracciante.

tracery /'treɪsərɪ/ n. **1** ARCH. *(of window)* traforo m., intaglio m. **2** *(of pattern, frost)* disegno m.

trachea /trə'kiːə, AE 'treɪkɪə/ n. (pl. **~e**) trachea f.

tracheitis /treɪkɪ'aɪtɪs/ ➧ ***11*** n. tracheite f.

tracheotomy /ˌtrækɪ'ɒtəmɪ/ n. tracheotomia f.

trachoma /trə'kəʊmə/ ➧ ***11*** n. tracoma m.

tracing /'treɪsɪŋ/ n. **1** *(of map, motif, diagram)* ricalco m. **2** *(procedure)* ricalcatura f.

tracing paper n. carta f. da lucido.

1.track /træk/ **I** n. **1** *(print) (of animal, person)* orma f., impronta f.; *(of vehicle)* tracce f.pl. **2** *(course, trajectory) (of missile, aircraft)* traiettoria f., rotta f.; *(of storm)* movimento m., percorso m.; FIG. *(of person)* traccia f., pista f.; ***he police were on her ~*** la polizia era sulle sue tracce; ***to cover one's ~s*** fare perdere le proprie tracce; ***the negotiations were on ~*** i negoziati procedevano regolarmente *o* come da programma; ***to be on the wrong ~*** essere fuori pista *o* strada; ***to keep ~ of*** [*person*] seguire, tenersi aggiornato su [*developments, events*]; seguire [*conversation*]; [*police*] seguire gli spostamenti di [*criminal*]; [*computer*] tenere aggiornato [*figures*]; ***to lose ~ of*** perdere le tracce di, perdere di vista [*friend*]; perdere le tracce di [*document, aircraft, suspect*]; perdere il filo di [*conversation*]; ***to lose ~ of (the) time*** perdere la cognizione del tempo; ***to make ~s for sth.*** andare *o* dirigersi verso qcs.; ***we'd better be making ~s*** faremmo bene a filarcela; ***to stop dead in one's ~s*** fermarsi di colpo **3** *(path, road)* sentiero m. **4** SPORT pista f.; ***(motor-)racing ~*** autodromo; ***cycling ~*** velodromo; ***dog-racing ~*** cinodromo **5** FERR. binario m., rotaia f.; AE *(platform)* binario m.; ***to leave the ~(s)*** [*train*] deragliare **6** MUS. *(of record)* solco m.; *(of tape)* pista f. magnetica; *(of CD)* traccia f.; *(song)* brano m. **7** INFORM. *(band)* traccia f., pista f. **II** modif. SPORT [*race*] su pista; ***~ event*** gara podistica ♦ ***to come from the wrong side of the ~s*** venire dai quartieri poveri.

2.track /træk/ **I** tr. inseguire, essere sulle tracce di [*person*]; seguire le orme di [*animal*]; seguire la traiettoria di [*rocket, plane*]; seguire l'orbita di [*comet*] **II** intr. CINEM. fare una carrellata.

■ **track down:** ***~ [sb., sth.] down, ~ down [sb., sth.]*** rintracciare, scovare.

track and field events n.pl. gare f. di atletica leggera.

tracked /trækt/ agg. [*vehicle*] cingolato.

tracker /'trækə(r)/ n. *(of animal)* battitore m.; *(of person)* inseguitore m. (-trice).

tracker dog n. cane m. poliziotto.

tracking /ˈtrækɪŋ/ n. *(of person)* inseguimento m.; *(of plane, satellite)* localizzazione f.
tracking station n. = postazione di controllo di missili e satelliti.
track lighting n. = sistema di illuminazione costituito da una fila di faretti orientabili montati su un supporto.
track record n. *(of government, company)* precedenti m.pl., storia f.; *(of professional person)* esperienze f.pl., curriculum m.; ***to have a good ~*** avere dei buoni precedenti; [*professional person*] avere buoni conseguimenti professionali; ***a candidate with a proven ~ in sales*** un candidato con una comprovata esperienza nelle vendite.
track shoe n. scarpetta f. chiodata (da corsa).
tracksuit /ˈtræksuːt, -sjuːt/ n. tuta f. sportiva.
1.tract /trækt/ n. *(pamphlet)* opuscolo m., trattatello m.
2.tract /trækt/ n. **1** *(of land, forest)* distesa f., estensione f. **2** ANAT. ***digestive, respiratory ~*** tubo digerente, vie respiratorie **3** AE *(housing development)* lotto m. abitativo.
tractable /ˈtræktəbl/ agg. [*person*] docile, arrendevole; [*substance*] malleabile; [*problem*] risolvibile.
traction /ˈtrækʃn/ n. **1** *(pulling action)* trazione f. (anche MED.) **2** *(of wheel)* aderenza f.
traction engine n. trattrice f.
tractor /ˈtræktə(r)/ n. trattore m.
trad /træd/ agg. BE MUS. COLLOQ. (accorc. traditional) tradizionale.
1.trade /treɪd/ **I** n. **1** *(activity)* commercio m., attività f. commerciale; ***to do a good ~*** fare buoni affari **2** *(sector of industry)* industria f., ramo m.; ***she's in the furniture ~*** lavora nel settore dell'arredamento **3** *(profession) (manual)* mestiere m.; *(intellectual)* professione f.; ***by ~*** di mestiere **II** modif. [*route, agreement*] commerciale; [*sanctions, embargo*] commerciale, economico; [*journal*] specialistico, di settore.
2.trade /treɪd/ **I** tr. *(swap)* scambiare, barattare [*objects*] (**for** con) **II** intr. **1** *(buy and sell)* commerciare; ***to ~ in sth. with sb.*** commerciare in qcs. con qcn. **2** *(on financial markets)* ***to ~ at 10 dollars*** [*share, commodity*] scambiarsi a 10 dollari **3** *(exploit)* ***to ~ on*** approfittare di, sfruttare [*name, reputation, image*].
▪ **trade in:** ~ *[sth.]* in, ~ in *[sth.]* COMM. ***he ~d in his old car*** diede indietro la sua vecchia auto.
▪ **trade off:** ~ *[sth.]* off, ~ off *[sth.]* *(exchange)* scambiare, barattare (**against** con).
▪ **trade up** AE → **trade in.**
trade association n. associazione f. di categoria.
trade balance n. ECON. bilancia f. commerciale.
trade barrier n. COMM. barriera f. doganale.
trade deficit n. ECON. deficit m. della bilancia commerciale.
Trade Descriptions Act n. GB COMM. DIR. = legge che impone che le descrizioni dei prodotti in commercio siano corrispondenti al vero.
trade discount n. COMM. sconto m. commerciale, sconto m. d'uso.
trade fair n. COMM. fiera f. commerciale.
trade figures n.pl. statistiche f. commerciali.
trade gap n. ECON. disavanzo m. commerciale.
trade-in /ˈtreɪdɪn/ **I** n. COMM. permuta f. **II** agg. COMM. [*price*] inclusa la permuta; [*value*] di permuta.
trademark /ˈtreɪdmɑːk/ n. **1** COMM. marchio m. di fabbrica **2** (anche **Trademark, Registered Trademark**) marchio m. depositato **3** FIG. *(of person)* ***the professionalism which is his ~*** la professionalità che lo contraddistingue.
trade name n. COMM. nome m. commerciale.
trade-off /ˈtreɪdɒf/ n. **1** *(balance)* compromesso m. **2** *(exchange)* scambio m., baratto m.
trader /ˈtreɪdə(r)/ ♦ **27** n. **1** COMM. commerciante m. e f. **2** ECON. *(on the stock exchange)* operatore m. (-trice) di borsa.
trade secret n. segreto m. industriale; SCHERZ. segreto m. di stato.
tradesman /ˈtreɪdzmən/ ♦ **27** n. (pl. **-men**) *(delivery man)* addetto m. alle consegne, fattorino m.; *(shopkeeper)* negoziante m., commerciante m.
tradesman's entrance n. ingresso m. di servizio.
tradespeople /ˈtreɪdzpiːpl/ n.pl. negozianti m., commercianti m.
trades union n. BE → **trade union.**
Trades Union Congress n. GB = confederazione dei sindacati britannici.
trade union I n. sindacato m. **II** modif. [*activist, movement*] sindacale; [*card*] del sindacato.
trade unionism n. sindacalismo m.
trade unionist n. sindacalista m. e f.
trade union member n. = persona iscritta a un sindacato.
trade war n. guerra f. commerciale.
trade wind n. METEOR. aliseo m.
trading /ˈtreɪdɪŋ/ **I** n. **1** COMM. commercio m. **2** ECON. *(on the stock exchange)* contrattazioni f.pl., operazioni f.pl. **II** modif. [*partner*] commerciale; [*nation*] mercantile.
trading card n. figurina f. (da collezione).
trading estate n. BE zona f. industriale.
trading post n. emporio m. (in una regione isolata).
Trading Standards Department n. = direzione regionale dell'associazione per la difesa dei consumatori.
tradition /trəˈdɪʃn/ n. tradizione f.
traditional /trəˈdɪʃənl/ agg. tradizionale.
traditionalism /trəˈdɪʃənəlɪzəm/ n. tradizionalismo m.
traditionalist /trəˈdɪʃənəlɪst/ n. tradizionalista m. e f.
traduce /trəˈdjuːs, AE -ˈduːs/ tr. FORM. calunniare, diffamare.
1.traffic /ˈtræfɪk/ **I** n. **1** *(road vehicles in street, town)* traffico m., circolazione f.; ***~ into, out of London*** il traffico verso, in uscita da Londra; ***to hold up the ~*** ostacolare *o* bloccare la circolazione **2** *(movement of planes, ships, trains, people)* traffico m.; ***passenger ~*** traffico di passeggeri; ***air ~*** traffico aereo **3** *(dealings) (in drugs, arms, slaves, goods)* traffico m., commercio m. (**in** di); *(in ideas)* circolazione f. (**in** di) **4** ELETTRON. INFORM. traffico m. **II** modif. [*accident*] stradale, fra veicoli; [*problem, regulations, report*] del traffico; ***~ flow*** circolazione.
2.traffic /ˈtræfɪk/ intr. (forma in -ing ecc. **-ck-**) ***to ~ in*** trafficare in [*drugs, arms, stolen goods*].
traffic circle n. AE rotatoria f.
traffic duty n. ***to be on ~*** dirigere il traffico.
traffic island n. isola f. spartitraffico.
traffic jam n. ingorgo m. stradale.
trafficker /ˈtræfɪkə(r)/ n. trafficante m. e f. (**in** di).
traffic light n. spesso pl. semaforo m.
traffic policeman ♦ **27** n. (pl. **traffic policemen**) agente m. della polizia stradale.
traffic signal n. → **traffic light.**
traffic warden ♦ **27** n. BE = ausiliario del controllo del traffico.
tragedy /ˈtrædʒədɪ/ n. tragedia f. (anche FIG.).
tragic /ˈtrædʒɪk/ agg. tragico (anche FIG.).
tragically /ˈtrædʒɪklɪ/ avv. tragicamente.
tragicomedy /ˌtrædʒɪˈkɒmədɪ/ n. tragicommedia f. (anche FIG.).
tragicomic /ˌtrædʒɪˈkɒmɪk/ agg. tragicomico.
1.trail /treɪl/ n. **1** *(path)* sentiero m., pista f. **2** *(trace, mark) (of blood, slime)* striscia f., scia f.; *(of dust)* traccia f., macchia f.; ***to leave a ~ of destruction behind one*** lasciare dietro di sé una scia di distruzione **3** *(trace)* traccia f., orma f., impronta f.; ***to be on sb.'s ~*** essere sulla pista di qcn.
2.trail /treɪl/ **I** tr. **1** *(follow)* [*animal, person*] seguire le tracce di; [*car*] seguire **2** *(drag along)* trascinare, strascicare; ***to ~ one's hand in the water*** sfiorare l'acqua con le dita **II** intr. **1** *(hang, droop)* [*skirt, scarf*] strisciare; [*plant*] pendere **2** *(fall behind)* ***our team were ~ing by 3 goals to 1*** la nostra squadra era in svantaggio di tre reti a uno; ***to ~ badly*** [*racehorse, team*] rimanere molto indietro, essere molto distanziato.
▪ **trail away, trail off** [*music, voices*] affievolirsi, smorzarsi, spegnersi.
trail bike n. motocicletta f. da cross.
trail blazer n. innovatore m. (-trice), precursore m., precorritrice f., pioniere m.
trail-blazing /ˈtreɪlbleɪzɪŋ/ agg. innovatore, precursore, pionieristico.
trailer /ˈtreɪlə(r)/ n. **1** *(vehicle, boat)* rimorchio m. **2** AE *(caravan)* roulotte f., caravan m. **3** CINEM. trailer m.
trailer trash n. AE SPREG. = emarginati che vivono nelle roulotte.

trailing /'treɪlɪŋ/ agg. [*plant*] rampicante, strisciante.

1.train /treɪn/ **I** n. **1** FERR. treno m.; convoglio m. ferroviario; ***on*** o ***in the ~*** sul *o* in treno; ***slow ~*** treno locale; ***a ~ to Paris*** un treno per Parigi; ***to take*** o ***catch, miss the ~*** prendere, perdere il treno; ***to go by ~*** andare in treno *o* con il treno **2** *(succession) (of events)* serie f., sequela f.; ***the bell interrupted my ~ of thought*** il campanello interruppe il corso dei miei pensieri **3** *(procession) (of animals)* fila f., processione f.; *(of vehicles)* convoglio m., colonna f.; *(of people)* corteo m., seguito m.; *(of mourners)* corteo m. (funebre); MIL. corteo m. (militare) **4** *(motion)* ***to set*** o ***put sth. in ~*** mettere in movimento qcs. **5** ANT. *(retinue)* seguito m.; ***the war brought famine in its ~*** FIG. la guerra portò con sé la carestia **6** *(on dress)* strascico m. **II** modif. FERR. [*crash, station*] ferroviario; [*timetable*] dei treni; [*ticket*] del treno, ferroviario; [*strike*] dei treni; ***~ driver*** macchinista.

2.train /treɪn/ **I** tr. **1** preparare, formare [*staff, worker, musician*]; *(physically)* allenare [*athlete, player*]; ammaestrare, addestrare [*circus animal, dog*]; ***to be ~ed on the job*** essere formato sul posto; ***to ~ sb. as a pilot, engineer*** preparare qcn. a diventare pilota, ingegnere **2** *(aim)* puntare [*gun, binoculars*] **3** *(guide the growth of)* palizzare [*plant, tree*] **II** intr. **1** *(for profession)* prepararsi, formarsi; ***he's ~ing to be a doctor*** sta studiando per diventare medico **2** SPORT allenarsi, esercitarsi.

trained /treɪnd/ **I** p.pass. → **2.train II** agg. [*staff, worker*] qualificato, specializzato; [*professional*] diplomato, abilitato; [*voice*] allenato; [*singer, actor*] professionista; [*animal*] ammaestrato, addestrato; ***to the ~ eye, ear*** all'occhio, orecchio esercitato; ***when will you be fully ~?*** quando completerai la tua preparazione?

trainee /treɪ'ni:/ n. apprendista m. e f., tirocinante m. e f., praticante m. e f.

trainer /'treɪnə(r)/ ♦ *27* n. **1** SPORT *(of athlete, horse)* allenatore m. (-trice), trainer m. e f.; *(of circus animal, dogs)* ammaestratore m. (-trice) **2** BE *(shoe)* scarpa f. da ginnastica.

training /'treɪnɪŋ/ **I** n. **1** formazione f., training m. (**as** come); *(less specialized)* apprendistato m., tirocinio m. (**in** di); ***~ in medicine*** formazione nel campo della medicina **2** MIL. addestramento m.; SPORT allenamento m.; ***to be in ~*** essere in esercizio; *(following specific programme)* seguire un programma di allenamento; ***to be out of ~*** essere fuori allenamento *o* forma **II** modif. **1** *(instruction)* [*course, period, scheme, agency*] di formazione; [*manual*] di formazione, d'informazioni per l'uso **2** MIL. [*course*] di addestramento; SPORT [*exercise*] di allenamento.

training college n. BE istituto m. professionale; *(for teachers)* = scuola di formazione per gli insegnanti.

training ship n. nave f. scuola.

train set n. trenino m. (elettrico).

train spotter n. = persona il cui hobby consiste nell'osservare i treni e nel prendere nota dei numeri dei modelli delle locomotive.

traipse /treɪps/ intr. trascinarsi; ***I've been traipsing around town all day*** ho passato la giornata a trascinarmi in giro.

trait /treɪ, treɪt/ n. **1** *(of personality, family)* tratto m., peculiarità f. **2** *(genetic)* caratteristica f.

traitor /'treɪtə(r)/ n. traditore m. (-trice) (**to** di); ***to turn ~*** tradire, diventare un traditore.

trajectory /trə'dʒektərɪ/ n. traiettoria f.

tram /træm/ n. BE (anche **tramcar** ANT.) tram m.

tramline /'træmlaɪn/ **I** n. rotaie f.pl. del tram **II tramlines** n.pl. *(in tennis)* corridoio m.sing.

1.tramp /træmp/ n. **1** *(vagrant)* vagabondo m. (-a), girovago m. (-a) **2** *(sound of feet)* calpestio m., scalpiccio m.; ***I heard the ~ of feet*** sentii un rumore di passi **3** *(hike)* passeggiata f. **4** COLLOQ. SPREG. sgualdrina f.

2.tramp /træmp/ **I** tr. percorrere a piedi **II** intr. **1** *(hike)* viaggiare a piedi, girovagare **2** *(walk heavily)* camminare pesantemente.

trample /'træmpl/ **I** tr. calpestare, pestare; ***to ~ sth. underfoot*** calpestare qcs. **II** intr. ***to ~ on*** calpestare, schiacciare; FIG. calpestare, mettere sotto i piedi.

trampoline /'træmpəli:n/ n. SPORT tappeto m. elastico.

tramway /'træmweɪ/ n. linea f. tranviaria.

trance /trɑ:ns, AE træns/ n. trance f.; FIG. trance f., estasi f.; ***to go into a ~*** andare in trance.

tranquil /'træŋkwɪl/ agg. tranquillo, quieto.

tranquillity, tranquility AE /,træŋ'kwɪlətɪ/ n. tranquillità f., pace f.

tranquillize, tranquilize AE /'træŋkwɪlaɪz/ tr. somministrare tranquillanti a [*person*].

tranquillizer, tranquilizer AE /'træŋkwɪlaɪzə(r)/ n. tranquillante m., calmante m., sedativo m.; ***to be on ~s*** prendere tranquillanti.

transact /træn'zækt/ tr. trattare, sbrigare [*business*]; negoziare [*rights*].

transaction /træn'zækʃn/ **I** n. **1** *(piece of business)* transazione f. (anche COMM. ECON.); *(on the stock exchange)* operazione f.; ***cash, credit card ~*** transazione in contanti, con carta di credito **2** *(negotiating)* ***the ~ of business*** le trattative di affari **II transactions** n.pl. *(proceedings) (of society etc.)* atti m., verbali m.

transatlantic /,trænzət'læntɪk/ agg. [*crossing, flight*] transatlantico; [*attitude, accent*] d'oltreoceano.

transceiver /træn'si:və(r)/ n. ricetrasmettitore m.

transcend /træn'send/ tr. **1** *(go beyond)* trascendere, andare al di là di [*barrier, reason*] **2** *(surpass)* superare [*performance, quality*] **3** FILOS. trascendere.

transcendent /træn'sendənt/ agg. trascendente.

transcendental /,trænsen'dentl/ agg. trascendentale.

transcontinental /,trænzkɒntɪ'nentl/ agg. transcontinentale.

transcribe /træn'skraɪb/ tr. trascrivere (anche MUS.).

transcript /'trænskrɪpt/ n. **1** *(copy)* trascrizione f., copia f. **2** AE SCOL. = copia ufficiale del documento che riporta le valutazioni di uno studente.

transcription /,træn'skrɪpʃn/ n. trascrizione f. (anche FON.).

transdermal patch /,trænz'dɜ:ml,pætʃ/ n. cerotto m. transdermico.

transept /'trænsept/ n. ARCH. transetto m.

1.transfer /'trænsfɜ:(r)/ n. **1** *(transmission) (of funds, shares)* trasferimento m.; *(of property)* trapasso m., passaggio m.; *(of debt)* cessione f., voltura f. **2** *(relocation) (of employee, player, patient, prisoner)* trasferimento m. **3** BE *(on skin)* tatuaggio m. cancellabile; *(on china)* decalcomania f.; *(on paper)* decalcomania f., trasferello m.; *(on T-shirt)* stampa f.

2.transfer /træns'fɜ:(r)/ **I** tr. (forma in -ing ecc. **-rr-**) **1** *(move)* trasferire, spostare [*data, luggage*] **2** *(hand over)* trasferire, versare [*money*]; trasferire [*power*]; trasmettere, cedere [*property*]; cambiare [*allegiance, support*] **3** *(relocate)* trasferire [*employee, office, prisoner, player*] **4** TEL. trasferire [*call*]; ***I'm ~ring you to reception*** passo la vostra chiamata alla reception **II** intr. (forma in -ing ecc. **-rr-**) **1** *(relocate)* [*employee, player*] trasferirsi **2** AER. [*traveller*] cambiare volo **3** UNIV. [*student*] *(change university)* cambiare università; *(change course)* cambiare corso.

transferable /træns'fɜ:rəbl/ agg. trasferibile, cedibile.

transference /'trænsfərəns, AE træns'fɜ:rəns/ n. **1** *(transfer)* trasferimento m. **2** PSIC. transfert m.

transfer lounge n. AER. transit m.

transfer passenger n. AER. passeggero m. (-a) in transito.

transferred charge call n. TEL. telefonata f. a carico del destinatario.

transfer season n. SPORT campagna f. acquisti.

transfiguration /,trænsfɪgə'reɪʃn, AE -gjə'r-/ n. RELIG. FORM. trasfigurazione f.

transfigure /træns'fɪgə(r), AE -gjər/ tr. trasfigurare.

transfix /træns'fɪks/ tr. **1** gener. passivo *(render motionless)* [*horror*] paralizzare, pietrificare; [*beauty*] ammaliare **2** *(impale)* trapassare, trafiggere.

transform /træns'fɔ:m/ tr. trasformare, tramutare (**from** da; **into** in).

transformation /,trænsfə'meɪʃn/ n. trasformazione f., mutamento m. (**from** da; **into** in).

transformer /træns'fɔ:mə(r)/ n. EL. trasformatore m.

transfusion /træns'fju:ʒn/ n. trasfusione f.

transgenic /træns'dʒenɪk/ agg. transgenico.

transgress /trænz'gres/ **I** tr. trasgredire, violare **II** intr. RELIG. peccare.

transgression /trænz'greʃn/ n. **1** DIR. infrazione f., violazione f. (**against** di) **2** RELIG. peccato m.
transience /'trænzɪəns/ n. transitorietà f., fugacità f.
transient /'trænzɪənt, AE 'trænʃnt/ agg. [*phase*] transitorio; [*emotion*] effimero, passeggero; [*beauty*] fugace; [*population*] di passaggio.
transistor /træn'zɪstə(r), -'sɪstə(r)/ n. **1** *(radio)* transistor m., radio f. a transistor **2** ELETTRON. *(semiconductor)* transistor m.
transit /'trænzɪt, -sɪt/ **I** n. transito m., passaggio m. **II** modif. [*camp*] di transito, di smistamento; [*passenger*] in transito.
transition /træn'zɪʃn, -'sɪʃn/ **I** n. transizione f., passaggio m. **II** modif. [*period, point*] di transizione.
transitional /træn'zɪʃənl, -'sɪʃənl/ agg. [*arrangement, measure*] transitorio, temporaneo; [*period*] di transizione.
transitive /'trænzətɪv/ **I** agg. transitivo **II** n. transitivo m.
transitory /'trænsɪtrɪ, AE -tɔːrɪ/ agg. [*stage*] transitorio; [*hope, pain*] temporaneo.
translatable /trænz'leɪtəbl/ agg. traducibile.
translate /trænz'leɪt/ **I** tr. tradurre (**from** da; **into** a); FIG. interpretare [*gesture, remark*]; tradurre [*idea, principle*]; ***to ~ theory into practice*** tradurre in pratica la teoria **II** intr. [*person*] tradurre, fare traduzioni; [*word, phrase, text*] tradursi; ***this word does not ~*** questa parola è intraducibile.
translation /trænz'leɪʃn/ n. traduzione f. (**from** da; **into** a; **of** di).
translator /trænz'leɪtə(r)/ ➧ *27* n. traduttore m. (-trice).
translucent /trænz'luːsnt/ agg. traslucido.
transmigrate /ˌtrænzmaɪ'greɪt/ intr. trasmigrare.
transmigration /ˌtrænzmaɪ'greɪʃn/ n. trasmigrazione f.
transmission /trænz'mɪʃn/ n. trasmissione f.
transmit /trænz'mɪt/ tr. e intr. (forma in -ing ecc. **-tt-**) trasmettere.
transmitter /trænz'mɪtə(r)/ n. RAD. TELEV. trasmittente f., trasmettitore m.; TEL. capsula f. microfonica; ***radio ~*** radiotrasmettitore.
transmute /trænz'mjuːt/ tr. trasmutare.
transom /'trænsəm/ n. ARCH. traversa f.
transparency /træns'pærənsɪ/ n. **1** U trasparenza f. (anche FIG.) **2** FOT. diapositiva f. **3** *(for overhead projector)* trasparente m., lucido m.
transparent /træns'pærənt/ agg. trasparente (anche FIG.).
transparently /træns'pærəntlɪ/ avv. *(obviously)* in modo trasparente, con chiarezza.
transpire /træn'spaɪə(r), trɑː-/ intr. **1** *(be revealed)* trapelare **2** *(occur)* accadere, avvenire **3** BOT. FISIOL. traspirare.
1.transplant /træns'plɑːnt, AE -'plænt/ **I** n. *(operation)* trapianto m.; *(organ transplanted)* organo m. trapiantato; *(tissue transplanted)* tessuto m. trapiantato; ***to have a heart ~*** subire un trapianto di cuore **II** modif. ***~ operation*** trapianto; ***~ patient*** trapiantato.
2.transplant /træns'plɑːnt, AE -'plænt/ tr. **1** AGR. trapiantare [*tree, plant*]; rimpiolare [*seedlings*] **2** MED. trapiantare.
1.transport /'trænspɔːt/ **I** n. **1** *(of goods, passengers)* trasporto m.; ***air, road ~*** trasporto aereo, su strada; ***to travel by public ~*** viaggiare con i mezzi pubblici **2** *(means of travelling)* mezzo m. di trasporto **3** MIL. *(ship)* nave f. da trasporto; *(aircraft)* aereo m. da carico **4** LETT. *(rapture)* ***to go into ~s of delight*** avere slanci di gioia **II** modif. [*costs, facilities*] di trasporto; [*ship*] da trasporto; [*industry, strike, system*] dei trasporti.
2.transport /træns'pɔːt/ tr. **1** trasportare [*passengers, goods*] **2** STOR. *(deport)* deportare.
transportation /ˌtrænspɔː'teɪʃn/ **I** n. **1** AE *(means of travelling)* mezzo m. di trasporto **2** *(of passengers, goods)* trasporto m. **3** STOR. deportazione f. **II** modif. AE [*costs, facilities, ship*] di trasporto; [*industry, strike, system*] dei trasporti.
transport café n. BE ristorante m. per camionisti.
transporter /træns'pɔːtə(r)/ n. **1** MIL. *(for troops, planes)* transporter m. **2** (anche **car ~**) bisarca f.
transpose /træn'spəʊz/ tr. **1** spostare, invertire [*pages*]; invertire l'ordine di [*arguments*] **2** MUS. trasportare, trasporre; MAT. trasportare.
transposition /ˌtrænspə'zɪʃn/ n. **1** *(of pages)* spostamento m., inversione f.; *(of arguments)* inversione f. **2** MUS. trasporto m., trasposizione f.; MAT. trasporto m.
transsexual /trænz'sekʃʊəl/ **I** agg. transessuale **II** n. transessuale m. e f.
transverse /'trænzvɜːs/ **I** agg. trasversale **II** n. parte f. trasversale.
transvestism /trænz'vestɪzəm/ n. travestitismo m.
transvestite /trænz'vestaɪt/ n. travestito m.
1.trap /træp/ n. **1** VENAT. *(snare)* trappola f. (anche FIG.); ***to set a ~ for*** tendere una trappola a [*animals*]; tendere una trappola *o* un tranello a [*humans*]; ***to fall into the ~*** FIG. cadere nella trappola **2** *(vehicle)* calesse m. **3** POP. *(mouth)* ***shut your ~!*** chiudi il becco!
2.trap /træp/ tr. (forma in -ing ecc. **-pp-**) **1** VENAT. prendere in trappola, intrappolare [*animal*] **2** *(catch, immobilize)* bloccare, incastrare [*person, finger*] **3** *(prevent from escaping)* non disperdere, trattenere [*heat*] **4** FIG. *(emprison)* intrappolare, incastrare; ***to ~ sb. into doing*** costringere qcn. a fare.
trapdoor /'træpdɔː(r)/ n. botola f.
trapeze /trə'piːz, AE træ-/ n. (anche **flying ~**) *(in circus)* trapezio m.
trapezist /trə'piːzɪst, AE træ-/ ➧ *27* n. trapezista m. e f.
trapper /'træpə(r)/ n. = chi tende trappole.
trappings /'træpɪŋz/ n.pl. **1** SPREG. *(outer signs)* ***the ~ of*** i simboli *o* gli status symbol di [*power, success*] **2** *(harness)* bardatura f.sing.
trash /træʃ/ n. **U 1** AE *(refuse) (in streets)* rifiuti m.pl.; *(in household)* spazzatura f., immondizia f. **2** COLLOQ. SPREG. *(goods)* robaccia f., porcheria f. **3** COLLOQ. SPREG. *(nonsense)* sciocchezze f.pl., stupidaggini f.pl.; ***the film is (absolute) ~*** il film è una vera robaccia.
trashcan /'træʃkæn/ n. AE pattumiera f., bidone m. dell'immondizia.
trash heap n. deposito m. delle immondizie; FIG. mucchio m. di rifiuti.
trashy /'træʃɪ/ agg. COLLOQ. SPREG. [*novel, film*] scadente, da due soldi; [*souvenirs*] kitsch, pacchiano.
trauma /'trɔːmə, AE 'traʊ-/ n. (pl. **~s**, **-ata**) MED. PSIC. trauma m.
trauma centre n. centro m. traumatologico.
traumata /'trɔːmətə, AE 'traʊ-/ → **trauma**.
traumatic /trɔː'mætɪk, AE traʊ-/ agg. MED. PSIC. traumatico (anche FIG.).
traumatize /'trɔːmətaɪz, AE 'traʊ-/ tr. traumatizzare.
1.travel /'trævl/ **I** n. viaggi m.pl., (il) viaggiare; *(one specific trip)* viaggio m.; ***foreign ~*** viaggi all'estero **II travels** n.pl. viaggi m.; ***he's off on his ~s again*** è di nuovo in viaggio **III** modif. [*plans, expenses*] di viaggio; [*brochure, company*] di viaggi; [*business*] di viaggi, turistico; [*writer*] di libri di viaggi, di letteratura di viaggi.
2.travel /'trævl/ **I** tr. (forma in -ing ecc. **-ll-**, **-l-** AE) attraversare [*country*]; percorrere [*road, distance*] **II** intr. (forma in -ing ecc. **-ll-**, **-l-** AE) **1** *(journey)* [*person*] viaggiare; ***he ~s widely*** fa molti viaggi; ***to ~ abroad, to Brazil*** fare un viaggio all'estero, in Brasile **2** *(move)* [*person*] andare, spostarsi; [*object*] muoversi, spostarsi; [*plane, boat, car, train*] viaggiare, procedere; FIS. [*light, sound*] propagarsi; ***bad news ~s fast*** le cattive notizie si diffondono presto; ***to ~ at 50 km/h*** viaggiare *o* procedere a 50 km/h; ***the train was ~ling through a tunnel*** il treno attraversava una galleria; ***to ~ faster than the speed of sound*** superare la velocità del suono; ***to ~ a long way*** [*person*] percorrere molta strada; ***to ~ back in time*** andare a ritroso nel tempo **3** COMM. *(as sales rep)* ***to ~ in*** fare il rappresentante di [*product*] **4** ***to ~ well*** [*cheese, wine*] non soffrire *o* non patire (nel trasporto).
travel agency n. agenzia f. di viaggi, agenzia f. turistica.
travel agent ➧ *27* n. titolare m. e f. di agenzia di viaggi.
travel bureau n. (pl. **travel bureaus**, **travel bureaux**) → **travel agency**.
travel card n. BE tessera f. di abbonamento (per autobus o treni).
travel insurance n. assicurazione f. di viaggio.
travelled BE, **traveled** AE /'trævld/ **I** p.pass. → **2.travel II** agg. in composti ***much-*** o ***well-~*** [*road, route*] molto battuto; ***widely-~*** [*person*] che ha viaggiato molto.
traveller BE, **traveler** AE /'trævlə(r)/ n. **1** *(voyager) (on business, holiday)* viaggiatore m. (-trice); *(regular passen-*

ger) passeggero m. (-a) **2** *(commercial)* rappresentante m. e f. di commercio, commesso m. viaggiatore **3** BE *(gypsy)* nomade m. e f., zingaro m. (-a).

traveller's cheque BE, **traveler's check** AE n. traveller's cheque m., assegno m. turistico.

travelling BE, **traveling** AE /'trævlɪŋ/ **I** n. viaggi m.pl., (il) viaggiare; *(on single occasion)* viaggio m.; ***to go ~*** mettersi in viaggio; ***the job involves ~*** in questo lavoro è necessario viaggiare **II** agg. **1** *(mobile)* [*actor, company, circus*] itinerante; [*bank*] ambulante; ***the ~ public*** gli utenti dei mezzi pubblici **2** *(for travellers)* [*companion*] di viaggio; [*gadget, rug*] da viaggio; [*conditions*] *(on road)* della strada **3** *(for travel purposes)* [*allowance, expenses*] di viaggio; ***~ scholarship*** = borsa di studio assegnata per compiere viaggi a scopo di studio o di ricerca.

travelling library n. bibliobus m.

travelling salesman ➧ *27* n. (pl. **travelling salesmen**) rappresentante m. di commercio, commesso m. viaggiatore.

travelogue /'trævəlɒg/ BE, **travelog** /'trævəlɔ:g/ AE n. *(film)* documentario m. di viaggio; *(talk)* = conferenza con proiezioni su viaggi.

travel-sick /'trævlsɪk/ agg. ***to be*** o ***get ~*** *(in a car)* soffrire il mal d'auto; *(on ship)* soffrire il mal di mare; *(on plane)* soffrire il mal d'aria.

travel-sickness /'trævl,sɪknɪs/ ➧ *11* **I** n. chinetosi f. **II** modif. [*pills*] contro la chinetosi.

traverse /trə'vɜ:s/ tr. FORM. (at)traversare [*ocean, desert*].

travesty /'trævəstɪ/ n. ART. LETTER. SPREG. parodia f., farsa f. (anche FIG.).

1.trawl /trɔ:l/ n. *(net)* rete f. a strascico.

2.trawl /trɔ:l/ **I** tr. **1** PESC. pescare (con la rete a strascico) in [*water, bay*] **2** FIG. setacciare [*place*] **II** intr. PESC. pescare con la rete a strascico.

trawler /'trɔ:lə(r)/ n. trawler m., peschereccio m. (per la pesca a strascico).

tray /treɪ/ n. vassoio m.; ***baking, oven ~*** teglia per dolci, del forno; ***ice ~*** vaschetta del ghiaccio; ***in-, out-~*** = cassetta della corrispondenza da evadere, in partenza.

traycloth /'treɪklɒθ/ n. centrino m. (da vassoio).

treacherous /'tretʃərəs/ agg. [*person*] traditore, infido, sleale; [*ice, road*] pericoloso, insidioso; [*weather conditions*] proibitivo.

treacherously /'tretʃərəslɪ/ avv. [*act, betray*] infidamente, slealmente.

treachery /'tretʃərɪ/ n. tradimento m., slealtà f.

treacle /'tri:kl/ n. BE melassa f.

1.tread /tred/ n. **1** *(footstep)* passo m., andatura f. **2** *(of stair)* pedata f. **3** *(of tyre) (pattern)* scolpitura f.; *(outer surface)* battistrada m.

2.tread /tred/ **I** tr. (pass. **trod**; p.pass. **trodden**) calpestare, calcare [*street, path, area*]; ***to ~ grapes*** pigiare l'uva; ***to ~ water*** = stare a galla in posizione verticale; ***to ~ sth. underfoot*** (cal)pestare qcs. **II** intr. (pass. **trod**; p.pass. **trodden**) *(walk)* camminare, procedere; ***to ~ on*** *(walk)* camminare su; *(squash)* calpestare, pestare; ***to ~ carefully*** o ***warily*** FIG. andare con i piedi di piombo.

treadmill /'tredmɪl/ n. *(dull routine)* tran tran m.

treason /'tri:zn/ n. tradimento m.; ***high ~*** alto tradimento.

treasonable /'tri:zənəbl/ agg. [*act, offence*] proditorio.

1.treasure /'treʒə(r)/ n. tesoro m. (anche FIG.).

2.treasure /'treʒə(r)/ tr. **1** *(cherish)* amare, curare [*person*]; custodire [*memory, gift*] **2** *(prize)* tenere in grande considerazione, fare tesoro di [*friendship*]; tenere molto a [*object*].

treasured /'treʒəd/ **I** p.pass. → **2.treasure II** agg. [*memory, possession*] caro, prezioso.

treasure house n. ***a ~ of information*** una miniera di informazioni.

treasure hunt n. caccia f. al tesoro.

treasurer /'treʒərə(r)/ n. **1** *(on committee)* tesoriere m. **2** AE *(in company)* cassiere m.

treasure trove /'treʒətrəʊv/ n. DIR. tesoro m.

treasury /'treʒərɪ/ n. **1** *(state, company revenues)* tesoreria f. **2** FIG. *(anthology)* collezione f., raccolta f. **3** *(in cathedral)* tesoro m.; *(in palace)* sala f. del tesoro.

Treasury /'treʒərɪ/ n. GB POL. ministero m. del tesoro.

1.treat /tri:t/ n. **1** *(pleasure)* regalo m., sorpresa f.; *(food)* squisitezza f.; ***I took them to the museum as a ~*** gli feci la sorpresa di portarli al museo; ***oysters! what a ~!*** ostriche! che prelibatezza! ***as a special ~ I was allowed to stay up late*** in via eccezionale, mi fu permesso di restare alzato fino a tardi; ***a ~ in store*** una sorpresa in serbo **2** COLLOQ. ***it's my ~*** offro io; ***to stand sb. a ~*** offrire (da bere, da mangiare) a qcn. **3 a treat** BE COLLOQ. ***the plan worked a ~*** il piano ha funzionato a meraviglia *o* alla perfezione; ***the show went down a ~ with the children*** ai bambini è piaciuto tantissimo lo spettacolo.

2.treat /tri:t/ **I** tr. **1** *(act towards, handle)* trattare [*person, animal, object, topic*]; ***to ~ sb. well, badly*** trattare bene, male qcn.; ***to ~ sth. as*** considerare qcs. come [*idol, shrine*]; ***they ~ the house like a hotel*** credono che la casa sia un albergo; ***to ~ the whole thing as a joke*** prendere l'intera faccenda come uno scherzo **2** MED. curare [*patient, disease*] **3** CHIM. IND. trattare [*chemical, fabric, water*] **4** *(pay for)* ***to ~ sb. to sth.*** offrire qcs. a qcn. **II** rifl. ***to ~ oneself to*** regalarsi, permettersi, concedersi [*holiday, hairdo*].

treatise /'tri:tɪs, -ɪz/ n. trattato m., dissertazione f. (**on** su).

treatment /'tri:tmənt/ n. **1** *(of person)* trattamento m.; ***special ~*** *(preferential)* trattamento di riguardo *o* di favore; *(unusual)* trattamento unico *o* speciale; ***it won't stand up to rough ~*** non resisterà agli strapazzi **2** MED. *(by specific drug, method)* trattamento m., terapia f.; *(general care)* cura f.; ***a course of ~*** un ciclo di cure; ***to receive ~ for sth.*** ricevere cure mediche per qcs.; ***to undergo ~*** sottoporsi a un trattamento **3** CHIM. IND. trattamento m.

treaty /'tri:tɪ/ n. **1** POL. trattato m., accordo m.; ***peace ~*** trattato di pace **2** COMM. DIR. contratto m., trattativa f.; ***for sale by private ~*** si vende mediante trattativa privata.

1.treble /'trebl/ **I** n. **1** *(sound)* acuto m. **2** MUS. *(voice, singer)* soprano m. **II** agg. **1** *(three times)* triplo; ***to reach ~ figures*** raggiungere il centinaio **2** MUS. [*voice*] di soprano **III** determ. tre volte; ***~ the amount*** il triplo della quantità.

2.treble /'trebl/ **I** tr. triplicare **II** intr. triplicare, triplicarsi.

treble clef n. MUS. chiave f. di sol.

tree /tri:/ n. albero m.; ***an apple, a cherry ~*** un melo, un ciliegio; ***the ~ of life*** l'albero della vita ♦ ***he can't see the wood*** BE o ***forest*** AE ***for the ~s*** = si perde nei dettagli, non ha una visione d'insieme; ***money doesn't grow on ~s*** i soldi non si trovano per strada; ***to be at the top of the ~*** essere al vertice della carriera.

tree-covered /'tri:kʌvəd/ agg. boscoso.

treehouse /'tri:haʊs/ n. capanna f. costruita su un albero.

tree hugger n. COLLOQ. SPREG. ecologista m. e f.

treeless /'tri:lɪs/ agg. senza alberi, spoglio, brullo.

tree-lined /'tri:laɪnd/ agg. fiancheggiato da alberi.

tree ring n. cerchia f. annuale, anello m. legnoso.

tree stump n. ceppo m.

treetop /'tri:tɒp/ n. cima f. (di un albero).

tree trunk n. tronco m. d'albero.

trefoil /'trefɔɪl/ n. **1** BOT. trifoglio m. **2** ARCH. decorazione f. trilobata.

1.trek /trek/ n. **1** *(long journey)* lungo viaggio m., lungo cammino m. **2** *(laborious trip)* faticata f., sfacchinata f.

2.trek /trek/ intr. (forma in -ing ecc. **-kk-**) ***to ~ across, through*** attraversare (a piedi) [*desert, jungle*]; ***I had to ~ into town*** COLLOQ. sono dovuto andare a piedi fino in città.

trekking /'trekɪŋ/ ➧ *10* n. trekking m.; ***to go ~*** (andare a) fare trekking.

trellis /'trelɪs/ n. traliccio m. (per piante rampicanti).

trelliswork /'trelɪswɜ:k/ n. graticciato m., graticolato m.

1.tremble /'trembl/ n. tremore m., tremito m.

2.tremble /'trembl/ intr. [*person, hand*] tremare (**with** di, per); [*leaves, voice*] tremare, tremolare; [*building*] vibrare, tremare.

trembling /'tremblɪŋ/ **I** n. *(of person, hand)* tremore m., tremito m.; *(of leaves, voice)* tremolio m.; *(of building)* (il) vibrare, (il) tremare **II** agg. [*person*] tremante; [*hand*] tremante, malfermo; [*leaves, voice*] tremante, tremolante; [*building*] che trema, che vibra.

tremendous /trɪ'mendəs/ agg. **1** *(great)* [*effort, improvement, amount*] enorme; [*pleasure*] immenso, enorme; [*storm, explosion*] violento, furioso; [*success*] straordinario, enorme, incredibile **2** COLLOQ. *(marvellous)* grandioso, favoloso.

tremendously /trɪˈmendəslɪ/ avv. [*exciting, important, rich*] straordinariamente; [*grow, vary*] enormemente.

tremor /ˈtremə(r)/ n. **1** *(in body)* tremore m., tremito m.; *(in voice)* tremolio m.; *(of delight, fear)* brivido m. **2** GEOL. lieve scossa f.

tremulous /ˈtremjʊləs/ agg. [*voice*] *(with anxiety, tension)* tremante, tremolante; *(from weakness)* fievole, flebile; *(with excitement)* fremente, vibrante; [*sound*] tremulo; [*smile*] timido.

trench /trentʃ/ n. fosso m., fossato m.; MIL. trincea f.

trenchant /ˈtrentʃənt/ agg. incisivo, efficace, acuto.

trench coat n. trench m., trench-coat m.

trend /trend/ n. **1** *(tendency)* tendenza f.; ***a ~ in*** un orientamento all'interno di [*medicine, education*]; ***a ~ away from*** una tendenza a discostarsi da [*arts, studies*] **2** *(fashion)* tendenza f., trend m. (**for** di); ***a fashion ~*** una moda; ***to set a new ~*** lanciare una nuova moda.

trendsetter /ˈtrendsetə(r)/ n. trend-setter m. e f.; ***to be a ~*** lanciare nuove tendenze.

trendy /ˈtrendɪ/ **I** agg. COLLOQ. [*clothes, styles, film*] trendy, di tendenza; [*opinion*] in voga, che va per la maggiore; [*politician*] di grido **II** n. COLLOQ. SPREG. modaiolo m. (-a).

Trent /trent/ ➧ **34** n.pr. Trento f.

trepidation /ˌtrepɪˈdeɪʃn/ n. trepidazione f.

1.trespass /ˈtrespəs/ n. **1** *(unlawful entry)* intrusione f., sconfinamento m.; DIR. violazione f. della proprietà **2** *(unlawful act)* trasgressione f., infrazione f. **3** RELIG. *(sin)* peccato m., colpa f.

2.trespass /ˈtrespəs/ intr. **1** *(enter unlawfully)* introdursi abusivamente; DIR. = commettere una violazione della proprietà; ***to ~ on*** introdursi in, violare [*property*]; ***"no ~ing"*** "proprietà privata", "vietato l'ingresso" **2** *(commit unlawful act)* commettere un'infrazione **3** FIG. FORM. ***to ~ on*** fare perdere [*time*]; approfittare di, abusare di [*generosity*] **4** RELIG. ***to ~ against*** commettere peccato contro.

trespasser /ˈtrespəsə(r)/ n. trasgressore m., contravventore m.; ***"~s will be prosecuted"*** "i trasgressori saranno perseguiti a termini di legge".

trestle /ˈtresl/ n. cavalletto m., trespolo m.

triad /ˈtraɪæd/ n. triade f.

triage /ˈtriːɑːʒ/ n. MED. triage m.

trial /ˈtraɪəl/ **I** n. **1** DIR. processo m., udienza f.; ***to be on ~*** essere sotto processo, comparire davanti al tribunale; ***to go to ~*** [*case*] essere iscritto a ruolo; ***to bring sb. for ~*** fare comparire qcn. in giudizio; ***to go on ~, to stand ~*** subire un processo, essere processato; ***to come up for ~*** [*person*] comparire in giudizio; [*case*] essere dibattuto; ***to put sb. on ~*** mettere qcn. sotto processo, processare qcn.; FIG. [*press, public*] mettere qcn. sul banco degli imputati **2** *(test) (of recruit)* prova f.; *(of machine, vehicle)* collaudo m.; *(of drug, new product)* test m.; ***to put sth. through ~s*** sottoporre qcs. a dei test; ***on ~*** in prova; ***by ~ and error*** a forza di provare, per tentativi **3** gener. pl. SPORT selezione f., trial m. **4** *(trouble, difficulty)* tormento m., tribolazione f.; *(less strong)* fastidio m.; ***the ~s of being a mother*** le difficoltà che comporta essere madre; ***to be a ~*** [*person*] essere un cruccio *o* una croce (**to sb.** per qcn.) **II** modif. [*period, sample*] di prova; [*separation*] di prova, temporaneo; ***on a ~ basis*** in prova.

trial run n. AUT. IND. TECN. prova f., collaudo m.; ***to take a car for a ~*** fare fare un giro di prova a un'auto.

triangle /ˈtraɪæŋgl/ n. triangolo m. (anche MAT. MUS.); ***(red) warning ~*** triangolo.

triangular /traɪˈæŋgjʊlə(r)/ agg. triangolare.

tribal /ˈtraɪbl/ agg. tribale.

tribalism /ˈtraɪbəlɪzəm/ n. ANTROP. tribalismo m.; FIG. spirito m. di corpo.

tribe /traɪb/ n. ANTROP. ZOOL. tribù f. (anche FIG.).

tribesman /ˈtraɪbzmən/ n. (pl. **-men**) membro m. di una tribù.

tribulation /ˌtrɪbjʊˈleɪʃn/ **I** n. tribolazione f., pena f. **II tribulations** n.pl. ***trials and ~*** tribolazioni.

tribunal /traɪˈbjuːnl/ n. tribunale m.

tribune /ˈtrɪbjuːn/ n. *(platform)* tribuna f., palco m.

tributary /ˈtrɪbjʊtərɪ, AE -terɪ/ n. GEOGR. affluente m.

tribute /ˈtrɪbjuːt/ n. omaggio m., tributo m.; ***to pay ~ to*** pagare un tributo a, rendere omaggio a; ***as a ~ to*** in omaggio a; ***floral ~*** omaggio floreale; *(spray)* fascio di fiori; *(wreath)* corona di fiori; ***it is a ~ to their determination that we have succeeded*** fa onore alla loro determinazione il fatto che noi ci siamo riusciti.

trice /traɪs/ n. ***in a ~*** in un batter d'occhio, in un battibaleno.

tricentenary /ˌtraɪsenˈtiːnərɪ/ n. tricentenario m., terzo centenario m.

1.trick /trɪk/ **I** n. **1** *(thing that deceives or outwits)* trucco m., imbroglio m.; ***a clever ~*** una furberia, un'astuzia; ***to play a ~ on sb.*** giocare un tiro *o* fare uno scherzo a qcn.; ***a ~ of the light*** un'illusione ottica **2** *(by magician, conjurer)* trucco m., gioco m. di prestigio; *(by dog)* gioco m. **3** COLLOQ. *(mischievous behaviour)* tiro m., scherzo m.; ***he is up to his ~s again*** ne sta di nuovo combinando una delle sue **4** *(knack, secret)* trucco m., stratagemma m.; ***the ~ is to do*** il trucco sta nel fare; ***to have a ~ of doing sth.*** avere il dono di fare qcs.; ***to know a ~ or two*** o ***a few ~s*** essere scafato *o* smaliziato (**about** in) **5** *(habit, mannerism)* abitudine f., mania f.; ***to have a ~ of doing*** avere l'abitudine di fare **6** *(in cards)* presa f.; ***to take*** o ***win a ~*** fare un punto **II** modif. [*photo, shot*] truccato ♦ ***the ~s of the trade*** i trucchi del mestiere; ***to do the ~*** servire, funzionare, andare bene; ***not, never to miss a ~*** non farsene scappare una, non sbagliare un colpo.

2.trick /trɪk/ tr. imbrogliare, ingannare; ***to ~ sb. into doing*** indurre qcn. a fare (con l'inganno); ***to ~ sb. out of their inheritance*** frodare qcn. per sottrargli la sua eredità.

■ **trick out:** ~ ***out [sb.]***, ~ ***[sb.] out*** agghindare, abbigliare (**in** con).

trickery /ˈtrɪkərɪ/ n. inganno m., frode f.

1.trickle /ˈtrɪkl/ n. **1** *(of liquid)* gocciolio m., gocciolamento m.; *(of powder, sand)* scivolamento m.; ***the stream is reduced to a ~*** il ruscello è ridotto a un filo d'acqua **2** *(tiny amount) (of investment, orders)* manciata f.; *(of people)* pugno m.

2.trickle /ˈtrɪkl/ **I** tr. fare gocciolare, stillare [*liquid*] **II** intr. ***to ~ down*** colare da [*pane, wall*]; ***to ~ from*** gocciolare da [*tap, spout*]; ***to ~ into*** [*liquid*] cadere goccia a goccia in [*container*]; [*people*] infiltrarsi in [*country, organization*]; [*ball*] rotolare lentamente in [*net*]; ***to ~ out of*** [*liquid*] fuoriuscire da [*crack, wound*]; [*people*] uscire alla spicciolata da [*building*].

■ **trickle away** [*water*] uscire a gocce; [*people*] uscire alla spicciolata.

■ **trickle in** [*people*] arrivare alla spicciolata.

trick or treat n. = frase pronunciata dai bambini che bussano alle porte dei vicini il giorno di Halloween; ***"~!"*** "dolcetto o scherzetto!".

trick question n. domanda f. trabocchetto.

trickster /ˈtrɪkstə(r)/ n. imbroglione m. (-a), truffatore m. (-trice).

tricky /ˈtrɪkɪ/ agg. **1** [*decision, business, task*] difficile, complicato; [*problem, question*] spinoso, scabroso; [*situation*] delicato **2** *(sly, wily)* astuto, scaltro.

tricolour BE, **tricolor** AE /ˈtrɪkələ(r), AE ˈtraɪkʌlə(r)/ n. tricolore m.

tricycle /ˈtraɪsɪkl/ n. *(cycle)* triciclo m.

trident /ˈtraɪdnt/ n. tridente m.

tried /traɪd/ **I** p.pass. → **2.try II** agg. ***a ~ and tested remedy*** un rimedio ben sperimentato.

trier /ˈtraɪə(r)/ n. COLLOQ. ***to be a ~*** non darsi per vinto.

Triestine /triːˈestiːn/ **I** agg. triestino **II** n. triestino m. (-a).

1.trifle /ˈtraɪfl/ n. **1** ***a ~*** *(slightly)* leggermente, un po' **2** *(triviality) (gift)* cosetta f. (da niente), sciocchezza f.; *(money)* inezia f.; *(matter, problem)* quisquilia f., bazzecola f.; ***to waste time on ~s*** perdere tempo in sciocchezze **3** BE GASTR. zuppa f. inglese.

2.trifle /ˈtraɪfl/ intr. ***to ~ with*** scherzare con [*feelings, affections*]; ***to ~ with sb.*** prendersi gioco di qcn.; ***she's not someone to be ~d with!*** con lei non si scherza!

trifling /ˈtraɪflɪŋ/ agg. [*sum, cost*] irrisorio, insignificante; [*detail*] trascurabile.

1.trigger /ˈtrɪgə(r)/ n. **1** *(on gun)* grilletto m.; ***to pull the ~*** premere il grilletto **2** *(on machine)* levetta f. **3** FIG. ***to be the ~ for sth.*** essere l'innesco di qcs., innescare *o* scatenare qcs.

2.trigger /ˈtrɪgə(r)/ tr. → **trigger off**.

■ **trigger off** FIG. ~ ***off [sth.]*** innescare, scatenare.

trigger-happy /ˈtrɪɡəhæpɪ/ agg. COLLOQ. **1** dal grilletto facile; ***to be ~*** avere il grilletto facile **2** FIG. impulsivo, precipitoso.
trigonometry /ˌtrɪɡəˈnɒmətrɪ/ n. trigonometria f.
trike /traɪk/ n. COLLOQ. triciclo m.
trilby /ˈtrɪlbɪ/ n. BE = morbido cappello di feltro.
trilingual /ˌtraɪˈlɪŋɡwəl/ agg. trilingue.
1.trill /trɪl/ n. **1** MUS. trillo m. **2** LING. consonante f. arrotata.
2.trill /trɪl/ **I** tr. **1** MUS. cantare con un trillo [*note*] **2** LING. arrotare [*consonant*] **II** intr. trillare.
trillion /ˈtrɪlɪən/ n. **1** BE *(a million million million)* quintilione m. **2** AE *(a million million)* trilione m.
trilogy /ˈtrɪlədʒɪ/ n. trilogia f.
1.trim /trɪm/ **I** n. **1** *(cut)* *(of hair)* taglio m., spuntata f.; *(of hedge)* spuntata f., potatura f. **2** *(good condition)* ***to keep oneself in ~*** mantenersi in forma; ***to get the garden in ~*** mettere in ordine il giardino **3** *(border)* *(on clothing)* bordo m., bordura f.; *(of braid)* gallone m.; *(on woodwork)* modanatura f., listello m. **4** AUT. finiture f.pl.; ***exterior ~*** rivestimento esterno; ***interior ~*** interni **5** MAR. *(of ship)* assetto m.; *(of sails)* orientamento m. **II** agg. **1** *(neat)* [*person*] curato, ordinato; [*garden*] ordinato, ben tenuto; [*boat*] in buon assetto; [*house*] ordinato, pulito, lindo **2** *(slender)* [*figure*] slanciato, snello; [*waist*] sottile.
2.trim /trɪm/ tr. (forma in -ing ecc. **-mm-**) **1** *(cut)* tagliare [*hair, grass, material*]; spuntare, accorciare [*beard*]; potare, rifilare [*hedge*] **2** *(reduce)* ridurre [*budget, expenditure, workforce*] (**by** di); tagliare, abbreviare [*article, speech*] (**by** di) **3** GASTR. sgrassare [*meat*] **4** *(decorate)* decorare, addobbare [*tree, furniture*] (**in** con; **with** con); bordare, guarnire [*dress, handkerchief*] (**with** con) **5** MAR. regolare l'assetto di [*ship*]; orientare [*sails*].
trimming /ˈtrɪmɪŋ/ **I** n. *(on clothing)* guarnizione f.; *(on soft furnishings)* passamaneria f. **II trimmings** n.pl. **1** GASTR. guarnizione f.sing., contorno m.sing. **2** COLLOQ. *(extra items)* ***a church wedding with all the ~s*** un matrimonio in chiesa con tutti gli annessi e connessi **3** *(offcuts)* *(of pastry)* avanzi m.; *(of fabric)* ritagli m.
Trinity /ˈtrɪnətɪ/ n. RELIG. Trinità f.
Trinity term n. BE UNIV. = il terzo trimestre dell'anno accademico.
trinket /ˈtrɪŋkɪt/ n. ciondolo m., gingillo m., ninnolo m.
trio /ˈtriːəʊ/ n. (pl. **~s**) trio m.
1.trip /trɪp/ n. **1** *(journey)* *(abroad)* viaggio m.; *(excursion)* gita f., escursione f.; ***business ~*** viaggio d'affari; ***to be away on a ~*** essere in viaggio; ***we did the ~ in five hours*** abbiamo percorso il tragitto in cinque ore; ***it's only a short ~ into London*** non occorre fare molta strada per arrivare a Londra **2** COLLOQ. *(in drug addicts' slang)* trip m., viaggio m.
2.trip /trɪp/ **I** tr. (forma in -ing ecc. **-pp-**) **1** *(cause to stumble)* fare inciampare, fare incespicare [*person*]; *(with foot)* fare lo sgambetto a [*person*] **2** ELETTRON. [*person*] azionare [*switch*]; [*power surge*] fare scattare [*circuit breaker*] **II** intr. (forma in -ing ecc. **-pp-**) **1** (anche **~ over**, **~ up**) *(stumble)* inciampare, incespicare; ***to ~ on*** o ***over*** inciampare *o* incespicare in [*step, rock, scarf, rope*] **2** *(move jauntily)* ***to ~ along*** [*child*] sgambettare, trotterellare; [*adult*] camminare con passo leggero.
▪ **trip up:** ***~ up*** **1** *(stumble)* inciampare, incespicare **2** *(make an error)* fare un passo falso; ***~ [sb.] up***, ***~ up [sb.]*** *(cause to stumble)* fare inciampare, fare incespicare; *(with foot)* fare lo sgambetto a.
tripartite /ˌtraɪˈpɑːtaɪt/ agg. [*document, study*] tripartito, in tre parti.
tripe /traɪp/ n. **U** **1** GASTR. trippa f. **2** COLLOQ. *(nonsense)* sciocchezze f.pl.
1.triple /ˈtrɪpl/ agg. **1** triplo, triplice **2** MUS. ***in ~ time*** a ritmo ternario.
2.triple /ˈtrɪpl/ **I** tr. triplicare **II** intr. triplicare, triplicarsi; ***to ~ in value*** triplicare di valore.
triplet /ˈtrɪplɪt/ n. **1** *(child)* gemello m. di parto trigemino **2** LETTER. MUS. terzina f.
1.triplicate /ˈtrɪplɪkət/: **in ~** in triplice copia.
2.triplicate /ˈtrɪplɪkeɪt/ tr. triplicare.
tripod /ˈtraɪpɒd/ n. FOT. treppiede m., cavalletto m.
tripper /ˈtrɪpə(r)/ n. escursionista m. e f., gitante m. e f.
triptych /ˈtrɪptɪk/ n. trittico m.
trip wire n. = filo che aziona una trappola, un esplosivo ecc. quando viene calpestato.
Tristan /ˈtrɪstən/, **Tristram** /ˈtrɪstrəm/ n.pr. Tristano.
trite /traɪt/ agg. trito, banale; ***~ comments*** commenti banali.
Triton /ˈtraɪtn/ n.pr. MITOL. Tritone.
1.triumph /ˈtraɪʌmf/ n. trionfo m.
2.triumph /ˈtraɪʌmf/ intr. trionfare (**over** su).
triumphal /traɪˈʌmfl/ agg. [*entry, tour*] trionfale; [*arch*] di trionfo.
triumphant /traɪˈʌmfnt/ agg. [*person, team*] trionfante, vittorioso; [*return, success*] trionfale.
triumphantly /traɪˈʌmfntlɪ/ avv. [*march, return*] trionfalmente; [*say*] con voce trionfante.
triumvir /traɪˈʌmvə(r)/ n. (pl. **~s**, **~i**) triumviro m.
triumvirate /traɪˈʌmvɪrət/ n. triumvirato m.
triumviri /traɪˈʌmvɪraɪ/ → **triumvir**.
trivet /ˈtrɪvɪt/ n. *(at fire)* treppiede m.; *(on table)* sottopentola m.
trivia /ˈtrɪvɪə/ n.pl. + verbo sing. o pl. *(irrelevancies)* sciocchezze f., banalità f.
trivial /ˈtrɪvɪəl/ agg. [*matter, scale, film*] insignificante; [*error, offence*] irrilevante, trascurabile; [*conversation, argument, person*] banale, futile.
triviality /ˌtrɪvɪˈælətɪ/ n. banalità f., futilità f.
trivialize /ˈtrɪvɪəlaɪz/ tr. banalizzare [*debate, comparison*]; rendere insignificante [*role, art*].
trod /trɒd/ pass. → **2.tread**.
trodden /ˈtrɒdn/ p.pass. → **2.tread**.
Troilus /ˈtrɔɪləs, ˈtrəʊɪləs/ n.pr. Troilo.
Trojan /ˈtrəʊdʒən/ **I** agg. troiano; ***the ~ War, horse*** la guerra, il cavallo di Troia **II** n. STOR. troiano m. (-a) ♦ ***to work like a ~*** BE lavorare come un forsennato.
troll /trəʊl/ n. *(in Scandinavian mythology)* troll m.
trolley /ˈtrɒlɪ/ n. **1** BE *(on wheels)* carrello m.; ***drinks ~*** carrello delle bevande **2** AE tram m. ♦ ***to be off one's ~*** COLLOQ. essere pazzo *o* fuori di testa.
trolley bus n. trolleybus m., filobus m.
trolley car n. tram m.
trollop /ˈtrɒləp/ n. POP. SPREG. sgualdrina f.
trombone /trɒmˈbəʊn/ ♦ ***17*** n. trombone m.
trombonist /trɒmˈbəʊnɪst/ ♦ ***17, 27*** n. trombonista m. e f.
1.troop /truːp/ **I** n. **1** MIL. truppa f. **2** *(group)* truppa f., frotta f. **3** *(of animals)* branco m. **II troops** n.pl. MIL. truppe f. **III** modif. [*movements*] delle truppe; [*train, plane*] per il trasporto delle truppe.
2.troop /truːp/ **I** tr. ***to ~ the colour*** BE = fare sfilare la bandiera del reggimento davanti ai soldati in marcia **II** intr. ***to ~ in, out*** entrare, uscire in gruppo.
trooper /ˈtruːpə(r)/ n. **1** MIL. soldato m. di cavalleria **2** AE *(policeman)* poliziotto m., agente m. di polizia ♦ ***to swear like a ~*** bestemmiare come un turco.
trooping /ˈtruːpɪŋ/ n. ***the Trooping of the Colour*** GB = parata militare svolta nel giorno del genetliaco del sovrano.
trophy /ˈtrəʊfɪ/ n. trofeo m. (anche FIG.).
tropic /ˈtrɒpɪk/ n. tropico m.; ***the ~ of Cancer*** il tropico del Cancro; ***in the ~s*** ai tropici.
tropical /ˈtrɒpɪkl/ agg. tropicale.
1.trot /trɒt/ n. trotto m.; ***at a ~*** al trotto; ***to break into a ~*** [*animal*] mettersi al trotto; [*person*] mettersi a trottare ♦ ***to be on the ~*** COLLOQ. essere sempre indaffarato, non fermarsi un attimo; ***on the ~*** COLLOQ. *(one after the other)* uno dopo l'altro; *(continuously)* continuamente.
2.trot /trɒt/ **I** tr. (forma in -ing ecc. **-tt-**) fare trottare, mettere al trotto [*horse*] **II** intr. (forma in -ing ecc. **-tt-**) **1** [*animal, rider*] trottare **2** [*person*] *(run, move briskly)* trottare, camminare velocemente; [*child*] trotterellare.
▪ **trot out** COLLOQ. ***~ out [sth.]*** tirare fuori [*excuse, explanation, argument*].
trotter /ˈtrɒtə(r)/ n. *(of animal)* piede m., zampa f.; ***pig's ~s*** zampetto di maiale.
troubadour /ˈtruːbədɔː(r), AE -dʊər/ n. trovatore m.
1.trouble /ˈtrʌbl/ **I** n. **1** **U** *(problems)* problemi m.pl., problema m., guai m.pl.; ***engine ~*** problemi meccanici; ***back ~*** noie alla schiena; ***this car has been nothing but ~*** questa macchina non mi ha dato che problemi; ***to get sb. into ~*** met-

tere qcn. nei guai, creare dei problemi a qcn.; ***to make ~ for oneself*** crearsi dei problemi; ***to be asking for ~*** andare in cerca di guai, cercare i guai col lanternino; ***the ~ with you is that...*** il tuo guaio è che...; ***what's the ~?*** qual è il problema? che cosa c'è che non va? **2** *(difficulties)* difficoltà f.pl., guai m.pl.; ***to be in*** o ***get into ~*** [*person*] essere *o* mettersi nei guai; [*company*] essere nei guai, avere delle difficoltà; ***to have ~ doing*** avere problemi *o* difficoltà a fare; ***to get out of ~*** togliersi *o* levarsi dai guai; ***to get sb. out of ~*** togliere qcn. dai pasticci, tirare fuori qcn. dai guai; ***to stay out of ~*** tenersi fuori dai guai **3** *(effort, inconvenience)* pena f.; ***it's not worth the ~*** non ne vale la pena; ***to take the ~ to do*** prendersi il disturbo *o* la briga di fare, darsi la pena di fare; ***to go to the ~ of doing*** darsi la pena di fare; ***to save sb. the ~ of doing*** risparmiare a qcn. il disturbo di fare; ***to go to a lot of ~*** prendersi molto disturbo; ***I don't want to put you to any ~*** non voglio arrecarle disturbo; ***it's no ~*** non è un problema; ***it's more ~ than it's worth*** il gioco non vale la candela, non ne vale la pena; ***not to be any ~*** [*child, task*] non dare problemi; ***all that ~ for nothing*** tanta fatica per nulla; ***nothing is too much ~ for him*** è sempre molto disponibile; ***if it's too much ~, say so*** se ti dà troppi problemi, dimmelo **4** *(discord, disturbance)* ***there'll be ~*** ci saranno disordini *o* incidenti; ***to expect ~*** [*police*] aspettarsi incidenti; ***to be looking for ~*** andare in cerca di guai; ***to make ~*** combinare guai; ***it will lead to ~*** andrà a finire male; ***at the first sign of ~*** al minimo *o* primo segno di difficoltà; ***there's ~ brewing*** guai in vista **II troubles** n.pl. preoccupazioni f., difficoltà f., problemi m.; ***tell me your ~s*** dimmi cosa c'è che non va; ***money ~s*** problemi di soldi.

2.trouble /ˈtrʌbl/ **I** tr. **1** *(bother)* [*person*] disturbare, importunare, incomodare [*person*]; ***sorry to ~ you*** mi dispiace disturbarla; ***may*** o ***could I ~ you to do?*** potrei chiederle di fare? ***I won't ~ you with the details*** ti risparmierò i dettagli; ***to ~ to do*** prendersi il disturbo *o* la briga di fare **2** *(worry)* preoccupare, affliggere [*person*]; tormentare [*mind*] **3** *(cause disturbance, discomfort)* [*person, tooth, cough*] tormentare [*person*] **II** rifl. ***to ~ oneself to do*** prendersi il disturbo *o* la briga di fare.

troubled /ˈtrʌbld/ **I** p.pass. → **2.trouble II** agg. **1** *(worried)* [*person, expression*] preoccupato, inquieto; [*mind*] preoccupato, turbato **2** *(disturbed)* [*sleep, times*] agitato; [*area*] tormentato; LETT. [*waters*] agitato.

troublefree /ˌtrʌblˈfriː/ agg. [*period, operation*] senza problemi.

troublemaker /ˈtrʌblˌmeɪkə(r)/ n. piantagrane m. e f., rompiscatole m. e f.

troubleshooter /ˈtrʌblˌʃuːtə(r)/ n. *(dealing with people)* mediatore m. (-trice), paciere m. (-a); TECN. = tecnico specializzato nella localizzazione e riparazione di guasti; *(in business, industry)* consulente m. e f. (di gestione d'impresa).

troublesome /ˈtrʌblsəm/ agg. [*person*] fastidioso, importuno, seccante; [*problem*] fastidioso; [*cough, pain*] fastidioso, noioso.

trouble spot n. punto m. caldo.

trough /trɒf, AE trɔːf/ n. **1** *(for drinking)* abbeveratoio m.; *(for animal feed)* mangiatoia f. **2** *(depression)* *(between waves)* ventre m., cavo m.; *(of hills)* avvallamento m., doccia f. valliva; *(on graph)* ventre m., minimo m.; ECON. (valore) minimo m.; ***to have peaks and ~s*** avere alti e bassi, avere fluttuazioni tra valori massimi e minimi **3** METEOR. saccatura f.

trounce /traʊns/ tr. COLLOQ. sconfiggere, travolgere [*team, competitor*].

troupe /truːp/ n. troupe f.

trousers /ˈtraʊzəz/ ➧ **28 I** n.pl. pantaloni m., calzoni m.; ***short ~*** pantaloncini **II trouser** modif. [*belt, leg*] dei pantaloni ♦ ***to wear the ~*** BE portare i pantaloni.

trouser suit n. BE tailleur m. pantalone.

trousseau /ˈtruːsəʊ/ n. (pl. **~s, ~x**) corredo m. (da sposa).

trout /traʊt/ **I** n. (pl. **~**) *(fish)* trota f. **II** modif. [*fishing*] alla trota; [*farm, fisherman*] di trote.

trowel /ˈtraʊəl/ n. **1** *(for cement)* cazzuola f., frattazzo m. **2** *(for gardening)* trapiantatoio m. ♦ ***to lay it on with a ~*** COLLOQ. adulare, incensare.

Troy /trɔɪ/ ➧ **34** n.pr. Troia f.

truancy /ˈtruːənsɪ/ n. (il) marinare la scuola.

truant /ˈtruːənt/ n. *(child)* studente m. (-essa) che marina la scuola; ***to play ~*** marinare la scuola.

truce /truːs/ n. tregua f., armistizio m.

1.truck /trʌk/ n. **1** *(lorry)* autocarro m., camion m. **2** *(rail wagon)* carro m. ferroviario, carro m. merci aperto.

2.truck /trʌk/ **I** tr. trasportare su autocarro, su camion **II** intr. AE guidare un autocarro, fare il camionista.

3.truck /trʌk/ n. **1** *(social intercourse)* rapporti m.pl., relazioni f.pl.; ***to have no ~ with sb., sth.*** BE non avere niente a che fare con qcn., qcs. **2 U** AE *(vegetables)* ortaggi m.pl., verdure f.pl.

truck driver ➧ **27** n. autotrasportatore m. (-trice), camionista m. e f.

trucker /ˈtrʌkə(r)/ ➧ **27** n. COLLOQ. → **truck driver**.

trucking /ˈtrʌkɪŋ/ n. *(transporting)* autotrasporto m., trasporto m. su gomma.

truckle bed /ˈtrʌklbed/ n. BE letto m. estraibile, letto m. a carriola.

truckload /ˈtrʌkləʊd/ n. *(of goods, produce)* carico m.; *(of soldiers, refugees)* camion m.

truck stop n. ristorante m. per camionisti.

truculence /ˈtrʌkjʊləns/ n. truculenza f.

truculent /ˈtrʌkjʊlənt/ agg. truculento.

trudge /trʌdʒ/ intr. camminare a fatica; ***to ~ through the snow*** camminare faticosamente nella neve; ***to ~ round the shops*** trascinarsi di negozio in negozio.

Trudie, Trudy /ˈtruːdɪ/ n.pr. diminutivo di **Gertrude**.

1.true /truː/ **I** agg. **1** *(based on fact)* [*account, news, fact, story*] vero; ***it is ~ to say that...*** si può dire che, risponde a verità dire che...; ***the same is*** o ***holds ~ of*** lo stesso dicasi di; ***to prove ~*** dimostrarsi *o* rivelarsi vero; ***it can't be ~!*** non può essere vero! ***that's ~*** *(when agreeing)* (è) vero, giusto; ***too ~!*** COLLOQ. (e) già, verissimo! **2** *(real, genuine)* [*god, democracy, American, meaning*] vero; [*identity, age, cost*] vero, reale; ***to come ~*** realizzarsi; ***it is hard to get the ~ picture*** è difficile farsi un'idea di ciò che è successo veramente; ***in the ~ sense of the word*** nel vero senso della parola **3** *(heartfelt, sincere)* [*feeling, repentance, understanding*] vero, sincero, autentico; ***~ love*** il vero amore **4** *(accurate)* [*copy*] conforme; [*assessment*] corretto, accurato; ***to be ~ to life*** [*film, book*] essere rispondente alla realtà, riprodurre fedelmente la realtà **5** *(faithful, loyal)* [*servant, knight*] fedele, leale; ***to be ~ to*** essere fedele a [*beliefs, word*] **6** ING. ***to be out of ~*** [*window, post, frame*] non essere centrato **7** MUS. [*instrument*] intonato **II** avv. *(straight)* [*aim, fire*] in modo preciso ♦ ***to be too good to be ~*** essere troppo bello per essere vero; ***~ to form, he...*** com'era prevedibile *o* come ci si poteva aspettare, lui...; ***to be, remain ~ to type*** [*person*] non smentirsi mai.

2.true /truː/ n. MECC. centratura f., allineamento m.

true-blue /ˌtruːˈbluː/ agg. [*conservative, loyalist*] fedelissimo, tutto d'un pezzo; [*friend*] fedele.

true-born /ˌtruːˈbɔːn/ agg. [*Englishman*] vero, autentico.

true-life /ˌtruːˈlaɪf/ agg. [*adventure*] basato su fatti realmente accaduti; [*story*] realistico, basato su fatti.

truelove /ˈtruːlʌv/ n. ANT. LETT. innamorato m. (-a).

truffle /ˈtrʌfl/ n. tartufo m.

truism /ˈtruːɪzəm/ n. truismo m.

truly /ˈtruːlɪ/ avv. **1** *(extremely)* [*amazing, delighted, sorry, horrendous*] davvero, veramente **2** *(really, in truth)* [*be, belong, think*] davvero, veramente; ***really and ~?*** davvero? ***well and ~*** completamente, del tutto **3** *(in letter)* ***yours ~*** distinti saluti; ***...and who got it all wrong? yours ~!*** *(referring to oneself)*...e chi ha sbagliato? il sottoscritto!

1.trump /trʌmp/ **I** n. briscola f., atout m. **II trumps** n.pl. briscola f.sing., atout m.sing.; ***spades are ~s*** la briscola è picche ♦ ***to come*** o ***turn up ~s*** essere la carta vincente, salvare la situazione.

2.trump /trʌmp/ tr. **1** prendere con una briscola **2** *(beat)* battere, vincere [*person, rival*].

trump card n. briscola f., atout m.

trumped-up /ˌtrʌmptˈʌp/ agg. [*charge*] inventato.

1.trumpet /ˈtrʌmpɪt/ ➧ **17 I** n. **1** MUS. tromba f. **2** *(elephant call)* barrito m. **II** modif. MUS. [*solo*] di tromba; [*concerto*] per tromba; ***~ call*** FIG. appello ♦ ***to blow one's own ~*** tessere le proprie lodi.

2.trumpet /ˈtrʌmpɪt/ **I** tr. [*group, party*] strombazzare [*lifestyle, success*]; [*newspaper*] strombazzare, divulgare con grande clamore **II** intr. [*elephant*] barrire.

trumpeter /ˈtrʌmpɪtə(r)/ ♦ *17, 27* n. trombettista m. e f.; MIL. trombettiere m.

truncate /trʌŋˈkeɪt, AE ˈtrʌŋ-/ tr. **1** troncare, tagliare, mutilare [*text*]; abbreviare, accorciare [*process, journey, event*] **2** INFORM. MAT. troncare.

truncheon /ˈtrʌntʃən/ n. manganello m.

trundle /ˈtrʌndl/ **I** tr. fare rotolare, spingere; ***to ~ sth. out, in*** fare uscire, entrare qcs. facendolo rotolare *o* spingendolo **II** intr. [*vehicle*] muoversi, avanzare pesantemente; ***the lorries were trundling up and down the street*** i camion passavano rumorosamente su e giù per la strada.

trunk /trʌŋk/ **I** n. **1** *(of tree)* tronco m., fusto m.; *(of body)* tronco m. **2** *(of elephant)* proboscide f. **3** *(for travel)* baule m., cassa f. **4** AE *(car boot)* portabagagli m., baule m. (posteriore) **5** *(duct)* collettore m., condotto m. **II trunks** n.pl. calzoncini m., costume m.sing. da bagno.

trunk call n. telefonata f. interurbana.

trunk line n. FERR. linea f. principale.

trunk road n. strada f. principale, strada f. nazionale.

1.truss /trʌs/ n. **1** *(of hay)* fascio m., fastello m. **2** MED. cinto m. erniario **3** ING. capriata f., travatura f. reticolare.

2.truss /trʌs/ tr. **1** *(bind)* → **truss up 2** ING. reggere [qcs.] con travatura reticolare.

■ **truss up:** ~ *up* [*sb., sth.*] legare (stretto) [*chicken*]; legare [*person*]; legare, affastellare [*hay*].

1.trust /trʌst/ n. **1** *(faith)* fiducia f., fede f.; ***to put one's ~ in*** riporre la propria fiducia in; ***to take sth. on ~*** accettare qcs. sulla fiducia *o* sulla parola **2** DIR. *(arrangement)* fedecommesso m.; *(property involved)* proprietà f. fiduciaria **3** ECON. *(large group of companies)* trust m. **4** ECON. società f. di investimento, fondo m. comune di investimento.

2.trust /trʌst/ **I** tr. **1** *(believe)* avere fiducia in, credere in [*person, judgment*] **2** *(rely on)* fidarsi di; ***~ her!*** *(amused or annoyed)* vatti a fidare! **3** *(entrust)* ***to ~ sb. with sth.*** affidare qcs. a qcn. **4** *(hope)* sperare, avere fiducia **II** intr. ***to ~ in*** avere fiducia in [*person*]; confidare in [*God, fortune*]; ***to ~ to luck*** affidarsi alla sorte **III** rifl. ***to ~ oneself to do*** essere sicuro di poter fare; ***I couldn't ~ myself to speak*** non me la sono sentita di parlare.

trust company n. società f. fiduciaria.

trusted /ˈtrʌstɪd/ **I** p.pass. → **2.trust II** agg. [*friend*] fidato.

trustee /trʌsˈtiː/ n. **1** *(who administers property in trust)* amministratore m. fiduciario **2** *(who administers a company)* amministratore m. (-trice), membro m. del consiglio di amministrazione.

trusteeship /trʌsˈtiːʃɪp/ n. *(of inheritance)* amministrazione f. fiduciaria, fedecommesso m.

trustful /ˈtrʌstfl/ agg. → **trusting**.

trust fund n. fondo m. fiduciario.

trusting /ˈtrʌstɪŋ/ agg. [*person*] che si fida, fiducioso; ***you're too ~*** ti fidi troppo.

trustworthiness /ˈtrʌstwɜːðɪnɪs/ n. *(of company, employee)* affidabilità f., serietà f.; *(of sources)* affidabilità f., attendibilità f.

trustworthy /ˈtrʌstwɜːðɪ/ agg. [*staff, firm*] affidabile, serio; [*source*] affidabile, attendibile; [*confidante, lover*] fidato.

trusty /ˈtrʌstɪ/ agg. ANT. SCHERZ. fidato, fedele.

truth /truːθ/ n. **1** *(real facts)* ***the ~*** la verità; ***to tell the ~*** dire la verità; ***the whole ~*** tutta la verità; ***whatever the ~ of the matter*** quale che sia la verità; ***to tell you the ~*** a dire il vero **2** *(accuracy)* ***to confirm, deny the ~ of sth.*** confermare, negare la veridicità di qcs. **3** FILOS. RELIG. verità f. **4** *(foundation)* ***there is no ~ in that*** è senza fondamento, è assolutamente falso; ***there is some ~ in that*** c'è del vero in ciò ♦ ***~ will out*** la verità viene sempre a galla; ***~ is stranger than fiction*** la realtà supera la fantasia; ***to tell sb. a few home ~s*** dire a qcn. delle verità spiacevoli sul suo conto.

truth drug n. siero m. della verità.

truthful /ˈtruːθfl/ agg. [*person*] sincero, onesto; [*account, version*] veritiero, sincero; ***to be absolutely*** *o* ***perfectly ~, ...*** in tutta franchezza, francamente, ...

truthfully /ˈtruːθfəlɪ/ avv. [*answer*] sinceramente; [*testify*] senza mentire.

truthfulness /ˈtruːθflnɪs/ n. veridicità f., sincerità f.

1.try /traɪ/ n. **1** *(attempt)* tentativo m., prova f.; ***to have a ~ at doing*** provare a fare; ***I'll give it a ~*** ci proverò; ***nice ~!*** almeno ci hai provato! IRON. bello sforzo! ***to have a good ~*** fare il possibile **2** SPORT *(in rugby)* meta f.

2.try /traɪ/ **I** tr. **1** *(attempt)* ***to ~ to do*** tentare *o* cercare di fare, provare a fare; ***to ~ one's hardest*** *o* ***best to do*** fare tutto il possibile per fare, fare ogni sforzo per fare, mettercela tutta per fare; ***it's ~ing to rain*** sembra che voglia piovere; ***try telling that to my wife!*** prova a dirlo a mia moglie! ***to ~ a question*** cercare di rispondere a una domanda **2** *(test out)* provare [*tool, product, method, activity*]; prendere in prova [*person*]; [*thief*] provare ad aprire [*door, window*]; provare a girare [*door knob*]; ***to ~ one's hand at pottery*** cimentarsi con la ceramica; ***~ that for size*** *o* ***length*** provalo per vedere se ti va bene; ***I'll ~ anything once*** sono pronto a provare tutto **3** *(taste)* assaggiare [*food*] **4** *(consult)* consultare, chiedere a [*person*]; consultare [*book*]; ***try the library*** prova, chiedi in biblioteca **5** *(subject to stress)* mettere alla prova [*tolerance, faith*]; ***to ~ sb.'s patience to the limit*** mettere a dura prova la pazienza di qcn. **6** DIR. giudicare [*case*]; giudicare, processare [*criminal*] **II** intr. *(make attempt)* tentare, provare; ***to ~ again*** *(to perform task)* riprovare, ritentare; *(to see somebody)* ripassare; *(to phone)* richiamare, riprovare; ***~ and relax*** cerca di rilassarti; ***to ~ for*** cercare di ottenere [*loan, university place*]; cercare di battere [*world record*]; cercare di avere [*baby*]; ***just you ~!*** *(as threat)* provaci (e vedi)! ***keep ~ing!*** provaci ancora! continua a provarci! ***I'd like to see you ~!*** vorrei che ci provassi tu! ***she did it without even ~ing*** l'ha fatto senza il minimo sforzo; ***at least you tried*** almeno ci hai provato ♦ ***these things are sent to ~ us*** SCHERZ. sono tutti meriti per il paradiso.

■ **try on:** ~ [*sth.*] *on*, ~ *on* [*sth.*] provare, misurare [*hat, dress*]; ***to ~ it on*** COLLOQ. FIG. provarci.

■ **try out:** ~ *out* [*sportsman*] fare un tentativo; [*actor*] fare un provino; ~ [*sth.*] *out*, ~ *out* [*sth.*] provare, collaudare [*machine*]; provare, sperimentare [*theory, recipe*]; mettere alla prova [*language*]; ~ [*sb.*] *out*, ~ *out* [*sb.*] prendere [qcn.] in prova.

trying /ˈtraɪɪŋ/ agg. [*person*] difficile (da sopportare); [*experience*] duro, difficile.

try-on /ˈtraɪɒn/ n. COLLOQ. ***it's a ~*** ci stanno provando, stanno cercando di fregarci.

try-out /ˈtraɪaʊt/ n. SPORT tentativo m., prova f.; ***to have a ~*** fare un tentativo.

tsar /zɑː(r)/ n. zar m.

tsarina /zɑːˈriːnə/ n. zarina f.

TSE n. (⇒ transmissible spongiform encephalopathy) = encefalopatia spongiforme trasmissibile.

tsetse fly /ˈtsetsɪflaɪ/ n. mosca f. tse-tse.

T-shaped /ˈtiːʃeɪpt/ agg. a (forma di) T.

T-shirt /ˈtiːʃɜːt/ ♦ *28* n. T-shirt f., maglietta f.

tsp ⇒ teaspoonful cucchiaino.

TT ⇒ teetotal astemio.

tub /tʌb/ n. **1** *(large) (for flowers)* vasca f., mastello m.; *(for water)* vasca f., tinozza f.; *(small) (for ice cream)* vaschetta f. **2** *(contents)* vasca f., vaschetta f. (**of** di) **3** AE *(bath)* vasca f. da bagno **4** COLLOQ. *(boat)* bagnarola f.

tuba /ˈtjuːbə, AE ˈtuː-/ ♦ *17* n. MUS. tuba f.

tubal /ˈtjuːbl/ agg. tubarico.

tubby /ˈtʌbɪ/ agg. COLLOQ. grassoccio, grassottello.

tube /tjuːb, AE tuːb/ **I** n. **1** *(cylinder)* tubo m. **2** *(container for toothpaste, glue etc.)* tubetto m. **3** BE COLLOQ. *(means of transport)* metropolitana f. (di Londra) **4** AE COLLOQ. *(TV)* tele f., televisione f. **5** *(in TV set)* tubo m. **II tubes** n.pl. COLLOQ. MED. tube f. ♦ ***to go down the ~s*** [*plans*] andare a rotoli; [*economy*] andare a rotoli, in rovina.

tuber /ˈtjuːbə(r), AE ˈtuː-/ n. tubero m.

tubercular /tjuːˈbɜːkjʊlə(r), AE tuː-/ agg. tubercolare.

tuberculosis /tjuːˌbɜːkjʊˈləʊsɪs, AE tuː-/ ♦ *11* **I** n. (pl. **-es**) tubercolosi f. **II** modif. [*sufferer, patient*] tubercolotico.

tube top n. ABBIGL. top m. a fascia.

tubing /ˈtjuːbɪŋ, AE ˈtuː-/ n. tubatura f., tubazione f.

tub-thumper /ˈtʌbθʌmpə(r)/ n. oratore m. da strapazzo.

tub-thumping /ˈtʌbθʌmpɪŋ/ n. oratoria f. da strapazzo, di bassa lega.

tubular /'tju:bjʊlə(r), AE 'tu:-/ agg. tubolare.

TUC n. (⇒ Trades Union Congress) GB = confederazione dei sindacati britannici.

1.tuck /tʌk/ n. SART. piega f., pince f.; *(to shorten)* piega f., risvolto m.

2.tuck /tʌk/ tr. ***to ~ one's shirt into one's trousers*** infilarsi la camicia nei pantaloni; ***to ~ one's trousers into one's boots*** infilare i pantaloni negli stivali; ***to ~ a blanket under sb.*** mettere una coperta sotto qcn.; ***she ~ed her feet up under her*** si sedette *o* si accoccolò sui calcagni; ***it ~ed its head under its wing*** mise *o* nascose la testa sotto l'ala.

■ **tuck away:** ~ ***[sth.]*** **away**, ~ **away** ***[sth.]*** **1** *(safely, in reserve)* riporre, mettere via [*object*]; mettere al sicuro [*money, valuable*]; ***to have £5,000 ~ed away*** avere 5.000 sterline da parte **2** *(hard to find)* ***to be ~ed away*** [*village, document, object*] essere nascosto.

■ **tuck in:** ~ **in** *(start eating)* gettarsi, buttarsi sul cibo; ***he ~ed into his dinner*** si è buttato sulla cena; ~ **in** ***[sth.]***, ~ ***[sth.]*** **in** infilare [*garment, shirt*]; rimboccare [*bedclothes*]; ~ ***[sb.]*** **in**, ~ **in** ***[sb.]*** rimboccare le coperte a.

■ **tuck up:** ~ **up** ***[sb.]***, ~ ***[sb.]*** **up** rimboccare le coperte a.

tuck-in /'tʌkɪn/ n. BE COLLOQ. scorpacciata f.

Tue(s) ⇒ Tuesday martedì (mar.).

Tuesday /'tju:zdeɪ, -dɪ, AE 'tu:-/ ➧ **36** n. martedì m.

tuft /tʌft/ n. ciuffo m., cespo m.

tufted /'tʌftɪd/ agg. [*grass*] a ciuffi; [*bird*] capelluto, col ciuffo; [*carpet*] a pelo lungo.

1.tug /tʌg/ n. **1** *(pull) (on rope, in sails)* strappo m., strattone m., tirata f.; *(on fishing line)* strattone m.; ***to give sth. a ~*** dare uno strattone a qcs.; ***to feel a ~ of loyalties*** essere combattuto **2** MAR. (anche **tug boat**) rimorchiatore m.

2.tug /tʌg/ **I** tr. (forma in -ing ecc. **-gg-**) **1** *(pull)* tirare [*object, hair*] **2** MAR. rimorchiare [*boat*] **II** intr. (forma in -ing ecc. **-gg-**) ***to ~ at*** o ***on*** tirare [*hair*]; tirare, dare uno strattone a [*rope*].

tug-of-love /ˌtʌgəv'lʌv/ n. BE GIORN. = disputa tra i genitori per l'affidamento del figlio.

tug-of-war /ˌtʌgəv'wɔ:(r)/ ➧ **10** n. **1** SPORT tiro m. alla fune **2** FIG. braccio m. di ferro.

tuition /tju:'ɪʃn, AE tu:-/ n. **1** istruzione f., insegnamento m.; ***private ~*** lezioni private **2** AE UNIV. SCOL. *(fees)* tasse f.pl.

tuition fees n.pl. SCOL. retta f.sing.; UNIV. tasse f. universitarie.

tulip /'tju:lɪp, AE 'tu:-/ n. tulipano m.

tulle /tju:l, AE tu:l/ n. tulle m.

1.tumble /'tʌmbl/ n. **1** *(fall)* caduta f., capitombolo m.; ***to take a ~*** fare un capitombolo, cadere; FIG. [*price, share, market*] crollare; ***to have a ~ in the hay*** imboscarsi, infrattarsi **2** *(of clown, acrobat)* capriola f., salto m. mortale **3** *(jumble)* confusione f., disordine m.

2.tumble /'tʌmbl/ intr. **1** *(fall)* [*person*] cadere, capitombolare; [*object*] cadere (**off, out of** da); ***to ~ down sth.*** [*water*] scendere giù da qcs. a cascate **2** ECON. [*price, share, currency*] crollare **3** SPORT [*clown, acrobat, child*] fare capriole, acrobazie **4** ***to ~ to sth.*** COLLOQ. *(understand)* (arrivare a) capire [*fact, plan*].

■ **tumble down** [*wall, building*] essere cadente, fatiscente, andare in rovina.

■ **tumble out** [*contents*] riversarsi (fuori); [*words*] sgorgare, uscire disordinatamente, uscire confuso; [*feelings*] sgorgare incontrollato.

tumbledown /'tʌmbldaʊn/ agg. cadente, fatiscente, in rovina.

tumble-drier → **tumble-dryer**.

tumble-dry /ˌtʌmbl'draɪ/ tr. fare asciugare (nell'asciugabiancheria).

tumble-dryer /ˌtʌmbl'draɪə(r)/ n. asciugatrice f., asciugabiancheria m.

tumbler /'tʌmblə(r)/ n. **1** *(glass)* tumbler m., bicchiere m. da bibita **2** *(acrobat)* acrobata m. e f.

tumbleweed /'tʌmblwi:d/ n. = pianta che viene spezzata e spostata dal vento in rotoli nelle zone desertiche degli Stati Uniti.

tumbrel, **tumbril** /'tʌmbrəl/ n. carro m., carretto m. ribaltabile (agricolo).

tumescent /tju:'mesnt/ agg. tumescente.

tumid /'tju:mɪd, AE 'tu:-/ agg. [*body part*] tumido.

tummy /'tʌmɪ/ n. COLLOQ. INFANT. pancino m., pancia f.

tummy tuck n. COLLOQ. = operazione di chirurgia estetica al ventre.

tumor AE → **tumour**.

tumour BE, **tumor** AE /'tju:mə(r), AE 'tu:-/ n. tumore m.

tumuli /'tju:mjʊlaɪ/ → **tumulus**.

tumult /'tju:mʌlt, AE 'tu:-/ n. tumulto m.

tumultuous /tju:'mʌltjʊəs, AE tu:-/ agg. tumultuoso, agitato.

tumulus /'tju:mjʊləs/ n. (pl. **-i**) tumulo m.

tuna /'tju:nə, AE 'tu:-/ n. (pl. **~, ~s**) ZOOL. GASTR. tonno m.

tuna fish n. GASTR. tonno m.

tundra /'tʌndrə/ n. tundra f.

1.tune /tju:n, AE tu:n/ n. **1** MUS. motivo m., melodia f., aria f. **2** MUS. *(accurate pitch)* ***to be in, out of ~*** MUS. essere, non essere intonato; FIG. essere in sintonia *o* in accordo, non essere in sintonia *o* in accordo; ***an out-of-~ piano*** un piano scordato **3** COLLOQ. *(amount)* ***to the ~ of*** per la bella cifra *o* somma di ♦ ***to call the ~*** avere il controllo, comandare; ***to change one's ~, to sing a different ~*** cambiare musica; ***to dance to sb.'s ~*** piegarsi ai voleri di qcn.

2.tune /tju:n, AE tu:n/ tr. accordare [*musical instrument*] (**to** in); sintonizzare [*radio, TV*] (**to** su); mettere a punto, regolare [*car engine*]; ***stay ~d!*** restate sintonizzati! restate in ascolto!

■ **tune in** sintonizzarsi, sintonizzare la radio; ***to ~ in to*** mettersi all'ascolto di [*programme*]; sintonizzarsi su [*channel*]; ~ ***[sth.]*** **in** sintonizzare (**to** su).

■ **tune up** [*musician*] accordarsi; ~ **up** ***[sth.]***, ~ ***[sth.]*** **up** accordare [*musical instrument*].

tuneful /'tju:nfl, AE 'tu:-/ agg. melodioso, armonioso.

tuneless /'tju:nlɪs, AE 'tu:-/ agg. disarmonico, discordante.

tuner /'tju:nə(r), AE 'tu:-/ n. **1** ➧ **27** MUS. accordatore m. (-trice); ***organ, piano ~*** accordatore di organi, di pianoforti **2** RAD. *(unit)* sintonizzatore m.; *(knob)* manopola f. del sintonizzatore.

tungsten /'tʌŋstən/ n. tungsteno m.

tunic /'tju:nɪk, AE 'tu:-/ n. **1** *(classical, fashion)* tunica f. **2** *(uniform) (for nurse, schoolgirl)* grembiule m.; *(for soldier)* giubba f.

tuning /'tju:nɪŋ, AE 'tu:-/ n. **1** *(of musical instrument)* accordatura f. **2** *(of radio, TV, engine)* sintonizzazione f., sintonia f.

tuning fork n. diapason m.

Tunisia /tju:'nɪzɪə, AE tu:-/ ➧ **6** n.pr. Tunisia f.

Tunisian /tju:'nɪzɪən, AE tu:-/ ➧ **18 I** agg. tunisino **II** n. tunisino m. (-a).

1.tunnel /'tʌnl/ n. tunnel m., traforo m. ♦ ***to see (the) light at the end of the ~*** vedere la fine del tunnel.

2.tunnel /'tʌnl/ **I** tr. (forma in -ing ecc. **-ll-** BE, **-l-** AE) traforare, scavare un tunnel in **II** intr. (forma in -ing ecc. **-ll-** BE, **-l-** AE) scavare un tunnel.

tunnel vision n. **1** MED. visione f. a galleria, visione f. tubulare **2** FIG. ***to have ~*** avere il paraocchi.

tunny /'tʌnɪ/ n. → **tuna**.

tuppence /'tʌpəns/ n. due penny m.pl. ♦ ***not to care ~ for sb., sth.*** non importarsene un fico secco *o* un accidenti di qcn., qcs.

tupenny → **twopenny**.

turban /'tɜ:bən/ n. turbante m.

turbid /'tɜ:bɪd/ agg. LETT. torbido.

turbine /'tɜ:baɪn/ n. turbina f.

turbo /'tɜ:bəʊ/ n. *(engine)* turbo m.; *(car)* turbo m. e f.

turbocharged /ˌtɜ:bəʊ'tʃɑ:dʒd/ agg. [*engine*] turbo, sovralimentato (con turbocompressore); [*car*] (a motore) turbo, sovralimentato.

turbocharger /'tɜ:bəʊˌtʃɑ:dʒə(r)/ n. turbocompressore m.

turbojet /'tɜ:bəʊdʒet/ **I** n. turbogetto m., turboreattore m. **II** modif. [*plane*] a turbogetto.

turboprop /'tɜ:bəʊprɒp/ n. turboelica m.

turbot /'tɜ:bət/ n. (pl. **~, ~s**) rombo m. chiodato, rombo m. maggiore.

turbulence /'tɜ:bjʊləns/ n. **U 1** *(of air, waves)* turbolenza f. **2** *(turmoil)* turbolenza f., disordini m.pl.; *(unrest)* agitazioni f.pl.

turbulent /'tɜ:bjʊlənt/ agg. **1** [*water*] turbolento, tumultuoso **2** [*times, situation*] turbolento, agitato; [*career, history*] tempestoso, burrascoso; [*passions*] turbolento; [*character, faction*] turbolento, facinoroso.

turd /tɜːd/ n. **1** COLLOQ. *(faeces)* stronzo m. **2** VOLG. *(person)* stronzo m. (-a).
tureen /tə'riːn/ n. zuppiera f.
1.turf /tɜːf/ n. (pl. **~s, turves**) **1** *(grass)* tappeto m. erboso; piota f., zolla f.; *(peat)* torba f. **2** *(horseracing)* ***the ~*** le corse, il mondo delle corse ippiche.
2.turf /tɜːf/ tr. **1** zollare, coprire di zolle [*lawn, patch, pitch*] **2** COLLOQ. *(throw)* ***~ that dog off the sofa*** fai sloggiare *o* caccia via il cane dal divano.
■ **turf out:** ***~ out [sb., sth.], ~ [sb., sth.] out*** sbattere fuori, cacciare via.
turf accountant ➧ ***27*** n. allibratore m., bookmaker m.
turf war n. lotta f. per il territorio (anche FIG.).
turgid /'tɜːdʒɪd/ agg. FORM. **1** [*style*] ampolloso **2** LETT. [*water*] ingrossato.
turgidity /tɜː'dʒɪdətɪ/ n. **1** *(of style)* ampollosità f. **2** LETT. *(of waters)* ingrossamento m.
Turin /tjʊ'rɪn/ ➧ ***34*** n.pr. Torino f.
Turinese /ˌtjʊrɪ'niːz/ **I** agg. torinese **II** n. (pl. ~) torinese m. e f.
Turk /tɜːk/ ➧ ***18*** n. turco m. (-a).
turkey /'tɜːkɪ/ n. **1** GASTR. tacchino m. **2** AE COLLOQ. SPREG. TEATR. CINEM. *(flop)* fiasco m.; *(bad film)* brutto film m., schifezza f. **3** AE COLLOQ. *(person)* pollo m., idiota m. e f., babbeo m. (-a) ♦ ***to talk ~*** COLLOQ. parlare di cose serie.
Turkey /'tɜːkɪ/ ➧ ***6*** n.pr. Turchia f.
Turkish /'tɜːkɪʃ/ ➧ ***18, 14*** **I** agg. turco **II** n. LING. turco m.
Turkish bath n. bagno m. turco.
Turkish coffee n. caffè m. turco.
Turkish towel n. asciugamano m. di spugna.
turmeric /'tɜːmərɪk/ n. curcuma f. (anche BOT.).
turmoil /'tɜːmɔɪl/ n. *(political)* agitazione f., disordine m., tumulto m.; *(emotional)* agitazione f., tumulto m.
1.turn /tɜːn/ n. **1** *(opportunity, in rotation)* turno m.; ***it's my ~*** è il mio turno, tocca a me; ***whose ~ is it?*** a chi tocca? ***"miss a ~"*** "perdete un turno", "saltate un giro"; ***it's your ~ to make the coffee*** tocca a te fare il caffè; ***it was his ~ to feel rejected*** fu lui (questa volta) a sentirsi rifiutato; ***have a ~ on, at, with the computer*** tocca a te usare il computer; ***to take ~s at doing, to take it in ~s to do*** fare a turno a fare; ***take it in ~s!*** fate a turno! ***by ~s*** a turni, a rotazione; ***to speak out of ~*** FIG. parlare a sproposito **2** *(circular movement)* giro m., rotazione f.; ***to give sth. a ~*** girare qcs., dare un giro a qcs.; ***to do a ~*** [*dancer*] fare un giro; ***to take a ~ in the park*** fare un giro nel parco **3** *(in vehicle)* svolta f., curva f.; AER. virata f.; ***to make*** o ***do a left, right ~*** girare a sinistra, a destra; ***to do a ~ in the road*** svoltare nella strada; ***"no left ~"*** "divieto di svolta a sinistra" **4** *(bend, side road)* curva f.; ***take the next right ~, take the next ~ on the right*** prenda la prossima strada a destra **5** *(change, development)* corso m., cambiamento m.; ***to take a ~ for the better*** [*person*] migliorare; [*situation, things, events*] andare per il meglio, mettere bene, prendere una buona piega; ***to take a ~ for the worse*** [*situation*] peggiorare, prendere una brutta piega, volgere al peggio; [*health*] peggiorare; ***to be on the ~*** [*milk*] cominciare a inacidire; [*tide*] cominciare a cambiare; ***our luck is on ~*** la fortuna sta girando *o* cambiando; ***at the ~ of the century*** al volgere del secolo **6** BE COLLOQ. *(attack)* crisi f., attacco m.; ***a giddy*** o ***dizzy ~*** vertigini; ***to have a funny ~*** essere, sentirsi sfasato *o* fuori fase; ***it gave me quite a ~, it gave me a nasty ~*** mi ha fatto venire un colpo **7** *(act)* ***a variety ~*** un numero di varietà **8** ***in turn*** *(in rotation)* [*answer, speak*] a turno; *(linking sequence)* a sua volta ♦ ***at every ~*** tutti momenti, a ogni piè sospinto; ***one good ~ deserves another*** PROV. = chi fa del bene riceve del bene, chi semina raccoglie; ***to be done to a ~*** essere cotto a puntino; ***to do sb. a good ~*** rendere un servizio a qcn., fare un favore a qcn.
2.turn /tɜːn/ **I** tr. **1** *(rotate)* [*person*] girare [*wheel, handle*]; girare, stringere [*screw*]; [*mechanism*] fare girare [*cog, wheel*]; ***to ~ the key in the door*** o ***lock*** *(lock up)* chiudere la porta a chiave; *(unlock)* aprire la porta con la chiave **2** *(turn over, reverse)* girare [*mattress, steak*]; girare, voltare [*page*]; rovesciare [*collar*]; rivoltare [*soil*]; ***to ~ one's ankle*** storcersi una caviglia, prendere una storta a una caviglia; ***it ~s my stomach*** mi dà il voltastomaco **3** *(change direction of)* girare [*chair, car*]; girare, voltare [*head, face*]; ***to ~ one's back on sb.*** voltare le spalle a qcn. (anche FIG.) **4** *(focus direction of)* ***to ~ [sth.] on sb.*** puntare [qcs.] contro qcn. [*gun, hose, torch*]; FIG. indirizzare, dirigere [qcs.] contro qcn. [*anger, scorn*] **5** *(transform)* ***to ~ sth. white, black*** fare diventare qcs. bianco, nero; ***to ~ sth. milky, opaque*** rendere qcs. latteo, opaco; ***to ~ sth. into*** trasformare qcs. in [*office, car park, desert*]; ***to ~ water into ice, wine*** mutare *o* trasformare l'acqua in ghiaccio, vino; ***to ~ a book into a film*** fare l'adattamento cinematografico di un libro; ***to ~ sb. into*** [*magician*] trasformare *o* mutare qcn. in [*frog*]; [*experience*] fare di qcn. [*extrovert, maniac*] **6** *(deflect)* deviare, dirigere [*person, conversation*]; ***I tried to ~ him from his purpose*** cercai di distoglierlo dal suo proposito **7** COLLOQ. *(pass the age of)* ***he has ~ed 50*** ha passato i 50 (anni); ***she has just ~ed 20*** ha appena compiuto vent'anni **8** IND. *(on lathe)* lavorare al tornio, tornire [*wood, piece, spindle*] **II** intr. **1** *(change direction)* [*person, car, plane, road*] girare, svoltare; [*ship*] virare; ***to ~ down*** o ***into*** girare in [*street, alley*]; ***to ~ towards*** girare verso *o* in direzione di [*village, mountains*]; ***the conversation ~ed to Bob*** si è finito per parlare di Bob **2** *(reverse direction)* [*person, vehicle*] girare; [*tide*] cambiare; [*luck*] girare, (cominciare a) cambiare **3** *(revolve)* [*key, wheel, planet*] girare; [*person*] girarsi, voltarsi (**to, towards** verso); ***to ~ in one's chair*** girarsi sulla sedia; ***I ~ed once again to my book*** ripresi ancora una volta il libro **4** FIG. *(hinge)* ***to ~ on*** [*argument*] incentrarsi su [*point, issue*]; [*outcome*] dipendere da [*factor*] **5** *(spin round angrily)* ***to ~ on sb.*** [*dog*] attaccare qcn.; [*person*] prendersela con qcn. **6** FIG. *(resort to)* ***to ~ to*** rivolgersi a [*person*]; rivolgersi a, cercare conforto in [*religion*]; ***to ~ to drink*** darsi al bere; ***to ~ to drugs*** cominciare a drogarsi; ***to ~ to sb. for*** rivolgersi a qcn. per [*help, advice, money*]; ***I don't know where*** o ***which way to ~*** non so a che santo votarmi *o* che pesci pigliare **7** *(change)* ***to ~ into*** [*tadpole*] trasformarsi *o* mutarsi in [*frog*]; [*sofa*] trasformarsi in [*bed*]; [*situation, evening*] trasformarsi in, risolversi in [*farce, disaster*]; ***to ~ to*** [*substance*] trasformarsi in, diventare [*ice, gold*]; [*fear, surprise*] trasformarsi in [*horror, relief*] **8** *(become by transformation)* diventare, farsi [*pale, cloudy, green*]; ***to ~ white, red*** diventare bianco, rosso; ***the weather is ~ing cold, warm*** il tempo sta volgendo al freddo, al caldo **9** COLLOQ. *(become)* diventare [*Conservative, Communist*]; ***businesswoman ~ed politician*** donna d'affari diventata un politico **10** *(go sour)* [*milk*] inacidirsi **11** [*trees, leaves*] cambiare, mutare colore, ingiallire.
■ **turn about** girarsi, voltarsi.
■ **turn against:** ***~ against [sb., sth.]*** ribellarsi, rivoltarsi contro; ***~ [sb.] against*** fare ribellare [qcn.] contro [*person, ideology*].
■ **turn around:** ***~ around*** **1** *(to face other way)* [*person*] girarsi, voltarsi (**to do** per fare); [*bus, vehicle*] girare **2** FIG. ***you can't just ~ around and say you've changed your mind*** non puoi semplicemente dire che hai cambiato idea **3** *(revolve, rotate)* [*object, windmill, dancer*] girare **4** *(change trend)* ***the market has ~ed around*** il mercato ha avuto un'inversione di tendenza; ***~ [sth.] around, ~ around [sth.]*** **1** *(to face other way)* girare [*car, chair, head*] **2** *(reverse decline in)* raddrizzare [*situation*]; risollevare, risanare [*economy, company*] **3** *(rephrase)* rigirare, riformulare [*question, sentence*].
■ **turn aside** voltarsi, girare la testa (**from** da).
■ **turn away:** ***~ away*** voltarsi, girare la testa; ***~ [sth.] away, ~ away [sth.]*** voltare, girare [*head*]; girare [*torch*]; ***~ [sb.] away, ~ away [sb.]*** rifiutare, respingere, mandare via [*spectator, applicant*]; non fare entrare [*salesman, caller*].
■ **turn back:** ***~ back*** **1** *(turn around)* *(on foot)* tornare indietro, sui propri passi; *(in vehicle)* tornare indietro; ***there's no ~ing back*** FIG. non si torna più indietro **2** *(in book)* tornare (**to** a); ***~ [sth.] back, ~ back [sth.]*** **1** *(rotate backwards)* (ri)mettere indietro [*dial, clock*] **2** *(fold back)* piegare, ripiegare [*sheet, lapel*]; piegare [*corner, page*]; ***~ [sth., sb.] back, ~ back [sth., sb.]*** fare tornare indietro [*heavy vehicle*]; respingere, ricacciare indietro [*refugees*].
■ **turn down:** ***~ down his mouth ~s down at the corners*** ha gli angoli della bocca rivolti all'ingiù; ***~ [sth.] down, ~ down [sth.]*** **1** *(reduce)* abbassare [*volume, radio, gas*] **2** *(fold over)* piegare, fare la piega a [*sheet*]; piegare, tirare giù [*collar*]; pie-

gare [*corner of page*]; **~ [sb., sth.] down, ~ down [sb., sth.]** rifiutare, respingere, non accettare [*candidate, request, offer, suggestion*].

■ **turn in: ~ in 1** COLLOQ. *(go to bed)* andare a coricarsi **2** *(point inwards)* **to ~ in on itself** [*leaf, page*] accartocciarsi; **to ~ in on oneself** FIG. chiudersi in se stesso; **~ in [sth.], ~ [sth.] in** COLLOQ. **1** *(hand in)* restituire, dare indietro [*badge*]; consegnare [*homework*] **2** *(produce)* **to ~ in a profit** dare *o* fare registrare un profitto; **to ~ in a good performance** [*player*] rendersi protagonista di una buona prestazione; [*company*] avere dei buoni risultati **3** *(give up)* rinunciare a, abbandonare [*job, activity*]; **~ [sb.] in, ~ in [sb.]** consegnare alla polizia [*suspect*]; **~ oneself in** consegnarsi alla polizia, costituirsi.

■ **turn off: ~ off 1** *(leave road)* girare, svoltare (cambiando strada); **~ off at the next exit** esca alla prossima uscita **2** [*motor, fan*] fermarsi, spegnersi; **~ off [sth.], ~ [sth.] off** spegnere [*light, oven, TV, radio, engine*]; chiudere [*tap*]; togliere [*water, gas*]; **~ [sb.] off** COLLOQ. disgustare, schifare.

■ **turn on: ~ on [sth.], ~ [sth.] on** accendere [*light, oven, gas, TV, radio*]; aprire [*tap*]; **to ~ on the charm** tirare fuori tutto il proprio fascino; **~ [sb.] on, ~ on [sb.]** COLLOQ. eccitare, prendere.

■ **turn out: ~ out 1** *(be eventually)* **to ~ out well, badly** andare a finire bene, male; **to ~ out differently** avere un esito diverso; **to ~ out all right** andare bene *o* per il meglio; **it depends how things ~ out** dipende da come si mettono le cose; **to ~ out to be wrong** dimostrarsi falso; **it ~s out that** risulta che; **as it ~ed out** a conti fatti, in fin dei conti **2** *(come out)* [*crowd, people*] affluire, accorrere (**to do** per fare; **for** per) **3** *(point outwards)* **his toes** o **feet ~ out** ha i piedi in fuori; **~ [sth.] out, ~ out [sth.] 1** *(turn off)* spegnere [*light*] **2** *(empty)* svuotare, rovesciare [*pocket, bag*]; GASTR. rovesciare, togliere dallo stampo [*mousse*] **3** *(produce)* produrre, fabbricare [*goods*]; formare [*scientists, graduates*]; **~ [sb.] out, ~ out [sb.]** *(evict)* buttare fuori, mettere alla porta.

■ **turn over: ~ over 1** *(roll over)* [*person*] girarsi, rivoltarsi; [*car*] ribaltarsi, capottare; [*boat*] rovesciarsi, capovolgersi **2** *(turn page)* girare la pagina **3** [*engine*] girare; **~ [sth., sb.] over, ~ over [sth., sb.] 1** *(turn)* girare, voltare [*page, paper*]; girare, rivoltare [*object, mattress, soil*]; girare [*card, patient*] **2** *(hand over)* affidare, consegnare [*object, money, find, papers*] (**to** a); consegnare [*person, fugitive*] (**to** a); affidare, cedere [*company*] (**to** a); affidare, trasmettere [*control, power*] (**to** a) **3** *(reflect)* **I've been ~ing it over in my mind** ho meditato *o* riflettuto bene **4** BE COLLOQ. *(rob)* svaligiare [*shop, place*] **5** ECON. *(have turnover of)* [*company*] avere un giro, un volume di affari di [*amount*].

■ **turn round** BE → **turn around**.

■ **turn up: ~ up 1** *(arrive, show up)* comparire, farsi vivo **2** *(be found)* **don't worry - it will ~ up** non ti preoccupare, salterà fuori **3** *(present itself)* [*opportunity, job*] presentarsi, capitare **4** *(point up)* [*corner, edge*] sporgere in fuori; **~ up [sth.], ~ [sth.] up 1** *(increase, intensify)* aumentare [*gas*]; aumentare, alzare [*heating, volume*]; alzare (il volume di) [*TV, radio, music*] **2** *(point up)* alzare [*collar*] **3** *(discover)* portare alla luce [*buried object*]; [*person*] trovare [*information*].

turnabout /ˈtɜːnəbaʊt/ n. voltafaccia m., cambiamento m. repentino d'opinione.

turnaround /ˈtɜːnəraʊnd/ n. **1** *(in attitude)* cambiamento m. di atteggiamento **2** *(of fortune)* inversione f. di tendenza (**in** di); *(for the better)* miglioramento m., recupero m. (**in** di).

turncoat /ˈtɜːnkəʊt/ n. voltagabbana m. e f., banderuola f. (anche POL.).

turndown /ˈtɜːndaʊn/ n. calo m., ribasso m., flessione f.

turned-out /ˌtɜːndˈaʊt/ agg. **to be well ~** essere vestito a puntino.

turned-up /ˌtɜːndˈʌp/ agg. [*nose*] all'insù.

turner /ˈtɜːnə(r)/ ♦ **27** n. tornitore m. (-trice).

turning /ˈtɜːnɪŋ/ n. **1** BE *(in road)* svolta f., deviazione f.; **to take a wrong ~** girare nella strada sbagliata; **the second next ~ on the right** la seconda svolta a destra; **I've missed my ~** non ho girato dove avrei dovuto **2** *(work on lathe)* tornitura f.

turning circle n. angolo m. di sterzatura.

turning point n. svolta f. (decisiva) (**in, of** di).

turnip /ˈtɜːnɪp/ n. rapa f.

turnkey /ˈtɜːnkiː/ **I** n. ANT. carceriere m., secondino m. **II** modif. [*contract, project, system*] chiavi in mano.

turnoff /ˈtɜːnɒf, AE -ɔːf/ n. **1** *(in road)* uscita f., raccordo m. di svincolo, via f. laterale **2** COLLOQ. *(passion-killer)* **to be a real ~** fare passare qualsiasi voglia.

turn of mind n. indole f., disposizione f. d'animo, modo m. di pensare.

turn of phrase n. *(expression)* espressione f., locuzione f.; *(way of expressing oneself)* modo m. di esprimersi.

turn-on /ˈtɜːnɒn/ n. COLLOQ. **to be a real ~** essere veramente eccitante.

turnout /ˈtɜːnaʊt/ n. **1** *(to vote, strike, demonstrate)* affluenza f., partecipazione f. (**for** a); **a high ~ for the election** un'alta affluenza alle urne; **what sort of ~ do you expect?** quante persone si aspetta? **2** *(clear-out)* ripulita f., pulita f. **3** COLLOQ. *(appearance)* tenuta f.

turnover /ˈtɜːnˌəʊvə(r)/ n. **1** AMM. giro m., volume m. d'affari, turnover m. **2** *(rate of replacement) (of stock)* rotazione f.; *(of staff)* turnover m., rotazione f. **3** GASTR. = sfoglia ripiena di frutta.

turnpike /ˈtɜːnpaɪk/ n. *(tollgate)* barriera f. di pagamento del pedaggio; AE *(toll expressway)* autostrada f. a pedaggio.

turnround /ˈtɜːnraʊnd/ n. **1** *(of ship, plane etc.)* operazioni f.pl. di scarico e carico **2** *(reversal of opinion)* cambiamento m. d'opinione, voltafaccia m. **3** ECON. *(reversal of trend)* inversione f. di tendenza.

turnstile /ˈtɜːnstaɪl/ n. tornello m., tourniquet m.; *(to count number of visitors)* = contatore di persone.

turntable /ˈtɜːnteɪbl/ n. **1** *(on record player)* piatto m. **2** FERR. AUT. piattaforma f. girevole.

turnup /ˈtɜːnʌp/ n. BE *(of trousers)* risvolto m. ♦ **a ~ for the books** BE un colpo di scena, un avvenimento sorprendente, inaspettato.

turpentine /ˈtɜːpəntaɪn/ n. (essenza di) trementina f.

turpitude /ˈtɜːpɪtjuːd, AE -tuːd/ n. turpitudine f.

turps /tɜːps/ n. COLLOQ. → **turpentine**.

turquoise /ˈtɜːkwɔɪz/ ♦ **5 I** n. turchese m. **II** agg. (color) turchese.

turret /ˈtʌrɪt/ n. torretta f.

turreted /ˈtʌrɪtɪd/ agg. turrito, munito di torrette.

turtle /ˈtɜːtl/ n. BE tartaruga f. di mare; AE tartaruga f. ♦ **to turn ~** ribaltarsi, capovolgersi.

turtle dove n. tortora f.

turtle neck n. **1** *(neckline)* collo m. alto **2** AE *(sweater)* dolcevita m. e f.

turves /tɜːvz/ → **1.turf**.

Tuscan /ˈtʌskən/ **I** agg. toscano **II** n. **1** *(person)* toscano m. (-a) **2** LING. toscano m.

Tuscany /ˈtʌskənɪ/ ♦ **24** n.pr. Toscana f.

tusk /tʌsk/ n. *(of elephant, walrus etc.)* zanna f.

1.tussle /ˈtʌsl/ n. *(struggle)* rissa f., zuffa f., lotta f.

2.tussle /ˈtʌsl/ intr. azzuffarsi, rissare, lottare.

tussock /ˈtʌsək/ n. ciuffo m. d'erba.

1.tut /tʌt/ inter. tsk-tsk.

2.tut /tʌt/ intr. (forma in -ing ecc. **-tt-**) fare tsk-tsk.

tutee /tjuːˈtɪ, AE tuː-/ n. studente m. (-essa) di un tutor; *(individual)* allievo m. (-a) di lezioni private.

tutelage /ˈtjuːtɪlɪdʒ, AE ˈtuː-/ n. FORM. tutela f.

1.tutor /ˈtjuːtə(r), AE ˈtuː-/ ♦ **27** n. **1** *(private teacher)* insegnante m. e f. privato (-a), precettore m. (-trice) **2** UNIV. *(teacher)* tutor m. e f.; BE *(for general welfare)* = persona che si occupa dei problemi degli studenti, come trovare alloggio ecc. **3** BE SCOL. *(of class)* = insegnante che segue gli allievi più piccoli; *(of year group)* = insegnante che si occupa degli studenti quando non seguono le lezioni **4** MUS. *(instruction book)* metodo m.

2.tutor /ˈtjuːtə(r), AE ˈtuː-/ **I** tr. seguire direttamente (**in** in); dare lezioni private a (**in** di) **II** intr. dare lezioni (**in** di).

tutorial /tjuːˈtɔːrɪəl, AE tuː-/ **I** n. UNIV. *(group)* = corso di studi sotto la guida di un tutor; *(private)* = lezione individuale **II** modif. **~ duties** = compiti di tutor.

tutti frutti /ˌtuːtɪˈfruːtɪ/ **I** n. (anche **~ ice cream**) = gelato con pezzi di frutta **II** agg. con pezzi di frutta.

tut-tut /tʌtˈtʌt/ tr. → **2.tut**.

tutu /ˈtuːtuː/ n. tutù m.

tuxedo /tʌk'si:dəʊ/ n. (pl. **~s, ~es**) AE smoking m.
TV /ˌti:'vi:/ n. TV f., televisione f.
TV dinner n. = pasto che viene consumato davanti al televisore.
TV screen n. schermo m. del televisore.
twaddle /'twɒdl/ n. COLLOQ. chiacchiere f.pl., frottole f.pl., sciocchezze f.pl.
twain /tweɪn/ n. ANT. ***the ~*** i due; ***never the ~ shall meet*** i due non saranno mai conciliabili.
1.twang /twæŋ/ n. **1** *(of string, wire)* vibrazione f. **2** *(of tone)* tono m., pronuncia f. nasale.
2.twang /twæŋ/ **I** tr. fare suonare, pizzicare le corde di [*instrument*] **II** intr. [*string, wire*] vibrare, produrre un suono metallico; [*instrument*] vibrare, suonare.
'twas /*forma debole* twəz, *forma forte* twɒz/ LETT. ANT. contr. it was.
1.tweak /twi:k/ n. **1** *(tug)* pizzico m., pizzicotto m. **2** INFORM. modifica f.
2.tweak /twi:k/ tr. tirare, pizzicare [*ear, nose*]; tirare [*hair, moustache*].
twee /twi:/ agg. BE COLLOQ. SPREG. [*house, decor*] stucchevole; [*manner*] lezioso, affettato.
tweed /twi:d/ **I** n. *(cloth)* tweed m. **II tweeds** n.pl. *(clothes)* abiti m. di tweed.
tweenie /'twi:nɪ/ n. COLLOQ. adolescente m. e f. (tra i 15 e i 18 anni).
tweet /twi:t/ n. **1** *(chirp)* cinguettio m. **2** ***~~!*** cip cip!
tweezers /'twi:zəz/ n.pl. pinzette f.
twelfth /twelfθ/ ➧ *19, 8* **I** determ. dodicesimo **II** pron. **1** *(in order)* dodicesimo m. (-a) **2** *(of month)* dodici m.; ***the ~ of May*** il dodici maggio **III** n. **1** *(fraction)* dodicesimo m. **2** MUS. dodicesima f. **IV** avv. [*finish*] dodicesimo, in dodicesima posizione.
Twelfth Night n. = notte dell'Epifania.
twelve /twelv/ ➧ *19, 1, 4* **I** determ. dodici **II** pron. dodici; ***the are ~ of them*** ce ne sono dodici **III** n. dodici m.; ***to multiply by ~*** moltiplicare per dodici; ***the Twelve*** BIBL. i Dodici (Apostoli).
twentieth /'twentɪəθ/ ➧ *19, 8* **I** determ. ventesimo **II** pron. **1** *(in order)* ventesimo m. (-a) **2** *(of month)* venti m.; ***the ~ of May*** il venti maggio **III** n. *(fraction)* ventesimo m. **IV** avv. [*finish*] ventesimo, in ventesima posizione.
twenty /'twentɪ/ ➧ *19, 8, 1, 4* **I** determ. venti **II** pron. venti; ***there are ~ of them*** ce ne sono venti **III** n. venti m.; ***to multiply by ~*** moltiplicare per venti **IV twenties** n.pl. **1** *(decade)* ***the twenties*** gli anni '20 **2** *(age)* ***to be in one's twenties*** avere passato i venti.
twenty-one /'twentɪwʌn/ ➧ *10* n. *(in cards)* ventuno m.
twenty twenty vision n. ***he has ~*** ha dieci decimi.
'twere /*forma debole* twə(r), *forma forte* twɜ:(r)/ LETT. ANT. contr. it were.
twerp /twɜ:p/ n. COLLOQ. SPREG. idiota m. e f., stupido m. (-a), fesso m. (-a).
twice /twaɪs/ avv. due volte; ***~ a day*** o ***daily*** due volte al giorno; ***he's ~ as big as you*** è due volte più grande di te; ***she's ~ his age*** ha il doppio della sua età *o* dei suoi anni; ***~ as much, ~ as many*** due volte tanto, il doppio; ***~ over*** due volte; ***you need to be ~ as careful*** bisogna essere doppiamente prudenti ♦ ***once bitten ~ shy*** PROV. il gatto scottato teme l'acqua fredda.
twiddle /'twɪdl/ tr. giocherellare con, attorcigliare tra le dita [*hair*]; ***to ~ one's thumbs*** girare i pollici; FIG. girarsi i pollici.
1.twig /twɪg/ n. ramoscello m., rametto m.
2.twig /twɪg/ **I** tr. (forma in -ing ecc. **-gg-**) COLLOQ. capire, afferrare **II** intr. (forma in -ing ecc. **-gg-**) COLLOQ. capire, afferrare il concetto, l'idea.
twilight /'twaɪlaɪt/ **I** n. crepuscolo m. (anche FIG.) **II** modif. **1** [*hours*] del crepuscolo **2** FIG. [*world*] oscuro, impenetrabile; ***~ years*** ultimi anni, anni del crepuscolo.
twilight zone n. zona f. crepuscolare.
twill /twɪl/ n. twill m., (tessuto) diagonale m.
'twill /twɪl/ LETT. ANT. contr. it will.
1.twin /twɪn/ **I** n. **1** *(one of two children)* gemello m. (-a); ***a pair*** o ***set of ~s*** due gemelli **2** *(one of two objects)* ***this vase is the ~ to yours*** questo è il vaso che va assieme al tuo **II twins** n.pl. **1** *(pair of children)* gemelli m. **2** ASTROL. ***the Twins*** i Gemelli **III** modif. **1** *(related)* [*brother, sister*] gemello **2** *(two)* ***~ masts*** doppio albero; ***~ propellers*** doppia elica; ***~ towers*** torri gemelle; ***~ speakers*** doppio altoparlante **3** *(combined)* doppio, combinato; ***the ~ aims of*** il doppio scopo di.
2.twin /twɪn/ tr. (forma in -ing ecc. **-nn-**) *(link)* gemellare [*town*] (**with** con).
twin-bedded /ˌtwɪn'bedɪd/ agg. [*room*] a due letti, con letti gemelli.
twin beds n.pl. letti m. gemelli.
1.twine /twaɪn/ n. spago m., corda f.
2.twine /twaɪn/ **I** tr. **1** *(coil)* attorcigliare, avvolgere [*rope*] (**around** attorno a) **2** *(interweave)* intrecciare [*flowers*] (**through** in) **II** rifl. ***to ~ oneself*** [*snake, vine*] avvolgersi, attorcigliarsi (**around** intorno a).
twinge /twɪndʒ/ n. *(of pain)* fitta f., dolore m. lancinante; *(of conscience)* rimorso m.; *(of doubt)* sensazione f.; *(of jealousy)* punta f.
twin jet n. bireattore m.
1.twinkle /'twɪŋkl/ n. *(of light, jewel)* scintillio m., luccichio m., brillio m.; *(of eyes)* luccichio m.
2.twinkle /'twɪŋkl/ intr. [*light, star, jewel*] luccicare, scintillare, brillare; [*eyes*] scintillare, brillare (**with** di).
twinkling /'twɪŋklɪŋ/ **I** n. scintillio m., luccichio m.; ***in the ~ of an eye*** in un batter d'occhio, in un baleno **II** agg. [*light, star, eyes*] luccicante, scintillante.
twinning /'twɪnɪŋ/ n. gemellaggio m.
twin set n. BE ABBIGL. twin-set m.
twin town n. città f. gemellata.
1.twirl /twɜ:l/ n. **1** *(spin)* giro m. (vorticoso), mulinello m.; ***to do a ~*** [*person*] fare una piroetta **2** *(spiral)* voluta f., spira f.
2.twirl /twɜ:l/ **I** tr. **1** *(spin)* fare girare, fare roteare [*baton, lasso, partner*] **2** *(twist)* arricciare, attorcigliare [*hair, moustache*]; attorcigliare, avvolgere [*ribbon, vine*] **II** intr. [*dancer*] girare, roteare; ***to ~ round*** [*person*] girarsi di scatto.
1.twist /twɪst/ n. **1** *(action)* ***he gave the cap a ~*** *(to open)* svitò il tappo; *(to close)* avvitò il tappo, diede un'avvitata al tappo; ***with a couple of ~s she unscrewed the lid*** girando con forza un paio di volte svitò il coperchio; ***he gave his ankle a nasty ~*** ha preso una brutta storta alla caviglia **2** *(bend, kink)* *(in rope, cord, wool)* filo m. ritorto; *(in road)* curva f., svolta f.; *(in river)* ansa f. **3** FIG. *(unexpected change of direction)* *(in play, story)* svolta f. (sorprendente), colpo m. di scena; *(episode in crisis, events)* (nuovo) sviluppo m.; ***the ~s and turns of the plot*** il dipanarsi tortuoso *o* la macchinosità dell'intreccio **4** *(small amount)* *(of yarn, thread, hair)* treccia f.; ***a ~ of paper*** un cartoccio; ***~ of lemon*** = riccio di scorza di limone usato per aromatizzare i cocktail **5** SPORT ***to put some ~ on the ball*** imprimere *o* dare effetto alla palla **6** *(dance)* ***the ~*** il twist ♦ ***(to have a) ~ in the tail*** (avere un) esito imprevisto, inatteso; ***to go round the ~*** COLLOQ. impazzire, diventare matto da legare; ***to drive sb. round the ~*** COLLOQ. fare impazzire qcn.
2.twist /twɪst/ **I** tr. **1** *(turn)* girare [*knob, handle*]; *(open)* svitare, aprire svitando [*cap, lid*]; *(close)* avvitare, chiudere avvitando [*cap, lid*]; ***to ~ [sth.] off*** svitare [*cap, lid*]; ***he ~ed around in his chair*** si girò nella poltrona; ***to ~ sb.'s arm*** torcere il braccio a qcn.; FIG. costringere qcn. a fare qcs. **2** *(wind, twine)* ***to ~ the threads together*** intrecciare i fili; ***to ~ X round Y*** avvolgere *o* attorcigliare X intorno a Y; ***she ~ed the scarf (round) in her hands*** attorcigliava la sciarpa tra le mani **3** *(bend, distort)* torcere, storcere [*metal, rod, branch*]; ***his face was ~ed with pain*** il suo volto era sfigurato dal dolore **4** FIG. travisare, distorcere [*words, facts*] **5** *(injure)* ***to ~ one's ankle, wrist*** storcersi la caviglia, il polso; ***to ~ one's neck*** prendere il torcicollo **II** intr. **1** ***to lie ~ing and writhing on the ground*** [*person*] contorcersi a terra; ***to ~ round*** *(turn round)* girarsi, voltarsi **2** [*rope, flex, coil*] attorcigliarsi, avvolgersi; [*river, road*] serpeggiare; ***to ~ and turn*** [*road, path*] serpeggiare.
twisted /'twɪstɪd/ **I** p.pass. → **2.twist II** agg. **1** [*wire, metal, rod*] torto, ritorto; [*rope, cord*] ritorto, attorcigliato; [*ankle, wrist*] che ha subito una storta **2** SPREG. [*logic*] contorto, macchinoso; [*sense of humour*] bizzarro, particolare.

twister /'twɪstə(r)/ n. COLLOQ. **1** *(swindler)* truffatore m. (-trice), imbroglione m. (-a) **2** AE *(tornado)* tornado m., tromba f. d'aria.
twisting /'twɪstɪŋ/ agg. [*road, path, course*] tortuoso, sinuoso.
twisty /'twɪstɪ/ agg. → **twisting.**
twit /twɪt/ n. COLLOQ. scemo m. (-a), stupido m. (-a), idiota m. e f.
1.twitch /twɪtʃ/ n. **1** *(tic)* tic m.; ***to have a ~ in one's eye*** avere un tic all'occhio **2** *(spasm)* spasmo m. muscolare, contrazione f. convulsa; ***to give a ~*** avere uno spasmo muscolare **3** *(sudden jerk)* ***to give the curtain a ~*** dare uno strattone *o* una tirata alla tenda.
2.twitch /twɪtʃ/ **I** tr. **1** *(tug)* tirare, dare uno strattone a [*fabric, curtain*] **2** *(cause to quiver)* ***to ~ one's nose*** [*person*] torcere, arricciare il naso; [*animal*] contrarre, torcere il muso **II** intr. **1** *(quiver)* [*person, animal*] contorcersi; [*mouth*] contrarsi; [*eye*] muoversi a scatti, battere; [*limb, muscle*] contrarsi in modo convulso; [*fishing line*] vibrare, dare strattoni **2** *(tug)* ***to ~ at*** [*person*] dare uno strattone *o* una tirata a [*curtain, tablecloth*].
twitchy /'twɪtʃɪ/ agg. irrequieto, nervoso.
1.twitter /'twɪtə(r)/ n. cinguettio m., pigolio m.; ***to be all of a ~*** SCHERZ. essere tutto agitato, eccitato.
2.twitter /'twɪtə(r)/ intr. [*bird*] cinguettare, pigolare; [*person*] cianciare, cicalare.
two /tu:/ ➧ ***19, 1, 4*** **I** determ. due **II** pron. due; ***I bought ~ of them*** ne ho comprati due; ***to cut sth. in ~*** tagliare qcs. in due **III** n. due m.; ***in ~s*** a due a due, a coppie; ***in ~s and threes*** a coppie e a gruppi di tre; ***to multiply by ~*** moltiplicare per due ♦ ***that makes ~ of us!*** allora siamo in due! ***to be in ~ minds about doing*** essere indeciso *o* esitare a fare; ***to put ~ and ~ together*** fare due più due; ***there are ~ sides to every story*** = ci sono sempre due versioni dei fatti.
two-bit /'tu:bɪt/ agg. AE COLLOQ. SPREG. [*person*] da due soldi, senza valore.
two-dimensional /tu:dɪ'menʃənl/ agg. bidimensionale, a due dimensioni.
two-edged /ˌtu:'edʒd/ agg. a doppio taglio (anche FIG.).
two-faced /ˌtu:'feɪst/ agg. SPREG. falso, doppio, ipocrita.
twofold /'tu:fəʊld/ **I** agg. doppio, duplice **II** avv. doppiamente.
two-handed /ˌtu:'hændɪd/ agg. [*backhand*] a due mani; [*saw*] che si tiene con due mani.
two-party system /'tu:pɑ:tɪˌsɪstəm/ n. POL. sistema m. bipartitico.
twopence → **tuppence.**
twopenny /'tu:pnɪ/ agg. da due penny.
twopenny-halfpenny /ˌtʌpnɪ'heɪpnɪ/ agg. BE COLLOQ. SPREG. dozzinale, insignificante, da due soldi.
two-phase /'tu:feɪz/ agg. EL. bifase.
two-piece /ˌtu:'pi:s/ n. **1** (anche **~ suit**) *(woman's)* tailleur m., due pezzi m.; *(man's)* abito m. **2** (anche **~ swimsuit**) due pezzi m., bikini m.
two-pin /'tu:pɪn/ agg. [*plug, socket*] bipolare.
two-ply /'tu:plaɪ/ agg. [*rope*] doppio; [*wool*] a due capi; [*wood*] a due strati.
two-seater /ˌtu:'si:tə(r)/ n. AUT. automobile f. a due posti, biposto f.; AER. velivolo m. a due posti, biposto m.
twosome /'tu:səm/ n. *(two people)* coppia f., duo m.
two-storey /ˌtu:'stɔ:rɪ/ agg. a due piani.
two-tier /ˌtu:'tɪə(r)/ agg. [*bureaucracy*] a due livelli; SPREG. *(unequal)* [*society, health service etc.*] squilibrato, ingiusto.
two-time /'tu:taɪm/ **I** tr. COLLOQ. fare le corna a [*partner*] **II** intr. essere infedele.
two-tone /'tu:təʊn/ agg. *(in hue)* a due colori, bicolore; *(in sound)* a due toni.
'twould /twʊd/ LETT. ANT. contr. it would.
two-way /ˌtu:'weɪ/ agg. **1** [*street, traffic*] a doppio senso **2** [*communication process, exchange*] bilaterale, reciproco **3** EL. [*switch*] bipolare.
two-way mirror n. specchio m. segreto.
two-way radio n. (radio) ricetrasmittente f.
two-wheeler /ˌtu:'wi:lə(r), AE -'hwi:lə(r)/ n. COLLOQ. *(vehicle, bicycle)* due ruote f.
tycoon /taɪ'ku:n/ n. magnate m., tycoon m.; ***oil ~*** magnate del petrolio.
tyke /taɪk/ n. AE *(child)* monello m. (-a).
tympanum /'tɪmpənəm/ ➧ ***17*** n. (pl. **~s, -a**) timpano m.
1.type /taɪp/ n. **1** *(variety, kind)* tipo m., genere m.; ***he's an army ~*** ha i modi da militare; ***you're not my ~*** non sei il mio tipo; ***they're our ~ of people*** è il tipo di gente che piace a noi; ***I'm not that ~, I don't go in for that ~ of thing*** non è il mio genere; ***he's one of those pretentious university ~s*** è uno di quegli universitari presuntuosi; ***I know his ~*** SPREG. conosco quel genere di persone; ***you know the ~ of thing I mean*** sai di cosa sto parlando *o* ciò che voglio dire **2** *(archetype)* tipo m., esemplare m., personificazione f.; ***he's reverted to ~*** è tornato alle origini; ***to play*** o ***be cast against ~*** CINEM. TEATR. fare un ruolo che non è il proprio, per cui non si è tagliati **3** TIP. tipo m., carattere m.; ***bold, italic ~*** grassetto, corsivo; ***printed in small ~*** stampato in caratteri piccoli.
2.type /taɪp/ **I** tr. **1** *(on typewriter)* battere, scrivere a macchina, dattilografare [*word, letter*] **2** *(classify)* classificare [*blood sample*]; classificare, rappresentare [*person*] (**as** come) **II** intr. scrivere, battere a macchina.
■ **type in:** ***~ in [sth.], ~ [sth.] in*** scrivere a macchina, inserire scrivendo a macchina [*word, character*].
■ **type out:** ***~ out [sth.], ~ [sth.] out*** scrivere, battere a macchina.
■ **type over:** ***~ over [sth.]*** *(erase)* cancellare (battendo sopra a macchina).
■ **type up** scrivere, battere a macchina.
typecast /'taɪpkɑ:st, AE -kæst/ tr. (pass., p.pass. **-cast**) CINEM. TEATR. caratterizzare, personificare [*person*] (**as** come) (anche FIG.).
typed /taɪpt/ **I** p.pass. → **2.type II** agg. dattilografato, scritto, battuto a macchina; ***a ~ letter*** una lettera scritta a macchina.
typeface /'taɪpfeɪs/ n. TIP. occhio m.
typescript /'taɪpskrɪpt/ n. dattiloscritto m.
typeset /'taɪpset/ tr. (forma in -ing **-tt-**; pass., p.pass. **-set**) TIP. comporre.
typesetter /'taɪpˌsetə(r)/ ➧ ***27*** n. TIP. compositore m. (-trice).
typesetting /'taɪpˌsetɪŋ/ n. TIP. composizione f.
typewriter /'taɪpraɪtə(r)/ n. macchina f. da scrivere.
typewriting /'taɪpraɪtɪŋ/ n. dattilografia f., (lo) scrivere a macchina.
typewritten /'taɪprɪtn/ agg. dattilografato, scritto, battuto a macchina.
typhoid /'taɪfɔɪd/ ➧ ***11*** n. (anche **~ fever**) (febbre) tifoidea f.
typhoon /taɪ'fu:n/ n. tifone m.
typhus /'taɪfəs/ ➧ ***11*** n. (anche **~ fever**) tifo m.
typical /'tɪpɪkl/ agg. [*case, example, feature, day, village*] tipico; [*tactlessness, compassion*] tipico, caratteristico; ***it's ~ of him to be late*** è proprio da lui essere in ritardo; ***"I've left my keys behind" - "~!"*** COLLOQ. "ho dimenticato le chiavi" - "non mi stupisce!".
typically /'tɪpɪklɪ/ avv. [*behave*] *(of person)* come al solito; ***that was a ~ inept remark from Anne*** è stata la solita risposta stupida di Anne; ***~ English*** [*place, behaviour*] tipicamente inglese; ***she's ~ English*** è una tipica inglese.
typify /'tɪpɪfaɪ/ tr. [*feature, behaviour*] caratterizzare; [*person*] impersonare, rappresentare; [*institution*] rappresentare, simboleggiare; ***as typified by the EU*** come rappresentato dalla UE.
typing /'taɪpɪŋ/ **I** n. **1** *(skill)* dattilografia f.; ***my ~ is slow*** sono lento a scrivere a macchina **2** *(typed material)* ***two pages of ~*** due pagine scritte a macchina **II** modif. [*course*] di dattilografia.
typing pool n. ***to work in the ~*** lavorare nel centro dattilografia *o* nel gruppo delle dattilografe.
typing speed n. velocità f. di battuta, di battitura.
typist /'taɪpɪst/ ➧ ***27*** n. dattilografo m. (-a).
typographer /taɪ'pɒgrəfə(r)/ ➧ ***27*** n. tipografo m. (-a).
typographic(al) /ˌtaɪpə'græfɪk(l)/ agg. tipografico.
typography /taɪ'pɒgrəfɪ/ n. *(printing)* tipografia f.
tyrannic(al) /tɪ'rænɪk(l)/ agg. tirannico.
tyrannize /'tɪrənaɪz/ **I** tr. tiranneggiare **II** intr. tiranneggiare, essere tirannico; ***to ~ over sb.*** tiranneggiare qcn.
tyrannous /'tɪrənəs/ agg. → **tyrannic(al).**

tyranny /ˈtɪrənɪ/ n. **1** *(despotism)* tirannia f., tirannide f. (**over** su, verso) **2** *(tyrannical act)* tirannia f., sopruso m. **3** *(country)* dittatura f., tirannia f.
tyrant /ˈtaɪərənt/ n. tiranno m.
tyre BE, **tire** AE /ˈtaɪə(r)/ n. pneumatico m., gomma f.
tyre lever n. smontagomme m.
tyre pressure n. pressione f. degli pneumatici.
tyre pressure gauge n. manometro m., misuratore m. della pressione (degli pneumatici).
tyro /ˈtaɪərəʊ/ n. (pl. **~s**) principiante m. e f., novizio m. (-a).
Tyrrhenian Sea /tɪˌriːnɪənˈsiː/ ➧ **20** n.pr. (Mar) Tirreno m.
tzar → **tsar**.
tzarina → **tsarina**.

u

u, U /juː/ n. **1** *(letter)* u, U m. e f. **2** BE CINEM. (⇒ universal) = non vietato, visibile da parte di tutti.

U-bend /ˈjuːbend/ n. *(in pipe)* raccordo m. a U; *(in road)* curva f. stretta.

ubiquitous /juːˈbɪkwɪtəs/ agg. onnipresente, che ha il dono dell'ubiquità.

ubiquity /juːˈbɪkwətɪ/ n. onnipresenza f., ubiquità f.

U-boat /ˈjuːbəʊt/ n. U-boot m.

udder /ˈʌdə(r)/ n. mammella f., poppa f.

UFO /ˈjuːfəʊ, juːefˈəʊ/ n. (⇒ unidentified flying object oggetto volante non identificato) ufo m.

ufologist /juːˈfɒlədʒɪst/ n. ufologo m. (-a).

ufology /juːˈfɒlədʒɪ/ n. ufologia f.

Ugandan /juːˈgændən/ ➧ *18* **I** agg. ugandese **II** n. ugandese m. e f.

ugh /ʌg/ inter. puah.

ugliness /ˈʌglɪnɪs/ n. *(of person, object, place)* bruttezza f.

ugly /ˈʌglɪ/ agg. **1** *(hideous)* [*person, appearance, furniture, building*] brutto; [*sound*] sgradevole, fastidioso; [*wound*] brutto; ***to be an ~ sight*** essere una visione sgradevole *o* un brutto spettacolo **2** *(vicious)* [*situation, conflict*] brutto, pericoloso; [*tactics, campaign*] vile, abietto; ***to give sb. an ~ look*** lanciare un'occhiataccia a qcn.; ***to be in an ~ mood*** [*group, mob*] essere in tumulto *o* subbuglio; [*individual*] essere di pessimo umore ♦ ***an ~ customer*** COLLOQ. un brutto tipo, un tipo pericoloso; ***as ~ as sin*** brutto come il peccato; ***racism rears its ~ head*** si riaffaccia lo spettro del razzismo.

ugly duckling n. brutto anatroccolo m.

UHF n. (⇒ ultra-high frequency frequenza ultra alta) UHF f.

UK ➧ *6* **I** n.pr. (⇒ United Kingdom) = Regno Unito **II** modif. [*citizen, passport*] del Regno Unito.

Ukraine /juːˈkreɪn/ ➧ *6* n.pr. Ucraina f.

Ukrainian /juːˈkreɪnɪən/ ➧ *18, 14* **I** agg. ucraino **II** n. **1** *(person)* ucraino m. (-a) **2** *(language)* ucraino m.

ulcer /ˈʌlsə(r)/ n. ulcera f.

ulcerate /ˈʌlsəreɪt/ **I** tr. ulcerare **II** intr. ulcerarsi.

ulceration /ˌʌlsəˈreɪʃn/ n. ulcerazione f.

Ulfilas /ˈʊlfɪlæs/ n.pr. Ulfila.

ullage /ˈʌlɪdʒ/ n. COMM. *(in cask, bottle)* colaggio m., quantità f. di liquido mancante.

Ulster /ˈʌlstə(r)/ n.pr. Ulster m.

ulterior /ʌlˈtɪərɪə(r)/ agg. **1** *(hidden)* [*motive, purpose*] nascosto; ***without any ~ motive*** senza secondi fini **2** *(subsequent)* ulteriore.

ultimata /ˌʌltɪˈmeɪtə/ → **ultimatum**.

ultimate /ˈʌltɪmət/ **I** agg. attrib. **1** *(final)* [*challenge, victory, success*] finale, definitivo, risolutivo; [*weapon*] definitivo, risolutivo; [*sacrifice*] supremo, finale, estremo; [*destination, result*] finale **2** *(fundamental)* [*question, truth*] basilare, fondamentale; ***the ~ cause*** la causa prima **3** *(unsurpassed)* [*insult, luxury*] estremo, massimo **II** n. ***the ~ in*** il massimo *o* non plus ultra del [*comfort, luxury*].

ultimately /ˈʌltɪmətlɪ/ avv. alla fine, in definitiva.

ultimatum /ˌʌltɪˈmeɪtəm/ n. (pl. **~s, -a**) ultimatum m.; ***to issue an ~*** dare un ultimatum (**to** a); ***cease-fire ~*** ultimatum di cessate il fuoco.

ultraconservative /ˌʌltrəkənˈsɜːvətɪv/ agg. ultraconservatore.

ultramarine /ˌʌltrəməˈriːn/ ➧ *5* **I** agg. oltremarino, d'oltremare **II** n. (azzurro) oltremare m.

ultrasonic /ˌʌltrəˈsɒnɪk/ agg. ultrasonico.

ultrasound /ˈʌltrəsaʊnd/ n. ultrasuono m.

ultrasound scan n. ecografia f.

ultrasound scanner n. MED. ecografo m.

ultraviolet /ˌʌltrəˈvaɪələt/ agg. ultravioletto.

Ulysses /ˈjuːlɪsiːz/ n.pr. Ulisse.

umber /ˈʌmbə(r)/ n. ART. terra f. d'ombra.

umbilical /ʌmˈbɪlɪkl, ˌʌmbɪˈlaɪkl/ agg. [*area, function*] ombelicale; ***~ cord*** cordone ombelicale.

umbrage /ˈʌmbrɪdʒ/ n. ***to take ~*** adombrarsi, offendersi (**at** per).

umbrella /ʌmˈbrelə/ n. **1** ombrello m. **2** FIG. ***under the ~ of*** *(protection)* sotto la protezione di; *(authority)* sotto l'egida di.

umbrella organization n. = organizzazione che ne ingloba altre.

umbrella stand n. portaombrelli m.

umbrella term n. termine m. generico, generale.

umbrella tree n. magnolia f. tripetala.

Umbrian /ˈʌmbrɪən/ **I** agg. umbro **II** n. umbro m. (-a).

1.umpire /ˈʌmpaɪə(r)/ n. SPORT arbitro m. (anche FIG.).

2.umpire /ˈʌmpaɪə(r)/ **I** tr. SPORT arbitrare **II** intr. SPORT fare da arbitro, arbitrare; ***to ~ at a match*** arbitrare una partita.

umpteen /ʌmpˈtiːn/ agg. COLLOQ. ***~ times*** un mucchio *o* sacco di volte.

umpteenth /ʌmpˈtiːnθ/ agg. COLLOQ. ennesimo.

UN n. (⇒ United Nations Nazioni Unite) ONU f.

unabashed /ˌʌnəˈbæʃt/ agg. [*curiosity*] irrefrenabile; [*celebration*] sfrenato; ***he seemed quite ~*** non sembrava affatto turbato.

unabated /ˌʌnəˈbeɪtɪd/ agg. ***to continue ~*** [*fighting, storm*] continuare con la stessa violenza.

unable /ʌnˈeɪbl/ agg. ***to be ~ to do*** *(lacking the means or opportunity)* non potere fare, non avere la possibilità di fare; *(lacking the knowledge or skill)* non sapere fare, non essere capace a fare; *(incapable, not qualified)* non sapere fare, essere incapace di fare.

unabridged /ˌʌnəˈbrɪdʒd/ agg. completo, non abbreviato; ***the ~ version of the book*** la versione integrale del libro.

unaccented /ˌʌnækˈsentɪd/ agg. non accentato, atono.

unacceptable /ˌʌnəkˈseptəbl/ agg. [*proposal, suggestion*] inaccettabile; [*behaviour, situation*] inaccettabile, inammissibile, intollerabile.

unaccompanied /ˌʌnəˈkʌmpənɪd/ agg. **1** *(alone)* [*child*] non accompagnato; [*man, woman*] non accompagnato, solo **2** MUS. senza accompagnamento.

unaccountable /ˌʌnəˈkaʊntəbl/ agg. **1** [*phenomenon, feeling*] inspiegabile **2** *(not answerable)* ***to be ~ to sb.*** non essere responsabile davanti a qcn., non dovere rispondere a qcn.

unaccounted /ˌʌnəˈkaʊntɪd/ agg. ***to be ~ for*** [*sum*] non essere reperibile; [*documents*] essere introvabile, non essere trovabile; ***two of the crew are still ~ for*** due membri dell'equipaggio non sono ancora stati ritrovati.

unaccustomed /ˌʌnəˈkʌstəmd/ agg. [*luxury, speed, position*] inconsueto, insolito, non abituale; ***to be ~ to sth., to doing*** non essere abituato a qcs., a fare.

unacknowledged /ˌʌnəkˈnɒlɪdʒd/ agg. **1** [*genius*] incompreso, non riconosciuto; [*contribution*] non riconosciuto; [*terror, taboo*] inconfessato **2** [*letter*] senza risposta; ***her letter remained ~*** la sua lettera è rimasta senza risposta.

unacquainted /ˌʌnəˈkweɪntɪd/ agg. ***to be ~ with sth., sb.*** non conoscere qcs., qcn.; ***to be ~ with the facts*** non essere al corrente dei fatti.

unadopted /ˌʌnəˈdɒptɪd/ agg. BE ~ ***road*** = strada della quale l'ente locale non cura la manutenzione.

unadorned /ˌʌnəˈdɔːnd/ agg. [*walls*] spoglio, disadorno; ***the plain ~ facts*** i fatti puri e semplici.

unadulterated /ˌʌnəˈdʌltəreɪtɪd/ agg. **1** *(pure)* [*water*] puro; [*wine*] non adulterato, non sofisticato **2** *(emphatic)* [*pleasure, misery*] totale, assoluto; ~ ***nonsense*** stupidaggini belle e buone.

unadventurous /ˌʌnədˈventʃərəs/ agg. [*meal*] convenzionale, banale; [*production, style*] convenzionale, privo di inventiva, conformistico; [*person*] convenzionale, conformista.

unaffected /ˌʌnəˈfektɪd/ agg. **1** *(untouched)* ***to be ~*** non essere coinvolto (**by** in) **2** *(natural, spontaneous)* semplice, alla buona.

unaffectedly /ˌʌnəˈfektɪdlɪ/ avv. semplicemente, senza affettazione.

unafraid /ˌʌnəˈfreɪd/ agg. [*person*] senza paura, impavido.

unaided /ʌnˈeɪdɪd/ **I** agg. [*work*] solitario, privo di assistenza; ~ ***by sth.*** senza l'aiuto di qcs. **II** avv. [*stand, sit, walk*] da solo, senza aiuto.

unalterable /ʌnˈɔːltərəbl/ agg. inalterabile.

unaltered /ʌnˈɔːltəd/ agg. inalterato, immutato.

unambiguous /ˌʌnæmˈbɪgjʊəs/ agg. non ambiguo, inequivocabile.

unambiguously /ˌʌnæmˈbɪgjʊəslɪ/ avv. [*define, deny*] inequivocabilmente; [*interpret*] senza ambiguità.

unambitious /ˌʌnæmˈbɪʃəs/ agg. [*person*] senza ambizioni; [*reform*] modesto; [*novel*] senza pretese.

unanimity /juːnəˈnɪmətɪ/ n. unanimità f. (**between, among** tra).

unanimous /juːˈnænɪməs/ agg. [*members, agreement, support*] unanime.

unanimously /juːˈnænɪməslɪ/ avv. [*agree, condemn, approve*] unanimemente; [*vote, acquit*] all'unanimità.

unannounced /ˌʌnəˈnaʊnst/ **I** agg. [*visit*] non annunciato, senza preavviso; [*changes*] imprevisto **II** avv. [*arrive, call*] senza (alcun) preavviso.

unanswerable /ʌnˈɑːnsərəbl, AE ˌʌnˈæn-/ agg. [*question*] alla quale non si può rispondere; [*remark, case*] irrefutabile.

unanswered /ʌnˈɑːnsəd, AE ʌnˈæn-/ agg. [*letter, question*] rimasto senza risposta.

unappealing /ˌʌnəˈpiːlɪŋ/ agg. [*title, name*] poco interessante; [*person*] poco attraente.

unappetizing /ʌnˈæpɪtaɪzɪŋ/ agg. poco appetitoso.

unappreciated /ˌʌnəˈpriːʃɪeɪtɪd/ agg. [*work of art*] inapprezzato; ***to feel ~*** non sentirsi apprezzato.

unappreciative /ˌʌnəˈpriːʃətɪv/ agg. [*person*] irriconoscente; [*audience*] che non apprezza.

unapproachable /ˌʌnəˈprəʊtʃəbl/ agg. inaccessibile, inavvicinabile.

unarmed /ʌnˈɑːmd/ agg. [*person*] non armato, disarmato; [*combat*] senza armi.

unashamed /ˌʌnəˈʃeɪmd/ agg. senza vergogna, spudorato.

unashamedly /ˌʌnəˈʃeɪmɪdlɪ/ avv. apertamente.

unasked /ʌnˈɑːskt, AE ʌnˈæskt/ avv. [*come, attend*] senza invito, senza essere (stato) invitato; ***to do sth. ~*** fare qcs. spontaneamente.

unassailable /ˌʌnəˈseɪləbl/ agg. [*position, reputation*] inattaccabile; [*optimism*] inguaribile; [*case*] irrefutabile.

unassisted /ˌʌnəˈsɪstɪd/ **I** agg. ***it's her own ~ work*** ha fatto il lavoro tutto da sola **II** avv. [*stand, walk, sit*] da solo, senza assistenza.

unassuming /ˌʌnəˈsjuːmɪŋ, AE ˌʌnəˈsuː-/ agg. [*person, manner*] modesto, senza pretese.

unattached /ˌʌnəˈtætʃt/ agg. **1** *(single)* [*person*] single, non fidanzato, non sposato **2** [*part, element*] separato, staccato; [*organization*] indipendente.

unattainable /ˌʌnəˈteɪnəbl/ agg. inaccessibile, irraggiungibile.

unattended /ˌʌnəˈtendɪd/ agg. [*vehicle, baggage*] incustodito; [*dog, child*] solo.

unattractive /ˌʌnəˈtræktɪv/ agg. **1** *(ugly)* [*furniture*] non bello; [*person, characteristic*] poco attraente, non attraente **2** *(not appealing)* [*idea*] non allettante; [*proposition*] non interessante (**to** per).

unauthorized /ʌnˈɔːθəˌraɪzd/ agg. non autorizzato, abusivo.

unavailable /ˌʌnəˈveɪləbl/ agg. ***to be ~*** [*person*] non essere disponibile; ***he is ~ for comment*** non intende rilasciare dichiarazioni; ***information is ~*** non è possibile ottenere informazioni.

unavailing /ˌʌnəˈveɪlɪŋ/ agg. FORM. [*efforts*] vano, inutile.

unavoidable /ˌʌnəˈvɔɪdəbl/ agg. inevitabile.

unavoidably /ˌʌnəˈvɔɪdəblɪ/ avv. ***I shall be ~ detained*** è inevitabile che io venga trattenuto; ***he was ~ absent*** non poteva assolutamente essere presente.

unaware /ˌʌnəˈweə(r)/ agg. **1** *(not informed)* ***to be ~ of sth.*** non essere al corrente *o* essere ignaro di qcs.; ***to be ~ that*** non sapere che **2** *(not conscious)* ***to be ~ of sth.*** non essere consapevole di qcs.; ***she was ~ of his presence*** non si era resa conto della sua presenza; ***to be politically ~*** non avere coscienza politica.

unawares /ˌʌnəˈweəz/ avv. ***to catch*** o ***take sb.*** ~ cogliere qcn. alla sprovvista *o* di sorpresa.

unbalance /ʌnˈbæləns/ tr. squilibrare.

unbalanced /ʌnˈbælənst/ **I** p.pass. → **unbalance II** agg. **1** [*person, mind*] squilibrato, instabile **2** *(biased)* [*reporting*] parziale, non obiettivo **3** *(uneven)* [*diet, load*] squilibrato; [*economy*] non equilibrato.

unbearable /ʌnˈbeərəbl/ agg. insopportabile.

unbearably /ʌnˈbeərəblɪ/ avv. **1** [*hurt, tingle*] in modo insopportabile **2** *(emphatic)* [*hot, cynical, tedious*] insopportabilmente.

unbeatable /ʌnˈbiːtəbl/ agg. **1** *(excellent)* [*quality, price*] imbattibile; ***the food is ~*** il cibo è il migliore **2** [*opponent, record*] imbattibile.

unbeaten /ʌnˈbiːtn/ agg. [*player, team*] imbattuto; [*score, record*] che non è stato battuto.

unbecoming /ˌʌnbɪˈkʌmɪŋ/ agg. FORM. [*colour*] che non dona; [*garment*] indecente, non adatto; [*behaviour*] indecoroso, sconveniente.

unbeknown /ˌʌnbɪˈnəʊn/ avv. ~ ***to sb.*** all'insaputa di qcn.

unbelievable /ˌʌnbɪˈliːvəbl/ agg. incredibile.

unbeliever /ˌʌnbɪˈliːvə(r)/ n. ateo m. (-a), miscredente m. e f.

unbend /ʌnˈbend/ **I** tr. (pass., p.pass. **-bent**) *(straighten)* raddrizzare, distendere **II** intr. (pass., p.pass. **-bent**) raddrizzarsi, distendersi.

unbending /ʌnˈbendɪŋ/ agg. [*person, attitude*] inflessibile.

unbent /ʌnˈbent/ pass., p.pass. → **unbend**.

unbias(s)ed /ʌnˈbaɪəst/ agg. [*advice, newspaper, person*] imparziale, obiettivo.

unbidden /ʌnˈbɪdn/ avv. LETT. ***to do sth.*** ~ fare qcs. senza essere pregato *o* spontaneamente.

unbind /ʌnˈbaɪnd/ tr. (pass., p.pass. **-bound**) slegare [*string, rope, prisoner*].

unbleached /ʌnˈbliːtʃt/ agg. [*cloth*] écru; [*flour*] non trattato.

unblemished /ʌnˈblemɪʃt/ agg. [*reputation*] senza macchia; [*record*] pulito.

unblinking /ʌnˈblɪŋkɪŋ/ agg. impassibile; ***to stare ~ at sb.*** fissare qcn. senza batter ciglio.

unblock /ʌnˈblɒk/ tr. sturare, disintasare [*pipe, sink*].

unbolt /ʌnˈbəʊlt/ tr. togliere il chiavistello a [*door*].

unbolted /ʌnˈbəʊltɪd/ **I** pass., p.pass. → **unbolt II** agg. ***to be ~*** non essere chiuso col chiavistello *o* sprangato.

unborn /ʌn'bɔ:n/ agg. **1** ***~ child*** bambino non ancora nato; ***her ~ child*** il bambino che porta in grembo **2** FIG. ***generations yet ~*** le generazioni future *o* a venire.

unbound /ʌn'baʊnd/ **I** pass., p.pass. → **unbind II** agg. [*book*] non rilegato.

unbounded /ʌn'baʊndɪd/ agg. [*joy*] immenso, infinito; [*love*] immenso, smisurato.

unbowed /ʌn'baʊd/ agg. LETT. ***the nation remains ~*** la nazione non è stata piegata *o* sottomessa.

unbreakable /ʌn'breɪkəbl/ agg. infrangibile.

unbreathable /ʌn'bri:ðəbl/ agg. irrespirabile.

unbridled /ʌn'braɪdld/ agg. attrib. [*imagination*] sfrenato, sbrigliato; [*optimism*] incontenibile.

unbroken /ʌn'brəʊkən/ agg. **1** *(uninterrupted)* [*sequence, view*] ininterrotto; [*silence*] non interrotto; [*curve*] perfetto; ***in an ~ line*** in una linea continua **2** *(intact)* [*pottery*] intatto, intero **3** *(unsurpassed)* ***it's an ~ record*** quel record non è ancora stato battuto.

unbuckle /ʌn'bʌkl/ tr. slacciare (la fibbia di) [*belt, shoe*].

unburden /ʌn'bɜ:dn/ rifl. FORM. ***to ~ oneself to sb.*** sfogarsi, confidarsi con qcn.

unbusinesslike /ʌn'bɪznɪslaɪk/ agg. [*method, conduct*] non professionale, poco professionale.

unbutton /ʌn'bʌtn/ tr. sbottonare.

uncalled-for /ʌn'kɔ:ldfɔ:(r)/ agg. [*remark, behaviour*] non appropriato, fuori luogo.

uncannily /ʌn'kænɪlɪ/ avv. *(very much)* incredibilmente; *(surprisingly)* stranamente.

uncanny /ʌn'kænɪ/ agg. **1** *(strange)* [*resemblance*] strano, inquietante; [*accuracy*] strano, sorprendente **2** *(frightening)* inquietante.

uncared-for /ʌn'keədfɔ:(r)/ agg. [*house*] trascurato, malmesso; [*pet*] trascurato; ***an ~ child*** un bambino di cui non si occupa nessuno *o* abbandonato a se stesso.

uncaring /ʌn'keərɪŋ/ agg. [*world*] indifferente.

unceasing /ʌn'si:sɪŋ/ agg. incessante.

unceasingly /ʌn'si:sɪŋlɪ/ avv. incessantemente.

uncensored /ʌn'sensəd/ agg. [*film, book*] non censurato; FIG. [*version*] integrale.

unceremonious /ˌʌnserɪ'məʊnɪəs/ agg. [*meeting*] senza cerimonie; [*person*] non cerimonioso; [*departure, end*] precipitoso.

unceremoniously /ˌʌnserɪ'məʊnɪəslɪ/ avv. [*dismiss*] senza cerimonie.

uncertain /ʌn'sɜ:tn/ agg. **1** *(unsure)* [*person*] incerto, insicuro; ***to be ~ about*** non essere certo *o* sicuro di; ***to be ~ whether to stay*** non sapere se restare **2** *(not predictable, not known)* [*future, outcome*] incerto; ***it is ~ whether there will be a chairman*** non si sa se ci sarà un presidente **3** *(changeable)* [*temper, weather*] instabile, variabile **4 in no uncertain terms** [*state*] senza mezzi termini.

uncertainty /ʌn'sɜ:tntɪ/ n. incertezza f., insicurezza f. (**about** su).

uncertified /ʌn'sɜ:tɪfaɪd/ agg. AMM. [*document*] non certificato.

unchain /ʌn'tʃeɪn/ tr. sciogliere dalle catene, liberare.

unchallenged /ʌn'tʃælɪndʒd/ agg. incontestato; ***to go ~*** [*statement, decision*] non essere contestato.

unchangeable /ʌn'tʃeɪndʒəbl/ agg. [*existence, system, routine*] immutabile.

unchanged /ʌn'tʃeɪndʒd/ agg. invariato, immutato.

unchanging /ʌn'tʃeɪndʒɪŋ/ agg. [*beliefs, customs*] immutabile, inalterabile.

uncharacteristic /ˌʌnkærəktə'rɪstɪk/ agg. [*generosity*] insolito, non caratteristico; ***it was ~ of him to leave like that*** è strano da parte sua andarsene così.

uncharitable /ʌn'tʃærɪtəbl/ agg. non caritatevole, crudele (**to do** fare).

uncharted /ʌn'tʃɑ:tɪd/ agg. **1** *(not explored)* [*territory*] inesplorato **2** *(not mapped)* [*island*] non indicato sulle carte.

unchecked /ʌn'tʃekt/ **I** agg. **1** *(uncontrolled)* [*development, proliferation*] incontrollato **2** *(unverified)* non accertato, incontrollato **II** avv. [*develop, grow, spread*] in modo incontrollato, incontrollatamente.

uncivil /ʌn'sɪvɪl/ agg. incivile (**to** verso, nei confronti di).

uncivilized /ʌn'sɪvɪlaɪzd/ agg. **1** *(inhumane)* [*treatment, conditions*] disumano **2** *(uncouth, rude)* rozzo, incivile **3** *(barbarous)* [*people, nation*] non civilizzato.

unclaimed /ʌn'kleɪmd/ agg. [*lost property, reward*] non reclamato.

unclassified /ʌn'klæsɪfaɪd/ agg. [*document, information*] non riservato; [*road*] secondario.

uncle /'ʌŋkl/ n. zio m. ♦ ***Bob's your ~!*** BE detto fatto! ecco fatto! ***to cry ~*** AE arrendersi, darsi per vinto.

unclean /ʌn'kli:n/ agg. **1** [*water, beaches*] sporco **2** RELIG. impuro, immondo.

unclear /ʌn'klɪə(r)/ agg. **1** *(not evident)* [*motive, reason, circumstances*] poco chiaro; [*future*] incerto; ***it is ~ whether...*** non si capisce *o* non è chiaro se...; ***it is ~ how successful it will be*** non si sa bene quanto successo avrà **2** *(not comprehensible)* [*instructions, voice, answer*] poco chiaro, incomprensibile; [*handwriting*] illeggibile **3** *(uncertain)* ***to be ~ about sth.*** non essere sicuro di qcs.

uncleared /ʌn'klɪəd/ agg. [*cheque*] non liquidato; [*goods*] non sdoganato.

unclench /ʌn'klentʃ/ tr. aprire [*fist, jaw*].

unclog /ʌn'klɒg/ tr. (forma in -ing ecc. **-gg-**) disintasare [*pipe*].

uncoil /ʌn'kɔɪl/ **I** tr. srotolare, svolgere **II** intr. [*spring*] distendersi; [*rope, snake*] srotolarsi.

uncollected /ˌʌnkə'lektɪd/ agg. [*mail, luggage*] non ritirato; [*taxes*] non riscosso, inesatto; [*refuse*] non raccolto.

uncombed /ʌn'kəʊmd/ agg. [*hair*] spettinato.

uncomfortable /ʌn'kʌmftəbl, AE -fərt-/ agg. **1** *(physically)* [*shoes, garment, seat*] scomodo; [*journey*] disagevole, scomodo; [*heat*] insopportabile; ***you look ~ in that chair*** sembri scomodo su quella sedia; ***the bed feels ~*** il letto è scomodo **2** *(emotionally)* [*feeling, silence, situation*] imbarazzante; ***to be, feel ~*** essere, sentirsi a disagio; ***to make sb. (feel) ~*** mettere qcn. a disagio; ***to be ~ about*** essere preoccupato *o* a disagio per [*decision, fact*]; ***I feel ~ talking about it*** mi imbarazza parlarne; ***to make life*** o ***things ~ for sb.*** rendere la vita difficile a qcn. **3** *(unpalatable)* [*position, reminder*] spiacevole.

uncomfortably /ʌn'kʌmftəblɪ, AE -fərt-/ avv. **1** *(unpleasantly)* [*loud, bright*] spiacevolmente; ***it's ~ hot*** fa un caldo insopportabile; ***~ seated*** seduto scomodamente **2** *(awkwardly)* [*say, laugh*] con imbarazzo; ***to be ~ aware of sth.*** rendersi conto con imbarazzo di qcs.

uncommitted /ˌʌnkə'mɪtɪd/ agg. **1** [*delegate, voter*] neutrale **2** [*funds*] non impegnato, svincolato.

uncommon /ʌn'kɒmən/ agg. **1** *(rare, unusual)* [*word, plant*] raro, non comune; ***it is not ~ to do*** non è insolito fare **2** *(exceptional)* [*gift*] insolito, fuori del comune.

uncommonly /ʌn'kɒmənlɪ/ avv. **1** *(very)* [*advanced, gifted*] eccezionalmente, incredibilmente **2** *(rarely)* ***not ~*** abbastanza spesso.

uncommunicative /ˌʌnkə'mju:nɪkətɪv/ agg. poco comunicativo, riservato; ***to be ~ about sth.*** essere riservato riguardo a qcs.

uncomplaining /ˌʌnkəm'pleɪnɪŋ/ agg. [*patience, acceptance*] rassegnato; [*person*] che non si lamenta.

uncomplainingly /ˌʌnkəm'pleɪnɪŋlɪ/ avv. senza lamentarsi.

uncomplicated /ʌn'kɒmplɪkeɪtɪd/ agg. [*meal*] semplice; [*plot*] lineare, poco complicato.

uncomplimentary /ˌʌnkɒmplɪ'mentrɪ/ agg. poco complimentoso, critico.

uncompromising /ʌn'kɒmprəˌmaɪzɪŋ/ agg. [*person, attitude*] intransigente; [*standards*] rigido; [*system*] inflessibile.

uncompromisingly /ʌn'kɒmprəˌmaɪzɪŋlɪ/ avv. [*reply, state*] categoricamente; [*harsh*] implacabilmente.

unconcealed /ˌʌnkən'si:ld/ agg. [*emotion*] non nascosto, evidente.

unconcerned /ˌʌnkən'sɜ:nd/ agg. **1** *(uninterested)* non interessato, disinteressato (**with** a) **2** *(not caring)* noncurante **3** *(untroubled)* noncurante, indifferente.

unconditional /ˌʌnkən'dɪʃənl/ agg. [*obedience*] cieco; [*offer*] incondizionato, senza condizioni; [*surrender*] incondizionato.

unconditionally /ˌʌnkən'dɪʃənəlɪ/ avv. [*support, surrender*] incondizionatamente; [*promise, lend*] senza condizioni.

unconfirmed /ˌʌnkən'fɜ:md/ agg. non confermato.

uncongenial /ˌʌnkən'dʒiːnɪəl/ agg. [*atmosphere*] sgradevole; [*job*] ingrato; [*person*] antipatico, spiacevole.
unconnected /ˌʌnkə'nektɪd/ agg. **1** [*incidents, facts*] scollegato; ***to be ~ with*** [*event, fact*] non avere alcun collegamento con; [*person*] non avere alcun legame *o* rapporto con **2** EL. TEL. non allacciato, scollegato.
unconscionable /ʌn'kɒnʃənəbl/ agg. FORM. irragionevole, eccessivo.
unconscious /ʌn'kɒnʃəs/ **I** agg. **1** *(insensible)* privo di sensi, svenuto; ***to knock sb.*** ~ fare perdere i sensi a *o* stendere qcn.; ***to fall*** ~ perdere conoscenza **2** *(unaware)* ***to be ~ of sth., of doing*** non essere consapevole *o* cosciente di qcs., di fare **3** *(unintentional)* [*bias, hostility*] inconsapevole; [*impulse*] involontario **II** n. ***the*** ~ l'inconscio.
unconsciously /ʌn'kɒnʃəslɪ/ avv. inconsciamente, inconsapevolmente.
unconsciousness /ʌn'kɒnʃəsnɪs/ n. **1** *(comatose state)* (stato di) incoscienza f. **2** *(unawareness)* incoscienza f.
unconstitutional /ˌʌnkɒnstɪ'tjuːʃənl, AE -'tuː-/ agg. [*action, proposal, law*] incostituzionale.
uncontested /ˌʌnkən'testɪd/ agg. incontestato; POL. [*seat*] non conteso.
uncontrollable /ˌʌnkən'trəʊləbl/ agg. incontrollabile; [*tears*] incontenibile.
uncontrollably /ˌʌnkən'trəʊləblɪ/ avv. [*laugh, sob*] incontrollabilmente; [*increase, decline*] in modo incontrollabile; ***his hand shook*** ~ la sua mano tremava incontrollabilmente.
uncontrolled /ˌʌnkən'trəʊld/ agg. [*costs*] non controllato, non contenuto; [*anger, fear*] incontrollato.
uncontroversial /ˌʌnkɒntrə'vɜːʃl/ agg. incontroverso, indiscutibile.
unconventional /ˌʌnkən'venʃənl/ agg. anticonvenzionale, anticonformistico.
unconvinced /ˌʌnkən'vɪnst/ agg. non convinto, non persuaso, scettico; ***to be ~ of sth.*** non essere convinto di qcs.; ***to be ~ that*** non essere convinto che.
unconvincing /ˌʌnkən'vɪnsɪŋ/ agg. poco convincente, poco persuasivo.
uncooked /ʌn'kʊkt/ agg. non cotto, crudo.
uncooperative /ˌʌnkəʊ'ɒpərətɪv/ agg. che non coopera, che non collabora.
uncoordinated /ˌʌnkəʊ'ɔːdɪneɪtɪd/ agg. [*effort, performance, service*] scoordinato, disorganizzato; [*person*] *(clumsy)* scoordinato.
uncork /ʌn'kɔːk/ tr. stappare [*bottle, wine*].
uncorroborated /ˌʌnkə'rɒbəreɪtɪd/ agg. non corroborato; ~ ***evidence*** DIR. testimonianza non sorretta da evidenza probatoria.
uncountable /ʌn'kaʊntəbl/ agg. LING. non numerabile.
uncouple /ʌn'kʌpl/ tr. sganciare [*wagon, locomotive*].
uncouth /ʌn'kuːθ/ agg. [*person*] grossolano, rozzo; [*accent*] poco raffinato.
uncover /ʌn'kʌvə(r)/ tr. **1** *(expose)* scoprire, svelare [*fraud, scandal*] **2** *(discover)* scoprire, trovare [*evidence, treasure*] **3** *(remove covering from)* scoprire [*body*].
uncritical /ʌn'krɪtɪkl/ agg. poco critico, acritico; ***to be ~ of sb., sth.*** non essere critico nei confronti di qcn., qcs.
uncritically /ʌn'krɪtɪklɪ/ avv. [*accept, endorse*] acriticamente, senza criticare, senza aprire bocca; [*regard*] senza criticare.
uncross /ʌn'krɒs, AE -'krɔːs/ tr. distendere [qcs.] da una posizione incrociata [*legs, arms*].
UNCTAD /'ʌŋktæd/ n. (⇒ United Nations Conference on Trade and Development conferenza delle Nazioni Unite per il commercio e lo sviluppo) UNCTAD f.
unction /'ʌŋkʃn/ n. **1** *(unctuousness)* untuosità f., modi m.pl. untuosi, viscidi **2** RELIG. ***extreme*** ~ estrema unzione.
unctuous /'ʌŋktjʊəs/ agg. untuoso, viscido (anche FIG.).
unctuousness /'ʌŋktjʊəsnɪs/ n. untuosità f., modi m.pl. untuosi, viscidi.
uncultivated /ʌn'kʌltɪveɪtɪd/ agg. incolto (anche FIG.).
uncultured /ʌn'kʌltʃəd/ agg. [*person, society*] ignorante, senza cultura.
uncut /ʌn'kʌt/ agg. **1** [*branch, crops*] non tagliato **2** [*version*] integrale; [*film*] in versione integrale **3** [*book*] in edizione integrale; [*page*] non tagliato **4** [*gem*] non tagliato.
undamaged /ʌn'dæmɪdʒd/ agg. [*crops*] non danneggiato; [*building, reputation*] intatto; ***psychologically*** ~ senza traumi psicologici.
undated /ʌn'deɪtɪd/ agg. [*letter, painting*] non datato.
undaunted /ʌn'dɔːntɪd/ agg. non scoraggiato, imperterrito; ~ ***by criticism, Bob...*** per nulla scoraggiato dalle critiche, Bob...
undecided /ˌʌndɪ'saɪdɪd/ agg. [*person*] indeciso; [*outcome*] incerto; ***to be ~ whether...*** non sapere se...; ***the jury is*** ~ la giuria non ha ancora deciso.
undeclared /ˌʌndɪ'kleəd/ agg. **1** *(illegal)* [*income, imports*] non dichiarato **2** *(unspoken)* [*ambition, love*] inespresso, nascosto, non dichiarato.
undefeated /ˌʌndɪ'fiːtɪd/ agg. imbattuto.
undefended /ˌʌndɪ'fendɪd/ agg. **1** [*frontier, citizens*] indifeso; [*chess piece*] scoperto **2** DIR. [*case*] senza difesa legale.
undefined /ˌʌndɪ'faɪnd/ agg. **1** [*objective*] indefinito; [*nature*] indeterminato; [*space*] vago **2** INFORM. [*error, macro*] non definito.
undelivered /ˌʌndɪ'lɪvəd/ agg. [*mail*] non recapitato, non consegnato.
undemanding /ˌʌndɪ'mɑːndɪŋ, AE -'mænd-/ agg. [*task*] facile, poco faticoso; [*person*] poco esigente, accomodante.
undemocratic /ˌʌndemə'krætɪk/ agg. antidemocratico.
undemonstrative /ˌʌndɪ'mɒnstrətɪv/ agg. riservato, poco espansivo.
undeniable /ˌʌndɪ'naɪəbl/ agg. *(irrefutable)* incontestabile; *(clear)* innegabile.
undeniably /ˌʌndɪ'naɪəblɪ/ avv. [*deserve, need*] innegabilmente; [*superb, powerful, beautiful*] innegabilmente, indiscutibilmente.
under /'ʌndə(r)/ When *under* is used as a straightforward preposition in English, it can almost always be translated by *sotto (a)* in Italian: *under the table* = sotto al / sotto il tavolo; *under a sheet* = sotto / sotto a un lenzuolo. - *Note that sotto* is the Italian translation of *under, beneath* and *below*. - *Under* is often used before a noun in English to mean *subject to* or *affected by* (*under control, under fire, under oath, under review* etc.): for translations, consult the appropriate noun entry (**control**, **fire**, **oath**, **review** etc.). - *Under* is also often used as a prefix in combinations such as *undercooked, underfunded, undergrowth, underpass, underprivileged* and *underskirt*. These combinations are treated as headwords in the dictionary. - For particular usages, see the entry below. **I** prep. **1** *(physically beneath or below)* sotto; ~ ***the bed*** sotto il letto; ***it's ~ there*** è là sotto; ***to come out from ~ sth.*** uscire da sotto a qcs. **2** *(less than)* ~ ***£ 10*** meno di 10 sterline; ***children ~ five*** bambini sotto i cinque anni; ***a number ~ ten*** un numero inferiore a dieci; ***temperatures ~ 10°C*** temperature inferiori a *o* al di sotto dei 10°C **3** *(according to)* ~ ***the law*** ai sensi della legge, secondo la legge; ***fined ~ a rule*** multato secondo le disposizioni di regolamento **4** *(subordinate to)* sotto; ***I have 50 people ~ me*** ho 50 persone sotto di me **5** *(in classification)* ***do I look for Le Corbusier ~ "le" or "Corbusier"?*** devo cercare Le Corbusier sotto "le" o sotto "Corbusier"? **II** avv. **1** *(physically beneath or below something)* [*crawl, sit, hide*] sotto; ***to go*** ~ [*diver, swimmer*] restare sott'acqua **2** *(less)* meno; ***£ 10 and*** ~ da 10 sterline in giù; ***children of six and*** ~ i bambini dai sei anni in giù; ***to run five minutes*** ~ [*event, programme*] durare cinque minuti meno del previsto **3** *(anaesthetized)* ***to put sb.*** ~ sottoporre qcn. ad anestesia, addormentare qcn. (con l'anestesia) **4** *(subjugated)* ***to keep sb.*** ~ tenere sotto qcn. **5** *(below, later in text)* ***see*** ~ vedi sotto.
underachieve /ˌʌndərə'tʃiːv/ intr. SCOL. = non ottenere i risultati di cui si sarebbe capaci.
underage /ˌʌndər'eɪdʒ/ agg. ~ ***driver*** persona che guida senza avere l'età consentita; ***to be*** ~ essere minorenne.
1.underarm /'ʌndərɑːm/ agg. [*deodorant*] per le ascelle; [*hair*] delle ascelle.
2.underarm /'ʌndərɑːm/ **I** agg. [*service, throw*] dal basso **II** avv. SPORT [*serve, throw*] dal basso.
underbelly /'ʌndəbelɪ/ n. **1** bassoventre m. **2** FIG. *(vulnerable part)* ventre m. molle.
underbrush /'ʌndəbrʌʃ/ n. AE → **undergrowth**.
undercarriage /'ʌndəkærɪdʒ/ n. AER. carrello m.

undercharge /ˌʌndəˈtʃɑːdʒ/ **I** tr. fare pagare meno del dovuto a [*person*]; addebitare meno su [*account*]; ***he ~d me for the wine*** mi ha fatto pagare troppo poco per il vino **II** intr. ***he ~d for the wine*** ha fatto pagare troppo poco per il vino.

underclassman /ˈʌndəklɑːsmən, AE -klæs-/ n. (pl. **-men**) AE SCOL. UNIV. = studente del primo o secondo anno di università o di scuola secondaria superiore.

underclothes /ˈʌndəkləʊðz, AE -kləʊz/ n.pl. biancheria f.sing. intima.

undercoat /ˈʌndəkəʊt/ n. **1** *(of paint, varnish)* prima mano f. **2** AE AUT. vernice f. antiruggine per carrozzeria.

undercooked /ˌʌndəˈkʊkt/ agg. (troppo) poco cotto.

undercover /ˌʌndəˈkʌvə(r)/ agg. [*activity, organization*] clandestino; ***~ agent*** agente segreto.

undercurrent /ˈʌndəkʌrənt/ n. **1** *(in water)* sottocorrente f.; *(in sea)* corrente f. sottomarina **2** FIG. *(in relationship, situation, conversation)* sottofondo m.

1.undercut /ˈʌndəkʌt/ n. **1** BE GASTR. filetto m. **2** SPORT backspin m.

2.undercut /ˌʌndəˈkʌt/ tr. (forma in -ing **-tt-**; pass., p.pass. **-cut**) **1** COMM. *(set prices lower than)* offrire, vendere a un prezzo inferiore rispetto a; battere [*prices*] **2** *(cut away)* scavare sotto [*cliff, bank*] **3** FIG. *(undermine)* minare [*efforts*]; indebolire [*position*]; sminuire [*person*] **4** ECON. ridurre [*inflation*] **5** SPORT dare l'effetto a [*ball*].

underdeveloped /ˌʌndədɪˈveləpt/ agg. [*country*] sottosviluppato; [*person, muscles*] poco sviluppato; FOT. sottosviluppato.

underdog /ˈʌndədɒg, AE -dɔːg/ n. **1** *(in society)* oppresso m. (-a); ***to side with the ~*** prendere le parti dei più deboli **2** *(in game, contest)* perdente m. e f.

underdone /ˌʌndəˈdʌn/ agg. [*food*] poco cotto; [*steak*] BE al sangue.

underemployed /ˌʌndərɪmˈplɔɪd/ agg. [*person*] sottoccupato; [*resources, equipment etc.*] sottoutilizzato.

underemployment /ˌʌndərɪmˈplɔɪmənt/ n. *(of person)* sottoccupazione f.

underequipped /ˌʌndərɪˈkwɪpt/ agg. insufficientemente attrezzato.

underestimate /ˌʌndərˈestɪmeɪt/ tr. sottostimare, sottovalutare.

underexpose /ˌʌndərɪkˈspəʊz/ tr. FOT. sottoesporre.

underfed /ˌʌndəˈfed/ **I** pass., p.pass. → **underfeed II** agg. sottoalimentato.

underfeed /ˌʌndəˈfiːd/ tr. (pass., p.pass. **-fed**) sottoalimentare.

underfeeding /ˌʌndəˈfiːdɪŋ/ n. sottoalimentazione f.

underfloor /ˈʌndəflɔː(r)/ agg. [*pipes, wiring*] *(wooden floor)* posto sotto il parquet; *(concrete floor)* posto sotto il pavimento; ***~ heating*** riscaldamento sotto il pavimento.

underfoot /ˌʌndəˈfʊt/ avv. sotto i piedi; ***to trample sb., sth. ~*** calpestare qcn., qcs.; FIG. mettere qcn., qcs. sotto i piedi.

underfunded /ˌʌndəˈfʌndɪd/ agg. finanziato in modo non adeguato.

underfunding /ˌʌndəˈfʌndɪŋ/ n. insufficienza f. di fondi.

undergarment /ˈʌndəgɑːmənt/ n. indumento m. intimo.

undergo /ˌʌndəˈgəʊ/ tr. (3ª persona sing. pres. **-goes**; pass. **-went**; p.pass. **-gone**) subire [*change, test, treatment, training*]; sottoporsi a [*operation*]; patire [*hardship*]; ***to ~ surgery*** sottoporsi a un intervento chirurgico; ***to be ~ing renovations*** essere in restauro.

undergraduate /ˌʌndəˈgrædʒʊət/ n. studente m. (-essa) universitario (-a).

underground I /ˈʌndəgraʊnd/ agg. **1** *(below ground)* [*tunnel, shelter*] sotterraneo **2** *(secret)* [*newspaper, activity*] clandestino **3** ART. MUS. TEATR. [*art, film, movement*] underground **II** /ˌʌndəˈgraʊnd/ avv. **1** *(below ground)* [*lie, live*] sottoterra **2** *(secretly)* ***to go ~*** darsi alla clandestinità **III** /ˈʌndəgraʊnd/ n. **1** BE *(means of transport)* metropolitana f., metro f.; ***on the ~*** sulla metro **2** *(secret movement)* movimento m. clandestino **3** ART. MUS. TEATR. underground m. **IV** /ˈʌndəgraʊnd/ modif. BE *(in transport)* [*network, station, train, map*] della metropolitana, della metro.

undergrowth /ˈʌndəgrəʊθ/ n. sottobosco m.

underhand /ˌʌndəˈhænd/ **I** agg. **1** SPREG. [*person, method*] subdolo; ***an ~ trick*** un colpo gobbo; ***~ dealings*** macchinazioni **2** *(in tennis)* ***to have an ~ serve*** servire dal basso **II** avv. SPORT [*throw, serve*] dal basso (verso l'alto).

underhanded /ˌʌndəˈhændɪd/ agg. AE SPREG. [*person, method*] subdolo.

underlain /ˌʌndəˈleɪn/ p.pass. → **underlie**.

1.underlay /ˈʌndəleɪ/ n. sottostrato m.

2.underlay /ˌʌndəˈleɪ/ tr. (pass., p.pass. **-laid**) ***to be underlaid by*** avere un sottostrato di [*gravel, rock*].

underlie /ˌʌndəˈlaɪ/ tr. (forma in -ing **-lying**; pass. **-lay**; p.pass. **-lain**) **1** [*rock*] essere (posto) sotto [*topsoil*] **2** FIG. [*theory*] essere alla base di [*principle, work*].

underline /ˌʌndəˈlaɪn/ tr. sottolineare (anche FIG.).

underling /ˈʌndəlɪŋ/ n. subalterno m. (-a); SPREG. tirapiedi m. e f.

underlying /ˌʌndəˈlaɪɪŋ/ agg. [*claim*] prioritario; [*problem*] basilare; [*tension*] di fondo.

undermanned /ˌʌndəˈmænd/ agg. [*factory*] con carenza di personale, a corto di personale.

undermentioned /ˌʌndəˈmenʃnd/ agg. [*list*] riportato sotto, di seguito; [*item, person*] sottonominato, sottoindicato; [*name*] citato sotto.

undermine /ˌʌndəˈmaɪn/ tr. **1** ING. scalzare [*cliff, foundations, road*] **2** FIG. *(shake, subvert)* minare [*authority, efforts*]; indebolire [*confidence, position, value*].

underneath /ˌʌndəˈniːθ/ **I** n. parte f. inferiore, sotto m. **II** agg. di sotto, sotto **III** avv. sotto (anche FIG.) **IV** prep. sotto, al di sotto di (anche FIG.); ***he took out some papers from ~ a pile of books*** tirò fuori alcuni fogli da sotto una pila di libri.

undernourished /ˌʌndəˈnʌrɪʃt/ agg. sottoalimentato, denutrito.

underpaid /ˌʌndəˈpeɪd/ **I** pass., p.pass. → **underpay II** agg. [*worker*] sottopagato.

underpants /ˈʌndəpænts/ n.pl. slip m., mutande f. (da uomo).

underpass /ˈʌndəpɑːs, AE -pæs/ n. sottopassaggio m.

underpay /ˌʌndəˈpeɪ/ tr. (pass., p.pass. **-paid**) **1** *(pay badly)* sottopagare [*employee*] **2** *(pay too little)* ***I was underpaid this month*** mi hanno dato di meno questo mese.

underpin /ˌʌndəˈpɪn/ tr. (forma in -ing ecc. **-nn-**) **1** ING. puntellare [*wall, building*] **2** FIG. *(strengthen)* [*honesty, morality*] essere il fondamento di [*religion, society*]; rafforzare [*currency, power*]; puntellare [*theory*].

underplay /ˌʌndəˈpleɪ/ tr. **1** minimizzare, sminuire [*aspect, impact*] **2** TEATR. recitare [qcs.] sottotono [*role*].

underpopulated /ˌʌndəˈpɒpjʊleɪtɪd/ agg. sottopopolato.

underprivileged /ˌʌndəˈprɪvəlɪdʒd/ **I** n. ***the ~*** + verbo pl. i diseredati, gli emarginati **II** agg. [*area, background, person*] sfavorito.

underproduction /ˌʌndəprəˈdʌkʃn/ n. sottoproduzione f.

underrate /ˌʌndəˈreɪt/ tr. sottovalutare, sottostimare.

underripe /ˌʌndəˈraɪp/ agg. [*fruit*] acerbo; [*cheese*] fresco, poco stagionato.

underscore /ˌʌndəˈskɔː(r)/ tr. sottolineare (anche FIG.).

undersea /ˈʌndəsiː/ agg. sottomarino.

underseal /ˈʌndəsiːl/ n. AUT. antiruggine m.

under-secretary /ˌʌndəˈsekrətrɪ, AE -terɪ/ n. (anche **~ of state**) GB POL. sottosegretario m. (di stato) (**at** a).

undersell /ˌʌndəˈsel/ **I** tr. (pass., p.pass. **-sold**) **1** *(undercut)* vendere a meno di [*competitor*] **2** *(sell discreetly)* fare poca pubblicità a [*product*] **II** intr. (pass., p.pass. **-sold**) vendere sottoprezzo, svendere **III** rifl. (pass., p.pass. **-sold**) ***to ~ oneself*** svendersi.

undersexed /ˌʌndəˈsekst/ agg. ***to be ~*** [*person*] avere un debole appetito sessuale.

undershirt /ˈʌndəʃɜːt/ n. AE canottiera f.

undershoot /ˌʌndəˈʃuːt/ **I** tr. (pass., p.pass. **-shot**) AER. [*aircraft, pilot*] atterrare prima di [*runway*] **II** intr. (pass., p.pass. **-shot**) AER. [*aircraft, pilot*] atterrare corto.

underside /ˈʌndəsaɪd/ n. sotto m., lato m. inferiore.

undersigned /ˌʌndəˈsaɪnd, ˈʌndəsaɪnd/ n. sottoscritto m. (-a); ***we, the ~*** noi sottoscritti.

undersized /ˌʌndəˈsaɪzd, ˈʌndəsaɪzd/ agg. [*person*] piccolo, mingherlino; [*portion, ration*] piccolo, misero; [*animal, plant*] rachitico.

underskirt /ˈʌndəskɜːt/ n. sottogonna f.
undersold /ˌʌndəˈʃəʊld/ pass., p.pass. → **undersell**.
understaffed /ˌʌndəˈstɑːft, AE -ˈstæft/ agg. ***to be ~*** essere a corto di personale.
understand /ˌʌndəˈstænd/ **I** tr. (pass., p.pass. **-stood**) **1** *(intellectually)* capire, comprendere [*question, language, concept*]; ***is that understood?*** è chiaro? ***to ~ that, how*** capire che, come; ***I can't ~ why*** non riesco a capire perché; ***to make oneself understood*** farsi capire **2** *(emotionally)* capire, comprendere [*person, feelings*]; ***I don't ~ you*** non ti capisco; ***to ~ sb. doing*** capire che qcn. faccia **3** *(interpret)* capire, comprendere [*person, statement*]; ***as I ~ it*** se ho capito bene; ***I understood him to say*** o ***as saying that...*** ho capito che avesse detto che... **4** *(believe)* ***to ~ that*** credere *o* capire che; ***it was understood that*** era sottinteso che; ***he was given to ~ that*** gli hanno dato a intendere che; ***you won I ~*** mi sembra di aver capito che hai vinto **5** *(accept mutually)* ***to be understood*** essere inteso; ***I thought that was understood*** pensavo che fosse chiaro **6** LING. *(imply)* ***to be understood*** [*subject*] essere sottinteso **II** intr. (pass., p.pass. **-stood**) **1** *(comprehend)* capire (**about** di) **2** *(sympathize)* capire, comprendere; ***I quite ~*** capisco perfettamente.
understandable /ˌʌndəˈstændəbl/ agg. comprensibile.
understandably /ˌʌndəˈstændəblɪ/ avv. comprensibilmente.
understanding /ˌʌndəˈstændɪŋ/ **I** n. **1** *(grasp of subject, issue)* comprensione f.; ***to show an ~ of*** dimostrare di conoscere **2** *(perception, interpretation)* interpretazione f.; ***our ~ was that*** noi avevamo capito che **3** *(arrangement)* accordo m., intesa f. (**about** su; **between** tra); ***there is an ~ that*** è inteso che; ***on the ~ that*** a condizione che, fermo restando che; ***on that ~*** su quella base **4** *(sympathy)* comprensione f. **5** *(powers of reason)* comprensione f. **II** agg. [*tone*] benevolo; [*person*] comprensivo.
understandingly /ˌʌndəˈstændɪŋlɪ/ avv. [*smile, reply*] benevolmente.
understate /ˌʌndəˈsteɪt/ tr. minimizzare, sottovalutare [*cost, danger, severity*].
understatement /ˌʌndəˈsteɪtmənt/ n. **1** *(remark)* eufemismo m.; ***that's an ~!*** è il meno che si possa dire! **2** U *(style) (of person)* understatement m., riservatezza f. **3** *(subtlety) (of dress, decor)* sobrietà f.
understood /ˌʌndəˈstʊd/ pass., p.pass. → **understand**.
1.understudy /ˈʌndəstʌdɪ/ n. TEATR. attore m. (-trice) sostituto (-a) (**to** di).
2.understudy /ˈʌndəstʌdɪ/ tr. TEATR. sostituire [*actor*]; ***to ~ a role*** ripiegare una parte.
undertake /ˌʌndəˈteɪk/ tr. (pass. **-took**; p.pass. **-taken**) **1** *(carry out)* intraprendere [*search, study, trip, offensive*]; assumere [*function*]; incaricarsi di [*mission*] **2** *(guarantee)* ***to ~ to do*** impegnarsi a fare.
undertaker /ˈʌndəteɪkə(r)/ ♦ *27* n. **1** *(person)* impresario m. (-a) di pompe funebri **2** *(company)* impresa f. di pompe funebri; ***at the ~'s*** alle pompe funebri.
1.undertaking /ˌʌndəˈteɪkɪŋ/ n. **1** *(venture)* impresa f. **2** *(promise)* garanzia f.; ***to give sb. an ~ that*** promettere a qcn. di fare; ***to give a written ~ to do sth.*** prendere un impegno scritto a fare qcs. **3** *(company)* impresa f.
2.undertaking /ˈʌndəˌteɪkɪŋ/ n. *(funeral business)* pompe f.pl. funebri.
under-the-counter /ˌʌndəðəˈkaʊntə(r)/ agg. [*goods, supply, trade*] illegale; [*payment*] sottobanco.
undertone /ˈʌndətəʊn/ n. **1** *(low voice)* voce f. bassa; ***in an ~*** sottovoce, a voce bassa **2** *(undercurrent)* ***an ~ of jealousy*** un sottofondo di gelosia; ***comic ~s*** una vena comica **3** *(hint)* allusione f., sottinteso m.
undertook /ˌʌndəˈtʊk/ pass. → **undertake**.
undertow /ˈʌndətəʊ/ n. **1** *(of wave)* risacca f. **2** *(at sea)* controcorrente f. **3** *(influence)* corrente f. sotterranea.
undervalue /ˌʌndəˈvæljuː/ tr. **1** ECON. *(in insurance)* sottovalutare, sottostimare [*company, currency, painting*] **2** *(not appreciate)* sottovalutare [*person, quality, opinion, theory*].
undervoltage /ˈʌndəvəʊltɪdʒ/ n. EL. bassa tensione f.
underwater /ˌʌndəˈwɔːtə(r)/ **I** agg. [*cable, exploration, test, world*] subacqueo; [*birth*] in acqua **II** avv. sott'acqua.
underway /ˌʌndəˈweɪ/ agg. ***to be ~*** [*vehicle*] essere in moto; [*filming, talks*] essere in corso; ***to get ~*** [*vehicle*] mettersi in moto; [*preparation, show, season*] cominciare, prender l'avvio; ***to get sth. ~*** dare l'avvio a *o* mettere in moto qcs.
underwear /ˈʌndəweə(r)/ n. biancheria f. intima.
underweight /ˌʌndəˈweɪt/ agg. [*baby, person*] sottopesc ***this child is four kilos ~*** questo bambino è sottopeso di quattr chili *o* quattro chili in sottopeso.
underwent /ˌʌndəˈwent/ pass. → **undergo**.
underwired /ˌʌndəˈwaɪəd/ agg. [*bodice, bra*] con ferretto.
underworld /ˈʌndəwɜːld/ n. **1** *(criminal world)* mondo m del crimine, malavita f.; ***the criminal ~*** la malavita **2** MITOL. ***th ~*** gli inferi.
underwrite /ˌʌndəˈraɪt/ tr. (pass. **-wrote**; p.pass. **-written**) sottoscrivere [*share issue*]; *(in insurance)* stipulare [*policy*] assumersi [*risk*]; assicurare [*property*] **2** ECON. sottoscrivere finanziare [*project*]; accollarsi [*expense*] **3** *(approve)* sotto scrivere, condividere [*decision*]; sottoscrivere, sostenere [*pro posal, theory*].
underwriter /ˈʌndəraɪtə(r)/ n. **1** *(of share issue)* sottoscrit tore m. (-trice) **2** *(in insurance)* assicuratore m. (-trice).
underwritten /ˌʌndəˈrɪtn/ p.pass. → **underwrite**.
underwrote /ˌʌndəˈrəʊt/ pass. → **underwrite**.
undeserved /ˌʌndɪˈzɜːvd/ agg. immeritato.
undeservedly /ˌʌndɪˈzɜːvɪdlɪ/ avv. [*blame, punish*] immeri tatamente, ingiustamente; [*praise, reward, win*] immeritata mente, senza merito.
undeserving /ˌʌndɪˈzɜːvɪŋ/ agg. ***~ of praise*** immeritevole indegno di lode.
undesirable /ˌʌndɪˈzaɪərəbl/ **I** agg. [*person*] indesiderato [*aspect, habit, result*] sgradito, indesiderabile; [*influence*] nefasto; ***it is ~ to do*** non è auspicabile fare; ***~ alien*** DIR straniero indesiderabile **II** n. persona f. indesiderabile.
undetected /ˌʌndɪˈtektɪd/ **I** agg. [*intruder*] non visto; [*cance crime*] non scoperto; [*flaw, movement*] non scoperto, non indi viduato **II** avv. [*listen*] senza essere visto, inosservato; [*brea in*] senza essere visto; ***to go ~*** [*person*] passare *o* restar inosservato; [*cancer, crime*] non essere scoperto.
undetermined /ˌʌndɪˈtɜːmɪnd/ agg. **1** *(unknown)* indetermi nato, indefinito, sconosciuto **2** *(unresolved)* [*problem*] indeter minato, irrisolto; [*outcome*] indeterminato, incerto.
undeterred /ˌʌndɪˈtɜːd/ agg. ***to be ~ by sb., sth.*** non lasciars scoraggiare da qcn., qcs.
undeveloped /ˌʌndɪˈveləpt/ agg. [*person*] non sviluppato non cresciuto; [*fruit*] immaturo; [*limb, organ*] atrofico; [*lanc*] non edificato; [*idea, theory*] in germe; [*country*] sottosvilup pato.
undid /ʌnˈdɪd/ pass. → **undo**.
undies /ˈʌndɪz/ n.pl. COLLOQ. biancheria f.sing. intima (d donna).
undignified /ʌnˈdɪgnɪfaɪd/ agg. [*person*] indegno, senza di gnità; [*behaviour*] indegno, indecoroso; [*fate*] indegno; [*haste*] indecoroso; [*language*] indecente; [*position*] inqualificabile.
undiluted /ˌʌndaɪˈljuːtɪd, AE -ˈluː-/ agg. [*liquid, version*] no diluito; FIG. [*hostility*] puro; [*admiration, passion*] vero, puro [*Christianity, Marxism*] allo stato puro.
undiminished /ˌʌndɪˈmɪnɪʃt/ agg. [*enthusiasm, appea*] intatto, non diminuito.
undimmed /ʌnˈdɪmd/ agg. [*beauty*] intatto; [*memory*] chiarc [*eyesight*] perfetto.
undiplomatic /ˌʌndɪpləˈmætɪk/ agg. ***he is ~*** manca di diplo mazia *o* tatto; ***it was ~ of you to say that*** non hai avuto molt tatto a dire quelle cose.
undipped /ʌnˈdɪpt/ agg. AUT. ***with ~ headlights*** con g abbaglianti (accesi) *o* i fari alti.
undisciplined /ʌnˈdɪsɪplɪnd/ agg. indisciplinato.
undiscovered /ˌʌndɪsˈkʌvəd/ agg. [*secret*] non rivelato [*land*] inesplorato; [*species*] sconosciuto; [*crime, documen*] non scoperto; [*talent*] (ancora) sconosciuto.
undiscriminating /ˌʌndɪˈskrɪmɪneɪtɪŋ/ agg. [*observe reader*] senza discernimento, che non distingue.
undisguised /ˌʌndɪsˈgaɪzd/ agg. [*anger, curiosity*] no mascherato, evidente.
undisputed /ˌʌndɪˈspjuːtɪd/ agg. [*capital, champion, leade*] incontestato, indiscusso; [*fact, right*] incontestabile, indiscusso
undistinguished /ˌʌndɪˈstɪŋgwɪʃt/ agg. [*career, building*] mediocre; [*appearance, person*] comune, insignificante.

undisturbed /ˌʌndɪ'stɜ:bd/ agg. [*sleep, night*] indisturbato, tranquillo; ***to work ~ by the noise*** lavorare indisturbato dal rumore.
undivided /ˌʌndɪ'vaɪdɪd/ agg. [*loyalty*] assoluto; ***to give sb. one's ~ attention*** prestare a qcn. tutta la propria attenzione.
undo /ʌn'du:/ tr. (3ª persona sing. pres. **-does**; pass. **-did**; p.pass. **-done**) **1** *(unfasten)* sciogliere [*fastening*]; disfare [*sewing*]; aprire [*lock, zip, parcel*] **2** *(cancel out)* distruggere [*good, effort*]; riparare [*harm*] **3** *(be downfall of)* rovinare, mandare in rovina [*person*] **4** INFORM. annullare.
undoing /ʌn'du:ɪŋ/ n. LETT. rovina f., sfacelo m.
undone /ʌn'dʌn/ **I** p.pass. → **undo II** agg. **1** *(not fastened)* [*parcel*] aperto; [*button*] sbottonato; [*knot*] sciolto; ***to come ~*** [*buttons*] sbottonarsi; [*laces*] slegarsi **2** *(not done)* ***to leave sth. ~*** lasciare qcs. da fare.
undoubted /ʌn'daʊtɪd/ agg. indubbio, indubitato.
undoubtedly /ʌn'daʊtɪdlɪ/ avv. indubbiamente.
undreamed-of /ʌn'dri:mdɒv/, **undreamt-of** /ʌn'dremtɒv/ agg. inimmaginato, insperato.
1.undress /ʌn'dres/ n. ***in a state of ~*** *(partially naked)* in déshabillé.
2.undress /ʌn'dres/ **I** tr. svestire, spogliare **II** intr. svestirsi, spogliarsi **III** rifl. ***to ~ oneself*** svestirsi, spogliarsi.
undressed /ʌn'drest/ agg. **1** [*person*] svestito; ***to get ~*** svestirsi, spogliarsi **2** GASTR. [*salad*] scondito **3** ING. [*metal, stone*] grezzo.
undrinkable /ʌn'drɪŋkəbl/ agg. **1** *(unpleasant)* imbevibile **2** *(dangerous)* non potabile.
undue /ʌn'dju:, AE -'du:/ agg. eccessivo, sproporzionato.
undulate /'ʌndjʊleɪt, AE -dʒʊ-/ intr. ondeggiare, ondulare.
undulating /'ʌndjʊleɪtɪŋ, AE -dʒʊ-/ agg. [*movement*] sinuoso, ondeggiante; [*surface, landscape*] ondulato; [*plants*] ondeggiante.
undulation /ˌʌndjʊ'leɪʃn, AE -dʒʊ-/ n. **1** *(bump)* ondulazione f. **2** *(wavy motion)* ondeggiamento m.
unduly /ʌn'dju:lɪ, AE -'du:lɪ/ avv. [*concerned, optimistic, surprised*] eccessivamente, indebitamente; [*flatter, worry*] eccessivamente, oltre misura.
undying /ʌn'daɪɪŋ/ agg. [*love*] eterno.
unearned /ʌn'ɜ:nd/ agg. **1** *(undeserved)* immeritato **2** ECON. ***~ income*** rendita.
unearth /ʌn'ɜ:θ/ tr. **1** ARCHEOL. dissotterrare [*remains, pottery*] **2** FIG. *(find)* scoprire, rivelare [*fact, evidence*].
unearthly /ʌn'ɜ:θlɪ/ agg. **1** [*apparition, light, sight*] soprannaturale, celeste; [*cry, silence*] sinistro, lugubre; [*beauty*] celestiale **2** *(unreasonable)* ***at an ~ hour*** a un'ora assurda.
unease /ʌn'i:z/ n. **U 1** *(worry)* inquietudine f., preoccupazione f. (**about**, **at** per) **2** *(dissatisfaction)* disagio m., malessere m.
uneasily /ʌn'i:zɪlɪ/ avv. **1** *(anxiously)* con preoccupazione, ansiosamente **2** *(uncomfortably)* a disagio **3** *(with difficulty)* con difficoltà.
uneasiness /ʌn'i:zɪnɪs/ n. **1** *(worry)* inquietudine f., preoccupazione f. (**about** per) **2** *(dissatisfaction)* disagio m., malessere m.
uneasy /ʌn'i:zɪ/ agg. **1** *(worried)* [*person*] preoccupato (**about**, **at** per); [*conscience*] sporco; ***an ~ feeling of danger*** un'inquietante sensazione di pericolo **2** *(precarious)* [*compromise*] difficile; [*alliance, peace*] instabile; [*silence*] imbarazzato **3** *(agitated)* [*sleep*] agitato **4** *(ill at ease)* a disagio.
uneconomic /ˌʌni:kə'nɒmɪk, -ekə-/ agg. antieconomico.
uneconomical /ˌʌni:kə'nɒmɪkl, -ekə-/ agg. **1** *(wasteful)* [*person*] sprecone; [*use*] dissipato **2** *(not profitable)* antieconomico.
uneducated /ʌn'edʒʊkeɪtɪd/ agg. **1** *(without education)* [*person*] analfabeta, illetterato **2** SPREG. *(vulgar)* [*person*] ignorante, rozzo; [*accent, tastes*] da persona ignorante.
unemotional /ˌʌnɪ'məʊʃənl/ agg. [*person*] distaccato, impassibile; [*approach*] distaccato, freddo; [*reunion*] freddo; [*account*] freddo, spassionato.
unemployable /ˌʌnɪm'plɔɪəbl/ agg. inabile al lavoro.
unemployed /ˌʌnɪm'plɔɪd/ **I** agg. **1** *(out of work)* disoccupato; ***~ people*** i disoccupati **2** ECON. [*capital*] inutilizzato, inattivo **II** n. ***the ~*** + verbo pl. i disoccupati.
unemployment /ˌʌnɪm'plɔɪmənt/ n. disoccupazione f.
unemployment benefit BE, **unemployment compensation** AE n. sussidio m. di disoccupazione.
unemployment figures n.pl. tasso m.sing. di disoccupazione.
unending /ʌn'endɪŋ/ agg. senza fine, eterno, interminabile.
unenterprising /ʌn'entəpraɪzɪŋ/ agg. [*person, organization, behaviour*] senza iniziativa; [*decision, policy*] timido.
unenthusiastic /ˌʌnɪnˌθju:zɪ'æstɪk, AE -ˌθu:z-/ agg. poco entusiasta (**about** di).
unenviable /ʌn'envɪəbl/ agg. non invidiabile.
unequal /ʌn'i:kwəl/ agg. **1** *(not equal)* [*amounts, pay*] disuguale; [*struggle*] impari; [*contest*] non equilibrato **2** *(inadequate)* ***to be ~ to*** non essere all'altezza di [*task*].
unequalled BE, **unequaled** AE /ʌn'i:kwəld/ agg. [*achievement, quality, record*] ineguagliato, insuperato; [*person*] incomparabile, insuperabile (**as** come, in qualità di).
unequivocal /ˌʌnɪ'kwɪvəkl/ agg. [*person, declaration*] esplicito; [*attitude, answer, support*] inequivocabile.
unerring /ʌn'ɜ:rɪŋ/ agg. infallibile.
Unesco, **UNESCO** /ju:'neskəʊ/ n.pr. (⇒ United Nations Educational, Scientific and Cultural Organization Organizzazione delle Nazioni Unite per l'istruzione, la scienza e la cultura) UNESCO f.
unethical /ʌn'eθɪkl/ agg. **1** immorale (**to do** fare) **2** MED. contrario alla deontologia (**to do** fare).
uneven /ʌn'i:vn/ agg. **1** *(variable)* [*colouring, hem, rhythm, teeth*] irregolare; [*contest*] impari; [*quality*] disuguale; [*surface*] accidentato, irregolare; [*performance, results*] discontinuo; [*voice*] tremante **2** SPORT ***~ bars*** parallele asimmetriche.
uneventful /ˌʌnɪ'ventfl/ agg. [*occasion, career*] normale; [*life*] ordinario, tranquillo; [*day, journey, period*] tranquillo; [*place*] dove non succede (mai) niente.
unexceptionable /ˌʌnɪk'sepʃənəbl/ agg. [*behaviour*] ineccepibile, irreprensibile.
unexceptional /ˌʌnɪk'sepʃənl/ agg. non eccezionale, ordinario.
unexciting /ˌʌnɪk'saɪtɪŋ/ agg. non eccitante, monotono, piatto.
unexpected /ˌʌnɪk'spektɪd/ **I** agg. [*arrival, danger, event, outcome*] imprevisto, inaspettato; [*gift, success, announcement*] inaspettato; [*death, illness*] improvviso, inaspettato **II** n. ***the ~*** l'imprevisto.
unexpectedly /ˌʌnɪk'spektɪdlɪ/ avv. [*happen*] all'improvviso; [*large, small, fast*] inaspettatamente.
unexplored /ˌʌnɪk'splɔ:d/ agg. inesplorato.
unexposed /ˌʌnɪk'spəʊzd/ agg. non esposto; FOT. vergine.
unexpressed /ˌʌnɪk'sprest/ agg. inespresso, sottinteso.
unfailing /ʌn'feɪlɪŋ/ agg. [*support, efforts*] costante, continuo; [*kindness, source*] inesauribile; [*good temper*] immancabile; [*optimism*] inguaribile.
unfair /ʌn'feə(r)/ agg. [*person, action, decision, advantage*] ingiusto (**to**, **on** nei confronti di, verso; **to do** fare); [*play, tactics*] scorretto; COMM. [*trading, competition*] sleale.
unfair dismissal n. DIR. licenziamento m. senza giusta causa.
unfairly /ʌn'feəlɪ/ avv. [*treat*] ingiustamente; [*play*] scorrettamente; [*critical*] ingiustamente; ***to be ~ dismissed*** DIR. essere licenziato senza giusta causa.
unfairness /ʌn'feənɪs/ n. ingiustizia f.
unfaithful /ʌn'feɪθfl/ agg. [*partner*] infedele (**to** a).
unfaithfulness /ʌn'feɪθflnɪs/ n. infedeltà f.
unfaltering /ʌn'fɔ:ltərɪŋ/ agg. [*step, voice*] fermo; [*devotion, loyalty*] incrollabile.
unfamiliar /ˌʌnfə'mɪlɪə(r)/ agg. **1** *(strange)* [*face, name, place*] non familiare, sconosciuto (**to** a); [*appearance, concept, feeling, situation*] nuovo, insolito (**to** per); [*artist, subject*] sconosciuto **2** *(without working knowledge)* ***to be ~ with sth.*** non avere familiarità con qcs.
unfamiliarity /ˌʌnfəmɪlɪ'ærətɪ/ n. **1** *(strangeness)* carattere m. insolito, stranezza f. **2** *(lack of knowledge)* ***his ~ with sth.*** la sua mancanza di familiarità con qcs.
unfashionable /ʌn'fæʃnəbl/ agg. non alla moda, fuori moda.
unfasten /ʌn'fɑ:sn/ tr. slacciare [*clothing, button*]; aprire [*bag, zip*].

unfathomable /ʌn'fæðəməbl/ agg. LETT. insondabile.
unfavourable BE, **unfavorable** AE /ʌn'feɪvərəbl/ agg. sfavorevole (**for sth.** per qcs.; **to** a).
unfeeling /ʌn'fi:lɪŋ/ agg. [*person*] insensibile (**towards** verso); [*remark*] crudele; [*attitude, behaviour*] freddo.
unfettered /ʌn'fetəd/ agg. [*liberty, right, power*] assoluto, senza restrizioni; [*competition*] senza regole; [*market*] senza vincoli; [*emotion, expression*] senza freni, senza controllo.
unfinished /ʌn'fɪnɪʃt/ agg. [*work*] incompiuto; [*product*] non finito; [*matter*] in discussione; ***we have some ~ business*** abbiamo delle cose da sbrigare.
unfit /ʌn'fɪt/ agg. **1** *(ill)* malato; *(out of condition)* ***I'm ~*** fisicamente, non sono in forma **2** *(substandard)* [*housing*] inabitabile; [*pitch, road*] impraticabile; ***~ for human habitation*** inadatto a essere abitato *o* all'abitazione; ***~ for human consumption*** inadatto all'alimentazione umana **3** *(unsuitable)* [*parent*] inadatto; ***~ for work*** inabile al lavoro; ***~ to run the country*** incapace di governare il paese **4** DIR. incapace; ***to be ~ to give evidence*** essere incapace di testimoniare.
unflagging /ʌn'flægɪŋ/ agg. [*energy, interest*] costante.
unflappable /ʌn'flæpəbl/ agg. COLLOQ. imperturbabile.
unflattering /ʌn'flætərɪŋ/ agg. [*clothes*] che non dona; [*portrait*] poco lusinghiero; ***to be ~ to sb.*** [*clothes, hairstyle*] non donare a qcn.; [*portrait, description*] non rendere ragione di qcn.
unflatteringly /ʌn'flætərɪŋlɪ/ avv. [*describe, portray*] in modo poco lusinghiero.
unflinching /ʌn'flɪntʃɪŋ/ agg. **1** *(steadfast)* [*stare*] fisso; [*courage*] indomito; [*commitment*] indefesso; [*person*] fermo, risoluto **2** *(merciless)* [*account*] implacabile.
unflinchingly /ʌn'flɪntʃɪŋlɪ/ avv. [*fight*] senza cedere, indomitamente; ***~ determined*** fortemente determinato.
unfold /ʌn'fəʊld/ **I** tr. **1** *(open)* spiegare [*paper, wings*]; distendere [qcs.] da una posizione incrociata [*arms*] **2** FIG. *(reveal)* rivelare [*plan*] **II** intr. **1** [*deckchair, map*] aprirsi; [*flower, leaf*] schiudersi **2** FIG. [*scene, mystery*] svolgersi.
unforeseeable /,ʌnfɔ:'si:əbl/ agg. imprevedibile.
unforeseen /,ʌnfɔ:'si:n/ agg. imprevisto.
unforgettable /,ʌnfə'getəbl/ agg. indimenticabile.
unforgivable /,ʌnfə'gɪvəbl/ agg. imperdonabile.
unforgivably /,ʌnfə'gɪvəblɪ/ avv. [*forget, attack*] in modo imperdonabile; ***~ rude*** di una maleducazione imperdonabile, imperdonabilmente maleducato.
unforgiving /,ʌnfə'gɪvɪŋ/ agg. inclemente.
unformed /ʌn'fɔ:md/ agg. [*character*] non ancora formato, immaturo; [*idea, belief*] informe.
unforthcoming /,ʌnfɔ:θ'kʌmɪŋ/ agg. [*person*] riservato; [*reply*] reticente.
unfortunate /ʌn'fɔ:tʃənət/ **I** agg. **1** *(pitiable)* [*person, situation*] disgraziato, sfortunato **2** *(regrettable)* [*incident*] spiacevole; [*remark, choice*] infelice **3** *(unlucky)* [*person, attempt*] sfortunato; ***to be ~ enough to do*** essere abbastanza sfortunato da (dover) fare **II** n. sfortunato m. (-a).
unfortunately /ʌn'fɔ:tʃənətlɪ/ avv. [*end*] male, malamente; [*worded*] infelicemente; ***~, she forgot*** sfortunatamente, se ne dimenticò.
unfounded /ʌn'faʊndɪd/ agg. infondato.
unfreeze /ʌn'fri:z/ tr. (pass. **-froze**; p.pass. **-frozen**) **1** fare scongelare [*pipe*] **2** ECON. sbloccare, scongelare [*prices, assets*] **3** INFORM. sbloccare.
unfrequented /,ʌnfrɪ'kwentɪd/ agg. poco frequentato.
unfriendliness /ʌn'frendlɪnɪs/ n. *(of person)* freddezza f.; *(of place)* inospitalità f.
unfriendly /ʌn'frendlɪ/ agg. **1** [*person, attitude*] poco amichevole, freddo, scortese; [*reception*] distaccato, freddo; [*place, climate*] inospitale; [*remark*] acido, cattivo; [*product*] nocivo **2 -unfriendly** in composti ***environmentally-~*** che danneggia l'ambiente; ***user-~*** difficile da usare.
unfrock /ʌn'frɒk/ tr. RELIG. sfratare.
unfroze /ʌn'frəʊz/ pass. → **unfreeze**.
unfrozen /ʌn'frəʊzn/ p.pass. → **unfreeze**.
unfulfilled /,ʌnfʊl'fɪld/ agg. [*ambition, condition*] non realizzato; [*desire, need*] inesaudito, insoddisfatto; [*promise*] non mantenuto; [*prophecy*] non avverato; ***to feel ~*** [*person*] non sentirsi realizzato.
unfurnished /ʌn'fɜ:nɪʃt/ agg. [*accommodation*] non ammobiliato.
unfussy /ʌn'fʌsɪ/ agg. [*person*] non esigente, di poche pretese; [*decor*] sobrio, senza fronzoli.
ungainly /ʌn'geɪnlɪ/ agg. goffo, sgraziato.
ungenerous /ʌn'dʒenərəs/ agg. **1** *(mean)* [*person*] poco generoso, avaro (**to** con) **2** *(unsympathetic)* [*person, attitude*] egoista, meschino (**towards** con, verso); ***it was ~ of you to d*** è stato meschino da parte tua fare.
ungentlemanly /ʌn'dʒentlmənlɪ/ agg. non da gentiluomo (**of** da parte di).
ungodly /ʌn'gɒdlɪ/ agg. [*person, act, behaviour*] empio; ***a some ~ hour*** a un'ora assurda.
ungovernable /ʌn'gʌvənəbl/ agg. **1** [*country, people*] ingovernabile **2** [*desire, anger*] incontrollabile.
ungracious /ʌn'greɪʃəs/ agg. scortese (**of** da parte di).
ungrammatical /,ʌngrə'mætɪkl/ agg. sgrammaticato.
ungrateful /ʌn'greɪtfl/ agg. ingrato (**of** da parte di; **toward** verso).
ungrudging /ʌn'grʌdʒɪŋ/ agg. [*support*] incondizionato; [*praise*] incondizionato, sincero.
unguarded /ʌn'gɑ:dɪd/ agg. **1** *(unprotected)* [*prisoner, frontier*] senza sorveglianza **2** *(careless)* [*remark, criticism*] sconsiderato.
unhampered /ʌn'hæmpəd/ agg. [*narrative*] libero (**by** da); ***by*** senza l'ingombro di [*luggage*]; senza essere ostacolato d [*red tape*].
unhappily /ʌn'hæpɪlɪ/ avv. **1** *(miserably)* [*say, stare*] con ari triste, infelice; ***~ married*** infelicemente sposato **2** *(unfortunately)* infelicemente, sfortunatamente **3** *(inappropriately)* infelicemente, in modo inopportuno.
unhappiness /ʌn'hæpɪnɪs/ n. **1** *(misery)* infelicità f., tristezza f. **2** *(dissatisfaction)* scontentezza f. (**about, with** per).
unhappy /ʌn'hæpɪ/ agg. **1** *(miserable)* [*person, childhood*] infelice, triste; [*face, occasion*] triste **2** *(dissatisfied)* ***to be ~ about*** o ***with sth.*** essere scontento *o* non essere soddisfatto d qcs. **3** *(concerned)* preoccupato (**about** per, riguardo a); ***to b ~ about doing*** essere preoccupato di fare; ***to be ~ at the ide that*** inquietarsi all'idea che **4** *(unfortunate)* [*situation, choice*] infelice, sfortunato.
unharmed /ʌn'hɑ:md/ agg. [*person*] indenne, illeso; [*object*] intatto, illeso.
unhealthy /ʌn'helθɪ/ agg. **1** MED. [*person*] malaticcio [*cough*] malato; [*diet*] dannoso; FIG. [*economy*] malato; [*climate, conditions*] malsano, insalubre **2** *(unwholesome)* [*interest, desire*] morboso, malsano.
unheard /ʌn'hɜ:d/ avv. ***we left ~*** siamo usciti senza farci sentire; ***her pleas went ~*** le sue suppliche sono rimaste inascoltate.
unheard-of /ʌn'hɜ:dɒv/ agg. **1** *(shocking)* [*behaviour*] inaudito **2** *(previously unknown)* [*levels, price*] record, mai visto prima; [*actor, brand*] sconosciuto; ***previously ~*** senza precedenti.
unheated /ʌn'hi:tɪd/ agg. non riscaldato.
unheeded /ʌn'hi:dɪd/ agg. ***to go ~*** [*warning, plea*] passar inosservato, essere tenuto in nessun conto.
unhelpful /ʌn'helpfl/ agg. [*employee*] poco servizievole [*remark*] inutile; [*witness, attitude*] poco cooperativo.
unhesitating /ʌn'hezɪteɪtɪŋ/ agg. pronto, immediato.
unhesitatingly /ʌn'hezɪteɪtɪŋlɪ/ avv. prontamente, senza esitazione.
unhide /ʌn'haɪd/ tr. (pass. **-hid**; p.pass. **-hidden**) INFORM ripristinare [*window*].
unhindered /ʌn'hɪndəd/ agg. [*access*] libero, non ostacolato; [*freedom*] totale; ***~ by*** senza essere ostacolato da [*rules*] senza l'ingombro di [*luggage*].
unhinge /ʌn'hɪndʒ/ tr. (forma in -ing **-hingeing, -hinging** AE **1** togliere [qcs.] dai cardini, scardinare [*door*] **2** COLLOQ. FIG sconvolgere [*person, mind*].
unholy /ʌn'həʊlɪ/ agg. **1** *(shocking)* [*alliance, pact*] scellerato **2** *(horrendous)* [*din, mess*] spaventoso, tremendo **3** *(profane)* [*behaviour, thought*] empio.
unhook /ʌn'hʊk/ tr. sganciare, slacciare [*bra*]; slacciare, sbottonare [*skirt*]; staccare [*picture*].
unhoped-for /ʌn'həʊptfɔ:(r)/ agg. insperato.

unhopeful /ʌn'həʊpfl/ agg. [*person*] sfiduciato, pessimista; [*situation*] senza speranza; [*outlook, start*] poco promettente.
unhurried /ʌn'hʌrɪd/ agg. [*person*] posato, calmo; [*pace, meal*] tranquillo.
unhurt /ʌn'hɜːt/ agg. indenne, illeso, incolume.
unhygienic /ˌʌnhaɪ'dʒiːnɪk/ agg. [*conditions*] antigienico; [*way, method*] poco igienico.
unhyphenated /ʌn'haɪfəneɪtɪd/ agg. e avv. senza trattino.
UNICEF /'juːnɪsef/ n. (⇒ United Nations Children's Emergency Fund Fondo internazionale di emergenza delle Nazioni Unite per l'infanzia) UNICEF m.
unicellular /juːnɪ'seljʊlə(r)/ agg. unicellulare.
unicorn /'juːnɪkɔːn/ n. unicorno m., liocorno m.
unidentified /ˌʌnaɪ'dentɪfaɪd/ agg. non identificato.
unification /juːnɪfɪ'keɪʃn/ n. unificazione f.
1.uniform /'juːnɪfɔːm/ agg. [*temperature*] costante; [*shape*] identico; [*size, colour*] uniforme.
2.uniform /'juːnɪfɔːm/ n. uniforme f., divisa f.; ***out of ~*** in borghese, in abiti civili.
uniformed /'juːnɪfɔːmd/ agg. in uniforme.
uniformity /juːnɪ'fɔːmətɪ/ n. uniformità f.
unify /'juːnɪfaɪ/ tr. unificare, riunire.
unilateral /juːnɪ'lætrəl/ agg. unilaterale.
unilateralism /juːnɪ'lætrəlɪzəm/ n. unilateralismo m.
unimaginable /ˌʌnɪ'mædʒɪnəbl/ agg. inimmaginabile, incredibile.
unimaginably /ˌʌnɪ'mædʒɪnəblɪ/ avv. inimmaginabilmente, incredibilmente.
unimaginative /ˌʌnɪ'mædʒɪnətɪv/ agg. [*person*] senza immaginazione, privo di fantasia, povero di idee; [*style, production*] non originale, piatto.
unimaginatively /ˌʌnɪ'mædʒɪnətɪvlɪ/ avv. [*talk, write, describe*] piattamente; [*captain, manage*] senza brio.
unimpaired /ˌʌnɪm'peəd/ agg. intatto.
unimpeachable /ˌʌnɪm'piːtʃəbl/ agg. [*morals, character*] irreprensibile; DIR. [*witness*] incontestabile.
unimpeded /ˌʌnɪm'piːdɪd/ agg. [*access, influx*] libero; ***to be ~ by sth.*** non essere ostacolato da qcs.
unimportant /ˌʌnɪm'pɔːtnt/ agg. [*question*] poco importante, senza importanza, irrilevante (**for, to** per).
unimpressed /ˌʌnɪm'prest/ agg. *(by person, performance)* non impressionato, non colpito; *(by argument)* non convinto, non impressionato.
unimpressive /ˌʌnɪm'presɪv/ agg. [*sight, person*] che non impressiona, qualunque, insignificante; [*start, performance*] mediocre.
uninformative /ˌʌnɪn'fɔːmətɪv/ agg. [*report*] che non dice niente, che non dà informazioni; ***to be ~*** non essere informativo.
uninformed /ˌʌnɪn'fɔːmd/ agg. [*person*] disinformato (**about** su); ***the ~ reader*** il lettore disinformato.
uninhabitable /ˌʌnɪn'hæbɪtəbl/ agg. inabitabile.
uninhibited /ˌʌnɪn'hɪbɪtɪd/ agg. [*attitude, person*] disinibito (**about** riguardo a); [*performance*] audace; [*remarks*] sfrontato; ***to be ~ about doing*** non avere alcuna inibizione a fare.
uninitiated /ˌʌnɪ'nɪʃɪeɪtɪd/ **I** agg. [*person*] non iniziato (**into** a) **II** n. ***the ~*** + verbo pl. i profani.
uninjured /ʌn'ɪndʒəd/ agg. indenne; ***to escape ~*** uscire indenne.
uninspired /ˌʌnɪn'spaɪəd/ agg. [*approach*] convenzionale; [*times*] privo di interesse; [*performance*] piatto, di mestiere; [*budget, syllabus*] banale; ***to be ~*** [*writer*] mancare di ispirazione, non essere ispirato; [*strategy*] mancare di immaginazione *o* ispirazione.
uninspiring /ˌʌnɪn'spaɪərɪŋ/ agg. [*person, performance*] noioso.
uninstal(l) /ˌʌnɪn'stɔːl/ tr. INFORM. disinstallare.
uninsured /ˌʌnɪn'ʃɔːd, AE ˌʌnɪn'ʃʊərd/ agg. non assicurato.
unintelligible /ˌʌnɪn'telɪdʒəbl/ agg. inintelligibile, incomprensibile (**to** per, a).
unintended /ˌʌnɪn'tendɪd/ agg. [*slur, irony*] involontario; [*consequence*] non voluto; ***to be ~*** [*outcome*] non essere voluto.
unintentional /ˌʌnɪn'tenʃənl/ agg. involontario, non intenzionale.
uninterested /ʌn'ɪntrəstɪd/ agg. non interessato, disinteressato (**in** a).
uninteresting /ʌn'ɪntrəstɪŋ/ agg. non interessante, privo d'interesse.
uninterrupted /ˌʌnɪntə'rʌptɪd/ agg. ininterrotto, incessante.
uninvited /ˌʌnɪn'vaɪtɪd/ agg. **1** *(unsolicited)* [*attentions*] non sollecitato, non richiesto; [*remark*] non richiesto, gratuito **2** *(without invitation)* ***~ guest*** persona non invitata, ospite senza invito.
uninviting /ˌʌnɪn'vaɪtɪŋ/ agg. [*place, prospect*] non invitante, spiacevole; [*food*] poco appetitoso, non invitante.
union /'juːnɪən/ **I** n. **1** (anche **trade ~**) unione f. sindacale, sindacato m.; ***to join a ~*** iscriversi a un sindacato **2** POL. associazione f., unione f. **3** *(uniting)* unione f.; *(marriage)* unione f., matrimonio m. **4** (anche **student ~**) BE UNIV. *(building)* casa f. dello studente; *(organization)* unione f. studentesca **II** **Union** n.pr. AE POL. Stati Uniti m.pl.; AE STOR. Unione f. **III** modif. [*card*] del sindacato; [*movement*] sindacale.
union bashing n. BE COLLOQ. = ripetuto attacco ai sindacati.
union dues n.pl. contributo m.sing. sindacale.
unionism /'juːnɪənɪzəm/ n. sindacalismo m.
Unionism /'juːnɪənɪzəm/ n. BE POL. *(in Northern Ireland)* unionismo m.
unionist /'juːnɪənɪst/ n. sindacalista m. e f.
Unionist /'juːnɪənɪst/ n. BE POL. *(in Northern Ireland)* unionista m. e f.
unionize /'juːnɪənaɪz/ **I** tr. sindacalizzare **II** intr. sindacalizzarsi.
Union Jack n. Union Jack f.
union member n. iscritto m. (-a) a un sindacato.
Union of Soviet Socialist Republics n.pr. STOR. Unione f. delle Repubbliche Socialiste Sovietiche.
union shop n. AE = impresa in cui tutti i dipendenti devono essere iscritti allo stesso sindacato.
unique /juː'niːk/ agg. **1** *(sole)* [*characteristic*] unico; ***to be ~ in doing*** essere l'unico a fare; ***to be ~ to*** esistere *o* esserci solo in **2** *(remarkable)* [*individual, skill*] unico, eccezionale.
uniqueness /juː'niːknɪs/ n. **1** *(singularity)* unicità f. **2** *(special quality)* eccezionalità f.
unisex /'juːnɪseks/ agg. unisex.
unison /'juːnɪsn, 'juːnɪzn/ n. ***in ~*** [*say, recite, sing*] all'unisono; ***to act in ~ with*** agire all'unisono *o* di comune accordo con.
unit /'juːnɪt/ n. **1** *(whole)* unità f. **2** *(group with specific function)* gruppo m.; *(in army, police)* unità f., squadra f. **3** *(building, department)* unità f. (anche MED.); IND. reparto m.; ***casualty ~*** unità di pronto soccorso; ***production ~*** unità di produzione **4** MAT. METROL. unità f.; ***~ of measurement*** unità di misura; ***monetary ~*** unità monetaria **5** *(part of machine)* elemento m., componente m. **6** *(piece of furniture)* elemento m. componibile **7** UNIV. *(credit)* = ciascuna delle ore di un corso universitario in quanto entra a fare parte del monte ore necessario al conseguimento della laurea **8** SCOL. *(in textbook)* unità f. (didattica) **9** AE *(apartment)* appartamento m.
unitary /'juːnɪtrɪ, AE -terɪ/ agg. unitario.
unite /juː'naɪt/ **I** tr. unire, congiungere (**with** a) **II** intr. unirsi, congiungersi (**with** a).
united /juː'naɪtɪd/ **I** p.pass. → **unite II** agg. [*groups, front*] unito (**in** in); [*effort*] congiunto ♦ ***~ we stand, divided we fall*** PROV. l'unione fa la forza.
United Arab Emirates ➧ *6* n.pr.pl. Emirati m. arabi uniti.
United Kingdom (of Great Britain and Northern Ireland) ➧ *6* n.pr. Regno m. Unito (di Gran Bretagna e dell'Irlanda del Nord).
United Nations (Organization) n. Organizzazione f. delle Nazioni Unite, Nazioni f.pl. Unite.
United States (of America) ➧ *6* n.pr.pl. Stati m. Uniti (d'America).
unit furniture n. **U** mobili m.pl. componibili.
unit price n. COMM. prezzo m. unitario.
unit trust n. BE ECON. = fondo di investimento a portafoglio variabile.
unity /'juːnətɪ/ n. unità f.
Univ ⇒ University università.

universal /ˌjuːnɪˈvɜːsl/ **I** agg. **1** *(general)* [*acclaim, reaction*] generale; [*education, health care*] pubblico; [*truth, remedy, message*] universale; [*principle*] universale, generale; [*use*] generalizzato; *~ **suffrage*** suffragio universale; ***the suggestion gained ~ acceptance*** il consiglio è stato accettato da tutti **2** LING. universale **II** n. FILOS. universale m. **III universals** n.pl. FILOS. universali m.

universality /ˌjuːnɪvɜːˈsælətɪ/ n. universalità f.

universal joint n. TECN. giunto m. universale.

universally /ˌjuːnɪˈvɜːsəlɪ/ avv. [*believed, known*] universalmente; [*criticized, loved*] da tutti.

universal time n. tempo m. universale.

universe /ˈjuːnɪvɜːs/ n. universo m.

university /juːnɪˈvɜːsətɪ/ **I** n. università f. **II** modif. [*degree, town*] universitario; [*place*] universitario, dell'università; *~ **entrance*** ammissione all'università; *~ **education*** istruzione superiore.

unjust /ʌnˈdʒʌst/ agg. ingiusto (**to** per, verso).

unjustifiable /ʌnˈdʒʌstɪfaɪəbl/ agg. ingiustificabile.

unjustifiably /ʌnˈdʒʌstɪfaɪəblɪ/ avv. [*claim, condemn*] ingiustificatamente; [*act*] ingiustificabilmente.

unjustified /ʌnˈdʒʌstɪfaɪd/ agg. ingiustificato.

unkempt /ʌnˈkempt/ agg. [*person, appearance*] trascurato, trasandato; [*hair*] spettinato; [*beard*] incolto.

unkind /ʌnˈkaɪnd/ agg. [*person, thought, act*] scortese, sgarbato; [*remark*] acido; [*climate, environment*] ostile, inospitale; [*fate*] LETT. crudele; ***it was a bit ~*** non è stato molto gentile; ***it was ~ of her to do*** è stato scortese da parte sua fare; ***to be ~ to sb.*** *(by deed)* essere sgarbato con qcn.; *(verbally)* essere acido *o* sgarbato con qcn.

unkindly /ʌnˈkaɪndlɪ/ avv. [*think*] male; [*say*] con cattiveria, in malo modo; ***my advice was not meant ~*** il mio consiglio non voleva essere scortese.

unkindness /ʌnˈkaɪndnɪs/ n. *(of person, remark)* durezza f.; LETT. *(of fate)* crudeltà f.

unknowable /ʌnˈnəʊəbl/ agg. inconoscibile.

unknowing /ʌnˈnəʊɪŋ/ agg. inconsapevole, ignaro.

unknown /ʌnˈnəʊn/ **I** agg. [*actor, force, threat*] sconosciuto; ***the place was ~ to me*** non conoscevo quel posto; ***~ to me, they had already left*** erano già partiti a mia insaputa; ***it is not ~ for sb. to do*** non è insolito che qcn. faccia; *~ **quantity*** MAT. incognita; ***Jim is an ~ quantity*** Jim è un'incognita; ***Mr X, address ~*** signor X, indirizzo sconosciuto **II** n. **1** *(unfamiliar place or thing)* ignoto m. **2** *(person not famous)* sconosciuto m. (-a) **3** MAT. incognita f.

Unknown Soldier, **Unknown Warrior** n. milite m. ignoto.

unladylike /ʌnˈleɪdɪlaɪk/ agg. [*female*] dai modi mascolini; [*behaviour*] non da signora (**to do** fare).

unlatch /ʌnˈlætʃ/ tr. tirare il chiavistello di [*door, gate*]; ***to leave the door ~ed*** non mettere il chiavistello alla porta.

unlawful /ʌnˈlɔːfl/ agg. [*activity, possession*] illegale; [*killing*] indiscriminato; [*detention*] arbitrario; *~ **arrest*** DIR. *(without cause)* arresto arbitrario; *(with incorrect procedure)* arresto sommario; *~ **assembly*** DIR. radunata sediziosa.

unlawfully /ʌnˈlɔːfəlɪ/ avv. **1** DIR. sommariamente; *~ **detained*** detenuto arbitrariamente **2** *(illegally)* illegalmente.

unleaded /ʌnˈledɪd/ agg. [*petrol*] senza piombo, verde.

unlearn /ʌnˈlɜːn/ tr. (pass, p.pass. **-learned** o **-learnt**) dimenticare [*fact*]; disimparare [*habit*].

unleash /ʌnˈliːʃ/ tr. **1** *(release)* sguinzagliare, slegare, sciogliere [*animal*]; scatenare [*aggression*]; dare libero sfogo a [*violence, passion*] **2** *(trigger)* provocare [*war*]; dare origine a [*wave*] **3** *(launch)* lanciare [*force, attack*] (**against** contro).

unleavened /ʌnˈlevnd/ agg. non lievitato, senza lievito.

unless /ənˈles/ cong. **1** *(except if)* a meno che, a meno di; ***he won't come ~ you invite him*** non verrà a meno che *o* se tu non lo inviti; ***she can't take the job ~ she finds a nanny*** non può accettare il lavoro a meno che non trovi una tata; ***~ I get my passport back, I can't leave the country*** se non mi restituiscono il passaporto non posso lasciare il paese; ***it won't work ~ you plug it in!*** se non inserisci la spina non funziona! ***~ I'm very much mistaken, that's Jim*** a meno che non mi sbagli di grosso, quello è Jim; *~ **otherwise agreed*** salvo diversamente concordato **2** *(except when)* eccetto quando.

unlicensed /ʌnˈlaɪsnst/ agg. [*activity*] non autorizzato; [*vehicle*] non immatricolato; [*transmitter*] abusivo, senza licenza.

unlike /ʌnˈlaɪk/ **I** prep. **1** *(in contrast to)* diversamente da, a differenza di, contrariamente a **2** *(different from)* diverso da; ***they are quite ~ each other*** non si assomigliano affatto *o* per niente **3** *(uncharacteristic of)* ***it's ~ her (to be so rude)*** non è da lei (essere così scortese) **II** agg. mai attrib. ***they are ~ in every way*** sono completamente diversi tra loro.

unlikelihood /ʌnˈlaɪklɪhʊd/, **unlikeliness** /ʌnˈlaɪklɪnɪs/ n. improbabilità f.

unlikely /ʌnˈlaɪklɪ/ agg. **1** *(unexpected)* improbabile, poco probabile; ***it is ~ that*** è improbabile che; ***they are ~ to succeed*** è poco probabile che ci riescano **2** *(strange)* [*partner*] improbabile; [*choice, situation*] inatteso **3** *(probably untrue)* [*story, excuse*] inverosimile, improbabile.

unlimited /ʌnˈlɪmɪtɪd/ agg. illimitato.

unlined /ʌnˈlaɪnd/ agg. **1** [*garment*] sfoderato **2** [*paper*] non rigato **3** [*face*] liscio, senza rughe.

unlisted /ʌnˈlɪstɪd/ agg. **1** [*campsite, hotel*] non incluso in una guida **2** ECON. [*account*] non registrato; [*company, share*] non quotato in borsa **3** TEL. [*number*] non in elenco **4** ING. DIR. [*building*] non di interesse artistico o storico.

unlit /ʌnˈlɪt/ agg. **1** *(without light)* [*room, street*] non illuminato; ***to be ~*** non essere illuminato **2** *(without flame)* [*cigarette, fire*] spento, non acceso.

unload /ʌnˈləʊd/ **I** tr. **1** *(in transport)* scaricare [*goods, vessel*] **2** TECN. togliere i proiettili da, scaricare [*gun*]; togliere il rullino da [*camera*] **3** COMM. scaricare [*stockpile, goods*] (**on**, **onto** su) **4** ECON. ***to ~ shares*** disfarsi di azioni **5** FIG. ***to ~ one's problems*** scaricare *o* sfogare i propri problemi (**on**, **onto** su) **II** intr. [*truck, ship*] scaricare.

unloading /ʌnˈləʊdɪŋ/ n. scarico m.

unlock /ʌnˈlɒk/ tr. **1** *(with key)* aprire [*door, casket*]; ***to be ~ed*** non essere chiuso a chiave **2** FIG. aprire [*heart*]; svelare [*secrets*]; liberare [*emotions*].

unlooked-for /ʌnˈlʊktfɔː(r)/ agg. [*success*] inaspettato.

unloose /ʌnˈluːs/, **unloosen** /ʌnˈluːsn/ tr. allentare [*belt*]; slacciare [*collar*]; *(set free)* liberare (anche FIG.).

unlovable /ʌnˈlʌvəbl/ agg. sgradevole, non amabile.

unloved /ʌnˈlʌvd/ agg. ***to feel ~*** non sentirsi amato.

unlovely /ʌnˈlʌvlɪ/ agg. *(not attractive)* brutto, non attraente; *(unpleasant)* sgradevole.

unloving /ʌnˈlʌvlɪŋ/ agg. [*person, behaviour*] freddo, poco affettuoso.

unluckily /ʌnˈlʌkɪlɪ/ avv. sfortunatamente, disgraziatamente.

unlucky /ʌnˈlʌkɪ/ agg. **1** *(unfortunate)* [*person*] sfortunato; [*coincidence, event*] sfortunato, infelice; [*day*] sfortunato, nero, infausto; ***to be ~ enough to do*** essere tanto sfortunato da fare, avere la sfortuna di fare **2** *(causing bad luck)* [*number, colour*] che porta sfortuna; ***it's ~ to walk under a ladder*** passare sotto una scala porta sfortuna *o* porta male.

unmade /ʌnˈmeɪd/ agg. [*bed*] disfatto; [*road*] non asfaltato.

unmanageable /ʌnˈmænɪdʒəbl/ agg. [*child*] incontrollabile, indisciplinato; [*animal*] indomabile; [*hair*] ribelle; [*prison*] difficile da amministrare; [*system*] difficile da gestire; [*size, number*] fuori dalla norma.

unmanly /ʌnˈmænlɪ/ agg. *(weak)* codardo, pusillanime.

unmanned /ʌnˈmænd/ agg. [*flight, rocket*] senza equipaggio; [*train*] automatico; ***to leave the desk ~*** non lasciare nessuno al banco.

unmarked /ʌnˈmɑːkt/ agg. **1** *(not labelled)* [*container*] senza etichetta, non etichettato; ***an ~ police car*** un'auto civetta **2** *(unblemished)* [*skin*] senza impurità **3** LING. non marcato **4** SPORT [*player*] smarcato.

unmarketable /ʌnˈmɑːkɪtəbl/ agg. non commerciabile, invendibile.

unmarried /ʌnˈmærɪd/ agg. [*person*] non sposato; [*man*] celibe; [*woman*] nubile; *~ **mother*** ragazza madre.

unmask /ʌnˈmɑːsk, AE -ˈmæsk/ tr. smascherare (anche FIG.).

unmatched /ʌnˈmætʃt/ agg. **1** *(unrivalled)* ineguagliato, senza pari **2** *(odd)* [*shoes, chairs*] spaiato, scompagnato.

unmentionable /ʌnˈmenʃənəbl/ agg. **1** *(improper to mention)* [*desire*] innominabile; [*activity*] inenarrabile; [*subject*] tabù **2** *(unspeakable)* [*suffering*] indescrivibile.

unmerciful /ʌnˈmɜːsɪfl/ agg. spietato, senza pietà.

nmindful /ʌnˈmaɪndfl/ agg. FORM. ~ ***of*** *(not heeding)* dimentico di; *(not caring)* incurante di.

nmistakable /ˌʌnmɪˈsteɪkəbl/ agg. **1** *(recognizable)* [*voice, smell*] inequivocabile, inconfondibile **2** *(unambiguous)* [*message*] indubbio, evidente **3** *(marked)* [*atmosphere, desire*] chiaro.

nmistakably /ˌʌnmɪˈsteɪkəblɪ/ avv. [*smell, hear*] distintamente; [*his, hers*] indubbiamente, inequivocabilmente.

nmitigated /ʌnˈmɪtɪgeɪtɪd/ agg. [*disaster*] assoluto; [*cruelty*] vero e proprio; [*terror, nonsense*] puro; [*liar*] perfetto.

nmolested /ˌʌnməˈlestɪd/ agg. indisturbato.

nmotivated /ʌnˈməʊtɪveɪtɪd/ agg. **1** *(lacking motive)* [*crime, act*] gratuito, immotivato **2** *(lacking motivation)* [*person*] demotivato.

nmoved /ʌnˈmu:vd/ agg. **1** *(unperturbed)* imperturbato, indifferente **2** *(not moved emotionally)* imperturbabile, impassibile.

nmusical /ʌnˈmju:zɪkl/ agg. **1** *(not melodious)* [*sound*] disarmonico, inarmonico **2** [*person*] *(not skilled)* che non ha orecchio, non portato per la musica; *(not appreciative of music)* che non ama la musica.

nnamed /ʌnˈneɪmd/ agg. **1** *(name not divulged)* [*company*] di cui non si conosce il nome; [*buyer*] anonimo **2** *(without name)* ***as yet*** ~ [*club, virus*] ancora senza nome.

nnatural /ʌnˈnætʃrəl/ agg. **1** *(affected)* [*style*] artificioso; [*laugh*] forzato **2** *(unusual)* [*silence*] innaturale; [*colour*] strano, insolito **3** *(unhealthy)* [*interest*] anomalo, contro natura.

nnecessary /ʌnˈnesəsrɪ, AE -serɪ/ agg. **1** *(not needed)* [*expense, effort*] inutile; ***it is ~ to do*** è inutile fare; ***it is ~ for you to do*** è inutile che tu faccia **2** *(uncalled for)* [*remark*] fuori luogo.

nnerve /ʌnˈnɜ:v/ tr. **1** *(upset)* innervosire, dare sui nervi a **2** *(deprive of confidence, courage)* spaventare.

nnerving /ʌnˈnɜ:vɪŋ/ agg. [*silence*] snervante; [*experience*] sconcertante.

nnoticed /ʌnˈnəʊtɪst/ agg. non notato, inavvertito; ***to go*** o ***pass*** ~ passare inosservato.

NO /ˈju:nəʊ/ n. (⇒ United Nations Organization Organizzazione delle Nazioni Unite) ONU f.

nobjectionable /ˌʌnəbˈdʒekʃənəbl/ agg. ineccepibile, inappuntabile.

nobservant /ˌʌnəbˈzɜ:vənt/ agg. distratto, disattento.

nobserved /ˌʌnəbˈzɜ:vd/ agg. inosservato; ***to go*** o ***pass*** ~ passare inosservato.

nobstructed /ˌʌnəbˈstrʌktɪd/ agg. [*view*] libero; [*exit*] sgombro, libero.

nobtainable /ˌʌnəbˈteɪnəbl/ agg. **1** COMM. [*supplies*] introvabile **2** *(in telecommunications)* [*number*] irraggiungibile.

nobtrusive /ˌʌnəbˈtru:sɪv/ agg. [*person*] riservato, discreto; [*site, object*] non appariscente, che non dà nell'occhio; [*noise*] non importuno.

noccupied /ʌnˈɒkjʊpaɪd/ agg. **1** [*shop*] libero, vuoto, sgombro; [*house*] vuoto, sfitto; [*seat*] libero **2** MIL. [*territory*] non occupato.

nofficial /ˌʌnəˈfɪʃl/ agg. [*figure*] ufficioso; [*candidate*] indipendente; [*biography*] non autorizzato; ~ ***strike*** sciopero selvaggio.

nofficially /ˌʌnəˈfɪʃəlɪ/ avv. [*tell, estimate*] ufficiosamente, in via ufficiosa.

nopened /ʌnˈəʊpənd/ agg. [*bottle, package*] non aperto.

nopposed /ˌʌnəˈpəʊzd/ agg. [*bill, reading*] accettato senza trovare resistenza.

norganized /ʌnˈɔ:gənaɪzd/ agg. **1** [*labour*] non rappresentato da sindacato; [*worker*] che non aderisce a un sindacato **2** *(disorganized)* [*event*] male organizzato; [*group*] disorganizzato.

noriginal /ˌʌnəˈrɪdʒənl/ agg. [*idea, plot, style*] non originale; ***to be*** ~ essere privo di originalità.

northodox /ʌnˈɔ:θədɒks/ agg. [*opinion*] non ortodosso; [*approach*] non convenzionale.

npack /ʌnˈpæk/ **I** tr. disfare [*luggage*]; disimballare [*belongings*] **II** intr. disfare le valigie.

npacking /ʌnˈpækɪŋ/ n. ***to do the*** ~ disfare i bagagli.

unpaid /ʌnˈpeɪd/ agg. [*bill, tax*] non pagato; [*debt*] non saldato; [*work, leave*] non retribuito; [*volunteer*] non pagato.

unpalatable /ʌnˈpælətəbl/ agg. **1** FIG. [*truth*] spiacevole; [*statistic*] sconfortante; [*advice*] difficile da accettare **2** [*food*] di gusto sgradevole.

unparalleled /ʌnˈpærəleld/ agg. **1** *(unequalled)* impareggiabile, ineguagliabile **2** *(unprecedented)* senza precedenti.

unpardonable /ʌnˈpɑ:dənəbl/ agg. imperdonabile.

unparliamentary /ˌʌnpɑ:ləˈmentrɪ, AE -terɪ/ agg. [*behaviour*] poco parlamentare, non adatto al parlamento.

unpasteurized /ʌnˈpɑ:stʃəraɪzd, AE -ˈpæst-/ agg. [*milk*] non pastorizzato; [*cheese*] = fatto con latte non pastorizzato.

unperturbed /ˌʌnpəˈtɜ:bd/ agg. imperturbabile.

unpick /ʌnˈpɪk/ tr. **1** *(undo)* scucire, disfare [*hem*] **2** *(sort out)* tirare fuori [*truth*] (**from** da).

unplaced /ʌnˈpleɪst/ agg. [*competitor, horse, dog*] non piazzato, non classificato tra i primi tre.

unplanned /ʌnˈplænd/ agg. [*stoppage, increase*] non pianificato, non progettato; [*pregnancy*] imprevisto; [*baby*] non programmato.

unpleasant /ʌnˈpleznt/ agg. [*surprise*] sgradito; [*episode*] sgradevole; [*weather*] brutto.

unpleasantness /ʌnˈplezntnɪs/ n. **1** *(of odour, experience)* sgradevolezza f. **2** *(bad feeling)* dissenso m., disaccordo m.

unplug /ʌnˈplʌg/ tr. (forma in -ing ecc. **-gg-**) togliere la spina a, staccare [*appliance*]; sturare [*sink*].

unplugged /ʌnˈplʌgd/ **I** p.pass. → **unplug II** agg. e avv. MUS. unplugged.

unpolished /ʌnˈpɒlɪʃt/ agg. **1** [*floor, silver*] non lucidato; [*gem*] non levigato **2** FIG. [*person, manner*] rozzo, grossolano; [*form*] abbozzato.

unpolluted /ˌʌnpəˈlu:tɪd/ agg. [*water*] non inquinato; FIG. [*mind*] non contaminato.

unpopular /ʌnˈpɒpjʊlə(r)/ agg. impopolare (**with** tra, presso); ***I'm rather ~ with the boss*** non sono proprio nelle grazie del capo.

unpopularity /ˌʌnpɒpjʊˈlærətɪ/ n. impopolarità f.

unprecedented /ʌnˈpresɪdentɪd/ agg. [*scale*] senza precedenti; [*sum*] straordinario.

unpredictable /ˌʌnprɪˈdɪktəbl/ agg. [*event*] imprevedibile; [*weather*] incerto; ***he's*** ~ da lui ci si può aspettare di tutto.

unprejudiced /ʌnˈpredʒʊdɪst/ agg. [*person*] senza pregiudizi, obiettivo, non prevenuto; [*opinion, judgment*] imparziale.

unpremeditated /ˌʌnpri:ˈmedɪteɪtɪd/ agg. [*act*] non premeditato.

unprepared /ˌʌnprɪˈpeəd/ agg. **1** *(not ready)* [*person*] non pronto, impreparato (**for** a); ***to be ~ to do*** non essere pronto a fare; ***to catch sb.*** ~ cogliere qcn. alla sprovvista **2** [*speech, translation*] improvvisato, estemporaneo.

unprepossessing /ˌʌnˌpri:pəˈzesɪŋ/ agg. non attraente.

unpretentious /ˌʌnprɪˈtenʃəs/ agg. senza pretese, non pretenzioso.

unprincipled /ʌnˈprɪnsəpld/ agg. [*person*] senza principi; [*act*] amorale; [*behaviour*] senza scrupoli.

unprintable /ʌnˈprɪntəbl/ agg. **1** *(unpublishable)* impubblicabile **2** *(outrageous)* ***her answer was quite*** ~ SCHERZ. meglio non riferire ciò che disse.

unprivileged /ʌnˈprɪvɪlɪdʒd/ agg. [*minority, life, position*] senza privilegi.

unproductive /ˌʌnprəˈdʌktɪv/ agg. [*capital, work*] improduttivo; [*discussion, land*] sterile.

unprofessional /ˌʌnprəˈfeʃənl/ agg. [*behaviour, method*] poco professionale.

unprofitable /ʌnˈprɒfɪtəbl/ agg. **1** ECON. [*company, venture*] non redditizio, che non dà profitto **2** FIG. [*investigation, discussion*] infruttuoso, poco produttivo, inutile.

unprompted /ʌnˈprɒmptɪd/ agg. non sollecitato, spontaneo.

unpronounceable /ˌʌnprəˈnaʊnsəbl/ agg. impronunciabile.

unprotected /ˌʌnprəˈtektɪd/ agg. **1** *(unsafe)* [*person*] indifeso; [*area, sex*] non protetto **2** *(bare)* [*wood, metal*] non rivestito.

unprovoked /ˌʌnprəˈvəʊkt/ agg. [*attack, aggression*] non provocato, ingiustificato.

unpublished /ʌn'pʌblɪʃt/ agg. [*book*] non pubblicato, inedito.
unpunished /ʌn'pʌnɪʃt/ agg. [*crime, person*] impunito.
unputdownable /ˌʌnpʊt'daʊnəbl/ agg. COLLOQ. [*book*] che si legge tutto d'un fiato.
unqualified /ʌn'kwɒlɪfaɪd/ agg. **1** *(without qualifications)* non qualificato; [*teacher*] non abilitato; ***to be ~*** non essere qualificato **2** *(total)* [*support*] incondizionato; [*respect*] totale; [*cease-fire*] incondizionato; ***it was an ~ success*** è stato un successo senza pari.
unquenchable /ʌn'kwentʃəbl/ agg. [*thirst, fire*] inestinguibile.
unquestionable /ʌn'kwestʃənəbl/ agg. [*truth*] incontestabile; [*fact*] inconfutabile, indiscutibile.
unquestioned /ʌn'kwestʃənd/ agg. **1** *(not interrogated)* [*person*] non interrogato **2** *(not examined)* non investigato, non esaminato **3** *(indisputable)* indiscusso, incontestato.
unquestioning /ʌn'kwestʃənɪŋ/ agg. senza riserve, assoluto; [*obedience*] cieco; [*acceptance*] pieno; [*confidence*] incondizionato.
unquote /ʌn'kwəʊt/ intr. ***quote... ~*** *(in dictation)* aperte (le) virgolette... chiuse (le) virgolette; *(in lecture, speech)* e qui cito...
unravel /ʌn'rævl/ **I** tr. (forma in -ing ecc. **-ll-** BE, **-l-** AE) disfare [*knitting*]; districare, sbrogliare [*thread*]; svelare [*mystery*] **II** intr. (forma in -ing ecc. **-ll-** BE, **-l-** AE) [*knitting*] disfarsi, sfilacciarsi; [*mystery*] svelarsi; [*thread*] districarsi, sbrogliarsi; [*plot*] snodarsi.
unreadable /ʌn'ri:dəbl/ agg. [*book, writing*] illeggibile.
unreal /ʌn'rɪəl/ agg. **1** *(not real)* [*situation, conversation*] irreale; ***it seemed a bit ~ to me*** mi sembrava di sognare **2** COLLOQ. SPREG. *(unbelievable)* ***he's ~!*** è pazzesco! **3** COLLOQ. *(amazingly good)* incredibile, favoloso.
unrealistic /ˌʌnrɪə'lɪstɪk/ agg. [*expectation, aim*] non realistico, non realizzabile; [*presentation*] poco realistico; [*person*] non realistico.
unreality /ˌʌnrɪ'ælətɪ/ n. irrealtà f.
unrealizable /ʌn'rɪəlaɪzəbl/ agg. irrealizzabile.
unrealized /ʌn'rɪəlaɪzd/ agg. [*ambition*] non soddisfatto; [*potential*] non sfruttato; ***to be*** o ***remain ~*** non essere realizzato.
unreasonable /ʌn'ri:znəbl/ agg. **1** *(not rational)* [*views, behaviour, expectation*] irragionevole, insensato **2** *(excessive)* [*price*] eccessivo, esorbitante; [*demand*] irragionevole; ***at an ~ hour*** a un'ora assurda.
unreasonably /ʌn'ri:znəblɪ/ avv. [*behave*] in modo irragionevole, in modo insensato; ***~ high prices*** affitti eccessivamente alti; ***not ~*** ragionevolmente, a ragione.
unreasoning /ʌn'ri:zənɪŋ/ agg. [*panic*] irrazionale; [*person*] irragionevole; [*response*] insensato.
unreceptive /ˌʌnrɪ'septɪv/ agg. non ricettivo (**to** a).
unrecognizable /ʌn'rekəgnaɪzəbl/ agg. irriconoscibile.
unrecognized /ʌn'rekəgnaɪzd/ agg. **1** [*significance*] ignorato (**by** da); [*talent*] misconosciuto, incompreso **2** POL. [*regime, government*] non riconosciuto **3** *(unnoticed)* ***he crossed the city ~*** ha attraversato la città senza essere riconosciuto.
unreconstructed /ˌʌnri:kən'strʌktɪd/ agg. *(not rebuilt)* non ricostruito, non riedificato; *(not converted)* [*socialist, feminist*] irriducibile.
unrecorded /ˌʌnrɪ'kɔ:dɪd/ agg. [*music*] non registrato; [*word*] non attestato; ***to go ~*** non essere registrato.
unrefined /ˌʌnrɪ'faɪnd/ agg. **1** [*flour, sugar, oil*] grezzo, non raffinato **2** [*person*] rozzo; [*manners, style*] grossolano.
unreflecting /ˌʌnrɪ'flektɪŋ/ agg. che non riflette, sventato.
unregistered /ʌn'redʒɪstəd/ agg. [*claim, firm, animal*] non registrato; [*birth*] non dichiarato; [*letter*] non raccomandato; [*vehicle*] non immatricolato; ***the earthquake went ~*** il terremoto non è stato rilevato.
unrehearsed /ˌʌnrɪ'hɜ:st/ agg. [*response*] non provato; [*action, speech*] improvvisato; [*play*] che non è stato provato.
unrelated /ˌʌnrɪ'leɪtɪd/ agg. **1** *(not logically connected)* non collegato, non correlato (**to** a), senza nesso (**to** con); ***his success is not ~ to the fact that he has money*** il suo successo non è del tutto scollegato dal fatto che ha molti soldi **2** *(as family)* ***to be ~*** non essere imparentato.
unrelenting /ˌʌnrɪ'lentɪŋ/ agg. [*heat*] implacabile; [*stare*] fisso; [*pursuit*] inarrestabile, irrefrenabile; [*person, zeal*] ostinato.
unreliability /ˌʌnrɪlaɪə'bɪlətɪ/ n. inaffidabilità f.
unreliable /ˌʌnrɪ'laɪəbl/ agg. [*method, person*] inaffidabile; [*figures*] inattendibile; [*equipment*] che non dà garanzie.
unrelieved /ˌʌnrɪ'li:vd/ agg. [*substance, colour*] uniforme; [*darkness*] completo; [*gloom, anxiety*] non alleviato; [*boredom*] totale.
unremarkable /ˌʌnrɪ'mɑ:kəbl/ agg. ordinario, comune.
unremarked /ˌʌnrɪ'mɑ:kt/ agg. ***to go*** o ***pass ~*** passare inosservato.
unremitting /ˌʌnrɪ'mɪtɪŋ/ agg. [*boredom, flow*] continuo; [*hostility*] persistente; [*pressure, effort*] incessante, continuo; [*struggle*] senza interruzione, ininterrotto.
unremittingly /ˌʌnrɪ'mɪtɪŋlɪ/ avv. incessantemente, ininterrottamente.
unrepeatable /ˌʌnrɪ'pi:təbl/ agg. **1** *(unique)* [*offer*] irripetibile; [*sight*] unico **2** *(vulgar)* [*language*] irripetibile; ***his comment is ~*** il suo commento non si può ripetere.
unrepentant /ˌʌnrɪ'pentənt/ agg. impenitente.
unreported /ˌʌnrɪ'pɔ:tɪd/ agg. [*incident, attack*] non denunciato, non riferito.
unrepresentative /ˌʌnreprɪ'zentətɪv/ agg. non rappresentativo.
unrepresented /ˌʌnreprɪ'zentɪd/ agg. [*person, area*] non rappresentato.
unrequited /ˌʌnrɪ'kwaɪtɪd/ agg. [*love*] non ricambiato, non corrisposto.
unreserved /ˌʌnrɪ'zɜ:vd/ agg. **1** *(free)* [*seat*] libero **2** *(wholehearted)* [*support*] incondizionato, pieno; [*welcome*] caloroso.
unresisting /ˌʌnrɪ'zɪstɪŋ/ agg. che non oppone resistenza.
unresolved /ˌʌnrɪ'zɒlvd/ agg. [*matter*] irrisolto; [*problem*] irrisolto, insoluto.
unresponsive /ˌʌnrɪ'spɒnsɪv/ agg. indifferente, che non reagisce.
unrest /ʌn'rest/ n. **U 1** *(dissatisfaction)* malcontento m., scontento m. **2** *(agitation)* agitazione f., disordini m.pl.
unrestrained /ˌʌnrɪ'streɪnd/ agg. [*growth*] sfrenato; [*emotion*] incontrollato; [*freedom*] senza limiti.
unrestricted /ˌʌnrɪ'strɪktɪd/ agg. [*access*] libero; [*power*] illimitato; [*testing, disposal*] incontrollato; [*warfare*] a oltranza; [*roadway*] sgombro, libero.
unrewarding /ˌʌnrɪ'wɔ:dɪŋ/ agg. *(unfulfilling)* non gratificante, non appagante; *(thankless)* ingrato; ***financially ~*** malpagato, pagato male.
unripe /ʌn'raɪp/ agg. [*fruit*] acerbo, non maturo; [*wheat*] in erba.
unrivalled BE, **unrivaled** AE /ʌn'raɪvld/ agg. [*person*] senza rivali; [*comfort*] senza pari.
unroll /ʌn'rəʊl/ **I** tr. srotolare, spiegare [*blanket, carpet*] **II** intr. srotolarsi, spiegarsi; FIG. [*scene, action*] svolgersi.
unromantic /ˌʌnrə'mæntɪk/ agg. ***to be ~*** non essere romantico, essere poco romantico.
UNRRA n. (⇒ United Nations Relief and Rehabilitation Administration Amministrazione dei Soccorsi delle Nazioni Unite) UNRRA f.
unruffled /ʌn'rʌfld/ agg. **1** *(calm)* [*person*] imperturbabile, sereno; [*demeanour*] calmo; ***to be ~*** non essere turbato (**by** da) **2** *(smooth)* [*water*] piatto; [*hair*] non arruffato.
unruly /ʌn'ru:lɪ/ agg. [*crowd*] indisciplinato; [*behaviour*] riottoso; [*hair*] ribelle.
unsaddle /ʌn'sædl/ tr. dissellare [*horse*]; disarcionare [*person*].
unsafe /ʌn'seɪf/ agg. **1** [*environment*] pericoloso, malsicuro; [*drinking water*] non sicuro da bere; [*goods*] pericoloso, non sicuro; [*sex*] a rischio; ***the car is ~ to drive*** la macchina è pericolosa da guidare; ***the building was declared ~*** l'edificio è stato dichiarato pericolante **2** *(threatened)* ***to feel ~*** [*person*] non sentirsi al sicuro **3** DIR. [*conviction, verdict*] appellabile.
unsaid /ʌn'sed/ agg. ***to be*** o ***go ~*** essere taciuto; ***to leave sth. ~*** passare qcs. sotto silenzio.
unsalaried /ʌn'sælərɪd/ agg. non stipendiato.

unsaleable BE, **unsalable** AE /ʌn'seɪləbl/ agg. invendibile.
unsalted /ʌn'sɔːltɪd/ agg. non salato.
unsanitary /ʌn'sænɪtrɪ, AE -terɪ/ agg. malsano, non igienico.
unsatisfactory /ˌʌnsætɪs'fæktərɪ/ agg. [*goods*] scadente; [*conditions, work*] insoddisfacente.
unsatisfied /ʌn'sætɪsfaɪd/ agg. [*person*] insoddisfatto, scontento (**with** di); [*need*] non soddisfatto, insoddisfatto.
unsatisfying /ʌn'sætɪsfaɪɪŋ/ agg. [*job*] insoddisfacente, non appagante; [*experience, result*] deludente; [*food*] che non dà soddisfazione.
unsavoury BE, **unsavory** AE /ʌn'seɪvərɪ/ agg. [*business*] sgradevole; [*individual*] ripugnante; [*object*] brutto; [*smell*] disgustoso.
unscathed /ʌn'skeɪðd/ agg. illeso, incolume.
unscented /ʌn'sentɪd/ agg. non profumato.
unscheduled /ʌn'ʃedjuːld, AE ʌn'skedʒʊld/ agg. [*appearance, speech*] fuori programma; [*flight*] straordinario; [*stop*] non previsto.
unscientific /ˌʌnsaɪən'tɪfɪk/ agg. ***to be ~*** [*method, theory, approach*] non essere scientifico; [*person*] non essere portato per la scienza.
unscramble /ʌn'skræmbl/ tr. decifrare [*code, words*]; riordinare, mettere in ordine [*ideas, thoughts*].
unscrew /ʌn'skruː/ **I** tr. svitare **II** intr. svitarsi.
unscripted /ʌn'skrɪptɪd/ agg. [*speech*] improvvisato.
unscrupulous /ʌn'skruːpjʊləs/ agg. [*person*] senza scrupoli, spregiudicato; [*tactic*] scorretto.
unsealed /ʌn'siːld/ agg. [*envelope*] non sigillato.
unseasonable /ʌn'siːznəbl/ agg. [*food, clothing*] fuori stagione; ***the weather is ~*** il tempo non è normale per questa stagione.
unseasoned /ʌn'siːznd/ agg. **1** [*food*] non condito **2** [*wood*] non stagionato.
unseat /ʌn'siːt/ tr. **1** EQUIT. disarcionare [*rider*] **2** POL. ***the MP was ~ed*** al deputato è stato tolto il seggio.
unseeded /ʌn'siːdɪd/ agg. SPORT non selezionato.
unseeing /ʌn'siːɪŋ/ agg. LETT. [*eyes*] perso nel vuoto.
unseemly /ʌn'siːmlɪ/ agg. FORM. sconveniente, disdicevole.
unseen /ʌn'siːn/ **I** n. BE SCOL. ***an Italian ~*** una traduzione all'impronta *o* a prima vista dall'italiano **II** agg. **1** [*figure, hands*] invisibile, nascosto **2** SCOL. [*translation*] all'impronta, a prima vista **III** avv. [*escape, slip away*] senza essere visto, inosservato.
unselfconscious /ˌʌnself'kɒnʃəs/ agg. *(spontaneous)* naturale, spontaneo; *(uninhibited)* disinvolto.
unselfish /ʌn'selfɪʃ/ agg. altruista, disinteressato.
unselfishness /ʌn'selfɪʃnɪs/ n. altruismo m., disinteresse m.
unsentimental /ˌʌnsentɪ'mentl/ agg. [*speech, film, novel, person*] non sentimentale.
unsettle /ʌn'setl/ tr. turbare, scombussolare [*person*]; disturbare [*discussions*].
unsettled /ʌn'setld/ **I** p.pass. → **unsettle II** agg. **1** [*weather, economic climate*] instabile, variabile, incerto **2** *(not paid)* [*account*] non saldato, insoluto **3** *(disrupted)* [*schedule*] sconvolto **4** ***to feel ~*** [*person*] sentirsi scombussolato.
unsettling /ʌn'setlɪŋ/ agg. [*question*] preoccupante; [*experience*] sconvolgente; [*work of art*] inquietante; ***psychologically ~*** traumatizzante.
unshak(e)able /ʌn'ʃeɪkəbl/ agg. [*faith*] incrollabile; [*belief*] saldo; [*conviction*] fermo.
unshaken /ʌn'ʃeɪkən/ agg. [*person*] non scosso, imperturbato (**by** da); [*belief*] saldo; [*spirit*] risoluto.
unshaven /ʌn'ʃeɪvn/ agg. [*cheek*] non rasato; [*man*] con la barba non fatta.
unshockable /ʌn'ʃɒkəbl/ agg. ***she's ~*** niente la scandalizza.
unshrinkable /ʌn'ʃrɪŋkəbl/ agg. [*fabric*] irrestringibile, che non si restringe.
unsightliness /ʌn'saɪtlɪnɪs/ n. bruttezza f., sgradevolezza f.
unsightly /ʌn'saɪtlɪ/ agg. [*blemish*] brutto; [*building*] orrendo.
unsigned /ʌn'saɪnd/ agg. [*document, letter*] non firmato.
unsinkable /ʌn'sɪŋkəbl/ agg. inaffondabile (anche FIG. SCHERZ.).
unskilled /ʌn'skɪld/ agg. [*labour, job, work*] non qualificato; ***~ worker*** operaio non specializzato, manovale.
unskimmed /ʌn'skɪmd/ agg. [*milk*] intero.
unsmiling /ʌn'smaɪlɪŋ/ agg. [*person*] scuro in volto; [*face*] accigliato.
unsociable /ʌn'səʊʃəbl/ agg. [*person*] non socievole, asociale.
unsocial /ʌn'səʊʃl/ agg. ***~ hours*** orari impossibili.
unsold /ʌn'səʊld/ agg. invenduto, non venduto.
unsolicited /ˌʌnsə'lɪsɪtɪd/ agg. [*advice*] non richiesto; ***~ mail*** = volantini pubblicitari inviati per posta.
unsolved /ʌn'sɒlvd/ agg. [*problem*] irrisolto; [*mystery*] irrisolto, insoluto.
unsophisticated /ˌʌnsə'fɪstɪkeɪtɪd/ agg. [*person*] semplice, genuino; [*tastes, mind*] semplice, non sofisticato; [*analysis*] semplicistico.
unsound /ʌn'saʊnd/ agg. [*roof*] pericolante; [*ship*] malsicuro; [*argument*] debole; [*credits, investment*] incerto; ***politically ~*** sbagliato sul piano politico; ***to be of ~ mind*** DIR. essere incapace di intendere e di volere.
unsparing /ʌn'speərɪŋ/ agg. **1** generoso; ***to be ~ in one's efforts to do sth.*** non risparmiarsi nel fare qcs. **2** *(merciless)* implacabile, spietato.
unsparingly /ʌn'speərɪŋlɪ/ avv. **1** [*give, devote oneself*] senza risparmiarsi; [*strive*] senza risparmio di energie **2** [*critical*] implacabilmente.
unspeakable /ʌn'spiːkəbl/ agg. **1** *(dreadful)* [*pain*] indicibile; [*sorrow, noise*] terribile; [*act*] inenarrabile **2** *(inexpressible)* [*joy*] indescrivibile.
unspeakably /ʌn'spiːkəblɪ/ avv. **1** *(dreadfully)* terribilmente **2** *(inexpressibly)* ***~ beautiful*** di una bellezza indescrivibile.
unspecified /ʌn'spesɪfaɪd/ agg. [*date*] imprecisato; [*object*] non specificato.
unspent /ʌn'spent/ agg. **1** [*money*] non speso **2** FIG. [*rage*] non esaurito.
unspoiled /ʌn'spɔɪld/, **unspoilt** /ʌn'spɔɪlt/ agg. [*landscape, area*] intatto, incontaminato, allo stato naturale; [*town*] non rovinato; ***she was ~ by fame*** la celebrità non l'aveva cambiata.
unspoken /ʌn'spəʊkən/ agg. **1** *(secret)* [*desire, question*] inespresso **2** *(implicit)* [*agreement*] tacito.
unsporting /ʌn'spɔːtɪŋ/ agg. [*behaviour*] antisportivo.
unsportsmanlike /ˌʌn'spɔːtsmənlaɪk/ agg. SPORT ***~ conduct*** condotta sleale, che non si addice a uno sportivo.
unstable /ʌn'steɪbl/ agg. instabile.
unstated /ʌn'steɪtɪd/ agg. [*violence*] taciuto; [*assumption*] tacito; [*policy, conviction*] inespresso.
unstatesmanlike /ʌn'steɪtsmənlaɪk/ agg. [*behaviour*] indegno di un uomo di stato.
unsteadily /ʌn'stedɪlɪ/ avv. [*walk*] con andatura incerta, barcollando; [*rise*] in modo malfermo.
unsteady /ʌn'stedɪ/ agg. **1** *(wobbly)* [*steps*] incerto; [*legs*] malfermo; [*voice*] tremolante; [*ladder*] instabile; ***to be ~ on one's feet*** reggersi a malapena sulle proprie gambe, barcollare **2** *(irregular)* [*rhythm, speed*] irregolare.
unstinting /ʌn'stɪntɪŋ/ agg. [*effort*] enorme; [*support*] dato senza riserve; ***~ in one's praise of sb.*** prodigo di complimenti per qcn.
unstitch /ʌn'stɪtʃ/ tr. scucire; ***to come ~ed*** scucirsi.
unstoppable /ʌn'stɒpəbl/ agg. [*force, momentum*] inarrestabile; [*athlete*] imprendibile; [*leader*] che non può essere fermato.
unstrap /ʌn'stræp/ tr. (forma in -ing ecc. **-pp-**) **1** *(undo)* slacciare le cinghie di [*suitcase*] **2** *(detach)* slegare [*case, bike*].
unstressed /ʌn'strest/ agg. LING. [*vowel, word*] non accentato, atono.
unstructured /ʌn'strʌktʃəd/ agg. [*speech*] non strutturato; [*task*] non organizzato.
unstrung /ʌn'strʌŋ/ agg. ***the violin, racket came ~*** si allentarono le corde del violino, della racchetta; ***to come ~*** [*beads*] sfilarsi.
unstuck /ʌn'stʌk/ agg. **1** ***to come ~*** [*stamp, glue*] staccarsi, scollarsi **2** BE FIG. ***to come ~*** [*person*] fallire; [*organization*] andare a rotoli; [*plans*] fallire, andare a monte.
unsubsidized /ʌn'sʌbsɪdaɪzd/ agg. [*activity*] non sovvenzionato.
unsubstantiated /ˌʌnsəb'stænʃɪeɪtɪd/ agg. [*claim*] non comprovato; [*rumour*] privo di fondamento, infondato.

unsuccessful /ˌʌnsək'sesfl/ agg. 1 [*campaign*] infruttuoso; [*production, film*] che non ha avuto successo; [*lawsuit*] perso; [*love affair*] finito male; [*search*] vano; ***to be ~*** [*attempt*] fallire 2 [*candidate*] *(for job)* scartato; *(in election)* che ha perso; [*businessperson*] che non ha avuto fortuna; ***to be ~ in doing*** non riuscire a fare.

unsuccessfully /ˌʌnsək'sesfəlɪ/ avv. [*try*] invano; [*challenge, bid*] senza fortuna.

unsuitable /ʌn'su:təbl/ agg. [*location, clothing, accommodation*] inadatto, inadeguato; [*time*] sconveniente; [*moment*] inopportuno; [*friend*] non adatto; ***to be ~*** non essere adatto (**for** a, per).

unsuitably /'ʌn'su:təblɪ/ avv. ***he was ~ dressed*** era vestito in modo non adatto; ***to be ~ matched*** [*people*] essere male assortito.

unsuited /ʌn'su:tɪd/ agg. [*place, person*] non adatto; ***posts ~ to their talents*** posti di lavoro che non si confanno alle loro capacità; ***she was ~ to country life*** non era fatta per la vita in campagna; ***they're ~ (as a couple)*** non sono fatti l'uno per l'altro.

unsullied /ʌn'sʌlɪd/ agg. LETT. [*person*] pulito; [*reputation*] senza macchia.

unsung /ʌn'sʌŋ/ agg. LETT. [*hero, achievement*] non celebrato.

unsupervised /ʌn'su:pəvaɪzd/ agg. [*activity*] non supervisionato; [*child*] non controllato.

unsupported /ˌʌnsə'pɔ:tɪd/ agg. 1 [*allegation*] non corroborato da prove, non comprovato; [*hypothesis*] non confermato 2 MIL. [*troops*] senza rinforzi 3 [*family*] senza sostegno finanziario; [*mother*] solo.

unsupportive /ʌnsə'pɔ:tɪv/ agg. *(not helpful)* ***her partner is ~*** il suo compagno non le è di appoggio; *(not encouraging)* ***his colleagues were ~*** i suoi colleghi non lo sostennero.

unsure /ʌn'ʃɔ:(r), AE -'ʃʊər/ agg. incerto, insicuro (**of** su, di); ***to be ~ about how*** non essere sicuro su come; ***to be ~ about going*** essere indeciso sul partire; ***to be ~ of oneself*** essere insicuro.

unsurpassed /ˌʌnsə'pɑ:st, AE -'pæst/ agg. [*beauty*] senza pari; ***to be ~*** non avere uguali.

unsuspected /ˌʌnsə'spektɪd/ agg. 1 *(not imagined possible)* insospettato, inaspettato 2 *(not suspected)* insospettato, non sospettato.

unsuspecting /ˌʌnsə'spektɪŋ/ agg. [*person*] non diffidente, non sospettoso; [*public*] ignaro; ***completely ~*** che non sospetta niente.

unsweetened /ʌn'swi:tnd/ agg. non zuccherato.

unswerving /ʌn'swɜ:vɪŋ/ agg. [*loyalty*] indefettibile; [*devotion*] costante.

unsympathetic /ˌʌnsɪmpə'θetɪk/ agg. 1 *(uncaring)* [*person*] insensibile, freddo (**to** verso); [*attitude, manner, tone*] indifferente, freddo 2 *(unattractive)* [*person, character*] antipatico, indisponente; [*environment, building*] sgradevole 3 *(unsupportive)* ***to be ~ to*** mostrarsi ostile a [*cause, movement, policy*]; ***she is ~ to the right*** non appoggia la destra *o* non è (una simpatizzante) di destra.

unsystematic /ˌʌnsɪstə'mætɪk/ agg. non sistematico.

untainted /ʌn'teɪntɪd/ agg. [*food*] non avariato; [*reputation*] non macchiato; [*mind*] non corrotto.

untamed /ʌn'teɪmd/ agg. [*passion*] indomito; [*person*] ribelle, indomito; [*lion*] non domato; [*garden*] incolto; [*beauty*] selvaggio; [*bird, fox*] non addomesticato, selvatico.

untangle /ʌn'tæŋgl/ I tr. districare [*threads*]; svelare [*mystery*]; risolvere [*difficulties*] II rifl. ***to ~ oneself*** *(from net, wire)* liberarsi; *(from situation)* riuscire a uscire.

untapped /ʌn'tæpt/ agg. [*talent*] non utilizzato; [*market*] non sfruttato.

untaxed /ʌn'tækst/ agg. 1 [*income*] non soggetto a imposta, non imponibile; [*goods*] non tassato, esente da imposte 2 BE AUT. [*car*] senza il bollo (pagato).

untenable /ʌn'tenəbl/ agg. [*position, standpoint*] insostenibile; [*claim, argument*] indifendibile.

untested /ʌn'testɪd/ agg. 1 [*theory*] non verificato, indimostrato; [*method, drug*] non sperimentato 2 *(psychologically)* [*person*] non sottoposto a test.

unthinkable /ʌn'θɪŋkəbl/ agg. [*prospect*] inconcepibile, inimmaginabile; [*action*] impensabile, inconcepibile.

unthinking /ʌn'θɪŋkɪŋ/ agg. [*person*] sconsiderato, irriflessivo; [*remark, criticism*] azzardato.

unthinkingly /ʌn'θɪŋkɪŋlɪ/ avv. [*behave, react*] in modo impulsivo, sconsideratamente.

unthought-of /ʌn'θɔ:tɒv/ agg. [*applications*] impensato; [*consequences*] imprevisto.

untidily /ʌn'taɪdɪlɪ/ avv. [*kept, scattered, strewn*] in disordine; ***~ dressed*** sciatto, trasandato.

untidiness /ʌn'taɪdɪnɪs/ n. *(of house, room, desk)* disordine m., confusione f.; *(of person, appearance)* sciatteria f., trasandatezza f.

untidy /ʌn'taɪdɪ/ agg. [*person*] *(in habits)* disordinato; *(in appearance)* sciatto; [*habits*] disordinato; [*clothes*] trasandato; [*room*] in disordine.

untie /ʌn'taɪ/ tr. (forma in -ing **-tying**) sciogliere, disfare [*knot*]; slegare [*rope*]; slacciare [*laces*]; disfare [*parcel*]; slegare, liberare [*hands, hostage*]; ***to come ~d*** [*laces*] slacciarsi; [*parcel*] disfarsi; [*hands*] liberarsi.

until /ən'tɪl/ When used as a preposition in positive sentences, *until* is translated by *fino a* or *sino a*: *they're staying until Monday* = rimarranno fino / sino a lunedì. Remember that, if a definite article form follows *fino a*, *a* is modified according to the number and gender of the following noun: *until the right moment* = fino al momento giusto; *until the break of war* = fino allo scoppio della guerra; *until the end* = fino alla fine; *until next year* = fino all'anno prossimo; *until dawn* = fino all'alba; *until next exams* = fino ai prossimi esami; *until the eighties* = fino agli anni ottanta; *until next holidays* = fino alle prossime vacanze. - In negative sentences *not until* is translated by *non...fino a*: *I can't see you until Friday* = non posso vederti fino a venerdì. - When used as a conjunction, *until* is translated by *finché (non)* or *fino a quando*: *we'll stay here until Maya comes back* = rimarremo qui finché (non) / fino a quando torna Maya; *don't speak a word until I tell you* = non dire una parola finché non te lo dico io. - In negative sentences where the two verbs have the same subject, *not until* is translated by *prima di* + infinitive: *we won't leave until we've seen Claire* = non ce ne andremo prima di avere visto Claire. - For more examples and particular usages, see the entry below. I prep. 1 (anche **till**) *(up to a specific time)* fino a, sino a; *(after negative verb)* prima di; ***~ Tuesday*** fino a martedì; ***~ the sixties*** fino agli anni sessanta; ***~ very recently*** fino a poco tempo fa; ***~ a year ago*** fino a un anno fa; ***~ now*** fino a ora; ***~ then*** fino ad allora; ***(up) ~ 1901*** fino al 1901; ***valid (up) ~ April 2006*** valido fino ad aprile 2006; ***~ the day he died*** fino al giorno della sua morte; ***~ well after midnight*** fino a ben oltre la mezzanotte; ***to wait ~ after Easter*** aspettare fino a dopo Pasqua; ***from Monday ~ Saturday*** da lunedì (fino) a sabato; ***put it off ~ tomorrow*** rimandalo a domani; ***~ such time as you find work*** fino a quando non trovi lavoro; ***I won't know ~ Tuesday*** non saprò niente prima di martedì; ***he didn't ring ~ the following day*** si fece vivo solo il giorno seguente; ***it wasn't ~ the 50's that*** non fu prima degli anni cinquanta che 2 *(as far as)* fino a; ***stay on the bus ~ Egham*** resta sul pullman fino a quando non arrivi ad Egham II cong. (anche **till**) fino a quando, finché (non); ***we'll stay ~ a solution is reached*** resteremo finché non si troverà una soluzione; ***let's watch TV ~ they arrive*** guardiamo la televisione finché non arrivano; ***things won't improve ~ we have democracy*** le cose non miglioreranno finché non ci sarà una democrazia; ***stir mixture ~ (it is) smooth*** GASTR. mescolare bene fino a quando il composto non è omogeneo; ***~ you are dead*** DIR. a vita; ***wait ~ I get back*** aspetta finché non ritorno; ***I'll wait ~ I get back*** aspetto di tornare (**before doing** per fare); ***wait ~ I tell you!*** aspetta che te lo racconti! ***she waited ~ she was alone*** aspettò di rimanere sola; ***don't look ~ I tell you to*** non guardare fino a quando non te lo dico io; ***don't ring me ~ you know for sure*** chiamami solo quando lo saprai con certezza; ***not ~ then did she realize that*** solo allora si rese conto che.

untimely /ʌn'taɪmlɪ/ agg. LETT. [*arrival*] intempestivo; [*intervention*] inopportuno, fuori luogo; [*death*] prematuro; ***to come to an ~ end*** [*person, project*] fare una fine prematura.

untiring /ʌn'taɪərɪŋ/ agg. [*person, enthusiasm*] infaticabile, indefesso, instancabile.

unto /ˈʌntʊ/ prep. ANT. → **2.to**.

untold /ʌnˈtəʊld/ agg. **1** *(not quantifiable)* ~ ***millions*** milioni di milioni; ~ ***damage*** ingenti danni **2** *(endless)* [*misery*] indicibile; [*damage*] incalcolabile; [*joy*] immenso **3** LETT. *(not told)* ***no event is left*** ~ nessun evento viene tralasciato nel racconto.

untouchable /ʌnˈtʌtʃəbl/ **I** n. RELIG. intoccabile m. e f. **II** agg. intoccabile.

untouched /ʌnˈtʌtʃt/ agg. **1** *(unchanged)* intatto, inalterato, integro **2** *(unscathed)* indenne, illeso **3** *(unaffected)* non influenzato (**by** da) **4** *(uneaten)* intatto; ***to leave a meal*** ~ non toccare cibo.

untoward /ˌʌntəˈwɔːd, AE ʌnˈtɔːrd/ agg. **1** *(unforeseen)* [*happening*] imprevisto, inaspettato **2** *(unseemly)* [*glee*] sconveniente, disdicevole.

untraceable /ʌnˈtreɪsəbl/ agg. introvabile, irreperibile.

untrained /ʌnˈtreɪnd/ agg. **1** [*workers*] non qualificato, non specializzato **2** [*voice*] non esercitato; [*eye*] inesperto; [*artist, actor*] che non ha studiato; ***to be*** ~ ***in sth.*** non essere qualificato per qcs. **3** [*animal*] non ammaestrato.

untrammelled BE, **untrameled** AE /ʌnˈtræmld/ agg. non vincolato, libero.

untranslatable /ˌʌntrænzˈleɪtəbl/ agg. intraducibile (**into** in).

untranslated /ˌʌntrænzˈleɪtɪd/ agg. non tradotto.

untreated /ʌnˈtriːtɪd/ agg. [*sewage, water*] non trattato, non depurato; [*illness*] non curato; [*road*] non cosparso di sabbia, di sale.

untried /ʌnˈtraɪd/ agg. **1** [*recruit*] inesperto; [*method*] non sperimentato; [*product*] non testato **2** DIR. [*prisoner*] non sottoposto a processo.

untroubled /ʌnˈtrʌbld/ agg. [*water*] calmo; [*face, person, life*] sereno, tranquillo; ***to be*** ~ non essere turbato (**by** da).

untrue /ʌnˈtruː/ agg. **1** *(false)* falso **2** *(inaccurate)* inesatto; ***it is*** ~ ***to say that*** non è esatto dire che **3** ANT. [*sweetheart*] infedele.

untrustworthy /ʌnˈtrʌstwɜːðɪ/ agg. [*source, information*] inattendibile; [*person*] inaffidabile, non degno di fiducia.

untruth /ʌnˈtruːθ/ n. falsità f.

untruthful /ʌnˈtruːθfl/ agg. [*person*] bugiardo, menzognero; [*account*] falso.

untypical /ʌnˈtɪpɪkl/ agg. [*person, behaviour*] fuori dal comune; ***it's*** ~ ***of him to be late*** non è da lui essere in ritardo.

1.unused /ʌnˈjuːst/ agg. *(unaccustomed)* ***to be*** ~ ***to sth., to doing*** non essere abituato a qcs., a fare.

2.unused /ʌnˈjuːzd/ agg. *(not used)* [*machine*] inutilizzato, non usato; [*building*] non utilizzato; [*stamp*] nuovo; ***"computer,*** ~***"*** *(in ad)* "computer, mai usato".

unusual /ʌnˈjuːʒl/ agg. [*colour*] insolito, inconsueto; [*flower*] non comune; [*feature, occurrence*] insolito, poco comune; [*dish, person*] strano, originale; ***of*** ~ ***beauty*** di rara bellezza; ***of*** ~ ***intelligence*** di un'intelligenza fuori del comune; ***to have an*** ~ ***way of doing*** avere un modo strano di fare; ***it is*** ~ ***to find*** non è facile trovare; ***it is not*** ~ ***to see*** non è difficile vedere; ***it's*** ~ ***for sb. to do*** è raro che qcn. faccia; ***there's nothing*** ~ ***about it*** non c'è niente di strano in questo.

unusually /ʌnˈjuːʒəlɪ/ avv. **1** *(exceptionally)* [*large, talented*] eccezionalmente; [*difficult*] insolitamente **2** *(surprisingly)* stranamente, insolitamente; ~ ***for her, she made many mistakes*** stranamente, ha fatto molti errori.

unutterable /ʌnˈʌtərəbl/ agg. [*pain*] indicibile; [*delight*] indescrivibile.

unvarying /ʌnˈveərɪɪŋ/ agg. [*habits*] che non cambia; [*routine*] sempre uguale.

unveil /ʌnˈveɪl/ tr. scoprire [*statue*]; rivelare [*details*].

unveiling /ʌnˈveɪlɪŋ/ n. **1** *(of statue)* scoprimento m. **2** *(official ceremony)* inaugurazione f. **3** *(of latest model, details)* presentazione f.

unvoiced /ʌnˈvɔɪst/ agg. **1** *(private)* [*opinion*] non espresso, inespresso **2** LING. [*consonant*] sordo.

unwaged /ʌnˈweɪdʒd/ **I** n. ***the*** ~ + verbo pl. i disoccupati **II** agg. [*work*] non retribuito; [*worker*] non salariato.

unwanted /ʌnˈwɒntɪd/ agg. [*goods, produce*] in eccesso; [*visitor*] indesiderato, sgradito; [*pet*] non desiderato; [*child, pregnancy*] non voluto; ***to feel*** ~ sentirsi di troppo.

unwarranted /ʌnˈwɒrəntɪd, AE -ˈwɔːr-/ agg. [*action*] ingiustificato, gratuito.

unwary /ʌnˈweərɪ/ **I** n. ***the*** ~ + verbo pl. gli sprovveduti **II** agg. *(incautious)* incauto, imprevidente; *(not aware of danger)* sprovveduto, non accorto.

unwashed /ʌnˈwɒʃt/ agg. [*clothes, dishes, feet*] non lavato; [*person*] che non si lava.

unwavering /ʌnˈweɪvərɪŋ/ agg. [*devotion*] profondo; [*gaze*] risoluto, fermo.

unwearying /ʌnˈwɪərɪɪŋ/ agg. [*fighter*] instancabile; [*patience*] infinito.

unwelcome /ʌnˈwelkəm/ agg. **1** [*visitor, presence*] indesiderato, non gradito; [*interruption*] sgradito; ***he felt most*** ~ si sentiva di troppo **2** [*news, proposition, truth*] spiacevole.

unwelcoming /ʌnˈwelkəmɪŋ/ agg. [*atmosphere*] non accogliente.

unwell /ʌnˈwel/ agg. indisposto, che non sta bene; ***he is feeling*** ~ non si sente bene; ***are you*** ~***?*** non ti senti bene?

unwholesome /ʌnˈhəʊlsəm/ agg. malsano (anche FIG.).

unwieldy /ʌnˈwiːldɪ/ agg. [*tool*] poco maneggevole; [*parcel*] ingombrante; [*bureaucracy*] lento; [*organization*] inefficiente.

unwilling /ʌnˈwɪlɪŋ/ agg. [*attention*] concesso controvoglia; [*departure*] forzato; ***he is*** ~ ***to do it*** non è disposto a farlo; *(stronger)* non ha nessuna intenzione di farlo; ~ ***accomplice*** complice riluttante.

unwillingly /ʌnˈwɪlɪŋlɪ/ avv. controvoglia.

unwillingness /ʌnˈwɪlɪŋnɪs/ n. riluttanza f.; ***her*** ~ ***to do*** la sua reticenza a fare.

unwind /ʌnˈwaɪnd/ **I** tr. (pass., p.pass. **-wound**) disfare, sdipanare [*ball of wool*] **II** intr. (pass., p.pass. **-wound**) **1** [*tape, cable, scarf*] srotolarsi **2** *(relax)* rilassarsi, distendersi, staccare la spina.

unwise /ʌnˈwaɪz/ agg. [*choice, decision*] insensato; [*person*] incauto, poco accorto; ***it is*** ~ ***to do*** è imprudente fare.

unwitting /ʌnˈwɪtɪŋ/ agg. **1** *(not aware)* inconsapevole **2** *(not intentional)* [*fraud*] non intenzionale; [*interruption*] involontario.

unwittingly /ʌnˈwɪtɪŋlɪ/ avv. **1** *(innocently)* innocentemente **2** *(without wanting to)* involontariamente **3** *(accidentally)* accidentalmente.

unwonted /ʌnˈwəʊntɪd/ agg. LETT. *(unusual)* insolito, inconsueto.

unworkable /ʌnˈwɜːkəbl/ agg. **1** [*material*] non lavorabile **2** *(unmanageable)* ingestibile; *(impracticable)* inattuabile, non fattibile, impraticabile.

unworldly /ʌnˈwɜːldlɪ/ agg. **1** *(not materialistic)* [*person*] non attaccato ai beni materiali; [*existence*] non mondano **2** *(naïve)* [*person, argument*] ingenuo, semplice **3** *(spiritual)* [*beauty, beings*] ultraterreno.

unworthy /ʌnˈwɜːðɪ/ agg. indegno; ~ ***of sth.*** indegno di qcs., che non merita qcs.

unwound /ʌnˈwaʊnd/ p.pass. → **unwind**.

unwrap /ʌnˈræp/ tr. (forma in -ing ecc. **-pp-**) scartare, aprire [*parcel*].

unwritten /ʌnˈrɪtn/ agg. **1** *(tacit)* [*rule*] non scritto; [*agreement*] tacito **2** *(not written)* [*story, song*] non scritto; [*tradition*] orale.

unyielding /ʌnˈjiːldɪŋ/ agg. rigido, inflessibile (anche FIG.).

unzip /ʌnˈzɪp/ **I** tr. (forma in -ing ecc. **-pp-**) **1** aprire la zip di [*dress, trousers*] **2** INFORM. decomprimere, unzippare [*file*] **II** intr. (forma in -ing ecc. **-pp-**) aprirsi.

1.up /ʌp/ *Up* **appears frequently in English as the second element of phrasal verbs (*get up, pick up* etc.): for translations, consult the appropriate verb entry (get, pick etc.).** avv. **1** *(high)* ~ ***here*** quassù; ~ ***there*** lassù; ~ ***in the tree*** in cima all'albero; ~ ***on the top shelf*** sullo scaffale più in alto; ~ ***in the clouds*** tra le nuvole; ~ ***in London*** (su) a Londra; ~ ***to*** o ***in Scotland*** (su) in Scozia; ~ ***North*** (su) a Nord; ***four floors*** ~ ***from here*** quattro piani più su; ***I live two floors*** ~ abito due piani di sopra; ***on the second shelf*** ~ sul secondo scaffale dal basso; ***I'm on my way*** ~ sto salendo; ***all the way*** ~ fino in cima **2** *(ahead)* avanti; ***to be four points*** ~ ***(on sb.)*** avere quattro punti di vantaggio (su qcn.); ***they were two goals*** ~ erano in vantaggio di due reti; ***he's 40-15*** ~ *(in tennis)* è in vantaggio per 40-15 **3** *(upwards)* ***t-shirts from £2*** ~ magliette a partire da due sterline; ***from (the age of) 7*** ~ dai 7 anni in su **4** *(at, to high status)* ***to be*** ~ ***with*** o ***among the best*** essere tra i migliori; ***~ the workers!*** viva i lavoratori! **5 up above** sopra; RELIG. lassù; ***~ above sth.*** sopra qcs. **6 up against *~ against the wall*** contro il muro; ***to be*** o ***come ~ against opposition*** FIG. incontrare resistenza; ***they're ~ against a very strong team*** devono affrontare una squadra molto forte; ***it helps to know what you are ~ against*** aiuta sapere con che cosa hai a che fare; ***we're really ~ against it*** siamo alle prese con un bel problema **7 up for *he's ~ for election*** si presenta alle elezioni; ***the subject ~ for discussion*** l'argomento su cui si discuterà **8 up to** fino a; ***~ to here*** fino a qui; ***~ to there*** fino là; ***I was ~ to my knees in water*** l'acqua mi arrivava alle ginocchia; ***~ to 5 people, 8 dollars*** fino a 5 persone, 8 dollari; ***reductions of ~ to 50%*** sconti fino al 50%; ***~ to 9 pm*** fino alle 9 di sera; ***~ to now*** fino ad ora; ***I'm not ~ to it*** *(not capable)* non sono in grado di farlo; *(not well enough)* non me la sento di farlo; ***the play wasn't ~ to much*** lo spettacolo non è stato un granché; ***that piece of work wasn't ~ to your usual standard*** quel lavoro non era al tuo solito livello; ***it's ~ to him to do*** *(expressing responsibility)* spetta *o* sta a lui fare; ***"shall I leave?" - "it's ~ to you!"*** "devo andare via?" - "vedi un po' tu!"; ***if it were ~ to me*** se dipendesse da me; ***what is he ~ to?*** cosa sta facendo? ***they're ~ to something*** stanno combinando qualcosa **9 up and down *to walk*** o ***pace ~ and down*** *(to and fro)* fare *o* andare su e giù; ***he's a bit ~ and down at the moment*** *(depressed)* ultimamente è un po' giù di corda; *(ill)* in questo periodo sta poco bene.

2.up /ʌp/ prep. **1** *(at, to higher level)* ***~ the tree*** sull'albero; ***~ a ladder*** su una scala; ***~ the stairs*** in cima alle scale; ***he ran ~ the stairs*** corse su per le scale; ***the road ~ the mountain*** la strada che s'inerpica su per la montagna **2** *(in direction)* ***the shops are ~ the road*** i negozi sono più avanti sulla strada; ***he lives ~ that road there*** abita su per quella strada; ***he lives just ~ the road*** abita appena più avanti lungo la strada; ***he walked ~ the road singing*** camminava per la strada cantando; ***she's got water ~ her nose*** le è andata l'acqua nel naso; ***he put it ~ his sleeve*** se l'è infilato nella manica **3 up and down** *(to and fro)* ***he was walking ~ and down the garden*** stava camminando su e giù per il giardino; *(throughout)* ***~ and down the country*** per tutta la nazione ♦ ***~ yours!*** POP. fottiti!

3.up /ʌp/ agg. **1** *(out of bed)* ***she's ~*** è alzata; ***they're often ~ early*** si alzano spesso presto; ***we were ~ very late last night*** siamo rimasti alzati fino a tardi ieri sera **2** *(higher in amount, level)* ***shares are ~*** le azioni sono in rialzo; ***production is ~ (by) 5%*** la produzione è aumentata del 5%; ***his temperature is ~ 2 degrees*** gli è salita la febbre di due linee; ***oranges are ~ again*** le arance sono di nuovo aumentate; ***prices are 6% ~ on last year*** i prezzi sono aumentati del 6% rispetto all'anno scorso **3** COLLOQ. *(wrong)* ***what's ~?*** cosa c'è (che non va)? ***what's ~ with him?*** cosa gli prende? ***there's something ~*** c'è qualcosa che non va; ***what's ~ with the TV?*** cos'ha il televisore? ***there's something ~ with the brakes*** i freni hanno qualcosa che non va **4** *(erected, affixed)* ***the notice is ~ on the board*** l'avviso è affisso in bacheca; ***is the tent ~?*** è montata la tenda? ***the building will soon be ~*** il palazzo sarà presto finito; ***he had his hand ~ for five minutes*** ha tenuto la mano alzata per cinque minuti **5** *(open)* ***he had his umbrella ~*** aveva l'ombrello aperto; ***the hood of the car was ~*** la macchina aveva il cofano tirato su; ***the blinds were ~*** le tapparelle erano alzate; ***when the lever is ~ the machine is off*** quando la leva è alzata la macchina è spenta **6** *(finished)* ***"time's ~!"*** "tempo scaduto!"; ***his leave is almost ~*** la sua licenza è quasi terminata; ***it's all ~ with him*** COLLOQ. ormai è spacciato **7** *(facing upwards)* ***"this side ~"*** *(on parcel, box)* "alto"; ***face ~*** a faccia in su **8** *(rising)* ***the river is ~*** il fiume si sta ingrossando; ***the wind is ~*** si sta alzando il vento; ***his colour's ~*** è tutto rosso; ***his blood's ~*** FIG. gli è andato il sangue alla testa **9** *(pinned up)* ***her hair was ~*** aveva i capelli tirati su **10** *(cheerful)* ***he's ~ at the moment*** adesso come adesso è molto allegro **11** *(being repaired)* ***the road is ~*** la strada è in riparazione; ***"road ~"*** "lavori in corso" **12** *(in upward direction)* ***the ~ escalator*** la scala mobile che sale **13** *(on trial)* ***to be ~ before a judge*** comparire davanti a un giudice; ***he's ~ for fraud*** è accusato di truffa **14** *(in tennis, badminton)* ***not ~!*** fallo! **15 up and about** *(out of bed)* in piedi, alzato; *(after illness)* ***to be ~ and about again*** essere di nuovo in piedi **16 up and running *to be ~ and running*** [*company, project*] bene avviato; [*system*] pienament funzionante; ***to get sth. ~ and running*** fare funzionare qcs. ***to be (well) ~ on*** essere ferrato in [*art, history*]; essere aggior nato su [*news, developments*].

4.up /ʌp/ n. ***the ~s and downs*** gli alti e bassi ♦ ***the compan is on the ~ and ~*** BE la ditta sta andando a gonfie vele; ***to b one ~ on sb.*** avere vantaggio su qcn.

5.up /ʌp/ **I** tr. (forma in -ing ecc. **-pp-**) aumentare [*price wages*] **II** intr. (forma in -ing ecc. **-pp-**) COLLOQ. ***he ~ped an left*** all'improvviso prese e se ne andò.

up and coming agg. [*person*] di belle speranze, promet tente.

upbeat /ˈʌpbiːt/ agg. [*message, view*] positivo, ottimista.

upbraid /ˌʌpˈbreɪd/ tr. FORM. riprendere, rimproverare.

upbringing /ˈʌpbrɪŋɪŋ/ n. educazione f.

upcountry /ˌʌpˈkʌntrɪ/ **I** agg. [*town*] dell'entroterra; [*place* nell'entroterra **II** avv. [*travel*] verso l'interno.

1.update /ˈʌpdeɪt/ n. aggiornamento m. (**on** su); ***news ~*** ultime notizie.

2.update /ˌʌpˈdeɪt/ tr. **1** *(revise)* aggiornare [*database, figure price*] **2** *(modernize)* ammodernare [*machinery*]; rinnovar [*image*] **3** aggiornare [*person*] (**on** su).

upend /ˌʌpˈend/ tr. rovesciare, capovolgere [*container*]; met tere a testa in giù [*person*].

upfront /ˌʌpˈfrʌnt/ **I** agg. COLLOQ. **1** *(frank)* franco, schiett **2** *(conspicuous)* [*position*] in vista **3** [*money*] anticipato **II** avv COLLOQ. [*pay*] in anticipo.

1.upgrade /ˈʌpgreɪd/ n. ***on the ~*** in ascesa; [*prices*] i aumento.

2.upgrade /ˌʌpˈgreɪd/ tr. **1** *(modernize)* ammodernare *(improve)* migliorare [*product*] **2** INFORM. potenziare aggiornare [*software, hardware*] **3** *(raise)* promuovere [*per son*]; riqualificare [*job*].

upheaval /ˌʌpˈhiːvl/ n. **1** *(disturbance)* *(political, emotional* agitazione f.; *(physical)* *(in house etc.)* subbuglio m. **2** *(instability)* *(political, emotional)* sconvolgimento m.; *(phys ical)* trambusto m., scompiglio m.; ***emotional ~*** turbament interiore.

upheld /ˌʌpˈheld/ pass., p.pass. → **uphold**.

uphill /ˌʌpˈhɪl/ **I** agg. **1** [*road, slope*] in salita **2** FIG. *(difficult* [*task*] difficile, arduo; ***it will be an ~ struggle*** o ***battle*** sar un'impresa difficile **II** avv. [*go, walk*] in salita; ***the path led ran ~*** il sentiero era in salita *o* saliva; ***it's ~ all the way*** è un strada tutta in salita (anche FIG.).

uphold /ˌʌpˈhəʊld/ tr. (pass., p.pass. **-held**) **1** difender [*right*]; sostenere [*principle*] **2** DIR. confermare [*sentence, dec sion*].

upholder /ˌʌpˈhəʊldə(r)/ n. *(of belief)* sostenitore m. (-trice) *(of right)* difensore m. (-ditrice).

upholster /ˌʌpˈhəʊlstə(r)/ tr. *(cover)* rivestire, tappezzare *(stuff)* imbottire [*chair, sofa*].

upholsterer /ˌʌpˈhəʊlstərə(r)/ ♦ **27** n. tappezziere m. (-a).

upholstery /ˌʌpˈhəʊlstərɪ/ n. **1** *(covering)* tappezzeria f. rivestimento m. **2** *(stuffing)* imbottitura f. **3** *(technique* tappezzeria f.

upkeep /ˈʌpkiːp/ n. **1** *(care)* *(of house, garden)* manuten zione f.; *(of animal)* mantenimento m. **2** *(cost of care)* cost m.pl. di manutenzione.

upland /ˈʌplənd/ **I** n. ***the ~s*** gli altipiani **II** agg. [*area*] mon tuoso.

1.uplift /ˈʌplɪft/ n. **1** *(of person, spirits)* risollevamento m. **2** *(of living standards)* miglioramento m.

2.uplift /ˌʌpˈlɪft/ tr. tirare su [*person*]; risollevare [*spirits*].

uplifting /ˌʌpˈlɪftɪŋ/ agg. edificante.

up-market /ˌʌpˈmɑːkɪt/ agg. [*car, hotel*] esclusivo; [*area* ricco.

upmost /ˈʌpməʊst/ agg. → **uppermost**.

upon /əˈpɒn/ prep. **1** FORM. → **1.on 2** *(linking two nouns* ***thousands ~ thousands of people*** migliaia e migliaia di per sone; ***disaster ~ disaster*** disastro su disastro **3** *(imminent* ***spring is almost ~ us*** ci avviciniamo alla primavera.

upper /ˈʌpə(r)/ **I** n. **1** *(of shoe)* tomaia f.; ***"leather ~"*** "ver cuoio" **2** AE COLLOQ. eccitante m., stimolante m. **II** agg. **1** *(i location)* [*shelf*] in alto; [*deck, jaw, lip, teeth*] superiore; ***the ~ body*** la parte superiore del corpo **2** *(in rank)* superiore, più elevato **3** *(on scale)* [*register, scale*] più alto; ***the ~ limit*** il limite massimo (**on** di); ***temperatures are in the ~ twenties*** la temperatura sfiora i 30° ♦ ***to be on one's ~s*** COLLOQ. essere al verde; ***to have, get the ~ hand*** avere, prendere il sopravvento *o* la meglio.

upper case I n. maiuscolo m. **II upper-case** agg. ***~ letters*** (lettere) maiuscole.

upper circle n. TEATR. seconda galleria f.

upper class I n. ***the ~*** l'alta società; ***the ~es*** le classi sociali più elevate **II upper-class** agg. [*accent*] dell'alta società; [*background, person*] aristocratico; ***in ~ circles*** nell'alta società.

upper crust I n. COLLOQ. SCHERZ. ***the ~*** la crema **II upper-crust** agg. [*accent, family*] aristocratico.

uppercut /ˈʌpəkʌt/ n. SPORT uppercut m., montante m.

Upper House n. GB Camera f. Alta.

upper-income bracket n. fascia f. di reddito più alta.

upper middle class I n. ***the ~*** o ***the ~es*** l'alta borghesia **II** agg. dell'alta borghesia.

uppermost /ˈʌpəməʊst/ agg. **1** *(highest)* [*deck, branch*] più alto; *(in rank)* [*echelon*] più elevato **2** *(to the fore)* ***to be ~ in sb.'s mind*** essere il pensiero dominante di qcn.

upper sixth n. GB SCOL. = secondo anno del biennio che conclude la scuola secondaria superiore.

uppish /ˈʌpɪʃ/ agg. BE COLLOQ. → **uppity**.

uppity /ˈʌpətɪ/ agg. COLLOQ. presuntuoso, borioso.

upright /ˈʌpraɪt/ **I** n. **1** ING. montante m., ritto m., piantana f. **2** *(in football)* montante m., palo m. **II** agg. *(erect)* dritto, eretto; *(in vertical position)* verticale; FIG. onesto, retto; ***to stay ~*** [*person*] restare dritto **III** avv. ***to stand ~*** stare in posizione eretta; ***to sit ~*** *(action)* tirarsi su a sedere.

upright freezer n. congelatore m., freezer m. (verticale).

upright piano ♦ *17* n. (pl. **upright pianos**) pianoforte m. verticale.

uprising /ˈʌpraɪzɪŋ/ n. insurrezione f., sommossa f.

upriver /ˌʌpˈrɪvə(r)/ agg. e avv. a monte, verso la sorgente.

uproar /ˈʌprɔː(r)/ n. **1** *(violent indignation)* protesta f., scalpore m.; ***to cause an international ~*** destare clamore a livello internazionale **2** *(noisy reaction)* tumulto m., putiferio m.; ***to cause (an) ~*** scatenare un finimondo **3** *(chaos)* ***to be in ~*** essere in tumulto.

uproarious /ʌpˈrɔːrɪəs/ agg. **1** *(funny)* spassoso, divertente **2** *(rowdy)* [*behaviour*] tumultuoso; [*laughter*] fragoroso.

uproot /ˌʌpˈruːt/ tr. sradicare, estirpare (anche FIG.).

1.upset /ˈʌpset/ **I** n. **1** *(surprise, setback)* POL. SPORT risultato m. a sorpresa; ***to suffer an ~*** essere sconfitto a sorpresa; ***big Conservative ~*** GIORN. inaspettata sconfitta per il partito conservatore; ***to cause an ~*** portare a un risultato inaspettato **2** *(upheaval)* disordini m.pl., scompiglio m. **3** *(distress)* turbamento m. **4** MED. ***to have a stomach ~*** avere lo stomaco in disordine **II** /ˌʌpˈset/ agg. [*person*] ***to be*** o ***feel ~*** *(distressed)* essere turbato (**at, about** per); *(annoyed)* essere indispettito, infastidito (**at, about** per); ***to get ~*** *(angry)* arrabbiarsi (**about** per); *(distressed)* agitarsi, preoccuparsi (**about** per).

2.upset /ˌʌpˈset/ **I** tr. (forma in -ing **-tt-**; pass., p.pass. **-set**) **1** *(distress)* [*sight, news*] turbare, sconvolgere; [*person*] mettere agitazione, rendere inquieto **2** *(annoy)* fare adirare; ***you'll only ~ her*** la farai innervosire e basta **3** FIG. *(throw into disarray)* mandare all'aria, sconvolgere [*plan, calculations*]; cambiare drasticamente [*pattern, forecast*]; sconvolgere, rovesciare [*situation*] **4** *(destabilize)* alterare [*balance*]; *(knock over)* capovolgere, rovesciare **5** POL. SPORT *(topple)* deporre [*leader*]; cacciare [*party in power*] **6** MED. dare dei disturbi a [*person*]; rendere difficile [*digestion*] **II** rifl. COLLOQ. (forma in -ing **-tt-**; pass., p.pass. **-set**) ***to ~ oneself*** turbarsi; ***don't ~ yourself*** non agitarti, non preoccuparti.

upsetting /ˌʌpˈsetɪŋ/ agg. *(distressing)* [*sight, story, news*] sconvolgente; *(annoying)* fastidioso.

upshot /ˈʌpʃɒt/ n. risultato m., esito m.; ***the ~ is that*** il risultato è che.

upside down /ˌʌpsaɪdˈdaʊn/ **I** agg. [*picture*] al contrario; [*book*] capovolto; [*jar*] rovesciato; FIG. caotico, in disordine; ***~ cake*** GASTR. = dolce di pan di spagna con frutta sciroppata al fondo che viene servito capovolto **II** avv. **1** al contrario; ***bats hang ~*** i pipistrelli stanno appesi a testa in giù **2** FIG. ***to turn the house ~*** mettere la casa sottosopra; ***to turn sb.'s life ~*** sconvolgere la vita di qcn.

1.upstage /ˌʌpˈsteɪdʒ/ **I** agg. TEATR. [*entrance*] situata al fondo del palcoscenico **II** avv. TEATR. [*stand*] al fondo del palcoscenico; [*move*] verso il fondo del palcoscenico; ***to be ~ of sb., sth.*** essere al fondo del palcoscenico rispetto a qcn., qcs.

2.upstage /ˌʌpˈsteɪdʒ/ tr. TEATR. FIG. oscurare, eclissare [*actor, star*].

upstairs /ˌʌpˈsteəz/ **I** avv. al piano superiore, su, di sopra; ***to go ~*** salire (al piano di) sopra; ***a noise came from ~*** si sentì un rumore al piano di sopra **II** agg. [*room*] al piano superiore, di sopra; [*neighbours*] del piano di sopra; ***the ~ flat*** BE l'appartamento al piano superiore; ***with ~ bathroom*** con il bagno al piano superiore **III** n. piano m. superiore; ***the ~ is much nicer*** il piano superiore è molto più bello; ***there is no ~ in this house*** questa casa è su un piano solo; ***~ and downstairs*** FIG. *(masters and servants)* padroni e servitù ♦ ***he hasn't got much ~*** COLLOQ. non ha molta materia grigia, è una zucca vuota; ***to kick sb. ~*** COLLOQ. = mandare qcn. a occupare una posizione apparentemente più prestigiosa, ma in realtà meno influente.

upstanding /ˌʌpˈstændɪŋ/ agg. **1** *(erect)* dritto, eretto **2** *(strong, healthy)* forte, robusto; FIG. [*member*] onesto; [*citizen*] modello; ***to be ~*** FORM. *(in court)* alzarsi in piedi.

upstart /ˈʌpstɑːt/ **I** n. arricchito m. (-a) **II** agg. [*person*] venuto su dal niente; [*company*] nuovo, creato da poco; [*power*] acquisito da poco.

upstate /ˈʌpsteɪt/ **I** agg. AE ***~ New York*** la parte settentrionale dello stato di New York **II** avv. AE ***to go ~*** *(north)* andare verso il nord (di uno stato); *(rural)* andare verso l'interno (di uno stato); ***to come from ~*** *(north)* venire dal nord (di uno stato); *(rural)* venire dall'interno (di uno stato).

upstream /ˌʌpˈstriːm/ **I** agg. a monte **II** avv. [*travel*] verso la sorgente; [*swim*] contro corrente; ***~ from here*** a monte rispetto a qui.

upsurge /ˈʌpsɜːdʒ/ n. *(of violence)* impennata f. (**of** di); *(in debt, demand, industrial activity)* aumento m. (**in** di).

upswing /ˈʌpswɪŋ/ n. *(improvement)* ripresa f. (**in** di); *(increase)* aumento m. (**in** di).

uptake /ˈʌpteɪk/ n. **1** TECN. *(shaft)* condotto m. di ventilazione **2** BIOL. MED. *(absorption)* assorbimento m. ♦ ***to be quick on the ~*** COLLOQ. capire al volo; ***to be slow on the ~*** essere duro *o* tardo di comprendonio.

uptight /ˌʌpˈtaɪt/ agg. COLLOQ. *(tense)* teso, ansioso; SPREG. *(reserved)* rigido.

up-to-date /ˌʌptəˈdeɪt/ agg. **1** *(modern, fashionable)* [*music, clothes*] alla moda; [*equipment*] moderno **2** *(containing latest information)* [*brochure, records, accounts, map, timetable*] aggiornato; [*information, news*] recente; ***to keep [sth.] up to date*** tenere aggiornato [*records, list, accounts*] **3** *(informed)* [*person*] bene informato; ***to keep up to date with*** tenersi al corrente di [*developments*]; essere aggiornato su [*gossip*]; ***to bring, keep sb. up to date*** mettere, tenere qcn. al corrente (**about** su); ***to keep up to date*** tenersi aggiornato.

up-to-the-minute /ˌʌptəðəˈmɪnɪt/ agg. [*information*] recentissimo, dell'ultima ora; [*account*] aggiornatissimo.

uptown /ˌʌpˈtaʊn/ **I** agg. AE ***in the ~ section of New York*** nei quartieri alti, residenziali di New York; FIG. *(smart)* [*girl, restaurant*] elegante, chic **II** avv. **1** *(upmarket)* ***to move ~*** *(residence)* andare ad abitare nei quartieri alti; *(shop)* aprire un negozio nei quartieri alti; FIG. salire la scala sociale **2** *(central)* ***to go ~*** andare nelle zone residenziali.

uptrend /ˈʌptrend/ n. ECON. tendenza f. al rialzo.

upturn /ˈʌptɜːn/ n. **1** *(upturned part)* parte f. girata verso l'alto **2** *(social upheaval)* sommossa f., rivolta f. **3** *(improvement) (of market, economy)* ripresa f.

upturned /ˈʌptɜːnd/ agg. piegato verso l'alto; [*brim*] rialzato; [*soil*] rivoltato; [*nose*] all'insù.

upward /ˈʌpwəd/ **I** agg. [*glance, push, movement*] verso l'alto, in su; [*path, road*] in salita, che sale; ***an ~ slope*** una salita; ***an ~ trend*** ECON. una tendenza al rialzo **II** avv. → **upwards**.

upwardly mobile /ˌʌpwədlɪˈməʊbaɪl, AE -bl, *anche* -biːl/ agg. [*person*] ambizioso, che mira a migliorare la propria posizione sociale.

upward mobility n. mobilità f. sociale verso l'alto.

upwards /'ʌpwədz/ **I** avv. **1** [*look, point*] verso l'alto; ***to go*** o ***move*** ~ spostarsi verso l'alto; ***to glide*** ~ risalire verso l'alto; ***he was lying face*** ~ giaceva a faccia in su *o* con la faccia all'insù **2** FIG. ***to push prices*** ~ fare salire i prezzi; ***to revise one's forecasts*** ~ ritoccare al rialzo le proprie previsioni; ***from five years*** ~ dai cinque anni in su; ***from £10*** ~ a partire da 10 sterline; ***she's moving*** ~ ***in her profession*** sta facendo carriera **II upwards of** più di; ~ ***of £50, 20%*** più di 50 sterline, del 20%.

upwind /ˌʌp'wɪnd/ **I** agg. sopravento; ***to be*** ~ ***of sth.*** essere sopravento rispetto a qcs. **II** avv. [*sail*] *(against the wind)* controvento; *(towards the wind)* sopravento.

uranium /jʊ'reɪnɪəm/ n. uranio m.

urban /'ɜːbən/ agg. [*transport*] urbano; [*environment*] cittadino, di città; [*life, school*] di città; ~ ***dweller*** cittadino.

Urban /'ɜːbən/ n.pr. Urbano.

urban blight, **urban decay** n. degrado m. urbano.

urbane /ɜː'beɪn/ agg. [*person, style*] sofisticato, raffinato.

urbanity /ɜː'bænətɪ/ n. urbanità f., cortesia f.

urbanization /ˌɜːbənaɪ'zeɪʃn, AE -nɪ'z-/ n. urbanizzazione f.

urbanize /'ɜːbənaɪz/ tr. urbanizzare [*areas*]; ***to become*** ~***d*** [*person*] acquisire modi cittadini.

urban myth, **urban legend** AE n. leggenda f. metropolitana.

urban planner ➧ *27* n. urbanista m. e f.

urban planning n. pianificazione f. urbanistica.

urban studies n.pl. urbanistica f.sing.

urchin /'ɜːtʃɪn/ n. **1** *(animal)* riccio m. di mare **2** *(mischievous child)* monello m. (-a); ***street*** ~ scugnizzo, monello di strada.

ureter /jʊə'riːtə(r)/ n. uretere m.

urethra /jʊə'riːθrə/ n. uretra f.

1.urge /ɜːdʒ/ n. forte slancio m., forte spinta f.; *(sexual)* desiderio m.; ***to feel*** o ***have an*** ~ ***to do*** essere preso dalla voglia di fare.

2.urge /ɜːdʒ/ tr. raccomandare [*caution, restraint*]; esortare a [*resistance*]; ***to*** ~ ***sb. to do*** incoraggiare qcn. a fare; *(stronger)* spingere *o* spronare qcn. a fare; ***I*** ~***d him not to go*** l'ho pregato di non andare.

■ **urge on:** ~ **on** [**sb.**], ~ [**sb.**] **on** **1** *(encourage)* ***to*** ~ ***sb. on to do*** incitare *o* incoraggiare qcn. a fare **2** *(make go faster)* spronare [*horse*].

urgency /'ɜːdʒənsɪ/ n. *(of situation, appeal, request)* urgenza f.; ***a matter of*** ~ una questione molto urgente; ***to do sth. as a matter of*** ~ fare qcs. d'urgenza; ***there's no*** ~ non è (una cosa) urgente; ***there was a note of*** ~ ***in his voice*** dal suo tono si capiva che aveva urgenza.

urgent /'ɜːdʒənt/ agg. **1** *(pressing)* [*need, message, case*] urgente; [*investigation, measures*] d'urgenza; ***to be in*** ~ ***need of*** avere un bisogno urgente di, avere urgentemente bisogno di; ***it is most*** ~ ***that we (should) find a solution*** è necessario trovare una soluzione al più presto; ***it requires your*** ~ ***attention*** richiede la vostra immediata attenzione **2** *(desperate)* [*plea, tone*] insistente.

urgently /'ɜːdʒəntlɪ/ avv. [*request*] con urgenza; [*plead*] con insistenza; ***books are*** ~ ***needed*** c'è urgente bisogno di libri.

uric /'jʊərɪk/ agg. urico.

urinal /jʊə'raɪnl, 'jʊərɪnl/ n. *(place, fixture)* orinatoio m.; *(pot)* orinale m.

urinary /'jʊərɪnərɪ, AE -nerɪ/ agg. urinario.

urinate /'jʊərɪneɪt/ intr. orinare.

urine /'jʊərɪn/ n. urina f.

urn /ɜːn/ n. *(ornamental)* urna f.; *(for ashes)* urna f. (funeraria); *(for tea, coffee)* distributore m. di tè o caffè.

urologist /jʊə'rɒlədʒɪst/ ➧ *27* n. urologo m. (-a).

urology /jʊə'rɒlədʒɪ/ n. urologia f.

Ursula /'ɜːsjʊlə, AE 'ɜːsələ/ n.pr. Ursula, Orsola.

Uruguayan /ˌjʊərə'gwaɪən/ ➧ *18* **I** agg. uruguaiano **II** n. uruguaiano m. (-a).

us /*forma debole* əs, *forma forte* ʌs/ *Us* can be translated in Italian by *ci* and *noi*. - When used as an object pronoun (both direct and indirect), *us* is translated by *ci*. Note that the object pronoun normally comes before the verb in Italian: *they know us* = ci conoscono; *they have already seen us* = ci hanno già visti; *she has given us a book* = ci ha dato un libro. In imperatives (and other non-finite forms) however, *ci* comes after the verb and is joined to it to form a single word: *help us!* = aiutateci! *phone us!* telefonateci! - When the direct object pronoun is used in emphasis, *us* is translated by *noi* which comes after the verb: *you should help us, not them* = dovreste aiutare noi, non loro. - The usual object pronoun *ci* becomes *ce* when another pronoun is present as well: compare *he wrote to us* = ci ha scritto and *he wrote that to us* = ce lo ha scritto lui (or: ce l'ha scritto lui). - After prepositions, the translation is *noi*: *she did it for us* = l'ha fatto per noi; *they told us, not her* = l'hanno detto a noi, non a lei. - Remember that a verb followed by a particle or a preposition in English may correspond to a verb followed by a direct object in Italian, and vice versa, e.g. *to look at somebody* vs guardare qualcuno and *to distrust somebody* vs dubitare di qualcuno: *they are looking at us* = ci stanno guardando; *they distrust us* = dubitano di noi. - When *us* is used after *as* or *than* in comparative clauses, it is translated by *noi*: *he's as poor as us* = è povero come noi; *she's younger than us* = è più giovane di noi. - Note that in compound tenses like the present perfect and the past perfect, the past participle of the verb agrees with the direct object pronoun: *he's seen us* (male speaker or female speaker in a mixed group) = ci ha visti; *he's seen us* (female speaker in a group of women) = ci ha viste; in everyday Italian, however, the invariable masculine form is often used: ci ha visto. - After the verb *to be*, *noi* is used in Italian: *it's us* = siamo noi. - For expressions with *let us* or *let's* see the entry **2.let**. - For particular usages see the entry below. pron. ***both of*** ~ entrambi; *(more informally)* tutti e due; ***every single one of*** ~ ciascuno di noi; ***people like*** ~ persone come noi; ***some of*** ~ alcuni di noi; ***she's one of*** ~ lei è dei nostri; ***give*** ~ ***a hand, will you?*** COLLOQ. ti va di darmi una mano? ***give*** ~ ***a look!*** COLLOQ. fa' un po' vedere!

US I n.pr. (⇒ United States Stati Uniti) USA m.pl. **II** agg. statunitense.

USA ➧ *6* n.pr. (⇒ United States of America Stati Uniti d'America) USA m.pl.

usable /'juːzəbl/ agg. utilizzabile; ***no longer*** ~ non più utilizzabile.

USAF n. US (⇒ United States Air Force) = aeronautica statunitense.

usage /'juːsɪdʒ, 'juːzɪdʒ/ n. **1** *(custom)* uso m., usanza f. **2** LING. uso m.; ***in*** ~ nell'uso **3** *(way sth. is used)* impiego m. modo m. di usare **4** *(amount used)* consumo m.

1.use /juːs/ n. **1 U** *(act of using) (of substance, object, machine)* uso m., impiego m., utilizzo m.; *(of word, language)* uso m.; ***the*** ~ ***of diplomacy*** il ricorso alla diplomazia; ***for*** ~ ***as, in*** da essere utilizzato come, in; ***for the*** ~ ***of*** riservato a [*customer, staff*]; ***for*** ~ ***by sb.*** a uso di qcn.; ***for my own*** ~ per il mio uso personale; ***to make*** ~ ***of sth.*** usare *o* utilizzare qcs., fare uso di qcs.; ***to make good*** ~ ***of sth., to put sth. to good*** ~ fare buon uso di qcs.; ***while the machine is in*** ~ mentre la macchina è in funzione; ***a word in common*** o ***general*** ~ una parola d'uso corrente; ***out of*** o ***no longer in*** ~ [*machine*] *(broken)* guasto, fuori uso; *(because obsolete)* non più in uso; [*word, expression*] che non viene più usato, in disuso; ***worn with*** ~ logorato dall'uso; ***stained with*** ~ sporco per l'uso; ***this machine came into*** ~ ***in the 1950s*** questa macchina è stata introdotta negli anni '50; ***the new system comes into*** ~ ***next year*** il nuovo sistema entrerà in uso dal prossimo anno **2 C** *(way of using) (of resource, object, material)* utilizzo m., impiego m.; *(of term)* uso m.; ***she has her*** ~***s*** ci può essere utile; ***to have no further*** ~ ***for sth., sb.*** non avere più bisogno di qcs., qcn.; ***I've no*** ~ ***for that sort of talk*** non sopporto quel modo di parlare **3 U** *(right to use)* ***to have the*** ~ ***of*** avere l'uso di [*house, garden, kitchen*]; avere il permesso di usare [*car*]; ***with*** ~ ***of*** con uso di [*kitchen*] **4 U** *(usefulness)* ***to be of*** ~ essere utile (**to** a); ***to be (of) no*** ~ essere inutile; ***to be (of) no*** ~ ***to sb.*** [*object*] non essere di nessuna utilità per qcn.; [*person*] non essere di nessun aiuto a qcn.; ***what*** ~ ***is a wheel without a tyre?*** a che serve una ruota senza pneumatico? ***what's the*** ~ ***of crying?*** a cosa serve piangere? ***oh, what's the*** ~***?*** oh, tanto a che serve? ***it's no ~ asking me*** è inutile chiederlo a me; ***it's no ~, we'll have to start*** niente da fare, dobbiamo cominciare.

2.use /ju:z/ tr. **1** *(employ)* usare [*object, car, room, money, word*]; usare, utilizzare [*method, tool, technique*]; usare, servirsi di [*language, metaphor*]; sfruttare [*opportunity*]; usare, fare ricorso a [*blackmail, force*]; usare, sfruttare [*knowledge, talent, influence*]; ***to ~ sth., sb. as sth.*** servirsi di qcs., qcn. come qcs.; ***to ~ sth. for sth., to do*** usare qcs. per qcs., per fare; ***~ your head!*** COLLOQ. usa la testa! ***I could ~ a drink!*** berrei volentieri qualcosa! **2** (anche **~ up**) *(consume)* consumare [*fuel, food*]; finire [*water, left-overs*] **3** *(exploit)* SPREG. servirsi di [*person*] **4** *(take habitually)* fare uso di [*drugs*] **5** ANT. *(treat)* ***to ~ sb. well, ill*** trattare bene, male qcn.

■ **use up:** ~ ***[sth.] up,*** ~ ***up [sth.]*** finire [*food, money*]; esaurire [*supplies, fuel, energy*].

use-by date /ˈju:zbaɪˌdeɪt/ n. data f. di scadenza.

1.used /ju:st/ To translate *used to* + verb, use the imperfect tense of the verb in Italian: *he used to live in York* = abitava a York. - To stress that something was done repeatedly, you can use the verb *solere* (which is, however, uncommon) or the expressions *essere solito, avere l'abitudine di*: *he used to go out for a walk in the afternoon* = soleva / era solito / aveva l'abitudine di uscire a fare una passeggiata di pomeriggio. - To emphasize a contrast between past and present, you can use *un tempo* or *una volta*: *I used to love sport* = amavo lo sport un tempo. - For more examples and particular usages, see the entry below. mod. ***I ~ to do*** ero solito fare, avevo l'abitudine di fare; ***he ~ not, didn't use to smoke*** (una volta) non fumava; ***it ~ to be thought that*** una volta si pensava che; ***there ~ to be a pub here*** una volta qui c'era un pub.

2.used /ju:st/ agg. *(accustomed)* ***to be ~ to sth.*** essere abituato a qcs.; ***to be, get ~*** essere abituato, abituarsi (**to** a; **to doing** a fare); ***to be ~ to sb. doing*** essere abituato che qcn. faccia; ***you'll get ~ to it*** ci farai l'abitudine, ti ci abituerai; ***it takes a bit of getting ~ to*** ci vuole un po' per farci l'abitudine.

3.used /ju:zd/ **I** p.pass. → **2.use II** agg. usato.

useful /ˈju:sfl/ agg. **1** *(helpful)* utile; [*discussion, meeting*] utile, proficuo; ***~ for doing*** utile per fare; ***it is ~ to do*** è utile fare; ***to make oneself ~*** rendersi utile **2** BE COLLOQ. *(competent)* ***to be ~ with a gun, at cooking*** saperci fare con la pistola, in cucina.

usefulness /ˈju:sflnɪs/ n. utilità f.

useless /ˈju:slɪs/ agg. **1** *(not helpful)* inutile; ***it's ~ to do*** o ***doing*** è inutile *o* non serve a niente fare **2** *(not able to be used)* inutilizzabile **3** BE COLLOQ. *(incompetent)* incapace, incompetente; ***to be ~ at sth., doing*** essere un disastro a qcs., quando si tratta di fare; ***he's a ~ cook*** come cuoco non vale niente.

uselessly /ˈju:slɪslɪ/ avv. inutilmente.

uselessness /ˈju:slɪsnɪs/ n. **1** *(of object, machine, effort, information)* inutilità f. **2** BE COLLOQ. *(of person)* incompetenza f.

user /ˈju:zə(r)/ n. **1** *(of road, public transport, computer)* utente m. e f.; *(of electricity)* consumatore m. (-trice); *(of product, service)* fruitore m. (-trice); *(of credit card)* titolare m. e f. **2** (anche **drug ~**) tossicodipendente m. e f., drogato m. (-a); ***cocaine ~*** cocainomane; ***heroin ~*** eroinomane **3** AE *(exploiter)* sfruttatore m. (-trice).

user friendliness n. accessibilità f., facilità f. d'uso (anche INFORM.).

user-friendly /ˌju:zəˈfrendlɪ/ agg. facile da usare, accessibile (anche INFORM.).

user interface n. INFORM. interfaccia f. utente.

username /ˈju:zəˌneɪm/ n. nome m. utente.

1.usher /ˈʌʃə(r)/ ➧ **27** n. *(at function, lawcourt)* usciere m.; *(in theatre)* maschera f.

2.usher /ˈʌʃə(r)/ tr. accompagnare, fare strada a; ***to ~ sb. in, out*** fare entrare, uscire qcn.; ***to ~ sb. to the door*** accompagnare qcn. alla porta.

■ **usher in:** ~ ***in [sth.]*** inaugurare [*era*]; dare inizio a [*negotiations*]; introdurre [*scheme*].

usherette /ˌʌʃəˈret/ ➧ **27** n. maschera f.

USMC n. US (⇒ United States Marine Corps) = corpo dei marines degli Stati Uniti.

USN n. US (⇒ United States Navy) = marina militare statunitense.

USSR ➧ **6** n.pr. STOR. (⇒ Union of Soviet Socialist Republics Unione delle Repubbliche Socialiste Sovietiche) URSS f.

usual /ˈju:ʒl/ **I** agg. [*behaviour, route, place, time*] solito; [*form, procedure*] solito, consueto; [*word, term, problem*] comune; ***it is ~ for sb. to do*** è normale per qcn. fare; ***earlier than was ~*** prima del solito; ***it is ~ to do, the ~ practice is to do*** è normale fare; ***they did all the ~ things*** fecero le solite cose; ***she was her ~ cheerful self*** era allegra, come suo solito; ***as ~*** come al solito; ***"business as ~"*** "siamo aperti"; ***it was business as ~ at the school*** a scuola è andata come al solito; ***as ~ with such accidents*** come è normale in simili incidenti; ***as is ~ at this time of year*** come è normale in questo periodo dell'anno; ***more, less than ~*** più, meno del solito **II** n. COLLOQ. ***the ~*** il solito; ***"what did he say?" - "oh, the ~"*** "che ha detto?" - "le solite cose".

usually /ˈju:ʒəlɪ/ avv. di solito, solitamente, abitualmente; ***more than ~ friendly*** insolitamente gentile.

usurer /ˈju:ʒərə(r)/ n. usuraio m. (-a).

usurp /ju:ˈzɜ:p/ tr. usurpare.

usurpation /ˌju:zəˈpeɪʃn/ n. FORM. usurpazione f.

usurper /ju:ˈzɜ:pə(r)/ n. usurpatore m. (-trice).

usury /ˈju:ʒərɪ/ n. ECON. usura f.

Utah /ˈju:tɑ:/ ➧ **24** n.pr. Utah m.

utensil /ju:ˈtensl/ n. utensile m., arnese m.

uterus /ˈju:tərəs/ n. (pl. **-i**) utero m.

utilitarian /ˌju:tɪlɪˈteərɪən/ **I** n. FILOS. utilitarista m. e f. **II** agg. **1** FILOS. utilitaristico **2** *(practical)* [*vehicle*] utilitario; [*object, building*] funzionale; [*clothing*] pratico.

utilitarianism /ˌju:tɪlɪˈteərɪənɪzəm/ n. FILOS. utilitarismo m.

utility /ju:ˈtɪlətɪ/ **I** n. **1** *(usefulness)* utilità f. **2** (anche **public ~**) *(service)* servizio m. di pubblica utilità **3** INFORM. utility f. **II utilities** n.pl. AE titoli m. delle aziende di servizio pubblico **III** modif. [*vehicle*] per il trasporto di merci e passeggeri; [*object*] multiuso.

utility car n. utilitaria f.

utility company n. società f. di servizi pubblici.

utility room n. = lavanderia.

utilization /ˌju:təlaɪˈzeɪʃn, AE -lɪˈz-/ n. utilizzazione f., utilizzo m.

utilize /ˈju:təlaɪz/ tr. utilizzare [*object*]; usare [*idea*]; sfruttare, utilizzare [*resource*].

utmost /ˈʌtməʊst/ **I** n. ***to do*** o ***try one's ~ to come, help*** fare tutto il possibile per venire, per essere d'aiuto; ***to do sth. to the ~ of one's abilities*** fare qcs. al limite delle proprie capacità; ***at the ~*** al massimo **II** agg. **1** *(greatest)* [*caution, ease, secrecy*] massimo; [*limit*] estremo; ***of the ~ importance*** estremamente importante **2** *(furthest)* ***the ~ ends of the earth*** gli estremi confini della terra.

Utopia /ju:ˈtəʊpɪə/ n. utopia f.

Utopian /ju:ˈtəʊpɪən/ **I** agg. utopico, utopistico **II** n. utopista m. e f.

1.utter /ˈʌtə(r)/ agg. [*failure, despair*] totale; [*disaster*] completo; [*sincerity, amazement*] assoluto; [*scoundrel*] bell'e buono; [*stranger, fool*] perfetto; ***~ rubbish!*** scemenze!

2.utter /ˈʌtə(r)/ tr. **1** pronunciare, proferire [*word*]; pronunciare, lanciare [*curse*]; lanciare [*cry*]; emettere [*sound*]; ***I couldn't ~ a word*** non sono riuscito a dire neanche una parola **2** DIR. diffondere [*libel*]; mettere in circolazione [*forged banknotes*].

utterance /ˈʌtərəns/ n. **1** *(statement)* discorso m., dichiarazione f. **2** FORM. *(word, remark)* parola f., cosa f. detta; *(of opinion)* espressione f.; ***to give ~ to*** dare espressione a, esprimere **3** LING. enunciato m.

utterly /ˈʌtəlɪ/ avv. completamente, totalmente.

U-turn /ˈju:tɜ:n/ n. inversione f. a U, conversione f. a U; FIG. voltafaccia m.; ***"no ~s"*** "vietata l'inversione di marcia"; ***to do a ~*** FIG. fare dietro front (**on** su).

UV agg. (⇒ ultraviolet ultravioletto) UV.

Uzbek /ˈʌzbek, ˈʊz-/ ➧ **18, 14** **I** agg. usbeco **II** n. **1** *(person)* usbeco m. (-a) **2** LING. usbeco m.

V

v, **V** /viː/ n. **1** *(letter)* v, V m. e f. **2 v** ⇒ versus contro (vs.) **3 v** (⇒ vide, letto **see**) vedi (v.).

vac /væk/ n. BE COLLOQ. (accorc. vacation) vacanza f., vacanze f.pl.

vacancy /ˈveɪkənsɪ/ n. **1** *(free room)* camera f. libera; ***"vacancies"*** *(on sign)* "camere libere"; ***"no vacancies"*** "completo" **2** *(unfilled job, place)* posto m. vacante; ***a ~ for an accountant*** un posto libero da contabile; ***to fill a ~*** coprire un posto libero; ***to advertise a ~*** fare pubblicare un'offerta di lavoro; ***"no vacancies"*** *(on sign)* = non ci sono posti di lavoro disponibili **3** *(stupidity)* vacuità f., ottusità f.

vacant /ˈveɪkənt/ agg. **1** *(unoccupied)* [*flat*] libero, sfitto; [*seat, room, land*] libero; [*office*] vacante; *(on toilet door)* libero **2** *(available)* [*job, post*] vacante; ***to become*** o ***fall ~*** liberarsi, diventare disponibile; ***"Situations ~"*** *(in newspaper)* "offerte di lavoro" **3** *(dreamy)* [*look, stare*] vacuo, assente; [*expression*] assente.

vacant lot n. AE terreno m. libero.

vacantly /ˈveɪkəntlɪ/ avv. [*answer, stare*] con aria assente.

vacant possession n. BE DIR. possesso m. immediato (di un immobile).

vacate /vəˈkeɪt, AE ˈveɪkeɪt/ tr. lasciare (libero) [*house, premises*]; dimettersi da, lasciare [*job*]; sgombrare [*room*]; liberare [*seat*].

1.vacation /vəˈkeɪʃn, AE veɪ-/ n. **1** UNIV. vacanze f.pl., periodo m. di chiusura; DIR. ferie f.pl. giudiziarie; ***the long ~*** BE le vacanze estive **2** AE vacanze f.pl., ferie f.pl.; ***on ~*** in vacanza, in ferie; ***to take a ~*** prendersi una vacanza.

2.vacation /vəˈkeɪʃn, AE veɪ-/ intr. AE ***they're ~ing in Miami*** sono in vacanza a Miami.

vacationer /vəˈkeɪʃənə(r), AE veɪ-/ n. AE vacanziere m. (-a).

vaccinate /ˈvæksɪneɪt/ tr. vaccinare (**against** contro).

vaccination /ˌvæksɪˈneɪʃn/ n. vaccinazione f. (**against**, **for** contro); ***to have a ~*** farsi vaccinare, vaccinarsi.

vaccine /ˈvæksiːn, AE vækˈsiːn/ n. vaccino m. (**against**, **for** contro); ***tetanus ~*** vaccino antitetanico.

vacillate /ˈvæsəleɪt/ intr. tentennare.

vacillation /ˌvæsəˈleɪʃn/ n. tentennamento m., esitazione f.

vacuous /ˈvækjʊəs/ agg. FORM. [*person*] vuoto; [*look, expression*] vacuo; [*optimism, escapism*] fatuo.

1.vacuum /ˈvækjʊəm/ n. **1** FIS. vuoto m.; ***to create a ~*** fare il vuoto **2** *(lonely space)* vuoto m.; ***emotional ~*** vuoto affettivo; ***it left a ~ in our lives*** ha lasciato un grande vuoto nella nostra vita **3** (anche **~ cleaner**) aspirapolvere m. **4** (anche **~ clean**) ***to give [sth.] a ~*** dare una passata di aspirapolvere a [*carpet, room*].

2.vacuum /ˈvækjʊəm/ tr. (anche **~ clean**) passare l'aspirapolvere su [*carpet, upholstery*]; passare l'aspirapolvere in [*room, house*].

vacuum bottle n. AE → **vacuum flask**.

vacuum cleaner n. aspirapolvere m.

vacuum flask n. t(h)ermos® m.

vacuum pack tr. confezionare sottovuoto.

vacuum packed I p.pass. → **vacuum pack II** agg. (confezionato) sottovuoto.

vagabond /ˈvægəbɒnd/ **I** n. vagabondo m. (-a) **II** agg. vagabondo.

vagary /ˈveɪgərɪ/ n. FORM. ghiribizzo m.

vagina /vəˈdʒaɪnə/ n. (pl. **~s**, **-ae**) vagina f.

vaginal /vəˈdʒaɪnl/ agg. vaginale.

vagrancy /ˈveɪgrənsɪ/ n. vagabondaggio m. (anche DIR.).

vagrant /ˈveɪgrənt/ **I** n. vagabondo m. (-a) (anche DIR.) **II** agg. vagabondo (anche DIR.).

vague /veɪg/ agg. **1** *(imprecise)* [*person, account, idea, memory, rumour, term*] vago **2** *(evasive)* ***to be ~ about*** essere vago su [*plans, past*] **3** *(distracted)* [*person, expression*] svagato; [*gesture*] distratto; ***to look ~*** avere l'aria svagata **4** *(faint, slight)* [*sound, smell, taste*] lieve; [*fear, embarrassment*] vago; [*doubt*] leggero **5** *(unsure)* ***I am (still) a bit ~ about events*** non riesco ancora a ricostruire precisamente gli eventi.

vaguely /ˈveɪglɪ/ avv. **1** *(faintly)* [*sinister, amusing, classical*] vagamente; [*resemble*] vagamente; ***it feels ~ like a bee sting*** è una sensazione abbastanza simile alla puntura di un'ape **2** *(slightly)* [*embarrassed, irritated*] leggermente **3** *(distractedly)* [*smile, gaze, say*] con aria distratta; [*wander, move about*] distrattamente **4** *(imprecisely)* [*remember, understand, reply*] vagamente; [*describe*] in modo vago; [*defined, formulated*] in modo impreciso.

vagueness /ˈveɪgnɪs/ n. **1** *(imprecision)* *(of wording, proposals)* nebulosità f.; *(of thinking)* vaghezza f.; *(of image)* imprecisione f., vaghezza f. **2** *(absent-mindedness)* distrazione f.

vain /veɪn/ agg. **1** *(conceited)* vanitoso, borioso; ***to be ~ about sth.*** farsi vanto *o* vantarsi di qcs. **2** *(futile)* [*attempt, hope*] vano; [*show*] inutile **3 in vain** invano ♦ ***to take God's name in ~*** pronunciare il nome di Dio invano; ***to take sb.'s name in ~*** SCHERZ. = sparlare di qcn.

vainglorious /ˌveɪnˈglɔːrɪəs/ agg. LETT. [*person*] vanaglorioso.

vainly /ˈveɪnlɪ/ avv. **1** *(in vain)* [*try, wait, struggle*] invano, vanamente **2** *(conceitedly)* [*look, stare*] in modo presuntoso; [*admire oneself*] vanitosamente, con vanità.

valance /ˈvæləns/ n. *(on bed base)* balza f.; *(round canopy)* lambrecchino m.; *(above curtains)* mantovana f.

vale /veɪl/ n. LETT. valle f.

valency /ˈveɪlənsɪ/ n. CHIM. LING. valenza f.

valentine /ˈvæləntaɪn/ n. **1** (anche **~ card**) valentina f., biglietto m. di san Valentino **2** *(sweetheart)* ***who is your ~?*** chi è il tuo innamorato?

Valentine /ˈvæləntaɪn/ n.pr. Valentino.

Valentine('s) Day n. San Valentino m.

1.valet /ˈvælɪt, -leɪ/ ♦ **27** n. **1** *(employee)* cameriere m. (personale) **2** AE *(rack)* servo m. muto.

2.valet /ˈvælɪt, -leɪ/ tr. prendersi cura di [*clothes*]; pulire [*car interior*].

valiant /'vælɪənt/ agg. [*soldier*] valoroso, prode; [*attempt*] coraggioso; ***to make a ~ effort to smile*** sforzarsi coraggiosamente di sorridere.
valiantly /'vælɪəntlɪ/ avv. [*fight*] valorosamente; [*try*] coraggiosamente.
valid /'vælɪd/ agg. **1** *(still usable)* [*passport, licence, ticket, offer*] valido **2** *(well-founded)* [*argument, excuse*] valido, convincente; [*reason*] solido; [*complaint*] fondato; [*point, comment*] pertinente; [*comparison*] efficace **3** *(in law)* [*consent, defence*] valido.
validate /'vælɪdeɪt/ tr. **1** avvalorare, convalidare [*claim, theory*] **2** convalidare [*document, passport*].
validation /ˌvælɪ'deɪʃn/ n. *(of claim, theory)* convalidazione f., conferma f.; *(of document, passport)* convalida f.
validity /və'lɪdətɪ/ n. **1** *(of ticket, document, consent)* validità f. **2** *(of argument, excuse, method)* validità f.; *(of complaint, objection)* fondatezza f.
valise /və'li:z, AE və'li:s/ n. ANT. valigetta f. da viaggio.
valley /'vælɪ/ n. vallata f.; *(smaller)* valle f.
valour BE, **valor** AE /'vælə(r)/ n. LETT. valore m., ardimento m. ♦ ***discretion is the better part of ~*** PROV. = il coraggio non deve mai escludere la cautela.
valuable /'væljʊəbl/ agg. **1** [*commodity, asset*] prezioso, di valore; ***to be ~*** avere valore; ***very ~*** di grande valore **2** [*advice, information, lesson*] prezioso.
valuables /'væljʊəblz/ n.pl. oggetti m. di valore, valori m.
valuation /ˌvæljʊ'eɪʃn/ n. *(of house, land, company)* valutazione f., stima f.; *(of antique, art)* expertise f., perizia f.; ***to have a ~ done on sth.*** fare valutare qcs.; ***a ~ of £ 50*** un valore stimato in 50 sterline.
1.value /'vælju:/ n. **1** *(monetary worth)* valore m., prezzo m.; ***of little ~*** di poco valore; ***of no ~*** di nessun valore; ***to have a ~ of £ 5*** valere 5 sterline; ***to the ~ of*** per un valore di **2** *(usefulness, general worth)* valore m.; ***to have*** o ***be of educational ~*** avere un valore educativo; ***the ~ of sb. as*** il valore di qcn. come; ***the ~ of doing*** l'importanza di fare; ***sales were successful thanks to its novelty ~*** le vendite sono state ottime grazie alla sua originalità **3** *(worth relative to cost)* ***to be good ~*** avere un buon rapporto qualità-prezzo; ***to be good ~ at £ 5*** essere un buon affare per 5 sterline; ***you get good ~ at Buymore*** puoi trovare dei prezzi convenienti a Buymore; ***to get ~ for money*** fare un buon affare; ***a ~-for-money product*** un prodotto che vale il suo prezzo **4** *(standards, ideals)* valore m., principio m.; ***family ~s*** valori familiari **5** MAT. MUS. valore m.
2.value /'vælju:/ tr. **1** *(assess worth of)* valutare [*house, asset, company*]; periziare, fare un'expertise a [*antique, jewel, painting*]; ***to have sth. ~d*** fare valutare qcs.; ***to ~ sth. at £ 150*** valutare qcs. 150 sterline **2** *(appreciate)* stimare [*person*]; apprezzare [*friendship, help*]; tenere in considerazione [*opinion*]; tenere a [*reputation, independence, life*]; ***to ~ sb. as a friend*** tenere all'amicizia di qcn.
value-added tax /ˌvælju:ˌædɪd'tæks/ n. imposta f. sul valore aggiunto.
valued /'vælju:d/ **I** p.pass. → **2.value II** agg. [*person*] stimato; [*contribution, opinion*] prezioso.
valueless /'væljʊlɪs/ agg. senza valore.
value pack n. COMM. confezione f. risparmio.
valuer /'væljʊə(r)/ ♦ *27* n. stimatore m. (-trice).
valve /vælv/ n. **1** *(in engine, on tyre)* valvola f. **2** ANAT. *(of organ)* valvola f. **3** *(of mollusc, fruit)* valva f. **4** *(on brass instrument)* valvola f., pistone m. **5** BE ELETTRON. valvola f.
vamoose /və'mu:s/ intr. AE COLLOQ. smammare, filare via.
1.vamp /væmp/ n. *(on shoe)* tomaia f.
2.vamp /væmp/ n. ANT. SPREG. *(woman)* vamp f., donna f. fatale.
3.vamp /væmp/ intr. *(seduce)* ammaliare, fare la vamp.
vampire /'væmpaɪə(r)/ n. vampiro m.
vampire bat n. ZOOL. vampiro m.
1.van /væn/ n. **1** AUT. *(small, for deliveries etc.)* furgoncino m., camioncino m.; *(larger, for removals etc.)* furgone m. **2** AE *(camper)* camper m.
2.van /væn/ n. (accorc. vanguard) avanguardia f.
vandal /'vændl/ n. vandalo m. (-a).
vandalism /'vændəlɪzəm/ n. vandalismo m.
vandalize /'vændəlaɪz/ tr. devastare, compiere atti di vandalismo contro; DIR. ***to ~ sth.*** commettere atti vandalici contro qcs.
van driver ♦ *27* n. furgonista m. e f., conducente m. e f. di furgone.
vane /veɪn/ n. **1** (anche **weather ~**) banderuola f. **2** *(blade of windmill)* pala f. **3** *(on turbine, pump)* paletta f.
vanguard /'væŋgɑ:d/ n. MIL. avanguardia f. (anche FIG.); ***in the ~*** all'avanguardia.
vanilla /və'nɪlə/ **I** n. GASTR. BOT. vaniglia f. **II** modif. **1** [*sauce, ice cream*] alla vaniglia; [*pod, plant, essence*] di vaniglia **2** COLLOQ. *(basic)* [*version*] (di) base.
vanish /'vænɪʃ/ intr. sparire, svanire (**from** da); ***to ~ into the distance*** scomparire in lontananza ♦ ***to ~ into thin air*** svanire nel nulla, volatilizzarsi.
vanishing /'vænɪʃɪŋ/ **I** agg. [*species*] in via di estinzione; [*environment*] che sta scomparendo **II** n. sparizione f. ♦ ***to do a ~ act*** scomparire.
vanishing cream n. crema f. da giorno.
vanishing point n. punto m. di fuga.
vanishing trick n. = gioco di prestigio che consiste nel far sparire qualcosa o qualcuno.
vanity /'vænətɪ/ n. vanità f.
vanity case n. beauty-case m.
vanity mirror n. AUT. specchietto m. di cortesia.
vanity unit n. mobiletto m. portalavabo.
vanquish /'væŋkwɪʃ/ tr. LETT. vincere, sconfiggere [*enemy*]; sconfiggere [*doubt, fear*].
vantage point /'vɑ:ntɪdʒˌpɔɪnt, AE 'væn-/ n. **1** posizione f. vantaggiosa, strategica (anche MIL.); ***from the ~ of*** dall'alto di **2** FIG. *(point of view)* punto m. di vista.
vapid /'væpɪd/ agg. [*person*] scialbo, insignificante; [*expression, remark, debate*] insulso, vuoto; [*style, novel*] insignificante, che non sa di niente.
vapidity /væ'pɪdətɪ/ n. *(of person)* (l')essere scialbo, (l')essere insignificante; *(of expression, remark, debate)* insulsaggine f.; *(of style, novel)* insignificanza f.
vapor AE → **vapour**.
vaporize /'veɪpəraɪz/ **I** tr. vaporizzare [*liquid*] **II** intr. vaporizzarsi.
vaporizer /'veɪpəraɪzə(r)/ n. vaporizzatore m.
vaporous /'veɪpərəs/ agg. vaporoso (anche FIG.).
vapour BE, **vapor** AE /'veɪpə(r)/ n. vapore m.; ***water ~*** vapore acqueo.
vapour trail n. scia f. di condensazione.
variable /'veərɪəbl/ **I** agg. variabile (anche INFORM.) **II** n. variabile f. (anche INFORM. MAT.).
variance /'veərɪəns/ n. **1** divergenza f.; ***to be at ~ with*** essere in disaccordo con [*evidence, facts*]; ***my views are at ~ with his*** le mie opinioni divergono dalle sue **2** MAT. varianza f. **3** DIR. *(discrepancy)* discrepanza f.
variant /'veərɪənt/ **I** agg. [*colour, species, strain*] diverso; ***~ reading*** o ***text*** o ***version*** variante; ***~ form*** BOT. variante **II** n. variante f. (**of** di; **on** in rapporto a).
variation /ˌveərɪ'eɪʃn/ n. **1** *(change)* variazione f., modificazione f. (**in, of** di); ***~ between A and B*** oscillazione tra A e B **2** *(version)* versione f. (**of** di); *(new version)* variante f. (**of** di) **3** MUS. variazione f. (**on** su).
varicose /'værɪkəʊs/ agg. varicoso; ***~ veins*** varici, vene varicose.
varied /'veərɪd/ agg. vario, svariato.
varietal /və'raɪtl/ n. monovitigno m.
variety /və'raɪətɪ/ **I** n. **1** *(diversity, range)* varietà f. (**in, of** di); ***for a ~ of reasons*** per molteplici ragioni; ***the dresses come in a ~ of sizes*** questi vestiti sono disponibili in una grande varietà di taglie **2** *(type)* tipo m., varietà f.; ***new ~*** BOT. nuova varietà **3 U** TEATR. TELEV. varietà f. **II** modif. TEATR. TELEV. [*artist, act, show*] di varietà.
various /'veərɪəs/ agg. **1** *(different)* vario; ***at their ~ addresses*** ai loro vari indirizzi **2** *(several)* diverso; ***at ~ times*** a diverse riprese; ***in ~ ways*** in diversi modi.
variously /'veərɪəslɪ/ avv. *(in different ways)* [*arranged, decorated*] in modi diversi; *(by different people)* [*called, described, estimated*] variamente.
1.varnish /'vɑ:nɪʃ/ n. vernice f.

2.varnish /ˈvɑːnɪʃ/ tr. verniciare [*woodwork*]; ***to ~ one's nails*** BE darsi lo smalto alle unghie.
varnishing /ˈvɑːnɪʃɪŋ/ n. verniciatura f.
vary /ˈveərɪ/ **I** tr. variare [*menu, programme*]; fare variare [*flow, temperature*]; cambiare [*method, pace, route*] **II** intr. [*objects, people, tastes*] variare (**with, according to** secondo); ***to ~ from sth.*** differire da qcs.; ***to ~ from X to Y*** cambiare da X a Y; ***they ~ in cost, size*** variano di prezzo, taglia.
varying /ˈveərɪɪŋ/ agg. [*amounts, degrees, circumstances*] che varia, che cambia; [*opinions*] mutevole; ***with ~ (degrees of) success*** con alterno successo.
vascular /ˈvæskjʊlə(r)/ agg. vascolare.
vase /vɑːz, AE veɪs, veɪz/ n. vaso m.
vasectomy /vəˈsektəmɪ/ n. vasectomia f.
Vaseline® /ˈvæsɪliːn/ n. vaselina f.
vasoconstrictor /ˌveɪzəʊkənˈstrɪktə(r)/ n. vasocostrittore m.
vasodilator /ˌveɪzəʊdaɪˈleɪtə(r)/ n. vasodilatatore m.
vassal /ˈvæsl/ n. STOR. vassallo m. (-a) (anche FIG.).
vast /vɑːst, AE væst/ agg. **1** *(quantitatively)* [*amount, improvement, difference*] enorme, grandissimo; [*number*] enorme; [*knowledge*] vasto; ***the ~ majority*** la stragrande maggioranza **2** *(spatially)* [*room*] enorme; [*area, plain*] vasto, immenso.
vastly /ˈvɑːstlɪ, AE ˈvæstlɪ/ avv. [*improved, overrated, superior, popular*] immensamente; [*complex*] incredibilmente; [*different*] enormemente.
vastness /ˈvɑːstnɪs, AE ˈvæstnɪs/ n. vastità f.
vat /væt/ n. tino m.; ***beer ~*** fusto di birra.
VAT n. BE (⇒ value-added tax imposta sul valore aggiunto) IVA f.
Vatican /ˈvætɪkən/ n.pr. *(palace, governing body)* Vaticano m.
Vatican City ➧ *6, 34* n.pr. Città f. del Vaticano.
vatman /ˈvætmən/ n. (pl. **-men**) funzionario m. dell'ufficio IVA.
vaudeville /ˈvɔːdəvɪl/ n. **U** TEATR. varietà f.
1.vault /vɔːlt/ n. **1** *(roof)* volta f.; ***the ~ of heaven*** la volta celeste **2** *(underground room) (of house, hotel)* scantinato m.; *(of church, monastery)* cripta f.; *(of bank)* caveau m.; ***wine ~*** cantina; ***family ~*** tomba di famiglia.
2.vault /vɔːlt/ n. *(jump)* salto m.
3.vault /vɔːlt/ **I** tr. saltare [*fence, bar*] **II** intr. saltare (**over** al di là di) (anche SPORT).
vaulted /ˈvɔːltɪd/ agg. ARCH. a volta.
1.vaulting /ˈvɔːltɪŋ/ n. **U** ARCH. (costruzione a) volta f.
2.vaulting /ˈvɔːltɪŋ/ **I** n. ➧ *10* volteggio m. **II** agg. [*ambition*] sfrenato; [*arrogance*] eccessivo.
vaulting horse n. *(in gymnastics)* cavallo m.
vaunt /vɔːnt/ tr. vantare, decantare.
VC n. **1** (⇒ vice chairman vicepresidente) V.P. m. **2** BE UNIV. (⇒ vice chancellor) = vicerettore **3** (⇒ vice consul viceconsole) V.C. m.
VCR n. (⇒ video cassette recorder videoregistratore) VCR m.
VD ➧ *11* **I** n. (⇒ venereal disease) = malattia venerea **II** modif. [*clinic*] per malattie veneree.
VDU **I** n. (⇒ visual display unit unità di display video) VDU f. **II** modif. ***~ operator*** videoterminalista.
veal /viːl/ **I** n. vitello m., carne f. di vitello **II** modif. [*stew, cutlet*] di vitello; [*rearing*] di vitelli.
vector /ˈvektə(r)/ n. **1** BIOL. MAT. vettore m. **2** AER. rotta f.
veer /vɪə(r)/ intr. **1** *(change direction)* [*ship*] virare; [*person, road*] girare, cambiare direzione; ***to ~ away from, towards sth.*** deviare da, verso qcs.; ***to ~ away*** o ***off*** allontanarsi **2** FIG. [*person*] cambiare opinione; [*opinion*] cambiare; ***to ~ (away) from sth.*** allontanarsi da qcs.; ***to ~ towards sth.*** avvicinarsi a qcs.
veg /vedʒ/ n. BE COLLOQ. (accorc. vegetables) verdura f.
veg out intr. AE COLLOQ. vegetare, poltrire.
vegan /ˈviːgən/ **I** n. vegetaliano m. (-a), veganiano m. (-a) **II** agg. vegetaliano, veganiano.
veganism /ˈviːgənɪzəm/ n. vegetalismo m.
vegetable /ˈvedʒtəbl/ **I** n. **1** *(edible plant)* ortaggio m.; ***~s*** verdura, ortaggi **2** *(as opposed to mineral, animal)* vegetale m. **3** COLLOQ. FIG. ***to become a ~*** essere ridotto allo stato vegetale **II** modif. **1** [*knife*] per la verdura; [*dish, soup*] di verdure di verdura; [*patch*] coltivato a ortaggi **2** [*fat, oil, matter*] vegetale.
vegetable garden n. orto m.
vegetable peeler n. = utensile da cucina che serve pe[r] pelare la verdura.
vegetarian /ˌvedʒɪˈteərɪən/ **I** n. vegetariano m. (-a) **II** agg. vegetariano.
vegetarianism /ˌvedʒɪˈteərɪənɪzəm/ n. vegetarianismo m.
vegetate /ˈvedʒɪteɪt/ intr. vegetare.
vegetation /ˌvedʒɪˈteɪʃn/ n. vegetazione f.
vegetative /ˈvedʒɪtətɪv/ agg. vegetativo.
vehemence /ˈviːəməns/ n. *(of speech, action)* veemenza f. *(of feelings)* intensità f.
vehement /ˈviːəmənt/ agg. [*tirade, gesture, attack*] veemente [*dislike, disapproval*] violento.
vehemently /ˈviːəməntlɪ/ avv. [*speak, react*] con veemenza.
vehicle /ˈvɪəkl, AE ˈviːhɪkl/ n. **1** AUT. veicolo m.; ***"closed t[o] ~s"*** "circolazione vietata ai veicoli" **2** FARM. CHIM. veicolo m **3** *(medium of communication)* mezzo m., veicolo m. (fo[r] di).
vehicular /vɪˈhɪkjʊlə(r), AE viː-/ agg. ***"no ~ access"***, ***"no ~ traffic"*** "divieto di circolazione".
1.veil /veɪl/ n. **1** velo m.; *(on hat)* veletta f.; ***to take the ~*** RELIG. prendere il velo **2** FIG. velo m.; ***a ~ of secrecy*** un[a] cortina di segretezza; ***let's draw a ~ over that episode*** sten[-] diamo un velo (pietoso) su quell'episodio.
2.veil /veɪl/ tr. **1** [*mist, cloud*] velare **2** FIG. *(conceal)* nascon[-] dere, dissimulare [*emotion*].
veiled /veɪld/ **I** p.pass. → **2.veil** **II** agg. **1** [*person*] velato **2** *(indirect)* [*hint, threat*] velato; ***a thinly ~ allusion*** un'allusion[e] appena velata.
vein /veɪn/ n. **1** *(blood vessel)* vena f. **2** *(on insect wing, leaf* nervo m., nervatura f. **3** *(in marble, cheese)* venatura f. **4** *(o[f] ore)* vena f. **5** *(theme)* vena f.; ***to continue in a similar ~*** con[-] tinuare con un tono simile; ***a ~ of nostalgia runs through hi[s] work*** una vena di nostalgia percorre tutta la sua opera; ***in th[e] same ~*** con lo stesso spirito.
veined /veɪnd/ agg. [*hand, rock, cheese*] venato (**with** di) [*leaf*] nervato.
velar /ˈviːlə(r)/ agg. velare.
Velcro® /ˈvelkrəʊ/ n. velcro® m.
vellum /ˈveləm/ n. pergamena f.
velocity /vɪˈlɒsətɪ/ n. **1** TECN. velocità f. **2** FORM. velocità f speditezza f.
velour /vəˈlʊə(r)/, **velours** /vəˈlʊəz/ n. velours m.
velvet /ˈvelvɪt/ **I** n. velluto m. **II** modif. [*garment, curtain*] d[i] velluto **III** agg. [*tread*] felpato; [*skin, tones, softness*] vellu[-] tato; FIG. [*glove, revolution*] di velluto.
velveteen /ˌvelvɪˈtiːn/ n. velluto m. di cotone.
velvety /ˈvelvətɪ/ agg. vellutato.
venal /ˈviːnl/ agg. venale.
venality /viːˈnælətɪ/ n. venalità f.
vending machine /ˈvendɪŋməˌʃiːn/ n. distributore m. auto[-] matico.
vendor /ˈvendə(r)/ n. **1** *(in street, kiosk)* venditore m. (-trice ambulante, ambulante m. e f. **2** *(as opposed to buyer)* vendi[-] tore m. **3** AE *(machine)* distributore m. automatico.
1.veneer /vɪˈnɪə(r)/ n. **1** *(on wood)* impiallacciatura f., pia[l-] laccio m. **2** FIG. *(surface show)* patina f., verniciatura f.
2.veneer /vɪˈnɪə(r)/ tr. impiallacciare [*wood*].
venerable /ˈvenərəbl/ agg. venerabile.
venerate /ˈvenəreɪt/ tr. venerare.
veneration /ˌvenəˈreɪʃn/ n. venerazione f.
venereal /vəˈnɪərɪəl/ agg. venereo; ***~ disease*** malatti[a] venerea.
Venetian /vɪˈniːʃn/ **I** agg. veneziano; ***the ~ carnival*** i[l] carnevale di Venezia; ***~ glass*** vetro di Murano **II** n. venezian[o] m. (-a).
Venetian blind n. veneziana f.
Venezuelan /ˌvenɪˈzweɪlən/ ➧ *18* **I** agg. venezuelano **II** n venezuelano m. (-a).
vengeance /ˈvendʒəns/ n. vendetta f.; ***to take ~ (up)on s[b]*** vendicarsi di qcn.; ***"I'll do it", he said with a ~*** "faccio io" disse in modo categorico.

vengeful /'vendʒfəl/ agg. FORM. [*person*] vendicativo; [*act, desire*] di vendetta.
venial /'vi:nɪəl/ agg. FORM. veniale.
Venice /'venɪs/ ♦ *34* n.pr. Venezia f.
venison /'venɪsn, -zn/ n. cervo m., carne f. di cervo.
venom /'venəm/ n. ZOOL. veleno m. (anche FIG.).
venomous /'venəməs/ agg. ZOOL. velenoso (anche FIG.).
venous /'vi:nəs/ agg. venoso.
1.vent /vent/ n. **1** *(outlet for gas, pressure)* bocca f., sfiato m.; ***air ~*** bocchettone d'aria, bocca di aerazione; ***to give ~ to*** FIG. dare sfogo a [*anger, feelings*] **2** *(of volcano)* camino m. **3** *(in fashion) (slit)* spacco m. **4** AE *(window)* deflettore m.
2.vent /vent/ **I** tr. **1** *(let out)* fare uscire [*gas, smoke*] **2** FIG. *(release)* sfogare, scaricare [*anger, spite, frustration*] (**on** su) **II** intr. [*gas, chimney, volcano*] scaricarsi.
ventilate /'ventɪleɪt/ tr. **1** *(provide with air)* ventilare, aerare, arieggiare [*room*] **2** MED. ventilare [*patient*]; ossigenare [*lungs*] **3** FIG. *(air)* esprimere, dare voce a [*idea*].
ventilation /ˌventɪ'leɪʃn/ n. **1** ventilazione f., aerazione f. **2** MED. *(of patient)* respirazione f. artificiale.
ventilator /'ventɪleɪtə(r)/ n. **1** MED. respiratore m., ventilatore m. artificiale **2** ING. *(opening)* sfiatatoio m.; *(fan)* ventilatore m.
ventricle /'ventrɪkl/ n. ventricolo m.
ventriloquism /ven'trɪləkwɪzəm/ n. ventriloquio m.
ventriloquist /ven'trɪləkwɪst/ ♦ *27* n. ventriloquo m. (-a).
ventriloquist's dummy n. pupazzo m. del ventriloquo.
1.venture /'ventʃə(r)/ n. **1** COMM. ECON. *(undertaking)* iniziativa f. imprenditoriale, speculazione f.; ***a publishing, media ~*** un'iniziativa editoriale, nel campo dei media; ***her first ~ into marketing*** la sua prima impresa nel settore del marketing **2** *(experiment)* esperimento m., prova f.; ***his first ~ into fiction*** la sua prima prova in campo narrativo.
2.venture /'ventʃə(r)/ **I** tr. **1** *(offer)* azzardare [*opinion, suggestion*]; ***to ~ the opinion that*** azzardare che; ***might I ~ a suggestion?*** posso azzardare un suggerimento? ***to ~ to do*** azzardarsi a fare **2** *(gamble)* scommettere [*money*] (**on** su); ***to ~ a bet*** fare una scommessa arrischiata **II** intr. **1** *(go)* ***to ~ into*** avventurarsi in [*place, street, city*]; ***to ~ out(doors)*** avventurarsi fuori **2** COMM. *(make foray)* ***to ~ into*** lanciarsi in [*retail market, publishing*] ♦ ***nothing ~d nothing gained*** PROV. chi non risica non rosica.
■ **venture forth** LETT. avventurarsi fuori.
venture capital n. capitale m. di rischio.
venturesome /'ventʃəsəm/ agg. LETT. avventuroso.
venue /'venju:/ n. luogo m. (in cui si svolge un evento), sede f.; ***the ~ for the match will be*** la partita avrà luogo a.
Venus /'vi:nəs/ n.pr. **1** MITOL. Venere **2** ASTR. Venere f.
veracity /və'ræsətɪ/ n. FORM. veracità f.
veranda(h) /və'rændə/ n. veranda f.; ***on the ~*** in veranda.
verb /vɜ:b/ n. verbo m.
verbal /'vɜ:bl/ agg. verbale.
verbal diarrhoea n. COLLOQ. logorrea f.
verbalize /'vɜ:bəlaɪz/ tr. verbalizzare.
verbally /'vɜ:bəlɪ/ avv. verbalmente.
verbatim /vɜ:'beɪtɪm/ **I** agg. [*report, account*] letterale, testuale **II** avv. [*describe, record*] parola per parola.
verbena /vɜ:'bi:nə/ n. verbena f.
verbiage /'vɜ:bɪɪdʒ/ n. FORM. verbosità f.
verbose /vɜ:'bəʊs/ agg. FORM. verboso.
verbosity /vɜ:'bɒsətɪ/ n. FORM. verbosità f.
verdant /'vɜ:dnt/ agg. LETT. verdeggiante.
verdict /'vɜ:dɪkt/ n. **1** DIR. verdetto m.; ***to return a ~*** emettere un verdetto; ***to reach a ~*** arrivare a un verdetto; ***a ~ of guilty*** un verdetto di colpevolezza; ***the ~ was suicide*** l'inchiesta ha accertato che si trattò di suicidio **2** FIG. *(opinion)* opinione f., parere m.; ***well, what's the ~?*** COLLOQ. allora, qual è il tuo parere? ***to give one's ~ on sth.*** dire la propria su qcs.
verdigris /'vɜ:dɪgrɪs, -gri:s/ n. verderame m.
1.verge /vɜ:dʒ/ n. **1** BE *(by road)* ciglio m., bordo m.; ***soft ~*** sponda franosa **2** *(brink)* ***on the ~ of adolescence*** sulla soglia dell'adolescenza; ***on the ~ of tears, success*** sul punto di piangere, sfondare; ***on the ~ of death*** in punto di morte; ***on the ~ of doing*** sul punto di fare; ***to bring*** o ***drive sb. to the ~ of*** portare qcn. sull'orlo di [*bankruptcy, despair, suicide*]; ***to bring*** o ***drive sb. to the ~ of doing*** portare qcn. sul punto di fare.
2.verge /vɜ:dʒ/ intr. ***to ~ on*** rasentare [*panic, stupidity*]; ***to be verging on the ridiculous*** sfiorare il ridicolo.
verger /'vɜ:dʒə(r)/ ♦ *27* n. RELIG. *(caretaker)* sagrestano m.
verifiable /'verɪfaɪəbl/ agg. verificabile.
verification /ˌverɪfɪ'keɪʃn/ n. *(of claim, facts)* verifica f., controllo m.; *(as procedure)* riscontro m.
verify /'verɪfaɪ/ tr. verificare.
verily /'verɪlɪ/ avv. ANT. in verità.
verisimilitude /ˌverɪsɪ'mɪlɪtju:d, AE -tu:d/ n. FORM. verosimiglianza f.
veritable /'verɪtəbl/ agg. FORM. vero.
verity /'verətɪ/ n. LETT. verità f.
vermicelli /ˌvɜ:mɪ'selɪ, -'tʃelɪ/ n. **U** **1** *(pasta)* vermicelli m.pl. **2** *(chocolate)* = decorazioni di cioccolato a forma di vermicello.
vermilion /və'mɪlɪən/ ♦ *5* **I** n. vermiglio m. **II** agg. vermiglio.
vermin /'vɜ:mɪn/ n. **1** **U** *(rats etc.)* animali m.pl. nocivi **2** *(lice, insects)* (insetti) parassiti m.pl. **3** SPREG. *(people)* feccia f.; *(person)* delinquente m.
verminous /'vɜ:mɪnəs/ agg. *(infested) (with rats)* infestato dai topi; *(with lice)* infestato dalle pulci.
Vermont /vɜ:'mɒnt/ ♦ *24* n.pr. Vermont m.
vermouth /'vɜ:məθ, AE vər'mu:θ/ n. vermouth m., vermut m.
vernacular /və'nækjʊlə(r)/ **I** n. **1** *(language)* ***the ~*** il vernacolo; ***in the ~*** *(not Latin)* in volgare; *(in local dialect)* in dialetto **2** *(jargon)* gergo m. **II** agg. [*architecture*] locale; [*building*] in stile locale; [*writing*] in vernacolo, in lingua vernacolare.
vernal /'vɜ:nl/ agg. LETT. vernale, primaverile.
Veronese /verə'ni:z/ **I** agg. veronese **II** n. (pl. ~) veronese m. e f.
verruca /və'ru:kə/ n. (pl. **~s**, **-ae**) verruca f.
versatile /'vɜ:sətaɪl/ agg. **1** *(flexible)* [*person, mind*] versatile, eclettico **2** *(with many uses)* [*vehicle*] versatile; [*equipment*] multiuso, versatile.
versatility /ˌvɜ:sə'tɪlətɪ/ n. **1** *(flexibility) (of person, mind)* versatilità f. **2** *(of equipment)* versatilità f., polivalenza f.
verse /vɜ:s/ n. **1** *(poem)* poesia f., versi m.pl.; ***to write ~*** scrivere poesie **2** *(form)* versi m.pl.; ***in ~*** in versi **3** *(part of poem, song)* strofa f. **4** BIBL. versetto m.
versed /vɜ:st/ agg. (anche **well-~**) versato (**in** per).
versification /ˌvɜ:sɪfɪ'keɪʃn/ n. versificazione f.
versifier /'vɜ:sɪfaɪə(r)/ n. versificatore m. (-trice), verseggiatore m. (-trice).
version /'vɜ:ʃn, AE -ʒn/ n. versione f.
versus /'vɜ:səs/ prep. contro; ***it's integration ~ independence*** si tratta dell'integrazione in contrapposizione all'indipendenza.
vertebra /'vɜ:tɪbrə/ n. (pl. **-ae**) vertebra f.
vertebral /'vɜ:tɪbrəl/ agg. vertebrale.
vertebrate /'vɜ:tɪbrət/ **I** agg. vertebrato **II** n. vertebrato m.
vertex /'vɜ:teks/ n. (pl. **-ices**) **1** MAT. vertice m. **2** ANAT. vertex m.
vertical /'vɜ:tɪkl/ **I** agg. [*line, take-off*] verticale; [*cliff*] a picco **II** n. verticale f.; ***out of the ~*** non a piombo.
vertically /'vɜ:tɪklɪ/ avv. [*draw, divide*] verticalmente; [*drop, climb*] in verticale.
vertices /'vɜ:tɪsi:z/ → **vertex**.
vertigines /və'tɪdʒɪni:z/ → **vertigo**.
vertiginous /və'tɪdʒɪnəs/ agg. vertiginoso (anche FIG.).
vertigo /'vɜ:tɪgəʊ/ n. (pl. **~es**, **-ines**) vertigine f.; ***to get ~*** avere le vertigini.
verve /vɜ:v/ n. brio m., verve f.
very /'verɪ/ **I** avv. **1** *(extremely)* [*hot, bad, nice*] molto; ***I'm ~ sorry*** mi dispiace molto; ***~ well*** molto bene, benissimo; ***she couldn't ~ well do that*** non poteva mica fare così; ***that's all ~ well but...*** tutto molto bene, però...; ***~ much*** molto; ***to be ~ much a city dweller*** essere proprio un tipo cittadino **2** *(absolutely)* ***the ~ best thing*** di gran lunga la cosa migliore; ***in the ~ best of health*** in piena salute; ***at the ~ latest*** al più

tardi; ***at the ~ least*** come minimo; ***the ~ first*** il primissimo **3** *(actually)* ***the ~ same words*** esattamente le stesse parole; ***the ~ next day*** il giorno immediatamente successivo; ***a car of your ~ own*** una macchina tutta tua **II** agg. **1** *(actual)* esatto, preciso; ***this ~ second*** (in) questo preciso istante **2** *(ideal)* ***the ~ person I need*** proprio la persona che fa per me **3** *(ultimate)* ***from the ~ beginning*** dal primo istante; ***at the ~ front*** proprio davanti; ***to the ~ end*** fino all'ultimo istante **4** *(mere)* [*mention, thought, word*] solo; ***the ~ idea!*** che (razza di) idea!

vespers /ˈvespəz/ n.pl. + verbo sing. o pl. vespro m.sing.

vessel /ˈvesl/ n. **1** MAR. nave f. **2** ANAT. vaso m.; ***blood ~*** vaso sanguigno **3** *(container)* contenitore m., recipiente m. **4** FIG. *(person)* strumento m. (**for** di).

1.vest /vest/ ♦ *28* n. **1** *(underwear) (sleeveless)* canottiera f.; *(short-sleeved)* maglietta f. della salute **2** *(for sport, fashion)* canottiera f. **3** AE gilet m.

2.vest /vest/ tr. conferire [*authority, power*] (**in** a).

vested interest /ˌvestɪdˈɪntrəst/ n. **1** *(personal interest)* interesse m. personale; ***to have a ~*** avere dell'interesse personale (**in** in) **2** DIR. interesse m. acquisito.

vestibule /ˈvestɪbjuːl/ n. ANAT. ARCH. vestibolo m.

vestige /ˈvestɪdʒ/ n. **1** gener. pl. *(trace) (of civilization, faith, system)* vestigio m.; *(of emotion, truth, stammer)* traccia f. **2** ANAT. ZOOL. vestigio m., rudimento m.

vestigial /veˈstɪdʒɪəl/ agg. **1** [*feeling, headache*] residuo **2** ANAT. ZOOL. [*tail*] vestigiale.

vestment /ˈvestmənt/ n. paramento m. sacro.

vest pocket I n. AE taschino m. del gilet **II vest-pocket** agg. [*dictionary, calculator*] tascabile.

vestry /ˈvestrɪ/ n. RELIG. *(place)* sagrestia f.

Vesuvius /vɪˈsuːvɪəs/ n.pr. ***~ is an active volcano*** il Vesuvio è un vulcano attivo.

1.vet /vet/ ♦ *27* n. → **veterinary surgeon**.

2.vet /vet/ n. AE MIL. COLLOQ. (accorc. veteran) veterano m., reduce m.

3.vet /vet/ tr. (forma in -ing ecc. **-tt-**) fare un controllo approfondito su [*person*]; esaminare, controllare [*plan*]; passare al vaglio [*publication*].

vetch /vetʃ/ n. veccia f.

veteran /ˈvetərən/ **I** n. veterano m. (-a); MIL. veterano m., reduce m. **II** modif. [*marathon*] dei veterani; [*ship*] antico, d'epoca; ***a ~ sportsman, politician*** un veterano dello sport, della politica.

veteran car n. BE auto f. d'epoca (costruita prima del 1905).

Veterans Day n. US = l'11 novembre, giornata in cui si commemorano i veterani di guerra.

veterinarian /ˌvetərɪˈneərɪən/ ♦ *27* n. AE veterinario m. (-a).

veterinary /ˈvetrɪnrɪ, AE ˈvetərɪnerɪ/ ♦ *27* **I** agg. veterinario **II** n. veterinario m. (-a).

veterinary surgeon ♦ *27* n. veterinario m. (-a).

veterinary surgery n. *(for consultation)* clinica f. veterinaria.

1.veto /ˈviːtəʊ/ n. (pl. **~es**) **1** *(practice)* veto m. **2** *(right)* diritto m. di veto (**over**, **on** su).

2.veto /ˈviːtəʊ/ tr. (pres. **~es**; pass., p.pass. **~ed**) mettere, (op)porre il (proprio) veto a (anche POL.).

vetting /ˈvetɪŋ/ n. controllo m.; ***security ~*** controllo di sicurezza.

vex /veks/ tr. *(annoy)* irritare, contrariare; *(worry)* preoccupare.

vexation /vekˈseɪʃn/ n. *(annoyance)* irritazione f.; *(worry)* preoccupazione f.

vexatious /vekˈseɪʃəs/ agg. [*situation*] irritante, seccante; [*person*] fastidioso, molesto.

vexed /vekst/ **I** p.pass. → **vex II** agg. **1** *(annoyed)* irritato, contrariato (**with** da) **2** *(problematic)* [*question, issue, situation*] spinoso.

vexing /ˈveksɪŋ/ agg. → **vexatious**.

VHF n. (⇒ very high frequency altissima frequenza) VHF f.

via /ˈvaɪə/ prep. **1** *(by way of)* passando per, via; *(on ticket, timetable)* via **2** *(by means of)* tramite; ***transmitted ~ satellite*** trasmesso via satellite.

viability /vaɪəˈbɪlətɪ/ n. **1** *(feasibility) (of company, government, farm)* vitalità f. (economica), produttività f.; *(of project, idea, plan)* fattibilità f. **2** BIOL. ZOOL. MED. *(of foetus, egg, plant)* vitalità f.

viable /ˈvaɪəbl/ agg. **1** *(feasible)* [*company, government, farm*] vitale, produttivo; [*project, idea, plan*] fattibile **2** BIOL. ZOOL. MED. vitale.

viaduct /ˈvaɪədʌkt/ n. viadotto m.

vial /ˈvaɪəl/ n. FARM. fiala f.

vibes /vaɪbz/ n.pl. COLLOQ. ***to have good ~*** sentire delle buone vibrazioni; ***to have bad ~*** avere una sensazione negativa *o* una brutta sensazione.

vibrancy /ˈvaɪbrənsɪ/ n. **1** *(liveliness) (of person)* vitalità f. *(of place)* vita f.; *(of colour)* vivacità f. **2** *(of voice, instrument)* sonorità f.

vibrant /ˈvaɪbrənt/ agg. **1** *(lively)* [*person, place, personality colour*] vivace **2** *(resonant)* [*voice*] vibrante (**with** di); [*instrument*] dalla voce vibrante.

vibraphone /ˈvaɪbrəfəʊn/ ♦ *17* n. vibrafono m.

vibrate /vaɪˈbreɪt, AE ˈvaɪbreɪt/ **I** tr. fare vibrare **II** intr. vibrare (**with** di).

vibration /vaɪˈbreɪʃn/ n. vibrazione f.

vibrator /vaɪˈbreɪtə(r)/ n. vibratore m.

vibratory /vaɪˈbreɪtərɪ, AE -tɔːrɪ/ agg. vibratorio.

vicar /ˈvɪkə(r)/ ♦ *9* n. parroco m. (della chiesa anglicana).

vicarage /ˈvɪkərɪdʒ/ n. canonica f.

vicarious /vɪˈkeərɪəs, AE vaɪˈk-/ agg. **1** *(indirect)* [*pleasure, knowledge*] indiretto **2** *(delegated)* [*power*] delegato.

1.vice /vaɪs/ n. *(failing)* vizio m.; SCHERZ. debolezza f.

2.vice BE, **vise** AE /vaɪs/ n. TECN. morsa f.

vice-captain /ˌvaɪsˈkæptɪn/ n. SPORT vicecapitano m.

vice-chair /ˌvaɪsˈtʃeə(r)/ n. vicepresidente m.

vice-chancellor /ˌvaɪsˈtʃɑːnsələ(r), AE -ˈtʃæns-/ ♦ *27* n. **1** BE UNIV. vicerettore m. **2** AE DIR. giudice m. di una corte di equity.

vice-president /ˌvaɪsˈprezɪdənt/ n. vicepresidente m. e f.

vice-presidential /ˌvaɪsprezɪˈdenʃl/ agg. [*candidate, race*] alla vicepresidenza; [*residence*] vicepresidenziale, del vicepresidente.

vice-principal /ˌvaɪsˈprɪnsəpl/ n. SCOL. *(of senior school)* vicepreside m. e f.; *(of junior school, college)* vicedirettore m. (-trice).

vice squad n. (squadra del) buoncostume f.

vice versa /ˌvaɪsɪˈvɜːsə/ avv. viceversa.

vicinity /vɪˈsɪnətɪ/ n. vicinanze f.pl., dintorni m.pl.

vicious /ˈvɪʃəs/ agg. [*person*] vizioso, malvagio; [*animal*] pericoloso, selvatico; [*attack, price cut*] brutale, violento; [*power, speech*] violento, malvagio; [*revenge, lie*] crudele; [*rumour, sarcasm*] maligno.

vicious circle n. circolo m. vizioso.

viciously /ˈvɪʃəslɪ/ avv. **1** *(savagely)* brutalmente **2** *(perversely)* in modo cattivo.

viciousness /ˈvɪʃəsnɪs/ n. **1** *(physical) (of person)* brutalità f.; *(of attack)* violenza f. **2** *(verbal)* cattiveria f., malvagità f.

vicissitude /vɪˈsɪsɪtjuːd, AE -tuːd/ n. FORM. vicissitudine f.

Vicky /ˈvɪkɪ/ n.pr. diminutivo di **Victoria**.

victim /ˈvɪktɪm/ n. vittima f. (anche FIG.); ***to fall ~ to*** essere *o* cadere vittima di [*disease, disaster*]; essere preda di [*charm*].

victimization /ˌvɪktɪmaɪˈzeɪʃn/ n. vittimizzazione f.

victimize /ˈvɪktɪmaɪz/ tr. vittimizzare.

victor /ˈvɪktə(r)/ n. vincitore m.

Victor /ˈvɪktə(r)/ n.pr. Vittorio.

Victoria /vɪkˈtɔːrɪə/ n.pr. Vittoria; ***Queen, Lake ~*** la regina, lago Vittoria.

Victorian /vɪkˈtɔːrɪən/ **I** agg. [*building, furniture, period*] vittoriano; [*poverty*] dell'età vittoriana **II** n. = persona vissuta in epoca vittoriana.

Victoriana /vɪkˌtɔːrɪˈɑːnə/ n.pl. = oggetti d'arte di epoca vittoriana.

victorious /vɪkˈtɔːrɪəs/ agg. [*troops, team, campaign*] vittorioso.

victory /ˈvɪktərɪ/ n. vittoria f.; ***to win a ~*** riportare una vittoria (**over** su).

victual /ˈvɪtl/ tr. (forma in -ing ecc. **-ll-**, **-l-** AE) approvvigionare, vettovagliare.

victuals /ˈvɪtlz/ n.pl. viveri m., vettovaglie f.
vicu(g)na /vɪˈkjuːnjə, -ˈkuː-/ n. vigogna f.
1.video /ˈvɪdɪəʊ/ **I** n. (pl. **~s**) **1** (anche **~ recorder**) videoregistratore m. **2** (anche **~ cassette**) videocassetta f.; ***on ~*** in videocassetta **3** (anche **~ film**) filmato m., video(film) m. **4** AE *(television)* televisione f. **II** modif. [*company, distributor, footage*] di video; [*market*] del video; [*channel, evidence, link, recording*] video; [*interview*] in video.
2.video /ˈvɪdɪəʊ/ tr. (pres. **~s**; pass., p.pass. **~ed**) **1** *(from TV)* videoregistrare **2** *(on camcorder)* filmare, riprendere.
video book n. videolibro m.
video camera n. videocamera f., telecamera f.
video card n. scheda f. video.
video-cassette /ˌvɪdɪəʊkəˈset/ n. videocassetta f.
video clip n. **1** TEL. videoclip m., video m. **2** CINEM. estratto m.
videoconference /ˌvɪdɪəʊˈkɒnfərəns/ n. videoconferenza f.
video game n. videogioco m., videogame m.
video library n. videoteca f.
video nasty n. BE = film in videocassetta contenente immagini violente o pornografiche.
video-on-demand /ˌvɪdɪəʊɒndɪˈmɑːnd/ n. video m. a pagamento.
video player n. videoriproduttore m.
video shop BE, **video store** AE ➧ ***27*** n. videoteca f., videonoleggio m.
video surveillance n. videosorveglianza f.
1.videotape /ˈvɪdɪəʊteɪp/ n. videotape m.
2.videotape /ˈvɪdɪəʊteɪp/ tr. **1** *(from TV)* videoregistrare **2** *(with video camera)* filmare, riprendere.
videotaping /ˈvɪdɪəʊteɪpɪŋ/ n. videoregistrazione f.
vie /vaɪ/ intr. (forma in -ing **vying**) gareggiare, competere.
Viennese /vɪəˈniːz/ **I** agg. viennese **II** n. (pl. ~) viennese m. e f.
Vietnamese /ˌvjetnəˈmiːz/ ➧ ***18, 14*** **I** agg. [*people, language, government*] vietnamita; [*embassy*] vietnamita, del Vietnam **II** n. (pl. ~) **1** *(person)* vietnamita m. e f. **2** *(language)* vietnamita m.
1.view /vjuː/ n. **1** *(of landscape, scene)* vista f.; FIG. *(of situation)* visione f.; ***a room with a ~ (of the sea)*** una camera con vista (mare); ***the trees cut off the ~*** gli alberi coprono la visuale; ***you're blocking my ~!*** mi togli la visuale! ***ten ~s of Rome*** *(on postcard)* dieci vedute di Roma; ***we moved forward to get a better ~*** ci siamo spostati più avanti per vedere meglio; ***to have a front ~ of sth.*** avere una visione frontale di qcs.; ***an overall ~ of the situation*** una visione d'insieme della situazione **2** *(field of vision, prospect)* vista f. (anche FIG.); ***the lake was within ~ of the house*** il lago era visibile dalla casa; ***to do sth. in (full) ~ of sb.*** fare qcs. sotto gli occhi di qcn.; ***what do you have in ~?*** FIG. cos'hai in programma? ***to keep sth. in ~*** non perdere di vista qcs. (anche FIG.); ***to disappear from ~*** scomparire (dalla vista); ***to hide sth. from ~*** nascondere qcs. (dalla vista); ***on ~*** [*exhibition*] visitabile; COMM. [*new range*] esposto, in mostra **3** *(personal opinion, attitude)* opinione f., parere m.; ***point of ~*** punto di vista; ***in his ~*** a suo parere; ***in the ~ of Mr Jones*** secondo il signor Jones **4** *(visit, inspection) (of exhibition, house)* visita f.; *(of film)* proiezione f.; COMM. *(of new range)* presentazione f. **5 in view of** *(considering)* ***in ~ of the situation*** vista, considerata la situazione **6 with a view to** ***with a ~ to sth.*** in vista di qcs.; ***with a ~ to sb.('s) doing*** nella speranza che qcn. faccia.
2.view /vjuː/ **I** tr. **1** *(regard, consider)* guardare, considerare; *(envisage)* immaginare, figurarsi; ***to ~ the future with optimism*** guardare al futuro con ottimismo **2** *(look at)* guardare [*scene, building*]; *(inspect)* visitare, vedere [*house, castle, exhibition*]; visionare [*slide, microfiche*]; esaminare [*documents*] **3** *(watch)* guardare [*television, programme*] **II** intr. guardare la televisione.
viewer /ˈvjuːə(r)/ n. **1** *(person) (of TV)* telespettatore m. (-trice); *(of exhibition, property)* visitatore m. (-trice) **2** FOT. visore m.
viewfinder /ˈvjuːfaɪndə(r)/ n. FOT. mirino m.
viewing /ˈvjuːɪŋ/ **I** n. **1** TELEV. ***we plan our ~ ahead*** scegliamo in anticipo i programmi che vogliamo guardare; ***"and that concludes Saturday night's ~"*** "e con questo si concludono i programmi del sabato sera"; ***essential ~ for teachers*** un programma da non perdere per gli insegnanti; ***the film makes compulsive ~*** è un film avvincente **2** *(visit, inspection) (of exhibition, house)* visita f.; *(of film)* proiezione f.; COMM. *(of new range)* presentazione f.; ***"~ by appointment only"*** "visite solo su appuntamento" **II** modif. TELEV. [*trends, patterns*] d'ascolto; [*habits, preferences*] dei telespettatori; ***~ figures*** indice di gradimento; ***the ~ public*** i telespettatori.
viewphone /ˈvjuːfəʊn/ n. videotelefono m., videofono m.
viewpoint /ˈvjuːpɔɪnt/ n. **1** *(observation point)* belvedere m., punto m. panoramico **2** *(point of view)* punto m. di vista.
vigil /ˈvɪdʒɪl/ n. veglia f.; *(by sickbed)* veglia f.; RELIG. vigilia f.; POL. veglia f. di protesta; ***to keep a ~ (over sb.)*** vegliare qcn.
vigilance /ˈvɪdʒɪləns/ n. vigilanza f.
vigilant /ˈvɪdʒɪlənt/ agg. vigile, vigilante.
vigilante /ˌvɪdʒɪˈlæntɪ/ **I** n. vigilante m. e f. **II** modif. [*group*] di vigilanza; [*protection, role*] dei vigilantes.
vignette /viːˈnjet/ n. **1** *(drawing)* vignetta f. **2** CINEM. scena f. comica; LETTER. aneddoto m. umoristico; TEATR. scenetta f., sketch m.
vigor AE → **vigour**.
vigorous /ˈvɪgərəs/ agg. [*person, attempt, exercise*] vigoroso; [*plant*] rigoglioso, vigoroso; [*campaign*] energico; [*denial*] categorico; [*defender, supporter*] ardente.
vigorously /ˈvɪgərəslɪ/ avv. [*push, stir*] vigorosamente; [*grow*] rigogliosamente; [*defend, campaign, deny*] energicamente.
vigour BE, **vigor** AE /ˈvɪgə(r)/ n. **1** *(of person)* vigore m., energia f.; *(of plant)* rigoglio m., vigore m. **2** *(of argument, denial)* forza f., vigore m. **3** *(of campaign, efforts)* energia f., vigore m.
Viking /ˈvaɪkɪŋ/ **I** agg. vichingo **II** n. vichingo m. (-a).
vile /vaɪl/ agg. **1** *(wicked)* [*crime, traitor*] vile, ignobile **2** *(unpleasant)* [*smell, taste, weather*] schifoso; [*place, experience, colour*] orribile, orrendo; [*mood*] pessimo; [*behaviour*] pessimo, vile.
vilification /ˌvɪlɪfɪˈkeɪʃn/ n. diffamazione f. (**of** di).
vilify /ˈvɪlɪfaɪ/ tr. diffamare.
villa /ˈvɪlə/ n. villetta f.; *(larger)* villa f.
village /ˈvɪlɪdʒ/ **I** n. villaggio m., paese m. **II** modif. [*shop, school*] di, del paese; [*fete*] paesano.
village green n. = area verde pubblica nel centro del paese.
village hall n. salone m. delle feste (del paese).
villager /ˈvɪlɪdʒə(r)/ n. paesano m. (-a).
villain /ˈvɪlən/ n. *(scoundrel)* canaglia f.; *(criminal)* criminale m. e f.; *(in book, film)* cattivo m. (-a); *(child)* bricconcello m. (-a).
villainous /ˈvɪlənəs/ agg. [*person, behaviour, action*] infame; [*plot*] diabolico; [*expression, look*] cattivo, malvagio.
villainy /ˈvɪlənɪ/ n. infamia f., scelleratezza f.
villein /ˈvɪleɪn/ n. **1** STOR. servo m. (-a) della gleba **2** *(peasant)* villano m. (-a), contadino m. (-a).
vim /vɪm/ n. forza f., vigore m.
vinaigrette /ˌvɪnɪˈgret/ n. (anche **~ dressing**) vinaigrette f.
Vincent /ˈvɪnsənt/ n.pr. Vincenzo.
vindicate /ˈvɪndɪkeɪt/ tr. difendere, sostenere; DIR. scagionare [*person*]; giustificare [*action, claim, judgment*].
vindication /ˌvɪndɪˈkeɪʃn/ n. difesa f., giustificazione f.; DIR. *(of person)* discolpa f.
vindictive /vɪnˈdɪktɪv/ agg. [*person, behaviour*] vendicativo (**towards** verso); [*decision, action*] dettato dalla vendetta, di vendetta.
vindictiveness /vɪnˈdɪktɪvnɪs/ n. vendicatività f.
vine /vaɪn/ n. **1** *(producing grapes)* vite f. **2** *(climbing plant)* pianta f. rampicante.
vinegar /ˈvɪnɪgə(r)/ n. aceto m.
vinegary /ˈvɪnɪgərɪ/ agg. [*taste, odour*] agro, di aceto; [*remark, temper*] acido.
vineyard /ˈvɪnjəd/ n. vigneto m., vigna f.
vintage /ˈvɪntɪdʒ/ **I** n. **1** ENOL. annata f.; ***the 1986 ~*** la vendemmia 1986 **2** *(era, date)* epoca f.; ***of pre-war ~*** dell'anteguerra **II** agg. **1** ENOL. [*wine, champagne*] d'annata, millesimato; ***~ port*** = porto d'annata invecchiato in bottiglia **2** *(classic)* [*performance, comedy*] classico; ***it's ~ Armstrong*** è un Armstrong doc, è l'Armstrong migliore.

vintage car n. auto f. d'epoca (costruita fra il 1905 e il 1930).
vintage year n. ENOL. buona annata f.; ***a ~ for Italian soccer*** FIG. un'annata memorabile per il calcio italiano.
vintner /ˈvɪntnə(r)/ ➧ ***27*** n. commerciante m. e f. di vini.
vinyl /ˈvaɪnl/ **I** n. **1** TESS. polivinile m. **2** *(record)* vinile m. **II** modif. [*cover, upholstery*] in polivinile; [*paint*] vinilico.
viol /ˈvaɪəl/ ➧ ***17*** n. viola f. da gamba.
1.viola /vɪˈəʊlə/ ➧ ***17*** n. MUS. viola f.
2.viola /ˈvaɪələ/ n. BOT. viola f.
violate /ˈvaɪəleɪt/ tr. **1** *(infringe)* violare [*law, agreement, cease-fire, privacy*]; non rispettare [*criteria, duty*]; infrangere, violare [*taboo*]; DIR. contravvenire a [*rule, regulation*] **2** *(desecrate)* profanare [*sacred place*]; *(disturb)* disturbare [*peace*].
violation /ˌvaɪəˈleɪʃn/ n. **1** *(of law, agreement, cease-fire, privacy, taboo)* violazione f.; *(of criteria, duty)* inosservanza f., mancato rispetto m. **2** *(desecration) (of sacred place)* profanazione f. **3** DIR. *(minor offence)* infrazione f.; ***traffic ~*** violazione del codice stradale.
violence /ˈvaɪələns/ n. violenza f.; ***to use ~*** usare la forza; ***two days of ~*** due giorni di violenze; ***football ~*** la violenza negli stadi; ***to do ~ to sth.*** fare violenza a, forzare [*text, truth*].
violent /ˈvaɪələnt/ agg. **1** [*crime, behaviour, film*] violento; ***a ~ attack*** *(physical)* un assalto, un attacco violento; *(verbal)* un violento attacco **2** *(sudden)* [*acceleration, braking*] improvviso, violento; [*change, contrast*] brutale **3** *(powerful)* [*storm, explosion, emotion, headache*] violento **4** *(harsh)* [*colour*] violento.
violently /ˈvaɪələntlɪ/ avv. **1** [*push, attack*] violentemente; [*struggle*] furiosamente; [*assault*] selvaggiamente; ***to die ~*** morire di morte violenta **2** *(dramatically)* [*brake, swerve, alter, swing*] bruscamente **3** *(vehemently)* [*react, object*] violentemente, energicamente **4** [*blush, cough, shake*] violentemente.
violet /ˈvaɪələt/ ➧ ***5*** **I** n. **1** BOT. violetta f. **2** *(colour)* viola f., violetto m. **II** agg. viola, violetto.
Violet /ˈvaɪələt/ n.pr. Violetta.
violin /ˌvaɪəˈlɪn/ ➧ ***17*** **I** n. violino m. **II** modif. [*concerto*] per violino; [*teacher*] di violino.
violinist /ˌvaɪəˈlɪnɪst/ ➧ ***17, 27*** n. violinista m. e f.
VIP I n. (⇒ very important person persona molto importante) vip m. e f. **II** agg. [*area, facility*] (per i) vip; ***to give sb. (the) ~ treatment*** trattare qcn. da signore.
viper /ˈvaɪpə(r)/ n. ZOOL. vipera f. (anche FIG.).
virago /vɪˈrɑːgəʊ/ n. (pl. **~es, ~s**) SPREG. megera f.
viral /ˈvaɪ(ə)rəl/ agg. virale.
Virgil /ˈvɜːdʒɪl/ n.pr. Virgilio.
virgin /ˈvɜːdʒɪn/ **I** n. **1** *(woman)* vergine f.; *(man)* RAR. vergine m.; ***to be a ~*** essere vergine **2** ASTROL. ***the Virgin*** la Vergine **II Virgin** n.pr. RELIG. ***the Virgin (Mary)*** la Vergine (Maria) **III** agg. vergine.
virginal /ˈvɜːdʒɪnl/ **I** agg. [*smile, expression*] innocente; [*woman*] pura; [*white, innocence*] verginale **II** n. MUS. virginale m.
Virginia /vəˈdʒɪnɪə/ ➧ ***24*** n.pr. GEOGR. Virginia f.
Virginia creeper n. vite f. vergine.
Virginian /vəˈdʒɪnɪən/ **I** agg. virginiano, della Virginia **II** n. virginiano m. (-a).
virginity /vəˈdʒɪnətɪ/ n. verginità f.
Virgo /ˈvɜːgəʊ/ ➧ ***38*** n. ASTROL. Vergine f.; ***to be (a) ~*** essere della Vergine.
virile /ˈvɪraɪl, AE ˈvɪrəl/ agg. *(manly)* virile, mascolino; FIG. *(potent)* vigoroso, maschio.
virility /vɪˈrɪlətɪ/ n. virilità f.
virologist /vaɪəˈrɒlədʒɪst/ ➧ ***27*** n. virologo m. (-a).
virtual /ˈvɜːtʃʊəl/ agg. **1** *(almost complete)* [*collapse, failure, standstill*] virtuale, di fatto; ***the ~ disappearance of this custom*** la quasi totale scomparsa di questa usanza; ***he was a ~ prisoner*** era praticamente un prigioniero; ***she is the ~ ruler of the country*** è di fatto lei che governa il paese **2** INFORM. FIS. virtuale.
virtually /ˈvɜːtʃʊəlɪ/ avv. praticamente; ***it's ~ impossible*** è praticamente impossibile; ***~ every household has one*** ce n'è uno praticamente in ogni casa.
virtual reality n. realtà f. virtuale.
virtue /ˈvɜːtʃuː/ n. **1** *(goodness, good quality, chastity)* virtù f.; ***a woman of easy ~*** una donna di facili costumi **2** *(advantage)* vantaggio m., merito m.; ***to extol the ~s of sth.*** vantare le virtù di qcs. **3 by virtue of** in virtù di.
virtuosity /ˌvɜːtʃʊˈɒsətɪ/ n. virtuosità f.
virtuoso /ˌvɜːtjʊˈəʊsəʊ, -zəʊ/ **I** n. (pl. **~s, -i**) virtuoso m. (of di) **II** agg. da virtuoso.
virtuous /ˈvɜːtʃʊəs/ agg. virtuoso.
virtuously /ˈvɜːtʃʊəslɪ/ avv. **1** *(morally)* [*behave, live*] in modo virtuoso, virtuosamente; [*help, act*] virtuosamente **2** *(self-righteously)* moralisticamente.
virulence /ˈvɪrʊləns/ n. virulenza f. (anche MED.).
virulent /ˈvɪrʊlənt/ agg. virulento (anche MED.).
virus /ˈvaɪərəs/ ➧ ***11*** n. MED. INFORM. virus m.; ***the Aids ~*** il virus dell'AIDS.
virus checker n. (programma) antivirus m.
visa /ˈviːzə/ n. visto m.; ***entry ~*** visto d'entrata.
visage /ˈvɪzɪdʒ/ n. LETT. volto m., viso m.
vis-à-vis /ˌviːzɑːˈviː/ **I** n. *(person)* vis-à-vis m. e f., persona f. che sta di fronte **II** prep. *(in relation to)* vis-à-vis, faccia a faccia; *(concerning)* riguardo a, per quanto riguarda.
viscera /ˈvɪsərə/ n.pl. viscere f.
visceral /ˈvɪsərəl/ agg. ANAT. viscerale; FIG. *(instinctive)* [*feeling*] viscerale; *(raw)* [*performance*] appassionato; [*power*] rozzo, cieco.
viscose /ˈvɪskəʊz, -kəʊs/ n. viscosa f.
viscosity /vɪˈskɒsətɪ/ n. viscosità f.
viscount /ˈvaɪkaʊnt/ ➧ ***9*** n. visconte m.
viscountess /ˈvaɪkaʊntɪs/ ➧ ***9*** n. viscontessa f.
viscous /ˈvɪskəs/ agg. viscoso.
vise AE → **2.vice**.
visibility /ˌvɪzəˈbɪlətɪ/ n. **1** *(clarity, ability to see)* visibilità f.; ***to have restricted ~*** avere la visibilità ridotta **2** *(ability to be seen)* visibilità f., (l')essere visibile.
visible /ˈvɪzəbl/ agg. **1** *(able to be seen)* visibile; ***clearly ~*** ben visibile **2** *(concrete)* [*improvement, sign*] evidente, visibile; [*evidence*] chiaro, evidente; ***with no ~ means of support*** senza nessun sostegno apparente.
visibly /ˈvɪzəblɪ/ avv. **1** *(to the eye)* [*shrinking, ill*] visibilmente **2** *(clearly)* [*annoyed, moved*] chiaramente, visibilmente.
vision /ˈvɪʒn/ n. **1** *(mental picture, hallucination)* visione f.; ***to have ~s*** avere le visioni; ***to appear to sb. in a ~*** apparire a qcn. in visione **2** *(conception, idea)* visione f., idea f. **3** *(imaginative foresight)* sagacia f., intuito m.; ***a man of ~*** un uomo lungimirante **4** *(ability to see)* vista f.; ***to have blurred ~*** vedere sfocato; ***to come into ~*** diventare visibile **5** *(sight, visual image)* immagine f. **6** TELEV. *(picture)* immagine f.
visionary /ˈvɪʒənrɪ, AE ˈvɪʒənerɪ/ **I** agg. visionario, immaginario **II** n. visionario m. (-a).
vision mixer n. *(equipment, person)* mixer m. video.
1.visit /ˈvɪzɪt/ n. **1** *(call)* visita f.; ***a state ~*** una visita di stato; ***a flying ~*** una breve visita; ***on her first ~ to China*** la prima volta che è stata in Cina; ***to pay a ~ to sb., pay sb. a ~*** *(to friend)* andare a trovare qcn.; *(on business)* andare da qcn., andare a fare visita a qcn.; ***to have a ~ from*** ricevere una visita da [*parents, friend*]; ***to make a ~ to*** ispezionare [*premises, venue*] **2** *(stay)* soggiorno m.; ***to go on a ~ to*** andare a visitare [*town*].
2.visit /ˈvɪzɪt/ tr. **1** *(call on)* andare a trovare, andare a fare visita a [*family, friend*]; andare da [*doctor, client*] **2** *(see)* visitare [*exhibition, region*]; andare a vedere [*monument*] **3** *(inspect)* ispezionare [*school, premises*] **4** *(on holiday etc.)* ***to ~ sb.*** passare a fare visita a qcn.; ***to ~ a country*** visitare un paese; ***come and ~ us for a few days*** venite a passare qualche giorno da noi **5** *(affect)* FORM. ***to be ~ed by*** essere afflitto da [*disaster, difficulty*] **6** AE *(socially)* ***to ~ with*** andare a trovare [*family, friend*].
visitation /ˌvɪzɪˈteɪʃn/ n. **1** *(supernatural sign)* segno m. (divino) (**from** da) **2** *(by official person)* visita f. (ufficiale) (**from** di) **3 Visitation** RELIG. Visitazione f.
visiting /ˈvɪzɪtɪŋ/ agg. attrib. [*statesman*] in visita; [*athlete, orchestra*] ospite.
visiting card n. AE biglietto m. da visita.
visiting hours n.pl. orario m.sing. di visita.
visiting lecturer n. → **visiting professor**.

visiting nurse ♦ *27* n. AE = infermiera che presta servizio a domicilio.
visiting professor n. *(short term)* visiting professor m.; *(long term)* professore m. incaricato.
visiting team n. squadra f. ospite, ospiti m.pl.
visiting time n. *(of gallery)* orario m. di apertura; *(of hospital)* orario m. di visita.
visitor /ˈvɪzɪtə(r)/ n. **1** *(caller)* visitatore m. (-trice), ospite m. e f.; ***we have ~s*** abbiamo visite **2** *(tourist)* visitatore m. (-trice), turista m. e f.; ***I've been a regular ~ to this country*** ho visitato spesso questo paese.
visitor centre n. = locale in cui i turisti possono trovare informazioni e souvenir della località che stanno visitando.
visitors' book n. *(in museum, exhibition)* libro m. delle firme; *(in hotel)* registro m. degli ospiti.
visor /ˈvaɪzə(r)/ n. **1** *(part of helmet, eyeshade)* visiera f. **2** AUT. aletta f. parasole.
vista /ˈvɪstə/ n. vista f., visuale f.; FIG. prospettiva f.
visual /ˈvɪʒʊəl/ agg. [*memory, image*] visivo; FIS. [*angle*] visuale; ANAT. [*nerve*] ottico.
visual aid n. sussidio m. visivo.
visual arts n.pl. arti f. figurative.
visual display terminal n. INFORM. videoterminale m.
visual display unit n. INFORM. unità f. (di display) video.
visualization /ˌvɪʒʊəlaɪˈzeɪʃn/ n. *(process)* visualizzazione f.; *(mental image)* immagine f. mentale.
visualize /ˈvɪʒʊəlaɪz/ tr. **1** *(picture)* farsi un'immagine mentale di, immaginarsi [*person, scene*] **2** *(envisage)* prevedere.
visually /ˈvɪʒʊəlɪ/ avv. visivamente.
visually handicapped I agg. *(partially-sighted)* videoleso, ipovedente; *(non-sighted)* non vedente **II** n. ***the ~*** + verbo pl. *(partially-sighted)* i videolesi, gli ipovedenti; *(non-sighted)* i non vedenti.
visually impaired I agg. videoleso, ipovedente **II** n. ***the ~*** + verbo pl. i videolesi, gli ipovedenti.
visuals /ˈvɪʒʊəlz/ n.pl. *(photographs, pictures)* immagini f.; CINEM. *(visual effects)* effetti m. visivi.
vital /ˈvaɪtl/ agg. **1** *(essential)* [*asset, document, information, research, supplies*] essenziale, basilare; [*role, issue, interest*] fondamentale; [*match, support, factor*] decisivo; [*service, help*] indispensabile; [*importance, treatment, organ*] vitale **2** *(lively)* [*person*] pieno di vita, vitale; [*culture*] vivo; [*music*] vivace.
vitality /vaɪˈtælətɪ/ n. vitalità f.
vitally /ˈvaɪtəlɪ/ avv. [*important*] estremamente; ***~ needed*** di cui c'è assoluto bisogno.
vital statistics n. **1** STATIST. statistiche f.pl. demografiche **2** SCHERZ. informazioni f.pl. essenziali; *(of woman's body)* misure f.pl.
vitamin /ˈvɪtəmɪn, AE ˈvaɪt-/ **I** n. vitamina f.; ***with added ~s*** o ***~ enriched*** vitaminizzato **II** modif. [*requirements*] vitaminico; ***a high ~ content*** un alto contenuto di vitamine.
vitiate /ˈvɪʃɪeɪt/ tr. FORM. DIR. viziare.
viticulture /ˈvɪtɪkʌltʃə(r)/ n. viticoltura f.
vitreous /ˈvɪtrɪəs/ agg. **1** TECN. [*enamel, china, rock*] vetroso **2** ANAT. [*body, humour*] vitreo.
vitriol /ˈvɪtrɪəl/ n. vetriolo m.
vitriolic /ˌvɪtrɪˈɒlɪk/ agg. CHIM. di vetriolo; FIG. [*comment*] al vetriolo, caustico; [*criticism*] corrosivo, al vetriolo.
vituperative /vɪˈtjuːpərətɪv, AE vaɪˈtuː-/ agg. vituperativo.
1.viva /ˈvaɪvə/ n. (esame) orale m.
2.viva /ˈviːvə/ inter. (ev)viva; ***~ freedom!*** viva la libertà!
vivacious /vɪˈveɪʃəs/ agg. [*person, performance*] vivace.
vivacity /vɪˈvæsətɪ/ n. vivacità f.
Vivian /ˈvɪvɪən/ n.pr. Viviana.
vivid /ˈvɪvɪd/ agg. **1** *(bright)* [*colour*] brillante, vivace; [*light*] vivido; [*garment*] sgargiante; [*sunset*] brillante, splendente **2** *(graphic)* [*imagination*] fervida; [*memory*] nitido; [*picture, dream*] vivido; [*impression*] vivo; [*description, example*] vivido, colorito; [*language, imagery*] ricco.
vividly /ˈvɪvɪdlɪ/ avv. [*shine*] vividamente; [*picture, dream, describe*] in modo vivido; ***~ coloured*** a colori vivaci; ***I remember it ~!*** me ne ricordo perfettamente!
vividness /ˈvɪvɪdnɪs/ n. *(of colour)* vivacità f., brillantezza f.; *(of light)* vividezza f.; *(of garment)* vivacità f.; *(of sunset)* brillantezza f., splendore m.; *(of memory)* nitidezza f.; *(of dream, description)* vividezza f.; *(of language, imagery)* ricchezza f.; *(of style)* intensità f.
Vivien → **Vivian**.
vivisect /ˈvɪvɪsekt/ tr. vivisezionare.
vivisection /ˌvɪvɪˈsekʃn/ n. vivisezione f.
vivisectionist /ˌvɪvɪˈsekʃənɪst/ n. *(practiser)* vivisettore m. (-trice).
vixen /ˈvɪksn/ n. **1** ZOOL. volpe f. femmina **2** LETT. SPREG. *(woman)* bisbetica f., megera f.
viz /vɪz/ avv. FORM. ⇒ videlicet vale a dire.
vizier /vɪˈzɪə(r)/ n. visir m.
VLF n. (⇒ very low frequency bassissima frequenza) VLF f.
V-neck /ˈviːˌnek/ n. *(neck)* scollo m. a V; *(sweater)* maglione m. con scollo a V.
vocabulary /vəˈkæbjʊlərɪ, AE -lerɪ/ n. **1** *(of person, group, language)* vocabolario m., lessico m. **2** *(list, glossary)* glossario m., elenco m. di termini.
vocal /ˈvəʊkl/ agg. **1** [*organs, range, music*] vocale **2** *(vociferous)* [*person, group*] che si fa sentire.
vocal c(h)ords n.pl. corde f. vocali.
vocalist /ˈvəʊkəlɪst/ n. vocalist m. e f.
vocalize /ˈvəʊkəlaɪz/ **I** tr. **1** FON. vocalizzare **2** LING. vocalizzare, dotare di segni vocalici [*text*] **3** FIG. esprimere, dare voce a [*thought, emotion*] **II** intr. MUS. fare dei vocalizzi, vocalizzare.
vocally /ˈvəʊkəlɪ/ avv. **1** MUS. vocalmente **2** *(vociferously)* a gran voce, con veemenza.
vocation /vəʊˈkeɪʃn/ n. vocazione f.
vocational /vəʊˈkeɪʃənl/ agg. professionale; [*syllabus*] della formazione professionale; [*approach*] alla formazione professionale.
vocational course n. corso m. di formazione professionale.
vocative /ˈvɒkətɪv/ n. LING. vocativo m.
vociferous /vəˈsɪfərəs, AE vəʊ-/ agg. [*person*] che si fa sentire; [*protest*] veemente.
vodka /ˈvɒdkə/ n. vodka f.
vogue /vəʊg/ **I** n. voga f., moda f. (**for** di); ***out of ~*** fuori moda **II** modif. [*word, expression*] in voga, alla moda.
1.voice /vɔɪs/ **I** n. **1** *(speaking sound)* voce f.; ***in a loud, low ~*** a voce alta, bassa; ***in a cross ~*** con voce irritata; ***keep your ~ down!*** abbassa la voce! ***his ~ is breaking*** la sua voce sta cambiando; ***to lose one's ~*** *(when ill)* perdere la voce; ***to give ~ to sth.*** dare voce a qcs.; ***at the top of one's ~*** a squarciagola, con tutto il fiato che si ha in gola **2** *(for singing)* voce f.; ***to have a good ~*** avere una bella voce; ***to be in fine ~*** essere in voce **3** *(opinion, expression)* voce f.; ***to have a ~*** avere voce in capitolo (**in sth.** in qcs.; **in doing** nel fare); ***to add one's ~ to sth.*** unire la propria voce a qcs.; ***to demand sth. with one ~*** richiedere qcs. a una voce *o* all'unanimità **4** *(representative organization)* portavoce m. e f., portaparola m. e f. **5** LING. voce f. (verbale); ***in the active, passive ~*** nella forma attiva, passiva **II -voiced** agg. in composti ***hoarse-, deep~d*** con la voce rauca, profonda ♦ ***to like the sound of one's own ~*** amare sentirsi parlare; ***the ~ of conscience*** la voce della coscienza.
2.voice /vɔɪs/ tr. **1** *(express)* esprimere [*concern, grievance*] **2** FON. sonorizzare [*consonant*].
voice box n. laringe f.
voiced /vɔɪst/ **I** p.pass. → **2.voice II** agg. FON. [*consonant*] sonoro.
voiceless /ˈvɔɪslɪs/ agg. **1** FON. [*consonant*] sordo **2** [*minority, group*] che non può esprimersi, che non ha voce in capitolo.
voice-over /ˈvɔɪsˌəʊvə(r)/ n. voce f. fuori campo.
voice print n. impronta f. vocale.
voice recognition n. riconoscimento m. vocale.
voice vote n. AE votazione f. per acclamazione.
1.void /vɔɪd/ **I** n. vuoto m. (anche FIG.); ***to fill the ~*** colmare *o* riempire il vuoto **II** agg. **1** DIR. [*contract, agreement*] nullo; [*cheque*] annullato; ***to make*** o ***render ~*** annullare **2** *(empty)* vuoto; ***~ of*** privo di.
2.void /vɔɪd/ tr. DIR. annullare, invalidare.
voile /vɔɪl/ n. voile m.
vol /vɒl/ n. (pl. **~s**) (accorc. volume) volume m.
volatile /ˈvɒlətaɪl, AE -tl/ agg. **1** CHIM. volatile **2** FIG. [*situation*] imprevedibile; [*market*] volatile; [*exchange rate, mood*] instabile; [*person*] volubile.

volatility /ˌvɒləˈtɪlətɪ/ n. 1 CHIM. volatilità f. 2 FIG. *(of situation)* imprevedibilità f.; *(of market)* volatilità f.; *(of exchange rate)* instabilità f.; *(of person)* volubilità f., lunaticità f.

volcanic /vɒlˈkænɪk/ agg. vulcanico.

volcano /vɒlˈkeɪnəʊ/ n. (pl. **~es**, **~s**) vulcano m.

vole /vəʊl/ n. ZOOL. topo m. campagnolo.

volition /vəˈlɪʃn, AE vəʊ-/ n. volizione f., volontà f.; ***of one's own ~*** di propria sponte.

1.volley /ˈvɒlɪ/ n. 1 SPORT *(in tennis)* volée f., volley m.; *(in soccer)* tiro m. al volo 2 MIL. *(of gunfire)* raffica f.; *(of missiles)* pioggia f. 3 FIG. *(series)* ***a ~ of*** una raffica di [*questions, words*]; una sfilza di [*insults, oaths*].

2.volley /ˈvɒlɪ/ I tr. SPORT *(in tennis)* prendere [qcs.] di volée [*ball*]; *(in soccer)* prendere [qcs.] al volo [*ball*] II intr. SPORT *(in tennis)* fare una volée.

volleyball /ˈvɒlɪbɔːl/ ♦ ***10*** I n. pallavolo f., volley(-ball) m. II modif. [*match*] di pallavolo; [*court*] da pallavolo; ***~ player*** giocatore di pallavolo, pallavolista.

volt /vəʊlt/ n. volt m.; ***nine-~ battery*** pila da nove volt.

voltage /ˈvəʊltɪdʒ/ n. tensione f., voltaggio m.

volte-face /ˌvɒltˈfɑːs/ n. voltafaccia m.

volubility /ˌvɒljʊˈbɪlətɪ/ n. volubilità f.

voluble /ˈvɒljʊbl/ agg. [*person*] loquace.

volume /ˈvɒljuːm, AE -jəm/ ♦ ***35*** I n. 1 METROL. FIS. *(of gas, liquid, object)* volume m.; *(of container)* capacità f.; ***by ~*** a volume 2 *(amount)* volume m.; ***~ of*** volume di [*traffic, sales, production*]; mole di [*work*] 3 *(book)* volume m.; *(part of complete work)* tomo m., volume m. 4 *(sound quantity)* volume m. II modif. COMM. *(bulk)* [*production, purchasing, sales*] all'ingrosso ♦ ***to speak ~s (about sth.)*** dirla lunga (su qcs.).

volume control n. (tasto) regolatore m. del volume.

volume discount n. COMM. sconto m. per volume.

voluminous /vəˈluːmɪnəs/ agg. 1 *(of great volume)* voluminoso; [*clothes*] ampio, largo 2 *(copious)* [*writing, report*] lungo, dettagliato; [*documentation*] abbondante.

voluntarily /ˈvɒləntrəlɪ/ avv. volontariamente.

voluntarism /ˈvɒləntərɪzəm/ n. volontarismo m.

voluntary /ˈvɒləntrɪ, AE -terɪ/ I agg. 1 *(not imposed)* [*consent, euthanasia*] volontario; [*statement*] spontaneo; [*agreement, ban*] libero; [*participation*] facoltativo; [*sanction*] non obbligatorio; ***on a ~ basis*** volontariamente, spontaneamente 2 *(unpaid)* [*work*] volontario; [*organization*] di volontariato; [*sector*] del volontariato; ***to work on a ~ basis*** lavorare come volontario 3 *(done by will)* [*movement*] volontario II n. MUS. assolo m. di organo.

voluntary hospital n. US = ospedale privato (finanziato con contributi di volontari).

voluntary redundancy n. BE dimissioni f.pl. volontarie.

1.volunteer /ˌvɒlənˈtɪə(r)/ I n. 1 volontario m. (-a) 2 MIL. volontario m. II modif. 1 *(unpaid)* [*fire brigade, helper, work*] volontario 2 MIL. [*force, division*] di volontari.

2.volunteer /ˌvɒlənˈtɪə(r)/ I tr. 1 *(offer willingly)* offrire (spontaneamente) [*help, advice*]; ***to ~ to do*** offrirsi volontario per fare 2 *(divulge willingly)* dare, fornire spontaneamente [*information, explanation*]; ***"it was me," he ~ed*** "sono stato io," disse spontaneamente II intr. 1 fare il volontario (**for** per) 2 MIL. arruolarsi come volontario.

voluptuous /vəˈlʌptʃʊəs/ agg. voluttuoso.

voluptuousness /vəˈlʌptjʊəsnɪs/ n. voluttà f.

1.vomit /ˈvɒmɪt/ n. vomito m.

2.vomit /ˈvɒmɪt/ tr. e intr. vomitare.

vomiting /ˈvɒmɪtɪŋ/ n. vomito m.

voodoo /ˈvuːduː/ I n. voodoo m., vudù m. II modif. voodoo, vudù.

voracious /vəˈreɪʃəs/ agg. vorace.

vortex /ˈvɔːteks/ n. (pl. **~es**, **-ices**) vortice m. (anche FIG.).

1.vote /vəʊt/ n. 1 *(choice)* voto m.; ***to cast one's ~*** dare il proprio voto; ***one man one ~*** suffragio universale; ***that gets my ~!*** FIG. io voto per questo! 2 *(franchise)* ***the ~*** il diritto di voto 3 *(ballot)* voto m., votazione f.; ***to have a ~*** andare alle urne; ***to take a ~ on*** passare ai voti, votare; ***to put sth. to the ~*** mettere qcs. ai voti, fare una votazione su qcs. 4 *(body of voters)* ***by a majority ~*** con la maggioranza dei voti; ***to increase one's ~ by 10%*** aumentare del 10% il numero dei propri elettori.

2.vote /vəʊt/ I tr. 1 *(affirm choice of)* votare [*Liberal, yes*]; ***how*** o ***what do you vote?*** cosa voti? ***to ~ sb. into, out of office*** eleggere, destituire qcn. 2 *(authorize)* ***to ~ sb. sth.*** accordare qcs. a qcn. 3 COLLOQ. *(propose)* proporre II intr. votare; ***to ~ for reform*** votare per la riforma; ***to ~ on whether*** votare per decidere se; ***let's ~ on it*** mettiamolo ai voti ♦ ***to ~ with one's feet*** *(by leaving)* = abbandonare il luogo della votazione (per protesta).

▪ **vote down:** ***~ [sb., sth.] down, ~ down [sb., sth.]*** sconfiggere ai voti [*person*]; bocciare [*motion*].

▪ **vote in:** ***~ [sb.] in, ~ in [sb.]*** eleggere.

▪ **vote out:** ***~ [sb., sth.] out, ~ out [sb., sth.]*** destituire [*person*]; respingere [*motion*].

▪ **vote through:** ***~ [sth.] through, ~ through [sth.]*** fare passare [*bill*].

vote of censure n. POL. mozione f. di sfiducia.

vote of confidence n. POL. voto m. di fiducia (**in** su) (anche FIG.).

vote of thanks n. discorso m. (pubblico) di ringraziamento.

voter /ˈvəʊtə(r)/ n. POL. elettore m. (-trice), votante m. e f.

voter registration n. AE iscrizione f. alle, nelle liste elettorali.

voter registration card n. AE certificato m. elettorale.

voting /ˈvəʊtɪŋ/ I n. *(procedure, ballot)* votazione f.; ***second round of ~*** secondo turno II modif. [*patterns, intentions, rights*] di voto.

voting age n. età f. a cui si può votare, maggiore età f.

voting booth n. cabina f. elettorale.

vouch /vaʊtʃ/ tr. ***to ~ that*** garantire che.

▪ **vouch for:** ***~ for [sb., sth.]*** 1 *(informally)* rispondere di [*person*]; testimoniare [*fact*] 2 *(officially)* rendersi garante di [*person*]; rendersi garante per [*fact*].

voucher /ˈvaʊtʃə(r)/ n. 1 *(for gift, concession)* buono m., coupon m. 2 *(receipt)* ricevuta f., voucher m.

vouchsafe /vaʊtʃˈseɪf/ tr. FORM. 1 *(grant)* ***to ~ sb. sth.*** concedere qcs. a qcn. 2 *(promise)* assicurare [*support*]; garantire [*peace*].

1.vow /vaʊ/ I n. *(religious)* voto m.; *(of honour)* giuramento m., promessa f. solenne; ***to be under a ~ of silence*** *(secrecy)* avere giurato di mantenere il segreto II **vows** n.pl. 1 RELIG. voti m. 2 ***marriage*** o ***wedding ~s*** promesse matrimoniali.

2.vow /vaʊ/ tr. giurare [*revenge, love*]; ***to ~ to do*** giurare di, promettere solennemente di fare; *(privately)* ripromettersi di fare.

vowel /ˈvaʊəl/ I n. vocale f. II modif. [*sound*] vocalico; ***~ shift*** mutazione vocalica.

vox pop /ˌvɒksˈpɒp/ n. BE COLLOQ. 1 (anche **vox populi**) opinione f. pubblica 2 TELEV. RAD. *(street interviews)* sondaggio m. d'opinione.

1.voyage /ˈvɔɪɪdʒ/ n. MAR. viaggio m. (per mare), traversata f.; FIG. viaggio m.; ***on the ~*** durante il viaggio; ***to go on a ~*** intraprendere un viaggio; ***the outward ~*** il viaggio di andata.

2.voyage /ˈvɔɪɪdʒ/ intr. LETT. viaggiare; ***to ~ across*** viaggiare attraverso.

voyager /ˈvɔɪɪdʒə(r)/ n. LETT. viaggiatore m. (-trice).

voyeur /vɔɪˈɜː(r)/ n. voyeur m. (voyeuse), guardone m. (-a).

VP POL. ⇒ vice-president vicepresidente (V.P.).

vs ⇒ versus versus (vs.).

V-shaped /ˈviːʃeɪpt/ agg. a (forma di) V.

V-sign /ˈviːsaɪn/ n. *(victory sign)* segno m. di vittoria; BE *(offensive gesture)* gesto m. osceno.

VSO n. GB (⇒ Voluntary Service Overseas) = organizzazione britannica che manda giovani volontari a prestare servizio nei paesi in via di sviluppo.

VSOP ⇒ very special o superior old pale stravecchio superiore paglierino (VSOP).

VTOL n. *(plane)* (⇒ vertical takeoff and landing decollo e atterraggio verticale) VTOL m.

Vulcan /ˈvʌlkən/ n.pr. Vulcano.

vulcanization /ˌvʌlkənaɪˈzeɪʃn, AE -nɪˈz-/ n. vulcanizzazione f.

vulcanize /ˈvʌlkənaɪz/ tr. vulcanizzare.

vulgar /ˈvʌlgə(r)/ agg. **1** *(tasteless)* [*furniture, clothes*] pacchiano, di cattivo gusto; [*behaviour, curiosity*] fuori luogo; [*taste*] volgare; [*person*] volgare, rozzo **2** *(rude)* grossolano, volgare.

vulgar fraction n. MAT. frazione f. (semplice).

vulgarity /vʌlˈgærətɪ/ n. **1** *(tastelessness) (of furniture, clothes)* cattivo gusto m.; *(of person, behaviour)* volgarità f. **2** *(rudeness)* grossolanità f.

vulgarize /ˈvʌlgəraɪz/ tr. **1** *(popularize)* rendere popolare [*place, activity*]; volgarizzare [*book, art*] **2** *(make rude)* rendere volgare [*situation, story*].

vulgarly /ˈvʌlgəlɪ/ avv. **1** *(tastelessly)* [*dressed, furnished*] con cattivo gusto; [*behave*] volgarmente **2** *(rudely)* [*say, gesture*] grossolanamente.

vulnerability /ˌvʌlnərəˈbɪlətɪ/ n. vulnerabilità f.

vulnerable /ˈvʌlnərəbl/ agg. vulnerabile.

vulture /ˈvʌltʃə(r)/ n. avvoltoio m. (anche FIG.).

vulva /ˈvʌlvə/ n. (pl. **-ae**, **~s**) vulva f.

vying /ˈvaɪɪŋ/ agg. che compete, che gareggia.

w, W /ˈdʌbljuː/ n. **1** *(letter)* w, W m. e f. **2 W** GEOGR. ⇒ west ovest (O).

wacky /ˈwækɪ/ agg. COLLOQ. eccentrico, stravagante.

1.wad /wɒd/ **I** n. **1** *(of banknotes)* rotolo m., mazzetta f.; *(of papers)* plico m. **2** *(lump) (of cotton wool)* batuffolo m. **II wads** n.pl. AE COLLOQ. ***~s of*** un sacco *o* pacco di.

2.wad /wɒd/ tr. (anche **~ up**) (forma in -ing ecc. **-dd-**) foderare, imbottire [*garment*].

wadding /ˈwɒdɪŋ/ n. materiale m. da imbottitura, ovatta f.

1.waddle /ˈwɒdl/ n. andatura f. a papera, andatura f. dondolante.

2.waddle /ˈwɒdl/ intr. [*duck*] camminare dondolando; [*person*] camminare a papera.

wade /weɪd/ intr. **1** *(in water)* ***to ~ into the water*** avanzare a fatica nell'acqua; ***to ~ ashore*** tornare a riva a piedi; ***to ~ across*** guadare, passare a guado **2** *(proceed with difficulty)* ***to ~ through sth.*** procedere *o* avanzare a stento attraverso qcs.; ***I managed to ~ through the work*** sono riuscito a fatica a terminare il lavoro.

■ **wade in** COLLOQ. **1** *(start with determination)* mettersi al lavoro, mettersi di buona lena **2** *(attack)* passare all'attacco.

■ **wade into** COLLOQ. ***~ into [sth.]*** buttarsi a capofitto su [*task*]; ***~ into [sb.]*** scagliarsi contro.

wader /ˈweɪdə(r)/ n. ZOOL. trampoliere m.

waders /ˈweɪdəz/ n.pl. stivaloni m.

wadi /ˈwɒdɪ/ n. (pl. **~s**) uadi m.

wafer /ˈweɪfə(r)/ n. **1** GASTR. cialda f., wafer m. **2** RELIG. ostia f. **3** ELETTRON. wafer m. **4** *(on letter)* sigillo m.

wafer-thin /ˌweɪfəˈθɪn/ agg. sottilissimo, sottile come un'ostia.

1.waffle /ˈwɒfl/ n. GASTR. cialda f.

2.waffle /ˈwɒfl/ n. BE COLLOQ. SPREG. sproloquio m., sbrodolata f.

3.waffle /ˈwɒfl/ intr. COLLOQ. SPREG. (anche **~ on**) sproloquiare, sbrodolare.

waffle iron n. GASTR. stampo m. per cialde.

waft /wɒft, AE wæft/ **I** tr. ***to ~ sth. through, towards*** [*wind*] portare qcs. attraverso, verso **II** intr. ***to ~ towards*** [*smell, sound*] andare nella direzione di; ***to ~ up*** salire.

1.wag /wæg/ n. ANT. COLLOQ. burlone m. (-a).

2.wag /wæg/ n. scodinzolamento m.

3.wag /wæg/ **I** tr. (forma in -ing ecc. **-gg-**) dimenare [*tail*]; scuotere, scrollare [*head*]; ***to ~ one's finger at sb.*** minacciare *o* rimproverare qcn. agitando il dito **II** intr. (forma in -ing ecc. **-gg-**) ***the dog's tail ~ged*** il cane scodinzolò; ***tongues will ~*** FIG. si farà un gran parlare, ci saranno molti pettegolezzi ♦ ***it's the tail ~ging the dog*** è il mondo alla rovescia!

1.wage /weɪdʒ/ **I** n. (anche **~s**) salario m., paga f. **II** modif. [*agreement, claim, negotiations, talks*] salariale; [*increase, rise*] salariale, dello stipendio; [*policy, restraint, freeze*] degli stipendi, dei salari.

2.wage /weɪdʒ/ tr. iniziare, intraprendere [*campaign*]; ***to ~ (a) war against*** dichiarare guerra a (anche FIG.).

waged /weɪdʒd/ agg. salariato.

wage earner n. **1** *(earning a wage)* salariato m. (-a) **2** *(breadwinner)* sostegno m. della famiglia.

wage packet n. *(envelope)* busta f. paga; *(money)* paga f.

1.wager /ˈweɪdʒə(r)/ n. scommessa f.; ***to make*** o ***lay a ~*** scommettere.

2.wager /ˈweɪdʒə(r)/ tr. scommettere [*money*].

wages council n. = commissione per la determinazione de[i] minimi salariali.

wage sheet, wage slip n. cedolino m. dello stipendio.

waggish /ˈwægɪʃ/ agg. faceto, scherzoso.

1.waggle /ˈwægl/ n. COLLOQ. scuotimento m., scrollata f.

2.waggle /ˈwægl/ **I** tr. dimenare [*tail*]; fare muovere [*tooth, object*]; *(shake)* scuotere, scrollare [*object*]; ***to ~ one's hip[s]*** ancheggiare **II** intr. (anche **~ around**, **~ about**) muoversi, dimenarsi.

waggon BE, **wagon** /ˈwægən/ n. **1** *(horse-drawn)* carro m. **2** BE FERR. vagone m. merci, carro m. merci **3** AE *(estate car)* station wagon f., familiare f. **4** AE *(toy)* carrettino m. (giocat[tolo]) ♦ ***to be on the ~*** non bere più.

wagon-lit /ˌvægɒnˈliː/ n. (pl. **~s**, **wagons-lits**) vagone m. letto, wagon-lit m.

wagon train n. AE STOR. carovana f. (dei pionieri).

wagtail /ˈwægteɪl/ n. ZOOL. cutrettola f., ballerina f.

waif /weɪf/ n. trovatello m. (-a), bambino m. (-a) abbandonat[o] (-a).

1.wail /weɪl/ n. *(of person, wind)* gemito m.; *(of siren)* url[o] m.; *(of musical instrument)* lamento m.

2.wail /weɪl/ **I** tr. ***"oh no!" he ~ed*** "oh no!" gemette **II** intr. [*person*] lamentarsi, gemere; [*wind*] ululare; [*siren*] urlare; [*musical instrument*] emettere suoni lamentosi.

wailing /ˈweɪlɪŋ/ **I** n. *(of person)* gemiti m.pl.; *(of wind)* ulu[]lato m.; *(of siren)* urlo m.; *(of music)* suono m. lamentoso **II** agg. [*voice, music*] lamentoso; [*siren*] stridente.

Wailing Wall n.pr. muro m. del pianto.

wainscot /ˈweɪnskət/ n. rivestimento m. in legno.

waist /weɪst/ n. ANAT. ABBIGL. vita f.; ***to have a 70 cm ~*** [*skirt, person*] avere una vita di 70 cm; ***to be ~-deep in water*** aver[e] l'acqua fino alla cintola.

waistband /ˈweɪstbænd/ n. cintura f.

waistcoat /ˈweɪstkəʊt/ n. BE gilè m.

waisted /ˈweɪstɪd/ agg. [*coat*] sciancrato; ***a high-~ dress*** u[n] vestito con la vita alta.

waistline /ˈweɪstlaɪn/ n. girovita m., vita f.

waist measurement n. girovita m.

1.wait /weɪt/ n. attesa f.; ***an hour's ~*** un'ora di attesa; ***to hav[e] a long ~*** dovere aspettare a lungo ♦ ***to lie in ~*** stare in attesa [o] agguato; ***to lie in ~ for sb.*** [*ambushers*] tendere un agguato [a] qcn.; [*reporter, attacker*] aspettare qcn. al varco.

2.wait /weɪt/ **I** tr. **1** *(await)* aspettare [*turn, chance*]; ***don't [wait] dinner for me*** AE COLLOQ. non aspettatemi per cena **2** AE ***to [wait] tables*** servire (a tavola) **II** intr. **1** *(remain patiently)* aspettare, attendere; ***to keep sb. ~ing*** fare aspettare qcn.; ***to***

for sb., sth. aspettare qcn., qcs.; ***to ~ for sb., sth. to do*** aspettare che qcn., qcs. faccia; ***to ~ to do*** aspettare di fare; ***he can't ~ to start*** è impaziente di iniziare; ***I can hardly ~ to do*** non vedo l'ora di fare; ***(just you) ~ and see*** aspetta e vedrai; ***just you ~!*** *(as threat)* te la farò vedere! ***~ for it!*** sentite questa! MIL. al tempo! **2** *(be left until later)* [*meal, action*] restare in sospeso **3** *(serve)* ***to ~ at*** o ***on table*** servire a tavola.

▪ **wait around**, **wait about** BE (stare ad) aspettare, attendere.

▪ **wait behind** fermarsi un po', trattenersi; ***to ~ behind for sb.*** fermarsi ad aspettare qcn.

▪ **wait in** BE restare a casa ad aspettare.

▪ **wait on:** ***~ on [sb.]*** *(serve)* ***to be ~ed on*** essere servito; ***to ~ on sb. hand and foot*** FIG. servire premurosamente qcn.; ***~ on [sb., sth.]*** COLLOQ. aspettare [*result, permission*].

▪ **wait up 1** *(stay awake)* ***to ~ up for sb.*** restare alzato ad aspettare qcn. **2** AE *(stay patiently)* ***~ up!*** aspetta!

waiter /ˈweɪtə(r)/ ♦ ***27*** n. cameriere m.

waiter service n. servizio m. al tavolo.

waiting /ˈweɪtɪŋ/ **I** n. attesa f.; ***"no ~"*** "divieto di sosta e fermata" **II** agg. attrib. [*taxi, crowd*] che aspetta, in attesa; [*reporter*] appostato.

waiting game n. temporeggiamento m.; ***to play a ~*** temporeggiare.

waiting list n. lista f. d'attesa.

waiting room n. sala f. d'attesa, d'aspetto.

waitress /ˈweɪtrɪs/ ♦ ***27*** n. cameriera f.

waive /weɪv/ tr. derogare a [*rule*] (anche DIR.); rinunciare a [*claim, right*]; sopprimere, eliminare [*fee*]; ignorare [*condition*].

waiver /ˈweɪvə(r)/ n. DIR. deroga f.

1.wake /weɪk/ n. MAR. *(track)* scia f. (anche FIG.); ***in the ~ of*** sulla scia di; ***the war brought many changes in its ~*** la guerra ha portato con sé molti cambiamenti.

2.wake /weɪk/ n. *(over dead person)* veglia f. funebre.

3.wake /weɪk/ **I** tr. (anche **~ up**) (pass. **woke**, ANT. **waked**; p.pass. **woken**, ANT. **waked**) svegliare, destare [*person*]; FIG. risvegliare, destare [*desires, memories*]; ***to ~ sb. from a dream*** svegliare qcn. da un sogno **II** intr. (anche **~ up**) (pass. **woke**, ANT. **waked**; p.pass. **woken**, ANT. **waked**) (ri)svegliarsi; ***I woke (up) to find him gone*** al mio risveglio non c'era più; ***she finally woke (up) to her responsibilities*** FIG. finalmente si rese conto delle proprie responsabilità.

▪ **wake up:** ***~ up*** svegliarsi; ***~ up!*** svegliati! (anche FIG.); ***to ~ up to sth.*** FIG. prendere coscienza di qcs.; ***~ up [sb.], ~ [sb.] up*** svegliare, destare.

wakeful /ˈweɪkfl/ agg. [*person*] *(not sleeping)* sveglio; *(vigilant)* attento, vigile; ***to have a ~ night*** passare la notte in bianco.

waken /ˈweɪkən/ → **3.wake**.

waker /ˈweɪkə(r)/ n. ***to be an early, late ~*** svegliarsi presto, tardi.

wake-up call n. sveglia f. telefonica.

waking /ˈweɪkɪŋ/ **I** n. veglia f., stato m. di veglia; ***between sleeping and ~*** tra il sonno e la veglia, nel dormiveglia **II** agg. ***in*** o ***during one's ~ hours*** durante le ore di veglia.

Waldo /ˈwɔːldəʊ, ˈwɒldəʊ/ n.pr. Valdo.

Wales /weɪlz/ ♦ ***6*** n.pr. Galles m.

1.walk /wɔːk/ n. **1** passeggiata f.; *(shorter)* giro m.; *(hike)* camminata f.; ***it's about ten minutes' ~*** è a circa dieci minuti di cammino; ***on the ~ home*** rientrando a casa a piedi; ***to go for*** o ***on a ~*** (andare a) fare una passeggiata, andare a passeggio; ***to have*** o ***take a ~*** fare una passeggiata; *(shorter)* fare due passi; ***to take the dog for a ~*** portare fuori *o* a spasso il cane **2** *(gait)* andatura f. **3** *(pace)* passo m.; ***to slow down to a ~*** rallentare fino a camminare (dopo avere corso) **4** *(path)* vialetto m., sentierino m.; ***people from all ~s of life*** gente di ogni ceto **5** SPORT marcia f. ♦ ***take a ~!*** AE COLLOQ. smamma! sparisci!

2.walk /wɔːk/ The expression *a piedi* is often omitted with movement verbs if we already know that the person is on foot; however, if it is surprising or ambiguous, *a piedi* should be included. **I** tr. **1** *(cover on foot)* percorrere a piedi [*distance, road*]; camminare per [*countryside*]; *(patrol)* percorrere; ***I can't ~ another step*** non mi sento di fare un passo di più; ***to ~ it*** SPORT COLLOQ. vincere senza problemi **2** *(escort, lead)* accompagnare a piedi [*friend*]; fare andare al passo [*horse etc.*]; portare fuori, a spasso [*dog*] **II** intr. **1** *(in general)* camminare; *(for pleasure)* passeggiare, andare a passeggio; *(not run)* andare al passo; *(not ride or drive)* andare a piedi; ***to ~ with a limp*** zoppicare; ***"~"*** AE *(at traffic lights)* attraversate; ***to ~ across*** o ***through sth.*** attraversare qcs. (a piedi); ***a policeman ~ed by*** è passato un poliziotto; ***we've been ~ing round in circles for hours*** abbiamo girato (a piedi) a vuoto per delle ore; ***someone was ~ing around upstairs*** qualcuno stava camminando al piano di sopra; ***I'd just ~ed in at the door when...*** ero appena entrata quando...; ***to ~ in one's sleep*** essere sonnambulo; ***he ~s to work*** va a lavorare a piedi; ***shall I ~ with you to the bus?*** vuoi che ti accompagni all'autobus? **2** COLLOQ. SCHERZ. *(disappear)* [*possession*] sparire ♦ ***you must ~ before you can run*** non mettere il carro davanti ai buoi.

▪ **walk across** attraversare; ***to ~ across to sth., sb.*** avvicinarsi a qcs., qcn.: ***~ across [sth.]*** attraversare.

▪ **walk around:** ***~ around*** andare a passeggio, a spasso; *(aimlessly)* gironzolare; ***~ around [sth.]*** *(to and fro)* fare un giro per [*city, streets*]; *(make circuit of)* fare il giro di [*building, space*]; ***we ~ed around Rome for hours*** abbiamo girato per Roma per delle ore.

▪ **walk away 1** andare via, allontanarsi **2** FIG. ***to ~ away from a problem*** fuggire un problema **3** FIG. *(survive unscathed)* uscire indenne **4** ***to ~ away with*** *(win easily)* vincere senza difficoltà [*game, election*]; *(carry off)* portarsi via *o* a casa [*prize*] **5** SPORT ***to ~ away from sb.*** (di)staccare qcn.

▪ **walk back** ritornare a piedi (**to** a); ***we ~ed back (home)*** siamo tornati a casa a piedi.

▪ **walk in** entrare, venire dentro; ***who should ~ in but my husband!*** indovina chi è arrivato? - mio marito! ***"please ~ in"*** *(sign)* "entrare".

▪ **walk into:** ***~ into [sth.]*** **1** *(enter)* entrare in [*room, house*]; ***he ~ed into that job*** FIG. ha ottenuto quel posto di lavoro senza muovere un dito **2** *(become entangled in)* cadere in [*trap, ambush*]; cacciarsi in [*tricky situation*]; ***you ~ed right into that one!*** COLLOQ. ci sei cascato in pieno! **3** *(bump into)* andare a sbattere contro [*wall, person*].

▪ **walk off:** ***~ off*** **1** andarsene, allontanarsi **2** COLLOQ. FIG. ***to ~ off with sth.*** andarsene con qcs., portare via qcs.; *(as theft)* filarsela con qcs.; ***~ off [sth.], ~ [sth.] off*** fare una passeggiata per smaltire [*hangover, large meal*].

▪ **walk on 1** *(continue)* continuare a camminare **2** TEATR. fare la comparsa, avere una piccola parte.

▪ **walk out 1** uscire (**of** da) **2** FIG. *(desert)* [*lover, collaborator*] andarsene; ***to ~ out on*** lasciare, piantare [*lover*]; annullare [*contract*] **3** *(as protest)* [*negotiator, committee member*] andarsene in segno di protesta; *(on strike)* [*workers*] scioperare.

▪ **walk over:** ***~ over*** *(a few steps)* avvicinarsi (**to** a); *(a short walk)* fare un salto (a piedi) (**to** a); ***~ over [sb.]*** COLLOQ. **1** *(defeat)* stracciare **2** *(humiliate)* ***he lets her ~ all over him*** si lascia mettere i piedi in testa da lei.

▪ **walk round:** ***~ round*** fare il giro; ***~ round [sth.]*** fare il giro di [*lake, garden*]; *(visit)* visitare [*exhibition, building*].

▪ **walk through:** ***~ through*** attraversare; ***~ through [sth.]*** **1** attraversare [*town, forest*]; oltrepassare [*door*]; camminare in [*snow, mud*] **2** TEATR. ***to ~ sb. through a scene*** mostrare a qcn. come comportarsi sulla scena.

▪ **walk up** ***to ~ up to*** avvicinarsi a [*person, object*].

walkabout /ˈwɔːkəbaʊt/ n. **1** BE *(among crowd)* bagno m. di folla **2** AUSTRAL. ANTROP. ***to go ~*** = di un aborigeno australiano, ritornare per un certo periodo alla vita nomade.

walker /ˈwɔːkə(r)/ n. **1** *(for pleasure)* camminatore m. (-trice); *(for exercise)* marciatore m. (-trice); ***he's a fast ~!*** cammina velocemente! **2** *(for baby)* girello m.

walkie-talkie /ˌwɔːkɪˈtɔːkɪ/ n. walkie-talkie m.

walk-in /ˈwɔːkɪn/ agg. **1** [*closet*] = tanto grande da poterci entrare **2** AE [*apartment*] con ingresso diretto dalla strada **3** AE [*clinic*] che riceve senza appuntamento.

walking /ˈwɔːkɪŋ/ **I** n. *(for pleasure)* (il) camminare, (il) passeggiare; *(for exercise, sport)* walking m. **II** agg. SCHERZ. ***he's a ~ dictionary*** è un dizionario ambulante.

walking boots n.pl. scarponi m. da montagna.

walking distance n. ***to be within ~*** essere a quattro passi (**of** da).

walking frame n. MED. deambulatore m.

walking pace n. passo m.; ***at a ~*** a passo d'uomo.
walking race n. marcia f.
walking shoes n.pl. scarpe f. da passeggio.
walking stick n. bastone m. da passeggio.
walking tour n. trekking m.
walking wounded n.pl. MIL. = feriti in grado di camminare.
walkman® /'wɔ:kmən/ n. (pl. **~s**) walkman® m.
walk-on /'wɔ:kɒn/ **I** n. TEATR. comparsa f., figurante m. e f. **II** agg. [*role*] da comparsa.
walkout /'wɔ:kaʊt/ n. *(from conference)* abbandono m. in segno di protesta; *(strike)* sciopero m.
walkover /'wɔ:kˌəʊvə(r)/ n. SPORT walk-over m.
walk-up /'wɔ:kʌp/ n. AE COLLOQ. immobile m. senza ascensore.
walkway /'wɔ:kweɪ/ n. *(through a garden)* vialetto m.; *(between buildings)* passaggio m.
1.wall /wɔ:l/ n. **1** muro m., parete f. **2** *(of cave, tunnel)* parete f. **3** ANAT. BIOL. parete f.; ***the stomach ~*** la parete dello stomaco **4** *(of tyre)* fianco m. **5** FIG. muro m., barriera f.; ***a ~ of silence*** un muro di silenzio ♦ ***to be a fly on the ~*** essere una mosca; ***to be off the ~*** COLLOQ. [*person*] essere matto; [*comments*] essere insensato; ***to drive sb. up the ~*** COLLOQ. fare arrabbiare qcn., fare saltare i nervi a qcn.; ***to go to the ~*** BE fallire, essere rovinato; ***to have sb. up against the ~*** mettere qcn. con le spalle al muro; ***~s have ears*** i muri hanno orecchi.
2.wall /wɔ:l/ tr. cingere di mura.
■ **wall in:** **~ in [sth.], ~ [sth.] in** ***the valley is ~ed in by mountains*** la valle è circondata da montagne.
■ **wall off:** **~ off [sth.], ~ [sth.] off** *(block off)* chiudere [*room, area*]; *(separate by wall)* separare con un muro.
■ **wall up:** **~ up [sb., sth.], ~ [sb., sth.] up** murare.
wallbars /'wɔ:lbɑ:z/ n.pl. spalliera f.sing.
wall chart n. cartellone m.
wall covering n. tappezzeria f.
wall cupboard n. armadio m. a muro.
walled /wɔ:ld/ **I** p.pass. → **2.wall II** agg. [*city*] fortificato; [*garden*] recintato.
wallet /'wɒlɪt/ n. *(for notes)* portafoglio m.; *(for documents)* portadocumenti m.; ***kind to your ~*** a buon mercato.
walleyed /ˌwɔ:l'aɪd/ agg. AE ***to be ~*** essere strabico.
wallflower /'wɔ:lˌflaʊə(r)/ n. BOT. violacciocca f. gialla ♦ ***to be a ~*** fare tappezzeria.
wall hanging n. tappezzeria f., parato m.
wall light n. lampada f. da parete, applique f.
wall-mounted /'wɔ:lˌmaʊntɪd/ agg. [*radiator, television*] fissato al muro.
1.wallop /'wɒləp/ n. COLLOQ. **1** *(punch)* castagna f., botta f. **2** *(sound)* paf m.
2.wallop /'wɒləp/ tr. COLLOQ. **1** *(hit)* menare, legnare [*person*]; beccare, colpire [*ball*] **2** *(defeat)* stracciare [*person, team*].
walloping /'wɒləpɪŋ/ **I** n. COLLOQ. legnata f., fracco m. di botte **II** agg. COLLOQ. [*building*] enorme; [*mistake*] mostruoso **III** avv. COLLOQ. straordinariamente.
1.wallow /'wɒləʊ/ n. **1** *(action)* ***to have a ~*** [*person, animal*] rotolarsi **2** *(place)* pantano m.
2.wallow /'wɒləʊ/ intr. **1** ***to ~ in*** rotolarsi in [*mud*]; ***to ~ in luxury*** nuotare nell'oro; ***to ~ in nostalgia*** crogiolarsi nella nostalgia **2** MAR. [*ship*] essere sballottato.
1.wallpaper /'wɔ:lˌpeɪpə(r)/ n. carta f. da parati, tappezzeria f.
2.wallpaper /'wɔ:lˌpeɪpə(r)/ tr. tappezzare [*room*].
wall-to-wall /ˌwɔ:ltə'wɔ:l/ agg. **1** ***~ carpet*** moquette **2** FIG. ***the ~ silence of large art galleries*** il religioso silenzio delle grandi gallerie d'arte.
wally /'wɒlɪ/ n. BE COLLOQ. scemo m. (-a), stupido m. (-a).
walnut /'wɔ:lnʌt/ **I** n. **1** *(nut)* noce f. **2** *(tree, wood)* noce m. **II** modif. [*cake*] alle noci; [*oil*] di noci; [*shell*] di noce; [*furniture*] in noce.
walrus /'wɔ:lrəs/ n. (pl. **~, ~es**) tricheco m.; ***~ moustache*** baffi da tricheco.
Walt /wɔ:lt/ n.pr. diminutivo di Walter.
Walter /'wɔ:ltə(r)/ n.pr. Walter, Gualtiero.
1.waltz /wɔ:ls, AE wɔ:lts/ n. valzer m.
2.waltz /wɔ:ls, AE wɔ:lts/ intr. **1** *(dance)* ballare il valzer **2** *(walk jauntily)* ***to ~ out of sth.*** uscire da qcs. con fare disinvolto **3** *(get easily)* ***to ~ off with sth.*** vincere qcs. senza difficoltà; ***to ~ through an exam*** superare un esame senza problemi.
wan /wɒn/ agg. smorto, pallido.
wand /wɒnd/ n. bacchetta f. magica (anche FIG.).
Wanda /'wɒndə, AE 'wɔ:ndə/ n.pr. Wanda, Vanda.
1.wander /'wɒndə(r)/ n. passeggiata f., camminata f., giro m.; ***to have*** o ***take a ~*** fare una passeggiata; ***to have a ~ round the shops*** fare un giro per negozi.
2.wander /'wɒndə(r)/ **I** tr. vagare per, girovagare per, girare per [*countryside, town, streets*] **II** intr. **1** *(walk, stroll)* passeggiare; ***to ~ around town*** girare per la città; ***to ~ in and out of the shops*** girare per negozi **2** *(stray)* [*animal, lost person*] vagare, errare, vagabondare; ***to ~ away*** allontanarsi **3** *(arrive nonchalantly)* ***to ~ over to*** o ***up to sb.*** avvicinarsi tranquillamente a qcn. **4** *(drift)* [*mind, attention*] *(through boredom, inattention)* vagare, errare; *(through age, illness)* farneticare, vaneggiare; [*gaze*] errare (**over** su); ***her mind ~ed back to*** riandò con la mente a; ***to ~ off the point*** o ***subject*** allontanarsi dal tema, divagare.
■ **wander about, wander around** girovagare, girare vagare; *(when lost)* errare.
■ **wander off** [*child, animal*] allontanarsi.
wanderer /'wɒndərə(r)/ n. vagabondo m. (-a), girovago m. (-a).
wandering /'wɒndərɪŋ/ agg. **1** *(nomadic)* [*person, tribe*] LETT. SPREG. errante, vagabondo; [*animal*] vagabondo **2** *(roving)* [*gaze, eye*] che erra, che vaga; [*attention, mind*] che vaga.
wanderings /'wɒndərɪŋz/ n.pl. **1** *(journeys)* vagabondaggi m., peregrinazioni f. **2** *(confusion)* vaneggiamento m.sing., farneticamento m.sing.
wanderlust /'wɒndəlʌst/ n. desiderio m. di viaggiare, passione f. per i viaggi.
1.wane /weɪn/ n. ***to be on the ~*** essere in declino *o* calo.
2.wane /weɪn/ intr. [*moon*] calare, essere calante; FIG. [*enthusiasm*] diminuire; [*popularity*] essere in calo.
1.wangle /'wæŋgl/ n. COLLOQ. raggiro m., imbroglio m.
2.wangle /'wæŋgl/ tr. COLLOQ. rimediare [*gift*]; riuscire (con l'astuzia) a ottenere [*leave*]; ***to ~ sth. out of sb.*** riuscire con l'astuzia a ottenere qcs. da qcn.; ***to ~ one's way into*** riuscire a introdursi in [*club, building*].
waning /'weɪnɪŋ/ **I** n. **1** *(of moon)* fase f. calante **2** *(lowering)* calo m.; *(weakening)* declino m. **II** agg. **1** [*moon*] calante **2** [*popularity*] in calo.
wank /wæŋk/ intr. BE VOLG. farsi una sega.
wanker /'wæŋkə(r)/ n. BE VOLG. SPREG. segaiolo m.
wanly /'wɒnlɪ/ avv. [*smile*] debolmente; [*shine*] pallidamente.
wanna /'wɒnə/ COLLOQ. contr. want to, want a.
wannabe(e) /'wɒnəbi:/ n. COLLOQ. = persona che cerca di imitare una celebrità.
1.want /wɒnt/ n. **1** *(need)* bisogno m., esigenza f.; ***to be in ~ of*** avere bisogno di **2** LETT. *(deprivation)* indigenza f., povertà f. **3** *(lack)* mancanza f., insufficienza f.; ***for ~ of*** in *o* per mancanza di, per insufficienza di; ***it's not for ~ of trying*** non perché non ci abbiamo provato.
2.want /wɒnt/ **I** tr. **1** *(desire)* volere; ***I ~*** *(as general statement)* io voglio; *(would like)* io vorrei; ***what*** o ***how much do you ~ for this chair?*** quanto vuole per questa sedia? ***I ~ the job finished*** vorrei che il lavoro fosse finito; ***I don't ~ to*** non ne ho voglia; ***to ~ sb. to do*** volere che qcn. faccia; ***they just don't ~ to know*** non ne vogliono proprio sapere **2** COLLOQ. *(need)* ***you won't ~ your overcoat*** il soprabito non ti servirà; ***you won't be ~ed*** non ci sarà bisogno di voi; ***you ~ to watch out*** dovrai fare attenzione; ***what do you ~ with me?*** che cosa volete da me? ***all that's ~ed is your signature*** manca solo la tua firma; ***several jobs ~ doing*** BE ci sono diversi lavori da fare **3** *(require presence of)* ***you're ~ed on the phone*** ti vogliono al telefono; ***"cook ~ed"*** "cercasi cuoco"; ***to be ~ed by the police*** essere ricercato dalla polizia; ***I know when I'm not ~ed*** SCHERZ. capisco quando sono di troppo **II** intr. ***to ~ for*** mancare di, avere bisogno di.
■ **want in** COLLOQ. **1** *(asking to enter)* volere entrare **2** *(asking to participate)* volere partecipare; ***I ~ in on the deal*** voglio essere della partita.
■ **want out** COLLOQ. **1** *(asking to exit)* volere uscire **2** *(discontinuing participation)* ***to ~ out of*** volersi tirare fuori da [*deal*]

want ad n. AE annuncio m. economico.
wanted /ˈwɒntɪd/ **I** p.pass. → **2.want II** agg. **1** *(by police)* [*fugitive*] ricercato **2** *(loved)* ***to be (very much)*** ~ [*child*] essere (molto) desiderato.
wanted list n. elenco m. dei ricercati.
wanting /ˈwɒntɪŋ/ agg. **1** *(lacking)* ***to be*** ~ mancare, difettare, essere privo (**in** di) **2** *(failing expectation)* ***to be found*** ~ essere ritenuto scarso *o* inadeguato *o* deludente.
wanton /ˈwɒntən, AE ˈwɔːn-/ agg. **1** [*cruelty, waste*] ingiustificato, gratuito; [*disregard*] irriguardoso **2** ANT. *(immoral)* licenzioso, scostumato.
wantonly /ˈwɒntənlɪ, AE ˈwɔːn-/ avv. **1** *(gratuitously)* [*attack, ignore*] senza ragione, ingiustificatamente **2** ANT. *(provocatively)* [*act, smile*] in modo provocante.
1.war /wɔː(r)/ **I** n. guerra f. (anche FIG.); ***in the*** ~ in guerra; ***to go off to the*** ~ partire in guerra; ***to go to*** ~ ***against*** entrare in guerra contro; ***to wage*** ~ ***on*** fare guerra a; ***to wage*** ~ ***on*** o ***against*** FIG. dichiarare guerra a [*poverty, crime*]; ***to be at*** ~ ***with a country*** essere in guerra con una nazione; ***a*** ~ ***over*** o ***about*** una guerra per [*land, independence*]; ***price, trade*** ~ guerra dei prezzi, commerciale; ***a*** ~ ***of words*** un conflitto verbale **II** modif. [*correspondent, crime, dance, film, hero, widow, wound, cemetery*] di guerra; [*leader*] militare; ~ ***deaths*** vittime di guerra; ***he has a good*** ~ ***record*** ha un buon stato di servizio in guerra.
2.war /wɔː(r)/ intr. (forma in -ing ecc. **-rr-**) ***to*** ~ ***with a country*** essere in guerra contro una nazione (**over** a causa di).
warble /ˈwɔːbl/ intr. **1** [*bird*] cinguettare **2** SPREG. [*singer*] gorgheggiare.
warbler /ˈwɔːblə(r)/ n. *(bird)* silvia f.
war bond n. obbligazione f. di guerra.
war cabinet n. BE consiglio m. di guerra.
war cry n. grido m. di guerra (anche FIG.).
1.ward /wɔːd/ n. **1** *(in hospital) (unit)* reparto m.; *(room)* corsia f.; *(building)* padiglione m.; ***maternity*** ~ reparto maternità **2** POL. circoscrizione f. elettorale **3** (anche ~ **of court**) DIR. pupillo m. (-a); ***to be made a*** ~ ***of court*** essere sottoposto a tutela.
2.ward /wɔːd/ tr. → **ward off**.
▪ **ward off:** ~ ***off [sth.]*** tenere lontano [*evil, predator*]; respingere [*criticism*]; allontanare [*threat*]; evitare [*bankruptcy, disaster*].
warden /ˈwɔːdn/ ➧ *27* n. *(of institution, college)* preside m. e f.; *(of park, estate)* guardiano m. (-a); AE *(of prison)* direttore m. (-trice).
warder /ˈwɔːdə(r)/ n. BE carceriere m., guardia f. carceraria.
wardress /ˈwɔːdrɪs/ n. BE carceriera f., guardia f. carceraria.
wardrobe /ˈwɔːdrəʊb/ n. **1** *(furniture)* guardaroba m., armadio m. **2** *(set of clothes)* guardaroba m., vestiario m. **3** TEATR. guardaroba m., costumi m.pl.
wardrobe assistant ➧ *27* n. assistente m. e f. del costumista.
wardrobe director ➧ *27* n. costumista m. e f.
wardroom /ˈwɔːdruːm, -rʊm/ n. MIL. MAR. quadrato m. (degli ufficiali).
ward round n. MED. = visita dei medici ospedalieri ai malati del loro reparto.
ward sister n. BE MED. caposala f.
ware /weə(r)/ **I** n. **U** articoli m.pl., prodotti m.pl.; ***wooden*** ~ oggetti in legno **II wares** n.pl. merci f.
1.warehouse /ˈweəhaʊs/ n. magazzino m., deposito m.
2.warehouse /ˈweəhaʊs/ tr. immagazzinare.
warfare /ˈwɔːfeə(r)/ n. ***modern*** ~ moderne strategie di guerra; ***chemical*** ~ guerra chimica.
war game n. MIL. GIOC. war game m.
warhead /ˈwɔːhed/ n. MIL. testata f.
war horse n. cavallo m. da battaglia, destriero m.; FIG. *(campaigner)* veterano m.
warily /ˈweərɪlɪ/ avv. **1** *(cautiously)* con prudenza **2** *(mistrusfully)* con diffidenza.
wariness /ˈweərɪnɪs/ n. **1** *(caution)* prudenza f. **2** *(distrust)* diffidenza f.
warlike /ˈwɔːlaɪk/ agg. [*people*] bellicoso; [*mood, words*] bellicoso, battagliero.
1.warm /wɔːm/ **I** agg. **1** *(not cold)* [*place, clothing, food, air*] caldo; [*trail*] (ancora) fresco; ***to be*** ~ [*person*] avere caldo; ***it's*** ~ ***today*** oggi fa caldo; ***it's nice and*** ~ ***in here*** si sta bene qui al caldo; ***in a*** ~ ***oven*** GASTR. a forno caldo; ***"serve*** ~***"*** GASTR. "servire caldo"; ***you're getting*** ~***er!*** *(in guessing game)* fuochino! ***to get sb., sth.*** ~ scaldare qcn., qcs.; ***to keep (oneself)*** ~ *(wrap up)* non prendere freddo; *(take exercise)* non fare raffreddare i muscoli; *(stay indoors)* restare al caldo; ***to keep sb.*** ~ [*blanket*] tenere caldo a qcn.; [*nurse*] tenere qcn. al caldo; ***to keep sth.*** ~ tenere qcs. in caldo [*food*] **2** *(enthusiastic)* [*person, atmosphere, congratulations, welcome*] caloroso, cordiale; [*admiration, support*] entusiastico; ***to have a*** ~ ***heart*** essere caloroso; ~***(est) regards*** cordiali saluti **3** *(mellow)* [*colour*] caldo; [*sound*] intenso **II** n. **1** BE COLLOQ. ***to be in the*** ~ essere al caldo **2** ***to give sth. a*** ~ COLLOQ. (ri)scaldare [*dish, implement*]; scaldare [*part of body*].
2.warm /wɔːm/ **I** tr. (ri)scaldare [*dish, water, implement*]; scaldare [*bed*]; scaldarsi [*part of body*] **II** intr. [*food, liquid, object*] scaldare **III** rifl. ***to*** ~ ***oneself*** (ri)scaldarsi.
▪ **warm to, warm towards:** ~ ***to [sb., sth.]*** prendere in simpatia [*acquaintance*]; infervorarsi, accalorarsi per [*idea*]; attaccarsi con entusiasmo a [*task*]; ***"and then," he said,*** ~***ing to his theme, ...*** "e poi," disse accalorandosi, ...
▪ **warm up:** ~ ***up*** **1** [*person, house*] (ri)scaldarsi; [*food, liquid*] scaldare; AUT. EL. [*car, engine*] scaldarsi **2** FIG. [*discussion, party*] animarsi; [*audience*] scaldarsi **3** SPORT [*athlete*] scaldarsi; MUS. [*singer*] scaldarsi la voce; ~ ***up [sth.],*** ~ ***[sth.] up*** **1** *(heat)* (ri)scaldare [*room, bed, person*]; fare scaldare [*food*] **2** *(prepare)* scaldare [*audience*]; fare scaldare [*athlete, player*]; [*singer, musician*] scaldare [*voice, instrument*].
warm-blooded /ˌwɔːmˈblʌdɪd/ agg. ZOOL. a sangue caldo; FIG. impulsivo, passionale.
war memorial n. monumento m. ai caduti.
warm-hearted /ˌwɔːmˈhɑːtɪd/ agg. caloroso, cordiale.
warming /ˈwɔːmɪŋ/ **I** n. riscaldamento m. **II** agg. [*drink*] che riscalda; FIG. [*relations*] sempre più cordiale.
warmly /ˈwɔːmlɪ/ avv. **1** [*dress*] in modo da non avere freddo, con abiti caldi; ***the sun shone*** ~ il sole era caldo **2** FIG. [*greet*] cordialmente, calorosamente; [*recommend*] caldamente; [*speak*] accaloratamente, con calore; [*praise*] con entusiasmo.
warmonger /ˈwɔːˌmʌŋgə(r)/ n. guerrafondaio m. (-a).
warmongering /ˈwɔːˌmʌŋgərɪŋ/ **I** n. bellicismo m. **II** agg. [*person, article*] guerrafondaio.
warmth /wɔːmθ/ n. calore m. (anche FIG.); ***he replied with some*** ~ ***that*** rispose con fervore che.
warm-up /ˈwɔːmʌp/ n. MUS. SPORT TEATR. riscaldamento m.
warn /wɔːn/ **I** tr. avvertire, mettere in guardia [*person, authority*]; ***to*** ~ ***that*** dire *o* avvisare che; ***to*** ~ ***sb. about*** o ***against sth.*** mettere in guardia qcn. contro qcs.; ***to*** ~ ***sb. about*** o ***against doing*** avvertire qcn. di non fare; ***to*** ~ ***sb. to do*** avvertire qcn. di fare; ***I'm*** ~***ing you!*** ti avverto! ***I shan't*** ~ ***you again*** è l'ultima volta che te lo dico **II** intr. ***to*** ~ ***of sth.*** avvisare di qcs.
▪ **warn off:** ~ ***[sb.] off,*** ~ ***off [sb.] to*** ~ ***sb. off doing*** sconsigliare a qcn. di fare; ***to*** ~ ***sb. off one's land*** intimare a qcn. di andarsene dalla propria proprietà.
warning /ˈwɔːnɪŋ/ **I** n. avvertimento m., ammonimento m.; *(by an authority)* avviso m.; *(by light, siren)* segnale m.; ***to give sb. a*** ~ ***not to do*** avvertire qcn. di non fare; ***to give sb.*** ~ avvertire qcn.; ***advance*** ~ preavviso; ***let that be a*** ~ ***to you!*** che ti serva di lezione! ***without*** ~ all'improvviso, senza preavviso **II** modif. **1** *(giving notice of danger)* [*siren, bell*] d'allarme; [*notice*] di pericolo; ~ ***light*** spia luminosa; ~ ***shot*** colpo di avvertimento (anche FIG.); ~ ***sign*** segnale di pericolo (anche FIG.) **2** *(threatening)* [*gesture, tone*] di avvertimento; *(stronger)* minaccioso.
1.warp /wɔːp/ n. **1** *(in wood, metal)* deformazione f., incurvatura f. (**in** di) **2** TESS. ordito m. **3** FIG. ***the*** ~ ***(and woof) of*** il nucleo di.
2.warp /wɔːp/ **I** tr. **1** *(deform)* deformare [*metal*]; incurvare, imbarcare [*wood*] **2** FIG. *(distort)* deformare [*mind*]; distorcere [*judgment, thinking*] **II** intr. deformarsi; [*wood*] imbarcarsi.
warpaint /ˈwɔːpeɪnt/ n. MIL. pittura f. di guerra.
warpath /ˈwɔːpɑːθ, AE -pæθ/ n. ***to be on the*** ~ essere sul sentiero di guerra.
warped /wɔːpt/ **I** p.pass. → **2.warp II** agg. **1** *(deformed)* deformato; ***to become*** ~ deformarsi, incurvarsi **2** FIG. *(dis-*

torted) [*mind*] distorto, perverso; [*personality, sexuality*] perverso; [*account, view*] distorto.

warplane /ˈwɔːpleɪn/ n. aereo m. militare, da combattimento.

1.warrant /ˈwɒrənt, AE ˈwɔːr-/ n. **1** DIR. mandato m., ordine m.; ***to issue a ~*** emettere un mandato; ***arrest, search ~*** mandato d'arresto, di perquisizione; ***a ~ is out for his arrest*** è stato emesso un mandato d'arresto contro di lui **2** ECON. *(for shares)* certificato m. azionario al portatore; ***dividend ~*** coupon di dividendo **3** BE COMM. certificato m. di diritto di opzione.

2.warrant /ˈwɒrənt, AE ˈwɔːr-/ **I** tr. **1** *(justify)* giustificare [*action*] **2** *(guarantee)* assicurare, garantire [*goods*] **3** *(bet)* scommettere **II** intr. scommettere; ***he's married I'll ~*** scommetto che è sposato.

warranted /ˈwɒrəntɪd, AE ˈwɔːr-/ **I** p.pass. → **2.warrant II** agg. **1** *(justified)* giustificato **2** *(guaranteed)* garantito.

warrant card n. = tesserino di riconoscimento di un poliziotto.

warrant officer ♦ *23* n. BE MIL. = sottufficiale superiore il cui grado equivale a quello dei marescialli nell'esercito e dei capi nella marina.

warranty /ˈwɒrəntɪ, AE ˈwɔːr-/ n. **1** COMM. garanzia f.; ***under ~*** in garanzia **2** *(in insurance)* garanzia f.

warren /ˈwɒrən, AE ˈwɔːrən/ n. **1** *(for rabbits)* garenna f. **2** *(building, maze of streets)* labirinto m.

warring /ˈwɔːrɪŋ/ agg. [*parties, nations*] in guerra, in conflitto.

warrior /ˈwɒrɪə(r), AE ˈwɔːr-/ **I** n. guerriero m. **II** agg. guerriero, bellicoso.

Warsaw /ˈwɔːsɔː/ ♦ *34* n.pr. Varsavia f.

warship /ˈwɔːʃɪp/ n. nave f. da guerra.

wart /wɔːt/ n. *(on skin)* verruca f., porro m. ♦ ***to describe sb. ~s and all*** descrivere qcn. con i suoi pregi e i suoi difetti.

warthog /ˈwɔːthɒg/ n. facocero m.

wartime /ˈwɔːtaɪm/ **I** n. ***in ~*** in tempo di guerra **II** modif. [*economy*] di guerra; [*memories*] del tempo di guerra; ***a story set in ~ Berlin*** una storia ambientata a Berlino in tempo di guerra.

war-torn /ˈwɔːtɔːn/ agg. straziato dalla guerra.

wary /ˈweərɪ/ agg. **1** *(cautious)* [*manner, reply*] prudente, cauto, accorto **2** *(distrustful)* [*look, person*] diffidente; ***to be ~ of*** diffidare di.

was /*forma debole* wəz, *forma forte* wɒz/ pass. → **be**.

1.wash /wɒʃ, AE wɔːʃ/ **I** n. **1** *(by person)* ***to give [sth.] a ~*** lavare, dare una lavata a [*window, floor, object*]; lavarsi, dare una lavata a [*hands, face*]; ***to give sb. a ~*** dare una lavata a *o* lavare qcn.; ***to have a quick ~*** darsi una lavata veloce **2** *(laundry process)* bucato m.; ***in the ~*** *(about to be cleaned)* nella biancheria sporca *o* da lavare; *(being cleaned)* a lavare, nel bucato **3** *(from boat)* scia f. **4** *(coating)* mano f. (di colore) **II** modif. ***frequent ~ shampoo*** shampoo per lavaggi frequenti ♦ ***it will all come out in the ~*** *(be revealed)* verrà tutto a galla; *(be resolved)* si risolverà tutto.

2.wash /wɒʃ, AE wɔːʃ/ **I** tr. **1** *(clean)* lavare [*person, clothes*]; pulire [*wound*]; ***to get ~ed*** lavarsi; ***to ~ one's hands*** lavarsi le mani; ***to ~ the dishes*** lavare i piatti **2** *(carry along)* trasportare [*silt, debris*]; ***to ~ sb., sth. overboard*** trascinare qcn., qcs. a mare **3** LETT. *(lap against)* lambire [*rock, shore*] **4** *(coat)* dare una mano di colore a, tinteggiare [*wall*] **II** intr. **1** *(clean oneself)* [*person*] lavarsi; [*animal*] leccarsi **2** *(clean clothes)* fare il bucato **3** *(become clean)* [*clothes*] lavarsi, essere lavabile **4** COLLOQ. *(be believed)* ***that excuse won't ~ with me*** questa scusa non attacca con me **III** rifl. ***to ~ oneself*** [*person*] lavarsi; [*animal*] leccarsi ♦ ***to ~ one's hands of*** lavarsi le mani di [*matter*]; disinteressarsi di [*person*].

■ **wash away:** ***~ [sth.] away, ~ away [sth.]*** **1** *(clean)* fare andare via [*dirt*] **2** *(carry off)* [*flood*] spazzare, portare via [*structure*]; trasportare [*debris*]; *(by erosion)* [*sea*] erodere [*cliff, bank*]; ***~ [sb.] away*** [*wave, tide*] trascinare via.

■ **wash down:** ***~ [sth.] down, ~ down [sth.]*** **1** *(clean)* lavare (con un getto d'acqua) [*surface, vehicle*] **2** COLLOQ. aiutare a mandare giù [*pill, unpleasant food*]; annaffiare [*food*]; ***a steak ~ed down with a glass of wine*** una bistecca annaffiata con un bicchiere di vino.

■ **wash off:** ***~ off*** [*mark*] andare via (con il lavaggio); ***~ [sth.] off, ~ off [sth.]*** fare andare via, rimuovere [qcs.] lavando [*dirt, mark*]; ***to ~ the mud off the car*** lavare la macchina per togliere il fango.

■ **wash out:** ***~ out*** **1** *(disappear by cleaning)* [*stain*] andare via (con il lavaggio); [*colour*] sbiadirsi **2** AE COLLOQ. ***he ~ed out of college*** non ce l'ha fatta all'università; ***~ [sth.] out, ~ out [sth.]*** **1** *(remove by cleaning)* fare andare via, rimuovere lavando [*stain*]; fare sbiadire [*colour*] **2** *(rinse inside)* lavare, sciacquare [*cup*] **3** *(clean quickly)* sciacquare [*brush*].

■ **wash over** ***everything I say just ~es over him*** ogni cosa che dico lo lascia del tutto indifferente; ***a great feeling of relief ~ed over me*** un grande senso di sollievo mi pervase.

■ **wash through:** ***~ [sth.] through*** sciacquare, passare sotto l'acqua.

■ **wash up:** ***~ up*** **1** BE lavare i piatti, rigovernare **2** AE *(clean oneself)* [*person*] lavarsi; ***~ [sth.] up, ~ up [sth.]*** **1** *(clean)* lavare [*plate, pan*] **2** *(bring to shore)* [*tide*] trasportare a riva [*body, debris*].

washable /ˈwɒʃəbl, AE ˈwɔːʃ-/ agg. [*material, paint*] lavabile.

wash-and-wear /ˌwɒʃənˈweə(r), AE ˌwɔːʃ-/ agg. [*fabric, clothes*] wash-and-wear.

washbasin /ˈwɒʃˌbeɪsn, AE ˈwɔːʃ-/ n. lavabo m., lavandino m.

washboard /ˈwɒʃbɔːd, AE ˈwɔːʃ-/ n. asse f. da lavare.

washbowl /ˈwɒʃbəʊl, AE ˈwɔːʃ-/ n. AE → **washbasin**.

washcloth /ˈwɒʃklɒθ, AE ˈwɔːʃklɔːθ/ n. AE → **facecloth**.

washed-out /ˌwɒʃtˈaʊt, AE ˌwɔːʃt-/ agg. **1** *(faded)* [*colour, jeans*] sbiadito, scolorito, stinto **2** *(tired)* sfinito, distrutto.

washed-up /ˌwɒʃtˈʌp, AE ˌwɔːʃt-/ agg. COLLOQ. **1** *(finished)* spacciato **2** AE *(tired)* sfinito, distrutto.

1.washer /ˈwɒʃə(r), AE ˈwɔːʃər/ n. TECN. rondella f.; *(as seal)* guarnizione f.

2.washer /ˈwɒʃə(r), AE ˈwɔːʃər/ n. COLLOQ. *(washing machine)* lavatrice f.

washer-dryer /ˌwɒʃəˈdraɪə(r), AE ˌwɔːʃ-/ n. lavasciuga f.

washerwoman /ˈwɒʃəˌwʊmən, AE ˈwɔːʃ-/ ♦ *27* n. (pl **-women**) lavandaia f.

wash-hand basin n. lavabo m.

washhouse /ˈwɒʃhaʊs, AE ˈwɔːʃ-/ n. lavanderia f.

washing /ˈwɒʃɪŋ, AE ˈwɔːʃɪŋ/ n. **1** *(of oneself)* (il) lavarsi; *(of clothes)* lavaggio m. **2** *(laundry)* *(to be cleaned)* biancheria f. sporca; *(when clean)* bucato m.; ***to do the ~*** fare il bucato.

washing facilities n.pl. lavanderia f.sing.

washing line n. corda f. per (stendere) il bucato.

washing machine n. lavatrice f.

washing powder n. BE detersivo m. in polvere.

washing soda n. soda f. (da bucato).

washing-up /ˌwɒʃɪŋˈʌp, AE ˌwɔːʃ-/ **I** n. BE (il) lavare i piatti rigovernatura f. **II** modif. BE ***~ liquid*** detersivo liquido per i piatti; ***~ water*** acqua dei piatti.

wash leather n. pelle f. scamosciata.

wash load n. = *(of washing machine, dishwasher)* carico m.

washout /ˈwɒʃaʊt, AE ˈwɔːʃ-/ n. COLLOQ. **1** *(failure)* fiasco m., fallimento m. **2** *(person)* schiappa f., frana f.

washroom /ˈwɒʃruːm, -rʊm, AE ˈwɔːʃ-/ n. AE toilette f. gabinetto m. (pubblico).

wash-stand /ˈwɒʃˌstænd, AE ˈwɔːʃ-/ n. AE → **washbasin**.

wasn't /ˈwɒznt/ contr. was not.

wasp /wɒsp/ n. vespa f.

WASP /wɒsp/ n. AE (⇒ White Anglo-Saxon Protestant bianco anglosassone protestante) WASP m.

waspish /ˈwɒspɪʃ/ agg. stizzoso, irritabile.

waspishness /ˈwɒspɪʃnɪs/ n. irritabilità f., stizza f.

wastage /ˈweɪstɪdʒ/ n. **1** *(of money, talent, energy)* spreco m. **2** (anche **natural ~**) SOCIOL. ECON. = normale riduzione dell'organico per pensionamento o dimissioni.

1.waste /weɪst/ **I** n. **1 U** *(of food, energy)* spreco m.; ***a ~ of time*** una perdita di tempo; ***that was a complete ~ of an afternoon*** è stato un pomeriggio completamente perso; ***a ~ of effort*** uno sforzo inutile; ***to go to ~*** essere sprecato; ***to let sth. go to ~*** sprecare qcs. **2 U** *(detritus)* scarti m.pl., rifiuti m.pl. (**from** di) (anche IND.); ***chemical ~*** rifiuti chimici; ***nuclear ~*** scorie radioattive **3** *(wasteland)* deserto m., landa f. **II wastes** n.pl. **1** *(wilderness)* terre f. incolte **2** AE *(detritus)* scarti m., rifiuti m. **III** agg. **1** *(discarded)* [*food, heat, energy*] sprecato [*water*] di scolo; ***~ materials*** o ***matter*** materiale di scarto scarti; *~ products* IND. prodotti di scarto; FISIOL. MED. materiali di rifiuto **2** *(unused)* [*land*] incolto, improduttivo **3** *to lay ~ (to)* devastare, distruggere.

2.waste /weɪst/ **I** tr. **1** *(squander)* sciupare, sprecare [*food, energy, money, talents*]; perdere [*time*]; esaurire [*strength*]; ***he ~d his youth*** ha bruciato i suoi anni migliori; ***our efforts were ~d*** i nostri sforzi furono vani; ***he didn't ~ words*** non sprecò il fiato; ***good wine is ~d on him*** non sa apprezzare il buon vino **2** *(make weaker)* indebolire [*person, limb*] **3** AE COLLOQ. ammazzare, fare fuori **II** intr. consumarsi ♦ ***~ not want not*** PROV. il risparmio è il miglior guadagno.

■ **waste away** deperire.

wastebasket /ˈweɪstˌbɑːskɪt, AE -ˌbæs-/ n. cestino m. per la carta.

wastebin /ˈweɪstbɪn/ n. BE *(for paper)* cestino m. della carta straccia; *(for rubbish)* cestino m. per i rifiuti.

wasted /ˈweɪstɪd/ **I** p.pass. → **2.waste II** agg. **1** *(squandered)* [*care, effort, expense*] inutile; [*commodity, energy, vote, years, opportunity*] sprecato **2** *(fleshless)* [*body*] scheletrico; [*limb*] scarno; [*face*] smunto, emaciato; *(weak)* [*body, limb*] debole, gracile.

waste disposal n. smaltimento m. (dei) rifiuti.

waste disposal unit n. BE tritarifiuti m.

waste dump n. discarica f.

wasteful /ˈweɪstfl/ agg. [*product*] dispendioso; [*machine*] che consuma molto; [*method, process*] poco economico, dispendioso; [*person*] sciupone, spendaccione; ***to be ~ of*** sprecare [*resources, energy*]; sprecare, sciupare [*space, time*].

wastefully /ˈweɪstfəlɪ/ avv. [*spend, produce*] inutilmente.

wastefulness /ˈweɪstflnɪs/ n. *(extravagance)* spreco m., sperpero m.; *(inefficiency)* scarso rendimento m.

wasteland /ˈweɪstlænd/ n. *(urban)* area f. abbandonata; *(rural)* terra f. incolta, terreno m. sterile; FIG. deserto m.

wastepaper /ˌweɪstˈpeɪpə(r)/ n. **U** carta f. straccia, cartaccia f.

wastepaper basket, **wastepaper bin** BE n. cestino m. per la carta straccia.

waste pipe n. tubazione f. di scarico.

waster /ˈweɪstə(r)/ n. COLLOQ. SPREG. sprecone m. (-a), sciupone m. (-a).

waste recycling n. riciclaggio m. dei rifiuti.

waste service n. nettezza f. urbana.

wasting /ˈweɪstɪŋ/ agg. [*disease*] debilitante, che logora.

1.watch /wɒtʃ/ **I** n. *(timepiece)* orologio m. da polso, da tasca; ***my ~ is slow, fast*** il mio orologio ritarda, va avanti; ***to set one's ~*** regolare l'orologio **II** modif. [*chain, spring, strap*] dell'orologio.

2.watch /wɒtʃ/ n. **1** *(surveillance)* guardia f., sorveglianza f. (anche MIL.); ***to keep ~*** [*sentry, police*] montare la guardia; ***to keep (a) ~ on sb., sth.*** tenere sotto controllo qcn., qcs. (anche FIG.); ***to be on the ~ for*** stare in guardia contro; FIG. guardarsi da; ***to set a ~ on sb., sth.*** tenere d'occhio qcn., qcs. **2** MAR. *(time on duty)* quarto m.

3.watch /wɒtʃ/ **I** tr. **1** *(look at)* guardare [*match, object, television*]; *(observe)* osservare [*behaviour, animal*]; ***is there anything worth ~ing on television?*** c'è qualcosa di decente alla televisione? ***he ~ed them run*** o ***running*** li ha guardati correre **2** FIG. seguire [*progress, development*]; sorvegliare [*situation*]; ***a young artist to ~*** un giovane artista da seguire **3** *(keep under surveillance)* sorvegliare, tenere sotto controllo [*building, suspect, movements*]; ***~ this noticeboard for further details*** per ulteriori informazioni tenete d'occhio questa bacheca **4** *(pay attention to)* fare attenzione a [*dangerous object, money, obstacle*]; stare attento a [*language, manners*]; tenere sotto controllo, controllare [*weight*]; ***~ you don't spill it*** fa' attenzione a non rovesciarlo; ***~ that he doesn't go out alone*** guarda che non esca da solo; ***~ it!*** COLLOQ. attento! fai attenzione! ***~ your step*** guarda dove metti i piedi; FIG. attento a quel che fai; ***~ your back!*** COLLOQ. guardati alle spalle! (anche FIG.) **5** *(look after)* badare a [*property, child, dog*] **II** intr. **1** *(look on)* stare a guardare, osservare; ***they are ~ing to see what will happen next*** stanno aspettando di vedere che cosa succederà adesso **2** ANT. *(keep vigil)* vegliare.

■ **watch for:** *~ for [sb., sth.]* stare attento a, fare attenzione a [*person, event*]; fare attenzione a [*symptom, phenomenon*].

■ **watch out** *(be careful)* fare attenzione (**for** a); *(keep watch)* tenere gli occhi aperti; ***~ out!*** attenzione! (stai) attento! ***I'll ~ out for her when I'm in town*** quando andrò in città guarderò se la vedo; ***~ out for trouble!*** stai attento a non metterti nei guai!

■ **watch over:** *~ over [sb., sth.]* sorvegliare, proteggere [*person*]; badare a [*interests, welfare*].

watchable /ˈwɒtʃəbl/ agg. [*programme*] guardabile, che si lascia guardare.

watchband /ˈwɒtʃbænd/ n. AE cinturino m. dell'orologio.

watchdog /ˈwɒtʃdɒg/ n. **1** *(dog)* cane m. da guardia **2** AMM. ECON. *(person)* supervisore m.; *(organization)* comitato m. di controllo; ***consumer ~*** servizio per la tutela del consumatore.

watcher /ˈwɒtʃə(r)/ n. *(at event)* spettatore m. (-trice); *(hidden)* spia f.; *(monitoring)* osservatore m. (-trice); ***television ~*** telespettatore.

watchful /ˈwɒtʃfl/ agg. guardingo, attento.

watchmaker /ˈwɒtʃˌmeɪkə(r)/ ➧ *27* n. orologiaio m. (-a).

watchman /ˈwɒtʃmən/ ➧ *27* n. (pl. **-men**) **1** STOR. ***(night) ~*** guardia (notturna) **2** *(guard)* guardiano m. (-a), sorvegliante m. e f.

watchstrap /ˈwɒtʃstræp/ n. BE cinturino m. dell'orologio.

watchtower /ˈwɒtʃˌtaʊə(r)/ n. STOR. torre f. di guardia.

watchword /ˈwɒtʃwɜːd/ n. *(slogan)* motto m., slogan m.; MIL. *(password)* parola f. d'ordine.

1.water /ˈwɔːtə(r)/ **I** n. acqua f.; ***drinking ~*** acqua potabile; ***by ~*** per o via mare; per via fluviale; ***under ~*** sott'acqua; ***at high, low ~*** con l'alta, la bassa marea; ***to turn the ~ on, off*** aprire, chiudere il rubinetto; ***he lives across the ~ on the mainland*** vive sulla terraferma; ***the wine was flowing like ~*** il vino scorreva a fiumi; ***to keep one's head above ~*** tenere la testa fuori dall'acqua; FIG. *(financially)* stare a galla **II waters** n.pl. **1** MAR. acque f.; ***international ~s*** acque internazionali **2** *(spa water)* ***to take the ~s*** fare una cura termale **3** MED. *(in obstetrics)* ***her ~s have broken*** le si sono rotte le acque **III** modif. [*glass*] da acqua; [*jug*] dell'acqua, per l'acqua; [*tank, filter*] per l'acqua; [*mill*] ad acqua; [*bird*] acquatico; [*snake, shortage*] d'acqua; [*pump, wheel*] idraulico; [*pipe, pressure*] dell'acqua ♦ ***to spend money like ~*** avere le mani bucate, spendere e spandere; ***not to hold ~*** [*theory*] fare acqua.

2.water /ˈwɔːtə(r)/ **I** tr. annaffiare [*lawn, plant*]; AGR. irrigare [*crop, field*]; abbeverare [*livestock*] **II** intr. ***the smell of cooking makes my mouth ~*** l'odore di cucina mi fa venire l'acquolina in bocca; ***the smoke made her eyes ~*** il fumo le fece lacrimare gli occhi.

■ **water down:** *~ down [sth.]* **1** *(dilute)* annacquare, allungare [*drink*] **2** *(tone down)* attenuare, smorzare [*criticism*]; attenuare i toni di [*description*].

water authority n. → **water board**.

Water Bearer n. ASTROL. ***the ~*** l'Acquario.

water bed n. letto m. con materasso ad acqua.

water biscuit n. GASTR. galletta f., cracker m.

water blister n. MED. vescica f. sierosa, flittena f.

water board n. = ente che gestisce l'erogazione dell'acqua in una città o in una zona.

water-borne /ˈwɔːtəbɔːn/ agg. **1** [*disease*] trasmesso attraverso l'acqua **2** *(in transport)* trasportato via acqua.

water bottle n. *(for cyclist)* borraccia f.

water butt n. BE cisterna f. per la raccolta di acqua piovana.

water cannon n. (pl. ~, **~s**) idrante m., cannone m. ad acqua.

water chestnut n. BOT. GASTR. castagna f. d'acqua.

water closet n. BE ANT. water-closet m.

watercolour BE, **watercolor** AE /ˈwɔːtəˌkʌlə(r)/ n. acquerello m.

water-cooled /ˈwɔːtəˌkuːld/ agg. IND. NUCL. raffreddato ad acqua.

water course n. corso m. d'acqua.

watercress /ˈwɔːtəkres/ n. crescione m. d'acqua.

water diviner ➧ *27* n. BE rabdomante m. e f.

water divining n. rabdomanzia f.

watered-down /ˌwɔːtədˈdaʊn/ agg. **1** *(diluted)* [*drink*] annacquato, diluito **2** FIG. [*measures*] moderato; [*version*] edulcorato.

watered silk n. TESS. seta f. marezzata.

waterfall /ˈwɔːtəfɔːl/ n. cascata f. (d'acqua).

waterfowl /ˈwɔːtəfaʊl/ n. (pl. ~, ~**s**) uccello m. acquatico.
waterfront /ˈwɔːtəfrʌnt/ n. *(on harbour)* fronte m. del porto; *(by lakeside)* lungolago m.; *(by riverside)* lungofiume m.
water-heater /ˈwɔːtəˌhiːtə(r)/ n. scaldaacqua m.
water hole n. pozza f. d'acqua.
water ice n. BE GASTR. sorbetto m.
watering /ˈwɔːtərɪŋ/ n. annaffiatura f.; AGR. irrigazione f.
watering can n. annaffiatoio m.
watering hole n. **1** *(pond)* pozza f. d'acqua **2** COLLOQ. *(bar)* bar m.
water jump n. SPORT EQUIT. riviera f.
water lily n. ninfea f. bianca.
water line n. MAR. linea f. di galleggiamento.
waterlogged /ˈwɔːtəlɒgd, AE -lɔːgd/ agg. [*pitch*] zuppo, fradicio; [*carpet*] fradicio.
water main n. = conduttura principale dell'acqua.
watermark /ˈwɔːtəmɑːk/ n. **1** *(of sea)* = livello di alta o bassa marea; *(of river)* = livello di acqua alta o bassa **2** TIP. *(on paper)* filigrana f.
water meadow n. GEOGR. marcita f.
watermelon /ˈwɔːtəˌmelən/ n. cocomero m., anguria f.
water nymph n. MITOL. naiade f.
water polo ➧ **10** n. SPORT pallanuoto f.
water power n. energia f. idraulica.
1.waterproof /ˈwɔːtəpruːf/ **I** agg. [*material*] impermeabile; [*make-up*] resistente all'acqua, waterproof **II** n. BE *(coat)* impermeabile m. **III waterproofs** n.pl. indumenti m. impermeabili.
2.waterproof /ˈwɔːtəpruːf/ tr. impermeabilizzare.
water rates n.pl. BE imposta f.sing. sull'acqua.
water-repellent /ˈwɔːtərɪˌpelənt/ agg. [*fabric*] idrorepellente; [*coat*] impermeabile.
water-resistant /ˈwɔːtərɪˌzɪstənt/ agg. resistente all'acqua.
watershed /ˈwɔːtəʃed/ n. GEOGR. spartiacque m.; FIG. *(turning point)* svolta f.
waterside /ˈwɔːtəsaɪd/ **I** n. riva f., sponda f. **II** modif. [*cafe, house*] *(by sea)* sul mare; *(by lake)* sul lago; *(by river)* sul fiume; [*plant, wildlife*] del litorale.
1.water-ski /ˈwɔːtəskiː/ n. sci m. nautico, sci m. d'acqua.
2.water-ski /ˈwɔːtəskiː/ intr. fare sci nautico.
water-skiing /ˈwɔːtəskiːɪŋ/ ➧ **10** n. sci m. nautico, sci m. d'acqua.
water slide n. (acqua)scivolo m.
water-soluble /ˈwɔːtəˌsɒljʊbl/ agg. idrosolubile.
water sport ➧ **10** n. sport m. acquatico.
waterspout /ˈwɔːtəspaʊt/ n. METEOR. tromba f. marina.
water supply n. *(in an area)* rifornimento m. d'acqua; *(to a building)* fornitura f. dell'acqua.
water system n. *(for town)* acquedotto m.; *(for building)* impianto m. idrico.
water table n. GEOGR. superficie f. freatica.
watertight /ˈwɔːtətaɪt/ agg. **1** [*container*] stagno, a tenuta d'acqua **2** FIG. [*defence system*] infallibile **3** FIG. *(irrefutable)* [*argument*] incontestabile, inattaccabile; [*alibi*] di ferro.
water tower n. serbatoio m. sopraelevato.
water trough n. abbeveratoio m.
waterway /ˈwɔːtəweɪ/ n. *(water route)* idrovia f.; *(navigable canal)* corso m. d'acqua navigabile.
water wings n.pl. braccioli m.
waterworks /ˈwɔːtəwɜːks/ **I** n. + verbo sing. o pl. **1** TECN. impianto m. idrico **2** AE acquedotto m. **II** n.pl. BE COLLOQ. EUFEM. apparato m.sing. urinario ♦ ***she turned on the ~*** iniziò a piangere come una fontana.
watery /ˈwɔːtərɪ/ agg. **1** [*coffee*] troppo leggero; [*consistency*] acquoso **2** *(insipid)* [*colour*] sbiadito; [*sun*] pallido **3** *(secreting liquid)* [*eye*] che lacrima **4** *(badly drained)* [*vegetables*] acquoso.
watt /wɒt/ n. watt m.
wattage /ˈwɒtɪdʒ/ n. wattaggio m.
watt-hour /ˈwɒtˌaʊə(r)/ n. wattora m.
1.wattle /ˈwɒtl/ n. **1** ING. canniccio m., graticcio m. **2** BOT. acacia f.
2.wattle /ˈwɒtl/ n. *(skin flap)* bargiglio m.
1.wave /weɪv/ n. **1** *(hand gesture)* cenno m., gesto m.; ***to give sb. a ~*** fare un cenno di saluto con la mano a qcn. **2** *(of water)* onda f.; ***to make ~s*** [*wind*] fare delle onde; FIG. *(cause a stir)* sollevare un polverone; *(cause trouble)* piantare grane **3** *(outbreak)* ondata f., impeto m.; ***a ~ of arrests*** un'ondata di arresti **4** *(surge)* ondata f., ventata f.; ***a ~ of heat*** un'ondata di caldo **5** *(in hair)* ondulazione f., onde f.pl. **6** FIS. onda f.; ***radio ~s*** onde radio, radioonde.
2.wave /weɪv/ **I** tr. **1** *(move from side to side)* agitare, sventolare [*ticket, banknote, handkerchief*]; sventolare [*flag*]; brandire [*stick, gun*] **2** ***to ~ goodbye to*** salutare [qcn.] con la mano [*person*]; ***you can ~ goodbye to your chances of winning*** FIG. puoi dire addio alle tue speranze di vittoria **3** *(direct)* ***they ~ed us on*** ci hanno fatto cenno di continuare **4** *(at hairdresser's)* ***to have one's hair ~d*** farsi ondulare i capelli **II** intr. **1** *(with hand)* ***to ~ to, at sb.*** fare un cenno con la mano a qcn.; ***to ~ to sb. to do*** fare segno a qcn. di fare **2** *(move gently)* [*branches, corn*] ondeggiare; [*flag*] sventolare.
■ **wave around, about:** ~ ***around*** [*flag, washing*] sventolare; ~ ***[sth.] around*** brandire, agitare [*stick, gun*]; ***to ~ one's arms around*** agitare *o* dimenare le braccia.
■ **wave aside:** ~ ***[sth.] aside***, ~ ***aside [sth.]*** scartare, respingere [*offer*]; ~ ***[sb.] aside*** fare cenno a qcn. di spostarsi.
■ **wave off:** ~ ***[sb.] off***, ~ ***off [sb.]*** salutare [qcn.] con la mano.
wave band n. banda f. di frequenza.
wave energy n. → **wave power**.
wavelength /ˈweɪvleŋθ/ n. FIS. RAD. lunghezza f. d'onda.
wave power n. energia f. delle onde.
waver /ˈweɪvə(r)/ intr. **1** *(weaken)* [*person*] vacillare, traballare; [*look*] offuscarsi; [*courage, faith*] vacillare, venire meno; [*love*] indebolirsi; [*voice*] tremare **2** *(flicker)* [*flame, light*] tremolare, guizzare; [*needle*] oscillare **3** *(hesitate)* esitare, tentennare, essere titubante.
wavering /ˈweɪvərɪŋ/ **I** n. **1** *(hesitation)* esitazione f. **2** *(of flame)* tremolio m. **II** agg. [*person, voter*] indeciso, titubante; [*voice*] tremolante; [*courage, faith, flame*] che vacilla.
wavy /ˈweɪvɪ/ agg. [*hair, line*] ondulato.
1.wax /wæks/ **I** n. **1** *(for candle, polishing)* cera f.; *(for sealing)* ceralacca f. **2** *(for skis)* sciolina f. **3** *(in ear)* cerume m. **II** modif. [*candle, figure*] di cera; [*seal*] in ceralacca.
2.wax /wæks/ tr. **1** *(polish)* lucidare, dare la cera a [*floor*]; passare la cera a [*car*]; sciolinare [*ski*] **2** COSMET. fare la ceretta a [*leg*].
3.wax /wæks/ intr. **1** ASTR. [*moon*] crescere **2** ANT. ***to ~ eloquent*** diventare loquace; ***to ~ lyrical*** sdilinquirsi.
wax-cloth /ˈwækskl ɒθ, AE -klɔːθ/ n. tela f. cerata.
waxed /wækst/ **I** p.pass. → **2.wax II** agg. [*floor*] lucidato; [*fabric*] cerato; ~ ***jacket*** BE giaccone cerato, cerata.
waxen /ˈwæksn/ agg. LETT. [*face*] cereo.
waxwork /ˈwækswɜːk/ n. statua f. di cera.
waxy /ˈwæksɪ/ agg. [*skin*] cereo; [*texture*] ceroso; [*potato*] a pasta gialla.
1.way /weɪ/ n. **1** *(route, road)* strada f., via f.; ***to live over the ~*** COLLOQ. abitare di fronte; ***the quickest ~ to town*** la strada più veloce per andare in città; ***we went this ~*** prendemmo questa strada; ***to ask the ~ to*** domandare la strada per; ***the ~ ahead looks difficult*** FIG. il futuro si preannuncia difficile; ***there is no ~ around the problem*** non c'è modo di evitare il problema; ***on the ~ back from the meeting*** tornando dalla riunione; ***the ~ forward*** FIG. il modo per andare avanti; ***the ~ in*** l'entrata (**to** di); ***"~ in"*** "entrata"; ***the ~ out*** l'uscita (**of** di); ***there's no ~ out*** FIG. non c'è via d'uscita; ***the ~ up*** la strada che porta su, la salita; ***on the ~*** per strada, in viaggio; ***we're on the ~ to Tim's*** stiamo andando da Tim; ***I'm on my ~*** sono per strada; ***on your ~ through town*** mentre attraversate la città; ***must be on my ~*** devo proprio andare; ***to go on one's ~*** mettersi in viaggio, partire; ***to send sb. on his ~*** mandare via qcn.; ***to be well on the*** o ***one's ~ to doing*** essere sul punto di fare; ***to be on the ~ out*** FIG. passare di moda; ***she's got two kids and another one on the ~*** COLLOQ. ha due figli e un altro in arrivo; ***to be out of sb.'s ~*** non essere sulla strada di qcn.; ***don't go out of your ~ to do*** non sforzarti di fare; ***to go out of one's ~ to do*** fare tutto il possibile per fare; ***out of the ~*** *(isolated)* fuori mano; *(unusual)* fuori del comune; ***along the ~*** lungo la strada; FIG. strada facendo; ***by ~ of*** *(via)* passando per *o* da; ***to go one's own ~*** FIG. andare per la propria strada; ***to go***

the ~ of sb., sth. fare la fine di qcn., qcs.; ***to make one's ~ towards*** dirigersi verso; ***to make one's own ~ in life*** farsi strada nella vita **2** *(direction)* direzione f., senso m.; ***which ~ did he go?*** da che parte è andato? ***he went that ~*** è andato da quella parte; ***come*** o ***step this ~*** venga da questa parte; ***"this ~ for the zoo"*** "allo zoo"; ***"this ~ up"*** "su"; ***to look this ~ and that*** guardare da tutte le parti; ***to look the other ~*** *(to see)* guardare dall'altra parte; *(to avoid seeing unpleasant thing)* girarsi dall'altra parte; FIG. *(to ignore)* chiudere un occhio; ***to go every which ~*** andare in tutte le direzioni; ***the other ~ up*** nell'altro senso; ***the right ~ up*** nel senso giusto; ***the wrong ~ up*** nel senso sbagliato, al contrario; ***to turn sth. the other ~ around*** girare qcs. al contrario; ***I didn't ask her, it was the other ~ around*** è stata lei a chiedermelo, non io; ***you're Ben and you're Tom, is that the right ~ around?*** tu sei Ben, e tu Tom, giusto? ***if you're ever down our ~*** se per caso capiti dalle nostre parti; ***he's coming our ~*** sta venendo verso di noi; ***an opportunity came my ~*** mi si è presentata un'occasione; ***to put sth. sb.'s ~*** COLLOQ. rifilare *o* mollare qcs. a qcn.; ***everything's going my ~*** mi sta andando tutto per il verso giusto **3** *(space in front, projected route)* passaggio m.; ***to be in sb.'s ~*** bloccare la strada a qcn.; ***to be in the ~*** ostruire il passaggio; ***she won't let anything get in the ~ of her ambition*** non lascerà che niente ostacoli la sua ambizione; ***to get out of the ~*** scansarsi; ***to get out of sb.'s ~*** lasciare passare qcn.; ***put that somewhere out of the ~*** mettilo da qualche parte dove non imbrogli; ***get out of my ~!*** togliti dai piedi! levati di mezzo! ***get him out of the ~!*** fallo sparire! ***once the election is out of the ~*** una volta passate le elezioni; ***to keep out of the ~*** stare alla larga; ***to keep out of sb.'s ~*** stare alla larga da qcn.; ***to keep sth. out of sb.'s ~*** *(to avoid injury, harm)* tenere qcs. fuori dalla portata di qcn.; ***to make ~*** fare strada (**for sb., sth.** a qcn., qcs.) **4** *(distance)* distanza f., cammino m.; ***it's a long ~*** ci vuole molto (**to** per andare fino a); ***to be a short ~ off*** essere vicino; ***my birthday is still some ~ off*** manca ancora un po' al mio compleanno; ***we still have some ~ to go before getting*** FIG. abbiamo ancora un po' di strada da fare prima di arrivare; ***to go all the ~ on foot*** fare tutta la strada a piedi; ***I'm with you*** o ***behind you all the ~*** ti sosterrò fino in fondo **5** *(manner)* modo m., maniera f.; ***to do sth. the English ~*** fare qcs. all'inglese; ***to do sth. the right ~*** fare qcs. nel modo giusto; ***try to see it my ~*** cerca di vederlo dal mio punto di vista; ***in his*** o ***her*** o ***its own ~*** a modo suo; ***to have a ~ with sth.*** saperci fare con qcs.; ***she certainly has a ~ with her*** BE COLLOQ. sicuramente ci sa fare; ***a ~ of doing*** *(method)* un metodo *o* sistema per fare; *(means)* un modo per fare; ***there's no ~ of knowing*** non c'è modo *o* verso di sapere; ***to my ~ of thinking*** a mio modo di vedere; ***that's the ~ to do it!*** così si fa! ***that's the ~!*** così! bene! ***I like the ~ he dresses*** mi piace il suo modo di vestire; ***whichever ~ you look at it*** da tutti i punti di vista; ***either ~, she's wrong*** in tutti e due i casi, ha torto; ***one ~ or another*** in un modo o nell'altro; ***one ~ and another it's been rather eventful*** nel complesso è stato piuttosto movimentato; ***I don't care one ~ or the other*** in un modo o nell'altro per me è lo stesso; ***no two ~s about it*** non ci sono dubbi; ***you can't have it both ~s*** non puoi avere la botte piena e la moglie ubriaca, non si può avere tutto; ***no ~!*** COLLOQ. assolutamente no! **6** *(respect, aspect)* senso m., aspetto m., verso m.; ***in a ~ that's true*** in un certo senso è vero; ***can I help you in any ~?*** c'è qualcosa che posso fare per aiutarti? ***in every ~ possible*** in tutti i modi possibili; ***in many ~s*** per molti versi; ***in some ~s*** in un certo senso, per certi versi; ***in no ~*** o ***not in any ~*** in nessun modo; ***this is in no ~ a criticism*** questo non vuole affatto essere una critica; ***not much in the ~ of news*** non ci sono molte notizie; ***what have you got in the ~ of drinks?*** cosa avete da bere? ***by ~ of light relief*** a mo' di distrazione **7** *(custom, manner)* usanza f., abitudine f.; ***that's the modern ~*** oggi giorno le cose vanno così; ***that's just his ~*** è il suo modo di fare; ***it's the ~ of the world*** così va il mondo **8** *(will, desire)* ***to get one's ~*** o ***to have one's own ~*** fare di testa propria; ***she likes (to have) her own ~*** le piace fare di testa sua; ***if I had my ~*** se potessi fare di testa mia *o* a modo mio; ***have it your (own) ~*** (fai) come vuoi *o* come preferisci.

2.way /weɪ/ avv. **1** ***we went ~ over budget*** siamo andati decisamente oltre il budget; ***to be ~ out*** *(in guess, estimate)* [*person*] essere completamente fuori strada; ***to go ~ beyond what is necessary*** fare molto più del necessario; ***that's ~ out of order*** ti sbagli di grosso **2 by the way** [*mention*] en passant, di sfuggita; ***what time is it, by the ~?*** a proposito, che ore sono? ***but that's just by the ~*** ma quella è una questione marginale.

waybill /ˈweɪbɪl/ n. **1** *(list)* lista f. dei passeggeri **2** *(label)* bolla f. di accompagnamento.

wayfarer /ˈweɪˌfeərə(r)/ n. LETT. viandante m. e f.

waylay /ˌweɪˈleɪ/ tr. (pass., p.pass. **waylaid**) [*bandit*] tendere un agguato a; [*attacker*] attaccare; [*beggar, questioner*] abbordare.

way of life n. (pl. **ways of life**) modo m. di vivere.

Way of the Cross n. Via f. Crucis.

way-out /ˌweɪˈaʊt/ agg. COLLOQ. **1** *(unconventional)* eccentrico, bizzarro **2** ANT. *(great)* straordinario.

ways and means n.pl. metodi m.

Ways and Means (Committee) n. POL. = commissione parlamentare incaricata di decidere come impiegare i fondi a disposizione del parlamento.

wayside /ˈweɪsaɪd/ n. LETT. margine m. della strada ♦ ***to fall by the ~*** *(morally)* abbandonare la retta via; *(fail)* essere eliminato; *(fall through)* andare in fumo.

wayward /ˈweɪwəd/ agg. [*person, nature*] ribelle, difficile; [*horse*] indomabile.

WC n. BE (⇒ water closet water-closet) WC m.

we /*forma debole* wɪ, *forma forte* wiː/ *We* is translated by *noi* which, however, is very often understood: *we're leaving for London tomorrow* = domani partiamo per Londra. - When *we* is used in emphasis, *noi* is employed and stressed, and placed either at the beginning or at the end of the sentence: *we didn't take it* = noi non l'abbiamo preso, non l'abbiamo preso noi. - When *we* is used impersonally, it is translated by *si* (+ verb in the third person singular): *we drink a lot of beer in Britain* = in Gran Bretagna si beve molta birra. - For particular usages see the entry below. pron. noi; ***~ saw her yesterday*** l'abbiamo vista ieri; ***~ left at six*** ce ne siamo andati alle sei; ***~ Scots like the sun*** noi scozzesi amiamo il sole; ***~ didn't say that*** noi non lo abbiamo detto, non lo abbiamo detto noi; ***~ two agree that*** noi due siamo d'accordo che; ***~ all make mistakes*** tutti quanti facciamo errori.

weak /wiːk/ agg. **1** [*person, part of body*] debole; [*health*] cagionevole; [*nerves*] fragile; [*intellect*] mediocre; [*memory*] labile; [*chin*] sfuggente; [*mouth*] cascante; ***my eyes are ~*** ho la vista debole; ***to have a ~ stomach*** essere debole di stomaco; ***to have a ~ chest*** avere problemi respiratori; ***to be ~ with*** o ***from*** essere indebolito da; ***to grow*** o ***become ~(er)*** [*person, pulse*] indebolirsi **2** ING. [*structure*] debole **3** *(lacking authority, strength)* [*government, team*] debole; [*parent, teacher*] privo di polso; ***~ link*** o ***point*** o ***spot*** punto debole (anche FIG.); ***to grow*** o ***become ~er*** [*government, team, position*] indebolirsi; ***in a ~ moment*** in un momento di debolezza **4** *(poor)* [*teacher, pupil*] mediocre, scarso; [*plot, protest, excuse, argument*] debole; ***he's ~ in*** o ***at French***, ***his French is ~*** è debole in francese **5** *(faint)* [*light, signal, sound*] debole; [*tea, coffee*] leggero **6** ECON. [*economy, share*] debole **7** LING. *(regular, unaccented)* debole.

weaken /ˈwiːkən/ **I** tr. **1** indebolire, rendere debole [*person, heart*]; fare diminuire [*resistance*] **2** indebolire [*structure*]; rendere meno resistente [*joint, wall*] **3** minare l'autorità di [*government*]; indebolire [*company, defence, support*]; svigorire [*authority, resolve, cause*]; attenuare [*influence*]; intaccare [*morale, will*] **4** *(dilute)* diluire [*solution*] **5** ECON. indebolire [*economy, currency*]; fare abbassare [*prices, demand, shares*] **II** intr. **1** *(physically)* [*person, muscles*] indebolirsi; [*grip*] allentarsi **2** *(lose power)* [*government*] perdere autorità; [*country*] indebolirsi; [*resistance, support*] diminuire; [*alliance*] allentarsi **3** ECON. [*economy, currency*] indebolirsi.

weakening /ˈwiːkənɪŋ/ n. **1** *(of person, health, structure)* indebolimento m. **2** *(loss of power) (of government)* indebolimento m.; *(of ties, alliance)* allentamento m. **3** ECON. *(of economy, currency)* indebolimento m.

weak-kneed /ˌwiːkˈniːd/ agg. [*person*] debole di carattere.

weakling /ˈwiːklɪŋ/ n. persona f. debole, gracile.

weakly /ˈwiːklɪ/ avv. 1 [*move, struggle*] debolmente 2 *(ineffectually)* [*protest*] leggermente.
weak-minded /ˌwiːkˈmaɪndɪd/ agg. 1 *(indecisive)* irresoluto 2 EUFEM. debole di mente.
weakness /ˈwiːknɪs/ n. 1 *(weak point)* punto m. debole 2 *(liking)* debole m. (**for** per) 3 *(of person, limb, eyesight, heart)* debolezza f.; *(of memory)* labilità f. 4 *(lack of authority)* debolezza f.; *(of position)* fragilità f. 5 *(of argument, evidence)* debolezza f. 6 *(faintness) (of light, current, sound, voice)* debolezza f.; *(of tea)* leggerezza f. 7 ECON. *(of economy, currency)* debolezza f.
weak-willed /ˌwiːkˈwɪld/ agg. ***to be ~*** avere poca forza di volontà.
weal /wiːl/ n. *(mark)* piaga f. (di frustata).
wealth /welθ/ n. 1 *(possessions)* ricchezze f.pl. 2 *(state)* ricchezza f. 3 *(resources)* risorse f.pl. 4 *(large amount)* ***a ~ of*** una miniera di [*information, ideas*]; una profusione di [*details*]; un gran numero di [*books*]; ***a ~ of experience*** una vasta esperienza; ***a ~ of talent*** un enorme talento.
wealthy /ˈwelθɪ/ agg. ricco, opulento.
wean /wiːn/ tr. 1 svezzare [*baby*] 2 FIG. ***to ~ sb. away from*** o ***off sth.*** fare perdere a qcn. l'abitudine di qcs., disabituare qcn. a qcs.; ***to ~ sb. onto sth.*** crescere qcn. a qcs.
weapon /ˈwepən/ I n. arma f. (anche FIG.) II modif. (anche **weapons**) [*factory, manufacturer*] di armi; [*capability*] d'armamento.
weaponry /ˈwepənrɪ/ n. U armi f.pl., armamento m.
1.wear /weə(r)/ n. U 1 *(clothing)* vestiti m.pl., abiti m.pl.; ***beach ~*** abbigliamento mare; ***sports ~*** tenuta sportiva 2 *(use)* ***for everyday ~*** da tutti i giorni; ***for summer ~*** per l'estate; ***to stretch with ~*** [*shoes*] allargarsi con l'uso; ***I've had three years' ~ out of these boots*** questi stivali mi sono durati tre anni; ***there's some ~ left in these tyres*** questi pneumatici sono ancora buoni 3 *(damage)* consumo m., logoramento m. (**on** di); ***~ and tear*** logorio; ***to get heavy ~*** consumarsi tantissimo; ***to look the worse for ~*** essere rovinato; ***to be somewhat the worse for ~*** *(drunk)* essere ubriaco; *(tired)* essere sfinito.
2.wear /weə(r)/ I tr. (pass. **wore**; p.pass. **worn**) 1 *(have on one's body)* indossare, portare [*garment, jewellery*]; ***to ~ blue*** essere vestito di blu; ***to ~ a beard*** avere la barba; ***to ~ one's hair long*** portare i capelli lunghi; ***to ~ one's clothes loose*** indossare abiti ampi 2 *(put on)* mettere, mettersi [*garment, jewellery etc.*]; ***I haven't got a thing to ~*** non ho niente da mettermi 3 *(use)* usare [*perfume, cream*]; ***to ~ make-up*** truccarsi 4 *(display)* ***he*** o ***his face wore a puzzled frown*** aggrottò le sopracciglia con un'aria perplessa 5 *(damage by use)* consumare [*clothes, clutch*]; ***to ~ a hole in*** farsi un buco in [*garment*]; ***to ~ a track in*** aprire un passaggio in 6 COLLOQ. *(accept)* sopportare [*behaviour*]; accettare [*excuse*] II intr. (pass. **wore**; p.pass. **worn**) 1 *(become damaged)* [*garment, shoes*] consumarsi; ***my patience is ~ing thin*** comincio a perdere la pazienza 2 *(withstand use)* ***a fabric that will ~ well*** una stoffa resistente *o* che resiste all'uso; ***he's worn very well*** FIG. li porta bene gli anni.
▪ **wear away:** ~ ***away*** [*inscription*] cancellarsi; [*tread*] consumarsi; [*cliff*] erodersi; ***~ away [sth.], ~ [sth.] away*** [*water*] erodere; [*footsteps, rubbing*] consumare.
▪ **wear down:** ***~ down*** [*heel, tread*] consumarsi; ***to be worn down*** essere consumato; ***~ down [sth.], ~ [sth.] down*** 1 *(damage)* [*friction, water*] consumare 2 FIG. *(weaken)* fare diminuire [*resistance*]; ***~ [sb.] down*** sfinire.
▪ **wear off:** ***~ off*** 1 *(lose effect)* [*effect*] svanire; [*sensation*] passare; ***when the drug ~s off*** quando finisce l'effetto del medicinale 2 *(come off)* [*paint, plate*] consumarsi, andare via; ***~ [sth.] off, ~ off [sth.]*** cancellare [*inscription*].
▪ **wear on** [*day, evening*] passare lentamente.
▪ **wear out:** ***~ out*** [*shoes, equipment*] consumarsi; ***my patience is beginning to ~ out*** comincio a perdere la pazienza; ***~ out [sth.], ~ [sth.] out*** consumare, logorare [*clothes, shoes*]; ***to ~ out one's welcome*** non essere più gradito come ospite; ***~ [sb.] out*** spossare.
▪ **wear through:** ***~ through*** [*trousers*] bucarsi; [*sole*] aprirsi; [*fabric*] strapparsi.
wearable /ˈweərəbl/ agg. indossabile, portabile.
wearily /ˈwɪərɪlɪ/ avv. [*sigh, gesture*] stancamente; [*say, ask*] con un tono stanco; ***she got ~ to her feet*** si alzò in piedi a fatica.
weariness /ˈwɪərɪnɪs/ n. stanchezza f.
wearing /ˈweərɪŋ/ agg. 1 *(exhausting)* faticoso, stancante 2 *(irritating)* fastidioso.
wearisome /ˈwɪərɪsəm/ agg. FORM. [*task*] fastidioso; [*child*] insopportabile; [*day*] pesante.
1.weary /ˈwɪərɪ/ agg. 1 [*person, eyes, mind*] stanco, affaticato; ***to grow ~*** stancarsi 2 *(showing fatigue)* [*sigh, voice*] stanco 3 *(tiresome)* [*journey, task*] faticoso, stancante; [*day*] pesante.
2.weary /ˈwɪərɪ/ I tr. stancare, affaticare II intr. stancarsi.
weasel /ˈwiːzl/ I agg. SPREG. ***~ words*** parole ambigue II n. 1 ZOOL. donnola f. 2 SPREG. furbastro m. (-a).
1.weather /ˈweðə(r)/ I n. tempo m.; ***what's the ~ like?*** che tempo fa? com'è il tempo? ***the ~ here is hot*** qui fa caldo; ***in hot, cold ~*** con il caldo, il freddo; ***when the good ~ comes*** quando arriva la bella stagione; ***~ permitting*** tempo permettendo; ***in all ~s, whatever the ~*** qualsiasi tempo faccia; FIG. che piova o tiri vento II modif. [*chart, satellite, station*] meteorologico; [*check*] del tempo; [*conditions*] atmosferico; [*centre*] di meteorologia ♦ ***to be under the ~*** essere indisposto; ***to keep a ~ eye on sb., sth.*** tenere qcn., qcs. sottocchio; ***to make heavy ~ of sth.*** drammatizzare qcs.; ***he made heavy ~ of it*** l'ha fatta lunga.
2.weather /ˈweðə(r)/ I tr. 1 *(withstand)* resistere a [*gale*]; ***to ~ the storm*** FIG. superare la crisi 2 [*wind, rain*] erodere, logorare [*rocks*]; trasformare [*landscape*]; segnare [*face*] II intr. [*rocks*] erodersi; ***he has not ~ed well*** FIG. non è invecchiato bene.
weather balloon n. pallone m. meteorologico.
weatherbeaten /ˈweðəbiːtn/ agg. [*face*] segnato dalle intemperie; [*stone*] eroso (dalle intemperie).
weathercock /ˈweðəkɒk/ n. banderuola f. (a forma di gallo).
weathered /ˈweðəd/ I p.pass. → **2.weather** II agg. [*rock*] eroso (dalle intemperie); [*face*] segnato dalle intemperie.
weather forecast n. previsioni f.pl. del tempo.
weather forecaster ➧ ***27*** n. *(on TV)* = chi presenta le previsioni del tempo; *(in weather centre)* meteorologo m. (-a).
weatherman /ˈweðəmən/ n. (pl. **-men**) COLLOQ. *(on TV)* → **weather forecaster**.
1.weatherproof /ˈweðəpruːf/ agg. [*garment, shoe*] impermeabile; [*shelter*] resistente alle intemperie.
2.weatherproof /ˈweðəpruːf/ tr. impermeabilizzare [*fabric, garment*].
weather report n. → **weather forecast**.
weather vane n. banderuola f.
1.weave /wiːv/ n. tessitura f.
2.weave /wiːv/ I tr. (pass. **wove** o **weaved**; p.pass. **woven** o **weaved**) 1 TESS. tessere [*thread, fabric*] 2 *(interlace)* intrecciare [*cane, basket*]; [*spider*] tessere [*web*] 3 FIG. *(create)* tessere [*story*] 4 *(move)* ***to ~ one's way through sth.*** insinuarsi in qcs. II intr. (pass. **wove** o **weaved**; p.pass. **woven** o **weaved**) ***to ~ in and out*** intrufolarsi (**of** dentro); ***to ~ towards sth.*** *(drunk)* avvicinarsi a qcs. barcollando; *(avoiding obstacles)* avvicinarsi a qcs. zigzagando.
weaver /ˈwiːvə(r)/ ➧ ***27*** n. tessitore m. (-trice).
weaving /ˈwiːvɪŋ/ I n. tessitura f. II modif. [*frame, machine*] per tessere; [*factory*] di tessuti; [*industry, mill*] tessile.
1.web /web/ n. 1 (anche **spider's ~**) ragnatela f. 2 FIG. ***a ~ of*** una rete di [*ropes, lines*]; ***a ~ of lies*** o ***deceit*** un tessuto di menzogne 3 ANAT. ZOOL. membrana f. interdigitale.
2.web /web/ I n. (anche **Web**) INFORM. web m. II modif. [*server, space, page*] web; ***~ search*** ricerca sul web.
web authoring n. INFORM. creazione f. di pagine web.
webbed /webd/ agg. ANAT. ZOOL. palmato.
web designer ➧ ***27*** n. creatore m. (-trice) di siti web.
web foot n. (pl. **web feet**) piede m. palmato.
Webmaster /ˈwebmɑːstə(r), AE -mæs-/ n. webmaster m. e f.
website /ˈwebsaɪt/ n. INFORM. sito m. web.
1.wed /wed/ n. ***the newly ~s*** gli sposi novelli, gli sposini.
2.wed /wed/ I tr. (forma in -ing **-dd-**; pass., p.pass. **wedded** o **wed**) 1 *(get married to)* sposare [*man, woman*]; ***to get wed*** sposarsi 2 FIG. combinare, sposare [*qualities*]; ***to be ~ded to***

essere unito a **II** intr. (forma in -ing ecc. **-dd-**; pass., p.pass. **wedded** o **wed**) sposarsi.

we'd /*forma debole* wɪd, *forma forte* wi:d/ contr. we had, we would.

Wed ⇒ Wednesday mercoledì (merc.).

wedded /ˈwedɪd/ **I** p.pass. → **2.wed II** agg. [*man, woman*] sposato; *~ bliss* SCHERZ. felicità coniugale; *my lawful ~ wife* la mia legittima sposa.

wedding /ˈwedɪŋ/ **I** n. **1** *(marriage)* matrimonio m., nozze f.pl. **2** (anche **~ anniversary**) *silver ~* nozze d'argento **II** modif. [*anniversary*] di matrimonio; [*day*] del matrimonio; [*cake, ceremony, march*] nuziale; [*present, reception*] di nozze.

wedding bells n.pl. campane f. nuziali; *I can hear ~* FIG. c'è aria di matrimonio.

wedding breakfast n. rinfresco m. nuziale.

wedding dress, wedding gown n. vestito m. da sposa.

wedding night n. prima notte f. di nozze.

wedding ring n. fede f. (nuziale).

1.wedge /wedʒ/ **I** n. **1** cuneo m., bietta f., zeppa f.; *(of cake, cheese)* fetta f.; *a ~ of lemon* uno spicchio di limone **2** *(in golf)* wedge m. **3** (anche **~ heel**) zeppa f.; *(shoe)* scarpa f. con la zeppa **II** modif. *~-shaped* cuneiforme ♦ *to drive a ~ between X and Y* mettere disaccordo tra X e Y; *it's (only) the thin end of the ~* non è che l'inizio.

2.wedge /wedʒ/ **I** tr. **1** *(make firm)* *to ~ sth. in* o *into place* incuneare qcs.; *to ~ a door open* tenere una porta aperta con un cuneo **2** *(jam)* *to ~ sth. into* conficcare *o* incastrare qcs. in [*gap*]; *to be ~d against, between* essere infilato contro, tra **II** rifl. *to ~ oneself* infilarsi (**between** tra; **in** in).

■ **wedge in:** *~ [sb., sth.] in, ~ in [sb., sth.]* infilare.

wedlock /ˈwedlɒk/ n. ANT. matrimonio m.; *born out of ~* [*child*] illegittimo.

Wednesday /ˈwenzdeɪ, -dɪ/ ➧ *36* n. mercoledì m.

1.wee /wi:/ agg. piccolino, piccino; *a ~ bit* un pochino.

2.wee /wi:/ n. BE COLLOQ. pipì f.

3.wee /wi:/ intr. BE COLLOQ. fare (la) pipì.

1.weed /wi:d/ n. **1** *(wild plant)* erbaccia f., malerba f. **2 U** *(in water)* flora f. acquatica **3** BE COLLOQ. SPREG. rammollito m. (-a) **4** COLLOQ. SCHERZ. tabacco m. **5** COLLOQ. *(marijuana)* erba f.

2.weed /wi:d/ **I** tr. sarchiare **II** intr. togliere le erbacce.

■ **weed out:** *~ [sb.] out, ~ out [sb.]* eliminare, fare fuori [*candidate*]; sbarazzarsi di [*employee*]; *~ [sth.] out, ~ out [sth.]* togliere [*dead plants*]; sbarazzarsi di [*items*].

weeding /ˈwi:dɪŋ/ n. sarchiatura f.; *to do some ~* togliere le erbacce.

weedkiller /ˈwi:dkɪlə(r)/ n. diserbante m., erbicida m.

weedy /ˈwi:dɪ/ agg. **1** COLLOQ. SPREG. [*person*] sparuto, gracile; [*build*] fragile; [*character*] moscio **2** *(full of weeds)* [*garden*] invaso dalle erbacce; [*pond*] invaso da erbe acquatiche.

week /wi:k/ ➧ *33* n. settimana f.; *what day of the ~ is it?* che giorno della settimana è oggi? *the ~ before last* due settimane fa; *the ~ after next* tra due settimane; *every other ~* ogni due settimane; *I'll do it some time this ~* lo farò durante questa settimana; *~ in ~ out* tutte le settimane; *a ~ today* BE, *today ~* tra otto giorni, oggi a otto; *a ~ yesterday* BE, *a ~ from yesterday* AE una settimana ieri; *a ~'s wages* una settimana di paga; *to pay by the ~* pagare settimanalmente; *during the ~* durante la settimana; *(Monday to Friday)* in settimana; *the working* o *work* AE *~* la settimana lavorativa; *the ~ ending June 10* la settimana dal 3 al 10 giugno.

weekday /ˈwi:kdeɪ/ **I** n. giorno m. feriale; *on ~s* nei giorni feriali **II** modif. [*evening, programme*] di un giorno feriale; [*train, flight*] feriale.

1.weekend /ˌwi:kˈend, AE ˈwi:k-/ **I** n. week-end m., fine m. settimana; *a long ~* un week-end lungo; *at the ~* BE, *on the ~* AE durante il week-end; *at ~s* BE, *on ~s* AE nel week-end **II** modif. [*break*] del week-end; [*performance*] del sabato e della domenica; *~ cottage* = villetta usata durante i fine settimana; *~ ticket* = biglietto valido solo nei giorni festivi.

2.weekend /ˌwi:kˈend, AE ˈwi:k-/ intr. passare il week-end.

weekly /ˈwi:klɪ/ **I** agg. [*payment, shopping*] settimanale; *on a ~ basis* settimanalmente **II** avv. [*pay, check*] settimanalmente; [*meet*] una volta alla settimana **III** n. *(newspaper)* giornale m. settimanale; *(magazine)* settimanale m., rivista f. settimanale.

1.weep /wi:p/ n. *to have a little ~* versare qualche lacrimuccia.

2.weep /wi:p/ **I** tr. (pass., p.pass. **wept**) *to ~ tears of joy* versare lacrime di gioia **II** intr. (pass., p.pass. **wept**) **1** *to ~ with* piangere di [*relief, joy*] **2** *(ooze)* [*wall*] trasudare.

weeping /ˈwi:pɪŋ/ n. **U** pianto m., lacrime f.pl.

weeping willow n. salice m. piangente.

weepy /ˈwi:pɪ/ agg. lacrimevole; [*film*] strappalacrime.

weevil /ˈwi:vɪl/ n. ZOOL. punteruolo m., curculione m.

weewee /ˈwi:wi:/ → **2.wee, 3.wee**.

weft /weft/ n. TESS. trama f.

1.weigh /weɪ/ n. pesatura f.

2.weigh /weɪ/ **I** tr. **1** pesare [*object, person*]; *how much* o *what do you ~?* quanto pesi? *to ~ sth. in one's hand* soppesare qcs. **2** *(consider carefully)* considerare bene, soppesare [*arguments, options*]; ponderare [*consequences, risk, words*]; *to ~ sth. against sth.* mettere sulla bilancia qcs. e qcs.; *to ~ sth. in the balance* mettere sulla bilancia qcs. **3** MAR. *to ~ anchor* levare l'ancora **II** intr. **1** *(have influence)* *to ~ with sb.* contare per qcn.; *to ~ against sb.* giocare a sfavore di qcn.; *to ~ in sb.'s favour* giocare a favore di qcn. **2** *(be a burden)* *to ~ on sb.* pesare su qcn.; *to ~ on sb.'s mind* assillare la mente di qcn. **III** rifl. *to ~ oneself* pesarsi.

■ **weigh down:** *~ down on [sb., sth.]* pesare su; *~ down [sth., sb.], ~ [sth., sb.] down* sovraccaricare [*vehicle*]; bloccare [*papers*]; FIG. [*anxiety*] opprimere [*person*]; *to be ~ed down with* essere piegato dal peso di [*luggage*]; essere ricoperto di [*gifts, prizes*]; essere gravato da [*worry*].

■ **weigh in 1** [*boxer, jockey*] andare al peso **2** *(contribute)* contribuire **3** *(intervene in debate)* intervenire.

■ **weigh out** pesare [*ingredients, quantity*].

■ **weigh up:** *~ up [sth., sb.], ~ [sth., sb.] up* **1** pesare [*goods*] **2** FIG. valutare [*situation*]; farsi un'opinione su [*person*]; esaminare [*options, risks*].

weighbridge /ˈweɪbrɪdʒ/ n. stadera f. a ponte, ponte m. a bilico.

weighing machine n. *(for people)* pesapersone m. e f.; *(for luggage, freight)* pesatrice f.

1.weight /weɪt/ ➧ *37* n. peso m. (anche FIG.); *to put on ~* mettere su peso; *to be under, over 1 kilo in ~* pesare meno, più di 1 chilo; *by ~* a peso; *what is your ~?* quanto pesi? *not to carry much ~* FIG. non avere molto peso (**with** per); *to add one's ~ to sth.* esercitare la propria influenza in favore di qcs.; *to throw one's ~ behind sth.* sostenere qcs. con forza; *to give due ~ to a proposal* dare la giusta importanza a una proposta ♦ *by (sheer) ~ of numbers* solo per superiorità numerica; *to be a ~ off one's mind* essere motivo di sollievo; *to pull one's ~* fare la propria parte; *to take the ~ off one's feet* sedersi; *to throw one's ~ about* o *around* farla da padrone.

2.weight /weɪt/ tr. **1** appesantire [*net, boat*] **2** *(bias)* *to ~ sth. against sb., sth.* dare peso a qcs. a scapito di qcn., qcs.; *to ~ sth. in favour of sb., sth.* dare peso a qcs. a vantaggio di qcn., qcs. **3** *(in statistics)* pesare [*index, variable*].

■ **weight down:** *~ down [sth.], ~ [sth.] down* tenere fermo [*paper*]; inzavorrare [*body*].

weighted /ˈweɪtɪd/ **I** p.pass. → **2.weight II** agg. appesantito.

weighting /ˈweɪtɪŋ/ n. *(of index, variable)* ponderazione f.; *London ~* indennità per la residenza a Londra.

weightless /ˈweɪtlɪs/ agg. **1** [*environment*] privo di gravità **2** FIG. [*movement*] leggiadro.

weightlessness /ˈweɪtlɪsnɪs/ n. **1** assenza f. di gravità **2** FIG. *(of dancer)* leggiadria f.

weight-lifter /ˈweɪtˌlɪftə(r)/ n. pesista m. e f.

weight-lifting /ˈweɪtˌlɪftɪŋ/ ➧ *10* n. sollevamento m. pesi.

weight train intr. fare pesi.

weight training ➧ *10* n. (il) fare pesi.

weightwatcher /ˈweɪtˌwɒtʃə(r)/ n. = chi segue una dieta dimagrante.

weighty /ˈweɪtɪ/ agg. **1** *(serious)* [*problem*] grave; [*question*] importante **2** *(large)* [*book*] monumentale **3** *(heavy)* [*object, responsibility*] pesante.

weir /wɪə(r)/ n. *(dam)* diga f.

weird /wɪəd/ agg. 1 *(strange)* strano, bizzarro 2 *(eerie)* misterioso.

weirdness /'wɪədnɪs/ n. 1 *(strangeness)* stranezza f. 2 *(eeriness)* misteriosità f.

weirdo /'wɪədəʊ/ n. COLLOQ. persona f. stramba.

1.welcome /'welkəm/ **I** agg. 1 *(gratefully received)* [*initiative, news*] gradito; ***that's a ~ sight!*** è una vista che riempe di gioia! ***nothing could be more ~!*** niente potrebbe cadere più a proposito! 2 *(warmly greeted)* ***to be ~*** essere il benvenuto; ***to make sb. ~*** *(on arrival)* dare il benvenuto a qcn.; *(over period of time)* accogliere qcn. a braccia aperte 3 *(warmly invited)* ***if you want to finish my fries you're ~ to them*** *(politely)* se vuoi finire le mie patatine, non ti fare problemi; ***if you want to watch such rubbish you're ~ to it!*** *(rudely)* se vuoi guardare queste stupidaggini, sei libero di farlo! ***you're ~*** *(acknowledging thanks)* prego, non c'è di che **II** n. benvenuto m. **III** modif. [*speech*] di benvenuto **IV** inter. ***~!*** benvenuto! ***~ back*** o ***~ home!*** bentornato! ♦ ***to wear out one's ~*** abusare dell'ospitalità altrui.

2.welcome /'welkəm/ tr. dare il benvenuto a, accogliere [*person*]; gradire [*news, contribution*]; accogliere favorevolmente [*initiative*]; ***we would ~ your view*** gradiremmo conoscere il suo parere; ***"please ~ our guest tonight, Tim Mays"*** "diamo il benvenuto all'ospite di questa sera, Tim Mays".

■ **welcome back:** ***~ back [sb.], ~ [sb.] back*** accogliere [qcn.] al suo ritorno; *(more demonstratively)* fare festa per il ritorno [di qcn.].

■ **welcome in:** ***~ in [sb.], ~ [sb.] in*** fare accomodare [qcn.] in casa propria.

welcoming /'welkəmɪŋ/ agg. 1 *(warm)* [*atmosphere, person*] accogliente 2 *(reception)* [*committee*] di accoglienza; [*ceremony*] di benvenuto.

1.weld /weld/ n. TECN. saldatura f.

2.weld /weld/ **I** tr. TECN. saldare [*metal, joint*]; FIG. unire [*team, nation*] **II** intr. [*metal, joint*] essere saldato.

welder /'weldə(r)/ ➧ 27 n. 1 *(person)* saldatore m. (-trice) 2 *(tool)* saldatrice f.

welding /'weldɪŋ/ n. 1 TECN. saldatura f. 2 FIG. unione f.

welfare /'welfeə(r)/ **I** n. 1 *(well-being)* benessere m.; *(interest)* interesse m.; ***to be concerned about sb.'s ~*** essere preoccupato per la sorte di qcn.; ***to be responsible for sb.'s ~*** essere responsabile di qcn. 2 *(state assistance)* assistenza f. pubblica; *(money)* sussidio m.; ***to go on ~*** AE chiedere il sussidio **II** modif. [*system*] di previdenza sociale; ***~ cuts*** tagli alle spese sociali.

welfare benefit n. sussidio m.

welfare department n. ufficio m. per l'assistenza sociale.

welfare officer ➧ 27 n. BE = assistente sociale; AE impiegato m. (-a) del servizio di assistenza sociale.

welfare services n.pl. servizi m. sociali.

welfare state n. welfare state m., stato m. assistenziale; *(stressing state assistance)* assistenza f. pubblica.

welfare work n. servizio m. di assistenza sociale.

1.well /wel/ agg. (compar. **better**, superl. **best**) 1 *(in good health)* ***to feel ~*** sentirsi bene; ***are you ~?*** stai bene? ***he's not ~ enough to travel*** non sta ancora abbastanza bene per viaggiare; ***he's not a ~ man*** ha dei problemi di salute; ***he doesn't look at all ~*** non sembra proprio in forma; ***to get ~*** stare meglio 2 *(in satisfactory state)* bene; ***all is ~*** va tutto bene; ***all is not ~ in their marriage*** ci sono dei problemi nel loro matrimonio; ***that's all very ~, but*** è tutto molto bello, però; ***it's all very ~ for you to laugh, but*** tu fai presto a ridere, ma; ***~ and good*** (va) benissimo 3 *(prudent)* ***it would be just as ~ to check*** sarebbe meglio controllare; ***it would be as ~ for you to...*** faresti meglio a... 4 *(fortunate)* ***it was just as ~ for him that...*** gli è andata bene che...; ***the flight was delayed, which was just as ~*** per fortuna il volo era in ritardo.

2.well /wel/ avv. (compar. **better**, superl. **best**) 1 *(satisfactorily)* [*treat, behave, sleep etc.*] bene; ***that boy will do ~*** quel ragazzo farà strada; ***he hasn't done as ~ as he might*** non ha fatto quanto avrebbe potuto; ***I did ~ in the general knowledge questions*** sono andato bene nelle domande di cultura generale; ***to do ~ at school*** andare bene a scuola; ***mother and baby are both doing ~*** la madre e il bambino stanno entrambi bene; ***the operation went ~*** l'operazione è andata bene; ***you did ~ to tell me*** hai fatto bene a dirmelo; ***we'll be doing ~ if we get there on time*** saremo fortunati se arriveremo in tempo; ***~ done!*** bravo! ***to do oneself ~*** trattarsi bene, non farsi mancare nulla; ***to do ~ by sb.*** mostrarsi gentile con qcn., comportarsi bene con qcn. 2 *(used with modal verbs)* ***you may ~ be right*** potresti anche avere ragione; ***I can ~ believe it*** credo bene, ci credo; ***it may ~ be that*** potrebbe anche darsi che; ***I couldn't very ~ say no*** mi è stato impossibile dire di no; ***you may ~ ask!*** hai un bel chiedere! ***we may as ~ go home*** potremmo benissimo andarcene a casa; ***"shall I shut the door?" - "you might as ~"*** "chiudo la porta?" - "fai pure"; ***he looked shocked, as ~ he might*** sembrava scioccato, e non c'è da stupirsi 3 *(intensifier)* ben; ***he is ~ over 30*** è ben oltre i 30; ***it was ~ worth waiting for*** è valsa proprio la pena di aspettare; ***the weather remained fine ~ into September*** il tempo è rimasto bello fino a settembre inoltrato; ***profits are ~ below average*** i guadagni sono ben al di sotto della media 4 *(approvingly)* ***to speak ~ of sb.*** parlare bene di qcn. 5 ***to wish sb. ~*** augurare ogni bene a qcn. 6 ***as ~*** *(also)* anche; ***as ~ as*** *(in addition to)* così come; ***is he coming as ~?*** viene anche lui? ***I worked on Saturday as ~ as on Sunday*** ho lavorato sabato e pure domenica; ***by day as ~ as by night*** di giorno così come di notte ♦ ***to be ~ in with sb.*** COLLOQ. stare bene con qcn.; ***to be ~ up in sth.*** conoscere bene qcs.; ***to leave ~ alone*** BE o ***~ enough alone*** AE *(not get involved)* non metterci le mani; ***you're ~ out of it!*** COLLOQ. per fortuna ne sei fuori! ***~ and truly*** completamente.

3.well /wel/ inter. *(expressing astonishment)* beh; *(expressing indignation, disgust)* insomma; *(expressing disappointment)* bene; *(after pause in conversation, account)* allora; ***~, you may be right*** beh, forse hai ragione; ***~ then, what's the problem?*** allora, qual è il problema? ***oh ~, there's nothing I can do about it*** beh, non posso farci niente; ***~, ~, ~, so you're off to America?*** e così parti per l'America? ***very ~ then*** molto bene.

4.well /wel/ n. 1 *(in ground)* pozzo m. 2 *(pool)* sorgente f., fonte f. 3 ING. *(for stairs, lift)* vano m. 4 BE *(in law court)* = spazio riservato ai difensori.

5.well /wel/ intr. → **well up**.

■ **well up** sgorgare; ***tears ~ed up in my eyes*** mi vennero le lacrime agli occhi.

we'll /*forma debole* wɪl, *forma forte* wi:l/ contr. we shall, we will.

well-advised /ˌweləd'vaɪzd/ agg. ***you would be ~ to stay at home*** faresti bene a startene a casa.

well-appointed /ˌwelə'pɔɪntɪd/ agg. [*house*] ben arredato.

well-attended /ˌwelə'tendɪd/ agg. ***the meeting was ~*** c'è stata una buona partecipazione.

well-balanced /ˌwel'bælənst/ agg. [*person*] equilibrato.

well-behaved /ˌwelbɪ'heɪvd/ agg. [*child*] beneducato; [*animal*] ben addestrato, beneducato.

well-being /ˌwel'bi:ɪŋ/ n. benessere m.

well-bred /ˌwel'bred/ agg. 1 [*person*] *(of good birth)* bennato; *(having good manners)* beneducato 2 [*animal*] di razza; [*horse*] purosangue.

well-built /'welbɪlt/ agg. [*person*] ben piantato; [*building*] solido.

well-connected /ˌwelkə'nektɪd/ agg. di buona famiglia, ben introdotto.

well-defined /ˌweldɪ'faɪnd/ agg. [*outline*] netto; [*role, boundary*] ben definito.

well-disposed /ˌweldɪ'spəʊzd/ agg. ***to be ~ towards*** essere bendisposto verso [*person*]; essere favorevole a [*idea, policy*].

well-done /ˌwel'dʌn/ agg. 1 GASTR. ben cotto 2 *(well performed)* [*task*] benfatto.

well-dressed /ˌwel'drest/ agg. benvestito.

well-earned /ˌwel'ɜ:nd/ agg. meritato.

well-educated /ˌwel'edʒʊkeɪtɪd/ agg. *(having a good education)* istruito; *(cultured)* colto.

well-established /ˌwelɪ'stæblɪʃt/ agg. [*artist*] affermato; [*view*] consolidato.

well-fed /ˌwel'fed/ agg. ben nutrito.

well-founded /ˌwel'faʊndɪd/ agg. [*rumour*] fondato.

well-groomed /ˌwel'gru:md/ agg. [*person*] ben curato; [*horse*] ben strigliato.

well-grounded /ˌwelˈgraʊndɪd/ agg. [*person*] competente; [*rumour*] fondato.
well-heeled /ˌwelˈhiːld/ agg. COLLOQ. ricco.
well-informed /ˌwelɪnˈfɔːmd/ agg. [*person*] beninformato (**about** di); ***he's very ~*** è sempre molto aggiornato; ***~ source*** GIORN. fonte informata.
wellington /ˈwelɪŋtən/ n. (anche **~ boot**) BE stivale m. di gomma.
well-intentioned /ˌwelɪnˈtenʃnd/ agg. benintenzionato.
well-judged /ˌwelˈdʒʌdʒd/ agg. [*statement*] pieno di discernimento; [*performance*] intelligente.
well-kept /ˌwelˈkept/ agg. [*house, garden*] tenuto bene.
well-known /ˌwelˈnəʊn/ agg. **1** *(famous)* noto; ***to be ~ to sb.*** essere conosciuto da qcn. **2** *(widely known)* ***it is ~ that, it is a ~ fact that*** è ben noto *o* risaputo che.
well-liked /ˌwelˈlaɪkt/ agg. [*person*] molto amato, benvoluto.
well-made /ˌwelˈmeɪd/ agg. benfatto.
well-mannered /ˌwelˈmænəd/ agg. educato, cortese.
well-meaning /ˌwelˈmiːnɪŋ/ agg. [*person*] benintenzionato; [*advice*] in buona fede.
well-meant /ˌwelˈment/ agg. ***his offer was ~, but*** la sua offerta era fatta a fin di bene, ma; ***my remarks were ~*** le mie osservazioni erano fatte in buona fede.
well-nigh /ˌwelˈnaɪ/ avv. FORM. quasi, pressoché.
well off I agg. **1** *(wealthy)* [*person, family*] agiato, benestante **2** *(fortunate)* ***you don't know when you're ~*** non sai quanto sei fortunato **3** ***to be ~ for*** avere molto [*space, provisions etc.*] **II** n. + verbo pl. ***the well-off*** i benestanti *o* ricchi; ***the less well-off*** le persone meno agiate.
well-oiled /ˌwelˈɔɪld/ agg. COLLOQ. *(drunk)* sbronzo.
well-preserved /ˌwelprɪˈzɜːvd/ agg. conservato bene.
well-read /ˌwelˈred/ agg. colto, istruito.
well-respected /ˌwelrɪˈspektɪd/ agg. [*person*] molto rispettato.
well-spoken /ˌwelˈspəʊkən/ agg. [*person*] che parla bene.
well-spoken-of /ˌwelˈspəʊkənəv/ agg. ***he's very ~*** si parla molto bene di lui.
well-thought-of /ˌwelˈθɔːtəv/ agg. [*person*] stimato da tutti, benvisto.
well-thought-out /ˌwelθɔːtˈaʊt/ agg. [*plan, plot etc.*] elaborato con cura.
well-thumbed /ˌwelˈθʌmd/ agg. [*book*] segnato dall'uso.
well-timed /ˌwelˈtaɪmd/ agg. tempestivo; ***that was ~!*** *(of entrance, phonecall etc.)* è arrivato a proposito!
well-to-do /ˌweltəˈduː/ **I** agg. agiato, ricco **II** n. ***the ~*** + verbo pl. i ricchi.
well-tried /ˌwelˈtraɪd/ agg. [*method, remedy*] sperimentato.
well-trodden /ˌwelˈtrɒdn/ agg. ***a ~ path*** un sentiero battuto (anche FIG.).
well-turned /ˌwelˈtɜːnd/ agg. [*phrase etc.*] ben costruito.
well-wisher /ˈwelwɪʃə(r)/ n. sostenitore m. (-trice); POL. simpatizzante m. e f.
well-worn /ˌwelˈwɔːn/ agg. [*garment*] logoro; [*floorboards*] consumato; FIG. [*joke*] trito e ritrito.
welly /ˈwelɪ/ n. BE COLLOQ. → **wellington**.
welsh /welʃ/ intr. ***to ~ on*** venire meno a una promessa fatta a [*person*]; non mantenere [*promise*].
Welsh /welʃ/ ➧ *18, 14* **I** agg. gallese **II** n. **1** *(people)* ***the ~*** + verbo pl. i gallesi **2** *(language)* gallese m.
Welshman /ˈwelʃmən/ n. (pl. **-men**) gallese m.
Welsh rarebit, Welsh rabbit n. = fetta di pane tostata e ricoperta di formaggio fuso.
Welshwoman /ˈwelʃwʊmən/ n. (pl. **-women**) gallese f.
welt /welt/ n. **1** *(on shoe)* tramezza f. **2** *(on garment)* bordo m. **3** *(on skin)* segno m. (di frustata).
welter /ˈweltə(r)/ n. ***a ~ of*** un'accozzaglia di [*objects*]; un miscuglio di [*fragments, emotions*].
welterweight /ˈweltəweɪt/ n. *(weight)* (pesi) welter m.pl.; *(boxer)* (peso) welter m.
wench /wentʃ/ n. ANT. SCHERZ. donzella f.
wend /wend/ tr. ***to ~ one's way*** dirigersi (**to, towards** verso).
Wendy /ˈwendɪ/ n.pr. diminutivo di **Gwendolen**.
Wendy house n. BE = tenda a forma di casetta in cui giocano i bambini.
went /went/ pass. → **1.go**.
wept /wept/ pass., p.pass. → **2.weep**.
were /*forma debole* wə(r), *forma forte* wɜː(r)/ 2ª persona sing., 1ª, 2ª, 3ª persona pl. pass. → **be**.
we're /wɪə(r)/ contr. we are.
weren't /wɜːnt/ contr. were not.
werewolf /ˈwɪəwʊlf/ n. (pl. **-wolves**) lupo m. mannaro, licantropo m.
wert /wɜːt/ ANT. LETT. 2ª persona sing. pass. → **be**.
Wesleyan /ˈwezlɪən/ **I** agg. wesleyano, metodista **II** n. wesleyano m. (-a), metodista m. e f.
west /west/ ➧ *21* **I** n. ovest m., occidente m. **II West** n.pr. GEOGR. ***the West*** *(Occident)* l'Occidente; *(of country, continent)* l'Ovest; US il West, l'Ovest **III** agg. attrib. [*side, face*] ovest; [*coast*] occidentale; [*wind*] dell'ovest, di ponente **IV** avv. [*lie, live*] a ovest (**of** di); [*move*] verso ovest ♦ ***to go ~*** EUFEM. andare all'altro mondo; ***there's another glass gone ~!*** è partito un altro bicchiere!
West Africa n.pr. Africa f. occidentale.
West Bank n.pr. Cisgiordania f.
West Berlin n.pr. POL. STOR. Berlino f. Ovest.
westbound /ˈwestbaʊnd/ agg. [*carriageway, traffic*] in direzione ovest; ***the ~ train*** BE *(in underground)* il treno in direzione ovest.
West Country n.pr. GB ***the ~*** il Sud-Ovest dell'Inghilterra.
West End n.pr. BE ***the ~*** il West End (quartiere a ovest del centro di Londra in cui si trovano i negozi e i teatri più rinomati).
westerly /ˈwestəlɪ/ **I** agg. [*wind, area*] dell'ovest; [*point*] a occidente **II** n. vento m. dell'ovest.
western /ˈwestən/ ➧ *21* **I** agg. attrib. **1** GEOGR. [*coast, border*] occidentale; [*town, custom, accent*] dell'ovest; [*Europe, United States*] dell'ovest; ***~ Italy*** l'Italia occidentale **2** (anche **Western**) *(occidental)* occidentale **II** n. CINEM. (film) western m.
westerner /ˈwestənə(r)/ n. **1** ***~s*** gli occidentali **2** AE nativo m. (-a), abitante m. e f. degli stati dell'ovest (degli Stati Uniti).
Western Isles ➧ *12* n.pr.pl. Isole f. Ebridi occidentali.
westernize /ˈwestənaɪz/ tr. occidentalizzare; ***to become ~d*** occidentalizzarsi.
westernmost /ˈwestənməʊst/ agg. (il) più a ovest, (il) più occidentale.
West German ➧ *18* **I** agg. POL. STOR. tedesco-occidentale, della Germania dell'ovest **II** n. POL. STOR. tedesco m. (-a) dell'ovest.
West Germany ➧ *6* n.pr. POL. STOR. Germania f. dell'ovest.
West Indies /ˌwestˈɪndiːz/ ➧ *6, 12* n.pr.pl. Indie f. occidentali.
Westminster /ˈwestmɪnstə(r)/ n. = il parlamento britannico.
West Point n. US = accademia militare statunitense.
westward /ˈwestwəd/ ➧ *21* **I** agg. [*route, movement*] verso ovest; ***in a ~ direction*** in direzione ovest **II** avv. (anche **~s**) verso ovest.
1.wet /wet/ **I** agg. **1** *(damp)* bagnato (**with** di); ***~ with blood*** intriso di sangue; ***to get ~*** bagnarsi; ***to get one's feet ~*** bagnarsi i piedi; ***to get the floor ~*** bagnare il pavimento; ***~ through*** fradicio **2** *(freshly applied)* [*paint, ink*] fresco; ***to keep sth. ~*** non fare asciugare qcs. **3** *(rainy)* [*weather, season, day*] piovoso; [*conditions*] di umidità; ***tomorrow, the North will be ~*** domani pioverà al nord; ***when it's ~*** quando piove **4** BE SPREG. [*person*] debole; [*remark*] poco convincente; ***don't be so ~!*** un po' di grinta! **5** BE POL. [*cabinet, MP*] moderato **II** n. **1** *(dampness)* umidità f.; ***the car won't start in the ~*** l'auto non parte quando piove; ***to perform well in the ~*** [*tyre*] offrire buone prestazioni sul bagnato **2** BE COLLOQ. *(feeble person)* SPREG. debole m. e f. **3** BE POL. conservatore m. (-trice) moderato (-a).
2.wet /wet/ **I** tr. (forma in -ing **-tt-**; pass., p.pass. **wet**) **1** bagnare [*floor, object, clothes*] **2** *(urinate in or on)* ***to ~ one's pants*** farsi la pipì *o* farsela addosso; ***to ~ the bed*** bagnare il letto **II** rifl. (forma in -ing **-tt-**; pass., p.pass. **wet**) ***to ~ oneself*** farsi la pipì *o* farsela addosso.
wetback /ˈwetbæk/ n. AE COLLOQ. = immigrato messicano che entra clandestinamente negli Stati Uniti passando dal Rio Grande.
wet blanket n. COLLOQ. guastafeste m. e f.
wet dream n. = sogno erotico che provoca polluzione notturna.

what

As a determiner

- *What* used as a determiner in questions is translated by *quale* or *quali* according to the number of the noun that follows:

what train did you catch?	= quale treno hai preso?
what skirt is she wearing tonight?	= quale gonna indossa stasera?
what books do you usually read?	= quali libri leggi di solito?
what shoes do you like?	= quali scarpe ti piacciono?

- *What* used as a determiner in exclamations can only precede a noun or a noun clause; if a countable singular noun is involved, *what* is followed by the article *a / an*, which is omitted if the noun is uncountable or in the plural; in both cases, the Italian equivalent is simply *che*:

what a nice dress you have!	= che bel vestito hai!
what horrible weather!	= che tempo orribile!
what lovely eyes!	= che begli occhi!

- For particular usages see **I** in the entry **what**.

As a pronoun

In questions

- When used in questions as a subject or an object pronoun, *what* is usually translated by *che cosa*, *cosa* or *che*:

what is he doing?	= che cosa / cosa / che sta facendo?
what happened?	= che cosa / cosa / che è successo?

Only rarely, however, can *what* be translated by *quale* (or *quali* in the plural):

what's her telephone number?	= qual è il suo numero di telefono?
what are your plans for the future?	= quali sono i tuoi progetti per il futuro?

Used with preposition

- After a preposition *what* is still translated by *cosa* or *che cosa*. Unlike in English, the preposition must always be placed immediately before *cosa* or *che cosa*:

with what did she cut it? or *what did she cut it with?*	= con cosa l'ha tagliato?

To introduce a clause

- When used to introduce a clause as the subject or the object of the verb, *what* may be translated by *cosa*, *che cosa*, *ciò che*, *quello che* or *quanto*:

I don't know what he wants	= non so che cosa / ciò che vuole
tell me what happened	= raccontami cosa / quello che / quanto è successo.

For particular usages see **II** in the entry **what**.

wet fish n. (p. **wet fish**, **wet fishes**) BE = pesce in salamoia o sotto sale.

wether /ˈweðə(r)/ n. montone m. (castrato).

wetland /ˈwetlənd/ n. terre f.pl. paludose, paludi m.pl.

wet-look /ˈwetlʊk/ agg. [*plastic*, *leather*] lucido; [*hair gel*] a effetto bagnato.

wetness /ˈwetnɪs/ n. umidità f.

wetnurse /ˈwetnɜːs/ n. balia f., nutrice f.

wet-nurse /ˈwetnɜːs/ tr. fare da balia a [*baby*].

wet suit n. muta f. subacquea.

wetting /ˈwetɪŋ/ n. ***to get a*** ~ prendersi una bagnata.

we've /*forma debole* wɪv, *forma forte* wiːv/ contr. we have.

1.whack /wæk, AE hwæk/ **I** n. **1** *(blow)* (forte) colpo m. **2** COLLOQ. *(share)* parte f.; ***to get, do one's*** ~ avere, fare la propria parte **3** BE COLLOQ. *(amount of money)* ***to earn top*** ~ guadagnare un sacco di soldi; ***to pay top*** ~ pagare il massimo **4** COLLOQ. *(try)* tentativo m.; ***to have*** o ***take a*** ~ ***at (doing) sth.*** tentare (di fare) qcs.; ***to get first*** ~ ***at sth.*** provare per primo qcs. **II** inter. sbam.

2.whack /wæk, AE hwæk/ tr. **1** *(hit)* picchiare [*person*, *animal*]; colpire [*ball*] **2** BE COLLOQ. *(defeat)* battere **3** FIG. ***to*** ~ ***£ 5 off the price*** abbassare il prezzo di 5 sterline.

whacked /wækt, AE hwækt/ agg. mai attrib. COLLOQ. **1** *(tired)* sfinito **2** AE *(stoned)* fatto.

whacking /ˈwækɪŋ, AE ˈhwæk-/ **I** n. COLLOQ. botte f.pl. **II** agg. BE COLLOQ. enorme, gigante **III** avv. BE COLLOQ. ~ ***great*** o ***big*** enorme, gigante.

whacky /ˈwækɪ, AE ˈhwækɪ/ agg. COLLOQ. [*person*] strambo; [*clothes*] strampalato.

1.whale /weɪl, AE hweɪl/ n. **1** ZOOL. balena f. **2** COLLOQ. ***a*** ~ ***of a story*** una gran bella storia; ***to have a*** ~ ***of a time*** divertirsi un mondo.

2.whale /weɪl, AE hweɪl/ intr. andare a caccia di balene.

3.whale /weɪl, AE hweɪl/ tr. AE COLLOQ. *(thrash)* suonarle a (anche FIG.).

whalebone /ˈweɪlbəʊn, AE ˈhweɪl-/ n. *(in corset)* stecca f., osso m. di balena.

whaler /ˈweɪlə(r), AE ˈhweɪlər/ ♦ **27** n. **1** *(ship)* baleniera f. **2** *(person)* baleniere m.

whaling /ˈweɪlɪŋ, AE ˈhweɪlɪŋ/ n. **1** *(whale fishing)* caccia f. alle balene **2** AE COLLOQ. *(thrashing)* botte f.pl.; FIG. batosta f.

1.wham /wæm, AE hwæm/ **I** n. forte colpo m., botta f. **II** inter. sbam.

2.wham /wæm, AE hwæm/ tr. (forma in -ing ecc. **-mm-**) battere con forza.

whammy /ˈwæmɪ, AE ˈhwæmɪ/ n. AE COLLOQ. malocchio m.

1.wharf /wɔːf, AE hwɔːf/ n. (pl. **wharves**) pontile m.

2.wharf /wɔːf, AE hwɔːf/ intr. [*boat*] ormeggiarsi al pontile.

what /wɒt, AE hwɒt/ **I** determ. **1** *(in questions)* quale, che; ~ ***magazines do you read?*** quali riviste leggi? ~ ***time is it?*** che ora è? **2** *(in exclamations)* che; ~ ***a nice car!*** che bella macchina! ~ ***a strange thing to do!*** che stranezza! **3** *(the amount of)* ~ ***money he earns he spends*** tanto guadagna tanto spende; ~ ***little he has*** quel poco che ha; ~ ***few friends he had*** i pochi amici che aveva **II** pron. **1** che, (che) cosa; ~ ***is happening?*** che (cosa) succede? ~ ***are you doing?*** (che) cosa stai facendo? ***with*** ~***?*** con cosa? ***and*** ~ ***else?*** e cos'altro? ~ ***do six and two add up to?*** quanto fa sei più due? ~ ***does it matter?*** che importa? ~***'s her address?*** qual è il suo indirizzo? ~***'s that button for?*** a che serve quel pulsante? ~ ***for?*** per quale motivo? come mai? ~***'s it like?*** com'è? ~***'s this called in German***, ~***'s the German for this?*** come si dice questo in tedesco? ~ ***did it cost?*** quanto è costato? ~***'s that***, ~ ***did you say?*** cosa? cosa hai detto? ***he did*** ~***?*** ha fatto cosa? ***George*** ~***?*** George come? **2** *(as relative pronoun)* quello che, ciò che; ***to wonder*** ~ ***is happening*** chiedersi che sta succedendo; ***do you know*** ~ ***that device is?*** sai che cos'è quello strumento? ~ ***I need is*** quello che mi serve è; ***drinking*** ~ ***looked like gin*** bevendo qualcosa che sembrava gin; ***and*** ~***'s more*** e per di più; ***and*** ~***'s worse*** o ***better*** e per giunta **3** COLLOQ. *(when guessing)* ***it'll cost***, ~, ***£ 5*** costerà, non so, 5 sterline **4 what about** *(drawing attention)* ~ ***about the letter?*** e la lettera? *(making suggestion)* ~ ***about a meal out?*** e se andassimo a mangiare fuori? ~ ***about Monday?*** va bene lunedì? *(soliciting opinions)* ~ ***about the transport costs?*** che ne pensi delle spese di trasporto? *(in reply)* ***"~ about your sister?" - "~ about her?"*** "e tua sorella?" - "mia sorella cosa?" **5 what if** e se; ~ ***if I bring the dessert?*** e se portassi il dolce? **6 what of** ~ ***of it!*** COLLOQ. e allora? **7 what with** ~ ***with the depression and unemployment*** un po' per la depressione un po' per la disoccupazione; ~ ***with one thing and another*** tra una cosa e l'altra **III** inter. cosa, come, che ♦ ***I'll tell you*** ~ ascoltami bene; ***to give sb.*** ~ ***for*** BE COLLOQ. dare una lavata di capo a qcn.; ***to know*** ~***'s*** ~ sapere il fatto proprio; ***well***, ~ ***do you know*** IRON. ma va'? chi l'avrebbe mai detto? ~ ***do you think I am!*** COLLOQ. ma per chi mi hai preso? ~***'s it to you?*** COLLOQ. che te ne frega?

what-d'yer-call-her /ˈwɒtʃəkɔːlhə(r), AE ˈhwɒtʃ-/ n. COLLOQ. cosa f., tizia f.

what-d'yer-call-him /ˈwɒtʃəkɔːlhɪm, AE ˈhwɒtʃ-/ n. COLLOQ. coso m., tizio m.

what-d'yer-call-it /ˈwɒtʃəkɔːlɪt, AE ˈhwɒtʃ-/ n. COLLOQ. coso m., affare m.

when

- *when* can very often be translated by *quando* in time expressions:

when did she leave?	= quando è partita?

- Occasionally a more precise time expression is used in Italian:

when's your birthday?	= in quale giorno è il tuo compleanno?
when did he set off?	= a che ora è partito?

- Remember that the future tense is used after *quando* if future time is implied:

I'll tell him when he gets home	= glielo dirò quando arriverà a casa.

- It is often possible to give a short neat translation for a *when* clause if there is no change of subject in the sentence:

when I was young, I lived in Wales	= da giovane vivevo in Galles
when he was leaving, he asked for my address	= partendo, mi chiese l'indirizzo.

Conversely, English may be more concise than Italian in such examples as:

when working, he never answers the phone	= quando lavora, non risponde mai al telefono
when at home, I keep on eating	= quando sono a casa, mangio di continuo.

- In expressions such as *the day when, the year when, the time when* etc., *in cui* is used in Italian:

the day when we got married	= il giorno in cui ci siamo sposati.

For examples of the above and further uses of *when*, see the entry **when**.

whatever /wɒt'evə(r), AE hwɒt-/ **I** determ. **1** *(any)* qualsiasi, qualunque; ***they eat ~ food they can get*** mangiano qualsiasi cibo riescano a trovare **2** *(no matter what)* ***~ the reason*** quale che sia la ragione; ***for ~ reason*** per qualunque ragione **3** *(expressing surprise)* ***~ idiot forgot the key?*** chi è quell'idiota che ha dimenticato la chiave? **II** pron. **1** *(that which)* quello che, ciò che; ***to do ~ is required*** fare ciò che è richiesto **2** *(anything that)* tutto quello che, tutto ciò che; ***do ~ you like*** fai tutto quello che vuoi; ***~ he says goes*** quello che dice lui è legge; ***~ you say*** *(as you like)* quello che vuoi **3** *(no matter what)* qualunque cosa; ***~ happens*** qualsiasi cosa succeda; ***~ it costs it doesn't matter*** non importa quanto costa **4** *(what on earth)* ***~'s the matter?*** (che) cosa c'è che non va? ***~ for?*** e perché mai? ***~ next!*** che cosa tireranno fuori ancora? **5** COLLOQ. *(the like)* ***curtains, cushions and ~*** tende, cuscini e cose del genere; ***to the cinema or ~*** al cinema o da qualche altra parte **III** avv. *(at all)* ***to have no idea ~*** non avere la benché minima idea; ***"any petrol?" - "none ~"*** "c'è benzina?" - "neanche l'ombra"; ***anything ~*** qualsiasi cosa.

whatnot /'wɒtnɒt, AE 'hwɒt-/ n. **1** *(furniture)* scansia f. **2** COLLOQ. *(unspecified person, thing)* coso m. **3** COLLOQ. *(and so on)* ***...and ~*** ...e roba del genere.

what's-her-name /'wɒtshəneɪm, AE 'hwɒts-/ n. → **what-d'yer-call-her**.

what's-his-name /'wɒtshɪsneɪm, AE 'hwɒts-/ n. → **what-d'yer-call-him**.

whatsit /'wɒtsɪt, AE 'hwɒt-/ n. COLLOQ. coso m., affare m.; ***Mr Whatsit*** il signor Vattelapesca.

what's-its-name /'wɒtsɪtsneɪm, AE 'hwɒts-/ n. → **what-d'yer-call-it**.

whatsoever /ˌwɒtsəʊ'evə(r), AE ˌhwɒt-/ **I** ANT. pron. **1** *(anything that)* tutto quello che, tutto ciò che **2** *(no matter what)* qualunque cosa, qualsiasi cosa **II** avv. ***to have no idea ~*** non avere la benché minima idea.

wheat /wiːt, AE hwiːt/ n. grano m., frumento m.

wheaten /'wiːtn, AE 'hwiːtn/ agg. di grano, di frumento.

wheat germ n. germe m. di grano.

wheatmeal /'wiːtmiːl, AE 'hwiːt-/ n. farina f. integrale.

wheedle /'wiːdl, AE 'hwiːdl/ tr. ***to ~ sth. out of sb.*** ottenere qcs. da qcn. con le moine.

1.wheel /wiːl, AE hwiːl/ **I** n. **1** *(on vehicle)* ruota f.; *(on piece of furniture)* rotella f. **2** *(for steering)* volante m.; MAR. ruota f. del timone; ***to be at*** o ***behind the ~*** stare al volante; ***to take the ~*** *(in vehicle)* mettersi al volante **3** *(in mechanism)* ruota f. dentata **II wheels** n.pl. COLLOQ. *(car)* macchina f.sing., auto f.sing.; ***have you got ~s?*** COLLOQ. sei motorizzato? **III -wheeled** agg. in composti ***a three-, four-~ed vehicle*** un veicolo a tre, quattro ruote ♦ ***it's ~s within ~s*** è una faccenda complicata.

2.wheel /wiːl, AE hwiːl/ **I** tr. spingere [*bicycle, pram*]; ***they ~ed me into the operating theatre*** mi hanno portato nella sala operatoria in barella **II** intr. **1** (anche **~ round**) *(circle)* [*bird*] volteggiare **2** *(turn sharply)* [*person*] voltarsi improvvisamente; [*regiment*] compiere una conversione; [*vehicle*] sterzare di colpo; [*ship*] virare ♦ ***to ~ and deal*** intrallazzare.

■ **wheel in, wheel out:** ***~ [sth.] out, ~ out [sth.]*** tirare fuori [*story, excuse*].

wheelbarrow /'wiːlˌbærəʊ, AE 'hwiːl-/ n. carriola f.

wheelbase /'wiːlbeɪs, AE 'hwiːl-/ n. AUT. interasse m.

wheelchair /'wiːltʃeə(r), AE 'hwiːl-/ n. sedia f. a rotelle, carrozzella f.

1.wheelclamp /'wiːlklæmp, AE 'hwiːl-/ n. AUT. ceppo m. bloccaruota.

2.wheelclamp /'wiːlklæmp, AE 'hwiːl-/ tr. mettere un ceppo bloccaruota a [*car*].

wheeler dealer /ˌwiːlə'diːlə(r), AE ˌhwiːlə-/ n. COLLOQ. SPREG. trafficone m. (-a), intrallazzone m. (-a).

wheelhouse /'wiːlhaʊs, AE 'hwiːl-/ n. casotto m. del timone, timoniera f.

wheelie /'wiːlɪ, AE 'hwiːlɪ/ n. COLLOQ. *(on bicycle, motorcycle)* impennata f.

wheeling and dealing n. + verbo sing. SPREG. intrallazzi m.pl.; *(during negotiations)* tira e molla m.

wheel reflector n. *(on bike)* catadiottro m.

wheelwright /'wiːlraɪt, AE 'hwiːl-/ n. carradore m.

1.wheeze /wiːz, AE hwiːz/ n. **1** *(breathing)* sibilo m. **2** BE ANT. COLLOQ. ***a good ~*** un'idea geniale.

2.wheeze /wiːz, AE hwiːz/ **I** tr. dire ansimando **II** intr. [*person, animal*] respirare sibilando; [*engine, machine*] sibilare.

wheezy /'wiːzɪ, AE 'hwiːzɪ/ agg. [*voice*] ansante; [*cough*] asmatico; [*chest*] che sibila.

whelk /welk, AE hwelk/ n. ZOOL. buccino m.

whelp /welp, AE hwelp/ n. *(dog)* cagnolino m., cucciolo m.

when /wen, AE hwen/ **I** avv. **1** *(interrogative)* quando; ***~ are you leaving?*** quando parti? ***~ is the concert?*** quand'è il concerto? ***I wonder ~ the film starts*** mi chiedo a che ora inizi il film; ***tell me*** o ***say ~*** *(pouring drink)* dimmi basta **2** *(relative)* ***at the time ~*** *(precise moment)* nel momento in cui; *(during same period)* al tempo in cui; ***the week ~ it all happened*** la settimana in cui è successo tutto; ***it's times like that ~*** è in momenti come quelli che; ***one morning ~ he was getting up, he...*** un mattino alzandosi,... **3** *(then)* ***since ~*** da allora; ***until ~ we must stay calm*** fino a quel momento dobbiamo rimanere calmi; ***by ~ I will have received the information*** per allora avrò ricevuto le informazioni **II** cong. **1** quando; ***~ he reaches 18*** quando avrà 18 anni; ***~ he was at school*** quando andava a scuola; ***~ he arrives, I'll tell him*** non appena arriva glielo dico; ***I was strolling along ~ all of a sudden...*** stavo passeggiando quando tutto d'un colpo... **2** *(whereas)* mentre; ***he refused ~ I would have accepted*** ha rifiutato mentre io avrei accettato **III** pron. quando; ***since ~?*** da quando? ***that was ~ it all started to go wrong*** è da quel momento che iniziò ad andare tutto storto.

whence /wens, AE hwens/ **I** avv. ANT. donde **II** cong. da dove, da cui.

whenever /wen'evə(r), AE hwen-/ avv. **1** *(in questions)* ***~ will he arrive?*** quando mai arriverà? ***~ did he find the time?*** quando avrà trovato il tempo? **2** *(no matter when)* ***~ you want*** quando vuoi; ***~ he does it, it won't matter*** può farlo quando vuole, non ha importanza **3** COLLOQ. *(some time)* ***or ~*** o non importa quando; ***"how long are you staying?" - "till ~"*** "per quanto tempo rimani?" - "si vedrà" **4** *(every time that)* ogni volta che; ***~ he sees a spider, he trembles*** ogni volta che vede

which

As a determiner

In questions

- When *which* is used as a determiner in questions – both direct and indirect – it is translated by the invariable form *che* or by *quale* or *quali*, according to the number of the noun that follows:

which mistake have I made?	= che errore ho fatto?
which car is yours?	= quale auto è la vostra?
which books did he borrow?	= quali libri ha presi / preso in prestito?
which medals did he win?	= che medaglie ha vinte / vinto?
I do not know which room is John's	= non so quale stanza sia quella di John.

Note that in the third and fourth examples the object precedes the verb so that the past participle must agree in gender and number with the object (this is no longer common, however, in everyday Italian).

As a pronoun

In questions

- When *which* is used as a pronoun in questions – both direct and indirect – it is translated by *quale* or *quali*, according to the number of the noun it is referring to:

there are three peaches, which do you want?	= ci sono tre pesche, quale vuoi?
'Lucy's borrowed three of your books' 'which did she take?'	= 'Lucy ha preso in prestito tre dei tuoi libri' 'quali ha preso?'
I do not know which is hers	= non so quale sia il suo.

In relative clauses as subject or object

- When used as a relative pronoun referring to a thing or things, *which* is translated by the invariable form *che* or by one of the variable forms *il quale / la quale / i quali / le quali* which, however, are very rarely used in modern Italian when the pronoun is the object of the verb:

the book which is on the table	= il libro che / il quale è sul tavolo
the books which are on the table	= i libri che sono sul tavolo
the book which Tina is reading	= il libro che sta leggendo Tina / Tina sta leggendo
the books which the students are reading	= i libri che stanno leggendo gli studenti / gli studenti stanno leggendo.

Note the possible inversion of subject and verb in the Italian relative clause when the relative pronoun is the object of the verb. Note also that the object pronoun can be omitted in informal or spoken English (*the book Tina is reading*), but not in Italian.

- Remember that in such tenses as the present perfect and past perfect, the past participle will agree with the noun to which *che* as object refers (although this is no longer common in everyday Italian, and the invariable masculine form is often used):

the book which I've just finished reading	= il libro che ho appena finito di leggere
the books which I gave you last month	= i libri che ti ho dati / dato il mese scorso
the dresses which she bought yesterday	= i vestiti che ha comprati / comprato ieri
the postcards which I had written	= le cartoline che avevo scritte / scritto.

- In informal English, *that* is used more often than *which* as a subject of a restrictive relative clause: see the entry **1.that.** *Which,* however, is compulsory in non-restrictive relative clauses: *this building, which was very old, collapsed during a storm last month* = questo edificio, che è molto vecchio, crollò durante una tempesta il mese scorso. The Italian translation of restrictive *that* and non-restrictive *which* is, of course, the same.

In relative clauses after a preposition

- When the relative *which* is governed by a preposition, it is translated in Italian by the equivalent preposition + the invariable form *cui* or one of the variable forms il *quale / la quale* etc. according to the gender and number of the noun referred to:

the article about which I was talking (or the article I was talking about)	= l'articolo di cui stavo parlando
the road by which we came (or the road which we came by)	= la strada per la quale siamo venuti
the expressions for which we have no translations (or the expressions which we have no translations for)	= le espressioni per le quali non abbiamo traduzione.

Note that the variant English structure is not possible in Italian.

un ragno trema; **~ *(it is) possible*** quando (è) possibile **5** *(expressing doubt)* ***he promised to do it soon, ~ that might be!*** ha promesso che l'avrebbe fatto presto, ma chissà cosa intende con presto!

where /weə(r), AE hweər/ When used to introduce direct or indirect questions, *where* is generally translated by *dove*: *where are the plates?* = dove sono i piatti? *do you know where he's going?* = sai dove sta andando? *I don't know where the knives are* = non so dove sono i coltelli. Note that in indirect questions, *where* requires no inversion of the verb. - When a preposition is used with *where* as an adverb, the preposition follows the verb in English, but not in Italian: *where do you come from?* = da dove vieni? *I don't know where he comes from* = non so da dove venga. - When used as a relative, *where* is translated by *dove* or *in cui*: *the village where we live* = il paese in cui / dove viviamo. **I** avv. **1** *(interrogative)* dove; ***~ is my hat?*** dov'è il mio cappello? ***~'s the harm?*** che male c'è? ***~ have you got to in your book?*** a che punto sei del libro? ***to know ~ one is going*** sapere dove si va; FIG. sapere quello che si vuole; ***you don't know ~ it's been!*** non sai da dove viene! **2** *(relative)* dove; ***the town ~ we live*** la città in cui *o* dove viviamo; ***near ~ he lived*** vicino a dove abitava; ***to reach the stage ~*** arrivare al punto in cui; ***it's not ~ you said*** non è dove hai detto tu **3** *(whenever)* quando; ***~ necessary*** quando *o* ove necessario; ***she's stupid ~ he's concerned*** si comporta sempre come una stupida quando si tratta di lui; ***~ possible*** per quanto possibile **II** cong. → **whereas III** pron. dove; ***from ~?*** da dove? ***near ~?*** vicino a dove? ***this is ~ it happened*** qui è dove è successo; ***that is ~ he's mistaken*** è qui che è si sbaglia; ***Italy is ~ you'll find good wine*** è in Italia che si trova del buon vino.

whereabouts I /ˌweərəˈbaʊts/ avv. ***"I've put it in the living room" - "~?"*** "l'ho messo in salotto" - "dove?" **II** /ˈweərəbaʊts, AE ˈhweər-/ n. ***do you know his ~?*** sa dove si trova?

whereas /ˌweərˈæz, AE ˌhweər-/ cong. mentre; ***he likes dogs ~ I prefer cats*** a lui piacciono i cani mentre io preferisco i gatti.

whereby /weəˈbaɪ, AE hweər-/ cong. ***a system ~ all staff will carry identification*** un sistema che prevede che tutto il personale abbia un documento di identificazione; ***the criteria ~ allowances are allocated*** i criteri con i quali sono assegnati i sussidi.

wherefore /ˈweəfɔː(r), AE ˈhweər-/ n. ***the whys and ~s*** il perché e il percome.

wherein /weərˈɪn, AE hweər-/ **I** avv. FORM. dove **II** pron. FORM. dove, in cui.

whereof /weərˈɒv, AE hweər-/ pron. DIR. di cui.

whereupon /ˌweərəˈpɒn, AE ˌhweər-/ cong. FORM. al che.

wherever /weərˈevə(r), AE hweər-/ avv. **1** *(in questions)* ***~ did you put it?*** dov'è che l'hai messo? ***~ has he got to?*** dov'è che è andato a finire? **2** *(anywhere)* ***~ he goes I'll go*** lo seguirò ovunque vada; ***~ you want*** dove *o* dovunque vuoi tu **3** COLLOQ. *(somewhere)* ***or ~*** o da qualche altra parte **4** *(whenever)* ***~ there's an oasis, there's a settlement*** quando c'è un'oasi, c'è un insediamento; ***~ necessary*** quando *o* ove necessario; ***~ possible*** per quanto possibile **5** *(expressing doubt)* ***she's from Volvera ~ that is!*** viene da Volvera ma non mi chiedere dove si trova!

wherewithal /'weəwɪðɔ:l, AE 'hweər-/ n. ***the ~*** i mezzi (**to do** per fare).

whet /wet, AE hwet/ tr. (forma in -ing ecc. **-tt-**) **1** *(stimulate)* ***to ~ the appetite*** stuzzicare l'appetito; ***the book ~ted her appetite for travel*** il libro le ha risvegliato la voglia di viaggiare **2** ANT. *(sharpen)* affilare [*knife*].

whether /'weðə(r), AE 'hweðər/ When *whether* is used to mean *if*, it is translated by *se*: *I wonder whether she got my letter* = mi chiedo se ha (or: abbia) ricevuto la mia lettera. See **1** in the entry below. - Although *if* can also be used, *whether* often occurs after verbs such as *doubt*, *know*, *see* and *wonder*, with adjectives such as *doubtful* and *sure*, and with nouns like *doubt* and *question*. You can find further examples at these entries. - In *whether...or not* sentences, *whether* is translated by *che* and the verb that follows is in the subjunctive: *whether you agree or not* = che tu sia d'accordo o no, *whether you like it or not* = che ti piaccia o no; note, however, that *whether* + infinitive is translated by *se* + infinitive in Italian: *I have to decide whether or not to accept his proposal* = devo decidere se accettare la sua proposta o no. See **2** in the entry below. cong. **1** *(if)* se; ***I wasn't sure ~ to answer or not*** o ***~ or not to answer*** non sapevo se rispondere o no; ***I wonder ~ it's true*** mi chiedo se sia vero; ***the question is ~ anyone is interested*** il problema è capire se c'è qualcuno interessato; ***he was worried about ~ to invite her*** si chiedeva se era il caso di invitarla **2** *(no matter if)* ***you're going to school ~ you like it or not!*** a scuola ci vai, che ti piaccia o no! ***~ or not you are happy is of little importance*** se sei contento o no ha poca importanza; ***he needs an adult ~ it be a parent or teacher*** ha bisogno di un adulto, non importa se è un genitore o un insegnante.

whetstone /'wetstəʊn, AE 'hwet-/ n. cote f.

whew /hju:/ inter. *(in relief, surprise)* fiu; *(in hot weather)* puff.

whey /weɪ, AE hweɪ/ n. siero m. (del latte).

which /wɪtʃ, AE hwɪtʃ/ **I** determ. **1** *(interrogative)* quale, che; ***~ books?*** quali libri? ***~ one of the boys...?*** quale dei ragazzi...? ***he told me ~ book he'd like*** mi ha detto quale libro vorrebbe **2** *(relative)* ***he left the room, during ~ time...*** ha lasciato la stanza e nel frattempo...; ***you may wish to join, in ~ case...*** forse volete partecipare, in tal caso... **II** pron. **1** (anche **~ one**) quale; ***~ do you want, the red skirt or the blue one?*** quale gonna vuoi, quella rossa o quella blu? ***~ of you...?*** chi di voi...? ***show her ~ you mean*** mostrale quale vuoi dire; ***~ is the shortest route?*** qual è la strada più corta? ***do you mind ~ you have?*** hai qualche preferenza? ***I don't mind ~*** uno vale l'altro; ***can you tell ~ is ~?*** sai distinguerli? **2** *(relative to preceding noun)* che, il quale, la quale, i quali, le quali; *(with prepositions)* il quale, la quale, i quali, le quali, cui; ***the painting ~ hangs in the sitting room*** il quadro (che è) appeso in salotto; ***the book ~ he's spoken about*** o ***about ~ he's spoken*** il libro di cui ha parlato **3** *(relative to preceding clause or concept)* ***he said he hadn't done it, ~ he can't prove*** disse che non l'aveva fatto lui, cosa che non può provare; ***~ reminds me...*** il che mi ricorda...

whichever /wɪtʃ'evə(r), AE hwɪtʃ-/ **I** determ. **1** *(the one that)* ***let's go to ~ station is nearest*** andiamo alla stazione più vicina; ***you may have ~ dress you prefer*** puoi avere il vestito che preferisci **2** *(no matter which)* ***it won't matter ~ hotel we go to*** non importa in quale hotel andiamo **3** *(which on earth)* ***~ one do you mean?*** ma quale intendi? **II** pron. **1** *(the one that)* ***"which shop?" - "~ is nearest"*** "quale negozio?" - "quello più vicino"; ***come at 2 or 3, ~ suits you best*** vieni alle 2 o alle 3, come ti fa più comodo; ***choose either alternative, ~ is the cheaper*** scegli la possibilità meno costosa **2** *(no matter which one)* qualunque; ***~ of the techniques is used, the result will be the same*** qualunque tecnica si usi il risultato sarà lo stesso; ***"do you want the big piece or the small piece?" - "~"*** "vuoi il pezzo grosso o quello piccolo?" - "fa lo stesso".

whiff /wɪf, AE hwɪf/ n. *(of perfume)* ondata f.; *(of food)* profumo m.; SPREG. zaffata f.; *(of smoke)* sbuffo m.; FIG. *(of danger)* pizzico m.; *(of controversy)* ombra f.

whiffy /'wɪfɪ, AE 'hwɪfɪ/ agg. BE COLLOQ. puzzolente.

Whig /wɪg, AE hwɪg/ **I** agg. POL. STOR. whig **II** n. POL. STOR. whig m. e f.

while /waɪl, AE hwaɪl/ **I** cong. **1** *(during the time that, at the same time as)* mentre; ***he made a sandwich ~ I phoned*** ha fatto un panino mentre telefonavo; ***he met her ~ on holiday*** l'ha incontrata in vacanza; ***I fell asleep ~ watching TV*** mi sono addormentato guardando la tele; ***"MOT ~ you wait"*** "revisione rapida" **2** *(whereas)* mentre; ***he likes pasta ~ I prefer rice*** a lui piace la pasta mentre io preferisco il riso **3** *(although)* sebbene, quantunque, anche se **4** *(as long as)* finché **II** n. ***a ~ ago*** o ***back*** COLLOQ. un po' di tempo fa; ***a ~ later*** un momento dopo; ***for a (good) ~*** per un (bel) po'; ***it will be*** o ***take a ~*** ci vorrà un po'; ***after a ~*** dopo un po'; ***all the ~*** (per) tutto il tempo; ***once in a ~*** una volta ogni tanto; ***in between ~s*** nel frattempo.

while away tr. ***to ~ the time by doing*** ammazzare il tempo facendo.

whilst /waɪlst, AE hwaɪlst/ cong. → **while.**

whim /wɪm, AE hwɪm/ n. capriccio m., sfizio m.; ***on a ~*** per capriccio.

1.whimper /'wɪmpə(r), AE 'hwɪm-/ n. gemito m.

2.whimper /'wɪmpə(r), AE 'hwɪm-/ tr. e intr. gemere; SPREG. piagnucolare.

whimsical /'wɪmzɪkl, AE 'hwɪm-/ agg. [*person*] capriccioso; [*tale, manner, idea*] bizzarro.

whimsy /'wɪmzɪ, AE 'hwɪm-/ n. LETT. capriccio m., fantasia f.

1.whine /waɪn, AE hwaɪn/ n. *(of person)* gemito m.; *(of animal)* guaito m.; *(of engine)* sibilo m.; *(of bullet)* fischio m.

2.whine /waɪn, AE hwaɪn/ **I** tr. ***"I'm hungry," he ~d*** "ho fame," si lamentò **II** intr. *(complain)* lamentarsi (**about** di); *(snivel)* piagnucolare; [*dog*] guaire.

whinge /wɪndʒ, AE hwɪndʒ/ intr. COLLOQ. lagnarsi.

whining /'waɪnɪŋ, AE 'hwaɪn-/ **I** n. *(complaints)* lamentele f.pl.; *(of engine)* sibilo m.; *(of dog)* guaiti m.pl. **II** agg. [*voice*] *(complaining)* lamentoso; *(high-pitched)* querulo; [*child*] piagnucolone.

1.whinny /'wɪnɪ, AE 'hwɪnɪ/ n. (lieve) nitrito m.

2.whinny /'wɪnɪ, AE 'hwɪnɪ/ intr. nitrire (lievemente).

1.whip /wɪp, AE hwɪp/ n. **1** *(for punishment)* frusta f., sferza f.; *(for horse)* scudiscio m. **2** BE POL. *(official)* = deputato incaricato di organizzare e indirizzare i membri del suo partito, specialmente durante le votazioni; *(summons)* = convocazione a una seduta parlamentare; ***three-line ~*** = convocazione al voto parlamentare sottolineata tre volte per indicarne l'urgenza **3** GASTR. = dolce simile alla mousse.

2.whip /wɪp, AE hwɪp/ **I** tr. (forma in -ing ecc. **-pp-**) **1** *(beat)* frustare **2** GASTR. montare [*cream*]; montare a neve [*egg whites*] **3** COLLOQ. *(remove quickly)* ***I ~ped the key out of her hand*** le ho soffiato le chiavi di mano **4** BE *(steal)* fregare, sgraffignare (**from** a) **II** intr. COLLOQ. (forma in -ing ecc. **-pp-**) ***to ~ in, out*** fiondarsi dentro, fuori; ***to ~ over*** o ***round to*** fare un salto da; ***to ~ round*** girare bruscamente.

■ **whip away:** ***~ away [sth.], ~ [sth.] away*** [*person*] portare via in fretta [*plate*]; [*wind*] portare via [*hat*].

■ **whip back:** ***~ back*** tornare indietro di scatto; ***~ back [sth.], ~ [sth.] back*** riafferrare in fretta [*object*].

■ **whip in:** ***~ in [sth.], ~ [sth.] in*** GASTR. incorporare [*cream*].

■ **whip off:** ***~ off [sth.], ~ [sth.] off*** togliersi, sfilarsi in fretta [*garment*].

■ **whip on:** ***~ on [sth.], ~ [sth.] on*** **1** infilarsi in fretta [*garment*] **2** *(urge on)* incitare [*horse*].

■ **whip out:** ***~ out [sth.]*** tirare fuori [*gun*].

■ **whip through:** ***~ through [sth.]*** sbrigare [*task*]; finire in fretta [*book*].

■ **whip up:** ***~ up [sth.]*** **1** *(incite)* attizzare [*hatred*]; suscitare [*indignation, interest*]; incoraggiare [*support*]; incitare a [*unrest*] **2** GASTR. montare [*cream*]; sbattere [*eggs*] **3** *(fix quickly)* preparare in fretta [*meal*].

whip hand n. ***to have*** o ***hold the ~*** avere una posizione di forza (**over** rispetto a).

whiplash /'wɪplæʃ, AE 'hwɪp-/ n. frustata f., sferzata f.

whiplash injury n. MED. colpo m. di frusta.

whipped cream n. panna f. montata.

whippersnapper /'wɪpəsnæpə(r), AE 'hwɪpə-/ n. ANT. sfrontato m. (-a).

whippet /ˈwɪpɪt, AE ˈhwɪpɪt/ n. = incrocio di un levriero con uno spaniel o un terrier.
whipping /ˈwɪpɪŋ, AE ˈhwɪp-/ n. frustata f.; ***to give sb. a ~*** frustare qcn.
whipping boy n. capro m. espiatorio.
whipping cream n. panna f. da montare.
whip-round /ˈwɪpraʊnd, AE ˈhwɪp-/ n. BE COLLOQ. colletta f.
whir → **1.whirr, 2.whirr.**
1.whirl /wɜːl, AE hwɜːl/ n. **1** *(swirl)* turbine m., mulinello m.; FIG. *(of activity)* turbine m., turbinio m.; ***my head's in a ~*** ho una gran confusione in testa **2** *(spiral motif)* spirale f. ♦ ***to give sth. a ~*** COLLOQ. = provare qcs.
2.whirl /wɜːl, AE hwɜːl/ **I** tr. **1** *(swirl)* far roteare, mulinare [*sword*]; far turbinare [*snowflakes, dust*] **2** *(whisk)* ***to ~ sb. along, away*** tirare, portare via qcn. in gran fretta **II** intr. **1** *(swirl)* [*dancer*] volteggiare; [*propeller*] ruotare; [*snowflakes, dust, thoughts*] turbinare, mulinare; ***his mind ~ed*** aveva una gran confusione in testa **2** *(whizz)* ***to ~ past*** passare in fretta.
▪ **whirl round:** ***~ round*** [*person*] girarsi di scatto; [*rotor*] girare in fretta; ***~ [sth.] round*** far roteare, mulinare [*sword*]; far volteggiare [*rope*].
whirligig /ˈwɜːlɪgɪg, AE ˈhwɜːl-/ n. *(merry-go-round)* giostra f.; *(spinning top)* trottola f.
whirlpool /ˈwɜːlpuːl, AE ˈhwɜːl-/ n. vortice m., mulinello m.
whirlpool bath n. vasca f. da idromassaggio.
whirlwind /ˈwɜːlˌwɪnd, AE ˈhwɜːl-/ n. turbine m., vortice m. d'aria.
1.whirr /wɜː(r), AE hwɜːr/ n. *(of motor)* rombo m.; *(of camera, insect)* ronzio m.; *(of wings)* frullio m.
2.whirr /wɜː(r), AE hwɜːr/ intr. [*motor*] rombare; [*camera, insect*] ronzare; [*wings*] frullare.
1.whisk /wɪsk, AE hwɪsk/ n. **1** GASTR. (anche **egg ~**) *(manual)* frusta f.; *(electric)* frullino m. **2** ***with a ~ of its tail*** con un colpo di coda.
2.whisk /wɪsk, AE hwɪsk/ **I** tr. **1** GASTR. sbattere [*sauce, eggs*] **2** *(move quickly)* ***he was ~ed off to meet the president*** è stato portato su due piedi dal presidente; ***she was ~ed off to hospital*** è stata portata in fretta all'ospedale; ***he ~ed the plates off the table*** ha tolto in fretta i piatti dal tavolo **3** *(flick)* ***he ~ed the fly away with his hand*** scacciò la mosca con la mano **II** intr. ***he ~ed off*** guizzò via; ***to ~ around the room with a duster*** dare una rapida spolverata alla stanza.
whisker /ˈwɪskə(r), AE ˈhwɪ-/ **I** n. *(of animal)* baffo m. **II** **whiskers** n.pl. *(of animal)* baffi m.; *(of man)* favoriti m.; *(beard)* barba f.sing.; *(moustache)* baffi m. ♦ ***by a ~*** [*win, lose*] per un pelo.
whisky BE, **whiskey** IRLAND. AE /ˈwɪskɪ, AE ˈhwɪ-/ n. (pl. **whiskies** BE, **~s** IRLAND. AE) whisky m.
1.whisper /ˈwɪspə(r), AE ˈhwɪs-/ n. *(of person)* sussurro m., bisbiglio m.; *(of leaves)* (lo) stormire; *(of wind)* sussurro m.; *(of water)* mormorio m.; ***to speak in a ~*** o ***in ~s*** mormorare, bisbigliare; ***there is a ~ going round that*** FIG. corre voce che.
2.whisper /ˈwɪspə(r), AE ˈhwɪs-/ **I** tr. bisbigliare, sussurrare; ***it is ~ed that*** FIG. si mormora che **II** intr. [*person*] sussurrare, mormorare; [*leaves*] stormire; [*wind*] sussurrare; [*water*] mormorare.
whispering /ˈwɪspərɪŋ, AE ˈhwɪ-/ **I** n. **U** *(of voices)* bisbiglio m.; *(of leaves)* (lo) stormire; *(of wind)* sussurro m.; *(of water)* mormorio m.; FIG. *(rumours)* dicerie f.pl. **II** agg. [*person*] che bisbiglia, che sussurra; [*leaves*] che stormisce; [*wind*] che sussurra; [*water*] mormorante.
whispering campaign n. campagna f. diffamatoria.
whispering gallery n. galleria f. acustica.
whist /wɪst, AE hwɪst/ ♦ ***10*** n. whist m.
1.whistle /ˈwɪsl, AE ˈhwɪ-/ n. **1** *(small pipe)* fischietto m.; MUS. zufolo m.; *(siren)* sirena f.; ***to blow the*** o ***one's ~*** fischiare, dare un colpo di fischietto **2** *(sound)* fischio m. ♦ ***to blow the ~ on sb., sth.*** denunciare qcn., qcs.; ***to wet one's ~*** COLLOQ. bagnarsi la bocca *o* il becco.
2.whistle /ˈwɪsl, AE ˈhwɪ-/ **I** tr. fischiare [*command*]; fischiettare [*tune*] **II** intr. **1** *(make noise)* fischiare (**at** a); ***to ~ for*** fischiare a [*dog*] **2** *(move fast)* ***to ~ past*** o ***by*** [*arrow, bullet*] passare sibilando; [*train*] passare fischiando ♦ ***you can ~ for it!*** COLLOQ. ti attacchi al tram (e fischi in curva)! ***to ~ in the dark*** = cercare di farsi coraggio.
▪ **whistle up** COLLOQ. ***~ up [sb., sth.]*** scovare [*volunteer, object*].
whistle-stop tour /ˌwɪslstɒpˈtʊə(r), -ˈtɔː(r), AE ˌhwɪsl-/ n. *(by diplomat, president, candidate)* = visita che prevede numerose soste, specialmente in piccoli centri.
whit /wɪt, AE hwɪt/ n. ANT. briciolo m., granello m.; ***not a ~*** non un briciolo, neanche un po'.
Whit /wɪt, AE hwɪt/ n. accorc. → **Whitsun.**
white /waɪt, AE hwaɪt/ ♦ ***5*** **I** agg. **1** bianco; [*person, face*] bianco, pallido; ***to paint sth. ~*** pitturare qcs. di bianco; ***to go*** o ***turn ~*** diventare bianco; [*person*] sbiancare, impallidire (**with** per) **2** *(Caucasian)* [*race, child, skin*] bianco; [*area*] abitato da bianchi; [*culture, prejudice*] dei bianchi; ***a ~ man, woman*** un (uomo) bianco, una (donna) bianca **II** n. **1** *(colour)* bianco m. **2** *(part of egg)* bianco m., chiara f.; *(part of eye)* bianco m. **3** (anche **White**) *(person)* bianco m. (-a) **4** *(wine)* (vino) bianco m. **5** *(in chess, draughts)* bianco m., bianchi m.pl.; *(in snooker, pool)* (palla) bianca f. **III** **whites** n.pl. ***cricket, tennis ~s*** tenuta da cricket, completo bianco da tennis ♦ ***he would swear black was ~*** sarebbe pronto a negare l'evidenza; ***whiter than ~*** immacolato.
white ant n. formica f. bianca, termite f.
whitebait /ˈwaɪtbeɪt, AE ˈhwaɪt-/ n.pl. bianchetti m.; *(fried)* frittura f.sing. di bianchetti.
white bear n. orso m. bianco.
white blood cell, white blood corpuscle n. globulo m. bianco, leucocito m.
whiteboard /ˈwaɪtbɔːd, AE ˈhwaɪt-/ n. lavagna f. bianca.
white bread **I** n. pane m. bianco **II** **white-bread** agg. AE SPREG. [*person*] = della classe media bianca.
whitecap /ˈwaɪtkæp, AE ˈhwaɪt-/ n. onda f. a cresta.
whitecoat /ˈwaɪtkəʊt, AE ˈhwaɪt-/ n. *(doctor)* camice m. bianco.
white coffee n. *(at home)* caffellatte m.; *(in café)* caffè m. macchiato.
white-collar /ˌwaɪtˈkɒlə(r), AE ˌhwaɪt-/ agg. [*work*] impiegatizio; [*staff*] di impiegati, di colletti bianchi; [*vote*] del ceto impiegatizio; AE [*neighborhood*] residenziale.
white-collar worker n. colletto m. bianco, impiegato m. (-a).
white elephant n. SPREG. **1** *(knick-knack)* cianfrusaglia f. **2** *(public project)* cattedrale f. nel deserto.
white goods n.pl. **1** *(appliances)* elettrodomestici m. bianchi **2** *(linens)* biancheria f.sing. da casa.
white-haired /ˌwaɪtˈheəd, AE ˌhwaɪt-/ agg. dai capelli bianchi, canuto.
Whitehall /ˈwaɪthɔːl, AE ˈhwaɪt-/ n.pr. GB POL. = l'apparato governativo britannico.
white hope n. grande speranza f.
white horse n. *(wave)* onda f. a cresta, cavallone m.
white hot agg. incandescente, al calor bianco (anche FIG.).
White House n. Casa f. Bianca.
white knight n. **1** salvatore m. **2** ECON. = offerta che permette a una società di evitare il rilevamento da parte di un'altra società.
white lead n. biacca f. di piombo.
white lie n. bugia f. pietosa.
whiten /ˈwaɪtn, AE ˈhwaɪtn/ **I** tr. imbiancare [*wall*]; sbiancare [*face, skin*] **II** intr. [*sky*] schiarirsi; [*face, knuckles*] sbiancare, sbiancarsi.
whitener /ˈwaɪtnə(r), AE ˈhwaɪt-/ n. **1** *(for clothes)* sbiancante m. **2** *(for shoes)* bianchetto m. **3** *(for coffee, tea)* succedaneo m. del latte.
whiteness /ˈwaɪtnɪs, AE ˈhwaɪt-/ n. bianchezza f., biancore m.
whitening /ˈwaɪtnɪŋ, AE ˈhwaɪt-/ n. **1** *(process)* imbiancamento m. **2** *(substance)* sbiancante m.
whiteout /ˈwaɪtaʊt, AE ˈhwaɪt-/ n. METEOR. forte tempesta f. di neve.
White Paper n. GB POL. AMM. libro m. bianco, rapporto m. ufficiale del governo.
white pepper n. pepe m. bianco.
White Russian n. **1** STOR. *(Tsarist)* bianco m. **2** *(Byelorussian)* russo m. (-a) bianco (-a), bielorusso m. (-a).
white spirit n. acquaragia f. minerale.

who

When used as an interrogative pronoun, *who* is translated by *chi: (on the phone) who's speaking?* = (al telefono) chi parla?

Note the difference, and the different Italian translation, between *who are you?* (= chi sei?) = come ti chiami? and *what are you?* (= che cosa sei?) = cosa fai di mestiere?

When used as a relative pronoun referring to a person or persons, *who* is translated by the invariable form *che* or by one of the variable forms *il quale / la quale / i quali / le quali* according to the number and gender of the noun the relative pronoun refers to: *my uncle, who lives in Bristol, is a marine engineer* = mio zio, che / il quale vive a Bristol, fa l'ingegnere navale.

Who is compulsory in non-restrictive relative clauses like the example above. As a subject of a restrictive relative clause, however, *that* is used more often than *who* in informal English: *my uncle that lives in Bristol is older than my mother* = mio zio che abita a Bristol è più vecchio di mia madre; see the entry **1.that.** The Italian translation of restrictive *that* and non-restrictive *who* is, of course, the same.

The relative *who* can also be used in such expressions as *he who, she who* and *they / those / the people who,* which must be translated as *colui che* or *colui il quale, colei che* or *colei la quale,* and *coloro che* or *coloro i quali / le quali.*

Although it is normally used as a subject, *who* is also used instead of *whom* – except in very formal speech or writing – as an object in both interrogative and relative clauses: *who did you invite?* = chi hai invitato? *ask the new student who we met yesterday for the first time* = chiedilo alla nuova studentessa che abbiamo incontrato ieri per la prima volta. Note that, when used as an object in relative clauses, *who* can only be translated by *che* (and not by the il *quale / la quale* forms). Note also that the object pronoun can be omitted in informal or spoken English (*the new student we met yesterday*), but not in Italian.

Who usually replaces *whom* as an indirect object pronoun, unless the pronoun comes immediately after a preposition: *who are you writing to?* (instead of *to whom are you writing?*) = a chi stai scrivendo?; *the colleague who I am writing to* (instead of *the colleague to whom I am writing*) = il collega a cui / al quale sto scrivendo. Note that such variant structure is not possible in Italian; note also that, when the relative *who* (or *whom*) follows a preposition, it is translated in Italian by the equivalent preposition + the invariable form *cui* or one of the variable forms *il quale / la quale* etc. according to the gender and number of the noun referred to.

For particular usages see the entry **who**.

white tea n. tè m. al latte.

white tie n. *(tie)* farfallino m. bianco; *(formal dress)* abito m. da sera; ***~ and tails*** frac.

white trash n. + verbo pl. AE SPREG. = i bianchi poveri degli stati meridionali degli USA.

whitewall (tyre) BE, **whitewall (tire)** AE /ˈwaɪtwɔːl-(taɪə(r)), AE ˈhwaɪt-/ n. = pneumatico con fascia laterale bianca.

1.whitewash /ˈwaɪtwɒʃ, AE ˈhwaɪtwɔːʃ/ n. **1** *(for walls)* latte m. di calce, calce f. (per imbiancare), bianco m. **2** FIG. *(cover-up)* copertura f., mascheramento m. **3** SPORT COLLOQ. vittoria f. schiacciante, cappotto m.

2.whitewash /ˈwaɪtwɒʃ, AE ˈhwaɪtwɔːʃ/ tr. **1** imbiancare a calce, dare il bianco a [*wall*] **2** (anche **~ over**) FIG. *(conceal)* coprire, mascherare [*action*] **3** SPORT COLLOQ. stracciare, schiacciare [*team*] **4** ECON. riabilitare [*company*].

white water n. acque f.pl. bianche.

white wedding n. = matrimonio tradizionale con la sposa in bianco.

whitey /ˈwaɪtɪ, AE ˈhwaɪtɪ/ agg. COLLOQ. [*blue, green*] slavato.

whither /ˈwɪðə(r), AE ˈhwɪðər/ avv. ANT. LETT. dove, in che luogo.

whiting /ˈwaɪtɪŋ, AE ˈhwaɪt-/ n. (pl. **~**) ZOOL. merlango m.

whitish /ˈwaɪtɪʃ, AE ˈhwaɪt-/ agg. biancastro, bianchiccio.

Whit Monday n. lunedì m. di Pentecoste.

Whitsun /ˈwɪtsn, AE ˈhwɪ-/ n. Pentecoste f.

Whit Sunday n. domenica f. di Pentecoste.

Whitsuntide /ˈwɪtsntaɪd, AE ˈhwɪt-/ n. *(period)* Pentecoste f.

whittle /ˈwɪtl, AE ˈhwɪtl/ tr. tagliuzzare.

■ **whittle away:** ~ **away** [**sth.**] ridurre, limitare [*advantage, lead*]; ~ **away at** [**sth.**] tagliuzzare [*stick*]; FIG. ridurre [*advantage, lead*].

■ **whittle down:** ~ **down** [**sth.**], ~ [**sth.**] **down** ridurre [*number*] (**to** a).

1.whiz(z) /wɪz, AE hwɪz/ n. **1** COLLOQ. *(expert)* mago m., genio m. (**at** di) **2** *(whirr)* ronzio m., sibilo m. **3** COLLOQ. *(quick trip)* giretto m., giro m. veloce (**around** per) **4** GASTR. COLLOQ. ***give the mixture a ~ in the blender*** passare velocemente l'impasto al frullatore.

2.whiz(z) /wɪz, AE hwɪz/ **I** tr. COLLOQ. ***I'll ~ round the contract to you*** ti faccio avere il contratto in un attimo **II** intr. ***to ~ by*** o ***past*** [*arrow, bullet*] sibilare, fischiare; [*car, person*] sfrecciare.

whizz-kid /ˈwɪzkɪd, AE ˈhwɪz-/ n. COLLOQ. genietto m.

who /huː/ pron. **1** *(interrogative)* chi; ***~ knows the answer?*** chi sa la risposta? ***~'s going to be there?*** chi ci sarà? ***next to ~?*** vicino a chi? ***~ was he with?*** con chi era? ***~ did you get it from?*** da chi l'hai preso? ***"I gave it away" - "~ to?"*** "l'ho regalato" - "a chi?"; ***do you know ~'s ~?*** conosci tutti? ***I was strolling along when ~ should I see but Sam*** stavo passeggiando e chi ti incontro, Sam **2** *(relative) (as subject, object)* che; *(after prepositions)* il quale, la quale, i quali, le quali, cui; ***his friend ~ lives in London, ~ he sees*** il suo amico che vive a Londra, l'amico che lui frequenta; ***he, she ~*** lui, lei che; ***they*** o ***those ~*** quelli che, coloro i quali; ***those ~ have something to say should speak up now*** chi ha qualcosa da dire parli ora **3** *(whoever)* ***bring ~ you like*** porta chi vuoi; ***~ do you think you are?*** chi ti credi di essere? ***~'s he to tell you what to do?*** chi è lui per dirti quello che devi fare?

WHO n. (⇒ World Health Organization Organizzazione Mondiale della Sanità) OMS f., WHO f.

who'd /huːd/ contr. who had, who would.

whodun(n)it /ˌhuːˈdʌnɪt/ n. poliziesco m., giallo m.

whoever /huːˈevə(r)/ pron. **1** *(the one that)* ***~ wins will have to...*** colui che vincerà dovrà... **2** *(anyone that)* chi, chiunque; ***invite ~ you like*** invita chi vuoi; ***show it to ~ you want*** fallo vedere a chi vuoi; ***~ saw the accident should contact the police*** chiunque abbia visto l'incidente dovrebbe contattare la polizia **3** *(all who)* ***tell ~ you know*** dillo a tutti quelli che conosci **4** *(no matter who)* ***come out ~ you are*** venite fuori chiunque voi siate; ***write to the minister or ~*** scrivi al ministro o a chiunque altro **5** *(who on earth)* ***~ did that to you?*** chi ha potuto farti questo? ***~ do you think you are?*** chi ti credi di essere?

1.whole /həʊl/ **I** agg. **1** *(entire)* intero; *(more emphatic)* tutto (intero); ***her ~ attention*** la sua completa *o* tutta la sua attenzione; ***three ~ weeks*** tre intere settimane; ***a ~ hour*** un'ora intera; ***the ~ truth*** tutta la verità; ***this doesn't give the ~ picture*** questo non dà un quadro completo della situazione; ***let's forget the ~ thing!*** dimentichiamo tutto! **2** *(emphatic use)* ***he looks a ~ lot better*** ha un aspetto decisamente migliore; ***a ~ lot of*** un sacco di; ***that goes for the ~ lot of you!*** questo vale per tutti voi! ***a ~ new way of life*** una vita completamente diversa; ***that's the ~ point of the exercise*** lo scopo dell'esercizio sta tutto qui **3** *(intact)* integro, intatto; ***to make sb. ~*** guarire qcn. **II** avv. [*swallow, cook*] (tutto) intero; ***to swallow a story ~*** bersi tutta una storia, bersela tutta.

2.whole /həʊl/ n. **1** *(total unit)* insieme m., totale m.; ***as a ~*** *(not in separate parts)* globalmente; *(overall)* complessivamente; ***taken as a ~*** preso nell'insieme; ***for the country as a ~*** per l'intero paese **2 the ~ of** *(all)* tutto; ***the ~ of London is talking about it*** tutta Londra ne parla; ***the ~ of the morning*** l'intera mattinata **3 on the whole** nel complesso, nell'insieme.

wholefood /ˈhəʊlfuːd/ n. BE alimenti m.pl. integrali.

wholegrain /ˈhəʊlgreɪn/ agg. integrale.

wholehearted /ˌhəʊlˈhɑːtɪd/ agg. [*approval, support*] completo, totale, incondizionato; ***to be in ~ agreement with*** essere completamente d'accordo con.

wholemeal /ˈhəʊlmiːl/ agg. integrale.

whole milk n. latte m. intero.
whole note n. AE MUS. semibreve f.
whole number n. (numero) intero m.
wholesale /'həʊlseɪl/ **I** n. vendita f. all'ingrosso; ***by ~*** all'ingrosso **II** agg. **1** COMM. [*price, trade*] all'ingrosso **2** *(large-scale)* [*destruction, alteration*] completo; [*acceptance, commitment, rejection*] totale, assoluto; [*adoption*] su larga scala; [*attack*] indiscriminato **III** avv. **1** COMM. [*buy, sell*] all'ingrosso **2** FIG. [*accept, reject*] interamente, in modo assoluto; [*copy*] completamente, di sana pianta.
wholesaler /'həʊlseɪlə(r)/ n. grossista m. e f.
wholesome /'həʊlsəm/ agg. **1** *(healthy)* [*food*] sano; [*air*] salubre, salutare **2** *(decent)* [*entertainment*] sano.
wholesomeness /'həʊlsəmnɪs/ n. salubrità f.
wholewheat /'həʊlwiːt, AE -hwiːt/ agg. → **wholemeal**.
who'll /huːl/ contr. who will, who shall.
wholly /'həʊllɪ/ avv. completamente, interamente, del tutto.
whom /huːm/ When used as an interrogative pronoun, *whom* is translated by *chi*. - When used as a relative pronoun, *whom* is translated by either the invariable form *che* or one of the variable forms *il quale / la quale / i quali / le quali* according to the number and gender of the noun the relative pronoun refers to: *the new student, whom we met yesterday, comes from Spain* = la nuova studentessa, che abbiamo incontrato ieri, viene dalla Spagna. - As both an interrogative and a relative pronoun, *whom* is only used in very formal English, and *who* is usually employed in its place: see the relevant examples in the entry **who**. pron. **1** *(interrogative)* chi; ***~ did he meet?*** chi incontrò? ***to ~ are you referring?*** a chi si riferisce? ***the article is by ~?*** di chi è l'articolo? **2** *(relative)* che, il quale, la quale, i quali, le quali; *(after prepositions)* il quale, la quale, i quali, le quali, cui; ***the man ~ he'd seen*** l'uomo che lui aveva visto; ***the person to ~, of ~ I spoke*** la persona alla quale, di cui parlavo **3** *(whoever)* chi, chiunque; ***you may invite ~ you wish*** puoi invitare chi vuoi.
whomever /huːm'evə(r)/ pron. FORM. chiunque, chi; ***for ~ shall find him*** per chiunque riesca a trovarlo.
1.whoop /huːp, wuːp, AE hwuːp/ n. grido m., urlo m.
2.whoop /huːp, wuːp, AE hwuːp/ intr. **1** *(shout)* urlare, gridare (**with** di) **2** MED. tossire (a causa della pertosse) ♦ ***~ it up!*** COLLOQ. facciamo festa *o* baldoria!
whoopee /'wʊpiː, AE 'hwʊ-/ **I** n. COLLOQ. ***to make ~*** SCHERZ. *(make love)* spassarsela; *(have fun)* fare baldoria **II** inter. urrà, evviva.
whooping cough ▸ ***11*** n. pertosse f., tosse f. asinina.
whoops /wʊps, AE hwʊps/ inter. oops.
1.whoosh /wʊʃ, AE hwʊʃ/ n. COLLOQ. ***~ of a car going by*** il rombo di un'auto che sfreccia; ***~ of skis on the snow*** il fruscio degli sci sulla neve.
2.whoosh /wʊʃ, AE hwʊʃ/ intr. ***to ~ in, past*** entrare, passare sfrecciando.
whopper /'wɒpə(r), AE 'hwɒpər/ n. COLLOQ. *(large thing)* cosa f. gigantesca, enormità f.; *(lie)* gran balla f., gran frottola f.
whopping /'wɒpɪŋ, AE 'hwɒpɪŋ/ agg. COLLOQ. (anche **~ great**) gigantesco, enorme.
1.whore /hɔː(r)/ n. SPREG. puttana f.
2.whore /hɔː(r)/ intr. SPREG. [*man*] andare a puttane.
who're /'huːə(r)/ contr. who are.
whorehouse /'hɔːhaʊs/ n. bordello m., casino m.
whorl /wɜːl, AE hwɜːl/ n. spirale f.; *(shell pattern)* voluta f.
whortleberry /'wɜːtlberɪ, AE 'hwɜːrtlberɪ/ n. mirtillo m.
who's /huːz/ contr. who is, who has.
whose /huːz/ Interrogative *whose* - in Italian, *di chi* - can be used in questions both as an adjective and a pronoun to ask which person or persons something belongs to: *whose car is this? / whose is this car?* = di chi è questa macchina? *we don't know whose car this is* = non sappiamo di chi sia questa macchina. - As a relative, *whose* shows the relationship between a person or thing and something that belongs to that person or thing; it is translated in Italian as *il / la / i / le cui*, as *di cui*, or as *del quale / della quale / dei quali / delle quali*: *this is the man, whose wallet has been stolen* = questo è l'uomo, il portafoglio del quale è stato rubato; *students whose name begins with M please stand up* = gli studenti il cui nome inizia con la M si alzino per favore; *can you see that big house, whose windows are all shut?* = riesci a vedere quella grande casa, le cui finestre sono tutte chiuse? **I** agg. **1** *(interrogative)* ***~ pen is that?*** di chi è quella penna? ***do you know ~ car was stolen?*** sai di chi è l'auto che è stata rubata? sai a chi hanno rubato l'auto? ***with ~ permission?*** con il permesso di chi? **2** *(relative)* ***the boy ~ dog, books...*** il ragazzo il cui cane, i cui libri...; ***the man ~ son she was married to*** l'uomo con il cui figlio era sposata **II** pron. di chi; ***~ is this?*** di chi è questo?
whosoever /huːsəʊ'evə(r)/ pron. ANT. LETT. → **whoever**.
Who's Who /ˌhuːz'huː/ n. who's who m., chi è m.
who've /huːv/ contr. who have.
1.why /waɪ, AE hwaɪ/ Although *why* normally requires inversion and *do* support in direct questions, it can also be followed by a bare infinitive in such examples as *why risk everything?* = perché rischiare tutto? or *why not invite them as well?* = perché non invitare anche loro? - *Why* occurs with certain reporting verbs such as *ask, know, think* and *wonder*. For translations, see these entries. - Please note that *perché* is the Italian translation of both *why* in direct and indirect questions and *because* in answers: *why didn't you tell him? because he can't keep a secret* = perché non glielo hai detto? perché non sa mantenere un segreto; *that's why she is still at home* = ecco perché è ancora a casa. **I** avv. **1** *(in questions)* perché, per quale motivo; ***~ do you ask?*** perché lo chiedi? ***~ bother?*** perché preoccuparsi? ***"I'm annoyed" - "~ is that?"*** "sono seccato" - "per quale ragione?"; ***oh no, ~ me?*** oh no, proprio io? ***~ not?*** perché no? ***~ don't they mind their own business?*** (ma) perché non si fanno gli affari loro? **2** *(making suggestions)* perché; ***~ don't we go to the pub?*** perché non andiamo al pub? **II** cong. ***that is ~ they came*** è il motivo per cui *o* è per questo che sono venuti; ***so that's ~!*** *(finally understanding)* ecco perché! allora è per questo! ***"~?" - "because you're stubborn, that's ~!"*** "perché?" - "perché sei testardo, ecco perché!"; ***the reason ~*** il motivo per cui; ***I need to know the reason ~*** ho bisogno di sapere il perché.
2.why /waɪ, AE hwaɪ/ **I** n. ***the ~*** il perché, il motivo **II** inter. ANT. ma come.
WI n. BE (⇒ Women's Institute) = associazione femminile che organizza attività culturali e sociali.
wick /wɪk/ n. stoppino m., lucignolo m. ♦ ***to get on sb.'s ~*** BE COLLOQ. rompere sempre le scatole a qcn.
wicked /'wɪkɪd/ agg. **1** *(evil)* [*person, deed*] cattivo, malvagio, perfido **2** *(mischievous)* [*humour, grin*] malizioso **3** *(nasty)* [*wind*] sferzante; [*weapon*] temibile; [*sarcasm*] caustico; ***a ~ tongue*** una malalingua, una linguaccia **4** COLLOQ. *(terrible)* [*waste*] terribile; [*shame*] tremendo.
wickedly /'wɪkɪdlɪ/ avv. [*smile, say*] maliziosamente; [*act, plot*] malvagiamente, perfidamente.
wickedness /'wɪkɪdnɪs/ n. **1** *(evil)* cattiveria f., malvagità f., perfidia f.; *(of regime)* iniquità f.; ***the ~ of all that waste*** la vergogna di tutto quello spreco **2** *(of grin, joke)* malizia f.
wicker /'wɪkə(r)/ **I** n. (anche **~work**) vimine m. **II** modif. [*basket, furniture*] di vimini.
wicket /'wɪkɪt/ n. **1** *(field gate)* cancelletto m.; *(sluice gate)* piccola paratoia f. **2** AE *(transaction window)* sportello m. **3** *(in cricket)* *(stumps)* wicket m.; *(pitch)* campo m. da gioco ♦ ***to be on a sticky ~*** COLLOQ. essere nei pasticci.
1.wide /waɪd/ agg. **1** *(broad)* [*opening, mouth*] largo; [*margin*] ampio; ***it's 3 m ~*** è largo 3 m; ***to make the street ~r*** allargare la strada; ***eyes ~ with fear*** occhi spalancati per la paura **2** *(immense)* [*ocean, desert*] immenso, vasto **3** *(extensive)* [*variety, choice*] ampio, grande; ***of ~ interests*** [*person*] dai vasti interessi; ***a ~ range of*** un'ampia *o* una vasta gamma di **4** *(in cricket)* [*ball, shot*] fuori misura **5 -wide** in composti ***a nation-~ survey*** un'indagine su scala nazionale.
2.wide /waɪd/ avv. ***to open one's eyes ~*** spalancare gli occhi; ***his eyes are (set) ~ apart*** ha gli occhi molto distanti; ***open ~!*** apri bene! ***to be ~ of the mark*** [*ball*] non andare a segno; FIG. [*guess*] essere completamente sballato.
wide-angle lens /ˌwaɪdæŋgl'lenz/ n. obiettivo m. grandangolare, grandangolo m.
wide awake agg. completamente sveglio, del tutto sveglio.

wide-eyed /ˌwaɪdˈaɪd/ agg. con gli occhi sgranati, con gli occhi spalancati.
widely /ˈwaɪdlɪ/ avv. **1** *(commonly)* ***it is ~ accepted that*** è comunemente accettato che; ***it is ~ believed that*** generalmente si crede che; ***~ admired*** ammirato da tutti; ***~ available*** [*product*] distribuito su vasta scala; ***~ known for*** rinomato per; ***not ~ held views*** opinioni non molto comuni **2** *(at a distance)* [*spaced, planted*] a grande distanza **3** *(significantly)* [*differ*] considerevolmente.
widely-read /ˌwaɪdlɪˈred/ agg. [*student*] di vaste letture; [*author*] molto letto.
widen /ˈwaɪdn/ **I** tr. **1** allargare, ampliare [*road, gap*] **2** FIG. allargare [*debate*]; estendere [*powers*] **II** intr. **1** [*river, road*] allargarsi; ***his eyes ~ed*** sgranò gli occhi **2** *(increase)* ***the gap is ~ing between rich and poor*** il divario tra i ricchi e i poveri si sta facendo più marcato.
widening /ˈwaɪdnɪŋ/ agg. [*division*] che si accentua; [*gap*] che si allarga.
wide open agg. **1** [*door, window*] spalancato; [*eyes*] sgranato **2** *(undecided)* ***the race is ~*** l'esito della gara è aperto *o* incerto.
wide-ranging /ˌwaɪdˈreɪndʒɪŋ/ agg. [*poll, enquiry*] ad ampio raggio; ***a ~ discussion*** una discussione che spazia tra molti argomenti.
wide screen n. CINEM. schermo m. panoramico.
widespread /ˈwaɪdspred/ agg. [*epidemic*] di vaste proporzioni; [*belief*] diffuso.
1.widow /ˈwɪdəʊ/ n. vedova f.
2.widow /ˈwɪdəʊ/ tr. ***she has been ~ed for two years*** è vedova da due anni.
widowed /ˈwɪdəʊd/ **I** p.pass. → **2.widow** **II** agg. ***my ~ sister*** mia sorella (che è) vedova.
widower /ˈwɪdəʊə(r)/ n. vedovo m.
widowhood /ˈwɪdəʊhʊd/ n. vedovanza f.
width /wɪdθ, wɪtθ/ ♦ **15** n. **1** larghezza f.; ***it is 5 m in ~*** misura 5 m di larghezza **2** TESS. altezza f.
widthways /ˈwɪdθweɪz, ˈwɪtθ-/, **widthwise** /ˈwɪdθwaɪz, ˈwɪtθ-/ avv. in larghezza.
wield /wi:ld/ tr. **1** *(brandish)* brandire [*weapon*] **2** FIG. *(exercise)* esercitare [*authority*] (**over** su).
wieldy /ˈwi:ldɪ/ agg. maneggevole, maneggiabile.
wiener /ˈwi:nə(r)/ n. AE (anche **~wurst**) würstel m.
wife /waɪf/ n. (pl. **wives**) moglie f.
wife battering n. = violenza nei confronti delle mogli.
wifely /ˈwaɪflɪ/ agg. FORM. o SCHERZ. [*loyalty*] di una buona moglie.
wig /wɪg/ n. parrucca f.; *(partial)* parrucchino m.
1.wiggle /ˈwɪgl/ n. COLLOQ. ***a ~ of the hips*** un movimento dei fianchi, un ancheggiamento; ***to give sth. a ~*** agitare qcs.
2.wiggle /ˈwɪgl/ **I** tr. COLLOQ. fare ballare [*tooth*]; muovere, scuotere [*wedged object*]; ***to ~ one's hips*** ancheggiare; ***to ~ one's toes*** muovere le dita dei piedi **II** intr. COLLOQ. [*snake, worm*] attorcigliarsi.
wiggly /ˈwɪglɪ/ agg. COLLOQ. [*road, line*] sinuoso.
wilco /ˈwɪlkəʊ/ inter. TEL. ricevuto.
wild /waɪld/ **I** agg. **1** *(in natural state)* [*person*] selvaggio; [*plant, animal*] selvatico; ***~ beast*** animale feroce, belva **2** *(desolate)* [*landscape*] selvaggio **3** *(turbulent)* [*wind*] furioso, impetuoso; [*sea*] tempestoso, burrascoso; ***it was a ~ night*** fu una notte di tempesta **4** *(unrestrained)* [*party*] sfrenato, scatenato; [*laughter*] incontenibile; [*person*] sfrenato, scapestrato; [*imagination*] fervido; [*applause*] fragoroso; ***to go ~*** [*audience*] impazzire, andare in delirio; ***to lead a ~ life*** fare una vita sregolata; ***his hair was ~ and unkempt*** i sui capelli erano arruffati e incolti **5** COLLOQ. *(furious)* fuori di sé, furioso; ***he'll go*** o ***be ~!*** andrà su tutte le furie! **6** COLLOQ. *(enthusiastic)* ***to be ~ about*** andare matto per, impazzire per [*computers, films*] **7** *(outlandish)* [*idea*] bizzarro, stravagante; [*claim, accusation, story*] assurdo **II** n. ***in the ~*** allo stato brado **III** **wilds** n.pl. ***in the ~s of Arizona*** nelle zone selvagge dell'Arizona **IV** avv. [*grow*] allo stato selvatico; ***the garden had run ~*** il giardino era diventato una giungla; ***those children are allowed to run ~!*** si permette a quei bambini di comportarsi come dei selvaggi! ***to let one's imagination run ~*** galoppare con la fantasia.
wild boar n. cinghiale m.
wild card n. **1** *(in cards)* jolly m., matta f. **2** FIG. *(unpredictable element)* incognita f. **3** SPORT wild card f. **4** (anche **wildcard**) INFORM. carattere m. jolly.
wildcat /ˈwaɪldkæt/ **I** n. gatto m. selvatico **II** agg. AE [*scheme, venture*] rischioso, azzardato.
wildcat strike n. sciopero m. (a gatto) selvaggio.
wild dog n. dingo m.
wildebeest /ˈwɪldɪbi:st/ n. (pl. **~**, **~s**) gnu m.
wilderness /ˈwɪldənɪs/ n. **1** *(wasteland)* landa f., regione f. selvaggia **2** *(wild area)* wilderness f.; ***the world's great ~es*** le più grandi riserve naturali del mondo; ***the garden has become a ~*** il giardino è diventato una giungla ♦ ***to be in the ~*** cadere in disgrazia; ***a voice crying in the ~*** una voce (che grida) nel deserto.
wild-eyed /ˌwaɪldˈaɪd/ agg. dagli occhi spiritati, dallo sguardo allucinato.
wildfire /ˈwaɪldfaɪə(r)/ n. ***to spread like ~*** diffondersi in un baleno *o* lampo.
wild flower n. fiore m. di campo.
wildfowl /ˈwaɪldfaʊl/ n. uccello m. selvatico; *(collectively)* uccelli m.pl. selvatici; VENAT. selvaggina f. di penna.
wildfowler /ˈwaɪldfaʊlə(r)/ n. cacciatore m. (-trice) di selvaggina di penna.
wild-goose chase /ˌwaɪldˈgu:sˌtʃeɪs/ n. ***it turned out to be a ~*** si rivelò una ricerca completamente inutile; ***to lead sb. on a ~*** mettere qcn. su una falsa traccia, depistare qcn.
wildlife /ˈwaɪldlaɪf/ n. *(animals)* fauna f. (selvatica); *(animals and plants)* flora f. e fauna f.
wildlife park, **wildlife reserve**, **wildlife sanctuary** n. riserva f. naturale.
wildly /ˈwaɪldlɪ/ avv. **1** *(recklessly)* [*spend*] sfrenatamente, incontrollatamente; [*fire*] all'impazzata **2** *(energetically)* [*wave*] energicamente; [*gesture*] in modo concitato; [*applaud*] fragorosamente, in modo delirante; [*fluctuate*] paurosamente; ***his heart was beating ~*** gli scoppiava il cuore **3** *(extremely)* [*enthusiastic, optimistic*] esageratamente, smisuratamente.
wildness /ˈwaɪldnɪs/ n. **1** *(of landscape)* asprezza f., selvatichezza f. **2** *(of wind, waves)* furia f., impetuosità f.; *(of weather)* inclemenza f. **3** *(of person)* sregolatezza f.; *(of appearance)* disordine m., trasandatezza f.; *(of party)* sfrenatezza f. **4** *(of idea, plan)* bizzarria f., stravaganza f.
wild rose n. rosa f. canina.
Wild West n. Far West m., selvaggio West m.
wiles /waɪlz/ n.pl. astuzie f., inganni m.
Wilfred, **Wilfrid** /ˈwɪlfrɪd/ n.pr. Vilfredo.
wilful BE, **willful** AE /ˈwɪlfl/ agg. **1** *(headstrong)* [*person, behaviour*] caparbio, ostinato **2** *(deliberate)* [*damage*] intenzionale **3** DIR. [*murder*] premeditato.
wilfully BE, **willfully** AE /ˈwɪlfəlɪ/ avv. **1** *(in headstrong way)* caparbiamente, ostinatamente **2** *(deliberately)* intenzionalmente, volontariamente.
Wilhelmina /ˌwɪlhelˈmi:nə/ n.pr. Guglielmina.
1.will /*forma debole* wəl, *forma forte* wɪl/ mod. **1** *(to express the future)* ***he'll help you*** ti aiuterà; *(in the near future)* ti aiuta lui; ***must I phone him or ~ you?*** devo telefonargli io o lo fai tu? **2** *(expressing consent, willingness)* ***"~ you help me?" - "yes, I ~"*** "mi aiuti?" - "sì, volentieri"; ***he won't agree*** non sarà d'accordo; ***"have a chocolate" - "thank you, I ~"*** "prendi un cioccolatino" - "volentieri, grazie"; ***I ~ not be talked to like that*** non permetterò che mi si parli in quel modo; ***~ you or won't you?*** sì o no? ti sta bene oppure no? ***do what you ~, as you ~*** fai quello che vuoi, come ti pare; ***call it what you ~*** chiamalo come vuoi; ***~ do!*** COLLOQ. va bene! d'accordo! **3** *(in commands, requests)* ***~ you pass the salt, please?*** mi passeresti il sale, per favore? ***"I'll do it" - "no you won't"*** "lo faccio io" - "è fuori questione"; ***~ you please listen to me!*** vuoi ascoltarmi per favore! **4** *(in offers, invitations)* ***~ you marry me?*** vuoi sposarmi? ***won't you join us for dinner?*** ceni con noi? ***you'll have another cake, won't you?*** prendi un altro dolce? **5** *(expressing custom or habit)* ***they ~ usually ask for a deposit*** di solito chiedono un acconto; ***any teacher ~ tell you that*** un qualsiasi insegnante te lo direbbe; ***these things ~ happen*** sono cose che succedono; ***he ~ keep repeating the same old jokes*** continua a ripetere sempre le solite barzellette **6** *(expressing a conjecture)* ***that ~ be Tom*** sarà Tom; ***he won't***

1.will

- When *will* is used to express the future in English, the future tense of the Italian verb is generally used:

he'll come	= verrà
we'll do it	= lo faremo noi

- In spoken and more informal Italian or when the very near future is implied, the present tense of the appropriate verb can be used:

I'll do it now	= lo faccio subito
I'll help you as soon as I get home	= ti aiuto io non appena arrivo a casa.

- When *will* is used to express ability or capacity to do something, or what is generally true, Italian uses the present tense of the appropriate verb:

Oil will float on water	= l'olio galleggia sull'acqua.

- When *will* is used to express the future in English after such verbs as *expect, think* or *hope*, Italian uses the subjunctive:

I expect he'll be back in a few minutes	= mi aspetto che sia di ritorno tra alcuni minuti
I think he will come on foot	= penso che venga a piedi.

- If the subject of the modal auxiliary *will* is *I* or *we*, *shall* is sometimes used instead of *will* to talk about the future. For further information, consult the entry **shall** in the dictionary.
- Italian has no direct equivalent of tag questions like *won't he?* or *will they?* There is a general tag question *non è vero?* or *vero?* which will work in many cases:

you'll do it tomorrow, won't you?	= lo farai domani, non è vero?
they won't tell her, will they?	= non glielo diranno mica, vero?

In cases where an opinion is being sought, *no?* meaning *is that not so?* can be useful:

that will be easier, won't it?	= quello sarà più facile, no?

In many other cases the tag question is simply not translated at all and the speaker's intonation will convey the implied question:

you'll have another cake, won't you?	= prendi un altro dolce?

- Again, there is no direct equivalent for short answers like *no she won't, yes they will* etc.

In reply to standard enquiry the tag will not be translated:

"you'll be ready at midday then?" "yes I will"	= "sarai pronto per mezzogiorno?" "sì"

When the answer *yes* is given to contradict a negative question or statement, equivalent emphasis in Italian can be conveyed by using the expression *ma sì che* + appropriate tense of the verb *fare*:

"they won't forget"	= "non lo dimenticheranno"
"yes they will"	"ma sì che lo faranno"

When the answer *no* is given to contradict a positive question or statement, equivalent emphasis in Italian can be conveyed by using the expression *ma no che* + appropriate tense of the verb *fare*:

"she'll post the letter, won't she?" "no she won't"	= "imbucherà lei la lettera, vero?" "ma no che non lo farà"

- For more examples and other uses, see the entry **1.will.**

be aware of what has happened non sarà al corrente di quello che è accaduto; ***that ~ have been last month*** sarà stato il mese scorso 7 *(expressing capacity to do)* ***the lift ~ hold 9*** l'ascensore può trasportare 9 persone; ***this chicken won't feed six*** questo pollo non basta per sei persone; ***the car won't start*** l'auto non vuole partire.

2.will /wɪl/ n. **1** *(mental power)* volontà f.; ***to have a strong ~, a ~ of one's own*** avere una forte volontà, una volontà di ferro; ***strength of ~*** forza di volontà **2** *(wish)* volontà f., voglia f.; ***it's the ~ of the people*** è il volere della gente; ***it's my ~ that*** è mio desiderio che; ***to do sth. against one's ~, with a ~*** fare qcs. controvoglia, con impegno **3** DIR. testamento m.; ***the last ~ and testament of*** le ultime volontà di; ***to leave sb. sth. in one's ~*** lasciare qcs. in eredità a qcn. **4 at will** [*select*] a piacere; [*take*] a volontà; ***you can change it at ~*** puoi cambiarlo quando vuoi ♦ ***where there's a ~ there's a way*** PROV. volere è potere; ***with the best ~ in the world*** con tutta la (propria) buona volontà.

3.will /wɪl/ **I** tr. **1** volere; ***to ~ sb.'s death*** volere fortemente la morte di qcn.; ***to ~ sb. to live*** volere fortemente *o* desiderare che qcn. viva; ***God ~ed it*** Dio l'ha voluto **2** DIR. lasciare (per testamento) **II** rifl. ***he ~ed himself to stand up*** si sforzò di alzarsi.

Will /wɪl/ n.pr. diminutivo di **William**.

willful AE → **wilful**.

willfully AE → **wilfully**.

William /ˈwɪlɪəm/ n.pr. Guglielmo; ***~ the Conqueror*** Guglielmo il Conquistatore.

willie /ˈwɪlɪ/ n. COLLOQ. INFANT. pisellino m., pistolino m.

willies /ˈwɪlɪz/ n.pl. COLLOQ. ***to give sb. the ~*** fare venire il nervoso a qcn.

willing /ˈwɪlɪŋ/ agg. **1** *(prepared)* ***to be ~ to do*** essere disposto a fare; ***I'm quite ~*** sono ben disposto; ***whether he's ~ or not*** che lo voglia o meno; ***God ~*** se Dio vuole, a Dio piacendo **2** *(eager)* [*pupil, helper*] volenteroso, pieno di buona volontà; [*recruit*] volontario; ***to show ~*** mostrarsi disponibile; ***we need some ~ hands to clean up*** abbiamo bisogno di alcuni volontari per ripulire tutto **3** *(voluntary)* [*sacrifice*] volontario, spontaneo.

willingly /ˈwɪlɪŋlɪ/ avv. [*accept, help*] volentieri; [*work*] con buona volontà, volonterosamente; ***did he go ~?*** se ne è andato spontaneamente?

willingness /ˈwɪlɪŋnɪs/ n. **1** *(readiness)* (l')essere pronto, (l')essere preparato **2** *(helpfulness)* sollecitudine f., disponibilità f.

will-o'-the-wisp /ˌwɪləðəˈwɪsp/ n. fuoco m. fatuo (anche FIG.).

willow /ˈwɪləʊ/ n. **1** (anche **~ tree**) salice m. **2** *(wood)* (legno di) salice m.

willow pattern n. *(on china)* = decorazione d'ispirazione cinese (con salici stilizzati).

willowy /ˈwɪləʊɪ/ agg. [*person, figure*] flessuoso, slanciato.

willpower /ˈwɪlˌpaʊə(r)/ n. (forza di) volontà f.

willy → **willie**.

Willy /ˈwɪlɪ/ n.pr. diminutivo di **William**.

willy-nilly /ˌwɪlɪˈnɪlɪ/ avv. volente o nolente, per amore o per forza.

Wilma /ˈwɪlmə/ n.pr. Vilma, Wilma.

wilt /wɪlt/ **I** tr. fare avvizzire, fare appassire [*plant*] **II** intr. [*plant, flower*] avvizzire, appassire; FIG. [*person*] *(from heat, fatigue)* indebolirsi, spossarsi; *(at daunting prospect)* avvilirsi, abbattersi.

wily /ˈwaɪlɪ/ agg. astuto, scaltro; ***~ old fox*** COLLOQ. vecchia volpe, volpone.

1.wimp /wɪmp/ n. COLLOQ. SPREG. *(ineffectual person)* incapace m. e f., imbranato m. (-a); *(fearful person)* fifone m. (-a).

2.wimp /wɪmp/ intr. (anche **~ out**) filarsela, defilarsi.

wimpish /ˈwɪmpɪʃ/, **wimpy** /ˈwɪmpɪ/ agg. COLLOQ. SPREG. [*person*] incapace, imbranato; [*behaviour*] da imbranato.

1.win /wɪn/ n. **1** *(victory)* vittoria f.; ***to have a ~ over sb. in sth.*** riportare una vittoria su qcn. in qcs. **2** *(successful bet)* vincita f.; ***to have a ~ on the horses*** vincere alle corse dei cavalli.

2.win /wɪn/ **I** tr. (forma in -ing **-nn-**; pass., p.pass. **won**) **1** vincere [*battle, match, bet, money, election*]; riportare [*victory*]; POL. conquistare [*votes, seat*] **2** *(acquire)* ottenere [*reprieve*] (**from** da); conquistare [*heart, friendship, admiration*] (**from** di); attirare [*sympathy*]; procurarsi [*support*] (**of** di); ***to ~ sb.'s respect*** ottenere il rispetto di qcn. **II** intr. (forma in -ing ecc. **-nn-**; pass., p.pass. **won**) vincere; ***to ~ by two goals*** vincere con due gol di scarto; ***you ~! (in argument)*** mi hai convinto! ***~ or lose, the discussions have been valuable*** comunque vada a finire, le discussioni sono state proficue; ***it's a ~ or lose situation*** ci si gioca il tutto per tutto ♦ ***~ some, lose some*** a volte si vince, a volte si perde.

■ **win back:** ***~ [sth.] back, ~ back [sth.]*** recuperare, riconquistare [*support, votes*]; riconquistare, riguadagnare [*affection*]; riconquistare [*prize, territory*] (**from** a scapito di).

▪ **win out** imporsi, averla vinta; ***to ~ out over sth.*** spuntarla su qcs.

▪ **win over, win round:** ***~ over [sb.], ~ [sb.] over*** persuadere, convincere; ***can we ~ her over to our side?*** riusciamo a portarla dalla nostra parte?

▪ **win through** uscire vincitore, spuntarla; ***to ~ through to*** qualificarsi per [*semifinal etc*].

1.wince /wɪns/ n. trasalimento m., sussulto m.

2.wince /wɪns/ intr. trasalire, sussultare.

winceyette /wɪnsɪˈet/ n. flanella f.

1.winch /wɪntʃ/ n. argano m.

2.winch /wɪntʃ/ tr. ***to ~ down, up*** calare, sollevare con l'argano.

1.wind /wɪnd/ n. **1** vento m.; ***North ~*** vento del nord; ***which way is the ~ blowing?*** in che direzione soffia il vento? ***high, fair ~*** vento forte, favorevole; ***to sail into the ~*** MAR. navigare controvento; ***to sail*** o ***run before the ~*** MAR. avere il vento in poppa (anche FIG.) **2** *(breath)* fiato m., respiro m.; ***to knock the ~ out of sb.*** mozzare il fiato a qcn.; ***to get one's ~*** riprendere fiato; ***to get one's second ~*** FIG. riprendere fiato **3** FIG. aria f., sentore m.; ***the ~ of change*** l'aria di cambiamento; ***there is something in the ~*** c'è qualcosa nell'aria **4** *(flatulence)* vento m., peto m.; ***to break ~*** petare; ***to bring up ~*** ruttare **5** MUS. ***the ~(s)*** i fiati ♦ ***to get ~ of*** avere sentore di, fiutare; ***to get the ~ up*** COLLOQ. prendersi una strizza (**about** per); ***to put the ~ up sb.*** COLLOQ. fare prendere una strizza a qcn.; ***to see which way the ~ blows*** fiutare il vento, sentire che aria tira.

2.wind /wɪnd/ tr. **1** *(make breathless)* [*punch*] togliere, mozzare il fiato; [*climb*] lasciare senza fiato **2** VENAT. fiutare.

3.wind /waɪnd/ n. **1** *(of road)* curva f. **2** *(movement) (of handle)* giro m.

4.wind /waɪnd/ **I** tr. (pass., p.pass. **wound**) **1** *(coil up)* avvolgere [*rope, tape*]; aggomitolare [*wool*]; ***he wound his arms around her*** la cinse con *o* la strinse fra le braccia **2** *(set in motion)* (anche **~ up**) caricare [*clock, toy*] **3** *(turn)* girare [*handle*] **4** *(move sinuously)* ***to ~ one's*** o ***its way*** [*road*] serpeggiare, snodarsi **II** intr. (pass., p.pass. **wound**) [*road*] serpeggiare, snodarsi; [*stairs*] salire, inerpicarsi.

▪ **wind down:** ***~ down*** **1** *(end)* [*organization*] cessare progressivamente l'attività; [*activity*] ridursi, diminuire; [*production*] rallentare; *(relax)* [*person*] distendersi, rilassarsi **2** [*clockwork*] scaricarsi; ***~ down [sth.], ~ [sth.] down*** **1** *(open)* abbassare [*car window*] **2** *(prepare for closure)* ridurre, diminuire [*activity*]; fare cessare progressivamente l'attività di [*organization*].

▪ **wind in:** ***~ in [sth.], ~ [sth.] in*** riavvolgere [*cable*]; tirare su [*fish*].

▪ **wind on:** ***~ on*** [*film*] scorrere, andare avanti; ***~ on [sth.], ~ [sth.] on*** avvolgere [*rope*]; fare scorrere, mandare avanti [*film*].

▪ **wind up:** ***~ up*** **1** *(finish)* [*event*] concludersi, terminare; [*speaker*] concludere **2** COLLOQ. *(end up)* ***he wound up sleeping in a barn*** finì col dormire in un granaio; ***he wound up as a cook*** si ritrovò a fare il cuoco; ***~ up [sth.], ~ [sth.] up*** **1** *(terminate)* liquidare [*business*]; chiudere [*account*]; terminare [*campaign, project*]; chiudere [*meeting*]; DIR. liquidare [*estate*] **2** *(cause to move)* caricare [*clock*]; alzare [*car window*]; ***~ [sb.] up, ~ up [sb.]*** **1** *(tease)* prendere in giro **2** *(make tense)* innervosire.

windbag /ˈwɪndbæg/ n. COLLOQ. SPREG. blaterone m. (-a).

windblown /ˈwɪndbləʊn/ agg. [*hair*] scompigliato dal vento; [*tree*] piegato dal vento.

windborne /ˈwɪndbɔːn/ agg. (tras)portato dal vento.

windbreak /ˈwɪndbreɪk/ n. *(natural)* frangivento m.; *(on beach)* paravento m.

windcheater /ˈwɪnd,tʃiːtə(r)/ BE, **Windbreaker®** /ˈwɪndbreɪkə(r)/ AE n. giacca f. a vento.

wind chimes n.pl. = piccolo telaio al quale sono appesi pezzetti di vetro che tintinnano al vento.

wind energy n. energia f. eolica.

winder /ˈwaɪndə(r)/ n. *(for watch)* remontoir m.; *(for wool, thread)* incannatoio m.; *(for window)* alzacristallo m.

windfall /ˈwɪndfɔːl/ n. frutto m. caduto a terra; FIG. manna f.

windfall profit n. guadagno m. inatteso.

wind farm n. centrale f. eolica.

wind gauge n. anemometro m.

winding /ˈwaɪndɪŋ/ agg. [*road*] sinuoso, tortuoso; [*river*] serpeggiante; [*stairs*] a chiocciola.

winding-up /,waɪndɪŋˈʌp/ n. *(of business, affairs)* liquidazione f.

wind instrument n. strumento m. a fiato.

windlass /ˈwɪndləs/ n. argano m., verricello m.

windless /ˈwɪndləs/ agg. senza vento.

windmill /ˈwɪndmɪl/ n. **1** mulino m. a vento **2** *(toy)* girandola f. ♦ ***to tilt at ~s*** combattere contro i mulini a vento.

window /ˈwɪndəʊ/ n. **1** *(of room, building)* finestra f.; *(of shop)* vetrina f.; *(of train, car)* finestrino m.; *(of plane)* oblò m., finestrino m.; *(stained glass)* vetrata f.; ***to sit at*** o ***by the ~*** *(in room)* sedersi alla finestra; *(in train, car)* sedersi vicino al finestrino; ***to look out of*** o ***through the ~*** guardare fuori dalla finestra **2** *(at bank, post office)* sportello m. **3** *(of envelope)* finestra f. **4** INFORM. finestra f. **5** *(space in diary, time)* buco m., momento m. libero ♦ ***to go*** o ***fly out the ~*** COLLOQ. [*plans*] essere gettato alle ortiche; [*hopes*] crollare.

window blind n. tenda f. avvolgibile.

window box n. fioriera f. da davanzale.

window cleaner n. *(person)* lavavetri m. e f.; *(product)* detergente m. per vetri.

window display n. COMM. = esposizione in vetrina.

window dresser ♦ ***27*** n. vetrinista m. e f.

window dressing n. **1** vetrinistica f. **2** FIG. ***it's all ~*** SPREG. è solo uno specchietto per le allodole **3** ECON. window dressing m.

window frame n. telaio m. di finestra, chiassile m.

window ledge n. davanzale m.

windowpane /ˈwɪndəʊpeɪn/ n. vetro m. di finestra.

window seat n. *(in plane, etc.)* posto m. vicino al finestrino.

window-shopping /ˈwɪndəʊ,ʃɒpɪŋ/ n. ***to go ~*** andare a guardare le vetrine.

windowsill /ˈwɪndəʊsɪl/ n. davanzale m.

window winder n. AUT. alzacristallo m.

windpipe /ˈwɪndpaɪp/ n. trachea f.

windpower /ˈwɪnd,paʊə(r)/ n. energia f. eolica.

windscreen /ˈwɪndskriːn/ n. BE AUT. parabrezza m.

windscreen washer n. BE AUT. lavavetro m, lavacristallo m.

windscreen wiper n. BE AUT. tergicristallo m.

wind section n. MUS. sezione f. dei fiati.

windshield /ˈwɪndʃiːld/ n. AE AUT. → **windscreen**.

wind-sleeve /ˈwɪndsliːv/, **wind-sock** /ˈwɪndsɒk/ n. manica f. a vento.

windsurf /ˈwɪndsɜːf/ intr. fare windsurf(ing).

windsurfer /ˈwɪndsɜːfə(r)/ n. *(person)* windsurfista m. e f., windsurfer m. e f.; *(board)* windsurf m., tavola f. a vela.

windsurfing /ˈwɪndsɜːfɪŋ/ ♦ ***10*** n. windsurf(ing) m.

windswept /ˈwɪndswept/ agg. [*hillside, coast*] ventoso, battuto dal vento.

wind tunnel n. TECN. galleria f. del vento, tunnel m. aerodinamico.

1.windward /ˈwɪndwəd/ n. sopravento m.; ***to sail to ~*** navigare sopravento.

2.windward /ˈwɪndwəd/ agg. e avv. sopravento.

windy /ˈwɪndɪ/ agg. **1** [*place*] ventoso, esposto al vento; [*day*] ventoso; ***it*** o ***the weather was very ~*** c'era molto vento **2** SPREG. *(verbose)* [*person, speech*] verboso, prolisso.

1.wine /waɪn/ ♦ ***5*** **I** n. **1** *(drink)* vino m. **2** *(colour)* rosso m. vino **II** modif. [*production*] vinicolo; [*cask, glass*] da vino; ***~ cellar*** cantina **III** agg. (anche **~-coloured**) (rosso) vino.

2.wine /waɪn/ **I** tr. *(entertain with wine)* offrire vino a **II** intr. ***to ~ and dine*** mangiare molto bene (in un buon ristorante).

wine bar n. vineria f.

wine box n. = contenitore di cartone plastificato per il vino.

wine cellar n. cantina f.

wine cooler n. **1** *(ice bucket)* secchiello m. del ghiaccio **2** AE *(drink)* wine cooler m.

wine grower ♦ ***27*** n. viticoltore m. (-trice).

wine growing I n. viticultura f. **II** modif. [*region*] vinicolo.

wine list n. carta f. dei vini.

wine merchant ♦ ***27*** n. vinaio m. (-a), commerciante m. e f. di vini.

wine producer ♦ ***27*** n. produttore m. (-trice) di vino, vinificatore m. (-trice).

wine rack n. portabottiglie m.
wine shop ➧ *27* n. enoteca f.
wine taster ➧ *27* n. degustatore m. (-trice) di vini.
wine tasting n. degustazione f. di vini.
wine vinegar n. aceto m. di vino.
wine waiter ➧ *27* n. sommelier m. e f.
1.wing /wɪŋ/ **I** n. **1** *(of bird, insect)* ala f.; ***on the ~*** in volo **2** *(of building, plane)* ala f.; *(of car)* parafango m.; *(of armchair)* orecchione m., poggiatesta m. **3** *(of army, party)* ala f.; *(unit in air force)* stormo m. **4** SPORT *(player)* ala f.; *(side of pitch)* fascia f. laterale; ***to play on the right ~*** giocare (all')ala *o* sulla fascia destra **II wings** n.pl. **1** TEATR. ***the ~s*** le quinte; ***to be waiting in the ~s*** FIG. attendere nell'ombra **2** AER. ***to get one's ~s*** ottenere il brevetto di pilota ♦ ***to clip sb.'s ~s*** tarpare le ali a qcn.; ***to spread one's ~s*** *(entering adult life)* spiccare il volo, camminare con le proprie gambe; *(entering wider career)* sviluppare le proprie capacità; ***to take sb. under one's ~s*** prendere qcn. sotto le proprie ali.
2.wing /wɪŋ/ **I** tr. **1** ***to ~ one's way to*** [*plane*] volare verso; [*passenger*] volare in aereo fino **2** *(injure)* [*bullet*] ferire all'ala [*bird*] **II** intr. *(fly)* volare ♦ ***to ~ it*** AE COLLOQ. improvvisare.
wing chair n. poltrona f. con orecchioni, con poggiatesta.
wing collar n. = colletto di camicia rigido con le punte superiori piegate verso il basso.
wing commander ➧ *23* n. *(in Royal Air Force)* tenente colonnello m.
winged /wɪŋd/ agg. [*horse, creature*] alato; [*insect*] volante.
winger /'wɪŋə(r)/ n. BE SPORT COLLOQ. ala f.
wing forward n. *(in rugby)* terza linea f. laterale.
wing half n. *(in soccer)* mezzala f.
wing mirror n. BE specchietto m. laterale.
wing nut n. TECN. galletto m.
wingspan /'wɪŋspæn/ n. apertura f. alare.
wing three-quarter n. *(in rugby)* trequarti m. laterale.
1.wink /wɪŋk/ n. ammicco m., ammiccamento m.; ***to give sb. a ~*** ammiccare *o* fare l'occhiolino a qcn.; ***he didn't get a ~ of sleep all night*** non è riuscito a chiudere occhio per tutta la notte ♦ ***a nod is as good as a ~ to a blind horse*** a buon intenditor poche parole; ***to tip sb. the ~*** COLLOQ. avvisare *o* mettere in guardia qcn.
2.wink /wɪŋk/ **I** tr. ***to ~ one's eye at sb.*** ammiccare *o* strizzare l'occhio a qcn. **II** intr. **1** ***to ~ at sb.*** ammiccare *o* fare l'occhiolino a qcn. **2** [*light, jewellery*] scintillare, brillare.
winkle /'wɪŋkl/ n. (anche **periwinkle**) littorina f.
winkle out tr. COLLOQ. snidare, scovare [*person*]; tirare fuori [*object*] (**of** da).
winner /'wɪnə(r)/ n. **1** *(victor)* vincitore m. (-trice); ***to be the ~(s)*** SPORT riuscire vincitore; ***to be on to a ~*** puntare sul cavallo vincente (anche FIG.); ***to back the ~*** puntare *o* scommettere sul vincente; ***~ takes all*** GIOC. il vincitore prende tutto **2** *(success)* ***to be a ~*** [*book, song*] essere un enorme successo.
winning /'wɪnɪŋ/ **I** n. vittoria f., vincita f. **II winnings** n.pl. vincite f. **III** agg. **1** *(victorious)* [*car, team*] vincente **2** *(charming)* [*smile*] accattivante, affascinante.
winning post n. traguardo m.
winning streak n. ***to be on a ~*** FIG. essere in un buon momento.
winnow /'wɪnəʊ/ tr. spulare, ventilare; FIG. separare, distinguere [*truth, facts*].
winsome /'wɪnsəm/ agg. seducente, accattivante.
1.winter /'wɪntə(r)/ ➧ *26* **I** n. inverno m. **II** modif. [*sports, clothes, weather*] invernale.
2.winter /'wɪntə(r)/ intr. svernare, passare l'inverno.
Winter Olympics n.pl. olimpiadi f. invernali.
winter sleep n. letargo m., sonno m. invernale.
wintertime /'wɪntətaɪm/ n. inverno m., periodo m. invernale.
wintry /'wɪntrɪ/ agg. invernale; FIG. [*smile*] gelido, glaciale.
win-win /wɪn'wɪn/ agg. ***to be in a ~ situation*** essere in una situazione vantaggiosa per entrambi.
1.wipe /waɪp/ n. **1** *(act of wiping)* pulita f., strofinata f.; ***to give sth. a ~*** dare una pulita a *o* pulire qcs. **2** COSMET. salvietta f.; MED. tampone m.
2.wipe /waɪp/ tr. **1** *(mop)* strofinare, asciugare (strofinando); ***to ~ one's nose*** pulirsi *o* asciugarsi il naso; ***to ~ sth. clean*** pulire qcs.; ***~ that smile off your face!*** togliti quel sorriso dalla faccia! **2** CINEM. INFORM. RAD. TELEV. cancellare.
▪ **wipe away:** ***~ away [sth.], ~ [sth.] away*** asciugare [*tears*]; detergere [*sweat*]; eliminare (strofinando) [*dirt*]; cancellare (strofinando) [*mark*].
▪ **wipe down:** ***~ down [sth.], ~ [sth.] down*** pulire (strofinando) [*wall, floor*].
▪ **wipe off:** ***~ off [sth.], ~ [sth.] off*** **1** eliminare (strofinando) [*dirt*]; cancellare (strofinando) [*mark*] **2** *(erase)* cancellare [*recording*].
▪ **wipe out:** ***~ out [sth.], ~ [sth.] out*** **1** *(clean)* pulire (strofinando) **2** *(erase)* cancellare [*recording*] **3** FIG. cancellare [*memory, past*]; estinguere, cancellare [*debt*]; vanificare [*chances*]; annullare, azzerare [*losses*]; *(kill)* sterminare, annientare [*species, population*] **4** SPORT COLLOQ. *(defeat)* stracciare.
▪ **wipe up:** ***~ up*** asciugare i piatti; ***~ up [sth.], ~ [sth.] up*** asciugare.
wipe-clean /'waɪpkli:n/ agg. = che si pulisce semplicemente con uno straccio.
wiper /'waɪpə(r)/ n. **1** AUT. (anche **windscreen ~** BE, **windshield ~** AE) tergicristallo m. **2** *(cloth)* strofinaccio m.
wiper arm n. AUT. spatola f. (metallica) del tergicristallo.
wiper blade n. AUT. spazzola f. del tergicristallo.
1.wire /'waɪə(r)/ n. **1** *(length of metal)* filo m. metallico; ***copper, electric ~*** filo di rame, filo elettrico **2** AE *(telegram)* telegramma m. ♦ ***down to the ~*** AE fino all'ultimo momento; ***to pull ~s*** AE manovrare nell'ombra; ***to get one's ~s crossed*** capirsi male.
2.wire /'waɪə(r)/ tr. **1** ***to ~ a house*** installare l'impianto elettrico in una casa; ***to ~ a plug*** collegare una spina **2** *(send telegram to)* mandare un telegramma a **3** *(stiffen)* fissare con un filo metallico.
▪ **wire up:** ***~ [sth.] up to sth.*** collegare a qcs.
wire brush n. spazzola f. metallica.
wire cutters n.pl. (pinza) tagliafili f.sing.
wired /'waɪəd/ **I** p.pass. → **2.wire II** agg. **1** COLLOQ. *(high)* fatto **2** INFORM. GERG. in linea **3** ***~ up*** COLLOQ. esasperato, arrabbiato.
wire glass n. vetro m. armato.
wireless /'waɪəlɪs/ n. BE **1** ANT. *(radio set)* apparecchio m. radio, radio f. **2** *(transmitter, receiver)* radiotelegrafo m.
wireless message n. radiotelegramma m.
wireless operator ➧ *27* n. radiotelegrafista m. e f.
wireless room n. cabina f. del radiotelegrafo.
wireless set n. ANT. apparecchio m. radio, radio f.
wireless telegraphy n. radiotelegrafia f.
wire mesh n. reticella f. metallica.
wire netting n. reticolato m. metallico.
wire service n. *(agency)* agenzia f. telegrafica; *(facility)* linee f.pl. di un'agenzia telegrafica.
wire tapping n. intercettazione f. telefonica, telegrafica.
wire wool n. lana f. di acciaio, paglietta f. di ferro.
wiring /'waɪərɪŋ/ n. *(in house)* impianto m. elettrico; *(in appliance)* circuito m. elettrico.
wiry /'waɪərɪ/ agg. **1** [*person, body*] snello, muscoloso **2** [*hair*] ispido, ruvido; ***to have a ~ coat*** [*animal*] avere il pelo ruvido.
Wisconsin /ˌwɪs'kɒnsɪn/ ➧ *24, 25* n.pr. Wisconsin m.
wisdom /'wɪzdəm/ n. saggezza f.; ***to doubt*** o ***question the ~ of doing*** dubitare che sia saggio fare; ***in his ~*** IRON. nella sua infinita sapienza.
wisdom tooth n. (pl. **wisdom teeth**) dente m. del giudizio.
1.wise /waɪz/ **I** agg. **1** *(prudent)* [*person*] saggio, savio; [*advice, choice*] saggio, giudizioso; ***it is ~ of sb. to do*** è assennato da parte di qcn. fare; ***you would be ~ to do*** faresti bene a fare **2** *(learned)* erudito, dotto; ***to be ~ after the event*** avere imparato dall'esperienza; ***to be none the ~r*** *(understand no better)* saperne quanto prima; *(not realize)* continuare a non capire *o* a non rendersi conto; ***to be sadder and ~r*** imparare a proprie spese, imparare la lezione **3** COLLOQ. *(aware)* ***to be ~ to*** essere al corrente *o* informato di [*facts*]; ***to get ~ to*** rendersi conto di, aprire gli occhi su [*situation*]; ***to get ~ to sb.*** (cominciare a) capire qcn. **II** n. ***the ~*** i saggi ♦ ***a word to the ~: ...*** chi vuole intendere, intenda: ...
2.wise /waɪz/ intr. COLLOQ. (anche **wise up**) mettersi al corrente (**to** di).

with

- The usual Italian translation of *with* is *con*; remember that, if a definite article form follows *con*, you will find one word, *con* + article, in old-fashioned Italian, whereas in present-day Italian two words are used; the following cases may occur: *with the knife* = col / con il coltello; *with the student* = collo / con lo studente; *with the next bill* = colla / con la prossima bolletta; *with the help of* = coll' / con l'aiuto di; *with the nurse* = coll' / con l'infermiera; *with the tickets* = coi / con i biglietti; *with the strikers* = cogli / con gli scioperanti; *with the schoolgirls* = colle / con le alunne.
- Though *with* is usually to be translated by *con* in Italian, *di*, *a* or *da* may sometimes occur: *she was shivering with cold* = tremava di freddo; *fill it up with water* = riempila d'acqua; *I'll have some tea with milk* = prendo del tè al latte; *I'm staying with aunt Liza* = sto da zia Liza.
- If you have any doubts about how to translate a phrase or expression beginning with *with* (*with a vengeance, with all my heart, with my blessing* etc.), you should consult the appropriate noun entry (**vengeance, heart, blessing** etc.).
- *With* is often used after verbs in English (*dispense with, part with, get on with* etc.): for translations, consult the appropriate verb entry (**dispense, part, get** etc.).
- This dictionary contains lexical notes on such topics as BODY and ILLNESSES which use the preposition *with*. For these notes see the end of the English-Italian section.

For further uses of *with*, see the entry **with**.

3.wise /waɪz/ avv. **-wise** in composti **1** *(direction)* in direzione di, nel senso di; ***length-~*** nel senso della lunghezza **2** *(with regard to)* in relazione a; ***work-~*** per quanto riguarda il lavoro.

wiseacre /ˈwaɪzˌeɪkə(r)/ n. ANT. saccente m. e f.

1.wisecrack /ˈwaɪzkræk/ n. battuta f., spiritosaggine f.

2.wisecrack /ˈwaɪzkræk/ intr. dire battute, spiritosaggini.

wise guy n. COLLOQ. sapientone m., saputello m.

wisely /ˈwaɪzlɪ/ avv. saggiamente, giudiziosamente.

Wise Men n.pl. ***the three ~*** i Re Magi.

1.wish /wɪʃ/ **I** n. desiderio m. (**for** di; **to do** di fare); ***to make a ~*** esprimere un desiderio; ***to grant sb.'s ~*** esaudire il desiderio di qcn.; ***I have no ~ to disturb you*** FORM. non desidero disturbarvi **II wishes** n.pl. auguri m.; ***good*** o ***best ~es*** con i migliori auguri; *(ending letter)* (i più) cordiali saluti; ***please give him my best ~es*** ti prego di porgergli i miei migliori auguri.

2.wish /wɪʃ/ **I** tr. **1** *(expressing longing)* ***I ~ he were here*** vorrei che fosse qui; ***I just ~ we lived closer*** vorrei solo che vivessimo più vicini; ***he ~ed he had written*** avrebbe voluto avere scritto; ***he ~es his mother would write*** vorrebbe che sua madre scrivesse; ***he bought it and then ~ed he hadn't*** lo comprò e poi se ne pentì; ***I ~ed him dead*** lo volevo morto **2** *(express congratulations, greetings)* augurare; ***to ~ sb. joy*** o ***happiness*** augurare a qcn. di essere felice; ***to ~ sb. joy with sth., sb.*** IRON. augurare a qcn. buona fortuna con qcs., qcn.; ***we ~ed each other goodbye and good luck*** ci salutammo e ci augurammo a vicenda buona fortuna; ***I ~ed him well*** gli augurai ogni bene **3** *(want)* FORM. volere; *(weaker)* desiderare **II** intr. **1** *(desire, want)* volere, desiderare; ***just as you ~*** come vuoi; ***what more could one ~ for?*** cos'altro si potrebbe desiderare? **2** *(in fairy story or ritual)* esprimere un desiderio.

■ **wish on:** ***~ [sth.] on sb.*** affibbiare, rifilare a qcn.

wishbone /ˈwɪʃbəʊn/ n. forcella f.

wishful /ˈwɪʃfl/ agg. desideroso, bramoso.

wish fulfilment n. PSIC. esaudimento m. del desiderio.

wishful thinking n. ***that's ~*** è un'illusione *o* un pio desiderio.

wishing well n. pozzo m. dei desideri.

wishy-washy /ˈwɪʃɪwɒʃɪ/ agg. COLLOQ. **1** [*colour*] sbiadito **2** SPREG. [*person, approach*] insipido, insulso.

wisp /wɪsp/ n. *(of hair)* ciuffo m., ciocca f.; *(of straw)* mazzetto m.; *(of smoke)* filo m., voluta f.; *(of cloud)* bioccolo m.; ***a ~ of a girl*** una ragazza minuta.

wispy /ˈwɪspɪ/ agg. [*hair, beard*] a ciuffi, a ciocche; [*cloud*] a bioccoli; [*smoke*] a volute; [*piece, straw*] sottile, fine.

wisteria /wɪˈstɪərɪə/ n. glicine m.

wistful /ˈwɪstfl/ agg. *(sad)* malinconico; *(nostalgic)* nostalgico.

wistfully /ˈwɪstfəlɪ/ avv. *(sadly)* malinconicamente; *(nostalgically)* nostalgicamente.

1.wit /wɪt/ **I** n. **1** *(sense of humour)* spirito m., arguzia f.; ***to have a quick, dry ~*** avere un ingegno vivace, uno spirito pungente **2** *(witty person)* persona f. di spirito **II wits** n.pl. *(intelligence)* intelligenza f.sing.; *(presence of mind)* presenza f.sing. di spirito; ***to have*** o ***keep (all) one's ~s about one*** *(vigilant)* stare all'erta, tenere gli occhi ben aperti; *(level-headed)* mantenere il sangue freddo, conservare la propria presenza di spirito; ***to collect*** o ***gather one's ~s*** riprendersi; ***to sharpen one's ~s*** aguzzare l'ingegno; ***to frighten sb. out of their ~s*** spaventare a morte qcn.; ***to pit one's ~s against sb.*** misurarsi con qcn.; ***to live by one's ~s*** vivere d'espedienti; ***to lose one's ~s*** uscire di senno; ***a battle of ~s*** una disputa di ingegni ♦ ***to be at one's ~s' end*** non sapere dove sbattere la testa.

2.wit /wɪt/ tr. e intr. sapere ♦ ***to ~*** FORM. cioè, vale a dire.

witch /wɪtʃ/ n. strega f.; FIG. *(bewitching woman)* strega f., megera f.

witchcraft /ˈwɪtʃkrɑːft, AE -kræft/ n. stregoneria f.

witch doctor n. stregone m.

witch hazel n. BOT. MED. amamelide f.

witch-hunt /ˈwɪtʃhʌnt/ n. caccia f. alle streghe (anche FIG.).

with /wɪð, wɪθ/ prep. **1** *(in descriptions)* ***a child ~ blue eyes*** un bambino con gli *o* dagli occhi blu; ***a dress ~ a large collar*** un abito con un ampio colletto; ***a TV ~ remote control*** un televisore con telecomando; ***covered ~ mud*** coperto di fango; ***wet ~ dew*** bagnato di rugiada; ***to stand ~ one's arms folded*** stare a braccia conserte **2** *(indicating an agent)* con; ***to hit sb. ~ sth.*** colpire qcn. con qcs.; ***to walk ~ a stick*** camminare col bastone **3** *(indicating manner, attitude)* ***~ pleasure, care*** con piacere, cura; ***"OK," he said ~ a sigh*** "va bene," disse con un sospiro **4** *(according to)* ***to increase ~ time*** aumentare col tempo; ***to vary ~ the temperature*** variare a seconda della temperatura **5** *(accompanied by, in the presence of)* con; ***to live ~ sb.*** vivere con qcn.; ***bring a friend ~ you*** porta un amico con te; ***a meeting ~ sb.*** un incontro con qcn.; ***I'll be ~ you in a second*** sarò da lei in un secondo; ***take your umbrella ~ you*** portati dietro l'ombrello **6** *(owning, bringing)* ***passengers ~ tickets*** i passeggeri provvisti di biglietto; ***somebody ~ your experience*** qualcuno con la tua esperienza **7** *(in relation to, as regards)* ***the frontier ~ Belgium*** la frontiera con il Belgio; ***how are things ~ you?*** come ti vanno le cose? ***what's up ~ Amy? what's ~ Amy?*** AE che succede a *o* che ha Amy? ***what do you want ~ another car?*** cosa te ne fai di *o* a che ti serve un'altra auto? ***it's a habit ~ her*** è una sua abitudine **8** *(showing consent)* ***I'm ~ you on this matter*** concordo con te su questa questione; ***I'm ~ you 100%*** o ***all the way*** sono con te al cento per cento **9** *(because of)* ***sick ~ worry*** tormentato dalla preoccupazione; ***to blush ~ embarrassment*** arrossire per l'imbarazzo; ***I can't do it ~ you watching*** non riesco a farlo se mi guardi; ***~ summer coming*** con l'estate in arrivo **10** *(remaining)* ***~ only two days to go before...*** a soli due giorni da... **11** *(suffering from)* ***people ~ Aids*** i malati di AIDS; ***to be ill ~ flu*** avere l'influenza; ***to be in bed ~ measles*** essere a letto con il morbillo **12** *(against)* con, contro; ***the war ~ Spain*** la guerra contro la Spagna; ***to be in competition ~ sb.*** essere in competizione con qcn. **13** *(showing simultaneity)* ***~ the introduction of the reforms*** con l'introduzione delle riforme; ***~ that, he left*** al che, se ne andò **14** *(employed by)* ***a reporter ~ the Times*** un giornalista del Times; ***he's ~ the UN*** lavora per l'ONU **15** *(in the same direction as)* ***to sail ~ the wind*** navigare sopravento *o* secondo il vento; ***to drift ~ the tide*** essere trasportato dalla marea ♦ ***to be ~ it*** COLLOQ. *(on the ball)* essere in gamba; *(trendy)* essere all'ultima moda; ***I'm not really ~ it today*** COLLOQ. oggi non ci sto con la testa; ***get ~ it!*** COLLOQ. *(wake up)* muoviti! datti una mossa! *(face the facts)* affronta la realtà! ***I'm not ~ you, can you repeat?*** non ti seguo, puoi ripetere?

withdraw /wɪð'drɔː, wɪθ'd-/ **I** tr. (pass. **-drew**; p.pass. **-drawn**) ritirare, ritrarre [*hand*]; prelevare, ritirare [*money*]; ritirare [*application, offer, accusation*]; revocare [*aid, permission*] (**from** a); ritrattare [*statement*]; MIL. ritirare [*troops*]; POL. richiamare [*diplomat*]; ***to ~ a product from sale*** ritirare un prodotto dalla vendita; ***to ~ one's labour*** BE IND. incrociare le braccia **II** intr. (pass. **-drew**; p.pass. **-drawn**) **1** [*person*] ritirarsi, allontanarsi; MIL. [*troops*] ritirarsi; [*applicant, candidate*] ritirarsi; ***to ~ to one's room*** ritirarsi nella propria stanza; ***to ~ from one's position*** MIL. arretrare **2** PSIC. [*person*] estraniarsi.

withdrawal /wɪð'drɔːəl, wɪθ'd-/ n. **1** ritiro m.; MIL. ritiro m., ritirata f.; ECON. prelievo m.; POL. *(of ambassador)* richiamo m.; ***~ of labour*** BE IND. sciopero **2** PSIC. straniamento m. **3** *(of drug addict)* astinenza f.

withdrawal slip n. modulo m. per il prelievo.

withdrawal symptoms n.pl. crisi f.sing. da, di astinenza; ***to be suffering from ~*** essere in astinenza.

withdrawn /wɪð'drɔːn, wɪθ'd-/ **I** p.pass. → **withdraw II** agg. [*person*] estraniato, isolato.

withdrew /wɪð'druː, wɪθ'd-/ pass. → **withdraw**.

wither /'wɪðə(r)/ **I** tr. **1** seccare, fare appassire [*plant*] **2** LETT. raggrinzire, avvizzire [*face*] **II** intr. [*plant*] seccarsi, seccare, appassire.

■ **wither away** [*hope*] spegnersi; [*interest*] esaurirsi.

withered /'wɪðəd/ **I** p.pass. → **wither II** agg. [*plant*] secco, appassito; [*skin*] avvizzito; [*arm*] atrofizzato.

withering /'wɪðərɪŋ/ agg. [*look*] fulminante; [*contempt*] profondo; [*comment*] sferzante.

withers /'wɪðəz/ n.pl. garrese m.sing.

withhold /wɪð'həʊld/ tr. (pass., p.pass. **-held**) bloccare [*payment*]; trattenere [*tax*]; rifiutare, negare [*grant*]; non pagare [*rent*]; negare [*consent, permission*]; nascondere [*information*].

within /wɪ'ðɪn/ **I** prep. **1** *(enclosed in)* ***~ the city walls*** dentro le mura della città; ***~ the boundaries of*** entro i confini di; ***~ Italy's borders*** in territorio italiano **2** *(inside)* ***~ the party*** all'interno del partito; ***conditions ~ the prison*** le condizioni all'interno del carcere; ***candidates from ~ the company*** candidati interni **3** *(in expressions of time)* entro; ***~ the week*** in settimana, entro la settimana; ***5 burglaries ~ a month*** 5 furti in un mese; ***"use ~ 24 hours of purchase"*** "da consumarsi entro 24 ore dall'acquisto"; ***~ minutes he was back*** dopo qualche minuto era tornato; ***~ a week of his birth*** a una settimana dalla sua nascita **4** *(not more than)* ***~ several metres of*** ad alcuni metri di distanza da; ***it's accurate to ~ a millimetre*** ha una precisione quasi millimetrica **5** *(not beyond the range of)* ***to be ~ sight*** [*coast*] essere visibile; FIG. [*end*] essere vicino; ***stay ~ sight of the car*** tieni d'occhio la macchina; ***to be ~ range of*** essere a tiro di [*enemy guns*] **6** *(not beyond a limit)* ***to stay ~ budget*** stare nel budget; ***to live ~ one's income*** vivere secondo i propri mezzi **II** avv. all'interno, dentro; ***seen from ~*** visto dall'interno.

without /wɪ'ðaʊt/ **I** prep. senza; ***~ a key*** senza chiave; ***to be ~ friends*** non avere amici; ***to be ~ shame*** non avere *o* conoscere vergogna; ***to manage*** o ***make do ~ sth.*** fare a meno di qcs.; ***~ looking*** senza guardare; ***do it ~ him noticing*** fallo senza che se ne accorga; ***~ saying a word*** senza dire una parola; ***it goes ~ saying that*** è sottinteso *o* chiaro che; ***~ so much as asking*** senza nemmeno chiedere **II** avv. all'esterno, fuori; ***from ~*** dall'esterno.

withstand /wɪð'stænd/ tr. (pass., p.pass. **-stood**) resistere a, opporsi a.

witless /'wɪtlɪs/ agg. stupido, ottuso; ***to be scared ~*** essere spaventato a morte.

1.witness /'wɪtnɪs/ n. **1** testimone m. e f. (anche DIR.); ***he was a ~ to the accident*** è stato testimone dell'incidente; ***~ for the prosecution, the defence*** testimone a carico, a discarico; ***to call sb. as a ~*** chiamare qcn. a testimoniare **2** *(testimony)* testimonianza f.; ***to be*** o ***bear ~ to sth.*** deporre su qcs.; FIG. essere un segno *o* una prova di qcs.

2.witness /'wɪtnɪs/ tr. **1** *(see)* assistere a, essere testimone di [*incident, burglary*] **2** *(at official occasion)* sottoscrivere (come testimone) [*document, treaty*]; fare da testimone a [*marriage*] **3** FIG. ***we are about to ~ a transformation of the economy*** stiamo per essere testimoni di una trasformazione dell'economia; ***his hard work has paid off, (as) ~ his exam results*** il suo duro lavoro ha dato buoni risultati, come testimonia l'esito del suo esame.

witness box BE, **witness stand** AE n. banco m. dei testimoni.

witticism /'wɪtɪsɪzəm/ n. arguzia f., frizzo m.

wittily /'wɪtɪlɪ/ avv. spiritosamente, argutamente.

witty /'wɪtɪ/ agg. spiritoso, arguto.

wives /waɪvz/ → **wife**.

wizard /'wɪzəd/ n. mago m. (anche FIG.); ***to be a ~ at*** essere un mago di [*chess, computing*]; ***to be a ~ at doing*** essere un genio nel fare.

wizardry /'wɪzədrɪ/ n. magia f. (anche FIG.).

wizened /'wɪznd/ agg. [*plant*] secco, appassito; [*skin*] avvizzito.

wk ⇒ week settimana.

1.wobble /'wɒbl/ n. *(in voice)* tremolio m.; *(of chair, table)* traballamento m.; *(in movement)* dondolio m.; FIG. tentennamento m.

2.wobble /'wɒbl/ **I** tr. fare traballare, fare ballare [*table*]; fare ballare [*tooth*] **II** intr. [*table, chair*] traballare, ballare; [*pile of books, plates etc.*] vacillare; [*voice*] tremare; [*person*] traballare, barcollare; ***his legs were wobbling under him*** le gambe gli facevano giacomo giacomo.

1.wobbly /'wɒblɪ/ agg. [*table, chair*] traballante, che balla; [*tooth*] che balla, che si muove; [*voice, jelly*] tremolante; [*handwriting*] incerto; FIG. [*theory*] vacillante; [*plot*] precario, incerto; ***he is still a bit ~ on his legs*** non è ancora ben saldo sulle gambe.

2.wobbly /'wɒblɪ/ n. ***to throw a ~*** BE COLLOQ. andare su tutte le furie.

woe /wəʊ/ **I** n. **1** LETT. *(sorrow)* dolore m., pena f. **2** SCHERZ. *(misfortune)* sventura f., disgrazia f. **II** inter. ANT. o SCHERZ. ***~ betide him if he's late*** mal gl'incolga se è in ritardo.

woebegone /'wəʊbɪgɒn, AE -gɔːn/ agg. abbattuto, afflitto.

woeful /'wəʊfl/ agg. **1** *(mournful)* [*look*] dolente, afflitto; [*story, sight*] doloroso, penoso **2** *(deplorable)* [*lack*] deplorevole, deprecabile.

wog /wɒg/ n. BE POP. SPREG. **1** *(Arab)* = arabo **2** *(Indian)* = indiano.

woke /wəʊk/ pass. → **3.wake**.

woken /'wəʊkən/ p.pass. → **3.wake**.

1.wolf /wʊlf/ n. (pl. **wolves**) **1** lupo m.; ***she-~*** lupa **2** COLLOQ. FIG. *(womanizer)* donnaiolo m. ♦ ***to cry ~*** gridare al lupo; ***a ~ in sheep's clothing*** BIBL. un lupo in veste di agnello; ***to keep the ~ from the door*** sbarcare il lunario; ***a lone ~*** un lupo solitario.

2.wolf /wʊlf/ tr. (anche **~ down**) divorare [*food*].

wolf cub n. lupetto m.

wolf dog n. AE → **wolfhound**.

wolfhound /'wʊlfhaʊnd/ n. cane m. lupo.

wolfish /'wʊlfɪʃ/ agg. [*appetite*] da lupo, vorace; [*grin*] crudele, feroce.

wolfram /'wʊlfrəm/ n. wolframio m., tungsteno m.

1.wolf-whistle /'wʊlfwɪsl, AE -hwɪ-/ n. = fischio di ammirazione rivolto a una donna.

2.wolf-whistle /'wʊlfwɪsl, AE -hwɪ-/ intr. fischiare (a una donna).

wolves /wʊlvz/ → **1.wolf**.

woman /'wʊmən/ **I** n. (pl. **women**) donna f., femmina f.; ***the working ~*** la donna che lavora; ***a ~ comes in to clean twice a week*** una donna delle pulizie viene due volte alla settimana; ***she's her own ~*** è padrona della sua vita; ***to talk about sth. ~ to ~*** parlare di qcs. da donna a donna **II** modif. ***a ~ Prime Minister*** un primo ministro donna; ***a ~ doctor*** una dottoressa; ***he has lots of women friends*** ha molte amiche; ***women voters, writers*** elettrici, scrittrici.

woman-hater /'wʊmən,heɪtə(r)/ n. COLLOQ. misogino m.

womanhood /'wʊmənhʊd/ n. *(femininity)* (l')essere donna, femminilità f.; *(women collectively)* sesso m. femminile, donne f.pl.

womanize /'wʊmənaɪz/ intr. essere un donnaiolo.

womanizer /'wʊmənaɪzə(r)/ n. donnaiolo m.

womankind /'wʊmənkaɪnd/ n. FORM. sesso m. femminile, donne f.pl.

womanly /ˈwʊmənlɪ/ agg. femminile, di donna
woman police constable n. BE donna f. poliziotto, agente f.
womb /wuːm/ n. utero m., grembo m.
women /ˈwɪmɪn/ → **woman**.
womenfolk /ˈwɪmɪnfəʊk/ n. ***the*** ~ le donne.
women's group n. gruppo m. femminista.
Women's Institute n. GB = associazione femminile che organizza attività culturali e sociali.
Women's Lib n. COLLOQ. → **Women's Liberation Movement**.
Women's Libber /ˌwɪmɪnzˈlɪbə(r)/ n. COLLOQ. SPREG. femminista f.
Women's Liberation Movement n. movimento m. per la liberazione della donna.
women's magazine n. rivista f. femminile.
women's movement n. movimento m. femminista.
women's page n. GIORN. rubrica f. femminile.
women's refuge n. casa f. d'accoglienza (per donne maltrattate, ragazze madri ecc.).
women's studies n.pl. studi m. sulle donne.
women's suffrage n. suffragio m. femminile.
won /wʌn/ pass., p.pass. → **2.win**.
1.wonder /ˈwʌndə(r)/ **I** n. **1** *(miracle)* meraviglia f., prodigio m., miracolo m.; ***it's a ~ that*** è un miracolo *o* è sorprendente che; ***(it's) no ~ that*** non c'è da stupirsi *o* meravigliarsi che; ***small*** o ***little ~ that*** non c'è da stupirsi *o* meravigliarsi che; ***to do*** o ***work ~s*** fare meraviglie *o* miracoli; ***she's a ~!*** è meravigliosa! ***the ~s of modern medicine*** i miracoli della medicina moderna **2** *(amazement)* meraviglia f., stupore m.; ***in ~*** meravigliato, stupito, con stupore; ***lost in ~*** meravigliato, stupefatto **II** modif. [*cure, drug*] miracoloso.
2.wonder /ˈwʌndə(r)/ **I** tr. **1** *(ask oneself)* chiedersi, domandarsi; ***I ~ how, why*** mi chiedo come, perché; ***I ~ if you could help me?*** forse potrebbe aiutarmi? potrebbe per favore aiutarmi? ***it makes you ~*** (ti) fa pensare **2** *(be surprised)* ***I ~ that*** mi meraviglia *o* stupisce che **II** intr. **1** *(think)* ***to ~ about sth.*** pensare a qcs. **2** *(be surprised)* ***to ~ at sth.*** stupirsi *o* meravigliarsi di qcs.; *(admiringly)* meravigliarsi *o* essere meravigliato di qcs.; ***they'll be late again, I shouldn't ~*** non mi stupisce che siano di nuovo in ritardo.
wonderful /ˈwʌndəfl/ agg. meraviglioso, magnifico, splendido, eccezionale; ***to be ~ with*** essere bravissimo con [*children, animals*]; essere un mago di [*engines*]; ***I feel ~*** mi sento magnificamente *o* benissimo; ***you look ~!*** stai benissimo *o* splendidamente!
wonderfully /ˈwʌndəfəlɪ/ avv. **1** *(very)* [*funny, clever, exciting*] molto, incredibilmente **2** *(splendidly)* [*cope, perform*] in modo splendido.
wondering /ˈwʌndərɪŋ/ agg. [*expression*] *(full of wonder)* estasiato, pieno di meraviglia; *(puzzled)* stupefatto, sbigottito, sconcertato.
wonderland /ˈwʌndəlænd/ n. paese m. delle meraviglie.
wonderment /ˈwʌndəmənt/ n. *(wonder)* meraviglia f.; *(puzzlement)* stupore m., sbigottimento m.
wondrous /ˈwʌndrəs/ agg. LETT. mirabile, meraviglioso.
wonk /wɒŋk/ n. COLLOQ. ***a computer ~*** un espertone di computer.
wonky /ˈwɒŋkɪ/ agg. BE COLLOQ. **1** *(crooked)* storto **2** *(wobbly)* [*furniture*] traballante, instabile; [*legs*] malfermo **3** *(faulty)* ***the television is a bit ~*** la televisione non va tanto (bene).
wont /wəʊnt/, AE wɔːnt/ **I** agg. ***to be ~ to do*** essere abituato a *o* essere solito fare **II** n. ***as is his, their ~*** come è sua, loro abitudine.
won't /wəʊnt/ contr. will not.
woo /wuː/ tr. ANT. corteggiare, fare la corte a [*lady*]; FIG. blandire, corteggiare [*voters*].
wood /wʊd/ **I** n. **1** *(fuel, timber)* legno m., legname m. **2** *(barrel)* botte f., barile m. **3** *(forest)* bosco m., foresta f. **4** SPORT *(in bowls)* boccia f. (di legno); *(in golf)* legno m. **II** **woods** n.pl. *(forest)* ***let's take a walk in the ~s*** facciamo una passeggiata nei boschi **III** modif. [*fire, smoke*] di legna; ***~ floor*** pavimento di legno ♦ ***touch ~!*** BE ***knock on ~!*** AE tocca ferro! ***we are not out of the ~ yet*** = non siamo ancora fuori pericolo *o* fuori dai guai.

woodbine /ˈwʊdbaɪn/ n. caprifoglio m.
woodblock /ˈwʊdblɒk/ n. **1** *(for flooring)* blocchetto m., listello m. di legno **2** AE ART. blocchetto m. di legno per xilografia.
wood-block floor n. parquet m.
wood-burning stove n. → **wood stove**.
woodcarving /ˈwʊdˌkɑːvɪŋ/ n. **1** *(art)* arte f. d'intagliare il legno **2** *(object)* scultura f. in legno.
woodchuck /ˈwʊdtʃʌk/ n. marmotta f. americana.
woodcock /ˈwʊdkɒk/ n. (pl. ~, **~s**) beccaccia f.
woodcraft /ˈwʊdkrɑːft, AE -kræft/ n. conoscenza f. dei boschi, delle foreste.
woodcut /ˈwʊdkʌt/ n. *(block)* blocchetto m., listello m. di legno; *(print)* incisione f. su legno, xilografia f.
woodcutter /ˈwʊdkʌtə(r)/ ♦ ***27*** n. boscaiolo m., taglialegna m.
woodcutting /ˈwʊdkʌtɪŋ/ n. abbattimento m. degli alberi.
wooded /ˈwʊdɪd/ agg. boscoso, boschivo.
wooden /ˈwʊdn/ agg. **1** [*furniture, floor*] di, in legno; [*leg*] di legno **2** FIG. [*acting*] impacciato; [*expression*] inespressivo.
wooden horse n. cavallo m. di Troia (anche FIG.).
wooden nickel n. AE oggetto m. privo di valore.
wooden spoon n. **1** cucchiaio m. di legno **2** FIG. premio m. per l'ultimo, maglia f. nera.
woodland /ˈwʊdlənd/ **I** n. boschi m.pl., terreno m. boscoso **II** modif. [*animal, plant*] dei boschi, boschivo; [*scenery*] ricco di boschi; [*walk*] nei boschi; ***~ management*** sfruttamento dei boschi.
woodlouse /ˈwʊdlaʊs/ n. (pl. **-lice**) onisco m. delle cantine.
woodpecker /ˈwʊdˌpekə(r)/ n. picchio m.
wood pigeon n. colombella f.; *(larger)* colombaccio m.
woodpile /ˈwʊdpaɪl/ n. catasta f. di legna.
wood shavings n.pl. trucioli m. di legno.
woodshed /ˈwʊdʃed/ n. legnaia f.
wood stove n. stufa f. a legna.
woodwind /ˈwʊdwɪnd/ **I** n.pl. legni m., strumenti m. a fiato (di legno) **II** modif. [*instrument*] di legno; [*player*] di strumento a fiato (di legno); ***~ section*** legni.
woodwork /ˈwʊdwɜːk/ **I** n. **1** *(carpentry)* falegnameria f., carpenteria f. **2** *(doors, windows etc.)* = parti di legno di una casa **II** modif. [*teacher, class*] di falegnameria ♦ ***to come out of the ~*** COLLOQ. SCHERZ. uscire allo scoperto.
woodworm /ˈwʊdwɜːm/ n. (pl. ~, **~s**) *(animal)* tarlo m.; *(disease)* tarlatura f.; ***to have ~*** essere tarlato.
woody /ˈwʊdɪ/ agg. [*hill*] boscoso, coperto di boschi; [*plant*] legnoso, ligneo; [*smell*] di bosco.
1.woof /wʊf/ **I** n. COLLOQ. latrato m. **II** inter. bau.
2.woof /wʊf/ intr. COLLOQ. abbaiare.
woofer /ˈwʊfə(r)/ n. woofer m.
wool /wʊl/ **I** n. lana f. **II** modif. [*carpet, coat*] di lana; [*shop*] che vende lana; [*trade*] laniero ♦ ***to pull the ~ over sb.'s eyes*** gettare fumo negli occhi a qcn.
woollen BE, **woolen** AE /ˈwʊlən/ **I** agg. [*garment*] di lana **II** n. **1** *(garment)* articolo m. di lana **2** *(piece of cloth)* tessuto m. di lana.
woolly BE, **wooly** AE /ˈwʊlɪ/ **I** agg. **1** [*garment*] di lana; [*animal coat*] lanoso; ***~ cloud*** cielo a pecorelle **2** FIG. [*thinking*] confuso, fumoso **II** n. COLLOQ. indumento m. di lana.
woozy /ˈwuːzɪ/ agg. COLLOQ. intontito, stordito.
wop /wɒp/ n. POP. SPREG. *(Italian)* = italiano.
1.word /wɜːd/ **I** n. **1** parola f., vocabolo m., termine m.; ***to have no ~s to express sth.*** non trovare le *o* non avere parole per esprimere qcs.; ***long ~s*** parole difficili, paroloni; ***with these ~s he left*** dopo aver detto queste parole, se ne andò; ***in your own ~s*** con parole tue; ***the last ~*** FIG. l'ultima novità, l'ultimo grido; ***to get a ~ in*** riuscire a dire qcs.; ***not in so many ~s*** non proprio, non esattamente; ***in other ~s*** in altre parole; ***the spoken ~*** la lingua parlata, il parlato; ***to put one's feelings into ~s*** esprimere ciò che si prova (a parole); ***what's the Greek ~ for "dog"?*** come si dice "cane" in greco? ***a ~ of warning, advice*** un avvertimento, un consiglio; ***vulgar is hardly the ~ for it*** volgare è dire poco; ***I've said my last ~*** ho detto tutto ciò che avevo da dire; ***too sad for ~s*** indescrivibilmente triste; ***in the ~s of Bush*** come disse Bush; ***I mean every ~ of it*** parlo sul serio; ***a man of few ~s*** un uomo di poche parole **2**

(anything, something) ***without saying a ~*** senza dire una parola; ***I don't believe a ~ of it*** non credo a una sola parola; ***not to have a good ~ to say about*** non avere nulla di buono da dire su; ***I didn't say a ~!*** non ho detto nulla! non ho aperto bocca! ***he won't hear a ~ against her*** non vuole che si dica nulla contro di lei **3** **U** *(information)* notizia f., notizie f.pl., informazioni f.pl.; ***there is no ~ of the missing climbers*** non si sa nulla degli scalatori dispersi; ***we are hoping for ~ that all is well*** speriamo in buone notizie; ***~ got out that...*** si è diffusa *o* è trapelata la notizia che...; ***to bring, send ~ that*** annunciare, fare sapere che; ***he left ~ at the desk that...*** ha lasciato detto alla reception che...; ***to spread the ~*** passare la parola, diffondere la notizia **4** *(promise)* parola f.; ***he gave me his ~*** mi ha dato la sua parola; ***to break one's ~*** non mantenere la parola data *o* la propria parola; ***a man of his ~*** un uomo di parola; ***to take sb.'s ~ for it*** credere a qcn. sulla parola; ***to take sb. at his, her ~*** prendere qcn. in parola; ***to be as good as one's ~*** mantenere la propria parola *o* le promesse **5** *(rumour)* ***~ has it that...*** si dice che...; ***~ got round*** o ***around that...*** girava voce che... **6** *(command)* ***if you need anything just say the ~*** se hai bisogno di qualsiasi cosa, dimmelo; ***just say the ~ and I'll come*** una tua parola e sarò lì; ***their ~ is law*** la loro parola è legge **7** *(key word)* parola f. d'ordine **8** **the Word** RELIG. la Parola (di Dio); *(of Trinity)* il Verbo **9** INFORM. parola f., codice m. **10** **by word of mouth** oralmente, verbalmente **II** **words** n.pl. TEATR. MUS. *(of play)* testo m.sing.; *(of song)* testo m.sing., parole f. ♦ ***my ~!*** *(in surprise)* caspita, perbacco! *(in reproof)* vedrai! ***right from the ~ go*** fin dall'inizio; ***to have a ~ with sb. about sth.*** dire una parola a qcn. su qcs.; ***to have ~s with sb.*** venire a parole con qcn.; ***to put in a good ~ for sb.*** mettere una buona parola per qcn.

2.word /wɜːd/ tr. formulare [*statement*]; redigere, scrivere [*letter*].

word blindness n. dislessia f., cecità f. verbale.

wordbreak /ˈwɜːdbreɪk/ n. TIP. = punto in cui si può andare a capo in una parola.

wordcount /ˈwɜːdkaʊnt/ n. INFORM. conteggio m. parole.

worded /ˈwɜːdɪd/ **I** p.pass. → **2.word** **II** **-worded** agg. in composti ***a carefully-~ letter*** una lettera scritta con cura; ***a strongly-~ statement*** un'affermazione ferma *o* decisa.

word-for-word /ˌwɜːdfəˈwɜːd/ agg. e avv. parola per parola.

word game n. gioco m. di parole.

wording /ˈwɜːdɪŋ/ n. formulazione f., enunciazione f.

wordless /ˈwɜːdlɪs/ agg. **1** *(silent)* senza parole **2** *(unspoken)* inespresso.

wordlist /ˈwɜːdlɪst/ n. lista f. di parole; *(in dictionary)* lemmario m.

word-of-mouth /ˌwɜːdəvˈmaʊθ/ avv. [*promise*] verbalmente, a voce.

word-perfect /ˌwɜːdˈpɜːfɪkt/ agg. [*recitation*] perfetto; ***to be ~*** [*person*] sapere perfettamente a memoria la propria parte.

wordplay /ˈwɜːdpleɪ/ n. **U** giochi m.pl. di parole.

word processing n. word processing m., videoscrittura f.

word processor n. word processor m., programma m. di videoscrittura.

word wrapping n. INFORM. a capo m. automatico.

wordy /ˈwɜːdɪ/ agg. verboso, prolisso.

wore /wɔː(r)/ pass. → **2.wear**.

1.work /wɜːk/ **I** n. **1** *(physical or mental activity)* lavoro m.; ***to be at ~ on sth.*** lavorare a qcs., essere occupato a fare qcs.; ***to go to*** o ***set to*** o ***get to ~*** mettersi al lavoro; ***to set to ~ doing*** mettersi a fare; ***to put a lot of ~ into*** dedicare molto impegno a [*essay, meal, preparations*]; ***to put*** o ***set sb. to ~*** mettere qcn. al lavoro, fare lavorare qcn.; ***we put him to ~ doing*** l'abbiamo messo a fare; ***it was hard ~ doing*** è stato difficile *o* è stata una fatica fare; ***to be hard at ~*** lavorare sodo, darci dentro col lavoro; ***your essay needs more ~*** il tuo compito ha bisogno di altro lavoro; ***to make short*** o ***light ~ of sth.*** liquidare *o* sbrigare qcs. velocemente; ***to make short ~ of sb.*** liquidare qcn. *o* levarsi qcn. di torno rapidamente; ***it's all in a day's ~*** è roba d'ordinaria amministrazione, fa parte del lavoro; ***it's hot, thirsty ~*** fa venire caldo, sete **2** *(occupation)* lavoro m., occupazione f., mestiere m.; ***to be in ~*** avere un lavoro *o* un'occupazione; ***place of ~*** luogo di lavoro; ***to be off ~*** *(on vacation)* essere in ferie, in permesso; ***to be off ~ with flu*** essere a casa con l'influenza, essere assente a causa dell'influenza; ***to be out of ~*** essere disoccupato *o* senza lavoro **3** *(place of employment)* lavoro m.; ***to go to ~*** andare al lavoro *o* a lavorare; ***don't phone me at ~*** non telefonarmi al lavoro **4** *(building, construction)* lavori m.pl. (**on** a) **5** *(papers)* ***to take one's ~ home*** portarsi il lavoro a casa; FIG. portarsi il lavoro, i problemi del lavoro a casa **6** *(achievement, product)* *(essay, report)* lavoro m.; *(artwork, novel, sculpture)* lavoro m., opera f. (**by** di); *(study)* lavoro m., studio m. (**by** di; **on** su); *(research)* lavoro m., ricerche f.pl. (**on** su); ***is this all your own ~?*** è tutta opera tua? *(more informal)* l'hai fatto tu? ***to mark students' ~*** correggere i compiti degli studenti; ***a ~ of reference*** un'opera di consultazione; ***it's the ~ of professionals*** è opera di professionisti **7** *(effect)* ***to go to ~*** [*drug, detergent*] agire **II** **works** n.pl. **1** *(factory)* fabbrica f.sing., officina f.sing.; ***~s canteen*** mensa aziendale **2** *(building work)* lavori m. **3** COLLOQ. *(everything)* **the (full** o **whole) ~s** tutto (quanto) **III** modif. [*clothes, shoes*] da lavoro; [*phone number*] del lavoro; [*permit*] di lavoro.

2.work /wɜːk/ **I** tr. (pass., p.pass. ANT. LETT. **wrought**) **1** *(drive)* ***to ~ sb. hard*** fare lavorare sodo *o* fare sgobbare qcn. **2** *(labour)* ***to ~ shifts*** fare i turni; ***to ~ days, nights*** lavorare di giorno, di notte; ***to ~ one's way through university*** lavorare per pagarsi l'università; ***to ~ one's way through a book*** leggere un libro da cima a fondo; ***to ~ a 40 hour week*** lavorare 40 ore settimanali **3** *(operate)* fare funzionare, azionare [*computer, equipment*] **4** *(exploit commercially)* sfruttare [*land, mine*] **5** *(have as one's territory)* [*representative*] coprire, fare [*region*] **6** *(consume)* ***to ~ one's way through*** consumare [*amount, quantity*] **7** *(bring about)* ***to ~ wonders*** fare meraviglie (anche FIG.) **8** *(use to one's advantage)* ***to ~ the system*** sfruttare il sistema; ***how did you manage to ~ it?*** come ci sei riuscito? come sei riuscito a sistemare le cose? ***I've ~ed things so that...*** ho sistemato le cose in modo che... **9** *(fashion)* lavorare [*clay, metal*] **10** *(embroider)* ricamare [*design*] (**into** su) **11** *(manoeuvre)* ***to ~ sth. into*** infilare qcs. in [*slot, hole*] **12** *(exercise)* fare lavorare [*muscles*] **13** *(move)* ***to ~ one's way through*** aprirsi un passaggio tra, farsi largo tra [*crowd*]; ***to ~ one's way along*** avanzare lungo [*ledge*]; ***to ~ one's hands free*** liberarsi le mani; ***it ~ed its way loose, it ~ed itself loose*** si è allentato (poco a poco); ***to ~ its way into*** passare, entrare in [*bloodstream, system*] **II** intr. (pass., p.pass. ANT. LETT. **wrought**) **1** *(engage in activity)* lavorare; ***to ~ at the hospital*** lavorare in *o* all'ospedale; ***to ~ as a teacher*** lavorare come insegnante; ***to ~ in oils*** [*artist*] dipingere a olio; ***to ~ against corruption*** lottare contro la corruzione; ***to ~ towards*** adoperarsi per, lavorare per raggiungere [*solution, compromise*] **2** *(function)* funzionare; ***to ~ on electricity*** funzionare *o* andare a corrente elettrica; ***to ~ off the mains*** funzionare a corrente; ***the washing machine isn't ~ing*** la lavatrice non funziona **3** *(act, operate)* ***it doesn't*** o ***things don't ~ like that*** le cose non funzionano così; ***to ~ in sb.'s favour, to ~ to sb.'s advantage*** giocare, tornare a vantaggio di qcn.; ***to ~ against sb., to ~ to sb.'s disadvantage*** giocare, tornare a sfavore di qcn. **4** *(be successful)* [*treatment*] essere efficace, fare effetto; [*detergent, drug*] agire, essere efficace; [*plan, argument*] funzionare; ***flattery won't ~ with me*** le lusinghe non funzionano con me **III** rifl. (pass., p.pass. ANT. LETT. **wrought**) **1** *(labour)* ***to ~ oneself too hard*** lavorare troppo; ***to ~ oneself to death*** ammazzarsi di lavoro **2** *(rouse)* ***to ~ oneself into a rage*** andare in collera, infuriarsi ♦ ***to ~ one's way up (the company)*** fare carriera (nell'azienda).

■ **work around:** ***~ around to [sth.]*** ***it took him ages to ~ around to what he wanted to say*** ci ha messo un mucchio di tempo per dire quello che voleva dire; ***~ [sth.] around to*** ***to ~ the conversation around to sth.*** portare la conversazione su qcs.

■ **work in:** ***~ in [sth.], ~ [sth.] in*** **1** *(incorporate)* inserire [*joke*]; citare, menzionare [*fact, name*] **2** GASTR. incorporare [*ingredient*].

■ **work off:** ***~ [sth.] off, ~ off [sth.]*** **1** *(remove)* togliere, staccare [*lid*] **2** *(repay)* pagare, estinguere lavorando [*debt*] **3** *(get rid of)* eliminare [*excess weight*]; consumare [*excess energy*]; sfogare [*anger, frustration*].

▪ **work on:** *~ on* continuare a lavorare; *~ on [sb.]* influenzare, lavorarsi; *~ on [sth.]* lavorare a [*book, report, project*]; lavorare a, occuparsi di [*case, problem*]; cercare, lavorare per trovare [*cure, solution*]; studiare, esaminare [*idea*].
▪ **work out:** *~ out* **1** *(exercise)* esercitarsi, allenarsi **2** *(go according to plan)* [*plan, marriage*] funzionare, andare bene **3** *(add up)* ***to ~ out at*** BE o ***to*** AE [*total, share*] ammontare a [*amount*]; *~ out [sth.]*, *~ [sth.] out* **1** *(calculate)* calcolare [*amount*] **2** *(solve)* trovare [*answer, reason, culprit*]; risolvere [*problem*]; capire, decifrare [*clue*] **3** *(devise)* progettare, elaborare [*plan*]; studiare [*route*] **4** *(exhaust)* esaurire [*mine*]; *~ [sb.] out* capire; ***I can't ~ her out*** non la capisco.
▪ **work over** COLLOQ. *~ [sb.] over* pestare, riempire [qcn.] di botte.
▪ **work to:** *~ to [sth.]* rispettare, attenersi a [*budget*]; ***to ~ to deadlines*** rispettare le scadenze.
▪ **work up:** *~ up [sth.]* stimolare [*interest*]; allargare, accrescere [*support*]; ***to ~ up the courage to do*** trovare il coraggio di fare; ***to ~ up an appetite*** farsi venire l'appetito; *~ up to [sth.]* prepararsi a [*announcement, confrontation*]; *~ up [sb.]*, *~ [sb.] up* **1** *(excite)* eccitare [*child, crowd*]; ***to ~ sb. up into a frenzy*** innervosire, agitare qcn. **2** *(annoy)* innervosire; ***to get ~ed up*** innervosirsi; ***to ~ oneself up*** innervosirsi; ***to ~ oneself up into a state*** innervosirsi, agitarsi.

workable /ˈwɜːkəbl/ agg. **1** *(feasible)* [*idea, plan*] realizzabile, praticabile; [*system*] pratico, funzionale; [*arrangement*] realizzabile, attuabile, possibile **2** AGR. IND. [*land*] coltivabile; [*mine*] sfruttabile.

workaday /ˈwɜːkədeɪ/ agg. [*life*] quotidiano, di tutti i giorni; [*clothes*] ordinario, di tutti i giorni.

workaholic /ˌwɜːkəˈhɒlɪk/ n. COLLOQ. maniaco m. (-a) del lavoro, stacanovista m. e f.

work-basket /ˈwɜːkˌbɑːskɪt, AE -ˌbæsk-/ n. cestino m. da lavoro.

workbench /ˈwɜːkbentʃ/ n. banco m. di lavoro.

workbook /ˈwɜːkbʊk/ n. *(blank)* quaderno m.; *(with exercises)* libro m. di esercizi, eserciziario m.

workday /ˈwɜːkdeɪ/ n. giorno m. feriale, di lavoro; COMM. giornata f. lavorativa.

worker /ˈwɜːkə(r)/ **I** n. **1** *(employee) (in manual job)* lavoratore m. (-trice), operaio m. (-a); *(in white-collar job)* impiegato m. (-a); ***he's a slow ~*** lavora lentamente **2** *(proletarian)* proletario m. (-a) **II** modif. [*ant, bee*] operaio.

worker participation n. partecipazione f. operaia (alla gestione), cogestione f. aziendale.

workers' control n. controllo m. dei lavoratori.

work ethic n. etica f. del lavoro.

work experience n. esperienza f. lavorativa.

workforce /ˈwɜːkfɔːs/ n. + verbo sing. o pl. forza f. lavoro.

workhorse /ˈwɜːkhɔːs/ n. AGR. cavallo m. da lavoro; FIG. *(person)* gran lavoratore m. (-trice), stacanovista m. e f.

workhouse /ˈwɜːkhaʊs/ n. BE STOR. ospizio m. di mendicità.

work-in /ˈwɜːkɪn/ n. work in m., assemblea f. permanente.

working /ˈwɜːkɪŋ/ **I** n. **1** *(functioning)* funzionamento m. **2** *(shaping, preparation)* lavorazione f. **3** *(draft solution)* calcoli m.pl. **4** IND. *(mine)* pozzo m., galleria f. di una miniera; *(quarry)* scavo m. di una cava **II workings** n.pl. meccanismi m., funzionamento m.sing. (anche FIG.) **III** agg. **1** *(professional)* [*parent, woman*] che lavora; [*conditions, environment, methods, relationship, lunch*] di lavoro; [*week*] lavorativo; [*population*] attivo; [*life*] professionale, attivo; ***~ hours*** *(in office)* orario d'ufficio *o* di lavoro; *(in shop)* orario di apertura **2** *(provisional)* [*hypothesis*] di lavoro; [*title*] provvisorio **3** *(functional)* [*model*] che funziona; [*mine*] in funzione; ***to have a ~ knowledge of*** avere una conoscenza pratica di; ***in full ~ order*** in perfette condizioni **4** AMM. [*expenses*] di esercizio, di gestione; [*plant*] attivo.

working class I n. classe f. operaia; ***the ~es*** le classi lavoratrici **II** agg. [*area*] popolare; [*background, family*] operaio; [*life*] da operaio; [*culture, London*] operaio, proletario; [*person*] della classe operaia.

working day n. giornata f. lavorativa, giorno m. feriale.

working dog n. cane m. di utilità.

working majority n. POL. maggioranza f. sufficiente.

working-over /ˌwɜːkɪŋˈəʊvə(r)/ n. COLLOQ. botte f.pl.

working party n. AMM. gruppo m. di lavoro, commissione f. di studio.

workload /ˈwɜːkləʊd/ n. carico m. di lavoro.

workman /ˈwɜːkmən/ n. (pl. **-men**) operaio m., lavoratore m.

workmanlike /ˈwɜːkmənlaɪk/ agg. **1** *(effective)* [*job*] benfatto, accurato, a regola d'arte **2** SPREG. *(uninspired)* [*performance*] scialbo, senza entusiasmo.

workmanship /ˈwɜːkmənʃɪp/ n. *(skill)* abilità f. (tecnica); *(execution)* esecuzione f., realizzazione f.; ***a company famous for sound ~*** una ditta famosa per la fattura dei suoi prodotti.

workmate /ˈwɜːkmeɪt/ n. compagno m. (-a) di lavoro, collega m. e f. di lavoro.

work of art n. opera f. d'arte.

workout /ˈwɜːkaʊt/ n. allenamento m., esercizio m. preatletico.

workpack /ˈwɜːkpæk/ n. = cartellina contenente materiale utile per un seminario, una conferenza ecc.

workpeople /ˈwɜːkpiːpl/ n.pl. operai m.

workplace /ˈwɜːkpleɪs/ **I** n. posto m., luogo m. di lavoro **II** modif. [*nursery*] aziendale.

workroom /ˈwɜːkruːm, -rʊm/ n. laboratorio m., stanza f. da lavoro.

works committee, **works council** n. BE IND. consiglio m. di fabbrica, d'azienda.

work-shadowing /ˈwɜːkˌʃædəʊɪŋ/ n. = periodo di formazione professionale in affiancamento a una persona esperta.

work-sharing /ˈwɜːkʃeərɪŋ/ n. suddivisione f. del lavoro.

worksheet /ˈwɜːkʃiːt/ n. **1** IND. foglio m. di lavorazione **2** SCOL. foglio m. con gli esercizi.

workshop /ˈwɜːkʃɒp/ n. **1** IND. officina f., laboratorio m., bottega f. **2** *(training session)* seminario m., gruppo m. di lavoro, workshop m.

workshy /ˈwɜːkʃaɪ/ agg. SPREG. pigro, sfaticato, senza voglia di lavorare.

works manager ➧ ***27*** n. direttore m. (-trice) di stabilimento.

workspace /ˈwɜːkspeɪs/ n. INFORM. spazio m. di lavoro.

work station n. INFORM. workstation f., stazione f. di lavoro.

work study n. studio m. dell'organizzazione del lavoro.

work surface n. piano m. di lavoro.

worktable /ˈwɜːkteɪbl/ n. tavolo m. da lavoro.

worktop /ˈwɜːktɒp/ n. piano m. di lavoro.

work-to-rule /ˌwɜːktəˈruːl/ n. sciopero m. bianco.

world /wɜːld/ **I** n. **1** *(planet)* mondo m.; ***throughout the ~*** in tutto il mondo; ***the biggest in the ~*** il più grande del mondo; ***no-one in the ~*** nessuno al mondo; ***this ~ and the next*** il mondo terreno e l'altro mondo, l'aldiquà e l'aldilà; ***the next*** o ***other ~*** l'altro mondo, l'aldilà; ***to lead the ~ in electronics*** essere il leader mondiale dell'elettronica; ***to come into the ~*** venire al mondo, nascere **2** FIG. mondo m.; ***the business ~*** il mondo degli affari; ***the ~ of politics*** il mondo della politica; ***to go up, down in the ~*** fare strada, cadere in basso; ***for all the ~ to see*** sotto gli occhi di tutti; ***he lives in a ~ of his own*** o ***a private ~*** vive in un mondo a parte *o* a sé **3** *(section of the earth)* ***the Western ~*** i paesi occidentali, il mondo occidentale **II** modif. [*climate, market, politics, scale*] mondiale; [*events*] nel mondo; [*record, championship*] mondiale, del mondo; [*cruise*] attorno al mondo ♦ ***(all) the ~ and his wife*** SCHERZ. (proprio) tutti; ***a ~ away from sth.*** lontano un mondo da qcs.; ***to be on top of the ~*** essere al settimo cielo; ***for all the ~ like*** tale e quale, identico; ***for all the ~ as if*** proprio come se; ***he's one of the Don Juans of this ~*** è proprio un dongiovanni; ***how in the ~ did you know?*** come diavolo facevi a saperlo? ***to get the best of both ~s*** ottenere il meglio da due situazioni; ***I'd give the ~ to...*** darei qualsiasi cosa per...; ***it's a small ~!*** com'è piccolo il mondo! ***a man of the ~*** un uomo di mondo; ***not for (all) the ~*** non per tutto l'oro del mondo; ***out of this ~*** favoloso, straordinario; ***that's the way of the ~*** così va il mondo; ***there's a ~ of difference*** c'è un'enorme differenza; ***it did him the*** o ***a ~ of good*** gli ha fatto un gran bene; ***to set the ~ on fire*** avere un successo enorme, sfondare; ***to think the ~ of sb.*** ammirare tantissimo qcn.; ***to watch the ~ go by*** guardare il mondo affannarsi; ***what, where, who etc. in the ~?*** che, dove, chi ecc. diavolo? ***~s apart*** agli antipodi, agli estremi opposti.

world-beater /ˈwɜːldˌbiːtə(r)/ n. *(person)* fuoriclasse m. e f., campione m. (-essa); *(product)* leader m. del mercato (mondiale).

world-beating /ˈwɜːldˌbiːtɪŋ/ agg. vincente, strepitoso.
world-class /ˌwɜːldˈklɑːs, AE -ˈklæs/ agg. di livello internazionale, mondiale.
World Cup n. *(in football)* Coppa f. del Mondo, Campionato m. Mondiale.
World Fair n. Esposizione f. Universale.
world-famous /ˌwɜːldˈfeɪməs/ agg. di fama mondiale, famoso nel mondo.
World Health Organization n. Organizzazione f. Mondiale della Sanità.
world leader n. 1 POL. capo m. di stato (di potenza mondiale), leader m. mondiale 2 SPORT *(best in the world)* leader m. e f. delle classifiche mondiali, campione m. (-essa) del mondo; COMM. *(company)* leader m. mondiale.
worldliness /ˈwɜːldlɪnɪs/ n. mondanità f.
worldly /ˈwɜːldlɪ/ agg. 1 *(not spiritual)* terreno, materiale (anche RELIG.); ~ ***goods*** beni terreni; ~ ***wisdom*** conoscenza delle cose del mondo 2 SPREG. *(materialistic)* materialista, mondano.
worldly-wise /ˌwɜːldlɪˈwaɪz/ agg. esperto, che conosce le cose del mondo.
World Music n. world music f.
world power n. POL. potenza f. mondiale.
World Service n. BE = divisione della BBC che trasmette programmi, soprattutto notiziari, in tutto il mondo.
worldview /ˈwɜːldvjuː/ n. visione f. del mondo.
world war n. guerra f. mondiale; ***World War I, II, the First, Second World War*** la prima, la seconda guerra mondiale.
world-weary /ˈwɜːldˌwɪərɪ/ agg. stanco del mondo, della vita.
world(-)wide /ˌwɜːldˈwaɪd/ **I** agg. mondiale **II** avv. in tutto il mondo, su scala mondiale.
1.worm /wɜːm/ n. 1 ZOOL. MED. verme m.; *(grub)* bruco m. 2 COLLOQ. *(wretch)* verme m. 3 INFORM. *(virus)* = tipo di virus ♦ ***the ~ has turned*** la pazienza è finita, le cose sono cambiate adesso; ***a can of ~s*** un bel po' di marciume.
2.worm /wɜːm/ tr. 1 MED. VETER. liberare dai vermi, dare un vermifugo a [*person, animal*] 2 *(wriggle)* ***to ~ one's way*** farsi strada strisciando, insinuarsi (anche FIG.); ***to ~ one's way into sb.'s affections*** conquistarsi le simpatie di qcn.
■ **worm out:** ~ ***[sth.] out*** cavare, estorcere [*truth, facts*] (**of sb.** a qcn.).
worm-eaten /ˈwɜːmˌiːtn/ agg. [*fruit*] bacato; [*wood*] tarlato.
wormhole /ˈwɜːmhəʊl/ n. *(in fruit, plant)* foro m. di verme; *(in wood)* foro m. di tarlo, tarlatura f.
wormwood /ˈwɜːmwʊd/ n. assenzio m.
wormy /ˈwɜːmɪ/ agg. 1 *(full of worms)* [*wood*] tarlato; [*fruit*] bacato 2 AE *(grovelling)* [*person*] strisciante, servile.
worn /wɔːn/ **I** p.pass. → **2.wear** **II** agg. [*carpet, clothing, shoe, tyre*] logoro, consumato; [*façade, stone*] rovinato.
worn-out /ˌwɔːnˈaʊt/ agg. 1 [*carpet*] logoro; [*brake*] consumato 2 *(exhausted)* [*person*] esausto, sfinito.
worried /ˈwʌrɪd/ **I** p.pass. → **2.worry** **II** agg. preoccupato, inquieto, turbato; ***to be ~ about*** essere preoccupato per; ***to be ~ about doing*** avere timore di fare; ***to be ~ that*** avere timore *o* paura che, essere preoccupato all'idea che; ***there's no need to be ~*** non è il caso di preoccuparsi.
worrier /ˈwʌrɪə(r)/ n. ansioso m. (-a), apprensivo m. (-a).
worrisome /ˈwʌrɪsəm/ agg. [*matter, situation*] preoccupante.
1.worry /ˈwʌrɪ/ n. 1 U *(anxiety)* preoccupazione f., ansia f., inquietudine f. (**about**, **over** per) 2 *(problem)* preoccupazione f., problema m., guaio m. (**about**, **over** riguardo a); ***that's the least of my worries*** è l'ultima delle mie preoccupazioni; ***he's a ~ to his parents*** dà molte preoccupazioni ai suoi genitori.
2.worry /ˈwʌrɪ/ **I** tr. 1 *(concern)* preoccupare; ***I ~ that*** la mia preoccupazione è che, temo che; ***it worried him that he couldn't find the keys*** lo preoccupava non trovare le chiavi 2 *(alarm)* allarmare, turbare 3 *(bother)* infastidire, seccare, scocciare; ***would it ~ you if I opened the window?*** le darebbe fastidio se aprissi la finestra? 4 *(toss about)* [*cat, dog*] tenere tra i denti (scuotendo) **II** intr. *(be anxious)* preoccuparsi, essere in ansia, tormentarsi; ***to ~ about*** o ***over sth., sb.*** preoccuparsi per qcs., qcn.; ***to ~ about doing*** avere timore di fare; ***there's nothing to ~ about*** non c'è nulla di cui preoccuparsi; ***not to ~, I'll get a taxi*** non importa, prendo un taxi; ***he'll be punished, don't you ~!*** sarà punito, puoi starne certo! **III** rifl. ***to ~ oneself*** preoccuparsi, essere in ansia (**about** per); ***to ~ oneself sick over sth.*** preoccuparsi da morire per qcs.
■ **worry at:** ~ ***at [sth.]*** [*dog*] azzannare, tenere tra i denti [*toy*]; FIG. [*person*] tentare e ritentare di risolvere [*problem*].
worry beads n.pl. = sorta di collana di grani che viene fatta scorrere tra le dita per alleviare lo stress o la tensione.
worrying /ˈwʌrɪɪŋ/ **I** n. preoccupazioni f.pl. **II** agg. preoccupante.
1.worse /wɜːs/ **I** agg. (compar. di **1.bad**) 1 *(more unsatisfactory, unpleasant, serious etc.)* peggiore (**than** di, che); ***to get ~*** [*pressure, noise*] aumentare; [*conditions, weather*] peggiorare; ***~ luck!*** che scalogna! ***it looks ~ than it is!*** sembra peggio di quanto non sia! ***it couldn't be ~!*** non potrebbe essere peggiore! ***and what is ~, ...*** e il peggio è che...; ***to go from bad to ~*** andare di male in peggio; ***to get ~ (and ~)*** peggiorare (sempre di più), aggravarsi; ***you'll only make things*** o ***it ~!*** non farai che peggiorare le cose! ***and to make matters ~, ...*** e per peggiorare le cose, ...; ***to be even ~ at languages*** andare ancora peggio con le lingue 2 *(more unwell, unhappy)* ***he is none the ~ for the experience*** non ha (per nulla) risentito dell'esperienza; ***so much the ~ for them!*** tanto peggio per loro! 3 *(more inappropriate)* ***he couldn't have chosen a ~ place*** non avrebbe potuto scegliere un posto peggiore; ***the decision couldn't have come at a ~ time*** la decisione non sarebbe potuta arrivare in un momento peggiore **II** n. ***there is ~ to come*** il peggio deve ancora venire; ***to change for the ~*** cambiare in peggio; ***to take a turn for the ~*** prendere una brutta piega.
2.worse /wɜːs/ avv. (compar. di **badly**) 1 *(more unsatisfactorily, incompetently)* peggio (**than** di, che); ***she could do ~ than follow his example*** non sarebbe poi così male se seguisse il suo esempio 2 *(more seriously, severely)* [*cough, bleed, vomit*] di più; ***~ still*** peggio ancora.
worsen /ˈwɜːsn/ **I** tr. peggiorare, aggravare [*situation, problem*] **II** intr. [*situation, problem, flooding*] peggiorare, aggravarsi; [*health, weather*] peggiorare; [*crisis*] aggravarsi.
worsening /ˈwɜːsnɪŋ/ **I** n. peggioramento m. **II** agg. che sta peggiorando, che si sta aggravando.
worse off agg. 1 *(less wealthy)* ***to be ~*** essere più povero, stare peggio (**than** di); ***I'm £ 10 a week ~*** ho, guadagno dieci sterline in meno alla settimana 2 *(in a worse situation)* ***to be ~*** stare peggio; ***to be no ~ without sth.*** non stare peggio senza qcs., cavarsela bene (lo stesso) senza qcs.
1.worship /ˈwɜːʃɪp/ **I** n. 1 *(veneration)* venerazione f., adorazione f.; RELIG. culto m. 2 *(religious practice)* culto m., servizio m. religioso; ***freedom of ~*** libertà di culto; ***place of ~*** luogo di culto; ***an act of ~*** un atto di devozione **II Worship** ♦ 9 n.pr. BE *(for judge)* Vostro Onore; ***his Worship the mayor*** Sua Eccellenza il Sindaco.
2.worship /ˈwɜːʃɪp/ **I** tr. (forma in -ing ecc. **-pp-**) 1 RELIG. *(venerate)* adorare, venerare; *(give praise)* rendere lode a 2 *(idolize)* idolatrare, venerare (anche FIG.) **II** intr. (forma in -ing ecc. **-pp-**) essere praticante.
worshipper /ˈwɜːʃɪpə(r)/ n. *(in established religion)* fedele m. e f.; *(in nonestablished religion)* adoratore m. (-trice), veneratore m. (-trice).
1.worst /wɜːst/ **I** agg. (superl. di **1.bad**) 1 *(most unsatisfactory, unpleasant, serious etc.)* peggiore; ***the ~ book I've ever read*** il peggior libro *o* il libro più brutto che abbia mai letto; ***the ~ hotel in town*** il peggiore hotel della città; ***and the ~ thing about it is (that)*** e ciò che è peggio è (che); ***the ~ mistake you could have made*** l'errore più grave che si potesse fare 2 *(most inappropriate)* peggiore, meno adatto; ***the ~ possible place to do*** il peggiore posto possibile per fare, il posto meno adatto per fare; ***she rang at the ~ possible time*** telefonò nel momento peggiore **II** n. 1 *(most difficult, unpleasant etc.)* ***the ~*** il peggiore, la peggiore; ***last year was the ~ for strikes*** per quanto riguarda gli scioperi l'anno scorso è stato il peggiore; ***they're the ~ of all*** *(people)* sono i peggiori (di tutti); *(things, problems, ideas)* è ciò che c'è di peggio; ***we're over the ~ now*** adesso il peggio è passato; ***the ~ was yet to come*** il peggio doveva ancora venire; ***the ~ of it is, ...*** la cosa peggiore è che...; ***that's the ~ of waiting till the last minute*** questo è il brutto di aspettare fino all'ultimo minuto; ***during the ~ of the***

recession nel momento più critico della recessione; ***the ~ of the heat is over*** il caldo peggiore è passato; ***do your ~!*** fa' pure quello che ti pare! **2** *(expressing the most pessimistic outlook)* ***the ~*** il peggio; ***to think the ~ of sb.*** avere una pessima opinione di qcn.; ***if the ~ were to happen, if the ~ came to the ~*** *(in serious circumstances)* nel peggiore dei casi, nel caso peggiore; *(involving fatality)* se il peggio dovesse succedere; ***at ~*** alla peggio, nella peggiore delle ipotesi **3** *(most unbearable)* ***at its ~, the noise could be heard everywhere*** quando raggiungeva il suo massimo, il rumore si sentiva ovunque; ***when the heat is at its ~*** quando il calore raggiunge il suo massimo; ***these are fanatics at their ~*** sono fanatici della peggior specie; ***when you see people at their ~*** quando vedi le persone nel loro momento peggiore *o* nelle condizioni peggiori; ***I'm at my ~ in the morning*** *(in temper)* è di mattina che sono più di cattivo umore; ***to bring out the ~ in sb.*** tirare fuori il peggio di qcn.

2.worst /wɜ:st/ avv. ***the children suffer (the) ~*** sono i bambini che soffrono di più; ***they were (the) ~ hit by the strike*** sono quelli che hanno subito i disagi più gravi a causa dello sciopero; ***to come off ~*** avere la peggio; ***the ~-behaved child he'd ever met*** il bambino più maleducato che avesse mai incontrato; ***~ of all, ...*** e quel che è peggio...; ***they did (the) ~ of all the group in the exam*** nel loro gruppo d'esame sono quelli che hanno fatto peggio.

worsted /ˈwʊstɪd/ n. pettinato m. di lana, tessuto m. di lana pettinata.

worth /wɜ:θ/ **I** n. **U 1** ECON. *(measure, quantity)* ***two pounds' ~ of bread*** due sterline di pane; ***thousands of pounds' ~ of damage*** danni per migliaia di sterline; ***a week's ~ of supplies*** le scorte di *o* per una settimana; ***to get one's money's ~*** spendere bene il proprio denaro **2** *(value, usefulness)* valore m.; ***of no ~*** di nessun valore, senza valore; ***people of ~ in the community*** le persone di valore *o* merito della comunità **II** agg. mai attrib. ***to be ~ sth.*** valere qcs.; ***the euro is ~ 1936 lire*** l'euro vale 1936 lire; ***it's not ~ much*** non vale molto; ***he is ~ £50,000*** possiede 50.000 sterline, ha un patrimonio di 50.000 sterline; ***it's as much as my job's ~ to do*** rischio il posto a fare; ***the house is only ~ what you can get for it*** la casa non vale più di quello che ti daranno; ***to be ~ a mention*** meritare una menzione *o* d'essere menzionato; ***to be ~ a try*** valere la pena di tentare *o* di fare un tentativo; ***to be ~ the time*** essere tempo ben speso; ***to be ~ it*** valere la pena; ***don't get upset, he's not ~ it*** non prendertela, non lo merita; ***the book isn't ~ reading*** non la vale la pena di leggere il libro; ***that suggestion is ~ considering*** vale la pena di prendere in considerazione quel suggerimento; ***that's ~ knowing*** vale la pena di saperlo; ***everyone ~ knowing*** tutti coloro che vale la pena di conoscere; ***what he doesn't know about farming isn't ~ knowing*** sa tutto ciò che c'è da sapere sull'agricoltura; ***those little pleasures that make life ~ living*** i piccoli piaceri che danno senso alla vita ♦ ***for all one is ~*** facendo del proprio meglio, mettendocela tutta; ***for what it's ~*** per quel che vale; ***to be ~ sb.'s while*** valere la pena; ***if you come I'll make it ~ your while*** se verrai non te ne pentirai; ***the game's not ~ the candle*** il gioco non vale la candela; ***a bird in the hand is ~ two in bush*** PROV. meglio un uovo oggi che una gallina domani.

worthily /ˈwɜ:ðɪlɪ/ avv. degnamente.

worthiness /ˈwɜ:ðɪnɪs/ n. **1** *(respectability)* dignità f., rispettabilità f. **2** *(merit)* *(of candidate)* merito m.; *(of cause)* valore m., merito m.

worthless /ˈwɜ:θlɪs/ agg. senza (nessun) valore; ***he's ~*** non vale niente.

worthlessness /ˈwɜ:θlɪsnɪs/ n. *(of object, currency)* mancanza f. di valore.

worthwhile /wɜ:θˈwaɪl/ agg. [*discussion, undertaking, visit*] utile, proficuo, che vale la pena (di fare); [*career*] interessante, che dà soddisfazione; [*project*] interessante; ***to be ~ doing*** valere la pena di fare; ***it's been well ~*** ne è valsa davvero la pena.

worthy /ˈwɜ:ðɪ/ **I** agg. **1** mai attrib. *(deserving)* ***to be ~ of sth.*** essere degno *o* meritevole di qcs.; ***that's not ~ of your attention*** non merita la tua attenzione; ***~ of note*** degno di nota; ***to be ~ of doing*** meritare di essere fatto **2** *(admirable)* [*cause*] nobile; [*citizen, friend*] degno **3** *(appropriate)* ***~ of sth., sb.*** degno di qcs., qcn.; ***a speech ~ of the occasion*** un discorso degno dell'occasione **II** n. notabile m. e f., personalità f.

would /*forma debole* wəd, *forma forte* wʊd/ When *would* is used with a verb in English to form the conditional tense, *would* + verb is translated by the present conditional of the appropriate verb in Italian and *would have* + verb by the past conditional of the appropriate verb: *I would do it if I had time* = lo farei se avessi tempo; *I would have done it if I had had time* = l'avrei fatto se avessi avuto tempo. - However, in sequence of past tenses and in reported speech, *would* + verb is translated by the past conditional of the appropriate Italian verb: *I was sure you would like it* = ero sicuro che ti sarebbe piaciuto (not "piacerebbe"); *he said he would fetch the car* = disse che avrebbe preso (not "prenderebbe") la macchina. - For more examples, particular usages and all other uses of would see the entry below. mod. (negat. **wouldn't**) **1** *(in sequence of past tenses, in reported speech)* ***she said she wouldn't come*** disse che non sarebbe venuta; ***we thought we ~ be late*** credevamo di arrivare in ritardo; ***he thought she ~ have forgotten*** pensava che avrebbe dimenticato; ***I wish he ~ shut the door!*** potrebbe chiudere la porta! ***I wish you'd be quiet!*** potresti stare zitto! vorrei che stessi zitto! **2** *(in conditional statements)* ***it ~ be wonderful if they came*** sarebbe meraviglioso se venissero; ***if we'd left later we ~ have missed the train*** se fossimo partiti più tardi avremmo perso il treno; ***we wouldn't be happy anywhere else*** non saremmo felici in nessun altro posto; ***who ~ ever have believed it?*** chi mai l'avrebbe creduto? ***you wouldn't have thought it possible!*** non lo si sarebbe creduto possibile! ***so it ~ seem*** così sembrerebbe; ***I wouldn't know*** non saprei; ***wouldn't it be better to write?*** non sarebbe meglio scrivere? **3** *(expressing willingness to act)* ***do you know anyone who ~ do it?*** conosci qualcuno che lo farebbe? ***he just wouldn't listen*** non voleva proprio ascoltare; ***after that I wouldn't eat any canned food*** dopo quell'episodio, non ho più voluto saperne di mangiare cibo in scatola; ***the police wouldn't give any further details*** la polizia non voleva fornire ulteriori particolari; ***they asked me to leave but I wouldn't*** mi chiesero di andarmene ma io non ho voluto **4** *(expressing inability to function)* ***the door wouldn't close*** la porta non voleva chiudersi **5** *(expressing desire, preference)* ***we ~ like to stay*** vorremmo restare; ***we'd really love to see you*** vorremo davvero vederti, abbiamo davvero voglia di vederti; ***I ~ much rather travel alone*** preferisco di gran lunga viaggiare da solo; ***I wouldn't mind another slice of cake*** non mi dispiacerebbe prendere un'altra fetta di torta **6** *(in polite requests or proposals)* ***~ you like something to eat, some more tea?*** vuoi qualcosa da mangiare, ancora del tè? ***~ you help me set the table?*** mi aiuteresti ad apparecchiare la tavola? ***switch off the radio, ~ you?*** spegneresti la radio? ***~ you like to go to a concert?*** ti piacerebbe andare a un concerto? ***~ you give her the message?*** potrebbe darle il messaggio? ***~ you mind not smoking please?*** potrebbe non fumare per cortesia? **7** *(expressing an assumption)* ***what time ~ that be?*** a che ora più o meno? ***it ~ have been about five years ago*** doveva essere circa cinque anni fa **8** *(indicating habitual event or behaviour in past: used to)* ***she ~ sit for hours at the window*** sedeva per ore alla finestra.

would-be /ˈwʊdbi:/ agg. ***~ investors*** aspiranti investitori; ***~ intellectuals*** SPREG. sedicenti intellettuali; ***the ~ thieves were arrested*** i ladri mancati furono arrestati.

wouldn't /ˈwʊdnt/ contr. would not.

wouldst /wʊdst/ ANT. 2ª persona sing. → **would**.

would've /wʊdəv/ contr. would have.

1.wound /wu:nd/ n. **1** *(injury)* ferita f. (anche FIG.); ***a ~ to*** o ***in the head*** una ferita alla testa **2** *(cut, sore)* ferita f., piaga f. ♦ ***to lick one's ~s*** leccarsi le ferite; ***to rub salt into the ~*** girare il coltello nella piaga.

2.wound /wu:nd/ tr. ferire.

3.wound /waʊnd/ pass., p.pass. → **4.wind**.

wounded /ˈwu:ndɪd/ **I** p.pass. → **2.wound II** agg. ferito; ***~ in the arm*** ferito al braccio **III** n. ***the ~*** + verbo pl. i feriti.

wounding /ˈwu:ndɪŋ/ agg. [*comment*] offensivo, che ferisce.

wound-up /ˌwaʊndˈʌp/ agg. teso, agitato.

wove /wəʊv/ pass. → **2.weave**.

woven /ˈwəʊvn/ **I** p.pass. → **2.weave II** agg. [*cloth, jacket*] tessuto; ~ ***fabric*** tessuto.

1.wow /waʊ/ **I** n. COLLOQ. *(success)* grande successo m., successone m. **II** inter. wow.

2.wow /waʊ/ tr. COLLOQ. *(enthuse)* entusiasmare, mandare in visibilio [*person*].

WP n. (⇒ word processing elaborazione elettronica dei testi) WP m.

WPC n. (⇒ woman police constable) = donna poliziotto, agente.

wpm ⇒ words per minute parole al minuto.

WRAC /ræk/ n. (⇒ Women's Royal Army Corps) = corpo dell'esercito britannico composto da donne.

WRAF /ræf/ n. (⇒ Women's Royal Air Force) = corpo dell'aeronautica militare britannica composto da donne.

wraith /reɪθ/ n. LETT. spettro m., fantasma m.

1.wrangle /ˈræŋgl/ n. alterco m., litigio m., baruffa f.

2.wrangle /ˈræŋgl/ intr. azzuffarsi, litigare, accapigliarsi (**over**, **about** per; **with** con).

wrangling /ˈræŋglɪŋ/ n. trattative f.pl. (**over** per).

1.wrap /ræp/ n. **1** ABBIGL. *(shawl)* scialle m.; *(stole)* stola f.; *(dressing gown)* veste f. da camera **2** *(packaging)* materiale m. da incarto, da confezione **3** CINEM. ***it's a*** ~ è fatto, è finito ♦ ***to keep sth., to be under ~s*** tenere qcs., essere segreto; ***to take the ~s off sth.*** svelare qcs., rendere qcs. di dominio pubblico.

2.wrap /ræp/ **I** tr. (forma in -ing ecc. **-pp-**) *(in paper)* incartare, impacchettare (**in** in, con); *(in blanket, garment)* avvolgere (**in** in); ***to ~ tape around a join*** avvolgere una giuntura con del nastro; ***to be ~ped in mystery, silence*** essere avvolto nel mistero, dal silenzio; ***would you like it ~ped?*** le faccio un pacchetto? glielo incarto? **II** rifl. (forma in -ing ecc. **-pp-**) ***to ~ oneself in sth.*** avvolgersi in qcs.

▪ **wrap up:** ~ **up 1** *(dress warmly)* coprirsi bene, imbacuccarsi **2** BE COLLOQ. *(shut up)* tacere, chiudere il becco; ~ **up [sth.]**, ~ **[sth.] up 1** fare, confezionare [*parcel*]; impacchettare [*gift, purchase*]; mettere in un involucro [*rubbish*]; ***it's cold, ~ the children up warm!*** fa freddo, copri bene i bambini! **2** FIG. *(settle)* dare gli ultimi ritocchi a [*project, event*]; concludere [*deal, negotiations*]; assicurarsi, portare a casa [*title, victory*] **3** *(involve)* ***to be ~ped up in*** vivere per, non avere occhi che per [*person*]; essere completamente preso da [*hobby, work, problem*]; ***they are completely ~ped up in each other*** sono presi l'uno dall'altra; ***he is ~ped up in himself*** è ripiegato su se stesso; ***there is £ 50,000 ~ped up in the project*** ci sono 50.000 sterline di mezzo nel progetto **4** *(conceal)* FIG. nascondere, mascherare [*facts, ideas*] (**in** dietro).

wrap-around /ˈræpˌəraʊnd/ agg. [*window, windscreen*] panoramico; [*skirt*] a portafoglio.

wrap-around sunglasses n.pl. occhiali m. da sole avvolgenti.

wrapped /ræpt/ **I** p.pass. → **2.wrap II -wrapped** agg. in composti ***foil-~*** avvolto, confezionato nella stagnola.

wrapper /ˈræpə(r)/ n. carta f., incarto m.; *(of newspaper)* fascia f., fascetta f.; ***sweet*** ~ carta delle caramelle.

wrapping /ˈræpɪŋ/ n. involucro m., (materiale da) imballaggio m.

wrapping paper n. *(brown)* carta f. da pacchi; *(decorative)* carta f. da regalo.

wrath /rɒθ, AE ræθ/ n. LETT. ira f., collera f.

wreak /ri:k/ tr. compiere [*revenge*] (**on** su); ***to ~ havoc*** o ***damage on sth.*** causare distruzione in, devastare qcs.

wreath /ri:θ/ n. **1** *(of flowers, leaves)* corona f., ghirlanda f.; ***to lay a*** ~ deporre una corona **2** *(of smoke)* anello m., voluta f.

wreathe /ri:ð/ tr. *(weave, fashion)* intrecciare.

wreathed /ri:ðd/ **I** p.pass. → **wreathe II** agg. ~ ***in*** avvolto da, avviluppato in [*mist, smoke*]; ***to be ~ in smiles*** essere tutto un sorriso.

1.wreck /rek/ n. **1** *(car)* rottame m.; *(burnt out)* carcassa f. **2** COLLOQ. *(old car)* macinino m., rottame m., catorcio m. **3** *(ship, plane)* relitto m. **4** *(sinking, destruction)* naufragio m. (anche FIG.) **5** *(person)* rottame m.

2.wreck /rek/ tr. **1** [*explosion, fire, vandals*] devastare, distruggere [*building, machinery*]; [*person, crash, impact*] distruggere [*vehicle*] **2** FIG. distruggere, fare naufragare, rovinare [*career, chances, future, marriage, holiday*].

wreckage /ˈrekɪdʒ/ n. **U 1** *(of car, plane)* rottami m.pl.; *(of building)* macerie f.pl. **2** FIG. *(of hopes, plan, attempt)* naufragio m.

wrecked /rekt/ **I** p.pass. → **2.wreck II** agg. **1** [*car, plane*] distrutto; [*ship*] naufragato; [*building*] in macerie **2** FIG. [*plan, hope, marriage, career*] naufragato, rovinato, distrutto **3** COLLOQ. *(exhausted)* [*person*] stanco morto.

wrecker /ˈrekə(r)/ n. **1** *(saboteur)* sabotatore m. (-trice) **2** AE *(demolition worker)* demolitore m. **3** AE *(salvage truck)* carro m. attrezzi.

wren /ren/ n. scricciolo m.

1.wrench /rentʃ/ n. **1** *(tool)* chiave f. (fissa) **2** *(movement) (of handle, lid)* torsione f. brusca, tirata f. **3** FIG. strazio m., sofferenza f., dolore m. ♦ ***to throw a ~ in the works*** AE mettere i bastoni tra le ruote.

2.wrench /rentʃ/ **I** tr. ***to ~ one's ankle*** slogarsi la caviglia; ***to ~ sth. from sb.*** strappare qcs. a qcn.; ***to ~ sth. away from*** o ***off sth.*** strappare qcs. da qcs.; ***to ~ a door open*** aprire una porta con uno strattone **II** intr. ***to ~ at sth.*** dare una tirata *o* uno strappo a qcs. **III** rifl. ***to ~ oneself free*** liberarsi con uno strattone.

wrest /rest/ tr. strappare (**from sb.** a qcn.).

wrestle /ˈresl/ **I** tr. ***to ~ sb. for sth.*** lottare *o* combattere contro qcn. per qcs.; ***to ~ sb. to the ground*** atterrare qcn. **II** intr. **1** SPORT fare la lotta, lottare **2** *(struggle)* ***to ~ with*** lottare, combattere con [*person, conscience*]; essere alle prese con [*problem, homework*]; lottare con, essere alla prese con [*controls, zip, suitcase*]; combattere [*temptation*].

wrestler /ˈreslə(r)/ n. lottatore m. (-trice).

wrestling /ˈreslɪŋ/ ♦ **10 I** n. lotta f. **II** modif. [*match, champion*] di lotta.

wretch /retʃ/ n. **1** *(unlucky)* disgraziato m. (-a), sventurato m. (-a), miserabile m. e f. **2** *(evil)* disgraziato m. (-a), farabutto m. (-a) (anche SCHERZ.); *(child)* SCHERZ. birichino m. (-a), birbante m. e f.

wretched /ˈretʃɪd/ agg. **1** *(miserable)* [*person*] disgraziato, infelice, sventurato; [*appearance, conditions*] miserabile; [*weather*] brutto; [*accommodation*] squallido, pessimo; [*amount*] ridicolo; ***to feel*** ~ stare male come un cane, sentirsi uno straccio; ***to feel ~ about*** vergognarsi di [*behaviour*]; ***what ~ luck!*** che scalogna! **2** COLLOQ. *(damned)* maledetto.

wretchedly /ˈretʃɪdlɪ/ avv. **1** *(badly)* [*behave, treat*] pessimamente, malissimo; [*clothed, furnished*] in modo pessimo, squallido; [*paid, small*] in modo ridicolo **2** *(unhappily)* [*say*] in modo infelice; [*gaze*] con aria infelice.

wretchedness /ˈretʃɪdnɪs/ n. **1** *(unhappiness)* infelicità f., disgrazia f. **2** *(poverty)* miseria f.

wriggle /ˈrɪgl/ **I** tr. ***to ~ one's fingers*** muovere *o* agitare le dita delle mani; ***to ~ one's way out of sth.*** (riuscire a) sgusciare *o* divincolarsi da qcs.; FIG. (riuscire a) tirarsi fuori da qcs. **II** intr. [*person*] agitarsi, dimenarsi; [*snake, worm*] contorcersi; ***to ~ along the ground*** avanzare strisciando sul terreno; ***to ~ under sth.*** scivolare sotto qcs.; ***to ~ free*** divincolarsi, riuscire a liberarsi divincolandosi.

▪ **wriggle about, wriggle around** [*fish*] dimenarsi; [*worm, snake*] dimenarsi, contorcersi; [*person*] agitarsi, dimenarsi.

▪ **wriggle out** liberarsi dimenandosi, sgusciare; ***to ~ out of sth.*** sgusciare, divincolarsi da qcs.; FIG. riuscire a evitare [*task, duty*].

wriggly /ˈrɪglɪ/ agg. [*snake, worm*] sgusciante, che si contorce; [*person*] irrequieto.

1.wring /rɪŋ/ n. ***to give sth. a*** ~ strizzare qcs., dare una strizzata a qcs.

2.wring /rɪŋ/ tr. (pass., p.pass. **wrung**) **1** (anche ~ **out**) *(squeeze) (by twisting)* torcere, strizzare; *(by pressure, centrifugal force)* centrifugare **2** FIG. *(extract)* estorcere, strappare [*confession, money*] (**from, out of** a) **3** *(twist)* ***to ~ sb.'s, sth.'s neck*** torcere *o* tirare il collo a qcn., qcs. (anche FIG.); ***to ~ one's hands*** torcersi le mani (anche FIG.).

▪ **wring out:** ~ **[sth.] out**, ~ **out [sth.]** torcere, strizzare [*cloth, clothes*]; ***to ~ the water out from one's clothes*** strizzarsi gli abiti.

wringer /ˈrɪŋə(r)/ n. torcitoio m., strizzatoio m.

1.wrinkle /ˈrɪŋkl/ n. **1** *(on skin)* ruga f., grinza f. **2** *(in fabric)* grinza f., piega f.; ***to iron out the ~s*** FIG. appianare le difficoltà ♦ ***he knows a ~ or two*** conosce un paio di trucchetti.

2.wrinkle /ˈrɪŋkl/ **I** tr. **1** raggrinzire, corrugare [*skin*]; ***to ~ one's nose*** arricciare il naso (**at** per); ***to ~ one's forehead*** corrugare la fronte **2** spiegazzare, sgualcire [*fabric*] **II** intr. **1** [*skin*] raggrinzirsi, corrugarsi **2** [*fabric*] spiegazzarsi, sgualcirsi; [*wallpaper*] incresparsi.

wrinkled /ˈrɪŋkld/ **I** p.pass. → **2.wrinkle II** agg. **1** [*face, skin*] rugoso, grinzoso; [*brow*] aggrottato; [*apple*] raggrinzito **2** [*fabric, clothing*] spiegazzato, sgualcito; [*stockings*] che fa le grinze.

wrinkly /ˈrɪŋklɪ/ agg. COLLOQ. → **wrinkled**.

wrist /rɪst/ ➧ *2* n. polso m. ♦ ***to get a slap on the ~*** prendersi una tiratina d'orecchi, una punizione lieve.

wristband /ˈrɪstbænd/ n. *(for tennis)* polsino m., fascia f. tergisudore; *(on sleeve)* polsino m.; *(on watch)* cinturino m.

wrist rest n. INFORM. appoggiapolsi m.

wristwatch /ˈrɪstwɒtʃ/ n. orologio m. da polso.

1.writ /rɪt/ n. DIR. mandato m., decreto m., ordinanza f. (**for** per); ***to issue*** o ***serve a ~ against sb.*** notificare un mandato a qcn.

2.writ /rɪt/ pass., p.pass. ANT. → **write** ♦ ***disappointment was ~ large across his face*** la delusione gli si leggeva in volto.

write /raɪt/ **I** tr. (pass. **wrote**, ANT. **writ**; p.pass. **written**, ANT. **writ**) **1** *(put down on paper)* scrivere [*letter, novel*]; scrivere, comporre [*song, symphony*]; fare, staccare [*cheque*]; fare, compilare [*prescription*]; scrivere [*software, program*]; ***I wrote home, to Bob*** ho scritto a casa, a Bob; ***guilt was written all over her face*** FIG. la colpa le era scritta in volto, le si leggeva la colpa in volto; ***he had "policeman" written all over him*** si vedeva lontano un chilometro che era un poliziotto **2** AE *(compose a letter to)* scrivere (una lettera) a [*person*] **II** intr. (pass. **wrote**, ANT. **writ**; p.pass. **written**, ANT. **writ**) **1** *(form words)* scrivere; ***to ~ in pencil*** scrivere a matita *o* con la matita; ***this pen doesn't ~*** questa penna non scrive **2** *(compose professionally)* scrivere, fare lo scrittore; ***I ~ for a living*** faccio lo scrittore di mestiere; ***to ~ about*** o ***on*** scrivere di, trattare di [*current affairs*].

■ **write away** scrivere (**to** a); ***to ~ away for*** scrivere per chiedere, ordinare per posta [*catalogue, details*].

■ **write back:** ~ ***back*** rispondere (**to** a); ~ ***back [sth.]*** scrivere [*letter*].

■ **write down:** ~ ***[sth.] down***, ~ ***down [sth.]*** **1** *(note)* prendere nota di, annotare [*details, name*]; scriversi, mettere giù, buttare giù [*ideas, suggestions*] **2** COMM. ECON. *(reduce)* ridurre, abbassare [*price*]; svalutare [*stocks*].

■ **write in:** ~ ***in*** scrivere, mandare una lettera (**to sb.** a qcn.; **to do** per fare); ***please ~ in with your suggestions*** mandateci i vostri suggerimenti; ***to ~ in to*** scrivere (una lettera) a [*TV show*]; ~ ***[sb.] in*** AE POL. ***to ~ a candidate in*** = votare per un candidato il cui nome non è presente in lista.

■ **write off:** ~ ***off*** scrivere (una lettera) (**to** a); ***to ~ off for*** scrivere per chiedere [*catalogue, information*]; ~ ***[sth., sb.] off*** **1** *(wreck)* distruggere, ridurre a un rottame [*car*] **2** AMM. stornare [*bad debt, loss*]; ammortare [*capital*] **3** *(end)* cancellare [*debt*]; annullare [*project*] **4** *(dismiss)* [*critic*] liquidare [*person*].

■ **write out:** ~ ***[sth.] out***, ~ ***out [sth.]*** **1** *(put down on paper)* scrivere [*instructions, list*] **2** *(copy)* trascrivere, ricopiare [*lines, words*]; ~ ***[sb.] out*** TELEV. RAD. eliminare [*character*] (**of** da).

■ **write up:** ~ ***[sth.] up***, ~ ***up [sth.]*** **1** *(produce in report form)* riscrivere, riordinare [*notes*] **2** AMM. ECON. rivalutare [*asset*].

write-in /ˈraɪtɪn/ n. AE POL. = voto dato a un candidato il cui nome non è presente in lista.

write-off /ˈraɪtɒf, -ɔːf/ n. **1** AE ECON. somma f. detraibile dalla dichiarazione dei redditi **2** *(in insurance) (wreck)* rottame m.

write once read many disk n. INFORM. disco m. non riscrivibile.

write protection n. INFORM. protezione f. da scrittura.

writer /ˈraɪtə(r)/ ➧ *27* n. *(author) (professional)* scrittore m. (-trice), autore m. (-trice); *(nonprofessional)* autore m. (-trice); ***he's a neat ~*** scrive bene, ordinatamente.

writer's cramp n. crampo m. dello scrivano.

write-up /ˈraɪtʌp/ n. **1** *(review)* critica f., recensione f. **2** *(account)* resoconto m. **3** *(in accountancy)* AE eccesso m. di imputazione a bilancio.

writhe /raɪð/ intr. (anche ~ **about**, ~ **around**) contorcersi, dimenarsi, torcersi; ***to ~ in agony*** contorcersi nell'agonia *o* agonizzante.

writing /ˈraɪtɪŋ/ n. **1** U *(activity)* ***~ is her life*** scrivere è la sua vita **2** *(handwriting)* grafia f., scrittura f.; ***his ~ is poor, good*** ha una brutta, bella grafia **3** *(words and letters)* ***to put sth. in ~*** mettere qcs. per iscritto **4** *(literature)* opere f.pl., scritti m.pl.; ***American ~*** letteratura americana ♦ ***the ~ is on the wall*** è un presagio *o* un segnale infausto.

writing case n. astuccio m., portapenne m.

writing desk n. scrivania f., scrittoio m.

writing pad n. bloc-notes m., blocchetto m. di carta.

writing paper n. carta f. da lettera.

written /ˈrɪtn/ **I** p.pass. → **write II** agg. [*exam, reply*] scritto; ***he failed the ~ paper*** non ha passato lo scritto; ***~ evidence, proof*** AMM. pezza giustificativa; DIR. prova scritta; ***the ~ word*** la lingua scritta.

1.wrong /rɒŋ, AE rɔːŋ/ agg. **1** *(incorrect) (ill-chosen)* sbagliato; *(containing errors)* sbagliato, errato, inesatto; ***it's the ~ glue for the purpose*** non è la colla adatta; ***to take the ~ road*** sbagliare strada, imboccare la strada sbagliata; ***to give the ~ answer*** sbagliare risposta, dare la risposta sbagliata; ***everything I do is ~*** tutto ciò che faccio è sbagliato; ***it was the ~ thing to say*** era la cosa da non dire; ***to say the ~ thing*** fare una gaffe; ***don't get the ~ idea*** non farti un'idea sbagliata; ***you've got the ~ number*** *(on phone)* ha sbagliato numero **2** *(reprehensible, unjust)* ***it is ~ to do*** è sbagliato fare; ***she hasn't done anything ~*** non ha fatto niente di sbagliato *o* di male; ***it was ~ of me to do*** ho sbagliato a fare; ***it is ~ for sb. to do*** non è giusto che qcn. faccia; ***it is ~ that*** non è giusto che; ***there's nothing ~ with*** o ***in sth.*** non c'è niente di sbagliato *o* di male in qcs.; ***what's ~ with trying?*** che male c'è a provare? che c'è di male nel provare? ***(so) what's ~ with that?*** cosa c'è di sbagliato *o* di male? **3** *(mistaken)* ***to be ~*** [*person*] avere torto, sbagliarsi; ***how ~ can you be!*** quanto ci si può sbagliare! ***I might be ~*** potrei sbagliarmi, posso anche sbagliarmi; ***to be ~ about*** sbagliarsi su [*person, situation, details*]; ***am I ~ in thinking that...?*** ho torto a pensare che...? sbaglio se penso che...? **4** *(not as it should be)* ***there is something (badly) ~*** c'è qualcosa che non va (affatto); ***there's something ~ with this computer*** questo computer ha qualcosa che non va; ***what's ~ with your arm?*** che cos'hai al braccio? ***what's ~ with you?*** *(to person suffering)* che cos'hai? che cosa c'è che non va? *(to person behaving oddly)* che ti prende? che ti succede? ***nothing ~ is there?*** va tutto bene? ♦ ***to be ~ in the head*** COLLOQ. avere qualche rotella in meno; ***to get into the ~ hands*** finire in mani sbagliate; ***to get on the ~ side of sb.*** inimicarsi qcn.; ***to go down the ~ way*** [*food, drink*] andare di traverso.

2.wrong /rɒŋ, AE rɔːŋ/ avv. ***to get [sth.] ~*** sbagliarsi con, capire male, fraintendere [*date, time, details*]; sbagliare [*calculations*]; ***I think you've got it ~*** penso che ti sbagli; ***to go ~*** [*person*] finire su una brutta strada; [*machine*] guastarsi, incepparsi; [*plan*] fallire, andare male, andare a rotoli; ***you won't go far ~ if...*** non sbagli di molto se...; ***you can't go ~*** *(in choice of route)* non ti puoi sbagliare; *(are bound to succeed)* non puoi non farcela ♦ ***you've got me all ~*** mi hai completamente frainteso.

3.wrong /rɒŋ, AE rɔːŋ/ n. **1** U *(evil)* ***he could do no ~*** era incapace di fare del male **2** *(injustice)* torto m., ingiustizia f.; ***to right a ~*** riparare un torto **3** DIR. illecito m. ♦ ***to be in the ~*** essere dalla parte del torto, avere torto; ***two ~s don't make a right*** due torti non fanno una ragione.

4.wrong /rɒŋ, AE rɔːŋ/ tr. fare torto a, trattare ingiustamente, offendere [*person, family*].

wrongdoer /ˈrɒŋˌduːə(r), AE ˈrɔːŋ-/ n. malfattore m. (-trice).

wrongdoing /ˈrɒŋduːɪŋ, AE ˈrɔːŋ-/ n. male m., offese f.pl.

wrongfoot /ˌrɒŋˈfʊt, AE ˌrɔːŋ-/ tr. SPORT prendere in contropiede [*opponent*] (anche FIG.).

wrongful /ˈrɒŋfl, AE ˈrɔːŋ-/ agg. DIR. [*dismissal*] senza giusta causa, immotivato; [*arrest*] illegale.

wrongfully /ˈrɒŋfəlɪ, AE ˈrɔːŋ-/ avv. DIR. [*dismiss*] senza giusta causa, in modo immotivato; [*arrest*] illegalmente.
wrong-headed /ˌrɒŋˈhedɪd, AE ˌrɔːŋ-/ agg. **1** *(stubborn)* [*person*] testardo **2** *(perverse)* [*policy, decision*] sbagliato.
wrongly /ˈrɒŋlɪ, AE ˈrɔːŋ-/ avv. [*word, position, translate*] male, in modo sbagliato; ***he concluded, ~, that...*** erroneamente *o* a torto, ha concluso che...; ***rightly or ~*** a torto o a ragione.
wrote /rəʊt/ pass. → **write.**
wrought /rɔːt/ **I** pass., p.pass. ANT. LETT. O GIORN. → **2.work;** ***it ~ havoc*** o ***destruction*** causò distruzione; ***the changes ~ by sth.*** i cambiamenti apportati da qcs. **II** agg. **1** [*silver, gold*] lavorato **2** *(devised)* ***finely, carefully ~*** [*plot, essay*] finemente, accuratamente elaborato.
wrought iron n. ferro m. battuto.
wrung /rʌŋ/ pass., p.pass. → **2.wring.**
wry /raɪ/ agg. **1** *(ironic)* [*look, comment*] beffardo, canzonatorio, sarcastico; [*amusement*] amaro; ***to have a ~ sense of humour*** avere un umorismo amaro **2** *(disgusted)* ***to make a ~ face*** fare una smorfia (di disgusto).
wt ⇒ weight peso.
WTO n. (⇒ World Trade Organization organizzazione mondiale del commercio) WTO m.
WWI ⇒ World War One prima guerra mondiale.
WWII ⇒ World War Two seconda guerra mondiale.
WWW n. (⇒ World Wide Web ragnatela mondiale, protocollo di ricerca in internet) WWW m.
Wyoming /ˌwaɪˈəʊmɪŋ/ ➧ ***24*** n.pr. Wyoming m.
WYSIWYG /ˈwɪzɪwɪg/ n. INFORM. (⇒ what you see is what you get ciò che vedi è cio che ottieni) WYSIWYG m.

X

x, X /eks/ n. **1** *(letter)* x, X m. e f. **2 x** MAT. x f. **3 x** *(unspecified number, place)* ***for ~ people*** per x persone **4 X** *(anonymous person)* ***Mr X*** il sig. X **5 X** *(on map)* ***X marks the spot*** il punto è segnalato da una croce **6 x** *(at end of letter)* ***x x x*** baci **7 X** *(as signature)* croce f.
Xanthippe /zæn'θɪpɪ/ n.pr. Santippe.
Xavier /'xævɪə(r)/ n.pr. Saverio.
X certificate I n. BE ***the film was given an ~*** il film fu vietato ai minori di 18 anni **II** modif. [*film*] vietato ai minori di 18 anni.
xenophobe /'zenəfəʊb/ n. xenofobo m. (-a).
xenophobia /ˌzenə'fəʊbɪə/ n. xenofobia f.
xenophobic /ˌzenə'fəʊbɪk/ agg. xenofobico, xenofobo.
Xenophon /'zenəfən/ n.pr. Senofonte.
1.xerox, Xerox® /'zɪərɒks/ n. **1** *(machine)* xerocopiatrice f. **2** *(process)* (il) fare xerocopie **3** *(copy)* xerocopia f.
2.xerox, Xerox® /'zɪərɒks/ tr. xerocopiare.
Xerxes /'zɜ:ksi:z/ n.pr. Serse.
Xmas /'krɪsməs, 'eksməs/ n. → **Christmas**.
X rated agg. [*film, video*] vietato ai minori di 18 anni.
1.X-ray /'eksreɪ/ n. **1** ***~s*** raggi X **2** *(photo)* radiografia f. **3** *(process)* radiografia f.; ***to have an ~*** farsi (fare) una radiografia; ***to give sb. an ~*** fare una radiografia a qcn.
2.X-ray /'eksreɪ/ tr. radiografare, sottoporre a radiografia.
X-ray machine n. apparecchio m. per radiografia.
X-ray unit n. divisione f., unità f. di radiologia.
xylograph /'zaɪləgrɑ:f, AE -græf/ n. xilografia f.
xylographer /zaɪ'lɒgrəfə(r)/ ♦ *27* n. xilografo m. (-a).
xylography /zaɪ'lɒgrəfɪ/ n. xilografia f.
xylophone /'zaɪləfəʊn/ ♦ *17* n. xilofono m.
xylophonist /zaɪ'lɒfənɪst/ ♦ *17, 27* n. xilofonista m. e f.

y

y, **Y** /waɪ/ n. **1** *(letter)* y, Y m. e f. **2 y** MAT. y f. **3 y.** ⇒year anno (a.).

1.yacht /jɒt/ **I** n. yacht m., panfilo m. **II** modif. [*crew*] dello yacht; [*race*] di yacht; ***~ club*** yacht club, circolo nautico.

2.yacht /jɒt/ intr. navigare su yacht, su panfilo.

yachting /ˈjɒtɪŋ/ ➧ ***10*** **I** n. yachting m., navigazione f. da diporto; ***to go ~*** fare yachting **II** modif. [*clothes*] per lo yachting; [*enthusiast*] dello yachting; [*course*] di yachting; [*holiday*] in yacht.

1.yack /jæk/ n. COLLOQ. **1** *(chat)* ***to have a ~*** cianciare, chiacchierare **2** AE *(loud laugh)* risata f. crassa.

2.yack /jæk/ intr. COLLOQ. cianciare, chiacchierare.

1.yahoo /jəˈhuː/ n. bruto m., bestia f.

2.yahoo /jəˈhuː/ inter. urrà.

1.yak /jæk/ n. ZOOL. yak m.

2.yak /jæk/ → **1.yack**, **2.yack**.

Yale® /jeɪl/ n. (anche **Yale lock**) serratura f. yale.

yam /jæm/ n. **1** *(tropical)* igname m. **2** AE *(sweet potato)* patata f. dolce, batata f.

yammer /ˈjæmə(r)/ tr. COLLOQ. brontolare, borbottare.

1.yank /jæŋk/ n. strattone m.

2.yank /jæŋk/ tr. dare uno strattone a, strattonare.

▪ **yank off:** ~ ***[sth.] off***, ~ ***off [sth.]*** tirare via [*tie, scarf*].

Yank /jæŋk/ n. COLLOQ. SPREG. Yankee m. e f., americano m. (-a) degli Stati Uniti.

Yankee /ˈjæŋkɪ/ n. **1** AE *(inhabitant of New England)* nativo m. (-a), abitante m. e f. della Nuova Inghilterra; *(of North)* nativo m. (-a), abitante m. e f. del nord degli Stati Uniti **2** STOR. *(soldier)* nordista m. **3** SPREG. *(North American)* yankee m. e f.

1.yap /jæp/ n. abbaio m. (acuto); ***~ ~!*** *(of person)* bla bla!

2.yap /jæp/ intr. (forma in -ing ecc. **-pp-**) **1** [*dog*] abbaiare (con abbai brevi e acuti) **2** SPREG. [*person*] *(chatter)* ciarlare; *(talk foolishly)* parlare a vanvera.

yapping /ˈjæpɪŋ/ **I** n. **U** abbai m.pl. (acuti), guaiti m.pl. **II** agg. [*dog*] che abbaia, guaisce.

1.yard /jɑːd/ ➧ ***15*** n. **1** iarda f. (= 0,9144 m) **2** FIG. ***he writes poetry by the ~*** scrive pagine e pagine di poesia **3** MAR. pennone m.

2.yard /jɑːd/ **I** n. **1** *(of house, farm, etc.)* cortile m. **2** AE *(garden)* prato m., giardino m. **3** *(for storage)* deposito m., magazzino m.; *(for construction)* cantiere m. **II Yard** n.pr. BE ***the ~*** Scotland Yard (sede della polizia metropolitana di Londra).

yardstick /ˈjɑːdstɪk/ n. FIG. metro m., criterio m. di giudizio, parametro m.

yarn /jɑːn/ n. **1** TESS. filo m., filato m. **2** *(tale)* storia f., racconto m.

yarrow /ˈjærəʊ/ n. millefoglio m.

yashmak /ˈjæʃmæk/ n. velo m. delle donne islamiche.

yaw /jɔː/ intr. **1** MAR. straorzare **2** AER. imbardare.

yawl /jɔːl/ n. yawl m., iolla f.

1.yawn /jɔːn/ n. sbadiglio m.; ***to give a ~*** sbadigliare, fare uno sbadiglio; ***what a ~!*** COLLOQ. FIG. che barba *o* pizza!

2.yawn /jɔːn/ intr. **1** [*person*] sbadigliare **2** FIG. [*abyss, chasm*] aprirsi.

yawning /ˈjɔːnɪŋ/ **I** n. sbadigli m.pl., sbadigliamento m. **II** agg. [*chasm*] aperto; ***the ~ gap between the two countries*** FIG. il grosso divario *o* l'abisso tra i due paesi.

yaws /jɔːz/ n. + verbo sing. framboesia f.

yd ⇒yard iarda (yd).

1.ye /jiː/ pron. ANT. voi.

2.ye /jiː/ determ. ANT. LETT. → **the**.

yea /jeɪ/ **I** avv. ANT. sì **II** n. POL. ***the ~s and the nays*** i sì e i no, i voti favorevoli e i contrari.

yeah /jeə/ avv. COLLOQ. sì.

year /jɪə(r), jɜː(r)/ ➧ ***33, 1*** **I** n. **1** anno m.; ***six ~s ago*** sei anni fa; ***all (the) ~ round*** tutto l'anno; ***over the ~s*** nel corso degli anni; ***the ~ before last*** due anni fa; ***~ by ~*** di anno in anno; ***~ in ~ out*** tutti gli anni, un anno dopo l'altro; ***I shall retire in two ~s*** andrò in pensione tra due anni; ***for the first time in ~s*** per la prima volta da anni; ***it was a ~ ago last May that...*** a maggio ha fatto un anno che…; ***it will be two ~s in July since he died*** a luglio saranno due anni che è morto; ***it's a ~ since I heard from him*** è un anno che non lo sento; ***in all my ~s as a journalist*** in tutta la mia carriera da giornalista; ***to earn £ 30,000 a ~*** guadagnare 30.000 sterline l'anno; ***rainy ~*** annata piovosa **2** *(indicating age)* ***to be 9 ~s old*** o ***9 ~s of age*** avere 9 anni; ***a two~-old child*** un bambino di due anni **3** BE SCOL. *(pupil)* ***first, third ~*** alunno di prima, di terza **II years** n.pl. **1** *(age)* anni m., età f.sing.; ***from her earliest ~s*** fin dalla più tenera età **2** COLLOQ. *(a long time)* ***but that would take ~s!*** ma (così) ci vorrebbe un'eternità! ***it's ~s since we last met!*** è una vita che non ci vediamo! ♦ ***this job has put ~s on me!*** questo lavoro mi ha fatto invecchiare!

yearbook /ˈjɪəbʊk, ˈjɜː-/ n. annuario m. (anche AE SCOL. UNIV.).

yearly /ˈjɪəlɪ, ˈjɜː-/ **I** agg. [*visit*] annuale; [*income*] annuo **II** avv. annualmente, ogni anno.

yearn /jɜːn/ intr. **1** *(desire)* ***to ~ for*** desiderare (ardentemente) [*child*]; agognare [*freedom*]; aspettare impazientemente [*event*]; ***to ~ to do*** desiderare ardentemente fare **2** *(miss)* ***she ~s for her son*** sente la nostalgia del *o* le manca il figlio.

yearning /ˈjɜːnɪŋ/ **I** n. desiderio m. ardente, brama f. (**for** di) **II yearnings** n.pl. desideri m., aspirazioni f. **III** agg. [*expression*] desideroso, pieno di desiderio.

year out n. anno m. di pausa (prima dell'università).

year-round /ˌjɪəˈraʊnd, ˌjɜː-/ agg. [*supply, source*] che dura tutto l'anno.

yeast /jiːst/ n. lievito m., fermento m.

1.yell /jel/ n. *(shout)* grido m., strillo m.; *(of rage, pain)* urlo m.; ***to give*** o ***let out a ~ of delight*** urlare di gioia.

2.yell /jel/ tr. e intr. urlare, gridare.

yelling /ˈjelɪŋ/ **I** n. urla f.pl., grida f.pl. **II** agg. [*crowd*] urlante.

1.yellow /ˈjeləʊ/ ➧ **5** **I** agg. **1** *(in colour)* giallo; ***to go*** o ***turn ~*** diventare giallo, ingiallire; ***the lights are on ~*** AE il semaforo è giallo **2** COLLOQ. *(cowardly)* codardo **II** n. giallo m.

2.yellow /ˈjeləʊ/ tr. e intr. ingiallire.
yellow-belly /ˈjeləʊˌbelɪ/ n. COLLOQ. codardo m. (-a).
yellow card n. SPORT cartellino m. giallo.
yellow fever ➧ *11* n. febbre f. gialla.
yellowish /ˈjeləʊwɪʃ/ agg. giallastro.
yellow metal n. *(brass)* = lega molto malleabile di rame e zinco; *(gold)* metallo m. giallo.
Yellow Pages® n.pr.pl. pagine f. gialle®.
yellowy /ˈjeləʊwɪ/ agg. giallognolo, giallastro, gialliccio.
1.yelp /jelp/ n. *(of animal)* guaito m.; *(of person)* gemito m., gridolino m.
2.yelp /jelp/ intr. [*animal*] guaire; [*person*] gemere, gridare con voce stridula (**with** per).
Yemeni /ˈjemənɪ/ ➧ *18* **I** agg. yemenita **II** n. yemenita m. e f.
1.yen /jen/ ➧ *7* **I** n. yen m. **II** modif. [*trading, value*] in yen.
2.yen /jen/ n. COLLOQ. ***to have a ~ for sth., to do*** morire dalla voglia di qcs., di fare.
yeoman /ˈjəʊmən/ n. (pl. **-men**) **1** GB STOR. (anche **~ farmer**) yeoman m. **2** GB MIL. STOR. = cavaliere volontario membro del corpo militare chiamato yeomanry; ***~ of the guard*** = guardiano della Torre di Londra.
yep /jep/ avv. AE COLLOQ. sì.
1.yes /jes/ Note that there are no direct equivalents in Italian for short replies such as *yes I am, yes I did, yes I have.* For some suggestions on how to translate these, see the notes at **be**, **1.do** and **1.have**. avv. sì; ***to say ~*** dire (di) sì; ***~ please*** sì, grazie.
2.yes /jes/ n. sì m.; *(vote)* sì m., voto m. favorevole; ***the ~es and the nos*** i sì e i no.
yes-man /ˈjesmæn/ n. (pl. **yes-men**) COLLOQ. SPREG. yes-man m.
yesterday /ˈjestədeɪ, -dɪ/ ➧ *8, 36* **I** n. **1** ieri m.; ***~'s newspaper*** il giornale di ieri; ***~ was Monday, the third of May*** ieri era lunedì, il tre maggio; ***what was ~'s date?*** quanti ne avevamo ieri? che data era ieri? ***the day before ~*** l'altroieri **2** FIG. *(the past)* ***~'s fashions*** la moda passata *o* di ieri; ***~'s men*** gli uomini del passato; ***all our ~s*** tutto il nostro passato **II** avv. **1** ieri; ***all day ~*** tutto ieri; ***it was ~ week*** è stato ieri a otto; ***it was a week ~*** è stato una settimana ieri; ***early, late ~*** ieri sul presto, sul tardi **2** FIG. *(in the past)* ieri, un tempo.
yesterday afternoon I n. ***~'s meeting*** la riunione di ieri pomeriggio **II** avv. ieri pomeriggio.
yesterday evening I n. ***~'s party*** la festa di ieri sera **II** avv. ieri sera.
yesterday morning I n. ***~'s lecture*** la lezione di ieri mattina **II** avv. ieri mattina.
yet /jet/ **I** avv. **1** *(up till now, so far: with negatives)* ancora, finora; *(in questions)* già; *(with superlatives)* finora, fino ad adesso; ***it's not ready ~, it's not ~ ready*** non è ancora pronto; ***has he arrived ~?*** è già arrivato? ***not ~*** non ancora, finora no; ***it's the best ~*** finora è il migliore **2** (anche **just ~**) ancora, subito; ***don't start (just) ~*** non cominciare ancora *o* subito **3** *(still)* ancora; ***he may ~ come*** potrebbe ancora arrivare; ***the news has ~ to reach him*** non ha ancora ricevuto la notizia; ***the as ~ unfinished building*** l'edificio ancora in costruzione; ***it'll be ages ~ before...*** passeranno dei secoli prima...; ***he won't come for hours ~*** passeranno ore prima che arrivi; ***there are two more packets ~*** ci sono ancora altri due pacchetti **4** *(even, still: with comparatives etc.)* ancora; ***~ more cars*** ancora più automobili; ***~ louder*** ancora più forte; ***~ another attack*** ancora un altro attacco; ***~ again*** ancora una volta **II** cong. *(nevertheless)* tuttavia, eppure, ma; ***so strong (and) ~ so gentle*** così forte eppure così delicato.
yew /juː/ n. **1** (anche **~ tree**) tasso m. **2** *(wood)* (legno di) tasso m.
Y-fronts /ˈwaɪˌfrʌnts/ n.pl. BE = slip da uomo con cucitura a Y sul davanti.
YHA n. GB (⇒ Youth Hostels Association) = associazione degli ostelli della gioventù.
Yiddish /ˈjɪdɪʃ/ ➧ *14* **I** agg. yiddish **II** n. yiddish m.
1.yield /jiːld/ n. **1** *(amount produced)* produzione f., prodotto m.; *(of tree, field)* raccolto m.; ***the annual milk ~*** la produzione annuale di latte **2** ECON. *(of shares, etc.)* rendita f., rendimento m. (**from**, **on** di).
2.yield /jiːld/ **I** tr. **1** *(produce)* [*animal, land, mine*] produrre **2** ECON. rendere, fruttare **3** *(provide)* fornire, dare [*information, result*]; dare [*meaning, clue*]; svelare [*secret*] **4** *(surrender)* cedere; ***to ~ ground to*** MIL. cedere terreno a (anche FIG.) **II** intr. **1** *(to person, temptation, threats)* cedere; *(to army, arguments)* arrendersi; ***to ~ to persuasion*** lasciarsi persuadere **2** *(under weight, pressure)* cedere **3** *(be superseded)* ***to ~ to*** [*technology*] cedere il passo a; [*countryside*] lasciare il posto a **4** *(be productive)* ***to ~ well, poorly*** avere un buon, cattivo rendimento **5** AE AUT. dare la precedenza.
▪ **yield up** svelare [*secret*]; consegnare [*treasure*].
yielding /ˈjiːldɪŋ/ agg. *(accommodating)* accomodante; *(submissive)* remissivo, docile.
yippee /ˈjɪpiː/ inter. COLLOQ. (h)urrà, evviva.
Y2K I n. (anno) duemila m. **II** modif. ***~ bug*** millennium bug; ***~ compatible*** a prova di millennium bug.
YMCA n. (⇒ Young Men's Christian Association associazione cristiana dei giovani) YMCA f.
yob /jɒb/, **yobbo** /ˈjɒbəʊ/ n. (pl. **~s**) BE COLLOQ. SPREG. teppista m. e f.
yoga /ˈjəʊgə/ ➧ *10* **I** n. yoga m. **II** modif. [*class, teacher*] di yoga.
yoghurt /ˈjɒgət, AE ˈjəʊgərt/ n. yogurt m.
yogi /ˈjəʊgɪ/ n. yogi m. e f.
1.yoke /jəʊk/ n. **1** *(for oxen)* giogo m.; *(for person)* bicollo m., bilanciere m.; FIG. giogo m. **2** *(pair of oxen)* giogo m. **3** SART. sprone m.
2.yoke /jəʊk/ tr. **1** (anche **~ up**) aggiogare [*oxen*]; apparigliare [*horses*] **2** FIG. (anche **~ together**) unire, accoppiare.
yokel /ˈjəʊkl/ n. SPREG. bifolco m.
yolk /jəʊk/ n. tuorlo m.
yonder /ˈjɒndə(r)/ **I** agg. ANT. o LETT. *(this, that)* quello **II** avv. ANT. o LETT. là; ***up ~*** lassù; ***over ~*** laggiù.
yonks /jɒŋks/ n.pl. BE COLLOQ. ***I haven't seen him for ~*** è una vita che non lo vedo.
yoof /juːf/ COLLOQ. **I** n. *(young people)* ***the ~*** i giovani **II** modif. [*culture, TV*] giovane, dei giovani.
yore /jɔː(r)/ n. LETT. ***in days of ~*** in passato, un tempo.
you /*forma debole* jʊ, *forma forte* juː/ pron. **1** *(subject, vocative) (singular: informal)* tu; *(singular: polite)* lei; *(plural: informal)* voi; *(plural: polite)* loro; ***~'ve seen it*** l'hai visto, l'ha visto, lo avete visto, l'hanno visto; ***here ~ are*** eccoti, ecco a lei, eccovi, ecco a loro; ***I love ballet but ~ don't*** io amo il balletto ma tu, lei, voi, loro no; ***~ and I went to the concert*** io e te, io e lei, io e voi andammo al concerto; ***~ who...*** tu, lei, voi, loro che...; ***~ who see*** tu che vedi, lei che vede, voi che vedete, loro che vedono; ***~ English*** voi inglesi; ***~ two can stay*** voi due potete restare; ***do ~ people smoke?*** voi fumate? **2** *(predicative)* ***oh, it's ~ Ann*** ah, sei tu, Ann; ***if I were ~...*** se fossi in te, al tuo posto... **3** *(direct object) (singular: informal)* ti, te; *(singular: polite)* la, lei; *(plural: informal)* vi, voi; *(plural: polite)* li, loro; ***I saw ~ on Monday*** ti ho visto, l'ho vista, vi, li ho visti lunedì; *(emphatic)* ho visto te, lei, voi, loro lunedì; ***I know ~, not him*** conosco te, lei, voi, loro, non lui; ***he'll let ~ go*** ti, la, vi, li lascerà andare; ***her parents don't want ~ to go out with her*** i suoi genitori non vogliono che tu esca con lei **4** *(indirect object) (singular: informal)* ti, a te; *(singular: polite)* le, a lei; *(plural: informal)* vi, a voi; *(plural: polite)* (a) loro; ***I gave ~ the book*** ti, le, vi ho dato il libro, ho dato loro il libro; ***I gave it to ~*** te lo, glielo, ve lo diedi, lo diedi loro **5** *(after preposition) (singular: informal)* te; *(singular: polite)* lei; *(plural: informal)* voi; *(plural: polite)* loro; ***it's for ~*** è per te, lei, voi, loro; ***he came with ~*** è venuto con te, lei, voi, loro; ***he's taller than ~*** è più alto di te, lei, voi, loro **6** COLLOQ. ***I don't like ~ interfering in my affairs*** non mi piace che tu, lei si intrometta, che voi vi intromettiate, che loro si intromettano nei miei affari; ***don't ~ talk to me like that!*** non mi parlare in questo modo! ***~ idiot!*** razza d'imbecille! stupido che non sei altro! **7** *(impersonal)* ***~ never know!*** non si sa mai! ***sweets give ~ spots*** i dolci fanno venire i brufoli ♦ ***there's a manager for ~*** COLLOQ. IRON. ecco il direttore che fa per te *o* al caso tuo.
you'd /juːd/ contr. you had, you would.
you-know-what /ˌjuːnəʊˈwɒt, AE -ˈhwɒt/ pron. COLLOQ. tu-sai-cosa.

you

- In English *you* is used to address everybody, whereas Italian has three forms: *tu, voi* and *Lei*.
- The usual word to use when you are speaking to anyone you do not know very well is *Lei*, which is sometimes called the *polite form*. *Lei* is used for the subject and emphatic pronouns and after prepositions, while the direct and indirect object pronouns are *La* (*L'* before *h* or a vowel) and *Le*:

do you often go to the cinema?	=	Lei va spesso al cinema?
I'll help you to fill the form in a minute	=	L'aiuterò a riempire il modulo tra un attimo
I told you he's not at home	=	Le ho detto che non è in casa
what can I do for you?	=	che cosa posso fare per Lei?
you told me!	=	Lei me l'ha detto! / me l'ha detto Lei!

Lei is followed by the 3rd person singular of the verb. When *Lei* forms are used, adjectives and past participles related to them agree with the natural, not the grammatical gender of the persons referred to: *You are very generous, Sir!* = Lei è molto generoso, signore! *You have been cheated by your son, Mr Brown* = Lei è stato ingannato da Suo figlio, signor Brown.

In formal Italian, the polite form to be used when speaking to more than one person is *Loro* (i.e. the plural of *Lei*), followed by the 3rd person plural of the verb: *Ladies and Gentlemen, you certainly know that...* = Signore e Signori, Loro certamente sapranno che...

As a general rule, when talking to an Italian person use *Lei*, wait to see how they address you and follow suit. It is safer to wait for the Italian person to suggest using *tu*. The suggestion will usually be phrased as *possiamo darci del tu? perché non ci diamo del tu?* or *diamoci del tu!*

- The more informal pronoun *tu* is used between close friends and family members, within groups of children and young people, by adults when talking to children and always when talking to animals; *tu* is the subject form (also for emphatic use), the direct and indirect object form is *ti* and the form for use after a preposition is *te*:

do you often go to the cinema?	=	tu vai spesso al cinema?
I'll help you to fill the form in a minute	=	ti aiuterò a riempire il modulo tra un attimo
I told you he's not at home	=	ti ho detto che non è in casa
what can I do for you?	=	che cosa posso fare per te?
you told me!	=	tu me l'hai detto! / me l'hai detto tu!

- When *you* is used as a plural pronoun, it is translated by *voi* in Italian; *voi* is used for the subject and emphatic pronouns and after prepositions, while the direct and indirect object pronoun is *vi*:

do you often go to the cinema?	=	voi andate spesso al cinema?
I'll help you to fill the form in a minute	=	vi aiuterò a riempire il modulo tra un attimo
I told you he's not at home	=	vi ho detto che non è in casa
what can I do for you?	=	che cosa posso fare per voi?
you told me!	=	voi me l'avete detto! / me l'avete detto voi!

- Remember that in Italian the subject pronoun is very often understood: *you're always late* = sei sempre in ritardo / siete sempre in ritardo / è sempre in ritardo. When used in emphasis, however, the subject pronoun is stressed, and is placed either at the beginning or at the end of the sentence:

you killed her!	=	tu l'hai uccisa! / voi l'avete uccisa! / Lei l'ha uccisa!
you should have told me	=	avresti dovuto dirmelo tu / avreste dovuto dirmelo voi / avrebbe dovuto dirmelo Lei.

- Note that in Italian the direct and indirect object pronouns are normally placed before the verb (unless a non-finite form is used):

Mary knows you	=	Mary ti conosce / vi conosce / La conosce.
may I drive you home?	=	posso accompagnarti / accompagnarvi / accompagnarLa a casa?

- When used in emphasis as a direct object pronoun, *you* is translated by *te* (not *ti*), *voi* (not *vi*) or *Lei* (not *La*), which come after the verb:

the boss praised you, not Charles	=	il capo ha lodato te / voi / Lei, non Charles.

- The indirect object pronoun is also modified in Italian when another pronoun is present as well; *ti* becomes *te, vi* becomes *ve*, and *Le* becomes *Glie*: compare *I had told you that...* = ti / vi / Le avevo detto che... and *I had told you about it* = te lo / ve lo / Glielo avevo detto.
- Remember that a verb followed by a particle or a preposition in English may correspond to a verb followed by a direct object in Italian, and vice versa, e.g. *to look at somebody* vs guardare qualcuno and *to distrust somebody* vs dubitare di qualcuno:

they are looking at you	=	ti / vi / La stanno guardando
they distrust you	=	dubitano di te / voi / Lei.

- When translating *it's you...*, the subject pronoun forms are used in Italian:

it was you who told him	=	sei stato tu / siete stati voi / è stato Lei a dirglielo.

- When *you* is used after *as* or *than* in comparative clauses, it is translated by *te, voi* o *Lei*:

she's as pretty as you	=	è carina come te / voi / Lei
she's younger than you	=	è più giovane di te / voi / Lei.

- In compound tenses like the present perfect and the past perfect, the past participle agrees in number and gender with the direct object:

I saw you on Saturday

(to one male or female: polite form)	=	L'ho vista sabato
(to one male: informal form)	=	ti ho visto sabato
(to one female: informal form)	=	ti ho vista sabato
(to two or more people, male or mixed)	=	vi ho visti / visto sabato
(to two or more females)	=	vi ho viste / visto sabato.

Note that in everyday Italian the past participle in the invariable masculine form is very often used instead of the plural masculine and feminine ones.

- When *you* is used impersonally as the more informal equivalent of *one*, it is translated by *si*:

you can do as you like here	=	qui si può fare quello che si vuole
you drink a lot of beer in Britain, don't you?	=	si beve molta birra in Gran Bretagna, vero?

- For particular usages see the entry **you**.

you-know-who /ˌjuːnəʊˈhuː/ pron. COLLOQ. tu-sai-chi.

you'll /juːl/ contr. you will.

young /jʌŋ/ **I** agg. giovane; ***~ at heart*** giovane di spirito; ***he is six years ~er than me*** è sei anni più giovane di me; ***I feel ten years ~er*** mi sento ringiovanito di dieci anni; ***in my ~er days*** quand'ero giovane; ***you're only ~ once!*** si è giovani una volta sola! ***children as ~ as two years old*** bambini di appena due anni; ***Mr Brown the ~er, the ~er Mr Brown*** Brown il giovane; *(Mr Brown's son)* Brown figlio; ***~ lady*** giovane donna; ***~ man*** giovanotto; ***~ people*** i giovani; ***~ person*** giovane; ***~ fashion*** moda giovane; ***the ~er generation*** la nuova generazione; ***her ~er brother*** suo fratello minore; ***the two ~er children*** i due bambini più piccoli; ***I'm not as ~ as I used to be*** non ho più vent'anni **II** n. **1** *(young people)* ***the ~*** + verbo pl. i giovani, la gioventù; ***for ~ and old (alike)*** per i vecchi e per i giovani **2** *(animal's offspring)* + verbo pl. piccoli m.pl.

your

- When translating *your*, remember that in Italian possessives, like most other adjectives, agree in gender and number with the noun they qualify, not as in English with the possessor they refer to; *your* is translated by *tuo* + masculine singular noun (*your neighbour, your dog* = il tuo vicino, il tuo cane), *tua* + feminine singular noun (*your teacher, your house* = la tua maestra, la tua casa), *tuoi* + masculine plural noun (*your children, your books* = i tuoi figli, i tuoi libri), and *tue* + feminine plural noun (*your friends, your shoes* = le tue amiche, le tue scarpe).
- When *your* is used to refer to more than one person, the translation is *vostro* + masculine singular noun (*your neighbour, your dog* = il vostro vicino, il vostro cane), *vostra* + feminine singular noun (*your teacher, your house* = la vostra maestra, la vostra casa), *vostri* + masculine plural noun (*your children, your books* = i vostri figli, i vostri libri), and *vostre* + feminine plural noun (*your friends, your shoes* = le vostre amiche, le vostre scarpe).
- When *your* is used as a polite form when speaking to anyone you do not know very well, the translation is *Suo* + masculine singular noun (*your neighbour, your dog* = il Suo vicino, il Suo cane), *Sua* + feminine singular noun (*your teacher, your house* = la Sua mae-stra, la Sua casa), *Suoi* + masculine plural noun (*your children, your books* = i Suoi figli, i Suoi libri), and *Sue* + feminine plural noun (*your friends, your shoes* = le Sue amiche, le Sue scarpe).
- In formal Italian *Loro*, i.e. the plural form of *Suo*, is the polite form to be used when speaking to more than one person; the definite article preceding *Loro* will have to agree with the noun referred to, so that one will find *il Loro* (masculine singular), *la Loro* (feminine singular), *i Loro* (masculine plural), *le Loro* (feminine plural), as in the following example: *Dear Mr and Mrs Fitzpatrick, this is to inform you that your daughter has just arrived at St. Francis' College* = Egregi Signori Fitzpatrick, la Loro figlia è appena giunta al St. Francis' College.
- For a full note on the use of the *tu, voi* and *Lei* forms in Italian, see the entry **you**.
- The above examples also show that Italian possessives, unlike English ones, are normally preceded by an article.
- When *own* is used after *your* to intensify the meaning of the possessive, it is not usually translated in Italian:

mind your own business!	=	pensa ai fatti tuoi! / pensate ai fatti vostri! / pensi ai fatti Suoi!

- When *your* is used before nouns indicating parts of the body, garments, relatives, food and drink etc., Italian has an article instead: *you had your hair cut* = ti sei fatta tagliare i capelli; *don't keep your hat on!* = non tenete il cappello! *you have eaten up your soup, but we haven't* = voi avete finito la minestra, ma noi no; *you are in your forties, aren't you?* = Lei ha passato i quaranta, vero?
- When *you* and *your* are used impersonally as the more informal equivalents of *one* and *one's*, *your* is not translated at all in Italian:

you buy your tickets at the door	=	i biglietti si comprano all'entrata.

young blood n. FIG. nuova linfa f.
youngish /'jʌŋɪʃ/ agg. piuttosto giovane.
young-looking /ˌjʌŋ'lʊkɪŋ/ agg. ***to be ~*** essere giovanile, dimostrare meno della propria età.
young offender n. delinquente m. e f. minorile.
youngster /'jʌŋstə(r)/ n. **1** *(young person)* giovane m. e f. **2** *(child)* bambino m. (-a).
your /jɔ:(r), jʊə(r)/ determ. **1** *(of one person: informal)* tuo; *(of one person: polite)* suo; *(of more than one person: informal)* vostro; *(of more than one person: polite)* loro; ***~ book*** il tuo, suo, vostro, loro libro; ***~ friends*** i tuoi, suoi, vostri, loro amici; ***you and ~ sister*** tu e tua sorella; ***you and ~ sons*** voi e i vostri figli; ***it was ~ fault*** era colpa tua, sua, vostra, loro; ***you broke ~ nose*** ti sei rotto, (lei) si è rotto il naso **2** *(impersonal)* ***smoking is bad for ~ health*** fumare fa male *o* nuoce alla salute.
you're /jʊə(r), jɔ:(r)/ contr. you are.
yours /jɔ:z, jʊəz/ In Italian, possessive pronouns have the same forms as the corresponding adjectives, are usually preceded by an article, and reflect the gender and number of the noun they are standing for. So *yours* is translated by *il tuo, la tua, i tuoi, le tue*, according to what is being referred to: *my book and yours* = il mio libro e il tuo; *the blue car is yours* = la macchina blu è la tua; *his children are younger than yours* = i suoi bambini sono più giovani dei tuoi; *my shoes are brown, while yours are black* = le mie scarpe sono marroni, mentre le tue sono nere. - When *yours* is used to refer to more than one person, it is translated by *il vostro, la vostra, i vostri, le vostre*, according to what is being referred to: *my boss and yours* = il mio capo e il vostro; *this room is yours* = questa stanza è la vostra; *their children are younger than yours* = i loro bambini sono più giovani dei vostri; *my shoes are brown, while yours are black* = le mie scarpe sono marroni, mentre le vostre sono nere. - When *yours* is used as a polite form when speaking to anyone you do not know very well, it is translated by *il Suo, la Sua, i Suoi, le Sue*, according to what is being referred to: *my book and yours* = il mio libro e il Suo; *the blue car is yours* = la macchina blu è la Sua; *my children are younger than yours* = i miei bambini sono più giovani dei Suoi; *my shoes are brown, while yours are black* = le mie scarpe sono marroni, mentre le Sue sono nere. - *Yours* can also be used as a polite form when speaking to more than one person; in this case, the Italian equivalent is *il Loro, la Loro, i Loro* or *le Loro* according to the gender and number of the noun referred to: *my taxi and yours are waiting outside* = il mio taxi e il Loro stanno aspettando fuori. - For a full note on the use of the *tu, voi* and *Lei* forms in Italian, see the entry **you**. - Since Italian possessive adjectives, unlike English ones, may be preceded by an article, a demonstrative adjective or a numeral, an English possessive pronoun is often translated by an Italian possessive adjective: *a cousin of yours* = un tuo / vostro / Suo cugino; *that school friend of yours* = quel tuo / vostro / Suo compagno di scuola; *four books of yours* = quattro tuoi / vostri / Suoi libri. - For examples and particular usages, see the entry below. pron. *(of one person: informal)* (il) tuo, (la) tua; *(of one person: polite)* (il) suo, (la) sua; *(of more than one person)* (il) vostro, (la) vostra; ***my car is red but ~ is blue*** la mia auto è rossa ma la tua, sua, vostra è blu; ***which house is ~?*** qual è la tua, sua, vostra casa? ***he's a friend of ~*** è un tuo, suo, vostro amico; ***it's not ~*** non è tuo, suo, vostro; ***the money wasn't ~ to give away*** non dovevi, doveva, dovevate dare soldi non tuoi, non suoi, non vostri; ***~ was not an easy task*** il tuo, suo, vostro non è stato un compito facile; ***I'm fed up with that dog of ~!*** COLLOQ. sono stufo di quel tuo, vostro cagnaccio!
yourself /jɔ:'self, jʊə-/ Like the other *you* forms, *yourself* may be either an informal pronoun to be used between close friends and family members or a polite form to be used when speaking to anyone you do not know very well; therefore, *yourself* should be translated accordingly in Italian. - When used as a reflexive pronoun, direct and indirect, *yourself* is translated by *ti* or *Si* (polite form), which are always placed before the verb: *did you hurt yourself?* = ti sei fatto male? Si è fatto male? - In imperatives, however, *ti* is joined to the verb to form a single word: *help yourself!* = serviti! The polite form equivalent, in which the imperative is not to be used, is: Si serva! - When used as an emphatic to stress the corresponding personal pronoun, the translation is *tu / Lei stesso* or *anche tu / Lei*: *you said so yourself* = l'hai detto tu stesso, l'ha detto Lei stesso; *you're a stranger here yourself, aren't you?* = anche tu sei / Lei è forestiero da queste parti, non è vero? - When used after a preposition, *yourself* is translated by *te / Lei* or *te / Lei stesso*: *you can be proud of yourself* = puoi essere orgoglioso di te / te stesso, può essere orgoglioso di Lei / di Lei stesso. - For a full note

on the use of the *tu, voi* and *Lei* forms in Italian, see the entry **you**. - Note that the difference between *you* and *yourself* is not always made clear in Italian: compare *she's looking at you* = lei ti sta guardando and *you're looking at yourself in the mirror* = ti stai guardando allo specchio, or *Jane works for you* = Jane lavora per te and *you work for yourself* = tu lavori per te / te stesso. - *(All) by yourself* is translated by *da solo*, which means alone and/or without help. - For particular usages see below. pron. **1** *(reflexive) (informal)* ti, te, te stesso (-a); *(polite)* si, sé, se stesso (-a); *(after preposition) (informal)* te, te stesso (-a); *(polite)* sé, se stesso (-a); ***have you hurt ~?*** ti sei, si è fatto male? ***you were pleased with ~*** eri soddisfatto di te (stesso), era soddisfatto di sé, di se stesso **2** *(emphatic) (informal)* tu stesso (-a), te stesso (-a); *(polite)* lei stesso (-a); *(after preposition) (informal)* te, te stesso (-a); *(polite)* lei, lei stesso (-a); ***you ~ said that...*** tu stesso hai detto, lei stesso ha detto che...; ***for ~*** per te (stesso), per lei (stesso) **3** *(expressions)* ***(all) by ~*** tutto da solo, da te, da lei; ***you're not ~ today*** oggi non sei (in) te, non è lei, non è in sé.

yourselves /jɔ:ˈselvz, jʊə-/ Like the other *you* forms, *yourselves* may be either an informal pronoun to be used between close friends and family members or a polite form to be used when speaking to more than one person you do not know very well; therefore, *yourselves* should be translated accordingly in Italian. - When used as a reflexive pronoun, direct and indirect, *yourselves* is translated by *vi* or *Si* (polite form), which is always placed before the verb: *did you hurt yourselves?* = vi siete fatti male? / Si sono fatti male? - In imperatives, however, *vi* is joined to the verb to form a single word: *help yourselves!* = servitevi! The polite form equivalent, in which the imperative is not to be used, is: Si servano! - When used as an emphatic to stress the corresponding personal pronoun, the translation is *voi stessi* (masculine or mixed gender) / *voi stesse* (feminine gender) or *anche voi*: *you said so yourselves* = l'avete detto voi stessi; *you're strangers here yourselves, aren't you?* = anche voi siete forestieri da queste parti, non è vero? The equivalent polite forms with *Loro* - l'hanno detto Loro stessi, anche Loro sono forestieri da queste parti, non è vero? - are very rarely used in modern Italian. - When used after a preposition, *yourselves* is translated by *voi* or *voi stessi / voi stesse* or *Loro / Loro stessi*: *you can be proud of yourselves* = potete essere orgogliosi di voi / voi stessi, possono essere orgogliosi di Loro stessi. - For a full note on the use of the *tu, voi* and *Lei* forms in Italian, see the entry **you**. - Note that the difference between *you* and *yourselves* is not always made clear in Italian: compare *she's looking at you* = lei vi sta guardando and *you're looking at yourselves in the mirror* = vi state guardando allo specchio, or *Jane works for you* = Jane lavora per voi and *you work for yourselves* = voi lavorate per voi / voi stessi. - *(All) by yourselves* is translated by *da soli / da sole*, which means alone and/or without help. - For particular usages see below. pron. **1** *(reflexive)* vi; *(after preposition)* voi, voi stessi, voi stesse; ***have you hurt ~?*** vi siete fatti male? ***you were pleased with ~*** eravate soddisfatti di voi (stessi) **2** *(emphatic)* voi stessi, voi stesse; ***you ~ said that...*** voi stessi avete detto che...; ***for ~*** per voi (stessi) **3** *(expressions)* ***all by ~*** tutto da soli; ***you're not ~ today*** oggi non siete (in) voi.

youth /ju:θ/ **I** n. **1** *(young man)* giovane m.; ***a gang of ~s*** SPREG. una banda di giovinastri **2** *(being young)* giovinezza f., gioventù f.; ***in my ~*** da *o* quand'ero giovane, in gioventù; ***despite his ~*** malgrado la sua giovane età **3** *(young people)* ***the ~*** i giovani, la gioventù **II** modif. [*club, culture*] giovanile; [*TV, magazine*] per i giovani.

youthful /ˈju:θfl/ agg. **1** *(young)* [*person, team*] giovane **2** *(typical of youth)* [*enthusiasm, appearance*] giovanile; [*confusion*] della gioventù; ***he's very ~ for 65, he's a very ~ 65*** porta molto bene i suoi 65 anni.

youth hostel n. ostello m. della gioventù.

youth hostelling, youth hosteling AE n. = (il) viaggiare pernottando in ostelli della gioventù.

youth leader ♦ ***27*** n. animatore m. (-trice) di un gruppo di giovani.

youth work n. = assistenza sociale dei giovani a rischio.

youth worker ♦ ***27*** n. educatore m. (-trice).

you've /ju:v/ contr. you have.

yowl /jaʊl/ intr. [*dog*] ululare; [*cat*] gnaulare; [*baby*] frignare, piagnucolare (**with** di, per).

1.yo-yo® /ˈjəʊjəʊ/ **I** n. (pl. **~s**) **1** yo-yo® m. **2** AE COLLOQ. SPREG. *(fool)* tonto m. (-a) **II** modif. [*market*] fluttuante, instabile.

2.yo-yo® /ˈjəʊjəʊ/ intr. COLLOQ. [*prices, inflation*] fluttuare.

yr ⇒ year anno (a.).

yucca /ˈjʌkə/ n. yucca f.

yuck /jʌk/ inter. COLLOQ. puah.

yucky /ˈjʌkɪ/ agg. COLLOQ. schifoso.

Yugoslav /ˈju:gəʊslɑ:v/ ♦ ***18*** **I** agg. iugoslavo **II** n. iugoslavo m. (-a).

Yugoslavia /ˌju:gəʊˈslɑ:vɪə/ ♦ ***6*** n.pr. Iugoslavia f.

yuk → **yuck**.

yukky → **yucky**.

Yule log /ˈju:lˌlɒg/ n. ceppo m. di Natale.

Yuletide /ˈju:ltaɪd/ n. RAR. Natale m., feste f.pl. natalizie.

yummy /ˈjʌmɪ/ agg. COLLOQ. buonissimo, squisito.

yum-yum /ˌjʌmˈjʌm/ inter. gnam gnam.

yuppie /ˈjʌpɪ/ n. SPREG. yuppie m. e f.

yuppie flu ♦ ***11*** n. SPREG. = sindrome da affaticamento cronico.

yuppy → **yuppie**.

Yves /i:v/ n.pr. Ivo.

YWCA n. (⇒ Young Women's Christian Association associazione cristiana delle giovani) YWCA f.

Z

z, Z /zed, AE ziː/ n. z, Z m. e f.

Zach /zæk/ n.pr. diminutivo di **Zachariah**, **Zacharias**, **Zachary**.

Zachariah /ˌzækəˈraɪə/, **Zacharias** /ˌzækəˈraɪəs/, **Zachary** /ˈzækərɪ/ n.pr. Zaccaria.

Zairean /zɑːˈɪərɪən/ ➧ *18* **I** agg. zairese **II** n. zairese m. e f.

Zambian /ˈzæmbɪən/ ➧ *18* **I** agg. zambiano **II** n. zambiano m. (-a).

1.zap /zæp/ n. COLLOQ. energia f.

2.zap /zæp/ **I** tr. (forma in -ing ecc. **-pp-**) COLLOQ. **1** *(destroy)* distruggere [*town*]; eliminare, fare fuori [*person*]; abbattere [*animal*] **2** *(fire at)* sparare su [*person*] **3** INFORM. cancellare [*data*] **II** intr. (forma in -ing ecc. **-pp-**) COLLOQ. *(move quickly)* ***to ~ into town*** fare un salto in città; ***to ~ from channel to channel*** fare zapping, passare continuamente da un canale all'altro.

zapper /ˈzæpə(r)/ n. COLLOQ. telecomando m.

zeal /ziːl/ n. *(fanaticism)* fanatismo m.; *(religious)* fervore m.; *(enthusiasm)* ardore m., zelo m.

zealot /ˈzelət/ n. SPREG. fanatico m. (-a).

zealous /ˈzeləs/ agg. [*supporter*] appassionato, fervido, zelante; [*determination*] accanito; ***to be ~ to do*** essere solerte nel fare.

Zebedee /ˈzebɪdiː/ n.pr. Zebedeo.

zebra /ˈzebrə, ˈziː-/ n. zebra f.

zebra crossing n. BE passaggio m. pedonale, strisce f.pl. (pedonali), zebre f.pl.

zebu /ˈziːbuː/ n. zebù m.

Zen /zen/ n. zen m.

zenith /ˈzenɪθ/ n. zenit m.; FIG. apice m., apogeo m.

zephyr /ˈzefə(r)/ n. LETT. zefiro m.

1.zero /ˈzɪərəʊ/ ➧ *19* **I** n. (pl. **~s**) zero m. (anche MAT. METEOR.); ***above, below ~*** sopra, sotto zero **II** modif. [*altitude, gravity, growth, inflation*] zero; [*confidence, interest, development*] nessuno.

2.zero /ˈzɪərəʊ/ tr. azzerare.

■ **zero in 1** MIL. mirare; ***to ~ in on sth.*** mirare [*target*] **2** FIG. concentrarsi su [*problem*]; individuare [*option, person*]; localizzare [*place*].

zero-emission vehicle n. veicolo m. a emissione zero.

zero hour n. MIL. ora f. X (anche FIG.).

zero-rated /ˌzɪərəʊˈreɪtɪd/ agg. BE esente da IVA.

zero tolerance, **Zero tolerance** n. tolleranza f. zero.

zest /zest/ n. **1** *(enthusiasm)* gusto m., entusiasmo m.; ***~ for life*** gioia di vivere **2** *(piquancy)* sapore m. piccante; ***to add ~ to sth.*** aggiungere un po' di pepe a qcs. **3** BE *(of citrus fruit)* scorza f.

zester /ˈzestə(r)/ n. grattugialimoni m.

Zeus /zjuːs, AE zuːs/ n.pr. Zeus.

1.zigzag /ˈzɪgzæg/ **I** n. zigzag m. **II** modif. [*pattern, road*] a zigzag.

2.zigzag /ˈzɪgzæg/ intr. (forma in -ing ecc. **-gg-**) [*person, vehicle, road*] zigzagare, andare a zigzag; [*river*] serpeggiare; ***to ~ up*** salire zigzagando.

zilch /zɪltʃ/ n. AE COLLOQ. *(nothing)* (bel) niente m., zero m.

zillion /ˈzɪlɪən/ n. COLLOQ. ***~s of*** o ***a ~ things*** milioni e milioni *o* un'infinità di cose.

Zimbabwean /zɪmˈbɑːbwɪən/ ➧ *18* **I** agg. zimbabwiano **II** n. zimbabwiano m. (-a).

zimmer® /ˈzɪmə(r)/ n. BE (anche **~ aid**, **~ frame**) deambulatore m.

zinc /zɪŋk/ n. zinco m.

zinc ointment n. pomata f. allo zinco.

zinc oxide n. ossido m. di zinco.

1.zing /zɪŋ/ n. COLLOQ. **1** *(sound)* sibilo m. **2** *(energy)* dinamismo m., brio m.

2.zing /zɪŋ/ **I** tr. AE COLLOQ. *(criticize)* attaccare, demolire (a parole) **II** intr. COLLOQ. sibilare.

■ **zing along** AE COLLOQ. [*car*] sfrecciare.

zinnia /ˈzɪnɪə/ n. zinnia f.

Zion /ˈzaɪən/ n.pr. Sion f.

Zionism /ˈzaɪənɪzəm/ n. sionismo m.

Zionist /ˈzaɪənɪst/ **I** agg. sionista **II** n. sionista m. e f.

1.zip /zɪp/ n. **1** zip m. e f., (cerniera) lampo f.; ***to do up, undo a ~*** chiudere, aprire una lampo **2** COLLOQ. *(energy)* energia f. **3** *(sound)* sibilo m. **4** AE (anche **~ code**) codice m. di avviamento postale **5** AE COLLOQ. zero m.; ***to know ~ about sth.*** sapere niente di niente di qcs.

2.zip /zɪp/ **I** tr. (forma in -ing ecc. **-pp-**) **1** ***to ~ sth. open, shut*** aprire, chiudere la lampo di qcs. **2** INFORM. comprimere, zippare [*file*] **II** intr. (forma in -ing ecc. **-pp-**) COLLOQ. ***to ~ along, past*** sfrecciare; ***to ~ past sb., sth.*** passare come un fulmine davanti a qcn., qcs.

■ **zip on:** ***~ [sth.] on***, ***~ on [sth.]*** chiudere la cerniera di.

■ **zip through** ***to ~ through one's book, marking*** leggere, correggere i compiti alla veloce.

■ **zip up:** ***~ up*** [*garment, bag*] chiudersi con una lampo; ***~ [sb., sth.] up***, ***~ up [sb., sth.]*** chiudere la lampo [a qcn., di qcs.].

zip code n. AE codice m. di avviamento postale.

zip fastener n. zip m. e f., (cerniera) lampo f.

zip file n. file m. zippato.

zipper /ˈzɪpə(r)/ n. AE → **zip fastener**.

zippy /ˈzɪpɪ/ agg. COLLOQ. [*person*] vivace, brioso; [*vehicle*] scattante.

zircon /ˈzɜːkɒn/ n. zircone m.

zirconium /zəˈkəʊnɪəm/ n. zirconio m.

zit /zɪt/ n. COLLOQ. brufolo m.

zodiac /ˈzəʊdɪæk/ n. zodiaco m.

zombie /ˈzɒmbɪ/ n. zombi(e) m. e f. (anche FIG.).

zonal /ˈzəʊnl/ agg. [*administration*] zonale; [*boundary, organizer*] di zona; [*soil, climate*] zonale.

1.zone /zəʊn/ n. zona f.

2.zone /zəʊn/ tr. **1** *(divide)* dividere in zone, zonizzare **2** *(assign)* destinare; ***to be ~d for housing*** essere dichiarato zona residenziale.

zoning /ˈzəʊnɪŋ/ n. *(in urban planning)* divisione f. in zone, zonizzazione f.

zonked /zɒŋkt/ agg. COLLOQ. (anche **~ out**) *(tired)* cotto, stanco morto; *(drunk)* sbronzo; *(on drugs)* fatto.
zoo /zu:/ n. zoo m.
zoological /ˌzəʊəˈlɒdʒɪkl/ agg. zoologico.
zoological gardens n.pl. giardino m.sing. zoologico.
zoologist /zəʊˈɒlədʒɪst/ ♦ *27* n. zoologo m. (-a).
zoology /zəʊˈɒlədʒɪ/ n. zoologia f.
1.zoom /zu:m/ n. **1** *(of traffic)* frastuono m., rumore m. **2** FOT. (anche **~ lens**) zoom m.
2.zoom /zu:m/ intr. **1** COLLOQ. *(move quickly)* ***to ~ past*** sfrecciare; ***to ~ around*** sfrecciare per [*streets*]; ***he's ~ed off to Rome*** è partito in fretta e furia per Roma **2** COLLOQ. [*prices*] impennarsi, salire alle stelle **3** AER. [*plane*] cabrare.
■ **zoom in** CINEM. FOT. fare uno zoom, zumare.
■ **zoom out** CINEM. FOT. fare uno zoom indietro, zumare all'indietro.
zoomorphic /ˌzəʊəˈmɔ:fɪk/ agg. zoomorfo.
zoophile /ˈzəʊəfaɪl/, **zoophilist** /ˌzəʊˈɒfɪlɪst/ n. zoofilo m. (-a).
zoophilous /ˌzəʊˈɒfɪləs/ agg. zoofilo.
zootechnical /ˌzəʊəˈteknɪkl/ agg. zootecnico.
zootechnician /ˌzəʊətekˈnɪʃn/ ♦ *27* n. zootecnico m. (-a).
zootechnics /ˌzəʊəˈteknɪks/ n. + verbo sing. zootecnia f.
zucchini /zu:ˈki:nɪ/ n. (pl. **~, ~s**) AE zucchino m.
Zulu /ˈzu:lu:/ ♦ *18, 14* **I** agg. zulù **II** n. **1** *(person)* zulù m. e f. **2** *(language)* lingua f. zulù.
zwieback /ˈzwi:bæk, ˈtsvi:bɑ:k/ n. AE = tipo di fetta biscottata dolce.

Lexical Notes

1 - AGE

- Note that where English says *to be X years old* Italian says *avere X anni*.

How old?

- *how old are you?* = quanti anni hai?
  what age is she? = quanti anni ha? / che età ha?
- The word *anni* (= *years*) is never dropped in the following expressions:
  he is forty years old or *he is forty* or *he is forty years of age* = ha quarant'anni
  she's eighty = ha ottant'anni
  the house is a hundred years old = la casa ha cento anni
  a man of fifty = un uomo di cinquant'anni
  a child of eight and a half = un bambino di otto anni e mezzo
  he looks sixteen = sembra che abbia sedici anni / gli daresti sedici anni.
- Note the translation of the following expressions:
  a woman aged thirty = una donna di trent'anni (d'età)
  at the age of forty = all'età di quarant'anni
  Mrs Smith, aged forty or *Mrs Smith (40)* = la Sig.ra Smith, di quarant'anni
  I'm older than you = sono più vecchio di te
  she's younger than him = lei è più giovane di lui
  Anne's two years younger = Anne è più giovane di due anni / ha due anni di meno
  Mary's older than Anne by five years = Mary è più vecchia di Anne di cinque anni / Mary ha cinque anni più di Anne
  Robert's younger than Thomas by six years = Robert è più giovane di Thomas di sei anni / Robert ha sei anni meno di Thomas.

X-year-old

- *a forty-year-old* = uno / una di quarant'anni, un / una quarantenne
  a sixty-year-old woman = una donna di sessant'anni, un / una sessantenne
  an eighty-year-old pensioner = un pensionato, una pensionata di ottant'anni
  I feel sixteen (years old) = mi sento un / una sedicenne / mi sembra di avere sedici anni
  they've got an eight-year-old and a five-year-old = hanno un figlio / una figlia di otto anni e uno / una di cinque (anni).

Approximate ages

- Note the various ways of saying these in Italian:
  he is about fifty = ha circa cinquant'anni / è sui cinquanta / sulla cinquantina / ha una cinquantina d'anni*
  she's just over sixty = ha appena passato i sessanta / i sessant'anni
  she's just under seventy = ha poco meno di settant'anni / tra poco avrà settant'anni
  she's in her sixties = ha passato i sessanta / è tra i sessanta e i settanta / ha tra i sessanta e i settant'anni
  she's in her early sixties = ha appena passato i sessanta / è tra i sessanta e i sessantacinque / ha tra i sessanta e i sessantacinque anni
  she's in her late sixties = è tra i sessantacinque e i settant'anni / ha tra i sessantacinque e i settant'anni
  she must be seventy = deve avere settant'anni
  he's in his mid forties = ha circa quarantacinque anni / è sui quarantacinque anni
  he's just ten = ha dieci anni giusti / ha appena compiuto dieci anni
  he's barely twelve = ha appena dodici anni / avrà sì e no dodici anni
  games for the under twelves = giochi per i minori di dodici anni
  only for the over eighties = solo per i maggiori di ottantant'anni / solo per chi ha almeno ottant'anni / solo per chi ha ottant'anni o più / solo per gli ottantenni

* Other round numbers in *-ina* used to express approximate ages are *decina* (10), *ventina* (20), *trentina* (30), *quarantina* (40), *sessantina* (60), *settantina* (70), *ottantina* (80) and *novantina* (90), whereas you say *un centinaio d'anni* for 100.

2 - THE HUMAN BODY

- When it is clear who owns the part of the body mentioned, Italian tends to use the definite article where English uses a possessive adjective:
  he raised his hand = alzò la mano
  she closed her eyes = chiuse gli occhi
  Note, for instance, the use of *la* and *mia* here:
  she ran her hand over my forehead = passò la mano sulla mia fronte.
- For expressions such as *he hurt his foot* or *she hit her head on the beam*, where the owner of the body part is the subject of the verb, i.e. the person doing the action, use a reflexive verb in Italian:
  she has broken her leg = si è rotta la gamba
  he was rubbing his hands = si stava fregando le mani
  she was holding her head = si teneva la testa
  Note also the following:
  she broke his leg = lei gli ha rotto la gamba (literally *she broke the leg to him*)
  the stone split his lip = la pietra gli ha tagliato il labbro (literally *the stone split the lip to him*).

Describing people

- For ways of saying how tall someone is, of stating someone's weight, and of talking about the colour of hair and eyes, see the lexical notes Nos. 15, 37 and 5.
- Here are some ways of describing people in Italian:
  his hair is long = ha i capelli lunghi / i suoi capelli sono lunghi
  he has long hair = ha i capelli lunghi
  a boy with long hair = un ragazzo con i capelli lunghi
  a long-haired boy = un ragazzo dai / con i capelli lunghi
  the boy with long hair = il ragazzo con i capelli lunghi
  her eyes are blue = ha gli occhi azzurri / i suoi occhi sono azzurri
  she has blue eyes = ha gli occhi azzurri
  she is blue-eyed = ha gli occhi azzurri
  the girl with blue eyes = la ragazza con gli occhi azzurri
  a blue-eyed girl = una ragazza dagli / con gli occhi azzurri
  his nose is red = ha il naso rosso
  he has a red nose = ha il naso rosso
  a man with a red nose = un uomo con il naso rosso
  a red-nosed man = un uomo dal / con il naso rosso.
- When referring to a temporary state, the following phrases are useful
  his leg is broken = ha la gamba rotta
  the man with the broken leg = l'uomo con la gamba rotta
  a man with a broken leg = un uomo con una gamba rotta.
- For other expressions with body part terms, see the lexical note No.11

3 - CAPACITY MEASURES

- For cubic measurements, see the lexical note No.35.

British liquid measurements

- Note that Italian has a comma where English has a decimal point:

20 fl oz	= 20 once liquide	= 0,57 l (litri)
1 pt	= 1 pinta	= 0,57 l
1 qt	= 1 quarto	= 1,13 l
1 gal	= 1 gallone	= 4,54 l

There are three ways of saying 1,13 l, and other measurements like it: *uno virgola tredici litri*, or (less formally) *un litro virgola tredici*, or *un litro e tredici*. For more details on how to say numbers, see the lexical note No.19.

American liquid measurements

• *l6 fl oz*	= 0,47 l
1 pt	= 0,47 l
1 qt	= 0,94 l
1 gal	= 3,78 l

Phrases

• *what does the tank hold?*	= quanto contiene / quanto tiene il serbatoio?
what's its capacity?	= che capacità ha?
it's 200 litres	= 200 litri
its capacity is 200 litres	= la sua capacità è (di) 200 litri / ha 200 litri di capacità.
• *my car does 28 miles to the gallon*	= la mia auto fa 28 miglia con un gallone (10 chilometri con un litro)

Note that the Italians calculate petrol consumption in litres per kilometres. To convert miles per gallon to litres per 100 km and vice versa simply divide the factor 280 by the known figure.

• they use 20,000 litres a day	= consumano 20.000 litri al giorno.
• *A holds more than B*	= A contiene / tiene più di B
B holds less than A	= B contiene / tiene meno di A
A has a greater capacity than B	= A ha una capacità maggiore di B
B has a smaller capacity than A	= B ha una capacità minore di A
A and B have the same capacity	= A e B hanno la stessa capacità
20 litres of wine	= 20 litri di vino
it's sold by the litre	= è venduto al litro

- Note the Italian construction with *da*, coming after the noun it describes:

a 200-litre tank	= un serbatoio da 200 litri.

4 - THE CLOCK

What time is it?

• *It is...*	= Sono le...	
4 o'clock	= 4	quattro
4 o'clock in the morning / 4 am	= 4 h 00	quattro del mattino / di mattina
4 o'clock in the afternoon / 4 pm	= 16 h 00	quattro del pomeriggio / sedici*
0400 = four	= 4 h 00	quattro
4.02 = two minutes past four	= 4 h 02	quattro e due / ore quattro e due minuti**
4.05 = five past four	= 4 h 05	quattro e cinque
4.10 = ten past four	= 4 h 10	quattro e dieci
4.15 = a quarter past four	= 4 h 15	quattro e quindici / e un quarto***
4.20 = twenty past four	= 4 h 20	quattro e venti
4.25 = twenty-five past four	= 4 h 25	quattro e venticinque
4.30 = half past four	= 4 h 30	quattro e trenta / e mezza***
4.35 = twenty-five to five	= 4 h 35	quattro e trentacinque
4.37 = twenty-three minutes to five	= 4 h 37	quattro e trentasette
4.40 = twenty to five	= 4 h 40	quattro e quaranta / cinque meno venti***
4.45 = a quarter to five	= 4 h 45	quattro e quarantacinque / cinque meno un quarto***
4.50 = ten to five	= 4 h 50	quattro e cinquanta / cinque meno dieci***
4.55 = five to five	= 4 h 55	quattro e cinquanta-cinque / cinque meno cinque***
5 o'clock	= 5 h	cinque
16.15 = a quarter past four pm	=16 h 15	sedici e quindici / quattro e un quarto***
16.25 = twenty-five past four pm	=16 h 25	sedici e venticinque / quattro e venticinque ***
16.40 = twenty to five pm	=16 h 40	sedici e quaranta / cinque meno venti***
8 o'clock in the evening / 8 pm	=20 h 00	otto di sera / venti*
12.00	=12 h 00	dodici

In timetables etc., the twenty-four hour clock is used, so that *4 pm* is *le sedici*, whereas in ordinary usage one says *le quattro (del pomeriggio)*.

** This fuller form is possible in all similar cases in this list. It is used only in "official" styles.

*** *quattro e un quarto* sounds less official than *quattro e quindici* and *sedici e quindici*; similarly, *e mezza, meno venti*, *meno un quarto, meno dieci, meno cinque* are the less official forms.

• *what time is it?*	= che ora è? / che ore sono?*
my watch says five o'clock	= il mio orologio fa le cinque
could you tell me the time?	= potrebbe dirmi l'ora?
t's exactly four o'clock	= sono le quattro in punto
it's about four	= sono circa le quattro
t's almost three o'clock	= sono quasi le tre
it's just before six o'clock	= manca poco alle sei
it's just after five o'clock	= sono da poco passate le cinque
it's gone five	= sono le cinque passate

* Please note that, although you can say either *che ora è?* (singular form) or *che ore sono?* (plural form), the answer will always be in the plural: *sono le...* The only exceptions to this are the following:

it's one o'clock	= è l'una
it's noon / 12 noon	= è mezzogiorno
it's midnight / 12 midnight	= è mezzanotte.

When?

- Italian always uses the preposition *a* (+ article if necessary), whether or not English includes the word *at*. The only exception is when there is another preposition present, as in *verso le cinque* (towards five o'clock), *prima delle cinque* (before five o'clock) etc.:

what time did it happen?	= a che ora è successo?
it happened at two o'clock	= è successo alle due
what time will he come at?	= a che ora verrà?
he'll come at four	= verrà alle quattro
at ten past four	= alle quattro e dieci
at half past eight	= alle otto e mezza
at three o'clock exactly	= alle tre precise
at about five	= circa alle cinque
at five at the latest	= alle cinque al più tardi
a little after nine	= poco dopo le nove
it must be ready by ten	= deve essere pronto per le dieci
I'll be here until 6 pm	= resterò qui fino alle sei
I won't be here until 6 pm	= non ci sarò fino alle sei
it lasts from seven till nine	= dura dalle sette alle nove
closed from 1 to 2 pm	= chiuso dall'una alle due del pomeriggio / chiuso dalle tredici alle quattordici
every hour on the hour	= ogni volta allo scoccare dell'ora
at ten past every hour	= ai dieci minuti di ogni ora.

5 - COLOURS

- Not all English colour terms have a single exact equivalent in Italian: for instance, in some circumstances *brown* is *marrone*, in others *bruno* or *castano*. If in doubt, look the word up in the dictionary.

Colour terms

- *what colour is it?* = di che colore è?
  it's green = è verde
  to paint something green = dipingere qualcosa di verde
  to dye something green = tingere qualcosa di verde
  to wear green = vestire *or* vestirsi di verde / in verde
  dressed in green = vestito di verde / in verde.
- Colour nouns are all masculine in Italian:
  I like green = mi piace il verde
  I prefer blue = io preferisco il blu
  red suits her = il rosso le sta bene
  it's a pretty yellow! = è un bel giallo!
  have you got it in white? = ce l'ha in bianco?
  a pretty shade of blue = una bella tonalità di blu
  it was a dreadful green = era un verde orrendo
  a range of greens = una gamma di verdi.
- Most adjectives of colour agree with the noun they modify; *blu* is an exception:
  a black coat, a blue coat = un cappotto nero, un cappotto blu
  a black skirt, a blue skirt = una gonna nera, una gonna blu
  black clothes, blue clothes = abiti neri, abiti blu.

Nouns that become colour adjectives

- Nouns like *ciliegia*, *cioccolato*, *arancio*, *smeraldo* etc. can be used as colour adjectives. These never show agreement:
  a cherry-red blouse = una camicetta ciliegia
  hazel eyes = occhi nocciola

Shades of colour

- Expressions like *pale blue*, *dark green* or *light yellow* are also invariable in Italian and show no agreement:
  a pale blue shirt = una camicia celeste
  dark green blankets = coperte verde scuro
  a light yellow tie = una cravatta giallo chiaro
  bright yellow socks = calze giallo vivo

  Italian can also use the colour nouns here: instead of *coperte verde scuro* you could say *coperte di un verde scuro*; and similarly *una cravatta di un giallo chiaro* etc. The nouns in Italian are normally used to translate English adjectives of this type ending in *-er* and *-est*:
  a darker blue = un blu più scuro
  the dress was a darker blue = il vestito era di un blu più scuro
  a lighter blue = un blu più chiaro.
- In the following examples, *green* stands for most basic colour terms:
  pale green = verde pallido
  light green = verde chiaro
  bright green = verde vivo / verde brillante
  dark green = verde scuro
  deep green = verde carico
  strong green = verde intenso.
- Other types of compound in Italian are also invariable, and do not agree with their nouns:
  a sky-blue jacket = una giacca azzurro cielo

  These compounds include: *verde mela* (apple-green), *blu notte* (midnight-blue), *rosso sangue* (blood-red) etc. However, all English compounds do not translate directly into Italian. If in doubt, check in the dictionary.

  Italian compounds consisting of two colour terms are also invariable:
  a pale blue-green dress = un vestito verdeazzurro.
- English uses the ending *-ish*, or sometimes *-y*, to show that something is approximately a certain colour, e.g. *a reddish hat*, *a greenish paint* or *a yellowy dress*. The Italian equivalent is *-astro*:
  bluish = bluastro
  greenish or *greeny* = verdastro
  greyish = grigiastro
  reddish = rossastro
  yellowish or *yellowy* = giallastro

  Other similar Italian words are *nerastro* and *biancastro*. Note however that these words are often rather negative in Italian: it is better not to use them if you want to be complimentary about something; use instead *che tende al nero* etc.
- To describe a special colour, English can add *-coloured* to a noun such as *raspberry* (lampone) or *flesh* (carne). Note how this is said in Italian, where the two-word compound with *color(e)* is invariable, and, unlike English, never has a hyphen:
  a chocolate-coloured skirt = una camicia color cioccolato
  raspberry-coloured fabric = tessuto color lampone
  flesh-coloured tights = collant color carne.

Colour verbs

- English makes some colour verbs by adding *-en* (e.g. *blacken*). Similarly, Italian has some verbs made from colour terms:
  to blacken = annerire
  to redden = arrossare, arrossire
  to whiten = imbiancare, sbiancare / sbiancarsi

  It should be noted that the English colour verbs above have both literal and metaphorical meanings, which can be translated by one or different Italian equivalents. For example, *to blacken* is translated by *annerire* when it means *to make black*, and by *denigrare* or *diffamare* when it means *to discredit*; when *to redden* means *to become red* or *make something red* in general, it can be translated by *arrossare*, while *arrossire* is used when *to redden* means *to blush*; *to whiten* is translated by *sbiancare* / *sbiancarsi* when it means *to turn pale*, and by *imbiancare* when it means *to paint white*. For further examples and information consult the appropriate entries in the Italian-English section of the dictionary.

  Other Italian colour terms that behave like this are *ingiallire* from *giallo* and *ingrigire* from *grigio*. It is always safe, however, to use *diventare*, thus:
  to turn purple = diventare viola.

Describing people

- Note the use of the definite article in the following:
  to have black hair = avere i capelli neri
  to have blue eyes = avere gli occhi blu.
- Note the use of *da* or *con* + article in the following:
  a blue-eyed girl = una ragazza dagli / con gli occhi blu
  the black-haired man = l'uomo dai / con i capelli neri.
- The following words are used for describing the colour of someone's hair (note that *i capelli* is plural in Italian):
  fair = biondo
  dark = bruno
  blonde or *blond* = biondo
  brown = castano
  red = rosso
  black = nero
  grey = grigio
  white = bianco

  Check other terms such as **ginger**, **auburn**, **mousey** etc. in the dictionary.
- Note these nouns in Italian:
  a fair-haired man = un biondo
  a fair-haired woman = una bionda
  a dark-haired man = un bruno
  a dark-haired woman = una bruna, una mora.
- The following words are useful for describing the colour of someone's eyes:
  blue eyes = occhi blu
  light blue eyes = occhi azzurri
  light brown eyes = occhi marrone / castano chiaro
  brown eyes = occhi marrone /occhi castani
  hazel eyes = occhi nocciola
  green eyes = occhi verdi
  grey eyes = occhi grigi
  greyish-green eyes = occhi grigio verde
  dark eyes = occhi scuri, occhi neri.
- See also the lexical note No.2.

6 - COUNTRIES AND CONTINENTS

- Most countries and all continents are used with the definite article in Italian:

Italy is a beautiful country = l'Italia è un paese bellissimo
I like Canada = mi piace il Canada
to visit the United States = visitare gli Stati Uniti
to know Iran = conoscere l'Iran

A very few countries do not:

to visit Israel / Cuba = visitare Israele / Cuba

When in doubt, check in the dictionary.

- All the continent names are feminine in Italian. Most names of countries are feminine, e.g. *l'Inghilterra* or *la Gran Bretagna*, but some are masculine, e.g. *il Canada*. Most names of countries are singular in Italian, but some are plural (usually, but not always, those that are plural in English), e.g. *gli Stati Uniti* (the United States), and *le Filippine* (the Philippines); note that also the Italian verb is plural in this case:

the Philippines is a lovely country = le Filippine sono un paese molto bello.

In, to and from somewhere

- With continent names and singular names of countries, Italian uses *in* for English *in* and *to*, and *da* + article for *from*:

to live in Europe = vivere in Europa
to go to Europe = andare in Europa
to come from Europe = venire dall'Europa
to live in Italy = vivere in Italia
to go to Italy = andare in Italia
to come from Italy = venire dall'Italia
to live in Afghanistan = vivere in Afganistan
to go to Afghanistan = andare in Afganistan
to come from Afghanistan = venire dall'Afganistan
to live in Canada = vivere in Canada
to go to Canada = andare in Canada
to come from Canada = venire dal Canada

Note that if or when names of countries and continents are specified by a compass point, the Italian *in* must be followed by the definite article, and therefore *nella* is used:

to live in North Korea = vivere nella Corea del Nord
to go to North Korea = andare nella Corea del Nord
to come from North Korea = venire dalla Corea del Nord
to live in South America = vivere nell'America del Sud / America meridionale
to go to South America = andare nell'America del Sud / America meridionale
to come from South America = venire dall'America del Sud / America meridionale
to live in northern Europe = vivere nell'Europa del Nord / Europa settentrionale
to go to northern Europe = andare nell'Europa del Nord / Europa settentrionale
to come from northern Europe = venire dall'Europa del Nord / Europa settentrionale
to live in southern Italy = vivere nell'Italia del Sud / Italia meridionale
to go to southern Italy = andare nell'Italia del Sud / Italia meridionale
to come from southern Italy = venire dall'Italia del Sud / Italia meridionale.

- With plural names of countries, Italian uses *nei / negli* (masculine) and *nelle* (feminine) for English *in* and *to*, and *dai / dagli* (masculine) and *dalle* (feminine) for *from*:

to live in the Netherlands = vivere nei Paesi Bassi
to go to the Netherlands = andare nei Paesi Bassi
to come from the Netherlands = venire dai Paesi Bassi
to live in the United States = vivere negli Stati Uniti
to go to the United States = andare negli Stati Uniti
to come from the United States = venire dagli Stati Uniti
to live in the Philippines = vivere nelle Filippine
to go to the Philippines = andare nelle Filippine
to come from the Philippines = venire dalle Filippine.

Adjective uses: *italiano* or *d'Italia* or *dell'Italia*?

- For *Italian*, the translation *italiano* (no capital letter) is usually safe; here are some typical examples:

the Italian army = l'esercito italiano
the Italian coast = la costa italiana
Italian cooking = cucina italiana
Italian currency = valuta italiana
the Italian Customs = la dogana italiana
the Italian government = il governo italiano
the Italian language = la lingua italiana
Italian literature = letteratura italiana
the Italian nation = la nazione italiana
Italian politics = la politica italiana
an Italian town = una città italiana
Italian traditions = le tradizioni italiane.

- Some nouns, however, occur more commonly with *d'Italia* (usually, but not always, their English equivalents can have *of Italy* as well as *Italian*):

the Ambassador of Italy or *the Italian Ambassador* = l'Ambasciatore d'Italia
the Italian Embassy = l'Ambasciata d'Italia
the history of Italy or *Italian history* = la storia d'Italia
the King of Italy or *the Italian king* = il Re d'Italia
the rivers of Italy = i fiumi d'Italia

but note:

the capital of Italy or *the Italian capital* = la capitale dell'Italia.

- Note that many geopolitical adjectives like *Italian* can also refer to nationality, e.g. *an Italian tourist* (see the lexical note No.18, or to the language, e.g. *an Italian word* (see the lexical note No.14).

7 - CURRENCIES AND MONEY

Italian money

- As a member of the European Monetary Union, Italy uses euros; the graphic symbol for euro is € while its official abbreviation is EUR (comparable with GBP for Great Britain Pound).

There are 7 euro notes, denominated in 500, 200, 100, 50, 20, 10 and 5 euros, and 8 euro coins, denominated in 2 and 1 euros, then 50, 20, 10, 5, 2 and 1 cents:

write	*say*
€ 500	cinquecento euro
€ 200	duecento euro
€ 100	cento euro
€ 50	cinquanta euro
€ 20	venti euro
€ 10	dieci euro
€ 5	cinque euro
€ 2	due euro
€ 1	un euro
€ 0.50 *or* 50 c	cinquanta centesimi
€ 0.20 *or* 20 c	venti centesimi
€ 0.10 *or* 10 c	dieci centesimi
€ 0.05 *or* 5 c	cinque centesimi
€ 0.02 *or* 2 c	due centesimi
€ 0.01 *or* 1 c	un centesimo

For some examples, see the sections **How much?** and **Handling money** below.

- Up to Dec. 31st 2001, Italians used liras instead of euros; what follows is a list of coins and banknotes in liras, and a few examples:

write	*say*
L. 50	cinquanta lire
L. 100	cento lire

L. 200	duecento lire
L. 500	cinquecento lire
L. 1.000	mille lire
L. 10.000	diecimila lire
L. 50.000	cinquantamila lire
L. 100.000	centomila lire
L. 500.000	cinquecentomila lire

- *a cheque for L. 1.000.000* = un assegno da un milione di lire
  a ten-thousand-lira note = una banconota da diecimila lire
  a fifty-lira coin / piece = una moneta da cinquanta lire
  there are 1936.27 liras to the Euro = l'Euro vale 1936,27 lire / per fare un Euro ci vogliono 1936,27 lire

The plural form of *lira* in English is either *liras* or *lire*. Note also that where English would have a comma, Italian has a full stop, and vice versa.

British money

write	*say*
1 p = one penny	un penny
5 p = five pence	cinque penny (*or* pence)*
10 p = ten pence	dieci penny (*or* pence)*
25 p = twenty-five pence	venticinque penny (*or* pence)*
50 p = fifty pence	cinquanta penny (*or* pence)*
£ 1 = one pound	una sterlina
£ 1.50 = one pound fifty	una sterlina e cinquanta / una sterlina e mezzo
£ 2.00 = two pounds	due sterline

* See the note at the entry *penny*.

- *a five-pound note* = una banconota da cinque sterline
  a pound coin = una moneta da una sterlina
  a 50p piece = una moneta da cinquanta penny
  a tuppence = una moneta da due penny.
- *there are 100 pence in one pound* = ci sono 100 penny in una sterlina.

American money

write	*say*
1 c = one cent	un centesimo
5 c = five cents = one nickel	cinque centesimi
10 c = ten cents = one dime	dieci centesimi
25 c = twenty-five cents = one quarter	venticinque centesimi / un quarto di dollaro
50 c = fifty cents = half dollar	cinquanta centesimi / mezzo dollaro
$ 1 = one dollar	un dollaro
$ 1.50 = one dollar fifty	un dollaro e cinquanta / un dollaro e mezzo
$ 2.00 = two dollars	due dollari.

- *a ten-dollar bill* = un biglietto da dieci dollari
  a dollar bill = un biglietto da un dollaro
  a dollar coin = una moneta da un dollaro.
- *there are 100 cents in one dollar* = ci sono 100 centesimi in un dollaro.

How much?

- *how much is it?* = quant'è? quanto costa? quanto fa?
  how much does it cost? = quanto costa?
  it's 15 euros = quindici euro / sono quindici euro / fanno quindici euro
  the price of the book is 12.50 euros = il prezzo del libro è dodici euro e cinquanta
  the car costs 22,350 euros = l'auto costa 22.350 euro
  it costs over 200 euros = costa più di duecento euro
  just under 10 euros = appena sotto i dieci euro / poco meno di dieci euro
  more than 200 euros = più di duecento euro
  less than 200 euros = meno di duecento euro
  it costs 5 euros a metre = costa cinque euro al metro.
- In the following examples, note the use of *da* or *di* in Italian to introduce the amount that something costs or consists of:
  a € 400 overcoat = un cappotto da 400 euro
  a £ 10 ticket = un biglietto da 10 sterline
  a £ 500 cheque = un assegno di / da cinquecento sterline
  a two-thousand-pound grant = una sovvenzione di / da duemila sterline.

Handling money

- *5000 euros in cash* = cinquecento euro contanti
  a cheque for £ 500 = un assegno di / da cinquecento sterline
  to change a 50-pound note = cambiare una banconota da cinquanta sterline
  a dollar travelers' check = un travellers' cheque in dollari
  a sterling travellers' cheque = un travellers' cheque in sterline
  a £100 travellers' cheque = un travellers' cheque da cento sterline
  there is more than 1 euro to the dollar = il dollaro vale più di un euro / ci vuole più di un euro per fare un dollaro.
- For how to say numbers in Italian, see the lexical note No.19.

8 - DATE

- Where English has several ways of writing dates, such as *May 10, 10 May, 10th May* etc., Italian has only one generally accepted way: *10 maggio* (say *dieci maggio*). However, as in English, dates in Italian may be written informally *10.5.68* or *10/5/68*.
- The general pattern in Italian is: cardinal number + month + year, as in
  May 10, 1901 = 10 maggio 1901
  October 16, 1995 = 16 ottobre 1995

  If the date is the first of the month, *primo* (often abbreviated as *1°*) is generally used in Italian instead of *uno*:
  May 1st 1901 = 1° maggio 1901.
- Note that Italian does not use capital letters for months and for days of the week (see the lexical notes Nos. 16 and 36); also Italian does not usually abbreviate the names of the months:
  Sept 10 = dieci settembre etc.
- If the day of the week is included, the article *il* / *l'* is omitted:
  Monday, May 1st = lunedì 1° maggio
  Friday, Dec 15th = venerdì 15 dicembre
  Sunday, Sept 4th = domenica 4 settembre.

Saying and writing dates

- *what's the date?* = che data è oggi? / quanti ne abbiamo oggi?
  it's the tenth = è il dieci
  it's the tenth of May = è il dieci (di) maggio

	write	*say*
May 1	(il) 1° maggio	(il) primo maggio
May 2	(il) 2 maggio	(il) due maggio
May 11	(l')11 maggio	(l')undici maggio
May 21	(il) 21 maggio	(il) ventun maggio
May 30	(il) 30 maggio	(il) trenta maggio
May 6 1968	(il) 6 maggio 1968	(il) sei maggio millenovecentosessantotto
Monday May 6 1968	lunedì 6 maggio 1968	lunedì sei maggio millenovecentosessantotto
16.5.68 GB or *5.16.68* USA	16.5.68	sedici cinque sessantotto
AD 230	230 d.C.	duecentotrenta dopo Cristo
2500 BC	2500 a.C.	duemilacinquecento avanti Cristo

the 16th century	il XVI secolo,	il sedicesimo secolo, il Cinquecento.

Saying *on*

- Italian uses only the definite article, without any word for *on*:

it happened on 6th March	= avvenne il 6 marzo (*say* il sei marzo)
he came on the 21st	= è arrivato il 21 (*say* il ventuno)
see you on the 6th	= ci vediamo il 6 (*say* il sei)
on the 2nd of every month	= il 2 di ogni mese (*say* il due...)
he'll be here on the 3rd	= sarà qui il 3 (*say* il tre).

Saying *in*

- Italian normally uses *nel* for years but prefers *nell'anno* for out-of-the-ordinary dates:

in 1989	= nel 1989 (*say* nel millenovecentottantanove)
in 1860	= nel 1860 (*say* nel milleottocentosessanta)
in the year 2000	= nell'anno 2000 (*say* duemila)
in AD 27	= nel 27 d.C. (*say* nel ventisette dopo Cristo), nell'anno 27 d.C.
in AD 1492	= nel 1492
in 132 BC	= nel 132 a.C. (*say* nel centotrentadue avanti Cristo).

- With names of months, *in* is translated by *nel* (*nell'* in front of the names of months beginning with a vowel) or *nel mese di*; the preposition *a* may also be used, if the year is not mentioned or if *in* means *every year in that month*:

in May 1970	= nel maggio 1970 / nel mese di maggio 1970
in August 2000	= nell'agosto 2000 / nel mese di agosto 2000
she's retiring in May	= va in pensione a / in maggio
in May we usually go on vacation	= di solito a / in maggio andiamo in vacanza.

- With centuries, Italian uses *nel*:

in the seventeenth century	= nel diciassettesimo secolo
in the 18th century	= nel XVIII secolo (*say* nel diciottesimo secolo)

Note also:

in the early 19th century	= all'inizio del XIX secolo / nel primo Ottocento / all'inizio dell'Ottocento
in the late 14th century	= alla fine del XIV secolo / nel tardo Trecento / alla fine del Trecento.

Phrases

- Remember that the date in Italian always has the definite article when it is preceded by a preposition, so, in combined forms, *al* and *dal* etc. are required:

from the 10th onwards	= dal 10 in avanti / a partire dal 10 (*say* dal dieci)
stay until the 14th	= rimani fino al 14 (*say* quattordici)
from 21st to 30th May	= dal 21 al 30 maggio (*say* dal ventuno al trenta maggio)
around 16th May	= attorno al / verso il 16 maggio (*say* sedici maggio)
not until 2001	= non prima del 2001
Shakespeare (1564-1616)	= Shakespeare (1564-1616) (*say* Shakespeare, millecinquecentosessantaquattro milleseicentosedici)
Shakespeare b.1564 d.1616	= Shakespeare n. 1564 m. 1616 (*say* Shakespeare nato nel 1564, morto nel 1616)
Elizabeth I b.1533 d.1603	= Elisabetta I n. 1533 m. 1603 (*say* Elisabetta prima nata nel 1533, morta nel 1603)
in May '45	= nel maggio del '45 (*say* quarantacinque)
in the 1980s	= negli anni '80 (del Novecento) (*say* ottanta)
in the early sixties	= nei primi anni '60 (*say* sessanta) all'inizio degli anni '60 (*say* sessanta)
in the late seventies	= nei tardi anni '70 (*say* settanta) alla fine degli anni '70 (*say* settanta)
the riots of '68	= i tumulti del '68 (*say* sessantotto)
the 14-18 war	= la guerra del 14-18 (*say* la guerra del quattordici diciotto)
the 1912 uprising	= l'insurrezione del 1912 (*say* millenovecentododici).

9 - FORMS OF ADDRESS

- Only those forms of address in frequent use are included here; titles of members of the nobility or of church dignitaries are not covered; for the use of military ranks as titles, see the lexical note No.23.

Writing to someone

- When writing formal letters to people you have never met, a business letter for example, the ways of addressing envelopes and opening and closing formulae are quite rigidly codified.

As far as the addressee is concerned, *Mr Mario Rossi* is translated by *(Al) Sig. Mario Rossi*; *Mrs Anna Rossi* is translated by *(Alla) Sig.ra Anna Rossi*. If the addressee is a firm, the usual Italian formulae are *Spett.le Ditta Rossi*, *Spett.le Ditta Rossi e Ferrari*, *Spett.le Ditta Rossi e Figli* etc., corresponding to *(Messrs) Rossi*, *(Messrs) Rossi & Ferrari*, *(Messrs) Rossi & Sons* etc.

In formal letters, the Italian equivalents of English openings are as follows:

Dear Mr Rossi,	= Egregio Sig. Rossi,
Dear Ms Rossi,	= Gentile Sig.ra Rossi,
Dear Sir,	= Egregio Signore,
Dear Madam	= Gentile Signora,
Dear Sirs,	= Egregi Signori, / Spett.le Ditta

In formal letters, the Italian equivalent of the closing formulas *Yours faithfully*, *Yours sincerely* and *Yours truly* is usually *Distinti saluti*.

In semi-formal letters the Italian equivalents of such openings as *Dear Mr Rossi* and *Dear Mrs Rossi* are *Caro Sig. Rossi* and *Cara Sig.ra Rossi*; the usual closings *Yours faithfully, Yours sincerely,* or *Sincerely,* in British English, and *Very truly yours,* in American English, can be translated by *Cordiali saluti* or *Con i migliori saluti*.

- In informal letters, there is wide variation in letter formulae; the following are a few examples:

Dear Anna,	= Cara Anna,
Dear Anna and Carlo,	= Cari Anna e Carlo,
Dear Aunt Anna,	= Cara zia Anna,
Dearest Laura,	= Carissima Laura,
My dear(est) Carlo,	= Carissimo Carlo,
Darling Carlo,	= Carlo carissimo,
Yours sincerely / truly,	= cordialmente,
Yours, / Yours ever,	= tuo,
Best wishes, / All the best,	= con gli auguri più sinceri,
Bye for now,	= a presto,
Love, / Lots of love, / With love from,	= con affetto, / affettuosamente, / cari saluti,
I love you so much,	= con tanto amore,

Speaking to someone

- Where English puts the surname after the title, Italian very often uses the title alone (note that in such cases Italian does not use a capital letter for *signore*, *signora* and *signorina*, unlike English *Mr* etc., nor for titles such as *dottore*):

good morning, Mr Johnson!	= buongiorno, signore!
good evening, Mrs Jones!	= buonasera, signora!
goodbye, Miss Smith!	= arrivederci, signorina!

- The Italian *signore* and *signora* tend to be used more often than the English *Mr X* or *Mrs Y*. Also, in English, people often say simply *Good morning!* or *Excuse me!*; in the equivalent situation in Italian, they might say *Buongiorno, signore!* or *Mi scusi, signora!* However, the Italians are slower than the British, and much slower than the Americans, to use someone's first name, so *hi there, Peter!* to a colleague may well be simply *buongiorno!*; the use of such expressions as *buongiorno, caro!* or *buongiorno, vecchio mio!* depend on the degree of familiarity that exists.
- In both languages, other titles are also used, e.g.:

hello, Dr. Brown!	= buongiorno, dott. Brown!
hello, Doctor!	= buongiorno, dottore!
good morning, Professor!	= buongiorno, Professore!

- In some cases where titles are not used in English, they are used in Italian, e.g. *buongiorno, Signor Direttore!* or *buonasera, Direttrice!* to a head teacher, or *buongiorno, Avvocato!* to a lawyer of either sex.
- Titles of important positions are used in direct forms of address, preceded by *Signor*, as in:

yes, Chair	= sì, Signor Presidente
yes, Minister	= sì, Signor Ministro

Note that when the noun in question, like *Presidente* or *Ministro* here (or other such titles as *Ambasciatore, Giudice* etc), has no feminine form, or no acceptable feminine, the expressions above may be addressed to women too. As a matter of fact, women often prefer the masculine word even when a feminine form does exist, as in *Ambasciatore* to a woman ambassador, *Ambasciatrice* being reserved for the wife of an ambassador; moreover, the use of such feminine nouns as *Presidentessa* or *Ministra* may sound ironic or derisive.

Speaking about someone

- Before a surname, you may use *signor(e)*, *signora*, and *signorina*. These can be shortened in *Sig.*, *Sig.ra*, *Sig.na*.
- When a title accompanies someone's name, the definite article must be used in Italian; compare such examples as *John came* = arrivò John or *Smith is here* = Smith è qui with the following ones:

Mr Smith is here	= il signor Smith è qui
Mrs Jones phoned	= ha telefonato la signora Jones
Miss Black has arrived	= è arrivata la signorina Black
Ms Brown has left	= la signora Brown è partita (*or, as appropriate*) la signorina Brown è partita

Note that Italian has no equivalent of *Ms*; nowadays most Italian speakers tend to use *Signora* for all adult women, both married and unmarried.

- The use of the definite article is compulsory with most titles (with the exception of *Re* and *Papa*):

Dr Blake has arrived	= il dottor Blake è arrivato
Professor Jones spoke about it	= ne ha parlato il professor Jones
Prince Charles	= il principe Carlo
Princess Marie	= la principessa Marie
Queen Elizabeth II	= la regina Elisabetta II (*say* seconda)
King Richard I	= re Riccardo I (*say* primo) *or* il re Riccardo I
Pope John Paul II	= papa Giovanni Paolo II (*say* secondo) *or* il papa Giovanni Paolo II.

10 - GAMES AND SPORTS

With or without the definite article?

- Italian normally uses the definite article with names of games and sports:

football	= il calcio
volleyball	= la pallavolo
bridge	= il bridge
chess	= gli scacchi (mpl)
marbles	= le biglie (fpl)

Exceptions are e.g.:

cops and robbers	= guardie e ladri
hide-and-seek	= nascondino.

- When the name of a game or sport is preceded by the verb *giocare* (to play), the preposition *a* (either followed or not by the definite article) is compulsory:

to play football	= giocare a calcio / al calcio
to play volleyball	= giocare a pallavolo
to play bridge	= giocare a bridge
to play chess	= giocare a scacchi / agli scacchi
to play marbles or *at marbles*	= giocare a biglie / alle biglie
to play cops and robbers or *at cops and robbers*	= giocare a guardie e ladri
to play at hide-and-seek	= giocare a nascondino.

- Names of other 'official' games and sports follow the same pattern as *bridge* in the following phrases:

to play bridge with X against Y	= giocare a bridge con X contro Y
to beat somebody at bridge	= battere qualcuno a bridge
to win at bridge	= vincere a bridge
to lose at bridge	= perdere a bridge
she's good at bridge	= (lei) è brava a bridge / (lei) è brava nel bridge
a bridge club	= un club di bridge.

Players and events

a bridge player	= un giocatore di bridge
I'm not a bridge player	= non sono un giocatore di bridge / non gioco a bridge
he's a good bridge player	= è un bravo giocatore di bridge / (lui) gioca bene a bridge
a game of bridge	= una partita di bridge
a bridge champion	= un campione di bridge
the Italian bridge champion	= il campione italiano di bridge
a bridge championship	= un campionato di bridge
to win the Italian championship	= vincere il campionato italiano
the rules of bridge	= le regole del bridge.

Playing cards

- The names of the four suits work like *club* here:

clubs	= fiori
to play a club	= giocare un fiori
a high / low club	= una carta alta / bassa di fiori
the eight of clubs	= l'otto di fiori
the ace of clubs	= l'asso di fiori
I've no clubs left	= non ho più fiori
I had only one club in my hand	= avevo in mano solo un fiori
have you any clubs?	= hai dei fiori? / hai delle carte di fiori?
clubs are trumps	= la briscola è fiori, l'atout è fiori
to call two clubs	= chiamare due fiori.

- Other games vocabulary can be found in the dictionary at *match game, set, trick* etc.

11 - ILLNESSES, ACHES AND PAINS

Where does it hurt?

- *where does it hurt?* = dove ti / Le fa male?, dove hai / ha male?
  he has a pain in his leg = ha male alla gamba, ha un dolore alla gamba
  his leg hurts = gli fa male la gamba

  Do not confuse the phrase *far male a qualcuno* used above with the phrase *fare del male a qualcuno* which means *to harm somebody*.
- Note that with *avere male a* Italian uses the definite article with the part of the body, where English has a possessive, hence:
  his head was aching = aveva male alla testa
  my knee is aching = mi fa male il ginocchio.
- English has other ways of expressing this idea, but *avere male a* fits them too:
  he had toothache = aveva male ai denti / aveva mal di denti
  his ears hurt = aveva male alle orecchie / aveva mal d'orecchie.

Accidents

- *she broke her leg* = si è rotta la gamba (which means literally *she broke to herself the leg*)
  she sprained her ankle = si è storta la caviglia / ha preso una storta alla caviglia
  he burned his hands = si è bruciato / scottato le mani.

Chronic conditions

- *he has a weak heart* = è debole di cuore
  he has kidney trouble = ha problemi di reni
  he has a bad back = ha la schiena malandata.

Being ill

- Mostly Italian uses the definite article with the name of an illness:
  to have flu = avere l'influenza
  to have measles = avere il morbillo
  to have malaria = avere la malaria

  This applies to most infectious diseases, including childhood illnesses.
- When the illness affects a specific part of the body, Italian may also use the indefinite article:
  to have cancer = avere il / un cancro / avere un tumore
  to have cancer of the liver / liver cancer = avere il / un cancro al fegato
  to have a brain tumour = avere un tumore cerebrale / un tumore al cervello
  to have pneumonia = avere la polmonite
  to have cirrhosis = avere la cirrosi
  to have a stomach ulcer = avere un'ulcera allo stomaco
  to have bronchitis = avere la bronchite
  to have hepatitis = avere l'epatite
  to have arthritis = avere l'artrite
  to have asthma = avere l'asma
  to have hay fever = avere la febbre da fieno.
- When there is an adjective for such conditions, this is often preferred in Italian:
  to have asthma = essere asmatico
  to have epilepsy = essere epilettico.
- Such adjectives can be used as nouns to denote the person with the illness, e.g. *un asmatico / un'asmatica* and *un epilettico / un'epilettica* etc. Italian has other specific words for people with certain illnesses:
  someone with malaria = un malarico / una malarica
  a polio patient = un poliomielitico / una poliomielitica
- If in doubt, check in the dictionary. English *with* may be translated by *con* or *che ha*, and this is always safe:
  someone with cancer = qualcuno con il cancro
  people with Aids = le persone che hanno l'Aids.

Falling ill

- The above guidelines about the use of the definite and indefinite articles in Italian hold good for talking about the onset of illnesses.
- Italian has no general equivalent of *to get*. However, where English can use *to catch*, Italian can use *prendere*:
  to catch mumps = prendere gli orecchioni
  to catch malaria = prendere la malaria
  to catch bronchitis = prendere la bronchite
  to catch a cold = prendere un / il raffreddore.
- Similarly, where English uses *to contract*, Italian uses *contrarre*:
  to contract Aids = contrarre l'Aids
  to contract pneumonia = contrarre la polmonite
  to contract hepatitis = contrarre l'epatite.
- For attacks of chronic illnesses, Italian generally uses *avere un attacco di* (though such words as *accesso* or *crisi* may also be used):
  to have a bout of malaria = avere un attacco di malaria / un accesso di malaria
  to have a heart attack = avere un attacco di cuore / una crisi cardiaca
  to have an asthma attack = avere un attacco d'asma / una crisi d'asma
  to have an epileptic fit = avere un attacco epilettico / una crisi epilettica.

Treatment

- *to be treated for polio* = essere curato contro la poliomielite
  to take something for hay fever = prendere qualcosa per / contro la febbre da fieno
  he's taking something for his cough = sta prendendo qualcosa per / contro la tosse
  to prescribe something for a cough = prescrivere qualcosa per / contro la tosse
  malaria tablets = compresse per / contro la malaria
  to have a cholera vaccination = farsi vaccinare contro il colera
  to be vaccinated against smallpox = essere / venire vaccinato contro il vaiolo
  to be immunized against smallpox = essere / venire immunizzato contro il vaiolo
  to have a tetanus injection = farsi vaccinare contro il tetano / fare un'antitetanica
  to give somebody a tetanus injection = vaccinare qualcuno contro il tetano / fare un'antitetanica a qualcuno
  to be operated on for cancer = essere operato di cancro
  to operate on somebody for appendicitis = operare qualcuno di appendicite.

12 - ISLANDS

- In Italian, some names of islands always have the definite article and some never do.

Island names with definite article

- These behave like the names of countries, with different constructions depending on gender and number:
  to visit Sicily = visitare la Sicilia
  to live in Sicily = vivere in Sicilia
  to go to Sicily = andare in Sicilia
  to come from Sicily = venire dalla Sicilia
  to live in eastern Sicily = vivere nella Sicilia orientale
  to go to eastern Sicily = andare nella Sicilia orientale

to come from eastern Sicily	= venire dalla Sicilia orientale.

- Note that where English has the definite article, Italian normally has as well:

the Balearics	= le Baleari
in the Balearics	= nelle Baleari
to the Balearics	= alle Baleari
from the Balearics	= dalle Baleari.

Islands without definite article

- As in English, most island names have no definite article; these work like names of towns:

to visit Cyprus / Ischia	= visitare Cipro / Ischia
to live in Cipro / Ischia	= vivere a Cipro / Ischia
to go to Cyprus / Ischia	= andare a Cipro / Ischia
to come from Cyprus / Ischia	= venire da Cipro / Ischia.

- English uses *on* with the names of small islands; there is no such distinction in Italian:

on Pantelleria	= a Pantelleria
on Naxos	= a Naxos.

- As with names of cities and towns, it is safest to avoid explicit genders; use *l'isola di...* instead:

Cuba is beautiful	= l'isola di Cuba è meravigliosa.

Names with or without *isola* in them

- English and Italian tend to work the same way in this respect:

Guernsey	= Guernsey
the island of Guernsey	= l'isola di Guernsey
the Balearics	= le Baleari
the Balearic Islands	= le Isole Baleari
the Orkney Islands	= le Isole Orcadi.

- There are some exceptions to these rules. If in doubt, look up the island name in the dictionary.

13 - LAKES

- Normally, English *Lake X* becomes *il lago X* in Italian (note the small *l* at *lago*):

Lake Michigan	= il lago Michigan
Lake Victoria	= il lago Victoria.

- But when a lake shares its name with a town, English *Lake X* becomes *il lago di X* in Italian:

Lake Constance	= il lago di Costanza
Lake Como	= il lago di Como.

- Sometimes English can drop the word *Lake*. Italian can drop *lago* as well, however it is always safe to keep the word *lago*:

Trasimeno	= il lago Trasimeno / il Trasimeno

- *Loch* and *Lough* in names are normally not translated (note the use of the definite article and the absence of the word *lago* in Italian):

Loch Ness	= il Loch Ness
Lough Eme	= il Lough Eme.

14 - LANGUAGES

- Note that names of languages in Italian are always written with a small letter, not a capital as in English; also, Italian almost always uses the definite article with languages, while English does not. In the examples below the name of any language may be substituted for Italian:

Italian is easy	= l'italiano è facile
I like Italian	= mi piace l'italiano
to learn Italian	= imparare l'italiano.

- However, the article is never used after *in*:

say it in Italian	= dillo in italiano
a book in Italian	= un libro in italiano
to translate something into Italian	= tradurre qualcosa in italiano

and it may be omitted with *parlare*:

to speak Italian	= parlare italiano / parlare l'italiano.

- When *Italian* means *in Italian* or *of the Italians*, it is still translated by *italiano*:

an Italian expression	= un'espressione italiana
the Italian language	= la lingua italiana
an Italian proverb	= un proverbio italiano
an Italian word	= una parola italiana

but when you want to make it clear you mean *in Italian* and not *from Italy*, use *in italiano*:

an Italian book	= un libro in italiano
an Italian broadcast	= una trasmissione in italiano.

- When *Italian* means *relating to Italian* or *about Italian*, it is translated by *d'italiano*:

an Italian class	= una classe d'italiano
an Italian course	= un corso d'italiano
an Italian dictionary	= un dizionario d'italiano
an Italian teacher	= un insegnante d'italiano

but

an Italian-English dictionary	= un dizionario italiano-inglese.

- See the dictionary entry for *-speaking* and *speaker* for expressions like *Japanese-speaking* or *German speaker*. Italian has special words for some of these expressions:

English-speaking	= anglofono
a French speaker	= un francofono.

- Note also that language adjectives like *Italian* can also refer to nationality, e.g. *an Italian tourist* (see the lexical note No.18), or to the country, e.g. *an Italian town* (see the lexical note No. 6).

15 - LENGTH MEASURES

Note that Italian has a comma where English has a decimal point:

1 in	= 1 pollice	= 2,54 cm (centimetri)
1 ft	= 1 piede	= 30,48 cm
1 yd	= 1 iarda	= 91,44 cm
1 furlong		= 201,17 m (metri)
1 ml	= 1 miglio	= 1,61 km (chilometri).

There are three ways of saying *2,54 cm*, and other measurements like it: *due virgola cinquantaquattro centrimetri* or (less formally) *due centrimetri virgola cinquantaquattro*, or *due centimetri e cinquantaquattro*. For more details on how to say numbers, see the lexical note No. 19.

Length

• *how long is the rope?*	= quanto è lunga la fune?
it's ten metres long	= è lunga dieci metri
a rope about six metres long	= una fune lunga circa sei metri / una fune di circa sei metri
A is longer than B	= A è più lungo di B
B is shorter than A	= B è più corto di A
A is as long as B	= A è lungo come B
A is the same length as B	= A ha la stessa lunghezza di B / A è della stessa lunghezza di B

A and B are the same length	= A e B sono della stessa lunghezza / A e B hanno la stessa lunghezza / A e B sono lunghi lo stesso
it's three metres too short	= è di tre metri troppa corta / è tre metri troppo corta
it's three metres too long	= è di tre metri troppo lunga / è tre metri troppo lunga
six metres of silk	= sei metri di seta
ten metres of rope	= dieci metri di fune
sold by the metre	= venduto al metro.

• Note the Italian construction with *di*:

a six-foot-long python	= un pitone di sei piedi (di lunghezza)
an avenue four kilometres long	= un viale di sei chilometri (di lunghezza).

Height

• ***People***

how tall is he?	= quant'è alto?
he's six feet tall	= è alto un metro e ottanta
he's 1m 50	= è un metro e cinquanta
he's about five feet	= è alto circa un metro e mezzo
A is taller than B	= A è più alto di B
B is smaller than A	= B è più piccolo di A
A is as tall as B	= A è alto come B
A is the same height as B	= A è della stessa altezza di B / A ha la stessa altezza di B
A and B are the same height	= A e B sono della stessa altezza / A e B hanno la stessa altezza / A e B sono alti uguale

Note the Italian construction with *di*:

a six-foot-tall athlete	= un atleta di un metro e ottanta (d'altezza)
a footballer over six feet in height	= un calciatore di oltre un oltre un metro e ottanta (d'altezza)

• ***Things***

how high is the tower?	= quanto è alta la torre?
it's 50 metres	= 50 metri / è alta 50 metri
about 25 metres high	= alto circa 25 metri / circa 25 metri di altezza
it's 100 metres high	= è alto centro metri / è 100 metri di altezza
at a height of two metres	= all'altezza di due metri / a due metri d'altezza
A is higher than B	= A è più alto di B
B is lower than A	= B è più basso di A
A is as high as B	= A è alto come B
A is the same height as B	= A è della stessa altezza di B / A ha la stessa altezza di B
A and B are the same height	= A e B sono della stessa altezza / A e B hanno la stessa altezza / A e B sono alti uguale

Note the Italian construction with *di*:

a 100-metre-high tower	= una torre di 100 metri (d'altezza)
a mountain over 4,000 metres in height	= una montagna di oltre 4.000 metri (d'altezza)
how high is the plane?	= a che altezza è l'aereo? / a che altitudine è l'aereo?
what height is the plane flying at?	= a che altitudine sta volando l'aereo?
the plane is flying at 5,000 metres	= l'aereo sta volando all'altitudine di 5.000 metri.

Distance

• *what's the distance from A to B?*	= che distanza c'è tra A e B?
how far is it from Rome to Milan?	= quanti chilometri ci sono da Roma a Milano?
how far away is the school from the church?	= a che distanza è la scuola dalla chiesa?
it's two kilometres	= due chilometri / sono due chilometri
it's about two kilometres	= sono circa due chilometri
at a distance of 5 kilometres	= alla distanza di 5 chilometri, a 5 chilometri di distanza
C is nearer B than A is	= C è più vicino a B di A
A is nearer to B than to C	= A è più vicino a B che a C
it's further than from B to C	= è più lontano che da B a C
A is as far away as B	= A è lontano come B
A and B are the same distance away	= A e B sono alla stessa distanza

Note the Italian construction with *di*:

a ten-kilometre walk	= una camminata di dieci chilometri.

Width / Breadth

• In the following examples, *broad* may replace *wide* and *breadth* may replace *width*, but the Italian remains *largo* and *larghezza*:

what width is the river?	= quanto è largo il fiume? / che larghezza ha il fiume?
how wide is it?	= quanto è largo?
about seven metres wide	= largo circa sette metri / circa sette metri di larghezza
it's seven metres wide	= è largo sette metri / è sette metri di larghezza
A is wider than B	= A è più largo di B
B is narrower than A	= B è più stretto di A
A is as wide as B	= A è largo come B
A is the same width as B	= A è della stessa larghezza di B / A ha la stessa larghezza di B
A and B are the same width	= A e B sono della stessa larghezza / A e B hanno la stessa larghezza / A e B sono larghi uguale

Note the Italian construction with *di*:

a ditch two metres wide	= un fosso di due metri di larghezza / un fosso largo due metri
a piece of cloth two metres in width	= una pezza di stoffa di due metri di larghezza / una pezza di stoffa larga due metri
a river 50 metres wide	= un fiume di 50 metri di larghezza / un fiume largo 50 metri.

Depth

• *what depth is the river?*	= qual è la profondità del fiume? / quanto è profondo il fiume?
how deep is it?	= quanto è profondo?
about ten metres deep	= profondo circa dieci metri / circa dieci metri di profondità
it's four metres deep	= è profondo quattro metri
at a depth of ten metres	= alla profondità di dieci metri
A is deeper than B	= A è più profondo di B
B is shallower than A	= B è più basso di A / B è meno profondo di A
A is as deep as B	= A è profondo come B
A is the same depth as B	= A è della stessa profondità di B / A ha la stessa profondità di B
A and B are the same depth	= A e B sono della stessa profondità / A e B hanno la stessa profondità / A e B sono profondi uguale

Note the Italian construction with *di*:

a well 20 metres deep	= un pozzo di 20 metri di profondità.

16 - THE MONTHS OF THE YEAR

- Don't use capitals for the names of the months in Italian, and note that there are no common abbreviations in Italian as there are in English (*Jan*, *Feb* and so on). Italians only abbreviate in printed calendars etc.

January = gennaio
February = febbraio
March = marzo
April = aprile
May = maggio
June = giugno
July = luglio
August = agosto
September = settembre
October = ottobre
November = novembre
December = dicembre.

Which month?

- *May* in this note stands for any month, as they all work the same way (for more information on dates in Italian, see the lexical note No. 8):

what month is it? = in che mese siamo? / che mese è questo?
it was May = eravamo in maggio / era maggio
what month were you born? = in che mese sei nato?

When?

- *in May* = in maggio, nel mese di maggio
they're getting married this May = si sposeranno in maggio
that May = quell'anno in maggio
next May = il prossimo maggio
in May next year = l'anno prossimo in maggio
last May = lo scorso maggio, l'anno scorso in maggio
the May after next = tra due anni in maggio
the May before last = due anni fa in maggio.

- which part of the month?

at the beginning of May = all'inizio di maggio
in early May = all'inizio di maggio, nei primi giorni di maggio
at the end of May = alla fine di maggio
in late May = alla fine di maggio, negli ultimi giorni di maggio
in mid-May = a metà maggio, alla metà di maggio
for the whole of May = per tutto il mese di maggio
throughout May = durante tutto maggio, per tutto (il mese di) maggio.

- regular events:

every May = tutti gli anni a maggio, ogni maggio
every other May = un anno sì un anno no a maggio
most Mays = quasi tutti gli anni a maggio.

Uses with other nouns

- *one May morning* = (in) una mattina di maggio
one May night = (in) una notte di maggio / (if appropriate) (in) una sera di maggio.

- For other uses, it is always safe to use *del mese di*:

May classes = i corsi del mese di maggio
May flights = i voli del mese di maggio
the May sales = i saldi del mese di maggio.

Uses with adjectives

- the warmest May = il mese di maggio più caldo
a rainy May = un maggio piovoso
a lovely May = un bel mese di maggio.

17 - MUSICAL INSTRUMENTS

Playing an instrument

- *to play the piano* = suonare il piano
to play the clarinet = suonare il clarinetto
to learn the piano = imparare a suonare il piano.

Players

- English *-ist* is often Italian *-ista*; in Italian only the article gender reflects the sex of the player:

a pianist = un / una pianista
the pianist = il / la pianista
a violinist = un / una violinista.

- A phrase with *suonatore / suonatrice di X* is usually safe:

a piccolo player = un suonatore / una suonatrice di ottavino
a horn player = un suonatore / una suonatrice di corno.

- Note the possible different meanings and translations of the following examples:

he's a good pianist = (by profession) è un bravo pianista / (ability) suona bene il piano
he's not a good pianist = (by profession) non è un bravo pianista / (ability) non suona bene il piano
he's a bad pianist = (by profession) è un pianista incapace / (ability) suona male il piano.

- As in English, the name of the instrument is often used to refer to its player:

she's a first violin = è (un) primo violino.

Music

- *a piano piece* = un pezzo per pianoforte
a piano arrangement = un arrangiamento per pianoforte
a piano sonata = una suonata per pianoforte
a concerto for piano and orchestra = un concerto per pianoforte e orchestra
the piano part = la parte del pianoforte.

Use with another noun

- *di* is usually correct:

to take piano lessons = prendere lezioni di piano
a violin maker = un fabbricante di violini, un liutaio
a violin solo = un assolo al violino
a piano teacher = un / un'insegnante di piano

but note:

a violin case = un astuccio / una custodia per violino.

18 - NATIONALITIES

- Words like *Italian* can also refer to the language (e.g. *an Italian textbook*, see the lexical note No.14) and to the country (e.g. *Italian history*, see the lexical note No.6).

- Note the different use of capital letters in English and Italian; adjectives and nouns never have capitals in Italian:

an Italian student = uno studente italiano, una studentessa italiana

an Italian nurse	= un infermiere italiano, un'infermiera italiana
an Italian tourist	= un turista italiano, una turista italiana
an Italian	= un italiano, un'italiana
the Italians	= gli italiani
an Englishman	= un inglese
an Englishwoman	= una inglese
Englishmen	= gli inglesi
Englishwomen	= le inglesi
English people or *the English*	= gli inglesi.

- English sometimes has a special word for a person of a specific nationality; in Italian, the same word can almost always be either an adjective or a noun:

Danish	= danese
a Dane	= un danese, una danese
the Danes	= i danesi.

- Note the alternatives using either adjective or noun in Italian:

he is Italian	= è italiano or è un italiano
she is Italian	= è italiano or è un'italiana
they are Italians	= (men or mixed) sono italiani, sono degli italiani (women) sono italiane, sono delle italiane.

- When the subject is a noun, like *the teacher* or *Paul* below, the adjective construction is normally used in Italian:

the teacher is Italian	= l'insegnante è italiano / italiana
Paul is Italian	= Paul è italiano
Anne is Italian	= Anne è italiana
Paul and Anne are Italian	= Paul e Anne sono italiani.

- Other ways of expressing someone's nationality or origins are:

he's of French extraction	= è di origine francese
she was born in Germany	= è nata in Germania
he is a Spanish citizen	= è un cittadino spagnolo
a Belgian national	= un cittadino belga
a British subject	= un suddito britannico
she comes from Austria	= viene dall'Austria.

19 - NUMBERS

Cardinal numbers in Italian

0	= zero	30	= trenta
1	= uno	31	= trentuno
2	= due	32	= trentadue
3	= tre	40	= quaranta
4	= quattro	50	= cinquanta
5	= cinque	60	= sessanta
6	= sei	70	= settanta
7	= sette	80	= ottanta
8	= otto	90	= novanta
9	= nove	100	= cento
10	= dieci	101	= centouno
11	= undici	102	= centodue
12	= dodici	110	= centodieci
13	= tredici	111	= centoundici
14	= quattordici	112	= centododici
15	= quindici	187	= centottantasette
16	= sedici	200	= duecento
17	= diciassette	250	= duecentocinquanta
18	= diciotto	300	= trecento
19	= diciannove	1.000	= mille
20	= venti	1.001	= milleuno
21	= ventuno	1.002	= milledue
22	= ventidue	1.020	= milleventi
23	= ventitre	1.200	= milleduecento
24	= ventiquattro	2.000	= duemila
25	= venticinque	10.000	= diecimila
26	= ventisei	10.200	= diecimiladuecento
27	= ventisette	100.000	= centomila
28	= ventotto	102.000	= centoduemila
29	= ventinove	1.000.000	= un milione

1.264.932	= un milione duecentosessantaquattromila novecentotrentadue
1.000.000.000	= un miliardo
1.000.000.000.000	= mille miliardi

- Figures in Italian are set out differently: where English would have a comma, Italian uses a full stop (period) and vice versa: *1,000 (one thousand)* = 1.000 (mille), *18.6 (eighteen point six)* = 18,6 (diciotto virgola sei). Italian, like English, writes dates without any separation between thousands and hundreds, e.g. *in 1995* = nel 1995.
- Note that Italian does not use *e* where English uses *and* in numbers.
- In English *0* may be called *nought*, *zero* or even *nothing*; Italian is always *zero*; *a nought* = uno zero.
- Note that Italian uses the same word for both the article *a / an* and the number *one*; like the article, therefore, *uno* becomes *una* when it refers to a feminine noun:

"here are the books" "give me one, not all of them!"	= "ecco i libri" "dammene uno, non tutti!"
there's only one pen on the table	= c'è solo una penna sul tavolo

Note also that, when preceding a masculine noun, *un* is the usual form and *uno* appears as such only before an *s* + consonant sound; when preceding a feminine noun, *una* becomes *un'* before a vowel sound:

one workman is fat, the other's very tall	= un operaio è grasso, l'altro è molto alto
there's only one glove on the table	= c'è solo un guanto sul tavolo
be careful! One step is broken, and the others are slippery	= sta' attento! Uno scalino è rotto e gli altri sono scivolosi
one hour will be enough	= un'ora basterà
I've only one apple left	= mi è rimasta solo una mela
there's only one shoe here	= qui c'è solo una scarpa.

- Note that the Italian words *milione* e *miliardo* are nouns, and when written out in full they take *di* before another noun, e.g. *a million inhabitants* = un milione di abitanti, *a billion euros* = un miliardo di euro. However, when written in figures, *1,000,000 inhabitants* is *abitanti 1.000.000*, but is still spoken as *un milione di abitanti* (rarely *abitanti un milione*). When *milione* and *miliardo* are part of a complex number, *di* is not used before the nouns, e.g. *6,341,210 people* = (6.341.210) sei milioni trecentoquarantunmila duecentodieci persone.

Use of *ne*

- Note the use of *ne* in the following examples:

there are six	= ce ne sono sei
I've got a hundred	= ne ho cento

Ne must be used when the thing you are talking about is not expressed. However, *ne* is not needed when the object is specified: *there are six apples* = ci sono sei mele.

Approximate numbers

- When you want to say *about* + number, remember the Italian ending *-ina*:

about ten	= una decina
about ten books	= una decina di libri
about fifteen	= una quindicina
about fifteen people	= una quindicina di persone
about twenty	= una ventina
about twenty hours	= una ventina di ore

Similarly *una trentina, una quarantina, una cinquantina, una sessantina, una settantina, un'ottantina* and *una novantina.* Note that *about 100* is *un centinaio.*

- For other numbers, use *circa* (about):

about thirty-five	= circa trentacinque
about thirty-five students	= circa trentacinque studenti

about four thousand	= circa quattromila
about four thousand pages	= circa quattromila pagine

Circa can be used with any number: *circa dieci, circa quindici* etc. are as good as *una decina, una dozzina* etc.

- Note the use of *centinaia* and *migliaia* to express approximate quantities:

hundreds of books	= centinaia di libri
I've got hundreds	= ne ho centinaia
hundreds and hundreds of fish	= centinaia e centinaia di pesci
I've got thousands	= ne ho migliaia
thousands of books	= migliaia di libri
thousands and thousands	= migliaia e migliaia
millions and millions	= milioni e milioni.

Phrases

• *numbers up to ten*	= i numeri fino a dieci
to count up to ten	= contare fino a dieci
almost ten	= quasi dieci
less than ten	= meno di dieci
more than ten	= più di dieci
all ten of them	= tutti e dieci
all ten boys	= tutti e dieci i ragazzi.

Calculations in Italian

	say
10 + 3 = 13	dieci più tre (uguale /fa) tredici
10 – 3 = 7	dieci meno tre (uguale /fa) sette
10 x 3 = 30	dieci per tre (uguale /fa) trenta
30 : 3 = 10	trenta diviso tre (uguale /fa) dieci
5^2	= cinque al quadrato / cinque (elevato) alla seconda (potenza)
5^3	= cinque al cubo / cinque alla terza
5^4	= cinque alla quarta
5^{100}	= cinque alla centesima
5^n	= cinque alla n
$B > A$	= B è maggiore di A
$A < B$	= A è minore di B
$B \geq A$	= B è maggiore o uguale ad A
$A \leq B$	= A è minore o uguale a B
$\sqrt{12}$	= radice quadrata di dodici
$\sqrt{25} = 5$	= la radice quadrata di venticinque è (uguale a) cinque.

Decimals in Italian

- Remember that Italian uses a comma where English has a decimal point.

	say
• 0,25	= zero virgola venticinque
0,05	= zero virgola zero cinque
0,75	= zero virgola settantacinque
3,45	= tre virgola quarantacinque
8,195	= otto virgola centonovantacinque
9,1567	= nove virgola millecinquecentosessantasette.

Percentages in Italian

	say
25%	= venticinque percento (*written also* per cento)
50%	= cinquanta percento
75%	= settantacinque percento
100%	= cento percento
36,5%	= trentasei virgola venticinque percento
4,25%	= quattro virgola venticinque percento.

Fractions in Italian

	say
• 1/2	= un mezzo
1/3	= un terzo
1/4	= un quarto
1/5	= un quinto
1/6	= un sesto
1/7	= un settimo
1/8	= un ottavo
1/9	= un nono
1/10	= un decimo
1/11	= un undicesimo
1/12	= un dodicesimo
2/3	= due terzi
2/5	= due quinti
2/10	= due decimi
3/4	= tre quarti
3/5	= tre quinti
3/10	= tre decimi
1 1/2	= uno e mezzo
1 1/3	= uno e un terzo
1 1/4	= uno e un quarto
1 1/5	= uno e un quinto
5 2/3	= cinque e due terzi
5 3/4	= cinque e tre quarti
5 4/5	= cinque e quattro quinti.

- *45/100th of a second* = quarantacinque centesimi di secondo
- Note that *half*, when not a fraction (as in *1/2 one half*), is translated by *metà* or *mezzo*: see the dictionary entry half.
- The plural article *i* may precede the fractions when they are used about a group of people or things:

3/4 of the students passed the exam	= tre quarti degli studenti hanno superato l'esame
3/10 of the people living in London	= i tre decimi delle persone che abitano a Londra.

Ordinal numbers in Italian

1st =	1°	or	I	= primo
2nd =	2°	or	II	= secondo
3rd =	3°	or	III	= terzo
4th =	4°	or	IV	= quarto
5th =	5°	or	V	= quinto
6th =	6°	or	VI	= sesto
7th =	7°	or	VII	= settimo
8th =	8°	or	VIII	= ottavo
9th =	9°	or	IX	= nono
10th =	10°	or	X	= decimo
11th =	11°	or	XI	= undicesimo
12th =	12°	or	XII	= dodicesimo
13th =	13°	or	XIII	= tredicesimo
14th =	14°	or	XIV	= quattordicesimo
15th =	15°	or	XV	= quindicesimo
16th =	16°	or	XVI	= sedicesimo
17th =	17°	or	XVII	= diciassettesimo
18th =	18°	or	XVIII	= diciottesimo
19th =	19°	or	XIX	= diciannovesimo
20th =	20°	or	XX	= ventesimo
21st =	21°	or	XXI	= ventunesimo
22nd =	22°	or	XXII	= ventiduesimo
23rd =	23°	or	XXIII	= ventitreesimo
24th =	24°	or	XXIV	= ventiquattresimo
25th =	25°	or	XXV	= venticinquesimo
26th =	26°	or	XXVI	= ventiseiesimo
27th =	27°	or	XXVII	= ventisettesimo
28th =	28°	or	XXVIII	= ventottesimo
29th =	29°	or	XXIX	= ventinovesimo
30th =	30°	or	XXX	= trentesimo
31st =	31°	or	XXXI	= trentunesimo
32nd =	32°	or	XXXII	= trentaduesimo
40th =	40°	or	XL	= quarantesimo
50th =	50°	or	L	= cinquantesimo
60th =	60°	or	LX	= sessantesimo
70th =	70°	or	LXX	= settantesimo
80th =	80°	or	LXXX	= ottantesimo
90th =	90°	or	XC	= novantesimo
100th =	100°	or	C	= centesimo
101st =	101°	or	CI	= centunesimo
102nd =	102°	or	CII	= centoduesimo
112th =	112°	or	CXII	= centododicesimo
187th =	187°	or	CLXXXVII	= centottanta-settesimo
200th =	200°	or	CC	= duecentesimo
250th =	250°	or	CCL	= duecento-cinquantesimo
300th =	300°	or	CCC	= trecentesimo
1.000th =	1.000°	or	M	= millesimo
2.000th =	2.000°	or	MM	= duemillesimo
1.000.000th =	1.000.000°			= milionesimo

- All the ordinal numbers in Italian behave like ordinary adjectives and take normal feminine and plural endings where appropriate:
  - *the first act of the play is the best* = il primo atto della commedia è il migliore
  - *are you travelling first or second class?* = viaggia in prima o seconda classe?
  - *the first trees along the boulevard* = i primi alberi lungo il viale
  - *the first houses in the street* = le prime case della strada.
- *1°, 2°, 3°* etc. are often written *1^{a}, 2^{a}, 3^{a}* etc. when referring to a feminine noun. Roman numerals are very often used in time expressions with centuries, and always when referring to the names of popes, kings, queens and the nobility:
  - *the eighteenth century* = il XVIII secolo
  - *the fourth century b.C.* = il IV secolo a.C.
  - *Pope John Paul II* (or *the Second*) = Papa Giovanni Paolo II
  - *Peter the First of Russia* = Pietro I di Russia
  - *Queen Elizabeth II* = la Regina Elisabetta II
  - *George Savile, first Marquis of Halifax* = George Savile, primo Marchese di Halifax

  Remember that writing *XVIII°* or *IV°* is wrong, and notice that Italian has no article (neither written nor pronounced) in front of the ordinal number.
- Like English, Italian makes nouns by adding the definite article:
  - *John is the first in his class* = John è il primo della classe
  - *Mary is the first in her class* = Mary è la prima della classe
  - *the first three* = i primi tre, le prime tre.
- Note the Italian word order in:
  - *the third richest country in the world* = il terzo paese più ricco del mondo, il terzo paese del mondo per ricchezza.

20 - OCEANS AND SEAS

- *the Atlantic Ocean* = l'Oceano / oceano Atlantico
  - *the Pacific Ocean* = l'Oceano / oceano Pacifico
  - *the Indian Ocean* = l'Oceano / oceano Indiano
  - *the Mediterranean Sea* = il Mar / mar Mediterraneo
  - *the Baltic Sea* = il Mar / mar Baltico
  - *the Adriatic Sea* = il Mare / mare Adriatico

  Note that *mare* becomes *mar* when the following word begins with a consonant.
- As English, Italian often drops the words *oceano* or *mare*. When this happens, oceans and seas still have masculine gender:
  - *the Pacific* = il Pacifico
  - *the Baltic* = il Baltico.

Use with other nouns

- Here are some useful patterns, using *Pacifico* as a typical name:
  - *the Pacific coast* = la costa del Pacifico
  - *a Pacific crossing* = una traversata del Pacifico
  - *a Pacific cruise* = una crociera sul Pacifico
  - *the Pacific currents* = le correnti del Pacifico
  - *the Pacific fish* = i pesci del Pacifico
  - *the Pacific islands* = le isole del Pacifico.

21 - POINTS OF THE COMPASS

- The points of the compass are usually abbreviated as
  - *N north* = N nord
  - *S south* = S sud
  - *E east* = E est
  - *W west* = O ovest
  - *northeast* = nord-est
  - *northwest* = nord-ouest
  - *north-northeast* = nord-nord-est
  - *east-northeast* = est-nord-est.
- *nord, sud, est, ovest* is the normal order in Italian as well as English.

Where?

- Compass points in Italian are not normally written with a capital letter:
  - *in the north of Scotland* = nel nord della Scozia
  - *in the south of Spain* = nel sud della Spagna
  - *it is north of the hill* = è a nord della collina
  - *a few kilometres north* = alcuni kilometri a nord
  - *due north of here* = diretto a nord.
- Although compass points are not normally written with a capital letter, when they refer to a specific region in phrases such as *I love the North* or *he lives in the North*, and it is clear where this North is, without any further specification such as *of Italy* or *of Europe*, then they are written with a capital letter, in Italian as well as in English. In the following examples, *north* and *nord* stand for any compass point word:
  - *I love the North* = mi piace il Nord
  - *to live in the North* = vivere al Nord.
- There is another set of words in Italian for *north*, *south* etc., some of which are more common than others:

	nouns	adjectives
(*north*)	settentrione (*rarely used*)	settentrionale
(*south*)	meridione	meridionale
(*east*)	oriente	orientale
(*west*)	occidente	occidentale

Note that *Oriente* and *Occidente* are used as masculine singular nouns (written with a capital letter) to mean the Eastern world and the Western world respectively.

Translating *northern* etc.

- *a northern town* = una città del Nord
  - *a northern accent* = un accento del Nord
  - *the most northerly outpost* = l'avamposto più a nord / più settentrionale.
- Regions of countries and continents work like this:
  - *northern Europe* = l'Europa del Nord / l'Europa settentrionale
  - *the northern parts of Japan* = le parti settentrionali del Giappone
  - *eastern France* = l'est della Francia / la Francia dell'est / la Francia orientale.
- For names of countries and continents which include these compass point words, such as *North America* or *South Korea*, see the dictionary entry and the lexical note No. 6.

Where to?

- Italian has fewer ways of expressing this than English has; *a* or *verso* are usually safe:
  - *to go north* = andare a nord
  - *to head towards the north* = dirigersi verso (il) / a nord
  - *to go northwards* = andare verso (il) / a nord
  - *to go in a northerly direction* = andare in direzione (del) nord
  - *a northbound ship* = una nave diretta a nord
  - *the windows face north* = le finestre danno a nord
  - *a north-facing slope* = un pendio orientato / rivolto / che guarda a nord

  If in doubt, check in the dictionary.

Where from?

- The usual way of expressing *from the* is *dal / dall'*:
  - *it comes from the north* = viene dal nord
  - *from the north of Germany* = dal nord della Germania

from the east of the United States	= dall'est degli Stati Uniti.

- Note also these expressions relating to the direction of the wind:

the north wind	= il vento del nord
a northerly wind	= un vento del nord
prevailing north winds	= venti in prevalenza
the wind is coming from the north	= il vento viene dal nord.

Compass point words used as adjectives

- The Italian words *nord, sud, est* and *ovest* are really nouns, so when they are used as adjectives they are invariable:

the north coast	= la costa nord
the north door	= la porta nord
the north face (of a mountain)	= la parete nord
the north side	= il lato nord
the north wall	= il muro nord.

22 - QUANTITIES

- Note in particular the use of *ne* (of it or of them) in the following examples: this word must be included when the thing you are talking about is not expressed; however, *ne* is not needed when the commodity is specified, e.g. *there is a lot of butter* = c'è molto burro; note also that *ne* is reduced to *n'*+ in front of a word beginning with a vowel, especially the verb form *è*:

how much is there?	= quanto ce n'è?
there's a lot	= ce n'è molto
there's not much	= non ce n'è molto
there's two kilos	= ce ne sono due chili
how much sugar have you?	= quanto zucchero hai?
I've got a lot	= ne ho molto
I've not got much	= non ne ho molto
I've got two kilos	= ne ho due chili
how many are there?	= quanti / quante ce ne sono?
there are a lot	= ce ne sono molti / molte
there aren't many	= non ce ne sono molti / molte
there are twenty	= ce ne sono venti
how many apples have you?	= quante mele hai?
I've got a lot	= ne ho molte
I haven't many	= non ne ho molte
I've got twenty	= ne ho venti
A has got more than B	= A ne ha più di B
A has got more bread than B	= A ha più pane di B
some more bread	= un po' più di pane / un po' di pane in più
much more than	= molto più di
a little more than	= un po' più di
A has got more apples than B	= A ha più mele di B
many more apples than B	= molte più mele di B
a few more apples than B	= un po' più di mele di B / un po' di mele in più di B
a few more people than yesterday	= un po' più di gente di ieri / qualche persona in più di ieri
B has got less than A	= B ne ha meno di A
B has got less bread than A	= B ha meno pane di A
much less than	= molto meno di
a little less than	= un po' meno di
B has got fewer than A	= B ne ha meno di A
B has got fewer apples than A	= B ha meno mele di A
many fewer than	= molti / molte meno di.

Relative quantities

• *how many are there to the kilo?*	= quanti / quante ne vengono per / in un chilo?
there are ten to the kilo	= ne vengono dieci
you can count six to the kilo	= puoi calcolarne sei per un chilo
how many do you get for 5 euros?	= quanti / quante ne vengono per 5 euro?
you get seven for 5 euros	= ne vengono sette per 5 euro
how much does petrol cost a litre?	= quanto costa al litro la benzina?
it costs more than 1 euro a litre	= costa più di 1 euro al litro
how much do apples cost a kilo?	= quanto costano al chilo le mele?
apples cost 1 euro a kilo	= le mele costano 1 euro al chilo
how much does it cost a metre?	= quanto costa al metro?
how many glasses do you get to the bottle?	= quanti bicchieri vengono per bottiglia?
you get six glasses to the bottle	= vengono sei bicchieri per bottiglia
how much does your car do to the gallon?	= quanto consuma la tua auto? / quanto fa al gallone la tua macchina?
it does 28 miles to the gallon	= fa 28 miglia al gallone (10 chilometri con un litro).

23 - MILITARY RANKS AND TITLES

The following list gives the principal ranks in the Italian services. For translations, see the individual dictionary entries.

The Navy = La Marina Militare

Ammiraglio d'armata
Ammiraglio di squadra
Ammiraglio di divisione
Contrammiraglio
Capitano di vascello
Capitano di fregata
Capitano di corvetta
Tenente di vascello
Sottotenente di vascello
Guardiamarina
Capo
Secondo capo
Sergente
Sottocapo
Marinaio comune di 1ª classe
Marinaio comune di 2ª classe
Marinaio comune di 3ª classe

The Army = L'Esercito

Generale d'armata
Generale di corpo d'armata
Generale di divisione
Generale di brigata
Colonnello
Tenente colonnello
Maggiore
Capitano
Tenente
Sottotenente
Maresciallo
Sergente maggiore
Sergente
Caporale maggiore
Caporale
Soldato

The Air Force = L'Aviazione

Generale d'armata aerea
Generale di squadra aerea
Generale di divisione aerea
Generale di brigata aerea

Colonnello
Tenente colonnello
Maggiore
Capitano
Tenente
Sottotenente
Maresciallo
Sergente maggiore
Sergente
Primo aviere
Aviere scelto
Aviere

Speaking about someone

he's a colonel	= è (un) colonnello
to be promoted to colonel	= essere promosso colonnello
he has the rank of colonel	= ha il grado di colonnello
he's a lieutenant in the Army	= è (un) sottotenente dell'Esercito
he's just a private	= è solo (un) soldato semplice
Colonel Smith has arrived	= è arrivato il Colonnello Smith.

Service personnel to superior officers

yes, sir	= sì, signore / sissignore
yes, ma'am	= sì, signore / sissignore

Service personnel to someone of lower rank

yes, sergeant	= sì, sergente.

24 - BRITISH REGIONS AND COUNTIES, ITALIAN REGIONS, AND US STATES

- The following information and examples refer in particular to Italian regions, British regions and counties, and US states. The information may, however, also be applied to regions of any other country.

BRITISH REGIONS AND COUNTIES

- The names of British regions and counties usually have the definite article in Italian. Most counties and regions are masculine.

Kent / Sussex / Yorkshire	= il Kent / il Sussex / lo Yorkshire
Cornwall	= la Cornovaglia

In, to and from somewhere

- With masculine nouns *in* and *to* are translated by *nel / nello* or *in*, and *from* by *dal / dallo*:

to live in Sussex	= vivere nel / in Sussex
to go to Sussex	= andare nel / in Sussex
to come from Sussex	= venire dal Sussex

Note however:

to live in Cornwall	= vivere in Cornovaglia
to go to Cornwall	= andare in Cornovaglia
to come from Cornwall	= venire dalla Cornovaglia.

Uses with nouns

- There are rarely Italian equivalents for English forms like *Cornishmen*, and it is always safe to use *di* + definite article:

Cornishmen	= gli abitanti della Cornovaglia
Lancastrians	= gli abitanti del Lancashire.

- In other cases, *del / dello* is often possible:

a Somerset accent	= un accento del Somerset
the Yorkshire countryside	= la campagna dello Yorkshire

but it is usually safe to use *della contea di* (or equivalent expressions):

the towns of Fife	= le città della contea di Fife
the rivers of Merioneth	= i fiumi della contea di Merioneth / regione di Merioneth
Grampian cattle	= il bestiame della regione dei Grampiani.

ITALIAN REGIONS

- The names of Italian regions, only some of which have an English equivalent, usually have the definite article; a few of them are masculine:

il Piemonte (Piedmont)
il Trentino-Alto Adige
il Veneto
il Friuli-Venezia Giulia
il Lazio
l'Abruzzo
il Molise

most names are feminine:

la Valle d'Aosta
la Lombardia (Lombardy)
la Liguria
l'Emilia-Romagna
la Toscana (Tuscany)
l'Umbria
la Campania
la Puglia (Apulia)
la Basilicata
la Calabria
la Sicilia (Sicily)
la Sardegna (Sardinia)

the only plural names are:

le Marche (the Marches)
gli Abruzzi (as a variant form of *l'Abruzzo*)
le Puglie (as a variant form of *la Puglia*)

So:

do you know Piedmont?	= Lei conosce il Piemonte?
Sicily is beautiful	= la Sicilia è bella
I like Liguria	= mi piace la Liguria
Basilicata is a very small region	= la Basilicata è una regione molto piccola.

In, to and from somewhere

- With masculine nouns, Italian uses *in* or *nel / nello* for English *in* and *to*, and *dal / dallo* for *from*; with feminine nouns *in* for English *in* and *to* and *dalla* for *from*.

to live in Veneto	= vivere in / nel Veneto
to go to Veneto	= andare in / nel Veneto
to come from Veneto	= venire dal Veneto
to live in Liguria	= vivere in Liguria
to go to Liguria	= andare in Liguria
to come from Liguria	= venire dalla Liguria

- Remember that *le Marche* is always used as a feminine plural noun in Italian:

to live in the Marches	= vivere nelle Marche
to go to the Marches	= andare nelle Marche
to come from the Marches	= venire dalle Marche.

Coming from somewhere: uses with another noun

- Words derived from the names of Italian regions are used as adjectives and as nouns referring to the inhabitants; the following ones have an English equivalent:

il Piemonte	= *piemontese* (Piedmontese)
il Friuli-Venezia Giulia	= *friulano / friulana* (Friulian)
il Lazio	= *laziale* (Latian)
la Lombardia	= *lombardo / lombarda* (Lombard)
la Liguria	= *ligure* (Ligurian)
l'Emilia-Romagna	= *emiliano / emiliana* (Emilian) (*or specifically* Romagnol)
la Toscana	= *toscano / toscana* (Tuscan)
l'Umbria	= *umbro / umbra* (Umbrian)
l'Abruzzo	= *abruzzese* (Abruzzian)
la Campania	= *campano / campana* (Campanian)
la Puglia	= *pugliese* (Apulian)
la Calabria	= *calabrese* (Calabrian)
la Sicilia	= *siciliano / siciliana* (Sicilian)
la Sardegna	= *sardo / sarda* (Sardinian)

So:

Piedmontese landscape = il paesaggio piemontese
Sardinian cheese = il formaggio sardo
Sicilian Vespers = i Vespri Siciliani
Emilians are very friendly people = gli emiliani sono persone molto cordiali
he married a Sardinian = ha sposato una sarda.

- In other cases it is usually safe to use *of* or *from + X* for adjectives and *native* or *inhabitant of X* for nouns:

il Trentino-Alto Adige = *trentino / trentina*
il Veneto = *veneto / veneta*
il Molise = *molisano / molisana*
la Valle d'Aosta = *valdostano / valdostana*
la Basilicata = *lucano / lucana*
le Marche = *marchigiano / marchigiana*

So:

wine from Puglia = il vino pugliese
the customs of Campania = le usanze della Campania
the natives of Veneto are usually kind people = i veneti sono solitamente persone gentili.

- Italian regions are divided into provinces, each of which takes its names from its main city, or *capoluogo di provincia*; for the use of these and related names, see the lexical note No. 34.

US STATES

- Although there are only a few Italian adaptations of the names of US states (*Distretto di Columbia, Nuovo Messico, Nuova York, Carolina del Nord* and *Carolina del Sud*, all of them sounding a bit old-fashioned), each US state name has a gender in Italian and is usually used with the definite article:

Texas = il Texas
Colorado = il Colorado
Utah = lo Utah
Arkansas = l'Arkansas
California = la California
Pennsylvania = la Pennsylvania
Arizona = l'Arizona

So:

do you know Texas? = Lei conosce il Texas?
Arkansas is beautiful = l'Arkansas è bello
I like California = mi piace la California

In, to and from somewhere

- With masculine nouns Italian uses *in* or *nel / nello* for English *in* and *to*, and *dal / dallo* for *from*; with feminine nouns *in* for English *in* or *to* and *dalla* for *from*:

to live in Texas = vivere in / nel Texas
to go to Texas = andare in / nel Texas
to come from Texas = venire dal Texas
to live in Arkansas = vivere in Arkansas
to go to Arkansas = andare in Arkansas
to come from Arkansas = venire dall'Arkansas
to live in California = vivere in California
to go to California = andare in California
to come from California = venire dalla California
to live in Arizona = vivere in Arizona
to go to Arizona = andare in Arizona
to come from Arizona = venire dall'Arizona.

- Note that *Hawaii* is always used as a feminine plural noun in Italian, since the word *isole* (islands) is understood:

Hawaii = le Isole Hawaii / le Hawaii
to live in Hawaii = vivere alle Hawaii
to go to Hawaii = andare alle Hawaii
to come from the Hawaii = venire dalle Hawaii.

Coming from somewhere: uses with another noun

- There are a few words, e.g. *californiano, newyorkese* and *texano* used as adjectives and as nouns referring to the inhabitants.
- In other cases it is usually safe to use *di* + article, e.g.:

New-Mexico roads = le strade del New Mexico
Illinois representatives = i rappresentanti dell'Illinois
the Utah inhabitants = gli abitanti dello Utah
the Florida countryside = la campagna della Florida
an Alabama accent = l'accento dell'Alabama.

25 - RIVERS

- Normally, English *the River X* becomes *il fiume X* in Italian:

the River Thames = il fiume Tamigi
the Potomac River = il fiume Potomac
the River Po = il fiume Po

Note that, while *river* may or may not have a capital letter, *fiume* usually has a small *f*; remember also that the American English construction *the X river* is not possible in Italian.

- Just as English can drop the word *River*, *fiume* can be omitted in Italian:

the Thames = il Tamigi
the Po = il Po.

- The nouns of Italian rivers are usually masculine, so that the definite article to be used is *il* (or *l'* if the noun begins with a vowel) *il Po, il Tevere, il Ticino, il Piave, il Volturno, l'Adda, l'Adige, l'Arno l'Isonzo, l'Ombrone* etc. Only rarely the noun is feminine: *la Dora Baltea, la Dora Riparia*. If in doubt, you can always use the expression *the river X*: *il fiume Piave, il fiume Dora Baltea* etc.

Phrases

- Here are some useful patterns, using *Po* as a typical name:

the Po banks = le rive del Po
a Po tributary = un affluente del Po
the Po water = l'acqua del Po
the Po estuary = l'estuario del Po
the mouth of the Po = la foce del Po
the source of the Po = le sorgenti del Po.

26 - SEASONS

- Italian does not usually use capital letters for names of seasons as English sometimes does.
- Italian normally uses the definite article before the names of seasons, whether or not English does; remember that *primavera* and *estate* are feminine nouns, whereas *autunno* and *inverno* are masculine:

spring = la primavera
summer = l'estate
autumn or *fall* = l'autunno
winter = l'inverno
I got married last spring = mi sono sposata la primavera scorsa
a rainy summer = un'estate piovosa
the warmest autumn of the century = l'autunno più caldo del secolo
next winter = l'inverno prossimo, il prossimo inverno

- In the following examples, *summer* and *estate* are used as models for all the season names:

I like summer or *I like the summer* = mi piace l'estate
during the summer = durante l'estate
in early summer = all'inizio dell'estate
in late summer = alla fine dell'estate

for the whole summer	= per tutta l'estate
throughout the summer	= durante / per tutta l'estate
last summer	= la scorsa estate / l'estate scorsa
next summer	= la prossima estate / l'estate prossima
the next summer	= l'estate successiva
the summer before last	= due estati fa
the summer after next	= tra due estati.

- In Italian the definite article is missing before the names of seasons when it is replaced by such words as *ogni* (every) or *questo / questa* (this) and when *in* is used:

every summer I spend two months at the seaside	= ogni estate passo due mesi al mare
this summer I'm going to the mountains	= quest'estate andrò in montagna
in spring	= in primavera
in summer	= in estate
in autumn	= in autunno
in winter	= in inverno.

Seasons used as adjectives with other nouns

- Where the names of seasons are used as adjectives in English, Italian has proper adjectives (*primaverile, estivo, autunnale* and *invernale*) or uses the construction with *di* + article:

summer clothes	= vestiti estivi
the summer collection	= la collezione estiva
the summer sales	= i saldi estivi
a summer day	= un giorno d'estate, una giornata estiva
a summer evening	= una sera d'estate, una serata estiva
a summer landscape	= un paesaggio d'estate
summer weather	= il tempo estivo.

The use of either form may convey a different semantic nuance: note e.g. that *una sera d'estate* means *an evening in summer*, whereas *una sera* or *serata estiva* may also mean *a warm evening* (not necessarily in summer).

27 - SHOPS, TRADES AND PROFESSIONS

Shops

- In English you can say *at the baker's* or *at the baker's shop*; in Italian the construction with *da* + definite article + *panettiere, macellaio etc.* is common, but you can also use *in* + the name of the particular shop:

at the baker's	= dal panettiere *or* in panetteria
I'm going to the grocer's	= vado dal droghiere *or* in drogheria
I bought it at the fishmonger's	= l'ho comprato dal pescivendolo *or* in pescheria
go to the chemist's	= vai dal farmacista *or* in farmacia
at or *to the hairdresser's*	= dal parrucchiere
to work in a butcher's	= lavorare in una macelleria.

- *Da* + definite article is also used with the names of professions:

at or *to the doctor's*	= dal medico
at or *to the lawyer's*	= dall'avvocato
at or *to the dentist's*	= dal dentista.

- Note that there are specific names for the place of work of some professions:

the lawyer's office	= lo studio dell'avvocato
the doctor's surgery (GB) or *office* (US)	= l'ambulatorio del medico.

In Italian, *studio* is also used for architects and dentists. If in doubt, check in the dictionary.

People

- Talking of someone's profession, we could say *he is a dentist*. In Italian this would be *è dentista, è un dentista* or *fa il dentista*:

Paul is a dentist	= Paolo è (un) dentista / fa il dentista
she is a cardiologist	= è (una) cardiologa / fa la cardiologa
she's a geography teacher	= è (un')insegnante di geografia / fa l'insegnante di geografia.

- With adjectives, only the construction with *essere* + *un / uno / una* is possible:

Paul is a good dentist	= Paolo è un bravo dentista
she is a famous cardiologist	= è una famosa cardiologa.

- In the plural, you may use *dei* or *delle*, especially before an adjective:

they are mechanics	= sono (dei) meccanici / fanno i meccanici
they are good mechanics	= sono (dei) bravi meccanici.

Trades and professions

• *what does he do?*	= che cosa fa (di mestiere)?
what's your job? / what are you?	= Lei che mestiere fa?
I'm a teacher	= faccio l'insegnante / sono (un) insegnante
to work as a dentist	= lavorare come dentista
to work for an electrician	= lavorare per un elettricista
to be paid as a mechanic	= essere pagato come meccanico
he wants to be a baker	= vuole fare il panettiere.

28 - SIZES

- In the following tables of equivalent sizes, Italian sizes have been rounded up, where necessary (since it is always better to have clothes a little too big than a little too tight); remember also that size equivalents are not only approximate, but may also display some variation between manufacturers.

Men's shoe sizes

in UK & US	*in Italy*
6	39
7	40
8	42
9	43
10	44
11	45
12	46

Men's clothing sizes

in UK & US	*in Italy*
28	40
30	42
32	44
34	46
36	48
38	50
40	52
42	54
44	56
46	58

Men's shirt collar sizes

in UK & US	*in Italy*
14	36
$14^1/_2$	37
15	38
$15^1/_2$	39
16	40
$16^1/_2$	41
17	42
$17^1/_2$	43
18	44

Women's shoe sizes

in UK	*in US*	*in Italy*
3	6	35
$3^1/_2$	$6^1/_2$	36
4	7	37
5	$7^1/_2$	38
6	8	39
7	$8^1/_2$	40
8	9	41

Women's clothing sizes

in UK	*in US*	*in Italy*
8	4	36
10	6	38
12	8	40-42
14	10	44
16	12	46-48
18	14	50
20	16	52

• Note that for shoe and sock sizes Italian uses *numero* (number), so *a size 37* is *un (numero) 37*. For all other types of garment, the words *taglia* or *misura* are used, so *a size 16 shirt* is *una camicia taglia 40*, etc.

Men's underwear

• Nowadays, both Anglo-American and Italian sizes for men's underwear are S (Small), M (Medium), L (Large), XL (Extra Large) and sometimes XXL (Extra Extra Large); sizes of men's underwear may still be shown by ordinal numbers in Italy, so that, e.g., a Medium size is marked as *IV* (*quarta* or fourth size).

Men's socks

in UK & US	*in UK & Italy*
9½	38-39
10	39-40
10½	40-41
11	41-42
11½	43-44
12	44-45

Women's underwear

• Nowadays, both Anglo-American and Italian sizes for women's underwear are S (Small), M (Medium), L (Large) and XL (Extra Large); in Italy, sizes of women's underwear may still be shown by ordinal numbers or by using the numbers of women's clothing sizes, so that, e.g., a Medium size is marked as *42* or *44* (*quarantadue* or *quarantaquattro*).

Women's stockings

in UK & US	*in UK & Italy*	*in UK & US*	*in UK & Italy*
8	0	9½	3
8½	1	10	4
9	2	10½	5

Women's brassieres

in UK & US	*in Italy*	*international*
32	1	65
34	2	70
36	3	75
38	4	80
40	5	85

Bra cups are marked as A, B, C, D, E or F sizes both in Italy and elsewhere.

Phrases

• *what size are you?* = che misura / taglia sei / hai / porti? che numero di scarpe hai / porti?

I take size 40 (in clothes) = porto una (taglia) 40

I take a size 7 (in shoes) = porto il 40 (di scarpe), calzo il 40

my collar size is 15 = porto il 38 di collo

I'm looking for collar size 16 = sto cercando una 40

his shoe size is 39 = porta il 39 (di scarpe), calza il 39

a pair of shoes size 39 = un paio di scarpe numero 39 / un paio di scarpe del 39

have you got the same thing in a 16? = ha lo stesso modello taglia 40?

have you got this in a smaller size? = ce l'ha in una taglia più piccola?

have you got this in a larger size? = ce l'ha in una taglia più grande?

they haven't got my size = non hanno la mia taglia / la mia misura / il mio numero.

29 - SPEED

Speed of road, rail, air etc. travel

• In Italy speed is measured in kilometres per hour:

100 kph = approximately 63 mph

100 mph = approximately 160 kph

50 mph = approximately 80 kph.

• *X miles per hour* = X miglia all'ora

X kilometres per hour = X chilometri all'ora

100 kph = 100 km/h = 100 chilometri all'ora

what speed was the car going at? = a che velocità andava l'auto?

it was going at 150 kph = andava a 150 (chilometri) all'ora / ai 150

it was going at fifty (mph) = andava a 50 miglia all'ora

the speed of the car was 200 kph = la velocità dell'auto era 200 (chilometri) all'ora

what was your car doing? = quanto faceva la tua macchina?

it was doing ninety (mph) = faceva novanta miglia all'ora

it was going at more than 200 kph = andava a più di 200 (chilometri) all'ora

it was going at less than 40 kph = andava a meno di 40 (chilometri) all'ora

A was going at the same speed as B = A andava alla stessa velocità di B

A was going faster than B = A andava più veloce di B

B was going slower than A = B andava più lento di A.

Speed of light and sound

• *sound travels at 330 metres per second* = il suono viaggia 330 metri al secondo

the speed of light is 186,300 miles per second = la velocità della luce è 186.300 miglia al secondo.

30 - SPELLING AND PUNCTUATION

The alphabet

• The names of the letters are given below with their pronunciation in Italian and, in the righthand column, a useful way of clarifying difficulties when you are spelling names etc. *A come Ancona* means *A for Ancona*, and so on.

	When spelling aloud...
• A - a	A come Ancona
B - bi	B come Bari
C - ci	C come Como
D - di	D come Domodossola
E - e	E come Empoli
F - effe	F come Firenze
G - gi	G come Genova
H - acca	H come Hotel
I - i	I come Imola
J - i lunga/i lungo	
K - cappa	
L - elle	L come Livorno
M - emme	M come Milano
N - enne	N come Napoli
O - o	O come Otranto
P - pi	P come Palermo
Q - qu	
R - erre	R come Roma
S - esse	S come Savona
T - ti	T come Torino
U - u	U come Udine
V - vu/vi	V come Venezia
W - vu doppia/vu doppio/ vi doppia/vi doppio/ doppia vu/doppio vu/ doppia vi/doppio vi	
X - ics	
Y - ipsilon/i greco/i greca	
Z - zeta	Z come Zara

Spelling

- *capital B* = B maiuscola
  small b = b minuscola
  it has got a capital B = ha una B maiuscola
  in small letters = in minuscolo, in lettere minuscole
  in capital letters = in maiuscolo, in lettere maiuscole
  double t = doppia t
  double n = doppia n
  apostrophe = apostrofo
  hyphen = trattino (d'unione)
  blue-eyed has got a hyphen = blue-eyed ha il trattino

Dictating punctuation

.	*punto* (full stop or period)
,	*virgola* (comma)
:	*due punti* (colon)
;	*punto e virgola* (semicolon)
!	*punto esclamativo* (exclamation mark or exclamation point)
?	*punto interrogativo* (question mark)
	a capo (new paragraph)
(	*aperta parentesi* (open brackets)
)	*chiusa parentesi* (close brackets)
( )	*tra parentesi* (in brackets)
[ ]	*tra parentesi quadre* (in square brackets)
-	*trattino* (dash)
-	*trattino (d'unione)* (hyphen)
–	*trattino medio* (en dash)
—	*trattino lungo* or *lineato* (em dash)
/	*barra obliqua* (slash or solidus or virgule)
*	*asterisco* (asterisk)
%	*percento* (percent)
&	*e commerciale* (ampersand)
...	*puntini di sospensione* (three dots)
'	*apostrofo* (apostrophe)
« »	*virgolette (caporali)* (inverted commas or quotation marks or quotes)
«	*aperte virgolette* (open inverted commas)
»	*chiuse virgolette* (close inverted commas)
«...»	*tra virgolette* (in inverted commas)
" "	*virgolette (alte)* (inverted commas)
"	*aperte virgolette* (open inverted commas)
"	*chiuse virgolette* (close inverted commas)
"..."	*tra virgolette* (in inverted commas)
´	*accento acuto* (acute accent)
`	*accento grave* (grave accent)
^	*accento circonflesso* (circumflex)
¨	*dieresi* (diaeresis)
~	*tilde* (tilde or swung dash)
¸	*cediglia* (cedilla)

Note that single or double inverted commas are sometimes used in Italian to highlight words in a text: *il ministro ha voluto 'sapere tutto' sulla faccenda.*

31 - SURFACE AREA MEASURES

- Note that Italian has a comma where English has a decimal point:
  1 sq in = 1 pollice quadrato = 6,45 cm^2 (centimetri quadrati)
  1 sq ft = 1 piede quadrato = 929,03 cm^2
  1 sq yd = 1 iarda quadrata = 0,84 m^2 (metri quadrati)
  1 acre = 1 acro quadrato = 40,47 a (are)
  = 0,4 ha (ettari)
  1 sq ml = 1 miglio quadrato = 2,59 km^2 (chilometri quadrati)

There are three ways of saying *6,45* cm^2, and other measurements like it: *sei virgola quarantacinque centimetri quadrati*, or (less formally) *sei centimetri quadrati virgola quarantacinque*, or *sei centimetri quadrati e quarantacinque*. For more details on how to say numbers, see the lexical note No. 19.

- *how big is your garden?* = quanto è grande il tuo giardino?
  what's its area? = che superficie ha?
  it's 200 square metres = 200 metri quadrati
  its surface area is 200 square metres = ha una superficie di 200 metri quadrati, misura 200 metri quadrati di superficie
  it's 20 metres by 10 metres = misura / è 20 metri per 10
  sold by the square metre = venduto al metro quadrato / metro quadro
  there are 10,000 square centimetres in a square metre = ci sono 10.000 centimetri quadrati in un metro quadrato
  10,000 square centimetres make one square metre = 10.000 centimetri quadrati fanno un metro quadrato
  A is the same area as B = A ha la stessa superficie di B
  A and B are the same area = A e B hanno la stessa superficie.
- Note the Italian construction with *di*, coming after the noun it describes:
  a 200-square-metre plot = un terreno di 200 metri quadrati.

32 - TEMPERATURE

- Temperatures in Italian are written as in the tables below. When the scale letter (*C* for *Celsius* or *centigrado*, *F* for *Fahrenheit*) is omitted, temperatures are written thus: *20°, 98,4°* etc. Remember that Italian has a comma, where English has a decimal point. Note also that there is no capital on *centigrado* in Italian; capital C is however used as the abbreviation for *Celsius* and *centigrado* as in *60 °C*. For how to say numbers in Italian, see the lexical note No. 19.

Celsius or centigrade (C)	***Fahrenheit (F)***	
100 °C	212 °F	*temperatura / punto di ebollizione dell'acqua* (boiling point)
90 °C	194 °F	
80 °C	176 °F	
70 °C	158 °F	
60 °C	140 °F	
50 °C	122 °F	
40 °C	104 °F	
37 °C	98,4°F	
30 °C	86 °F	
20 °C	68 °F	
10 °C	50 °F	
0 °C	32 °F	*temperatura/punto di congelamento dell'acqua* (freezing point)
–10 °C	14 °F	
–17,8 °C	0 °F	
–273,15 °C	–459,67 °F	*lo zero assoluto* (absolute zero)

- *–15 °C* = –15 °C (meno quindici gradi Celsius)
  the thermometer says 40° = il termometro indica 40 gradi
  above 30 °C = più di 30 gradi Celsius
  over 30° Celsius = oltre 30 gradi Celsius
  below 30° = sotto i trenta gradi.

People

- *body temperature is 37 °C* = la temperatura corporea è di 37 °C (trentasette gradi Celsius)
  what is his temperature? = che temperatura ha? /
  his temperature is 38° = ha trentotto di temperatura / di febbre.

Things

- *how hot is the milk?* = quant'è caldo il latte?

what temperature is the milk?	= (a) che temperatura è il latte?
it's 40 °C	= è (a) 40 gradi
what temperature does water boil at?	= a che temperatura bolle l'acqua?
it boils at 100 °C	= bolle a 100 °C (cento gradi centigradi)
at a temperature of 200°	= alla temperatura di 200 °C
A is hotter than B	= A è più caldo di B
B is cooler than A	= B è meno caldo di A
B is colder than A	= B è più freddo di A
A is the same temperature as B	= A è alla stessa temperatura di B
A and B are the same temperature	= A e B sono alla stessa temperatura.

Weather

• *what's the temperature today?*	= che temperatura c'è oggi?
it's 65 °F	= ci sono 65 °F (sessanta-cinque gradi Farenheit)
it's 19 degrees	= ci sono 19 gradi
Naples is warmer (or *hotter*) *than London*	= Napoli è più calda di di Londra
it's the same temperature in Paris as in London	= c'è la stessa temperatura a Parigi e a Londra.

33 - TIME UNITS

Lengths of time

• *a second*	= un secondo
a minute	= un minuto
an hour	= un'ora
a day	= un giorno
a week	= una settimana
a month	= un mese
a year	= un anno
a century	= un secolo.

• For the time by the clock, see the lexical note No. 4; for days of the week, see the lexical note No. 36; for months, see the lexical note No. 16; for dates, see the lexical note No. 8.

How long?

• Note the various ways of translating *take* into Italian:

how long does it take?	= quanto (tempo) ci vuole?
it took me a week	= mi ci volle una settimana
I took an hour to finish it	= mi ci è voluta un'ora per finirlo
the letter took a month to arrive	= la lettera ha impiegato un mese per arrivare
it'll take at least a year	= ci vorrà / ci vuole almeno un anno
it'll only take a moment	= ci vorrà / ci vuole solo un momento.

• Translate both *spend* and *have* as *passare* or *trascorrere*:

to have a wonderful evening	= trascorrere una meravigliosa serata
to spend two days in Rome	= passare due giorni a Roma

• Use *fra* or *tra* for *in* when something is seen as happening in the future:

in three weeks' time	= fra tre settimane
I'll be there in an hour	= sarò là tra un'ora

Note however:

she said she'd be there in an hour	= disse che sarebbe stata là entro / in un'ora (*or* un'ora dopo).

• Use *in* for *in* when expressing the time something took or will take:

he did it in an hour	= l'ha fatto in un'ora
they will do it in half an hour	= lo faranno in mezz'ora.

• When *for* indicates a length of time, its commonest Italian translation is *per* or no preposition:

I worked in that factory for a year	= ho lavorato in quella fabbrica (per) un anno
we're here for a month	= resteremo qui (per) un mese
they'll take the room for a week	= prenderanno la stanza per una settimana

• And use *da* for *for* and *since* when the action began in the past and is or was still going on:

she has been here for a week / since Monday	= è qui da una settimana / da lunedì
she had been there for a year / since 1988	= era là da un anno / dal 1988
I haven't seen her for years / since June	= non la vedo da anni / da giugno.

• Note the use of *di* when expressing how long something lasted or will last:

a two-minute delay	= un ritardo di due minuti
a six-week wait	= un'attesa di sei settimane
an eight-hour day	= una giornata di otto ore
six weeks' sick leave	= un permesso per malattia di sei settimane
five weeks' pay	= la paga di cinque settimane / cinque settimane di paga.

When?

• ***In the past***

when did it happen?	= quando è successo?
two minutes ago	= due minuti fa
a month ago	= un mese fa
years ago	= anni fa
it'll be a month ago on Tuesday	= sarà un mese martedì
it's six years since Jim died	= sono passati sei anni da quando è morto Jim
a month earlier	= un mese prima
a month before	= un mese prima
the year before	= l'anno prima, l'anno precedente
the year after	= l'anno dopo, l'anno seguente
a few years later	= alcuni anni dopo
after four days	= dopo quattro giorni
last week	= la settimana scorsa / la scorsa settimana
last month	= il mese scorso / lo scorso mese
last year	= l'anno scorso / lo scorso anno
a week ago yesterday	= una settimana ieri
a week ago tomorrow	= una settimana domani
the week before last	= due settimane fa
over the past few months	= negli ultimi mesi.

• ***In the future***

when will you see him?	= quando lo vedrai?
in a few days	= tra alcuni giorni
any day now	= da un giorno all'altro
next week	= la settimana prossima / la prossima settimana
next month	= il mese prossimo / il prossimo mese
next year	= l'anno prossimo / il prossimo anno
the next year	= l'anno successivo / l'anno seguente / l'anno dopo
this coming week	= la settimana entrante, la settimana che viene
over the coming months	= nei prossimi mesi, nel corso dei mesi a venire
a month from tomorrow	= un mese da domani

How often?

• *how often does it happen?*	= quanto spesso capita?
every Thursday	= ogni giovedì, tutti i giovedì
every week	= ogni settimana, tutte le settimane

every year	= ogni anno, tutti gli anni
every second day	= un giorno sì e un giorno no
every third month	= ogni tre mesi
day after day	= giorno dopo giorno
year after year	= anno dopo anno
the last Thursday of the month	= l'ultimo giovedì del mese
five times a day	= cinque volte al giorno
twice a month	= due volte al mese
three times a year	= tre volte all'anno, tre volte l'anno
once every three months	= una volta ogni tre mesi.

How much an hour (etc.)?

• *how much do you get an hour?*	= quanto prendi / quanto guadagni all'ora?
I get $20	= prendo / guadagno 20 dollari
to be paid $20 an hour	= essere pagato 20 dollari l'ora
to be paid by the hour	= essere pagato a ore
how much do you get a week?	= quanto prendi / guadagni alla settimana?
how much do you earn a month?	= quanto guadagni al mese?
$3,000 a month	= 3.000 dollari al mese
$40,000 a year	= 40.000 dollari l'anno / all'anno.

Forms in -*ata*: *anno* / *annata*, *mattino* / *mattinata* etc.

- The -*ata* forms are often used to express a rather vague amount of time passing or spent in something, and so tend to give a subjective slant to what is being said, as in:

a long day / evening / year	= una lunga giornata / serata / annata
a whole day	= un'intera giornata
we spent a lovely day there	= ci abbiamo passato una bella giornata
a painful evening	= una serata penosa

When an exact number is specified, the shorter forms are generally used, as in:

it lasted six days	= è durato sei giorni
two years' military service	= servizio militare di due anni / due anni di servizio militare
she spent ten days in England	= ha trascorso dieci giorni in Inghilterra

However there is no strict rule that applies to all of these words. If in doubt, check in the dictionary.

34 - TOWNS AND CITIES

- The names of Italian towns and cities are usually feminine, and only rarely include the definite article:

Rome is beautiful	= Roma è bella
Venice is visited by thousands of tourists every year	= Venezia è visitata da migliaia di turisti ogni anno
Florence is rich in monuments	= Firenze è ricca di monumenti
La Spezia is a sea port	= La Spezia è una città portuale

Remember that you can always use *la città di X*: *la città di Roma è meravigliosa*, *la città di Venezia è visitata da migliaia di turisti ogni anno* etc.

In, to and from somewhere

- With the names of towns and cities, Italian uses *a* for English *in* and *to*, and *da* for *from*:

to live in Milan	= vivere / abitare a Milano
to go to Milan	= andare a Milano
to come from Milan	= venire da Milano
to live in Assisi	= vivere ad Assisi
to go to Assisi	= andare ad Assisi
to come from Assisi	= venire da Assisi

Note what may happen when the name includes the definite article, as in *L'Aquila* or *La Spezia*:

to live in L'Aquila	= vivere / abitare a L'Aquila *or* all'Aquila
to go to L'Aquila	= andare a L'Aquila *or* all'Aquila
to come from L'Aquila	= venire da L'Aquila *or* dall'Aquila.

Belonging to a town or city

- English sometimes has specific words for people of a certain city or town, such as *Londoners*, *New Yorkers* or *Parisians*, but mostly we talk of *the people of Leeds* or *the inhabitants of San Francisco*. On the other hand, most towns in Italy have a corresponding adjective and noun, and a list of the best-known of these is given at the end of this note.
- The noun forms mean *a person from X*:

the inhabitants of Ferrara	= i ferraresi
the people of Agrigento	= gli agrigentini.

- The adjective forms are often used where in English the town name is used as an adjective:

Parma cooking	= la cucina parmense
Ravenna monuments	= i monumenti ravennati

However, some of these Italian words are fairly rare, and it is always safe to say *gli abitanti di X* or, for the adjective, simply *di X*. Here are examples of this, using some of the nouns that commonly combine with the names of towns:

a Pistoia accent	= l'accento di Pistoia / pistoiese
Florence airport	= l'aeroporto di Firenze / fiorentino
the Messina area	= l'area di Messina / messinese
Sassari buses	= gli autobus di Sassari / sassaresi
the Foggia City Council	= il Consiglio Comunale di Foggia / foggiano
Bologna representatives	= i deputati di Bologna / bolognesi
Genoa restaurants	= i ristoranti di Genova / genovesi
Verona streets	= le strade di Verona / veronesi
the Pavia team	= la squadra di Pavia / pavese
Naples traffic	= il traffico di Napoli / napoletano
the Sondrio road	= la strada per Sondrio
the Lecce train	= il treno per / da Lecce.

Names of cities and towns in Italy and their adjectives

- Words derived from the names of Italian towns and cities are used as adjectives and as nouns referring to the inhabitants; the following ones have an English equivalent:

Milano	= *milanese* (Milanese)
Genova	= *genovese* (Genoese)
Venezia	= *veneziano* (Venetian)
Firenze	= *fiorentino* (Florentine)
Roma	= *romano* (Roman)
Napoli	= *napoletano* (Neapolitan)

Note the different uses and meaning of these names, that are usually spelt with a small letter in Italian:

Genoa	= Genova
the Genoese accent	= l'accento genovese
a Genoese	= un genovese, una genovese
two Genoese	= due genovesi
the Genoese	= i genovesi

Remember that the word *Milanese* behaves exactly like *Genoese*, whereas *Venetian*, *Florentine*, *Neapolitan* and *Roman* have the -*s* ending in the plural forms

So:

Neapolitan cakes	= i dolci napoletani
he married a Florentine	= ha sposato una fiorentina
Yesterday I met some Venetians	= ieri ho incontrato alcuni veneziani.

- Most names and adjectives in the following list have no English equivalents; therefore, the forms *of* or *from + X* for adjectives and *native* or *inhabitant of X* for nouns are to be used:

wine from Rieti	= il vino reatino
the palaces of Mantova	= i palazzi mantovani
the inhabitants of Arezzo are proud of their city	= gli aretini sono orgogliosi della loro città.

A list of Italian regional and provincial capitals and related nouns and adjectives

- For each region, the name of the *capoluogo di regione* (regional capital) precedes the name of the *capoluoghi di provincia* (provincial capitals). Related nouns and adjectives can be modified in the usual ways, as the examples of *aquilano* and *pescarese* will show:

noun	masculine singular:	*un aquilano*	*un pescarese*
	masculine plural:	*due aquilani*	*due pescaresi*
	feminine singular:	*un'aquilana*	*una pescarese*
	feminine plural:	*due aquilane*	*due pescaresi*
adjective	masculine singular:	*aquilano*	*pescarese*
	masculine plural:	*aquilani*	*pescaresi*
	feminine singular:	*aquilana*	*pescarese*
	feminine plural:	*aquilane*	*pescaresi*

- *Abruzzo* = *abruzzese*
  L'Aquila = *aquilano*
  Pescara = *pescarese*
  Teramo = *teramano*

Basilicata = *lucano*
Potenza = *potentino*
Matera = *materano*

Calabria = *calabrese*
Catanzaro = *catanzarese*
Cosenza = *cosentino*
Crotone = *crotonese*
Reggio (di) Calabria = *reggino*
Vibo Valentia = *vibonese*

Campania = *campano*
Napoli = *napoletano*
Avellino = *avellinese*
Benevento = *beneventano*
Caserta = *casertano*
Salerno = *salernitano*

Emilia-Romagna = *emiliano* (or specifically *romagnolo*)
Bologna = *bolognese*
Ferrara = *ferrarese*
Forlì = *forlivese*
Modena = *modenese*
Parma = *parmense*
Piacenza = *piacentino*
Ravenna = *ravennate*
Reggio (nell') Emilia = *reggino*
Rimini = *riminese*

Friuli-Venezia Giulia = *friulano*
Trieste = *triestino*
Gorizia = *goriziano*
Pordenone = *pordenonese*
Udine = *udinese*

Lazio = *laziale*
Roma = *romano* (*romanesco* for the dialect of Rome)
Frosinone = *frusinate*
Latina = *latinense*
Rieti = *reatino*
Viterbo = *viterbese*

Liguria = *ligure*
Genova = *genovese* (*genoano* for a player or supporter of the Genoa Football Club)
Imperia = *imperiese*
La Spezia = *spezzino*
Savona = *savonese*

Lombardia = *lombardo*
Milano = *milanese*
Bergamo = *bergamasco*
Brescia = *bresciano*
Como = *comasco* (or *comense*)
Cremona = *cremonese*
Lecco = *lecchese*
Lodi = *lodigiano*
Mantova = *mantovano*
Pavia = *pavese*
Sondrio = *sondriese*
Varese = *varesino*

Marche = *marchigiano*
Ancona = *anconetano*
Ascoli Piceno = *ascolano*
Macerata = *maceratese*
Pesaro = *pesarese*

Molise = *molisano*
Campobasso = *campobassano*
Isernia = *isernino*

Piemonte = *piemontese*
Torino = *torinese*
Alessandria = *alessandrino*
Asti = *astigiano*
Biella = *biellese*
Cuneo = *cuneese*
Novara = *novarese*
Verbania = *verbanese*
Vercelli = *vercellese*

Puglia = *pugliese*
Bari = *barese*
Brindisi = *brindisino*
Foggia = *foggiano*
Lecce = *leccese*
Taranto = *tarantino*

Sardegna = *sardo*
Cagliari = *cagliaritano*
Nuoro = *nuorese*
Oristano = *oristanese*
Sassari = *sassarese*

Sicilia = *siciliano*
Palermo = *palermitano*
Agrigento = *agrigentino*
Caltanisetta = *nisseno*
Catania = *catanese*
Enna = *ennese*
Messina = *messinese*
Ragusa = *ragusano*
Siracusa = *siracusano*
Trapani = *trapanese*

Toscana = *toscano*
Firenze = *fiorentino*
Arezzo = *aretino*
Grosseto = *grossetano*
Livorno = *livornese*
Lucca = *lucchese*
Massa = *massese* (or *massetano*)
Pisa = *pisano*

Pistoia	= *pistoiese*
Prato	= *pratese*
Siena	= *senese*
Trentino-Alto Adige	= *trentino*
Trento	= *trentino*
Bolzano	= *bolzanino*
Umbria	= *umbro*
Perugia	= *perugino*
Terni	= *ternano*
Valle d'Aosta	= *valdostano*
Aosta	= *aostano*
Veneto	= *veneto*
Venezia	= *veneziano*
Belluno	= *bellunese*
Padova	= *padovano*
Rovigo	= *rodigino* (or *rovigotto*)
Treviso	= *trevigiano*
Verona	= *veronese*
Vicenza	= *vicentino.*

35 - VOLUME MEASURES

- For pints, gallons, litres etc. see the lexical note No.3.
- Note that Italian has a comma where English has a decimal point:

1 cu in	= 1 pollice cubo	= 16,38 cm^3 (centimetri cubi)
1 cu ft	= 1 piede cubo	= 0,03 m^3 (metri cubi)
1 cu yd	= 1 iarda cuba	= 0,76 m^3 (metri cubi)

There are three ways of saying *16,38 cm^3*, and other measurements like it: *sedici virgola trentotto centimetri cubi* or (less formally) *sedici centimetri cubi virgola trentotto* or *sedici centimetri cubi e trentotto.* For more details on how to say numbers, see the lexical note No. 19.

• *what is its volume?*	= qual è il suo volume? / che volume ha? / quant'è di volume?
its volume is 200 cubic metres	= il suo volume è / ha un volume di 200 metri cubi
it's 200 cubic metres	= è 200 metri cubi
it's one metre by two metres by three metres	= è un metro per due per tre
sold by the cubic metre	= venduto al metro cubo
A has a greater volume than B	= A ha un volume maggiore di B
B has a smaller volume than A	= B ha un volume minore di A

- Note the use of *di* in this construction:
  there are a million cubic centimetres in a cubic metre = in un metro cubo ci sono un milione di centrimetri cubi
  a million cubic centimetres make one cubic metre = un milione di centimetri cubi fanno un metro cubo
- Note the Italian construction with *di*, coming after the noun it describes:
  a 200-cubic-metre tank = un serbatoio di 200 metri cubi.

36 - THE DAYS OF THE WEEK

- Note that Italian uses lower-case letters for the names of days; also, Italian speakers normally count the week as starting on *lunedì* (Monday). Write the names of days in full: do not abbreviate as in English (*Tues, Sat* and so on), as Italians only abbreviate in printed calendars, diaries etc.:

Monday	= lunedì
Tuesday	= martedì
Wednesday	= mercoledì
Thursday	= giovedì
Friday	= venerdì
Saturday	= sabato
Sunday	= domenica

Remember that the Italian names of days are all masculine, with the exception of *domenica*, which is feminine:

the first Thursday of August	= il primo giovedì di agosto
the last Sunday of May	= l'ultima domenica di maggio.

What day is it?

- *Lunedì* in this note stands for any day, as they all work the same way; for more information on dates in Italian, see the lexical note No. 8.

• *what day is it?*	= che giorno è?
it is Monday	= è lunedì
today is Monday	= oggi è lunedì.

- Note the use of Italian *il* (*la* before *domenica*) for regular occurrences, and no article for single ones (remember: do not translate *on*):

on Monday	= lunedì
on Monday, we're going to the gym	= lunedì andiamo in palestra
I'll see you on Monday morning	= arrivederci a lunedì mattina

but

on Mondays	= il lunedì / tutti i lunedì
on Mondays, we go to the zoo	= il lunedì / tutti i lunedì andiamo allo zoo
I see her on Monday mornings	= l'incontro il lunedì mattina / tutti i lunedì mattina

Specific days

• *Monday afternoon*	= lunedì pomeriggio
one Monday evening	= un lunedì sera
that Monday morning	= quel lunedì mattina
last Monday night	= la notte di lunedì scorso (*or if appropriate*) lunedì scorso di sera
early on Monday	= lunedì mattina presto
late on Monday	= lunedì sera tardi
this Monday	= questo lunedì
that Monday	= quel lunedì
that very Monday	= proprio quel lunedì
last Monday	= lunedì scorso
next Monday	= lunedì prossimo
the Monday before last	= l'altro lunedì
a month from Monday	= un mese da lunedì
in a month from last Monday	= in un mese a partire da lunedì scorso
finish it by Monday	= finiscilo per / entro lunedì
from Monday on	= da lunedì in poi, a partire da lunedì.

Regular events

• *every Monday*	= tutti i lunedì
each Monday	= ogni lunedì
every other Monday	= un lunedì sì e uno no
every third Monday	= un lunedì su tre.

Sometimes

• *most Mondays*	= la maggior parte dei lunedì, quasi tutti i lunedì
some Mondays	= alcuni lunedì
on the second Monday in the month	= il secondo lunedì del mese
the odd Monday or *the occasional Monday*	= un lunedì di tanto in tanto.

Happening etc. on that day

- *Monday's paper* = il giornale di lunedì / il giornale di questo lunedì
  the Monday papers = i giornali del lunedì
  Monday flights = i voli del lunedì
  the Monday flight = il volo di lunedì
  Monday closing (of shops) = la chiusura del lunedì
  Monday's classes = le lezioni di lunedì / le lezioni di questo lunedì
  Monday classes = le lezioni del lunedì
  Monday trains = i treni del lunedì.

37 - WEIGHT MEASURES

- Note that Italian has a comma where English has a decimal point:

1 oz	= 1 oncia	= 28,35 g (grammi)
1 lb	= 1 libbra	= 453,60 g
1 st		= 6,35 kg (chilogrammi)
1 cwt		= 50,73 kg
1 ton	= 1 tonnellata	= 1014,60 kg

There are three ways of saying *28,35 g*, and other measurements like it: *ventotto virgola trentacinque grammi*, or (less formally) *ventotto grammi virgola trentacinque*, or *ventotto grammi e trentacinque*. For more details on how to say numbers, see the lexical note No.19.

Note that Italian *chilogrammo* is very often abbreviated *chilo*.

People

- *what's his weight?* = quanto pesa?
  how much does he weigh? = quanto pesa?
  he weighs 10 st (or *140 lbs*) = pesa 10 stones (sessantatré chili e cinquecento grammi / sessantatré chili e mezzo)
  he weighs more than 20 st = pesa più di 20 stones (centoventisette chili).
  I am 12 kilos overweight = sono sovrappeso di 12 chili / sono 12 chili in sovrappeso
  an underweight young girl = una ragazzina sottopeso

Things

- *what does the parcel weigh?* = quanto pesa il pacco?
  how heavy is it? = quant'è pesante?
  it weighs ten kilos = pesa dieci chili
  about ten kilos = circa dieci chili
  it was 2 kilos over weight = era due chili di troppo / oltre il peso consentito
  A weighs more than B = A pesa più di B
  A is heavier than B = A è più pesante di B
  B is lighter than A = B è più leggero di A
  A is as heavy as B = A è pesante come B
  A is the same weight as B = A ha lo stesso peso di B / A pesa come B
  A and B are the same weight = A e B sono dello stesso peso
  6 lbs of carrots = 6 libbre di carote
  2 kilos of butter = 2 chili di burro
  1½ kilos of tomatoes = un chilo e mezzo di pomodori
  sold by the kilo = venduto al chilo
  there are about two pounds to a kilo = ci sono circa due libbre in un chilogrammo.
- Note the Italian construction with *di*, coming after the noun it describes:
  a 3-lb potato = una patata di tre libbre
  a parcel 3 kilos in weight = un pacco di tre chili.

38 - SIGNS OF THE ZODIAC

• Aries, the Ram	= *Ariete*	*21 marzo - 20 aprile*
Taurus, the Bull	= *Toro*	*21 aprile - 20 maggio*
Gemini, the Twins	= *Gemelli*	*21 maggio - 21 giugno*
Cancer, the Crab	= *Cancro*	*22 giugno - 22 luglio*
Leo, the Lion	= *Leone*	*23 luglio - 22 agosto*
Virgo, the Virgin	= *Vergine*	*23 agosto - 22 settembre*
Libra, the Balance	= *Bilancia*	*23 settembre - 23 ottobre*
Scorpio, the Scorpion	= *Scorpione*	*24 ottobre - 21 novembre*
Sagittarius, the Archer	= *Sagittario*	*22 novembre - 21 dicembre*
Capricorn, the Goat	= *Capricorno*	*22 dicembre - 19 gennaio*
Aquarius, the Water Bearer	= *Acquario*	*20 gennaio - 18 febbraio*
Pisces, the Fishes	= *Pesci*	*19 febbraio - 20 marzo.*

- *What sign are you?* / *What's your birth sign?* = di che segno sei? qual è il tuo segno zodiacale?
  I'm (a) Sagittarius = io sono (un) Sagittario / io sono del Sagittario
  she's (a) Leo = lei è (un) Leone / lei è del Leone
  you are (a) Gemini = tu sei (un) Gemelli / tu sei dei Gemelli
  born in Virgo or *under the sign of Virgo* = nato sotto il segno della Vergine
  Leos are very generous = quelli del Leone sono molto generosi / il Leone è molto generoso
  what's the horoscope for Leos? = che cosa dice / com'è l'oroscopo per il Leone?
  the sun is in Pisces = il sole è nei / è in Pesci

All the signs work in the same way in Italian.

Italiano
Inglese

Italian
English

a

a, **A** /a/ **I** m. e f.inv. *(lettera)* a, A; **dalla A alla Z** from A to Z **II A** f. SPORT **(serie) A** = in Italy, division of the football league corresponding to the Premier League.

a /a/ prep. (artcl. **al**, **allo**, **alla**, **all'**; pl. **ai**, **a'** ANT., **agli**, **alle**) (also **ad** before a vowel sound) **1** *(stato in luogo)* **essere ~ scuola** to be at school; **stare ~ casa** to stay (at) home; **vivere ~ Roma** to live in Rome; **restare ~ letto** to stay in bed; **abitare al terzo piano** to live on the third floor; *(presso)* **lavorare all'università, alla FIAT** to work at university, for FIAT **2** *(moto a luogo)* **recarsi al lavoro, ~ Londra** to go to work, to London; **andare ~ casa** to go home; **andare ~ letto** to go to bed; **arrivare ~ Milano, all'aeroporto** to arrive in Milan, at the airport; **giungere ~ un compromesso** to come to a compromise **3** *(termine)* **dire, mostrare qcs. ~ qcn.** to say, show sth. to sb.; **dare qcs. ~ qcn.** to give sth. to sb., to give sb. sth.; **rispondere ~ una lettera** to answer a letter; *(in una dedica)* **"~ mia madre"** "to my mother" **4** *(tempo)* **all'alba, ~ mezzogiorno** at dawn, noon; **alla sera** in the evening; **al lunedì** on Mondays; **~ maggio** in May; **~ Natale** at Christmas; **all'età di 8 anni** at (the age of) 8; **~ due anni dall'incidente** two years after the accident; **dal lunedì al venerdì, dalle nove alle cinque** from Monday to Friday, from nine to five; **al nostro arrivo** on our arrival **5** *(mezzo)* **fatto ~ mano** handmade; **andare ~ piedi** to walk, to go on foot; **si riconosce al tatto** you can tell by the feel; **giocare ~ carte, ~ golf** to play cards, golf; **parlare al telefono** to speak on the phone; **andare ~ benzina** to run on petrol **6** *(modo)* **~ caso** at random; **~ malincuore** with a heavy heart; **~ memoria** by heart; **panino al prosciutto** ham sandwich; **camicia ~ righe** striped shirt; **edificio ~ sei piani** six-storey building; **all'italiana** Italian-style **7** *(con valore distributivo)* **(~) uno ~ uno** one by one; **(~) due ~ due** in twos, two by two, in pairs; **tre volte al giorno** three times a day; **90 (chilometri) all'ora** 90 kilometres per *o* an hour; **vendere qcs. ~ dozzine** to sell sth. by the dozen **8** *(prezzo)* **vendere qcs. ~ due euro al chilo** to sell sth. at two euros a kilo **9** *(vantaggio, svantaggio)* **nuocere alla salute** to be harmful to one's health; **~ proprio rischio** at one's own risk; **~ suo favore** in his favour **10** *(causa)* **tutti risero alla sua barzelletta** everybody laughed at his joke; **a vederlo mi spaventai** on seeing him, I got scared **11** *(distanza)* **è ~ due ore, ~ 9 chilometri da qui** it is two hours, 9 kilometres away (from here) **12** *(davanti a verbo all'infinito)* **il primo ad arrivare** the first to come; **~ dire il vero** to tell the truth; **sei stato tu ~ decidere** it was you who decided; **~ pensarci bene** when you really think about it; **andare ~ ballare** to go dancing; **imparare ~ nuotare** to learn to swim; **vammi ~ prendere il libro** go and get me the book **13** *(in frasi esclamative)* **~ al nostro progetto!** (here's) to our project! **alla tua, vostra (salute)!** cheers! **~ lunedì!** see you on Monday! **14** *(nei punteggi)* **condurre per tre ~ due** to lead (by) three (to) two; **pareggiare zero ~ zero** to draw nil nil.

a. ⇒ anno year (y.).

abaco, pl. **-chi** /'abako, ki/ m. abacus* (anche ARCH.).

abate /a'bate/ m. *(superiore di un'abbazia)* abbot.

abat-jour /aba'ʒur/ m.inv. *(paralume)* lampshade; *(lampada)* night-lamp.

abbacchiare /abbak'kjare/ [1] **I** tr. **1** COLLOQ. *(avvilire)* to get* down, to depress [*persona*] **2** AGR. → **bacchiare II abbacchiarsi** pronom. COLLOQ. to get* depressed.

abbacchiato /abbak'kjato/ **I** p.pass. → **abbacchiare II** agg. COLLOQ. *(avvilito)* [*persona, aria*] depressed; **essere ~** to feel down.

abbacchio, pl. **-chi** /ab'bakkjo, ki/ m. GASTR. INTRAD. (butchered suckling lamb).

abbacinare /abbatʃi'nare/ [1] tr. to dazzle (anche FIG.).

abbagliante /abbaʎ'ʎante/ **I** agg. [*luce, sole, bellezza*] dazzling; **fari -i** AUT. headlights on full beam BE, high beam AE **II** m. AUT. **con gli -i accesi** on full BE *o* high AE beam; **mettere gli -i** to switch the headlights on full beam BE, to put the high beams on AE.

abbagliare /abbaʎ'ʎare/ [1] tr. [*luce, sole, bellezza*] to dazzle.

abbaglio, pl. **-gli** /ab'baʎʎo, ʎi/ m. *(svista)* blunder; **prendere un ~** to make a blunder, to have *o* get hold of the wrong end of the stick.

abbaiare /abba'jare/ [1] intr. (aus. *avere*) to bark (**a**, **contro** at) (anche FIG.); [*cagnolino*] to yap; [*cane di grossa taglia*] to woof; **~ alla luna** to bay at the moon ♦ **can che abbaia non morde** PROV. one's bark is worse than one's bite.

abbaino /abba'ino/ m. *(lucernario)* dormer (window).

abbandonare /abbando'nare/ [1] **I** tr. **1** *(rinunciare a)* to abandon, to give* up [*progetto, attività, speranza*]; **~ la ricerca** o **le ricerche** to give up the search; **~ l'idea di fare** to change one's mind about doing, to drop the idea of doing **2** *(ritirarsi da)* to drop, to quit*, to leave* [*lavoro*]; to drop out of, to quit*, to give* up [*scuola*]; **~ gli studi** to give up one's studies; **~ il campo** SPORT to abandon the match; MIL. to abandon the field; FIG. to give up; **~ la partita** GIOC. to throw in one's hand (anche FIG.); **~ al terzo round** [*pugile*] to withdraw at the third round **3** *(lasciare)* to abandon [*persona, animale, oggetto*]; to leave*, to desert [*fidanzato, famiglia*]; to quit*, to leave* [*luogo*]; MIL. to desert [*posto*]; **~ la nave!** abandon ship! **4** *(lasciare senza protezione o aiuto)* **~ qcn. alla sua sorte** to leave sb. to one's fate; **non abbandonarmi!** don't let me down! **5** *(venire a mancare)* **le forze mi abbandonano** my strength is failing me **6** *(reclinare)* **~ il capo sul cuscino** to let one's head drop on the pillow **II abbandonarsi** pronom. **1** *(rilassarsi)* to abandon oneself **2** *(lasciarsi andare)* **-rsi su una poltrona** to drop *o* sink into an armchair **3** *(cedere)* **-rsi a** to surrender to [*disperazione, passione*]; **-rsi al sonno** to drift off to sleep.

abbandonato /abbando'nato/ **I** p.pass. → **abbandonare II** agg. *(lasciato)* [*persona, animale, oggetto*] abandoned; [*moglie, famiglia*] abandoned, deserted; [*edificio*] abandoned, derelict; *(trascurato)* [*giardino*] neglected; **l'infanzia -a** abandoned children; **essere ~ a se stesso** to be left to one's own resources *o* devices; **un luogo ~ da Dio (e dagli uomini)** a godforsaken place.

a

- La preposizione *a* si traduce in inglese in vari modi a seconda del valore semantico che convoglia.
- Quando *a* introduce lo stato in luogo, si rende con *in* davanti al nome delle città importanti e del luogo in cui si abita (*a Milano* = in Milan) o in particolari espressioni idiomatiche (*è a letto con l'influenza* = he is in bed with flu), e con *at* nella maggioranza degli altri casi (*a Whitby* = at Whitby, *a casa* = at home, *alla stazione* = at the station).
- Quando *a* introduce un'espressione di tempo, la traduzione inglese può essere *at, in* oppure *on*: *alle cinque* = at five o'clock, *all'alba* = at dawn, *a mezzogiorno / mezzanotte* = at noon / midnight, *a Pasqua* = at Easter, *alla domenica* = on Sundays, *a maggio* = in May, *alla sera* = in the evening.
- Quando *a* introduce il moto a luogo, si traduce per lo più con *to*: *andare a teatro* = to go to the theatre, *andare a Torino* = to go to Turin, *andare al mare* = to go to the seaside.
- Pure frequente è l'uso di *a* per introdurre un complemento di termine; in questo caso, l'equivalente inglese è *to*: *chi ha dato questo libro a mia sorella?* = who gave this book to my sister? Va notato che una frase del genere si può costruire in inglese con il doppio oggetto, il che elimina l'uso della preposizione: who gave my sister this book? La stessa costruzione è possibile in inglese con verbi quali *to show, to ask, to answer* etc.
- Nel caso di altri complementi, e di locuzioni avverbiali e idiomatiche, la preposizione italiana *a* ha diversi equivalenti in inglese, tra i quali ***at*** (*a prima vista* = at first sight, *a tutti i costi* = at all costs, *a tutta velocità* = at full speed, *a caso* = at random), ***by*** (*a memoria* = by heart, *a rate mensili* = by monthly instalments, *fianco a fianco* = side by side), ***for*** (*pronto a tutto* = ready for anything, *fumare fa male alla salute* = smoking is bad for your health), ***in*** (*scritto a penna / matita* = written in ink / pencil, *a tempo debito* = in due course, *a ogni modo* = in any case, *a parer mio* = in my opinion, *al sole* = in the sun, *a sangue freddo* = in cold blood), ***into*** (*fare a pezzi* = to break into pieces), ***on*** (*a sinistra* = on the left, *a piedi* = on foot, *a cavallo* = on horseback, *a pagina 20* = on page 20, *mettersi a dieta* = to go on a diet, *al telefono* = on the phone), ***over*** (*all'altoparlante* = over the loudspeaker), ***to*** (*4 reti a 1* = four goals to one, *fa male al fegato* = it's harmful to one's liver), ***within*** (*a portata di mano* = within reach).
- La preposizione *a* può introdurre in italiano un verbo all'infinito per esprimere fine o scopo; in tal caso l'inglese usa la congiunzione *and* e coordina i due verbi: *venne a trovarmi tre giorni dopo* = he came and saw me three days later, *vammi a prendere il vocabolario* = go and get me the dictionary.
- La costruzione *a* + articolo + infinito ha valore circostanziale, indica contemporaneità, e va tradotta in inglese con *on* + gerundio (*all'udirlo, mi ricordai che...* = on hearing him, I remembered that...) o con *when* (*al cessare della musica* = when the music stopped).
- Talvolta la preposizione *a* non si traduce in alcun modo in inglese: è il caso di alcune locuzioni o espressioni idiomatiche come *al chiuso / al coperto* = indoors, *andare a casa* = to go home, *rispondere al telefono* = to answer the phone; oppure è il caso in cui il sintagma preposizionale dell'italiano è reso in inglese da un aggettivo: *una gonna a quadri* = a check skirt, *una camicia a righe* = a striped shirt, *una casa a due piani* = a two-storey house.
- *A* segue in italiano altre preposizioni quali *accanto, davanti, insieme, intorno* o *vicino*; per una corretta traduzione in inglese, si vedano queste voci nel dizionario.

Per altri esempi, usi particolari ed eccezioni, si veda la voce qui sotto. Sarà spesso utile consultare la voce relativa alla parola introdotta dalla preposizione; inoltre, la consultazione delle note lessicali poste in coda alla sezione italiano-inglese potrà risolvere particolari dubbi d'uso e di traduzione.

abbandono /abban'dono/ m. **1** *(trascuratezza)* neglect; ***in (stato di)*** ~ [*edificio, giardino*] neglected **2** *(di idea, progetto)* abandonment **3** SPORT *(di gara)* withdrawal, default; ***costretto all'*~** forced to withdraw; ***vincere per*** ~ to win by default **4** *(rilassamento)* abandon, abandonment **5** *(cedimento, debolezza)* abandon, surrender; ***in un momento di*** ~ in a moment of weakness ♦♦ ~ ***di minore*** child abandonment *o* neglect; ~ ***della nave*** abandonment of a ship; ~ ***del tetto coniugale*** desertion.

abbassalingua /abbassa'lingwa/ m.inv. tongue depressor, spatula.

abbassamento /abbassa'mento/ m. **1** *(diminuzione) (di temperatura)* drop (**di** in); *(di pressione)* fall (**di** in); *(della luce)* dimming, lowering; *(di prezzi)* reduction (**di** in); ***ha un*** ~ ***di voce*** he has lost his voice **2** *(spostamento verso il basso)* lowering.

abbassare /abbas'sare/ [1] **I** tr. **1** *(ridurre) (d'intensità)* to lower [*volume*]; to lower, to dim [*luce*]; to dip BE, to dim AE [*fari*]; to turn down [*riscaldamento, radio*]; *(d'altezza)* to lower [*muro, siepe*]; *(di valore)* to reduce, to bring* down [*prezzi*]; to lower [*livello*] (**di** by); ~ ***la voce*** to drop *o* lower one's voice; ***abbassa la voce!*** keep your voice down! **2** *(portare a livello più basso)* to lower [*soffitto*]; ~ ***il voto a qcn., di qcs.*** SCOL. to mark sb., sth. down **3** *(tirare giù)* to pull down, to lower [*avvolgibile, saracinesca*]; to pull down [*visiera, pantaloni*]; to wind* down [*finestrino*] **4** *(spingere giù)* to press down [*leva*] **5** SPORT *(migliorare)* to break* [*primato*] **6** *(chinare)* to lower, to drop [*occhi*]; ~ ***lo sguardo*** to look down; ~ ***il capo*** *(per precauzione)* to lower one's head; *(in segno di rispetto)* to bow one's head **II abbassarsi** pronom. **1** *(diminuire)* [*temperatura, pressione*] to lower, to drop, to go* down; [*luce*] to dim, to lower; [*prezzi*] to decrease; [*vista, udito*] to weaken; [*voce*] to fail **2** *(diventare più basso)* [*terreno*] to subside, to sink*; [*marea*] to go* down; [*torta*] to sink*, to fall* **3** *(chinarsi)* [*persona*] to bend* down **4** *(umiliarsi)* to lower oneself; ***-rsi a fare qcs.*** to sink *o* stoop so low as to do sth.

abbasso /ab'basso/ inter. ~ ***i tiranni, il re!*** down with tyrants, the king!

abbastanza /abbas'tantsa/ *Abbastanza* può essere usato come avverbio, anche in funzione aggettivale. - Come avverbio, si traduce con *enough* (quando significa *a sufficienza*) o con *quite* (quando significa *piuttosto*): *enough* segue sempre il verbo, l'aggettivo o l'avverbio a cui si riferisce (*non la ringrazierò mai abbastanza* = I can't thank you enough; *è abbastanza calda per...* = it is warm enough to...; invece *quite* precede l'aggettivo e l'avverbio (*abbastanza giovane* = quite young; *abbastanza spesso* = quite often). - In funzione aggettivale, *abbastanza* si rende con *enough*, che di solito si usa davanti a nomi plurali o non numerabili: *hai abbastanza mele (o mele abbastanza) per la torta?* = have you got enough apples for the cake? *ho abbastanza soldi* = I've got enough money. avv. **1** *(a sufficienza)* enough; ~ ***soldi, sedie*** enough money, seats; ***non lavora*** ~ he doesn't work hard enough; ~ ***alto*** tall enough; ***non ne ha mai*** ~ he just can't get enough **2** *(piuttosto)* ~ ***bene*** quite well; ~ ***spesso*** quite *o* fairly often; ~ ***buono*** pretty good; ~ ***facilmente*** rather easily; ***Aldo beve*** ~ Aldo drinks quite a lot ♦ ***ne ho*** ~ ***di te, delle tue bugie*** I've had enough of *o* I'm fed up with you, your lies.

abbattere /ab'battere/ [2] **I** tr. **1** *(fare cadere)* to tear* down, to pull down [*palazzo, muro*]; to batter down [*porta*]; to knock down, to fell [*persona*]; to shoot* down [*aereo*]; [*persona*] to cut* down, to fell [*albero*]; [*vento*] to blow* down [*albero*] **2** *(rovesciare)* to overthrow*, to bring* down [*tiranno, regime*] **3** *(uccidere) (con armi da fuoco)* to shoot* down [*animale, persona*]; *(sopprimere)* to put* down, to destroy [*animale*] **4** *(scoraggiare)* to deject, to dishearten **II abbattersi** pronom. **1** *(colpire)* ***-rsi su qcs.*** [*tempesta*] to beat down on sth.; [*fulmine*] to strike sth.; [*calamità*] to hit sth. **2** *(avvilirsi)* to get* dejected, to lose* heart.

abbattimento /abbatti'mento/ m. **1** *(di edificio)* demolition; *(con esplosivi)* blasting **2** *(di alberi)* cutting down, felling; *(di animali)* putting down **3** *(avvilimento)* dejection **4** ECON. *(di costi)* lowering.

abbattuto /abbat'tuto/ **I** p.pass. → **abbattere II** agg. *(depresso)* dejected, depressed.

abbazia /abbat'tsia/ f. abbey.

abbaziale /abbat'tsjale/ agg. ***chiesa ~*** abbey church, minster.
abbecedario, pl. **-ri** /abbetʃe'darjo, ri/ m. speller, spelling-book.
abbellimento /abbelli'mento/ m. **1** embellishment **2** MUS. grace note.
abbellire /abbel'lire/ [102] **I** tr. to embellish [*luogo, testo, storia*] **II abbellirsi** pronom. *(diventare bello)* [*persona*] to become* more attractive.
abbeverare /abbeve'rare/ [1] **I** tr. to water [*bestiame*] **II abbeverarsi** pronom. to drink*.
abbeverata /abbeve'rata/ f. *(atto)* watering; *(luogo)* watering place.
abbeveratoio, pl. **-oi** /abbevera'tojo, oi/ m. (watering) trough.
abbiccì /abbit'tʃi/ m.inv. ABC (anche FIG.); ***essere all'~*** to be at the very beginning, to be a beginner.
abbiente /ab'bjɛnte/ **I** agg. wealthy, well off; ***le classi -i*** the well-off **II** m. e f. ***i meno -i*** the less well-off.
abbigliamento /abbiʎʎa'mento/ m. clothing **U**, dress **U**; ***un capo d'~*** an item *o* article of clothing; ***~ formale*** formal dress; ***industria dell'~*** clothing industry *o* trade; ***negozio di ~*** clothes shop ♦♦ ***~ da donna*** women's wear, ladies' clothes; ***~ sportivo*** sportswear; ***~ per il tempo libero*** leisure wear; ***~ da uomo*** menswear.
abbigliare /abbiʎ'ʎare/ [1] **I** tr. to dress, to clothe **II abbigliarsi** pronom. to dress oneself, to clothe oneself.
abbinamento /abbina'mento/ m. *(di colori)* match; *(di squadre)* pairing off.
abbinare /abbi'nare/ [1] **I** tr. to couple, to pair [*oggetti*]; to match [*colori, mobili, vestiti*] (**a** with) **II abbinarsi** pronom. [*mobili, colori*] to go* well together, to match.
abbindolare /abbindo'lare/ [1] tr. to dupe, to trick, to fool, to beguile.
abboccamento /abbokka'mento/ m. ***avere un ~ con qcn.*** to have a talk *o* an interview with sb.
abboccare /abbok'kare/ [1] **I** intr. (aus. *avere*) [*pesce*] to bite*, to take* the bait; ***~ (all'amo)*** FIG. to swallow the bait **II** tr. TECN. to connect, to join [*tubi*].
abboccato /abbok'kato/ **I** p.pass. → **abboccare II** agg. ***un vino ~*** a wine with a smooth finish.
abbonamento /abbona'mento/ m. **1** *(a un giornale)* subscription; ***fare l'~ a un giornale*** to take out a subscription to a newspaper; ***rivista in ~*** subscription magazine **2** *(a spettacoli, allo stadio)* season ticket **3** *(ai trasporti)* pass, season ticket; ***fare un ~*** to buy a season ticket **4** *(a telefono, gas, elettricità)* subscription; *(alla televisione)* (television) licence, subscription; ***canone di ~ telefonico*** line rental.
1.abbonare /abbo'nare/ [1] **I** tr. ***~ qcn. a qcs.*** to take out a subscription to sth. for sb. **II abbonarsi** pronom. to subscribe, to take* out a subscription.
2.abbonare /abbo'nare/ → **abbuonare**.
abbonato /abbo'nato/ **I** p.pass. → **1.abbonare II** agg. ***essere ~ al telefono*** to be on the phone; ***sono ~ a questo giornale*** I subscribed to this newspaper **III** m. (f. **-a**) *(al telefono, a un giornale)* subscriber; *(a teatro, allo stadio, ai trasporti)* season ticket holder; *(alla televisione)* television licence holder; ***elenco -i*** *(al telefono)* (telephone) directory.
abbondante /abbon'dante/ agg. **1** *(in quantità)* [*risorse, beni*] abundant, plentiful; [*raccolto*] good, plentiful; [*porzioni*] huge, big; [*pasto*] big, hearty; [*precipitazioni*] heavy **2** *(per dimensioni)* [*seno*] ample; ***i vestiti gli sono -i*** his clothes hang loosely on him **3** *(con pesi, misure)* ***un'ora, un chilo ~*** a good hour, kilo.
abbondanza /abbon'dantsa/ f. **1** *(grande quantità)* abundance; *(di informazioni, particolari)* wealth; ***c'è ~ di*** there's plenty of; ***c'è tempo in ~*** there is plenty of time **2** *(agiatezza)* ***vivere nell'~*** to live in affluence.
abbondare /abbon'dare/ [1] intr. **1** (aus. *essere, avere*) *(esserci in quantità)* [*prodotti, risorse, esempi*] to abound **2** (aus. *avere*) *(avere in quantità)* ***~ di*** o ***in*** to be full of *o* rich in.
abbordabile /abbor'dabile/ agg. **1** *(accessibile)* ***avere un prezzo ~*** to be moderately *o* reasonably priced **2** *(avvicinabile)* [*persona*] approachable.
abbordaggio, pl. **-gi** /abbor'daddʒo, dʒi/ m. MAR. boarding; ***andare all'~ di una nave*** to board a ship; ***tentare l'~ di una ragazza*** FIG. to try to chat up *o* to try and pick up a girl.
abbordare /abbor'dare/ [1] tr. **1** MAR. to board [*nave*] **2** *(avvicinare)* to accost, to approach [*persona*]; ***~ una ragazza*** to chat a girl up **3** FIG. *(affrontare)* to broach, to tackle [*questione*].
abborracciare /abborrat'tʃare/ [1] tr. to botch (up), to bungle [*compito, lavoro*].
abbottonare /abbotto'nare/ [1] **I** tr. to button (up), to do* up [*vestito*] **II abbottonarsi** pronom. **1** ***-rsi dietro, sul fianco*** [*vestito*] to button *o* fasten at the back, side **2** ***-rsi il cappotto*** to button (up) *o* do up one's coat.
abbottonato /abbotto'nato/ **I** p.pass. → **abbottonare II** agg. **1** *(chiuso con bottoni)* ***gonna -a di lato*** side-buttoning skirt; ***un vestito ~ sul davanti*** a dress with buttons all down the front **2** COLLOQ. FIG. [*persona*] buttoned up.
abbottonatura /abbottona'tura/ f. *(bottoni)* buttons pl.; ***vestito con l'~ davanti, sulla schiena*** front-, back-buttoning dress.
1.abbozzare /abbot'tsare/ [1] tr. **1** *(schizzare)* to sketch [*tela, ritratto*]; FIG. to outline, to sketch out [*programma*]; to draft [*lettera, romanzo*] **2** FIG. *(accennare)* ***~ un sorriso*** to give a faint smile, to hint at a smile; ***~ un gesto*** to make a vague gesture.
2.abbozzare /abbot'tsare/ [1] intr. (aus. *avere*) COLLOQ. *(far finta di niente)* to stand* the gaff AE.
abbozzato /abbot'tsato/ **I** p.pass. → **1.abbozzare II** agg. [*lavoro*] sketchy; [*programma, traduzione*] rough.
abbozzo /ab'bɔttso/ m. **1** sketch, outline (anche FIG.); ***fare un ~ di qcs.*** to draw sth. in outline **2** FIG. *(accenno)* ***l'~ di un sorriso*** the hint of a smile.
abbracciare /abbrat'tʃare/ [1] **I** tr. **1** *(con affetto)* to hug, to cuddle, to embrace [*persona*]; ***~ forte qcn.*** to give sb. a big hug; ***abbraccia Ada da parte mia*** give my love to Ada; ***ti abbraccio*** *(alla fine di una lettera)* love **2** *(circondare con le braccia)* to embrace, to hug, to cling* to [*albero, palo*] **3** *(seguire)* to take* up, to pursue [*carriera*]; to embrace, to espouse [*religione, causa*] **4** *(comprendere)* [*ricerca, studio*] to span [*periodo*]; to embrace [*argomenti*]; ***~ qcs. con lo sguardo*** to take in sth. at a glance **II abbracciarsi** pronom. *(l'un l'altro)* to hug (each other), to embrace (each other), to cuddle.
abbraccio, pl. **-ci** /ab'brattʃo, tʃi/ m. hug, embrace, cuddle; ***baci e -ci*** *(alla fine di una lettera)* love and kisses.
abbrancare /abbran'kare/ [1] **I** tr. to grab, to grasp, to seize [*persona, oggetto*] **II abbrancarsi** pronom. ***-rsi a*** to grasp *o* clutch at, to cling* to.
abbreviare /abbre'vjare/ [1] tr. to abbreviate, to shorten [*parola, nome*] (**in** to); to shorten, to trim [*scritto, discorso*]; to cut* short, to shorten [*visita, vacanza*].
abbreviazione /abbrevjat'tsjone/ f. *(forma abbreviata)* abbreviation, short form.
abbrivare /abbri'vare/ [1] **I** tr. ***~ una nave*** to get a ship under way **II** intr. (aus. *avere*) [*nave*] to gather way.
abbrivio, pl. **-vi** /ab'brivjo, vi/, **abbrivo** /ab'brivo/ m. ***~ in avanti, indietro*** headway, sternway; ***prendere l'~*** to gather way; FIG. to gather momentum.
abbronzante /abbron'dzante/ **I** agg. [*crema, olio*] suntan attrib.; ***lampada ~*** sunlamp; ***lettino ~*** sunbed **II** m. *(crema)* suntan cream; *(olio)* suntan oil.
abbronzare /abbron'dzare/ [1] **I** tr. [*sole*] to tan, to bronze [*pelle, corpo*] **II abbronzarsi** pronom. to tan, to get* tanned, to get* a (sun)tan.
abbronzato /abbron'dzato/ **I** p.pass. → **abbronzare II** agg. [*persona, pelle*] (sun)tanned, brown.
abbronzatura /abbrondza'tura/ f. ***avere una bella ~*** to have a good *o* nice (sun)tan; ***prodotto per l'~*** tanning product.
abbrunato /abbru'nato/ agg. [*bandiera*] draped in black.
abbrustolire /abbrusto'lire/ [102] **I** tr. to toast [*pane*]; to roast [*castagne*] **II abbrustolirsi** pronom. *(abbronzarsi)* ***-rsi al sole*** to roast in the sun.
abbrutire /abbru'tire/ [102] **I** tr. to brutalize **II abbrutirsi** pronom. to become* brutish.
abbuffarsi /abbuf'farsi/ [1] pronom. to stuff oneself (**di** with), to gorge oneself (**di** on), to pig out (**di** on).
abbuffata /abbuf'fata/ f. ***farsi un'~ di qcs.*** to have a bellyful of sth.; ***farsi una bella ~*** to have a good feed *o* a blowout.

abbuonare /abbwo'nare/ [1] tr. ~ ***un debito a qcn.*** to let sb. off a debt.

abbuono /ab'bwɔno/ m. **1** allowance, rebate; ***un ~ del 5%*** a 5% allowance **2** SPORT bonus points **3** EQUIT. handicap.

abdicare /abdi'kare/ [1] intr. (aus. *avere*) to abdicate; ***~ al trono*** to abdicate the throne.

abdicazione /abdikat'tsjone/ f. abdication.

Abele /a'bɛle/ n.pr.m. Abel.

aberrante /aber'rante/ agg. [*comportamento*] aberrant.

aberrazione /aberrat'tsjone/ f. aberration.

abetaia /abe'taja/ f. spruce.

abete /a'bete/ m. *(albero)* fir (tree), spruce (tree); *(legno)* deal.

ABI /'abi/ f. (⇒ Associazione Bancaria Italiana) = Italian bankers' association.

abietto /a'bjɛtto/ agg. [*persona*] abject, despicable, vile; [*azione*] base, despicable, vile.

abiezione /abjet'tsjone/ f. abjection; ***cadere nell'~*** to fall into degradation.

abigeato /abidʒe'ato/ m. *(di bestiame)* cattle stealing; *(di pecore)* sheep stealing.

abile /'abile/ agg. **1** *(idoneo)* ***~ al servizio militare*** able-bodied; ***~ al lavoro*** fit for a job **2** *(bravo)* [*professionista, cuoco*] able, skilled, skilful BE, skillful AE; *(svelto, agile)* [*persona, mani*] deft, dexterous; ***un ~ politico*** an artful *o* a dexterous politician; ***essere ~ in qcs., a fare*** to be skilful at sth., at doing **3** *(accorto)* [*mossa, trucco*] cunning, clever.

abilità /abili'ta/ f.inv. **1** *(idoneità)* ***~ al lavoro*** fitness for a job **2** *(bravura)* ability, skill, skilfulness BE, skillfulness AE; *(destrezza)* dexterity; ***la sua ~ di giornalista*** his ability *o* skill(s) as a journalist; ***la sua ~ di venditore*** his salesmanship **3** *(accortezza)* cleverness.

abilitare /abili'tare/ [1] **I** tr. to qualify (**a** for; **a fare** to do) **II abilitarsi** pronom. ***-rsi all'insegnamento*** to qualify as a teacher.

abilitazione /abilitat'tsjone/ f. qualification; ***esame di ~*** qualifying examination.

abissale /abis'sale/ agg. **1** [*fauna*] abyssal **2** FIG. [*ignoranza*] abysmal.

Abissinia /abis'sinja/ ➧ ***33*** n.pr.f. Abyssinia.

abissino /abis'sino/ ➧ ***25*** **I** agg. Abyssinian **II** m. (f. **-a**) Abyssinian.

abisso /a'bisso/ m. **1** *(baratro)* abyss, chasm; ***essere sull'orlo dell'~*** FIG. to be on the verge of ruin *o* on the brink of disaster **2** ***gli -i marini*** the depths of the sea **3** FIG. *(grande diversità)* gulf, chasm; ***fra noi c'è un ~*** there is a gulf between us.

abitabile /abi'tabile/ agg. [*casa*] (in)habitable, livable; ***cucina ~*** kitchen-diner.

abitacolo /abi'takolo/ m. **1** *(di automobile)* passenger compartment BE **2** *(di aereo)* cockpit.

abitante /abi'tante/ m. e f. inhabitant.

abitare /abi'tare/ [1] **I** tr. to inhabit [*casa*] **II** intr. (aus. *avere*) to live; ***~ a Torino*** to live in Turin; ***andare ad ~ a Londra*** to move to London.

abitativo /abita'tivo/ agg. **1** *(relativo all'abitare)* ***condizioni -e*** living conditions **2** *(destinato ad abitazione)* ***locali a uso ~*** purpose-built apartment; ***edilizia -a*** housing.

abitato /abi'tato/ **I** p.pass. → **abitare II** agg. **1** [*casa*] occupied, lived-in **2** *(popolato)* [*zona*] inhabited, populated; ***centro ~*** built-up area **III** m. built-up area.

abitazione /abitat'tsjone/ f. **1** *(l'abitare)* living; ***locali a uso ~*** purpose-built apartment; ***diritto d'~*** DIR. right of occupancy **2** *(costruzione)* house; AMM. dwelling.

abito /'abito/ v. la voce **2.vestito** ➧ ***35*** **I** m. **1** *(indumento)* piece of clothing; *(da donna)* dress; *(da uomo)* suit; ***cambiarsi d'~*** to change one's clothes, to get changed; ***"è richiesto l'~ scuro"*** "black tie", "formal dress is required" **2** *(di monaco, suora)* habit; *(di sacerdote)* cassock **II abiti** m.pl. *(abbigliamento)* clothing **U**, dress **U**; ***-i estivi*** summer clothes ♦ ***prendere l'~*** to take the cloth *o* the habit; ***l'~ non fa il monaco*** PROV. you can't judge a book by its cover ♦♦ ***~ da cerimonia*** ceremonial *o* full *o* formal dress; *(da uomo)* dress suit; ***~ civile*** *(di soldato)* civilian clothes; *(di poliziotto)* plain clothes; ***~ lungo*** evening dress, gown; ***~ mentale*** habit of mind; ***~ da sera*** evening dress; *(da donna)* gown; *(da uomo)* dress suit; ***~ da sposa*** wedding dress *o* gown; ***~ talare*** cassock; ***-i borghesi*** → ***~ civile***; ***-i da donna*** women's wear, ladies' clothes; ***-i da lavoro*** work(ing) clothes; ***-i da uomo*** menswear.

abituale /abitu'ale/ agg. **1** *(solito)* [*ora, luogo*] usual, normal; [*comportamento*] habitual, usual; [*uso*] frequent; ***nel modo ~*** as usual **2** *(assiduo)* [*cliente, visitatore*] regular; *(incallito)* [*delinquente*] habitual.

abitualmente /abitual'mente/ avv. usually, habitually.

abituare /abitu'are/ [1] **I** tr. to accustom (**a qcs.** to sth.; **a fare** to doing); *(addestrare)* ***~ il cane a dormire fuori*** to get one's dog used to sleeping outside; *(educare)* ***~ un bambino a non dire mai bugie*** to teach a child never to lie **II abituarsi** pronom. ***-rsi a qcs., a fare*** to get used *o* accustomed to sth., to doing; ***ti ci abituerai*** you'll get used to it.

abituato /abitu'ato/ **I** p.pass. → **abituare II** agg. accustomed, used (**a qcs.** to sth.; **a fare** to doing); ***sono ~ a prendere il caffè dopo pranzo*** I usually have coffee after lunch.

abitudinario, pl. **-ri**, **-rie** /abitudi'narjo, ri, rje/ **I** agg. ***essere ~*** to be set in one's ways, to be regular in one's habits **II** m. (f. **-a**) ***essere un ~*** to be a creature of habit.

abitudine /abi'tudine/ f. habit, custom; *(usanza)* custom; ***perdere, prendere l'~ di fare*** to get out of, into the habit of doing; ***ho l'~ di andare a dormire presto*** I usually go to bed early; ***non ho l'~ di chiedere in prestito denaro*** I'm not in the habit of borrowing money; ***com'è loro ~*** as is their custom; ***che non diventi un'~!*** don't make a habit of it! ***fare l'~ a qcs.*** to get used *o* accustomed to sth.; ***per ~*** out of *o* from habit; ***come d'~*** as usual, as is customary; ***d'~*** usually, as a rule.

abiura /a'bjura/ f. abjuration.

abiurare /abju'rare/ [1] tr. to abjure.

ablativo /abla'tivo/ m. ablative ♦♦ ***~ assoluto*** ablative absolute.

abluzioni /ablut'tsjoni/ f.pl. ablutions.

abnegazione /abnegat'tsjone/ f. (self-)abnegation, self-denial, self-sacrifice.

abnorme /ab'nɔrme/ agg. abnormal.

abolire /abo'lire/ [102] tr. to abolish [*legge, pena di morte*]; to lift [*sanzioni*]; to cut* out [*alcol, grassi*].

abolizione /abolit'tsjone/ f. abolition.

abolizionista, m.pl. **-i**, f.pl. **-e** /abolittsjo'nista/ m. e f. abolitionist.

abominevole /abomi'nevole/ agg. [*crimine, persona*] abominable; ***l'~ uomo delle nevi*** the abominable snowman.

abominio, pl. **-ni** /abo'minjo, ni/ m. abomination.

aborigeno /abo'ridʒeno/ **I** agg. aboriginal **II** m. (f. **-a**) aboriginal, aborigine; ***~ australiano*** Aboriginal, Aborigine.

aborrire /abor'rire/ [102] tr. to abhor, to loathe.

abortire /abor'tire/ [102] intr. **1** (aus. *avere*) *(spontaneamente)* to miscarry, to have* a miscarriage, to abort; *(volontariamente)* to abort, to have* an abortion; ***fare ~ qcn.*** [*medico*] to carry out abortion on sb.; [*medicinale*] to induce abortion in sb. **2** (aus. *essere*) FIG. to abort, to fail.

abortista, m.pl. **-i**, f.pl. **-e** /abor'tista/ **I** agg. **1** *(che pratica l'aborto)* [*medico*] who carries out abortion **2** *(favorevole all'aborto)* in favour of abortion **II** m. e f. abortionist.

abortito /abor'tito/ **I** p.pass. → **abortire II** agg. [*tentativo, progetto*] abortive, stillborn.

aborto /a'bɔrto/ m. **1** *(spontaneo)* miscarriage; *(indotto)* abortion; ***avere un ~*** to miscarry **2** *(feto morto)* aborted foetus* BE, aborted fetus* AE **3** FIG. SPREG. *(persona)* abortion, monstrosity **4** FIG. *(di tentativi, progetti)* abortion.

Abramo /a'bramo/ n.pr.m. Abraham.

abrasione /abra'zjone/ f. **1** *(raschiatura)* scraping, erasure **2** MED. abrasion, graze.

abrasivo /abra'zivo/ agg. e m. abrasive.

abrogare /abro'gare/ [1] tr. to repeal, to abrogate FORM. [*legge*].

abrogativo /abroga'tivo/ agg. ***un referendum ~*** a referendum to abrogate a law.

abrogazione /abrogat'tsjone/ f. abrogation, repeal.

abrogazionista, m.pl. **-i**, f.pl. **-e** /abrogattsjo'nista/ m. e f. = a person who aims at the repeal of a law.

abruzzese /abrut'tsese/ ➧ ***30*** **I** agg. from, of Abruzzi **II** m. e f. native, inhabitant of Abruzzi.

ABS /abi'ɛsse/ m.inv. (⇒ Antiblockiersystem sistema frenante anti-bloccaggio) ABS.
abside, pl. **-i** /'abside/ f. ARCH. apse.
abulia /abu'lia/ f. abulia (anche FIG.).
abulico, pl. **-ci**, **-che** /a'buliko, tʃi, ke/ agg. **1** MED. abulic **2** *(indolente)* abulic, listless.
abusare /abu'zare/ [1] intr. (aus. *avere*) **1** *(approfittare)* ***~ della pazienza di qcn.*** to take advantage of *o* to abuse sb.'s patience **2** *(fare uso eccessivo)* ***~ di*** to abuse [*farmaci*]; ***~ di alcolici*** to overindulge in drink; ***~ delle proprie forze*** to overtax one's strength **3** *(violentare)* ***~ di qcn.*** to abuse *o* rape sb.
abusato /abu'zato/ **I** p.pass. → **abusare II** agg. [*parola, espressione*] hackneyed.
abusivamente /abuziva'mente/ avv. illegally; ***costruire ~ una casa*** to build a house without a planning permit.
abusivismo /abuzi'vizmo/ m. ***~ edilizio*** unauthorized building.
abusivo /abu'zivo/ **I** agg. [*detenzione, porto d'armi*] illegal; [*costruzioni*] unauthorized; [*parcheggiatore*] unauthorized, unlicensed; ***venditore ~*** illicit street vendor **II** m. (f. **-a**) illicit street vendor; *(occupante di un'abitazione)* squatter.
abuso /a'buzo/ m. **1** *(cattivo uso)* abuse, misuse; ***fare ~ di*** to abuse, to misuse [*autorità*] **2** *(uso eccessivo) (di droga, alcol)* abuse; ***fare ~ di tranquillanti*** to rely too heavily on tranquillizers ♦♦ ***~ di autorità*** → ***~ d'ufficio***; ***~ di fiducia*** DIR. breach of trust; ***~ di minori*** child abuse; ***~ di potere*** abuse of power; ***~ sessuale*** sexual abuse; DIR. gross indecency; ***~ d'ufficio*** abuse of authority.
a.C. ⇒ avanti Cristo Before Christ (BC).
acacia, pl. **-cie** /a'katʃa, tʃe/ f. acacia.
acanto /a'kanto/ m. acanthus*.
acaro /'akaro/ m. mite; ***~ della polvere*** dust mite.
acca /'akka/ m. e f.inv. **1** *(lettera)* h, H **2** *(niente)* ***non capisco un'~*** I can't make head or tail of it, I don't understand a thing (about it); ***non capisco un'~ d'informatica*** I haven't got a clue *o* I'm completely clueless about computing.
accademia /akka'dɛmja/ f. **1** *(istituto culturale)* academy **2** FIG. *(pura esibizione di stile)* ***fare dell'~*** to indulge in rhetoric ♦♦ ***~ di belle arti*** academy of art; ***~ militare*** military academy; ***~ navale*** naval academy.
accademico, pl. **-ci**, **-che** /akka'dɛmiko, tʃi, ke/ **I** agg. **1** *(universitario)* [*anno, insegnamento*] academic; ***titolo ~*** university qualification; ***corpo ~*** college staff; ***quarto d'ora ~*** = in Italian universities, traditional fifteen minute delay before beginning a lecture **2** FIG. ***una discussione puramente -a*** a matter of academic interest **II** m. (f. **-a**) *(docente)* academic; *(membro di accademia)* academician.
accadere /akka'dere/ [26] **I** intr. (aus. *essere*) to happen, to occur; ***che cosa (ti) è accaduto?*** what's happened (to you)? ***accada quel che accada*** come what may **II** impers. (aus. *essere*) ***come spesso accade*** as often happens; ***accade a tutti di dimenticare qcs.*** it happens to everybody to forget sth.
accaduto /akka'duto/ **I** p.pass. → **accadere II** m. event, happening; ***raccontare l'~*** to tell what happened.
accalappiacani /akkalappja'kani/ ♦ ***18*** m. e f.inv. dog-catcher.
accalappiare /akkalap'pjare/ [1] tr. **1** *(acchiappare)* to catch* [*cane*] **2** FIG. *(raggirare)* to ensnare [*persona*]; ***farsi ~*** to be taken in; ***~ un uomo*** *(da sposare)* SCHERZ. to hook a man.
accalcarsi /akkal'karsi/ [1] pronom. to crowd (**in** into; **su** onto).
accaldato /akkal'dato/ agg. *(sudato)* hot.
accalorarsi /akkalo'rarsi/ [1] pronom. to get* heated, to get* excited.
accampamento /akkampa'mento/ m. camp, encampment (anche MIL.); ***piantare un ~*** to pitch *o* set up camp; ***levare un ~*** to break *o* strike camp; ***~ di zingari*** gypsy camp.
accampare /akkam'pare/ [1] **I** tr. **1** to encamp [*truppe*] **2** FIG. to plead [*scuse, pretesti*]; ***~ diritti*** o ***pretese su qcs.*** to stake one's claims to sth. **II accamparsi** pronom. to (en)camp.
accanimento /akkani'mento/ m. *(crudeltà)* fierceness; *(ostinazione)* persistence, doggedness ♦♦ ***~ terapeutico*** heroic treatment.
accanirsi /akka'nirsi/ [102] pronom. **1** *(infierire)* ***~ contro*** to keep going at [*vittima*]; ***la sorte si accanisce su di lui*** he is dogged by bad luck **2** *(ostinarsi)* ***~ in qcs., a fare*** to persevere in *o* with sth., in doing.
accanitamente /akkanita'mente/ avv. [*lottare*] fiercely, bitterly; [*lavorare, discutere*] relentlessly.
accanito /akka'nito/ **I** p.pass. → **accanirsi II** agg. [*avversario*] relentless; [*difesa, sostenitore*] stout, fierce, obstinate; [*competizione*] fierce, hot; [*lotta*] hard; [*odio*] bitter; [*tifoso*] fierce; [*giocatore*] inveterate, compulsive; ***fumatore ~*** chain-smoker, heavy smoker.
accanto /ak'kanto/ **I** avv. **1** nearby; ***un negozio qui ~*** a nearby shop; ***abita qui ~*** he lives close by *o* nearby **2 accanto a** next to, by, beside; ***due posti uno ~ all'altro*** two seats next to each other; ***sedersi ~ a qcn., al fuoco*** to sit by sb., by the fire **II** agg.inv. ***la stanza ~*** the next room; ***nella pagina ~*** in the opposite page; ***la ragazza della porta ~*** the girl next door.
accantonamento /akkantona'mento/ m. **1** *(l'accantonare)* putting aside, setting aside; *(di idea)* dismissal **2** *(somma accantonata)* fund, provision, appropriated surplus **3** MIL. billet, cantonment.
accantonare /akkanto'nare/ [1] tr. **1** *(lasciar da parte)* to put* aside, to set* aside, to shelve [*progetto, lavoro*]; to dismiss, to cast* aside [*idea*] **2** *(mettere da parte)* to put* aside, to set* aside [*somma*] **3** MIL. to billet [*truppe*].
accaparramento /akkaparra'mento/ m. *(di merci, provviste)* hoarding.
accaparrare /akkapar'rare/ [1] **I** tr. to hoard, to corner [*merci, provviste*] **II accaparrarsi** pronom. to secure [*voti, lavoro*]; to bag COLLOQ. [*posti*]; to win* [*simpatia, favore*].
accapigliarsi /akkapiʎ'ʎarsi/ [1] pronom. *(azzuffarsi)* to brawl, to scuffle; *(litigare)* to quarrel.
accapo /ak'kapo/, **a capo** /a'kapo/ **I** avv. ***andare ~*** to start a new paragraph; ***punto (e) ~*** full stop, new paragraph **II** m.inv. new paragraph.
accappatoio, pl. **-oi** /akkappa'tojo, oi/ m. bathrobe, robe AE.
accapponare /akkappo'nare/ [1] **I** tr. to castrate [*gallo*] **II accapponarsi** pronom. ***mi si accappona la pelle*** it makes my flesh creep ♦ ***mi fa ~ la pelle*** it makes my flesh creep, it gives me gooseflesh.
accarezzare /akkaret'tsare/ [1] tr. **1** to caress [*persona, guancia, capelli*]; to stroke, to pet [*animale*] **2** *(nutrire)* to entertain, to cherish [*idea, speranza*].
accartocciare /akkartot'tʃare/ [1] **I** tr. to crumple, to screw up, to scrunch up AE [*foglio*] **II accartocciarsi** pronom. [*foglia, foglio*] to curl (up), to scrunch up AE.
accasare /akka'sare/ [1] **I** tr. to marry off **II accasarsi** pronom. *(sposarsi)* to get* married; *(mettere su casa)* to set* up house, to set* up home.
accasciarsi /akkaʃ'ʃarsi/ [1] pronom. **1** *(cadere)* to fall*, to collapse; ***~ al suolo*** to crumple onto the floor **2** *(avvilirsi)* to lose* heart.
accasciato /akkaʃ'ʃato/ **I** p.pass. → **accasciarsi II** agg. *(avvilito)* broken, dejected.
accasermare /akkazer'mare/ [1] tr. to quarter in barracks.
accatastare /akkatas'tare/ [1] tr. *(ordinatamente)* to pile (up), to stack; *(in disordine)* to pile (up).
accattivante /akkatti'vante/ agg. [*sorriso*] winning, engaging; [*pubblicità*] snappy.
accattivarsi /akkatti'varsi/ [1] pronom. to gain, to win*; ***~ le simpatie di qcn.*** to win sb. over, to win over sb.
accattonaggio, pl. **-gi** /akkatto'naddʒo, dʒi/ m. begging.
accattone /akkat'tone/ m. (f. **-a**) beggar.
accavallare /akkaval'lare/ [1] **I** tr. **1** ***~ le gambe*** to cross one's legs **2** SART. ***~ le maglie*** to pass the stitches over **II accavallarsi** pronom. **1** *(sovrapporsi)* [*appuntamenti*] to overlap **2** FIG. *(accumularsi)* [*problemi*] to pile up; *(affollarsi)* [*pensieri, idee*] to crowd, to throng (**in** into).
accecante /attʃe'kante/ agg. blinding, glaring.
accecare /attʃe'kare/ [1] tr. to blind (anche FIG.).
accedere /at'tʃɛdere/ [2] intr. (aus. *essere, avere*) **1** *(a un luogo)* ***~ a*** *(avere accesso)* to get to, to reach; *(entrare)* to enter **2** *(a scuola, università)* to be* admitted (**a** to); *(a carica)* to accede (**a** to) **3** INFORM. ***~ a*** to access [*banca dati, file*].
accelerare /attʃele'rare/ [1] **I** tr. **1** *(rendere più rapido)* to speed* up [*movimento, processo*]; to speed* up, to quicken

[*ritmo*]; to accelerate [*crescita, declino*]; ~ ***il passo*** to step up *o* quicken one's pace **2** FIS. to accelerate [*moto*] **II** intr. (aus. *avere*) [*auto, autista*] to speed* up, to accelerate; [*crescita, declino*] to accelerate; [*ritmo*] to quicken; ***accelera!*** step on the gas!

accelerata /attʃele'rata/ f. ***dare un'~*** to step on the accelerator.

accelerato /attʃele'rato/ **I** p.pass. → **accelerare II** agg. accelerated; ***corso ~*** crash course.

acceleratore /attʃelera'tore/ m. accelerator.

accelerazione /attʃelerat'tsjone/ f. acceleration; *(di procedimento, lavoro)* speed-up; *(di ritmo)* quickening.

accendere /at'tʃendere/ [10] **I** tr. **1** *(con una fiamma)* to light* [*fuoco, candela, sigaretta*]; to strike* [*fiammifero*]; ***ha da ~?*** have you got a light? **2** *(elettricamente)* to switch on, to turn on [*luce, apparecchio*]; to switch on [*motore*]; to put* on, to turn on [*riscaldamento*]; to turn on [*gas*]; ~ ***i fari*** to put on one's lights **3** FIG. *(eccitare)* to fire, to inflame [*immaginazione*]; to inflame, to kindle [*passione*] **4** FIG. *(suscitare)* [*notizia, decisione*] to spark off [*polemica*] **5** BANC. to raise, to take* out [*ipoteca*]; to open [*conto*] **II accendersi** pronom. **1** *(prendere fuoco)* [*legna*] to light*, to catch* (fire), to kindle; [*fiammifero*] to strike* **2** *(elettricamente)* [*luce, apparecchio*] to switch on, to turn on; [*riscaldamento*] to turn on, to come* on; [*motore*] to fire **3** FIG. *(infiammarsi)* [*persona*] *(di collera)* to flare up (**di** with); *(di desiderio)* to become* aroused; [*dibattito*] to get* heated **4** *(arrossire)* [*viso*] to flame **5** FIG. *(illuminarsi)* [*sguardo*] to light* up (**di** with).

accendigas /attʃendi'gas/ m.inv. (gas) lighter.

accendino /attʃen'dino/ m. (cigarette) lighter.

accendisigari /attʃendi'sigari/ m.inv. (cigarette) lighter.

accenditoio, pl. **-oi** /attʃendi'tojo, oi/ m. taper.

accennare /attʃen'nare/ [1] **I** intr. (aus. *avere*) **1** *(fare cenno) (con un gesto)* to beckon, to motion; *(con il capo)* to nod (**a** to); ~ ***di sì*** to nod (in agreement) **2** *(fare atto di)* ***accennò a partire*** he made as if to leave **3** *(dare segno di)* ***la pioggia non accenna a smettere*** the rain shows no signs of stopping **4** *(trattare brevemente)* ~ ***a*** to touch on [*argomento*] **5** *(alludere)* ~ ***a*** to hint at, to mention **II** tr. **1** *(abbozzare)* ~ ***un sorriso*** to raise a smile; ~ ***un saluto*** *(con il capo)* to nod slightly; *(con la mano)* to wave slightly; ~ ***un motivo musicale*** to sing a few notes **2** *(menzionare)* to mention.

accenno /at'tʃenno/ m. **1** *(cenno, allusione)* hint, mention; ***fare ~ a*** to hint at, to mention **2** *(abbozzo)* ***l'~ di un sorriso*** a faint smile **3** *(segno)* ***un ~ di ripresa*** a sign of recovery.

accensione /attʃen'sjone/ f. **1** *(di fuoco)* lighting **2** *(di motore)* ignition; *(di apparecchio)* switching on **3** BANC. *(di conto)* opening; *(di ipoteca)* raising ♦♦ ~ ***elettronica*** electronic ignition.

accentare /attʃen'tare/ [1] tr. to accent, to stress; *(graficamente)* to accent.

accentato /attʃen'tato/ **I** p.pass. → **accentare II** agg. [*sillaba*] stressed.

accento /at'tʃento/ m. **1** *(inflessione)* accent; ***parlare italiano senza ~, con un leggero ~ inglese*** to speak Italian without an accent, with a slight English accent **2** LING. accent, stress; *(segno grafico)* accent (mark) **3** FIG. *(enfasi)* stress (**su** on) **4** *(tono)* tone; ***con ~ umile*** in a humble tone ♦♦ ~ ***acuto*** acute accent; ~ ***grave*** grave (accent); ~ ***principale*** primary stress; ~ ***secondario*** secondary stress; ~ ***tonico*** stress.

accentrare /attʃen'trare/ [1] **I** tr. **1** *(centralizzare)* to centralize [*amministrazione*] **2** *(conglobare)* to concentrate **II accentrarsi** pronom. [*interesse*] to focus (**su** on), to centre BE, to center AE (**su** in).

accentuare /attʃentu'are/ [1] **I** tr. to stress, to accentuate [*differenze, aspetti*] **II accentuarsi** pronom. [*difetto*] to worsen, to get* worse; [*tendenza, qualità*] to become* more marked.

accentuato /attʃentu'ato/ **I** p.pass. → **accentuare II** agg. marked; [*naso*] prominent.

accerchiare /attʃer'kjare/ [1] tr. to encircle, to surround [*città, nemico*].

accertamento /attʃerta'mento/ m. *(verifica)* check, verification; *(indagine)* investigation; ***fare -i su*** to carry out checks on ♦♦ ~ ***fiscale*** (tax) assessment.

accertare /attʃer'tare/ [1] **I** tr. *(verificare)* to ascertain, to verify [*identità*]; to establish [*fatto, colpevolezza*] **II accertarsi** pronom. ***-rsi di qcs.*** to check on sth., to make sure of sth.

acceso /at'tʃeso/ **I** p.pass. → **accendere II** agg. **1** *(con una fiamma)* [*candela, sigaretta, lampada*] lighted attrib.; [*fuoco*] burning; ***la candela è -a*** the candle is lit **2** *(elettricamente)* ***essere ~*** [*luce, radio, TV*] to be on; ***hai la radio -a?*** is your radio on? ***lasciare il motore ~*** to leave the engine running **3** *(vivace)* [*colore*] flaming, bright **4** FIG. [*discussione*] heated **5** FIG. *(infiammato)* ~ ***d'ira*** burning with anger; ~ ***di passione*** inflamed with passion **6** *(accalorato)* [*viso*] flushed **7** *(fervente)* [*sostenitore*] passionate.

accessibile /attʃes'sibile/ agg. **1** *(raggiungibile)* [*luogo*] accessible; [*persona*] approachable **2** *(abbordabile)* [*prezzo*] affordable **3** *(comprensibile)* [*opera*] accessible.

accessibilità /attʃessibili'ta/ f.inv. accessibility.

accessione /attʃes'sjone/ f. accession.

accesso /at'tʃesso/ m. **1** *(entrata)* access (**a** to); ***"divieto d'~"*** "no access", "no entry", "no trespassing"; ***"~ vietato ai visitatori"*** "visitors not admitted"; ***"vietato l'~ ai cani"*** "no dogs (allowed)"; ***gli -i dell'edificio*** the entrances to the building; ***le vie d'~ alla città*** the approaches to the city **2** FIG. *(possibilità di accedere)* ***di facile, difficile ~*** easy, difficult to get to; ***avere ~ a*** to gain access to, to access [*informazioni*] **3** MED. fit; ~ ***di febbre*** bout of fever; ~ ***di tosse*** coughing fit **4** *(impulso)* ~ ***di collera*** outburst *o* fit of anger; ~ ***di entusiasmo*** burst of enthusiasm **5** INFORM. access; ~ ***casuale*** random access.

accessoriare /attʃesso'rjare/ [1] tr. to accessorize, to rig out [*automobile*].

accessoriato /attʃesso'rjato/ **I** p.pass. → **accessoriare II** agg. [*automobile*] fully equipped.

accessorio, pl. **-ri**, **-rie** /attʃes'sɔrjo, ri, rje/ **I** agg. **1** [*problema, dettaglio*] incidental **2** DIR. ***diritti -ri*** appurtenances **II** m. *(di auto, moto, abito)* accessory; *(di apparecchio)* attachment ♦♦ ***-ri da bagno*** bathroom accessories.

accetta /at'tʃetta/ f. hatchet ♦ ***tagliato con l'~*** = rough-hewn.

accettabile /attʃet'tabile/ agg. [*condizione, comportamento, scusa*] acceptable; [*lavoro, cibo*] passable; [*risultato, salario*] decent; [*prezzo*] acceptable, reasonable.

accettare /attʃet'tare/ [1] tr. **1** *(ricevere di buon grado)* to accept [*invito, consiglio, regalo, scuse*]; to accept, to take* (on) [*incarico*]; *(considerare valido)* [*negozio*] to take*, to accept [*carte di credito*]; ~ ***di fare*** to agree to do **2** *(rassegnarsi a)* to accept [*condizioni, destino*]; to admit, to take* up [*sconfitta*] **3** *(accogliere)* to accept [*persona*] **4** *(raccogliere)* to take* up, to respond to [*sfida*] **5** AMM. to receive [*domanda*] **6** COMM. DIR. to pass [*ordine*]; to accept [*cambiale*].

accettazione /attʃettat'tsjone/ f. **1** *(di domanda, dono, nomina)* acceptance **2** ~ ***bagagli*** check-in **3** *(ufficio)* reception.

accetto /at'tʃetto/ agg. ***essere bene, male ~*** to be welcome, unwelcome.

acchiappafarfalle /akkjappafar'falle/ m.inv. *(retino)* butterfly net.

acchiappamosche /akkjappa'moske/ m.inv. **1** *(paletta)* fly swatter **2** ZOOL. flycatcher.

acchiappare /akkjap'pare/ [1] **I** tr. COLLOQ. to catch*, to seize [*animale, oggetto*] **II acchiapparsi** pronom. *(prendersi)* ***giocare ad -rsi*** to play tag.

acchito /ak'kito/ m. **1** *(nel biliardo) (posizione)* spot **2** FIG. ***di primo ~*** on the face of it, at face value.

acciaccato /attʃak'kato/ agg. **1** *(ammaccato)* [*frutta*] bruised **2** FIG. *(infiacchito)* weak, feeble.

acciacco, pl. **-chi** /at'tʃakko, ki/ m. ***pieno di -chi*** full of aches and pains; ***gli -chi dell'età*** the infirmities of old age.

acciaiare /attʃa'jare/ [1] tr. to steel.

acciaieria /attʃaje'ria/ f. steelworks.

acciaino /attʃa'ino/ m. *(per affilare)* steel.

acciaio, pl. **-ai** /at'tʃajo, ai/ **I** m. steel; ***posate d'~*** steel cutlery; ***questa padella è d'~*** this pan is made of steel; ***nervi d'~*** FIG. nerves of steel, steely nerves; ***avere uno sguardo d'~*** FIG. to be steely-eyed **II** agg.inv. ***grigio ~*** steel grey ♦♦ ~ ***inossidabile*** stainless steel; ~ ***temperato*** tempered steel.

acciambellarsi /attʃambel'larsi/ [1] pronom. [*gatto*] to curl up.

accidentale /attʃiden'tale/ agg. *(casuale)* accidental, fortuitous; *(involontario)* accidental.

accidentalmente /attʃidental'mente/ avv. by accident, accidentally.

accidentato /attʃiden'tato/ agg. **1** *(disuguale)* [*terreno*] uneven; [*strada*] bumpy **2** *(movimentato)* [*viaggio*] eventful.

accidente /attʃi'dɛnte/ m. **1** *(avvenimento imprevisto, spiacevole)* accident **2** *(persona fastidiosa)* ***è un ~ di bambino*** he's such a little pest **3** *(malanno)* ***ti prenderai un ~*** you'll catch your death (of cold) **4** *(colpo apoplettico)* stroke; ***che ti venga un ~!*** COLLOQ. FIG. darn you! ***a mamma piglierà un ~*** COLLOQ. FIG. mum's going to have a cow; ***che mi venga un ~ se...*** I'll be hanged if... **5** COLLOQ. *(niente)* ***non me ne importa un ~*** I don't care, I don't give a damn *o* darn; ***non ci vedo un ~*** I can't see a damn thing.

accidenti /attʃi'dɛnti/ inter. *(per esprimere sorpresa)* my my, gosh; *(per esprimere disappunto)* bother, (what the) hell, damn; ***~ a quell'uomo!*** damn that man! ***mi fa un male dell'~*** it hurts like hell; ***la parapsicologia o come ~ si chiama*** parapsychology or whatever they *o* you call it.

accidia /at'tʃidja/ f. sloth.

accidioso /attʃi'djoso/ agg. slothful.

accigliarsi /attʃiʎ'ʎarsi/ [1] pronom. to frown, to scowl.

accigliato /attʃiʎ'ʎato/ **I** p.pass. → **accigliarsi II** agg. frowning, scowling.

accingersi /at'tʃindʒersi/ [12] pronom. to prepare, to get* ready, to make* ready (**a fare** to do).

acciottolato /attʃotto'lato/ m. cobblestones pl.

acciottolio, pl. **-ii** /attʃotto'lio, ii/ m. clatter.

accipicchia /attʃi'pikkja/ inter. *(per esprimere sorpresa)* my my; *(per esprimere disappunto)* bother.

accisa /at'tʃiza/ f. excise (duty).

acciuffare /attʃuf'fare/ [1] tr. COLLOQ. to catch*, to tackle, to nab [*ladro*].

acciuga, pl. **-ghe** /at'tʃuga, ge/ f. anchovy ♦ ***essere (magro come) un'~*** to be as thin as a rake *o* lath; ***essere stretti come -ghe*** to be packed *o* squashed (in) like sardines.

acclamare /akkla'mare/ [1] **I** tr. **1** *(applaudire)* to cheer, to acclaim [*persona*]; to acclaim [*opera*] **2** *(eleggere)* ***~ qcn. presidente*** to acclaim sb. (as) president **II** intr. (aus. *avere*) to cheer (**a** for).

acclamazione /akklamat'tsjone/ f. acclamation, cheer; ***eleggere qcn. per ~*** to elect sb. by acclamation.

acclimatare /akklima'tare/ [1] **I** tr. to acclimatize, to acclimate AE [*pianta, animale*]; to naturalize [*specie*] **II acclimatarsi** pronom. to get* acclimatized, to become* acclimatized.

acclimatazione /akklimatat'tsjone/ f. acclimatization, acclimation AE.

accludere /ak'kludere/ [1] tr. to enclose [*documento, assegno*].

accluso /ak'kluzo/ **I** p.pass. → **accludere II** agg. *(allegato)* enclosed (**a** with); ***(qui) ~*** (herewith) enclosed.

accoccolarsi /akkokko'larsi/ [1] pronom. [*persona*] to crouch (down), to squat.

accodarsi /akko'darsi/ [1] pronom. **1** *(mettersi in coda)* to join the queue **2** *(unirsi)* ***~ a qcn.*** to join sb.

accogliente /akkoʎ'ʎɛnte/ agg. [*stanza, albergo*] cosy, homely, inviting; [*atmosfera*] welcoming, cosy, homely; [*persona*] welcoming, warm.

accoglienza /akkoʎ'ʎɛntsa/ f. welcome, reception; ***fare buona, cattiva ~ a qcn., qcs.*** to give *o* reserve sb., sth. a favourable, hostile welcome; ***centro d'~*** reception camp *o* centre.

accogliere /ak'kɔʎʎere/ [28] tr. **1** *(ricevere)* to welcome, to receive [*persona*]; ***~ qcn. calorosamente*** to give sb. a warm welcome, to receive *o* welcome sb. heartily; ***~ qcn. con un sorriso*** to greet sb. with a smile **2** *(accettare)* to welcome [*decisione, proposta*]; to answer [*preghiera*]; to approve [*istanza*] **3** *(ospitare)* [*struttura*] to accommodate, to hold* [*persone*]; [*organismo*] to shelter, to house [*rifugiati*].

accolito /ak'kɔlito/ m. acolyte (anche FIG.).

accollare /akkol'lare/ [1] **I** tr. ***~ [qcs.] a qcn.*** to saddle sb. with [*responsabilità, lavoro*] **II accollarsi** pronom. to take* on, to shoulder [*responsabilità, debito*]; to bear* [*spese*]; to take* [*colpa*].

accollato /akkol'lato/ **I** p.pass. → **accollare II** agg. [*abito*] high-necked; ***essere ~*** [*scarpa*] to have a high instep.

accoltellamento /akkoltella'mento/ m. stabbing, knifing.

accoltellare /akkoltel'lare/ [1] tr. to stab, to knife.

accomandante /akkoman'dante/ m. e f. limited partner.

accomandatario, m.pl. **-ri**, f.pl. **-rie** /akkomanda'tarjo, ri, rje/ m. (f. **-a**) general partner.

accomandita /akko'mandita/ f. ***società in ~ semplice*** limited partnership; ***società in ~ per azioni*** partnership limited by shares.

accomiatarsi /akkomja'tarsi/ [1] pronom. ***~ da qcn.*** to take leave of sb.

accomodamento /akkomoda'mento/ m. settlement; ***giungere*** o ***venire a un ~*** to come to an arrangement, to reach an agreement.

accomodante /akkomo'dante/ agg. [*atteggiamento*] accommodating; [*persona*] accommodating, yielding, easygoing.

accomodare /akkomo'dare/ [1] **I** tr. **1** *(riparare)* to repair, to mend **2** *(riordinare)* to tidy up [*camera*]; *(sistemare)* to arrange [*fiori, libri*] **3** FIG. *(appianare)* to settle, to compromise AE [*lite*] **II accomodarsi** pronom. **1** *(mettersi a proprio agio)* to settle down; ***prego, si accomodi!*** *(si sieda)* please, take a seat! do sit down! *(entri)* do come in! **2** *(andare)* ***si accomodi alla cassa*** please, go to the cash desk **3** *(mettersi in ordine)* ***-rsi i capelli*** to neaten one's hair **4** *(mettersi d'accordo)* to agree.

accompagnamento /akkompaɲɲa'mento/ m. **1** accompaniment (anche MUS.); ***senza ~*** [*canzone*] unaccompanied **2** *(corteo, seguito)* suite, retinue.

accompagnare /akkompaɲ'ɲare/ [1] **I** tr. **1** *(per tenere compagnia)* to go* with, to come* (along) with, to accompany; *(condurre)* to see*; *(in auto)* to take*, to drive*; *(a piedi)* to walk; ***~ qcn. alla porta*** to see *o* show sb. to the door, to see *o* show sb. out **2** *(trattenere nel movimento)* ***~ la porta*** to close the door gently **3** FIG. *(seguire)* ***~ qcn. con lo sguardo*** to stare after sb. **4** *(unire)* ***~ un dono con una lettera*** to add a letter to a present **5** MUS. to accompany (**a** on) **6** GASTR. [*salsa, vino*] to be served with [*cibo*] **II accompagnarsi** pronom. **1** *(prendere come compagno)* ***-rsi a*** o ***con qcn.*** to associate with sb. **2** ***-rsi a*** [*accessorio*] to match [*abito*]; [*vino*] to go with [*cibo*] **3** MUS. ***-rsi con*** to accompany oneself on [*chitarra*].

accompagnatore /akkompaɲɲa'tore/ m. (f. **-trice** /tritʃe/) **1** *(di anziano, disabile)* helper **2** MUS. accompanist ♦♦ ***~ turistico*** (travel) courier.

accomunare /akkomu'nare/ [1] tr. **1** *(mettere in comune)* to pool, to combine **2** *(legare)* to unite; ***niente le accomuna*** they have nothing in common.

acconciare /akkon'tʃare/ [1] **I** tr. **1** *(abbigliare, adornare)* to dress [*sposa*] **2** *(pettinare)* to style [*capelli*] **II acconciarsi** pronom. **1** *(abbigliarsi, adornarsi)* to dress up **2** *(pettinarsi)* ***~ i capelli*** to do *o* comb one's hair.

acconciatore /akkontʃa'tore/ m. (f. **-trice** /tritʃe/) (hair) stylist, hairdresser.

acconciatura /akkontʃa'tura/ f. hairstyle, coiffure, hairdo COLLOQ.

accondiscendente /akkondiʃʃen'dɛnte/ agg. condescending, compliant (**con** to).

accondiscendere /akkondiʃ'ʃendere/ [10] intr. (aus. *avere*) ***~ a*** to comply with, to accede to, to grant [*richiesta*].

acconsentire /akkonsen'tire/ [3] intr. (aus. *avere*) to consent, to agree (**a** to) ♦ ***chi tace acconsente*** PROV. = silence means consent.

accontentare /akkonten'tare/ [1] **I** tr. *(soddisfare)* to satisfy, to please, to content [*persona*]; ***difficile da ~*** hard to please, choosy **II accontentarsi** pronom. to content oneself (**di** with); ***-rsi di fare*** to be content to do; ***mi accontento di poco*** I'm satisfied with very little ♦ ***chi si accontenta gode*** PROV. enough is as good as a feast.

acconto /ak'konto/ m. deposit, advance, down payment; ***versare un ~ di 50 euro*** o ***50 euro in ~*** to pay 50 euros on account, to make a down payment of 50 euros.

accoppare /akkop'pare/ [1] tr. COLLOQ. to bump off, to do* in.

accoppiamento /akkoppja'mento/ m. **1** *(tra animali)* mating, copulation **2** MECC. coupling.

accoppiare /akkop'pjare/ [1] **I** tr. **1** *(abbinare)* to pair up [*giocatori*]; to match, to pair [*calze*] **2** *(per riproduzione)* to mate, to couple [*animali*] 3 MECC. to couple **II accoppiarsi** pronom. *(nell'atto sessuale)* [*persone*] to couple, to copulate; [*animali*] to mate, to couple, to copulate ♦ ***Dio li fa e poi li accoppia*** birds of a feather flock together.

accorato /akko'rato/ agg. [*persona*] afflicted, distressed; [*perole*] sad.

accorciamento /akkortʃa'mento/ m. **1** shortening **2** LING. short form.

accorciare /akkor'tʃare/ [1] **I** tr. to shorten, to take* up, to trim [*pantaloni*] (**di** by); to cut*, to trim [*capelli*]; to cut*, to trim, to shorten [*testo*]; to shorten [*percorso*]; to cut* short, to curtail [*vacanza*] **II accorciarsi** pronom. [*giornate*] to shorten, to get* shorter.

accordare /akkor'dare/ [1] **I** tr. **1** *(concedere)* to allow, to grant [*permesso, sconto*]; to grant, to extend [*prestito*] (**a** to); ***~ fiducia a qcn.*** to place one's trust in sb. **2** *(mettere d'accordo)* to reconcile [*persone*] **3** MUS. to tune (up) [*strumento*] **4** *(armonizzare)* to harmonize [*colori*] **5** LING. *(concordare)* ***~ l'aggettivo con il sostantivo*** to make the adjective agree with the noun **II accordarsi** pronom. **1** *(mettersi d'accordo)* to come to an agreement; ***-rsi su*** to settle *o* arrange *o* agree on **2** *(armonizzarsi)* to harmonize **3** LING. [*aggettivo, verbo*] to agree.

accordatore /akkorda'tore/ ♦ ***18*** m. (f. **-trice** /tritʃe/) tuner.

accordatura /akkorda'tura/ f. MUS. tuning.

accordo /ak'kɔrdo/ m. **1** *(patto)* agreement, arrangement, deal, settlement (anche DIR. POL. ECON.); ***prendere -i per qcs.*** to make arrangements *o* to arrange for sth.; ***~ amichevole*** amicable *o* informal agreement **2** *(intesa, comunanza di idee)* accord, agreement, understanding; ***di comune ~*** by common *o* mutual consent; ***agire di comune ~*** to act in concert **3 d'accordo** ***essere d'~*** to agree, to concur (**sul fatto che** that; **con** with; **su** about, on); ***mettersi d'~*** to come to an agreement; ***mettersi d'~ su*** to settle on, to agree (on) [*ora, metodo, prezzo*]; ***come d'~*** as agreed; ***d'~!*** it's a deal! done! all right! ***d'~?*** is that agreed? ***andare d'~ con qcn.*** to get along *o* on with sb., to hit it off with sb.; ***io e Anna andiamo d'~*** Anna and me get on well; ***andare*** o ***filare d'amore e d'~*** to get on like a house on fire **4** *(di colori, stili)* harmony **5** MUS. chord **6** LING. *(concordanza)* agreement.

accorgersi /ak'kɔrdʒersi/ [12] pronom. ***~ di qcn., qcs.*** *(notare)* to notice sb., sth.; *(rendersi conto di)* to become aware of sb., sth.; ***non me ne sono accorto*** I didn't realize it; ***senza accorgersene*** *(inavvertitamente)* inadvertently, without realizing it; *(inconsapevolmente)* unconsciously; ***te ne accorgerai!*** you'll see!

accorgimento /akkordʒi'mento/ m. **1** *(espediente)* device, trick **2** *(accortezza)* worldly wisdom.

accorrere /ak'korrere/ [32] intr. (aus. *essere*) to rush, to run*; ***~ in aiuto di qcn.*** to spring to sb.'s aid; ***accorrete!*** roll up!

accortezza /akkor'tettsa/ f. **1** *(avvedutezza)* worldly wisdom; ***ebbe l'~ di tacere*** he was wise enough to keep silent **2** *(astuzia)* shrewdness.

accorto /ak'kɔrto/ **I** p.pass. → **accorgersi II** agg. **1** *(avveduto)* [*persona*] worldly-wise; [*consiglio*] wise **2** *(cauto)* cautious, wary **3** *(abile)* [*politico, manager*] dexterous (**nel fare** at doing); *(astuto)* shrewd.

accosciarsi /akkoʃ'ʃarsi/ [1] pronom. to squat, to sit* back on one's heels, to sit* on one's hunkers.

accostare /akkos'tare/ [1] **I** tr. **1** *(avvicinare)* to draw* [sth.] near, to move [sth.] near [*oggetto*]; to pull up, to draw* up [*sedia*]; ***~ le labbra al bicchiere*** to bring one's lips to the glass, to raise the glass to one's lips **2** *(avvicinarsi a)* to move closer to [*persona*] **3** *(socchiudere)* ***~ la porta*** to pull the door to; ***~ le tende*** to draw the curtains over a bit **4** *(combinare)* to combine, to match [*colori*] **II** intr. (aus. *avere*) **1** [*veicolo, conducente, ciclista*] to draw* up, to pull in, to pull over **2** MAR. to come* alongside, to draw* alongside, to draw* up **III accostarsi** pronom. **1** *(avvicinarsi)* ***-rsi a qcn., qcs.*** to approach sb., sth. **2** MAR. ***-rsi alla banchina*** to come alongside the quay **3** *(cominciare a interessarsi)* ***-rsi alla scherma*** to start to learn fencing ♦ RELIG. ***-rsi ai sacramenti*** to receive the Sacraments.

accostato /akkos'tato/ **I** p.pass. → **accostare II** agg. *(socchiuso)* [*porta*] ajar.

accovacciarsi /akkovat'tʃarsi/ [1] pronom. to crouch, to squat.

accozzaglia /akkot'tsaʎʎa/ f. *(di idee, oggetti)* clutter, jumble; *(di colori)* patchwork, mixture; ***un'~ di gente*** a motley crew.

accreditamento /akkredita'mento/ m. **1** COMM. BANC. credit; ***nota di ~*** credit note **2** DIPL. accreditation.

accreditare /akkredi'tare/ [1] **I** tr. **1** COMM. BANC. ***~ qcs. su un conto*** to credit sth. to an account; ***~ 300 euro a qcn.*** to credit sb.'s account with 300 euros **2** to accredit [*diplomatico, giornalista*] **3** *(avvalorare)* to give* credence to [*notizia*]; to bear* out [*idea*] **II accreditarsi** pronom. [*persona, notizia*] to gain credit.

accredito /ak'kredito/ m. COMM. BANC. credit; ***fare un ~ su un conto*** to credit money to an account; ***nota di ~*** credit note.

accrescere /ak'kreʃʃere/ [33] **I** tr. to increase [*numero, capitale, rischio*]; to expand [*produzione, vendite*]; to sharpen [*paura*]; ***~ il valore*** to enhance value **II accrescersi** pronom. [*numero, popolazione, potere*] to grow*.

accrescimento /akkreʃʃi'mento/ m. **1** increase **2** *(potenziamento)* enhancement.

accrescitivo /akkreʃʃi'tivo/ agg. e m. LING. augmentative.

accucciarsi /akkut'tʃarsi/ [1] pronom. [*animale, persona*] to crouch.

accudire /akku'dire/ [102] **I** tr. to attend, to nurse, to take* care of [*malato*]; to look after, to mind, to take* care of [*bambino*] **II** intr. (aus. *avere*) ***~ alla casa*** to take care of *o* do the housework.

accumulare /akkumu'lare/ [1] **I** tr. *(ammucchiare, ammassare)* to store [*oggetti*]; to store up, to stockpile, to lay* up, to hoard (anche SPREG.) [*provviste*]; to accumulate, to lay* up, to hoard SPREG. [*ricchezze*]; to amass, to gather [*informazioni*]; to run* up, to pile up [*debiti*]; *(immagazzinare)* to store (up) [*energia, calore*] **II accumularsi** pronom. **1** *(ammucchiarsi)* [*oggetti, lavoro*] to accumulate, to pile up; [*rifiuti, neve*] to pile up; [*fango*] to bank up; [*detriti*] to build* up **2** *(accrescersi)* [*debiti*] to accrue; [*tensione*] to build* up.

accumulatore /akkumula'tore/ m. EL. INFORM. accumulator.

accumulazione /akkumulat'tsjone/ f. *(di beni, oggetti)* accumulation; *(di calore, energia)* storage.

accumulo /ak'kumulo/ m. *(di oggetti)* accumulation; *(di sporcizia)* accumulation, accretion; *(di neve, foglie, sabbia)* drift; *(di detriti)* build-up.

accuratamente /akkurata'mente/ avv. [*scegliere, esaminare*] accurately, carefully.

accuratezza /akkura'tettsa/ f. carefulness, precision.

accurato /akku'rato/ agg. [*lavoro, persona*] accurate, careful; [*esame*] close, careful; [*ricerca*] careful.

accusa /ak'kuza/ f. **1** accusation, charge; ***lanciare un'~ contro qcn.*** to fling an accusation at sb. **2** DIR. *(imputazione)* accusation, charge; ***~ di omicidio*** murder charge; ***mettere qcn. sotto ~*** to charge *o* indict sb.; ***essere sotto ~*** to be under indictment; ***arrestato con l'~ di*** arrested on a charge of; ***fare cadere le -e*** to drop the charges; ***prosciogliere qcn. da un'~ di*** to acquit sb. of; ***capo d'~*** criminal charge *o* count; ***atto d'~*** indictment (**contro** of) (anche FIG.); ***mettere qcn. in stato d'~*** to commit sb. to a court for trial; ***un testimone d'~*** a witness for the Crown BE, a witness for the State AE **3** DIR. *(pubblico ministero)* **(pubblica)** ~ prosecution; ***avvocato dell'~*** prosecuting lawyer *o* attorney AE.

accusare /akku'zare/ [1] **I** tr. **1** *(incolpare)* to accuse [*persona*] (**di** of); to blame [*destino, sfortuna*] (**di** of); [*fatto, prova*] to point to, to incriminate [*persona*] **2** DIR. [*querelante*] to accuse (**di** of); [*polizia, giudice*] to charge (**di** with); ***essere accusato di omicidio*** to face murder charges, to be arraigned on a charge of murder **3** *(lamentare)* to complain of [*mal di testa*]; ***~ stanchezza*** to feel tired **II accusarsi** pronom. *(se stessi)* to take* the blame (**di** for), to say* one is guilty (**di** of) ♦ ***~ il colpo*** to feel the blow; ***~ ricevuta*** to acknowledge receipt.

accusativo /akkuza'tivo/ m. accusative.

accusato /akku'zato/ m. (f. **-a**) DIR. ***l'~*** the accused.

accusatore /akkuza'tore/ m. (f. **-trice** /tritʃe/) accuser (anche DIR.).

accusatorio, pl. **-ri, -rie** /akkuza'tɔrjo, ri, rje/ agg. **1** ***in tono ~*** accusingly **2** DIR. adversarial.
acerbità /atʃerbi'ta/ f.inv. **1** *(di frutto)* greenness **2** *(immaturità)* immaturity.
acerbo /a'tʃɛrbo/ agg. **1** [*frutto*] green, unripe; [*vino*] immature **2** *(immaturo)* immature **3** FIG. [*rimprovero*] hard; [*tono, critica*] acid, harsh; [*dolore*] bitter.
acero /'atʃero/ m. *(albero)* maple; *(legno)* maple (wood); ***foglia, sciroppo d'~*** maple leaf, syrup.
acerrimo /a'tʃɛrrimo/ agg. (superl. di *acre*) fierce, bitter; ***~ nemico*** arch-enemy; ***sono -i nemici*** they are bitter enemies.
acetato /atʃe'tato/ m. acetate.
acetico, pl. **-ci, -che** /a'tʃɛtiko, tʃi, ke/ agg. ***acido ~*** acetic acid.
acetilene /atʃeti'lɛne/ m. acetylene.
acetilsalicilico /atʃetilsali'tʃiliko/ agg. ***acido ~*** acetylsalicylic acid.
aceto /a'tʃeto/ m. vinegar; ***mettere qcs. sotto ~*** to pickle sth. (in vinegar); ***verdura sotto ~*** pickles ♦♦ ***~ balsamico*** balsamic vinegar; ***~ di vino*** wine vinegar.
acetone /atʃe'tone/ ➧ **7** m. **1** MED. COLLOQ. ketonaemia BE, ketonemia AE **2** CHIM. acetone **3** COSMET. *(solvente per smalto)* nail polish remover.
acetonemia /atʃetone'mia/ ➧ **7** f. ketonaemia BE, ketonemia AE.
acetosa /atʃe'tosa/ f. sorrel.
acetosella /atʃeto'sɛlla/ f.inv. (wood) sorrel.
Achille /a'kille/ n.pr.m. Achilles; ***tallone di ~*** FIG. Achilles' heel.
ACI /'atʃi/ m. (⇒ Automobile Club d'Italia) = Italian automobile club corresponding to the British AA and RAC and to the American AAA.
acidamente /atʃida'mente/ avv. [*dire, rispondere*] sharply, tartly.
acidificare /atʃidifi'kare/ [1] **I** tr. to acidify **II acidificarsi** pronom. to acidify.
acidità /atʃidi'ta/ f.inv. **1** *(gusto acido)* sharpness **2** ***~ di stomaco*** acid stomach, heartburn **3** CHIM. acidity **4** FIG. *(astio)* acidity.
acido /'atʃido/ **I** agg. **1** [*gusto*] acidic, sour, sharp; [*frutto*] sour, tart; [*latte, panna*] sour; ***diventare ~*** [*latte*] to go sour **2** CHIM. acid(ic); [*terreno*] acidic; ***piogge -e*** acid rain **3** ***verde ~*** acid green **4** *(astioso)* [*tono*] acid, sharp; [*battuta*] acid, sour; [*persona*] crabby **II** m. **1** acid **2** GERG. *(droga)* acid; ***farsi un, di ~*** to drop acid.
acino /'atʃino/ m. **1** *(d'uva)* grape **2** ANAT. BOT. acinus*.
ACLI /'akli/ f.pl. (⇒Associazioni Cristiane Lavoratori Italiani) = Italian association of Christian workers.
acme /'akme/ f. **1** MED. crisis*, acute phase **2** FIG. acme, height.
acne /'akne/ ➧ **7** f. acne.
aconfessionale /akonfessjo'nale/ agg. nondenominational.
acqua /'akkwa/ **I** f. **1** water; ***un bicchiere d'~*** a glass of water; ***l'~ del lago è inquinata*** the water in the lake is polluted; ***sott'~*** underwater **2** *(pioggia)* rain; ***veniva giù tanta ~*** COLLOQ. it was pouring; ***prendere l'~*** to get wet, to get caught in the rain; ***sotto l'~*** [*stare, camminare*] in the rain **3** COLLOQ. *(urina)* ***fare due gocce d'~*** to pass water **4** MINER. *(trasparenza)* water; ***della più bell'~*** of the first water (anche FIG.) **5** *(nei giochi infantili)* ***~!*** you're getting colder! **II acque** f.pl. **1** FISIOL. *(liquido amniotico)* waters **2** *(alle terme)* ***passare, bere le -e*** to take, to drink the waters ♦ ***è ~ passata*** it's all water under the bridge; ***è passata molta ~ sotto i ponti*** a lot of water has flowed under the bridge; ***ogni ~ va alla china, l'~ va al mare*** PROV. = things will run their course; ***essere un'~ cheta*** = to be a sly person and do things behind people's back; ***fare ~*** [*imbarcazione*] to make water, to leak; FIG. [*ragionamento, teoria*] not to hold water; ***navigare*** o ***essere in cattive -e*** to be in deep water; ***avere l'~ alla gola*** to be in a tight corner, to be hard-pressed; ***buttare via il bambino con l'~ sporca*** to throw the baby out with the bathwater; ***tirare l'~*** *(del WC)* to flush the toilet; ***portare*** o ***tirare ~ al proprio mulino*** to have an axe to grind; ***gettare ~ sul fuoco*** to pour oil on troubled waters; ***calmare le -e*** to smooth ruffled feathers, to pour oil on troubled waters; ***fare calmare le -e*** to allow the dust to settle; ***ha scoperto l'~ calda!*** he reinvented the wheel! ***~ in bocca!*** mum's the word! keep it under your hat! ***l'~ cheta rompe i ponti*** PROV. still waters run deep; ***portare ~ al mare*** to carry coals to Newcastle; ***~ e sapone*** [*viso*] = without make-up; [*ragazza*] = fresh and natural; ***all'~ di rose*** [*soluzione, persona*] milk-and-water, wishy-washy ♦♦ ***~ alta*** *(alta marea)* high tide *o* water; ***~ bassa*** *(bassa marea)* low tide *o* water; ***~ benedetta*** holy water; ***~ di Colonia*** (eau de) cologne; ***~ corrente*** running water, water from the mains; ***~ distillata*** distilled water; ***~ dolce*** fresh water; ***~ dura*** CHIM. hard water; ***~ di fonte*** spring water; ***~ gassata*** sparkling *o* carbonated water; ***~ di mare*** sea-water; ***~ minerale*** mineral water; ***~ naturale*** still water; ***~ non potabile*** undrinkable water; ***~ ossigenata*** hydrogen peroxide; ***~ pesante*** heavy water; ***~ piovana*** rainwater; ***~ potabile*** drinkable *o* drinking water; ***~ ragia*** → **acquaragia**; ***~ di rose*** rose-water; ***~ di*** o ***del rubinetto*** tap water; ***~ salata*** *(di mare)* salt water; *(in cucina)* salted water; ***~ santa*** → **acquasanta**; ***~ di Seltz*** Seltzer water; ***~ tonica*** tonic water; ***-e bianche*** *(di rifiuto)* = waste water free of excrement; ***-e continentali*** continental waters; ***-e internazionali*** international waters; ***-e nere*** sewage, black water; ***-e di rifiuto, scarico, di scolo*** waste water, sewage sludge; ***-e territoriali*** territorial *o* home waters; ***-e termali*** thermal waters, spa water.
acquacoltura /akkwakol'tura/ f. *(di pesci, crostacei)* aquaculture, aquiculture.
acquaforte, pl. **acqueforti** /akkwa'fɔrte, akkwe'fɔrti/ f. ART. etching; ***incidere all'~*** to etch.
acquaio, pl. **-ai** /ak'kwajo, ai/ m. (kitchen) sink.
acquaiolo /akkwa'jɔlo/ **I** agg. ***serpe -a*** water snake **II** m. (f. **-a**) water-carrier.
acquamarina, pl. **acquemarine** /akkwama'rina, akkwema'rine/ ➧ **3** **I** f. *(gemma)* aquamarine **II** agg. e m.inv. *(colore)* aquamarine.
acquaplano /akkwa'plano/ m. aquaplane; ***andare sull'~*** to aquaplane, to go aquaplaning.
acquaragia, pl. **-gie, -ge** /akkwa'radʒa, dʒe/ f. turpentine; *(minerale)* white spirit.
acquario, pl. **-ri** /ak'kwarjo, ri/ m. *(vasca)* aquarium*, fish tank; *(edificio)* aquarium*.
Acquario /ak'kwarjo/ ➧ **38** m.inv. ASTROL. Aquarius, the Water Bearer; ***essere un ~*** o ***dell'~*** to be (an) Aquarius *o* an Aquarian.
acquartierare /akkwartje'rare/ [1] **I** tr. to quarter [*truppe*] **II acquartierarsi** pronom. to take* up quarters.
acquasanta /akkwa'santa/ f. holy water ♦ ***essere come il diavolo e l'~*** to be (like) oil and water.
acquasantiera /akkwasan'tjɛra/ f. stoup.
acquascooter /akkwa'skuter/ m.inv. jet-ski; ***andare in ~*** to go jet-skiing.
acquatico, pl. **-ci, -che** /ak'kwatiko, tʃi, ke/ agg. [*fauna, flora*] aquatic; [*serpente*] water attrib.; ***pianta -a*** aquatic *o* water plant; ***uccello ~*** water bird, waterfowl; ***sport -ci*** water *o* aquatic sports.
acquatinta, pl. **acquetinte** /akkwa'tinta, akkwe'tinte/ f. aquatint.
acquattarsi /akkwat'tarsi/ [1] pronom. to crouch, to squat.
acquavite /akkwa'vite/ f. brandy; ***~ di prugne*** plum brandy.
acquazzone /akkwat'tsone/ m. shower, downpour.
acquedotto /akkwe'dotto/ m. **1** waterworks pl. **2** STOR. aqueduct.
acqueo /'akkweo/ agg. aqueous; ***vapore ~*** water vapour BE *o* vapor AE, steam.
acquerello /akkwe'rɛllo/ m. watercolour BE, watercolor AE; ***un paesaggio ad ~*** a watercolour landscape.
acquerugiola /akkwe'rudʒola/ f. drizzle.
acquiescente /akkwjeʃ'ʃente/ agg. acquiescent.
acquiescenza /akkwjeʃ'ʃɛntsa/ f. acquiescence.
acquirente /akkwi'rɛnte/ m. e f. buyer, purchaser.
acquisire /akkwi'zire/ [102] tr. **1** *(far proprio)* [*persona*] to acquire, to develop [*abilità, abitudine*]; to acquire, to gain [*esperienza, conoscenze*]; to gain [*sicurezza*] **2** *(ottenere)* to acquire [*diritto*] **3** DIR. ***~ agli atti*** to admit as evidence.
acquisito /akkwi'zito/ **I** p.pass. → **acquisire** **II** agg. **1** *(fatto proprio)* [*valore, esperienza, conoscenza*] acquired **2** *(riconosciuto)* [*fatto*] accepted, established **3** MED. PSIC. [*carat-*

teri, comportamento] acquired **4** ***uno zio ~*** an uncle by marriage; ***parenti -i*** in-laws.
acquisizione /akkwizit'tsjone/ f. acquisition ♦♦ ***~ di controllo*** ECON. takeover.
acquistare /akkwis'tare/ [1] **I** tr. **1** to buy*, to purchase [*oggetto, merce*]; SPORT to sign up, to sign on [*giocatore*] **2** FIG. *(acquisire)* to acquire [*fama*]; to gain [*credito, importanza*]; to gain in [*sicurezza, valore*]; *(guadagnare)* to gain [*tempo, terreno*]; to gather [*velocità*] **II** intr. (aus. *avere*) to gain (**in** in); ***~ in bellezza*** to become more beautiful.
acquisto /ak'kwisto/ m. **1** *(l'acquistare)* purchase, buying, purchasing; SPORT *(di giocatore)* signing up; ***fare un ~*** to make a purchase; ***fare -i*** to go shopping; ***potere d'~*** spending *o* purchasing power **2** *(oggetto acquistato)* buy, purchase; ***il nuovo ~ del Torino*** SPORT Torino's latest signing.
acquitrino /akkwi'trino/ m. marsh, swamp, bog, quagmire.
acquitrinoso /akkwitri'noso/ agg. marshy, swampy, boggy.
acquolina /akkwo'lina/ f. ***fare venire l'~ in bocca a qcn.*** to make sb.'s mouth water, to be mouth-watering; ***ho, mi viene l'~ in bocca*** my mouth waters; ***avere l'~ in bocca all'idea di qcs.*** to smack *o* lick one's lips at sth.
acquoso /ak'kwoso/ agg. watery.
acre /'akre/ agg. **1** [*sapore*] sharp, sour; [*odore*] acrid, sharp; [*fumo*] pungent, acrid **2** FIG. [*commento*] acrid, bitter, pungent.
acredine /a'krɛdine/ f. **1** *(di sapore)* sharpness; *(di fumo, odore)* pungency, sharpness **2** FIG. *(di commento)* acrimony, bitterness.
acrilico, pl. **-ci**, **-che** /a'kriliko, tʃi, ke/ agg. e m. acrylic.
acrimonia /akri'mɔnja/ f. acrimony.
acrimonioso /akrimo'njoso/ agg. acrimonious.
acritico, pl. **-ci**, **-che** /a'kritiko, tʃi, ke/ agg. uncritical.
acro /'akro/ ➧ *23* m. AGR. *(misura)* acre.
acrobata, m.pl. **-i**, f.pl. **-e** /a'krɔbata/ ➧ *18* m. e f. acrobat.
acrobatica /akro'batika/ f. acrobatics + verbo sing. ♦♦ ***~ aerea*** aerobatics.
acrobatico, pl. **-ci**, **-che** /akro'batiko, tʃi, ke/ agg. [*esercizio, volo*] acrobatic; ***pilota ~*** stunt pilot; ***sci ~*** freestyle (skiing).
acrobazia /akrobat'tsia/ f. **1** *(tecnica)* acrobatics + verbo sing. **2** *(esercizio)* acrobatic exercise, acrobatic feat; ***fare -e*** to do *o* perform acrobatics, to tumble; FIG. to jump through all sorts of hoops ♦♦ ***~ aerea*** aerobatics.
acromatico, pl. **-ci**, **-che** /akro'matiko, tʃi, ke/ agg. achromatic.
acronimo /a'krɔnimo/ m. acronym.
acropoli /a'krɔpoli/ f.inv. acropolis.
acrostico, pl. **-ci** /a'krɔstiko, tʃi/ m. acrostic.
acuire /aku'ire/ [102] **I** tr. to sharpen [*ingegno*]; to arouse, to stimulate [*interesse*]; to whet [*appetito*]; to worsen, to make* worse, to exacerbate [*dolore*]; to exacerbate [*contrasti*] **II** **acuirsi** pronom. [*interesse, rabbia*] to grow* stronger; [*crisi, malattia*] to get* worse, to worsen; [*dolore*] to become* more acute, to sharpen.
aculeo /a'kuleo/ m. **1** BOT. prickle **2** ZOOL. *(di riccio ecc.)* quill, spine; *(di ape ecc.)* sting.
acume /a'kume/ m. acumen, perspicacity.
acuminato /akumi'nato/ agg. sharp, pointed.
acustica /a'kustika/ f. **1** *(scienza)* acoustics + verbo sing. **2** *(di un luogo)* acoustics + verbo pl.
acustico, pl. **-ci**, **-che** /a'kustiko, tʃi, ke/ agg. [*effetto, chitarra*] acoustic; [*nervo*] acoustic, auditory; ***apparecchio ~*** hearing aid; ***inquinamento ~*** noise pollution.
acutamente /akuta'mente/ avv. acutely.
acutezza /aku'tettsa/ f. **1** *(di persona, osservazione)* acuteness, acumen **2** *(di dolore, crisi)* intensity.
acutizzare /akutid'dzare/ [1] **I** tr. to sharpen, to heighten **II** **acutizzarsi** pronom. **1** [*dolore*] to intensify, to sharpen **2** [*malattia*] to worsen, to get* worse.
acuto /a'kuto/ **I** agg. **1** *(appuntito)* sharp, pointed **2** [*suono, voce*] high(-pitched), piercing; [*nota*] high **3** FIG. [*vista*] keen, sharp; *(intenso)* [*odore*] pungent, sharp; [*dolore*] acute; [*freddo*] biting; [*desiderio*] keen **4** *(perspicace)* [*persona, mente*] acute, sharp; [*osservazione, analisi*] penetrating **5** MED. [*crisi*] acute; [*fase*] critical **6** LING. [*accento*] acute **7** MAT. [*angolo*] acute **II** m. *(di voce)* high note.

ad /ad/ → **a**.
adagiare /ada'dʒare/ [1] **I** tr. to lay* down [*bambino, ferito*] **II** **adagiarsi** pronom. **1** [*persona*] to lie* down; ***si era comodamente adagiato sul divano*** he was lounging on the sofa **2** FIG. *(abbandonarsi a)* to sink* (**in** into).
1.adagio, pl. **-gi** /a'dadʒo, dʒi/ **I** avv. **1** *(lentamente)* slowly **2** *(cautamente)* carefully; *(delicatamente)* gently, softly **3** MUS. adagio **II** m. MUS. adagio.
2.adagio, pl. **-gi** /a'dadʒo, dʒi/ m. saying, adage.
adamantino /adaman'tino/ agg. *(irreprensibile)* [*coscienza*] righteous, pure.
adamitico, pl. **-ci**, **-che** /ada'mitiko, tʃi, ke/ agg. ***in costume ~*** in one's birthday suit.
Adamo /a'damo/ n.pr.m. Adam.
adattabile /adat'tabile/ agg. adaptable.
adattabilità /adattabili'ta/ f.inv. adaptability.
adattamento /adatta'mento/ m. **1** *(adeguamento)* adaptation; ***capacità, spirito di ~*** adaptability **2** CINEM. TEATR. adaptation, dramatization; ***~ televisivo*** TV adaptation.
adattare /adat'tare/ [1] **I** tr. **1** *(adeguare)* to adapt **2** *(trasformare)* to convert [*macchina, prodotto*] **3** *(allestire)* to turn [sth.] into, to make* [sth.] into; ***~ una stanza per gli ospiti*** to make a room for the guests **4** CINEM. TEATR. to adapt, to dramatize **II** **adattarsi** pronom. **1** *(adeguarsi)* to adapt (oneself); ***-rsi a*** to adapt to [*lavoro, ambiente*]; to adapt to, to accommodate oneself to [*cambiamento*]; to make the adjustment to [*stile di vita*] **2** *(rassegnarsi)* ***-rsi a fare qcs.*** to resign oneself *o* to adjust to doing sth. **3** *(essere adatto)* ***-rsi a*** [*lavoro, colore*] to suit [*persona*]; [*lampada*] to go with [*arredamento*].
adattatore /adatta'tore/ m. TECN. adapter.
adatto /a'datto/ agg. **1** *(appropriato)* [*persona, lavoro*] suitable; [*posto, ora, data*] suitable, convenient; [*vestito, regalo*] appropriate, right; [*descrizione, linguaggio*] fitting, suitable; [*istruzione*] proper; [*scelta, titolo, commento*] apt; ***non ~ ai bambini*** unsuitable for children; ***essere ~ a*** o ***per*** [*persona*] to be fit *o* suitable for [*ruolo, lavoro*]; [*lavoro, parte*] to suit [*persona*]; ***~ allo scopo*** fit for the purpose; ***ora non è proprio il momento ~*** now is not the right time **2** *(corretto)* appropriate, right.
addebitare /addebi'tare/ [1] tr. **1** to debit; ***~ una somma sul conto di qcn.*** to debit a sum to sb.'s account, to debit sb. *o* sb.'s account with a sum; ***~ un acquisto a qcn.*** to charge a purchase to sb.'s account **2** FIG. *(attribuire)* ***~ la responsabilità di qcs. a qcn.*** to put *o* place *o* lay the blame for sth. on sb., to blame sb. for sth.
addebito /ad'debito/ m. **1** debit, charge **2** FIG. *(accusa)* charge, imputation.
addensante /adden'sante/ agg. e m. thickening.
addensare /adden'sare/ [1] **I** tr. to thicken, to make* thicker **II** **addensarsi** pronom. **1** [*nebbia, salsa*] to thicken **2** [*nuvole*] to gather, to mass.
addentare /adden'tare/ [1] tr. **1** to bite* into [*panino*] **2** *(con tenaglie)* to grip.
addentrarsi /adden'trarsi/ [1] pronom. **1** *(inoltrarsi)* ***~ nella foresta*** to enter the forest **2** FIG. ***~ nei particolari*** to go into detail; ***~ in una discussione*** to enter into a debate.
addentro /ad'dentro/ avv. ***essere (ben) ~ a, in*** *(essere informato)* to be in the know about [*questione, situazione*].
addestramento /addestra'mento/ m. training (anche MIL.); ***~ di cani*** dog handling; ***fare ~*** MIL. to drill.
addestrare /addes'trare/ [1] **I** tr. **1** to drill, to train (up) [*soldato*]; to break* in [*recluta*] **2** to train, to coach [*atleta*] **3** to train [*animale*] **II** **addestrarsi** pronom. *(allenarsi)* [*soldato, atleta*] to train.
addestratore /addestra'tore/ ➧ *18* m. (f. **-trice** /tritʃe/) trainer.
addetto /ad'detto/ **I** agg. **1** *(competente)* in charge (**a** of) **2** *(adibito)* destined, assigned (**a** to, for) **II** m. (f. **-a**) *(responsabile)* person in charge (**a** of); *(tecnico)* operator; *(impiegato)* clerk ♦♦ ***~ agli acquisti*** buyer; ***~ stampa*** *(di cinema, teatro)* press agent; *(di azienda, partito)* press officer; ***-i ai lavori*** *(operai)* authorized personnel; *(specialisti)* insiders, experts.
addiaccio /ad'djattʃo/ m. ***all'~*** in the open.
addietro /ad'djɛtro/ avv. before, earlier; ***tempo ~*** some time ago; ***gli anni ~*** the years before.

addio, pl. **-ii** /ad'dio, ii/ **I** inter. goodbye, farewell FORM.; **~ *vacanze!*** bang goes my holiday! **II** m. goodbye, farewell FORM.; ***dire ~ a qcn.*** to say goodbye to sb.; ***dare l'~ a qcn.*** to bid sb. farewell FORM.; ***puoi dire ~ ai tuoi soldi*** you can kiss your money goodbye; ***d'~*** [*discorso, festa*] farewell attrib. ♦♦ **~ *al celibato*** stag night *o* party; **~ *al nubilato*** hen party.

addirittura /addirit'tura/ avv. **1** *(perfino)* even; ***erano centinaia, ~ migliaia*** there were hundreds, even thousands, of them **2** *(nientemeno)* ***"avrei pianto dalla rabbia" - "~!"*** "I was so angry I could've cried" - "no, really!".

addirsi /ad'dirsi/ [37] pronom. LETT. to become*, to suit; ***come si addice a qcn.*** as befits sb.

additare /addi'tare/ [1] tr. **1** to point to, to point out [*persona, oggetto*] **2** FIG. to point at; **~ *qcn. a mo' di esempio*** to hold sb. up as an example.

additivo /addi'tivo/ agg. e m. additive.

addizionale /addittsjo'nale/ **I** agg. [*lente, tassa*] additional; [*guadagno*] additional, extra **II** f. *(tassa)* surtax.

addizionare /addittsjo'nare/ [1] tr. MAT. to add (up); CHIM. to add.

addizionatore /addittsjona'tore/ m. INFORM. adder.

addizione /addit'tsjone/ f. MAT. addition **U** (anche CHIM.); *(somma)* sum; ***eseguire un'~*** to do a sum; ***sa già fare le -i*** he can already do addition.

addobbare /addob'bare/ [1] tr. to deck (out), to decorate [*stanza, edificio*]; to decorate [*albero di Natale*] (**di, con** with).

addobbo /ad'dɔbbo/ m. decoration; ***-i natalizi*** Christmas decorations.

addolcire /addol'tʃire/ [102] **I** tr. **1** *(rendere dolce)* to sweeten [*cibo, bibita*] **2** FIG. to soften [*voce, sguardo*]; to tone down [*critica*]; to ease [*sofferenza*]; **~ *la collera di qcn.*** to soothe sb.'s anger **3** TECN. to soften [*acqua, metallo*] **II addolcirsi** pronom. **1** [*clima*] to become* milder **2** FIG. [*carattere*] to mellow; [*sguardo*] to soften ♦ **~ *la pillola*** to sugar *o* sweeten the pill.

addolcitore /addoltʃi'tore/ m. CHIM. (water) softener.

addolorare /addolo'rare/ [1] tr. to sadden, to grieve LETT., to pain FORM.; ***mi addolora sapere*** it grieves me to hear LETT.; ***le sue parole ci addolorano*** his words sadden us.

addolorato /addolo'rato/ **I** p.pass. → **addolorare II** agg. sad, afflicted; *(spiacente)* sorry; ***essere (profondamente) ~ per*** to grieve (deeply) for *o* over; ***essere ~ di sentire qcs.*** to be sad to hear sth.

addome /ad'dɔme/ m. abdomen.

addomesticabile /addomesti'kabile/ agg. tameable.

addomesticare /addomesti'kare/ [1] tr. to tame, to domesticate [*animale*]; FIG. to tame, to make* [sb.] more accommodating [*persona*].

addomesticato /addomesti'kato/ **I** p.pass. → **addomesticare II** agg. **1** [*animale*] domesticated, tame; ***non ~*** untamed **2** FIG. [*bilancio, risultato*] cooked COLLOQ., fiddled COLLOQ.

addominale /addomi'nale/ **I** agg. abdominal **II addominali** m.pl. *(muscoli)* abdominal muscles; *(esercizi)* sit-ups.

addormentare /addormen'tare/ [1] **I** tr. **1** *(naturalmente)* [*persona*] to put* [sb.] to sleep, to get* [sb.] off to sleep [*bambino*] **2** *(con anestesia)* [*medico, sostanza*] to put* [sb.] to sleep [*paziente*]; to deaden [*nervo*]; [*veterinario*] to drug [*animale*] **II addormentarsi** pronom. *(assopirsi)* to fall* asleep; *(prendere sonno)* to go* to sleep, to get* to sleep; ***mi si è addormentato il braccio*** FIG. my arm has gone dead *o* to sleep COLLOQ.

addormentato /addormen'tato/ **I** p.pass. → **addormentare II** agg. **1** *(naturalmente)* sleeping attrib., asleep mai attrib.; ***cadere ~*** to fall asleep; ***scusate il ritardo - sono rimasto ~*** sorry I'm late - I overslept **2** *(con anestesia)* anaesthetized BE, anesthetized AE.

addossare /addos'sare/ [1] **I** tr. **1** *(appoggiare)* to set*, to place (**a** on; **contro** against); *(con inclinazione)* to lean* (**a** on; **contro** against) **2** FIG. **~ *[qcs.] a qcn.*** to saddle sb. with [*lavoro, responsabilità*]; **~ *la colpa a qcn.*** to lay *o* put the blame on sb. **II addossarsi** pronom. **1** *(appoggiarsi)* to lean* (**a** on; **contro** against) **2** FIG. to take* on, to shoulder [*responsabilità, spesa*]; to take*, to bear* FORM. [*colpa*].

addosso /ad'dɔsso/ **I** avv. **1** *(indosso)* on; ***mettersi qcs. ~*** to put sth. on; ***avere ~ una giacca*** to be wearing a jacket; ***non avere niente ~*** to have nothing on **2** *(su di sé)* ***avere ~*** to be carrying [*arma, droga*] **3 addosso a** *(indosso)* **~ *a lei quell'abito fa una magnifica figura*** she looks very smart in that dress; *(contro a, di)* ***versare, rovesciare qcs. ~ a qcn.*** to pour, spill sth. on sb.; ***versarsi, rovesciarsi ~ qcs.*** to pour, spill sth. down one's front; ***tirare qcs. ~ a qcn.*** to throw sth. at sb.; ***mi è venuto ~*** he bumped into me; ***uno ~ all'altro*** one on the top of the other; *(molto vicino a)* ***non starmi ~!*** don't stand over me! **II** inter. **~*!*** get him!

addurre /ad'durre/ [13] tr. *(fornire)* to adduce, to produce [*prove*]; **~ *come scusa la propria ignoranza*** to plead ignorance; **~ *validi motivi a favore di qcs.*** to make a good case for sth.

adeguamento /adegwa'mento/ m. adjustment, adaptation; **~ *al costo della vita*** cost of living adjustment.

adeguare /ade'gware/ [1] **I** tr. **1** *(adattare)* to adapt; **~ *qcs. ai tempi*** to update sth. **2** *(regolare)* to adjust [*prezzi, orario*]; to readjust [*salari*] **II adeguarsi** pronom. ***-rsi a*** to adapt to [*situazione*]; to acquiesce in [*decisione*].

adeguatamente /adegwata'mente/ avv. adequately.

adeguatezza /adegwa'tettsa/ f. *(di spiegazione)* adequacy.

adeguato /ade'gwato/ **I** p.pass. → **adeguare II** agg. [*livello, formazione*] adequate; [*comportamento, luogo, momento*] appropriate; [*impiego, strumento, punizione*] suitable; [*descrizione, stile*] apt, fitting; [*ricompensa*] just; [*stipendio*] decent; ***dopo -a riflessione*** after due consideration; **~ *allo scopo*** fit for the purpose.

Adele /a'dɛle/ n.pr.f. Adela.

adempiere /a'dempjere/ [20] **I** tr. e intr. (aus. *avere*) **~ *(a)*** to perform, to fulfil BE, to fulfill AE [*dovere*]; to carry out [*compito, missione*]; to carry out, to fulfil BE, to fulfill AE [*promessa*]; to meet*, to fulfil BE, to fulfill AE [*obbligo*]; to honour [*impegni*] **II adempiersi** pronom. [*previsione*] to come* true; [*desiderio*] to be* fulfilled.

adempimento /adempi'mento/ m. *(di dovere, obbligo)* performance, fulfilment BE, fulfillment AE.

adenoidi /ade'nɔidi/ f.pl. adenoids.

adenoma /ade'nɔma/ ♦ **7** m. adenoma*.

adepto /a'dɛpto/ m. (f. **-a**) initiate; *(seguace)* follower.

aderente /ade'rɛnte/ **I** agg. **1** *(attillato)* [*indumento*] tight, close-fitting **2** FIG. **~ *al testo, alla realtà*** close to the text, true to life **II** m. e f. adherent.

aderenza /ade'rɛntsa/ **I** f. **1** TECN. *(di colla, carta)* adhesion; *(di pneumatici)* grip **2** MED. adhesion **II aderenze** f.pl. FIG. *(amicizie influenti)* connections, friends in high places.

aderire /ade'rire/ [102] intr. (aus. *avere*) **1** *(rimanere attaccato)* [*colla, tessuto*] to stick*, to adhere (**a** to); ***il pneumatico aderisce alla strada*** the tyre grips the road; ***fare ~*** to bond [*materiali, superfici*] **2** *(iscriversi)* **~ *a*** to join [*partito, associazione*]; to contribute to, to pay into [*fondo previdenziale*] **3** *(essere seguace)* **~ *a*** to subscribe to, to adhere to [*dottrina, politica*]; to adhere to, to follow [*opinione*]; **~ *alla causa*** to rally to the cause **4** *(accettare)* **~ *a*** to grant, to comply with DIR. [*richiesta*]; to accede to [*accordo*] **5** *(essere attillato)* **~ *a*** [*vestito*] to cling (tightly) to [*corpo*].

adescamento /adeska'mento/ m. DIR. *(di prostituta)* soliciting.

adescare /ades'kare/ [1] tr. **1** VENAT. PESC. to lure, to bait [*pesce, selvaggina*] **2** DIR. [*prostituta*] to solicit [*cliente*] **3** *(attirare)* to lure, to entice [*persona*].

adesione /ade'zjone/ f. **1** *(a partito, organizzazione)* joining, support, adherence; *(a trattato)* accession; ***l'~ di un paese all'UE*** the entry of a country into the EU **2** *(consenso, appoggio)* adhesion; ***dare la propria ~ a*** to adhere to [*iniziativa*].

adesivo /ade'zivo/ **I** agg. adhesive; [*sostanza, carta*] sticky; [*etichetta*] sticky, stick-on; ***nastro ~*** adhesive *o* grip tape **II** m. **1** *(colla)* adhesive, glue **2** *(etichetta)* sticker.

adesso /a'dɛsso/ avv. **1** *(in questo momento)* now; ***fino ad ~*** up to now, up until now; ***(a partire) da ~*** from now on, hence FORM.; ***da ~ in poi*** from now on, henceforth FORM.; ***deve avere finito ~*** he must have finished by now; **~ *basta!*** this has gone far enough! ***e ~?*** and now what? ***per ~*** for now, for the moment, for the time being; **~ *o mai più*** it's now or never; **~ *come ~*** at this moment in time, as things stand now **2** *(poco fa)* ***è arriva-***

to (proprio) ~ he's arrived just now, he's just arrived **3** *(tra poco)* ~ ***vengo!*** I'm just coming, I'll be right there!
ad honorem /ado'nɔrem/ agg.inv. [*laurea*] honorary.
adiacente /adja'tʃɛnte/ agg. adjacent (anche MAT.), adjoining; ***due stanze -i*** two adjoining rooms.
adiacenze /adja'tʃɛntse/ f.pl. surroundings, environs; ***nelle ~ di*** in the environs of.
adibire /adi'bire/ [102] tr. *(usare)* to use (**a** as).
adipe /'adipe/ m. fat.
adiposo /adi'poso/ agg. adipose, fatty.
adirarsi /adi'rarsi/ [1] pronom. to get* cross, to lose* one's temper.
adirato /adi'rato/ **I** p.pass. → **adirarsi II** agg. cross, enraged (**con** at).
adire /a'dire/ [102] tr. DIR. ~ ***le vie legali*** to take legal steps.
adito /'adito/ m. ***dare ~ a*** to lead to; FIG. to be open to, to give rise to [*dubbi*].
adocchiare /adok'kjare/ [1] tr. *(mettere gli occhi su)* to have* one's eye on [*gioiello*]; to eye (up) [*donna*]; *(scorgere)* to spot, to catch* sight of.
adolescente /adoleʃ'ʃɛnte/ **I** agg. adolescent, teenage **II** m. e f. adolescent, teenager; *(ragazzo)* teenage boy; *(ragazza)* teenage girl.
adolescenza /adoleʃ'ʃɛntsa/ f. adolescence; ***nella prima ~*** in one's early teens.
adolescenziale /adoleʃʃen'tsjale/ agg. [*crisi, problema*] adolescent.
Adolfo /a'dɔlfo/ n.pr.m. Adolf.
adombrare /adom'brare/ [1] **I** tr. *(esprimere velatamente)* to foreshadow, to adumbrate **II adombrarsi** pronom. **1** [*cavallo*] to shy (**davanti a** at) **2** *(irritarsi)* [*persona*] to take* offence (**per** at).
Adone /a'done/ **I** n.pr.m. Adonis **II** m. FIG. ***non è certo un ~!*** he's no Adonis!
adoperare /adope'rare/ [1] **I** tr. to use [*attrezzo, prodotto*]; to use, to employ [*metodo*] **II adoperarsi** pronom. to do* one's best; ***-rsi per fare*** to make every effort to do.
adorabile /ado'rabile/ agg. adorable, sweet, charming.
adorare /ado'rare/ [1] tr. **1** to worship, to adore [*dei*] **2** FIG. to adore.
adoratore /adora'tore/ m. (f. **-trice** /tritʃe/) **1** *(di dei)* worshipper **2** FIG. *(ammiratore)* fervent admirer.
adorazione /adorat'tsjone/ f. **1** worship, adoration **2** FIG. adoration.
adornare /ador'nare/ [1] **I** tr. to adorn [*vestito, casa*] (**di, con** with) **II adornarsi** pronom. to adorn oneself.
adorno /a'dorno/ agg. ornate, adorned (**di** with).
adottare /adot'tare/ [1] tr. **1** DIR. to adopt [*bambino*] **2** *(fare proprio)* to adopt [*metodo, atteggiamento*]; to embrace [*principio*] **3** *(ricorrere a, prendere)* to take* [*misure*] **4** *(per un corso scolastico)* to adopt, to choose* [*libro*].
adottato /adot'tato/ **I** p.pass. → **adottare II** agg. adopted **III** m. (f. **-a**) DIR. adoptee.
adottivo /adot'tivo/ agg. [*bambino, paese*] adopted; [*genitore, famiglia*] adoptive.
adozione /adot'tsjone/ f. adoption; ***d'~*** [*paese*] adopted ♦♦ ~ ***a distanza*** (child) sponsorship.
adrenalina /adrena'lina/ f. adrenalin; ***una scarica di ~*** a rush *o* surge of adrenalin.
Adriano /adri'ano/ n.pr.m. Adrian; ***vallo di ~*** Hadrian's Wall.
adriatico, pl. **-ci, -che** /adri'atiko, tʃi, ke/ agg. Adriatic.
Adriatico /adri'atiko/ ➧ ***27*** n.pr.m. ***l'~, il mare ~*** the Adriatic (Sea).
adulare /adu'lare/ [1] tr. to flatter.
adulatore /adula'tore/ m. (f. **-trice** /tritʃe/) flatterer.
adulatorio, pl. **-ri, -rie** /adula'tɔrjo, ri, rje/ agg. flattering.
adulazione /adulat'tsjone/ f. flattery, adulation FORM.
adultera /a'dultera/ f. adulteress.
adulterare /adulte'rare/ [1] tr. to adulterate [*cibo, vino*].
adulterazione /adulterat'tsjone/ f. adulteration.
adulterino /adulte'rino/ agg. [*relazione*] adulterous.
adulterio, pl. **-ri** /adul'tɛrjo, ri/ m. adultery.
adultero /a'dultero/ **I** agg. adulterous **II** m. adulterer.
adulto /a'dulto/ **I** agg. [*persona*] adult, grown-up; [*età*] adult; [*animale*] adult, full(y)-grown **II** m. (f. **-a**) adult, grown-up.
adunanza /adu'nantsa/ f. meeting, assembly.
adunarsi /adu'narsi/ [1] pronom. to gather, to convene.
adunata /adu'nata/ f. **1** MIL. muster; ***~!*** fall in! **2** *(raduno)* rally, gathering, meeting.
adunco, pl. **-chi, -che** /a'dunko, ki, ke/ agg. [*becco, naso*] hooked.
aerare /ae'rare/ [1] tr. *(aprendo una finestra)* to air; *(con un apparecchio)* to ventilate [*stanza*].
aerazione /aerat'tsjone/ f. *(aprendo una finestra)* airing; *(con un apparecchio)* ventilation.
1.aereo /a'ɛreo/ agg. **1** [*trasporto, disastro, base, attacco*] air attrib.; [*fotografia*] aerial; ***biglietto ~*** plane ticket; ***compagnia -a*** airline (company); ***posta -a*** airmail; ***per via -a*** by airmail **2** *(sospeso in aria)* [*cavo*] overhead.
2.aereo /a'ɛreo/ m. aircraft*, (aero)plane BE, (air)plane AE; ***viaggiare in ~*** to travel by plane, to fly; ***a che ora è il tuo ~?*** what time is your flight? ♦♦ ~ ***da caccia*** fighter (plane); ~ ***cisterna*** tanker aircraft; ~ ***di linea*** (air)liner, passenger plane; ~ ***militare*** warplane; ~ ***da ricognizione*** reconnaissance *o* spotter plane; ~ ***da turismo*** light passenger aircraft.
aerobica /ae'rɔbika/ ➧ ***10*** f. aerobics + verbo sing.
aeroclub /aero'klab/ m.inv. flying club.
aerodinamica /aerodi'namika/ f. aerodynamics + verbo sing.
aerodinamicità /aerodinamitʃi'ta/ f.inv. aerodynamics + verbo sing., aerodynamic properties pl.
aerodinamico, pl. **-ci, -che** /aerodi'namiko, tʃi, ke/ agg. aerodynamic; ***linea -a*** AUT. AER. MAR. streamline.
aerodromo /ae'rɔdromo, aero'drɔmo/ m. aerodrome BE, airdrome AE.
aerofaro /aero'faro/ m. (air) beacon.
aerografo /ae'rɔgrafo/ m. airbrush.
aerogramma /aero'gramma/ m. aerogramme.
aeromobile /aero'mɔbile/ m. aircraft*.
aeromodellismo /aeromodel'lizmo/ m. model aircraft making.
aeromodello /aeromo'dɛllo/ m. model aircraft.
aeronautica /aero'nautika/ f. aeronautics + verbo sing. ♦♦ ~ ***militare*** air force.
aeronautico, pl. **-ci, -che** /aero'nautiko, tʃi, ke/ agg. [*ingegneria*] aeronautic(al); [*ingegnere*] aeronautics; ***industria -a*** aeronautics, aviation industry.
aeronavale /aerona'vale/ agg. [*base*] air-sea; [*forze*] naval air.
aeroplano /aero'plano/ m. aircraft*, aeroplane BE, airplane AE.
aeroporto /aero'pɔrto/ m. airport; ~ ***militare*** airbase.
aeroportuale /aeroportu'ale/ **I** agg. [*traffico, tasse*] airport attrib. **II** ➧ ***18*** m. e f. airport employee.
aerosoccorso /aerosok'korso/ m. air rescue.
aerosol /aero'sɔl/ m.inv. aerosol.
aerospaziale /aerospat'tsjale/ agg. [*veicolo*] space attrib.; [*ditta, ingegnere*] aerospace attrib.
aerostatica /aeros'tatika/ f. aerostatics + verbo sing.
aerostatico, pl. **-ci, -che** /aeros'tatiko, tʃi, ke/ agg. aerostatic; ***pallone ~*** (air) balloon.
aerostato /ae'rɔstato/ m. aerostat, (air) balloon.
aerotrasportato /aerotraspor'tato/ agg. [*truppe*] airborne.
aerotreno /aero'trɛno/ m. air train, sky train.
aerovia /aero'via/ f. airway.
afa /'afa/ f. sultriness; ***c'è ~*** it's sultry.
afasia /afa'zia/ f. aphasia.
afelio, pl. **-li** /a'fɛljo, li/ m. aphelion*.
affabile /af'fabile/ agg. [*persona, modi*] affable, friendly; [*aria*] pleasant.
affabilità /affabili'ta/ f.inv. affability.
affaccendarsi /affattʃen'darsi/ [1] pronom. *(essere occupato)* to be* busy; *(agitarsi)* to bustle (about).
affaccendato /affattʃen'dato/ **I** p.pass. → **affaccendarsi II** agg. busy, bustling (**in qcs.** with sth.; **a fare** doing).
affacciare /affat'tʃare/ [1] **I** tr. *(avanzare)* to raise [*dubbio*] **II affacciarsi** pronom. **1** ***-rsi alla finestra*** *(sporgersi)* to lean out of the window; *(guardare)* to look out of the window **2** *(comparire)* ***il sole si affacciò fra le nuvole*** the sun peeped out from behind *o* broke through the clouds **3** *(dare)* ***-rsi su*** [*casa, finestra*] to overlook [*mare*]; to give onto [*strada*] **4**

(venire in mente) ***mi si affacciò (alla mente) il pensiero che...*** it occurred to me that...
affaccio, pl. **-ci** /af'fattʃo, tʃi/ m. aspect.
affamare /affa'mare/ [1] tr. to starve [*popolo, paese*].
affamato /affa'mato/ **I** p.pass. → **affamare II** agg. hungry, starving; ~ ***di*** FIG. hungry *o* eager for [*gloria, esperienza*] **III** m. (f. **-a**) ***gli -i*** the starving.
affanculo /affan'kulo/ avv. VOLG. ***mandare qcn.*** ~ to tell sb. to fuck off.
affannarsi /affan'narsi/ [1] pronom. **1** *(darsi da fare)* to bustle (about); ***~ a fare*** to go to a great deal of trouble to do, to bother doing **2** *(angustiarsi)* to get* anxious, to worry (oneself).
affannato /affan'nato/ **I** p.pass. → **affannarsi II** agg. *(ansimante)* panting, breathless; *(agitato)* troubled, worried.
affanno /af'fanno/ m. **1** breathlessness; ***salire le scale mi dà l'~*** I lose my breath going up the stairs **2** FIG. *(preoccupazione)* worry, trouble; ***essere in ~ per qcn., qcs.*** to be (very) anxious *o* worried about sb., sth.
affannosamente /affannosa'mente/ avv. **1** breathlessly; ***respirare ~*** to gasp for breath **2** FIG. [*cercare*] frantically.
affannoso /affan'noso/ agg. **1** [*respiro*] panting, laboured BE, labored AE **2** *(frenetico)* [*ritmo, ricerca*] frantic **3** *(pieno di affanni)* troubled, anxious.
affare /af'fare/ **I** m. **1** *(acquisto vantaggioso)* bargain, good buy; ***fare un (buon) ~*** to get a bargain **2** *(transazione)* deal, bargain; ***concludere un ~*** to make *o* strike a deal; ***"~ fatto"*** "it's a deal" **3** *(storia, vicenda)* affair, matter, situation; ***un brutto ~*** a bad situation; ***~ losco*** dirty business **4** *(caso)* affair; ***l'~ Haltrey*** the Haltrey affair **5** *(problema, questione)* affair, matter; ***bell'~!*** IRON. pretty *o* nice state of affairs! big deal! ***un ~ da nulla*** a trivial matter; ***non facciamone un ~ di stato*** let's not make a big issue of it; ***non è un ~ da poco*** it is no light *o* small matter **6** COLLOQ. *(oggetto qualunque)* thing, whatsit; *(aggeggio)* contraption, gadget **II affari** m.pl. **1** ECON. business **U**, affairs; ***come vanno gli -i?*** how's business? ***uomo, donna d'-i*** businessman, businesswoman; ***giro d'-i*** turnover; ***fare -i con*** to do business with, to deal with; ***fare -i d'oro*** to do a roaring trade; ***essere, mettersi in -i*** to be in, to go into business; ***parlare di -i*** to talk business; ***viaggio d'-i*** business trip; ***viaggiare per -i*** to travel on business; ***il mondo degli -i*** the business world; ***gli -i sono -i!*** business is business! **2** *(fatti personali)* business **U**; ***sono -i miei!*** that's my business! ***-i tuoi!*** that's your problem! ***fatti gli -i tuoi!*** mind your own business! ***non sono -i tuoi!*** it's none of your business! **3** AMM. POL. ***-i esteri*** foreign affairs; ***-i di stato*** affairs of state.
affarismo /affa'rizmo/ m. SPREG. commercialism.
affarista /affa'rista/ m. e f. SPREG. wheeler dealer.
affarone /affa'rone/ m. COLLOQ. (good) bargain, snip.
affascinante /affaʃʃi'nante/ agg. [*persona, luogo, storia*] charming, fascinating; [*teoria*] appealing, fascinating.
affascinare /affaʃʃi'nare/ [1] tr. to charm, to fascinate.
affastellare /affastel'lare/ [1] tr. **1** to truss up, to bundle (up) [*fieno*] **2** *(ammassare)* to pile (up), to hoard.
affaticamento /affatika'mento/ m. fatigue **U**; ***~ muscolare, mentale*** muscle, mental fatigue; ***~ oculare*** eye strain.
affaticare /affati'kare/ [1] **I** tr. to tire, to fatigue [*persona*]; to strain [*occhi, gambe, cuore*] **II affaticarsi** pronom. **1** *(stancarsi)* to tire, to get* tired **2** *(sforzarsi)* to strive*.
affaticato /affati'kato/ **I** p.pass. → **affaticare II** agg. [*persona, animale, gambe*] tired, fatigued; [*voce*] strained; [*occhi*] weary.
affatto /af'fatto/ avv. **1** *(in frasi negative)* at all, in the least; ***non è ~ così!*** it's nothing like that at all! ***non ti riguarda ~*** it's of no concern to you; ***non c'entro ~*** I have nothing to do with it; ***non sono ~ sorpreso*** I'm not at all surprised; ***non sono ~ d'accordo*** I completely disagree; ***"disturbo?" - "(niente) ~!"*** "am I disturbing you?" - "not in the least!" **2** *(in frasi affermative)* completely, absolutely; ***è ~ vero*** it's quite true.
affermare /affer'mare/ [1] **I** tr. **1** *(sostenere)* to maintain, to state, to affirm [*fatto, verità*]; ***~ di aver fatto*** to claim to have done; ***~ i propri diritti*** to assert one's rights **2** *(provare)* to assert [*talento, indipendenza*] **3** *(proclamare)* to declare, to affirm [*volontà*] **II affermarsi** pronom. **1** *(imporsi)* [*tendenza*] to become* apparent; [*personalità, stile*] to assert itself **2** *(avere successo)* ***-rsi come scrittore*** to establish one's credentials *o* to make a name for oneself as a writer.
affermativamente /affermativa'mente/ avv. affirmatively; [*rispondere*] in the affirmative.
affermativo /afferma'tivo/ agg. [*risposta, gesto*] affirmative; ***in caso ~*** if so.
affermato /affer'mato/ **I** p.pass. → **affermare II** agg. [*professionista, artista*] well-known, successful.
affermazione /affermat'tsjone/ f. **1** *(asserzione)* statement, assertion, claim **2** *(successo)* success, achievement **3** *(di dottrina)* rise.
afferrare /affer'rare/ [1] **I** tr. **1** *(prendere)* to seize, to grab [*oggetto, persona*]; to grasp, to take* hold of [*mano, corda*]; to catch* [*palla*]; ***~ qcn. per il braccio*** to grab *o* seize sb. by the arm; ***~ al volo*** to catch* [sth.] in midair [*palla*]; FIG. to grab *o* seize [sth.] with both hands [*occasione*]; *(capire)* to get the message **2** *(capire)* to grasp [*concetto*]; to catch*, to pick out [*parola, nome*]; ***hai afferrato?*** do you understand? do you get it? **3** *(sentire)* to catch* [*frammenti di conversazione*] **II afferrarsi** pronom. to grab hold (**a** of), to cling* (**a** to).
1.affettare /affet'tare/ [1] tr. to slice, to cut* [sth.] into slices [*pane, salame*].
2.affettare /affet'tare/ [1] tr. to feign, to affect FORM. [*gioia, tristezza, comportamento*].
1.affettato /affet'tato/ **I** p.pass. → **1.affettare II** agg. *(a fette)* sliced **III** m. = sliced cold pork meats such as ham, salami etc.
2.affettato /affet'tato/ **I** p.pass. → **2.affettare II** agg. [*persona, aria, stile*] affected; [*modi*] studied.
affettazione /affettat'tsjone/ f.inv. *(di persona, stile)* affectation.
affettivo /affet'tivo/ agg. [*legame, vuoto*] emotional; PSIC. affective.
1.affetto /af'fɛtto/ m. *(affezione)* affection, fondness; ***nutrire*** o ***provare ~ per qcn.*** to have tender feelings for sb.; ***con ~*** *(nelle lettere)* (with) love, yours affectionately.
2.affetto /af'fɛtto/ agg. *(da malattia)* ***~ da*** suffering from; ***essere ~ da miopia*** to be short-sighted.
affettuosità /affettuosi'ta/ f.inv. *(dolcezza)* tenderness.
affettuoso /affettu'oso/ agg. [*persona, animale, gesto*] affectionate; [*sguardo, sorriso, carezza*] fond, loving, tender; ***essere ~ con qcn.*** to be loving towards sb.; ***-i saluti*** kindest *o* warmest regards, yours affectionately.
affezionarsi /affettsjo'narsi/ [1] pronom. ***~ a qcn., qcs.*** to grow fond of *o* attached to sb., sth.
affezionato /affettsjo'nato/ **I** p.pass. → **affezionarsi II** agg. fond (**a** of), attached (**a** to); [*fan, seguace*] devoted; ***essere molto ~ a qcn., qcs.*** to hold sb., sth. dear; ***i nostri lettori -i*** our regular readers; ***il tuo -issimo padre*** *(nelle lettere)* your loving father.
affezione /affet'tsjone/ f. **1** *(affetto)* affection, fondness, love **2** MED. disease, affection FORM.
affiancare /affjan'kare/ [1] **I** tr. to place side by side; ***mi hanno affiancato un nuovo assistente*** I've been assigned a new assistant **II affiancarsi** pronom. ***-rsi a qcn.*** [*persona*] to come abreast of sb.; [*veicolo*] to come abreast of sb., to draw up alongside sb.
affiancato /affjan'kato/ **I** p.pass. → **affiancare II** agg. *(fianco a fianco)* ***-i*** side by side; ***-i per tre*** three abreast.
affiatamento /affjata'mento/ m. **1** *(intesa)* harmony, understanding **2** *(in gioco)* team spirit.
affiatarsi /affja'tarsi/ [1] pronom. to get* on, to grow* together; *(in gioco)* to play as a team.
affiatato /affja'tato/ **I** p.pass. → **affiatarsi II** agg. ***sono molto -i*** they work well together; ***amici -i*** close friends.
affibbiare /affib'bjare/ [1] tr. **1** to buckle [*cintura*] **2** COLLOQ. FIG. *(rifilare)* ***~ [qcs.] a qcn.*** to hang *o* stick [sth.] on sb. [*soprannome*]; to saddle sb. with [*lavoro faticoso*].
affidabile /affi'dabile/ agg. [*persona, macchina*] reliable, dependable; [*fonte*] trustworthy, reliable.
affidabilità /affidabili'ta/ f.inv. *(di persona, macchina)* reliability, dependability; *(di fonte)* trustworthiness, reliability.
affidamento /affida'mento/ m. **1** *(fiducia)* reliance, confidence; ***non dà molto ~*** he doesn't inspire much confidence;

fare ~ su to rely *o* count on [*persona*]; to reckon on [*risorse, somma*]; to trust *o* rely on [*memoria, strumento*]; ***non si può fare ~ su...*** you can't depend on... **2** DIR. *(di bambino) (a genitore separato)* custody; *(a famiglia)* foster care; ***dare un bambino in ~*** to foster a child with a family; ***prendere un bambino in ~*** to foster a child.

affidare /affi'dare/ [1] **I** tr. **1** *(dare in custodia)* ***~ qcs. a qcn.*** to entrust sth. to sb. *o* sb. with sth.; ***~ qcn., qcs. a qcn.*** to put *o* leave sb., sth. in sb.'s care; ***~ i propri pensieri alla carta*** to set down one's thoughts **2** *(assegnare)* to assign [*incarico*]; ***~ la responsabilità di qcs. a qcn.*** to put sb. in charge of sth.; ***~ a qcn. il compito di fare*** to entrust sb. the task of doing; ***~ a qcn. il comando di qcs.*** to give sb. command of sth. **II affidarsi** pronom. to rely (**a** on), to trust (**a** to); ***-rsi alla sorte*** to trust to luck; ***-rsi a qcn.*** to commit oneself to sb.

affido /af'fido/ m. DIR. → **affidamento**.

affievolirsi /affjevo'lirsi/ [102] pronom. [*suono, voce*] to trail off, to fade, to tail away; [*luce*] to grow* dim, to fade; [*rumore*] to grow* fainter, to fade; [*sentimento, volontà*] to get* weaker, to weaken; [*memoria*] to fail; [*interesse, entusiasmo, speranza*] to fade.

affiggere /af'fiddʒere/ [14] tr. to post (up), to put* up [*avviso, manifesto*] (**a**, **in** on).

affilacoltelli /affilakol'tɛlli/ m.inv. knife sharpener.

affilare /affi'lare/ [1] **I** tr. **1** *(rendere tagliente)* to sharpen [*lama*]; *(sulla mola)* to grind*; *(sulla pietra)* to hone; *(sul cuoio)* to strop [*rasoio*] **2** *(smagrire)* [*malattia*] to make* [sth.] thinner [*viso*] **II affilarsi** pronom. *(dimagrire)* to get* thin(ner).

affilato /affi'lato/ **I** p.pass. → **affilare II** agg. **1** *(tagliente)* sharp (anche FIG.) **2** *(sottile)* [*volto, naso*] thin.

affilatoio, pl. **-oi** /affila'tojo, oi/ m. shapener.

affilatrice /affila'tritʃe/ f. *(macchina)* sharpener, grinder.

affiliare /affi'ljare/ [1] **I** tr. to affiliate (**a** to, with) **II affiliarsi** pronom. to affiliate (**a** with).

affiliazione /affiljat'tsjone/ f. affiliation (**a** to, with).

affinare /affi'nare/ [1] **I** tr. to refine [*strategia*]; to refine, to polish [*stile*]; ***~ l'ingegno*** to sharpen one's wit **II affinarsi** pronom. *(perfezionarsi)* to become* refined.

affinché /affin'ke/ cong. so that, in order that; ***pagare qcn. ~ faccia qcs.*** to pay sb. to do sth.

affine /af'fine/ **I** agg. [*sentimenti, idee*] similar; [*specie, temi*] related; ***~ a*** similar to, akin to **II** m. e f. *(parente)* relative.

affinità /affini'ta/ f.inv. affinity.

affioramento /affjora'mento/ m. **1** GEOL. outcrop **2** FIG. appearance, surfacing.

affiorare /affjo'rare/ [1] intr. (aus. *essere*) **1** *(spuntare)* to show* on the surface, to emerge **2** FIG. [*tema*] to surface, to crop up; [*emozioni*] to come* to the surface.

affissione /affis'sjone/ f. billsticking, posting; ***"divieto d'~"*** "post *o* stick no bills".

affisso /af'fisso/ **I** p.pass. → **affiggere II** agg. [*foto, risultato, orario*] posted (up) **III** m. notice, bill, poster.

affittacamere /affitta'kamere/ m. e f.inv. *(uomo)* landlord; *(donna)* landlady.

affittare /affit'tare/ [1] tr. **1** *(dare in affitto)* to rent (out), to let* (out) BE [*casa, terreno*]; to rent (out), to hire (out) [*attrezzatura, veicolo*]; ***"affittasi"*** "for rent", "to let" BE **2** *(prendere in affitto)* to rent [*casa, terreno*]; to rent, to hire [*attrezzatura, veicolo, videocassetta*].

affitto /af'fitto/ m. **1** *(locazione)* rental; ***dare in ~*** to rent (out), to let (out) BE; ***prendere in ~*** to rent; ***casa in ~*** rented house; ***essere*** o ***vivere in ~*** to rent **2** *(canone)* rent; ***pagare 400 euro di ~*** to pay a rent of 400 euros.

affittuario, pl. **-ri** /affittu'arjo, ri/ m. (f. **-a**) tenant; DIR. lessee.

affliggere /af'fliddʒere/ [15] **I** tr. **1** *(procurare dolore)* [*malattia*] to afflict, to torment, to trouble **2** *(tormentare)* [*povertà*] to afflict; [*carestia, guerra*] to scourge; [*disoccupazione*] to plague **3** *(rattristare)* to sadden **II affliggersi** pronom. **1** *(addolorarsi)* to grieve **2** *(tormentarsi)* to be* distressed, to worry.

afflitto /af'flitto/ **I** p.pass. → **affliggere II** agg. [*persona*] sad, dejected; [*volto, espressione*] afflicted, stricken; ***con un'aria -a*** with a pained expression.

afflizione /afflit'tsjone/ f. **1** *(dolore)* affliction, grief, sorrow **2** *(tribolazione)* suffering, tribulation.

afflosciare /affloʃ'ʃare/ [1] **I** tr. **1** *(rendere floscio)* to make* [sth.] go limp **2** FIG. *(indebolire)* to weaken **II afflosciarsi** pronom. **1** *(diventare floscio)* [*corpo*] to go* limp; [*soufflé*] to collapse; [*pianta*] to wilt; [*vela*] to sag **2** FIG. *(svenire)* to faint.

1.affluente /afflu'ɛnte/ m. GEOGR. tributary.

2.affluente /afflu'ɛnte/ agg. [*società*] affluent.

affluenza /afflu'ɛntsa/ f. attendance; ***grande, scarsa ~ di pubblico*** large, poor turnout; ***~ alle urne*** polling, turnout.

affluire /afflu'ire/ [102] intr. (aus. *essere*) [*folla*] to flock, to pour in, to flood in, to stream; [*sangue*] to rush; [*denaro*] to flow*, to flood in (**in** to).

afflusso /af'flusso/ m. *(di liquido, denaro)* inflow, influx; *(di sangue)* rush; *(di persone)* flood, stream.

affogare /affo'gare/ [1] **I** tr. to drown [*persona, animale*] **II** intr. (aus. *essere*) to drown; ***~ nei debiti*** FIG. to be deep in debt, to be up to one's ears *o* eyes in debt **III affogarsi** pronom. to drown oneself ♦ ***~ in un bicchier d'acqua*** to make a mountain out of a molehill.

affogato /affo'gato/ **I** p.pass. → **affogare II** agg. **1** *(annegato)* ***morire ~*** to drown **2** GASTR. [*uovo*] poached **III** m. *(gelato)* = ice-cream over which coffee, hot chocolate etc. are poured.

affollamento /affolla'mento/ m. crowding.

affollare /affol'lare/ [1] **I** tr. to crowd, to pack, to throng **II affollarsi** pronom. **1** *(riempirsi)* [*sala, strade*] to fill (up) (**di** with) **2** *(accalcarsi)* to crowd, to flock, to throng (**attorno a** around) **3** FIG. ***i pensieri si affollavano nella sua mente*** thoughts crowded into *o* flooded her mind.

affollato /affol'lato/ **I** p.pass. → **affollare II** agg. [*luogo, strada*] crowded (**di** with).

affondamento /affonda'mento/ m. sinking.

affondare /affon'dare/ [1] **I** tr. **1** *(mandare a fondo)* to sink* [*nave*] **2** *(conficcare profondamente)* to sink*, to dig [*dito, unghie*]; to plunge [*coltello*]; to sink* [*denti*] (**in** into); ***~ le mani nelle tasche*** to thrust one's hands deep into one's pockets **II** intr. (aus. *essere*) **1** *(andare a fondo)* [*nave*] to sink*, to founder **2** *(sprofondare)* to sink* (**in** into).

affondato /affon'dato/ **I** p.pass. → **affondare II** agg. [*nave*] sunken; ***colpito, ~!*** hit, sunk!

affondo /af'fondo/ m. *(nella scherma)* lunge; ***fare un ~*** to lunge.

affossare /affos'sare/ [1] **I** tr. *(far fallire)* to shelve, to ditch COLLOQ. [*progetto*] **II affossarsi** pronom. [*strada, terreno*] to subside, to sink*.

affrancamento /affranka'mento/ m. **1** *(di schiavo)* freeing **2** *(su busta ecc.)* postage, stamping.

affrancare /affran'kare/ [1] **I** tr. **1** *(liberare)* to free, to liberate [*schiavo, popolo*] **2** *(riscattare)* to redeem [*proprietà*] **3** *(apporre l'affrancatura)* to stamp, to frank [*lettera*]; ***"non ~"*** "no stamp needed", "postage paid" **II affrancarsi** pronom. to free oneself (anche FIG.).

affrancatrice /affranka'tritʃe/ f. franking machine, postage meter AE.

affrancatura /affranka'tura/ f. postage stamp, stamping; ***senza ~*** unstamped.

affranto /af'franto/ agg. *(per il dolore)* shattered, grief-striken; *(per la fatica)* drained, exhausted.

affrescare /affres'kare/ [1] tr. to fresco.

affresco, pl. **-schi** /af'fresko, ski/ m. ART. fresco*.

affrettare /affret'tare/ [1] **I** tr. **1** *(rendere più rapido)* to speed* up, to hurry up; ***~ il passo*** to quicken one's pace **2** *(anticipare)* to hasten [*partenza, decisione*] **II affrettarsi** pronom. **1** *(agire in fretta)* to hurry, to rush; ***-rsi a fare*** to rush *o* race *o* hasten to do; ***mi sono affrettato a seguire il suo consiglio*** I acted quickly on his advice **2** *(andare rapidamente)* to hurry up; ***-rsi verso casa*** to hurry home.

affrettatamente /affrettata'mente/ avv. hurriedly, hastily.

affrettato /affret'tato/ **I** p.pass. → **affrettare II** agg. **1** [*decisione, giudizio*] rash, hasty; [*partenza*] hasty; [*passo*] hurried; [*conclusione*] hasty, hurried **2** *(fatto in fretta)* [*lavoro*] hurried.

affrontare /affron'tare/ [1] **I** tr. **1** to face [*avversario, sfida*]; to face, to confront [*morte, verità*]; to cope with [*spese, esigenze*]; to deal* with, to handle, to tackle [*problema*]; to handle, to cope with [*emergenza, crisi*]; to face up to [*responsabi-*

lità]; to brave [*tempesta*] **2** *(prendere in esame)* to approach, to deal* with, to tackle [*argomento, questione*] **3** *(accingersi a)* to tackle [*compito, lettura*] **4** SPORT ***devono ~ una squadra molto forte*** they're up against a very strong team **II affrontarsi** pronom. [*squadre*] to meet*; [*eserciti*] to clash.

affronto /af'fronto/ m. affront (**a** to), slight (**a** on); ***fare un affronto a qcn.*** to insult sb., to slight sb.; ***subire un ~*** to suffer a slight.

affumicare /affumi'kare/ [1] tr. **1** *(riempire di fumo)* to smoke out [*ambiente*] **2** *(annerire)* to blacken [*muri*] **3** GASTR. to smoke [*carne, pesce*].

affumicato /affumi'kato/ **I** p.pass. → **affumicare II** agg. **1** GASTR. [*carne, pesce, prosciutto*] smoked **2** *(scurito)* [*vetro, lente*] smoked, tinted.

affusolato /affuso'lato, affuzo'lato/ agg. [*dito*] tapering; [*gamba di pantalone*] tapered; [*colonna*] spindle-shaped.

affusto /af'fusto/ m. (gun) carriage.

Afg(h)anistan /afganis'tan, af'ganistan/ ➧ ***33*** n.pr.m. Afghanistan.

afg(h)ano /af'gano/ ➧ ***25, 16*** **I** agg. Afghan **II** m. (f. **-a**) **1** *(persona)* Afghan, Afghani **2** *(lingua)* Afghan.

afide /'afide/ m. aphis*, aphid ♦♦ ***~ verde*** greenfly.

afono /'afono/ agg. **1** MED. aphonic **2** *(rauco)* hoarse.

aforisma /afo'rizma/ m. aphorism.

afoso /a'foso/ agg. ***(il tempo) è ~*** it's sultry *o* muggy.

Africa /'afrika/ ➧ ***33*** n.pr.f. Africa; ***~ nera*** Black Africa.

africano /afri'kano/ **I** agg. African **II** m. (f. **-a**) African.

afrikaans /afri'kans/ ➧ ***16*** m.inv. Afrikaans.

afrikan(d)er /afri'kan(d)er/ m. e f.inv. Afrikaner.

afro /'afro/ agg.inv. ***acconciatura ~*** Afro (hairstyle).

afroamericano /afroameri'kano/ **I** agg. Afro-American, African-American, African American **II** m. (f. **-a**) Afro-American, African-American, African American.

afrodisiaco, pl. **-ci**, **-che** /afrodi'ziako, tʃi, ke/ agg. e m. aphrodisiac.

Afrodite /afro'dite/ n.pr.f. Aphrodite.

afta /'afta/ f. aphtha*, mouth ulcer ♦♦ ***~ epizootica*** foot and mouth (disease).

Agamennone /aga'mɛnnone/ n.pr.m. Agamemnon.

agape /a'gape, 'agape/ f. RELIG. agape*.

agata /'agata/ f. MINER. agate.

Agata /'agata/ n.pr.f. Agatha.

agave /'agave/ f. agave.

agenda /a'dʒɛnda/ f. **1** *(taccuino)* diary, engagement book **2** *(programma)* agenda ♦♦ ***~ elettronica*** electronic diary *o* organizer.

agendina /adʒen'dina/ f. pocket diary.

agente /a'dʒɛnte/ ➧ ***18*** **I** m. e f. **1** *(di polizia, del traffico)* officer, official **2** COMM. agent; *(nello spettacolo)* agent, business manager **II** m. CHIM. MED. LING. agent ♦♦ ***~ assicurativo*** o ***di assicurazione*** insurance agent, broker; ***~ di borsa*** stockbroker; ***~ di cambio*** (share)broker, stockbroker; ***~ di commercio*** sales representative; ***~ di custodia*** prison officer BE, prison guard AE; ***~ del fisco*** tax inspector; ***~ immobiliare*** (real) estate agent, property dealer; ***~ inquinante*** pollutant; ***~ investigativo*** detective; ***~ di polizia*** police officer; *(uomo)* policeman; *(donna)* policewoman; ***~ pubblicitario*** advertising agent, publicity agent; ***~ segreto*** secret agent, intelligence agent; ***~ speciale*** special agent.

agenzia /adʒen'tsia/ f. **1** *(impresa commerciale, succursale)* agency, office, bureau*; *(di banca)* branch (office) **2** *(notizia)* agency dispatch; ***flash d'~*** news flash ♦♦ ***~ di assicurazioni*** insurance agency; ***~ di collocamento*** employment agency; ***~ immobiliare*** estate agency BE, real estate office AE; ***~ di lavoro interinale*** temping agency, temp agency AE; ***~ matrimoniale*** introduction agency, marriage bureau; ***~ pubblicitaria*** advertising *o* publicity agency; ***~ di stampa*** press agency, news agency; ***~ turistica*** o ***di viaggi*** travel agency, travel agent's.

agevolare /adʒevo'lare/ [1] tr. **1** *(facilitare)* to make* [sth.] easier, to facilitate, to ease **2** *(favorire)* to favour BE, to favor AE.

agevolato /adʒevo'lato/ **I** p.pass. → **agevolare II** agg. BANC. ***credito ~*** subsidized credit; ***prestito a tasso ~*** subsidized loan; ***tasso di interesse ~*** concessional *o* special loan.

agevolazione /adʒevolat'tsjone/ f. facilitation; ***concedere un'~*** to allow a reduction ♦♦ ***~ fiscale*** o ***tributaria*** tax relief *o* break; ***-i di pagamento*** easy terms.

agevole /a'dʒevole/ agg. easy; [*movimento, terreno*] smooth.

agganciamento /agganʃa'mento/ m. *(di vagone)* coupling, hitching up; *(tra veicoli spaziali)* docking.

agganciare /aggan'tʃare/ [1] **I** tr. **1** to hook **2** to couple, to hitch (up) [*vagone*]; to dock [*veicolo spaziale*] **3** to fasten [*vestito, collana*] **4** *(riattaccare il telefono)* to hang* up **5** COLLOQ. FIG. *(contattare)* to get* in touch with; *(abbordare)* to pick up, to chat up [*ragazza*] **II agganciarsi** pronom. **1** to hook on **2** [*vestiti, collana*] to fasten.

aggancio, pl. **-ci** /ag'gantʃo, tʃi/ m. **1** → **agganciamento 2** FIG. *(nesso)* link **3** COLLOQ. *(conoscenza)* connection.

aggeggio, pl. **-gi** /ad'dʒeddʒo, dʒi/ m. device, gadget, contraption.

aggettivale /addʒetti'vale/ agg. adjectival.

aggettivo /addʒet'tivo/ m. adjective.

aggetto /ad'dʒɛtto/ m. ARCH. overhang, projection.

agghiacciante /aggjat'tʃante/ agg. [*scena*] dreadful; [*storia*] appalling, bloodcurdling.

agghiacciare /aggjat'tʃare/ [1] **I** tr. *(spaventare)* to chill [*persona*] **II** intr. (aus. *essere*) *(spaventarsi)* to freeze* (**per** with).

agghindare /aggin'dare/ [1] **I** tr. to dress up, to deck (out), to doll up **II agghindarsi** pronom. to dress up.

agghindato /aggin'dato/ **I** p.pass. → **agghindare II** agg. ***tutto ~*** all dolled up.

aggio, pl. **-gi** /'addʒo, ʒi/ m. BANC. agio*, premium; ***fare ~*** to be at a premium.

aggiogare /addʒo'gare/ [1] tr. to yoke (up) [*buoi*].

aggiornamento /addʒorna'mento/ m. **1** *(di dati, edizione)* updating; *(di personale)* retraining; ***corso di ~*** refresher course; ***volume di ~*** *(di enciclopedie ecc.)* supplement **2** *(rinvio) (di processo, assemblea)* adjournment **3** TELEV. *(nei notiziari)* news update.

aggiornare /addʒor'nare/ [1] **I** tr. **1** *(ammodernare)* to bring* [sth.] up to date, to update [*dati*]; to revise [*testo*]; ***~ il personale*** to retrain the staff, to provide refresher courses for the staff **2** *(adeguare)* to readjust [*prezzi*] **3** *(informare)* to brief, to bring* [sb.] up to date (**su** about) **4** *(rinviare)* to adjourn [*processo, assemblea*] **II aggiornarsi** pronom. **1** *(informarsi)* to bring* oneself up to date; *(con corso)* to attend a refresher course **2** [*assemblea*] to adjourn.

aggiornato /addʒor'nato/ **I** p.pass → **aggiornare II** agg. **1** *(ammodernato)* [*dati*] updated, up-to-date; [*testo*] revised **2** *(informato)* [*persona*] up-to-date; ***tenere qcn. ~ (su)*** to keep sb. up to date (about) *o* abreast (of); ***tenersi ~*** to keep up to date *o* abreast.

aggiotaggio, pl. **-gi** /addʒo'taddʒo, dʒi/ m. agiotage.

aggirare /addʒi'rare/ [1] **I** tr. **1** *(evitare)* to go* (a)round, to bypass [*ostacolo*] **2** FIG. to bypass, to get* around [*problema, legge*] **3** MIL. to outflank [*fronte*] **II aggirarsi** pronom. **1** *(vagare)* to wander; *(furtivamente)* to sneak around, to prowl **2** *(approssimarsi)* ***-rsi su, intorno a*** [*prezzi*] to be about *o* around.

aggiudicare /addʒudi'kare/ [1] **I** tr. **1** *(in un'asta)* to knock down (**a** at); ***verrà aggiudicato al migliore offerente*** it will go to the highest bidder **2** *(in una gara d'appalto)* to award [*contratto*] **3** *(in una competizione)* to award [*premio*] **II aggiudicarsi** pronom. to win*, to be* awarded [*premio, appalto*].

aggiudicato /addʒudi'kato/ **I** p.pass. → **aggiudicare II** agg. ***uno, due, tre, ~!*** going, going, gone!

aggiungere /ad'dʒundʒere/ [55] **I** tr. to add; ***non ~ altro!*** say no more! **II aggiungersi** pronom. ***-rsi a*** [*persona*] to join [*gruppo*]; [*cosa, problema*] to be added to.

aggiunta /ad'dʒunta/ f. **1** addition **2 in aggiunta (a)** in addition (to).

aggiuntivo /addʒun'tivo/ agg. additional, extra.

aggiunto /ad'dʒunto/ **I** p.pass. → **aggiungere II** agg. [*membro*] associate; ***valore ~*** surplus value **III** m. assistant, deputy.

aggiustare /addʒus'tare/ [1] **I** tr. to repair, to mend, to fix [*apparecchio*]; to repair, to mend [*vestito*] **II aggiustarsi** pronom. **1** *(andare a posto)* [*situazione*] to come* out right, to right itself **2** *(sistemarsi)* ***-rsi la cravatta*** to straighten one's tie; ***-rsi i capelli*** to fix *o* tidy up one's hair **3** *(mettersi in ordine)* to straighten oneself up; *(farsi bello)* to do* oneself up **4** *(accordarsi)* to reach an agreement, to come* to an agreement **5** *(arrangiarsi)* to make* do, to cope, to manage (**con** with); ***aggiustati!*** sort it out yourself! ♦ ***lo aggiusto io!*** COLLOQ. I'll fix him! I'll sort him out!

agglomerare /agglome'rare/ [1] **I** tr. TECN. to agglomerate **II agglomerarsi** pronom. **1** TECN. to agglomerate **2** *(riunirsi)* [*persone*] to gather.

agglomerato /agglome'rato/ m. ~ ***urbano*** built-up area.

agglomerazione /agglomerat'tsjone/ f. TECN. GEOL. agglomeration.

agglutinare /aggluti'nare/ [1] **I** tr. LING. to agglutinate **II agglutinarsi** pronom. LING. to agglutinate.

aggomitolare /aggomito'lare/ [1] **I** tr. to wind*, to roll [sth.] into a ball [*lana*] **II aggomitolarsi** pronom. [*persona, gatto*] to curl up (into a ball), to snuggle.

aggottare /aggot'tare/ [1] tr. MAR. to bail (out).

aggradare /aggra'dare/ intr. LETT. o SCHERZ. ***come meglio vi aggrada*** as you please; ***se ti aggrada*** if it pleases you.

aggrapparsi /aggrap'parsi/ [1] pronom. ~ ***a*** to cling (on) to, to clutch at, to hang on to, to hold on to [*braccio, ramo*]; FIG. to cling to, to clutch at [*speranza, convinzione*].

aggravamento /aggrava'mento/ m. **1** *(di condizioni di salute)* worsening; *(di malattia)* aggravation **2** *(di pena)* increase.

aggravante /aggra'vante/ **I** agg. DIR. [*circostanza*] aggravating **II** f. DIR. aggravating circumstance.

aggravare /aggra'vare/ [1] **I** tr. **1** *(peggiorare)* to aggravate, to worsen, to make* [sth.] worse [*situazione, malattia*]; to inflame [*conflitto*]; to compound [*problema, danno*] (**con** by; **facendo** by doing) **2** DIR. to increase [*pena*] (**di** by) **II aggravarsi** pronom. *(peggiorare)* [*situazione, stato di salute*] to get* worse, to worsen; [*crisi*] to worsen, to deepen, to grow*; [*conflitto*] to escalate, to develop; [*inflazione*] to increase.

aggravato /aggra'vato/ **I** p.pass. → **aggravare II** agg. DIR. [*furto*] aggravated.

aggraziato /aggrat'tsjato/ agg. [*gesto, corpo*] graceful; [*modo*] polite, gentle.

aggredire /aggre'dire/ [102] tr. **1** *(fisicamente)* to attack, to assault; *(a scopo di rapina)* to mug **2** *(verbalmente)* to attack, to jump on [*persona*] **3** *(affrontare)* to attack, to tackle [*problema*].

aggregare /aggre'gare/ [1] **I** tr. to aggregate **II aggregarsi** pronom. **1** *(formare un tutt'uno)* to aggregate **2** *(unirsi)* ***-rsi a*** to join, to tag on, to take up with [*persona, gruppo*].

aggregato /aggre'gato/ **I** p.pass. → **aggregare II** agg. **1** *(associato)* [*banca, socio*] associated **2** ECON. [*domanda*] aggregate **III** m. BIOL. MAT. ECON. aggregate.

aggressione /aggres'sjone/ f. attack, assault (**a, ai danni di** on); *(a scopo di rapina)* mugging; ***essere vittima di*** o ***subire un'***~ to be attacked; *(a scopo sessuale)* to be assaulted; *(a scopo di rapina)* to be mugged; ***patto di non*** ~ nonaggression pact ♦♦ ~ ***a mano armata*** armed assault.

aggressività /aggressivi'ta/ f.inv. aggressiveness, aggression.

aggressivo /aggres'sivo/ agg. aggressive.

aggressore /aggres'sore/ m. aggressor, assailant, attacker; *(a scopo di rapina)* mugger.

aggrottare /aggrot'tare/ [1] tr. ~ ***la fronte*** to frown; ~ ***le sopracciglia*** to knit *o* furrow one's brows, to scowl.

aggrottato /aggrot'tato/ **I** p.pass. → **aggrottare II** agg. [*fronte*] furrowed; [*sopracciglia*] knit.

aggrovigliare /aggroviʎ'ʎare/ [1] **I** tr. to tangle up (anche FIG.) **II aggrovigliarsi** pronom. to tangle (up), to get* tangled up, to snarl (anche FIG.).

agguantare /aggwan'tare/ [1] tr. to grab (hold of), to seize (hold of) [*persona*]; ~ ***qcn. per un braccio*** to grab sb. by the arm.

agguato /ag'gwato/ m. ambush; FIG. trap, snare; ***cadere in un*** ~ to walk *o* fall into an ambush; ***tendere un*** ~ ***a qcn.*** to ambush sb., to lie in wait *o* to set up an ambush for sb.; ***stare*** o ***essere in*** ~ to lie in ambush *o* in wait.

agguerrito /aggwer'rito/ agg. **1** *(preparato alla guerra)* seasoned, well-trained **2** *(reso forte)* hardened (**contro** to); ***arrivò alla riunione molto*** ~ he went into the meeting all guns blazing **3** *(esperto)* experienced, seasoned.

aghetto /a'getto/ m. *(per scarpe, busti)* aglet, tag.

agiatamente /adʒata'mente/ avv. [*vivere*] comfortably.

agiatezza /adʒa'tettsa/ f. ease, comfort, affluence; ***vivere nell'***~ to live comfortably.

agiato /a'dʒato/ agg. [*persona*] comfortable, well off, well-to-do; [*vita*] comfortable, easy; ***le classi -e*** the leisured classes, the well-off.

agibile /a'dʒibile/ agg. [*abitazione*] safe; [*strada*] open, clear; [*campo da gioco*] practicable.

agile /'adʒile/ agg. **1** *(svelto)* [*persona, animale, movimento*] agile, nimble (**a fare** at doing); *(destro)* dexterous, deft **2** *(vivace)* [*mente*] agile, nimble **3** *(facile)* ***essere di*** ~ ***lettura*** [*libro*] to be an easy read, to make light reading ♦ ~ ***di mano*** light- *o* nimble-fingered.

agilità /adʒili'ta/ f.inv. **1** *(scioltezza)* agility, nimbleness; *(destrezza)* dexterousness, deftness **2** *(vivacità)* ~ ***mentale*** mental agility, versatility.

agio, pl. **agi** /'adʒo, 'adʒi/ m. **1 a proprio agio *essere a proprio*** ~ to be at ease; ***sentirsi a proprio*** ~ to feel at ease *o* comfortable; ***mettere qcn. a proprio*** ~ to make sb. feel comfortable, to put sb. at ease **2** *(tranquillità)* ***fare qcs. con*** ~ to do sth. at (one's) leisure **3** *(comodità)* ***vivere negli agi*** to live in luxury *o* in great comfort **4** *(occasione)* ***aver*** ~ ***di fare qcs.*** to have time to do sth. **5** MECC. play.

agiografia /adʒogra'fia/ f. hagiography.

AGIP /'adʒip/ f. (⇒ Azienda Generale Italiana Petroli) = Italian petrol company.

agire /a'dʒire/ [102] intr. (aus. *avere*) **1** *(compiere un'azione)* to act; ***spingere qcn. ad*** ~ to push sb. into action; ***è il momento di ~!*** it's time for action! **2** *(comportarsi)* to act, to behave; ***non mi piace il suo modo di*** ~ I don't like the way he behaves *o* the way he goes about things; ~ ***da vigliacco*** to act like a coward **3** *(essere efficace)* [*sostanza*] to act, to work, to take* effect; ~ ***su qcs., qcn.*** to have an effect on sth., sb. **4** DIR. ~ ***legalmente*** to take legal action.

AGIS /'adʒis/ f. (⇒ Associazione Generale Italiana dello Spettacolo) = Italian entertainment association.

agitare /adʒi'tare/ [1] **I** tr. **1** *(muovere)* to wave [*mano, fazzoletto*]; to shake* (up), to agitate [*bottiglia*]; to wag [*coda*]; [*vento*] to move, to stir [*foglie*]; ***"~ prima dell'uso"*** "shake before use" **2** *(turbare)* [*situazione, notizia*] to trouble, to upset*, to agitate [*persona*] **3** *(eccitare)* to rouse, to stir up [*masse*] **4** *(discutere)* to debate, to discuss [*questione*] **II agitarsi** pronom. **1** *(muoversi)* [*persona*] to stir, to fidget, to wriggle (about); [*foglie, tende*] to stir; [*mare*] to get* rough; ***-rsi nel sonno*** to toss (and turn) in one's sleep; ***-rsi al vento*** [*bandiera*] to flap, to wave (around) **2** *(essere inquieto)* [*persona, popolo*] to become* restless; *(preoccuparsi)* to get* upset, to worry (**per** about) ♦ ~ ***le acque*** to rock the boat.

agitato /adʒi'tato/ **I** p.pass. → **agitare II** agg. **1** *(mosso)* [*mare*] rough **2** *(preoccupato)* [*persona*] upset, worried, agitated; *(inquieto)* [*sonno, notte*] restless, disturbed.

agitatore /adʒita'tore/ m. (f. **-trice** /tritʃe/) **1** POL. agitator, stirrer COLLOQ. **2** TECN. agitator.

agitazione /adʒitat'tsjone/ f. **1** *(inquietudine)* agitation, nervousness, anxiety; ***mettersi in*** ~ to get worried **2** *(trambusto)* commotion, turmoil, upheaval **3** *(azione politica, sindacale)* agitation, unrest; ***essere in*** ~ to be on strike.

agli /'aʎʎi/ → **a.**

aglio, pl. **agli** /'aʎʎo, 'aʎʎi/ m. garlic.

agnella /aɲ'ɲɛlla/ f. ewe lamb.

agnello /aɲ'ɲɛllo/ m. lamb; ***pelle d'***~ lambskin ♦♦ ~ ***di Dio*** Lamb of God.

Agnese /aɲ'ɲɛze, aɲ'ɲeze/ n.pr.f. Agnes.

agnolotti /aɲɲo'lɔtti/ m.pl. GASTR. INTRAD. (square-shaped egg pasta stuffed with meat, cabbage or other fillings).

agnosticismo /aɲɲosti'tʃizmo/ m. agnosticism.

agnostico, pl. **-ci, -che** /aɲ'ɲɔstiko, tʃi, ke/ **I** agg. agnostic **II** m. (f. **-a**) agnostic.

ago, pl. **aghi** /'ago, 'agi/ m. needle; ***infilare l'***~ to thread the needle ♦ ***essere l'***~ ***della bilancia*** to hold the balance of power; ***è come cercare un*** ~ ***in un pagliaio*** it is like looking for a needle in a haystack ♦♦ **~ *da cucito*** sewing needle; **~ *di pino*** pine-needle; **~ *dello scambio*** FERR. points pl.

ago. ⇒ agosto August (Aug).

agognare /agoɲ'ɲare/ [1] I tr. to yearn for [*libertà*] II intr. (aus. *avere*) to yearn (**a** for; **a fare** to do).

a gogò /ago'go/ avv. e agg.inv. galore, in abundance.

agonia /ago'nia/ f. agony, death throes pl. (anche FIG.); ***essere in*** ~ to be in one's death throes *o* at one's last gasp.

agonistico, pl. **-ci, -che** /ago'nistiko, tʃi, ke/ agg. ***sport*** ~ competitive sport; ***spirito*** ~ competitiveness, competitive spirit.

agonizzante /agonid'dzante/ I agg. in one's death throes, dying (anche FIG.) II m. e f. dying person.

agonizzare /agonid'dzare/ [1] intr. (aus. *avere*) to agonize, to be* in one's death throes (anche FIG.).

agopuntore /agopun'tore/ ➧ ***18*** m. (f. **-trice** /tritʃe/) acupuncturist.

agopuntura /agopun'tura/ f. acupuncture.

agorafobia /agorafo'bia/ ➧ ***7*** f. agoraphobia.

agoraio, pl. **-ai** /ago'rajo, ai/ m. needle book, needle case.

agostiniano /agosti'njano/ I agg. Augustinian II m. (f. **-a**) Augustinian.

Agostino /agos'tino/ n.pr.m. Augustine.

agosto /a'gosto/ ➧ ***17*** m. August.

agraria /a'grarja/ f. agriculture.

agrario, pl. **-ri, -rie** /a'grarjo, ri, rje/ I agg. [*scuola, perito*] agricultural; [*società, mercato*] agrarian; [*cooperativa*] farming; [*legge, riforma*] land attrib. II m. (f. **-a**) 1 *(proprietario)* landholder, landowner 2 *(esperto)* agriculturalist.

agreste /a'grɛste/ agg. [*mondo, fascino*] rustic; [*vita*] rural.

agricolo /a'grikolo/ agg. [*lavoratore, prodotti*] agricultural, farm attrib.; ***azienda -a*** farm.

agricoltore /agrikol'tore/ ➧ ***18*** m. (f. **-trice** /tritʃe/) farmer; ***fare l'***~ to farm.

agricoltura /agrikol'tura/ f. agriculture, farming ♦♦ **~ *biologica*** organic farming *o* agriculture.

agrifoglio, pl. **-gli** /agri'fɔʎʎo, ʎi/ m. holly.

agrimensore /agrimen'sore/ ➧ ***18*** m. (land) surveyor.

agriturismo /agritu'rizmo/ m. 1 *(attività)* farm holidays pl. 2 *(luogo)* = farm where tourists can board or eat local produce.

agrituristico, pl. **-ci, -che** /agritu'ristiko, tʃi, ke/ agg. ***vacanza -a*** holiday on a farm; ***azienda -a*** = farm where tourists can board or eat local produce.

1.agro /'agro/ I agg. sour, sharp, bitter (anche FIG.) II m. sour taste, sourness; ***all'***~ o ***in*** ~ = with lemon or vinegar.

2.agro /'agro/ m. countryside ♦♦ ***Agro romano*** = the countryside near Rome.

agroalimentare /agroalimen'tare/ agg. [*industria, settore*] food processing; ***la ricerca*** ~ food research.

agrochimica /agro'kimika/ f. agrochemicals + verbo sing.

agrodolce /agro'doltʃe/ I agg. [*gusto*] bittersweet; [*cucina, salsa*] sweet-and-sour; FIG. [*commenti*] bittersweet II m. ***maiale in*** ~ sweet-and-sour pork.

agronomia /agrono'mia/ f. agronomy, agronomics + verbo sing.

agronomo /a'grɔnomo/ ➧ ***18*** m. (f. **-a**) agronomist.

agrume /a'grume/ m. *(frutto)* citrus (fruit); *(albero)* citrus (tree); ***gli -i*** citrus fruits.

aguzzare /agut'tsare/ [1] tr. 1 to sharpen [*punta*] 2 FIG. to whet [*appetito*]; **~ *gli occhi*** o ***la vista*** to keep one's eyes peeled *o* skinned; **~ *l'ingegno*** to sharpen (up) one's wits.

aguzzino /agud'dzino/ m. (f. **-a**) torturer; FIG. tormentor.

aguzzo /a'guttso/ agg. [*palo, mento, dente*] pointed, sharp; [*tetto*] pointed, high-pitched.

ah /a/ inter. ah(a), oh; **~ ~ ~!** *(risata)* ha ha ha!

ahi /'ai/ inter. *(di dolore)* ouch, ow.

ahimè /ai'mɛ/ inter. alas.

ai /'ai/ → **a.**

aia /'aja/ f. barnyard, farmyard ♦ ***menare il can per l'***~ to beat about the bush.

Aia /'aja/ ➧ ***2*** n.pr.f. ***L'***~ the Hague.

Aiace /a'jatʃe/ n.pr.m. Ajax.

AIACE /a'jatʃe/ f. (⇒ Associazione Italiana Amici del Cinema d'Essai) = Italian art film association.

AIDS, Aids /'aids, aidi'ɛsse/ ➧ ***7*** m. e f.inv. (⇒ Acquired Immune Deficiency Syndrome sindrome da immunodeficienza acquisita) AIDS.

airbag /ɛr'bɛg/ m.inv. air bag.

airone /ai'rone/ m. heron.

aitante /ai'tante/ agg. ***un giovane*** ~ a sturdy young man.

aiuola /a'jwɔla/ f. (flower)bed; ***vietato calpestare le -e*** keep off the grass.

aiutante /aju'tante/ m. e f. assistant, helper; MIL. adjutant.

aiutare /aju'tare/ [1] I tr. to help, to aid, to assist [*persona*] (**a fare** to do); *(favorire)* to aid [*digestione*]; to aid, to assist, to facilitate [*sviluppo*]; **~ *qcn. a uscire, scendere, attraversare*** to help *o* assist sb. out, down, across; **~ *qcn. a mettere, togliere [qcs.]*** to help sb. on, off with [*stivali*]; ***l'ho aiutato ad alzarsi in piedi, a mettersi a letto*** I helped him to his feet, into bed; ***farsi ~ da qcn.*** to get help from sb. II **aiutarsi** pronom. 1 ***si aiuta come può*** he does his best; ***camminare aiutandosi col bastone*** to walk with the help of a cane 2 *(l'un l'altro)* to help each other, to help one another ♦ ***aiutati che il ciel ti aiuta*** PROV. God helps those who help themselves.

aiuto /a'juto/ m. 1 *(soccorso)* help, aid, assistance; ***dare*** o ***prestare ~ a qcn.*** to assist sb. (**nel fare** in doing); ***chiedere ~ a qcn.*** to ask sb. for help; ***gridare*** o ***chiamare*** ~ to cry *o* shout *o* call for help; ***andare, correre in ~ di qcn.*** to go, rush to sb.'s aid *o* help; ***venire in ~ di qcn.*** to come to sb.'s aid *o* assistance *o* help; *(finanziariamente)* to help *o* aid sb.; ***posso essere d'~?*** can I help you? can I be of help *o* assistance? ***con l'~ di*** with the help *o* aid *o* assistance of; ***essere di ~ a qcn.*** to be of help *o* to be helpful to sb.; ***essere di grande ~ a qcn.*** to be a great help to sb.; **~!** help! 2 *(aiutante)* assistant; **~ *regista*** assistant director 3 *(mezzi materiali)* ***mandare -i a*** to send relief to; ***-i alimentari*** food aid.

aizzare /ait'tsare/ [1] tr. 1 **~ *i cani contro qcn.*** to set dogs on sb. 2 FIG. *(istigare)* to incite, to stir [*folla*]; **~ *qcn. contro qcn.*** to play off sb. against sb.

al /al/ → **a.**

ala, pl. **ali** /'ala, 'ali/ f. 1 *(di uccello, aereo)* wing; ***battere le ali*** to beat *o* flap *o* flutter its wings; ***spiegare le ali*** to spread *o* stretch its wings 2 *(di edificio)* wing; *(di schieramento politico, militare)* wing, flank 3 *(di folla)* ***due ali di folla*** people lined on either side 4 *(di cappello)* brim, flap 5 SPORT *(giocatore)* wing(er); *(settore del campo)* wing; **~ *destra*** right wing(er), outside right; **~ *sinistra*** left wing(er), outside left ♦ ***avere le ali ai piedi*** to have wings on one's feet, to be wing-footed; ***prendere qcn. sotto la propria ~ protettrice*** to take sb. under one's wing; ***tarpare le ali a qcn.*** to clip sb.'s wings.

alabarda /ala'barda/ f. halberd.

alabastro /ala'bastro/ m. alabaster.

alacre /'alakre, a'lakre/ agg. 1 *(pronto)* brisk, prompt (**a, nel fare** to do) 2 FIG. *(vivace)* [*ingegno*] quick, ready.

alacrità /alakri'ta/ f.inv. 1 *(prontezza)* alacrity, briskness, promptness 2 FIG. *(vivacità)* readiness.

Aladino /ala'dino/ n.pr.m. Aladdin.

alaggio, pl. **-gi** /a'laddʒo, dʒi/ m. MAR. 1 *(traino)* towage; ***strada di*** ~ towpath 2 *(a secco)* towage; ***scalo di*** ~ slipway.

alamaro /ala'maro/ m. frog.

alambicco, pl. **-chi** /alam'bikko, ki/ m. alembic, still.

alano /a'lano/ m. *(cane)* Great Dane.

1.alare /a'lare/ m. *(nel camino)* firedog, andiron.

2.alare /a'lare/ agg. alar; ***apertura*** ~ wingspan.

alato /a'lato/ agg. 1 *(dotato di ali)* winged 2 FIG. *(sublime)* sublime.

alba /'alba/ f. 1 dawn, daybreak; ***all'***~ at (the crack of) dawn, at the break of day; ***dall'~ al tramonto*** from dawn to *o* till dusk 2 FIG. dawn(ing).

albanella /alba'nɛlla/ f. harrier.

albanese /alba'nese/ ➧ ***25, 16*** I agg. Albanian II m. e f. Albanian III m. LING. Albanian.

Albano /al'bano/ n.pr.m. Alban.

albatro /'albatro/ m. albatross.

albatros /'albatros/ m.inv. → **albatro.**

albedo /al'bɛdo/ f.inv. BOT. pith.

albeggiare /albed'dʒare/ [1] impers. (aus. *essere, avere*) ***albeggia*** the day is dawning *o* breaking.

alberato /albe'rato/ agg. ***viale ~, strada -a*** tree-lined road, parkway AE.

albergare /alber'gare/ [1] I tr. LETT. 1 *(ospitare)* to lodge, to accommodate [*persona*] 2 FIG. to harbour BE, to harbor AE

alcuni, dei, qualche

- *Alcuni, dei* e *qualche* sono i termini principali nel gruppo degli aggettivi e pronomi indefiniti; ciascuno di essi mostra delle peculiarità d'uso, formali e/o semantiche, di cui è bene rendersi conto per non farsene influenzare nella scelta degli equivalenti inglesi, scelta da operare secondo criteri diversi.
- Nella funzione di aggettivo indefinito, troviamo in italiano: *alcuno* e le sue forme al femminile e al plurale (*alcuno strumento, alcun motivo, alcuna ragione, alcuni studenti, alcune parole*); *del* e le sue forme al femminile e al plurale (*del pane, della carta, degli studenti, delle parole*); l'invariabile *qualche*, che è sempre seguito da un nome singolare (*qualche amico, qualche amica*) ma convoglia per lo più un significato plurale (*qualche amico = alcuni amici*); infine, l'aggettivo indefinito può essere sottinteso (*non ho soldi, hai avuto fortuna?*). Indipendentemente dalla forma italiana utilizzata, il corrispondente aggettivo indefinito inglese è *some* in frase affermativa, *any* in frase interrogativa e in frase negativa se è presente un'altra negazione, e *no* in frase negativa come unico aggettivo negativo:

voglio della carta	= I want some paper
ho visto degli studenti / alcuni studenti / qualche studente	= I saw some students
hai visto degli / alcuni studenti / qualche studente?	= did you see any students?
non ho soldi	= I haven't got any money / I've got no money
non c'è mai alcun motivo per essere scortese	= there's never any reason to be unkind
non mi ha detto delle parole gentili	= he told me no kind words.

- Nella funzione di pronome indefinito, troviamo in italiano: *alcuno* e le sue forme al femminile e al plurale (*non ho visto alcuno, senza che alcuna di voi mi parlasse, alcuni erano sul tavolo, alcune parlano il russo*) e *ne* (*mi spiace, non ne ho, ne ho visti anch'io, ne è rimasto?*). Indipendentemente dalla forma italiana utilizzata, il corrispondente pronome indefinito inglese è *some* in frase affermativa, *any* in frase interrogativa e in frase negativa se è presente un'altra negazione, e *none* in frase negativa come unica forma negativa:

alcuni erano sul tavolo	= some were on the table
alcune parlano il russo	= some can speak Russian
ne ho visti anch'io	= I saw some too
ne è rimasto?	= has any left?
non ne ho mai visti	= I have never seen any
mi spiace, non ne ho	= sorry, I have none.

- Come da *qualche* derivano i pronomi *qualcuno* e *qualcosa* e le espressioni avverbiali *da qualche parte* e *in qualche modo*, così da *some, any* e *no* derivano i corrispondenti pronomi e avverbi: *someone, somebody, something, somewhere, somehow; anyone, anybody, anything, anywhere, anyhow; no one, nobody, nothing, nowhere*. Queste parole si conformano all'uso di *some, any* e *no*, come dimostrano i seguenti esempi:

me l'ha detto qualcuno che conosci	= someone /somebody you know told me so
ho comprato qualcosa per te	= I bought something for you
i miei occhiali devono essere da qualche parte in biblioteca	= my glasses must be somewhere in the library
in un modo o nell'altro ce la farò	= I'll manage somehow
hai incontrato qualcuno al pub?	= did you meet anybody at the pub?
non ho visto nessuno ieri sera	= I didn't see anyone last night
non puoi metterlo da qualche altra parte?	= can't you put it anywhere else?
non è venuto nessuno	= nobody came
non c'è niente di cui ridere	= there's nothing to laugh at
non li vedo da nessuna parte	= I can see them nowhere.

- Casi particolari nell'uso di *some* e dei suoi derivati:
  a) some e i suoi derivati non si usano solo in frase affermativa, ma anche in frase interrogativa quando si offre qualcosa, quando si chiede gentilmente qualcosa e, in generale, quando ci si aspetta una risposta positiva: *vuoi del tè?* = would you like some tea? *posso fare qualcosa per Lei?* = may I do something for you? *possiamo andare da qualche altra parte?* = can we go somewhere else? *qualcuno può aiutarmi?* = can somebody help me?
  b) quando *some* è usato come aggettivo o pronome indefinito plurale può essere sostituito da *a few*: *alcuni giorni fa* = some / a few days ago, *dammene alcuni!* = give me some! / a few!
  c) alcuni esempi nelle sezioni precedenti mostrano che *qualcuno* si rende in inglese in due modi: *somebody* se il termine non è specificato (*ha telefonato qualcuno per te* = somebody phoned for you), *some* se è presente una qualche espressione restrittiva (*glielo ha detto qualcuno di loro* = some of them told her);
  d) mentre sia *qualcuno* sia *somebody / someone* sono seguiti da un verbo al singolare, il pronome italiano concorda con pronomi personali e aggettivi possessivi singolari, quello inglese invece con le corrispondenti forme plurali (che vengono usate come forma mista o indeterminata di maschile e femminile): *qualcuno ha dimenticato qui le sue chiavi* = somebody left their keys here, *chiedi a qualcuno se conosce l'indirizzo* = ask somebody if they know the address;
  e) *some* non viene usato per tradurre *ne* se è già presente un termine di quantità: cfr. *ce n'erano* = there were some e *ce n'erano pochi* = there were few;
  f) alla struttura italiana *qualcosa di* + aggettivo corrisponde in inglese *something* + aggettivo: *dimmi qualcosa di nuovo* = tell me something new.
- Casi particolari nell'uso di *any* e dei suoi derivati:
  a) *any* e i suoi derivati non si usano solo in frase negativa o interrogativa, ma anche in frasi ipotetiche e dubitative: *se avete delle domande / qualche domanda, alzate la mano* = if you have any questions, raise your hands, *se vedi qualcosa di sospetto, dimmelo* = if you see anything suspicious, tell me, *se qualcuno conosce la risposta, per favore non dica niente* = if anybody knows the answer, please don't say anything;
  b) *any* e i suoi derivati si usano anche in frase affermativa per indicare *una qualunque persona* o *cosa, un qualunque luogo* etc.: *una cravatta qualunque andrà bene* = any tie will do, andrà bene *una qualunque* = any will do, *chiunque venga sarà benvenuto* = anybody who comes will be welcome, *questi negozi si trovano ovunque* = you can find these shops anywhere;
  c) mentre sia *qualcuno* sia *anybody* / anyone sono seguiti da un verbo al singolare, il pronome italiano concorda con pronomi personali e aggettivi possessivi singolari, quello inglese invece con le corrispondenti forme plurali (che vengono usate come forma mista o indeterminata di maschile e femminile): *se telefona qualcuno dall'ufficio, digli che sono fuori* = if anybody rings from my office, tell them I'm out;
  d) *any* viene usato dopo forme quali *without, hardly* e *unless* che hanno in sé una connotazione negativa: *senza alcuna esitazione* = without any hesitation, *mangio io l'uovo, a meno che non lo voglia qualcun altro* = I'll have the egg, unless anyone else wants it? *ho a mala pena mangiato qualcosa per tutto il giorno* = I've hardly eaten any food all day;
  e) *any* non viene usato per tradurre *ne* se è già presente un termine di quantità: cfr. *non ce n'erano* = there weren't any e *non ce n'erano pochi* = there weren't few;
  f) alla struttura italiana *niente / qualcosa di* + aggettivo corrisponde in inglese *anything* + aggettivo: *non ho comprato niente di costoso* = I didn't buy anything expensive.
- Casi particolari nell'uso di *no*, dei suoi derivati e di *none*:
  a) l'aggettivo negativo *no* compare in inglese in cartelli di divieto etc.: *vietato fumare* = no smoking, *divieto di parcheggio* = no parking, *divieto di passaggio* = no trespassing;
  b) alcune esempi nelle sezioni precedenti mostrano che *nessuno* si rende in inglese in due modi: *nobody* o *no one* se il termine non è specificato e ha quindi valore assoluto (*non ha telefonato nessuno* = nobody phoned), *none* se è presente una qualche espressione restrittiva e quindi ha valore relativo (*non ha telefonato nessuno di loro* = none of them phoned);

c) analogamente, *niente* si traduce in inglese con *nothing* (*non è successo niente* = nothing happened) oppure *none* (*niente di tutto ciò sarebbe successo se...* = none of this would have happened if...);

d) mentre sia *nessuno* sia *nobody* / *no one* sono seguiti da un verbo al singolare, il pronome italiano concorda con pronomi personali e aggettivi possessivi singolari, quello inglese invece con le corrispondenti forme plurali (che vengono usate come forma mista o indeterminata di maschile e femminile): *nessuno ha dimenticato qui le sue chiavi* = nobody left their keys here, *nessuno mi ha detto se conosceva l'indirizzo* = nobody told me if they knew the address;

e) alla struttura italiana *niente di* + aggettivo corrisponde in inglese *nothing* + aggettivo: *non è successo niente di interessante* = nothing interesting happened;

f) *none* non viene usato a tradurre *ne* se è già presente un termine di quantità: cfr. *non ne ho* = I have none e *non ne ho dieci* = I haven't ten.

• Per l'uso di altri aggettivi e/o pronomi indefiniti, si vedano le voci **alcunché, alquanto, altrettanto, certuni** e **parecchio.**

[*sentimento*] **II** intr. (aus. *avere*) LETT. **1** *(alloggiare)* to lodge, to dwell* (**in** in) **2** FIG. ***nel suo animo alberga l'invidia*** he harbours envy in his soul.

albergatore /alberga'tore/ m. (f. **-trice** /tritʃe/) hotelier, hotelkeeper BE.

alberghiero /alber'gjɛro/ agg. [*industria*] hotel attrib.; ***scuola -a*** hotel-management school.

albergo, pl. **-ghi** /al'bɛrgo, gi/ m. **1** hotel **2** ANT. *(alloggio)* shelter; ***chiedere ~ a qcn.*** to ask sb. for shelter.

Alberico /albe'riko/ n.pr.m. Aubrey.

albero /'albero/ m. **1** tree; ***un ~ di mele*** an apple tree **2** MAR. mast, pole; ***nave a tre -i*** three-masted ship **3** TECN. shaft ♦♦ ***~ a camme*** AUT. camshaft; ***~ della cuccagna*** greasy tree; ***~ da frutto*** fruit tree; ***~ genealogico*** family tree; ***~ a gomiti*** crankshaft; ***~ maestro*** MAR. mainmast; ***~ motore*** drive shaft; ***~ di Natale*** Christmas tree; ***~ del pane*** breadfruit tree; ***~ di trasmissione*** propeller *o* transmission shaft.

Alberto /al'bɛrto/ n.pr.m. Albert.

albicocca, pl. **-che** /albi'kɔkka, ke/ ➧ ***3*** **I** f. apricot; ***marmellata di -che*** apricot jam **II** agg. e m.inv. *(colore)* apricot.

albicocco, pl. **-chi** /albi'kɔkko, ki/ m. apricot.

albinismo /albi'nizmo/ m. albinism.

albino /al'bino/ **I** agg. albino **II** m. (f. **-a**) albino*.

albo /'albo/ m. **1** *(per l'affissione)* notice board **2** *(professionale)* register BE, roll AE; ***~ dei medici*** medical register; ***radiare dall'~*** to strike off (the register); ***iscriversi all'~*** to be put on the register *o* on the roll ♦♦ ***~ d'onore*** o ***d'oro*** roll of honour.

albori /al'bori/ m.pl. LETT. dawn sing., dawning sing.

album /'album/ m.inv. **1** *(raccoglitore)* album **2** *(libro illustrato)* ***~ di*** o ***a fumetti*** comic strip book **3** *(disco)* album ♦♦ ***~ da colorare*** colouring *o* painting book; ***~ da disegno*** drawing book.

albume /al'bume/ m. egg white; BIOL. albumen.

albumina /albu'mina/ f. albumin.

alcali /'alkali/ m.inv. alkali*.

alcalino /alka'lino/ agg. alkaline.

alcaloide /alka'lɔide/ m. alkaloid.

alce /'altʃe/ m. elk*, moose*.

alchimia /alki'mia/ f. alchemy (anche FIG.).

alchimista, m.pl. **-i**, f.pl. **-e** /alki'mista/ m. e f. alchemist.

Alcibiade /altʃi'biade/ n.pr.m. Alcibiades.

alcol /'alkol/ m.inv. *(sostanza, bevande alcoliche)* alcohol; ***puzzare d'~*** to smell of drink; ***reggere l'~*** to (be able to) hold one's drink *o* liquor; ***annegare i propri dispiaceri nell'~*** to drown one's sorrows, to drink one's sorrows away; ***darsi all'~*** to take to drink ♦♦ ***~ denaturato*** methylated spirit(s); ***~ etilico*** ethyl alcohol.

alcolico, pl. **-ci**, **-che** /al'kɔliko, tʃi, ke/ **I** agg. [*bevanda*] alcoholic; ***gradazione -a*** alcoholic strength, alcohol content **II** m. alcoholic drink; ***-ci*** liquors, spirits; ***bere -ci*** to drink alcohol.

alcolismo /alko'lizmo/ m. alcoholism.

alcolista, m.pl. **-i**, f.pl. **-e** /alko'lista/ m. e f. alcoholic.

alcolizzato /alkolid'dzato/ **I** agg. [*persona*] alcoholic **II** m. (f. **-a**) alcoholic.

alcool → **alcol.**

alcova /al'kɔva/ f. alcove; ***d'~*** [*storie, segreti*] of the boudoir.

alcun /al'kun/ → **alcuno.**

alcunché /alkun'ke/ pron.indef. LETT. ***non disse ~*** he didn't say anything.

alcuno /al'kuno/ **I** agg.indef. (for the alternation with *alcun* it follows the rules of the article *uno*) no; *(con not o altre espressioni negative)* any; ***non ha alcun motivo per rifiutare*** he hasn't got any reason *o* he has no reason to refuse; ***senza -a esitazione*** without any hesitation; ***non c'è alcun pericolo*** there is no danger; ***senza alcun dubbio*** without any *o* a doubt **II** pron.indef. *(nessuno)* nobody; *(con not o altre espressioni negative)* anybody; ***non c'era ~*** there was nobody *o* there wasn't anybody; ***senza che ~ di voi mi notasse*** without any of you noticing me **III alcuni** agg.indef.pl. some, a few; ***-i studenti*** some *o* a few students; ***vorrei aggiungere -e parole*** I'd like to add a few words; ***in -i momenti*** at times, sometimes **IV alcuni** pron.indef.pl. some, a few; ***-e delle sue opere*** a few *o* some of his works; ***-i di voi, di loro*** some of you, of them; ***-i sono favorevoli, altri contrari*** some are in favour, others aren't.

aldeide /al'dɛide/ f. aldehyde.

aldilà /aldi'la/ m.inv. afterworld, afterlife, beyond, hereafter.

Aldo /'aldo/ n.pr.m. Aldous.

aleatico, pl. **-ci** /ale'atiko, tʃi/ m. ENOL. INTRAD. (red liqueur-like wine from Central and Southern Italy).

aleatorio, pl. **-ri**, **-rie** /alea'tɔrjo, ri, rje/ agg. [*fenomeno, risultato*] unpredictable; ***variabile -a*** random variable.

aleggiare /aled'dʒare/ [1] intr. (aus. *avere*) ***un profumo inebriante aleggiava nell'aria*** a heady perfume drifted through the air; ***un sorriso le aleggiava sul viso*** a smile hovered on her lips.

alesatoio, pl. **-oi** /aleza'tojo, oi/ m. reamer.

alesatore /aleza'tore/ ➧ ***18*** m. (f. **-trice** /tritʃe/) **1** *(operaio)* borer **2** *(utensile)* reamer.

Alessandra /ales'sandra/ n.pr.f. Alexandra.

Alessandro /ales'sandro/ n.pr.m. Alexander ♦♦ ***~ Magno*** Alexander the Great.

Alessia /a'lessia/ n.pr.f. Alexia, Alexis.

Alessio /a'lessio/ n.pr.m. Alexis.

aletta /a'letta/ f. **1** *(di pesce)* fin **2** TECN. *(di radiatore)* fin **3** AER. flap ♦♦ ***~ idrodinamica*** hydrofoil; ***~ parasole*** AUT. sunshade, (sun) visor.

alettone /alet'tone/ m. AER. AUT. aileron.

alfa /'alfa/ **I** m. e f.inv. *(lettera)* alpha **II** agg.inv. [*raggi, particelle*] alpha ♦ ***dall'~ all'omega*** from A to Z.

alfabeticamente /alfabetika'mente/ avv. [*ordinare*] alphabetically.

alfabetico, pl. **-ci**, **-che** /alfa'bɛtiko, tʃi, ke/ agg. [*indice, scrittura*] alphabetic(al); ***in ordine ~*** in alphabetical order.

alfabetizzare /alfabetid'dzare/ [1] tr. *(insegnare a leggere e scrivere)* to teach* literacy, to teach* to read and write.

alfabetizzazione /alfabetiddzat'tsjone/ f. (diffusion of) literacy.

alfabeto /alfa'bɛto/ m. alphabet ♦♦ ***~ fonetico*** phonetic alphabet; ***~ Morse*** Morse (code).

alfalfa /al'falfa/ f. alfalfa, lucerne BE.

alfanumerico, pl. **-ci**, **-che** /alfanu'mɛriko, tʃi, ke/ agg. alphanumeric.

1.alfiere /al'fjɛre/ m. MIL. standard-bearer (anche FIG.).

2.alfiere /al'fjɛre/ m. *(negli scacchi)* bishop.

Alfredo /al'fredo/ n.pr.m. Alfred.

alga, pl. **-ghe** /'alga, ge/ f. alga* ♦♦ ***~ marina*** seaweed.

algebra /'aldʒebra/ f. algebra.

algebrico, pl. **-ci**, **-che** /al'dʒɛbriko, tʃi, ke/ agg. algebraic(al).

Algeri /al'dʒɛri/ ➧ ***2*** n.pr.f. Algiers.

algerino /aldʒe'rino/ ➧ ***25*** **I** agg. Algerian **II** m. (f. **-a**) Algerian.

algoritmo /algo'ritmo/ m. algorithm.

aliante /a'ljante/ m. glider, sailplane.
alias /'aljas/ avv. alias, also known as.
alibi /'alibi/ m.inv. **1** DIR. alibi **2** *(scusa)* alibi; ***servire come ~*** to do as an excuse.
alice /a'litʃe/ f. anchovy.
Alice /a'litʃe/ n.pr.f. Alice, Alicia.
alienante /alje'nante/ agg. alienating.
alienare /alje'nare/ [1] **I** tr. **1** DIR. to alienate [*terreno*] **2** *(allontanare)* to alienate, to estrange [*rispetto, stima*] **II alienarsi** pronom. **1** to become* alienated **2** *(perdere)* to lose*; ***ti sei alienato la loro stima*** you have lost their esteem.
alienato /alje'nato/ **I** p.pass. → **alienare II** agg. [*persona*] insane **III** m. (f. **-a**) insane person.
alienazione /aljenat'tsjone/ f. **1** DIR. PSIC. POL. alienation **2** MED. ***~ (mentale)*** insanity, (mental) alienation.
alieno /a'ljɛno/ **I** agg. **1** *(contrario)* ***essere ~ da qcs.*** to be alien *o* averse to sth. **2** *(extraterrestre)* alien **II** m. (f. **-a**) alien.
1.alimentare /alimen'tare/ [1] **I** tr. **1** to feed* [*persona, animale*] (**con** with, on) **2** *(rifornire)* [*torrente*] to feed* [*lago, fiume*]; *(fare funzionare)* [*sistema*] to feed* [*caldaia*]; [*benzina*] to fuel, to power, to stoke (up) [*motore*]; *(tenere acceso)* to feed*, to stoke (up), to make* up [*fuoco, stufa*] **3** FIG. to fuel, to feed*, to nourish FORM. [*odio, polemiche*]; to stoke (up), to keep* alive [*entusiasmo, interesse*]; ***~ le speranze di qcn.*** to raise *o* foster sb.'s hopes **II alimentarsi** pronom. **1** to feed* (**con**, **di** on) (anche FIG.) **2** *(d'acqua, gas, elettricità)* to be* supplied (**di** with).
2.alimentare /alimen'tare/ **I** agg. [*industria, catena, intossicazione, risorse, aiuti*] food attrib.; [*integratore, fibre*] dietary; ***generi -i*** foodstuffs; ***abitudini -i*** eating *o* dietary habits **II alimentari** m.pl. foodstuffs, groceries AE; ***negozio di -i*** food shop, grocery, grocer's (shop) AE, grocery shop BE.
alimentatore /alimenta'tore/ m. MECC. feeder.
alimentazione /alimentat'tsjone/ f. **1** *(modo di nutrirsi)* diet (**a base di** of); ***avere una ~ sana*** to have a healthy diet; ***disturbo dell'~*** eating disorder; ***scienza dell'~*** food science **2** *(atto di nutrirsi)* feeding; ***~ forzata*** force-feeding **3** *(di macchine)* feeding; ***~ elettrica, idrica*** electricity, water supply; ***tubo di ~*** feed pipe.
alimento /ali'mento/ **I** m. **1** food; ***-i naturali*** health food; ***~ ricco di proteine*** protein-rich food **2** FIG. ***dare ~ a qcs.*** to feed *o* nurture sth.; ***~ dello spirito*** spiritual nourishment **II alimenti** m.pl. DIR. alimony, maintenance BE.
aliquota /a'likwota/ f. ECON. rate.
aliscafo /alis'kafo/ m. hydrofoil, jetfoil.
aliseo /ali'zɛo/ m. ***gli -i*** trade winds.
alitare /ali'tare/ [1] intr. (aus. *avere*) to breathe.
alito /'alito/ m. breath (anche FIG.); ***~ cattivo*** bad breath; ***~ di vento*** breath of wind.
alitosi /ali'tɔzi/ ♦ **7** f.inv. halitosis.
all. ⇒ allegato enclosure (encl.).
all' /all/, **alla** /'alla/ → **a.**
allacciamento /allattʃa'mento/ m. *(a luce, acqua, telefono, gas)* connection (**a** to).
allacciare /allat'tʃare/ [1] **I** tr. **1** to fasten [*vestito*]; to lace (up) [*scarpe*]; to buckle [*cintura*]; ***~ le cinture di sicurezza*** to fasten one's seatbelts **2** *(stringere rapporti)* to establish, to strike* up [*relazioni, rapporti*] **3** TECN. to connect [*telefono, corrente*] **4** *(collegare a una rete)* to connect [*tubo, casa*] **II allacciarsi** pronom. to fasten [*vestito*]; to lace (up) [*scarpe*]; to buckle [*cintura*].
allagamento /allaga'mento/ m. flooding.
allagare /alla'gare/ [1] **I** tr. to flood [*campi, città, casa*] **II allagarsi** pronom. to flood.
allampanato /allampa'nato/ agg. lanky, gangling.
allappare /allap'pare/ tr. [*frutto*] to set* sb.'s teeth on edge.
allargamento /allarga'mento/ m. **1** *(di strada)* widening; *(di locale)* extension **2** FIG. *(di impresa, riforma)* enlargement; ***l'~ della UE ad altri paesi*** the opening of the EU to include other countries.
allargare /allar'gare/ [1] **I** tr. **1** *(ampliare)* to broaden, to widen [*strada apertura*]; to let* out [*abiti*]; to extend, to enlarge [*casa*] **2** FIG. *(estendere)* to broaden, to widen, to expand [*conoscenze, orizzonti, prospettive*]; to increase [*elettorato*]; ***~ l'ambito di un'indagine*** to widen the scope of an enquiry **3** *(aprire)* to open, to splay [*dita, gambe*] **4** *(distanziare)* to move [sth.] aside [*sedie*] **II** intr. (aus. *avere*) SPORT to open up **III allargarsi** pronom. **1** *(ampliarsi)* [*fiume, strada*] to broaden (out), to widen, to open out; [*famiglia, gruppo*] to expand, to grow*; [*spalle, fianchi*] to become* broader; [*scarpe*] to stretch **2** FIG. ***l'abisso tra di loro si allarga sempre di più*** the gap between them continues to widen; ***traslocare per -rsi*** to move in order to have more space; ***non ti ~!*** COLLOQ. don't overdo it! ♦ ***mi si allargò il cuore*** *(per la consolazione)* my heart lightened; *(per la gioia)* my heart swelled.
allarmante /allar'mante/ agg. alarming, frightening; ***in modo ~*** alarmingly.
allarmare /allar'mare/ [1] **I** tr. [*persona, notizia*] to alarm, to worry **II allarmarsi** pronom. to be* alarmed, to get* worried (**per** at, by); ***non c'è motivo d' -rsi*** there is no cause for alarm.
allarme /al'larme/ m. **1** *(sistema)* alarm; ***impianto d'~*** alarm system, burglar alarm; ***campanello d'~*** alarm bell (anche FIG.) **2** *(segnale)* alarm, alert; ***falso ~*** false alarm (anche FIG.); ***(segnale di) cessato ~*** all clear; ***dare il segnale d'~, dare l'~*** to raise *o* give the alarm (anche FIG.) **3** *(apprensione)* ***essere in (stato d')~*** to be on the alert; ***mettere in (stato d') ~*** to alarm; ***nessun motivo d'~*** no cause for alarm ♦♦ ***~ aereo*** air alert, air-raid warning; ***~ alimentare*** food scare; ***~ antifurto*** burglar *o* intruder alarm; ***~ antincendio*** fire alarm *o* bell; ***~ bomba*** bomb alert *o* scare; ***~ rosso*** red alert.
allarmismo /allar'mizmo/ m. alarmism, scaremongering.
allarmista, m.pl. **-i**, f.pl. **-e** /allar'mista/ m. e f. alarmist, scaremonger.
allarmistico, pl. **-ci**, **-che** /allar'mistiko, tʃi, ke/ agg. alarmist; ***voce -a*** scare story.
allattamento /allatta'mento/ m. *(umano)* nursing, suckling; *(di animali)* suckling ♦♦ ***~ artificiale*** bottle-feeding; ***~ materno*** o ***al seno*** breast-feeding.
allattare /allat'tare/ [1] tr. [*donna*] to feed*, to nurse, to suckle; [*animale*] to suckle; ***~ un neonato al seno, con il biberon*** to breast-feed, bottle-feed a baby.
alle /'alle/ → **a.**
alleanza /alle'antsa/ f. alliance; ***stringere un'~ con*** to form an alliance with.
allearsi /alle'arsi/ [1] pronom. ***~ con*** o ***a, contro qcn.*** to ally oneself with *o* to, against sb.; *(unire le forze)* to join forces with, against sb.
alleato /alle'ato/ **I** p.pass. → **allearsi II** agg. [*stato, partito*] allied **III** m. (f. **-a**) ally; ***gli Alleati*** STOR. the Allies.
allegare /alle'gare/ [1] tr. *(accludere)* to enclose [*assegno*] (**a** with, in); to enclose, to attach [*documento*].
allegato /alle'gato/ **I** p.pass. → **allegare II** agg. [*scheda, dossier*] attached, enclosed; *(con clip)* clipped **III** m. enclosure; *(di e-mail)* attachment; ***in ~*** enclosed.
alleggerire /alleddʒe'rire/ [102] **I** tr. **1** *(rendere meno pesante)* to lighten [*bagaglio*] **2** *(sgravare)* to reduce [*debito*] (**di** by); to simplify [*struttura, procedura*]; to ease, to relieve [*coscienza*]; to lighten [*carico di lavoro*] **3** FIG. *(allentare)* to ease [*tensione*] **4** COLLOQ. SCHERZ. *(derubare)* ***un borseggiatore lo ha alleggerito del portafoglio*** a pickpocket relieved him of his wallet **II alleggerirsi** pronom. **1** *(diventare meno pesante)* [*bagaglio*] to lighten, to get* lighter; *(vestirsi più leggero)* to put* on lighter clothes **2** *(diventare meno ingente)* [*debito*] to be* reduced; [*struttura, procedura*] to be* simplified.
allegoria /allego'ria/ f. LETTER. allegory.
allegorico, pl. **-ci**, **-che** /alle'gɔriko, tʃi, ke/ agg. allegoric(al).
allegramente /allegra'mente/ avv. [*camminare, partire, cantare*] cheerfully, merrily; [*ridere, giocare, dire*] happily.
allegria /alle'gria/ f. **1** *(gioia)* cheerfulness, mirth; ***stare in ~*** to have a good time **2** *(buonumore)* ***mettere ~ a qcn.*** to put sb. in high spirits, to raise sb.'s spirits.
allegro /al'legro, al'lɛgro/ **I** agg. **1** [*persona, umore*] cheerful, bright; [*carattere, musica*] cheerful; [*viso*] happy; [*atmosfera*] convivial; [*colore*] bright; ***c'è poco da stare -i*** there is little to laugh at *o* about; ***tenere ~ qcn.*** to keep sb. happy **2** SCHERZ. *(brillo)* jolly, merry, tipsy **3** *(spensierato)* ***condurre una vita -a*** to live it up **4** *(di condotta)* easy; ***donnina -a*** good-time girl, easy woman **5** IRON. *(prossimo all'illegalità)* ***contabilità -a*** creative accounting **II** m. MUS. allegro ♦ ***la vedova -a*** the Merry Widow; ***gente -a il ciel l'aiuta*** PROV. = heaven helps the happy.

alleluia /alle'luja/ inter. e m.inv. alleluia, hallelujah.

allenamento /allena'mento/ m. *(preparazione)* training; *(esercizio)* practise BE, practice AE, workout; ***essere fuori ~*** to be out of training *o* out of shape; ***(man)tenersi in ~*** to keep in shape *o* in form.

allenare /alle'nare/ [1] **I** tr. **1** *(preparare)* to train, to coach [*atleta*] (**a fare** to do) **2** *(esercitare)* to train, to exercise [*memoria, orecchio*] **II allenarsi** pronom. *(prepararsi fisicamente)* to train, to practise BE, to practice AE; *(esercitarsi)* to practise BE, to practice AE (**in**, **per** for).

allenato /alle'nato/ **I** p.pass. → **allenare II** agg. [*persona*] (well-)trained; [*memoria, voce*] trained; [*occhio*] experienced; ***essere ~ a fare*** *(abituato)* to be accustomed to doing.

allenatore /allena'tore/ ➧ *18* m. (f. **-trice** /tritʃe/) *(di atleta, squadra)* coach, trainer.

allentamento /allenta'mento/ m. **1** *(di corde, viti)* looseness, slack **2** *(di disciplina, tensione)* slackening, slackness, relaxation.

allentare /allen'tare/ [1] **I** tr. **1** to loosen [*cravatta, cintura, nodo*]; to loosen, to unloose [*vite*]; to loosen, to slacken [*corda*]; to release [*freno*]; ***~ la presa su qcs.*** to relax *o* loosen one's grip on sth. **2** FIG. to weaken [*legami*]; to loosen, to relax, to let* up on [*disciplina*]; to reduce [*sorveglianza*]; to ease [*tensione*] **II allentarsi** pronom. **1** [*cravatta, cintura, nodo, vite*] to come* loose, to loosen; [*corda*] to slacken **2** FIG. *(diminuire)* [*disciplina, sorveglianza*] to get* slack, to grow* slack, to relax; [*legami, relazioni*] to loosen, to weaken, to cool; [*tensione*] to ease.

allergene /aller'dʒene/ m. allergen.

allergia /aller'dʒia/ ➧ *7* f. allergy (anche FIG.); ***avere un'~ a qcs.*** to have an allergy to sth., to be allergic to sth. (anche FIG.).

allergico, pl. **-ci**, **-che** /al'lɛrdʒiko, tʃi, ke/ agg. allergic (anche FIG.).

allergologo, m.pl. **-gi**, f.pl. **-ghe** /aller'gɔlogo, dʒi, ge/ ➧ *18* m. (f. **-a**) allergist.

allerta, all'erta /al'lerta, al'lɛrta/ **I** m. e f.inv. MIL. ***stato d'~*** (state of) alert; ***essere in (stato di) ~*** to be on the alert, to stand to; ***mettere qcn. in (stato di) ~*** to put sb. on the alert **II** agg.inv. ***stare ~*** to be on the look-out *o* on the alert (anche MIL.), to have *o* keep one's ear to the ground **III** inter. ***~!*** look out!

allertare /aller'tare/ [1] tr. to alert [*persona, servizio*].

allestimento /allesti'mento/ m. **1** *(organizzazione)* preparation, organization; *(di fiera, mostra)* mounting; *(di negozio)* fitting **2** TEATR. staging, mounting; CINEM. production.

allestire /alles'tire/ [102] tr. **1** to fit out [*negozio, museo*]; to dress [*vetrina*]; to organize [*fiera*]; to mount [*mostra*] **2** TEATR. to stage, to mount [*spettacolo*].

allettamento /alletta'mento/ m. lure, allurement.

allettante /allet'tante/ agg. [*proposta, prospettiva*] tempting, enticing, attractive; ***un lavoro poco ~*** a rather unappealing job.

allettare /allet'tare/ [1] tr. to tempt, to entice, to attract.

allevamento /alleva'mento/ m. **1** *(attività)* farming, breeding; ***~ di bestiame*** stock-breeding, livestock farming; ***~ di polli, di pecore*** chicken, sheep farming; ***animale da ~*** farm animal **2** *(luogo)* farm; ***~ di polli, di pecore*** chicken, sheep farm **3** *(educazione di bambini)* upbringing ♦♦ ***~ in batteria*** battery farming; ***~ estensivo*** extensive livestock farming; ***~ industriale*** factory farm; ***~ intensivo*** intensive livestock farming.

allevare /alle'vare/ [1] tr. **1** to breed*, to raise, to rear [*animali*] **2** to bring* up, to rear, to raise [*bambini*].

allevatore /alleva'tore/ ➧ *18* m. (f. **-trice** /tritʃe/) breeder; ***~ di maiali, di pecore*** pig, sheep farmer; ***~ di bestiame*** stock-breeder; ***~ di cani*** dog breeder.

alleviare /alle'vjare/ [1] tr. to alleviate, to ease, to relieve, to soothe [*pena, dolore*]; to alleviate [*miseria, condizioni di vita*]; ***~ il raffreddore di qcn.*** to make sb.'s cold better.

allibito /alli'bito/ agg. astounded, dazed; ***restare ~ per*** o ***di fronte a qcs.*** to be flabbergasted at sth.

allibratore /allibra'tore/ ➧ *18* m. (f. **-trice** /tritʃe/) bookmaker, turf accountant, bookie COLLOQ.

allietare /allje'tare/ [1] **I** tr. to enliven [*serata*]; to cheer up [*stanza*]; to cheer, to delight [*persona*] **II allietarsi** pronom. to cheer up, to brighten (**per**, **a** at).

allievo /al'ljɛvo/ m. (f. **-a**) pupil, student; *(di accademia militare)* cadet.

alligatore /alliga'tore/ m. alligator.

allignare /alliɲ'ɲare/ [1] intr. (aus. *essere, avere*) to take* root, to root (anche FIG.).

allineamento /allinea'mento/ m. **1** *(l'allineare)* alignment **2** *(adeguamento)* alignment (**a** with); ***non ~*** POL. nonalignment; ***~ dei prezzi*** adjustment of prices **3** TIP. *(verticale)* justification, lining ♦♦ ***~ monetario*** monetary alignment.

allineare /alline'are/ [1] **I** tr. **1** *(disporre sulla stessa linea)* to line up, to align [*oggetti, punti, persone*]; ***allineate i banchi*** put the desks in line **2** *(adeguare)* to adjust [*prezzi, salari*] **3** TIP. *(verticalmente)* to justify [*testo*] **II allinearsi** pronom. **1** *(mettersi in fila)* to line up **2** MIL. [*truppe*] to dress **3** FIG. *(conformarsi)* ***-rsi a*** to align oneself with, to fall into line with [*partito, idee*].

allineato /alline'ato/ **I** p.pass. → **allineare II** agg. POL. aligned (**a** with); ***non ~*** nonaligned.

allitterazione /allitterat'tsjone/ f. alliteration.

allo /'allo/ → **a.**

allocco, pl. **-chi** /al'lɔkko, ki/ m. **1** ORNIT. brown owl, tawny owl **2** FIG. fool.

allodola /al'lɔdola/ f. (sky)lark.

alloggiamento /alloddʒa'mento/ m. **1** accommodation, lodging **2** MIL. *(luogo) (in caserma)* quarters pl.; *(in case private)* billet; *(acquartieramento)* quartering **3** MECC. ***~ del motore*** engine housing.

alloggiare /allod'dʒare/ [1] **I** tr. **1** [*persona*] to put* [sb.] up [*amico*]; to accommodate [*turisti*]; [*municipio, scuola*] to provide accommodation for [*feriti, senzatetto*] **2** MIL. *(in caserma)* to quarter [*truppe*]; *(in case private)* to billet [*soldato*] **II** intr. (aus. *avere*) **1** *(abitare)* to live **2** *(risiedere temporaneamente)* to stay (**in** at; **presso** with) ♦ ***chi tardi arriva male alloggia*** PROV. first come first served.

alloggiato /allod'dʒato/ **I** p.pass. → **alloggiare II** agg. ***bene, male ~*** well, badly housed.

alloggio, pl. **-gi** /al'lɔddʒo, dʒi/ m. **1** accommodation, lodging; ***dare ~ a qcn.*** to put sb. up, to accommodate *o* lodge sb.; ***trovare ~ presso qcn.*** to find accommodation with sb.; ***prendere ~ presso*** to take lodgings with; ***vitto e ~*** board and lodging, room and board **2** MIL. *(in caserma)* quarters pl.; *(in case private)* billet **3** *(appartamento)* flat BE, apartment AE.

allontanamento /allontana'mento/ m. **1** *(da un luogo)* removal; *(di immigrato)* turning back **2** *(da funzione, organizzazione)* departure **3** *(estraniazione)* estrangement.

allontanare /allonta'nare/ [1] **I** tr. **1** to move away, to push away [*oggetto, curiosi*]; to dispel [*sospetto*]; ***~ qcn. da qcn.*** to separate sb. from sb. **2** *(mandare via)* to dismiss, to send* [sb.] away [*dipendente*]; to expel [*studente*]; ***~ qcn. dal proprio incarico*** to relieve sb. of their duties; ***~ qcn. dalla scena politica*** to remove sb. from the political scene **3** *(sventare)* to avert, to pull [sth.] away [*pericolo*] **II allontanarsi** pronom. **1** [*persona*] to go* away, to move away, to leave*; *(a piedi)* to walk away; *(in auto)* to drive* away **2** FIG. ***-rsi da*** [*persona*] to move *o* drift away from [*ideologia, linea politica*]; to stray from [*argomento*]; [*persona, opera*] to break away from [*tradizione, genere*] **3** *(l'uno dall'altro)* to drift apart.

allora /al'lora/ **I** avv. **1** *(in quel momento)* then, at that moment; ***proprio ~*** right then, at that very moment; ***solo ~ sapremo se è salvo*** only then will we know whether he's been saved or not **2** *(a quel tempo)* then, at the time, at that time; ***~ aveva 8 anni*** he was 8 at the time; ***è sempre timido come ~*** he's as shy as he was then; ***la moda, le abitudini di ~*** the fashion, the custom in those days; ***i miei amici di ~*** my friends at the time **3 da allora** *(in frasi negative e interrogative)* since; *(in frasi affermative)* ever since; ***da ~ non lo abbiamo mai più visto*** we haven't seen him since; ***da ~ ci siamo sempre voluti bene*** we've loved each other ever since **4 da allora (in poi)** from then on **5 fin da allora** since then **II** cong. **1** *(in tal caso)* ***se dovesse morire, ~ lei erediterebbe*** if he should die, then she would inherit; ***~ me ne vado*** I'm going then **2** *(quindi)* ***c'era sciopero della metropolitana, ~ ho preso un taxi*** there was a tube strike, so I took a taxi **3** *(ebbene)* so, well; ***ma dillo, ~!*** then say it! ***~, cominciamo la lezione*** well, let's start our lesson; ***e ~?*** so what? ***e ~? siamo***

ancora in ritardo? what's this? late again are we? ***~, cosa facciamo?*** so, what shall we do? ***~, chi vuole del caffè?*** all right then, who'd like some coffee? **III** agg.inv. ***l'~ presidente*** the President at the time, the then President.

allorché /allor'ke/ cong. LETT. when.

alloro /al'lɔro/ m. bay (tree), sweet bay, laurel; ***corona d'~*** bay *o* laurel wreath; ***insaporire con l'~*** to add some bay leaves ♦ ***riposare*** o ***dormire sugli -i*** to rest on one's laurels; ***mietere -i*** to reap honours ♦♦ ***~ olimpico*** = a medal in the Olympics.

alluce /'allutʃe/ ➧ **4** m. big toe.

allucinante /allutʃi'nante/ agg. *(sconvolgente)* shocking, mind-blowing COLLOQ.; *(incredibile)* amazing.

allucinato /allutʃi'nato/ agg. [*aria*] wild; [*sguardo*] dazed.

allucinazione /allutʃinat'tsjone/ f. hallucination; ***avere (delle) -i*** to hallucinate.

allucinogeno /allutʃi'nɔdʒeno/ **I** agg. [*sostanza*] hallucinogenic, hallucinatory **II** m. hallucinogen, acid COLLOQ.

alludere /al'ludere/ [11] intr. (aus. *avere*) ***~ a*** to allude to, to hint at.

allume /al'lume/ m. alum ♦♦ ***~ di rocca*** rock alum.

alluminio, pl. **-ni** /allu'minjo, ni/ m. aluminium BE, aluminum AE; ***foglio di ~*** (tin) foil, aluminium *o* silver foil BE.

allunaggio, pl. **-gi** /allu'naddʒo, dʒi/ m. moon landing, lunar landing.

allunare /allu'nare/ [1] intr. (aus. *essere*) to land (on the moon).

allungabile /allun'gabile/ agg. extendable; ***tavolo ~*** draw-top *o* leaf table; ***scala ~*** extension ladder.

allungamento /allunga'mento/ m. **1** *(di lista, procedura)* lengthening **2** *(in ginnastica) (movimento)* stretch; *(tipo di ginnastica)* stretching **3** *(di liquidi)* dilution **4** LING. lengthening **5** *(di corpo elastico)* extension.

allungare /allun'gare/ [1] **I** tr. **1** *(in lunghezza)* to lengthen, to let* down [*gonna, maniche*] (**di** by) **2** *(prolungare)* to extend [*lista, vacanze*] (**di** by); ***~ la strada*** to take *o* go the long way (round) **3** *(distendere)* ***~ le gambe*** to stretch (out) one's legs; ***~ il passo*** to lengthen one's stride; ***~ il collo*** to crane one's neck **4** *(per prendere)* ***~ la mano per prendere qcs.*** to reach out one's hand for sth. **5** *(diluire)* to water down [*vino*]; to thin [*vernice, sugo*] **6** COLLOQ. *(passare)* to give*, to pass, to hand; ***allungami il pane, per favore*** pass me the bread please **7** COLLOQ. *(sferrare)* to fetch; ***~ un ceffone a qcn.*** to box sb.'s ears **II allungarsi** pronom. **1** to get* longer, to grow*, to lengthen; ***le giornate si allungano*** the days are getting longer *o* drawing out **2** *(distendersi)* to lie* down, to stretch out ♦ ***~ le orecchie*** to strain *o* prick up one's ears.

allungato /allun'gato/ **I** p.pass. → **allungare II** agg. **1** *(disteso)* stretched out **2** *(diluito)* diluted, watered down.

allungo, pl **-ghi** /al'lungo, gi/ m. *(nel pugilato)* reach; *(nel calcio)* forward pass; *(nella scherma)* extended lunge.

allupato /allu'pato/ agg. COLLOQ. randy, horny.

allusione /allu'zjone/ f. allusion (**a** to), hint (**a** at, about); ***fare ~ a*** to give a hint about, to (drop a) hint at; ***con chiara ~ ai recenti avvenimenti*** in a pointed reference to recent events.

allusivo /allu'zivo/ agg. [*discorsi, frase*] allusive.

alluvionale /alluvjo'nale/ agg. [*terreno, pianura*] alluvial.

alluvionato /alluvjo'nato/ **I** agg. [*zona*] flooded **II** m. (f. **-a**) flood victim.

alluvione /allu'vjone/ f. flood, inundation.

almanaccare /almanak'kare/ [1] intr. (aus. *avere*) to rack one's brains (**su** about), to puzzle (**su** over).

almanacco, pl. **-chi** /alma'nakko, ki/ m. almanac(k).

almeno /al'meno/ avv. at least; ***c'erano ~ cinquanta persone*** there were at least fifty people; ***potresti ~ scusarti!*** you could at least say sorry! ***~ ci ha provato!*** at least *o* if nothing else he made an attempt! ***~ vent'anni fa*** a good 20 years ago; ***se ~ mi telefonasse!*** if only he would phone me!

aloe /'aloe/ **I** m. e f.inv. *(pianta)* aloe **II** f.inv. *(succo)* (bitter) aloes + verbo sing.

alogeno /a'lɔdʒeno/ **I** agg. ***lampada -a*** halogen lamp **II** m. halogen.

alone /a'lone/ m. **1** ASTR. halo* **2** *(di macchia)* mark, ring **3** FIG. *(aura)* halo*, aura*; ***un ~ di mistero circonda il progetto*** an air of mystery surrounds the project.

alpaca /'alpaka/ m.inv. *(animale, lana)* alpaca.

alpeggio, pl. **-gi** /al'peddʒo, dʒi/ m. mountain pasture.

alpestre /al'pɛstre/ agg. *(delle Alpi)* alpine; *(montano)* [*paesaggio*] mountain attrib.

Alpi /'alpi/ n.pr.f.pl. ***le ~*** the Alps.

alpinismo /alpi'nizmo/ ➧ **10** m. mountain climbing, mountaineering.

alpinista, m.pl. **-i**, f.pl. **-e** /alpi'nista/ m. e f. mountaineer.

alpinistico, pl. **-ci**, **-che** /alpi'nistiko, tʃi, ke/ agg. ***escursione -a*** climbing expedition.

alpino /al'pino/ **I** agg. [*fauna, flora*] alpine; ***sci ~*** downhill skiing; ***truppe -e*** alpine *o* mountain troops **II** m. *(soldato)* = member of the Italian alpine troops.

alquanto /al'kwanto/ **I** agg.indef. *(una certa quantità di)* some, a certain amount of, quite a bit of; *(un certo numero di)* several, quite a few, quite a lot of; ***dopo ~ tempo*** after some time; ***c'erano -e persone*** there were quite a few people **II** pron.indef. *(una certa quantità)* some, quite a bit, quite a lot, a good deal **III alquanti** pron.indef.pl. *(un certo numero)* some, several, quite a few; ***ne comprai -i*** I bought quite a few of them **IV** avv. ***camminammo ~*** we walked for quite some time *o* a while; ***è ~ infelice*** he is rather unhappy.

alsaziano /alsat'tsjano/ ➧ **30 I** agg. Alsatian **II** m. (f. **-a**) **1** *(persona)* Alsatian **2** LING. Alsatian **3** *(cane)* German shepherd, Alsatian BE.

alt /alt/ **I** inter. stop; MIL. halt **II** m.inv. stop; MIL. halt; ***dare*** o ***intimare l'~ a qcn.*** to order sb. to stop.

altalena /alta'lena/ f. **1** *(sospesa)* swing; *(a bilico)* seesaw, teeter-totter AE; ***andare in ~*** to go on the swing(s) *o* on the seesaw, to seesaw **2** FIG. seesaw; ***l'~ dei prezzi*** the swing in prices; ***l'~ della vita*** the ups and downs of life.

altalenante /altale'nante/ agg. [*carriera*] full of ups and downs; [*risultati*] which go* up and down.

altamente /alta'mente/ avv. *(molto)* [*industrializzato, specializzato, tossico*] highly; [*stimare*] greatly.

altare /al'tare/ m. altar; ***condurre una donna all'~*** to lead a woman to the altar *o* down the aisle SCHERZ.; ***andare all'~*** to get married; ***pala d'~*** altar piece ♦ ***mettere*** o ***porre qcn. sugli -i*** to put sb. on a pedestal ♦♦ ***~ maggiore*** high altar.

altarino /alta'rino/ m. ***scoprire gli -i*** to stumble on what's been going on.

altea /al'tea/ f. marshmallow.

alterare /alte'rare/ [1] **I** tr. **1** to alter [*sapore*]; to adulterate [*sostanza*]; to disfigure [*paesaggio*] **2** *(falsificare, contraffare)* to distort, to corrupt [*testo*]; to distort, to slant [*storia, fatti*]; to distort, to skew [*risultato*]; to alter, to disguise [*voce*]; to twist [*verità*] **3** *(irritare)* to irritate [*persona*] **II alterarsi** pronom. **1** *(deteriorarsi)* [*cibo*] to go* bad, to go* off **2** *(irritarsi)* [*persona*] to get* angry.

alterato /alte'rato/ **I** p.pass. → **alterare II** agg. **1** altered, changed **2** *(falsificato)* [*testo*] falsified, faked; [*risultato*] distorted, skewed **3** *(irritato)* vexed, irritated.

alterazione /alterat'tsjone/ f. **1** *(di colore)* change (**di** in) **2** *(di fatti, documenti)* distortion, alteration (**di** to); ***~ dei dati*** data corruption **3** FIG. *(irritazione)* irritation.

alterco, pl. **-chi** /al'tɛrko, ki/ m. altercation, wrangle (**per** over).

alterigia, pl. **-gie**, **-ge** /alte'ridʒa, dʒe/ f. haughtiness, arrogance; ***con ~*** haughtily.

alternanza /alter'nantsa/ f. **1** alternation **2** POL. ***scegliere l'~*** [*elettorato, paese*] to opt for a change in power.

alternare /alter'nare/ [1] **I** tr. to alternate; ***~ qcs. a*** o ***e qcs.*** to alternate sth. with *o* and sth. **II alternarsi** pronom. to alternate (**a**, **con** with); ***-rsi con qcn. per fare qcs.*** to take turns with sb. (at) doing sth.

alternativa /alterna'tiva/ f. alternative, option; ***avere l'~ di*** to have the alternative of; ***non mi lasci altra ~ che...*** you leave me no choice *o* alternative but to...; ***in ~*** as an alternative.

alternativo /alterna'tivo/ agg. **1** MECC. ***motore ~*** reciprocating engine **2** *(sostitutivo)* [*soluzione, energia, percorso*] alternative **3** *(non convenzionale)* [*educazione, medicina, ambienti*] alternative.

alternato /alter'nato/ **I** p.pass. → **alternare II** agg. [*colori*] alternate, alternating; ***cerchi e quadri -i*** alternate circles and squares; ***corrente -a*** EL. alternating current.

alternatore /alterna'tore/ m. alternator.

alterno /al'tɛrno/ agg. **1** [*movimento*] alternate **2** FIG. *(mutevole)* ***le -e vicende della vita*** life's ups and downs; ***di umore ~*** moody; ***a giorni -i*** every other day, on alternate days **3** MAT. [*angoli*] alternate.

altero /al'tɛro/ agg. *(orgoglioso)* [*portamento*] proud; *(sdegnoso)* [*persona, sguardo*] haughty, arrogant.

altezza /al'tettsa/ f. **1** *(dimensione)* height; ***il muro misura 3 metri in ~*** the wall is 3 metres high; ***una torre di 30 metri d'~*** a tower 30 metres high; ***qual è l'~ del Monte Bianco?*** how high is *o* what is the altitude of Mont Blanc? ***ad ~ d'uomo*** at head height **2** *(statura)* height, stature; ***un uomo di notevole, media ~*** a very tall man, a man of average *o* medium height **3** *(quota, altitudine)* altitude, height; ***a 500 metri di ~*** [*paese*] at a height *o* at an altitude of 500 metres (above sea level) **4** *(profondità)* ***l'~ di un pozzo*** the depth of a well **5** *(elevatezza morale)* nobility, greatness; ***~ d'animo*** nobility of spirit **6** *(titolo)* highness; ***Sua Altezza Reale*** His, Her Royal Highness **7** MAT. altitude, height **8** MUS. *(di suono)* pitch **9** ASTR. altitude, elevation **10** *(di tessuto)* width **11 all'altezza di** ***appendere un quadro all'~ degli altri*** to hang a picture (on a) level with *o* at the same height as the others; ***arrivare all'~ di*** to come up to; ***accorciare una gonna all'~ delle ginocchia*** to shorten a skirt to knee-level; ***all'~ di Roma*** near Rome ♦ ***essere all'~ di*** to match up *o* be up *o* be equal to [*compito, responsabilità*].

altezzosità /altettsosi'ta/ f.inv. haughtiness.

altezzoso /altet'tsoso/ agg. haughty.

alticcio, pl. **-ci**, **-ce** /al'tittʃo, tʃi, tʃe/ agg. tipsy, merry.

altimetrico, pl. **-ci**, **-che** /alti'mɛtriko, tʃi, ke/ agg. altimetric.

altimetro /al'timetro/ m. altimeter.

altipiano /alti'pjano/ → **altopiano.**

altisonante /altiso'nante/ agg. **1** [*discorso*] resounding **2** *(roboante)* [*stile, titolo*] high-sounding, high-flown.

Altissimo /al'tissimo/ m. ***l'~*** God on High, the Most High.

altitudine /alti'tudine/ f. altitude, height.

alto /'alto/ **I** agg. **1** *(di altezza considerevole)* [*montagna, muro, tacco*] high; [*albero, monumento, edificio, erba*] tall; [*neve*] deep; *(profondo)* [*acqua*] deep; *(spesso)* [*strato*] thick; ***un muro ~ 5 metri*** a five-metre high wall **2** *(di statura elevata)* [*persona*] tall; ***quanto sei ~?*** how tall are you? what's your height? ***sono ~ un metro e sessanta*** I'm one metre sixty (tall) **3** *(in posizione elevata)* ***la parte -a di*** the top part of [*edificio, muro*]; ***lo scaffale più ~*** the top shelf; ***la città -a*** the upper town; ***il sole è ~ sull'orizzonte*** the sun is high above the horizon **4** *(in una scala di valori)* [*temperatura, pressione, densità, voto, prezzo, reddito*] high; ***avere un'-a opinione di qcn.*** to have a high opinion of sb. **5** *(forte)* [*voce, suono*] loud; ***a voce -a*** [*leggere, pensare*] aloud, in a loud voice; [*parlare*] loudly **6** MUS. *(acuto)* [*nota, tonalità*] high(-pitched) **7** *(in una gerarchia)* ***di ~ rango*** of high rank, high-ranking; ***il ceto ~*** the upper class(es) **8** *(nel tempo)* ***l'~ Medioevo*** the early Middle Ages **9** *(nobile)* [*principio*] high, noble **10** GEOGR. upper; ***l'Alta Italia*** Northern Italy; ***Alto Egitto*** Upper Egypt **II** m. **1** *(parte superiore)* top; ***"~"*** *(sugli imballaggi)* "this side up" **2 in alto** ***guardare in ~*** to look up; ***nell'angolo in ~ a sinistra*** in the top left-hand corner; ***mirare troppo in ~*** to aim too high (anche FIG.) **3 dall'alto** from above, from the top, from on high **III** avv. [*volare, saltare*] high ♦ ***guardare qcn. dall'~ in basso*** to eye sb. up and down, to look down on sb. *o* down one's nose at sb.; ***-i e bassi*** ups and downs; ***avere degli -i e bassi*** to have one's ups and downs; ECON. to have peaks and troughs; ***mani in ~!*** hands up! ***andare a testa -a*** to walk tall *o* with one's head held high ♦♦ ***~ dirigente*** top *o* senior manager; ***~ funzionario*** high-ranking official, senior officer; ***~ mare*** high *o* open sea; ***~ tradimento*** high treason; ***-a definizione*** TELEV. high definition; ***-a fedeltà*** high-fidelity; ***-a finanza*** high finance; ***-a marea*** high tide *o* water; ***-a moda*** haute couture, high fashion; ***-a pressione*** METEOR. high pressure; ***-a società*** high society; ***-a stagione*** peak *o* high season; ***-a tensione*** EL. high tension *o* voltage; ***-a uniforme*** dress uniform, formal *o* full dress; ***-a velocità*** FERR. high speed.

altoatesino /altoate'zino/ ➧ ***30*** **I** agg. from, of Alto Adige **II** m. (f. **-a**) native, inhabitant of Alto Adige.

altoforno, pl. **altiforni** /alto'forno, alti'forni/ m. blast furnace.

altolocato /altolo'kato/ agg. ***amicizie -e*** friends in high places.

altoparlante /altopar'lante/ m. (loud)speaker.

altopiano, pl. **altipiani** /alto'pjano, alti'pjani/ m. plateau, upland.

altorilievo /altori'ljɛvo/ m. high relief.

altrettanto /altret'tanto/ **I** agg.indef. *(la stessa quantità di)* as much; *(lo stesso numero di)* as many; *(in frasi negative) (la stessa quantità)* as much, so much; *(lo stesso numero)* as many, so many; ***sei cucchiai e -e forchette*** six spoons and as many forks **II** pron.indef. **1** *(la stessa quantità)* as much; *(lo stesso numero)* as many; *(in frasi negative) (la stessa quantità)* as much, so much; *(lo stesso numero)* as many, so many; ***gli ho dato dieci sterline e voi gli dovete ~*** I gave him ten pounds and you owe him as much **2** *(la stessa cosa)* the same; ***cerca di fare ~*** try and do the same **III** avv. **1** *(nella stessa misura)* as much; *(lo stesso tempo)* as long; ***è intelligente quanto lei, ma non studia ~*** he's as clever as her but he doesn't study as hard **2** *(con avverbi, aggettivi)* as (**quanto** as); ***~ bene, interessante*** as well, as interesting; ***non ~ costoso*** not quite as expensive **3** *(in frasi di cortesia)* ***(grazie,) ~!*** (thank you,) the same to you! you're welcome! AE.

altri /'altri/ pron.indef. *(qualcuno)* ***~ potrebbe dire...*** somebody (else) *o* others might say...; ***chi ~ avrebbe potuto farlo?*** who else could have done it? ***non ~ che lui*** no-one else but him.

altrimenti /altri'menti/ avv. **1** *(in caso contrario)* otherwise, or else; ***sbrigati, ~ perdi il treno*** hurry up, otherwise you'll miss the train; ***adesso smettila, ~...!*** stop it now, or else...! **2** *(in altro modo)* ***non posso fare ~*** I cannot do otherwise *o* differently.

altro /'altro/ Per tradurre correttamente *altro* in inglese, bisogna innanzitutto distinguere l'uso aggettivale da quello pronominale, e poi capire se *altro* significa *diverso* oppure *in più*: *dammi un altro giornale, questo non mi piace* = give me another newspaper, I don't like this one; *non ne hai altri?* = haven't you got any others? *dammi dell'altra carta, questa non basta* = give me some more paper, this is not enough; *te ne porterò altri* = I'll bring you some more. - Si noti anche che *altro* si traduce *else* quando segue un pronome: *nient'altro* = nothing else. - Per questi e più particolari usi di *altro*, si veda la voce qui sotto. **I** agg.indef. **1** *(diverso)* other; ***gli -i bambini*** the other children; ***un'-a idea*** another idea; ***lo farò un ~ giorno*** I'll do it some other day; ***nessun'-a soluzione*** no other solution; ***è un'-a cosa*** that's something different; ***ben -a*** o ***tutt'-a cosa*** quite a different thing, quite another matter **2** *(in più)* other, more; ***vuoi un'-a caramella?*** do you want another sweet? ***prendi un ~ biscotto*** have one more biscuit; ***~ caffè?*** some more coffee? ***-e domande?*** any more *o* any other questions? ***mi dia -e due penne*** give me another two pens; ***mi rimangono -i due libri da leggere*** I've got two books left to read **3** *(nel tempo) (scorso)* ***l'altr'anno*** last year; ***l'-a sera*** the other night; ***l'~ ieri*** the day before yesterday; *(prossimo)* ***quest'~ mese*** next month **4** *(dopo un pronome personale)* ***noi -i, voi -i*** we, you **5 d'altra parte** on the other hand **II** pron.indef. **1** *(persona o cosa diversa)* other (one); ***un ~*** another (one); ***non ne hai -i?*** haven't you got any others? ***un ~ non l'avrebbe fatto*** nobody else would have done it; ***avanti un ~*** next, please; ***ti ho preso per un ~*** I mistook you for someone else; ***dei racconti uno più vivace dell'~*** stories which are more lively than the next; ***da un giorno all'~*** *(improvvisamente)* from one day to the next; *(presto)* any day now; ***un giorno o l'~*** one day or other; ***in un modo o nell'~*** somehow or other, in one way or another; ***si può fare in un modo o nell'~*** you can do it either way; ***in un modo o nell'~ dovrò farcela*** I'll have to manage somehow; ***da una parte e dall'-a*** on both *o* either sides; ***(l')uno dopo l'~*** one after the other; ***l'uno e l'~*** both; ***l'uno o l'~*** either; ***né l'uno, né l'~*** neither one nor the other, neither of them; *(con not o altre negazioni)* either of them **2** *(in più)* ***prendine un ~*** have another one; ***te ne porterò -i*** I'll bring you some more; ***questo e ~*** this and (a lot) more **3** *(cosa diversa)* ***parliamo d'~*** let's talk about something else; ***ho ben ~ da fare*** I've more important things to do; ***un motivo come un ~*** as good a reason as any (other); ***~ che cinema, devi riordinare!*** cinema? no way, you've got to tidy up! **4** *(con altri pronomi)* else; ***qualcun ~*** somebody else; ***tutti gli -i*** everybody else **5 (l')uno... l'altro...** one... the other... **6 alcuni... altri...** some... others... **7 l'un l'altro** each other, one another **8 tra l'altro** *(tra le altre cose)* among other things; *(a proposito)* by the way **9 tutt'altro** ***"sei arrabbiato?" - "tutt'~!"*** "are you angry?" - "far from it!"; ***"è noioso?" - "tutt'~!"*** "is it boring?" - "quite the opposite!"; ***è tutt'~ che stupido*** he's nobody's fool, he's far from stupid **10 senz'altro** certainly ♦ ***ci mancherebbe ~!*** God forbid! ***~ è dire, ~ è fare*** PROV. it's easier said than done.

altroché /altro'ke/ avv. and how! (most) certainly! ***"era buono?" - "~!"*** "was it nice?" - "it certainly was!".

altronde: **d'altronde** /dal'tronde/ avv. besides, on the other hand, however.

altrove /al'trove/ avv. elsewhere, somewhere else; ***qui o ~, per me è lo stesso*** anywhere, it's all the same to me; ***avere la mente ~*** FIG. to be miles away.

altrui /al'trui/ agg.poss.inv. ***senza l'aiuto ~*** without the help of others, without other people's help; ***la vita ~*** other people's lives.

altruismo /altru'izmo/ m. altruism, unselfishness.

altruista, m.pl. **-i**, f.pl. **-e** /altru'ista/ **I** agg. altruistic, caring, unselfish **II** m. e f. altruist.

altruistico, pl. **-ci, -che** /altru'istiko, tʃi, ke/ agg. altruistic.

altura /al'tura/ f. **1** *(luogo elevato)* rise, hill, high ground **2** MAR. ***d'~*** [*pesca*] deep-sea, offshore; [*imbarcazione*] seagoing, ocean-going.

alunna /a'lunna/ f. pupil, schoolchild*, schoolgirl.

alunno /a'lunno/ m. pupil, schoolchild*, schoolboy; ***~ di prima*** first year.

alveare /alve'are/ m. (bee)hive.

alveo /'alveo/ m. (river)bed.

alveolare /alveo'lare/ agg. alveolar.

alveolo /al'vɛolo/ m. ANAT. alveolus*.

alzacristallo /altsakris'tallo/ m. (window) winder; ***-i elettrici*** electric windows.

alzaia /al'tsaja/ f. *(strada)* towpath.

alzare /al'tsare/ [1] **I** tr. **1** *(sollevare)* [*persona*] to lift (up) [*oggetto*]; to raise, to lift [*testa, gamba*]; to shrug [*spalle*]; to raise [*sopracciglia*]; ***~ la mano*** *(per parlare)* to put up *o* raise one's hand; ***~ le mani su qcn.*** *(per colpire)* to raise a hand to *o* lay a hand on sb.; ***~ la voce*** to speak up, to raise one's voice (anche FIG.) **2** *(aumentare)* to turn up [*termostato, gas*]; to turn up, to raise [*volume*]; to raise, to push up, to put* up [*prezzi*] **3** *(tirare su)* to wind* up [*finestrino*]; to raise, to hoist [*bandiera*]; to raise up [*sipario*] **4** *(costruire)* to build*, to put* up, to raise, to erect [*muro, casa*] **5** *(elevare)* ***~ la casa di un piano*** to add another storey to the house **6** GIOC. ***~ le carte*** to cut the cards; ***~ una carta*** to pick up a card **II alzarsi** pronom. **1** *(mettersi in piedi)* ***-rsi in piedi*** to stand up, to rise to one's feet; ***-rsi da terra*** to get up off the ground, to pick oneself up **2** METEOR. [*nebbia*] to lift, to clear; [*sole, vento*] to rise* **3** *(dal letto)* to get* up **4** *(aumentare)* [*livello dell'acqua*] to rise*; [*marea*] to come* in, to come* up; [*prezzi, tassi*] to rise*, to go* up (**di** by); [*febbre, temperatura*] to go* up (**di** by) **5** TEATR. ***si alza il sipario*** the curtain rises **6** *(sollevarsi)* ***-rsi in volo*** [*aereo*] to climb, to rise up, to take off; [*uccello*] to rise up, to soar up.

alzata /al'tsata/ f. **1** ***~ di spalle*** shrug (of the shoulders); ***per ~ di mano*** by a show of hands; ***~ d'ingegno*** stroke of genius, brainwave **2** *(vassoio per dolci)* cake stand **3** *(mobile)* dresser **4** *(di scalino)* riser **5** SPORT *(nella pallavolo)* pass; *(nel sollevamento pesi)* full lift **6** *(nel gioco delle carte)* cut **7** GEOGR. levee.

alzato /al'tsato/ **I** p.pass. → **alzare II** agg. **1** *(sollevato)* up; ***le tapparelle erano -e*** the blinds were up **2** *(sveglio)* up, out of bed, up and about; ***non è ancora ~*** he isn't up yet **III** m. ARCH. elevation.

Alzheimer /al'tsaimer/ ➧ **7** n.pr. ***morbo di ~*** Alzheimer's disease.

A.M. ⇒ Aeronautica Militare Air Force.

amabile /a'mabile/ agg. **1** *(piacevole)* [*persona*] lovable, pleasant, amiable (**con** to, towards); [*sorriso*] friendly **2** *(al gusto)* [*vino*] smooth.

amabilità /amabili'ta/ f.inv. **1** *(di persona)* lovableness, pleasantness, amiability **2** *(di vino)* smoothness.

amaca, pl. **-che** /a'maka, ke/ f. hammock.

amalgama /a'malgama/ m. amalgam (anche FIG.).

amalgamare /amalga'mare/ [1] **I** tr. **1** CHIM. to amalgamate; FIG. *(fondere)* to blend, to merge [*colori*] **2** GASTR. to mix, to cream [*ingredienti*] **II amalgamarsi** pronom. CHIM. to amalgamate; ***la squadra si è ben amalgamata*** FIG. the team have come together well.

amalgamazione /amalgamat'tsjone/ f. amalgamation.

amamelide /ama'mɛlide/ f. witch hazel.

amante /a'mante/ **I** agg. ***essere ~ di*** to be fond of *o* keen on *o* a lover of **II** m. e f. **1** *(partner sessuale)* lover; *(donna)* mistress; ***farsi un ~*** to take a lover **2** FIG. lover; ***~ degli animali, del jazz*** animal lover, jazz lover; ***è un ~ della buona cucina*** he is a lover of good food.

amanuense /amanu'ɛnse/ m. amanuensis*.

amare /a'mare/ [1] v. la voce **1.piacere. I** tr. **1** *(provare amore per)* to love [*persona, animali, patria*]; ***~ qcn. alla follia*** to love sb. madly; ***sa farsi ~ da tutti*** he knows how to endear himself to everyone **2** *(prediligere)* to love, to be* fond of, to enjoy [*attività, sport*]; ***amo ascoltare la musica*** I like *o* love listening to music; ***ama dormire fino a tardi la domenica*** on Sundays he loves to sleep in late **II amarsi** pronom. **1** *(se stesso)* to love oneself **2** *(reciprocamente)* ***-rsi l'un l'altro*** to love each other.

amareggiare /amared'dʒare/ [1] **I** tr. to embitter, to sadden; ***~ la vita a qcn.*** to make sb.'s life a misery **II amareggiarsi** pronom. to become* embittered.

amareggiato /amared'dʒato/ **I** p.pass. → **amareggiare II** agg. ***essere molto ~ per...*** to feel bitter about...

amarena /ama'rɛna/ f. sour cherry.

amaretto /ama'retto/ m. **1** *(biscotto)* macaroon **2** *(liquore)* = almond based liqueur.

amarezza /ama'rettsa/ f. *(tristezza)* bitterness, sadness; *(dispiacere)* ***una vita piena di -e*** a life full of bitter disappointments.

amarillide /ama'rillide/ f. amaryllis.

amaro /a'maro/ **I** agg. bitter (anche FIG.); ***caffè ~*** coffee without sugar **II** m. **1** *(amarezza)* bitterness **2** *(digestivo)* bitters pl. ♦ ***lasciare l'~ in bocca*** to leave a bad *o* nasty taste in one's *o* in the mouth.

amato /a'mato/ **I** p.pass. → **amare II** agg. beloved, dear **III** m. (f. **-a**) beloved.

amatore /ama'tore/ m. (f. **-trice** /tritʃe/) **1** *(appassionato)* connoisseur, lover; *(collezionista)* collector **2** *(dilettante)* amateur.

amatoriale /amato'rjale/ agg. [*sport, teatro*] amateur attrib.; ***film ~*** home movie.

amatriciana: **all'amatriciana** /allamatri'tʃana/ agg. e avv. GASTR. = with tomatoes, diced salt pork, onions, red chilli pepper and white wine.

amazzone /a'maddzone/ f. **1** MITOL. Amazon **2** ➧ ***9*** GEOGR. ***Rio delle Amazzoni*** Amazon (River) **3** *(cavallerizza)* horsewoman*; ***tenuta da ~*** riding habit; ***cavalcare all'~*** to ride side saddle; ***sella da ~*** side saddle.

amazzonico, pl. **-ci, -che** /amad'dzɔniko, tʃi, ke/ agg. [*foresta, tribù*] Amazon attrib.

ambasciata /ambaʃ'ʃata/ f. **1** *(luogo, personale diplomatico)* embassy **2** *(messaggio)* message; ***fare, portare un'~*** to bring, to give a message.

ambasciatore /ambaʃʃa'tore/ ➧ ***1*** m. ambassador (anche FIG.); ***l'~ in Grecia*** the ambassador to Greece ♦ ***ambasciator non porta pena*** PROV. don't blame *o* shoot the messenger (for the bad news).

ambedue /ambe'due/ **I** agg. both; ***~ i lati della strada*** both sides of the road **II** pron. both; ***avete ~ torto*** both of you are wrong.

ambiare /am'bjare/ [1] intr. (aus. *avere*) [*cavallo*] to (go* at an) amble.

ambidestro /ambi'dɛstro/ agg. ambidextrous.

ambientale /ambjen'tale/ agg. [*condizione, inquinamento, tutela*] environmental; [*temperatura*] ambient; ***degrado ~*** degradation of the environment; ***consapevole dei problemi -i*** environmentally aware, eco-aware.

ambientalismo /ambjenta'lizmo/ m. *(difesa dell'ambiente)* ecology, conservation.

ambientalista, m.pl. **-i**, f.pl. **-e** /ambjenta'lista/ agg., m. e f. *(ecologista)* environmentalist, conservationist.

ambientare /ambjen'tare/ [1] **I** tr. **1** *(intonare all'ambiente)* to adapt **2** *(collocare)* to set* [*libro, scena*] **II ambientarsi** pronom. [*persona*] to fit in, to settle in.

ambientazione /ambjentat'tsjone/ f. TEATR. CINEM. setting.

ambiente /am'bjɛnte/ m. **1** environment; ***~ marino, tropicale*** marine environment; ***animali nel loro ~ naturale*** animals in their natural surroundings; ***la giungla è il loro ~ naturale*** the jungle is their home; ***difesa dell'~*** environmental protection **2** *(ambito, mondo)* ***~ familiare*** home environment; ***l'~ politico*** the world of politics; ***l'~ letterario*** literary circles; ***l'~ universitario*** the academia; ***l'~ della malavita*** the (criminal) underworld; ***al di fuori del suo solito ~ è un'altra persona*** out of his usual surroundings, he's a different man; ***hai bisogno di cambiare ~*** you need a change of scene **3** *(retroterra)* background; ***provenire da un ~ borghese*** to come from a middle class background **4** *(locale)* room; ***un appartamento di sei -i*** a six-room flat **5** INFORM. environment.

ambiguità /ambigui'ta/ f.inv. *(di parola, situazione)* ambiguity.

ambiguo /am'biguo/ agg. *(poco chiaro)* [*parola, risposta*] ambiguous, equivocal; [*complimento*] backhanded; *(sospetto)* [*atteggiamento*] equivocal; [*persona*] shifty.

ambio, pl. **-bi** /'ambjo, bi/ m. amble; ***andare d'~*** to (go at an) amble.

ambire /am'bire/ [102] tr. e intr. (aus. *avere*) ***~ (a) qcs.*** to aim at *o* for sth., to strive for *o* after sth., to aspire to sth.; ***~ a fare*** to aim at doing *o* to do, to aspire to do.

1.ambito /am'bito/ **I** p.pass. → **ambire II** agg. [*area, posizione*] desirable; [*lavoro, ruolo*] sought-after.

2.ambito /'ambito/ m. **1** *(area delimitata)* ***~ di interesse, di competenza*** area of interest, of expertise; ***allargare l'~ di un'indagine*** to widen the scope of an enquiry; ***questo esula dall'~ delle mie funzioni*** that's not part of my duties; *(ambiente)* ***l'~ della famiglia*** the family circle **2 nell'ambito di** on the occasion of [*inchiesta, negoziati*]; within [*politica, organizzazione*].

ambivalente /ambiva'lɛnte/ agg. ambivalent.

ambivalenza /ambiva'lɛntsa/ f. ambivalence.

ambizione /ambit'tsjone/ f. ambition; ***avere l'~ di fare qcs.*** to have an ambition *o* to be ambitious to do sth.; ***avere -i politiche*** to have political ambitions.

ambizioso /ambit'tsjoso/ **I** agg. [*persona, progetto, obiettivo*] ambitious, high-flying attrib. **II** m. (f. **-a**) ambitious person, high-flyer.

ambliopia /amblio'pia/ ➧ ***7*** f. amblyopia.

ambo /'ambo/ **I** agg.inv. ***~ gli occhi*** both eyes; ***da ~ le parti*** on both sides, on either side **II** m. GIOC. double.

ambosessi /ambo'sɛssi/, **ambosesso** /ambo'sɛsso/ agg.inv. of either sex, male or female.

ambra /'ambra/ ➧ ***3*** **I** f. *(resina)* amber **II** agg. e m.inv. *(colore)* amber.

ambrato /am'brato/ agg. [*vino*] amber attrib.

Ambrogio /am'brɔdʒo/ n.pr.m. Ambrose.

ambrosia /am'brɔzja/ f. ambrosia (anche FIG.).

ambulante /ambu'lante/ ➧ ***18*** agg.inv. ***venditore ~*** *(al mercato)* stallholder, hawker, pedlar; ***suonatore ~*** street musician, busker BE; ***attore ~*** strolling player; ***pericolo ~*** FIG. walking disaster; ***è un dizionario ~*** COLLOQ. FIG. he's a walking dictionary.

ambulanza /ambu'lantsa/ f. ambulance.

ambulatoriale /ambulato'rjale/ agg. ***cura ~*** outpatient treatment; ***paziente ~*** outpatient.

ambulatorio, pl. **-ri** /ambula'tɔrjo, ri/ m. consulting room, outpatients' clinic, outpatients' department; ***~ dentistico*** dental office *o* practice.

ameba /a'mɛba/ f. ZOOL. MED. amoeba*, ameba* AE.

amen /'amen/ m.inv. RELIG. amen; ***in un ~*** FIG. before you could say knife.

amenità /ameni'ta/ f.inv. **1** *(fascino)* amenity, pleasantness **2** *(facezia)* pleasantry.

ameno /a'mɛno/ agg. **1** *(piacevole)* pleasant **2** *(divertente)* amusing, entertaining.

amento /a'mɛnto, a'mento/ m. BOT. catkin.

America /a'mɛrika/ ➧ ***33*** n.pr.f. America; ***~ del Nord*** o ***settentrionale*** North America; ***~ del Sud*** o ***meridionale*** South America; ***~ Latina*** Latin America ♦ ***ha trovato l'~*** he's on a good thing, he's struck it rich; ***hai scoperto l'~!*** big deal!

americanismo /amerika'nizmo/ m. Americanism.

americanizzare /amerikanid'dzare/ [1] **I** tr. Americanize **II americanizzarsi** pronom. to become* Americanized.

americano /ameri'kano/ ➧ ***25, 16*** **I** agg. **1** American **2 all'americana** in the American style; ***confronto all'-a*** identification parade, line up; ***tovagliette all'-a*** place mats **II** m. (f. **-a**) **1** *(persona)* American **2** LING. *(varietà dell'inglese)* American (English).

amerindio, pl. **-di, -die** /ame'rindjo, di, dje/ **I** agg. Amerindian **II** m. (f. **-a**) Amerind(ian).

ametista /ame'tista/ ➧ ***3*** **I** f. *(gemma)* amethyst **II** agg. e m.inv. *(colore)* amethyst.

amianto /a'mjanto/ m. asbestos.

amica, pl. **-che** /a'mika, ke/ f. (girl)friend; *(amante)* lover, mistress.

amichevole /ami'kevole/ **I** agg. **1** *(di, da amico)* friendly; [*lettera, stile*] friendly, informal **2** DIR. [*accordo, soluzione*] amicable; ***in via ~*** out of court, amicably (anche FIG.); ***constatazione ~*** AUT. agreed statement **3** SPORT [*partita*] friendly **4** INFORM. user-friendly **II** f. SPORT friendly (match).

amicizia /ami'tʃittsja/ **I** f. friendship **U**; ***rapporto di ~*** friendly relationship; ***fare ~ con qcn.*** to make friends *o* strike up a friendship with sb.; *(singola relazione)* ***rompere un'~*** to break (off) a friendship **II amicizie** f.pl. *(amici)* ***le mie -e*** my friends; ***avere cattive -e*** to keep bad company ♦ ***patti chiari ~ lunga*** PROV. a debt paid is a friend kept, clear understandings breed long friendships.

amico, pl. **-ci, -che** /a'miko, tʃi, ke/ **I** m. **1** *(compagno)* friend, pal COLLOQ., buddy COLLOQ., mate BE COLLOQ.; ***un mio ~*** a friend of mine; ***~ intimo, d'infanzia*** close, childhood friend; ***un ~ di famiglia*** a friend of the family; ***essere ~ di qcn.*** to be friends with sb.; ***farsi degli -ci*** to make friends, to form friendships; ***-ci come prima*** let's be friends! ***Daniele o Dany per gli -ci*** Daniele known as Dany to his friends; ***ti parlo da ~*** I say this as a friend **2** *(in forme di richiamo)* ***ehi! ~!*** hey! brother! ***ciao ~!*** COLLOQ. hi buddy! **3** EUFEM. *(amante)* lover **II** agg. [*paese, persona, volto*] friendly; ***telefono ~*** helpline ♦ ***gli -ci si riconoscono nel momento del bisogno*** a friend in need is a friend indeed; ***essere -ci per la pelle*** to be as thick as thieves; ***chi trova un ~ trova un tesoro*** PROV. a good friend is worth his weight in gold ♦♦ ***~ del cuore*** best *o* bosom friend; ***-ci e parenti*** kith and kin; ***~ di penna*** pen friend, pen pal COLLOQ.

amicone /ami'kone/ m. *(amico intimo)* close friend, crony.

amidaceo /ami'datʃeo/ → **amilaceo**.

amido /'amido/ m. **1** GASTR. starch **2** TESS. starch.

amilaceo /ami'latʃeo/ agg. amylaceous.

amletico, pl. **-ci, -che** /am'lɛtiko, tʃi, ke/ agg. ***dubbio ~*** dilemma.

Amleto /am'lɛto/ n.pr.m. Hamlet.

ammaccare /ammak'kare/ [1] **I** tr. *(danneggiare)* to dent [*pentola, veicolo*]; to bruise [*frutta*] **II ammaccarsi** pronom. **1** *(schiacciarsi)* [*frutta*] to bruise, to get* squashed **2** *(prendere una botta)* ***-rsi il ginocchio*** to bruise one's knee.

ammaccatura /ammakka'tura/ f. **1** *(di pentola, veicolo)* dent, bash COLLOQ.; *(di frutta)* bruise **2** *(ematoma)* bruise.

ammaestrare /ammaes'trare/ [1] tr. **1** *(istruire)* to train, to teach* **2** *(addestrare)* to train [*cavallo, cane*].

ammaestrato /ammaes'trato/ **I** p.pass. → **ammaestrare II** agg. [*elefante, foca*] trained.

ammaestratore /ammaestra'tore/ ➧ ***18*** m. (f. **-trice** /tritʃe/) trainer.

ammainare /ammai'nare/ [1] tr. to lower [*vela, bandiera*].

ammalarsi /amma'larsi/ [1] pronom. to become* ill, to fall* ill, to fall* sick; ***~ di influenza*** to be taken ill with the flu, to catch the flu.

ammalato /amma'lato/ L'aggettivo *ammalato / malato* si traduce in inglese in due modi diversi: *ill* e *sick*. Il primo si usa in posizione predicativa dopo il verbo *essere*: *mia nonna è gravemente (am)malata* = my grandmother is seriously ill. Il secondo si usa in posizione attributiva davanti al sostantivo: *ho visitato mia nonna (am)malata in ospedale* = I visited my sick grandmother in hospital. - *Ill*

non ha comparativo, e pertanto si utilizza *worse*: *oggi è più malato di ieri* (= *oggi sta peggio di ieri*) = today he's worse than yesterday. - Come sostantivo, *ammalato / malato* si dice *sick person*, mentre per il plurale generico *gli ammalati* si usa *the sick*. - Per gli altri usi di questa parola si veda qui sotto e la voce **malato**. **I** p.pass. → **ammalarsi II** agg. ill, sick; ***essere, cadere ~*** to be, to fall ill; ***darsi ~*** to report sick **III** m. (f. **-a**) sick person; ***gli -i*** the sick.

ammaliare /amma'ljare/ [1] tr. *(affascinare)* [*persona, bellezza*] to captivate, to enthral(l); [*sguardo*] to bewitch.

ammaliatore /ammalja'tore/ **I** agg. bewitching, captivating **II** m. (f. **-trice** /tritʃe/) charmer, seducer.

ammanco, pl. **-chi** /am'manko, ki/ m. shortage, deficit, shortfall; ***~ di cassa*** cash deficit.

ammanettare /ammanet'tare/ [1] tr. to handcuff [*persona*].

ammanicato /ammani'kato/ agg. COLLOQ. ***essere ~ con qcn.*** to be in cahoots with sb.

ammansire /amman'sire/ [102] **I** tr. to tame [*animali*]; to calm down [*persona*] **II ammansirsi** pronom. [*animali*] to become* tame; [*persona*] to calm down.

ammantare /amman'tare/ [1] **I** tr. *(ricoprire)* [*neve*] to blanket, to cover **II ammantarsi** pronom. *(ostentare fingendo)* ***-rsi di*** to make a parade of, to promenade [*virtù*].

ammaraggio, pl. **-gi** /amma'raddʒo, dʒi/ m. *(di aeroplano, idrovolante)* water landing; *(di navicella spaziale)* splashdown; ***compiere un ~ di fortuna*** to ditch a plane.

ammarare /amma'rare/ [1] intr. (aus. *avere*) [*idrovolante*] to land on water; [*navicella spaziale*] to splash down.

ammassare /ammas'sare/ [1] **I** tr. **1** to accumulate, to hoard, to amass [*soldi, fortune*] **2** to cram [*persone*] **3** to stack, to stockpile [*grano*] **II ammassarsi** pronom. **1** *(accumularsi)* [*cose*] to collect, to accumulate **2** *(affollarsi)* [*persone*] to cram, to crowd.

ammasso /am'masso/ m. **1** *(mucchio)* pile, heap; ***l'automobile è un ~ di lamiere*** the car is a wreck **2** ASTR. ***~ stellare*** star cluster **3** ECON. ***portare il grano all'~*** to stockpile grain.

ammattire /ammat'tire/ [102] intr. (aus. *essere*) **1** *(diventare matto)* to go* insane, to go* mad; ***fare ~ qcn.*** to drive sb. mad, to madden sb. **2** FIG. *(scervellarsi)* ***~ su qcs.*** to puzzle over sth.

ammazzare /ammat'tsare/ [1] **I** tr. **1** *(uccidere)* to kill, to murder [*persona*]; to slaughter [*animale*]; *(con un'arma da fuoco)* to shoot down [*persona*]; ***~ qcn. a bastonate*** to beat sb. to death; ***ti ammazzo di botte!*** I'll beat *o* knock the living daylights out of you! **2** COLLOQ. *(logorare)* ***questo lavoro mi ammazza*** this job is killing me **3** *(passare il tempo)* ***~ il tempo facendo*** to kill time by doing **II ammazzarsi** pronom. **1** *(suicidarsi)* to kill oneself **2** *(in un incidente)* to be* killed, to get* killed **3** COLLOQ. FIG. ***-rsi di lavoro*** to work oneself to death; ***non ti sei certo ammazzato di fatica!*** you certainly didn't kill yourself!

ammenda /am'mɛnda/ f. **1** DIR. *(pena pecuniaria)* fine, penalty **2** *(riparazione)* ***fare ~*** to make amends for, to atone for.

ammesso /am'messo/ **I** p.pass. → **ammettere**; ***~ e non concesso che...*** even supposing *o* (even) granting that...; ***~ che accetti*** providing he does accept **II** agg. *(accettato)* [*teoria*] accepted; *(idoneo)* ***~ (agli orali)*** [*studente*] eligible (to take the oral exam).

ammettere /am'mettere/ [60] tr. **1** *(riconoscere)* to admit, to acknowledge [*fatto, sconfitta, colpevolezza, errore*]; to confess [*ignoranza, paura*]; ***~ di avere fatto*** to admit having done; ***come lei stesso ha ammesso*** by your own admission; ***ammetti che è ridicolo*** you must admit, it's ridiculous **2** *(accettare)* ***essere ammesso a*** to get in(to), to gain entrance to [*scuola, club*]; ***non è stato ammesso all'esame*** SCOL. UNIV. he wasn't allowed to take the exam **3** *(permettere)* to permit, to stand*; ***non ammetteremo nessuna eccezione*** no exceptions will be made; ***non ammetto che mi si tratti in questo modo*** I won't be treated in this way **4** *(supporre)* ***ammettiamo che...*** let's suppose (that)...

ammezzato /ammed'dzato/ m. mezzanine.

ammiccante /ammik'kante/ agg. [*sguardo, sorriso*] knowing.

ammiccare /ammik'kare/ [1] intr. (aus. *avere*) ***~ a qcn.*** to wink (one's eye) at sb., to give sb. a wink.

amministrare /amminis'trare/ [1] tr. **1** *(governare)* to run*, to manage [*azienda*]; to manage, to administer [*proprietà, denaro*]; to govern [*comune*]; ***~ il proprio tempo*** to ration one's time **2** *(somministrare)* to administer [*farmaco*] **3** RELIG. to administer [*sacramenti*] **4** DIR. to administer, to dispense [*giustizia*].

amministrativo /amministra'tivo/ agg. [*personale, organismo, canale, riforma, provvedimento*] administrative; ***segretario ~*** executive secretary; ***elezioni -e*** local elections; ***gestione -a*** administration; ***anno ~*** financial year.

amministratore /amministra'tore/ ➧ **18** m. (f. **-trice** /tritʃe/) **1** AMM. *(di organismo, biblioteca, teatro)* administrator; ***~ generale*** general *o* chief administrator; ***~ condominiale*** property manager *o* agent; ***~ regionale*** *(consigliere di ente locale)* regional representative **2** ECON. *(membro del consiglio di amministrazione)* trustee, director; ***~ delegato*** AMM. managing director ♦♦ ***~ fiduciario*** trustee; ***~ giudiziario*** (Official) Receiver BE.

amministrazione /amministrat'tsjone/ f. *(gestione)* *(di azienda)* management, administration; *(di città)* government, administration; ***consiglio di ~*** board of directors; ***cattiva ~*** maladministration, mismanagement; ***è ordinaria ~*** FIG. it's all in a day's work ♦♦ ***~ aziendale*** business administration; ***~ controllata*** DIR. receivership; ***~ fiduciaria*** DIR. trusteeship; ***~ della giustizia*** administration *o* dispensation (of justice); ***~ locale*** local government; ***~ statale*** civil service.

amminoacido /ammino'atʃido/ m. amino acid.

ammiraglia /ammi'raʎʎa/ f. *(nave)* flagship.

ammiragliato /ammiraʎ'ʎato/ m. **1** *(grado)* (rank of) admiral **2** *(stato maggiore)* admiralty.

ammiraglio, pl. **-gli** /ammi'raʎʎo, ʎi/ ➧ **12** m. admiral; ***Grande ~*** admiral of the fleet BE, fleet admiral AE.

ammirare /ammi'rare/ [1] tr. **1** *(contemplare)* to admire [*paesaggio, monumento*] **2** *(apprezzare)* to admire, to look up to [*persona*].

ammiratore /ammira'tore/ m. (f. **-trice** /tritʃe/) **1** *(estimatore)* admirer, fan **2** *(corteggiatore)* admirer, suitor.

ammirazione /ammirat'tsjone/ f. admiration; ***guardare qcn., qcs. con ~*** to look at sb., sth. with *o* in admiration; ***suscitare l'~ di qcn.*** to excite *o* awaken sb.'s admiration.

ammirevole /ammi'revole/ agg. [*lavoro, risultato, sforzo*] admirable; ***di una generosità ~*** impressively generous.

ammissibile /ammis'sibile/ agg. **1** *(accettabile)* [*comportamento*] acceptable **2** *(lecito)* [*testimonianza, appello, ricorso*] admissible.

ammissione /ammis'sjone/ f. **1** *(accesso)* admission, admittance, entrance; ***~ alla UE*** admission to the EU; ***esame, tassa di ~*** entrance examination, fee; ***esame di ~ all'università*** matriculation exam **2** *(riconoscimento)* acknowledgement, admission; ***~ di fallimento, di colpa*** admission of failure, of guilt; ***per sua stessa ~*** by his own admission; ***per ~ di qcn.*** on the admission of sb.

ammobiliare /ammobi'ljare/ [1] tr. to furnish.

ammobiliato /ammobi'ljato/ **I** p.pass. → **ammobiliare II** agg. furnished; ***appartamento ~*** lodgings, furnished flat BE, furnished apartment AE.

ammodernare /ammoder'nare/ [1] tr. to update, to upgrade [*materiale*]; to modernize [*istituzione, settore economico*].

ammodo /am'mɔdo/ **I** agg.inv. clean-cut, well-bred, proper; ***la gente ~*** respectable people **II** avv. properly.

ammogliarsi /ammoʎ'ʎarsi/ [1] pronom. to take* a wife.

ammollare /ammol'lare/ [1] **I** tr. to soak [*biancheria*] **II** ***ammollarsi*** pronom. to get* soaked, to get* drenched.

ammollo /am'mɔllo/ m. soak(ing); ***mettere in ~ qcs.*** to (pre)-soak sth., to give sth. a soak(ing) BE; ***lasciare in ~ qcs.*** to leave sth. to soak, to let sth. soak.

ammoniaca /ammo'niaka/ f. ammonia.

ammonimento /ammoni'mento/ m. *(avvertimento)* warning (anche SCOL.); *(rimprovero)* reprimand, admonition (anche DIR.).

ammonire /ammo'nire/ [102] tr. **1** *(consigliare, esortare)* to warn, to caution **2** *(rimproverare)* to reprimand, to admonish **3** DIR. to caution, to admonish **4** SPORT to caution, to book BE [*giocatore*].

ammonitore /ammoni'tore/ agg. [*sguardo, gesto*] cautionary, admonitory.

ammonizione /ammonit'tsjone/ f. **1** *(avvertimento)* warning; *(rimprovero)* reprimand, admonition **2** DIR. admonition, caution **3** SPORT caution, booking BE.

1.ammontare /ammon'tare/ [1] intr. (aus. *essere*) **~ a** [*spese, debiti, riparazioni*] to amount to, to come* to, to add up to.

2.ammontare /ammon'tare/ m. amount; ***l'~ delle spese*** the total expenditure; ***per l'~ di*** to the amount of.

ammonticchiarsi /ammontik'kjarsi/ [1] pronom. [*foglie, spazzatura*] to pile up.

ammorbare /ammor'bare/ [1] tr. to stink* out, to smell out [*luogo*]; to infect, to poison [*aria*].

ammorbidente /ammorbi'dɛnte/ m. (fabric) conditioner, (fabric) softener.

ammorbidimento /ammorbidi'mento/ m. softening (anche FIG.).

ammorbidire /ammorbi'dire/ [102] **I** tr. **1** *(rendere morbido)* to soften [*burro, tessuto, cuoio*]; to smooth, to soften [*pelle*] **2** *(mitigare)* to soften [*politica, metodo*]; to mellow, to soften up [*persona*] **II ammorbidirsi** pronom. **1** *(diventare morbido)* [*scarpe, tessuto, burro*] to get* soft, to soften up **2** *(mitigarsi)* [*politica, metodo, atteggiamento, persona*] to mellow, to soften.

ammortamento /ammorta'mento/ m. *(di debito, prestito)* amortization; ***fondo di ~*** sinking fund; ***piano di ~*** sinking plan, amortization schedule.

ammortare /ammor'tare/ [1] tr. ECON. to amortize, to cushion.

ammortizzare /ammortid'dzare/ [1] tr. **1** *(estinguere)* to write* off, to sink* [*debito*] **2** ECON. *(pareggiare una spesa)* to amortize, to cushion **3** TECN. *(assorbire)* to absorb [*urto, vibrazione*].

ammortizzatore /ammortiddza'tore/ m. MECC. FIS. shock absorber ♦♦ ***-i sociali*** (social) safety valves.

ammosciarsi /ammoʃ'ʃarsi/ [1] pronom. COLLOQ. [*persona*] to be* flat, to mope.

ammucchiare /ammuk'kjare/ [1] **I** tr. to pile (up) [*vestiti, libri*]; to stack [*fieno, paglia*]; to bank up [*neve, terra*]; to heap up [*foglie*]; to hoard [*denaro*] **II ammucchiarsi** pronom. [*sabbia, neve*] to bank up, to drift; [*persone*] to crowd.

ammuffire /ammuf'fire/ [102] intr. (aus. *essere*) **1** *(fare la muffa)* [*alimento*] to go* mouldy BE, to go* moldy AE **2** FIG. *(languire)* [*persona*] to vegetate, to rot away; [*denaro, oggetto*] to gather dust.

ammuffito /ammuf'fito/ **I** p.pass. → **ammuffire II** agg. **1** [*alimento*] mouldy BE, moldy AE; [*libro, abito*] musty **2** FIG. [*idee*] musty, fossilized.

ammutinamento /ammutina'mento/ m. mutiny.

ammutinarsi /ammuti'narsi/ [1] pronom. to mutiny.

ammutinato /ammuti'nato/ **I** p.pass. → **ammutinarsi II** agg. [*soldato, marinaio*] mutinous **III** m. mutineer.

ammutolire /ammuto'lire/ [102] intr. (aus. *essere*), **ammutolirsi** pronom. to fall* silent; **~ *per*** to be struck dumb *o* be speechless with [*gioia, terrore*]; ***la notizia mi fece ~*** I was speechless at the news.

ammutolito /ammuto'lito/ **I** p.pass. → **ammutolire II** agg. **1** *(muto)* dumb **2** FIG. stunned, tongue-tied.

amnesia /amne'zia/ f. amnesia.

amniocentesi /amnjo'tʃɛntezi/ f.inv. amniocentesis.

amniotico, pl. **-ci, -che** /am'njɔtiko, tʃi, ke/ agg. [*liquido, sacco*] amniotic.

amnistia /amnis'tia/ f. amnesty; ***concedere l'~ a qcn.*** to grant an amnesty to sb.; ***in seguito a un'~*** under an amnesty.

amo /'amo/ m. (fish) hook; ***prendere all'~*** to hook; ***abboccare all'~*** to bite, to swallow the hook (anche FIG.).

amorale /amo'rale/ agg. amoral.

amoralità /amorali'ta/ f.inv. amorality.

amore /a'more/ m. **1** *(affetto)* love; **~ *paterno*** fatherliness, paternal love; ***un rapporto d'~ (e) odio*** a love-hate relationship **2** *(passione amorosa)* love; **~ *a prima vista*** love at first sight; ***storia d'~*** love affair, romance, lovestory; ***per ~ di qcn.*** for the sake of sb., for sb.'s sake **3** *(profondo attaccamento)* love, devotion; ***il suo ~ per l'arte*** his devotion to the arts; **~ *per la patria*** love of one's country; ***per ~ di brevità*** for the sake of brevity; ***per l'amor del cielo!*** for the love of God *o* of Mike! ***per l'amor di Dio!*** for heaven's sake! **4** *(persona amata)* love; *(come appellativo)* honey, darling, love, sweetheart; *(a un bimbo)* ducky, sweetie COLLOQ. **5** COLLOQ. *(attività sessuale)* ***fare l'~ con*** to make love with **6** COLLOQ. *(persona, cosa deliziosa)* ***un ~ di bambino*** an adorable child; ***essere un ~*** to be lovely **7** ZOOL. ***in ~*** on *o* in heat; ***stagione degli -i*** mating *o* breeding season ♦ ***per ~ o per forza*** willy-nilly; ***andare d'~ e d'accordo*** to get on like a house on fire ♦♦ ***amor cortese*** STOR. courtly love; ***amor proprio*** amour-propre, self-respect.

amoreggiare /amored'dʒare/ [1] intr. (aus. *avere*) to flirt.

amorevole /amo'revole/ agg. [*persona*] fond; [*cure, attenzioni*] loving.

amorevolezza /amorevo'lettsa/ f. fondness.

amorfo /a'mɔrfo/ agg. amorphous (anche FIG.).

amorino /amo'rino/ m. **1** *(divano a S)* love seat **2** *(putto)* cupid.

amoroso /amo'roso/ agg. [*persona, sguardo*] loving; ***relazione -a*** (love) affair.

amovibile /amo'vibile/ agg. *(asportabile)* removable.

amperaggio, pl. **-gi** /ampe'raddʒo, dʒi/ m. amperage.

ampere /am'pɛr/ m.inv. ampere.

amperometro /ampe'rɔmetro/ m. ammeter.

ampiamente /ampja'mente/ avv. *(estesamente)* [*dimostrare, soddisfare*] fully, amply; [*discutere, usare*] extensively; *(largamente)* widely, generally.

ampiezza /am'pjettsa/ f. **1** *(estensione)* extent, size; *(larghezza)* width; *(spaziosità)* roominess; *(di un vestito)* fullness, looseness **2** FIG. extent, breadth, scale, scope; **~ *di vedute*** *(apertura)* broadmindedness **3** GEOGR. FIS. amplitude **4** MAT. magnitude.

ampio, pl. **-pi, -pie** /'ampjo, pi, pje/ agg. **1** *(largo)* [*fiume, strada*] broad, wide; [*indumento*] loose(-fitting), roomy, baggy; [*tasca*] large, capacious; [*gesto, movimento*] sweeping; ***essere di -pie vedute*** to be broadminded **2** *(spazioso)* [*letto, poltrona*] roomy; [*stanza, giardino*] large **3** *(abbondante)* [*quantità*] ample; [*scelta, gamma, pubblico*] wide, large; [*uso*] extensive **4** *(esteso)* [*campo, settore*] broad; [*ricerca, testi*] extensive; [*spiegazione*] ample; ***nel significato più ~ della parola*** in the broadest *o* widest sense of the word; ***un progetto di ~ respiro*** a large-scale project.

amplesso /am'plɛsso/ m. *(coito)* intercourse.

ampliamento /amplia'mento/ m. *(ingrandimento) (di casa, stanza)* enlargement, extension; *(allargamento)* widening, extension (anche FIG.); ***fare dei lavori d'~*** to build an extension.

ampliare /ampli'are/ [1] **I** tr. *(ingrandire)* to widen, to enlarge [*strada*]; to build* an extension onto [*casa*]; to broaden, to expand [*conoscenze, orizzonti*]; *(sviluppare)* to develop [*progetto, frase*]; *(in importanza)* to expand, to extend [*impresa, attività*]; **~ *il campo di indagine*** to extend the scope of the investigation; **~ *il proprio giro d'affari*** to widen one's business affairs **II ampliarsi** pronom. *(ingrandirsi)* [*strada*] to widen, to broaden; [*impresa, città*] to expand.

amplificare /amplifi'kare/ [1] tr. **1** *(aumentare)* to amplify, to boost [*corrente, suono*] **2** FIG. *(esagerare)* to exaggerate [*gesto, difetti*].

amplificatore /amplifika'tore/ m. amplifier, booster.

amplificazione /amplifikat'tsjone/ f. **1** *(di suono)* amplification **2** FIG. *(esagerazione)* exaggeration.

ampolla /am'polla/ f. **1** *(per olio, aceto)* cruet **2** RELIG. ampulla*.

ampolliera /ampol'ljɛra/ f. cruet (stand).

ampollina /ampol'lina/ f. RELIG. ampulla*.

ampollosità /ampollosi'ta/ f.inv. bombast, pompousness.

ampolloso /ampol'loso/ agg. [*stile, discorso*] bombastic, pompous, inflated.

amputare /ampu'tare/ [1] tr. **1** MED. to amputate [*membra*] **2** FIG. to mutilate [*discorso, scritto*].

amputazione /amputat'tsjone/ f. **1** MED. amputation **2** FIG. *(di scritti)* mutilation.

amuleto /amu'lɛto, amu'leto/ m. amulet, (lucky) charm.

AN /a'ɛnne/ f. (⇒ Alleanza Nazionale) Italian right-wing party.

anabattista, m.pl. **-i**, f.pl. **-e** /anabat'tista/ agg., m. e f. Anabaptist.

anabbagliante /anabbaʎ'ʎante/ **I** agg. *(che non abbaglia)* ***fari -i*** AUT. dipped BE *o* dimmed AE headlights **II** m. AUT. ***con***

gli -i accesi with dipped headlights BE, on low beam AE; ***mettere gli -i*** to dip BE *o* dim AE one's headlights.
anabolizzante /anabolid'dzante/ **I** agg. anabolic **II** m. anabolic steroid.
anacardio, pl. **-di** /ana'kardjo, di/ m. *(pianta)* cashew (tree); *(frutto)* cashew (nut).
anacoluto /anako'luto/ m. anacoluthon*.
anaconda /ana'kɔnda/ m.inv. anaconda.
anacoreta /anako'rɛta/ m. anchorite; FIG. hermit.
anacronismo /anakro'nizmo/ m. anachronism.
anacronistico, pl. **-ci**, **-che** /anakro'nistiko, tʃi, ke/ agg. anachronistic.
anaerobico, pl. **-ci**, **-che** /anae'rɔbiko, tʃi, ke/, **anaerobio**, pl. **-bi**, **-bie** /anae'rɔbjo, bi, bje/ agg. anaerobic.
anafilattico, pl. **-ci**, **-che** /anafi'lattiko, tʃi, ke/ agg. [*shock*] anaphylactic.
anagrafe /a'nagrafe/ f. **1** *(registro)* = register of births, marriages and deaths **2** *(ufficio)* registry office; ***~ tributaria*** tax record.
anagrafico, pl. **-ci**, **-che** /ana'grafiko, tʃi, ke/ agg. ***dati -ci*** personal data; ***ufficio ~*** registry office.
anagramma /ana'gramma/ m. anagram.
anagrammare /anagram'mare/ [1] tr. to anagrammatize.
analcolico, pl. **-ci**, **-che** /anal'kɔliko, tʃi, ke/ **I** agg. [*cocktail, bevanda*] nonalcoholic **II** m. soft drink.
anale /a'nale/ agg. anal.
analfabeta, m.pl. **-i**, f.pl. **-e** /analfa'bɛta/ agg., m. e f. illiterate.
analfabetismo /analfabe'tizmo/ m. illiteracy.
analgesico, pl. **-ci**, **-che** /anal'dʒɛziko, tʃi, ke/ **I** agg. analgesic, painkilling **II** m. painkiller.
analisi /a'nalizi/ f.inv. **1** *(esame)* analysis*; ***in ultima ~*** in the final *o* last analysis; ***in seguito a un'~ (più) approfondita*** on (further) investigation **2** MED. test(ing); ***fare le ~ del sangue*** to have a blood test; ***fare delle ~ per scoprire la causa di un'allergia*** to test for an allergy **3** MAT. *(disciplina)* calculus* **4** PSIC. (psycho)analysis*; ***essere in ~*** to be in analysis *o* in therapy **5** INFORM. analysis*; ***~ dei dati*** data analysis ♦♦ ***~ di bilancio*** budget analysis; ***~ dei costi*** cost-accounting; ***~ del discorso*** discourse analysis; ***~ grammaticale*** grammatical analysis, parsing; ***~ logica*** clause analysis; ***~ del sangue*** blood test *o* screening; ***~ dei sistemi*** systems analysis; ***~ tempi e metodi*** time-and-motion study; ***~ testuale*** SCOL. textual analysis; ***~ delle urine*** urine test.
analista, m.pl. **-i**, f.pl. **-e** /ana'lista/ ◗ ***18*** m. e f. analyst (anche PSIC.) ♦♦ ***~ economico*** economic analyst; ***~ finanziario*** business analyst; ***~ di mercato*** market analyst *o* researcher; ***~ programmatore*** analyst-programmer; ***~ di sistemi*** INFORM. systems analyst.
analitico, pl. **-ci**, **-che** /ana'litiko, tʃi, ke/ agg. analytic(al); ***indice ~*** subject index; ***contabilità -a*** management accounting; ***geometria -a*** coordinate geometry.
analizzare /analid'dzare/ [1] tr. **1** *(esaminare)* to analyse BE, to analyze AE, to think* through [*problema, argomento*]; to review [*progresso, successo*]; ***~ minuziosamente*** to pick over [*testo, film*] **2** MED. CHIM. to test **3** PSIC. to analyse BE, to analyze AE.
analizzatore /analiddza'tore/ m. (f. **-trice** /tritʃe/) **1** *(persona)* analyser BE, analyzer AE **2** INFORM. FIS. analyser.
anallergico, pl. **-ci**, **-che** /anal'lɛrdʒiko, tʃi, ke/ agg. nonallerg(en)ic.
analogia /analo'dʒia/ f. analogy, similarity; ***per ~ con*** by analogy with; ***fare un'~*** to draw an analogy.
analogico, pl. **-ci**, **-che** /ana'lɔdʒiko, tʃi, ke/ agg. **1** *(fondato sull'analogia)* analogic(al) **2** INFORM. FIS. analogue, analog AE.
analogo, pl. **-ghi**, **-ghe** /a'nalogo, gi, ge/ agg. [*valore, risultato*] analogous; [*attività, caso*] similar, parallel; ***di dimensioni -ghe*** similar in size.
anamnesi /anam'nɛzi, a'namnezi/ f.inv. *(storia clinica)* case history, medical history.
ananas /'ananas, ana'nas/ m.inv. pineapple.
anarchia /anar'kia/ f. anarchy; FIG. lawlessness.
anarchico, pl. **-ci**, **-che** /a'narkiko, tʃi, ke/ **I** agg. anarchic(al) **II** m. (f. **-a**) anarchist.
anarchismo /anar'kizmo/ m. anarchism.
anarcoide /anar'kɔide/ **I** agg. anarchistic **II** m. e f. anarchist, rebel.
ANAS /'anas/ f. (⇒ Azienda Nazionale Autonoma delle Strade) Italian national road works company.
anatema /ana'tɛma, a'natema/ m. **1** *(scomunica)* anathema, excommunication **2** FIG. ***scagliare*** o ***lanciare un ~ a qcn.*** to curse sb.
anatomia /anato'mia/ f. anatomy.
anatomico, pl. **-ci**, **-che** /ana'tɔmiko, tʃi, ke/ agg. **1** *(di anatomia)* [*studio, disegno*] anatomical; *(per dissezioni)* ***sala -a*** anatomy theatre; ***tavolo ~*** dissecting table **2** *(modellato per il corpo umano)* anatomically designed; ***sedile ~*** contour chair; ***scarpe -che*** orthopedic shoes; ***plantare ~*** arch support.
anatomista, m.pl. **-i**, f.pl. **-e** /anato'mista/ m. e f. anatomist.
anatomizzare /anatomid'dzare/ [1] tr. to anatomize (anche FIG.).
anatra /'anatra/ f. duck*; ***~ maschio*** drake; ***~ all'arancia*** GASTR. duck in orange sauce, orange duck ♦♦ ***~ mandarina*** mandarin duck; ***~ selvatica*** mallard, wild duck; ***~ zoppa*** FIG. lame duck.
anatroccolo /ana'trɔkkolo/ m. duckling; ***il brutto ~*** the ugly duckling.
anca, pl. **-che** /'anka, ke/ ◗ ***4*** f. hip, haunch; ***lussazione dell'~*** dislocation of the hip; ***protesi dell'~*** hip replacement.
ancella /an'tʃɛlla/ f. handmaid, maidservant.
ancestrale /antʃes'trale/ agg. ancestral.
anche /'anke/ cong. **1** *(con funzione aggiuntiva)* too, also, as well; ***sei stato ~ tu in India?*** have you too been to India? ***sei stato ~ in India?*** have you been to India too? ***c'era ~ Tom*** Tom was also there, Tom was there too *o* as well; ***~ oggi piove*** it's raining again today; ***oltre a essere un'artista, scrive ~ poesie*** besides being an artist, she also writes poetry; ***ho lavorato sabato e ~ domenica*** I worked on Saturday as well as on Sunday **2** *(altrettanto, parimenti)* also, too; ***è gentile ma ~ esigente*** he's kind but he's strict too; ***~ lui si è rifiutato di venire*** he too refused to come; ***sarà assente e io ~*** he'll be away and so will I; ***"adoro il jazz" - "anch'io"*** "I love jazz" - "me too" *o* "so do I"; ***"buona giornata!" - "grazie, ~ a te!"*** "have a nice day!" - "thanks, same to you!" **3** *(persino)* even; ***~ adesso, allora*** even now, then; ***è ~ meglio di quanto pensassi*** it's even better than I thought; ***ha avuto ciò che voleva e ~ di più*** he got what he wanted and more besides; ***ci mancava ~ questa!*** this is just too much! as if we didn't have enough problems! ***~ supponendo che sia là*** even supposing he's there **4** **anche se**, **se anche** even if, even though; ***~ se fosse così*** even if it were so; ***~ se fosse?*** what if it were so? ***ci andrò ~ se è pericoloso*** I'll go even though it's dangerous **5** **quand'anche** even if **6** **non solo... ma anche** not only... but also; ***non è solo affascinante, ma ~ intelligente*** not only is he charming but he is also intelligent *o* he is not only charming but also intelligent.
ancheggiare /anked'dʒare/ [1] intr. (aus. *avere*) to sway one's hips, to wiggle one's hips.
anchilosarsi /ankilo'zarsi/ [1] pronom. [*persona, gambe*] to stiffen, to get* stiff.
anchilosato /ankilo'zato/ agg. [*gambe*] stiff.
anchilostoma /anki'lɔstoma/ m. hookworm.
Anchise /an'kize/ n.pr.m. Anchises.
ancia, pl. **-ce** /'antʃa, tʃe/ f. MUS. reed; ***gli strumenti ad ~*** the reeds.
anconetano /ankone'tano/ ◗ ***2*** **I** agg. from, of Ancona **II** m. (f. **-a**) native, inhabitant of Ancona.
1.ancora /'ankora/ f. anchor; ***gettare l'~*** to drop *o* cast anchor; ***levare l'~*** to raise (the) anchor, to weigh anchor; ***essere all'~*** to be *o* lie at anchor ♦♦ ***~ di salvezza*** FIG. sheet anchor; ***~ di speranza*** MAR. sheet anchor; ***~ di tonneggio*** kedge (anchor).
2.ancora /an'kora/ Quando significa *tuttora*, in frase affermativa e interrogativa *ancora* si traduce solitamente con *still*: *è ancora a casa* = he is still at home; *abita ancora qui?* = does she still live here? - In frase negativa, *(non) ancora* si traduce con *yet*, che può seguire immediatamente *not* oppure stare in fondo alla frase: *non è ancora*

anche

Ci sono diversi modi di tradurre *anche* in inglese.

- *Also*, di uso abbastanza formale, segue l'ausiliare se il verbo è composto, ma precede il verbo (ad eccezione di *to be*) se questo è in forma semplice: *mi ha anche detto che...* = she has also told me that ...; *vendiamo anche tazze e piattini* = we also sell cups and saucers; *c'era anche Fiona* = Fiona was also there.
- Molto più comuni, soprattutto nella lingua parlata, sono *too*, che si mette in fondo alla frase o dopo la parola a cui si riferisce, e *as well*, che sta sempre alla fine della frase: *l'ha fatto anche Jane* = Jane did it too, Jane too did it, Jane did it as well.
- *Also* e *too* possono creare ambiguità: le frasi "John also bought some fruit" e "John bought some fruit too" possono infatti essere entrambe la traduzione di *anche John ha comprato della frutta* o di *John ha comprato anche della frutta*; nel parlato, l'accento sintattico e l'intonazione chiariscono l'ambiguità.
- Nella formula *anch'io*, *anche lei* etc. che esprime consenso o condivisione, si può usare *too* oppure, nel linguaggio un po' più formale, la struttura *so* + ausiliare + soggetto: *"sono molto stanca" "anch'io"* = "I'm very tired" "Me too" / "So am I"; *"hanno studiato sodo" "anche Jane"* = "they have studied hard" "Jane too" / "So has Jane".
- Quando *anche* significa *ancora, di nuovo*, si traduce con *again*: *anche oggi piove* = it's raining again today.
- Quando *anche* significa *perfino* e ha valore rafforzativo, si traduce con *even* che va messo prima della parola a cui si riferisce: *anche Sheila ha fatto molti errori* = even Sheila made lots of mistakes; *le ha anche dato una sberla* = he even slapped her.
- *Anche se* si traduce con *even though* (oppure *although* / *though*) nel caso di una situazione certa, con *even if* per una situazione dubbia o potenziale: *anche se è tardi, vado al cinema* = even though it's late, I'm going to the cinema; *anche se fosse stanco, non andrebbe a dormire così presto* = even if he were tired, he wouldn't go to bed so early.
- *Anche perché* non si rende con *also because*, ma con *chiefly* (o *specially*) *because* oppure con *partly because*.
- Quando *anche* è seguito da un gerundio in italiano, la frase va per lo più resa esplicita in inglese: *anche pagandolo, non ti aiuterà* = even if you pay him, he won't help you; *anche pagandolo, non ti avrebbe aiutato* = even if you had paid him, he wouldn't have helped you.
- La traduzione di certe frasi idiomatiche con *anche* non prevede un equivalente diretto: *potevi anche aiutarmi!* = you might have helped me!; *l'esame era anche troppo facile* = the test was a great deal too easy.
- Per l'espressione *non solo... ma anche*, si veda sotto la voce **anche**. Per la variante negativa *neanche* e per i sinonimi parziali *pure* e *perfino*, si vedano le voci relative.

arrivato = he has not yet arrived / he hasn't arrived yet; l'uso di *still* in frase negativa dà all'espressione una sfumatura di stupore o esasperazione: *non è ancora tornata a casa!* = she still hasn't come home! - Quando *ancora* significa *di nuovo, nuovamente*, si traduce per lo più con *again*: *venite ancora a trovarci!* = come and see us again! - Per gli altri usi si veda la voce qui sotto. avv. **1** *(sempre, tuttora)* still; ***le interessa ~?*** is she still interested? ***~ oggi*** to this day; ***è ~ in città*** he's still in town; ***ci sei ~?*** *(al telefono)* are you still there? **2** *(finora, in frasi negative)* yet; ***non ~*** not yet; ***non è ~ tornato*** he still hasn't come back, he hasn't come back yet; ***non è ~ pronto*** it's not ready yet, it's not yet ready **3** *(di nuovo)* again; ***~ una volta*** once again *o* more, one more time; ***~ tu!*** you again! ***ha rifiutato ~*** yet again he refused; ***provaci ~!*** have another go! ***i prezzi sono ~ aumentati*** prices have gone up again **4** *(di più, in aggiunta)* more, another; ***~ qualche libro*** some more books; ***avete ~ domande?*** have you got *o* do you have any more questions? ***prendetene ~ un po'!*** (do) have some more! ***c'è altro ~?*** is there anything else? ***...e altro ~*** ...and lots more; ***si è fermato ~ due ore*** he stayed another two hours **5** *(davanti a comparativi)* even, still; ***~ peggio*** even worse, worse still; ***~ più veloce*** faster still, still faster; ***~ più automobili*** even more cars **6** *(in senso temporale)* ***è ~ presto*** it's still early; ***non è ~ ora!*** it's not time yet! ***abbiamo ~ 5 minuti*** we have 5 minutes left; ***rimani ~ un po'*** stay a little (while) longer.

ancoraggio, pl. **-gi** /anko'raddʒo, dʒi/ m. MAR. TECN. anchorage.

ancorare /anko'rare/ [1] **I** tr. **1** *(ormeggiare)* to anchor [*imbarcazione, mongolfiera*] **2** ECON. to peg, to link [*valuta*] **II** **ancorarsi** pronom. **1** *(ormeggiarsi)* to (come* to) anchor **2** FIG. to cling* to [*speranza*].

andamento /anda'mento/ m. **1** *(di inchiesta, evento, malattia)* progress; ***~ della guerra*** war developments **2** ECON. trend, run; ***~ della borsa*** Stock Exchange prices; ***l'~ della sterlina*** the sterling's performance; ***~ dei prezzi*** price trends *o* fluctuation; ***l'~ del mercato monetario*** money market; ***~ degli scambi*** trade pattern; ***seguire l'~ di*** to keep up with [*inflazione*] **3** *(funzionamento)* ***avere un buon ~*** [*impresa*] to perform well.

andante /an'dante/ **I** agg. **1** *(ordinario)* cheap, ordinary **2** *(scadente)* cheap, second-rate **II** avv. e m. MUS. andante.

1.andare /an'dare/ [6] Oltre ai molti significati e usi idiomatici del verbo *andare*, ampiamente trattati nella voce qui sotto, vanno sottolineate le differenze tra inglese e italiano quando *andare* è seguito da un altro verbo. - *Andare* + *a* + infinito è reso in inglese con *to go* seguito da un sintagma preposizionale (*andare a fare una passeggiata* = to go for a walk), da *to* + infinito (*è andata a prendere del vino* = she's gone to get some wine), dal gerundio (*andare a sciare* = to go skiing) oppure da un verbo coordinato con *and* (*andai a rispondere al telefono* = I went and answered the phone). - Quando *andare* è seguito in italiano da un verbo al gerundio, va reso con *to be* o *to get*: *la mia salute va migliorando* = my health is getting better, *i nemici si andavano avvicinando* = the enemies were approaching. - Quando *andare* è seguito da un verbo al participio passato, esso va reso con il passivo di *dovere* o con un semplice passivo: *va fatto subito* = it must be done immediately, *le tasse vanno pagate* = taxes must be payed, *i miei bagagli andarono perduti all'aeroporto* = my luggage was lost at the airport. **I** intr. (aus. *essere*) **1** *(spostarsi, muoversi)* to go*; ***dove vai?*** where are you going? where are you off to? ***~ a Roma, negli Stati Uniti, in Spagna*** to go to Rome, to the (United) States, to Spain; ***~ in città, in campagna, al mare*** to go to town, to the country, to the seaside; ***~ a casa*** to go home; ***~ verso casa, verso sud*** to go *o* head homeward(s), south; ***~ in treno, aereo*** to go by train, plane; ***~ a piedi*** to walk, to go on foot; ***~ in macchina*** to drive, to go by car; ***non so ~ in bicicletta*** I can't ride a bicycle; ***~ a cavallo*** to ride (a horse); ***andando al mercato...*** on the way to the market...; ***vado e torno*** I'll be back in a minute *o* right back; ***vado io!*** *(a rispondere alla porta)* I'll get it! **2** *(andare via, partire)* to go*; ***devo ~*** I must go *o* be going; ***~ in vacanza*** to go on holiday **3** *(per indicare attività svolte regolarmente)* ***~ a scuola, al lavoro*** to go to school, work; ***~ a pesca, a sciare*** to go fishing, skiing; ***~ dal dottore, dal parrucchiere*** to go to the doctor's, hairdresser's; ***~ in*** o ***all'ospedale*** to go to hospital BE *o* the hospital AE **4** *(seguito da a + infinito)* ***~ a fare una passeggiata*** to go for a walk; ***~ a fare un viaggio*** to go on a journey; ***è andato a prendere del vino*** he's gone to get some wine; ***va' a dirle che...*** go and tell her that...; ***~ a fare spese*** to go shopping; *(enfatico)* ***è andato a dirlo a tutti!*** he's gone and told everybody! ***va' a sapere!*** don't ask me! who knows? ***va' a capirci qualcosa!*** just try and work that out! **5** *(procedere con un veicolo)* ***~ veloce, a 50 km/h*** to drive fast, to travel at 50 km/h **6** *(portare)* [*strada, corridoio*] to go*, to lead* (**a** to); [*treno, ecc.*] to go* (**a** to), to be* bound (**a** for); ***~ a sud*** [*strada*] to head *o* bear south **7** *(finire)* ***~ in terra*** to fall on the floor *o* to the ground; ***~ fuori strada*** to go *o* swerve off the road **8** *(procedere)* ***com'è andata la serata?*** how did the evening go? ***come vanno gli affari?*** how's business? ***come va la scuola?*** how are things at school? ***cosa c'è che non va?*** what's wrong *o* the matter? *(stare)* ***come va il piede?*** how's your foot? **9** *(funzionare)* to go*, to work; ***la sua macchina ha qualcosa che non va*** there's something wrong with her car; **~ a benzina** to run on petrol **10** *(vendersi)* ***il libro sta andando bene*** the book is selling (well); *(essere di moda)* ***quest'inverno vanno (di moda) i cappotti lunghi*** the fashion is for long coats this winter **11** *(piacere)* ***ti va un gelato?*** do you feel like *o* do you fancy an ice cream? ***oggi non mi va di studiare*** today I don't feel like studying **12** *(calzare)* ***questa gonna mi va stretta*** this skirt is a tight fit **13** *(dover essere collocato)* to go*; ***dove vanno questi piatti?*** where do these plates go? *(essere utilizzabile)* ***il piatto non va in forno*** the dish is not ovenproof **14** *(di età)* ***va per i quaranta*** he's going on forty **15** *(con il gerundio)* **~ *migliorando*** to be getting better *o* improving; ***la situazione va complicandosi*** the situation is getting more and more complicated **16** *(seguito da participio passato) (dover essere)* ***l'esercizio va fatto*** the exercise must be done; *(essere, risultare)* ***i bagagli andarono perduti*** the luggage was lost **17 andarci** ***andarci piano con*** to go easy *o* light on [*alcolici*]; ***vacci piano, è delicato*** be careful, it's delicate; ***vacci piano!*** easy does it! ***andarci pesante*** *(essere severo)* to come on strong; ***andarci pesante con*** to be heavy on [*ingrediente*] **18 andare avanti** *(avanzare)* to go* ahead, to go* along; *(proseguire)* to go* on, to keep* going; [*orologio*] to run* fast, to be* fast; ***non si può ~ avanti così!*** this really won't do! **19 andare bene** *(essere appropriato)* to suit, to be* OK, to be* all right; ***non va per niente bene*** that's not good at all; ***hai visto qualcosa che possa ~ bene?*** did you see anything suitable? *(essere gradito, stare bene)* ***lunedì (ti) va bene?*** does Monday suit you? ***mi va bene*** it suits me fine; ***va benissimo!*** that's great! *(essere accettabile)* ***quello che dice lui, va bene*** what he says goes; ***qualsiasi scusa andrà bene*** any excuse will do; *(calzare)* ***quel vestito non mi va bene*** that dress doesn't fit me; *(essere adatto)* ***la chiave va bene per questa serratura*** the key fits this lock; *(abbinarsi)* **~ *bene insieme*** [*colori, mobili*] to go together, to be a good match; **~ *bene con*** [*colore, mobile*] to go with; *(svolgersi positivamente)* [*festa, operazione*] to go well; ***va tutto bene?*** is everything all right? are you OK? ***se tutto va bene*** if all goes well, all being well; ***mi è andata bene*** I was lucky, it worked out well for me; ***gli è andata bene che*** it was just as well for him that; *(riuscire)* **~ *bene a scuola*** to do well at school *o* in one's schoolwork; **~ *bene in matematica*** to be good at *o* to do well in maths **20 andare contro** *(infrangere)* **~ *contro la legge*** to break the law; **~ *contro le convinzioni di qcn.*** to go against sb.'s beliefs **21 andare a finire** *(avere un certo esito)* to finish up, to wind* up COLLOQ.; **~ *a finire bene*** to turn out well; ***va a finire che si fanno male*** they'll end up hurting themselves; *(venire a trovarsi)* ***dov'è andata a finire la mia penna?*** where has my pen got to? where did my pen go? ***non so dove vanno a finire tutti i miei soldi!*** I don't know where all my money goes (to)! **22 andare fuori** to go* out; **~ *a cena fuori*** to dine out, to go out for dinner **23 andare giù** to go* down, to get* down; [*azioni*] to go* down, to come* down; ***non mi va giù*** it sticks in my craw *o* throat (anche FIG.) **24 andare indietro** to go* back, to get* back; [*orologio*] to be* slow, to run* slow **25 andare male** *(svolgersi negativamente)* [*affari, esame, colloquio*] to go* badly; *(non riuscire)* **~ *male a scuola*** to do badly *o* poorly at school; **~ *male in matematica*** to be bad at maths **26 andare su** *(salire)* to go* up; *(aumentare)* [*temperatura, prezzi*] to go* up, to rise* **27 andare via** *(partire)* to go* away, to get* away, to leave*; *(sparire)* ***la macchia non va via*** the stain won't come out **II andarsene** pronom. **1** *(andare via, partire)* to go* away, to get* away, to leave*, to go* off; ***vattene!*** get out! go away! **2** *(sparire)* ***ecco che se ne vanno le mie possibilità di vittoria!*** there go my chances of winning! ***questo raffreddore non vuole ~*** this cold just won't go away **3** EUFEM. *(morire)* to go*, to pass away **III andarne** impers. *(essere in gioco)* ***ne va della mia reputazione*** my reputation is at stake ♦ ***ma va' là!*** you don't say! ***andiamo!*** *(dai, muoviamoci)* let's go! *(su, suvvia)* come on! ***comunque vada*** whatever happens; ***vada come vada*** whatever! ***come va la vita?*** how's life (treating you)? ***va bene*** (it's) all right, alright, good, OK, that's fine; ***va da sé*** it goes without saying; ***così va il mondo*** that's how *o* the way it goes! that's the way the cookie crumbles COLLOQ.; ***va' a quel paese*** drop dead! get lost! ***va' al diavolo!*** o ***all'inferno!*** COLLOQ. go to the devil *o* to hell! ***va' a farti fottere!*** VOLG. fuck you! ***o la va o la spacca!*** sink or swim! do or die! ***dimmi con chi vai e ti dirò chi sei*** PROV. you can tell a man by the company he keeps.

2.andare /an'dare/ m. ***tutto questo ~ e venire*** all this toing and froing, all these comings and goings; ***con l'~ del tempo*** as time goes by, with the passing of time; ***a lungo ~*** in the long run *o* term; ***a tutto ~*** *(a tutta velocità)* at top speed; ***fa errori a tutto ~*** *(a tutto spiano)* he makes one mistake after another.

andata /an'data/ f. **1** *(percorso)* ***il viaggio di ~*** the outward voyage, the journey there; ***ho preso l'autobus all'~*** I took the bus there **2** ***biglietto di (sola) ~*** single (ticket), one-way ticket; ***(biglietto di) ~ e ritorno*** return ticket, round trip ticket **3** SPORT ***incontro di ~*** first leg; ***girone di ~*** first round.

andato /an'dato/ **I** p.pass. → **1.andare II** agg. **1** *(passato)* ***nei tempi -i*** in former times, in the olden days, in times past; ***nei bei tempi -i*** in the good old days; **~ *perduto*** [*raccolto*] ruined; **~ *a vuoto*** [*tentativo*] failed **2** COLLOQ. *(rotto)* [*auto, televisore*] finished; **~ *a male*** [*alimento*] rotten, off **3** COLLOQ. *(spacciato)* ***essere ~*** to have had it, to be a goner.

andatura /anda'tura/ f. **1** *(modo di camminare)* pace, step, stride; *(di cavalli)* gait; **~ *dinoccolata, dondolante*** shamble, waddle; **~ *impettita*** strut; ***l'ho riconosciuto dall'~*** I recognized him by his walk **2** SPORT pace; ***fare l'~*** to make the running; ***aumentare l'~*** to speed up **3** MAR. point of sailing.

andazzo /an'dattso/ m. SPREG. ***questa classe sta prendendo un brutto ~*** I don't like the way things are going in this class.

Ande /'ande/ n.pr.f.pl. Andes; ***la Cordigliera delle ~*** the Andean mountains.

andino /an'dino/ agg. Andean.

andirivieni /andiri'vjɛni/ m.inv. *(di persone, veicoli)* comings and goings, toing and froing; ***sorvegliare l'~ di qcn.*** to watch sb.'s movements.

Andrea /an'drɛa/ n.pr.m. Andrew.

androgeno /an'drɔdʒeno/ agg. e m. androgen.

androgino /an'drɔdʒino/ agg. androgynous.

androide /an'drɔide/ m. e f. android.

Andromaca /an'drɔmaka/ n.pr.f. Andromache.

androne /an'drone/ m. (entrance) hall.

andropausa /andro'pauza/ f. male menopause.

aneddotico, pl. **-ci, -che** /aned'dɔtiko, tʃi, ke/ agg. anecdotal.

aneddoto /a'nɛddoto/ m. anecdote.

anelare /ane'lare/ [1] intr. (aus. *avere*) *(desiderare ardentemente)* **~ *a qcs.*** to yearn for sth.

anelito /a'nɛlito/ m. LETT. *(ardente desiderio)* yearning, longing.

anello /a'nɛllo/ **I** m. **1** *(gioiello)* ring; ***scambiarsi gli -i*** to exchange wedding vows **2** *(oggetto di forma circolare)* ring; *(di catena)* link; ***l'~ mancante*** the missing link (anche FIG.); **~ *di congiunzione*** FIG. bridge, link; ***l'~ debole in*** o ***di*** FIG. the weak point in; ***quaderno ad -i*** ring binder **3** BOT. ring; **~ *legnoso, di crescita*** tree ring, growth ring **4** TECN. collar; *(manicotto)* sleeve **5** SPORT **~ *da fondo*** crosscountry ski trail; **~ *di velocità*** speed-skating oval **6** CHIM. MAT. ring **II anelli** m.pl. SPORT rings; ***agli -i*** on the rings ♦ ***avere l'~ al dito*** to be married ♦♦ **~ *episcopale*** RELIG. episcopal ring; **~ *di fidanzamento*** engagement ring; **~ *di fumo*** smoke ring; **~ *matrimoniale*** wedding ring; ***-i olimpici*** Olympic rings; ***-i di Saturno*** Saturn's rings.

anemia /ane'mia/ ➧ **7** f. anaemia BE, anemia AE ♦♦ **~ *mediterranea*** thalassemia.

anemico, pl. **-ci, -che** /a'nɛmiko, tʃi, ke/ agg. anaemic BE, anemic AE.

anemometro /ane'mɔmetro/ m. anemometer.

anemone /a'nɛmone/ m. anemone ♦♦ **~ *di mare*** sea anemone.

anestesia /aneste'zia/ f. MED. anaesthesia BE, anesthesia AE, anaesthetization BE, anesthetization AE; ***essere sotto (l'effetto dell')~*** to be under anaesthetic ♦♦ **~ *locale*** local anaesthetic; **~ *spinale*** spinal anaesthesia; **~ *totale*** general anaesthetic.

anestesista, m.pl. **-i**, f.pl. **-e** /aneste'zista/ ➧ ***18*** m. e f. anaesthetist BE, anesthetist AE.

anestetico, pl. **-ci, -che** /anes'tɛtiko, tʃi, ke/ agg. e m. MED. anaesthetic BE, anesthetic AE.

anestetizzare /anestetid'dzare/ [1] tr. to anaesthetize BE, to anesthetize AE.

aneto /a'nɛto, a'neto/ m. dill.
aneurisma /aneu'rizma/ m. aneurism, aneurysm.
anfetamina /anfeta'mina/ f. amphetamine.
anfibio, pl. **-bi**, **-bie** /an'fibjo, bi, bje/ **I** agg. BIOL. ZOOL. MIL. amphibious **II** m. BIOL. ZOOL. MIL. AER. amphibian **III anfibi** m.pl. *(scarpe)* combat boots.
anfiteatro /anfite'atro/ m. amphitheatre (anche GEOL.).
anfora /'anfora/ f. amphora*.
angariare /anga'rjare/ [1] tr. to oppress, to torment.
angelico, pl. **-ci**, **-che** /an'dʒeliko, tʃi, ke/ agg. [*cori, voce, viso*] angelic; ***essere di una bellezza -a*** to look like an angel.
angelo /'andʒelo/ m. **1** RELIG. angel; ***il lunedì dell'Angelo*** Easter Monday **2** FIG. *(termine affettuoso)* darling **3** SPORT ***tuffo ad ~*** swallow *o* swan dive ♦ ***essere buono come un ~*** to be an angel *o* as good as gold ♦♦ ***~ custode*** guardian *o* ministering angel; ***~ del focolare*** = perfect housewife; ***~ di mare*** ZOOL. angel shark, angelfish, monkfish.
angheria /ange'ria/ f. oppression, tyranny.
angina /an'dʒina/ ➧ **7** f. angina.
angioino /andʒo'ino/ **I** agg. Angevin **II** m. (f. **-a**) Angevin; ***gli Angioini*** the Angevins.
angioletto /andʒo'letto/ m. *(piccolo angelo)* cherub*; ***essere un ~*** FIG. to be as good as gold.
angiologia /andʒolo'dʒia/ f. angiology.
angiologo, m.pl. **-gi**, f.pl. **-ghe** /an'dʒɔlogo, dʒi, ge/ ➧ **18** m. (f. **-a**) angiologist.
angioma /an'dʒɔma/ m. angioma.
angioplastica /andʒo'plastika/ f. angioplasty.
anglicanesimo /anglika'nezimo/, **anglicanismo** /anglika'nizmo/ m. Anglicanism.
anglicano /angli'kano/ **I** agg. Anglican **II** m. (f. **-a**) Anglican.
anglicismo /angli'tʃizmo/ m. Anglicism.
anglicizzare /anglitʃid'dzare/ [1] tr. to anglicize.
anglico, pl. **-ci**, **-che** /'angliko, tʃi, ke/ agg. Anglian.
anglismo /an'glizmo/ → **anglicismo**.
anglista, m.pl. **-i**, f.pl. **-e** /an'glista/ m. e f. Anglicist.
anglistica /an'glistika/ f. English studies pl.
anglo /'anglo/ m. ***gli -i*** the Angles.
angloamericano /angloameri'kano/ **I** agg. [*persona, lingua*] Anglo-American **II** m. LING. *(varietà dell'inglese)* Anglo-American.
anglofilo /an'glɔfilo/ **I** agg. Anglophile **II** m. (f. **-a**) Anglophile.
anglofono /an'glɔfono/ **I** agg. *(di lingua inglese)* [*persona, paese*] Anglophone, English-speaking **II** m. (f. **-a**) Anglophone, English speaker.
anglosassone /anglo'sassone/ **I** agg. Anglo-Saxon **II** m. e f. Anglo-Saxon **III** m. LING. Anglo-Saxon.
1.angolare /ango'lare/ agg. **1** MAT. FIS. angular **2** *(collocato in un angolo)* ***pietra ~*** cornerstone (anche FIG.).
2.angolare /ango'lare/ [1] tr. to angle.
angolazione /angolat'tsjone/ f. **1** FOT. CINEM. angle shot **2** *(punto di vista)* angle; ***offrire una nuova ~ su qcs.*** to give a new slant on sth.
angoliera /ango'ljɛra/ f. corner cupboard.
angolo /'angolo/ m. **1** MAT. angle; ***con un ~ di 60°*** at a 60° angle; ***ad ~ retto con*** at right angles to **2** *(spigolo, canto)* corner; ***libreria d'~*** corner bookcase; ***girare l'~*** to turn *o* go around the corner; ***la casa all'~*** the house on the corner; ***essere all'~ di*** o ***fare ~ con*** to be at the corner of; ***restare in un ~*** FIG. to stay in one's own little corner **3** SPORT corner; ***calcio d'~*** corner (kick) **4** *(luogo)* corner; ***ai quattro -i della Terra*** all over the world; ***ci sono banche a ogni ~*** there's a bank on every street corner; ***ho cercato in ogni ~ della casa*** I searched every corner of the house; ***l'~ dei collezionisti*** collectors' corner; ***il bar dell'~*** the local café; ***la banca è dietro l'~*** the bank is (a)round the corner; ***un ~ di paradiso*** an idyllic spot; ***un ~ di verde*** a green bit ♦♦ ***~ acuto*** MAT. acute angle; ***~ di campo*** FOT. camera angle; ***~ cottura*** kitchen area, kitchenette; ***~ di deviazione*** FIS. angle of deviation; ***~ giro*** MAT. perigon, round angle; ***~ di inclinazione*** rake, angle of descent; ***~ morto*** blind spot; ***~ ottuso*** MAT. obtuse angle; ***~ piatto*** MAT. straight angle; ***~ retto*** MAT. right angle.
angoloso /ango'loso/ agg. **1** *(quadrato)* [*viso*] angular, bony; [*lineamenti*] sharp **2** FIG. [*carattere*] touchy.
angora /'angora/ f. angora; ***lana d'~*** angora wool; ***gatto d'~*** angora cat.
angoscia, pl. **-sce** /an'gɔʃʃa, ʃe/ f. *(tormento, pena)* distress, anguish (**per** about, over); *(affanno)* anxiety (**per**, **riguardo a** about); ***che ~ questo lavoro!*** COLLOQ. this work is torture!
angosciante /angoʃ'ʃante/ agg. **1** *(preoccupante)* [*pensiero, vista, notizia*] distressing, upsetting; [*attesa*] agonizing; [*prospettiva, realtà*] alarming **2** *(spaventoso)* [*silenzio, film*] scary; [*grido*] agonized.
angosciare /angoʃ'ʃare/ [1] **I** tr. [*persona, problema*] to worry, to distress **II angosciarsi** pronom. to distress oneself.
angosciato /angoʃ'ʃato/ **I** p.pass. → **angosciare II** agg. [*persona*] distressed, anguished (**da** by, at); ***essere ~*** to be in anguish *o* distress.
angoscioso /angoʃ'ʃoso/ agg. **1** *(angosciante)* distressing **2** *(pieno d'angoscia)* anguished.
angostura /angos'tura/ f. angostura.
anguilla /an'gwilla/ f. eel ♦ ***sgusciare*** o ***essere viscido come un'~*** to be as slippery as an eel.
anguria /an'gurja/ f. watermelon.
angusto /an'gusto/ agg. [*appartamento, ufficio*] cramped; [*spazio*] tight; ***di mente -a*** FIG. narrow-minded.
anice /'anitʃe/ m. *(pianta)* anise; *(seme)* aniseed; ***biscotto all'~*** aniseed biscuit; ***liquore all'~*** anisette.
anidride /ani'dride/ f. anhydride ♦♦ ***~ carbonica*** carbon dioxide.
anilina /ani'lina/ f. aniline.
anima /'anima/ f. **1** FILOS. RELIG. soul; ***salvezza dell'~*** salvation of one's soul **2** *(natura profonda)* ***mi ha turbato nel profondo dell'~*** it shook me to the core **3** *(persona)* ***un'~ candida, nobile*** a pure, noble soul; ***non c'era ~ viva*** there wasn't a living soul; ***non devi dirlo ad ~ viva*** you mustn't tell a soul **4** *(di nazione, partito)* soul, leading spirit; *(di complotto)* moving force, spirit; ***la pubblicità è l'~ del commercio*** advertising is the life and soul *o* the life blood of business **5** TECN. *(di cannone, fucile)* bore; *(di statua, cavo)* core; *(di strumento a corde)* sound post ♦ ***mio zio buon'~*** *(defunto)* my uncle of blessed memory; ***rendere l'~ a Dio*** to give up the ghost; ***vagare come un'~ in pena*** to mope about *o* around; ***stare sull'~ a qcn.*** COLLOQ. to get up sb.'s nose, to get on sb.'s nerves; ***rodersi l'~*** to eat one's heart out; ***rompere l'~ a qcn.*** COLLOQ. to bother *o* annoy sb.; ***volere un bene dell'~ a qcn.*** to love sb. dearly *o* deeply; ***darei l'~ per, per fare*** I'd sell my soul for, to do; ***dare ~ e corpo*** to give one's all; ***lanciarsi ~ e corpo in qcs.*** to throw oneself into sth. heart and soul; ***metterci l'~*** to give it all one's got ♦♦ ***~ gemella*** soul mate, kindred spirit.
animale /ani'male/ **I** agg. [*regno, vita, grassi*] animal; ***calore ~*** body heat **II** m. **1** BIOL. ZOOL. animal; ***cibo per -i*** animal feed; ***diritti degli -i*** animal rights; ***test sugli -i*** animal testing **2** *(persona rozza)* animal, brute ♦♦ ***~ da compagnia*** pet; ***~ domestico*** farm animal; ***~ da preda*** beast of prey; ***~ a sangue caldo*** warm-blooded animal; ***~ a sangue freddo*** cold-blooded animal; ***~ selvatico*** wild animal.
animalesco, pl. **-schi**, **-sche** /anima'lesko, ski, ske/ agg. **1** *(di animale)* animal attrib. **2** *(bestiale)* [*istinti, comportamento*] bestial, brutish.
animalista, m.pl. **-i**, f.pl. **-e** /anima'lista/ m. e f. animal activist.
animare /ani'mare/ [1] **I** tr. **1** *(rendere vivace)* to animate, to enliven [*conversazione, riunione*]; to pep (up), to liven up, to jazz up COLLOQ. [*luogo, serata*]; to brighten up [*giornata*] **2** *(stimolare)* [*sentimento, desiderio*] to animate, to inspire, to encourage [*persona, squadra, impresa*] **II animarsi** pronom. *(vivacizzarsi)* [*conversazione*] to grow* heated, to get* heated; [*viso*] to light* up; [*luogo, festa, pubblico*] to liven up, to come* alive.
animato /ani'mato/ **I** p.pass. → **animare II** agg. **1** *(vivente)* ***esseri -i*** living beings; ***cartone, disegno ~*** cartoon **2** *(vivace)* [*discussione*] animated, lively; [*serata*] lively; [*mercato azionario*] active; [*strada, città*] bustling, busy **3** *(ispirato)* ***essere ~ da buone intenzioni*** to be spurred on by good intentions.
animatore /anima'tore/ ➧ **18** m. (f. **-trice** /tritʃe/) **1** *(di villaggio vacanze, club)* animator **2** CINEM. animator.

animazione /animat'tsjone/ f. **1** *(di gruppo)* ***staff di ~*** animation team; ***~ culturale*** promotion of cultural activities **2** *(vivacità) (di persona)* liveliness; *(di mercato azionario)* hustle and bustle; *(di città, via)* bustle, liveliness **3** CINEM. animation; ***film d'~*** animated film; ***cinema d'~*** cartoon cinema.
animella /ani'mɛlla/ f. *(di vitello, agnello)* sweetbread.
animismo /ani'mizmo/ m. animism.
animo /'animo/ m. **1** *(mente)* mind; *(cuore)* heart; ***avere l'~, essere di ~ sensibile*** to be a sensitive soul; ***un uomo d'~ malvagio*** a bad-hearted man; ***nobiltà d'~*** great-heartedness; ***nel profondo dell'~*** deep in one's heart; ***aprire il proprio ~ a*** to bare one's soul *o* heart to; ***alla fine si mise l'~ in pace*** her mind was at ease at last; ***avere in ~ di fare qcs.*** to intend to do sth. **2** *(coscienza)* ***avere l'~ sereno*** to have a clear conscience; *(disposizione interiore)* ***stato d'~*** state *o* frame of mind, mood **3** *(coraggio)* ***farsi ~*** to take heart; ***forza d'~*** fortitude; ***perdersi d'~*** to lose heart, to lose one's nerve; ***~, su!*** come on, back up! ♦ ***placare gli -i*** to calm things down; ***di buon ~*** willingly.
animosità /animosi'ta/ f.inv. animosity.
animoso /ani'moso/ agg. **1** LETT. *(coraggioso)* brave, courageous **2** *(focoso)* [*cavallo*] fiery, spirited.
anisetta /ani'zetta/ f. anisette.
anitra /'anitra/ → **anatra**.
Anna /'anna/ n.pr.f. Ann(e), Hannah.
Annabella /anna'bɛlla/ n.pr.f. Annabel(le).
annacquare /annak'kware/ [1] tr. **1** *(diluire con acqua)* to water down, to dilute [*bevanda*] **2** FIG. *(attenuare)* to water down, to tone down [*critica*].
annacquato /annak'kwato/ **I** p.pass. → **annacquare II** agg. **1** *(diluito con acqua)* watered-down, diluted **2** *(sbiadito)* [*colore*] watery.
annaffiare /annaf'fjare/ [1] tr. **1** AGR. to water [*pianta*]; ***la mia felce ha bisogno di essere annaffiata*** my fern needs watering **2** SCHERZ. to rinse down, to wash down [*arrosto, torta*].
annaffiatoio, pl. **-oi** /annaffja'tojo, oi/ m. watering can.
annaffiatura /annaffja'tura/ f. watering.
annali /an'nali/ m.pl. annals (anche FIG.); ***entrare negli ~ (della storia)*** to go down in the annals (of history).
annalista, m.pl. **-i**, f.pl. **-e** /anna'lista/ m. e f. annalist.
annaspare /annas'pare/ [1] intr. (aus. *avere*) **1** *(dibattersi)* ***~ per stare a galla*** to flounder, trying to keep afloat **2** FIG. *(confondersi parlando)* to flounder.
annata /an'nata/ f. **1** *(periodo di un anno)* year; ***~ piovosa*** rainy year **2** *(di riviste, giornali)* year's issues pl. **3** *(raccolto)* crop, harvest; *(di vino)* vintage; ***l'~ 1987*** the 1987 vintage; ***vino d'~*** vintage wine.
annebbiare /anneb'bjare/ [1] **I** tr. *(offuscare)* [*lacrime*] to blur [*vista*]; [*fumo*] to cloud [*vista*] **II annebbiarsi** pronom. [*occhi*] to dim, to mist over, to become* blurred.
annebbiato /anneb'bjato/ **I** p.pass. → **annebbiare II** agg. [*occhi*] dim, bleary; ***avere la vista -a*** to have blurred vision; ***ha il cervello ~*** he's very confused.
annegamento /annega'mento/ m. drowning; ***morte per ~*** death by drowning.
annegare /anne'gare/ [1] **I** tr. **1** *(affogare)* to drown [*persona, animale*] **2** FIG. SCHERZ. ***~ i dispiaceri nell'alcol*** to drown one's sorrows **II** intr. (aus. *essere*) to drown; ***~ in un mare di guai*** FIG. to be up to one's neck in problems **III annegarsi** pronom. *(affogarsi volontariamente)* to drown oneself.
annegato /anne'gato/ **I** p.pass. → **annegare II** agg. drowned; ***morire ~*** to die by drowning **III** m. (f. **-a**) drowned person.
annerire /anne'rire/ [102] **I** tr. [*carbone, fumo, inchiostro*] to blacken **II** intr. (aus. *essere*), **annerirsi** pronom. [*banana, muro*] to turn black, to go* black.
annessione /annes'sjone/ f. *(di territorio)* annexation.
annesso /an'nɛsso, an'nesso/ **I** p.pass. → **annettere II** agg. **1** *(contiguo)* [*locale, edificio*] annexed, adjoining; ***una casa con garage ~*** a house with attached garage *o* with garage attached **2** *(complementare, unito)* [*domande, attività*] additional; [*documento*] attached; ***copia -a*** copy enclosed **III** m. **1** *(edifici)* ***gli -i*** the outbuildings, the annexes **2** ***gli -i e connessi*** the etceteras, the ins and outs; ***con tutti gli -i e connessi*** COLLOQ. SCHERZ. with all the trimmings.
annettere /an'nɛttere, an'nettere/ [17] tr. **1** *(incorporare)* to annex [*territorio, stato*] **2** *(aggiungere)* to annex [*edificio*]; to enclose [*documento*] **3** *(attribuire)* ***~ importanza a*** to give *o* attach importance to.
Annibale /an'nibale/ n.pr.m. Hannibal.
annichilimento /anikili'mento/ m. destruction, annihilation.
annichilire /anniki'lire/ [102] tr. *(distruggere)* to destroy, to annihilate; ***la notizia mi ha annichilito*** I was overcome when I heard the news.
annidarsi /anni'darsi/ [1] pronom. **1** *(fare il nido)* to nest **2** *(nascondersi)* [*persona*] to hide* **3** FIG. [*paura, odio*] to lurk.
annientamento /annjenta'mento/ m. *(di esercito, popolazione, partito, avversario)* annihilation, destruction; *(di città, paese)* destruction, devastation.
annientare /annjen'tare/ [1] tr. **1** *(distruggere)* to destroy, to devastate [*città, paese*]; to destroy, to annihilate [*popolazione, specie, esercito, partito, avversario*]; to destroy, to knock out [*squadra*] **2** FIG. to destroy, to shatter [*sogni, speranze*].
anniversario, pl. **-ri** /anniver'sarjo, ri/ m. anniversary; ***25°, 50° ~ di matrimonio*** silver, golden jubilee.
anno /'anno/ ➧ **19, 8 I** m. **1** *(periodo di 12 mesi)* year; ***l'~ corrente*** o ***in corso*** the current year; ***quest'~*** this year; ***l'~ prossimo*** o ***venturo*** next year; ***l'~ scorso*** o ***passato*** last year; ***di ~ in ~*** year by year; ***due -i fa*** two years ago; ***da qui a un ~*** between now and next year; ***nel corso degli -i*** over the years; ***nel corso dell'~*** during the year; ***tutto l'~*** all (the) year round; ***nell'~ di grazia 1604*** in the year of our Lord 1604; ***guadagnare 20.000 sterline l'~*** to earn £ 20,000 a year; ***il primo, l'ultimo dell'~*** New Year's (Day), New Year's Eve; ***buon ~! felice ~ nuovo!*** Happy New Year! **2** *(di età)* ***"quanti -i hai?" - "ho vent'-i"*** "how old are you?" - "I'm twenty years old"; ***un ragazzo di sedici -i*** a sixteen-year(-old) boy, a boy of sixteen; ***essere avanti*** o ***in là negli -i*** to be advanced in years; ***portare bene gli -i*** to look good for one's age; ***sentire il peso degli -i*** to feel one's age; ***migliorare con gli -i*** to improve with age **3** SCOL. UNIV. ***essere all'ultimo ~ (della scuola elementare)*** to be in the top class (at primary school); ***studente del primo ~*** first year student, fresher BE, freshman AE **II anni** m.pl. *(epoca)* ***gli -i '80*** the eighties ♦♦ ***~ accademico*** academic year; ***~ bisestile*** leap year; ***~ civile*** calendar year; ***~ finanziario*** fiscal *o* financial BE year; ***~ giudiziario*** legal year; ***~ liturgico*** ecclesiastical year; ***~ luce*** light year; ***~ santo*** Holy Year; ***~ scolastico*** school year; ***~ solare*** solar *o* calendar year.
annodare /anno'dare/ [1] **I** tr. **1** to knot [*cravatta, fazzoletto, corda*]; to tie [*lacci*]; to lace up [*scarpe*] **2** FIG. *(stringere)* to establish [*amicizia*] **II annodarsi** pronom. [*corda*] to kink, to become* knotted; [*filo*] to get* tangled up ♦ ***~ le fila*** to pull all the threads together.
annoiare /anno'jare/ [1] **I** tr. to bore; ***~ qcn. a morte*** to bore sb. stiff *o* to death **II annoiarsi** pronom. to get* bored (**a fare** doing); ***-rsi a morte*** to be bored stiff *o* to death.
annoso /an'noso/ agg. *(che dura da anni)* [*problema, discussione*] age-old attrib.
annotare /anno'tare/ [1] tr. **1** *(prendere nota di)* to note down, to make* a note of [*data, numero, appuntamento*]; to note down, to write* down, to take* down, to jot down [*dettagli, suggerimenti*] **2** *(registrare)* to record [*eventi*] **3** *(corredare di note)* to annotate [*relazione, opera*].
annotazione /annotat'tsjone/ f. *(appunto)* note; *(postilla)* annotation; ***fare un'~ sulla propria agenda*** to make an entry in one's diary.
annottare /annot'tare/ [1] impers. (aus. *essere*) to grow* dark; ***stava annottando*** night was falling.
annoverare /annove'rare/ [1] tr. ***~ qcn. tra gli amici più intimi*** to number sb. among one's closest friends; ***~ qcn. tra i migliori pianisti*** to rate sb. among the best pianists.
annuale /annu'ale/ agg. **1** *(relativo a un anno)* [*ferie, media*] annual, yearly **2** *(che dura un anno)* [*contratto, corso*] yearlong, annual; ***abbonamento ~*** annual *o* year's subscription **3** *(che ricorre ogni anno)* [*cerimonia*] annual, yearly.
annualità /annuali'ta/ f.inv. *(rata annua)* annual instalment, yearly payment.
annualmente /annual'mente/ avv. annually, yearly.
annuario, pl. **-ri** /annu'arjo, ri/ m. yearbook (anche SCOL.).

annuire /annu'ire/ [102] intr. (aus. *avere*) to nod (in agreement).
annullamento /annulla'mento/ m. *(di debito, concorso, ordine)* cancellation; *(di decisione, decreto)* revocation; *(di pena)* abolition; *(di sentenza, ordinanza)* reversal; *(di matrimonio)* annulment.
annullare /annul'lare/ [1] **I** tr. **1** *(cancellare)* to cancel [*appuntamento, volo, debito*]; to write* off [*progetto, operazione*]; to revoke, to rescind [*decisione, ordine, decreto*]; to call off [*spettacolo, meeting*] **2** *(vanificare)* to counter [*effetto*]; to undo*, to nullify [*benefici*] **3** DIR. to annul [*matrimonio*]; to rescind [*contratto*]; to overrule, to quash [*verdetto*]; to void [*elezione*] **4** SPORT to disallow [*goal*] **5** *(convalidare)* to cancel [*francobollo*] **II annullarsi** pronom. *(eliminarsi a vicenda)* to cancel each other.
annunciare /annun'tʃare/ [1] **I** tr. **1** *(far sapere)* to announce [*notizia, decisione, matrimonio, nascita*]; ***ci ha annunciato la sua partenza*** he informed us that he was leaving **2** *(segnalare l'arrivo di)* to announce [*visitatore*]; to call, to announce [*treno, volo*]; ***chi devo ~?*** what name shall I say? **3** *(preannunciare)* to forecast* [*fenomeno, avvenimento*] **4** *(predicare)* to preach [*parola di Dio*] **5** RAD. TELEV. to introduce, to announce [*programma*] **II annunciarsi** pronom. [*crisi, tempesta*] to be* brewing; ***l'estate si annuncia calda*** the summer looks like it's going to be hot.
annunciatore /annuntʃa'tore/ m. (f. **-trice** /tritʃe/) ➧ ***18*** **1** *(messaggero)* herald **2** RAD. TELEV. announcer, broadcaster.
annunciazione /annuntʃat'tsjone/ f. **1** RELIG. ART. Annunciation **2** *(festa)* Annunciation (Day), Lady Day.
annuncio, pl. **-ci** /an'nuntʃo, tʃi/ m. announcement; ***dare l'~ di qcs.*** to announce sth. ♦♦ ~ ***economico*** classified ad; ~ ***matrimoniale*** lonely hearts advertisement; ~ ***di matrimonio*** wedding announcement; ~ ***di nascita*** birth announcement; ~ ***personale*** personal ad; ~ ***pubblicitario*** *(sul giornale)* advertisement, advert BE COLLOQ.; *(alla radio, televisione)* commercial.
annunziare /annun'tsjare/ → **annunciare**.
annuo /'annuo/ agg. **1** *(relativo a un anno)* [*reddito, media*] yearly, annual **2** *(che ricorre una volta l'anno)* [*festa*] annual **3** *(che dura un anno)* [*pianta*] annual; [*contratto*] one-year.
annusare /annu'sare/ [1] tr. **1** *(fiutare)* to sniff [*oggetto, cibo*]; to smell* [*fiore, profumo*] **2** FIG. *(intuire)* to smell* [*pericolo, imbroglio*].
annuvolarsi /annuvo'larsi/ [1] pronom. [*cielo, volto*] to cloud over.
ano /'ano/ m. anus* ♦♦ ~ ***artificiale*** artificial anus.
anodino /a'nɔdino/ agg. anodyne (anche FIG.).
anodo /'anodo/ m. anode.
anofele /a'nɔfele/ m. anopheles.
anomalia /anoma'lia/ f. anomaly (anche ASTR.), abnormality (anche BIOL.).
anomalo /a'nɔmalo/ agg. anomalous (anche BIOL.).
anonimato /anoni'mato/ m. anonymity; ***mantenere l'~*** to preserve one's anonymity.
anonimo /a'nɔnimo/ **I** agg. **1** *(senza nome)* [*autore, lettera*] anonymous; [*tomba*] nameless; ***società -a*** joint-stock company **2** FIG. [*stile*] impersonal; [*edificio*] soulless **II** m. (f. **-a**) *(autore)* anonymous writer.
anoressia /anores'sia/ ➧ ***7*** f. anorexia.
anoressico, pl. **-ci, -che** /ano'rɛssiko, tʃi, ke/ **I** agg. anorexic **II** m. (f. **-a**) anorexic.
anormale /anor'male/ **I** agg. abnormal **II** m. e f. abnormal person.
anormalità /anormali'ta/ f.inv. abnormality.
ansa /'ansa/ f. **1** *(di tazza, cesto)* handle **2** *(di fiume)* bend, twist **3** ANAT. loop.
ANSA /'ansa/ f. (⇒ Agenzia nazionale stampa associata) = Italian national press agency.
ansante /an'sante/ → **ansimante**.
ansare /an'sare/ → **ansimare**.
Anselmo /an'sɛlmo/ n.pr.m. Anselm.
ansia /'ansja/ f. **1** *(inquietudine)* anxiety (anche PSIC.); ***essere in ~*** to be tensed up *o* worried; ***essere*** o ***stare in ~ per qcn.*** to worry about sb.; ***far stare in ~ qcn.*** to cause sb. great anxiety; ***l'aspettavo con ~*** I was so looking forward to it **2** *(desiderio)* eagerness.
ansietà /ansje'ta/ f.inv. anxiousness, apprehension.
ansimante /ansi'mante/ agg. [*voce*] panting; [*persona*] gasping, breathless; [*petto*] heaving.
ansimare /ansi'mare/ [1] intr. (aus. *avere*) to pant, to gasp, to puff.
ansiolitico, pl. **-ci, -che** /ansjo'litiko, tʃi, ke/ **I** agg. [*farmaco*] anxiolytic, tranquillizing **II** m. tranquillizer.
ansioso /an'sjoso/ **I** agg. **1** *(inquieto)* [*persona, comportamento*] anxious **2** *(impaziente)* eager, anxious; ***sono ~ di fare*** I can't wait to do **II** m. (f. **-a**) worrier.
anta /'anta/ f. *(di porta, finestra)* shutter; *(di armadio)* door.
antagonismo /antago'nizmo/ m. antagonism.
antagonista, m.pl. **-i**, f.pl. **-e** /antago'nista/ **I** agg. [*gruppi, forze*] opposing, rival **II** m. e f. adversary, opponent, antagonist.
antagonistico, pl. **-ci, -che** /antago'nistiko, tʃi, ke/ agg. [*teorie, forze*] antagonistic.
antartico, pl. **-ci, -che** /an'tartiko, tʃi, ke/ agg. antarctic; ***oceano Antartico*** Antarctic Ocean; ***Circolo Polare Antartico*** Antarctic Circle.
Antartico /an'tartiko/ ➧ ***30*** n.pr.m. ***l'~*** the Antarctic.
Antartide /an'tartide/ ➧ ***30*** n.pr.f. Antarctica.
antecedente /antetʃe'dɛnte/ **I** agg. previous, preceding **II** m. antecedent.
antefatto /ante'fatto/ m. antecedent, prior event.
antenato /ante'nato/ m. ancestor (anche FIG.); ***gli -i*** the forefathers.
antenna /an'tenna/ f. **1** ELETTRON. aerial, antenna* **2** ENTOM. antenna*, feeler ♦ ***drizzare le -e*** to prick up one's ears ♦♦ ~ ***parabolica*** o ***satellitare*** (satellite) dish; ~ ***televisiva*** TV aerial.
antennista, m.pl. **-i**, f.pl. **-e** /anten'nista/ ➧ ***18*** m. e f. aerial fitter.
anteporre /ante'porre/ [73] tr. to put* before.
anteprima /ante'prima/ f. (sneak) preview.
antera /an'tɛra/ f. anther.
anteriore /ante'rjore/ agg. **1** *(nello spazio)* [*parte, ruota, trazione*] front; [*legamento*] anterior; ***zampa ~*** forefoot, foreleg, forepaw **2** *(nel tempo)* previous; ***il testo è ~ al 1986*** the text was written prior to 1986; ***i filosofi -i a Kant*** the pre-Kantian philosophers.
anteriormente /anterjor'mente/ avv. **1** *(nel tempo)* formerly, previously **2** *(nello spazio)* in front (of).
antesignano /antesiɲ'ɲano/ m. (f. **-a**) forerunner, precursor.
antiabortista, m.pl. **-i**, f.pl. **-e** /antiabor'tista/ **I** agg. antiabortion, pro-life **II** m. e f. antiabortionist.
antiacido /anti'atʃido/ agg. e m. antacid.
antiaderente /antiade'rente/ agg. [*padella*] nonstick.
antiaerea /antia'ɛrea/ f. antiaircraft defence.
antiaereo /antia'ɛreo/ agg. [*missile*] antiaircraft; ***rifugio ~*** air-raid shelter.
antialcolico, pl. **-ci, -che** /antial'kɔliko, tʃi, ke/ agg. [*misura, campagna*] anti-alcohol; ***lega -a*** temperance league.
antiallergico, pl. **-ci, -che** /antial'lɛrdʒiko, tʃi, ke/ agg. antiallergic.
antiappannante /antiappan'nante/ agg. anti-mist.
antiatomico, pl. **-ci, -che** /antia'tɔmiko, tʃi, ke/ agg. **1** *(che difende dalle armi atomiche)* ***rifugio ~*** nuclear *o* fallout shelter **2** *(contro le armi atomiche)* [*manifestazione*] antinuclear.
antibatterico, pl. **-ci, -che** /antibat'tɛriko, tʃi, ke/ agg. antibacterial.
antibiotico, pl. **-ci, -che** /antibi'ɔtiko, tʃi, ke/ **I** agg. antibiotic **II** m. antibiotic; ***essere sotto, prendere -ci*** to be on antibiotics.
antibloccaggio /antiblok'kaddʒo/ agg.inv. [*sistema*] antilock.
anticaglia /anti'kaʎʎa/ f. SPREG. junk **U**.
anticamente /antika'mente/ avv. formerly, in the past.
anticamera /anti'kamera/ f. anteroom, waiting room ♦ ***fare ~ per un'ora*** to cool one's heels for an hour; ***non mi è passato neanche per l'~ del cervello*** it didn't even cross my mind.
anticarro /anti'karro/ agg.inv. [*mina*] antitank.
antichità /antiki'ta/ **I** f.inv. **1** *(l'essere antico)* antiquity **2** *(età antica)* antiquity, ancient times pl.; *(classica)* antiquity **II** f.pl. *(oggetti)* antiques.
anticiclone /antitʃi'klone/ m. anticyclone.

anticipare /antitʃi'pare/ [1] **I** tr. **1** *(fare in anticipo)* to bring* forward [*nozze, partenza*] (**di** by); to advance [*data*] **2** *(dire in anticipo)* to tell* [sth.] in advance [*risultati*] **3** *(pagare in anticipo)* to pay* [sth.] in advance; *(prestare)* to advance [*somma*] **4** *(prevenire)* to forestall [*azione, persona*]; ***~ le mosse di qcn.*** to second-guess sb. **II** intr. (aus. *avere*) [*stagione*] to come* early ♦ ***~ i tempi*** *(accelerare)* to speed up things; *(precorrere)* to be ahead of the times.
anticipatamente /antitʃipata'mente/ avv. [*pagare, ringraziare*] in advance.
anticipato /antitʃi'pato/ **I** p.pass. → **anticipare II** agg. [*elezioni*] early; [*pagamento*] advance attrib.; [*partenza*] pushed forward mai attrib.; ***due mesi di affitto ~*** two months' rent in advance.
anticipazione /antitʃipat'tsjone/ f. **1** *(di partenza, data)* bringing forward, pushing forward **2** *(pagamento anticipato)* prepayment, advance payment **3** *(previsione)* forecast.
anticipo /an'titʃipo/ m. **1** *(nel tempo)* ***essere, arrivare in ~*** to be, arrive early *o* in good time; ***fammelo sapere in ~*** let me know beforehand *o* in advance; ***pagare in ~*** to prepay; ***arrivare con due ore di ~*** to arrive two hours early **2** COMM. *(di denaro)* advance; *(nel pagamento rateale)* down payment, deposit; ***~ sullo stipendio*** advance on one's salary **3** MECC. advance ♦ ***giocare d'~ su qcn.*** to beat sb. to the draw.
anticlericale /antikleri'kale/ agg., m. e f. anticlerical.
antico, pl. **-chi**, **-che** /an'tiko, ki, ke/ **I** agg. **1** *(di tempo passato)* [*amicizia, leggenda*] old; [*splendore*] past **2** *(di epoca remota)* [*mondo, tempi*] ancient; ***l'-a Roma*** ancient Rome **3** *(d'antiquariato)* antique **4 all'antica *un uomo all'-a*** an old-fashioned man **II** m. *(periodo)* ***l'~ e il moderno*** the old and the new, the ancient and the modern **III antichi** m.pl. *(popoli)* ancients.
anticoagulante /antikoagu'lante/ agg. e m. anticoagulant.
anticoncezionale /antikontʃettsjo'nale/ agg. e m. contraceptive.
anticonformista, m.pl. **-i**, f.pl. **-e** /antikonfor'mista/ agg., m. e f. nonconformist.
anticonvenzionale /antikonventsjo'nale/ agg. unconventional.
anticorpo /anti'kɔrpo/ m. antibody.
anticrimine /anti'krimine/ agg.inv. ***squadra ~*** crime squad.
anticristo /anti'kristo/ m. antichrist.
anticrittogamico, pl. **-ci**, **-che** /antikritto'gamiko, tʃi, ke/ **I** agg. fungicidal **II** m. fungicide.
antidatare /antida'tare/ [1] tr. to antedate [*fattura*].
antidemocratico, pl. **-ci**, **-che** /antidemo'kratiko, tʃi, ke/ agg. undemocratic.
antidepressivo /antidepres'sivo/ agg. e m. antidepressant.
antidetonante /antideto'nante/ m. antiknock.
antidiluviano /antidilu'vjano/ agg. antediluvian (anche SCHERZ.).
antidivo /anti'divo/ m. (f. **-a**) = show, business, sport personality who, despite being famous, does not act like a star.
antidolorifico, pl. **-ci** /antidolo'rifiko, tʃi/ m. painkiller.
antidoping /anti'dɔping/ agg.inv. ***controllo ~*** dope *o* drug test.
antidoto /an'tidoto/ m. antidote (**a**, **contro**, **per** to, for) (anche FIG.).
antidroga /anti'drɔga/ agg.inv. ***cane ~*** sniffer dog; ***squadra ~*** Drug Squad BE.
antieconomico, pl. **-ci**, **-che** /antieko'nɔmiko, tʃi, ke/ agg. uneconomic(al).
antieroe /antie'rɔe/ m. antihero.
antifascismo /antifaʃ'ʃizmo/ m. antifascism.
antifascista, m.pl. **-i**, f.pl. **-e** /antifaʃ'ʃista/ agg., m. e f. antifascist.
antifemminista, m.pl. **-i**, f.pl. **-e** /antifemmi'nista/ agg., m. e f. anti-feminist.
antifona /an'tifona/ f. MUS. RELIG. antiphon ♦ ***capire l'~*** to take the hint, to get the message.
antiforfora /anti'forfora/ agg.inv. [*shampoo*] anti-dandruff.
antifumo /anti'fumo/ agg.inv. [*campagna*] anti-smoking.
antifurto /anti'furto/ **I** agg.inv. [*dispositivo*] anti-theft **II** m.inv. alarm.
antigas /anti'gas/ agg.inv. ***maschera ~*** gas mask.
antigene /an'tidʒene/ m. antigen.
antigienico, pl. **-ci**, **-che** /anti'dʒɛniko, tʃi, ke/ agg. unhygienic.
antiglobalizzazione /antiglobaliddzat'tsjone/ **I** f. anti-globalization **II** agg.inv. [*movimento*] anti-global.
Antille /an'tille/ ♦ ***14*** n.pr.f.pl. Antilles.
antilope /an'tilope/ f. antelope.
antimacchia /anti'makkja/ agg.inv. stain-resistant.
antimafia /anti'mafja/ agg.inv. [*commissione*] mafia.
antimateria /antima'tɛrja/ f. antimatter.
antimeridiano /antimeri'djano/ agg. [*ora*] antemeridian.
antimilitarista, m.pl. **-i**, f.pl. **-e** /antimilita'rista/ agg., m. e f. antimilitarist.
antimonarchico, pl. **-ci**, **-che** /antimo'narkiko, tʃi, ke/ **I** agg. antimonarchical **II** m. (f. **-a**) antimonarchist.
antimonio, pl. **-ni** /anti'mɔnjo, ni/ m. antimony.
antincendio /antin'tʃɛndjo/ agg.inv. [*porta, allarme, scala, norme*] fire attrib.
antinebbia /anti'nebbja/ agg. e m.inv. AUT. ***(faro) ~*** foglamp, foglight.
antineve /anti'neve/ agg.inv. [*pneumatico*] snow attrib.
antinevralgico, pl. **-ci**, **-che** /antine'vraldʒiko, tʃi, ke/ agg. e m. antineuralgic.
antinflazionistico, pl. **-ci**, **-che** /antinflattsjo'nistiko, tʃi, ke/ agg. anti-inflationary.
antinfluenzale /antinfluen'tsale/ agg. [*vaccino*] flu.
antinfortunistico, pl. **-ci**, **-che** /antinfortu'nistiko, tʃi, ke/ agg. ***misure -che*** accident prevention measures.
antinomia /antino'mia/ f. antinomy.
antinquinamento /antinkwina'mento/ agg.inv. [*misure*] pollution attrib.
antinucleare /antinukle'are/ agg. antinuclear.
antiorario, pl. **-ri**, **-rie** /antio'rarjo, ri, rje/ agg. ***in senso ~*** anticlockwise BE, counter-clockwise AE.
antiparassitario, pl. **-ri**, **-rie** /antiparassi'tarjo, ri, rje/ **I** agg. pesticidal **II** m. pesticide.
antipasto /anti'pasto/ m. hors d'oeuvres, appetizer.
antipatia /antipa'tia/ f. dislike (**per** for, to, towards); ***provare ~ per qcn., qcs.*** to dislike sb., sth.; ***prendere qcn. in ~*** to take a dislike to sb.
antipatico, pl. **-ci**, **-che** /anti'patiko, tʃi, ke/ agg. [*persona*] disagreeable, unpleasant; [*lavoro*] tedious, unpleasant; ***mi è*** o ***sta ~*** I don't like him.
antipiega /anti'pjɛga/ agg.inv. [*tessuto*] crease-resistant.
antipodi /an'tipodi/ m.pl. ***gli ~*** the Antipodes; ***essere agli ~*** FIG. to be worlds *o* poles apart.
antipolio /anti'pɔljo/ f.inv. polio vaccine.
antiproiettile /antipro'jɛttile/ agg.inv. [*vetro, giubbotto*] bulletproof.
antiquariato /antikwa'rjato/ m. ***negozio d'~*** antique shop; ***pezzo d'~*** antique.
antiquario, pl. **-ri**, **-rie** /anti'kwarjo, ri, rje/ **I** agg. [*libreria*] antiquarian **II** m. (f. **-a**) *(venditore)* antiquarian, antiquary.
antiquato /anti'kwato/ agg. [*persona, idee*] old-fashioned; [*tecnologia*] obsolete, outdated; [*stile, modi, espressione*] old-fashioned, outdated.
antiriflesso /antiri'flɛsso/ agg.inv. [*vetro, lente*] antiglare.
antiruggine /anti'ruddʒine/ **I** agg.inv. [*vernice*] anti-rust, rust-proof **II** m.inv. rust-proof product.
antirughe /anti'ruge/ agg.inv. ***crema ~*** wrinkle cream.
antiscivolo /antiʃ'ʃivolo/ agg.inv. anti-skid.
antisemita, m.pl. **-i**, f.pl. **-e** /antise'mita/ **I** agg. anti-Semitic **II** m. e f. anti-Semite.
antisemitico, pl. **-ci**, **-che** /antise'mitiko, tʃi, ke/ agg. anti-Semitic.
antisemitismo /antisemi'tizmo/ m. anti-Semitism.
antisettico, pl. **-ci**, **-che** /anti'sɛttiko, tʃi, ke/ agg. e m. antiseptic.
antisismico, pl. **-ci**, **-che** /anti'sizmiko, tʃi, ke/ agg. earthquake-proof.
antislittamento /antizlitta'mento/ agg.inv. anti-skid.
antismog /antiz'mɔg/ agg.inv. ***mascherina ~*** smog mask.
antisociale /antiso'tʃale/ agg. antisocial.
antisommossa /antisom'mɔssa/ agg.inv. [*squadra, veicolo*] riot.
antisportivo /antispor'tivo/ agg. [*comportamento*] unsporting, unsportsmanlike.

antistaminico, pl. **-ci**, **-che** /antista'miniko, tʃi, ke/ m. antihistamine.
antistante /antis'tante/ agg.inv. ~ ***a*** in front of, opposite.
antistress /antis'trɛs/ agg.inv. ***giocattolo*** ~ executive toy.
antiterrorismo /antiterro'rizmo/ **I** agg.inv. anti-terrorist **II** m.inv. counter-terrorism.
antitesi /an'titezi/ f.inv. antithesis*; ***in*** ~ ***con*** in contrast to.
antitetanica /antite'tanika/ f. tetanus vaccine.
antitetico, pl. **-ci**, **-che** /anti'tɛtiko, tʃi, ke/ agg. antithetic(al).
antitossina /antitos'sina/ f. antitoxin.
antitraspirante /antitraspi'rante/ agg. e m. antiperspirant.
antitumorale /antitumo'rale/ agg. [*trattamento, farmaco*] antitumor.
antiuomo /anti'wɔmo/ agg.inv. [*mina*] antipersonnel.
antiurto /anti'urto/ agg.inv. shockproof.
antivirus /anti'virus/ m.inv. INFORM. antivirus, virus checker.
antivivisezione /antiviviset'tsjone/ agg.inv. anti-vivisection.
antologia /antolo'dʒia/ f. anthology.
antonimico, pl. **-ci**, **-che** /anto'nimiko, tʃi, ke/ agg. antonymous.
antonimo /an'tɔnimo/ m. antonym.
Antonio /an'tɔnjo/ n.pr.m. Ant(h)ony.
antonomasia /antono'mazja/ f. ***l'attore per*** ~ the actor par excellence.
antrace /an'tratʃe/ m. anthrax*.
antracite /antra'tʃite/ ➧ *3* **I** f. MINER. anthracite **II** agg.inv. *(colore)* charcoal.
antro /'antro/ m. *(caverna)* cavern, cave; FIG. SPREG. hovel.
antropocentrico, pl. **-ci**, **-che** /antropo'tʃɛntriko, tʃi, ke/ agg. anthropocentric.
antropocentrismo /antropotʃen'trizmo/ m. anthropocentrism.
antropofago, pl. **-gi**, **-ghe** /antro'pɔfago, dʒi, ge/ **I** agg. anthropophagous **II** m. (f. **-a**) anthropophagus*.
antropologia /antropolo'dʒia/ f. anthropology.
antropologico, pl. **-ci**, **-che** /antropo'lɔdʒiko, tʃi, ke/ agg. anthropological.
antropologo, m.pl. **-gi**, f.pl. **-ghe** /antro'pɔlogo, dʒi, ge/ ➧ *18* m. (f. **-a**) anthropologist.
antropomorfico, pl. **-ci**, **-che** /antropo'mɔrfiko, tʃi, ke/ agg. anthropomorphic.
antropomorfismo /antropomor'fizmo/ m. anthropomorphism.
anulare /anu'lare/ **I** agg. [*eclissi*] annular; ***raccordo*** ~ ring road BE, beltway AE **II** m. ANAT. ring finger.
anzi /'antsi/ cong. **1** *(al contrario)* on the contrary, quite the opposite; ***non è antipatico, ~!*** he isn't so bad, quite the opposite! ***"ti disturbo?" - "~!"*** "am I bothering you?" - "not at all!"; ***non era irritato, ~, era piuttosto contento*** he wasn't annoyed, if anything, he was quite pleased **2** *(addirittura)* rather; ***"è migliorato?" - "no, ~, è peggiorato"*** "did it improve?" - "no, rather it got worse" **3** *(o meglio)* indeed; ***era un collega, ~, un amico*** he was a colleague, indeed a friend.
anzianità /antsjani'ta/ f.inv. **1** *(età avanzata)* old age **2** *(di servizio)* seniority; COMM. IND. length of service; ***pensione di*** ~ old age pension.
anziano /an'tsjano/ **I** agg. **1** *(d'età)* old, elderly, aged **2** *(veterano)* [*impiegato, socio*] senior **II** m. (f. **-a**) **1** old person, elderly person; BUROCR. senior citizen; ***gli -i*** the old *o* elderly, old *o* elderly people **2** *(di tribù, comunità)* elder.
anziché /antsi'ke/ cong. *(invece di)* instead of; *(piuttosto che)* rather than.
anzitempo /antsi'tɛmpo/ avv. LETT. prematurely; ***invecchiato*** ~ old before one's time.
anzitutto /antsi'tutto/ avv. first of all, first and foremost.
aorta /a'ɔrta/ f. aorta.
aostano /aos'tano/ ➧ *2* **I** agg. from, of Aosta **II** m. (f. **-a**) native, inhabitant of Aosta.
apache /a'paʃ/ agg.inv., m. e f.inv. Apache.
apartheid /apar'tajd/ m.inv. apartheid.
apatia /apa'tia/ f. apathy, indifference.
apatico, pl. **-ci**, **-che** /a'patiko, tʃi, ke/ agg. [*persona, atteggiamento*] apathetic, uninterested.
ape /'ape/ f. bee; ***(a) nido d'*** ~ honeycomb ♦♦ ~ ***domestica*** honeybee; ~ ***operaia*** worker bee; ~ ***regina*** queen bee.

aperitivo /aperi'tivo/ m. aperitif.
apertamente /aperta'mente/ avv. [*parlare, agire, ammettere*] openly, unashamedly.
aperto /a'perto/ **I** p.pass. → **aprire II** agg. **1** *(non chiuso)* [*porta, negozio, scatola, occhi, bocca, ferita*] open; ***aveva l'ombrello*** ~ he had his umbrella up; ***lasciare*** ~ to leave [sth.] on [*gas, acqua*]; ***il rubinetto è*** ~ the tap is running; ***una lettera -a*** *(resa pubblica)* an open letter **2** *(ampio, senza limiti)* ***in -a campagna*** in open country; ***in mare*** ~ offshore, on the open sea; ***all'aria -a*** in the open air, outdoors; ***la vita all'aria -a*** the outdoor life **3** *(evidente)* [*scontro, guerra*] open, overt; [*minaccia*] direct; [*dichiarazione*] explicit **4** *(accessibile)* ***concorso*** ~ ***a tutti*** open competition; ***mercato*** ~ ECON. open market **5** *(sgombro)* [*strada, visuale, area*] clear **6** *(disponibile)* ***essere*** ~ ***alle trattative*** to be open for negotiations; ***avere un conto*** ~ ***presso un negozio*** to have an account at a shop **7** *(franco)* [*carattere*] frank, open **8** *(di ampie vedute)* [*persona, mentalità*] open-minded, broadminded **9** *(non risolto)* [*discussione, dibattito*] open, unresolved; ***la questione resta -a*** the question is unresolved **III** m. ***all'*** ~ [*mercato, teatro*] open-air; [*vita, piscina, sport, cinema*] outdoor; [*dormire*] out(doors) ♦ ***a braccia -e*** with open arms; ***parlare a cuore*** ~ to speak from the heart; ***essere un libro*** ~ ***per qcn.*** to be like an open book to sb.; ***sognare a occhi -i*** to daydream; ***tenere gli occhi -i*** to keep an eye out *o* one's eyes peeled.
apertura /aper'tura/ f. **1** *(l'aprire)* *(di pacco, porta, conto corrente)* opening; ~ ***del testamento*** DIR. reading of the will **2** *(fenditura)* *(di parete, porta)* crack, slit; *(per aria, gas)* inlet, outlet; *(di borsa, sacco)* opening; ***lattina con*** ~ ***a strappo*** ring-pull can **3** *(inizio)* *(di stagione di caccia, campagna elettorale, procedura)* opening; *(di inchiesta)* setting up; ~ ***delle scuole*** start of the school year; ~ ***delle ostilità*** outbreak of hostilities **4** *(inaugurazione)* *(di locale)* opening; ***d'*** ~ [*cerimonia, discorso*] opening **5** *(al pubblico)* opening; ***orario di*** ~ opening hours; *(di museo)* visiting hours; *(di negozio)* business hours **6** FIG. ~ ***(mentale)*** openness, open-mindedness **7** FOT. aperture ♦♦ ~ ***alare*** wingspan.
API /'api/ f. (⇒ Associazione Piccole e Medie Industrie) = association of small and medium businesses.
apice /'apitʃe/ m. **1** MAT. ANAT. apex*; ASTR. zenith **2** FIG. *(di potere, carriera)* apex*, peak, height; ***essere all'*** ~ ***del successo*** to be at the height of success.
apicoltore /apikol'tore/ ➧ *18* m. (f. **-trice** /tritʃe/) beekeeper.
apicoltura /apikol'tura/ f. beekeeping.
aplomb /a'plɔmb/ m.inv. aplomb, poise.
apnea /ap'nɛa/ f. MED. apn(o)ea; ***immergersi in*** ~ to go skin-diving.
Apocalisse /apoka'lisse/ **I** n.pr.f. BIBL. ***l'*** ~ the Apocalypse **II** **apocalisse** f. FIG. apocalypse.
apocalittico, pl. **-ci**, **-che** /apoka'littiko, tʃi, ke/ agg. apocalyptic(al) (anche FIG.).
apocrifo /a'pɔkrifo/ agg. [*scritti, vangeli*] apocryphal.
apogeo /apo'dʒɛo/ m. ASTR. apogee (anche FIG.); ***essere all'*** ~ ***della fama*** to be at the height of one's fame.
apolide /a'pɔlide/ agg. stateless.
apolitico, pl. **-ci**, **-che** /apo'litiko, tʃi, ke/ agg. apolitical.
Apollo /a'pɔllo/ **I** n.pr.m. MITOL. Apollo **II** m. FIG. Apollo.
apologeta /apolo'dʒɛta/ m. e f. apologist.
apologia /apolo'dʒia/ f. apologia, apology (**di** for).
apologo, pl. **-ghi** /a'pɔlogo, gi/ m. apologue.
apoplessia /apoples'sia/ f. apoplexy.
apoplettico, pl. **-ci**, **-che** /apo'plɛttiko, tʃi, ke/ agg. [*colpo*] apoplectic.
apostasia /aposta'zia/ f. apostasy.
apostata, m.pl. **-i**, f.pl. **-e** /a'pɔstata/ agg., m. e f. apostate.
apostolico, pl. **-ci**, **-che** /apos'tɔliko, tʃi, ke/ agg. **1** *(degli apostoli)* [*dottrina*] apostolic **2** *(papale)* ***nunzio*** ~ papal nuncio.
apostolo /a'pɔstolo/ m. apostle (anche FIG.).
1.apostrofare /apostro'fare/ [1] tr. LING. to apostrophize.
2.apostrofare /apostro'fare/ [1] tr. *(rivolgere la parola)* to address.
apostrofo /a'pɔstrofo/ m. LING. apostrophe.
apotema /apo'tɛma/ m. apothem.
apoteosi /apote'ɔzi/ f.inv. apotheosis* (anche FIG.) ♦ ***fare l'*** ~ ***di qcn.*** to sing sb.'s praises.

appagamento /appaga'mento/ m. fulfilment, gratification, satisfaction.

appagante /appa'gante/ agg. [*lavoro*] gratifying; [*esperienza*] fulfilling; [*vita*] satisfying.

appagare /appa'gare/ [1] **I** tr. **1** *(soddisfare)* to satisfy [*curiosità, fantasia*]; to gratify, to satisfy [*desiderio*] **2** *(placare)* to satisfy, to appease [*fame*]; to quench [*sete*] **II appagarsi** pronom. to be* contented, satisfied (**di** with).

appaiare /appa'jare/ [1] **I** tr. to pair, to match [*calzini, guanti*] **II appaiarsi** pronom. to pair.

Appalachi /appa'laki/ n.pr.pl. ***gli ~*** the Appalachians, the Appalachian Mountains.

appallottolare /appallotto'lare/ [1] **I** tr. to crumple (up), to roll [sth.] into a ball [*carta*] **II appallottolarsi** pronom. [*gatto, riccio*] to curl up into a ball.

appaltare /appal'tare/ [1] tr. **1** *(dare in appalto)* to contract out [*lavoro*]; ***~ qcs. a una ditta*** to award a contract to a company **2** *(prendere in appalto)* to undertake* on contract.

appaltatore /appalta'tore/ **I** agg. [*impresa*] contracting **II** m. (f. **-trice** /tritʃe/) contractor.

appalto /ap'palto/ m. contract; ***lavoro in ~*** contract work; ***dare qcs. in ~*** to contract out sth.; ***prendere qcs. in ~*** to undertake sth. on contract; ***assegnare l'~ a qcn.*** to award a contract to sb.; ***capitolato d'~*** specification(s); ***offerta di ~*** tender; ***gara d'~*** competitive tender; ***bandire una gara d'~*** to call for tenders; ***avviso di gara d'~*** invitation to bid, tender; ***concorrere a una gara d'~*** to tender *o* bid for a contract.

appannaggio, pl. **-gi** /appan'naddʒo, dʒi/ m. **1** ***~ reale*** privy purse **2** FIG. *(prerogativa)* ***essere ~ di*** to be the privilege of.

appannamento /appanna'mento/ m. **1** *(su vetro, specchio)* mist, steam **2** *(della vista)* blurring, dimming.

appannare /appan'nare/ [1] **I** tr. **1** *(coprire di umidità)* [*vapore, respiro*] to steam (up), to fog (up) [*vetro, specchio*]; *(rendere opaco)* to tarnish [*metallo*] **2** *(offuscare)* to dim, to blur [*vista*] **II appannarsi** pronom. **1** *(coprirsi di umidità)* to steam up, to mist over; *(diventare opaco)* [*metallo*] to tarnish **2** *(offuscarsi)* [*vista*] to grow* dim.

appannato /appan'nato/ **I** p.pass. → **appannare II** agg. **1** [*vetro, specchio, finestra*] steamed, filmy, misted **2** FIG. [*sguardo*] misty; ***vedo tutto ~*** everything is blurry; ***riflessi -i*** slow reaction.

apparato /appa'rato/ m. **1** *(spiegamento)* deployment; ***~ militare*** o ***bellico*** deployment of troops **2** ANAT. ***~ digerente, riproduttivo*** digestive, reproductive system **3** BUROCR. ***~ statale*** state apparatus **4** FILOL. ***~ critico*** critical apparatus **5** TEATR. ***~ scenico*** set **6** *(sfarzo)* display, pomp.

apparecchiare /apparek'kjare/ [1] tr. **1** ***~ la tavola*** to lay BE *o* set AE the table; ***~ per sei*** to set six places **2** *(preparare)* to prepare.

apparecchiatura /apparekkja'tura/ f. *(impianto)* equipment, fitting.

apparecchio, pl. **-chi** /appa'rekkjo, ki/ m. **1** *(macchina, congegno)* device **2** *(telefono)* ***chi è all'~?*** who is calling *o* speaking please? **3** COLLOQ. *(aereo)* aircraft, aeroplane BE, airplane AE **4** MED. *(per i denti)* brace ♦♦ ***~ acustico*** hearing aid; ***~ ortopedico*** surgical appliance; ***~ radio*** radio set; ***~ telefonico*** telephone; ***~ televisivo*** television set.

apparente /appa'rɛnte/ agg. **1** *(falso, simulato)* [*sicurezza, calma*] outward; [*semplicità*] seeming; ***moto ~*** FIS. apparent motion **2** *(evidente)* [*segno, somiglianza*] apparent, visible; ***senza motivo ~*** for no apparent reason.

apparentemente /apparente'mente/ avv. outwardly, seemingly; ***~ in buone condizioni*** in good condition externally; ***~ è molto timido*** supposedly he is very shy.

apparenza /appa'rɛntsa/ f. **1** *(manifestazione esteriore)* appearance, outwardness; ***salvare le -e*** to keep up appearances; ***giudicare dalle -e*** to judge *o* go by appearances; ***non lasciarti ingannare dalle -e!*** don't be taken in by appearances! ***l'~ inganna*** appearances can be deceptive, looks can be deceiving; ***è calmo solo in ~*** he only looks calm; ***in ~...*** on the surface...; ***essere solo ~*** to be all show **2** *(aspetto esteriore)* appearance, look.

apparire /appa'rire/ [47] intr. (aus. *essere*) **1** *(comparire)* [*persona, oggetto*] to appear, to come* into sight; [*sintomo*] to present itself; [*stella*] to come* out; ***~ in pubblico*** to appear in public; ***~ in una lista*** to figure in a list; ***~ sulla copertina di qcs.*** to be featured on *o* to make the cover of sth.; ***~ a qcn*** [*Madonna, spirito*] to appear to sb. in a vision **2** *(sembrare)* to appear, to seem; *(all'aspetto)* to look **3** GIORN. [*libro, articolo*] to appear.

appariscente /apparij'ʃɛnte/ agg. [*abito*] eye-catching, flashy; [*stile, aspetto*] showy; [*colore*] loud, garish.

apparizione /apparit'tsjone/ f. *(di persona, oggetto)* appearance; *(della Madonna, di spiriti)* apparition; *(fantasma)* apparition, phantom, spectre; ***fare la propria ~ sulle scene*** to make an appearance on stage; ***una delle sue prime -i*** an early role, one of his first roles; ***in ordine di ~*** in order of appearance.

appartamento /apparta'mento/ m. flat BE, apartment AE; ***~ ammobiliato*** furnished flat ♦ ***ritirarsi nei propri -i*** SCHERZ. to retire to one's chamber.

appartarsi /appar'tarsi/ [1] pronom. ***~ in un angolo con qcn.*** to go off into a corner with sb.

appartato /appar'tato/ **I** p.pass. → **appartarsi II** agg. *(fuori mano)* [*luogo*] secluded, isolated; *(tranquillo)* [*angolo*] quiet.

appartenente /apparte'nɛnte/ **I** agg. belonging to, part of **II** m. e f. member.

appartenenza /apparte'nɛntsa/ f. *(ad associazione, partito)* affiliation, membership; *(a comunità, famiglia, ecc.)* ***un senso di ~*** a sense of belonging.

appartenere /apparte'nere/ [93] intr. (aus. *essere*) **1** *(essere proprietà di)* ***~ a*** [*oggetto, proprietà*] to belong to **2** *(far parte)* ***~ a*** [*persona*] to be a member of [*organizzazione, famiglia*].

appassionante /appassjo'nante/ agg. [*libro, discussione*] fascinating, absorbing, exciting; [*partita*] thrilling.

appassionare /appassjo'nare/ [1] **I** tr. [*film, libro*] to involve, to thrill, to fascinate; ***il teatro lo appassiona*** he has a passion for theatre **II appassionarsi** pronom. ***-rsi a qcs.*** to become keen on *o* very fond of sth.

appassionatamente /appassjonata'mente/ avv. [*difendere, discutere*] ardently, keenly; [*amare*] passionately, with passion.

appassionato /appassjo'nato/ **I** p.pass. → **appassionare II** agg. **1** *(infuocato)* [*bacio, persona, relazione*] passionate; [*sostenitore, oppositore*] ardent, zealous; [*dibattito*] heated; [*discorso*] impassioned, fiery **2** *(entusiasta)* ***essere ~ di*** to be fond of, to be keen on, to go in for [*sport, hobby*] **III** m. (f. **-a**) *(di sport, serie televisiva)* follower, fan; *(di giardinaggio, musica, fotografia)* enthusiast; ***un vero ~ di arte*** an art lover.

appassire /appas'sire/ [102] intr. (aus. *essere*) [*pianta, fiore*] to wither, to wilt; FIG. *(sfiorire)* [*bellezza*] to fade.

appellabile /appel'labile/ agg. ***sentenza ~*** DIR. unsafe verdict.

appellante /appel'lante/ m. e f. DIR. appellant.

appellarsi /appel'larsi/ [1] pronom. **1** to appeal; ***~ al buon cuore di qcn.*** to appeal to sb.'s better nature **2** DIR. ***~ a*** to appeal to [*tribunale*]; ***~ contro*** to appeal against [*sentenza*]; ***~ ai testimoni*** to appeal for witnesses **3** SPORT ***~ a*** to appeal to [*arbitro*].

appellativo /appella'tivo/ m. **1** LING. appellative **2** *(epiteto)* epithet.

appellato /appel'lato/ m. (f. **-a**) DIR. respondent.

appello /ap'pɛllo/ m. **1** *(richiesta di aiuto)* appeal, plea, call; ***un ~ per, in favore di*** an appeal for, on behalf of **2** *(esortazione)* ***un ~ alla calma*** an appeal for calm; ***fare ~ alla ragione*** to appeal to reason **3** SCOL. ***fare l'~*** to call the register *o* roll **4** MIL. *(adunata)* roll-call; ***mancare all'~*** to be absent at the roll-call **5** UNIV. (exam) session **6** DIR. appeal; ***corte d'~*** court of appeal; ***ricorrere in ~*** to file an appeal; ***perdere in ~*** to lose an appeal.

appena /ap'pena/ È importante distinguere l'uso di *appena* come congiunzione o avverbio. - Come congiunzione, *(non) appena* si traduce solitamente con *as soon as*: *chiamami non appena arriva* = call me as soon as he comes. Come avverbio con valore temporale, *appena* nel senso di *da poco* si traduce con *just*: *me l'ha appena detto Carla* = Carla has just told me. In inglese americano *just* è spesso usato con il passato semplice, e quest'uso si sta diffondendo anche nell'inglese britannico: *gli ho appena parlato* = I just spoke to him (ma l'uso britannico standard è ancora: I've just spoken to him). - Nel senso di *a stento, a malapena, poco,* l'avverbio *appena* si rende con *barely, scarcely, hardly* o altri avverbi: *abbiamo appena il tempo di mangiare un panino* = we have scarcely got time to eat a sandwich; *respira appena* = he can hardly breathe. - Per altri esempi e usi si veda la voce qui sotto. **I** avv. **1** *(da poco)* just; ***è ~ arrivato*** he's just arrived; ***sono ~ passate le sei*** it's just gone *o* past six o'clock; ***era ~ uscito, quando...*** he had hardly gone out when...; ***l'ho ~ visto*** I saw him just about now **2** *(soltanto)* only, just; ***sono ~ le due*** it's barely *o* only two o'clock; ***i tuoi problemi sono ~ iniziati!*** your problems have only just begun! ***~ il 3%*** a bare 3% **3** *(poco)* only, hardly; ***lo conosco ~*** I hardly know him **4** *(a malapena)* hardly, barely, scarcely; ***riesco ~ ~ a vederlo*** I can just about *o* barely see him; ***in quel vestito ci entro ~*** I can just squeeze into that dress; ***durare ~ 5 minuti*** to last a mere 5 minutes; ***arrivò ~ in tempo*** he arrived just in time; ***~ in tempo!*** not a moment too soon! **II** cong. as soon as; ***partite ~ possibile*** leave as soon as possible; ***l'ho riconosciuto non ~ l'ho visto*** I recognized him the moment I saw him.

appendere /ap'pɛndere/ [10] tr. to hang* (up) [*quadro, vestiti*]; to put* up, to tack up, to pin up [*poster*]; ***~ gli sci al chiodo*** FIG. to hang up one's skis.

appendiabiti /appendi'abiti/ m.inv. clothes hanger.

appendice /appen'ditʃe/ f. **1** *(aggiunta)* appendage; *(di opera)* appendix* **2** ANAT. appendix*.

appendicite /appendi'tʃite/ ➧ **7** f. appendicitis; ***farsi togliere l'~*** POP. to have one's appendix removed; ***operare qcn. di ~*** to operate on sb. for appendicitis.

Appennini /appen'nini/ n.pr.m.pl. ***gli ~*** the Apennines.

appenninico, pl. **-ci, -che** /appen'niniko, tʃi, ke/ agg. [*fauna, flora*] Apennine.

appesantire /appesan'tire/ [102] **I** tr. *(rendere più pesante)* to weigh down, to make* [sth.] heavier [*imbarcazione, borsa*] **II appesantirsi** pronom. [*persona*] to put* on weight; FIG. [*palpebre*] to grow* heavy.

appeso /ap'peso/ **I** p.pass. → **appendere II** agg. ***stare ~ a testa in giù*** to hang upside down; ***~ a un filo*** hanging by a thread (anche FIG.).

appestare /appes'tare/ [1] tr. [*odore*] to smell out, to stink* out [*casa, stanza*].

appestato /appes'tato/ **I** p.pass. → **appestare II** agg. *(malato di peste)* plague-stricken **III** m. (f. **-a**) plague victim.

appetibile /appe'tibile/ agg. [*offerta, lavoro*] desirable, tempting.

appetito /appe'tito/ m. **1** *(desiderio di cibo)* appetite; ***buon ~!*** enjoy your meal! ***mangiare di buon ~*** to eat heartily; ***avere ~*** *(avere fame)* to be hungry; ***stuzzicare l'~*** to sharpen *o* whet the appetite; ***far venire ~ a qcn.*** to work up sb.'s appetite **2** *(brama)* appetite; ***~ sessuale*** sexual appetite ♦ ***l'~ vien mangiando*** PROV. = appetite comes with eating.

appetitoso /appeti'toso/ agg. **1** [*cibo*] appetizing, tempting, inviting, mouth-watering **2** FIG. tempting, desirable.

appezzamento /appettsa'mento/ m. plot (of land), parcel.

appianare /appja'nare/ [1] **I** tr. **1** *(spianare)* to level [*strada, terreno*] **2** FIG. to smooth out, to settle [*difficoltà, lite*] **II appianarsi** pronom. [*difficoltà, problemi*] to be* ironed out; ***tutto finirà per -rsi*** everything will be worked out.

appiattire /appjat'tire/ [102] **I** tr. **1** *(rendere piatto)* to flatten [*cartone, lamiera*] **2** FIG. to level out [*stipendi*] **II appiattirsi** pronom. *(diventare piatto)* to flatten, to become* flat.

appiccare /appik'kare/ [1] tr. ***~ il fuoco a qcs.*** to set fire to sth., to set sth. on fire.

appiccicare /appittʃi'kare/ [1] **I** tr. **1** *(attaccare)* to stick* [*francobollo*]; to glue, to paste [*carta*] **2** *(attribuire)* ***~ un soprannome a qcn.*** to pin a nickname on sb. **II** intr. (aus. *avere*) **1** *(attaccare)* ***questa colla non appiccica*** this glue doesn't stick **2** *(essere appiccicoso)* [*sostanza*] to be* sticky **III appiccicarsi** pronom. **1** *(attaccarsi)* [*sostanza*] to stick* (**a** to) **2** FIG. ***-rsi a qcn.*** [*persona*] to latch on to sb.

appiccicaticcio, pl. **-ci, -ce** /appittʃika'tittʃo, tʃi, tʃe/ agg. → **appiccicoso.**

appiccicato /appittʃi'kato/ **I** p.pass. → **appiccicare II** agg. ***stare sempre ~ a qcn.*** to be always hanging on sb.'s coat-tails; ***mi sta sempre ~*** he clings to me all the time.

appiccicoso /appittʃi'koso/ agg. [*sostanza, superficie*] sticky, tacky; [*mani*] sticky; FIG. [*persona*] clinging.

appiedato /appje'dato/ agg. ***essere ~*** to be on foot.

appieno /ap'pjɛno/ avv. fully; ***vivere la vita ~*** to live life to the full.

appigliarsi /appiʎ'ʎarsi/ [1] pronom. **1** *(attaccarsi)* **~ a** to hold on *o* cling on *o* hang on to [*ramo, fune*] **2** FIG. ***~ a una scusa*** to clutch at an excuse.

appiglio, pl. **-gli** /ap'piʎʎo, ʎi/ m. **1** *(punto di appoggio)* hold, grip; *(per i piedi)* foothold **2** *(pretesto)* pretext, excuse.

appioppare /appjop'pare/ [1] tr. COLLOQ. ***~ una multa a qcn.*** to land sb. with a fine; ***~ un nomignolo a qcn.*** to hang *o* stick a nickname on sb.; ***~ un ceffone a qcn.*** to land a blow to sb., to clout sb.; ***~ una banconota falsa a qcn.*** to fob *o* palm sb. off with a forged banknote.

appisolarsi /appizo'larsi/ [1] pronom. COLLOQ. to drop off, to nod off, to doze off.

applaudire /applau'dire/ [109] **I** tr. **1** [*persona*] to applaud, to clap [*spettacolo, attore*]; [*pubblico*] to cheer, to acclaim [*persona, gruppo*] **2** FIG. to applaud, to commend [*provvedimento, persona*] **II** intr. (aus. *avere*) to applaud, to clap.

applauso /ap'plauzo/ m. applause **U**, clapping **U**, handclap; ***uno scroscio di -i*** a burst *o* storm of applause; ***ricevere un ~*** to get a round of applause; ***un grande applauso per il vincitore!*** let's have a big hand for the winner! ***~ a scena aperta*** applause in the middle of a scene.

applicabile /appli'kabile/ agg. [*norma, sanzione*] applicable; [*legge*] enforceable.

applicare /appli'kare/ [1] **I** tr. **1** *(mettere sopra)* to apply [*benda*]; *(incollando)* to stick* on, to put* on [*cerotto, adesivo*] **2** SART. to set* in [*maniche, toppe*] **3** *(stendere)* to apply, to spread* [*crema, pomata*] (**su**, **a** to) **4** FIG. *(impegnare)* ***~ la mente a qcs.*** to apply one's mind to sth. **5** *(mettere in atto)* to enforce [*legge, regolamento*]; to operate [*politica*] **6** *(imporre)* to impose, to levy [*tassa*] **7** *(mettere in pratica)* to apply [*metodo, teoria*] **II applicarsi** pronom. *(impegnarsi)* to apply oneself (**a** to).

applicativo /applika'tivo/ agg. INFORM. [*pacchetto, software*] application attrib.

applicato /appli'kato/ **I** p.pass. → **applicare II** agg. [*scienze, linguistica*] applied.

applicazione /applikat'tsjone/ f. **1** *(l'applicare) (di vernice, crema, cerotto)* application **2** *(utilizzo)* application, use **3** *(di legge, norma)* enforcement **4** *(impegno)* diligence **5** INFORM. application **6** SART. appliqué.

applique /ap'plik/ f.inv. wall light.

appoggiapolsi /appoddʒa'polsi/ m.inv. INFORM. wrist rest.

appoggiare /appod'dʒare/ [1] **I** tr. **1** *(posare)* to lean*, to rest [*parte del corpo, oggetto*] (**su** on; **a**, **contro** against); *(deporre)* to lay* down, to put* down [*libro, penna*]; ***~ il capo sul cuscino*** to lean *o* nestle *o* lay one's head on the pillow **2** *(addossare)* to lean*, to prop; ***~ una scala contro il muro*** to set a ladder against a wall **3** *(sostenere)* to back [*idea, progetto*]; to stand* by, to support, to back [*persona*]; to second [*mozione*] **II** intr. (aus. *essere*) to rest, to stand*; ***~ su colonne*** to rest on columns **III appoggiarsi** pronom. **1** *(sostenersi)* to lean* (**su** on; **a**, **contro** against); ***-rsi sui gomiti*** to rest on one's elbows; ***-rsi alla parete*** to prop oneself against the wall **2** FIG. *(contare su)* ***-rsi a*** to rely on [*amici, famiglia*].

appoggiatesta /appoddʒa'tɛsta/ m.inv. → **poggiatesta.**

appoggio, pl. **-gi** /ap'pɔddʒo, dʒi/ m. **1** *(sostegno)* support; ***punto d'~*** FIS. fulcrum **2** *(di oggetto, struttura)* base **3** FIG. support, backing; ***dare ~ a qcn.*** to back sb.; *(conoscenze)* ***gode di potenti -gi*** he has the backing of powerful people **4** *(nelle scalate)* toehold.

appollaiarsi /appolla'jarsi/ [1] pronom. [*uccello*] to perch, to roost; [*persona*] to perch.

apporre /ap'porre/ [73] tr. to affix, to append FORM. [*firma, visto*]; ***~ il timbro postale*** to postmark.

apportare /appor'tare/ [1] tr. **1** *(portare)* to bring* [*esperienza*]; to make* [*correzioni, modifiche*]; to supply [*calorie*] **2** *(recare)* to cause [*danni*] **3** DIR. *(addurre)* to bring*, to adduce [*prove*] **4** COMM. ECON. to contribute [*capitali*].

apporto /ap'pɔrto/ m. *(contributo)* contribution (anche COMM. ECON.) ♦♦ ***~ calorico*** calorie intake.

appositamente /appozita'mente/ avv. 1 *(apposta)* expressly 2 *(specificamente)* [*ideato, creato*] expressly, specifically.
apposito /ap'pɔzito/ agg. [*contenitore, procedura*] special; ***scrivete nello spazio ~*** write in the space provided.
apposizione /appozit'tsjone/ f. 1 *(di firma, visto)* affixing 2 LING. apposition.
apposta /ap'pɔsta/ I agg.inv. special; ***un quaderno ~ per gli appunti*** a special notebook for taking notes II avv. 1 *(di proposito)* deliberately, purposely; ***non l'ho fatto ~*** I didn't do it on purpose, I didn't mean to do it; ***l'ha detto ~ per spaventarlo*** she said it on purpose to frighten him; ***neanche a farlo ~, ...*** as if on purpose, ... 2 *(proprio)* specially.
appostamento /apposta'mento/ m. 1 look-out; ***mettersi in ~*** to lie in wait 2 *(agguato)* ambush 3 MIL. emplacement 4 VENAT. hide.
appostare /appos'tare/ [1] I tr. 1 to lie* in wait for [*persona, selvaggina*] 2 *(mettere in appostamento)* to position [*agenti, soldati*] II **appostarsi** pronom. *(mettersi in appostamento)* [*persona*] to lay* in wait, to lurk.
apprendere /ap'prɛndere/ [10] tr. 1 *(imparare)* to learn* [*nozioni, mestiere*] 2 *(venire a sapere)* to learn*; ***~ qcs. dalla radio*** to hear sth. on the radio; ***ho appreso che*** I've heard (that).
apprendimento /apprendi'mento/ m. learning.
apprendista, m.pl. **-i**, f.pl. **-e** /appren'dista/ m. e f. apprentice; ***fare l'~ presso qcn.*** to be an apprentice to sb.
apprendistato /apprendis'tato/ m. apprenticeship; ***fare (l')~ presso qcn.*** to train as an apprentice with sb.
apprensione /appren'sjone/ f. apprehension, anxiety, concern; ***mettere qcn. in ~*** to alarm sb.; ***essere in ~ per qcs.*** to feel apprehensive about sth.
apprensivo /appren'sivo/ agg. [*sguardo*] apprehensive; [*madre*] apprehensive, anxious.
appresso /ap'prɛsso/ I avv. 1 *(dopo)* after(wards), later 2 *(con sé)* ***porto sempre l'ombrello ~*** I always take my umbrella with me 3 **appresso a** *(dietro a)* behind; *(vicino a)* close to, near to; ***andare ~ a qcn.*** to follow sb. II agg.inv. *(seguente)* next, following; ***il giorno ~*** the next day.
apprestarsi /appres'tarsi/ [1] pronom. to get* ready (**a fare** to do).
apprettare /appret'tare/ [1] tr. 1 TESS. to size [*stoffa*] 2 *(nella stiratura)* to starch [*colletto*].
appretto /ap'prɛtto/ m. 1 TESS. size 2 *(nella stiratura)* starch.
apprezzabile /appret'tsabile/ agg. 1 *(pregevole)* [*qualità*] appreciable 2 *(rilevante)* [*differenza, cambiamento*] appreciable, remarkable.
apprezzamento /apprettsa'mento/ m. 1 *(stima)* appreciation 2 *(giudizio)* judgement, appraisal; ***fare -i su qcn.*** to make comments about sb. 3 ECON. appreciation.
apprezzare /appret'tsare/ [1] tr. to appreciate [*musica, arte, buona cucina*]; to esteem [*qualità, lavoro*]; to value [*persona, amicizia, aiuto*].
apprezzato /appret'tsato/ I p.pass. → **apprezzare** II agg. ***un medico molto ~*** a highly regarded doctor; ***un libro molto ~*** a book held in high esteem.
approccio, pl. **-ci** /ap'prɔttʃo, tʃi/ m. approach; ***tentare un ~ con qcn.*** to make advances to sb.; ***essere ai primi -ci*** to be at the beginning.
approdare /appro'dare/ [1] intr. (aus. *essere, avere*) 1 *(sbarcare)* [*viaggiatore, nave*] to land (**a** at) 2 FIG. to come* to, to arrive at; ***i miei sforzi non approdarono a nulla*** my efforts came to nothing; ***non sto approdando a niente con questo saggio*** I'm getting nowhere with this essay.
approdo /ap'prɔdo/ m. 1 *(sbarco)* landing, landfall 2 *(scalo)* landing place.
approfittare /approfit'tare/ [1] intr. (aus. *avere*) ***~ di*** to make the most of [*vantaggio*]; to take advantage of [*situazione, occasione, offerta*]; ***~, -rsi di*** to presume upon [*persona*]; to impose on [*gentilezza, ospitalità*]; ***~ di una ragazza*** *(sedurre)* to take advantage of a girl.
approfittatore /approfitta'tore/ m. (f. **-trice** /tritʃe/) profiteer.
approfondimento /approfondi'mento/ m. *(analisi)* close examination.
approfondire /approfon'dire/ [102] I tr. 1 to deepen [*buca*] 2 FIG. to deepen [*conoscenza*]; to delve into [*argomento*]; to go* into [*questione*] II **approfondirsi** pronom. [*conoscenza*] to deepen.
approfondito /approfon'dito/ I p.pass. → **approfondire** II agg. [*conoscenza, analisi*] deep, in-depth attrib., thorough; [*ricerca*] exhaustive, thorough.
appropriarsi /appro'prjarsi/ [1] pronom. ***~ di*** to get possession of [*oggetto*]; *(indebitamente)* to appropriate [*terra*]; to embezzle, to misappropriate [*fondi*]; to usurp [*titolo*].
appropriato /appro'prjato/ agg. [*termini, mezzi, vestito, comportamento*] appropriate, suitable (**a** for); [*nome, stile*] appropriate (**a**, **per** for), apt (**a** to; **per** for).
appropriazione /approprjat'tsjone/ f. appropriation ♦♦ ***~ indebita*** embezzlement, misappropriation.
approssimarsi /approssi'marsi/ [1] pronom. 1 *(avvicinarsi)* ***~ a*** to come near to, to approach; ***~ al vero*** to be close to the truth 2 *(sopraggiungere)* [*partenza, vacanze*] to approach, to draw* near.
approssimativamente /approssimativa'mente/ avv. approximately, roughly.
approssimativo /approssima'tivo/ agg. 1 *(impreciso)* [*data, idea*] approximate; [*stima, costo*] rough; [*traduzione*] loose 2 *(superficiale)* [*conoscenza*] approximate, superficial.
approssimato /approssi'mato/ agg. ***~ per eccesso, per difetto*** revised upwards, downwards.
approssimazione /approssimat'tsjone/ f. approximation (anche MAT.); ***per ~*** approximately, roughly.
approvare /appro'vare/ [1] tr. 1 to approve of [*progetto, proposta, decisione*]; *(essere d'accordo con)* ***non approvo ciò che stanno facendo*** I don't agree with what they're doing 2 *(ratificare)* to pass [*legge, decreto*]; to endorse [*bilancio*] 3 *(promuovere)* to pass [*candidato*].
approvazione /approvat'tsjone/ f. 1 *(consenso)* approval; ***dare la propria ~*** to give (one's) approval; ***d'~*** [*sorriso, cenno*] approving, of approval 2 *(ratifica)* *(di legge, decreto)* passage; *(di bilancio)* endorsement.
approvvigionamento /approvvidʒona'mento/ m. 1 *(atto)* supply, provision; MIL. procurement; *(di viveri)* victualling 2 ***gli -i*** *(provviste)* the supplies *o* provisions.
approvvigionare /approvvidʒo'nare/ [1] I tr. *(rifornire)* to supply (**di** with); *(di viveri)* to victual II **approvvigionarsi** pronom. ***-rsi di*** to lay in supplies of.
appuntamento /appunta'mento/ m. *(da professionista, parrucchiere ecc.)* appointment; *(con amici, fidanzato)* date; ***su ~*** by appointment; ***prendere un ~ con qcn.*** to make an appointment with sb.; ***mancare a un ~*** to break an appointment; ***agenzia di -i*** dating agency.
1.appuntare /appun'tare/ [1] tr. 1 *(fissare)* to pin [*spilla, decorazione*] (**a** on) 2 *(dirigere)* ***~ il dito verso qcn.*** to point at *o* to sb.
2.appuntare /appun'tare/ [1] tr. to note (down) [*indirizzo*] (**su** in).
appuntato /appun'tato/ m. MIL. = corporal of Carabinieri Guardia di Finanza or Corpo degli Agenti di Custodia.
appuntire /appun'tire/ [102] tr. to sharpen [*matita*].
appuntito /appun'tito/ I p.pass. → **appuntire** II agg. [*matita, coltello*] sharp; [*bastone*] pointed.
1.appunto /ap'punto/ I m. 1 *(annotazione)* note; ***prendere -i*** to take notes 2 FIG. *(critica)* remark; ***fare*** o ***muovere un ~ a qcn.*** to reprimand sb. II **appunti** m.pl. INFORM. clipboard sing.
2.appunto /ap'punto/ avv. exactly, precisely; ***stavo ~ parlando di te*** I was just talking about you; ***le cose stanno ~ così*** that's exactly the way things are; ***per l'~*** just; ***"vuoi uscire a quest'ora?" - "per l'~"*** "are you going out at this hour?" - "correct".
appurare /appu'rare/ [1] tr. to ascertain, to verify.
apr. ⇒ aprile April (Apr).
apribile /a'pribile/ agg. ***la porta non è ~ dall'esterno*** you can't open the door from the outside; ***tettuccio ~*** AUT. sunroof.
apribottiglie /apribot'tiʎʎe/ m.inv. (bottle-)opener.
aprile /a'prile/ ➧ **17** m. April; ***il primo di ~*** *(giorno di scherzi)* April Fools' Day; ***pesce d'~!*** April Fool! ***fare un pesce d'~ a qcn.*** to make an April Fool of sb. ♦ ***~ dolce dormire*** PROV. = in spring months one tends to sleep more; ***~ non ti scoprire*** PROV. ne'er cast a clout till May be out.
apripista /apri'pista/ I m. e f.inv. SPORT forerunner II m.inv. *(macchina)* bulldozer.

prire /a'prire/ [91] **I** tr. **1** to open [*bottiglia, porta, lettera, cassetto, ombrello, paracadute, libro, file*]; *(spiegare)* to open (out), to spread* (out), to unfold [*giornale, cartina*]; *(scartare)* to unwrap [*regalo, pacco*]; *(tirare giù)* to undo* [*cerniera lampo*]; *(tirare indietro)* to draw* back [*tende, sipario*]; ***~ gli occhi, la bocca*** to open one's eyes, mouth **2** *(allargare)* ***~ le braccia, le gambe*** to open *o* spread one's arms, legs; ***~ le ali*** to spread one's wings **3** *(avviare)* to open [*studio medico, conto*]; to open up, to start up [*negozio*] **4** *(cominciare)* to open [*seduta, dibattito, trattative, inchiesta*]; *(essere in testa a)* to head [*corteo*] **5** *(mettere in funzione)* to turn on [*rubinetto*] **6** ECON. to open up [*mercato*] **II** intr. (aus. *avere*) **1** *(aprire la porta)* to open up (**a** for); ***va' ad ~!*** answer the door! ***farsi ~*** to be let in **2** *(iniziare l'attività)* [*negozio, locale*] to open; ***~ la domenica*** to open on Sundays; ***~ in ribasso, in rialzo*** [*Borsa*] to open down, up **3** GIOC. *(a carte, a scacchi)* to open **III aprirsi** pronom. **1** [*porta, scatola, cassetto, paracadute*] to open; ***-rsi su qcs.*** [*finestra, stanza*] to open into *o* onto sth. **2** *(cominciare)* [*negoziato, spettacolo, processo*] to open **3** *(mostrare disponibilità verso)* ***-rsi all'Est*** to open up to the East **4** *(allargarsi)* [*strada*] to open out, to widen; *(fendersi)* [*terreno*] to crack **5** *(sbocciare)* [*fiore*] to open (out, up) **6** *(diradarsi)* [*nuvole*] to break*, to part; *(rischiararsi)* [*cielo*] to clear (up) **7** FIG. *(confidarsi)* to open up (**con** to) ♦ ***non ~ bocca*** to hold one's peace; ***~ gli occhi*** to get the picture; ***~ gli occhi a qcn. su qcs.*** to open sb.'s eyes to sth.; ***~ bene le orecchie*** to pin one's ears back; ***~ la mente*** to broaden the mind; ***~ la strada a*** *(agevolare)* to clear the way for; *(dare avvio)* to show the way forward to; ***~ le porte a*** to open the door(s) to; ***~ il fuoco su qcn.*** to open fire on sb.; ***apriti cielo!*** good heavens!

priscatole /apris'katole/ m.inv. (can-)opener, tin opener BE.

quaplaning /akwa'planin(g)/ m.inv. hydroplaning.

quila /'akwila/ f. **1** ZOOL. eagle; ***~ reale*** golden eagle **2** FIG. genius; ***non è un'~*** he's no master mind ♦ ***occhio d'~*** eagle eye; ***avere occhi*** o ***vista d'~*** to be eagle-eyed.

quilano /akwi'lano/ ♦ ***2*** **I** agg. from, of L'Aquila **II** m. (f. **-a**) native, inhabitant of L'Aquila.

quilino /akwi'lino/ agg. [*naso*] aquiline.

quilone /akwi'lone/ m. kite; ***fare volare un ~*** to fly a kite.

quilotto /akwi'lɔtto/ m. eaglet.

ra /'ara/ ♦ ***23*** f. *(misura)* are.

rabescare /arabes'kare/ [1] tr. **1** to decorate with arabesques **2** *(ornare con ghirigori)* to decorate with doodles.

rabesco, pl. **-schi** /ara'besko, ski/ m. arabesque.

rabia /a'rabja/ ♦ ***33, 30*** n.pr.f. Arabia ♦♦ ***~ Saudita*** Saudi Arabia.

rabico, pl. **-ci**, **-che** /a'rabiko, tʃi, ke/ agg. [*deserto, paesaggio*] Arabian; ***il mare Arabico*** the Arabian Sea; ***gomma -a*** gum arabic.

rabile /a'rabile/ agg. arable.

rabo /'arabo/ ♦ ***16*** **I** agg. [*paese, mondo*] Arab; [*lingua, letteratura, numeri*] Arabic; ***cavallo ~*** Arab **II** m. (f. **-a**) **1** *(persona)* Arab **2** *(lingua)* Arabic ♦ ***per me è ~!*** it's all Greek *o* double Dutch to me!

rabo-israeliano /araboizrae'ljano/ agg. Arab-Israeli.

rachide /a'rakide/ f. *(pianta)* peanut; *(frutto)* peanut, earthnut BE, groundnut BE; ***olio di -i*** peanut oil.

ragosta /ara'gosta, ara'gɔsta/ ♦ ***3*** **I** f. lobster, crayfish* **II** agg. e m.inv. *(colore)* orange red.

raldica /a'raldika/ f. heraldry.

raldico, pl. **-ci**, **-che** /a'raldiko, tʃi, ke/ agg. [*emblema*] heraldic; ***stemma ~*** coat of arms.

raldo /a'raldo/ m. **1** STOR. herald **2** *(messaggero)* herald, harbinger LETT.

ranceto /aran'tʃeto/ m. orange grove.

rancia, pl. **-ce** /a'rantʃa, tʃe/ f. orange; ***succo d'~*** orange juice; ***spremuta d'~*** fresh orange juice, orange crush BE ♦♦ ***~ amara*** bitter *o* Seville orange; ***~ sanguigna*** blood orange.

ranciata /aran'tʃata/ f. orangeade.

ranciera /aran'tʃɛra/ f. orangery.

rancino /aran'tʃino/ m. = rice croquette stuffed with various meats and cheese.

rancio, pl. **-ci** /a'rantʃo, tʃi/ ♦ ***3*** **I** m. *(albero)* orange tree; ***fiori d'~*** orange blossom **II** agg. e m.inv. *(colore)* light orange.

arancione /aran'tʃone/ ♦ ***3*** agg. e m. orange.

arare /a'rare/ [1] tr. to plough (up), to plow (up) AE [*campo*].

aratore /ara'tore/ ♦ ***18*** m. ploughman* BE, plowman* AE.

aratro /a'ratro/ m. plough BE, plow AE.

aratura /ara'tura/ f. ploughing BE, plowing AE.

araucaria /arau'karja/ f. monkey puzzle (tree).

arazzo /a'rattso/ m. tapestry, arras.

arbitraggio pl. **-gi** /arbi'traddʒo, dʒi/ m. **1** SPORT *(in calcio, boxe)* refereeing; *(in tennis, baseball, cricket)* umpiring **2** ECON. arbitrage.

arbitrale /arbi'trale/ agg. ***decisione ~*** SPORT referee's decision.

arbitrare /arbi'trare/ [1] tr. **1** SPORT *(in calcio, boxe)* to referee; *(in tennis, baseball, cricket)* to umpire **2** DIR. to arbitrate [*controversia*].

arbitrarietà /arbitrarje'ta/ f.inv. arbitrariness.

arbitrario, pl. **-ri**, **-rie** /arbi'trarjo, ri, rje/ agg. arbitrary.

arbitrato /arbi'trato/ m. DIR. arbitration.

arbitratore /arbitra'tore/ m. arbitrator.

arbitrio, pl. **-tri** /ar'bitrjo, tri/ m. **1** *(discrezione)* will, discretion; ***ad ~ di qcn.*** in *o* at sb's discretion **2** *(abuso)* abuse **3** FILOS. ***libero ~*** free will.

arbitro /'arbitro/ m. **1** *(persona che decide)* arbiter (anche FIG.) **2** DIR. arbitrator **3** SPORT *(in calcio, boxe)* referee; *(in tennis, baseball, cricket)* umpire.

arboreo /ar'bɔreo/ agg. arboreal.

arboricolo /arbo'rikolo/ agg. [*animale*] arboreal.

arbusto /ar'busto/ m. shrub.

arca, pl. **-che** /'arka, ke/ f. ***l'~ di Noè*** Noah's Ark; ***l'~ dell'alleanza*** the Ark of the Covenant.

arcaico, pl. **-ci**, **-che** /ar'kaiko, tʃi, ke/ agg. archaic, ancient.

arcaismo /arka'izmo/ m. LING. archaism.

arcangelo /ar'kandʒelo/ m. archangel.

arcano /ar'kano/ **I** agg. arcane **II** m. *(mistero)* ***svelare l'~*** to unravel the mystery.

arcata /ar'kata/ f. **1** ARCH. arcade; *(di ponte)* arch **2** ANAT. arch.

arch. ⇒ architetto architect.

archeologia /arkeolo'dʒia/ f. archaeology BE, archeology AE.

archeologico pl. **-ci**, **-che** /arkeo'lɔdʒiko, tʃi, ke/ agg. archaeological BE, archeological AE.

archeologo, m.pl. **-gi**, f.pl. **-ghe** /arke'ɔlogo, dʒi, ge/ ♦ ***18*** m. (f. **-a**) archaeologist BE, archeologist AE.

archetipico, pl. **-ci**, **-che** /arke'tipico, tʃi, ke/ agg. archetypal.

archetipo /ar'kɛtipo/ m. archetype; ***l'~ dell'eroe*** the *o* an archetypal hero.

archetto /ar'ketto/ m. MUS. bow.

Archimede /arki'mɛde/ n.pr.m. Archimedes.

architettare /arkitet'tare/ [1] tr. *(ideare)* to cook up, to concoct [*piano*]; *(macchinare)* to brew [*frode*].

architetto /arki'tetto/ m. architect ♦♦ ***~ del paesaggio*** landscape architect.

architettonico, pl. **-ci**, **-che** /arkitet'tɔniko, tʃi, ke/ agg. architectural, architectonic.

architettura /arkitet'tura/ f. architecture (anche INFORM.).

architrave /arki'trave/ m. architrave.

archiviare /arki'vjare/ [1] tr. **1** *(mettere in archivio)* to file [*documenti*]; FIG. *(abbandonare)* to shelve [*progetto*] **2** DIR. *(chiudere)* to dismiss [*caso*].

archiviazione /arkivjat'tsjone/ f. filing.

archivio, pl. **-vi** /ar'kivjo, vi/ m. **1** *(luogo)* archive, archives pl.; *(documentazione)* records pl.; ***negli -i*** in the archives, on record **2** INFORM. *(file)* file ♦♦ ***~ di stato*** = Public Records Office GB.

archivista, m.pl. **-i**, f.pl. **-e** /arki'vista/ ♦ ***18*** m. e f. archivist, filing clerk.

ARCI /'artʃi/ f. (⇒ Associazione Ricreativa Culturale Italiana) = Italian cultural and recreational association.

Arcibaldo /artʃi'baldo/ n.pr.m. Archibald.

arcidiacono /artʃidi'akono/ m. archdeacon.

arcidiocesi /artʃidi'ɔtʃezi/ f.inv. archdiocese.

arciduca, pl. **-chi** /artʃi'duka, ki/ m. archduke.

arciere /ar'tʃɛre/ m. (f. **-a**) archer.
arcigno /ar'tʃiɲɲo/ agg. [*espressione*] grim, forbidding; [*sguardo*] hard, forbidding.
arcipelago, pl. **-ghi** /artʃi'pelago, gi/ m. archipelago*.
arciprete /artʃi'prɛte/ m. archpriest.
arcivescovado /artʃivesko'vado/ m. *(dignità)* archbishopric; *(sede)* see.
arcivescovile /artʃivesko'vile/ agg. archiepiscopal.
arcivescovo /artʃi'veskovo/ m. archbishop.
arco, pl. **-chi** /'arko, ki/ m. **1** *(arma)* bow; ***tiro con l'~*** archery **2** *(curva)* arch; ***ad ~*** arched **3** ARCH. arch **4** EL. arc; ***lampada ad ~*** arc lamp **5** MAT. arc **6** MUS. *(archetto)* bow; ***gli -chi*** *(strumenti)* the strings **7** FIG. *(di tempo)* span; ***nell'~ della sua vita*** in her lifetime; ***nell'~ di un mese*** in *o* within the space of a month ♦ ***avere molte frecce al proprio ~*** to have more than one string to one's bow ♦♦ ***~ rampante*** (flying) buttress; ***~ a sesto acuto*** pointed arch; ***~ di trionfo*** triumphal arch; ***~ a tutto sesto*** round arch.
arcobaleno /arkoba'leno/ m. rainbow.
arcuare /arku'are/ [1] **I** tr. ***~ la schiena*** to arch one's back **II arcuarsi** pronom. to bend*, to curve.
arcuato /arku'ato/ **I** p.pass. → **arcuare II** agg. [*schiena*] arched; [*sopracciglia*] arched, curved; [*gambe*] bandy.
ardente /ar'dɛnte/ agg. **1** *(infuocato)* [*brace, tizzone*] burning, glowing **2** FIG. *(intenso)* [*fede, ambizione, desiderio*] burning; [*passione*] red-hot, consuming; *(appassionato)* [*bacio, discorso*] passionate; [*difensore*] ardent, vigorous ♦ ***essere*** o ***stare sui carboni -i*** to be like a cat on a hot tin roof *o* on hot bricks.
ardentemente /ardente'mente/ avv. passionately, ardently, fervently.
ardere /'ardere/ [18] **I** tr. **1** *(bruciare)* to burn* [*legna*] **2** *(inaridire)* to parch [*pianta*] **II** intr. (aus. *essere*) **1** *(essere acceso)* [*legna*] to burn*; [*fuoco*] to blaze; [*carbone*] to glow **2** FIG. ***~ di desiderio*** to be burning with desire.
ardesia /ar'dɛzja/ ▸ ***3*** **I** f. MINER. slate **II** agg. e m.inv. *(colore)* slate grey BE, slate gray AE.
ardimento /ardi'mento/ m. LETT. daring, boldness, valour BE, valor AE.
1.ardire /ar'dire/ [102] tr. LETT. to dare; ***~ parlare*** to dare speak.
2.ardire /ar'dire/ m. LETT. *(coraggio)* daring, boldness; *(sfrontatezza)* boldness, impudence.
ardito /ar'dito/ **I** p.pass. → **1.ardire II** agg. **1** *(coraggioso)* [*persona*] game, bold **2** *(rischioso)* [*decisione*] bold **3** FIG. *(originale)* daring, bold **III** m. STOR. = in the First World War, Italian assault infantry soldier.
ardore /ar'dore/ m. **1** *(calore)* fierce heat **2** FIG. *(fervore)* ardour BE, ardor AE, fervour BE, fervor AE; ***con ~*** [*difendere, parlare*] ardently.
arduo /'arduo/ agg. *(difficile)* [*compito, lavoro*] arduous, demanding.
area /'area/ f. **1** MAT. *(superficie)* area **2** *(zona delimitata di terreno)* area stretch; ***~ edificabile*** building land **3** *(regione)* area, zone; ***~ depressa*** depressed region **4** FIG. *(ambito)* area, field; ***~ di interessi*** field *o* area of interest **5** ECON. ***~ dell'euro*** Euro zone **6** POL. ***~ moderata*** middle ground **7** METEOR. ***~ di bassa pressione*** belt of low pressure, low **8** SPORT *(nel calcio)* area ♦♦ ***~ di gioco*** field of play; ***~ di rigore*** penalty area, (penalty) box; ***~ di servizio*** service area, services, plaza AE; ***~ di sosta*** (parking) bay.
arena /a'rɛna/ f. **1** *(di antico anfiteatro, di circo)* arena; *(per corrida)* arena, bullring; ***l'~ politica*** FIG. the political arena **2** *(anfiteatro)* arena ♦ ***entrare*** o ***scendere nell'~*** to enter the lists.
arenaria /are'narja/ f. GEOL. sandstone.
arenarsi /are'narsi/ [1] pronom. **1** [*barca*] to run* aground **2** FIG. *(bloccarsi)* [*negoziato*] to come* to a standstill, to get* stuck.
argano /'argano/ m. **1** winch, windlass **2** MAR. capstan.
argentare /ardʒen'tare/ [1] tr. to silver [*posate, piatto*].
argentato /ardʒen'tato/ **I** p.pass. → **argentare II** agg. **1** *(rivestito)* silvered; *(placcato)* silver plated **2** *(di colore argento)* [*capelli*] silver(y).
argentatura /ardʒenta'tura/ f. silvering; *(placcatura d'argento)* silver plating.
argenteo /ar'dʒɛnteo/ agg. *(di colore argento)* [*capelli*] silver(y).
argenteria /ardʒente'ria/ f. silver(ware).
argentiere /ardʒen'tiɛre/ ▸ ***18*** m. (f. **-a**) *(fabbricante)* silver smith.
1.argentino /ardʒen'tino/ ▸ ***25*** **I** agg. Argentine, Argentiniar **II** m. (f. **-a**) Argentine, Argentinian.
2.argentino /ardʒen'tino/ agg. *(chiaro, limpido)* [*voce*] silvery.
argento /ar'dʒɛnto/ ▸ ***3*** **I** m. **1** *(metallo)* silver; ***anello d'~*** silver ring **2** *(colore)* silver; ***capelli d'~*** silver(y) hair; ***carta d'~*** = pensioners' reduced train fare card **3** SPORT silver (medal) **II argenti** m.pl. silver(ware) sing. ♦ ***avere l'~ vivo addosso*** to be full of the joys of spring ♦♦ ***~ vivo*** quicksilver
argilla /ar'dʒilla/ f. clay ♦ ***avere i piedi d'~*** to have feet of clay
argilloso /ardʒil'loso/ agg. clayey.
arginare /ardʒi'nare/ [1] tr. **1** to embank [*corso d'acqua*] **2** FIG. *(frenare, contenere)* to stem [*inflazione, rivolta, avanzata*] to contain, to control [*epidemia*].
argine /'ardʒine/ m. **1** *(di corso d'acqua)* bank, embankment; *(diga)* dyke, dike AE; ***~ naturale*** levee AE; ***il fiume ruppe gli -i*** the river broke its banks **2** FIG. *(freno)* ***mettere*** o ***porre un ~ a qcs.*** to clamp down on sth.
argo /'argo/ m. argon.
argomentare /argomen'tare/ [1] intr. (aus. *avere*) to argue.
argomentazione /argomentat'tsjone/ f. argument.
argomento /argo'mento/ m. **1** *(tema, oggetto)* subject, (subject) matter, topic; ***~ di conversazione*** talking point, topic of conversation; ***~ di discussione*** debating point, matter of contention; ***trattare un ~*** to deal with a topic; ***uscire dall'~*** to go off the point; ***cambiare ~*** to change the subject **2** *(argomentazione, prova)* argument.
arguire /argu'ire/ [102] tr. to deduce, to infer.
arguto /ar'guto/ agg. [*persona, frase*] witty, sharp.
arguzia /ar'guttsja/ f. **1** *(battuta arguta)* witticism, quip **2** *(acutezza)* wit.
aria /'arja/ f. **1** air; ***~ fresca, umida*** fresh, damp air; ***~ viziata*** foul *o* stale air; ***cambiare l'~ a una stanza*** to freshen the air in a room; ***una boccata d'~*** a breath of (fresh) air; ***qui manca l'~*** it's stuffy in here; ***farsi ~*** to fan oneself (**con** with); ***~ di mare*** sea air; ***~ buona*** fresh air; ***all'~ aperta*** in the open air, outdoors; ***la vita all'~ aperta*** outdoor life; ***lanciare, sparare, sol levarsi in ~*** to throw, shoot, rise up into the air; ***a mezz'~*** in midair (anche FIG.) **2** *(brezza, vento)* breeze, wind; ***non c'è*** o ***un filo d'~*** there isn't a breath of air **3** *(espressione, aspetto)* expression, air; ***un'~ divertita*** a look of amusement; ***con ~ innocente*** with an air of innocence; ***avere un'~ strana, per bene*** to look odd, respectable; ***~ di famiglia*** family likeness **4** *(atmosfera)* ***un'~ di festa*** a festive air, a holiday spirit **5** *(melodia)* air; *(d'opera)* aria* **6 in aria**, **per aria** *(in alto)* ***guardare in ~*** to look up; ***avere i piedi per ~*** to have one's fee (up) in the air; *(in sospeso)* ***essere in*** o ***per ~*** [*progetto*] to be up in the air ♦ ***hai bisogno di cambiare ~*** you need a change of air *o* scene; ***vivere d'~*** to live on fresh air; ***darsi delle -e*** to put on airs; ***buttare all'~*** COLLOQ. *(mettere in disordine)* to mess up [*fogli, oggetti*]; ***mandare all'~*** to mess up, to foul up [*piano*]; ***sentire che ~ tira*** to see which way the wind blows ***tira una brutta ~*** you could cut the air with a knife; ***c'è qualcosa nell'~*** there's something in the air; ***c'è ~ di tempesta*** there's trouble brewing; ***~...!*** *(vattene)* off with you! ♦♦ ***~ compressa*** compressed air; ***~ condizionata*** *(impianto)* air-conditioning; *(che si respira)* conditioned air; ***~ fritta*** FIG. hot air.
aria-aria /arja'arja/ agg.inv. [*missile*] air-to-air.
Arianna /a'rjanna/ n.pr.f. Ariadne; ***filo d'~*** Ariadne's thread.
1.ariano /a'rjano/ **I** agg. RELIG. Arian **II** m. (f. **-a**) RELIG Arian.
2.ariano /a'rjano/ **I** agg. *(nella concezione razzista)* [*razza*] Aryan **II** m. (f. **-a**) *(nella concezione razzista)* Aryan.
aria-superficie /arjasuper'fitʃe/, **aria-terra** /arja'tɛrra/ agg.inv. [*missile*] air-to-surface.
aridità /aridi'ta/ f.inv. **1** *(di terra, clima)* dryness, aridity **2** FIG. *(di argomento, materia)* dryness, aridity, dullness.
arido /'arido/ agg. **1** [*terra*] barren, dry, arid; [*clima*] dry, aric **2** FIG. *(privo di vivacità)* [*argomento, materia*] dry, arid, dull **3** *(insensibile)* [*cuore*] cold.

arieggiare /arjed'dʒare/ [1] tr. **1** *(aerare)* to air, to ventilate [*stanza*]; *(esporre all'aria)* to air [*lenzuola*] **2** FIG. *(somigliare a)* to look like.
Ariele /a'rjɛle/ n.pr.m. Ariel.
ariete /a'rjete/ m. **1** ZOOL. ram **2** MIL. STOR. (battering-)ram.
Ariete /a'rjɛte/ ➧ *38* m.inv. ASTROL. Aries, the Ram; ***essere dell'~*** o ***un ~*** to be (an) Aries.
aringa, pl. **-ghe** /a'ringa, ge/ f. herring*; ***~ affumicata*** kipper, bloater.
arioso /a'rjoso/ agg. *(aerato)* [*stanza, casa*] airy; [*luogo*] breezy.
arista /'arista/ f. *(taglio di carne)* loin of pork.
Aristide /a'ristide/ n.pr.m. Aristides.
aristocratico, pl. **-ci, -che** /aristo'kratiko, tʃi, ke/ **I** agg. aristocratic **II** m. (f. **-a**) aristocrat.
aristocrazia /aristokrat'tsia/ f. aristocracy.
Aristotele /aris'tɔtele/ n.pr.m. Aristotle.
aritmetica /arit'mɛtika/ f. arithmetic.
aritmetico, pl. **-ci, -che** /arit'mɛtiko, tʃi, ke/ agg. arithmetical.
arlecchino /arlek'kino/ **I** m. harlequin (anche FIG.) **II** agg.inv. harlequin.
arma, pl. **-i** /'arma/ **I** f. **1** *(oggetto)* weapon (anche FIG.); ***~ chimica*** chemical weapon; ***~ nucleare*** o ***atomica*** nuclear weapon, nuke COLLOQ.; ***porto d'-i*** gun licence BE *o* license AE **2** *(corpo dell'esercito)* arm, branch (of the army) **II armi** f.pl. MIL. *(servizio militare)* ***chiamare alle -i*** to call up; ***andare sotto le -i*** to go into the army ♦ ***~ a doppio taglio*** double-edged *o* two-edged sword; ***all'-i!*** to arms! ***-i e bagagli*** bag and baggage; ***ad -i pari*** [*combattere*] on equal terms; ***alle prime -i*** [*artista, avvocato*] fledg(e)ling; ***levarsi in -i*** to rise up in revolt; ***deporre le -i*** to lay down one's arms; ***affilare le -i*** = to get ready to fight; ***passare qcn. per le -i*** to execute sb. by firing squad ♦♦ ***~ bianca*** cold steel; ***~ del delitto*** murder weapon; ***~ da fuoco*** firearm; ***~ impropria*** DIR. = an object which, though not conventionally a weapon, can be employed as one.
armadietto /arma'djetto/ m. cabinet ♦♦ ***~ da bagno*** bathroom cabinet; ***~ dei medicinali*** medicine cabinet; ***~ metallico*** locker.
armadillo /arma'dillo/ m. armadillo*.
armadio, pl. **-di** /ar'madjo, di/ m. **1** *(mobile)* wardrobe **2** FIG. *(persona)* ***è un ~*** he's a strapping fellow ♦♦ ***~ della biancheria*** linen closet *o* cupboard; ***~ a muro*** wall cupboard, built-in wardrobe.
armaiolo /arma'jɔlo/ ➧ *18* m. (f. **-a**) *(chi fabbrica, ripara)* armourer BE, armorer AE; *(di armi da fuoco)* gunsmith.
armamentario, pl. **-ri** /armamen'tarjo, ri/ m. instruments pl.; SCHERZ. COLLOQ. *(attrezzatura)* paraphernalia + verbo sing.
armamento /arma'mento/ m. **1** *(armi in dotazione) (di soldato, nazione, esercito)* armament, weapons pl., weaponry **2** *(potenziale bellico)* ***corsa agli -i*** arms race; ***riduzione degli -i*** arms control.
armare /ar'mare/ [1] **I** tr. **1** *(munire di armi)* to arm [*truppe, esercito*] **2** *(caricare)* to cock [*arma*] **3** EDIL. to reinforce [*cemento*] **4** MAR. *(equipaggiare)* to fit* out, to rig* [*nave*] **II armarsi** pronom. **1** *(munirsi d'armi)* to arm oneself (**di** with) **2** FIG. *(dotarsi)* ***-rsi di*** to arm oneself with, to summon up [*coraggio, pazienza*].
armata /ar'mata/ f. **1** *(forza navale)* armada **2** *(esercito)* army; ***corpo d'~*** (army) corps.
armato /ar'mato/ **I** p.pass → **armare II** agg. **1** *(munito di armi)* [*persona, rivolta, scorta*] armed (**di** with); ***rapina a mano -a*** armed robbery **2** FIG. *(dotato)* equipped, armed; ***~ di coraggio*** armed with courage **3** EDIL. [*cemento*] reinforced **III** m. *(soldato)* soldier ♦ ***~ fino ai denti*** armed to the teeth.
armatore /arma'tore/ **I** agg. ***società -trice*** shipping company **II** ➧ *18* m. (f. **-trice** /tritʃe/) MAR. ship owner.
armatura /arma'tura/ f. **1** STOR. MIL. armour BE, armor AE; ***un'~*** a suit of armour **2** *(telaio)* framework **3** EDIL. *(di edificio)* shell; *(nel cemento armato)* reinforcement rod **4** EL. *(di cavo)* armour BE, armor AE **5** TESS. weave.
armeggiare /armed'dʒare/ [1] intr. (aus. *avere*) **1** *(affaccendarsi)* to bustle (about); ***~ intorno a*** to meddle with [*macchina*] **2** *(intrigare)* ***~ per ottenere qcs.*** to scheme to obtain sth.
armeno /ar'mɛno/ ➧ *25, 16* **I** agg. Armenian **II** m. (f. **-a**) **1** *(persona)* Armenian **2** *(lingua)* Armenian.
armento /ar'mento/ m. *(di bovini, ovini)* herd.
1.armeria /arme'ria/ f. MIL. armoury BE, armory AE.
2.armeria /ar'mɛrja/ f. BOT. thrift.
armiere /ar'mjɛre/ m. MIL. AER. gunner.
armistizio, pl. **-zi** /armis'tittsjo, tsi/ m. armistice; FIG. truce.
armonia /armo'nia/ f. harmony (anche MUS.); ***essere in ~ con*** to be in keeping with [*politica, immagine*].
armonica, pl. **-che** /ar'mɔnika, ke/ ➧ *34* f. harmonica, mouth organ.
armonico, pl. **-ci, -che** /ar'mɔniko, tʃi, ke/ agg. harmonic; ***cassa -a*** sounding board.
armoniosità /armonjosi'ta/ f.inv. *(di figura)* harmony, neatness.
armonioso /armo'njoso/ agg. [*musica, stile, voce, colori*] harmonious; [*gesti*] graceful; [*figura*] neat, shapely.
armonium /ar'mɔnjum/ ➧ *34* m.inv. harmonium.
armonizzare /armonid'dzare/ [1] **I** tr. MUS. to harmonize (anche FIG.) **II** intr. (aus. *avere*) to harmonize **III armonizzarsi** pronom. to harmonize; ***-rsi con qcs.*** to be in keeping with sth.
arnese /ar'nese/ m. **1** *(attrezzo)* tool, implement; *(da cucina)* utensil **2** COLLOQ. *(aggeggio)* gadget, contraption ♦ ***male in ~*** down-at-heel.
arnia /'arnja/ f. (bee)hive.
Arnoldo /ar'nɔldo/ n.pr.m. Arnold.
Aroldo /a'rɔldo/ n.pr.m. Harold.
aroma /a'rɔma/ m. **1** *(odore)* aroma* **2** GASTR. *(additivo alimentare)* flavouring BE, flavoring AE; ***-i*** *(spezie)* spices, herbs.
aromatico, pl. **-ci, -che** /aro'matiko, tʃi, ke/ agg. aromatic (anche CHIM.).
aromatizzare /aromatid'dzare/ [1] tr. to flavour BE, to flavor AE; *(con spezie)* to spice, to season.
Aronne /a'rɔnne/ n.pr.m. Aaron.
arpa /'arpa/ ➧ *34* f. harp.
arpeggiare /arped'dʒare/ [1] intr. (aus. *avere*) *(fare arpeggi)* to play in arpeggio.
arpeggio, pl. **-gi** /ar'peddʒo, dʒi/ m. arpeggio*.
arpia /ar'pia/ f. **1** MITOL. ***le -e*** the Harpies **2** FIG. harpy.
arpionare /arpjo'nare/ [1] tr. to harpoon.
arpione /ar'pjone/ m. **1** PESC. harpoon **2** *(cardine)* hinge.
arpista, m.pl **-i**, f.pl. **-e** /ar'pista/ ➧ *34, 18* m. e f. harpist.
arrabattarsi /arrabat'tarsi/ [1] pronom. to do* one's utmost.
arrabbiarsi /arrab'bjarsi/ [1] pronom. to get* angry, to get* cross, to get* annoyed.
arrabbiato /arrab'bjato/ **I** p.pass. → **arrabbiarsi II** agg. **1** *(idrofobo)* rabid **2** *(incollerito)* angry, cross, annoyed **3** *(accanito)* ***fumatore ~*** chain-smoker **4 all'arrabbiata** GASTR. = with hot chilli pepper based sauce.
arrabbiatura /arrabbja'tura/ f. ***prendersi un'~*** to fly into a rage *o* temper.
arraffare /arraf'fare/ [1] tr. **1** *(afferrare)* to grab, to make* a grab for [*dolci, provviste*] **2** *(rubare)* to snatch [*soldi, gioielli*].
arrampicarsi /arrampi'karsi/ [1] pronom. **1** to climb; *(faticosamente)* to clamber, to scramble; ***~ su*** to shin up, to climb (up) [*albero*]; to climb up [*scala*]; to climb over [*rocce*] **2** [*pianta*] to creep* ♦ ***~ sugli specchi*** to clutch at straws.
arrampicata /arrampi'kata/ f. climb, climbing (anche SPORT).
arrampicatore /arrampika'tore/ m. (f. **-trice** /tritʃe/) climber ♦♦ ***~ sociale*** social climber.
arrancare /arran'kare/ [1] intr. (aus. *avere*) **1** *(camminare zoppicando)* to walk with a limp, to limp **2** *(procedere lentamente)* [*persona*] to trudge.
arrangiamento /arrandʒa'mento/ m. arrangement (anche MUS.).
arrangiare /arran'dʒare/ [1] **I** tr. **1** *(aggiustare)* to arrange [*vestito*] **2** COLLOQ. *(preparare alla meglio)* to knock together, to throw* together [*pasto*] **3** MUS. to arrange [*brano*] **II arrangiarsi** pronom. **1** *(cavarsela)* to fend for oneself, to make* do; ***arrangiati!*** sort it out yourself! **2** *(vivere di espedienti)* to get* by **3** *(mettersi d'accordo)* to come* to an agreement.
arrapato /arra'pato/ agg. POP. horny.

arrecare /arre'kare/ [1] tr. **1** ANT. *(portare)* to bring* **2** FIG. *(causare)* to cause [*danni*]; to bring*, to give* [*sollievo*].

arredamento /arreda'mento/ m. **1** *(azione)* furnishing **2** *(mobilio)* furniture **U**, furnishings pl., decor.

arredare /arre'dare/ [1] tr. to furnish [*casa*].

arredatore /arreda'tore/ ♦ *18* m. (f. **-trice** /tritʃe/) *(di interni)* interior designer.

arredo /ar'rɛdo/ m. furniture **U**, fittings pl.; *(per l'ufficio)* equipment ♦♦ *~ urbano* street furniture.

arrembaggio, pl. **-gi** /arrem'baddʒo, dʒi/ m. boarding; ***all'~!*** stand by to board! FIG. at it, lads! ***andare all'~ di una nave*** to board a ship.

arrendersi /ar'rɛndersi/ [10] pronom. **1** *(darsi vinto)* [*truppe, esercito, città*] to surrender, to yield (**a** to); [*criminale*] to give* oneself up (**a** to); ***~ senza condizioni*** to surrender unconditionally **2** *(cedere)* to give* in, to give* up; ***~ all'evidenza*** to yield before the facts.

arrendevole /arren'devole/ agg. [*persona*] compliant, flexible, pliable.

arrestare /arres'tare/ [1] **I** tr. **1** *(fermare, bloccare)* to stop, to halt [*veicolo, declino*]; to stop [*attività, emorragia*] **2** *(catturare)* to arrest **II arrestarsi** pronom. *(fermarsi)* [*persona*] to stop; [*veicolo, lavoro*] to come* to a standstill.

arresto /ar'rɛsto/ m. **1** *(fermata)* stop, stopping; ***subire un ~*** to come to a standstill; ***battuta d'~*** setback; ***segnale d'~*** stop signal **2** MED. *(di funzione di organo)* failure **3** DIR. arrest; ***essere in (stato di) ~*** o ***agli -i*** to be under arrest; ***mandato d'~*** arrest warrant ♦♦ *~ cardiaco* cardiac arrest, heart failure; ***-i domiciliari*** house arrest.

arretrare /arre'trare/ [1] **I** tr. to withdraw*, to move back **II** intr. (aus. *essere*) [*persona*] to draw* back, to step back; MIL. to withdraw* (from a position).

arretratezza /arretra'tettsa/ f. *(scarso sviluppo)* backwardness.

arretrato /arre'trato/ **I** p.pass. → **arretrare II** agg. **1** *(situato indietro)* [*posizione*] rearward **2** [*lavoro, pagamento*] outstanding; ***affitto ~*** rent arrears, back rent; ***ordinativi -i*** back orders **3** *(antiquato)* [*idee, pratica*] outdated; *(rimasto indietro)* [*paese, economia*] backward **III** m. **1** *(somma non saldata)* ***gli -i*** arrears; ***-i sulla paga*** back pay **2** *(di lavoro)* backlog **3** *(di giornale, rivista)* back number, back issue **4 in arretrato** ***essere in ~ con*** to be in arrears with, to fall behind with BE *o* in AE [*pagamenti*].

arricchimento /arrikki'mento/ m. enrichment, enhancement (anche FIG.).

arricchire /arrik'kire/ [102] **I** tr. **1** *(finanziariamente)* to make* [sb., sth.] rich, to enrich [*persona, paese*] **2** *(aumentare)* to enrich, to enhance [*collezione, conoscenze, opera*] (**di** with) **3** CHIM. to enrich [*alimento, uranio*] **II arricchirsi** pronom. [*persona*] to grow* rich, to get* rich.

arricchito /arrik'kito/ **I** p.pass. → **arricchire II** agg. **1** [*persona*] enriched; SPREG. jumped-up **2** CHIM. [*alimento, sostanza*] enriched (**di** with) **III** m. (f. **-a**) parvenu.

arricciacapelli /arrittʃaka'pelli/ m.inv. curling tongs pl.

arricciare /arrit'tʃare/ [1] **I** tr. **1** *(rendere riccio)* to curl [*capelli*] **2** ***~ il naso*** *(corrugare)* to wrinkle one's nose; FIG. to turn one's nose up **3** SART. ***~ un vestito in vita*** to gather a dress at the waist **II arricciarsi** pronom. *(diventare riccio)* [*capelli*] to curl.

arricciatura /arrittʃa'tura/ f. **1** *(di capelli)* curling **2** SART. gather.

arridere /ar'ridere/ [35] intr. (aus. *avere*) ***~ a qcn.*** [*fortuna*] to smile on sb.

arringa, pl. **-ghe** /ar'ringa, ge/ f. **1** DIR. pleading **2** *(discorso pubblico)* harangue.

arringare /arrin'gare/ [1] tr. to harangue.

arrischiare /arris'kjare/ [1] **I** tr. **1** *(osare proporre, avanzare)* to hazard, to venture [*giudizio, risposta, domanda*] **2** *(mettere a rischio)* to risk [*vita, onore*] **II arrischiarsi** pronom. **1** *(esporsi a un rischio)* to risk (**a fare** doing) **2** *(osare)* to dare (**a fare** do, to do).

arrischiato /arris'kjato/ **I** p.pass. → **arrischiare II** agg. [*impresa, decisione*] risky.

arrivare /arri'vare/ [1] intr. (aus. *essere*) **1** *(giungere)* [*persona, aereo, treno, lettera*] to arrive; [*pioggia, stagione*] to come*; ***~ primo*** *(in una gara)* to come (in) *o* finish first; ***~ con il treno, in aereo*** to arrive by train, by plane; ***~ a Napoli, in Italia*** to arrive in Naples, in Italy; ***~ alla stazione*** to arrive at the station; ***~ a casa*** to get home; ***~ al momento opportuno*** to arrive *o* come at just the right moment; ***sono arrivato prima di te*** I got there before you; ***sbrigati, arriva il treno!*** hurry up, the train is coming! ***guarda chi arriva*** look who's coming; ***eccomi, arrivo!*** I'm coming! ***~ (sino) a qcn.*** [*notizia, odore*] to reach sb.; ***gli è arrivato un ceffone*** SCHERZ. he got a slap **2** *(raggiungere un determinato punto)* ***l'acqua ci arrivava alla vita*** the water came up to our waist, the water was waist-deep; ***i pantaloni gli arrivavano appena alle caviglie*** his trousers barely came down to his ankles; ***ci arrivo appena*** I can just about reach it; ***a che pagina siamo arrivati?*** what page have we got up to? ***~ (fino) a*** [*coda, ingorgo*] to stretch (back) to **3** *(in un discorso, ragionamento)* ***~ a*** to come to, to reach [*conclusione*] **4** *(nel tempo)* ***~ a novant'anni*** to reach the age of ninety **5** ***~ a fare*** *(giungere al punto di)* to extend to doing, to go as far as doing; *(riuscire)* to manage to do, to succeed in doing; ***non arriverò mai a capire la matematica*** I'll never manage to understand maths **6** *(affermarsi)* [*persona*] to arrive, to be* successful **7 arrivarci** *(riuscire a capire)* ***non ci arrivo!*** it's beyond me! I can't get it!

arrivato /arri'vato/ **I** p.pass. → **arrivare II** agg. **1** ***ben ~!*** welcome! **2** *(affermato)* ***è un uomo ~*** he's a made man **III** m. (f. **-a**) **1** ***il primo ~*** the first (person) to arrive; ***un nuovo ~*** a newcomer, a new arrival **2** *(chi si è affermato)* successful person ♦ ***l'ultimo ~*** a mere nobody.

arrivederci /arrive'dertʃi/ **I** inter. goodbye, bye(-bye) COLLOQ., so long COLLOQ.; ***~ a domani*** see you tomorrow **II** m.inv. goodbye; ***è solo un ~*** it's just a see you soon.

arrivismo /arri'vizmo/ m. pushiness, status seeking.

arrivista, m.pl. **-i**, f.pl. **-e** /arri'vista/ m. e f. status seeker.

arrivo /arri'vo/ **I** m. **1** *(di persona, veicolo, merce)* arrival; *(di stagione)* coming; ***al loro ~*** on their arrival; ***aspettare l'~ di qcn.*** to wait for sb. to arrive; ***in ~*** [*posta, chiamata, aereo, passeggeri*] incoming; ***aspettare qcn. all'~ (del treno)*** to meet sb. off BE *o* at AE sb.'s train **2** *(persona)* ***un nuovo ~*** a newcomer, a new arrival **3** SPORT finish; ***linea d'~*** finishing line **II arrivi** m.pl. **1** COMM. *(merce arrivata)* arrivals, latest supplies **2** *(orari)* ***(tabellone degli) -i*** (board of) arrival times.

arrochire /arro'kire/ [102] **I** intr. (aus. *essere*) to make* hoarse **II arrochirsi** pronom. to become* hoarse.

arrogante /arro'gante/ **I** agg. arrogant **II** m. e f. arrogant person.

arroganza /arro'gantsa/ f. arrogance.

arrogarsi /arro'garsi/ [1] pronom. to assume, to arrogate FORM. [*diritto, privilegio*]; to claim [*merito*].

arrossamento /arrossa'mento/ m. irritation; *(di pelle)* rash.

arrossare /arros'sare/ [1] **I** tr. [*tramonto*] to redden [*cielo*] **II arrossarsi** pronom. [*pelle, viso*] to go* red, to turn red.

arrossire /arros'sire/ [102] intr. (aus. *essere*) [*persona, viso*] to blush, to flush (**per**, **di** with); ***fare ~ qcn.*** to bring a blush to sb.'s cheeks.

arrostire /arros'tire/ [102] **I** tr. GASTR. to roast [*carne, castagne*] **II arrostirsi** pronom. **1** GASTR. to roast **2** COLLOQ. *(esporsi al sole)* to broil.

arrosto /ar'rɔsto/ **I** agg.inv. ***pollo ~*** roast chicken, roaster **II** m. roast; ***~ di vitello*** roast of veal ♦ ***essere molto fumo e poco ~*** PROV. = to be all show.

arrotare /arro'tare/ [1] tr. **1** *(affilare)* to sharpen, to grind* [*lama, coltello*] **2** COLLOQ. *(investire)* to run* over **3** LING. ***~ le erre*** to roll one's "r"s ♦ ***~ i denti*** to grind *o* gnash one's teeth.

arrotino /arro'tino/ ♦ *18* m. (knife) grinder.

arrotolare /arroto'lare/ [1] **I** tr. to roll up [*tappeto, foglio di carta*]; to roll [*cigarette*] **II arrotolarsi** pronom. [*tappeto, foglio di carta*] to roll up.

arrotondamento /arrotonda'mento/ m. *(di cifra)* rounding off.

arrotondare /arroton'dare/ [1] **I** tr. **1** *(rendere tondo)* to round off [*spigolo*] **2** *(approssimare)* to round off [*cifra*]; ***~ per eccesso, per difetto*** to round up, down **3** FIG. to supplement [*stipendio*] **II arrotondarsi** pronom. [*volto, guance*] to fill out.

arrovellarsi /arrovel'larsi/ [1] pronom. ***~ il cervello*** to brick *o* rack one's brains.

rroventare /arroven'tare/ [1] **I** tr. *(rendere incandescente)* o make* red-hot **II arroventarsi** pronom. *(diventare incan-lescente)* to become* red-hot.

rruffare /arruf'fare/ [1] **I** tr. **1** *(scompigliare)* [*vento*] to ruf-le, to rumple, to tousle [*capelli*]; to puff up, to ruffle [*pelo, piume*] **2** FIG. *(confondere)* to muddle (up), to tangle **II arruf-arsi** pronom. **1** [*capelli*] to get* ruffled, to get* tousled; [*pelo, piume*] to puff up, to bristle **2** FIG. *(confondersi)* to become* angled.

rruffato /arruf'fato/ **I** p.pass. → **arruffare II** agg. **1** [*capel-i*] ruffled, tousled; [*peli, piume*] ruffled **2** FIG. *(confuso)* tan-gled.

rruffianarsi /arruffia'narsi/ [1] pronom. COLLOQ. **~ *qcn.*** to oady *o* suck up to sb.

rrugginire /arruddʒi'nire/ [102] **I** tr. to rust [*oggetto, ferro*] **I** intr. (aus. *essere*), **arrugginirsi** pronom. **1** *(diventare arrugginito)* to rust, to become* rusted **2** FIG. *(perdere l'eser-izio)* [*persona, muscolo, memoria*] to become* rusty.

rrugginito /arruddʒi'nito/ **I** p.pass. → **arrugginire II** agg. **1** *(coperto di ruggine)* [*oggetto, ferro*] rusted, rusty **2** FIG. [*atleta, muscolo, memoria*] rusty.

rruolamento /arrwola'mento/ m. MIL. enrolment, enroll-nent AE; *(volontario)* enlistment, joining up.

rruolare /arrwo'lare/ [1] **I** tr. to enlist, to enrol, to enroll AE, o draft AE [*soldati*] **II arruolarsi** pronom. to enlist, to enrol, o enroll AE, to join up; ***-rsi nell'esercito*** to join *o* enter the rmy.

rsenale /arse'nale/ m. **1** *(cantiere navale)* arsenal, dock-ard, naval dockyard BE **2** MIL. *(deposito, grande quantità di armi)* arsenal **3** FIG. *(oggetti in disordine)* heap, mass.

rsenico, pl. **-ci** /ar'seniko, tʃi/ m. arsenic.

rso /'arso/ **I** p.pass. → **ardere II** agg. **1** *(bruciato)* burnt, burned **2** *(inaridito)* [*terra*] parched, dry.

rsura /ar'sura/ f. **1** *(gran caldo)* heat **2** *(aridità)* dryness **3** *sete)* burning thirst.

rte /'arte/ **I** f. **1** *(creazione, opere)* art; ***galleria d'~*** art gallery; ***opera d'~*** work of art **2** *(abilità, tecnica)* art, skill; ***l'~ dello scrittore*** the writer's art; ***le -i della seduzione*** the art of seduction; ***ad ~*** *(con artificio)* artfully; *(di proposito)* on pur-pose; ***a regola d'~*** [*lavoro*] workmanlike **3** STOR. *(corpo-razione)* guild **II arti** f.pl. arts; ***le belle -i*** the (fine) arts ♦ ***non avere né ~ né parte*** to be good-for-nothing; ***impara l'~ e met-tila da parte*** = learn a trade for a rainy day ♦♦ **~ *bianca*** = the trade of a baker and pastry cook; **~ *drammatica*** drama, dra-matics pl.; ***-i figurative*** figurative arts; ***-i grafiche*** graphic arts); ***-i marziali*** martial arts; ***-i e mestieri*** arts and crafts.

rtefice /ar'tefitʃe/ m. e f. *(creatore)* author ♦ ***essere ~ del proprio destino*** to be master of one's destiny.

rtemide /ar'tɛmide/ n.pr.f. Artemis.

rteria /ar'tɛrja/ f. **1** ANAT. artery **2** *(via di comunicazione)* artery; ***grande ~*** main thoroughfare; **~ *stradale*** arterial road.

rteriosclerosi /arterjoskle'rɔzi, arterjos'klɛrozi/ ➧ **7** f.inv. arteriosclerosis*.

rteriosclerotico, pl. **-ci**, **-che** /arterjoskle'rɔtiko, tʃi, ke/ agg. **1** MED. arteriosclerotic **2** COLLOQ. *(rimbambito)* gaga.

rterioso /arte'rjoso/ agg. [*sangue*] arterial.

rtesiano /arte'zjano/ agg. [*pozzo*] artesian.

rtico, pl. **-ci**, **-che** /'artiko, tʃi, ke/ agg. Arctic; ***Mare Glaciale Artico*** Arctic Ocean; ***Circolo Polare Artico*** Arctic Circle.

rtico /'artiko/ n.pr.m. ***l'~*** the Arctic.

.articolare /artiko'lare/ agg. articular.

.articolare /artiko'lare/ [1] **I** tr. **1** to bend* [*ginocchio*] **2** *pronunciare)* to articulate, to enunciate [*parola, suono*] **3** *strutturare)* to structure [*idee, discorso*] **II articolarsi** pronom. **1** ANAT. MECC. ***-rsi su*** o ***con*** to be articulated with **2** *essere strutturato)* ***il tema si articola in due parti*** there are two parts to the essay.

.articolato /artiko'lato/ **I** p.pass. → **2.articolare II** agg. **1** ANAT. articulate **2** TECN. *(snodato)* [*autobus, giunto*] articulated **3** *(ben strutturato)* ***un discorso ben ~*** an articulate *o* a well-structured speech.

.articolato /artiko'lato/ agg. LING. ***preposizione -a*** = preposition combined with a definite article.

rticolazione /artikolat'tsjone/ f. **1** ANAT. articulation, joint **2** MECC. articulated joint **3** LING. FON. articulation.

articolo /ar'tikolo/ m. **1** *(di giornale)* article (**su** about, on) **2** LING. article **3** COMM. *(oggetto in vendita)* item, article; **~ *di vestiario*** article of clothing; ***-i di lusso*** luxury goods **4** DIR. article; *(di contratto)* paragraph, section ♦♦ **~ *determinativo*** definite article; **~ *di fede*** article of faith (anche FIG.); **~ *di fondo*** editorial; **~ *indeterminativo*** indefinite article; ***-i sportivi*** sports equipment *o* gear.

Artide /'artide/ n.pr.m. ***l'~*** the Arctic.

artificiale /artifi'tʃale/ agg. **1** *(prodotto dall'uomo)* [*luce, neve, fibra, lago, arto, intelligenza*] artificial; [*porto, collina*] man-made; ***fuochi -i*** fireworks **2** FIG. *(artificioso)* [*sorriso*] artificial, fake.

artificialità /artifitʃali'ta/ f.inv. artificiality.

artificiere /artifi'tʃɛre/ ➧ **18** m. MIL. artificer; *(chi disinnesca bombe)* bomb disposal expert.

artificio, pl. **-ci** /arti'fitʃo, tʃi/ m. **1** *(mezzo ingegnoso)* device, artifice **2** *(procedimento stilistico)* **~ *stilistico*** stylistic device.

artificiosità /artifitʃosi'ta/ f.inv. artificiality.

artificioso /artifi'tʃoso/ agg. *(forzato, affettato)* [*modo di fare*] artificial; [*stile*] affected.

artigianale /artidʒa'nale/ agg. [*metodo*] traditional; [*oggetto*] handmade; [*prodotto*] homemade.

artigianato /artidʒa'nato/ m. **1** *(attività)* craft; ***prodotto d'~*** handicraft **2** *(condizione, categoria)* craftmanship.

artigiano /arti'dʒano/ **I** agg. ***fiera -a*** handicraft exhibition **II** m. artisan, craftsman*.

artigliere /artiʎ'ʎɛre/ m. artilleryman*, gunner.

artiglieria /artiʎʎe'ria/ f. MIL. **1** *(materiale)* artillery, gunnery, ordnance; ***pezzo d'~*** piece of artillery **2** *(corpo dell'esercito)* artillery ♦♦ **~ *da campagna*** field artillery; **~ *pesante*** heavy artillery.

artiglio, pl. **-gli** /ar'tiʎʎo, ʎi/ m. claw; *(di rapace)* talon ♦ ***tirare fuori gli -gli*** to show one's mettle.

artista, m.pl. **-i**, f.pl. **-e** /ar'tista/ ➧ **18** m. e f. **1** ART. TEATR. CINEM. artist **2** FIG. artist, master.

artisticamente /artistika'mente/ avv. artistically.

artistico, pl. **-ci**, **-che** /ar'tistiko, tʃi, ke/ **I** agg. [*creazione, attività*] artistic; ***pattinaggio ~*** figure skating **II** m. → **liceo artistico**.

arto /'arto/ ➧ **4** m. limb ♦♦ **~ *artificiale*** artificial limb.

artrite /ar'trite/ ➧ **7** f. arthritis*.

artritico, pl. **-ci**, **-che** /ar'tritiko, tʃi, ke/ **I** agg. arthritic **II** m. (f. **-a**) arthritic.

artrosi /ar'trɔzi/ ➧ **7** f.inv. arthrosis*.

Artù /ar'tu/ n.pr.m. ***re ~*** King Arthur.

Arturo /ar'turo/ n.pr.m. Arthur.

arzigogolato /ardzigogo'lato/ agg. [*questione, spiegazione*] tortuous; [*stile*] convoluted.

arzillo /ar'dzillo/ agg. [*persona*] spry, sprightly; [*aria*] spright-ly; [*vecchietto*] alert, hale.

A.S. (⇒ Allievo Sottufficiale) = trainee noncommissioned officer.

asbesto /az'bɛsto/ m. asbestos.

ascella /aʃ'ʃɛlla/ f. ANAT. armpit.

ascendente /aʃʃen'dɛnte/ **I** agg. [*curva, tratto*] rising; [*movi-mento*] upward **II** m. **1** *(potere, influenza)* ascendancy, influ-ence; ***avere (un) ~ su qcn.*** to have the ascendancy over sb. **2** ASTROL. ascendant; ***essere nell'~*** [*pianeta*] to be in the ascen-dant **3** *(avo)* ancestor.

ascendenza /aʃʃen'dɛntsa/ f. **1** *(linea genealogica)* ances-try, parentage, pedigree **2** *(avi)* ancestry.

ascendere /aʃ'ʃendere/ [10] intr. (aus. *essere*) LETT. *(salire)* to ascend, to rise*; **~ *al trono*** to ascend the throne.

Ascensione /aʃʃen'sjone/ f. RELIG. ***l'~*** the Ascension; ***(il giorno dell') ~*** Ascension Day.

ascensore /aʃʃen'sore/ m. lift BE, elevator AE; ***edificio senza ~*** walk-up AE.

ascesa /aʃ'ʃesa/ f. **1** *(salita)* ascent, climb **2** FIG. ascent, rise; **~ *al trono*** accession to the throne; ***in ~*** [*politico, cantante*] ris-ing **3** *(aumento)* rise.

ascesi /aʃ'ʃɛzi/ f.inv. RELIG. ascesis*.

ascesso /aʃ'ʃɛsso/ m. abscess.

asceta, m.pl. **-i**, f.pl. **-e** /aʃ'ʃɛta/ m. e f. RELIG. ascetic.

ascetico, pl. **-ci**, **-che** /aʃ'ʃɛtiko, tʃi, ke/ agg. ascetic.

ascia, pl. **asce** /'aʃʃa, 'aʃʃe/ f. axe, ax AE ♦ ***fatto con l'~*** [*li-neamenti*] = rough-hewn; ***tagliato con l'~*** [*persona*] = coarse-grained; ***sotterrare l'~ di guerra*** to bury the hatchet.

ascissa /aʃ'ʃissa/ f. abscissa*.

asciugabiancheria /aʃʃugabjanke'ria/ m.inv. (clothes) drier, tumble-drier, tumble-dryer.

asciugacapelli /aʃʃugaka'pelli/ m.inv. (hair)drier, (hair)dryer.

asciugamano /aʃʃuga'mano/ m. (hand) towel.

asciugare /aʃʃu'gare/ [1] **I** tr. *(rendere asciutto)* to dry (off) [*capelli, bambino, biancheria*]; *(strofinando)* to wipe [*piatti, mani*]; to wipe away [*lacrime, sudore*]; to mop up, to sop up [*liquido versato*]; *(con il fon)* to blow-dry [*capelli*] **II** intr. (aus. *essere*) *(diventare asciutto)* [*capelli, biancheria, inchiostro, dipinto*] to dry; [*colla*] to set*, to harden; ***stendere il bucato ad ~*** to hang out the washing **III asciugarsi** pronom. **1** *(diventare asciutto)* [*capelli, biancheria, inchiostro, dipinto*] to dry; [*colla*] to set*, to harden **2** *(togliersi di dosso l'acqua)* to dry oneself (off) **3** *(rendere asciutto)* ***-rsi i capelli*** to dry one's hair; *(con il fon)* to blow-dry one's hair; ***-rsi le mani, gli occhi*** to dry *o* wipe one's hands, eyes.

asciugatore /aʃʃuga'tore/ m. *(per le mani)* hand-dryer, hand-drier.

asciugatrice /aʃʃuga'tritʃe/ f. → **asciugabiancheria**.

asciugatura /aʃʃuga'tura/ f. drying; ***ad ~ rapida*** quick-drying.

asciuttezza /aʃʃut'tettsa/ f. dryness.

asciutto /aʃ'ʃutto/ **I** agg. **1** *(senza umidità)* [*biancheria, capelli, mano, terreno, clima, dipinto*] dry **2** FIG. *(sobrio)* [*stile*] sober, bald; *(conciso)* [*risposta*] dry, concise **3** FIG. *(brusco)* [*tono*] curt, abrupt **4** FIG. *(magro)* [*viso, fisico*] lean **II** m. dry place, dry ground; ***tenere qcs. all'~*** to keep sth. dry ♦ ***essere, rimanere all'~*** to be, run short (of cash); ***restare a bocca -a*** *(a digiuno)* to go hungry; *(senza niente)* to be left empty-handed.

ascolana /asko'lana/ agg. ***olive all'~*** = green olives stuffed with either meat or fish, rolled in breadcrumbs and fried.

ascoltare /askol'tare/ [1] v. la nota della voce **1.vedere** tr. **1** to listen to [*conversazione, disco, musica, radio, messaggio*]; to hear* [*lezione, concerto*]; ***~ di nascosto*** to listen in on *o* to [*conversazione, telefonata*] **2** *(prestare attenzione a)* to listen to; ***ascolta(mi)!*** listen to me! **3** *(dare ascolto a)* to listen to [*consiglio, persona*] **4** *(esaudire)* to hear* [*preghiera*].

ascoltatore /askolta'tore/ m. (f. **-trice** /tritʃe/) listener.

ascolto /as'kolto/ m. **1** *(l'ascoltare)* listening; ***dare*** o ***prestare ~ a*** to lend an ear to, to listen to [*persona*]; ***non dare ~ a*** to turn a deaf ear to; ***essere all'~ di qcs., qcn.*** to be listening to sth., sb.; ***restate in ~!*** stay tuned! **2** RAD. TELEV. *(audience)* audience; ***indice d'~*** (audience) ratings; ***picco di ~*** peak time.

ascorbico /as'kɔrbiko/ agg. ***acido ~*** ascorbic acid.

ascrivere /as'krivere/ [87] tr. **1** *(annoverare)* to count, to number **2** *(attribuire)* to ascribe [*errore*] (**a** to); ***~ il merito di qcs. a qcn.*** to credit sb. with sth.

asessuale /asessu'ale/ agg. [*riproduzione*] asexual.

asessuato /asessu'ato/ agg. **1** BIOL. ZOOL. asexual, sexless **2** FIG. neutral.

asettico, pl. **-ci**, **-che** /a'sɛttiko, tʃi, ke/ agg. *(sterilizzato)* aseptic.

asfaltare /asfal'tare/ [1] tr. to asphalt, to tar.

asfaltato /asfal'tato/ **I** p.pass. → **asfaltare II** agg. [*strada*] asphalt attrib., tar attrib., made-up; ***strada non -a*** unmade road.

asfalto /as'falto/ m. **1** *(per rivestire)* asphalt, tar **2** *(superficie)* ***scivolare sull'~ bagnato*** to skid on slippery road surface.

asfissia /asfis'sia/ f. MED. asphyxia, asphyxiation, suffocation.

asfissiante /asfis'sjante/ agg. **1** *(soffocante)* [*gas, vapori*] asphyxiating, suffocating; [*caldo*] suffocating, stifling **2** FIG. *(molto noioso)* ***una persona ~*** a plague; ***sei ~ con le tue domande*** you're plaguing me with your questions.

asfissiare /asfis'sjare/ [1] **I** tr. **1** *(soffocare)* to asphyxiate, to suffocate **2** FIG. *(infastidire)* to plague, to pester; *(opprimere)* to suffocate **II** intr. (aus. *essere*) *(soffocare)* to asphyxiate, to suffocate; ***si asfissia qui dentro!*** it's suffocating *o* stifling in here!

asfissiato /asfis'sjato/ **I** p.pass. → **asfissiare II** agg. asphyxiated; ***morire ~*** to die of *o* from asphyxia.

Asia /'azja/ ➧ **33** n.pr.f. Asia; ***~ minore*** Asia minor.

asiago /a'zjago/ m.inv. GASTR. INTRAD. (typical cheese from the Veneto region).

asiatico, pl. **-ci**, **-che** /a'zjatiko, tʃi, ke/ **I** agg. Asian **II** m. (f. **-a**) Asian.

asilo /a'zilo/ m. **1** DIR. asylum; ***chiedere*** o ***cercare ~ politico*** to seek political asylum; ***diritto d'~*** right of asylum **2** *(luogo di rifugio)* refuge, shelter; ***dare ~ a qcn.*** to give sb. shelter, to shelter sb. **3** *(scuola materna)* nursery school, kindergarten; ***~ nido*** (day) nursery, day-care, crèche BE; ***~ aziendale*** workplace *o* company crèche BE.

asimmetria /asimme'tria/ f. asymmetry.

asimmetrico, pl. **-ci**, **-che** /asim'mɛtriko, tʃi, ke/ agg. asymmetric(al).

asina /'asina/ f. **1** ZOOL. (donkey) mare **2** COLLOQ. *(donna stupida, ignorante)* donkey.

asinesco, pl. **-schi, -sche** /asi'nesko, ski, ske/ agg. asinine.

asinino /asi'nino/ agg. ***tosse -a*** MED. whooping cough.

asino /'asino/ m. (f. **-a**) **1** ZOOL. ass, donkey, jackass; ***a schiena d'~*** [*ponte, strada*] humpbacked **2** COLLOQ. *(persona stupida, ignorante)* ass, donkey, dunce; ***essere un ~ in matematica*** to be a dunce at maths; ***pezzo d'~!*** you idiot! ♦ ***qui casca l'~!*** there's the rub! ***lavare la testa all'~*** to bang one's head against a brick wall; ***essere come l'~ di Buridano*** to fall between two stools.

asintomatico, pl. **-ci**, **-che** /asinto'matiko, tʃi, ke/ agg asymptomatic.

ASL /azl, aesse'ɛlle/ f. (⇒ Azienda Sanitaria Locale) = local health authority.

asma /'azma/ ➧ **7** f. asthma; ***avere l'~***, ***soffrire d'~*** to have asthma.

asmatico, pl. **-ci**, **-che** /az'matiko, tʃi, ke/ **I** agg. asthmatic **II** m. (f. **-a**) asthmatic, asthma sufferer.

asociale /aso'tʃale/ **I** agg. unsociable, antisocial **II** m. e f. unsociable person.

asola /'azola/ f. *(occhiello)* buttonhole, eyelet.

asparago, pl. **-gi** /as'parago, dʒi/ m. asparagus **U**; ***ti piacciono gli -gi?*** do you like asparagus?

asperità /asperi'ta/ f.inv. **1** *(scabrosità)* *(di superficie, terreno)* roughness **2** *(difficoltà)* difficulty, trouble **3** *(durezza, asprezza)* asperity, harshness.

asperrimo /as'pɛrrimo/ agg. (superlativo di **aspro**) *(durissimo)* very harsh, very cruel.

aspersione /asper'sjone/ f. aspersion.

aspettare /aspet'tare/ [1] **I** tr. **1** *(attendere)* to wait for [*persona*]; to wait for, to await FORM. [*avvenimento*]; ***~ l'arrivo di qcn., ~ che qcn. arrivi*** to wait for sb. to arrive; ***~ ospiti*** to expect company; ***non aspettava altro!*** that's just what he was waiting for! ***~ il proprio turno*** to wait one's turn; ***che cosa aspetti a partire?*** why don't you leave? ***aspetta e vedrai*** (just you) wait and see; ***aspetta un attimo!*** wait a minute! ***aspetta e spera*** don't hold your breath; ***fare ~ qcn.*** to keep sb. waiting **2** *(essere pronto)* ***mi aspettava un delizioso pranzo*** a delicious meal awaited me; ***lo aspetta una sorpresa*** there's a surprise in store for him, he's in for a surprise; ***ci aspetta un periodo difficile*** there are difficult times ahead of us **II aspettarsi** pronom. ***-rsi qcs., di fare, che*** to expect sth., to do, that; ***-rsi di meglio, il peggio*** to expect better, the worst; ***c'era da aspettarselo*** it was to be expected; ***me l'aspettavo*** I expected as much; ***da lui non me lo sarei aspettato!*** I'm surprised at him! I didn't expect this of him! ***-rsi che qcn. faccia*** to expect sb. to do; ***-rsi molto da*** to have great expectations of ♦ ***~ un bambino*** o ***un figlio*** to expect a baby, to be expecting; ***farsi ~*** [*persona*] to keep people waiting; ***chi la fa l'aspetti*** PROV. two can play at that game.

aspettativa /aspetta'tiva/ f. **1** *(speranza)* expectation; ***deludere le -e*** to fall short of expectations; ***rispondere alle -e*** [*persona*] to live up to expectations; [*prodotto, risultato*] to match expectations; ***contro, al di là di ogni ~*** against, beyond all expectations **2** AMM. BUROCR. leave (of absence); ***mettersi in ~*** to take (temporary) leave (of absence).

1.aspetto /as'pɛtto/ m. **1** *(apparenza)* aspect, appearance, look; ***(non) hai un bell'~*** you (don't) look well; ***quel dolce ha un bell'~*** that cake looks good; ***che ~ ha Sara?*** what does Sara look like? ***di bell'~*** [*persona*] good-looking; ***a giudicare dall'~...*** going by appearances *o* looks...; ***cambiare ~*** to change in appearance **2** *(prospettiva)* aspect, side; ***sotto ogni ~, sotto tutti gli -i*** from every side, in every way; ***per*** o ***sotto certi -i*** in some respects *o* ways; ***non avevo considerato la situazione sotto questo ~*** I hadn't seen the situation in that light **3** *(sfaccettatura)* aspect, facet, feature; ***il piano ha degli -i positivi*** the plan has some good features **4** LING. ASTROL. aspect.

.aspetto /as'pɛtto/ m. ***sala d'~*** *(di studio medico)* waiting room; *(di stazione, aeroporto)* lounge.

spic /'aspik/ m.inv. ***~ di salmone*** salmon in aspic.

spide /'aspide/ m. *(serpente)* asp.

spirante /aspi'rante/ **I** agg. **1** TECN. ***pompa ~*** suction pump **2** ***~ attore*** aspirant *o* aspiring *o* would-be actor **II** m. e f. *(candidato) (a lavoro, carica)* applicant (**a** for), aspirant (**a** to).

spirapolvere /aspira'polvere/ m.inv. vacuum cleaner, Hoover® BE; ***passare l'~ in una stanza*** to vacuum *o* hoover BE a room.

spirare /aspi'rare/ [1] **I** tr. **1** *(inalare)* [*persona*] to draw* in, to inhale, to breathe (in) [*aria, fumo*] **2** *(con un tubo)* to draw* (in), to suck in [*liquido*]; *(con un aspirapolvere)* to draw*, to suck up [*polvere*]; *(con una pompa) (per estrarre)* to suck out, to aspirate [*liquido*] **3** LING. to aspirate **II** intr. (aus. *avere*) ***~ a*** to aspire to, to strive for [*libertà, gloria*]; to be an aspirant to [*presidenza*]; ***~ a fare*** to aspire to do, to aim at doing *o* to do.

spirata /aspi'rata/ f. FON. aspirate.

spirato /aspi'rato/ **I** p.pass. → **aspirare II** agg. FON. ***h -a*** aspirate(d) h.

spiratore /aspira'tore/ m. *(di liquidi)* aspirator; *(di fumo, gas)* extractor fan.

spirazione /aspirat'tsjone/ f. **1** *(desiderio)* aspiration, ambition (**a** to); ***avere delle -i*** to have aspirations **2** TECN. *(di polvere, liquido, aria)* suction, extraction **3** LING. aspiration **4** FISIOL. aspiration.

spirina® /aspi'rina/ f. aspirin.

sportare /aspor'tare/ [1] tr. to take* (away), to remove; MED. to excise, to remove.

sportazione /asportat'tsjone/ f. MED. removal.

sporto /as'pɔrto/ m. ***da ~*** [*pizza, gelato*] take-away, take-out AE.

spramente /aspra'mente/ avv. [*rimproverare, criticare*] harshly, sharply.

sprezza /as'prettsa/ f. **1** *(di gusto, frutto, vino)* sharpness, sourness **2** *(di voce)* harshness, roughness **3** *(di critica, rimprovero)* sharpness **4** *(rigore)* ***l'~ dell'inverno*** the harshness of winter.

spro /'aspro/ agg. **1** [*frutto, vino*] sharp, sour; [*odore*] pungent, sharp **2** [*voce, suono*] harsh, grating **3** *(duro)* [*parole, critiche*] bitter, hard, harsh **4** *(accanito)* [*lotta, discussione*] bitter, fierce **5** *(rigido)* [*clima*] harsh.

ss. ⇒ associazione association.

ssaggiare /assad'dʒare/ [1] tr. **1** *(provare il sapore)* to taste, to sample [*cibo, vino*]; ***assaggiane un po'!*** taste a little! try a piece! ***fare ~ la frusta a qcn.*** FIG. to give sb. a taste of the whip **2** *(mangiare in piccola quantità)* to nibble, to peck at.

ssaggiatore /assaddʒa'tore/ ➧ ***18*** m. (f. **-trice** /tritʃe/) taster.

ssaggio, pl. **-gi** /as'saddʒo, dʒi/ m. taste; FIG. taste, foretaste; ***prenda un ~*** have a taste of this.

ssai /as'sai/ avv. *(molto) (con un aggettivo, un avverbio)* very; *(con un verbo)* considerably, greatly, much; *(con un comparativo)* considerably, much.

ssale /as'sale/ m. axle.

ssalire /assa'lire/ [104] tr. **1** *(aggredire fisicamente)* to attack, to assail [*persona*]; MIL. to assault, to attack [*nemico, città*]; to storm [*fortezza*]; *(verbalmente)* to assail [*persona*] **2** FIG. [*dubbi, preoccupazioni*] to assail; [*pensieri, sentimenti*] to flood over; [*paura, sorpresa*] to overtake*, to beset* [*persona*].

ssalitore /assali'tore/ m. (f. **-trice** /tritʃe/) assailant, attacker; MIL. assailant.

ssalonne /assa'lonne/ n.pr.m. Absaalom.

ssaltare /assal'tare/ [1] tr. to make* an assault on, to attack [*postazione nemica*]; to mob [*luogo*]; to raid [*banca*].

ssaltatore /assalta'tore/ m. (f. **-trice** /tritʃe/) assailant, attacker; MIL. storm trooper.

ssalto /as'salto/ m. **1** *(aggressione)* assault, attack (**a** on) (anche MIL.); ***muovere all'~*** MIL. to mount an assault; ***dare l'~ a*** to make an assault on; ***prendere d'~*** [*soldati*] to storm, to take by storm [*cittadella*]; [*folla, turisti*] to make a rush at, for [*negozi*]; ***~ al treno*** train robbery; ***all'~!*** on the attack! ***truppe d'~*** shock *o* assault *o* storm troops; ***cronista d'~*** FIG. newshound **2** SPORT *(nella scherma)* bout.

assaporare /assapo'rare/ [1] tr. **1** *(gustare)* to relish, to savour BE, to savor AE [*bevanda, cibo*] **2** FIG. to savour BE, to savor AE [*vittoria, istante*]; to taste [*successo, libertà, potere*]; to enjoy [*pace, silenzio*].

assassina /assas'sina/ f. murderess, killer.

assassinare /assassi'nare/ [1] tr. **1** *(uccidere)* to murder, to kill; *(per motivi politici)* to assassinate **2** FIG. *(rovinare)* to massacre, to mangle, to murder [*brano musicale*].

assassinio /assas'sinjo/ m. murder, killing; *(politico)* assassination.

assassino /assas'sino/ **I** m. **1** *(uccisore)* murderer, killer; *(per motivi politici)* assassin **2** FIG. criminal, butcher **II** agg. **1** [*mano*] murderous **2** FIG. *(seducente)* [*sguardo*] provocative.

assatanato /assata'nato/ agg. **1** *(posseduto dal diavolo)* possessed **2** FIG. *(sessualmente)* randy.

1.asse, pl. **-i** /'asse/ f. *(tavola di legno)* plank, board; *(di parquet)* floorboard ♦♦ ***~ di equilibrio*** SPORT beam; ***~ da*** o ***per lavare*** washboard, scrubbing board; ***~ da stiro*** ironing board.

2.asse, pl. **-i** /'asse/ m. **1** MAT. GEOGR. axis* **2** MECC. *(in veicoli)* axle; *(in macchinari)* shaft **3** POL. STOR. ***l'Asse (Roma-Berlino)*** the (Rome-Berlin) Axis ♦♦ ***~ delle ascisse*** → ***~ delle x***; ***~ delle ordinate*** → ***~ delle y***; ***~ di rotazione*** axis of rotation; ***~ di simmetria*** axis of symmetry; ***l'~ terrestre*** the earth's axis; ***~ delle x*** MAT. x-axis; ***~ delle y*** MAT. y-axis; ***-i cartesiani*** MAT. Cartesian axes.

3.asse, pl. **-i** /'asse/ m. DIR. ***~ ereditario*** hereditament.

assecondare /assekon'dare/ [1] tr. **1** *(favorire)* to second, to support [*persona, iniziativa*] **2** *(esaudire)* to humour BE, to humor AE, to pander to [*persona*]; to humour BE, to humor AE, to pander to, to indulge [*richiesta, desiderio*].

assediare /asse'djare/ [1] tr. MIL. to besiege; ***~ qcn. di domande*** to besiege *o* ply sb. with questions.

assedio, pl. **-di** /as'sɛdjo, di/ m. MIL. siege (anche FIG.); ***cingere d'~ qcs.*** to besiege sth.; ***levare l'~*** to lift *o* raise the siege; ***in stato d'~*** in a state of siege.

assegnamento /asseɲɲa'mento/ m. ***fare ~ su qcn., qcs.*** to count *o* rely on sb., sth.

assegnare /asseɲ'ɲare/ [1] tr. **1** *(affidare)* to allocate, to allot, to assign [*incarico, ruolo*]; *(dare)* to assign [*posto, numero*]; to allocate, to allot, to assign [*somma, fondi*]; to award [*appalto*]; SPORT to award [*punti, rigore*]; ***~ le parti di un film*** to cast a film **2** *(attribuire)* to assign [*importanza*]; *(conferire)* to award [*premio*]; to fill [*cattedra*] **3** *(destinare)* to assign, to designate [*persona*]; MIL. to post [*soldato*]; to requisition [*rifornimenti*].

assegnatario, pl. **-ri** /asseɲɲa'tarjo, ri/ m. (f. **-a**) assignee.

assegnazione /asseɲɲat'tsjone/ f. **1** *(di fondi)* allocation, allotment, assignment; *(di somma)* granting; *(di incarichi, ruoli)* assignment, allotment; CINEM. TEATR. *(delle parti)* casting **2** *(attribuzione) (di premio)* awarding.

assegno /as'seɲɲo/ m. cheque BE, check AE; ***fare un ~*** to make out *o* write a cheque (**a** to); ***un ~ di 80 euro*** a cheque for 80 euros; ***libretto degli -i, carnet di -i*** chequebook ♦♦ ***~ bancario*** bank cheque; ***~ in bianco*** blank cheque; ***~ circolare*** = a cheque issued by a bank with which a certain sum is payable on sight; ***~ al portatore*** bearer cheque; ***~ postale*** giro (cheque); ***~ sbarrato*** crossed cheque; ***~ scoperto*** bad cheque; ***~ (non) trasferibile*** (not) negotiable cheque; ***~ a vuoto*** → ***~ scoperto***; ***-i familiari*** family allowance *o* credit BE, child benefit BE.

assemblaggio, pl. **-gi** /assemblad'dʒo, dʒi/ m. *(di pezzi, macchina, mobile)* assemblage, assembly.

assemblare /assem'blare/ [1] tr. to assemble [*pezzi, motore, mobile*].

assemblatore /assembla'tore/ ➧ ***18*** m. (f. **-trice** /tritʃe/) *(operaio)* assembler (anche INFORM.).

assemblea /assem'blɛa/ f. **1** *(riunione convocata)* assembly, meeting; *(di società)* convention; *(a scuola)* assembly; ***riunirsi in ~*** to assemble for a meeting **2** POL. *(gruppo di eletti)* assembly; *(seduta)* session ♦♦ ***~ degli azionisti*** shareholders' meeting; ***~ legislativa*** legislative assembly.

assembramento /assembra'mento/ m. assemblage, gathering; ***un ~ di manifestanti*** a crowd of demonstrators.

assennato /assen'nato/ agg. [*ragazzo, discorso*] judicious, sensible; [*scelta*] wise.

assenso /as'sɛnso/ m. assent; ***fare un cenno di ~*** to nod in agreement, to gesture one's assent.

assentarsi /assen'tarsi/ [1] pronom. to go* out, to absent oneself FORM.; ***~ dal lavoro*** to stay away from work.

assente /as'sɛnte/ **I** agg. **1** [*persona, emozione*] absent (**da** from); ***essere ~*** to be away (anche SCOL.) **2** FIG. [*persona*] abstracted, distracted, lost in thought; [*sguardo, espressione*] absent, abstracted, blank, vacant **II** m. e f. absentee (anche SCOL.); ***i presenti e gli -i*** those present and those absent.

assenteismo /assente'izmo/ m. absenteeism.

assenteista, m.pl. **-i**, f.pl. **-e** /assente'ista/ m. e f. habitual absentee.

assentire /assen'tire/ [3] intr. (aus. *avere*) to assent; ***~ con un cenno del capo*** to nod in agreement.

assenza /as'sɛnza/ f. **1** *(mancata presenza)* absence (anche SCOL.); ***in ~ di qcn.*** in *o* during sb.'s absence; ***brillare per (la propria) ~*** IRON. to be conspicuous by one's absence, to be conspicuously absent **2** *(mancanza) (di prove, luce)* lack; ***~ di gravità*** weightlessness; ***in ~ di qcs.*** in the absence of sth., in default of sth.

assenzio, pl. **-zi** /as'sɛntsjo, tsi/ m. absinth(e).

asserire /asse'rire/ [102] tr. to assert, to claim, to state; ***asserisce di non saperne nulla*** he claims to know nothing about it.

asserragliarsi /asserraʎ'ʎarsi/ [1] pronom. ***~ in qcs.*** to barricade oneself in *o* into sth.

asservimento /asservi'mento/ m. enslavement, subjugation.

asservire /asser'vire/ [3] tr. to enslave, to subjugate.

asserzione /asser'tsjone/ f. assertion, claim, statement.

assessorato /assesso'rato/ m. AMM. *(mandato, funzione)* = office and function of a member of local government (town, province or region); *(sezione amministrativa)* department; ***~ all'istruzione*** education department.

assessore /asses'sore/ m. AMM. = member of local government of a town, province or region.

assestamento /assesta'mento/ m. **1** arrangement **2** *(del terreno)* settlement; ***scossa di ~*** aftershock.

assestare /asses'tare/ [1] **I** tr. **1** *(mettere in ordine)* to arrange, to organize; *(sistemare)* to arrange, to balance; ***~ il bilancio di un'azienda*** to balance the account of a company **2** *(regolare con cura)* to adjust [*tiro, mira*] **3** *(sferrare)* to deal*, to deliver [*colpo*] **II assestarsi** pronom. **1** [*terreno*] to settle **2** *(mettersi in sesto)* to sort oneself out.

assetato /asse'tato/ agg. **1** thirsty; ***~ di conoscenza*** thirsty for knowledge; ***~ di potere*** power-hungry; ***~ di sangue*** bloodthirsty **2** [*terreno*] dry, parched **III** m. (f. **-a**) ***gli -i*** the thirsty.

assetto /as'sɛtto/ m. **1** *(sistemazione)* arrangement **2** *(ordinamento, struttura)* organization, structure, shape; ***l'~ economico di un'impresa*** the economic shape of a company **3** *(equipaggiamento)* ***~ di combattimento*** MIL. action stations **4** MAR. AER. trim **5** *(di veicolo)* stability.

assicella /assi'tʃɛlla/ f. lath, splint.

assicurabile /assiku'rabile/ agg. [*rischio*] insurable.

assicurare /assiku'rare/ [1] **I** tr. **1** *(affermare)* to assure, to ensure; ***~ (a qcn.) che*** to assure *o* ensure (sb.) that; ***te lo assicuro*** I (can) assure you, I promise you **2** *(tutelare con polizza)* to insure [*persona, beni*] (**contro** against); ***~ qcn. sulla vita*** to insure sb.'s life **3** *(garantire)* to provide [*manutenzione, servizio*]; to assure, to ensure [*felicità, vittoria*]; to guarantee [*incolumità*]; ***~ qcs. a qcn.*** to ensure *o* guarantee sth. for sb. **4** *(fissare)* to fasten, to secure [*corda, porta*]; to anchor [*tenda, tetto*] **II assicurarsi** pronom. **1** *(accertarsi)* ***-rsi di qcs., che*** to make certain *o* sure of sth., that **2** *(procurarsi)* to make* certain of, to make* sure of [*aiuto, collaborazione*]; to secure [*lavoro, vantaggio*]; to wrap up [*vittoria, titolo*]; to clinch [*monopolio, mercato*] **3** *(con polizza)* to insure oneself, to take* out insurance (**contro** against); ***-rsi sulla vita*** to insure one's life, to take out life insurance **4** *(premunirsi)* ***-rsi contro*** to insure against [*eventualità, rischio*] ♦ ***~ qcn. alla giustizia*** to bring sb. to justice.

assicurata /assiku'rata/ f. *(lettera)* registered letter.

assicurativo /assikura'tivo/ agg. [*agente, polizza, copertura, premio, piano*] insurance attrib.

assicurato /assiku'rato/ **I** p.pass. → **assicurare II** agg. **1** *(con polizza)* [*persona, merce, valore*] insured; ***non ~*** uninsured **2** *(garantito)* [*successo*] certain, guaranteed, sure-fire COLLOQ.; [*fallimento*] certain, doubtless; [*futuro*] certain, guaranteed **III** m. (f. **-a**) *(con polizza)* insured (party), policy holder.

assicuratore /assikura'tore/ **I** agg. ***compagnia -trice*** insurance company **II** ♦ *18* m. (f. **-trice** /tritʃe/) insurer.

assicurazione /assikurat'tsjone/ f. **1** *(polizza, contratto)* insurance (**contro** against; **su** for, on); *(premio)* premium, insurance COLLOQ.; ***stipulare un'~*** to take out an insurance; ***compagnia di -i*** insurance company; ***polizza di ~*** insurance policy **2** *(promessa, garanzia)* assurance, guarantee (**contro** against) ♦♦ ***~ sulla casa*** household insurance; ***~ incendi*** fire insurance; ***~ contro gli infortuni*** (personal) accident insurance; ***~ contro le malattie*** health *o* medical *o* sickness insurance; ***~ multirischio*** comprehensive insurance; ***~ sulla proprietà*** property insurance; ***~ di responsabilità civile*** third party insurance; ***~ sanitaria*** health *o* medical insurance; ***~ di viaggio*** travel insurance; ***~ sulla vita*** life insurance.

assideramento /assidera'mento/ m. MED. exposure.

assiderarsi /asside'rarsi/ [1] pronom. to freeze*; MED. to suffer from exposure.

assiderato /asside'rato/ **I** p.pass. → **assiderarsi II** agg. frozen; ***morire ~*** to freeze to death; MED. to die of exposure.

assiduità /assidui'ta/ f.inv. **1** *(frequenza abituale)* regularity **2** *(zelo, costanza)* assiduity, diligence.

assiduo /as'siduo/ agg. **1** *(continuo)* [*presenza, visite, cure*] assiduous, consistent **2** *(abituale)* [*frequentazione, cliente, lettore*] regular **3** *(zelante)* [*studente, lavoratore*] keen, assiduous.

assieme /as'sjɛme/ avv. → **insieme**.

assiepare /assje'pare/ [1] **I** tr. to crowd, to jam **II assieparsi** pronom. to crowd (together), to jam in.

assillante /assil'lante/ agg. [*preoccupazione, dubbio*] besetting, nagging, niggling; [*creditore*] besieging.

assillare /assil'lare/ [1] tr. [*rimorsi, dubbi*] to torment, to nag [*idea, problema*] to beset*, to nag, to plague; [*creditori, giornalisti*] to harass [*persona*]; ***essere assillato dalle preoccupazioni*** to be beset with worries; ***smettila di assillarmi!*** stop pestering me!

assillo /as'sillo/ m. nagging worry.

assimilare /assimi'lare/ [1] **I** tr. **1** FISIOL. [*persona, organismo*] to assimilate, to absorb [*alimento, sostanza*] **2** *(recepire)* [*persona*] to assimilate, to absorb, to digest [*concetto*]; [*studente*] to assimilate [*materia, metodo*] **3** *(equiparare)* to assimilate, to liken (**a** to) **II assimilarsi** pronom. to assimilate.

assimilazione /assimilat'tsjone/ f. assimilation.

assioma /as'sjɔma/ m. axiom (**in base al quale** that).

assiomatico, pl. **-ci**, **-che** /assjo'matiko, tʃi, ke/ agg. axiomatic.

assise /as'size/ f.pl. **1** DIR. (anche **Corte d'~**) criminal court sing., Crown court sing. GB **2** FIG. *(assemblea)* meeting sing.

assistente /assis'tɛnte/ ♦ *18* m. e f. assistant (anche UNIV.) ♦♦ ***~ di bordo*** → ***~ di volo***; ***~ domiciliare*** carer; ***~ alla regia*** CINEM. TELEV. assistant director; ***~ sociale*** social worker, case worker, welfare officer; ***~ di volo*** flight attendant; *(uomo)* steward; *(donna)* (air) hostess.

assistenza /assis'tɛntsa/ f. **1** *(aiuto)* assistance, aid, help; AMM. *(di Stato, di organismo)* assistance; *(consigli)* guidance, counselling BE, counseling AE; ***prestare ~ a qcn.*** to give assistance to *o* to assist sb.; ***centro di ~*** COMM. service centre; ***ufficio ~*** COMM. service department; ***servizio di ~ (telefonica)*** COMM. helpline **2** *(vigilanza)* surveillance ♦♦ ***~ alla clientela*** customer care *o* service; ***~ infermieristica*** nursing (care); ***~ legale*** legal assistance; ***~ medica*** medical care *o* attention; ***~ pubblica*** state assistance, welfare, relief AE; ***~ sanitaria*** health care; ***~ sociale*** caring, social welfare; ***~ tecnica*** technical *o* support services.

assistenziale /assisten'tsjale/ agg. ***ente ~*** aid agency; ***opere -i*** relief work; ***stato ~*** welfare state.

assistenzialismo /assistentsja'lizmo/ m. dependency culture; SPREG. charity.

assistere /as'sistere/ [21] **I** tr. **1** *(aiutare)* to assist, to aid (**in** in, with; **nel fare** to do, in doing); ***che Dio mi assista!*** Go help me! **2** *(curare)* to attend, to nurse [*malato*] **II** intr. (aus. *avere*) **~ a** *(essere presente)* to watch [*spettacolo, partita*]; to attend [*cerimonia, lezione, riunione*]; *(osservare)* to witness [*incidente, rapina*].

assistito /assis'tito/ **I** p.pass. → **assistere II** agg. assisted, aided; ***procreazione -a*** assisted reproduction **III** m. (f. **-a**) *(dal servizio sanitario, dalla previdenza sociale)* = person receiving social benefits.

assito /as'sito/ m. **1** *(pavimento)* planking **2** *(tramezza)* wooden partition.

asso /'asso/ m. **1** *(nelle carte da gioco)* ace; ***~ di cuori*** ace of hearts **2** COLLOQ. *(campione)* ace; ***essere un ~ di*** o ***in*** to be an ace *o* a wizard at [*matematica, scacchi*]; ***~ del volante*** ace driver ♦ ***avere un ~ nella manica*** to have an ace up one's sleeve *o* in the hole; ***piantare in ~ qcn.*** to leave sb. stranded *o* in the lurch, to walk out on sb.

associare /asso'tʃare/ [1] **I** tr. **1** *(ammettere come socio)* to affiliate [*persona*] (**a** to, with) **2** *(riunire)* to bring* together; ***~ i capitali*** to pool *o* incorporate capital **3** *(mettere in relazione)* to associate, to connect (**a** with) **II associarsi** pronom. **1** *(unirsi in società)* [*persone, società*] to go* into partnership, to link up, to team up (**a**, **con** with); ***-rsi a*** to join [*società, circolo*] **2** FIG. *(condividere)* ***-rsi a*** to share in [*decisione, idea*].

associativo /assotʃa'tivo/ agg. ***quota -a*** membership (fee); ***tessera -a*** membership card.

associato /asso'tʃato/ **I** p.pass. → **associare II** agg. associated; ***professore ~*** UNIV. associate (professor); ***studio ~ di architetti*** firm of architects **III** m. *(membro, socio)* associate.

associazione /assotʃat'tsjone/ f. **1** DIR. COMM. *(ente)* association, organization; ***~ di medici*** medical fraternity **2** *(unione)* association; ***in ~ con*** in association with ♦♦ ***~ benefica*** o ***di beneficenza*** charity *o* charitable institution; ***~ culturale*** cultural *o* arts association; ***~ a delinquere*** DIR. criminal conspiracy; ***~ di idee*** PSIC. association of ideas; ***~ professionale*** confraternity, professional *o* trade association; ***~ a scopo di lucro*** profit-making organization; ***~ senza scopo di lucro*** non-profitmaking organization; ***~ sportiva*** sporting partnership, sports club.

assodare /asso'dare/ [1] tr. *(accertare)* to ascertain, to make* certain of, to establish [*fatto, notizia*].

assoggettare /assoddʒet'tare/ [1] **I** tr. **1** *(soggiogare)* to enslave, to subdue, to subjugate [*paese, popolo*] **2** *(sottomettere)* to subject (**a** to); ***~ qcn. alla propria volontà*** to bend sb. to one's will **II assoggettarsi** pronom. to submit (**a** to); ***-rsi alla volontà di qcn.*** to bend to sb.'s will.

assolato /asso'lato/ agg. sunny, sundrenched.

assoldare /assol'dare/ [1] tr. to hire [*mercenario, sicario, spia*].

assolo /as'solo/ m.inv. solo.

assolutamente /assoluta'mente/ avv. [*necessario, impossibile, certo*] absolutely; [*giusto*] absolutely, completely; [*ovvio, normale*] perfectly; ***devo ~ andare*** I really must go; ***"lei è d'accordo?" - "~ (no)!"*** "do you agree?" - "absolutely *o* certainly (not)!"; ***non hai fatto ~ nulla*** you did nothing at all.

assolutismo /assolu'tizmo/ m. absolutism.

assolutista, m.pl. **-i**, f.pl. **-e** /assolu'tista/ agg., m. e f. absolutist.

assoluto /asso'luto/ agg. **1** *(completo, senza riserve)* [*certezza, potere, sovrano*] absolute; [*maggioranza, superiorità*] absolute, overall; [*controllo, vincitore*] outright, overall; [*obbedienza, fiducia*] absolute, complete; [*riposo*] complete; [*record*] all-time; [*calma*] dead; [*silenzio*] strict, utter; ***salvo in caso di -a necessità*** only if absolutely necessary; ***no, nel modo più ~*** absolutely not **2** *(urgente)* ***ho ~ bisogno di parlarti*** I'm in urgent need of talking to you **3** FIS. MAT. FILOS. [*verità, valore, temperatura*] absolute **4** LING. [*ablativo, superlativo*] absolute **5 in assoluto** by far, undeniably; ***è il migliore in ~*** it's by far the best, it's the very best (of all); ***il primo in ~*** the first ever.

assoluzione /assolut'tsjone/ f. **1** DIR. *(per non colpevolezza)* acquittal; *(per non punibilità)* absolution, discharge; ***verdetto di ~*** verdict of not guilty **2** RELIG. absolution.

assolvere /as'sɔlvere/ [22] tr. **1** DIR. *(per non colpevolezza)* to acquit; *(per non punibilità)* to absolve, to discharge; ***~ qcn. dall'accusa di (aver fatto) qcs.*** to acquit sb. of (doing) sth. **2** RELIG. to absolve [*peccatore*] (**da** from, of) **3** *(sciogliere)* ***~ qcn. da*** to release sb. from [*promessa, obbligo, debito*] **4** *(adempiere)* [*persona*] to discharge, to perform, to fulfil [*compito, obbligo*]; *(estinguere)* to discharge [*debito*].

assolvimento /assolvi'mento/ m. performance, fulfilment.

assomigliare /assomiʎ'ʎare/ [1] **I** intr. (aus. *avere*) **~ a** *(fisicamente)* to look like; *(essere simili)* to bear a likeness *o* resemblance to, to resemble; ***gli assomiglia nel modo di fare*** she resembles him in manner; ***assomiglia tantissimo a suo padre*** he looks just like his father **II assomigliarsi** pronom. *(fisicamente)* to look alike; *(essere simili)* to resemble each other; ***non si assomigliano affatto*** they are quite unlike each other ♦ ***chi si assomiglia si piglia*** PROV. birds of a feather (flock together); ***-rsi come due gocce d'acqua*** to be as like as two peas in a pod.

assonanza /asso'nantsa/ f. assonance.

assonnato /asson'nato/ agg. [*persona, voce, occhi*] sleepy, drowsy.

assopimento /assopi'mento/ m. drowsiness.

assopire /asso'pire/ [102] **I** tr. to make* [sb.] sleepy, to put* [sb.] to sleep [*persona*] **II assopirsi** pronom. [*persona*] to doze off, to fall* into a doze.

assorbente /assor'bente/ **I** agg. absorbent; ***carta ~*** blotting paper; *(da cucina)* kitchen paper **II** m. **1** (anche **~ igienico**) sanitary protection **2** CHIM. FIS. *(sostanza)* absorbent; *(apparecchiatura)* absorber ♦♦ ***~ esterno*** sanitary towel BE, sanitary napkin AE; ***~ interno*** tampon.

assorbimento /assorbi'mento/ m. **1** BOT. FISIOL. FIS. absorption **2** *(incorporazione)* absorption, takeover.

assorbire /assor'bire/ [109] tr. **1** *(imbeversi di)* to absorb, to soak up, to take* up [*liquido*]; *(trattenere)* to absorb [*calore, rumore, luce*] **2** *(assimilare)* [*persona, animale*] to absorb, to take* in [*ossigeno*]; [*pianta*] to absorb [*nutrimento*]; [*radici, pianta*] to drink* in [*acqua*] **3** *(impegnare)* [*progetto*] to absorb [*denaro, tempo*]; [*attività, problema*] to absorb [*mente*] **4** *(inglobare, incorporare)* to absorb [*impresa, partito, costi, profitti*].

assordante /assor'dante/ agg. [*rumore*] deafening, thundering.

assordare /assor'dare/ [1] tr. **1** *(rendere sordo)* to deafen **2** *(stordire)* to stun.

assortimento /assorti'mento/ m. array, assortment, range.

assortito /assor'tito/ agg. **1** *(misto)* [*cioccolatini*] assorted; [*buffet*] copious; ***frutta -a*** mixed fruit **2** *(in armonia)* matching; ***una coppia ben -a*** a well-matched couple.

assorto /as'sɔrto/ agg. [*aria*] absorbed; [*sguardo*] intent, rapt; ***essere ~ nei propri pensieri*** to be absorbed *o* lost in one's thoughts; ***essere ~ nel (proprio) lavoro*** to be absorbed *o* engrossed in one's work.

assottigliare /assottiʎ'ʎare/ [1] **I** tr. **1** *(rendere più sottile)* to make* [sth.] thin **2** *(ridurre)* to reduce [*scorte*] **II assottigliarsi** pronom. **1** *(diminuire di spessore)* to get* thinner **2** *(ridursi)* [*riserve, capitale*] to dwindle **3** *(snellirsi)* [*vita*] to slim (down).

Assuan /assu'an/ ♦ **2** n.pr.f. Aswan; ***diga di ~*** Aswan High Dam.

assuefare /assue'fare/ [8] **I** tr. to accustom (**a** to) **II assuefarsi** pronom. to get* accustomed; *(a qualcosa di negativo)* to inure oneself (**a** to).

assuefazione /assuefat'tsjone/ f. **1** *(abitudine)* habit; ***~ al clima*** acclimatization **2** *(dipendenza)* addiction, habit (**a** to); ***dare ~*** to be habit-forming; ***~ ai narcotici*** drug addiction *o* habit.

assumere /as'sumere/ [23] **I** tr. **1** *(acquisire)* to adopt, to assume, to put* on [*aria, espressione, atteggiamento*]; to acquire, to assume [*significato, sfumatura*]; ***~ le sembianze di qcn.*** to take *o* assume the form *o* likeness of sb.; ***~ importanza*** [*avvenimento*] to gain in importance **2** *(consumare)* to take* [*alimento, farmaco, droga*] **3** *(prendere su di sé)* to accept, to take* on, to assume [*responsabilità, rischio, incarico, controllo*]; ***~ la difesa di qcn.*** to conduct sb.'s defence; ***~ la presidenza*** to take the chair; ***~ il comando*** to take command *o* the lead **4** *(prendere alle proprie dipendenze)* to employ, to engage, to hire, to take* on [*impiegato, manodopera, operai*]; ***~ qcn. come segretario*** to employ *o* hire sb. as (a) secretary **II assumersi** pronom. to underwrite* [*costi, spese*]; ***-rsi il merito di qcs.*** to take the credit for sth.; ***-rsi la responsabilità di qcs.*** *(prendersi la colpa)* to take *o* bear the blame of sth.; *(prendere un impegno)* to take charge of sth.

Assunta /as'sunta/ f. **1** RELIG. ***l'~*** Our Lady of the Assumption **2** *(festa)* Assumption.
assunto /as'sunto/ m. (f. **-a**) **1** recruit; ***i nuovi -i*** the new intake **2** *(tesi)* argument, thesis*; FILOS. assumption.
assunzione /assun'tsjone/ f. **1** *(di una carica)* assumption, acceptance; *(del potere)* assumption **2** *(di cibi, farmaci)* intake, consumption; ***l'~ di alcol*** consumption of alcohol **3** *(di dipendenti)* engagement, hiring; ***domanda di ~*** job application, letter of application **4** FILOS. assumption **5** RELIG. ***Assunzione di Maria*** Assumption of the Virgin Mary.
assurdamente /assurda'mente/ avv. absurdly, preposterously.
assurdità /assurdi'ta/ f.inv. **1** *(incongruenza)* absurdity **2** *(atto, parola)* nonsense **U**; ***che (grossa) ~!*** what (utter) nonsense! ***dire ~*** to talk nonsense.
assurdo /as'surdo/ **I** agg. [*comportamento, situazione, richiesta*] absurd, preposterous **II** m. absurd; ***ai limiti dell'~*** to the point of absurdity; ***teatro dell'~*** theatre of the absurd; ***per ~*** [*ragionamento, prova*] indirect; ***se, per ~...*** if, by some remote chance...
1.asta /'asta/ f. **1** *(di ombrellone)* pole; *(di freccia, lancia)* shaft; ***~ della bandiera*** flagpole, flagstaff; ***bandiera a mezz'~*** flag at half-mast **2** *(di occhiali)* arm; *(di compasso)* leg; *(di lettera, nota)* stem; *(di stadera)* (weigh) beam **3** SPORT *(per salto in alto)* (vaulting) pole; ***salto con l'~*** pole vaulting.
2.asta /'asta/ f. *(vendita pubblica)* auction; ***vendita all'~*** auction sale; ***vendere qcs. all'~*** to sell sth. by auction, to auction sth.; ***essere messo all'~*** to be up for (sale by) auction, to come *o* go under the hammer; ***casa d'-e*** auction house ♦♦ ***~ giudiziaria*** sale by order of the court.
astante /as'tante/ m. e f. ***gli -i*** bystanders.
astemio, pl. **-mi, -mie** /as'tɛmjo, mi, mje/ **I** agg. teetotal **II** m. (f. **-a**) teetotaller BE, teetotaler AE, abstainer.
astenersi /aste'nersi/ [93] pronom. **1** *(non votare)* to abstain **2** *(evitare)* to abstain, to refrain (**da qcs.** from sth.; **dal fare** from doing); ***~ dall'alcol*** to keep off alcohol.
astenia /aste'nia/ f. asthenia.
astensione /asten'sjone/ f. abstention; ***una forte ~*** a high level of abstention, a low poll.
astensionismo /astensjo'nizmo/ m. abstentionism.
astenuto /aste'nuto/ **I** p.pass. → **astenersi II** m. (f. **-a**) abstainer; ***dieci -i*** ten abstentions.
aster /'aster/ m. Michaelmas daisy.
asterisco, pl. **-schi** /aste'risko, ski/ m. asterisk, star.
asteroide /aste'rɔide/ m. asteroid.
astice /'astitʃe/ m. lobster.
astigmatico, pl. **-ci, -che** /astig'matiko, tʃi, ke/ **I** agg. astigmatic **II** m. (f. **-a**) astigmatic.
astigmatismo /astigma'tizmo/ ♦ ***7*** m. astigmatism.
astinenza /asti'nɛntsa/ f. **1** *(rinuncia volontaria)* abstinence (**da** from); ***fare ~*** to abstain (**da** from) **2** MED. ***crisi di ~*** withdrawal symptoms, cold turkey COLLOQ.
astio /'astjo/ m. *(sentimento)* hate, hatred; *(malanimo)* malice, spite; ***nutrire ~ verso*** o ***contro qcn.*** to harbour *o* nurse a grudge against sb.
astioso /as'tjoso/ agg. [*persona, tono*] spiteful.
astragalo /as'tragalo/ m. ANAT. anklebone.
astrakan /astra'kan/ m.inv. astrakhan.
astrale /as'trale/ agg. [*segno, influsso*] astral.
astrarre /as'trarre/ [95] **I** tr. **1** FILOS. to abstract (**da** from) **2** *(distogliere)* to distract (**da** from); ***~ la mente da qcs.*** to take one's mind off sth. **II** intr. (aus. *avere*) ***~ da qcs.*** to disregard sth. **III astrarsi** pronom. to withdraw*, to cut* oneself off, to shut* oneself off (**da** from).
astrattezza /astrat'tettsa/ f. abstractness.
astrattismo /astrat'tizmo/ m. abstractionism.
astrattista, m.pl. **-i**, f.pl. **-e** /astrat'tista/ m. e f. abstractionist.
astratto /as'tratto/ **I** p.pass. → **astrarre II** agg. [*arte, nome*] abstract; [*concetto*] abstract, metaphysical; ***in ~*** [*parlare, ragionare*] in the abstract.
astrazione /astrat'tsjone/ f. abstraction; ***facendo ~ da ciò*** leaving that aside.
astringente /astrin'dʒɛnte/ agg. e m. astringent.
astro /'astro/ m. star (anche FIG.).
astrofisica /astro'fizika/ f. astrophysics + verbo sing.
astrofisico, pl. **-ci, -che** /astro'fiziko, tʃi, ke/ ♦ ***18*** m. (f. **-a**) astrophysicist.
astrolabio, pl. **-bi** /astro'labjo, bi/ m. astrolabe.
astrologia /astrolo'dʒia/ f. astrology.
astrologico, pl. **-ci, -che** /astro'lɔdʒiko, tʃi, ke/ agg. astrological.
astrologo, m.pl. **-gi**, f.pl. **-ghe** /as'trɔlogo, dʒi, ge/ ♦ ***18*** m. (f. **-a**) astrologer, stargazer.
astronauta, m.pl. **-i**, f.pl. **-e** /astro'nauta/ ♦ ***18*** m. e f. astronaut; *(uomo)* spaceman*; *(donna)* spacewoman*.
astronautica /astro'nautika/ f. astronautics + verbo sing.
astronautico, pl. **-ci, -che** /astro'nautiko, tʃi, ke/ agg. astronautical.
astronave /astro'nave/ f. spacecraft, spaceship.
astronomia /astrono'mia/ f. astronomy.
astronomico, pl. **-ci, -che** /astro'nɔmiko, tʃi, ke/ agg. astronomic(al) (anche FIG.).
astronomo /as'trɔnomo/ ♦ ***18*** m. (f. **-a**) astronomer, stargazer.
astruso /as'truso/ agg. [*testo, ragionamento*] obscure, abstruse.
astuccio, pl. **-ci** /as'tuttʃo, tʃi/ m. **1** *(custodia)* case; ***~ per occhiali*** spectacle case **2** *(portapenne)* pencil case, writing case.
astutamente /astuta'mente/ avv. astutely, cunningly, cleverly.
astuto /as'tuto/ agg. [*persona, mente*] astute, clever, shrewd, cunning; [*mossa, risposta*] astute, clever; ***essere ~ come una volpe*** to be as wily as a fox.
astuzia /as'tuttsja/ f. **1** *(abilità)* cunning, astuteness, shrewdness; ***agire, giocare d'~*** to play it clever, to be crafty **2** *(idea, azione astuta)* trick, dodge.
AT 1 ⇒ Antico Testamento Old Testament (OT) **2** ⇒ Alta Tensione High Tension (HT).
atavico, pl. **-ci, -che** /a'taviko, tʃi, ke/ agg. [*carattere, odio*] atavistic; [*nemico*] ancestral.
atavismo /ata'vizmo/ m. atavism.
ateismo /ate'izmo/ m. atheism.
ateistico, pl. **-ci, -che** /ate'istiko, tʃi, ke/ agg. atheistic.
atelier /ate'lje/ m.inv. **1** *(casa di mode)* atelier **2** *(studio di artista)* studio, workshop.
atemporale /atempo'rale/ agg. timeless.
Atena /a'tɛna/ n.pr.f. Athena.
Atene /a'tɛne/ ♦ ***2*** n.pr.f. Athens.
ateneo /ate'nɛo/ m. *(università)* university.
ateniese /ate'njese/ ♦ ***2*** agg., m. e f. Athenian.
ateo /'ateo/ **I** agg. atheist **II** m. (f. **-a**) atheist.
atipico, pl. **-ci, -che** /a'tipiko, tʃi, ke/ agg. atypical.
atlante /a'tlante/ m. atlas (anche ANAT.); ***~ automobilistico, geografico, stradale*** motoring, geographical, road atlas.
Atlante /a'tlante/ n.pr.m. Atlas.
atlantico, pl. **-ci, -che** /a'tlantiko, tʃi, ke/ **I** agg. Atlantic; ***patto ~*** STOR. Atlantic Charter **II Atlantico** ♦ ***27*** n.pr.m. ***l'(Oceano) Atlantico*** the Atlantic (Ocean).
Atlantide /a'tlantide/ n.pr.f. Atlantis.
atleta, m.pl. **-i**, f.pl. **-e** /a'tlɛta/ m. e f. athlete.
atletica /a'tlɛtika/ ♦ ***10*** f. athletics + verbo sing. BE, track and field AE; ***gare di ~*** athletic *o* track and field events ♦♦ ***~ leggera*** athletics, track and field events; ***~ pesante*** weightlifting and wrestling.
atletico, pl. **-ci, -che** /a'tlɛtiko, tʃi, ke/ agg. athletic; ***un fisico ~*** an athletic frame *o* build *o* body.
atmosfera /atmos'fɛra/ f. **1** atmosphere, air; ***~ terrestre*** earth's atmosphere **2** FIG. atmosphere, air; *(di luogo, periodo)* flavour, feel(ing), mood; *(di film, canzone)* atmospherics pl., atmosphere **3** FIS. atmosphere.
atmosferico, pl. **-ci, -che** /atmos'fɛriko, tʃi, ke/ agg. atmospheric; ***condizioni -che*** atmospheric *o* weather conditions; ***pressione -a*** atmospheric *o* air pressure; ***inquinamento ~*** atmospheric *o* air pollution; ***interferenze -che, disturbi -ci*** atmospherics.
atollo /a'tɔllo/ m. (coral) atoll.
atomica /a'tɔmika/ f. atom(ic) bomb.
atomico, pl. **-ci, -che** /a'tɔmiko, tʃi, ke/ agg. *(dell'atomo)* [*struttura, nucleo, numero*] atomic; *(nucleare)* [*centrale, ener-*

gia, arma, guerra] atomic, nuclear; ***bomba -a*** atom(ic) bomb; ***fungo ~*** mushroom cloud.

atomizzare /atomid'dzare/ [1] tr. to atomize.

atomizzazione /atomiddzat'tsjone/ f. atomization.

atomo /'atomo/ m. atom.

atonale /ato'nale/ agg. atonal.

atonico, pl. **-ci, -che** /a'tɔniko, tʃi, ke/ agg. MED. atonic.

atono /'atono/ agg. LING. atonic, unaccented, unstressed.

atout /a'tu/ m.inv. **1** GIOC. trump (card) **2** FIG. *(carta vincente)* ace, plus point, winning card.

atrio, pl. **atri** /'atrjo, 'atri/ m. **1** *(di stazione, aeroporto)* hall; *(di casa, hotel)* hall, lobby **2** ANAT. atrium* **3** ARCH. atrium*, concourse, foyer.

atroce /a'trotʃe, a'trɔtʃe/ agg. **1** *(feroce)* [*delitto, supplizio*] atrocious, awful; [*vendetta*] vicious, horrible; [*morte*] agonizing, horrible **2** *(terribile)* [*tortura*] brutal, terrible; [*dolore*] atrocious, agonizing, blinding; [*dubbio*] tormenting **3** COLLOQ. FIG. *(grande)* [*caldo*] ferocious, terrific.

atrocemente /atrotʃe'mente/ avv. [*soffrire*] atrociously; [*punire*] viciously.

atrocità /atrotʃi'ta/ f.inv. atrocity.

atrofia /atro'fia/ f. atrophy.

atrofico, pl. **-ci, -che** /a'trɔfiko, tʃi, ke/ agg. atrophic, undeveloped.

atrofizzarsi /atrofid'dzarsi/ [1] pronom. to atrophy (anche FIG.).

attaccabrighe /attakka'brige/ m. e f.inv. troublemaker.

attaccamento /attakka'mento/ m. attachment (**a** to, for), devotion (**a** to); ***~ al dovere*** devotion to duty.

attaccante /attak'kante/ m. e f. **1** attacker **2** SPORT attacker; *(nel calcio)* forward, striker; *(nel football americano)* lineman*; ***gli -i*** *(nel rugby)* the front line.

attaccapanni /attakka'panni/ m.inv. (coat)stand, rack ♦♦ ***~ a muro*** coat rack, hallstand; ***~ a stelo*** hat stand BE, hat tree AE, clothes tree AE.

attaccare /attak'kare/ [1] **I** tr. **1** to attach; *(affiggere)* to put* up, to stick* (up) [*manifesto, avviso, poster*] (**a** on); *(appendere)* to hang* [*quadro*] (**a** on) **2** *(incollare)* to stick* [*etichetta, francobollo*] (**a**, **su** on); *(con lo scotch)* to (sello)tape; *(incollare insieme)* to stick* together [*fogli, pezzi*] **3** *(cucire)* to sew*, to attach, to stitch [*bottone*] (**a** on) **4** *(agganciare)* to connect, to couple, to hitch [*rimorchio, vagone*] **5** *(riagganciare)* to hang* up [*telefono*] **6** *(legare)* to harness, to hitch [*animale*] (**a** to) **7** *(allacciare)* to switch on, to turn on [*corrente*]; to plug in [*elettrodomestico*] **8** *(trasmettere)* to give* [*malattia*]; ***~ il raffreddore a qcn.*** to pass the cold on to sb. **9** *(assalire)* MIL. to attack [*truppa, paese*]; *(aggredire)* to assail, to attack, to set* on [*persona, animale*]; [*cane*] to turn* on [*persona, animale*]; *(con colpi o rimproveri)* to go* for **10** *(criticare)* to attack, to bash [*ministro, progetto*] **11** SPORT *(nel calcio, rugby)* to attack, to drive* forward **12** *(corrodere)* [*parassiti, ruggine*] to eat* away at [*metallo*] **II** intr. (aus. *avere*) **1** *(aderire)* [*colla*] to stick* **2** *(attecchire)* to take* root **3** MIL. [*esercito, truppe*] to go* in **4** COLLOQ. *(funzionare)* ***(con me) non attacca!*** that won't wash with me! it doesn't work (with me)! **5** *(iniziare, esordire)* to start off; MUS. to strike* up; ***~ con*** COLLOQ. to strike up [*canzone, argomento*] **6** COLLOQ. *(iniziare a lavorare)* ***il prossimo turno attacca alle 10*** the next shift comes on at 10 **III attaccarsi** pronom. **1** *(appiccicarsi)* [*francobollo, busta*] to stick*; [*fogli*] to stick* together **2** *(rimanere attaccato)* [*sostanza, oggetto*] to stick* (**a** to); ***l'edera si attacca alle pietre*** ivy clings to stones **3** *(aggrapparsi, tenersi)* to grasp hold (**a** of), to hold* on (**a** to); ***-rsi a un pretesto*** FIG. to cling to a pretext *o* an excuse **4** *(affezionarsi)* ***-rsi a qcn.*** to grow attached *o* to form an attachment to sb. ♦ ***~ bottone con qcn.*** to buttonhole sb.; ***attaccar briga, lite (con qcn.)*** to pick a fight, quarrel (with sb.); ***~ discorso (con qcn.)*** to engage (sb.) in conversation, to strike up a conversation (with sb.); ***-rsi qcs. all'orecchio*** not to forget sth.; ***-rsi al telefono*** to get on the phone; ***ti attacchi al tram (e fischi in curva)!*** you can whistle for it! dream on!

attaccato /attak'kato/ **I** p.pass. → **attaccare II** agg. **1** attached; *(incollato, affisso)* stuck; *(appeso)* hung **2** *(affezionato)* ***essere ~ a*** to be attached *o* devoted to [*persona, animale, famiglia*]; ***essere ~ al denaro*** to be mean with one's money **3** *(vicino)* close (**a** to) **4** *(ligio)* ***essere ~ al dovere, al lavoro*** to be devoted to one's duty, dedicated to one's work.

attaccatura /attakka'tura/ f. ***~ dei capelli*** hairline.

attacchino /attak'kino/ ♦ ***18*** m. (f. **-a**) billposter.

attacco, pl. **-chi** /at'takko, ki/ m. **1** MIL. attack (**contro** against; **a** on; **da parte di** by, from); ***andare all'~*** to go in (**di** on); FIG. to move in (**di** on); ***passare all'~*** to move in to attack; ***un ~ armato*** an armed raid; ***all'~!*** charge! **2** FIG. *(critica)* assault, attack (**contro** against; **a** on; **da parte di** from) **3** SPORT attack; ***gioco d'~*** attack play; ***linea d'~*** forward line **4** *(accesso)* attack, bout, fit; ***~ di influenza, febbre, ridarella*** attack of flu, bout of fever, fit of the giggles; ***~ di tosse*** coughing fit, bout of coughing; ***un ~ di follia*** a frenzied attack **5** *(inizio)* beginning, opening **6** MUS. *(prime note)* cue **7** *(degli sci)* (ski) binding **8** *(giuntura)* joint; *(di tubo)* connection **9** EL. power point ♦ ***la miglior difesa è l'~*** attack is the best form of defence ♦♦ ***~ aereo*** air raid *o* strike; ***~ di bile*** bilious attack; ***~ cardiaco, di cuore*** heart attack; ***~ di panico*** panic attack; ***~ a*** o ***di sorpresa*** surprise attack.

attaché /ataʃ'ʃe/ m.inv. *(addetto diplomatico)* attaché.

attanagliare /attanaʎ'ʎare/ [1] tr. *(tormentare)* [*rimorso, dubbio, fame*] to gnaw [*persona*].

attardarsi /attar'darsi/ [1] pronom. to linger; ***~ in ufficio*** to stay on late *o* stay behind in the office.

attecchire /attek'kire/ [102] intr. (aus. *avere*) **1** BOT. [*pianta*] to take* (root), to root; [*talea, innesto*] to strike*, to take* **2** FIG. [*idea, costume, pregiudizio*] to catch* on, to take* root.

atteggiamento /atteddʒa'mento/ m. **1** *(posizione)* attitude, position, stance **2** *(condotta)* attitude, behaviour (**nei confronti di, di fronte a, verso** to, towards).

atteggiare /atted'dʒare/ [1] **I** tr. to affect, to put* on [*espressione*]; ***~ il viso a sorpresa*** to affect surprise **II atteggiarsi** pronom. **1** [*persona*] to pose (**a** as), to make* oneself out (**a** to); ***-rsi a vittima*** to pose as victim, to act the victim **2** *(posare)* to strike* an attitude, to put* on airs.

attempato /attem'pato/ agg. elderly.

attendente /atten'dɛnte/ m. MIL. STOR. orderly.

attendere /at'tɛndere/ [10] **I** tr. ***~ qcn., qcs.*** to wait for sb., sth., to await sb., sth. FORM.; ***attenda, prego*** *(al telefono)* please hold the line **II** intr. (aus. *avere*) ***~ a*** *(dedicarsi)* to attend to [*occupazioni*]; *(avere cura)* to take care of, to look after [*bambini, casa*] **III attendersi** pronom. ***-rsi dei buoni risultati da qcn.*** to expect good results from sb.

attendibile /atten'dibile/ agg. [*testimone, notizia, fonte*] reliable, trustworthy; [*previsione*] dependable.

attendibilità /attendibili'ta/ f.inv. *(di testimone, notizia, fonte)* reliability, trustworthiness.

attenersi /atte'nersi/ [93] pronom. **1** *(mantenersi fedele)* ***~ a*** to obey [*legge*]; to adhere to, to follow [*ordini, regole*]; to stand *o* go by [*decisione*]; to stick to [*piano, dieta*] **2** *(limitarsi)* ***~ a*** to stick *o* keep to [*fatti*]; to work to [*budget*].

attentamente /attenta'mente/ avv. **1** *(con attenzione)* [*ascoltare, seguire, leggere*] carefully **2** *(con cura)* [*osservare, misurare*] carefully, closely.

attentare /atten'tare/ [1] intr. (aus. *avere*) ***~ a*** to undermine, to erode, to weaken [*sicurezza, autorità*]; ***~ alla vita di qcn.*** to make an attempt on sb.'s life.

attentato /atten'tato/ m. **1** attack, attempt (**a**, **contro** against); ***essere*** o ***cadere vittima di un ~*** to be the victim of an attack, to be attacked **2** DIR. ***~ alla vita di qcn.*** attempt on sb.'s life; ***~ alla libertà*** infringement of civil liberties ♦♦ ***~ dinamitardo*** bomb attack *o* outrage; ***~ terroristico*** terrorist attack.

attentatore /attenta'tore/ m. (f. **-trice** /tritʃe/) attempter, attacker.

attenti /at'tɛnti/ **I** inter. **1** *(per avvertire)* beware; ***~ al cane*** beware of the dog **2** MIL. attention; ***"~ a destr"*** "eyes right" **II** m.inv. MIL. attention; ***dare l'~ a qcn.*** to order sb. to stand to attention; ***stare, mettersi sull'~*** to stand at attention, to come *o* stand to attention.

attento /at'tɛnto/ agg. **1** *(vigile)* [*persona*] careful, alert; [*sguardo*] alert, watchful; [*ascoltatore, allievo*] attentive; ***essere ~ a*** to pay attention to [*particolari*]; to be mindful of, to watch out for [*conseguenze*]; ***~ alla propria salute*** health-conscious; ***stare ~ a*** to look *o* watch out for, to mind [*ladri, automobili, errori*]; to mind, to be careful of [*ghiaccio, ostacolo*]; ***stare ~ in classe*** to pay attention in class **2** *(accurato)* [*lettura*] careful; [*esame, studio*] careful, close, thorough **3** *(premuroso)* [*persona*] attentive, caring **4** *(per avvertire)* ***~!*** look *o* watch out! watch it! ***~ al portafoglio!*** watch your wallet! ***~ alla testa, al gradino!*** mind your head, the step! ***sta' ~ a non svegliare i bambini*** be careful not to wake the children.

attenuante /attenu'ante/ **I** agg. [*circostanze*] extenuating, mitigating **II** f. extenuating circumstance, mitigating circumstance, extenuation; ***concedere le -i*** to grant extenuation; FIG. to make allowances.

attenuare /attenu'are/ [1] **I** tr. to alleviate, to ease, to relieve, to mitigate [*dolore, tensione*]; to dull, to soften [*rumore*]; to attenuate, to allay [*critica*]; to lessen, to soften [*effetto, impatto*]; to soften [*contrasti*] **II attenuarsi** pronom. [*dolore, tensione*] to ease (off), to abate; [*rumore*] to die down, to soften, to subside; [*luce*] to dull, to soften; [*odio, ricordi*] to fade; [*differenze*] to fade away, to disappear.

attenuazione /attenuat'tsjone/ f. **1** *(smorzamento) (di dolore, tensione)* alleviation, relief, mitigation; *(di rumori)* softening, fading; *(di critica)* attenuation **2** *(riduzione)* ***~ della pena*** extenuation *o* mitigation of the sentence.

attenzione /atten'tsjone/ **I** f. **1** *(vigilanza)* attention; ***prestare*** o ***fare ~*** to pay attention; ***richiamare*** o ***attirare l'~ su qcs.*** to draw attention to sth., to focus attention on sth. **2** *(cura)* ***maneggiare qcs. con ~*** to handle sth. with care **3 fare attenzione** ***fare ~ a*** to look *o* watch out for, to mind [*automobili, gradino, portafoglio*]; to watch [*alimentazione, salute, linea*]; to be careful of *o* with [*spese, soldi*]; to pay attention to, to mark, to note [*parole*]; to look after [*bagagli*]; ***fate ~ ai ladri*** beware of *o* mind out for thieves; ***fai ~, è molto pericoloso*** be careful, it's very dangerous **4** *(premura)* ***colmare qcn. di -i*** to be very attentive to sb., to lavish attentions on sb. **5** *(nella corrispondenza)* ***all'~, alla cortese ~ di C. Rossi*** (for the) attention of C. Rossi **II** inter. *(per avvertire) (grido)* watch out; *(scritto)* warning, caution; ***~ al gradino*** mind the step.

atterraggio, pl. **-gi** /atter'raddʒo, dʒi/ m. AER. landing, touchdown; ***pista d'~*** landing strip, runway ♦♦ ***~ d'emergenza*** emergency landing; ***~ di fortuna*** crash landing; ***fare un ~ di fortuna*** to crash-land; ***~ forzato*** forced landing; ***~ guidato*** controlled landing.

atterramento /atterra'mento/ m. *(nel calcio)* knockdown; *(nella lotta, nel pugilato)* knockdown, throw.

atterrare /atter'rare/ [1] **I** tr. to fell, to knock down, to floor [*persona*] (anche SPORT) **II** intr. (aus. *avere, essere*) **1** AER. to land, to come* down, to touch down; ***~ a Gatwick*** to land at *o* fly into Gatwick **2** *(toccare terra)* [*persona, oggetto*] to land; *(dopo volo)* to touch ground **3** SPORT to land.

atterrire /atter'rire/ [102] tr. to terrify, to terrorize [*persona*].

atterrito /atter'rito/ **I** p.pass. → **atterrire II** agg. [*persona, sguardo*] terrified (**da** by); ***essere ~ da*** to be aghast at.

attesa /at'tesa/ **I** f. *(l'attendere)* waiting; *(periodo)* wait; ***ci sono due ore di ~*** there are two hours' wait, there is a two-hour wait; ***in*** o ***nell'~ di*** awaiting, pending [*processo, arrivo, decisione*]; ***nell'~ di incontrarci*** looking forward to our meeting; ***stare in ~*** to lie in wait; ***in ~*** [*passeggero*] on standby; [*chiamata*] on hold; [*taxi, folla, ambulanza*] waiting; ***mamma in ~*** *(incinta)* expectant mother; ***lista d'~*** waiting list; ***sala d'~*** *(in ambulatorio medico)* waiting room; *(in stazione, aeroporto)* lounge **II attese** f.pl. *(speranze)* expectation sing.; ***rispondere alle -e*** [*persona*] to live up to expectations; [*prodotto, fornitura, risultato*] to match expectations.

atteso /at'teso/ **I** p.pass. → **attendere II** agg. *(aspettato)* [*persona, avvenimento*] awaited; [*ospite, lettera*] expected; *(previsto)* [*risultato, reazione*] looked-for, awaited, anticipated; ***il momento tanto ~*** the long-awaited *o* longed-for moment.

attestamento /attesta'mento/ m. ***linea di ~*** MIL. staging post.

1.attestare /attes'tare/ [1] tr. **1** *(testimoniare)* to attest, to guarantee, to vouch for **2** *(dimostrare)* to attest, to testify [*verità, innocenza, fatto*]; to certify as to [*autenticità*] **3** *(documentare)* to attest, to certify, to record.

2.attestare /attes'tare/ [1] **I** tr. MIL. to line up [*truppe*] **II attestarsi** pronom. MIL. [*truppe*] to line up, to form up; ***-rsi su posizioni moraliste*** FIG. to seize *o* claim *o* take the (moral) high ground.

attestato /attes'tato/ m. **1** *(certificato)* certificate (attesting to), testimonial **2** FIG. *(dimostrazione)* attestation, demonstration, proof ♦♦ ***~ di benemerenza*** certificate of merit; ***~ di frequenza*** certificate of attendance; ***~ di servizio*** letter of reference of service.

attestazione /attestat'tsjone/ f. **1** *(testimonianza)* attestation, testimony **2** *(certificazione)* certification **3** FIG. *(dimostrazione)* attestation, demonstration, proof.

attico pl. **-ci** /'attiko, tʃi/ m. ARCH. *(ultimo piano)* penthouse.

attiguo /at'tiguo/ agg. ***~ a*** [*stanza, edificio*] adjacent to adjoining; ***la casa -a alla nostra*** the house adjacent *o* next to ours.

attillato /attil'lato/ agg. [*vestito*] close-fitting, fitted, tight(-fitting).

attimo /'attimo/ m. moment, second, minute, instant; ***un ~ (prego)!*** just a moment *o* a minute *o* a second (please)! *(al telefono)* (please) hold on a second! ***un ~ e sono da lei*** I'll be with you in a minute; ***hai un ~ di tempo per aiutarmi?*** can you spare a minute *o* the time to help me? ***senza un ~ di respiro*** without a pause ♦ ***cogliere l'~ fuggente*** to seize the fleeting moment.

attinente /atti'nɛnte/ agg. [*problema*] relevant, pertinent, to the point; ***essere ~ a qcs.*** to be relevant to sth.

attinenza /atti'nɛntsa/ f. ***avere ~ con qcs.*** to have relevance *o* to be relevant to sth.

attingere /at'tindʒere/ [24] tr. **1** *(prendere)* to draw* [*water*] (**da** from) **2** *(trarre)* to draw* on, to obtain [*informazioni*] (**da** from).

attirare /atti'rare/ [1] **I** tr. **1** *(far venire)* to attract, to draw* to pull in [*persona, folla, clienti*]; to attract [*fulmine*]; to attract to draw* [*animale*]; to attract, to catch*, to draw* [*sguardo attenzione*] (**su** to) **2** *(suscitare)* to win* [*simpatia, antipatia*] **3** *(allettare)* [*cosa*] to allure, to entice [*persona*]; *(interessare a)* [*persona*] to appeal to [*persona*] **II attirarsi** pronom. to bring* down, to incur [*collera, rimproveri*]; to incur [*guai*]; to win* [*simpatia, antipatia*]; ***-rsi dei nemici*** to make *o* attract enemies.

attitudinale /attitudi'nale/agg. ***esame*** o ***test ~*** aptitude test.

attitudine /atti'tudine/ f. aptitude, capability, bent, capacity flair (**a**, **per** for; **nel fare** for doing); ***avere ~ per qcs.*** to have an aptitude *o* a flair for sth.; ***~ musicale*** o ***per la musica*** musical bent.

attivamente /attiva'mente/ avv. actively; ***partecipare ~ a qcs.*** to play an active part in sth.

attivare /atti'vare/ [1] **I** tr. **1** *(mettere in funzione)* to activate to actuate [*impianto, macchina*]; to set* up [*processo*]; to connect [*telefono cellulare*]; to prime [*ordigno*] **2** CHIM. FIS. to activate **3** *(stimolare)* to activate [*circolazione*] **II attivarsi** pronom. *(mettersi all'opera)* to become* active, to get* going.

attivazione /attivat'tsjone/ f. **1** CHIM. FIS. activation **2** *(messa in funzione) (di sistema elettrico)* activation; *(di telefono cellulare)* connection; *(di linea ferroviaria)* start up.

attivismo /atti'vizmo/ m. activism, militancy.

attivista, m.pl. **-i**, f.pl. **-e** /atti'vista/ m. e f. activist, militant.

attività /attivi'ta/ f.inv. **1** *(lavoro, occupazione)* activity; *(esercizio commerciale)* business; ***che ~ svolgi?*** what's your line of business? ***esercitare un'~*** to practise (an activity), to be in business; ***cessare l'~*** [*impresa, commerciante*] to close down **2** *(funzionamento)* activity; ***essere in piena ~*** [*laboratorio, stazione, persona*] to be fully operational; ***in ~*** [*vulcano*] active; [*fabbrica*] in operation **3** *(operosità)* activity, business **4** ECON asset; ***le ~ e le passività*** assets and liabilities ♦♦ ***~ manuale*** manual work; ***~ ricreativa*** leisure.

attivo /at'tivo/ **I** agg. **1** *(occupato)* [*persona, vita*] active busy; [*popolazione*] working; ***i cittadini -i*** active citizens **2** *(non passivo)* [*associazione, partecipazione*] active; ***essere ~ politicamente*** to be politically committed; ***elettorato ~*** electorate; ***avere un ruolo ~ in qcs.*** to play an active role in sth. **3** ECON. [*mercato, settore*] active, brisk; ***saldo ~*** credit balance; ***bilancio ~*** profit balance **4** FARM. [*sostanza, principio*] active **5** LING. [*forma, verbo*] active **6** INFORM. [*file, finestra*] active **7** GEOL. *(in eruzione)* [*vulcano*] active **II** m. ECON. AMM. assets pl., credit; ***~ e passivo*** assets and liabilities; ***registrare all'~*** to turn in a surplus; ***essere in ~*** to be in credit *o* in the black; ***in***

~ [*bilancia commerciale*] surplus; [*impresa*] profitable, with assets; ***ha al suo ~ 15 anni di esperienza*** he has 15 years' experience to his credit.

attizzare /attit'tsare/ [1] tr. **1** to poke; *(sventolando)* to fan [*fuoco*] **2** FIG. to fan, to incite, to whip up, to stir up [*odio, invidia, passione*] **3** POP. to sex up [*persona*].

attizzatoio, pl. **-oi** /attittsa'tojo, oi/ m. poker, slice bar.

1.atto /'atto/ **I** m. **1** *(azione)* act, action, deed; ***~ di crudeltà*** act of cruelty; ***~ di coraggio*** brave deed; ***~ vandalico*** criminal damage **2** *(gesto, segno)* act, gesture; ***fare l'~ di*** to make as if **3** DIR. deed, document; *(di matrimonio, morte, ecc.)* certificate; ***falso in ~ pubblico*** forgery of an official document **4** TEATR. act; ***un'opera in cinque -i*** a play in five acts, a five-act play **II atti** m.pl. **1** *(di congresso, riunione, processo)* proceedings; ***-i pubblici, ufficiali*** public, official records **2** DIR. ***mettere qcs. agli -i*** to record sth. **3** RELIG. ***Atti degli Apostoli*** Acts of the Apostles ♦ ***all'~ pratico*** in practical terms, in practice; ***all'~ della firma, consegna*** on signing, delivery; ***mettere in ~*** to carry out, to follow through [*minaccia*]; to put [sth.] into action, to execute [*piano, idea*]; ***essere in ~*** to play out, to be taking place; ***fare ~ di presenza*** to put in an appearance; ***prendere ~ di*** to take note of [*rifiuto, presenza*]; to record [*transazione*] ♦♦ ***~ d'accusa*** (bill of) indictment; ***~ di carità*** RELIG. act of charity; ***~ di dolore*** RELIG. act of contrition; ***~ di fede*** RELIG. act of faith; ***~ giuridico*** instrument; ***~ notarile*** notarial deed; ***~ osceno*** indecent exposure; ***~ sessuale*** sex act; ***~ unico*** TEATR. one-act play; ***~ di vendita*** COMM. bill of sale; ***-i di libidine (violenta)*** indecent assault.

2.atto /'atto/ agg. ***~ a qcs.*** apt to *o* for sth., fit for sth.; ***un mezzo ~ a uno scopo*** a means suited to an end; ***~ al volo*** airworthy, adapted for flying.

attonito /at'tɔnito/ agg. [*persona*] dazed, dumbfounded, thunderstruck; [*sguardo, espressione*] blank.

attorcigliare /attortʃiʎ'ʎare/ [1] **I** tr. to twirl, to twist [*capelli, baffi*] (**attorno a**, **intorno a** around); to wind*, to twine, to twist [*filo, nastro*] (**attorno a**, **intorno a** around) **II attorcigliarsi** pronom. [*serpente, verme*] to coil oneself, to coil up, to twine oneself, to squirm; [*filo, corda*] to tangle, to twist; [*pianta*] to tangle, to twine oneself; ***-rsi i baffi*** to twirl one's moustache.

attore /at'tore/ ➧ ***18*** m. **1** *(di cinema)* actor; *(di teatro)* actor, player; ***fare l'~*** to be an actor; ***mestiere di ~*** acting (profession); ***primo ~*** *(di teatro)* principal **2** FIG. *(protagonista)* protagonist **3** DIR. claimant, suitor ♦♦ ***~ comico*** comedian, comic (actor); ***attor giovane*** juvenile (lead).

attorniare /attor'njare/ [1] **I** tr. to surround, to encircle [*persona*] **II attorniarsi** pronom. to surround oneself (**di** with).

attorno /at'torno/ avv. **1** around; ***tutt'~*** all around; ***qui ~*** around here, hereabouts BE, hereabout AE; ***guardarsi ~*** to look *o* gaze around *o* about **2** *(circa)* around, about; ***~ al 1650*** around 1650 **3 attorno a** around [*tavolo, sole, collo*]; ***girare ~ a*** to go around [*ostacolo, casa*]; FIG. to skirt [*problema*]; to talk round [*argomento*].

attraccare /attrak'kare/ [1] tr. e intr. (aus. *essere, avere*) to dock, to moor, to berth.

attracco, pl. **-chi** /at'trakko, ki/ m. **1** *(azione)* docking, mooring **2** *(luogo)* mooring; ***punto di ~*** mooring post.

attraente /attra'ɛnte/ agg. [*donna*] attractive, charming, enticing; [*proposta*] attractive, seductive, tempting; [*lettura*] appealing.

attrarre /at'trarre/ [95] tr. **1** *(attirare)* to attract, to draw*, to entice [*persona, animale, critica*]; to catch* [*attenzione*] **2** *(allettare)* [*offerta*] to entice, to attract, to appeal to; *(affascinare)* [*persona, paese*] to allure, to appeal to; ***quell'uomo mi attrae molto*** I'm very attracted to that man.

attrattiva /attrat'tiva/ **I** f. **1** *(fascino)* attraction, allure, appeal, seduction; ***esercitare una forte ~ su qcn.*** to hold a great fascination for sb., to appeal strongly to sb. **2** *(stimolo)* ***l'~ del guadagno*** the lure of profit **II attrattive** f.pl. *(aspetti attraenti)* attractions; *(di luogo)* amenities, attractions.

attraversamento /attraversa'mento/ m. crossing; ***~ pedonale*** (pedestrian) crossing.

attraversare /attraver'sare/ [1] tr. **1** *(passare attraverso)* to cross, to go* across [*strada, fiume, ponte, confine*]; to cross, to travel across [*paese, città*]; ***~ qcs. di corsa, a nuoto, a piedi*** to run, swim, walk across sth. **2** *(percorrere da una parte all'altra)* [*fiume*] to cross, to flow* through; [*strada*] to go* through, to run* through [*città, regione*]; [*tunnel*] to go* under, to run* under [*città*]; to run* through [*montagna*]; *(oltrepassare)* [*ponte*] to cross [*strada, ferrovia, fiume*]; ***"vietato ~ i binari"*** "do not cross the rails *o* tracks" **3** *(passare)* to get* through; ***~ un periodo di crisi*** to go through a crisis; ***~ un brutto momento*** to have a hard *o* tough time (of it), to go through the hoops *o* through a critical patch **4** *(trafiggere)* [*lancia*] to go* through, to pierce [*corpo*] **5** FIG. ***~ la mente di qcn.*** [*pensiero*] to float through *o* cross sb.'s mind.

attraverso /attra'vɛrso/ Ci sono principalmente due modi in inglese per tradurre *attraverso*: *across* e *through*. - *Across* significa *attraverso* nel senso di *da una parte all'altra, da un bordo all'altro, da una sponda all'altra*: *un viaggio attraverso il deserto* = a journey across the desert. - *Through* significa *attraverso* nel senso di *da parte a parte* o *tramite*: *non riesco a vederla attraverso la nebbia* = I can't see her through the fog; *attraverso la finestra* = through the window. - Talvolta si può usare indifferentemente l'una o l'altra forma: *la strada passa attraverso il villaggio* = the street goes across / through the village; tuttavia, *through* ha un significato più forte che implica spesso l'idea di un ostacolo o di una difficoltà da superare: *mi feci strada a fatica attraverso la folla* = I struggled through the crowd; inoltre si usa sempre *through* quando si fa riferimento a una sostanza: *si riesce a vedere attraverso il vetro* = you can see through glass. prep. **1** *(da una parte all'altra)* across; *(da parte a parte)* through; ***guardare ~ qcs.*** to look through sth.; ***tagliare ~ i campi*** to cut through *o* strike across the fields **2** *(nel tempo)* ***~ i secoli*** through *o* down the ages *o* centuries **3** *(tramite)* through, by (means of); ***trasmettersi ~ il sangue*** [*malattia*] to be transmitted through the blood; ***apprendere qcs. ~ la radio*** to hear sth. on the radio.

attrazione /attrat'tsjone/ f. **1** FIS. attraction, pull **2** *(interesse)* appeal, attraction; ***l'~ di qcn. per qcs., qcn.*** sb.'s liking for sth., sb.; ***provare ~ per qcs., qcn.*** to feel attracted *o* drawn to sth., sb. **3** *(di festa, fiera)* amusement, attraction, draw; *(numero di uno spettacolo)* attraction, draw ♦♦ ***~ fisica*** physical attraction; ***~ gravitazionale*** FIS. gravitational pull *o* attraction; ***~ magnetica*** FIS. magnetic attraction; ***~ sessuale*** sexual chemistry, attraction; ***~ turistica*** tourist attraction.

attrezzare /attret'tsare/ [1] **I** tr. to equip, to outfit, to fit* out [*persona, fabbrica, laboratorio*] (**per** for); to rig [*nave*] **II attrezzarsi** pronom. [*persona*] to equip oneself (**di**, **con qcs.** with sth.; **per qcs.** for sth.; **per fare** to do); [*fabbrica*] to tool up (**di**, **con qcs.** with sth.; **per qcs.** for sth.; **per fare** to do).

attrezzatura /attrettsa'tura/ f. **1** *(materiale) (di cucina, laboratorio)* equipment; *(equipaggiamento)* equipment, gear, apparatus; ***~ da campeggio*** camping equipment; ***~ da pesca*** fishing gear *o* tackle; ***~ da sub*** diving apparatus **2** *(impianto, struttura)* ***-e alberghiere, sportive*** accommodation, sporting facilities **3** *(insieme di attrezzi)* kit, tools pl. **4** MAR. rig, rigging.

attrezzeria /attrettse'ria/ f. TEATR. properties pl.

attrezzista, m.pl. **-i**, f.pl. **-e** /attret'tsista/ ➧ ***18*** m. e f. SPORT gymnast.

attrezzistica /attret'tsistika/ f. apparatus gymnastics pl. + verbo sing.

attrezzo /attret'tso/ **I** m. **1** *(di operai, artigiani)* tool, implement; *(per uso domestico)* utensil; ***cassetta degli -i*** toolbox; ***carro -i*** breakdown truck **2** SPORT ***esercizio agli -i*** apparatus work **II attrezzi** m.pl. TEATR. properties ♦♦ ***-i agricoli*** farm implements; ***-i da cucina*** kitchenware, kitchen utensils; ***-i del mestiere*** the tools of the trade.

attribuibile /attribu'ibile/ agg. [*incidente, errore*] attributable, ascribable (**a** to); [*responsabilità*] assignable (**a** to).

attribuire /attribu'ire/ [102] **I** tr. **1** *(dare)* to assign, to attach [*importanza, significato, valore*] **2** *(assegnare)* to award [*premio, medaglia*]; to give* [*poteri*] **3** *(imputare)* ***~ qcs. a qcn.*** to blame sb. for sth. *o* sth. on sb.; ***~ qcs. alla stanchezza*** to put sth. down to tiredness; ***~ la responsabilità di qcs. a qcn.*** to put *o* lay the blame for sth. on sb. **4** *(ascrivere)* ***~ [qcs.] a qcn.*** to attribute [sth.] to sb. [*intenzioni*]; to credit sb. with [*invenzione, qualità, merito*]; to ascribe *o* attribute [sth.] to sb. [*opera,* *frase*] **II attribuirsi** pronom. ***-rsi il merito di qcs.*** to steal *o* to take the credit for sth.

attributivo /attribu'tivo/ agg. LING. attributive.

attributo /attri'buto/ **I** m. **1** *(caratteristica)* attribute, characteristic, feature **2** *(simbolo)* attribute, symbol **3** LING. attribute **II attributi** m.pl. EUFEM. *(organi genitali maschili)* nuts, balls.

attribuzione /attribut'tsjone/ **I** f. *(di premio)* awarding; *(di colpa, responsabilità, opera d'arte)* attribution (**a** to) **II attribuzioni** f.pl. *(mansioni) (di autorità, ufficio)* assignment U.

attrice /at'tritʃe/ ▸ ***18*** f. actress.

attrito /at'trito/ m. friction (anche FIG.).

attuabile /attu'abile/ agg. [*progetto*] feasible, workable, practicable.

attuabilità /attuabili'ta/ f.inv. feasability, practicability.

attuale /at'tuale/ agg. **1** *(presente)* [*indirizzo, circostanze, governo*] current, present; [*ordine*] existing; ***allo stato ~ (delle cose)*** as things stand now **2** *(ancora valido)* [*opera, teoria, dibattito*] topical, relevant **3** *(alla moda)* fashionable.

attualità /attuali'ta/ f.inv. **1** *(avvenimenti)* current affairs pl.; ***periodico di ~*** news magazine; ***notizie d'~*** news **2** *(di idee, dibattito)* topicality; ***d'~*** [*tema*] of topical interest.

attualmente /attual'mente/ avv. currently, at the moment, at the present time.

attuare /attu'are/ [1] **I** tr. to carry out, to effect, to effectuate [*riforma, progetto, modifiche*]; to implement [*politica*] **II attuarsi** pronom. to come* true.

attuazione /attuat'tsjone/ f. *(di politica)* implementation; *(di progetto, riforma)* carrying out.

attutire /attu'tire/ [102] **I** tr. **1** *(attenuare)* to muffle, to deaden [*rumore*]; to cushion [*urto, caduta*]; FIG. to soften [*colpo*] **2** *(mitigare)* to ease, to soften [*dolore*] **II attutirsi** pronom. [*rumore*] to become* muffled.

audace /au'datʃe/ agg. **1** *(coraggioso)* [*persona*] bold, daring, audacious **2** *(arrischiato)* [*impresa*] risky **3** *(provocante)* [*sguardo, vestito*] provocative; *(scabroso)* [*libro, film*] risqué **4** *(sfacciato)* [*battuta, risposta*] audacious, brash **5** *(innovativo)* [*teoria, design*] daring.

audacia /au'datʃa/ f. **1** *(temerarietà)* audacity, daring, boldness **2** *(sfacciataggine)* audacity.

audience /'ɔdjens/ f.inv. TELEV. audience.

audio /'audjo/ **I** agg.inv. audio; ***registrazione ~*** sound recording; ***scheda ~*** INFORM. sound card **II** m.inv. sound.

audiocassetta /audjokas'setta/ f. (cassette) tape, (audio) cassette.

audiofrequenza /audjofre'kwentsa/ f. audio frequency.

audioleso /audjo'lezo, audjo'leso/ **I** agg. hearing-impaired **II** m. (f. **-a**) hearing-impaired person.

audiolibro /audjo'libro/ m. talking book, book on tape.

audiovisivo /audjovi'zivo/ **I** agg. audiovisual **II** m. ***gli -i*** audiovisual equipment.

auditorio, pl. **-ri** /audi'tɔrjo, ri/ m. MUS. auditorium*.

audizione /audit'tsjone/ f. **1** CINEM. MUS. TEATR. *(provino)* audition; ***fare un'~*** to audition **2** DIR. examination.

auge: **in auge** /in'audʒe/ agg. ***essere in ~*** [*stile*] to be fashionable *o* in vogue; [*persona*] to be very popular; ***tornare in ~*** [*persona, abbigliamento*] to make a comeback.

augurare /augu'rare/ [1] **I** tr. to wish; ***~ buona fortuna, buon compleanno a qcn.*** to wish sb. good luck, (a) happy birthday; ***~ la buona notte a qcn.*** to bid sb. good night; ***~ ogni bene, del male a qcn.*** to wish sb. well, ill; ***è un'esperienza che non auguro a nessuno*** it's an experience I wouldn't wish on anyone **II augurarsi** pronom. ***me lo auguro!*** I hope so! ***mi auguro che il peggio sia passato*** I hope the worst is over.

augurio, pl. **-ri** /au'gurjo, ri/ m. **1** *(desiderio)* wish **2** *(formula augurale)* ***(tanti) -ri di buon compleanno*** best wishes on your birthday; ***biglietto d'-ri*** greetings card BE, greeting card AE; ***-ri di Buon Natale*** *(in una lettera)* Christmas greetings **3** *(auspicio)* omen; ***essere di buon, cattivo ~ per qcn.*** to augur well, ill, to be a good, a bad omen for sb.

augusto /au'gusto/ agg. FORM. august.

Augusto /au'gusto/ n.pr.m. Augustus.

aula /'aula/ f. *(di scuola)* classroom, schoolroom; *(di università)* lecture hall; *(di tribunale)* courtroom ♦♦ ***~ magna*** auditorium.

aumentare /aumen'tare/ [1] **I** tr. **1** *(accrescere)* to increase, to raise [*numero, salario, volume*]; to extend [*potere, influenza, durata*]; to enlarge [*capacità*]; to hike [*tassi, prezzi*]; to boost [*produzione*] **2** *(nel lavoro a maglia)* to increase [*maglie*] **II** intr. (aus. *essere*) **1** *(salire, crescere)* [*tasse, affitto, vendite*] to increase; [*temperatura, pressione*] to rise*; [*popolazione*] to grow*; [*numero, prezzi*] to increase, to rise*, to go* up, to climb; [*margine, scarto*] to open up; ***~ di peso, numero*** to increase in weight, number **2** *(diventare più costoso)* [*merce, servizio*] to go* up **3** *(intensificarsi)* [*ammirazione, amore*] to deepen; [*rischio, forza*] to increase; [*tensione, paura, rumore, fame*] to grow*; [*corrente, vento*] to strengthen.

aumento /au'mento/ m. *(di numero, quantità)* increase, growth; *(di pressione, temperatura, prezzi, domanda, vendite)* increase, rise; *(della popolazione)* increase, growth, expansion, swelling; *(di traffico, tensione)* build-up, increase; ***~ di peso*** increase *o* gain in weight; ***~ di valore*** increase *o* gain *o* appreciation in value; ***in ~*** [*numero, domanda, disoccupazione*] increasing, rising, growing; [*temperatura, prezzi*] increasing, rising; ***un ~ di stipendio*** o ***salariale*** a pay *o* wage rise BE *o* raise AE.

aura /'aura/ f. **1** LETT. breeze **2** FIG. aura*, air.

aureo /'aureo/ agg. **1** *(d'oro)* golden, gold attrib. **2** LETT. *(del colore dell'oro)* [*chiome*] golden **3** FIG. *(eccellente)* [*consiglio*] precious; [*epoca*] golden **4** ECON. ***base -a*** gold basis; ***riserva -a*** gold *o* bullion reserve **5** MAT. ***sezione -a*** golden section.

aureola /au'rɛola/ f. **1** ART. RELIG. halo* **2** *(alone)* aura*.

auricolare /auriko'lare/ **I** agg. ANAT. MED. auricular; ***padiglione ~*** auricle **II** m. earpiece, earphone; *(per cellulare)* hands-free headset.

aurifero /au'rifero/ agg. GEOL. ***bacino ~*** goldfield; ***filone ~*** vein of gold.

aurora /au'rɔra/ f. dawn, aurora* (anche FIG.) ♦♦ ***~ australe*** aurora australis, Southern Lights; ***~ boreale*** aurora borealis, Northern Lights; ***~ polare*** polar lights.

auscultare /auskul'tare/ [1] tr. MED. to sound, to auscultate [*petto*].

ausiliare /auzi'ljare/ **I** agg. LING. [*verbo*] auxiliary **II** m. LING. *(verbo)* auxiliary verb **III** m. e f. *(collaboratore)* auxiliary.

ausiliario, pl. **-ri, -rie** /auzi'ljarjo, ri, rje/ **I** agg. **1** MIL. [*truppe*] auxiliary **2** *(non titolare)* [*personale*] auxiliary, ancillary **3** *(accessorio, secondario)* [*macchina, equipaggiamento*] auxiliary; INFORM. [*memoria*] additional **II** m. (f. **-a**) *(collaboratore)* auxiliary.

ausilio, pl. **-li** /au'ziljo, li/ m. *(aiuto)* aid, help.

auspicabile /auspi'kabile/ agg. desirable.

auspicare /auspi'kare/ [1] tr. to wish, to hope for [*cambiamento*].

auspicio, pl. **-ci** /aus'pitʃo, tʃi/ m. **1** STOR. augury, auspice **2** *(segno premonitore)* omen; ***essere di buon, cattivo ~*** to be a good, bad omen **3** *(patrocinio)* ***sotto gli -ci di qcn.*** under the auspices of sb.

austerità /austeri'ta/ f.inv. austerity (anche ECON.); *(di vestito)* severity.

austero /aus'tero/ agg. **1** *(rigoroso)* [*educazione, economia*] austere; [*disciplina*] strict **2** *(grave)* [*volto*] stern **3** *(sobrio)* [*vestito, stile*] severe; [*edificio, vita*] austere; [*arredamento*] stark.

australe /aus'trale/ agg. [*mari*] austral; [*emisfero*] southern.

Australia /aus'tralja/ ▸ ***33*** n.pr.f. Australia.

australiano /austra'ljano/ ▸ ***25*** **I** agg. Australian **II** m. (f. **-a**) Australian.

Austria /'austrja/ ▸ ***33*** n.pr.f. Austria.

austriaco, pl. **-ci, -che** /aus'triako, tʃi, ke/ ▸ ***25*** **I** agg. Austrian **II** m. (f. **-a**) Austrian.

austroungarico, pl. **-ci, -che** /austroun'gariko, tʃi, ke/ agg. Austro-Hungarian.

autarchia /autar'kia/ f. ECON. POL. autarchy, autarky.

aut aut /'aut'aut/ m.inv. ***dare, porre l'~ a qcn.*** = to force sb. to choose.

autenticare /autenti'kare/ [1] tr. **1** BUROCR. to authenticate, to attest [*firma*]; to authenticate, to certify [*documento, certificato*]; to attest [*testamento*] **2** *(dichiarare autentico)* to authenticate, to certify [*opera d'arte*].

autenticazione /autentikat'tsjone/ f. BUROCR. authentication; *(con la firma)* attestation.

autenticità /autentitʃi'ta/ f.inv. *(di documento, fatto)* authenticity; *(di opera)* genuineness.

autentico, pl. **-ci**, **-che** /au'tɛntiko, tʃi, ke/ agg. **1** *(reale)* [*fatto, racconto*] true **2** *(originale)* [*quadro, documento*] authentic, genuine **3** *(sincero)* [*sentimento, persona, emozione*] genuine **4** *(vero e proprio)* ***un ~ idiota*** a downright fool.

autismo /au'tizmo/ ◗ *7* m. autism.

1.autista, m.pl. **-i**, f.pl. **-e** /au'tista/ ◗ *18* m. e f. **1** *(privato)* chauffeur **2** *(guidatore)* driver.

2.autista, m.pl. **-i**, f.pl. **-e** /au'tista/ m. e f. PSIC. autistic person.

autistico, pl. **-ci**, **-che** /au'tistiko, tʃi, ke/ agg. autistic.

auto /'auto/ f.inv. car; ***incidente d'~*** car accident ♦♦ ***~ blu*** = government or ministerial car used for official business; ***~ civetta*** decoy; ***~ da corsa*** competition *o* racing car; ***~ d'epoca*** *(costruita prima del 1905)* veteran (car); *(costruita tra il 1917 e il 1930)* vintage car; ***~ pirata*** hit-and-run car; ***~ sportiva*** sports car.

autoabbronzante /autoabbron'dzante/ **I** agg. self-tanning **II** m. bronzer.

autoaccensione /autoattʃen'sjone/ f. self-ignition; AUT. autoignition.

autoadesivo /autoade'zivo/ **I** agg. [*nastro, etichetta*] self-adhesive; [*busta*] self-sealing **II** m. sticker.

autoaffermazione /autoaffermat'tsjone/ f. assertiveness, self-assertion.

autoambulanza /autoambu'lantsa/ f. ambulance.

autoanalisi /autoa'nalizi/ f.inv. self-analysis*.

autoapprendimento /autoapprendi'mento/ m. ***di ~*** [*libro, metodo*] self-study.

autoarticolato /autoartiko'lato/ m. articulated lorry BE, tractor-trailer AE.

autobiografia /autobiogra'fia/ f. autobiography.

autobiografico, pl. **-ci**, **-che** /autobio'grafiko, tʃi, ke/ agg. autobiographical.

autoblinda /auto'blinda/, **autoblindata** /autoblin'data/ f. armoured car.

autoblindo /auto'blindo/ m.inv. → **autoblinda.**

autobloccante /autoblok'kante/ agg. self-locking.

autobomba /auto'bomba/ f. car bomb.

autobotte /auto'botte/ f. tanker lorry BE, tank truck AE.

autobus /'autobus/ m.inv. bus, autobus AE; ***~ navetta*** shuttle bus; ***fermata dell'~*** bus stop.

autocarro /auto'karro/ m. truck, lorry BE.

autocertificazione /autotʃertifikat'tsjone/ f. self-certification.

autocisterna /autotʃis'tɛrna/ f. → **autobotte.**

autoclave /auto'klave/ f. autoclave.

autocombustione /autokombus'tjone/ f. spontaneous combustion.

autocommiserazione /autokommizerat'tsjone/ f. self-pity.

autoconservazione /autokonservat'tsjone/ f. self-preservation.

autocontrollo /autokon'trɔllo/ m. self-control.

autocoscienza /autokoʃ'ʃɛntsa/ f. self-awareness.

autocrate /au'tɔkrate/ m. e f. autocrat.

autocratico, pl. **-ci**, **-che** /auto'kratiko, tʃi, ke/ agg. autocratic.

autocrazia /autokrat'tsia/ f. autocracy.

autocritica, pl. **-che** /auto'kritika, ke/ f. self-criticism.

autocritico, pl. **-ci**, **-che** /auto'kritiko, tʃi, ke/ agg. self-critical.

autoctono /au'tɔktono/ agg. autochthonous, aboriginal.

autodemolitore /autodemoli'tore/ m. (f. **-trice** /tritʃe/) breaker BE, wrecker AE.

autodeterminazione /autodeterminat'tsjone/ f. self-determination.

autodidatta, m.pl. **-i**, f.pl. **-e** /autodi'datta/ m. e f. self-taught person.

autodidattico, pl. **-ci**, **-che** /autodi'dattiko, tʃi, ke/ agg. ***metodo ~*** self-study method.

autodifesa /autodi'fesa/ f. self-defence BE, self-defense AE.

autodisciplina /autodiʃʃi'plina/ f. self-discipline.

autodistruttivo /autodistrut'tivo/ agg. self-destructive.

autodistruzione /autodistrut'tsjone/ f. self-destruction.

autodromo /au'tɔdromo/ m. AUT. racetrack.

autoesame /autoe'zame/ m. self-examination.

autoferrotranviario, pl. **-ri**, **-rie** /autoferrotranvi'arjo, ri, rje/ agg. ***rete -a*** public transport system BE, public transportation system AE.

autoferrotranviere /autoferrotran'vjɛre/ m. public transport worker.

autofertilizzante /autofertilid'dzante/ agg. NUCL. ***reattore ~*** breeder (reactor).

autofficina /autoffi'tʃina/ f. garage, service station.

autofinanziamento /autofinantsja'mento/ m. self-funding, internal financing.

autofocus /auto'fɔkus/ m.inv. FOT. autofocus.

autogeno /au'tɔdʒeno/ agg. ***training ~*** autogenic training.

autogestione /autodʒes'tjone/ f. collective management; *(di fabbrica)* worker management.

autogol /auto'gɔl/ m.inv. own goal (anche FIG.).

autogoverno /autogo'vɛrno/ m. self-government, self-rule.

autografo /au'tɔgrafo/ **I** agg. [*firma, lettera*] autographic **II** m. autograph.

autogrill® /auto'grill/ m.inv. motorway café, motorway restaurant.

autogrù /auto'gru/ f.inv. breakdown lorry BE, tow truck AE, wrecker AE.

autoguida /auto'gwida/ f. homing device.

autoguidato /autogwi'dato/ agg. homing.

autoimmune /autoim'mune/, **autoimmunitario**, pl. **-ri**, **-rie** /autoimmuni'tarjo, ri, rje/ agg. autoimmune.

autoindotto /autoin'dotto/ agg. self-induced.

autolavaggio, pl. **-gi** /autola'vaddʒo, dʒi/ m. car wash.

autolesionismo /autolezjo'nizmo/ m. **1** PSIC. self-mutilation **2** FIG. masochism.

autolesionista, m.pl. **-i**, f.pl. **-e** /autolezjo'nista/ m. e f. **1** PSIC. self-mutilating person **2** FIG. masochist.

autolinea /auto'linea/ f. bus service, bus route.

automa /au'tɔma/ m. robot, automaton*; ***gesti da ~*** robotic movements.

automatica, pl. **-che** /auto'matika, ke/ f. automatic (handgun).

automaticamente /automatika'mente/ avv. automatically.

automatico, pl. **-ci**, **-che** /auto'matiko, tʃi, ke/ **I** agg. [*riflesso, cambio, arma, orologio, pilota*] automatic; ***distributore ~*** vending machine **II** m. *(bottone)* snap fastener, press stud.

automatizzare /automatid'dzare/ [1] tr. to automate.

automezzo /auto'mɛddzo/ m. motor vehicle.

automobile /auto'mɔbile/ f. car, automobile AE; ***industria dell'~*** car industry; ***salone dell'~*** motor show.

automobilismo /automobi'lizmo/ ◗ *10* m. **1** *(impiego dell'automobile)* motoring ANT. **2** SPORT motor racing.

automobilista, m.pl. **-i**, f.pl. **-e** /automobi'lista/ m. e f. driver, motorist.

automobilistico, pl. **-ci**, **-che** /automobi'listiko, tʃi, ke/ agg. [*prodotto, design*] automotive; [*industria*] car attrib., automotive; ***gara -a*** motor race BE, car race AE; ***incidente ~*** car accident.

automotrice /automo'tritʃe/ f. railcar.

autonoleggio, pl. **-gi** /autono'leddʒo, dʒi/ m. car hire, car rental.

autonomia /autono'mia/ f. **1** *(di Stato, regione)* autonomy, self-government **2** *(libertà di azione)* autonomy **3** AUT. AER. range; ***~ di crociera*** AER. cruising range.

autonomo /au'tɔnomo/ **I** agg. **1** POL. [*regione, stato, provincia*] self-governing, autonomous **2** *(autogestito)* [*filiale, sindacato, riscaldamento*] independent; ***lavoro ~*** self-employment, freelance work; ***lavoratore ~*** self-employed worker **3** *(autosufficiente)* [*persona*] self-sufficient, independent **II** m. = independent trade union member.

autoparco, pl. **-chi** /auto'parko, ki/ m. **1** *(parcheggio)* car park BE, parking lot AE **2** *(automezzi)* fleet.

autopattuglia /autopat'tuʎʎa/ f. patrol car, prowl car AE.

autopompa /auto'pompa/ f. fire engine, firetruck AE.

autopsia /autop'sia/ f. autopsy, post mortem (examination).

autoradio /auto'radjo/ f.inv. **1** *(di autoveicolo)* car radio **2** *(autopattuglia)* radio car.

autore /au'tore/ m. (f. **-trice** /tritʃe/) **1** author; *(di canzoni)* (song)writer; *(di opere d'arte)* artist; *(scrittore)* writer; ***l'~***

della lettera the writer of the letter; ***diritti d'~*** copyright; *(compenso)* royalties; ***film d'~*** art film **2** *(responsabile) (di attentato, crimine)* perpetrator; ***l'~ di uno scherzo*** one who plays a joke.

autoregolamentazione /autoregolamentat'tsjone/ f. self-regulation.

autorespiratore /autorespira'tore/ m. aqualung, scuba.

autorete /auto'rete/ f. → **autogol**.

autorevole /auto'revole/ agg. [*giudizio, scrittore*] authoritative; ***fonte ~*** good authority.

autorevolezza /autorevo'lettsa/ f. authoritativeness, authority.

autorimessa /autori'messa/ f. garage.

autorità /autori'ta/ f.inv. **1** *(potere)* authority (anche AMM. DIR.); ***non ha nessuna ~ sui suoi allievi*** he has no control over his pupils; ***abuso d'~*** abuse of power; DIR. misfeasance **2** *(istituzioni, funzionari pubblici)* ***le ~*** the authorities; ***rivolgersi alle ~ competenti*** to go through the right authorities **3** *(persona autorevole)* authority, expert; ***un'~ in materia di arte*** an authority on art **4** *(credito)* authority.

autoritario, pl. **-ri**, **-rie** /autori'tarjo, ri, rje/ agg. [*tono, atteggiamento, governo*] authoritarian.

autoritarismo /autorita'rizmo/ m. authoritarianism.

autoritratto /autori'tratto/ m. self-portrait.

autorizzare /autorid'dzare/ [1] tr. **1** *(permettere)* to authorize, to allow; ***~ lo svolgimento della riunione*** to give permission for the meeting to take place **2** *(dare il diritto a)* to authorize; ***~ qcn. a fare*** [*avvenimento, legge*] to entitle sb. to do **3** *(conferire autorità)* ***~ qcn. a fare*** to empower sb. to do **4** *(legittimare, giustificare)* to justify.

autorizzato /autorid'dzato/ **I** p.pass. → **autorizzare II** agg. *(approvato)* [*biografia*] authorized, official; [*edizione*] authorized; [*rivenditore*] authorized, licensed; ***non ~*** [*persona, riproduzione*] unauthorized.

autorizzazione /autoriddzat'tsjone/ f. **1** *(permesso)* authorization, permission; COMM. licence BE, license AE **2** *(documento)* permit ♦♦ ***~ a procedere*** DIR. mandate; ***~ al volo*** flight clearance.

autosalone /autosa'lone/ m. car showroom.

autoscatto /autos'katto/ m. self-timer, automatic shutter release.

autoscontro /autos'kontro/ m. dodgems pl. BE, bumper cars pl. AE.

autoscuola /autos'kwɔla/ f. driving school.

autosilo /auto'silo/ m. multistorey carpark BE, parking garage AE.

autostarter /autos'tarter/ m.inv. AUT. self-starter.

autostazione /autostat'tsjone/ f. bus station, coach station.

autostima /auto'stima/ f. self-esteem, self-image.

autostiro /autos'tiro/ agg.inv. noniron.

autostop /autos'tɔp/ m.inv. hitchhiking; ***fare l'~*** to hitchhike.

autostoppista, m.pl. **-i**, f.pl. **-e** /autostop'pista/ m. e f. hitchhiker.

autostrada /autos'trada/ f. motorway BE, freeway AE, expressway AE ♦♦ ***~ informatica*** info(rmation) (super)highway; ***~ a pagamento*** toll motorway BE, turnpike AE.

autostradale /autostra'dale/ agg. motorway BE attrib., expressway AE attrib.; ***raccordo ~*** access road; ***casello ~*** toll gate BE, turnpike AE.

autosufficiente /autosuffi'tʃɛnte/ agg. [*persona, nazione*] self-sufficient.

autosufficienza /autosuffi'tʃɛntsa/ f. self-sufficiency.

autosuggestione /autosuddʒes'tjone/ f. autosuggestion.

autotrapianto /autotra'pjanto/ m. autotransplant.

autotrasportatore /autotrasporta'tore/ ➧ **18** m. (f. **-trice** /tritʃe/) haulier BE, hauler AE.

autotrasporto /autotras'pɔrto/ m. trucking, road haulage, road transport.

autotreno /auto'trɛno/ m. → **autoarticolato.**

autovalutazione /autovalutat'tsjone/ f. self-assessment.

autoveicolo /autove'ikolo/ m. motor vehicle.

autovelox /auto'vɛloks/ m.inv. radar trap, speed trap.

autovettura /autovet'tura/ f. (motor) car.

autunnale /autun'nale/ agg. [*colori, luce, tempo*] autumnal, autumn attrib., fall AE attrib.

autunno /au'tunno/ ➧ **32** m. autumn, fall AE.

avallare /aval'lare/ [1] tr. **1** *(garantire)* to endorse, to back, to guarantee [*cambiale, assegno*] **2** FIG. *(approvare)* to endorse, to back [*politica, decisione, progetto*].

avallo /a'vallo/ m. **1** *(garanzia)* guarantee **2** FIG. *(approvazione)* approval **U**.

avambraccio, pl. **-ci** /avam'brattʃo, tʃi/ m. forearm.

avamposto /avam'posto/ m. outpost (anche FIG.).

avana /a'vana/ m.inv. *(sigaro)* Havana (cigar).

Avana /a'vana/ ➧ **2** n.pr.f. ***L'~*** Havana; ***all'~*** in Havana.

avance /a'vans/ f.inv. advances pl.; ***fare delle ~ a qcn.*** to make advances to sb.

avanguardia /avan'gwardja/ f. **1** MIL. vanguard, advance guard **2** ART. LETTER. avant-garde **3 d'avanguardia, all'avanguardia** [*arte, idea*] avant-garde attrib.; [*industria, tecnologia*] cutting edge attrib.; ***essere all'~*** to be on the cutting edge *o* in the vanguard.

avannotto /avan'nɔtto/ m. **-i** *(banco)* fry.

avanscoperta /avansko'pɛrta/ f. MIL. reconnaissance; ***andare in ~*** to reconnoitre; FIG. to go to investigate.

avanti /a'vanti/ **I** avv. **1** *(nello spazio)* forward(s), ahead; ***fare un passo (in) ~*** to take a step forward; ***piegarsi in ~*** to lean forward; ***andare ~*** to go ahead; ***guardare ~*** to look ahead; ***due file (più) ~*** two rows ahead; ***dieci metri più ~*** ten metres further on; ***~ e indietro*** back and forth, to and fro **2** *(nel tempo)* ***ne parliamo più ~*** we'll talk about it later (on); ***mettere ~ l'orologio*** to put the watch forward; ***il mio orologio va ~ di dieci minuti*** my clock is ten minutes fast **3** ***fare dei passi in ~*** FIG. to make headway; ***essere ~ rispetto a qcn.*** to be ahead of sb.; ***essere ~ di due punti*** to lead by two points; ***andare ~ con il lavoro*** to go ahead with the work; ***non possiamo andare ~ così!*** we can't go on like this! ***andare ~ a fare qcs.*** to keep on doing sth. **4 di qui in ~** *(nello spazio)* from here on(wards); *(nel tempo)* from now on(wards) **5 d'ora in ~** from now on(wards) **II** inter. **1** *(invito a entrare)* ***permesso? - ~!*** may I? - come in! ***~ il prossimo!*** next, please! **2** *(incoraggiamento)* come on **3** *(comando)* ***~, marsch!*** MIL. forward, march! ***~ tutta!*** MAR. full stead, speed ahead! (anche FIG.) **III** prep. *(prima di)* before; ***~ Cristo*** before Christ **IV** m.inv. SPORT forward ♦ ***tirare ~*** to scratch along; ***farsi ~*** to put *o* push oneself forward.

avanzamento /avantsa'mento/ m. **1** *(movimento in avanti)* advance; *(di veicolo)* progress **2** FIG. *(progresso)* progress, headway, advance(ment) **3** *(promozione)* advancement, promotion; ***ha avuto un ~*** he has been promoted **4** MECC. feed ♦♦ ***~ veloce*** fast-forward.

1.avanzare /avan'tsare/ [1] **I** tr. *(proporre)* to put* forward [*idea, suggerimento*]; to advance [*teoria, spiegazione*]; *(sollevare)* to enter [*obiezione*]; ***~ delle pretese su*** to make claims to, to lay claim to **II** intr. (aus. *essere*) **1** *(andare avanti)* [*persona, veicolo*] to go* forward, to move forward, to advance; MIL. [*esercito, nemico*] to advance; ***~ di un metro*** to move forward one metre; ***~ di un passo*** to take one step forward **2** *(progredire)* [*lavoro, studi, ricerca, progetto*] to go* on, to progress, to proceed; [*tecnica, scienza*] to advance.

2.avanzare /avan'tsare/ [1] **I** tr. *(lasciare)* to leave* [*cibo, bevande*]; ***avanzò la verdura*** he left his vegetables **II** intr. (aus. *essere*) **1** *(restare)* ***avanza un po' di minestra?*** is there any soup left over? ***ci avanza del denaro*** we have some money left over; ***se mi avanza un po' di tempo*** if I have some time to spare **2** *(essere in eccedenza)* ***basta e avanza*** there is more than enough.

avanzata /avan'tsata/ f. **1** *(l'avanzare)* advance (anche MIL.) **2** FIG. progress.

1.avanzato /avan'tsato/ **I** p.pass. → **1.avanzare II** agg. **1** *(nello spazio)* ***postazione -a*** MIL. advance position; ***terzino ~*** SPORT forward full-back **2** *(nel tempo)* [*stagione*] advanced; ***a notte -a*** late into the night; ***in età -a*** well on in years **3** FIG. *(progredito)* [*idea*] progressive, avant-garde; [*tecnologia*] advanced, state of the art.

2.avanzato /avan'tsato/ **I** p.pass. → **2.avanzare II** agg. left-over; ***cibo ~*** left-overs.

avanzo /a'vantso/ m. **1** *(ciò che rimane)* remnant; ***-i di cibo*** left-overs, scraps **2** MAT. remainder **3** ECON. surplus* **4 d'avanzo** ***ce n'è d'~*** there's enough and to spare ♦♦ ***~ di bilancio*** ECON. budget surplus; ***~ di galera*** gallows bird, jailbird.

1.avere

Osservazioni introduttive

- Nella maggior parte dei casi che esprimono il possesso o la disponibilità di qualcosa, *avere* si rende con *to have* o *to have got*:

ho molti libri	=	I have (got) many books
ho tre figli	=	I have (got) three children
non ho molti impiegati	=	I haven't (got) many employees
non ho abbastanza spazio	=	I don't have (*o* I haven't got) enough room
non ho abbastanza tempo	=	I don't have (*o* I haven't got) enough time
il mio appartamento ha cinque stanze	=	my flat has five rooms
avrà un bambino in giugno	=	she's having a baby in June

Si ricordi che *to have* utilizza l'ausiliare *do* nelle frasi negative e interrogative quando ci si riferisce ad azioni abituali (*hai spesso l'influenza?* = do you often have flu?), mentre si usa *have got* quando ci si riferisce ad azioni temporanee (*che cosa hai in mano?* = what have you got in your hand?); nell'inglese americano, tuttavia, si preferisce la struttura con *do* anche nel secondo caso (*what do you have in your hand?*).

- Le altre accezioni di *avere* come verbo transitivo (*ottenere, tenere, indossare* ecc.) sono presentate nella voce.
- Andranno anche consultate le note lessicali, in particolare la nota DISTURBI E MALATTIE e la nota ETÀ.
- Qui sotto si trovano invece elencati i diversi impieghi del verbo *avere* per i quali serve una spiegazione.

Avere come verbo ausiliare

- *Avere* come verbo ausiliare si traduce solitamente con *to have*:

non l'ho ancora incontrata	=	I haven't met her yet
l'avevo letto anch'io	=	I had read it too
avranno finito domani	=	they will have finished tomorrow
avrei voluto parlargli	=	I would have liked to talk to him

Naturalmente, l'ausiliare *to have* non compare in quei casi in cui l'inglese, diversamente dall'italiano, richiede forme verbali semplici:

l'ho incontrata ieri	=	I met her yesterday
disse che l'avrebbe finito John	=	he said John would finish it.

Avere da + infinito

- L'espressione *avere da*, che esprime l'obbligo o l'opportunità di fare qualcosa, si rende solitamente in inglese con *to have to* + infinito:

avrei da aggiungere che…	=	I would have to add that…
ho molto da fare	=	I have a lot to do / I've got a lot to do
non hai niente da fare?	=	don't you have anything to do? / haven't you got anything to do?
ho da scrivere una relazione	=	I have to write a report
ho una relazione da scrivere	=	I have a report to write
ho da fare una rimostranza	=	I have a complaint to make.

- L'espressione *non avere che da*, parafrasabile con *dovere solamente*, si rende in inglese con le diverse forme del verbo *dovere* a seconda del tempo e del modo usato in italiano:

non hai che da scrivergli	=	you only have to write to him / you've only got to write to him / all you have to do is write to him
non avrai che da aspettare cinque minuti	=	you'll only have to wait five minutes
non avevi che da dirmelo	=	you should have told me
non avevi che da partire prima	=	you should have left earlier.

Averne

- La forma *averne* compare in espressioni di tempo seguita da *per*; la traduzione inglese utilizza il verbo *to take* quando si fa riferimento a un compito o a un'azione ben precisa e *to be* quando tale compito o azione restano indeterminati:

per quanto ne avrete?	=	how long will it take you? / how long you are going to be?
non ne avrò per molto	=	I won't be long
ne hai ancora per molto?	=	is it going to take you much longer?
ne avrò per due ore	=	it will take me two hours.

- *Averne* compare anche in locuzioni idiomatiche, ciascuna delle quali richiede una traduzione adeguata:

ne ho abbastanza delle tue menzogne!	=	I've had enough of your lies!
ne ho abbastanza di te!	=	I've had enough of you!
ne ho abbastanza!	=	I'm fed up with it! / I'm sick and tired of it!
ne ho fin sopra i capelli del suo comportamento!	=	I'm fed up with his behaviour!
aversene a male	=	to take something amiss / to get sore
quanti ne abbiamo oggi?	=	what's the date today?
oggi ne abbiamo 16	=	today is the 16th

Avere + altre preposizioni o particelle

- *Avere* può essere seguito da altre preposizioni o altre forme pronominali e avverbiali per formare delle locuzioni idiomatiche:

come ebbe a dire il Presidente…	=	as the President said…
come ebbe a scrivere il Manzoni…	=	as Manzoni wrote…
avere a che dire con qualcuno	=	to quarrel with somebody
avere a che fare con	=	to have to do with
non avere niente a che fare con / a che vedere con	=	to have nothing to do with
averla vinta	=	to have / get one's way
aversela a male	=	to take something amiss / to get sore
avercela con qualcuno	=	to have a grouch against somebody / to have it in for somebody / to have a down on somebody / to be down on somebody.

Avere nelle locuzioni idiomatiche

- In molte locuzioni idiomatiche l'italiano *avere* trova un corrispondente diretto nell'inglese *to have*; oltre ai casi elencati nella voce, si possono ricordare ad esempio:

avere il cuore malato	=	to have a weak heart
avere buone notizie	=	to have good news
avere le mani in pasta	=	to have a finger in every pie
avere pietà di qualcuno	=	to have mercy on somebody / to take pity on somebody
avere pronto qualcosa	=	to have something ready.

- Spesso una locuzione idiomatica italiana con *avere* è resa in inglese mediante il verbo *to be*; si possono distinguere i seguenti casi:

a) *ha talento* = she's talented / gifted; *ha le mani di pasta frolla* = he's butterfingered;

b) *hai la camicia sporca* = your shirt is dirty, *ha la moglie malata* = his wife is ill;

c) *avere freddo* = to be cold, *avere caldo* = to be hot, *avere sonno* = to be sleepy, *avere fame* = to be hungry, *avere sete* = to be thirsty, *avere paura* = to be afraid, *avere torto* = to be wrong, *avere ragione* = to be right, *avere fretta* = to be in a hurry, *avere interesse per qualcosa* = to be interested in something;

d) *ha vent'anni* = she's twenty years old, *abbiamo la stessa età* = we are the same age;

e) *dove hai la macchina?* = where's your car? *dove ha il passaporto?* = where's her passport?
f) *a destra, abbiamo un monumento ai caduti* = on your right, there's a war memorial.

- Non mancano casi in cui una locuzione idiomatica italiana con *avere* viene resa in inglese mediante un altro verbo; oltre a quelli presentati nella voce, si possono elencare i seguenti esempi:

ha la barba?	= does he wear a beard?
ho avuto buone notizie	= I got good news
avete avuto sue notizie?	= have you heard from her?
ho voglia di cantare	= I feel like singing / I'm in the mood for singing
hanno cura di me	= they take care of me
ho bisogno di soldi	= I need money
avere sentore di qualcosa	= to have an inkling of something
ha in animo di partire	= he intends to leave
ho avuto in eredità il suo appartamento	= I inherited her flat
ho a mente tutta la lista	= I bear the whole list in mind
ha molto di suo padre	= she takes after her father.

avaria /ava'ria/ f. *(di motore)* failure; *(di attrezzo meccanico)* breakdown; *(di motore di aereo)* blowout; ***nave, aereo in ~*** stricken ship, plane.

avariarsi /ava'rjarsi/ [1] pronom. [*cibo*] to go* bad, to rot, to go* off BE.

avariato /ava'rjato/ **I** p.pass. → **avariarsi II** agg. **1** *(danneggiato)* [*nave, aereo*] damaged **2** *(andato a male)* [*alimenti*] rotten; ***questa carne è -a*** this meat has gone bad.

avarizia /ava'rittsja/ f. avarice, stinginess, meanness.

avaro /a'varo/ **I** agg. avaricious, mean, miserly; ***essere ~ di lodi*** to be grudging in one's praise **II** m. (f. **-a**) miser, skinflint.

avemaria /avema'ria/ f. **1** Ave Maria, Hail Mary **2** *(suono di campana)* ***suonare l'~*** to ring the angelus bell.

avena /a'vena/ f. oats pl.; ***fiocchi d'~*** oat flakes.

avente diritto /a'ventedi'ritto/ m. e f. legal claimant, beneficiary.

1.avere /a'vere/ [5] **I** tr. **1** *(possedere)* to have* (got), to own [*macchina, casa, libro*]; to hold* [*azioni, carta da gioco, diploma*]; ***non ho una, la macchina*** I don't own a car, I don't have a car **2** *(trovarsi a disposizione)* ***ho ancora una settimana di vacanze*** I still have a week's holiday left; ***~ tempo*** to have (got) time; ***hai un attimo di tempo per aiutarmi?*** can you spare the time to help me? ***hai da accendere?*** have you got a light? **3** *(presentare caratteristiche fisiche o morali)* to have*; ***~ gli occhi azzurri, i capelli corti*** to have blue eyes, short hair; ***~ la barba*** to wear a beard; ***hai la camicia sporca*** your shirt is dirty **4** *(in rapporti di parentela)* to have* [*moglie, figli, sorella*] **5** *(contenere, annoverare)* to have* [*abitanti, dipendenti, stanze, piani*] **6** *(con indicazione di età, tempo)* ***quanti anni hai?*** how old are you? ***hanno la stessa età*** they are the same age; ***quanti ne abbiamo oggi?*** what's the date today? **7** *(ottenere, ricevere)* ***ha avuto il primo premio*** he got *o* won first prize; ***ho avuto la parte!*** I got the part! ***~ buone notizie*** to receive *o* get good news; ***~ notizie di qcn.*** to hear from sb. **8** *(tenere)* to have*, to keep*; ***~ qcs. a portata di mano*** to have *o* keep sth. at hand; ***che hai in mano?*** what have you got in your hand? **9** *(indossare)* to wear*, to have* on **10** *(provare, sentire)* ***~ caldo, sonno, fame, paura*** to be hot, sleepy, hungry, afraid; ***~ voglia di fare qcs.*** to feel like doing sth., to be in the mood for doing sth.; ***(che) cos'hai?*** what's the matter with you? what's wrong? ***~ l'impressione che...*** to get the impression that... **11** *(entrare in possesso di, acquistare)* to get*; ***l'ho avuto a poco prezzo*** I got it at a low price **12** *(mettere al mondo)* to have* [*bambino*] **13** *(soffrire di, essere affetto da)* to have*; ***~ mal di testa, la febbre, il*** o ***un cancro*** to have (got) a headache, a temperature, cancer **14** *(incontrare, trovare)* to have* [*difficoltà, problemi*] **15** *(fare, mostrare)* ***~ uno scatto di rabbia*** to have a fit of anger **16** **avere da** *(dovere)* to have* to, must*; ***ho da lavorare*** I have to work **17** **avercela avercela con qcn.** to have a grouch against sb., to have it in for sb., to have a down *o* be down on sb. **II** aus. to have*; ***l'ho appena fatto*** I've just done it; ***l'hai mai visto?*** have you ever seen him? ***oggi non ho studiato*** today I haven't studied; ***se l'avessi saputo*** if I had known **III** impers. (aus. *essere*) ***si avranno inondazioni*** there will be flooding ♦ ***chi ha avuto ha avuto*** PROV. let bygones be bygones; ***chi più ha più vuole*** PROV. much wants more.

2.avere /a'vere/ m. **1** *(patrimonio)* property **U**; ***gli -i*** possessions, belongings **2** COMM. *(credito)* credit, assets pl.; ***il dare e l'~*** debit and credit.

aviario, pl. **-ri**, **-rie** /a'vjarjo, ri, rje/ m. aviary.

aviatore /avja'tore/ ➧ **18** m. aviator.

aviazione /avjat'tsjone/ f. aviation; ***~ militare*** air force.

avicolo /a'vikolo/ agg. ***allevamento ~*** o ***azienda -a*** poultry farm.

avicoltura /avikol'tura/ f. poultry farming.

avidamente /avida'mente/ avv. [*mangiare*] greedily; [*leggere*] avidly, eagerly.

avidità /avidi'ta/ f.inv. *(di denaro, potere)* greed (**di** for); *(di sapere)* avidity (**di** for).

avido /'avido/ agg. [*persona, sguardo*] greedy; [*lettore*] avid; ***essere ~ di*** to be greedy *o* eager *o* avid for [*denaro, fama, notizie*].

aviere /a'vjɛre/ ➧ **12** m. MIL. airman*, aircraft(s)man* BE.

avio /'avjo/ agg. e m. inv. ***(blu) ~*** air force blue.

aviogetto /avjo'dʒɛtto/ m. jet (aircraft).

aviorimessa /avjori'messa/ f. hangar.

AVIS /avis/ m. (⇒ Associazione Volontari Italiani del Sangue) = Italian blood donors' association.

avo /'avo/ m. (f. **-a**) ancestor; ***i nostri -i*** our forefathers *o* forebears.

avocado /avo'kado/ m.inv. *(frutto)* avocado (pear); *(albero)* avocado (tree).

avorio, pl. **-ri** /a'vɔrjo, ri/ ➧ **3** **I** m. *(materiale)* ivory **U** **II** agg. e m.inv. *(colore)* ivory ♦ ***torre d'~*** ivory tower.

avvalersi /avva'lersi/ [96] pronom. ***~ di*** to avail oneself of [*opportunità*]; to make use of [*strumento*]; to exercise [*diritti*].

avvallamento /avvalla'mento/ m. *(di strada, terreno)* subsidence; *(di territorio)* depression, hollow; GEOGR. fold.

avvallarsi /avval'larsi/ [1] pronom. to subside.

avvalorare /avvalo'rare/ [1] tr. to corroborate, to confirm [*dichiarazione*]; [*fatto, prova*] to back up, to support [*teoria, tesi, testimonianza*].

avvampare /avvam'pare/ [1] intr. (aus. *essere*) **1** *(accendersi)* [*fuoco, bosco*] to flame up, to blaze up **2** FIG. *(arrossire)* to flush, to blush; *(accendersi di rabbia)* to flare up.

avvantaggiare /avvantad'dʒare/ [1] **I** tr. **1** *(favorire)* [*persona*] to favour BE, to favor AE; [*situazione*] to be* to the advantage of [*candidato, gruppo*] **2** *(migliorare)* to benefit, to further [*turismo, industria*] **II avvantaggiarsi** pronom. **1** *(trarre profitto)* to take* advantage of [*situazione, opportunità*] **2** *(acquistare vantaggio)* to get* ahead.

avvedersi /avve'dersi/ [97] pronom. ***~ di qcs.*** to notice *o* realize sth.

avveduto /avve'duto/ **I** p.pass. → **avvedersi II** agg. *(assennato)* [*persona, consiglio*] sensible; *(scaltro)* [*persona*] shrewd.

avvelenamento /avvelena'mento/ m. poisoning; ***~ da piombo*** lead poisoning.

avvelenare /avvele'nare/ [1] **I** tr. to poison (anche FIG.) **II avvelenarsi** pronom. **1** to poison oneself, to take* poison **2** FIG. *(rovinarsi)* ***-rsi la vita*** to make one's life a misery.

avvelenato /avvele'nato/ **I** p.pass. → **avvelenare II** agg. [*alimento, freccia*] poisoned ♦ ***avere il dente ~ con qcn.*** to bear sb. a grudge, to bear a grudge against sb.

avvelenatore /avvelena'tore/ m. (f. **-trice** /tritʃe/) poisoner.

avvenente /avve'nɛnte/ agg. [*persona*] attractive, charming.

avvenimento /avveni'mento/ m. event, occurrence; ***ricco di -i*** eventful; ***si sono verificati strani -i*** there have been some strange happenings.

1.avvenire /avve'nire/ [107] **I** intr. (aus. *essere*) [*fatto, incidente*] to happen, to occur, to take* place; ***l'incontro avvenne a Roma*** the meeting took place in Rome **II** impers. (aus. *essere*) ***a volte avviene che...*** sometimes it happens that...

2.avvenire /avve'nire/ **I** agg.inv. future; ***gli anni ~*** the years ahead *o* to come, the coming years; ***le generazioni ~*** future generations **II** m.inv. *(futuro)* future; ***in ~*** in the future; ***senza ~*** futureless.

avveniristico, pl. **-ci**, **-che** /avveni'ristiko, tʃi, ke/ agg. [*edificio, progetto*] space-age, futuristic.

avventarsi /avven'tarsi/ [1] pronom. ***~ su*** [*animale*] to spring at [*persona*]; [*persona*] to run *o* go for [*persona, cosa*].

avventatezza /avventa'tettsa/ f. rashness, recklessness.

avventato /avven'tato/ **I** p.pass. → **avventarsi II** agg. [*persona*] reckless; [*giudizio, affermazione*] rash, hasty, precipitate.

avventista, m.pl. **-i**, f.pl. **-e** /avven'tista/ m. e f. Adventist.

avventizio, pl. **-zi**, **-zie** /avven'tittsjo, tsi, tsje/ **I** agg. *(provvisorio)* [*operaio*] occasional, casual BE; [*insegnante, personale*] temporary **II** m. (f. **-a**) occasional labourer BE, occasional labourer AE, casual labourer BE.

avvento /av'vɛnto/ m. **1** *(venuta)* coming **2** *(ascesa) (al trono)* accession (**a** to); *(al potere)* rise (**a** to) **3** RELIG. Advent.

avventore /avven'tore/ m. (f. **-trice** /tritʃe/) regular (customer).

avventura /avven'tura/ f. **1** *(impresa rischiosa)* adventure; ***spirito d'~*** spirit of adventure; ***film d'~*** adventure film **2** *(amore fugace)* (love) affair, fling COLLOQ.

avventurarsi /avventu'rarsi/ [1] pronom. to venture (**in** into; **su** on; **fino a** to); ***~ in mare*** to venture out to sea.

avventuriera /avventu'rjɛra/ f. adventuress.

avventuriero /avventu'rjɛro/ m. adventurer.

avventuroso /avventu'roso/ agg. [*spirito*] adventurous; [*vita, viaggio*] adventurous, eventful; [*impresa*] risky, ventursome.

avverare /avve'rare/ [1] **I** tr. to fulfil BE, to fulfill AE [*sogno, desiderio*] **II avverarsi** pronom. [*profezia, desiderio*] to be* fulfilled; [*sogno*] to come* true.

avverbiale /avver'bjale/ agg. adverbial.

avverbio, pl. **-bi** /av'vɛrbjo, bi/ m. adverb.

avversare /avver'sare/ [1] tr. to thwart, to oppose [*persona, progetto*].

avversario, pl. **-ri**, **-rie** /avver'sarjo, ri, rje/ **I** agg. [*squadra*] opposing, rival; [*esercito*] enemy **II** m. (f. **-a**) adversary; POL. SPORT opponent; *(in giochi, gare)* contestant.

avversativo /avversa'tivo/ agg. adversative.

avversione /avver'sjone/ f. **1** *(ostilità)* aversion, loathing (**per**, **verso** to) **2** *(ripugnanza)* loathing.

avversità /avversi'ta/ f.inv. adversity **U**; ***nelle ~*** in adversity.

avverso /av'vɛrso/ agg. [*condizione, fortuna, critica*] adverse; [*clima, situazione*] unfavourable; [*forza*] opposing; [*destino*] evil; ***essere ~ a qcs.*** to be opposed to *o* against sth.; ***parte -a*** DIR. opposing party.

avvertenza /avver'tɛntsa/ f. **1** *(cautela)* ***avere*** o ***usare l'~ di fare qcs.*** to take care *o* the precaution to do sth. **2** *(avvertimento)* caution, warning; ***-e*** *(istruzioni per l'uso)* instructions; ***~ ai lettori*** *(prefazione)* foreword.

avvertimento /avverti'mento/ m. *(avviso)* warning; SPORT caution.

avvertire /avver'tire/ [3] tr. **1** *(informare)* to inform, to tell*; *(per telefono)* to call [*medico, polizia*] **2** *(mettere in guardia)* to warn, to caution; ***~ qcn. di (non) fare*** to warn sb. (not) to do **3** *(percepire)* to sense [*disagio, pericolo*]; to feel* [*dolore*]; to notice [*odore*]; to hear* [*rumore*].

avvezzo /av'vettso/ agg. ***~ a*** accustomed to [*sacrifici, cambiamenti*].

avviamento /avvia'mento/ m. **1** *(formazione)* introduction; ***di ~*** [*corso, settimana*] training **2** *(inizio di processo)* start, start-up (anche FIG.) **3** TECN. ***motorino d'~*** starter (motor) **4** ECON. ***capitale d'~*** seed money; ***spese d'~*** start-up costs **5** COMM. goodwill, trade.

avviare /avvi'are/ [1] **I** tr. **1** *(incominciare)* to begin* [*dialogo, processo, cambiamento*]; to open, to start [*negoziati, esercizio commerciale*]; to launch [*progetto*]; to set* up [*operazione finanziaria, società, inchiesta*] **2** *(mettere sulla via)* to direct [*persona*]; ***~ qcn. alla carriera diplomatica*** FIG. to groom sb. for a diplomatic career **3** *(accendere)* to set* [sth.] going, to start (up) [*motore, veicolo*]; to start [*computer*] **4** *(inoltrare)* BUROCR. to activate [*pratica*] **II avviarsi** pronom. **1** *(mettersi in cammino)* [*persona, mezzo*] to start off; [*persona*] to set* off, to set* out; ***-rsi verso*** to make for [*porta, uscita, casa*] **2** *(mettersi in funzione)* [*macchinario*] to get* going; [*motore, computer*] to start **3** FIG. ***-rsi verso*** [*nazione, economia*] to head for; [*persona, gruppo*] to be on one's way to; ***-rsi alla fine*** to draw to an end.

avviato /avvi'ato/ **I** p.pass. → **avviare II** agg. [*azienda, negozio*] prosperous, thriving.

avvicendare /avvitʃen'dare/ [1] **I** tr. to alternate; AGR. to rotate **II avvicendarsi** pronom. **1** *(alternarsi)* to alternate; *(fare a turno)* to take* turns **2** *(susseguirsi, succedersi)* to follow one another.

avvicinabile /avvitʃi'nabile/ agg. [*persona*] approachable.

avvicinamento /avvitʃina'mento/ m. approach.

avvicinare /avvitʃi'nare/ [1] **I** tr. **1** *(accostare)* to draw* up, to pull up [*sedia*]; ***~ i letti*** to push the beds close together; ***~ il bicchiere alle labbra*** to raise one's glass to one's lips **2** *(attaccare discorso)* to approach [*persona*] **II avvicinarsi** pronom. **1** *(nello spazio)* to go* near(er), to go* close(r), to come* near(er), to come* close(r), to move near(er), to move close(r), to approach; [*nemico, inseguitore*] to close (**a** on); ***avvicinati!*** come closer! **2** FIG. *(nel tempo)* [*stagione, data, avvenimento*] to draw* near(er), to draw* close(r), to approach; ***-rsi ai cinquanta*** to be in one's late forties, to be pushing fifty; ***-rsi alla fine*** to be nearing the end of one's life **3** FIG. *(essere simile)* ***questo rosso si avvicina al viola*** this red verges on purple; ***questo si avvicina di più alla verità*** that's closer (to) the truth.

avvilire /avvi'lire/ [102] **I** tr. **1** *(svilire)* [*miseria*] to degrade [*persona*] **2** *(scoraggiare)* to dishearten, to discourage **II avvilirsi** pronom. **1** *(degradarsi)* to demean oneself **2** *(scoraggiarsi)* to be* discouraged, to be* depressed.

avvilito /avvi'lito/ **I** p.pass. → **avvilire II** agg. [*persona*] depressed, dispirited; [*aria, aspetto*] crestfallen, dejected.

avviluppare /avvilup'pare/ [1] **I** tr. [*persona*] to wrap [*persona, animale, cosa*] **II avvilupparsi** pronom. **1** *(avvolgersi)* ***~ in*** to wrap oneself in [*mantello, coperte*] **2** *(aggrovigliarsi)* to get* tangled up.

avvinazzato /avvinat'tsato/ m. (f. **-a**) drunk, drunkard.

avvincente /avvin'tʃɛnte/ agg. [*storia, libro, film*] gripping, engrossing, engaging.

avvincere /av'vintʃere/ [98] tr. *(affascinare)* [*film, spettacolo, libro*] to engross, to enthrall, to captivate [*audience*].

avvinghiarsi /avvin'gjarsi/ [1] pronom. **1** *(attaccarsi con forza)* ***~ a qcs.*** to cling to sth.; [*pianta*] to wind itself round sth. **2** *(stringersi reciprocamente)* [*amanti*] to be* locked in an embrace; [*lottatori*] to be* locked in combat.

avvio, pl. **-ii** /av'vio, ii/ m. *(di crisi, negoziati)* start; *(di processo, discussione, cambiamento)* beginning; *(di attività, impresa)* starting up; ***dare l'~ a qcs.*** to get sth. underway, to start sth. off; ***prendere l'~*** [*veicolo, attività*] to get underway; ***tasto di ~*** "Start" button.

avvisaglia /avvi'zaʎʎa/ f. sign, symptom.

avvisare /avvi'zare/ [1] tr. **1** *(informare)* to inform, to tell* [*persona*] (**di** about); ***avvisami del tuo arrivo*** let me know when you arrive **2** *(mettere in guardia)* to warn; ***avresti potuto avvisarmi!*** you might have warned me! ♦ ***uomo avvisato mezzo salvato*** PROV. forewarned is forearmed.

avviso /av'vizo/ m. **1** *(opinione)* ***a mio ~*** in my opinion *o* judgement; ***essere dello stesso ~*** to be of like mind **2** *(annuncio)* notice; *(comunicato scritto)* announcement; *(appeso)* public notice, poster; ***fino a nuovo ~*** until further notice **3** DIR. BUROCR. *(notifica)* notification; ***ricevere un ~*** to be notified **4** *(avvertimento)* ***mettere sull'~*** to forewarn ♦♦ ***~ d'asta*** call for tenders; ***~ di chiamata*** TEL. call waiting; ***~ di gara*** invitation to bid; ***~ di garanzia*** DIR. notification (of impending investigation); ***~ al lettore*** foreword; ***~ di pagamento*** notice to pay; ***~ di spedizione*** shipping notice.

avvistamento /avvista'mento/ m. sighting, spotting ♦♦ ***~ radar*** radar detection.

avvistare /avvis'tare/ [1] tr. to sight [*aereo, nave, terra*]; *(vedere nonostante gli ostacoli o da lontano)* to spot, to catch* sight of [*cosa, persona*].

avvitare /avvi'tare/ [1] **I** tr. **1** *(fissare con viti)* to screw [*serratura, cassa*] **2** *(girare in senso orario)* to screw in [*lampadina*]; to twist (on), to screw (down) [*tappo, coperchio*] **II avvitarsi** pronom. **1** [*tappo, coperchio*] to screw on **2** AER. to go* into a tailspin.

avvizzire /avvit'tsire/ [102] intr. (aus. *essere*) **1** [*pelle, viso*] to wrinkle **2** [*fiore, pianta*] to wilt, to wither.

avvizzito /avvit'tsito/ **I** p.pass. → **avvizzire II** agg. [*frutto, ortaggio*] shrivelled BE, shriveled AE; [*pianta, fiore*] wilted, withered; [*viso, pelle*] wrinkled.

avvocato /avvo'kato/ ▸ *18* m. (f. **-essa** /essa/) **1** *(generico)* lawyer, counsel*; *(che rappresenta qcn.)* attorney(-at-law) AE, counselor AE; *(nei tribunali di grado inferiore)* solicitor BE; *(nei tribunali di grado superiore)* barrister BE; ***consultare un*** ~ to seek *o* get legal advice **2** FIG. advocate ♦♦ ~ ***dell'accusa*** counsel for the prosecution, prosecuting lawyer *o* attorney AE, prosecutor AE; ~ ***delle cause perse*** FIG. defender of lost causes; ***l'~ del diavolo*** FIG. the devil's advocate; ~ ***difensore*** counsel for the defence, defence lawyer *o* attorney AE; ~ ***d'ufficio*** duty solicitor BE, public defender AE.

avvocatura /avvoka'tura/ f. *(professione)* the Bar, legal profession; *(funzione)* advocacy; ***esercitare l'~*** to practise as lawyer.

avvolgente /avvol'dʒɛnte/ agg. *(comodo)* [*poltrona, cappotto*] snug.

avvolgere /av'vɔldʒere/ [101] **I** tr. **1** *(arrotolare)* to roll up [*tappeto, poster*]; to coil (up) [*corda, filo*]; *(su rocchetto o bobina)* to wind [sth.] on, to spool [*corda, filo, pellicola*] **2** *(avviluppare)* ~ ***qcn., qcs. in*** to envelop sb., sth. in, to wrap sb., sth. up in [*coperta*] **3** FIG. *(circondare)* [*notte, silenzio, mistero*] to enshroud; [*fuoco, fumo*] to envelop **II avvolgersi** pronom. **1** *(arrotolarsi)* [*filo, fune*] to wind* (**attorno a** round); [*serpente*] to coil (**attorno a** round); [*pianta rampicante*] to twine, to twist, to wind* (**attorno a** round) **2** *(avvilupparsi)* ***-rsi in*** to wrap oneself in [*cappotto, scialle*].

avvolgibile /avvol'dʒibile/ **I** agg. ***tenda*** ~ roller blind **II** m. roller shutter.

avvolgimento /avvoldʒi'mento/ m. **1** *(l'avvolgere)* winding, rolling (up), wrapping (up) **2** MIL. envelopment.

avvoltoio, pl. **-oi** /avvol'tojo, oi/ m. vulture (anche FIG.).

Az. ⇒ azione share.

azalea /addza'lɛa/ f. azalea.

Azerbaigian /addzerbai'dʒan/ ▸ *33* n.pr.m. Azerbaijan.

azerbaigiano /addzerbai'dʒano/ ▸ *25, 16* **I** agg. Azerbaijani **II** m. (f. **-a**) **1** *(persona)* Azerbaijani **2** LING. Azerbaijani.

azienda /ad'dzjɛnda/ f. firm, company, business, concern; ***dirigente d'~*** company director; ***consiglio d'~*** works committee ♦♦ ~ ***agricola*** farm; ~ ***elettrica*** electric company; ~ ***familiare*** family business; ~ ***privata*** private firm; ~ ***di soggiorno*** tourist information office.

aziendale /addzjen'dale/ agg. [*auto, politica*] company attrib.; [*amministrazione, contabilità*] business attrib.; [*pianificazione, patrimonio*] corporate; ***mensa*** ~ works canteen.

aziendalista, m.pl. **-i**, f.pl. **-e** /addzjenda'lista/ m. e f. business economist.

azimut /'addzimut/ m.inv. azimuth.

azionamento /attsjona'mento/ m. *(di meccanismo)* activation.

azionare /attsjo'nare/ [1] tr. *(mettere in azione)* to activate, to operate [*dispositivo, macchina*]; to throw* [*leva*]; to push [*bottone, pedale*]; to drive* [*ruota, turbina*]; to set* off [*allarme*]; ~ ***il freno*** to apply the brake.

azionariato /attsjona'rjato/ m. **1** *(possesso delle azioni)* shareholding **2** *(azionisti)* shareholders pl.

azionario, pl. **-ri**, **-rie** /attsjo'narjo, ri, rje/ m. [*capitale*] share attrib.; [*mercato*] stock attrib.; ***pacchetto*** ~ holding.

1.azione /at'tsjone/ f. **1** *(l'agire)* action; ***entrare in*** ~ to go into action; ***un uomo d'~*** a man of action; ***libertà d'~*** freedom of action **2** *(funzione)* ***in*** ~ [*macchina, meccanismo*] at work, in operation; ***mettere qcs. in*** ~ to put sth. into operation **3** *(effetto)* effect; ***l'~ del tempo*** the effects of time **4** *(atto)* action, act, deed; ***una buona, cattiva*** ~ a good, bad deed **5** MIL. SPORT action **6** DIR. action **7** LETTER. CINEM. TEATR. ***d'~*** [*film, romanzo*] action-packed.

2.azione /at'tsjone/ f. ECON. share; ***emissione di -i*** stock issue ♦♦ ~ ***nominativa*** registered share; ~ ***ordinaria*** common *o* ordinary share; ~ ***al portatore*** bearer share; ~ ***privilegiata*** preference BE *o* priority AE share.

azionista, m.pl. **-i**, f.pl. **-e** /attsjo'nista/ m. e f. shareholder, stockholder, investor.

azotato /addzo'tato/ agg. nitrogenous.

azoto /ad'dzɔto/ m. nitrogen.

azteco, pl. **-chi**, **-che** /a(t)s'tɛko, ki, ke/ **I** agg. Aztec **II** m. (f. **-a**) **1** Aztec **2** LING. Aztec.

azza /'attsa/ f. battle-axe, battleax AE, poleaxe, poleax AE.

azzannare /attsan'nare, addzan'nare/ [1] tr. to bite*, to fang, to tusk.

azzardare /addzar'dare/ [1] **I** tr. **1** *(arrischiare)* to venture, to risk, to gamble [*denaro*] **2** *(osare)* to venture, to hazard [*domanda, ipotesi, spiegazione*]; to risk [*gesto*] **II azzardarsi** pronom. to venture (**a fare** to do); ***non ti ~!*** don't you dare!

azzardato /addzar'dato/ **I** p.pass. → **azzardare II** agg. [*investimento*] risky; [*ipotesi, giudizio*] rash, hasty.

azzardo /ad'dzardo/ m. hazard; ***giocare d'~*** to gamble; ***gioco d'~*** *(attività)* gambling; *(singolo gioco)* game of chance.

azzeccare /attsek'kare/ [1] tr. *(indovinare)* ~ ***la risposta*** to guess right(ly), to get the right answer; ~ ***il momento giusto per arrivare*** to pick the right moment to arrive; ***ci hai proprio azzeccato!*** COLLOQ. you've hit the nail on the head! ***non ne azzecca una!*** COLLOQ. he never gets it right, he's always wide of the mark!

azzeccato /attsek'kato/ **I** p.pass. → **azzeccare II** agg. [*frase, parola*] choice, well-chosen; [*risposta*] right; [*idea*] perfect.

azzeramento /addzera'mento/ m. zero setting, resetting.

azzerare /addze'rare/ [1] tr. **1** *(portare a zero)* to reset* [*cronometro*] **2** *(annullare)* to wipe out [*guadagni*].

azzimato /addzi'mato/ agg. dressed up, spruced up.

azzimo /'addzimo/ agg. ***pane*** ~ unleavened bread.

azzittirsi /attsit'tirsi/ [102] pronom. to fall* silent.

azzoppare /attsop'pare/ [1] **I** tr. to lame, to cripple [*persona, cavallo*] **II azzopparsi** pronom. to become* lame, to become* crippled.

Azzorre /ad'dzɔrre/ ▸ *14* n.pr.f.pl. ***le (isole)*** ~ the Azores.

azzuffarsi /attsuf'farsi/ [1] pronom. to fight*, to brawl, to scuffle (**con** with).

azzurrato /addzur'rato/ agg. [*lenti, vetri*] blue-tinted.

azzurro /ad'dzurro/ ▸ *3* **I** agg. **1** blue **2** SPORT ***la squadra -a*** = the Italian national team; ***giocatore*** ~ = athlete in an Italian national team **II** m. (f. **-a**) **1** (light) blue, azure LETT. **2** SPORT = athlete in an Italian national team.

b

b, B /bi/ **I** m. e f.inv. *(lettera)* b, B **II B** f. SPORT ***(serie) B*** = in Italy, division of the football league corresponding to the First Division; ***di serie B*** FIG. [*cittadino*] second-class attrib.; ***un film di serie B*** a B movie *o* film.

babà /ba'ba/ m.inv. GASTR. INTRAD. (typical Neapolitan sponge cake usually soaked in a rum syrup).

babau /ba'bau/ m.inv. INFANT. bogey(man*), bugaboo*, bugbear.

babbeo /bab'bɛo/ **I** agg. foolish, stupid **II** m. (f. **-a**) simpleton, idiot, sucker.

babbo /'babbo/ m. dad, daddy; ***Babbo Natale*** Father Christmas BE, Santa (Claus).

babbuccia, pl. **-cie, -ce** /bab'buttʃa, tʃe/ f. *(pantofola)* slipper; *(per neonati)* bootee.

babbuino /babbu'ino/ m. ZOOL. baboon.

Babele /ba'bɛle/ **I** n.pr.f. Babel; ***la torre di ~*** the tower of Babel **II babele** f.inv. FIG. babel, bedlam, chaos.

Babilonia /babi'lɔnja/ n.pr.f. Babylon.

babordo /ba'bordo/ m. port.

baby-doll /bebi'dɔl/ m.inv. = short nightdress with matching panties.

baby-sitter /bebi'sitter/ m. e f. inv. baby-sitter.

bacarsi /ba'karsi/ [1] pronom. [*frutto*] to get* worm-eaten.

bacca, pl. **-che** /'bakka, ke/ f. berry; ***~ di sambuco*** elderberry.

baccalà /bakka'la/ m.inv. **1** GASTR. INTRAD. (dried salt-cured cod) **2** FIG. *(persona allampanata)* beanpole; *(inebetito)* fool, moron.

baccanale /bakka'nale/ m. bacchanal.

baccano /bak'kano/ m. din, racket; ***fare ~*** to make a racket.

baccarà /bakka'ra/ ➧ ***10*** m.inv. *(gioco)* baccarat.

baccello /bat'tʃɛllo/ m. BOT. pod; *(vuoto)* hull.

bacchetta /bak'ketta/ f. **1** *(bastone)* stick, rod; *(per le tende)* rail; *(per insegnare)* pointer **2** MUS. *(per strumenti a percussione)* drumstick; *(da direttore d'orchestra)* baton **3** *(per mangiare)* chopstick ♦ ***comandare qcn. a ~*** to boss sb. about *o* around ♦♦ ***~ magica*** magic wand; ***~ da rabdomante*** divining rod.

bacchettare /bakket'tare/ [1] tr. ***~ qcn. sulle nocche*** to rap sb. on *o* over the knuckles.

bacchettone /bakket'tone/ m. (f. **-a**) SPREG. pharisee.

bacchiare /bak'kjare/ [1] tr. to knock down (with a pole) [*olive*].

Bacco /'bakko/ n.pr.m. Bacchus ♦ ***per ~!*** my word!

bacetto /ba'tʃetto/ m. COLLOQ. peck.

bacheca, pl. **-che** /ba'kɛka, ke/ f. *(vetrina)* showcase; *(tabella appesa al muro)* noticeboard.

bachelite® /bake'lite/ f. bakelite®.

bachicoltore /bakikol'tore/ ➧ ***18*** m. (f. **-trice** /tritʃe/) sericulturist.

bachicoltura /bakikol'tura/ f. sericulture.

baciapile /batʃa'pile/ m. e f.inv. pharisee.

baciare /ba'tʃare/ [1] **I** tr. to kiss [*persona, mano, anello*] **II baciarsi** pronom. to kiss (each other) ♦ ***è stato baciato dalla fortuna*** fortune smiled on him.

bacillo /ba'tʃillo/ m. bacillus*.

bacinella /batʃi'nɛlla/ f. *(recipiente)* bowl, basin.

bacino /ba'tʃino/ ➧ ***4*** m. **1** *(recipiente)* bowl, basin **2** GEOGR. basin **3** ANAT. pelvis **4** MAR. dock, basin ♦♦ ***~ aurifero*** goldfield; ***~ carbonifero*** coalfield; ***~ fluviale*** river basin; ***~ idrografico*** catchment area; ***~ di utenza*** *(di scuola ecc.)* catchment area.

bacio, pl. **-ci** /'batʃo, tʃi/ **I** m. kiss; ***dare un ~ a qcn.*** to give sb. a kiss; ***dare il ~ della buonanotte a qcn.*** to kiss sb. goodnight; *(come formula di saluto)* ***-ci e abbracci, saluti e -ci*** love and kisses, hugs and kisses **II al bacio** agg.inv. COLLOQ. [*cibo, cena*] perfect, excellent ♦♦ ***~ alla francese*** French kiss.

baco, pl. **-chi** /'bako, ki/ m. **1** *(larva)* maggot, worm **2** INFORM. bug ♦♦ ***~ da seta*** silkworm.

bacucco, pl. **-chi, -che** /ba'kukko, ki, ke/ **I** agg. doddering, geriatric **II** m. dodderer, buffer BE COLLOQ.

bada /'bada/ f. ***tenere a ~ qcn.*** to hold *o* keep sb. at bay.

badante /ba'dante/ m. e f. carer.

badare /ba'dare/ [1] intr. (aus. *avere*) **1** *(avere cura)* ***~ a*** to look after, to take* care of [*bambino, animale, casa, salute, interessi*] **2** *(dare peso)* ***non ~ a*** to care nothing for [*convenzioni, dettagli*]; ***non badate a me*** don't mind me; ***senza ~ al prezzo*** regardless of cost; ***non ~ a spese*** to spare no expense **3** *(occuparsi)* ***~ ai propri affari*** to go about one's business; ***bada ai fatti tuoi*** mind your own business **4** *(fare attenzione)* ***bada al gradino!*** watch *o* mind the step! ***bada di essere puntuale!*** make sure you arrive on time! ***bada bene!*** mark well! ***bada a come parli!*** mind your language! watch your tongue!

badessa /ba'dessa/ f. abbess.

badile /ba'dile/ m. shovel.

baffo /'baffo/ m. **1** ***un paio di -i*** a (pair of) moustache *o* mustache AE; ***avere*** o ***portare i -i*** to wear a moustache; ***farsi crescere i -i*** to grow a moustache; ***-i a manubrio*** handlebar moustache; ***-i spioventi*** drooping moustache **2** *(di animale)* whisker **3** *(sbavatura d'inchiostro, rossetto, bevanda)* smudge **4 coi baffi** *(ottimo)* first-class, excellent ♦ ***farsene un ~ (di qcs.)*** to give a damn (about sth.); ***leccarsi i -i*** to lick one's chops; ***ridere*** o ***ridersela sotto i -i*** to chuckle *o* laugh to oneself, to laugh up one's sleeve.

bagagliaio, pl. **-ai** /bagaʎ'ʎajo, ai/ m. **1** *(di automobile)* boot BE, trunk AE; *(di aereo)* hold **2** FERR. *(vagone)* luggage van BE, baggage car AE.

bagaglio, pl. **-gli** /ba'gaʎʎo, ʎi/ m. **1** luggage **U**, baggage **U**; ***fare, disfare i -gli*** to pack, to unpack; ***ritiro -gli*** baggage reclaim **2** FIG. ***~ di conoscenze*** stock *o* store of knowledge; ***un grosso ~ di esperienza*** a fund of experience ♦ ***armi e -gli*** bag and baggage; ***fare i -gli*** to pack one's bags ♦♦ ***~ eccedente*** excess baggage; ***~ in franchigia*** baggage allowance; ***~ a mano*** hand baggage *o* luggage.

bagarino /baga'rino/ m. (ticket) tout BE, scalper AE.

bagattella /bagat'tɛlla/ f. trifle, bagatelle LETT.

baggianata /baddʒa'nata/ f. nonsense **U**, rubbish **U**, gaff.

baglio, pl. **-gli** /'baʎʎo, ʎi/ m. MAR. beam.

bagliore /baʎ'ʎore/ m. **1** *(fulgore)* glare, flash, glow **2** FIG. ***gli ultimi -i di una civiltà*** the twilight of a civilization.
bagnacauda, pl. **bagnecaude** /baɲɲa'kauda, baɲɲe'kaude/ f. GASTR. INTRAD. (typical Piedmontese anchovy and garlic based dip, served with raw or boiled vegetables).
bagnante /baɲ'ɲante/ m. e f. bather.
bagnare /baɲ'ɲare/ [1] **I** tr. **1** to wet* [*oggetto, pavimento, vestiti*] (**di** with) **2** *(inumidire)* to dampen, to moisten [*stoffa, biancheria*]; ***la rugiada bagna l'erba*** the grass is wet with dew **3** *(immergere)* **~ *le mani nell'acqua*** to dip one's hands in water **4** *(inzuppare)* **~ *il pane nel latte*** to dip *o* dunk *o* sop bread in milk **5** *(innaffiare)* to water [*piante, fiori*] **6** *(scorrere attraverso)* [*fiume*] to water, to flow through [*città, paese*] **7** *(lambire)* ***la città è bagnata dall'oceano*** the ocean laps the town's shores **8** GASTR. **~ *una torta con il brandy*** to sprinkle a cake with brandy **9** COLLOQ. *(festeggiare bevendo)* ***un successo come questo va bagnato con lo champagne*** such success calls for champagne **II bagnarsi** pronom. **1** ***-rsi le mani*** to wet one's hands **2** *(fare il bagno)* to bathe, to bath BE **3** *(infradiciarsi)* to get* soaked, to soak oneself; ***-rsi i piedi*** to get one's feet wet **4** *(inumidirsi)* ***mi sono appena bagnato le labbra*** I just had a sip ♦ **~ *il letto*** to wet the bed; ***-rsi la gola*** to wet one's whistle.
bagnarola /baɲɲa'rɔla/ f. SCHERZ. *(vecchia barca)* tub.
bagnasciuga /baɲɲaʃ'ʃuga/ m.inv. *(battigia)* foreshore.
bagnata /baɲ'ɲata/ f. *(lavata)* ***prendersi una*** **~** to get a wetting *o* soaking.
bagnato /baɲ'ɲato/ **I** p.pass. → **bagnare II** agg. [*pavimento, strada, capelli*] wet; *(umido)* damp; [*biancheria*] moist; **~ *di sudore*** wet with sweat, sweat-soaked **III** m. wet (surface) ♦ **~ *fradicio*** dripping *o* soaking *o* sopping wet; ***essere*** **~ *fino alle ossa*** to be drenched *o* soaked to the skin; ***essere*** **~ *come un pulcino*** to look like a drowned rat; ***piove sul*** **~** it never rains but it pours.
bagnino /baɲ'ɲino/ m. (f. **-a**) lifeguard, lifesaver; *(in piscina)* (pool) attendant.
bagno /'baɲɲo/ **I** m. **1** *(al mare ecc.)* swim, bathe BE FORM.; ***andare a fare il*** **~** to go bathing *o* swimming, to go for a swim; ***la stagione dei -i*** the bathing season **2** *(per lavarsi)* bath; ***fare il*** **~** to have *o* take AE a bath; ***fare il*** **~ *a un bambino*** to give a child a bath, to bath BE *o* bathe AE a child; ***vasca da*** **~** bathtub, bath BE, tub AE **3** *(stanza)* bathroom; ***camera con*** **~** *(in hotel)* en suite, room with private bath **4** *(gabinetto)* toilet, lavatory **5** CHIM. FOT. bath **II bagni** m.pl. *(stabilimento balneare)* bathing establishment sing.; *(stabilimento termale)* baths ♦ ***essere in un*** **~ *di sudore*** to be hot and sticky, to be dripping with sweat; ***mettere a*** **~ *qcs.*** to leave sth. to soak ♦♦ **~ *penale*** STOR. penal colony; **~ *di sangue*** FIG. bloodbath; **~ *di sole*** sunbath; ***fare un*** **~ *di sole*** to soak up the sun; **~ *turco*** Turkish bath; ***-i di mare*** sea bathing; ***-i pubblici*** baths, public convenience BE, rest room AE.
bagnomaria /baɲɲoma'ria/ m.inv. **1** *(recipiente)* GASTR. bain-marie, double saucepan BE **2 a bagnomaria** in a bain-marie.
bagnoschiuma /baɲɲos'kjuma/ m.inv. bubble bath, foam bath.
bagordo /ba'gordo/ m. ***fare -i, darsi ai -i*** to go on a binge, to paint the town red.
baguette /ba'gɛt/ f.inv. **1** *(pane)* French loaf*, French stick **2** *(di calza)* clock.
baia /'baja/ f. bay.
baio, pl. **-ai** /'bajo, ai/ m. bay.
baionetta /bajo'netta/ f. **1** MIL. bayonet; ***assalto alla*** **~** bayonet charge **2** TECN. ***innesto a*** **~** bayonet coupling.
baita /'baita/ f. *(di pastori)* = typical alpine building used for housing or for stabling; *(villetta di montagna)* (mountain) chalet.
balaustra /bala'ustra/, **balaustrata** /balaus'trata/ f. balustrade.
balbettare /balbet'tare/ [1] **I** intr. (aus. *avere*) **1** *(tartagliare)* to stammer, to stutter, to falter **2** [*bambino*] to babble **II** tr. **1** *(biascicare)* to babble, to splutter (out), to falter [*parole, scuse*]; **~ *un po' di italiano*** FIG. to speak broken Italian, to have a smattering of Italian **2** **~ *le prime parole*** [*bambino*] to babble one's first words.
balbuzie /bal'buttsje/ f.inv. stammer, stutter.
balbuziente /balbut'tsjɛnte/ agg. stammering, stuttering; ***essere*** **~** to have a stammer.
Balcani /bal'kani/ n.pr.m.pl. Balkans; ***i (monti)*** **~** the Balkan mountains.
balcanico, pl. **-ci**, **-che** /bal'kaniko, tʃi, ke/ agg. [*paese, regione, penisola*] Balkan.
balconata /balko'nata/ f. **1** *(in edifici)* = long window lined balcony **2** *(in teatri e cinema)* balcony.
balcone /bal'kone/ m. balcony.
baldacchino /baldak'kino/ m. *(di trono, altare, letto)* canopy; ***letto a*** **~** four-poster (bed).
baldanzoso /baldan'tsoso/ agg. *(coraggioso)* bold, daring; *(sicuro di sé)* self-confident, self-assured.
baldo /'baldo/ agg. bold, daring; ***un*** **~ *giovane*** SCHERZ. a brave young man.
baldoria /bal'dɔrja/ f. merrymaking, revelry; ***fare*** **~** to make merry, to go on a binge COLLOQ.
Baldovino /baldo'vino/ n.pr.m. Baldwin.
Baleari /bale'ari/ ➧ ***14*** n.pr.f.pl. ***le (isole)*** **~** the Balearic Islands, the Balearics.
balena /ba'lena/ f. **1** ZOOL. whale; ***caccia alla*** **~** whaling **2** COLLOQ. FIG. *(donna grassa)* fatty.
balenare /bale'nare/ [1] intr. (aus. *essere*) **1** *(splendere, brillare)* to flash, to flare **2** FIG. ***far*** **~ *una prospettiva a qcn.*** to dangle a prospect before *o* in front of sb.; ***un pensiero mi balenò in mente*** a thought flashed through my mind.
baleniera /bale'njɛra/ f. whaler.
baleniere /bale'njɛre/ ➧ ***18*** m. whaler.
baleno /ba'leno/ m. *(lampo)* lightning U ♦ ***in un*** **~** in *o* like a flash, in the twinkling of an eye.
balenottera /bale'nɔttera/ f. rorqual ♦♦ **~ *azzurra*** blue whale.
balenottero /bale'nɔttero/, **balenotto** /bale'nɔtto/ m. whale calf*.
balera /ba'lɛra/ f. REGION. = unpretentious dance hall.
balestra /ba'lɛstra/ f. ARM. crossbow.
balestruccio, pl. **-ci** /bales'truttʃo, tʃi/ m. (house-)martin.
1.balia /'balja/ f. wetnurse; ***essere a*** **~** to be with a wetnurse; ***fare da*** **~ *a un bambino*** to wet-nurse a baby; ***spilla da*** **~** safety pin.
2.balia /ba'lia/ f. ***essere in*** **~ *di qcn.*** to be at the mercy of sb., to be under sb.'s control, to be in sb.'s power; ***in*** **~ *della sorte*** in the lap of the gods.
balistica /ba'listika/ f. ballistics + verbo sing.
balistico, pl. **-ci**, **-che** /ba'listiko, tʃi, ke/ agg. ballistic.
1.balla /'balla/ f. *(di fieno, cotone)* bale.
2.balla /'balla/ **I** f. COLLOQ. fib, whopper; ***raccontare -e*** to tell fibs; ***sono tutte -e!*** that's a lot *o* load of balls **II balle** f.pl. POP. *(testicoli)* balls, nuts.
ballare /bal'lare/ [1] **I** intr. (aus. *avere*) **1** *(danzare)* to dance; ***invitare qcn. a*** **~** to ask sb. to a dance; **~ *sulle punte*** to dance on point(s) **2** *(traballare)* [*tavolo, sedia*] to wobble; ***ho un dente che balla*** I have a loose tooth **3** *(ondeggiare)* [*barca*] to toss; *(oscillare)* [*immagine*] to flicker **4** *(agitarsi)* to fidget **5** *(essere troppo grande)* ***il vestito le balla addosso*** her dress is far too big for her, she is swimming in the dress **II** tr. **~ *un valzer*** to do *o* dance a waltz, to waltz ♦ ***quando il gatto non c'è i topi ballano*** PROV. when the cat's away, the mice will play; ***quando si è in ballo si deve*** **~** in for a penny in for a pound.
ballata /bal'lata/ f. **1** LETT. *(antico componimento)* ballade; *(in epoca romantica)* ballad **2** MUS. *(in epoca romantica)* ballade; *(canzone)* ballad.
ballatoio, pl. **-oi** /balla'tojo, oi/ m. **1** *(di una casa)* = long balcony leading onto a number of flats, usually overlooking a courtyard **2** ALP. ledge.
ballerina /balle'rina/ ➧ ***18*** f. **1** *(danzatrice)* dancer; *(di danza classica)* ballet dancer, ballerina*; ***prima*** **~** prima ballerina; **~ *di fila*** chorus girl **2** *(scarpa bassa)* pump **3** ZOOL. wagtail.
ballerino /balle'rino/ **I** ➧ ***18*** m. dancer; *(di danza classica)* ballet dancer **II** agg. dancing.
balletto /bal'letto/ m. **1** COREOGR. MUS. ballet **2** *(corpo di ballo)* ballet (company).
ballista, m.pl. **-i**, f.pl. **-e** /bal'lista/ m. e f. COLLOQ. fibber.
ballo /'ballo/ m. **1** *(danza)* dancing; ***scuola di*** **~** dancing school; ***pista da*** **~** dance floor; ***sala da*** **~** ballroom, dance hall

musica da ~ ballroom music **2** *(giro di danza)* dance **3** *(festa danzante)* ball, dance ♦ ***entrare in*** ~ to come into play; ***essere in*** ~ to be involved; ***ci sono un sacco di soldi in*** ~ COLLOQ. there's big money involved; ***tirare in*** ~ to drag in [*nome, storia*]; to lug [*argomento*]; ***ha tirato in ~ nuovi elementi*** he has brought new factors into play; ***tirare in ~ qcn.*** to involve *o* implicate sb. ♦♦ ***~ in costume*** costume ball; ***~ in maschera***, ***~ mascherato*** masked ball, masquerade.

ballonzolare /ballontso'lare/ [1] intr. (aus. *avere*) **1** *(saltellare)* to leap* around, to leap* about **2** *(ondeggiare)* [*barca*] to bob.

ballottaggio, pl. **-gi** /ballot'taddʒo, dʒi/ m. POL. second ballot, runoff.

balneare /balne'are/ agg. ***stazione*** o ***località ~*** bathing resort, seaside resort; ***stagione*** ~ bathing season.

balneazione /balneat'tsjone/ f. bathing; ***divieto di*** ~ bathing prohibited.

balneoterapia /balneotera'pia/ f. balneotherapy.

balocco, pl. **-chi** /ba'lɔkko, ki/ m. *(giocattolo)* toy, plaything (anche FIG.).

balordo /ba'lordo/ **I** agg. **1** *(sciocco)* foolish, stupid **2** *(intontito)* dazed, stunned **3** *(senza senso)* ***un'idea -a*** a scatter-brained *o* madcap idea **II** m. (f. **-a**) **1** *(sciocco)* fool **2** *(malvivente)* crook.

balsamico, pl. **-ci**, **-che** /bal'samiko, tʃi, ke/ agg. **1** balsamic **2** *(salubre)* [*aria*] healthy, wholesome.

balsamo /'balsamo/ m. **1** balm, balsam, salve (anche FIG.) **2** *(medicamento)* balsam **3** *(per capelli)* (hair) conditioner.

baltico, pl. **-ci**, **-che** /'baltiko, tʃi, ke/ agg. Baltic; ***le repubbliche -che*** the Baltic Republics.

Baltico /'baltiko/ ➧ **27** n.pr.m. ***il (mar)*** ~ the Baltic (Sea).

baluardo /balu'ardo/ m. rampart, bastion, bulwark (anche FIG.).

baluginare /baludʒi'nare/ [1] intr. (aus. *essere*) *(balenare)* to flicker, to glimmer, to gleam.

balza /'baltsa/ f. **1** *(dirupo)* crag, cliff **2** SART. flounce, frill; ***a -e*** flounced, frilled.

balzano /bal'tsano/ agg. *(bizzarro)* whimsical, odd, queer.

balzare /bal'tsare/ [1] intr. (aus. *essere*) **1** *(saltare)* to leap*, to jump, to spring*; ***~ in piedi*** to jump *o* leap *o* spring to one's feet, to jump *o* leap *o* spring up; ***~ giù da*** to jump out of [*letto, treno, finestra*]; ***~ addosso a qcn.*** to leap out at sb., to pounce on sb.; ***~ in sella*** to swing up into the saddle **2** FIG. ***~ in primo piano*** [*notizia*] to come to the fore; ***~ in testa alla classifica*** to shoot to the top of the charts ♦ ***~ agli occhi di qcn.*** to leap out at sb.; ***l'errore mi è subito balzato agli occhi*** the mistake hit me straight in the eye.

balzello /bal'tsello/ m. = iniquitous tax.

balzo /'baltso/ m. **1** *(di persona, di animale)* leap, jump, spring; ***in*** o ***con un (sol)*** ~ in *o* at one leap; ***fare un*** ~ to take a leap; ***fare le scale a -i*** to leap up the stairs; ***un grande ~ in avanti*** FIG. a great leap forward **2** *(sobbalzo)* ***ebbe un ~ al cuore*** her heart leapt ♦ ***prendere*** o ***cogliere la palla al*** ~ = to seize the opportunity.

bambagia, pl. **-gie** /bam'badʒa, dʒe/ f. *(ovatta)* cotton wool ♦ ***tenere qcn. nella*** ~ to wrap sb. in cotton wool; ***stare*** o ***vivere nella*** ~ to be mollycoddled.

bambina /bam'bina/ f. **1** *(bimba)* child*, (little) girl; *(neonata)* baby (girl); *(figlia)* daughter; ***una ~ di sei anni*** a six-year-old girl; ***ha avuto una*** ~ she's had a little girl; ***è una ~!*** it's a she *o* girl! ***già da ~ le piaceva disegnare*** even as a child she liked to draw **2** *(rivolto a una donna)* babe, baby.

bambinaia /bambi'naja/ ➧ **18** f. (child) minder, nursemaid.

bambino /bam'bino/ m. **1** *(bimbo)* child*, (little) boy; ***un ~ di tre anni*** a three-year-old child; ***-i e bambine*** boys and girls; ***da*** ~ as a child; ***quando ero*** ~ when I was a child; ***fin da*** ~ when still a child; ***in fondo è ancora un*** ~ FIG. he's a child at heart **2** *(figlio)* child*; *(figlio maschio)* son; *(neonato)* baby (boy), baby (son); ***aspettare un*** ~ to be expecting (a baby); ***ha avuto un*** ~ she's had a baby **3** RELIG. ***il Bambin Gesù, Gesù Bambino*** the Christ child, Baby Jesus ♦ ***buttare via il ~ con l'acqua sporca*** PROV. to throw the baby out with the bathwater ♦♦ ***~ prodigio*** child prodigy.

bambinone /bambi'none/ m. (f. **-a**) big baby (anche FIG. SCHERZ.).

bamboccio, pl. **-ci** /bam'bɔttʃo, tʃi/ m. *(babbeo)* fool, dupe.

bambola /'bambola/ f. **1** doll **2** FIG. *(bella donna)* doll, babe.

bambolina /bambo'lina/ f. dolly.

bambù /bam'bu/ m.inv. bamboo; ***canna di*** ~ bamboo cane.

banale /ba'nale/ agg. **1** *(ovvio, ordinario)* [*storia, commento*] banal, trite; [*conversazione*] trivial, inane; ***una risposta*** ~ a stock answer **2** *(senza personalità)* [*persona*] dull, trivial **3** *(di poco conto)* [*errore, incidente*] banal **4** *(comune, semplice)* [*mal di testa*] common, ordinary.

banalità /banali'ta/ f.inv. **1** *(l'essere banale)* banality, triviality **2** *(cosa banale)* commonplace, banality, triviality.

banalizzare /banalid'dzare/ [1] tr. to trivialize.

banana /ba'nana/ f. **1** banana; ***un casco di -e*** a bunch of bananas; ***scivolare su una buccia di*** ~ to slip on a banana skin; ***repubblica delle -e*** banana republic **2** *(pettinatura)* peak **3** EL. banana (plug).

banano /ba'nano/ m. banana (palm).

banca, pl. **-che** /'banka, ke/ f. *(luogo, sistema bancario)* bank; ***andare in*** ~ to go to the bank; ***direttore, impiegato di*** ~ bank manager, bank clerk; ***operazioni di*** ~ banking; ***conto in*** ~ bank account; ***versare un assegno in*** ~ to bank a cheque; ***qual è la sua ~?*** who do you bank with? ***rapina in*** ~ bank raid *o* robbery ♦♦ ***~ d'affari*** merchant bank BE; ***~ dati*** INFORM. data *o* memory bank; ***~ degli occhi*** MED. eye bank; ***~ del sangue*** MED. blood bank; ***~ del seme*** MED. sperm bank.

bancarella /banka'rɛlla/ f. stall, stand; *(di libri)* bookstall.

bancarellista, m.pl. **-i**, f.pl. **-e** /bankarel'lista/ m. e f. stallholder.

bancario, pl. **-ri**, **-rie** /ban'karjo, ri, rje/ **I** agg. [*conto, interesse, prestito*] bank attrib.; [*sistema*] banking; ***operazioni -rie*** banking **II** ➧ **18** m. (f. **-a**) bank clerk.

bancarotta /banka'rotta/ f. bankruptcy (anche FIG.); ***fare*** ~ to go bankrupt ♦♦ ***~ fraudolenta*** criminal bankruptcy.

bancarottiere /bankarot'tjɛre/ m. (f. **-a**) bankrupt.

banchettare /banket'tare/ [1] intr. (aus. *avere*) to banquet.

1.banchetto /ban'ketto/ m. banquet, feast; ***sala per -i*** banquet(ing) hall.

2.banchetto /ban'ketto/ m. *(bancarella)* stall, stand.

banchiere /ban'kjɛre/ ➧ **18** m. (f. **-a**) banker.

banchina /ban'kina/ f. **1** *(di porto)* quay, wharf*, dock AE **2** *(di stazione)* platform **3** *(di strada)* ***~ spartitraffico*** centre BE *o* median AE strip.

banchisa /ban'kiza/ f. pack ice.

banco, pl. **-chi** /'banko, ki/ m. **1** *(di scuola)* desk; *(di chiesa)* pew; *(sedile)* bench, seat; ***~ dei testimoni*** DIR. stand, witness box BE *o* stand AE **2** *(di negozio)* counter; ***farmaci da*** ~ over-the-counter medicines **3** *(di bar)* counter, bar **4** *(bancarella)* stall, stand **5** TECN. *(tavolo da lavoro)* bench **6** *(ammasso di elementi naturali, strato)* *(di nebbia, nubi, foschia)* bank; ***~ di sabbia*** sandbank, shoal; ***~ di ostriche*** oyster bed **7** *(di pesci)* shoal; *(di balene, delfini ecc.)* school **8** GEOL. bed **9** *(nei giochi d'azzardo)* bank; ***far saltare il*** ~ to break the bank ♦ ***scaldare il*** ~ = to attend school without learning anything; ***tenere*** ~ to hold the stage ♦♦ ***~ informazioni*** information desk; ***~ di*** o ***da lavoro*** (work)bench; ***~ del lotto*** = lottery office; ***~ dei pegni*** pawnshop; ***~ di prova*** testing ground (anche FIG.).

Banco /'banko/ n.pr.m. Banquo.

bancomat /'bankomat, banko'mat/ m.inv. **1** *(sportello)* cash dispenser, cashpoint **2** *(tessera)* cash card, cashpoint card.

bancone /ban'kone/ m. *(di negozio)* counter; *(di bar)* counter, bar.

banconota /banko'nɔta/ f. (bank)note, bill AE; ***una ~ da 20 sterline*** a £20 note.

bancoposta /banko'pɔsta/ m.inv. = post office bank account with deposit and transfer facilitation.

1.banda /'banda/ f. **1** *(di persone)* pack, band, mob COLLOQ.; *(di malviventi)* gang, mob; ***una ~ di imbecilli*** a bunch of idiots **2** *(musicale)* band; ***~ di ottoni*** brass band.

2.banda /'banda/ f. **1** *(striscia)* band, strip **2** FIS. band ♦♦ ***~ cittadina*** RAD. citizen's band; ***~ di frequenza*** FIS. frequency *o* wave band; ***~ larga*** INFORM. broadband; ***~ rumorosa*** *(sulle strade)* rumble strip; ***~ sonora*** soundtrack.

bandana /ban'dana/ m. e f.inv. bandan(n)a.

banderuola /bande'rwɔla/ f. **1** *(bandierina)* (weather) vane, (weather)cock **2** FIG. *(persona volubile)* turncoat.

bandiera /ban'djɛra/ f. flag; MAR. flag, ensign, colours pl. (anche MIL.); ***issare, ammainare la ~*** to hoist, lower the flag; ***compagnia di ~*** AER. flag carrier ♦ ***tenere alta la ~*** to wave *o* fly the flag; ***battere ~ italiana*** to sail under the Italian flag ♦♦ ***~ bianca*** white flag; ***alzare ~ bianca*** to show the white flag (anche FIG.); ***~ gialla*** yellow flag.

bandierina /bandje'rina/ f. **1** (small) flag **2** SPORT *(nel calcio)* corner flag; *(nel golf)* pin; ***tiro dalla ~*** corner.

bandinella /bandi'nɛlla/ f. *(asciugamani)* roller towel.

bandire /ban'dire/ [102] tr. **1** to publish [*concorso*]; ***~ una gara d'appalto*** to invite tenders **2** *(esiliare)* to banish, to outlaw STOR. [*persona*]; ***~ qcn. da un paese*** to exile sb. from a country **3** STOR. *(mettere all'indice)* to ban [*libro*] **4** FIG. *(mettere da parte)* ***~ le formalità*** to dispense formalities.

bandista, m.pl. **-i** /ban'dista/ m. bandsman*.

banditismo /bandi'tizmo/ m. banditry.

bandito /ban'dito/ m. bandit, gunman*, outlaw.

banditore /bandi'tore/ ➧ **18** m. (f. **-trice** /tritʃe/) **1** *(di aste)* auctioneer **2** FIG. *(promotore)* proponent, promoter.

bando /'bando/ m. **1** *(comunicazione pubblica)* notice, announcement; ***~ di concorso*** = announcement of a competitive exam **2** *(esilio)* banishment; ***mettere al ~*** to banish, to exile ♦ ***~ alle chiacchiere*** no more chatting; ***~ alle formalità*** let's skip the formalities.

bandoliera /bando'ljɛra/ f. bandoleer, bandolier.

bandolo /'bandolo/ m. ***cercare il ~ (della matassa)*** = to look for the solution to a problem.

banjo /'bɛndʒo/ ➧ **34** m.inv. banjo.

bantu /'bantu/, **bantù** /ban'tu/ **I** agg.inv. Bantu **II** m. e f.inv. Bantu*.

baobab /bao'bab/ m.inv. baobab.

bar /bar/ m.inv. **1** *(caffè)* coffee bar, café; *(locale in cui si consumano alcolici)* bar **2** *(mobile bar)* cocktail cabinet.

bara /'bara/ f. coffin.

Barabba /ba'rabba/ n.pr.m. Barabbas.

baracca, pl. **-che** /ba'rakka, ke/ f. **1** *(capanno)* shed **2** SPREG. *(catapecchia)* shack, shanty **3** *(impresa, famiglia)* ***mandare*** o ***tirare avanti la ~*** to keep the show going; ***sono io che mando avanti la ~*** I'm running this show **4** SPREG. *(apparecchio, veicolo mal funzionante)* ***quest'auto è una ~*** this car is a piece of junk ♦ ***piantare ~ e burattini*** to pack it all in, to up sticks and leave.

baraccato /barak'kato/ m. (f. **-a**) = somebody who lives in temporary housing.

baraccone /barak'kone/ m. **1** *(ai luna park, nelle fiere)* booth **2** FIG. *(impresa disorganizzata)* ramshackle organization.

baraccopoli /barak'kɔpoli/ f.inv. **1** shantytown **2** = a group of shanty building huts for temporary accommodation for people hit by earthquake, floods, etc.

baraonda /bara'onda/ f. **1** *(confusione)* bedlam; *(di voci)* hubbub **2** *(trambusto, tumulto)* hustle, bustle.

barare /ba'rare/ [1] intr. (aus. *avere*) to cheat; ***~ (giocando) a carte*** to cheat at cards.

baratro /'baratro/ m. chasm, abyss (anche FIG.); ***essere sull'orlo del ~*** FIG. to be on the brink of precipice; ***il ~ del vizio*** FIG. the depths of vice.

barattare /barat'tare/ [1] tr. to barter, to trade, to swap COLLOQ. (**con** for).

baratto /ba'ratto/ m. barter, trade, swap COLLOQ.

barattolo /ba'rattolo/ m. *(di vetro)* jar, pot; *(di latta)* can, canister, tin BE; ***~ da marmellata*** jamjar, jam pot; ***~ di vernice*** paintpot.

barba /'barba/ f. **1** beard; ***sapone, schiuma da ~*** shaving soap, foam; ***avere*** o ***portare la ~*** to wear a beard; ***una ~ di una settimana*** a week's growth of beard; ***farsi crescere la ~*** to grow a beard; ***fare la ~ a qcn.*** to shave sb.; ***farsi la ~*** to shave **2** BOT. *(di granoturco)* tassel; *(radichetta)* rootlet **3** COLLOQ. *(cosa noiosa)* ***che ~!*** what a drag *o* yawn! ***è proprio una ~ dover aspettare!*** it's an awful bore having to wait! ♦ ***in ~ a*** in defiance of, in the teeth of.

barbabietola /barba'bjɛtola/ f. beet, beetroot BE; ***~ da zucchero*** sugar beet.

Barbablù /barba'blu/ n.pr.m. Bluebeard.

barbaforte /barba'fɔrte/ m. e f. horseradish.

barbagianni /barba'dʒanni/ m.inv. barn owl, screech-owl BE.

Barbara /'barbara/ n.pr.f. Barb(a)ra.

barbaresco /barba'resko/ m. ENOL. INTRAD. (renowned Piedmontese dry red wine).

barbarico, pl. **-ci**, **-che** /bar'bariko, tʃi, ke/ agg. **1** *(dei barbari)* [*invasioni*] barbarian **2** *(incivile)* barbaric.

barbarie /bar'barje/ f.inv. barbarism, barbarity; ***un atto di ~*** a barbarous deed, a barbaric act.

barbarismo /barba'rizmo/ m. LING. barbarism.

barbaro /'barbaro/ **I** agg. **1** STOR. barbarian **2** *(incivile)* [*comportamento*] barbaric, barbarous **3** FIG. *(crudele)* barbaric, barbarous, brutal **II** m. (f. **-a**) barbarian.

barbecue /barbe'kju/ m.inv. **1** *(fornello)* barbecue, grill AE **2** *(grigliata)* barbecue, cookout AE, roast AE.

barbera /bar'bera/ m.inv., f. ENOL. INTRAD. (Piedmontese dry red wine).

barbetta /bar'betta/ f. **1** *(pizzo)* goatee **2** *(di cavallo)* fetlock **3** MAR. painter.

barbiere /bar'bjɛre/ ➧ **18** m. barber; ***andare dal ~*** to go to the barber's.

barbiglio, pl. **-gli** /bar'biʎʎo, ʎi/ m. *(di freccia)* barb.

barbiturico, pl. **-ci**, **-che** /barbi'turiko, tʃi, ke/ **I** agg. ***acido ~*** barbituric acid **II** m. barbiturate.

barboncino /barbon'tʃino/ m. poodle ♦♦ ***~ nano*** toy poodle.

barbone /bar'bone/ m. **1** *(senzatetto)* tramp, vagrant, bum AE **2** *(cane)* poodle.

barboso /bar'boso/ agg. COLLOQ. [*lavoro, persona, conversazione*] boring; ***lavare i piatti è ~*** it's a real drag doing the dishes.

barbuto /bar'buto/ agg. [*uomo*] bearded.

1.barca, pl. **-che** /'barka, ke/ f. boat; ***andare in ~*** to go by boat; ***gita in ~*** boat(ing) trip ♦ ***essere sulla stessa ~*** to be in the same boat ♦♦ ***~ a motore*** motorboat; ***~ da pesca*** fishing boat; ***~ a remi*** rowing boat BE, rowboat AE; ***~ a vela*** sailing boat, sailboat AE.

2.barca, pl. **-che** /'barka, ke/ f. **1** *(cumulo di covoni)* stack, shock **2** FIG. *(mucchio)* ***una ~ di soldi*** COLLOQ. heaps *o* piles *o* stacks of money.

barcaiolo /barka'jɔlo/ ➧ **18** m. boatman*.

barcamenarsi /barkame'narsi/ [1] pronom. to cope, to get* by; ***sapersi barcamenare*** to know one's way around.

barcata /bar'kata/ f. *(carico di una barca)* boatload (anche FIG.).

barcollante /barkol'lante/ agg. tottering, shaky (anche FIG.).

barcollare /barkol'lare/ [1] intr. (aus. *avere*) [*persona*] to stagger, to totter, to reel; FIG. [*regime, governo*] to totter, to be* shaky.

barcone /bar'kone/ m. *(chiatta)* barge.

bardare /bar'dare/ [1] **I** tr. **1** to harness, to caparison STOR. [*cavallo*] **2** *(agghindare)* to doll up; ***era bardato di tutto punto*** he was rigged out in his best clothes **II bardarsi** pronom. to dress up.

bardatura /barda'tura/ f. **1** *(di cavallo)* harness, trappings pl., caparison STOR. **2** FIG. SCHERZ. *(abbigliamento)* outfit, gear.

bardo /'bardo/ m. *(cantore)* bard.

bardolino /bardo'lino/ m. ENOL. INTRAD. (dry red or rosé wine from Veneto).

barella /ba'rɛlla/ f. stretcher, litter.

barelliere /barel'ljɛre/ ➧ **18** m. (f. **-a**) stretcher-bearer.

barese /ba'rese/ ➧ **2** **I** agg. from, of Bari **II** m. e f. native inhabitant of Bari.

bargiglio, pl. **-gli** /bar'dʒiʎʎo, ʎi/ m. wattle.

baricentro /bari'tʃɛntro/ m. barycentre.

barile /ba'rile/ m. **1** barrel, cask; ***~ per petrolio*** oil drum **2** FIG. *(persona grassa)* ***essere un ~*** to be a fatty ♦ ***raschiare il fondo del ~*** to scrape the bottom of the barrel.

bariletto /bari'letto/ m. *(di orologio)* barrel.

barilotto /bari'lɔtto/ m. keg, small barrel, small cask.

bario /barjo/ m. barium.

barista, m.pl. **-i**, f.pl. **-e** /ba'rista/ ➧ **18** m. e f. *(uomo)* barman*; *(donna)* barmaid.

baritono /ba'ritono/ m. **1** *(voce, cantante)* baritone **2** ***sax oboe ~*** baritone oboe, sax.

barlume /bar'lume/ m. gleam, glimmer (anche FIG.); ***un ~ di speranza*** FIG. a gleam *o* glimmer(ing) of hope; ***un ~ d'intelligenza*** FIG. a spark of intelligence.
Barnaba /'barnaba/ n.pr.m. Barnabas, Barbaby.
baro /'baro/ m. *(alle carte)* cardsharper.
barocco, pl. **-chi, -che** /ba'rokko, ki, ke/ **I** agg. [*arte, epoca*] baroque **II** m. baroque.
barolo /ba'rɔlo/ m. ENOL. INTRAD. (renowned Piedmontese dry red wine).
barometrico, pl. **-ci, -che** /baro'mɛtriko, tʃi, ke/ agg. barometric(al).
barometro /ba'rɔmetro/ m. barometer (anche FIG.).
baronale /baro'nale/ agg. baronial.
barone /ba'rone/ m. **1** baron **2** FIG. *(personaggio potente)* baron, tycoon.
baronessa /baro'nessa/ f. baroness.
baronetto /baro'netto/ m. baronet.
barra /'barra/ f. **1** *(asta) (di metallo, legno)* bar, rod **2** *(verga)* bar; ***una ~ d'oro*** a bar of gold **3** *(stecca) (di cioccolato)* bar, slab **4** *(del timone)* tiller, helm **5** *(nei tribunali)* bar **6** *(segno grafico)* oblique, slash, slant, stroke ♦♦ ***~ delle applicazioni*** INFORM. taskbar; ***~ di comando*** AER. control column; ***~ dei menu*** INFORM. menu bar; ***~ di scorrimento*** INFORM. scroll bar; ***~ spaziatrice*** INFORM. space-bar; ***~ di stato*** INFORM. status bar.
barracuda /barra'kuda/ m.inv. barracuda*.
barrare /bar'rare/ [1] tr. to cross [*frase, assegno*].
barretta /bar'retta/ f. *(di cioccolato)* bar.
barricare /barri'kare/ [1] **I** tr. **1** to barricade [*strada, passaggio*] **2** *(sprangare)* to bar [*porta, finestra*] **II barricarsi** pronom. to barricade oneself (**in** in, into); ***si è barricata in camera*** she shut herself up in her room; ***-rsi dietro un assoluto silenzio*** FIG. to retreat into stubborn silence.
barricata /barri'kata/ f. barricade; ***essere dall'altra parte della ~*** FIG. to be on the other side of the fence.
barriera /bar'rjɛra/ f. **1** barrier (anche FIG.) **2** SPORT *(nel calcio)* wall ♦♦ ***~ architettonica*** = architectural feature that denies access to the handicapped; ***~ corallina*** coral *o* barrier reef; ***~ daziaria*** toll gate; ***~ doganale*** trade barrier; ***~ di sicurezza*** crash barrier; ***~ del suono*** sound barrier.
barrire /bar'rire/ [102] intr. (aus. *avere*) [*elefante*] to trumpet.
barrito /bar'rito/ m. *(di elefante)* trumpet.
bar-tabaccheria /bartabakke'ria/, **bar-tabacchi** /barta'bakki/ m.inv. = a coffee bar where cigarettes may be purchased.
Bartolomeo /bartolo'meo/ n.pr.m. Bartholomew.
baruffa /ba'ruffa/ f. brawl, scuffle; ***far ~*** to brawl, to scuffle.
barzelletta /bardzel'letta/ f. joke, crack; ***raccontare una ~*** to tell *o* crack a joke; FIG. *(bazzecola)* ***non è una ~!*** it's no joke!
basale /ba'zale/ agg. ANAT. BOT. MED. basal.
basalto /ba'zalto/ m. basalt.
basamento /baza'mento/ m. **1** *(per fondamenta)* base, basement **2** *(zoccolo di parete)* skirting board **3** *(piedistallo) (di statua)* base, pedestal, plinth **4** TECN. *(di macchinario)* bed.
basare /ba'zare/ [1] **I** tr. to base, to found (**su** on); to ground (**su** on, in) **II basarsi** pronom. to rest, to be* based (**su** on); ***mi baso su quello che mi hanno detto*** I go by what I've been told.
basco, pl. **-schi, -sche** /'basko, ski, ske/ ➧ ***16*** **I** agg. Basque **II** m. (f. **-a**) **1** *(persona)* Basque **2** LING. Basque **3** *(berretto)* beret.
bascula /'baskula/ f. platform scales pl.
base /'baze/ **I** f. **1** *(sostegno) (di oggetto, struttura)* base; *(di edificio)* foundation **2** *(piedistallo, supporto) (di colonna)* pedestal; *(di statua)* base, pedestal, plinth **3** FIG. *(fondamento, principio)* base, basis*, foundation; ***porre le -i di*** to lay the foundations of; ***essere alla ~ di qcs.*** to be *o* lie at the bottom of sth., to underlie sth. **4** *(insieme di nozioni fondamentali)* ***le -i di*** the basics *o* fundamentals of; ***avere buone -i di qcs.*** to have a good grounding in sth. **5** MIL. base, station **6** POL. *(di un partito)* rank and file **7** MAT. CHIM. base **8** COSMET. make-up base **9** *(nel baseball)* base **10 di base** *(fondamentale)* ***concetto di ~*** core issue **11 a base di** ***crema a ~ di latte*** milk-based cream; ***prodotti a ~ di carne*** meat products **12 in base a** according to; ***in ~ a un accordo*** under an agreement **13 sulla base di** on the basis of **II** agg.inv. [*stipendio*] basic, standard; ***modello ~*** basic model; ***casa ~*** *(nel baseball)* home plate ♦♦ ***~ aerea*** air base; ***~ missilistica*** missile *o* rocket base; ***~ navale*** naval base *o* station.
baseball /'bejzbol/ ➧ ***10*** m.inv. baseball.
basette /ba'zette/ f.pl. sideboards.
basico, pl. **-ci, -che** /'baziko, tʃi, ke/ agg. CHIM. basic.
basilare /bazi'lare/ agg. [*principio*] basic, fundamental, ultimate.
basilica, pl. **-che** /ba'zilika, ke/ f. ARCH. basilica*.
basilico, pl. **-chi** /ba'ziliko, ki/ m. basil.
basilisco, pl. **-schi** /bazi'lisko, ski/ m. MITOL. ZOOL. basilisk.
basket /'basket/ ➧ ***10*** m.inv. basketball.
bassezza /bas'settsa/ f. **1** *(l'essere basso) (di acqua)* shallowness **2** FIG. *(carattere vile)* baseness, meanness **3** *(azione vile)* base act, mean action.
bassista, m.pl. **-i**, f.pl. **-e** /bas'sista/ ➧ ***34, 18*** m. e f. bassist.
basso /'basso/ **I** agg. **1** *(di altezza inferiore alla norma)* [*sedia, muro, case*] low; [*tacchi*] flat; *(poco profondo)* [*acqua*] shallow **2** *(di piccola statura)* [*persona*] short **3** *(che non sta molto in alto)* [*nuvola, soffitto*] low; ***lo scaffale più ~*** the bottom shelf; ***il sole è ~*** the sun is low in the sky **4** *(rivolto in giù)* ***tenere la testa -a*** to keep one's head down; ***a occhi -i*** with downcast eyes **5** *(in una scala di valori)* [*pressione, temperatura, voto, prezzo, reddito*] low; ***di ~ livello*** *(scarso)* [*musica, letteratura*] lowbrow **6** *(sommesso)* [*voce, suono*] low; *(profondo)* [*voce, suono, nota*] low, deep; ***a -a voce*** in a low voice; ***parlare a voce -a*** to speak quietly *o* in a low voice **7** *(in una gerarchia)* [*origine, condizione*] lowly; ***di ~ rango*** of low rank, low-ranking; ***il ceto ~*** the lower class(es) **8** *(nel tempo)* ***il ~ Medioevo*** the late Middle Ages **9** *(ignobile)* [*azione, istinti*] base, low, mean **10** GEOGR. ***la -a Italia*** Southern Italy; ***i Paesi Bassi*** the Netherlands **II** m. **1** *(parte bassa)* bottom, lower part; ***verso il ~*** [*inclinare*] downwards; ***ci trovavamo più in ~*** we were lower down; ***sul secondo scaffale dal ~*** on the second shelf up; ***visto dal ~*** seen from below **2** MUS. *(voce, cantante)* bass; ***chiave di ~*** bass clef **3** ➧ ***34*** MUS. *(strumento)* bass (guitar); ***i -i*** *(in un impianto stereo)* the bass; *(in un'orchestra)* the bass strings **4 in basso** ***guardare in ~*** to look down **5 da basso** ***le stanze da ~*** the rooms downstairs; ***scendere da ~*** to go downstairs **III** avv. [*volare, mirare*] low ♦ ***alti e -i*** ups and downs; ***avere degli -i e bassi*** to have one's ups and downs; ECON. to have peaks and troughs; ***guardare qcn. dall'alto in ~*** to eye sb. up and down, to look down on sb., to down one's nose at sb.; ***cadere in ~*** to go down in the world; ***far man -a*** to sweep the board; ***avere il morale ~*** to be in low spirits ♦♦ ***-a marea*** ebb *o* low tide; ***-a pressione*** METEOR. low pressure; ***-a stagione*** low season, off-season; ***-a tensione*** EL. low voltage.
bassofondo, pl. **bassifondi** /basso'fondo, bassi'fondi/ **I** m. MAR. shallow, shoal **II bassifondi** m.pl. FIG. *(quartieri poveri)* slums, shallows; *(malavita)* low-life sing., underworld sing.
bassopiano, pl. **-i**, **bassipiani** /basso'pjano, bassi'pjani/ m. lowland.
bassorilievo /bassori'ljɛvo/ m. bas-relief, low relief.
bassotto /bas'sɔtto/ m. dachshund, sausage dog COLLOQ.
bassotuba, pl. **bassituba** /basso'tuba, bassi'tuba/ f. bass tuba.
bassoventre, pl. **bassiventri** /basso'vɛntre, bassi'vɛntri/ m. underbelly.
basta /'basta/ inter. ***adesso*** o ***ora ~!*** that's it! stop it! that's enough! ***~ con le chiacchiere!*** cut the chatter! cut the cackle! COLLOQ.; ***~ discussioni!*** there's been enough talking! ***punto e ~!*** and that's (the end of) that! full stop! BE, period! AE.
bastardino /bastar'dino/ m. mutt.
bastardo /bas'tardo/ **I** agg. **1** *(illegittimo)* [*figlio*] bastard, illegitimate **2** *(ibrido)* [*animale, pianta*] mongrel, crossbred; [*cane*] mongrel **II** m. **1** *(cane)* mongrel; *(animale, pianta)* mongrel, crossbreed **2** (f. **-a**) *(figlio illegittimo)* illegitimate child*, bastard; *(come insulto)* bastard.
bastare /bas'tare/ [1] **I** intr. (aus. *essere*) *(essere sufficiente)* to be* enough, to be* sufficient; *(durare)* to last; ***un'ora basterà*** an hour will be sufficient; ***basteranno cinque dollari?*** will five dollars do? ***fare ~*** to eke out, to stretch [*soldi*]; ***mi basta poco*** my needs are few, I don't need much; ***basta e***

avanza that's plenty **II** impers. **1** *(essere sufficiente)* ***basta infilare la spina*** all you have to do is plug in; ***basta un'occhiata per vedere che*** you can tell at a glance that; ***basti dire che...*** suffice it to say that...; ***bastava solo che lo chiedessi*** you only had to ask; ***basta così!*** that'll do! that's enough! ***dimmi (quando) basta*** *(versando da bere)* tell me *o* say when; ***come se non bastasse*** on top of all this, to top it all, and what is more **2 basta che** as long as ♦ ***~ a se stesso*** = to be self-sufficient.

bastian contrario, pl. **bastian contrari** /bas'tjankon'trarjo, bas'tjankon'trari/ m. = somebody who contradicts another just for the sake of doing so.

bastimento /basti'mento/ m. *(nave)* ship.

bastione /bas'tjone/ m. bastion, bulwark, rampart (anche FIG.).

bastonare /basto'nare/ [1] tr. **1** to beat* (with a stick), to club, to cudgel **2** FIG. *(criticare aspramente)* to flay.

bastonata /basto'nata/ f. **1** beat (with a stick); ***dare una ~ a qcn.*** to give sb. a beating (up) **2** FIG. *(batosta)* beating, pasting.

bastonato /basto'nato/ **I** p.pass. → **bastonare II** agg. ***avere l'aria di un cane ~*** to have a hangdog look.

bastoncino /baston'tʃino/ m. **1** stick; ***~ di liquirizia*** liquorice *o* licorice AE stick **2** *(da sci)* ski stick, ski pole ♦♦ ***~ di pesce*** fish finger BE *o* stick AE.

bastone /bas'tone/ **I** m. **1** *(pezzo di legno)* stick, club; ***~ per le tende*** rail, curtain pole *o* rod; ***~ da passeggio*** cane, (walking) stick **2** MIL. *(insegna di comando)* baton, rod **3** SPORT club, stick; ***~ da golf, da hockey*** golf club, hockey stick **II bastoni** m.pl. GIOC. = one of the four suits in a pack of typical Italian cards ♦ ***essere il ~ della vecchiaia di qcn.*** to be sb.'s support in their old age; ***il ~ e la carota*** the carrot and the stick; ***mettere i -i fra le ruote a qcn.*** to put a spoke in sb.'s wheel, to put an obstacle in sb.'s way ♦♦ ***~ del comando*** staff of office.

batacchio, pl. **-chi** /ba'takkjo, ki/ m. **1** *(di campana)* clapper **2** *(battiporta)* knocker, rapper.

batata /ba'tata/ f. sweet potato*.

batik /ba'tik/ m.inv. batik.

batista /ba'tista/ f. lawn.

batosta /ba'tɔsta/ f. **1** *(colpo, percossa)* blow, knock **2** FIG. beating, hiding **3** *(rovescio economico)* setback, blow.

battage /bataʒ/ m.inv. build-up, ballyhoo COLLOQ.

battaglia /bat'taʎʎa/ f. **1** battle, fight (anche FIG.); ***dare ~*** to fight (a battle); ***campo di ~*** battlefield (anche FIG.); ***~ coi cuscini*** pillow fight; ***è una ~ persa in partenza*** it's a losing battle; ***sostenere una ~ elettorale*** to fight an election **2** PITT. battle scene ♦♦ ***~ campale*** pitched battle (anche FIG.); ***~ navale*** naval *o* sea battle; GIOC. battleships.

battagliero /battaʎ'ʎɛro/ agg. [*carattere, spirito*] combative, fighting.

battaglio, pl. **-gli** /bat'taʎʎo, ʎi/ m. → **batacchio**.

battaglione /battaʎ'ʎone/ m. MIL. battalion.

battello /bat'tɛllo/ m. boat, ferry ♦♦ ***~ pilota*** pilot boat; ***~ di salvataggio*** lifeboat; ***~ a vapore*** steamboat.

battente /bat'tɛnte/ **I** agg. [*pioggia*] driving, pouring **II** m. **1** *(di porta, finestra)* leaf*; ***porta a un ~, a due -i*** single door, double door **2** *(battacchio)* knocker, rapper **3** *(di telaio)* batten ♦ ***chiudere i -i*** [*ditta*] to close down, to fold.

battere /'battere/ [2] **I** tr. **1** *(sconfiggere)* to beat*, to defeat [*avversario*]; *(migliorare)* to break* [*record*] **2** *(dare dei colpi a)* to beat* [*tappeto*]; ***~ il pugno sul tavolo*** to bang *o* slam one's fist on the table, to bang the table with one's fist; ***~ le mani*** to clap one's hands; ***~ i piedi*** to stamp one's feet **3** *(urtare)* ***~ la testa contro qcs.*** to bump *o* hit *o* knock one's head on sth. **4** *(muovere rapidamente)* [*uccello*] to beat*, to flap, to flutter [*ali*] **5** *(coniare)* ***~ moneta*** to mint *o* strike coin **6** MUS. ***~ il tempo*** to beat *o* mark time **7** *(perlustrare)* to scour, to comb, to search [*zona*]; to beat* [*sentiero*] **8** *(suonare)* ***l'orologio battè le due*** the clock struck two **9** *(dattiloscrivere)* to type [*lettera*] **10** SPORT ***~ un rigore*** to take a penalty **11** MAR. ***~ bandiera italiana*** to sail under the Italian flag **II** intr. (aus. *avere*) **1** *(cadere, picchiare)* ***~ su*** [*pioggia*] to beat against, to hammer on, to lash [*finestra*] **2** *(dare dei colpi)* ***~ sulla spalla di qcn.*** to tap sb. on the shoulder; ***~ alla porta*** to pound on the door, to beat the door **3** *(pulsare)* [*cuore, polso*] to beat*, to pulse, to throb; ***le batteva forte il cuore*** her heart was thudding **4** *(dattiloscrivere)* ***~ a macchina*** to type **5** FIG. *(insistere)* ***~ sullo stesso tasto*** to harp on the same subject; ***batti e ribatti*** by dint of insisting **6** *(prostituirsi)* to take* to the streets, to be* on the streets, to walk the streets **7** SPORT *(effettuare la battuta)* to serve **III battersi** pronom. **1** *(lottare)* to fight*; ***-rsi in duello*** to fight a duel **2** *(percuotersi)* ***-rsi il petto*** to beat one's breast, to pound one's chest **3 battersela** COLLOQ. to clear *o* take off ♦ ***~ in ritirata*** to beat a retreat; ***batteva i denti dal freddo*** his teeth were chattering with cold; ***~ il ferro finché è caldo*** to strike while the iron is hot, to make hay while the sun shines; ***~ la fiacca*** not to do a stroke of work; ***il motore batte in testa*** the engine knocks.

batteria /batte'ria/ ➧ **34** f. **1** EL. AUT. battery; ***(alimentato) a ~*** battery controlled *o* operated *o* powered **2** MIL. *(d'artiglieria)* battery **3** MUS. drums pl., drum kit; ***Bonham alla ~*** Bonham on drums **4** *(insieme di oggetti)* ***~ da cucina*** set of saucepans **5** SPORT *(eliminatorie)* heat **6** *(di animali)* battery; ***pollo di ~*** battery chicken.

battericida /batteri'tʃida/ m. bactericide.

batterico, pl. **-ci, -che** /bat'tɛriko, tʃi, ke/ agg. bacterial.

batterio, pl. **-ri** /bat'tɛrjo, ri/ m. bacterium*.

batteriologia /batterjolo'dʒia/ f. bacteriology.

batteriologico, pl. **-ci, -che** /batterjo'lɔdʒiko, tʃi, ke/ agg. [*esame*] bacteriological; ***guerra -a*** germ warfare.

batteriologo, m.pl. **-gi**, f.pl. **-ghe** /batte'rjɔlogo, dʒi, ge/ m. (f. **-a**) bacteriologist.

batterista, m.pl. **-i**, f.pl. **-e** /batte'rista/ ➧ ***34, 18*** m. e f. drummer.

battesimale /battezi'male/ agg. ***fonte ~*** font.

battesimo /bat'tezimo/ m. **1** RELIG. baptism, christening; ***ricevere il ~*** to be baptized; ***nome di ~*** Christian *o* first name **2** *(inaugurazione)* ***~ di una nave*** christening of a ship ♦♦ ***~ dell'aria*** maiden flight; ***~ del fuoco*** baptism of fire (anche FIG.).

battezzare /batted'dzare/ [1] tr. **1** RELIG. to baptize, to christen [*persona*]; ***farsi ~*** to be baptized **2** *(chiamare)* to christen [*bambino, progetto*]; ***~ qcn. col nome di Rosa*** to name *o* call sb. Rose **3** *(inaugurare)* to christen [*nave*].

battibaleno: **in un battibaleno** /inunbattiba'leno/ avv. in no time at all, in the twinkling of an eye.

battibecco, pl. **-chi** /batti'bekko, ki/ m. bickering, squabble.

batticarne /batti'karne/ m.inv. meat mallet.

batticuore /batti'kwɔre/ m. palpitations pl.; ***avere il ~*** to have palpitations; ***col ~*** FIG. with a beating heart.

battigia, pl. **-gie, -ge** /bat'tidʒa, dʒe/ f. foreshore.

battimani /batti'mani/ m.inv., **battimano** /batti'mano/ m. handclap, applause **U**, clapping **U**.

battimento /batti'mento/ m. FIS. beat.

battipalo /batti'palo/ m. pile driver.

battipanni /batti'panni/ m.inv. carpet beater.

battiscopa /battis'kopa/ m.inv. skirting board, baseboard AE.

battista, m.pl. **-i**, f.pl. **-e** /bat'tista/ agg., m. e f. Baptist.

Battista /bat'tista/ n.pr.m. ***il ~*** RELIG. the Baptist.

battistero /battis'tɛro/ m. *(edificio, fonte)* baptistry.

battistrada /battis'trada/ m.inv. **1** SPORT pacemaker, pacesetter; ***fare da ~*** FIG. to set the pace **2** *(di pneumatici)* tread.

battitappeto /battitap'peto/ m.inv. carpet sweeper.

battito /'battito/ m. **1** *(pulsazione) (del cuore)* beat(ing), heartbeat, pounding, throb(bing); *(del polso)* pulse, throb(bing) **2** *(movimento) (di ali)* beating, flap, flutter; *(di ciglia)* blink, flicker, flutter **3** *(rumore) (di motore)* knocking; *(di orologio)* ticking.

battitore /batti'tore/ m. (f. **-trice** /tritʃe/) **1** SPORT batter; *(nel cricket, baseball)* batsman*; *(nel tennis)* server; ***~ libero*** *(nel calcio)* sweeper **2** *(banditore)* auctioneer **3** VENAT. beater.

battitura /batti'tura/ f. **1** *(di un tappeto)* beating **2** *(scrittura a macchina)* ***velocità, errore di ~*** typing speed, error.

battuta /bat'tuta/ f. **1** *(atto del battere)* beat, beating **2** *(colpo)* blow, bang **3** *(in dattilografia)* keystroke; *(carattere)* character; *(spazio)* space **4** MUS. bar, beat; ***una pausa di due -e*** a two-bar rest **5** TEATR. line, cue; ***dare la ~ a qcn.*** to give sb. a prompt; ***dimenticare la ~*** to forget one's line **6** *(frase spiritosa)* joke, crack COLLOQ.; ***~ di spirito*** witticism, one-liner; ***fare una ~*** to crack a joke; ***avere la ~ pronta*** to be quick on the draw **7** VENAT. ~ ***di caccia*** beat(ing) **8** *(di polizia)* search, sweep **9** SPORT *(nel tennis)* serve, service (game); *(nel nuoto)* kick ♦ ***non perdere una*** ~ not to miss a word; ***essere alle prime -e*** to be at the beginning ♦♦ ~ ***d'arresto*** FIG. setback.

battuto /bat'tuto/ **I** p.pass. → **battere II** agg. **1** *(frequentato)* ***un sentiero*** ~ a well-trodden path; ***una strada molto -a*** a much-travelled *o* well-travelled road **2** FIG. *(sconfitto)* beaten **3** *(lavorato con percussione)* ***ferro*** ~ wrought iron **4** *(pressato)* ***terra -a*** clay; ***campo in terra -a*** clay *o* hard court **III** m. *(trito)* chopped ingredients pl.; ~ ***di cipolla*** chopped onion.

batuffolo /ba'tuffolo/ m. *(di lana)* flock; ~ ***di cotone*** wad, cotton ball.

bau /bau/ inter. e m.inv. woof, bow-wow; ***fare*** ~ ~ to woof.

baule /ba'ule/ m. **1** trunk **2** AUT. boot BE, trunk AE.

bauxite /bauk'site/ f. bauxite.

bava /'bava/ f. **1** dribble, slaver; *(di animali)* foam, froth; *(di lumaca)* slime; ***perdere la*** ~ to drool *o* froth at the mouth **2** METALL. *(sbavatura)* burr ♦ ***avere la*** ~ ***alla bocca*** to be foaming at the mouth; ***perdere le -e per qcs., qcn.*** to drool *o* slaver over sth., sb. ♦♦ ~ ***di vento*** = light breeze.

bavaglino /bavaʎ'ʎino/ m. bib.

bavaglio, pl. **-gli** /ba'vaʎʎo, ʎi/ m. gag (anche FIG.); ***mettere il*** ~ ***alla democrazia*** FIG. to put a gag on democracy.

bavarese /bava'rese/ ➧ ***30*** **I** agg. Bavarian **II** m. e f. Bavarian **III** f. GASTR. *(dolce)* Bavarian cream.

bavero /'bavero/ m. collar, lapel; ***prendere qcn. per il*** ~ *(aggredirlo)* to grab sb. by the collar *o* by his lapel.

Baviera /ba'vjɛra/ ➧ ***30*** n.pr.f. Bavaria.

bavoso /ba'voso/ agg. [*bambino, bocca*] dribbling.

bazar /bad'dzar/ m.inv. **1** *(mercato in Oriente)* bazaar **2** *(negozio)* (general) store.

bazooka /bad'dzuka/ m.inv. bazooka.

bazzecola /bad'dzɛkola, bad'dzekola/ f. trifle; ***non è una*** ~ it's no light matter; ***l'ha comprato per una*** ~ I bought it for peanuts.

bazzica /'battsika/ f. *(gioco)* bezique.

bazzicare /battsi'kare/ [1] tr. to hang* out, to haunt [*luogo*]; to hang* around with [*persona*]; ~ ***cattive compagnie*** to be mixed up with a fast crowd.

bazzotto /bad'dzɔtto/ agg. [*uovo*] coddled.

BCE /bittʃi'e/ f. (⇒ Banca Centrale Europea European Central Bank) ECB.

be' → **beh.**

bearsi /be'arsi/ [1] pronom. to bask, to revel (**di qcs.** in sth.).

beat /bit/ **I** agg.inv. [*gruppo, musica*] beat **II** m. e f.inv. beatnik.

beatificare /beatifi'kare/ [1] tr. RELIG. to beatify.

beatitudine /beati'tudine/ f. **1** RELIG. bliss, beatitude FORM. **2** *(felicità)* bliss.

beato /be'ato/ **I** agg. **1** [*sorriso, espressione*] delighted, blissful, beatific SCHERZ.; [*persona*] (blissfully) happy, delighted; ***vita -a*** happy life; ***-a ignoranza!*** IRON. blissful ignorance! ~ ***te!*** lucky you! **2** RELIG. blessed; ***la Beata Vergine*** the Blessed Virgin **II** m. (f. **-a**) RELIG. ***i -i*** the blessed.

Beatrice /bea'tritʃe/ n.pr.f. Beatrice, Beatrix.

beauty-case /bjuti'kejs/ m.inv. vanity bag.

bebè /be'bɛ/ m.inv. baby.

beccaccia, pl. **-ce** /bek'kattʃa, tʃe/ f. woodcock.

beccaccino /bekkat'tʃino/ m. snipe.

beccare /bek'kare/ [1] **I** tr. **1** *(prendere col becco)* [*uccelli*] to peck (at), to beak [*cibo*]; *(colpire con il becco)* to peck (at) [*persona, animale*] **2** COLLOQ. FIG. *(sorprendere sul fatto)* to catch* [*persona*]; *(arrestare)* to nab COLLOQ. [*ladro*]; ***(ti ho) beccato!*** got you! **3** COLLOQ. *(rimorchiare)* ***hai beccato ieri sera!*** you scored last night! **II** pronom. **beccarsi 1** [*uccelli*] to peck (at) each other **2** COLLOQ. FIG. *(punzecchiarsi)* to bicker, to spar, to squabble **3** *(ricevere)* to rake in [*soldi*]; to bag [*medaglia*] **4** *(prendersi)* to get*, to catch* [*malattia*]; to cop [*pugno*]; ***-rsi una sgridata*** to get a scolding ♦ ***non mi becchi più!*** you won't catch me again!

beccata /bek'kata/ f. *(colpo di becco)* peck.

beccheggiare /bekked'dʒare/ [1] intr. (aus. *avere*) [*nave*] to pitch.

beccheggio, pl. **-gi** /bek'keddʒo, dʒi/ m. pitch(ing).

becchettare /bekket'tare/ [1] tr. [*uccelli*] to pick at [*briciole*].

becchime /bek'kime/ m. birdseed.

becchino /bek'kino/ m. gravedigger.

1.becco, pl. **-chi** /'bekko, ki/ m. **1** *(di animale)* beak, bill **2** COLLOQ. *(bocca)* ***chiudi il*** ~***!*** shut your trap! belt up! BE COLLOQ.; ***tenere il*** ~ ***chiuso*** to keep one's trap shut **3** *(beccuccio)* lip, spout **4** TECN. *(bruciatore)* (gas) burner, (gas) jet ♦ ***mettere (il)*** ~ ***in qcs.*** to put one's oar in sth.; ***non ho il*** ~ ***di un quattrino*** I haven't got a bean; ***restare a*** ~ ***asciutto*** to be left empty-handed ♦♦ ~ ***Bunsen*** Bunsen (burner).

2.becco, pl. **-chi** /'bekko, ki/ m. **1** *(maschio della capra)* he-goat, billy goat **2** COLLOQ. FIG. *(marito tradito)* cuckold.

beccuccio, pl. **-ci** /bek'kuttʃo, tʃi/ m. *(di teiera, bricco)* lip, spout.

becher /'bɛker/ m.inv. beaker.

beduino /bedu'ino/ **I** agg. Bedouin **II** m. (f. **-a**) Bedouin.

befana /be'fana/ f. **1** *(Epifania)* Epiphany **2** INTRAD. (in folklore, the ugly old woman who brings children gifts at Epiphany) **3** COLLOQ. *(donna brutta)* crone, old hag.

beffa /'bɛffa/ f. hoax, practical joke; ***farsi -e di qcn.*** to mock sb., to scoff at sb., to make fun *o* a fool of sb.; ***avere il danno e le -e*** to add insult to injury.

beffardo /bef'fardo/ agg. [*sorriso, tono*] sneering, mocking; [*persona*] sardonic.

beffare /bef'fare/ [1] **I** tr. to hoax, to mock; ***farsi*** ~ ***da*** to be fooled by **II beffarsi** pronom. ***-rsi di qcn.*** to mock sb., to scoff at sb., to make fun *o* a fool of sb.

begli /'bɛʎʎi/ → **bello.**

begonia /be'gɔnja/ f. begonia.

beh /bɛ/ inter. well; ~***, penso di sì*** well, I think so.

bei /bɛi/ → **bello.**

beige /bɛʒ/ ➧ ***3*** agg. e m.inv. beige.

bel /bɛl/ → **bello.**

belare /be'lare/ [1] intr. (aus. *avere*) [*pecora, capra, agnello*] to bleat, to baa*.

belato /be'lato/ m. bleat(ing).

belga, pl. **-gi, -ghe** /'bɛlga, dʒi, ge/ ➧ ***25*** agg., m. e f. Belgian.

Belgio /'bɛldʒo/ ➧ ***33*** n.pr.m. Belgium.

Belgrado /bel'grado/ ➧ ***2*** n.pr.f. Belgrade.

bella /'bɛlla/ f. **1** *(donna bella)* belle; ***la*** ~ ***del paese*** the toast of the town, the village beauty **2** COLLOQ. *(innamorata)* sweetheart, girl(friend) **3** *(bella copia)* fair copy; ***copiare il tema in*** ~ to make a fair copy of the essay **4** SPORT GIOC. *(partita decisiva)* decider (game).

belladonna, pl. **belledonne** /bella'dɔnna, bɛlle'dɔnne/ f. belladonna, deadly nightshade.

bellamente /bella'mente/ avv. ***sono stata*** ~ ***imbrogliata*** I've been well and truly cheated; ***l'hanno messo*** ~ ***alla porta*** he was politely shown the door.

belletto /bel'letto/ m. rouge.

bellezza /bel'lettsa/ **I** f. **1** *(qualità estetica)* beauty; ***di una*** ~ ***mozzafiato*** breathtakingly beautiful; ***concorso di*** ~ beauty contest; ***istituto*** o ***salone di*** ~ beauty parlour *o* shop *o* salon; ***maschera di*** ~ face-pack **2** *(persona, cosa bella)* ***si crede una*** ~ she thinks she's a great beauty; ***ciao,*** ~ *(come appellativo)* hello, love BE, hi, doll AE **3** ***in bellezza finire in*** ~ to go out with a bang **II bellezze** f.pl. ***le -e del paesaggio*** the beauties of the landscape ♦ ***il motore gira che è una*** ~ the engine's running sweetly; ***la*** ~ ***di un milione di dollari*** a cool million dollars.

bellicismo /belli'tʃizmo/ m. warmongering.

bellico, pl. **-ci, -che** /'bɛlliko, tʃi, ke/ agg. war attrib.; ***industria -a*** armament industry.

bellicoso /belli'koso/ agg. **1** [*popolo*] warlike, bellicose FORM. **2** *(combattivo)* [*carattere*] warlike, combative.

belligerante /bellidʒe'rante/ **I** agg. belligerent; ***non*** ~ non-belligerent **II** m. e f. belligerent.

belligeranza /bellidʒe'rantsa/ f. belligerence.

bellimbusto /bellim'busto/ m. dandy, fop.

bello /'bɛllo/ (**bel, bell'**; pl. **begli, bei, belle**; the form *bell'* is used only before a vowel; the masculine plural form is *bei* before a consonant followed by a vowel and before *f, p, t, c, v, b, d, g* followed by *l* or *r*; in all other cases *belli* or *begli*; today, the plural form *belli* is used only when it follows a noun or does not immediately precede it) **I** agg. **1** *(esteticamente)* [*donna, bambino, viso, cosa*] beautiful, lovely, pretty; [*uomo*]

bello

In inglese, molti aggettivi possono rendere l'italiano *bello*; spesso, più che un giudizio oggettivo, essi esprimono l'atteggiamento del parlante.

- *Beautiful* è la parola più forte per descrivere un bell'aspetto; si usa in riferimento a donne, bambini o cose (paesaggi, monumenti, opere d'arte etc.), o in altri contesti se si vuole esprimere con forza il proprio apprezzamento: *una bella ragazza* = a beautiful girl, *due bei quadri del Cinquecento* = two beautiful 16th-century paintings, *è stata una gita molto bella!* = it was a beautiful trip!
- Per una bellezza femminile meno straordinaria, *bello* si può rendere con *attractive* (*attraente*), *pretty* (*grazioso*) o *good-looking* (*di bell'aspetto*). Quest'ultimo aggettivo, che può implicare se riferito a donne una qualche mancanza di femminilità, si usa solitamente per descrivere la bellezza maschile, mentre il termine *handsome* non è più molto usato. Decisamente letterario e quasi arcaico è *fair*.
- *Pretty* si usa anche per le cose (*carino, grazioso*), e può servire a rendere il diminutivo / vezzeggiativo italiano: *un bel vasetto* = a pretty vase, *un bel visino* = a pretty face.
- *Lovely* e *nice* sono le parole d'uso più frequente nel significato di *bello* e, per questo motivo, non esprimono un reale giudizio estetico, ma solo un generico e spesso superficiale apprezzamento: *mi hanno detto che è un bel romanzo* = I was told it's a lovely novel, *vuoi una bella tazza di tè?* = will you have a nice cup of tea?
- *Fine*, invece, esprime una precisa e consapevole valutazione: *questo soprano ha una bella voce* = this soprano has a fine voice; se riferito all'aspetto esteriore delle persone, *fine* non richiama solo la bellezza ma l'armonia e la finezza dei tratti: *she's a fine old woman* = è una bella anziana signora.
- Bisogna fare attenzione ai casi in cui *bello* viene usato in senso ironico, per esprimere negatività; in tali situazioni, si usano *pretty*, *nice* o *fine* in inglese: *che bell'affare!* = that's a pretty state of affairs!, *proprio una bella cosa da dire!* = that's a nice thing to say!, *che bel pasticcio!* = a fine kettle of fish!
- Si noti che, quando *bello* esprime un giudizio di valore e non estetico, l'inglese preferisce usare *good*: *questa nuova legge è una bella cosa* = this new law is a good thing, *mi hanno dato un bel voto* = I was given a good mark.
- In italiano, *bello* può precedere un altro aggettivo per dargli una connotazione positiva; la stessa cosa avviene in inglese con *nice and*...: *bello caldo* = nice and warm, *bello fresco* = nice and cool, *bello pulito* = nice and clean, *bello grande* = nice and big, etc.

Per altri equivalenti inglesi di bello in particolari contesti d'uso, si veda la voce qui sotto.

good-looking, handsome; [*portamento, gambe, denti*] good; ***farsi ~*** to do *o* spruce oneself up **2** *(piacevole)* [*vacanza, serata, luogo*] nice, pleasant; [*voce*] good; ***è ~ essere di nuovo a casa*** it's good to be back home **3** *(sereno, buono)* [*tempo*] fine, fair, good, nice; ***fa ~*** it's *o* the weather's fine **4** *(buono)* [*voti, lavoro*] good; ***non è stato molto ~ da parte tua*** it wasn't very nice of you; ***bell'amico che sei!*** IRON. a fine friend you are! **5** *(lieto, felice)* ***i bei tempi*** the good times; ***nei bei tempi andati*** in the good old days **6** *(grande, notevole)* [*somma*] goodly attrib., handsome; ***una -a fetta di torta*** a good slice of cake; ***ci vuole un bel coraggio*** IRON. it really takes some cheek; ***prendersi un bel raffreddore*** to catch a nasty cold **7** *(con tono di sorpresa)* ***oh -a!*** how amazing! ***-a roba!*** big deal! ***che ~!*** how nice *o* beautiful! **8** *(con valore rafforzativo)* ***un bel giorno*** one fine day; ***non vedo un bel niente*** I can't see a damn(ed) thing; ***hai un bel dire!*** that's easy for you to say! ***nel bel mezzo di*** right in the middle of; ***~ caldo*** nice and warm **9 alla bell'e meglio** ***l'ha fatto alla bell'e meglio*** he bungled it; ***aggiustare alla bell'e meglio*** to repair carelessly, to fix loosely **10 bel bello** ***camminare bel ~*** to walk slowly *o* unhurriedly **11 bell'e...** ***bell'e finito*** well and truly over; ***egoismo bell'e buono*** outright egoism; ***è una bugia bell'e buona*** that's a downright lie **II** m. **1** *(cose interessanti)* ***cos'hai fatto di ~?*** what have you been up to? ***questo è il ~*** that's the beauty of it, that's the business COLLOQ.; ***il ~ (della faccenda) è*** the best of it is **2** *(innamorato)* sweetheart, boyfriend **3** FILOS. ***il ~*** beauty **4** METEOR. ***il tempo si è messo al ~*** the weather is set fair ♦ ***sul più ~*** in the thick of it; ***ci vuole del ~ e del buono*** it takes some doing; ***adesso viene il ~!*** now comes the best of it! ***l'hai fatta -a!*** you've made a fine mess of it! ***scamparla -a*** to have a narrow *o* lucky escape, to have a close shave; ***è troppo ~ per essere vero*** it's too good to be true; ***il Bel Paese*** = Italy; ***la -a vita*** the good *o* high life; ***darsi alla -a vita*** to frolic, to live it up; ***il bel mondo*** the beautiful people, the smart *o* fashionable set; ***non è ~ quel che è ~, ma è ~ quel che piace*** PROV. beauty is in the eye of the beholder; ***ne vedremo delle -e!*** that'll make the fur *o* feathers fly! ***ne ha passate delle -e*** she's gone through a lot; ***farsi ~ di qcs.*** to boast about sth.

bellona /bel'lona/ f. SCHERZ. eye candy.

belva /'belva/ f. **1** wild beast, wild animal **2** FIG. *(persona violenta)* brute, beast; ***diventare una ~*** to fly into a rage.

belvedere, pl. **-ri** /belve'dere, ri/ **I** m. *(luogo panoramico)* viewpoint **II** agg.inv. ***carrozza ~*** observation car.

Belzebù /beldze'bu/ n.pr.m. Beelzebub.

bemolle /be'mɔlle/ m.inv. flat; ***si ~*** B flat.

benché /ben'ke/ cong. although, (even) though ♦ ***non avere la ~ minima idea*** not to have the faintest *o* slightest idea, to have no idea whatever.

benda /'bɛnda/ f. **1** *(fasciatura)* bandage **2** *(per impedire la vista)* blindfold ♦ ***avere una ~ sugli occhi*** to be blind.

bendaggio, pl. **-gi** /ben'daddʒo, dʒi/ m. bandage.

bendare /ben'dare/ [1] tr. **1** *(fasciare)* to bandage [*testa, braccio*]; to dress [*ferita*] **2** *(coprire gli occhi)* ***~ (gli occhi a) qcn.*** to blinfold sb.

bendato /ben'dato/ **I** p.pass. → **bendare II** agg. bandaged; ***ad occhi -i*** blindfold(ed).

bendisposto /bendis'posto/ agg. well-disposed.

1.bene /'bɛne/ **I** avv. **1** *(in modo giusto, corretto, soddisfacente)* [*trattare, comportarsi, esprimersi, ballare, scegliere*] well; [*funzionare*] properly; [*compilare, interpretare*] correctly; ***andare ~*** [*festa, operazione, affari*] to go well; ***la macchina non va ~*** the machine is not functioning properly; ***un lavoro ben pagato*** a well-paid job; ***~ o male*** somehow; ***parla ~ spagnolo*** he speaks good Spanish; ***non parlava molto ~ l'inglese*** she didn't speak much English; ***non ci sente ~*** he doesn't hear well; ***se ben ricordo*** if I remember correctly *o* right; ***andare ~ a scuola*** to do well at school; ***andare ~ in matematica*** to be good at maths; ***faremmo ~ ad andare*** we'd better be going; ***hai fatto ~ a dirmelo*** you did well *o* right to tell me; ***non sta ~ fare*** it's not done to do, it is bad form *o* manners to do; ***va tutto ~*** that's all very well, that's all well and good; ***va tutto ~?*** is everything all right? are you OK? ***gli è andata ~ che*** it was just as well for him that; ***domenica (ti) va ~?*** does Sunday suit you? is Sunday OK? **2** *(completamente)* [*lavare, mescolare*] thoroughly; [*riempire, asciugare*] completely; [*leggere, ascoltare, guardare*] carefully **3** *(piacevolmente, gradevolmente)* [*dormire, mangiare*] well; [*vestire*] well, smartly; [*vivere*] comfortably; ***una casa ben arredata*** a well-decorated *o* well-appointed house; ***andare*** o ***stare ~ insieme*** [*colori, mobile*] to go together, to be a good match; ***quel cappello ti sta ~*** you look good in that hat; ***stare ~ con qcn.*** to get along well *o* to be well in COLLOQ. with sb. **4** *(in buona salute)* ***star ~*** [*persona*] to feel all right; ***"come stai?" - "abbastanza ~"*** "how are you?" - "pretty well" **5** *(con valore rafforzativo)* ***si tratta di ben altro*** that's quite another matter; ***ben più di 200*** well over 200; ***ben 10.000 persone*** as many as 10,000 people; ***ben volentieri*** with great pleasure; ***ben sveglio*** wide awake **6** *(con uso pleonastico)* ***lo credo ~!*** I can well *o* quite believe it! ***come ben sai...*** as you know full well..., as you well know... **7 di bene in meglio** better and better **8 per bene** → **perbene II** agg.inv. ***la gente ~*** high society, the upper classes; ***i quartieri ~*** the posh neighbourhoods **III** inter. good, fine; ***~! Vediamo il resto*** good! Let's see the rest; ***~, bravo!*** well done! excellent! ***ma ~!*** IRON. ah, that's fine! ***va ~!*** OK! fair enough! ♦ ***ben detto!*** neatly put! well said! ***ti sta ~! ben ti sta!*** it serves you right! ***non mi sta ~*** I don't agree; ***tutto è ~ quel che finisce ~*** PROV. all's well that ends well

2.bene /ˈbɛne/ m. **1** *(ciò che è buono)* ***il ~ e il male*** good and evil, right and wrong; ***opere di ~*** charitable acts; ***non è ~ fare*** *(cosa opportuna)* it is not nice to do **2** *(beneficio, vantaggio)* ***è un ~ che tu sia venuto*** it's a good thing you came **3** *(interesse, benessere, felicità)* ***il ~ comune, pubblico*** the common good; ***per il ~ di*** for the good of; ***fare del ~ a qcn.*** to do sb. good; ***fare ~ a*** to be good for [*persona, salute, pelle*] **4** gener. pl. **-i** *(proprietà)* possessions, belongings, property, goods; *(patrimonio)* assets; ***comunione dei -i*** community of goods **5** *(sentimento)* ***volersi ~*** to love (each other); ***voler ~ a qcn.*** to love sb. ♦ ***avere ogni ben di Dio*** to live like fighting cocks ♦♦ ***-i di consumo*** consumer *o* expendable goods; ***-i durevoli*** durables; ***-i immobili*** real estate; ***-i di lusso*** luxury goods; ***-i mobili*** content, movables; ***-i personali*** personal property; ***-i di prima necessità*** essential goods, necessaries.

beneamato /beneaˈmato/ agg. ANT. beloved.

benedettino /benedetˈtino/ **I** agg. Benedictine **II** m. (f. **-a**) Benedictine.

benedetto /beneˈdetto/ **I** p.pass. → **benedire II** agg. **1** *(consacrato)* [*acqua*] holy; [*pane*] blessed; [*terra*] consecrated **2** COLLOQ. IRON. ***questo ~ computer non vuole funzionare!*** this blessed *o* confounded computer won't work!

Benedetto /beneˈdetto/ n.pr.m. Benedict.

benedire /beneˈdire/ [37] tr. **1** to bless [*persona, folla*]; ***Dio ti benedica!*** God bless you! ***benedico il giorno in cui l'ho conosciuto*** FIG. I bless the day I met him **2** *(consacrare)* to bless, to consecrate [*matrimonio, pane, vino, acqua*] ♦ ***mandare qcn. a farsi ~*** to send sb. to hell; ***andare a farsi ~*** [*piano, programma*] to go down the tubes, to go to pot.

benedizione /beneditˈtsjone/ f. **1** RELIG. blessing, benediction; ***dare*** o ***impartire la ~ a qcn.*** to give sb. one's blessing **2** FIG. ***dare la propria ~ a qcs.*** to give one's blessing to sth.; ***è una ~ per lui che stia bene*** it is a blessing for him that he is healthy.

beneducato /beneduˈkato/ agg. well-bred, well-mannered, well-behaved.

benefattore /benefatˈtore/ m. benefactor.

benefattrice /benefatˈtritʃe/ f. benefactress.

beneficenza /benefiˈtʃɛntsa/ f. charity; ***attività, opere di ~*** charity work; ***società di ~*** charitable organization, charity; ***concerto di ~*** benefit concert; ***dare in ~*** to give to charity.

beneficiare /benefiˈtʃare/ [1] intr. (aus. *avere*) to benefit, to profit (**di qcs.** from, by sth.) (anche DIR.).

beneficiario, pl. **-ri, -rie** /benefiˈtʃarjo, ri, rje/ **I** agg. [*paese, ente*] beneficiary **II** m. (f. **-a**) **1** *(di vantaggio, privilegio)* beneficiary **2** COMM. *(di assegno, cambiale, credito, bonifico)* recipient, payee **3** DIR. *(di legato)* beneficiary.

beneficio, pl. **-ci** /beneˈfitʃo, tʃi/ m. **1** *(giovamento)* benefit; ***trarre*** o ***ricavare ~ da qcs.*** to (get some) benefit from sth. **2** *(vantaggio)* benefit, advantage; ***andare a ~ di qcn.*** to be to sb.'s benefit **3** DIR. benefit; ***con ~ di inventario*** with the benefit of inventory; FIG. with reservation **4** RELIG. (anche **~ ecclesiastico**) living **5** COMM. profit, gain ♦ ***concedere a qcn. il ~ del dubbio*** to give sb. the benefit of the doubt ♦♦ ***~ accessorio*** fringe benefit.

benefico, pl. **-ci, -che** /beˈnɛfiko, tʃi, ke/ agg. **1** *(favorevole)* [*effetto, influenza*] beneficial, benign; ***esercitare un effetto ~ su*** to be beneficial to **2** *(salutare)* [*calore*] beneficial, salutary **3** *(di beneficenza)* ***a scopo ~*** in aid of charity; ***associazione -a*** charitable institution, charity.

benemerenza /benemeˈrɛntsa/ f. merit.

Benemerita /beneˈmɛrita/ f. ***la ~*** SCHERZ. = the Carabinieri.

benemerito /beneˈmɛrito/ agg. worthy, meritorious.

beneplacito /beneˈplatʃito/ m. consent.

benessere /beˈnɛssere/ m. **1** well-being, comfort; ***un senso di ~*** a sense of well-being **2** *(agiatezza)* affluence, ease; ***vivere nel ~*** to live in affluence, to be well off; ***società del ~*** affluent society.

benestante /benesˈtante/ **I** agg. [*quartiere, famiglia*] well off, well-to-do **II** m. e f. well-to-do person; ***i -i*** the well-off.

benestare /benesˈtare/ m.inv. consent, approval.

benevolenza /benevoˈlɛntsa/ f. *(benignità)* benevolence, kindliness, kindness; *(indulgenza)* lenience, leniency, indulgence.

benevolo /beˈnɛvolo/ agg. *(affettuoso)* [*persona, sorriso, aria*] benevolent, kind, benign; [*natura*] kindly; *(indulgente)* lenient, indulgent.

benfatto /benˈfatto/ agg. [*lavoro*] well-done, well-made; [*corpo, persona*] shapely.

bengala /benˈgala/ m.inv. Bengal light.

Bengala /benˈgala/ ➧ ***30*** n.pr.m. Bengal.

bengalese /bengaˈlese/ ➧ ***30, 16*** agg., m. e f. Bengali.

bengodi /benˈgɔdi/ m.inv. ***paese di ~*** land of plenty.

beniamino /benjaˈmino/ m. (f. **-a**) **1** *(prediletto del pubblico)* darling; *(uomo)* blue-eyed boy BE COLLOQ. **2** *(figlio prediletto)* darling, pet.

Beniamino /benjaˈmino/ n.pr.m. Benjamin.

benigno /beˈniɲɲo/ agg. **1** *(benevolo)* [*critica, giudizio*] benign, kind **2** *(favorevole)* [*sorte*] favourable BE, favorable AE **3** [*clima*] mild, benign **4** MED. [*tumore, malattia*] benign; [*cisti*] harmless.

beninformato /beninforˈmato/ **I** agg. well-informed, knowledgeable; ***essere ~*** to be in the know; ***da fonte -a*** from a reliable source **II** m. (f. **-a**) well-informed person.

benintenzionato /benintentsjoˈnato/ agg. well-intentioned, well-meaning.

beninteso /beninˈteso/ avv. *(naturalmente)* of course, naturally; ***~, la cosa rimane tra noi*** naturally, this is strictly between you and me.

benissimo /beˈnissimo/ **I** superl. → **1.bene II** avv. ***posso ~ andarci a piedi*** I can just as easily walk.

benna /ˈbɛnna/ f. grab, bucket.

bennato /benˈnato/ agg. **1** *(di buona famiglia)* well-born **2** *(beneducato)* well-bred.

benpensante /bempenˈsante/ **I** agg. [*persona*] priggish, prim **II** m. e f. priggish person, prim person.

benservito /benserˈvito/ m.inv. testimonial, reference ♦ ***dare il ~ a qcn.*** to give sb. their marching orders.

bensì /benˈsi/ cong. but (rather).

bentornato /bentorˈnato/ **I** agg. ***~!*** welcome back! ***~ a casa!*** welcome home! **II** m. ***dare il ~ a qcn.*** to welcome sb. back, to welcome sb.'s return.

benvenuto /benveˈnuto/ **I** agg. welcome **II** m. (f. **-a**) **1** *(saluto)* welcome (**a**, **in** to); ***porgere*** o ***dare il ~ a qcn.*** to welcome sb., to bid sb. welcome; ***discorso di ~*** welcome speech **2** *(persona)* ***essere il ~*** to be welcome, to be a welcome guest.

benvisto /benˈvisto/ agg. well-thought-of.

benvolere /benvoˈlere/ tr. ***farsi ~ da qcn.*** to endear oneself to sb.; ***prendere a ~ qcn.*** to take a liking to sb.

benvoluto /benvoˈluto/ **I** p.pass. → **benvolere II** agg. well-liked.

benzene /benˈdzɛne/ m. benzene.

benzina /benˈdzina/ f. **1** *(carburante)* petrol BE, gasoline AE, gas* AE; ***distributore di ~*** pump house, filling *o* petrol station; ***fare il pieno di ~*** to fill up with petrol BE, to gas up AE; ***fare ~*** to get some petrol **2** *(per smacchiare)* benzine ♦ ***versare ~ sul fuoco*** to add fuel to the fire ♦♦ ***~ senza piombo*** unleaded (petrol); ***~ super*** four-star (petrol) BE, premium fuel BE *o* gasoline AE; ***~ verde*** → ***~ senza piombo***.

benzinaio, pl. **-ai** /bendziˈnajo, ai/ ➧ ***18*** m. (f. **-a**) **1** *(persona)* (petrol station) attendant **2** *(distributore)* pump house, filling station, petrol station.

benzolo /benˈdzɔlo/ m. benzol(e).

beone /beˈone/ m. (f. **-a**) COLLOQ. boozer.

bequadro /beˈkwadro/ m. natural; ***re ~*** D natural.

berciare /berˈtʃare/ [1] intr. (aus. *avere*) [*persona*] to squawk; [*scimmia*] to gibber.

1.bere /ˈbere/ [25] **I** tr. **1** *(ingerire un liquido)* [*persona*] to drink* [*bevande*] (**da** from, out of); ***~ qcs. d'un fiato*** o ***in un sorso solo*** to drink sth. in one gulp; ***~ alla bottiglia*** o ***a collo*** to drink (straight) from the bottle; ***dare, versare (qcs.) da ~ a qcn.*** to give, pour sb. a drink; ***beviamo qualcosa*** let's have a drink **2** *(assorbire)* [*pianta*] to drink* (in) [*acqua*] **3** COLLOQ. *(credere a)* to buy*, to swallow [*storia, bugia*]; ***non cercare di darmela a ~*** don't give me that **II** intr. (aus. *avere*) **1** to drink*; ***offrire*** o ***pagare da ~ a qcn.*** to stand sb. a drink **2** *(consumare alcolici in eccesso)* to drink*, to hit* the bottle, to be* on the bottle **3** *(brindare)* ***~ alla salute di qcn.*** to drink (to) sb.'s health, to drink a toast to sb. **4** COLLOQ. *(nuotando)* to swallow water **5** COLLOQ. *(consumare)* [*motore, automobile*] to eat* (up) petrol **III bersi** pronom. **1** COLLOQ. *(credere a)* to swallow [*bugia*] **2 bersela** to swallow a story (whole) ♦ ~ ***come una spugna*** to drink like a fish.

2.bere /'bere/ m. drink; ***il mangiare e il ~*** food and drink; ***darsi al ~*** to turn to drink.

bergamotto /berga'mɔtto/ m. bergamot.

1.berlina /ber'lina/ f. *(auto)* saloon (car) BE, sedan AE.

2.berlina /ber'lina/ f. STOR. stocks pl., pillory; ***mettere qcn. alla ~*** to pillory sb., to put sb. in the pillory (anche FIG.).

berlinese /berli'nese/ ➧ *2* **I** agg. of, from Berlin, Berlin attrib. **II** m. e f. Berliner.

Berlino /ber'lino/ ➧ *2* n.pr.f. Berlin; ***~ Est, Ovest*** STOR. East, West Berlin.

bermuda /ber'muda/ m.pl. Bermudas, Bermuda shorts.

Bermude /ber'mude/ ➧ *33, 14* n.pr.f.pl. ***(isole) ~*** Bermuda.

Bernardo /ber'nardo/ n.pr.m. Bernard; ***bernardo l'eremita*** ZOOL. hermit crab.

bernoccolo /ber'nɔkkolo/ m. **1** *(bozzo)* lump, bump, swelling **2** FIG. *(disposizione naturale)* ***avere il ~ degli affari*** to have a (good) head *o* a bent for business.

berretta /ber'retta/ f. cap; *(di religiosi)* biretta.

berretto /ber'retto/ m. cap; *(basco)* beret; ***~ a*** o ***con visiera*** peaked cap; ***~ da sci*** ski hat; ***~ da notte*** nightcap.

bersagliare /bersaʎ'ʎare/ [1] tr. **1** MIL. to bombard, to hammer (away) [*nemico, postazioni nemiche*]; to pepper [*muro, area*] (**di** with); ***~ qcs. di sassi*** to pelt sth. with stones; ***~ qcn. di pugni*** to rain blows on sb. **2** FIG. *(prendere di mira)* ***~ qcn. di domande*** to fire questions at sb.; ***essere bersagliato dalla sfortuna*** to be plagued by ill luck.

bersagliera: **alla bersagliera** /allabersaʎ'ʎɛra/ avv. *(con energia, slancio)* energetically, boldly.

bersagliere /bersaʎ'ʎɛre/ m. MIL. = Italian infantry soldier recognizable by his plumed hat.

bersaglio, pl. **-gli** /ber'saʎʎo, ʎi/ m. **1** *(obiettivo)* target, mark, butt; ***tiro al ~*** *(con arco)* target shooting; *(con arma da fuoco)* target shooting, shooting practice; ***centrare il ~*** [*freccia*] to find its mark; [*persona*] to be right *o* bang on target; ***centrare in pieno il ~*** FIG. to hit the bull's-eye **2** FIG. *(di critica, derisione)* butt, target; ***essere il ~ di*** to be the butt of [*sarcasmo, critiche, beffe*] ♦♦ ***~ fisso*** sitting target; ***~ mobile*** moving target.

berta /'bɛrta/ f. EDIL. pile driver.

Berta /'bɛrta/ n.pr.f. Bertha.

bertuccia, pl. **-ce** /ber'tuttʃa, tʃe/ f. Barbary ape.

besciamella /beʃʃa'mɛlla/ f. béchamel.

bestemmia /bes'temmja/ f. **1** *(imprecazione)* blasphemy, swearword, oath, curse **2** *(sproposito)* nonsense.

bestemmiare /bestem'mjare/ [1] **I** tr. to blaspheme [*Dio*] **II** intr. (aus. *avere*) *(imprecare)* to swear*, to blaspheme; ***~ contro qcs., qcn.*** to swear against *o* curse sb., sth. ♦ ***~ come un turco*** to swear like a trooper.

bestia /'bestja, 'bɛstja/ f. **1** *(animale)* beast, animal **2** *(insetto)* bug **3** *(persona ignorante)* boor, oaf **4** *(persona rozza e violenta)* beast, brute ♦ ***la guerra è una brutta ~*** war is a scourge; ***lavorare come una ~*** to work like crazy *o* like a Trojan BE; ***andare in ~*** to fly off the handle, to blow a fuse; ***mandare in ~ qcn.*** to drive sb. up the wall; ***essere la ~ nera di qcn.*** [*persona, problema*] to be a bugbear for sb.; ***guardare qcn. come una ~ rara*** to look at sb. as if he, she were a freak ♦♦ ***~ feroce*** ferocious animal; ***~ da soma*** beast of burden, pack animal; ***~ da tiro*** draught animal.

bestiale /bes'tjale/ agg. **1** *(animalesco)* [*istinto*] animal, beastly **2** *(brutale)* [*violenza*] beastly, brutal, brutish **3** COLLOQ. *(molto intenso)* ***fa un freddo ~*** it's freezing cold; ***divertimento ~*** great fun; ***è un lavoro ~*** it's a hard slog.

bestialità /bestjali'ta/ f.inv. **1** *(brutalità)* brutishness, bestiality **2** *(grossa sciocchezza)* blunder; ***non dire ~!*** don't talk nonsense *o* rubbish!

bestiame /bes'tjame/ m. livestock; *(bovino)* cattle; ***50 capi di ~*** 50 head of cattle.

bestione /bes'tjone/ m. SPREG. *(uomo rozzo e brutale)* beast, brute.

best seller /bɛst'sɛller/ m.inv. bestseller.

bestsellerista, m.pl. **-i**, f.pl. **-e** /bestselle'rista/ m. e f. bestseller (writer).

beta /'bɛta/ **I** m. e f.inv. *(lettera)* beta **II** agg.inv. [*raggi, particelle*] beta.

Betlemme /be'tlɛmme/ ➧ *2* n.pr.f. Bethlehem.

betoniera /beto'njɛra/ f. (cement) mixer, concrete mixer.

bettola /'bettola/ f. *(osteria di infimo rango)* dive.

betulla /be'tulla/ f. **1** *(pianta)* birch (tree) **2** *(legno)* birch (wood) ♦♦ ***~ bianca*** silver birch.

beuta /'bɛuta/ f. CHIM. flask.

bevanda /be'vanda/ f. beverage, drink; ***~ alcolica*** (alcoholic) drink, booze COLLOQ.; ***~ analcolica*** soft drink.

bevibile /be'vibile/ agg. drinkable.

bevitore /bevi'tore/ m. (f. **-trice** /tritʃe/) **1** *(di alcolici)* drinker, boozer BE COLLOQ.; ***un forte*** o ***gran ~*** a hard *o* heavy drinker **2** *(chi beve)* drinker; ***un ~ di caffè*** a coffee drinker.

bevuta /be'vuta/ f. *(bicchierata)* drink, binge COLLOQ.; ***una grande ~*** a drinking spree, a booze-up BE COLLOQ.

bevuto /be'vuto/ **I** p.pass. → **1.bere II** agg. COLLOQ. *(brillo)* ***è un po' ~*** he's a bit tipsy.

bi /bi/ m. e f.inv. *(lettera)* b, B.

B.I. ⇒ Banca d'Italia = Bank of Italy.

biacca, pl. **-che** /'bjakka, ke/ f. white lead.

biada /'bjada/ f. fodder.

bianca, pl. **-che** /'bjanka, ke/ f. white (woman*).

Bianca /'bjanka/ n.pr.f. Blanche.

biancastro /bjan'kastro/ agg. whitish.

biancazzurro /bjankad'dzurro/ agg. [*tifoso, giocatore*] = of Lazio football club.

biancheria /bjanke'ria/ f. **1** *(di uso domestico)* linen; ***~ sporca*** dirty linen *o* laundry, washing; ***armadio per la ~*** linen cupboard BE *o* closet AE **2** *(indumenti intimi)* (anche ***~ intima***) linen, underwear, underclothes pl.; *(da donna)* lingerie ♦♦ ***~ da casa*** household linen; ***~ da letto*** bed linen, bedclothes; ***~ da tavola*** table linen.

bianchetti /bjan'ketti/ m.pl. *(pesci)* whitebait.

bianchetto /bjan'ketto/ m. **1** *(correttore)* correcting fluid, Tipp-Ex® BE **2** *(di scarpe)* whitener.

bianchezza /bjan'kettsa/ f. whiteness; *(di pelle)* fairness.

bianchiccio, pl. **-ci**, **-ce** /bjan'kittʃo, tʃi, tʃe/ agg. whitish.

bianco, pl. **-chi**, **-che** /'bjanko, ki, ke/ ➧ *3* **I** agg. **1** [*fiori, denti, capelli, oro*] white; ***pane ~*** white bread; ***carne -a*** white meat **2** *(pallido)* ***diventare ~*** to go *o* turn white **3** *(pulito)* white, clean **4** *(occidentale)* [*razza, quartiere*] white **5** *(non scritto)* [*pagina, foglio*] blank, clean **6** *(non consumato)* ***matrimonio ~*** unconsummated marriage **7 in bianco** *(non scritto)* ***lasciare in ~*** to leave [sth.] blank [*nome, indirizzo*]; ***consegnare il compito in ~*** to hand in a blank paper; ***assegno in ~*** blank check; *(non condito)* ***mangiare in ~*** to eat plain *o* bland food; ***riso in ~*** plain rice **II** m. **1** *(colore)* white; ***~ sporco*** off-white; ***vestito di ~*** dressed in white **2** *(uomo di razza bianca)* white (man*) **3** *(vernice, tempera)* white (paint); ***dipingere qcs. di ~*** to paint sth. white; ***dare il ~ a qcs.*** to coat sth. with whitewash, to whitewash sth. **4 in bianco e nero** [*film, foto, televisione*] black and white **5** *(biancheria)* ***fiera del ~*** white sale **6** *(parte bianca)* *(dell'uovo)* (egg) white; *(dell'occhio)* white **7** *(vino)* white (wine) **8** *(spazio vuoto)* blank (space) **9** GIOC. *(negli scacchi, nella dama)* white ♦ ***andare in ~*** to draw a blank, not to score; ***essere ~ come un cencio*** o ***un lenzuolo*** to be as white as chalk *o* as a sheet; ***~ come la neve*** snow-white; ***è scritto qui nero su ~*** here it is in black and white, it's set down here in black and white; ***passare la notte in ~*** to pass *o* spend a sleepless night, not to sleep a wink.

biancomangiare /bjankoman'dʒare/ m.inv. blancmange.

bianconero /bjanko'nero/ agg. [*tifoso, giocatore*] = of Juventus football club.

biancore /bjan'kore/ m. whiteness.

biancospino /bjankos'pino/ m. hawthorn.

biascicare /bjaʃʃi'kare/ [1] tr. to mutter, to mumble [*risposta*].

biasimare /bjazi'mare/ [1] tr. to blame, to censure, to fault.

biasimevole /bjazi'mevole/ agg. reprehensible, blameworthy.

biasimo /'bjazimo/ m. **1** *(disapprovazione)* blame, censure; ***di ~*** [*sguardo, parole*] reproachful **2** *(sanzione)* ***nota di ~*** official warning, black mark (anche FIG.).

Bibbia /'bibbja/ f. **1** Bible; ***la Sacra ~*** the Holy Bible **2** FIG. bible; ***è la sua ~*** it's his bible.
biberon /bibe'rɔn/ m.inv. (feeding) bottle, feed, feeder (bib) BE.
bibita /'bibita/ f. drink, beverage.
biblico, pl. **-ci**, **-che** /'bibliko, tʃi, ke/ agg. biblical.
bibliofilo /bi'bljɔfilo/ m. (f. **-a**) bibliophile.
bibliografia /bibljogra'fia/ f. bibliography.
bibliografico, pl. **-ci**, **-che** /bibljo'grafiko, tʃi, ke/ agg. bibliographic(al).
biblioteca, pl. **-che** /bibljo'tɛka, ke/ f. *(luogo, collezione di libri)* library; ***~ di consultazione*** reference library ♦ ***essere una ~ ambulante*** to be a walking encyclopaedia.
bibliotecario, pl. **-ri** /bibljote'karjo, ri/ ➧ ***18*** m. (f. **-a**) librarian.
biblioteconomia /bibljotekono'mia/ f. librarianship.
biblista, m.pl. **-i**, f.pl. **-e** /bi'blista/ m. e f. biblist, biblicist.
bica, pl. **-che** /'bika, ke/ f. AGR. shock.
bicameralismo /bikamera'lizmo/ m. two-chamber system, bicameralism.
bicarbonato /bikarbo'nato/ m. bicarbonate ♦♦ ***~ di sodio*** bicarbonate of soda, baking soda.
bicchierata /bikkje'rata/ f. **1** *(bevuta in compagnia)* drinks party **2** *(quantità)* glass(ful).
bicchiere /bik'kjɛre/ m. **1** *(recipiente)* glass; ***~ da vino*** wine glass; ***~ di carta*** paper cup; ***~ di plastica*** beaker; ***~ graduato*** measuring glass **2** *(contenuto)* glass(ful); ***un ~ di vino*** a glass(ful) of wine **3** *(bevanda alcolica)* ***bere un ~*** to have a drink; ***aver bevuto un, qualche ~ di troppo*** to have had one over the eight *o* a few *o* one too many ♦ ***affogare*** o ***perdersi in un bicchier d'acqua*** to make a mountain out of a molehill; ***alzare i -i alla salute di qcn.*** to raise a glass to sb.; ***facile come bere un bicchier d'acqua*** as easy as ABC *o* as pie *o* as falling off a log; ***beviamo il ~ della staffa!*** let's have one for the road!
bicchierino /bikkje'rino/ m. **1** *(recipiente)* small glass, liqueur glass **2** *(contenuto)* drop, snifter, snort; ***farsi un ~*** to have a quick drink.
bicentenario, pl. **-ri**, **-rie** /bitʃente'narjo, ri, rje/ **I** agg. bicentennial **II** m. bicentenary, bicentennial.
bici /'bitʃi/ f.inv. COLLOQ. (accorc. bicicletta) bike, cycle.
bicicletta /bitʃi'kletta/ f. bicycle; ***~ da uomo*** man's *o* gent's bicycle; ***~ da donna*** woman's *o* lady's bicycle; ***in ~*** on a, by bicycle; ***andare in ~*** to ride a bicycle, to cycle, to go cycling; ***un giro in ~*** a bike ride; ***ha girato l'Italia in bicicletta*** he has cycled the (whole) length of Italy ♦ ***hai voluto la ~, e ora pedala*** you've made your bed, now you must lie in it ♦♦ ***~ da camera*** exercise bicycle; ***~ da corsa*** racer, racing bicycle.
biciclo /bi'tʃiklo/ m. penny-farthing.
bicipite /bi'tʃipite/ m. biceps*.
bicolore /biko'lore/ agg. two-colour attrib.
bicorno /bi'kɔrno/ m. cocked hat.
bidè /bi'dɛ/ m.inv. bidet.
bidello /bi'dɛllo/ ➧ ***18*** m. (f. **-a**) caretaker, janitor AE SCOZZ.; *(di università)* porter.
bidimensionale /bidimensjo'nale/ agg. two-dimensional.
bidirezionale /bidirettsjo'nale/ agg. bidirectional.
bidonare /bido'nare/ [1] tr. COLLOQ. to rip off, to swindle.
bidonata /bido'nata/ f. COLLOQ. **1** *(imbroglio)* rip-off, swindle **2** *(prodotto scadente)* ***questa macchina è una vera ~*** this car is a lemon.
bidone /bi'done/ m. **1** *(barile)* drum; *(tanica)* can **2** COLLOQ. *(imbroglio, fregatura)* con trick, rip-off; ***fare*** o ***tirare un ~ a qcn.*** *(imbrogliare)* to hand sb. a lemon, to take sb. for a ride; *(non presentarsi a un appuntamento)* to stand sb. up; ***prendersi un ~*** to be sold a pup, to be taken for a ride; ***essere un ~*** [*oggetto*] to be junk *o* a lemon ♦♦ ***~ dell'immondizia*** o ***della spazzatura*** litter bin BE, dustbin BE, garbage can AE, trashcan AE.
bidonville /bidon'vil/ f.inv. shantytown.
bieco, pl. **-chi**, **-che** /'bjeko, ki, ke/ agg. [*sguardo*] baleful, dark, sinister.
biella /'bjɛlla/ f. piston rod.
Bielorussia /bjelo'russja/ ➧ ***33*** n.pr.f. Byelorussia.
bielorusso /bjelo'russo/ ➧ ***25, 16*** **I** agg. Byelorussian **II** m. (f. **-a**) Byelorussian, White Russian.
biennale /bien'nale/ **I** agg. *(che dura due anni)* two-year attrib. **2** *(che ricorre ogni due anni)* biennial **II** f. biennial exhibition.
biennio, pl. **-ni** /bi'ɛnnjo, ni/ m. **1** *(periodo)* two-year period **2** *(corso di studi)* two-year course.
bietola /'bjɛtola/ f. Swiss chard.
bietta /'bjetta/ f. *(cuneo)* wedge, cleat; MECC. key.
bifamiliare /bifamil'jare/ f. semi-detached (house).
bifase /bi'faze/ agg.inv. EL. two-phase.
bifido /'bifido/ agg. forked.
bifocale /bifo'kale/ agg. [*lente*] bifocal; ***occhiali -i*** bifocals.
bifolco, pl. **-chi** /bi'folko, ki/ m. **1** *(contadino)* peasant **2** FIG. (country) bumpkin, yokel.
bifora /'bifora/ f. = mullioned window with two lights.
biforcarsi /bifor'karsi/ [1] pronom. [*strada, ramo, binario*] to fork (off), to branch (off).
biforcazione /biforkat'tsjone/ f. *(di strada, ramo, binario)* fork.
biforcuto /bifor'kuto/ agg. forked.
big /big/ m. e f. inv. ***i ~ dell'alta finanza*** the big shots in finance; ***i ~ della canzone*** the greats of music.
biga, pl. **-ghe** /'biga, ge/ f. two-horsed chariot.
bigamia /biga'mia/ f. bigamy.
bigamo /'bigamo/ **I** agg. bigamous **II** m. (f. **-a**) bigamist.
bigemino /bi'dʒɛmino/ agg. *(gemellare)* [*parto*] twin attrib.
bighellonare /bigello'nare/ [1] intr. (aus. *avere*) **1** *(gironzolare)* to wander around, to loaf about; ***~ per le strade*** to stroll around the streets **2** SPREG. *(perdere tempo)* to dawdle, to loiter.
bighellone /bigel'lone/ m. (f. **-a**) dawdler.
bigino /bi'dʒino/ m. REGION. crib.
bigio, pl. **-gi**, **-gie** e **-ge** /'bidʒo, dʒi, dʒe/ agg. e m. grey BE, gray AE.
bigiotteria /bidʒotte'ria/ f. costume jewellery, fashion jewellery.
biglia /'biʎʎa/ → **bilia**.
bigliettaio, pl. **-ai** /biʎʎet'tajo, ai/ ➧ ***18*** m. (f. **-a**) *(in stazione)* ticket clerk, booking clerk BE; *(su bus, tram)* (bus) conductor; *(di cinema, teatro)* box office attendant.
biglietteria /biʎʎette'ria/ f. ticket booth; *(in cinema, teatro)* box office ♦♦ ***~ ferroviaria*** booking *o* ticket office.
biglietto /biʎ'ʎetto/ m. **1** *(breve lettera)* card, line **2** *(foglietto)* slip (of paper); *(messaggio)* note; ***lasciare un ~ a qcn.*** to leave a note for sb., to drop sb. a note **3** *(documento di viaggio)* ticket; *(prezzo)* fare; ***~ ferroviario, aereo*** rail(way), plane ticket; ***fare, acquistare il ~*** to get the ticket **4** *(d'ingresso)* (admission) ticket; *(in stazione)* platform ticket **5** *(della lotteria)* lottery ticket **6** *(banconota)* bill, note; ***~ da dieci dollari*** ten dollar bill ♦♦ ***~ di andata e ritorno*** return (ticket); ***~ aperto*** open ticket; ***~ d'auguri*** greetings BE *o* greeting AE card; ***~ di corsa semplice*** single (ticket), one-way ticket; ***~ d'invito*** invitation card; ***~ omaggio*** free *o* complimentary ticket; ***~ di sola andata*** → **~ di corsa semplice**; ***~ da visita*** business *o* visiting AE card.
bignè /biɲ'ɲɛ/ m.inv. ***~ alla crema*** cream puff.
bigodino /bigo'dino/ m. (hair) curler, roller.
bigotto /bi'gɔtto/ **I** agg. SPREG. ***essere ~*** to be holier-than-thou **II** m. (f. **-a**) SPREG. churchy person.
bikini /bi'kini/ m.inv. bikini, two-piece (swimsuit).
bilancia, pl. **-ce** /bi'lantʃa, tʃe/ f. *(apparecchio per pesare)* scales pl., balance; ***mettere, pesare qcs. sulla ~*** to weight sth. in the balance (anche FIG.); ***piatto della ~*** scale pan ♦ ***fare pendere la ~*** to tip the scales (**a favore di** in favour of) ♦♦ ***~ commerciale*** balance of trade, trade balance; ***~ da cucina*** kitchen scales; ***~ dei pagamenti*** balance of payments; ***~ pesapersone*** weighing machine, bathroom scales.
Bilancia /bi'lantʃa/ ➧ ***38*** f.inv. ASTROL. Libra, the Balance; ***essere della ~*** o ***una ~*** to be (a) Libra.
bilanciare /bilan'tʃare/ [1] **I** tr. **1** *(mettere in equilibrio)* to balance, to distribute [*peso*]; *(tenere in equilibrio)* to balance, to poise [*oggetto*] **2** *(soppesare)* to weigh up [*parole, pro e contro*] **3** *(compensare)* to (counter)balance, to offset* **4** ECON. *(pareggiare)* to balance [*conto*] **II bilanciarsi** pronom. **1** *(stare in equilibrio)* to balance (out) **2** *(equivalersi)* to balance (out), to even (out).

bilanciato /bilan'tʃato/ **I** p.pass. → **bilanciare II** agg. [*dieta*] balanced.
bilanciere /bilan'tʃɛre/ m. **1** MECC. rocker arm **2** *(di orologio)* balance wheel **3** *(di funambolo)* balancing pole; *(di portatore di pesi)* yoke **4** SPORT *(attrezzo)* barbell.
bilancio, pl. **-ci** /bi'lantʃo, tʃi/ m. **1** AMM. *(preventivo)* budget; *(rendiconto)* balance (sheet); ***Rossi Spa ha chiuso il ~ in attivo, passivo*** Rossi Spa made a profit, loss in the last financial year; ***~ in pareggio*** balanced budget; ***chiudere il ~ in pareggio*** to break even; ***iscrivere a ~*** to include [sth.] in the budget [*uscita, entrata*] **2** *(di catastrofe, incidente)* toll, cost; ***~ ufficiale delle vittime*** official death toll **3** FIG. *(valutazione)* ***fare il ~ di qcs.*** to take stock of sth., to review sth.; ***qual è il ~ dell'anno?*** how did the year turn out? ♦♦ ***~ di apertura*** opening balance; ***~ di chiusura*** closing balance; ***~ energetico*** energy balance; ***~ familiare*** household budget; ***~ preventivo*** o ***di previsione*** budget; ***~ pubblico*** Budget.
bilaterale /bilate'rale/ agg. [*trattato, accordo*] bilateral; [*scambio*] two-way.
bile /'bile/ f. MED. bile, gall (anche FIG.); ***avere un travaso di ~*** to have a bilious attack; FIG. to have a fit ♦ ***rodersi dalla ~*** to nurse a grievance (**per** about, over); ***sputare ~*** to vent one's spleen; ***verde dalla ~*** livid with anger.
bilia /'bilja/ f. **1** *(pallina di vetro)* marble; ***giocare a -e*** to play *o* shoot marbles **2** *(del biliardo) (palla)* (billiard) ball; *(buca)* pocket.
biliardino /biljar'dino/ m. **1** *(piccolo biliardo)* bagatelle **2** *(flipper)* pinball (machine).
biliardo /bi'ljardo/ m. billiards + verbo sing.; ***da ~*** [*palla, sala, tavolo*] billiard attrib.
bilico, pl. **-chi** /'biliko, ki/ m. ***essere in ~*** to be unstably balanced; FIG. to be *o* hang in the balance; ***tenersi in ~*** to keep one's balance; ***essere in ~ fra la vita e la morte*** to hover between life and death.
bilingue /bi'lingwe/ agg., m. e f. bilingual.
bilinguismo /bilin'gwizmo/ m. bilinguism.
bilioso /bi'ljoso/ agg. bilious.
bilocale /bilo'kale/ m. two-roomed flat.
bimbo /'bimbo/ m. (f. **-a**) child*, kid; *(bebè)* baby; *(che muove i primi passi)* toddler.
bimensile /bimen'sile/ agg. [*rivista*] bimonthly, fortnightly BE.
bimestrale /bimes'trale/ agg. [*abbonamento, corso*] two-month attrib.; [*rivista*] bimonthly.
bimestre /bi'mɛstre/ m. (period of) two months.
bimotore /bimo'tore/ m. twin-engined plane.
1.binario, pl. **-ri, -rie** /bi'narjo, ri, rje/ agg. [*codice, numero, stella*] binary.
2.binario, pl. **-ri** /bi'narjo, ri/ m. **1** *(rotaia)* rails pl., track, line; ***uscire dai -ri*** to leave the tracks; FIG. to go off the rails **2** *(banchina)* platform, track AE; ***il treno è in arrivo sul ~ 2*** the train is arriving at platform 2 ♦ ***essere su un ~ morto*** to be on a road to nowhere ♦♦ ***~ doppio*** double track; ***~ morto*** blind track, siding; ***~ unico*** single track.
binocolo /bi'nɔkolo/ m. binoculars pl.; ***un ~*** a pair of binoculars ♦♦ ***~ da teatro*** opera glasses.
binomio, pl. **-mi** /bi'nɔmjo, mi/ m. **1** MAT. binomial **2** FIG. *(coppia)* pair, couple.
bioattivo /bioat'tivo/ agg. bioactive.
biocarburante /biokarbu'rante/ m. biofuel, clean fuel.
bioccolo /'bjɔkkolo/ m. *(di lana, cotone)* flock; ***~ di polvere*** fluff ball; ***~ di neve*** puff of snow.
biochimica /bio'kimika/ f. biochemistry.
biochimico, pl. **-ci, -che** /bio'kimiko, tʃi, ke/ **I** agg. biochemical **II** m. (f. **-a**) biochemist.
biodegradabile /biodegra'dabile/ agg. biodegradable.
biodiversità /biodiversi'ta/ f.inv. biodiversity.
bioetica /bio'ɛtika/ f. bioethics + verbo sing.
biofisica /bio'fizika/ f. biophysics + verbo sing.
biografia /biogra'fia/ f. biography.
biografico, pl. **-ci, -che** /bio'grafiko, tʃi, ke/ agg. biographic.
biografo /bi'ɔgrafo/ ➧ ***18*** m. (f. **-a**) biographer.
bioingegneria /bioindʒeɲɲe'ria/ f. bioengineering.
biologia /biolo'dʒia/ f. biology.
biologico, pl. **-ci, -che** /bio'lɔdʒiko, tʃi, ke/ agg. [*schermo, ritmo, guerra*] biological; [*prodotto, agricoltura*] organic; ***orologio ~*** biological *o* body clock.
biologo, m.pl. **-gi**, f.pl. **-ghe** /bi'ɔlogo, dʒi, ge/ ➧ ***18*** m. (f. **-a**) biologist.
bionda /'bjonda/ f. **1** *(donna)* blonde; ***è una ~ naturale*** her hair is naturally blonde; ***~ ossigenata*** peroxide blonde **2** COLLOQ. *(birra)* lager **3** GERG. *(sigaretta)* cigarette, fag COLLOQ.
biondina /bjon'dina/ f. *(ragazza)* fair-haired girl.
biondino /bjon'dino/ **I** agg. [*persona*] fair-haired **II** m. *(ragazzo)* fair-haired boy.
biondo /'bjondo/ ➧ ***3*** **I** agg. [*capelli, barba*] blond, fair; [*uomo*] blond, fair-haired; [*donna*] blonde, fair-haired; ***birra -a*** lager **II** m. **1** *(uomo)* blond, fair-haired man* **2** *(colore)* blond ♦♦ ***~ cenere*** ash blond; ***~ oro*** golden; ***~ platino*** platinum blond; ***~ ramato*** auburn.
biondona /bjon'dona/ f. COLLOQ. bombshell blonde.
bionico, pl. **-ci, -che** /bi'ɔniko, tʃi, ke/ agg. bionic.
biopsia /bio'psia/ f. biopsy.
bioritmo /bio'ritmo/ m. biorhythm.
biosfera /bios'fɛra/ f. biosphere.
biossido /bi'ɔssido/ m. dioxide; ***~ di carbonio*** carbon dioxide.
biotecnologia /bioteknolo'dʒia/ f. biotechnology.
bipartire /bipar'tire/ [3] **I** tr. to halve **II bipartirsi** pronom. to fork.
bipartitico, pl. **-ci, -che** /bipar'titiko, tʃi, ke/ agg. [*governo, sistema*] bipartisan, two-party.
bipartitismo /biparti'tizmo/ m. bipartisan system.
1.bipartito /bipar'tito/ **I** p.pass. → **bipartire II** agg. bipartite.
2.bipartito /bipar'tito/ m. bipartisan government.
bipede /'bipede/ agg. e m. biped.
biplano /bi'plano/ m. biplane.
bipolare /bipo'lare/ agg. ***interruttore ~*** two-way switch.
biposto /bi'posto/ agg.inv., m. e f.inv. two-seater.
birba /'birba/ f. rascal, scamp.
birbante /bir'bante/ m. e f. **1** *(imbroglione)* rogue, scoundrel **2** *(briccone)* rascal, scamp; ***sei proprio un ~!*** you naughty boy!
birbanteria /birbante'ria/, **birbonata** /birbo'nata/ f. prank, roguery.
birbone /bir'bone/ **I** agg. **1** *(mancino)* ***tiro ~*** dirty *o* lousy trick; ***giocare un tiro ~ a qcn.*** to play a dirty trick on sb. **2** SCHERZ. [*tempo*] filthy; [*freddo*] bitter; ***avere una paura -a*** to be scared stiff **II** m. (f. **-a**) rogue, cheat.
bireattore /bireat'tore/ m. twin(-engined) jet.
birichinata /biriki'nata/ f. prank, roguery; ***combinare -e*** to get into mischief.
birichino /biri'kino/ **I** agg. [*bambino, aria, comportamento*] mischievous, naughty **II** m. (f. **-a**) rascal, scamp.
birillo /bi'rillo/ m. **1** pin; ***giocare ai -i*** to play skittles *o* ninepins **2** *(per segnalazioni stradali)* cone.
Birmania /bir'manja/ ➧ ***33*** n.pr.f. Burma.
birmano /bir'mano/ ➧ ***25, 16*** **I** agg. Burmese **II** m. (f. **-a**) **1** *(persona)* Burman, Burmese* **2** *(lingua)* Burman, Burmese.
biro /'biro/ f.inv. COLLOQ. biro*®, ballpoint (pen).
birra /'birra/ f. beer; ***fare la ~*** to brew (beer); ***andare a bere una ~*** to go for a beer *o* pint ♦ ***ci faccio la ~ con quell'affare!*** what am I supposed to do with that? ***andare a tutta ~*** to go flat out ♦♦ ***~ bionda*** o ***chiara*** lager, light *o* pale ale; ***~ (a) doppio malto*** double malt; ***~ rossa*** bitter; ***~ scura*** brown ale, stout, porter; ***~ alla spina*** draught beer.
birraio, pl. **-ai** /bir'rajo, ai/ ➧ ***18*** m. (f. **-a**) brewer.
birreria /birre'ria/ f. **1** *(locale)* = pub **2** *(fabbrica)* brewery.
bis /bis/ **I** m.inv. **1** *(esecuzione supplementare)* encore; ***concedere un ~*** to give an encore; ***chiedere il ~ a*** to encore [*cantante*] **2** *(porzione supplementare)* seconds pl., second helping; ***chiedere, fare il ~*** to ask for, to have seconds **II** inter. ***~!*** encore! **III** agg.inv. *(in un indirizzo)* = a second building with the same street number.
bisaccia, pl. **-ce** /bi'zattʃa, tʃe/ f. saddle bag.
Bisanzio /bi'zantsjo/ n.pr.m. Byzantium.
bisarca, pl. **-che** /bi'zarka, ke/ f. car transporter.
bisavola /bi'zavola/ f. great grandmother.

bisavolo /bi'zavolo/ m. **1** *(bisnonno)* great grandfather **2** *(antenato)* ancestor.
bisbetica, pl. **-che** /biz'bɛtika, ke/ f. scold, shrew ♦ ***La ~ domata*** The Taming of the Shrew.
bisbetico, pl. **-ci**, **-che** /biz'bɛtiko, tʃi, ke/ **I** agg. cantankerous, churlish; [*donna*] shrewish **II** m. cantankerous man, bear.
bisbigliare /bizbiʎ'ʎare/ [1] **I** tr. ***~ qcs. a qcn.*** to whisper sth. to sb. **II** intr. (aus. *avere*) to whisper.
bisbiglio, pl. **-gli** /biz'biʎʎo, ʎi/ m. whisper.
bisboccia, pl. **-ce** /biz'bɔttʃa, tʃe/ f. COLLOQ. ***fare ~*** to go on a spree, to have a booze-up BE, to go on the bust AE.
bisboccione /bizbo'tʃone/ m. (f. **-a**) boozer, reveller.
bisca, pl. **-sche** /'biska, ske/ f. gambling den, gambling house.
biscazziere /biskat'tsjɛre/ m. (f. **-a**) **1** *(chi gestisce una bisca)* gambling house keeper **2** *(giocatore d'azzardo)* gambler.
bischero /'biskero/ m. (f. **-a**) **1** REGION. VOLG. *(babbeo)* prick **2** MUS. (tuning) peg.
biscia, pl. **-sce** /'biʃʃa, ʃe/ f. grass snake ♦♦ ***~ d'acqua*** water snake.
biscottato /biskot'tato/ agg. ***fetta -a*** rusk.
biscottiera /biskot'tjɛra/ f. biscuit tin, biscuit barrel.
biscotto /bis'kɔtto/ m. biscuit, cookie AE.
biscroma /bis'krɔma/ f. demisemiquaver.
biscuit /bis'kwi/ m.inv. *(porcellana)* biscuit, bisque.
bisecare /bise'kare/ [1] tr. to bisect.
bisessuale /bisessu'ale/ agg., m. e f. bisexual.
bisestile /bizes'tile/ agg. ***anno ~*** leap year.
bisesto /bi'zɛsto/ agg. ***anno ~, anno funesto*** = leap years are supposedly years of doom and gloom.
bisettimanale /bisettima'nale/ agg. biweekly.
bisex /bi'sɛks/ agg.inv., m. e f.inv. bisexual.
bislacco, pl. **-chi**, **-che** /biz'lakko, ki, ke/ agg. [*idea, persona*] crackpot, weird; ***un tipo ~*** a loony, a nutter.
bislungo, pl. **-ghi**, **-ghe** /biz'lungo, gi, ge/ agg. oblong.
bismuto /biz'muto/ m. bismuth.
bisnipote /bizni'pote/ m. e f. **1** *(di bisnonno)* great grandchild*; *(maschio)* great grandson; *(femmina)* great granddaughter **2** *(di prozio)* *(maschio)* great nephew; *(femmina)* great niece.
bisnonna /biz'nɔnna/ f. great grandmother.
bisnonno /biz'nɔnno/ m. great grandfather.
bisognare /bizoɲ'ɲare/ [1] impers. **1** *(essere necessario)* ***bisogna fare*** it is necessary to do; ***bisogna trovare una soluzione*** we've got to *o* we must find a solution; ***bisogna che tu ci vada*** you must go there; ***bisogna che tu parta*** you'll have to leave; ***bisogna che tu lo faccia*** you have to do it; ***bisognava fare qualcosa*** something needed to be done **2** *(essere opportuno)* ***bisognava dirlo prima!*** you should have said that before! ***a quale versione bisogna credere?*** whose side are we to believe? **3** *(in forme retoriche)* ***bisogna sentirlo quando è arrabbiato!*** you should hear him when he's angry! ***bisogna vedere*** we'll (have to) see; ***bisogna dire che*** it must be said that; ***bisogna riconoscerle che*** you've got to hand it to her that.
bisognino /bizoɲ'ɲino/ m. COLLOQ. ***fare un ~*** [*persona*] to spend a penny BE; [*animale*] to do its business.
bisogno /bi'zoɲɲo/ m. **1** *(necessità)* need, necessity; ***in caso di ~*** if the need arises, if necessary; ***al ~*** if need be, when required; ***secondo il ~*** according to necessity; ***senza ~ di*** without the need for *o* of; ***avere ~ di qcs., qcn.*** to need sth., sb.; ***avere un grande ~ di qcs.*** to be in great need for sth.; ***avere ~ di fare*** to need to do; ***avere ~ che qcn. faccia*** to need sb. to do; ***non avere ~ di commenti*** to need no comment; ***non c'è ~ di dire che*** it goes without saying that; ***non c'è ~ di fare*** there's no need to do; ***non c'è ~ che aspetti*** you needn't wait, there's no need for you to wait; ***c'è ~ che io venga?*** do I have to come? **2** *(esigenza)* need; ***soddisfare un ~*** to satisfy a need; ***rispondere ai -i di qcn.*** to meet sb.'s needs *o* requirements; ***provvedere ai -i della propria famiglia*** to provide for one's family; ***ho ~ di libertà*** I need freedom; ***sentire il ~ di fare*** to feel the need to do **3** *(povertà, difficoltà)* ***essere nel ~*** to be in need; ***aiutare qcn. nel momento del ~*** to help sb. in times of need; ***per*** o ***spinto dal ~*** out of necessity, need **4** COLLOQ. *(necessità fisiologica)* ***fare i propri -i*** [*persona*] to spend a penny BE; [*animale*] to do its business ♦ ***il ~ aguzza l'ingegno*** necessity is the mother of invention; ***gli amici si riconoscono nel momento del ~*** a friend in need is a friend indeed.
bisognoso /bizoɲ'ɲoso/ **I** agg. **1** *(povero)* [*persona, famiglia*] in need, needy **2** ***~ di cure, di aiuto*** in need of care, of help **II** m. (f. **-a**) needy person; ***i -i*** the needy.
bisonte /bi'zonte/ m. bison* ♦♦ ***~ americano*** buffalo.
bissare /bis'sare/ [1] tr. [*musicista*] to play [sth.] as an encore [*pezzo*]; [*attore*] to repeat [*scena*].
bistecca, pl. **-che** /bis'tekka, bis'tɛkka, ke/ f. (beef)steak ♦♦ ***~ ai ferri*** grilled steak; ***~ alla fiorentina*** → **fiorentina**; ***~ con l'osso*** T-bone steak.
bistecchiera /bistek'kjɛra/ f. steak pan; *(elettrica)* grill.
bisticciare /bistit'tʃare/ [1] intr. (aus. *avere*), **bisticciarsi** pronom. to bicker, to squabble, to have* a tiff (**per** about, over).
bisticcio, pl. **-ci** /bis'tittʃo, tʃi/ m. **1** *(lite)* bicker, squabble, tiff **2** *(gioco di parole)* pun.
bistrato /bi'strato/ agg. [*occhi*] heavily made-up.
bistrattare /bistrat'tare/ [1] tr. **1** *(maltrattare)* to mistreat, to ill-treat [*persona, animale*]; to batter [*oggetto*] **2** *(criticare)* to demolish [*autore, opera*].
bisturi /'bisturi/ m.inv. scalpel, bistoury.
bisunto /bi'zunto/ agg. ***unto e ~*** = very greasy and dirty.
bit /bit/ m.inv. INFORM. bit.
bitorzolo /bi'tortsolo, bi'tɔrtsolo/ m. **1** *(bernoccolo)* lump, bump **2** *(foruncolo)* spot, pimple.
bitorzoluto /bitortso'luto/ agg. lumpy, bumpy.
bitta /'bitta/ f. bitt, bollard.
bitter /'bitter/ m.inv. = alcoholic or non alcoholic sharp flavoured aperitif.
bitume /bi'tume/ m. bitumen.
bituminoso /bitumi'noso/ agg. bituminous.
biunivoco, pl. **-ci**, **-che** /biu'nivoko, tʃi, ke/ agg. [*corrispondenza*] one-to-one.
bivaccare /bivak'kare/ [1] intr. (aus. *avere*) **1** *(campeggiare)* to bivouac, to camp (out) **2** *(sistemarsi alla meglio)* to camp out.
bivacco, pl. **-chi** /bi'vakko, ki/ m. bivouac, camp.
bivalente /biva'lɛnte/ agg., m. e f. bivalent.
bivio, pl. **-vi** /'bivjo, vi/ m. **1** *(di strada)* crossroads*, fork, junction **2** FIG. ***trovarsi a un ~*** to be at a crossroads.
bizantino /biddzan'tino/ **I** agg. Byzantine (anche FIG.) **II** m. (f. **-a**) Byzantine.
bizza /'biddza/ f. ***fare le -e*** [*bambino*] to throw a tantrum, to act up; [*auto, computer, tempo*] to act up, to play up.
bizzarria /biddzar'ria/ f. **1** *(stravaganza)* eccentricity **2** *(cosa bizzarra)* oddity, curiosity.
bizzarro /bid'dzarro/ agg. **1** *(strano)* [*oggetto, fatto, atto*] bizarre, odd, weird; [*persona*] peculiar, eccentric, weird; [*idea*] outlandish, crazy; [*nome*] funny, odd; ***di forma -a*** oddly shaped **2** *(bizzoso)* [*cavallo*] frisky, temperamental.
bizzeffe: **a bizzeffe** /abid'dzɛffe/ avv. ***avere denaro a ~*** to have money to burn.
bizzoso /bid'dzoso/ agg. **1** *(capriccioso)* capricious, whimsical **2** [*cavallo*] frisky, temperamental.
bla bla /bla'bla/ m.inv. blah blah.
blackout /blɛk'aut/ m.inv. blackout (anche FIG.).
blandire /blan'dire/ [102] tr. *(lusingare)* to coax, to cajole [*persona*].
blandizie /blan'dittsje/ f.pl. LETT. coaxing sing., sweet talk sing.
blando /'blando/ agg. **1** *(leggero)* [*effetto, calmante*] mild **2** *(lieve)* [*punizione*] mild; [*riforma*] tame **3** *(tenue)* [*luce*] soft.
blasfemo /blas'fɛmo/ agg. blasphemous.
blasonare /blazo'nare/ [1] tr. to blazon.
blasonato /blazo'nato/ **I** p.pass. → **blasonare II** agg. **1** *(nobile)* [*famiglia*] emblazoned with a coat of arms **2** FIG. ***una squadra -a*** an award-winning team.
blasone /bla'zone/ m. blazon, coat of arms; ***avere un ~*** to be emblazoned, to have a coat of arms.
blaterare /blate'rare/ [1] intr. (aus. *avere*) SPREG. to blather, to blether, to blab (**su, di** about).
blaterone /blate'rone/ m. (f. **-a**) windbag.
blatta /'blatta/ f. cockroach, roach AE COLLOQ.

bleso /'blεzo/ agg. lisping; ***parlare* ~ o *con pronuncia -a*** to (have a) lisp.

blindare /blin'dare/ [1] tr. to armour BE, to armor AE [*veicolo, porta*].

blindato /blin'dato/ **I** p.pass. → **blindare II** agg. [*veicolo, porta, vetri*] armoured BE, armored AE; ***camera -a*** strongroom **III** m. security van; MIL. armoured vehicle BE, armored vehicle AE.

blindatura /blinda'tura/ f. armour BE, armor AE.

blister /'blister/ m.inv. *(di pillole)* blister pack.

blitz /blits/ m.inv. blitz, swoop; ***fare un* ~** to swoop (anche FIG.).

bloccare /blok'kare/ [1] **I** tr. **1** *(fermare)* to stop [*persona*]; to stop, to halt [*macchina, treno*]; to block [*traffico*]; to block, to cramp [*progetto, sviluppo*]; to stop, to hold* up [*processo, lavori*]; **~ *la circolazione*** to impede traffic flow **2** *(chiudere)* to block [*passaggio, strada*]; to cut* off [*via di fuga*]; to lock [*portiera, sicura*]; **~ *la visuale*** to cut off *o* break up the view **3** *(inceppare)* to block (up), to jam, to clog [*meccanismo*] **4** *(trattenere)* ***mi ha bloccato nel corridoio per un'ora*** he collared me in the corridor for one hour **5** ECON. BANC. to block, to freeze* [*salari, prezzi, conto*]; to stop [*assegno*] **6** MECC. to lock [*sterzo*] **7** PSIC. *(inibire)* to inhibit, to paralyse BE, to paralyze AE; ***gli esami lo bloccano*** he can't handle exams **II bloccarsi** pronom. **1** *(fermarsi)* [*persona*] to stop; [*veicolo*] to stop, to come* to a halt; [*motore*] to stall **2** *(incepparsi)* [*ascensore, porta*] to jam, to stick*; [*sterzo*] to lock; [*schiena*] to seize up **3** *(incastrarsi)* [*cerniera*] to jam; ***la chiave si è bloccata nella serratura*** the key has got stuck in the lock **4** *(interrompersi)* [*negoziati*] to (come* to a) standstill, to break* down; [*processo, attività*] to freeze*, to stop **5** PSIC. ***quando lo vedo mi blocco*** when I see him I freeze; ***si blocca davanti alla più piccola difficoltà*** he gets stuck at the smallest difficulty.

bloccaruota /blokka'rwɔta/ agg. e m.inv. ***(ceppo)* ~** (wheel) clamp, boot AE.

bloccasterzo /blokkas'tεrtso/ m. anti-theft steering lock.

bloccato /blok'kato/ **I** p.pass. → **bloccare II** agg. **1** *(ostruito)* blocked **2** *(inceppato)* [*meccanismo, porta, cerniera*] jammed **3** *(impossibilitato a muoversi)* [*persona*] stuck; **~ *dalla nebbia, dallo sciopero*** fogbound, strikebound; **~ *in un ingorgo*** caught up in a traffic jam; ***ho la schiena -a*** my back has seized up **4** FIG. ***essere* ~** [*attività*] to be at a standstill **5** ECON. [*conto*] frozen **6** PSIC. ***essere* ~** to have a mental block.

blocchetto /blok'ketto/ m. *(di fogli)* (note)pad, memo pad, scratch pad; *(di biglietti)* block, book.

1.blocco, pl. **-chi** /'blɔkko, ki/ m. **1** *(massa solida)* block **2** POL. *(coalizione)* bloc, coalition; ***fare* ~** to side together **3** *(di fogli)* (note)pad; **~ *da disegno*** drawing block **4 in blocco** as one; [*comprare, vendere*] in bulk, outright ♦ ***essere ai -chi di partenza*** to be at the starting line ♦♦ **~ *motore*** engine assembly *o* block; **~ *di partenza*** starting block.

2.blocco, pl. **-chi** /'blɔkko, ki/ m. **1** *(interruzione)* block, halt; *(di traffico)* tie-up, jam; **~ *stradale, posto di* ~** roadblock **2** MIL. blockade **3** *(di meccanismo, ruota)* locking; ***sistema di* ~** blocking *o* locking system **4** ECON. POL. *(di operazione, fondi, negoziati)* freeze; **~ *dei prezzi, degli affitti*** price, rent freeze; **~ *delle assunzioni*** freeze on hirings; **~ *della vendita delle armi*** ban on arms sales; **~ *della produzione*** production stoppage, standstill in production; ***imporre un* ~ *economico*** to impose an embargo **5** MED. failure; ***ha avuto un* ~ *renale*** his kidneys failed **6** PSIC. block ♦♦ **~ *cardiaco*** cardiac arrest; **~ *mentale*** mental block; **~ *navale*** (naval) blockade.

bloc-notes, **block-notes** /blok'nɔtes/ m.inv. notepad.

blu /blu/ ▸ *3* agg. e m.inv. blue ♦ ***essere di* o *avere sangue* ~** to have blue blood; ***avere una fifa* ~** to be in a blue funk ♦♦ **~ *avio*** air force blue; **~ *cobalto*** cobalt blue; **~ *elettrico*** electric blue; **~ *notte*** midnight blue; **~ *oltremare*** ultramarine; **~ *di Prussia*** Prussian blue.

blucerchiato /blutʃer'kjato/ agg. [*tifoso, giocatore*] = of Sampdoria football club.

blue-jeans /blu'dʒins/ m.pl. blue jeans.

blues /bluz/ agg. e m.inv. blues.

bluff /blœf, bluf, blεf/ m.inv. bluff.

bluffare /blœf'fare, bluf'fare, blef'fare/ [1] intr. (aus. *avere*) to bluff.

blusa /'bluza/ f. **1** *(camicetta)* blouse **2** *(camiciotto da lavoro)* smock.

1.boa /'bɔa/ m.inv. **1** ZOOL. boa **2** ABBIGL. **~ *(di piume)*** (feather) boa.

2.boa /'bɔa/ f. buoy, buoyancy aid; ***giro di* ~** SPORT rounding of the mark; ***essere al giro di* ~** FIG. to turn the corner ♦♦ **~ *luminosa*** beacon; **~ *d'ormeggio*** mooring buoy.

boato /bo'ato/ m. *(di valanga, tuono, vulcano)* boom, rumble; *(della folla)* roar.

bob /bɔb/ m.inv. *(slitta)* bob, bobsleigh, bobsled; *(sport)* bobsleighing; **~ *a due, a quattro*** two, four men bob; ***andare in* ~** to bobsleigh.

bobina /bo'bina/ f. **1** TESS. bobbin, reel; ***una* ~ *di cotone*** a cotton reel **2** EL. (winding) coil **3** CINEM. FOT. reel, spool.

bocca, pl. **-che** /'bokka, ke/ f. **1** ANAT. mouth; ***prendere qcs. per* ~** to take sth. orally; ***baciare qcn. sulla* ~** to kiss sb. on the lips; ***respirazione* ~ *a* ~** mouth-to-mouth resuscitation; ***con la* o *a* ~ *aperta*** open-mouthed; ***guardare qcn. con la* ~ *aperta*** to gape at sb. **2** *(persona)* ***avere sei -che da sfamare*** to have six mouths to feed **3** *(apertura)* *(di vulcano, fiume, tunnel)* mouth; *(di arma da fuoco)* muzzle ♦ ***lasciare l'amaro in* ~** to leave a bad taste in one's mouth; ***storcere la* ~ *davanti a qcs.*** to make a wry mouth at sth.; ***non ha aperto* ~ *tutta la sera*** he hasn't said a word all evening; ***non sa tenere la* ~ *chiusa!*** he's such a bigmouth! ***non chiude mai (la)* ~** she never stops talking; ***avere la* ~ *cucita*** to have one's lips sealed; ***tappare la* ~ *a qcn.*** to shut sb. up; ***mi hai tolto la parola di* ~** I was just about to say that; ***cavare le parole di* ~ *a qcn.*** to drag the words out of sb.; ***essere sulla* ~ *di tutti*** to be on everyone's lips, to be the talk of the town; ***passare di* ~ *in* ~** [*notizia*] to spread by word of mouth, to go from mouth to mouth; ***restare a* ~ *aperta*** to stand open-mouthed; ***è rimasto a* ~ *aperta!*** his mouth *o* jaw dropped open! ***restare a* ~ *asciutta*** to be left empty-handed; ***ammettere a mezza* ~** to admit half-heartedly; ***essere di* ~ *buona*** = to be easily satisfied; ***metter* ~ *in qcs.*** to shove one's oar into sth.; ***fare la* ~ *a qcs.*** = to get used to sth.; ***in* ~ *al lupo!*** good luck! break a leg! ♦♦ **~ *antincendio*** hydrant; **~ *da fuoco*** piece of ordnance; **~ *di leone*** BOT. snapdragon; **~ *dello stomaco*** pit of the stomach.

boccaccesco, pl. **-schi**, **-sche** /bokkat'tʃesko, ski, ske/ agg. *(licenzioso)* [*vicenda*] licentious, bawdy.

boccaccia, pl. **-ce** /bok'kattʃa, tʃe/ f. **1** SPREG. ***chiudi quella* ~*!*** shut your trap! **2** *(smorfia)* grimace; ***fare le -ce*** to pull *o* make a (wry) face, to grimace **3** FIG. *(persona maldicente)* ***essere una* ~** to be a bigmouth.

boccaglio, pl. **-gli** /bok'kaʎʎo, ʎi/ m. **1** TECN. nozzle **2** *(del respiratore)* mouthpiece.

boccale /bok'kale/ m. jug, pot; *(con coperchio)* tankard, flagon.

boccaporto /bokka'pɔrto/ m. hatchway; ***portello di* ~** hatch; ***chiudere i -i*** to batten down the hatches.

boccascena /bokkaʃ'ʃεna/ m.inv. proscenium*.

boccata /bok'kata/ f. *(di cibo)* mouthful; *(sorsata)* gulp, draught BE, draft AE; *(di fumo)* pull, puff, drag; ***uscire a prendere una* ~ *d'aria*** to go out for a breath of fresh air; ***una* ~ *d'ossigeno*** FIG. a shot in the arm.

boccetta /bot'tʃetta/ f. *(bottiglietta)* small bottle; **~ *di profumo*** bottle of perfume.

boccheggiare /bokked'ʒare/ [1] intr. (aus. *avere*) **1** *(respirare affannosamente)* to gasp, to pant (anche FIG.) **2** *(agonizzare)* to be* at one's last gasps.

bocchetta /bok'ketta/ f. *(apertura)* mouth, opening; *(di serratura)* selvage; *(di strumenti a fiato)* mouthpiece ♦♦ **~ *stradale*** manhole cover; **~ *di ventilazione*** air vent.

bocchettone /bokket'tone/ m. *(imboccatura)* mouth, opening.

bocchino /bok'kino/ m. **1** *(di strumenti a fiato)* mouthpiece **2** *(per sigarette)* cigarette holder.

boccia, pl. **-ce** /'bɔttʃa, tʃe/ **I** f. *(recipiente, palla)* bowl **II bocce** f.pl. bowls; ***giocare a, alle -ce*** to play bowls; ***fare una partita a -ce*** to play a game of bowls ♦ ***ragionare a -ce ferme*** to take stock of the situation.

bocciare /bot'tʃare/ [1] tr. **1** *(respingere)* to reject [*mozione, proposta*] **2** *(a un esame)* [*professore, commissione*] to fail, not to pass [*candidato, studente*]; ***farsi* ~** o ***essere bocciato a un***

esame [*studente*] to fail *o* flunk AE COLLOQ. an exam **3** *(nel gioco delle bocce)* to hit*, to strike*.

bocciatura /bottʃa'tura/ f. **1** *(rifiuto)* rejection **2** *(a un esame)* failure.

boccino /bot'tʃino/ m. *(nel gioco delle bocce)* jack.

boccio, pl. **-ci** /'bɔttʃo, tʃi/ m. bud; ***in ~*** in bud, budding.

bocciodromo /bot'tʃɔdromo/ m. = area for playing bowls.

bocciofila /bot'tʃɔfila/ f. = club where bowls are played, usually by older people.

bocciofilo /bot'tʃɔfilo/ agg. [*società*] bowls, bowling.

bocciolo /bot'tʃɔlo/ m. bud; ***~ di rosa*** rosebud.

boccolo /'bokkolo/ m. ringlet, curl.

bocconcino /bokkon'tʃino/ **I** m. **1** *(piccolo boccone)* morsel, nibble; ***~ prelibato*** titbit **2** FIG. ***è un bel ~*** she's a dish *o* a cookie AE COLLOQ. **II bocconcini** m.pl. GASTR. *(spezzatino)* stew sing., stewballs.

boccone /bok'kone/ m. **1** *(boccata)* mouthful; *(pezzo)* bite, morsel; ***un ~ prelibato*** a titbit **2** *(pasto frugale)* ***mangiare un ~*** to have a bite to eat, to grab a snack *o* a quick bite **3** *(esca)* ***un ~ avvelenato*** a poison bait ♦ ***col ~ in gola*** = immediately after eating; ***quello me lo mangio in un ~!*** I could have him for breakfast! ***è un ~ amaro da mandare giù*** it's a bitter pill to swallow; ***togliersi il ~ di bocca per qcn.*** to take the bread out of one's mouth for sb.; ***a pezzi e -i*** bit by bit ♦♦ ***~ del prete*** parson's nose.

bocconi /bok'koni/ avv. flat on one's face, face down; [*dormire*] flat on one's stomach.

body /'bɔdi/ m.inv. body (suit); *(per ballerini)* leotard.

body building /bodi'bilding/ m.inv. body-building.

Boemia /bo'ɛmja/ ➧ ***30*** n.pr.f. Bohemia.

boemo /bo'ɛmo/ ➧ ***30*** **I** agg. Bohemian **II** m. (f. **-a**) Bohemian.

boero /bo'ɛro/ **I** agg. Boer **II** m. (f. **-a**) **1** Boer **2** GASTR. = large chocolate filled with a cherry and liqueur.

bofonchiare /bofon'kjare/ [1] **I** tr. to mumble [*risposta*] **II** intr. (aus. *avere*) to mumble.

boh /bo/ inter. who knows, dunno.

bohémien /boe'mjɛn/ agg. e m.inv. bohemian.

boia /'bɔja/ **I** m.inv. executioner; *(chi impicca)* hangman* **II** agg.inv. COLLOQ. ***fa un freddo ~!*** it's perishing *o* freezing! ***fa un caldo ~!*** it's scorching *o* boiling hot! ***~ (d'un) mondo!*** damn! ***mi fa un male ~!*** it hurts like hell!

boiata /bo'jata/ f. COLLOQ. ***questo film è una (gran) ~*** this film is rubbish; ***non dire -e!*** don't talk rubbish!

boicottaggio, pl. **-gi** /boikot'taddʒo, dʒi/ m. boycott (**di** against, of, on).

boicottare /boikot'tare/ [1] tr. to boycott.

boiler /'bɔiler/ m.inv. boiler, water-heater.

bolero /bo'lɛro/ m. MUS. ABBIGL. bolero*.

bolgia, pl. **-ge** /'bɔldʒa, dʒe/ f. *(confusione)* bedlam, madhouse.

bolide /'bɔlide/ m. **1** ASTR. fireball **2** *(auto)* high-powered car; *(da corsa)* race car **3** COLLOQ. *(persona obesa)* fatty.

bolina /bo'lina/ f. bowline; ***navigare di ~*** to sail close to the wind, to be close-hauled.

boliviano /boli'vjano/ ➧ ***25*** **I** agg. Bolivian **II** m. (f. **-a**) Bolivian.

1.bolla /'bolla/ f. **1** *(di acqua, nel vetro)* bubble; *(su carta, pittura)* blister; ***~ d'aria, di sapone*** air, soap bubble; ***fare le -e*** to blow bubbles **2** *(vescica)* blister ♦ ***finire in una ~ di sapone*** to come to nothing.

2.bolla /'bolla/ f. **1** RELIG. STOR. bull **2** COMM. ECON. note, bill ♦♦ ***~ di accompagnamento*** waybill, packing list; ***~ di consegna*** receiving note, bill of parcel; ***~ doganale*** bill of entry; ***~ papale*** papal bull.

bollare /bol'lare/ [1] tr. **1** AMM. to stamp [*documento*] **2** SPREG. ***~ qcn. come*** to brand *o* label sb. as.

bollato /bol'lato/ **I** p.pass. → **bollare II** agg. ***carta -a*** bonded *o* stamped paper.

bollente /bol'lɛnte/ agg. **1** *(rovente)* [*tè, caffè*] boiling hot, steaming; [*piatto, termosifone, sabbia*] (burning) hot **2** *(febbricitante)* [*persona, fronte*] burning hot (with fever) **3** *(che bolle)* [*acqua*] boiling ♦ ***placare i -i spiriti*** to cool one's ardour, to cool off.

bolletta /bol'letta/ f. **1** *(fattura)* bill; ***~ del gas, della luce*** gas, electricity bill **2** ECON. AMM. note, bill ♦ ***essere in ~*** to be flat broke ♦♦ ***~ di accompagnamento*** waybill, packing list; ***~ doganale*** bill of entry.

bollettario, pl. **-ri** /bollet'tarjo, ri/ m. receipt book.

bollettino /bollet'tino/ m. **1** *(notiziario)* bulletin; ***~ della neve*** snow report; ***~ meteorologico*** weather bulletin **2** COMM. ***~ di versamento*** paying-in slip; ***~ di ordinazione*** order form **3** *(pubblicazione)* bulletin; ***~ di informazione*** newsletter, news sheet; ***~ ufficiale*** (official) gazette.

bollino /bol'lino/ m. **1** *(autoadesivo)* sticker **2** *(su tessere, documenti)* stamp; *(punto di concorsi a premi)* (trading) stamp, token.

bollire /bol'lire/ [3] **I** tr. to boil; ***fare ~*** to boil, to bring [sth.] to the boil **II** intr. (aus. *avere*) **1** *(raggiungere l'ebollizione)* to boil **2** *(fermentare)* [*mosto*] to ferment **3** FIG. *(fremere)* to boil, to seethe (**di** with); ***mi bolliva il sangue*** my blood was boiling **4** COLLOQ. *(morire di caldo)* ***qui si bolle*** it's boiling in here ♦ ***che cosa bolle in pentola?*** what's cooking *o* brewing?

bollito /bol'lito/ **I** p.pass. → **bollire II** agg. boiled **III** m. *(carne lessata)* boiled meat.

bollitore /bolli'tore/ m. kettle.

bollitura /bolli'tura/ f. boiling.

bollo /'bollo/ m. **1** stamp; ***esente da, soggetto a ~*** free from, subject to stamp tax; ***marca da ~*** revenue stamp **2** AUT. ***~ (di circolazione)*** *(tassa)* road tax *o* fund; *(contrassegno)* (road) tax disc; ***pagare il ~ dell'auto*** to tax a vehicle **3** COLLOQ. *(livido)* bruise.

bollore /bol'lore/ **I** m. boil, boiling; ***portare qcs. a ~*** to bring sth. to the boil; ***alzare il ~*** to come to the boil **II bollori** m.pl. ebullience sing., ardour sing. BE, ardor sing. AE; ***calmare i -i di qcn.*** to cool sb.'s ardour.

bolognese /boloɲ'ɲese/ ➧ ***2*** **I** agg. **1** *(di Bologna)* Bolognese **2 alla bolognese** GASTR. ***spaghetti alla ~*** spaghetti Bolognese **II** m. e f. Bolognese.

bolscevico, pl. **-chi, -che** /bolʃe'viko, ki, ke/ **I** agg. Bolshevik **II** m. (f. **-a**) Bolshevik.

bolso /'bolso/ agg. **1** [*cavallo*] broken-winded **2** FIG. [*persona*] weak, flabby.

boma /'bɔma/ m. e f.inv. MAR. boom.

1.bomba /'bomba/ f. **1** MIL. bomb; ***lanciare una ~ (su)*** *(a mano)* to throw a grenade (at); *(da un aereo)* to drop a bomb (on); ***mettere una ~*** to plant a bomb; ***a prova di ~*** [*rifugio*] bombproof, shell-proof; FIG. [*pazienza*] unfailing **2** FIG. *(notizia sensazionale)* bomb(shell); ***quando scoppierà la ~*** when the balloon goes up, when the bomb goes off **3** FIG. *(persona, cosa eccezionale)* ***è una ~*** she looks a knock-out; ***questa macchina è una ~*** this car goes like a bomb; ***~ sexy*** sex bomb **4** COLLOQ. *(cibo calorico)* ***questa torta è una vera ~!*** this cake is really fattening! *(bevanda ad alta gradazione)* ***questo liquore è una ~!*** this drink is really strong! **5** GERG. SPORT *(sostanza stimolante)* pep pill ♦♦ ***~ atomica*** atom(ic) bomb; ***~ al cobalto*** MED. cobalt bomb, cobalt therapy unit; ***~ fumogena*** smoke bomb; ***~ H*** H-bomb; ***~ all'idrogeno*** hydrogen bomb; ***~ lacrimogena*** teargas grenade; ***~ a mano*** hand grenade; ***~ molotov*** Molotov cocktail; ***~ a orologeria*** time bomb.

2.bomba /'bomba/ f. ***tornare a ~*** = to get back to the point.

bombardamento /bombarda'mento/ m. **1** MIL. bombing, bombardment; *(d'artiglieria)* shellfire, shelling **U**; ***la nostra casa fu distrutta dai -i*** we were bombed out (of our home) **2** *(sequela di domande, critiche)* bombardment, barrage; *(pubblicitario)* barrage **3** FIS. bombardment ♦♦ ***~ aereo*** air raid; ***~ navale*** naval bombardment; ***~ atomico*** MIL. atombomb attack; FIS. atomic bombardment; ***~ a tappeto*** carpet *o* area *o* saturation bombing.

bombardare /bombar'dare/ [1] tr. **1** *(colpire con bombe)* to bomb; *(con artiglieria)* to shell; ***~ in picchiata*** to dive-bomb **2** FIG. [*media*] to bombard [*pubblico*]; ***~ qcn. di domande*** to bombard sb. with questions, to fire questions at sb. **3** FIS. to bombard.

bombardiere /bombar'djɛre/ m. MIL. *(aereo)* bomber.

bombardino /bombar'dino/ ➧ ***34*** m. baritone saxhorn.

bombato /bom'bato/ agg. [*supeficie*] bulging; [*forma*] rounded.

bombatura /bomba'tura/ f. **1** bulge **2** EDIL. MAR. camber.

bomber /'bɔmber/ m.inv. **1** SPORT (top) goalscorer **2** ABBIGL. bomber jacket.

bombetta /bom'betta/ f. bowler hat, derby AE.
bombo /'bombo/ m. ENTOM. bumblebee.
bombola /'bombola/ **I** f. bottle, cylinder; ***~ di ossigeno*** oxygen cylinder *o* tank; ***~ del gas*** gas bottle *o* cylinder **II bombole** f.pl. *(respiratore)* breathing apparatus sing.
bomboletta /bombo'letta/ f. *(aerosol)* spray (can); ***~ di vernice spray*** paint spray.
bombolone /bombo'lone/ m. GASTR. doughnut, donut AE.
bomboniera /bombo'njɛra/ f. *(di matrimonio ecc.)* = small box used to hold sugared almonds which are given at weddings, First Communions etc.
bompresso /bom'presso/ m. bowsprit.
bonaccia, pl. **-ce** /bo'nattʃa, tʃe/ f. **1** METEOR. MAR. (dead) calm; ***in ~*** becalmed **2** FIG. *(calma)* calm, peace; *(stasi)* lull.
bonaccione /bonat'tʃone/ m. (f. **-a**) = good person.
bonarietà /bonarje'ta/ f.inv. bonhomie, kindness.
bonario, pl. **-ri, -rie** /bo'narjo, ri, rje/ agg. [*carattere, persona*] good-natured, kindly; [*scherzo, critica*] good-humoured BE, good-humored AE.
Bonifacio /boni'fatʃo/ n.pr.m. Boniface.
bonifica, pl. **-che** /bo'nifika, ke/ f. **1** *(di terreni, paludi)* drainage, reclamation **2** *(di campi minati)* (land) mine clearance.
bonificare /bonifi'kare/ [1] tr. **1** *(prosciugare)* to drain, to reclaim [*palude, terreno*] **2** *(sminare)* to clear [sth.] of mines **3** FIG. *(risanare)* to clear up, to (re)develop [*quartiere*] **4** BANC. to transfer, to credit [*denaro*].
bonifico, pl. **-ci** /bo'nifiko, tʃi/ m. **1** BANC. credit transfer, bank transfer **2** COMM. *(abbuono)* allowance.
bonomia /bono'mia/ f. bonhomie, kindness.
bontà /bon'ta/ f.inv. **1** kindness, goodness; ***trattare qcn. con ~*** to treat sb. with kindness; ***per ~ d'animo*** out of the goodness of one's heart; ***~ divina!*** good(ness) gracious! **2** *(cortesia)* ***ha avuto la ~ di fare...*** he's been so kind as to do...; ***~ sua!*** how kind of him! ***si è degnato, ~ sua, di venire*** he graciously agreed to come **3** *(qualità) (di lavoro, prodotto)* excellence, good quality **4** *(buon sapore)* ***è una vera ~, che ~!*** it's simply delicious!
bon ton /bon'tɔn/ m.inv. good manners pl.
bonus malus /bonus'malus/ m.inv. no-claim(s) bonus.
bonzo /'bondzo/ m. bonze.
boom /bum/ m.inv. boom; ***~ economico, demografico*** economic, baby boom; ***~ dei consumi*** consumer boom; ***gli affari sono in pieno ~*** business is booming.
boomerang /'bumerang/ **I** m.inv. boomerang (anche FIG.) **II** agg.inv. ***effetto ~*** boomerang effect.
borace /bo'ratʃe/ m. borax.
borbottare /borbot'tare/ [1] **I** tr. to mutter [*insulti*]; to mumble [*scusa*] **II** intr. (aus. *avere*) [*persona*] to mumble, to mutter, to grumble; [*stomaco*] to (g)rumble.
borbottio, pl. **-ii** /borbot'tio, ii/ m. mumble, grumble, muttering; *(di stomaco)* (g)rumble.
borchia /'bɔrkja/ f. **1** *(di giubbotto, cintura)* stud **2** *(di tappezziere)* upholsterer's nail.
borchiato /bor'kjato/ agg. [*giubbotto*] studded.
bordare /bor'dare/ [1] tr. **1** SART. to edge, to trim [*abito, tenda*]; to bind* [*orlo*] **2** *(delimitare)* to border, to bound.
bordata /bor'data/ f. **1** MIL. broadside **2** FIG. *(di insulti, fischi)* volley **3** MAR. tack.
bordeaux /bor'do/ ♦ *3* **I** agg.inv. burgundy, maroon **II** m.inv. **1** *(vino)* bordeaux; ***~ rosso*** claret **2** *(colore)* burgundy, maroon.
bordeggiare /borded'dʒare/ [1] intr. (aus. *avere*) MAR. *(controvento)* to beat* (to windward); *(seguendo la costa)* to hug the coast.
bordello /bor'dɛllo/ m. **1** *(casa di tolleranza)* brothel **2** COLLOQ. *(chiasso)* racket, row; ***fare ~*** to make a racket.
borderò /borde'rɔ/ m. inv. form, note.
bordo /'bordo/ m. **1** *(di strada, lago)* side, edge; *(di tavolo, sedia)* edge; *(di bicchiere, tazza)* rim; *(di marciapiede)* kerb BE, curb AE **2** SART. *(orlo)* border, (hem)line **3** MAR. AER. *(fianco)* side; ***a ~*** [*essere, dormire*] on board, aboard; ***salire a ~ di*** to go on board, to board [*nave, aereo*]; ***è partito a ~ di un furgone*** he left in a van; ***giornale di ~*** log (book); ***medico di ~*** ship's doctor; ***personale di ~*** AER. cabin crew; ***fuori ~*** overboard **4 *d'alto bordo prostituta d'alto ~*** high-class prostitute; ***gente d'alto ~*** people of high rank.
bordone /bor'done/ m. MUS. *(nota)* drone ♦ ***tenere ~ a qcn.*** to be in cahoots with sb.
bordura /bor'dura/ f. **1** *(di aiuola)* border **2** SART. border, trim.
boreale /bore'ale/ agg. northern; ***aurora ~*** Northern Lights, aurora borealis.
borgata /bor'gata/ f. **1** *(piccolo borgo)* small village **2** *(quartiere periferico povero)* = poor outskirts of a city.
borgataro /borga'taro/ m. (f. **-a**) = in Rome, person who lives on the poor outskirts.
borghese /bor'gese, bor'geze/ **I** agg. **1** *(della borghesia)* [*società, ideologia*] bourgeois; [*morale*] middle-class; ***essere di estrazione ~*** to be from a middle-class background **2** *(signorile)* [*quartiere, casa*] bourgeois **3** *(civile)* ***in ~*** [*soldato*] in civilian clothes, in civvies COLLOQ.; [*poliziotto*] in plain clothes **II** m. e f. bourgeois*; ***piccolo ~*** petit bourgeois.
borghesia /borge'sia, borge'zia/ f. middle class, bourgeoisie; ***piccola, alta ~*** lower, upper middle class.
borgo, pl. **-ghi** /'borgo, gi/ m. **1** *(villaggio)* village **2** *(sobborgo)* suburb.
borgogna /bor'goɲɲa/ m.inv. ENOL. burgundy.
Borgogna /bor'goɲɲa/ ♦ *30* n.pr.f. Burgundy.
borgognone /borgoɲ'ɲone/ ♦ *30* **I** agg. Burgundian **II** m. (f. **-a**) Burgundian.
boria /'bɔrja/ f. haughtiness, arrogance; ***essere pieno di ~*** to be arrogant.
borico, pl. **-ci, -che** /'bɔriko, tʃi, ke/ agg. boric.
borioso /bo'rjoso/ agg. haughty, arrogant, bumptious.
boro /'bɔro/ m. boron.
borotalco® /boro'talko/ m. talc, talcum (powder).
borraccia, pl. **-ce** /bor'rattʃa, tʃe/ f. flask, water bottle; MIL. canteen.
1.borsa /'borsa/ f. **1** bag; *(borsetta)* handbag, purse AE; *(portadocumenti)* briefcase **2** COLLOQ. *(occhiaia)* ***avere le -e sotto gli occhi*** to have bags under one's eyes **3** ZOOL. *(marsupio)* pouch ♦ ***allargare, stringere i cordoni della ~*** to loosen, to tighten the purse-strings; ***metter mano alla ~*** to foot the bill; ***"o la ~ o la vita!"*** "your money or your life!" ♦♦ ***~ dell'acqua calda*** hot water bottle; ***~ del ghiaccio*** ice pack; ***~ di plastica*** plastic bag; ***~ della spesa*** shopper, shopping bag; ***~ di studio*** grant, scolarship; ***~ da tabacco*** pouch.
2.borsa /'borsa/ f. ECON. stock exchange, stock market; ***la ~ ha chiuso in rialzo, in ribasso*** stocks closed higher, lower; ***in ~*** [*scalata, speculazione*] stock exchange attrib., stock market attrib.; ***giocare in ~*** to play the (stock) market, to gamble on the Stock Exchange; ***quotato in ~*** listed *o* quoted on the Stock Exchange; ***la società sarà quotata in ~*** the company is going public; ***seduta di ~*** trading session; ***indice di ~*** share *o* stock index; ***listino di ~*** Stock Exchange list; ***quotazioni di ~*** Stock Exchange prices; ***agente*** o ***operatore di ~*** stockbroker ♦♦ ***~ nera*** black market; ***~ telematica*** computerized trading; ***la Borsa valori*** the Stock Exchange.
borsanerista, m.pl. **-i**, f.pl. **-e** /borsane'rista/ m. e f. black market trader, black marketeer.
borseggiare /borsed'dʒare/ [1] tr. ***~ qcn.*** to pick sb.'s pocket.
borseggiatore /borseddʒa'tore/ m. (f. **-trice** /tritʃe/) pickpocket.
borseggio, pl. **-gi** /bor'seddʒo, dʒi/ m. bag snatch, pickpocketing.
borsellino /borsel'lino/ m. purse, change purse AE.
borsetta /bor'setta/ f. handbag, purse AE.
borsino /bor'sino/ m. ECON. *(ufficio bancario)* trading desk, dealing desk.
borsista, m.pl. **-i**, f.pl. **-e** /bor'sista/ m. e f. SCOL. UNIV. scolarship holder; *(per ricerca)* grant recipient.
borsistico, pl. **-ci, -che** /bor'sistiko, tʃi, ke/ agg. [*indice, attività*] stock exchange attrib., stock market attrib.; [*settimana, mese*] trading attrib.; ***mercato ~*** stock market.
boscaglia /bos'kaʎʎa/ f. brush, undergrowth.
boscaiolo /boska'jɔlo/ ♦ *18* m. woodman*, woodcutter, lumberjack.
boschetto /bos'ketto/ m. thicket, grove.

boschivo /bos'kivo/ agg. [*regione*] wooded, woody; [*risorse*] wood attrib.
boscimano /boʃ'ʃimano/ ➧ *16* **I** agg. Bushman **II** m. (f. **-a**) **1** *(persona)* Bushman* **2** *(lingua)* Bushman.
bosco, pl. **-schi** /'bɔsko, ski/ m. wood; ***frutti di ~*** fruits of the forest, soft fruit ◆◆ ***~ ceduo*** coppice, copse.
boscoso /bos'koso/ agg. [*regione*] wooded, woody.
Bosforo /'bɔsforo/ n.pr.m. Bosphorus.
bosniaco, pl. **-ci, -che** /boz'niako, tʃi, ke/ ➧ *25* **I** agg. Bosnian **II** m. (f. **-a**) Bosnian.
Bosnia-Erzegovina /'bɔznjaerdze'gɔvina/ ➧ *33* n.pr.f. Bosnia-Herzegovina.
boss /bɔs/ m.inv. boss.
bosso /'bɔsso/ m. *(albero)* box (tree); *(legno)* box(wood).
bossolo /'bɔssolo/ m. **1** *(urna elettorale)* ballot box **2** *(dei dadi)* dice box **3** *(di proiettile)* case.
BOT /bɔt/ m.inv. (⇒ Buono Ordinario del Tesoro) = Italian Treasury bond.
botanica /bo'tanika/ f. botany.
botanico, pl. **-ci, -che** /bo'taniko, tʃi, ke/ ➧ *18* **I** agg. botanic(al); ***orto ~*** botanical gardens **II** m. (f. **-a**) botanist.
botola /'bɔtola/ f. trapdoor (anche TEATR.).
botolo /'bɔtolo/ m. cur, mongrel, pooch.
botta /'bɔtta/ **I** f. **1** *(colpo)* knock, bang; ***prendere una ~*** [*persona, macchina*] to get a knock; ***dare una ~ a qcn.*** to hit sb.; ***prendere una ~ in testa*** to get a bang on the head **2** *(livido)* bruise **3** COLLOQ. FIG. *(batosta)* blow, shock; ***è stata una bella ~ per lui*** it gave him an awful shock **4** *(rumore)* bang **II botte** f.pl. ***fare a -e*** to come to blows; ***prendere a -e qcn.*** to beat up sb.; ***dare un sacco di -e*** o ***-e da orbi a qcn.*** to give sb. a good beating *o* thrashing, to beat the living daylights out of sb.; ***prendere un sacco di -e*** to get a good beating *o* thrashing ◆ ***a ~ calda*** on the spot, off the cuff; ***una ~ di fortuna, sfortuna*** a stroke of luck, bad luck; ***dare una bella ~ a un lavoro*** to break the back of a task; ***~ e risposta*** crosstalk, snip-snap.
bottaio, pl. **-ai** /bot'tajo, ai/ ➧ *18* m. cooper.
botte /'botte/ f. barrel, cask ◆ ***essere (grasso come) una ~*** to be tubby; ***dare un colpo al cerchio e uno alla ~*** to run with the hare and hunt with the hounds; ***essere in una ~ di ferro*** to be sitting pretty, to be as safe as houses; ***non si può avere la ~ piena e la moglie ubriaca*** you can't have your cake and eat it, you can't have it both ways; ***nelle -i piccole sta il vino buono*** PROV. = good things come in small sizes.
bottega, pl. **-ghe** /bot'tega, ge/ f. **1** *(negozio)* shop, store AE; ***mettere su*** o ***aprire ~*** to set up shop; ***chiudere ~*** to shut up shop (anche FIG.) **2** *(laboratorio di artigiano)* workshop; ***essere a ~ da qcn.*** to do an apprenticeship with sb. **3** COLLOQ. SCHERZ. *(abbottonatura dei pantaloni)* flies pl. BE, fly AE; ***hai la ~ aperta*** your flies are undone.
bottegaio, pl. **-ai** /botte'gajo, ai/ m. (f. **-a**) shopkeeper, storekeeper AE.
botteghino /botte'gino/ m. box office; ***avere grande successo di ~*** to do well at the box office.
bottiglia /bot'tiʎʎa/ f. bottle; ***una ~ di latte*** a bottle of milk; ***acqua in ~*** bottled water; ***bere (d)alla ~*** to drink (straight) from the bottle; ***tirar fuori una buona ~*** to get out a good bottle of wine ◆ ***attaccarsi alla ~*** to hit the bottle ◆◆ ***~ Molotov*** Molotov cocktail.
bottiglione /bottiʎ'ʎone/ m. two-litre bottle.
bottino /bot'tino/ m. *(refurtiva)* booty, loot, spoils pl., haul.
botto /'bɔtto/ **I** m. **1** *(colpo)* knock, pound, thump; *(sparo)* shot, bang; ***fare il ~*** [*tappo*] to go pop **2 di botto** suddenly, all of a sudden; ***fermarsi di ~*** to stop dead **3 in un botto** *(in un istante)* in no time; *(in una volta)* in one go **II botti** m.pl. *(fuochi d'artificio)* bangers, crackers.
bottone /bot'tone/ m. **1** ABBIGL. button; ***attaccare un ~ a qcs.*** to sew a button on to sth. **2** *(pulsante)* (push) button; ***stanza dei -i*** FIG. control room, nerve centre **3** *(bocciolo)* bud ◆ ***attaccare un ~ a qcn., attaccare ~ con qcn.*** to buttonhole sb. ◆◆ ***~ automatico*** SART. press-stud, snap fastener; ***~ del campanello*** bell-push; ***botton d'oro*** BOT. buttercup.
bottoniera /botto'njɛra/ f. **1** *(fila di bottoni)* row of buttons; *(di pantaloni)* flies pl. BE, fly AE **2** *(pulsantiera)* push botton board.
botulismo /botu'lizmo/ ➧ *7* m. botulism.
boule /bul/ f.inv. *(per l'acqua calda)* hot water bottle.
bouquet /bu'ke/ m.inv. **1** *(di fiori)* bouquet **2** ENOL. bouquet, nose.
boutique /bu'tik/ f.inv. boutique.
bovaro /bo'varo/ m. cattleman*, cowhand.
bovindo /bo'vindo/ m. bow window.
bovino /bo'vino/ **I** agg. bovine (anche FIG. SPREG.) **II** m. **-i** cattle.
bowling /'buling/ ➧ *10* m.inv. *(gioco)* bowling; *(locale)* bowling alley.
box /bɔks/ m.inv. **1** *(di autodromo)* pit; *(di scuderia)* box; ***fermarsi ai ~*** [*macchina*] to make a pit stop **2** *(garage)* garage **3** *(per bambini)* playpen.
boxare /bok'sare/ [1] intr. (aus. *avere*) to box.
boxe /bɔks/ ➧ *10* f.inv. boxing; ***tirare di ~*** to box.
1.boxer /'bɔkser/ m.inv. *(cane)* boxer.
2.boxer /'bɔkser/ m.pl. *(calzoncini)* boxer shorts.
boy /bɔi/ m.inv. **1** *(ballerino)* dancer **2** *(d'albergo)* bellboy **3** *(nel tennis)* ballboy.
bozza /'bɔttsa/ f. **1** TIP. proof; ***seconda ~*** revise; ***terza ~*** second revise; ***correggere le -e*** to proofread; ***correttore di -e*** proofreader; GIORN. press corrector; ***in ~*** at proof stage **2** *(prima stesura di lettera, contratto)* draft **3** COLLOQ. *(bernoccolo)* bump, lump, swelling ◆◆ ***~ in colonna*** galley (proof); ***~ impaginata*** page proof.
bozzetto /bot'tsetto/ m. sketch.
bozzo /'bɔttso/ m. *(bernoccolo)* bump, lump, swelling.
bozzolo /'bɔttsolo/ m. cocoon ◆ ***rinchiudersi nel proprio ~*** to withdraw into one's shell; ***uscire dal ~*** to come out of one's shell.
BR /bi'ɛrre/ **I** f.pl. (⇒ Brigate rosse) = Red Brigades, Italian left-wing terrorist group **II** m. e f.inv. = member of the Brigate rosse.
braca, pl. **-che** /'braka, ke/ **I** f. ANT. *(imbracatura)* sling (anche MAR.) **II brache** f.pl. **1** ANT. ABBIGL. breeches **2** POP. *(calzoni)* trousers; *(mutande)* drawers ◆ ***calare*** o ***calarsi le -che*** = to give in shamefully; ***rimanere in -che di tela*** = to be broke, to be left without a penny.
braccare /brak'kare/ [1] tr. **1** VENAT. to hunt, to chase [*animale*] **2** FIG. [*polizia*] to hunt down [*criminale*]; [*fotografo*] to hound [*star*].
braccetto: **a braccetto** /abrat'tʃetto/ avv. ***andare a ~*** to go arm in arm, to walk along arms linked; FIG. to get along *o* on BE; ***prendere a ~ qcn.*** to take sb.'s arm, to link arms with sb.
bracchetto /brak'ketto/ m. beagle.
bracciale /brat'tʃale/ m. **1** *(braccialetto)* bracelet **2** *(fascia distintiva)* (arm)band **3** *(salvagente)* armband.
braccialetto /brattʃa'letto/ m. bracelet; *(dell'orologio)* wristband ◆◆ ***~ elettronico*** electronic tag.
bracciante /brat'tʃante/ ➧ *18* m. e f. farm worker, field hand AE.
bracciata /brat'tʃata/ f. **1** *(di fieno, legna)* armful **2** *(nel nuoto)* stroke.
braccio, pl. **-ci** /'brattʃo, tʃi/ ➧ *4* **I** m. (in some senses it has a feminine plural **-cia** /tʃa/) **1** (pl.f. *-cia*) arm; ***avere un ~ al collo*** to have one's arm in a sling; ***prendere qcn. in ~*** to take sb. in one's arms, to pick sb. up; ***stare seduto in ~ a qcn.*** to sit in *o* on sb.'s lap; ***dare il ~ a qcn.*** to give sb. one's arm; ***trasportare qcs. a -cia*** to carry sth. in one's arms; ***gettare le -cia al collo di qcn.*** to throw *o* fling one's arms around sb.'s neck; ***stringere qcn. tra le -cia*** to hold sb. in one's arms; ***gettarsi nelle -cia di qcn.*** to throw oneself into sb.'s arms; ***accogliere qcn. a -cia aperte*** to welcome sb. with open *o* outstretched arms; ***(con) le -cia conserte*** arms folded; ***incrociare le -cia*** to cross *o* fold one's arms; FIG. to down tools BE **2** (pl. *-ci*) *(di fiume, mare)* branch, inlet; *(di terra)* land bridge **3** (pl. *-ci*) *(di poltrona)* arm; *(di giradischi)* (tone) arm; *(di candelabro)* branch; *(di bilancia)* beam; *(di gru)* arm, jib **4** (pl. *-ci*) ARCH. wing **5** (pl.f. *-cia*) METROL. fathom* **II braccia** f.pl. *(mano d'opera)* manpower sing., labour sing. BE, labor sing. AE ◆ ***il ~ e la mente*** the brawn and the brain; ***essere il ~ destro di qcn.*** to be sb.'s right hand man; ***fare cadere le -cia*** to be very off-putting; ***parlare a ~*** to speak off the cuff ◆◆ ***~ di ferro*** arm *o* Indian AE wrestling; FIG. tug-of-war; ***fare ~ di ferro con qcn.***

to armwrestle with sb.; ***il ~ della legge*** the long arm of the law; ***~ della morte*** death row.

bracciolo /bratˈtʃɔlo/ m. **1** *(di sedia, poltrona)* arm(rest) **2** *(salvagente)* armband.

bracco, pl. **-chi** /ˈbrakko, ki/ m. *(cane)* hound(-dog).

bracconaggio, pl. **-gi** /brakkoˈnaddʒo, dʒi/ m. poaching.

bracconiere /brakkoˈnjɛre/ m. poacher.

brace /ˈbratʃe/ f. embers pl.; ***carne alla ~*** grilled meat; ***occhi di ~*** burning *o* sparkling eyes ♦ ***farsi di ~*** to go scarlet.

braciere /braˈtʃɛre/ m. brazier.

braciola /braˈtʃɔla/ f. chop.

bradipo /ˈbradipo/ m. sloth.

brado /ˈbrado/ agg. [*cavallo*] wild; ***allo stato ~*** in the wild.

braga, pl. **-ghe** /ˈbraga, ge/ → **braca.**

braille® /brail/ agg. e m.inv. Braille®.

brama /ˈbrama/ f. *(di fama, amore, libertà)* craving, longing, yearning (**di** for); *(di potere, denaro)* lust (**di** for).

bramano /braˈmano/ m. Brahman.

bramare /braˈmare/ [1] tr. to crave for, to long for, to yearn for.

bramino /braˈmino/ → **bramano**.

bramosia /bramoˈsia/ f. LETT. *(di amore)* longing, yearning (**di** for); *(di denaro, potere)* greed (**di** for).

bramoso /braˈmoso/ agg. *(di amore)* longing, yearning (**di** for); *(di denaro, potere)* greedy (**di** for).

branca, pl. **-che** /ˈbranka, ke/ f. **1** *(di uccelli)* claw, talon; *(di felini)* claw **2** *(di utensili)* jaw **3** *(ramo)* branch (anche FIG.); ***tutte le -che del sapere*** all branches of knowledge.

branchia /ˈbrankja/ f. gill.

branco, pl. **-chi** /ˈbranko, ki/ m. **1** *(di lupi)* pack; *(di cavalli, elefanti)* herd; *(di pecore, uccelli)* flock; *(di oche)* gaggle; *(di cetacei)* shoal, school **2** SPREG. *(di persone)* bunch, herd, gang; ***un ~ di idioti*** a bunch of idiots ♦ ***seguire il ~*** to follow the herd.

brancolare /brankoˈlare/ [1] intr. (aus. *avere*) to grope (one's way), to fumble about; ***~ nel buio*** to grope in the dark (anche FIG.).

branda /ˈbranda/ f. **1** *(lettino)* camp bed, cot AE **2** MAR. hammock.

brandello /branˈdɛllo/ m. piece, fragment; *(di carta, carne)* shred; *(di stoffa)* rag; ***a -i*** [*abito*] ragged; [*manifesto*] tattered; [*carta*] in shreds; ***fare qcs. a -i*** to tear sth. to pieces *o* shreds, to tatter sth.

brandire /branˈdire/ [102] tr. to brandish, to wave (around), to wield [*arma, oggetto*].

brano /ˈbrano/ m. **1** LETT. → **brandello 2** *(passo) (di libro)* passage; *(musicale)* piece; *(canzone)* track, song.

branzino /branˈtsino, branˈdzino/ m. REGION. (sea) bass*.

brasare /braˈzare/ [1] tr. GASTR. to braise.

brasato /braˈzato/ **I** p.pass. → **brasare II** agg. GASTR. [*carne*] braised **III** m. pot roast, braised meat.

Brasile /braˈzile/ ➧ ***33*** n.pr.m. Brazil.

brasiliano /braziˈljano/ ➧ ***25*** **I** agg. Brasilian **II** m. (f. **-a**) Brasilian.

bravata /braˈvata/ f. **1** *(azione rischiosa)* act of bravado, bravado **U** **2** *(smargiassata)* brag, boast.

bravo /ˈbravo/ **I** agg. **1** *(capace)* good, clever; *(abile)* skilful BE, skillful AE; ***un ~ allievo, cuoco*** a good pupil, cook; ***essere ~ in, a fare*** to be good at, at doing; ***e ~ furbo!*** you silly fool! ***chi l'indovina è ~!*** it's anybody guess! **2** *(onesto, buono)* good, honest, nice, decent; ***un brav'uomo*** a fine man; ***della -a gente*** nice people **3** *(ubbidiente)* good; ***che ~ bambino!*** there's a good boy! ***su, da ~, mangia tutto*** eat your dinner like a good boy; ***da ~, versami da bere*** be a darling and pour me a drink **4** *(rafforzativo)* ***avrà i suoi -i motivi*** he must have good reasons (to do it); ***ebbe la sua -a ricompensa*** he received his reward **II** inter. *(per congratularsi)* ***"~!"*** "well done!" "good man!" "nice one!" (anche IRON.); *(a teatro)* "bravo!" ♦ ***fare il ~*** to be good; ***fa' il ~!*** be a good boy! ***notte -a*** wild night.

bravura /braˈvura/ f. **1** *(capacità)* skill, cleverness **2** *(virtuosismo)* bravura; ***pezzo di ~*** bravura passage.

1.breccia, pl. **-ce** /ˈbrettʃa, tʃe/ f. breach (anche MIL.); ***aprire una ~ nel muro*** to breach the wall ♦ ***fare ~ nel cuore di qcn.*** to find one's way into sb.'s heart; ***essere sulla ~*** to be on the go; ***morire sulla ~*** to die in harness.

2.breccia, pl. **-ce** /ˈbrettʃa, tʃe/ f. *(pietrisco)* rubble.

bresaola /breˈzaola/ f. GASTR. INTRAD. (dried salt beef typical of the Valtellina area in Lombardy).

Bretagna /breˈtaɲɲa/ ➧ ***30*** n.pr.f. Brittany.

bretella /breˈtɛlla/ **I** f. **1** → **bretellina 2** *(raccordo stradale)* slip road, ramp AE **II bretelle** f.pl. *(per pantaloni)* braces BE, suspenders AE; ***un paio di -e*** (a pair of) braces ♦♦ ***~ di raccordo*** access *o* link road.

bretellina /bretelˈlina/ f. *(di indumento intimo, costume ecc.)* shoulder strap.

bret(t)one /ˈbrɛt(t)one/ ➧ ***30, 16*** agg., m. e f. Breton.

breve /ˈbrɛve/ **I** agg. **1** *(che dura poco)* [*periodo, soggiorno, incontro*] brief, short; [*pausa, riposo*] short, little; [*pasto*] quick; ***di ~ durata*** [*successo*] short-lived; [*occupazione*] short-term; ***fare una ~ sosta*** to stop for a little while; ***a ~ (termine)*** in the short, soon; ***in, per ~ tempo*** in, for a short time; ***fra*** o ***tra ~*** shortly, before long; ***nel più ~ tempo possibile*** as quickly as possible **2** *(corto)* [*distanza, tratto*] short **3** *(conciso)* [*spiegazione, risposta*] brief, short; ***sarò ~*** I will be brief; ***per farla ~*** to be brief, to cut a long story short; ***in ~*** in brief, in short **4** METR. [*vocale, sillaba*] short **II** f. (pl. **-i**) MUS. METR. breve.

brevettare /brevetˈtare/ [1] tr. to patent [*invenzione*].

brevettato /brevetˈtato/ **I** p.pass. → **brevettare II** agg. **1** [*invenzione*] patented, proprietary **2** FIG. IRON. *(sperimentato)* well-tested, well-tried.

brevetto /breˈvetto/ m. **1** DIR. ***~ (d'invenzione)*** patent; ***depositare un ~*** to take out a patent (**per** on); ***Ufficio -i*** Patent Office **2** *(attestato)* certificate; AER. MAR. ticket **3** MIL. commission ♦♦ ***~ aeronautico*** o ***di pilota*** pilot's license.

breviario, pl. **-ri** /breˈvjarjo, ri/ m. breviary.

brevità /breviˈta/ f.inv. *(di evento)* brevity, shortness; *(concisione)* brevity, concision.

brezza /ˈbreddza, ˈbrettsa/ f. breeze ♦♦ ***~ di mare*** o ***marina*** sea breeze; ***~ di terra*** land breeze.

bricco, pl. **-chi** /ˈbrikko, ki/ m. jug; ***~ del caffè*** coffee pot; ***~ del latte*** milk jug.

bricconata /brikkoˈnata/ f. **1** *(azione disonesta)* dirty trick **2** SCHERZ. *(birbonata)* prank, roguery.

briccone /brikˈkone/ m. *(furfante)* rogue, rascal (anche SCHERZ.).

briciola /ˈbritʃola/ f. **1** *(di pane, biscotti, dolci)* crumb; ***pieno di -e*** crumby **2** *(pezzetto)* ***dammene solo una ~*** give me just a little bit; ***ridurre qcs. in -e*** to smash sth. to bits; ***restavano solo le -e*** there was practically nothing left **3** FIG. *(briciolo)* grain, shred.

briciolo /ˈbritʃolo/ m. grain, shred; ***non ha un ~ di buon senso*** he hasn't got any common sense; ***non ha un ~ di romanticismo*** he hasn't got a romantic bone in his body; ***un ~ di verità*** a scrap of truth.

bricolage /brikoˈlaʒ/ m.inv. do-it-yourself; ***fare ~*** to do things oneself.

bridge /bridʒ/ ➧ ***10*** m.inv. bridge.

briga, pl. **-ghe** /ˈbriga, ge/ f. **1** *(seccatura)* ***darsi*** o ***prendersi la ~ di fare qcs.*** to take the trouble to do sth. **2** *(lite)* ***attaccare ~ con qcn.*** to pick a quarrel *o* fight with sb. (**per** over).

brigadiere /brigaˈdjɛre/ m. = noncommissioned officer of the Carabinieri or Guardia di Finanza.

brigantaggio, pl. **-gi** /briganˈtaddʒo, dʒi/ m. *(attività di brigante)* banditry.

brigante /briˈgante/ m. **1** *(bandito)* bandit, robber **2** SCHERZ. *(discolo)* rascal.

brigantino /briganˈtino/ m. MAR. brigantine.

brigare /briˈgare/ [1] intr. (aus. *avere*) to intrigue, to plot (**per fare** to do).

brigata /briˈgata/ f. **1** *(gruppo)* company, group, gang; ***un'allegra ~*** a merry party **2** MIL. brigade ♦♦ ***Brigate rosse*** = Red Brigades, Italian left-wing terrorist group.

brigatista, m.pl. **-i**, f.pl. **-e** /brigaˈtista/ m. e f. = terrorist of an organized group, especially of the Brigate rosse.

Brigida /ˈbridʒida/ n.pr.f. Brigdet.

brigidino /bridʒiˈdino/ m. GASTR. INTRAD. (small aniseed biscuit, typical of Tuscany).

Brigitta /briˈdʒitta/ n.pr.f. Bridget.

briglia /ˈbriʎʎa/ **I** f. EQUIT. bridle; ***allentare le -e a un cavallo*** to give the horse its head; ***tirare le -e*** to draw in the reins **II**

briglie f.pl. *(per bambini)* harness sing., leading strings ♦ ***parlare a ~ sciolta*** to talk wildly; ***lasciare le -e sul collo a qcn.*** to give sb. free rein *o* their head; ***tenere a ~ qcn.*** to keep sb. on a tight rein.

brillamento /brilla'mento/ m. *(di mine)* setting off, springing.

brillante /bril'lante/ **I** agg. **1** *(che splende)* [*luce*] bright, gleaming; [*occhi*] bright, shining; *(lucido)* [*superficie*] glossy, shiny **2** *(vivace)* [*colore*] bright **3** FIG. *(notevole)* [*studente, carriera*] brilliant; [*futuro, idea*] bright; [*risultato*] shining **4** *(brioso)* [*persona, conversazione*] brilliant, lively; [*stile*] sparkling, lively **II** m. diamond, brilliant; ***un anello di -i*** a diamond ring.

brillantemente /brillante'mente/ avv. brilliantly; [*rispondere*] smartly; [*passare*] with flying colours.

brillantezza /brillan'tettsa/ f. **1** *(di luce, colore)* brightness; *(di superficie, metallo)* gloss **2** FIG. *(di persona)* brilliance; *(di stile)* slickness.

brillantina /brillan'tina/ f. brilliantine.

1.brillare /bril'lare/ [1] intr. (aus. *avere*) **1** *(risplendere)* [*luce, sole*] to shine*; [*stella, gioiello*] to sparkle, to twinkle; [*torcia*] to glare; [*occhi*] to shine*, to gleam; ***~ di gioia*** to glow *o* shine with delight **2** FIG. *(distinguersi)* to shine* (**in** at); ***non brilla certo per la sua intelligenza!*** IRON. intelligence isn't his strong point! ***~ di luce riflessa*** FIG. to bask in sb.'s reflected glory **3** *(esplodere)* to explode; ***far ~ una mina*** to set off a mine.

2.brillare /bril'lare/ tr. to hull, to husk [*riso*].

brillio, pl. **-ii** /bril'lio, ii/ m. LETT. sparkle, twinkle.

brillo /'brillo/ agg. COLLOQ. tipsy, fuddled.

brina /'brina/ f. (hoar)frost.

brinare /bri'nare/ [1] impers. (aus. *essere, avere*) ***stanotte è brinato*** there was frost last night.

brinata /bri'nata/ f. (fall of) frost, (fall of) hoarfrost.

brindare /brin'dare/ [1] intr. (aus. *avere*) to toast, to drink* a toast; ***~ a qcs.*** to drink a toast to sth.; ***~ a(lla salute di) qcn.*** to toast sb., to drink a toast to sb., to drink to the health of sb.

brindisi /'brindizi/ m.inv. toast; ***fare un ~*** to drink a toast (**per, a qcs.** to sth.; **a qcn.** to sb.).

brio /'brio/ m. **1** liveliness, verve; ***essere pieno di ~*** to be full of bounce *o* go **2** MUS. brio.

brioche /bri'ɔʃ/ f.inv. brioche.

brioso /bri'oso/ agg. [*persona, temperamento*] lively, full of go; [*tono*] light-hearted; [*vino*] slightly sparkling.

briscola /'briskola/ ➧ ***10*** f. **1** GIOC. = card game in which the uncovered card indicates the trump suit **2** *(carta)* trump (card); ***la ~ è picche*** spades are trumps; ***il dieci di ~*** the ten of trumps.

britannico, pl. **-ci**, **-che** /bri'tanniko, tʃi, ke/ ➧ ***25*** **I** agg. British **II** m. (f. **-a**) Briton, British citizen; ***i -ci*** the British.

britanno /bri'tanno/ m. (f. **-a**) STOR. Briton.

brivido /'brivido/ m. **1** *(di freddo, febbre)* shiver; *(di piacere)* shiver, thrill; *(di paura)* shiver, shudder; ***far venire i -i a qcn.*** to send a shiver down to sb.'s spine, to give sb. the shivers; ***racconto, film del ~*** spine-chiller **2** FIG. *(ebbrezza)* ***il ~ della velocità*** the thrill of speed.

brizzolato /brittso'lato/ agg. [*capelli, barba*] grizzled; ***un uomo ~*** a grey(-haired) man.

brocca, pl. **-che** /'brokka, ke/ f. **1** *(contenitore)* jug, pitcher **2** *(contenuto)* jugful.

broccato /brok'kato/ m. brocade.

brocco, pl. **-chi** /'brɔkko, ki/ m. **1** SPREG. *(ronzino)* nag **2** FIG. *(incapace)* washout.

broccoli /'brɔkkoli/ m.pl. broccoli **U**.

broda /'brɔda/, **brodaglia** /bro'daʎʎa/ f. GASTR. SPREG. slops pl., pigswill.

brodetto /bro'detto/ m. GASTR. INTRAD. *(zuppa di pesce)* (fish soup typical of the Adriatic area).

brodo /'brɔdo/ m. broth, stock; ***~ di carne*** meat stock *o* broth; ***~ di pollo, di verdura*** chicken, vegetable stock; ***~ lungo*** thin broth; ***~ ristretto*** consommé; ***riso in ~*** rice soup ♦ ***tutto fa ~*** every little (bit) helps, it's all grist to one's mill; ***lasciare cuocere qcn. nel proprio ~*** to let sb. stew in their own juice ♦♦ ***~ di coltura*** BIOL. growing medium.

brodoso /bro'doso/ agg. watery, thin; ***zuppa -a*** thin soup.

brogliaccio, pl. **-ci** /broʎ'ʎattʃo, tʃi/ m. **1** *(scartafaccio)* wastebook, notepad **2** COMM. *(prima nota)* daybook, blotter AE.

broglio, pl. **-gli** /'brɔʎʎo, ʎi/ m. intrigue **U**; ***-gli elettorali*** vote-*o* poll-rigging, ballot-box stuffing AE.

brokeraggio, pl. **-gi** /'broke'raddʒo, dʒi/ m. brokerage, broking.

bromo /'brɔmo/ m. bromine.

bromuro /bro'muro/ m. bromide.

bronchiale /bron'kjale/ agg. bronchial.

bronchite /bron'kite/ ➧ ***7*** f. bronchitis.

broncio, pl. **-ci** /'brontʃo, tʃi/ m. sulking expression, sulk, pout; ***avere*** o ***fare il ~*** to (be in a) sulk; ***tenere il ~ a qcn.*** to be cross with sb.

bronco, pl. **-chi** /'bronko, ki/ m. ANAT. bronchus*.

broncopolmonite /bronkopolmo'nite/ ➧ ***7*** f. bronchopneumonia, bronchial pneumonia.

brontolare /bronto'lare/ [1] **I** tr. to grumble; *(borbottare)* to mumble, to mutter **II** intr. (aus. *avere*) **1** [*persona*] to grumble, to grunt; *(borbottare)* to mumble **2** [*tuono*] to (g)rumble, to roll **3** [*stomaco*] to (g)rumble.

brontolio, pl. **-ii** /bronto'lio, ii/ m. **1** *(di persona)* grumble, grumbling; *(borbottio)* muttering, mumbling **2** *(di tuono, stomaco)* (g)rumble, (g)rumbling.

brontolone /bronto'lone/ m. (f. **-a**) COLLOQ. grump, mumbler, grouch.

bronzare /bron'dzare/ [1] tr. to bronze.

bronzeo /'brondzeo, 'brɔndzeo/ agg. **1** *(di bronzo, di color bronzo)* bronze attrib. **2** *(abbronzato)* (sun)tanned, bronzed.

bronzo /'brondzo/ m. *(metallo, oggetto)* bronze; *(medaglia)* bronze (medal); ***età del ~*** Bronze Age ♦ ***avere una faccia di ~*** to be as bold as brass.

brossura /bros'sura/ f. paper binding; ***in ~*** paperbound; ***libro in ~*** paperback.

brucare /bru'kare/ [1] **I** tr. to graze, to nibble (at), to browse on **II** intr. (aus. *avere*) to graze.

bruciacchiare /brutʃak'kjare/ [1] **I** tr. to scorch, to singe **II** **bruciacchiarsi** pronom. [*cibi*] to burn*.

bruciante /bru'tʃante/ agg. **1** *(acceso)* [*desiderio*] burning **2** *(che ferisce)* [*critica*] scathing, crushing; [*sconfitta*] crushing **3** *(fulmineo)* [*partenza*] dashing, lightning attrib.

bruciapelo: **a bruciapelo** /abrutʃa'pelo/ avv. [*sparare*] point-blank, at point-blank range; FIG. [*chiedere*] point-blank.

bruciare /bru'tʃare/ [1] **I** tr. **1** *(fare ardere)* to burn* [*lettera, incenso*] **2** *(distruggere)* to burn* down [*casa*] **3** *(consumare)* to burn* (up) [*combustibile, calorie*] **4** *(causare bruciore)* [*cibi, alcol*] to burn* [*stomaco, gola*] **5** GASTR. to burn* [*arrosto, pentola*] **6** *(inaridire)* [*sole*] to burn* [*pelle*]; to scorch [*erba*]; to bake [*terra*]; [*gelo*] to blacken [*pianta*] **7** *(corrodere)* [*acido*] to burn* [*superficie*] **8** *(stirando)* to scorch, to singe [*camicia*] **9** COLLOQ. *(non rispettare)* to ignore [*stop*]; to jump, to go* through [*semaforo (rosso)*] **10** FIG. *(superare)* to flash by [*avversario*] **II** intr. (aus. *essere*) **1** *(ardere)* [*legna, combustibile*] to burn*; ***far ~*** to make [sth.] burn, to burn [*carta, legna*] **2** *(ridursi in cenere)* [*casa*] to be* on fire, to burn* down; ***la foresta brucia*** the forest is on fire; ***sono bruciati 3.000 ettari di foresta*** 3,000 hectares of forest have been destroyed by fire **3** GASTR. [*cibo*] to burn* **4** *(essere molto caldo)* ***attenzione, brucia!*** careful, it's very hot! ***~ per la febbre*** to be burning with fever **5** *(essere irritato)* [*occhi, escoriazione, alcol su ferita*] to sting* **6** *(fremere)* ***~ dalla voglia di fare*** to be burning *o* longing to do; ***~ d'amore per qcn.*** to be on fire, to be inflamed *o* consumed with love for sb. **7** FIG. ***la sconfitta gli brucia ancora*** he is still smarting over his defeat **III** **bruciarsi** pronom. **1** *(incendiarsi)* to get* burned **2** *(scottarsi)* [*persona*] to burn* oneself; ***-rsi la mano, la lingua*** to burn one's hand, one's tongue **3** GASTR. [*cibo*] to burn* **4** *(fulminarsi)* [*lampadina*] to go*, to burn* out **5** FIG. *(fallire)* ***-rsi finanziariamente, politicamente*** to ruin oneself financially, politically **6** FIG. *(sprecare)* to blow* [*occasione, possibilità*] ♦ ***~ qcn. sul filo di lana*** to nose sb. out, to pip sb. at the post BE; ***~ i ponti*** to burn one's bridges; ***~ le cervella a qcn.*** to blow sb.'s brains out; ***-rsi le ali*** to come unstuck *o* to grief.

bruciato /bru'tʃato/ **I** p.pass. → **bruciare** **II** agg. **1** GASTR. [*arrosto*] burnt, burned **2** FIG. *(fallito)* ***come politico è ~*** he is finished as a politician; ***gioventù -a*** wasted youth **3** *(abbron-*

zato) ~ ***dal sole*** sunburned **III** m. ***sapere di*** ~ to taste burned; ***odore*** o ***puzza di*** ~ smell of burning, burned smell; ***sento*** o ***c'è puzza di*** ~ I can smell burning, there's a smell of burning; FIG. I smell a rat ♦ ***fare terra -a (intorno a sé)*** to practice the scorched earth policy.

bruciatore /brutʃa'tore/ m. burner.

bruciatura /brutʃa'tura/ f. **1** *(scottatura)* burn **2** *(su stoffa)* burn, scorch (mark).

bruciore /bru'tʃore/ m. **1** *(irritazione, infiammazione)* burning (sensation); ~ ***agli occhi*** stinging *o* burning eyes **2** FIG. *(amarezza)* ***il*** ~ ***di una sconfitta*** the bitterness of a defeat ♦♦ ~ ***di*** o ***allo stomaco*** heartburn.

bruco, pl. **-chi** /'bruko, ki/ m. caterpillar, grub, worm.

brufolo /'brufolo/ m. spot, pimple.

brufoloso /brufo'loso/ agg. pimply, spotty.

brughiera /bru'gjera/ f. heath(land), moor(land).

brugo, pl. **-ghi** /'brugo, gi/ m. heather.

brugola /'brugola/ f. Allen key, Allen wrench.

brulicante /bruli'kante/ agg. [*luogo*] swarming, teeming (**di** with).

brulicare /bruli'kare/ [1] intr. (aus. *avere*) ~ ***di*** to be swarming *o* teeming with [*insetti, gente*].

brullo /'brullo/ agg. [*paesaggio*] bare, bleak; [*terreno*] bald, barren.

bruma /'bruma/ f. haze, mist.

bruna /'bruna/ f. dark-haired woman*, brunette.

brunastro /bru'nastro/ agg. brownish.

brunello /bru'nɛllo/ m. ~ ***di Montalcino*** ENOL. INTRAD. (fine red Tuscan wine typical of the area around Siena).

brunetta /bru'netta/ f. brunette.

brunire /bru'nire/ [102] tr. METALL. to burnish.

bruno /'bruno/ ➧ **3 I** agg. [*capelli, barba*] dark, brown; [*occhi*] brown; [*persona*] dark-haired **II** m. **1** *(uomo)* dark-haired man* **2** *(colore)* brown.

bruscamente /bruska'mente/ avv. **1** *(in malo modo)* [*rispondere*] sharply, shortly **2** *(improvvisamente)* [*cambiare, fermarsi, voltarsi*] sharply; [*frenare*] violently.

bruschetta /brus'ketta/ f. GASTR. INTRAD. (slice of grilled bread, rubbed with garlic and brushed with olive oil).

brusco, pl. **-schi**, **-sche** /'brusko, ski, ske/ agg. **1** *(scortese)* [*persona*] brusque, abrupt; [*modi, tono*] abrupt, curt **2** *(improvviso)* [*gesto, aumento, diminuzione*] sharp, sudden; [*sterzata*] sharp; [*frenata*] violent; ~ ***risveglio*** rude awakening (anche FIG.) **3** *(acido)* [*vino*] sharp.

bruscolo /'bruskolo/ m. dust mote, grain of dust.

brusio, pl. **-ii** /bru'zio, ii/ m. buzz(ing), hum.

brut /brut/ **I** agg.inv. (extra-)dry, brut **II** m.inv. dry sparkling wine, brut sparkling wine.

brutale /bru'tale/ agg. **1** *(violento)* [*violenza, assassinio*] brutal, beastly **2** *(brusco)* [*risposta, discorso*] brutal, brusque.

brutalità /brutali'ta/ f.inv. brutality.

brutalizzare /brutalid'dzare/ [1] tr. **1** *(maltrattare)* to brutalize **2** *(violentare)* to rape.

brutalmente /brutal'mente/ avv. [*picchiare, parlare*] brutally; [*trattare*] roughly.

bruto /'bruto/ **I** agg. **1** *(bestiale)* [*forza, istinto*] brute **2** *(non elaborato)* [*cifre*] bare, raw; *(grezzo)* [*materia*] raw **II** m. **1** *(uomo violento)* brute, beast; *(uomo rozzo)* lout, boor **2** *(maniaco)* maniac.

Bruto /'bruto/ n.pr.m. Brutus.

brutta /'brutta/ f. *(brutta copia)* rough (copy).

bruttezza /brut'tettsa/ f. *(di persona, luogo, oggetto)* ugliness, plainess; *(di film, libro)* bad quality, poor quality.

bruttino /brut'tino/ agg. plain, homely AE.

brutto /'brutto/ Come guida ai diversi usi e significati dell'aggettivo *brutto* presentati nella voce qui sotto, va specificato che gli equivalenti inglesi distinguono abbastanza nettamente tra il giudizio estetico e quello di valore. - Nel primo caso, l'equivalente diretto di brutto è *ugly*, ma quest'ultima parola è molto forte (= *bruttissimo, decisamente brutto*), ed è pertanto sostituibile, con riferimento a cose, da espressioni via via meno forti quali *rather ugly, not much to look at* o *not very nice*; con riferimento a persone, si può usare ancora *not much to look at*, o *very ordinary-looking, not at all good-looking* (per i maschi) e *not very pretty, rather plain* o *plain* (per le femmine). - Nel caso di un giudizio principalmente di valore, l'equivalente più comune è senz'altro *bad*; si possono usare anche *terrible, dreadful* e *awful*, che con l'uso hanno perso il significato forte di un tempo. Si veda la voce qui sotto per ulteriori esempi. **I** agg. **1** *(esteticamente)* [*persona, animale, costruzione, luogo*] ugly; ***essere*** ~ ***da far paura*** o ***come il peccato*** to be as ugly as sin **2** *(scadente)* [*opera, spettacolo*] bad, terrible **3** *(negativo)* [*ricordo, impressione, segno, notizia, voto*] bad; [*sorpresa, esperienza, faccenda, affare*] bad, nasty **4** *(grave)* [*incidente, ferita, errore, tosse*] bad, nasty **5** *(difficile)* [*situazione, momento*] bad, hard, difficult; [*inizio*] poor **6** *(sconveniente)* [*momento, luogo*] bad, unsuitable **7** *(cattivo)* [*comportamento, parola, scherzo*] bad; [*abitudine, vizio*] bad, nasty; ***è*** ~ ***che qcn. faccia*** it is bad of sb. to do **8** METEOR. [*tempo*] bad, foul, nasty; [*mare*] rough **9** *(con insulti)* ~ ***stupido!*** you silly idiot! **II** m. **1** *(lato spiacevole)* ***il*** ~ ***della faccenda è che...*** the worst of it is that...; ***ha di*** ~ ***che...*** the bad thing about it is that... **2** METEOR. ***il tempo volge al*** ~ the weather is changing for the worse **3 di brutto** *(con ostilità)* ***guardare qcn. di*** ~ to look at sb. askance; *(senza mezzi termini)* ***chiedere qcs. di*** ~ to ask sth. straight-out; *(completamente)* ***ti sbagli di*** ~ you're quite wrong ♦ ***con le -e*** shabbily, roughly; ***vedersela -a*** to have a narrow *o* lucky escape, to have a close shape ♦♦ ***-a copia*** rough copy.

BT ⇒ bassa tensione low tension (LT).

bubbone /bub'bone/ m. **1** MED. bubo **2** FIG. blight, curse.

buca, pl. **-che** /'buka, ke/ f. **1** *(cavità)* hole; *(fossa)* pit **2** *(nel manto stradale)* pothole **3** *(avvallamento del terreno)* hollow, dip **4** (anche ~ **delle lettere**) letter box, mail slot, postbox BE, mailbox AE; ***pubblicità in*** ~ mail shot **5** *(del biliardo)* pocket; ***mandare in*** ~ ***una palla*** to pocket a ball **6** *(nel golf)* hole ♦ ***dare*** ~ ***a qcn.*** to stand sb. up ♦♦ ~ ***del suggeritore*** TEATR. prompt box.

bucaneve /buka'neve/ m.inv. snowdrop.

bucaniere /buka'njɛre/ m. buccaneer.

bucare /bu'kare/ [1] **I** tr. **1** *(forare)* to puncture [*gomma*]; to make* a hole in [*lenzuolo, calze*]; to pierce, to hole [*parete*]; *(con un trapano)* to drill, to bore a hole through **2** *(perforare)* to punch [*biglietti*] **II bucarsi** pronom. **1** *(forarsi)* [*pneumatico*] to puncture; [*calze*] to wear* through **2** *(pungersi)* ***-rsi un dito*** to prick one's finger **3** GERG. *(drogarsi)* to shoot* up ♦ ~ ***lo schermo*** = to have a great screen presence.

Bucarest /'bukarest/ ➧ **2** n.pr.f. Bucharest.

bucatini /buka'tini/ m.pl. GASTR. = long, hollow, tube-shaped pasta.

1.bucato /bu'kato/ m. *(indumenti lavati)* wash(ing), laundry; ***fare il*** ~ to do the washing *o* the laundry; ***fresco di*** ~ freshly laundered; ***cesto del*** ~ laundry *o* linen basket; ***molletta da*** ~ clothes peg *o* pin AE.

2.bucato /bu'kato/ **I** p.pass. → **bucare II** agg. *(forato)* [*gomma, pallone*] punctured; [*orecchie*] pierced; ***calzini -i*** socks with holes in them ♦ ***avere le mani -e*** to spend money like water.

buccia, pl. **-ce** /'buttʃa, tʃe/ f. **1** *(di frutta, verdura)* skin, peel; *(di agrume)* peel, rind; *(di cereali)* husk; *(di salame)* skin **2** FIG. *(pelle)* ***avere la*** ~ ***dura*** to have a thick skin ♦ ***rivedere le -ce a qcn.*** = to examine sb.'s work fussily and very carefully; ***scivolare su una*** ~ ***di banana*** to slip on a banana skin.

buccino /'buttʃino/ m. whelk.

bucherellare /bukerel'lare/ [1] tr. to riddle with holes.

1.buco, pl. **-chi** /'buko, ki/ m. **1** *(foro)* hole; ***tappare un*** ~ to fill a hole, to plug a gap; FIG. to step into the breach; ***farsi fare i -chi alle orecchie*** to have one's ears pierced **2** ECON. GERG. *(passivo)* deficit, shortfall, gap (in the budget) **3** COLLOQ. *(tempo libero)* gap, slot, window; SCOL. free period **4** COLLOQ. *(luogo angusto)* hole, dump **5** GERG. *(di eroina)* fix, hit, shot ♦ ***fare un*** ~ ***nell'acqua*** to draw a blank; ***non cavare un ragno da un*** ~ = to get nowhere; ***avere un*** ~ ***allo stomaco*** to have the munchies ♦♦ ~ ***del culo*** arsehole BE, asshole AE; ~ ***nero*** black hole; ~ ***della serratura*** keyhole.

2.buco, pl. **-chi** /'buko, ki/ agg. REGION. SCOL. GERG. ***ora -a*** free period.

bucolico, pl. **-ci**, **-che** /bu'kɔliko, tʃi, ke/ agg. bucolic.

Budda /'budda/ n.pr.m. Buddha.

buddismo /bud'dizmo/ m. Buddhism.
buddista, m.pl. **-i**, f.pl. **-e** /bud'dista/ agg., m. e f. Buddhist.
budello /bu'dɛllo/ **I** m. **1** *(per corde, racchette)* gut **2** *(tubo)* narrow tube **3** *(viuzza tortuosa)* alley **II budella** f.pl. COLLOQ. *(intestino)* bowels, guts; ***riempirsi le -a*** to stuff one's face; ***sentirsi torcere le -a*** to have *o* get the collywobbles.
budget /'baddʒet/ m.inv. budget.
budgetario, pl. **-ri**, **-rie** /baddʒe'tarjo, ri, rje/ agg. budgetary.
budino /bu'dino/ m. pudding.
bue, pl. **buoi** /'bue, 'bwɔi/ m. ox*; *(carne)* beef ♦ ***mangiare come un ~*** to eat like a horse; ***mettere il carro davanti ai buoi*** PROV. to put the cart before the horse ♦♦ ***~ muschiato*** musk ox.
bufala /'bufala/ f. **1** ZOOL. cow buffalo* **2** GERG. *(notizia infondata)* false rumour BE, false rumor AE, hoax **3** SCHERZ. *(errore madornale)* blunder.
bufalo /'bufalo/ m. buffalo*.
bufera /bu'fɛra/ f. storm; ***~ di neve*** snowstorm, blizzard; ***~ di vento*** gale; ***~ sui mercati finanziari*** FIG.a rush on the stock markets.
buffet /buf'fɛ/ m.inv. **1** *(credenza)* buffet, sideboard **2** *(rinfresco)* buffet **3** *(in stazioni, aeroporti ecc.)* buffet, refreshment bar.
buffetto /buf'fetto/ m. pat; ***dare un ~ (sulla guancia) a qcn.*** to pat sb. (on the cheek).
1.buffo /'buffo/ **I** agg. **1** *(che suscita il riso)* [*storia, persona*] funny, amusing **2** *(strano)* funny, odd **3** TEATR. MUS. ***opera -a*** comic opera **II** m. *(lato divertente)* ***il ~ della situazione*** the funny side of the situation.
2.buffo /'buffo/ m. **1** *(folata)* gust **2** *(di fumo, vapore)* puff, whiff.
buffonata /buffo'nata/ f. farce.
buffone /buf'fone/ m. **1** STOR. *(giullare)* fool, jester **2** *(chi fa ridere)* clown; ***fare il ~*** to play the clown *o* the fool **3** *(persona inaffidabile)* fool, clown.
buffonesco, pl. **-schi**, **-sche** /buffo'nesko, ski, ske/ agg. clownish.
1.bugia /bu'dʒia/ f. lie; ***una ~ pietosa*** a white lie; ***dire -e*** to tell lies ♦ ***le -e hanno le gambe corte*** PROV. a lie has no legs.
2.bugia /bu'dʒia/ f. *(candeliere)* candlestick.
bugiardino /budʒar'dino/ m. COLLOQ. = information leaflet in medicine boxes.
bugiardo /bu'dʒardo/ **I** agg. **1** *(che mente)* lying, untruthful **2** *(falso)* false, deceitful **II** m. (f. **-a**) liar; ***dare del ~ a qcn.*** to call sb. a liar.
bugigattolo /budʒi'gattolo/ m. **1** *(ripostiglio)* cubby-hole **2** *(stanza angusta)* hole, poky room.
buio, pl. **bui**, **buie** /'bujo, 'bui, 'buje/ **I** agg. [*stanza, via, notte, cielo*] dark; [*avvenire, periodo, tempi*] dark, black **II** m. dark, darkness; ***fare ~*** to get dark; ***~ pesto*** pitch black *o* dark; ***al ~*** in the dark; ***prima del ~*** before dark ♦ ***brancolare nel ~*** to grope in the dark; ***fare un salto nel ~*** to take a leap *o* a shot in the dark.
bulbo /'bulbo/ m. bulb ♦♦ ***~ oculare*** eyeball; ***~ pilifero*** hair bulb.
bulboso /bul'boso/ agg. [*pianta*] bulbous.
bulgaro /'bulgaro/ ♦ ***25, 16*** **I** agg. Bulgar, Bulgarian **II** m. (f. **-a**) **1** *(persona)* Bulgarian **2** *(lingua)* Bulgarian.
bulimia /buli'mia/ ♦ ***7*** f. bulimia.
bulimico, pl. **-ci**, **-che** /bu'limiko, tʃi, ke/ **I** agg. bulimic **II** m. (f. **-a**) bulimic.
bulino /bu'lino/ m. burin.
bulldog /bul'dɔg/ m.inv. bulldog.
bulldozer /bul'dɔddzer/ m.inv. bulldozer (anche FIG.).
bulletta /bul'letta/ f. **1** *(in tappezzeria)* tack **2** *(per scarpe)* hobnail.
bullo /'bullo/ m. COLLOQ. bully, roughneck; ***-i e pupe*** guys and dolls.
bullone /bul'lone/ m. bolt.
bungalow /'bungalov/ m.inv. **1** *(nell'India coloniale)* bungalow **2** *(in campeggio ecc.)* cabin, chalet.
bunker /'bunker/ m.inv. MIL. MAR. SPORT bunker ♦♦ ***~ antiatomico*** nuclear *o* fallout shelter.
buoi /'bwɔi/ → **bue**.
buon → **1.buono**.
buonafede /bwona'fede/ f. good faith, bona fides; ***in ~*** in good faith; [*errore*] innocent; [*consiglio*] well-meaning; [*persona*] genuine; [*accordo*] bona fide; ***fare qcs. in ~*** to do sth. with the best intentions.
buonanima /bwo'nanima/ **I** f. ***la ~ del signor Rossi*** the late lamented Mr Rossi; ***la ~ di mio zio*** my uncle, of blessed memory **II** agg.inv. ***mio zio ~*** my uncle, of blessed memory.
buonanotte /bwona'notte/ inter. e f.inv. goodnight; ***dare il bacio della ~*** to give sb. a goodnight kiss, to kiss sb. goodnight ♦ ***e ~! ~ (ai) suonatori!*** and that's that! that's the end of it!
buonasera /bwona'sera/ inter. e f.inv. good evening.
buoncostume /bwonkos'tume/ **I** f.inv. *(squadra di polizia)* vice squad **II** m. *(moralità di costumi)* public morals pl.
buondì /bwon'di/ → **buongiorno.**
buonentrata /bwonen'trata/ f. premium.
buongiorno /bwon'dʒorno/ inter. e m.inv. good morning.
buongrado: **di buongrado** /dibwon'grado/ avv. [*accettare, fare*] with (a) good grace, happily; [*lavorare*] willingly.
buongustaio, pl. **-ai** /bwongus'tajo, ai/ m. (f. **-a**) gourmet.
buongusto /bwon'gusto/ m. **1** *(finezza)* good taste, tastefulness; ***una persona di ~*** a tasteful person; ***vestirsi con ~*** to dress tastefully **2** *(tatto)* ***avere il ~ di fare qcs.*** to have the decency to do.
1.buono /'bwɔno/ **I** agg. (**buon**, **buona**, **buon'**; *buono* becomes *buon* before a vowel or a consonant followed by a vowel, *l* or *r*; compar. *più buono*, *migliore*, superl. *buonissimo*, *ottimo*) **1** *(gradevole)* [*pasto*] good, nice; ***avere un buon sapore, odore*** to taste, smell good **2** *(gentile)* [*persona, azione, parola*] good, kind; ***opere -e*** good works *o* deeds **3** *(caro)* ***un suo buon amico*** a good friend of his **4** *(di buona qualità)* [*consiglio, lavoro, salute*] good; [*hotel, merce, tempo*] good, fine; ***in ~ stato*** [*casa, auto*] in good condition *o* state; [*edificio*] in safe condition, in good order; ***il vestito ~*** *(elegante)* Sunday's dress **5** *(giusto)* [*momento*] good, right **6** COLLOQ. *(commestibile, bevibile)* [*cibo*] good; ***il latte non è più ~*** the milk has gone off; ***~ da bere*** fit to drink, drinkable; ***~ da mangiare*** fit to eat, eatable **7** *(bravo)* [*medico, padre, allievo, marito*] good **8** *(valido)* [*rimedio, metodo, esempio, motivo*] good; ***~ per*** o ***contro la tosse*** good for coughs; ***-a idea!*** good thinking *o* idea! ***fare un buon uso di qcs.*** to put sth. to good use; ***ogni scusa è -a per lui*** any excuse is good for him; ***la palla è, non è -a*** the ball is in, out of play; ***l'abbonamento è ~ per altri due mesi*** the season ticket is good for two more months **9** *(vantaggioso)* [*prezzo, affare*] good; ***sarebbe una -a cosa*** it would be a good thing; ***~ a sapersi*** that's handy to know *o* worth remembering **10** *(favorevole)* [*segno, impressione, opportunità*] good; ***avere una -a opinione di*** to think kindly *o* much of, to have a high opinion of **11** *(rispettabile)* [*famiglia, matrimonio*] good, decent; [*reputazione*] good; ***di -a famiglia*** well-bred **12** *(tranquillo)* [*bambino, animale*] good, quiet; ***stai ~*** (be) quiet; ***~! ~!*** *(per calmare un bambino)* there there! ***~!*** *(a un animale)* easy! **13** *(abbondante)* good; ***un buon numero di...*** a fair number of, quite a few...; ***ci ho messo due ore -e*** it took me a good two hours; ***un'ora -a*** a full hour, at least an hour; ***-a parte del loro lavoro*** much of their work **14** *(in frasi di augurio)* [*fortuna, notte, sera*] good; [*compleanno, Pasqua*] happy; [*Natale*] merry; ***-a serata!*** have a nice evening! ***-a permanenza!*** enjoy your stay! ***buon appetito!*** enjoy your meal! ***buon divertimento!*** have fun! enjoy yourself! ***buon viaggio!*** (have a) safe journey! **15 una buona volta** once and for all; ***posso parlare anch'io una -a volta?*** can I speak for a change? **16 alla buona** [*persona*] informal, simple; [*pasto, hotel*] homely; ***vestirsi alla -a*** to dress down *o* casually **17 buono a** *(capace)* ***sei ~ solo a criticare*** all you can do is criticize **II** m. (f. **-a**) **1** *(persona buona)* good person; ***i -i e i cattivi*** the good and the bad; *(nei film)* the good guys and the villains **2** *(cosa buona, lato buono)* ***c'è del ~ in questo articolo*** there's some good stuff in this article; ***non ne uscirà niente di ~*** no good can *o* will come of it; ***non promette nulla di ~*** it looks bad, it doesn't look good; ***cucinare qualcosa di ~*** to cook something good; ***ha di ~ che*** the good thing about it is ♦ ***prendere qcn. con le -e*** to deal gently with sb.; ***con le -e o con le cattive*** by hook or by crook, by fair means or foul; ***tenersi ~ qcn.*** to keep sb. sweet, to sweeten sb. up, to sweeten up sb.; ***che Dio ce la mandi -a!*** may God help us! ***buon per lui*** good for him, that's all very well for him; ***questa è (proprio)***

-a! that's a (very) good one! ♦♦ ***buon selvaggio*** noble savage; ***~ a nulla*** good-for-nothing, fit for nothing; ***-a stella*** lucky star; ***-a volontà*** goodwill.

2.buono /'bwɔno/ m. **1** COMM. token, voucher, coupon **2** ECON. bond ♦♦ ***~ (di) benzina*** petrol coupon; ***~ di cassa*** cash voucher; ***~ omaggio*** gift token *o* voucher; ***~ pasto*** meal ticket; ***~ sconto*** discount voucher *o* coupon; ***~ del Tesoro*** Treasury bill *o* bond.

buonora /bwo'nora/ f. ***di ~*** (bright and) early, at an early hour; ***alla ~!*** about time too!

buonsenso /bwon'sɛnso/ m. common sense, (good) sense; ***avere il ~ di fare*** to have the (good) sense to do; ***essere una persona di ~*** to be level-headed *o* sensible.

buontempo /bwon'tɛmpo/ m. ***darsi al ~*** to have fun *o* a good time.

buontempone /bwontem'pone/ m. (f. **-a**) fun-loving person, good-time person.

buonumore /bwonu'more/ m. ***essere di ~*** to be in a good mood *o* in good humour; ***perdere il ~*** to lose one's good humour; ***mettere qcn. di ~*** to put sb. in a good mood.

buonuscita /bwonuʃ'ʃita/ f. **1** *(liquidazione)* gratuity **2** *(di affittuario)* = sum of money offered to tenants to encourage them to leave before their lease is up.

burattinaio, pl. **-ai** /buratti'najo, ai/ ➧ *18* m. (f. **-a**) **1** puppeteer, puppet master **2** FIG. puppet master, manipulator.

burattino /burat'tino/ m. **1** (glove) puppet **2** FIG. puppet, tool.

burbero /'burbero/ agg. gruff, grumpy.

buriana /bu'rjana/ f. REGION. *(trambusto)* fuss, commotion; *(chiasso)* fuss, row.

burino /bu'rino/ **I** agg. REGION. boorish, loutish **II** m. (f. **-a**) REGION. boor, lout.

burla /'burla/ f. **1** *(scherzo)* joke, jest, prank; ***mettere qcs. in ~*** to (make a) joke about sth. **2** *(inezia)* joke, trifle.

burlare /bur'lare/ [1] **I** tr. to mock, to chaff **II burlarsi** pronom. ***~ di*** to laugh at, to make fun of.

burlesco, pl. **-schi**, **-sche** /bur'lesko, ski, ske/ agg. e m. burlesque.

burlone /bur'lone/ m. (f. **-a**) (practical) joker, jester.

burocrate /bu'rɔkrate/ m. e f. bureaucrat, functionary.

burocratese /burokra'tese/ m. officialese.

burocratico, pl. **-ci**, **-che** /buro'kratiko, tʃi, ke/ agg. bureaucratic.

burocrazia /burokrat'tsia/ f. bureaucracy; SPREG. officialdom, red tape.

burrasca, pl. **-sche** /bur'raska, ske/ f. storm (anche FIG.); *(di vento)* gale; ***mare in ~*** rough *o* stormy *o* wild sea ♦ ***c'è aria di ~*** there's trouble brewing *o* in the air.

burrascoso /burras'koso/ agg. stormy (anche FIG.).

burrata /bur'rata/ f. = typical Southern Italian soft cheese filled with butter.

burriera /bur'rjera/ f. butter dish.

burro /'burro/ m. **1** butter; ***biscotto al ~*** butter biscuit; ***pasta al ~*** pasta with butter; ***cucinare al ~*** to cook with butter **2** COLLOQ. FIG. ***questa bistecca è (un) ~*** o ***di ~*** this steak is very tender *o* melts in your mouth ♦ ***avere le mani di ~*** to be butterfingered ♦♦ ***~ di arachidi*** peanut butter; ***~ (di) cacao*** *(sostanza)* cocoa butter; *(cosmetico)* lipsalve; ***~ di karité*** shea butter; ***~ salato*** salted butter.

burrone /bur'rone/ m. ravine, gorge.

burroso /bur'roso/ agg. *(ricco di burro)* buttery.

bus /bus/ m.inv. **1** → **autobus 2** INFORM. bus.

buscare /bus'kare/ [1] tr., **buscarsi** pronom. COLLOQ. to catch* [*malanno*] ♦ ***buscarle*** to get a beating *o* a thrashing.

bussare /bus'sare/ [1] intr. (aus. *avere*) ***~ (alla porta)*** to knock *o* rap *o* tap (on *o* at the door).

1.bussola /'bussola/ f. AER. MAR. compass ♦ ***perdere la ~*** to lose one's bearings; ***far perdere la ~ a qcn.*** to throw sb. off course.

2.bussola /'bussola/ f. **1** *(porta interna)* inner door **2** *(urna elettorale)* ballot box.

bussolotto /busso'lɔtto/ m. *(per i dadi)* dice box, shaker.

busta /'busta/ f. **1** *(per corrispondenza)* envelope; ***in ~ chiusa*** in a sealed envelope **2** *(custodia) (per documenti)* folder; *(per occhiali)* case **3** *(sacchetto)* bag, packet **4** *(borsetta)* clutch bag, pocketbook AE ♦♦ ***~ a*** o ***con finestra*** window envelope; ***~ paga*** pay-packet, pay-sheet, wage packet.

bustarella /busta'rɛlla/ f. bribe, backhander, kickback.

bustina /bus'tina/ f. **1** *(di zucchero, lievito, shampoo)* sachet; *(di fiammiferi)* (match)book; ***~ di tè*** tea bag **2** *(berretto)* cap; MIL. forage cap.

busto /'busto/ m. **1** ANAT. bust **2** ART. bust; ***ritratto a mezzo ~*** half-length portrait **3** *(corsetto)* corset (anche MED.).

butano /bu'tano/ m. butane.

buttafuori /butta'fwɔri/ ➧ *18* m.inv. **1** *(in un locale)* bouncer **2** MAR. bumkin **3** TEATR. call boy.

buttare /but'tare/ [1] **I** tr. **1** *(lanciare)* to throw*; ***~ qcs. per terra, in aria*** to throw sth. to the ground, up into the air **2** *(sbarazzarsi)* ***~ (via)*** to throw away *o* out [*cose vecchie, rifiuti*]; ***non è da buttar via!*** FIG. it's not to be sneezed at! **3** *(sprecare)* to throw* away [*occasione, soldi*] **4** *(far cadere)* ***~ (giù) qcs. dalla finestra*** to throw sth. out of the window **5** *(stendere)* ***~ una coperta sul letto*** to throw a blanket over the bed **6** *(emettere)* to spew, to eject [*lava, fumo*] **7 buttare giù** *(rovesciare)* to cast* down, to knock off, to knock down [*vaso, sedia*]; *(abbattere)* to throw* down, to pull down [*edificio*]; to knock down [*albero*]; [*vento*] to blow* down [*albero*]; *(sfondare)* to smash down [*porta*]; *(ingoiare)* to swallow [*cibo*]; *(avvilire)* to bring* down, to get* down [*persona*]; *(debilitare)* [*malattia*] to weaken [*persona*]; *(abbozzare)* to dash off, to throw* off, to toss off, to write* down [*appunti*]; *(giocare)* to throw* down [*carta*]; ***~ qcn. giù dal letto*** to get sb. out of bed **8 buttare fuori** to throw* out [*importuno, studente*]; to throw* out, to kick out [*dipendente*]; ***~ fuori di casa*** to put out [*inquilino*]; to turn out into the street [*coniuge*] **9 buttare indietro** to fling* back [*testa, capelli*] **10 buttare là, buttare lì** to throw* out [*frase, idea*] **II** intr. (aus. *avere*) *(germogliare)* to bud, to come* up, to sprout **III buttarsi** pronom. **1** *(gettarsi)* to throw* oneself; ***-rsi sul letto*** to throw oneself onto *o* to fall into bed; ***-rsi (giù) dalla finestra, sotto un treno*** to throw oneself out of the window, in front of a train; ***-rsi in acqua*** to throw oneself *o* jump into the water; *(per fare un bagno)* to go for a dip **2** FIG. ***-rsi su*** to fall on, to pitch into [*cibo*]; ***-rsi in*** to throw oneself *o* pitch into [*lavoro*] **3** *(osare)* to go* for it, to give* it a go; ***buttati!*** go for it! just do it! **4** *(indossare)* ***-rsi una sciarpa sulle spalle*** to fling *o* sling a scarf around one's shoulders **5** *(sfociare)* ***il Po si butta nell'Adriatico*** the River Po flows into *o* joins the Adriatic Sea **6 buttarsi giù** *(avvilirsi)* to get* dejected; ***non ti buttare giù*** don't do yourself down ♦ ***~ la pasta*** to put the pasta (into the boiling water); ***~ qcs. in faccia a qcn.*** to throw sth. into sb.'s teeth, to cast sth. up at sb.; ***~ all'aria*** to mess up [*fogli, stanza, progetto*]; ***~ a mare qcs.*** to throw sth. out the window; ***~ un occhio su*** to cast a glance *o* look at; ***~*** o ***-rsi alle spalle*** to leave behind, to turn one's back on [*preoccupazioni, passato*]; ***~ al vento*** to dish, to bungle [*piani*]; to chuck, to fritter away [*denaro*].

butterato /butte'rato/ agg. pitted, pockmarked (**da** with).

buzzo /'buddzo/ m. COLLOQ. ***mettersi di ~ buono a fare qcs.*** to set (down) *o* knuckle down to do sth.

buzzurro /bud'dzurro/ m. (f. **-a**) boor, lout.

by-pass /bai'pass/ m.inv. MED. TECN. bypass.

bypassare /baipas'sare/ [1] tr. to bypass (anche FIG.).

C

c, C /tʃi/ **I** m. e f.inv. *(lettera)* c, C **II C** f. SPORT ***(serie) C*** = in Italy, division of the football league corresponding to the Second Division.
c' → **1.ci**.
ca. ⇒ circa circa (c).
c.a. 1 ⇒ corrente anno current year **2** ⇒ corrente alternata alternating current (AC) **3** ⇒ (alla) cortese attenzione for the attention of (FAO).
CAB /kab/ m. (⇒ codice di avviamento bancario) = bank code.
cabala /'kabala/ f. **1** RELIG. cabbala **2** FIG. cabal, intrigue.
cabaret /kaba'rɛ/ m.inv. **1** *(locale)* cabaret **2** *(spettacolo)* cabaret, stand-up (comedy).
cabarettista, m.pl. **-i**, f.pl. **-e** /kabaret'tista/ ➧ ***18*** m. e f. cabaret performer, stand-up comedian.
cabina /ka'bina/ f. *(di nave, aereo, veicolo spaziale)* cabin; *(di auto, treno, camion, gru)* cab; *(di ascensore)* car; *(di funivia, teleferica)* cable car, gondola; *(di laboratorio linguistico, del telefono)* booth; *(sulla spiaggia)* (beach) hut, bathing cabin ♦♦ ***~ di blocco*** FERR. signal box; ***~ di controllo*** RAD. control room; ***~ da*** o ***della doccia*** shower cubicle, stall; ***~ elettorale*** polling *o* voting booth; ***~ di guida*** (driver's) cab; ***~ di manovra*** → ***~ di blocco***; ***~ di pilotaggio*** AER. cabin, cockpit, flight deck; ***~ di proiezione*** CINEM. projection *o* screening room; ***~ di prova*** fitting *o* changing AE room; ***~ di regia*** RAD. TELEV. control room; ***~ telefonica*** phone booth *o* box.
cabinato /kabi'nato/ **I** agg. [*barca*] with a cabin **II** m. (cabin) cruiser.
cabinovia /kabino'via/ f. cableway.
cablaggio, pl. **-gi** /ka'bladdʒo, dʒi/ m. **1** EL. connection, wiring **2** TELEV. cabling.
cablare /ka'blare/ [1] tr. **1** EL. to connect, to wire **2** TELEV. to cable [*città, zona*] **3** *(telegrafare)* to cable.
cablogramma /kablo'gramma/ m. cablegram.
cabotaggio, pl. **-gi** /kabo'taddʒo, dʒi/ m. coasting; ***nave da ~*** coaster.
cabotare /kabo'tare/ [1] intr. (aus. *avere*) to coast.
cabrare /ka'brare/ [1] intr. (aus. *avere*) [*aereo*] to zoom.
cabrata /ka'brata/ f. zoom.
cabriolet /kabrjo'lɛ/ m.inv. convertible, soft-top.
cacao /ka'kao/ m.inv. **1** *(pianta)* cacao (tree); ***seme di ~*** cacao *o* cocoa bean **2** *(polvere)* cocoa ♦♦ ***~ in polvere*** cocoa powder.
cacare /ka'kare/ [1] **I** tr. ***non ~ qcn.*** to pooh-pooh sb. **II** intr. VOLG. (aus. *avere*) to shit, to crap; ***va' a ~!*** fuck off! piss off! ***questo film fa ~*** this film is crap **III cacarsi** pronom. ***-rsi addosso*** to shit oneself.
cacata /ka'kata/ f. VOLG. **1** shit **2** FIG. ***quel film è una gran ~*** that film is crap.
cacatua /kaka'tua/ m.inv. cockatoo.
cacca, pl. **-che** /'kakka, ke/ f. COLLOQ. shit; INFANT. pooh; EUFEM. dirt, mess; ***fare la ~*** to poop, to do a big job.
cacchio, pl. **-chi** /'kakkjo, ki/ m. POP. ***(e) che ~!*** what the hell! balls! ***sono -chi miei!*** that's none of your business! ***che ~ fai?*** what the hell are you doing?

1.caccia, pl. **-ce** /'kattʃa, tʃe/ f. **1** *(attività)* hunting, shooting; ***andare a ~*** to go hunting, to hunt, to shoot; ***~ alla volpe, al cervo*** fox, stag hunting; ***~ al leone*** lion hunt; ***~ alle balene*** whaling; ***cane da ~*** hound, hunter; ***riserva di ~*** preserve, game reserve **2** *(inseguimento, ricerca)* chase, hunt; ***~ all'assassino*** murder hunt; ***dare la ~ a*** to be after, to give chase to, to hunt down [*criminale*]; ***andare a ~ di*** FIG. to hunt for, to be after, to chase [*lavoro, successo*]; ***essere a ~ di*** to be hunting for [*soldi, lavoro*]; to look out for [*affare, offerta*] **3** MIL. ***aereo da ~*** fighter (plane); ***pilota da ~*** fighter pilot ♦♦ ***~ di frodo*** poaching; ***~ grossa*** big game hunting; ***~ alle streghe*** witch-hunt (anche FIG.); ***~ al tesoro*** treasure hunt; ***~ all'uomo*** manhunt.
2.caccia /'kattʃa/ m.inv. **1** *(aereo)* fighter (plane) **2** *(cacciatorpediniere)* destroyer.
cacciabombardiere /kattʃabombar'djɛre/ m. fighter bomber.
cacciagione /kattʃa'dʒone/ f. game.
cacciare /kat'tʃare/ [1] **I** tr. **1** *(dare la caccia)* [*animale, persona*] to hunt, to chase [*preda*] **2** *(allontanare)* [*persona*] to chase (away) [*visitatori, animale*]; to turn away [*mendicante*]; *(espellere)* to drive* out, to expel, to hound out [*intruso*]; *(licenziare)* to sack, to give* [sb.] the sack [*lavoratore*]; ***~ qcn. di casa*** to turn sb. out (into the street) **3** *(dissipare)* to dispel, to remove [*dubbio, paure*]; ***~ un'idea dalla mente*** to banish a thought from one's mind **4** COLLOQ. *(mettere)* ***~ la roba in valigia*** to stuff the clothes into a suitcase; ***~ qcs. in testa a qcn.*** FIG. to din *o* drill sth. into sb.; ***~ il naso in qcs.*** FIG. to poke *o* stick one's nose into sth., to pry into sth. **5** COLLOQ. *(coinvolgere)* ***~ qcn. nei guai*** to get sb. into trouble *o* into a scrape **6** COLLOQ. *(emettere)* to utter, to let* out [*urlo*] **7** COLLOQ. *(tirare fuori)* ***~ (fuori)*** to fish out [*soldi*] **II cacciarsi** pronom. COLLOQ. **1** *(ficcarsi)* ***-rsi in un angolo*** to get into a corner; ***-rsi le mani in tasca*** to stick *o* stuff one's hands in one's pockets; ***-rsi in*** to let oneself in for [*problema, guai*]; ***-rsi in testa di*** to fasten on the idea of **2** *(andare a finire)* ***dove si sono cacciati i miei occhiali?*** where did my glasses get to?
cacciareattore /kattʃareat'tore/ m. jet fighter.
cacciatora: **alla cacciatora** /allakattʃa'tɔra/ agg. **1** GASTR. ***pollo, coniglio alla ~*** = chicken, rabbit stewed in a tomato, wine and herb sauce **2** SART. ***giacca alla ~*** shooting jacket.
cacciatore /kattʃa'tore/ m. hunter, huntsman* ♦♦ ***~ di dote*** FIG. fortune hunter; ***~ di frodo*** poacher; ***~ di taglie*** bounty hunter; ***~ di teste*** head-hunter.
cacciatorino /kattʃato'rino/ m. GASTR. = small, hard salami.
cacciatorpediniere /kattʃatorpedi'njɛre/ m.inv. destroyer.
cacciavite /kattʃa'vite/ m. screwdriver; ***~ a croce*** o ***a stella*** Phillips screwdriver®.
caccola /'kakkola/ f. COLLOQ. **1** *(di naso)* bogey BE; *(di occhi)* gum **2** *(di insetto)* droppings.
cachemire /'kaʃmir/ m.inv. *(lana, tessuto)* cashmere.
cachet /ka'ʃɛ/ m.inv. **1** *(capsula)* pill; *(analgesico)* painkiller **2** *(per capelli)* dye, colouring **3** *(prestazione professionale, di artisti)* fee; ***lavorare a ~*** to work on a fee basis.

1.cachi /'kaki/ m.inv. *(albero, frutto)* persimmon.
2.cachi /'kaki/ ➧ *3* agg. e m.inv. khaki.
cacio, pl. **-ci** /'katʃo, tʃi/ m. REGION. cheese ♦ ***essere come il ~ sui maccheroni*** to be just the job; ***essere pane e ~ (con qcn.)*** to be hand in glove (with sb.), to be as thick as thieves.
caciocavallo /katʃoka'vallo/ m. INTRAD. (hard smooth or strong pear shaped cheese from the South of Italy).
caciotta /ka'tʃɔtta/ f. INTRAD. (small flat, soft, either fresh or matured cheese from central Italy).
cacofonia /kakofo'nia/ f. cacophony.
cactus /'kaktus/ m.inv. cactus*.
cad. ⇒ cadauno, caduno each.
cadauno /kada'uno/ agg. e pron. indef.inv. apiece, each.
cadavere /ka'davere/ m. (dead) body, corpse; MED. cadaver ♦ ***pallido come un ~*** deathly pale; ***passare sul ~ di qcn. per fare qcs.*** FIG. to do sth. over sb.'s dead body; ***un ~ ambulante*** COLLOQ. death warmed up, a walking skeleton.
cadaverico, pl. **-ci**, **-che** /kada'vɛriko, tʃi, ke/ agg. [*colorito, pallore*] cadaverous, deadly; [*viso*] cadaverous, deadly pale.
cadente /ka'dɛnte/ agg. **1** *(decrepito)* [*vecchio*] doddering **2** *(fatiscente)* [*edificio*] crumbling, derelict, tumbledown **3** *(cascante)* [*guance, seno*] sagging; [*spalle*] sloping; [*tratti, viso*] flabby.
cadenza /ka'dɛntsa/ f. **1** *(di suoni)* cadence (anche MUS.), lilt; *(di movimenti, passi)* rhythm, cadence **2** *(di produzione)* rate; ***a*** o ***con ~ trimestrale*** quarterly **3** *(inflessione)* cadence, inflection, lilt.
cadenzato /kaden'tsato/ agg. [*passo*] measured; [*frase, ritmo*] lilting.
cadere /ka'dere/ [26] intr. (aus. *essere*) **1** *(fare una caduta)* [*persona*] to fall* (down), to drop; [*cosa*] to fall*; ***~ a*** o ***per terra*** to fall to the floor *o* ground; ***~ da*** to fall off *o* from [*albero, tetto, bicicletta, cavallo*]; to fall out of *o* from [*barca, borsa, mani*]; ***~ giù da*** to fall down [*scale*]; ***~ dal letto*** to fall *o* tumble out of bed; ***~ in mare*** to fall in(to) the sea; ***~ nel vuoto*** to fall through the air, to topple over the edge; ***sta attento a non farlo ~*** mind you don't drop it; ***lasciarsi ~ su una poltrona*** to fall *o* drop *o* collapse into an armchair **2** *(crollare)* [*muro, albero, tetto*] to fall*, to come* down; ***~ a*** o ***in pezzi*** to fall to bits *o* pieces, to fall apart (anche FIG.) **3** *(staccarsi)* [*foglia*] to fall* off, to drop off, to come* off; [*capelli, denti*] to fall* out **4** *(discendere)* [*pioggia, neve*] to fall*, to come* down; [*notte, silenzio*] to fall*; ***il fulmine è caduto su una casa*** lightning struck a house **5** *(abbassarsi)* [*prezzo, temperatura*] to fall*, to drop **6** *(essere rovesciato)* [*dittatore, regime, governo*] to fall*, to collapse, to topple; *(capitolare)* [*città*] to fall*; *(venire meno)* [*pregiudizio*] to fall* (away); ***fare ~*** *(rovesciare)* to cast down, to topple [*dittatore, regime, governo*] **7** *(ricadere)* ***la gonna cade bene*** the skirt falls *o* hangs well; ***i capelli le cadevano sulle spalle*** her hair fell over her shoulders **8** FIG. ***lasciar ~*** to drop [*argomento, progetto, proposta, accuse, frase*]; lay aside [*dubbio, inibizione*]; ***~ ai piedi di qcn.*** to fall at sb.'s feet; ***~ ammalato, addormentato*** to fall ill, asleep **9** *(collocarsi)* ***~ su*** [*sguardo, scelta, accento*] to fall on **10** *(abbattersi)* ***~ su*** [*colpa, sospetto, responsabilità*] to fall on [*persona*] **11** *(ricorrere)* ***Natale cade di mercoledì*** Christmas falls on a Wednesday **12** EUFEM. *(morire)* [*soldato*] to fall* **13** TEL. ***è caduta la linea*** the line went dead ♦ ***~ dalle nuvole*** to be flabbergasted; ***~ in piedi*** to fall *o* land on one's feet; ***lasciar ~ qcs. dall'alto*** = to do sth. condescendingly; ***~ a proposito*** to be welcome, to come at the right time.
cadetto /ka'detto/ **I** agg. **1** *(più giovane)* [*figlio*] younger **2** SPORT ***campionato ~*** first division championship **II** m. MIL. cadet.
cadmio /'kadmjo/ m. cadmium.
caduco, pl. **-ci**, **-che** /ka'duko, tʃi, ke/ agg. **1** BOT. ANAT. ZOOL. deciduous **2** LETT. *(effimero)* ephemeral, fleeting.
caduta /ka'duta/ f. **1** *(azione di cadere)* fall, tumble; *(da bicicletta, moto, cavallo)* fall, spill; *(di pioggia, neve)* (down)fall; ***fare una ~*** [*persona*] to have a fall, to fall; ***una ~ di 5 metri*** a fall of 5 metres, a 5-metre fall; ***~ libera*** SPORT freefall **2** *(azione di staccarsi) (di foglie, massi)* fall; *(di capelli)* (hair) loss; ***attenzione, ~ massi*** beware of falling rocks **3** *(abbassamento) (di temperatura, prezzi)* fall, drop, slump (**di** in); ***~ di tensione*** ELETTRON. voltage drop **4** *(di dittatore, governo, regime)* fall, downfall **5** MIL. *(resa) (di città, fortezza)* fall **6** SPORT *(in judo)* fall.
caduto /ka'duto/ **I** p.pass. → **cadere II** agg. [*soldato*] fallen, dead **III** m. *(soldato)* fallen soldier; ***i -i*** the fallen *o* dead *o* slain; ***monumento ai -i*** monument to the dead; *(in guerra)* war memorial.
caffè /kaf'fɛ/ ➧ *3* **I** m.inv. **1** *(sostanza)* coffee; ***chicco di ~*** coffee bean **2** *(bevanda)* ***fare il ~*** to make coffee; ***una tazza di ~*** a cup of coffee; ***una tazza da ~*** a coffee cup; ***prendere un ~*** to have a coffee **3** *(locale)* café, coffee bar, coffee shop **II** agg.inv. *(colore)* coffee-coloured BE, coffee-colored AE ♦♦ ***~ americano*** filter coffee; ***~ corretto*** coffee laced (with); ***~ decaffeinato*** decaffeinated *o* caffeine-free coffee; ***~ doppio*** double espresso; ***~ espresso*** espresso; ***~ forte*** strong coffee; ***~ freddo*** iced coffee; ***~ in grani*** coffee beans; ***~ istantaneo*** instant coffee; ***~ lungo*** = weak coffee; ***~ macchiato*** = espresso coffee with a spot of milk; ***~ macinato*** ground coffee; ***~ nero*** black coffee; ***~ d'orzo*** = hot malt drink resembling coffee; ***~ in polvere*** powdered coffee; ***~ ristretto*** (extra-)strong coffee; ***~ solubile*** instant coffee; ***~ alla turca*** o ***turco*** Turkish coffee.
caffeina /kaffe'ina/ f. caffein(e).
caffe(l)latte /kaffe(l)'latte/ m.inv. white, milky coffee.
caffettano /kaffet'tano/ m. caftan, kaftan.
caffetteria /kaffette'ria/ f. *(locale)* cafeteria.
caffettiera /kaffet'tjɛra/ f. **1** *(macchina)* percolator, coffee maker; *(bricco)* coffee pot **2** FIG. *(auto)* banger, crate; *(persona)* coffee addict.
cafonaggine /kafo'naddʒine/ f. ***è stato di una ~ incredibile*** he was incredibly boorish *o* gross.
cafone /ka'fone/ **I** agg. [*gente*] gross, boorish, loutish **II** m. (f. **-a**) *(zotico)* boor, lout.
cafro /'kafro/ **I** agg. Kaffir **II** m. (f. **-a**) Kaffir.
cagare /ka'gare/ REGION. → **cacare**.
cagata /ka'gata/ REGION. → **cacata**.
cagionare /kadʒo'nare/ [1] tr. to cause, to provoke [*dolore, problemi*].
cagionevole /kadʒo'nevole/ agg. [*salute*] poor, weak; [*persona*] sickly.
cagliare /kaʎ'ʎare/ [1] tr. e intr. (aus. *essere*) to curdle.
cagliaritano /kaʎʎari'tano/ ➧ *2* **I** agg. from, of Cagliari **II** m. (f. **-a**) native, inhabitant of Cagliari.
cagliata /kaʎ'ʎata/ f. curd.
caglio, pl. **-gli** /'kaʎʎo, ʎi/ m. *(per il latte)* rennet.
cagna /'kaɲɲa/ f. **1** *(animale)* bitch, she-dog **2** SPREG. *(donnaccia)* bitch.
cagnara /kaɲ'ɲara/ f. COLLOQ. hubbub, row; ***fare ~*** to make a racket.
cagnesco: in cagnesco /inkaɲ'ɲesko/ avv. ***guardare qcn. in ~*** to look daggers at sb.
cagnolino /kaɲɲo'lino/ m. *(piccolo cane)* doggie, doggy, lapdog; *(cucciolo di cane)* pup(py), whelp.
CAI /'kai/ m. (⇒ Club Alpino Italiano) = Italian Alpine Club.
caimano /kai'mano/ m. cayman.
Caino /ka'ino/ n.pr.m. Cain.
Caio /'kajo/ n.pr.m. ***Tizio, ~ e Sempronio*** every Tom, Dick and Harry.
Cairo /'kairo/ ➧ *2* n.pr.m. ***il ~*** Cairo.
cala /'kala/ f. creek.
calabrese /kala'brese/ ➧ *30* agg., m. e f. Calabrian.
calabrone /kala'brone/ m. hornet.
calamaio, pl. **-ai** /kala'majo, ai/ m. inkwell.
calamaro /kala'maro/ m. squid.
calamita /kala'mita/ f. magnet (anche FIG.).
calamità /kalami'ta/ f.inv. *(disgrazia)* calamity, disaster; ***~ naturale*** natural disaster, act of God.
calamitare /kalami'tare/ [1] tr. to magnetize (anche FIG.).
calamitato /kalami'tato/ agg. magnetic.
calamo /'kalamo/ m. **1** ZOOL. *(penna d'uccello)* quill **2** *(canna per scrivere)* quill (pen).
calandra /ka'landra/ f. **1** TECN. calender **2** *(nelle auto)* grille.
calante /ka'lante/ agg. **1** *(che diminuisce)* [*notte*] descending, falling; [*marea*] outgoing **2** ASTR. [*sole*] setting; [*luna*] waning.
1.calare /ka'lare/ [1] **I** tr. **1** *(abbassare)* to lower, to drop [*sipario*]; to let* down, to lower [*secchio, ponte levatoio*]; to

pull down [*pantaloni, visiera, cappello*] **2** *(ammainare)* to lower [*vele, bandiera*]; *(fare scendere)* to cast* [*reti*]; to drop, to cast* [*ancora*] **3** *(nei giochi di carte)* to put* down [*carta*] **4** *(nel lavoro a maglia)* to decrease [*maglie*] **II** intr. (aus. *essere*) **1** *(scendere)* [*sole*] to sink*, to set*; [*notte, nebbia*] to close in, to fall* **2** *(diminuire)* [*febbre, livello*] to go* down; [*volume*] to fall*; [*prezzo, temperatura*] to come* down, to drop, to sink* (**di** by); [*presenze, domanda, interesse*] to drop off, to fall* away; [*fatturato, azioni*] to fall* (**di** by); [*popolarità*] to decrease, to wane; [*marea*] to ebb, to go* out; [*luna*] to wane; [*vista*] to weaken; [*concentrazione*] to wane, to drop away; [*ottimismo, entusiasmo*] to wane; *(di peso)* **~ di tre chili** to lose three kilos **3** TEATR. *(venire giù)* [*sipario*] to fall*, to come* down **4** *(invadere)* ***i barbari calarono in Italia*** the barbarians invaded Italy; *(abbattersi)* **~ *sul nemico*** to descend *o* fall on the enemy **5** *(decadere)* **~ *nella considerazione di qcn.*** to go down in sb.'s esteem **III calarsi** pronom. **1** *(scendere)* to let* oneself down **2** *(immedesimarsi)* ***-rsi in una parte*** to get inside one's part.

2.calare /ka'lare/ m. ***al ~ del sole*** at sunset; ***al ~ della notte*** at nightfall.

calato /ka'lato/ agg. GERG. *(impasticcato)* loved-up.

calca /'kalka/ f. crush, crowd, mob; ***fare ~*** to crowd around *o* in.

calcagno, m.pl. **-gni**, f.pl. **-gna** /kal'kaɲɲo, ɲi, ɲa/ ➧ *4* m. ANAT. (pl. **-gni**) heel; ***sedersi sui -gni*** to squat ♦ ***essere alle -gna di qcn.*** to be on sb.'s tail, to be hard *o* close on sb.'s heels; ***stare, mettersi alle -gna di qcn.*** to come, follow hard on sb.'s heels.

1.calcare /kal'kare/ [1] tr. **1** *(calpestare)* to tread [*uva, terra*] **2** COLLOQ. *(premere)* **~ *il cappello fino agli occhi*** to pull one's hat down over one's eyes **3** *(accentuare)* to emphasize [*parola*]; to exaggerate [*tinte*] ♦ **~ *la mano*** to overdo it; ***hai calcato un po' la mano*** you laid it on a bit (thick); **~ *le scene*** o ***le tavole*** to tread the boards.

2.calcare /kal'kare/ m. *(roccia)* limestone; *(deposito)* (lime)scale.

calcareo /kal'kareo/ agg. [*acqua*] hard.

1.calce /'kaltʃe/ f. lime; ***latte di ~*** whitewash ♦♦ **~ *idraulica*** hydraulic lime; **~ *viva*** quicklime.

2.calce /'kaltʃe/ f. BUROCR. ***in ~*** [*firma*] below; ***in ~ alla pagina*** at the bottom of the page.

calcestruzzo /kaltʃes'truttso/ m. concrete.

calcetto /kal'tʃetto/ ➧ *10* m. **1** *(calcio-balilla)* table football **2** SPORT five-a-side (football).

calciare /kal'tʃare/ [1] **I** tr. **1** *(tirare un calcio a)* **~ *qcs.*** to kick sth., to give sth. a kick **2** SPORT **~ *(la palla) in porta*** o ***in rete*** to kick a goal; **~ *un rigore*** to take a penalty **II** intr. (aus. *avere*) *(tirare calci)* [*persona, animale*] to kick (out).

calciatore /kaltʃa'tore/ ➧ *18* m. (f. **-trice** /tritʃe/) football player, soccer player, footballer BE.

calcificare /kaltʃifi'kare/ [1] **I** tr. [*acqua dura*] to calcify [*tubature*] **II calcificarsi** pronom. MED. [*arterie*] to calcify.

calcina /kal'tʃina/ f. *(malta)* (lime) mortar.

calcinaccio, pl. **-ci** /kaltʃi'nattʃo, tʃi/ **I** m. rubble **II calcinacci** m.pl. *(rovine)* rubble sing., rubbish sing.

calcinare /kaltʃi'nare/ [1] tr. CONC. AGR. to lime.

1.calcio, pl. **-ci** /'kaltʃo, tʃi/ ➧ *10* m. **1** *(pedata)* kick; ***prendere a -ci qcn., qcs.*** to kick sb., sth.; ***aprire la porta con un ~*** to kick the door open; ***buttare giù a -ci*** to kick down [*porta*]; ***dare un ~ a*** COLLOQ. FIG. to turn one's back on [*passato*]; to chuck away, to miss out on [*occasione, fortuna*] **2** SPORT *(gioco)* football, soccer; ***giocare a ~*** to play football *o* soccer; ***campo di ~*** football field *o* pitch ♦♦ **~ *d'angolo*** corner; **~ *d'inizio*** kick-off; **~ *di punizione*** free kick; **~ *di rigore*** penalty (kick); **~ *di rinvio*** goal kick; ***-ci di rigore*** *(a fine partita)* penalty shoot-out.

2.calcio, pl. **-ci** /'kaltʃo, tʃi/ m. *(di pistola)* stock; *(di fucile)* stock, butt.

3.calcio /'kaltʃo/ m. CHIM. calcium.

calcio-balilla /kaltʃoba'lilla/ ➧ *10* m.inv. table football.

calcio-mercato /kaltʃomer'kato/ m.inv. transfer market.

calcistico, pl. **-ci**, **-che** /kal'tʃistiko, tʃi, ke/ agg. [*squadra, società*] football attrib., soccer attrib.

calco, pl. **-chi** /'kalko, ki/ m. **1** *(riproduzione)* cast, mould **2** *(ricalco su carta)* tracing **3** LING. loan translation.

calcolare /kalko'lare/ [1] tr. **1** to calculate [*superficie, volume*]; to calculate, to reckon, to work out [*traiettoria, percentuale, media*] **2** *(preventivare)* to allow; ***bisogna ~ circa 10 euro*** you should reckon on paying about 10 euros; ***ho calcolato una bottiglia ogni tre persone*** I've allowed a bottle every three people **3** *(valutare)* to calculate, to allow for, to weigh [*vantaggi, possibilità*]; to calculate, to assess [*spese, perdite*]; to estimate [*distanza, posizione*]; to calculate, to count, to weigh [*conseguenze, rischi*]; to count (up) [*costo*]; to allow for [*cambiamenti, imprevisti*]; **~ *i pro e i contro*** to weigh the pros and cons **4** *(includere)* **~ *qcn. tra i presenti*** to count sb. in.

calcolatore /kalkola'tore/ **I** agg. **1** [*strumento*] calculating; ***regolo ~*** TECN. slide rule BE *o* ruler AE **2** FIG. [*persona, spirito*] calculating **II** m. (f. **-trice** /tritʃe/) **1** *(persona)* calculating person **2** INFORM. computer.

calcolatrice /kalkola'tritʃe/ f. calculator, calculating machine.

1.calcolo /'kalkolo/ m. **1** *(operazione)* calculation, computation; *(conteggio dettagliato)* reckoning, count; ***fare dei -i*** to make *o* do calculations; ***errore di ~*** miscalculation; ***fare un errore di ~*** to miscalculate, to make a mistake *o* slip in one's calculations; ***essere bravo nei -i*** o ***a fare i -i*** to be good at sums **2** *(valutazione)* calculation, reckoning, estimate; ***fare il ~ di*** to calculate, to assess [*spese, costi*]; **~ *approssimativo*** projection, rough calculation; ***secondo i miei -i*** by my calculations *o* reckoning; ***far bene i (propri) -i*** FIG. to do one's sums; ***fare male*** o ***sbagliare i (propri) -i*** FIG. to get one's calculations wrong **3** MAT. *(metodo teorico)* calculus* **4** *(tattica)* calculation, self-interest ♦♦ **~ *algebrico*** algebraic calculation; **~ *differenziale*** differential calculus; **~ *integrale*** integral calculus.

2.calcolo /'kalkolo/ m. MED. stone, calculus* ♦♦ **~ *biliare*** gallstone; **~ *renale*** kidney stone.

caldaia /kal'daja/ f. boiler; ***sala -e*** boiler room.

caldaista /kalda'ista/ ➧ *18* m. e f. heating engineer.

caldamente /kalda'mente/ avv. **1** *(vivamente)* [*raccomandare*] highly, thoroughly, warmly **2** *(cordialmente)* [*accogliere*] warmly, heartily.

caldana /kal'dana/ f. hot flush BE, hot flash AE.

caldarrosta /kaldar'rɔsta/ f. roast chestnut.

caldeggiare /kalded'dʒare/ [1] tr. to support warmly [*proposta, promozione*].

calderone /kalde'rone/ m. **1** *(recipiente)* cauldron **2** FIG. mishmash, hotchpotch; ***mettere tutto in un*** o ***nello stesso ~*** FIG. = to lump everything together.

caldo /'kaldo/ Tra le varie accezioni dell'aggettivo *caldo* e dei suoi equivalenti inglesi, vanno messi in evidenza i seguenti casi: *caldo* si traduce hot quando si vuole indicare una temperatura tanto alta da essere poco gradevole o sopportabile; se non ci sono queste implicazioni negative, l'equivalente è *warm*; come mostrano gli esempi qui sotto elencati, sia *hot* sia *warm* si usano anche in senso figurato (con un'implicazione tendenzialmente negativa il primo, e positiva il secondo), come pure *heated*. - Si noti che all'aggettivo *caldo* = *hot, warm* può corrispondere in italiano il sostantivo *il caldo*, ma non un identico sostantivo inglese, bensì i derivati *heat, hotness* e *warmth*. **I** agg. **1** *(a temperatura elevata)* [*luogo, giornata, clima, cibo, bevanda, bagno, sole, aria, acqua, piedi*] warm, hot; [*paese, pasto, piatto, cioccolata*] hot; ***a forno ~*** in a warm oven; ***bello ~*** nice and warm; ***ci hanno servito dei croissant belli -i*** we were served piping hot croissants; ***mangiare, bere qcs. di ~*** to have hot food, a hot drink *o* something hot to eat, to drink **2** *(che protegge dal freddo)* [*vestiti, stanza*] warm **3** *(caloroso)* [*ringraziamento, accoglienza*] warm; [*atmosfera*] friendly **4** FIG. *(critico)* [*zona, periodo*] hot; ***punto ~*** hot *o* trouble spot **5** *(intenso)* [*luce, colore, voce*] warm **6** *(focoso)* passionate, ardent **7** FIG. *(recente)* ***notizie -e -e*** hot news, news hot from the press **II** m. **1** *(calore)* heat, warmth; *(stagione calda)* hot weather; ***i primi -i*** METEOR. the first days of the hot season; ***sentire, avere ~*** to feel, be hot; ***fare ~*** to be warm *o* hot; ***fa ~ nella stanza*** the room feels hot; ***tenere ~ a qcn.*** [*cappotto, coperta*] to keep sb. warm; ***tenere al ~*** to keep [sb.] warm [*persona*]; ***tenere in ~*** to keep [sth.] warm *o* hot [*piatto, bevanda*]; FIG. to have [sth.] on standby [*progetto, rimedio*] **2 a caldo** *(senza riflettere)* [*commentare, decidere*] on the spot, on the spur *o* in the heat of the moment; *(impulsivo)* [*reazione*] hot-headed ♦ ***prendersela -a per qcn., qcs.*** to take sb., sth. to heart; ***non mi fa né ~ né freddo*** it leaves me cold.

calduccio /kal'duttʃo/ m. ***stare al ~*** to be as snug as a bug in a rug; ***starsene al ~ nel letto*** to be snug in bed.

caleidoscopio, pl. **-pi** /kaleido'skɔpjo, pi/ m. kaleidoscope (anche FIG.).

calendario, pl. **-ri** /kalen'darjo, ri/ m. **1** *(sistema)* calendar; ***~ perpetuo*** perpetual calendar **2** *(stampato)* calendar **3** *(programma)* calendar, schedule, time-frame; *(di incontri, negoziazioni)* timetable; ***il ~ delle vacanze scolastiche*** the dates of school holidays ♦♦ ***~ dell'Avvento*** Advent calendar; ***~ da tavolo*** desk calendar.

calende /ka'lɛnde/ f.pl. ***(fino) alle ~ greche*** till the cows come home.

calendula /ka'lɛndula/ f. pot marigold.

calesse /ka'lesse/ m. cart, gig, trap.

calibrare /kali'brare/ [1] tr. **1** ARM. to calibrate [*arma, proiettile*] **2** *(tarare)* to calibrate [*strumento*] **3** *(classificare)* to size [*frutta, verdura, uova*] **4** FIG. *(soppesare)* ***~ le proprie parole*** to weigh one's words.

calibratura /kalibra'tura/ f. TECN. calibration, graduation.

calibro /'kalibro/ m. **1** *(di arma da fuoco, pallottola)* calibre BE, caliber AE, bore, gauge; ***fucile ~ 12*** 12-bore rifle **2** *(di frutta, verdura, uova)* size **3** MECC. gauge, calliper BE, caliper AE **4** FIG. *(di persona)* calibre BE, caliber AE; ***i grossi -i della finanza*** the big shots *o* heavyweights in the business world.

1.calice, pl. **-ci** /'kalitʃe, tʃi/ m. **1** *(bicchiere)* goblet, chalice, stem glass; ***un ~ da spumante*** a champagne glass; ***levare i -ci*** to raise one's glasses **2** RELIG. cup, chalice ♦ ***amaro ~*** LETT. bitter cup.

2.calice, pl. **-ci** /'kalitʃe, tʃi/ m. BOT. calyx*.

califfo /ka'liffo/ m. caliph, calif, khalif.

California /kali'fɔrnja/ ➧ ***30*** n.pr.f. California.

californiano /kalifor'njano/ ➧ ***30*** **I** agg. Californian **II** m. (f. **-a**) Californian.

caligine /ka'lidʒine/ f. *(pulviscolo)* soot; *(nebbia)* fog, mist.

caliginoso /kalidʒi'noso/ agg. sooty.

calle /'kalle/ f. = typical alley or lane in Venice.

callifugo, pl. **-ghi** /kal'lifugo, gi/ m. *(cerotto)* corn plaster.

calligrafia /kalligra'fia/ f. **1** *(scrittura)* hand(writing), script **2** *(arte)* calligraphy, penmanship.

calligrafo /kal'ligrafo/ ➧ ***18*** m. (f. **-a**) calligrapher, calligraphist.

callista, m.pl. **-i**, f.pl. **-e** /kal'lista/ ➧ ***18*** m. e f. chiropodist.

callo /'kallo/ m. *(delle mani)* callus; *(dei piedi)* callus, corn ♦ ***pestare i -i a qcn.*** to tread on sb.'s corns; ***fare il ~ a qcs.*** to get used to sth.

calloso /kal'loso/ agg. [*mani, piedi*] callused, horny.

calma /'kalma/ f. **1** *(quiete)* calm(ness), quiet(ness); ***non avere un attimo di ~*** not to have a bit of peace; ***la ~ della notte*** the still(ness) of the night **2** *(comodo, agio)* ***leggilo in tutta ~*** read it in your own good time; ***prendersela con ~*** to take it *o* things easy; ***con ~!*** not so fast! ***fa' con ~!*** don't rush! **3** *(padronanza di sé)* calm, composure; ***con ~*** calmly, composedly, evenly; ***perdere la ~*** to lose one's head *o* composure *o* temper; ***mantenere la ~*** to keep one's calm *o* head, to stay *o* keep cool; ***~!*** chill out! keep calm! **4** MAR. calm; ***~ piatta*** dead calm (anche FIG.) ♦ ***~ e sangue freddo!*** don't panic! keep calm!

calmante /kal'mante/ **I** agg. [*farmaco*] analgesic, sedative; [*lozione, crema*] soothing **II** m. sedative, tranquillizer BE, tranquilizer AE.

calmare /kal'mare/ [1] **I** tr. **1** *(tranquillizzare)* to calm (down), to quieten, to soothe [*persona, folla*]; to calm, to settle [*situazione, nervi*]; to cool, to soothe [*collera, passione*] **2** *(alleviare)* to alleviate, to dull [*dolore*]; to quench [*sete*]; to alleviate, to ease [*fame*] **II calmarsi** pronom. **1** [*persona, situazione*] to calm down, to cool down; ***calmati!*** calm down! **2** *(attenuarsi)* [*dolore, tosse, fame, sete*] to subside; [*tempesta, vento*] to die down, to go* down; [*mare*] to subside ♦ ***~ le acque*** to smooth ruffled feathers; ***lasciare ~ le acque*** to allow the dust to settle.

calmiere /kal'mjɛre/ m. ceiling price; ***prezzo di ~*** controlled price.

calmo /'kalmo/ agg. **1** *(tranquillo)* [*persona, sitauzione*] calm, quiet; [*mare, acqua*] still, untroubled; [*notte, giornata*] quiet, still; ***l'aria è -a*** the air is still **2** *(controllato)* [*persona*] collected, composed; [*sguardo*] calm, steady; [*voce*] calm, even, unhurried; ***restare, mantenersi ~*** to keep, stay calm.

calo /'kalo/ m. **1** *(abbassamento)* drop, fall (**di** in); ***~ della vista*** weakening of eyesight **2** *(flessione)* decrease, drop, downturn (**di** in); decline (**di** in, of); ***un ~ del 5%*** a 5% drop, a drop of 5%; ***~ delle vendite*** decline *o* fall in sales; ***~ della domanda, dell'offerta*** drop in demand, supply; ***subire un ~*** to suffer a drop; ***essere in ~*** [*produzione, esportazioni, importazioni*] to be falling; [*prezzi*] to be decreasing *o* falling; ***la natalità è in ~*** the birthrate is declining **3** FIG. *(perdita)* ***~ di popolarità*** slump in popularity; ***~ di prestigio*** loss of prestige; ***~ di peso*** weight loss.

calore /ka'lore/ m. **1** *(caldo)* heat, warmth **2** *(cordialità)* warmth, warm-heartedness **3** *(fervore, entusiasmo)* heat, ardour BE, ardor AE, vigour BE, vigor AE; ***parlare con ~*** to talk heatedly *o* warmly **4** ZOOL. heat, rutting; ***essere in ~*** [*animale*] to be on *o* in heat, to rut **5** FIS. heat; ***fonte di ~*** source of heat; ***dispersione di ~*** heat loss; ***resistente al ~*** [*materiale*] heat-resistant ♦♦ ***~ bianco*** white heat; ***~ corporeo*** body heat.

caloria /kalo'ria/ f. calorie.

calorico, pl. **-ci**, **-che** /ka'lɔriko, tʃi, ke/ agg. [*contenuto, apporto*] calorie; ***a basso contenuto ~*** low-calorie.

calorifero /kalo'rifero/ m. heater, radiator.

calorifico, pl. **-ci**, **-che** /kalo'rifiko, tʃi, ke/ agg. calorific.

caloroso /kalo'roso/ agg. **1** *(che non soffre il freddo)* ***è ~*** he doesn't feel the cold **2** FIG. [*persona*] warm, warm-hearted; [*accoglienza*] warm, effusive, rousing; *(pieno di entusiasmo)* [*pubblico, applauso*] warm.

calotta /ka'lɔtta/ f. **1** ABBIGL. *(di cappello)* crown **2** *(papalina)* skull cap **3** AER. *(di paracadute)* canopy ♦♦ ***~ cranica*** ANAT. skull vault; ***~ glaciale*** GEOGR. icecap.

calpestare /kalpes'tare/ [1] tr. **1** *(pestare coi piedi)* to trample (on), to tread* (down) [*erba, fiori*]; to stand* on [*insetto*]; ***"vietato ~ le aiuole"*** "keep off the grass" **2** FIG. *(offendere)* to trample (on) [*sentimenti*]; to infringe (up)on, to trample (on) [*diritti, principi*].

calpestio, pl. **-ii** /kalpes'tio, ii/ m. tramp, trampling.

calumet /kalu'met/ m.inv. calumet; ***~ della pace*** peace pipe, pipe of peace.

calunnia /ka'lunnja/ f. **1** slander **C**, calumny, libel, smear; ***diffondere -e*** to spread slanders **2** DIR. slander **U**.

calunniare /kalun'njare/ [1] tr. to slander (anche DIR.).

calunniatore /kalunnja'tore/ m. (f. **-trice** /tritʃe/) slanderer (anche DIR.).

calunnioso /kalun'njoso/ agg. slanderous (anche DIR.).

calura /ka'lura/ f. heat; ***la ~ estiva*** the summer heat.

calvario, pl. **-ri** /kal'varjo, ri/ m. calvary, living death.

Calvario /kal'varjo/ n.pr.m. Calvary.

calvinismo /kalvi'nizmo/ m. Calvinism.

calvinista, m.pl. **-i**, f.pl. **-e** /kalvi'nista/ agg., m. e f. Calvinist.

Calvino /kal'vino/ n.pr.m. Calvin.

calvizie /kal'vittsje/ f.inv. baldness.

calvo /'kalvo/ **I** agg. [*persona*] bald(-headed); [*testa*] bald, hairless; ***diventare ~*** to go bald **II** m. (f. **-a**) bald person.

calza /kal'tsa/ ➧ ***35*** f. **1** *(da donna)* stocking; ***-e (collant)*** tights BE, pantie hose AE; ***~ di seta*** silk stocking **2** *(calzino da uomo)* sock **3** *(lavoro a maglia)* ***fare la ~*** to knit; ***ferri da ~*** knitting needles ♦♦ ***la ~ della Befana*** = stocking to be filled with presents which is hanged by children at Epiphany, corresponding to the Christmas stocking; ***~ contenitiva*** surgical stocking, support hose; ***~ velata*** sheer stocking; ***-e di nylon*** nylons; ***-e a rete*** fishnet stockings.

calzamaglia, pl. **calzemaglie** /kaltsa'maʎʎa, kaltse'maʎʎe/ f. **1** *(collant)* tights **2** STOR. hose.

calzante /kal'tsante/ agg. *(appropriato)* [*termine, espressione*] apt, proper, fitting.

calzare /kal'tsare/ [1] **I** tr. *(portare)* to wear* [*scarpe, stivali*] **II** intr. **1** (aus. *avere*) *(essere adatto)* [*scarpe, stivali*] to fit*; ***~ a pennello, come un guanto*** [*abito, calzatura*] to fit like a glove, to be a good fit **2** (aus. *essere*) FIG. [*esempio, termine, espressione*] to be* apt, proper, fitting.

calzascarpe /kaltsas'karpe/ m.inv. shoehorn.
calzatura /kaltsa'tura/ f. shoe; ***-e*** footwear; ***negozio di -e*** shoe shop.
calzaturiero /kaltsatu'rjɛro/ agg. ***produzione -a*** shoe *o* footwear production.
calzaturificio, pl. **-ci** /kaltsaturi'fitʃo, tʃi/ m. shoe factory.
calzettone /kaltset'tone/ m. knee-length sock.
calzino /kal'tsino/ ➧ ***35*** m. ankle sock, anklet AE; ***-i corti*** bobby socks *o* sox.
calzolaio, pl. **-ai** /kaltso'lajo, ai/ ➧ ***18*** m. (f. **-a**) shoemaker, shoe repairer, cobbler.
calzoleria /kaltsole'ria/ ➧ ***18*** f. shoemaking, shoe repairs pl.; *(negozio)* shoe repair shop.
calzoncini /kaltson'tʃini/ ➧ ***35*** m.pl. shorts, short trousers; ***~ da bagno*** bathing *o* swimming trunks.
calzone /kal'tsone/ m. GASTR. = type of stuffed pizza with a mozzarella cheese, ham and tomato filling inside.
calzoni /kal'tsoni/ ➧ ***35*** m.pl. trousers, pants AE; ***un paio di ~*** a pair of trousers; ***~ al ginocchio*** knee-breeches; ***portare i ~*** FIG. to wear the trousers BE, the pants AE ♦♦ ***~ alla cavallerizza*** (riding) breeches; ***~ alla zuava*** plus-fours, knickerbockers.
Cam /kam/ n.pr.m. Ham.
camaleonte /kamale'onte/ m. chameleon (anche FIG.).
cambiale /kam'bjale/ f. bill (of exchange); ***protestare una ~*** to protest a bill; ***avallare una ~*** to back a bill ♦♦ ***~ propria*** promissory note; ***~ a vista*** sight bill.
cambiamento /kambja'mento/ m. *(variazione)* change (**di** in); *(sostituzione)* change (**di** of); ***in continuo ~*** ever-changing; ***~ di programma*** change of plan; ***~ d'aria*** change of air.
cambiamonete /kambjamo'nete/ m.inv. change machine.
cambiare /kam'bjare/ [1] **I** tr. **1** *(mutare)* to change [*lavoro, direzione, posizione, dottore, fornitore, auto, gusti*]; ***~ idea*** to change one's mind; ***avere bisogno di ~ aria*** to need a change of air; ***~ proprietario*** [*bene*] to change hands; ***~ casa*** to move (house); ***~ treno*** to change trains; ***~ campo*** SPORT to change ends **2** *(scambiare)* to change, to exchange [*vestiti, auto*] (**con qcn.** with sb.; **con qcs.** for sth.); ***hai da ~ 50 euro?*** have you got change for 50 euros? ***~ il posto con qcn.*** to change *o* swap places with sb. **3** *(convertire)* to change [*denaro, assegno*] (**in** into, for); ***~ degli euro in dollari*** to change euros into dollars, to exchange euros for dollars **4** *(sostituire)* to change, to replace [*pile, lampadina*]; ***~ le lenzuola*** to change a bed *o* the sheets; ***~ l'aria*** to clear *o* change the air **5** *(spostare)* ***~ di posto qcs., ~ posto a qcs.*** to change round sth., to change sth. round, to shift *o* move sth. **6** *(modificare)* to change [*piano, atteggiamento, abitudini, testo*]; to alter, to change [*stile di vita, orario, aspetto*]; ***~ rotta*** [*nave, aereo*] to change course; ***~ corsia*** AUT. to change *o* switch lanes; ***~ marcia*** AUT. to change *o* to shift AE gear; ***~ canale*** to change *o* switch channels **7** *(di abito, biancheria, pannolino)* to change [*bebè*] **II** intr. (aus. *essere*) **1** *(modificarsi, trasformarsi)* [*persona, situazione, tempo*] to change; *(di direzione)* [*vento*] to change, to shift; ***i tempi sono cambiati*** times have changed; ***~ in meglio, in peggio*** to take a turn *o* change for the better, the worse **2** *(prendere una coincidenza)* to change **3** *(rompere la monotonia)* ***per ~ (un po')*** for (a bit of) a change, to make a change; ***tanto per ~*** IRON. for a change **III cambiarsi** pronom. *(d'abito)* to change, to get* changed; ***-rsi le scarpe*** to change one's shoes ♦ ***~ aria*** *(sparire)* to clear out; ***~ le carte in tavola*** to shift one's ground, to turn the tables; ***~ vita*** to change one's ways *o* life, to start a new life.
cambiario, pl. **-ri, -rie** /kam'bjarjo, ri, rje/ agg. ***vaglia ~*** promissory note.
cambiavalute /kambjava'lute/ ➧ ***18*** m. e f.inv. money-changer, foreign exchange dealer.
cambio, pl. **-bi** /kam'bjo, bi/ m. **1** *(sostituzione, scambio)* (ex)change; ***facciamo (a) ~?*** shall we swap? ***fare ~ di posto con qcn.*** to change *o* trade places with sb.; ***~ di campo*** SPORT changeover; *(ricambio)* ***un ~ di vestiti*** a change of clothes **2** *(avvicendamento)* ***dare il ~ a*** to relieve [*operaio, sentinella*]; ***dare il ~ alla guida*** to have a turn at driving; ***darsi il ~*** to take turns (**per fare** at doing); ***il ~ della guardia*** the changing of the guard (anche FIG.) **3** ECON. *(operazione)* exchange; ***mercato dei -bi*** foreign exchange market; ***tasso di ~*** rate of exchange, exchange rate **4** MECC. *(di auto, moto)* gears pl.; ***scatola del ~*** gearbox; ***leva del ~*** gear lever *o* stick BE, gearshift AE **5 in cambio** in exchange, in return (**di** for); ***dare qcs. in ~ di qcs.*** to swap sth. for sth.; ***dare qcs. in ~*** to give sth. in return ♦♦ ***~ automatico*** AUT. automatic transmission; ***~ di moltiplica*** derailleur gears.
cambista, m.pl. **-i**, f.pl. **-e** /kam'bista/ ➧ ***18*** m. e f. → **cambiavalute**.
Cambogia /kam'bodʒa/ ➧ ***33*** n.pr.f. Cambodia.
cambretta /kam'bretta/ f. staple.
cambusa /kam'buza/ f. storeroom.
camelia /ka'mɛlja/ f. came(l)lia.
camera /'kamera/ f. **1** *(stanza)* room; ***~ d'albergo*** hotel room; ***~ con bagno*** room with private bath *o* with en suite bathroom; ***~ a due letti*** twin(-bedded) room; ***avete una ~ libera?*** have you got a vacancy? ***servizio in ~*** room service **2** MUS. ***musica, orchestra da ~*** chamber music, orchestra **3** POL. *(assemblea parlamentare)* chamber, house **4** ANAT. chamber ♦♦ ***~ ardente*** *(in ospedale ecc.)* mortuary chapel; ***~ d'aria*** inner tube; ***~ blindata*** strongroom; ***~ di commercio*** Chamber of Commerce; ***~ di compensazione*** ECON. clearing house; ***~ doppia*** double room; ***~ a gas*** gas chamber; ***~ del lavoro*** trade union offices; ***~ da letto*** bedroom; ***~ matrimoniale*** double room with a double bed; ***~ mortuaria*** → ***~ ardente***; ***~ oscura*** FOT. darkroom; ***~ degli ospiti*** guest *o* spare room; ***~ da pranzo*** dining room; ***~ singola*** single (room); ***Camera Alta*** BE POL. upper chamber; ***Camera Bassa*** BE POL. lower chamber; ***Camera dei Comuni*** BE POL. House of Commons; ***Camera di Consiglio*** council chamber; ***Camera dei deputati*** POL. Chamber of Deputies; ***Camera dei Lord*** o ***dei Pari*** BE POL. House of Lords.
1.camerata /kame'rata/ f. *(di caserma)* barrack room, sleeping quarters; *(di collegio)* sleeping quarters, dormitory; ***compagno di ~*** room mate, comrade.
2.camerata, m.pl. **-i**, f.pl. **-e** /kame'rata/ m. e f. *(compagno d'armi, di collegio)* comrade, companion.
cameratismo /kamera'tizmo/ m. camaraderie, comradeship, fellowship.
cameriera /kame'rjɛra/ ➧ ***18*** f. **1** *(in un locale)* waitress; ***~ di bar*** barmaid **2** *(in albergo)* (chamber)maid **3** *(domestica)* (house)maid; *(di signora)* lady's maid.
cameriere /kame'rjɛre/ ➧ ***18*** m. **1** *(in un locale)* waiter; ***~ di bar*** barman, bartender **2** *(in albergo)* ***~ (ai piani)*** floor boy **3** *(domestico)* (man)servant; ***~ personale*** valet.
camerino /kame'rino/ m. **1** TEATR. dressing room, greenroom **2** *(in un negozio d'abbigliamento)* ***~ (di prova)*** fitting *o* changing AE room.
Camerun /'kamerun/ ➧ ***33*** n.pr.m. Cameroon.
camice, pl. **-ci** /'kamitʃe, tʃi/ m. *(da lavoro)* overall, smock; *(di chirurgo, paziente)* gown; ***-ci bianchi*** FIG. *(medici)* white-coats; *(ricercatori)* lab coats.
camicetta /kami'tʃetta/ ➧ ***35*** f. blouse; *(di foggia machile)* shirt.
camicia, pl. **-cie, -ce** /ka'mitʃa, tʃe/ ➧ ***35*** f. **1** *(da uomo)* shirt; *(da donna)* blouse; ***essere in maniche di ~*** to be in one's shirt-sleeves (anche FIG.) **2** *(cartellina per documenti)* folder **3** TECN. ING. jacket **4** GASTR. ***uova in ~*** poached eggs ♦ ***essere nato con la ~*** to be born with a silver spoon in one's mouth; ***ridursi in ~*** to lose one's shirt; ***sudare sette -cie*** to sweat blood ♦♦ ***~ di forza*** MED. straitjacket; ***~ da notte*** nightdress, nightshirt, nightgown AE; ***-cie nere*** STOR. Blackshirts.
camiciotto /kami'tʃɔtto/ ➧ ***35*** m. *(camicia estiva da uomo)* short-sleeved shirt.
caminetto /kami'netto/ m. fireplace.
camino /ka'mino/ m. **1** *(focolare)* fireplace **2** *(canna fumaria) (di abitazione)* chimneypot; *(di fabbrica)* chimneystack, smokestack **3** GEOL. *(di vulcano)* vent **4** *(in montagna)* chimney.
camion /'kamjon/ m.inv. truck, lorry BE ♦♦ ***~ delle nettezza urbana*** refuse lorry BE, dustcart BE, garbage truck AE; ***~ per traslochi*** removal van.
camioncino /kamjon'tʃino/ m. van.
camionetta /kamjo'netta/ f. jeep®.
camionista, m.pl. **-i**, f.pl. **-e** /kamjo'nista/ ➧ ***18*** m. e f. truck driver, lorry driver BE, haulier.

camma /'kamma/ f. cam; ***albero a -e*** AUT. camshaft.
cammelliere /kammel'ljɛre/ m. camel driver.
cammello /kam'mɛllo/ ➧ ***3*** **I** m. **1** *(animale)* camel **2** *(tessuto)* camel hair; ***cappotto di ~*** camel hair coat **II** agg.inv. ***(color) ~*** camel.
cammeo /kam'mɛo/ m. **1** *(in oreficeria)* cameo* **2** TEATR. CINEM. cameo (role).
camminare /kammi'nare/ [1] intr. (aus. *avere*) **1** *(andare a piedi)* to walk; ***~ carponi*** o ***gattoni*** to crawl; ***~ a papera*** to waddle; ***~ con passo pesante*** to stamp, to trudge, to thump (along); ***~ in punta di piedi*** to tiptoe, to walk on tiptoe; ***cammina velocemente*** he's a fast walker; ***~ con i tacchi*** to walk in high heels; ***~ con le stampelle*** to walk on crutches; ***~ sulla fune*** to walk the tightrope; ***~ nel sonno*** to sleepwalk; ***~ a testa alta*** to walk tall; ***cammina!*** *(vattene)* go away! *(affrettati)* come along! **2** COLLOQ. *(funzionare)* [*meccanismo, dispositivo*] to work; ***la macchina non cammina*** the car doesn't go **3** *(fare passeggiate)* ***~ in montagna*** to hike in the mountains ♦ ***~ con le proprie gambe*** to find one's feet, to stand on one's own feet.
camminata /kammi'nata/ f. **1** *(passeggiata)* walk, wander, stroll; *(gita)* hike, ramble; ***fare una ~*** to have *o* take a walk **2** *(andatura)* walk, gait.
camminatore /kammina'tore/ m. (f. **-trice** /tritʃe/) walker, hiker.
cammino /kam'mino/ m. **1** *(camminata)* walk; ***mettersi in ~*** to take (to) the road, to set off (**verso** for) **2** *(strada, tragitto)* way, road; ***essere in ~*** to be on the road; ***cammin facendo*** along the way; ***trovare un ostacolo sul proprio ~*** to find an obstacle in one's way *o* path (anche FIG.) **3** *(corso) (di astro, fiume)* path, course **4** FIG. *(condotta morale)* ***il retto ~*** the straight and narrow **5** FIG. *(sviluppo)* march, progress.
camomilla /kamo'milla/ f. *(pianta)* chamomile; *(bevanda)* chamomile tea.
camorra /ka'mɔrra/ f. **1** *(mafia napoletana)* Camorra **2** *(associazione criminale in genere)* racket, mafia.
camorrista, m.pl. **-i**, f.pl. **-e** /kamor'rista/ m. e f. = member of the Camorra.
camoscio, pl. **-sci** /ka'mɔʃʃo, ka'moʃʃo, ʃi/ m. **1** ZOOL. chamois* **2** *(pelle)* chamois (leather); ***guanti di ~*** suede gloves.
campagna /kam'paɲɲa/ f. **1** *(zona rurale)* country, countryside **U**; ***la ~ toscana*** the Tuscan countryside; ***abitare in ~*** to live in the country **2** *(terra coltivata)* farmland, land **3** *(operazione)* campaign; ***lanciare una ~*** to launch a campaign **4** MIL. campaign ♦♦ ***~ acquisti*** SPORT transfer season; ***~ diffamatoria*** smear campaign; ***~ elettorale*** election campaign; ***~ pubblicitaria*** advertising campaign; ***~ di stampa*** press campaign; ***~ di vendita*** marketing campaign.
campagnola /kampaɲ'ɲɔla/ f. countrywoman*.
campagnolo /kampaɲ'ɲɔlo/ **I** agg. [*abitudini*] country attrib.; ***abiti -i*** folksy clothes **II** m. **1** countryman*, peasant **2** SPREG. peasant, (country) bumpkin.
campale /kam'pale/ agg. MIL. ***artiglieria ~*** field artillery; ***battaglia ~*** pitched battle (anche FIG.); ***una giornata ~*** FIG. an exhausting day.
campana /kam'pana/ f. **1** *(strumento)* bell; ***suonare le -e*** to ring the bells; ***la ~ suonava a morto*** the bell tolled **2** *(forma)* ***a ~*** [*oggetto, gonna*] bell-shaped **3** *(come protezione)* ***~ di vetro*** bell jar, glass case, cloche **4** GIOC. *(settimana)* hopscotch **5** *(contenitore per il vetro)* bottle bank ♦ ***crescere qcn. sotto una ~ di vetro*** = to mollycoddle sb.; ***sentire un'altra ~*** = to hear another opinion; ***essere sordo come una ~*** to be as deaf as a post; ***stare in ~*** to be on one's toes ♦♦ ***~ subacquea*** MAR. diving bell.
campanaccio, pl. **-ci** /kampa'nattʃo, tʃi/ m. cowbell.
campanario, pl. **-ri**, **-rie** /kampa'narjo, ri, rje/ agg. ***torre -a*** bell tower, belfry; ***cella -a*** belfry.
campanaro /kampa'naro/ ➧ ***18*** m. bell-ringer.
campanella /kampa'nɛlla/ f. **1** bell; *(azionata a mano)* handbell; ***~ della scuola*** school bell **2** BOT. bell.
campanello /kampa'nɛllo/ m. *(di abitazione)* door bell; *(di bicicletta)* bell ♦♦ ***~ d'allarme*** alarm bell (anche FIG.).
campanile /kampa'nile/ m. bell tower, belfry, steeple.
campanilismo /kampani'lizmo/ m. = exaggerated attachment to the customs and traditions of one's own town.
campanilista, m.pl. **-i**, f.pl. **-e** /kampani'lista/ m. e f. = person who shows exaggerated attachment to his or her town.
campano /kam'pano/ ➧ ***30*** **I** agg. Campanian **II** m. (f. **-a**) Campanian.
campanula /kam'panula/ f. bellflower.
campare /kam'pare/ [1] intr. (aus. *essere, avere*) COLLOQ. *(vivere)* to live; *(tirare avanti)* to struggle along; ***~ del proprio lavoro*** to earn a *o* one's living; ***camperà cent'anni*** he'll live to be a hundred ♦ ***~ d'aria*** to live on air; ***tirare a ~*** to get by; ***campa cavallo!*** that'll be the day!
campata /kam'pata/ f. EDIL. *(di ponte, arco)* span; *(di navata)* bay.
campato /kam'pato/ agg. ***~ in aria*** [*progetto, idea*] impracticable, airy-fairy BE COLLOQ.
campeggiare /kamped'dʒare/ [1] intr. (aus. *avere*) **1** to camp **2** *(risaltare)* [*oggetto*] to stand* out (**su** against); [*argomento, questione*] to dominate.
campeggiatore /kampeddʒa'tore/ m. (f. **-trice** /tritʃe/) camper.
campeggio, pl. **-gi** /kam'peddʒo, dʒi/ m. **1** *(attività)* camping; ***fare ~, andare in ~*** to go camping **2** *(luogo)* campsite, camping ground.
camper /'kamper/ m.inv. camper (van), motor home.
campestre /kam'pɛstre/ agg. **1** [*scena, festa*] country attrib.; [*paesaggio, vita*] rural, country attrib. **2** SPORT ***corsa ~*** cross-country race.
campiello /kam'pjɛllo/ m. *(a Venezia)* = small square.
campionamento /kampjona'mento/ m. sampling (anche STATIST.).
campionare /kampjo'nare/ [1] tr. to sample (anche STATIST.).
campionario, pl. **-ri**, **-rie** /kampjo'narjo, ri, rje/ **I** agg. ***fiera -a*** trade fair **II** m. **1** *(raccolta)* selection; *(di tessuti)* pattern book **2** FIG. ***un ~ di razze*** a wide range of races.
campionato /kampjo'nato/ m. championship.
campioncino /kampjon'tʃino/ m. *(di profumo ecc.)* sample.
campione /kam'pjone/ **I** m. (f. **-essa** /essa/) **1** *(vincitore, atleta di alto livello)* champion; ***~ del mondo*** world champion; ***~ di pugilato*** champion boxer, boxing champion **2** *(chi eccelle)* ***essere un ~*** [*persona*] to be an ace; ***essere ~ d'incassi*** [*film, spettacolo*] to be a box-office hit **3** *(difensore)* ***un ~ della fede*** a champion of faith; ***farsi ~ di una causa*** to champion a cause **4** MED. MIN. TECN. *(di tessuto, feci, urina, roccia)* sample, specimen **5** STATIST. sample, cross-section **6** COMM. sample; *(di rivista, libro)* specimen; *(di carta da parati)* pattern; COSMET. tester **II** agg.inv. **1** SPORT ***squadra ~*** champion team **2** STATIST. ***gruppo ~*** sample; ***indagine ~*** sample survey.
campo /'kampo/ m. **1** *(terreno coltivabile)* field; ***~ di grano*** wheat field, cornfield BE; ***fiori di ~*** wild flowers **2** *(accampamento)* camp (anche MIL.); ***levare il ~*** to break *o* strike camp **3** MIL. *(luogo di operazioni)* field; ***ospedale da ~*** field hospital; ***letto da ~*** camp bed; ***tenere il ~*** to hold the field; ***cadere sul ~*** to die in the field **4** *(prigione)* ***~ di prigionia*** prison camp **5** SPORT *(terreno di gioco)* ground; *(da calcio, rugby)* pitch, field; *(da tennis, pallacanestro)* court; *(da golf)* (golf) course; ***cambiare ~*** to change ends; ***abbandonare il ~*** to abandon the match; ***scendere in ~*** to take to the field; FIG. POL. to enter the lists; ***avere ~ libero*** FIG. to have a free hand; ***lasciare il ~ libero a qcn.*** FIG. to give sb. a clear run **6** *(ambito)* field, area, domain; ***~ di ricerca*** research field, field of research; ***lavora nel ~ delle assicurazioni*** he is in the insurance business; ***questo non è il mio ~*** that's not my field **7** CINEM. TELEV. ***fuori ~*** [*personaggio*] off-screen; ***voce fuori ~*** voice-over, off-screen voice **8** FIS. MAT. INFORM. field ♦♦ ***~ d'aviazione*** airfield; ***~ base*** base camp (anche FIG.); ***~ di battaglia*** battlefield (anche FIG.); ***~ di concentramento*** concentration camp; ***~ di forza*** field of force; ***~ gravitazionale*** gravitational field; ***~ di lavoro*** labour camp; ***~ magnetico*** magnetic field; ***~ minato*** minefield (anche FIG.); ***~ petrolifero*** oil field; ***~ profughi*** refugee camp; ***~ sportivo*** sports ground *o* field; ***~ di sterminio*** death camp; ***~ di tiro*** field of fire; ***~ visivo*** visual field; ***~ di volo*** airfield.
camposanto /kampo'santo/ m. graveyard, cemetery; *(di chiesa)* churchyard.
camuffamento /kamuffa'mento/ m. *(travestimento)* disguise; *(mimetizzazione)* camouflage.

camuffare /kamuf'fare/ [1] **I** tr. **1** *(mascherare)* to disguise; *(mimetizzare)* to camouflage **2** FIG. *(nascondere)* to conceal, to disguise [*errore, verità*] **II camuffarsi** pronom. *(travestirsi)* to disguise oneself, to dress up.

camuso /ka'muzo/ agg. [*naso*] flat.

Canada /'kanada/ ➧ **33** n.pr.m. Canada.

canadese /kana'dese/ ➧ **25** **I** agg., m. e f. Canadian **II** f. *(tenda)* ridge tent.

canaglia /ka'naʎʎa/ f. *(persona malvagia)* scoundrel, rogue; *(bambino)* rascal; ***una simpatica*** ~ SCHERZ. a handsome rogue.

canale /ka'nale/ m. **1** *(corso d'acqua)* canal; *(per liquidi)* channel; *(di chiusa)* sluice **2** *(via, tramite)* ~ ***commerciale, diplomatico*** commercial, diplomatic channel **3** GEOGR. *(braccio di mare)* *(naturale)* channel; *(artificiale)* canal; ***il ~ della Manica*** the (English) Channel; ***il Canal Grande*** the Grand Canal; ***il ~ di Suez*** the Suez Canal **4** TELEV. RAD. channel; ***potresti cambiare ~?*** could you switch the TV over? **5** ANAT. *(tubo)* duct, canal ♦♦ ~ ***navigabile*** ship canal; ~ ***di scolo*** drain(pipe).

canalizzare /kanalid'dzare/ [1] tr. **1** *(dotare di canali)* to canalize [*zona*] **2** *(far defluire)* to channel [*corso d'acqua, gas*] **3** FIG. *(convogliare)* to channel [*energie*].

canapa /'kanapa/ f. hemp; ***tela di*** ~ hemp cloth ♦♦ ~ ***indiana*** Indian hemp, cannabis.

canapè /kana'pɛ/ m.inv. canapé.

Canarie /ka'narje/ ➧ **14** n.pr.f.pl. Canaries; ***le isole*** ~ Canary Islands.

canarino /kana'rino/ ➧ **3** **I** m. canary **II** agg. e m.inv. *(colore)* canary yellow.

canasta /ka'nasta/ ➧ **10** f. canasta.

1.cancan /kan'kan/ m.inv. *(ballo)* cancan.

2.cancan /kan'kan/ m.inv. **1** *(chiasso)* racket **2** *(scompiglio)* uproar, fuss.

cancellare /kantʃel'lare/ [1] **I** tr. **1** *(eliminare)* to delete [*nome*]; to obliterate, to blot out [*scritta*]; to strike* out [*paragrafo*]; *(con una croce)* to cross off, to cross out [*frase, parola*]; *(con una gomma)* to rub out BE, to erase AE [*parola, disegno*]; *(strofinando)* to wipe off [*macchia*]; [*pioggia, neve*] to erase [*tracce, passi*]; INFORM. to delete [*carattere, file*]; to blank out, to blot out, to efface [*ricordo*]; to erase, to wipe off [*passato*]; ***"~ la voce che non interessa"*** "delete as appropriate" **2** *(disdire)* to cancel [*volo, appuntamento*] **3** *(svuotare)* to erase [*nastro, cassetta*]; *(ripulire)* to clean [*lavagna*] **4** ECON. to cancel, to wipe out, to write* off [*debito*] **II cancellarsi** pronom. **1** *(svanire)* [*scritta*] to wear* off, to wear* away; [*colore, disegno*] to fade **2** FIG. [*ricordo, immagine*] to fade.

cancellata /kantʃel'lata/ f. railing, railings pl.

cancellatura /kantʃella'tura/ f. crossing-out*, erasure, deletion.

cancellazione /kantʃellat'tsjone/ f. **1** deletion, erasure **2** *(di evento, appuntamento, volo)* cancellation **3** COMM. *(di ordine, debito)* cancellation.

cancelleria /kantʃelle'ria/ f. **1** *(in un'ambasciata, diocesi)* chancellery (anche STOR.) **2** DIR. records office **3** *(materiale per scrivere)* stationery.

cancelletto /kantʃel'letto/ m. **1** SPORT ~ ***di partenza*** starting gate **2** *(simbolo)* number sign, pound sign AE; *(tasto)* pound key.

cancelliere /kantʃel'ljɛre/ ➧ **1, 18** m. **1** *(in un'ambasciata, diocesi)* chancellor; *(in Germania, Austria)* Chancellor **2** *(funzionario)* clerk ♦♦ ~ ***dello Scacchiere*** BE POL. Chancellor of the Exchequer.

cancellino /kantʃel'lino/ m. *(di lavagna)* board rubber, eraser.

cancello /kan'tʃello/ m. gate.

cancerogeno /kantʃe'rɔdʒeno/ agg. cancer-causing, carcinogenic; ***sostanza -a*** carcinogen.

cancerologo, m.pl. **-gi**, f.pl. **-ghe** /kantʃe'rɔlogo, dʒi, ge/ ➧ **18** m. (f. **-a**) cancerologist.

canceroso /kantʃe'roso/ agg. cancerous.

cancrena /kan'krɛna/ f. gangrene (anche FIG.); ***in*** ~ [*arto*] gangrenous.

cancrenoso /kankre'noso/ agg. gangrenous.

cancro /'kankro/ ➧ **7** m. **1** MED. cancer; ***avere un*** ~ to have cancer **2** FIG. cancer ♦♦ ~ ***del collo dell'utero*** cervical cancer; ~ ***al polmone, ai polmoni*** lung cancer.

Cancro /'kankro/ ➧ **38** m.inv. **1** ASTROL. Cancer, the Crab; ***essere del*** ~ o ***un*** ~ to be (a) Cancer **2** GEOGR. ***tropico del*** ~ Tropic of Cancer.

candeggiare /kanded'dʒare/ [1] tr. to bleach, to whiten.

candeggina /kanded'dʒina/ f. bleach.

candeggio, pl. **-gi** /kan'deddʒo, dʒi/ m. bleaching.

candela /kan'dela/ f. **1** candle; ***accendere una ~ a*** to light a candle to [*Madonna, santo*]; ***a lume di*** ~ [*leggere, cenare*] by candlelight **2** AUT. (spark) plug ♦ ***tenere la*** ~ to be a *o* play gooseberry; ***il gioco non vale la*** ~ the game's not worth the candle.

candelabro /kande'labro/ m. branched candlestick, candelabra*.

candeliere /kande'ljɛre/ m. candlestick; *(a più bracci)* branched candlestick.

candelina /kande'lina/ f. birthday candle.

Candelora /kande'lɔra/ f. Candlemas.

candelotto /kande'lɔtto/ m. ~ ***di dinamite*** stick of dynamite; ~ ***lacrimogeno*** tear gas canister.

candida /'kandida/ ➧ **7** f. MED. thrush.

candidare /kandi'dare/ [1] **I** tr. to nominate **II candidarsi** pronom. to stand* (as a candidate), to run*; ***-rsi per*** to apply for [*posto*]; ***-rsi al parlamento*** to stand BE *o* run AE for parliament; ***-rsi alla presidenza*** to run for president.

candidato /kandi'dato/ m. (f. **-a**) **1** POL. candidate, nominee; ***essere*** o ***presentarsi come ~ alle elezioni*** to stand for election BE, to run for office AE; ~ ***a sindaco*** candidate for mayor **2** UNIV. examinee **3** AMM. SCOL. applicant, candidate ♦♦ ~ ***civetta*** POL. stalking horse.

candidatura /kandida'tura/ f. candidacy, nomination; ***presentare la propria*** ~ to put oneself forward as a candidate.

candido /'kandido/ agg. **1** *(di colore bianco)* snow-white **2** *(innocente, puro)* innocent, pure; ***coscienza -a*** spotless conscience **3** *(semplice)* naïve, guileless.

candito /kan'dito/ **I** agg. [*frutta*] candied; ***zucchero*** ~ rock candy AE **II** m. candied fruit.

candore /kan'dore/ m. **1** *(bianchezza)* whiteness **2** *(innocenza, purezza)* innocence, purity **3** *(ingenuità)* naïvety.

cane /'kane/ **I** m. **1** *(animale)* dog; ***"attenti al ~"*** "beware of dog"; ***"vietato l'ingresso ai -i"*** "dogs not admitted", "no dogs allowed"; ***pensione per -i*** kennels BE, kennel AE **2** FIG. *(persona crudele)* brute **3** FIG. *(persona incapace)* ***quell'attore è un*** ~ that actor is a terrible ham **4** *(di fucile)* hammer, cock **II** agg.inv. ***fa un freddo*** ~ it's freezing cold; ***mi fa un male*** ~ it hurts like hell ♦ ***solo come un*** ~ all alone; ***stare da -i*** to feel wretched; ***sembrare un ~ bastonato*** to have a hangdog look; ***vita da -i!*** dog's life! ***trattare qcn. come un*** ~ to treat sb. like a dog; ***essere come ~ e gatto*** to fight like cat and dog, to be at each other's throat; ***(a) -i e porci*** (to) all and sundry; ***non*** o ***neanche un*** ~ not a soul; ***menare il can per l'aia*** to beat about the bush; ***can che abbaia non morde*** PROV. one's bark is worse than one's bite; ***non svegliare il can che dorme*** PROV. let sleeping dogs lie ♦♦ ~ ***antidroga*** sniffer dog; ~ ***da caccia*** hound, hunter; ~ ***da ferma*** pointer; ~ ***da guardia*** watchdog; ~ ***guida*** guide dog; ~ ***lupo*** German shepherd, Alsatian BE; ~ ***da pastore*** sheep dog; ~ ***da penna*** bird dog; ~ ***poliziotto*** police dog; ~ ***delle praterie*** prairie dog; ~ ***da riporto*** retriever; ~ ***da salotto*** toy dog; ~ ***sciolto*** POL. maverick.

canestro /ka'nɛstro/ m. **1** *(cesto)* basket **2** SPORT basket; ***segnare*** o ***realizzare un*** ~ to score a basket.

canfora /'kanfora/ f. camphor.

cangiante /kan'dʒante/ agg. [*gioiello, colore*] iridescent; [*seta*] shot.

canguro /kan'guro/ m. kangaroo.

canicola /ka'nicola/ f. ***i giorni della*** ~ the dog days.

canide /'kanide/ m. canine.

canile /ka'nile/ m. **1** *(cuccia)* doghouse, dog kennel **2** *(allevamento)* kennels + verbo sing. BE, kennel ♦♦ ~ ***municipale*** dog pound.

canino /ka'nino/ **I** agg. **1** canine; ***mostra -a*** dogshow **2** ***dente*** ~ canine (tooth) **3** BOT. ***rosa -a*** wild rose **II** m. *(dente)* canine (tooth).

canizie /ka'nittsje/ f.inv. *(capelli bianchi)* white hair.
canna /'kanna/ f. 1 *(vegetale)* reed 2 *(da pesca)* fishing rod 3 *(bastone da passeggio)* cane, stick 4 *(per annaffiare)* hose 5 *(della bicicletta)* crossbar 6 *(di arma da fuoco)* barrel; ***a due -e*** double-barrelled; ***a -e mozze*** sawn-off BE, sawed off AE 7 *(dell'organo)* pipe 8 COLLOQ. *(spinello)* joint, reefer; ***farsi le -e*** to smoke pot ♦ ***essere povero in ~*** to be as poor as a church mouse ♦♦ ***~ fumaria*** flue; ***~ d'India*** rattan; ***~ da zucchero*** sugar cane.
1.cannella /kan'nɛlla/ f. *(tubo)* spout.
2.cannella /kan'nɛlla/ ❥ 3 I f. *(frutto, spezia)* cinnamon; ***bastoncino di ~*** cinnamon stick II agg. e m.inv. *(colore)* cinnamon.
cannello /kan'nɛllo/ m. 1 *(tubetto, cannuccia)* small pipe 2 *(della pipa)* stem 3 *(della chiave)* stem ♦♦ ***~ ossiacetilenico*** oxyacetylene torch; ***~ per saldatura*** welding torch.
canneto /kan'neto/ m. cane thicket.
cannibale /kan'nibale/ m. e f. cannibal.
cannibalismo /kanniba'lizmo/ m. cannibalism.
cannibalizzare /kannibalid'dzare/ [1] tr. to cannibalize [*veicolo*].
canniccio, pl. **-ci** /kan'nittʃo, tʃi/ m. wattle.
cannocchiale /kannok'kjale/ m. telescope, spy glass.
cannolo /kan'nɔlo/ m. GASTR. INTRAD. (baked puff pastry roll with a cream filling); ***~ siciliano*** = typical Sicilian fried thin pastry roll with sweet ricotta cheese, candied fruit and pieces of chocolate.
cannonata /kanno'nata/ f. 1 *(colpo di cannone)* cannon shot, gunshot 2 COLLOQ. FIG. *(cosa formidabile)* knock-out 3 GERG. SPORT cannonball ♦ ***non si sveglia neanche con le -e*** an earthquake wouldn't wake him.
cannone /kan'none/ m. 1 MIL. gun, cannon*; ***palla di ~*** cannonball; ***colpo di ~*** gunshot 2 FIG. ace, wizard 3 SART. box pleat.
cannoneggiamento /kannoneddʒa'mento/ m. gunfire **U**.
cannoniera /kanno'njɛra/ f. 1 *(feritoia)* embrasure 2 *(nave)* gunboat.
cannoniere /kanno'njɛre/ m. 1 MIL. gunner 2 SPORT (goal)scorer.
cannuccia, pl. **-ce** /kan'nuttʃa, tʃe/ f. 1 *(per bere)* straw 2 *(cannello) (di pipa)* stem.
canoa /ka'nɔa/ f. canoe; ***andare in ~*** to canoe, to go canoeing.
canoismo /kano'izmo/ ❥ 10 m. canoeing.
canoista, m.pl. **-i**, f.pl. **-e** /kano'ista/ m. e f. canoeist.
canone /'kanone/ m. 1 MUS. RELIG. ART. canon 2 *(norma)* norm, rule 3 *(tassa)* fee; *(di radio e televisione)* = licence fee BE, license fee AE 4 *(affitto)* ***equo ~*** fair rent; ***~ del telefono*** line rental.
canonica, pl. **-che** /ka'nɔnika, ke/ f. parsonage, vicarage.
1.canonico, pl. **-ci**, **-che** /ka'nɔniko, tʃi, ke/ agg. 1 *(conforme alla norma)* canonical, standard 2 RELIG. canonical; ***diritto ~*** canon law.
2.canonico, pl. **-ci** /ka'nɔniko, tʃi/ m. canon.
canonizzare /kanonid'dzare/ [1] tr. 1 RELIG. to canonize 2 *(sancire)* to sanction.
canoro /ka'nɔro/ agg. ***uccello ~*** songbird; ***concorso ~*** singing competition.
Canossa /ka'nɔssa/ n.pr.f. ***andare a ~*** to eat humble pie.
canottaggio /kanot'taddʒo/ ❥ 10 m. rowing; ***gara di ~*** rowing race.
canottiera /kanot'tjɛra/ ❥ 35 f. *(maglietta intima)* vest, singlet BE, undershirt AE.
canottiere /kanot'tjɛre/ m. (f. **-a**) rower; ***società -i*** rowing club.
canotto /ka'nɔtto/ m. dinghy ♦♦ ***~ pneumatico*** inflatable dinghy; ***~ di salvataggio*** inflatable lifeboat.
canovaccio, pl. **-ci** /kano'vattʃo, tʃi/ m. 1 *(strofinaccio)* dishcloth 2 *(abbozzo)* draft; *(trama)* plot 3 TESS. canvas 4 TEATR. scenario*.
cantalupo /kanta'lupo/ m. cantaloup, cantalupe AE.
cantante /kan'tante/ ❥ 18 m. e f. singer; ***~ lirico*** opera singer; ***~ di strada*** street singer.
cantare /kan'tare/ [1] I tr. 1 to sing* [*canzone, aria*] 2 *(celebrare in versi)* ***~ qcn.*** to sing of sb. II intr. (aus. *avere*) 1 [*persona*] to sing*; ***~ a squarciagola*** to belt out; ***~ in playback*** to lip-sync; ***~ da contralto*** to sing alto 2 [*uccello*] to sing*; [*grillo*] to chirp; [*gallo*] to crow 3 COLLOQ. FIG. *(parlare sotto interrogatorio)* to squeal, to sing* ♦ ***sapere qcs. cantando*** to have sth. off BE *o* down AE pat; ***~ vittoria*** to crow over a victory; ***cantarle chiare*** to speak one's mind; ***canta che ti passa*** PROV. = cheer up you'll get over it; ***~ le lodi di qcn.*** to sing sb.'s praises.
cantastorie /kantas'tɔrje/ m.inv. storyteller.
cantautore /kantau'tore/ ❥ 18 m. (f. **-trice** /tritʃe/) singer-songwriter.
canterino /kante'rino/ agg. 1 ***uccello ~*** songbird 2 *(che ama cantare)* ***un bambino ~*** a child who loves to sing.
canticchiare /kantik'kjare/ [1] tr. e intr. (aus. *avere*) to sing* softly; *(a bocca chiusa)* to hum.
cantico, pl. **-ci** /'kantico, tʃi/ m. ***Cantico dei Cantici*** BIBL. Song of Songs, Song of Solomon.
cantiere /kan'tjɛre/ m. (construction) site, yard; ***~ edile*** building site; ***~ navale*** shipyard, boatyard, dockyard; ***mettere qcs. in ~*** FIG. to get sth. going; ***abbiamo vari progetti in ~*** FIG. we have several different projects on the go; ***ha un nuovo romanzo in ~*** FIG. he's got a new novel in the pipeline.
cantilena /kanti'lɛna/ f. 1 *(filastrocca)* jingle; *(ninnananna)* lullaby 2 *(intonazione)* singsong 3 FIG. ***è sempre la stessa ~*** it's always the same old song.
cantina /kan'tina/ f. 1 cellar; *(per vini)* wine cellar 2 *(osteria)* tavern, wine bar ♦♦ ***~ sociale*** wine growers' cooperative.
1.canto /'kanto/ m. 1 *(attività)* singing; ***lezione di ~*** singing lesson 2 *(suoni caratteristici) (di uccello)* song; *(di strumento)* sound; ***al ~ del gallo*** at cockcrow 3 *(composizione musicale)* song 4 *(poesia)* poem; *(divisione)* canto ♦♦ ***~ del cigno*** swansong; ***~ natalizio*** Christmas carol; ***~ polifonico*** part song.
2.canto /'kanto/ m. 1 *(angolo)* corner 2 *(parte)* side; ***da un ~*** on the one hand; ***d'altro ~*** on the other hand; ***dal ~ mio*** *(per parte mia)* for my part; *(in quanto a me)* as for me.
cantonata /kanto'nata/ f. 1 *(di edificio)* (street) corner 2 FIG. *(errore grossolano)* ***prendere una ~*** to make a blunder.
cantone /kan'tone/ m. *(in Svizzera)* canton.
cantoniere /kanto'njɛre/ ❥ 18 m. roadman*.
cantore /kan'tore/ m. (f. **-a**) 1 *(di coro)* singer, chorister 2 FIG. *(poeta)* poet, bard STOR.
cantuccio, pl. **-ci** /kan'tuttʃo, tʃi/ m. 1 *(angolo)* corner 2 *(luogo appartato)* nook 3 *(di pane)* crust 4 GASTR. = dry almond biscuits typical of Tuscany.
canuto /ka'nuto/ agg. [*persona, capelli*] hoary; ***uomo dai capelli -i*** white-haired man.
canzonare /kantso'nare/ [1] tr. to tease, to laugh at, to make* fun of.
canzonatore /kantsona'tore/ I agg. → **canzonatorio** II m. (f. **-trice** /tritʃe/) mocker.
canzonatorio, pl. **-ri**, **-rie** /cantsona'tɔrjo, ri, rje/ agg. [*tono, intenzione*] mocking; [*sorriso, commento*] sneering; [*sguardo*] teasing.
canzonatura /kantsona'tura/ f. mockery **U**, jeering **U**, teasing **U**.
canzone /kan'tsone/ f. 1 song; ***è sempre la solita ~*** FIG. it's always the same old story 2 LETTER. *(componimento lirico)* song; *(della letteratura italiana medievale)* canzone*; *(componimento epico)* epic poem ♦♦ ***~ di gesta*** chanson de geste.
canzoniere /kantso'njɛre/ m. 1 LETTER. collection of poems 2 *(raccolta di canzoni)* songbook.
caolino /kao'lino/ m. kaolin.
caos /'kaos/ m.inv. *(disordine)* chaos, confusion, disarray.
caotico, pl. **-ci**, **-che** /ka'ɔtiko, tʃi, ke/ agg. [*vita, luogo*] chaotic; [*folla*] disorderly.
CAP /kap/ m. (⇒ Codice di Avviamento Postale) = post code BE, zip (code) AE.
cap. 1 ⇒ capitolo chapter (chap., ch.) 2 ⇒ capitano captain (capt.).
capace /ka'patʃe/ v. la voce **1.potere**. agg. 1 *(in grado di fare qcs.)* capable (**di qcs.** of sth.; **di fare** of doing); ***non fu ~ di resistere*** he was unable to resist; ***gli mostrerò di cosa sono ~!*** I will show him what I'm capable of! ***non sono ~ a cantare*** I'm no good at singing; ***non sarebbe mai ~ di fare*** he doesn't have it in him to do 2 *(abile)* [*insegnante*] good; [*avvo-*

cato, lavoratore] competent, clever, skilful BE, skillful AE **3** *(atto a contenere)* ***uno stadio ~ di 80.000 persone*** a stadium holding *o* accommodating 80,000 people **4** *(capiente)* [*borsa, armadio*] capacious; [*casa*] roomy.

capacità /kapatʃi'ta/ f.inv. **1** *(attitudine)* ability, capacity, skill; ***~ di qcn., qcs. di fare*** capacity of sb., sth. to do; ***~ di concentrazione*** powers of concentration; ***~ di calcolo*** numeracy; ***~ intellettuale*** mental ability, intellectual capability; ***~ comunicative*** communication skills; ***al di là delle mie ~*** outside my capabilities **2** *(capienza)* capacity; *(di stadio, teatro, cinema)* seating capacity; ***misura di ~*** measure of capacity; ***~ ricettiva*** *(di albergo, ospedale)* bedspace ♦♦ ***~ di acquisto*** ECON. purchasing power; ***~ produttiva*** ECON. production capacity; ***~ di ripresa*** ECON. resilience.

capacitarsi /kapatʃi'tarsi/ [1] pronom. ***non ~ di qcs.*** *(rendersi conto)* to be unable to understand *o* realize sth.; *(rassegnarsi)* to be unable to get over sth.

capanna /ka'panna/ f. **1** hut, cabin; ***~ di tronchi*** log cabin **2** *(abitazione umile)* hovel, shack.

capannello /kapan'nɛllo/ m. small crowd, knot of people; ***fare ~ intorno a qcn.*** to gather round sb.

capanno /ka'panno/ m. *(piccola capanna)* shed, hut; ***~ degli attrezzi*** tool shed; ***~ di caccia*** shooting box.

capannone /kapan'none/ m. **1** *(di fabbrica)* warehouse, shed **2** *(per aerei)* hangar.

caparbietà /kaparbje'ta/ f.inv. stubbornness, obstinacy.

caparbio, pl. **-bi**, **-bie** /ka'parbjo, bi, bje/ agg. [*persona, temperamento*] stubborn, obstinate, dogged.

caparra /ka'parra/ f. deposit, down payment; ***versare una ~*** to put down *o* pay a deposit.

capasanta, pl. **capesante** /kapa'santa, kape'sante/ f. scallop.

capatina /kapa'tina/ f. COLLOQ. ***fare una ~ da qcn.*** to pop in and see sb.

capeggiare /kaped'dʒare/ [1] tr. to lead* [*esercito, spedizione*]; to head [*rivolta*]; to front [*banda, gruppo*].

capello /ka'pello/ **I** m. hair; ***avere due -i bianchi*** to have two white hairs; ***avere molti -i*** to have a full head of hair **II capelli** m.pl. *(capigliatura)* hair **U**; ***portare i -i corti*** to wear one's hair short; ***tagliarsi, farsi tagliare i -i*** to have, get one's hair cut; ***cominciano a cadergli i -i*** he is losing his hair; ***strapparsi i -i*** to tear one's hair out (anche FIG.); ***essere tirato per i -i*** to be pulled by the hair (anche FIG.) ♦ ***far rizzare i -i (in testa) a qcn.*** to make sb.'s hair stand on end; ***spaccare il ~ in quattro*** to split hairs; ***avere un diavolo per ~*** to be like a bear with a sore head; ***per un ~*** by a hair's breadth; ***fin sopra i -i*** up to one's ears *o* eyes; ***averne fin sopra i -i di*** to be tired *o* sick to death of; ***non torcere un ~ a qcn.*** not to touch a hair of sb.'s head.

capelluto /kapel'luto/ agg. ***cuoio ~*** scalp.

capelvenere /kapel'vɛnere/ m. maidenhair (fern).

capestro /ka'pestro/ **I** m. *(per impiccagione)* noose, halter; *(cavezza)* halter; ***condannare qcn. al ~*** to sentence sb. to be hanged **II** agg.inv. ***contratto ~*** one-sided contract.

capezzale /kapet'tsale/ m. **1** *(parte del letto)* bolster **2** FIG. *(letto di un malato)* sickbed; ***rimanere al ~ di qcn.*** to stay at sb.'s bedside.

capezziera /kapet'tsjɛra/ f. antimacassar.

capezzolo /ka'pettsolo/ m. *(di essere umano)* nipple; *(di mammifero)* teat.

capiente /ka'pjɛnte/ agg. [*borsa, armadio*] capacious; [*casa*] roomy.

capienza /ka'pjɛntsa/ f. capacity; ***il teatro ha una ~ di 500 posti*** the theatre has a capacity of 500, the theatre can hold 500 people; ***~ di magazzino*** storage capacity.

capigliatura /kapiʎʎa'tura/ f. hair **U**; ***avere una bella ~*** to have a fine head of hair.

capillare /kapil'lare/ **I** agg. **1** capillary **2** FIG. [*distribuzione*] widespread; [*indagine, analisi*] thorough **II** m. capillary.

capillarità /kapillari'ta/ f.inv. *(di ricerca, analisi)* thoroughness; *(di organizzazione)* diffuseness.

capire /ka'pire/ [102] **I** tr. **1** *(cogliere il senso)* to understand*; ***se capisco bene*** if I understand correctly; ***non sono certo di aver capito bene*** I'm not sure I got it right *o* I have understood properly; ***non ti immischiare in questa faccenda, (hai) capito?*** keep out of it, do you hear? *o* got it? COLLOQ.; ***non riesco a ~ perché*** I can't understand why; ***riesci a ~ quello che voglio dire?*** do you catch my meaning? ***come avrete capito*** as you will have gathered; ***~ male qcn., qcs.*** to misunderstand sb., sth.; ***farsi ~*** to make oneself understood; ***non riesco a ~ questa frase*** I can't make sense of this sentence; *(decifrare)* I can't make out this sentence **2** *(rendersi conto)* to realize; ***fare ~ qcs. a qcn.*** to make sb. realize sth.; ***non è facile, lo capisco*** it's not easy, I realize that; ***non ho tempo, capisci*** you see, I haven't got time **3** *(giustificare, comprendere)* to understand* [*comportamento, sentimento, persona*]; ***capisco che sia sconvolta*** I can understand her being upset; ***capisco!*** I see! **II capirsi** pronom. to understand* each other ♦ ***si capisce!*** of course! naturally!

1.capitale /kapi'tale/ agg. **1** *(relativo alla morte)* [*sentenza, delitto*] capital; ***pena ~*** capital punishment **2** FIG. *(fondamentale)* crucial, fundamental; ***un fatto di ~ importanza*** a crucial fact.

2.capitale /kapi'tale/ f. **1** *(di un paese)* capital (city) **2** *(centro)* ***una ~ finanziaria, culturale*** a financial, cultural capital.

3.capitale /kapi'tale/ m. **1** *(risorsa)* ***~ umano*** human resources **2** ECON. *(fondo, patrimonio)* capital; ***fuga di -i*** flight of capital **3** *(somma ingente)* ***costare un ~*** to cost a fortune ♦♦ ***~ azionario*** equity capital; ***~ circolante*** fluid assets; ***~ d'esercizio*** working capital; ***~ fisso*** capital assets; ***~ di rischio*** venture capital; ***~ sociale*** (capital) stock.

capitalismo /kapita'lizmo/ m. capitalism.

capitalista, m.pl. **-i**, f.pl. **-e** /kapita'lista/ agg., m. e f. capitalist.

capitalistico, pl. **-ci**, **-che** /kapita'listiko, tʃi, ke/ agg. capitalistic.

capitalizzare /kapitalid'dzare/ [1] tr. to capitalize.

capitalizzazione /kapitaliddzat'tsjone/ f. capitalization.

capitanare /kapita'nare/ [1] tr. to head, to captain [*squadra*]; to (spear)head [*rivolta*].

capitaneria /kapitane'ria/ f. ***~ di porto*** port authority.

capitano /kapi'tano/ ➧ **12** m. MIL. SPORT captain ♦♦ ***~ di corvetta*** lieutenant commander; ***~ di fregata*** commander; ***~ d'industria*** captain of industry; ***~ di lungo corso*** master mariner; ***~ di porto*** harbour master; ***~ in seconda*** ship's mate; ***~ di vascello*** naval captain; ***~ di ventura*** STOR. = a commander of mercenary troops.

capitare /kapi'tare/ [1] **I** intr. (aus. *essere*) **1** *(arrivare)* to come*, to arrive, to end up; ***se capiti a Torino...*** if you ever come to Turin...; ***capiti in un brutto momento*** you've hit on a bad time; ***~ a proposito*** to come *o* arrive just at the right moment **2** *(presentarsi)* [*opportunità, lavoro*] to turn up; [*problema*] to come* about; ***mi è capitato un buon affare*** I came across a bargain, I got a good deal; ***la prima cosa che capita sottomano*** the first thing that comes to hand; ***mi è capitato un esaminatore severo*** I got a harsh examiner; ***dormire dove capita*** to sleep rough; ***se ti capita l'occasione...*** if you get a chance... **3** *(succedere)* to happen; ***son cose che capitano!*** it is just one of those things! these things happen! ***capitano tutte a me!*** that's the story of my life! **II** impers. ***ti capita di usare il computer?*** do you get to use a computer? ***se ti capita di vederla salutala*** if you happen to see her say hello; ***non capita tutti i giorni che...*** it's not every day that... ♦ ***~ bene, male*** to be lucky, unlucky; ***come, dove ~*** in whatever way, no matter where.

capitello /kapi'tɛllo/ m. ARCH. capital.

capitolare /kapito'lare/ [1] intr. (aus. *essere*) to capitulate (anche FIG.); [*nazione*] to surrender.

capitolato /kapito'lato/ m. ***~ d'appalto*** specification.

capitolazione /kapitolat'tsjone/ f. capitulation, surrender.

capitolo /ka'pitolo/ m. **1** *(di libro)* chapter (anche FIG.); ***nel terzo ~*** in chapter three **2** AMM. section, item ♦ ***avere, non avere voce in ~*** to have a say, no say in the matter.

capitombolare /kapitombo'lare/ [1] intr. (aus. *essere*) to tumble.

capitombolo /kapi'tombolo/ m. tumble, fall, spill; ***fare un ~*** to take a tumble, to go head over heels.

capitone /kapi'tone/ m. = large female eel usually cooked for Christmas.

capo /'kapo/ ➧ **4 I** m. **1** *(testa)* head; ***a ~ scoperto*** bareheaded; ***passare per il ~*** FIG. to go through one's mind **2** *(chi comanda, dirige)* boss, chief, head, leader; ***~ del personale***

personnel manager; ***comandante in ~*** MIL. commander-in-chief **3** *(singolo elemento)* article, item; ***un ~ di vestiario*** an article of clothing; ***-i colorati*** coloureds **4** *(di bestiame)* head*; ***30 -i di bestiame*** 30 head of cattle **5** *(estremità) (di fune)* end; *(di letto, chiodo)* head; ***da un ~ all'altro*** from one end to another; ***all'altro ~ (del telefono)*** at the other end (of the line); ***da ~ a fondo*** from top to bottom; ***in ~ alla pagina*** at the top *o* head of the page; ***in ~ a un mese*** within a month **6** *(promontorio)* cape, headland; ***Capo Horn*** Cape Horn **7** *(filo)* strand; ***lana a due -i*** two-ply wool **8** MAR. MIL. ***~ di prima, seconda, terza classe*** = chief petty officer **9 da capo** ***ricominciare da ~*** to start afresh, to begin anew **10 a capo** *(al comando)* ***essere a ~ di qcs.*** to head (up) sth.; *(in un nuovo paragrafo)* ***andare a ~*** to start a new line; *(nella dettatura)* new paragraph; ***venire a ~ di*** *(risolvere)* to thrash *o* work out [*problema*] **11 fare capo a** *(appoggiarsi)* [*persona*] to refer to; *(dipendere)* [*organizzazione, movimento*] to depend on **II** agg.inv. ***ispettore ~*** chief inspector; ***redattore ~*** editor-in-chief ♦ ***tremare da ~ a piedi*** to be trembling all over *o* from head to foot; ***senza ~ né coda*** without rhyme or reason; [*discorso*] all over the place; ***cadere fra ~ e collo*** to come unexpectedly; ***in ~ al mondo*** [*abitare*] in the back of beyond; [*andare*] to the ends of the earth; ***per sommi -i*** in short, briefly ♦♦ ***~ d'accusa*** DIR. count; ***~ del governo*** premier; ***~ di istituto*** principal; ***~ di Stato*** head of State; ***~ di stato maggiore*** Chief of Staff; ***~ storico*** founding father.

capoarea, pl. **capiarea** /kapo'area, kapi'area/ m. e f. area manager.

capobanda, pl. **capibanda** /kapo'banda, kapi'banda/ m. e f. **1** gang leader, ringleader **2** MUS. bandmaster.

capobarca, pl. **capibarca** /kapo'barka, kapi'barka/ m. skipper.

capobranco, pl. **capibranco** /kapo'branko, kapi'branko/ m. e f. leader of the pack, leader of the herd.

capoc /ka'pɔk/ m.inv. kapok.

capocameriere, pl. **capocamerieri** /kapokame'rjɛre, kapokame'rjɛri/ ❥ *18* m. head waiter.

capocannoniere, pl. **capocannonnieri** /kapokanno'njɛre, kapokanno'njɛri/ m. SPORT top goalscorer.

capocchia /ka'pɔkkja/ f. head; ***~ dello spillo*** pinhead.

capocollo, pl. **capocolli** /kapo'kɔllo, kapo'kɔlli/ m. INTRAD. (salted and smoked pork meat taken from the neck).

capocuoco, pl. **capocuochi** /kapo'kwɔko, kapo'kwɔki / ❥ *18* m. (f. **-a**) head cook, chef.

capodanno, pl. **capodanni** /kapo'danno, kapo'danni/ m. *(primo gennaio)* New Year's Day.

capodipartimento, pl. **capidipartimento** /kapodiparti'mento, kapidiparti'mento/ m. e f. department head.

capodoglio, pl. **-gli** /kapo'dɔʎʎo, ʎi/ m. sperm whale.

capofamiglia, pl. **capifamiglia** /kapofa'miʎʎa, kapifa'miʎʎa/ m. e f. head of the household.

capofila, pl. **capifila** /kapo'fila, kapi'fila/ m. e f. leader (anche FIG.).

capofitto: **a capofitto** /akapo'fitto/ avv. headlong; ***buttarsi a ~ in qcs.*** FIG. to rush headlong into sth., to throw oneself into sth.

capogiro /kapo'dʒiro/ m. dizziness; ***avere il ~*** to feel dizzy *o* giddy; ***far venire il ~ a qcn.*** to make sb. dizzy *o* giddy; ***cifra da ~*** staggering figure.

capogruppo, pl. **capigruppo** /kapo'gruppo, kapi'gruppo/ m. e f. **1** (group) leader **2** POL. *(parlamentare)* leader (of a parliamentary group).

capolavoro /kapola'voro/ m. masterpiece (anche FIG.).

capolinea /kapo'linea/ m.inv. terminus*; end of the line (anche FIG.).

capolino /kapo'lino/ m. ***fare ~*** [*persona, sole*] to peep out; ***fare ~ dalla finestra*** to poke one's head out the window.

capolista, pl. **capilista** /kapo'lista, kapi'lista/ m. e f. **1** POL. front-runner **2** SPORT leading team.

capoluogo, pl. **-ghi** /kapo'lwɔgo, gi/ m. chief city, chief town; ***~ di regione, provincia*** regional, provincial capital.

capomafia, pl. **capimafia** /kapo'mafja, kapi'mafja/ m. mafia boss.

capomastro, pl. **capomastri** /kapo'mastro, kapo'mastri/ m. master builder.

caporale /kapo'rale/ ❥ *12* m. MIL. lance corporal.

caporalmaggiore /kaporalmad'dʒore/ ❥ *12* m. MIL. corporal.

caporeparto, pl. **capireparto** /kapore'parto, kapire'parto/ ❥ *18* m. e f. **1** *(di fabbrica)* factory supervisor; *(uomo)* foreman*; *(donna)* forewoman* **2** *(di grandi magazzini)* floor manager, floorwalker AE.

caporione, pl. **caporioni** /kapo'rjone, kapo'rjoni/ m. SPREG. ringleader.

caposala, pl. **capisala** /kapo'sala, kapi'sala/ ❥ *18* m. e f. **1** *(di ufficio)* head clerk; *(di stabilimento) (uomo)* foreman*; *(donna)* forewoman* **2** *(di ospedale)* charge nurse.

caposaldo, pl. **capisaldi** /kapo'saldo, kapi'saldi/ m. **1** TOPOGR. benchmark **2** MIL. stronghold **3** FIG. foundation.

caposcuola, pl. **capiscuola** /kapos'kwɔla, kapis'kwɔla/ m. e f. leader of an artistic or literary movement.

caposquadra, pl. **capisquadra** /kapos'kwadra, kapis'kwadra/ ❥ *18* m. e f. **1** *(uomo)* foreman*; *(donna)* forewoman* **2** MIL. squad leader **3** SPORT team captain.

capostazione, pl. **capistazione** /kapostat'tsjone, kapistat'tsjone/ m. e f. stationmaster.

capostipite /kapos'tipite/ m. e f. **1** progenitor **2** FIG. founder, (fore)father.

capotavola, pl. **capitavola** /kapo'tavola, kapi'tavola/ **I** m. *(posto)* head of the table **II** m. e f. *(persona)* (person at the) head of the table.

capote /ka'pɔt/ f.inv. folding top, hood BE.

capotreno, pl. **capitreno** /kapo'trɛno, kapi'trɛno/ ❥ *18* m. e f. conductor, guard BE.

capotribù /kapotri'bu / m. e f.inv chieftain, chief.

capottare /kapot'tare/ [1] intr. (aus. *avere*) [*veicolo*] to overturn, to roll over.

capoufficio, pl. **capiufficio** /kapouf'fitʃo, kapiuf'fitʃo/ m. e f. head.

capoverso, pl. **capoversi** /kapo'vɛrso, kapo'vɛrsi/ m. **1** *(di prosa)* = beginning of a paragraph; *(di poesia)* = beginning of a line; ***far rientrare un ~*** TIP. to indent **2** *(periodo)* paragraph (anche DIR.).

capovoga, pl. **capivoga** /kapo'voga, kapi'voga/ m. e f. stroke.

capovolgere /kapo'vɔldʒere/ [101] **I** tr. to capsize, to overturn [*imbarcazione*]; to invert [*posizione*]; to reverse [*tendenza, ruoli*]; to turn [sth.] upside down [*clessidra, recipiente*]; ***~ completamente una teoria*** to stand a theory on its head **II capovolgersi** pronom. [*imbarcazione*] to capsize, to overturn; [*oggetto*] to fall* over.

capovolgimento /capovoldʒi'mento/ m. overturning, reversal (anche FIG.).

1.cappa /'kappa/ m. e f.inv. *(lettera)* k, K.

2.cappa /'kappa/ f. **1** *(mantello)* cape, cloak **2** FIG. *(coltre)* blanket, pall **3** *(di camino, cucina)* hood.

1.cappella /kap'pɛlla/ f. **1** chapel **2** *(tabernacolo votivo)* shrine.

2.cappella /kap'pɛlla/ f. *(di fungo)* cap.

cappellaio, pl. **-ai** /kappel'lajo, ai/ ❥ *18* m. (f. **-a**) hatter.

cappellano /kappel'lano/ m. chaplain.

cappelletti /kappel'letti/ m.pl. GASTR. = small stuffed hat-shaped pasta typical of Emilia-Romagna.

cappelliera /kappel'ljɛra/ f. hatbox.

cappellino /kappel'lino/ m. *(da donna)* hat, bonnet; *(con visiera)* cap.

cappello /kap'pɛllo/ m. **1** ABBIGL. hat; *(con visiera)* cap; ***~ floscio*** homburg; ***mettersi, levarsi il ~*** to put on, take off one's hat; ***giù il ~!*** hats off! ***levarsi il ~ davanti a qcn.*** FIG. to raise one's hat to sb. **2** *(di lampada)* lampshade **3** *(capocchia di chiodo)* head **4** *(premessa)* preamble, introduction **5** BOT. *(di fungo)* cap ♦ ***tanto di ~!*** congratulations! ***portare il ~ sulle ventitré*** to cock one's hat ♦♦ ***~ a cilindro*** silk *o* top hat; ***~ da sole*** sun hat.

cappero /'kappero/ m. caper ♦ ***-i!*** my word! gosh!

cappio, pl. **-pi** /'kappjo, pi/ m. **1** *(nodo scorsoio)* loop knot; ***avere il ~ al collo*** FIG. to have one's hands tied **2** *(capestro)* noose.

cappone /kap'pone/ m. *(gallo castrato)* capon.

1.cappotto /kap'pɔtto/ ❥ *35* m. ABBIGL. (over)coat.

2.cappotto /kap'pɔtto/ m. SPORT shutout, whitewash COLLOQ.

1.cappuccino /kapput'tʃino/ m. RELIG. Capuchin.
2.cappuccino /kapput'tʃino/ m. *(bevanda)* cappuccino*.
cappuccio, pl. **-ci** /kap'puttʃo, tʃi/ m. **1** *(di giacca, abito)* hood; *(ecclesiastico)* cowl **2** *(di penna)* cap, top **3** VENAT. *(per falconi)* hood.
capra /'kapra/ f. goat ♦ ***salvare ~ e cavoli*** to have it both ways.
capraio, pl. **-ai** /ka'prajo, ai/ m. (f. **-a**) goatherd.
caprese /ka'prese/ f. GASTR. = fresh mozzarella cheese, tomato and basil salad.
capretto /ka'pretto/ m. kid; ***guanti di ~*** kid gloves.
capriata /kapri'ata/ f. truss.
capriccio, pl. **-ci** /ka'prittʃo, tʃi/ m. **1** whim, caprice; ***per ~*** on a whim; ***soddisfare un ~*** to indulge one's whim; ***fare i -ci*** to throw *o* have a tantrum **2** *(instabilità di tempo, fortuna)* quirk; ***i -ci della fortuna*** the quirks of Fate **3** *(infatuazione passeggera)* fancy **4** MUS. capriccio*.
capriccioso /kaprit'tʃoso/ agg. **1** [*persona*] capricious, whimsical; [*amico, tempo*] fickle **2** *(bizzarro)* capricious, unpredictable, bizarre.
Capricorno /kapri'kɔrno/ ➧ **38** m.inv. **1** ASTROL. Capricorn, the Goat; ***essere del ~*** o ***un ~*** to be (a) Capricorn **2** GEOGR. ***tropico del ~*** Tropic of Capricorn.
caprifoglio, pl. **-gli** /kapri'fɔʎʎo, ʎi/ m. honeysuckle, woodbine.
caprino /ka'prino/ **I** agg. ***latte ~*** goat's milk; ***piede ~*** cloven foot *o* hoof **II** m. GASTR. goat's cheese.
capriola /kapri'ɔla/ f. **1** *(evoluzione)* somersault, caper; ***fare una ~*** to cut a caper **2** SPORT *(nella ginnastica)* roll.
capriolo /kapri'ɔlo/ m. ZOOL. roe (deer); *(maschio)* roebuck.
capro /'kapro/ m. he-goat ♦♦ ***~ espiatorio*** scapegoat.
caprone /ka'prone/ m. billy goat, he-goat.
capsula /'kapsula/ f. **1** capsule (anche FARM.) **2** *(dentaria)* crown **3** ANAT. BOT. capsule; *(di lino, cotone)* boll ♦♦ ***~ d'innesco*** percussion cap.
captare /kap'tare/ [1] tr. **1** RAD. TECN. TELEV. *(intercettare)* to pick up [*radio, S.O.S., segnale*]; *(ricevere)* to receive **2** *(cogliere)* to capture [*atmosfera, espressione, immagine*] **3** *(attirare)* to catch*, to win* [*attenzione*] **4** *(derivare)* to collect [*acque*].
capzioso /kap'tsjoso/ agg. [*ragionamento*] captious; [*critica*] carping.
CAR /kar/ m. (⇒ Centro Addestramento Reclute) = recruit training center.
carabattole /kara'battole/ f.pl. odds and ends.
carabina /kara'bina/ f. carbine, rifle.
carabiniere /karabi'njɛre/ m. = member of the Italian military corps which has civil police duties.
caraffa /ka'raffa/ f. carafe, jug BE; *(per il vino)* decanter.
Caraibi /ka'raibi/ n.pr.m.pl. ***i ~*** the Caribbean(s); ***mare dei ~*** Caribbean (Sea).
caraibico, pl. **-ci, che** /kara'ibiko, tʃi, ke/ → **caribico.**
carambola /ka'rambola/ f. **1** *(colpo del biliardo)* cannon BE, carom AE **2** *(gioco del biliardo)* = carom (billiards) **3** *(scontro di auto)* pile-up.
caramella /kara'mɛlla/ f. sweet BE, candy AE; ***~ alla frutta*** fruit drop; ***~ mou*** toffee.
caramellato /karamel'lato/ agg. ***zucchero ~*** caramel.
caramello /kara'mɛllo/ m. caramel.
caramente /kara'mente/ avv. **1** *(nelle lettere)* ***ti saluto ~*** affectionately yours **2** *(a caro prezzo)* ***ho pagato ~ i miei sbagli*** I've paid dearly for my mistakes.
carato /ka'rato/ m. carat.
carattere /ka'rattere/ m. **1** *(qualità psicologiche)* character; ***avere un bel ~*** to have a pleasant character, to be good-natured; ***avere un brutto ~*** to be bad-tempered, to have a bad temper; ***criticare non è nel suo ~*** it's not in her nature to criticize **2** *(fermezza)* character, backbone, spine; ***avere ~*** to have character; ***donna di ~*** forceful woman; ***mancare di ~*** to be characterless, to lack character **3** *(segno grafico)* character; *(segno grafico stampato)* print **U**, type **U**; ***~ corsivo*** italics; ***-i cirillici*** Cyrillic script **4** *(qualità)* nature; ***la manifestazione ha un ~ politico*** the demonstration is political in nature; ***osservazione di ~ generale*** general remark; ***questioni di ~ personale*** matters of a personal nature **5** BIOL. ***~ dominante, recessivo*** dominant, recessive character.
caratteriale /karatte'rjale/ agg. **1** [*differenze*] temperamental; [*problemi*] emotional **2** PSIC. [*bambino*] disturbed.
caratterista, m.pl. **-i**, f.pl. **-e** /karatte'rista/ ➧ **18** m. e f. *(uomo)* character actor; *(donna)* character actress.
caratteristica, pl. **-che** /karatte'ristika, ke/ f. feature, trait, characteristic.
caratteristico, pl. **-ci, -che** /karatte'ristiko, tʃi, ke/ agg. **1** [*stile, qualità, atteggiamento*] characteristic; ***essere ~ di qcn., qcs.*** to be peculiar to sb., sth. **2** *(tipico)* [*costume, piatto*] typical.
caratterizzare /karatterid'dzare/ [1] tr. **1** *(essere tipico di)* to characterize, to typify [*persona, società, situazione*] **2** *(descrivere)* to characterize; [*autore*] to portray [*personaggio*].
caratterizzazione /karatteriddzat'tsjone/ f. CINEM. TEATR. characterization.
caravella /kara'vɛlla/ f. caravel.
carboidrato /karboi'drato/ m. CHIM. carbohydrate.
carbonaia /karbo'naja/ f. **1** *(per produrre carbone)* charcoal kiln **2** *(deposito)* coal hole BE, coal cellar AE.
carbonaio, pl. **-ai** /karbo'najo, ai/ ➧ **18** m. *(chi produce)* charcoal burner; *(chi vende)* coalman*.
carbonara: **alla carbonara** /allakarbo'nara/ agg. e avv. GASTR. = with a dressing made of eggs, small pieces of bacon and Parmesan cheese.
carbonato /karbo'nato/ m. carbonate ♦♦ ***~ di sodio*** sodium carbonate, soda.
carbonchio, pl. **-chi** /kar'bonkjo, ki/ ➧ **7** m. MED. MINER. carbuncle.
carboncino /karbon'tʃino/ m. charcoal.
carbone /kar'bone/ m. coal; ***un pezzo di ~*** a lump of coal ♦ ***nero come il ~*** as black as coal *o* soot; ***essere*** o ***stare sui -i ardenti*** to be on tenterhooks ♦♦ ***~ attivo*** activated carbon; ***~ bianco*** white coal; ***carbon fossile*** fossil carbon.
carbonella /karbo'nɛlla/ f. slack.
carbonico, pl. **-ci, -che** /kar'bɔniko, tʃi, ke/ agg. carbonic; ***anidride -a*** carbon dioxide.
carboniero /karbo'njɛro/ agg. ***industria -a*** coal industry; ***nave -a*** coaler, collier.
carbonifero /karbo'nifero/ **I** agg. **1** ***strato ~*** coal seam; ***bacino ~*** coal basin, coalfield **2** GEOL. carboniferous **II** m. GEOL. ***il ~*** the Carboniferous.
carbonio /kar'bɔnjo/ m. carbon; ***datare qcs. al ~ 14*** to carbon-date sth.
carbonizzare /karbonid'dzare/ [1] **I** tr. **1** *(trasformare in carbone)* to carbonize, to char **2** *(bruciare completamente)* to burn* down [*foresta, casa*]; to char [*oggetto*]; to burn* [sth.] (to a crisp) [*cibo*] **II carbonizzarsi** pronom. to char, to burn*.
carbonizzato /karbonid'dzato/ **I** p.pass. → **carbonizzare** **II** agg. [*veicolo, albero, resti*] burnt, burned, charred.
carburante /karbu'rante/ m. fuel; ***rifornirsi di ~*** to refuel.
carburare /karbu'rare/ [1] intr. (aus. *avere*) **1** ***~ bene, male*** [*motore*] to be well, badly tuned **2** COLLOQ. FIG. ***al mattino ho difficoltà a ~*** it's hard for me to get going in the morning.
carburatore /karbura'tore/ m. carburettor BE, carburetor AE.
carcassa /kar'kassa/ f. **1** *(di animale)* carcass **2** *(struttura portante)* frame, skeleton **3** *(resti di macchina, nave)* shell, hulk **4** SPREG. *(veicolo)* wreck.
carcerario, pl. **-ri, -rie** /kartʃe'rarjo, ri, rje/ agg. prison attrib.
carcerato /kartʃe'rato/ m. (f. **-a**) convict, inmate.
carcerazione /kartʃerat'tsjone/ f. **1** *(l'incarcerare)* imprisonment; ***ordine di ~*** DIR. committal **2** *(periodo)* detention ♦♦ ***~ preventiva*** preventive detention.
carcere, pl.f. **-i** /'kartʃere, 'kartʃeri/ m. prison, jail, gaol BE; ***mettere qcn. in ~*** to put sb. in prison; ***condannato a sei mesi di ~*** sentenced to six months' imprisonment ♦♦ ***~ di massima sicurezza*** maximum security prison; ***~ minorile*** remand home BE, detention home AE; ***~ preventivo*** preventive detention.
carceriere /kartʃe'rjɛre/ m. (f. **-a**) prison officer BE, prison guard AE, warder BE.
carcinoma /kartʃi'nɔma/ m. carcinoma*.
carciofo /kar'tʃɔfo/ m. (globe) artichoke.
Card. ⇒ cardinale cardinal.
cardanico, pl. **-ci, -che** /kar'daniko, tʃi, ke/ agg. ***sospensione -a*** gimbals.

cardare /kar'dare/ [1] tr. to card, to tease [*lana*].
cardellino /kardel'lino/ m. goldfinch.
cardiaco, pl. **-ci**, **-che** /kar'diako, tʃi, ke/ agg. [*malformazione, attività*] cardiac; [*valvola, disturbi*] heart attrib.; ***arresto ~*** cardiac arrest, heart failure.
1.cardinale /kardi'nale/ agg. [*numero, virtù*] cardinal; [*punti*] cardinal, compass.
2.cardinale /kardi'nale/ ➧ ***1*** m. cardinal.
cardine /'kardine/ **I** m. **1** *(di porta)* hinge **2** FIG. cornerstone **II** agg.inv. [*argomento, ruolo*] pivotal.
cardiochirurgia /kardjokirur'dʒia/ f. heart surgery.
cardiochirurgico, pl. **-ci**, **-che** /kardjoki'rurdʒiko, tʃi, ke/ agg. ***sottoporsi a un intervento ~*** to undergo heart surgery.
cardiochirurgo, m. pl. **-ghi**, f.pl. **-ghe** /kardjoki'rurgo, gi, ge/ ➧ ***18*** m. (f. **-a**) heart surgeon.
cardiocircolatorio, pl. **-ri**, **-rie** /kardjotʃirkola'tɔrjo, ri, rje/ agg. cardiovascular.
cardiogramma /kardjo'gramma/ m. cardiogram.
cardiologia /kardjolo'dʒia/ f. cardiology.
cardiologo, m.pl. **-gi**, f.pl.**-ghe** /kar'djɔlogo, dʒi, ge/ ➧ ***18*** m. (f. **-a**) cardiologist, heart specialist.
cardiopalma /kardjo'palma/, **cardiopalmo** /kardjo'palmo/ m. ***al*** *o* ***da ~*** [*partita, finale*] heart-stopping, thrilling.
cardiopatico, pl. **-ci**, **-che** /kardjo'patiko, tʃi, ke/ m. (f. **-a**) heart patient.
cardiovascolare /kardjovasko'lare/ agg. cardiovascular.
cardo /'kardo/ m. *(commestibile)* cardoon; *(selvatico)* thistle.
carena /ka'rɛna/ f. MAR. bottom.
carenaggio, pl. **-gi** /kare'naddʒo, dʒi/ m. ***bacino di ~*** dry *o* graving dock.
carenato /kare'nato/ agg. ***sterno ~*** pigeon breast.
carente /ka'rɛnte/ agg. ***~ di qcs.*** lacking in *o* deficient in sth.; ***la legislazione è ~ in questo settore*** the law is inadequate on this subject.
carenza /ka'rɛntsa/ f. **1** MED. deficiency **2** *(mancanza)* lack; *(di fondi, risorse)* deficiency; *(di personale, cibo, alloggi)* shortage; ***le -e della legge*** the shortcomings of law ♦♦ ***~ affettiva*** PSIC. emotional deprivation.
carestia /kares'tia/ f. famine.
carezza /ka'rettsa/ f. stroke; *(a persona)* caress; ***fare una ~ a*** to caress [*persona*]; to stroke *o* pet [*gatto, cane*].
carezzare /karet'tsare/ [1] → **accarezzare**.
cargo /'kargo/ m.inv. **1** MAR. cargo ship, freighter **2** AER. cargo plane, freighter.
cariare /ka'rjare/ [1] **I** tr. to decay, to cause [sth.] to decay [*dente*] **II cariarsi** pronom. [*dente*] to decay.
cariatide /ka'rjatide/ f. **1** ARCH. caryatid **2** FIG. ***una vecchia ~*** an old fogey.
cariato /ka'rjato/ **I** p.pass. → **cariare II** agg. ***un dente ~*** a cavity.
caribico, pl. **-ci**, **-che** /ka'ribiko, tʃi, ke/ agg. [*fauna, musica*] Caribbean; [*lingua*] Carib.
caribù /kari'bu/ m.inv. caribou.
carica, pl. **-che** /'karika, ke/ f. **1** *(funzione)* office, post; ***il presidente in ~*** the incumbent president, the president in office; ***essere in ~*** to be in *o* to hold office; ***entrare in ~*** to take *o* come into office; ***rivestire una ~*** to have *o* fill a post; ***restare in ~*** to remain in office, to stay on; ***la sua ~ di leader del partito*** her position as party leader **2** TECN. EL. FIS. charge; ***essere sotto ~*** to be charging up; ***mettere sotto ~*** to put [sth.] on charge [*batteria*] **3** *(di meccanismo)* ***dare la ~ a*** to wind (up) [*orologio*] **4** FIG. charge, drive; ***dare la ~ a qcn.*** to encourage sb., to give sb. a lift *o* a boost **5** MIL. *(assalto)* charge; ***(alla) ~!*** charge! ***andare alla ~*** to charge; ***(ri)tornare alla ~*** to return to the charge; FIG. to try again, to insist **6** SPORT ***il campione in ~*** the reigning champion ♦♦ ***~ elettrica*** electric charge; ***~ emotiva*** emotional charge; ***~ onorifica*** honorary position *o* appointment.
caricabatteria /karikabatte'ria/ m.inv. (battery) charger.
caricamento /karika'mento/ m. **1** *(di veicolo)* loading; *(di nave)* loading, lading; ***di ~*** [*piattaforma, stazione*] loading attrib. **2** *(di arma da fuoco)* loading **3** INFORM. loading.
caricare /kari'kare/ [1] **I** tr. **1** to load [*merci*] (**in** into; **su** onto); to load (up) [*veicolo, nave, animale, lavatrice*] (**di, con** with); ***~ dei bagagli in una macchina*** to put luggage into a car **2** *(gravare)* to cram, to overload, to load down; ***~ lo scaffale di libri*** to overload the shelf with books **3** FIG. ***~ qcn. di*** to (over)burden sb. with, to load sb. down with [*responsabilità, lavoro*]; ***~ qcn. di insulti*** to heap sb. with insults **4** *(fare salire, imbarcare)* [*bus, nave*] to take* (on), to take* aboard; [*taxi*] to pick up [*passeggero*]; ***~ qcn. sulla propria macchina*** to get sb. into one's car **5** *(attaccare)* to charge at [*manifestanti*]; to charge (at) [*nemico*]; [*toro*] to charge [*persona*] **6** *(disporre a funzionare)* to load [*arma, cinepresa*]; to fill [*stufa, pipa*] **7** INFORM. to load [*programma*] **8** EL. to charge [*batteria*] **9** *(esagerare)* to exaggerate, to overdraw* [*descrizione*]; ***~ la dose*** to overdo it **10** *(dare la carica a)* to wind* (up), to give* [sth.] a wind [*orologio*] **11** COLLOQ. *(rimorchiare)* to pick up [*ragazza*] **II caricarsi** pronom. **1** *(gravarsi)* ***-rsi di*** to burden oneself with, to weigh oneself down with [*lavoro*] **2** *(concentrarsi)* ***-rsi per qcs.*** to psych oneself up for sth.
caricato /kari'kato/ **I** p.pass. → **caricare II** agg. **1** [*veicolo*] loaded (**di** with) **2** *(aggravato)* burdened, overloaded, laden (**di** with) **3** *(affettato)* [*modi*] affected; *(esagerato)* exaggerated, overdrawn **4** *(concentrato, pronto)* psyched up, ready.
caricatore /karika'tore/ **I** m. (f. **-trice** /tritʃe/) **1** *(addetto, attrezzatura)* loader **2** *(di arma)* magazine; ***svuotare il ~ addosso a qcn.*** to fire a full round of bullets at sb. **3** FOT. magazine; CINEM. film magazine; *(di diapositive)* slide tray **4** EL. charger **5** INFORM. loader **II** agg. ***piano ~*** (loading) platform.
caricatura /karika'tura/ f. caricature; ***fare una ~*** to caricature.
caricaturista, m.pl. **-i**, f.pl. **-e** /karikatu'rista/ ➧ ***18*** m. e f. caricaturist.
1.carico, pl. **-chi**, **-che** /'kariko, ki, ke/ agg. **1** [*camion*] loaded, laden (**di** with) **2** FIG. *(oberato)* burdened, weighed dow, loaded down (**di** with); ***~ di debiti*** burdened *o* weighed down with debt(s); ***sono ~ di lavoro*** I'm up to my ears in work **3** *(fornito di carica)* [*pistola*] loaded, charged; [*orologio*] wound up **4** FIS. [*pila*] charged **5** [*colore*] deep, intense; ***rosa ~*** hot pink **6** *(forte)* [*caffè, tè*] strong **7** *(concentrato, eccitato)* psyched up, ready.
2.carico, pl. **-chi** /'kariko, ki/ m. **1** *(caricamento)* loading, lading **2** *(merci caricate) (di aereo, nave)* cargo*; *(di camion, treno)* load **3** *(fardello)* load **4** *(onere)* ***~ di lavoro*** workload; ***il ~ della responsabilità*** the burden of responsibility **5** ARCH. ING. EL. load **6 a carico** ***avere tre figli a ~*** to have three dependent children; ***persone a ~*** DIR. dependent people, dependants; ***testimone a ~*** DIR. witness for the prosecution, prosecution witness **7 a carico di** charged to, chargeable to, to be paid by; ***telefonata a ~ del destinatario*** reverse *o* transferred charge call, collect call AE; ***essere*** o ***vivere a ~ di qcn.*** to depend on sb., to be dependent on *o* upon sb.; ***processo a ~ di qcn.*** action against sb. ♦ ***farsi ~ di*** to take on [*spese*]; ***farsi ~ di fare*** to take it upon oneself to do ♦♦ ***~ fiscale*** tax expenses *o* burden; ***~ utile*** AER. disposable load.
carie /'karje/ f.inv. **1** MED. decay, caries*; ***avere una ~*** to have a cavity; ***prevenire la ~*** to prevent tooth decay **2** BOT. rot.
carillon /kari'jɔn/ m.inv. *(scatola armonica)* musical box BE, music box AE.
carino /ka'rino/ agg. **1** *(grazioso)* [*ragazza, viso*] pretty; [*ragazzo*] good-looking, cute AE COLLOQ.; [*oggetto, casa*] lovely, pretty, cute AE COLLOQ.; ***che -a che sei!*** how nice you look! **2** *(gentile)* kind, nice (**con** to); ***è stato ~ da parte sua fare*** it was nice of her to do.
carisma /ka'rizma/ m. RELIG. charisma* (anche FIG.).
carismatico, pl. **-ci**, **-che** /kariz'matiko, tʃi, ke/ agg. RELIG. charismatic (anche FIG.).
carità /kari'ta/ f.inv. **1** RELIG. charity **2** *(misericordia)* charity, generosity; ***opera di ~*** *(istituto)* charitable institution, charity; *(azione caritatevole)* good work *o* deed **3** *(elemosina)* charity; ***fare la ~ a qcn.*** to give sb. charity *o* alms; ***chiedere la ~ a qcn.*** to ask sb. for charity (anche FIG.); ***fate la ~!*** spare me some change, please! give generously, please! **4** *(favore)* ***fammi la ~ di spegnere la sigaretta!*** be so kind as to *o* do me a favour and put out your cigarette! ♦ ***per ~!*** for God's *o* goodness *o* heaven's sake! ♦♦ ***~ pelosa*** interested *o* self-seeking charity.
caritatevole /karita'tevole/ agg. charitable (**verso** to).
caritativo /karita'tivo/ agg. charitable; ***un'associazione -a*** a charity.

carlinga, pl. **-ghe** /kar'linga, ge/ f. AER. cockpit.
carlino /kar'lino/ m. *(cane)* pug(dog).
Carlo /'karlo/ n.pr.m. Charles ♦♦ **~ *Magno*** Charlemagne, Charles the Great.
carlona: **alla carlona** /allakar'lona/ avv. in a slapdash way, carelessly; ***un lavoro fatto alla* ~** a rush *o* sloppy job.
Carlotta /kar'lotta/ n.pr.f. Charlotte.
carmelitano /karmeli'tano/ **I** agg. Carmelite **II** m. (f. **-a**) Carmelite.
carminio, pl. **-ni** /kar'minjo, ni/ ➧ **3 I** m. carmine **II** agg.inv. ***(rosso)* ~** carmine.
carnagione /karna'dʒone/ f. complexion, skin; ***dalla* ~ *scura*** dark-skinned *o* -complexioned.
carnaio, pl. **-ai** /kar'najo, -ai/ m. SPREG. ***la spiaggia è un* ~** the beach is jam-packed *o* swarming with people.
carnale /kar'nale/ agg. **1** [*piaceri, desideri*] carnal; ***peccati -i*** sins of the flesh; ***violenza* ~** rape (**a** on) **2** *(consanguineo)* ***fratello* ~** blood brother.
carne /'karne/ ➧ **3 I** f. **1** *(massa muscolare)* flesh; ***essere ben in* ~** to be plump *o* stout; ***rimettersi in* ~** to put on flesh *o* weight again, to fill out **2** *(corporeità)* ***i piaceri, i peccati della* ~** the pleasures, sins of the flesh **3** *(cibo)* meat; **~ *di pollo*** chicken; **~ *di manzo*** o ***bovina*** beef; **~ *di cavallo*** o ***equina*** horsemeat, horseflesh; **~ *di maiale*** o ***suina*** pork; **~ *di agnello*** lamb; **~ *di montone*** mutton; **~ *di vitello*** veal **II** agg.inv. ***(color)* ~** flesh-coloured ♦ ***mettere troppa* ~ *al fuoco*** to have several irons in the fire; ***in* ~ *e ossa*** in the flesh, real live; ***sono fatto di* ~ *e ossa*** I'm only flesh and blood; ***non essere né* ~ *né pesce*** to be neither fish nor fowl (nor good red herring); **~ *della mia* ~** my own flesh and blood; ***lo spirito è forte ma la* ~ *è debole*** the spirit is willing but the flesh is weak ♦♦ **~ *bianca*** white meat; **~ *da cannone*** o ***da macello*** cannon fodder; **~ *rossa*** red meat.
carnefice /kar'nefitʃe/ m. **1** *(boia)* executioner; *(nelle impiccagioni)* hangman* **2** FIG. torturer, tormentor.
carneficina /karnefi'tʃina/ f. carnage, massacre, slaughter.
carnet /kar'nɛ/ m.inv. **1** book; **~ *di biglietti*** book of tickets; **~ *di assegni*** chequebook BE, checkbook AE **2** COMM. order book.
carnevale /karne'vale/ m. carnival; ***di* ~** [*carro, corteo*] carnival attrib.; ***costume di* ~** carnival costume, fancy dress BE ♦ ***a* ~ *ogni scherzo vale*** PROV. when it's carnival time anything *o* every prank goes.
carnevalesco, pl. **-schi**, **-sche** /karneva'lesko, ski, ske/ agg. [*carro, corteo*] carnival attrib.
Carniche /'karnike/ n.pr.f.pl. (anche **Alpi ~**) Carnic Alps.
carnicino /karni'tʃino/ ➧ **3** agg. e m. carnation pink, flesh-coloured BE, flesh-colored AE.
carniere /kar'njere/ m. game bag; ***riportare un buon* ~** to get a good bag.
carnivoro /kar'nivoro/ **I** agg. [*animale*] carnivorous, flesh-eating, meat-eating; ***pianta -a*** carnivorous plant **II** m. (f. **-a**) carnivore, meat-eater.
carnoso /kar'noso/ agg. [*braccio*] plump; [*labbra*] full; [*frutto, foglia*] fleshy.
caro /'karo/ **I** agg. **1** *(amato)* dear; ***un mio* ~ *amico*** a dear friend of mine; ***uno dei miei amici più -i*** one of my closest friends; ***la morte di una persona -a*** the death of a loved one; ***essere* ~ *a qcn.*** to be dear to sb.; ***aver* ~ *qcn.*** to love sb., to be fond of sb. **2** *(nella corrispondenza)* **~ *signor Rossi*** Dear Mr Rossi; **~, *carissimo Luca*** Dear, Dearest Luca; **~ *signore, -a signora*** Dear Sir, Dear Madam; ***i miei più -i auguri*** all the best, best wishes; ***un* ~ *saluto*** o ***cari saluti a*** give my love *o* regards to; ***(i miei più) -i saluti, Aldo*** best wishes *o* (all my) love, Aldo **3** *(importante)* **~ *a qcn.*** [*tema, idea, oggetto*] dear to sb.; ***un principio che gli è* ~** a principle that he holds dear **4** *(gentile)* lovable, kind, sweet; ***è stato molto* ~ *con me*** he was very kind *o* sweet to me **5** *(gradito)* (be)loved **6** *(costoso)* expensive, dear; ***la vita è più -a*** the cost of living is higher **II** m. (f. **-a**) dear, darling; ***i miei -i*** my loved ones, my family **III** avv. **1** dear(ly); ***costare* ~** to cost a lot, to be expensive; ***l'ho pagato molto* ~** I paid a lot for it **2** FIG. dearly; ***ci è costato* ~** it cost us dearly, we paid a high price for it; ***la pagherai -a!*** you'll pay a lot *o* dearly for it!
carogna /ka'roɲɲa, ka'rɔɲɲa/ f. **1** carcass, carrion (flesh) **2** FIG. ***(lurida)* ~!** you bastard *o* dirty rat!
carognata /karoɲ'ɲata/ f. COLLOQ. ***fare una* ~ *a qcn.*** to pull a dirty trick on sb.; ***è stata una* ~!** that was a rotten thing to do!
Carola /'karola/ n.pr.f. Carol.
Carolina /karo'lina/ n.pr.f. Caroline.
carolingio, pl. **-gi**, **-gie** e **-ge** /karo'lindʒo, dʒi, dʒe/ agg. Carolingian.
carosello /karo'zɛllo/ m. **1** STOR. carousel **2** *(giostra)* merry-go-round, whirligig, carousel AE **3** FIG. swirl, whirl.
carota /ka'rɔta/ ➧ **3 I** f. carrot **II** m.inv. *(colore)* carrot colour BE, carrot color AE **III** agg.inv. carrot-coloured BE, carrot-colored AE; ***capelli color* ~** carroty hair COLLOQ. ♦ ***pel di* ~** SPREG. carrot top.
carotide /ka'rɔtide/ f. carotid.
carovana /karo'vana/ f. caravan, convoy; **~ *di cammelli, dei pionieri*** camel, wagon train.
carovita /karo'vita/ m.inv. high cost of living.
carpa /'karpa/ f. carp*.
carpaccio, pl. **-ci** /kar'pattʃo, tʃi/ m. INTRAD. (dish of thin slices of raw meat dressed with olive oil, lemon and Parmesan cheese).
Carpazi /kar'pattsi/ n.pr.m.pl. ***i* ~** the Carpathians.
carpenteria /karpente'ria/ f. **1** *(lavoro di carpentiere)* carpentry, woodwork **2** *(officina)* carpenter's shop.
carpentiere /karpen'tjɛre/ ➧ **18** m. carpenter.
carpire /kar'pire/ [102] tr. to steal*, to worm out [*segreto*]; to extract, to wangle COLLOQ. [*promessa*]; to extract, to wring* [*confessione*].
carpo /'karpo/ m. carpus*.
carponi /kar'poni/ avv. ***camminare* ~** to crawl, to walk on all fours *o* on hands and knees.
carrabile /kar'rabile/ agg. ***passo* ~** driveway; *(nella segnaletica)* "keep clear, vehicle entrance".
carraio, pl. **-ai**, **-aie** /kar'rajo, ai, aje/ agg. ***porta -a*** carriage entrance; ***passo* ~** → **carrabile**.
carré /kar're/ m.inv. **1** *(taglio di carne)* loin **2** *(acconciatura)* bob, blunt cut AE **3** SART. *(sprone)* yoke.
carreggiata /karred'dʒata/ f. **1** *(parte di strada)* roadway, carriageway; ***strada a due -e*** o ***a doppia* ~** dual carriageway BE, divided highway AE; ***l'auto uscì dalla* ~** the car ran off the road **2** *(solco delle ruote)* rut ♦ ***uscire di* ~** to go off the rails, to stray from the straight and narrow; ***rimettere qcs. in* ~** to put sth. back on the rails; ***rimettersi in* ~** to get back on the right track.
carrellata /karrel'lata/ f. **1** CINEM. TELEV. tracking shot, dolly shot; ***fare una* ~** to dolly, to track **2** FIG. ***una* ~ *sulle notizie del giorno*** a roundup of *o* a brief look at the day's news.
carrello /kar'rello/ m. **1** *(per la spesa)* (shopping) trolley BE, cart AE; *(per i bagagli)* luggage trolley BE, luggage cart AE; *(portavivande)* food trolley BE, food cart AE **2** FERR. bogie BE **3** *(di macchina da scrivere)* carriage **4** AER. undercarriage BE, landing gear AE **5** CINEM. TELEV. dolly ♦♦ **~ *elevatore*** pallet truck; **~ *da tè*** tea-trolley BE, tea-cart AE, tea wagon AE.
carretta /kar'retta/ f. **1** *(piccolo carro)* cart **2** SPREG. *(vecchia auto)* ***una vecchia* ~** a wreck, a(n old) banger **3** *(nave da carico)* tramp ♦ ***tirare la* ~** to plod along, to slave away.
carrettata /karret'tata/ f. cartful, cartload; ***a -e*** by the cartload; FIG. aplenty, galore.
carrettiere /karret'tjɛre/ ➧ **18** m. carter.
carretto /kar'retto/ m. cart ♦♦ **~ *a mano*** handcart, pushcart, barrow BE.
carriera /kar'rjɛra/ f. career; ***intraprendere la* ~ *di attore*** to take up a career as an actor; ***ufficiale di* ~** career officer; ***fare* ~** to advance one's career, to work one's way up *o* to the top, to get ahead; ***essere all'apice della* ~** to be at the top of one's profession; ***donna in* ~** career woman ♦ ***andare di (gran)* ~** to run at full speed, to go in full career.
carriola /kar'rjɔla/ f. (wheel)barrow.
carrista, m.pl. **-i**, f.pl. **-e** /kar'rista/ m. = in the Italian Army, soldier who fights on tanks.
carro /'karro/ m. **1** *(a due ruote)* cart; *(a quattro ruote)* cart, wagon, waggon BE **2** *(carico trasportato)* ***un* ~ *di fieno*** a cartload of hay **3** ASTR. ***il Piccolo Carro*** the Little Bear BE *o* Dipper AE; ***il Grande Carro*** the Great Bear BE, the Plough BE, the Plow AE, the Big Dipper AE ♦ ***mettere il* ~ *davanti ai buoi*** to put the cart before the horse; ***saltare sul* ~ *del vinci-***

tore to jump *o* climb on the bandwagon ♦♦ ~ ***allegorico*** carnival float; ~ ***armato*** tank; ~ ***attrezzi*** breakdown truck *o* lorry BE, tow truck AE, wrecker AE; ~ ***bestiame*** AUT. cattle truck; FERR. stock car AE; ~ ***funebre*** hearse; ~ ***merci*** freight car, wagon BE.

carroccio, pl. **-ci** /kar'rɔttʃo, tʃi/ m. **1** STOR. = large vehicle bearing the city standard and used in medieval times by Italian free cities **2** POL. = the Italian political party Lega Nord.

carrozza /kar'rɔttsa/ f. **1** *(veicolo trainato da cavalli)* carriage, coach **2** FERR. car, carriage BE, coach BE, railroad car AE; ***in ~!*** on board! all aboard! ♦♦ ~ ***letto*** sleeping car, sleeper, wagon-lit; ~ ***ristorante*** dining car, restaurant car BE.

carrozzabile /karrot'tsabile/ agg. ***strada*** ~ carriageable road.

carrozzella /karrot'tsɛlla/ f. **1** *(carrozza)* (hackney) cab **2** *(sedia a rotelle)* wheelchair **3** *(per bambini)* pram BE, baby carriage AE, buggy AE.

carrozzeria /karrottse'ria/ f. **1** *(di autoveicolo)* body(work), coachwork BE **2** *(officina)* body (repair) shop.

carrozziere /karrot'tsjɛre/ ▶ ***18*** m. *(riparatore)* panel beater; *(costruttore)* body-maker, coachbuilder BE; ***portare l'auto dal*** ~ to take the car to the body shop.

carrozzina /karrot'tsina/ f. pram BE, baby carriage AE, buggy AE.

carrozzino /karrot'tsino/ m. **1** *(piccola carrozza elegante)* buggy, cabriolet **2** *(sidecar)* sidecar.

carrozzone /karrot'tsone/ m. **1** *(grosso veicolo)* caravan BE, trailer AE **2** FIG. SPREG. *(ente pubblico inefficiente)* = inefficient public office.

carruba /kar'ruba/ f. carob.

carrubo /kar'rubo/ m. carob (tree).

carrucola /kar'rukola/ f. pulley.

Carso /'karso/ ▶ ***30*** n.pr.m. ***il*** ~ the Karst.

carta /'karta/ **I** f. **1** *(materiale)* paper; ***foglio di*** ~ sheet of paper; ***di*** ~ [*bicchiere, piatto, tovagliolo, fazzoletto*] paper attrib.; ***mettere qcs. su(lla)*** ~ to put sth. down on paper **2** *(dichiarazione programmatica)* charter; ***la ~ dei diritti dell'uomo*** the Charter of Human Rights; ***la Magna Carta*** the Magna Carta **3** *(cartina)* map, plan **4** *(da gioco)* (playing) card; ***giocare una ~ di cuori*** to play a heart; ***giocare a -e*** to play cards; ***fare*** o ***dare le -e*** to deal (the cards); ***fare le -e a qcn.*** [*cartomante*] to read sb.'s fortune in the cards **5** *(nei ristoranti)* ***la ~ dei vini*** wine list; ***alla*** ~ à la carte **II carte** f.pl. **1** *(scritti)* papers **2** *(documenti)* papers, documents; ***fare le -e necessarie*** to get the necessary papers, to do the necessary paperwork ♦ ***dare ~ bianca a qcn.*** to give *o* write sb. a blank cheque, to give sb. a free hand; ***sulla ~ è una buona idea*** it's a good idea on paper; ***avere le -e in regola*** to have got what it takes; ***mettere le -e in tavola*** to lay *o* put one's cards on the table; ***cambiare le -e in tavola*** to shift one's ground; ***fare -e false per...*** to go to any lengths to...; ***giocare bene le proprie -e*** to play one's cards right; ***tentare l'ultima*** ~ to play one's final trump; ***giocare a -e scoperte*** to act above board, to play fair; ***scoprire le proprie -e*** to show one's hand ♦♦ ~ ***d'argento*** FERR. senior citizen's railcard; ~ ***assorbente*** *(da casa)* kitchen paper; *(per la scuola)* blotting paper; ~ ***automobilistica*** road map; ~ ***bollata*** o ***da bollo*** bonded *o* stamped paper; ~ ***carbone*** o ***copiativa*** carbon paper; ~ ***costituzionale*** constitution, bill of rights; ~ ***di credito*** credit card; ~ ***crespata*** crepe paper; ~ ***ecologica*** → ~ **riciclata**; ~ ***da forno*** baking paper; ~ ***geografica*** map; ~ ***di*** o ***da giornale*** newsprint; ~ ***d'identità*** identity *o* ID card; ~ ***igienica*** toilet paper *o* tissue, lavatory paper; ~ ***d'imbarco*** AER. MAR. boarding card *o* pass; ~ ***intestata*** letterhead, headed notepaper; ~ ***da lettere*** writing paper, notepaper, stationery; ~ ***libera*** plain *o* unstamped paper; ~ ***da lucido*** transparency; ~ ***da macero*** wastepaper; ~ ***millimetrata*** graph paper; ~ ***moschicida*** flypaper; ~ ***da musica*** music paper; ~ ***muta*** unmarked *o* blank map; ~ ***nautica*** sea *o* marine chart; ~ ***oleata*** greaseproof paper; ~ ***da pacchi*** brown paper, manila; ~ ***da parati*** wallpaper; ~ ***patinata*** glossy paper; ~ ***(da) regalo*** gift wrap(ping), wrapping paper; ~ ***riciclata*** recycled paper; ~ ***di riso*** rice paper; ~ ***semplice*** → ~ **libera**; ~ ***stagnola*** (kitchen) foil, tin foil; ~ ***straccia*** scrap paper, wastepaper; ~ ***stradale*** → ~ **automobilistica**; ~ ***telefonica*** phone card; ~ ***topografica*** topographic map; ~ ***velina*** *(per imballaggio)* tissue (paper); *(per copie)* onionskin (paper); ~ ***verde*** AUT. green card BE; FERR. young person's railcard; ~ ***vetrata*** glass paper, sandpaper.

cartaccia, pl. **-ce** /kar'tattʃa, tʃe/ f. *(carta inutile)* wastepaper U, scrap paper U.

cartaceo /kar'tatʃeo/ agg. paper attrib.; [*consistenza*] papery; ***moneta -a*** → **cartamoneta**.

cartamodello /kartamo'dɛllo/ m. (paper) pattern.

cartamoneta, pl. **cartemonete** /kartamo'neta, kartemo'nete/ f. paper currency U, paper money U.

cartapecora /karta'pɛkora/ f. parchment.

cartapesta, pl. **cartapeste**, **cartepeste** /karta'pesta, karta'peste, karte'peste/ f. papier mâché; ***un eroe di*** ~ FIG. a tin god.

cartavetrare /kartave'trare/, **carteggiare** /karted'dʒare/ [1] tr. to sand(paper).

carteggio, pl. **-gi** /kar'teddʒo, dʒi/ m. correspondence, letters pl.

cartella /kar'tɛlla/ f. **1** *(borsa)* briefcase; *(di scolaro)* schoolbag, satchel **2** *(custodia)* folder **3** *(di schedario)* file; *(della tombola)* scorecard **4** *(pagina dattiloscritta)* typewritten page **5** INFORM. folder ♦♦ ~ ***azionaria*** share certificate; ~ ***clinica*** medical records pl.

cartellina /kartel'lina/ f. *(per fogli)* folder; *(per documenti)* document holder; *(per disegni)* portfolio*.

cartellino /kartel'lino/ m. **1** *(cartoncino)* label, tag; ~ ***del prezzo*** price label *o* tag **2** *(di presenza)* time-sheet, time-card AE; ***timbrare il*** ~ to punch the clock; *(all'entrata)* to clock in BE, to check in AE; *(all'uscita)* to clock out BE, to check out AE ♦♦ ~ ***giallo*** SPORT yellow card; ~ ***rosso*** SPORT red card.

1.cartello /kar'tɛllo/ m. **1** *(manifesto)* sign, notice; *(in corteo)* placard; *(stampato)* poster; *(in legno, metallo)* sign **2** *(insegna)* shop sign ♦♦ ~ ***stradale*** roadsign, signpost.

2.cartello /kar'tɛllo/ m. **1** ECON. cartel, syndicate; ~ ***bancario*** banker's syndicate, cartel of banks; ~ ***della droga*** drug cartel, drug(s) syndicate **2** POL. *(alleanza)* alliance, coalition.

cartellone /kartel'lone/ m. **1** *(di teatro)* (play)bill; ***essere in*** ~ [*spettacolo*] to be on the bill; ***tenere il*** o ***restare per molto tempo in*** ~ to have a long run; ***mettere in*** ~ to put [sth.] on [*spettacolo*] **2** *(manifesto)* wall chart, poster, bill ♦♦ ~ ***pubblicitario*** board, poster, placard.

cartellonista, m.pl. **-i**, f.pl. **-e** /kartello'nista/ ▶ ***18*** m. e f. poster designer.

cartesiano /karte'zjano/ agg. Cartesian.

cartiera /kar'tjɛra/ f. paper mill, paper factory.

cartilagine /karti'ladʒine/ f. cartilage.

cartina /kar'tina/ f. **1** *(geografica)* map **2** *(bustina)* bag, sachet; ~ ***di aghi*** book *o* packet of needles **3** *(di sigaretta)* cigarette paper ♦♦ ~ ***di*** o ***al tornasole*** CHIM. litmus paper; FIG. litmus test.

cartoccio, pl. **-ci** /kar'tɔttʃo, tʃi/ m. **1** *(foglio di carta ravvolta)* paper cone, twist (of paper) **2** GASTR. ***al*** ~ in foil, in a foil parcel.

cartografia /kartogra'fia/ f. cartography.

cartografico, pl. **-ci**, **-che** /karto'grafiko, tʃi, ke/ agg. cartographic(al).

cartografo /kar'tɔgrafo/ ▶ ***18*** m. (f. **-a**) cartographer, map maker.

cartolaio, pl. **-ai** /karto'lajo, ai/ ▶ ***18*** m. (f. **-a**) stationer; ***andare dal*** ~ to go to the stationer's.

cartoleria /kartole'ria/ ▶ ***18*** f. stationer's (shop), stationery shop BE, stationery store AE; ***articoli di*** ~ stationery.

cartolibreria /kartolibre'ria/ ▶ ***18*** f. stationer's and bookshop BE, stationer's and bookstore AE.

cartolina /karto'lina/ f. (post)card ♦♦ ~ ***illustrata*** picture postcard; ~ ***postale*** (post)card; ~ ***precetto*** MIL. call-up papers, draft card AE.

cartomante /karto'mante/ ▶ ***18*** m. e f. fortune-teller.

cartomanzia /kartoman'tsia/ f. cartomancy, fortune-telling.

cartonato /karto'nato/ agg. bound in paperboard; ***rilegatura -a*** case-binding, board binding.

cartoncino /karton'tʃino/ m. **1** *(cartone)* cardboard, pasteboard **2** *(biglietto)* card.

cartone /kar'tone/ m. **1** *(materiale)* cardboard, paperboard, pasteboard **2** *(imballaggio)* carton, box **3** PITT. cartoon **4** *(ani-*

mato) ***guardare i -i*** to watch cartoons ♦♦ ***~ animato*** cartoon, toon COLLOQ.; ***~ ondulato*** corrugated paper *o* cardboard; ***~ pressato*** mill board.

cartongesso /karton'dʒɛsso/ m. plasterboard.

cartuccia, pl. **-ce** /kar'tuttʃa, tʃe/ f. **1** *(di arma)* cartridge, shell **2** *(di inchiostro)* refill, cartridge **3** INFORM. cartridge ♦ ***mezza ~*** lightweight, pipsqueak ♦♦ ***~ a salve*** blank (cartridge).

cartucciera /kartut'tʃɛra/ f. cartridge belt, pouch.

casa /'kasa/ Tra i due principali equivalenti inglesi dell'italiano *casa, house* e *home*, il primo indica innanzitutto l'edificio in cui si abita (e in tal caso è talvolta sostituito da *place*), mentre il secondo è spesso connotato affettivamente (e quindi è usato come sinonimo di *family*). Negli anni recenti, soprattutto nelle pubblicità immobiliari, si è sviluppata la tendenza a usare *home*, con tutte le sue connotazioni positive, anche in riferimento alla casa come edificio. Tuttavia, un esempio come il seguente esplicita la distinzione d'uso: *domani starò a casa* = I'll be at home tomorrow; *se il tempo è bello, non starò in casa, ma prenderò il sole in giardino* = if the weather is fine, I wont' stay in the house but will sunbathe in the garden. - Si usa *house* quando si vuol dire che si va o si è a casa di qualcuno, anche se solitamente tale parola viene sottintesa: *ieri sera abbiamo cenato a casa della sig.ra Fletcher* = yesterday evening we dined at Mrs Fletcher's (house), *è andato a casa di Laura* = he's gone to Laura's (house). - Anche se in italiano si usa comunemente la parola *casa* per indicare un appartamento (*flat, apartment*), in inglese *house* designa in senso proprio un edificio a sé stante, una casa indipendente (*detached house*) o almeno semi-indipendente (*semi-detached house*). f. **1** *(edificio)* building; *(abitazione)* house; *(appartamento)* flat BE, apartment AE; *(luogo in cui si abita)* home; ***cercare ~*** to look for a house, to house-hunt; ***cambiare ~*** to move (house); ***seconda ~*** second *o* holiday home; ***stare a ~*** to stay (at) home; ***uscire di ~*** to go out; ***andare a ~*** to go home; ***essere a*** o ***in ~*** to be at home *o* in; ***non essere in ~*** to be out; ***essere via da*** o ***di ~*** to be away from home; ***troviamoci a ~ mia*** let's meet at my place; ***sono a ~ di Sara*** I'm at Sara's (house); ***sentirsi (come) a ~ propria*** to feel at home; ***padrone, padrona di ~*** landlord, landlady **2** *(famiglia)* ***scrivere a ~*** to write home; ***~ Rossi*** the Rossi family, the Rossis; ***donna di ~*** *(casalinga)* housewife; ***metter su ~*** to set up home *o* house; ***di ~*** [*lavori, conti*] household; ***fare gli onori di ~*** to do the honours, to play host; ***essere di ~*** to be one of the family; ***fatto in ~*** homemade **3** *(dinastia)* ***la ~ reale*** the Royal Family; ***~ Savoia*** the house of Savoy **4** SPORT ***partita in ~, fuori ~*** home match, away match; ***giocare fuori ~, in ~*** to play away, at home ♦ ***a ~ del diavolo*** in the back of beyond, right in the middle of nowhere; ***~ dolce ~*** PROV. home sweet home; ***essere (tutto) ~ e chiesa*** to be a homebody and a churchgoer ♦♦ ***~ di appuntamenti*** brothel; ***~ di campagna*** cottage; *(grande e con parco)* country house; ***~ chiusa*** brothel; ***~ di correzione*** house of correction; ***~ di cura*** nursing home; ***~ discografica*** label, record company; ***~ di distribuzione*** CINEM. distributor; ***~ editrice*** publishing house, publisher; ***~ farmaceutica*** pharmaceutical company; ***~ da gioco*** gambling house, casino; ***~ madre*** COMM. main branch, parent (company); RELIG. mother house; ***~ di moda*** fashion house; ***~ popolare*** tenement, council house; *(singolo appartamento)* council flat; ***~ di produzione*** CINEM. studio; ***~ di riposo*** retirement *o* rest home; ***~ dello studente*** hall of residence BE, residence (hall) AE; ***~ di tolleranza*** brothel; ***la Casa Bianca*** the White House.

casacca, pl. **-che** /ka'zakka, ke/ f. **1** *(giacca)* coat, jacket **2** MIL. ANT. blouse **3** *(del fantino)* jacket.

casaccio: a casaccio /aka'zattʃo/ avv. at random, haphazardly; ***scegliere a ~*** to take pot luck.

casale /ka'sale/ m. *(casolare)* farmhouse.

casalinga, pl. **-ghe** /kasa'linga, ge/ f. housewife*.

casalingo, pl. **-ghi**, **-ghe** /kasa'lingo, gi, ge/ **I** agg. **1** [*vita*] domestic; [*persona*] homeloving; [*articoli*] household attrib.; [*piatto*] homemade; [*cucina*] plain, home attrib., homely BE **2** SPORT ***incontro ~*** home match; ***vittoria -a*** home win **II casalinghi** m.pl. housewares, household items; ***negozio di -ghi*** home centre.

casamatta, pl. **casematte** /kasa'matta, kase'matte/ f. casemate, pillbox.

casamento /kasa'mento/ m. *(casa popolare)* tenement, council house.

casanova /kasa'nɔva/ m.inv. seducer, womanizer, Don Juan.

casata /ka'sata/ f., **casato** /ka'sato/ m. lineage, stock, family.

cascame /kas'kame/ m. ***~ di cotone, di seta*** cotton, silk waste.

cascamorto /kaska'mɔrto/ m. ***fare il ~*** to play the lovesick Romeo.

cascante /kas'kante/ agg. [*seno*] sagging; [*palpebre*] drooping; [*guance, pelle*] flabby.

cascare /kas'kare/ [1] intr. (aus. *essere*) **1** *(cadere)* to fall*, to drop; *(cadere a terra)* to fall* down; ***~ dalle scale, dal letto*** to tumble *o* fall down the stairs, out of bed **2** FIG. *(crollare)* ***~ dal sonno*** to be falling asleep on one's feet ♦ ***~ dalle nuvole*** to be flabbergasted; ***qui casca l'asino*** there's the rub; ***caschi male, bene*** you've hit on a bad time, good time; ***ci sei cascato!*** you fell for it! ***mi fece ~ le braccia*** it was very off-putting; ***caschi*** o ***cascasse il mondo*** come what may; ***~ a pezzi*** to fall apart.

cascata /kas'kata/ f. **1** GEOGR. waterfall, falls pl., cascade; ***-e del Niagara*** Niagara Falls **2** *(di fiori, di capelli)* cascade **3** INFORM. cascade; ***menu a ~*** cascading menu.

cascatore /kaska'tore/ ♦ *18* m. stuntman*.

caschetto /kas'ketto/ m. bob; ***mi ha tagliato i capelli a ~*** he shaped my hair into a bob.

cascina /kaʃ'ʃina/ f., **cascinale** /kaʃʃi'nale/ m. farm(house).

casco, pl. **-schi** /'kasko, ski/ m. **1** *(copricapo)* (crash) helmet **2** *(da parrucchiere)* (hair)drier, (hair)dryer ♦♦ ***~ di banane*** bunch of bananas; ***~ coloniale*** pith helmet, safari hat; ***~ integrale*** SPORT full-face crash helmet; ***~ protettivo*** o ***di protezione*** o ***di sicurezza*** safety helmet, hard hat; ***-schi blu*** Blue Berets.

caseario, pl. **-ri**, **-rie** /kaze'arjo, ri, rje/ agg. [*prodotti*] dairy attrib.; ***industria -a*** dairy farming, dairying.

caseggiato /kased'dʒato/ m. **1** *(edificio)* block of flats BE, apartment block AE **2** *(insieme di case)* block of houses.

caseificio, pl. **-ci** /kazei'fitʃo, tʃi/ m. dairy.

caseina /kaze'ina/ f. casein.

casella /ka'sɛlla/ f. **1** *(riquadro)* box **2** *(di scacchiera, giochi da tavolo, cruciverba)* square **3** *(per la posta)* box, pigeonhole BE, mail box AE ♦♦ ***~ postale*** (Post Office) Box, P.O. Box; ***~ postale elettronica*** electronic mailbox; ***~ vocale*** TEL. voice mail.

casellante /kasel'lante/ ♦ *18* m. e f. **1** FERR. (level) crossing keeper **2** *(in autostrada)* toll collector; *(uomo)* tollman*.

casellario, pl. **-ri** /kasel'larjo, ri/ m. **1** *(mobile)* filing cabinet **2** *(schedario)* casebook ♦♦ ***~ giudiziale*** o ***giudiziario*** *(ufficio)* Criminal Records Office; *(registro)* police records pl.; ***~ postale*** post office boxes.

casello /ka'sɛllo/ m. **1** *(di ferrovia)* signal box, tower **2** *(di autostrada)* tollbooth, toll gate ♦♦ ***~ automatico*** electronic pay point.

casereccio, pl. **-ci**, **-ce** /kase'rettʃo, tʃi, tʃe/ agg. **1** *(fatto in casa)* [*pane*] homemade, home baked; [*cucina*] plain, home attrib. **2** *(nostrano)* ***usanze -ce*** local customs.

caserma /ka'sɛrma, ka'zɛrma/ f. barracks + verbo sing. o pl.; ***linguaggio da ~*** SPREG. barrack room language; ***~ dei vigili del fuoco*** fire station, firehouse AE.

cashmere → **cachemire.**

casinista, m.pl. **-i**, f.pl. **-e** /kasi'nista/ m. e f. **1** *(persona chiassosa)* rowdy person **2** *(persona disordinata)* messy person **3** *(pasticcione)* botcher, bungler, screw-up AE.

casino /ka'sino/ m. COLLOQ. **1** *(postribolo)* brothel, whorehouse **2** *(chiasso)* ***fare ~*** to make a racket *o* a row **3** *(disordine)* ***che ~!*** what a mess! **4** *(scenata)* ***fare*** o ***piantare ~ per qcs.*** to kick up a fuss *o* to raise hell about sth. **5** *(guaio)* ***essere in un bel ~*** to be in a proper mess *o* jam; ***mettere qcn. nei -i*** to get sb. into a mess *o* jam; ***combinare un ~*** to make a mess *o* bungle *o* cock-up BE POP. **6** *(mucchio)* ***un ~ di*** loads *o* tons of, a load *o* ton of; ***guadagna un ~ (di soldi)*** he earns a hell of a lot; ***metterci un ~ per fare*** to take years to do; ***mi***

piace un ~ I like it an awful lot ♦♦ ~ ***di caccia*** shooting lodge.

casinò /kasi'nɔ, kazi'nɔ/ m.inv. (gambling) casino.

casistica, pl. **-che** /ka'zistika, ke/ f. case record, survey.

caso /'kazo/ m. **1** *(circostanza)* case; ***in questo*** ~ in this case *o* event; ***in certi -i*** in some *o* certain cases, under certain circumstances; ***in tal*** ~ in that case, if so; ***in*** ~ ***contrario*** if not, should it not be the case; ***in*** ~ ***affermativo*** if so, should that be the case; ***in entrambi i -i*** either way, in either case; ***nel migliore, nel peggiore dei -i*** at best, at worst; ***in ogni*** ~ at any rate, in any case; ***in nessun*** ~ in no case, under no circumstances; ***a seconda dei -i, secondo il*** ~ depending on the circumstances, as the case may be; ***in*** ~ ***di emergenza, incendio*** in case of emergency, fire; ***in*** ~ ***di bisogno*** if necessary, if need be; ***in*** ~ ***di incidente*** in the event of an accident; ***si dà il*** ~ ***che lo conosca*** I happen to know him; ***poniamo*** o ***mettiamo il*** ~ ***che...*** suppose (that)..., let's assume that...; ***i -i sono due*** there are two possibilities; ***nel*** ~ ***in cui*** o ***in*** ~ ***venisse*** in case he comes, should he come **2** *(sorte)* chance, fate; ***il*** ~ ***volle che...*** as luck would have it,...; ***non è un*** ~ ***se...*** it's no accident that... **3 per caso** by chance, by coincidence, by accident; ***mi trovavo lì per*** ~ I (just) happened to be there; ***se per*** ~ if by any chance; ***hai per*** ~ ***il suo indirizzo?*** do you have his address by any chance? do you happen to have his address? **4 a caso** at random **5** *(situazione particolare)* case; ***nel tuo*** ~ in your case; ***un*** ~ ***disperato*** a hopeless case (anche FIG. SCHERZ.); ***le precauzioni del*** ~ the necessary precautions **6** DIR. case; ***il*** ~ ***Rossi*** the Rossi case; ***un*** ~ ***di omicidio*** a murder case **7** *(evento)* ***diversi -i di morbillo*** several cases of measles **8** LING. case ♦ ***fare*** ~ ***a qcn., qcs.*** to pay attention to, to notice sb., sth.; ***fare al*** ~ ***di qcn.*** to suit sb., to serve sb. purpose; ***questo fa al*** ~ ***mio*** this is exactly what I need; ***è il*** ~ ***di dirglielo?*** should we tell him? ***era (proprio) il*** ~***?*** was it really necessary? ***non è il*** ~ ***di preoccuparsi*** there's no need to worry; ***non è il*** ~ ***di ridere*** it's no occasion for laughter; ***non farci*** ~***!*** never mind! take no notice! ***guarda*** ~ IRON. as chance would have it, strangely enough ♦♦ ~ ***clinico*** MED. clinical case; ~ ***patologico*** pathological case; FIG. nutcase, hopeless case.

casolare /kaso'lare/ m. = small, isolated house in the country or in the mountains.

casomai /kazo'mai/ cong. in case, if; ~ ***dovessi uscire, ...*** if you (happen to) go out *o* if by chance you go out, ...

casotto /ka'sɔtto/ m. cabin, hut; *(cabina da spiaggia)* bathing hut; *(di sentinella)* sentry box.

Caspio /'kaspjo/ ➧ ***27*** n.pr.m. ***il (mar)*** ~ the Caspian Sea.

caspita /'kaspita/ inter. *(di meraviglia)* gosh, good heavens; *(di irritazione)* for heaven's sake.

cassa /'kassa/ f. **1** *(contenitore)* crate, chest; *(per il vino)* case, crate **2** (anche ~ **da morto**) coffin, casket **3** *(di orologio, pianoforte)* case **4** *(di supermercato)* checkout (counter); *(di negozio)* cash desk, counter; *(di banca)* cashier's desk; *(di cinema, teatro)* box office; ***registratore di*** ~ cash register, register AE; ***tenere la*** ~ to be the cashier; FIG. to hold the purse-strings; ***libro di*** ~ cash book; ***pagamento pronta*** ~ cash-down payment ♦ ***battere*** ~ to ask for money ♦♦ ~ ***acustica*** loudspeaker; ~ ***armonica*** sound box, sounding-board; ~ ***automatica*** cash dispenser, automatic teller machine; ~ ***comune*** kitty, pool; ***fare*** ~ ***comune*** to keep a kitty; ~ ***continua*** night safe; ~ ***da imballaggio*** packing case, crate; ~ ***integrazione*** redundancy payment; ~ ***di risonanza*** sound box, sounding-board; FIG. sounding-board; ~ ***di risparmio*** savings bank; ~ ***rurale*** agricultural credit bank; ~ ***toracica*** ANAT. rib cage; ***-e dello Stato*** State *o* nation's coffers.

cassaforte, pl. **casseforti** /kassa'fɔrte, kasse'fɔrti/ f. safe, strongbox; ***mettere in*** ~ to lock [sth.] away *o* up [*gioielli*].

cassaintegrato /kassainte'grato/ m. (f. **-a**) = redundancy payment recipient.

cassapanca, pl. **cassepanche** /kassa'panka, kasse'panke/ f. chest.

cassare /kas'sare/ [1] tr. **1** *(cancellare)* to delete, to cross out [*parola, lemma*] **2** DIR. to overturn, to rescind, to reverse [*sentenza*].

cassata /kas'sata/ f. GASTR. INTRAD. (typical Sicilian dome-shaped cake filled with ricotta cheese, chocolate, candied fruit and liqueur).

cassazione /kassat'tsjone/ f. DIR. ***Corte di*** ~ = supreme court entitled to quash a judgement; ***andare in*** ~ to file an appeal to the Supreme Court.

cassero /'kassero/ m. *(su navi moderne)* forward superstructure; ~ ***di poppa*** STOR. poop (deck), quarterdeck.

casseruola /kasse'rwɔla/ f. saucepan; *(con due manici)* casserole, stewpan.

cassetta /kas'setta/ f. **1** *(per frutta, verdura)* crate, box; *(di bottiglie)* case, crate **2** *(audiocassetta)* tape (cassette), (audio) cassette; *(videocassetta)* video (cassette), (video)tape **3** *(incassi)* ***film di*** ~ blockbuster; ***essere un successo di*** ~ [*film*] to be good box office *o* a box office hit **4** ANT. *(nelle carrozze)* coachman's seat; ***stare*** o ***sedere a*** ~ to sit on the box ♦♦ ~ ***degli attrezzi*** tool chest, toolbox, kit; ~ ***delle lettere*** letter box, postbox BE, mailbox AE; ~ ***per le offerte*** alms *o* charity *o* poor box; ~ ***del pronto soccorso*** first aid kit, medicine box; ~ ***di sicurezza*** safe-deposit box.

cassettiera /kasset'tjɛra/ f. chest of drawers.

cassetto /kas'setto/ m. drawer ♦ ***avere un sogno nel*** ~ to have a secret wish.

cassettone /kasset'tone/ m. **1** *(mobile)* chest of drawers **2** ARCH. ***soffitto a -i*** coffered ceiling, lacunar (ceiling).

cassiere /kas'sjɛre/ ➧ ***18*** m. (f. **-a**) cashier, cash clerk, checker AE; *(di supermercato)* checkout clerk; *(di banca)* cashier, (bank) teller; *(tesoriere)* treasurer, purse-bearer.

Cassio /'kassjo/ n.pr.m. Cassius.

cassone /kas'sone/ m. **1** *(grande cassa)* large case; *(mobile)* chest; ~ ***dei giocattoli*** toy box *o* chest **2** EDIL. caisson **3** AGR. cold frame **4** *(di camion)* body; ***camion a*** ~ ***ribaltabile*** tipper lorry BE, tipper *o* dump truck AE **5** MED. ***malattia dei -i*** decompression sickness, bends ♦♦ ~ ***pneumatico*** caisson, cofferdam.

cassonetto /kasso'netto/ m. *(per immondizia)* dustbin BE, refuse bin BE, skip BE, trashcan AE.

cast /kast/ m.inv. CINEM. TEATR. cast.

casta /'kasta/ f. caste.

castagna /kas'taɲɲa/ f. **1** (sweet) chestnut **2** COLLOQ. *(pugno)* biff, wallop ♦ ***levare*** o ***togliere le -e dal fuoco per qcn.*** to pull sb.'s chestnuts out of the fire; ***prendere qcn. in*** ~ to catch sb. out ♦♦ ~ ***d'India*** horse chestnut, conker BE COLLOQ.

castagnaccio, pl. **-ci** /kastaɲ'ɲattʃo, tʃi/ m. GASTR. INTRAD. (cake made from chestnuts, pine kernels and raisins).

castagno /kas'taɲɲo/ m. *(albero)* chestnut (tree); *(legno)* chestnut (wood) ♦♦ ~ ***d'India*** horse chestnut, buckeye.

castano /kas'tano/ ➧ ***3*** agg. [*capelli, occhi*] (nut-)brown, chestnut; ***essere*** ~ [*persona*] to have brown hair, to be brown-haired; ***dagli occhi -i*** brown-eyed.

castellana /kastel'lana/ f. lady of a castle; *(di maniero)* Lady of the manor.

castellano /kastel'lano / m. lord of a castle; *(di maniero)* Lord of the manor.

castelletto /kastel'letto/ m. **1** EDIL. scaffold **2** BANC. credit line ♦♦ ~ ***di estrazione*** MIN. headframe.

castello /kas'tɛllo/ m. **1** *(fortezza)* castle; *(maniero)* manor (house) **2** ***letto a*** ~ bunk (bed) ♦ ***fare -i in aria*** to build castles in the air *o* in Spain AE ♦♦ ~ ***di carte*** house of cards; ~ ***di poppa*** MAR. quarterdeck; ~ ***di prua*** MAR. forecastle; ~ ***di sabbia*** sand castle.

castigare /kasti'gare/ [1] tr. to punish, to chasten, to castigate FORM., to chastise FORM.

castigato /kasti'gato/ **I** p.pass. → **castigare II** agg. chaste, pure; [*stile*] sober.

castigliano /kastiʎ'ʎano/ ➧ ***30, 16*** **I** agg. Castilian **II** m. (f. **-a**) Castilian.

castigo, pl. **-ghi** /kas'tigo, gi/ m. punishment; ***mettere in*** ~ to punish; SCOL. to put [sb.] in a corner [*bambino*]; ~ ***di Dio*** calamity *o* scourge of God.

castità /kasti'ta/ f.inv. chastity.

casto /'kasto/ agg. [*persona, vestito, stile*] chaste.

castorino /kasto'rino/ m. *(animale, pelliccia)* nutria.

castoro /kas'tɔro/ m. *(animale, pelliccia)* beaver.

castrare /kas'trare/ [1] tr. to castrate [*uomo*]; to neuter [*gatto, cane*].

castrato /kas'trato/ **I** p.pass. → **castrare II** agg. [*uomo*] castrated; [*cavallo*] gelded; [*gatto, cane*] neutered; ***maiale*** ~

castrated pig, hog BE **III** m. **1** *(evirato)* eunuch **2** *(agnello)* wether; *(carne)* mutton **3** *(cavallo)* gelding **4** MUS. castrato.
castrazione /kastrat'tsjone/ f. castration; *(di cavallo)* gelding.
castroneria /kastrone'ria/ f. ***dire -e*** to talk nonsense.
casual /'keʒwal/ **I** agg.inv. ***abiti ~*** casuals, casual wear **II** avv. ***vestire ~*** to dress casual(ly), to wear casual clothes.
casuale /kazu'ale/ agg. **1** *(fortuito)* accidental, chance attrib.; ***non è ~ che...*** it's no coincidence that... **2** *(a caso)* random.
casualità /kazuali'ta/ f.inv. casualness, randomness.
casualmente /kazual'mente/ avv. by chance, accidentally.
casupola /ka'supola/ f. hovel.
cat. ⇒ catalogo catalogue (cat.).
cataclisma /kata'klizma/ m. cataclysm (anche FIG.).
catacomba /kata'komba/ f. catacomb.
catadiottro /katadi'ɔttro/ m. *(di bicicletta)* wheel reflector.
catafalco, pl. **-chi** /kata'falko, ki/ m. catafalque, bier.
catafascio: **a catafascio** /akata'faʃʃo/ avv. ***andare a ~*** to go to the dogs *o* to rack and ruin.
catalano /kata'lano/ ➧ ***30, 16*** **I** agg. Catalan **II** m. (f. **-a**) Catalan.
catalessi /kata'lɛssi/ f.inv. MED. catalepsy; ***essere in ~*** FIG. to be in a trance-like state.
catalisi /ka'talizi/ f.inv. catalysis*.
catalitico, pl. **-ci, -che** /kata'litiko, tʃi, ke/ agg. catalytic.
catalizzato /katalid'dzato/ agg. [*auto*] = fitted with a catalytic converter.
catalizzatore /kataliddza'tore/ **I** agg. catalytic **II** m. (f. **-trice** /tritʃe/) catalyst (anche FIG.).
catalogare /katalo'gare/ [1] tr. **1** *(ordinare)* to catalogue BE, to catalog AE, to index **2** *(giudicare)* to label [*persona*] (**come** as).
Catalogna /kata'loɲɲa/ ➧ ***30*** n.pr.f. Catalonia.
catalogo, pl. **-ghi** /ka'talogo, gi/ m. **1** *(pubblicazione)* catalogue, catalog AE **2** *(elenco)* catalogue, catalog AE; ***compilare il ~ di*** to catalogue ♦♦ ***~ per autori*** author index; ***~ per materie*** o ***soggetti*** subject index.
catamarano /katama'rano/ m. catamaran.
catanzarese /katandza'rese/ ➧ ***2*** **I** agg. from, of Catanzaro **II** m. e f. native, inhabitant of Catanzaro.
catapecchia /kata'pekkja/ f. hovel, hole.
cataplasma /kata'plazma/ m. MED. poultice.
catapulta /kata'pulta/ f. MIL. catapult, sling(shot).
catapultare /katapul'tare/ [1] **I** tr. to catapult (anche FIG.) **II** **catapultarsi** pronom. to rush, to throw* oneself.
cataratta /kata'ratta/ f. MED. cataract.
catarifrangente /katarifran'dʒɛnte/ **I** agg. reflecting **II** m. *(su veicoli)* reflector; *(lungo le strade)* stud, Catseye® BE.
catarro /ka'tarro/ m. phlegm.
catarsi /ka'tarsi/ f.inv. catharsis.
catasta /ka'tasta/ f. stack, pile.
catasto /ka'tasto/ m. land registry, cadastre.
catastrofe /ka'tastrofe/ f. disaster, catastrophe (anche FIG.).
catastrofico, pl. **-ci, -che** /katas'trɔfiko, tʃi, ke/ agg. **1** *(rovinoso)* catastrophic, disastrous (anche FIG.); ***film ~*** disaster movie **2** *(pessimista)* pessimistic.
catastrofismo /katastro'fizmo/ m. catastrophism.
catatonico, pl. **-ci, -che** /kata'tɔniko, tʃi, ke/ agg. catatonic.
catch /kɛtʃ/ m.inv. all-in wrestling.
catechismo /kate'kizmo/ m. RELIG. catechism.
catechista, m.pl. **-i**, f.pl. **-e** /kate'kista/ m. e f. catechist.
categoria /katego'ria/ f. **1** *(tipo)* category; ***di prima, seconda ~*** [*albergo*] first-, second-class *o* rate **2** SOCIOL. category, group; ***la ~ degli insegnanti*** the teaching profession, teachers **3** SPORT ***~ juniores, seniores*** junior, senior league ♦ ***è un bugiardo di prima ~*** he's a liar of the first water.
categoricamente /kategorika'mente/ avv. [*rifiutare*] categorically, outright.
categorico, pl. **-ci, -che** /kate'gɔriko, tʃi, ke/ agg. [*rifiuto*] categoric(al), flat, outright; [*ordine*] strict; [*risposta*] categoric(al), uncompromising; ***essere ~ su*** to be emphatic about; ***un no ~*** an emphatic no.
catena /ka'tena/ **I** f. **1** chain; ***~ della bicicletta*** bycicle chain; ***legare un cane alla ~*** to put a dog on a chain, to chain (up) a dog; ***mettere qcn. in -e*** to put sb. in chains, to chain sb.; ***rompere*** o ***spezzare le -e*** FIG. to cast off one's chains, to break the bonds **2** *(organizzazione)* ***~ di solidarietà*** support network **3** GEOGR. chain, range **4** COMM. ***~ di negozi*** chain of stores; ***~ di supermercati, alberghi*** supermarket, hotel chain **5** CHIM. chain **6 a catena** ***catastrofi a ~*** a series of disasters; ***reazione a ~*** chain reaction; ***tamponamento a ~*** AUT. (multiple) pile-up; ***produzione a ~*** IND. mass production **II catene** f.pl. AUT. ***-e (da neve)*** snow chains ♦♦ ***~ alimentare*** food chain; ***~ di montaggio*** assembly *o* production line; ***~ montuosa*** mountain range *o* chain; ***~ di sant'Antonio*** chain letter.
catenaccio, pl. **-ci** /kate'nattʃo, tʃi/ m. **1** *(chiavistello)* bolt; ***mettere il ~ (alla porta)*** to bolt (the door) **2** SPORT ***fare (il) ~*** to play in defence **3** COLLOQ. *(auto)* wreck, banger.
catenella /kate'nɛlla/ f. **1** *(piccola catena)* chainlet; *(di orologio)* watch chain, fob **2** *(nel ricamo)* ***punto (a) ~*** chain stitch.
cateratta /kate'ratta/ f. **1** *(chiusa)* sluice gate, floodgate; ***si aprirono le -e del cielo*** FIG. the heavens opened **2** GEOGR. cataract.
Caterina /kate'rina/ n.pr.f. Catherine, Katharine, Katharina.
caterva /ka'tɛrva/ f. ***una ~ di*** lots *o* loads *o* crowds of [*persone*]; loads *o* a heap *o* a pile of [*cose*].
catetere /kate'tɛre/ m. catheter.
cateto /ka'tɛto/ m. cathetus*.
catinella /kati'nɛlla/ f. basin ♦ ***piovere a -e*** to rain buckets *o* cats and dogs; ***cielo a pecorelle, acqua a -e*** PROV. a mackerel sky is never long dry.
catino /ka'tino/ m. **1** *(recipiente)* basin, bowl **2** *(contenuto)* basinful, bowlful.
catodico, pl. **-ci, -che** /ka'tɔdiko, tʃi, ke/ agg. [*raggio*] cathode attrib.; ***tubo ~*** cathode-ray tube.
catodo /'katodo/ m. cathode.
catorcio, pl. **-ci** /ka'tɔrtʃo, tʃi/ m. SCHERZ. COLLOQ. *(auto, persona mal ridotta)* wreck, (old) crock.
catramare /katra'mare/ [1] tr. to tar [*strada*].
catramato /katra'mato/ **I** p.pass. → **catramare II** agg. tarred; ***carta -a*** roofing felt, tar paper.
catrame /ka'trame/ m. tar.
cattedra /'kattedra/ f. **1** *(scrivania)* (teacher's) desk **2** *(insegnamento)* teaching post; *(all'università)* chair, professorship; ***essere titolare della ~ di*** to hold the chair of *o* a chair in ♦ ***montare*** o ***salire in ~*** to pontificate, to get on one's high horse ♦♦ ***~ di san Pietro*** St. Peter's throne; ***~ vescovile*** bishop's throne, episcopal see.
cattedrale /katte'drale/ f. cathedral; ***una ~ nel deserto*** FIG. a white elephant.
cattedratico, pl. **-ci, -che** /katte'dratiko, tʃi, ke/ **I** agg. SPREG. [*tono*] pedantic, professorial **II** m. (f. **-a**) university professor.
cattiveria /katti'vɛrja/ f. **1** *(malvagità)* wickedness, nastiness, malice, meanness; ***con ~*** maliciously, spitefully, nastily; ***senza ~*** without malice; ***trattare qcn. con ~*** to treat sb. badly **2** *(azione, frase malvagia)* ***dire, fare -e*** to say, do nasty things.
cattività /kattivi'ta/ f.inv. captivity.
cattivo /kat'tivo/ **I** agg. **1** *(malvagio)* [*persona, sguardo*] bad, mean, nasty, evil; [*commento, sorriso*] malicious; [*azione, pensiero, intenzioni*] bad, evil, wicked; ***essere ~ con qcn.*** to be horrible *o* mean to sb. **2** *(riprovevole)* [*esempio, abitudine*] bad **3** *(disubbidiente)* [*bambino*] naughty, bad **4** *(pericoloso)* ***frequentare -e compagnie*** to keep bad company **5** *(negativo, brutto)* [*notizie, risultato, reputazione, maniere*] bad **6** *(perturbato)* [*tempo*] bad, poor **7** *(sfavorevole)* ***-a sorte*** hard *o* bad luck; ***essere di ~ auspicio*** to be bad omen **8** *(incapace)* [*padre*] bad; [*insegnante*] bad, poor **9** *(scorretto)* [*pronuncia*] bad **10** *(scadente)* [*ristorante*] bad; [*cibo, gusto*] nasty, bad, horrible; ***il latte è ~*** COLLOQ. *(andato a male)* the milk is off *o* has gone bad **11** *(sgradevole)* ***avere un ~ odore*** to smell bad, to have a foul smell **12** *(sbagliato)* [*idea*] bad; [*decisione*] bad, poor **13** *(non sano)* [*alimentazione*] bad, poor; [*alito*] bad, foul; ***-a digestione*** indigestion **14** *(scarso)* [*rendimento, raccolto*] poor; [*memoria*] bad; [*vista*] bad, poor **II** m. (f. **-a**) **1** *(persona malvagia)* bad person; *(in film, libri)* bad guy, villain; ***i buoni e i -i*** the good and the bad; ***Carlo ha fatto il ~*** Carlo's been a bad boy **2** *(cosa cattiva, lato cattivo)* ***c'è del buono e del ~ in***

ognuno di noi there's good and bad in everyone ♦ ***con le buone o con le -e*** by hook or by crook, by fair means or foul.

cattolicesimo /kattoli'tʃezimo/ m. (Roman) Catholicism.

cattolico, pl. **-ci, -che** /kat'tɔliko, tʃi, ke/ **I** agg. Catholic **II** m. (f. **-a**) Catholic.

cattura /kat'tura/ f. *(di criminale)* capture, seizure; *(di animale)* capture, catching.

catturare /kattu'rare/ [1] tr. **1** *(fare prigioniero)* to capture, to catch*, to seize [*criminale*]; to capture, to catch* [*animale*]; [*animale*] to seize [*preda*] **2** FIG. to capture, to catch* [*attenzione*]; to gain [*fiducia*]; ***un titolo che cattura lo sguardo*** an eye-catching title.

caucasico, pl. **-ci, -che** /kau'kaziko, tʃi, ke/ ➧ **30** **I** agg. Caucasian, Caucasic **II** m. (f. **-a**) *(persona, gruppo linguistico)* Caucasian.

Caucaso /'kaukazo/ ➧ **30** n.pr.m. ***il ~*** the Caucasus.

caucciù /kaut'tʃu/ m.inv. rubber.

causa /'kauza/ f. **1** *(origine)* cause; ***~ ed effetto*** cause and effect **2** *(motivo)* reason, cause; ***trovare la ~ di qcs.*** to find out the cause of sth.; ***per -e ancora da definire*** for reasons yet unknown; ***a ~ di*** because of, due *o* owing to; ***a ~ mia, sua*** on my, his account; ***licenziamento senza giusta ~*** unfair *o* wrongful dismissal **3** *(ideale)* cause; ***lottare per una giusta ~*** to fight the good fight; ***abbracciare*** o ***sposare la ~ della libertà*** to embrace the cause of liberty **4** DIR. case, (law)suit; ***fare ~ a qcn.*** to bring charges *o* to file a (law)suit against sb., to sue sb.; ***vincere, perdere una ~*** to win, lose a case; ***chiamare qcn., qcs. in ~*** to implicate sb., sth.; ***essere parte in ~*** to be a party to the suit *o* an interested party; FIG. to be involved **5** LING. cause ♦♦ ***~ civile*** civil case *o* suit; ***~ efficiente*** efficient cause; ***~ penale*** criminal case; ***~ pendente*** pending case.

causale /kau'zale/ **I** agg. causal (anche LING.) **II** f. BUROCR. ***~ di*** o ***del versamento*** reason for payment.

causalità /kauzali'ta/ f.inv. causality.

causare /kau'zare/ [1] tr. to cause [*danni, disagi*]; to create [*problemi*]; to bring* about [*guerra, morte*]; to bring* on [*malattia*].

causticità /kaustitʃi'ta/ f.inv. causticity (anche FIG.).

caustico, pl. **-ci, -che** /'kaustiko, tʃi, ke/ agg. **1** caustic **2** FIG. [*spirito*] caustic, scathing; [*tono*] abrasive; [*osservazione*] acid, scathing, cutting.

cautela /kau'tɛla/ f. **1** *(prudenza)* caution, carefulness, prudence; ***agire con ~*** to play (it) safe, to act cautiously; ***maneggiare qcs. con ~*** to handle sth. with caution *o* care **2** *(precauzione)* ***per ~*** as a precaution.

1.cautelare /kaute'lare/ agg. precautionary, protective; ***provvedimento ~*** precautionary measure; ***arresto ~*** custody; ***essere in custodia ~*** to be remanded in custody, to be on remand.

2.cautelare /kaute'lare/ [1] **I** tr. to protect, to safeguard **II** **cautelarsi** pronom. to take* precautions, to protect oneself.

cauterizzare /kauterid'dzare/ [1] tr. to cauterize, to sear [*ferita*]; to burn* off [*verruca*].

cauto /'kauto/ agg. [*persona, atteggiamento*] cautious, careful, prudent; [*ottimismo*] cautious; ***andar(ci) ~*** to be cautious, to tread carefully; ***essere ~ nel fare previsioni*** to be circumspect about predicting.

cauzione /kaut'tsjone/ f. **1** *(per alloggio in affitto ecc.)* deposit, earnest; ***dare, lasciare qcs. come ~*** to give, leave sth. as a guarantee **2** *(per scarcerazione)* bail, bail bond AE; ***essere libero su ~*** to be out on bail; ***concedere la libertà su ~*** to grant bail.

Cav. ⇒ Cavaliere knight (Kt.).

cava /'kava/ f. quarry, pit.

cavalcare /kaval'kare/ [1] **I** tr. **1** *(montare)* to ride* [*cavallo, mulo*] **2** *(passare sopra a)* ***il ponte cavalca il fiume*** the bridge spans the river **II** intr. (aus. *avere*) to ride*.

cavalcata /kaval'kata/ f. ride; ***fare una ~*** to go for a ride.

cavalcatura /kavalka'tura/ f. mount.

cavalcavia /kavalka'via/ m.inv. flyover BE, overpass AE.

cavalcioni: **a cavalcioni** /akaval'tʃoni/ avv. ***stare a ~ su, essere a ~ di*** to straddle, to sit astride [*sedia, muro*].

cavalierato /kavalje'rato/ m. knighthood.

cavaliere /kava'ljɛre/ m. **1** *(chi va a cavallo)* rider; *(uomo)* horseman* **2** STOR. knight; ***armare qcn. ~*** to knight sb. **3** MIL. cavalryman*, trooper **4** *(uomo galante)* gentleman* **5** *(chi accompagna una signora)* escort; *(al ballo)* partner, escort ♦♦ ***~ errante*** knight errant; ***~ di Malta*** Knight of Malta; ***cavalier servente*** SCHERZ. devoted admirer.

cavalierino /kavalje'rino/ m. *(di schedario)* card index tab, card index tag.

cavalla /ka'valla/ f. mare.

cavalleresco, pl. **-schi, -sche** /kavalle'resko, ski, ske/ agg. **1** LETTER. ***poema ~*** poem of chivalry; ***romanzo ~*** romance **2** *(della cavalleria)* ***ordine ~*** order of knighthood *o* chivalry **3** *(da gentiluomo)* [*gesto*] chivalrous, gallant, courtly.

cavalleria /kavalle'ria/ f. **1** MIL. cavalry **2** *(istituzione feudale)* chivalry **3** *(modi galanti)* chivalry ♦ ***passare in ~*** = to be forgotten.

cavallerizza /kavalle'rittsa/ f. *(amazzone)* rider, horsewoman*.

cavallerizzo /kavalle'rittso/ m. **1** *(uomo che va a cavallo)* rider, horseman* **2** *(maestro di equitazione)* riding instructor.

cavalletta /kaval'letta/ f. grasshopper, locust.

cavalletto /kaval'letto/ m. **1** *(sostegno)* trestle; *(da pittore)* easel **2** FOT. CINEM. tripod **3** *(di motocicletta, bicicletta)* kickstand.

cavallina /kaval'lina/ f. **1** *(puledra)* young mare, filly **2** *(gioco)* leapfrog **3** SPORT *(attrezzo)* horse ♦ ***correre la ~*** to play the field, to sow one's wild oats.

cavallino /kaval'lino/ agg. [*faccia, denti*] horse attrib.

cavallo /ka'vallo/ m. **1** ZOOL. horse; ***~ di razza*** thoroughbred (anche FIG.); ***~ da corsa*** racehorse; ***~ da tiro*** carthorse, draught-horse; ***~ da soma*** pack horse; ***a (dorso di) ~*** on horseback; ***passeggiata a ~*** (horse) ride; ***sai andare a ~?*** can you ride? ***vado a ~ una volta al mese*** I go (horseback) riding once a month; ***montare a ~*** to mount; ***scendere da ~*** to dismount, to get off a horse; ***ferro di ~*** horseshoe; ***cura da ~*** strong treatment; ***febbre da ~*** raging fever; ***corsa di -i*** horse race; ***puntare sul ~ vincente*** to be on to a winner (anche FIG.) **2** *(carne)* horsemeat, horseflesh **3** SPORT (vaulting) horse; *(con maniglie)* pommel horse **4** *(di scacchi)* knight **5** *(di pantaloni)* crotch, crutch **6** MECC. ***un motore da 100 -i*** a 100 horsepower engine **7** FIG. ***essere a ~ di due secoli*** to bridge *o* straddle two centuries ♦ ***essere a ~*** to be sitting pretty, to be home and dry; ***a caval donato non si guarda in bocca*** PROV. don't look a gift horse in the mouth; ***campa ~!*** that'll be the day! ♦♦ ***~ di battaglia*** strong point, big number; TEATR. speciality act BE, specialty number AE ***~ a dondolo*** rocking horse; ***~ di Frisia*** MIL. cheval-de-frise; ***~ di Troia*** Trojan horse; ***~ vapore*** horsepower.

cavallone /kaval'lone/ m. *(onda)* roller.

cavalluccio, pl. **-ci** /kaval'luttʃo, tʃi/ m. ***portare qcn. a ~*** to give sb. a piggyback ♦♦ ***~ marino*** sea horse.

cavare /ka'vare/ [1] **I** tr. **1** *(estrarre)* to dig* (up), to pull (up) [*patate, carote*]; to extract, to pull out [*dente*]; to draw* [*sangue*] **2** FIG. ***non sono riuscito a cavarle di bocca una sola parola*** I couldn't get a (single) word out of her **II** **cavarsi** pronom. **1** *(togliersi)* to take* off [*indumento, cappello*]; ***-rsi d'impaccio*** FIG. to get out of trouble; ***-rsi gli occhi*** FIG. to strain one's eyes **2** *(soddisfare)* ***-rsi la voglia (di qcs.)*** to satisfy one's wish (for sth.) **3** **cavarsela** *(sopravvivere)* to pull through, to come* through; ***me la sono cavata con qualche graffio*** I escaped *o* came out of it with only a few scratches; *(riuscire)* ***cavarsela alla meno peggio*** to muddle *o* struggle through; ***cavarsela con i motori*** to know one's way around an engine; ***se l'è cavata bene*** he came off well.

cavatappi /kava'tappi/, **cavaturaccioli** /kavatu'rattʃoli/ m.inv. corkscrew.

caveau /ka'vo/ m.inv. vault.

caverna /ka'vɛrna/ f. **1** *(grotta)* cave, cavern; ***uomo delle -e*** cave dweller, caveman **2** ANAT. cavity.

cavernicolo /kaver'nikolo/ m. cave dweller; *(uomo)* caveman*; FIG. brute, savage.

cavernoso /kaver'noso/ agg. [*voce*] cavernous, hollow, deep.

cavezza /ka'vettsa/ f. halter.

cavia /'kavja/ f. guinea-pig; ***fare da ~ (per qcs.)*** FIG. to be a guinea-pig (for sth.).

caviale /ka'vjale/ m. caviar(e).

cavicchio, pl. **-chi** /ka'vikkjo, ki/ m. *(di legno)* peg.
caviglia /ka'viʎʎa/ f. **1** ANAT. ankle **2** *(cavicchio)* peg **3** MAR. belaying pin.
cavigliera /kaviʎ'ʎɛra/ f. *(braccialetto)* anklet.
cavillare /kavil'lare/ [1] intr. (aus. *avere*) to quibble (**su** about, over), to cavil (**su** about, at), to split* hairs (**su** over).
cavillo /ka'villo/ m. quibble, cavil.
cavilloso /kavil'loso/ agg. captious, quibbling.
cavità /kavi'ta/ f.inv. **1** *(infossamento)* cavity (anche MED.) **2** *(parte cava)* hollow.
1.cavo /'kavo/ **I** agg. hollow **II** m. hollow, cavity (anche ANAT.); ***nel ~ della mano*** in the hollow of one's hand.
2.cavo /'kavo/ m. **1** *(fune)* cable (anche EL.); *(di teleferica, gru)* carrying cable; **~ *d'acciaio*** steel cable **2** TELEV. cable; ***televisione via ~*** cable TV *o* television ♦♦ **~ *di traino*** towline.
cavolaia /kavo'laja/ f. *(farfalla)* garden-white, cabbage white (butterfly).
cavolata /kavo'lata/ f. COLLOQ. ***dire -e*** to talk rubbish *o* nonsense; ***fare -e*** to do stupid things, to mess about *o* around.
cavoletto /kavo'letto/ m. → **cavolino.**
cavolfiore /kavol'fjore/ m. cauliflower.
cavolino /kavo'lino/ m. **~ *di Bruxelles*** (Brussels) sprout.
cavolo /'kavolo/ **I** m. **1** *(verdura)* cabbage **2** *(niente)* ***non capisce un ~*** he doesn't understand a thing; ***non me ne frega un ~*** I don't give a damn **II** inter. *(di sorpresa)* gosh, gee AE; *(di ira)* damn ♦ ***fatti i -i tuoi!*** mind your own business! ***sono -i miei!*** that's none of your business! ***sono -i tuoi*** that's your problem *o* headache; ***saranno -i amari*** there'll be trouble; ***"vieni con noi?" - "col ~!"*** "will you come with us?" - "like hell I will!" *o* "no way!" *o* "fat chance!"; ***col ~ che pago!*** (I'll be) damned if I'm going to pay! ***testa di ~*** cabbage(head), pinhead; ***spegni 'sto ~ di stereo*** switch off that bloody stereo; ***c'entra come i -i a merenda!*** that's got nothing to do with it! ♦♦ **~ *cappuccio*** (head) cabbage; **~ *verde*** (curly) kale.
cazzata /kat'tsata/ f. VOLG. crap **U**, bullshit **U**; ***quel film è una ~*** that film is bullshit *o* a load of crap; ***dire*** o ***sparare -e*** to (talk) bullshit *o* crap; ***fare -e*** to fuck up; ***che ~!*** what (a bunch of) crap!
cazzeggiare /kattsed'dʒare/ [1] intr. (aus. *avere*) VOLG. to fuck about, to fuck around, to piss about, to piss around.
cazziatone /kattsia'tone/ m. POP. ***fare un ~ a qcn.*** to give sb. a mouthful *o* a bollocking BE.
cazzo /'kattso/ **I** m. VOLG. **1** *(pene)* dick, cock, prick **2** *(niente)* ***non ho fatto un ~*** I haven't done a fucking thing; ***non ne so un ~ (di niente)*** I know fuck-all *o* shit about it; ***non capire un ~ di*** to understand fuck-all of [*discorso*]; ***non me ne frega un ~*** I don't give a fuck *o* a shit **II** inter. VOLG. fuck, shit ♦ ***questo ~ di stereo non funziona*** this fucking stereo doesn't work; ***che ~ di lavoro!*** what a shitty job! ***del ~*** [*auto, serata, amico*] shitty; ***alla ~ (di cane)*** in a crappy *o* piss poor way; ***testa di ~*** dick(head), asshole, prick; ***col ~!*** no fucking way! my arse! ***che ~ fai, vuoi?*** what the fuck are you doing, do you want? ***fatti i -i tuoi!*** mind your own fucking business! ***che ~ te ne frega?*** what the fuck is it to you? ***(e) grazie al ~!*** thanks for nothing! ***(sono) -i tuoi!*** that's your fucking problem!
cazzone /kat'tsone/ m. (f. **-a**) VOLG. dick(head), asshole, prick.
cazzotto /kat'tsɔtto/ m. COLLOQ. sock, punch; ***mollare un ~ a qcn.*** to sock *o* land sb. one; ***fare a -i*** to have a punch-up.
cazzuola /kat'tswɔla/ f. trowel.
.CC ⇒ Corte di Cassazione = Court of Cassation.
'.CC /tʃit'tʃi/ m.pl. (⇒ Carabinieri) = Italian military corps which has civil police duties.
c.c. **1** ⇒ conto corrente current account BE, checking account AE (C/A) **2** ⇒ corrente continua direct current (c.c.).
CCD /tʃittʃid'di/ m. (⇒ Centro Cristiano Democratico) = Christian Democratic Centre.
c.c.p. ⇒ conto corrente postale post office account.
CCT /tʃittʃit'ti/ m.inv. (⇒ certificato di credito del tesoro) = Treasury bond.
CD /tʃid'di/ m.inv. (⇒ compact disc compact disc) CD.
Cda /tʃidi'a/ m.inv. (⇒ consiglio di amministrazione) = board of directors, directorate.
Cd-Rom, CD-ROM /sidi'rɔm/ m.inv. (⇒ compact disc read-ing only memory compact disc reading only memory) CD-ROM.

CdS /tʃidi'ɛsse/ m. **1** (⇒ Codice della strada) = Highway Code **2** (⇒ Consiglio di sicurezza) = Security Council **3** (⇒ Consiglio di Stato) = in Italy, the main legal, administrative and judiciary body.
CDU /tʃiddi'u/ m. (⇒ Cristiano Democratici Uniti) = United Christian Democrats.
ce /tʃe/ v. la nota della voce io. **I** pron.pers. **~ *l'ha dato*** he gave it to us; **~ *ne siamo accorti troppo tardi*** we realized it when it was too late; **~ *l'ho fatta!*** I did it! *(enclitico)* ***diccelo!*** tell us! **II** avv. ***non ~ l'ho trovato*** I couldn't find it there; **~ *l'hai una biro?*** have you got a pen? **~ *ne sono sei*** there are six (of them).
CE /tʃe/ f. **1** (⇒ Consiglio d'Europa Council of Europe) CE **2** (⇒ Comitato Esecutivo) = executive committee.
CECA /'tʃɛka/ f. (⇒ Comunità Europea del Carbone e dell'Acciaio European Coal and Steel Community) ECSC.
cecchino /tʃek'kino/ m. **1** MIL. sniper **2** POL. = someone who votes against his own party in a secret ballot.
cece /'tʃetʃe/ m. BOT. chickpea.
Cecenia /tʃe'tʃɛnja/ ➧ ***33*** n.pr.f. Chechnya.
ceceno /tʃe'tʃɛno/ ➧ ***25, 16*** **I** agg. Chechen **II** m. (f. **-a**) *(persona, lingua)* Chechen.
Cecilia /tʃe'tʃilja/ n.pr.f. Cecilia, Cecily.
Cecilio /tʃe'tʃiljo/ n.pr.m. Cecil.
cecità /tʃetʃi'ta/ f.inv. blindness (anche FIG.).
ceco, pl. **-chi, -che** /'tʃɛko, ki, ke/ ➧ ***25, 16*** **I** agg. Czech **II** m. (f. **-a**) *(persona, lingua)* Czech.
Cecoslovacchia /tʃekozlovak'kia, tʃekozlo'vakkia/ ➧ ***33*** n.pr.f. STOR. Czechoslovakia.
cedere /'tʃɛdere/ [2] **I** tr. **1** *(lasciare)* to give* (up) [*turno*]; to yield, to surrender [*potere*]; ***mi ha ceduto il posto*** he let me have his place; ***cedo la parola al mio collega*** I'll hand over to my colleague **2** *(vendere)* to sell* out [*azioni*]; ***mi ha ceduto il suo monolocale per...*** he let me have *o* sold me his studio for... **3** DIR. ECON. to cede, to remise [*proprietà*]; to make* over [*bene*]; **~ *i diritti (d'autore)*** to surrender *o* waive one's copyright **II** intr. (aus. *avere*) **1** *(arrendersi)* to yield, to surrender, to give* in, to give* way; **~ *alla tentazione*** to give in to temptation; ***non cede mai*** he never gives up **2** *(piegarsi)* [*gambe*] to give* way, to buckle **3** *(rompersi)* [*sedia, ponte*] to give* way; [*ramo, serratura, porta*] to yield; [*tetto*] to fall* in, to cave in **4** *(allentarsi)* [*elastico*] to loosen, to slacken; [*stoffa*] to stretch.
cedevole /tʃe'devole/ agg. **1** yielding; [*metallo*] pliable; [*terreno*] soft **2** FIG. [*carattere*] compliant, docile.
cedibile /tʃe'dibile/ agg. transferable; ***biglietto non ~*** non-transferable ticket.
cediglia /tʃe'diʎʎa/ f. cedilla.
cedimento /tʃedi'mento/ m. **1** *(indebolimento)* **~ *fisico*** physical breakdown; ***avere un cedimento (di nervi)*** to crack up; ***mostrare i primi segni di ~*** to show the first signs of weakness **2** *(di tetto)* cave-in, sag; *(di terreno)* sinking, subsiding.
cedola /'tʃɛdola/ f. ECON. coupon ♦♦ **~ *di commissione libraria*** bookseller's order form.
cedolino /tʃedo'lino/ m. COLLOQ. **~ *dello stipendio*** payslip, wage sheet *o* slip.
cedrata /tʃe'drata/ f. *(bibita)* citron juice.
1.cedro /'tʃedro/ m. *(frutto)* citron; *(albero)* citron tree.
2.cedro /'tʃedro/ m. *(conifera)* cedar; ***legno di ~*** cedar(wood) ♦♦ **~ *del Libano*** cedar of Lebanon.
cedrone /tʃe'drone/ agg. ***gallo ~*** capercaillie, capercailzie.
ceduo /'tʃɛduo/ agg. ***bosco ~*** coppice, copse.
CEE /'tʃɛe/ (⇒ Comunità Economica Europea European Economic Community) EEC.
CEEA /tʃɛe'a/ (⇒ Comunità Europea dell'Energia Atomica) = European atomic energy community.
cefalea /tʃefa'lɛa/ ➧ ***7*** f. headache.
cefalo /'tʃɛfalo/ m. grey mullet.
ceffo /'tʃɛffo/ m. SPREG. *(faccia)* mug, ugly face; ***che brutto ~!*** what an ugly mug!
ceffone /tʃef'fone/ m. slap (in the face), box on the ear; ***mollare un ~ a qcn.*** to slap sb. across the face.
CEI /'tʃɛi/ (⇒ Conferenza Episcopale Italiana) = Italian Episcopal Conference.
celare /tʃe'lare/ [1] **I** tr. to hide*, to conceal [*sentimenti, fatti*] **II celarsi** pronom. to hide*, to conceal oneself.

celeberrimo /tʃele'bɛrrimo/ superl. → **celebre.**

celebrare /tʃele'brare/ [1] tr. **1** *(festeggiare)* to celebrate, to commemorate [*ricorrenza*] **2** *(esaltare)* to celebrate [*persona*]; to praise [*doti*] **3** *(officiare)* to celebrate, to conduct [*messa*]; to perform [*rito*]; ***~ il matrimonio di qcn.*** to officiate at sb.'s wedding **4** DIR. to conduct [*processo*].

celebrativo /tʃelebra'tivo/ agg. [*cerimonia*] celebration attrib.; [*francobollo*] commemorative.

celebrato /tʃele'brato/ **I** p.pass. → **celebrare II** agg. celebrated, renowned, famed.

celebrazione /tʃelebrat'tsjone/ f. **1** *(festeggiamento)* celebration **2** *(di messa, matrimonio)* celebration, ceremony.

celebre /'tʃɛlebre/ agg. (superl. *celeberrimo*) celebrated, renowned, famed; ***la sua frase ~*** his famous words.

celebrità /tʃelebri'ta/ f.inv. **1** *(gloria)* celebrity, fame; ***giungere alla ~*** to rise to fame **2** *(persona celebre)* celebrity, big name.

celere /'tʃɛlere/ **I** agg. (superl. *celerissimo, celerrimo*) [*decisione, passo*] swift, quick; ***posta ~*** express post **II Celere** f. riot police.

celerità /tʃeleri'ta/ f.inv. swiftness, speed.

celeste /tʃe'lɛste/ ➧ **3 I** agg. **1** ASTR. [*fenomeno*] celestial; ***corpo ~*** heavenly *o* celestial body **2** *(divino)* [*gloria, spirito*] celestial; ***Padre Celeste*** Heavenly Father **3** *(azzurro)* baby-blue, sky-blue **II** m. *(azzurro)* baby-blue, sky-blue.

celestiale /tʃeles'tjale/ agg. celestial, heavenly (anche FIG.).

Celestina /tʃeles'tina/ n.pr.f. Celestine.

Celestino /tʃeles'tino/ n.pr.m. Celestine.

celia /'tʃɛlja/ f. LETT. jest; ***per ~*** in jest.

celiaco, pl. **-ci**, **-che** /tʃe'liako, tSi, ke/ agg. ***morbo ~*** coeliac disease.

celiare /tʃe'ljare/ [1] intr. (aus. *avere*) to jest.

celibato /tʃeli'bato/ m. **1** *(stato)* bachelorhood, celibacy **2** RELIG. (ecclesiastical) celibacy.

celibe /'tʃɛlibe/ **I** agg. celibate, unmarried, single **II** m. bachelor, celibate.

cella /'tʃɛlla/ f. cell ♦♦ ***~ frigorifera*** cold store, refrigerator; ***~ di isolamento*** solitary (confinement cell).

cellofan /'tʃɛllofan/ m.inv. Cellophane®, film.

cellofanare /tʃellofa'nare/ [1] tr. to wrap in Cellophane®.

cellula /'tʃɛllula/ f. BIOL. POL. cell ♦♦ ***~ fotoelettrica*** photocell, electronic eye.

cellulare /tʃellu'lare/ **I** agg. BIOL. [*struttura, tessuto*] cellular; [*nucleo, teoria, divisione*] cell attrib. **II** m. **1** *(telefonino)* mobile (phone), cellphone, cellular (tele)phone **2** *(furgone)* police van, prison van, patrol wagon AE.

cellulite /tʃellu'lite/ ➧ **7** f. *(inestetismo)* cellulite.

celluloide /tʃellu'lɔide/ f. celluloid®.

cellulosa /tʃellu'losa/ f. cellulose.

celta, m.pl. **-i**, f.pl. **-e** /'tʃɛlta/ m. e f. Celt; ***i Celti*** the Celts.

celtico, pl. **-ci**, **-che** /'tʃɛltiko, tʃi, ke/ **I** agg. Celtic **II** m. Celtic.

cembalo /'tʃembalo/ ➧ **34** m. **1** *(clavicembalo)* harpsichord **2** *(piatto)* cymbal.

cementare /tʃemen'tare/ [1] **I** tr. to cement (anche FIG.) **II cementarsi** pronom. **1** EDIL. to cement **2** FIG. [*amicizia*] to reinforce.

cementificio, pl. **-ci** /tʃementi'fitʃo, tʃi/ m. cement factory.

cemento /tʃe'mento/ m. cement (anche FIG.) ♦♦ ***~ armato*** reinforced concrete, ferroconcrete; ***~ a presa rapida*** quick drying cement.

cena /'tʃena/ f. dinner, supper; ***l'Ultima Cena*** RELIG. the Last Supper; ***andare a ~ fuori*** to dine out; ***essere invitato a ~ da qcn.*** to be invited to dinner at sb.'s.

cenacolo /tʃe'nakolo/ m. *(gruppo ristretto)* coterie, club ♦♦ ***il ~ di Leonardo*** Leonardo's Last Supper.

cenare /tʃe'nare/ [1] intr. (aus. *avere*) to dine, to have* dinner; ***~ a casa*** to dine in, to have dinner at home; ***~ fuori*** to dine out.

cencio, pl. **-ci** /'tʃentʃo, tʃi/ m. **1** *(pezzo di stoffa)* rag; *(per spolverare)* duster **2** *(vestito logoro)* ***coperto di -ci*** in rags, in tatters ♦ ***bianco*** o ***pallido come un ~*** as white as a sheet; ***essere ridotto (a) un ~*** to be the shadow of one's former self.

cencioso /tʃen'tʃoso/ agg. [*persona*] in rags, in tatters; [*abito*] ragged, tattered.

cenere /'tʃenere/ ➧ **3 I** f. ash, cinder; ***~ di sigaretta*** cigarette ash; ***andare in ~*** to be burned to ashes; ***ridurre in ~ qcs.*** to burn sth. down *o* to ashes **II ceneri** f.pl. *(resti mortali)* ashes **III** agg.inv. [*biondo, grigio*] ash attrib. ♦ ***cospargersi il capo di ~*** to be in *o* wear sackcloth and ashes.

Cenerentola /tʃene'rɛntola/ **I** n.pr.f. Cinderella **II cenerentola** f. Cinderella.

cenetta /tʃe'nɛtta/ f. ***una ~ a lume di candela*** a dinner by candlelight, a candlelit supper.

cengia, pl. **-ge** /'tʃendʒa, dʒe/ f. *(in montagna)* ledge.

cenno /'tʃenno/ m. **1** *(movimento)* gesture, sign; *(del capo)* nod; *(della mano)* wave; *(degli occhi)* wink; ***fare ~ di sì*** o ***di assenso*** to gesture one's assent; *(con il capo)* to nod (in agreement); ***fare ~ di no*** to shake one's head (in disagreement); ***gli fece un ~ di saluto*** she waved at him; ***fare ~ a qcn. di entrare*** to beckon sb. in; ***fare ~ a qcn. di allontanarsi*** to motion *o* wave sb. away **2** *(riferimento)* mention; *(allusione)* hint; ***fare ~ a*** o ***di qcs.*** to mention sth., to hint at sth. **3** *(manifestazione)* sign; ***dare -i di*** to show signs of; ***non dare -i di vita*** to give no signs of life **4** *(breve trattato)* outline, account; ***-i di letteratura inglese*** notes on English literature.

cenone /tʃe'none/ m. *(di Natale)* Christmas Eve dinner; *(di Capodanno)* New Year's Eve dinner.

cenotafio, pl. **-fi** /tʃeno'tafjo, fi/ m. cenotaph.

censimento /tʃensi'mento/ m. census; ***fare un ~ della popolazione*** to conduct a (population) census.

censire /tʃen'sire/ [102] tr. **1** ***~ la popolazione*** to conduct a (population) census **2** AMM. to register [sth.] in the land registry [*immobile*].

CENSIS /'tʃɛnsis/ m. (⇒ Centro Studi Investimenti Sociali) = Italian centre for social investment studies.

censo /'tʃɛnso/ m. *(ricchezza)* wealth.

censore /tʃen'sore/ m. **1** censor (anche STOR.) **2** FIG. critic, censor.

censura /tʃen'sura/ f. **1** censorship (anche STOR.); ***sottoporre qcs. a ~*** to submit sth. to the board of censors **2** DIR. censure (anche FIG.).

censurare /tʃensu'rare/ [1] tr. **1** to censor [*film, opera*] **2** FIG. to censure, to blame [*comportamento*].

centauro /tʃen'tauro/ m. **1** MITOL. centaur **2** *(motociclista)* motorcyclist.

centellinare /tʃentelli'nare/ [1] tr. **1** to sip, to nurse [*liquore*] **2** FIG. *(gustarsi)* to savour BE, to savor AE **3** FIG. *(dosare)* to ration [*forze*].

centenario, pl. **-ri** /tʃente'narjo, ri/ **I** agg. **1** *(di cento anni)* [*persona*] centenarian, hundred-year-old attrib.; *(secolare)* [*albero*] ancient **2** *(che ricorre ogni cento anni)* [*celebrazione*] centennial **II** m. (f. **-a**) **1** *(persona)* centenarian **2** *(anniversario)* centenary, centennial AE; ***terzo ~*** tercentenary, tricentenary.

centennale /tʃenten'nale/ agg. **1** *(di cento anni)* [*istituzione*] centennial; *(secolare)* [*tradizione*] ancient, centuries old **2** *(che ricorre ogni cento anni)* centennial.

centesimo /tʃen'tɛzimo/ ➧ **26, 6 I** agg. hundredth **II** m. (f. **-a**) **1** hundredth **2** *(moneta)* cent; *(di sterlina)* penny ♦ ***non ho un ~*** I haven't got a cent *o* a farthing; ***calcolare qcs. al ~*** to count sth. down to the last penny; ***non vale un ~*** it isn't worth a brass farthing.

centigrado /tʃen'tigrado/ agg. centigrade; ***in gradi -i*** in (degrees) centigrade.

centigrammo /tʃenti'grammo/ ➧ **22** m. centigram(me).

centilitro /tʃen'tilitro/ ➧ **20** m. centilitre BE, centiliter AE.

centimetro /tʃen'timetro/ ➧ **21, 23, 24** m. **1** *(unità di misura)* centimetre BE, centimeter AE **2** *(nastro)* tape measure.

centinaio, pl.f. **-a** /tʃenti'najo/ **I** m. **1** *(cento)* (a) hundred; *(circa cento)* about a hundred; ***venduto a -a*** sold by the hundred *o* in hundreds **2** *(grande numero)* ***te l'ho detto un ~*** o ***-a di volte*** I've told you hundreds of times *o* a hundred times; ***a -a*** in hundreds **II centinaia** f.pl. MAT. hundreds.

cento /'tʃɛnto/ ➧ **26, 8 I** agg.inv. **1** hundred; ***una banconota da ~ euro*** a one hundred euro note; ***ti ho già detto ~ volte di non farlo!*** I've already told you a hundred times not to do it! ***~ di questi giorni!*** many happy returns! **2 per cento** per cent; ***al ~ per ~*** a hundred per cent (anche FIG.) **II** m.inv. hundred **III** m.pl. SPORT ***correre i ~*** to run in the hundred metres.

centometrista, m.pl. **-i**, f.pl. **-e** /tʃentome'trista/ m. e f. hundred-metre sprinter, hundred-metre runner.
centomila /tʃento'mila/ ➧ *26* **I** agg.inv. a hundred-thousand, one hundred-thousand **II** m.inv. hundred thousand.
centotredici /tʃento'treditʃi/ m. = in Italy, emergency phone number.
centrafricano /tʃentrafri'kano/ ➧ *33* agg. Central African.
centrale /tʃen'trale/ **I** agg. **1** *(nel mezzo)* [*stazione, quartiere*] central; [*corsia, sezione*] centre BE, center AE; [*scaffale*] middle **2** *(principale)* [*ufficio, autorità*] central; [*tema*] central, focal; [*problema*] central, main; [*ruolo, fattore*] central, key, pivotal; ***sede ~*** head *o* main office, headquarters; ***posta ~*** main *o* general post office **3** GEOGR. central; ***l'Italia ~*** Central Italy **II** f. **1** plant; ***la ~ telefonica*** o ***dei telefoni*** the (telephone) exchange **2** *(sede principale)* ***la ~ di una banca*** the head office of a bank **3** EL. power station ♦♦ ***~ atomica*** atomic power station; ***~ elettrica*** power station; ***~ idraulica*** o ***idrica*** waterworks; ***~ idroelettrica*** hydroelectric power station; ***~ nucleare*** nuclear plant *o* power station; ***~ operativa*** operations centre; ***~ di polizia*** police station *o* headquarters.
centralina /tʃentra'lina/ f. **1** *(centrale periferica)* TEL. local exchange; ELETTRON. local plant **2** *(scatola comandi)* control unit.
centralinista, m.pl. **-i**, f.pl. **-e** /tʃentrali'nista/ ➧ *18* m. e f. (switchboard) operator, telephonist BE.
centralino /tʃentra'lino/ m. *(di albergo, azienda)* switchboard; *(di società telefonica)* (telephone) exchange.
centralismo /tʃentra'lizmo/ m. centralism.
centralizzare /tʃentralid'dzare/ [1] tr. to centralize.
centralizzato /tʃentralid'dzato/ **I** p.pass. → **centralizzare** **II** agg. ***chiusura -a*** AUT. central locking; ***riscaldamento ~*** central heating.
centralizzazione /tʃentraliddzat'tsjone/ f. centralization.
centrare /tʃen'trare/ [1] tr. **1** *(colpire)* to hit* (squarely), to strike* [*bersaglio*] **2** FIG. *(cogliere esattamente)* to pinpoint [*problema*] **3** TECN. *(equilibrare)* to balance [*ruota*] **4** *(mettere al centro)* to centre BE, to center AE.
centrato /tʃen'trato/ **I** p.pass. → **centrare** **II** agg. **1** *(colpito)* hit (squarely) **2** TECN. true, (well-)balanced **3** *(pertinente)* [*osservazione*] shrewd, clever.
centratura /tʃentra'tura/ f. MECC. true.
centravanti /tʃentra'vanti/ m.inv. *(nel calcio)* centre(-forward) BE, center(-forward) AE.
centrifuga, pl. **-ghe** /tʃen'trifuga, ge/ f. **1** *(macchina)* centrifuge **2** *(di lavatrice)* spin-drier, spin-dryer; *(per insalata)* salad shaker, salad spinner.
centrifugare /tʃentrifu'gare/ [1] tr. **1** to centrifuge **2** *(per asciugare)* to spin(-dry) [*biancheria*]; to spin [*insalata*].
centrifugo, m.pl. **-ghi**, f.pl. **-ghe** /tʃen'trifugo, gi, ge/ agg. centrifugal.
centrino /tʃen'trino/ m. doily; *(da vassoio)* traycloth.
centripeto /tʃen'tripeto/ agg. centripetal.
centrismo /tʃen'trizmo/ m. centrism.
centro /'tʃɛntro/ m. **1** *(punto mediano)* centre BE, center AE, middle, midpoint; ***al*** o ***nel ~ di*** in the centre *o* middle of; ***il ~ del bersaglio*** the bull's eye **2** *(colpo centrato)* ***fare ~*** to be right *o* dead on target, to hit the bull's eye; SPORT to score (a hit) **3** FIG. *(punto fondamentale)* centre BE, center AE; *(di problema, questione)* heart, core; ***al ~ di*** at the centre of [*attenzione, discussioni*] **4** POL. ***il ~*** the centre **5** *(di città)* ***~ (città)*** town *o* city centre; ***in ~*** in the city centre, downtown AE; ***il ~ di New York*** downtown New York **6** *(aggregato urbano)* town **7** GEOGR. ***~ Europa, Italia*** Central Europe, Italy **8** ANAT. centre BE, center AE; ***i -i vitali*** the vital organs ♦♦ ***~ abitato*** built-up area; ***~ di accoglienza*** emergency centre, reception centre *o* camp; ***~ commerciale*** shopping centre *o* arcade, (shopping) mall; ***~ direzionale*** business centre; ***~ di gravità*** centre of gravity; ***~ nervoso*** ANAT. nerve centre; ***~ operativo*** operations centre; ***~ ospedaliero*** hospital complex; ***~ (di) ricerche*** research establishment *o* centre; ***~ sportivo*** sports centre; ***~ storico*** old town, historic centre.
centrocampista, m.pl. **-i**, f.pl. **-e** /tʃentrokam'pista/ m. e f. midfielder, midfield player.
centrocampo /tʃentro'kampo/ m. *(nel calcio)* midfield; ***avere un forte ~*** to have strong midfielders.
centro(-)destra /tʃentro'dɛstra/ m.inv. ***(coalizione di) ~*** centre-right coalition.
centroeuropeo /tʃentroeuro'pɛo/ agg. Central European.
centro(-)sinistra /tʃentrosi'nistra/ m.inv. ***(coalizione di) ~*** centre-left coalition.
centrotavola /tʃentro'tavola/ m.inv. centre-piece.
centuplicare /tʃentupli'kare/ [1] tr. **1** *(moltiplicare per cento)* to centuplicate, to increase hundredfold **2** FIG. to multiply [*sforzi*].
centurione /tʃentu'rjone/ m. STOR. centurion.
ceppo /'tʃeppo/ **I** m. **1** *(di albero tagliato)* (tree) stump **2** *(ciocco)* log **3** *(del macellaio)* (chopping) block; *(per coltelli)* knife block **4** *(del patibolo)* block **5** *(stirpe)* stock **6** *(di ancora)* anchor stock **7** TECN. *(di freno)* brake block **8** *(bloccaruota)* (wheel)clamp, boot AE **9** MED. ***~ batterico, virale*** bacterial, viral strain **II ceppi** m.pl. *(di prigioniero)* bonds, fetters, shackles.
1.cera /'tʃera/ f. wax; *(per lucidare)* polish; ***dare la ~ (al pavimento)*** to wax *o* polish the floor ♦♦ ***~ d'api*** beeswax; ***~ da*** o ***per pavimenti*** floor polish *o* wax.
2.cera /'tʃera/ f. *(aspetto)* ***avere una bella*** o ***buona ~*** to look very well; ***avere una brutta*** o ***cattiva ~*** to be off colour, to look rough.
ceralacca, pl. **-che** /tʃera'lakka, ke/ f. (sealing) wax.
ceramica, pl. **-che** /tʃe'ramika, ke/ f. **1** *(materiale)* ceramic **2** *(oggetto)* ***una ~*** a piece of pottery; ***-che*** ceramics, pottery **3** *(arte, tecnica)* ceramics + verbo sing., pottery.
ceramista, m.pl. **-i**, f.pl. **-e** /tʃera'mista/ ➧ *18* m. e f. potter, cerami(ci)st.
cerata /tʃe'rata/ f. **1** *(casacca)* oilskins pl., waxed jacket BE **2** *(tela cerata)* oilcloth, wax-cloth, oilskin.
cerato /tʃe'rato/ agg. waxed; ***carta -a*** wax paper; ***tela -a*** oilcloth, wax-cloth, oilskin.
Cerbero /'tʃɛrbero/ **I** n.pr.m. Cerberus **II cerbero** m. = stern custodian.
cerbiatta /tʃer'bjatta/ f. doe.
cerbiatto /tʃer'bjatto/ m. fawn.
cerbottana /tʃerbot'tana/ f. **1** *(arma)* blowpipe BE, blowgun AE **2** *(giocattolo)* pea shooter.
cerca /'tʃerka/ f. ***in ~ di*** in search of; ***essere, andare in ~ di qcs.*** to be, go looking for sth.
cercapersone /tʃerkaper'sone/ m.inv. pager; *(ricevitore)* beeper, bleeper BE.
cercare /tʃer'kare/ [1] tr. **1** *(tentare di trovare)* to look for, to seek* [*persona, oggetto*]; to look for, to try to find [*impiego, alloggio*]; ***~ un fazzoletto nella borsa*** to search *o* rummage for a tissue in one's bag; ***"cercasi commessa"*** "sales assistant wanted"; ***~ fortuna*** to seek one's fortune; ***~ una parola sul dizionario*** to look up a word in the dictionary **2** *(pensare a)* to try* to find [*risposta, soluzione*]; to look for [*scusa*] **3** *(chiedere di)* ***chi cerca?*** are *o* were you looking for anybody? who are you looking for? *(al telefono)* ***mi ha cercato qualcuno?*** did anybody call me? did I get any calls? **4** *(tentare di ottenere)* to seek* [*sicurezza, felicità, consiglio, aiuto*]; to pursue [*fama, gloria*] **5** *(andare incontro a)* to look for [*complicazioni, problemi*]; ***se l'è proprio cercata!*** he was asking for it! **6** *(provare, tentare)* ***~ di fare*** to try to do, to try and do; ***cosa cerchi di dimostrare?*** what are you trying to prove? *(fare in modo di)* ***cercate di arrivare in tempo*** try and come on time; ***cerca di sbrigarti!*** try to hurry (up)! ♦ ***chi cerca trova*** PROV. whoever seeks will find.
cercatore /tʃerka'tore/ m. (f. **-trice** /tritʃe/) **1** searcher; ***~ d'oro*** gold digger *o* prospector; *(nei fiumi)* gold washer **2** *(cannocchiale)* finder.
cerchia /'tʃerkja/ f. **1** *(struttura circolare)* circle, ring; ***~ di mura*** circle of walls **2** *(di persone)* circle; ***la sua ~ di amici*** his circle of friends; ***~ ristretta*** inner circle **3** FIG. *(ambito)* range.
cerchiare /tʃer'kjare/ [1] tr. *(evidenziare con un cerchio)* to (en)circle [*numero, risposta*].
cerchiato /tʃer'kjato/ **I** p.pass. → **cerchiare** **II** agg. **1** *(evidenziato)* ***i nomi -i in rosso*** the names circled in red **2** *(segnato da occhiaie)* ***avere gli occhi -i*** to have circles *o* rings *o* shadows under one's eyes.
cerchietto /tʃer'kjetto/ m. **1** *(piccolo cerchio)* circlet **2** *(per capelli)* hairband, headband; *(orecchino)* hoop earring.

cerchio, pl. **-chi** /ˈtʃerkjo, ki/ m. **1** MAT. circle **2** *(circolo)* circle, ring; ***stare in ~ attorno a*** to form a circle *o* a ring around; ***fare ~ attorno a qcn.*** to gather around sb.; ***danzare in ~*** to dance in a circle **3** *(anello)* ring; *(attrezzo ginnico)* hoop; ***-chi, orecchini a ~*** hoop earrings **4** *(di ruota)* rim; ***-chi in lega*** AUT. alloy rims *o* wheels **5** *(di botte)* hoop **6** FIG. *(mal di testa)* ***avere un ~ alla testa*** to have a headache.

cerchione /tʃerˈkjone/ m. rim.

cereale /tʃereˈale/ **I** m. cereal **II cereali** m.pl. grain **U**, cereal **U**, corn **U**; *(per la prima colazione)* (breakfast) cereal.

cerealicolo /tʃereaˈlikolo/ agg. [*coltivazione, produzione*] cereal attrib.

cerealicoltore /tʃerealikolˈtore/ ♦ **18** m. (f. **-trice** /tritʃe/) cereal grower, cereal farmer.

cerealicoltura /tʃerealikolˈtura/ f. cereal growing, cereal farming.

cerebrale /tʃereˈbrale/ agg. **1** MED. [*paralisi*] cerebral; [*emorragia, attività, morte*] brain attrib.; ***commozione ~*** concussion **2** FIG. *(intellettualistico)* [*scrittore, musica*] cerebral.

cerebroleso /tʃerebroˈleso/ **I** agg. brain-damaged **II** m. (f. **-a**) brain-damaged person.

cereo /ˈtʃɛreo/ agg. **1** *(di cera)* wax attrib. **2** *(pallidissimo)* wan, waxen LETT.

ceretta /tʃeˈretta/ f. *(per depilarsi)* (depilatory) wax; ***farsi la ~ alle gambe*** to wax one's legs.

cerfoglio, pl. **-gli** /tʃerˈfɔʎʎo, ʎi/ m. chervil.

cerimonia /tʃeriˈmɔnja/ **I** f. ceremony, ceremonial occasion; ***~ funebre*** funeral service; ***~ nuziale*** marriage service *o* ceremony; ***~ religiosa*** religious ceremony *o* rite; ***abito da ~*** ceremonial *o* full *o* formal dress; *(da uomo)* dress suit **II cerimonie** f.pl. *(formalità)* ceremony **U**; ***fare -e*** to stand on ceremony; ***senza -e*** unceremoniously, without ceremony, informally.

cerimoniale /tʃerimoˈnjale/ **I** agg. ceremonial **II** m. ceremonial, ritual; ***rispettare*** o ***seguire il ~*** to observe the rites.

cerimoniere /tʃerimoˈnjɛre/ m. master of ceremonies.

cerimonioso /tʃerimoˈnjoso/ agg. [*tono, persona*] ceremonious.

cerino /tʃeˈrino/ m. (wax) match.

cernia /ˈtʃɛrnja/ f. grouper*.

cerniera /tʃerˈnjɛra/ f. **1** *(di abiti, ecc.)* (anche **~ lampo**) zip (fastener), zipper AE; ***aprire, chiudere una ~*** to do up, undo a zip **2** *(di porta)* hinge.

cernita /ˈtʃɛrnita/ f. ***fare una ~ di*** to sort, to select.

cernitore /tʃerniˈtore/ ♦ **18** m. (f. **-trice** /tritʃe/) grader.

cero /ˈtʃero/ m. candle, taper; ***accendere un ~ a*** to light a candle to [*Madonna, santo*]; ***accendere un ~ (a sant'Antonio)*** FIG. to thank one's lucky stars ♦♦ ***~ pasquale*** Paschal candle.

cerone /tʃeˈrone/ m. TEATR. greasepaint.

ceroso /tʃeˈroso/ agg. *(che contiene cera)* containing wax; *(simile alla cera)* waxy.

cerotto /tʃeˈrɔtto/ m. (sticking) plaster, Band-Aid®, patch; ***~ medicato*** medicated plaster; ***~ alla nicotina*** nicotine patch.

certamente /tʃertaˈmente/ avv. certainly, undoubtedly; ***"vieni al cinema stasera?" - "(sì,) ~!"*** "are you coming to the cinema tonight?" - "of course! definitely!".

certezza /tʃerˈtettsa/ f. certainty; ***sapere con ~ che*** to know for certain *o* for a certainty that; ***avere la ~ che*** to be certain *o* confident that.

certificare /tʃertifiˈkare/ [1] tr. to certify; ***~ che qcn. è idoneo a*** to certify sb. (as) fit for [*attività sportiva*].

certificato /tʃertifiˈkato/ m. certificate; ***rilasciare un ~*** to issue a certificate ♦♦ ***~ elettorale*** polling card BE, voter registration card AE; ***~ di garanzia*** certificate of guarantee; ***~ di matrimonio*** marriage certificate; ***~ medico*** medical certificate, doctor's note; *(per malattia)* sick note; ***~ di morte*** death certificate; ***~ di nascita*** birth certificate; ***~ di residenza*** proof of residence.

certificazione /tʃertifikatˈtsjone/ f. certification.

1.certo /ˈtʃɛrto/ **I** agg. **1** *(persuaso, convinto)* [*persona*] certain, sure (**di** of, about; **di fare** of doing); ***ne sono ~*** I'm certain *o* sure (of it); ***sono ~ che verrà*** I feel certain that she'll come **2** *(indubitabile)* [*prova*] firm; [*vittoria*] certain; [*notizia*] reliable; [*data*] fixed; *(efficace)* [*rimedio*] sure; ***una cosa è -a, ...*** one thing is certain, ...; ***sapere qcs. per ~*** to know sth. for certain *o* for sure; ***dare qcs. per ~*** to be certain of sth.; ***è ~ che lei accetterà*** it's certain that she'll accept, she's certain to accept **II** m. ***lasciare il ~ per l'incerto*** to take a chance, to plunge into the unknown **III** avv. **1** certainly, surely; ***~!*** of course! sure! ***ma ~ che vi aiuterò*** of course I'll help you; ***~ (che) è una situazione difficile*** it's a difficult situation indeed **2 di certo** for certain, for sure; ***no di ~*** certainly not, of course not; ***di ~ non verrà*** he definitely won't come.

2.certo /ˈtʃɛrto/ **I** agg. indef. **1** *(indefinito, non precisato)* certain; ***una -a quantità di*** some; ***per un ~ periodo*** for some time, for a while; ***in un ~ (qual) modo*** in a way; ***fino a un ~ punto*** up to a (certain) point; ***ha un ~ non so che*** he has a certain something *o* air about him; ***sono uscito con -i miei amici*** I went out with some friends of mine **2** *(tale)* ***un ~ signor Bianchi*** a (certain) Mr Bianchi **3** *(di tal genere)* such; ***non sopporto -i comportamenti*** I can't stand such behaviour; ***ho fatto -i sogni stanotte!*** I had such dreams last night! ***hai -e idee!*** you have some funny ideas! **4** *(discreto)* ***avere un ~ appetito*** to be rather *o* quite hungry; ***richiederà un ~ impegno*** it will take some doing; ***un uomo di una -a età*** a man of a distinct age **II certi** pron.indef.pl. *(alcuni)* some (people).

certosa /tʃerˈtoza/ f. charterhouse, Carthusian monastery.

certosino /tʃertoˈzino/ agg. e m. RELIG. Carthusian ♦ ***pazienza da ~*** patience of Job; ***lavoro da ~*** painstaking work.

certuni /tʃerˈtuni/ pron.indef.pl. some (people).

cerume /tʃeˈrume/ m. (ear)wax.

cerva /ˈtʃɛrva/ f. hind*.

cervelletto /tʃervelˈletto/ m. cerebellum.

cervello /tʃerˈvɛllo/ m. **1** *(organo)* brain; *(materia grigia)* (anche pl.f. **-a**) brain(s) (anche GASTR.); ***farsi saltare le -a*** to blow one's brains out **2** *(testa, mente)* brain, head, mind; ***avere ~*** to have brains *o* a good brain, to be brainy; ***non avere niente nel ~*** to be brainless, to have no brains; ***~ di gallina*** FIG. bird-brain, featherbrain; ***usare*** o ***far lavorare il ~*** to use one's brains; ***spremersi il ~*** to beat one's brain out, to rack one's brains **3** *(persona intelligente)* ***fuga dei -i*** brain drain **4** *(ideatore, organizzatore)* brains, mastermind ♦♦ ***~ elettronico*** INFORM. electronic brain.

cervellone /tʃervelˈlone/ m. **1** *(persona intelligente)* brain **2** SCHERZ. *(cervello elettronico)* electronic brain.

cervicale /tʃerviˈkale/ **I** agg. cervical **II** f. COLLOQ. ***soffrire di*** o ***avere la ~*** to suffer from cervical arthrosis.

cervice /tʃerˈvitʃe/ f. cervix*.

Cervino /tʃerˈvino/ n.pr.m. ***il ~*** the Matterhorn.

cervo /ˈtʃɛrvo/ m. (red) deer*; *(maschio adulto)* stag, hart; *(carne)* venison.

Cesare /ˈtʃɛzare/ n.pr.m. Caesar; ***Giulio ~*** Julius Caesar ♦ ***date a ~ quel che è di ~*** render unto Caesar what is Caesar's.

cesareo /tʃeˈzareo/ agg. MED. [*parto*] Caesarean, Cesarean AE, Caesarian, Cesarian AE; ***taglio ~*** Caesarean section.

cesellare /tʃezelˈlare/ [1] tr. **1** to chisel, to chase [*metallo*] **2** FIG. to polish [*stile, discorso*].

cesello /tʃeˈzɛllo/ m. chisel.

cesoie /tʃeˈzoje/ f.pl. shears, secateurs BE.

cespite /ˈtʃɛspite/ m. *(fonte di guadagno)* source of income, capital asset.

cespo /ˈtʃespo/ m. tuft, clump, cluster; ***un ~ di lattuga*** a head of lettuce.

cespuglio, pl. **-gli** /tʃesˈpuʎʎo, ʎi/ m. bush, shrub.

cespuglioso /tʃespuʎˈʎoso/ agg. **1** [*terreno*] bushy **2** FIG. SCHERZ. [*sopracciglia*] bushy; [*barba, capelli*] bushy, straggly.

cessare /tʃesˈsare/ [1] **I** tr. to cease, to stop [*attività, ostilità*]; ***~ il fuoco*** to cease fire, to hold one's fire; ***ordinare il cessate il fuoco*** to order cease-fire; ***~ di fare*** to cease to do, to stop doing; ***~ di esistere*** to cease to exist **II** intr. (aus. *essere, avere*) [*attività*] to cease, to stop; [*combattimenti*] to die down, to stop; [*vento*] to blow* over; [*pioggia*] to stop, to leave* off, to die away; [*conversazione*] to let* up.

cessazione /tʃessatˈtsjone/ f. *(di aiuti, ostilità)* suspension, cessation FORM.; *(di lavoro)* stoppage.

cessione /tʃesˈsjone/ f. DIR. ECON. cession; *(di debito)* transfer; *(di diritti)* assignment; *(di proprietà)* conveyance, disposal; *(di titolo)* conveyance; *(di territorio)* handover, surrender; ***atto di ~*** (deed of) conveyance.

1.che

Pronome relativo

- *Che* pronome relativo soggetto si traduce con *who* quando si riferisce a persone, e con *which* quando si riferisce ad animali o cose:
  - *mia cugina, che ha più di cinquant'anni, è ancora una bellissima donna* = my cousin, who is over fifty, is still a very nice woman
  - *ho incontrato Luisa e Pietro, che mi hanno parlato di te* = I met Luisa and Pietro, who talked to me about you
  - *ecco i miei cavalli, che hanno vinto molte corse* = here are my horses, which won many races
  - *la loro casa, che è molto costosa, venne costruita nel 1870* = their house, which is very expensive, was built in 1870.
- *Che* pronome relativo complemento oggetto si traduce con *who* oppure *whom* quando si riferisce a persone, e con *which* quando si riferisce ad animali o cose:
  - *mio zio, che non vedevo da anni, è venuto a trovarmi ieri* = my uncle, who / whom I had not seen for years, came to visit me yesterday
  - *il suo cane, che mi piace molto, abbaia sempre agli estranei* = her dog, which I like very much, always barks at strangers
  - *questo romanzo, che ho appena finito di leggere, è molto divertente* = this novel, which I've just finished reading, is very amusing.

Va ricordato che l'uso di *whom* è formale e di solito limitato alla lingua scritta; inoltre, il relativo complemento oggetto può sempre essere sottinteso in inglese (my uncle, I had not seen for years, came to visit me yesterday).

- In funzione di pronome relativo soggetto e oggetto, con riferimento sia alle persone sia alle cose, *che* non va sempre tradotto con *who, whom* e *which*; infatti, quando la frase relativa ha valore restrittivo e distintivo, *che* si traduce con *that*, come dimostrano i seguenti due esempi contrapposti:
  - *ho una sorella, che abita a Roma* = I have a sister, who lives in Rome
  - *mia sorella che abita a Roma fa la guida turistica* = my sister that lives in Rome is a tour guide

  Nel primo esempio, la frase relativa dà semplicemente un'informazione in più: "ho una sorella", "mia sorella vive a Roma"; nel secondo, ha valore restrittivo e distintivo perché qualifica "mia sorella che abita a Roma" (distinguendola dalle altre mie sorelle ecc.); il relativo *that* non è mai preceduto dalla virgola e, come gli altri pronomi relativi, può essere sottinteso quando è usato in funzione di oggetto:
  - *riconobbi l'uomo che aveva rubato l'auto* = I recognized the man that had stolen the car
  - *il film che ho visto ieri venne girato in Galles* = the film (that) I saw yesterday was shot in Wales.
- *Che* si traduce sempre con *that* in altri casi particolari:

  a) quando il relativo si riferisce contemporaneamente a persone e cose o animali: *quell'uomo e il suo cane, che stanno correndo sotto la pioggia, sono entrambi molto vecchi* = both that man and his dog, that are running in the rain, are very old;

  b) quando che segue un superlativo: *è la ragazza più carina che abbia mai frequentato questa scuola* = she is the nicest girl that has ever attended this school;

  c) quando segue *all, last, little, much*: *questo è tutto quello che si può fare* = that's all that can be done; *questo è l'ultimo bambino che avrà un regalo da me* = this is the last child that will get a present from me; *il poco che avevamo visto fu sufficiente* = the little that we had seen was enough; *non c'è molto che si possa fare*: there is not much that can be done.
- Va notato che, quando a un verbo transitivo italiano corrisponde in inglese un verbo seguito da preposizione o particella avverbiale, *che* va tradotto in modo appropriato con *which, who, that* o con l'omissione del pronome:
  - *il libro che stai cercando è qui* = the book (which / that) you are looking for is here
  - *l'uomo che stavi guardando è il mio capo* = the man (who / that) you were looking at is my boss.
- Il pronome e il verbo ausiliare della frase relativa vengono spesso omessi in inglese, specie nella lingua parlata:
  - *i ragazzi che stanno studiando in biblioteca sono i miei alunni* = the boys (that are) studying in the library are my pupils.
- Sebbene come pronomi relativi nei casi indiretti si usino di solito *cui* o *il quale* preceduti da una preposizione (*a cui, dal quale* ecc.), si può talvolta impiegare anche *che*, in alcune espressioni idiomatiche (si veda la voce **1.che I.3**) o quando ha valore temporale:
  - *l'estate che ci siamo conosciuti* = the summer when / in which we met
  - *il giorno che morì* = the day on which he died
  - *l'anno che sei nato* = the year you were born.
- *Che* usato come correlativo di *stesso* o *medesimo* si traduce solitamente con *as*:
  - *avrò lo stesso regalo che hai avuto tu* = I'll get the same present as you had.
- Il pronome relativo *che* può infine comparire dopo avverbi di luogo e tempo, nel qual caso si traduce *that*, e nella forma particolare *il che*, da rendere con *which*:
  - *fu allora che ti vidi* = it was then that I saw you
  - *fu là che l'incontrai per la prima volta* = it was there that I first met her
  - *disse che era stato malato, il che non era vero* = he said he had been ill, which wasn't true.

Aggettivo e pronome interrogativo

- Come aggettivo interrogativo *che*, sinonimo di *quale*, è sempre seguito da un sostantivo e si traduce con *what* oppure *which* se la scelta è limitata:
  - *che lavoro fa Tina?* = what's Tina's job?
  - *che film vuoi vedere stasera?* = which film do you want to see tonight?
  - *che libri hai letto di recente?* = which books have you recently read?
- Le frasi interrogative dirette e indirette possono essere introdotte dal pronome interrogativo *che* o dall'aggettivo interrogativo *che* nella forma *che cosa* (spesso ridotta a *cosa* nell'uso colloquiale); l'equivalente inglese è sempre *what*:
  - *che / che cosa / cosa fa?* = what is he doing?
  - *che / che cosa / cosa le ha detto?* = what did he tell her?
  - *non so che / che cosa / cosa sta / stia fa facendo* = I don't know what he is doing
  - *non so che / che cosa / cosa le ha / abbia detto* = I don't know what he told her.

  Solo raramente *what* è sostituito da *how*:
  - *dicci con che cosa hai pagato questa macchina* = tell us how you paid for this car
  - *e che ne so?* = how should I know that?

  Si noti che la frase interrogativa indiretta in inglese non richiede l'ausiliare e l'inversione con il soggetto.

Aggettivo e pronome esclamativo

- Come aggettivo esclamativo *che*, sinonimo *di quale*, può essere seguito da un sostantivo, da aggettivo + sostantivo oppure da un aggettivo; gli equivalenti inglesi sono *what a / what an* davanti a un sostantivo singolare con o senza aggettivo, *what* davanti a un sostantivo plurale o non numerabile con o senza aggettivo, e *how* davanti a un aggettivo:
  - *che coincidenza!* = what a coincidence!
  - *che onore!* = what an honour!
  - *che idea brillante* = what an interesting discovery!
  - *che donne!* = what women!
  - *che bei vestiti hai!* = what nice dresses you have!
  - *che fortuna!* = what luck!
  - *che begli occhi!* = what lovely eyes!
  - *che strano!* = how odd!
- Come pronome esclamativo *che*, sinonimo di *quale cosa* e talvolta rafforzato o addirittura sostituito da *cosa*, si rende in inglese con *what*:
  - *ma che / che cosa / cosa mi tocca sentire!* = what I have to listen to!

Pronome indefinito

- Come pronome indefinito che si rende con *something*, o in altro modo per particolari espressioni idiomatiche:
  - *aveva un che di strano* = there was something weird about him
  - *questo film non mi pare un gran che* = I don't think much of this film.

2.che

- La congiunzione *che*, quando introduce una frase dichiarativa, si rende in inglese con *that* il quale, soprattutto nell'inglese parlato, è spesso sottinteso; non si può omettere *that* quando il verbo della frase principale è al passivo o quando la frase secondaria introdotta da *that* non segue immediatamente il verbo principale:

disse che l'avrebbe fatto lei	=	she said (that) she would do it
penso che arriveremo in ritardo per la cena	=	I think (that) we'll be late for dinner
le dissero che Jane la stava aspettando	=	she was told that Jane was waiting for her
gli dissero due volte che non sarebbe venuto nessuno	=	they told him twice that nobody would come.

- Dopo verbi che esprimono desiderio, volontà o comando come *to want, to like* (al presente indicativo e al condizionale), *to wish* (alla prima persona) e *will have*, la struttura volere *che* + congiuntivo non va riprodotta letteralmente:

voglio che vengano anche loro	=	I want them to come too
voleva che venissero anche loro	=	he wanted them to come too
vorrebbero che lo facessi io	=	they would like me to do it
vorrei che fosse qui	=	I wish he were here
vorrei che fosse già arrivato	=	I wish he had already arrived
vorrei che avessimo più tempo	=	I wish we had more time
vorrei saperlo fare	=	I wish I could do it
vorremmo sapere parlare l'inglese correntemente	=	we wish we could speak English fluently
vorrei che me lo portasse	=	I wish he would bring it to me
voglio che me lo porti subito	=	I will have him bring it to me at once

Un'analoga struttura infinitiva sostituisce *che* + congiuntivo nelle frase introdotte in italiano dal verbo *essere* + aggettivo:

è impossibile che lei ci trovi	=	it's impossible for her to find us
è probabile che venga	=	he is likely to come.

- Negli altri tipi di frase secondaria, la congiunzione *che* si traduce in modi diversi:

a) *so (that)* e *that* nella frase consecutiva e finale: *era così felice che me lo regalò* = he was so happy that he gave it to me; *fa' attenzione che i bambini non si facciano male* = be careful that the children don't hurt themselves;

b) *that o because*, che possono essere sottintesi, nella frase causale: *sono felice che lei abbia vinto* = I'm happy (that) she has won; *prepara la cena, che ho molta fame* = get dinner ready, (because) I'm very hungry;

c) con *as far as* o nessun equivalente preciso nella frase concessiva: *che io sappia, è ancora all'estero* = as far as I know, he is still abroad; *non che sia difficile ma...* = it's not difficult but...;

d) *that, when, after, as soon as, for* o *since* nella frase temporale: *aveva appena superato l'esame che partì per una lunga vacanza* = no sooner had he passed his exam that he left for a long holiday; *letto che ebbe il contratto, consultò l'avvocato* = when he finished reading the contract, he consulted his lawyer; *passata che fu la tempesta* = when / as soon as the storm was over; *sono secoli che non lo vedo* = I haven't seen him for ages / it's ages since I last saw him;

e) con l'imperativo, *let* o *may* nella frase imperativa, ottativa o concessiva: *che tu sia benedetto!* = bless you! / may you be blessed! *che entri!* = let him in!;

f) *but, only* o altre forme nella frase limitativa: *non fa altro che sorridere* = he does nothing but smile; *non posso fare altro che ascoltarti* = I can only / but listen to you;

g) con *both ... and* o *whether ... or* nella frase correlativa: *tanto lui che sua moglie / sia lui che sua moglie* = both he and his wife; *che ti piaccia o no* = whether you like it or not;

h) con un avverbio o un'interrogativa nella frase interrogativa: *che mi abbia visto?* = maybe she saw me; *che siano già andati via?* = have they already gone?

i) con *than* nella frase comparativa di maggioranza e minoranza e *as* in quella di uguaglianza: *preferisco farlo tutto da solo che chiedere il suo aiuto* = I'd rather do it all by myself than ask for his help; *meno che mai* = less than ever; *non sono quello stupido che credi tu* = I'm not as stupid as you think.

- Aggiunta a preposizioni o avverbi, la congiunzione che forma nuove congiunzioni o locuzioni congiuntive, come *affinché, a meno che, benché, dopo che, finché, nonostante che, prima che, sempre che, senza che, tranne che ecc.*, per le quali si veda la corrispondente voce del dizionario.

cesso /ˈtʃɛsso/ m. COLLOQ. **1** *(gabinetto)* can, bog BE, loo BE, john AE, shitter AE **2** FIG. *(luogo sporco)* pigsty; *(cosa brutta)* shit; *(persona brutta)* ***è un vero ~!*** he's really gross! *(donna)* she's a dog!

cesta /ˈtʃesta/ f. basket; *(contenuto)* basket(ful) (**di** of).

cestaio, pl. **-ai** /tʃesˈtajo, ai/ ➧ **18** m. (f. **-a**) basket maker.

cestello /tʃesˈtɛllo/ m. **1** *(piccolo cesto)* small basket, punnet BE **2** *(di lavatrice)* drum; *(di lavastoviglie)* rack.

cestinare /tʃestiˈnare/ [1] tr. **1** to throw* into the wastepaper basket [*foglio*] **2** FIG. *(rifiutare)* to throw* out, to reject [*articolo, proposta*].

cestino /tʃesˈtino/ m. basket ◆◆ ***~ della carta*** wastepaper basket; ***~ da lavoro*** work *o* sewing basket; ***~ da picnic*** (picnic) hamper; ***~ dei rifiuti*** litter basket *o* bin; ***~ da viaggio*** packed meal *o* lunch.

cestista, m.pl. **-i**, f.pl. **-e** /tʃesˈtista/ m. e f. basketball player.

cesto /ˈtʃesto/ m. basket; *(contenuto)* basket(ful) (**di** of).

cetaceo /tʃeˈtaʃeo/ m. cetacean.

ceto /ˈtʃɛto/ m. (social) class, rank; ***i -i alti, bassi*** the upper, lower class(es); ***gente di ogni ~*** people from all walks of life *o* from all ranks ◆◆ ***~ medio*** middle class; ***~ operaio*** working class.

cetra /ˈtʃetra/ ➧ **34** f. **1** ANT. cithara **2** cither(n).

cetriolino /tʃetrjoˈlino/ m. gherkin; ***-i sottaceto*** pickles.

cetriolo /tʃetriˈɔlo/ m. cucumber.

cfr. ⇒ confer, confronta compare (cfr.).

CFS /tʃieffeˈɛsse/ m. (⇒ Corpo Forestale dello Stato) = Italian state forestry corps.

CGIL /tʃiddʒiˈɛlle/ f. (⇒ Confederazione Generale Italiana del Lavoro) = left-wing federation of Italian trade unions.

chalet /ʃaˈle/ m.inv. (mountain) chalet.

champagne /ʃamˈpaɲ/ **I** m.inv. *(vino, colore)* champagne **II** agg.inv. *(colore)* champagne.

chance /ʃans/ f.inv. chance; ***non avere nessuna ~*** not to have *o* stand a chance.

charme /ʃarm/ m.inv. charm.

charter /ˈtʃarter/ **I** agg.inv. [*volo, aereo, biglietto*] charter **II** m.inv. *(aereo)* charter plane.

chassis /ʃasˈsi/ m.inv. AUT. chassis.

chattare /tʃatˈtare/ [1] intr. to chat.

1.che /ke/ **I** pron.rel. **1** *(soggetto) (persona)* who, that; *(cosa, animale di sesso imprecisato)* that, which; ***il cane, ~ mi aveva riconosciuto, si avvicinò*** the dog, which had recognized me, came up; ***e tu ~ pensavi di risparmiare!*** you were the one who thought (you were going) to save money! ***comparve un uomo ~ portava un cappello*** a man appeared, wearing a hat; ***è lui ~ me lo ha detto*** it was him who told me; ***lo sentii ~ parlava con Marco*** I heard him speaking to Marco **2** *(oggetto) (persona)* who, whom FORM., that; *(cosa, animale di sesso imprecisato)* that, which; ***è la donna più bella ~ (io) abbia mai visto*** she's the most beautiful woman (that) I've ever seen; ***non mi piace la macchina ~ hai comprato*** I don't like the car (that) you've bought; ***stupido ~ sei!*** you silly thing! you fool! **3** *(complemento indiretto)* ***non ha neanche di ~ mangiare*** he doesn't even have enough for food; ***non c'è di ~!*** *(formula di cortesia)* you're welcome! don't mention it! *(con valore temporale)* ***l'estate ~ ci siamo conosciuti*** the summer when *o* in which we met **4** *(con avverbi di luogo, di tempo)* ***fu allora ~*** it was then that; ***è qui ~ si rilasciano i passaporti?*** is it here that they issue passports? **5 il che** *(cosa* *che)* which **II** agg.interr. **1** *(quale)* what; *(entro un gruppo ristretto)* which; ***di ~ colore è?*** what colour is it? ***~ medaglie ha vinto?*** which medals did he win? **2 che cosa** what; ***~ cosa fai?*** what are you doing? ***~ cosa c'è?*** what's up? ***~ cosa? non ho sentito*** what? I didn't hear; ***a ~ cosa stai pensando?*** what are you thinking of *o* about? **III** pron.interr. what; ***~ fai?*** what are you doing? ***~ dire?*** what shall I say? ***~ fare?*** what is to be done? ***~ c'è di nuovo*** what's new? **IV** agg.esclam. ***~ strano, bello!*** how odd, lovely! ***~ uomo!*** what a man! ***~ coraggio!*** what courage! **V** pron.esclam. ***ma ~ mi tocca sentire!*** what I have to listen to! ***~! vai già via?*** what? are you off already? **VI** pron.indef. ***aveva un ~ di strano*** there was something weird about him; ***non ha fatto un gran ~*** he didn't do a great deal.

2.che /ke/ cong. **1** *(dichiarativa)* that; ***penso ~ dovrebbe cambiare mestiere*** I think (that) he should do another job; ***so ~ è vero*** I know it's true; ***è probabile ~ venga*** he is likely to come; *(dopo verbi di volontà o comando)* ***papà vuole ~ andiamo con lui*** dad wants us to go with him; ***vorrei ~ fossi qui*** I wish you were here **2** *(consecutiva)* ***in modo ~ capisca*** so that he can understand; ***la musica era così forte ~...*** the music was so loud that... **3** *(causale)* ***vestiti, ~ usciamo*** get dressed, (because) we're going out **4** *(concessiva)* ***non ~ non fosse contento, ma*** he wasn't unhappy, but **5** *(finale)* ***sta' attento ~ non cada*** mind that it doesn't fall **6** *(temporale)* ***sono dieci anni ~ ci frequentiamo*** we've known each other for ten years; ***ogni volta ~ vieni*** every time you come; *(finché)* ***aspetto ~ parta*** I'm waiting for him to leave **7** *(imperativa, ottativa)* ***~ non se ne parli più*** let's hear no more about this; ***~ Dio abbia misericordia di noi!*** (may) God have mercy on us! **8** *(limitativa)* ***non hanno il diritto, ~ io sappia, di intervenire*** they have no right, as far as I know, to intervene **9** *(correlativa)* ***~ venga o no*** whether he comes or not; ***sia ~..., sia ~...*** either...or...; ***sia io ~ mio marito siamo vegetariani*** both myself and my husband are vegetarians **10** *(interrogativa)* ***~ mi sia ingannato?*** maybe I got it wrong **11** *(nelle comparative)* ***è più diligente ~ dotato*** he's more diligent than gifted; ***studio più ~ posso*** I study as much as I can.

checca, pl. **-che** /'kekka, ke/ f. SPREG. nancy(-boy), fairy, sissy.

checché /kek'ke/ pron.rel.indef.inv. ***~ se ne dica*** whatever one may say.

check-in /tʃek'in/ m.inv. *(operazione)* check-in; *(banco)* check-in (desk); ***fare il ~*** to check in.

check-up /tʃek'ap/ m.inv. MED. checkup; ***fare un ~*** to go for *o* have a checkup.

chela /'kɛla/ f. ZOOL. claw, nipper, pincer.

chemioterapia /kemjotera'pia/ f. *(cura)* chemotherapy.

chemisier /ʃemi'zje/ m.inv. shift.

chepì /ke'pi/ m.inv. kepi.

cherosene /kero'zɛne/ m. kerosene, kerosine, paraffin BE.

cherubino /keru'bino/ m. cherub* (anche FIG.).

chetichella: **alla chetichella** /allaketi'kɛlla/ avv. on the sly; ***andarsene alla ~*** to do a (moonlight) flit.

chi /ki/ **I** pron.rel. *(la persona che)* the person who, the one who; *(colui che)* the man who(m), he who(m) FORM.; *(colei che)* the woman who(m), she who(m) FORM.; *(coloro che)* the people who(m), those who(m), they who(m) FORM.; ***~ è d'accordo, alzi la mano*** those who agree raise your hand; ***~ dei due finirà per primo*** the first one to finish; ***~ di voi vuole partire*** those of you who want to leave **II** pron.rel.indef. **1** *(qualcuno che)* someone who, somebody who; ***ho trovato ~ può farlo*** I've found someone who can do it; ***ho visto ~ sai tu*** I saw you know who; *(in frasi negative)* ***non trova ~ lo possa aiutare*** he can't find anyone to help him **2** *(chiunque)* whoever, anybody (who), anyone (who); ***porta ~ vuoi*** bring who you like **3** *(correlativo)* ***~ legge, ~ dorme*** some people are reading, others sleeping **III** pron.interr. **1** *(soggetto)* who; *(oggetto e complemento indiretto)* who, whom FORM.; ***~ sa la risposta?*** who knows the answer? ***"~ è stato?" - "~ lo sa"*** "who did it?" - "who knows"; ***con ~ esci?*** who(m) are you going out with? ***da ~ l'hai preso?*** who did you get it from? ***"l'ho regalato" - "a ~?"*** "I gave it away" - "who to?"; ***mi chiedo ~ sia quel tipo*** I wonder who that guy is; *(al telefono)* ***~ parla, con ~ sto parlando?*** (may I ask) who's calling? *(in domande retoriche)* ***~ l'avrebbe detto?*** who would ever have guessed it? **2** *(entro un gruppo ristretto)* which; ***~ di voi...?*** which of you...? **3 di chi** ***di ~ è (questo)?*** whose is this? ***di ~ è l'articolo?*** the article is by whom? who is the article by? **IV** pron.esclam. ***a ~ lo dici!*** don't I know it! you tell me! ***senti ~ parla!*** look who's talking! ***(toh) ~ si vede!*** look who's here!

chiacchiera /'kjakkjera/ f. **1** *(conversazione)* **-e** chatter, small talk; ***fare*** o ***scambiare due*** o ***quattro -e*** to have a chat *o* a jaw **2** *(discorso futile)* ***perdersi in -e*** to waste time in idle chatter; ***basta con le -e!*** stop the cackle! cut the chatter! **3** *(pettegolezzo, maldicenza)* gossip, rumour; ***sono solo -e*** it's just talk **4** *(parlantina)* gab, patter **5** REGION. GASTR. = fried and sugared slice of pastry typical at Carnival time.

chiacchierare /kjakkje'rare/ [1] intr. (aus. *avere*) **1** *(conversare)* to chat, to jaw (**con** with, to) **2** *(spettegolare)* to gossip, to tattle **3** *(parlare molto)* to chatter (away, on), to jabber, to jaw, to gab.

chiacchierata /kjakkje'rata/ f. chat; ***fare una (bella) ~*** to have a good chat *o* jaw.

chiacchierato /kjakkje'rato/ **I** p.pass. → **chiacchierare II** agg. ***essere una persona (molto) -a*** to be (much) talked about *o* much-maligned.

chiacchierino /kjakkie'rino/ **I** agg. talkative, talky **II** m. ARTIG. tatting.

chiacchierone /kjakkje'rone/ m. (f. **-a**) chatterbox, motormouth; *(pettegolo)* gossip(er).

chiamare /kja'mare/ [1] **I** tr. **1** *(attirare l'attenzione)* to call; *(a gran voce)* to call out, to cry out; *(con un gesto)* to beckon; ***~ qcn. per la cena*** to call sb. to dinner; ***piangendo, chiamava la mamma*** he was crying for his mother **2** *(telefonare)* to call (up), to ring*, to phone [*persona, numero*]; ***~ il 113*** to dial 113 **3** *(fare venire)* to call, to summon [*persona*]; to call (out), to have* in [*dottore, ambulanza, polizia*]; to call [*ascensore*]; to call, to get*, to order [*taxi*]; ***mandare a ~ qcn.*** to send for sb.; ***andare a ~ qcn.*** to go and fetch sb.; ***il dovere (mi) chiama!*** duty calls! ***~ qcn. in giudizio*** DIR. to summon *o* arraign sb. before the court **4** GIOC. to call, to declare [*carta*] **5** *(dare nome)* to call, to name [*persona, cosa, animale*]; ***come hanno chiamato la figlia?*** what did they call their daughter? ***l'hanno chiamata Lucy, come la mamma*** they named her Lucy after BE *o* for AE her mother; ***si fa ~ Ringo*** he calls himself *o* he goes under the name of Ringo; ***si faceva ~ dottore*** he gave himself the title of doctor, he went by the title of doctor **6** *(invocare)* to call on, to invoke; ***~ aiuto*** to call *o* cry *o* shout for help **7** *(definire)* ***questo, per me, si chiama furto*** in my opinion, this is called theft; ***se questo tu lo chiami uno scherzo...*** if that's your idea of a joke... **II chiamarsi** pronom. **1** *(avere nome)* to be* called; ***come si chiama questo in inglese?*** what's that (called) in English? ***come ti chiami?*** what's your name? ***si chiama Jo*** her name is *o* she's called Jo **2** *(essere)* ***questo sì che si chiama cucinare!*** now that's what I call cooking! **3** *(dichiararsi)* ***-rsi fuori*** to withdraw ♦ ***~ le cose con il loro nome*** to call a spade a spade.

chiamata /kja'mata/ f. **1** call; *(imperativa)* summons (anche DIR.) **2** TEATR. curtain call **3** MIL. ***~ alle armi*** call-up **4** *(telefonica)* (tele)phone call, call **5** *(vocazione)* calling.

chianti /'kjanti/ m.inv. Chianti.

chiappa /'kjappa/ f. POP. buttock, cheek; ***alza le -e!*** get off your ass *o* butt! get your ass in gear!

chiapparello /kjappa'rɛllo/ m.inv. ***giocare a ~*** to play tag.

chiara /'kjara/ f. **1** *(albume)* (egg) white **2** *(birra)* lager.

Chiara /'kjara/ n.pr.f. Clare, Claire.

chiaramente /kjara'mente/ avv. **1** *(distintamente)* [*vedere, sentire, ricordare*] clearly, plainly, distinctly **2** *(in modo comprensibile)* [*scrivere, esprimersi*] clearly, neatly **3** *(apertamente)* [*parlare*] openly, frankly, plainly; *(esplicitamente)* [*ordinare, promettere*] explicitly **4** *(evidentemente)* [*preoccupato, sbagliato*] clearly, evidently, obviously.

chiarezza /kja'rettsa/ f. **1** *(limpidezza)* *(di cielo, vetro)* clearness, clarity; *(di acqua)* clarity, transparency **2** FIG. *(di ragionamento, spiegazione)* clarity, clearness; *(di scrittura, testo, stile)* clarity.

chiarificare /kjarifi'kare/ [1] tr. to clarify (anche FIG.).

chiarificazione /kjarifikat'tsjone/ f. clarification.

chi

Pronome relativo

- *Chi* pronome relativo dimostrativo, che si può usare in funzione di soggetto o complemento diretto o indiretto, si traduce in inglese in vari modi:

  a) quando significa *colui che*, con *the person / the one / the man / he + who(m)*:

chi ti ha telefonato	=	the person who phoned
non sapeva nulla		you didn't know anything
ride bene chi ride ultimo	=	he laughs best who laughs last
conosco chi ha scritto quel libro	=	I know the man who wrote that book
non so con chi stesse parlando	=	I don't know the one who she was talking with;

  b) quando significa *colei che*, con *the person / the one / the woman / she + who(m)*:

riporta la borsetta a chi l'hai presa	=	take the handbag back to the woman you took it from
chi l'ha cucinato è mia moglie	=	my wife is the one who cooked it;

  c) quando significa *coloro che*, con *the people / those / they + who(m)*:

sii gentile con chi è gentile con te	=	be kind to the people who are kind to you
chi sa qualcosa deve dirlo	=	those who know something should speak.

- *Chi* pronome relativo indefinito, sinonimo di *qualcuno che / uno che*, si traduce solitamente con *someone who / somebody who*:

ci sarà sempre chi sappia aiutarti	=	there will always be someone who can help you
devo trovare chi la conosca	=	I've got to find somebody who knows her.

- *Chi* pronome relativo indefinito, sinonimo di *chiunque*, si traduce con *whoever, whichever* (se ci si riferisce a un gruppo limitato), *anybody (who)* o *anyone (who)*:

dallo a chi vuoi	=	give it to whoever you want
non m'importa chi di loro l'abbia fatto	=	I don't care whichever of them did it
ditelo a chi volete	=	tell anyone you want
chi volesse venire, per favore lo faccia	=	if anybody wants to come, please do.

- *Chi* pronome relativo indefinito in funzione correlativa, sinonimo di *l'uno ... l'altro / alcuni ... altri*, si traduce con *one ... one, some... some* oppure *some ... others*:

chi era triste, chi era arrabbiato, chi era stanco – che bella serata!	=	one was sad, one was angry, one was tired – what a pleasant evening!
chi più, chi meno	=	some more, some less
c'è a chi piace il vino, e chi preferisce la birra	=	some like wine, others like beer better.

- *Chi* pronome relativo indefinito è anche usato per introdurre un'ipotetica (= *se qualcuno*) o una condizionale (= *purché qualcuno*) con il verbo al congiuntivo:

per chi non lo sapesse, siamo molto in ritardo	=	in case you don't know it / if you don't know, we're very late
chi l'abbia studiata per bene, questa poesia non è difficile da capire	=	provided / if you have studied it well, this poem is not difficult to understand.

Pronome interrogativo ed esclamativo

- *Chi* pronome interrogativo soggetto, sinonimo di *quale persona*, si traduce *who*:

"chi è?" "io"	=	"who is it?" "it's me"
pronto, chi parla?	=	hello, who's calling?
"chi ha scritto Oliver Twist?" "Charles Dickens"	=	"who wrote Oliver Twist?" "it was Charles Dickens" / "Charles Dickens did"
chi ha rotto il vetro della finestra?	=	who broke the window pane?
chi ti ha incontrato?	=	who met you?
non so chi mi abbia visto	=	I don't know who saw me
ti ha detto chi sarebbe arrivato il giorno dopo?	=	did he tell you who would arrive the next day?

  Si noti anche il caso particolare di *Chi è Lei?* (= *Lei come si chiama?*) = who are you? contrapposto a *Che cos'è Lei?* (= *Lei che cosa fa di mestiere?*) = what are you?

- *Chi* pronome interrogativo oggetto (diretto o indiretto), sinonimo di *quale persona*, si traduce *who* o *whom:*

chi hai incontrato?	=	who / whom did you meet?
chi avete intenzione di invitare?	=	who / whom are you going to invite?
a chi vuole parlare?	=	who does she want to speak to? / to whom does she want to speak?
per chi hai comprato quell'orologio?	=	who did you buy that watch for? / for whom did you buy that watch?

  L'uso di *whom* è più formale e di solito limitato alla lingua scritta.

  Si noti che la frase interrogativa indiretta in inglese non richiede l'ausiliare e l'inversione con il soggetto:

lo sai chi ho incontrato?	=	do you know who / whom I met?
speravo mi dicessi per chi hai comprato quell'orologio	=	I hoped you would tell me who you bought that watch for.

- *Chi* pronome interrogativo soggetto e oggetto, sinonimo di *quale persona*, si traduce con *which* se ci si riferisce a un gruppo limitato:

chi di loro preferisci?	=	which of them do you like best?
non so chi dei due parla inglese	=	I do not know which of the two can speak English.

- L'interrogativo *di chi?* si rende in inglese con *whose* se si vuole indicare il possesso e con altre preposizioni (come *about, by* o *of*) + *whom / who* per esprimere altri significati:

di chi è quell'auto?	=	whose is that car? / whose car is that?
sai di chi è l'auto che è stata rubata?	=	do you know whose car was stolen?
di chi parla l'articolo?	=	who(m) is the article about?

- *Chi* pronome esclamativo si traduce con *who* o con altre forme idiomatiche:

chi lo sa!	=	who knows!
senti chi parla!	=	look who's talking!
a chi lo dici!	=	don't I know it! / you tell me!

chiarimento /kjari'mento/ m. **1** *(il chiarire)* ***è stato sospeso dalle sue funzioni fino al ~ della questione*** he was suspended from office till the matter was cleared up **2** *(spiegazione)* clarification, enlightenment; ***chiedere -i a qcn. su qcs.*** to ask sb. for an explanation of sth.

chiarire /kja'rire/ [102] **I** tr. **1** *(rendere comprensibile, spiegare)* to clarify, to explain [*testo, questione, concetto*]; ***~ le proprie intenzioni*** to make one's intentions clear *o* plain; ***~ le cose*** to set matters straight **2** *(far luce su)* to solve, to unravel [*enigma, mistero*]; to clear up, to sort out [*equivoco, malinteso*]; to resolve [*dubbio*] **3** *(definire)* to define, to make* [sth.] clear [*idee, programma*] **II chiarirsi** pronom. **1** *(diventare comprensibile)* [*faccenda*] to become* clear **2** *(spiegarsi)* ***-rsi con qcn.*** to clear things up with sb. **3** ***-rsi le idee*** to think things through.

chiaro /'kjaro/ **I** agg. **1** *(luminoso)* [*cielo*] clear, bright; ***fa già ~*** it's already getting light **2** *(non nuvoloso)* [*cielo, tempo*] clear, bright **3** *(trasparente, limpido)* [*acqua*] clear **4** *(che si sente distintamente)* [*suono, voce*] clear **5** *(tenue, pallido)* [*colore, tinta*] light, pale; [*carnagione*] fair; [*occhi*] light-coloured **6** *(preciso)* [*programma, motivo, regolamento*] clear(-cut); ***avere le idee -e*** to have a clear head **7** *(comprensibile)* [*testo, termine, spiegazione*] clear, plain; [*linguaggio*] plain, straightforward; [*scrittura*] clear, neat; ***è ~? sono stato ~?*** is that clear? did I make myself clear? **8** *(esplicito)* [*intenzioni, allusione*] clear **9** *(evidente, palese)* clear, plain, obvious; ***è ~***

che it's clear that **10** *(illustre)* ***un professore di -a fama*** an eminent professor **11** *(franco)* [*sguardo, discorso*] clear, frank; ***sarò ~ con lui*** I'll be frank with him **II** m. **1** *(chiarore)* ***al ~ di luna*** by the light of the moon, in *o* by the moonlight **2** *(tonalità di colore)* ***vestirsi di ~*** to dress in light colours **3** TELEV. MIL. INFORM. ***in ~*** in clear **III** avv. clearly; ***vederci ~*** to see clearly (anche FIG.); ***parliamoci ~*** let's speak clearly ♦ ***è ~ come il sole*** it's as plain as day *o* crystal clear; ***dire qcs. a -e lettere, forte e ~*** to say sth. flat, straight (out); ***mettere le cose in ~*** to make sth. clear; ***~ e tondo*** outright, flat, plain, straight.

chiarore /kja'rore/ m. glimmer, (faint) light; ***il ~ dell'alba*** the first light of dawn.

chiaroscuro /kjaros'kuro/ m. chiaroscuro*; ***effetti di ~*** light and shade effects, chiaroscuro.

chiaroveggente /kjaroved'dʒɛnte/ agg., m. e f. clairvoyant.

chiaroveggenza /kjaroved'dʒɛntsa/ f. clairvoyance.

chiasso /'kjasso/ m. **1** din, racket, row, fuss; ***fare un ~ infernale*** to make the hell of a racket *o* a row **2** FIG. *(scalpore)* row, stink; ***fare ~*** to cause a stir *o* an uproar.

chiassoso /kjas'soso/ agg. **1** *(rumoroso)* [*persona*] noisy; [*bambino*] rowdy; [*musica, festa*] loud **2** *(sgargiante)* [*colori, vestito*] loud, gaudy, noisy.

chiatta /'kjatta/ f. barge.

chiavare /kja'vare/ [1] tr. e intr. (aus. *avere*) VOLG. to screw, to shag, to fuck.

chiavata /kja'vata/ f. VOLG. screw, fuck, lay.

chiave /'kjave/ **I** f. **1** *(di serratura, meccanismo)* key; ***~ della macchina, di casa*** car, house key; ***la ~ della mia camera*** the key to my bedroom; ***chiudere a ~*** to lock [*porta, valigia, cassetto*]; ***sotto ~*** under lock and key; ***-i in mano*** AUT. [*prezzo*] on the road **2** TECN. *(attrezzo)* spanner, wrench **3** MUS. *(segno)* clef; *(congegno) (di flauto, clarinetto)* key; *(di tromba)* valve; ***in ~ di sol*** in the treble clef; ***alterazione in ~*** key signature **4** FIG. *(soluzione)* key, clue; ***la ~ del mistero*** the key to the mystery **5** FIG. ***la ~ del successo*** the key to success **6** FIG. *(sistema interpretativo)* ***in ~ politica*** from a political viewpoint *o* slant **II** agg.inv. [*elemento, ruolo, punto, uomo, figura*] key attrib.; ***parola ~*** keyword ♦♦ ***~ di accensione*** AUT. ignition key; ***~ inglese*** monkey wrench; ***~ di lettura*** key to the reading; ***~ a tubo*** box spanner BE, socket wrench; ***~ universale*** skeleton key; ***~ di volta*** ARCH. keystone (anche FIG.).

chiavetta /kja'vetta/ f. **1** *(piccola chiave)* small key **2** MECC. key **3** *(rubinetto)* stopcock.

chiavica, pl. **-che** /'kjavika, ke/ f. *(fogna)* drain, sewer.

chiavistello /kjavis'tɛllo/ m. bolt, latch; ***mettere, togliere il ~ a qcs.*** to bolt, unbolt sth.

chiazza /'kjattsa/ f. stain, spot; *(di inchiostro)* blotch; *(di muffa, umidità, ruggine)* patch; ***a -e*** in patches; [*pelle*] mottled, blotchy; [*piumaggio, pelo*] speckled, mottled, spotted; ***~ di petrolio*** (oil) slick.

chiazzare /kjat'tsare/ [1] tr. to stain, to speckle, to spot.

chic /ʃik/ agg.inv. [*persona, vestito*] chic, smart; [*ristorante*] fashionable, smart.

chicca, pl. **-che** /'kikka, ke/ f. *(rarità)* gem, rarity.

chicchessia /kikkes'sia/ pron.indef. anyone, anybody.

chicchirichì /kikkiri'ki/ inter. e m.inv. cock-a-doodle-doo.

chicco, pl. **-chi** /'kikko, ki/ m. **1** *(di cereali o altre piante)* corn, grain; ***~ di grano*** kernel, grain of wheat; ***~ di caffè*** coffee bean; ***~ d'uva*** grape **2** *(granello)* ***~ di grandine*** hailstone; ***i -chi del rosario*** the rosary beads.

chiedere /'kjɛdere/ [27] **I** tr. **1** *(per avere)* to ask for; *(supplicando)* to beg [*denaro, permesso, favore*]; ***~ il conto*** to ask for the bill; ***~ dei soldi a qcn.*** to ask sb. for money; ***~ consiglio a qcn.*** to ask sb.'s advice; ***~ scusa a qcn.*** to apologize to sb.; ***chiedo scusa!*** *(per ottenere l'attenzione)* excuse me! *(per scusarsi)* I'm sorry! ***~ a qcn. di fare*** to ask sb. to do; ***~ di incontrare qcn.*** to ask to meet sb.; ***ha chiesto di restare*** he asked if he could stay **2** *(per sapere)* to ask; ***~ qcs. a qcn.*** to ask sb. sth.; ***~ la strada (a qcn.)*** to ask (sb.) the way; ***~ (a qcn.) se*** to ask (sb.) whether *o* if; ***chiedigli come si chiama*** ask him his name; ***scusi se glielo chiedo, ma...*** excuse me for asking, but...; ***ma chi ti ha chiesto qualcosa!*** COLLOQ. I wasn't asking you! **3** *(con forza, ingiungere)* ***~ a qcn. di fare*** to ask *o* demand sb. to do; ***fa' quello che ti si chiede!*** do what you're told! **4** *(augurarsi, aspettarsi)* ***non chiedeva tanto*** he didn't expect that much; ***non chiedo di meglio che*** there's nothing I would like better than; ***non chiedo che questo! non chiedo altro!*** that's exactly what I want! I ask for nothing else! ***è ~ troppo*** it's too much to ask **5** DIR. [*tribunale*] to call for [*perizia*]; [*persona*] to sue for [*danni*]; to ask for [*divorzio*] **6** *(fare pagare)* to ask, to charge; ***quanto chiede per quello?*** what price is he asking for it? **II** intr. (aus. *avere*) to ask **III chiedersi** pronom. *(interrogarsi)* to ask oneself [*motivo*]; ***-rsi se*** to wonder *o* query whether *o* if.

chierica, pl. **-che** /'kjɛrika, ke/ f. RELIG. tonsure.

chierichetto /kjeri'ketto/ m. altar boy, server.

chierico, pl. **-ci** /'kjɛriko, tʃi/ m. **1** *(ecclesiastico)* clergyman*, churchman* **2** *(assistente nelle funzioni liturgiche)* server.

chiesa /'kjɛza/ f. **1** *(edificio)* church; ***andare in ~*** to go to church; ***uomo di ~*** *(ecclesiastico)* churchman, man of God, clergyman; *(praticante)* churchgoer, churchman **2** *(istituzione)* ***la Chiesa anglicana*** the Church of England, the Anglican Church; ***la Chiesa cattolica*** the (Roman) Catholic Church.

chiffon /ʃif'fon/ m.inv. chiffon.

chiglia /'kiʎʎa/ f. keel.

chignon /ʃiɲ'ɲɔn/ m.inv. bun, chignon.

chilo /'kilo/ ➧ ***22*** m. (accorc. chilogrammo) kilo*.

chilociclo /kilo'tʃiklo/ m. kilocycle.

chilogrammo /kilo'grammo/ ➧ ***22*** m. kilogram(me).

chilometraggio, pl. **-gi** /kilome'traddʒo, dʒi/ m. AUT. *(chilometri percorsi)* kilometres pl., mileage.

chilometrico, pl. **-ci, -che** /kilo'mɛtriko, tʃi, ke/ agg. **1** [*distanza*] in kilometres; [*tariffa*] per kilometre **2** SCHERZ. *(lunghissimo)* [*coda*] endless; [*discorso*] interminable.

chilometro /ki'lɔmetro/ ➧ ***21, 23, 37*** m. kilometre BE, kilometer AE; ***fare dei -i*** *(a piedi)* to walk for miles; ***si vedeva lontano un ~ che era un poliziotto*** he had "policeman" written all over him.

chilowatt /'kilovat/ m.inv. kilowatt.

chilowattora /kilovat'tora/ m.inv. kilowatt-hour.

chimera /ki'mɛra/ f. **1** MITOL. chimera **2** FIG. pipe-dream, chimera.

chimerico, pl. **-ci, -che** /ki'mɛriko, tʃi, ke/ agg. **1** *(irrealizzabile)* [*progetto*] chimeric(al) **2** *(irreale)* [*animale*] imaginary.

chimica /'kimika/ f. chemistry.

chimico, pl. **-ci, -che** /'kimiko, tʃi, ke/ **I** agg. chemical; ***prodotto ~*** chemical **II** ➧ ***18*** m. (f. **-a**) chemist; ***il piccolo ~*** *(gioco)* chemistry set.

chimono /ki'mɔno/ m.inv. kimono*.

1.china /'kina/ f. slope ♦ ***essere su una brutta ~*** to be on a slippery slope, to tread a dangerous path; ***risalire la ~*** to get back on one's feet.

2.china /'kina/ f. **1** BOT. ***corteccia di ~*** china bark **2** *(liquore)* = cordial made from china bark.

3.china /'kina/ f. ***(inchiostro di) ~*** Indian ink BE, India ink AE.

chinare /ki'nare/ [1] **I** tr. **1** *(piegare)* to bend* [*schiena*]; ***~ il capo*** to bow one's head (anche FIG.) **2** *(abbassare)* ***~ lo sguardo, gli occhi*** to lower one's eyes **II chinarsi** pronom. to bend* down, to bend* over, to lean* over, to stoop.

chincaglieria /kinkaʎʎe'ria/ f. trinkets pl., knick-knacks pl.

chinetosi /kine'tɔzi/ ➧ ***7*** f.inv. motion sickness, travel sickness.

chinina /ki'nina/ f. quinine.

chinino /ki'nino/ m. quinine.

chino /'kino/ agg. [*capo*] bowed, bent; ***era ~ su un libro*** his head was bent over a book.

chintz /tʃints/ m.inv. chintz.

chioccia, pl. **-ce** /'kjɔttʃa, tʃe/ f. **1** *(gallina)* broody hen, mother hen, sitting hen **2** FIG. *(donna)* mother hen.

chiocciare /kjot'tʃare/ [1] intr. (aus. *avere*) [*gallina*] *(emettere il verso)* to cluck; *(covare)* to brood.

chiocciola /'kjɔttʃola/ f. **1** ZOOL. (garden) snail; ***scala a ~*** spiral staircase, winding stairs **2** MUS. scroll **3** INFORM. *(in Internet)* at (sign).

chiodato /kjo'dato/ agg. [*scarpe*] studded, hobnail attrib.; [*pneumatici*] studded.

chiodo /'kjɔdo/ m. 1 nail 2 MED. pin 3 *(giubbotto)* studded jacket ♦ ***magro come un ~*** as thin as a rake *o* lath; ***avere un ~ fisso*** to have a bee in one's bonnet, to have a one-track mind; ***roba da -i!*** it's unbelievable *o* incredible! ***~ scaccia ~*** PROV. one pain *o* worry drives out another ♦♦ ***~ di garofano*** clove.

chioma /'kjɔma/ f. 1 (head of) hair 2 *(criniera)* mane 3 *(di albero)* foliage, crown.

chiosa /'kjɔza/ f. gloss.

chiosare /kjo'zare/ [1] tr. to gloss [*testo*].

chiosco, pl. **-schi** /'kjɔsko, ski/ m. kiosk, stand, stall; ***~ dei giornali*** newsstand.

chiostro /'kjɔstro/ m. cloister.

chip /tʃip/ m.inv. INFORM. chip.

chirghiso /kir'gizo/ ♦ *25* I agg. Kirghiz II m. (f. **-a**) Kirghiz.

chiromante /kiro'mante/ ♦ *18* m. e f. palmist.

chiromanzia /kiroman'tsia/ f. palmistry, chiromancy.

chiropratica /kiro'pratika/ f. chiropractic.

chiropratico, m.pl. **-ci**, f.pl. **-che** /kiro'pratiko, tʃi, ke/ ♦ *18* m. (f. **-a**) chiropractor.

chiroterapia /kirotera'pia/ f. → **chiropratica.**

chirurgia /kirur'dʒia/ f. surgery; *(reparto)* surgical ward ♦♦ ***~ estetica*** cosmetic surgery; ***~ plastica*** plastic surgery; ***~ sostitutiva*** spare part surgery.

chirurgicamente /kirurdʒika'mente/ avv. surgically.

chirurgico, pl. **-ci, -che** /ki'rurdʒiko, tʃi, ke/ agg. surgical.

chirurgo, m.pl. **-ghi**, f.pl. **-ghe** /ki'rurgo, gi, ge/ ♦ *18* m. (f. **-a**) surgeon ♦♦ ***~ plastico*** plastic surgeon.

chissà /kis'sa/ avv. 1 *(per esprimere dubbio)* ***~ dove, quando*** who knows where, when; *(enfatico)* ***~ che divertimento!*** it must have been great fun! ***~ come sei stanco!*** God knows you must be very tired! 2 *(può darsi)* maybe, perhaps; ***~ che non venga domani*** maybe he will come tomorrow ♦ ***credersi ~ chi*** to think one is something *o* someone *o* the bee's knees.

chitarra /ki'tarra/ ♦ *34* f. 1 MUS. guitar 2 GASTR. ***spaghetti alla ~*** = kind of spaghetti typical of the Abruzzi ♦♦ ***~ acustica*** acoustic guitar; ***~ classica*** Spanish guitar, classical guitar; ***~ elettrica*** electric guitar.

chitarrista, m.pl. **-i**, f.pl. **-e** /kitar'rista/ ♦ *18* m. e f. guitarist, guitar player.

chiudere /'kjudere/ [11] I tr. 1 to close, to shut* [*occhi, bocca, finestra, scatola, cassetto, libro*]; to fasten [*valigia*]; to seal [*busta*]; *(tirando)* to draw*, to pull, to close [*tende, porta*]; *(piegando)* to fold [*sedia, ventaglio, ombrello, coltellino, ali*]; *(abbottonando, allacciando)* to fasten, to do* up [*vestito*]; to tie up [*scarpe*]; ***~ il pugno*** to clench one's fist; ***~ a chiave*** to lock; ***~ la porta con un calcio*** to kick the door shut 2 *(spegnere)* to turn off [*rubinetto, gas, acqua*]; to switch off [*luce, radio*] 3 *(sbarrare)* to close (off), to bar, to block [*passaggio, accesso, frontiera*]; ***~ al traffico*** to close to traffic; ***~ fuori qcn.*** to lock sb. out, to turn the key on sb. (anche FIG.) 4 *(rinchiudere)* ***~ qcn. in*** o ***dentro (a) una stanza*** to to lock sb. in a room; ***~ qcs. in cassaforte*** to lock sth. away *o* up 5 *(recingere)* to surround, to enclose, to fence [*giardino, terreno*] 6 *(sospendendo un'attività) (temporaneamente)* to close, to shut*; *(definitivamente)* to close (down), to shut* (down) [*fabbrica, negozio*] 7 *(terminare, concludere)* to close, to conclude [*dibattito*]; to close, to end [*udienza, festival, giornata*]; to complete [*stagione, progetto, inchiesta*]; *(venendo per ultimo)* to bring* up the rear of [*marcia, corteo*]; ***~ il caso*** DIR. to rest one's case 8 *(tappare)* to plug (up), to stop (up) [*falla, buco*]; to stop [*bottiglia*] 9 BANC. COMM. to close [*conto bancario*]; ***~ i conti*** to balance 10 INFORM. to close [*file*] II intr. (aus. *avere*) 1 [*fabbrica, negozio, teatro*] *(temporaneamente)* to close, to shut*; *(definitivamente)* to close (down), to shut* (down) 2 *(stare chiuso)* ***~ bene*** [*porta, valigia*] to close properly; ***il coperchio non chiude bene*** the lid won't go on properly 3 ECON. [*mercato, azione*] to close; ***~ a 45 euro*** to close at 45 euros; ***~ in rialzo, ribasso*** to close up, down; ***~ in pareggio*** to break even; ***~ in attivo*** to show a profit 4 FIG. ***con te ho chiuso*** I'm through with you III **chiudersi** pronom. 1 [*porta, finestra, scatola, occhi, bocca*] to close, to shut*; [*fiore*] to close up; [*cappotto, braccialetto, valigia*] to fasten; [*sedia, ombrello*] to fold (up); ***-rsi dentro*** to lock oneself in [*stanza, auto*]; ***-rsi fuori*** to lock oneself out of [*casa*]; ***-rsi in casa*** to shut oneself up at home; ***-rsi in se stesso*** to become withdrawn, to withdraw into oneself 2 *(concludersi)* [*serata, festival, discorso*] to end, to finish (**con** with) 3 *(rimarginarsi)* [*ferita*] to heal over, to heal up 4 COLLOQ. *(schiacciarsi)* ***-rsi un dito nella porta*** to get one's finger caught *o* trapped in the door ♦ ***~ bottega*** to shut up shop, to put up the shutters; ***chiudi il becco!*** shut up!

chiunque /ki'unkwe/ Quando *chiunque* è usato come pronome indefinito, si traduce con *anybody* o *anyone*: *l'ha fatto meglio di chiunque altro* = he did it better than anybody else. - Quando invece *chiunque* è usato come pronome relativo indefinito, si traduce per lo più con *whoever* o *whichever* (in quest'ultimo caso se ci si riferisce a un numero indefinito ma ristretto di persone): *chiunque rifiuti di ubbidire sarà punito* = whoever refuses to obey will be punished; *chiunque di voi abbia rubato il libro sarà punito* = whichever of you stole the book will be punished. - *Chiunque* e i suoi equivalenti inglesi sono usati solo al singolare; si noti però che, proprio per il valore indefinito di *anyone* / *anybody*, questo pronome può essere correlato a *they* (impiegato al posto di *he* o *she*): *chiunque è in grado di passare l'esame purché abbia letto questi libri* = anyone can pass the exam as long as they have read these books. - Come risulta dagli esempi, nelle frasi introdotte da *chiunque* si usa il congiuntivo, anche se può comparire anche l'indicativo (*chiunque rifiuta di ubbidire...*) I pron.indef. anybody, anyone II pron.rel.indef. whoever, anyone who, anybody who; *(entro un gruppo ristretto)* whichever; ***~ abbia visto l'incidente deve contattare la polizia*** whoever saw the accident should contact the police.

chiurlare /kjur'lare/ [1] intr. (aus. *avere*) [*uccello notturno*] to hoot.

chiurlo /'kjurlo/ m. curlew.

chiusa /'kjusa/ f. 1 *(sbarramento di un corso d'acqua)* lock, sluice gate 2 *(conclusione)* ending, conclusion; *(di lettera)* closing phrase.

chiusino /kju'sino/ m. *(di tombino, fogna)* manhole cover.

chiuso /'kjuso/ I p.pass. → **chiudere** II agg. 1 [*porta, libro, bocca*] closed, shut; *(a chiave)* locked; [*ferita*] closed, healed; ***"~ al pubblico"*** "closed to the public"; ***in busta -a*** sealed; ***avere il naso ~*** to have a stuffy nose, to have the sniffles; ***~ in casa*** housebound 2 *(ottuso)* [*mentalità*] closed; *(riservato)* [*persona, carattere*] buttoned up, reserved 3 *(ristretto)* [*circolo, club*] exclusive; [*mercato*] closed; ***un universo ~*** a closeted world; ***numero ~*** fixed number, restricted entry; UNIV. numerus clausus 4 *(concluso)* ***la questione è -a!*** the matter is closed! that's the end of the matter! ***il caso è ~*** DIR. the case is closed (anche FIG.); ***capitolo ~*** it is over and done with 5 *(accollato)* [*abito*] high-necked III m. ***al ~*** [*sport, attività*] indoor; ***odore di ~*** musty *o* stuffy smell ♦ ***tenere la bocca -a*** to hold one's tongue, to keep one's mouth shut; ***comprare a scatola -a*** to buy a pig in a poke.

chiusura /kju'sura/ f. 1 *(di negozio, biblioteca, fabbrica) (temporanea)* closing; *(definitiva)* closedown; *(di strada)* closure; ***orario*** o ***ora di ~*** closing time; ***~ estiva*** summer closure; ***a ~ automatica*** [*porte*] self-closing 2 *(dispositivo) (di borsa, spilla)* catch; *(di contenitori ermetici)* clamp; *(di busta, sacchetto)* seal 3 *(termine)* closing; ***discorso di ~*** closing speech; ***~ delle iscrizioni*** closing date for registration 4 BANC. COMM. *(di borsa)* close; ***prezzo di ~*** closing price ♦♦ ***~ centralizzata*** AUT. central locking; ***~ ermetica*** hermetic seal; ***~ lampo*** zip BE, zipper AE; ***~ mentale*** narrow-mindedness; ***~ di sicurezza*** *(per gioielli)* safety chain.

choc /ʃɔk/ → **shock.**

1.ci /tʃi/ I pron.pers. 1 *(complemento oggetto)* us; ***~ chiamò*** he called us; ***perdonateci*** forgive us 2 *(complemento di termine)* us; ***dicci quando*** tell us when; ***~ parlò*** he talked to us 3 *(con verbi riflessivi e pronominali)* ***~ siamo fatti male*** we've hurt ourselves; ***non ~ vediamo da mesi*** we haven't seen each other for months; ***~ incontriamo alle due*** we're meeting at two 4 *(pleonastico: non si traduce)* ***~ siamo fatti una bella risata*** we had a good laugh; ***~ togliemmo le scarpe*** we took off our shoes 5 *(in costruzioni impersonali)* ***di lui non ~ si può fidare*** he can't be relied (up)on; ***un'abitudine che ~ si porta dietro dall'infanzia*** a habit that is carried over from childhood II

1.ci

Ci pronome dimostrativo

- Come pronome dimostrativo riferito a cosa, *ci* equivale a preposizione + *ciò*, e così va reso in inglese; bisogna però ricordare che spesso la preposizione inglese non è il diretto equivalente di quella italiana, e talvolta a un complemento indiretto italiano corrisponde un complemento diretto inglese o viceversa:

pensaci! (*= pensa a questa cosa!*)	=	think about it!
non ci credo (*= non credo nulla di ciò*)	=	I don't believe it
non ci abbiamo fatto caso (*= non abbiamo fatto caso a quella cosa*)	=	we didn't notice.

- Nell'uso colloquiale e semi-colto, *ci* è usato come pronome dimostrativo anche in riferimento alle persone:

ci ho litigato ieri sera	=	I quarrelled with him / her / them yesterday evening
ci ho parlato ieri sera	=	I've spoken to her yesterday evening

Il parlante colto tende a preferire le corrispondenti forme con i pronomi personali (*ho litigato con lei ieri sera, le ho parlato ieri sera*).

Ci avverbio

- Ci è anche avverbio di luogo in italiano, e come tale va tradotto in inglese:

"Conosci già Sassari?"	=	"Do you know Sassari already?"
"Sì, ci ho lavorato nel 1993"		"Yes, I worked here in 1993"
ci arriverò in poche ore	=	I'll get there in a few hours
l'armadio non ci passa	=	the wardrobe doesn't go through

In quest'uso *ci* non si traduce in inglese davanti al futuro e al condizionale di *to go*:

ci andrà?	=	will she go?
non ci andrei neanche se me lo ordinasse	=	I wouldn't go even if she ordered me to.

- Usato con il verbo *essere*, l'avverbio *ci* è usato in riferimento a persone o cose (anche in senso figurato e in forma idiomatica):

c'è qualcuno?	=	is anyone there?
c'è il dottore?	=	is the doctor in?
ci sei?	=	are you ready?
ci sono molte auto in garage	=	there are many cars in the garage.

Uso pleonastico di *ci*

- Come pronome personale e dimostrativo e come avverbio, *ci* ha talvolta un uso pleonastico, che in inglese non va tradotto in alcun modo:

ci vedi senza occhiali da sole?	=	can you see without sunglasses?
con te non ci parlo più!	=	I will not speak to you any more!
in questa casa non ci abita nessuno	=	nobody lives in this house.

pron.dimostr. **1** *(a ciò, in ciò)* ***non ~ credo*** I don't believe it; ***~ rinuncio, non ~ capisco niente*** I give up, I can't make anything of it; ***~ penserò*** I'll think about it; ***~ vuole molto tempo*** it takes a long time **2** *(pleonastico)* ***a me non ~ pensi?*** well, what about me? ***con te non ~ parlo più!*** I won't speak to you! I refuse to speak to you any more! **III** avv. **1** *(di luogo)* ***non ~ sono mai venuto*** I never came here, I've never been here before; ***~ passo tutti i giorni*** I go that way every day; ***l'armadio non ~ passa*** the wardrobe doesn't go through; *(pleonastico)* ***in questa casa non ~ abita nessuno*** nobody lives in this house **2 esserci → 1.essere.**

2.ci /tʃi/ m. e f.inv. c, C.

ciabatta /tʃa'batta/ f. **1** *(pantofola)* slipper **2** EL. multi-plug adaptor **3** *(pane)* = long, small, flat loaf of white bread.

ciabattino /tʃabat'tino/ ➧ ***18*** m. cobbler.

ciac /'tʃak/ m.inv. CINEM. clapperboard BE, clapper boards AE ♦ ***~, si gira!*** action!

cialda /'tʃalda/ f. GASTR. wafer, waffle.

cialtrone /tʃal'trone/ m. (f. **-a**) **1** *(persona spregevole)* scoundrel, rascal **2** *(persona sciatta)* slob.

ciambella /tʃam'bɛlla/ f. **1** GASTR. *(pane, dolce)* = circular shaped bread or cake with a hole in the middle; *(piccolo dolce fritto)* doughnut **2** *(salvagente)* lifebelt, lifebuoy ♦ ***non tutte le -e riescono col buco*** PROV. = win some, lose some.

ciambellano /tʃambel'lano/ m. chamberlain.

ciancia, pl. **-ce** /'tʃantʃa, tʃe/ f. **1** *(chiacchiera futile)* ***bando alle -ce!*** stop the cackle! cut the chatter! **2** *(fandonia)* fib, tale, fable.

cianciare /tʃan'tʃare/ [1] intr. (aus. *avere*) to chatter, to prattle.

cianfrusaglia /tʃanfru'zaʎʎa/ **I** f. *(oggetto di scarso valore)* bric-à-brac, knick-knack, gimcrack **II cianfrusaglie** f.pl. knick-knacks, junk.

cianografica, pl. **-che** /tʃano'grafika, ke/ f. blueprint.

cianotico, pl. **-ci, -che** /tʃa'nɔtiko, tʃi, ke/ agg. ***avere il viso ~*** to be blue in the face.

cianuro /tʃa'nuro/ m. cyanide.

ciao /'tʃao/ inter. *(incontrandosi)* hi, hello; *(di commiato)* goodbye, bye(-bye) COLLOQ., cheerio BE.

ciarlare /tʃar'lare/ [1] intr. **→ cianciare.**

ciarlatano /tʃarla'tano/ m. **1** *(imbroglione)* charlatan **2** *(falso medico)* quack.

ciarliero /tʃar'ljɛro/ agg. chatty, talkative.

ciarpame /tʃar'pame/ m. rubbish **U**, junk **U**.

ciascuno /tʃas'kuno/ **I** agg.indef. (for the alternation with *ciascun* it follows the rules of the article *uno*) every; *(distributivo)* each; ***diedi un cioccolatino a ciascun bambino*** I gave each child a chocolate **II** pron.indef. (f. **-a**) everybody, everyone, every person; *(distributivo)* each (one); ***~ di noi*** each of us; ***~ ha i suoi difetti*** everyone has their faults; ***costano sei euro ~*** they cost six euros each.

cibarsi /tʃi'barsi/ [1] pronom. ***~ di qcs.*** [*persona*] to eat sth.; FIG. to feed on sth.; [*animale, pianta*] to feed on sth.

cibarie /tʃi'barje/ f.pl. *(viveri, scorte alimentari)* supplies, provisions.

cibernetica /tʃiber'nɛtika/ f. cybernetics + verbo sing.

cibo /'tʃibo/ m. food (anche FIG.); ***-i e bevande*** food and drink; ***rifiutare il ~*** to refuse to eat; ***non ha toccato ~*** she left the meal untasted.

cicala /tʃi'kala/ f. ZOOL. cicada*.

cicaleccio, pl. **-ci** /tʃika'lettʃo, tʃi/ m. prattle, chatter.

cicalino /tʃika'lino/ m. buzzer.

cicatrice /tʃika'tritʃe/ f. scar (anche FIG.).

cicatrizzare /tʃikatrid'dzare/ [1] **I** tr. to heal, to cicatrize **II cicatrizzarsi** pronom. to heal, to cicatrize.

1.cicca, pl. **-che** /'tʃikka, ke/ f. **1** *(mozzicone)* stub, dog-end BE, fag end BE, cigarette butt AE **2** COLLOQ. *(sigaretta)* fag ♦ ***non vale una ~*** it's not worth a light.

2.cicca, pl. **-che** /'tʃikka, ke/ f. REGION. *(gomma da masticare)* ***una ~*** a piece of chewing-gum.

cicchetto /tʃik'ketto/ m. POP. **1** *(liquore)* short, shot, snifter BE **2** *(rimprovero)* dressing-down, telling-off.

ciccia /'tʃittʃa/ **I** f. COLLOQ. **1** *(carne)* meat **2** *(grasso)* fat; ***mettere su ~*** to put on weight *o* flesh **II** inter. ***~!*** no way! ♦ ***essere pappa e ~*** to be hand in glove.

cicciolo /'tʃittʃolo/ m. ***-i*** cracklings, scratchings BE, pork rinds AE.

ciccione /tʃit'tʃone/ m. (f. **-a**) fatty, fatso SPREG.

cicciottello /tʃittʃot'tɛllo/ agg. chubby, plump.

cicerone /tʃitʃe'rone/ m. (tourist) guide; ***fare da ~ a qcn.*** to show sb. around, to show sb. the sights.

ciclabile /tʃi'klabile/ agg. ***pista, percorso ~*** (bi)cycle lane, track.

ciclamino /tʃikla'mino/ ➧ ***3*** **I** m. BOT. cyclamen **II** m.inv. *(colore)* cyclamen **III** agg.inv. cyclamen-coloured.

ciclico, pl. **-ci, -che** /'tʃikliko, tʃi, ke/ agg. cyclic(al).

ciclismo /tʃi'klizmo/ ➧ *10* m. cycling; ~ ***su strada, su pista*** road, track racing.
ciclista, m.pl. **-i**, f.pl. **-e** /tʃi'klista/ m. e f. **1** *(chi va in bicicletta)* cyclist; *(corridore)* racing cyclist, rider **2** *(chi vende biciclette)* bicycle dealer; *(chi ripara biciclette)* bicycle repairer.
ciclistico, pl. **-ci**, **-che** /tʃi'klistiko, tʃi, ke/ agg. ***gara*** o ***corsa -a*** (bi)cycle race.
ciclo /'tʃiklo/ m. **1** cycle; ~ ***lunare*** lunar cycle; ~ ***di lavaggio*** washing cycle; ~ ***produttivo*** production cycle **2** *(serie)* cycle, series, course; ~ ***di lezioni*** course of lectures, set of lessons; ***due -i di dieci sessioni*** two series of ten sessions; ~ ***di cure*** course of treatment **3** LETTER. cycle **4** FISIOL. ~ ***mestruale*** period, menstrual cycle; ***avere il*** ~ to have one's period.
ciclocross /tʃiklo'krɔs/ ➧ *10* m.inv. cyclo-cross.
ciclomotore /tʃiklomo'tore/ m. moped.
ciclone /tʃi'klone/ m. **1** METEOR. cyclone; ***l'occhio del*** ~ the eye of the storm (anche FIG.) **2** FIG. *(evento travolgente)* whirlwind (event); *(persona)* fireball.
ciclostilare /tʃiklosti'lare/ [1] tr. to cyclostyle.
ciclostilato /tʃiklosti'lato/ m. duplicate copy.
ciclostile /tʃiklos'tile/ m. *(macchina)* cyclostyle.
ciclotrone /tʃiklo'trone/ m. cyclotron.
cicloturismo /tʃiklotu'rizmo/ m. cycling holiday; ***fare*** ~ to go on a cycling holiday.
cicogna /tʃi'koɲɲa/ f. stork; ***è arrivata la*** ~ FIG. the stork paid a visit *o* came.
cicoria /tʃi'kɔrja/ f. chicory.
cicuta /tʃi'kuta/ f. hemlock.
ciecamente /tʃeka'mente/ avv. [*obbedire, affidarsi*] blindly.
cieco, pl. **-chi**, **-che** /'tʃɛko, ki, ke/ **I** agg. **1** blind (anche FIG.); ***diventare*** ~ to go blind; ~ ***da un occhio*** blind in one eye; ~ ***di rabbia*** blind with rage *o* anger **2** *(senza apertura)* [*corridoio, finestra*] blank; ***vicolo*** ~ cul-de-sac, dead end (anche FIG.), blind alley (anche FIG.); *(senza finestre)* [*bagno*] windowless **3** **alla cieca** *(a caso)* blindly, wildly; *(a tastoni)* gropingly **II** m. (f. **-a**) blind person; ***i -chi*** the blind ♦ ***la fortuna è -a*** PROV. fortune is blind; ***l'amore è*** ~ PROV. love is blind; ***essere*** ~ ***come una talpa*** to be blind as a bat. Come al posto di *cieco* si usa spesso in italiano l'espressione *non vedente*, anche l'equivalente inglese *blind* può essere sostituito da *visually handicapped* o *visually impaired*.
cielo /'tʃɛlo/ m. **1** sky; ~ ***sereno, nuvoloso*** clear, cloudy sky; ***un fulmine a ciel sereno*** a bolt from *o* out of the blue; ***a*** ~ ***aperto*** [*miniera, canale, fogna*] open **2** *(paradiso)* heaven; ***il regno dei -i*** the kingdom of heaven **3** *(Dio, la Provvidenza)* ***che il*** ~ ***ci aiuti!*** heaven help us! ***lo sa il*** ~***!*** heaven only knows! ***(santo)*** ~***!*** (good) heavens! heavens above! ***grazie al*** ~***!*** thank heaven(s)! ***per amor del*** ~***!*** for goodness sake! for the love of God! ~***, mio marito!*** God, my husband! ♦ ***non stare né in*** ~ ***né in terra*** to have neither rhyme nor reason; ***muovere*** ~ ***e terra*** to move heaven and earth; ***essere al settimo*** ~***, toccare il*** ~ ***con un dito*** to be on cloud nine *o* in seventh heaven *o* walking on air; ***aiutati che il ciel t'aiuta*** PROV. God helps those who help themselves; ***piovuto*** o ***caduto dal*** ~ heaven-sent, unexpected.
cifra /'tʃifra/ f. **1** figure, digit; ***un numero a tre -e*** a three-digit number; ~ ***araba, romana*** Arabic, Roman numeral; ***fare*** ~ ***tonda*** to round off **2** *(somma di denaro)* amount; *(prezzo)* price **3** *(codice)* code, cipher **4** *(monogramma)* cipher, initials pl., monogram.
cifrare /tʃi'frare/ [1] tr. *(codificare)* to cipher, to encode [*messaggio*].
cifrario, pl. **-ri** /tʃi'frario, ri/ m. code book.
cifrato /tʃi'frato/ **I** p.pass. → **cifrare II** agg. **1** *(ricamato)* [*biancheria*] monogrammed **2** *(in codice)* [*messaggio, scrittura*] coded, ciphered.
ciglio, pl. **cigli**, pl.f. **ciglia** /'tʃiʎʎo, 'tʃiʎʎi, 'tʃiʎʎa/ m. **1** (pl. *ciglia*) (eye)lash **2** *(sopracciglio)* (eye)brow **3** (pl. *cigli*) *(di strada, fosso)* edge; ***sul*** ~ ***della strada*** at *o* by *o* on the roadside ♦ ***senza battere*** ~ without flinching; ***non battere*** ~ to keep a stiff upper lip, not to bat an eye.
cigno /'tʃiɲɲo/ m. swan; *(maschio)* cob; *(femmina)* pen; *(giovane)* cygnet; ***canto del*** ~ FIG. swansong.
cigolare /tʃigo'lare/ [1] intr. (aus. *avere*) [*cardine, porta*] to creak, to squeak; [*ruota, meccanismo*] to squeak.
cigolio, pl. **-ii** /tʃigo'lio, ii/ m. *(di cardine, porta)* creak, squeak; *(di ruota, meccanismo)* squeak.
Cile /'tʃile/ ➧ *33* n.pr.m. Chile.
cilecca /tʃi'lekka/: **fare cilecca** [*arma, piano*] to misfire.
cileno /tʃi'leno/ ➧ *25* **I** agg. Chilean **II** m. (f. **-a**) Chilean.
cilicio, pl. **-ci** /tʃi'litʃo, tʃi/ m. hair shirt.
ciliegia, pl. **-gie**, **-ge** /tʃi'ljɛdʒa, dʒe/ ➧ *3* **I** f. *(frutto)* cherry; ***confettura di -gie*** cherry preserves **II** agg. e m.inv. *(colore)* cherry red, cerise.
ciliegina /tʃiliɛ'dʒina/ f. cherry ♦ ***essere la*** ~ ***sulla torta*** to be the icing on the cake.
ciliegio, pl. **-gi** /tʃi'ljɛdʒo, dʒi/ m. *(albero)* cherry (tree); *(legno)* cherry.
cilindrata /tʃilin'drata/ f. MECC. *(volume)* (cubic) capacity; ***auto di piccola, grossa*** ~ car with a small, powerful engine.
cilindrico, pl. **-ci**, **-che** /tʃi'lindriko, tʃi, ke/ agg. cylindrical.
cilindro /tʃi'lindro/ m. **1** cylinder (anche MAT. AUT. MECC.); ***motore a quattro -i*** four-cylinder engine **2** IND. TECN. roller **3** *(cappello)* top hat, silk hat, stovepipe (hat) AE.
cima /'tʃima/ f. **1** top; *(di montagna)* peak, summit; *(di albero)* treetop; ***arrivare fino in*** ~ to get (up) to the top; ***le -e innevate*** snowy heights; ***in*** ~ ***a*** at the top of [*pagina, scale, edificio, classifica*]; ***in*** ~ ***all'armadio*** up on the wardrobe **2** COLLOQ. *(genio)* genius **3** MAR. *(fune)* rope **4** BOT. ***-e di rapa*** turnip tops **5** GASTR. ~ ***genovese*** = boiled veal meat stuffed with mince meat, vegetables and eggs ♦ ***da*** ~ ***a fondo*** from top to bottom, from beginning to end; ***leggere un libro da*** ~ ***a fondo*** to read a book from cover to cover.
cimelio, pl. **-li** /tʃi'mɛljo, li/ m. relic, heirloom; ~ ***di famiglia*** family heirloom.
cimentarsi /tʃimen'tarsi/ [1] pronom. ~ ***nella pittura*** to try one's hand at painting.
cimice /'tʃimitʃe/ f. **1** ZOOL. bug; ~ ***dei letti*** bedbug **2** *(microspia)* bug.
cimiero /tʃi'mjɛro/ m. crest.
ciminiera /tʃimi'njɛra/ f. *(di fabbrica)* chimney, (chimney)stack, smokestack; *(di nave)* funnel ♦ ***fumare come una*** ~ to smoke like a chimney.
cimitero /tʃimi'tɛro/ m. **1** cemetery, graveyard, burial ground; *(presso una chiesa)* churchyard; ~ ***di guerra*** war cemetery; ~ ***delle auto*** COLLOQ. junkyard **2** FIG. *(luogo deserto)* ***la città è un*** ~ the city is dead.
cimosa /tʃi'mosa/ f. **1** *(cancellino)* blackboard duster, (blackboard) eraser **2** TESS. *(vivagno)* selvage, selvedge.
cimurro /tʃi'murro/ m. VETER. distemper.
Cina /'tʃina/ ➧ *33* n.pr.f. China.
cincia, pl. **-ce** /'tʃintʃa, tʃe/ f. titmouse*.
cinciallegra /tʃintʃal'legra/ f. great tit.
cinciarella /tʃintʃa'rɛlla/ f. blue tit.
cincillà /tʃintʃil'la/ m.inv. chinchilla.
cincin, cin cin /tʃin'tʃin/ inter. cheers.
cincischiare /tʃintʃis'kjare/ [1] intr. (aus. *avere*) COLLOQ. to loaf about.
cineamatore /tʃineama'tore/ m. (f. **-trice** /tritʃe/) amateur film-maker.
cineasta, m.pl. **-i**, f.pl. **-e** /tʃine'asta/ ➧ *18* m. e f. film-maker, movie-maker.
cinecamera /tʃine'kamera/ f. (cine)camera, film camera, movie camera AE.
cineclub /tʃine'klab/ m.inv. cine club, film club.
cinefilo /tʃi'nefilo/ m. filmgoer, cinemagoer, film buff COLLOQ., movie buff AE COLLOQ.
cineforum /tʃine'fɔrum/ m.inv. debate (after a film), discussion of a film.
cinegiornale /tʃinedʒor'nale/ m. STOR. newsreel.
cinema /'tʃinema/ m.inv. **1** cinema; ***lavorare nel*** ~ to be in films *o* in the movies; ***stella del*** ~ film *o* movie star AE **2** *(locale)* cinema, movie theater AE; ***andare al*** ~ to go to the cinema *o* movies ♦♦ ~ ***muto*** silent screen; ~ ***sonoro*** talkies.
cinematografia /tʃinematogra'fia/ f. cinematography, film-making.
cinematografico, pl. **-ci**, **-che** /tʃinemato'grafiko, tʃi, ke/ agg. [*attore, copione, studio*] film attrib.; [*regista, produttore*] film attrib., movie attrib.; [*tecnica*] cinematic; ***riduzione -a*** dramatized version.

cinematografo /tʃinema'tɔgrafo/ m. ANT. picture house, picture place.
cineoperatore /tʃineopera'tore/ ♦ *18* m. cameraman*, cinematographer.
cinepresa /tʃine'presa/ f. (cine)camera, film camera, movie camera AE.
cinereo /tʃi'nɛreo/ agg. [*carnagione, viso*] ashen, ashy.
cinese /tʃi'nese/ ♦ *25, 16* **I** agg. Chinese **II** m. e f. Chinese* **III** m. *(lingua)* Chinese.
cineteca, pl. **-che** /tʃine'tɛka, ke/ f. film library.
cinetica /tʃi'nɛtika/ f. kinetics + verbo sing.
cinetico, pl. **-ci, -che** /tʃi'nɛtiko, tʃi, ke/ agg. [*energia*] kinetic.
cingere /'tʃindʒere/ [24] tr. **1** *(attorniare, circondare)* [*recinto, mura*] to encircle, to enclose, to surround [*giardino, città*] **2** *(abbracciare)* **~ *qcn. alla vita*** to put *o* have one's arm around sb.'s waist **3** *(indossare)* **~ *d'alloro*** to crown with laurel.
cinghia /'tʃingja/ f. **1** *(per legare)* strap; *(di sella)* girth **2** *(dei pantaloni)* belt **3** TECN. belt; *(di gomma)* band; **~ *di trasmissione*** driving *o* transmission belt ♦ ***stringere*** o ***tirare la ~*** to pinch and scrape, to tighten one's belt.
cinghiale /tʃin'gjale/ m. **1** (wild) boar **2** *(pelle)* pigskin.
cinghiata /tʃin'gjata/ f. blow with a strap, lash with a strap.
cingolato /tʃingo'lato/ **I** agg. [*veicolo*] tracked **II** m. Caterpillar®.
cingolo /'tʃingolo/ m. caterpillar track.
cinguettare /tʃingwet'tare/ [1] intr. (aus. *avere*) [*uccello*] to chirp, to chirrup, to twitter.
cinguettio, pl. **-ii** /tʃingwet'tio, ii/ m. *(di uccelli)* chirp, chirrup, twitter, tweet.
cinico, pl. **-ci, -che** /'tʃiniko, tʃi, ke/ **I** agg. cynic(al) **II** m. (f. **-a**) cynic.
ciniglia /tʃi'niʎʎa/ f. candlewick.
cinismo /tʃi'nizmo/ m. cynicism.
cinnamomo /tʃinna'mɔmo/ m. cinnamon.
cinodromo /tʃi'nɔdromo/ m. greyhound track.
cinofilo /tʃi'nɔfilo/ **I** agg. ***unità -a*** canine unit **II** m. (f. **-a**) dog-fancier, dog-lover.
cinquanta /tʃin'kwanta/ ♦ *26, 5, 8, 13* **I** agg.inv. fifty **II** m.inv. fifty **III** m.pl. *(anni di età)* ***essere sui ~*** to be in one's fifties.
cinquantenne /tʃinkwan'tɛnne/ agg., m. e f. fifty-year-old.
cinquantesimo /tʃinkwan'tɛzimo/ ♦ *26* **I** agg. fiftieth **II** m. (f. **-a**) fiftieth.
cinquantina /tʃinkwan'tina/ f. **1** *(circa cinquanta)* ***una ~ di persone*** about fifty people **2** *(età)* ***essere sulla ~*** to be about fifty.
cinque /'tʃinkwe/ ♦ *26, 5, 8, 13* **I** agg.inv. five **II** m.inv. **1** *(numero)* five **2** *(giorno del mese)* fifth **3** SCOL. *(voto)* = narrow fail **III** f.pl. *(ore) (del mattino)* five am; *(del pomeriggio)* five pm ♦ ***dammi*** o ***batti il ~*** gimme five AE.
cinquecentesco, pl. **-schi, -sche** /tʃinkwetʃen'tesko, ski, ske/ agg. sixteenth-century attrib.; ART. *(in Italia)* cinquecento attrib.
cinquecento /tʃinkwe'tʃɛnto/ ♦ *26* **I** agg.inv. five hundred **II** m.inv. five hundred **III Cinquecento** m. **1** *(epoca)* sixteenth century **2** ART. *(in Italia)* cinquecento.
cinquemila /tʃinkwe'mila/ ♦ *26* **I** agg.inv. five thousand **II** m.inv. five thousand **III** m.pl. SPORT ***correre i ~*** to run in the five thousand.
cinquina /tʃin'kwina/ f. *(nella tombola)* five-number row, bingo; *(nel lotto)* five (winning) numbers played.
cinta /'tʃinta/ f. *(di mura)* city walls pl.; ***muro di ~*** perimeter fence.
cintare /tʃin'tare/ [1] tr. to enclose; *(con recinto)* to fence (in) [*campo, proprietà*].
cinto /'tʃinto/ m. **~ *erniario*** MED. truss.
cintola /'tʃintola/ f. waist.
cintura /tʃin'tura/ f. **1** *(accessorio d'abbigliamento)* belt, (waist)band, girdle; *(di vestaglia)* cord **2** *(vita)* waist **3** *(di grande città)* ***una ~ industriale*** an industrial belt **4** SPORT ***essere ~ nera*** to be a black belt ♦♦ **~ *di castità*** chastity belt; **~ *di salvataggio*** lifebelt; **~ *di sicurezza*** safety belt, seatbelt.
cinturino /tʃintu'rino/ m. *(di orologio)* watchstrap BE, watchband AE.
cinturone /tʃintu'rone/ m. belt.
Cinzia /'tʃintsja/ n.pr.f. Cynthia.
CIO /'tʃio/ m. (⇒ Comitato Internazionale Olimpico International Olympic Committee) IOC.
ciò /tʃɔ/ v. la nota della voce **questo**. pron.dimostr. **1** that, this; **~ *è molto strano*** that is really strange; ***cosa intendi dire con ~?*** what do you mean by that? ***detto ~, ~ detto*** having said that, that said **2** *(seguito da un pronome relativo)* **~ *che sta facendo*** what he's doing; **~ *di cui hai bisogno*** what you need; ***è tutto ~ che posso dire*** that's all I can say **3** *(in locuzioni)* ***con ~*** *(allora)* therefore, so; ***e con ~?*** so what? ***con tutto ~*** *(nonostante tutto)* for all that, in spite of all that; **~ *nondimeno, nonostante*** nevertheless, nonetheless.
ciocca, pl. **-che** /'tʃɔkka, ke/ f. *(di capelli)* lock, wisp.
ciocco, pl. **-chi** /'tʃɔkko, ki/ m. log.
cioccolata /tʃokko'lata/ f. **1** → **cioccolato 2** *(bevanda)* chocolate; ***una ~ calda*** a (cup of) hot chocolate.
cioccolatino /tʃokkola'tino/ m. chocolate; **~ *ripieno*** cream; **~ *al liquore*** liqueur chocolate.
cioccolato /tʃokko'lato/ ♦ *3* **I** m. chocolate; **~ *fondente*** plain *o* dark chocolate; **~ *al latte*** milk chocolate; ***una tavoletta di ~*** a bar of chocolate; ***gelato, torta al ~*** chocolate ice cream, cake **II** agg.inv. *(colore)* chocolate.
cioè /tʃo'ɛ/ avv. **1** *(vale a dire)* that is (to say) (abbr. i.e.), namely; ***fra quattro giorni, ~ martedì*** in four days, that is on Tuesday; ***due paesi, ~ Italia e Spagna*** two countries, namely Italy and Spain **2** *(anzi, o meglio)* ***l'ho visto l'anno scorso, ~ due anni fa*** I saw him last year, I mean two years ago; ***verrò a trovarti, ~ ti telefonerò*** I'll come to see you, or rather I'll phone you.
ciondolare /tʃondo'lare/ [1] intr. (aus. *avere*) **1** *(pendere)* [*parte del corpo*] to dangle, to swing, to loll **2** *(bighellonare)* to dawdle, to hang* about, to hang* around, to lounge about.
ciondolo /'tʃondolo/ m. charm, pendant.
ciondoloni /tʃondo'loni/ avv. ***con le gambe ~*** with legs dangling.
ciononostante /tʃononos'tante/ avv. nevertheless, nonetheless, however, in spite of this, despite this.
ciotola /'tʃɔtola/ f. *(recipiente)* basin, bowl; *(per animali domestici)* dish.
ciottolo /'tʃɔttolo/ m. pebble.
ciottoloso /tʃotto'loso/ agg. pebbly.
cip /tʃip/ inter. e m.inv. ***~ ~!*** tweet tweet!
CIP /tʃip/ m. (⇒ Comitato Interministeriale Prezzi) = price committee constituted from several ministers.
cipiglio, pl. **-gli** /tʃi'piʎʎo, ʎi/ m. frown, scrowl; ***guardare qcn. con ~*** to frown at sb.
cipolla /tʃi'polla/ f. **1** BOT. GASTR. onion **2** *(bulbo)* bulb **3** *(di annaffiatoio)* rose **4** COLLOQ. ANT. *(orologio da taschino)* turnip.
cipollina /tʃipol'lina/ **I** agg. ***erba ~*** chive, shallot AE **II** f. spring onion BE, scallion AE; ***-e sott'aceto*** pickled onions.
cippo /'tʃippo/ m. stone; **~ *chilometrico*** milestone; **~ *funerario*** gravestone, tombstone.
cipresso /tʃi'prɛsso/ m. cypress.
cipria /'tʃiprja/ f. COSMET. face powder.
cipriota, m.pl. **-i**, f.pl. **-e** /tʃipri'ɔta/ agg., m. e f. Cypriot.
Cipro /'tʃipro/ ♦ *14* n.pr.m. Cyprus.
circa /'tʃirka/ *Circa* può precedere o seguire le espressioni numeriche con le quali viene usato, mentre l'equivalente inglese *about* precede sempre il numero o la misura: *circa 20 studenti / 20 studenti circa* = about 20 students. Si noti che in italiano un'espressione numerica come *circa venti* può essere sostituita da *una ventina*; la traduzione inglese è sempre *about twenty*. **I** prep. *(riguardo a)* about, concerning, regarding, as to; ***ci sono alcuni dubbi ~ la sua autenticità*** there is some doubt about its authenticity **II** avv. *(quasi)* about, approximately, around; **~ *20 studenti*** o ***20 studenti ~*** about 20 students; ***alle 18 ~*** at about 6 pm; **~ *una settimana dopo*** nearly a week later; ***in una settimana ~*** in a week or so.
circense /tʃir'tʃɛnse/ agg. circus attrib.
circo, pl. **-chi** /'tʃirko, ki/ m. **1** (anche **~ equestre**) circus **2** GEOL. **~ *glaciale*** cirque.
circolante /tʃirko'lante/ agg. circulating; ***biblioteca ~*** lending library.

1.circolare /tʃirko'lare/ **I** agg. **1** *(che ha forma di circolo)* circular **2** BANC. ***assegno ~*** = a cheque issued by a bank with which a certain sum is payable on sight **II** f. **1** *(lettera)* circular (letter), newsletter **2** *(linea di tram o bus)* circular bus route.

2.circolare /tʃirko'lare/ [1] intr. (aus. *essere, avere*) to circulate; ***il sangue circola nelle vene*** the blood pulses *o* flows through the veins; ***lasciare ~ l'aria*** to allow air to circulate; ***domani gli autobus non circoleranno*** buses will not run tomorrow; ***i pedoni possono ~ liberamente*** pedestrians can move about freely; ***~!*** come away! ***far ~ qcs.*** *(passare di mano in mano)* to circulate *o* pass round sth.; ***in città circolano banconote false*** counterfeit money is around in the city; ***circola voce che...*** rumours are circulating that..., rumour has it that...

circolatorio, pl. **-ri, -rie** /tʃirkola'tɔrjo, ri, rje/ agg. [*disturbo, sistema*] circulatory.

circolazione /tʃirkolat'tsjone/ f. **1** *(di veicoli)* traffic; ***~ stradale*** road traffic; ***libretto di ~*** log book BE, registration (document) AE; ***tassa di ~*** road tax **2** *(di aria, acqua, persone, merci, denaro, informazioni)* circulation; ***essere in ~*** [*banconote, prodotto*] to be in circulation *o* around; ***mettere in ~*** to put [sth.] into circulation [*banconote, prodotto*]; to issue [*moneta*]; ***la ~ sanguigna*** o ***del sangue*** blood circulation.

circolo /'tʃirkolo/ m. **1** *(cerchio)* circle **2** *(del sangue)* ***entrare in ~*** [*medicina*] to go *o* enter into the circulation **3** *(associazione)* club, society; ***~ sportivo*** sports club **4** *(ambiente)* circle; ***-i politici*** political circles **5** GEOGR. ***Circolo Polare Artico, Antartico*** Arctic, Antarctic Circle ♦♦ ***~ vizioso*** FIG. vicious circle.

circoncidere /tʃirkon'tʃidere/ [35] tr. to circumcise.

circoncisione /tʃirkontʃi'zjone/ f. circumcision.

circondare /tʃirkon'dare/ [1] **I** tr. **1** *(attorniare)* [*edifici, recinzione*] to surround, to encircle, to enclose, to ring; [*persone*] to surround, to encircle; [*montagne*] to rim, to wall in [*valle*]; ***le persone che ci circondano*** the people around us **2** MIL. *(accerchiare)* [*truppe, polizia*] to encircle, to ring, to surround [*edificio*]; to hem in [*persone, truppe*]; to close in on [*città, nemico*] **3** FIG. ***~ qcs. di*** to surround sth. with [*mistero*]; ***~ qcn. di attenzioni*** to lavish attentions on sb. **II circondarsi** pronom. *(riunire intorno a sé)* ***-rsi di*** to surround oneself with [*amici, mistero*].

circondariale /tʃirkonda'rjale/ agg. ***casa ~*** = a prison for people who are waiting trial or serving a sentence of no more than 3 years.

circondario, pl. **-ri** /tʃirkon'darjo, ri/ m. *(dintorni)* surroundings pl., vicinity, neighbourhood BE, neighborhood AE.

circonferenza /tʃirkonfe'rɛntsa/ f. MAT. circumference; *(di albero, pilastro)* circumference, girth; ***un tronco di tre metri di ~*** a trunk three metres round; ***~ toracica*** chest measurement.

circonflesso /tʃirkon'flɛsso/ agg. **1** LING. circumflex; ***e con accento ~*** circumflex e **2** *(arcuato)* curved.

circonlocuzione /tʃirkonlokut'tsjone/ f. circumlocution.

circonvallazione /tʃirkonvallat'tsjone/ f. *(strada)* bypass, orbital road, ringroad BE, beltway AE.

circonvenire /tʃirkonve'nire/ [107] tr. FORM. to circumvent [*persona*].

circonvenzione /tʃirkonven'tsjone/ f. circumvention.

circonvoluzione /tʃirkonvolut'tsjone/ f. convolution.

circoscritto /tʃirkos'kritto/ **I** p.pass. → **circoscrivere II** agg. *(limitato)* [*danno, problema*] localized; [*epidemia, incendio*] contained.

circoscrivere /tʃirkos'krivere/ [87] tr. **1** MAT. to circumscribe **2** *(limitare)* to circumscribe [*area*]; to limit [*argomento, ambito*]; to control, to keep* [sth.] under control, to contain [*incendio, epidemia*]; to localize [*danni, effetti*].

circoscrizione /tʃirkoskrit'tsjone/ f. AMM. circumscription, precint AE ♦♦ ***~ amministrativa*** administrative district; ***~ elettorale*** constituency, electoral district, voting precint AE; ***~ giudiziaria*** area of jurisdiction.

circospetto /tʃirkos'pɛtto/ agg. [*persona, comportamento*] cautious, guarded, circumspect FORM.

circospezione /tʃirkospet'tsjone/ f. caution, wariness, circumspection FORM.

circostante /tʃirkos'tante/ agg. [*edifici, bosco, zona*] surrounding.

circostanza /tʃirkos'tantsa/ f. **1** *(condizione, situazione)* circumstances pl., situation; ***~ favorevole*** favourable situation; ***date le -e*** given the circumstances; ***in -e normali*** under normal circumstances **2 di circostanza** [*discorso, sorriso*] forced; [*saluto*] perfunctory; [*poesia, musica*] occasional FORM. ♦♦ ***~ aggravante*** DIR. aggravating circumstance; ***-e attenuanti*** DIR. mitigating circumstances *o* factors.

circostanziare /tʃirkostan'tsjare/ [1] tr. to describe [sth.] in detail [*fatto*].

circuire /tʃirku'ire/ [102] tr. to deceive, to trick [*persona*].

circuiteria /tʃirkuite'ria/ f. circuitry.

circuito /tʃir'kuito/ m. **1** *(percorso chiuso)* circuit; SPORT *(per veicoli)* racetrack, raceway AE; *(per atleti, cavalli)* course **2** EL. ELETTRON. circuit; ***corto ~*** short-circuit ♦♦ ***~ aperto*** EL. open circuit; ***~ chiuso*** EL. closed circuit; ***a ~ chiuso*** closed-circuit; ***~ di distribuzione*** COMM. distribution chain; ***~ integrato*** ELETTRON. integrated circuit, IC; ***~ di vendita*** COMM. → **~ di distribuzione**.

circumnavigare /tʃirkumnavi'gare/ [1] tr. to circumnavigate.

cirillico, pl. **-ci, -che** /tʃi'rilliko, tʃi, ke/ agg. Cyrillic.

Cirillo /tʃi'rillo/ n.pr.m. Cyril.

cirro /'tʃirro/ m. METEOR. BOT. ZOOL. cirrus*.

cirrosi /tʃir'rɔzi/ ➧ **7** f.inv. cirrhosis*; ***~ epatica*** cirrhosis of the liver.

Cisgiordania /tʃizdʒor'danja/ n.pr. West Bank.

CISL /'tʃizl/ f. (⇒ Confederazione Italiana Sindacati Lavoratori) = Italian confederation of trade unions.

cispa /'tʃispa/ f. (eye) gum.

cisposo /tʃis'poso/ agg. gummy.

ciste /'tʃiste/ f. → **cisti.**

cistercense /tʃister'tʃɛnse/ agg. e m. Cistercian.

cisterna /tʃis'tɛrna/ f. *(serbatoio)* tank, cistern; *(per acqua piovana)* storage tank, water butt; ***aereo ~*** tanker aircraft; ***nave ~*** supply ship, tanker.

cisti /'tʃisti/ f.inv. MED. cyst.

cistifellea /tʃisti'fɛllea/ f. gall bladder.

cistite /tʃis'tite/ ➧ **7** f. cystitis.

citare /tʃi'tare/ [1] tr. **1** *(riportare esattamente)* to cite, to quote [*opera, persona, frase*]; to name [*paese, titolo, nome*]; ***~ come esempio*** to instance **2** *(menzionare)* to mention, to work in [*nome, persona, fatto*] **3** DIR. ***~ in giudizio*** *(per testimoniare)* to summons; *(in seguito a denuncia)* to file a lawsuit against, to take to court; ***~ qcn. per danni*** to sue sb. for damages.

citazione /tʃitat'tsjone/ f. **1** *(da autore, testo)* quotation, citation, quote **2** DIR. *(di testimoni)* summons; ***~ a comparire*** judicial process, writ of summons; ***~ in giudizio*** process, summons.

citobiologia /tʃitobiolo'dʒia/ f. BIOL. cytobiology.

citofonare /tʃitofo'nare/ [1] intr. (aus. *avere*) ***~ a qcn.*** to call sb. on the entry phone, to buzz sb. COLLOQ.

citofono /tʃi'tɔfono/ m. entry phone.

citologia /tʃitolo'dʒia/ f. cytology.

citrico, pl. **-ci, -che** /'tʃitriko, tʃi, ke/ agg. citric.

citronella /tʃitro'nɛlla/ f. BOT. citronella.

citrullo /tʃi'trullo/ m. fool, stupid.

città /tʃit'ta/ Dei due equivalenti inglesi dell'italiano *città*, il termine *city* designa una città che è sede vescovile o con diritto di autogoverno e, per estensione, una città genericamente grande e importante; *town*, invece, definisce le località di dimensioni inferiori: *Canterbury è forse la città più importante nel sud est dell'Inghilterra* = Canterbury is perhaps the most important city in the south-est of England; *Mestre è una piccola città vicino a Venezia* = Mestre is a small town near Venice. - *City* designa anche il centro commerciale e finanziario di Londra: *l'ufficio di mio padre è nella City* = my father's office is in the City. - Quando si contrappone la città alla campagna, la parola da usare in inglese è *town*: *viviamo in campagna ma andiamo in città almeno due volte alla settimana* = we live in the country but go into town at least twice a week. - Per altri usi ed esempi si veda la voce qui sotto. f.inv. **1** *(agglomerato urbano)* city, town; ***andare in ~*** to go into town; ***~ di provincia, di frontiera*** provincial, frontier town; ***gente di***

~ city folk; ***in, fuori ~*** [*vivere*] in town, out of town; ***la vita di ~*** urban life **2** *(quartiere)* ***~ alta, bassa*** upper, lower city; ***la ~ vecchia*** the old town **3** GEOGR. ***Città del Capo*** Cape Town; ***Città del Messico*** Mexico City; ***Città del Vaticano*** Vatican City **4** *(cittadini)* ***tutta la ~ ne parla*** the whole city is talking about it ♦♦ ***~ d'arte*** = town of artistic interest; ***~ giardino*** garden city; ***~ olimpica*** Olympic city; ***~ santa*** holy town; ***~ satellite*** satellite *o* overspill town; ***~ universitaria*** university town.

cittadella /tʃitta'dɛlla/ f. citadel (anche FIG.).

cittadina /tʃitta'dina/ f. *(piccola città)* small town.

cittadinanza /tʃittadi'nantsa/ f. **1** *(cittadini)* (city) inhabitants pl., city dwellers pl., townspeople pl.; ***tutta la ~ partecipò all'iniziativa*** the whole town took part in the initiative **2** DIR. citizenship; ***avere la ~ italiana*** to have Italian citizenship; ***diritto di ~*** right of citizenship; ***ricevere la ~ onoraria*** to receive the freedom of a city.

cittadino /tʃitta'dino/ **I** agg. [*gente, vita*] city attrib.; [*orgoglio*] civic; [*traffico*] urban **II** m. (f. **-a**) *(di città)* city dweller; *(di nazione)* citizen, national; ***essere ~ italiano*** to be an Italian citizen; ***~ comunitario*** EU national; ***primo ~*** = mayor ♦♦ ***~ del mondo*** citizen of the world; ***~ onorario*** freeman.

ciucciare /tʃut'tʃare/ [1] **I** tr. COLLOQ. to suck **II ciucciarsi** pronom. COLLOQ. ***-rsi il dito*** to suck one's thumb.

ciuccio, pl. **-ci** /'tʃuttʃo, tʃi/, **ciucciotto** /tʃiut'tʃɔtto/ m. dummy BE, pacifier AE.

ciuco, pl. **-chi** /'tʃuko, ki/ m. donkey, ass.

ciuffo /'tʃuffo/ m. *(di capelli)* wisp; *(sulla fronte)* forelock; *(di erba)* clump, tuft, tussock; *(di piume)* tuft.

ciurma /'tʃurma/ f. **1** MAR. STOR. galley slaves pl. **2** *(equipaggio)* crew.

ciurmaglia /tʃur'maʎʎa/ f. mob, riff-raff.

civetta /tʃi'vetta/ **I** f. **1** ZOOL. owl **2** FIG. *(donna leggera)* flirt; ***fare la ~*** to flirt **3** *(manifesto all'esterno delle edicole)* poster **II** agg.inv. **1** *(in incognito)* ***auto ~*** decoy, unmarked police car; ***nave ~*** Q-boat **2** COMM. ***articolo ~*** loss leader **3** POL. ***candidato ~*** stalking horse ♦♦ ***~ zibetto*** civet.

civettare /tʃivet'tare/ [1] intr. (aus. *avere*) to flirt.

civetteria /tʃivette'ria/ f. coquetry.

civettuolo /tʃivet'twɔlo/ agg. coquettish, flirtatious.

civico, pl. **-ci**, **-che** /'tʃiviko, tʃi, ke/ agg. **1** *(del cittadino)* civic, public; ***senso ~*** civic pride, public spirit, civism; ***educazione -a*** civics **2** *(della città)* municipal, city attrib., town attrib.; ***numero ~*** street number.

civile /tʃi'vile/ **I** agg. **1** *(non militare)* [*autorità, abiti, popolazione*] civilian; *(non religioso)* [*matrimonio*] civil; *(non penale)* [*diritto, codice*] civil; ***stato ~*** marital status; ***ingegnere ~*** civil engineer; ***servizio ~*** DIR. community service **2** *(del cittadino)* [*diritti*] civil **3** *(educato)* [*persona, comportamento*] civil(ized) **4** *(civilizzato)* [*società*] civilized **II** m. civilian.

civilista, m.pl. **-i**, f.pl. **-e** /tʃivi'lista/ m. e f. civil lawyer.

civilizzare /tʃivilid'dzare/ [1] tr. to civilize.

civilizzazione /tʃiviliddzat'tsjone/ f. civilization.

civilmente /tʃivil'mente/ avv. **1** *(laicamente)* ***sposarsi ~*** to get married in a registry office, to have a civil ceremony **2** DIR. civilly **3** *(educatamente)* civilly.

civiltà /tʃivil'ta/ f.inv. **1** *(società, civilizzazione)* civilization **2** *(buona creanza)* civility, politeness.

clacson /'klakson/ m.inv. AUT. horn; ***suonare il ~*** to honk (one's horn).

clacsonare /klakso'nare/ [1] intr. (aus. *avere*) COLLOQ. to honk (one's horn).

clamore /kla'more/ m. **1** *(grida)* outcry, roar, clamour BE, clamor AE **2** *(scalpore)* ***suscitare ~*** to cause an uproar *o* a sensation.

clamoroso /klamo'roso/ agg. [*vittoria, successo, fallimento*] resounding; [*sconfitta*] crushing, resounding; [*dettaglio*] lurid.

clan /klan/ m.inv. clan.

clandestinamente /klandestina'mente/ avv. *(illegalmente)* illegally; *(in segreto)* secretly.

clandestinità /klandestini'ta/ f.inv. ***in ~*** [*vivere*] in hiding; [*operare*] in secret; [*lavorare*] illegally; ***darsi alla ~*** to go underground; ***atmosfera di ~*** atmosphere of secrecy.

clandestino /klandes'tino/ **I** agg. [*attività, giornale*] underground; [*immigrazione, lavoro, bisca*] illegal; ***passeggero ~*** stowaway; ***aborto ~*** back-street abortion **II** m. (f. **-a**) *(immigrato)* illegal alien; *(passeggero)* stowaway.

clangore /klan'gore/ m. LETT. clangour BE, clangor AE.

Clara /'klara/ n.pr.f. Clare, Clara.

clarinettista, m.pl. **-i**, f.pl. **-e** /klarinet'tista/ m. e f. clarinet(t)ist.

clarinetto /klari'netto/ m. clarinet.

clarissa /kla'rissa/ f. (Poor) Clare, Clarisse.

classe /'klasse/ f. **1** SCOL. *(gruppo di studenti)* class; *(anno di corso)* form BE, grade AE; *(aula)* classroom, schoolroom; ***essere il primo, l'ultimo della ~*** to be top, bottom of the class; ***che ~ fai?*** which form are you in? ***compagno di ~*** classmate **2** SOCIOL. POL. ***le -i sociali*** the social classes; ***la ~ operaia*** the working class; ***lotta di ~*** class struggle **3** BOT. ZOOL. class **4** *(qualità)* class; ***di prima ~*** [*prodotto*] first-class; [*albergo*] high-class **5** *(stile, eleganza)* class, style; ***avere ~*** to have class *o* style; ***di ~*** stylish, classy COLLOQ. **6** *(nei transporti)* ***biglietto di prima, seconda ~*** first, second class ticket; ***~ turistica*** AER. economy *o* tourist class; ***prima ~*** AER. business *o* first class.

classica, pl. **-che** /'klassika, ke/ f. *(gara)* classic; *(musica)* classical music.

classicismo /klassi'tʃizmo/ m. classicism.

classicista, m.pl. **-i**, f.pl. **-e** /klassi'tʃista/ m. e f. classicist.

classico, pl. **-ci**, **-che** /'klassiko, tʃi, ke/ **I** agg. **1** *(greco, latino)* [*autore, opera, cultura, epoca, studi*] classical **2** *(per indicare un genere)* [*musica*] classical; ***danza -a*** ballet **3** *(sobrio)* [*stile, abbigliamento*] classic **4** *(tradizionale)* [*cura, metodo*] traditional; *(tipico)* [*reazione, esempio*] classic; ***~!*** COLLOQ. that's typical! **II** m. **1** *(autore)* ***fare citazioni dai -i*** to quote from the classics **2** *(opera)* classic, old favourite **3** *(scuola superiore)* → **liceo classico**.

classifica, pl. **-che** /klas'sifika, ke/ f. **1** SPORT (league) table, ranking; ***la squadra in testa alla ~*** the leading team **2** *(hit-parade)* (pop) charts pl.

classificare /klassifi'kare/ [1] **I** tr. **1** *(suddividere in classi)* to classify [*animali*]; to categorize, to classify [*documenti, libri*] **2** *(catalogare)* to index, to classify [*articoli, dati*] **3** SCOL. *(assegnare un voto)* to grade **4** *(valutare)* to assess [*persona*] **II classificarsi** pronom. to rank; ***-rsi primo, ultimo*** to be placed first, last.

classificazione /klassifikat'tsjone/ f. **1** *(distribuzione in classi)* classification, grading, sorting **2** *(catalogazione)* filing **3** *(graduatoria)* ranking **4** *(giudizio)* grading.

classismo /klas'sizmo/ m. classism, class system.

classista, m.pl. **-i**, f.pl. **-e** /klas'sista/ **I** agg. ***sistema ~*** class system **II** m. e f. class system supporter.

claudicante /klaudi'kante/ agg. [*persona, andatura*] limping, hobbling.

Claudio /'klaudjo/ n.pr.m. Claude.

clausola /'klauzola/ f. clause, provision.

claustrofobia /klaustrofo'bia/ f. claustrophobia.

claustrofobico, pl. **-ci**, **-che** /klaustro'fɔbiko, tʃi, ke/ **I** agg. claustrophobic **II** m. (f. **-a**) claustrophobic.

clausura /klau'zura/ f. seclusion; ***ordine di ~*** enclosed order.

clava /'klava/ f. club; *(da ginnastica)* Indian club.

clavicembalo /klavi'tʃembalo/ m. harpsichord.

clavicola /kla'vikola/ f. clavicle, collarbone.

clavicordo /klavi'kɔrdo/ m. clavichord.

claxon → **clacson.**

clematide /kle'matide/ f. clematis.

clemente /kle'mɛnte/ agg. **1** [*giudice*] clement; [*sentenza*] merciful; [*atteggiamento, persona*] forgiving; [*punizione*] lenient **2** [*tempo, inverno*] clement, mild.

Clemente /kle'mɛnte/ n.pr.m. Clement.

clementina /klemen'tina/ f. clementine.

Clementina /klemen'tina/ n.pr.f. Clementine.

clemenza /kle'mɛntsa/ f. **1** *(indulgenza)* clemency, lenience, leniency, mercy **2** *(di clima)* clemency.

cleptomane /klep'tɔmane/ agg., m. e f. kleptomaniac.

cleptomania /kleptoma'nia/ ♦ **7** f. kleptomania.

clergyman /'klɛrdʒimen/ m.inv. clergyman's suit.

clericale /kleri'kale/ **I** agg. [*vita*] clerical; [*stampa*] that supports the Church **II** m. e f. clericalist.

clericalismo /klerika'lizmo/ m. clericalism.

clero /'klɛro/ m. clergy + verbo pl.

clessidra /kles'sidra/ f. hourglass.
clic /klik/ m. click; ***fare ~ sul pulsante*** INFORM. to click the button.
cliccabile /klik'kabile/ agg. [*immagine*] clickable.
cliccare /klik'kare/ [1] intr. (aus. *avere*) INFORM. GERG. to click (**su** on).
cliché /kliʃ'ʃe/ m.inv. **1** TIP. stereotype, block, plate **2** FIG. cliché.
cliente /kli'ɛnte/ m. e f. *(di negozio, ristorante)* customer; *(di albergo)* guest; *(di professionista)* client; ***~ abituale*** o ***fisso*** regular.
clientela /klien'tɛla/ f. clientele, customers pl.; *(di avvocato, medico)* caseload.
clientelare /kliente'lare/ agg. ***politica ~*** practice of favouritism.
clientelismo /kliente'lizmo/ m. POL. SPREG. ***~ politico*** political patronage.
clima /'klima/ m. **1** METEOR. climate **2** FIG. climate, atmosphere.
climaterio, pl. **-ri** /klima'tɛrjo, ri/ m. climacteric.
climatico, pl. **-ci**, **-che** /kli'matiko, tʃi, ke/ agg. climatic; ***stazione -a*** health resort; ***condizioni -che*** weather conditions.
climatizzato /klimatid'dzato/ agg. air-conditioned.
climatizzatore /klimatiddza'tore/ m. air-conditioner.
climatizzazione /klimatiddzat'tsjone/ f. air-conditioning.
clinica, pl. **-che** /'klinika, ke/ f. clinic ♦♦ ***~ psichiatrica*** mental home.
clinico, pl. **-ci**, **-che** /'kliniko, tʃi, ke/ **I** agg. [*caso, diagnosi*] clinical; ***occhio ~*** expert eye (anche FIG.) **II** m. (f. **-a**) clinician.
1.clip /klip/ m. e f.inv. *(spezzone)* clip.
2.clip /klip/ f.inv. **1** *(orecchino)* clip(-on) **2** *(per fogli)* paper-clip.
clistere /klis'tɛre/ m. enema*.
clitoride /kli'tɔride/ m. e f. clitoris*.
CLN /tʃielle'ɛnne/ m. STOR. (⇒ Comitato di Liberazione Nazionale) = Italian national liberation committee.
cloaca, pl. **-che** /klo'aka, ke/ f. **1** *(fogna)* cloaca, sewer **2** FIG. cesspit, cesspool **3** ZOOL. cloaca.
cloche /klɔʃ/ f.inv. **1** AER. control column, joystick, control stick **2** AUT. ***cambio a ~*** gear lever **3** *(cappello)* cloche (hat).
clonare /klo'nare/ [1] tr. to clone.
clonazione /klonat'tsjone/ f. cloning.
clone /'klone/ m. clone (anche FIG.).
cloppete /'klɔppete/ inter. (clip-)clop.
clorare /klo'rare/ [1] tr. to chlorinate [*acqua, piscina*].
clorato /klo'rato/ m. chlorate.
cloridrico /klo'ridriko/ agg. ***acido ~*** hydrochloric acid.
cloro /'klɔro/ m. chlorine.
clorofilla /kloro'filla/ f. chlorophyl(l).
clorofluorocarburo /klorofluɔrokar'buro/ m. chlorofluorocarbon.
cloroformio /kloro'fɔrmjo/ m. chloroform.
cloroformizzare /kloroformid'dzare/ [1] tr. to chloroform.
cloruro /klo'ruro/ m. chloride; ***~ di sodio*** sodium chloride.
clou /klu/ m.inv. highlight, climax.
clown /klaun/ m.inv. clown.
clownesco, pl. **-schi**, **-sche** /klau'nesko, ski, ske/ agg. [*personaggio*] clown-like.
club /klab/ m.inv. club.
c.m. ⇒ corrente mese instant (inst.).
CNR /tʃiɛnne'ɛrre/ m. (⇒ Consiglio Nazionale delle Ricerche) = Italian national research council.
coabitare /koabi'tare/ [1] intr. (aus. *avere*) to cohabit, to live together.
coadiutore /koadju'tore/ m. (f. **-trice** /tritʃe/) **1** *(assistente)* adjuvant, coadjutor, assistant **2** RELIG. coadjutor.
coadiuvare /koadju'vare/ [1] tr. ***~ qcn.*** to help sb., to collaborate with sb.
coagulante /koagu'lante/ agg. e m. coagulant.
coagulare /koagu'lare/ [1] **I** tr. to clot, to coagulate [*sangue*] **II** intr. (aus. *essere*), **coagularsi** pronom. [*sangue*] to clot, to coagulate.
coagulazione /koagulat'tsjone/ f. coagulation, clotting.
coagulo /ko'agulo/ m. **1** *(di sangue)* clot, grume **2** *(di latte)* curd, clot.
coalizione /koalit'tsjone/ f. coalition; ***governo di ~*** coalition government.
coalizzarsi /koalid'dzarsi/ [1] pronom. to join forces, to unite.
coassiale /koas'sjale/ agg. coaxial.
coatto /ko'atto/ **I** agg. compulsory, forced **II** m. (f. **-a**) GERG. = young urban working class person with vulgar and sometimes violent behaviour.
cobalto /ko'balto/ ➧ **3 I** m. cobalt **II** m.inv. *(colore)* cobalt blue **III** agg.inv. ***blu ~*** cobalt blue.
cobaltoterapia /kobaltotera'pia/ f. = cancer treatment involving radioactive cobalt.
COBAS /'kɔbas/ m. = Base Committee.
cobra /'kɔbra/ m.inv. cobra.
1.coca, pl. **-che** /'kɔka, ke/ f. BOT. coca.
2.coca /'kɔka/ f.inv. COLLOQ. (accorc. cocaina) coke, blow, snow.
3.coca /'kɔka/ f.inv. COLLOQ. (accorc. coca-cola) Coke®, cola.
coca-cola® /koka'kɔla/ f.inv. Coca-cola®.
cocaina /koka'ina/ f. cocaine.
cocainomane /kokai'nɔmane/ m. e f. cocaine addict.
1.cocca, pl. **-che** /'kɔkka, 'kokka/ f. **1** *(di freccia)* nock **2** *(di fazzoletto, tessuto)* corner.
2.cocca, pl. **-che** /'kɔkka, ke/ f. *(termine affettuoso)* darling.
coccarda /kok'karda/ f. cockade; *(di sostenitore, vincitore)* rosette.
cocchiere /kok'kjɛre/ m. STOR. cab-driver, coachman*.
cocchio, pl. **-chi** /'kɔkkjo, ki/ m. coach, carriage; STOR. chariot.
coccige /kot'tʃidʒe, 'kottʃidʒe/ m. coccyx*.
coccinella /kottʃi'nɛlla/ f. ladybird, ladybug.
cocciniglia /kottʃi'niʎʎa/ f. cochineal.
coccio, pl. **-ci** /'kɔttʃo, tʃi/ m. **1** *(terracotta)* earthenware **2** *(oggetto di coccio)* crock, pot **3** *(frammento)* fragment, shard; ***-ci di vetro*** pieces of glass ♦ ***chi rompe paga e i -ci sono suoi*** PROV. = all breakages must be paid for.
cocciuto /kot'tʃuto/ agg. stubborn, pigheaded.
1.cocco, pl. **-chi** /'kɔkko, ki/ m. **1** *(palma)* coconut palm **2** *(frutto)* ***(noce di) ~*** coconut; ***fibra di ~*** coir.
2.cocco, pl. **-chi** /'kɔkko, ki/ m. COLLOQ. *(termine affettuoso)* darling; ***~ di mamma*** mollycoddle (anche SPREG.); ***il ~ del professore*** SPREG. the teacher's pet.
coccodè /kokko'dɛ/ m.inv. cluck, cackle; ***fare ~*** to cluck, to cackle.
coccodrillo /kokko'drillo/ m. *(animale, pelle)* crocodile ♦ ***versare lacrime di ~*** to shed crocodile tears.
coccola /'kɔkkola/ f. COLLOQ. ***fare le -e a qcn.*** to cuddle sb.
coccolare /kokko'lare/ [1] tr. to cuddle [*persona*]; to pet [*animale*]; *(viziare)* to mollycoddle, to pamper.
cocente /ko'tʃɛnte/ agg. **1** *(molto caldo)* [*sole, asfalto*] burning **2** FIG. [*critica, rimprovero, sconfitta*] bitter, painful; [*passione, lacrime*] burning.
cocker /'kɔker/ m.inv. cocker (spaniel), spaniel.
cocktail /'kɔkteil/ m.inv. **1** *(bevanda)* cocktail **2** *(ricevimento)* cocktail (party) **3** FIG. cocktail.
cocomero /ko'komero/ m. watermelon.
cocorita /koko'rita/ f. small parrot, parakeet.
cocuzzolo /ko'kuttsolo/ m. **1** *(di monte)* top **2** *(di testa, cappello)* crown.
coda /'koda/ f. **1** ZOOL. tail; ***agitare la ~*** to wag one's tail; ***mozzare la ~ a*** to dock [*cane, cavallo*] **2** *(di aereo, treno)* tail; *(di corteo)* tail, end; ***in ~ al treno*** at the rear of the train; ***vagoni di ~*** end *o* rearmost carriages **3** *(fila)* line, queue BE; *(di auto)* line, queue BE, tailback BE; ***fare la ~*** to stand in a queue, to queue (up), to stand *o* wait in line; ***mettersi in ~*** to join the line *o* queue **4** *(acconciatura)* ***~ (di cavallo)*** ponytail **5** ABBIGL. *(strascico)* train; ***(giacca a) ~ di rondine*** swallow-tailed coat **6** MUS. *(di brano)* coda **7** *(effetto)* repercussion, echo **8** CINEM. TELEV. ***titoli di ~*** (closing) credits ♦ ***colpo di ~*** sudden reversal; ***la sua risposta mi è sembrata senza capo né ~*** I couldn't make head or tail of his reply; ***andarsene con la ~ tra le gambe*** to go off with one's tail between one's legs; ***guardare qcs. con la ~ dell'occhio*** to watch sth. out of the corner of one's eye; ***avere la ~ di paglia*** to have a guilty conscience ♦♦ ***~ di stampa*** INFORM. print queue.

codardia /kodar'dia/ f. cowardice, cowardliness.
codardo /ko'dardo/ **I** agg. cowardly **II** m. (f. **-a**) coward.
codazzo /ko'dattso/ m. train (of people), mob.
codeina /kode'ina/ f. FARM. codeine.
codesto /ko'desto/ v. la nota della voce **questo**. **I** agg. ANT. REGION. that **II** pron.dimostr. ANT. REGION. that one.
codette /ko'dette/ f.pl. GASTR. hundreds and thousands.
codice /'kɔditʃe/ m. **1** *(manoscritto)* codex*, manuscript **2** DIR. code; ***violare il ~*** to break the rules **3** *(insieme di norme non scritte)* code **4** *(scrittura cifrata)* code, cipher; ***messaggio in ~*** coded message; ***nome in ~*** code name ♦♦ ***~ di avviamento postale*** post code BE, zip (code) AE; ***~ a barre*** bar code; ***~ cavalleresco*** code of chivalry; ***~ cifrato*** code, cipher; ***~ civile*** civil code; ***~ di etica professionale*** code of conduct; ***~ fiscale*** = series of letters and numbers which every individual has referring to their fiscal position; ***~ genetico*** genetic code; ***~ macchina*** INFORM. computer *o* machine code; ***~ di navigazione*** navigation laws; ***~ d'onore*** code of honour; ***~ penale*** penal *o* criminal code; ***~ della strada*** Highway code BE, rules of the road AE.
codicillo /kodi'tʃillo/ m. DIR. codicil.
codifica, pl. **-che**/ ko'difika, ke/ f. **1** INFORM. (en)coding **2** RAD. TEL. ***~ di messaggi*** scrambling.
codificare /kodifi'kare/ [1] tr. **1** DIR. to codify [*legge*] **2** INFORM. to (en)code [*informazione*] **3** FIG. to encode [*messaggio*] **4** RAD. TEL. to scramble [*segnale*].
codificatore /kodifika'tore/ m. INFORM. encoder.
codino /ko'dino/ m. **1** *(pettinatura)* pigtail; *(nel Settecento)* queue **2** COLLOQ. SPREG. fogey.
coefficiente /koeffi'tʃɛnte/ m. coefficient.
coercitivo /koertʃi'tivo/ agg. [*poteri*] coercive; [*norme*] compulsory.
coercizione /koertʃit'tsjone/ f. coercion, compulsion; ***sotto ~*** under duress.
coerente /koe'rɛnte/ agg. **1** *(logico)* [*ragionamento*] coherent, consistent **2** *(senza contraddizioni)* [*comportamento*] consistent; ***essere ~ (con se stesso)*** to be consistent **3** FIS. [*luce*] coherent.
coerenza /koe'rɛntsa/ f. **1** *(logicità)* coherence, cohesion **2** *(fedeltà ai principi)* consistency **3** FIS. coherence.
coesione /koe'zjone/ f. FIS. LING. cohesion (anche FIG.).
coesistenza /koezis'tɛntsa/ f. coexistence.
coesistere /koe'zistere/ [21] intr. (aus. *essere*) to coexist.
coesivo /koe'zivo/ agg. cohesive.
coeso /ko'ɛzo/ agg. [*gruppo*] cohesive.
coetaneo /koe'taneo/ **I** agg. ***essere ~ di qcn.*** to be as old as sb.; ***Marco e Luca sono -i*** Marco and Luca are the same age **II** m. (f. **-a**) contemporary.
coevo /ko'ɛvo/ agg. coeval, contemporary.
cofanetto /kofa'netto/ m. **1** *(per gioielli)* casket, jewel box, jewel case **2** *(per libri)* slipcase; *(per dischi)* boxed set.
cofano /'kɔfano/ m. *(di auto)* bonnet BE, hood AE.
coffa /'kɔffa/ f. MAR. *(di maestra)* maintop.
cofirmatario, pl. **-ri** /kofirma'tarjo, ri/ m. (f. **-a**) cosignatory (**di** to, of).
cogestione /kodʒes'tjone/ f. joint management ♦♦ ***~ aziendale*** worker participation.
cogitare /kodʒi'tare/ [1] intr. (aus. *avere*) to cogitate (**su** about, on).
cogitazione /kodʒitat'tsjone/ f. cogitation.
cogli /'koʎʎi/ → **con.**
cogliere /'kɔʎʎere/ [28] tr. **1** to pick, to pluck, to gather [*fiori, frutti*] **2** FIG. *(capire)* to catch* [*allusione, significato*]; ***~ il nocciolo della questione*** to see *o* get the point; ***non ha colto il senso dell'osservazione*** he lost *o* missed the point of the remark **3** *(sorprendere)* [*emozione, terrore*] to overtake*, to seize [*persona*]; ***essere colto da un temporale*** to get caught in a storm ♦ ***~ la palla al balzo*** = to seize the opportunity; ***~ qcn. in fallo*** to catch sb. out *o* on the wrong foot; ***mi hai colto in fallo!*** you've got me there! ***~ qcn. in flagrante*** o ***sul fatto*** to catch sb. red-handed *o* in the act *o* at it COLLOQ.; ***~ l'occasione*** to take one's chance; ***~ nel segno*** to find its mark; ***cogli l'attimo*** seize the day; ***~ qcn. alla sprovvista*** o ***di sorpresa*** to catch *o* take sb. unawares, to take sb. aback *o* by surprise; ***~ al volo*** to grab *o* seize *o* jump at [*opportunità*].
coglione /koʎ'ʎone/ **I** m. (f. **-a**) VOLG. asshole; ***(pezzo di) ~!*** you fucking idiot! ***fare il ~*** to behave like a prick **II coglioni** m.pl. VOLG. *(testicoli)* bollocks, balls, nuts ♦ ***rompere i -i*** to be a pain in the ass *o* arse BE; ***levati dai -i!*** fuck off! ***avere i -i per fare*** to have the balls to do.
cognac /koɲ'ɲak/ m.inv. cognac.
cognata /koɲ'ɲata/ f. sister-in-law*.
cognato /koɲ'ɲato/ m. brother-in-law*.
cognitivo /koɲɲi'tivo/ agg. [*processo*] cognitive.
cognizione /koɲɲit'tsjone/ f. **1** FILOS. PSIC. cognition **2** *(nozione)* knowledge; ***avere vaste -i*** to have extensive knowledge; ***perdere la ~ del tempo*** to lose track *o* all sense of time **3** DIR. cognizance; ***con ~ di causa*** [*giudicare*] with full knowledge of the facts; [*parlare*] knowledgeably.
cognome /koɲ'ɲome/ m. surname, family name, last name; ***~ da nubile, da sposata*** maiden, married name.
coguaro /ko'gwaro/ m. cougar.
coi /koi/ → **con.**
coibentare /koiben'tare/ [1] tr. to insulate.
coibentazione /koibentat'tsjone/ f. insulation.
coibente /koi'bɛnte/ **I** agg. nonconducting **II** m. nonconductor.
coincidenza /kointʃi'dɛntsa/ f. **1** *(combinazione)* coincidence; ***per pura ~*** by sheer coincidence, coincidentally **2** *(di treno, aereo)* connection; *(treno)* connecting train; *(aereo)* connecting flight; ***fare ~*** to connect **3** *(corrispondenza) (di idee, opinioni)* correspondence, concurrence.
coincidere /koin'tʃidere/ [35] intr. (aus. *avere*) **1** *(corrispondere)* [*cifre, risultati, idee*] to coincide, to concur; ***i fatti coincidono perfettamente*** the facts fit together neatly **2** *(avvenire contemporaneamente)* [*avvenimenti*] to coincide; [*impegni*] to clash, to conflict, to overlap.
coinquilino /koinkwi'lino/ m. (f. **-a**) joint tenant, cotenant.
coinvolgente /koinvold'ʒɛnte/ agg. absorbing, engrossing, involving.
coinvolgere /koin'vɔldʒere/ [101] tr. **1** *(implicare)* ***~ qcn. in*** to involve *o* implicate sb. in, to draw *o* drag sb. into [*scandalo, crimine*] **2** *(fare partecipare)* ***mi hanno coinvolto nell'affare*** they cut me in on the deal **3** *(appassionare)* [*film, libro*] to involve, to engross.
coinvolgimento /koinvoldʒi'mento/ m. involvement, participation.
coinvolto /koin'vɔlto/ **I** p.pass. → **coinvolgere II** agg. involved; ***essere ~ in*** to get mixed up *o* caught up in, to be concerned in [*scandalo, discussione*].
coito /'kɔito/ m. coitus.
col /kol/ → **con.**
col. ⇒ colonnello Colonel (Col).
cola /'kɔla/ f. cola.
colabrodo /kola'brɔdo/ m.inv. ***essere un ~*** to leak like a sieve; ***ridurre qcn., qcs. come un ~*** to riddle sb., sth. with bullets.
colapasta /kola'pasta/ m.inv. colander.
colare /ko'lare/ [1] **I** tr. **1** *(filtrare)* to strain [*brodo*] **2** *(scolare)* to strain, to drain [*pasta, riso*] **3** METALL. to cast*, to pour [*metallo fuso*] **II** intr. (aus. *essere, avere*) **1** *(gocciolare)* (aus. *essere*) [*liquido*] to drip, to trickle, to seep; ***l'acqua colava giù dai muri*** water was streaming *o* pouring down the walls; ***mi cola il naso*** my nose is running **2** *(perdere liquido)* (aus. *avere*) [*recipiente*] to leak **3** *(affondare)* (aus. *essere*) ***~ a picco*** [*nave*] to sink, to go down *o* to the bottom.
colata /ko'lata/ f. **1** GEOL. flow; ***~ lavica*** lava flow; ***~ di fango*** mudslide **2** METALL. casting; ***foro di ~*** taphole.
colazione /kolat'tsjone/ f. **1** *(del mattino)* breakfast; ***fare (la prima) ~*** to have *o* eat (one's) breakfast, to breakfast **2** *(di mezzogiorno)* lunch; ***~ di lavoro*** business *o* working lunch.
colbacco, pl. **-chi** /kol'bakko, ki/ m. bearskin, busby.
Coldiretti /koldi'rɛtti/ f. (⇒ Confederazione nazionale coltivatori diretti) = Italian association of farmers.
colecisti /kole'tʃisti/ f.inv. cholecyst.
colei /ko'lɛi/ pron.dimostr.f. → **colui.**
coleottero /kole'ɔttero/ m. beetle.
colera /ko'lɛra/ ♦ 7 m.inv. cholera.
colesterolo /koleste'rɔlo/ m. cholesterol; ***avere il ~ alto*** to have a high cholesterol level.

colf /'kɔlf/ ◗ *18* f.inv. (⇒ collaboratrice familiare) = domestic help.
colibrì /koli'bri/ m.inv. humming bird.
colica, pl. **-che** /'kɔlika, ke/ ◗ *7* f. colic **U**; ***un bambino che soffre di -che*** a colicky baby.
colino /ko'lino/ m. colander; *(per il tè)* tea strainer.
colite /ko'lite/ ◗ *7* f. colitis.
1.colla /'kɔlla/ f. glue; *(per carta da parati)* paste ♦♦ ***~ di pesce*** GASTR. fish-glue, isinglass.
2.colla /'kolla/ → **con.**
collaborare /kollabo'rare/ [1] intr. (aus. *avere*) **1** *(cooperare)* to collaborate, to cooperate (**con** with) **2** ***~ a*** to contribute to [*giornale*].
collaborativo /kollabora'tivo/ agg. collaborative, cooperative.
collaboratore /kollabora'tore/ m. (f. **-trice** /tritʃe/) **1** collaborator, aide **2** *(di giornale)* contributor ♦♦ ***~ esterno*** consultant, freelancer; ***~ della*** o ***di giustizia*** = cooperator with the police; ***collaboratrice domestica*** o ***familiare*** domestic help.
collaborazione /kollaborat'tsjone/ f. **1** *(contributo)* collaboration (**a** in); ***~ continuativa*** = collaboration offered by a consultant on a regular basis; ***offrire la propria ~*** to offer one's services **2** *(a giornale)* contribution **3** *(cooperazione)* collaboration, cooperation, joint effort; ***lavorare in (stretta) ~*** to work in (close) collaboration *o* (closely) together.
collaborazionismo /kollaborattsjo'nizmo/ m. POL. collaboration.
collaborazionista, m.pl. **-i**, f.pl. **-e** /kollaborattsjo'nista/ m. e f. POL. collaborationist.
collage /kol'laʒ/ m.inv. collage; FIG. collage, patchwork.
collagene /kol'ladʒene/ m. collagen.
collana /kol'lana/ f. **1** necklace; ***~ di perle*** pearl necklace, string of pearls; ***una ~ di fiori*** a garland (of flowers) **2** *(nell'editoria)* ***una ~ di libri*** a series of books.
collant /kol'lan(t)/ m.inv. tights pl. BE, panty hose AE.
collante /kol'lante/ m. adhesive, glue.
collare /kol'lare/ m. **1** *(per animali)* collar **2** RELIG. clerical collar, dog collar COLLOQ. SCHERZ. **3** ZOOL. collar, ring ♦♦ ***~ antipulci*** flea collar.
collassare /kollas'sare/ [1] intr. (aus. *essere*) to collapse (anche FIG.).
collasso /kol'lasso/ m. MED. collapse (anche FIG.); ***sull'orlo del ~*** on the brink *o* point of collapse ♦♦ ***~ cardiaco*** heart failure; ***~ nervoso*** nervous breakdown.
collaterale /kollate'rale/ agg. **1** DIR. collateral **2** BOT. FARM. collateral; ***effetti -i*** side effects **3** *(secondario)* ***attività ~*** fringe activity.
collaudare /kollau'dare/ [1] tr. **1** to test, to try out [*impianto, veicolo*] **2** FIG. ***~ un'amicizia*** to put a friendship to the test.
collaudato /kollau'dato/ **I** p.pass. → **collaudare II** agg. [*coppia*] secure, stable; [*metodo*] proven, well-tested, well-tried, tried and tested.
collaudatore /kollauda'tore/ ◗ *18* m. (f. **-trice** /tritʃe/) tester; *(di auto)* test driver; ***pilota ~*** test pilot.
collaudo /kol'laudo/ m. test, testing **U**; ***volo di ~*** test flight; ***passare il ~*** to pass a test; ***sottoporre a ~*** to test (for faults).
collazionare /kollattsjo'nare/ [1] tr. to collate [*manoscritti*].
collazione /kollat'tsjone/ f. collation.
1.colle /'kɔlle/ m. *(rilievo)* hill; ***il Colle*** = the presidency of the Italian Republic.
2.colle /'kɔlle/ m. *(valico)* col.
3.colle /'kolle/ → **con.**
collega, m.pl. **-ghi**, f.pl. **-ghe** /kol'lɛga, gi, ge/ m. e f. colleague, co-worker, workmate.
collegamento /kollega'mento/ m. **1** *(contatto)* link; ***~ aereo, stradale*** air, road link **2** *(di elettricità, gas)* connection **3** RAD. TELEV. link(-up), hook-up; TEL. connection; ***-i telefonici, radio(fonici)*** telephone, radio communications; ***essere in ~ con*** TELEV. to be live from; ***mettere qcn. in ~ con*** TEL. to connect sb. to [*ufficio*] **4** INFORM. link; ***~ in rete*** networking; ***~ a Internet*** Internet connection **5** FIG. *(connessione)* connection, link **6** MIL. ***ufficiale di ~*** liaison officer.
collegare /kolle'gare/ [1] **I** tr. **1** *(mettere in comunicazione)* [*ponte, strada*] to connect, to link [*luoghi*] **2** TECN. *(alla rete)* to connect (up) [*acqua, gas, elettricità*]; *(alla presa)* to connect, to hook up, to plug in [*televisione, telefono*] **3** INFORM. to link [*terminali*]; ***~ in rete*** to network [*computer*] **4** FIG. *(associare)* to associate, to connect (**a** with), to link (**a** to, with), to relate, to tie (**a** to) **II collegarsi** pronom. **1** TEL. ***-rsi telefonicamente con qcn.*** to get through to sb., to reach sb. by telephone **2** RAD. TELEV. ***ci colleghiamo con i nostri studi di Londra*** over to our London studios; ***-rsi via satellite*** to link by satellite **3** INFORM. ***-rsi a Internet*** to connect to the Internet **4** FIG. *(riferirsi)* to refer (**a** to).
collegiale /kolle'dʒale/ **I** agg. **1** collective, joint; ***decisione ~*** corporate decision **2** *(di, da convitto)* ***vita ~*** college *o* collegiate life **II** m. e f. boarder.
collegio, pl. **-gi** /kol'lɛdʒo, dʒi/ m. **1** *(di medici, chirurghi)* college **2** *(convitto)* boarding school; ***~ universitario*** residence (hall), hall of residence ♦♦ ***~ elettorale*** electoral college, constituency.
collera /'kɔllera/ f. anger; ***essere in ~ con qcn.*** to be angry at *o* with sb.; ***far andare in ~ qcn.*** to make sb. angry; ***andare in ~*** to get angry, to fly into a rage *o* temper.
collerico, pl. **-ci**, **-che** /kol'lɛriko, tʃi, ke/ agg. [*persona*] short-tempered, choleric, irascible; [*temperamento*] explosive.
colletta /kol'lɛtta/ f. **1** collection; ***fare una ~*** to make a collection, to collect **2** *(orazione)* collect.
collettivismo /kolletti'vizmo/ m. collectivism.
collettività /kollettivi'ta/ f.inv. community; ***nell'interesse della ~*** for the common good.
collettivo /kollet'tivo/ **I** agg. [*contratto, inconscio*] collective; [*coscienza, isterismo*] mass attrib.; ***prenotazione -a*** group booking **II** m. SOCIOL. POL. collective.
colletto /kol'letto/ m. **1** collar, neck; ***~ di camicia*** shirt collar **2** *(di dente)* neck ♦♦ ***~ bianco*** white-collar worker; ***~ blu*** blue-collar worker.
collettore /kollet'tore/ m. (f. **-trice** /tritʃe/) **1** *(di imposte)* collector **2** ELETTRON. collector **3** TECN. *(di caldaia)* header (tank); *(nei motori)* manifold **4** *(di acque di scarico)* main, trunk.
collezionare /kollettsjo'nare/ [1] tr. to collect [*francobolli*]; ***~ errori, gaffe*** FIG. to make one mistake, blunder after another.
collezione /kollet'tsjone/ f. **1** *(di francobolli ecc.)* collection; ***fare ~ di qcs.*** to collect sth. **2** *(collana editoriale)* series*, collection.
collezionismo /kollettsjo'nizmo/ m. collecting.
collezionista, m.pl. **-i**, f.pl. **-e** /kollettsjo'nista/ m. e f. collector.
collie /'kɔlli/ m.inv. collie.
collier /kol'lje/ m.inv. necklace.
collimare /kolli'mare/ [1] intr. (aus. *avere*) to agree, to correspond, to tally.
collina /kol'lina/ f. hill.
collinetta /kolli'netta/ f. hillock; ***una ~ di terra*** a hummock, a hump.
collinoso /kolli'noso/ agg. hilly.
collirio, pl. **-ri** /kol'lirjo, ri/ m. eyedrops pl., collyrium.
collisione /kolli'zjone/ f. **1** *(urto)* collision; ***entrare in ~ con*** to come into collision with, to collide with; MAR. to foul [*nave*] **2** *(conflitto)* collision, clash.
1.collo /'kɔllo/ m. **1** ANAT. neck; ***buttare le braccia al ~ di qcn.*** to fling *o* throw one's arms around sb.'s neck; ***prendere qcn. per il ~*** to take sb. by the throat **2** *(di bottiglia)* neck **3** ABBIGL. neck, collar; ***~ alto*** rollneck, turtle neck **4 a rotta di collo** at breakneck pace, at breakneck speed ♦ ***rompersi l'osso del ~*** to break one's neck; ***allungare il ~*** to crane one's neck; ***è indebitato fino al ~*** he's up to his neck in debt ♦♦ ***~ di bottiglia*** *(strettoia)* bottleneck; ***~ d'oca*** MECC. gooseneck; ***~ del piede*** instep; ***~ dell'utero*** cervix, neck of the womb.
2.collo /'kɔllo/ m. parcel, package, packet.
3.collo /'kollo/ → **con.**
collocamento /kolloka'mento/ m. **1** *(sistemazione)* arrangement, placement **2** *(impiego)* employment; ***agenzia di ~*** employment agency; ***ufficio di ~*** employment exchange **3** COMM. ECON. placement, placing.
collocare /kollo'kare/ [1] **I** tr. **1** *(porre)* to place, to position, to put*; ***~ un fatto nel suo contesto*** FIG. to set *o* situate an event in its context **2** *(impiegare)* to place, to find* a job for [*persona*]; ***~ qcn. a riposo*** to retire sb. **3** COMM. *(vendere)* to

sell*, to place [*prodotto*] 4 ECON. *(investire)* to invest [*capitali*] II **collocarsi** pronom. to place oneself.
collocatore /kolloka'tore/ m. LING. collocate.
collocazione /kollokatt'tsjone/ f. 1 *(posizione)* position, placement 2 BIBLIOT. classification; ***numero di ~*** accession number, pressmark BE 3 FIG. position; ***cambiare ~*** to change sides 4 LING. collocation.
colloquiale /kollo'kwjale/ agg. colloquial, informal.
colloquialismo /kollokwja'lizmo/ m. LING. colloquialism.
colloquio, pl. **-qui** /kol'lɔkwjo, kwi/ m. 1 *(di lavoro)* (job) interview 2 *(conversazione)* conversation, talk 3 SCOL. UNIV. oral exam 4 *(trattativa)* talks pl., negotiations pl.
colloso /kol'loso/ agg. *(appiccicoso)* sticky, tacky.
collottola /kol'lɔttola/ f. scruff, nape (of the neck); ***prendere qcn. per la ~*** to seize sb. by the scruff of the neck.
colludere /kol'ludere/ [11] intr. (aus. *avere*) to collude.
collusione /kollu'zjone/ f. collusion U.
colluso /kol'luzo/ m. = person who has made secret and illicit agreements for illegal purposes.
collutorio, pl. **-ri** /kollu'tɔrjo, ri/ m. mouthwash.
colluttazione /kolluttat'sjone/ f. fight, brawl, scuffle.
colmare /kol'mare/ [1] tr. 1 *(riempire)* to fill (to the brim), to fill up [*bicchiere*]; ***~ qcn. di*** FIG. to fill sb. with [*gioia*]; to shower *o* load sb. with [*doni, onori, elogi*] 2 ECON. to cover, to make* up [*disavanzo*] ♦ ***~ una lacuna*** to plug a gap; ***ha colmato la misura!*** he's gone too far!
1.colmo /'kolmo/ m. 1 *(cima)* top, summit 2 FIG. ***il ~ di*** the height of [*stupidità, assurdità*]; the depths of [*disperazione*]; ***questo (proprio) è il ~!*** it's the limit! that beats everything! ***sei (davvero) il ~!*** you're the limit *o* the (absolute) end! ***essere al ~ della gioia*** to be overjoyed; ***per ~ di sventura, ...*** to crown it all *o* as if that wasn't enough, ... 3 *(di tetto)* ridge.
2.colmo /'kolmo/ agg. *(pieno)* full, brimful, overflowing; ***essere ~ di*** FIG. to overflow with [*amore, gratitudine*] ♦ ***la misura è -a!*** that's the limit *o* the last straw!
colomba /ko'lomba/ f. 1 ZOOL. dove 2 POL. ***falchi e -e*** hawks and doves 3 GASTR. = Easter cake baked in the shape of a dove.
colombaccio, pl. **-ci** /kolom'battʃo, tʃi/ m. wood pigeon.
colombaia /kolom'baja/ f. dovecot(e).
colombella /kolom'bɛlla/ f. stock-dove, wood pigeon.
colombiere /kolom'bjɛre/ m. MAR. masthead.
colombo /ko'lombo/ I m. pigeon II **colombi** m.pl. FIG. *(innamorati)* lovebirds ♦♦ ***~ viaggiatore*** carrier *o* homing pigeon.
Colombo /ko'lombo/ n.pr. Columbus; ***l'uovo di ~*** = obvious but brilliant solution to a problem.
colon /'kɔlon/ m.inv. colon.
1.colonia /ko'lɔnja/ f. 1 *(possedimento)* colony 2 *(comunità)* community 3 *(di vacanza)* holiday camp BE, summer camp AE ♦♦ ***~ penale*** penal colony.
2.colonia /ko'lɔnja/ f. ***(acqua di) ~*** (eau de) Cologne.
coloniale /kolo'njale/ I agg. colonial; ***casco ~*** pith helmet, safari hat II **coloniali** m.pl. groceries.
colonialismo /kolonja'lizmo/ m. colonialism.
colonialista, m.pl. **-i**, f.pl. **-e** /kolonja'lista/ agg., m. e f. colonialist.
colonico, pl. **-ci**, **-che** /ko'lɔniko, tʃi, ke/ agg. farm attrib.; ***casa -a*** farmhouse.
colonizzare /kolonid'dzare/ [1] tr. to colonize, to settle [*paese*].
colonizzatore /koloniddza'tore/ I agg. colonizing II m. (f. **-trice** /tritʃe/) colonizer, colonist.
colonizzazione /koloniddzat'tsjone/ f. colonization, settlement.
colonna /ko'lonna/ f. 1 ARCH. column, pillar 2 FIG. pillar, mainstay, prop; ***essere la ~ di*** to be the backbone of [*società, progetto*] 3 *(di fumo, fuoco)* pillar, column 4 *(di persone, veicoli)* line; *(di numeri)* column; ***marciare in ~*** to march in a column ♦♦ ***~ sonora*** sound-track, score; ***~ vertebrale*** spinal *o* vertebral column, spine; ***le Colonne d'Ercole*** the pillars of Hercules.
colonnato /kolon'nato/ m. colonnade, arcade.
colonnello /kolon'nɛllo/ ▶ *12* m. colonel; ***tenente ~*** lieutenant colonel.
colonnina /kolon'nina/ f. 1 small column 2 *(di distributore di benzina)* petrol pump BE, gas pump AE ♦♦ ***~ di mercurio*** column of mercury, thermometer; ***~ spartitraffico*** bollard.
colono /ko'lɔno/ m. (f. **-a**) 1 *(contadino)* farmer 2 STOR. *(abitante di colonia)* colonist, (pioneer) settler.
colorante /kolo'rante/ I agg. colouring BE, coloring AE II m. dye; *(per alimenti)* colour(ing) U BE, color(ing) U AE.
colorare /kolo'rare/ [1] I tr. to colour BE, to color AE [*disegno, oggetto*]; to dye [*tessuto*]; ***~ qcs. di blu*** to colour sth. blue II **colorarsi** pronom. to colour BE, to color AE; ***-rsi di rosso*** [*cielo*] to become flushed with red.
colorato /kolo'rato/ I p.pass. → **colorare** II agg. [*oggetto, carta*] coloured BE, colored AE; ***vetro ~*** stained glass; ***capi -i*** coloureds; ***filtro ~*** FOT. colour filter.
colorazione /kolorat'tsjone/ f. coloration, colouring BE, coloring AE.
colore /ko'lore/ ▶ *3* m. 1 colour BE, color AE; ***di che ~ è la tua auto?*** what colour is your car? ***di ~ chiaro*** light-coloured; ***di ~ blu, rosso*** blue, red; ***a -i vivaci*** brightly coloured 2 *(tintura)* dye; *(per dipingere)* colour BE, color AE, paint; ***-i ad olio*** oil colours, oils; ***scatola di -i*** paintbox 3 COSMET. *(tinta)* colour(ing) BE, color(ing) AE, hair dye 4 *(del viso)* colour(ing) BE, color(ing) AE; ***cambiare ~*** to change colour 5 **di colore** ***persona di ~*** coloured SPREG.; ***un uomo di ~*** a black *o* coloured SPREG. man 6 CINEM. TELEV. ***a -i*** [*film, foto, televisione*] colour attrib. 7 GIOC. *(alle carte)* suit, flush 8 FIG. *(espressività)* colour BE, color AE, vividness; ***ricco di ~*** [*descrizione*] colourful, highly-coloured, vivid; ***dare ~ a un racconto*** to colour a story ♦ ***ne vediamo di tutti i -i qui*** *(riferito a persone)* we see all sorts here; *(riferito a cose)* all kinds of things go on around here; ***passarne di tutti i -i*** to go through the mill; ***farne passare di tutti i -i a qcn.*** to put sb. through the mill; ***combinarne*** o ***farne di tutti i -i*** [*bambino*] to be a bundle of mischief; ***me ne ha dette di tutti i -i*** he called me all sorts of names ♦♦ ***~ locale*** local colour.
colorificio, pl. **-ci** /kolori'fitʃo, tʃi/ m. *(negozio)* paint shop.
colorire /kolo'rire/ [102] I tr. to colour BE, to color AE, to embellish [*racconto*] II **colorirsi** pronom. *(arrossire)* to colour BE (up), to color AE (up), to flush.
colorito /kolo'rito/ I agg. 1 [*viso, guance*] high-coloured, ruddy 2 FIG. [*racconto, descrizione*] colourful BE, colorful AE, highly-coloured BE, highly-colored AE, vivid II m. colour(ing) BE, color(ing) AE, complexion; ***avere un ~ acceso*** to have a high colour; ***avere un bel ~*** to have a good colour.
coloritura /kolori'tura/ f. 1 *(azione)* colouring BE, coloring AE 2 *(tendenza)* hue, political colour.
coloro /ko'loro/ pron.dimostr.m. e f.pl. → **colui.**
colossal → **kolossal.**
colossale /kolos'sale/ agg. [*forza, fortuna, successo*] colossal, huge; [*errore*] gross, massive.
Colosseo /kolos'sɛo/ n.pr.m. ***il ~*** the Colosseum, the Coliseum.
colosso /ko'lɔsso/ m. 1 ***il ~ di Rodi*** the colossus of Rhodes 2 *(persona molto alta)* colossus*, giant 3 FIG. ***un ~ dell'industria*** an industrial giant.
colpa /'kolpa/ f. 1 *(errore)* fault; *(peccato)* sin; ***macchiarsi di una ~*** to do something wrong 2 DIR. negligence, offence; ***concorso di ~*** contributory negligence 3 PSIC. ***senso di ~*** (sense of) guilt; ***non provare sensi di ~*** to feel no guilt; ***sentirsi in ~ per qcs.*** to feel guilty about sth. 4 *(responsabilità)* blame, fault; ***è ~ mia*** it's my fault; ***di chi è la ~?*** whose fault is it? ***dare la ~ a qcn.*** to blame sb., to put *o* lay the blame on sb.; ***siamo in ritardo per ~ tua!*** because of you we're late! ***prendersi la ~*** to take the blame; ***essere esente da -e*** to be blameless.
colpevole /kol'pevole/ I agg. 1 DIR. [*persona*] guilty (**di** of), culpable (**di** for); ***dichiarare qcn. ~*** to declare *o* find *o* pronounce sb. guilty; ***essere dichiarato ~ per il reato di*** to be convicted on a charge of; ***dichiararsi ~*** to plead guilty 2 [*sguardo*] guilty; ***con aria ~*** guiltily 3 *(riprovevole)* [*comportamento*] shameful II m. e f. culprit, offender.
colpevolezza /kolpevo'lettsa/ f. guilt, culpability; ***verdetto di non ~*** verdict of not guilty.
colpevolizzare /kolpevolid'dzare/ [1] I tr. ***~ qcn.*** to make sb. feel guilty II **colpevolizzarsi** pronom. to feel* guilty.

colpire /kol'pire/ [102] **I** tr. **1** *(percuotere)* to hit*, to strike*, to knock; *(con pugni)* to punch; **~ *qcn. allo stomaco*** to thump sb. in the stomach **2** *(centrare)* to hit*, to shoot* [*persona, bersaglio*]; **~ *qcn., qcs. con*** to get sb., sth. with [*pietra, freccia*]; **~ *la palla*** to hit *o* strike the ball; *(con il piede)* to kick the ball; ***essere colpito da un fulmine*** to be struck by lightning **3** *(ferire)* **~ *a morte qcn.*** to strike sb. dead; *(con arma da fuoco)* to shoot sb. dead; **~ *qcn. alla testa*** to knock *o* strike sb. on the head; ***essere colpito da una pallottola*** to get hit by a bullet **4** *(danneggiare)* [*inflazione, tassa*] to hit* [*gruppo*] **5** *(impressionare)* [*notizia, immagine, somiglianza*] to strike*; [*critiche*] to sting*; ***mi colpisce il fatto che*** it strikes me that; ***mi ha colpito*** I was struck with him **6** *(affliggere)* [*malattia*] to affect, to attack, to strike* [*persona*]; to affect, to attack [*organo*]; [*calamità*] to strike* [*paese*]; ***essere colpito da*** to be struck down by [*malattia*]; ***colpito dalla carestia*** famine-stricken **II** intr. (aus. *avere*) **~ *nel segno*** to hit the bull's eye, to be right on target (anche FIG.); ***i terroristi hanno colpito ancora*** the terrorists have struck again; **~ *di striscio*** to sideswipe; **~ *di testa*** SPORT to head.

colpo /'kolpo/ m. **1** *(urto)* blow, hit, stroke; ***ricevere un ~ in testa*** to get a bang *o* knock on the head; ***ho preso un brutto ~ al ginocchio*** my knee got a nasty bang **2** *(di ascia)* stroke, chop, fall; *(di spada)* stroke, slash, thrust; ***un ~ di martello*** a hammer blow, a knock with a hammer **3** *(sparo)* shot; **~ *d'arma da fuoco*** gunshot; ***sparare un ~ di*** to let off [*fucile, pistola*]; ***sparare un ~ su*** o ***contro qcn., qcs.*** to fire *o* take a shot at sb., sth. **4** *(rumore)* bang, bump, thud, thump; ***un ~ alla porta*** a knock at the door **5** *(movimento rapido)* ***dare un ~ di ferro a qcs.*** to run the iron over sth., to give sth. an iron; **~ *di clacson*** beep, honk, hoot, peep; **~ *di pennello*** (brush)stroke **6** *(batosta)* blow, knock; ***essere un duro ~, un ~ terribile*** to be a blow (**per qcn.** to, for sb.); ***ricevere un brutto ~*** to take a knock **7** SPORT *(nel tennis, golf)* shot, stroke; *(nel karate)* chop; *(di remi)* pull, stroke; **~ *di testa*** *(nel calcio)* header **8** COLLOQ. *(rapina)* job; ***fare un ~ in banca*** to do a bank job **9** COLLOQ. stroke; ***(che) mi prenda un ~ se lo so!*** hanged if I know! ***mi ha fatto venire un ~!*** it gave me quite a turn *o* a nasty turn! ***a mamma piglierà un ~*** my mum's going to have a cow SCHERZ. **10 di colpo** all of a sudden, suddenly **11 in un colpo (solo)** at a single stroke, in one (go) **12 sul colpo** [*morire*] instantly; ***ucciso sul ~*** killed outright ♦ ***senza esclusione di -i*** [*lotta*] with the gloves off; ***senza ~ ferire*** without striking a blow; ***fare ~ su qcn.*** to make a hit with *o* an impression on sb.; ***ha passato l'esame di guida al primo ~*** she passed her driving test first time round; ***a ~ sicuro*** without fail; ***perdere -i*** [*motore*] to miss; ***stai perdendo -i!*** you're slipping! ***fare un ~ di testa*** to have a rush of blood to the head ♦♦ **~ *apoplettico*** MED. stroke; **~ *d'aria*** chill; **~ *basso*** *(nella boxe)* blow below the belt (anche FIG.); **~ *di calore*** heat exhaustion *o* stroke; **~ *di fortuna*** lucky break *o* strike, stroke of luck; **~ *di frusta*** whiplash injury; **~ *di fulmine*** coup de foudre, love at first sight; **~ *di genio*** stroke of genius, masterstroke; **~ *di grazia*** coup de grâce, death blow; **~ *d'occhio*** glance; ***a ~ d'occhio*** at a glance; **~ *di scena*** twist, turnup for the books BE; **~ *di sole*** sunstroke, insolation; **~ *di Stato*** coup (d'état); **~ *della strega*** back strain; **~ *di telefono*** buzz, ring; ***-i di sole*** COSMET. highlights.

colposo /kol'poso/ agg. ***omicidio ~*** culpable homicide, manslaughter.

coltellata /koltel'lata/ f. **1** stab; ***dare una ~ a qcn.*** to knife sb., to take a knife to sb. **2** FIG. stab, terrible blow.

coltellino /koltel'lino/ m. *(temperino)* penknife*, pocketknife*.

coltello /kol'tɛllo/ m. knife* ♦ ***avere, tenere il ~ per il*** o ***dalla parte del manico*** to have the whip hand; ***rigirare il ~ nella piaga*** to twist the knife in the wound, to rub salt into the wound ♦♦ **~ *da caccia*** hunting knife; **~ *da frutta*** fruit knife; **~ *a serramanico*** jackknife, clasp knife; **~ *da tavola*** dinner knife.

coltivabile /kolti'vabile/ agg. [*terreno*] farmable, cultivable, tillable.

coltivare /kolti'vare/ [1] tr. **1** to farm, to cultivate, to till [*terra*]; to grow* [*grano*]; **~ *un terreno a vigna*** to plant a field with vines **2** FIG. to cultivate [*hobby, amicizia*]; to nurture [*talento*]; to cherish, to foster, to nurse, to nourish [*speranza, sogno*].

coltivato /kolti'vato/ **I** p.pass. → **coltivare II** agg. **1** [*terreno*] cultivated, tilled, under cultivation; ***non ~*** uncropped, untilled; ***una regione -a a frutteti*** a fruit-growing area **2** *(prodotto artificialmente)* ***perla -a*** cultured pearl.

coltivatore /koltiva'tore/ ▸ ***18*** m. (f. **-trice** /tritʃe/) grower, farmer ♦♦ **~ *diretto*** farmer.

coltivazione /koltivat'tsjone/ f. cultivation, farming, growing, tilling.

colto /'kolto/ agg. [*persona*] cultured, (well-)educated, learned, well-read; ***non è molto ~*** he has had little education.

coltre /'koltre/ f. **1** *(coperta)* blanket **2** FIG. *(di fumo, nebbia)* blanket; ***c'era una spessa ~ di neve*** the snow lay thick on the ground.

coltura /kol'tura/ f. **1** *(coltivazione)* cultivation, growing, tilling; **~ *cerealicola*** cereal crop **2** *(piante coltivate)* ***le -e andranno perdute*** the crops will fail **3** BIOL. culture; **~ *in vitro*** cell culture.

colui /ko'lui/ v. la nota della voce **questo**. pron.dimostr.m. (f. **colei**, pl. **coloro**) **~ *che*** the man *o* the person *o* the one *o* he FORM. who(m); ***colei che*** the woman *o* the person *o* the one *o* she FORM. who(m); ***coloro i quali*** o ***che*** the people *o* those *o* they FORM. who(m).

colza /'kɔltsa/ f. rape; ***seme di ~*** rapeseed; ***olio di ~*** rape(seed) oil.

coma /'kɔma/ m. MED. coma; ***entrare in ~*** to go into a coma; ***essere in ~*** to be in a coma; FIG. to be exhausted ♦♦ **~ *irreversibile*** irreversible coma; **~ *profondo*** deep coma.

comandamento /komanda'mento/ m. RELIG. commandment.

comandante /koman'dante/ ▸ ***12*** m. MIL. commander, commanding officer ♦♦ **~ *in capo*** commander-in-chief; **~ *in seconda*** second in command.

comandare /koman'dare/ [1] **I** tr. **1** *(ordinare)* **~ *a qcn. di fare*** to command *o* order sb. to do **2** MIL. to captain [*truppe, flotta*]; to command [*reggimento*] **3** FIG. *(esigere)* to command [*obbedienza*]; to call for [*prudenza*] **4** MECC. *(azionare)* to control, to operate [*meccanismo*]; **~ *qcs. a distanza*** to operate sth. by remote control **5** BUROCR. *(destinare)* to second **II** intr. (aus. *avere*) to command, to be* in charge, to be* in command; ***chi comanda qui?*** who's in charge here? ***gli faremo vedere chi è che comanda*** we'll show him who's boss ♦ **~ *qcn. a bacchetta*** to boss sb. around, to lord it over sb.; ***come Dio comanda*** properly, to perfection.

comando /ko'mando/ m. **1** MIL. *(direzione)* command; ***avere il*** o ***essere al ~ di*** to be in command of [*esercito*]; to command [*nave*]; ***affidare a qcn. il ~ di*** to give sb. command of; ***prendere il ~ di*** to have *o* take command of [*reggimento*] **2** *(ordine)* order, command; ***impartire un ~*** to give a command; ***al ~, presentate le armi*** at *o* on the word of command, present arms **3** *(autorità militari)* command; **~ *aereo*** air command; ***alto ~*** high command **4** *(potere)* ***prendere il ~ di un'azienda*** to assume control of a business; ***avere il ~*** to be at the controls; ***le sue capacità di ~*** his skilful leadership **5** TECN. control; ***pannello, sala di ~*** control panel, control room; ***a ~ automatico*** mechanically-operated; ***doppi -i*** dual controls; **~ *a distanza*** remote control; ***essere ai*** o ***tenere i -i*** to be at the controls; ***prendere i -i*** *(di un aereo)* to take control; ***la macchina non risponde ai -i*** the car handles badly **6** INFORM. command, instruction; **~ *di stampa*** print instruction **7** SPORT ***essere al ~*** to lead; ***passare al ~*** to go into *o* to take the lead.

comare /ko'mare/ f. **1** REGION. *(madrina)* godmother **2** COLLOQ. *(vicina di casa)* neighbour **3** *(pettegola)* gossip.

comatoso /koma'toso/ agg. [*stato*] comatose.

combaciare /komba'tʃare/ [1] intr. (aus. *avere*) **1** [*pezzi, elementi*] to fit (together), to match **2** FIG. *(coincidere)* to tally, to coincide; **~ *con*** to fit with [*fatti, storia*].

combattente /kombat'tɛnte/ **I** agg. combatant; ***non ~*** noncombatant **II** m. e f. **1** MIL. combatant; ***ex ~*** ex-serviceman **2** FIG. fighter.

combattere /kom'battere/ [2] **I** tr. to fight* (anche FIG.) **II** intr. (aus. *avere*) **1** *(in guerra)* to fight*, to battle (**con, contro** with) **2** FIG. to fight* (**con, contro** against); ***la ditta ha dovuto ~ per sopravvivere*** the firm has had to struggle to survive.

combattimento /kombatti'mento/ m. **1** MIL. fight(ing), battle, combat, action; ***zona di ~*** battle *o* combat zone; ***posti di ~***

come

- La corretta traduzione inglese dell'italiano *come* dipende dal suo uso in funzione di avverbio o di congiunzione.

Come avverbio

- Quando significa *in quale modo*, ed è usato nelle frasi interrogative dirette e indirette, *come* si traduce solitamente con *how*:

come vai al lavoro?	=	how do you get to work?
come hai fatto ad arrivare prima di me?	=	how did you manage to get here before me?
non capisco come hai potuto perderti	=	I don't understand how you managed to get lost
dimmi come ha reagito	=	tell me how she reacted
come si può risolvere questo problema?	=	how can this problem be solved?
non sa nemmeno come cucinare un uovo fritto	=	he doesn't even know how to fry an egg.

- In altri tipi di interrogative, tuttavia, con alcuni verbi come *chiamare, nominare* o *essere*, *come* si traduce *what*:

come si chiama questa cosa?	=	what do you call this object?
come ti chiami?	=	what's your name?
come si dice libreria in inglese?	=	what's the English for libreria?
com'è il tuo ragazzo? (di aspetto)	=	what does your boyfriend look like?
com'è il tuo ragazzo? (di carattere)	=	what is your boyfriend like?
com'è stato il tempo?	=	what was the weather like?

- Nelle similitudini, cioè quando *come* significa *simile a* o *similmente a*, la traduzione inglese è *like*:

i miei occhiali sono come i tuoi	=	my glasses are like yours
lavoro come uno schiavo tutto il giorno	=	I work as a slave all day long
si è comportato come una persona onesta	=	he acted like an honest man.

- Quando *come* significa *in qualità di, nel ruolo di* o *con la funzione di*, si rende in inglese con *as*:

te lo dico come amico	=	I'm telling you as a friend
ha recitato come Amleto	=	he appeared as Hamlet
usare qualcosa come attrezzo	=	to use something as a tool

Nell'esempio seguente, tuttavia, *come* si traduce con *for* perché significa *al posto di*: *perché usi un coltello come cacciavite?* = why are you using a knife for a screwdriver?

- Quando *come* introduce il lavoro o la professione di qualcuno, si rende in inglese con *as*:

lavora come impiegato	=	he works as a clerk

Si noti la sottile differenza tra due frasi quali *parlò come medico* e *parlò come un medico*: la prima significa *parlò in qualità di medico*, e va quindi tradotta *he spoke as a doctor*, la seconda significa *parlò come se fosse un medico*, e va quindi resa con *he spoke like a doctor*.

- Mentre *like* sviluppa la similitudine mettendo a confronto due nomi o pronomi, *as* si usa per tradurre *come* quando si confrontano due verbi, cioè due azioni:

fai come me	=	do as I do
era vestita esattamente come le avevo chiesto io	=	she was dressed exactly as I had asked her to.

- *Come* nel complemento di uguaglianza si traduce con *as*:

duro come l'acciaio	=	as hard as steel

- Quando *come* serve a esprimere indignazione o sorpresa, si traduce con *how* o *what*:

come osi!	=	how dare you!
come? è sposato?	=	what? he's married?

- Quando *come?* si usa per farsi ripetere un'informazione, si traduce con *pardon?* oppure, più comunemente, *sorry?* o *excuse me?*:

come? che cosa hai detto?	=	pardon? what did you say?

- Quando *come* introduce un'esclamazione, si traduce solitamente con *how*:

com'è carina!	=	how nice she is!

- Per altri casi e ulteriori esempi, si veda la voce.

Come congiunzione

- In funzione di congiunzione a introdurre una frase secondaria, *come* si rende in inglese con *as though, as if* o *as / as soon as*:

si comportava come (se) fosse il capo	=	he acted as if he were the boss
mi sento come se non mangiassi da tre giorni	=	I feel as though I haven't eaten for three days
come mi vide, impallidì	=	as soon as she saw me, she turned pale.

- Per altri casi e ulteriori esempi, si veda la voce.

---

battle *o* general quarters; ***ai posti di ~!*** action stations! ***essere ucciso in ~*** to be killed *o* to die in action; ***~ corpo a corpo*** hand-to-hand fight; ***un ~ all'ultimo sangue*** a fight to the death **2** *(tra animali)* ***~ di galli, di cani*** cockfight, dogfight **3** SPORT match, bout ♦ ***essere fuori ~*** to be out of action.

combattività /kombattivi'ta/ f.inv. fighting spirit.

combattivo /kombat'tivo/ agg. combative, fighting, pugnacious.

combattuto /kombat'tuto/ **I** p.pass. → **combattere II** agg. **1** SPORT [*gara*] hard-fought, hard-won, tight **2** FIG. *(incerto)* ***essere ~ tra*** to be torn between [*alternative, persone*].

combinare /kombi'nare/ [1] **I** tr. **1** *(armonizzare)* to combine, to mix, to match [*colori, stili*]; to mix [*metodi*]; to reconcile [*opinioni*] **2** *(fissare)* to arrange [*incontro*]; ***abbiamo combinato di vederci questa sera*** we've arranged to meet tonight **3** *(concertare)* to plan [*viaggio*]; to arrange [*matrimonio*]; ***~ un affare*** to make *o* strike a deal **4** COLLOQ. *(fare)* ***~ un pasticcio*** to make a mess; ***non so che cosa sta combinando*** I don't know what he's up to; ***cosa stai combinando?*** what are you doing? ***sta combinando qualche guaio*** he's up to no good *o* to his tricks *o* to something; ***non stiamo combinando nulla*** we're getting nowhere fast; ***non riesco a ~ niente*** I can't get anything done **5** CHIM. to combine **II combinarsi** pronom. **1** *(armonizzarsi)* to go* together; ***-rsi bene con*** to combine well with **2** *(conciarsi)* to get* oneself up **3** CHIM. to combine.

combinato /kombi'nato/ **I** p.pass. → **combinare II** agg. **1** *(deciso a tavolino)* [*matrimonio*] arranged; [*partita*] rigged; ***era (tutto) ~*** it was a fix **2** *(conciato)* ***sei proprio ~ male!*** you look (like) a mess! **3** CHIM. combined.

combinazione /kombinat'tsjone/ f. **1** *(unione) (di circostanze, fattori)* combination **2** *(coincidenza)* coincidence; ***per pura ~*** by sheer coincidence **3** *(di cassaforte)* combination **4** MAT. CHIM. combination.

combriccola /kom'brikkola/ f. **1** *(di malviventi)* gang, mob **2** *(di amici)* band, crowd, mob COLLOQ., crew COLLOQ.

combustibile /kombus'tibile/ **I** agg. [*materiale*] combustible; ***olio ~*** fuel *o* heating oil **II** m. fuel; ***rifornire di ~*** to fuel [*aereo, veicolo*] ♦♦ ***~ nucleare*** nuclear fuel.

combustione /kombus'tjone/ f. combustion; ***camera di ~*** combustion chamber ♦♦ ***~ spontanea*** spontaneous combustion.

combutta /kom'butta/ f. ***essere in ~ con qcn.*** to be in cahoots with sb.

come /'kome/ **I** avv. **1** *(nelle interrogative)* ***~ stai?*** how are you? ***~ ti chiami?*** what's your name? ***~ si scrive?*** how do you spell it? ***sapere ~ fare*** to know how to do; ***com'è John?*** what is John like? ***com'è la casa?*** what does the house look like? ***~?*** excuse me? pardon? sorry? ***~ hai detto?*** what did you say? **2** **come mai, com'è che** COLLOQ. how come **3** *(nelle esclamative)* ***~ sei gentile!*** how kind of you! ***~ sei cresciuto!*** haven't you grown! how you've grown! ***~ ci siamo divertiti!*** what a great time we had! ***(ma) ~!*** what! ***~ no!*** of course! sure! **4** *(similmente a)* ***~ la maggior parte delle persone*** like most people; ***in una situazione ~ questa*** in such a situation; ***un cappello ~ quello*** a hat like that one **5** *(nel modo in cui, allo stesso modo di)* as; ***fai ~ me*** do as I do; ***ha fatto ~ gli ho detto*** he did it the way I told him; ***(fai) ~ vuoi*** do as you like; ***~ avevamo deciso*** as we had agreed; ***~ sempre*** as ever, the same as always; **~ al solito** as usual; **~ segue** as follows **6** *(il modo in cui)* **ecco ~ è successo** it happened like this, this is what happened; **per ~ la vedo io** as I see it **7** *(in paragoni)* **nero ~ il carbone** as black as coal; **è intelligente ~ te** he is as intelligent as you; **non è intelligente ~ te** he is not as *o* so intelligent as you; **trattare qcn. ~ un bambino** to treat sb. like a child; **è più facile di ~ pensavo** it's easier than I thought **8** *(quanto)* **di giorno ~ di notte** by day as well as by night; **tanto qui ~ all'estero** both here and abroad **9** *(quale)* such as, like; **in un paese ~ l'Italia** in a country like Italy; **città ~ Roma e Milano** such cities as *o* cities such as Rome and Milan **10** *(in qualità di, con la funzione di)* as; **lavorare ~ insegnante** to work as a teacher; **presentarsi ~ candidato** to stand as a candidate; **~ esempio di** as an instance *o* example of; **cosa c'è ~ dessert?** what's for dessert? **11** *(in proposizioni incidentali)* **~ ben sai** as you well know *o* know full well; **~ potete vedere** as you can see **12** *(nello spelling)* **T ~ Tom** T for Tom **13** *(intensivo)* **avaro com'è, non ti darà nulla** he's so mean, he won't give you anything **14 come da** as per; **~ da istruzioni** as requested, as per your instructions; **~ da programma** according to schedule **II** cong. **1** *(quasi)* **rispettala ~ fosse tua madre** respect her as though she were your mother; **mi guardò ~ per dire "te l'avevo detto"** he looked at me as if to say "I told you so" **2 come se** as if; **si comporta ~ se fosse a casa sua** he acts like he owns the place; **si sono comportati ~ se niente fosse** they behaved as if nothing had happened **3** *(non appena)* as, as soon as; **~ si è fatto buio sono tornato a casa** as it went dark I came back home; **~ giro le spalle** as soon as my back is turned **4** *(che)* how, that; **mi ha detto ~ l'ha trovato** he told me how he had found it **III** m. **il ~ e il perché di qcs.** the how and the why of sth. ♦ **~ non detto** forget it, never mind; **~ minimo** at the very least.

cometa /ko'meta/ f. comet.

comfort /'kɔmfort/ m.inv. comfort; **"ogni ~"** "modern conveniences".

comica, pl. **-che** /'kɔmika, ke/ f. **1** *(cortometraggio)* silent comedy **2** FIG. farce.

comicità /komitʃi'ta/ f.inv. comedy.

comico, pl. **-ci, -che** /'kɔmiko, tʃi, ke/ **I** agg. **1** *(divertente)* [*situazione, espressione*] comical, funny; **il lato ~ di una situazione** the funny side of a situation **2** TEATR. CINEM. [*scrittore, attore, opera*] comic **II** ➧ **18** m. (f. **-a**) **1** comedian, comic (artist) **2** *(lato comico)* **il ~ è che...** the funny thing is that...

comignolo /ko'miɲɲolo/ m. chimneypot.

cominciare /komin'tʃare/ [1] **I** tr. to begin*, to start [*lavoro, viaggio, giornata*]; **~ a fare qcs.** to begin *o* start doing *o* to do sth.; **ho cominciato a pensare che** I got to thinking that **II** intr. (aus. *essere*) **1** *(avere inizio)* to begin*, to start; **non ~!** *(in una lite)* don't start on me! **un nome che comincia con la C** a name beginning with C; **~ col fare** to begin *o* start off by doing; **cominciamo bene** IRON. that's a good start; **~ da zero** to start from scratch **2 a cominciare da a ~ da oggi** from this day on *o* forth; **siete tutti colpevoli a ~ da te** you're all guilty starting with you **III** impers. (aus. *essere, avere*) **comincia a piovere** it's beginning to rain; **comincia a farsi buio** it's getting *o* growing dark ♦ **tanto per ~** for a start, to begin *o* start with.

comitato /komi'tato/ m. committee; **fare parte di un ~** to serve *o* sit on a committee ♦♦ **~ d'accoglienza** reception *o* welcoming committee; **~ di base** rank committee; **~ direttivo** management committee; **~ esecutivo** executive committee.

comitiva /komi'tiva/ f. **1** *(di turisti)* party, group; **viaggiare in ~** to travel in a group; **sconti per -e** group discount **2** *(di amici)* band, company, party.

comizio, pl. **-zi** /ko'mittsjo, tsi/ m. meeting, rally; **~ elettorale** electoral meeting; **tenere un ~** to hold a meeting.

comma /'kɔmma/ m. DIR. paragraph.

commando /kom'mando/ m.inv. **1** *(gruppo armato)* commando* **2** *(di terroristi)* terrorist group.

commedia /kom'mɛdja/ f. **1** *(genere, film)* comedy; *(opera teatrale)* comedy, play **2** FIG. *(finzione)* farce; **era tutta una ~!** it was just a sham! **fare** o **recitare la ~** to (put on an) act, to fake it; **smettila di fare la ~!** stop your play-acting! ♦♦ **~ brillante** (light) comedy; **~ di costume** comedy of manners; **~ musicale** musical (comedy); **~ sentimentale** romantic comedy.

commediante /komme'djante/ m. e f. **1** *(attore di commedie)* player; *(uomo)* actor; *(donna)* actress **2** FIG. SPREG. shammer; **è un ~** he puts it on.

commediografo /komme'djɔgrafo/ ➧ **18** m. (f. **-a**) playwright.

commemorare /kommemo'rare/ [1] tr. to commemorate [*vittoria*]; to celebrate [*ricorrenza*].

commemorativo /kommemora'tivo/ agg. commemorative; **cerimonia -a** commemoration *o* remembrance ceremony; **monumento ~** memorial.

commemorazione /kommemorat'tsjone/ f. commemoration, remembrance; **(cerimonia di) ~** commemoration *o* remembrance ceremony.

commensale /kommen'sale/ m. e f. commensal.

commentare /kommen'tare/ [1] tr. **1** *(discutere)* to comment on [*notizia*]; **i fatti si commentano da soli** the facts speak for themselves *o* tell their own tale **2** *(spiegare)* to comment on [*film, passaggio*]; *(annotare)* to annotate [*testo*] **3** RAD. TELEV. to commentate on [*partita*].

commentatore /kommenta'tore/ ➧ **18** m. (f. **-trice** /tritʃe/) **1** *(cronista)* **~ sportivo** sports commentator **2** *(annotatore)* annotator.

commento /kom'mento/ m. **1** *(osservazione)* comment (**su** on), remark (**su** about); **fare dei -i su** to make comments about, to comment on; **senza fare -i** without comment **2** RAD. TELEV. commentary (**di, su** on); **fare il ~ di** to commentate on [*partita*] **3** *(insieme di note)* commentary; **fare il ~ di un testo** to do *o* write a commentary (on a text).

commerciabile /kommer'tʃabile/ agg. [*prodotto*] marketable; **titolo ~** negotiable instrument *o* security; **valuta ~** tradable currency.

commerciale /kommer'tʃale/ agg. **1** [*banca, carta*] commercial; [*accordo, embargo*] trade attrib.; **attività ~** business; **lettera ~** business letter; **marchio ~** own label *o* brand; **nome ~** proprietary *o* trade name; **direttore ~** sales manager; **centro ~** shopping centre *o* arcade; **diritto ~** commercial law **2** SPREG. [*film, televisione*] commercial.

commercialista, m.pl. **-i**, f.pl. **-e** /kommertʃa'lista/ ➧ **18** m. e f. *(in materia fiscale) (dottore)* = accountant with a degree in economics; *(ragioniere)* = accountant technician.

commercializzare /kommertʃalid'dzare/ [1] tr. to commercialize (anche SPREG.).

commercializzazione /kommertʃaliddzat'tsjone/ f. marketing; commercialization SPREG.

commerciante /kommer'tʃante/ ➧ **18** m. e f. dealer, trader; *(all'ingrosso)* wholesale merchant, trader; *(al dettaglio)* retailer, retail dealer; *(negoziante)* shopkeeper, storekeeper AE; **~ di vini** wine merchant.

commerciare /kommer'tʃare/ [1] intr. (aus. *avere*) to trade, to deal*; **~ in qcs. con qcn.** to trade in sth. with sb.; **~ in tessuti** to deal in textiles.

commercio, pl. **-ci** /kom'mɛrtʃo, tʃi/ m. commerce, trade; **essere nel ~** to be in business; **in ~** (commercially) available; **fuori ~** not for sale; **mettere qcs. in ~** to put sth. on the market; **togliere qcs. dal ~** to withdraw a product from sale, to recall a product ♦♦ **~ al dettaglio** retail trade; **~ equo e solidale** fair trade; **~ all'ingrosso** wholesale trade; **~ al minuto → ~ al dettaglio**.

1.commessa /kom'messa/ f. *(ordinativo)* order, job; **fare una ~ di qcs.** to put in *o* place an order for sth.; **su ~** to order.

2.commessa /kom'messa/ ➧ **18** f. *(di negozio)* saleswoman*, salesgirl, shop girl BE, shop assistant BE, (sales)clerk AE.

commesso /kom'messo/ ➧ **18** m. **1** *(di negozio)* salesman*, shop boy, shop assistant BE, (sales)clerk AE **2** *(impiegato subalterno)* clerical assistant ♦♦ **~ viaggiatore** commercial traveller, travelling salesman.

commestibile /kommes'tibile/ **I** agg. [*alimento*] edible, eatable; **non ~** inedible, unfit to eat *o* for human consumption **II commestibili** m.pl. edibles, foodstuff sing.

commettere /kom'mettere/ [60] tr. to make* [*errore*]; to commit [*reato, peccato, adulterio*]; **~ un'ingiustizia verso qcn.** to do sb. an injustice; **~ un fallo su un giocatore** to foul a player.

commiato /kom'mjato/ m. **1** *(permesso di andarsene)* leave; **dare ~ a qcn.** to dismiss sb.; **prendere ~ da qcn.** to take one's leave of sb. **2** *(saluto)* leave-taking, parting; ***discorso di ~*** farewell speech **3** LETTER. envoy.

commilitone /kommili'tone/ m. comrade, brother in arms.

commiserare /kommize'rare/ [1] tr. to pity [*persona*].

commiserazione /kommizerat'tsjone/ f. commiseration, pity; ***provare ~*** to commiserate (**per qcn.** with, about, over sb.); ***guardare qcn. con ~*** to give sb. a pitying look.

commissariato /kommissa'rjato/ m. **1** MIL. commissariat **2** *(carica)* commissionership **3** *(edificio)* ***~ di polizia*** police station.

commissario, pl. **-ri** /kommis'sarjo, ri/ ➧ ***18*** m. **1** *(funzionario)* commissioner, administrator **2** *(membro di una commissione)* commissioner, member of a board **3** *(di polizia)* police chief **4** SPORT *(ufficiale di gara)* umpire, commissioner AE ♦♦ ***~ di bordo*** MAR. paymaster, purser; ***~ europeo*** European Commissioner; ***~ tecnico*** SPORT team manager.

commissionare /kommissjo'nare/ [1] tr. to commission [*ritratto, opera*] (**a** from).

commissionario, pl. **-ri**, **-rie** /kommissjo'narjo, ri, rje/ m. (f. **-a**) commission merchant, commission agent BE.

commissione /kommis'sjone/ f. **1** AMM. DIR. *(gruppo di lavoro)* commission, committee, board, panel **2** COMM. ECON. commission, fee, charge; ***-i bancarie*** bank charges **3** *(incarico)* commission; ***lavorare su ~*** to work on commission **4** *(acquisto)* errand; ***fare delle -i*** to do some *o* the shopping; ***(andare a) fare una ~ per qcn.*** to go on *o* run an errand for sb. ♦♦ ***~ disciplinare*** disciplinary body; ***~ d'esame*** SCOL. examination board, examining body; ***Commissione Europea*** European Commission; ***~ d'inchiesta*** board *o* commission *o* court of inquiry; ***~ interna*** shop committee; ***~ parlamentare*** Parliamentary committee; ***~ permanente*** standing committee.

committente /kommit'tɛnte/ m. e f. **1** COMM. purchaser, buyer, customer **2** *(di opere d'arte)* ***un re che fu un grande ~ di opere pubbliche*** a king who commissioned a great number of buildings.

commodoro /kommo'dɔro/ ➧ ***12*** m. commodore.

commosso /kom'mɔsso/ **I** p.pass. → **commuovere II** agg. moved, touched, affected (**da** by); ***~ fino alle lacrime*** moved to tears.

commovente /kommo'vɛnte/ agg. *(toccante)* [*storia*] moving, touching, affecting; *(pietoso)* [*scena*] pitiful; ***di un'onestà ~*** endearingly honest.

commozione /kommot'tsjone/ f. **1** *(emozione)* emotion; ***lasciarsi prendere dalla ~*** to get emotional **2** MED. ***~ cerebrale*** concussion; ***avere una ~ cerebrale*** to be concussed.

commuovere /kom'mwɔvere/ [62] **I** tr. to move, to touch, to affect; ***~ qcn. (fino) alle lacrime*** to move sb. to tears **II commuoversi** pronom. to be* moved, to be* touched, to be* affected (**per** by); ***si commuove facilmente*** he's easily moved, he gets rather emotional.

commutare /kommu'tare/ [1] tr. **1** DIR. to commute [*pena*] (**in** to) **2** EL. to switch [*corrente*].

commutativo /kommuta'tivo/ agg. MAT. ***proprietà -a*** commutative law.

commutatore /kommuta'tore/ m. EL. TECN. commutator, switch.

commutazione /kommutat'tsjone/ f. **1** DIR. commutation (**in** to) **2** EL. TEL. switching.

comò /ko'mɔ/ m.inv. chest of drawers.

comodamente /komoda'mente/ avv. **1** *(in modo comodo)* [*sistemato, seduto*] comfortably, cosily **2** *(senza fretta)* easily, leisurely, unhurriedly.

comodino /komo'dino/ m. bedside table.

comodità /komodi'ta/ f.inv. **1** *(confortevolezza)* comfort, cosiness **2** *(agio)* comfort, convenience; ***le ~ moderne*** modern comforts *o* conveniences, mod cons BE; ***con tutta ~*** *(senza fretta)* at one's convenience **3** *(vantaggio)* ***la ~ di abitare vicino all'ufficio*** the convenience of living near the office.

comodo /'kɔmodo/ **I** agg. **1** *(confortevole)* comfortable, cosy **2** *(a proprio agio)* [*persona*] comfortable; ***mettersi ~*** to make oneself comfortable; ***essere*** o ***stare ~*** to be comfortable **3** *(agiato)* [*vita*] easy; ***fare una vita -a*** to live a life of ease **4** *(pratico)* [*luogo, orario*] convenient; [*negozio*] convenient, handy; [*oggetto*] handy; ***in -e rate*** by easy instalments; ***essere ~ per*** to be convenient for BE *o* to AE [*stazione, negozi*]; ***tornare ~*** to come in handy; ***lo farà quando gli tornerà ~*** he'll do it in his own sweet time **5** IRON. *(facile)* [*scusa, spiegazione*] convenient; ***troppo ~!*** how *o* very convenient! **II** m. **1** *(vantaggio)* ***a vostro ~*** at your convenience; ***fare ~ a qcn.*** to suit sb.; ***vieni alle 2 o alle 3, come ti fa più ~*** come at 2 or 3, whichever suits you best; ***fare i propri -i*** o ***il proprio ~*** to do as one likes **2** **di comodo** ***soluzione di ~*** convenient arrangement **3** **con comodo** ***prendersela con ~*** to take one's time, to take it easy; ***fare qcs. con ~*** to do sth. at (one's) leisure *o* at one's convenience; ***fallo con ~!*** take your time over it!

Comore /ko'more/ ➧ ***14*** n.pr.f.pl. ***le (isole) ~*** the Comoros.

compact disc, **compact disk** /'kompakt disk/ m.inv. compact disc.

compaesana /kompae'zana/ f. *(conterranea)* (fellow) countrywoman*.

compaesano /kompae'zano/ m. *(conterraneo)* (fellow) countryman*.

compagine /kom'padʒine/ f. **1** *(struttura)* structure, whole; ***la ~ governativa*** the body of the government **2** SPORT ***la ~ italiana*** the Italian team.

compagnia /kompaɲ'ɲia/ f. **1** company; ***tenere*** o ***fare ~ a qcn.*** to keep sb. company; ***in ~ di qcn.*** in sb.'s company; ***essere di ~*** to be good company **2** *(gruppo)* company, band, party, crowd; ***cattive -e*** bad company **3** COMM. TEATR. company ♦ ***...e ~ bella*** ...and company, ...and Co. ♦♦ ***~ aerea*** airline (company), airway; ***~ di assicurazioni*** insurance company; ***~ di bandiera*** flag carrier; ***~ di navigazione*** shipping company *o* line; ***~ di repertorio*** repertory company; ***~ teatrale*** theatre company, drama society; ***Compagnia di Gesù*** RELIG. Society of Jesus.

compagno /kom'paɲɲo/ m. (f. **-a**) **1** companion, mate, fellow; ***~ di classe*** classmate; ***~ di scuola*** schoolfriend, schoolmate; ***~ di camera*** roommate; ***~ d'appartamento*** flatmate BE, roommate AE; ***~ di squadra*** team-mate; ***~ di giochi*** playmate; ***~ di studi*** fellow student; ***~ di viaggio*** fellow traveller; ***~ d'armi*** brother *o* companion in arms **2** *(convivente)* partner **3** *(di animali)* mate **4** SPORT GIOC. partner **5** *(in un paio di oggetti)* companion (**di** to) **6** *(comunista)* comrade.

compagnone /kompaɲ'ɲone/ m. (f. **-a**) COLLOQ. jolly fellow.

companatico, pl. **-ci** /kompa'natiko, tʃi/ m. = something to eat with bread.

comparabile /kompa'rabile/ agg. comparable.

comparare /kompa'rare/ [1] tr. to compare.

comparativo /kompara'tivo/ **I** agg. comparative (anche LING.) **II** m. LING. comparative; ***~ di maggioranza, minoranza, uguaglianza*** higher, lower, same degree comparative.

comparato /kompa'rato/ **I** p.pass. → **comparare II** agg. comparative.

comparazione /komparat'tsjone/ f. comparison (anche LING.).

compare /kom'pare/ m. **1** REGION. *(padrino)* godfather, sponsor **2** *(compagno)* comrade **3** SPREG. SCHERZ. *(complice)* accomplice, stall.

comparire /kompa'rire/ [47] intr. (aus. *essere*) **1** *(mostrarsi)* [*persona, veicolo, sintomo*] to appear; *(all'improvviso)* [*persona*] to turn up, to show up; ***~ sulla scena, in televisione*** to appear on stage, on TV; ***~ in pubblico*** to make a public appearance **2** DIR. *(presentarsi)* ***~ in tribunale*** to appear *o* come before a court, to appear in court **3** *(figurare)* [*nome*] to appear (**su** on; **in** in) **4** *(essere pubblicato)* [*libro, giornale*] to appear, to come* out **5** *(mettersi in mostra)* to show* off.

comparizione /komparit'tsjone/ f. DIR. (court) appearance; ***mandato di ~*** (writ of) subpoena, summons to appear; ***mancata ~*** nonappearance, failure to appear.

comparsa /kom'parsa/ f. **1** *(di persona, veicolo, sintomo)* appearance; *(di fenomeno, personaggio)* arrival; ***fare una breve ~*** to put in an appearance **2** TEATR. CINEM. extra, supernumerary, walk-on; ***fare la ~*** to walk on; ***fare solo da ~*** FIG. to have a token role.

compartecipazione /kompartetʃipat'tsjone/ f. sharing, copartnership; ***~ agli utili*** profit sharing.

compartimento /komparti'mento/ m. **1** AMM. district, area **2** *(settore)* compartment, section; ***~ stagno*** MAR. watertight compartment **3** *(scomparto)* compartment.

comparto /kom'parto/ m. **1** *(scomparto)* compartment **2** ECON. section.
compassato /kompas'sato/ agg. [*persona, atteggiamento*] stiff; [*discorso*] measured; [*aspetto, modi*] prim.
compassione /kompas'sjone/ f. **1** compassion, pity, sympathy; ***avere ~ di qcn.*** to have *o* take pity on sb.; ***provare ~ per qcn.*** to feel pity *o* sympathy for sb.; ***muovere qcn. a ~*** to move sb. to pity **2** FIG. *(pena)* ***fare ~*** to be pathetic *o* miserable.
compassionevole /kompassio'nevole/ agg. **1** *(pieno di compassione)* compassionate, humane, sympathetic, pitying **2** *(che suscita compassione)* [*scena*] piteous, pitiful, pathetic.
compasso /kom'passo/ m. *(per disegnare)* compasses pl., pair of compasses; *(per misurare)* callipers BE, calipers AE ♦♦ ***~ a punte fisse*** dividers.
compatibile /kompa'tibile/ agg. **1** *(conciliabile)* compatible; [*idee*] reconcilable **2** INFORM. [*computer*] compatible.
compatibilità /kompatibili'ta/ f.inv. compatibility (anche INFORM.).
compatibilmente /kompatibil'mente/ avv. ***~ con i miei impegni*** engagements permitting.
compatire /kompa'tire/ [102] tr. **1** *(commiserare)* to pity, to sympathize with [*persona*] **2** *(perdonare)* to forgive*, to make* allowance(s) for [*persona*].
compatriota, m.pl. **-i**, f.pl. **-e** /kompatri'ɔta/ m. e f. compatriot FORM.; *(uomo)* (fellow) countryman*; *(donna)* (fellow) countrywoman*.
compattare /kompat'tare/ [1] tr. **1** *(comprimere)* to compact **2** FIG. to consolidate.
compatto /kom'patto/ agg. **1** *(denso)* [*terreno, neve*] compact; [*consistenza, trama*] close(-grained); [*nebbia*] thick; [*folla*] solid, solidly packed **2** *(poco ingombrante)* [*mobile, stereo*] compact **3** *(solido)* [*gruppo*] close-knit; [*opposizione*] undivided.
compendio, pl. **-di** /kom'pɛndjo, di/ m. **1** *(opera)* concise handbook, compendium* **2** *(riassunto)* abstract, summary, digest **3** FIG. *(sintesi)* sum, synthesis*.
compenetrare /kompene'trare/ [1] tr. **1** to (inter)penetrate **2** FIG. *(pervadere)* to penetrate, to permeate.
compensare /kompen'sare/ [1] **I** tr. **1** *(bilanciare)* to balance (out), to make* up (for), to offset* [*perdite, deficit*]; to compensate [*squilibrio*] **2** *(risarcire)* to compensate [*persona, danno*] **3** *(ricompensare)* to reward (**di**, **per** for) **II compensarsi** pronom. [*qualità, difetti*] to balance (out); *(annullarsi)* to cancel out.
compensato /kompen'sato/ **I** p.pass. → **compensare II** agg. ***legno ~*** plywood **III** m. plywood.
compensazione /kompensat'tsjone/ f. **1** *(bilanciamento)* compensation, offset **2** BANC. ECON. clearance, clearing; ***camera di ~*** clearing house **3** DIR. *(annullamento di crediti e debiti)* setoff.
compenso /kom'pɛnso/ m. **1** *(compensazione)* compensation, offset; ***in*** o ***come ~ per*** in compensation for, as an offset to **2** *(retribuzione)* pay(ment); *(onorario)* fee; ***come ~*** in payment (**per** of) **3** *(ricompensa)* reward, payoff; ***come ~*** as a reward (**per**, **di** for) **4** *(indennizzo)* compensation **5 in compenso** *(in cambio)* in exchange, in return; ***è noioso, ma in ~ è utile*** it's boring but at least it's useful.
compera /'kompera/ f. buy, purchase; ***andare a far (le) -e*** to go shopping.
comperare /kompe'rare/ → **comprare.**
competente /kompe'tɛnte/ **I** agg. **1** *(qualificato)* [*persona*] competent, capable, proficient, qualified; ***essere ~ in materia*** to be expert on the subject **2** DIR. BUROCR. [*autorità, ufficio*] appropriate, authorized; [*corte*] competent, cognizant; ***essere ~ per*** [*autorità, ufficio*] to cover [*area, regione*] **3** *(adeguato)* ***una mancia ~*** a suitable reward **II** m. e f. expert, specialist.
competenza /kompe'tɛntsa/ f. **1** *(conoscenza)* competence, expertise, proficiency; ***con ~*** ably, capably; ***area di ~*** area of expertise **2** DIR. BUROCR. competence, jurisdiction; *(di tribunale)* competence, cognizance; ***diventare di ~, esulare dalla ~ di qcn.*** to come within *o* under, to be outside sb.'s jurisdiction; ***conflitto di -e*** demarcation dispute **3** *(pertinenza)* scope, province; ***rientrare, non rientrare nelle -e di qcn.*** to be within, beyond the scope of sb. **4** *(onorario)* fee, commission.

competere /kom'pɛtere/ [2] intr. **1** *(gareggiare)* to compete, to vie; ***~ con qcn. per*** to rival sb. in; ***non poter ~ con qcn.*** to be no match for sb. **2** *(spettare)* [*caso*] to be* within the jurisdiction of [*tribunale*]; ***non compete a te giudicare*** it is not up to you to judge **3** *(essere dovuto)* ***dovrebbero pagargli quello che gli compete*** they should pay him what is due to him.
competitività /kompetitivi'ta/ f.inv. competitiveness.
competitivo /kompeti'tivo/ agg. competitive.
competizione /kompetit'tsjone/ f. **1** *(rivalità)* ***essere in ~*** to be in competition *o* contention **2** *(gara)* competition **C**, contest; ***vettura da ~*** racing car.
compiacente /kompja'tʃɛnte/ agg. complaisant, accommodating (anche SPREG.).
compiacenza /kompja'tʃɛntsa/ f. **1** *(cortesia)* compliance, kindness; ***abbia la ~ di ascoltarmi*** be so kind as *o* kind enough as to listen to me **2** *(compiacimento)* complacency.
compiacere /kompja'tʃere/ [54] **I** tr. to gratify, to please, to humour BE, to humor AE [*persona*] **II** intr. (aus. *avere*) ***~ a qcn.*** to please sb. **III compiacersi** pronom. **1** ***-rsi di qcs.*** to be delighted with *o* at sth., to be very pleased about sth.; ***non compiacerti troppo!*** don't be so pleased with yourself! **2** *(congratularsi)* ***-rsi con qcn. per qcs.*** to congratulate sb. *o* to be happy for sb. on sth.
compiacimento /kompjatʃi'mento/ m. complacency, smugness, satisfaction; ***~ di sé*** self-satisfaction; ***motivo di ~*** reason to feel satisfied.
compiaciuto /kompja'tʃuto/ **I** p.pass. → **compiacere II** agg. complacent, pleased, smug; ***~ di sé*** self-satisfied; ***aveva un'aria -a*** he looked smug *o* pleased with himself.
compiangere /kom'pjandʒere/ [70] **I** tr. to pity, to sympathize with [*persona*] **II compiangersi** pronom. to feel* sorry for oneself.
compianto /kom'pjanto/ **I** p.pass. → **compiangere II** agg. *(defunto)* ***il ~ signor Hill*** the late (lamented) Mr Hill **III** m. **1** *(cordoglio)* mourning, sorrow, grief **2** LETT. lament, dirge.
compiere /'kompjere/ [45] **I** tr. **1** *(fare)* to do* [*buona azione*]; to perform, to accomplish [*miracolo*]; to conduct, to carry out [*esperimento*]; to make* [*sforzo*]; *(commettere)* to commit [*delitto*]; ***~ grandi cose*** to achieve great things; ***~ il proprio dovere*** to fulfil one's obligations, to carry out one's duty **2** *(portare a termine)* to accomplish, to finish, to complete [*studi, lavoro*]; to carry out [*missione*] **3** *(di età)* ***quando compi gli anni?*** when is your birthday? ***ha appena compiuto trent'anni*** she has just turned thirty; ***quanti anni compi?*** how old are you? ***domani compio vent'anni*** tomorrow I'll be twenty **II compiersi** pronom. *(avverarsi)* [*evento*] to take* place.
compilare /kompi'lare/ [1] tr. to fill in, to fill out, to complete [*modulo*]; to compile, to draw* up [*lista*]; to make* out, to write* [*assegno*].
compilatore /kompila'tore/ m. (f. **-trice** /tritʃe/) compiler (anche INFORM.).
compilazione /kompilat'tsjone/ f. compilation (anche INFORM.).
compimento /kompi'mento/ m. **1** *(di attività, missione)* accomplishment; *(di compito)* performance **2** *(termine)* ***portare qcs. a ~*** to accomplish sth.
compire /kom'pire/ [111] → **compiere.**
compitare /kompi'tare/ [1] tr. to spell* (out) [*parola*].
1.compito /kom'pito/ agg. *(garbato)* [*persona*] polite, courteous.
2.compito /'kompito/ m. **1** *(incarico)* task, job, assignment; *(dovere, funzione)* duty, brief BE; ***avere il ~ di fare*** to have the job *o* task of doing; ***non è ~ mio*** it is not my duty *o* business, it is no concern of mine **2** SCOL. *(a scuola)* schoolwork; *(a casa)* homework **U**, prep(aration) BE; ***~ in classe*** (written) test; ***fare i -i*** to do one's homework; ***devo fare il ~ di matematica*** I have to do my maths exercises; ***correggere i -i*** to mark students' works.
compiuto /kom'pjuto/ **I** p.pass. → **compiere II** agg. [*opera, azione*] complete(d); ***a vent'anni -i*** at (age) 20; ***missione -a!*** mission accomplished! (anche SCHERZ.); ***fatto ~*** accomplished fact, fait accompli; ***mettere qcn. di fronte al fatto ~*** to present sb. with a fait accompli.

compleanno /kompleˈanno/ m. birthday; ***buon ~!*** happy birthday!
complementare /komplemenˈtare/ agg. complementary (anche MAT. FIS. LING.); ***materia ~*** UNIV. subsidiary *o* minor AE subject.
complemento /kompleˈmento/ m. **1** *(completamento)* complement, supplement; ***a ~*** as a supplement (**di** to) **2** MIL. ***ufficiale di ~*** reserve officer **3** LING. ***~ oggetto*** direct object; ***~ di termine*** indirect object; ***~ indiretto*** indirect object; ***~ predicativo del soggetto, dell'oggetto*** subject, object complement; ***~ d'agente*** agent; ***~ di luogo, mezzo*** adverbial of place, means; ***~ di specificazione*** possessive phrase.
complessato /komplesˈsato/ agg. ***è molto ~*** he has a lot of hang-ups; ***essere ~ per*** to have a hang-up about.
complessità /komplessiˈta/ f.inv. complexity.
complessivamente /komplessivaˈmente/ avv. overall, as a whole, on the whole, altogether.
complessivo /komplesˈsivo/ agg. [*salario, età, popolazione*] combined; [*costo, misura, tendenza*] overall; ***l'impressione -a*** the overall effect; ***visione -a*** overview.
complesso /komˈplɛsso/ **I** agg. **1** *(complicato)* [*problema, questione*] complex, elaborate, subtle **2** *(composito)* [*personalità, fenomeno*] many-sided **3** MAT. complex **II** m. **1** *(insieme)* *(di questioni, circostanze)* sum, whole, entirety; *(di edifici)* complex; ***~ ospedaliero, scolastico, residenziale*** hospital, school, housing complex **2** PSIC. complex; ***~ d'inferiorità, di superiorità, di colpa*** inferiority, superiority, guilt complex; ***ha il ~ di avere il naso grosso*** she has a hang-up about her big nose **3** *(gruppo musicale)* band, group; ***un ~ strumentale, vocale*** an instrumental, vocal ensemble **4** MAT. FIS. CHIM. complex **5 in, nel complesso** by and large, on the whole.
completamente /kompletaˈmente/ avv. completely, totally, entirely, fully, thoroughly.
completamento /kompletaˈmento/ m. completion; ***al ~ dei lavori*** on completion (of the works).
completare /kompleˈtare/ [1] tr. **1** *(rendere completo)* to complete [*collezione, raccolta, frase*]; to fill in [*scheda*] **2** *(essere complementare)* [*persona*] to complement [*persona*] **3** *(portare a termine)* to finalize [*edificio*] ♦ ***per ~ il quadro*** to cap it all.
completo /komˈplɛto/ **I** agg. **1** *(intero)* [*opere, collezione*] complete; [*lista*] comprehensive; [*nome, indirizzo*] full; ***questo non dà un quadro ~ della situazione*** this doesn't give the whole picture **2** *(pieno)* [*albergo, volo*] full; ***"~"*** "no vacancies" **3** *(totale)* [*fiducia*] complete, absolute; [*disastro*] utter; ***buio ~*** complete *o* pitch *o* utter darkness **4** *(versatile)* [*attore, atleta, servizio*] all-round **5 completo di** complete with [*batterie, accessori*] **II** m. **1** ABBIGL. suit; *(tenuta)* outfit **2** *(accessori)* ***~ da scrivania*** desk set *o* accessories **3 al completo** [*albergo*] full; [*cinema, teatro*] sold out; ***essere al ~*** to be booked up *o* fully booked.
complicare /kompliˈkare/ [1] **I** tr. to complicate; ***complichi sempre tutto*** you always make things (more) complicated; ***~ la vita a qcn.*** to make life difficult for sb. **II complicarsi** pronom. **1** *(diventare complesso)* to become* (more) complicated **2** MED. to lead* to complications, to become* worse **3** *(rendere più complesso)* ***non complicarti la vita!*** don't make life so difficult for yourself!
complicato /kompliˈkato/ **I** p.pass. → **complicare II** agg. [*persona, calcolo, metodo*] complicated; [*situazione, problema*] intricate, difficult; [*soluzione, gioco, domanda*] elaborate.
complicazione /komplikatˈtsjone/ f. complication (anche MED.); ***salvo -i*** if no complications set in *o* arise.
complice /ˈkɔmplitʃe/ **I** agg. [*sguardo*] knowing; ***~ il vino, la fatica*** wine, tiredness playing its part **II** m. e f. DIR. accomplice (**di** to, in), accessory (**di** to).
complicità /komplitʃiˈta/ f.inv. **1** DIR. complicity **2** *(intesa)* ***uno sguardo di ~*** a conniving *o* knowing glance.
complimentarsi /komplimenˈtarsi/ [1] pronom. ***~ con qcn. per qcs.*** to compliment *o* congratulate sb. on sth.
complimento /kompliˈmento/ **I** m. compliment; ***fare un ~ a qcn.*** to pay sb. a compliment; ***è un bel ~!*** that is high praise! **II complimenti** m.pl. **1** *(congratulazioni)* compliments; ***fare i (propri) -i a qcn.*** to give sb. one's compliments; ***i miei -i allo chef*** my compliments to the chef; ***"-i!"*** "congratulations!" **2** *(convenevoli, cerimonie)* ***fare -i*** to stand on ceremony; ***non fare -i!*** COLLOQ. be my guest! ***prendere qcs. senza (troppi) -i*** to make free with sth.; ***"posso fare una telefonata?" "prego, senza -i"*** "can I use your phone?" "feel free".
complimentoso /komplimenˈtoso/ agg. [*persona*] ceremonious, formal.
complottare /komplotˈtare/ [1] **I** tr. to plot [*brutto tiro*] **II** intr. (aus. *avere*) to plot, to scheme; ***cosa state complottando?*** SCHERZ. what are you cooking up?
complotto /komˈplɔtto/ m. plot(ting), conspiracy, scheme; ***ordire, sventare un ~*** to hatch, uncover *o* foil a plot; ***è un ~!*** it's a set up!
componente /kompoˈnɛnte/ **I** agg. component, constituent **II** m. e f. **1** *(membro)* member **2** *(in un composto)* component, constituent **3** TECN. *(elemento)* component part, section; EL. element; *(di una macchina)* unit **III** f. *(fattore)* element, factor; ***una ~ di rischio, pericolo*** an element of risk, danger.
componibile /kompoˈnibile/ agg. [*camera*] fitted; [*libreria*] sectional AE; ***cucina ~*** fully fitted kitchen; ***mobili -i*** unit furniture, modular *o* fitted furniture.
componimento /komponiˈmento/ m. **1** *(tema scolastico)* composition, essay **2** *(opera letteraria)* work **3** MUS. composition **4** DIR. settlement.
comporre /komˈporre/ [73] **I** tr. **1** *(costituire)* to compose, to make* up, to form; ***l'appartamento è composto di...*** the apartment comprises... **2** *(realizzare)* to make* up, to arrange [*mazzo di fiori*] **3** LETT. MUS. to compose, to write* [*canzone, musica, versi*] **4** *(digitare)* to dial [*numero*]; to enter [*codice*] **5** TIP. to compose, to set* (up), to typeset* [*pagina, testo*] **6** DIR. *(conciliare)* to settle [*lite*]; to compose, to compromise AE [*disaccordo*] **7** *(mettere in ordine)* to tidy [*capelli*] **8** *(per un funerale)* to lay* out [*corpo*] **II comporsi** pronom. *(essere costituito)* ***-rsi di*** to be made up *o* composed of [*elementi, persone*].
comportamentale /komportamenˈtale/ agg. behavioural BE, behavioral AE.
comportamentismo /komportamenˈtizmo/ m. behaviourism BE, behaviorism AE.
comportamentista, m.pl. **-i**, f.pl. **-e** /komportamenˈtista/ m. e f. behaviourist BE, behaviorist AE.
comportamento /komportaˈmento/ m. **1** behaviour BE, behavior AE (anche PSIC.), conduct; ***~ riprovevole*** misbehaviour; ***avere uno strano ~*** to behave oddly; ***disturbi del ~*** behaviour(al) disorder **2** *(reazione)* ***~ dei prezzi, del mercato*** price, market behaviour.
comportare /komporˈtare/ [1] **I** tr. *(implicare, determinare)* to entail [*viaggio, azione, lavoro, cambiamento, sviluppo, spesa, responsabilità, studio*]; to carry [*rischio, pericolo*]; to involve [*pericolo, problemi*]; ***comporterà una spesa ingente per loro*** it will involve them in heavy expenditure **II comportarsi** pronom. [*persona*] to act, to behave (oneself); ***-rsi bene*** to behave oneself; ***-rsi male*** to misbehave; ***-rsi da sciocco*** to act the fool, to behave like a fool; ***sapere come -rsi con i bambini*** to know how to handle children; ***cercate di comportarvi bene*** try to be good *o* to behave.
composito /komˈpɔzito/ agg. **1** *(eterogeneo)* [*pubblico*] motley, heterogeneous; TECN. [*materiale*] composite **2** ARCH. [*ordine*] composite.
compositore /kompoziˈtore/ ♦ ***18*** m. (f. **-trice** /tritʃe/) **1** *(di musica)* composer **2** TIP. compositor, typesetter.
composizione /kompozitˈtsjone/ f. **1** *(elementi constitutivi)* composition, make-up **2** ART. LETT. MUS. *(tecnica, opera)* composition; ***~ floreale*** flower arrangement **3** *(tema scolastico)* composition, essay **4** TIP. composition, typesetting **5** DIR. composition, settlement.
compost /ˈkɔmpost/ m.inv. compost.
composta /komˈposta/ f. *(di frutta)* compote, preserve, sauce AE; ***~ di mele*** stewed apples.
composto /komˈposto/ **I** p.pass. → **comporre II** agg. **1** *(costituito)* composed, made up (**di** of); CHIM. BOT. compound, composite; LING. [*sostantivo, tempo*] compound; ***interesse ~*** compound interest **2** *(in ordine)* [*capelli, abito*] tidy **3** *(decoroso, educato)* [*persona, atteggiamento*] composed; ***stai ~!*** sit up straight! **III** m. **1** *(unione di più cose)* composite, compound, mix(ture) **2** CHIM. compound **3** LING. composite, compound.

comprare /kom'prare/ [1] **I** tr. **1** *(acquistare)* to buy*, to get* [*cibo, sigarette*]; to buy*, to purchase FORM. [*automobile, casa*]; **~ *qcs. per*** o ***a qcn.*** to buy sth. for sb., to buy sb. sth. **2** *(corrompere)* to bribe, to buy* (off), to square [*persona, testimone, votante*]; **~ *il silenzio di qcn.*** to pay sb. hush money, to buy sb.'s silence, to pay off sb. COLLOQ. **II comprarsi** pronom. ***-rsi qcs.*** to buy oneself sth.

compratore /kompra'tore/ m. (f. **-trice** /tritʃe/) buyer, purchaser.

compravendita /kompra'vendita/ f. sale.

comprendere /kom'prɛndere/ [10] **I** tr. **1** *(includere)* to comprise, to include, to cover [*significato, aspetto*]; to encompass [*aspetti, territori*] **2** *(capire)* to understand*, to catch*, to grasp [*significato, concetto*]; to understand* [*persona, atteggiamento, sentimento*] **II comprendersi** pronom. [*persone*] to understand* each other.

comprendonio /kompren'dɔnjo/ m. SCHERZ. wits pl., brains pl.; ***è duro di ~*** he's slow-witted, he's slow on the uptake *o* slow off the mark.

comprensibile /kompren'sibile/ agg. **1** *(intelligibile)* [*linguaggio, termine, spiegazione*] comprehensible, understandable **2** *(giustificabile)* [*errore, reazione, atteggiamento*] understandable.

comprensione /kompren'sjone/ f. **1** *(facoltà, attitudine)* comprehension **2** *(atto di comprendere)* comprehension, understanding, grasp; ***di facile ~*** easy to understand, easily understandable; **~ *orale, scritta*** oral, reading comprehension; ***questo supera la mia ~!*** it's beyond my comprehension *o* my ken! **3** *(indulgenza)* understanding, sympathy.

comprensivo /kompren'sivo/ agg. **1** *(indulgente)* [*persona*] sympathetic, understanding **2** COMM. **~ *di IVA*** including VAT; ***il prezzo è ~ della consegna*** the price is inclusive of delivery.

compreso /kom'preso/ **I** p.pass. → **comprendere II** agg. **1** *(incluso)* included, inclusive; **~ *luglio*** including July, July included; ***fino a lunedì ~*** up to and including Monday; ***le persone dai 17 ai 24 anni -i*** those aged 17-24 inclusive **2** *(capito)* understood **3** *(intento)* ***essere tutto ~ dei propri pensieri*** to be lost *o* engrossed in one's thoughts **4 tutto compreso** [*tariffa, prezzo*] all-inclusive; ***viaggio tutto ~*** package tour.

compressa /kom'prɛssa/ f. **1** FARM. pill, tablet **2** *(medicazione)* compress.

compressione /kompres'sjone/ f. TECN. FIS. INFORM. compression.

compresso /kom'prɛsso/ **I** p.pass. → **comprimere II** agg. *(sottoposto a pressione)* ***aria -a*** compressed air.

compressore /kompres'sore/ **I** agg. compressing; ***rullo ~*** roadroller, steamroller (anche FIG.) **II** m. (air) compressor.

comprimere /kom'primere/ [29] tr. **1** *(premere, schiacciare)* to compress [*oggetto, sostanza, gas*]; to squeeze [*bottiglia, borsa, pacco*]; MED. to constrict [*arteria, organo*] **2** INFORM. to zip [*file*].

compromesso /kompro'messo/ m. **1** *(accomodamento)* compromise, trade-off; ***soluzione di ~*** compromise solution; ***accettare un ~*** to agree to a compromise; ***arrivare*** o ***giungere a un ~*** to come to *o* reach a compromise; ***trovare un ~ su qcs.*** to compromise on sth.; ***scendere a -i*** to stoop to compromises **2** DIR. preliminary contract.

compromettente /kompromet'tɛnte/ agg. [*scritto, situazione, passato*] compromising (**per** to).

compromettere /kompro'mettere/ [60] **I** tr. to compromise, to damage [*reputazione, carriera, relazione*]; to impair [*salute, relazione*]; to jeopardize [*carriera, piani*] **II compromettersi** pronom. to compromise oneself.

comproprietà /komproprje'ta/ f.inv. collective ownership, co-property, joint ownership, shared ownership; ***in ~*** collectively *o* jointly owned.

comproprietario, pl. **-ri** /komproprje'tarjo, ri/ m. (f. **-a**) co-owner, joint owner, part owner.

comprovare /kompro'vare/ [1] tr. to prove.

compulsivo /kompul'sivo/ agg. PSIC. compulsive.

computare /kompu'tare/ [1] tr. **1** to compute, to calculate [*costi, interessi*] **2** *(addebitare)* to debit, to charge.

computazionale /komputattsjo'nale/ agg. computational.

computer /kom'pjuter/ m.inv. computer; ***mettere qcs. su ~*** to put sth. on computer, to feed sth. into computer; **~ *da tavolo*** desktop (computer); **~ *palmare*** hand-held *o* palmtop computer; **~ *portatile*** laptop, notebook.

computerizzare /kompjuterid'dzare/ [1] tr. to computerize.

computerizzato /kompjuterid'dzato/ **I** p.pass. → **computerizzare II** agg. computerized, computer-aided; ***grafica -a*** computer graphics.

computerizzazione /kompjuteriddzat'tsjone/ f. computerization.

computisteria /komputiste'ria/ f. **1** *(disciplina)* business mathematics **2** *(professione, attività)* bookkeeping.

computo /'kɔmputo/ m. calculation, computation, reckoning.

comunale /komu'nale/ agg. **1** [*amministrazione, elezioni*] local; [*piscina, biblioteca*] town attrib., city attrib.; ***imposta ~*** council tax; ***palazzo ~*** town hall, city hall AE **2** STOR. ***l'età ~*** the age of the (Italian) city states.

comunanza /komu'nantsa/ f. community.

1.comune /ko'mune/ **I** agg. **1** *(relativo a più persone)* common; ***il nostro ~ amico*** our mutual friend; ***per il bene ~*** for the common good; ***di ~ accordo*** by common *o* mutual consent; ***sforzo ~*** joint effort; ***mercato ~*** common market **2** *(corrente)* [*atteggiamento, opinione, errore, malattia*] common; [*espressione, parola*] everyday; ***non è un nome molto ~*** that's a rather unusual name; ***luogo ~*** FIG. commonplace, cliché; ***di uso ~*** in current use; ***di una bellezza non ~*** uncommonly beautiful **3** *(ordinario)* [*persona, vita*] ordinary; ***l'uomo ~*** the man in the street; ***la gente ~*** common *o* ordinary people, the commonalty, the commons **4** LING. ***nome ~*** appellative *o* common noun **II** m. **1** ***uscire dal ~*** to be out of the ordinary; ***fuori dal ~*** uncommon, out of the way **2 in comune** *(condiviso)* shared; *(collettivamente)* in common, communally; ***proprietà in ~*** communal ownership; ***dopo dieci anni di vita in ~*** after living together for ten years; ***hanno molto in ~*** they have lots *o* a great deal in common; ***mettere in ~*** to pool [*informazioni, risorse, esperienze*].

2.comune /ko'mune/ **I** m. **1** *(paese, cittadina)* village; *(città)* town, city; ***il ~ di Milano*** the city of Milan **2** AMM. *(organo amministrativo)* township, municipality; *(uffici, sede)* town hall, city hall AE; ***sposarsi in ~*** to get married in the registry office *o* town hall **3** STOR. Commune, city-state **4** POL. *(in Inghilterra)* ***Camera dei Comuni*** House of Commons **II** f. *(comunità)* commune.

comunella /komu'nɛlla/ f. **1** ***fare ~ con qcn.*** COLLOQ. to be in cahoots *o* to gang up with sb. **2** *(chiave)* master key, passe-partout, passkey, skeleton key.

comunemente /komune'mente/ avv. commonly, popularly; ***si ammette*** o ***accetta ~ che*** it is widely accepted that.

comunicabile /komuni'kabile/ agg. communicable.

comunicante /komuni'kante/ agg. [*stanze*] communicating, connecting.

comunicare /komuni'kare/ [1] **I** tr. **1** *(far conoscere)* [*persona*] to communicate, to impart [*informazioni, notizie*]; to convey [*ordini, messaggi*]; *(trasmettere)* [*parole, immagini, musica*] to communicate, to convey [*emozioni, impressioni*]; **~ *la notizia a qcn.*** to break the news to sb.; **~ *il proprio entusiasmo a qcn.*** to pass on one's enthusiasm to sb. **2** RELIG. to administer Holy Communion to [*fedeli*] **II** intr. (aus. *avere*) **1** to communicate; **~ *per*** o ***via radio*** to communicate by radio; **~ *a gesti*** to communicate by gestures **2** *(essere in collegamento)* [*stanze, appartamenti*] to communicate, to (inter)connect **III comunicarsi** pronom. **1** *(trasmettersi)* [*persone*] to pass on to each other [*informazione, notizia*] **2** RELIG. [*persona*] to communicate.

comunicativa /komunika'tiva/ f. communicativeness, communication skills.

comunicativo /komunika'tivo/ agg. **1** *(espansivo)* [*persona, natura*] communicative **2** *(contagioso)* [*risata*] infectious.

comunicato /komuni'kato/ m. statement; *(di partito, governo)* communiqué, statement, announcement; *(annuncio)* announcement; **~ *ufficiale*** official statement *o* bulletin ♦♦ **~ *commerciale*** spot; **~ *stampa*** press release.

comunicatore /komunika'tore/ m. (f. **-trice** /tritʃe/) communicator.

comunicazione /komunikat'tsjone/ f. **1** TECN. communication; **~ *via radio*** radio communication; ***un mezzo, sistema di ~*** a means, system of communication; ***essere in ~ con qcn.*** to be in communication with sb.; ***interruzione delle -i*** breakdown in communications; ***le passo la ~*** TEL. I'll transfer the call to you, I'll put the call through to you **2** *(relazioni sociali)* communication; ***strategia di ~*** communications strategy **3** *(messaggio)* message, note, notification; *(relazione)* paper; ***~ alla stampa*** handout, news release **4** *(nei media)* communication; ***compagnia, rete di -i*** communications company, network; ***mezzi di ~ di massa*** mass media **5** *(collegamenti)* ***mezzi, vie di ~*** communications; ***linee di ~*** communication lines, lines of communication; ***le -i sono state interrotte*** communications have been cut off.

comunione /komu'njone/ f. **1** *(di idee, affetti)* communion, sharing **2** DIR. community; ***~ dei beni*** community of goods **3** RELIG. (Holy) Communion; ***dare*** o ***amministrare la ~*** to administer Communion; ***fare, ricevere la ~*** to take Communion, to receive the Sacrament.

comunismo /komu'nizmo/ m. communism.

comunista, m.pl. **-i**, f.pl. **-e** /komu'nista/ agg., m. e f. communist.

comunità /komuni'ta/ f.inv. **1** *(gruppo di persone)* community; ***la ~ studentesca, scientifica*** the student, scientific community **2** *(collettività)* community, commonalty; ***la vita in ~*** communal life; ***a spese della ~*** at public expense **3** *(per fini sociali)* ***~ per tossicodipendenti*** drug rehabilitation centre **4** RELIG. communion, (religious) community ♦♦ ***~ linguistica*** speech community; ***~ montana*** = territorial association in a mountain region; ***~ terapeutica*** therapeutic community; ***Comunità Economica Europea*** European Economic Community; ***Comunità Europea dell'Energia Atomica*** European Atomic Energy Community; ***Comunità degli Stati Indipendenti*** Commonwealth of Independent States.

comunitario, pl. **-ri**, **-rie** /komuni'tarjo, ri, rje/ agg. **1** POL. *(dell'Unione Europea)* [*norma, diritto, paese*] Community attrib. **2** *(di una collettività)* [*vita, regole*] community attrib., communal; ***spirito ~*** sense of community, community spirit.

comunque /ko'munkwe/ L'avverbio *comunque*, quando significa *in ogni caso / modo*, si traduce *anyway, anyhow, in any case* o *however*, sostituibili in contesti formali da *nevertheless* e in contesti d'uso colloquiale da *all the same* o *though* (che va in fondo alla frase): *non mi piace molto, ma lo prendo comunque* = I don't like it very much - anyway / in any case / however / nevertheless / all the same, I'll take it (oppure I'll take it all the same / though). - Quando comunque si usa per concludere una frase ed equivale a *insomma, per farla breve*, si rende con *anyway*: *quando uscii di casa ero molto in ritardo e c'era molto traffico; comunque, sono riuscito a prendere il treno* = when I left home I was very late and there was a lot of traffic; anyway, I succeeded in catching the train. - Quando *comunque* è usato come congiunzione con il significato di *in qualunque modo*, si rende solitamente in inglese con *however* o *whatever*. La frase *comunque stiano le cose, non posso farlo senza aiuto da parte tua* va tradotta con: however matters stand, I can't do that with no help from you (perché presuppone la domanda *how do matters stand?*); invece la frase *comunque la pensi, non l'aiuterò* va resa con: whatever she thinks, I won't help her (perché presuppone la domanda *what does she think?*). - Per altri traducenti ed esempi, si veda la voce qui sotto. **I** avv. anyway, though, however, in any case; ***intendevo farlo ~*** I was planning to do that anyway; ***non possiamo uscire, ~ non per ora*** we can't go out, not yet anyway; ***~ è stato interessante*** it was interesting even so; ***"viaggiare all'estero è costoso" - "ne vale ~ la pena"*** "travelling abroad's expensive" - "it's worth it, though"; ***~, ha detto che esaminerà a fondo la facenda*** however, he did say that he would look into the matter; ***~, arrivammo alla stazione*** anyway, we arrived at the station **II** cong. however; ***~ sia*** be that as it may; ***~ vada*** for better (or) for worse, whatever may happen; ***~ stiano le cose*** however that may be, however things are, however matters stand.

con /kon/ La preposizione *con* si traduce quasi sempre con *with* quando indica: unione (*ballare con qualcuno* = to dance with somebody; *con la mia famiglia* = with my family; *caffè con una goccia di latte* = coffee with a drop of milk), possesso (*la signora con il cappello nero* = the lady with the black hat; *una camicia con un grande colletto* = a shirt with a large collar), relazione (*essere d'accordo con qualcuno* = to agree with somebody; *parlare con qualcuno* = to talk with somebody), simultaneità (*alzarsi con il sole* = to get up with the sun), opposizione (*battersi con qualcuno* = to fight with somebody; *essere in concorrenza con qualcuno* = to be in competition with somebody) e mezzo (*con la forchetta* = with a fork; *con un bastone* = with a stick). - Quando *con* ha valore di modo o maniera, si traduce spesso in inglese con l'avverbio corrispondente: *con passione* (= *appassionatamente*) = passionately; si noti tuttavia che *con grande passione* si traduce: with a lot of passion. Questo genere di espressioni, e altre quali *con l'età, con gli anni* etc., si trovano nel dizionario sotto il sostantivo in questione. - Quando *con* introduce mezzi di trasporto, si rende con *by* davanti a un mezzo generico (*con la macchina* = by car; *con il treno* = by train; *con l'autobus* = by bus), mentre si usa *in* oppure *on* se il mezzo di trasporto è in qualche modo specificato (*con la mia macchina* = in my car; *con un autobus molto vecchio* = in a very old bus; *con l'elicottero del Presidente* = in the President's helicopter; *con il treno delle 9.45* = on the 9.45 train; *con la mia moto* = on my motor-bike). - Si notino espressioni idiomatiche quali *con ogni probabilità* = in all likelihood; *con mia sorpresa* = to my surprise; *sposarsi con qualcuno* = to get married to somebody. - Per altri esempi, usi particolari ed eccezioni, si veda la voce qui sotto. Sarà spesso utile consultare la voce relativa alla parola introdotta dalla preposizione; inoltre, la consultazione delle note lessicali poste in coda alla sezione italiano-inglese potrà risolvere particolari dubbi d'uso e di traduzione. prep. (artcl. **col**, **collo**, **colla**, **coll'**; pl. **coi**, **cogli**, **colle**) **1** *(in compagnia, presenza di)* ***ballare, uscire, vivere ~ qcn.*** to dance, go out, live with sb.; ***porta un amico ~ te*** bring a friend with you **2** *(in descrizioni)* with; ***una ragazza ~ i capelli neri*** a girl with black hair, a black-haired girl; ***il ragazzo ~ la gamba rotta*** the boy with the broken leg; ***una casa ~ vista sul mare*** a room with a sea view **3** *(che coinvolge, riguarda)* ***una discussione, un incontro ~ qcn.*** a discussion, a meeting with sb.; ***sposarsi ~ qcn.*** to get married to sb., to marry sb.; ***il confine ~ il Belgio*** the border with Belgium; ***litigare ~ qcn.*** to quarrel with sb.; ***la guerra ~ la Germania*** the war with Germany **4** *(indicando un mezzo, un agente)* with; ***colpire qcn. ~ qcs.*** to hit sb. with sth.; ***camminare ~ il bastone*** to walk with a stick; ***pagare ~ carta di credito*** to pay by credit card; ***arrivare ~ il treno*** to arrive by train **5** *(indicando il modo)* with; ***~ piacere, cura*** with pleasure, care; ***~ mia grande gioia*** to my great joy; ***~ il pretesto di...*** on the pretext of... **6** *(in relazione a)* ***aumentare ~ il tempo*** to increase with time **7** *(indicando simultaneità)* ***alzarsi ~ il (primo) sole*** to get up with the sun **8** *(interpretato da)* ***Casablanca ~ Humphrey Bogart*** Casablanca with Humphrey Bogart; ***un film ~ De Niro*** a film featuring De Niro **9** *(indicando la condizione)* with; ***~ questo caldo*** in *o* with this heat **10** *(seguito da un infinito)* ***cominciò col dire che*** he started (off) by saying that; ***finì ~ l'ammettere il proprio torto*** he ended up admitting he was wrong.

conato /ko'nato/ m. **1** *(tentativo)* effort **2** ***~ di vomito*** retch; ***avere -i di vomito*** to retch, to suffer bouts of sickness.

conca, pl. **-che** /'konka, ke/ f. **1** *(recipiente)* (earthenware) bowl **2** *(bacino naturale o artificiale)* basin **3** GEOGR. hollow.

concatenamento /konkatena'mento/ m. *(di eventi)* chain.

concatenare /konkate'nare/ [1] **I** tr. to link together [*eventi, idee, parole*] **II concatenarsi** pronom. [*eventi, sequenze, capitoli*] to be* linked.

concavo /'konkavo/ agg. concave.

concedere /kon'tʃɛdere/ [30] **I** tr. **1** *(accordare)* to grant, to give* [*autorizzazione, intervista, licenza, prestito, asilo*]; to give* [*tempo*]; to accord, to allow [*scelta, libertà, sconto*]; to bestow FORM. [*onore, favore*]; ***~ il divorzio*** DIR. to grant a divorce; ***~ un bis*** to give *o* play an encore **2** *(ammettere)* ***è originale, te lo concedo*** it's original, I'll give you that **II concedersi** pronom. *(regalarsi)* to allow oneself, to permit oneself [*drink*]; *(godersi)* to indulge in [*cibo, vino, sigaro*]; ***-rsi il lusso di fare*** to have *o* enjoy the luxury of doing.

concentramento /kontʃentra'mento/ m. concentration; ***campo di ~*** concentration camp.

concentrare /kontʃen'trare/ [1] **I** tr. **1** *(indirizzare)* to concentrate [*sforzo*]; to concentrate, to focus, to fix [*attenzione*]; to focus [*sguardo*] (**su** on); ***~ tutti i propri sforzi nel fare*** to put all one's effort(s) into doing; ***~ le proprie energie nel lavoro*** to pour one's energies into one's work **2** CHIM. GASTR. to concentrate [*soluzione*] **II concentrarsi** pronom. **1** *(essere attento)* to concentrate (**su** on) **2** *(convergere)* ***-rsi su*** [*sentimenti, pensieri, lavoro*] to centre on *o* upon [*persona, problema*]; [*sguardo, attenzione*] to focus on [*persona, studio*]; ***-rsi nelle mani di qcn.*** [*potere*] to accrue to sb. **3** *(riunirsi)* to concentrate, to gather; ***~ attorno a*** [*persone, industrie*] to centre around [*città*].

concentrato /kontʃen'trato/ **I** p.pass. → **concentrare II** agg. **1** *(attento)* concentrated, focus(s)ed, absorbed; ***un'aria -a*** a look of concentration **2** *(condensato)* CHIM. GASTR. concentrated **III** m. **1** CHIM. GASTR. concentrate; ***~ di arance, di pomodoro*** orange, tomato concentrate **2** FIG. ***è un ~ di stupidità*** it's the essence of stupidity.

concentrazione /kontʃentrat'tsjone/ f. **1** *(attenzione)* concentration; ***capacità di ~*** power(s) of concentration; ***far perdere la ~ a qcn.*** to break sb.'s concentration **2** *(raggruppamento)* concentration **3** CHIM. concentration.

concentrico, pl. **-ci, -che** /kon'tʃɛntriko, tʃi, ke/ agg. concentric.

concepibile /kontʃe'pibile/ agg. conceivable, imaginable.

concepimento /kontʃepi'mento/ m. MED. conception.

concepire /kontʃe'pire/ [102] tr. **1** *(sviluppare)* to conceive [*idea, passione*]; to conceive, to devise [*metodo*] **2** *(ideare)* to design, to devise [*schema*] **3** *(procreare)* to conceive [*bambino*] **4** *(capire, immaginare)* to conceive, to understand* [*atteggiamento, reazione*]; ***non riesco a ~ che parta*** I cannot conceive that he would leave **5** *(intendere)* to see* [*fenomeno, attività, concetto*] (**come** as).

conceria /kontʃe'ria/ f. tannery.

concernere /kon'tʃɛrnere/ [2] tr. to concern, to affect; ***per quanto mi concerne*** as far as I am concerned.

concertare /kontʃer'tare/ [1] tr. to arrange in concert [*azione, progetto, decisione*].

concertina /kontʃer'tina/ f. concertina.

concertista, m.pl. **-i**, f.pl. **-e** /kontʃer'tista/ m. e f. concert performer.

concertistico, pl. **-ci, -che** /kontʃer'tistiko, tʃi, ke/ agg. concert attrib.

concerto /kon'tʃɛrto/ m. **1** MUS. *(esecuzione, esibizione)* concert, performance, recital; ***dare un ~*** to hold a concert; ***sala da -i*** concert hall; auditorium **2** MUS. *(composizione)* concerto* **3** SCHERZ. *(rumorio prolungato)* ***un ~ di clacson*** a blaring of horns **4 di concerto** in concert (**con** with).

concessionario /kontʃessjo'narjo/ m. (f. **-a**) COMM. dealer; ***~ in esclusiva di*** sole distributor for; ***essere ~ di profumeria*** to run a perfume concession.

concessione /kontʃes'sjone/ f. **1** *(compromesso)* concession (**su** on); ***a titolo di ~*** as a concession **2** *(attribuzione)* concession, granting **3** *(permesso)* ***per gentile ~ di*** (by) courtesy of, by kind *o* gracious permission of **4** DIR. *(diritto di sfruttamento)* grant; *(di territorio, terreno)* concession; *(di prodotti)* dealership; ***~ mineraria*** mining concession **5** AMM. *(territorio)* claim ♦♦ ***~ edilizia*** planning permission.

concessivo /kontʃes'sivo/ agg. [*frase, proposizione*] concessive.

concetto /kon'tʃɛtto/ m. **1** *(idea, nozione)* concept, idea, notion; ***capisci*** o ***afferri il ~?*** do you get the idea? **2** *(concezione)* concept, idea; ***hai uno strano ~ di lealtà*** you've got a funny idea of loyalty; ***avere un alto ~ di sé*** to think a lot of oneself; ***avere un buon ~ di qcn.*** to have a high opinion of sb. **3 di concetto *lavoro di ~*** brainwork.

concettuale /kontʃettu'ale/ agg. conceptual.

concezione /kontʃet'tsjone/ f. **1** *(formulazione, elaborazione)* conception, design **2** *(modo di vedere)* conception, idea; ***nella mia ~ delle cose*** in my scheme of things.

conchiglia /kon'kiʎʎa/ f. **1** ZOOL. seashell, sea shell **2** SPORT box BE; *(nella scherma)* basket.

concia, pl. **-ce** /'kontʃa, tʃe/ f. **1** *(di pelli)* tanning **2** *(di tabacco)* curing.

conciare /kon'tʃare/ [1] **I** tr. **1** to tan, to cure [*pelle*]; to cure [*tabacco*] **2** COLLOQ. FIG. *(malmenare)* ***~ male qcn.*** to give sb. a thrashing; *(ridurre male)* ***hai conciato le scarpe da buttare via!*** you completely ruined your shoes! *(vestire male)* ***ma come l'hai conciata!*** what have you dressed her up like? **II conciarsi** pronom. *(vestirsi male)* ***sarebbe carina se non si conciasse in quel modo*** she would be pretty if only she didn't get herself up like that; *(ridursi)* ***guarda come ti sei conciato!*** look what an awful state you're in! ♦ ***~ qcn. per le feste*** to give sb. a thrashing, to beat sb. black and blue.

conciatore /kontʃa'tore/ ▸ ***18*** m. (f. **-trice** /tritʃe/) *(di pelli)* tanner.

conciliabile /kontʃi'ljabile/ agg. [*differenze, punti di vista*] reconcilable, compatible.

conciliabolo /kontʃi'ljabolo/ m. ***tenere un ~*** to hold a consultation.

conciliante /kontʃi'ljante/ agg. [*atteggiamento, termini, modo di fare*] conciliatory.

conciliare /kontʃi'ljare/ [1] **I** tr. **1** *(armonizzare)* to conciliate, to accommodate, to reconcile [*idee, opinioni*] **2** BUROCR. ***~ una contravvenzione*** to pay a fine on the spot **3** *(conquistare)* to win* [*simpatia, favore*] **4** *(favorire)* ***~ il sonno*** to induce sleep; ***questo film mi concilia il sonno*** this film makes me sleepy **II conciliarsi** pronom. *(riconciliarsi)* to make* up, to become* reconciled.

conciliatore /kontʃilja'tore/ m. (f. **-trice** /tritʃe/) **1** conciliator **2** DIR. Justice of the Peace.

conciliazione /kontʃiljat'tsjone/ f. **1** DIR. conciliation **2** *(di idee)* reconcilement, reconciliation.

concilio, pl. **-li** /kon'tʃiljo, li/ m. RELIG. council.

concimare /kontʃi'mare/ [1] tr. to fertilize, to dress; *(con letame)* to manure, to muck.

concime /kon'tʃime/ m. fertilizer; *(letame)* manure.

concio, pl. **-ci** /'kontʃo, tʃi/ m. ***~ d'angolo*** quoin.

concisione /kontʃi'zjone/ f. concision, conciseness, brevity.

conciso /kon'tʃizo/ agg. [*stile, frase*] concise, pithy; [*scrittore*] economical, concise; [*riassunto*] neat.

concitato /kontʃi'tato/ agg. excited, wild; ***parlare in modo ~*** to speak excitedly.

concitazione /kontʃitat'tsjone/ f. excitement.

concittadino /kontʃitta'dino/ m. (f. **-a**) fellow citizen.

conclamato /konkla'mato/ agg. **1** *(evidente)* self-evident **2** MED. [*malattia*] full-blown.

conclave /kon'klave/ m. RELIG. conclave.

concludere /kon'kludere/ [11] **I** tr. **1** *(dedurre)* to conclude (**che** that) **2** *(portare a compimento)* to close, to conclude [*trattato, transazione*]; to clinch, to bring off* [*accordo*]; ***~ una vendita*** to make a sale; ***~ un affare*** to make *o* strike a bargain; ***oggi abbiamo concluso poco*** we didn't get much done today **3** *(terminare)* to conclude, to end, to close [*incontro, dibattito*]; to finish [*discorso*] **II concludersi** pronom. [*scena, evento, canzone*] to close, to conclude; ***-rsi con*** to end in [*fallimento, divorzio*].

conclusione /konklu'zjone/ **I** f. **1** *(deduzione)* conclusion; ***in ~*** last of all, in conclusion, finally; ***giungere alla ~*** to reach a conclusion; ***trarre una ~ da*** to make a deduction from, to draw an inference *o* a conclusion from; ***saltare alle -i*** to jump *o* leap to conclusions **2** *(stipulazione di trattato, affare)* conclusion **3** *(finale)* conclusion, ending; ***arrivare alla ~*** to come to a close *o* an end **II conclusioni** f.pl. *(risultati di inchiesta, rapporto)* results.

conclusivo /konklu'zivo/ agg. [*fase*] concluding; [*considerazione, prova*] conclusive; [*argomento*] decisive.

concluso /kon'kluzo/ **I** p.pass. → **concludere II** agg. concluded, settled; ***consideralo un affare ~*** consider it a deal.

concomitante /konkomi'tante/ agg. [*cambiamento, problema*] concomitant; [*sintomo*] attendant; [*causa*] contributory.

concomitanza /konkomi'tantsa/ f. ***in ~ con*** in conjunction with.

concordanza /konkor'dantsa/ f. **1** *(accordo)* concordance, concurrence FORM. **2** LING. agreement **3** *(indice)* concordance.

concordare /konkor'dare/ [1] **I** tr. **1** *(stabilire d'accordo)* to arrange [*prezzo, prestito*]; to set*, to fix [*data*]; ***~ qcs. con qcn.*** to agree with sb. on *o* about sth. **2** LING. ***~ l'aggettivo con il nome*** to make the adjective agree with the noun **II** intr. (aus.

avere) **1** *(coincidere)* [*storie, cifre, affermazioni*] to agree, to tally (**con** with); *(essere d'accordo)* [*persone*] to agree (**su** about, on) **2** LING. to agree (**con** with).

concordato /konkor'dato/ **I** p.pass. → **concordare II** agg. agreed **III** m. **1** RELIG. concordat **2** DIR. composition.

concorde /kon'kɔrde/ agg. **1** *(unanime)* [*giudizio*] unanimous **2** *(in accordo)* [*opinioni*] concordant.

concordia /kon'kɔrdja/ f. harmony, concord FORM.

concorrente /konkor'rɛnte/ **I** agg. [*ditta*] competing; [*prodotto*] rival, competing **II** m. e f. **1** *(rivale)* competitor **2** COMM. competitor, rival **3** SPORT contender, contestant, entrant, starter.

concorrenza /konkor'rɛntsa/ f. **1** *(rivalità)* rivalry, competition; ***farsi ~*** [*negozi*] to compete **2** *(concorrenti)* ***la ~*** business rivals *o* competitors; ***battere*** o ***sbaragliare la ~*** to beat competition.

concorrenziale /konkorren'tsjale/ agg. competitive.

concorrere /kon'korrere/ [32] intr. (aus. *avere*) **1** *(partecipare)* [*atleta, candidato, libro, film*] to compete (**a**, **per** for) **2** *(competere)* to compete (**con** with) **3** *(collaborare, contribuire)* ***~ a*** to concur in, to contribute to *o* towards [*azione, misura, decisione*].

concorso /kon'korso/ m. **1** *(gioco, competizione)* competition, contest; ***fuori ~*** ineligible to compete **2** AMM. competitive examination; ***~ per assunzioni*** competitive entrance examination; ***bandire, indire un ~*** to announce, advertise a competition **3** *(collaborazione, partecipazione)* cooperation, contribution; ***~ alle spese*** sharing in the expense **4** *(coincidenza)* ***~ di circostanze*** concurrence *o* conjunction of events, combination of circumstances ♦♦ ***~ di bellezza*** beauty contest; ***~ di colpa*** DIR. contributory negligence; ***~ ippico*** horseshow; ***~ a premi*** competition.

concretamente /konkreta'mente/ avv. concretely, positively.

concretare /konkre'tare/ → **concretizzare.**

concretizzare /konkretid'dzare/ [1] **I** tr. to put* [sth.] into action [*progetto, idea*]; to carry out [*minaccia*] **II concretizzarsi** pronom. [*speranza, offerta, idea*] to materialize; [*paure*] to be* realized.

concreto /kon'krɛto/ **I** agg. **1** *(materiale, reale)* concrete; ***arte -a*** concrete art **2** *(pragmatico)* [*persona, approccio*] down-to-earth, practical **3** LING. ***nome ~*** concrete noun **II** m. **1** ***veniamo al ~!*** let's get to the point *o* down to brass tacks! **2 in concreto** in concrete terms, actually.

concubina /konku'bina/ f. *(convivente)* common-law wife*; *(di sovrano)* concubine.

concubinato /konkubi'nato/ m. concubinage.

concupiscenza /konkupiʃ'ʃɛntsa/ f. concupiscence.

concussione /konkus'sjone/ f. exaction.

condanna /kon'danna/ f. **1** DIR. (criminal) conviction, sentence; ***scontare una ~*** to serve a sentence **2** FIG. *(biasimo)* condemnation ♦♦ ***~ all'ergastolo*** life sentence; ***~ a morte*** death sentence; ***~ alla reclusione*** jail sentence.

condannare /kondan'nare/ [1] tr. **1** DIR. to condemn, to convict, to sentence; ***~ qcn. a morte*** to condemn *o* sentence sb. to death; ***~ qcn. all'ergastolo*** to sentence sb. to life; ***~ qcn. per furto*** to convict sb. of theft **2** *(vietare)* [*legge, articolo*] to punish, to condemn [*reato*] **3** *(costringere)* ***essere condannato al silenzio*** to be condemned *o* doomed to silence **4** *(dichiarare incurabile)* ***i medici lo hanno condannato*** the doctors have given up hope of saving him.

condannato /kondan'nato/ **I** p.pass. → **condannare II** agg. condemned, convicted, sentenced; *(destinato)* fated, doomed **III** m. (f. **-a**) condemned person.

condensa /kon'dɛnsa/ f. *(su vetri, finestre)* condensation, moisture.

condensare /konden'sare/ [1] **I** tr. **1** *(rendere più denso)* to concentrate [*liquido, salsa*] **2** FIG. *(sintetizzare)* to compress [*testo, stile*]; to summarize [*contenuto*] **3** CHIM. to concentrate, to condense **II condensarsi** pronom. CHIM. to concentrate.

condensato /konden'sato/ **I** p.pass. → **condensare II** agg. ***latte ~*** condensed milk **III** m. *(concentrato)* essence.

condensatore /kondensa'tore/ m. EL. condenser (anche FIS. CHIM.), capacitor.

condensazione /kondensat'tsjone/ f. FIS. CHIM. condensation.

condimento /kondi'mento/ m. GASTR. condiment, seasoning; *(salsa)* dressing, relish.

condire /kon'dire/ [102] tr. **1** to season; *(con condimento liquido)* to dress [*insalata*] **2** *(con spezie)* to spice **3** FIG. to flavour BE, to flavor AE.

condiscendente /kondiʃʃen'dɛnte/ agg. **1** *(indulgente)* compliant, indulgent **2** *(di degnazione)* patronizing, condescending.

condiscendenza /kondiʃʃen'dɛntsa/ f. condescension; ***trattare con ~*** to patronize.

condiscendere /kondiʃ'ʃendere/ [10] intr. (aus. *avere*) to comply (**a** with).

condividere /kondi'videre/ [35] tr. to share [*soldi, casa, gusti, idee, emozione*].

condizionale /kondittsjo'nale/ **I** agg. **1** LING. conditional **2** DIR. ***in libertà ~*** on parole; ***mettere in libertà ~*** to parole **II** m. LING. conditional **III** f. DIR. parole; ***rilasciare qcn. con la ~*** to release sb. on parole.

condizionamento /kondittsjona'mento/ m. **1** *(influsso)* impact, influence **2** PSIC. conditioning **3** TECN. *(dell'aria)* air-conditioning.

condizionare /kondittsjo'nare/ [1] tr. **1** *(influenzare)* to influence, to bias [*persona*] **2** PSIC. to condition.

condizionato /kondittsjo'nato/ **I** p.pass. → **condizionare II** agg. **1** *(limitato)* [*approvazione, successo*] qualified **2** DIR. ***libertà -a*** conditional discharge BE **3** PSIC. ***riflesso ~*** conditioned reflex *o* response **4** TECN. ***aria -a*** air-conditioning.

condizionatore /kondittsjona'tore/ m. ***~ (d'aria)*** air-conditioner.

condizione /kondit'tsjone/ **I** f. **1** condition; ***a ~ che*** on condition that; ***a determinate -i*** on certain conditions; ***a una ~*** on one condition; ***senza -i*** without strings, with no strings attached; ***porre una ~*** to set a condition; ***non essere in ~ di fare*** to be in no condition *o* (fit) state to do; ***essere in ~ di guidare*** to be fit to drive **2** DIR. clause, stipulation; ***-i di pace, di resa*** peace terms, terms of surrender **3** *(situazione sociale)* condition, position; ***la ~ delle donne*** the feminine condition; ***persone di ogni ~*** people from all walks of life **4 a condizione che** provided that, with the provision that **II condizioni** f.pl. **1** *(salute, forma)* condition sing.; ***essere in gravi -i*** to be in serious condition **2** *(situazione)* conditions; ***-i atmosferiche*** o ***climatiche*** weather conditions *o* patterns; ***-i economiche*** means; *(stato)* ***in ottime -i*** [*macchina*] in prime condition; ***in buone, cattive -i*** in a good, bad state of repair; ***mantenere qcs. in buone -i*** to keep sth. in good condition, repair **3** COMM. *(modalità)* terms; ***~ di vendita, pagamento*** terms of sale, payment; ***-i generali*** general conditions.

condoglianze /kondoʎ'ʎantse/ f.pl. condolences; ***"sentite ~"*** "with deepest sympathy"; ***porgere*** o ***fare le (proprie) ~ a qcn.*** to condole with sb., to give one's condolences *o* sympathy to sb.; ***lettera di ~*** letter of condolence.

condominiale /kondomi'njale/ m. ***assemblea ~*** joint owners meeting; ***regolamento ~*** condominium regulations pl.

condominio, pl. **-ni** /kondo'minjo, ni/ m. **1** *(immobile)* block of flats, apartment block, apartment house AE, condominium AE **2** DIR. joint ownership.

condomino /kon'dɔmino/ m. (f. **-a**) flat owner, joint owner.

condonare /kondo'nare/ [1] tr. to forgive* [*debito*]; to remit [*sanzione, tasse*].

condono /kon'dono/ m. *(di debito)* forgiveness; *(di sentenza)* remission ♦♦ ***~ edilizio*** = amnesty for infringement of local building regulations; ***~ fiscale*** tax amnesty.

condor /'kɔndor/ m.inv. condor.

condotta /kon'dotta/ f. **1** *(modo di comportarsi)* behaviour BE, behavior AE, conduct; ***~ leale*** fair dealing; ***linea di ~*** course of action; ***per buona, cattiva ~*** DIR. for good, bad behaviour **2** SCOL. conduct; ***voto di ~*** conduct mark; ***cattiva ~*** misbehaviour **3** TECN. *(tubazione)* pipe, conduit.

condottiero /kondot'tjɛro/ m. STOR. leader of mercenaries.

1.condotto /kon'dotto/ **I** p.pass. → **condurre II** agg. ***medico ~*** district municipal doctor, medical officer.

2.condotto /kon'dotto/ m. **1** TECN. *(per liquidi)* channel, conduit, pipeline; *(per aria o acqua)* duct, trunk **2** ANAT. duct, passage ♦♦ ***~ lacrimale*** tear duct; ***~ della pattumiera*** (refuse *o* rubbish) chute BE, garbage chute AE.

conducente /kondu'tʃɛnte/ ♦ *18* m. e f. driver; ~ ***d'autobus*** bus driver.

condurre /kon'durre/ [13] **I** tr. **1** *(accompagnare)* to guide, to lead* [*persona*]; to accompany, to lead* [*gruppo, visitatori*]; *(in automobile)* to drive* [*persona*] (**a** to) **2** *(portare)* to take* [*persona*]; ~ ***qcs. a buon fine*** FIG. to bring sth. to a satisfactory conclusion; ~ ***qcn. alla follia*** FIG. to drive sb. to madness **3** *(guidare)* to drive* [*automobile, autobus, treno*] **4** *(essere a capo di)* to direct, to manage, to run* [*azienda, reparto*]; ~ ***il dibattito*** to lead the debate **5** *(trascorrere)* ~ ***una vita onesta*** to live *o* lead an honest life **6** EL. FIS. to conduct [*elettricità*] **7** *(eseguire)* to conduct [*esperimento, ricerca, indagine*] **8** SPORT *(essere in vantaggio)* to lead* [*gara*] **9** RAD. TELEV. *(presentare)* to host, to anchor AE **II** intr. (aus. *avere*) *(portare)* ~ ***a*** [*sentiero, strada, scala*] to go *o* take *o* lead to [*casa, mare, fiume*] **III condursi** pronom. to behave.

conduttore /kondut'tore/ **I** agg. [*principio, motivo*] guiding; ***filo*** ~ FIG. central thread, main theme **II** m. **1** *(di veicoli)* driver **2** FERR. *(controllore)* (ticket) inspector **3** RAD. TELEV. anchorman*, host, linkman*; *(di notiziario)* newscaster, newsreader BE; *(di giochi a quiz)* question master, quiz master **4** DIR. *(locatario)* lessee **5** EL. FIS. conductor.

conduttrice /kondut'tritʃe/ f. RAD. TELEV. anchorwoman*, linkwoman*.

conduttura /kondut'tura/ f. duct, pipeline ♦♦ ~ ***dell'acqua*** water main; ~ ***d'aria*** air duct; ~ ***del gas*** gas main.

conduzione /kondut'tsjone/ f. **1** *(gestione)* conduct, management, running; ***impresa a ~ familiare*** family(-owned) business **2** *(locazione)* lease(hold) **3** RAD. TELEV. ***la ~ del programma è affidata a*** the programme is hosted by **4** FIS. conduction.

confabulare /konfabu'lare/ [1] intr. (aus. *avere*) to plot SCHERZ.; ***cosa avete voi due da ~?*** what are you two getting up to?

confabulazione /konfabulat'tsjone/ f. **1** *(il parlottare)* plotting, confab COLLOQ. **2** PSIC. confabulation.

Confagricoltura /konfagrikol'tura/ f. = general confederation of Italian agricolture.

confarsi /kon'farsi/ [8] pronom. **1** *(addirsi)* to become*, to befit FORM.; ***un vestito che si confà alla circostanza*** a dress suitable for the occasion **2** *(giovare)* [*clima, tempo*] to agree (**a** with).

Confartigianato /konfartidʒa'nato/ f. = general confederation of Italian crafts.

Confcommercio /konfkom'mɛrtʃo/ f. = general confederation of Italian commerce and tourism.

confederale /konfede'rale/ agg. confederal.

confederare /konfede'rare/ [1] **I** tr. to confederate **II confederarsi** pronom. to confederate (**con** with).

confederato /konfede'rato/ **I** p.pass. → **confederare II** agg. confederate **III** m. (f. **-a**) confederate.

confederazione /konfederat'tsjone/ f. **1** POL. confederacy **2** *(unione di persone o enti)* confederation ♦♦ ~ ***sindacale*** federation of trade unions; ***Confederazione Elvetica*** o ***Svizzera*** Switzerland.

conferenza /konfe'rɛntsa/ f. **1** *(discorso, corso)* lecture, talk (**su** on); ***tenere una ~*** to lecture, to give a lecture; ***ciclo di -e*** speaking tour **2** *(riunione, congresso)* conference, convention (**su** on); ***sala -e*** lecture room BE *o* hall AE ♦♦ ~ ***stampa*** news *o* press conference.

conferenziere /konferen'tsjɛre/ m. (f. **-a**) lecturer, speaker.

conferimento /konferi'mento/ m. *(di incarico)* assignment, appointment; *(di premio)* awarding; *(di titolo)* conferment.

conferire /konfe'rire/ [102] **I** tr. **1** *(accordare)* to vest, to invest [*autorità, potere*] (**a** in) **2** *(aggiudicare)* to confer [*diritto, onore, laurea*] (**a** on, upon); to award [*premio*] (**a** to); to confer, to bestow [*titolo*] (**a** on, upon) **3** *(infondere)* to lend* [*qualità, credibilità*]; to impart [*sapore, consistenza*] **II** intr. (aus. *avere*) to confer, to have* a consultation.

conferma /kon'ferma/ f. **1** *(ratifica)* confirmation; ***a ~*** in confirmation (**di** of) **2** *(rafforzamento, dimostrazione)* confirmation, validation.

confermare /konfer'mare/ [1] **I** tr. **1** *(convalidare)* to confirm [*ordine, fatto, giudizio, decisione*] **2** *(ribadire)* ***hanno confermato che sono morte due persone*** two people were confirmed dead **3** *(rafforzare, dimostrare)* [*fatti, prove*] to back up, to support [*caso, teoria*]; to bear* out [*storia*] **4** *(rinsaldare)* to affirm [*sostegno, popolarità*]; to confirm [*opinione*] **5** RELIG. to confirm **II confermarsi** pronom. **1** *(rafforzarsi)* [*voce, notizia*] to prove founded **2** *(affermarsi)* ***si conferma come uno dei nostri migliori attori*** he's established himself as one of our best actors.

Confesercenti /konfezer'tʃenti/ f. = Italian confederation of traders and hotel owners.

confessare /konfes'sare/ [1] **I** tr. **1** *(dichiarare apertamente)* to admit, to confess (to), to own up to [*crimine, colpa*]; to confess [*verità, errore, debolezza, desiderio*]; ~ ***di avere fatto qcs.*** to admit *o* confess having done sth. **2** *(riconoscere)* ***devo ~ che non mi piace*** I must confess I don't like him **3** RELIG. to confess [*peccati*]; ~ ***qcn.*** *(ascoltare in confessione)* to hear sb.'s confession **II confessarsi** pronom. **1** *(dichiararsi)* ***-rsi colpevole*** to admit one's guilt, to plead guilty **2** RELIG. to confess, to make one's confession **3** *(confidarsi)* ***-rsi con un amico*** to confide in a friend.

confessionale /konfessjo'nale/ **I** agg. **1** *(di una confessione religiosa)* [*scuola*] denominational **2** *(relativo al sacramento della confessione)* ***il segreto ~*** the seal of the confessional **II** m. confessional.

confessione /konfes'sjone/ f. **1** *(dichiarazione)* admission, confession; ***rendere piena ~*** to make a full confession **2** RELIG. *(sacramento)* confession; *(fede)* denomination.

confesso /kon'fɛsso/ agg. ***reo ~*** = self-confessed criminal.

confessore /konfes'sore/ m. confessor.

confetteria /konfette'ria/ f. *(prodotti)* confectionery.

confetto /kon'fɛtto/ m. **1** ~ ***alla mandorla*** sugared almond **2** FARM. *(pillola)* pill.

confettura /konfet'tura/ f. GASTR. jam, preserve(s).

confezionare /konfettsjo'nare/ [1] tr. **1** *(tagliare, cucire)* to tailor [*vestito*] **2** *(imballare)* to package [*prodotto*]; to do* up, to wrap up [*pacco*]; ~ ***sottovuoto*** to vacuum pack.

confezionato /konfettsjo'nato/ **I** p.pass. → **confezionare II** agg. **1** *(preparato)* [*abito*] ready-to-wear, ready-made; ~ ***su misura*** made-to-measure, tailor-made **2** *(imballato)* [*merce*] packed, wrapped.

confezione /konfet'tsjone/ **I** f. **1** *(produzione di abiti)* making, tailoring **2** *(processo)* confection; *(involucro)* packaging; *(di latte, succo, gelato)* carton; ~ ***famiglia*** economy pack *o* size; ~ ***risparmio*** value pack **II confezioni** f.pl. ABBIGL. clothes, garments; ***-i per uomo*** menswear ♦♦ ~ ***regalo*** presentation box.

conficcare /konfik'kare/ [1] **I** tr. **1** *(affondare)* to stick*, to plunge [*spada, coltello*] (**in** into); to dig* [*unghie*] (**in** into) **2** *(piantare)* to knock in, to tap in [*paletto, piolo*]; to drive* [*chiodo*] (**in** in, into) **II conficcarsi** pronom. ***-rsi in*** [*spina*] to dig into [*parte del corpo*]; ***-rsi una spina nel dito*** to get a thorn in one's finger; ***la pallottola si conficcò nella parete*** the bullet lodged in the wall.

confidare /konfi'dare/ [1] **I** tr. to confide [*segreto, speranza, paura*] **II** intr. (aus. *avere*) ~ ***in*** *(contare)* to rely *o* count on; *(sperare)* to hope for; ~ ***in Dio*** to trust in God; ***confido che*** I feel confident that **III confidarsi** pronom. ***-rsi con qcn.*** to confide in sb., to take sb. into one's confidence.

confidente /konfi'dɛnte/ **I** agg. hopeful, trusting **II** m. e f. **1** *(uomo)* confidant; *(donna)* confidante **2** *(della polizia)* informer.

confidenza /konfi'dɛntsa/ **I** f. **1** *(rivelazione)* confidence; ***fare una ~ a qcn.*** to tell sb. a secret, to confide sth. to sb. **2** *(familiarità)* intimacy, familiarity; ***essere in ~ con qcn.*** to be on familiar terms with sb.; ***si prende troppa ~*** he's too free in his manner; ***prendere ~ con*** to make oneself *o* become familiar with **3** *(in segreto)* ***in ~*** confidentially, in confidence **II confidenze** f.pl. *(libertà)* ***niente -e*** don't take too many liberties!

confidenziale /konfiden'tsjale/ agg. [*documento, informazione*] confidential; ***in via strettamente ~*** in strict confidence.

confidenzialmente /konfidentsjal'mente/ avv. confidentially.

configurare /konfigu'rare/ [1] **I** tr. INFORM. to set* up **II configurarsi** pronom. ***il caso si configura interessante*** the case is beginning to look interesting.

configurazione /konfigurat'tsjone/ f. configuration (anche INFORM. CHIM.); ***la ~ del terreno*** the lie BE *o* lay AE of the land.

confinante /konfi'nante/ agg. [*terra, provincia, stanza, costruzione*] adjoining, adjacent; ***stati -i*** neighbour states.

confinare /konfi'nare/ [1] **I** intr. (aus. *avere*) **~ con qcs.** [*paese*] to border (on), to neighbour BE, neighbor AE on sth.; [*edificio*] to abut *o* adjoin sth.; [*terreno*] to border sth.; ***l'Italia confina con la Francia*** Italy borders France; ***le due case confinano*** the two houses are adjacent *o* adjoining **II** tr. **1** *(mandare al confino)* to intern **2** *(relegare)* to confine (**in** to, in) **III confinarsi** pronom. to shut* oneself away, to withdraw*.

Confindustria /konfin'dustrja/ f. = general confederation of Italian industry corresponding to the British CBI.

confine /kon'fine/ m. **1** border, boundary; ***-i della città*** city boundary *o* limits; ***il ~ tra l'Italia e la Francia*** Italy's border with France, the frontier between Italy and France; ***zona di ~*** borderland; ***passare il ~*** to cross the border **2** FIG. ***senza -i*** boundless, endless; ***i -i del sapere*** the frontiers of knowledge; ***il ~ tra il bene e il male*** the border(line) between good and evil; ***ai -i del mondo*** to the ends of the earth ♦♦ ***~ di stato*** national boundary, state line.

confisca, pl. **-sche** /kon'fiska, ske/ f. confiscation, forfeit(ure), seizing.

confiscare /konfis'kare/ [1] tr. to confiscate, to seize [*patrimonio*].

conflagrazione /konflagrat'tsjone/ f. conflagration; ***~ bellica*** FIG. eruption *o* outbreak of hostilities.

conflitto /kon'flitto/ m. **1** *(scontro)* conflict, collision; *(guerra)* conflict, war; ***entrare in ~ con qcn.*** to come into conflict with sb. (anche FIG.) **2** FIG. *(contrasto)* clash, conflict, dispute; ***un ~ di interessi*** a clash *o* conflict of interests; ***essere in ~*** [*interessi, desideri, credenze*] to clash, to conflict, to be at odds ♦♦ ***~ di competenza*** DIR. demarcation dispute; ***~ a fuoco*** gunfight.

conflittuale /konflittu'ale/ agg. [*argomento, rapporto*] conflicting, controversial.

confluenza /konflu'entsa/ f. confluence (anche FIG.).

confluire /konflu'ire/ [102] intr. (aus. *essere*) **1** ***la Dora confluisce nel Po*** the Dora flows into *o* joins *o* merges with the Po **2** *(congiungersi)* [*strade*] to join (up), to merge **3** *(radunarsi)* **~ in** [*persone*] to converge to, to flood into **4** FIG. *(convergere)* ***tutti gli sforzi confluiscono verso lo stesso scopo*** all efforts are directed towards the same goal.

confondere /kon'fondere/ [51] **I** tr. **1** *(scambiare)* to confuse (**con** with); to mix [sth.] up [*date, nomi, biglietti*]; *(mescolare)* to jumble up [*forme, immagini*]; ***ti ho confuso con Ada*** I mistook you for Ada, I got you muddled up with Ada **2** *(turbare)* to fluster; *(disorientare)* to baffle, to confound, to confuse; ***~ le idee a qcn.*** to muddle sb. up **II confondersi** pronom. **1** *(mescolarsi)* [*colori*] to merge, to mingle; [*avvenimenti, fatti*] to merge, to become* confused; ***-rsi con lo sfondo*** to fade *o* melt into the background **2** *(smarrirsi, contraddirsi)* to get* confused, to get* lost.

conformare /konfor'mare/ [1] **I** tr. **1** *(dare una forma)* to shape, to mould **2** *(adeguare)* to conform, to adapt (**a** to) **II conformarsi** pronom. to comply (**con** with), to conform (**a** with, to).

conformato /konfor'mato/ agg. ***taglie -e*** outsizes.

conformazione /konformat'tsjone/ f. conformation, shape, structure.

conforme /kon'forme/ agg. **1** *(adeguato)* **~ a** in keeping with [*legge, regole, tradizione*]; ***rendere qcs. ~ a*** to bring sth. into compliance with; ***essere ~ alla regolamentazione*** to meet the regulations **2** *(identico)* ***essere ~ all'originale*** to conform to the original; ***copia ~*** DIR. certified copy, tenor.

conformemente /konforme'mente/ avv. **~ a** in accordance *o* conformity with [*regole, desideri*]; ***~ alla legge*** by law, in compliance with the law.

conformismo /konfor'mizmo/ m. **1** conventionality **2** RELIG. conformity.

conformista, m.pl. **-i**, f.pl. **-e** /konfor'mista/ agg., m. e f. conformist (anche RELIG.).

conformità /konformi'ta/ f.inv. **1** *(corrispondenza)* conformity; ***~ alla legge*** compliance with the law **2** *(di oggetti)* similarity, correspondence **3 in conformità con** in accord(ance) with, in compliance with.

confortante /konfor'tante/ agg. [*notizia, parole*] comforting, reassuring.

confortare /konfor'tare/ [1] **I** tr. **1** *(consolare)* to comfort, to console **2** FIG. *(avvalorare)* to support; ***~ qcn. in un'opinione*** to confirm sb. in their opinion **II confortarsi** pronom. to console oneself.

confortevole /konfor'tevole/ agg. **1** *(che conforta)* comforting, consoling **2** *(comodo, che offre comodità)* [*letto, appartamento*] comfortable.

conforto /kon'fɔrto/ m. **1** *(consolazione)* comfort, solace; ***trovare ~ in qcn., qcs.*** to take comfort *o* find solace in sb., sth. **2** *(sostegno)* ***prove a ~ di una tesi*** evidence to support a thesis ♦♦ ***i -i religiosi*** the last rites.

confratello /konfra'tɛllo/ m. RELIG. brother*.

confraternita /konfra'tɛrnita/ f. brotherhood, confraternity.

confrontare /konfron'tare/ [1] **I** tr. *(paragonare)* to compare [*esperienze, testi, oggetti, prezzi, caratteristiche*] **II confrontarsi** pronom. **1** *(affrontare)* ***-rsi con qcn.*** to be confronted with sb.; ***-rsi con la realtà*** to face reality **2** *(gareggiare, scontrarsi)* [*squadre, concorrenti*] to compete.

confronto /kon'fronto/ m. **1** *(comparazione)* comparison; ***mettere a ~ qcs. con qcs.*** to compare sth. with sth.; ***reggere (bene) il ~ con qcs.*** to stand comparison *o* to compare favourably with sb.; ***non temere -i*** to be able to stand comparison; ***senza ~*** beyond comparison, by far **2** DIR. *(di testimoni)* confrontation **3** SPORT *(gara)* contest, match **4 in confronto a** in, by comparison with, compared with **5 nei confronti di** to, towards ♦♦ ***~ all'americana*** identity parade BE, line-up AE.

confusamente /konfuza'mente/ avv. **1** *(in modo poco chiaro)* confusedly, vaguely **2** *(alla rinfusa)* haphazardly, pell-mell.

confusionale /konfuzjo'nale/ agg. ***in stato ~*** in a confused state of mind.

confusionario, pl. **-ri**, **-rie** /konfuzjo'narjo, ri, rje/ **I** agg. [*persona*] muddle-headed **II** m. (f. **-a**) bungler, muddlehead.

confusione /konfu'zjone/ f. **1** *(caos)* confusion, chaos; ***che ~!*** what a mess! **2** *(mescolanza)* *(di persone)* bustle, stir **3** *(nelle idee)* confusion; ***ho una gran ~ in testa*** I am so confused **4** *(imbarazzo, turbamento)* confusion, embarrassment **5** *(scambio)* confusion, mix-up; ***fare ~ tra A e B*** to mix up A and B.

confuso /kon'fuzo/ **I** p.pass. → **confondere II** agg. **1** *(disordinato)* messy **2** *(mescolato)* [*suoni, voci*] confused **3** *(non lucido)* [*persona*] confused; *(non preciso)* [*situazione*] confusing; [*sentimenti*] mixed-up; [*ricordi*] confused, vague; ***avere le idee -e*** to be muddle-headed *o* mixed-up **4** *(turbato, imbarazzato)* embarrassed, abashed.

confutare /konfu'tare/ [1] tr. to refute, to confute [*ipotesi, teoria*].

confutazione /konfutat'tsjone/ f. confutation, refutation.

congedare /kondʒe'dare/ [1] **I** tr. **1** *(con un saluto)* to say* goodbye to [*ospite*]; *(mandare via)* to send* away [*ospite*]; *(dare il permesso di uscire)* to dismiss [*persona, classe*] **2** MIL. to discharge [*soldato*] **II congedarsi** pronom. **1** ***-rsi da qcn.*** to take leave of sb. **2** MIL. to be* discharged.

congedo /kon'dʒɛdo/ m. **1** *(commiato)* ***prendere ~ da qcn.*** to take leave of sb. **2** MIL. discharge; ***soldato in ~*** discharged soldier **3** AMM. *(aspettativa)* leave (of absence); ***essere in congedo*** to be on leave **4** UNIV. ***anno di ~*** sabbatical (year) ♦♦ ***~ illimitato*** honourable discharge; ***~ di maternità, paternità*** maternity, paternity leave.

congegno /kon'dʒeɲɲo/ m. apparatus, device, contraption COLLOQ.

congelamento /kondʒela'mento/ m. **1** *(il congelare)* freezing; ***punto di ~*** freezing point **2** FIG. *(di prezzi, stipendi)* freeze **3** MED. frostbite.

congelare /kondʒe'lare/ [1] **I** tr. **1** to freeze* [*cibo, acqua*]; ***il freddo mi congelò le mani*** the cold froze my hands **2** FIG. to freeze* [*prezzi, stipendi*] **II congelarsi** pronom. [*acqua, cibo*] to freeze*; ***sto congelando*** I'm freezing.

congelato /kondʒe'lato/ **I** p.pass. → **congelare II** agg. **1** [*cibo*] frozen; ***sono ~*** I'm frozen **2** FIG. [*prezzi, stipendi, capitali*] frozen **3** MED. frostbitten.

congelatore /kondʒela'tore/ **I** agg. freezing **II** m. **1** *(elettrodomestico)* deep-freeze, freezer **2** *(parte del frigorifero)* freezer ♦♦ **~ *a pozzo*** chest freezer; **~ *verticale*** upright freezer.
congeniale /kondʒe'njale/ agg. [*persona, sistemazione*] congenial.
congenito /kon'dʒɛnito/ agg. **1** MED. [*carattere, malattia*] congenital **2** [*paura, avversione*] congenital, innate.
congerie /kon'dʒɛrje/ f.inv. heap, clutter.
congestionare /kondʒestjo'nare/ [1] tr. **1** MED. to congest [*polmone*] **2** *(intasare)* to congest, to overcrowd [*strada, incrocio*].
congestionato /kondʒestjo'nato/ **I** p.pass. → **congestionare II** agg. **1** [*viso*] flushed; MED. [*polmone*] congested **2** *(intasato)* [*strada*] congested.
congestione /kondʒes'tjone/ f. **1** MED. congestion **2** *(di traffico)* (traffic) congestion.
congettura /kondʒet'tura/ f. conjecture, guesswork **U**; ***fare delle -e*** to conjecture; ***non sono che -e*** it's pure guesswork.
congetturare /kondʒettu'rare/ [1] tr. to conjecture (**che** that).
congiungere /kon'dʒundʒere/ [55] **I** tr. **1** *(unire)* to join [*estremità, parti*]; to fold [*mani*] **2** *(collegare)* to join, to link [*punti*]; [*strada*] to link [*luoghi*] **II congiungersi** pronom. **1** *(venire a contatto)* [*mani*] to join, to meet* **2** *(unirsi)* [*strade, fiumi*] to join (up), to merge; ***-rsi in matrimonio*** to be joined in matrimony.
congiungimento /kondʒundʒi'mento/ m. joining; *(punto di incontro)* junction.
congiuntamente /kondʒunta'mente/ avv. jointly; **~ *a*** in conjunction with.
congiuntivite /kondʒunti'vite/ ➧ **7** f. conjunctivitis.
congiuntivo /kondʒun'tivo/ agg. e m. subjunctive.
congiunto /kon'dʒunto/ **I** p.pass. → **congiungere II** agg. [*mani*] joined; [*operazione, elementi*] combined; [*azione, dichiarazione, conto*] joint; [*sforzi*] combined, united **III** m. (f. **-a**) relative.
congiuntura /kondʒun'tura/ f. **1** *(situazione, circostanza)* juncture, situation, circumstances pl. **2** ECON. trend **3** TECN. *(giunzione)* joint, junction.
congiunturale /kondʒuntu'rale/ agg. [*deficit, politica, situazione*] short-term, economic.
congiunzione /kondʒun'tsjone/ f. **1** *(unione)* junction; *(il congiungere)* joining; ***punto di*** **~** meeting point **2** LING. ASTR. conjunction.
congiura /kon'dʒura/ f. conspiracy, plot ♦♦ **~ *del silenzio*** conspiracy of silence; **~ *di palazzo*** palace revolution.
congiurare /kondʒu'rare/ [1] intr. (aus. *avere*) to conspire, to plot.
congiurato /kondʒu'rato/ m. (f. **-a**) conspirator, plotter.
conglobare /konglo'bare/ [1] tr. *(riunire insieme)* to combine, to conglobate.
conglomerarsi /konglome'rarsi/ [1] pronom. to conglomerate.
conglomerato /konglome'rato/ m. **1** conglomerate **2** EDIL. concrete.
congratularsi /kongratu'larsi/ [1] pronom. **~ *con qcn.*** to congratulate sb., to offer one's congratulations to sb.
congratulazione /kongratulat'tsjone/ f. congratulation (**per** on); ***fare le proprie -i a qcn.*** to offer one's congratulations to sb.
congrega, pl. **-ghe** /kon'grɛga, ge/ f. **1** *(congregazione)* congregation **2** SPREG. *(gruppo)* band, gang.
congregare /kongre'gare/ [1] **I** tr. to congregate **II congregarsi** pronom. to congregate.
congregazione /kongregat'tsjone/ f. congregation.
congressista, m.pl. **-i**, f.pl. **-e** /kongres'sista/ m. e f. = one who attends a congress, convention or conference.
congresso /kon'grɛsso/ m. **1** *(di studiosi, politici ecc.)* conference, congress, convention **2** STOR. POL. congress; ***il Congresso*** *(negli Stati Uniti)* the Congress; ***membro del*** **~** *(uomo)* Congressman; *(donna)* Congresswoman.
congressuale /kongressu'ale/ agg. [*lavori, atti*] of a conference, congress, convention.
congrua /'kɔngrua/ f. stipend.
congruente /kongru'ɛnte/ agg. congruent (anche MAT.).
congruo /'kɔngruo/ agg. *(adeguato)* adequate, suitable.
conguaglio, pl. **-gli** /kon'gwaʎʎo, ʎi/ m. ECON. adjustment.
CONI /'kɔni/ m. (⇒ Comitato Olimpico Nazionale Italiano) = Italian National Olympic Committee.
coniare /ko'njare/ [1] tr. to coin, to mint (anche FIG.).
coniazione /konjat'tsjone/ f. coinage (anche FIG.).
conico, pl. **-ci**, **-che** /'kɔniko, tʃi, ke/ agg. conical.
conifera /ko'nifera/ f. conifer; ***foresta di -e*** coniferous forest.
conigliera /koniʎ'ʎɛra/ f. (rabbit) hutch.
coniglietta /koniʎ'ʎetta/ f. *(ragazza)* bunny (girl).
coniglietto /koniʎ'ʎetto/ m. INFANT. bunny (rabbit).
coniglio, pl. **-gli** /ko'niʎʎo, ʎi/ m. **1** *(animale, carne)* rabbit **2** *(pelliccia)* rabbit, cony **3** FIG. *(vigliacco)* chicken, coward.
conio, pl. **-ni** /'kɔnjo, ni/ m. **1** *(punzone)* die **2** *(marchio)* mint mark **3** *(coniazione)* coinage, mintage; ***moneta nuova di*** **~** coin in mint condition; ***un vocabolo di nuovo*** **~** FIG. a recent coinage.
coniugale /konju'gale/ agg. [*amore, fedeltà*] conjugal; [*vita*] married.
coniugare /konju'gare/ [1] **I** tr. **1** LING. to conjugate [*verbo*] **2** FIG. to combine **II coniugarsi** pronom. **1** *(sposarsi)* to marry, to wed* **2** LING. [*verbo*] to conjugate **3** FIG. to combine.
coniugazione /konjugat'tsjone/ f. conjugation.
coniuge /'kɔnjudʒe/ **I** m. e f. spouse **II coniugi** m.pl. married couple sing., husband and wife; ***i -i Rossi*** Mr and Mrs Rossi.
connaturato /konnatu'rato/ agg. [*tendenza*] innate; [*vizio*] congenital; *(radicato)* [*credenza*] deeply-rooted.
connazionale /konnattsjo'nale/ **I** agg. ***sono -i*** they come from the same country **II** m. e f. *(uomo)* (fellow) countryman*; *(donna)* (fellow) countrywoman*.
connessione /konnes'sjone/ f. **1** *(unione, legame)* link **2** *(nesso)* link, connection, connexion BE **3** EL. INFORM. connection.
connesso /kon'nɛsso, kon'nesso/ **I** p.pass. → **connettere II** agg. *(in relazione)* [*idea, evento*] connected, linked, related (**a** to) **III connessi** m.pl. ***gli annessi e -i*** the etceteras, the ins and outs; ***con tutti gli annessi e -i*** COLLOQ. SCHERZ. with all the trimmings.
connettere /kon'nɛttere, kon'nettere/ [17] **I** tr. **1** *(collegare)* to link [*fatti, fenomeni*] **2** TECN. to interconnect **II** intr. *(ragionare)* ***non connette più*** he can't think straight **III connettersi** pronom. **1** to be* connected, to be* linked (**a** to) **2** INFORM. to connect.
connettivo /konnet'tivo/ agg. e m. connective.
connivente /konni'vɛnte/ agg. [*persona*] conniving; ***essere*** **~ *in*** to connive at [*furto, tradimento*].
connivenza /konni'vɛntsa/ f. connivance.
connotare /konno'tare/ [1] tr. to connote.
connotato /konno'tato/ m. ***i -i*** the description ♦ ***cambiare i -i a qcn.*** to beat sb. black and blue.
connotazione /konnotat'tsjone/ f. connotation.
connubio, pl. **-bi** /kon'nubjo, bi/ m. **1** LETT. *(matrimonio)* marriage **2** FIG. *(unione, accordo)* marriage, union.
cono /'kɔno/ m. **1** cone (anche MAT.); ***a (forma di)*** **~** cone-shaped **2** *(cialda)* cone, cornet; **~ *(gelato)*** (ice-cream) cone.
conoscente /konoʃ'ʃɛnte/ m. e f. acquaintance.
conoscenza /konoʃ'ʃɛntsa/ f. **1** *(il sapere)* knowledge; ***avere una buona*** **~ *dello spagnolo*** to have a good knowledge of Spanish; ***-e informatiche*** computer knowledge **2** *(informazione)* ***venire, essere a*** **~ *di qcs.*** to learn, know of sth.; ***siamo venuti a*** **~ *che*** it has come to our knowledge that; ***mettere qcn. a*** **~ *di qcs.*** to acquaint sb. with sth., to bring sth. to sb.'s knowledge; ***per*** **~** BUROCR. copy to **3** *(coscienza)* ***perdere*** **~** to lose consciousness, to fall unconscious; ***privo di*** **~** senseless, unconscious **4** *(di una persona)* acquaintance; ***fare la*** **~ *di qcn.*** to make sb.'s acquaintance, to get *o* become acquainted with sb.; ***lieto di fare la sua*** **~** pleased to meet you **5** *(persona conosciuta)* ***una mia*** **~** an acquaintance of mine.
conoscere /ko'noʃʃere/ [31] **I** tr. **1** *(sapere)* to know* [*fatto, nome, verità, risultato, materia*]; ***fare*** **~ *a qcn.*** to introduce sb. to [*musica, pittura*] **2** *(essere pratico di)* **~ *la città*** to know one's way around the city **3** *(sperimentare)* to know*, to experience [*fame, povertà, amore*] **4** *(personalmente)* to know* [*persona*];

lo conosco da molto tempo I've known him for a long time; ***imparare a ~ qcn.*** to get to know sb.; ***mi piacerebbe molto conoscerla*** I'd really like to get to know her; ***lo conobbi a Roma nel 1983*** I met him in Rome in 1983; ***conosci Frank, è sempre in ritardo*** you know Frank, he's always late; ***far ~ qcn. a qcn.*** to introduce sb. to sb. **5** *(di fama)* to know* of [*persona, attore*] **6** *(riconoscere)* ***farsi ~*** to make oneself known; *(diventare noto)* to be *o* come to the fore **II conoscersi** pronom. **1** *(se stesso)* to know* oneself **2** *(reciprocamente)* to know* each other; *(incontrarsi)* to meet*.

conoscibile /konoʃ'ʃibile/ agg. knowable.

conoscitivo /konoʃʃi'tivo/ agg. [*facoltà*] cognitive.

conoscitore /konoʃʃi'tore/ m. (f. **-trice** /tritʃe/) connoisseur, expert.

conosciuto /konoʃ'ʃuto/ **I** p.pass. → **conoscere II** agg. *(noto)* (well-)known.

conquista /kon'kwista/ f. **1** conquest **2** FIG. *(miglioramento)* achievement **3** FIG. *(seduzione, persona sedotta)* conquest; ***la sua ultima ~*** his latest conquest.

conquistare /konkwis'tare/ [1] **I** tr. **1** *(impadronirsi di)* to conquer [*paese, roccaforte*] **2** FIG. *(ottenere)* to gain [*potere, libertà*]; to win* [*amicizia, successo, cuore*]; ***~ il mercato*** to capture the market **3** *(fare innamorare)* to conquer **II conquistarsi** pronom. ***-rsi il rispetto di qcn.*** to gain *o* win sb.'s respect.

conquistatore /konkwista'tore/ m. (f. **-trice** /tritʃe/) **1** *(chi conquista)* conqueror **2** FIG. *(seduttore)* ***un gran ~*** a ladies' man.

cons. 1 ⇒ consiglio council **2** ⇒ consigliere councillor (Cllr BE).

consacrare /konsa'krare/ [1] **I** tr. **1** RELIG. *(rendere sacro)* to consecrate [*chiesa, vescovo*]; to anoint, to ordain [*sacerdote*]; to anoint [*monarca*]; *(dedicare)* to dedicate [*chiesa*] (**a** to) **2** FIG. *(dedicare)* to dedicate, to devote [*vita, tempo*] (**a** to) **II consacrarsi** pronom. **1** *(votarsi)* ***-rsi a Dio*** to consecrate oneself to God **2** FIG. *(dedicarsi)* ***-rsi a*** to devote oneself to [*studio, famiglia*].

consacrazione /konsakrat'tsjone/ f. *(il rendere sacro) (di chiesa, vescovo)* consecration; *(di sacerdote)* ordination; *(di monarca)* anointment; *(il dedicare) (di chiesa)* dedication.

consanguineità /konsangwinei'ta/ f.inv. consanguinity.

consanguineo /konsan'gwineo/ **I** agg. consanguineous **II** m. (f. **-a**) blood relation, blood relative.

consapevole /konsa'pevole/ agg. **1** *(conscio)* [*persona*] aware, conscious; *(cosciente)* [*atteggiamento*] conscious **2** *(informato)* aware (**che, del fatto che** that).

consapevolezza /konsapevo'lettsa/ f. awareness, consciousness.

consapevolmente /konsapevol'mente/ avv. consciously.

conscio, pl. **-sci, -sce** /'kɔnʃo, ʃi, ʃe/ **I** agg. conscious, aware **II** m. ***il ~*** the conscious.

consecutivamente /konsekutiva'mente/ avv. consecutively.

consecutivo /konseku'tivo/ agg. *(di seguito)* consecutive, successive; ***per cinque anni -i*** for five successive *o* consecutive years.

consegna /kon'seɲɲa/ f. **1** *(di giornale, posta)* delivery; *(di premio, regalo)* presentation; *(di prigioniero, riscatto)* handover **2** COMM. *(di merce)* delivery; ***alla ~*** on delivery; ***-e a domicilio*** home deliveries; ***merce in pronta ~*** off-the-shelf goods **3** *(custodia)* ***lasciare in ~ qcs. a qcn.*** to deposit sth. with sb. **4** MIL. confinement to barracks **5** *(ordine)* order ♦ ***passare le -e a qcn.*** to hand over to sb.

consegnare /konseɲ'ɲare/ [1] **I** tr. **1** to deliver [*giornale, posta*]; to present [*premio, regalo*]; to hand in [*compito*]; to hand over [*prigioniero*]; to hand over, to surrender [*arma*] **2** COMM. to deliver [*merce*] **3** MIL. to confine to barracks [*soldato*] **II consegnarsi** pronom. ***-rsi a*** to give oneself up to [*polizia*].

consegnatario, pl. **-ri** /konseɲɲa'tarjo, ri/ m. (f. **-a**) consignee.

consegnato /konseɲ'ɲato/ **I** p.pass. → **consegnare II** agg. MIL. ***essere ~*** to be confined to barracks.

conseguente /konse'gwɛnte/ agg. **1** *(che segue)* consequent (**a** upon) **2** *(coerente)* consistent.

conseguentemente /konsegwente'mente/ avv. consequently.

conseguenza /konse'gwɛntsa/ f. **1** *(risultato)* consequence; ***come ~ di*** as a consequence of, as a follow-on from; ***di ~*** in consequence, consequently; ***agire di ~*** to act accordingly; ***essere la ~ di qcs.*** to be consequent upon sth., to follow on sth. **2** *(ripercussione)* consequence; ***le -e della guerra*** the aftermath of war; ***pagare le -e*** to pay the consequences.

conseguibile /konse'gwibile/ agg. attainable, achievable.

conseguimento /konsegwi'mento/ m. *(ottenimento)* attainment; ***prima del ~ di un diploma*** before getting a diploma.

conseguire /konse'gwire/ [3] **I** tr. to get*, to obtain [*titolo di studio*]; to win*, to achieve [*vittoria*]; to achieve [*successo, risultato*]; to attain [*scopo*] **II** intr. (aus. *essere*) to follow, to ensue (**da** from); ***ne consegue che*** it follows that.

consenso /kon'sɛnso/ m. **1** *(assenso)* assent, consent; ***dare a qcn. il ~ di fare qcs.*** to consent to sb. doing sth. **2** *(giudizio favorevole)* approval **3** *(accordo)* consensus, agreement.

consensuale /konsensu'ale/ agg. ***separazione ~*** separation by mutual consent.

consentire /konsen'tire/ [3] **I** tr. *(permettere)* to allow, to permit; ***i suoi mezzi non glielo consentono*** he can't afford it; ***ai condomini non è consentito tenere animali domestici*** tenants may not keep pets **II** intr. (aus. *avere*) **1** *(concordare)* ***~ con*** to agree with [*opinione*] **2** *(accondiscendere)* ***~ a*** to comply with [*desiderio*].

consenziente /konsen'tsjɛnte/ agg. [*persona*] consenting.

consequenziale /konsekwen'tsjale/ agg. consequential, consistent.

conserto /kon'sɛrto/ agg. ***a braccia -e*** with one's arms folded *o* crossed.

1.conserva /kon'sɛrva/ f. *(di frutta)* conserve; *(di pomodoro)* tomato sauce; ***in ~*** [*alimento*] preserved.

2.conserva: **di conserva** /dikon'sɛrva/ avv. [*navigare*] in convoy; FIG. [*agire*] in concert.

conservante /konser'vante/ m. *(per alimenti)* preservative.

conservare /konser'vare/ [1] **I** tr. **1** to preserve [*alimento*]; *(sotto vetro)* to bottle; *(in barattolo)* to pot; *(in scatola, lattina)* to tin BE, to can AE; ***"~ in frigorifero"*** "keep refrigerated" **2** *(mantenere)* to keep* alive, to continue [*tradizione*]; to hold* (on to) [*titolo*]; to hold* on to [*potere*]; to conserve [*risorse naturali*]; ***~ la calma*** to keep one's calm **3** *(serbare)* to cherish [*ricordo*]; to keep*, to hold* on to [*libro, lettera*] **II conservarsi** pronom. **1** *(mantenersi)* [*alimento*] to keep* **2** ***-rsi in salute*** to keep oneself healthy.

conservativo /konserva'tivo/ agg. *(che serve a conservare)* preservative.

conservato /konser'vato/ **I** p.pass. → **conservare II** agg. **1** [*alimento*] preserved **2** *(preservato)* ***ben ~*** [*macchina, edificio*] well-preserved.

conservatore /konserva'tore/ **I** agg. POL. conservative; *(in Gran Bretagna)* Conservative **II** m. (f. **-trice** /tritʃe/) **1** POL. conservative; *(in Gran Bretagna)* Conservative **2** *(di opere d'arte)* curator.

conservatorio, pl. **-ri** /konserva'tɔrjo, ri/ m. academy of music; *(in Europa continentale)* conservatoire, conservatory AE.

conservatorismo /konservato'rizmo/ m. conservatism.

conservazione /konservat'tsjone/ f. **1** *(di alimenti)* preservation; *(in barattolo)* potting; *(in scatola, lattina)* canning; ***latte a lunga ~*** long-life milk **2** *(della specie)* preservation; *(di risorse naturali)* conservation; ***istinto di ~*** self-preservation instinct **3** *(di opere d'arte)* preservation.

conserviero /konser'vjɛro/ agg. ***industria -a*** food processing industry.

conservificio, pl. **-ci** /konservi'fitʃo, tʃi/ m. cannery.

considerare /konside'rare/ [1] **I** tr. **1** *(ritenere)* to consider; ***lo considero un amico*** I consider him (to be) a friend, I think of him as a friend; ***essere considerato un grande artista*** to rank as a great artist **2** *(prendere, tenere in considerazione)* to regard, to consider [*persona, cosa*]; to consider [*suggerimento, ipotesi, situazione, problema, possibilità*]; to calculate [*conseguenze, effetto*] **3** *(stimare)* to think* highly of [*persona*] **4** *(contemplare)* [*legge*] to envisage [*possibilità*] **II considerarsi** pronom. ***-rsi un genio*** to consider oneself (to be) a genius; ***-rsi fortunato*** to count *o* consider oneself lucky.

considerato /konside'rato/ **I** p.pass. → **considerare** **II** agg. **1** *(stimato)* ***è molto ben ~*** he is very highly thought of **2** *(visto)* ***-a la situazione*** considering *o* in view of the situation; ***tutto ~*** all things considered, considering COLLOQ. **3** **considerato che** considering (that).

considerazione /konsiderat'tsjone/ f. **1** *(riflessione, esame)* consideration; ***in ~ di*** in consideration of, considering; ***prendere qcs. in ~*** to take sth. into consideration *o* account, to take account of sth., to consider sth; ***lo stanno prendendo in ~ per il lavoro*** he's under consideration for the job; ***essere degno di ~*** to be worth considering **2** *(stima)* consideration; ***godere di grande ~*** to be of high repute **3** *(osservazione)* remark, comment.

considerevole /konside'revole/ agg. [*somma*] considerable, substantial; [*difficoltà, ritardo*] considerable; [*danno*] extensive.

consigliabile /konsiʎ'ʎabile/ agg. advisable.

consigliare /konsiʎ'ʎare/ [1] **I** tr. **1** *(fornire di consigli)* to advise (**su** on); to counsel (**su** on, about); ***farsi ~ da qcn.*** to seek advice from sb. **2** *(suggerire, raccomandare)* to recommend [*luogo, attività, persona*] (**a** to); ***~ a qcn. di fare*** to advise sb. to do **II** **consigliarsi** pronom. ***-rsi con*** to take counsel with [*medico, avvocato*].

consigliere /konsiʎ'ʎere/ m. (f. **-a**) **1** *(chi dà consigli)* adviser, advisor, counsellor, counselor AE **2** *(membro di un consiglio)* councillor ♦♦ ***~ comunale*** city *o* town councillor BE.

consiglio, pl. **-gli** /kon'siʎʎo, ʎi/ m. **1** *(suggerimento)* advice **U** (**su, riguardo a** on, about); suggestion (**su** about; **riguardo a** as to); ***un ~*** a word *o* piece of advice; ***dare un ~ a qcn.*** to give sb. advice; ***se posso darle un ~*** if I may make a suggestion; ***chiedere ~ a qcn.*** to ask (for) sb.'s advice; ***dietro, su ~ di qcn.*** on sb.'s advice, at *o* on sb.'s suggestion **2** *(riunione, consulto)* council, meeting **3** *(organo collegiale)* council, board ♦♦ ***~ di amministrazione*** board of directors, directorate; ***~ comunale*** city *o* town BE council; ***~ direttivo*** executive council; ***Consiglio d'Europa*** Council of Europe; ***~ di fabbrica*** works committee *o* council BE; ***~ d'istituto*** school council; ***Consiglio dei Ministri*** = council of ministers; ***Consiglio di Sicurezza*** Security Council; ***Consiglio di Stato*** = in Italy, the main legal, administrative and judiciary body; ***Consiglio superiore della Magistratura*** = in Italy, superior council of judges.

consistente /konsis'tɛnte/ agg. **1** *(compatto)* [*composto*] stiff; [*salsa, vernice*] thick **2** *(copioso)* [*pasto, aumento, investimento*] substantial **3** *(rilevante)* [*somma*] considerable; [*partecipazione*] significant.

consistenza /konsis'tɛntsa/ f. **1** *(compattezza)* consistency **2** *(densità) (di composto)* stiffness; *(di salsa, vernice)* thickness **3** *(entità)* ***una somma di una certa ~*** a rather considerable sum **4** *(fondatezza)* substance; ***prendere ~*** [*voce, teoria*] to gain weight.

consistere /kon'sistere/ [21] intr. (aus. *essere*) **1** *(risiedere)* ***~ in qcs., nel fare*** to consist *o* lie in sth., in doing **2** *(essere composto)* ***~ di*** to consist of, to be composed of [*elementi, parti*].

CONSOB /'kɔnsob/ f. (⇒ Commissione Nazionale per le Società e la Borsa) = national commission for companies and the stock exchange.

consociare /konso'tʃare/ [1] **I** tr. to consociate **II** **consociarsi** pronom. to consociate.

consociata /konso'tʃata/ f. subsidiary (company).

consociativismo /konsotʃati'vizmo/ m. POL. = the practice of involving the opposition in government through a series of compromises.

consolante /konso'lante/ agg. consoling, comforting, cheering.

1.consolare /konso'lare/ [1] **I** tr. **1** *(confortare)* to console, to comfort; ***se ti può ~*** if it's any comfort to you **2** *(rallegrare)* to cheer up [*persona*] **II** **consolarsi** pronom. to console oneself; ***-rsi all'idea di*** to be comforted by the thought of.

2.consolare /konso'lare/ agg. consular (anche POL.).

consolato /konso'lato/ m. *(sede)* consulate.

consolatore /konsola'tore/ **I** agg. consoling, comforting **II** m. (f. **-trice** /tritʃe/) comforter.

consolazione /konsolat'tsjone/ f. consolation, comfort; ***magra ~*** cold comfort; ***essere una misera ~ per qcn.*** to be small consolation *o* comfort for sb.; ***premio di ~*** consolation prize.

1.console /'kɔnsole/ ➧ *1* m. DIPL. STOR. consul.

2.console /kon'sɔl/ f.inv. **1** *(mobile)* console (table) **2** EL. ELETTRON. INFORM. console.

consolidamento /konsolida'mento/ m. **1** *(rafforzamento) (di edificio)* strengthening; FIG. *(di conoscenza, posizione)* consolidation **2** ECON. *(di debito)* funding.

consolidare /konsoli'dare/ [1] **I** tr. **1** *(rinforzare)* to strengthen [*edificio*]; FIG. to consolidate [*conoscenza, posizione*] **2** ECON. to fund [*debito*] **II** **consolidarsi** pronom. *(rinforzarsi)* [*economia, relazione*] to consolidate, to strengthen.

consolle /kon'sɔlle/ f.inv. → **2.console**.

consommé /konsom'me/ m.inv. consommé, clear soup.

consonante /konso'nante/ f. consonant.

consonantico, pl. **-ci**, **-che** /konso'nantiko, tʃi, ke/ agg. consonant attrib.

consonanza /konso'nantsa/ f. consonance.

consono /'kɔnsono/ agg. ***~ a*** consonant *o* in keeping with.

consorella /konso'rɛlla/ **I** agg.f. ***nazione ~*** sister nation **II** f. **1** RELIG. sister **2** COMM. sister company.

consorte /kon'sɔrte/ m. e f. consort, spouse; ***il principe ~*** the prince consort.

consorteria /konsorte'ria/ f. SPREG. faction.

consorziale /konsor'tsjale/ agg. [*prestito, azioni*] syndicated.

consorziare /konsor'tsjare/ [1] **I** tr. to form a consortium of **II** **consorziarsi** pronom. to form a consortium.

consorziato /konsor'tsjato/ **I** p.pass. → **consorziare** **II** agg. [*industrie*] syndicated.

consorzio, pl. **-zi** /kon'sɔrtsjo, tsi/ m. **1** ECON. syndicate, consortium* **2** *(gruppo)* group, crowd ♦♦ ***~ agrario*** farmers' cooperative; ***~ umano*** LETT. human society.

constare /kon'stare/ [1] intr. (aus. *essere*) **1** *(essere costituito)* ***~ di*** to consist of, to be composed of [*elementi, parti*] **2** *(risultare)* ***per*** o ***a quanto mi consta*** to my knowledge, as far as I know.

constatare /konsta'tare/ [1] tr. **1** *(accertare)* to certify [*decesso*] **2** *(osservare)* to note, to notice [*fatto*]; to notice, to see* [*difetto, differenza*]; ***come puoi ~*** as you can see.

constatazione /konstatat'tsjone/ f. **1** *(accertamento)* ***procedere alla ~ delle perdite*** to assess losses **2** *(osservazione)* observation; ***è una semplice ~*** it's simply a statement of fact ♦♦ ***~ amichevole*** agreed statement.

consueto /konsu'ɛto/ **I** agg. usual, habitual **II** m. ***come di ~*** as usual.

consuetudinario, pl. **-ri**, **-rie** /konsuetudi'narjo, ri, rje/ **I** agg. customary; ***diritto ~*** common law **II** m. (f. **-a**) creature of habit.

consuetudine /konsue'tudine/ f. **1** *(abitudine)* custom, habit; ***avere la ~ di fare*** to be in the habit of doing **2** *(costume, usanza)* custom, tradition.

consulente /konsu'lɛnte/ ➧ *18* m. e f. consultant, adviser, advisor ♦♦ ***~ aziendale*** management consultant; ***~ fiscale*** tax consultant; ***~ legale*** legal consultant, counsel; ***~ matrimoniale*** marriage guidance counsellor.

consulenza /konsu'lɛntsa/ f. advice **U**; ***società di ~*** consultancy (firm); ***servizio di ~*** advisory *o* consulting service.

consulta /kon'sulta/ f. council.

consultare /konsul'tare/ [1] **I** tr. **1** *(interpellare)* to consult [*esperto*]; ***~ un medico*** to seek *o* get medical advice **2** *(esaminare)* to consult [*documento, dizionario, banca dati*]; to look through [*archivio*]; to refer to [*articolo, appunti*] **II** **consultarsi** pronom. to consult (together); ***-rsi con qcn.*** to consult with sb.

consultazione /konsultat'tsjone/ f. **1** *(di esperto)* consultation **2** *(di documento, dizionario, banca dati)* consultation; ***"solo per ~"*** "for reference only"; ***opera di ~*** reference book.

consultivo /konsul'tivo/ agg. [*comitato*] advisory, consultative.

consulto /kon'sulto/ m. **1** *(di medici)* consultation; ***chiedere un ~*** to seek *o* get a second opinion **2** *(colloquio consultivo)* consultation.

consultorio, pl. **-ri** /konsul'tɔrjo, ri/ m. = centre providing health and social services ♦♦ ***~ familiare*** family planning clinic.

1.consumare /konsu'mare/ [1] **I** tr. **1** *(logorare)* to wear* out [*vestito, scarpe, oggetto*] **2** FIG. [*malattia*] to consume [*persona*]; *(esaurire)* [*persona*] to spend* [*forze*]; *(dissipare)* [*persona*] to waste [*tempo, vita*] **3** *(utilizzare)* to consume [*prodotto, energia*]; [*motore, macchina*] to consume, to use (up) [*carburante, olio*]; *(esaurire)* to get* through, to use up [*scorte*]; **~ *poca benzina*** to be economical on petrol **4** *(mangiare)* to consume, to eat* [*carne, formaggio*]; *(bere)* to consume, to drink* [*alcol, caffè*]; ***~ un pasto*** to eat a meal; ***"da -rsi preferibilmente entro il 2005"*** "best before 2005" **II consumarsi** pronom. **1** *(logorarsi)* [*vestito, scarpe*] to wear* (out); [*tacco, scalino*] to wear* down **2** *(esaurirsi)* [*candela*] to burn* down **3** FIG. ***-rsi nel dolore*** [*persona*] to pine away.

2.consumare /konsu'mare/ [1] tr. LETT. to commit [*delitto*]; to consummate [*matrimonio*].

1.consumato /konsu'mato/ **I** p.pass. → **1.consumare II** agg. **1** *(logorato)* worn(-out) **2** FIG. ***~ dall'invidia*** consumed by *o* with envy.

2.consumato /konsu'mato/ **I** p.pass. → **2.consumare II** agg. *(esperto)* consummate.

consumatore /konsuma'tore/ m. (f. **-trice** /tritʃe/) consumer.

1.consumazione /konsumat'tsjone/ f. *(spuntino)* snack; *(bevanda)* drink; ***ingresso con ~*** drinks included in the ticket.

2.consumazione /konsumat'tsjone/ f. *(di matrimonio)* consummation; ***la ~ di un delitto*** the committing of a crime.

consumismo /konsu'mizmo/ m. consumerism.

consumista, m.pl. **-i**, f.pl. **-e** /konsu'mista/ agg., m. e f. consumerist.

consumistico, pl. **-ci**, **-che** /konsu'mistiko, tʃi, ke/ agg. [*società*] consumer attrib., consumerist.

consumo /kon'sumo/ m. **1** *(di cibo, alcol, carburante, merci)* consumption; ***un alto ~ di zucchero*** a high sugar intake; ***fare un grande*** o ***forte ~ di*** to use a lot of **2** ECON. *(fruizione)* ***beni, generi di ~*** consumer goods, products; ***prezzi al ~*** consumer prices **3** ***letteratura di ~*** entertainment literature.

consuntivo /konsun'tivo/ m. **1** AMM. ECON. final balance **2** FIG. balance, survey.

consunto /kon'sunto/ agg. **1** *(logoro)* worn(-out) **2** *(emaciato)* haggard.

consunzione /konsun'tsjone/ f. MED. consumption.

consuocera /kon'swɔtʃera/ f. son's mother-in-law, daughter's mother-in-law.

consuocero /kon'swɔtʃero/ m. son's father-in-law, daughter's father-in-law; ***i miei -i*** my son's, daughter's in-laws.

conta /'konta/ f. **1** *(conteggio)* count(ing) **2** *(nei giochi infantili)* counting rhyme.

contaballe /konta'balle/ m. e f.inv. POP. fibber.

contabile /kon'tabile/ **I** agg. AMM. [*documento, anno*] accounting; ***revisione ~*** audit; ***ufficio ~*** accounts office; ***libri -i*** (account) books **II** ➧ ***18*** m. e f. *(in un'azienda)* accountant, bookkeeper.

contabilità /kontabili'ta/ f.inv. **1** *(disciplina)* accountancy, accounting **2** *(gestione dei libri contabili)* bookkeeping; ***tenere la ~*** to keep the accounts **3** *(insieme dei conti)* accounts pl. **4** *(ufficio)* accounts pl., accountancy department ♦♦ ***~ analitica*** management accounting; ***~ industriale*** costing.

contabilizzare /kontabilid'dzare/ [1] tr. **1** AMM. *(registrare)* to enter, to record **2** *(computare)* to compute.

contachilometri /kontaki'lɔmetri/ m.inv. AUT. mileometer, odometer AE, clock COLLOQ.

contadina /konta'dina/ ➧ ***18*** f. **1** *(coltivatrice)* farmer, peasant **2** *(campagnola)* countrywoman*.

contadinesco, pl. **-schi**, **-sche** /kontadi'nesko, ski, ske/ agg. **1** *(da contadino)* country attrib. **2** SPREG. *(grossolano)* oafish, rough.

contadino /konta'dino/ **I** agg. **1** *(agricolo)* [*ceto, famiglia*] peasant attrib. **2** *(della campagna)* [*mondo, vita, tradizione*] peasant attrib., rural **II** ➧ ***18*** m. **1** *(agricoltore)* farmer, peasant **2** *(campagnolo)* countryman* **3** COLLOQ. SPREG. *(zotico)* peasant, yokel ♦ ***~, scarpe grosse e cervello fino*** PROV. he's not as green as his cabbage-looking.

contagiare /konta'dʒare/ [1] **I** tr. **1** MED. to infect [*persona*] **2** FIG. ***~ qcn. il proprio entusiasmo*** to infect sb. with one's enthusiasm **II contagiarsi** pronom. to be* infected.

contagio, pl. **-gi** /kon'tadʒo, dʒi/ m. MED. infection, contagion (anche FIG.).

contagioso /konta'dʒoso/ agg. **1** MED. *(infettivo)* [*malato, malattia*] contagious, infectious **2** FIG. [*risata, entusiasmo*] infectious, contagious; ***la paura è -a*** fear is catching.

contagiri /konta'dʒiri/ m.inv. tachometer, rev counter BE COLLOQ.

contagocce /konta'gottʃe/ m.inv. dropper ♦ ***distribuire col ~*** to dole out [*denaro*].

container /kon'tɛiner, kon'tainer/ m.inv. *(per trasporto)* container.

contaminare /kontami'nare/ [1] tr. **1** *(infettare)* [*virus, persona*] to infect [*persona, animale*] **2** *(inquinare)* to taint, to pollute [*aria, acqua*]; *(con radiazioni)* to contaminate [*persona, animale, terreno*] **3** FIG. to defile, to infect [*spirito, persona*].

contaminazione /kontaminat'tsjone/ f. contamination (anche LING.).

contaminuti /kontami'nuti/ m.inv. timer.

contante /kon'tante/ **I** agg. ***denaro ~*** cash, spot money **II** m. **1** cash **2 in contanti** ***50 euro in ~*** 50 euros (in) cash; ***anticipo in -i*** cash advance; ***pagare in -i*** to pay (in) cash.

contare /kon'tare/ [1] **I** tr. **1** *(calcolare)* to count [*persone, parole, errori, punti, oggetti*]; ***~ uno a uno*** to count out [*soldi, carte*]; ***le sue vittorie non si contano più*** she has had countless victories **2** *(includere)* to count; ***9 persone contando i bambini*** 9 people, counting the children *o* children included; ***contando Sara, senza ~ Sara saremo in sei*** including Sara, not including Sara we'll be six; ***non avevo contato l'IVA*** I hadn't taken the VAT into account; ***senza ~ le preoccupazioni*** not to mention the worry **3** *(avere, annoverare)* to have* [*abitanti, alleati*]; ***il reggimento contava 1.000 uomini*** the regiment numbered 1,000 men; ***si contano 8.000 disoccupati*** there is a total of 8,000 unemployed **4** *(progettare)* ***~ di fare*** to figure *o* count on doing; ***conti di andarci?*** do you intend to go? ***conto di arrivare a Londra per mezzogiorno*** I reckon to reach London by midday **5** COLLOQ. *(dire, raccontare)* to tell*; ***contala giusta!*** a likely tale! ***~ balle*** to tell fibs, to fib **II** intr. (aus. *avere*) **1** *(calcolare)* to count; ***~ sulle dita, a mente*** to count on one's fingers, in one's head **2** *(pronunciare i numeri)* to count; ***~ fino a 50*** to count (up) to 50 **3** *(essere importante)* to matter (**per qcn.** to sb.); ***quel che conta è che*** what matters is that; ***tutto il mio lavoro non conta nulla*** all my work counts for nothing; ***è il pensiero che conta*** it's the thought that counts; ***lui non conta niente per me*** he means nothing to me; ***è veramente una che conta*** she's somebody; ***tutte le persone che contano*** everybody who is anybody **4** *(avere valore)* [*prova, errore*] to count **5** *(fare affidamento)* ***~ su*** to count (up)on [*persona, aiuto*]; ***~ su qcn. per fare*** to depend *o* rely on sb. to do; ***puoi ~ su di me!*** you can rely on me! ***ci puoi ~!*** you can depend on it! ***gli dirò cosa ne penso, puoi contarci!*** I'll tell them what I think, you can be sure of that! ***ci conto*** I'm counting *o* relying on it; ***non ci ~!*** don't bank *o* count on it! ♦ ***~ le pecore*** to count sheep; ***~ qcs. sulla punta delle dita, sulle dita di una mano*** to count sth. on the fingers of one hand.

contato /kon'tato/ **I** p.pass. → **contare II** agg. ***avere il denaro ~*** to have little money to spend; ***avere i minuti -i*** to have little time; ***ha i giorni -i, le ore -e*** *(sta per morire)* he is living on borrowed time, his days are numbered.

contatore /konta'tore/ m. counter; *(per flussi)* meter; ***~ del gas, dell'acqua*** electricity, gas meter.

contattare /kontat'tare/ [1] tr. to contact [*giornale, organismo*]; to contact, to get* hold of [*persona*].

contatto /kon'tatto/ m. **1** *(il toccarsi)* contact; ***~ fisico*** physical contact; ***venire a ~ con*** to come in(to) contact with; ***indurire a ~ dell'aria*** to set in (the) air **2** *(relazione)* contact; ***mettersi in ~ con*** to make contact *o* get in touch with, to contact; ***mantenere i -i, rimanere in ~*** to maintain contact, to keep in touch; ***mantenere, perdere i -i con qcn.*** to keep *o* stay in touch with sb., to lose contact *o* touch with sb.; ***ha perso il ~ con la realtà*** he's out of touch with reality, he lost his grip on reality; ***lavorare a ~ con il pubblico*** to work with the public **3** TECN. RAD. TEL. contact; ***stabilire, perdere il ~*** to make, lose contact **4** EL. contact; ***fa ~*** there is a contact; ***stabilire il ~*** to switch on **5** *(persona)* contact; ***incontrare il proprio ~*** to meet one's contact ♦ ***essere a ~ di gomito con qcn.*** to rub shoulders with sb.

conte /'konte/ ♦ *1* m. count; *(in Gran Bretagna)* earl.

contea /kon'tɛa/ f. **1** STOR. *(territorio)* county; *(in Gran Bretagna)* earldom **2** *(divisione amministrativa)* county.

conteggiare /konted'dʒare/ [1] tr. **1** *(addebitare)* to charge, to include [*spese*] **2** *(calcolare)* to count.

conteggio, pl. **-gi** /kon'teddʒo, dʒi/ m. *(computo)* tally, count; ***fare il ~ di*** to calculate [*spese*].

contegno /kon'teɲɲo/ m. **1** *(comportamento)* behaviour BE, behavior AE, demeanour BE, demeanor AE **2** *(atteggiamento dignitoso)* dignity, composure; ***darsi un ~*** to try to show dignity.

contegnoso /konteɲ'ɲoso/ agg. *(dignitoso)* dignified, composed.

contemplare /kontem'plare/ [1] tr. **1** *(ammirare)* to contemplate, to admire [*quadro*] **2** *(prevedere)* to contemplate, to envisage [*caso, possibilità*]; ***~ qcs. in un piano*** to provide for sth. in a plan.

contemplativo /kontempla'tivo/ agg. contemplative.

contemplazione /kontemplat'tsjone/ f. contemplation.

contempo: **nel contempo** /nelkon'tɛmpo/ avv. at the same time, (in the) meanwhile.

contemporaneamente /kontemporanea'mente/ avv. at the same time, contemporaneously.

contemporaneo /kontempo'raneo/ **I** agg. **1** *(del presente)* [*arte, storia*] contemporary **2** *(della stessa epoca)* contemporaneous (**di** with) **3** *(nello stesso tempo)* concurrent **II** m. (f. **-a**) contemporary.

contendere /kon'tɛndere/ [10] **I** tr. to dispute; ***~ qcs. a qcn.*** to contend with sb. for sth. **II** intr. (aus. *avere*) **1** *(gareggiare)* to compete, to contend **2** *(litigare)* to dispute, to quarrel **III contendersi** pronom. to contend for, to compete for [*seggio, primo posto*].

contenere /konte'nere/ [93] **I** tr. **1** *(racchiudere)* to contain [*sostanza, informazioni, errori*] **2** *(avere una capienza)* [*veicolo, stanza, edificio*] to accommodate [*persone*]; [*teatro, scatole*] to hold* [*persone, oggetti*] **3** FIG. *(frenare)* to hold* back, to restrain [*folla*]; to control, to hold* down [*disoccupazione, inflazione*]; to contain, to hold* down [*costi*]; to hold* back, to check [*emozioni, lacrime*] **II contenersi** pronom. **1** *(dominarsi)* to control oneself **2** *(limitarsi)* ***-rsi nelle spese*** to cut down on spending.

contenimento /konteni'mento/ m. control, restraint; ***~ dell'inflazione*** curb of inflation.

contenitore /konteni'tore/ m. **1** *(recipiente)* container, holder, receptacle **2** TELEV. magazine.

contentare /konten'tare/ → **accontentare**.

contentezza /konten'tettsa/ f. contentment, happiness, joy.

contentino /konten'tino/ m. sop, sweetener; ***dare un ~ a qcn.*** to throw a sop to sb.

contento /kon'tɛnto/ agg. **1** *(felice)* glad, pleased (**di qcs.** about sth.; **di fare** to do); happy (**di qcs.** about, with sth.; **di fare** to do); content, contented (**di qcs.** with sth.; **di fare** with doing); ***sono ~ che tu sia qui*** I'm glad you are here; ***sono ~ per te!*** good for you! ***un viso ~*** a happy face **2** *(soddisfatto)* pleased, satisfied (**di** with); ***~ di sé*** pleased with oneself; ***hai rotto tutto, sei ~ adesso?*** you've broken everything, are you happy now? ***non ~ di (fare)*** not content with (doing) ♦ ***~ come una pasqua*** as happy as a lark *o* as Larry.

1.contenuto /konte'nuto/ **I** p.pass. → **contenere II** agg. **1** *(controllato, sobrio)* [*sentimento*] contained, restrained **2** *(limitato)* [*prezzi*] held down, kept down.

2.contenuto /konte'nuto/ m. **1** *(di recipiente)* contents pl.; ***il ~ di un pacco*** the contents of a package **2** *(tenore, quantità)* content; ***~ alcolico*** alcohol content; ***a basso ~ calorico*** low-calorie; ***un alto ~ vitaminico*** a high vitamin content **3** *(significato) (di articolo)* content; *(argomento) (di libro, file)* contents pl., subject matter; ***forma e ~*** form and content.

contenzioso /konten'tsjoso/ **I** agg. DIR. contentious **II** m. DIR. **1** *(insieme delle cause)* cases pl. **2** *(ufficio)* legal department.

conterranea /konter'ranea/ f. (fellow) countrywoman*.

conterraneo /konter'raneo/ m. (fellow) countryman*.

contesa /kon'tesa/ f. **1** *(controversia)* dispute, altercation, quarrel (**tra** between) **2** *(gara)* contest, competition.

conteso /kon'teso/ **I** p.pass. → **contendere II** agg. **1** *(combattuto)* [*prova, vittoria, titolo*] disputed, contested **2** *(desiderato)* [*persona, mercato, luogo*] sought-after (**da** by).

contessa /kon'tessa/ ♦ *1* f. countess.

contestare /kontes'tare/ [1] **I** tr. **1** *(discutere)* to question [*autenticità, necessità*]; *(criticare)* to challenge [*autorità*]; to contest [*decisione*]; to contest, to dispute [*risultato*] **2** *(negare)* to deny, to contest; ***~ a qcn. il diritto di fare*** to contest sb.'s right to do **3** DIR. to notify; ***~ un reato a qcn.*** to charge sb. with an offence **II** intr. (aus. *avere*) RAR. to protest.

contestatore /kontesta'tore/ m. (f. **-trice** /tritʃe/) protester.

contestazione /kontestat'tsjone/ f. **1** POL. *(critica, protesta)* protest (**contro** against); ***la ~ studentesca*** student protest **2** *(confutazione, obiezione)* challenge (**di** to); ***in caso di ~*** in case of dispute **3** DIR. notification.

contesto /kon'tɛsto/ m. context; ***nel (proprio) ~*** in context; ***fuori ~*** out of context; ***~ politico*** political background.

contestuale /kontestu'ale/ agg. contextual; BUROCR. DIR. concomitant.

contiguità /kontigui'ta/ f.inv. contiguity.

contiguo /kon'tiguo/ agg. [*edificio, stanze, giardini*] adjoining; ***~ a qcs.*** contiguous to *o* with sth.

continentale /kontinen'tale/ agg. GEOGR. GEOL. continental; *(in contrapposizione a insulare)* mainland.

1.continente /konti'nɛnte/ m. GEOGR. **1** *(parte del mondo)* continent; ***il vecchio, il nuovo ~*** the Old, New World **2** *(in contrapposizione a un'isola)* mainland.

2.continente /konti'nɛnte/ agg. **1** *(casto)* continent; *(moderato)* temperate **2** MED. continent.

continenza /konti'nɛntsa/ f. continence.

contingente /kontin'dʒɛnte/ **I** agg. contingent **II** m. **1** COMM. ECON. quota **2** MIL. contingent; ***~ di pace*** peacekeeping contingent.

contingenza /kontin'dʒɛntsa/ f. **1** *(circostanza)* contingency, occasion **2** FILOS. contingency **3** ECON. ***indennità di ~*** cost of living allowance *o* bonus.

continuamente /kontinua'mente/ v. la voce **continuo**. avv. **1** *(senza interruzione)* continuously, ceaselessly, constantly **2** *(sempre)* ***vince ~*** he always wins **3** *(molto spesso)* [*tossire, interrompere, viaggiare*] constantly, continually.

continuare /kontinu'are/ [1] **I** tr. to carry on, to continue [*conversazione*]; to keep* up [*bombardamento*]; to continue [*viaggio, passeggiata, racconto, tradizione*]; to continue, to keep* up [*studi*]; ***~ a fare*** to continue doing *o* to do, to keep (on) doing **II** intr. (aus. *avere* when referring to a person, *essere* or *avere* when referring to a thing) **1** *(durare)* [*rumore, dibattito, sciopero, film*] to continue, to go* on; *(proseguire)* [*persona*] to continue, to go* on, to carry on; ***la vita continua*** life has to go on, life goes on; ***"continua"*** *(nei racconti a puntate)* "to be continued"; ***"continua alla pagina seguente"*** "continued overleaf" **2** *(estendersi)* [*strada*] to continue, to stretch **III** impers. (aus. *essere, avere*) ***continuò a piovere*** it continued raining *o* to rain.

continuato /kontinu'ato/ **I** p.pass. → **continuare II** agg. continuous; ***"orario ~"*** "open all day".

continuazione /kontinuat'tsjone/ f. **1** *(di situazione, processo)* continuation; *(seguito)* continuation, sequel **2 in continuazione** [*parlare, discutere*] continuously, endlessly; ***si lamenta in ~*** he's forever moaning, he keeps (on) moaning.

continuità /kontinui'ta/ f.inv. continuity.

continuo /kon'tinuo/ L'inglese standard distingue le due accezioni dell'aggettivo italiano *continuo*; quando significa *ininterrotto*, cioè descrive cose o azioni che non hanno sosta, si usa *continuous*; quando invece *continuo* descrive una serie di azioni ripetute ma distinte (e spesso viste come negative e irritanti), si usa *continual*: *crescita continua* = continuous growth; *interruzioni continue* = continual interruptions. - La medesima differenza vale per il corrispondente avverbio *continuamente* (v. la voce relativa), che è *continuously* o *continually*. - Nell'inglese popolare si sta sviluppando la tendenza a trascurare questa distinzione, e pertanto *continuous/ly* è d'uso molto più frequente di *continual/ly*. **I** agg. **1** *(ininterrotto)* [*produzione, lavoro*] continuous, nonstop; [*rumore, flusso, crescita*] continuous, uninterrupted; [*tendenza, sforzo*] continuing;

[*linea*] continuous, unbroken; ***in ~ aumento*** ever-growing, ever-increasing **2** *(frequente)* [*liti, domande, tentativi, cambiamenti*] constant, continual **3** **di continuo** continually **II** m. continuum*.

conto /ˈkonto/ m. **1** *(calcolo)* count, calculation; ***far di ~*** to count; ***fare il ~ di*** to work out [*spese*]; to count (up) [*persone, oggetti*]; ***sbagliare il ~*** to make a mistake in one's calculation; ***tenere il ~ di qcs.*** to keep (a) count of sth.; ***perdere il ~*** to lose count; ***i -i tornano*** *(di soldi)* that's the right amount; *(di oggetti, persone)* that's the right number; FIG. it all adds up; ***i -i non tornano*** FIG. it doesn't add up **2** AMM. ***tenere i -i*** to keep accounts; ***fare i -i*** *(a fine giornata)* to cash up **3** *(somma da pagare)* amount; *(fattura)* bill, check AE, tab AE; ***avere un ~ aperto presso un negozio*** to have an account at a shop; ***mettere qcs. sul ~ di qcn.*** to charge sth. to *o* put sth. on sb.'s account; ***pagare il ~*** to pay *o* settle a bill, to pick up the check *o* tab; ***il ~, per favore!*** could I have the bill, please? **4** ECON. BANC. account (**presso** with); ***sul ~ di qcn.*** in sb.'s account; ***aprire, chiudere un ~*** to open, close an account **5** *(considerazione)* ***tenere ~ di qcs.*** to take account of sth., to reckon with sth., to consider sth.; ***mettere qcs. in ~*** to take sth. into account; ***una questione di poco ~*** a small affair; ***essere di poco ~*** to be of little account; ***tenuto ~ di*** in consideration of, considering **6** *(affidamento)* ***fare ~ su*** to rely *o* depend on **7** *(spiegazione)* ***rendere ~ di qcs. a qcn.*** to account for sth. to sb.; ***chiedere ~ a qcn.*** to ask for an explanation from sb., to ask sb. for an explanation **8** **per conto di** ***per ~ di qcn.*** *(da parte di)* on *o* in AE behalf of sb.; ***per ~ proprio*** *(da solo)* on one's own, by oneself, alone; ***mettersi per ~ proprio*** to set (oneself) up in business, to set up one's own business; ***per ~ mio*** *(secondo me)* in my opinion, to my mind COLLOQ. **9** **sul conto di** *(riguardo a)* about ♦ ***in fin dei -i, a -i fatti*** after all, all things considered; ***a ogni buon ~*** in any case; ***fare bene i propri -i*** to do one's sums; ***fare i -i con qcn., qcs.*** to reckon with sb., sth.; ***regolare i -i con qcn.*** to settle a score with sb., to square one's account(s) with sb.; ***fare i -i in tasca a qcn.*** = to reckon sb.'s worth; ***fare i -i senza l'oste*** = to make a decision without consulting the person in charge; ***fare ~*** *(immaginare)* to imagine (**di fare** doing; **che** that); *(prefiggersi)* to reckon (**di fare** to do; **che** that); ***rendersi ~ di qcs., che*** to realize sth., that, to be *o* become aware of sth., that ♦♦ ***~ bancario, in banca*** bank account; ***~ corrente*** current BE *o* checking AE account; ***~ corrente postale*** post office account; ***~ alla rovescia*** countdown (anche FIG.).

contorcere /konˈtɔrtʃere/ [94] **I** tr. to contort, to twist **II** **contorcersi** pronom. [*persona*] to writhe (about); [*viso, bocca*] to contort; [*serpente, verme*] to wriggle (about); ***-rsi dal dolore*** to squirm *o* writhe in agony; ***-rsi dalle risa*** to curl *o* rock with laughter.

contornare /kontorˈnare/ [1] tr. [*alberi*] to surround, to encircle, to fringe [*campo*]; [*spiaggia, isole*] to skirt [*costa*].

contorno /konˈtorno/ m. **1** *(di oggetto, disegno, paesaggio)* outline, contour; *(di viso, corpo)* contour; ***tracciare il ~ di*** to outline [*figura*] **2** GASTR. side dish, side order; ***una bistecca con ~ di insalata*** a steak with salad on the side.

contorsione /kontorˈsjone/ f. contortion, writhing, squirming.

contorsionista, m.pl. **-i**, f.pl. **-e** /kontorsjoˈnista/ ➧ ***18*** m. e f. contorsionist.

contorto /konˈtɔrto/ **I** p.pass. → **contorcere** **II** agg. **1** [*ramo, tronco*] twisted **2** FIG. [*ragionamento, idea*] contorted, twisted; [*stile*] convoluted.

contrabbandare /kontrabbanˈdare/ [1] tr. **1** *(fare contrabbando di)* to smuggle [*sigarette, alcolici*] **2** FIG. *(spacciare)* to pass off (**per** as).

contrabbandiere /kontrabbanˈdjɛre/ m. (f. **-a**) smuggler; *(di alcolici)* bootlegger; *(di armi)* gunrunner.

contrabbando /kontrabˈbando/ m. *(attività)* smuggling, contraband; ***~ d'armi*** gunrunning; ***di ~*** [*sigarette, merci*] smuggled.

contrabbassista, m.pl. **-i**, f.pl. **-e** /kontrabasˈsista/ ➧ ***34, 18*** m. e f. double bass player, bassist.

contrabbasso /kontrabˈbasso/ ➧ ***34*** m. double bass, contrabass.

contraccambiare /kontrakkamˈbjare/ [1] tr. **1** *(ricambiare)* to return [*favore, saluto*]; to reciprocate [*amore*] **2** *(ricompensare)* ***~ qcn.*** to repay sb. (in kind).

contraccambio, pl. **-bi** /kontrakˈkambjo, bi/ m. ***in ~ di qcs.*** in return for sth.

contraccettivo /kontrattʃetˈtivo/ **I** agg. ***metodo ~*** contraceptive *o* birth control method **II** m. contraceptive.

contraccezione /kontrattʃetˈtsjone/ f. contraception, birth control.

contraccolpo /kontrakˈkolpo/ m. **1** counterstroke; *(di arma da fuoco)* kick, recoil **2** FIG. *(ripercussione)* repercussion, backlash.

contrada /konˈtrada/ f. ANT. *(rione)* quarter.

contraddire /kontradˈdire/ [37] **I** tr. to contradict **II** **contraddirsi** pronom. to contradict oneself; *(l'un l'altro)* to contradict each other.

contraddistinguere /kontraddisˈtingwere/ [40] **I** tr. to mark [*stile, comportamento, epoca*] **II** **contraddistinguersi** pronom. to be* distinguished (**da** from; **per** by).

contraddittorio, pl. **-ri**, **-rie** /kontradditˈtɔrjo, ri, rje/ **I** agg. [*opinioni, testimonianze, ragionamento*] contradictory, conflicting **II** m. debate, discussion; ***interrogare in ~*** to cross-question.

contraddizione /kontradditˈtsjone/ f. contradiction; ***essere in ~ con*** to be in contradiction with; ***cadere in ~*** to contradict oneself.

contraente /kontraˈɛnte/ **I** agg. contracting **II** m. e f. contractor.

contraerea /kontraˈɛrea/ f. antiaircraft artillery.

contraereo /kontraˈɛreo/ agg. [*missile, difesa, artiglieria*] antiaircraft.

contraffare /kontrafˈfare/ [8] tr. **1** *(falsificare)* to forge, to fake [*firma*]; to forge [*passaporto, oggetti di marca*]; to counterfeit [*banconota*] **2** *(alterare)* to disguise [*voce*].

contraffatto /kontrafˈfatto/ **I** p.pass. → **contraffare** **II** agg. **1** *(falsificato)* [*firma*] forged; [*banconota*] counterfeit; [*passaporto*] forged, fake **2** *(alterato)* ***con voce -a*** in a disguised voice.

contraffattore /kontraffatˈtore/ m. (f. **-trice** /tritʃe/) *(di banconote)* counterfeiter; *(di documenti)* forger.

contraffazione /kontraffatˈtsjone/ f. **1** *(azione) (di firma, banconota)* forgery, counterfeiting **2** *(risultato) (firma, banconota, documento)* forgery.

contrafforte /kontrafˈfɔrte/ m. **1** ARCH. buttress **2** GEOGR. spur.

contralto /konˈtralto/ m. **1** *(voce, cantante)* (contr)alto **2** ***sassofono ~*** alto saxophone.

contrammiraglio, pl. **-gli** /kontrammiˈraʎʎo, ʎi/ ➧ ***12*** m. rear admiral.

contrappasso /kontrapˈpasso/ m. ***legge del ~*** law of retaliation.

contrappello /kontrapˈpɛllo/ m. second roll-call.

contrappeso /kontrapˈpeso/ m. counterweight, counterbalance (anche FIG.); ***fare da ~ a qcs.*** to counterbalance sth.

contrapporre /kontrapˈporre/ [73] **I** tr. **1** *(opporre)* to contrast **2** *(confrontare)* ***~ due esempi*** to contrast two examples; ***~ X a Y*** to set X beside Y **II** **contrapporsi** pronom. [*idee*] to contrast, to conflict; [*persone*] to disagree; ***-rsi a*** to be in contrast to.

contrapposizione /kontrappozitˈtsjone/ f. contrast, antithesis*; ***essere in ~ con*** to be in contrast with.

contrapposto /kontrapˈposto/ **I** p.pass. → **contrapporre** **II** agg. opposing, opposed; ***interessi -i*** opposing interests.

contrappunto /kontrapˈpunto/ m. counterpoint.

contrariamente /kontrarjaˈmente/ avv. ***~ a ciò che sostiene*** contrary to what he claims; ***~ a me, gli piace lo sport*** unlike me, he likes sport.

contrariare /kontraˈrjare/ [1] tr. **1** *(irritare)* to annoy, to put* out, to vex **2** *(ostacolare)* to oppose, to thwart.

contrariato /kontraˈrjato/ **I** p.pass. → **contrariare** **II** agg. annoyed, put-out, vexed.

contrarietà /kontrarjeˈta/ f.inv. **1** *(disapprovazione)* aversion; ***esprimere la propria ~ a qcs.*** to express one's opposition to sth. **2** *(avversità)* adversity, misfortune.

contrario, pl. **-ri**, **-rie** /konˈtrarjo, ri, rje/ **I** agg. **1** *(inverso)* [*effetto, direzione*] opposite; [*vento*] contrary; ***in senso ~*** contrariwise **2** *(contrastante)* [*opinione, interesse, teoria*] contrary (**a** to), conflicting (**a** with); [*forze*] opposite (**a** to); ***~ alla legge***

against the law; ***in caso ~*** failing this *o* that, otherwise; ***fino a prova -a*** until proved otherwise **3** *(sfavorevole)* ***essere ~ a qcs., a fare*** to be opposed to sth., to doing; ***essere ~ all'idea*** to be against the idea; ***sono ~*** I'm against it **II** m. **1** *(inverso)* contrary, opposite **2** LING. antonym **3 al contrario** *(all'opposto, invece)* contrariwise, on the contrary; *(a ritroso)* backwards; *(col davanti dietro)* the wrong way round, back to front; *(con l'interno all'esterno)* inside out; *(capovolto)* upside down; ***al ~!*** quite the reverse! ***non sono stanco, al ~!*** I'm not tired, far from it! ***al ~ di me*** unlike me **4 in contrario** ***nessuno ha detto nulla in ~*** no-one said anything to the contrary; ***non ho niente in ~*** I have nothing against it; ***se lei non ha niente in ~*** if you don't object, if you have no objection(s).

contrarre /kon'trarre/ [95] **I** tr. **1** *(tendere, corrugare)* to contract, to flex, to tense [*muscolo*]; ***~ le labbra*** to purse one's lips **2** *(assumere su di sé)* to contract [*debito, prestito*]; *(stipulare)* to contract [*matrimonio, alleanza*] **3** *(prendere)* to contract [*malattia, virus*] (**da** from); to develop [*abitudine*] **4** *(ridurre)* to reduce, to cut* **II contrarsi** pronom. **1** *(tendersi, corrugarsi)* [*muscolo*] to contract, to tighten; [*tratti del viso, bocca*] to contort, to twitch **2** LING. [*forma, parola*] to contract.

contrassegnare /kontrasseɲ'ɲare/ [1] tr. to mark.

1.contrassegno /kontras'seɲɲo/ m. **1** AMM. COMM. mark **2** *(di aereo)* marking.

2.contrassegno /kontras'seɲɲo/ avv. COMM. ***spedizione (in) ~*** cash on delivery.

contrastante /kontras'tante/ agg. [*interessi, risultati*] conflicting; [*sentimenti, reazioni*] mixed; [*opinioni, esempi*] contrasting.

contrastare /kontras'tare/ [1] **I** tr. **1** *(ostacolare, opporsi a)* to cross, to foil [*persona*]; to thwart [*progetto, volontà*]; to oppose [*candidatura*]; to hinder [*movimento*]; to counter [*offensiva, accusa*]; to curb [*inflazione, disoccupazione*] **2** SPORT to tackle [*avversario*] **II** intr. (aus. *avere*) **1** *(essere male assortiti)* [*colori, dettagli*] to clash, to jar **2** *(essere in contrasto)* [*opinioni, commenti*] to jar, to contrast, to be* at odds (**con** with).

contrastato /kontras'tato/ **I** p.pass. → **contrastare II** agg. **1** *(ostacolato)* [*amore, progetto*] thwarted **2** *(combattuto)* [*vittoria*] hard-won.

contrasto /kon'trasto/ m. **1** *(contrapposizione)* contrast; *(scontro)* clash, conflict; *(litigio)* quarrel **2** FOT. TELEV. contrast **3** SPORT tackle **4 in contrasto** in contrast (**con** to); ***essere in ~ con*** *(in contraddizione)* to be a contrast to *o* with [*cosa, evento*].

contrattaccare /kontrattak'kare/ [1] tr. to counter-attack, to fight* back.

contrattacco, pl. **-chi** /kontrat'takko, ki/ m. counter-attack (anche FIG.).

contrattare /kontrat'tare/ [1] **I** tr. to bargain, negotiate [*acquisto*]; to bargain over, to haggle over [*prezzo*]; to bargain for, to haggle for [*sconto*] **II** intr. (aus. *avere*) to bargain, to haggle; ***~ sul prezzo*** to haggle over the price.

contrattazione /kontrattat'tsjone/ **I** f. bargaining, negotiation **II contrattazioni** f.pl. *(in borsa)* trading sing. ♦♦ ***~ salariale*** wage bargaining.

contrattempo /kontrat'tɛmpo/ m. mishap, setback, contretemps*.

1.contratto /kon'tratto/ m. *(accordo)* contract, agreement (**tra, fra** between; **con** with); *(documento)* contract; ***firmare, rompere un ~*** to sign, break a contract ♦♦ ***~ di affitto*** rent *o* rental *o* tenancy agreement; ***~ collettivo di lavoro*** ECON. collective agreement; ***~ di lavoro*** employment contract, contract of employment; ***~ di locazione*** → ***~ di affitto***; ***~ di matrimonio*** marriage contract *o* settlement; ***~ di noleggio*** hire contract; ***~ a tempo determinato*** fixed term contract; ***~ a tempo indeterminato*** permanent contract; ***~ a termine*** terminable contract.

2.contratto /kon'tratto/ **I** p.pass. → **contrarre II** agg. **1** [*dita, mascelle, muscoli*] contracted (**da** with) **2** LING. ***forma -a*** short form.

contrattuale /kontrattu'ale/ agg. **1** DIR. *(di contratto)* [*clausola*] contractual; [*accordo, rinnovo, obbligo*] contract attrib.; ***inadempienza ~*** breach of contract **2** *(di contrattazione)* bargaining, negotiating; ***forza ~*** bargaining power.

contravveleno /kontravve'leno/ m. antivenin, antidote (anche FIG.).

contravvenire /kontravve'nire/ [107] intr. (aus. *avere*) ***~ a*** to contravene, to violate, to infringe, to transgress [*legge, regola, accordo*]; to contravene [*ordine*].

contravvenzione /kontravven'tsjone/ f. **1** *(multa)* fine, ticket; ***elevare una ~ a qcn.*** to fine sb. **2** DIR. *(infrazione)* contravention, transgression, offence.

contrazione /kontrat'tsjone/ f. **1** FISIOL. *(spasmo)* contraction; *(di muscolo, viso)* tensing; *(di mascella)* clenching **2** LING. contraction **3** ECON. *(di mercato, impiego)* contraction; ***la ~ della domanda*** reduced demand, drop in demand.

contribuente /kontribu'ɛnte/ m. e f. taxpayer, ratepayer BE; ***a spese dei -i*** at public expense.

contribuire /kontribu'ire/ [102] intr. (aus. *avere*) **1** *(con denaro)* ***~ a*** to contribute to [*spese*]; ***~ con*** to contribute, to put in [*somma*] **2** *(favorire, partecipare)* ***~ a*** to contribute to [*cambiamento, declino, successo, fallimento*]; [*fattore*] to add up to [*risultato*]; ***~ a fare qcs.*** to concur *o* help to do sth.

contributo /kontri'buto/ **I** m. **1** *(partecipazione)* contribution, input; ***dare*** o ***fornire il proprio ~ a*** o ***per qcs.*** to make one's contribution to sth. **2** *(donazione)* contribution, donation; ***~ in denaro*** financial contribution **3** *(sovvenzione)* aid, grant; ***-i statali*** grant aid **II contributi** m.pl. *(versamenti contributivi)* contributions; ***-i previdenziali*** National Insurance contributions; ***-i sindacali*** union dues; ***versare*** o ***pagare i -i*** to pay contributions.

contribuzione /kontribut'tsjone/ f. contribution.

contrito /kon'trito/ agg. **1** *(pentito)* contrite, apologetic **2** RELIG. *(penitente)* contrite, repentant.

contrizione /kontrit'tsjone/ f. contrition (anche RELIG.).

contro /'kontro/ **I** prep. **1** *(per indicare opposizione, contrasto)* against; ***andare, essere ~*** to go, be against [*tradizione, politica, tendenza*]; ***sono tutti ~ di lui*** everyone is against him; ***una cura ~ l'AIDS*** a cure for Aids; ***ricerca ~ il cancro*** cancer research: ***~ ogni aspettativa*** contrary to all expectations **2** *(per indicare difesa, protezione)* against; ***assicurarsi ~ qcs.*** to take out insurance against sth.; ***tutelarsi ~ un rischio*** to protect oneself from a risk **3** *(per indicare direzione o movimento) (verso)* to; *(in modo ostile)* at; ***tirare una pietra ~ qcn.*** to throw a stone at sb.; ***aprire il fuoco ~ qcn.*** to open fire on sb.; ***mi ha sguinzagliato i cani ~*** he let the dogs loose on me **4** *(in direzione opposta a)* against **5** *(per indicare contatto)* against; ***~ il muro*** against the wall; ***andò a sbattere con l'auto ~ un muro*** he drove his car into a wall; ***finire ~ gli scogli*** to drift onto the rocks **6** *(sullo sfondo di)* against; ***stagliarsi ~ il cielo*** to stand out *o* to be outlined against the sky **7** DIR. SPORT ***Crane ~ Conroy*** Crane versus Conroy; ***la causa ~ Foster*** the case against Foster; ***Brasile ~ Argentina*** Brazil versus Argentina; ***hanno perso ~ la squadra spagnola*** they lost to the Spanish team **8** COMM. ***~ pagamento di*** on payment of; ***~ assegno*** cash on delivery **II** avv. **1** *(per indicare opposizione)* against; ***ho votato ~*** I voted against it; ***sono ~*** I'm against it **2 per contro** on the other hand **III** m.inv. ***i pro e i ~*** the pros and cons ♦ ***dare ~ a qcn.*** to go for sb.

controalisei /kontroali'zɛi/ m.pl. antitrades.

controbattere /kontro'battere/ [2] tr. **1** *(confutare)* to counter, to rebut [*accusa*]; to meet* [*critica*] **2** *(replicare)* to counter, to answer.

controbilanciare /kontrobilan'tʃare/ [1] tr. **1** *(equilibrare)* to (counter)balance [*peso, forza*] **2** *(compensare)* to counterbalance, to offset* [*importanza*]; to offset*, to make* up for [*inconveniente, influenza*].

controcorrente /kontrokor'rɛnte/ avv. against the current; ***andare ~*** FIG. to go against the tide.

controcultura /kontrocul'tura/ f. counter-culture.

controesodo /kontro'ɛzodo/ m. = return in mass from the (summer) holidays.

controffensiva /kontroffen'siva/ f. counter-offensive; ***passare alla, lanciare una ~*** to counter-charge the enemy.

controfferta /kontrof'fɛrta/ f. counter-offer; *(in un'asta)* counter-bid.

controfigura /kontrofi'gura/ f. CINEM. double, stand-in; ***fare*** o ***essere la ~ di qcn.*** to double for sb., to stand in for sb.

controfiletto /kontrofi'letto/ m. GASTR. sirloin.

controfinestra /kontrofi'nɛstra/ f. storm window.
controfirmare /kontrofir'mare/ [1] tr. to countersign.
controindicato /kontroindi'kato/ agg. **1** MED. [*medicinale*] contraindicated **2** *(inadatto)* [*attività*] inadvisable.
controindicazione /kontroindikat'tsjone/ f. contraindication.
controinterrogatorio, pl. **-ri** /kontrointerroga'tɔrjo, ri/ m. DIR. cross-examination; ***sottoporre a ~*** to cross-examine.
controllare /kontrol'lare/ [1] **I** tr. **1** *(dominare)* to control, to rule [*paese, impresa, mercato, territorio*]; *(padroneggiare)* to control, to master [*situazione*]; *(supervisionare)* to control, to manage [*traffico, operazione, progetto*] **2** *(tenere sotto controllo)* to control [*persona, animale*]; to control, to master, to restrain [*emozioni, impulso*]; MED. to watch [*peso, alimentazione*]; to check [*vista*]; ***farsi ~ qcs.*** MED. to have sth. examined **3** *(manovrare)* to control [*veicolo*]; to correct [*sbandata*] **4** *(verificare)* to check [*identità, documenti, biglietto, firma*]; to inspect [*bagaglio*]; to inspect, to examine [*conti*]; to test [*apparecchio, qualità*]; *(guardare)* to check [*orologio, mappa*]; ***controlla che*** make sure that **5** SPORT to control [*palla*]; to mark [*giocatore*] **II controllarsi** pronom. *(dominarsi)* to control oneself; ***controllati!*** get *o* take a grip on yourself!
controllato /kontrol'lato/ **I** p.pass. → **controllare II** agg. **1** *(sotto controllo, regolamentato)* controlled **2** *(misurato)* [*persona*] (self-)controlled.
controllo /kon'trɔllo/ m. **1** *(dominio) (di paese, organizzazione, situazione)* control (**di** of; **su** over); ***~ statale*** state control; ***essere sotto ~*** [*incendio, problema, situazione*] to be under control; ***tenere sotto ~*** to bring *o* get *o* keep [sth.] under control [*animale, folla, incendio*]; ***perdere il ~ di*** to lose control of [*situazione, veicolo*]; ***sfuggire al ~*** [*situazione*] to get out of hand **2** *(padronanza) (di emozione, desiderio)* control, command; ***~ di sé*** self-control; ***perdere il ~*** to lose control **3** *(sorveglianza)* control; ***tenere sotto ~*** to watch [*edificio, persona sospetta, movimenti*]; ***mettere sotto ~ il telefono*** to tap the telephone **4** *(verifica) (di qualità, sicurezza)* check; *(di biglietto)* inspection; *(di fatti, affermazioni)* verification; ***fare dei -i*** to carry out checks; ***posto di ~*** checkpoint **5** MED. check-up, examination; ***visita di ~*** check-up; ***sotto ~ medico*** under medical supervision; ***~ della vista*** eye control **6** TECN. control ♦♦ ***~ degli armamenti*** arms control; ***~ di gestione*** management control; ***~ delle nascite*** birth *o* population control; ***~ passaporti*** passport control; ***~ (di) qualità*** IND. quality control; ***~ sanitario*** AMM. sanitary inspection; ***~ del traffico aereo*** AER. air-traffic control.
controllore /kontrol'lore/ ♦ ***18*** m. controller, inspector; *(su mezzi pubblici)* ticket inspector; ***~ del traffico aereo*** o ***di volo*** air-traffic controller.
controluce /kontro'lutʃe/ avv. ***(in) ~*** [*guardare, fotografare*] against the light.
contromano /kontro'mano/ avv. [*guidare, procedere*] on the wrong side of the road; *(in un senso unico)* the wrong way down, up the street; ***essere*** o ***andare (in) ~*** to go against the flow of traffic.
contromarca, pl. **-che** /kontro'marka, ke/ f. ticket, token; *(del guardaroba)* cloakroom ticket.
contromisura /kontromi'zura/ f. counter-measure.
contromossa /kontro'mɔssa/ f. **1** GIOC. counter-move **2** *(contrattacco)* counter-attack.
controparte /kontro'parte/ f. opposite party; DIR. opposing party.
contropartita /kontropar'tita/ f. *(compenso)* quid pro quo, compensation; ***in ~*** in compensation (**di** for).
contropelo /kontro'pelo/ avv. *(di animale)* the wrong way; *(di velluto)* against the nap ♦ ***fare il pelo e il ~*** to tear apart.
contropiede /kontro'pjɛde/ m. SPORT ***azione di ~*** counter-attack; ***prendere qcn. in ~*** to wrongfoot sb.; FIG. to catch sb. on the wrong foot.
controporta /kontro'pɔrta/ f. storm door.
controproducente /kontroprodu'tʃɛnte/ agg. counter-productive, self-defeating; ***risultare ~*** to backfire.
controproposta /kontropro'posta/ f. counter-proposal.
controprova /kontro'prɔva/ f. **1** DIR. counter evidence **2** *(verifica)* verification, counter-check.
contrordine /kon'trordine/ m. countermand, counter command (anche MIL.); ***salvo ~*** unless otherwise communicated, unless countermanded.
controriforma /kontrori'forma/ f. STOR. Counter-Reformation.
controrivoluzionario, pl. **-ri**, **-rie** /kontrorivoluttsjo'narjo, ri, rje/ **I** agg. counter-revolutionary **II** m. (f. **-a**) counter-revolutionary.
controrivoluzione /kontrorivolut'tsjone/ f. counter-revolution.
controsenso /kontro'sɛnso/ m. **1** *(contraddizione)* contradiction; ***è un ~ fare*** it's absurd to do **2** *(assurdità)* nonsense, absurdity; ***quello che stai dicendo è un ~*** what you're saying doesn't make sense.
controsoffitto /kontrosof'fitto/ m. false ceiling.
controspionaggio, pl. **-gi** /kontrospio'naddʒo, dʒi/ m. counter-espionage, counter-intelligence.
controtendenza /kontroten'dɛntsa/ f. ***in ~*** [*gusti*] offbeat.
controtenore /kontrote'nore/ m. counter-tenor.
controvento /kontro'vɛnto/ avv. ***navigare ~*** to sail into the wind ♦ ***andare ~*** to go against the tide.
controversia /kontro'vɛrsja/ f. **1** *(disputa)* controversy, dispute (**su** about, over); ***sollevare*** o ***dar luogo a una ~*** to give rise to a dispute **2** DIR. dispute, litigation; ***~ sindacale*** labour dispute.
controverso /kontro'vɛrso/ agg. [*personaggio, decisione, progetto, film*] controversial; *(discusso)* [*tema, questione*] disputed.
controvoglia /kontro'vɔʎʎa/ avv. [*prestare, lavorare*] reluctantly, unwillingly; [*ammettere, accettare*] grudgingly.
contumace /kontu'matʃe/ **I** agg. DIR. ***testimone ~*** missing witness; ***essere ~*** to default **II** m. e f. DIR. defaulter.
contumacia /kontu'matʃa/ f. DIR. default; ***processare qcn. in ~*** to try sb. in his, her absence; ***condannare qcn. in ~*** to sentence sb. in absentia *o* by default.
contumelia /kontu'mɛlja/ f. contumely, insult.
contundente /kontun'dente/ agg. ***corpo ~*** blunt instrument.
conturbante /kontur'bante/ agg. exciting, provocative.
contusione /kontu'zjone/ f. contusion, bruise.
contuso /kon'tuzo/ agg. contused, bruised.
conurbazione /konurbat'tsjone/ f. conurbation.
convalescente /konvaleʃ'ʃɛnte/ agg., m. e f. convalescent.
convalescenza /konvaleʃ'ʃɛntsa/ f. convalescence; ***essere in ~*** to be convalescing.
convalescenziario, pl. **-ri** /konvaleʃʃen'tsjarjo, ri/ m. convalescent home.
convalida /kon'valida/ f. **1** *(di documento)* validation; *(ratifica)* ratification **2** *(obliterazione) (di biglietto)* stamping, punching **3** *(conferma)* confirmation.
convalidare /konvali'dare/ [1] tr. **1** DIR. to validate [*contratto, nomina*] **2** *(obliterare)* to stamp, to punch [*biglietto*] **3** *(confermare)* to confirm, to corroborate [*dubbio, tesi*].
convegno /kon'veɲɲo/ m. **1** *(conferenza)* meeting, conference, convention; *(congresso)* congress **2** *(appuntamento)* appointment, meeting; ***darsi ~*** to arrange a meeting.
convenevoli /konve'nevoli/ m.pl. civilities, compliments, ceremony **U**; ***fare i ~*** to pay one's respects; ***scambiarsi ~*** to make polite conversation, to exchange pleasantries.
conveniente /konve'njɛnte/ agg. **1** *(vantaggioso)* [*prezzo, prodotto*] good, good value (for money); *(poco costoso)* cheap, economical **2** *(adatto)* convenient, suitable; *(decoroso)* proper, seemly FORM.
convenienza /konve'njɛntsa/ **I** f. **1** *(vantaggio)* advantage, expediency; *(tornaconto, interesse)* (self-)interest; ***matrimonio di ~*** marriage of convenience **2** *(di prezzo, prodotto)* value for money **3** *(opportunità)* convenience, suitability **II convenienze** f.pl. *(creanza)* (common) decency sing., conventions.
convenire /konve'nire/ [107] **I** intr. (aus. *essere, avere*) **1** (aus. *essere*) *(essere vantaggioso)* to be* worthwhile; *(costare poco)* to be* cheap(er); ***~ a qcn. fare*** to be convenient for sb. to do; ***non conviene fare*** it doesn't pay to do **2** (aus. *avere*) *(ammettere)* to admit, to acknowledge, to agree; *(essere d'accordo)* to agree (**su** on) **3** (aus. *essere*) *(riunirsi)* to gather, to meet* **II** tr. **1** *(concordare)* to agree (on) [*prezzo*] **2** DIR. *(citare in giudizio)* to summon, to take* [sb.] to court

III convenirsi pronom. ***comportati come si conviene!*** behave properly! **IV** impers. **1** (aus. *essere*) *(essere opportuno)* ***conviene partire oggi*** we'd better leave today; ***conviene che facciate*** you should *o* ought to do; ***dire cose del genere non conviene*** it's better not to say such things **2** (aus. *essere*) *(essere inteso)* ***si è convenuto che*** it has been agreed that.

convento /kon'vɛnto/ m. convent; *(di suore)* nunnery; *(di frati)* friary; *(monastero)* monastery; ***entrare in ~*** to enter a convent ♦ ***accontentarsi di*** o ***prendere*** o ***mangiare quel che passa il ~*** to take pot luck (for meal).

convenuto /konve'nuto/ **I** p.pass. → **convenire II** agg. [*data, prezzo, termini*] agreed (upon); ***all'ora -a*** at the agreed time; ***come ~*** as arranged **III** m. (f. **-a**) **1** *(invitato)* ***i -i*** those present, the participants **2** DIR. defendant; ***~ in appello*** respondent.

convenzionale /konventsjo'nale/ agg. conventional.

convenzionato /konventsjo'nato/ agg. **1** [*clinica, medico*] = operating within the national health service **2** [*prezzi, tariffe*] agreed; *(che ha una convenzione)* [*negozio, ristorante*] that has an agreement.

convenzione /konven'tsjone/ **I** f. **1** *(accordo, contratto)* agreement; *(ufficiale)* covenant **2** *(abitudine)* convention; ***è per ~ che...*** it is a convention that... **II convenzioni** f.pl. *(convenienze)* convention **U**; ***sfidare le -i*** to defy *o* flout convention ♦♦ ***Convenzione di Ginevra*** Geneva Convention.

convergenza /konver'dʒɛntsa/ f. **1** convergence (anche FIG.); ***la ~ di sforzi*** the combined efforts, the pooling of efforts **2** AUT. toe-in, wheel alignment.

convergere /kon'vɛrdʒere/ [19] intr. (aus. *essere*) **1** *(nello spazio)* [*strade, veicoli, persone*] to converge (**su** on) **2** FIG. ~ **su** [*sforzi*] to be focused on [*obiettivo*]; ***le nostre opinioni convergono*** we're of the same opinion **3** MAT. FIS. to converge.

conversare /konver'sare/ [1] intr. (aus. *avere*) to converse, to talk, to chat.

conversatore /konversa'tore/ m. (f. **-trice** /tritʃe/) ***un buon ~*** a good talker, a (good) conversationalist.

conversazione /konversat'tsjone/ f. conversation (**con** with); ***una ~ privata*** a private conversation; ***~ radiofonica*** radio talk; ***argomento di ~*** talking point.

conversione /konver'sjone/ f. **1** RELIG. conversion (**a** to) **2** *(di energia, materia prima, misure)* conversion (**in** into) **3** ECON. commutation; *(di moneta)* conversion **4** *(svolta)* wheel, wheeling movement; ***fare una ~ (a destra)*** to wheel (to right) ♦♦ ***~ a U*** AUT. U-turn.

1.converso /kon'vɛrso/ m. RELIG. lay brother.

2.converso: **per converso** /perkon'vɛrso/ avv. conversely.

convertibile /konver'tibile/ agg. e f. convertible.

convertire /konver'tire/ [108] **I** tr. **1** *(far cambiare idea)* to convert (**a** to) (anche RELIG.) **2** *(trasformare)* to convert (**in** into); ***~ l'acqua in vapore*** to turn water into steam **3** ECON. to convert [*valuta, debito*] (**in** into) **4** MAT. INFORM. to convert [*frazioni, testo*] (**in** into) **II convertirsi** pronom. [*persona*] to convert, to become* a convert, to undergo* a conversion; [*industria*] to change line of products; ***-rsi all'Islam*** to convert to Islam, to turn Muslim.

convertito /konver'tito/ m. (f. **-a**) converted.

convertitore /konverti'tore/ m. converter, convertor; ***~ di valute*** currency converter.

convesso /kon'vɛsso/ agg. convex.

convettore /konvet'tore/ m. convector.

convezione /konvet'tsjone/ f. convection.

convincente /konvin'tʃɛnte/ agg. [*persona, prova, argomento*] convincing, persuasive; [*prestazione*] convincing; ***poco ~*** unconvincing.

convincere /kon'vintʃere/ [98] **I** tr. to convince, to persuade (**di** of; **che** that; **a fare** to do); to satisfy [*critici, opinione pubblica*]; *(con l'inganno)* to fool, to deceive (**a fare** into doing) **II convincersi** pronom. to convince oneself (**di** of).

convincimento /konvintʃi'mento/ m. conviction; ***è mio (fermo) ~ che*** it is my (firm) belief that.

convinto /kon'vinto/ **I** p.pass. → **convincere II** agg. **1** *(persuaso)* convinced, persuaded **2** *(fervente)* [*militante, sostenitore*] staunch, earnest.

convinzione /konvin'tsjone/ **I** f. **1** *(certezza)* conviction, belief; ***avere la ~ che*** to be convinced that; ***nella ~ che*** in the belief that **2** *(impegno)* conviction **II convinzioni** f.pl. *(opinioni)* beliefs, convictions; ***-i politiche*** political convictions.

convitato /konvi'tato/ m. (f. **-a**) guest.

convito /kon'vito/ m. feast, banquet.

convitto /kon'vitto/ m. *(istituto)* boarding school.

convittore /konvit'tore/ m. (f. **-trice** /tritʃe/) boarder.

convivente /konvi'vɛnte/ **I** agg. cohabiting, living together **II** m. e f. *(uomo)* common-law husband; *(donna)* common-law wife.

convivenza /konvi'vɛntsa/ f. **1** *(vita in comune)* life in common, living together; ***la ~ con i suoceri*** living with one's in-laws **2** *(tra partner non sposati)* common-law marriage.

convivere /kon'vivere/ intr. (aus. *avere*) **1** [*partner*] to live together, to live as husband and wife, to cohabit DIR. **2** *(coabitare)* ***~ con*** to live with [*genitori, problema*] **3** FIG. *(coesistere)* to coexist.

conviviale /konvi'vjale/ agg. [*pranzo, atmosfera*] convivial.

convocare /konvo'kare/ [1] tr. **1** *(riunire)* to call, to convene [*assemblea, collaboratori*]; to summon [*parlamento*] **2** *(richiedere la presenza di)* to send* for, to summon [*allievo*]; DIR. to summon [*difensore, testimone*]; MIL. to call up [*soldato, ufficiale*] **3** SPORT ***~ in nazionale*** to cap BE.

convocazione /konvokat'tsjone/ f. **1** *(di assemblea)* convocation, convening; *(di individuo)* summoning; *(invito)* invitation; ***lettera di ~*** convocational letter **2** SPORT ***vanta 20 -i in nazionale*** he's been capped 20 times for the national team BE.

convogliare /konvoʎ'ʎare/ [1] tr. **1** *(trasportare)* to carry, to tranport [*merci*]; to channel; *(con tubazioni)* to pipe [*acqua*] (**verso** to; **in** into) **2** FIG. to channel [*sforzi, energie*]; to funnel [*fondi*] (**verso** to; **in** into).

convoglio, pl. **-gli** /kon'vɔʎʎo, ʎi/ m. **1** *(di veicoli, truppe)* convoy, column **2** FERR. train.

convolare /konvo'lare/ [1] intr. (aus. *essere*) ***~ a (giuste) nozze*** to get married.

convolvolo /kon'vɔlvolo/ m. convolvulus*, bindweed.

convulsione /konvul'sjone/ f. MED. convulsion, fit.

convulsivo /konvul'sivo/ agg. convulsive.

convulso /kon'vulso/ agg. **1** *(brusco)* [*pianto, moto*] convulsive; [*riso*] nervous **2** *(scomposto, disordinato)* [*discorso, stile*] jerky, confused **3** *(febbrile)* [*attività, ritmo*] frantic, feverish.

coop /'kɔop/ f.inv. (accorc. cooperativa) co-op.

coop. ⇒ cooperativa cooperative.

cooperare /koope'rare/ [1] intr. (aus. *avere*) to cooperate, to collaborate (**con** with; **in** in; **a fare** in doing).

cooperativa /koopera'tiva/ f. *(società)* cooperative; *(negozio)* cooperative store, co-op COLLOQ.

cooperativo /koopera'tivo/ agg. cooperative.

cooperazione /kooperat'tsjone/ f. cooperation (anche ECON.), collaboration.

cooptare /koop'tare/ [1] tr. to co-opt (**in** onto).

coordinamento /koordina'mento/ m. **1** *(organizzazione)* coordination **2** *(autorità)* coordinating authority, committee.

coordinare /koordi'nare/ [1] tr. to coordinate.

coordinata /koordi'nata/ f. **1** MAT. GEOGR. coordinate **2** LING. coordinate clause.

coordinato /koordi'nato/ **I** p.pass. → **coordinare II** agg. **1** coordinated **2** LING. [*proposizione*] coordinate **III** m. *(abbigliamento)* coordinates pl., ensemble.

coordinatore /koordina'tore/ **I** agg. coordinating **II** m. (f. **-trice** /tritʃe/) coordinator.

coordinazione /koordinat'tsjone/ f. coordination.

coorte /ko'ɔrte/ f. STOR. cohort (anche SCHERZ. FIG.).

coperchio, pl. **-chi** /ko'pɛrkjo, ki/ m. *(di scatola, vaso, pentola)* lid, cover; *(a vite)* screw top.

coperta /ko'pɛrta/ f. **1** blanket, cover; *(copriletto)* bedspread; *(trapunta)* quilt **2** MAR. deck; ***in, sotto ~*** on, below deck.

copertina /koper'tina/ f. *(di libro, quaderno, rivista)* cover; *(di disco)* cover, sleeve; ***in ~*** on the cover.

coperto /ko'pɛrto/ **I** p.pass. → **coprire II** agg. **1** *(ricoperto)* covered (**di** in); ***~ di medaglie, di onori*** FIG. loaded *o* showered with medals, honours; ***~ di debiti*** debt-laden **2** *(interno)* [*piscina, campo da tennis*] indoor, covered; [*mercato, stadio*] covered; [*passaggio*] covered, enclosed; *(chiuso)* [*vettura*] covered **3** *(vestito)* ***sono troppo ~*** I've got too many clothes on **4** *(nascosto)* hidden, concealed; [*carta da gioco*] face down; FIG. *(velato)* [*minaccia*] veiled **5** METEOR. [*cielo, tempo*] overcast, clouded, cloudy **6** ECON. [*assegno*] covered **7** *(assicurato)* covered **III** m. **1** *(accessori per il pasto)* cover, place setting; ***mettere in tavola quattro -i*** to lay the table for four; ***aggiungere un ~*** to set another *o* lay an extra place; ***una tavola per sei -i*** a table set *o* laid for six **2** COMM. *(al ristorante)* cover charge **3 al coperto** [*giocare*] indoors; ***mettersi al ~*** to take cover.

copertone /koper'tone/ m. *(di pneumatico)* (outer) casing, tyre BE, tire AE.

copertura /koper'tura/ f. **1** *(il coprire)* covering **2** ING. EDIL. cover, roofing **3** *(rivestimento)* covering, sheeting **4** FIG. *(mascheramento)* cover, covering; ***sotto ~*** under cover; ***servire da ~ per, a*** to be a cloak *o* front for **5** ECON. *(di spese)* covering, coverage; *(di conto)* cover, covering; *(in borsa)* averaging **6** *(assicurativa)* coverage, cover BE **7** MIL. cover; ***fuoco di ~*** covering fire ♦♦ ***~ assistenziale*** social security cover; ***~ aurea*** ECON. gold coverage *o* backing.

copia /'kɔpja/ f. **1** *(riproduzione) (di documento, prodotto)* copy; *(di quadro, cassetta)* copy, duplicate; ***fare una ~*** to make a copy; ***bella ~*** fair copy; ***brutta ~*** rough (copy) **2** *(calco, imitazione)* copy, imitation; *(riproduzione)* reproduction **3** *(esemplare) (di libro, giornale)* copy **4** FOT. print ♦♦ ***~ d'archivio*** file copy; ***~ carbone*** carbon copy; ***~ omaggio*** complimentary *o* presentation copy; ***~ saggio*** advance copy.

copiare /ko'pjare/ [1] tr. **1** *(trascrivere)* to copy (out) [*lettera, testo*] **2** *(riprodurre, duplicare)* to copy [*quadro, documento, cassetta*] **3** *(imitare)* to imitate, to mimic **4** SCOL. to copy, to crib (**da** from); ***non copiate!*** don't cheat!

copiativo /kopja'tivo/ agg. ***carta -a*** carbon paper; ***matita -a*** indelible pencil.

copiatrice /kopja'tritʃe/ f. copying machine.

copiatura /kopja'tura/ f. **1** *(riproduzione)* copying, transcribing (**da** from) **2** SCOL. crib (**da** from).

copiglia /ko'piʎʎa/ f. split pin.

copilota /kopi'lɔta/ m. e f. co-pilot.

1.copione /ko'pjone/ m. TEATR. CINEM. script; *(di suggeritore)* prompt book ♦ ***come da ~*** as expected.

2.copione /ko'pjone/ m. (f. **-a**) COLLOQ. copycat.

copioso /ko'pjoso/ agg. [*porzione*] generous; [*raccolto, lacrime*] copious, abundant.

copista, m.pl. **-i**, f.pl. **-e** /ko'pista/ ➧ *18* m. e f. copyist.

copisteria /kopiste'ria/ f. **1** *(negozio)* photocopy shop **2** *(di dattilografia)* typing agency.

1.coppa /'kɔppa, 'koppa/ **I** f. **1** *(per bevande)* cup, goblet, glass; *(per frutta, macedonia)* bowl; ***~ da champagne*** champagne glass **2** *(contenuto)* cup(ful), glass **3** *(trofeo)* cup; ***finale di ~*** cup final **4** MECC. ***~ dell'olio*** sump BE, oil pan AE **5** *(di reggiseno)* cup **II coppe** f.pl. GIOC. = one of the four suits in a pack of typical Italian cards ♦♦ ***Coppa America*** America's Cup; ***Coppa (dei) Campioni*** European (Champion Clubs') Cup; ***Coppa delle Coppe*** Cup Winners' Cup; ***Coppa Davis*** Davis Cup; ***~ del mondo*** World Cup.

2.coppa /'kɔppa, 'koppa/ f. GASTR. = seasoned pork shoulder.

coppia /'kɔppja, 'koppja/ f. **1** *(insieme di due unità)* couple, pair; ***formare una ~*** to pair up; ***fare ~ con*** to partner [*giocatore*] **2** *(con un legame affettivo)* couple; ***vita di ~*** life together (as a couple); ***fare*** o ***formare una bella ~*** to be very well suited, to make a fine-looking couple; ***fare ~ fissa con qcn.*** to go steady with sb.; ***scambio di -e*** partner-swapping **3** *(di animali)* pair; *(aggiogati)* yoke; *(di uccelli, selvaggina)* brace **4** GIOC. pair **5 a coppie** in pairs, in twos; ***mettersi a -e*** to pair off ♦♦ ***~ motrice*** engine torque.

coppietta /kop'pjetta/ f. couple (of lovers), courting couple.

coppola /'kɔppola/ f. = typical cloth cap with a peak.

coprente /ko'prɛnte/ agg. [*vernice*] coating.

copresidente /kopresi'dɛnte/ m. e f. cochair.

copricapo /kopri'kapo/ m. head gear.

copricostume /koprikos'tume/ m.inv. beachrobe.

coprifuoco /kopri'fwɔko/ m. curfew; ***imporre il ~*** to impose a curfew.

copriletto /kopri'lɛtto/ m. bedspread, coverlet.

coprimozzo /kopri'mɔddzo/ m. hubcap.

copripiumino /kopripju'mino/ m. duvet cover.

coprire /ko'prire/ [91] **I** tr. **1** *(ricoprire)* to cover [*oggetto, ferito*] (**con** with) **2** *(chiudere)* to cover, to put* the lid on [*pentola*] **3** *(avvolgere)* [*nebbia, neve, strato*] to cover, to envelop [*città, superficie*] **4** *(nascondere alla vista)* to hide*, to cover up; ***~ la vista a qcn.*** to block sb.'s view **5** *(dare in grande quantità)* ***~ qcn. di*** to shower sb. with, to shower [sth.] on sb. [*doni, complimenti*]; to cover sb. with [*baci*] **6** *(contro il freddo) (con abiti)* to wrap [sb.] up; *(a letto)* to cover [sb.] up **7** *(essere più forte di)* to cover [*suono, odore*] **8** *(proteggere) (nascondendo la verità)* to cover up for [*amico, collega*]; MIL. SPORT to cover [*soldato, zona del campo*]; ***~ le spalle a qcn.*** to cover sb.'s back **9** *(occupare, esercitare)* to hold*, to fill [*carica*] **10** *(percorrere)* [*corridore, veicolo*] to cover [*distanza*] **11** *(servire)* [*trasmettitore, radio, ispettore*] to cover [*area*] **12** ECON. [*somma*] to cover [*spese, costi*] **13** ECON. *(garantire)* to cover [*danno, rischio, persona*]; to make* up for [*ammanco*] **14** [*maschio*] to cover [*femmina*] **II coprirsi** pronom. **1** *(vestirsi)* to wrap up, to cover oneself up **2** METEOR. [*cielo*] to become* cloudy, overcast, to cloud over **3** *(riempirsi)* ***-rsi di*** to become covered with; ***-rsi di gloria*** to cover oneself with glory **4** ECON. ***-rsi contro*** to cover oneself against.

copritavolo /kopri'tavolo/ m. cover, table carpet.

copriteiera /koprite'jɛra/ m.inv. tea cosy BE, tea cozy AE.

coprocessore /koprotʃes'sore/ m. coprocessor.

copula /'kɔpula/ f. LING. *(verbo)* copula; *(congiunzione)* copulative (conjunction).

copulare /kopu'lare/ [1] intr. (aus. *avere*) RAR. SCHERZ. to copulate.

copulativo /kopula'tivo/ agg. LING. copulative; ***congiunzione -a*** copulative (conjunction).

coque: **alla coque** /alla'kɔk/ agg. e avv. ***uovo alla ~*** soft-boiled egg.

coraggio /ko'raddʒo/ **I** m. **1** courage; *(valore)* bravery, gallantry; *(audacia)* boldness; ***avere ~*** to be courageous *o* brave; ***avere il ~ di fare*** to be courageous *o* brave enough to do, to have the courage to do; ***vieni fuori se ne hai il ~!*** come out if you dare! ***non ne avresti il ~!*** you wouldn't dare! **2** *(forza)* heart, energy; ***non ho avuto il ~ di dire di no*** I didn't have the heart to say no; ***perdersi di*** o ***perdere ~*** to lose heart; ***prendere*** o ***farsi ~*** to take heart **3** *(sfrontatezza)* nerve COLLOQ., cheeck COLLOQ.; ***non avrà il ~ di farsi vedere qui!*** he wouldn't dare show his face here! ***ci vuole un bel ~ a comportarsi così!*** it really takes some cheek to behave like that! **II** inter. ***~!*** *(per consolare)* cheer up, come on! *(per esortare)* come on! ♦ ***avere un ~ da leoni*** to be as brave as a lion.

coraggioso /korad'dʒoso/ agg. courageous, brave, fearless; *(audace)* bold, daring; *(valoroso)* valiant.

corale /ko'rale/ **I** agg. **1** *(per coro)* [*canto, musica*] choral **2** FIG. *(collettivo)* [*approvazione, protesta*] unanimous **II** m. **1** MUS. chorale **2** RELIG. *(libro)* anthem book **III** f. choir.

corallino /koral'lino/ agg. ***barriera -a*** coral *o* barrier reef; ***isola -a*** coral island.

corallo /ko'rallo/ ➧ *3* **I** m. coral **II** m.inv. *(colore)* coral red **III** agg.inv. coral.

coranico, pl. **-ci**, **-che** /ko'raniko, tʃi, ke/ agg. Koranic.

Corano /ko'rano/ m. Koran.

corazza /ko'rattsa/ f. **1** armour BE, armor AE (anche FIG.); *(di granchio, tartaruga ecc.)* shell **2** SPORT chest protector.

corazzare /korat'tsare/ [1] **I** tr. **1** MIL. to armour BE, to armor AE **2** FIG. *(proteggere)* to protect, to harden **II corazzarsi** pronom. to harden oneself.

corazzata /korat'tsata/ f. battleship.

corazzato /korat'tsato/ **I** p.pass. → **corazzare II** agg. **1** [*unità, divisione*] armoured BE, armored AE; [*veicolo, nave*] armoured BE, armored AE, armour-clad **2** FIG. *(ben protetto)* hardened.

corazziere /korat'tsjɛre/ m. MIL. = carabiniere member of the presidential guard of honour.

corbeille /kɔr'bɛj/ f.inv. **1** *(di fiori)* basket of flowers **2** *(alla borsa)* (trading) floor, pit.

corbelleria /korbelle'ria/ f. **1** *(stupidaggine)* nonsense **U**, rubbish **U** **2** *(sbaglio grossolano)* howler COLLOQ., boob BE.

corda /'kɔrda/ f. **1** *(fune)* rope; *(cordino)* string; ***scala di ~*** rope ladder **2** SPORT *(di arco, racchetta da tennis)* string; *(per* *saltare)* skipping rope, jump rope AE; *(nella boxe)* rope; ***saltare la ~*** to skip; ***essere alle -e*** to be on the ropes; ***stringere*** o ***mettere qcn. alle -e*** to put sb. against the ropes **3** MUS. string; *(di arpa)* cord; ***strumento a ~*** stringed instrument **4** ALP. rope; ***discesa a ~ doppia*** abseiling **5** ***dare la ~ a un orologio*** to wind up a clock *o* watch **6** MAT. chord **7** ANAT. ***-e vocali*** vocal c(h)ords ♦ ***tirare troppo la ~*** to stretch to the limit, to go too far; ***essere giù di ~*** to be on a downer, to be down-in-the-mouth; ***tagliare la ~*** to clear off BE, to flake off COLLOQ., to scarper BE; ***dare ~ a qcn.*** to give sb. plenty of rope; ***avere la ~ al collo*** to have one's back against the wall; ***toccare la ~ giusta con qcn.*** to touch on sth. close to sb.'s heart, to strike the right note in sb., to pluck sb.'s heartstrings; ***parlare di ~ in casa dell'impiccato*** = to make a tactless remark; ***tenere*** o ***lasciare sulla ~*** to keep sb. dangling *o* guessing.

cordame /kor'dame/ m. *(assortimento di corde)* ropes pl.

cordata /kor'data/ f. **1** *(di alpinisti)* roped party; ***legare*** o ***mettere in ~*** to rope **2** FIG. ECON. consortium*, cartel.

cordiale /kor'djale/ **I** agg. **1** *(amichevole, gentile)* [*persona, modi*] cordial, friendly; [*accoglienza, relazioni*] cordial, friendly, warm; ***-i saluti*** *(nelle lettere)* kindest regards, best wishes **2** *(profondo)* [*sentimento*] hearty, deep **II** m. cordial.

cordialità /kordjali'ta/ **I** f.inv. *(amichevolezza, gentilezza)* cordiality, friendliness, heartiness **II cordialità** f.pl. *(formula di saluto)* regards, best wishes.

cordialmente /kordjal'mente/ avv. **1** *(amichevolmente, gentilmente)* cordially, warmly **2** *(decisamente)* ***mi è ~ antipatico*** I heartily *o* deeply dislike him.

cordigliera /kordiʎ'ʎɛra/ f. ***la Cordigliera delle Ande*** the Andean mountains.

cordino /kor'dino/ m. string.

cordoglio /kor'dɔʎʎo/ m. (deep) sorrow, grief; *(condoglianze)* condolences pl.; ***messaggio di ~*** message of condolence.

cordolo /'kɔrdolo/ m. *(di marciapiede)* kerb BE, curb AE.

cordone /kor'done/ m. **1** *(di tende)* cord; *(di borsa, sacco ecc.)* string **2** *(di persone, polizia)* cordon **3** ANAT. ***~ ombelicale*** umbilical cord **4** ARALD. *(decorazione)* ribbon, cordon **5** ARCH. (string)course ♦♦ ***~ sanitario*** cordon sanitaire.

Corea /ko'rɛa/ ➧ **33** n.pr.f. Korea; ***~ del Nord*** North Korea; ***~ del Sud*** South Korea.

coreano /kore'ano/ ➧ **25, 16 I** agg. Korean **II** m. (f. **-a**) **1** Korean **2** *(lingua)* Korean.

coreografia /koreogra'fia/ f. choreography.

coreografico, pl. **-ci, -che** /koreo'grafiko, tʃi, ke/ agg. **1** choreographic **2** FIG. *(fastoso, spettacolare)* spectacular.

coreografo /kore'ɔgrafo/ ➧ **18** m. (f. **-a**) choreographer.

coriaceo /ko'rjatʃeo/ agg. **1** [*carne*] leathery **2** FIG. [*persona*] tough, hard.

coriandolo /ko'rjandolo/ m. **1** BOT. coriander **2** *(di carnevale)* ***-i*** confetti **U**.

coricare /kori'kare/ [1] **I** tr. *(adagiare)* to lay* (down) [*malato, persona*]; *(mettere a letto)* to put* to bed **II coricarsi** pronom. to lie* down; *(andare a letto)* to go* to bed.

corindone /korin'done/ m. corundum.

corinzio, pl. **-zi, -zie** /ko'rintsjo, tsi, tsje/ agg. Corinthian.

corista, m.pl. **-i**, f.pl. **-e** /ko'rista/ ➧ **18 I** m. e f. choralist; *(in chiesa)* chorister **II** m. *(diapason)* tuning fork.

cormo /'kɔrmo/ m. corm.

cormorano /kormo'rano/ m. cormorant.

cornacchia /kor'nakkja/ f. crow.

cornamusa /korna'muza/ ➧ **34** f. bagpipes pl.

cornata /kor'nata/ f. butt; ***dare una ~ a*** to butt; *(trafiggendo)* to gore.

cornea /'kɔrnea/ f. cornea*.

Cornelio /kor'nɛljo/ n.pr.m. Cornelius.

corneo /'kɔrneo/ agg. horny.

corner /'kɔrner/ m.inv. corner; ***salvarsi in ~*** FIG. to have a narrow squeak, to escape by the skin of one's teeth.

cornetta /kor'netta/ ➧ **34** f. **1** *(strumento musicale)* cornet **2** *(ricevitore del telefono)* receiver.

cornetto /kor'netto/ m. **1** *(amuleto)* = horn-shaped amulet **2** *(brioche)* croissant **3** *(cono gelato)* cone, cornet BE ♦♦ ***~ acustico*** ear trumpet.

cornice /kor'nitʃe/ f. **1** *(di quadri, specchi)* frame; ***~ di quadro*** picture frame; ***mettere un quadro nella*** o ***in ~*** to set a picture in the frame, to frame a picture **2** FIG. frame(work); *(ambientazione)* setting; ***fare da ~ a qcs.*** to be the setting of sth., to set sth. off **3** ARCH. cornice **4** GEOGR. ledge.

corniciaio, pl. **-ai** /korni'tʃajo, ai/ ➧ **18** m. (f. **-a**) **1** *(chi fabbrica)* framer, frame maker **2** *(chi vende)* frame seller.

cornicione /korni'tʃone/ m. cornice; *(modanatura)* moulding.

cornico, pl. **-ci, -che** /'kɔrniko, tʃi, ke/ **I** agg. Cornish **II** m. LING. Cornish.

cornificare /kornifi'kare/ [1] tr. SCHERZ. to two-time, to cheat on AE, to cuckold ANT.

corno, pl. **-i**, pl.f. **-a** /'kɔrno/ ➧ **34** m. **1** (pl. *-a*) ZOOL. horn; ***-a di cervo*** deer's antlers **2** (pl. *-i*) *(materiale)* horn; ***pettine di ~*** horn comb **3** (pl. *-i*) MUS. horn **4** (pl. *-i*) *(amuleto)* = horn-shaped amulet **5** (pl. *-i*) *(di cappello, luna, incudine)* horn **6** COLLOQ. *(niente)* ***non capire un ~*** to be thick as a brick; ***non vale un ~*** it's not worth a toss; ***un ~!*** my foot! no way! **7** GEOGR. ***Corno d'Africa*** Horn of Africa ♦ ***fare le -a*** *(per scaramanzia)* = to touch wood; ***fare le -a a qcn.*** *(gesto)* = to jeer at sb. (with a gesture of the hand); ***avere*** o ***portare le -a*** to be a cuckold ANT.; ***mettere*** o ***fare le -a a qcn.*** to two-time sb.; ***rompersi le -a*** to get the worst of it ♦♦ ***~ da caccia*** hunting horn; ***~ francese*** French horn; ***~ inglese*** cor anglais, English horn; ***~ da scarpe*** shoehorn.

Cornovaglia /korno'vaʎʎa/ ➧ **30** n.pr.f. Cornwall.

cornucopia /kornu'kɔpja/ f. cornucopia, horn of plenty.

cornuto /kor'nuto/ **I** agg. **1** *(dotato di corna)* horned **2** FIG. *(tradito)* cuckolded ANT. **II** m. (f. **-a**) **1** cuckold ANT. **2** *(come insulto)* bastard.

coro /'kɔro/ m. **1** *(gruppo di persone)* chorus; *(specialmente religioso)* choir; *(di opera, canto)* chorus; ***maestro del ~*** choirmaster **2** *(di angeli)* choir **3** ARCH. chancel, choir **4** FIG. chorus (**di** of); ***in ~*** [*dire, rispondere*] in unison, all together; ***cantare fuori dal ~*** = to strike a discordant note.

corolla /ko'rɔlla/ f. corolla, cup.

corollario, pl. **-ri** /korol'larjo, ri/ m. corollary.

corona /ko'rona/ f. **1** *(di monarca)* crown; *(di nobile)* coronet; ***~ di spine*** crown of thorns **2** *(potere regale, regno)* crown; ***rinunciare alla ~*** to renounce the crown; ***la Corona*** the Crown **3** *(ghirlanda)* wreath, garland; ***~ d'alloro*** laurel *o* bay wreath; ***~ di fiori*** wreath **4** *(del rosario)* rosary beads pl. **5** MED. *(dentaria)* crown **6** FIG. *(cerchio)* ring, circle; ***far ~ intorno a qcn., qcs.*** to gather around sb., sth. **7** *(moneta)* crown GB STOR.; ***~ svedese*** krona; ***~ norvegese, danese*** krone **8** ASTR. ARCH. MUS. corona **9** MECC. crown wheel **10** *(di orologio)* winder.

coronamento /korona'mento/ m. *(di carriera)* crowning achievement; *(di sogno)* realization.

coronare /koro'nare/ [1] tr. **1** *(realizzare)* to realize [*sogno*]; to achieve [*impresa*] **2** *(premiare)* ***questo successo corona dieci anni di ricerche*** this is the crowning achievement of ten years' research.

coronaria /koro'narja/ f. MED. coronary artery.

coronarico, pl. **-ci, -che** /koro'nariko, tʃi, ke/ agg. ***unità -a*** coronary care unit.

coronario, pl. **-ri, -rie** /koro'narjo, ri, rje/ agg. [*arteria, vena*] coronary.

coronato /koro'nato/ agg. ***teste -e*** crowned heads.

corpetto /kor'petto/, **corpino** /kor'pino/ m. bodice.

corpo /'kɔrpo/ m. **1** body; ***~ umano*** human body; ***linguaggio del ~*** body language; ***lotta ~ a ~*** hand-to-hand fight; ***lottare ~ a ~*** to fight hand to hand **2** *(cadavere)* (dead) body, corpse; ***passare sul ~ di qcn.*** FIG. to do sth. over sb.'s dead body **3** *(gruppo)* ***~ medico*** medical profession; ***~ insegnante*** teaching staff; ***il ~ elettorale*** the electorate; ***spirito di ~*** team spirit, esprit de corps **4** MIL. corps*; ***~ d'armata*** army corps; ***~ di polizia*** police force; ***~ dei pompieri*** fire service *o* brigade **5** *(di dottrina, testo)* ***un ~ di leggi*** a body of laws **6** TECN. *(parte principale)* body **7** *(consistenza)* ***dare ~*** to give body; ***prendere ~*** to take shape **8** *(oggetto)* object; ***~ contundente*** blunt instrument **9** FIS. body **10** TIP. *(di carattere)* type size, point size ♦ ***andare di ~*** to have a bowel movement *o* a motion; ***avere il diavolo in ~*** to be like someone possessed; ***buttarsi a***

~ morto in qcs. to fling oneself into sth.; ***cadere a ~ morto*** to fall heavily ♦♦ ***~ di ballo*** ballet company, corps de ballet; ***~ celeste*** celestial *o* heavenly body; ***~ di Cristo*** body of Christ; ***~ diplomatico*** diplomatic corps; ***~ estraneo*** foreign body; ***~ di guardia*** *(guardie)* guards pl.; *(luogo)* guardhouse; ***~ del reato*** DIR. corpus delicti.

corporale /korpo'rale/ agg. [*bisogno, funzione*] bodily; [*punizione*] corporal.

corporativismo /korporati'vizmo/ m. corporatism.

corporativo /korpora'tivo/ agg. corporative.

corporatura /korpora'tura/ f. build, physique; ***ha una ~ esile*** he's slightly built.

corporazione /korporat'tsjone/ f. **1** STOR. guild **2** SPREG. *(categoria che difende i propri interessi)* establishment, caste **3** DIR. *(associazione)* corporation.

corporeo /kor'pɔreo/ agg. **1** *(relativo al corpo)* [*funzione, temperatura, peso*] body attrib. **2** *(materiale)* corporeal.

corposo /kor'poso/ agg. [*colore*] dense; [*vino*] full-bodied.

corpulento /korpu'lɛnto/ agg. corpulent, stout, portly.

corpulenza /korpu'lɛntsa/ f. corpulence.

corpus /'kɔrpus/ m.inv. corpus* (anche LING.).

corpuscolo /kor'puskolo/ m. ANAT. FIS. corpuscle.

Corrado /kor'rado/ n.pr.m. Conrad.

corredare /korre'dare/ [1] **I** tr. to equip, to supply, to furnish (**di** with); ***~ un testo di note*** to annotate a text **II corredarsi** pronom. to supply oneself (**di** with).

corredino /korre'dino/ m. layette.

corredo /kor'rɛdo/ m. **1** *(di sposa)* trousseau*, bottom drawer **2** *(attrezzatura)* outfit, equipment, set, tools pl. **3** FIG. ***~ di note*** critical apparatus, notes ♦♦ ***~ cromosomico*** BIOL. chromosome complement.

correggere /kor'rɛddʒere/ [59] **I** tr. **1** *(eliminare gli errori da)* to correct [*testo*]; to read*, to check [*bozze*]; SCOL. to mark BE, to grade AE [*copia, esame*] **2** *(modificare)* to correct, to rectify [*errore, difetto, osservazione*]; to adjust [*cifre*]; ***~ il tiro*** MIL. to alter *o* adjust one's aim; FIG. to adjust *o* modify one's tactics; ***correggimi se sbaglio, ma...*** correct me if I'm wrong but... **3** *(aggiungere liquore a)* to lace [*caffè*] (**con** with) **II correggersi** pronom. **1** *(parlando)* to correct oneself **2** *(migliorarsi)* to improve oneself, to mend one's ways.

correggiato /korred'dʒato/ m. flail.

correità /korrei'ta/ f.inv. complicity.

correlare /korre'lare/ [1] tr. to correlate.

correlativo /korrela'tivo/ agg. correlative (anche LING.).

correlazione /korrelat'tsjone/ f. correlation; ***essere in ~ con*** to be correlated with; ***mettere in ~*** to correlate.

1.corrente /kor'rɛnte/ agg. **1** *(diffuso, frequente)* [*pratica, errore, mentalità, parola*] common, current; ***di uso ~*** in current *o* common *o* everyday use **2** *(ordinario)* [*lingua*] everyday; [*procedura, funzionamento*] usual, ordinary; [*tariffa, tasso*] going; ***moneta ~*** currency **3** *(con riferimento temporale)* [*settimana, mese, anno*] current; ***il 5 del mese ~*** the 5th of this month, the 5th inst. **4** *(che scorre)* [*acqua*] running, flowing **5 al corrente** ***essere al ~*** to be in the know (**di qcs.** about sth.); to be aware (**di qcs.** of sth.); ***mettere qcn. al ~*** to put sb. in the picture, to fill sb. in (**di qcs.** about sth.); ***tenere qcn. al ~*** to keep sb. posted, to let sb. know (**di qcs.** about sth.); ***tenersi al ~*** to keep up to date (**di qcs.** on sth.).

2.corrente /kor'rɛnte/ f. **1** *(movimento dell'acqua)* current; ***contro ~*** [*nuotare*] against the current *o* tide; FIG. [*andare*] against the tide *o* trend; ***seguire la ~*** to go with the tide *o* current, to go downstream; FIG. to go with the flow **2** *(d'aria)* draught BE, draft AE; ***far ~*** to make a draught **3** AER. METEOR. current **4** EL. current; ***~ elettrica*** electric current; ***staccare la ~*** to switch *o* turn off the power *o* electricity; ***manca, è saltata la ~*** there's no power, the power has failed **5** *(tendenza, movimento)* trend, current; ***una ~ politica*** a political trend; ***una ~ di pensiero*** a current of thought **6** *(spostamento)* ***le -i migratorie*** migratory movements ♦♦ ***~ alternata*** alternating current; ***~ atmosferica*** AER. air flow; METEOR. airstream; ***~ continua*** direct current; ***~ del Golfo*** Gulf Stream; ***~ marina*** drift.

correntemente /korrente'mente/ avv. **1** *(speditamente)* fluently **2** *(comunemente)* usually, commonly.

correntista, m.pl. **-i**, f.pl. **-e** /korren'tista/ m. e f. current account holder.

correo /'kɔrreo, kor'rɛo/ m. (f. **-a**) DIR. accomplice (**di qcs.** in, to sth.).

correre /'korrere/ [32] **I** tr. **1** SPORT [*atleta*] to run* (in); [*pilota*] to drive* in; [*cavallo*] to run* in [*gara*] **2** *(esporsi a)* to run* [*rischio*]; ***~ un pericolo*** to be in danger **II** intr. (aus. *avere, essere*) **1** (aus. *avere*) [*persona, animale*] to run*; ***ho corso tutto il giorno*** *(sono stato indaffarato)* I've been rushing all day **2** (aus. *essere*) *(accorrere)* [*persona*] to rush; ***~ in aiuto di qcn.*** to rush to sb.'s aid, to run to help sb.; ***~ dalla polizia*** to go running to the police; ***"vai a cercarlo" - "corro"*** "go and get him" - "I'm going" **3** (aus. *essere, avere*) *(con veicoli)* to drive* (too fast), to speed* (along) **4** (aus. *avere*) SPORT *(nell'atletica)* to run*; *(nel ciclismo)* to ride*, to race; *(in macchina, moto)* to race; *(nell'equitazione)* to run*; ***~ per*** [*pilota*] to race with *o* for [*scuderia*]; ***~ su*** [*pilota*] to race on [*auto, moto*]; ***andiamo a ~?*** *(fare jogging)* shall we go jogging? **5 correre dietro** (aus. *essere*) *(inseguire)* ***~ dietro a qcn., qcs.*** to run *o* chase after sb., sth.; *(cercare di ottenere)* ***~ dietro a*** to chase after [*successo, gloria*]; COLLOQ. *(corteggiare)* ***~ dietro a*** to chase after [*ragazze*] **6** (aus. *essere*) *(prolungarsi, estendersi)* ***~ lungo*** [*sentiero, muro*] to run along [*bosco, prato*]; ***un brivido mi corse lungo la schiena*** a shiver ran down my spine **7** (aus. *essere*) *(diffondersi)* [*pettegolezzo, voce*] to go* around; ***corre voce che*** rumour has it that, the story goes that, there's a rumour going around that **8** (aus. *essere*) *(trascorrere velocemente)* ***il tempo corre*** time is running out **9** (aus. *essere*) *(fluire)* to flow; ***il sangue corre nelle vene*** blood flows through veins ♦ ***lasciar ~*** to let things ride; ***correva l'anno...*** it was in the year...; ***~ dietro alle sottane*** to chase petticoats *o* skirts; ***ce ne corre!*** there's no comparison! ***con i tempi che corrono*** with things as they are, the way things are at present.

correttamente /korretta'mente/ avv. **1** *(esattamente)* [*scrivere, rispondere*] correctly; [*funzionare, esprimersi*] properly, correctly **2** *(educatamente, lealmente)* [*comportarsi*] properly.

correttezza /korret'tettsa/ f. **1** *(esattezza, precisione)* correctness, accuracy **2** *(decenza)* *(di abbigliamento)* propriety, correctness; *(di comportamento)* propriety, decency; *(onestà)* fairness.

correttivo /korret'tivo/ **I** agg. [*scarpa, lente, chirurgia*] corrective; ***ginnastica -a*** remedial exercises **II** m. corrective.

corretto /kor'rɛtto/ **I** p.pass. → **correggere II** agg. **1** *(senza errori)* [*calcolo, risposta, interpretazione, pronuncia*] correct **2** *(adeguato)* [*abbigliamento, atteggiamento*] proper; ***sarebbe ~ rispondere*** it would be polite to answer **3** *(onesto, ineccepibile)* [*persona*] correct, fair (**nei confronti di** to, with); SPORT [*giocatore*] sportsmanlike, clean **4** *(con liquore)* [*caffè*] laced (**con** with) **5** *(con correzioni)* corrected, revised.

correttore /korret'tore/ ➧ ***18*** m. (f. **-trice** /tritʃe/) **1** *(di bozze)* proofreader; GIORN. press corrector **2** *(liquido)* correcting fluid **3** TECN. control **4** COSMET. concealer ♦♦ ***~ grammaticale*** INFORM. grammar checker; ***~ ortografico*** INFORM. spellchecker.

correzione /korret'tsjone/ f. **1** *(azione di correggere, segno)* correction; ***~ di bozze*** proofreading **2** SCOL. UNIV. *(di esame)* marking BE, grading AE **3** *(modifica)* correction, amendment **4** *(punizione)* correction; ***casa di ~*** house of correction ♦♦ ***~ di rotta*** righting the course; FIG. getting back on track.

corrida /kor'rida/ f. bullfight.

corridoio, pl. **-oi** /korri'dojo, oi/ m. **1** *(in una costruzione, casa)* corridor; *(di treno)* corridor, aisle; *(di aereo, cinema)* aisle; *(tra una fila di sedie)* aisle; ***voci di ~*** FIG. rumours, backstairs gossip **2** GEOGR. POL. corridor **3** SPORT *(nel tennis)* tramlines pl., alley AE ♦♦ ***~ aereo*** AER. air corridor *o* lane.

corridore /korri'dore/ m. (f. **-trice** /tritʃe/) *(a piedi)* runner; *(in auto, moto, bicicletta)* racer.

corriera /kor'rjɛra/ f. *(pullman)* coach.

corriere /kor'rjɛre/ ➧ ***18*** m. **1** *(trasportatore di merci, ditta di trasporti)* carrier, courier; *(spedizioniere)* forwarding agent **2** *(posta)* mail, post BE; ***a volta di ~*** by return mail, by return (of post) BE ♦♦ ***~ diplomatico*** diplomatic courier; ***~ della droga*** courier, drug mule.

corrimano /korri'mano/ m.inv. handrail.

corrispettivo /korrispet'tivo/ **I** agg. [*obbligo, somma*] corresponding **II** m. compensation, consideration.

corrispondente /korrispon'dɛnte/ **I** agg. **1** corresponding **2** *(commisurato)* proportionate, commensurate **II** m. e f. **1** *(chi scrive lettere)* correspondent **2** GIORN. correspondent; *~ di guerra, dall'estero* war, foreign correspondent **3** AMM. COMM. agent, correspondent.

corrispondenza /korrispon'dɛntsa/ f. **1** *(scambio di lettere)* correspondence (**tra, fra** between); *(posta)* mail, post BE; *(carteggio)* letters pl.; *essere in ~ con* to correspond *o* be in correspondence with; *comprare qcs. per ~* to buy sth. (by) mail order; *corso per ~* correspondence course; *voto per ~* absentee *o* postal BE ballot **2** GIORN. correspondence **3** *(legame, concordanza)* correspondence (**tra, fra** between) **4 in corrispondenza di** by, next to; *l'edicola si trova in ~ dell'incrocio* the newsstand is right by the cross.

corrispondere /korris'pondere/ [64] **I** tr. **1** *(pagare)* to pay* (out) [*importo, onorario*]; to give* [*utili, alimenti*] **2** *(ricambiare)* to return, to reciprocate **II** intr. (aus. *avere*) **1** *(coincidere)* to correspond (**a** to); [*storia, fatti*] to tally (**a** to); *~ alla descrizione* to answer to *o* match the description **2** *(equivalere)* *~ a* to correspond *o* be equivalent to [*valore, cifra*] **3** *(essere all'altezza)* *~ a* to meet, to answer to [*necessità, desideri, richieste*]; to live up to [*aspettative*] **4** *(scrivere)* to correspond (**con** with) **5** *(ricambiare)* *~ all'amore di qcn.* to return sb.'s love.

corrisposto /korris'posto/ **I** p.pass. → **corrispondere II** agg. **1** *(ricambiato)* *amore ~* requited love; *non ~* unrequited **2** *(pagato)* paid (out).

corrivo /kor'rivo/ agg. **1** *(avventato)* rash, hasty **2** *(condiscendente)* lenient, (over)indulgent.

corroborante /korrobo'rante/ **I** agg. [*bevanda, tonico, cibo*] restorative **II** m. tonic, pick-me-up.

corroborare /korrobo'rare/ [1] tr. **1** *(fortificare)* to strengthen, to fortify, to invigorate **2** FIG. *(confermare)* to corroborate, to support [*teoria, tesi*].

corrodere /kor'rodere/ [80] **I** tr. [*acido, ruggine*] to corrode, to eat* (into, away) [*metallo, superficie*]; [*pioggia*] to wear* away, to eat* away, to erode [*pietra*] **II corrodersi** pronom. to corrode.

corrompere /kor'rompere/ [81] **I** tr. **1** *(moralmente)* to corrupt, to pervert, to canker [*gioventù, costumi*] **2** *(con denaro)* to corrupt, to bribe, to buy* (off) [*poliziotto, giudice*] **II corrompersi** pronom. **1** *(putrefarsi)* to rot, to spoil* **2** *(moralmente)* [*gioventù, costumi*] to be* corrupted, to become* corrupted.

corrosione /korro'zjone/ f. corrosion.

corrosivo /korro'zivo/ **I** agg. corrosive (anche FIG.) **II** m. corrosive.

corrotto /kor'rotto/ **I** p.pass. → **corrompere II** agg. **1** *(disonesto)* [*giudice, governo*] corrupt, bent **2** *(alterato)* [*lingua, manoscritto*] corrupt **3** *(moralmente)* [*società, ambiente*] corrupt, rotten, depraved.

corrucciato /korrut'tʃato/ agg. [*faccia*] frowning, glowering; *con sguardo ~* with a scowl.

corrugamento /korruga'mento/ m. *(di pelle, fronte)* wrinkling.

corrugare /korru'gare/ [1] **I** tr. to furrow, to knit* [*sopracciglia*]; *~ la fronte* to wrinkle one's forehead, to frown **II corrugarsi** pronom. **1** [*fronte*] to wrinkle **2** GEOL. to fold.

corruttibile /korrut'tibile/ agg. **1** *(deperibile)* corruptible **2** FIG. [*persona*] bribable, open to bribery mai attrib.

corruttore /korrut'tore/ m. (f. **-trice** /tritʃe/) corrupter; *(con denaro)* briber, fixer.

corruzione /korrut'tsjone/ f. **1** *(decomposizione)* corruption, decomposition **2** *(depravazione)* corruption, degeneracy **3** *(disonestà)* corruption, bribery, graft COLLOQ.; *tentativo di ~* attempted bribery **4** FIG. *(di lingua, testo)* corruption, deterioration.

corsa /'korsa/ ➧ **10** f. **1** *(il correre)* running; *(singola corsa)* run; *fare una ~ per prendere l'autobus* to run *o* dash to catch the bus; *fare una ~ dal panettiere* to pop in at the baker's BE, to duck out to the bakery AE; *essere veloce nella ~* to be a fast runner **2** *(tragitto) (di veicolo pubblico)* ride; *prezzo della ~* fare; *biglietto di ~ semplice* one-way ticket; *perdere l'ultima ~ del treno* to miss the last train **3** *(il procedere di un mezzo)* *autobus in ~* moving bus **4** *(competizione)* race, rush, chase (**a** for); *la ~ all'impiego* the chase for jobs; *la ~ al potere* the race for power; *la ~ alla presidenza* the precidency *o* presidential contest; *una ~ agli acquisti* a flurry of buying **5** *(gara)* race; *(attività)* racing; *scommettere alle -e dei cavalli* to bet on the horses **6** MECC. *(movimento)* travel, stroke; *a fine ~* at full stroke **7 da corsa** *auto da ~* competition car, racer, racing car AE; *bicicletta da ~* racer; *cavallo da ~* racehorse, racer; *scarpe da ~* running shoes **8 di corsa** *(correndo)* *salire le scale di ~* to run *o* go running up the stairs, to dash up the steps; *arrivare di ~* to come running; *entrare di ~* to run *o* rush in; *(in fretta)* *fare qcs. di ~* to do sth. in a hurry *o* in haste ♦ *andare* o *essere di ~* to be in a hurry; *una ~ contro il tempo* a race against the clock *o* against time; *essere (ancora) in ~* to (still) be in the running ♦♦ *~ agli armamenti* POL. arms race; *~ automobilistica* motor BE *o* car AE race; *~ campestre* cross-country; *~ di cavalli* *(gara)* horse race; *~ ciclistica* (bi)cycle race; *~ a handicap* handicap (race); *~ all'oro* gold rush; *~ a ostacoli* EQUIT. *(gara)* hurdle race; *(attività)* hurdling; *(in atletica)* obstacle race; FIG. obstacle course; *~ piana* EQUIT. flat race *o* course AE; *~ nei sacchi* sack race; *~ in salita* hill ride; *~ a siepi* EQUIT. steeplechase; *(attività)* steeplechasing.

corsaro /kor'saro/ **I** agg. [*bandiera*] pirate attrib.; *nave -a* corsair **II** m. corsair.

corsetteria /korsette'ria/ f. *(abbigliamento intimo)* lingerie.

corsetto /kor'setto/ m. **1** *(indumento intimo)* corset **2** MED. corset, girdle.

corsia /kor'sia/ f. **1** *(della carreggiata)* lane; *strada a una ~, a tre -e* a single-lane, three-lane road; *cambiare ~* to change *o* switch lanes **2** SPORT *(di pista, piscina)* lane **3** *(negli ospedali)* ward **4** *(di supermercato)* aisle **5** *(passaggio)* passage, aisle ♦♦ *~ di accelerazione* acceleration lane; *~ di decelerazione* deceleration lane, escape road; *~ di emergenza* hard shoulder BE; *~ preferenziale* bus lane; FIG. fast-track; *~ di sorpasso* fast lane, passing lane.

corsivo /kor'sivo/ **I** agg. **1** [*scrittura*] cursive **2** TIP. [*carattere*] italic **II** m. **1** *(scrittura)* cursive, joined-up writing **2** TIP. italics pl. **3** GIORN. = short polemical article (usually printed in italics).

1.corso /'korso/ m. **1** *(andamento, svolgimento) (di racconto, conflitto, carriera, malattia)* course; *seguire il proprio ~* to take *o* run *o* follow one's own course; *la vita riprende il suo ~* life returns to normal; *dare libero ~ a* to give free rein *o* expression to [*immaginazione, fantasia*] **2** *(ciclo di lezioni)* course, class; *(libro)* course (book), textbook; *~ di inglese, di cucina* English course, cooking class; *fare un ~* [*studente*] to do *o* follow *o* take a course, to take a class AE; [*insegnante*] to give *o* teach a course; *studente fuori ~* UNIV. = in Italy, a university student who hasn't finished his studies in the prescribed time **3** ECON. *(andamento)* course; *(di valute)* rate; *(prezzo)* price; *il ~ del cambio* the exchange rate; *il ~ del dollaro* the price of the dollar; *~ legale* official exchange rate; *essere in ~, fuori ~* [*moneta*] to be, not to be legal tender *o* in circulation **4** *(di fiume) (percorso)* course, path; *(lo scorrere)* flow; *risalire il ~ di un fiume* to go up a river **5** *(via principale)* high street BE, main street AE; *(viale alberato)* avenue **6** ASTR. *il ~ degli astri* the course *o* path of the stars **7** MAR. *capitano di lungo ~* master mariner; *nave da lungo ~* ocean-going ship **8 in corso** *(attuale)* [*mese, settimana, anno*] current, present; *(in svolgimento)* [*trattative, lavoro*] in progress, underway; [*battaglia, guerra*] ongoing; *"lavori in ~"* "men at work", "road under repair", "road works"; *la riunione è in ~* the meeting is on **9 nel corso di** in the course of, during; *nel ~ degli anni* over the years ♦♦ *~ accelerato* crash course; *~ d'acqua* stream, waterway, water course; *~ di aggiornamento* refresher course; *~ estivo* summer school; *~ di formazione* training course; *~ di formazione professionale* vocational course; *~ intensivo* intensive course; *~ di laurea* degree course; *~ di recupero* remedial course; *~ serale* evening class; *~ di studi* course of study; *~ universitario* academic course.

2.corso /'kɔrso/ ➧ **30, 16 I** agg. *(della Corsica)* Corsican **II** m. (f. **-a**) **1** *(persona)* Corsican **2** *(lingua)* Corsican.

corte /'korte/ f. **1** *(di sovrano)* (royal) court; *la ~ di Spagna* the Spanish court; *il re e la sua ~* the king and his court(iers); *uomo di ~* courtier; *poeta di ~* court poet **2** *(a una ragazza)* courtship; *fare la ~ a qcn.* to court sb. **3** DIR. (law) court; *(giu-*

dici) bench; ***davanti alla ~*** before the court **4** ANT. *(cortile)* court(yard) **♦♦ *~ d'appello*** DIR. court of appeal; ***~ d'assise*** DIR. criminal court, Crown court GB; ***Corte di cassazione*** = supreme court entitled to quash a judgement; ***Corte dei conti*** Court of Auditors; ***Corte costituzionale*** AMM. constitutional court; ***Corte europea dei diritti dell'uomo*** European Court of Human Rights; ***~ di giustizia*** law court, court of law *o* justice; ***Corte di Giustizia dell'Unione Europea*** European Court of Justice; ***Corte Internazionale di Giustizia*** International Court of Justice; ***~ marziale*** MIL. court-martial; ***~ suprema*** high court; *(negli USA)* Supreme Court.

corteccia, pl. **-ce** /kor'tettʃa, tʃe/ f. **1** BOT. bark, cortex* **2** ANAT. cortex* **3** FIG. ***sotto una ~ ruvida nasconde un cuore d'oro*** under a rough exterior he hides a heart of gold.

corteggiamento /korteddʒa'mento/ m. courtship (anche ZOOL.), courting, wooing ANT.

corteggiare /korted'dʒare/ [1] tr. to court, to woo ANT. (anche FIG.).

corteggiatore /korteddʒa'tore/ m. suitor, beau*, admirer.

corteo /kor'tɛo/ m. **1** *(manifestazione)* demonstration; *(processione)* procession, parade, march; ***~ di auto*** procession of cars, motorcade; ***~ funebre*** funeral procession; ***sfilare in ~*** to march in procession **2** *(seguito, codazzo)* train, stream.

cortese /kor'teze/ agg. **1** [*persona*] *(gentile)* kind, gracious; *(educato)* polite, courteous, well-mannered; [*lettera, offerta*] kind; [*tono, maniere*] polite, obliging; [*accoglienza*] warm; [*domanda, rifiuto*] polite; ***alla ~ attenzione di*** COMM. for the attention of **2** LETTER. [*poesia, romanzo*] courtly; ***amor ~*** courtly love.

cortesia /korte'zia/ f. **1** *(gentilezza)* kindness, graciousness; *(educazione)* politeness; *(atto di gentilezza)* courtesy, kindness; ***avere la ~ di fare*** to have the courtesy to do, to be kind enough to do **2 di cortesia *auto di ~*** courtesy car; ***formula di ~*** polite phrase; *(in una lettera)* polite ending; ***appellativo di ~*** courtesy title; ***luce di ~*** courtesy light; ***visita di ~*** courtesy call, social visit **3 per cortesia *attenda, per ~*** please wait.

corticale /korti'kale/ agg. cortical.

cortigiana /korti'dʒana/ f. LETT. *(prostituta)* courtesan.

cortigiano /korti'dʒano/ m. **1** STOR. courtier **2** SPREG. sycophant.

cortile /kor'tile/ m. **1** *(di casa, edificio)* court, (court)yard; *(sul retro della casa)* backyard; *(di scuola)* (school) playground **2** *(aia)* (farm)yard, barnyard; ***animali da ~*** farmyard animals.

cortina /kor'tina/ f. **1** *(tenda)* curtain **2** *(di nebbia, fumo)* sheet, veil, curtain; ***una ~ di mistero*** a veil of mystery **♦♦ *~ di ferro*** STOR. Iron Curtain; ***~ fumogena*** smoke screen.

cortisone /korti'zone/ m. cortisone.

corto /'korto/ **I** agg. **1** *(non lungo)* [*gonna, capelli, maniche*] short; ***avere la vista -a*** to be short-sighted (anche FIG.) **2** *(breve)* [*periodo, riunione*] short, brief; ***settimana -a*** AMM. five-day week **3** *(scarso)* ***avere la memoria -a*** to have a short *o* poor memory; ***essere ~ di cervello*** to be short of brains, to be a button short COLLOQ.; ***a ~ di*** short of, hard up for [*denaro*]; short on, pressed *o* pushed for [*idee, argomenti*]; ***a ~ di personale*** short-staffed, understaffed, short-handed **II** m. COLLOQ. *(cortocircuito)* short (circuit) **♦ *tagliare ~*** to cut short, to make it short and sweet; ***falla -a!*** get to the point! ***per farla -a*** in short.

cortocircuitare /kortotʃirkui'tare/ [1] tr. to short-circuit.

cortocircuito /kortotʃir'kuito/ m. short circuit; ***andare in*** o ***fare ~*** to short-circuit.

cortometraggio, pl. **-gi** /kortome'traddʒo, dʒi/ m. short (film).

corvè /kor'vɛ/, **corvée** /kor've/ f.inv. MIL. fatigue (anche FIG.); ***essere di ~*** to be on fatigues; ***sei di ~ per le patate*** SCHERZ. it's your turn to peel the potatoes.

corvetta /kor'vetta/ f. MAR. corvette.

corvino /kor'vino/ ➧ ***3*** agg. *(nero)* jet-black; ***avere i capelli -i*** to be raven-haired.

corvo /'kɔrvo/ m. **1** ZOOL. crow, raven, rook **2** COLLOQ. *(autore di lettere anonime)* = poison-pen letter writer **3** FIG. *(iettatore)* jinx **♦♦ *~ comune*** rook; ***~ imperiale*** raven.

cosa /'kɔsa/ f. **1** *(oggetto)* thing; ***metti le tue -e nell'armadio*** put your things in the wardrobe; ***gli piacciono le -e buone*** *(da mangiare)* he likes good things **2** *(fatto, situazione, questione)* ***ho pensato a una ~*** I've been thinking about something; ***ho una ~ da dirvi*** I've got something to tell you; ***fra le altre -e*** by the way; ***una ~ è rincasare tardi, un'altra sparire per tre giorni*** it's one thing to come home late, quite another to disappear for three days; ***la ~ peggiore che possa capitarmi*** the worst thing that could happen to me; ***sono -e che succedono*** these things happen, it's just one of those things; ***è arrivato a casa ieri, ~ che ignoravo*** he arrived home yesterday, which I didn't know; ***gran brutta ~ la miseria*** poverty is an ugly thing; ***è successa una ~ terribile*** something terrible has happened; ***non si fanno queste -e*** this is something you just don't do; ***le -e sono andate così*** things went this way, this is what happened; ***se le -e stanno così*** o ***stando così le -e*** on this basis, such being the case **3** *(faccenda)* thing, matter; ***ho due o tre -e da fare in città*** I've got one or two things to do in town; ***non sono -e che ti riguardano*** these matters don't concern you; ***è ~ da uomini*** it's a man's thing; ***non è una ~ da ridere*** it's no laughing matter; ***la ~ non finisce qui!*** you haven't heard the last of this! **4** COLLOQ. *(donna di cui non si ricorda il nome)* ***ho incontrato ~ ... Anna*** I met what's-her-name... Anna **5** EUFEM. *(mestruazione)* ***ha le sue -e*** it's her time of the month **6** *(con indefiniti)* ***qualsiasi*** o ***qualunque ~*** → **qualsiasi** **7** *(in frasi interrogative)* what; ***(che) ~? non ho sentito*** what? I didn't hear; ***(che) ~ fai?*** what are you doing? ***(che) ~ c'è?*** what's up? ***non so che ~ dire*** I don't know what to say; ***a ~ stai pensando?*** what are you thinking about? **8** *(in frasi esclamative)* ***non è bello? ma ~ dici!*** what do you mean it's not nice? ***~ mi tocca sentire!*** I can't believe my ears! ***~ vuoi che ti dica!*** what can I say? **♦ *~ fatta capo ha*** what is done is done; ***a -e fatte*** when all is said and done; ***è ~ fatta*** it's in the bag *o* can; ***per prima ~*** first (of all); ***non è ~ da poco!*** that's no light matter *o* no mean accomplishment! ***da ~ nasce ~*** one thing leads to another; ***tante -e alla signora Bianchi*** *(augurio)* (give) my best regards to Mrs Bianchi **♦♦ *la ~ pubblica*** res publica; ***Cosa Nostra*** = the Mafia.

cosacco, pl. **-chi, -che** /ko'zakko, ki, ke/ agg. e m. Cossack.

cosca, pl. **-sche** /'kɔska, ske/ f. ***~ mafiosa*** Mafia gang.

coscia, pl. **-sce** /'kɔʃʃa, ʃe/ ➧ ***4*** f. **1** thigh **2** GASTR. ***~ di pollo*** chicken thigh *o* leg, drumstick.

cosciente /koʃ'ʃɛnte/ agg. **1** *(consapevole)* conscious, aware (**di** of; **che** that) **2** *(ponderato)* [*decisione*] conscious **3** *(lucido)* conscious **4** PSIC. conscious.

coscientemente /koʃʃente'mente/ avv. consciously.

coscienza /koʃ'ʃɛntsa/ f. **1** conscience; ***avere la ~ pulita, sporca*** to have a clear, bad conscience; ***mettersi la ~ in pace*** o ***a posto*** to ease *o* salve one's conscience; ***avere qcn., qcs. sulla ~*** to have sb., sth. on one's conscience; ***mettersi una mano sulla ~*** to put a hand on one's heart; ***farsi un esame di ~*** to search one's soul; ***in tutta ~*** in all conscience *o* fairness **2** *(consapevolezza)* consciousness, awareness; ***presa di ~*** consciousness raising, realization; ***avere ~ di*** to be aware of; ***prendere ~ di*** to become aware of, to develop an awareness of, to awake(n) to [*fatto, dovere*] **3** *(lucidità)* consciousness; ***perdere, riprendere ~*** to lose, regain consciousness **♦♦ *~ civica*** civic responsibility; ***~ politica*** political awareness; ***~ di sé*** self-consciousness.

coscienziosità /koʃʃentsjosi'ta/ f.inv. conscientiousness.

coscienzioso /koʃʃen'tsjoso/ agg. conscientious.

cosciotto /koʃ'ʃɔtto/ m. GASTR. leg; *(di capriolo, montone)* haunch.

coscritto /kos'kritto/ m. MIL. conscript (soldier), recruit, draftee AE.

coscrivere /koskri'vere/ [87] tr. to conscript, to recruit [*soldato*].

coscrizione /koskrit'tsjone/ f. conscription, draft AE.

coseno /ko'seno/ m. cosine.

cosetta /ko'setta/ f. **1** *(piccola cosa)* trifle; ***gli ho comprato una ~*** I bought him a little something **2** *(da dire, raccontare)* ***potrei raccontarvi un paio di -e su di lei!*** I could tell you a thing or two about her!

così /ko'si/ **I** avv. **1** *(in questo modo)* ***è ~ che parli a tuo padre?*** is that how *o* the way you speak to your father? ***pettinata ~, sembra sua madre*** with that hairstyle, she looks like her mother; ***lei è (fatta) ~*** that's the way she is; ***prova a fare ~*** try doing it this way; ***non fare ~!*** don't (do that)! ***non è ~ per i***

nostri amici this is not the case with our friends; ***la giuria è ~ composta*** the panel is made up as follows; ***la frase dovrebbe suonare ~*** the sentence should read as follows; ***~ fu fatto*** that's what was done; ***ha detto proprio ~*** that's exactly what he said; ***~ facendo*** by doing so; ***~ sia*** RELIG. amen; ***e ~ via*** and so on; ***~ va il mondo*** that's the way of the world; ***questa parola si scrive ~*** that word is spelled like this; ***~ pare*** so it seems; ***va bene ~*** it's ok (like that); ***lasciare tutto ~ com'è*** to leave everything as it is **2** *(tanto, talmente)* ***ti ama ~ tanto*** he loves you so much; ***ne è rimasto ~ poco*** there's so little left; ***fa ~ caldo*** it's so hot; ***non ho mai visto ~ tanta gente*** I've never seen such a crowd *o* so many people; ***è successo tutto ~ in fretta!*** all happened so fast! ***ottenere risultati ~ buoni*** to get such good results; ***abiti in un paese ~ bello*** you live in such a lovely country **3** *(pure, anche)* ***punirò te e ~ pure lui*** I'll punish you and I'll do the same with him **4** *(con riferimento a dimensione o quantità)* ***il pesce era grande ~*** the fish was this big; ***più di ~ non posso dartene*** I can't give you more than this **II** agg. ***di gente ~ non ci si può fidare!*** you can't trust people like that *o* such people! ***non ho mai visto una cosa ~*** I've never seen such a thing **III** cong. **1** *(quindi, perciò)* so; ***c'era lo sciopero della metropolitana, ~ ho preso un taxi*** there was a tube strike, so I took a taxi **2** *(in questo modo)* so, thus; ***partite presto, ~ eviterete gli ingorghi*** leave early, that way you'll avoid the traffic jams **3** *(dunque)* so; ***~ ci lasci?*** so you're leaving us, then? **4 così... che, così... da** *(consecutivo)* so... that; ***fa ~ caldo che non riesco a dormire*** it's so hot (that) I can't sleep; ***mi piace ~ tanto che*** I like it so much that; ***fu ~ fortunato da scamparla*** he was lucky enough to survive **5 così come** ***il prezzo della benzina, ~ come quello delle sigarette, è aumentato del 5%*** the price of petrol, as well as that of tobacco, has risen by 5%; ***l'Italia, ~ come altri sei paesi europei, partecipa a questo progetto*** Italy, along with six other European countries, is taking part in this project; ***non è ~ come me lo immaginavo*** it's not like I thought it would be; ***~ come stanno le cose*** as things stand **6 così... come** as... as, so.... as; ***non c'è niente di ~ bello come un tramonto*** there's nothing so beautiful as a sunset; ***non è ~ stupido come vuole fare credere di essere*** he's not as stupid as he makes out ♦ ***meglio ~*** it's all for the best; ***meglio di ~!*** what more can you ask for? ***~ ~*** so-so; ***per ~ dire*** so to speak, as it were, in a manner of speaking.

cosicché /kosik'ke/ cong. *(perciò)* therefore, so.

cosiddetto /kosid'detto/ agg. so-called.

cosina /ko'sina/ f. COLLOQ. *(piccola cosa)* trifle; ***gli ho comprato una ~*** I bought him a little something.

cosino /ko'sino/ m. COLLOQ. *(bimbo, persona minuta)* little thing.

cosmesi /koz'mɛzi/ f.inv., **cosmetica** /koz'mɛtika/ f. cosmetics + verbo sing.

cosmetico, pl. **-ci**, **-che** /koz'mɛtiko, tʃi, ke/ agg. e m. cosmetic.

cosmetista, m.pl. **-i**, f.pl. **-e** /kozme'tista/ ➧ ***18*** m. e f. cosmetician.

cosmico, pl. **-ci**, **-che** /'kɔzmiko, tʃi, ke/ agg. cosmic (anche FIG.); ***spazio ~*** outer space.

cosmo /'kɔzmo/ m. cosmos.

cosmogonia /kozmogo'nia/ f. cosmogony.

cosmologia /kozmolo'dʒia/ f. cosmology.

cosmonauta, m.pl. **-i**, f.pl. **-e** /kozmo'nauta/ ➧ ***18*** m. e f. cosmonaut, astronaut.

cosmopolita, m.pl. **-i**, f.pl. **-e** /kozmopo'lita/ agg., m. e f. cosmopolitan.

coso /'kɔso/ m. **1** COLLOQ. *(oggetto di cui non si ricorda il nome)* thing, whatsit, what-d'yer-call-it, thingumabob, thingummy **2** COLLOQ. *(uomo di cui non si ricorda il nome)* ***ho incontrato ~... Ugo*** I met what's-his-name... Ugo.

cospargere /kos'pardʒere/ [19] **I** tr. **1** *(disseminare)* to sprinkle, to scatter, to strew* (**di** with) **2** *(spruzzare)* to sprinkle, to dot; *(spolverizzare)* to sprinkle, to dust [*dolce*] (**di** with) **II cospargersi** pronom. ***-rsi il capo di cenere*** to wear sackcloth and ashes.

cospetto /kos'pɛtto/ m. ***al ~ di*** in the presence of, in front of.

cospicuo /kos'pikuo/ agg. [*patrimonio*] substantial, remarkable, conspicuous.

cospirare /kospi'rare/ [1] intr. (aus. *avere*) to conspire, to plot.

cospiratore /kospira'tore/ m. plotter, conspirator; ***da ~*** [*aria, attività*] conspiratorial.

cospirazione /kospirat'tsjone/ f. conspiracy, plot.

cossovaro /kosso'varo/ → **kosovaro**.

costa /'kɔsta/ f. **1** *(litorale)* coast, seabord; ***la ~ adriatica*** the Adriatic coast; ***Costa d'Avorio*** Ivory Coast; ***Costa Azzurra*** French Riviera; ***pescare vicino alla ~*** to fish inshore **2** *(pendio)* (hill)side, slope; ***a mezza ~*** halfway up, down the hill(side) **3** ANAT. BOT. MAR. rib **4** *(di tessuto)* rib; ***velluto a -e*** cord(uroy) **5** *(di libro)* spine.

costante /kos'tante/ **I** agg. **1** *(stabile)* [*velocità, temperatura*] constant, uniform, even; *(negli affetti)* [*persona*] constant, steadfast **2** *(continuo)* [*evoluzione, aumento, produzione, miglioramento*] constant, continuous, steady; [*sforzo*] continuous, tireless **3** *(perseverante)* [*persona*] steadfast, firm **II** f. **1** MAT. FIS. constant **2** FIG. *(caratteristica)* constant.

Costantino /kostan'tino/ n.pr.m. Constantine.

Costantinopoli /kostanti'nɔpoli/ n.pr.f. Constantinople.

costanza /kos'tantsa/ f. **1** *(stabilità) (di sentimento, fenomeno)* constancy; *(di opinione)* consistency **2** *(perseveranza)* constancy, steadfastness; ***studiare con ~*** to study consistently.

Costanza /kos'tantsa/ ➧ ***2, 15*** n.pr.f. Constance.

costare /kos'tare/ [1] intr. (aus. *essere*) **1** to cost*; ***mi costa 3 euro*** it costs me 3 euros; ***quanto costa?*** how much does it cost *o* is it? ***~ caro*** to be expensive; ***non ~ caro*** to be cheap, not to be expensive **2** FIG. to cost*; ***~ caro*** [*errore, azione*] to cost dear(ly), to be dear; ***~ a qcn. la vita*** to cost sb. one's life; ***non costa nulla essere gentili*** politeness costs nothing ♦ ***costi quel che costi*** whatever the cost, come hell or high water.

costaricano /kostari'kano/ ➧ ***25*** **I** agg. Costa Rican **II** m. (f. **-a**) Costa Rican.

costata /kos'tata/ f. chop, rib; ***~ di maiale, d'agnello*** pork, lamb chop; ***~ di vitello*** rib of veal.

costato /kos'tato/ m. side, chest, ribs pl.

costeggiare /kosted'dʒare/ [1] tr. **1** *(procedere lungo)* [*persona*] to walk, to go* along [*foresta, recinto, fiume*]; [*nave*] to sail along [*costa*]; [*auto, treno*] to run* along [*foresta, recinto*]; to follow [*fiume*] **2** *(estendersi lungo)* [*giardino, strada*] to run* along, to skirt, to border, to flank [*lago, foresta, campo*].

costei /kos'tɛi/ pron.dimostr.f. → **costui**.

costellare /kostel'lare/ [1] tr. [*fiori*] to star, to stud, to spangle [*prato*]; [*successi, avvenimenti*] to fill [*vita, carriera*].

costellato /kostel'lato/ **I** p.pass. → **costellare II** agg. ***~ di*** studded *o* sprinkled with [*stelle, fiori*]; ***un discorso ~ di aneddoti*** a speech sparkling with anecdotes.

costellazione /kostellat'tsjone/ f. **1** ASTR. constellation **2** FIG. galaxy, constellation LETT.

costernare /koster'nare/ [1] tr. to dismay.

costernato /koster'nato/ **I** p.pass. → **costernare II** agg. [*aspetto*] dismayed; ***sono ~*** I'm speechless.

costernazione /kosternat'tsjone/ f. consternation, dismay.

costiera /kos'tjɛra/ f. (stretch of) coast; ***la ~ amalfitana*** the Amalfi coast.

costiero /kos'tjɛro/ agg. [*città, strada*] coastal, coast attrib.; [*pesca, corrente, area*] inshore; ***guardia -a*** shore patrol, coastguard; ***navigazione -a*** coasting.

costipato /kosti'pato/ agg. **1** *(stitico)* constipated **2** *(raffreddato)* ***sono ~*** I'm all stuffed up.

costipazione /kostipat'tsjone/ f. *(stipsi)* constipation; *(raffreddore)* cold.

costituente /kostitu'ɛnte/ **I** agg. constituent **II** m. constituent (anche LING.) **III** f. constituent assembly.

costituire /kostitu'ire/ [102] **I** tr. **1** *(essere)* to be*, to constitute; ***il furto costituisce reato*** theft constitutes an offence; ***~ una minaccia*** to pose a threat **2** *(mettere in piedi)* [*persona, gruppo*] to constitute, to form, to set* up [*squadra, commissione*]; to empanel, to constitute [*giuria*]; *(fondare)* to establish [*stato*]; to incorporate, to institute [*società*] **3** *(comporre)* [*elementi*] to make* up, to constitute [*insieme*] **4** DIR. to settle [*rendita*] (**a, per** on) **II costituirsi** pronom. **1** *(consegnarsi alla giustizia)* to turn oneself in, to give* oneself up **2** *(organizzarsi)* [*partito*] to be* formed **3** *(crearsi)* to build* up [*clientela*] **4** *(raggrupparsi)* ***-rsi in*** to form [*partito, società, sin-*

dacato] 5 DIR. ***-rsi parte civile*** to institute a civil action, to sue for damages in a civil proceeding; ***-rsi in giudizio*** to enter an appearance, to appear before the court.

costituito /kostitu'ito/ **I** p.pass. → **costituire II** agg. **1** *(composto)* ***~ da*** constitued by, made up of **2** POL. [*autorità, potere*] established.

costitutivo /kostitu'tivo/ agg. **1** *(di base)* [*elemento*] constituent, constitutive **2** POL. [*assemblea, documento*] constituent **3** DIR. COMM. ***atto ~*** Certificate of Incorporation, deed of partnership, memorandum of association.

costituzionale /kostituttsjo'nale/ agg. constitutional (anche MED.).

costituzionalismo /kostituttsjona'lizmo/ m. constitutionalism.

costituzionalmente /kostituttsjonal'mente/ avv. constitutionally.

costituzione /kostitut'tsjone/ f. **1** *(creazione)* formation, establishment; ***~ di società*** incorporation **2** POL. constitution **3** FISIOL. constitution, frame; ***sana (e robusta) ~*** sound constitution; ***di sana (e robusta) ~*** able-bodied **4** *(struttura)* constitution, composition; ***la ~ di una squadra*** the make-up of a team.

costo /'kɔsto/ m. **1** *(prezzo)* cost, price; *(per un servizio)* fee, charge; *(spesa)* cost, expense; ***a prezzo di ~*** [*vendere*] at cost (price); ***a basso ~*** [*vendere, comprare*] on the cheap; [*film, produzione*] low-budget, low-cost; ***sotto ~*** [*vendere, comprare*] below cost, under price **2 *a costo di a ~ della propria vita*** at the cost of one's (own) life; ***troverò la chiave, a ~ di dover mettere sottosopra tutta la casa!*** I'll find the key, I don't care if *o* even if I have to pull the house apart! ♦ ***a qualunque*** o ***ogni ~, a tutti i -i*** at all costs, at any cost *o* price; ***a nessun ~*** on no account, by no means ♦♦ ***~ del denaro*** cost of money; ***~ del lavoro*** labour costs; ***~ di produzione*** production cost; ***~ della vita*** cost of living.

costola /'kɔstola/ f. **1** ANAT. MAR. rib **2** *(di libro)* spine; *(di coltello)* back ♦ ***stare, mettersi alle -e di qcn.*** *(stare vicino)* to stick to sb.'s side; *(pedinare)* to tail *o* to chase sb., to dog sb.'s footsteps; ***avere qcn. alle -e*** to be tailed by sb.

costoletta /kosto'letta/ f. chop, cutlet, rib.

costolone /kosto'lone/ m. ARCH. rib, groin; ***a -i*** [*soffitto, volta*] ribbed.

costoro /kos'toro/ pron.dimostr.m. e f.pl. → **costui.**

costoso /kos'toso/ agg. expensive, costly, dear.

costretto /kos'tretto/ **I** p.pass. → **costringere II** agg. forced, compelled; ***~ a letto*** bedridden; ***~ sulla sedia a rotelle*** chairbound, confined to a wheelchair.

costringere /kos'trindʒere/ [36] tr. *(obbligare)* to force, to compel, to constrain (***a fare*** to do); ***~ qcn. a letto*** [*malattia*] to lay sb. up, to keep sb. in bed; ***mi vedo*** o ***sono costretto a dare le dimissioni*** I have no option but to resign.

costrizione /kostrit'tsjone/ f. **1** compulsion, constraint, pressure, duress DIR. **2** MED. constriction.

costruire /kostru'ire/ [102] **I** tr. **1** *(edificare)* to build*, to construct [*edificio, ponte, diga*]; to build*, to lay* (down) [*ferrovia*]; ***farsi ~ la casa da qcn.*** to have one's house built by sb. **2** TECN. *(assemblare)* to build*, to assemble [*automobile, motore, radio*] **3** FIG. *(creare)* to build* [*Europa, avvenire*]; to shape [*immagine*] **4** LING. to build*, to construct [*frase*] **II costruirsi** pronom. ***-rsi una casa*** to build oneself a house; ***-rsi un futuro*** FIG. to shape one's future, to make a future to oneself.

costruito /kostru'ito/ **I** p.pass. → **costruire II** agg. **1** SPREG. *(artificioso)* [*atteggiamento, stile*] artificial, unnatural **2** *(edificato)* [*area*] built-up.

costruttivo /kostrut'tivo/ agg. **1** *(relativo alla costruzione)* building attrib. **2** FIG. [*critica, discussione*] constructive.

costrutto /kos'trutto/ m. **1** LING. construct, construction **2** *(coerenza, senso)* sense, meaning; ***privo di ~*** meaningless **3** *(utilità)* profit; ***senza ~*** pointless.

costruttore /kostrut'tore/ **I** agg. [*società, impresa*] building attrib. **II** ♦ *18* m. (f. **-trice** /tritʃe/) **1** IND. builder, maker, constructor, manufacturer; ***~ navale*** shipbuilder; ***~ di automobili*** car manufacturer **2** EDIL. builder.

costruzione /kostrut'tsjone/ f. **1** *(edificio)* building, construction **2** *(edificazione)* building, construction; *(di ferrovia)* laying; ***edificio di recente ~*** new building; ***materiali da ~*** building materials **3** IND. construction, building, manufacture; ***~ navale*** shipbuilding; ***in ~*** under *o* in the course of construction **4** LING. construction; ***~ della frase*** *(struttura)* word order **5** *(gioco)* ***una scatola di -i*** a set of building blocks.

costui /kos'tui/ v. la nota della voce **questo.** pron.dimostr.m. (f. **costei**, pl. **costoro**) LETT. *(soggetto)* this, that man*, he; *(oggetto)* this, that man*, him; ***chi sono costoro?*** who are they *o* these people?

costume /kos'tume/ m. **1** *(per festa, sfilata in maschera)* costume, masquerade, fancy dress BE; ***in ~*** in costume *o* fancy dress BE; ***ballo in ~*** costume *o* fancy dress BE ball **2** TEATR. CINEM. COREOGR. costume; ***~ di scena*** stage costume; ***opera teatrale in ~*** costume drama **3** *(tipico di luogo o periodo)* costume; ***-i regionali*** regional costumes; ***~ d'epoca*** period costume **4** (anche **~ da bagno**) *(da donna)* swimsuit, bathing suit, bathing costume; *(da uomo)* (swimming) trunks **5** *(consuetudine)* custom, tradition; *(abitudine personale)* custom, habit **6** *(insieme di usanze)* custom, mores pl.; ***usi e -i di un popolo*** the costumes and traditions of a country **7** *(moralità)* morality, morals pl.; ***una donna di facili -i*** a woman of easy virtue; ***(squadra del) buon ~*** vice squad **8** LETT. ***romanzo, commedia di ~*** novel, comedy of manners ♦♦ ***~ intero*** one-piece (swimsuit); ***~ olimpionico*** olympic swimsuit.

costumista, m.pl. **-i**, f.pl. **-e** /kostu'mista/ ♦ *18* m. e f. costum(i)er, costume designer.

cotangente /kotan'dʒente/ f. cotangent.

cote /'kote, 'kɔte/ f. whetstone.

cotechino /kote'kino/ m. GASTR. INTRAD. (large boiled pork sausage).

cotenna /ko'tenna/ f. *(di maiale)* (pork) rind.

cotogna /ko'toɲɲa/ f. ***(mela) ~*** quince.

cotognata /kotoɲ'ɲata/ f. = quince jam.

cotogno /ko'toɲɲo/ m. quince.

cotoletta /koto'letta/ f. cutlet; ***~ impanata*** breaded cutlet ♦♦ ***~ alla milanese*** = breaded veal cutlet.

cotonare /koto'nare/ [1] tr. to backcomb, to tease [*capelli*].

cotone /ko'tone/ m. **1** *(pianta, fibra)* cotton; ***camicia di*** o ***in ~*** cotton shirt **2** *(ovatta)* cotton (wool); ***batuffolo di ~*** cotton wool ball BE, cotton ball AE ♦♦ ***~ idrofilo*** cotton wool; ***~ da ricamo*** SART. embroidery thread *o* cotton.

cotoniero /koto'njɛro/ agg. cotton attrib.

cotonificio, pl. **-ci** /kotoni'fitʃo, tʃi/ m. cotton mill.

cotonina /koto'nina/ f. calico*.

1.cotta /'kɔtta/ f. **1** COLLOQ. *(innamoramento)* crush; ***avere una ~ per qcn.*** to have a crush on sb.; ***prendersi una ~ per qcn.*** to take a shine to sb., to fall for sb.; ***ha preso una bella ~*** he's got it bad **2** SPORT crack-up, collapse, breakdown ♦ ***furbo di tre -e*** crafty devil.

2.cotta /'kɔtta/ f. **1** *(indumento liturgico)* surplice, cotta **2** *(armatura)* ***~ di maglia*** chain mail, coat of mail.

cottimista, m.pl. **-i**, f.pl. **-e** /kotti'mista/ ♦ *18* m. e f. pieceworker, jobber.

cottimo /'kɔttimo/ m. jobbing; ***lavoro a ~*** piecework; ***lavorare a ~*** to do piecework, to job; ***essere pagato a ~*** to be paid by the piece, to be on piecework.

cotto /'kɔtto/ **I** p.pass. → **cuocere II** agg. **1** *(cucinato)* [*alimento*] cooked; [*carne, pesce*] cooked, done mai attrib.; [*frutta*] stewed; *(al forno)* baked; ***ben ~*** well cooked; [*carne*] well *o* nice done; ***poco ~*** undercooked; [*carne*] (medium-)rare; [*uova*] runny; ***~ a puntino*** done to a turn, cooked to perfection **2** FIG. *(innamorato)* ***essere (innamorato) ~ di qcn.*** to be head over heels in love with sb. **3** COLLOQ. *(sfinito)* zonked (out), broken, dead tired **III** m. baked clay, terracotta; ***~ fiorentino*** Florentine terracotta, earthenware; ***pavimento in*** o ***di ~*** floor in terracotta tiles ♦ ***combinarne*** o ***farne di -e e di crude*** to get *o* be up to all kinds of tricks *o* mischief.

cottura /kot'tura/ f. **1** cooking; *(al forno)* baking; ***~ a vapore*** steam cooking; ***punto, tempo di ~*** cooking point, time **2** TECN. *(di materiali)* firing.

coulisse /ku'lis/ f.inv. **1** FAL. ***porta a ~*** sliding door **2** TEATR. coulisse **3** ECON. *(in borsa)* coulisse **4** SART. casing **5** MUS. *(di trombone)* slide.

coupé /ku'pe/ m.inv. coupé, fastback BE.

coupon /ku'pɔn/ m.inv. coupon.

cova /'kova/ f. sitting, brooding.

covare /ko'vare/ [1] **I** tr. **1** ZOOL. to brood, to hatch, to incubate, to sit* on [*uova*] **2** FIG. *(proteggere)* ***~ qcn. con gli occhi*** to look fondly at sb. **3** *(essere colpito da)* to come* down with [*malattia*] **4** *(nutrire)* to nurse, to harbour BE, to harbor AE [*risentimento, vendetta*]; to harbour BE, to harbor AE [*sospetto*] **II** intr. (aus. *avere*) [*rivolta, gelosia, odio*] to smoulder BE, to smolder AE; ***il fuoco cova sotto la cenere*** fire is smouldering under the ashes; FIG. trouble is brewing.

covata /ko'vata/ f. *(di pulcini)* brood, clutch, hatch.

covile /ko'vile/ m. **1** *(tana)* den, lair **2** FIG. *(tugurio)* hovel.

covo /'kovo/ m. **1** *(tana)* den, lair **2** FIG. *(rifugio segreto)* den, lair, hideout ♦ ***un ~ di vipere*** a nest of vipers.

covone /ko'vone/ m. sheaf*; ***~ di grano*** corn shock BE.

coyote /ko'jote/ m.inv. coyote*, prairie wolf* AE.

Cozie /'kɔttsie/ n.pr.f.pl. (anche **Alpi ~**) Cottian Alps.

cozza /'kɔttsa/ f. ZOOL. mussel.

cozzare /kot'tsare/ [1] intr. (aus. *avere*) **1** *(incornare)* to butt **2** *(sbattere)* to hit*; ***~ contro*** to bang into; [*auto*] to crash into **3** FIG. *(essere in contrasto)* to clash (**con** with).

c.p. ⇒ cartolina postale postcard (pc).

CP 1 ⇒ Casella Postale Post Office Box (P.O. BOX) **2** ⇒ Codice Penale Penal Code.

CPC ⇒ Codice di Procedura Civile code of civil procedure.

CPP ⇒ Codice di Procedura Penale code of criminal procedure.

crac /krak/ **I** inter. crack **II** m.inv. **1** *(rumore)* crack, creak **2** ECON. *(crollo)* crash, smash; ***il ~ della borsa*** the stock market crash.

crack /krak/ m.inv. *(droga)* crack.

cracker /'krɛker/ m.inv. GASTR. (salted) cracker.

cra cra /kra'kra/ inter. e m.inv. croak; ***fare ~*** to croak.

CRAL /kral/ m. (⇒ circolo ricreativo assistenziale lavoratori) = recreational and welfare centre for workers.

crampo /'krampo/ m. cramp; ***~ alla gamba*** a cramp in one's leg; ***avere i -i allo stomaco*** to have stomach cramps; *(per l'agitazione)* to have butterflies in one's stomach.

cranico, pl. **-ci, -che** /'kraniko, tʃi, ke/ agg. [*nervo, indice*] cranial; ***trauma ~*** head injury.

cranio, pl. **-ni** /'kranjo, ni/ m. **1** ANAT. skull, cranium* **2** *(testa)* head **3 a cranio** COLLOQ. a head.

crapulone /krapu'lone/ m. guzzler.

crasso /'krasso/ agg. **1** *(grossolano)* [*ignoranza*] crass, gross **2** ANAT. ***intestino ~*** large intestine.

cratere /kra'tɛre/ m. crater.

crauti /'krauti/ m.pl. sauerkraut sing.

cravatta /kra'vatta/ f. tie, necktie AE; ***fare il nodo alla ~*** to knot one's tie ♦♦ ***~ a farfalla*** bow tie.

crawl /krol/ m.inv. crawl; ***nuotare a ~*** to swim the crawl.

creanza /kre'antsa/ f. ***buona, mala ~*** good, bad manners.

creare /kre'are/ [1] tr. **1** *(produrre)* to create [*opera, modello*]; to build* [*impero*] **2** *(costituire)* to set* up [*compagnia, comitato*]; to establish [*precedente*] **3** FIG. *(provocare)* to create [*scandalo*]; to cause [*imbarazzo*]; to give* rise to [*panico, malintesi*].

creatività /kreativi'ta/ f.inv. creativity, inventiveness.

creativo /krea'tivo/ **I** agg. creative **II** ♦ *18* m. (f. **-a**) *(nella pubblicità)* copywriter.

creato /kre'ato/ m. creation; ***le meraviglie del ~*** the wonders of creation.

creatore /krea'tore/ **I** agg. creative **II** m. creator, maker; ***il Creatore*** RELIG. the Creator, the Maker ♦ ***mandare qcn. al Creatore*** to send sb. to the other world; ***andare al Creatore*** to (go to) meet one's Maker ♦♦ ***~ di moda*** (fashion) designer.

creatura /krea'tura/ f. **1** *(essere vivente)* creature, being **2** *(bambino)* baby, thing **3** FIG. ***essere la ~ di qcn.*** [*persona*] to be sb.'s creature.

creazione /kreat'tsjone/ f. **1** *(invenzione)* creation, invention **2** *(costituzione)* creation, establishment **3** BIBL. ***la Creazione*** the Creation **4** ABBIGL. design, creation.

credente /kre'dɛnte/ **I** agg. ***essere ~*** to believe in God, to be a believer **II** m. e f. believer; ***non ~*** nonbeliever.

1.credenza /kre'dɛntsa/ f. belief; ***falsa ~*** fallacy, misbelief; ***-e popolari*** popular belief.

2.credenza /kre'dɛntsa/ f. *(mobile) (in cucina)* cupboard, dresser; *(in sala da pranzo)* sideboard.

credenziale /kreden'tsjale/ **I** agg. DIPL. ***lettere -i*** letters of credence **II credenziali** f.pl. credentials; ***avere buone -i presso qcn.*** FIG. to be held in high esteem by sb.

credere /'kredere/ [2] **I** tr. *(ritenere, pensare)* to believe, to think*, to suppose; ***credo che venga*** I think he's coming; ***non crede che bisognerebbe avvisarlo?*** don't you think he should be told *o* we should warn him? ***credo che fossero circa le tre*** I suppose it was *o* it would have been about three o'clock; ***lo credevo malato*** I thought he was sick; ***credo di sì*** I believe *o* think so; ***credo di no*** I don't think so, I believe not; ***chi l'avrebbe mai creduto!*** who would have thought such a thing? ***lo faccia, se crede*** do it, if you think it's right **II** intr. (aus. *avere*) **1** *(ammettere come vero)* ***~ a*** to believe [*storia, bugia*]; to believe in [*fantasmi*]; ***è da non ~!*** it's unbelievable! it's beyond *o* past belief! ***fare ~ qcs. a qcn.*** to make *o* have sb. believe sth. **2** *(avere fiducia, confidare)* ***~ in, a*** to believe in [*amore, progresso*]; to trust [*persona*]; ***~ nella medicina*** to have faith in doctors; ***devi credermi sulla parola*** you'll have to take my word for it **3** *(avere fede)* ***~ in*** to believe in [*Dio*] **4** *(prestare fede)* ***non credevo ai miei occhi, alle mie orecchie*** I couldn't believe my eyes, ears **III credersi** pronom. ***si crede bella*** she thinks she's beautiful; ***si crede qualcuno*** he thinks he's someone *o* something ♦ ***fa' come credi*** do as you think best, do as you wish; ***ci credo! lo credo bene!*** I can well *o* quite believe it! I'll bet! ***chi credi di essere?*** who do you think you are?

credibile /kre'dibile/ agg. **1** *(plausibile)* [*scusa*] credible, believable, plausible; ***mi sembra ~*** it seems plausible **2** [*persona*] credible, trustworthy, truthful.

credibilità /kredibili'ta/ f.inv. credibility.

creditizio, pl. **-zi, -zie** /kredi'tittsjo, tsi, tsje/ agg. [*sistema, mercato, posizione*] credit attrib.

credito /'kredito/ m. **1** AMM. COMM. credit; ***società, istituto di ~*** credit institution, (loan) bank; ***carta di ~*** credit card; ***fare ~ a qcn.*** to give sb. credit; ***comprare qcs. a ~*** to buy sth. on credit; ***essere in ~ con qcn.*** to be sb.'s creditor; ***essere in ~*** *(in banca)* to be in the black; ***il suo ~ è di 1000 euro*** you are 1000 euros in credit; ***essere in ~ di 25 sterline*** to be 25 pounds in credit **2** *(considerazione, reputazione)* credit, credence, credibility; ***avere molto ~*** to have a lot of credibility, to be held in high esteem **3** *(il credere)* ***dare ~ a qcn., qcs.*** to place credit on sb., sth., to give credence to sb., sth. ♦♦ ***~ illimitato*** unsecured credit; ***~ immobiliare*** homebuyer's loan; ***~ d'imposta*** tax credit; ***~ inesigibile*** bad debt.

creditore /kredi'tore/ m. (f. **-trice** /tritʃe/) creditor.

credo /'krɛdo/ m.inv. creed (anche RELIG.).

credulità /kreduli'ta/ f.inv. credulity, gullibility, simple-mindedness.

credulo /'krɛdulo/ agg. credulous, gullible, simple-minded.

credulone /kredu'lone/ **I** agg. credulous, gullible, simple-minded **II** m. (f. **-a**) dupe; ***essere un ~*** to be easily taken in, to be a pushover.

crema /'krɛma/ ♦ *3* **I** f. **1** GASTR. cream; ***~ al cioccolato*** chocolate cream; ***torta alla ~*** cream cake; ***~ di asparagi, di funghi*** cream of asparagus, mushroom soup; *(liquore)* ***~ alla menta*** peppermint liqueur **2** COSMET. cream; ***~ per le mani, il viso*** hand, face cream; ***~ da giorno, notte*** day, night cream **3** FIG. *(élite)* cream, upper crust; ***la ~ (della ~) della società*** the cream *o* pick of society **II** m.inv. cream (colour BE *o* color AE) **III** agg.inv. cream(y) ♦♦ ***~ da barba*** shaving cream; ***~ di bellezza*** beauty cream; ***~ depilatoria*** hair remover; ***~ idratante*** moisturizer; ***~ pasticciera*** GASTR. custard cream; ***~ solare*** sun cream *o* block, suntan cream.

cremagliera /kremaʎ'ʎɛra/ f. rack; ***ferrovia a ~*** cog *o* rack railway.

cremare /kre'mare/ [1] tr. to cremate.

crematorio, pl. **-ri, -rie** /krema'tɔrjo, ri, rje/ **I** agg. ***forno ~*** incinerator, crematorium **II** m. *(edificio)* crematorium*.

cremazione /kremat'tsjone/ f. cremation.

crème caramel /krɛmkara'mɛl/ m. e f.inv. crème caramel, caramel cream.

cremisi /'krɛmizi/ ♦ *3* agg. e m.inv. crimson.

Cremlino /krem'lino/ n.pr.m. Kremlin.

cremoso /kre'moso/ agg. [*salsa, gelato*] creamy.

cren /krɛn/ m.inv. horseradish.

creolo /'krɛolo/ ▸ *16* **I** agg. Creole **II** m. (f. **-a**) **1** *(persona)* Creole **2** *(lingua)* Creole.
creosoto /kreo'zɔto/ m. creosote.
crepa /'krɛpa/ f. **1** *(fenditura)* crack, slit, chink, crevice, fissure **2** FIG. crack, rift; ***la loro amicizia mostra qualche ~*** there are some rifts in their friendship.
crepaccio, pl. **-ci** /kre'pattʃo, tʃi/ m. *(di ghiacciaio)* crevasse; *(nelle rocce)* cleft, rift, slit.
crepacuore /krɛpa'kwɔre/ m. heartbreak; ***morire di ~*** to die of a broken heart.
crepapelle: **a crepapelle** /akrɛpa'pɛlle/ avv. ***ridere a ~*** to laugh till one's sides ache, to laugh fit to burst, to hoot *o* scream with laughter, to laugh oneself silly; ***mangiare a ~*** to eat till one bursts.
crepare /kre'pare/ [1] **I** intr. (aus. *essere*) **1** COLLOQ. *(scoppiare)* to burst*; ***~ dal caldo, dal freddo*** to stew, to freeze (to death); ***~ di invidia, gelosia*** to be eaten up *o* consumed with envy, jealousy; ***~ dalle risate*** to kill oneself laughing, to laugh fit to burst **2** POP. *(morire)* to croak, to pop off, to kick the bucket, to peg out, to snuff it; ***crepa!*** drop dead! **II creparsi** pronom. [*terra, muro*] to crack, to split*; [*labbra*] to chap, to crack; [*vetro*] to crack ♦ ***crepi l'avarizia!*** to hell with the expense! hang the expense! ***~ di salute*** to be bursting with health.
1.crêpe /krɛp/ f.inv. GASTR. crepe, crêpe.
2.crêpe /krɛp/ m.inv. TESS. crepe, crêpe.
crepitare /krepi'tare/ [1] intr. (aus. *avere*) [*fuoco*] to crackle, to pop; [*radio*] to crackle; [*foglie*] to rustle.
crepitio, pl. **-ii** /krepi'tio, ii/ m. *(di fuoco)* crackle, crackling, popping; *(di armi da fuoco)* rattle, rattling; *(di foglie)* rustle, rustling.
crepuscolare /krepusko'lare/ agg. crepuscular, twilight attrib.; ***luce ~*** twilight, half-light.
crepuscolo /kre'puskolo/ m. twilight, dusk; ***al ~*** in the *o* at twilight; ***il ~ della vita*** FIG. the twilight years.
crescendo /kreʃ'ʃɛndo/ **I** m.inv. MUS. crescendo (anche FIG.) **II** avv. MUS. crescendo.
crescente /kreʃ'ʃɛnte/ agg. growing, mounting, increasing; [*oscurità*] deepening; [*possibilità*] expanding; [*ottimismo, scontento*] rising; ***in ordine ~*** in ascending order; ***luna ~*** waxing moon.
crescenza /kreʃ'ʃɛntsa/ f. GASTR. INTRAD. (kind of soft cheese typical of Lombardy).
crescere /'kreʃʃere/ [33] **I** intr. (aus. *essere*) **1** *(svilupparsi)* [*animale, persona, unghie, capelli, barba*] to grow*; [*pianta*] to grow*, to come* (up); ***lasciarsi*** o ***farsi ~ i capelli, la barba*** to grow one's hair, a beard, to let one's hair, beard grow; ***come sei cresciuto!*** haven't you grown! how you've grown! **2** *(aumentare) (di numero, importanza, intensità)* [*temperatura, livello, prezzo*] to go* up, to rise*, to increase; [*profitti, vendite, produzione*] to increase, to turn up; [*rumore*] to grow*, to increase; [*sentimento, speranza*] to rise*, to grow*, to increase; [*tensione*] to grow*, to mount; ***~ di 2 chili*** *(ingrassare)* to gain *o* put on 2 kilos; ***~ nella stima di qcn.*** *(essere più apprezzato)* to go up *o* rise in sb.'s esteem **3** *(diventare adulto)* to grow* up (anche FIG.); ***~ in campagna, in collegio*** to grow up in the country, to be brought up in a boarding school **4** COLLOQ. *(essere in eccedenza)* ***mi cresce un quaderno*** I've got an extra notebook **5** MAT. [*valore, funzione*] to increase **6** ASTR. [*luna*] to wax **II** tr. *(allevare)* to raise, to bring* up [*figli*].
crescione /kreʃ'ʃone/ m. cress ♦♦ ***~ d'acqua*** watercress.
crescita /'kreʃʃita/ f. **1** growth; ***~ demografica*** population growth **2** *(aumento)* rise, increase; ***in ~*** [*valuta, quotazioni*] rising; [*risultato, tendenza*] on the increase; ***in forte ~*** [*moneta*] rapidly growing ♦♦ ***~ zero*** zero population growth.
cresima /'krɛzima, 'kresima/ f. confirmation; ***fare la ~*** to be confirmed.
cresimare /krezi'mare/ [1] tr. to confirm.
Creso /'krɛzo/ n.pr.m. Croesus.
crespato /kres'pato/ agg. [*carta, gomma*] crepe.
crespella /kres'pɛlla/ f. GASTR. crepe, crêpe.
crespo /'krespo/ **I** agg. **1** [*capelli*] frizzy, kinky, crimped **2** [*tessuto*] crinkled **II** m. crepe, crêpe.
1.cresta /'kresta, 'krɛsta/ f. **1** *(di animale)* crest, comb **2** *(di elmo)* crest **3** *(dell'onda)* crest **4** GEOGR. *(di monte)* ridge **5** *(crestina)* white starched cap **6** ANAT. crest ♦ ***essere sulla ~ dell'onda*** to be on the crest of a wave; ***alzare la ~*** to get on one's high horse; ***abbassare la ~*** to come off one's high horse; ***fare abbassare la ~ a qcn.*** to take sb. down a peg or two, to take the wind down of sb.'s sail ♦♦ ***~ di gallo*** BOT. cockscomb.
2.cresta /'kresta, 'krɛsta/ f. ***fare la ~ (sulla spesa)*** to chisel a bit on the shopping.
creta /'kreta, 'krɛta/ f. *(materiale)* clay.
Creta /'kreta/ ▸ *14* n.pr.f. Crete.
cretaceo /kre'tatʃeo/ **I** agg. [*roccia, terra*] cretaceous; [*periodo*] Cretaceous **II** m. ***il ~*** the Cretaceous period.
cretinata /kreti'nata/ f. COLLOQ. **1** *(azione, parola da cretino)* ***fare, dire -e*** to do, say stupid things; ***che ~ di film!*** what a stupid film! ***non dire -e!*** don't talk nonsense! **2** *(cosa da nulla)* trifle; ***non vorrai prendertela per quelle -e!*** you can't get angry for silly things like that!
cretino /kre'tino/ **I** agg. [*persona*] stupid, foolish; [*film, ragionamento, domanda*] stupid **II** m. (f. **-a**) **1** COLLOQ. SPREG. fool, idiot; ***fare il ~*** to fool around, to act like a fool **2** MED. cretin.
CRI ⇒ Croce Rossa Italiana Italian Red Cross.
cribbio /'kribbjo/ inter. blast, damn.
cric /krik/ m.inv. *(martinetto)* jack; ***sollevare qcs. con il ~*** to jack sth. up.
cricca, pl. **-che** /'krikka, ke/ f. gang, band, bunch, clique.
criceto /kri'tʃɛto/ m. hamster.
cricket /'kriket/ ▸ *10* m.inv. cricket.
cri cri /'krikri/ inter. e m.inv. chirr, chirp; ***fare ~*** to chirr, to chirp.
criminale /krimi'nale/ **I** agg. criminal **II** m. e f. criminal; ***guidare come un ~*** to drive like a maniac ♦♦ ***~ di guerra*** war criminal.
criminalità /kriminali'ta/ f.inv. criminality, crime ♦♦ ***~ organizzata*** organized crime.
criminalizzare /kriminalid'dzare/ [1] tr. to portrait as a criminal [*persona*].
Criminalpol /kriminal'pɔl/ f.inv. = crime squad.
crimine /'krimine/ m. crime, criminal act, criminal offense, felony DIR. ♦♦ ***~ di guerra*** war crime; ***~ contro l'umanità*** crime against humanity.
criminologia /kriminolo'dʒia/ f. criminology.
criminoso /krimi'noso/ agg. criminal.
crinale /kri'nale/ m. GEOGR. *(di montagna)* ridge; *(di collina)* crest.
crine /'krine/ m. *(di cavallo)* horsehair; ***guanto di ~*** massage glove ♦♦ ***~ vegetale*** vegetable fibre.
criniera /kri'njɛra/ f. mane (anche FIG.).
crinolina /krino'lina/ f. crinoline.
criochirurgia /kriokirur'dʒia/ f. cryosurgery.
crioterapia /kriotera'pia/ f. cryotherapy.
cripta /'kripta/ f. ARCH. crypt, vault.
criptare /krip'tare/ [1] tr. to scramble [*segnale*]; to encrypt [*dati*].
criptato /krip'tato/ **I** p.pass. → **criptare II** agg. coded; TELEV. scrambled.
criptico, pl. **-ci**, **-che** /'kriptiko, tʃi, ke/ agg. cryptic.
crisalide /kri'zalide/ f. chrysalis*.
crisantemo /krizan'tɛmo/ m. chrysanthemum.
crisi /'krizi/ f.inv. **1** *(difficoltà)* crisis* (anche POL. ECON.); ***~ coniugale*** marital crisis; ***in ~*** in crisis; ***mettere qcn. in ~*** to put sb. in a difficult position; ***la grande ~*** STOR. the Great Depression, the Slump **2** *(penuria)* shortage, crisis*; ***~ occupazionale*** job shortage; ***~ degli alloggi*** housing crisis *o* crunch **3** *(accesso)* attack, fit, outburst;; ***~ di pianto*** burst of weeping, fit of crying; ***avere una ~ di nervi*** to throw a blue fit, to go into hysterics ♦♦ ***~ d'asma*** asthma attack; ***~ d'astinenza*** withdrawal symptoms, cold turkey COLLOQ.; ***~ cardiaca*** heart attack; ***~ energetica*** energy crunch *o* crisis; ***~ epilettica*** epileptic fit; ***~ di governo*** government crisis; ***~ d'identità*** identity crisis; ***~ isterica*** hysterics; ***~ di rigetto*** rejection (crisis).
crisma /'krizma/ m. **1** RELIG. chrism **2** FIG. *(approvazione)* blessing ♦ ***con tutti i -i*** in strict accordance with the rules.
cristalleria /kristalle'ria/ f. **1** *(negozio)* crystal shop **2** *(fabbrica)* crystal work, crystal factory, glassworks + verbo sing. o pl. **3** *(oggetti)* glass(ware), crystal(ware).

cristallino /kristal'lino/ **I** agg. **1** [*roccia*] crystalline; [*struttura, reticolo*] crystal attrib. **2** FIG. *(limpido, puro)* [*acqua, voce, riso, coscienza*] crystal (clear), crystalline **II** m. crystalline lens.

cristallizzare /kristallid'dzare/ [1] **I** tr. to crystallize **II** intr. (aus. *essere*) to crystallize **III cristallizzarsi** pronom. to crystallize (anche FIG.).

cristallo /kris'tallo/ m. **1** CHIM. MINER. crystal; ~ ***di ghiaccio*** ice crystal **2** *(materiale)* crystal; ~ ***di Boemia*** Bohemian glass; ***vaso di*** ~ crystal vase **3** *(oggetto)* ***i -i*** crystalware **4** *(lastra di vetro)* (plate) glass; *(dell'auto)* (car) window; *(di negozio)* shop window ♦♦ ~ ***liquido*** liquid crystal; ~ ***di rocca*** rock crystal.

cristalloterapia /kristallotera'pia/ f. crystal therapy.

cristianamente /kristjana'mente/ avv. [*vivere*] like a good Christian, in a Christian way.

cristianesimo /kristja'nezimo/ m. Christianity.

cristianità /kristjani'ta/ f.inv. **1** *(carattere cristiano)* Christianity **2** *(mondo cristiano)* Christendom.

cristiano /kris'tjano/ **I** agg. **1** Christian **2** COLLOQ. *(umano)* human; ***trattare qcn. in modo*** ~ to treat sb. humanely **II** m. (f. **-a**) **1** Christian **2** *(essere umano)* ***non c'era un*** ~ there wasn't a soul **3 da cristiano** *(decente)* decent, proper; *(umano)* human; ***comportarsi da*** ~ to act in a civilized manner.

Cristiano /kris'tjano/ n.pr.m. Christian.

Cristina /kris'tina/ n.pr.f. Christina.

Cristo /'kristo/ m. **1** Christ; ***Gesù*** ~ Jesus Christ; ***avanti*** ~ before Christ; ***dopo*** ~ Anno Domini, AD **2** COLLOQ. ***povero cristo!*** poor devil!

Cristoforo /kris'tɔforo/ n.pr.m. Christopher; ~ ***Colombo*** Christopher Columbus.

criterio, pl. **-ri** /kri'tɛrjo, ri/ m. **1** *(parametro)* criterion*, standard; ***adottare un*** ~ to follow a criterion, to adopt a standard; ***giudicare tutti con lo stesso*** ~ to measure all people by the same yardstick; ***rispondere a un*** ~ to meet a criterion **2** *(senno)* common sense, good sense; ***agire senza*** ~ to act recklessly; ***è una persona senza*** ~ he lacks common sense; ***con*** ~ [*giudicare, agire*] sensibly.

critica, pl. **-che** /'kritika, ke/ f. **1** *(giudizio negativo)* criticism (**nei confronti, nei riguardi di** towards); ***muovere*** o ***fare una*** ~ ***a qcn.*** to criticize sb.; ***esporsi alle -che*** to lay *o* leave oneself open to criticism *o* attack; ***devo farti*** o ***rivolgerti una*** ~ there is one thing I would criticize you for **2** *(recensione)* review(al), critique; *(saggio critico)* critical essay **3** *(attività intellettuale)* criticism **4** *(insieme dei critici)* ***la*** ~ the critics; ***successo di*** ~ critical success.

criticabile /kriti'kabile/ agg. criticizable.

criticare /kriti'kare/ [1] tr. *(giudicare negativamente)* to criticize; ***non fa altro che*** ~ he criticizes everything, he finds fault with everything; ***farsi*** ~ ***per qcs.*** to be criticized for sth.

critico, pl. **-ci, -che** /'kritiko, tʃi, ke/ **I** agg. **1** *(difficile, decisivo)* [*situazione, età*] critical; [*momento*] crucial; [*fase*] critical, crucial; ***punto*** ~ crisis point **2** *(di disapprovazione)* [*spirito, senso, osservazione*] critical; ***guardare*** o ***osservare con occhio*** ~ to take a critical look at sth. **3** *(analitico)* [*analisi, saggio*] critical **4** CHIM. FIS. [*temperatura, massa*] critical **II** ➧ ***18*** m. (f. **-a**) critic, reviewer.

criticone /kriti'kone/ m. (f. **-a**) COLLOQ. fault-finder, critic.

crivellare /krivel'lare/ [1] tr. to riddle; ~ ***qcn. di pallottole*** to riddle *o* spray sb. with bullets.

crivello /kri'vɛllo/ m. *(setaccio)* riddle, sieve.

croato /kro'ato/ ➧ ***25, 16*** **I** agg. Croatian **II** m. **1** (f. **-a**) *(persona)* Croat, Croatian **2** *(lingua)* Croatian.

Croazia /kro'atsja/ ➧ ***33*** n.pr.f. Croatia.

croccante /krok'kante/ **I** agg. crisp(y), crunchy **II** m. brittle.

crocchetta /krok'ketta/ f. croquette; ***-e di patate*** potato croquettes, croquette potatoes.

crocchia /'krɔkkja/ f. bun, coil.

crocchio, pl. **-chi** /'krɔkkjo, ki/ m. group, circle, knot; ***far*** ~ ***(attorno a qcn.)*** to form a group *o* to gather (around sb.).

croce /'krotʃe/ f. **1** cross; ***a (forma di)*** ~ cross-shaped; ***essere messo in*** ~ *(essere crocifisso)* to be crucified; ***segno della*** ~ RELIG. sign of the cross; ***farsi il segno della*** ~ to bless *o* cross oneself, to make the sign of the cross; ***firmare con una*** ~ to make one's mark, to sign one's name with a cross; ***punto*** ~ cross-stitch **2** *(tormento)* cross, trial; ***essere una*** ~ ***per qcn.*** to be a trial to sb.; ***portare la propria*** ~ to have a one's cross to bear ♦ ***sui tuoi soldi, puoi farci*** o ***tirarci*** o ***metterci una*** ~ ***sopra*** you can kiss your money goodbye; ***mettici una*** ~ ***sopra!*** just forget about it! ***gettare la*** ~ ***addosso a qcn.*** to put the blame on sb.; ***mettere in*** ~ ***qcn.*** to rag sb. to death; ***dire tre parole in*** ~ to mumble a few words ♦♦ ~ ***celtica*** Celtic cross; ~ ***di ferro*** MIL. Iron cross; ~ ***greca*** Greek cross; ~ ***di guerra*** MIL. Croix de guerre; ~ ***di Malta*** Maltese cross; ***Croce Rossa*** Red Cross; ~ ***di sant'Andrea*** St. Andrew's cross; ***Croce del Sud*** Crux, Southern Cross; ~ ***uncinata*** swastica, fylfot; ***Croce Verde*** = health association offering emergency first aid assistance in accidents, disasters etc.

crocerossina /krotʃeros'sina/ f. Red Cross nurse.

crocevia /krotʃe'via/ m.inv. crossroads* + verbo sing. (anche FIG.).

crociata /kro'tʃata/ f. STOR. crusade (anche FIG.); ***bandire una*** ~ to proclaim a crusade.

crociato /kro'tʃato/ **I** agg. cross-shaped; ***parole -e*** crosswords **II** m. STOR. crusader.

crocicchio, pl. **-chi** /kro'tʃikkjo, ki/ m. crossroads* + verbo sing.

1.crociera /kro'tʃɛra/ f. MAR. AER. cruise; ***nave da*** ~ cruise liner; ***essere in*** ~ to be on a cruise; ***fare una*** ~ to go on a cruise; ***velocità di*** ~ cruising speed.

2.crociera /kro'tʃɛra/ f. ARCH. ***volta a*** ~ cross vault; ***finestra a*** ~ cross window.

crocifiggere /krotʃi'fiddʒere/ [14] tr. to crucify.

crocifissione /krotʃifis'sjone/ f. crucifixion (anche ART.).

crocifisso /krotʃi'fisso/ **I** p.pass. → **crocifiggere II** agg. [*Cristo*] crucified **III** m. crucifix.

croco, pl. **-chi** /'krɔko, ki/ m. BOT. crocus*.

crogiolarsi /krodʒo'larsi/ [1] pronom. *(godersi, compiacersi)* ~ ***in qcs.*** to bask *o* revel in sth.; ~ ***al sole*** to bask in sunshine; ~ ***nella nostalgia*** to wallow in nostalgia.

crogiolo /kro'dʒɔlo/ m. crucible, melting pot (anche FIG.).

croissant /krwas'san/ m.inv. croissant.

crollare /krol'lare/ [1] intr. (aus. *essere*) **1** [*muro, edificio*] to collapse, to come* (tumbling) down, to fall* down, in; [*soffitto, tetto*] to cave in; [*pila di libri*] to topple; *(sotto un peso)* [*mobile, scaffale*] to give* way **2** *(andare in rovina)* [*impero, paese*] to break* up, to crumble, to collapse **3** *(lasciarsi cadere)* ~ ***sul letto*** to fall *o* flop down on the bed; ~ ***su una poltrona*** to collapse into an armchair **4** *(stramazzare)* [*persona*] to fall* down, to collapse; ~ ***per la stanchezza, per la fatica*** to collapse with exhaustion, to flake out **5** *(cedere)* [*persona*] to break* (down), to crack, to fall* apart; ***essere sul punto di*** ~ to be close to breaking point **6** FIG. [*prezzi, valute, azioni*] to plummet, to tumble, to fall*, to plunge **7** *(essere annientato)* [*sogno, popolarità, illusione*] to founder, to crumble ♦ ~ ***dal sonno*** to be dead, asleep on one's feet; ***gli crollò il mondo addosso*** the world fell apart around him.

crollo /'krɔllo/ m. **1** *(di costruzione)* collapse; *(di soffitto, tetto)* cave-in **2** *(forte calo)* collapse, fall; *(di borsa, mercato)* crash; ***subire un*** ~ [*economia, mercato*] to experience a slump; [*partito, popolarità*] to slump; ***le azioni hanno avuto un*** ~ ***di 50 punti*** shares took a 50-point tumble **3** FIG. *(improvviso collasso)* collapse, breakdown; ***avere un*** ~ to collapse, to crack up; ~ ***nervoso*** nervous breakdown **4** *(di impero)* fall; *(di regime, sistema politico)* breakdown, (down)fall **5** FIG. *(di ideali, speranze)* collapse, crumble; *(di mito)* shattering, crumbling.

croma /'krɔma/ f. MUS. quaver BE, eighth note AE.

cromatico, pl. **-ci, -che** /kro'matiko, tʃi, ke/ agg. chromatic (anche MUS.).

cromato /kro'mato/ agg. [*oggetto*] chromium-plated.

cromatura /kroma'tura/ f. chromium plating.

cromo /'krɔmo/ **I** agg.inv. ***giallo*** ~ chrome yellow **II** m. chrome, chromium.

cromosoma /kromo'sɔma/ m. chromosome.

cromosomico, pl. **-ci, -che** /kromo'sɔmiko, tʃi, ke/ agg. chromosomal, chromosome attrib.

cromoterapia /kromotera'pia/ f. colour BE therapy, color AE therapy.

cronaca, pl. **-che** /'kronaka, ke/ f. **1** *(nella stampa)* column, page, news U; ***la ~ economica, politica*** business, political column; ***rubrica di ~ mondana*** social *o* society column; ***fatto di ~*** news item **2** RAD. TELEV. commentary; ***~ in diretta*** running commentary; ***fare la ~ di*** to commentate on [*evento sportivo*] **3** COLLOQ. *(narrazione)* account, description; ***fare la ~ di qcs.*** to give an account of sth. **4** STOR. LETT. chronicle ♦ ***per la, a titolo di ~*** for the record ♦♦ ***~ cittadina*** local news; ***~ nera*** crime news; ***~ rosa*** gossip column; ***~ sportiva*** sports diary.

cronicizzarsi /kronitʃid'dzarsi/ [1] pronom. [*malattia*] to become* chronic.

cronico, pl. **-ci**, **-che** /'krɔniko, tʃi, ke/ **I** agg. **1** [*malato, malattia*] chronic; ***i malati -ci*** the chronically sick *o* ill **2** FIG. [*problema, situazione, carenza*] chronic; [*bugiardo*] chronic, inveterate **II** m. (f. **-a**) chronic invalid.

cronista, m.pl. **-i**, f.pl. **-e** /kro'nista/ ♦ ***18*** m. e f. **1** STOR. LETT. chronicler **2** GIORN. reporter; ***~ di cronaca nera*** crime correspondent **3** RAD. TELEV. commentator ♦♦ ***~ sportivo*** sports reporter.

cronistoria /kronis'tɔrja/ f. chronicle.

cronografo /kro'nɔgrafo/ m. chronograph, stopwatch.

cronologia /kronolo'dʒia/ f. chronology.

cronologico, pl. **-ci**, **-che** /krono'lɔdʒiko, tʃi, ke/ agg. chronological; ***in ordine ~*** in chronological order *o* sequence.

cronometraggio, pl. **-gi** /kronome'traddʒo, dʒi/ m. timekeeping.

cronometrare /kronome'trare/ [1] tr. to time [*atleta, ciclista*].

cronometrico, pl. **-ci**, **-che** /krono'mɛtriko, tʃi, ke/ agg. **1** chronometric(al) **2** FIG. [*precisione, puntualità*] absolute.

cronometrista, m.pl. **-i**, f.pl. **-e** /kronome'trista/ ♦ ***18*** m. e f. timekeeper.

cronometro /kro'nɔmetro/ **I** m. **1** *(cronografo)* timer, clock, stopwatch (anche SPORT) **2** *(orologio di alta precisione)* chronometer **3** SPORT ***gara a ~*** time trial **II** f.inv. SPORT time trial.

croquet /'krɔket/ m.inv. croquet.

cross /krɔs/ m.inv. *(nel calcio)* cross; ***fare un ~*** to cross the ball.

crossare /kros'sare/ [1] intr. (aus. *avere*) *(nel calcio)* to cross the ball.

crosta /'krɔsta/ f. **1** *(di pane)* crust; *(di formaggio)* rind **2** *(strato) (di fango, ghiaccio)* crust **3** MED. crust, scab **4** COLLOQ. SPREG. *(quadro)* daub **5** GASTR. ***in ~*** in pastry ♦♦ ***~ lattea*** cradle cap; ***~ terrestre*** earth's crust.

crostaceo /kros'tatʃeo/ m. crustacean, shellfish*.

crostata /kros'tata/ f. jam tart; ***~ alla crema*** custard pie, tart.

crostino /kros'tino/ m. GASTR. **1** = slice of toast spread with butter and various ingredients **2** *(per minestre)* crouton.

crotalo /'krɔtalo/ m. ZOOL. rattlesnake.

croupier /kru'pje/ ♦ ***18*** m. inv. croupier.

crucciarsi /krut'tʃarsi/ [1] pronom. to fret (**per** over, about); to worry oneself (**per** about); to grieve (**per** for, over).

cruccio, pl. **-ci** /'kruttʃo, tʃi/ m. worry; ***essere un ~ per qcn.*** to be a trial to sb.

cruciale /kru'tʃale/ agg. crucial.

cruciverba /krutʃi'vɛrba/ m.inv. crossword (puzzle); ***fare un ~*** to do the crossword.

crudele /kru'dɛle/ agg. **1** [*persona*] cruel (**con, nei confronti di** to); merciless, ruthless, pitiless (**con, nei confronti di** to, towards) **2** [*destino, morte, mondo, ironia*] cruel; [*verità*] bitter.

crudeltà /krudel'ta/ f.inv. **1** *(l'essere crudele)* cruelty, ruthlessness, pitilessness **2** *(atto crudele)* (act of) cruelty, barbarity.

crudo /'krudo/ agg. **1** *(non cotto)* [*carne, verdure, pesce*] raw, uncooked; *(poco cotto)* [*carne*] medium-rare, underdone, undercooked; *(non lavorato)* [*seta*] raw **2** *(diretto)* [*descrizione, realismo*] raw **3** *(violento)* [*luce*] violent, stark ♦ ***la verità nuda e -a*** the naked *o* plain truth; ***la realtà nuda e -a*** the hard facts, the bald *o* stark reality.

cruento /kru'ɛnto/ agg. [*battaglia, scontro*] bloody; [*film*] bloodthirsty; [*sport*] blood attrib.

crumiro /kru'miro/ m. (f. **-a**) SPREG. strikebreaker, scab, blackleg BE; ***fare il ~*** to scab, blackleg BE.

cruna /'kruna/ f. *(di ago)* eye.

crup /krup/ m.inv. croup.

crusca /'kruska/ f. *(buccia di grano)* bran.

cruscotto /krus'kɔtto/ m. *(di auto)* dashboard, dash COLLOQ.; *(di aereo)* instrument panel.

c.s. ⇒ come sopra ditto (co.).

C.S. ⇒ Consiglio di Sicurezza Security Council.

CSI /tʃiɛsse'i/ f. (⇒ Comunità degli Stati Indipendenti Commonwealth of Independent States) CIS.

CSM /tʃiesse'ɛmme/ m. (⇒ Consiglio Superiore della Magistratura) = in Italy, superior council of judges.

C.so ⇒ corso avenue, high street BE, main street AE.

C.T. /tʃit'ti/ m. (⇒ commissario tecnico) = team manager.

Cuba /'kuba/ ♦ ***14, 33*** n.pr.f. Cuba.

cubano /ku'bano/ ♦ ***25*** **I** agg. Cuban **II** m. (f. **-a**) Cuban.

cubatura /kuba'tura/ f. *(misurazione)* cubage, cubature.

cubetto /ku'betto/ m. *(di ghiaccio)* ice-cube; *(mattoncino)* building block; ***tagliare qcs. a -i*** to cube *o* dice *o* chop sth. into cubes.

cubico, pl. **-ci**, **-che** /'kubiko, tʃi, ke/ agg. **1** [*forma*] cubic(al) **2** MAT. [*equazione*] cubic; ***radice -a*** cube root.

cubismo /ku'bizmo/ m. cubism.

cubista, m.pl. **-i**, f.pl. **-e** /ku'bista/ **I** agg. ART. cubist **II** m. e f. **1** ART. cubist **2** = person who dances on a raised platform in a discotheque.

cubitale /kubi'tale/ agg. ***caratteri -i*** block capitals; ***titolo a caratteri -i*** banner headline.

cubo /'kubo/ ♦ ***24*** **I** m. **1** MAT. cube; ***elevare un numero al ~*** to cube a number **2** *(oggetto)* cube, block **II** agg.inv. ***metro, centimetro ~*** cubic metre, centimetre.

cuccagna /kuk'kaɲɲa/ f. abundance, plenty; ***albero della ~*** = greasy pole; ***paese della ~*** Cockaigne ♦ ***che ~!*** what a feast! ***è finita la ~!*** the party's over!

cuccare /kuk'kare/ [1] **I** tr. COLLOQ. **1** *(acciuffare)* to catch*, to take* **2** *(rimorchiare)* ***hai cuccato ieri sera!*** you scored last night! **II cuccarsi** pronom. **1** *(dover sopportare)* ***-rsi qcn.*** to put up with sb. **2** *(buscarsi)* to get*, to catch* [*malattia*].

cuccetta /kut'tʃetta/ f. *(su treni)* (sleeping) berth, couchette, sleeper; *(su navi)* (sleeping) berth, bunk, cot.

cucchiaia /kuk'kjaja/ f. *(di draghe, escavatrici)* bucket, shovel.

cucchiaiata /kukkja'jata/ f. spoonful.

cucchiaino /kukkja'ino/ m. **1** (tea)spoon; *(contenuto)* spoon, teaspoonful; ***due -i di zucchero*** two spoons of sugar **2** PESC. spinner ♦ ***essere da raccogliere col ~*** to be knackered POP., to be pooped COLLOQ.

cucchiaio, pl. **-ai** /kuk'kjajo, ai/ m. spoon; *(contenuto)* spoon, spoonful ♦♦ ***~ da minestra*** soupspoon; ***~ di portata*** serving spoon; ***~ da tavola*** tablespoon.

cuccia, pl. **-ce** /'kuttʃa, tʃe/ f. *(di cane)* (dog) kennel, dog basket, doghouse AE; ***(fai la) ~! (va') a ~!*** down!

cucciolata /kuttʃo'lata/ f. *(di animali)* litter.

cucciolo /'kuttʃolo/ m. **1** *(di cane)* pup, puppy; *(di gatto)* kitten; *(di balena)* puppy; *(di foca)* pup; *(di felino, orso, lupo)* cub; ***~ di scimmia, giraffa*** baby monkey, giraffe **2** COLLOQ. *(figlioletto)* baby, pet, darling.

cucco, pl. **-chi** /'kukko, ki/ m. ***essere vecchio come il ~*** to be out of the ark, to be as old as the hills.

cucina /ku'tʃina/ f. **1** *(stanza)* kitchen; *(di navi, aerei)* galley; ***utensili da ~*** cookware, kitchenware **2** *(mobilio)* kitchen units pl., kitchen fittings pl. **3** *(fornello)* stove, cooker BE; ***~ a gas, elettrica*** gas, electric cooker, stove **4** *(arte culinaria)* cuisine, cooking, cookery BE; ***l'alta ~*** haute cuisine; ***essere bravo in ~*** to be good at cooking; ***libro di ~*** cookbook, cookery book **5** *(tradizione culinaria, cibo)* cooking, food; ***~ italiana, cinese*** Italian, Chinese cooking *o* food; ***~ casalinga*** plain *o* home cooking ♦♦ ***~ abitabile*** kitchen-diner; ***~ da campo*** MIL. cookhouse, field kitchen; ***~ componibile*** fitted kitchen.

cucinare /kutʃi'nare/ [1] tr. **1** to cook [*pasto, carne, pesce*]; ***essere bravo a ~*** to be good at cooking **2** COLLOQ. FIG. *(sistemare)* to fix.

cucinino /kutʃi'nino/, **cucinotto** /kutʃi'nɔtto/ m. kitchenette.

cucire /ku'tʃire/ [108] tr. **1** *(unire)* to sew* on, to stitch on, onto [*bottone, manica*]; to sew* (up) [*orlo*]; *(confezionare)* to tailor [*vestito*]; ***macchina da ~*** sewing machine; ***~ a macchina***

to machine(-stitch) **2** MED. to stitch, to sew* up [*ferita*] ♦ ***~ la bocca a qcn.*** to hush sb. up, to shut sb.'s mouth; ***-rsi la bocca*** to clam up, to keep under one's hat.

cucito /ku'tʃito/ **I** p.pass. → **cucire II** agg. sewn, stitched; ***~ a mano, a macchina*** hand-stitched, machine-stitched **III** m. *(attività)* sewing, needlecraft; *(lavoro)* sewing, needlework; ***forbici da ~*** sewing scissors ♦ ***ho la bocca cucita!*** my lips are sealed!

cucitrice /kutʃi'tritʃe/ ➧ *18* f. **1** *(donna)* seamstress **2** *(pinzatrice)* stapler, staple gun **3** *(per libri)* stitcher.

cucitura /kutʃi'tura/ f. **1** *(attività)* stitching, sewing; *(bordo cucito)* seam, seaming, stitching; ***senza ~*** seamless **2** *(di fogli)* stapling.

cucù /ku'ku/ **I** m.inv. **1** *(cuculo)* cuckoo **2** ***orologio a ~*** cuckoo clock **II** inter. peekaboo, bopeep; ***giocare a fare ~*** to play peekaboo.

cuculo /ku'kulo, 'kukulo/ m. cuckoo.

cuffia /'kuffja/ f. **1** *(copricapo)* bonnet; *(da infermiera)* cap **2** *(d'ascolto)* headphones pl., earphones pl., headset ♦ ***cavarsela, salvarsi per il rotto della ~*** to escape by the skin of one's teeth, to have a hair's breadth escape, to have a narrow *o* lucky escape ♦♦ ***~ da bagno*** bathing cap, swimming cap BE; ***~ da doccia*** shower cap.

cugino /ku'dʒino/ m. (f. **-a**) cousin; ***~ di primo, secondo grado*** first, second cousin.

cui /kui/ Come pronome relativo per i casi indiretti, *cui* è solitamente preceduto da una preposizione (solo la preposizione a può essere sottintesa): *il libro di cui ti ho parlato, la persona (a) cui stavo mostrando l'uscita*. Le corrispondenti frasi inglesi si possono costruire in due modi: "the book I told you about" oppure "the book about which I told you", "the person I was showing the way out to" oppure "the person to whom I was showing the way out". La prima costruzione è utilizzata nella lingua corrente, parlata e scritta, la seconda è limitata all'uso formale, soprattutto scritto. Gli esempi mostrano che *cui* si rende con *whom* quando è riferito a persone e con *which* quando è riferito a cose o animali. - Quando *cui* è usato per indicare possesso si traduce con *whose*: *l'uomo la cui auto, il cui portafoglio...* the man whose car, wallet... - *In cui* può essere usato con valore locativo o temporale, ed è reso rispettivamente da *where* e *when*: *la discoteca / il giorno in cui ci siamo conosciuti* = the disco where / the day when we met. v. anche la nota della voce **1.che.** pron.rel.inv. **1** *(riferito a persone)* whom; ***la persona di ~ parlavo*** the person of whom I spoke, the person who I told you about; ***la ragazza (a) ~ ho dato un bacio*** the girl who(m) I gave a kiss to, the girl to whom I gave a kiss; ***non avevo nessuno con ~ parlare*** I didn't have anybody to talk to **2** *(riferito a cose e animali)* which; ***il contratto di ~ ha parlato*** the contract which he's spoken about, about which he's spoken; ***il modo in ~ sono stati trattati*** the way they were treated, the manner in which they were treated; ***non ho nulla con ~ scrivere*** I have nothing to write with; ***la ragione per ~*** the reason why *o* that; ***la nazione da ~ provengo*** the country I come from, the country from which I come **3** *(per indicare possesso)* *(riferito a persone)* whose; *(riferito a cose e animali)* whose, of which; ***il ragazzo i ~ libri*** the boy whose books; ***l'uomo con la ~ figlia era sposato*** the man whose daughter he was married to **4 in cui** *(dove)* where; ***il paese in ~ vivo*** the village where I live; *(quando)* when; ***il giorno in ~*** the day when *o* that **5 per cui** *(quindi)* so, thus, therefore; ***era stanca per ~ andò a dormire*** she was tired and so went to bed **6 tra cui** ***molti soldati disertarono, tra ~ Tom*** many of the soldiers deserted, among them Tom *o* including Tom.

cul-de-sac /kulde'sak/ m.inv. cul-de-sac, blind alley.

culinaria /kuli'narja/ f. cooking, cookery BE, gastronomy FORM.

culinario, pl. **-ri**, pl. **-rie** /kuli'narjo, ri, rje/ agg. culinary; ***arte -a*** cooking, cookery.

culla /'kulla/ f. **1** *(di neonato)* cradle, crib, cot BE; ***~ portatile*** carrycot; ***dalla ~*** from the cradle; ***dalla ~ alla tomba*** from the cradle to the grave **2** FIG. *(di religione, civiltà)* cradle, birthplace.

cullare /kul'lare/ [1] **I** tr. **1** *(dondolare)* to rock, to cradle [*bambino*]; [*onde*] to rock [*barca*] **2** FIG. *(nutrire)* to cherish, to foster, to nurse [*speranza*] **II cullarsi** pronom. ***~ in*** to delude oneself in [*illusione, speranza*].

culminante /kulmi'nante/ agg. culminant; ***punto ~*** climax, high point.

culminare /kulmi'nare/ [1] intr. (aus. *essere*) to culminate (**in** in); FIG. [*inflazione, disoccupazione*] to reach its peak, to peak; [*serata, festival*] to reach its climax; ***~ in tragedia*** to end in tragedy.

culmine /'kulmine/ m. **1** *(punto più alto)* peak, summit, top **2** FIG. height, peak, climax, acme; ***è al ~ del successo*** her success is at its peak, she is at the peak of her success; ***raggiungere il ~*** [*crisi*] to reach its climax; [*carriera*] to peak.

culo /'kulo/ m. POP. **1** *(posteriore)* bottom, buttocks pl., bum BE, arse BE VOLG., ass AE VOLG. **2** *(ano)* shithole, arsehole BE VOLG., asshole AE VOLG. **3** *(fortuna)* luck; ***avere ~*** to be lucky; ***che ~ (che hai)!*** you lucky bastard! you lucky dog! what a fluke! ♦ ***essere ~ e camicia con qcn.*** to be hand in glove with sb.; ***muovi il ~!*** get off *o* shift your arse! ***in ~ alla balena!*** *(per augurare buona fortuna)* break a leg! ***avere una faccia da, di ~*** *(essere sfrontato)* to have a cheek *o* a nerve; ***fare il ~ a qcn.*** to piss on sb. BE; ***farsi il ~*** to work one's ass off *o* one's guts out; ***prendere per il ~ qcn.*** to take the piss out of sb., to bull(shit) sb., to fuck sb. about *o* around; ***stare sul ~ a qcn.*** to get up sb.'s nose; ***in ~ ai lupi*** [*casa*] in the back of beyond.

culottes /ku'lɔt/ f.pl. (French) knickers BE.

culto /'kulto/ m. **1** *(adorazione)* cult, worship; ***~ dell'eroe*** hero-worship **2** *(fede religiosa)* faith, religion; ***luogo di ~*** place of worship; ***ministro del ~*** minister of religion; ***libertà di ~*** freedom of worship *o* religion **3** *(venerazione)* cult; ***avere il ~ di qcs.*** to worship sth.; ***essere oggetto di ~*** FIG. to be an object of worship **4 (di) culto** ***un gruppo, film (di) ~*** a cult band, film ♦♦ ***~ della personalità*** cult of personality, personality cult.

cultore /kul'tore/ m. (f. **-trice** /tritʃe/) *(appassionato)* enthusiast, lover.

cultura /kul'tura/ f. **1** *(civiltà)* culture, civilization; ***~ occidentale, popolare*** Western, popular culture **2** *(insieme delle conoscenze, formazione)* culture U, education, knowledge, learning; ***di grande ~*** of vast knowledge; ***un uomo senza ~*** an uncultured man; ***farsi una ~ su qcs.*** to get to know about sth., to study sth. **3** *(agricoltura)* culture, cultivation ♦♦ ***~ fisica*** physical exercise; ***~ generale*** general knowledge; ***~ di massa*** mass culture.

culturale /kultu'rale/ agg. cultural.

culturismo /kultu'rizmo/ ➧ *10* m. body-building, physical culture.

culturista, m.pl. **-i**, f.pl. **-e** /kultu'rista/ m. e f. bodybuilder, physical culturist.

cumino /ku'mino/ m. cumin; ***semi di ~*** caraway seeds.

cumulativo /kumula'tivo/ agg. cumulative; [*effetto*] accumulative; ***biglietto ~*** *(per più destinazioni)* through ticket; *(per più persone)* group ticket.

cumulo /'kumulo/ m. **1** *(mucchio)* heap, pile, mound; *(di foglie, sabbia)* drift; ***~ di neve*** snowdrift; ***un ~ di macerie*** a pile of rubble **2** FIG. ***è un ~ di sciocchezze*** that's a load of old rubbish **3** *(accumulazione)* accumulation; ***~ degli stipendi*** = drawing several salaries concurrently **4** METEOR. cumulus*.

cuneiforme /kunei'forme/ agg. **1** cuneiform, wedge-shaped **2** [*carattere, scrittura*] cuneiform.

cuneo /'kuneo/ m. wedge (anche ARCH.).

cunetta /ku'netta/ f. **1** *(canaletto di scolo)* gutter **2** *(di strada)* dip.

cunicolo /ku'nikolo/ m. **1** *(galleria)* tunnel, underground passage **2** *(tana)* burrow.

cuocere /'kwɔtʃere/ [34] **I** tr. **1** to cook; *(al forno)* to bake [*pane, torta*]; to roast [*carne, patate*]; *(alla griglia)* to grill [*carne, pesce*]; *(al vapore)* to steam [*verdure*]; *(in umido)* to stew [*carne*] **2** TECN. to fire [*mattoni, argilla*] **II** intr. (aus. *essere*) to cook; *(al forno)* [*pane, torta*] to bake; [*carne, patate*] to roast; *(alla griglia)* [*carne, pesce*] to grill; *(in umido)* [*carne*] to stew **III cuocersi** pronom. ***-rsi al sole*** to bake ♦ ***~ nel proprio brodo*** to stew in one's own juice.

cuoco, pl. **-chi**, **-che** /'kwɔko, ki, ke/ ➧ *18* m. (f. **-a**) cook.

cuoio, m.pl. **cuoi** /'kwɔjo, 'kwɔj/ m. leather, hide; **~ grezzo** rawhide; **borsa di ~** leather bag; **"vero ~"** "genuine *o* real leather" ♦ **tirare le cuoia** to kick the bucket, to croak, to snuff it ♦♦ **~ capelluto** scalp.

cuore /'kwɔre/ ◗ *4* **I** m. **1** *(organo)* heart; **le batteva forte il ~** her heart was thudding; **essere debole di ~** to have a bad heart; **attacco di ~** heart attack; **intervento a ~ aperto** MED. open-heart surgery; **a (forma di) ~** heart-shaped, in the shape of a heart **2** *(petto)* heart, breast; **stringere qcn. al, sul ~** to clasp sb. to one's heart **3** *(sede delle emozioni)* heart; **amico del ~** bosom friend; **avere buon ~** to be all heart *o* great-hearted, to have a big heart; **dal profondo del ~** from the bottom of one's heart; **con tutto il ~** [*amare, desiderare*] with all one's heart; **in cuor mio** in my heart (of hearts); **avere il ~ infranto, a pezzi** to be heartbroken *o* broken-hearted, to have a broken heart; **affari di ~** affairs of the heart **4** *(persona)* **un ~ di coniglio** a hen-hearted person; **un cuor di leone** a lion-hearted person; **~ solitario** lonely heart **5** *(coraggio)* heart; **non ho avuto il ~ di rifiutare** I didn't have the heart to refuse **6** *(parte centrale) (di carciofo, lattuga, ecc.)* heart; *(di problema, questione)* core, heart; *(di luogo, città)* heart, centre BE, center AE; **nel ~ della notte** in the middle of the night, in the *o* at dead of night; **nel ~ dell'inverno** in the depths of winter; **nel ~ della giungla** in the heart of the jungle, deep in the jungle **7 a cuore prendere a ~ qcs.** to take sth. to heart; **prendere a ~ qcn.** to take sb. to one's bosom; **il progetto gli sta a ~** the project is dear to his heart **8 di cuore una persona di ~** a kind-hearted person; **ridere di ~** to laugh heartily **II cuori** m.pl. GIOC. *(seme)* hearts + verbo sing. o pl.; **carta di -i** heart ♦ **avere un ~ di pietra** to have a heart of stone, to be stony-hearted *o* hard-hearted *o* iron-hearted; **avere il ~ di ghiaccio** to be cold-hearted, to have a cold heart; **avere il ~ tenero** to be soft-hearted *o* tenderhearted; **aveva un ~ d'oro** to have a heart of gold; **non avere, essere senza ~** to have no heart, to be heartless; **aveva il ~ in gola** his heart was in his mouth; **parlare a ~ aperto, con il ~ in mano** to have a heart-to-heart, to wear one's heart on one's sleeve; **mi si stringe il ~ quando...** I feel a pang when...; **a cuor leggero** with a light heart, light-heartedly, carelessly; **mettersi il ~ in pace** = to resign oneself; **due -i e una capanna** love in a cottage.

cupidigia, pl. **-ge**, **-gie** /kupi'didʒa, dʒe/ f. cupidity, greed, greediness, covetousness.

cupido /'kupido/ agg. LETT. greedy, covetous.

Cupido /ku'pido/ n.pr.m. Cupid.

cupo /'kupo/ agg. **1** *(oscuro)* [*cielo*] dark, sullen, sombre BE, somber AE; [*nuvole, notte*] black; [*tempo*] gloomy; [*paesaggio*] dreary **2** *(molto scuro)* **rosso ~** deep *o* dark red **3** *(profondo)* [*voce*] hollow, cavernous **4** FIG. [*stato d'animo, disperazione*] black, dark, gloomy; [*avvenire, prospettive*] bleak, dim.

cupola /'kupola/ f. **1** ARCH. dome, cupola **2** *(di cappello)* crown **3** GERG. *(nella mafia)* = head of an organized crime mafia body.

cura /'kura/ f. **1** *(medica)* care, cure; **essere in ~ per** to be on medication for; **avere in ~ qcn.** to take care of sb.; **-e mediche** health *o* medical care, doctoring; **casa di ~** nursing home *o* institution; **~ della pelle, dei capelli** skin, hair care **2** *(terapia, trattamento)* treatment; **un ciclo di -e** a course of treatment; **~ ormonale** hormone treatment; **prescrivere una ~ a qcn.** to give sb. treatment; **fare una ~** to have treatment **3** *(impegno, accuratezza)* care, carefulness; **con (grande) ~** [*preparare, lavorare*] with (great) care, carefully; [*scegliere*] carefully **4** *(sollecitudine, premura)* **prendersi ~ di** to look after, to take care of, to care for [*persona, animale*]; to be in attendance of, to tend (to) [*paziente*]; **affidare qcs., qcn. alle -e di qcn.** to deliver *o* leave sth., sb. into sb.'s care; **~ parentale** parenting; **-e materne** mothering, motherly care **5** *(gestione)* **la ~ della casa** domestic *o* household tasks **6** LETT. *(preoccupazione)* care, worry **7 a cura di note e commenti a ~ di** notes and commentary by ♦♦ **~ di bellezza** beauty treatment; **~ dimagrante** slimming course, reducing treatment; **~ del sonno** sleep therapy.

curabile /ku'rabile/ agg. curable, treatable.

curare /ku'rare/ [1] **I** tr. **1** *(cercare di guarire)* to treat, to nurse [*persona, malattia*]; *(guarire)* to cure [*persona, malattia*] (**da** of); *(assistere)* to attend, to nurse, to tend (to) [*persona*] **2** *(occuparsi di)* to look after, to care for [*bambino, animale, casa, giardino*]; to take* care of [*abbigliamento, dettaglio*] **3** *(preparare)* to edit [*libro*] **II curarsi** pronom. **1** *(cercare di guarire)* [*persona*] to treat oneself; *(poter essere guarito)* [*malattia*] to be* treatable **2** *(avere cura)* **non -rsi del proprio aspetto** to be careless of one's appearance **3** *(interessarsi)* **non -rsi delle critiche** to ignore criticism.

curaro /ku'raro/ m. curare.

curativo /kura'tivo/ agg. curative; [*proprietà, effetto*] healing.

1.curato /ku'rato/ **I** p.pass. → **curare II** agg. [*persona*] neat, trim; [*lavoro, aspetto*] tidy, trim; [*giardino*] neat, spruce; **ha un aspetto molto ~** he's very well-groomed.

2.curato /ku'rato/ m. *(sacerdote)* curate.

curatore /kura'tore/ m. (f. **-trice** /tritʃe/) **1** DIR. *(di persona)* guardian; *(di eredità)* administrator; **~ fallimentare** receiver, insolvency expert **2** *(di un testo)* editor.

curcuma /'kurkuma/ f. curcuma, turmeric.

curdo /'kurdo/ ◗ *16* **I** agg. Kurdish **II** m. (f. **-a**) **1** *(persona)* Kurd **2** *(lingua)* Kurdish.

curia /'kurja/ f. curia.

curiosamente /kurjosa'mente/ avv. **1** *(con curiosità)* curiously **2** *(stranamente)* curiously, oddly, queerly; **~ mi hanno fatto entrare** curiously *o* oddly enough, I was let in.

curiosare /kurjo'sare/ [1] intr. (aus. *avere*) **1** *(osservare con curiosità)* **~ nei negozi** to look around *o* browse through the shops; **~ tra le pagine di un libro** to have a browse *o* to browse through a book; **~ in libreria** to have a browse in a bookshop **2** *(ficcare il naso)* to snoop around, to nose about, around.

curiosità /kurjosi'ta/ f.inv. **1** curiosity, inquisitiveness; **per pura, semplice ~** out of idle *o* pure curiosity; **morire di ~** to be burning with curiosity **2** *(oggetto)* curiosity, curio*.

curioso /ku'rjoso/ **I** agg. **1** *(desideroso di sapere)* [*persona*] curious; [*mente*] inquisitive; **~ di sapere come, perché** curious *o* intrigued to know how, why **2** *(indiscreto)* [*persona*] curious, inquisitive, nosy, prying **3** *(strano)* curious, odd, strange, queer; **per una -a coincidenza** by a strange coincidence **II** m. (f. **-a**) *(persona indiscreta)* curious person, inquisitive person, nosy parker SPREG.; *(passante, spettatore)* onlooker, sightseer, bystander.

curiosone /kurjo'sone/ m. (f. **-a**) COLLOQ. prier, rubberneck.

curricolo /kur'rikolo/, **curriculum** /kur'rikulum/ m. **1** *(biografia)* curriculum* vitae, CV, cv, résumé AE **2** *(programma di insegnamento)* curriculum*.

curry /'karri/ m.inv. curry (powder); **pollo al ~** chicken curry.

cursore /kur'sore/ m. **1** MECC. INFORM. cursor **2** EL. slider.

curva /'kurva/ f. **1** curve (anche MAT.); **descrivere una ~** to curve; **~ ascendente, discendente** rising, falling graph **2** *(di strada)* bend, corner; **~ a destra, sinistra** right-hand, left-hand bend, bend to the right, to the left; **prendere una ~** to go around a bend; **sorpassare in ~** to overtake on a bend; **una strada piena di** o **tutta -e** a bendy road **3** *(forme)* **tutta -e** [*donna*] curvy, curvaceous SCHERZ. **4** SPORT = in a stadium, the places behind the goals; the fans who usually sit behind the goals ♦♦ **~ a gomito** AUT. hairpin bend, dogleg, U-bend; **~ a S** AUT. double bend, S-bend.

curvare /kur'vare/ [1] **I** tr. **1** *(piegare)* to bend* [*sbarra*]; to bend* (down), to bow [*ramo*] **2** *(incurvare, chinare)* to hump [*schiena*] **II** intr. (aus. *avere*) **1** *(essere curvo)* [*strada*] to bend*, to curve **2** *(girare)* [*auto*] to corner, to turn **III curvarsi** pronom. *(incurvarsi)* [*anziano*] = to become bent with age; [*ramo*] to bend*.

curvatura /kurva'tura/ f. **1** *(piegatura)* curvature, bending **2** *(di volta, arco)* arching **3** MECC. camber.

curvilineo /kurvi'lineo/ **I** agg. curvilinear **II** m. *(strumento)* (drawing) curve.

curvo /'kurvo/ agg. **1** [*linea*] curved, crooked **2** *(incurvato)* [*persona*] bent, stooping; [*schiena*] bowed; **avere le spalle -e** to have round *o* stooping shoulders, to be round-shouldered; **camminare ~** to walk with a stoop.

cuscinetto /kuʃʃi'netto/ **I** m. **1** *(per timbri)* pad; *(puntaspilli)* pincushion **2** TECN. bearing **3** *(rigonfiamento)* **~ di grasso, adiposo** roll of fat **4** FIG. buffer **II** agg.inv. **stato ~** buffer state ♦ **fare da ~** to act as a buffer ♦♦ **~ a sfere** ball bearing.

cuscino /kuʃ'ʃino/ m. *(guanciale)* pillow; *(di divano)* cushion ♦♦ **~ d'aria** TECN. air cushion.

cuspide /'kuspide/ f. **1** ANAT. MAT. ASTR. cusp **2** *(di freccia, lancia)* head **3** ARCH. spire, cusp.

custode /kus'tɔde/ ♦ *18* **I** m. e f. **1** keeper, custodian; *(di museo, parcheggio)* attendant; *(di scuola)* porter, caretaker BE **2** *(portinaio)* doorkeeper, door porter **3** *(protettore)* guardian **II** agg. ***angelo ~*** guardian *o* ministering angel.

custodia /kus'tɔdja/ f. **1** keeping, custody FORM.; ***dare, affidare qcs. in ~ a qcn.*** to put sth. in sb.'s keeping, to entrust sth. to sb. for safekeeping; ***agente di ~*** prison officer BE, prison guard AE **2** DIR. custody, guardianship, wardship; ***ottenere la ~ dei figli*** to be granted custody of one's children; ***essere in ~ cautelare*** [*imputato*] to be on remand, to be remanded in custody **3** *(astuccio, fodero)* *(di occhiali, strumento)* case; *(di macchina fotografica)* camera bag, camera case; *(di disco)* sleeve, jacket AE; *(di libro)* slipcase.

custodire /kusto'dire/ [102] tr. **1** *(conservare)* to guard, to take* care of [*oggetto*]; to keep* [*libro, lettera, denaro*]; to keep*, to guard [*segreto*]; ***~ gelosamente*** to treasure, to enshrine [*ricordo*] **2** *(sorvegliare)* [*persona, poliziotto*] to guard [*luogo, prigioniero*]; [*persona*] to look after, to watch [*bambino, malato*]; ***parcheggio custodito*** supervised *o* attended car park.

cutaneo /ku'taneo/ agg. cutaneous, skin attrib.

cute /'kute/ f. cutis*, skin.

cuticola /ku'tikola/ f. ANAT. BOT. cuticle.

cutrettola /ku'trettola/ f. (yellow) wagtail.

cutter /'katter/ m.inv. cutter (anche MAR.).

CV, C.V. ⇒ cavallo vapore horsepower (hp).

c.v.d. ⇒ (come volevasi dimostrare quod erat demonstrandum) QED.

cyclette® /si'klɛt/ f.inv. exercise bicycle.

d

d, D /di/ m. e f.inv. *(lettera)* d, D.

da /da/ prep. (artcl. **dal, dallo, dalla, dall'**; pl. **dai, da'** ANT., **dagli, dalle**) **1** *(moto da luogo, origine, provenienza, distanza)* from; ***il treno ~ Roma*** the train from Rome; ***da dove vieni?*** where are you from? ***viene, arriva ~ Taiwan*** he's from Taiwan; ***dalla finestra si vede...*** from the window, one can see...; ***arrivare ~ destra*** to come from the right; ***non è lontano ~ qui*** it's not far from here; ***a due chilometri dal mare*** two kilometres from the seaside **2** *(moto per luogo)* through; ***passare ~ Milano*** to pass through Milan; ***per andare a Roma passo ~ Firenze*** to get to Rome, I go via *o* by *o* through Florence; ***passare dalla finestra*** to pass through the window **3** *(stato in luogo)* at; ***~ qcn.*** *(a casa di)* at sb.'s (place); ***dal dottore, dal barbiere*** at the doctor's, barber's; ***"~ Mario"*** *(su un'insegna)* "Mario's" **4** *(moto a luogo)* ***andare dal dottore*** to go to the doctor's; ***vado ~ Isa*** I'm going to Isa's **5** *(tempo) (inizio)* since; ***~ allora*** since then; ***sono qui ~ lunedì*** I've been here since Monday; ***abito qui dal 1° maggio*** I've been living here since 1st May; ***~ quando siamo arrivati*** ever since we arrived **6** *(tempo) (durata)* for; ***~ due ore*** for two hours; ***studio inglese ~ due anni*** I've studied English for two years; ***non si vedevano ~ 6 anni*** they hadn't seen each other for 6 years **7 da... a** from... to; ***~ destra a sinistra*** from right to left; ***~ martedì a sabato*** from Tuesday to Saturday; ***lavorare dalle 9 alle 5*** to work from 9 till *o* to 5 **8** *(complemento d'agente, di causa efficiente, mezzo)* by; ***scritto ~ Poe*** written by Poe; ***rispettato ~ tutti*** respected by all; ***la riconosco dalla camminata*** I know her by her walk **9** *(causa)* with, for; ***tremare dal freddo*** to shiver with cold; ***sbellicarsi dalle risa*** to scream with laughter; ***saltare dalla gioia*** to jump for joy **10** *(fine, scopo, utilizzo)* ***cappello ~ cowboy*** cowboy hat; ***abito ~ sera*** evening dress **11** *(valore, misura)* ***una banconota ~ dieci sterline*** a ten-pound note; ***una lampadina ~ 60 watt*** a 60-watt light bulb **12** *(qualità)* ***un uomo dai capelli scuri, dagli occhi verdi*** a dark-haired, green-eyed man, a man with dark hair, green eyes **13** *(come)* like; *(nella funzione di, con il ruolo di)* as; ***te lo dico ~ amico*** I'll tell you as a friend; ***travestirsi ~ pirata*** to dress up as a pirate; ***comportarsi ~ vigliacco*** to act like a coward; ***non è ~ lui*** it's not like him *o* unlike him; ***~ bambino giocavo a calcio*** when I was a child I used to play football **14** *(limitazione)* in; ***cieco ~ un occhio*** blind in one eye **15** *(davanti a verbo all'infinito)* ***non ho più niente ~ dire*** I have nothing more to say; ***c'è ancora molto ~ fare*** a lot remains to be done; ***la casa è ~ affittare*** the house is to let; ***dare ~ bere a qcn.*** to give sb. a drink **16** *(con valore consecutivo)* ***essere così ingenuo ~ fare*** to be foolish enough to do; ***saresti così gentile ~ fare*** would you be so kind as to do.

dabbasso /dab'basso/ avv. down below, downstairs; ***scendi ~*** come downstairs.

dabbenaggine /dabbe'naddʒine/ f. credulity, gullibility, foolishness.

dabbene /dab'bɛne/ agg.inv. decent, honest, respectable.

daccapo /dak'kapo/ avv. *(di nuovo)* over again; *(da principio)* from the beginning; ***ricominciare ~*** to start afresh *o* all over again, to begin anew; ***(ci) siamo ~*** COLLOQ. there you go again.

dadaismo /dada'izmo/ m. dadaism.

dado /'dado/ m. **1** *(da gioco)* dice*, die*; ***giocare a -i*** to dice; ***i -i sono truccati*** the dice are loaded **2** GASTR. cube; ***~ da, per brodo*** stock-cube; ***tagliare a -i*** to cube, to dice ♦ ***il ~ è tratto*** the die is cast.

daffare /daf'fare/ m.inv. activity, work; ***abbiamo avuto un bel ~!*** we had a real job on there! ***avere un gran ~*** to be very busy, to have a lot on one's plate; ***darsi un gran ~*** to get busy.

Dafne /'dafne/ n.pr.f. Daphne.

dagherrotipo /dager'rɔtipo/ m. daguerreotype.

Daghestan /dages'tan/ n.pr.m. Dagestan.

1.dagli /'daʎʎi/ → **da.**

2.dagli /'daʎʎi/ inter. ***~ al ladro!*** stop thief! ***e ~!*** not again!

1.dai /dai/ → **da.**

2.dai /dai/ inter. come on ♦ ***~ e ~*** by dint of insisting.

daino /'daino/ m. fallow deer*; *(maschio)* buck; *(femmina)* doe; *(pellame)* deerskin.

dal /dal/ → **da.**

dalia /'dalja/ f. dahlia.

dall' /dal/, **dalla** /'dalla/, **dalle** /'dalle/ → **da.**

dalli /'dalli/ → **2.dagli.**

dallo /'dallo/ → **da.**

dalmata, m.pl. **-i**, f.pl. **-e** /'dalmata/ ▶ ***30*** **I** agg. dalmatian, Dalmatian **II** m. e f. *(persona)* dalmatian, Dalmatian **III** m.inv. *(cane)* dalmatian, Dalmatian.

Dalmazia /dal'matsja/ ▶ ***30*** n.pr.f. Dalmatia.

daltonico, pl. **-ci, -che** /dal'tɔniko, tʃi, ke/ **I** agg. colour blind BE, color blind AE **II** m. (f. **-a**) daltonian.

daltonismo /dalto'nizmo/ ▶ ***7*** m. daltonism, colour blindness BE, color blindness AE.

d'altronde → **altronde.**

dama /'dama/ ▶ ***10*** f. **1** *(nobildonna)* lady **2** *(nel ballo)* partner **3** GIOC. draughts BE + verbo sing., chequers BE, checkers AE + verbo sing.; *(pedina)* king ♦♦ ***~ di compagnia*** (paid) companion; ***~ di corte*** lady-in-waiting.

damascato /damas'kato/ agg. ***tessuto ~*** damask cloth.

damaschinare /damaski'nare/ [1] tr. to inlay [*spada*].

damasco, pl. **-schi** /da'masko, ski/ m. TESS. TECN. damask.

Damasco /da'masko/ ▶ ***2*** n.pr.f. Damascus.

damerino /dame'rino/ m. dandy, fop SPREG.

damigella /dami'dʒɛlla/ f. damsel ♦♦ ***~ d'onore*** bridesmaid, maid of honour.

damigiana /dami'dʒana/ f. demijohn.

Damocle /'damokle/ n.pr.m. Damocles.

DAMS /dams/ m. UNIV. (⇒ Discipline delle Arti, della Musica, dello Spettacolo) = in Italy, faculty of arts, music and performing arts.

danaro /da'naro/ → **denaro.**

danaroso /dana'roso/ agg. moneyed, wealthy, rich.

da

- La preposizione *da* può avere in inglese equivalenti diversi quali *at, by, for, from, in, like, since, through, to* e *with*; per scegliere la forma corretta è pertanto necessario stabilire innanzitutto se *da* si riferisce allo spazio, al tempo o ad altro, e se è inteso in senso proprio o figurato. La struttura della voce e gli esempi aiuteranno nella scelta, anche se bisogna tenere presente che:
  a) come preposizione di luogo, *da* si traduce in inglese in modi diversi in quanto può introdurre il moto da luogo (*la pioggia che cade dal cielo* = rain falling from the sky), lo stato in luogo (*è da Sheila* = he's at Sheila's) e il moto a luogo (*vado da Sheila* = I'm going to Sheila's);
  b) come preposizione di tempo, *da* si traduce in inglese in modi diversi in quanto può introdurre un momento preciso nel tempo (*dalle 2 del mattino* = since 2 am) o un periodo di tempo (*da due ore* = for two hours) (si veda sotto la sezione *Da* e la forma di durata);
  c) la medesima espressione *da... a...* = from... to... può dare un'indicazione di spazio oppure di tempo: *da Milano a Torino* = from Milan to Turin, *dalle 9 alle 11* = from 9 to 11.

***Da* e la forma di durata**

- *Da* introduce le espressioni di tempo nella cosiddetta forma di durata (*duration form*), e si traduce con *since* quando si indica un momento preciso nel tempo e con *for* quando si indica un periodo di tempo:

la conosco dal 1997	=	I have known her since 1997
la conosco da cinque anni	=	I have known her for five years.

  Si noti che la forma di durata non è contraddistinta solo dall'uso della preposizione di tempo ma anche dalla forma verbale, che in italiano è semplice mentre in inglese è composta:

sta piovendo da un'ora / dalle 3	=	it has been raining for an hour / since 3 o'clock
lavorava con noi dal 1975	=	he had worked with us since 1975.

- Il momento preciso nel tempo introdotto dalla preposizione *da* e reso in inglese con *since* può essere espresso mediante espressioni avverbiali o frasi:

dal 1901	=	since 1901
dal 15 dicembre	=	since December 15th
dall'inizio di marzo	=	since the beginning of March
da quando siamo arrivati	=	ever since we arrived.

- Il periodo di tempo introdotto dalla preposizione *da* è reso in inglese con *for* può essere espresso mediante espressioni avverbiali:

da cent'anni	=	for a hundred years
da tre mesi	=	for three months
da alcune ore	=	for a few hours.

  Ricordando che la forma di durata richiede in inglese un verbo composto, e che la preposizione *for* può esprimere il valore temporale di *da* ma anche quello di *per*, si noti che una frase come *I've studied English for seven years* è la traduzione di *studio l'inglese da sette anni* (e lo sto studiando ancora), mentre *I studied English for seven years* traduce *ho studiato l'inglese per sette anni* (e adesso non lo studio più).

- *Da* introduce gli interrogativi con valore temporale *da quando?* e *da quanto (tempo)?*, che si traducono rispettivamente con *since when?* (perché si chiede il momento preciso di tempo) e *how long?* (perché si chiede il periodo di tempo):

"da quando vai all'università?" "dallo scorso ottobre"	=	"since when have you attended university?" "since last October"
"da quanto (tempo) abita all'estero?" "da sei mesi"	=	"how long has he lived abroad?" "for six months".

***Da* in unità lessicali**

- La preposizione *da* viene usata in italiano davanti a verbi all'infinito o a sostantivi per creare espressioni che hanno funzione aggettivale e accompagnano dei nomi; gli equivalenti inglesi di tali unità lessicali complesse sono il più delle volte nomi composti, spesso costituiti da una forma in *-ing*:

gomma da masticare	=	chewing gum
macchina da cucire	=	sewing machine
macchina da scrivere	=	typewriter
bastone da passeggio	=	walking stick
ferro da calza	=	knitting needle
rete da pesca	=	fishing net
sala da pranzo	=	dining room
armi da fuoco	=	fire arms
asciugacapelli da viaggio	=	travel hairdrier
camera da letto	=	bedroom
cavallo da corsa	=	racehorse / racing horse
cibo da asporto	=	take-away food
ferro da stiro	=	iron
occhiali da sole	=	sunglasses
vestito da sera	=	evening dress.

- Un'analoga costruzione aggettivale viene utilizzata in inglese per rendere espressioni italiane con *da* che introducono un valore numerico o una caratteristica:

una banconota da 20 euro	=	a twenty-euro note
un assegno da 1000 dollari	=	a 1000-dollar cheque
una ragazza dagli occhi verdi	=	a green-eyed girl
una bambina dai capelli rossi	=	a red-haired child.

***Da* dopo altre preposizioni, aggettivi o verbi**

- La preposizione *da* può seguire altre preposizioni, aggettivi o verbi; come mostrano gli esempi qui sotto, anche se il più delle volte *da* si rende con *from*, è opportuno verificarne la traduzione consultando le corrispondenti voci:

fuori dalla gabbia	=	out of the cage
lontano da casa	=	far from home
diverso dal mio	=	different from mine
libero da obblighi	=	free from obligations
astenersi dall'alcol	=	to abstain from alcohol
cominciare dall'inizio	=	to start from the beginning
esonerare dal servizio militare	=	to exempt from military service
guardarsi dai falsi amici	=	to beware of false friends
nascere da genitori poveri	=	to be born of poor parents
trattenersi dal fare qualcosa	=	to keep / stop oneself from doing something.

dancing /'dɛnsing/ m.inv. ballroom, dance hall.

dande /'dande/ f.pl. *(per bambini)* leading strings, harness sing.

dandy /'dɛndi/ m.inv. dandy.

danese /da'nese/ ➧ ***25, 16*** **I** agg. Danish **II** m. e f. Dane **III** m. **1** *(lingua)* Danish **2** *(cane)* Great Dane.

Daniele /da'njɛle/ n.pr.m. Daniel.

Danimarca /dani'marka/ ➧ ***33*** n.pr.f. Denmark.

dannare /dan'nare/ [1] **I** tr. LETT. to damn **II dannarsi** pronom. **1** LETT. to be* damned **2** COLLOQ. *(affaticarsi)* to strive* ♦ ***-rsi l'anima per qcs.*** to sell one's soul for sth.; ***fare ~ qcn.*** COLLOQ. to drive sb. mad, to try sb.'s patience.

dannatamente /dannata'mente/ avv. damn(ed), devilishly.

dannato /dan'nato/ **I** p.pass. → **dannare II** agg. **1** *(condannato)* damned; ***anime -e*** lost souls **2** COLLOQ. *(maledetto)* ***questa -a macchina!*** this damn(ed) *o* bloody car! **3** *(terribile)* [*tempo*] dreadful, rotten, beastly **III** m. (f. **-a**) RELIG. damned soul; ***i -i*** the damned ♦ ***soffrire come un ~*** to suffer horribly; ***lavorare come un ~*** to work like the devil.

dannazione /dannat'tsjone/ **I** f. damnation; ***quei bambini sono la mia ~*** those children will be the death of me **II** inter. damnation, damn, blast.

danneggiare /danned'dʒare/ [1] tr. *(ledere)* to damage [*oggetto*]; to damage, to harm, to spoil* [*raccolto*]; to damage, to endanger, to injure [*reputazione*]; *(nuocere a)* to cause damage to, to damage, to impair [*salute*].

danneggiato /danned'dʒato/ **I** p.pass. → **danneggiare II** agg. damaged **III** m. (f. **-a**) injured party.

danno /'danno/ **I** m. damage **U** (anche DIR.); *(a persona)* harm, injury; ***fare, causare -i*** to do, cause damage; ***subire un ~*** to come to harm; ***i -i del gelo, dell'acqua*** frost, water damage **II danni** m.pl. *(indennizzo)* damages; ***citare per -i*** to sue for damages; ***chiedere (il risarcimento de)i -i*** to claim for damages ♦ ***aggiungere la beffa al ~*** to add insult to injury ♦♦ ***~ materiale*** damage to property; ***~ morale*** moral damages.

dannoso /dan'noso/ agg. [*effetti*] harmful, damaging; [*sostanza*] noxious; ***essere ~ per*** to be detrimental to [*persona, ambiente*]; to be injurious to [*economia*]; ***fumare è ~ per la salute*** smoking is bad for your health.

dantesco, pl. **-schi**, **-sche** /dan'tesko, ski, ske/ agg. Dantean, Dantesque, Dante attrib.

Danubio /da'nubjo/ ➧ *9* n.pr.m. Danube.

danza /'dantsa/ f. *(attività)* dancing; *(singolo ballo)* dance ♦♦ ***~ classica*** ballet; ***~ macabra*** Dance of Death; ***~ moderna*** modern dance; ***~ del ventre*** belly dance.

danzante /dan'tsante/ agg. ***serata ~*** dance.

danzare /dan'tsare/ [1] **I** intr. (aus. *avere*) to dance **II** tr. to dance [*valzer*].

danzatore /dantsa'tore/ ➧ *18* m. (f. **-trice** /tritʃe/) dancer.

dappertutto /dapper'tutto/ avv. everywhere, all over (the place).

dappoco /dap'pɔko/ agg.inv. ANT. [*persona*] worthless, useless; [*cosa*] worthless, trivial.

dappresso /dap'prɛsso/ avv. ANT. **1** *(vicino)* near, nearby **2** *(da vicino)* closely.

dapprima /dap'prima/ avv. at first.

Dardanelli /darda'nɛlli/ n.pr.m.pl. ***i ~*** the Dardanelles.

dardo /'dardo/ m. dart, arrow.

1.dare /'dare/ [7] **I** tr. **1** *(consegnare)* to give*; ***~ qcs. a qcn.*** to give sth. to sb., to give sb. sth.; ***darei qualsiasi cosa per, per fare*** I'd give anything for, to do **2** *(impartire)* to issue, to lay* down [*ordini*]; to give*, to issue [*istruzioni*]; to give* [*lezioni*] **3** *(infliggere)* ***gli hanno dato sei anni*** he got six years **4** *(attribuire)* ***quanti anni mi dai?*** how old do you think I am? ***le danno 40 anni*** she passes for 40 **5** *(assegnare)* to give*, to present [*premio*]; to set* [*compiti*] **6** *(causare)* to give* [*piacere, soddisfazione*] **7** *(infondere)* to give* [*coraggio*] **8** *(porgere)* ***~ il braccio a qcn.*** to give sb. one's arm; ***~ la mano a qcn.*** to shake hands with sb., to shake sb.'s hand **9** *(concedere)* to grant [*autorizzazione*]; ***~ a qcn. il permesso di fare*** to give permission for sb. to do, to give sb. permission to do **10** *(al cinema)* to show* [*film*]; *(a teatro)* to put* on [*rappresentazione*]; ***lo danno al Rex*** it's on at the Rex; ***a che ora danno la partita?*** *(in TV)* what time is the match on? **11** *(organizzare)* to give* [*cena*]; to give*, to have* [*festa*] **12** *(augurare)* ***~ il benvenuto a qcn.*** to welcome sb., to bid sb. welcome; ***~ il buongiorno a qcn.*** to bid sb. good morning **13** *(considerare)* ***i sondaggi danno il partito laburista in testa*** the polls give Labour a lead **14** *(produrre)* [*pianta, terreno*] to bear*, to yield [*frutti*]; ECON. to bear*, to yield, to return [*profitto*] **15** *(rivolgersi)* ***~ dello stupido, del bugiardo a qcn.*** to call sb. stupid, a liar **16 dare da** ***~ da bere a qcn.*** to give sb. a drink; ***~ da mangiare a qcn.*** to feed sb. **17 darle** ***darle di santa ragione a qcn.*** to thrash the living daylights out of sb., to give sb. a good thrashing **II** intr. (aus. *avere*) **1** *(affacciarsi)* ***~ su*** [*camera, finestra*] to overlook, to look onto, to face [*mare, strada*] **2** *(tendere)* ***~ sul verde*** to be greenish **III darsi** pronom. **1** *(dedicarsi)* to devote oneself, to give* oneself; ***-rsi alla politica*** to go in for politics; ***-rsi al bere*** *(abbandonarsi)* to take to drink **2** *(concedersi)* ***-rsi a un uomo*** to give oneself to a man **3** *(scambiarsi)* ***-rsi dei baci*** to kiss (one another); ***-rsi dei colpi*** to exchange blows ♦ ***~ addosso a qcn.*** to go on *o* get at sb., to come down on sb.; ***darci dentro*** to put one's back into it; ***darsela a gambe*** to cut and run, to take to one's heels; ***può -rsi*** maybe, perhaps; ***-rsi da fare*** *(sbrigarsi)* to get a move on, to get cracking; *(adoperarsi)* to try hard, to get busy COLLOQ.; ***-rsi malato*** to report sick; ***-rsi per vinto*** to give up.

2.dare /'dare/ m. debit; ***il ~ e l'avere*** debit and credit.

darsena /'darsena/ f. (wet) dock.

darwiniano /darvi'njano/ agg. Darwinian.

darwinismo /darvi'nizmo/ m. Darwinism.

darwinista, m.pl. **-i**, f.pl. **-e** /darvi'nista/ **I** agg. Darwinian **II** m. e f. Darwinist.

data /'data/ f. date; ***apporre la ~ a*** to date [*lettera*]; ***in ~ futura*** at a *o* some future date, at a later date ♦ ***un amico di vecchia*** *o* ***lunga ~*** a friend of long standing, an old friend ♦♦ ***~ di nascita*** date of birth; ***~ di scadenza*** use-by date, expiry date BE, expiration date AE; *(di alimenti)* sell-by date.

data base, **database** /data'beiz/ m.inv. database.

datare /da'tare/ [1] **I** tr. **1** *(apporre una data a)* to date [*lettera*]; ***la lettera non è datata*** the letter is undated **2** *(attribuire una data a)* to date [*oggetto*] **II** intr. (aus. *essere*) to date from, to date back; ***a ~ da oggi*** as from *o* of today, (beginning) from today.

datario, pl. **-ri** /da'tarjo, ri/ m. **1** *(timbro)* date stamp **2** *(di orologi)* calendar.

datato /da'tato/ **I** p.pass. → **datare II** agg. [*vestito, modello*] dated; [*metodo, teoria*] outworn.

datazione /datat'tsjone/ f. dating; ***~ al carbonio (14)*** (radio)carbon dating.

dativo /da'tivo/ m. dative.

1.dato /'dato/ **I** p.pass. → **1.dare II** agg. **1** *(determinato)* [*quantità, numero*] given, certain; ***a un ~ momento*** at a given moment; ***un ~ giorno*** a certain day **2** *(considerato)* ***-e le circostanze*** in *o* under the circumstances; ***-a la natura del fenomeno*** given the nature of the phenomenon **3** *(possibile)* ***~ e non concesso che...*** even supposing that... **4 dato che** seeing that, given that, since, as.

2.dato /'dato/ m. **1** *(elemento noto)* fact, element; ***-i demografici, statistici*** demographic, statistical data **2** INFORM. datum, data item; ***elaborare -i*** to process data; ***banca -i*** data bank ♦♦ ***~ di fatto*** fact; ***-i anagrafici*** personal data.

datore /da'tore/ m. (f. **-trice** /tritʃe/) ***~ di lavoro*** employer.

dattero /'dattero/ m. date; ***palma da -i*** date (palm).

dattilografare /dattilogra'fare/ [1] tr. to type, to typewrite* FORM.

dattilografia /dattilogra'fia/ f. typewriting, typing.

dattilografo /datti'lɔgrafo/ ➧ *18* m. (f. **-a**) typist.

dattiloscritto /dattilos'kritto/ **I** agg. typewritten, typed **II** m. typescript.

davanti /da'vanti/ **I** avv. **1** in front; *(dall'altra parte)* opposite; *(più avanti)* ahead; ***"dov'è la posta?" - "ci sei proprio ~"*** "where's the post office?" - "you're right in front of it"; ***toglimelo da ~*** get him out of my sight **2** *(nella parte anteriore)* ***proprio ~*** at the very front; ***sedere ~*** *(al cinema)* to sit at the front; *(in macchina)* to sit in the front **3 davanti a** *(di fronte a)* in front of, before; *(fuori da)* outside; ***sedeva ~ a me*** *(dando le spalle)* he was sitting in front of me; *(di fronte)* he was sitting opposite me; ***ci sono passati ~ in macchina*** they passed us by in their car; ***guardare dritto ~ a sé*** to look straight ahead; ***troviamoci ~ al teatro*** let's meet outside the theatre; ***proprio ~ ai nostri occhi*** in front of *o* before our very eyes; ***giuro ~ a Dio*** I swear to God; ***~ al notaio*** before a notary **II** agg.inv. [*denti, ruote*] front; ***zampe ~*** front paws, forepaws **III** m.inv. front; ***sul ~*** at the front.

davanzale /davan'tsale/ m. windowsill, window ledge.

David /'david/, **Davide** /'davide/ n.pr.m. David.

davvero /dav'vero/ avv. really, indeed; ***una casa ~ bella*** a really nice house; ***siamo ~ grati per...*** we are very grateful indeed for...; ***no ~!*** not at all! ***pensi ~ che...?*** do you really think...? ***l'ha fatto ~!*** he really did do it! ***"ho baciato Lia" - "~?"*** "I kissed Lia" - "did you really?".

day-hospital /dei'ɔspital/ m.inv. outpatients' clinic, ambulatory care AE.

dazio, pl. **-zi** /'dattsjo, tsi/ m. **1** *(imposta)* duty, toll; ***pagare il ~, mettere un ~ su qcs.*** to pay duty, put duty on sth.; ***esente da ~*** duty-free **2** *(ufficio)* customs house, tollhouse ♦♦ ***~ doganale*** customs duty.

d.C. ⇒ dopo Cristo Anno Domini (AD).

DC /dit'tʃi/ f. STOR. (⇒ Democrazia Cristiana) = Christian Democrat Party.

dea /'dɛa/ f. goddess.

deambulatore /deambula'tore/ m. walking frame.

debellare /debel'lare/ [1] tr. to defeat, to crush down [*nemico*]; to eradicate [*malattia*].

debilitante /debili'tante/ agg. debilitating, wasting.

debilitare /debili'tare/ [1] **I** tr. to debilitate, to weaken **II debilitarsi** pronom. to weaken, to grow* weak, to become* weak.

debitamente /debita'mente/ avv. duly; ***ti ho ~ avvertito*** I gave you due warning; ***un modulo ~ compilato*** a form properly *o* correctly filled in.

1.debito /'debito/ m. **1** *(importo dovuto)* debt; ***avere un ~ di 80 euro*** to be 80 euros in debt; ***essere in ~*** to be in debt, to have debts; ***avere un ~ con qcn.*** to be in debt to sb.; ***fare -i*** to run up debts **2** AMM. ECON. debit; ***segnare una somma a ~ di un conto*** to debit a bank account with a sum **3** *(obbligo morale)* debt, obligation; ***essere in ~ con qcn.*** to be under obligation to sb.; ***avere un ~ di riconoscenza verso qcn.*** to owe sb. a debt of gratitude ♦♦ ***~ estero*** foreign debt; ***~ nazionale*** national debt; ***~ d'onore*** debt of honour; ***~ pubblico*** public debt.

2.debito /'debito/ agg. *(opportuno)* due, proper, right; ***a tempo ~*** duly, in due time *o* course; ***prendere le -e precauzioni*** to exercise due *o* proper care.

debitore /debi'tore/ **I** agg. ***essere ~ di qcs. a qcn.*** to owe sth. to sb. (anche FIG.); ***ti sarò per sempre ~*** I'm forever in your debt **II** m. (f. **-trice** /tritʃe/) debtor.

debole /'debole/ **I** agg. **1** *(privo di forza)* weak, feeble (anche FIG.); ***ho la vista ~*** my eyes are weak, I am weak-sighted *o* weak-eyed; ***essere ~ di cuore*** to have a bad *o* weak heart; ***~ di mente*** EUFEM. weak- *o* feeble-minded; ***il sesso ~*** IRON. SCHERZ. the weaker sex **2** ECON. [*mercati*] weak, soft; ***moneta ~*** soft currency, token money **3** *(privo di resistenza)* [*struttura*] weak, frail **4** *(privo di intensità)* [*luce*] weak, dim, feeble; [*suono*] weak, feeble **5** *(poco convincente)* [*scuse, teoria*] weak, feeble, flabby; [*protesta*] faint **6** *(carente)* ***è ~ in francese*** he's weak in *o* at French; ***punto ~*** weak link *o* point *o* spot **7** *(delicato)* [*stomaco, salute*] delicate, weak **8** *(privo di fermezza)* ***essere ~ di carattere*** to have a weak character, to be weak-kneed; ***essere ~ con qcn.*** to be soft on sb. **II** m. e f. *(persona)* weak person **III** m. *(inclinazione, simpatia)* weakness, liking; ***avere un ~ per qcs.*** to be partial for sth.; ***avere un ~ per qcn.*** to have a soft spot for sb.

debolezza /debo'lettsa/ f. **1** *(di persona, arti)* weakness, feebleness; *(di salute)* delicacy, debility; *(di vista)* weakness, poorness **2** ECON. weakness, sickness **3** *(di struttura)* weakness, frailty **4** *(di luce)* weakness, dimness; *(di suono)* weakness, faintness **5** *(di carattere, logica, teoria, trama)* weakness **6** *(difetto)* weakness, failing, defect ♦ ***in un momento di ~*** in a moment of weakness, in a weak *o* an unguarded moment.

debolmente /debol'mente/ avv. *(senza energia)* [*protestare*] weakly; *(con poca intensità)* [*illuminare*] dimly, faintly.

debordare /debor'dare/ [1] intr. (aus. *avere*) [*liquido*] to overflow.

debosciato /deboʃ'ʃato/ **I** agg. debauched **II** m. (f. **-a**) debauchee.

debuttante /debut'tante/ **I** m. e f. beginner, novice **II** f. debutante, deb COLLOQ.

debuttare /debut'tare/ [1] intr. (aus. *avere*) [*attore, cantante*] to make* one's debut; ***~ in società*** [*ragazza*] to come out.

debutto /de'butto/ m. **1** *(esordio)* debut **2** *(ingresso)* ***~ in società*** coming-out, debut.

decade /'dɛkade/ f. ten-day period; ***la prima ~ del mese*** the first ten days of the month.

decadente /deka'dɛnte/ **I** agg. **1** *(in declino)* decadent **2** LETTER. decadent, Decadent **II** m. e f. Decadent.

decadentismo /dekaden'tizmo/ m. = decadent movement.

decadentista, m.pl. **-i**, f.pl. **-e** /dekaden'tista/ m. e f. Decadent.

decadenza /deka'dɛntsa/ f. **1** *(di civiltà, impero)* decay, decline **2** DIR. forfeiture.

decadere /deka'dere/ [26] intr. (aus. *essere*) **1** *(declinare)* [*civiltà, impero*] to decay, to decline **2** DIR. [*legge*] to lapse; ***~ da un diritto*** to forfeit a right.

decadimento /dekadi'mento/ m. **1** *(di civiltà, nazione)* decay, decline **2** FIS. decay.

decaduto /deka'duto/ **I** p.pass. → **decadere** **II** agg. [*nobile*] faded; [*famiglia*] decayed.

decaffeinato /dekaffei'nato/ **I** agg. [*caffè*] decaffeinated, caffein(e)-free **II** m. decaffeinated coffee, decaf COLLOQ.

decagrammo /deka'grammo/ ♦ ***22*** m. decagram(me).

decalcare /dekal'kare/ [1] tr. to calk.

decalcificazione /dekaltʃifikat'tsjone/ f. decalcification.

decalcomania /dekalkoma'nia/ f. decalcomania, transfer.

decalitro /de'kalitro/ ♦ ***20*** m. decalitre BE, decaliter AE.

decalogo, pl. **-ghi** /de'kalogo, gi/ m. **1** *(comandamenti)* Decalogue **2** FIG. *(precetti)* set of rules; *(guida)* handbook, manual.

decametro /de'kametro/ ♦ ***21*** m. decametre BE, decameter AE.

decano /de'kano/ m. (f. **-a**) **1** RELIG. dean **2** *(preside di facoltà)* dean **3** *(persona più anziana)* senior member, doyen FORM.

1.decantare /dekan'tare/ [1] tr. to extol BE, to extoll AE [*virtù, meriti*].

2.decantare /dekan'tare/ [1] **I** tr. CHIM. *(depurare)* to purify [*liquido*] **II** intr. (aus. *avere*) **1** *(sedimentare)* [*liquido*] to settle **2** FIG. ***lasciar ~ la situazione*** to let the dust to settle.

decapitare /dekapi'tare/ [1] tr. to behead, to decapitate [*persona*].

decapitazione /dekapitat'tsjone/ f. beheading, decapitation.

decappottabile /dekappot'tabile/ **I** agg. [*auto*] convertible **II** f. convertible.

decathlon /'dɛkatlon/ m.inv. decathlon.

decedere /de'tʃɛdere/ [2] intr. (aus. *essere*) to die.

deceduto /detʃe'duto/ **I** p.pass. → **decedere** **II** agg. dead, deceased.

decelerare /detʃele'rare/ [1] tr. e intr. (aus. *avere*) to decelerate.

decelerazione /detʃelerat'tsjone/ f. deceleration.

decennale /detʃen'nale/ **I** agg. **1** *(che dura dieci anni)* decennial, ten-year attrib.; ***piano ~*** ten-year plan **2** *(che ricorre ogni dieci anni)* decennial **II** m. decennial.

decennio, pl. **-ni** /de'tʃɛnnjo, ni/ m. decade.

decente /de'tʃɛnte/ agg. **1** *(decoroso)* [*abbigliamento*] decent, seemly; [*condotta*] decent, decorous **2** *(accettabile)* [*stipendio*] decent, adequate, reasonable.

decentemente /detʃente'mente/ avv. **1** *(con decenza)* [*vestire, comportarsi*] decently, properly, decorously **2** *(in maniera accettabile)* [*pagato*] decently, adequately.

decentralizzare /detʃentralid'dzare/ → **decentrare.**

decentramento /detʃentra'mento/ m. decentralization; POL. devolution.

decentrare /detʃen'trare/ [1] tr. to decentralize; AMM. to localize.

decenza /de'tʃɛntsa/ f. decency, propriety, decorum.

decesso /de'tʃɛsso/ m. death; ***le cause del ~*** the cause of death.

decibel /'dɛtʃibel, detʃi'bɛl/ m.inv. decibel.

decidere /de'tʃidere/ [35] **I** tr. **1** *(stabilire)* to decide on, to determine [*data*]; to fix, to determine [*prezzo*]; *(scegliere)* to choose* [*modello, colore*]; ***~ di fare*** to decide *o* determine to do; ***~ di non fare*** to decide not to do *o* against doing **2** *(risolvere)* to decide, to settle [*questione*]; SPORT to settle [*partita*] **II** intr. (aus. *avere*) **1** *(prendere una decisione)* to decide, to determine; ***dovremo ~ in fretta*** we'll have to make a quick decision **2** *(essere determinante)* ***~ di qcs.*** to decide sth. **III** **decidersi** pronom. to decide, to make* up one's mind (**a fare** to do); to determine (**a fare** on, upon doing); to come* to a decision; ***bisogna che mi decida a leggere il suo articolo*** I must get around to reading his article.

deciduo /de'tʃiduo/ agg. deciduous.

decifrare /detʃi'frare/ [1] tr. **1** *(interpretare)* to decipher, to decode [*testo*]; to decipher, to decode, to break*, to crack [*codice*] **2** *(riuscire a capire)* to make* out, to work out.

decigrammo /detʃi'grammo/ ♦ ***22*** m. decigram(me).

decilitro /de'tʃilitro/ ♦ ***20*** m. decilitre BE, deciliter AE.

decima /'detʃima/ f. **1** STOR. tithe **2** MUS. tenth.

decimale /detʃi'male/ agg. e m. decimal.

decimare /detʃi'mare/ [1] tr. to decimate (anche FIG.).

decimazione /detʃimat'tsjone/ f. decimation (anche FIG.).

decimetro /de'tʃimetro/ ♦ ***21*** m. decimetre BE, decimeter AE.

decimo /'dɛtʃimo/ ♦ ***26, 5*** **I** agg. tenth **II** m. (f. **-a**) **1** tenth **2** *(di vista)* ***ha dieci -i*** he has twenty twenty vision.

decina /de'tʃina/ **I** f. *(dieci)* ten; *(circa dieci)* about ten; ***-e di persone*** dozens of people **II** **decine** f.pl. MAT. tens.

decisamente /detʃiza'mente/ avv. **1** *(indubbiamente)* [*imbarazzante, strano, meglio*] definitely; [*piccolo, violento*] decidedly; [*sopravvalutato*] greatly; ***ho trovato il film ~ brutto***

I positively hated the film; **~ a favore, contro qcs.** strongly in favour of, against sth.; **ha un aspetto ~ migliore** he looks a whole lot better **2** *(risolutamente)* [*dire*] decisively; [*rifiutarsi*] resolutely, flatly.

decisionale /detʃizjo'nale/ agg. decision-making.

decisione /detʃi'zjone/ f. **1** *(risoluzione)* decision (**di fare** to do); **prendere una ~** to make *o* take a decision, to make up one's mind **2** *(determinazione)* strong-mindedness, decision; **dar prova di ~** to show resolve.

decisionismo /detʃizjo'nizmo/ m. decision-making tendency.

decisionista, pl. **-i**, **-e** /detʃizjo'nista/ **I** agg. decision-making **II** m. e f. decision-maker.

decisivo /detʃi'zivo/ agg. [*battaglia, fattore*] decisive; [*ruolo, momento, elemento*] crucial; [*prova, punto*] deciding, conclusive; [*voto*] casting.

deciso /de'tʃizo/ **I** p.pass. → **decidere II** agg. **1** *(risoluto)* [*persona*] determined; [*maniera, tono*] decided, forceful; [*opinione*] firm; [*rifiuto*] flat **2** *(marcato)* [*colore, tratto*] bold; [*sapore*] strong; [*miglioramento*] marked; [*strattone*] forceful; [*taglio*] clean.

declamare /dekla'mare/ [1] tr. to declaim, to recite [*poesia*].

declamatorio, pl. **-ri**, **-rie** /deklama'tɔrjo, ri, rje/ agg. declamatory.

declassare /deklas'sare/ [1] tr. to downgrade.

declinare /dekli'nare/ [1] **I** tr. **1** *(rifiutare)* to decline, to refuse [*invito, offerta*]; **~ ogni responsabilità per** to deny liability for **2** LING. to decline, to inflect **3** BUROCR. to give* [*generalità*] **II** intr. (aus. *avere*) **1** *(digradare)* [*colline*] to slope down **2** *(volgere al termine)* [*giorno*] to draw* to an end; *(calare)* [*sole*] to go* down **3** FIG. *(venir meno)* [*forza*] to ebb away; [*autorità*] to decline.

declinazione /deklinat'tsjone/ f. **1** LING. declension **2** ASTR. declination ♦♦ **~ magnetica** GEOGR. magnetic declination.

declino /de'klino/ m. decline (**di** of); **~ morale** moral decay; **in ~** [*economia, domanda*] faltering, falling; **essere in ~** [*civiltà*] to be in decline; [*personalità*] to be on the wane.

declivio, pl. **-vi** /de'klivjo, vi/ m. declivity, (downward) slope.

decodifica, pl. **-che** /deko'difika, ke/ f. decoding.

decodificare /dekodifi'kare/ [1] tr. to decode [*messaggio in codice*]; RAD. TEL. to descramble.

decodificatore /dekodifika'tore/ m. (f. **-trice** /tritʃe/) **1** *(persona)* decoder **2** RAD. TELEV. *(apparecchio)* descrambler, decoder.

decodificazione /dekodifikat'tsjone/ f. decoding; RAD. TEL. descrambling.

decollare /dekol'lare/ [1] intr. (aus. *essere*) **1** *(alzarsi in volo)* [*aereo*] to take* off; [*elicottero*] to lift off **2** FIG. [*industria*] to get* going; [*idea*] to get* off the ground; [*prodotto*] to take* off.

décolleté /dekol'te/ **I** m.inv. décolletage; **un ~ generoso** o **profondo** a plunging neckline **II** agg.inv. [*abito*] décolleté, low-cut; **scarpa ~** court shoe, pump AE.

decollo /de'kɔllo/ m. take-off (anche FIG.).

decolonizzare /dekolonid'dzare/ [1] tr. to decolonize.

decolorare /dekolo'rare/ [1] tr. to decolourize BE, to decolorize AE; to bleach [*capelli*].

decolorazione /dekolorat'tsjone/ f. decolourization BE, decolorization AE.

decomporre /dekom'porre/ [73] tr., **decomporsi** pronom. to decompose.

decomposizione /dekompozit'tsjone/ f. **1** CHIM. FIS. decomposition **2** *(putrefazione)* decay, decomposition.

decompressione /dekompres'sjone/ f. decompression.

decomprimere /dekom'primere/ [2] tr. **1** to decompress **2** INFORM. to unzip [*file*].

deconcentrare /dekontʃen'trare/ [1] **I** tr. **~ qcn.** to break sb.'s concentration **II deconcentrarsi** pronom. to lose* one's concentration.

decongestionante /dekondʒestjo'nante/ agg. e m. decongestant.

decongestionare /dekondʒestjo'nare/ [1] **I** tr. **1** MED. to decongest **2** FIG. [*deviazione*] to decongest [*strada*]; **~ il traffico** to relieve traffic congestion **II decongestionarsi** pronom. MED. to clear (anche FIG.).

decontaminare /dekontami'nare/ [1] tr. to decontaminate.

decontaminazione /dekontaminat'tsjone/ f. decontamination.

decontrarre /dekon'trarre/ [95] tr. to relax [*muscolo*].

decorare /deko'rare/ [1] tr. **1** *(abbellire)* to decorate [*stanza, torta*]; to dress [*vetrina*] **2** *(insignire di decorazione)* to decorate [*soldato*].

decorativo /dekora'tivo/ agg. ornamental, decorative; **arti -e** decorative arts.

decorato /deko'rato/ **I** p.pass. → **decorare II** agg. **1** *(ornato)* decorated **2** *(insignito di decorazione)* [*soldato*] decorated **III** m. (f. **-a**) = person decorated for his, her service.

decoratore /dekora'tore/ ♦ **18** m. (f. **-trice** /tritʃe/) decorator.

decorazione /dekorat'tsjone/ f. **1** *(il decorare)* decoration **2** *(ornamento)* decoration; *(di torte)* decoration, piping **3** *(onorificenza)* distinction; MIL. decoration.

decoro /de'kɔro/ m. **1** *(contegno)* propriety, decency, decorum **2** FIG. *(vanto)* **essere il ~ della famiglia** to be a credit to one's family **3** *(decorazione)* decoration.

decorosamente /dekorosa'mente/ avv. [*comportarsi*] decorously; [*vestirsi*] properly.

decoroso /deko'roso/ agg. decorous, decent; [*salario, lavoro*] befitting.

decorrenza /dekor'rɛntsa/ f. **con ~ dal primo gennaio** with effect from January 1; **entrare in vigore con ~ 5 agosto** to be effective from August 5.

decorrere /de'korrere/ [32] intr. (aus. *essere*) [*canone, contratto*] to start, to run*; **gli interessi decorrono dall'inizio dell'anno** interest accrues from the beginning of the year; **a ~ da domani** as from tomorrow.

decorso /de'korso/ m. MED. *(di malattia)* progress, course.

decotto /de'kɔtto/ m. decoction.

decremento /dekre'mento/ m. **1** *(diminuzione)* decrease, decrement, fall **2** FIS. MAT. decrement.

decrepito /de'krɛpito/ agg. [*edificio, persona*] decrepit; [*istituzioni*] antiquated, superannuated.

decrescente /dekreʃ'ʃɛnte/ agg. [*quantità, velocità*] decreasing, waning; [*ordine*] descending; [*potere, tasso*] declining; [*numero*] diminishing.

decrescere /de'kreʃʃere/ [33] intr. (aus. *essere*) **1** *(abbassarsi)* [*livello, fiume*] to subside **2** *(diminuire)* [*inflazione*] to go* down, to fall*; [*prezzo*] to decrease, to drop.

decretare /dekre'tare/ [1] tr. **1** POL. to order, to decree **2** *(dire con autorità)* to decree; [*tribunale*] to rule.

decreto /de'kreto/ m. DIR. decree, order; **emanare** o **promulgare un ~** to issue a decree ♦♦ **~ legge** = decree passed by the Italian Government as an urgent measure, which has to be approved by the Parliament within 60 days in order to become law.

decriptare /dekrip'tare/ [1] tr. to decode, to decrypt.

decriptazione /dekriptat'tsjone/ f. decryption.

decubito /de'kubito/ m. decubitus; **piaga da ~** bedsore.

decuplo /'dɛkuplo/ **I** agg. tenfold, decuple **II** m. decuple.

decurtare /dekur'tare/ [1] tr. to reduce, to dock [*salario*]; to reduce [*debito*]; to curtail, to cut* down [*spese*].

dedalo /'dɛdalo/ m. maze, labyrinth.

dedica, pl. **-che** /'dɛdika, ke/ f. dedication; *(scritta su foto, libro)* inscription; **copia con ~** inscribed copy.

dedicare /dedi'kare/ [1] **I** tr. **1** *(offrire in omaggio)* to dedicate [*opera, pensieri*] (**a** to) **2** *(consacrare)* to consecrate, to dedicate [*chiesa*] (**a** to) **3** *(offrire)* to dedicate, to devote, to give* over [*tempo, vita*] (**a** to) **4** *(intitolare)* **~ una strada a qcn.** to name a street after sb. **II dedicarsi** pronom. **-rsi a** to dedicate *o* devote oneself to [*studio, passatempo*]; **-rsi all'insegnamento** to go into *o* enter teaching.

dedicato /dedi'kato/ **I** p.pass. → **dedicare II** agg. INFORM. ELETTRON. dedicated.

dedito /'dɛdito/ agg. **~ a** devoted *o* committed to [*famiglia, studio*]; addicted to [*gioco, droga*].

dedizione /dedit'tsjone/ f. devotion, dedication, commitment.

deducibile /dedu'tʃibile/ agg. **1** *(desumibile)* deducible, inferable **2** *(detraibile)* deductible, allowable.

dedurre /de'durre/ [13] tr. **1** *(desumere)* to deduce, to infer; **ne deduco che fosse là** I gather (that) he was there **2** *(detrarre)* to deduct [*somma, spese*].

deduttivo /dedut'tivo/ agg. deductive, inferential.
deduzione /dedut'tsjone/ f. **1** deduction, inference **2** *(detrazione)* allowance.
défaillance /defa'jans/ f.inv. blackout, breakdown, collapse.
defalcare /defal'kare/ [1] tr. to deduct.
defecare /defe'kare/ [1] intr. (aus. *avere*) FISIOL. to have* a motion, to defecate.
defecazione /defekat'tsjone/ f. FISIOL. motion, defecation.
defenestrare /defenes'trare/ [1] tr. **~ *qcn.*** to throw sb. out of a window; FIG. to oust *o* dismiss sb. abruptly.
defenestrazione /defenestrat'tsjone/ f. **1** defenestration **2** *(estromissione)* abrupt removal.
deferente /defe'rɛnte/ agg. [*persona, comportamento*] deferential; ***mostrarsi ~ verso*** to show respect for.
deferenza /defe'rɛntsa/ f. deference (**per, verso** to); ***mostrare la dovuta ~ verso qcn.*** to show due respect for sb.
deferire /defe'rire/ [102] tr. DIR. **1** to refer, to submit [*causa*] **2** *(denunciare)* **~ *qcn. all'autorità giudiziaria*** to prefer charges against sb.
defezionare /defettsjo'nare/ [1] intr. (aus. *avere*) to defect.
defezione /defet'tsjone/ f. defection.
defibrillatore /defibrilla'tore/ f. defibrillator.
deficiente /defi'tʃɛnte/ **I** agg. **1** *(carente)* ***una dieta ~ di ferro*** a diet deficient in iron **2** MED. retarded **II** m. e f. **1** MED. retarded person **2** COLLOQ. SPREG. idiot, halfwit.
deficienza /defi'tʃɛntsa/ f. **1** *(carenza)* deficiency, lack; *(di manodopera, acqua)* shortage **2** *(lacuna)* gap; ***avere -e di base*** to have gaps in one's education ♦♦ **~ *mentale*** MED. mental deficiency.
deficit /'defitʃit/ m.inv. **1** COMM. ECON. deficit; ***essere in ~*** to show a deficit **2** MED. deficiency **3** FIG. **~ *culturale*** cultural shortcoming.
deficitario, pl. **-ri, -rie** /defitʃi'tarjo, ri, rje/ agg. **1** COMM. ECON. [*budget, conto*] showing a deficit mai attrib.; ***bilancio ~*** debit balance **2** FIG. [*raccolto*] insufficient, scant; [*alimentazione*] inadequate, insubstantial.
defilarsi /defi'larsi/ [1] pronom. *(sottrarsi a un impegno)* to shirk, to wimp (out); *(nascondersi)* to dodge, to sneak away.
défilé /defi'le/ m.inv. fashion show.
definire /defi'nire/ [102] tr. **1** *(spiegare)* to define [*parola, concetto*]; to pin down [*personalità, emozioni*] **2** *(fissare)* to define, to specify [*compito, ruolo*]; to fix, to set* down [*condizioni, prezzo*]; to plan out [*strategia*] **3** *(reputare)* to call, to describe, to term; **~ *qcn. un idiota*** to describe sb. as an idiot **4** *(risolvere)* to settle [*lite*].
definitivamente /definitiva'mente/ avv. [*chiudere, cessare*] forever, permanently; [*decidere, risolvere*] definitively, once and for all.
definitivo /defini'tivo/ agg. **1** [*scelta, piano*] definitive; [*vittoria*] ultimate, crowning; [*risposta, risultato, decisione*] final, conclusive **2 in definitiva** ultimately.
definito /defi'nito/ **I** p.pass. → **definire II** agg. [*risultato, criterio, confine*] definite; [*peso, quantità*] known; ***mal, ben ~*** ill-defined, well-defined.
definizione /definit'tsjone/ f. **1** LING. FILOS. definition; *(di parole crociate)* clue; ***per ~*** by definition **2** *(risoluzione)* settlement **3** FOT. ELETTRON. definition; ***ad alta ~*** [*televisione, immagine*] high-definition.
defiscalizzare /defiskalid'dzare/ [1] tr. to make* [sth.] tax exempt.
defiscalizzazione /defiskaliddzat'tsjone/ f. exemption from taxation.
deflagrare /defla'grare/ [1] intr. (aus. *avere*) **1** [*ordigno*] to blow* up **2** FIG. [*insurrezione*] to flare up.
deflagrazione /deflagrat'tsjone/ f. **1** explosion **2** FIG. outburst, flare-up.
deflazionare /deflattsjo'nare/ [1] tr. (aus. *avere*) to deflate [*prezzi*].
deflazione /deflat'tsjone/ f. ECON. deflation.
deflazionistico, pl. **-ci, -che** /deflattsjo'nistiko, tʃi, ke/ agg. deflationary.
deflessione /defles'sjone/ f. MED. FIS. TECN. deflection.
deflettere /de'flɛttere/ [50] intr. (aus. *avere*) **1** *(deviare)* to deviate, to deflect **2** FIG. *(cedere)* to yield.
deflettore /deflet'tore/ m. deflector; *(per fluidi)* baffle; AER. flap; AUT. quarter light, vent AE.
deflorare /deflo'rare/ [1] tr. LETT. to deflower.
defluire /deflu'ire/ [102] intr. (aus. *essere*) **1** *(scorrere)* [*liquido*] to drain (away); [*fiume*] to flow (**in** into) **2** FIG. [*gente, traffico*] to stream.
deflusso /de'flusso/ m. **1** *(di liquido)* outflow; *(di acqua piovana, nei tubi)* draining; *(di marea)* ebb **2** *(di persone)* stream, flow; **~ *di capitali*** cash outflow.
defo(g)liante /defoʎ'ʎante, defo'ljante/ m. defoliant.
defo(g)liare /defoʎ'ʎare, defo'ljare/ [1] tr. to defoliate.
deforestazione /deforestat'tsjone/ f. deforestation.
deformare /defor'mare/ [1] **I** tr. **1** to deform; to buckle, to warp [*metallo*]; to warp [*materiale, superficie*]; to distort [*immagine*] **2** FIG. *(distorcere)* to distort [*suono, visione*]; to warp [*concetto*]; to distort [*verità*] **II deformarsi** pronom. [*viso, corpo*] to get* deformed, to get* twisted, to contort; [*superficie, materiale, metallo*] to warp, to buckle.
deformato /defor'mato/ **I** p.pass. → **deformare II** agg. [*struttura, metallo*] deformed, warped; [*viso, corpo, immagine*] distorted, contorted; [*scatola, giocattolo*] out of shape.
deformazione /deformat'tsjone/ f. **1** distortion; *(di struttura)* deformation, contortion; *(di metallo)* warpage **2** *(deformità)* deformity **3** FIS. deformation ♦♦ **~ *professionale*** professional bias.
deforme /de'forme/ agg. [*persona*] deformed; [*corpo*] deformed, twisted; [*parte del corpo*] misshapen; [*arto, naso*] malformed.
deformità /deformi'ta/ f.inv. deformity.
defraudare /defrau'dare/ [1] tr. to defraud; **~ *qcn. dei propri diritti*** to deprive sb. of their rights.
defunto /de'funto/ **I** agg. **1** [*persona*] deceased, defunct; ***il mio ~ marito*** my late husband **2** SCHERZ. [*auto*] knackered **II** m. (f. **-a**) deceased; **i -i** the deceased; RELIG. the dead.
degenerare /dedʒene'rare/ [1] intr. (aus. *avere, essere*) [*manifestazione*] to get* out of hand; [*rabbia*] to boil over; **~ *in*** [*discussione*] to deteriorate *o* degenerate into [*caos*].
degenerativo /dedʒenera'tivo/ agg. degenerative.
degenerato /dedʒene'rato/ **I** p.pass. → **degenerare II** agg. degenerate **III** m. (f. **-a**) degenerate.
degenerazione /dedʒenerat'tsjone/ f. *(di società, costumi)* degeneracy; *(di salute)* degeneration, deterioration.
degenere /de'dʒɛnere/ agg. [*persona*] degenerate, depraved.
degente /de'dʒɛnte/ **I** agg. bedridden **II** m. e f. patient; *(in ospedale)* in-patient, inmate.
degenza /de'dʒɛntsa/ f. ***una breve ~ in ospedale*** o ***ospedaliera*** a short stay in hospital.
degli /'deʎʎi/ → **1.di.**
deglutire /deglu'tire/ [102] tr. to swallow.
degnare /deɲ'ɲare/ [1] **I** tr. **~ *qcn. della propria attenzione*** to consider sb. worthy of attention; ***non mi ha degnato di una risposta*** he did not bother answering me **II degnarsi** pronom. to condescend, to deign; ***non ti sei neanche degnato di farti vedere!*** you just couldn't be bothered to turn up! ***si è degnato di venire*** he graciously agreed to come IRON.
degnazione /deɲɲat'tsjone/ f. condescendence.
degno /'deɲɲo/ agg. **1** *(meritevole)* **~ *di fiducia*** trustworthy; **~ *di lode*** worthy of praise; **~ *di nota*** noteworthy **2** *(all'altezza)* worthy; ***ha trovato in lei una -a avversaria*** he's met his match in her; **~ *di*** worthy of [*persona, incarico*]; ***essere ~ di*** to live up to [*nome, posizione sociale*] **3** *(che si addice)* ***è stata la -a fine di un uomo simile*** it was a fitting end for such a man; ***non è ~ di te!*** [*cosa*] it is below *o* beneath you!
degradante /degra'dante/ agg. demeaning, degrading.
degradare /degra'dare/ [1] **I** tr. **1** MIL. to break*; MAR. to disrate [*ufficiale*]; ***essere degradato a soldato semplice*** to be reduced to the ranks **2** *(umiliare)* [*vizio*] to debase **3** *(deteriorare)* to degrade [*ambiente*] **II degradarsi** pronom. **1** *(abbrutirsi)* to become* degraded **2** *(deteriorarsi)* to deteriorate **3** GEOL. to degrade.
degradazione /degradat'tsjone/ f. **1** MIL. reduction, demotion **2** *(morale)* debasement, abasement **3** CHIM. GEOL. degradation.
degrado /de'grado/ m. *(di società, cultura)* decay, decline; *(di ambiente)* degradation; *(di edificio, area)* deterioration ♦♦ **~ *urbano*** urban blight *o* decay.

degustare /degus'tare/ [1] tr. to taste.
degustatore /degusta'tore/ ➧ *18* m. (f. **-trice** /tritʃe/) taster; *(di vino)* wine taster.
degustazione /degustat'tsjone/ f. tasting, sampling.
dehors /de'ɔr/ m.inv. ***caffè con ~*** pavement café; ***sediamoci nel ~*** let's sit outside.
1.dei /dei/ → **1.di.**
2.dei /'dɛi/ → **dio.**
deindicizzare /deinditʃid'dzare/ [1] tr. to de-index.
deindicizzazione /deinditʃiddzat'tsjone/ f. de-indexation.
deindustrializzazione /deindustrjaliddzat'tsjone/ f. deindustrialization.
del /del/ → **1.di.**
delatore /dela'tore/ m. (f. **-trice** /tritʃe/) informer, spy.
delazione /delat'tsjone/ f. ***incitamenti alla ~*** encouragement to inform on others; ***vivere in un clima di ~*** to live in constant fear of informers.
delega, pl. **-ghe** /'dɛlega, ge/ f. **1** *(procura)* proxy; ***fare una ~ a qcn.*** to delegate sb., to give sb. a proxy; ***agire in virtù di una ~*** to act on sb.'s authority **2** *(il delegare)* delegation, delegacy.
delegare /dele'gare/ [1] tr. **1** *(incaricare)* to delegate; ***~ qcn. a un congresso*** to appoint sb. as a delegate for a congress **2** *(trasmettere)* to delegate [*autorità, compito*].
delegato /dele'gato/ **I** p.pass. → **delegare II** agg. ***amministratore ~*** managing director **III** m. (f. **-a**) *(a conferenza, riunione)* delegate ♦♦ ***~ sindacale*** union representative.
delegazione /delegat'tsjone/ f. delegation.
deleterio, pl. **-ri**, **-rie** /dele'tɛrjo, ri, rje/ agg. [*comportamento*] harmful, dangerous; [*effetto*] damaging; [*influenza*] bad, dangerous.
delfino /del'fino/ m. **1** ZOOL. dolphin **2** *(successore)* heir apparent **3** STOR. Dauphin.
delibera /de'libera/ f. resolution; DIR. deliberation; ***per*** o ***su ~ di*** after deliberation by; ***essere in (fase di) ~*** [*giuria*] to be deliberating.
deliberante /delibe'rante/ agg. deliberative.
deliberare /delibe'rare/ [1] **I** tr. *(decidere)* to resolve **II** intr. (aus. *avere*) to deliberate.
deliberatamente /deliberata'mente/ avv. deliberately, on purpose.
deliberato /delibe'rato/ **I** p.pass. → **deliberare II** agg. **1** *(risoluto)* resolved **2** *(intenzionale)* [*azione, scelta*] deliberate; [*tentativo*] calculated.
delicatamente /delikata'mente/ avv. [*maneggiare*] delicately; [*accarezzare*] gently; [*scrollare, toccare*] lightly; [*chiudere*] softly.
delicatezza /delika'tettsa/ f. **1** *(di profumo)* subtleness; *(di sapore)* mildness, delicacy; *(di sentimenti)* refinement **2** *(fragilità)* fragility; *(debolezza di costituzione)* frailty **3** *(tatto)* delicacy, consideration; ***annunciare la notizia con ~*** to break the news gently; ***ebbe la ~ di pronunciare le parole adatte*** he was careful to say all the right things **4** *(complessità, difficoltà)* awkwardness; ***una situazione di grande*** o ***estrema ~*** a delicate *o* ticklish situation **5** *(cibo raffinato)* delicacy, dainty.
delicato /deli'kato/ agg. **1** *(che può rovinarsi)* [*oggetto*] delicate, fragile; [*tessuto*] delicate, fine **2** *(debole)* [*persona, salute*] frail; ***essere ~ di stomaco*** to have a queasy stomach **3** *(gradevole)* [*sapore*] dainty, mellow; [*profumo*] subtle; *(lieve)* [*tocco*] gentle; *(tenue)* [*colore*] soft, subtle **4** *(gentile)* [*animo*] sensitive **5** *(difficile)* [*momento, operazione*] ticklish, tricky **6** *(scabroso)* [*argomento, situazione*] tricky, awkward **7** COSM. [*sapone*] mild; [*shampoo*] gentle.
delimitare /delimi'tare/ [1] tr. **1** *(determinare i limiti di)* to delimit [*terreno*]; to mark off [*area*]; [*montagne*] to form the boundary of [*paese*] **2** *(definire)* to define [*ruolo, campo d'azione*].
delineare /deline'are/ [1] **I** tr. to outline, to sketch out, to delineate; ***~ un progetto a grandi linee*** to give a general outline of a plan **II delinearsi** pronom. to take* shape.
delinquente /delin'kwɛnte/ m. e f. **1** *(criminale)* delinquent, criminal **2** *(mascalzone)* crook.
delinquenza /delin'kwɛntsa/ f. delinquency ♦♦ ***~ minorile*** juvenile deliquency.
delinquenziale /delinkwen'tsjale/ agg. [*comportamento*] delinquent.
delinquere /de'linkwere/ [2] intr. ***associazione per*** o ***a ~*** criminal conspiracy, syndicate AE; ***istigazione a ~*** DIR. solicitation.
deliquio, pl. **-qui** /de'likwjo, kwi/ m. swoon; ***in ~*** in a swoon.
delirante /deli'rante/ agg. **1** MED. [*persona, stato*] delirious **2** FIG. [*entusiasmo, folla*] delirious; *(folle)* [*idea, discorso*] wild, outlandish.
delirare /deli'rare/ [1] intr. (aus. *avere*) **1** MED. to be* delirious **2** *(vaneggiare)* to rave.
delirio, pl. **-ri** /de'lirjo, ri/ m. **1** MED. delirium*; PSIC. delusion; ***cadere in ~*** to become delirious **2** *(vaneggiamento)* ***i -ri di un pazzo*** the ravings of a lunatic **3** COLLOQ. *(follia)* madness, lunacy **4** *(entusiasmo fanatico)* frenzy; ***andare in ~*** [*folla*] to go mad *o* wild.
delitto /de'litto/ m. **1** crime; *(omicidio)* murder; ***arma del ~*** murder weapon; ***luogo del ~*** scene of the crime **2** FIG. *(peccato)* crime, sin; ***è un ~ sprecare il cibo*** it's a crime to waste food.
delittuoso /delittu'oso/ agg. [*comportamento*] delinquent.
delizia /de'littsja/ f. **1** *(cosa prelibata)* ***questa torta è una vera ~*** this cake is quite delicious **2** *(piacere)* delight; ***una ~ per gli occhi*** a pleasure to the eye.
deliziare /delit'tsjare/ [1] **I** tr. to delight, to regale [*ospiti*] **II deliziarsi** pronom. ***-rsi con*** o ***in qcs., nel fare*** to delight in sth., in doing.
delizioso /delit'tsjoso/ agg. [*casa, festa, vestito*] delightful; [*sapore, piatto*] delicious; [*persona*] lovely.
dell' /del/, **della** /'della/, **delle** /'delle/, **dello** /'dello/ → **1.di.**
1.delta /'dɛlta/ m.inv. GEOGR. delta.
2.delta /'dɛlta/ m. e f.inv. MAT. LING. delta.
deltaplano /delta'plano/ m. **1** *(velivolo)* hang-glider **2** *(sport)* hang-gliding.
delucidare /delutʃi'dare/ [1] tr. to elucidate.
delucidazione /delutʃidat'tsjone/ f. elucidation, explanation.
deludente /delu'dɛnte/ agg. disappointing; [*risultato, prestazione*] unsatisfying.
deludere /de'ludere/ [11] tr. to disappoint [*persona*]; ***mi deludi (molto)*** I am disappointed in you; ***non deludermi!*** don't let me down!
delusione /delu'zjone/ f. disappointment; ***con sua grande ~*** to his chagrin; ***che ~!*** how disappointing! ***la ~ di tutte le mie speranze*** the frustration of all my hopes.
deluso /de'luzo/ **I** p.pass. → **deludere II** agg. [*persona*] disappointed; [*speranza*] frustrated.
demagogia /demago'dʒia/ f. demagogy.
demagogico, pl. **-ci**, **-che** /dema'gɔdʒiko, tʃi, ke/ agg. demagogic.
demagogo, m.pl. **-ghi**, pl. **-ghe** /dema'gɔgo, gi, ge/ m. (f. **-a**) demagogue.
demaniale /dema'njale/ agg. [*terreno*] state-owned.
demanio, pl. **-ni** /de'manjo, ni/ m. **1** state property; ***appartenere al ~*** to be owned by the state **2** *(ufficio)* = government department which manages state-owned land and property.
demarcare /demar'kare/ [1] tr. to mark out, to demarcate [*confine*].
demarcazione /demarkat'tsjone/ f. demarcation; ***linea di ~*** boundary, dividing line.
demente /de'mɛnte/ **I** agg. **1** PSIC. insane, demented **2** COLLOQ. stupid **II** m. e f. **1** PSIC. insane person, demented person **2** COLLOQ. idiot.
demenza /de'mɛntsa/ f. **1** dementia (anche PSIC.) **2** *(cretineria)* idiocy.
demenziale /demen'tsjale/ agg. **1** COLLOQ. [*discorsi*] crazy, off-the-wall; [*comicità, film*] screwball **2** PSIC. insane.
demerito /de'mɛrito/ m. demerit; ***nota di ~*** demerit (mark).
Demetrio /de'mɛtrjo/ n.pr.m. Demetrius.
demilitarizzare /demilitarid'dzare/ [1] tr. to demilitarize.
demineralizzare /demineralid'dzare/ [1] tr. to remove mineral salts from [*acqua*].
demistificare /demistifi'kare/ [1] tr. demystify.
democratico, pl. **-ci**, **-che** /demo'kratiko, tʃi, ke/ **I** agg. democratic **II** m. (f. **-a**) democrat.

democratizzare /demokratid'dzare/ [1] tr. to democratize [*regime*].
democrazia /demokrat'tsia/ f. democracy ♦♦ ~ ***Cristiana*** STOR. Christian Democrat Party.
democristiano /demokris'tjano/ **I** agg. STOR. Christian Democrat **II** m. STOR. (f. **-a**) Christian Democrat.
demografia /demogra'fia/ f. demography.
demografico, pl. **-ci**, **-che** /demo'grafiko, tʃi, ke/ agg. demographic; ***crescita -a*** population increase; ***controllo ~*** population control.
demografo /de'mɔgrafo/ ➧ *18* m. (f. **-a**) demographer.
demolire /demo'lire/ [102] tr. **1** *(abbattere)* to tear* down, to pull down, to demolish [*edificio*]; to knock down [*muro*] **2** *(rovinare)* to smash [*oggetto*] **3** *(smantellare)* to dismantle, to scrap [*macchinario, auto*] **4** *(confutare)* to destroy [*sistema, valori*]; [*critica*] to demolish, to tear* to shreds [*argomentazione*] **5** *(discreditare)* to demolish [*politico*]; to wreck [*carriera*].
demolitore /demoli'tore/ ➧ *18* **I** agg. ***operaio ~*** demolition worker, wrecker AE **II** m. (f. **-trice** /tritʃe/) **1** demolition worker, wrecker AE; *(di auto)* scrapyard worker; ***portare dal ~*** to junk *o* scrap [*auto*] **2** *(di dottrine, idee)* demolisher.
demolizione /demolit'tsjone/ f. **1** *(abbattimento)* demolition, clearance **2** *(smantellamento)* scrapping **3** *(confutazione) (di teoria)* demolition; *(di alibi)* breaking **4** *(di reputazione)* destruction.
demone /'dɛmone/ m. **1** *(spirito)* spirit, demon **2** *(passione)* ***il ~ dell'alcol*** the demon drink **3** *(demonio)* devil, fiend.
demonetizzare /demonetid'dzare/ [1] tr. to demonetize.
demoniaco, pl. **-ci**, **-che** /demo'niako, tʃi, ke/ agg. [*aspetto, persona*] demonic; [*riso, orgoglio*] satanic.
demonio, pl. **-ni** /de'mɔnjo, ni/ m. **1** (anche **Demonio**) RELIG. ***il ~*** the Devil **2** *(persona cattiva)* fiend; *(donna)* she-devil SCHERZ.; *(bambino vivace)* (little) devil, imp.
demonizzare /demonid'dzare/ [1] tr. to demonize [*persona, opera*].
demoralizzante /demoralid'dzante/ agg. demoralizing, disheartening.
demoralizzare /demoralid'dzare/ [1] **I** tr. ***~ qcn.*** to demoralize *o* dishearten sb., to lower sb.'s morale **II demoralizzarsi** pronom. to become* demoralized.
demoralizzazione /demoraliddzat'tsjone/ f. demoralization.
demordere /de'mɔrdere/ [61] intr. (aus. *avere*) ***non ~!*** don't give up!
demoscopico, pl. **-ci**, **-che** /demos'kɔpiko, tʃi, ke/ agg. ***indagine -a*** opinion poll, public opinion survey.
demotico, pl. **-ci**, **-che** /de'mɔtiko, tʃi, ke/ agg. e m. demotic.
demotivare /demoti'vare/ [1] **I** tr. to demotivate **II demotivarsi** pronom. to lose* heart, to lose* motivation.
demotivato /demoti'vato/ **I** p.pass. → **demotivare II** agg. unmotivated.
denaro /de'naro/ **I** m. **1** *(soldi)* money **U 2** TESS. ***collant (da) 20 -i*** 20 denier tights **II denari** m.pl. GIOC. = one of the four suits in a pack of typical Italian cards ♦ ***guadagnare ~ a palate*** to make money hand over fist ♦♦ ***~ contante*** o ***in contanti*** (spot) cash; ***~ pubblico*** public funds; ***~ sporco*** dirty money.
denaturato /denatu'rato/ agg. ***alcol ~*** methylated spirit(s).
denazionalizzare /denattsjonalid'dzare/ [1] tr. to denationalize.
denigrare /deni'grare/ [1] tr. to denigrate, to run* down, to disparage [*persona*].
denigratore /denigra'tore/ m. (f. **-trice** /tritʃe/) denigrator.
denigratorio, pl. **-ri**, **-rie** /denigra'tɔrjo, ri, rje/ agg. detractive; [*commento*] disparaging.
denigrazione /denigrat'tsjone/ f. detraction, denigration.
denocciolare /denottʃo'lare/ [1] tr. to stone, to pit AE.
denominare /denomi'nare/ [1] **I** tr. to name, to call, to denominate **II denominarsi** pronom. to be* named, to be* called.
denominatore /denomina'tore/ m. MAT. denominator; ***minimo comun ~*** lowest common denominator (anche FIG.).
denominazione /denominat'tsjone/ f. denomination ♦♦ ***~ commerciale*** trade name; ***~ di origine controllata*** GASTR. ENOL. guarantee of origin.
denotare /deno'tare/ [1] tr. to denote.
densimetro /den'simetro/ m. densimeter.
densità /densi'ta/ f.inv. **1** GEOGR. FIS. INFORM. ELETTRON. density **2** *(di vegetazione, nebbia)* thickness.
denso /'dɛnso/ agg. **1** *(fitto, spesso)* thick **2** FIG. ***un programma ~ d'impegni*** a full *o* packed schedule **3** FIS. [*corpo*] dense.
dentale /den'tale/ agg. e f. dental.
dentario, pl. **-ri**, **-rie** /den'tarjo, ri, rje/ agg. dental; ***protesi -a*** denture.
dentaruolo /denta'rwɔlo/ m. teething ring.
dentata /den'tata/ f. **1** *(morso)* bite, snap **2** *(impronta)* toothmark.
dentato /den'tato/ agg. TECN. [*ruota*] toothed.
dentatura /denta'tura/ f. **1** *(denti)* (set of) teeth **2** TECN. toothing.
dente /'dɛnte/ ➧ *4* m. **1** tooth*; *(di serpente)* fang; ***mal di -i*** toothache; ***mettere un ~, i -i*** to teeth, to cut a tooth, one's teeth; ***armato fino ai -i*** armed to the teeth; ***batteva i -i*** her teeth were chattering **2** *(di pettine, sega, rastrello)* tooth*; *(di forchetta, forcone)* prong; *(di ingranaggio)* cog **3 al dente** [*pasta*] (still) firm, slightly underdone ♦ ***non aver niente da mettere sotto i -i*** to have nothing to eat; ***stringere i -i*** to grit one's teeth; ***borbottare fra i -i*** to mutter between one's teeth; ***avere il ~ avvelenato contro qcn.*** to bear a grudge against sb.; ***parlare fuori dai -i*** to speak one's mind; ***difendere qcs. con le unghie e coi -i*** to fight tooth and nail for sth.; ***ridere a -i stretti*** to force a smile ♦♦ ***~ del giudizio*** wisdom tooth; ***~ da latte*** milk tooth; ***~ di leone*** BOT. dandelion.
dentellato /dentel'lato/ agg. [*francobollo*] perforated.
dentellatura /dentella'tura/ f. **1** *(di francobollo)* perforation **2** MECC. toothing.
dentice /'dɛntitʃe/ m. dentex.
dentiera /den'tjɛra/ f. *(protesi)* dentures pl., false teeth pl.
dentifricio, pl. **-ci**, **-cie** /denti'fritʃo, tʃi, tʃe/ **I** agg. ***pasta -a*** toothpaste **II** m. toothpaste.
dentista, m.pl. **-i**, f.pl. **-e** /den'tista/ ➧ *18* m. e f. dentist.
dentistico, pl. **-ci**, **-che** /den'tistiko, tʃi, ke/ agg. ***studio ~*** dentist's surgery.
dentizione /dentit'tsjone/ f. teething, dentition.
dentro /'dentro/ Come preposizione, *dentro* si rende con *in* per il valore di stato in luogo, con *into* per il moto a luogo, e con *inside* se si vuole sottolineare lo stato o il moto in relazione a un luogo chiuso: *la collana era chiusa dentro la cassaforte* = the necklace was locked in the safe; *l'insegnante sta entrando dentro la nostra aula* = the teacher is going into our classroom; *è dentro la chiesa* = he is inside the church; *è appena andato dentro al garage* = he's just driven inside the garage. - Per altri usi ed esempi, si veda la voce qui sotto. **I** avv. **1** *(all'interno)* in, inside; ***c'è qualcosa ~*** there's something in it; ***qui ~*** in here; ***vieni ~!*** come in! ***guardare ~*** to look inside; ***pranziamo ~!*** let's eat indoors! ***non dovresti tenerti tutto ~*** FIG. you shoudn't bottle things up; ***guardare ~ se stesso*** FIG. to look inwards **2** COLLOQ. *(in prigione)* ***essere ~ per omicidio*** to be in for murder; ***mettere ~ qcn.*** to put away sb. **II** prep. **1** *(stato)* in, inside; *(moto)* into, inside; ***~ la scatola*** inside the box; ***mettere qcs. ~ una scatola*** to put sth. into a box; ***~ le mura della città*** within the city walls **2 dentro di** ***sospirare ~ di sé*** to give an inward sigh **III** m. ***il ~*** the inside.
denuclearizzato /denuklearid'dzato/ agg. nuclear-free.
denudare /denu'dare/ [1] **I** tr. to bare, to strip [*corpo, persona*] **II denudarsi** pronom. to strip off.
denuncia, pl. **-ce** /de'nuntʃa, tʃe/ f. **1** *(pubblica accusa)* denunciation, exposure **2** DIR. *(dichiarazione)* notification; *(di nascita, morte)* registration **3** DIR. *(di reato)* complaint; ***~ di furto*** report of theft; ***sporgere ~ contro qcn.*** to lodge a complaint against sb.; ***sporgere ~ alla polizia*** to report (sb., sth.) to the police; ***ritirare una ~*** to withdraw a complaint ♦♦ ***~ dei redditi*** tax return (statement).
denunciare /denun'tʃare/ [1] tr. **1** to denounce, to report [*reato*]; to prefer *o* press charges against, to inform on *o* against [*persona*] **2** *(rendere pubblico, noto)* to denounce [*abuso*]; to expose [*scandalo, ingiustizia*] **3** FIG. *(rivelare)* to reveal, to betray **4** *(dichiarare)* to report [*morte, nascita, furto*];

to declare [*redditi*]; to license [*arma*].
denunzia /de'nuntsja/ → **denuncia.**
denunziare /denunt'sjare/ → **denunciare.**
denutrito /denu'trito/ agg. undernourished.
denutrizione /denutrit'tsjone/ f. undernourishment.
deodorante /deodo'rante/ agg. e m. deodorant ♦♦ *~ **per ambienti*** air-freshener.
deodorare /deodo'rare/ [1] tr. to deodorize.
deontologia /deontolo'dʒia/ f. professional ethics pl.
deontologico, pl. **-ci**, **-che** /deonto'lɔdʒiko, tʃi, ke/ agg. ***codice** ~* ethical code.
depauperamento /depaupera'mento/ m. impoverishment.
depauperare /depaupe'rare/ [1] tr. to impoverish.
depenalizzare /depenalid'dzare/ [1] tr. to decriminalize.
dépendance /depan'dans/ f.inv. outbuilding, annex.
depennare /depen'nare/ [1] tr. to cross out; *(da lista, elenco)* to cross off, to strike* off.
deperibile /depe'ribile/ agg. perishable; ***merce** ~* perishable *o* soft goods.
deperire /depe'rire/ [102] intr. (aus. *essere*) **1** [*persona, animale*] to waste away, to go* into decline, to fail; [*pianta*] to wither, to wilt **2** [*merci*] to perish.
deperito /depe'rito/ **I** p.pass. → **deperire II** agg. [*persona*] emaciated, shrunken.
depilare /depi'lare/ [1] **I** tr. to remove unwanted hair from [*gambe, corpo*]; *(con ceretta)* to wax; *(con rasoio)* to shave; *(con pinzetta)* to pluck **II depilarsi** pronom. to remove unwanted hair from one's body; *(con ceretta)* to wax; *(con rasoio)* to shave; *(con pinzetta)* to pluck.
depilatore /depila'tore/ m. = electric shaver used to remove unwanted hair.
depilatorio, pl. **-ri**, **-rie** /depila'tɔrjo, ri, rje/ agg. depilatory; ***crema -a*** hair remover.
depilazione /depilat'tsjone/ f. removal of unwanted hair, depilation.
depistare /depis'tare/ [1] tr. *~ **qcn.*** to set sb. on the wrong track.
dépliant /depli'an/ m.inv. leaflet, brochure.
deplorabile /deplo'rabile/ → **deplorevole.**
deplorare /deplo'rare/ [1] tr. to deplore.
deplorevole /deplo'revole/ agg. [*condotta, esempio*] deplorable; [*incidente*] regrettable; [*risultato*] lamentable; [*stato*] pitiable.
deporre /de'porre/ [73] **I** tr. **1** *(posare)* to put* down [*carico, pacco*]; to lay* [*fiori*]; FIG. to lay* down, to cast* down [*armi*] **2** *(destituire)* to dethrone [*sovrano*]; to upset*, to overthrow* [*dirigente*] **3** ZOOL. [*uccelli, rettili*] to lay* [*uova*] **4** *(testimoniare)* *~ **il falso*** to give false testimony **II** intr. (aus. *avere*) **1** DIR. to testify, to give* evidence **2** FIG. ***ciò non depone molto a suo favore*** it says very little for her *o* in her favour.
deportare /depor'tare/ [1] tr. to deport; STOR. *(nelle colonie britanniche)* to transport.
deportato /depor'tato/ m. (f. **-a**) deportee.
deportazione /deportat'tsjone/ f. deportation; STOR. transportation.
depositante /depozi'tante/ m. e f. **1** ECON. depositor **2** DIR. *(di beni)* bailor.
depositare /depozi'tare/ [1] **I** tr. **1** *(lasciare)* to leave* [*oggetto, lettera, bagagli*]; to drop off [*pacco*] **2** *(versare)* to deposit [*denaro*]; *(dare in custodia)* to lodge [*gioielli*] **3** *(far registrare)* to register [*brevetto, nome, marchio*]; *~ **la propria firma in banca*** to give the bank a specimen signature **4** *(lasciare un sedimento)* [*fiume*] to deposit [*sabbia*] **II** intr. (aus. *avere*) [*liquido*] to leave* a sediment **III depositarsi** pronom. [*polvere*] to settle; [*sali, calcare*] to collect.
depositario, pl. **-ri** /depozi'tarjo, ri/ m. (f. **-a**) DIR. depositary; FIG. *(di segreto)* repository.
depositato /depozi'tato/ **I** p.pass. → **depositare II** agg. ***marchio** ~* registered trademark, proprietary brand.
deposito /de'pɔzito/ m. **1** *(immagazzinamento)* storing, storage **2** *(magazzino)* store(house), storage area, warehouse **3** *(custodia)* ***lasciare qcs. in ~ a qcn.*** to entrust sb. with sth. **4** BANC. deposit; ***versare una somma in** ~* to put down a deposit **5** *(sedimento)* deposit; *(di calcare)* scale; *(di vino)* sediment **6** *(di brevetto)* registration ♦♦ *~ **alluvionale*** GEOL. alluvium; *~ **degli autobus*** bus depot; *~ **(dei) bagagli*** baggage room, checkroom AE, left-luggage BE; *~ **merci*** FERR. goods BE *o* freight AE depot; *~ **di munizioni*** ammunition dump.
deposizione /depozit'tsjone/ f. **1** DIR. testimony, evidence **2** *(destituzione) (di dirigente)* removal; *(dal trono)* deposition **3** RELIG. ART. ***la** ~* the Deposition **4** ZOOL. *(delle uova)* laying.
depravato /depra'vato/ **I** agg. [*persona*] depraved; [*comportamento*] corrupt **II** m. (f. **-a**) ***è un** ~* he's depraved.
depravazione /depravat'tsjone/ f. depravity, corruption, depravation.
deprecabile /depre'kabile/ agg. **1** *(riprovevole)* [*atteggiamento*] deplorable **2** *(spiacevole)* [*incidente*] regrettable.
deprecare /depre'kare/ [1] tr. to disapprove of [*comportamento*].
depredare /depre'dare/ [1] tr. to pillage, to plunder [*città, regione*].
depressionario, pl. **-ri**, **-rie** /depressjo'narjo, ri, rje/ agg. ***zona -a*** area of low pressure.
depressione /depres'sjone/ ➧ **7** f. PSIC. METEOR. GEOGR. depression.
depressivo /depres'sivo/ agg. depressive.
depresso /de'prɛsso/ **I** p.pass. → **deprimere II** agg. **1** [*persona*] depressed, dejected; ***essere** ~* to be depressed *o* in low spirits **2** ECON. [*economia, regione, mercato*] depressed.
depressurizzare /depressurid'dzare/ [1] tr. to depressurize.
deprezzamento /deprettsa'mento/ m. depreciation, fall in value.
deprezzare /depret'tsare/ [1] **I** tr. to downgrade [*lavoro*]; to cheapen [*persona*] **II deprezzarsi** pronom. to depreciate.
deprimente /depri'mɛnte/ agg. depressing; [*prospettiva*] gloomy.
deprimere /de'primere/ [29] **I** tr. to depress, to deject **II deprimersi** pronom. to get* depressed.
deprivazione /deprivat'tsjone/ f. deprivation.
depurare /depu'rare/ [1] tr. to cleanse, to depurate [*sangue*]; to purify [*aria, acqua*].
depuratore /depura'tore/ **I** agg. ***filtro** ~* cleaning filter **II** m. **1** purifier; *~ **d'aria*** air filter **2** *(impianto)* purification plant.
depurazione /depurat'tsjone/ f. *(di gas, liquido)* purification.
deputare /depu'tare/ [1] tr. **1** *(delegare)* *~ **qcn. a fare qcs.*** to delegate sb. to do sth. **2** *(destinare)* to assign [*somma*].
deputato /depu'tato/ **I** p.pass. → **deputare II** m. POL. deputy; *(in GB)* Member of Parliament, MP; *(negli USA)* representative; *(uomo)* congressman*; *(donna)* congresswoman*; *~ **al Parlamento europeo*** Member of the European Parliament.
deputazione /deputat'tsjone/ f. deputation.
deragliamento /deraʎʎa'mento/ m. derailment.
deragliare /deraʎ'ʎare/ [1] intr. (aus. *avere*) to go* off the rail, to leave* the track; ***far ~ un treno*** to derail a train.
derattizzazione /deratiddzat'tsjone/ f. deratization, pest control.
derby /'dɛrbi/ m.inv. SPORT (local) derby.
deregolamentare /deregolamen'tare/ [1] tr. ECON. DIR. to deregulate.
deregolamentazione /deregolamentat'tsjone/ f. ECON. DIR. deregulation.
derelitto /dere'litto/ **I** agg. [*bambino*] forlorn **II** m. (f. **-a**) derelict.
deresponsabilizzare /deresponsabilid'dzare/ [1] tr. to relieve [sb.] of responsibilities.
deretano /dere'tano/ m. backside, bum, rear (end).
deridere /de'ridere/ [35] tr. to laugh at, to deride, to scorn, to mock [*persona, tentativo*].
derisione /deri'zjone/ f. mockery, scorn.
deriva /de'riva/ f. MAR. AER. drift; ***alla** ~* [*nave*] adrift; ***andare alla** ~* [*nave*] to float off; [*progetti*] to go adrift ♦♦ *~ **dei continenti*** GEOGR. continental drift; *~ **mobile*** centreboard.
derivare /deri'vare/ [1] **I** tr. *(deviare)* to divert [*fiume*] **II** intr. (aus. *essere*) **1** *(avere origine)* [*idea, usanza, potere*] to derive, to come* **2** *(conseguire)* to ensue, to follow (on), to result.
derivata /deri'vata/ f. MAT. derivative.
derivato /deri'vato/ **I** p.pass. → **derivare II** m. **1** IND. CHIM. by-product **2** LING. derivative.

derivazione /derivat'tsjone/ f. **1** derivation, origin **2** MED. LING. derivation **3** EL. bypass, shunt.
dermatite /derma'tite/ ➧ **7** f. dermatitis.
dermatologia /dermatolo'dʒia/ f. dermatology.
dermatologico, pl. **-ci**, **-che** /dermato'lɔdʒiko, tʃi, ke/ agg. ***test*** ~ skin test.
dermatologo, m.pl. **-gi**, f.pl. **-ghe** /derma'tɔlogo, dʒi, ge/ ➧ **18** m. (f. **-a**) dermatologist.
dermatosi /derma'tɔzi/ ➧ **7** f.inv. dermatosis*.
dermico, pl. **-ci**, **-che** /'dɛrmiko, tʃi, ke/ agg. dermal.
deroga, pl. **-ghe** /'dɛroga, ge/ f. *(eccezione)* dispensation.
derogare /dero'gare/ [1] intr. (aus. *avere*) ~ ***a*** to infringe [*legge, regola*]; to depart from [*principi, politica*]; to break with [*tradizione*].
derrata /der'rata/ f. **1** ***-e alimentari*** foodstuffs **2** *(merce)* commodity.
derubare /deru'bare/ [1] tr. to rob [*persona*].
derubato /deru'bato/ **I** p.pass. → **derubare II** m. (f. **-a**) victim of a robbery.
derviscio, pl. **-sci** /der'viʃʃo, ʃi/ m. dervish.
desalatore /desala'tore/ m. desalinator.
desalinizzare /desalinid'dzare/ [1] tr. to desalinate.
descrittivo /deskrit'tivo/ agg. descriptive.
descrivere /des'krivere/ [87] tr. **1** *(illustrare)* to describe, to depict [*persona, avvenimento, oggetto*] **2** *(tracciare)* to describe [*circonferenza, curva*]; ~ ***un'orbita*** to orbit.
descrizione /deskrit'tsjone/ f. description; *(sommaria)* sketch.
deselezionare /deselettsjo'nare/ [1] tr. INFORM. to deselect.
desensibilizzare /desensibilid'dzare/ [1] tr. FOT. MED. to desensitize.
desertico, pl. **-ci**, **-che** /de'zɛrtiko, tʃi, ke/ agg. [*clima, regione*] desert attrib.
desertificazione /dezertifikat'tsjone/ f. desertification.
deserto /de'zɛrto/ **I** agg. **1** *(disabitato)* [*isola*] desert **2** *(vuoto)* [*città*] deserted; [*edificio, strada*] empty, deserted **II** m. desert (anche FIG.).
déshabillé /desabi'je/ m.inv. ***essere in*** ~ to be in a state of undress.
desiderabile /deside'rabile/ agg. desirable.
desiderare /deside'rare/ [1] tr. **1** *(volere)* to wish, to want, to desire (**fare** to do); *(ardentemente)* to long for, to crave [*affetto, fama*]; ***cosa desidera?*** what would you like? ***lascia molto a*** ~ it leaves a lot to be desired; [*servizio*] it's not all (that) it should be; [*lavoro*] it is far from satisfactory; ***farsi*** ~ to play hard to get **2** *(sessualmente)* to desire, to want **3** *(richiedere)* ***essere desiderato al telefono*** to be wanted on the phone.
desiderio, pl. **-ri** /desi'dɛrjo, ri/ m. **1** wish, desire (**di** for; **di fare** to do); ***esprimere un*** ~ to make a wish; ***pio*** ~ wishful thinking **2** *(sessuale)* lust, urge; ***ardere dal*** ~ to be burning with desire.
desideroso /deside'roso/ agg. [*sguardo*] longing, wishful; [*espressione*] yearning; ~ ***di fare*** eager *o* anxious to do.
designare /desiɲ'ɲare/ [1] tr. **1** *(definire)* [*parola*] to denote, to designate **2** *(indicare)* to designate [*successore*]; to name [*erede*]; ~ ***qcn. a un posto*** to nominate sb. to a position; ***è stato designato come direttore*** he has been appointed director **3** *(indicare)* to set*, to fix [*data*].
designato /desiɲ'ɲato/ **I** p.pass. → **designare II** agg. [*presidente, direttore*] designate; [*luogo*] appointed; ***essere una vittima -a*** to be an intended victim.
designazione /desiɲɲat'tsjone/ f. designation, nomination.
desinare /dezi'nare/ [1] intr. (aus. *avere*) REGION. to have* lunch.
desinenza /desi'nɛntsa/ f. LING. ending.
desistere /de'sistere/ [21] intr. (aus. *avere*) ~ ***da qcs.***, ***dal fare qcs.*** *(prima di cominciare)* to desist from sth., from doing sth.; *(nel mentre)* to give up sth., doing sth.
desolante /dezo'lante/ agg. [*vista, notizia*] upsetting, distressing.
desolato /dezo'lato/ agg. **1** *(spiacente)* ***sono*** ~! I'm very sorry! **2** *(di luoghi)* [*paesaggio, paese*] desolate, bleak.
desolazione /desolat'tsjone/ f. **1** *(afflizione)* grief, misery **2** *(devastazione)* desolation.
desossiribonucleico /dezossiribonu'klɛiko/ agg. ***acido*** ~ deoxyribonucleic acid.
despota /'dɛspota/ m. despot (anche FIG.).
dessert /des'sɛrt/ m.inv. dessert; ***al*** ~ at dessert.
destabilizzante /destabilid'dzante/ agg. destabilizing.
destabilizzare /destabilid'dzare/ [1] tr. to destabilize [*situazione, paese*].
destare /des'tare/ [1] **I** tr. **1** *(svegliare)* to wake* [*persona*] **2** *(suscitare)* to arouse [*interesse, gelosia, sospetti*]; to cause [*sorpresa*]; ~ ***preoccupazione*** to give rise to *o* cause concern **II destarsi** pronom. *(da sonno)* to wake* up; *(da ipnosi, fantasticheria)* to awaken.
destinare /desti'nare/ [1] tr. **1** *(concepire per)* ~ ***qcs. a qcn.*** to design sth. for sb.; ***provvedimenti destinati a fare*** measures aimed at doing **2** *(riservare)* to set* aside [*somma*]; ***destinalo all'acquisto di alcuni abiti nuovi*** put it towards some new clothes **3** *(rivolgere, indirizzare)* ***la lettera non era destinata a loro*** the letter wasn't (meant) for them; ***la bomba era destinata a qualcun altro*** the bomb was meant *o* intended for somebody else **4** *(predestinare)* ***essere destinato a qcs., a fare*** to be destined for sth., to do **5** *(assegnare)* to assign; MIL. to post **6** *(stabilire)* to appoint, to fix [*data*]; ***rinviare qcs. a data da -rsi*** to postpone sth. to a date to be arranged.
destinatario, pl. **-ri** /destina'tarjo, ri/ m. (f. **-a**) *(di lettera, mandato)* addressee; COMM. consignee; ***chiamata a carico del*** ~ reverse charge call, collect call AE.
destinato /desti'nato/ **I** p.pass. → **destinare II** agg. **1** *(concepito per)* ~ ***a fare*** intended *o* designed to do; ***una strategia -a a...*** a strategy intended *o* meant to...; ~ ***esclusivamente all'esportazione*** for exportation only **2** *(predestinato)* ~ ***a una bella carriera*** destined for a succesful career; ***essere*** ~ ***a fare*** to be bound to do; ***essere*** ~ ***a fallire*** to be doomed to failure **3** *(assegnato)* ***essere*** ~ ***a*** [*militare, funzionario*] to be on assignment to **4** *(rivolto)* ***essere*** ~ ***a qcn.*** to be meant for sb.; ***la lettera è -a a lui*** the letter is addressed to him.
destinazione /destinat'tsjone/ f. **1** *(punto di arrivo)* destination; ***arrivare*** o ***giungere a*** ~ [*persona*] to reach one's destination; ***con*** ~ [*nave, treno*] bound for [*luogo*] **2** *(residenza assegnata)* posting (anche MIL.) **3** *(di fondi)* assignment.
destino /des'tino/ m. *(fatalità)* fate; *(avvenire)* destiny; ***uno scherzo del*** ~ a twist of fate; ***era*** ~ ***che succedesse*** it was destined *o* meant *o* bound to happen; ***il suo*** ~ ***è segnato*** he's a marked man.
destituire /destitu'ire/ [102] tr. to remove, to dimiss [*responsabile*]; ~ ***qcn. dall'incarico*** to remove sb. from office.
destituzione /destitut'tsjone/ f. dismissal, removal.
desto /'desto/ agg. awake; ***tenere -a l'attenzione di qcn.*** to hold sb.'s attention; ***sogno o son*** ~? am I dreaming?
destra /'dɛstra/ f. **1** *(lato destro)* right, right(-hand) side; ***sulla*** ~ on the right; ***alla*** o ***sulla tua*** ~ on your right; ***curva a*** ~ right-hand bend; ***girare a*** ~ to turn right; ***tenere la*** ~ to keep (to the) right; ***a*** ~ ***di*** to the right of; ***di*** ~ [*fila, pagina*] right(-hand) **2** *(mano)* right hand **3** POL. right (wing); ***di*** ~ right-wing.
destreggiarsi /destred'dʒarsi/ [1] pronom. ~ ***tra*** to navigate one's way through [*folla, difficoltà*].
destrezza /des'trettsa/ f. dexterity, skill; ***gioco di*** ~ juggling.
destriero /des'trjɛro/ m. LETT. steed.
destrimano /des'trimano/ **I** agg. right-handed **II** m. (f. **-a**) right-hander.
destro /'dɛstro/ **I** agg. **1** *(che sta a destra)* [*mano, occhio*] right; [*pagina, lato*] right-hand **2** *(abile)* [*giocatore, lavoratore*] clever, dexterous **II** m. **1** *(nella boxe)* right(-hand blow); *(nel calcio)* right(-foot shot) **2** *(occasione)* ***mi si offrì il*** ~ ***di parlare*** I was given a chance to speak.
destrorso /des'trɔrso/ agg. [*vite*] right-handed.
destrosio /des'trɔzjo/ m. dextrose.
desueto /desu'ɛto/ agg. [*usanza, stile*] outdated; [*parola*] obsolete.
desumere /de'sumere/ [23] tr. **1** *(dedurre)* to deduce, to infer, to gather **2** *(trarre)* to get*, to gather.
deteinato /detei'nato/ agg. ***tè*** ~ decaffeinated tea.
detenere /dete'nere/ [93] tr. **1** *(possedere)* to hold* [*potere, titolo, record*]; to possess, to be* in possession of [*armi, droga*] **2** *(tenere in prigione)* to detain [*criminale, sospetto*].

detentivo /deten'tivo/ agg. ***pena (non) -a*** (non-)custodial sentence; ***essere condannato a una pena -a*** to get (a) detention; ***una pena -a di due anni*** a two-year prison *o* jail sentence.

detentore /deten'tore/ m. (f. **-trice** /tritʃe/) holder; ***il ~ del titolo*** the defending champion.

detenuto /dete'nuto/ **I** p.pass. → **detenere II** m. (f. **-a**) convict.

detenzione /deten'tsjone/ f. **1** *(di record, azioni)* holding; *(di armi)* possession; ***~ illegale*** illegal possession **2** DIR. custody; ***~ preventiva*** committal.

detergente /deter'dʒente/ **I** agg. detergent; [*prodotto*] cleaning; [*latte*] cleansing **II** m. detergent, cleanser.

detergere /de'tɛrdʒere/ [19] tr. **1** to cleanse [*pelle, ferita*] **2** *(asciugare)* to wipe away [*sudore*].

deteriorabile /deterjo'rabile/ agg. [*merci*] perishable.

deterioramento /deterjora'mento/ m. deterioration (**di** in).

deteriorare /deterjo'rare/ [1] **I** tr. to damage **II deteriorarsi** pronom. [*cibo*] to perish, to go* bad; [*rapporto*] to deteriorate.

deteriore /dete'rjore/ agg. ***di qualità ~*** [*merce*] of inferior quality; ***nel senso ~ del termine*** in the worst sense of the word.

determinante /determi'nante/ **I** agg. [*elemento*] decisive; [*prova*] crucial; [*ruolo*] vital, key, leading **II** m. MAT. determinant.

determinare /determi'nare/ [1] tr. **1** *(accertare)* to determine [*ragione, responsabilità*]; to establish [*causa, significato*] **2** *(fissare)* to determine, to fix [*prezzo*]; to delineate [*strategia*] **3** *(causare)* to determine [*comportamento, scelta*]; to lead* to [*avvenimento, fenomeno*]; to bring* about [*cambiamento*] **4** *(calcolare)* to calculate [*distanza*]; to estimate [*valore*].

determinativo /determina'tivo/ agg. ***articolo ~*** LING. definite article.

determinato /determi'nato/ **I** p.pass. → **determinare II** agg. **1** *(risoluto)* [*persona*] determined, resolute **2** *(specifico)* [*situazione, caso*] certain, well-defined **3** *(stabilito)* [*durata, obiettivo*] given; [*prezzo, data*] fixed.

determinazione /determinat'tsjone/ f. **1** *(risolutezza)* determination (**a fare** to do); ***mostrare ~*** to show resolve **2** *(decisione)* determination, decision **3** *(accertamento)* determination; ***~ delle cause*** determination of the causes **4** *(il fissare)* determination; ***~ del prezzo*** pricing; ***~ dei costi*** costing.

determinismo /determi'nizmo/ m. determinism.

deterrente /deter'rɛnte/ agg. e m. deterrent.

detersivo /deter'sivo/ **I** agg. detergent, detersive **II** m. detergent, cleaner, cleanser; *(per piatti)* washing-up liquid ♦♦ ***~ liquido*** liquid cleaner, cleaning fluid; ***~ in polvere*** washing powder.

detestabile /detes'tabile/ agg. [*persona*] awful, obnoxious; [*modi*] appalling; [*abitudine*] objectionable.

detestare /detes'tare/ [1] **I** tr. to detest, to loathe, to hate **II detestarsi** pronom. to detest each other, to hate each other.

detonare /deto'nare/ [1] intr. (aus. *avere*) to detonate.

detonatore /detona'tore/ m. fuse, detonator.

detonazione /detonat'tsjone/ f. **1** detonation **2** MECC. knocking.

detraibile /detra'ibile/ agg. deductible; ***~ dalle tasse*** tax-deductible.

detrarre /de'trarre/ [95] tr. to deduct [*somma*]; to take* out [*contributi, tasse*].

detrattore /detrat'tore/ m. (f. **-trice** /tritʃe/) detractor.

detrazione /detrat'tsjone/ f. ECON. deduction; *(riduzione)* allowance ♦♦ ***~ fiscale*** tax allowance *o* relief.

detrimento: **a detrimento** /adetri'mento/ avv. ***a ~ di*** to the detriment of; ***a loro ~*** to their detriment.

detrito /de'trito/ m. GEOL. debris **U**, detritus **U**.

detronizzare /detronid'dzare/ [1] tr. **1** STOR. POL. to dethrone [*sovrano*] **2** FIG. to depose.

detta: **a detta** /a'detta/ avv. ***a ~ di*** according to; ***a ~ di molti è un'esperta nel suo campo*** she's widely regarded as an expert in her field.

dettagliante /dettaʎ'ʎante/ m. e f. retailer.

dettagliare /dettaʎ'ʎare/ [1] tr. to detail, to itemize.

dettagliatamente /dettaʎʎata'mente/ avv. [*esaminare*] in detail, fully, at length; [*descrivere*] fully.

dettagliato /dettaʎ'ʎato/ **I** p.pass. → **dettagliare II** agg. [*analisi, resoconto, descrizione*] detailed, comprehensive, exhaustive, thorough; [*piano*] detailed, thorough; [*fattura*] itemized.

dettaglio, pl. **-gli** /det'taʎʎo, ʎi/ m. **1** *(particolare)* detail, particular; ***in ~*** o ***nei -gli*** in detail; ***entrare nei -gli*** to enter into details **2** COMM. retail; ***prezzo al ~*** retail price; ***comprare, vendere (qcs.) al ~*** to buy, sell (sth.) retail.

dettame /det'tame/ m. dictate.

dettare /det'tare/ [1] tr. **1** *(ad alta voce)* to dictate [*testo, lettera*] **2** *(motivare)* to motivate, to suggest; ***il suo comportamento fu dettato dalla gelosia*** his behaviour sprang from jealousy **3** *(imporre)* to dictate, to set* out [*condizioni*] ♦ ***dettar legge*** to lay down the law, to call the shots.

dettato /det'tato/ **I** p.pass. → **dettare II** agg. **1** *(ad alta voce)* dictated **2** *(motivato)* ***~ dalle circostanze*** motivated by circumstances **3** *(imposto)* dictated, set **III** m. SCOL. dictation; ***fare un ~*** to get down a dictation; ***far fare un ~ a qcn.*** to give sb. a dictation.

dettatura /detta'tura/ f. dictation; ***scrivere sotto (la) ~ (di qcn.)*** to take down (sb.'s) dictation.

detto /'detto/ **I** p.pass. → **1.dire II** agg. **1** *(soprannominato)* known as, called **2** *(già nominato)* said; ***la -a casa*** the said house **3** *(fissato)* ***nel giorno ~*** on the said day **III** m. *(motto)* saying.

deturpare /detur'pare/ [1] tr. **1** to disfigure, to scar [*viso, paesaggio*]; to deface [*monumento, dipinto*] **2** FIG. to disfigure, to scar.

deturpazione /deturpat'tsjone/ f. *(di viso)* disfigurement; *(di dipinto, monumento)* defacement.

deumidificatore /deumidifika'tore/ m. dehumidifier.

devastante /devas'tante/ agg. devastating.

devastare /devas'tare/ [1] tr. **1** *(distruggere, deturpare)* to devastate, to ravage **2** *(alterare)* [*sofferenza*] to devastate [*persona*].

devastatore /devasta'tore/ agg. [*insetto*] devastating, ravaging; [*temporale, incendio*] devastating, destructive.

devastazione /devastat'tsjone/ f. devastation.

deviante /devi'ante/ agg., m. e f. deviant.

devianza /devi'antsa/ f. PSIC. SOCIOL. deviance; ***~ sessuale*** (sexual) perversion.

deviare /devi'are/ [1] **I** tr. **1** *(far cambiare direzione a)* to divert, to deflect [*luce, fiume*]; to divert, to redirect, to reroute [*traffico*]; to divert [*traiettoria*] (**su** onto; **per** through) **2** *(modificare la destinazione di)* to divert, to reroute [*volo, nave*]; to divert, to redirect [*risorse*] (**su, verso** to) **3** *(sviare)* to deflect, to divert [*sospetti, indagini*] (**su, verso** to); ***~ il discorso su un altro argomento*** to turn the conversation towards *o* onto another subject **4** SPORT to deflect [*palla*] **II** intr. (aus. *avere*) **1** *(cambiare direzione)* [*pallottola, palla*] to deflect; [*veicolo, nave*] to swerve; [*guidatore*] to turn **2** FIG. ***~ da*** to deviate from [*norma, progetto*]; to turn *o* drift from [*tema*]; ***~ dalla retta via*** to wander from the straight and narrow, to go astray.

deviatoio, pl. **-oi** /devia'tojo, oi/ m. switch, points BE.

deviatore /devia'tore/ m. FERR. signalman*.

deviazione /deviat'tsjone/ f. **1** *(di tragitto)* deviation, detour, diversion; *(di traffico)* deviation, diversion; *(di strada)* turning, diversion; *(di corso d'acqua, luce)* deflection, diversion; ***fare una ~*** to (make a) detour; ***un canale di ~*** a diversion channel; ***una ~ dalla strada principale*** a turning off the main street **2** *(alterazione)* deviation, departure; ***~ dalla*** o ***rispetto alla norma*** deviation *o* departure *o* divergence from the norm **3** FIS. *(ottica)* deviation **4** PSIC. SOCIOL. deviance; ***~ sessuale*** perversion ♦♦ ***~ della colonna vertebrale*** MED. curvature of the spine.

devitalizzare /devitalid'dzare/ [1] tr. MED. to do* root canal work on [*dente*].

devitalizzazione /devitaliddzat'tsjone/ f. root canal treatment, root canal work.

devoluzione /devolut'tsjone/ f. DIR. devolution.

devolvere /de'vɔlvere/ [2] tr. to donate, to give* [*somma*] (**a, per** to).

devoto /de'vɔto/ **I** agg. **1** *(fedele)* [*amico, servitore*] devoted, loyal; [*marito*] loving, devoted **2** *(ossequioso)* [*silenzio*] reverent; [*affetto*] devout, reverent **3** *(pio)* [*persona, famiglia*]

1.di

- La preposizione *di* può avere in inglese equivalenti diversi quali *about, at, by, for, from, in, of* e *with*; per scegliere la forma corretta è pertanto necessario stabilire il valore semantico convogliato da *di* e se tale preposizione è intesa in senso proprio o figurato. La struttura della voce e gli esempi aiuteranno nella scelta, anche se bisogna tenere presente che:
  a) quando indica possesso, la preposizione *di* non ha equivalente diretto in inglese ma viene resa attraverso il cosiddetto genitivo sassone: *la camicetta di Sheila* = Sheila's blouse, *la casa dei miei genitori* = my parents' house;
  b) quando indica specificazione, materia o misura, la preposizione *di* può non avere un corrispondente diretto in inglese e il suo valore può essere reso mediante una costruzione attributiva: *la porta della camera* = the bedroom door, *le tende della cucina* = the kitchen curtains, *l'orario dei treni* = the train timetable, *l'ora del tè* = tea time, *una miniera d'oro* = a gold mine, *cravatte di seta* = silk ties, *una statua di marmo* = a marble statue, *un vassoio d'argento* = a silver tray, *un libro di 200 pagine* = a 200-page book, *una donna di trent'anni* = a thirty-year-old woman, *una corda di due metri* = a two-metre rope;
  c) in molti casi la specificazione introdotta da *di* ha portato alla creazione di unità lessicali autonome, che hanno un preciso equivalente in inglese (e che vanno reperite nel dizionario sotto l'apposita voce): *luna di miele* = honeymoon, *cintura di sicurezza* = safety belt, *lente d'ingrandimento* = magnifying glass;
  d) talvolta la specificazione introdotta da *di* viene resa in inglese mediante un aggettivo: *un professore d'inglese* = an English teacher, *l'Ambasciata d'Italia* = the Italian Embassy;
  e) quando *di* compare in espressioni avverbiali, queste possono essere rese in inglese mediante semplici avverbi oppure con corrispondenti espressioni avverbiali che tuttavia possono far uso di diverse preposizioni (*di buon'ora* = early / at an early hour, *di certo* = for sure / for certain, *di colpo* = suddenly, *di nuovo* = again, *di recente* = recently, *di solito* = usually, *di notte* = at / by night, *di venerdì* = on Fridays);
  f) quando *di* compare nelle forme di comparativo o superlativo dell'aggettivo, viene tradotto rispettivamente con *than* e *of* oppure *in*: *è più vecchio di me* = he's older than me, *il migliore di tutti* = the best of all, *il migliore della classe* = the best in the class;
  g) quando *di* + articolo ha valore indefinito, si rende con i corrispondenti aggettivi indefiniti inglesi *some, any* e *no* (v. la nota della voce **alcuno**).

Di dopo altre preposizioni, aggettivi o verbi

- La preposizione *di* può seguire altre preposizioni, aggettivi o verbi; come mostrano gli esempi qui sotto, poiché la preposizione *di* ha equivalenti vari in inglese oppure non ne ha alcuno, è opportuno verificarne la traduzione consultando le corrispondenti voci (ossia quelle relative alle preposizioni, agli aggettivi o ai verbi reggenti):

fuori di sé	=	beside oneself
invece di andare via	=	instead of going away / rather than going away
prima di decidere, telefonami!	=	before you decide, give me a ring!
fra / tra di noi	=	between us
senza di me	=	without me
verso di me	=	towards me
avido di denaro	=	greedy for money
è capace di tutto	=	she's capable of anything
sarò lieto di accettare	=	I'll be glad to accept
convinto della propria scelta	=	convinced of one's choice
degno di rispetto	=	worthy of respect
sono grato per il vostro aiuto	=	I'm grateful for all your help
innamorato di Rose	=	in love with Rose
sono orgoglioso di te!	=	I'm proud of you!
sei sicuro di ciò che dici?	=	are you sure about / of what you're saying?
soddisfatto di	=	content with / pleased with / satisfied with
stanco di	=	tired of
stufo di	=	fed up with
ammalarsi di epatite	=	to fall / be taken ill with hepatitis
morire di meningite	=	to die of meningitis
parlare di qualcuno	=	to speak of somebody
ridere di qualcuno	=	to laugh at somebody
tremare di freddo	=	to tremble with cold
urlare di dolore	=	to scream with pain
vergognarsi di qualcosa	=	to be ashamed of something.

- Dopo un aggettivo, un nome o un verbo, la preposizione *di* può introdurre in italiano un verbo all'infinito, e in tal caso *di* si rende per lo più con la preposizione *to* dell'infinito:

sarei felice di accompagnarti a casa	=	I'd be happy to drive you home
è ora di andare	=	it's time to go
il sergente ci ordinò di sparare	=	the sergeant ordered us to shoot.

- Quando la preposizione *di* è retta da un verbo, tuttavia, non sempre la traduzione inglese prevede *to* + infinito a fronte dell'infinito italiano:
  a) alcuni verbi inglesi reggono la forma in *-ing*: *ho dimenticato di dirglielo* = I forgot telling him, *smettila di piangere!* = stop crying! *ricordo di averla incontrata al cinema* = I remember meeting her at the cinema;
  b) il verbo *to try* può essere seguito da *and* + verbo coniugato al suo stesso tempo: *cerca di finire per le 9* = try and finish by 9 o'clock;
  c) alcuni verbi inglesi come *to admit, to realize* e *to think* reggono una frase secondaria e un verbo finito: *ammise di aver fatto un grave errore* = he admitted (that) he had made a serious mistake, *si rese conto di avere meno soldi di sua sorella* = she realized she had less money than her sister, *credo di avere ragione* = I think I am right, *penso di saperlo fare* = I think I can do it, *pensa di vincere* = she thinks she'll win.

Casi particolari

- Quando la preposizione *di* entra a formare un interrogativo o un relativo, si possono avere i seguenti casi:
  a) *di chi* interrogativo con significato di possesso si traduce whose: *di chi è quest'auto?* = whose car is this? *non so di chi sia quest'auto* = I don't know whose car this is;
  b) *di chi* interrogativo con altri significati (argomento, specificazione ecc.) si traduce con *who(m)* accompagnato dalla preposizione necessaria: *di chi stai parlando?* = who are you talking about? (non più d'uso comune: about whom are you talking?), *di chi hai paura?* = who are you afraid of? (non più d'uso comune: of whom are you afraid?), *non ho capito di chi stia parlando Laura* = I did not understand whom Laura is talking about;
  c) *di (che) cosa* interrogativo si traduce con *what* accompagnato dalla preposizione necessaria: *di cosa stai parlando?* = what are you talking about? (non più d'uso comune: about what are you talking?), *di che cosa hai paura?* = what are you afraid of? (non più d'uso comune: of what are you afraid?), *non ho capito di che cosa stia parlando Laura* = I did not understand what Laura is talking about;
  d) *di cui* relativo, e le varianti *del quale / della quale / dei quali / delle quali*, con significato di possesso si traducono *whose*: *questo è l'uomo l'auto del quale è stata rubata* = this is the man whose car was stolen;
  e) *di cui* relativo, e le varianti *del quale / della quale / dei quali / delle quali*, con altri significati (argomento, specificazione ecc.) si traducono con *whom*, se il riferimento è a persone, o con *which*, se il riferimento è a cose, accompagnati dalla preposizione necessaria che, se è posta in fondo alla frase, permette di sottintendere il relativo: *la ragazza di cui ti ho parlato* = the girl I talked to you about (meglio di: the girl about whom I talked to you), *il film di cui ti ho parlato* = the film I talked to you about (meglio di: the film about which I talked to you), *il club di cui sono membro* = the club I'm a member of.
- In alcuni casi ed espressioni idiomatiche la preposizione *di* non ha alcun equivalente in inglese:

c'è qualcosa d'interessante alla TV?	=	is there anything interesting on TV?
niente di nuovo	=	nothing new
qualcosa di forte	=	something strong
dire di sì / no	=	to say yes / no
parlare di politica / d'affari	=	to talk politics / business.

devout, pious **4** ANT. *(nelle lettere)* ***suo ~, suo devotissimo*** Your obedient **II** m. (f. **-a**) **1** *(pio)* devotee **2** *(seguace)* loyal supporter.

devozione /devot'tsjɔne/ **I** f. **1** RELIG. devotion, devoutness; *(culto)* worship **2** *(dedizione)* devotion, loyalty (**a**, **verso** to) **II devozioni** f.pl. *(preghiere)* devotions.

1.di /di/ prep. (artcl. **del**, **dello**, **della**, **dell'**; pl. **dei**, **de'** ANT., **degli**, **delle**) **1** *(appartenenza, possesso)* ***l'auto ~ Paolo, ~ tuo fratello, dei miei genitori*** Paolo's, your brother's, my parents' car; ***l'auto è ~ Paolo, ~ mio fratello*** the car is Paolo's, my brother's, the car belongs to Paolo, to my brother; ***~ chi è questa penna?*** whose pen is this? ***le orecchie del gatto*** the cat's ears; ***la politica dell'Italia*** Italy's policy; ***un allievo del professor Bianchi*** one of Mr Bianchi's students **2** *(specificazione)* ***tre litri ~ vino*** three litres of wine; ***una tazza ~ caffè*** a cup of coffee; ***minestra ~ cipolle*** onion soup; ***il mese ~ maggio*** the month of May; ***la città ~ York*** the city of York; ***un biglietto del treno*** a train ticket; ***un libro ~ geografia*** a geography book; ***un giocatore ~ tennis*** a tennis player; ***mercato dei fiori*** flower market; ***il re del Brunei*** the king of Brunei; ***il Primo Ministro del Giappone*** the Japanese Prime Minister, the Prime Minister of Japan; ***pieno ~ vino*** full of wine; ***ricco ~ materie prime*** rich in raw material; ***l'8 del mese*** the 8th of the month; ***la riunione ~ lunedì, del 7 gennaio*** Monday's meeting, the meeting on the 7th of January; ***il treno delle sei*** the six o'clock train **3** *(autore)* by; ***un romanzo ~ Poe*** a novel by Poe; ***una canzone dei REM*** a song by REM; ***le opere di Dante*** Dante's works, the works of Dante **4** *(causa)* with, for; ***morire ~ cancro*** to die of *o* from cancer; ***urlare ~ paura*** to scream with fear; ***tremare ~ freddo*** to tremble with cold **5** *(materia)* of, in; ***~ che cosa è fatto?*** what is it made (out) of? ***è d'oro*** it's made (out) of gold; ***un vestito ~ cotone*** a cotton dress **6** *(misura)* ***un libro ~ 200 pagine*** a 200-page book, a book 200 pages long *o* in length; ***uno spettacolo ~ due ore*** a two-hour show; ***un interesse del 5%*** a 5% interest; ***un bambino ~ sei anni*** a six-year-old boy **7** *(origine)* from; ***è ~ Taiwan*** he's from Taiwan **8** *(argomento)* about; ***parlare ~ qcn., qcs.*** to talk about sb., sth.; ***ridere ~ qcn.*** to laugh at sb. **9** *(limitazione)* ***debole d'udito*** hard of hearing; ***alto ~ statura*** tall of *o* in stature **10** *(in espressioni di modo o mezzo)* ***~ nascosto*** out of sight, secretly; ***~ recente*** recently; ***essere ~ fretta*** to be in a hurry; ***vivere d'aria*** to live on fresh air; ***sporcare ~ caffè*** to stain with coffee **11** *(in espressioni di tempo)* ***~ notte*** at night, by night; ***~ lunedì*** on Mondays; ***d'estate*** in summer **12** *(in espressioni di moto, stato)* ***è ~ sotto, ~ là*** he's downstairs, in the next room; ***si esce ~ qui?*** is this the way out? **13** *(con valore predicativo)* ***quell'imbecille ~ tuo fratello*** that stupid brother of yours; ***qualche cosa, niente ~ nuovo*** something, nothing new **14** *(con un infinito)* to; ***essere contento ~ fare*** to be happy to do; ***è ora ~ andare*** it's time to go; ***penso ~ poter venire*** I think I can come **15** *(nel comparativo)* than; ***è più alto ~ me*** he's taller than I *o* me; ***spende più ~ quanto guadagni*** he spends more than he earns **16** *(nel superlativo)* ***il più giovane dei tre fratelli*** the youngest of the three brothers; ***il più grande ristorante della città*** the biggest restaurant in town **17** *(con valore indefinito)* ***ci sono delle domande?*** are there any questions? ***mangiare delle uova*** to eat eggs **18** *(con valore partitivo)* ***molti ~ loro*** many of them.

2.di /di/ m. e f. inv. *(lettera)* d, D.

dì /di/ m.inv. LETT. day.

DIA /'dia/ f. (⇒ Direzione Investigativa Antimafia) = Italian antimafia investigations department.

diabete /dia'bɛte/ ➧ **7** m. diabetes.

diabetico, m.pl. **-ci**, f.pl. **-che** /dia'bɛtiko, tʃi, ke/ **I** agg. diabetic **II** m. (f. **-a**) diabetic.

diabolico, pl. **-ci**, **-che** /dja'bɔliko, tʃi, ke/ agg. **1** [*ispirazione, potere*] diabolic, devilish **2** *(malvagio)* [*persona, aspetto*] diabolic, demonic, fiendish **3** *(estremo)* [*abilità*] diabolic.

diacono /di'akono/ m. deacon.

diacritico, pl. **-ci**, **-che** /dia'kritiko, tʃi, ke/ agg. diacritic(al); ***segno ~*** diacritical mark, diacritic.

diadema /dia'dɛma/ m. **1** *(parure)* diadem, tiara **2** STOR. diadem.

diafano /di'afano/ agg. **1** *(traslucido)* diaphanous **2** LETT. [*pelle*] very pale.

diaframma /dia'framma/ m. **1** *(barriera)* barrier, wall **2** *(contraccettivo)* diaphragm, Dutch cap **3** ANAT. BOT. RAD. FOT. diaphragm.

diagnosi /di'aɲɲozi/ f.inv. **1** MED. diagnosis* **2** *(valutazione)* analysis*; ***~ di un esperto*** expert opinion.

diagnostica /diaɲ'ɲɔstika/ f. diagnostics + verbo sing.

diagnosticare /diaɲɲosti'kare/ [1] tr. to diagnose (anche FIG.); ***gli diagnosticarono l'AIDS*** he was diagnosed with Aids.

diagnostico, pl. **-ci**, **-che** /diaɲ'ɲɔstiko, tʃi, ke/ agg. diagnostic; ***esame ~*** screen; ***programma ~*** INFORM. diagnostics + verbo pl.

diagonale /diago'nale/ **I** agg. **1** *(obliquo)* diagonal, crosswise **2 in diagonale** diagonally, crosswise, at an angle **II** f. MAT. diagonal **III** m. TESS. diagonal, twill.

diagramma /dia'gramma/ m. diagram, chart, graph ♦♦ ***~ a barre*** bar chart; ***~ di flusso*** INFORM. flowchart; ***~ a torta*** pie chart.

dialettale /dialet'tale/ agg. [*termine*] dialectal, dialect attrib.; [*romanzo*] in dialect.

dialettica /dia'lɛttika/ f. **1** *(eloquenza)* dialectic(s) + verbo sing. **2** FILOS. dialectic(s).

dialettico, pl. **-ci**, **-che** /dia'lɛttiko, tʃi, ke/ agg. dialectic(al).

dialetto /dia'lɛtto/ m. dialect; ***parlare (in) ~*** to speak dialect.

dialisi /di'alizi/ f.inv. **1** MED. dialysis*; ***essere in ~*** to be on a dialysis machine **2** CHIM. dialysis*.

dializzato /dialid'dzato/ m. (f. **-a**) person in dialysis.

dialogare /dialo'gare/ [1] intr. (aus. *avere*) **1** *(parlare)* to dialogue, to dialog AE, to hold* talks; *(comunicare)* to talk **2** INFORM. [*computer*] to interact.

dialogo, pl. **-ghi** /di'alogo, gi/ m. **1** *(colloquio)* dialogue, dialog AE, conversation **2** POL. dialogue, dialog AE, talks pl. **3** *(comunicazione)* dialogue, dialog AE, communication; ***tra loro non c'è ~*** they don't communicate **4** TEATR. CINEM. TELEV. dialogue, dialog AE.

diamante /dia'mante/ m. **1** MINER. diamond; ***duro come un ~*** FIG. as hard as a rock **2** SPORT *(nel baseball)* diamond ♦♦ ***~ grezzo*** rough diamond; ***~ sintetico*** industrial diamond; ***~ tagliavetro*** glass cutter diamond.

diametralmente /diametral'mente/ avv. diametrically; ***~ opposto a*** diametrically opposed to (anche FIG.).

diametro /di'ametro/ m. **1** MAT. diameter; ***avere un ~ di 2 metri*** to be 2 m in diameter **2** *(di ago, vite)* gauge.

diamine /'djamine/ inter. damn, darn, heck; ***come, dove, chi, che ~...?*** how, where, who, what on earth *o* the heck...? ***fate uno sforzo, (che) ~!*** make an effort, darn it! ***~!*** for heaven's sake!

Diana /'djana, di'ana/ n.pr.f. Diana (anche MITOL.).

diapason /di'apazon/ m.inv. **1** *(strumento)* tuning fork **2** *(estensione di suono)* concert pitch.

diapositiva /diapozi'tiva/ f. slide, transparency.

diaproiettore /diaprojet'tore/ m. slide projector.

diaria /di'arja/ f. travel allowance.

diario, pl. **-ri** /di'arjo, ri/ m. **1** *(privato)* diary, journal; ***tenere un ~*** to keep a diary **2** SCOL. *(per i compiti)* diary **3** *(calendario)* timetable ♦♦ ***~ di bordo*** MAR. log (book); ***~ di viaggio*** journal.

diarista, m.pl. **-i**, f.pl. **-e** /dia'rista/ m. e f. diarist.

diarrea /diar'rɛa/ ➧ **7** f. diarrhoea BE, diarrhea AE.

diaspora /di'aspora/ f. STOR. diaspora; ***la ~ ebraica*** the Diaspora.

diaspro /di'aspro/ m. jasper.

diatonico, pl. **-ci**, **-che** /dia'tɔniko, tʃi, ke/ agg. diatonic.

diatriba /dia'triba, di'atriba/ f. diatribe.

diavola: **alla diavola** /alla'djavola/ agg. [*salsa*] devilled BE, deviled AE; ***pollo alla ~*** spatchcock.

diavoleria /djavole'ria/ f. **1** *(furberia)* devilment, mischief **2** *(oggetto strano)* devilment, oddity.

diavoletto /djavo'letto/ m. SCHERZ. *(bambino)* little devil, imp.

diavolo /'djavolo/ **I** m. **1** *(demonio)* devil, fiend; ***fa un freddo del ~*** it's cold as hell; ***mandare al ~ qcn.*** to tell sb. to go to hell; ***brutto come il ~*** as ugly as sin **2** *(persona)* ***un povero ~*** a poor devil; ***un buon ~*** a good sort; ***i tuoi bambini sono -i scatenati*** your children are little pests **II** inter. ***(che) ~!*** what the heck! the hell with it! ***perché, chi, dove ~...?*** why, who, where the devil *o* the hell...? ***al ~ gli scrupoli!*** to hell with scruples! ***va' al ~!*** go to the devil *o* to hell! ♦ ***a casa del ~*** in the back of beyond, in the middle of nowhere; ***(che) il ~ ti porti!*** may you rot in hell! ***avere il ~ in corpo*** to be like someone possessed; ***fare il ~ a quattro*** to raise the devil; ***essere come il ~ e l'acquasanta*** to be (like) oil and water; ***avere un ~ per capello*** to be like a bear with a sore head; ***saperne una più del ~*** to have more than one trick up one's sleeve; ***si parla del ~, (spuntano le corna)*** PROV. speak of the devil (and he is bound to appear) ♦♦ ***~ di mare*** ITTIOL. devil-fish.

dibattere /di'battere/ [2] **I** tr. *(discutere)* to debate, to argue [*questione*] **II dibattersi** pronom. **1** *(dimenarsi)* [*persona, animale*] to flounder (about, around), to thrash (about, around) **2** FIG. ***-rsi nel dubbio*** to be torn by doubts.

dibattito /di'battito/ m. **1** *(discussione)* debate, discussion, argument; ***~ televisivo*** panel discussion **2** POL. debate; ***~ parlamentare*** parliamentary debate.

dibattuto /dibat'tuto/ **I** p.pass. → **dibattere II** agg. *(controverso)* [*questione*] controversial, talked-about.

diboscamento /diboska'mento/ → **disboscamento**.

diboscare /dibos'kare/ → **disboscare**.

dic. ⇒ dicembre December (Dec).

dicastero /dikas'tɛro/ m. POL. department, ministry.

dicembre /di'tʃɛmbre/ ➧ **17** m. December.

diceria /ditʃe'ria/ f. rumour BE, rumor AE, hearsay **U**, gossip **U**; ***una ~*** a rumour, a piece of gossip; ***basato su -e*** based on hearsay.

dichiarare /dikja'rare/ [1] **I** tr. **1** *(dire, proclamare)* to declare [*indipendenza, intenzioni*]; to state [*posizione*]; ***~ il proprio amore*** to declare *o* tell one's love; ***~ guerra a qcn., qcs.*** to declare war on sb., sth. (anche FIG.); ***~ qcn. colpevole, innocente*** to find sb. guilty, not guilty; ***~ il falso*** to make a false declaration; ***"la dichiaro in arresto!"*** "I put you under arrest!"; ***vi dichiaro marito e moglie*** I now pronounce you man and wife **2** AMM. to declare [*reddito, bancarotta*]; to register [*nascita, matrimonio*]; ***niente da ~*** *(alla dogana)* nothing to declare **3** *(nel bridge)* to bid, to declare [*carte, colore*] **II dichiararsi** pronom. **1** *(proclamarsi)* ***-rsi fiducioso*** to declare *o* pronounce oneself confident; ***-rsi vinto*** to admit defeat; ***-rsi a favore di, contro qcs.*** to declare *o* pronounce (oneself) for, against sth. **2** *(in un processo)* ***-rsi colpevole, innocente*** to plead guilty, not guilty **3** *(confessare il proprio amore)* to tell* one's love (**a** to), to declare oneself.

dichiaratamente /dikjarata'mente/ avv. expressly.

dichiarato /dikja'rato/ **I** p.pass. → **dichiarare II** agg. **1** *(manifesto)* [*nemico, intenzione*] declared, avowed; [*obiettivo, opposizione*] explicit; [*sostenitore, ateo*] professed **2** *(registrato)* [*arma*] registered.

dichiarazione /dikjarat'tsjone/ f. **1** *(comunicazione)* declaration, statement, pronouncement, allegation (**su** on, about); ***fare una ~*** to make a statement; ***~ di guerra, d'indipendenza*** declaration of war, independence; ***~ d'amore*** declaration (of love); ***fare la ~ a qcn.*** to tell one's love to sb. **2** AMM. declaration, registration; ***~ doganale*** customs declaration; ***~ dei redditi*** income tax return **3** DIR. ***~ giurata*** sworn statement; ***~ di innocenza*** declaration *o* claim of innocence **4** *(nei giochi di carte)* declaration; *(nel bridge)* bid.

diciannove /ditʃan'nɔve/ ➧ ***26, 5, 8, 13*** **I** agg.inv. nineteen **II** m.inv. **1** *(numero)* nineteen **2** *(giorno del mese)* nineteenth **III** f.pl. *(ore)* seven pm.

diciannovenne /ditʃanno'vɛnne/ agg., m. e f. nineteen-year-old.

diciannovesimo /ditʃanno'vɛzimo/ ➧ ***26, 5*** **I** agg. nineteenth **II** m. (f. **-a**) nineteenth.

diciassette /ditʃas'sɛtte/ ➧ ***26, 5, 8, 13*** **I** agg.inv. seventeen **II** m.inv. **1** *(numero)* seventeen **2** *(giorno del mese)* seventeenth **III** f.pl. *(ore)* five pm.

diciassettenne /ditʃasset'tɛnne/ agg., m. e f. seventeen-year-old.

diciassettesimo /ditʃasset'tɛzimo/ ➧ ***26, 5*** **I** agg. seventeenth **II** m. (f. **-a**) seventeenth.

diciottenne /ditʃot'tɛnne/ agg., m. e f. eighteen-year-old.

diciottesimo /ditʃot'tɛzimo/ ➧ ***26, 5*** **I** agg. eighteenth **II** m. (f. **-a**) eighteenth.

diciotto /di'tʃɔtto/ ➧ ***26, 5, 8, 13*** **I** agg.inv. eighteen **II** m.inv. **1** *(numero)* eighteen **2** *(giorno del mese)* eighteenth **III** f.pl. *(ore)* six pm.

dicitura /ditʃi'tura/ f. *(scritta)* caption.

dicotomia /dikoto'mia/ f. dichotomy.

didascalia /didaska'lia/ f. **1** *(di illustrazione)* caption **2** CINEM. caption, subtitle; TEATR. stage direction.

didascalico, pl. **-ci**, **-che** /didas'kaliko, tʃi, ke/ agg. [*opera, tono*] didactic.

didattica, pl. **-che** /di'dattika, ke/ f. didactics + verbo sing.

didattico, pl. **-ci**, **-che** /di'dattiko, tʃi, ke/ agg. [*metodo, materiale, programma, sussidio*] didactic, teaching attrib.; ***supporto ~*** study aid; ***uscita -a*** field day *o* trip; ***software ~*** teachware.

didentro /di'dentro/ agg. e m.inv. interior, inside.

didietro /di'djɛtro/ **I** agg.inv. [*zampe*] hind, back; [*ruote*] rear, back **II** m.inv. **1** *(parte posteriore)* back, rear **2** COLLOQ. *(sedere)* backside, behind, rear (end).

Didone /di'done/ n.pr.f. Dido.

dieci /'djɛtʃi/ ➧ ***26, 5, 8, 13*** **I** agg.inv. ten **II** m.inv. **1** *(numero)* ten **2** *(giorno del mese)* tenth **3** SCOL. *(voto)* = top mark **III** f.pl. *(ore) (del mattino)* ten am; *(della sera)* ten pm.

diecimila /dietʃi'mila/ ➧ ***26*** agg. e m.inv. ten thousand.

diecina /dje'tʃina/ → **decina.**

diedro /di'ɛdro/ m. dihedral.

dieresi /di'ɛrezi/ f.inv. diaeresis* BE, dieresis* AE.

diesel /'dizel/ **I** agg.inv. [*motore, auto, treno*] diesel **II** m.inv. *(veicolo)* diesel (car).

diesis /di'ɛzis/ m.inv. sharp; ***do ~*** C sharp.

diessino /dies'sino/ **I** agg. = of the Italian party DS **II** m. (f. **-a**) = member of the Italian party DS.

1.dieta /'djɛta/ f. diet (**a base di** of); ***~ dimagrante*** slimming diet; ***mettere qcn. a ~*** to put sb. on a diet; ***essere, mettersi a ~*** to be, go on a diet; ***fare, seguire una ~*** to diet, to follow a diet.

2.dieta /'djɛta/ f. STOR. diet.

dietetica /dje'tɛtika/ f. dietetics + verbo sing.

dietetico, pl. **-ci**, **-che** /dje'tɛtiko, tʃi, ke/ agg. [*alimento, bevanda*] diet attrib.; [*metodo*] dietary.

dietista, m.pl. **-i**, f.pl. **-e** /dje'tista/ ➧ ***18*** m. e f. dietician, dietitian.

dietologo, m.pl. **-gi**, f.pl. **-ghe** /dje'tɔlogo, dʒi, ge/ ➧ ***18*** m. (f. **-a**) diet doctor.

dietro /'djɛtro/ **I** avv. behind; *(nella parte posteriore)* at, in the back; ***lasciarsi ~ qcn., qcs.*** to leave sb., sth. behind; ***mettili ~*** put them in the back; ***silenzio, là ~!*** silence at the back! ***il motore è ~*** the engine is at the rear; ***sedersi ~*** AUT. to sit in the back; ***cosa c'è ~?*** FIG. what's behind this *o* it? ***la porta di ~*** the back door; ***entrare da ~*** to come in round the back; ***ho sempre ~ l'ombrello*** I always have my umbrella with me **II** prep. **1** ***~ (a, di)*** behind; *(nella parte posteriore)* at the back *o* rear (of); ***~ le quinte*** behind the scenes; ***~ l'angolo*** (a)round the corner; ***guardò ~ di sé*** she looked behind her; ***da ~ (a)*** from behind, from the rear of; ***andare ~ a qcn.*** to go after sb. (anche FIG.); ***correre ~ a qcn., qcs.*** to run *o* chase after sb., sth. (anche FIG.); ***morire ~ a qcn.*** to die for sb.; ***ridere ~ a qcn.*** to laugh behind sb.'s back *o* at sb.; ***urlare ~ a qcn.*** to scream at sb. **2** *(dopo)* behind, after; ***chiuditi ~ la porta*** close the door after you; ***uno ~ l'altro*** one after another *o* the other, one behind the other **3** *(sotto)* behind, beneath; ***~ le apparenze*** behind the façade; ***~ il suo aspetto calmo*** beneath his calm exterior **4** COMM. BUROCR. on, against; ***~ pagamento*** on payment; ***~ compenso*** for a consideration **III** agg.inv. [*zampe*] hind, back; [*posti, ruote*] rear, back **IV** m.inv. back, rear; ***il ~ della casa*** the back *o* rear of the house; ***il ~ della camicia*** the back of the shirt.

dietrofront /djetro'front/ **I** inter. about face, about turn **II** m.inv. about-face, about-turn, right-about face, right-about turn (anche FIG.).

dietrologia /djetrolo'dʒia/ f. POL. GIORN. = obsessive search for supposedly hidden motives behind events or behind people's actions and words.

difatti /di'fatti/ → **infatti.**

difendere /di'fɛndere/ [100] **I** tr. **1** *(lottare per)* to defend, to stand* up for [*persona, paese, diritto, interessi*] (**contro** against; **da** from) **2** *(preservare)* to defend [*ambiente, territorio, beni,* *pace, interessi*] (**contro** against; **da** from); to defend, to guard [*persona, reputazione*] **3** *(sostenere)* to defend, to uphold* [*idea, teoria, opinione*]; to champion [*causa*] **4** DIR. to defend [*imputato*]; to fight* [*caso*] **5** *(riparare)* to defend, to protect (**da** from, against); ***~ dal freddo*** to keep out the cold, to protect against the cold **II difendersi** pronom. **1** *(opporsi)* to defend oneself (**da** from, against) **2** *(resistere alle critiche)* [*persona*] to defend oneself, to stand* up for oneself (**da** from, against) **3** *(ripararsi)* to defend oneself, to protect oneself (**da** from, against) **4** COLLOQ. *(cavarsela)* to get* by; ***si difende bene a tennis*** he plays tennis very respectably.

difendibile /difen'dibile/ agg. defensible, tenable.

difensiva /difen'siva/ f. defensive (anche SPORT MIL.); ***essere*** o ***stare sulla ~*** to be on the defensive (anche FIG.); ***mettersi*** o ***porsi sulla ~*** FIG. to take up a defensive position.

difensivo /difen'sivo/ agg. [*arma, reazione, comportamento*] defensive; [*linea, guerra, posizione*] defence attrib.

difensore /difen'sore/ m. (f. **difenditrice** /difendi'tritʃe/) **1** defender, guardian; SPORT defender, back; *(di causa)* defender, champion; *(di diritti)* defender, protector, upholder **2** DIR. counsel for the defence, defending counsel ♦♦ ***~ civico*** ombudsman.

difesa /di'fesa/ f. **1** *(da un aggressore)* defence BE, defense AE (**da** from; **contro** against) (anche MIL.); ***in posizione di ~*** in defensive position; ***arma da*** o ***di ~*** defensive weapon **2** POL. ***ministro della Difesa*** *(in GB)* Secretary of State for Defence; *(negli USA)* Defense Secretary; ***Ministero della Difesa*** *(in GB)* Ministry of Defence; *(negli USA)* Department of Defense **3** *(tutela)* protection, shelter; ***la ~ dell'ambiente*** environmental protection; ***associazione per la ~ dei consumatori*** consumer protection organization; ***prendere le -e di qcn.*** to come to sb.'s defence, to stand *o* stick up for sb. **4** SPORT *(azione, insieme dei difensori)* defence BE, defense AE; ***giocare in ~*** to play in defence, to defend; ***~ a uomo*** man-to-man defence; ***~ a zona*** zone defence **5** FISIOL. PSIC. ***le -e dell'organismo*** the body's defences; ***meccanismo di ~*** means of defence, defence mechanism; ***fare crollare le -e di qcn.*** to break down sb.'s defences **6** *(giustificazione, arringa)* defence BE, defense AE; ***a*** o ***in mia ~*** in my own defence; ***assumere la ~ di qcn.*** to conduct sb.'s defence; ***legittima ~*** self-defence **7** DIR. *(parte che difende, difensore)* defence BE, defense AE; ***avvocato della ~*** counsel for the defence, defending counsel ♦ ***la miglior ~ è l'attacco*** PROV. attack is the best form of defence.

difettare /difet'tare/ [1] intr. (aus. *avere*) **1** to be* wanting, to be* lacking (**di** in) **2** RAR. *(presentare difetti)* to be* defective (**in** in).

difetto /di'fɛtto/ m. **1** *(morale) (di persona)* fault, imperfection, defect, failing; *(di carattere)* flaw, defect; ***non avere -i*** to be faultless *o* flawless **2** *(imperfezione fisica) (di persona)* blemish, defect; *(di macchina, sistema)* defect, fault; *(di tessuto, opera)* defect, imperfection; ***~ dell'udito, della vista*** hearing, sight defect; ***avere*** o ***presentare dei -i*** [*macchina, costruzione*] to be faulty; ***senza -i*** [*sistema, macchina*] faultless; ***fare ~*** [*abito*] to bag; ***il coraggio gli fa ~*** he lacks courage **3 per difetto** [*stima*] conservative; ***arrotondare (un numero) per ~*** MAT. to round (a figure) down **4 in difetto *essere, sentirsi in ~*** to be, feel at fault ♦♦ ***~ di fabbricazione*** design *o* manufacturing fault; ***~ di pronuncia*** speech defect *o* impediment.

difettoso /difet'toso/ agg. [*struttura, pezzo, vista, udito*] defective; [*prodotto, macchina*] faulty, flawed; [*pronuncia*] impaired.

diffamare /diffa'mare/ [1] tr. to libel, to defame, to smear, to vilify.

diffamatorio, pl. **-ri, -rie** /diffama'tɔrjo, ri, rje/ agg. [*scritti, parole*] defamatory, libellous BE, libelous AE; ***campagna -a*** smear *o* whispering campaign.

diffamazione /diffamat'tsjone/ f. libel, defamation, smear; ***causa per ~*** libel suit.

differente /diffe'rɛnte/ agg. different (**da** from, to BE, than AE); ***essere (del tutto) -i*** to be unlike (in every way).

differenza /diffe'rɛntsa/ f. **1** *(scarto)* difference, gap (**tra, fra** between; **di** in, of); ***~ d'età*** age difference *o* gap; ***~ di statura*** difference in height **2** *(distinzione)* difference, distinction; ***fare la ~*** to make a difference; ***non fare nessuna ~*** to make no difference (**per** to); ***c'è una bella ~!*** there's quite a difference! ***a ~ di*** unlike **3** *(discriminazione)* ***fare -e fra i propri figli*** to treat one's children differently **4** *(rimanente)* difference, remainder (anche MAT.).

differenziale /differen'tsjale/ **I** agg. ECON. MAT. differential **II** m. **1** ECON. MAT. differential **2** AUT. differential (gear).

differenziare /differen'tsjare/ [1] **I** tr. to differentiate, to distinguish **II differenziarsi** pronom. **1** *(distinguersi)* to distinguish oneself (**da** from) **2** *(presentare differenze)* to be* differentiated (**da** by).

differenziato /differen'tsjato/ **I** p.pass. → **differenziare II** agg. **1** *(diverso)* diverse **2** *(di rifiuti)* ***raccolta -a*** separate refuse collection, waste separation.

differenziazione /differentsjat'tsjone/ f. differentiation.

differimento /differi'mento/ m. deferment, postponement.

differire /diffe'rire/ [102] **I** tr. *(rinviare)* to defer, to delay, to put* back [*partenza, decisione, scadenza*]; to defer, to adjourn [*riunione*]; to defer, to hold* back, to remit [*pagamento*] **II** intr. (aus. *avere*) *(essere differente)* to differ, to diverge, to vary (**da** from; **per** in).

differita /diffe'rita/ f. recording; ***il discorso sarà trasmesso in ~*** the broadcast of the speech will be a recording *o* is prerecorded.

difficile /dif'fitʃile/ **I** agg. **1** *(disagevole, arduo)* [*compito, percorso*] difficult, hard, tough; [*periodo, condizioni, scelta*] difficult, hard; ***è ~ a dirsi*** it's difficult *o* hard to tell; ***è ~ andarci d'accordo*** he's difficult to get on with **2** *(complicato)* [*lingua, problema, testo*] difficult, hard; [*domanda*] difficult, tricky **3** *(poco probabile)* unlikely, improbable; ***è ~ che*** it's unlikely that; ***è ~ che ci riesca*** he's unlikely to succeed **4** *(intrattabile)* [*persona, carattere*] difficult; ***un bambino ~*** a problem child **5** *(esigente)* [*persona*] choosy, particular, hard to please, fussy **II** m. e f. *(persona)* ***fare il ~*** to be choosy *o* fussy *o* particular **III** m. *(difficoltà)* ***qui sta il ~*** here lies the difficulty.

difficilmente /diffitʃil'mente/ avv. **1** *(con difficoltà)* with difficulty, hardly **2** *(con scarsa probabilità)* ***~ arriverà oggi*** he is unlikely to arrive today.

difficoltà /diffikol'ta/ f.inv. **1** *(complessità)* difficulty; ***trovare ~ a fare*** to find difficulty (in) doing, to find it difficult to do; ***faccio ~ ad accettare quest'idea*** I have difficulty with that idea, I find it difficult to accept that idea **2** *(situazione difficile)* difficulty, trouble; ***in ~*** [*persona*] in difficulty *o* trouble; ***mettere qcn. in ~*** to give sb. trouble, to make things difficult for sb. **3** *(ostacolo)* difficulty, problem; ***creare ~*** to give trouble; ***essere in ~ finanziarie*** to be in financial straits; ***(non) senza ~*** with no (little) difficulty, (not) without difficulty *o* difficulties; ***avere ~ in francese*** to have difficulties *o* problems with French **4** *(obiezione)* difficulty; ***non ha fatto alcuna ~*** she didn't raise a single objection.

difficoltoso /diffikol'toso/ agg. difficult, hard.

diffida /dif'fida/ f. DIR. caution, warning.

diffidare /diffi'dare/ [1] **I** tr. DIR. ***~ qcn. dal fare*** to caution sb. against doing **II** intr. (aus. *avere*) *(non fidarsi)* ***~ di*** to distrust *o* mistrust, to be suspicious of.

diffidente /diffi'dɛnte/ agg. [*persona, carattere, sguardo*] cautious, distrustful, mistrustful, suspicious, wary.

diffidenza /diffi'dɛntsa/ f. distrust, mistrust, wariness (**per, nei confronti di, verso** of).

diffondere /dif'fondere/ [51] **I** tr. **1** *(emanare)* to diffuse, to emanate [*luce, calore*]; to diffuse, to give* off [*profumo*] **2** *(propagare)* to spread* [*infezione, panico*]; to carry, to spread* [*malattia*] **3** *(divulgare)* to spread*, to release [*notizia*]; to spread* [*religione*]; to put* out, to spread* [*pettegolezzi*] **4** RAD. TELEV. to broadcast*, to network [*programma*] **II diffondersi** pronom. **1** *(propagarsi)* [*notizia, pettegolezzo*] to spread*, to get* about; [*malattia*] to spread*, to take* hold; [*religione, abitudine*] to spread*, to become* popular; [*calore, luce*] to diffuse, to emanate; [*profumo*] to diffuse **2** *(prendere piede)* [*moda, sistema*] to catch* on; [*idea*] to catch* on, to take* hold **3** FIG. *(dilungarsi)* to expatiate, to dilate, to dwell* (**su** on).

difforme /dif'forme/ agg. different, dissimilar.

diffusamente /diffuza'mente/ avv. extensively, at length.

diffusione /diffu'zjone/ f. **1** *(di informazioni, idee)* diffusion, circulation, spread; *(di lingua, moda)* diffusion; *(di malattia, infezione)* spread **2** *(nell'editoria)* circulation **3**

RAD. TELEV. ***programma a ~ regionale*** = regional TV or radio broadcast **4** FIS. diffusion.

diffuso /dif'fuzo/ **I** p.pass. → **diffondere II** agg. **1** [*luce, calore*] diffused **2** *(comune)* [*credenza, uso*] popular, widespread.

diffusore /diffu'zore/ m. *(di luce)* diffuser (anche TECN.) ♦♦ ***~ di profumo*** *(per ambienti)* pomander.

difilato /difi'lato/ avv. **1** *(senza fermarsi)* straight **2** *(di seguito)* in a row, at a stretch.

difterite /difte'rite/ ➧ **7** f. diphtheria.

diga, pl. **-ghe** /'diga, ge/ f. **1** *(per trattenere l'acqua)* dam, barrage, weir; *(argine)* embankment, dyke, dike AE **2** FIG. *(barriera)* barrier; ***opporre una ~ a*** to put up a barrier against.

digerente /didʒe'rɛnte/ agg. [*apparato, tubo, canale*] alimentary, digestive.

digeribile /didʒe'ribile/ agg. [*alimento*] digestible; ***poco ~*** FIG. [*offesa, torto*] indigestible.

digerire /didʒe'rire/ [102] tr. **1** to digest, to stomach [*cibo*]; ***~ male*** to suffer from indigestion, to have a bad digestion; ***ho mangiato qualcosa che non ho digerito*** I ate something that didn't agree with me **2** FIG. *(sopportare)* to stomach [*persona, comportamento*]; to swallow [*insulto, affronto*] **3** COLLOQ. FIG. *(assimilare)* to digest [*concetto*] **4** FIG. *(dominare)* to swallow [*rabbia*].

digestione /didʒes'tjone/ f. digestion; ***disturbi di ~*** digestive troubles; ***avere una cattiva ~*** o ***una ~ difficile*** to suffer from indigestion.

digestivo /didʒes'tivo/ **I** agg. [*processo, liquore*] digestive **II** m. *(liquore)* after-dinner drink.

1.digitale /didʒi'tale/ agg. *(delle dita)* digital; ***impronte -i*** fingerprints.

2.digitale /didʒi'tale/ agg. TECN. [*orologio, registrazione*] digital.

3.digitale /didʒi'tale/ f. BOT. foxglove.

digitalizzare /didʒitalid'dzare/ [1] tr. to digitize.

digitalizzatore /didʒitaliddza'tore/ f. TECN. digitizer.

digitare /didʒi'tare/ [1] tr. *(su tastiera)* to type [*testo*]; INFORM. to key (in).

digiunare /didʒu'nare/ [1] intr. (aus. *avere*) to fast, to go* hungry; ***~ per protesta*** to go on hunger strike.

1.digiuno /di'dʒuno/ agg. **1** ***sono ~ da ieri*** I haven't eaten since yesterday **2** FIG. *(privo)* ***essere ~ di notizie*** to have no news, to be starved for news; *(senza cognizioni)* ***sono ~ di cultura italiana*** I'm strange to *o* I know nothing about Italian culture.

2.digiuno /di'dʒuno/ m. **1** *(astinenza dal cibo)* abstinence from food, fast; ***fare ~*** to fast, to go without food **2** FIG. *(totale mancanza, assenza)* lack; ***~ di informazioni*** lack of information **3 a digiuno** [*partire, bere*] on an empty stomach; ***venga a ~*** don't eat anything before coming here.

dignità /diɲɲi'ta/ f.inv. **1** *(onorabilità)* dignity, worthiness; ***una persona senza ~*** an undignified person **2** *(carica)* dignity; ***~ papale, vescovile*** papacy, bishopric.

dignitario, m.pl. **-ri** /diɲɲi'tarjo, ri/ m. (f. **-a**) dignitary.

dignitosamente /diɲɲitosa'mente/ avv. [*comportarsi, vestirsi*] properly; [*vivere*] decently.

dignitoso /diɲɲi'toso/ agg. **1** *(pieno di dignità)* [*persona, contegno*] dignified **2** *(decoroso)* [*vestito, comportamento*] decorous, decent; *(accettabile)* [*lavoro, abitazione*] decent, respectable.

DIGOS /'digos/ f. (⇒ Divisione Investigazioni Generali e Operazioni Speciali) = Italian general investigative and special operations division.

digradare /digra'dare/ [1] intr. (aus. *essere*) **1** *(scendere)* to slope, to shelve, to fall* away **2** *(perdere intensità)* [*suoni*] to die* away, to fade away; [*colori*] to dim, to fade.

digressione /digres'sjone/ f. *(divagazione)* digression; ***fare una ~*** to digress.

digrignare /digriɲ'ɲare/ [1] tr. ***~ i denti*** to grind *o* gnash one's teeth.

dilagante /dila'gante/ agg. [*crimine*] rampant; [*epidemia*] widespread.

dilagare /dila'gare/ [1] intr. (aus. *avere*) **1** *(straripare)* to flood, to overflow **2** *(estendersi rapidamente)* [*epidemia, malattia*] to spread*; [*violenza*] to be* rife.

dilaniare /dila'njare/ [1] tr. **1** [*animale*] to maul, to tear* (apart) [*preda*]; [*macchina*] to mangle, to tear* [sb.] to pieces [*persona*] **2** FIG. *(tormentare)* [*rimorso, odio*] to tear* [sb.] apart, to rack [*persona*].

dilapidare /dilapi'dare/ [1] tr. to dissipate, to squander [*denaro, patrimonio*].

dilatare /dila'tare/ [1] **I** tr. **1** *(allargare)* to dilate, to distend, to enlarge **2** FIS. to dilate, to expand [*corpo, gas*] **3** FIG. *(ampliare)* to expand [*attività, sfera d'interessi*] **II dilatarsi** pronom. **1** *(allargarsi)* to dilate, to distend, to enlarge **2** FIS. [*corpo, gas*] to dilate, to expand **3** FIG. *(ampliarsi)* to expand.

dilatato /dila'tato/ **I** p.pass. → **dilatare II** agg. [*pori, pupille*] dilated, enlarged; [*stomaco*] distended.

dilatazione /dilatat'tsjone/ f. **1** FIS. *(di corpo, gas)* dilation, expansion **2** *(di pupilla, orifizio)* dilation, distension, enlargement.

dilatorio, pl. **-ri**, **-rie** /dila'tɔrjo, ri, rje/ agg. dilatory (anche DIR.).

dilazionare /dilattsjo'nare/ [1] tr. to defer, to remit [*pagamento*]; to delay, to defer [*scadenza*].

dilazionato /dilattsjo'nato/ **I** p.pass. → **dilazionare II** agg. [*pagamento*] deferred; [*scadenza*] delayed, deferred.

dilazione /dilat'tsjone/ f. *(di scadenza)* delay; *(di pagamento)* deferment, respite.

dileggiare /diled'dʒare/ [1] tr. to mock, to jeer, to scoff at [*persona*].

dileggio, pl. **-gi** /di'leddʒo, dʒi/ m. mockery, jeer, scoff.

dileguare /dile'gware/ [1] **I** tr. **1** *(far svanire)* to disperse, to dispel, to dissipate [*nebbia, nuvole*] **2** FIG. to dispel, to dissipate [*sospetti, timori*] **II dileguarsi** pronom. *(fuggire)* [*persona*] to vanish, to disappear.

dilemma /di'lɛmma/ m. dilemma; ***di fronte a un ~*** in a dilemma.

dilettante /dilet'tante/ **I** agg. *(non professionista)* [*fotografo, attore, pugile, ciclista*] amateur **II** m. e f. *(amatore, non professionista)* amateur; SPREG. amateur, dabbler, dilettante*; ***dipingere da ~*** to be an amateur painter, to dabble in painting.

dilettantesco, pl. **-schi**, **-sche** /dilettan'tesko, ski, ske/ agg. SPREG. amateurish.

dilettantismo /dilettan'tizmo/ m. dilettantism (anche SPREG.).

dilettantistico, pl. **-ci**, **-che** /dilettan'tistiko, tʃi, ke/ agg. [*lavoro*] amateurish; [*sport, gara*] amateur attrib.

dilettare /dilet'tare/ [1] **I** tr. to delight [*persona, sguardo, orecchie*] **II dilettarsi** pronom. **1** *(divertirsi)* ***-rsi a fare*** o ***facendo*** to delight in doing, to enjoy doing **2** *(fare qualcosa per diletto)* ***-rsi di musica*** to dabble in music.

dilettevole /dilet'tevole/ agg. [*lettura, occupazione*] pleasant ♦ ***unire l'utile al ~*** to mix business with pleasure.

1.diletto /di'lɛtto/ **I** agg. beloved, dearest **II** m. (f. **-a**) beloved.

2.diletto /di'lɛtto/ m. delight, pleasure; ***fare qcs. per ~*** to do sth. for enjoyment *o* pleasure; ***trarre ~ da*** to take delight *o* pleasure in.

diligente /dili'dʒɛnte/ agg. [*scolaro*] diligent, studious; [*impiegato*] careful, diligent; *(accurato)* [*lavoro*] careful, thorough.

1.diligenza /dili'dʒɛntsa/ f. diligence.

2.diligenza /dili'dʒɛntsa/ f. *(veicolo)* (stage)coach, diligence.

diliscare /dilis'kare/ [1] tr. to bone [*pesce*].

diluente /dilu'ɛnte/ m. thinner(s).

diluire /dilu'ire/ [102] tr. to dilute [*soluzione*]; to water down [*vino*]; to dilute, to thin [*vernice*].

dilungarsi /dilun'garsi/ [1] pronom. ***~ su*** to dilate *o* dwell *o* enlarge on, to expand (up)on [*argomento*].

diluviare /dilu'vjare/ [1] **I** impers. (aus. *essere, avere*) to pour down; ***diluvia*** it's pouring *o* teeming (with rain) **II** intr. (aus. *essere, avere*) [*colpi, insulti*] to rain.

diluvio, pl. **-vi** /di'luvjo, vi/ m. **1** *(pioggia)* deluge; ***è venuto giù il ~*** it rained in torrents; ***il ~ universale*** BIBL. the Flood, the Deluge **2** FIG. *(di parole, di proteste)* flurry, deluge, torrent; ***un ~ di improperi*** a stream of abuse.

dimagrante /dima'grante/ agg. [*dieta, prodotto*] slimming; [*pillola*] diet attrib.

dimagrimento /dimagri'mento/ m. weight loss.

dimagrire /dima'grire/ [102] intr. (aus. *essere*) [*persona*] *(perdere peso)* to become* thin(ner), to lose* weight; *(snellirsi)* to slim down, to get* slim; ***~ di tre chili*** to lose three kilos; ***~ sui fianchi*** to lose weight around one's hips.
dimenare /dime'nare/ [1] **I** tr. [*persona*] to flail (about) [*braccia, gambe*]; to sway [*fianchi*]; [*animale*] to wag(gle) [*coda*] **II dimenarsi** pronom. *(agitarsi)* to flail (about), to flounce (about), to jig (about), to waggle (about), to wriggle (about).
dimensione /dimen'sjone/ f. **1** MAT. FIS. dimension; ***oggetto a tre -i*** three-dimensional object **2** *(realtà, mondo)* ***essere di un'altra ~*** to be on another planet **3** *(grandezza, misura)* size; ***che -i ha?*** what size is it? ***di piccole, grandi -i*** small-sized, large-sized **4** *(aspetto, carattere)* dimension, aspect **5** *(importanza, ampiezza)* dimensions pl., extent; ***l'esatta ~ della catastrofe*** the real extent of the disaster.
dimenticabile /dimenti'kabile/ agg. forgettable.
dimenticanza /dimenti'kantsa/ f. *(il dimenticare)* forgetfulness; *(svista)* omission, oversight; ***per pura ~*** due to *o* through a sheer oversight.
dimenticare /dimenti'kare/ [1] Sul verbo *to forget*, equivalente italiano di *dimenticare / dimenticarsi*, vanno notati due usi particolari. - Quando si precisa il luogo dove qualcosa è stato dimenticato, il verbo *to forget* va sostituito dal verbo *to leave*: *"hai dimenticato le chiavi un'altra volta!" "sì, mi spiace, devo averle dimenticate sul tavolo della cucina"* = "you have forgotten your keys again!" "yes, I'm sorry, I must have left them on the kitchen table". - Si noti anche che *to forget to do something* significa *dimenticarsi di fare qualcosa*, mentre *to forget doing something* significa *dimenticarsi di avere fatto qualcosa*: *accidenti, ho dimenticato di imbucare la lettera* = gosh, I forgot to post the letter; *come posso dimenticare di avere sentito le sue osservazioni sgarbate?* = how can I forget hearing her rude remarks? **I** tr. **1** to forget* [*nome, data, fatto, passato, litigio*]; ***~ di fare*** to forget to do; ***ah, dimenticavo...*** oh, I nearly forgot...; ***non riesco a dimenticarlo*** I can't get him out of my mind *o* get over him **2** *(non prendere)* to forget*, to leave* (behind) [*oggetto*] **3** *(omettere)* to forget*, to leave* out [*particolare, virgola*]; ***~ di dire che...*** to fail to mention that... **4** *(trascurare)* to neglect [*dovere, amico*] **II dimenticarsi** pronom. ***-rsi (di) qcs.*** to forget sth.; ***-rsi di fare qcs.*** to forget to do sth.; ***prima che mi, me ne dimentichi...*** before I forget (it)...
dimenticatoio /dimentika'tojo/ m. ***cadere*** o ***finire nel ~*** [*persona, progetto*] to sink into oblivion; [*idea, metodo*] to fall *o* go out of favour.
dimentico, pl. **-chi, -che** /di'mentiko, ki, ke/ agg. **1** *(immemore)* forgetful, oblivious **2** *(noncurante)* forgetful, oblivious, unmindful (**di** of).
dimesso /di'messo/ agg. **1** *(umile, modesto)* [*modi, tono*] demure, humble, modest **2** *(trasandato)* [*aspetto, abiti*] seedy, sloppy.
dimestichezza /dimesti'kettsa/ f. *(confidenza)* familiarity, experience; ***avere ~ con qcs.*** to have experience *o* to be acquainted with sth.; ***prendere ~ con qcs.*** to make oneself familiar with sth.; ***ha poca ~ con i computer*** he is not very familiar with computing.
dimettere /di'mettere/ [60] **I** tr. **1** *(destituire)* to discharge, to dismiss [*ministro, ambasciatore*] **2** *(fare uscire)* to discharge [*paziente*] **II dimettersi** pronom. [*ministro, funzionario, impiegato*] to resign, to quit* (**dal posto di** as).
dimezzamento /dimeddza'mento/ m. halving.
dimezzare /dimed'dzare/ [1] **I** tr. *(dividere)* to halve, to cut* [sth.] by half; *(ridurre)* to halve **II dimezzarsi** pronom. to halve.
diminuire /diminu'ire/ [102] **I** tr. **1** *(ridurre)* to decrease, to diminish, to cut* [*quantità, intensità, durata, livello*] (**a** to; **di** by); to reduce, to cut*, to lower [*prezzi, salari*] (**a** to; **di** by); to reduce, to cut*, to lessen [*costi, produzione*] (**a** to; **di** by); to drop [*velocità*] (**a** to; **di** by) **2** *(nel lavoro a maglia)* to decrease [*maglie*] **II** intr. (aus. *essere*) **1** *(ridursi)* [*somma, disoccupazione, prezzo*] to decrease, to decline, to drop, to go* down, to fall* (**di** by); [*consumi, quantità*] to decrease, to diminish (**di** by); ***le vendite sono diminuite (del 5%)*** sales are down (by 5%) **2** *(calare)* [*interesse, richiesta, entusiasmo*] to drop off, to fall* off, to dwindle; [*temperatura, luce*] to drop; [*febbre*] to drop, to subside, to abate; [*popolarità*] to decrease, to diminish.
diminuito /diminu'ito/ **I** p.pass. → **diminuire II** agg. MUS. [*intervallo*] diminished.
diminutivo /diminu'tivo/ m. LING. diminutive.
diminuzione /diminut'tsjone/ f. **1** *(riduzione)* *(di produzione, attività)* fall, diminution, decline (**di** in); *(di prezzi, salari)* decrease, reduction, diminution, drop (**di** in); *(di risorse)* shrinkage, reduction (**di** in); *(di popolarità, quantità)* reduction, decrease; *(di febbre)* abatement, drop; ***in ~*** decreasing, shrinking, diminishing **2** *(nel lavoro a maglia)* ***fate due -i a ogni giro*** decrease two at the end of each row.
dimissionario, pl. **-ri, -rie** /dimissjo'narjo, ri, rje/ agg. resigning.
dimissione /dimis'sjone/ **I** f. *(dall'ospedale)* discharge **II dimissioni** f.pl. ***dare le -i*** to resign; ***presentare*** o ***rassegnare le -i*** to hand in one's resignation.
dimodoché /dimodo'ke/ cong. → **di modo che**.
dimora /di'mɔra/ f. **1** *(domicilio)* dwelling place, place of abode, residence; ***senza fissa ~*** of non fixed address *o* abode **2** *(abitazione)* home, habitation, abode **3** AGR. ***mettere a ~*** to bed (out) [*piante*].
dimorare /dimo'rare/ [1] intr. (aus. *avere*) *(risiedere)* to dwell, to reside.
dimostrabile /dimos'trabile/ agg. demonstrable, provable.
dimostrante /dimos'trante/ m. e f. demonstrator, protester.
dimostrare /dimos'trare/ [1] **I** tr. **1** *(mostrare, far vedere)* to demonstrate, to display, to show* [*interesse, entusiasmo, abilità*]; to demonstrate, to show* [*sentimento, amicizia*]; ***~ la propria età*** to look *o* show one's age; ***~ più della propria età*** to look older, to look old for one's age **2** *(provare)* to demonstrate, to prove, to show* [*teoria, principio, verità*]; to prove, to establish [*innocenza, colpevolezza*]; MAT. to prove [*teorema*]; ***~ a qcn. che*** to show sb. that, to prove to sb. that; ***~ che qcn. ha torto*** to prove sb. wrong; ***come volevasi ~*** it just goes to show; ***come volevasi ~, era in ritardo*** and sure enough, he was late **3** *(illustrare)* ***~ il funzionamento di una macchina*** to demonstrate a machine **II** intr. (aus. *avere*) *(partecipare a una manifestazione)* to demonstrate **III dimostrarsi** pronom. *(rivelarsi)* [*persona*] to prove (oneself), to show* (oneself); [*ipotesi, ragionamento*] to prove, to turn out; ***-rsi vero*** to prove to be *o* to turn out to be true; ***i suoi sospetti si dimostrarono fondati*** her suspicions proved correct.
dimostrativo /dimostra'tivo/ agg. demonstrative (anche LING.).
dimostratore /dimostra'tore/ m. (f. **-trice** /tritʃe/) demonstrator.
dimostrazione /dimostrat'tsjone/ f. **1** *(segno esteriore)* demonstration, proof, show; ***una ~ di amicizia*** a show of friendship **2** *(illustrazione, prova)* *(di teoria, verità, capacità, sentimenti)* demonstration, display; ***~ per assurdo*** reductio ab asburdum; ***essere la ~ vivente di*** to be living proof of **3** *(manifestazione)* *(di forza, solidarietà, coraggio)* display, show **4** *(lezione pratica)* demonstration, object lesson; ***fare la ~ di un elettrodomestico*** to demonstrate an appliance **5** *(raduno)* *(di protesta, sostegno)* demonstration, manifestation.
din /din/ inter. dingdong.
dinamica, pl. **-che** /di'namika, ke/ f. **1** *(evoluzione)* dynamics, trend; ***ricostruire la ~ dei fatti*** to piece facts together **2** FIS. dynamics + verbo sing.
dinamico, pl. **-ci, -che** /di'namiko, tʃi, ke/ agg. **1** *(energico, vivace)* [*persona*] dynamic, energetic, bouncy; ***essere molto ~*** to be very dynamic *o* a live wire **2** FIS. dynamic.
dinamismo /dina'mizmo/ m. dynamism.
dinamitardo /dinami'tardo/ **I** agg. ***attentato ~*** bomb attack, bombing **II** m. (f. **-a**) bomber.
dinamite /dina'mite/ f. dynamite (anche FIG.); ***far saltare con la ~*** to dynamite.
dinamo /'dinamo/ f.inv. dynamo.
dinamometro /dina'mɔmetro/ m. dynamometer.
dinanzi /di'nantsi/ avv. in front; ***~ a*** in front of, before.
dinastia /dinas'tia/ f. dynasty, house.
dinastico, pl. **-ci, -che** /di'nastiko, tʃi, ke/ agg. dynastic.

dinghy /'dingi/ m.inv. (sailing) dinghy.
dingo /'dingo/ m.inv. ZOOL. dingo, wild dog.
diniego, pl. **-ghi** /di'njɛgo, gi/ m. denial, refusal.
dinoccolato /dinokko'lato/ agg. [*persona*] shambling; ***andatura -a*** shamble.
dinosauro /dino'sauro/ m. dinosaur.
dintorni /din'torni/ m.pl. surroundings, neighbourhood sing.; ***nei ~*** somewhere about, in the vicinity; ***nei ~ di Roma*** somewhere around Rome, in the environs *o* vicinity of Rome; ***abito qui nei ~*** I live nearby *o* in this neighbourhood.
dintorno, d'intorno /din'torno/ avv. → **intorno.**
dio, pl. **dei** /'dio, 'dɛi/ m. **1** *(divinità politeistica)* god; ***il ~ del mare*** the god of the sea; ***gli dei egizi*** the Egyptian gods **2** *(persona di talento)* FIG. wizard, ace; ***in fisica è un ~*** he's a wizard at physics; ***da ~*** [*nuotare, sciare, giocare*] divinely, beautifully; ***cucinare da ~*** to be a great cook **3** FIG. *(idolo)* god, idol; ***fare di qcn., qcs. il proprio ~*** to make an idol of sb., sth., to idolize *o* worship sb., sth.
Dio /'dio/ m. God; ***la parola di ~*** the Word of God; ***pregare ~ per qcs.*** to pray (to) God for sth.; ***giuro davanti a ~*** I swear to God; ***il buon ~*** the good Lord; ***mio ~!*** my God! ***per l'amor di ~!*** for God's sake! ***in nome di ~!*** in the name of God! ***grazie a ~!*** thank God! ***a ~ piacendo, se ~ vuole*** God willing; ***~ solo lo sa!*** God (only) knows! ***com'è vero ~*** as God is my witness; ***dimenticato da ~*** FIG. [*luogo*] godforsaken ♦ ***credersi ~ in terra*** to think one is God Almighty; ***ognuno per sé, ~ per tutti*** every man for himself and God for us all; ***~ li fa e poi li accoppia*** PROV. birds of a feather (flock together).
diocesano /diotʃe'zano/ **I** agg. diocesan **II** m. (f. **-a**) diocesan.
diocesi /di'ɔtʃezi/ f.inv. diocese.
diodo /'diodo/ m. diode.
Diogene /di'ɔdʒene/ n.pr.m. Diogenes.
Dionigi /dio'nidʒi/ n.pr.m. Denis.
Dioniso /di'ɔnizo/ n.pr.m. Dionysus.
diossido /di'ɔssido/ m. dioxide.
diossina /dios'sina/ f. dioxin.
diottria /diot'tria/ f. dioptre, diopter AE.
dipanare /dipa'nare/ [1] **I** tr. **1** to reel off, to unravel [*fili, fune*]; ***~ la matassa*** to wind a skein into a ball **2** FIG. to unravel, to disentangle, to sort out [*questione*]; ***~ la matassa di un intrigo*** to unravel the mystery of a plot **II dipanarsi** pronom. **1** *(districarsi)* [*filo, fune*] to unravel **2** FIG. [*intrigo, questione*] to unravel, to get* sorted out.
dipartimento /diparti'mento/ m. **1** *(circoscrizione)* district, department **2** *(ministero negli USA)* bureau*, department **3** *(di università)* department **4** *(di organismo, amministrazione)* department, service.
dipartita /dipar'tita/ f. LETT. passing, death.
dipendente /dipen'dɛnte/ **I** agg. **1** *(che dipende)* dependent, reliant (**da** on); *(da alcol, droghe)* addicted (**da** to) **2** MAT. [*variabile*] dependent **3** LING. [*proposizione*] subordinate, dependent **4** *(non autonomo)* [*lavoratore*] employed; [*lavoro*] salaried; ***i lavoratori -i*** the employees **II** m. e f. *(lavoratore subordinato)* employee, subordinate; ***~ pubblico*** public servant; ***i -i*** the staff *o* personnel *o* payroll **III** f. *(proposizione)* subordinate clause.
dipendenza /dipen'dɛntsa/ **I** f. **1** *(di individuo, paese, economia)* dependence, dependance AE, reliance (**da** on); ***la sua ~ dalla madre*** his dependency on his mother **2** *(assuefazione) (da alcol, droghe)* addiction (**da** to), dependence, dependance AE, dependency (**da** on); ***dare ~*** [*droga, tabacco*] to be addictive **3** *(edificio adiacente)* annex, outbuilding, outhouse BE **II dipendenze** f.pl. ***lavorare alle -e di qcn.*** to work in sb.'s employ *o* under sb., to be employed by sb.; ***assumere qcn. alle proprie -e*** to take sb. on, to hire sb.
dipendere /di'pɛndere/ [10] intr. (aus. *essere*) **1** *(derivare da)* to depend (**da** on); to result (**da** from); ***dipende da te*** it depends on you, it's up to you; ***dipende da come si mettono le cose*** it depends (on) how things turn out; ***dipende*** that depends **2** *(fare affidamento)* ***~ da*** [*persona, paese, economia*] to depend *o* rely on, to be dependent on; ***non ~ da nessuno*** to be one's own master **3** *(essere sotto l'autorità di)* ***~ da*** [*organismo, comitato, regione*] to come under the control of, to be under the authority of; [*persona*] to be employed by **4** LING. [*proposizione*] to depend (**da** on).
dipingere /di'pindʒere/ [24] **I** tr. **1** ART. to paint [*motivo, paesaggio, quadro*]; *(tinteggiare)* to paint [*parete*] **2** FIG. *(descrivere)* to paint, to depict, to portray [*personaggio, situazione, epoca*] (**come** as) **II** intr. (aus. *avere*) to paint; ***~ a olio*** to paint *o* work in oils; ***~ a tempera*** to distemper; ***~ dal vero*** to paint from nature **III dipingersi** pronom. **1** *(apparire)* ***-rsi sul volto di qcn.*** [*imbarazzo, gioia*] to be written all over sb.'s face **2** *(truccarsi)* to make* oneself up, to wear* make-up; ***-rsi le unghie*** to paint one's nails.
dipinto /di'pinto/ **I** p.pass. → **dipingere II** agg. painted; ***sembrare ~*** to look *o* be a picture; ***non posso vederlo neanche ~*** COLLOQ. I can't stand the sight of him **III** m. painting.
diploma /di'plɔma/ m. **1** SCOL. diploma*, qualification; ***~ di maturità*** = high school leaving qualifications; ***~ di laurea*** university degree; ***~ di infermiera*** nursing qualification **2** *(attestazione)* diploma*, certificate.
diplomare /diplo'mare/ [1] **I** tr. to award a diploma to [*studente*] **II diplomarsi** pronom. [*studente*] to obtain a diploma.
diplomatica /diplo'matica/ f. *(valigetta)* diplomatic bag BE, diplomatic pouch AE.
1.diplomatico, pl. **-ci, -che** /diplo'matiko, tʃi, ke/ **I** agg. *(relativo alla diplomazia)* [*corpo, carriera, immunità, incidente, passaporto*] diplomatic; *(accorto)* [*persona, modi*] diplomatic, tactful; ***poco ~*** [*risposta, parole*] tactless **II** ♦ ***18*** m. (f. **-a**) diplomat, diplomatist.
2.diplomatico, pl. **-ci** /diplo'matiko, tʃi/ m. GASTR. = cake consisting of layers of puff pastry, cream and liquor.
diplomato /diplo'mato/ **I** p.pass. → **diplomare II** agg. holding a diploma, certificated, graduated AE; ***infermiera, ostetrica -a*** qualified nurse, midwife **III** m. (f. **-a**) holder of a diploma.
diplomazia /diplomat'tsia/ f. **1** *(corpo diplomatico)* diplomacy **2** *(tatto)* diplomacy, tact; ***usare ~*** to be diplomatic; ***mancare di ~*** to be undiplomatic *o* tactless.
diplomificio, pl. **-ci** /diplomi'fitʃo, tʃi/ m. SPREG. diploma mill AE.
diporto /di'pɔrto/ m. **1** ANT. pastime, recreation, diversion; ***per ~*** [*viaggiare, passeggiare*] for recreation *o* pleasure **2** *(sport)* ***imbarcazione da ~*** pleasure boat; ***navigazione da ~*** yachting.
diradare /dira'dare/ [1] **I** tr. **1** *(rendere meno fitto)* to thin out [*bosco, colture*]; to prune [*alberi*] **2** *(disperdere)* [*vento*] to clear, to disperse, to dissipate [*fumo*]; to scatter [*nuvole*] **3** *(ridurre)* to space out [*visite, chiamate*] **II diradarsi** pronom. **1** *(disperdersi)* [*nebbia*] to thin (out), to disperse; [*nuvole*] to clear **2** *(diventare meno folto)* [*capelli, foresta*] to thin (out) **3** *(diventare meno frequente)* [*visite, chiamate*] to become* less frequent.
diramare /dira'mare/ [1] **I** tr. *(diffondere)* to put* out, to release [*circolare, comunicato*]; *(per radio, TV)* to broadcast* **II diramarsi** pronom. **1** *(ramificarsi)* [*strada, fiume, binari*] to branch (off); ***dalla piazza si diramano sei vie*** six roads radiate out from the square **2** FIG. *(diffondersi)* to spread*.
diramazione /diramat'tsjone/ f. **1** *(ramificazione) (di strade, fiumi)* ramification; *(di rami)* offshoot **2** *(ramo, braccio) (di strade, tubazioni, fiume)* branch, ramification; *(di albero)* offshoot; FERR. branch line **3** *(succursale, filiale)* branch, offshoot **4** *(per radio, TV)* broadcasting.
1.dire /'dire/ [37] **I** tr. **1** *(proferire, pronunciare)* to say*; ***~ (di) sì, (di) no*** to say yes, no; ***"entrate" disse*** "come in" he said; ***~ che*** to say (that); ***dice di essere malata*** she says she's ill; ***come dice?*** *(per fare ripetere)* excuse me? pardon? sorry? ***come hai detto?*** what did you say? ***~ sciocchezze*** to talk nonsense **2** *(parlare)* ***dica pure!*** tell me! *(a un cliente)* can I help you? ***ehi, dico a te!*** hey, you! I say! ***dir bene, male di qcn.*** to speak well, ill of sb. **3** *(recitare)* to say* [*preghiera*]; to recite [*poesia, lezione*] **4** *(far sapere)* to say*; *(indicando a chi si parla)* to tell*; ***~ qcs. a qcn.*** to tell sb. sth., to tell sth. to sb.; ***~ a qcn. che*** to tell sb. (that); ***così mi è stato detto*** so I've been told; ***lasciatelo ~, lascia che te lo dica...*** let me tell you...; ***ti dico che è vero!*** it's true, I tell you! ***qualcosa mi dice che non verrà*** something tells me he won't come **5** *(raccontare)* to tell* [*bugie, verità*] **6** *(affermare, sostenere)* to say*; ***se così si può ~*** if one might say so; ***c'è da ~ che*** one

1.dire

To say* e *to tell

La scelta fra i due equivalenti inglesi del verbo *dire*, ossia *to say* e *to tell*, è regolata da fattori formali e semantici, che si possono riassumere come segue.

- *Dire* si traduce con *to say* quando:
  a) significa *proferire, pronunciare* (l'eventuale riferimento alla persona deve allora essere, in inglese, introdotto da *to*): *non dissi nulla* = I said nothing; *ho detto arrivederci ai miei compagni* = I said goodbye to my classmates;
  b) non si può o non si vuole esprimere la persona a cui si dice qualcosa: *chiamaci per dire quando arriverai* = call us to say when you'll arrive, *non ha detto quando sarebbe arrivato* = he didn't say when he would arrive;
  c) il verbo dire regge una frase subordinata: *disse: "Sì, resto a casa"* = he said: "Yes, I stay at home"; *"smettetela!", disse Jim* = "stop it!", said Jim; *dice che sua moglie ha sempre ragione* = he says (that) his wife is always right; *dico sempre quello che penso* = I always say what I think;
  d) *dire* è usato in particolari espressioni idiomatiche: *a dir poco* = to say the least, *dire le preghiere* = to say one's prayers, *dimmi basta* = say when, *vale a dire* = that's to say, ecc.
- *Dire* si traduce con *to tell* quando:
  a) viene espressa la persona, in forma di nome o pronome, a cui si dice qualcosa: *non vuole dirmi come si chiama sua sorella* = he doesn't want to tell me what his sister's name is; *gli studenti stanno dicendo all'insegnante il proprio nome* = the students are telling their names to the teacher / the students are telling the teacher their names;
  b) *dire* significa *ordinare*, ossia quando si riportano dei comandi (e l'imperativo del discorso diretto appare come infinito nel discorso indiretto): *gli disse di finirlo per le quattro* = he told him to finish it by 4 o'clock, *mi ha detto di chiudere la finestra* = he told me to shut the window;
  c) *dire* significa *rendersi conto, capire* (e *to tell* è preceduto da *can* / *could*): *non so dire la differenza tra di loro* = I can't tell the difference between them, *non saprei dire se era felice o meno* = I couldn't tell whether she was happy or not;
  d) quando *dire* è seguito da un complemento di argomento introdotto da *di*: *ci ha detto di John* = he told us about John; *ti ho detto della nostra gita?* = did I tell you about our trip?;
  e) *dire* è usato in particolari espressioni idiomatiche: *dire la verità* = to tell the truth, *dire una bugia* = to tell a lie, *dire l'ora* = to tell the time, ecc.
- Si noti che *dire* è spesso reso in inglese con verbi più specifici:

dissi: "dov'è?"	=	I asked: "where is it?"
dissi quello che avevo fatto	=	I explained what I had done
smettila di dire che sei stanco, lo siamo tutti!	=	stop repeating you're tired, we all are!
ti ha detto la sua opinione?	=	did he give you his opinion?

- In molti casi, il verbo *dire* è accompagnato in italiano da un avverbio o da una locuzione avverbiale, mentre l'inglese concentra il medesimo significato in un semplice verbo:

dire singhiozzando	=	to sob (out)
dire sogghignando	=	to sneer
dire sussurrando	=	to whisper.

Si dice che / dicono che

- L'espressione *si dice che...* o *dicono che...* può essere resa in inglese mediante un'analoga forma impersonale *(it is said that... / they say that... / rumour has it that...)* oppure mediante il passivo di *dire* in forma personale:

si dice che abbiano deciso di divorziare	=	it is said that they have decided to get divorced
si dice che abbia fatto amicizia con il nostro capo	=	they say he made friends with our boss
si dice che saranno licenziati in venti	=	rumour has it that twenty people will be sacked
si dice che sia un brillante oratore	=	he is said to be a brilliant speaker
si dice che abbia più di settant'anni	=	she is said to be over seventy
mi si dice che Lei è la miglior dattilografa della ditta	=	I am told that you're the best typist in the firm.

***Dire* e il discorso indiretto**

- Quando il verbo *dire* (o un altro analogo verbo come *chiedere, ordinare, rispondere* ecc.) introduce il discorso indiretto, si verificano nella frase delle modifiche, rispetto alla formulazione nel discorso diretto, che possono riguardare i tempi dei verbi, le forme dei pronomi personali e degli aggettivi possessivi e dimostrativi, e quelle degli avverbi.
- Per quanto riguarda i mutamenti dei tempi verbali, si verificano i seguenti casi:
  a) l'imperativo nel discorso diretto diventa infinito nel discorso indiretto:

"John, lavati le mani"	=	"John, wash your hands"
- la mamma ha detto a John di lavarsi le mani	=	mum told John to wash his hands
"non aprite la finestra"	=	"do not open the window"
- ho detto loro di non aprire la finestra	=	I told them not to open the window;

  b) quando il verbo *dire* è al presente, al passato prossimo o al futuro, non c'è mutamento di tempo nei verbi riportati nel discorso indiretto:

"stava piovendo"	=	"it was raining"
- dico / ho appena detto / dirò che stava piovendo	=	I say / I've just said / I'll say it was raining
"non ho più soldi"	=	"I have got no money left"
- dico / ho appena detto / dirò che non ho più soldi	=	I say / I've just said / I'll say that I have got no money left;

  c) quando il verbo *dire* è al passato, al trapassato o al condizionale, i verbi riportati nel discorso indiretto mutano arretrando nel tempo (il presente diventa passato, il passato diventa trapassato, il trapassato resta uguale a se stesso non potendo arretrare ulteriormente):

"vado spesso al cinema"	=	"I often go to the cinema"
- dissi / avevo detto / direi che andavo spesso al cinema	=	I said / I had said / I would say that I often went to the cinema
"ho appena finito"	=	"I have just finished"
- dissi / avevo detto / direi che avevo appena finito	=	I said / I had said / I would say that I had just finished
"abitai a Londra per due anni"	=	"I lived in London for two years"
- dissi / avevo detto / direi che avevo abitato a Londra per due anni	=	I said / I had said / I would say that I had lived in London for two years
"le avevo già parlato"	=	"I had already talked to her"
- dissi / avevo detto / direi che le avevo già parlato	=	I said / I had said / I would say that I had already talked to her;

  d) mentre in tutti i casi precedenti l'italiano e l'inglese si comportano allo stesso modo, quando il verbo *dire* è al passato, al trapassato o al condizionale e il verbo nel discorso diretto è al futuro, l'italiano nel discorso indiretto ha un condizionale composto e l'inglese un condizionale semplice:

"ci incontreremo il 6 aprile"	=	"we will meet on April 6th"
- dissi che ci saremmo incontrati il 6 aprile	=	I said we would meet on April 6th
"lo farò io"	=	"I will do it"
- avevo detto che l'avrei fatto io	=	I had said I would do it.

- Per quanto riguarda i mutamenti nelle forme dei pronomi personali e degli aggettivi possessivi e dimostrativi, le frasi seguenti esemplificano dei casi rappresentativi:

"io non sono stanco"	=	"I am not tired"
- George ha detto che lui non è stanco	=	George said he is not tired
"mia moglie e io non bisticciamo mai"	=	"my wife and I never squabble"
- dice che sua moglie e lui non bisticciano mai	=	he says that he and his wife never squabble

"questo libro è sempre stato nella nostra biblioteca"	=	"this book has always been in our library"	*"lo farò domani"*	= "I will do it tomorrow"
- ha detto che questo libro sempre stato nella loro biblioteca	=	he said (that) that book had always been in their library.	*- dissi che l'avrei fatto l'indomani*	= I said I would do it the next day
			"mi sono laureata l'anno scorso"	= "I graduated last year"
			- disse che si era laureata l'anno prima	= she said she had graduated the year before

• Per quanto riguarda i mutamenti nelle forme avverbiali, le frasi seguenti esemplificano dei casi rappresentativi:

"abito qui"	=	"I live here"	*"abitavo a Londra tre anni fa"*	= "I lived in London three years ago"
- disse che abitava là	=	he said he lived there	*- mi disse che aveva abitato a Londra tre anni prima*	= he told me he had lived in London three years before.
"non ho più fame adesso"	=	"I am no longer hungry now"		
- disse che allora non aveva più fame	=	he said he was no longer hungry then		

should say that, it should be said that; ***non dico di essere un esperto*** I don't claim to be an expert; ***ho sentito ~ che*** I heard that; ***so quel che dico*** I know what I'm talking about; ***la radio, il regolamento dice che*** it says on the radio, in the rules that; ***stando a quel che dicono i giornali*** from what the newspapers tell us **7** *(ammettere)* ***bisogna dirlo*** o ***diciamolo pure, la situazione è difficile*** one must admit, the situation is difficult **8** *(dimostrare)* ***questo ti dice quanto ti vuole bene*** this tells you how much he loves you **9** *(esprimere)* ***questa musica non mi dice nulla*** this music doesn't say anything to me **10** *(formulare)* ***ben detto!*** well said! ***come (posso) ~?*** how shall I put it? ***era scontento, per non ~ furioso*** he was displeased, not to say furious **11** *(significare)* ***vale a ~*** that is to say; ***come sarebbe a ~?*** what's the meaning of this? **12** *(esortare, ordinare, chiedere)* ***~ a qcn. di fare*** to tell sb. to do; ***fa' ciò che ti si dice!*** do as you're told! **13** *(obiettare, criticare)* ***avrà certamente qualcosa da ~ al riguardo!*** she'll certainly have something to say about that! ***trovare da ~*** to find fault (**su** with); ***non c'è che ~, è bella*** you have to admit, she's beautiful **14** *(pensare, giudicare)* ***che cosa ne dite?*** what do you think of it? ***che ne diresti di fare quattro passi?*** how about a little walk? what would you say to a little walk? ***e ~ che...*** and to think that... **15** COLLOQ. *(per richiamare l'attenzione di qcn.)* ***di' un po', mi credi?*** tell me *o* what do you think, do you believe me? ***di' un po', dove credi di essere?*** hey, where do you think you are? **16** *(in costruzioni impersonali)* ***dicono*** o ***si dice sia sposato*** they say he is married **II dirsi** pronom. **1** *(fra sé e sé)* to tell* oneself, to say* to oneself **2** *(l'un l'altro)* ***-rsi tutto*** to tell each other everything; ***-rsi addio*** to say goodbye (to each other) **3** *(ritenersi)* ***possiamo dirci fortunati se arriveremo in tempo*** we'll be doing well if we get there on time; *(definirsi, spacciarsi)* ***si diceva mio amico, medico*** he claimed to be my friend, a doctor **4** *(dichiararsi)* ***si è detto pronto a prendere parte alla conferenza*** he said that he was prepared to take part in the conference **5** *(designare, formulare in una lingua)* ***come si dice "cane" in spagnolo?*** how do you say "dog" in Spanish? ♦ ***questo la dice lunga*** it says a lot *o* it speaks volumes (**su** about); ***non se l'è fatto ~ due volte!*** he didn't need telling twice! he didn't need to be told twice! ***non me l'ha mandato a ~*** and he told me in no uncertain terms; ***avere a che ~ con qcn.*** = to quarrel with sb.; ***~ la propria*** to say one's piece; ***~ le cose come stanno*** = to speak plainly; ***l'avevo detto io!*** I told you so! ***te lo dico io*** *(ti assicuro)* I can tell you; ***(e) direi!*** of course! you bet(cha)! ***puoi dirlo forte!*** you can say that again! ***l'hai detto!*** you said it! ***si fa per ~*** it's only in a manner of speaking; ***andare a ~ qcs. in giro*** to tell the world about sth.; ***volevo ben ~!*** I thought so! I guessed as much! ***come non detto!*** (let's) forget (about) it! ***detto fra noi*** between you and me; ***per sentito ~*** by hearsay; ***così*** o ***tanto per ~*** let's just say; ***per così ~*** so to say; ***come si suol ~*** as they say; ***a ~ il vero*** actually; ***è presto detto*** that's easier said than done; *(sembra facile)* it's easy for you to say; ***non è detto*** I'm not that sure; ***non è detto che costi carissimo*** it needn't cost a fortune; ***e chi lo dice?*** says who! who says? ***e chi mi, ti dice che...*** how do I, you know...; ***(ma) dico (io)!*** well, I must say! ***(ma) non mi ~!*** you don't tell *o* say! ***non mi ~ che piove di nuovo!*** don't tell me *o* say it's raining again! ***non si può mai ~*** you never can tell; ***non dico di no*** *(non lo nego)* I won't deny it; *(accetto)* I wouldn't say no; ***a chi lo dici!*** you tell me! don't I know it! ***ho avuto una paura che non ti dico*** o ***da non -rsi*** I was frightened to death; ***i piedi mi fanno un male che non ti dico*** my feet are killing me.

2.dire /'dire/ m. ***a ~ di tutti*** by *o* from all accounts; ***a suo ~*** according to him; ***hai un bel ~!*** that's easy for you to say! ♦ ***tra il ~ e il fare c'è di mezzo il mare*** PROV. there's many a slip 'twixt cup and lip.

directory /di'rɛktori, dai'rɛktori/ f.inv. INFORM. directory.

diretta /di'rɛtta/ f. RAD. TELEV. live broadcast; ***il concerto verrà trasmesso in ~ da Roma*** the concert will be brought to you live from Rome.

direttamente /diretta'mente/ avv. **1** *(senza deviazioni, ostacoli)* [*andare, tornare, venire*] direct(ly), right, straight **2** *(personalmente)* directly, personally **3** *(senza intermediari)* [*contattare, parlare, scrivere*] direct(ly).

direttissima /diret'tissima/ f. DIR. ***per ~*** with a summary judgment; ***processo per ~*** = trial for serious criminal offences when the offender has been caught in the act of the crime.

direttiva /diret'tiva/ f. AMM. POL. directive, guideline.

direttivo /diret'tivo/ **I** agg. directive, managing; ***consiglio ~*** executive board *o* council, governing body; ***comitato ~*** management *o* steering committee **II** m. board of directors.

diretto /di'rɛtto/ **I** p.pass. → **dirigere II** agg. **1** *(senza intermediario)* [*aiuto, controllo, legame, partecipazione*] direct; ***un discendente ~*** o ***in linea -a*** a direct descendant; ***il mio ~ superiore*** my immediate superior **2** *(senza deviazioni)* [*strada, accesso*] direct, through; ***fare un volo ~*** to fly direct; ***treno ~*** nonstop *o* through train **3** *(volto)* ***~ a*** [*persona, autobus, treno*] bound for; ***~ a casa, a Londra*** homeward bound, London-bound; ***una lettera -a a me*** *(indirizzato)* a letter addressed to me **4** *(schietto)* [*approccio, domanda, risposta, persona*] direct, forthright, straightforward **5** LING. [*discorso, interrogativa*] direct **III** avv. ***andare ~ al punto*** to go straight to the point **IV** m. SPORT *(nella boxe)* ***~ destro*** straight right; ***~ sinistro*** straight left, jab.

direttore /diret'tore/ **I** ➧ *18* m. **1** AMM. COMM. director; *(di banca, hotel, teatro, progetto)* manager; *(di giornale)* editor; *(di prigione)* governor **2** SCOL. headmaster, principal; *(di istituto)* housefather, houseparent **II** agg. ***idea -trice*** guiding principle ♦♦ ***~ artistico*** artistic director; TELEV. floor manager; ***~ commerciale*** sales manager; ***~ editoriale*** managing editor; ***~ esecutivo*** executive director; ***~ generale*** AMM. COMM. general manager, chief executive, director general; ***~ d'orchestra*** MUS. conductor, director; ***~ del personale*** personnel manager; ***~ di scena*** stage-manager; ***~ di stabilimento*** works manager; ***~ tecnico*** SPORT (team) manager; ***~ delle vendite*** sales administrator *o* director.

direttoriale /diretto'rjale/ agg. [*doveri*] directorial.

direttrice /diret'tritʃe/ f. ➧ *18* **1** AMM. COMM. directress; *(di banca, hotel, teatro, progetto)* manageress **2** SCOL. headmistress, principal; *(di istituto)* housemother, houseparent.

direzionale /direttsjo'nale/ agg. **1** directional **2** ***freccia ~*** *(negli autoveicoli)* indicator, blinker **3** *(che dirige)* [*uffici*] executive; ***centro ~*** office district.

direzione /diret'tsjone/ f. **1** *(senso, verso)* direction, way (anche FIG.); ***in*** o ***nella ~ di*** in the direction of; ***in ~ est*** in an eastward direction, eastbound; ***cambiare ~*** to change course; ***sbagliare ~*** to go in the wrong direction, to go the wrong way; ***navigare in ~ sud*** to sail due south **2** *(gestione, guida)* direction, running; *(di giornale)* editing; SCOL. headship; ***gli è stata***

affidata la ~ del progetto he's been put in charge of the project **3** *(dirigenza, vertici)* direction, (senior) management; *(di partito)* leadership **4** *(ufficio)* direction, manager's office.

dirigente /diri'dʒɛnte/ **I** agg. [*classe*] governing; [*gruppo*] ruling **II** ➧ *18* m. e f. executive, manager; *(di comitato, club)* officer; *(di partito, sindacato)* leader; ***un ~ Fiat*** an executive with Fiat.

dirigenza /diri'dʒɛntsa/ f. management; *(di partito)* leadership; ***alta ~*** top management.

dirigenziale /diridʒen'tsjale/ agg. executive, managerial, management attrib.

dirigere /di'ridʒere/ [38] **I** tr. **1** *(essere a capo di)* to direct, to head [*compagnia*]; to run* [*hotel, scuola*]; to edit [*giornale, rivista*]; to control, to supervise [*operazione, progetto*] **2** *(regolare)* ***~ il traffico*** to direct the traffic, to be on traffic duty **3** *(orientare, volgere)* to head, to point [*veicolo*] (**verso** towards); to direct [*luce, sguardo, sforzo, attenzione*] (**verso** to, towards); ***~ i propri passi verso*** to turn one's steps towards **4** MUS. to conduct [*orchestra, concerto*] **5** CINEM. TEATR. to direct [*attore, film, opera teatrale*] **6** SPORT *(arbitrare)* to referee [*partita*] **II dirigersi** pronom. ***-rsi verso*** to head for, to make for *o* towards, to make one's way towards; ***-rsi verso sud, nord*** to head south, north.

dirigibile /diri'dʒibile/ m. airship, dirigible.

dirimere /di'rimere/ [2] tr. to settle, to resolve [*controversia*].

dirimpetto /dirim'pɛtto/ **I** agg.inv. opposite, facing; ***la casa ~ alla nostra*** the house opposite *o* facing ours **II** avv. [*abitare*] opposite.

1.diritto /di'ritto/ **I** agg. **1** *(che segue una linea retta)* [*bordo, linea, strada, taglio, schiena, capelli*] straight **2** *(in posizione eretta, verticale)* [*palo, tronco*] straight; [*coda, orecchie*] erect; ***stare ~*** to hold oneself, to stand erect, to stay upright **3** *(in maglieria)* ***maglia -a*** plain stitch **II** avv. **1** *(in linea retta)* ***andare sempre ~*** to go straight ahead; ***mi guardò ~ negli occhi*** he looked me square in the eye *o* full in the face **2** *(direttamente)* directly; ***andare ~ a casa*** to walk straight home **III** m. **1** *(di stoffa)* right side **2** *(in maglieria)* plain stitch **3** *(di medaglia, moneta)* obverse **4** SPORT forehand ♦ ***~ come un fuso*** o ***un palo*** bolt upright, straight as a ramrod; ***rigare ~*** to toe the line; ***fare rigare*** o ***filare ~ qcn.*** to keep sb. in line; ***venire ~ al punto*** to come straight to the point; ***andare*** o ***tirare ~ per la propria strada*** to continue on one's way, to go one's own way.

2.diritto /di'ritto/ **I** m. **1** *(facoltà, pretesa)* right; ***dichiarazione dei -i*** bill of rights; ***i candidati aventi ~*** the eligible candidates; ***rivendicare il ~ su qcs.*** to claim sth. as a right, to claim the right to sth.; ***sentirsi in ~ di fare*** to feel justified in doing; ***gli appartiene di ~*** it belongs to him as of right; ***avere ~ a*** to have a right to, to be eligible for, to be entitled to; ***ho il ~ di sapere*** I've got a right to know; ***con quale ~ mi giudichi?*** what gives you the right to judge me? ***a buon ~*** with good reason **2** *(complesso di norme)* right, law; *(scienza, materia)* law **II diritti** m.pl. COMM. DIR. *(tassa)* rights, dues ♦♦ ***~ amministrativo*** administrative law; ***~ d'asilo*** POL. right of asylum; ***~ canonico*** DIR. canon law; ***~ commerciale*** commercial law; ***~ consuetudinario*** DIR. common law; ***~ costituzionale*** DIR. constitutional law; ***~ fallimentare*** bankruptcy law; ***~ internazionale*** DIR. international law; ***~ del lavoro*** DIR. labour law; ***~ di nascita*** birthright; ***~ penale*** DIR. criminal law; ***~ privato*** private law; ***~ pubblico*** public law; ***~ romano*** Roman law; ***~ di veto*** veto; ***~ di voto*** POL. entitlement to vote, franchise; ***-i d'autore*** copyright, royalties; ***-i cinematografici*** screen rights; ***-i civili*** POL. civil rights; ***-i riservati*** all rights reserved; ***-i dell'uomo*** human rights.

dirittura /dirit'tura/ f. **1** SPORT ***~ d'arrivo*** home straight; ***essere in ~ d'arrivo*** to be on the home *o* finishing stretch **2** *(rettitudine)* rectitude.

diroccato /dirok'kato/ agg. [*castello*] crumbling, ruined.

dirompente /dirom'pɛnte/ agg. **1** MIL. ***bomba ~*** fragmentation bomb **2** FIG. *(sconvolgente)* [*notizia*] devastating, shattering.

dirottamento /dirotta'mento/ m. **1** *(cambiamento di rotta)* change of course **2** *(atto di pirateria)* hijack(ing).

dirottare /dirot'tare/ [1] **I** tr. to divert, to reroute [*traffico, aereo*]; *(per pirateria)* [*dirottatore*] to hijack [*aereo*] **II** intr. (aus. *avere*) **1** *(cambiare rotta)* to change course **2** *(cambiare direzione)* to deviate.

dirottatore /dirotta'tore/ m. (f. **-trice** /tritʃe/) hijacker.

dirotto /di'rotto/ agg. **1** *(irrefrenabile, scrosciante)* ***pianto ~*** flood of tears **2 a dirotto** ***piangere a ~*** to weep copiously, to blubber COLLOQ.; ***piovere a ~*** to rain hard, to pour down; ***piove a ~*** it's pouring (with rain), it's pelting with rain.

dirupato /diru'pato/ agg. [*pendio*] steep, craggy.

dirupo /di'rupo/ m. cliff, crag.

disabile /di'zabile/ **I** agg. disabled, handicapped **II** m. e f. invalid; ***i -i*** the disabled *o* handicapped; ***accesso facilitato per -i*** wheelchair *o* disabled access.

disabilitare /dizabili'tare/ [1] tr. INFORM. to disable [*funzione, accesso*].

disabilitato /dizabili'tato/ **I** p.pass. → **disabilitare II** agg. INFORM. disabled.

disabitato /dizabi'tato/ agg. [*casa, regione*] deserted; [*posto, paesaggio*] desolate.

disabituare /dizabitu'are/ [1] **I** tr. ***~ qcn. dal fare qcs.*** to get sb. out of the habit of doing sth. **II disabituarsi** pronom. ***-rsi a qcs.*** to get out of the habit of doing sth.

disaccordo /dizak'kɔrdo/ m. disagreement, division, quarrel; ***essere in ~ con qcn.*** to clash *o* disagree with sb., to take issue with sb.; ***essere in ~ con qcs.*** to be at variance with sth.

disadattamento /dizadatta'mento/ m. maladjustment.

disadattato /dizadat'tato/ **I** agg. maladjusted **II** m. (f. **-a**) maladjusted, (social) misfit.

disadorno /diza'dorno/ agg. [*muro, stanza*] bare, unadorned.

disaffezionarsi /dizaffettsjo'narsi/ [1] pronom. ***~ da qcn., qcs.*** to lose one's affection *o* interest for sb., sth.

disagevole /diza'dʒevole/ agg. [*condizioni, posizione, viaggio*] uncomfortable.

disagiato /diza'dʒato/ agg. **1** *(scomodo)* uncomfortable **2** *(povero)* needy, destitute; ***condurre una vita -a*** to live in poverty, to live a hard *o* needy life.

disagio, pl. **-gi** /di'zadʒo, dʒi/ m. **1** *(mancanza di agi)* uncomfortableness; *(difficoltà)* unease, uneasiness, inconvenience; ***trovarsi in condizioni di ~*** to live in poverty **2** *(imbarazzo)* discomfort, embarrassment, unease, uneasiness; ***sentirsi a ~*** to feel awkward *o* uncomfortable *o* ill at ease; ***mettere qcn. a ~*** to embarrass sb.

disamorarsi /dizamo'rarsi/ [1] pronom. to fall* out of love (**di** with).

disappannare /dizappan'nare/ [1] tr. to demist.

disapprovare /dizappro'vare/ [1] tr. to disapprove of [*progetto, persona, comportamento*].

disapprovazione /dizapprovat'tsjone/ f. disapproval, disfavour BE, disfavor AE; ***di ~*** [*sguardo*] disapproving, deprecating.

disappunto /dizap'punto/ m. disappointment, displeasure; ***con suo grande ~*** much to her annoyance, to her great displeasure.

disarcionare /dizartʃo'nare/ [1] tr. to buck, to toss, to unsaddle, to unseat [*cavaliere*].

disarmante /dizar'mante/ agg. [*sorriso, franchezza*] disarming.

disarmare /dizar'mare/ [1] **I** tr. **1** *(rendere inoffensivo)* to disarm [*criminale*]; to dispose of [*bomba*] **2** MAR. to cripple [*nave*] **II** intr. (aus. *avere*) MIL. to disarm.

disarmato /dizar'mato/ **I** p.pass. → **disarmare II** agg. **1** *(privato delle armi)* unarmed **2** FIG. *(inerme)* helpless.

disarmo /di'zarmo/ m. **1** *(riduzione degli armamenti)* disarmament **2** *(di nave)* ***in ~*** out of commission.

disarmonia /dizarmo'nia/ f. disharmony.

disarmonico, pl. **-ci, -che** /dizar'mɔniko, tʃi, ke/ agg. disharmonious; MUS. tuneless, unmusical.

disarticolato /dizartiko'lato/ agg. **1** *(slogato)* dislocated **2** FIG. *(sconnesso)* disjointed.

disastrato /dizas'trato/ **I** agg. [*persona*] stricken; [*cosa*] heavily damaged, disaster struck; ***zona -a*** disaster *o* stricken area **II** m. (f. **-a**) disaster victim.

disastro /di'zastro/ m. **1** *(calamità, grave incidente)* disaster, calamity **2** FIG. *(pasticcio)* mess; ***ho combinato un ~ con la teiera*** I had an accident with the teapot **3** FIG. *(persona inetta)* ***essere un ~ a*** to be terrible *o* useless at; ***come cantante***

era un ~ he was a failure as a singer **4** *(fallimento)* disaster, fiasco ♦♦ ~ ***aereo*** air disaster *o* crash; ~ ***ecologico*** environmental disaster; ~ ***ferroviario*** rail disaster, train crash.

disastroso /dizas'troso/ agg. disastrous, calamitous, devastating.

disattendere /dizat'tɛndere/ [10] tr. **1** *(non applicare)* to disregard [*legge, istruzioni*] **2** *(deludere)* ~ ***le aspettative di qcn.*** not to come up to sb.'s expectations.

disattento /dizat'tɛnto/ agg. **1** *(non attento)* careless, thoughtless, heedless **2** *(superficiale)* [*lettura*] superficial.

disattenzione /dizatten'tsjone/ f. carelessness, distraction, inattention.

disattivare /dizatti'vare/ [1] tr. **1** INFORM. to disable **2** *(disinnescare)* to deactivate, to defuse [*bomb*].

disavanzo /diza'vantso/ m. COMM. ECON. deficit, gap; ***colmare un*** ~ to make up a deficit ♦♦ ~ ***commerciale*** trade gap; ~ ***pubblico*** public deficit.

disavventura /dizavven'tura/ f. **1** *(contrarietà)* misadventure, accident **2** *(disgrazia)* mishap; ***per*** ~ as ill luck would have it.

disboscamento /dizboska'mento/ m. clearance, deforestation.

disboscare /dizbos'kare/ [1] tr. to clear, to deforest.

disbrigo, pl. **-ghi** /diz'brigo, gi/ m. ~ ***di una pratica*** dealing with (an item of) business.

discapito: **a discapito** /adis'kapito/ avv. to the detriment (**di** of).

discarica, pl. **-che** /dis'karika, ke/ f. (waste) dump, dumping ground, rubbish dump BE; ***"divieto di ~"*** "no dumping".

discarico: **a discarico** /adis'kariko/ avv. ***a mio*** ~ in my defence; ***testimone a*** ~ witness for the defence, defence witness.

discendente /diʃʃen'dɛnte/ **I** agg. descending **II** m. e f. descendant.

discendenza /diʃʃen'dɛntsa/ f. **1** *(discendenti)* offspring, issue **2** *(origine, stirpe)* (line of) descent, line, side.

discendere /diʃ'ʃendere/ [10] **I** tr. **1** *(scendere)* to go* down [*scala*] **2** *(percorrere)* to come* down [*fiume*]; to run* [*rapide*] **II** intr. (aus. *essere*) **1** *(avere origine)* ~ ***da*** to descend from; ~ ***in linea diretta da*** to be a direct descendant of, to be directly descended from **2** *(derivare)* ***ne discende che...*** it follows that... **3** *(scendere)* ~ ***dal treno*** to get off the train **4** *(digradare)* to descend, to slope down.

discente /diʃ'ʃɛnte/ m. e f. learner, pupil.

discepolo /diʃ'ʃepolo/ m. (f. **-a**) disciple (anche BIBL.), follower.

discernere /diʃ'ʃɛrnere/ [85] tr. **1** *(distinguere)* to discern **2** *(distinguere)* ~ ***il vero dal falso*** to discriminate between truth and untruth.

discernimento /diʃʃerni'mento/ m. discernment, discrimination, judgment; ***mancare di*** ~ to be undiscriminating, to be lacking in wisdom.

discesa /diʃ'ʃesa/ f. **1** *(percorso)* descent **2** FIG. *(di prezzi)* fall, drop **3** *(pendio)* downhill slope; ***essere in*** ~ [*sentiero, strada*] to go downhill, to be downward; ***rallentare in*** ~ to go slower on the way down; ***d'ora in poi è tutta*** ~ FIG. from now on it's downhill all the way **4** SPORT *(nello sci)* ~ ***libera*** downhill ♦♦ ~ ***a corda doppia*** ALP. abseiling.

discesista, m.pl. **-i**, f.pl. **-e** /diʃʃe'sista/ m. e f. *(nello sci)* downhill skier; *(nel ciclismo)* downhill racer.

dischetto /dis'ketto/ m. **1** INFORM. diskette, floppy (disk) **2** SPORT ~ ***del rigore*** (penalty) spot.

dischiudere /dis'kjudere/ [11] **I** tr. to open (slightly) **II dischiudersi** pronom. to open (slightly).

discinto /diʃ'ʃinto/ agg. *(seminudo)* scantily dressed.

disciogliere /diʃ'ʃɔʎʎere/ [28] **I** tr. to dissolve [*grasso, sporco*]; *(fondere)* to melt, to thaw [*neve*] **II disciogliersi** pronom. [*neve*] to melt.

disciplina /diʃʃi'plina/ f. **1** *(complesso di norme)* discipline, order; ***mantenere la*** ~ [*insegnante*] to keep order **2** *(specialità)* discipline; ***le -e artistiche*** the artistic disciplines, the arts **3** SCOL. *(materia)* subject **4** SPORT sport; ~ ***olimpica*** Olympic sport.

1.disciplinare /diʃʃipli'nare/ agg. [*provvedimento, misura, commissione*] disciplinary.

2.disciplinare /diʃʃipli'nare/ [1] tr. **1** *(sottoporre a una disciplina)* to discipline [*persona, gruppo*] **2** *(regolare)* to regulate, to control.

disciplinato /diʃʃipli'nato/ **I** p.pass. → **2.disciplinare II** agg. **1** *(che osserva la disciplina)* [*persona, maniera*] disciplined **2** *(ordinato)* [*traffico*] orderly.

disc jockey /disk'dʒɔkei/ ♦ *18* m. e f.inv. disc jockey.

1.disco, pl. **-schi** /'disko, ski/ m. **1** MUS. record, disc; ~ ***a richiesta*** request; ***cambia ~!*** COLLOQ. FIG. change the record! **2** SPORT discus*; *(nell'hockey su ghiaccio)* puck **3** *(oggetto di forma circolare)* disc **4** INFORM. disk; ***unità*** ~ disk drive, drive unit **5** MED. disc; ***ernia del*** ~ slipped disc **6** *(segnale ferroviario)* ~ ***verde, rosso*** red, green light ♦♦ ~ ***combinatore*** dial; ~ ***fisso*** INFORM. hard disk; ~ ***del freno*** brake disk; ~ ***orario*** AUT. parking disc; ~ ***originale*** INFORM. master disk; ~ ***rigido*** INFORM. → ~ ***fisso***; ~ ***volante*** flying saucer.

2.disco /'disko/ f.inv. MUS. COLLOQ. disco.

discobolo /dis'kɔbolo/ m. discus thrower.

discografia /diskogra'fia/ f. **1** *(industria)* record industry **2** *(incisioni)* discography.

discografico, pl. **-ci**, **-che** /disko'grafiko, tʃi, ke/ agg. [*industria, produttore*] record attrib.; ***casa -a*** record label; ***etichetta -a indipendente*** independent.

discolo /'diskolo/ **I** agg. mischievous, naughty **II** m. (f. **-a**) brat, rascal, pest.

discolpa /dis'kolpa/ f. defence, vindication; ***a sua*** ~ in her defence.

discolpare /diskol'pare/ [1] **I** tr. to exculpate, to exonerate (**da** from) **II discolparsi** pronom. to purge oneself of a charge.

disconoscere /disko'noʃʃere/ [31] tr. to disown [*documento, articolo*]; ~ ***la paternità di un bambino*** to disclaim *o* disown the paternity of a child.

disconoscimento /diskonoʃʃi'mento/ m. disavowal; ~ ***di paternità*** DIR. disclaimer of paternity.

discontinuità /diskontinui'ta/ f.inv. fitfulness, discontinuity FORM.; *(mancanza di costanza)* irregularity.

discontinuo /diskon'tinuo/ agg. **1** *(non continuo)* [*linea*] broken; [*amicizia*] desultory; [*sonno*] fitful **2** *(incostante)* patchy, ragged, uneven.

discordante /diskor'dante/ agg. [*opinioni*] contrasting; [*colori*] clashing, jarring; [*suoni*] jarring.

discordanza /diskor'dantsa/ f. **1** *(di opinioni, idee)* disagreement **2** *(di suoni, colori)* clash.

discordare /diskor'dare/ [1] intr. (aus. *avere*) [*idee, opinioni*] to jar, to disagree; [*colori*] to clash, to jar.

discorde /dis'kɔrde/ agg. [*opinioni*] contrasting; ***i pareri sono -i*** opinion is divided.

discordia /dis'kɔrdja/ f. **1** *(mancanza di armonia)* discord, dissension **2** *(divario)* disagreement ♦ ***seminare*** ~ to sow dissension.

discorrere /dis'korrere/ [32] intr. (aus. *avere*) to speak*, to talk ♦ ***e via discorrendo*** and so on.

discorsivo /diskor'sivo/ agg. *(scorrevole)* conversational.

discorso /dis'korso/ **I** m. **1** *(conferenza, orazione)* speech, talk (**su** on, about); *(formale)* address; ***fare, tenere, pronunciare un*** ~ to give, make, deliver a speech *o* an address **2** *(conversazione)* speech; ***lei mi ha fatto un ~ del tutto diverso*** she said something completely different to me; ***far cadere*** o ***portare il ~ su*** to bring up [*questione, argomento*]; ***nel bel mezzo del*** ~ FIG. [*interrompere*] midstream; ***essere nel bel mezzo del*** ~ FIG. to be in full flow **3** *(argomento)* subject, issue; ***cambia ~!*** don't go on about it! ***il ~ è chiuso*** that's the end of the matter **4** LING. discourse; ***parte del*** ~ part of speech **II discorsi** m.pl. *(affermazioni)* ***-i a vanvera*** loose talk; ***che -i!*** what nonsense! ***i bei -i non servono a nulla*** fine words butter no parsnips ♦♦ ~ ***d'addio*** farewell speech; ~ ***di apertura*** opening speech; ~ ***di chiusura*** closing speech; ~ ***diretto*** LING. direct speech; ~ ***indiretto*** LING. indirect *o* reported speech.

discostarsi /diskos'tare/ [1] pronom. ~ ***da*** to distance oneself from, to depart from [*posizione, verità*].

discosto /dis'kɔsto/ avv. ***starsene*** o ***sedersi ~ dal gruppo*** to stand apart from the group.

discoteca, pl. **-che** /disko'tɛka, ke/ f. **1** *(locale)* discotheque, disco **2** *(raccolta)* record library.

discount /dis'kaunt/ m.inv. discount store.
discredito /dis'kredito/ m. discredit; ***gettare il ~ su qcn.*** to bring discredit on sb., to bring sb. into disrepute; ***tornare a ~ di qcn.*** to reflect badly on sb.
discrepanza /diskre'pantsa/ f. discrepancy, mismatch.
discretamente /diskreta'mente/ avv. **1** *(abbastanza)* ***è ~ simpatico*** he's rather nice **2** *(abbastanza bene)* ***"come stai?" - "~"*** "how are you?" - "pretty *o* reasonably well, not too bad" **3** *(in modo accettabile)* tolerably, moderately, reasonably **4** *(con discrezione)* discreetly.
discreto /dis'kreto/ agg. **1** *(apprezzabile, soddisfacente)* [*risultato, pasto, vacanza*] decent; [*numero, somma*] fair, respectable **2** *(abbastanza buono, bravo)* [*film, partita*] all right, alright; [*attore, nuotatore*] respectable **3** *(accettabile)* [*livello, salario*] decent; [*conoscenza, qualità*] passable **4** *(riservato)* [*comportamento, persona*] discreet, unobtrusive **5** *(moderato, sobrio)* [*colore*] subtle, quiet; [*cravatta, completo*] sober **6** SCOL. *(voto)* fair **7** MAT. FIS. LING. discrete.
discrezionale /diskrettsjo'nale/ agg. discretionary.
discrezione /diskret'tsjone/ f. **1** *(riservatezza)* discretion, tact **2** *(arbitrio)* discretion; ***a mia ~*** in *o* at my discretion **3 a discrezione** [*pane, vino*] unlimited, at will.
discriminante /diskrimi'nante/ **I** agg. [*carattere, fattore*] discriminating **II** f. **1** DIR. mitigating circumstance **2** MAT. discriminant.
discriminare /diskrimi'nare/ [1] tr. **1** *(operare una discriminazione)* ***~ qcn.*** to discriminate against sb. **2** *(discernere)* to distinguish.
discriminatorio, pl. **-ri**, **-rie** /diskrimina'tɔrjo, ri, rje/ agg. discriminatory.
discriminazione /diskriminat'tsjone/ f. **1** *(distinzione)* discrimination, bias (**nei confronti di**, **verso** against) **2** *(atto)* discrimination.
discussione /diskus'sjone/ f. **1** *(dibattito)* debate, argument, discussion; ***essere in ~*** to be under discussion; ***sottoporre qcs. a ~*** to bring *o* put sth. up for discussion **2** *(litigio)* argument, dispute; ***avere una ~ con*** to have a dispute with; ***basta -i!*** there's been enough talking! ***fare delle -i per questioni di soldi*** to argue about *o* over money **3** *(contestazione)* contention; ***l'argomento in ~*** the matter of contention *o* at issue; ***mettere qcs. in ~*** to challenge *o* query sth., to call *o* bring sth. into question **4** UNIV. *(della tesi)* defence **5 fuori discussione** beyond argument, beyond dispute; ***è assolutamente fuori ~*** it's quite out of the question.
discusso /dis'kusso/ **I** p.pass. → **discutere II** agg. *(controverso)* controversial.
discutere /dis'kutere/ [39] **I** tr. **1** *(esaminare)* to discuss, to debate; ***~ una proposta di legge*** to debate a bill; ***~ la tesi (di laurea)*** UNIV. to defend a thesis; ***~ una causa*** DIR. to hear a case **2** *(contestare)* to challenge, to argue [*decisione*]; ***~ l'utilità di qcs.*** to discuss whether sth. is useful; ***la sua abilità non si discute*** her competence is not in question **II** intr. (aus. *avere*) **1** *(parlare di)* to debate (**di** about); ***~ di politica*** to talk politics; ***non c'è nulla di cui ~*** there's nothing to discuss; ***~ sul prezzo*** *(trattare)* to haggle over the price, to bargain **2** *(litigare)* to argue, to have* an argument, to dispute; ***non intendo ~ con te!*** I'm not going to bandy words with you! **3** *(protestare)* ***non si discute!*** there's no discussing it! ***fate ciò che vi si dice senza ~!*** do what you're told without arguing!
discutibile /disku'tibile/ agg. arguable, controversial, disputable, questionable; ***è ~*** it's open to argument *o* debate.
disdegnare /dizdeɲ'ɲare/ [1] tr. to disdain, to scorn.
disdegno /diz'deɲɲo/ m. disdain, scorn.
disdetta /diz'detta/ f. **1** *(scioglimento di contratto)* notice of cancellation; *(di merce)* cancellation; ***dare la ~ a un inquilino*** to give a tenant a notice of termination **2** *(sfortuna)* ***che ~!*** too bad! what rotten luck!
disdicevole /dizdi'tʃevole/ agg. [*comportamento*] discreditable, disreputable.
disdire /diz'dire/ [37] tr. **1** *(annullare)* to call off, to cancel [*incontro, matrimonio, spettacolo*] **2** *(rescindere)* to cancel, to discontinue [*abbonamento*]; to terminate [*contratto*].
diseducativo /dizeduka'tivo/ agg. [*programma TV*] harmful.
disegnare /diseɲ'ɲare/ [1] **I** tr. **1** *(rappresentare)* to draw* [*piantina, ritratto*]; ***~ a mano libera*** to draw freehand; ***~ a matita*** to draw in pencil **2** *(progettare)* to design, to plan [*costruzione, ponte, giardino*]; to style [*auto, cucina*]; *(elaborare)* to design, to style [*abiti*] **3** FIG. *(descrivere, delineare)* to outline **II** intr. (aus. *avere*) to draw*.
disegnatore /diseɲɲa'tore/ ♦ ***18*** m. (f. **-trice** /tritʃe/) ART. drawer, designer; *(progettista)* designer ♦♦ ***~ di cartoni animati*** cartoonist; ***~ pubblicitario*** commercial artist; ***~ tecnico*** draughtsman BE, draftsman AE.
disegno /di'seɲɲo/ m. **1** *(il disegnare)* drawing; ***~ a carboncino*** charcoal drawing **2** *(il risultato)* drawing, picture; *(progetto)* design, scheme; ***fare un ~*** to do a drawing **3** ART. *(motivo ornamentale)* pattern; ***~ a righe*** striped pattern **4** FIG. *(piano)* plan, design ♦♦ ***~ animato*** CINEM. cartoon; ***~ di legge*** POL. bill; ***~ a mano libera*** freehand drawing; ***~ in scala*** scale drawing; ***~ tecnico*** technical drawing.
diseguale /dize'gwale/ → **disuguale.**
diserbante /dizer'bante/ m. weedkiller.
diseredare /dizere'dare/ [1] tr. to disinherit.
diseredato /dizere'dato/ **I** p.pass. → **diseredare II** agg. [*figlio*] dispossessed **III** m. ***i -i*** the disadvantaged.
disertare /dizer'tare/ [1] **I** tr. **1** *(abbandonare)* to desert, to abandon **2** *(non prendere parte a)* to fail to attend [*riunione*] **II** intr. (aus. *avere*) **1** MIL. [*soldato*] to desert **2** FIG. *(defezionare)* ***~ da*** to defect from [*partito*].
disertore /dizer'tore/ m. MIL. deserter (anche FIG.).
diserzione /dizer'tsjone/ f. MIL. desertion; FIG. defection.
disfacimento /disfatʃi'mento/ m. **1** *(di corpi)* decay, decomposition **2** FIG. *(di famiglia, gruppo)* break-up.
disfare /dis'fare/ [8] **I** tr. **1** *(smantellare, smontare)* to unmake*; *(sciogliere)* to split*, to undo* [*cucitura*]; to unpick [*orlo*]; to unravel [*lavoro a maglia*]; to untie [*nodo*]; ***~ il letto*** to strip (down) the bed; ***~ i bagagli*** to do the unpacking **2** *(liquefare)* to melt **II disfarsi** pronom. **1** *(sbarazzarsi)* ***-rsi di*** to get rid of [*oggetto, seccatore*]; to cast off [*indumento*] **2** *(consumarsi)* [*cucitura*] to split* (open); [*lavoro a maglia*] to unravel **3** *(sciogliersi)* [*nodo*] to unknit*; *(liquefarsi)* to melt.
disfatta /dis'fatta/ f. defeat, rout (anche FIG.).
disfattismo /disfat'tizmo/ m. defeatism.
disfattista, m.pl. **-i**, f.pl. **-e** /disfat'tista/ agg., m. e f. defeatist.
disfatto /dis'fatto/ **I** p.pass. → **disfare II** agg. **1** [*letto*] unmade; [*cucitura*] split **2** FIG. *(sfinito)* [*volto*] exhausted.
disfida /dis'fida/ f. LETT. challenge.
disfunzione /disfun'tsjone/ f. malfunction (anche MED.).
disgelo /diz'dʒɛlo/ m. **1** *(di neve, ghiaccio)* melt, thaw **2** FIG. *(distensione)* thaw.
disgiungere /diz'dʒundʒere/ [55] tr. to separate.
disgiuntivo /dizdʒun'tivo/ agg. LING. disjunctive.
disgrazia /diz'grattsja/ f. **1** *(perdita del favore altrui)* disgrace; ***essere in ~*** to be under a cloud *o* in disfavour *o* in disgrace; ***cadere in ~*** to fall into disfavour, to fall out of *o* from favour **2** *(sciagura)* accident **3** *(sorte avversa)* adversity, misfortune; ***per ~*** accidentally, by accident; ***avere la ~ di*** to be cursed with; ***è successo per pura ~*** it happened through sheer bad luck ♦ ***le -e non vengono mai sole*** PROV. it never rains but it pours.
disgraziatamente /dizgrattsjata'mente/ avv. unluckily, unfortunately.
disgraziato /dizgrat'tsjato/ **I** agg. **1** *(miserabile)* wretched, miserable **2** *(sfortunato)* [*persona, situazione*] unfortunate **II** m. (f. **-a**) **1** *(miserabile)* wretch **2** *(persona vile, malvagia)* wretch, scoundrel.
disgregare /dizgre'gare/ [1] **I** tr. to break* up (anche FIG.) **II disgregarsi** pronom. to break* up (anche FIG.).
disgregatore /dizgrega'tore/ agg. disruptive, disintegrating.
disgregazione /dizgregat'tsjone/ f. break-up (anche FIG.).
disguido /diz'gwido/ m. *(contrattempo)* hitch, snag.
disgustare /dizgus'tare/ [1] **I** tr. to disgust, to repel, to revolt; ***mi disgusta vedere che...*** it makes me sick to see that... **II disgustarsi** pronom. *(nausearsi)* ***-rsi di qcs.*** to become disgusted by *o* with sth.
disgustato /dizgus'tato/ **I** p.pass. → **disgustare II** agg. in disgust, disgusted, repelled, sick.
disgusto /diz'gusto/ m. disgust, loathing, revulsion (**verso**, **per** at).

disgustoso /dizgus'toso/ agg. disgusting, distasteful, loathsome, revolting.
disidratare /dizidra'tare/ [1] **I** tr. to dehydrate **II disidratarsi** pronom. to dehydrate, to become* dehydrated.
disidratazione /dizidratat'tsjone/ f. dehydration (anche MED.).
disilludere /dizil'ludere/ [11] **I** tr. to disenchant, to disillusion **II disilludersi** pronom. to be* disenchanted, to be* disillusioned.
disillusione /dizillu'zjone/ f. disenchantment, disillusionment.
disilluso /dizil'luzo/ **I** p.pass. → **disilludere II** agg. disenchanted, disillusioned.
disimballare /dizimbal'lare/ [1] tr. to unpack.
disimparare /dizimpa'rare/ [1] tr. to unlearn* [*abitudine*].
disimpegnare /dizimpeɲ'ɲare/ [1] **I** tr. **1** *(liberare)* ***~ qcn. da una promessa*** to release sb. from a promise **2** *(riscattare da pegno)* ***~ qcs.*** to get [sth.] out of pawn, to redeem [*oggetto*] **3** *(rendere indipendente)* to make* [sth.] independent [*stanza*] **4** MIL. to disengage **II disimpegnarsi** pronom. **1** *(liberarsi da un impegno)* to free oneself **2** *(cavarsela)* to manage.
disimpegno /dizim'peɲɲo/ m. **1** *(da un obbligo)* disengagement **2** *(riscatto da pegno)* redemption **3** *(locale)* ***stanza di ~*** access room **4** SPORT clearance **5** *(mancanza di impegno)* lack of commitment.
disincagliare /dizinkaʎ'ʎare/ [1] tr. MAR. to get* afloat.
disincantato /dizinkan'tato/ agg. disenchanted.
disincanto /dizin'kanto/ m. disenchantment.
disincentivare /dizintʃenti'vare/ [1] tr. to discourage, to deter [*risparmio, iniziativa*].
disincentivo /dizintʃen'tivo/ m. disincentive, discouragement.
disincrostare /dizinkros'tare/ [1] tr. to descale [*caldaia, tubi*].
disinfestante /dizinfes'tante/ **I** agg. disinfesting **II** m. exterminator, disinfestant.
disinfestare /dizinfes'tare/ [1] tr. to disinfest; ***~ la casa dai topi*** to rid the house of mice.
disinfestazione /dizinfestat'tsjone/ f. disinfestation, extermination, pest control.
disinfettante /dizinfet'tante/ agg. e m. disinfectant.
disinfettare /dizinfet'tare/ [1] tr. to disinfect.
disinfezione /dizinfet'tsjone/ f. disinfection.
disinformato /dizinfor'mato/ agg. misinformed, uninformed (**su** about).
disinformazione /dizinformat'tsjone/ f. disinformation, misinformation.
disingannare /dizingan'nare/ [1] **I** tr. *(disilludere)* to disillusion **II disingannarsi** pronom. to become* disillusioned, to become* disenchanted.
disinibirsi /dizini'birsi/ [102] pronom. to get* rid of one's inhibitions.
disinibito /dizini'bito/ **I** p.pass. → **disinibirsi II** agg. uninhibited.
disinnescare /dizinnes'kare/ [1] tr. to defuse (anche FIG.).
disinnestare /disinnes'tare/ [1] **I** tr. **1** *(disinserire)* to disconnect [*spina*] **2** AUT. to let* out, to disengage [*frizione*] **II disinnestarsi** pronom. to become* disengaged, to become* disconnected.
disinquinare /dizinkwi'nare/ [1] tr. to depollute.
disinserire /dizinse'rire/ [102] tr. EL. TECN. to disconnect, to unplug.
disinstallare /disinstal'lare/ [1] tr. INFORM. to uninstal(l).
disintasare /dizinta'sare/ [1] tr. to unblock, to unclog [*lavandino*].
disintegrare /dizinte'grare/ [1] **I** tr. *(distruggere)* to disintegrate (anche FIG.) **II disintegrarsi** pronom. to disintegrate (anche FIG.).
disintegrazione /dizintegrat'tsjone/ f. disintegration (anche FIG.).
disinteressarsi /dizinteres'sarsi/ [1] pronom. ***~ della famiglia*** to take no interest in the family.
disinteressato /dizinteres'sato/ **I** p.pass. → **disinteressarsi II** agg. **1** *(imparziale)* [*atteggiamento, consiglio*] disinterested **2** *(altruista)* [*persona*] unselfish; [*azione, dedizione*] selfless **3** *(non interessato)* unconcerned (**a** with), uninterested (**a** in).
disinteresse /dizinte'rɛsse/ m. **1** *(indifferenza, distacco)* neglect, unconcern **2** *(altruismo) (di persona)* unselfishness; *(di azione, dedizione)* selflessness.
disintossicare /dizintossi'kare/ [1] **I** tr. to detoxify [*organismo*] **II disintossicarsi** pronom. ***-rsi dalla droga, dall'alcol*** to come off drugs, alcohol.
disintossicazione /dizintossikat'tsjone/ f. detoxi(fi)cation.
disinvestire /dizinves'tire/ [3] tr. to disinvest.
disinvolto /dizin'vɔlto/ agg. **1** *(spigliato)* [*persona, atteggiamento, stile*] relaxed, casual; [*tono*] easy; *(sicuro di sé)* [*persona*] self-assured, self-confident **2** *(disinibito)* uninhibited **3** *(spregiudicato)* [*modi, persona*] impertinent, cheeky.
disinvoltura /dizinvol'tura/ f. *(spigliatezza)* ease; *(sicurezza)* self-assurance; *(spregiudicatezza)* cheekiness; ***spendere con ~*** to spend freely.
dislessia /disles'sia/ ➧ **7** f. dyslexia, word blindness.
dislessico, pl. **-ci, -che** /dis'lɛssiko, tʃi, ke/ **I** agg. dyslexic **II** m. (f. **-a**) dyslexic.
dislivello /dizli'vɛllo/ m. **1** *(verso il basso)* drop; *(verso l'alto)* rise; ***50 metri di ~*** a difference in altitude of 50 metres **2** FIG. *(differenza di condizione)* gap, inequality.
dislocamento /dizloka'mento/ m. **1** MIL. deployment **2** MAR. displacement.
dislocare /dizlo'kare/ [1] tr. **1** MIL. to deploy, to spread* (around) [*truppe*] **2** *(collocare)* to deploy [*personale*] **3** MAR. to displace.
dislocazione /dizlokat'tsjone/ f. dislocation.
dismesso /diz'messo/ agg. disused.
dismisura /dizmi'sura/ f. ***a ~*** out of all proportion.
disobbediente /dizobbe'djɛnte/ → **disubbidiente.**
disobbedienza /dizobbe'djɛntsa/ → **disubbidienza.**
disobbedire /dizobbe'dire/ → **disubbidire.**
disoccupato /dizokku'pato/ **I** agg. *(senza lavoro)* unemployed, jobless, out-of-work; ***essere ~*** to be out of a job *o* of work **II** m. (f. **-a**) ***i -i*** the unemployed, the jobless.
disoccupazione /dizokkupat'tsjone/ f. unemployment, joblessness; ***sussidio di ~*** unemployment benefit BE *o* compensation AE, dole BE COLLOQ.
disomogeneo /dizomo'dʒɛneo/ agg. [*colore*] patchy.
disonestà /dizones'ta/ f.inv. dishonesty, crookedness.
disonesto /dizo'nɛsto/ **I** agg. [*persona, comportamento*] dishonest, deceitful, crooked COLLOQ. **II** m. (f. **-a**) dishonest person, cheat.
disonorare /dizono'rare/ [1] **I** tr. **1** to disgrace, to shame [*famiglia*]; to dishonour BE, to dishonor AE [*ricordo, memoria*]; ***~ qcn.*** to bring disgrace *o* dishonour *o* shame on sb. **2** ANT. *(sedurre)* to seduce [*donna*] **II disonorarsi** pronom. to disgrace oneself, to dishonour BE oneself, to dishonor AE oneself.
disonore /dizo'nore/ m. **1** *(perdita dell'onore)* disgrace, dishonour BE, dishonor AE **2** *(onta, vergogna)* shame; ***essere il ~ della famiglia*** to be a disgrace to one's family.
disonorevole /dizono'revole/ agg. discreditable, dishonourable BE, dishonorable AE, shameful.
disordinato /dizordi'nato/ agg. **1** *(privo di ordine)* [*casa, stanza, persona*] disorderly, untidy, messy; [*grafia*] messy; *(confuso)* haphazard **2** *(sregolato)* [*vita*] irregular, chaotic.
disordine /di'zordine/ **I** m. **1** *(scompiglio)* disorder, untidiness, mess; ***in ~*** [*abiti*] dishevelled; [*capelli*] messy, straggly; [*stanza*] disorderly, untidy, messy; [*carte, effetti personali*] in disorder **2** *(confusione)* disorganization, chaos **3** PSIC. disorder **II disordini** m.pl. *(tumulti)* disorder **U**, disturbance sing., trouble sing., turbulence **U**, unrest **U**.
disorganico, pl. **-ci, -che** /dizor'ganiko, tʃi, ke/ agg. disorganic.
disorganizzato /dizorganid'dzato/ agg. disorganized; [*gruppo*] unorganized.
disorganizzazione /dizorganiddzat'tsjone/ f. disorganization.
disorientamento /dizorjenta'mento/ m. disorientation; *(confusione)* confusion.

disorientare /dizorjen'tare/ [1] tr. **1** *(far perdere l'orientamento)* to disorient(ate) **2** *(confondere)* to confuse, to mystify [*persona*].
disorientato /dizorjen'tato/ **I** p.pass. → **disorientare II** agg. **1** *(privo di orientamento)* disorientated **2** *(confuso)* confused.
disossare /dizos'sare/ [1] tr. GASTR. to bone [*pollo*].
disossato /dizos'sato/ **I** p.pass. → **disossare II** agg. boned; ***pollo ~*** chicken off the bone.
dispaccio, pl. **-ci** /dis'pattʃo, tʃi/ m. dispatch; ***~ di agenzia*** agency dispatch.
disparato /dispa'rato/ agg. varied, disparate.
dispari /'dispari/ agg.inv. [*numero*] odd.
disparità /dispari'ta/ f.inv. disparity, inequality; ***~ di idee*** difference of opinion.
disparte: **in disparte** /indis'parte/ avv. ***rimanere in ~*** to remain aloof *o* aside; ***prendere qcn. in ~*** to take sb. aside; ***era seduto in ~*** he was sitting by himself.
dispendio, pl. **-di** /dis'pɛndjo, di/ m. waste.
dispendioso /dispen'djoso/ agg. [*stile di vita*] lavish; [*abitudini*] spendthrift; [*metodo, processo*] wasteful.
dispensa /dis'pɛnsa/ f. **1** *(mobile)* store cupboard; *(stanza)* larder, pantry **2** *(esenzione, esonero)* exemption **3** DIR. RELIG. dispensation; ***sposarsi con ~*** to be married by special licence **4** *(nell'editoria)* ***a -e*** [*enciclopedia*] that comes out in parts *o* instalments **5** SCOL. UNIV. lecture notes pl.
dispensare /dispen'sare/ [1] tr. **1** *(esonerare)* to dispense, to excuse, to exempt (**da** from) **2** *(dare)* to dispense [*consiglio*].
dispepsia /dispep'sja/ ♦ **7** f. dyspepsia.
disperare /dispe'rare/ [1] **I** intr. (aus. *avere*) to despair (**di** of; **di fare** of doing); ***non dispera di salvarlo*** he hasn't given up hope of saving him; ***fare ~ qcn.*** to drive sb. crazy **II disperarsi** pronom. ***non è il caso di -rsi*** there's no need to despair *o* to lose heart.
disperatamente /disperata'mente/ avv. **1** *(con disperazione)* [*parlare, piangere*] desperately, hopelessly **2** *(furiosamente)* [*cercare, lottare*] desperately, frantically, helplessy.
disperato /dispe'rato/ **I** p.pass. → **disperare II** agg. **1** *(sconsolato, desolato)* [*persona*] desperate, in despair mai attrib.; [*espressione*] helpless **2** *(estremo)* [*appello, gesto, situazione*] desperate; [*sforzo, ricerca*] frantic, frenzied; [*tentativo*] desperate, forlorn, last; ***avere un ~ bisogno di*** to be in dire need of, to be desperate for [*aiuto, affetto, soldi*] **3** *(senza speranza)* [*caso*] desperate, hopeless **III** m. (f. **-a**) COLLOQ. wretch ♦ ***come un ~*** [*correre*] like anything, like hell *o* the devil COLLOQ.; [*lavorare*] like anything, like mad.
disperazione /disperat'tsjone/ f. despair, desperation, hopelessness; ***in preda alla ~*** in despair; ***essere la ~ di qcn.*** [*persona*] to be the despair of sb.
disperdere /dis'pɛrdere/ [68] **I** tr. **1** *(sparpagliare)* to clear, to disperse, to scatter [*folla*]; to break* up [*dimostranti*]; to scatter [*animali*] **2** FIG. *(sprecare)* to blow* [*soldi*] **3** FIS. to disperse [*calore, energia*] **II disperdersi** pronom. [*folla*] to disperse, to scatter, to break* up; [*animali*] to scatter.
dispersione /disper'sjone/ f. **1** *(di folla)* dispersal, dispersion **2** *(di forze, energie)* waste, wastage **3** CHIM. FIS. dispersion; EL. leak; ***~ di calore*** heat loss **4** STATIST. dispersion, scatter.
dispersivo /disper'sivo/ agg. *(disorganico)* dispersive, unorganized; ***essere ~*** [*persona*] to lack concentration.
disperso /dis'pɛrso/ **I** p.pass. → **disperdere II** agg. **1** *(scomparso, presunto morto)* [*persona*] missing; ***essere ~ in mare*** to be lost at sea; ***dare per ~ qcn.*** to report sb. missing; ***ti avevo dato per ~!*** SCHERZ. I'd given you up! **2** *(sparpagliato)* scattered **III** m. (f. **-a**) missing person; ***sei morti, un ~*** six dead, one missing.
dispetto /dis'pɛtto/ m. **1** *(azione irritante)* pique; ***fare i -i a qcn.*** to play tricks on sb.; ***per ~*** in pique, out of pique *o* spite **2** *(disappunto)* pique; ***con mio grande ~*** much to my annoyance **3 a dispetto di** in defiance of, in spite of, despite [*avviso, consiglio*]; ***a ~ di tutti, tutto*** in spite of everyone, everything.
dispettoso /dispet'toso/ agg. [*persona*] teasing, vexatious; [*bambino*] naughty.
1.dispiacere /dispja'tʃere/ v. la voce **1.piacere** [54] **I** intr. **1** (aus. *essere*) *(essere sgradito)* ***non mi dispiace la vita di città*** I don't dislike city life; ***non mi dispiacerebbe un'altra fetta di torta*** I wouldn't mind another slice of cake; ***la cosa non mi dispiace*** this situation quite suits me; ***il vino non mi dispiace*** I rather like wine **2** *(rincrescere)* ***mi dispiace sentire che*** I'm sorry to hear that; ***mi dispiace disturbarla*** sorry to trouble you **3** *(come formula di cortesia)* ***se non ti dispiace*** if you don't mind; ***mi dispiace, non c'è*** I'm sorry but he is not here; ***ti dispiace se fumo?*** does it bother you if I smoke? do you mind my smoking *o* if I smoke? ***ti dispiace tenermi il posto?*** would you mind keeping my seat for me? ***ti dispiace smetterla?*** would you kindly stop it? **II dispiacersi** pronom. *(rammaricarsi)* to be* sorry.
2.dispiacere /dispja'tʃere/ m. **1** *(pena, afflizione)* sorrow, chagrin, pain; ***dare dei -i a qcn.*** to cause *o* give sb. pain; ***con grande ~ di qcn.*** much to sb.'s regret **2** *(preoccupazione)* sorrow; ***annegare i propri -i (nell'alcol)*** to drown one's sorrows, to drink away sorrows.
dispiaciuto /dispja'tʃuto/ **I** p.pass. → **1.dispiacere II** agg. sorry; ***con un tono ~*** sadly.
display /dis'plɛi/ m.inv. display.
disponibile /dispo'nibile/ agg. **1** *(aperto)* [*persona*] helpful, willing **2** *(libero, non occupato)* available; [*stanza, posto*] vacant **3** COMM. [*prodotto, soldi, credito*] available (**per** for; **a** to), disposable **4** FIG. EUFEM. *(spregiudicato)* available, easy SPREG.
disponibilità /disponibili'ta/ f.inv. **1** *(di servizio, opzione)* availability; *(di personale)* supply **2** *(di persona)* helpfulness, willingness **3** ECON. fund, floating assets pl., fluid assets pl. AE.
disporre /dis'porre/ [73] **I** tr. **1** *(collocare)* to lay*, to place [*oggetti*]; to arrange, to set* out [*cibo, fiori, sedie*]; to dispose, to arrange [*mobili*] **2** *(stabilire)* ***~ che*** to decide that **3** *(preparare)* to prepare, to arrange **II** intr. (aus. *avere*) **1** *(avere)* ***~ di*** to have [*spazio, tempo*]; ***~ di mezzi*** to be well set up COLLOQ.; ***le macchine di cui disponiamo*** the machines we have at our disposal **2** *(servirsi)* ***~ di*** to use **III disporsi** pronom. **1** *(prepararsi)* ***-rsi a fare*** to be about to do **2** *(collocarsi)* ***-rsi in file*** to line up in rows; ***-rsi in cerchio*** to form a ring.
dispositivo /dispozi'tivo/ m. appliance, device, equipment; ***~ di allarme*** warning device; ***~ di sicurezza*** security device, safety catch.
disposizione /dispozit'tsjone/ f. **1** *(sistemazione)* disposal, disposition; *(di appartamento, stanze)* layout; *(di oggetti)* arrangement; *(di giocatori)* placing; ***~ dei posti a sedere*** seating arrangements **2** *(possibilità di utilizzare)* ***essere a ~*** [*persona*] to be on hand; ***a ~ di qcn.*** at sb.'s disposal; ***mettere a ~*** to provide [*cibo, servizio, riparo*]; to run [*treno, autobus*]; ***quanto tempo, quanti soldi abbiamo a ~?*** how much time, money do we have to play around with? **3** *(provvedimento)* ordering, regulation; ***secondo le nuove -i*** under the new regulations; ***-i vigenti*** current measures **4** *(predisposizione)* bent, disposition; ***una ~ a fare*** a capacity for doing; ***avere ~ per la matematica*** to have a bent for maths **5** DIR. POL. clause, provision; ***-i testamentarie*** last will and testament **6** *(stato d'animo)* ***~ d'animo*** frame *o* state of mind.
disposto /dis'posto/ **I** p.pass. → **disporre II** agg. **1** *(sistemato)* arranged, laid out, set out **2** *(pronto)* ready, willing; ***essere ~ a qcs., a fare*** to be disposed to sth., to do; ***non era ~ ad aiutare*** he was not inclined to help **3** ***mal, ben ~*** ill-, well-disposed.
dispotico, pl. **-ci, -che** /dis'pɔtiko, tʃi, ke/ agg. despotic, domineering, overbearing.
dispotismo /dispo'tizmo/ m. despotism (anche FIG.).
dispregiativo /dispredʒa'tivo/ agg. derogatory; LING. pejorative.
disprezzabile /disprɛt'tsabile/ agg. contemptible.
disprezzare /disprɛt'tsare/ [1] tr. *(detestare)* to condemn, to despise, to disdain (**per** for; **per aver fatto** for doing); *(non tenere in alcun conto)* to disregard [*pericolo*]; *(disdegnare)* to look down on [*stile di vita*]; to scorn [*azione*]; to spurn [*aiuto, consiglio*].
disprezzo /dis'prɛttso/ m. *(disdegno)* contempt, defiance, disdain, scorn (**per** for); *(del pericolo, della vita ecc.)* disregard; ***~ di sé*** self-contempt, self-disgust.

disputa /'disputa/ f. 1 *(discussione)* dispute, debate 2 *(litigio)* argument, dispute, controversy.
disputabile /dispu'tabile/ agg. disputable.
disputare /dispu'tare/ [1] I tr. 1 *(partecipare a)* to play [*partita*]; to contest [*incontro*]; to vie in [*gara*]; to run* [*corsa*] 2 *(contendere)* **~ [qcs.] a qcn.** to compete with sb. for [*premio, posto, titolo*] II intr. (aus. *avere*) **~ di** o **su** to dispute *o* argue about III **disputarsi** pronom. *(contendersi)* to compete for [*premio, titolo*]; to fight* over [*possedimenti, terra*].
disquisire /diskwi'zire/ [102] intr. (aus. *avere*) **~ su qcs.** to expatiate on sth.
disquisizione /diskwizit'tsjone/ f. disquisition FORM.
dissacrante /dissa'krante/ agg. scoffing, debunking; ***linguaggio ~*** desecrating language.
dissacratore /dissakra'tore/ m. (f. **-trice** /tritʃe/) desecrator.
dissacrazione /dissakrat'tsjone/ f. *(di un mito)* debunking.
dissalatore /dissala'tore/ m. desalinator.
dissanguamento /dissangwa'mento/ m. bleeding; ***morire per ~*** to bleed to death.
dissanguare /dissan'gware/ [1] I tr. 1 to bleed* 2 FIG. **~ *qcn.*** to bleed sb. white *o* dry, to leech sb. II **dissanguarsi** pronom. 1 to bleed* to death 2 FIG. to go* bankrupt; ***-rsi per qcn.*** to bleed oneself dry for sb.
dissanguato /dissan'gwato/ I p.pass. → **dissanguare** II agg. 1 *(esangue)* drained of blood; ***stava morendo ~*** he was bleeding to death 2 FIG. [*paese, economia*] drained, bled white.
dissapore /dissa'pore/ m. misunderstanding.
disseccare /dissek'kare/ [1] I tr. [*sole, calore*] to scorch, to dry out [*terreno, prato*]; to wither [*pianta*] II **disseccarsi** pronom. 1 [*prato, pianta*] to wither 2 FIG. *(esaurirsi)* [*ispirazione*] to wither away, to dry up.
dissellare /dissel'lare/ [1] tr. to unsaddle [*cavallo*].
disseminare /dissemi'nare/ [1] tr. 1 *(seminare intorno)* to disperse, to scatter around, to scatter about [*semi*]; *(spargere)* to disperse [*agenti*]; to scatter [*libri, abiti*] 2 FIG. *(diffondere)* to disseminate [*idee, informazioni*]; to spread*, to sow* [*panico*].
disseminato /dissemi'nato/ I p.pass. → **disseminare** II agg. scattered, strewn (**di** with).
disseminazione /disseminat'tsjone/ f. 1 BOT. dispersal 2 FIG. dissemination.
dissennato /dissen'nato/ agg. insane, mad, foolish.
dissenso /dis'sɛnso/ m. 1 *(disapprovazione)* disapproval 2 *(disaccordo)* discord, dissension 3 POL. RELIG. dissent; ***scrittore del ~*** dissident writer 4 *(dissidenti)* dissidence, dissent U.
dissenteria /dissente'ria/ ◗ 7 f. dysentery.
dissentire /dissen'tire/ [3] intr. (aus. *avere*) to disagree, to dissent (**da** with; **su** on); DIR. RELIG. to dissent.
dissenziente /dissen'tsjɛnte/ I agg. dissenting II m. e f. dissenter.
disseppellire /disseppel'lire/ [102] tr. 1 *(esumare)* to dig* out, to dig* up (anche FIG.), to disinter 2 *(riportare alla luce)* to unearth [*rovine*] (anche FIG.).
dissequestro /disse'kwɛstro/ m. DIR. release from seizure.
dissertare /disser'tare/ [1] intr. (aus. *avere*) to expatiate (**su** on, upon).
dissertazione /dissertat'tsjone/ f. essay, treatise; UNIV. dissertation; *(discorso)* discourse.
disservizio, pl. **-zi** /disser'vittsjo, tsi/ m. malfunction, inefficiency.
dissestare /disses'tare/ [1] tr. 1 *(sconnettere)* to tear* up [*marciapiede, strada*] 2 FIG. to dislocate [*economia*]; to upset [*finanze*].
dissestato /disses'tato/ I p.pass. → **dissestare** II agg. 1 [*strada, marciapiede*] uneven 2 FIG. [*azienda*] shaky, in difficulties.
dissesto /dis'sɛsto/ m. *(di economia)* dislocation; ***~ geologico*** geological instability.
dissetante /disse'tante/ I agg. [*bevanda*] refreshing, thirst quenching II m. thirst quencher.
dissetare /disse'tare/ [1] I tr. **~ *qcn.*** to refresh sb., to quench sb.'s thirst II **dissetarsi** pronom. to refresh oneself, to quench one's thirst.
dissezionare /dissettsjo'nare/ [1] tr. to dissect (anche FIG.).
dissezione /disset'tsjone/ f. MED. dissection.
dissidente /dissi'dɛnte/ I agg. 1 POL. dissident 2 RELIG. ***essere ~*** to dissent II m. e f. 1 POL. dissident 2 RELIG. dissenter.
dissidenza /dissi'dɛntsa/ f. 1 *(opposizione)* dissidence, dissent U 2 *(insieme dei dissidenti)* ***la ~*** the dissidents *o* dissenters.
dissidio, pl. **-di** /dis'sidjo, di/ m. quarrel; *(spaccatura)* rift.
dissimile /dis'simile/ agg. dissimilar (**da** to).
dissimulare /dissimu'lare/ [1] tr. *(nascondere)* to cover (up), to hide*, to conceal [*sentimento*]; to suppress [*verità*].
dissimulazione /dissimulat'tsjone/ f. *(di sentimento)* concealment; *(di verità)* suppression.
dissipare /dissi'pare/ [1] I tr. 1 *(disperdere)* to dispel, to dissipate FORM. [*nebbia*] 2 FIG. *(fugare)* to quieten, to dissipate FORM., to dispel [*dubbio, paura*]; to remove, to quieten, to dissipate FORM. [*sospetto*] 3 *(dilapidare)* to dissipate FORM. [*patrimonio*] II **dissiparsi** pronom. 1 *(scomparire)* [*nebbia*] to disperse 2 FIG. [*dubbio, sospetto*] to dissipate.
dissipato /dissi'pato/ I p.pass. → **dissipare** II agg. [*persona, comportamento, vita*] dissipated; [*uso*] uneconomical.
dissipazione /dissipat'tsjone/ f. 1 *(di energia, ricchezza)* dissipation, squandering 2 *(sregolatezza)* dissipation.
dissociare /disso'tʃare/ [1] I tr. to dissociate (anche CHIM.) II **dissociarsi** pronom. ***-rsi da qcn., qcs.*** to dissociate oneself from sb., sth.
dissociato /disso'tʃato/ I p.pass. → **dissociare** II agg. dissociated III m. (f. **-a**) POL. = a terrorist who denies his ideology but refuses to collaborate with the law.
dissociazione /dissotʃat'tsjone/ f. dissociation (anche CHIM. PSIC.).
dissodare /disso'dare/ [1] tr. to dig* up, to loosen.
dissolutezza /dissolu'tettsa/ f. debauchery, dissolution, looseness.
dissoluto /disso'luto/ I agg. [*persona*] dissipated; [*comportamento*] abandoned, dissipated; [*vita*] dissolute, debauched, fast; [*moralità*] loose II m. (f. **-a**) dissipated person.
dissoluzione /dissolut'tsjone/ f. 1 CHIM. FARM. solution 2 FIG. break up, disintegration.
dissolvenza /dissol'vɛntsa/ f. CINEM. fading; *(in apertura)* fade-in; *(in chiusura)* fade-out ♦♦ ***~ incrociata*** dissolve.
dissolvere /dis'sɔlvere/ [22] I tr. 1 *(sciogliere)* to clear, to dispel, to dissipate FORM. [*nebbia*]; FIG. to dispel, to dissipate FORM. [*paura*] 2 [*acqua, acido*] to dissolve [*sostanza, sporco*] II **dissolversi** pronom. 1 *(sparire)* [*nebbia*] to disperse, to clear 2 FIG. to fade away, to dissolve 3 [*sostanza, compressa*] to dissolve.
dissonante /disso'nante/ agg. 1 MUS. discordant, dissonant 2 *(discordante)* [*convinzioni, colori*] dissonant FORM.
dissonanza /disso'nantsa/ f. 1 MUS. discord, dissonance 2 *(di convinzioni, colori)* dissonance; ***~ di opinioni*** clash of opinions.
dissotterrare /dissotter'rare/ [1] tr. to disinter [*cadavere*]; to unearth [*tesoro, rovine*] ♦ ***~ l'ascia di guerra*** to dig up *o* take up the hatchet.
dissuadere /dissua'dere/ [69] tr. to deter, to discourage, to dissuade; ***~ qcn. dal fare qcs.*** to argue *o* talk sb. out of doing sth.
dissuasione /dissua'zjone/ f. ***fare opera di ~*** to make efforts to dissuade, to try to dissuade.
dissuasivo /dissua'zivo/ agg. dissuasive; ***avere un effetto ~ su qcn.*** to act as a deterrent to sb.
dissuasore /dissua'zore/ m. ***~ di velocità*** road hump, sleeping policeman BE COLLOQ.
distaccamento /distakka'mento/ m. 1 *(separazione)* detachment 2 MIL. detachment, detail, party.
distaccare /distak'kare/ [1] I tr. 1 *(separare, staccare)* to detach; ***~ un manifesto dal muro*** to remove a poster from a wall 2 FIG. *(allontanare)* ***~ qcn. da*** to turn *o* drive sb. away from [*persona, famiglia*] 3 SPORT *(distanziare)* to (out)distance, to leave* [sb.] behind 4 BUROCR. *(trasferire)* to draft BE [*personale*]; *(temporaneamente)* to second 5 MIL. to detach, to detail II **distaccarsi** pronom. 1 *(separarsi)* to detach oneself (**da** from); [*coupon, foglio*] to come* out; [*carta da parati, manifesto*] to come* off; ***-rsi da*** to lose interest in [*mondo, persona*] 2 FIG. *(distinguersi)* to stand* out.

distaccato /distak'kato/ **I** p.pass. → **distaccare II** agg. **1** *(scollato)* detached **2** *(separato)* ***la sede -a della scuola*** the school annex; ***~ dalla realtà*** divorced from reality **3** AMM. [*militare, diplomatico*] seconded **4** FIG. *(freddo, indifferente)* [*persona, atteggiamento*] aloof, detached, distant.

distacco, pl. **-chi** /dis'takko, ki/ m. **1** *(allontanamento)* departure, detachment; ***il momento del ~*** the moment of parting **2** SPORT start, lead, gap; ***infliggere un notevole ~ a qcn.*** to leave sb. standing **3** *(indifferenza)* aloofness, detachment ♦♦ ***~ della retina*** detachment of the retina.

distante /dis'tante/ **I** agg. **1** *(nello spazio)* [*luogo, rumore, bagliore*] distant; ***un villaggio ~ sei chilometri*** a village six kilometres away; ***è troppo ~*** it's too far away; ***~ dalla città*** away from the town **2** *(riservato, distaccato)* [*persona, atteggiamento*] detached, aloof, stand-offish **3** *(diverso)* [*posizioni, opinioni*] different **4** *(nel tempo)* ***un avvenimento ~ nel tempo*** an event remote in time; ***eventi -i (tra loro) molti anni*** events that are several years apart **II** avv. far, far off, far away, a long way; ***abitare ~*** to live far away.

distanza /dis'tantsa/ f. **1** *(nello spazio)* distance (**da** from; **tra** between); ***qual è la ~ fra Torino e Roma?*** how far is it from Turin to Rome? what is the distance between Turin and Rome? ***a che ~ è?*** how far *o* what distance is it? ***a breve ~*** at a short distance, within easy reach; ***a una certa ~*** at a *o* some distance; ***ho corso su una ~ di due chilometri*** I ran for two kilometres; ***a 50 metri di ~, a una ~ di 50 metri*** 50 metres away *o* off; ***vivono a 500 chilometri di ~*** they live 500 kilometres apart; ***mantenete le -e (di sicurezza)*** AUT. keep your distance; ***accorciare le -e*** to narrow the gap; ***a ~*** [*comunicare, osservare*] from a distance; [*comando*] remote attrib.; ***a ~ ravvicinata*** [*sparare*] at close range **2** FIG. distance; ***prendere le -e da*** to distance oneself from; ***tenere*** o ***mantenere qcn., qcs. a (debita) ~*** to keep sb., sth. at a distance *o* at bay; ***tenere*** o ***mantenere le -e*** [*superiore*] to stand aloof **3** *(nel tempo)* gap; ***sono morti a una settimana di ~*** their deaths were a week apart, they died within a week of each other; ***a ~ di tempo, ...*** with hindsight *o* now that time has passed, ... **4** *(divario, differenza)* gap, difference ♦♦ ***~ di sicurezza*** safety distance.

distanziare /distan'tsjare/ [1] tr. **1** *(allontanare)* to space (out) [*oggetti*]; to space out, to spread* (out) [*visite, incontri*] **2** SPORT to (out)distance, to leave* [sb.] behind [*avversario*] **3** FIG. *(superare in bravura)* ***~ qcn.*** to leave sb. standing, to outstrip sb.

distare /dis'tare/ [1] intr. **1** *(essere lontano)* ***dista circa 50 chilometri da Roma*** it is about 50 kilometres from Rome; ***quanto dista la stazione da qui?*** how far is the station from here? **2** FIG. *(discordare)* to differ, to be* distant.

distendere /dis'tɛndere/ [10] **I** tr. **1** *(allungare, stirare)* to stretch (out) [*braccia, gambe*] **2** *(spiegare)* to spread* (out) [*tovaglia*] **3** *(mettere a giacere)* to lay*; ***~ qcn. su un letto*** to lay sb. on a bed **4** *(calmare, rilassare)* to relax [*muscoli*]; to calm [*atmosfera*]; ***~ i nervi*** to relax **II distendersi** pronom. **1** *(sdraiarsi)* to lie* down, to stretch out (**su** on) **2** *(estendersi)* to spread*, to stretch **3** *(rilassarsi)* [*persona, volto*] to relax; POL. [*situazione, relazioni*] to ease up.

distensione /disten'sjone/ f. **1** *(il distendere)* stretching **2** *(rilassamento)* relaxation; ***un clima di ~*** a relaxed atmosphere **3** POL. detente.

distensivo /disten'sivo/ agg. **1** *(rilassante)* [*persona, film, lettura*] relaxing, entertaining; [*attività*] relaxing, restful; [*musica*] soothing, relaxing **2** POL. [*politica*] conciliatory.

distesa /dis'tesa/ f. **1** *(superficie) (di terra, boschi)* expanse, stretch, sweep, tract; *(di acqua)* expanse; *(di fiori)* blanket **2** *(grande quantità)* line, row, range ♦ ***cantare a ~*** to sing out; ***suonare a ~*** [*campane*] to peal (out).

disteso /dis'teso/ **I** p.pass. → **distendere II** agg. **1** *(allungato)* [*corpo*] flat; [*braccia, gambe*] outstretched, outspread; ***era ~ sul letto*** he was lying on the bed; ***stare ~ sulla schiena*** to lie *o* be flat on one's back **2** *(rilassato)* [*persona, viso, clima*] relaxed ♦ ***cadere lungo e ~*** to fall flat on one's face.

distico, pl. **-ci** /'distiko, tʃi/ m. couplet.

distillare /distil'lare/ [1] tr. e intr. (aus. *essere*) to distil BE, to distill AE.

distillato /distil'lato/ **I** p.pass. → **distillare II** agg. distilled **III** m. distillate; FIG. distillation, concentration.

distillatore /distilla'tore/ m. (f. **-trice** /tritʃe/) **1** *(persona)* distiller **2** *(apparecchio)* still, distiller.

distillazione /distillat'tsjone/ f. distillation.

distilleria /distille'ria/ f. distillery, still.

distinguere /dis'tingwere/ [40] **I** tr. **1** *(separare)* to distinguish (**tra** between; **da** from); ***è difficile ~ i gemelli*** it's difficult to tell the twins apart; ***~ il bene dal male*** to know *o* tell right from wrong **2** *(percepire le differenze)* to distinguish, to discern [*colori*]; to make* out [*contorni*]; to catch* [*suoni, odori*] **3** *(differenziare)* [*dettaglio, qualità*] to set* [sb., sth.] apart [*persone, animali, oggetti*] (**da** from); ***ciò che distingue Parigi da Roma*** what makes Paris different from Rome, what distinguishes Paris from Rome **4** *(caratterizzare)* to characterize [*epoca, azienda*] **II** intr. (aus. *avere*) ***bisogna saper ~*** you have to be able to tell the difference; ***~ tra A e B*** to discriminate *o* distinguish between A and B, to draw a distinction between A and B **III distinguersi** pronom. **1** *(differire)* [*persona, organizzazione*] to differ (**da** from) **2** *(farsi notare)* [*sportivo, candidato*] to stand* out, to distinguish oneself; ***-rsi dal gruppo*** to rise above the group; ***deve sempre -rsi!*** SPREG. he always has to be different! he always wants to stand out! **3** *(essere percepito)* to be* distinguishable.

distinta /dis'tinta/ f. **1** *(resoconto)* ***~ dei prezzi*** price list **2** *(modulo)* schedule ♦♦ ***~ di versamento*** paying-in slip BE, paying-in deposit slip AE.

distintamente /distinta'mente/ avv. **1** *(chiaramente)* [*vedere*] clearly; [*sentire, pronunciare*] distinctly **2** *(separatamente)* separately **3** *(elegantemente)* elegantly.

distintivo /distin'tivo/ **I** agg. [*segno, carattere*] distinguishing, distinctive **II** m. *(di club, movimento)* badge, button AE; *(di poliziotto)* shield, badge.

distinto /dis'tinto/ **I** p.pass. → **distinguere II** agg. **1** *(diverso)* distinct, different (**da** from) **2** *(separato)* distinct, separate **3** *(signorile)* [*persona, maniere*] distinguished, refined; [*aspetto, portamento*] distinguished **4** *(che si percepisce chiaramente)* [*forma, suono, odore*] distinct; [*voce, immagine*] clear **5** *(nelle lettere)* ***-i saluti*** yours faithfully, yours sincerely **III distinti** m.pl. *(nello stadio)* stands, stalls.

distinzione /distin'tsjone/ f. **1** *(differenza)* distinction; ***fare, stabilire una ~ tra A e B*** to make, draw a distinction between A and B; ***senza ~*** [*agire, ricompensare*] without discrimination, without making any distinctions; [*colpire*] indiscriminately **2** *(ricompensa)* distinction, honour BE, honor AE **3** *(eleganza)* distinction.

distogliere /dis'tɔʎʎere/ [28] tr. **1** *(volgere altrove)* ***~ l'attenzione da*** to divert *o* distract attention from; ***~ gli occhi*** o ***lo sguardo da*** to avert one's eyes *o* gaze from, to take one's eye off; ***~ i propri pensieri da*** to turn one's thoughts away from **2** *(distrarre)* ***~ qcn. da*** to distract sb. from, to take sb. away from [*obiettivo, lavoro*] **3** *(dissuadere)* to dissuade, to deter [*persona*].

distorcere /dis'tɔrtʃere/ [94] **I** tr. **1** *(deformare)* to distort [*suono, immagine*]; [*paura, dolore*] to contort, to twist [*viso*] **2** FIG. *(stravolgere)* to distort, to bend*, to twist [*fatti, storia*] **II distorcersi** pronom. **1** *(deformarsi)* [*immagine, suono*] to become* distorted **2** *(storcersi)* ***-rsi la caviglia*** to twist *o* sprain one's ankle.

distorsione /distor'sjone/ f. **1** *(di suono, immagine)* distortion **2** FIG. *(stravolgimento)* distortion, falsification **3** MED. sprain, strain.

distorto /dis'tɔrto/ **I** p.pass. → **distorcere II** agg. **1** [*immagine, suono*] distorted **2** FIG. [*fatti, verità*] distorted, twisted; [*visione*] distorted **3** MED. sprained.

distrarre /dis'trarre/ [95] **I** tr. **1** *(deconcentrare)* to distract [*persona*] (**da** from; **con** with); ***~ l'attenzione di qcn.*** to distract *o* divert sb.'s attention **2** *(divertire)* to amuse, to distract **3** *(allontanare)* ***~ qcn. da*** to take sb.'s mind off [*problema, preoccupazione*] **4** DIR. *(sottrarre)* to misappropriate [*denaro*] **II distrarsi** pronom. **1** *(deconcentrarsi)* to divert one's mind, to divert one's attention **2** *(divertirsi)* to amuse oneself **3** *(svagarsi)* ***ho bisogno di distrarmi*** I need to take my mind off things.

distrattamente /distratta'mente/ avv. [*versare, spostare*] absent-mindedly; [*dire*] absently; [*salutare*] casually.

distratto /dis'tratto/ **I** p.pass. → **distrarre II** agg. *(sbadato)* [*persona*] absent-minded, careless; [*sguardo, gesto*] vague, casual, cursory; *(disattento)* [*persona*] inattentive; ***mi scusi, ero*** ~ I'm sorry, I wasn't paying attention **III** m. (f. **-a**) scatterbrain, absent-minded person.

distrazione /distrat'tsjone/ f. **1** *(svago)* ***è la sua unica*** ~ it's her only entertainment *o* form of leisure; ***ho bisogno di*** ~ I need some form of diversion **2** *(sbadataggine)* absent-mindedness, carelessness; *(disattenzione)* inattention, distraction; ***attimo*** o ***momento di*** ~ lapse of concentration; ***errore di*** ~ careless mistake, slip, oversight.

distretto /dis'tretto/ m. **1** AMM. MIL. district, precinct AE **2** *(zona)* area, zone ♦♦ ~ ***militare*** recruiting office *o* centre.

distrettuale /distrettu'ale/ agg. district attrib.

distribuire /distribu'ire/ [102] **I** tr. **1** *(dare)* to distribute, to give* out, to hand out [*volantini, medicinali, regali*]; to deliver [*posta*]; to award [*premi*]; *(dispensare)* to deal* out [*strette di mano*]; ~ ***le carte*** GIOC. to deal (out the cards) **2** *(ripartire)* to share, to divide [*somma, lavoro, oggetti*] **3** *(spargere)* to spread* [*crema*] **4** COMM. *(vendere)* [*persona*] to distribute, to release [*prodotto, film*]; [*macchina*] to dispense [*biglietti, bevande*] **5** ING. to supply [*acqua, calore*] **6** TEATR. *(assegnare)* ~ ***le parti*** to cast a play **7** *(disporre)* to put*, to arrange **II distribuirsi** pronom. **1** *(ripartirsi)* to be* distributed **2** *(durare)* to stretch (**su** over).

distributivo /distribu'tivo/ agg. distributive.

distributore /distribu'tore/ m. (f. **-trice** /tritʃe/) **1** COMM. distributor (**di** for) **2** *(macchina)* ~ ***automatico*** dispenser, vending machine; ~ ***automatico di bevande*** drinks dispenser *o* machine **3** *(stazione di servizio)* ~ ***(di benzina)*** petrol BE *o* gas AE station, filling station.

distribuzione /distribut'tsjone/ f. **1** distribution (anche COMM.); *(erogazione)* supply; ~ ***della posta*** postal *o* mail delivery **2** ECON. *(settore)* retailing; ***catena di*** ~ retailing chain **3** TEATR. ~ ***delle parti*** casting.

districare /distri'kare/ [1] **I** tr. **1** *(dipanare)* to disentangle, to unravel, to untangle, to untwist [*fili, matassa*]; to untangle, to comb out [*capelli*] **2** FIG. *(chiarire)* to sort out, to untangle [*situazione*]; to solve, to unravel [*enigma*] **II districarsi** pronom. [*intrigo, situazione*] to unravel.

distrofia /distro'fia/ ➧ **7** f. dystrophy ♦♦ ~ ***muscolare*** muscular dystrophy.

distruggere /dis'truddʒere/ [41] **I** tr. **1** *(demolire)* to destroy, to demolish, to wreck [*edificio*]; *(rovinare)* to wipe out, to blast [*raccolto*] **2** *(sbaragliare)* to destroy [*nemico, avversario*] **3** FIG. *(prostrare)* [*notizia, dolore*] to destroy, to shatter, to knock out COLLOQ. [*persona*]; *(sfiancare)* [*fatica*] to exhaust, to wear* out [*persona*] **4** *(togliere completamente)* to destroy, to crush, to shatter [*speranze*]; *(fare crollare)* to destroy [*mito*] **5** *(screditare)* ~ ***la reputazione di qcn.*** to destroy *o* ruin sb.'s reputation **II distruggersi** pronom. to destroy oneself, to ruin oneself; ***-rsi la salute con l'alcol*** to ruin one's health with alcohol.

distruggidocumenti /distruddʒidoku'menti/ m.inv. (paper) shredder.

distruttivo /distrut'tivo/ agg. destructive.

distrutto /dis'trutto/ **I** p.pass. → **distruggere II** agg. **1** *(demolito)* [*edificio*] destroyed; [*auto*] wrecked; *(rovinato)* [*raccolto*] blasted **2** FIG. *(prostrato)* [*persona*] destroyed, devastated, shattered; *(sfinito)* exhausted, destroyed.

distruttore /distrut'tore/ **I** agg. → **distruttivo II** m. (f. **-trice** /tritʃe/) destroyer.

distruzione /distrut'tsjone/ f. destruction.

disturbare /distur'bare/ [1] **I** tr. **1** *(infastidire, molestare)* [*visitatore, telefono*] to disturb, to bother [*persona*]; ***disturbo?*** may I? am I disturbing you? ***scusi se la disturbo*** (I'm) sorry to bother *o* trouble you; ***disturbo se fumo?*** do you mind if I smoke? **2** *(provocare malessere)* [*alimento*] to upset* [*fegato, stomaco*]; [*rumore, fumo*] to bother [*persona*] **3** *(turbare, portare scompiglio)* ~ ***l'ordine pubblico*** to disturb the peace **4** RAD. TELEV. to interfere with [*ricezione*]; to jam [*segnali, trasmissione*] **II disturbarsi** pronom. *(incomodarsi)* ***non si disturbi, glielo porto*** don't come out, I'll bring it over; ***non si disturbi!*** please don't bother! please don't put yourself out! ***non si disturbi per me*** please don't go to any trouble *o* don't put yourself out on my account.

disturbato /distur'bato/ **I** p.pass. → **disturbare II** agg. **1** *(infastidito)* [*persona*] bothered, annoyed **2** RAD. TELEV. [*ricezione*] jammed; ***linea -a*** bad connection *o* line **3** *(indisposto)* [*persona*] unwell; [*stomaco, intestino*] upset **4** PSIC. disturbed.

disturbatore /disturba'tore/ **I** agg. [*elemento*] disruptive **II** m. (f. **-trice** /tritʃe/) troublemaker.

disturbo /dis'turbo/ ➧ **7** m. **1** *(fastidio)* trouble, inconvenience; ***è troppo*** ~ it's too much trouble; ***scusi il*** ~ (I'm) sorry to bother you; ***essere di ~ (a qcn.)*** to disturb *o* trouble (sb.), to cause inconvenience (to sb.); ***prendersi il ~ di fare*** to go to the bother of doing, to take the trouble to do; ***togliere il*** ~ to go, to be off, to be on one's way; ~ ***della quiete pubblica*** breach of the peace, disturbance, nuisance **2** MED. PSIC. disorder, trouble **U**; ***-i mentali, della vista, della personalità*** mental, visual, personality disorders; ***-i di stomaco*** stomach upset; ***-i cardiaci*** heart trouble**3** RAD. TELEV. interference, noise; *(intenzionale)* jamming.

disubbidiente /dizubbi'djɛnte/ agg. disobedient, naughty.

disubbidienza /dizubbi'djɛntsa/ f. disobedience.

disubbidire /dizubbi'dire/ [102] intr. (aus. *avere*) to disobey; ~ ***a qcn., a un ordine*** to disobey sb., an order.

disuguaglianza /dizugwaʎ'ʎantsa/ f. **1** *(disparità)* disparity (**tra, fra** between; **di** in) **2** *(iniquità)* inequality (**di fronte a** as regards) **3** *(irregolarità di una superficie)* unevenness **4** MAT. inequality.

disuguale /dizu'gwale/ agg. **1** *(dissimile)* unequal **2** *(squilibrato)* [*divisione*] unequal; [*lotta*] unfair, unbalanced **3** *(irregolare)* [*superficie*] uneven **4** FIG. *(incostante)* inconsistent; ***rendimento*** ~ erratic performance.

disumanità /dizumani'ta/ f.inv. inhumanity.

disumanizzare /dizumanid'dzare/ [1] tr. to dehumanize.

disumano /dizu'mano/ agg. **1** *(inumano)* inhuman(e), callous; ***in condizioni -e*** in inhumane conditions **2** FIG. *(eccessivo)* inhuman, terrible.

disusato /dizu'zato/ agg. [*parola, espressione*] obsolete.

disuso /di'zuzo/ m. ***in*** ~ [*edificio*] in disuse, no longer in use; [*parola, espressione*] dated, obsolete; ***cadere in*** ~ [*parola, espressione*] to become dated *o* obsolete; [*tradizione*] to fall into disuse.

ditale /di'tale/ m. *(da cucito)* thimble.

ditata /di'tata/ f. **1** *(colpo con le dita)* poke **2** *(segno, impronta)* finger mark.

diteggiatura /diteddʒa'tura/ f. MUS. fingering.

dito /'dito/ ➧ **4** m. (in the plural, the feminine form *dita* is generally used; the masculine form *diti* is used when the name of each finger is specified) **1** *(di mano, guanto)* finger; *(di piede)* toe; ***con la punta delle -a*** with one's fingertips; ***indicare col*** ~ o ***mostrare a ~ qcn., qcs.*** to point one's finger at sb., sth. **2** *(misura)* ***allungare l'orlo di quattro -a*** to lower the hem a couple of inches; ***sui mobili c'è un ~ di polvere*** the dust is an inch thick on the furniture; ***due -a di vodka*** two fingers of vodka; ***un ~ d'acqua*** an inch of water ♦ ***incrociamo le -a!*** fingers crossed! ***incrociare le -a*** to keep one's fingers crossed; ***non muovere un*** ~ not to lift a finger (**per qcn.** for sb.; **per fare** to do); ***leccarsi le -a*** to lick one's lips; ***se le dai un ~ si prende il braccio*** give her an inch and she'll take a yard *o* mile; ***questa me la lego al ~!*** I won't forget that! ***puntare il ~ contro qcn.*** to point the finger at sb.; ***mettere il ~ nella piaga*** to touch on a sore point; ***sapere*** o ***avere qcs. sulla punta delle -a*** to have sth. at one's fingertips, to know sth. like the back of one's hand.

ditone /di'tone/ m. COLLOQ. *(del piede)* big toe.

ditta /'ditta/ f. firm; *(impresa)* business, company, concern, house; ~ ***costruttrice*** building firm, construction company; ***offre la*** ~ FIG. it's on the house; ***Spettabile Ditta*** *(nelle lettere)* Dear Sirs BE *o* Gentlemen AE.

dittafono® /dit'tafono/ m. Dictaphone®.

dittatore /ditta'tore/ m. (f. **-trice** /tritʃe/) dictator (anche FIG.).

dittatoriale /dittato'rjale/ agg. dictatorial; FIG. dictatorial, despotic.

dittatura /ditta'tura/ f. dictatorship (anche FIG.).

dittongo, pl. **-ghi** /dit'tɔngo, gi/ m. diphthong.

diuretico, pl. **-ci, -che** /diu'rɛtiko, tʃi, ke/ agg. e m. diuretic.

diurno /di'urno/ agg. [*attività, illuminazione, programmazione*] daytime; [*attacco*] daylight; ***ore -e*** daytime (hours); ***scuola -a*** day school.

divagare /diva'gare/ [1] intr. (aus. *avere*) to stray, to wander, to ramble on.

divagazione /divagat'tsjone/ f. digression.

divampare /divam'pare/ [1] intr. (aus. *essere*) **1** *(ardere)* [*incendio*] to blaze (up), to burn* up, to flare up **2** FIG. ***nei suoi occhi divampa l'ira*** his eyes are burning *o* blazing with rage **3** *(diffondersi impetuosamente)* [*violenza, guerra*] to flare (up), to spread* like wildfire.

divano /di'vano/ m. sofa, couch, settee ♦♦ ~ ***letto*** sofa bed, convertible sofa, bed-settee, put-you-up BE.

divaricare /divari'kare/ [1] tr. to open, to splay [*braccia, gambe*].

divaricato /divari'kato/ **I** p.pass. → **divaricare II** agg. ***a gambe -e*** with one's legs wide apart.

divario, pl. **-ri** /di'varjo, ri/ m. gap, divide, difference (**tra** between); ~ ***tecnologico*** technological gap.

divenire /dive'nire/ [107] **I** intr. (aus. *essere*) to become* **II** m. becoming.

diventare /diven'tare/ [1] Tra i diversi verbi inglesi che rendono l'italiano *diventare*, i più comuni sono *to become* e *to get*, il primo usato soprattutto nella lingua scritta, il secondo in quella parlata, specialmente se si fa riferimento a un cambiamento rapido e improvviso: *diventò famoso dopo aver pubblicato il suo secondo romanzo* = he became famous after publishing his second novel; *diventerà ricca quando erediterà i beni di suo zio* = she will get rich when she inherits her uncle's possessions. - Altri equivalenti inglesi possono essere: *to grow*, che non implica necessariamente una crescita (*diventare più sofisticato* = to grow more sophisticated; *to grow weak* = diventare debole); *to turn*, che si usa in particolare per indicare cambiamenti di colore (*diventò nero per lo sporco* = it turned black because of the dirt); con lo stesso significato, ma se il cambiamento è temporaneo, si può usare *to go* (*diventai rosso dalla rabbia, quando sentii la notizia* = I went red with anger, when I heard the news); *to go* si usa anche per descrivere un mutamento in peggio nel corpo o nella mente di qualcuno: *mio nonno sta diventando sordo* = my grandpa is going deaf; *to turn* e *to go* + aggettivo possono essere riferiti anche a cose: *il latte è diventato acido* = the milk has turned / gone sour. - Si noti che le espressioni *diventare* + aggettivo sono spesso sostituite in italiano da un apposito verbo, il che avviene talvolta anche in inglese: *diventare vecchio* o *invecchiare* = to grow old, *diventare nuvoloso* o *rannuvolarsi* = to get cloudy, *diventare vero* o *avverarsi* = to come true, *diventare duro* o *indurire* = to become hard / to harden, *diventare debole* o *indebolirsi* = to grow weak / to weaken, etc. intr. (aus. *essere*) *(seguito da aggettivo)* to become*, to get*; *(seguito da sostantivo)* to become*; *(gradatamente)* to grow*; *(rapidamente e con peggioramento)* to turn; *(con colori)* to turn, to go*; *(essere eletto, nominato)* to be* made, to be* elected; ~ ***vecchio*** to get *o* grow old; ~ ***matto*** to go mad; ~ ***famoso*** to become famous, to rise to fame; ***vuole ~ dottore*** she wants to become *o* be a doctor; ***questo vino è diventato aceto*** this wine has turned into vinegar; ***sta per ~ buio*** it's getting dark; ***la sua voce divenne aspra*** her voice hardened *o* became hard ♦ ***c'è da ~ matto!*** it's enough to drive you mad *o* crazy!

diverbio, pl. **-bi** /di'vɛrbjo, bi/ m. disagreement, quarrel, argument, wrangle (**su** over, on; **con** with).

divergente /diver'dʒɛnte/ agg. divergent; FIG. [*opinioni, punti di vista*] differing, divided.

divergenza /diver'dʒɛntsa/ f. **1** *(di opinioni, punti di vista)* difference (**su** over), disagreement (**su** about, on); ***-e d'interessi*** clashing interest **2** FIS. divergence.

divergere /di'vɛrdʒere/ [19] intr. **1** *(essere discordi)* [*idee, interessi*] to diverge; [*leggi, gusti*] to differ **2** *(separarsi)* [*linee, strade*] to diverge.

diversamente /diversa'mente/ avv. **1** *(in modo diverso)* [*fare, vedere, agire*] differently, in a different way; ***la cosa non si spiega ~*** there's no other explanation for it **2** *(altrimenti)* otherwise, or else.

diversificare /diversifi'kare/ [1] **I** tr. [*persona*] to vary [*occupazioni, letture, interessi*]; [*impresa*] to diversify [*investimenti, produzione*] **II diversificarsi** pronom. [*impresa, prodotti, attività*] to diversify; *(distinguersi)* to be* different, to differ (**da** from; **per** in).

diversione /diver'sjone/ f. *(deviazione)* deflection, deviation, diversion.

diversità /diversi'ta/ f.inv. **1** *(differenza)* diversity, difference; ~ ***d'età*** disparity in age, age difference **2** *(varietà)* variety.

diversivo /diver'sivo/ **I** agg. diversionary **II** m. distraction, diversion, change.

diverso /di'vɛrso/ v. la nota della voce **alcuno**. **I** agg. **1** *(differente)* different (**da** from, to); ***essere di parere ~*** to have differing opinions, to disagree **2** *(vario, eterogeneo)* various, diverse; ***per ragioni molto -e*** for very diverse reasons; ***sotto -i aspetti*** in various respects **3** *(svariato)* several, various; ***-e volte*** several times; ***per -e ragioni*** for various *o* a number of reasons; ***in -e taglie*** in assorted sizes **II** m. **1** *(socialmente)* outsider, dropout **2** EUFEM. *(omosessuale)* gay, homosexual **III diversi** pron.indef.pl. *(parecchi)* many (people), several (people).

divertente /diver'tɛnte/ agg. **1** *(piacevole)* amusing, entertaining, enjoyable **2** *(buffo)* funny, amusing.

divertimento /diverti'mento/ m. **1** *(il divertirsi)* amusement **U**, fun **U**; ***buon ~!*** have fun! have a good time! enjoy yourself! ***con grande ~ di tutti*** to everyone's amusement *o* delight; ***(sai) che ~!*** IRON. what fun! **2** *(svago)* entertainment **U**; ***è il suo unico ~*** it is her only pleasure; ***parco dei -i*** amusement park, (fun) fair.

divertire /diver'tire/ [3] **I** tr. *(procurare divertimento a)* to amuse; *(intrattenere)* to entertain **II divertirsi** pronom. **1** *(provare divertimento)* [*bambino, adulto*] to enjoy oneself, to have* a good time, to have* fun; ***divertiti!*** have fun! enjoy yourself! have a good time! ***-rsi a fare*** to enjoy doing **2** *(giocare)* [*bambino, animale*] to play; ***per -rsi*** for fun.

divertito /diver'tito/ **I** p.pass. → **divertire II** agg. [*sorriso, sguardo, aspetto*] amused, of amusement mai attrib.

dividendo /divi'dɛndo/ m. ECON. MAT. dividend.

dividere /di'videre/ [35] **I** tr. **1** *(separare)* to divide, to separate [*paese, stanza*] (**in** into); to separate, to part [*litiganti*]; ***~ le mele buone da quelle cattive*** to sort the good apples from the bad **2** *(opporre)* [*problema, questione*] to divide, to split* [*popolazione, politici, opinione pubblica*] (**in** into) **3** *(spartire)* to divide, to split*, to share (out) [*torta, compiti, beni*] (**tra** between, among; **in** into) **4** *(condividere)* to share [*appartamento, spese*] (**con** with) **5** *(scomporre, distinguere in parti)* to divide, to split*; ***~ qcs. a metà*** to halve sth., to divide sth. in half; ***~ una parola in sillabe*** to break a word down *o* up into syllables **7** MAT. to divide [*numero*] (**per** by); ***~ 9 per 3*** to divide 3 into 9, to divide 9 by 3 **II dividersi** pronom. **1** *(ramificarsi)* [*cellula, ramo, fiume, strada*] to divide **2** *(separarsi)* to separate, to part, to leave* (**da** from); ***-rsi dal marito*** to separate from one's husband **3** *(suddividersi)* [*persone, oggetti, esempi*] to be* divided, to be* split (**in** into) **4** MAT. *(essere divisibile)* to divide, to be* divisible (**per** by) **5** *(ripartirsi)* to share, to spread* [*lavoro, responsabilità, compiti*]; to share out [*caramelle*].

divieto /di'vjɛto/ m. prohibition, ban ♦♦ ***"~ di accesso"*** "no access", "no entry", "no trespassing"; ***"~ di caccia"*** "hunting prohibited"; ***"~ di circolazione"*** "no vehicular traffic *o* access"; ***"~ di fermata"*** "no stopping"; ***"~ di pesca"*** "fishing prohibited"; ***"~ di sorpasso"*** "no overtaking" BE, "no passing" AE; ***"~ di sosta"*** "no parking"; ***"~ di transito"*** "no thoroughfare".

divinamente /divina'mente/ avv. divinely.

divinatorio, pl. **-ri**, **-rie** /divina'tɔrjo, ri, rje/ agg. **1** ***arte -a*** art of divination **2** *(profetico)* prophetic.

divinazione /divinat'tsjone/ f. divination.

divincolarsi /divinko'larsi/ [1] pronom. to wriggle, to struggle; ***~ da qcs.*** to wriggle (one's way) out of sth.

divinità /divini'ta/ f.inv. **1** *(essere divino, dio)* deity, divinity **2** *(natura divina)* divinity.

divino /di'vino/ **I** agg. **1** *(di Dio)* [*collera, messaggio, intervento*] divine; ***la -a Provvidenza*** divine providence; ***bontà -a!*** good heavens! goodness (gracious)! **2** *(meraviglioso)* [*tempo, vestito*] splendid, divine **II** m. ***il ~*** the divine.

1.divisa /di'viza/ f. *(uniforme)* uniform; ***poliziotto in ~*** uniformed policeman; ***~ calcistica*** football kit BE, soccer uniform AE.
2.divisa /di'viza/ f. ECON. ***~ (estera)*** foreign currency *o* exchange.
divisibile /divi'zibile/ agg. [*numero*] divisible (**per** by).
divisione /divi'zjone/ f. **1** *(suddivisione)* division, partition (**in** into); ***~ del lavoro*** ECON. division of labour **2** *(separazione)* separation; ***~ dei poteri*** separation of powers **3** FIG. *(disaccordo)* division (**su** over) **4** *(ripartizione)* division (**in** into); ***~ dell'eredità*** distribution of the estate **5** MAT. division (**per** by); ***fare le -i*** to do division **6** AMM. SPORT division.
divismo /di'vizmo/ m. = behaviour typical of a star.
diviso /di'vizo/ **I** p.pass. → **dividere II** agg. **1** *(suddiviso)* divided (**in** into) **2** *(separato)* [*affari, mondi, gruppi*] separate; *(discorde)* [*opinioni, sindacato*] divided (**su** on) **3** *(indeciso)* ***essere ~*** [*persona*] to be torn (**tra**, **fra** between) **4** MAT. divided; ***12 ~ 3 fa 4*** 12 divided by 3 makes *o* is 4.
divisore /divi'zore/ m. MAT. divisor; ***massimo comune ~*** greatest *o* highest common factor, greatest common divisor.
divisorio, pl. **-ri**, **-rie** /divi'zɔrjo, ri, rje/ **I** agg. dividing; ***parete -a, muro ~*** partition wall, party wall **II** m. divider, partition.
divo /'divo/ m. (f. **-a**) star; ***~ del cinema*** film BE *o* movie AE star.
divorante /divo'rante/ agg. [*passione*] (all-)consuming, devouring.
divorare /divo'rare/ [1] tr. **1** *(sbranare)* to devour; ***ha divorato il dolce in un sol boccone*** he wolfed the cake down; ***essere divorato dalle zanzare*** to be eaten alive by mosquitoes **2** FIG. to devour [*libro*]; [*industria*] to swallow up [*piccola impresa*]; ***~ qcn. con gli occhi*** o ***con lo sguardo*** to devour sb. with one's eyes **3** *(percorrere)* [*auto*] to eat* up, to clock up [*chilometri*] **4** *(consumare)* [*malattia, ossessione, sentimento*] to consume [*persona*]; ***essere divorato dall'ambizione*** to be consumed *o* eaten up with ambition **5** *(dilapidare)* to go* through [*eredità*] **6** *(distruggere)* [*fuoco*] to devour, to engulf [*foresta*].
divoratore /divora'tore/ m. (f. **-trice** /tritʃe/) ***un ~ di libri*** FIG. a voracious *o* an avid reader.
divorziare /divor'tsjare/ [1] intr. (aus. *avere*) to divorce; ***ha divorziato dalla moglie*** he has divorced his wife; ***i Wilson stanno divorziando*** the Wilsons are getting divorced.
divorziato /divor'tsjato/ **I** p.pass. → **divorziare II** agg. divorced **III** m. (f. **-a**) divorced person, divorcee.
divorzio, pl. **-zi** /di'vɔrtsjo, tsi/ m. divorce (anche FIG.); ***chiedere, ottenere il ~*** to ask for, obtain a divorce; ***essere in attesa di ~*** to be getting divorced *o* a divorce.
divorzista, m.pl. **-i**, f.pl. **-e** /divor'tsista/ m. e f. *(avvocato)* divorce lawyer.
divulgare /divul'gare/ [1] **I** tr. **1** *(diffondere)* to divulge, to disclose [*notizia, segreto*]; to spread* (around) [*notizie false, pettegolezzi*]; *(per radio, televisione)* to broadcast* [*notizia*] **2** *(rendere comprensibile)* to popularize [*scienza, scoperta*] **II divulgarsi** pronom. [*tecnologia, espressione, pettegolezzo*] to spread*.
divulgativo /divulga'tivo/ agg. [*opere, conferenze*] popular.
divulgazione /divulgat'tsjone/ f. **1** *(di notizie, idee)* disclosure, spread, divulgation **2** *(di nozioni scientifiche)* popularization; ***libro di ~ scientifica*** popular scientific book; ***fare opera di ~*** to popularize.
dizionario, pl. **-ri** /dittsjo'narjo, ri/ m. dictionary ♦♦ ***~ bilingue*** bilingual dictionary; ***~ monolingue*** monolingual dictionary; ***~ dei sinonimi*** o ***sinonimico*** dictionary of synonyms; ***~ tecnico*** technical dictionary.
dizione /dit'tsjone/ f. diction, elocution.
D.L. ⇒ Decreto Legge = decree passed by the Italian Government as an urgent measure, which has to be approved by the Parliament within 60 days in order to become law.
Dna, **DNA** /dienne'a/ m.inv. (⇒ deoxyribonucleic acid acido desossiribonucleico) DNA.
do /dɔ/ m.inv. C, do(h).
dobermann /'dɔberman/ m.inv. Doberman (pinscher).
doc, **DOC** /dɔk/ f.inv. (⇒ denominazione di origine controllata appellation d'origine contrôlée) AOC.
doccia, pl. **-ce** /'dottʃa, tʃe/ f. **1** shower; ***fare*** o ***farsi una*** o ***la ~*** to have BE *o* take AE a shower, to shower; ***essere sotto la ~*** to be in the shower **2** *(grondaia)* gutter; *(di scarico)* drainpipe ♦♦ ***~ fredda*** cold shower; FIG. bucket of cold water; ***~ scozzese*** alternating hot and cold shower; FIG. seesaw of good and bad events.
docente /do'tʃɛnte/ **I** agg. teaching; ***corpo*** o ***personale ~*** teaching staff, teachers **II** m. e f. teacher; ***~ universitario*** university professor.
docenza /do'tʃɛntsa/ f. teaching.
D.O.C.G. /diɔttʃid'dʒi/ f.inv. (⇒ Denominazione d'Origine Controllata e Garantita appellation d'origine contrôlée et garantie) AOCG.
docile /'dɔtʃile/ agg. [*persona*] mild, compliant, malleable; [*animale*] docile, meek.
docilità /dotʃili'ta/ f.inv. docility.
documentare /dokumen'tare/ [1] **I** tr. **1** DIR. BUROCR. to document [*caso*] **2** *(comprovare)* to prove [*fatto*] **II documentarsi** pronom. ***-rsi su qcs.*** to read up (on) sth., to research sth., to gather information *o* material on sth.
documentario, pl. **-ri**, **-rie** /dokumen'tarjo, ri, rje/ agg. e m. documentary.
documentato /dokumen'tato/ **I** p.pass. → **documentare II** agg. **1** *(provato con documenti)* documented, grounded, researched **2** *(informato)* informed.
documentazione /dokumentat'tsjone/ f. **1** *(ricerca)* documentation U **2** *(documenti)* material, documentation U, information U (**su** about, on) **3** *(informazioni)* research.
documento /doku'mento/ m. **1** BUROCR. document; *(personale)* identification, document, papers pl.; ***ha un ~?*** have you got any identification? do you have some identification? ***-i falsi*** false documents *o* papers; ***esibire i -i*** to produce one's identity papers **2** *(per informazione, testimonianza)* document (**su** on); ***-i fotografici*** photographic documents ♦♦ ***-i di bordo*** MAR. ship's papers *o* documents; ***-i contabili*** accounting records; ***-i d'identità*** identity papers.
dodecafonico, pl. **-ci**, **-che** /dodeka'fɔniko, tʃi, ke/ agg. twelve tone attrib.
dodicenne /dodi'tʃɛnne/ agg., m. e f. twelve-year-old.
dodicesimo /dodi'tʃɛzimo/ ♦ ***26, 5*** **I** agg. twelfth **II** m. (f. **-a**) twelfth.
dodici /'doditʃi/ ♦ ***26, 5, 8, 13*** **I** agg.inv. twelve **II** m.inv. **1** *(numero)* twelve **2** *(giorno del mese)* twelfth **III** f.pl. *(ore)* *(mezzogiorno)* twelve (o'clock), (twelve) noon, midday; *(mezzanotte)* twelve (o'clock), midnight.
doga, pl. **-ghe** /'doga, 'dɔga, ge/ f. *(di barile)* stave; *(di rete, sedile)* slat.
dogana /do'gana/ f. customs + verbo sing. o pl.; *(edificio)* customs house; ***passare la ~*** to go through customs, to clear customs.
doganale /doga'nale/ agg. [*controllo, ufficiale, dichiarazione, tassa*] customs attrib.; ***barriera ~*** trade *o* customs barrier; ***ufficio ~*** customs (house).
doganiere /doga'njɛre/ ♦ ***18*** m. customs officer, customs official.
doglia /'dɔʎʎa/ f. labour pains pl., labour BE, labor AE; ***avere le -e*** to be in labour.
dogma /'dɔgma/ m. dogma*, tenet.
dogmatico, pl. **-ci**, **-che** /dog'matiko, tʃi, ke/ agg. dogmatic.
dogmatismo /dogma'tizmo/ m. dogmatism.
dolce /'doltʃe/ **I** agg. **1** *(ai sensi)* [*frutto, liquore, gusto, profumo*] sweet; [*tabacco*] mild; [*musica*] soft **2** *(malleabile)* [*legno, ferro*] soft **3** *(mite)* [*clima*] mild; [*brezza*] gentle; *(non ripido)* [*rilievo, pendenza*] gentle, gradual; *(non brusco)* [*atterraggio*] smooth **4** *(piacevole)* [*ricordo, pensiero*] pleasant; ***paroline -i*** sweet nothings **5** *(gentile)* [*sguardo, viso*] kind; [*sorriso, voce*] sweet; *(affettuoso)* [*persona, carattere*] sweet, kind **6** *(povero di sali)* [*acqua*] fresh **7** FON. [*consonante*] soft **8** *(alternativo)* [*energia*] soft **II** m. **1** *(gusto dolce)* sweet (taste), sweetness; ***preferisco il ~ al salato*** I prefer sweet things to savoury *o* salty food **2** *(torta)* cake; ***fare dei -i*** to do some baking; ***~ al cioccolato*** chocolate cake; ***essere goloso di -i*** to have a sweet tooth **3** *(portata)* dessert, sweet BE, pudding BE.

dolcemente /doltʃe'mente/ avv. **1** *(con dolcezza)* [*parlare, cantare, sorridere*] sweetly **2** *(a poco a poco)* [*partire, frenare*] gently, smoothly; [*scendere*] gently.
dolcetto /dol'tʃetto/ m. ENOL. INTRAD. (dry slightly bitter red wine from the Langhe region of Piedmont).
dolcevita /doltʃe'vita/ m. e f.inv. polo neck sweater, polo (neck) BE, turtle neck AE.
dolcezza /dol'tʃettsa/ f. **1** *(di frutta, miele)* mellowness, sweetness; *(di musica, suono)* softness, sweetness **2** *(di clima)* mildness **3** *(di viso, parole, voce, carattere)* gentleness, sweetness **4** *(di rilievo, paesaggio)* gentleness **5** *(come appellativo)* **~ *(mia)!*** darling! sweetheart! honey! AE COLLOQ., sugar! AE COLLOQ. ♦ ***con la ~ si ottiene tutto*** PROV. it doesn't pay to take a hard line.
dolciario, pl. **-ri**, **-rie** /dol'tʃarjo, ri, rje/ agg. confectionery, sweet attrib.
dolciastro /dol'tʃastro/ agg. [*sapore, odore*] sickly sweet, sweetish; FIG. SPREG. sugary, mawkish.
dolcificante /doltʃifi'kante/ **I** agg. sweetening **II** m. sweetener, sugar substitute.
dolcificare /doltʃifi'kare/ [1] tr. **1** *(zuccherare)* [*miele, saccarina*] to sweeten [*bevanda, medicinale*] **2** CHIM. to soften [*acqua*].
dolciumi /dol'tʃumi/ m.pl. sweets, candy **U**, confectionery **U**.
dolente /do'lɛnte/ agg. **1** *(dolorante)* [*dente, testa, ventre*] aching **2** *(spiacente)* sorry, regretful; ***sono ~ di annunciarle che...*** I deeply regret *o* it grieves me to inform you that... **3** *(triste)* [*espressione, sorriso*] sorrowful, mournful, woeful; [*aspetto, voce*] doleful ♦ ***è quello il suo punto ~*** that's where the shoe pinches; ***toccare un tasto ~*** to touch on a sore point.
dolere /do'lere/ [42] **I** intr. (aus. *essere*) **1** *(fare male)* [*schiena, braccio, testa*] to ache **2** *(rincrescere)* ***me ne duole, ma non posso farci nulla*** I'm sorry but I can't do anything about it **II dolersi** pronom. **1** *(dispiacersi)* to regret, to be* sorry; ***mi dolgo di quanto è accaduto*** I'm sorry for *o* I regret what has happened **2** *(lamentarsi)* to complain (**di** about) ♦ ***occhio non vede cuore non duole*** PROV. what the eye doesn't see the heart doesn't grieve over.
dollaro /'dɔllaro/ ➧ ***6*** m. dollar.
dolo /'dɔlo/ m. DIR. criminal intent, malice.
dolomite /dolo'mite/ f. MINER. dolomite.
Dolomiti /dolo'miti/ n.pr.f.pl. ***le ~*** the Dolomites.
dolomitico, pl. **-ci**, **-che** /dolo'mitiko, tʃi, ke/ agg. *(delle Dolomiti)* of the Dolomites.
dolorante /dolo'rante/ agg. [*dente, testa, ventre*] aching; [*ferita*] sore, painful; ***era tutto ~*** he was aching all over.
dolore /do'lore/ m. **1** *(fisico)* pain, ache (**a** in); ***-i mestruali*** period *o* menstrual pains; ***se perdi la carta di credito, son -i!*** FIG. you'll be in a mess if you lose your credit card! **2** *(morale)* sorrow, pain, ache; *(per la morte di qcn.)* grief.
doloroso /dolo'roso/ agg. **1** *(che dà dolore fisico)* [*operazione, ferita*] painful **2** *(triste, penoso)* [*avvenimento, decisione*] distressing; [*perdita*] painful, sad.
doloso /do'loso/ agg. **1** DIR. ***incendio ~*** arson **2** *(fraudolento)* fraudulent.
dom. ⇒ domenica Sunday (Sun).
domanda /do'manda/ f. **1** *(interrogazione)* question (**su** about, on); ***fare una ~ (a qcn.)*** to ask (sb.) a question; ***rispondere a una ~*** to answer a question; ***che ~!*** what a question! ***bella ~!*** that's a good question! **2** *(pratica, formulario)* application (**di** for); ***una ~ per il passaporto, d'iscrizione*** a passport application, a registration form; ***fare ~ di trasferimento, di lavoro*** to apply for a transfer, a job **3** ECON. demand ♦♦ ***~ di assunzione*** (letter of) application; ***~ di lavoro*** job application; ***~ di matrimonio*** marriage proposal.
domandare /doman'dare/ [1] **I** tr. **1** *(chiedere) (per sapere)* to ask [*ora, strada*]; *(per ottenere)* to ask for [*denaro, aiuto, perdono, consiglio*]; ***~ il permesso a qcn.*** to ask (for) sb.'s permission; ***~ scusa a qcn.*** to apologize to sb.; ***e me lo domandi!*** you're asking me? **2** *(interrogare)* ***~ qcs. a qcn.*** to ask sb. sth.; ***domandagli come si chiama*** ask him his name; ***~ a qcn. come, perché, se*** to ask sb. how, why, whether; ***"è partita?" domandò*** "has she left?" he asked **3** *(come prezzo)* ***quanto domandano per quel quadro?*** what (price) are they asking for that painting? **II** intr. (aus. *avere*) to ask; ***Luca ha domandato di te*** Luca asked after you, Luca asked how you were getting on **III domandarsi** pronom. *(interrogarsi)* ***-rsi se, perché, come, dove*** to wonder whether, why, how, where; ***non ti sei mai domandato perché?*** haven't you ever wondered why *o* asked yourself why?
domani /do'mani/ **I** avv. tomorrow; ***~ mattina, sera*** tomorrow morning, tomorrow evening; ***~ l'altro*** o ***dopo ~*** the day after tomorrow; ***a ~!*** see you tomorrow! **II** m.inv. **1** tomorrow; *(giorno successivo)* the following day, the next day; ***sul giornale di ~*** in tomorrow's newspaper **2** *(avvenire)* future; ***un ~*** one day, in future BE, in the future AE; ***pensare al ~*** to think of the future; ***il mondo di ~*** tomorrow's world ♦ ***~ è un altro giorno*** tomorrow is another day; ***dall'oggi al ~*** from one day to the next, overnight; ***oggi qui, ~ là*** here today, gone tomorrow; ***oggi a me, ~ a te*** every dog has his day; ***sì, ~!*** IRON. you must be joking! pigs will fly!
domare /do'mare/ [1] tr. **1** *(rendere docile)* to tame [*belva*]; to break* (in) [*cavallo*] **2** FIG. *(sedare)* to crush, to put* down, to squash [*rivolta, insorti*]; to put* out, to bring* under control [*incendio*]; to smother, to contain [*fiamme*]; *(frenare)* to control, to overcome*, to master [*passioni*]; to curb [*inflazione*].
domatore /doma'tore/ ➧ ***18*** m. (f. **-trice** /tritʃe/) tamer; *(di leoni)* lion tamer; *(di cavalli)* horsebreaker, roughrider.
domattina /domat'tina/ avv. tomorrow morning.
domenica, pl. **-che** /do'menika, ke/ ➧ ***11*** f. Sunday ♦ ***autista della ~*** Sunday driver; ***pittore della ~*** weekend *o* Sunday *o* amateur painter; ***con il vestito della ~*** in one's Sunday best ♦♦ ***~ delle Palme*** Palm Sunday; ***~ di Pasqua*** Easter Sunday; ***~ di Passione*** Passion Sunday; ***~ di Pentecoste*** Whit Sunday.
domenicale /domeni'kale/ agg. [*chiusura, passeggiata, messa*] Sunday attrib.
domenicano /domeni'kano/ agg. e m. Dominican.
Domenico /do'meniko/ n.pr.m. Dominic(k).
domestica, pl. **-che** /do'mɛstica, ke/ f. (house)maid.
domestico, pl. **-ci**, **-che** /do'mɛstiko, tʃi, ke/ **I** agg. **1** *(che riguarda la casa)* [*vita, problemi, occupazioni*] domestic; [*rifiuti*] household, kitchen attrib.; ***focolare ~*** home; ***economia -a*** home economics, domestic science BE; ***lavori -ci, faccende -che*** household chores, housework; ***incidenti -ci*** accidents in the home; ***collaboratrice -a*** cleaning lady **2** *(addomesticato)* ***animale ~*** domestic animal, pet **II** ➧ ***18*** m. (f. **-a**) servant.
domiciliare /domitʃi'ljare/ agg. ***assistenza ~*** home care, day-care; ***essere agli arresti -i*** to be under house arrest.
domiciliato /domitʃi'ljato/ agg. domiciled, resident; ***Sig. Rossi, ~ in via Garibaldi 14*** Mr Rossi, currently residing at 14 via Garibaldi.
domiciliazione /domitʃiljat'tsjone/ f. direct debit.
domicilio, pl. **-li** /domi'tʃiljo, li/ m. **1** *(di una persona)* (place of) residence, domicile, (place of) abode; *(di società)* registered address; ***prendere ~*** to take up residence; ***cambiare ~*** to move (house) **2 a domicilio *lavoro a ~*** working at *o* from home, cottage industry, homeworking; ***lavorare a ~*** to work at home; ***vendita a ~*** cold selling *o* calling, door-to-door selling; ***"consegne a ~"*** "home deliveries", "delivered to your door".
dominante /domi'nante/ **I** agg. **1** *(prevalente)* [*colore, ideologia, ruolo*] dominant; [*vento, tendenza*] prevailing; [*tema*] main; *(sovrastante)* [*posizione*] prevailing, commanding **2** *(al potere)* ***classe ~*** ruling class **3** BIOL. [*carattere, gene*] dominant **4** MUS. [*nota*] dominant **II** f. MUS. dominant (note).
dominare /domi'nare/ [1] **I** tr. **1** *(sovrastare)* [*casa*] to overlook; [*montagna, grattacielo*] to dominate, to tower above [*città, valle*] **2** *(imporsi in, su)* to dominate, to command [*partita*]; to dominate [*dibattito, avversario, squadra*] **3** *(prevalere in)* [*idea, tema, problema*] to dominate [*opera, dibattito*] **4** *(padroneggiare)* to master [*lingua, tecnica, argomento*]; *(controllare)* to overcome*, to control, to master [*paura, timidezza, emozione*]; to control [*collera*]; to be* in control of [*situazione*] **5** *(avere potere su)* to dominate [*mercato, settore, economia*]; ***è dominato da suo fratello*** he's dominated by his brother **6** POL. *(governare)* to rule [*paese*] **II** intr. (aus. *avere*) **1** *(esercitare il proprio potere)* [*paese, popolo*] to rule **2** *(essere in testa)* [*squadra, sportivo, concorrente*] to be* in the lead, to lead* **3** *(prevalere)* [*impressione, idea*] to prevail **III dominarsi** pronom. [*persona*] to control oneself, to be* in control of oneself, to check oneself.

dominatore /domina'tore/ m. (f. **-trice** /tritʃe/) ruler, dominator.
dominazione /dominat'tsjone/ f. domination (**di** of; **da parte di** by); ***essere sotto la ~ di*** to be dominated by, to be under the rule of.
dominicano /domini'kano/ ➧ *25* **I** agg. Dominican; ***Repubblica Dominicana*** Dominican Republic **II** m. (f. **-a**) Dominican.
dominio, pl. **-ni** /do'minjo, ni/ m. **1** *(egemonia)* supremacy, rule, dominion; ***avere il ~ dei mari*** to have command of the seas, to rule over the seas **2** *(territorio)* dominion **3** FIG. *(controllo)* control (**su** over, of); ***~ di sé*** self-control **4** DIR. *(proprietà)* property, ownership; ***diventare di ~ pubblico*** [*opera d'arte, bene*] to fall into the public domain; FIG. [*notizia, fatto*] to be common knowledge.
domino /'domino/ ➧ *10* m.inv. GIOC. dominoes + verbo sing.
1.don /dɔn/ ➧ *1* m.inv. **1** *(di sacerdoti)* Father **2** STOR. *(titolo d'onore)* ***Don Chisciotte*** Don Quixote; ***Don Giovanni*** Don Juan.
2.don /dɔn/ inter. (ding)dong.
donare /do'nare/ [1] **I** tr. **1** to give*, to donate; ***~ qcs. a qcn.*** to give sth. to sb., to give sb. sth. **2** MED. to donate [*organo*]; ***~ il sangue*** to give blood **II** intr. (aus. *avere*) **1** DIR. to donate **2** FIG. ***~ a*** [*abito*] to suit, to flatter, to become [*persona*].
donatore /dona'tore/ m. (f. **-trice** /tritʃe/) **1** *(chi regala)* contributor, giver **2** MED. donor **3** DIR. donor ♦♦ ***~ di organi*** MED. organ donor; ***~ di sangue*** MED. blood donor; ***~ universale*** MED. universal donor.
donazione /donat'tsjone/ f. donation (anche DIR. MED.) ♦♦ ***~ di organi*** organ donation; ***~ di sangue*** blood donation.
donchisciotte /donkiʃ'ʃɔtte/ m.inv. FIG. Quixote; ***fare il ~*** to behave quixotically, to be quixotic.
donchisciottesco, pl. **-schi**, **-sche** /donkiʃot'tesko, ski, ske/ agg. quixotic.
donde /'donde/ avv. LETT. *(da dove)* from where, whence ANT.; ***~ vieni?*** where do you come from? whence do you come?
dondolare /dondo'lare/ [1] **I** tr. **1** *(cullare)* to rock, to lull [*bambino*] **2** *(fare oscillare)* ***~ le gambe*** to swing one's legs **II** intr. (aus. *avere*) [*corda, trapezio*] to swing*; [*barca*] to rock **III dondolarsi** pronom. [*persona, animale*] to sway; ***-rsi sulla sedia*** to rock on one's chair.
dondolio, pl. **-ii** /dondo'lio, ii/ m. *(del corpo, di rami)* swaying; *(di barca)* rocking.
dondolo /'dondolo/ m. **1** *(divano da giardino)* lawn swing, swing seat **2 a dondolo *cavallo a ~*** rocking horse; ***sedia a ~*** rocking chair, rocker AE.
dongiovanni /dondʒo'vanni/ m.inv. FIG. Don Juan, Romeo, philanderer.
donna /'dɔnna/ f. **1** woman*; ***voce da, di ~*** woman's voice, female voice; ***scarpe da ~*** women's shoes; ***bicicletta da ~*** woman's *o* lady's bicycle; ***lavoro da ~*** woman's job; ***emancipazione della ~*** female emancipation; ***diritti della ~*** women's rights **2** COLLOQ. *(domestica)* cleaning lady, cleaner, (domestic) help **3** GIOC. queen; ***~ di fiori*** queen of clubs **4** *(titolo di riguardo)* donna ♦♦ ***~ d'affari*** businesswoman; ***~ cannone*** fat lady; ***~ poliziotto*** policewoman; ***~ delle pulizie*** cleaning lady, cleaner; ***~ di servizio*** maid; ***~ soldato*** woman soldier; ***~ di strada*** streetwalker.
donnaccia, pl. **-ce** /don'nattʃa, tʃe/ f. *(prostituta)* whore, slut POP.
donnaiolo /donna'jɔlo/ m. womanizer, philanderer, skirt chaser COLLOQ.
donnicciola /donnit'tʃɔla/ f. SPREG. **1** *(donna pettegola)* gossip **2** *(uomo debole)* sissy COLLOQ.
donnola /'dɔnnola/ f. weasel.
donnone /don'none/ m. COLLOQ. big woman*, stout woman*.
dono /'dono/ m. **1** *(regalo)* gift, present; *(donazione)* donation; ***fare ~ di qcs. a qcn.*** to make a gift of sth. to sb., to give sth. to sb., to give sb. sth.; ***~ di Natale*** Christmas present; ***~ di sé*** self-sacrifice **2** *(talento)* gift; ***avere il ~ di fare*** to have a talent for doing; ***avere il ~ di dire sempre la cosa sbagliata*** IRON. to be a genius for saying the wrong thing.
donzella /don'dzɛlla/ f. LETT. *(fanciulla)* maiden; *(damigella)* damsel.
DOP /dɔp/ f. (⇒ denominazione di origine protetta Protected Designation of Origin) PDO.
dopante /do'pante/ agg. ***sostanza ~*** performance-enhancing drug.
dopare /do'pare/ [1] **I** tr. to dope [*cavallo, sportivo*] **II doparsi** pronom. to be* on drugs, to take* drugs.
dopo /'dopo/ *Dopo*, che in italiano ha valore temporale e spaziale come i suoi equivalenti inglesi, si rende solitamente con *afterwards* quando funziona come avverbio, e con *after* negli altri usi: unica eccezione significativa è l'uso di *dopo* come preposizione di luogo nel significato di *al di là, oltre*, che si traduce per lo più con *beyond* o *past* (*il pub è subito dopo la stazione* = the pub is just beyond / past the station). - Analogamente all'italiano *dopo*, *after* precede il nome in "after lunch" (= *dopo pranzo*), ma lo segue nelle espressioni temporali come *il giorno dopo* = the day after. - Si noti che *dopo che...* si rende con *after* (non *after that*), e che espressioni come *dopo (avere) mangiato* si traducono con il gerundio (after eating / having eaten) o rendendo esplicita la frase (after I have eaten, after he had eaten ecc.). **I** avv. **1** *(nel tempo)* afterwards; ***vieni a mangiare, finirai ~*** come and eat, you can finish afterwards; ***subito ~*** straight after(wards); ***te lo dirò ~*** I'll tell you later *o* afterwards; ***e che cosa è successo ~?*** and then what happened? and what happened next? ***poco ~, molto tempo ~*** shortly after(wards), long after(wards); ***un'ora, due giorni ~*** one hour, two days later; ***a ~!*** see you later! **2** *(nello spazio)* ***hai presente l'incrocio? io abito subito ~ a destra*** do you know the crossroads? I live just past *o* beyond it on the right; *(in una gerarchia)* ***~ c'è la S, poi la T*** after that there's S and then T **II** prep. **1** *(nel tempo)* after; ***~ le 2*** after 2 pm; ***~ 8 giorni*** after 8 days, 8 days later; ***~ la mia partenza*** after I left; ***~ alcuni anni*** a few years later; ***la riunione è stata rinviata a ~ Pasqua*** the meeting has been postponed till after Easter **2** *(nello spazio)* ***~ il parco*** past the park; ***20 metri ~ l'incrocio*** 20 metres after the crossroads; ***~ di lei!*** *(per gentilezza, cortesia)* after you! *(in una gerarchia)* ***venire ~ qcn.*** to come after sb. **3 dopo di che** after which, and after that, and then **4 dopo tutto** *(alla fin fine)* after all **III** cong. **1** after; ***andrò ~ aver fatto un pisolino*** I'll go after I've had a nap **2 dopo che** *(una volta che)* ***~ che ebbe parlato*** after he had spoken; *(da quando)* ***~ che è rimasta vedova*** since she became a widow **IV** agg.inv. **1** *(nel tempo)* ***il giorno ~*** the day after, the next *o* following day; ***la volta ~*** the next time; ***il treno ~*** the next train **2** *(nello spazio)* next; ***la pagina ~*** the next page **V** m.inv. ***il ~*** the future.
dopobarba /dopo'barba/ m.inv. after-shave.
dopoborsa /dopo'borsa/ m.inv. after hours, kerb market.
dopodiché /dopodi'ke/ avv. after which, after that, and then.
dopodomani /dopodo'mani/ avv. the day after tomorrow.
dopoguerra /dopo'gwɛrra/ m.inv. ***il ~*** the postwar period, the postwar years; ***le generazioni del ~*** postwar generations.
dopolavoro /dopola'voro/ m.inv. = club which organizes recreational and cultural activities for workers in their free time.
doposcì /dopoʃ'ʃi/ m.inv. *(calzatura)* snowboot.
doposcuola /dopos'kwɔla/ m.inv. = school club which organizes extra-curricular activities for school students.
doposole /dopo'sole/ **I** agg.inv. [*latte, crema*] after-sun **II** m.inv. after-sun lotion.
doppiaggio, pl. **-gi** /dop'pjaddʒo, dʒi/ m. CINEM. dubbing.
doppiamente /doppja'mente/ avv. **1** *(per doppio motivo)* doubly **2** *(con doppiezza)* deceitfully.
doppiare /dop'pjare/ [1] tr. **1** CINEM. to dub [*film, attore*] **2** MAR. to double, to circumnavigate, to round [*capo*] **3** SPORT to lap [*avversario*].
doppiatore /doppja'tore/ ➧ *18* m. (f. **-trice** /tritʃe/) dubber.
doppietta /dop'pjetta/ f. **1** *(fucile)* double-barrelled gun BE, double-barreled gun AE; *(doppio sparo)* double shot **2** SPORT *(nel calcio)* two goals; ***mettere a segno*** o ***realizzare una ~*** to score twice **3** *(di automobile)* double-declutching BE, double-clutching AE; ***fare la ~*** to double-declutch BE, to double-clutch AE.
doppiezza /dop'pjettsa/ f. double-dealing, duplicity.

doppio, pl. **-pi**, **-pie** /'doppjo, pi, pje/ **I** agg. **1** *(duplice)* [*quantità, somma, spessore, consonante*] double; ***camera -a*** double(-bedded) room; ***-a vita*** double life; ***-pi comandi*** dual controls; ***frase a ~ senso*** sentence with a double meaning; ***strada a ~ senso*** two-way street; ***parcheggiare in -a fila*** to double-park; ***capelli con le -pie punte*** hair with split ends; ***un'arma a ~ taglio*** a double-edged *o* two-edged sword (anche FIG.); ***-a "m"*** *(facendo lo spelling)* double "m" **2** *(falso, ambiguo)* [*persona*] two-faced **II** m. **1** *(due volte di più)* double; ***è il ~ di quello che ho pagato!*** that's double *o* twice what I paid! ***guadagna il ~ di me*** he earns twice as much as I do, he earns double what I earn; ***è alto il ~ (di me)*** he's twice as tall (as me); ***30 è il ~ di 15*** 30 is twice 15; ***ci ha messo il ~ per fare*** he took twice as long *o* double the time to do **2** *(esemplare supplementare)* *(di cose)* copy; *(di persona)* double **3** SPORT *(nel tennis)* doubles pl.; ***giocare un ~*** to play a doubles match *o* a game of doubles **III** avv. ***vedere ~*** to see double ♦♦ ***~ clic*** double click; ***~ femminile*** SPORT ladies' doubles; ***~ fondo*** → **doppiofondo**; ***~ gioco*** → **doppiogioco**; ***~ maschile*** SPORT men's doubles; ***~ mento*** double chin; ***~ misto*** SPORT mixed doubles; ***~ petto*** → **doppiopetto**; ***-pi vetri*** double *o* secondary glazing.

doppiofondo, pl. **doppifondi** /doppjo'fondo, doppi'fondi/ m. false bottom.

doppiogioco, pl. **doppigiochi** /doppjo'dʒɔko, doppi'dʒɔki/ m. double-dealing, double-cross COLLOQ.; ***fare il ~ con qcn.*** to double-cross sb.

doppione /dop'pjone/ m. copy; ***un ~ delle chiavi*** a spare set of keys.

doppiopetto /doppjo'pɛtto/ **I** agg.inv. [*giacca*] double-breasted **II** m.inv. *(giacca)* double-breasted jacket; *(cappotto)* double-breasted coat.

dorare /do'rare/ [1] tr. **1** *(rivestire d'oro)* to gild* [*cornice*] **2** GASTR. *(rosolare)* to brown [*cipolle, carne*]; ***lasciate ~*** cook until golden brown ♦ ***~ la pillola a qcn.*** to sugar BE *o* sugar-coat AE the pill for sb.

dorato /do'rato/ **I** p.pass. → **dorare II** agg. **1** *(color oro)* [*vernice, carta*] gold attrib.; [*luce, spiagge, capelli*] golden; [*pelle*] tanned, bronzed; [*pane, pollo*] golden brown **2** *(rivestito d'oro)* [*cupola*] gilded; [*bronzo*] gold plated; [*cornice*] gilt.

doratura /dora'tura/ f. **1** *(il dorare)* gilding **2** *(rivestimento)* gilt **3** *(tecnica)* gilding.

dorifora /do'rifora/ f. Colorado beetle, potato beetle.

dormicchiare /dormik'kjare/ [1] intr. (aus. *avere*) to doze, to drowse, to snooze.

dormiente /dor'mjɛnte/ **I** agg. *(che dorme)* sleeping **II** m. e f. sleeper.

dormiglione /dormiʎ'ʎone/ m. (f. **-a**) sleepyhead.

dormire /dor'mire/ [3] **I** tr. ***~ un sonno profondo*** to be fast *o* sound asleep, to be in a deep sleep, to sleep soundly **II** intr. (aus. *avere*) **1** *(riposare)* to sleep*, to be* asleep; ***il bambino dorme*** the child is sleeping *o* is asleep; ***andare a ~*** to go to bed; ***è ora di andare a ~*** it's time for bed, it's bedtime; ***mettere a ~*** to put [sb.] to bed [*bambini*]; ***~ bene, male*** to have a good, bad night('s sleep); ***dormi bene!*** sleep tight *o* well! ***il caffè non mi fa ~*** coffee keeps me awake *o* up; ***cercare da ~*** to look for a place to sleep; ***dare da ~ a*** to put [sb.] up [*amico*]; to accommodate [*turisti*]; ***un film che fa ~*** FIG. a boring *o* soporific film **2** *(lasciarsi andare)* ***non è il momento di ~*** we shouldn't sit back now **3** FIG. *(essere fermo, dimenticato)* ***la pratica dorme da mesi in qualche cassetto*** the file has been lying in a drawer for months now ♦ ***~ della grossa*** to be sound *o* fast asleep, to be in a deep sleep, to sleep soundly; ***~ con un occhio solo*** to sleep with one eye open; ***~ con gli occhi aperti*** to be dropping with sleep; ***~ in piedi*** to sleep *o* be asleep on one's feet; ***~ come un ghiro*** o ***una marmotta*** o ***un sasso*** to sleep like a log; ***dormici sopra! dormici su!*** sleep on it! ***(ma) va' a ~!*** push off! ***chi dorme non piglia pesci*** PROV. it's the early bird that catches the worm.

dormita /dor'mita/ f. sleep; ***farsi una bella ~*** to have a good sleep.

dormitorio, pl. **-ri** /dormi'tɔrjo, ri/ **I** agg. ***quartiere ~*** dormitory BE *o* bedroom AE suburb **II** m. dormitory ♦♦ ***~ pubblico*** night shelter.

dormiveglia /dormi'veʎʎa/ m.inv. ***essere nel ~*** to be half asleep, to be between sleeping and waking.

Dorotea /doro'tɛa/ n.pr.f. Dorothea, Dorothy.

dorsale /dor'sale/ **I** agg. [*dolore, muscolo*] back attrib.; [*vertebra, pinna*] dorsal; ***spina ~*** backbone, spine **II** f. GEOGR. ridge.

dorso /'dɔrso, 'dorso/ m. **1** *(di uomo, animale, mano)* back; *(di libro)* spine; *(di monte)* crest; ***viaggiare a ~ d'asino*** to travel on the back of a donkey **2** *(stile di nuoto)* backstroke; ***nuotare a ~*** to do *o* swim the backstroke, to swim on one's back.

dosaggio, pl. **-gi** /do'zaddʒo, dʒi/ m. CHIM. FARM. dosage.

dosare /do'zare/ [1] tr. **1** to measure (out), to weigh out [*ingredienti, medicina*] **2** FIG. ***~ i propri sforzi*** to pace oneself; ***~ le parole*** to weigh one's words.

dosatore /doza'tore/ **I** agg. measuring; ***cucchiaio ~*** measuring spoon **II** m. *(per il latte)* measuring jug, measuring cup AE; *(per zucchero, caffè)* scoop.

dose /'dɔse/ f. **1** FARM. dose (anche FIG.); ***a piccole -i*** in small doses, in moderation **2** *(quantità)* amount; ***possedere una buona ~ di stupidità*** not to be short on stupidity **3** *(misura)* ***due -i per litro*** two measures per litre **4** *(nelle ricette)* ***"-i per quattro persone"*** "(recipe) for four people" **5** *(di droga)* fix POP. ♦ ***rincarare la ~*** to add to it, to exaggerate, to pile it on COLLOQ.

dossier /dos'sje/ m.inv. dossier, file.

dosso /'dɔsso/ m. **1** *(piccola altura)* hillock, rise **2** *(di strada)* *(naturale)* bump; *(artificiale)* road hump, speed bump, ramp BE, sleeping policeman* BE COLLOQ. **3 di dosso** ***togliersi i vestiti di ~*** to take off one's clothes; ***non riusciva a togliergli gli occhi di ~*** she couldn't take her eyes off him; ***toglimi le mani di ~!*** get your hands off me! COLLOQ.

dotare /do'tare/ [1] tr. *(equipaggiare)* ***~ qcn., qcs. di*** to equip *o* provide sb., sth. with; ***la natura l'ha dotato di un grande talento*** FIG. he is naturally endowed, nature blessed him with great talent.

dotato /do'tato/ **I** p.pass. → **dotare II** agg. **1** *(munito)* equipped, provided (**di** with); ***ben ~*** *(fisicamente)* well-endowed; ***essere ~ di*** [*persona*] to be endowed with [*qualità*] **2** FIG. *(capace)* gifted, talented; ***essere ~ per la musica*** to have a talent for music.

dotazione /dotat'tsjone/ f. **1** *(rendita)* endowment **2** *(equipaggiamento)* equipment, supply; ***avere qcs. in ~*** to be equipped *o* supplied with sth.; ***dare qcs. in ~ a qcn.*** to issue sb. with sth.

dote /'dɔte/ f. **1** *(di sposa)* dowry; ***in ~*** as a dowry; ***portare qcs. in ~*** to bring a dowry of sth.; ***cacciatore di ~*** fortune hunter **2** *(dono, talento)* gift, talent.

dott. 1 *(medico, dottore di ricerca)* ⇒ dottore doctor (Dr) **2** *(laureato)* ⇒ dottore graduate.

1.dotto /'dɔtto/ **I** agg. [*persona, libro*] learned, erudite; [*discorso*] learned **II** m. (f. **-a**) learned person, scholar.

2.dotto /'dotto/ m. ANAT. duct.

dottorato /dotto'rato/ m. *(di ricerca)* doctorate.

dottore /dot'tore/ ♦ ***1, 18*** m. **1** *(laureato)* graduate; ***~ di ricerca*** doctor; ***~ in lettere*** arts graduate; ***~ in medicina*** medical doctor; ***dottor Rossi*** *(laureato)* Mr Rossi; *(dottore di ricerca)* Dr Rossi **2** *(medico)* doctor; ***il dottor Verdi*** Doctor Verdi; ***andare dal ~*** to go to the doctor('s) ♦♦ ***i Dottori della Chiesa*** the Doctors of the Church.

dottoressa /dotto'ressa/ ♦ ***1, 18*** f. **1** *(laureata)* graduate; ***~ Bruni*** *(laureata)* Ms Bruni; *(dottore di ricerca)* Dr Bruni **2** *(medico)* (lady) doctor, woman doctor.

dottrina /dot'trina/ f. **1** *(erudizione)* scholarship, learning, erudition **2** *(teoria)* doctrine (anche POL.) **3** RELIG. doctrine; *(catechismo)* catechism.

dottrinale /dottri'nale/ agg. **1** [*capovolgimento, disputa*] doctrinal **2** SPREG. [*atteggiamento, tono*] pedantic.

dottrinario, pl. **-ri**, **-rie** /dottri'narjo, ri, rje/ agg. doctrinaire.

dott.ssa 1 *(medico, dottore di ricerca)* ⇒ dottoressa doctor (Dr) **2** *(laureata)* ⇒ dottoressa graduate.

double-face /duble'fas/ **I** agg.inv. [*tessuto*] double-faced, two-sided; [*giacca*] reversible **II** m.inv. *(capo di vestiario)* reversible item of clothing; *(tessuto)* double-faced material.

1.dovere

- Gli equivalenti inglesi del verbo modale italiano *dovere* sono *must* (al negativo *must not* o *mustn't*), *to have (got) to, to be to, shall* (in forma contratta *'ll*, al negativo *shall not* o *shan't*), *should* (in forma contratta *'d*, al negativo *should not* o *shouldn't*) e *ought to* (al negativo *ought not to* o *oughtn't to*). Ciò significa che un'unica forma italiana esprime molte sfumature di significato, rese in inglese da forme diverse.
- Le forme inglesi di *dovere* condividono con tutti gli altri modali inglesi alcune caratteristiche: non prendono la terminazione *-s* alla terza persona singolare del presente; con poche eccezioni, non sono mai preceduti da un ausiliare e sono sempre seguiti da un verbo all'infinito senza *to*.

Dovere = must

- L'italiano *dovere* si traduce con *must* quando, al tempo presente, si vuole indicare:

a) un obbligo imposto da chi parla, spesso un dovere interiore: *devo finirlo per domani al più tardi* = I must finish it by tomorrow at the latest; *dobbiamo alzarci, sono le 7* = we must get up, it's 7 o'clock;

b) un consiglio pressante: *devi davvero smettere di fumare!* = you really must stop smoking! *devi senz'altro leggere Dubliners, è bellissimo!* = you must read Dubliners, it's beautiful!;

c) una necessità o un'esigenza oggettiva: *devi / si deve studiare sodo per passare questo esame* = you must study hard to pass this exam;

d) una proposta riluttante (alla prima persona, in frase interrogativa): *devo farlo proprio io?* = must I do it?

e) una deduzione logica o una supposizione: *è arrivata prima: dev'essere felice* = she came in first: she must be happy; *deve avere venticinque anni* = he must be twenty-five.

- *Must* è una forma di presente; se il dovere va espresso al passato, *must* si può usare come tale nel discorso indiretto, e seguito dall'infinito composto per esprimere eventualità o supposizioni:

disse che ci dovevamo alzare alle 7 = he said we must get up at 7
doveva essere una bellissima donna molti anni fa = she must have been a beautiful woman many years ago.

Dovere = mustn't *o* needn't

- Quando *dovere* al presente è usato in forma negativa può indicare un divieto oppure che non è necessario fare qualcosa; questi due significati vengono resi in inglese, rispettivamente, da *must not* e *need not*:

non devi farlo (= ti è vietato farlo) = you mustn't do it
non devi farlo (= non è necessario che tu lo faccia) = you needn't do it
non dovete dirlo a nessuno! = you mustn't tell anybody!
non devi venire se non vuoi = you needn't come if you don't want to.

Dovere = to have (got) to

- L'italiano *dovere* si traduce spesso con *to have to*, sia perché questa forma può essere usata in molti tempi verbali (presente, passato, futuro, tempi composti, infinito e forma in *-ing*), sia perché esprime un obbligo imposto dall'esterno, dalle circostanze, e pertanto, essendo semanticamente meno forte di *must*, è usato più spesso:

dobbiamo andare a scuola fino alla fine di giugno = we have to go to school until the end of June
ho dovuto farlo da solo = I had to do it by myself
dovranno partire senza le valigie = they will have to leave without their suitcases
detesto dovertelo dire io, ma… = I hate to have to tell you myself, but…
dovendo arrivare a Roma per le tre, sono partito alle dieci. = having to get to Rome by 3 o'clock, I left at 10.

- La variante *to have got to* si usa spesso nel linguaggio corrente, ed esprime un obbligo immediato, contrapponendosi a *to have to*, che esprime un obbligo costante o abituale:

dobbiamo alzarci o perderemo il treno = we have got to get up or we'll miss the train
si devono alzare alle sette tutti i giorni. = every day they have to get up at seven.

- To *have to*, diversamente da *to have got to*, richiede l'uso dell'ausiliare *do / did* in frase negativa e interrogativa:

a che ora dovete andare a scuola? = what time do you have to go to school?
non devo fare i compiti al sabato = I don't have to do my homework on Saturdays
a che ora dovete andare al cinema? = what time have you got to go to the cinema?
non dobbiamo fare i compiti. = we haven't got to do our homework.

Gli esempi in frase negativa mostrano che *to have (got) to* al negativo ha valore di mancanza d'obbligo, e non di divieto, ed è pertanto equivalente di *needn't*.

Dovere = to be to

- L'italiano *dovere* si traduce con *to be to* quando si vuole indicare:

a) un divieto categorico (espresso in una forma più impersonale di *mustn't*): *nessuno deve aprire questa porta quando è accesa la luce rossa* = no one is to open this door when the red light is on; *non devi / non si deve ribattere a quel modo* = you are not to answer back like that;

b) una richiesta di informazioni o istruzioni, in frase interrogativa: *che cosa devo fare?* = what am I to do? *a chi dobbiamo dare i soldi?* = who are we to give the money to?

c) una decisione presa, qualcosa di programmato per il futuro: *la devo vedere domattina nel suo ufficio* = I am to meet her in her office tomorrow morning; *stasera il professore deve / dovrà correggere i test* = the teacher is to mark the tests tonight. Se però il fatto programmato non si verifica, all'imperfetto o condizionale composto di dovere corrisponde *to be to* al passato + infinito composto: *il professore doveva correggere i compiti, e invece guardò la TV* = the teacher was to have marked the tests, but he watched TV instead.

Dovere = shall

- L'italiano *dovere* si traduce con *shall* quando, al presente, si vuole indicare:

a) un ordine categorico, in frase affermativa: *devi andarci, che ti piaccia o no* = you shall go there, whether you like it or not;

b) un divieto categorico, in frase negativa: *non devi usare la mia macchina!* = you shan't drive my car!;

c) la richiesta di un consiglio, in frase interrogativa: *dobbiamo aspettare fuori?* = shall we wait outside?;

d) l'espressione di una proposta, in frase interrogativa: *devo copiartelo io?* = shall I copy it for you? *devo preparare la cena?* = shall I cook dinner?

Dovere = should

- L'italiano *dovere* si traduce con *should* quando, al condizionale e al congiuntivo passato, si vuole indicare:

a) un obbligo, un dovere morale: *dovresti farlo tu* = you should do it (si noti che quest'uso di *should* è più forte del corrispondente condizionale italiano, e potrebbe equivalere a un più deciso presente: *devi farlo tu*).

b) un consiglio: *dovresti fare la pace con loro, e non pensarci più* = you should make up with them, and forget about it.

c) la probabilità circa un dato fatto: *dovrebbe essere in casa, prova a telefonargli* = he should be at home, try and give him a ring.

d) una supposizione (al condizionale composto): *avrebbe dovuto vincere lei* = she should have won.

e) un'ipotesi remota: *se dovessi incontrarlo tu, dagli 100 euro* = if you should meet him, give him 100 euros.

***Dovere* = ought to**

- L'italiano *dovere* si traduce con *ought to* quando, al condizionale, si vuole indicare:
  a) un obbligo: *dovresti studiare di più* = you ought to study harder,
  b) un consiglio: *dovresti smettere di bere alcolici* = you ought to stop drinking alcohol;
  c) la probabilità circa un dato fatto: *dovrebbe affittarla Mr Jones, se non cambia idea* = Mr Jones ought to rent it, unless he changes his mind;
  d) una lamentela per qualcosa che non è stato fatto (al condizionale composto): *avrebbe dovuto dirtelo (ma non l'ha fatto)* = he ought to have told you (but he didn't).

***Dovere* = to be obliged / compelled to**

- L'italiano *dovere* si può anche rendere con *to be obliged to* o *to be compelled to* (letteralmente, *essere costretto a*), che si usano in tutti i tempi, ma non nel congiuntivo e condizionale:

dovremo riordinare la nostra stanza	=	we'll be obliged to tidy up our room
hanno dovuto studiare moltissimo	=	they were compelled to study very hard.

Casi particolari

- Nell'inglese colloquiale, quando *dovere* indica l'intenzione o il progetto di fare qualcosa può essere reso dalla forma *to be going to*:

devo vedere gli amici stasera	=	I'm going to meet my friends tonight.

- Si notino le diverse traduzioni, in rapporto ai diversi significati, della forma italiana *doveva*:
  a) supposizione: *doveva essere mezzanotte* = it must have been midnight;
  b) obbligo: *doveva fare i compiti* = he had to do his homework;
  c) recriminazione: *doveva portare del vino* = he ought to have brought some wine;
  d) azione programmata, e forse non realizzata: *doveva telefonarle lui* = he was to give her a ring;
  e) azione programmata: *doveva cenare con loro* = he was going to have dinner with them.
- Per gli usi lessicali del verbo *dovere* (*dovere dei soldi* ecc.) si veda la voce **1.dovere**.

dove /'dove/ *Dove* avverbio di luogo si traduce solitamente *where* nelle frasi interrogative dirette e indirette: *dove sei?* = where are you? *sai dov'è?* = do you know where he is? *non mi ha detto dove sarebbe andato* = he didn't tell me where he would go. - Se *dove* introduce una frase relativa e il verbo in inglese è un verbo frasale, sono possibili diverse traduzioni: *la città dove siamo passati* = the town we passed through / the town that we passed through / the town which we passed through / the town through which we passed; le prime tre traduzioni sono utilizzabili nella lingua corrente, parlata e scritta, mentre l'ultima è limitata a un uso formale soprattutto scritto. **I** avv. where; ***~ vai?*** where are you going? ***da ~ vieni?*** where are you from? ***non so da ~ venga*** I don't know where she comes from; ***non so da ~ cominciare*** I don't know where to begin *o* start; ***fino a ~ arriva la coda?*** how far does the queue stretch? ***per ~ si passa?*** which way do you go? ***~ ero rimasto?*** where was I? **II** cong. *(relativo)* where; ***la casa ~ abito*** the house where I live; ***un luogo*** o ***posto ~ fare*** a place *o* somewhere to do; ***trovare un posto ~ dormire*** to find a place *o* somewhere to sleep; ***la regione da ~ sono fuggiti*** the area they escaped from **III** m.inv. ***il ~ e il quando*** where and when; ***da ogni ~*** from everywhere.

1.dovere /do'vere/ [43] (when it is modal verb the use of the auxiliary *essere* or *avere* depends on the verb in the infinitive that follows) **I** mod. **1** *(per esprimere obbligo)* must, to have* to; ***il prestito deve essere rimborsato in un anno*** the loan must be repaid in one year; ***devo veramente alzarmi alle 7?*** must I really be up at 7 am? ***non devi farne parola con nessuno*** you mustn't mention this to anyone; ***devo andare a prendere i bambini a scuola*** I have to collect the children from school; ***fai quello che devi*** do what you have to **2** *(per esprimere necessità, esigenza, convenienza)* to have* (got) to; ***si doveva fare qualcosa*** something had to be done; ***devi metterti a dieta se vuoi dimagrire*** you have to diet if you want to slim down; ***dobbiamo proprio discuterne adesso?*** need we discuss it now? ***devo prendere un ombrello?*** should I take an umbrella? do I need to take an umbrella? ***che devo fare?*** what am I to do? **3** *(per esprimere consiglio, raccomandazione)* should, ought to; ***dovresti riflettere prima di parlare*** you should think before you speak **4** *(per esprimere probabilità)* ***doveva essere lui*** it must have been him; ***dev'esserci qualche errore!*** there must be some mistake! **5** *(per esprimere previsione)* ***dovremmo arrivare per le sei*** we should be there by six o'clock; ***devo vederlo domani*** I'll be seeing him tomorrow; ***quando deve*** o ***dovrebbe nascere il bambino?*** when's the baby due? **6** *(in offerte di cortesia o richieste di istruzioni)* shall; ***dobbiamo aspettarti?*** shall we wait for you? **II** tr. **1** *(essere debitore di)* to owe [*denaro, cena*] (**a qcn.** to sb.); ***quanto le devo?*** *(per un servizio)* how much do I owe you? *(per un acquisto)* how much is it? ***devo a te la mia vittoria*** it's thanks to you that I won; ***mi deve un favore, delle scuse*** he owes me a favour, an apology **2 come si deve** [*comportarsi, agire*] properly; ***un uomo come si deve*** a decent man.

2.dovere /do'vere/ **I** m. **1** *(obbligo)* duty (**nei confronti di**, **verso** to); ***avere il ~ di fare*** to have the duty to do; ***avere il senso del ~*** to have a sense of duty; ***fare il proprio ~*** to do one's duty; ***sentirsi in ~ di fare*** to feel duty bound to do; ***visita di ~*** duty call; ***a chi di ~*** the person *o* people concerned **2 a dovere** properly, in the right way **II doveri** m.pl. ANT. *(omaggi)* respects ♦ ***prima il ~, poi il piacere*** PROV. = duty comes first ♦♦ ***-i coniugali*** conjugal *o* marital duties.

doveroso /dove'roso/ agg. ***è ~ ricordare che...*** it must be remembered that...

dovizia /do'vittsja/ f. abundance; ***con ~ di particolari*** with a wealth of details.

dovunque /do'vunkwe/ **I** avv. ***è stato ~*** he's been everywhere; ***~ eccetto in Spagna*** anywhere but Spain **II** cong. ***~ vada, lui la segue*** anywhere she goes, he goes; ***lo seguirò ~ vada*** wherever he goes I'll go.

dovutamente /dovuta'mente/ avv. duly.

dovuto /do'vuto/ **I** p.pass. → **1.dovere II** agg. **1** *(che si deve)* due (**a** to); ***la somma -a*** the amount *o* sum owing *o* due; ***con il ~ rispetto*** with all due respect **2** *(imputabile)* ***~ a*** due to [*imprudenza, maltempo*] **III** m. due; ***più del ~*** more than one's due.

down /'daun/ **I** agg.inv. ***bambino ~*** Down('s syndrome) child **II** m. e f.inv. Down('s syndrome) person.

dozzina /dod'dzina/ f. **1** *(dodici esemplari)* dozen; ***due -e di uova*** two dozen eggs; ***a -e*** by the dozen; ***mezza ~*** half-dozen **2** *(circa dodici)* ***una ~ di giorni*** = a couple of weeks; ***ce ne sono a -e*** there are dozens of them.

dozzinale /doddzi'nale/ agg. [*persona*] ordinary; [*libro, attore*] second-rate.

D.P. /dip'pi/ m. (⇒ Decreto Presidenziale) = presidential decree.

dr. 1 *(medico, dottore di ricerca)* ⇒ dottore doctor (Dr) **2** *(laureato)* ⇒ dottore graduate.

dracma /'drakma/ ➧ **6** f. drachma*.

draga, pl. **-ghe** /'draga, ge/ f. *(macchina, chiatta)* dredge.

dragamine /draga'mine/ m.inv. minesweeper.

dragare /dra'gare/ [1] tr. **1** TECN. *(per pulire)* to dredge; *(per cercare)* to drag [*fiume, canale*] **2** MIL. ***~ qcs. alla ricerca di mine*** to sweep sth. for mines.

drago, pl. **-ghi** /'drago, gi/ m. **1** *(animale favoloso)* dragon **2** COLLOQ. *(persona molto abile)* ace (**in** at).

dragoncello /dragon't∫ɛllo/ m. terragon.

dragone /dra'gone/ m. **1** *(animale favoloso)* dragon **2** STOR. MIL. dragoon.

dramma /'dramma/ m. **1** TEATR. LETTER. drama, play **2** *(avvenimento tragico)* drama, tragedy; ***ogni volta che arrivo tardi ne fa un ~*** every time I'm late it's a major tragedy for him.

drammaticità /drammatitʃi'ta/ f.inv. **1** *(di opera d'arte)* dramatic power **2** *(di situazione)* drama.
drammatico, pl. **-ci**, **-che** /dram'matiko, tʃi, ke/ agg. **1** TEATR. LETTER. dramatic; ***arte -a*** drama, dramatic art, dramatics; ***scrittore ~*** dramatist **2** *(tragico)* [*problema, situazione*] dramatic.
drammatizzare /drammatid'dzare/ [1] tr. to dramatize (anche FIG.).
drammatizzazione /drammatiddzat'tsjone/ f. dramatization.
drammaturgia /drammatur'dʒia/ f. dramaturgy.
drammaturgo, m.pl. **-ghi**, f.pl. **-ghe** /dramma'turgo, gi, ge/ ◗ *18* m. (f. **-a**) dramatist, playwright.
drappeggiare /drapped'dʒare/ [1] tr. to drape.
drappeggio, pl. **-gi** /drap'peddʒo, dʒi/ m. drape.
drappello /drap'pɛllo/ m. **1** MIL. squad **2** *(gruppetto)* group, platoon.
drappo /'drappo/ m. cloth ♦♦ ***~ funebre*** pall.
drasticamente /drastika'mente/ avv. drastically.
drastico, pl. **-ci**, **-che** /'drastiko, tʃi, ke/ agg. drastic.
drenaggio, pl. **-gi** /dre'naddʒo, dʒi/ m. **1** TECN. AGR. drainage **2** MED. drain(age) ♦♦ ***~ fiscale*** clawback BE.
drenare /dre'nare/ [1] tr. TECN. AGR. MED. to drain.
dribblare /drib'blare/ [1] **I** tr. **1** SPORT ***ha dribblato due difensori*** he dribbled (the ball) past two defenders **2** FIG. *(evitare)* to get* around [*problema, ostacolo*] **II** intr. (aus. *avere*) to dribble.
dribbling /'dribbling/ m.inv. SPORT. dribble; ***fare un ~*** to dribble.
drin /drin/ inter. ***~ ~*** dingaling.
dritta /'dritta/ f. **1** MAR. starboard; ***virare a ~*** to turn to starboard **2** COLLOQ. *(informazione)* tip (**su** about).
dritto /'dritto/ **I** agg. **1** → **1. diritto 2** COLLOQ. *(scaltro)* smart **II** avv. → **1.diritto III** m. (f. **-a**) **1** SART. SPORT → **1.diritto 2** MAR. post **3** *(persona scaltra)* smart one; ***fare il ~*** to be smarty.
drive /draiv/ m.inv. drive.
drive-in /drai'vin/ m.inv. drive-in.
drizzare /drit'tsare/ [1] **I** tr. **1** *(mettere diritto)* to stand* upright [*palo*] **2** *(raddrizzare)* to straighten, to put* straight, to set* straight **3** ***~ le orecchie*** to prick (up) one's ears (anche FIG.); ***il gatto drizzò il pelo*** the cat's fur bristled **II drizzarsi** pronom. **1** *(alzarsi)* to stand* up, to rise* **2** *(rizzarsi)* [*pelo, capelli*] to prickle.
droga, pl. **-ghe** /'drɔga, ge/ f. **1** GASTR. spice **2** *(stupefacente)* drug; ***fare uso di ~*** to be on *o* to take drugs **3** FIG. drug; ***essere una ~*** [*cioccolato, potere*] to be addictive ♦♦ ***-ghe leggere*** soft drugs; ***-ghe pesanti*** heavy drugs.
drogare /dro'gare/ [1] **I** tr. to dope, to drug [*bevanda, persona*]; SPORT to dope [*sportivo*]; to dope, to drug [*animale*] **II drogarsi** pronom. to take* drugs, to be* on drugs.
drogato /dro'gato/ **I** p.pass. → **drogare II** agg. **1** *(trattato con droghe)* [*bevanda*] drugged **2** *(che assume stupefacenti)* [*persona*] doped; SPORT [*sportivo, animale*] doped **III** m. (f. **-a**) drug abuser, (drug) user, dope fiend COLLOQ., junkie COLLOQ.
drogheria /droge'ria/ ◗ *18* f. grocer's (shop), grocery (store), grocery shop BE; ***prodotti di ~*** grocery products, groceries.
droghiere /dro'gjɛre/ ◗ *18* m. (f. **-a**) grocer.
dromedario, pl. **-ri** /drome'darjo, ri/ m. dromedary.
dr.ssa 1 *(medico, dottore di ricerca)* ⇒ dottoressa doctor (Dr) **2** *(laureato)* ⇒ dottoressa graduate.
DS /di'ɛsse/ m.pl. (⇒ Democratici di Sinistra) = Italian leftwing Democrats.
dualismo /dua'lizmo/ m. dualism.
dubbio, pl. **-bi**, **-bie** /'dubbjo, bi, bje/ **I** agg. **1** *(poco certo)* [*risultato*] doubtful; [*successo*] uncertain **2** *(ambiguo)* [*significato, risposta*] ambiguous **3** *(inattendibile)* [*autenticità*] questionable; ***essere ~*** [*onestà*] to be in doubt **4** *(discutibile)* [*persona, reputazione*] dubious; [*affare*] shady; ***scherzo di ~ gusto*** joke in rather bad taste **II** m. **1** *(incertezza)* doubt; ***senza ~*** no *o* without doubt; ***senza alcun ~*** beyond (all) doubt, without (a) doubt; ***non avere -bi (che)*** to have no doubt (that); ***lasciare qcn. nel ~*** to leave sb. in a state of uncertainty; ***mettere in ~ qcs.*** to put sth. in doubt, to cast doubt on sth., to doubt sth.; ***essere in ~*** [*persona*] to be doubtful, to have misgivings (**riguardo**, **in merito a** about); [*risultato*] to be in doubt; ***nel ~*** if *o* when in doubt; ***nel ~, ho preferito non dire nulla*** not being sure I preferred not to say anything **2** *(sospetto)* doubt; ***avere*** o ***nutrire -bi su*** to have one's doubts about; ***ho dei*** o ***i miei -bi!*** I have my doubts **3** FILOS. RELIG. doubt.
dubbioso /dub'bjoso/ agg. **1** *(che ha dubbi)* [*persona*] doubtful, dubious; *(che esprime dubbi)* [*risposta*] dubious; [*espressione, sguardo*] doubtful, questioning **2** *(incerto)* [*esito*] uncertain.
dubitare /dubi'tare/ [1] intr. (aus. *avere*) **1** ***~ di*** to doubt [*fatto, onestà, persona*]; ***~ dell'innocenza di qcn.*** to have doubts about sb.'s innocence; ***dubito che questa sera venga*** I doubt (whether) he'll come tonight; ***ne dubito (molto)!*** I doubt it (very much)! **2** FILOS. RELIG. to doubt **3** *(temere)* to suspect, to be* afraid; ***non dubiti, Le telefonerò presto*** don't worry, I'll phone you soon.
dublinese /dubli'nese/ ◗ *2* **I** agg. from, of Dublin **II** m. e f. Dubliner.
Dublino /du'blino/ ◗ *2* n.pr.f. Dublin.
duca, pl. **-chi** /'duka, ki/ ◗ *1* m. duke.
ducale /du'kale/ agg. ducal; ***il Palazzo Ducale di Venezia*** the Doge's Palace in Venice.
1.ducato /du'kato/ m. *(titolo)* dukedom; *(territorio)* dukedom, duchy.
2.ducato /du'kato/ m. NUMISM. ducat.
duce /'dutʃe/ m. STOR. *(nel fascismo)* duce.
duchessa /du'kessa/ ◗ *1* f. duchess.
due /'due/ ◗ *26, 5, 8, 13* **I** agg.inv. **1** two; ***~ volte*** twice; ***~ punti*** *(punteggiatura)* colon; ***prendere qcs. con tutt'e ~ le mani*** to take sth. with both hands; ***andare*** o ***procedere ~ a ~*** to go two by two; ***lavorare per ~*** to work like a beaver; ***mangiare per ~*** to eat like a horse **2** *(con valore generico)* ***~ dita di whisky*** two fingers of whisky; ***ci scriva ~ righe*** drop us a few *o* couple of lines; ***è a ~ minuti da qui*** it's a couple of *o* two minutes from here; ***è a ~ passi*** it's a stone's throw away; ***fare ~ chiacchiere con qcn.*** to exchange a few words with sb.; ***vendere qcs. per ~ lire*** = to sell sth. really cheap **II** m.inv. **1** *(numero)* two **2** *(giorno del mese)* second **3** SCOL. *(voto)* = very low fail **4** SPORT *(nel canottaggio)* ***~ con*** coxed pair; ***~ senza*** coxwainless pair, pair oar **III** f.pl. *(ore) (del mattino)* two am; *(del pomeriggio)* two pm ♦ ***usare ~ pesi e ~ misure*** to have double standards; ***sicuro come ~ più ~ fa quattro*** as sure as eggs is eggs, as sure as I'm standing; ***fare ~ più ~*** to put two and two together; ***non se l'è fatto dire ~ volte!*** he needed no second bidding! he didn't need to be told twice! ***senza pensarci ~ volte*** without (giving it) a second thought; ***non c'è il ~ senza il tre*** PROV. = things always come in three; ***piegarsi in ~ dal male, dalle risate*** to be bent double with pain, laughter; ***quattro occhi vedono meglio di ~*** PROV. two heads are better than one; ***contare come il ~ a briscola*** o ***di picche*** = to count for nothing; ***su ~ piedi*** on the spot ♦♦ ***~ pezzi*** → **duepezzi**; ***~ ruote*** *(veicolo)* two-wheeler.
duecento /due'tʃɛnto/ ◗ *26* **I** agg.inv. two hundred **II** m.inv. two hundred **III** m.pl. SPORT ***correre i ~*** to run in the two hundred metres **IV Duecento** m. thirteenth century.
duellante /duel'lante/ m. e f. duellist.
duellare /duel'lare/ [1] intr. (aus. *avere*) to duel.
duello /du'ɛllo/ m. duel (anche FIG.); ***~ all'ultimo sangue*** duel to the death; ***battersi in ~*** to fight a duel; ***sfidare qcn. a ~*** to challenge sb. to a duel.
duemila /due'mila/ ◗ *26* **I** agg.inv. two thousand **II** m.inv. two thousand; ***nel Duemila*** *(anno)* in the year two thousand; *(secolo)* in the twenty-first century.
duepezzi /due'pɛttsi/ m.inv. *(bikini)* two-piece (swimsuit); *(tailleur)* two-piece (suit).
duetto /du'etto/ m. **1** MUS. duet **2** COLLOQ. *(coppia)* duo*.
duna /'duna/ f. dune.
dunque /'dunkwe/ **I** cong. **1** *(per indicare una conseguenza)* so, therefore **2** *(per indicare stupore)* so; ***~ è per questo che non è venuto!*** so that's why he didn't come! **3** *(dopo un'interruzione)* so; ***~ dove eravamo rimasti?*** so, where were we? **II** m.inv. ***veniamo al ~*** let's get down to business *o* essentials, let's come *o* get to the point; ***eccoci al ~*** finally we are at the turning point.

duo /'duo/ m.inv. duo*.
duodeno /duo'dɛno/ m. duodenum*.
duomo /'dwɔmo/ m. *(chiesa)* cathedral.
duplex /'dupleks/ m.inv. **1** *(appartamento)* duplex **2** TEL. party line.
duplicare /dupli'kare/ [1] tr. to duplicate [*documento, disco, cassetta*]; to copy [*chiave*].
duplicato /dupli'kato/ m. **1** AMM. DIR. *(di documento)* duplicate **2** *(copia, doppione)* copy; ***un ~ delle chiavi*** a spare set of keys.
duplicatore /duplika'tore/ m. duplicator.
duplicazione /duplikat'tsjone/ f. *(di documento, cassetta)* duplication; *(di chiavi)* copying.
duplice, pl. **-ci** /'duplitʃe, tʃi/ agg. double, twofold; ***in ~ copia*** in duplicate.
duramente /dura'mente/ avv. **1** *(con durezza)* [*trattare, reagire, punire*] harshly; [*parlare*] harshly, sharply, sternly; [*rispondere, accusare*] sharply; [*attaccare*] severely **2** *(con impegno)* [*lavorare*] hard.
durante /du'rante/ prep. **1** *(per esprimere durata)* for, during; ***~ tutto il viaggio*** for the whole journey, throughout the journey **2** *(per esprimere contemporaneità)* during; ***la temperatura si è abbassata ~ la notte*** it got colder during the night.
durare /du'rare/ [1] intr. (aus. *essere, avere*) **1** *(avere una durata di)* to last; ***~ dieci giorni*** to last ten days **2** *(continuare)* to last (**fino** until); ***~ tutta la notte*** to go on all night; ***lo sciopero dura da tre settimane*** the strike has been going on for three weeks; ***~ più a lungo di qcs.*** to outlast sth.; ***finché dura...*** as long as it lasts...; ***così non può ~*** things can't go on like this **3** *(essere duraturo, durevole)* [*matrimonio*] to last; [*stoffa, abito*] to wear* **4** *(persistere)* [*pioggia*] to go* on for long **5** *(rimanere)* ***~ in carica*** to remain in office **6** *(conservarsi)* [*alimento, fiori*] to keep*, to last **7** *(bastare)* (aus. *essere*) [*scorte*] to last out.
durata /du'rata/ f. **1** *(periodo) (di evento, attività)* duration, length; *(di contratto)* term; *(di video, cassetta)* running time; ***per (tutta) la ~ di*** for the duration of, throughout; ***contratto della ~ di sei mesi*** six-month contract; ***di breve, lunga ~*** [*amicizia, pace*] short-, long-lived; ***~ della vita*** life span **2** *(longevità)* life; ***a lunga ~*** [*pila, lampadina*] long-life **3** MUS. *(di nota)* value.
duraturo /dura'turo/ agg. *(stabile)* [*amicizia, tradizione*] durable; [*amore*] abiding; [*effetto*] lasting; [*influenza, fama*] enduring; [*ricordo*] long lasting.
durevole /du'revole/ agg. **1** *(stabile)* [*amore*] abiding; [*amicizia, sentimento*] durable; [*pace, relazione*] lasting **2** *(resistente)* [*materiale*] durable.
durezza /du'rettsa/ f. **1** *(di materiale)* hardness; *(di carne)* toughness; *(di cartone, materasso)* stiffness **2** *(di tratti, volto)* hardness **3** *(di espressioni, parole, sguardo)* harshness; *(di condizione, punizione)* toughness, harshness; *(di tono)* hardness, harshness **4** *(di clima)* hardness, harshness **5** *(dell'acqua)* hardness.
duro /'duro/ **I** agg. **1** *(difficile da scalfire)* [*materiale, suolo*] hard; *(difficile da masticare)* [*pane*] hard; [*carne*] tough; *(acerbo)* [*frutto*] firm **2** *(rigido)* [*cartone*] stiff; [*materasso*] firm, stiff; [*sedia, letto*] hard **3** *(difficile da manipolare)* [*maniglia, cambio*] stiff; [*volante*] stiff, heavy; ***~ da aprire*** hard to open **4** *(spigoloso)* [*tratti, volto*] hard; *(poco armonioso)* [*suono*] hard **5** *(ostile)* [*parole, voce*] harsh; [*tono*] harsh, hard **6** *(intransigente)* [*persona*] hard (**con qcn.** on sb.); *(inflessibile)* [*regime*] harsh, hard, strict; [*punizione*] harsh; *(severo)* [*scuola*] tough **7** *(freddo)* [*clima*] hard, harsh; [*inverno*] harsh, severe **8** *(difficile)* [*esame, problema*] hard, difficult; *(faticoso)* [*lavoro, giornata*] hard; *(pesante)* [*concorrenza*] heavy, hard, tough; [*condizioni*] harsh; [*partita*] tough; [*sport*] tough, rough; ***fare il gioco ~*** SPORT to play hard (anche FIG.); ***è -a alzarsi così presto*** it's hard to get up so early; ***quando il gioco si fa ~*** FIG. when the going gets tough; ***è la -a realtà*** it's the grim reality; ***rendere la vita -a a qcn.*** to make life difficult for sb., to give sb. a rough ride *o* a hard time COLLOQ. **9** *(crudo)* [*film, racconto*] hard-hitting **10** *(calcareo)* [*acqua*] hard **11** FON. [*consonante*] hard **II** m. (f. **-a**) **1** *(oggetto rigido)* ***dormire sul ~*** to sleep on a hard bed **2** COLLOQ. *(persona)* hard person, tough; ***fare il ~ con qcn.*** to bully sb. **III** avv. [*lavorare, colpire*] hard ♦ ***essere ~ di cuore*** to be hard-hearted; ***essere ~ a morire*** to die hard; ***tenere ~*** to hold out, to stay the course, to stand fast, to hold *o* stand (one's) ground.
durone /du'rone/ m. corn.
duttile /'duttile/ agg. **1** TECN. [*metallo*] ductile, tensile **2** FIG. *(adattabile)* [*carattere*] adaptable, flexible **3** FIG. *(versatile)* [*mente*] supple.
duttilità /duttili'ta/ f.inv. **1** TECN. ductility **2** FIG. *(adattabilità)* adaptability **3** FIG. *(versatilità)* suppleness.

e

e, **E** /e/ m. e f.inv. e, E.

e /e/ Come *e* in italiano, anche *and* in inglese funziona essenzialmente da connettivo con valore coordinativo; la connessione stabilita da *e / and* può essere all'interno della frase (*Bill e Mark sono amici* = Bill and Mark are friends) oppure tra frasi (*Bill è in ritardo e Mark lo sta aspettando da mezz'ora* = Bill is late and Mark has been waiting for him for half an hour). - Si noti che, quando *e* unisce due aggettivi che si riferiscono a un unico sostantivo, tale congiunzione non si traduce in inglese: *un uomo alto e robusto* = a tall strong man. ➧ *13, 20, 21, 22, 26* cong. (also **ed** before a vowel sound) **1** *(con valore coordinativo)* and; ***mio padre ~ mia madre*** my father and my mother; ***una gonna rossa ~ bianca*** a red and white skirt; ***alto ~ forte*** tall and strong; ***un uomo alto ~ robusto*** a tall strong man; ***tutti ~ due*** both; ***è caduto ~ si è rotto la gamba*** he fell and broke his leg; ***~ io risposi...*** so I replied...; ***~ se andassimo al cinema?*** how *o* what about going to the cinema? ***~ io allora?*** what about me, then? ***io non lo conosco, ~ tu?*** I don't know him, do you? ***~ allora?*** so what? **2** *(nelle ore, unità di misura)* ***le due ~ mezza*** half past two BE, two thirty; ***sei chili ~ mezzo*** six and a half kilos; ***un metro ~ sessanta*** one metre sixty **3** *(con valore correlativo)* ***~ Anna ~ sua sorella sono andate via*** both Anna and her sister left **4** *(con valore enfatico)* ***~ muoviti!*** get moving, then! ***~ smettetela!*** do stop it! **5** *(con valore avversativo)* ***Luca avrebbe dovuto studiare ~ non l'ha fatto*** Luca should have studied but he didn't.

EA /e'a/ f. (⇒ Ente Autonomo) = autonomous board.

ebanista, m.pl. **-i**, f.pl. **-e** /eba'nista/ ➧ *18* m. e f. cabinet-maker.

ebanisteria /ebaniste'ria/ f. cabinetmaking.

ebanite /eba'nite/ f. ebonite, vulcanite.

ebano /'ɛbano/ ➧ *3* **I** m. ebony; ***occhi d'~*** ebony eyes **II** agg.inv. ***nero ~*** ebony.

ebbene /eb'bɛne/ cong. well (then); ***~ dica!*** well, tell us! ***~ sì, ho barato*** ok, I cheated.

ebbrezza /eb'brettsa/ f. **1** *(ubriachezza)* drunkenness, intoxication; ***in stato di ~*** under the influence of drink, in a state (of drunkenness) **2** FIG. *(euforia)* intoxication, exhilaration; ***l'~ della velocità*** the thrill of speed.

ebbro /'ɛbbro/ agg. **1** *(ubriaco)* intoxicated, inebriated; ***~ di vino*** drunk on *o* intoxicated with wine **2** *(euforico)* ***~ di potere*** power-crazed, drunk with power; ***~ di gioia*** beside oneself *o* mad with joy.

ebete /'ɛbete/ **I** agg. [*sguardo*] foolish, stupid, idiotic **II** m. e f. idiot, halfwit.

ebollizione /ebollit'tsjone/ f. **1** *(di liquido)* ***in ~*** boiling, on the boil; ***portare qcs. a ~*** to bring sth. to the boil; ***entrare in ~*** to come to the boil; ***punto di ~*** boiling point **2** FIG. ***essere in ~*** [*paese, cervello*] to be in a ferment.

ebraico, pl. **-ci**, **-che** /e'braiko, tʃi, ke/ **I** agg. [*religione, comunità*] Jewish; [*calendario*] Jewish, Hebrew; [*lingua, alfabeto*] Hebrew **II** m. LING. Hebrew.

ebraismo /ebra'izmo/ m. Hebraism.

ebreo /e'brɛo/ **I** agg. Hebrew **II** m. (f. **-a**) Jew, Hebrew.

Ebridi /'ɛbridi/ ➧ *14* n.pr.f.pl. ***le ~*** the Hebrides.

eburneo /e'burneo/ agg. LETT. ivory.

ecatombe /eka'tombe/ f. hecatomb (anche FIG.); ***l'esame è stato un'~*** the exam was a slaughter.

ecc. ⇒ eccetera et cetera (etc.).

Ecc. ⇒ Eccellenza Excellency, Excellence.

eccedente /ettʃe'dɛnte/ **I** agg. [*produzione, somma*] surplus; [*bagaglio, peso*] excess; [*grasso*] in excess **II** m. excess, surplus*.

eccedenza /ettʃe'dɛntsa/ f. **1** *(eccesso)* surplus*, excess; ***-e agricole*** agricultural surpluses; ***~ di peso*** excess weight; ***~ di produzione*** overproduction **2** ECON. surplus*; ***avere un'~ di 200 euro*** to have 200 euros in excess **3 in eccedenza** in excess, in surplus; ***cibo in ~*** surplus food; ***bagaglio in ~*** excess baggage.

eccedere /et'tʃɛdere/ [2] **I** tr. to exceed [*quantità, durata*] (**di** by) **II** intr. (aus. *avere*) ***hai proprio ecceduto*** you really went too far, you really overdid it; ***~ nel bere, nel mangiare*** to drink, eat too much.

eccellente /ettʃel'lɛnte/ agg. **1** *(ottimo)* excellent, first-rate **2** *(come appellativo)* ***eccellentissimo*** Most Excellent.

eccellenza /ettʃel'lɛntsa/ f. **1** excellence; ***per ~*** par excellence **2 Eccellenza** *(titolo)* Excellency, Excellence.

eccellere /et'tʃɛllere/ [44] intr. (aus. *avere, essere*) to excel (**in** at, in).

eccelso /et'tʃɛlso/ agg. **1** *(sublime)* sublime **2** *(eccellente)* excellent **3** *(Dio)* ***l'Eccelso*** the Most High.

eccentricità /ettʃentritʃi'ta/ f.inv. eccentricity.

eccentrico, pl. **-ci**, **-che** /et'tʃɛntriko, tʃi, ke/ **I** agg. [*persona, comportamento*] eccentric, odd **II** m. (f. **-a**) eccentric (anche MECC.).

eccepibile /ettʃe'pibile/ agg. objectionable.

eccepire /ettʃe'pire/ [102] tr. to object; ***non ho*** o ***non c'è nulla da ~*** I have no objection.

eccessivamente /ettʃessiva'mente/ avv. excessively, exorbitantly.

eccessivo /ettʃes'sivo/ agg. [*ritardo, consumo*] excessive; [*persona, carattere*] extreme; ***con ~ entusiasmo*** overenthusiastically; ***reazione -a*** overreaction.

eccesso /et'tʃɛsso/ m. **1** *(surplus)* excess, surplus*; ***l'~ di colla*** the excess glue; ***in ~*** [*sostanza*] excess; [*domanda*] surplus **2** *(abuso)* excess; ***-i nel bere*** excessive drinking; ***~ nel mangiare*** overeating; ***all'~*** to excess; ***~ di fiducia*** overconfidence; ***~ di velocità*** speeding, excess speed **3** *(estremo)* ***portato all'~*** carried to excess; ***generoso all'~*** generous to a fault.

eccetera /et'tʃɛtera/ avv. et cetera, etcetera.

eccetto /et'tʃɛtto/ prep. **1** except, but; ***tutti ~ Lisa*** everybody except Lisa; ***tutte le misure ~ la mia*** every size but *o* except mine **2 eccetto che** *(tranne)* except, but; *(a meno che)* unless; ***lo ha detto a tutti ~ che a me*** he told everybody except me; ***è andato tutto bene, ~ che la sera ha piovuto*** everything went

very well except that it rained in the evening; ***mangeremo fuori ~ che piova*** we're eating outdoors unless it rains.
eccettuato /ettʃettu'ato/ agg. excepted; ***non c'è nessuno, -i loro*** there is nobody, bar them.
eccezionale /ettʃettsjo'nale/ agg. **1** *(non usuale)* [*favore, sovvenzione*] exceptional; ***sono state prese delle misure -i*** special measures have been taken; ***in via ~*** exceptionally, as an exception **2** *(fuori dal comune)* [*circostanze, persona*] exceptional, extraordinary.
eccezionalità /ettʃettsjonali'ta/ f.inv. exceptionality.
eccezionalmente /ettʃettsjonal'mente/ avv. **1** *(in via eccezionale)* exceptionally, as an exception **2** *(notevolmente)* exceptionally, unusually.
eccezione /ettʃet'tsjone/ f. **1** exception; ***fare un'~*** to make an exception; ***fare ~*** to be an exception; ***fatta ~ per*** except for; ***un'~ alla regola*** an exception to the rule; ***a ~ di*** the only exception being, with the exception of; ***un cast d'~*** a strong cast **2** DIR. plea; ***sollevare un'~*** to raise an objection ♦ ***l'~ conferma la regola*** PROV. the exception proves the rule.
ecchimosi /ek'kimozi/ f.inv. ecchymosis, bruise.
eccidio, pl. **-di** /et'tʃidjo, di/ m. slaughter, massacre.
eccipiente /ettʃi'pjɛnte/ agg. e m. excipient.
eccitabile /ettʃi'tabile/ agg. excitable.
eccitante /ettʃi'tante/ **I** agg. **1** *(stimolante)* [*sostanza*] stimulating **2** *(elettrizzante)* [*esperienza, film*] exciting; [*avventura*] thrilling **3** *(sensuale)* [*persona, scena*] sexy **II** m. FARM. stimulant.
eccitare /ettʃi'tare/ [1] **I** tr. **1** *(provocare)* to excite [*immaginazione, persona*]; to arouse [*interesse*]; *(sessualmente)* to excite, to arouse **2** *(stimolare)* [*alcol*] to excite; *(rendere nervoso)* [*caffè*] to make* [sb.] nervous [*persona*] **II eccitarsi** pronom. to get* excited.
eccitato /ettʃi'tato/ **I** p.pass. → **eccitare II** agg. **1** *(scatenato)* [*folla, atmosfera*] excited **2** *(entusiasta)* [*persona*] excited, thrilled **3** *(sessualmente)* [*persona, sensi*] excited, aroused.
eccitazione /ettʃitat'tsjone/ f. **1** *(entusiasmo)* excitement **2** *(desiderio sessuale)* excitement, arousal **3** ELETTRON. EL. FIS. excitation.
ecclesiastico, pl. **-ci**, **-che** /ekkle'zjastiko, tʃi, ke/ **I** agg. ecclesiastical **II** m. ecclesiastic, clergyman*.
ecco /'ɛkko/ **I** avv. **1** *(per indicare cosa o persona vicina)* here; *(per indicare cosa o persona lontana)* there; ***~ (qui) la mia chiave*** here is my key; ***~ che arriva il dottore*** here comes the doctor; ***eccomi*** here I am; ***eccolo che si rimette a ridere!*** there he goes laughing again! ***quand'~*** when all of a sudden **2** *(per introdurre o concludere un fatto)* ***~ qualcosa che vi stupirà*** here *o* this is something that'll surprise you; ***~ quello che devi fare*** that's what you have to do; ***~ come, dove*** this is how, where; ***~ tutto*** that's all; ***~ fatto!*** that's that *o* done! ***~ perché!*** that's why! **II** inter. **1** *(con valore rafforzativo)* ***~, te lo avevo detto!*** there, I told you so! ***ah, ~!*** *(capisco)* oh, that's it! I see! **2** *(per esprimere esitazione)* well; ***~, non ne sono sicuro*** well, I'm not sure.
eccome /ek'kome/ avv. and how; ***"era buono?" - "~!"*** "was it nice?" - "it certainly was!"; ***"non gliene ha parlato?" - "sì, ~"*** "haven't you spoken to him about it?" - "of course I have!"; ***~ se c'era del vino!*** there was wine, and plenty of it!
echeggiare /eked'dʒare/ [1] **I** tr. to echo **II** intr. (aus. *avere, essere*) to echo, to resonate (**di** with).
eclatante /ekla'tante/ agg. [*successo*] resounding; [*prova, dimostrazione*] striking.
eclettico, m.pl. **-ci**, f.pl. **-che** /e'klɛttiko, tʃi, ke/ **I** agg. *(poliedrico)* [*ingegno*] versatile; *(eterogeneo)* [*opera*] eclectic **II** m. (f. **-a**) eclectic.
eclettismo /eklet'tizmo/ m. eclecticism.
eclissare /eklis'sare/ [1] **I** tr. ASTR. to eclipse (anche FIG.) **II eclissarsi** pronom. **1** ASTR. to be* eclipsed **2** FIG. *(sparire)* to disappear, to slide* away.
eclisse /e'klisse/ f., **eclissi** /e'klissi/ f.inv. ASTR. eclipse (anche FIG.).
eclittica, pl. **-che** /e'klittika, ke/ f. ecliptic.
eco, pl.m. **echi** /'ɛko, 'ɛki/ f.inv. e m. **1** *(di suono)* echo* (anche TECN. TELEV.) **2** FIG. ***fare ~ a qcn.*** to echo sb. **3** *(risonanza)* echo*, comment; ***destare vasta ~*** to cause quite a stir.
ecocatastrofe /ekoka'tastrofe/ f. ecocatastrophe.
ecocidio, pl. **-di** /eko'tʃidjo, di/ m. ecocide.
ecoetichetta /ekoeti'ketta/ f. eco-label.
ecografia /ekogra'fia/ f. (body) scan, ultrasound scan.
ecolocazione /ekolokat'tsjone/ f. echolocation.
ecologia /ekolo'dʒia/ f. ecology.
ecologico, pl. **-ci**, **-che** /eko'lɔdʒiko, tʃi, ke/ agg. **1** *(relativo all'ambiente)* [*equilibrio*] ecological; [*disastro*] environmental; ***catastrofe -a*** ecocatastrophe; ***operatore ~*** street cleaner, sanitation worker AE **2** *(non inquinante)* [*prodotto*] eco-friendly; ***detersivo ~*** biological *o* green (washing) powder; ***auto -a*** = car which runs on electricity, gas or other types of clean fuel.
ecologista, m.pl. **-i**, f.pl. **-e** /ekolo'dʒista/ **I** agg. ecologist; ***gruppo ~*** eco *o* environmental group; ***movimento ~*** ecology movement **II** m. e f. *(ambientalista)* environmentalist.
ecologo, m.pl. **-gi**, f.pl. **-ghe** /e'kɔlogo, dʒi, ge/ m. (f. **-a**) ecologist, environmental scientist.
economato /ekono'mato/ m. **1** *(carica)* stewardship; SCOL. UNIV. bursarship **2** *(ufficio)* steward's office; SCOL. UNIV. bursary.
economia /ekono'mia/ f. **1** *(di paese, regione)* economy **2** *(scienza)* economics + verbo sing. **3** *(risparmio)* economy; ***fare ~*** o ***-e*** to make economies, to save (up); ***fare ~ di*** to save on [*energia*]; to economize on [*benzina, acqua*]; ***senza ~*** freely, liberally; ***con ~ di tempo*** in a limited amount of time; ***fare qcs. in ~*** to do sth. on the cheap ♦♦ ***~ aziendale*** business economics; ***~ domestica*** *(insieme di regole)* housekeeping; *(materia)* home economics, domestic science BE; ***~ di mercato*** market economy; ***~ mondiale*** world economy; ***~ politica*** political economy; ***-e di scala*** economies of scale.
economico, pl. **-ci**, **-che** /eko'nɔmiko, tʃi, ke/ agg. **1** [*politica, sistema, crisi, aiuto*] economic; [*difficoltà*] financial; ***scienze -che*** economics; ***annuncio ~*** classified ad, small BE *o* want AE ad; ***pagina -a*** financial page **2** *(conveniente)* economical, cheap, inexpensive; ***edizione -a*** paperback (edition), softback (edition); ***classe -a*** economy class.
economista, m.pl. **-i**, f.pl. **-e** /ekono'mista/ ➧ ***18*** m. e f. economist.
economizzare /ekonomid'dzare/ [1] **I** tr. to economize, to save [*benzina, acqua, energia*] **II** intr. (aus. *avere*) to economize (**su** on).
economo /e'kɔnomo/ **I** agg. economical, thrifty **II** ➧ ***18*** m. (f. **-a**) steward; SCOL. UNIV. bursar.
ecosistema /ekosi'stɛma/ m. ecosystem.
ecoterrorista, m.pl. **-i**, f.pl. **-e** /ekoterro'rista/ m. e f. ecoterrorist.
ecotono /eko'tɔno/ m. ecotone.
ecoturismo /ekotu'rizmo/ m. ecotourism.
écru /e'kru/ agg. e m.inv. ecru.
ectoplasma /ekto'plazma/ m. ectoplasm.
ecuadoriano /ekwado'rjano/ ➧ ***25*** **I** agg. Ecuadorian **II** m. (f. **-a**) Ecuadorian.
ecumenico, pl. **-ci**, **-che** /eku'mɛniko, tʃi, ke/ agg. ecumenical.
ecumenismo /ekume'nizmo/ m. ecumenism.
eczema /ek'dzɛma/ ➧ ***7*** m. eczema.
ed /ed/ → **e.**
ed. ⇒ edizione edition.
edema /e'dɛma, 'ɛdema/ m. oedema* BE, edema* AE.
eden /'ɛden/ m. inv. **1 Eden** BIBL. Eden **2** FIG. Eden.
edera /'edera/ f. ivy.
Edgardo /ed'gardo/ n.pr.m. Edgar.
edicola /e'dikola/ f. **1** *(di giornali)* (newspaper) kiosk, newsstand **2** ARCH. aedicule.
edicolante /ediko'lante/ m. e f. news vendor, newsagent BE, newsdealer AE.
edificabile /edifi'kabile/ agg. ***terreno ~*** building land.
edificante /edifi'kante/ agg. edifying, uplifting.
edificare /edifi'kare/ [1] tr. **1** *(costruire)* to build* [*edificio, città*]; *(occupare con edifici)* to develop [*terreno*] **2** FIG. to build* [*stato, teoria*] **3** FIG. *(indurre al bene)* to edify.
edificazione /edifikat'tsjone/ f. **1** *(di edificio, paese, teoria)* building; *(di terreno)* development **2** FIG. edification.
edificio, pl. **-ci** /edi'fitʃo, tʃi/ m. **1** *(costruzione)* building, edifice; ***~ scolastico*** school (building), schoolhouse **2** FIG. structure; ***l'~ sociale*** the structure of society, the social order.

edile /e'dile, 'ɛdile/ ➧ *18* **I** agg. ***impresa ~*** firm of builders, construction company; ***industria ~*** construction industry; ***operaio ~*** builder('s labourer), construction worker, building worker BE; ***imprenditore ~*** builder, building contractor; ***cantiere ~*** building site **II** m. builder('s labourer), construction worker, building worker BE.

edilizia /edi'littsja/ f. building (trade), construction ♦♦ ***~ abitativa*** housing; ***~ popolare*** public housing.

edilizio, pl. **-zi, -zie** /edi'littsjo, tsi, tsje/ agg. [*licenza, concessione, regolamento*] building attrib.; ***complesso ~*** development; ***settore ~*** construction; ***piano ~*** area plan for building; ***condono ~*** = amnesty for infringement of local building regulations.

Edimburgo /edim'burgo/ ➧ *2* n.pr.f. Edinburgh.

Edipo /e'dipo/ n.pr.m. Oedipus; ***complesso di ~*** Oedipus complex.

editare /edi'tare/ [1] tr. INFORM. to edit.

edito /'ɛdito/ agg. published (**da** by).

editore /edi'tore/ **I** agg. publishing; ***casa -trice*** publishing house, publisher, press **II** ➧ *18* m. (f. **-trice** /tritʃe/) publisher.

editoria /edito'ria/ f. publishing ♦♦ ***~ elettronica*** electronic publishing.

editoriale /edito'rjale/ **I** agg. [*politica, servizio*] editorial; [*gruppo, programma*] publishing; ***direttore ~*** managing editor, publishing director **II** m. editorial, leading article, leader.

editorialista, m.pl. **-i**, f.pl. **-e** /editorja'lista/ ➧ *18* m. e f. leader writer.

editto /e'ditto/ m. STOR. edict.

edizione /edit'tsjone/ f. **1** *(pubblicazione)* publication; ***prima ~*** first edition **2** *(testo, libro, giornale)* edition **3** TELEV. RAD. ***l'~ delle 20 del telegiornale*** the eight o'clock (edition of the) news **4** ART. SPORT ***la sesta ~ del festival di Cannes*** the sixth Cannes (film) festival; ***l'~ 2004 dei giochi olimpici*** the 2004 Olympic Games.

Edmondo /ed'mondo/ n.pr.m. Edmund.

edoardiano /edoar'djano/ agg. Edwardian.

Edoardo /edo'ardo/ n.pr.m. Edward.

edonismo /edo'nizmo/ m. hedonism.

edonista, m.pl. **-i**, f.pl **-e** /edo'nista/ m. e f. hedonist.

edonistico, pl. **-ci, -che** /edo'nistiko, tʃi, ke/ agg. hedonistic.

edotto /e'dɔtto/ agg. ***rendere qcn. ~ su qcs.*** to acquaint sb. with sth., to inform sb. about sth.

educanda /edu'kanda/ f. convent school girl; ***arrossire come un'~*** FIG. to blush like a schoolgirl; ***non è uno spettacolo da -e*** FIG. it's no sight for a schoolgirl.

educare /edu'kare/ [1] tr. **1** *(allevare)* to bring* up, to raise [*figlio*] **2** *(formare)* to educate, to form [*persona*] (**a** in); *(addestrare)* to train [*animale*] **3** *(allenare)* to train [*orecchio, sensi*]; to educate [*palato*].

educatamente /edukata'mente/ avv. politely.

educativo /eduka'tivo/ agg. [*attività, gioco, programma*] educational; [*libro*] instructive; ***sistema ~*** education(al) system.

educato /edu'kato/ **I** p.pass. → **educare II** agg. **1** *(che ha buone maniere)* ***(ben) ~*** well-bred, well brought up, well-mannered; ***non è ~ fare*** it is bad form *o* rude to do **2** *(cortese)* polite; ***non sei stato molto ~ con lei*** you were not very polite to her.

educatore /eduka'tore/ m. (f. **-trice** /tritʃe/) educator, youth worker.

educazione /edukat'tsjone/ f. **1** *(l'allevare)* upbringing, education; ***ricevere un'~ cattolica*** to be brought up as a Catholic **2** *(buone maniere)* (good) breeding, (good) manners pl., politeness; ***avere la buona ~ di fare*** to have the manners to do; ***l'~ vuole che lei ci vada*** politeness requires you to go; ***mancanza di ~*** lack of manners; ***per ~*** out of politeness; ***chi ti ha insegnato l'~?*** where are your manners? **3** *(formazione scolastica)* education **4** *(allenamento)* education, formation, training ♦♦ ***~ artistica*** art education; ***~ civica*** civics; ***~ fisica*** physical education, gymn(astics); ***~ musicale*** musical education; ***~ sessuale*** sex education; ***~ tecnica*** arts and crafts, handicrafts.

edulcorare /edulko'rare/ [1] tr. *(attenuare)* to mitigate [*notizia, verità*].

efebico, pl. **-ci, -che** /e'fɛbiko, tʃi, ke/ agg. ephebic.

efelide /e'fɛlide/ f. freckle.

efemera /e'fɛmera/ f. mayfly.

effe /'ɛffe/ m. e f.inv. *(lettera)* f, F.

effeminato /effemi'nato/ agg. e m. effeminate.

efferato /effe'rato/ agg. [*omicidio*] heinous, ferocious.

efferente /effe'rɛnte/ agg. efferent.

effervescente /effervеʃ'ʃɛnte/ agg. **1** [*compressa*] effervescent; [*bevanda*] effervescent, fizzy **2** FIG. [*città, atmosfera*] bubbling; [*persona, carattere*] effervescent.

effervescenza /effervеʃ'ʃɛntsa/ f. **1** *(di liquidi)* effervescence, fizz(iness) **2** FIG. *(di persona, carattere)* effervescence.

effettivamente /effettiva'mente/ avv. *(davvero)* actually, really; ***il problema è ~ complesso*** the problem is indeed complex.

effettivo /effet'tivo/ **I** agg. **1** *(reale)* [*aiuto, guadagno*] real; [*controllo, tasso*] effective; [*vantaggio*] concrete; ***durata -a del lavoro*** actual working time; ***diventare ~*** [*provvedimento*] to come into effect **2** *(tale a tutti gli effetti)* [*personale*] permanent; [*ufficiale*] fully-fledged, regular BE; ***socio ~*** active member **II** m. **1** *(persona con ruolo effettivo)* ***gli -i*** *(di società)* the numbers, the staff; MIL. the fighting strength, the numbers **2** *(organico)* staff; MIL. manning **3** ECON. sum total.

effetto /ef'fɛtto/ **I** m. **1** *(conseguenza)* effect; ***avere un ~ positivo, negativo*** to have a positive, negative effect; ***avere l'~ contrario rispetto a*** to have the opposite effect from; ***non avere alcun ~*** to have no effect; ***le loro osservazioni non hanno alcun ~ su di me*** their remarks don't affect me at all; ***fare ~*** [*cura*] to work, to act; ***sotto l'~ dell'alcol*** under the influence of alcohol **2** *(impressione)* effect, impression; ***che ~ ti fa essere padre?*** how does it feel to be a father? ***fare (uno strano) ~*** to make one feel strange **3** *(procedimento)* effect; ***~ comico, stilistico*** comic, stylistic effect **4** *(efficacia)* ***avere ~*** [*provvedimento*] to take effect; ***mettere qcs. a ~*** to carry out sth. **5** *(fenomeno)* ***l'~ Maastricht*** the Maastricht effect **6** SPORT spin; ***dare ~ a una palla*** to put spin on a ball; ***tiro a*** o ***con ~*** spin shot **7** ECON. bill **8 a effetto, d'effetto** ***frase a ~*** o ***d'~*** words meant for effect; ***scena a ~*** o ***d'~*** sensational scene **II effetti** m.pl. **1** BUROCR. effects, belongings **2 in effetti** as a matter of fact, in fact; ***sembra più vicino di quanto in -i non sia*** it looks closer than it really is **3 a tutti gli effetti** to all intents and purposes ♦♦ ***~ collaterale*** side effect; ***~ serra*** greenhouse effect; ***-i personali*** personal belongings *o* effects; ***-i speciali*** special effects.

effettuare /effettu'are/ [1] **I** tr. to make* [*pagamento, cambiamento, atterraggio*]; to carry out [*attacco, operazione*]; ***~ un sorpasso*** to pass, to overtake; ***~ una fermata*** to (make a) stop **II effettuarsi** pronom. to take* place.

efficace /effi'katʃe/ agg. **1** *(adatto)* [*azione, metodo*] effective; [*rimedio*] effective, efficacious **2** *(espressivo)* [*discorso*] forceful.

efficacemente /effikatʃe'mente/ avv. effectively.

efficacia /effi'katʃa/ f. **1** *(di azione, metodo)* effectiveness; *(di rimedio)* effectiveness, efficacy; ***perdere ~ col tempo*** [*trattamento*] to lose effect over time **2** *(di discorso)* forcefulness; ***scrivere con ~*** to write with incisiveness.

efficiente /effi'tʃɛnte/ agg. **1** [*persona, dipositivo*] efficient **2** *(funzionante)* ***il motore è ancora ~*** the engine is still in working order.

efficienza /effi'tʃɛntsa/ f. efficiency; ***in piena ~*** [*industria*] stretched at full capacity; [*persona*] in good form; [*motore*] in perfect working order.

effigie, pl. **-gie, -gi** /ef'fidʒe, dʒe, dʒi/ f. **1** *(immagine)* effigy, image **2** *(sembianze)* semblance.

effimero /ef'fimero/ agg. [*felicità, amore*] fleeting, ephemeral; [*successo, gloria*] short-lived, ephemeral.

effluente /efflu'ɛnte/ m. effluent.

effrazione /effrat'tsjone/ f. breaking and entering.

effusione /effu'zjone/ **I** f. effusion (anche FIG.) **II effusioni** f.pl. ***scambiarsi tenere -i*** to have a kiss and a cuddle.

effusivo /effu'zivo/ agg. [*roccia*] effusive.

egemone /e'dʒɛmone/ agg. dominant, leading.

egemonia /edʒemo'nia/ f. hegemony.

egeo /e'dʒɛo/ agg. Aegean.

Egeo /e'dʒɛo/ ➧ *27* n.pr.m. ***l'~, il mar ~*** the Aegean (sea).

egida /'ɛdʒida/ f. ***sotto l'~ di qcn., qcs.*** under the aegis of sb., sth.

Egidio /e'dʒidjo/ n.pr.m. Giles.
Egitto /e'dʒitto/ ➧ **33** n.pr.m. Egypt.
egiziano /edʒit'tsjano/ ➧ **25, 16** **I** agg. Egyptian **II** m. (f. **-a**) **1** *(persona)* Egyptian **2** LING. Egyptian.
egizio, pl. **-zi, -zie** /e'dʒittsjo, tsi, tsje/ **I** agg. STOR. Egyptian **II** m. (f. **-a**) STOR. Egyptian.
eglantina /eglan'tina/ f. eglantine.
egli /'eʎʎi/ V. la nota della voce **io**. pron.pers.m. he *(in inglese va sempre espresso)*; **~ stesso** he himself.
egloga, pl. **-ghe** /'ɛgloga, ge/ f. eclogue.
ego /'ɛgo/ m.inv. ego.
egocentrico, pl. **-ci, -che** /ego'tʃɛntriko, tʃi, ke/ **I** agg. egocentric, self-centred BE, self-centered AE **II** m. (f. **-a**) egocentric person, egomaniac.
egocentrismo /egotʃen'trizmo/ m. egocentrism, egomania.
egoismo /ego'izmo/ m. selfishness, egoism.
egoista, m.pl. **-i**, f.pl. **-e** /ego'ista/ **I** agg. selfish **II** m. e f. selfish person, egoist.
egoistico, pl. **-ci, -che** /ego'istiko, tʃi, ke/ agg. selfish, egoistic(al).
egotismo /ego'tizmo/ m. egotism.
egotista, m.pl. **-i**, f.pl. **-e** /ego'tista/ m. e f. egotist.
Egr. ⇒ egregio; **~ *sig. Mario Ferri*** *(in un indirizzo)* Mr Mario Ferri.
egregio, pl. **-gi, -gie** /e'grɛdʒo, dʒi, dʒe/ agg. **1** *(eccellente)* excellent, remarkable **2** *(nelle lettere)* *(nell'intestazione)* ***Egregio signor Ferri*** Dear Mr Ferri; *(nell'indirizzo)* **~ *signor Mario Ferri*** Mr Mario Ferri.
eguagliare /egwaʎ'ʎare/ [1] tr. → **uguagliare**.
eguale /e'gwale/ **I** agg. equal **II** m. e f. equal; ***non avere -i*** to have no equal.
egualitario, pl. **-ri, -rie** /egwali'tarjo, ri, rje/ **I** agg. egalitarian, equalitarian **II** m. (f. **-a**) egalitarian, equalitarian.
egualitarismo /egwalita'rizmo/ m. egalitarianism.
eh /ɛ/ inter. **1** *(rimprovero)* **~, *così non va!*** eh, that's not nice! **2** *(rassegnazione)* **~ *sì, è (proprio) così!*** oh yes, that's just the way it is! **3** *(in domande retoriche)* ***simpatico, ~?*** nice, isn't he? **4** *(come risposta)* ***"Marco!" - "~?"*** "Marco!" - "what?".
ehi /'ei/ inter. COLLOQ. **1** *(per richiamare l'attenzione)* **~ *tu, vieni qua!*** hey you (there), come here! **2** *(apprezzamento)* **~, *che eleganza!*** wow, you're so smart!
ehilà /ei'la/ inter. **~, *che ci fai qui?*** hey, what are you doing here?
ehm /m/ inter. (a)hem, hum.
E.I. ⇒ Esercito Italiano Italian Army.
eiaculare /ejaku'lare/ [1] intr. (aus. *avere*) to ejaculate.
eiaculazione /ejakulat'tsjone/ f. ejaculation.
eiettabile /ejet'tabile/ agg. ***seggiolino ~*** ejector *o* ejection AE seat.
eiettare /ejet'tare/ [1] tr. to eject.
elaborare /elabo'rare/ [1] tr. **1** *(concepire)* to elaborate [*teoria, schema*]; to work out, to devise [*soluzione, piano*]; to develop [*strategia*]; to frame [*legge*] **2** *(sviluppare)* to process [*dati*] **3** INFORM. to process [*dati*] **4** BOT. FISIOL. to elaborate.
elaborato /elabo'rato/ **I** p.pass. → **elaborare** **II** agg. [*progetto, piatto*] elaborate; [*stile*] florid, ornate **III** m. **1** BUROCR. script **2** SCOL. script, paper.
elaboratore /elabora'tore/ **I** agg. elaborating, processing **II** m. INFORM. processor, computer; **~ *di dati*** data processor.
elaborazione /elaborat'tsjone/ f. **1** *(di teoria, schema)* elaboration; *(di piano, soluzione)* working-out **2** *(di dati, risultati)* processing **3** INFORM. processing; **~ *(elettronica dei) dati*** data processing **4** BOT. FISIOL. elaboration.
elargire /elar'dʒire/ [102] tr. to bestow [*onori, regali*] (**a** on, upon); to lavish [*denaro, aiuti*] (**a** on).
elargizione /elardʒit'tsjone/ f. donation.
elasticità /elastitʃi'ta/ f.inv. **1** *(di pelle, tessuto)* elasticity **2** *(di movimenti)* agility, nimbleness **3** FIG. *(di regolamento)* flexibility; *(mentale)* quickness.
elasticizzato /elastitʃid'dzato/ agg. [*fascia*] elasticated; [*tessuto, jeans*] stretch attrib.
elastico, pl. **-ci, -che** /e'lastiko, tʃi, ke/ **I** agg. **1** *(dotato di elasticità)* [*metallo, forza, fibra*] elastic; [*fascia, bretella*] elasticated; ***calze -che*** support stockings *o* tights **2** *(molleggiante)* springy **3** *(agile)* [*corpo*] agile, nimble **4** FIG. [*regolamento, orario*] flexible; ***una mente -a*** a quick mind **II** m. **1** rubber band, elastic (band BE) **2** *(tessuto)* elastic.
Elba /'elba/ ➧ **14** n.pr.f. ***isola d'~*** Elba.
eldorado /eldo'rado/ m. El Dorado.
elefante /ele'fante/ m. elephant ♦ ***avere la memoria di un ~*** to have a memory like an elephant ♦♦ **~ *marino*** sea elephant, elephant seal.
elefantesco, pl. **-schi, -sche** /elefan'tesko, ski, ske/ agg. elephantine.
elefantessa /elefan'tessa/ f. cow elephant.
elefantino /elefan'tino/ **I** agg. elephantine **II** m. baby elephant.
elegante /ele'gante/ agg. **1** *(ben vestito)* [*persona*] elegant, smart, well-dressed **2** *(raffinato)* [*persona, maniere*] elegant; [*vestito, ristorante*] elegant, smart, stylish **3** *(semplice e efficace)* [*soluzione*] elegant.
elegantemente /elegante'mente/ avv. **1** *(con raffinatezza)* [*vestirsi*] elegantly, smartly **2** *(con acume)* ***se l'è cavata ~*** he got along with style.
elegantone /elegan'tone/ m. (f. **-a**) ***essere un ~*** to be a sharp dresser.
eleganza /ele'gantsa/ f. **1** *(di persona, abito)* elegance, smartness **2** *(di comportamento)* grace; ***con ~*** [*perdere*] gracefully.
eleggere /e'lɛddʒere/ [59] tr. **1** to elect [*presidente, sindaco*]; **~ *qcn. presidente*** to elect sb. (as) president; ***essere eletta Miss Mondo*** to be voted Miss World **2** DIR. **~ *il proprio domicilio*** to elect domicile; **~ *il proprio domicilio a Roma*** to fix one's domicile in Rome.
elegia /ele'dʒia/ f. elegy.
elegiaco, pl. **-ci, -che** /ele'dʒiako, tʃi, ke/ agg. elegiac.
elementare /elemen'tare/ **I** agg. **1** *(di base)* [*principio, bisogno*] basic, elementary **2** FIS. CHIM. [*particella*] elementary **3** SCOL. [*corso, livello*] elementary; ***istruzione ~*** primary education; ***scuola ~*** primary *o* elementary *o* grade AE school **II elementari** f.pl. SCOL. ***le -i*** primary *o* elementary *o* grade AE school.
elemento /ele'mento/ **I** m. **1** *(componente)* *(di struttura, insieme)* element, part; *(di miscuglio)* ingredient; *(di apparecchio)* component; *(di termosifone)* section; *(di batteria)* element, cell; ***l'~ chiave del loro successo*** the key element *o* factor in their success **2** *(fatto)* fact, element; ***nessun nuovo ~ è emerso nell'inchiesta*** nothing new has emerged during the inquiry **3** *(individuo)* ***essere un buon ~*** [*allievo*] to be a good pupil; [*lavoratore*] to be a good worker; ***-i indesiderabili*** undesirable elements; ***che ~! è un bell'~!*** COLLOQ. SCHERZ. what a character! he is a good one! **4** *(ambiente)* ***l'acqua è l'~ naturale dei pesci*** water is a fish's natural element **5** MAT. ASTROL. CHIM. LING. element **II elementi** m.pl. **1** *(rudimenti)* ***-i di matematica*** element(s) of mathematics **2** *(forze della natura)* elements ♦ ***trovarsi nel, fuori del proprio ~*** to be in, out of one's element.
elemosina /ele'mɔzina/ f. alms pl., handout, charity; ***chiedere l'~*** to ask for charity, to beg; ***chiedere l'~ a qcn.*** to beg from sb.; ***fare l'~ a qcn.*** to give alms to sb.; ***cassetta delle -e*** alms *o* charity box.
elemosinare /elemozi'nare/ [1] **I** tr. to beg (for) (anche FIG.); **~ *qcs. da qcn.*** to beg sb. for sth., to beg sth. from sb. **II** intr. (aus. *avere*) to beg.
Elena /'ɛlena/ n.pr.f. Helen, Helena.
elencare /elen'kare/ [1] tr. **1** *(redigere un elenco di)* to list; **~ *i nomi dei partecipanti*** to draw up a list of the partecipants **2** *(enumerare)* to count, to enumerate [*ragioni, cause*].
elenco, pl. **-chi** /e'lɛnko, ki/ m. **1** list; ***fare un ~ di*** to make a list of, to list **2** TEL. **~ *(telefonico* o *del telefono)*** (telephone) directory, (phone) book; ***un numero non in ~*** an ex-directory *o* unlisted number.
Eleonora /eleo'nɔra/ n.pr.f. Eleanor.
elettivo /elet'tivo/ agg. [*sistema, affinità*] elective; [*carica*] elected, elective.
eletto /e'lɛtto/ **I** p.pass. → **eleggere** **II** agg. **1** *(prescelto)* elect(ed); [*governo, rappresentante*] elected; ***il popolo ~*** BIBL. the Chosen People **2** *(nobile)* [*spirito*] elect, noble **III** m. (f. **-a**) **1** POL. elected person; ***un ~ di destra*** a right-wing representa-

tive **2** *(prescelto)* ***gli -i*** RELIG. the elect; ***per pochi -i*** for the privileged *o* happy few.

elettorale /eletto'rale/ agg. [*circoscrizione, programma, riforma*] electoral; [*manifesto, campagna*] election attrib.; [*vittoria, sconfitta*] election attrib., electoral; ***propaganda ~*** electioneering; ***seggio ~*** polling station; ***scheda ~*** ballot (paper), voting paper; ***cabina ~*** polling *o* voting booth; ***urna ~*** ballot box.

elettorato /eletto'rato/ m. *(di un paese)* electorate, voters pl.; *(di una circoscrizione)* electorate.

elettore /elet'tore/ m. voter, elector.

Elettra /e'lɛttra/ n.pr.f. Electra; ***complesso di ~*** Electra complex.

elettrauto /elet'trauto/ m.inv. **1** *(tecnico)* car electrician **2** *(officina)* car electrical repairs.

elettricista, m.pl. **-i**, f.pl. **-e** /elettri'tʃista/ ➧ ***18*** m. e f. electrician.

elettricità /elettritʃi'ta/ f.inv. **1** electricity **2** FIG. *(tensione)* electricity, tension ♦♦ ***~ statica*** static (electricity).

elettrico, pl. **-ci**, **-che** /e'lɛttriko, tʃi, ke/ agg. **1** TECN. [*energia, corrente, scossa, filo, apparecchio*] electric; [*impianto*] electrical; [*alimentazione, rete*] electricity attrib.; ***centrale -a*** power station; ***linea -a*** power line **2** FIG. *(teso)* [*atmosfera*] electric, tense.

elettrificare /elettrifi'kare/ [1] tr. to electrify.

elettrificazione /elettrifikat'tsjone/ f. electrification.

elettrizzante /elettrid'dzante/ agg. electrifying; FIG. electrifying, thrilling.

elettrizzare /elettrid'dzare/ [1] **I** tr. FIS. to electrify (anche FIG.) **II elettrizzarsi** pronom. **1** FIS. to become* electrified **2** FIG. to be* electrified.

elettrizzazione /elettriddzat'tsjone/ f. FIS. electrification (anche FIG.).

elettrocardiogramma /elettrokardjo'gramma/ m. electrocardiogram.

elettrocuzione /elettrokut'tsjone/ f. electrocution.

elettrodo /e'lɛttrodo/ m. electrode.

elettrodomestico, pl. **-ci** /elettrodo'mɛstiko, tʃi/ m. household appliance, domestic appliance, labour-saving device.

elettroencefalogramma /elettroentʃefalo'gramma/ m. electroencephalogram.

elettrogeno /elet'trɔdʒeno/ agg. ***gruppo ~*** generator, generating set.

elettrolisi /elet'trɔlizi, elettro'lizi/ f.inv. electrolysis.

elettrolita /elet'trɔlita/ m. electrolyte.

elettrolitico, pl. **-ci**, **-che** /elettro'litiko, tʃi, ke/ agg. electrolytic.

elettrolito /elet'trɔlito, elettro'lito/ m. → **elettrolita.**

elettromagnete /elettromaɲ'ɲɛte/ m. electromagnet.

elettromagnetico, pl. **-ci**, **-che** /elettromaɲ'ɲɛtiko, tʃi, ke/ agg. electromagnetic.

elettromotrice /elettromo'tritʃe/ f.inv. electric locomotive.

elettrone /elet'trone/ m. electron.

elettronica /elet'trɔnika/ f. electronics + verbo sing.

elettronico, pl. **-ci**, **-che** /elet'trɔniko, tʃi, ke/ agg. **1** [*circuito, ingegnere, cervello*] electronic; ***microscopio ~*** electron microscope; ***posta -a*** electronic mail, e-mail; ***giochi -ci*** computer games **2** FIS. [*carica, flusso*] electron attrib.

elettroshock /elettroʃ'ʃɔk/ m.inv. electroshock.

elettroshockterapia /elettroʃʃoktera'pia/ f. (electro)shock therapy, (electro)shock treatment.

elettrostatico, pl. **-ci**, **-che** /elettros'tatiko, tʃi, ke/ agg. electrostatic.

elettrotecnica /elettro'tɛknika/ f. electrotechnics + verbo sing., electrical engineering.

elettrotecnico, pl. **-ci**, **-che** /elettro'tɛkniko, tʃi, ke/ **I** agg. electrotechnic(al) **II** m. (f. **-a**) electrical engineer.

elevare /ele'vare/ [1] **I** tr. **1** *(aumentare in altezza)* to raise (the height of) [*casa*]; *(costruire)* to put* up [*barriera, muro*] **2** *(sollevare)* to raise, to lift (up) [*oggetto*] **3** *(innalzare di intensità)* to raise [*temperatura, livello*] **4** *(promuovere)* to promote, to raise; ***~ qcn. a eroe nazionale*** to elevate sb. to the status of national hero **5** *(migliorare)* to raise [*tenore di vita, livello culturale*] **6** *(nobilitare)* to elevate [*animo, spirito*] **7** DIR. BUROCR. ***~ una contravvenzione a qcn.*** to impose a fine on sb., to fine sb. **8** MAT. ***~ un numero al quadrato, al cubo*** to square, to cube a number; ***~ un numero alla terza*** to raise a number to the power (of) three **II elevarsi** pronom. **1** *(ergersi)* [*edificio, montagna*] to rise* **2** *(innalzarsi)* to rise* **3** *(nobilitarsi)* [*anima, spirito*] to be* uplifted.

elevatezza /eleva'tettsa/ f. **1** *(nobiltà)* nobility, greatness **2** *(di stile)* loftiness.

elevato /ele'vato/ **I** p.pass. → **elevare II** agg. **1** *(alto)* [*edificio, vetta*] high, lofty; [*livello, prezzo, rischio, velocità*] high **2** *(importante)* [*grado, rango*] high, elevated **3** *(nobile)* [*sentimento*] noble; [*principio*] high; [*ideale*] lofty; [*linguaggio*] elevated.

elevatore /eleva'tore/ m. TECN. elevator.

elevazione /elevat'tsjone/ f. **1** *(sollevamento)* elevation, raising; ***l'~ dell'anima*** FIG. the uplifting of the soul **2** *(di crosta terrestre)* rise, elevation **3** RELIG. Elevation (of the Host) **4** ASTR. altitude **5** MAT. ***~ a potenza*** rasing to a power.

elezione /elet'tsjone/ f. **1** POL. election; ***alle -i*** in *o* at the elections; ***indire le -i*** to call elections *o* an election **2** *(scelta)* ***il mio paese d'~*** my chosen *o* adopted country ♦♦ ***~ di domicilio*** DIR. choice of domicile; ***-i amministrative*** local elections; ***-i anticipate*** early elections; ***-i generali*** o ***politiche*** general election.

elfo /'ɛlfo/ m. elf*.

Elia /e'lia/ n.pr.m. Elias; *(nella Bibbia)* Elijah.

elica, pl. **-che** /'ɛlika, ke/ f. **1** MAR. propeller, screw; AER. (screw) propeller; *(di elicottero)* rotor **2** BIOL. MAT. BOT. helix*.

elicoidale /elikoi'dale/ agg. **1** MAT. helicoidal **2** MECC. helical.

elicotterista, m.pl. **-i**, f.pl. **-e** /elikotte'rista/ ➧ ***18*** m. e f. helicopter pilot.

elicottero /eli'kɔttero/ m. helicopter.

elidere /e'lidere/ [35] **I** tr. **1** *(annullare)* to annul **2** LING. to elide [*vocale*] **II elidersi** pronom. *(annullarsi)* to annul each other, to cancel each other (out).

eliminare /elimi'nare/ [1] tr. to eliminate [*ostacolo, persona, tossine, squadra*]; to remove [*macchia*]; to remove, to cut* out [*frase*]; to erase [*povertà*].

eliminatoria /elimina'tɔrja/ f. preliminary (heat).

eliminatorio, pl. **-ri**, **-rie** /elimina'tɔrjo, ri, rje/ agg. [*incontro, girone*] preliminary.

eliminazione /eliminat'tsjone/ f. elimination (anche SPORT); *(rimozione)* removal; ***per ~*** by a process of elimination; ***gara a ~*** knock-out competition.

elio /'ɛljo/ m. helium.

eliocentrismo /eljotʃen'trizmo/ m. heliocentrism.

eliografia /eljogra'fia/ f. heliography.

eliotropio, pl. **-pi** /eljo'trɔpjo, pi/ m. **1** BOT. heliotrope **2** MINER. heliotrope, bloodstone.

eliporto /eli'pɔrto/ m. heliport.

Elisa /e'liza/ n.pr.f. Eliza, Elisa.

Elisabetta /eliza'bɛtta/ n.pr.f. Elizabeth, Elisabeth.

elisabettiano /elizabet'tjano/ agg. Elizabethan.

Eliseo /eli'zɛo/ n.pr.m. Elisha.

elisio, pl. **-si**, **-sie** /e'lizjo, zi, zje/ agg. ***i campi -si*** the Elysian fields.

elisione /eli'zjone/ f. elision.

elisir /eli'zir/ m.inv. elixir; ***l'~ di lunga vita*** the elixir of life.

elitario, pl. **-ri**, **-rie** /eli'tarjo, ri, rje/ agg. élite attrib., élitist.

elitarismo /elita'rizmo/ m. élitism.

élite /e'lit/ f.inv. élite.

elitrasportare /elitraspor'tare/ [1] tr. to helicopter.

ella /'ella/ v. la nota della voce io. pron.pers.f. ANT. LETT. *(in inglese va sempre espresso)* she; ***~ stessa*** she herself.

elle /'ɛlle/ m. e f.inv. *(lettera)* l, L.

elleboro /el'lɛboro/ m. hellebore.

ellenico, pl. **-ci**, **-che** /el'lɛniko, tʃi, ke/ agg. Hellenic.

ellenismo /elle'nizmo/ m. Hellenism.

ellepì /elle'pi, ellep'pi/ m.inv. LP, (long-playing) record.

ellisse /el'lisse/ f. MAT. ellipse.

ellissi /el'lissi/ f.inv. LING. ellipsis*.

1.ellittico, pl. **-ci**, **-che** /el'littiko, tʃi, ke/ agg. MAT. elliptic(al).

2.ellittico, pl. **-ci**, **-che** /el'littiko, tʃi, ke/ agg. LING. elliptic(al).

elmetto /el'metto/ m. helmet; *(di lavoratore)* safety helmet, hard hat.

elmo /'elmo/ m. helmet (anche STOR.).

elocuzione /elokut'tsjone/ f. elocution.

elogiare /elo'dʒare/ [1] tr. to praise, to commend.
elogiativo /elodʒa'tivo/ agg. complimentary, appreciative; ***parlare di qcn. in termini -i*** to speak highly of sb.
elogio, pl. **-gi** /e'lɔdʒo, dʒi/ m. **1** *(lode)* praise; ***fare l'~ di qcn., qcs.*** to praise sb., sth.; ***essere degno di -gi*** [*persona*] to deserve praise; [*azione*] to be praiseworthy **2** *(discorso)* eulogy ♦♦ ***~ funebre*** funeral oration, eulogy.
Eloisa /elo'iza/ n.pr.f. Eloise.
elongazione /elongat'tsjone/ f. ASTR. elongation.
eloquente /elo'kwɛnte/ agg. **1** [*persona*] eloquent **2** *(significativo)* [*prova, cifra, fatto*] meaningful; [*sguardo, gesto, silenzio*] eloquent.
eloquenza /elo'kwɛntsa/ f. eloquence.
eloquio, pl. **-qui** /e'lɔkwjo, kwi/ m. speech, language.
elsa /'elsa, 'ɛlsa/ f. hilt.
elucubrare /eluku'brare/ [1] tr. SCHERZ. SPREG. to dream* up [*teoria, piano*].
eludere /e'ludere/ [11] tr. to elude, to dodge [*sorveglianza, controllo*]; to evade [*legge, sanzioni*]; to evade, to sidestep [*domanda, problema*].
elusione /elu'zjone/ f. elusion ♦♦ ***~ fiscale*** tax avoidance.
elusivo /elu'zivo/ agg. elusive, evasive.
elvetico, pl. **-ci**, **-che** /el'vɛtiko, tʃi, ke/ **I** agg. **1** *(svizzero)* Swiss; ***Confederazione -a*** Switzerland **2** STOR. Helvetian **II** m. (f. **-a**) **1** *(svizzero)* Swiss **2** STOR. Helvetian.
elzevirista, m.pl. **-i**, f.pl. **-e** /eldzevi'rista/ m. e f. = literary contributor.
elzeviro /eldze'viro/ m. *(articolo)* literary article.
emaciato /ema'tʃato/ agg. [*viso*] emaciated, wasted.
e-mail /i'mɛil/ **I** f.inv. *(posta elettronica)* e-mail; ***avere l'~*** to be on e-mail; ***mandare per ~ qcs. a qcn.*** to e-mail sb. sth., to e-mail sth. to sb. **II** m. e f.inv. *(messaggio)* e-mail; ***mandare una*** o ***un ~ a qcn.*** to send sb. an e-mail **III** agg.inv. ***indirizzo ~*** e-mail address.
emanare /ema'nare/ [1] **I** tr. **1** *(diffondere)* to give* off, to send* out [*calore, odore*]; to send* out [*luce*]; to emanate [*radiazioni*]; FIG. to exude [*fascino*]; to radiate [*felicità*] **2** *(promulgare)* to issue, to enact [*legge*] **II** intr. (aus. *essere*) [*calore, odore, luce*] to emanate.
emanazione /emanat'tsjone/ f. **1** *(effluvio)* emanation; *(esalazione)* exhalation **2** *(promulgazione) (di legge, decreto)* enacting, issuing **3** *(espressione)* expression.
emancipare /emantʃi'pare/ [1] **I** tr. to emancipate **II emanciparsi** pronom. to become* emancipated.
emancipato /emantʃi'pato/ **I** p.pass. → **emancipare II** agg. emancipated, liberated.
emancipazione /emantʃipat'tsjone/ f. emancipation.
Emanuele /emanu'ɛle/ n.pr.m. Em(m)anuel.
emarginare /emardʒi'nare/ [1] tr. to marginalize, to isolate [*persona, comunità*].
emarginato /emardʒi'nato/ **I** p.pass. → **emarginare II** agg. socially excluded **III** m. (f. **-a**) (social) outcast.
emarginazione /emardʒinat'tsjone/ f. marginalization, isolation.
ematico, pl. **-ci**, **-che** /e'matiko, tʃi, ke/ agg. haematic BE, hematic AE; ***cellule -che*** blood cells.
ematocrito /ema'tɔkrito/ m. haematocrit BE, hematocrit AE.
ematologia /ematolo'dʒia/ f. haematology BE, hematology AE.
ematoma /ema'tɔma/ m. haematoma* BE, hematoma* AE.
embargo, pl. **-ghi** /em'bargo, gi/ m. embargo*; ***~ aereo, commerciale*** air, trade embargo.
emblema /em'blɛma/ m. **1** *(insegna)* emblem, badge; ARALD. emblem, device **2** FIG. *(simbolo)* emblem, symbol.
emblematico, pl. **-ci**, **-che** /emble'matiko, tʃi, ke/ agg. *(tipico)* emblematic, typical.
embolia /embo'lia/ f. embolism ♦♦ ***~ gassosa*** aeroembolism.
embolo /'ɛmbolo/ m. embolus*.
embrice /'embritʃe/ m. = flat roof tile.
embrionale /embrjo'nale/ agg. **1** embryonal, embryonic **2** FIG. embryonic; ***in fase, allo stato ~*** in the embryonic stages.
embrione /embri'one/ m. **1** BIOL. MED. embryo* **2** FIG. ***l'idea è ancora in ~*** the idea is still in its embryonic stages.
emendamento /emenda'mento/ m. DIR. POL. amendment.
emendare /emen'dare/ [1] **I** tr. **1** DIR. to amend, to revise [*legge*] **2** FILOL. to emend, to correct [*testo*] **II emendarsi** pronom. to mend one's way, to amend.
emergente /emer'dʒɛnte/ agg. [*classe, paese*] emergent, emerging; [*attore*] budding.
emergenza /emer'dʒɛntsa/ f. **1** emergency; ***in caso di ~*** in case of emergency; ***dichiarare lo stato di ~*** to declare a state of emergency; ***uscita di ~*** emergency exit **2** *(situazione)* ***~ droga, occupazione*** the drug, unemployment problem.
emergere /e'mɛrdʒere/ [19] intr. (aus. *essere*) **1** *(salire alla superficie)* [*sottomarino*] to surface, to emerge; [*oggetto*] to emerge, to appear **2** *(rendersi visibile)* to emerge, to come* out; ***~ dal buio*** to come out of the dark **3** FIG. [*verità, problema*] to surface, to emerge; ***dal rapporto emerge che*** the report brings out the fact that **4** FIG. *(distinguersi)* [*persona, opera*] to stand* out.
emerito /e'mɛrito/ agg. **1** *(titolo)* [*professore*] emeritus **2** *(insigne)* distinguished, renowned **3** SCHERZ. ***un ~ imbecille*** a first-class idiot.
emeroteca, pl. **-che** /emero'tɛka, ke/ f. newspaper library.
emersione /emer'sjone/ f. *(di sottomarino, oggetto)* emersion, surfacing.
emerso /e'mɛrso/ **I** p.pass. → **emergere II** agg. surfaced; ***terre -e*** lands above sea level.
emetico, pl. **-ci** , **-che** /e'mɛtiko, tʃi, ke/ agg. e m. emetic.
emettere /e'mettere/ [60] tr. **1** *(mandar fuori)* to let* out, to emit [*urlo, suono*] **2** *(diffondere)* to emit, to give* off, to send* out [*calore, radiazioni*] **3** AMM. to issue [*francobollo, banconote*] **4** ECON. to issue, to float [*azioni*]; to draw* [*assegno, cambiale*] **5** *(emanare)* to promulgate, to pass [*legge*] **6** DIR. to pass [*sentenza, verdetto*]; to issue [*mandato*].
emiciclo /emi'tʃiklo/ m. ***l'~ della Camera dei Deputati*** the floor of the House of Deputies.
emicrania /emi'kranja/ ➧ ***7*** f. migraine.
emigrante /emi'grante/ agg., m. e f. emigrant.
emigrare /emi'grare/ [1] intr. (aus. *essere, avere*) [*persona*] to emigrate; [*animali*] to migrate.
emigrato /emi'grato/ **I** p.pass. → **emigrare II** agg. emigrant, emigrating **III** m. (f. **-a**) emigrant.
emigrazione /emigrat'tsjone/ f. *(di persona)* emigration; *(di animali)* migration.
Emilia /e'milja/ n.pr.f. Emily.
emiliano /emi'ljano/ ➧ ***30*** **I** agg. Emilian **II** m. (f. **-a**) Emilian.
Emilio /e'miljo/ n.pr.m. Emil.
eminente /emi'nɛnte/ agg. [*personalità, studioso*] eminent, distinguished, outstanding.
eminenza /emi'nɛntsa/ ➧ ***1*** f. **1** *(eccellenza)* eminence, excellence **2** *(titolo)* ***Vostra, Sua Eminenza*** Your Eminence ♦♦ ***~ grigia*** éminence grise, grey BE *o* gray AE eminence.
emirato /emi'rato/ m. emirate.
emiro /e'miro/ m. emir.
emisfero /emis'fɛro/ m. ANAT. GEOGR. hemisphere.
1.emissario, pl. **-ri** /emis'sarjo, ri/ m. *(fiume)* effluent.
2.emissario, pl. **-ri** /emis'sarjo, ri/ m. *(persona)* emissary.
emissione /emis'sjone/ f. **1** *(di luce, suoni, calore)* emission; *(di gas di scarico)* emission, ejection **2** *(di banconote, francobolli)* issue; *(di azioni)* issue, flotation; *(di assegni)* drawing, issue; ***banca, data di ~*** issuing bank, date **3** RAD. TELEV. output, impulse, emission.
emittente /emit'tɛnte/ **I** agg. **1** RAD. TELEV. [*stazione*] broadcasting, transmitting **2** ECON. [*banca*] issuing **II** f. RAD. TELEV. (broacasting) station; ***~ radiofonica, televisiva*** radio, television station; ***~ privata*** private station.
emittenza /emit'tɛntsa/ f. **1** ***~ televisiva, radiofonica*** television, radio broadcasting **2** *(emittenti)* (broadcasting) stations pl., networks pl.; ***~ pubblica*** public stations.
emme /'ɛmme/ m. e f.inv. *(lettera)* m, M.
emocromo /emo'krɔmo/ m. haemochrome BE, hemochrome AE.
emoderivato /emoderi'vato/ m. blood product.
emodialisi /emodi'alizi/ f.inv. renal dialysis, kidney dialysis, haemodialysis BE, hemodialysis AE.
emofilia /emofi'lia/ ➧ ***7*** f. haemophilia BE, hemophilia AE.
emofiliaco, pl. **-ci**, **-che** /emofi'liako, tʃi, ke/ **I** agg. haemophili(a)c BE, hemophili(a)c AE **II** m. (f. **-a**) haemophiliac BE, hemophiliac AE.

emoglobina /emoglo'bina/ f. haemoglobin BE, hemoglobin AE.
emolliente /emol'ljɛnte/ agg. e m. emollient.
emolumenti /emolu'menti/ m.pl. emoluments.
emorragia /emorra'dʒia/ f. MED. haemorrhage BE, hemorrhage AE; ***per fermare l'~*** to stop the bleeding.
emorroidi /emor'rɔidi/ f.pl. haemorrhoids BE, hemorrhoids AE.
emostatico, pl. **-ci, -che** /emos'tatiko, tʃi, ke/ **I** agg. haemostatic BE, hemostatic AE; ***matita -a*** styptic pencil **II** m. haemostat BE, hemostat AE.
emoteca, pl. **-che** /emo'tɛka, ke/ f. blood bank.
emotività /emotivi'ta/ f.inv. emotionality; ***di grande ~*** highly emotional.
emotivo /emo'tivo/ **I** agg. [*persona, sviluppo, impatto*] emotional **II** m. (f. **-a**) emotional person.
emozionale /emottsjo'nale/ agg. emotional.
emozionante /emottsjo'nante/ agg. **1** *(toccante)* [*cerimonia, film*] moving, touching **2** *(eccitante)* [*vita, giornata*] exciting.
emozionare /emottsjo'nare/ [1] **I** tr. **1** *(commuovere)* to move, to touch **2** *(eccitare)* to excite **II emozionarsi** pronom. **1** *(commuoversi)* ***si emoziona facilmente*** he's rather emotional **2** *(eccitarsi)* to get* excited; *(agitarsi)* to get* worked up.
emozionato /emottsjo'nato/ **I** p.pass. → **emozionare II** agg. **1** *(commosso)* moved, touched **2** *(eccitato)* excited, thrilled; *(agitato)* worked up.
emozione /emot'tsjone/ f. **1** emotion **2** *(eccitazione)* excitement, thrill; ***amare le -i forti*** to love a thrill.
empatia /empa'tia/ f. empathy.
empietà /empje'ta/ f.inv. **1** *(sacrilegio)* impiety; *(atto)* impiety, impious act **2** *(malvagità)* wickedness; *(atto)* wickedness, wicked act.
empio, pl. **-pi, -pie** /'empjo, pi, pje/ agg. **1** *(sacrilego)* impious **2** *(malvagio)* wicked.
empireo /em'pireo/ agg. e m. empyrean.
empirico, pl. **-ci, -che** /em'piriko, tʃi, ke/ agg. empiric(al).
empirismo /empi'rizmo/ m. empiricism.
empirista, m.pl. **-i**, f.pl. **-e** /empi'rista/ m. e f. empiricist.
emporio, pl. **-ri** /em'pɔrjo, ri/ m. *(negozio di merci varie)* emporium*, (general) store; *(grande magazzino)* department store.
emù /e'mu/ m.inv. emu.
emulare /emu'lare/ [1] tr. to emulate (anche INFORM.).
emulazione /emulat'tsjone/ f. emulation (anche INFORM.).
emulo /'ɛmulo/ m. (f. **-a**) imitator; ***ha molti -i*** many people model themselves on him.
emulsionante /emulsjo'nante/ **I** agg. emulsifying **II** m. emulsifier.
emulsionare /emulsjo'nare/ [1] tr. to emulsify.
emulsione /emul'sjone/ f. emulsion.
ENAL /'ɛnal/ m. (⇒ Ente Nazionale Assistenza Lavoratori) = national agency for worker assistance.
Enalotto /ena'lɔtto/ m.inv. INTRAD. (lottery based on the lotto).
encefalo /en'tʃɛfalo/ m. encephalon*.
encefalogramma /entʃefalo'gramma/ m. encephalogram.
encefalomielite /entʃefalomie'lite/ ➧ **7** f. ***~ mialgica*** myalgic encephalomyelitis.
encefalopatia /entʃefalopa'tia/ ➧ **7** f. ***~ spongiforme bovina*** bovine spongiform encephalopathy.
enciclica, pl. **-che** /en'tʃiklika, ke/ f. encyclical.
enciclopedia /entʃiklope'dia/ f. encyclop(a)edia.
enciclopedico, pl. **-ci, -che** /entʃiklo'pɛdiko, tʃi, ke/ agg. encyclop(a)edic.
enclave /en'klave/ f.inv. enclave.
enclitico, pl. **-ci, -che** /en'klitiko, tʃi, ke/ agg. enclitic.
encomiabile /enko'mjabile/ agg. commendable, praiseworthy.
encomiare /enko'mjare/ [1] tr. to commend, to praise.
encomio, pl. **-mi** /en'kɔmjo, mi/ m. encomium*, tribute; *(lode)* praise, commendation; ***tributare un ~ a qcn.*** to pay tribute to sb.
endecasillabo /endeka'sillabo/ **I** agg. hendecasyllabic **II** m. hendecasyllable.
endemia /ende'mia/ f. endemic.
endemico, pl. **-ci, -che** /en'dɛmiko, tʃi, ke/ agg. endemic.
endocrino /en'dɔkrino/ agg. endocrine.
endocrinologia /endokrinolo'dʒia/ f. endocrinology.
endogeno /en'dɔdʒeno/ agg. endogenous; GEOL. endogenic.
endoreattore /endoreat'tore/ m. rocket engine.
endoscopia /endosko'pia/ f. endoscopy.
endovena /endo'vena/ f. intravenous injection.
endovenoso /endove'noso/ agg. [*iniezione*] intravenous.
Enea /e'nɛa/ n.pr.m. Aeneas.
ENEL /'ɛnel/ m. (⇒ Ente Nazionale per l'Energia Elettrica) = national electricity board.
energetico, pl. **-ci, -che** /ener'dʒɛtiko, tʃi, ke/ **I** agg. **1** ECON. [*risorse, fabbisogno, crisi*] energy attrib. **2** FISIOL. [*alimento*] high-calorie; [*contenuto, valore*] energy attrib. **II** m. tonic.
energia /ener'dʒia/ f. **1** energy; ***fonte di ~*** power source **2** *(forza)* energy, strength, vigour BE, vigor AE; ***impiegare tutte le proprie -e per fare*** to put all one's energies into doing ♦♦ ***~ cinetica*** kinetic energy; ***~ elettrica*** electric energy; ***~ nucleare*** nuclear energy; ***~ potenziale*** potential energy; ***~ solare*** solar energy *o* power.
energicamente /enerdʒika'mente/ avv. [*discutere*] energetically; [*lottare*] vigorously; [*colpire, spingere*] hard.
energico, pl. **-ci, -che** /e'nɛrdʒiko, tʃi, ke/ agg. [*persona*] energetic, active; [*stretta di mano*] firm; [*cura, protesta*] strong; [*intervento*] forceful.
energumeno /ener'gumeno/ m. *(uomo violento)* wild man*.
enfasi /'ɛnfazi/ f.inv. **1** *(esagerazione)* emphasis*, grandiloquence; ***discorso pieno d'~*** grandiloquent speech **2** *(rilievo particolare)* emphasis*; ***dare ~ a qcs.*** to lay *o* put *o* place emphasis on sth. **3** LING. emphasis*.
enfatico, pl. **-ci, -che** /en'fatiko, tʃi, ke/ agg. **1** *(pomposo)* [*discorso, stile*] emphatic, grandiloquent, pompous **2** LING. emphatic.
enfatizzare /enfatid'dzare/ [1] tr. **1** *(pronunciare)* to emphasize **2** *(accentuare)* to emphasize, to stress [*aspetti positivi, importanza*].
enfisema /enfi'zɛma/ m. emphysema.
ENI /'ɛni/ m. (⇒ Ente Nazionale Idrocarburi) = national hydrocarbon corporation.
enigma /e'nigma/ m. **1** *(mistero)* enigma*, puzzle, mystery **2** *(indovinello)* riddle, enigma*; ***parlare per -i*** to speak in riddles.
enigmatico, pl. **-ci, -che** /enig'matiko, tʃi, ke/ agg. [*persona, sorriso*] enigmatic, inscrutable; ***con aria -a*** enigmatically.
enigmista, m.pl. **-i**, f.pl. **-e** /enig'mista/ m. e f. **1** *(autore di giochi)* inventor of puzzles, inventor of riddles **2** *(solutore di giochi)* puzzle solver, riddle solver.
enigmistica /enig'mistika/ f. **1** *(l'inventare enigmi)* enigmatography **2** *(il risolvere enigmi)* puzzle-solving.
enigmistico, pl. **-ci, -che** /enig'mistiko, tʃi, ke/ agg. [*rivista*] puzzle attrib.; ***gioco ~*** puzzle.
ENIT /'ɛnit/ m. (⇒ Ente Nazionale Italiano per il Turismo) = Italian national tourist office.
enne /'ɛnne/ m. e f.inv. *(lettera)* n, N.
ennesimo /en'nɛzimo/ agg. **1** MAT. ***all'-a potenza*** to the nth power (anche FIG.) **2** FIG. nth, umpteenth; ***per l'-a volta*** for the nth *o* umpteenth time.
enologia /enolo'dʒia/ f. oenology BE, enology AE.
enologico, pl. **-ci, -che** /eno'lɔdʒiko, tʃi, ke/ agg. oenological BE, enological AE.
enologo, m.pl. **-gi**, f.pl. **-ghe** /e'nɔlogo, dʒi, ge/ ➧ **18** m. (f. **-a**) oenologist BE, enologist AE.
enorme /e'norme, e'nɔrme/ agg. **1** *(per dimensione, quantità)* [*casa, oggetto, paese*] huge, enormous; [*somma*] huge, vast, great **2** *(per intensità, ampiezza)* [*scandalo, successo*] huge, tremendous; [*problema, sforzo*] tremendous, enormous; [*errore, stupidaggine*] terrible.
enormemente /enorme'mente/ avv. [*crescere, variare*] enormously, tremendously; [*impressionato*] greatly, highly; [*complesso, lungo*] tremendously, immensely.
enormità /enormi'ta/ f.inv. **1** *(di quantità, cifra)* hugeness; *(di problema, errore)* vastness, immensity **2** *(sproposito)* ***costare un'~*** to cost a fortune; ***commettere un'~*** to make a gross error; ***dire delle ~*** to speak nonsense.

enoteca, pl. **-che** /eno'tɛka, ke/ f. **1** *(negozio)* wine shop **2** *(collezione di vini)* stock of vintage wines.

ENPA /'ɛmpa/ m. (⇒ Ente Nazionale Protezione Animali) = national society for the prevention of cruelty to animals.

en passant /ampas'san/ avv. in passing, en passant, by the way.

Enrica /en'rika/, **Enrichetta** /enri'ketta/ n.pr.f. Harriet, Henrietta.

Enrico /en'riko/ n.pr.m. Henry, Harry.

ensemble /an'sambl/ m.inv. MUS. SART. ensemble.

ente /'ɛnte/ m. **1** (corporate) body, authority, board, agency AE **2** FILOS. being; ***l'~ supremo*** the Supreme Being ♦♦ ***~ locale*** local authority; ***~ morale*** no-profit organization; ***~ privato*** private corporation; ***~ pubblico*** public body *o* corporation; ***~ per il turismo*** tourist board.

enterite /ente'rite/ ➧ **7** f. enteritis*.

enteroclisma /entero'klizma/ m. enema*.

entità /enti'ta/ f.inv. **1** *(dimensione)* size, degree, extent; *(importanza)* importance; ***l'~ dei danni*** the extent of the damage; ***di lieve*** o ***scarsa ~*** slight attrib., of little importance; ***di una certa ~*** substantial, considerable **2** *(essere, cosa)* entity (anche FILOS.).

entomologia /entomolo'dʒia/ f. entomology.

entomologo, m.pl. **-gi**, f.pl. **-ghe** /ento'mɔlogo, dʒi, ge/ m. (f. **-a**) entomologist.

entourage /entu'raʒ/ m.inv. *(collaboratori)* entourage; *(amici)* circle (of friends).

entraîneuse /antre'nøz/ ➧ ***18*** f.inv. hostess.

entrambi /en'trambi/ **I** agg. both; ***~ i suoi genitori*** both her parents; ***-e le soluzioni sono accettabili*** either one of the solutions is acceptable, both of the solutions are acceptable **II** pron. (f. **-e**) both; ***giocano ~*** they both play, both of them play; ***prendiamoli ~*** let's take both of them; ***~ sono possibili*** either is possible.

entrante /en'trante/ agg. **1** *(che sta per cominciare)* ***la settimana ~*** next *o* the coming week **2** *(appena giunto in carica)* ***il ministro ~*** the new *o* newly-appointed minister.

entrare /en'trare/ [1] intr. (aus. *essere*) **1** *(andare dentro)* to go* in, to enter FORM.; *(venire dentro)* to come* in, to enter FORM.; ***posso ~?*** may I come in? ***~ in casa dalla porta posteriore*** to get into *o* enter the house by the back door; ***~ in salotto*** to go into the living room; ***~ in macchina*** to get into the car; ***lasciami ~!*** let me in! ***vi farò ~ dalla cucina*** I'll let you in through the kitchen; ***falla ~*** show her in; ***~ furtivamente*** to sneak in **2** *(poter essere contenuto)* ***la chiave non entra nella toppa*** the key doesn't fit *o* won't go in the lock; ***non riesco a far ~ la moneta nella fessura*** I can't get the coin into the slot; ***far ~ qcs. nella testa di qcn.*** FIG. to get sth. into sb.'s head; ***non entro più nei pantaloni*** I can't get *o* fit into my trousers any more; ***questo vestito non mi entra*** this dress doesn't fit me **3** **entrare in** ***~ in*** to enter [*periodo, fase, dibattito, parlamento*]; to join [*partito, esercito*]; ***~ in politica*** to go into *o* enter politics; ***~ in guerra*** to enter the war; ***~ nella vita di qcn.*** to come into sb.'s life; ***~ nell'uso*** to come into use; ***~ nella leggenda*** to become a legend; ***far ~ qcn. in una ditta*** to get sb. into a firm **4** SPORT ***~ sull'attaccante*** to tackle the forward **5** **entrarci** *(avere a che fare)* ***non c'entra nulla*** that's got nothing to do with it; ***la fortuna non c'entra*** luck doesn't come into it; ***c'entra poco, molto con questo*** it has little, a lot to do with this; ***non voglio entrarci in questa faccenda*** I don't want to get involved in this business.

entrata /en'trata/ f. **1** *(ingresso)* entrance (**di** to); ***"~"*** "entrance", "way in" BE **2** *(anticamera)* hall, entry **3** *(l'entrare)* entry, entrance; *(di veicoli, merci)* entry; *(ammissione)* admission; ***"~ libera"*** "free admission *o* entry"; ***in ~*** [*merci*] inward-bound **4** TEATR. entrance **5** *(reddito)* ***le -e*** income, revenues; AMM. receipts; ***-e e uscite*** income and expenditure **6** SPORT tackle ♦♦ ***~ in carica*** entrance into office, appointment; ***~ in guerra*** entry into the war; ***~ principale*** main entrance; ***~ di servizio*** service entrance; ***~ in vigore*** coming into effect.

entratura /entra'tura/ f. *(conoscenze influenti)* connections pl.

entro /'entro/ prep. **1** *(riferito a durata)* within, in; ***~ breve (tempo)*** soon; ***~ 5 giorni, una settimana*** within 5 days, a week **2** *(riferito a un momento preciso)* by; ***~ le 8, il 23*** by 8, the 23rd; ***entro quando?*** by when? **3** *(spazio)* ***~ i confini*** inside the borders; ***~ i limiti*** within the limits.

entrobordo /entro'bordo/ m.inv. *(motore)* inboard engine; *(imbarcazione)* inboard racer.

entropia /entro'pia/ f. entropy.

entroterra /entro'tɛrra/ m.inv. hinterland; ***nell'~ ligure*** in the inland parts of Liguria.

entusiasmante /entuzjaz'mante/ agg. exciting, thrilling.

entusiasmare /entuzjaz'mare/ [1] **I** tr. to fill [sb.] with enthusiasm, to arouse enthusiasm in, to thrill **II entusiasmarsi** pronom. to get* enthusiastic (**per** about).

entusiasmo /entu'zjazmo/ m. enthusiasm; ***frenare gli -i*** to dampen enthusiasm.

entusiasta, m.pl. **-i**, f.pl. **-e** /entu'zjasta/ **I** agg. **1** [*accoglienza, pubblico*] enthusiastic **2** *(soddisfatto)* delighted, thrilled **II** m. e f. enthusiast.

entusiasticamente /entuzjastika'mente/ avv. enthusiastically.

entusiastico, pl. **-ci**, **-che** /entu'zjastiko, tʃi, ke/ agg. enthusiastic, warm; ***parlare in termini -ci di qcn.*** to speak highly of sb.

enumerare /enume'rare/ [1] tr. to enumerate FORM., to list, to count.

enumerazione /enumerat'tsjone/ f. enumeration FORM., list.

enunciare /enun'tʃare/ [1] tr. to state, to enunciate FORM. [*teoria*].

enunciato /enun'tʃato/ m. proposition, statement; MAT. *(di problema)* terms pl.

enunciazione /enuntʃat'tsjone/ f. enunciation, statement.

enuresi /enu'rɛzi/ f.inv. enuresis.

enzima /en'dzima/ m. enzyme.

enzimatico, pl. **-ci**, **-che** /endzi'matiko, tʃi, ke/ agg. enzymatic, enzymic.

eolico, pl. **-ci**, **-che** /e'ɔliko, tʃi, ke/ agg. *(del vento)* ***energia -a*** windpower.

epatico, pl. **-ci**, **-che** /e'patiko, tʃi, ke/ agg. hepatic, liver attrib.

epatite /epa'tite/ ➧ ***7*** f. hepatitis.

epica /'ɛpika/ f. epic.

epicentro /epi'tʃɛntro/ m. epicentre BE, epicenter AE.

epico, pl. **-ci**, **-che** /'ɛpiko, tʃi, ke/ agg. epic (anche FIG.); ***poema ~*** epic (poem).

epicureo /epiku'rɛo/ **I** agg. epicurean **II** m. (f. **-a**) epicurean.

epidemia /epide'mia/ f. epidemic (anche FIG.).

epidemico, pl. **-ci**, **-che** /epi'dɛmiko, tʃi, ke/ agg. epidemic(al).

epidermico, pl. **-ci**, **-che** /epi'dɛrmiko, tʃi, ke/ agg. epidermic.

epidermide /epi'dɛrmide/ f. ANAT. BOT. epidermis.

epidurale /epidu'rale/ agg. e f. epidural.

epifania /epifa'nia/ f. **1 Epifania** RELIG. Epiphany, Twelfth Night **2** LETTER. epiphany.

epiglottide /epi'glɔttide/ f. epiglottis*.

epigrafe /e'pigrafe/ f. epigraph.

epigrafia /epigra'fia/ f. epigraphy.

epigrafico, pl. **-ci**, **-che** /epi'grafiko, tʃi, ke/ agg. epigraphic(al).

epigramma /epi'gramma/ m. epigram.

epigrammatico, pl. **-ci**, **-che** /epigram'matiko, tʃi, ke/ agg. epigrammatic(al).

epilessia /epiles'sia/ ➧ ***7*** f. epilepsy.

epilettico, pl. **-ci**, **-che** /epi'lɛttiko, tʃi, ke/ **I** agg. epileptic **II** m. (f. **-a**) epileptic.

epilogo, pl. **-ghi** /e'pilogo, gi/ m. epilogue (anche FIG.).

episcopale /episko'pale/ agg. episcopal.

episodico, pl. **-ci**, **-che** /epi'zɔdiko, tʃi, ke/ agg. **1** *(occasionale)* episodic, occasional **2** *(a episodi)* episodic; *(frammentario)* fragmentary.

episodio, pl. **-di** /epi'zɔdjo, di/ m. **1** episode; ***romanzo a -di*** serialized novel **2** *(avvenimento)* episode, incident, event.

epistola /e'pistola/ f. epistle; ***Epistola ai Corinzi*** BIBL. Epistle to the Corinthians.

epistolare /episto'lare/ agg. epistolary; ***avere rapporti -i*** to correspond.

epistolario, pl. **-ri** /episto'larjo, ri/ m. letters pl.

epitaffio, pl. **-fi** /epi'taffjo, fi/ m. epitaph.
epitelio, pl. **-li** /epi'tɛljo, li/ m. epithelium*.
epiteto /e'piteto/ m. **1** epithet **2** *(insulto)* term of abuse, epithet, insult; ***coprire qcn. di -i*** to call sb. names.
epoca, pl. **-che** /'ɛpoka, ke/ f. **1** *(tempo, periodo)* time; ***all'~*** o ***a quell'~*** at that time; ***in ~ moderna*** in modern times; ***dell'~*** [*oggetto, moda*] of the time; ***l'anno scorso a quest'~*** this same time last year **2** *(periodo storico)* epoch, era, age; ***l'~ vittoriana*** the Victorian age; ***d'~ rinascimentale*** from the Renaissance; ***fare ~, segnare un'~*** to mark an epoch; ***un evento che ha fatto ~*** an epoch-making event **3** ASTR. GEOL. epoch **4 d'epoca** [*costumi*] period attrib.; [*mobili*] antique; ***auto d'~*** *(costruita prima del 1905)* veteran (car); *(costruita tra il 1917 e il 1930)* vintage car.
epocale /epo'kale/ agg. [*svolta, cambiamento*] epoch-making, momentous.
epopea /epo'pɛa/ f. **1** LETTER. epic **2** *(fatti eroici)* epic deeds pl.
eppure /ep'pure/ cong. (and) yet, still, but.
epurare /epu'rare/ [1] tr. to purge [*partito, organizzazione*] (**da** of).
epurazione /epurat'tsjone/ f. purge.
equalizzatore /ekwaliddza'tore/ m. equalizer.
equamente /ekwa'mente/ avv. [*suddividere*] equitably, fairly; [*giudicare*] impartially, fairly.
equanime /e'kwanime/ agg. impartial, fair, unbias(s)ed.
equatore /ekwa'tore/ m. equator.
equatoriale /ekwato'rjale/ agg. equatorial.
equazione /ekwat'tsjone/ f. equation; ***~ di primo, secondo, terzo grado*** simple, quadratic, cubic equation ♦♦ ***~ algebrica*** algebraic equation.
equestre /e'kwɛstre/ agg. equestrian.
equidistante /ekwidis'tante/ agg. equidistant.
equilatero /ekwi'latero/ agg. equilateral.
equilibrare /ekwili'brare/ [1] **I** tr. to balance (anche ECON. TECN.) **II equilibrarsi** pronom. [*fattori, costi*] to (counter)balance each other.
equilibrato /ekwili'brato/ **I** p.pass. → **equilibrare II** agg. **1** *(ben distribuito, ponderato)* [*alimentazione*] balanced; ***il carico è mal ~*** the load is unevenly distributed **2** FIG. [*persona, temperamento*] balanced, stable; [*gara, confronto*] even; [*politica, giudizio*] sane.
equilibratura /ekwilibra'tura/ f. *(di ruote)* balancing.
equilibrio, pl. **-bri** /ekwi'librjo, bri/ m. **1** *(posizione stabile)* balance, equilibrium*; ***stare in ~, mantenere l'~*** to keep one's balance; ***perdere l'~*** to lose one's balance; ***fare perdere l'~ a qcn.*** to knock sb. off balance; ***stare in ~ su un piede*** to balance on one leg **2** *(accordo, armonia)* balance, stability; ***trovare il giusto ~*** to strike a balance **3** *(salute mentale)* equilibrium*, sanity; ***il suo ~ mentale era sconvolto*** the balance of his mind was disturbed; ***ritrovare il proprio ~*** to get back to normal.
equilibrismo /ekwili'brizmo/ m. **1** acrobatics + verbo sing.; *(sulla corda)* tightrope walking; ***numero di ~*** balancing act **2** FIG. ***~ politico*** political tightrope walking, political balancing act.
equilibrista, m.pl. **-i**, f.pl. **-e** /ekwili'brista/ ▶ ***18*** m. e f. equilibrist, tightrope walker (anche FIG.).
equino /e'kwino/ **I** agg. [*specie, malattia*] equine; [*volto, aspetto*] hors(e)y, horse-like; ***macelleria -a*** horse butcher's **II** m. equine.
equinoziale /ekwinot'tsjale/ agg. equinoctial.
equinozio, pl. **-zi** /ekwi'nɔttsjo, tsi/ m. equinox; ***~ di primavera, d'autunno*** vernal, autumnal equinox.
equipaggiamento /ekwipaddʒa'mento/ m. **1** *(l'equipaggiare)* equipping, outfitting **2** *(materiale)* equipment; SPORT equipment, gear **3** MIL. equipment, kit BE.
equipaggiare /ekwipad'dʒare/ [1] **I** tr. **1** to equip, to fit* out, to rig out [*persona*]; to equip, to instrument [*fabbrica, macchina*] **2** MAR. to man [*nave*] **II equipaggiarsi** pronom. to equip oneself.
equipaggio, pl. **-gi** /ekwi'paddʒo, dʒi/ m. MAR. AER. SPORT crew.
equiparare /ekwipa'rare/ [1] tr. to equalize, to level [*pensioni, stipendi*]; to recognize [*titoli di studio*].
équipe /e'kip/ f.inv. team; ***lavoro d'~*** teamwork; ***lavorare in ~*** to work as a team.
equiseto /ekwi'sɛto/ m. equisetum*, horsetail.
equità /ekwi'ta/ f.inv. equity, fairness.
equitazione /ekwitat'tsjone/ f. (horse)riding; *(arte)* horsemanship; ***fare ~*** to go riding, to ride; ***maestro d'~*** riding instructor *o* master.
equivalente /ekwiva'lɛnte/ **I** agg. equivalent, equal (**a** to) **II** m. equivalent; ***essere l'~ di*** to be the counterpart of [*persona, istituzione*].
equivalenza /ekwiva'lɛntsa/ f. equivalence (anche MAT. CHIM.).
equivalere /ekwiva'lere/ [96] **I** intr. (aus. *essere, avere*) **1** *(avere lo stesso valore)* ***~ a*** to be equivalent to [*quantità*]; to amount to [*effetto*]; to be tantamount to [*effetto negativo, rifiuto*]; ***~ a fare*** to be as much as to do **2** *(corrispondere)* to correspond (**a** to) **II equivalersi** pronom. to be* equivalent, to be* the same.
equivocare /ekwivo'kare/ [1] intr. (aus. *avere*) to misunderstand*, to misinterpret, to mistake*; ***~ su qcs.*** to misunderstand *o* mistake sth.
equivoco, pl. **-ci, -che** /e'kwivoko, tʃi, ke/ **I** agg. *(sospetto, losco)* [*reputazione, condotta*] suspicious, dubious; [*individuo*] shady, dubious; *(ambiguo)* [*situazione, posizione*] ambiguous, equivocal **II** m. *(ambiguità)* ambiguity; *(malinteso)* misunderstanding, misinterpretation; ***a scanso di -ci*** to avoid any misunderstanding.
equo /'ɛkwo/ agg. [*persona*] fair, just, impartial; [*processo, sistema, prezzo, mercato*] fair; [*suddivisione*] fair, equitable; [*regolamento, ricompensa*] just, fair; ***~ canone*** fair rent.
era /'ɛra/ f. era, age; ***l'~ cristiana*** the Christian era; ***l'~ industriale*** the industrial age; ***una nuova ~ per la tecnologia*** a new era in technology.
erariale /era'rjale/ agg. revenue attrib., tax attrib., fiscal.
erario, pl. **-ri** /e'rarjo, ri/ m. (national) revenue, treasury; ***le entrate dell'~*** tax revenues.
erba /'ɛrba/ f. **1** *(tappeto erboso)* grass; ***"vietato calpestare l'~"*** "keep off the grass" **2** *(pianta)* herb; *(infestante)* weed; ***-e aromatiche*** aromatic *o* mixed herbs **3** COLLOQ. *(marijuana)* grass, dope **4 in erba** *(ancora verde)* [*grano*] in the blade, bladed; *(giovane)* [*musicista, campione*] budding ♦ ***vedere l'~ dalla parte delle radici*** to be pushing up (the) daisies; ***l'~ del vicino è sempre più verde*** the grass is (always) greener on the other side (of the fence) ♦♦ ***~ cipollina*** chive; ***~ gatta*** catmint BE, catnip AE; ***~ medica*** alfalfa.
erbaccia, pl. **-ce** /er'battʃa, tʃe/ f. weed; ***togliere le -ce*** to pull up weeds, to weed.
erbaceo, pl. **-cei, -cee** /er'batʃeo, tʃei, tʃee/ agg. [*piante*] herbaceous.
erbario, pl. **-ri** /er'barjo, ri/ m. *(libro)* herbal; *(raccolta)* herbarium*.
erbette /er'bette/ f.pl. *(erbe aromatiche)* herbs.
erbicida /erbi'tʃida/ m. herbicide, weedkiller.
erbivendolo /erbi'vendolo/ ▶ ***18*** m. (f. **-a**) greengrocer BE.
erbivoro /er'bivoro/ **I** agg. herbivorous **II** m. (f. **-a**) herbivore.
erborista, m.pl. **-i**, f.pl. **-e** /erbo'rista/ ▶ ***18*** m. e f. herbalist.
erboristeria /erboriste'ria/ ▶ ***18*** f. **1** *(disciplina)* herbal medicine **2** *(negozio)* herbalist's shop.
erboso /er'boso/ agg. grassy, grass attrib.; ***tappeto ~*** lawn, grassplot.
Ercole /'ɛrkole/ **I** n.pr.m. MITOL. Hercules **II** m. FIG. Hercules.
erculeo /er'kuleo/ agg. Herculean.
erede /e'rɛde/ m. e f. DIR. inheritor; *(uomo)* heir (**di** to); *(donna)* heiress (**di** to) (anche FIG.); ***nominare qcn. proprio ~*** to make sb. one's heir; ***~ spirituale*** spiritual heir ♦♦ ***~ legittimo*** heir-at-law; ***~ al trono*** heir to the throne; ***~ universale*** sole heir.
eredità /eredi'ta/ f.inv. **1** inheritance; ***lasciare qcs. in ~*** to bequeath sth. (**a qcn.** to sb.); ***lasciare una grossa ~ a qcn.*** to leave sb. a big inheritance; ***avere*** o ***ricevere qcs. in ~*** to inherit sth. **2** FIG. *(retaggio)* legacy, heritage **3** BIOL. inheritance, heredity.
ereditare /eredi'tare/ [1] tr. to inherit (anche FIG.).

ereditario, pl. **-ri**, **-rie** /eredi'tarjo, ri, rje/ agg. hereditary; ***principe ~*** crown prince; ***per via -a*** by *o* through inheritance.
ereditiera /eredi'tjɛra/ f. heiress.
eremita, m.pl. **-i**, f.pl. **-e** /ere'mita/ m. e f. hermit; FIG. hermit, recluse.
eremitaggio, pl. **-gi** /eremi'taddʒo, dʒi/ m. hermitage.
eremo /'ɛremo/ m. hermitage.
eresia /ere'zia/ f. **1** RELIG. heresy **2** SCHERZ. *(assurdità, sproposito)* heresy, nonsense; ***non dire -e!*** don't talk nonsense!
eretico, pl. **-ci**, **-che** /e'rɛtiko, tʃi, ke/ **I** agg. heretical **II** m. (f. **-a**) heretic.
erettile /e'rɛttile/ agg. erectile.
eretto /e'rɛtto/ **I** p.pass. → **erigere II** agg. *(diritto)* erect, upright; ***tenere il capo ~*** to hold one's head high; ***portamento ~*** erectness, upright position.
erezione /eret'tsjone/ f. **1** *(costruzione)* erection, raising; *(fondazione)* foundation, establishment **2** FISIOL. erection; ***in ~*** erect.
ergastolano /ergasto'lano/ m. (f. **-a**) life convict, lifer COLLOQ.
ergastolo /er'gastolo/ m. life imprisonment, life COLLOQ.; ***condanna all'~*** life sentence.
ergersi /'ɛrdʒersi/ [24] pronom. **1** [*montagna, edificio*] to rise* (up), to stand* **2** FIG. ***~ a giudice di*** to sit in judgement on *o* over; ***~ a difensore di*** to stand up in defense of.
ergonomia /ergono'mia/ f. ergonomics + verbo sing.
ergonomico, pl. **-ci**, **-che** /ergo'nɔmiko, tʃi, ke/ agg. ergonomic.
erica, pl. **-che** /'ɛrika, ke/ f. heather.
Erica /'ɛrika/ n.pr.f. Erica, Erika.
erigere /e'ridʒere/ [38] **I** tr. **1** *(innalzare)* to erect, to build*, to raise [*monumento, statua, edificio*]; to raise, to throw* up COLLOQ. [*barriera, ostacolo*] **2** *(fondare)* to found, to institute **II erigersi** pronom. **1** *(drizzarsi)* to straighten (oneself) up **2** FIG. *(atteggiarsi)* ***-rsi a*** to set oneself as.
eritema /eri'tɛma/ m. erythema ♦♦ ***~ solare*** sun-rash.
eritreo /eri'trɛo/ ♦ ***25*** **I** agg. Eritrean **II** m. (f. **-a**) Eritrean.
ermafrodito /ermafro'dito/ agg. e m. hermaphrodite.
Ermanno /er'manno/ n.pr.m. Herman.
ermellino /ermel'lino/ m. **1** *(animale)* stoat, ermine* **2** *(pelliccia)* ermine (anche ARALD.).
Ermes /'ɛrmes/, **Ermete** /er'mɛte/ n.pr.m. Hermes.
ermeticamente /ermetika'mente/ avv. ***chiuso ~*** hermetically sealed.
ermetico, pl. **-ci**, **-che** /er'mɛtiko, tʃi, ke/ agg. **1** [*chiusura, contenitore*] hermetic; *(a tenuta di gas)* airtight; *(a tenuta d'acqua)* watertight **2** FIG. [*autore, testo*] abstruse, obscure.
ermetismo /erme'tizmo/ m. *(incomprensibilità)* obscurity, inscrutability.
Ernesto /er'nɛsto/ n.pr.m. Ernest.
ernia /'ɛrnja/ f. hernia* ♦♦ ***~ del disco*** herniated *o* slipped disc; ***~ strozzata*** strangulated hernia.
erniario, pl. **-ri**, **-rie** /er'njarjo, ri, rje/ agg. hernial; ***cinto ~*** truss.
Erode /e'rɔde/ n.pr.m. Herod.
erodere /e'rodere/ [80] tr. to erode, to wear* away.
eroe /e'rɔe/ m. **1** hero*; ***~ di guerra*** war hero; ***comportarsi da ~*** to act like a hero **2** *(protagonista)* hero*, protagonist, main character.
erogare /ero'gare/ [1] tr. **1** to deliver, to supply [*acqua, elettricità, gas*] **2** *(elargire)* to pay* out, to allocate [*denaro*].
erogazione /erogat'tsjone/ f. **1** *(di acqua, gas, elettricità)* supply **2** *(elargizione)* allocation, earmarking, disbursement FORM.
erogeno /e'rɔdʒeno/ agg. [*zona*] erogenous.
eroico, pl. **-ci**, **-che** /e'rɔiko, tʃi, ke/ agg. heroic.
eroicomico, pl. **-ci**, **-che** /eroi'kɔmiko, tʃi, ke/ agg. heroicomic(al), mock-heroic.
1.eroina /ero'ina/ f. *(donna)* heroine.
2.eroina /ero'ina/ f. *(droga)* heroin.
eroinomane /eroi'nɔmane/ m. e f. heroin addict.
eroismo /ero'izmo/ m. heroism.
erompere /e'rompere/ [81] intr. **1** [*lava, liquido*] to gush out, to spurt; [*gas*] to blow* off **2** FIG. to burst* out; ***~ in pianto*** to burst out crying.
erosione /ero'zjone/ f. erosion.
erotico, pl. **-ci**, **-che** /e'rɔtiko, tʃi, ke/ agg. erotic.
erotismo /ero'tizmo/ m. eroticism.
erpice /'erpitʃe, 'ɛrpitʃe/ m. harrow.
errante /er'rante/ agg. wandering, roving, roaming; ***cavaliere ~*** knight errant; ***l'ebreo ~*** the wandering Jew.
errare /er'rare/ [1] intr. (aus. *avere*) **1** *(vagare)* [*persona, animale*] to wander, to roam; [*mente, pensiero, sguardo*] to wander (**su** over); ***~ con la fantasia*** to let one's imagination wander *o* run free **2** *(sbagliare)* to err, to be* mistaken; ***se non erro*** if I am not mistaken **3** *(peccare)* to err ♦ ***~ è umano*** to err is human.
errata corrige /er'rata'kɔrridʒe/ m.inv. corrigenda pl., errata pl.
errato /er'rato/ **I** p.pass. → **errare II** agg. [*risultato, idea, diagnosi*] wrong; [*interpretazione, giudizio*] mistaken; [*ragionamento*] faulty; ***se non vado ~*** if I am not mistaken.
erre /'ɛrre/ m. e f.inv. *(lettera)* r, R; ***~ moscia*** French r, R.
erroneamente /erronea'mente/ avv. erroneously, incorrectly, wrongly; *(per errore)* by mistake.
erroneo /er'rɔneo/ agg. [*interpretazione, giudizio*] erroneous, wrong; [*argomento, logica*] faulty; [*uso*] improper.
errore /er'rore/ m. mistake, error; ***fare*** o ***commettere un ~*** to make a mistake *o* an error; ***~ di calcolo*** calculation error, miscalculation; ***~ di ortografia*** spelling error, misspelling; ***salvo -i o omissioni*** errors and omissions excepted; ***riconoscere i propri -i*** to admit one's mistakes; ***per ~*** by mistake; ***essere in ~*** to be mistaken; ***indurre qcn. in ~*** to mislead sb. ♦♦ ***~ di gioventù*** juvenile error; ***~ giudiziario*** judicial error, miscarriage of justice; ***~ di stampa*** misprint, erratum.
erta /'erta/ f. **1** steep slope **2** ***all'~*** → **allerta.**
erto /'erto/ **I** p.pass. → **ergersi II** agg. *(ripido)* [*sentiero, pendio*] steep, precipitous.
erudito /eru'dito/ **I** agg. erudite, scholarly, learned **II** m. (f. **-a**) *(persona colta)* scholar.
erudizione /erudit'tsjone/ f. erudition, scholarship, learning.
eruttare /erut'tare/ [1] **I** tr. **1** [*vulcano*] to eject, to belch (out) **2** *(emettere)* to pour out, to belch (out) [*fumo, fiamme*] **II** intr. (aus. *avere*) to erupt.
eruzione /erut'tsjone/ f. **1** GEOL. ASTR. eruption **2** MED. eruption, rash.
Es /ɛs/ m.inv. *(in psicologia)* id.
esacerbare /ezatʃer'bare/ [1] **I** tr. **1** *(aggravare)* to exacerbate **2** *(esasperare)* to exacerbate, to irritate, to embitter, to exasperate **II esacerbarsi** pronom. **1** *(aggravarsi)* [*situazione*] to fester, to deteriorate **2** *(esasperarsi)* to get* exasperated (**per** at, over).
esagerare /ezadʒe'rare/ [1] **I** tr. to exaggerate **II** intr. (aus. *avere*) to exaggerate, to overdo*, to go* too far; ***non ~ con lo studio, con il profumo*** don't overdo studying, the perfume; ***non esageriamo!*** let's not exaggerate! ***questa volta ha esagerato!*** this time he's gone too far! ***si può dire senza ~ che...*** it's no exaggeration to say that...
esageratamente /ezadʒerata'mente/ avv. excessively.
esagerato /ezadʒe'rato/ **I** p.pass. → **esagerare II** agg. [*reazione, racconto, lodi*] exaggerated; [*cifra, aumento, importanza*] excessive **III** m. (f. **-a**) exaggerator; ***(sei) il solito esagerato!*** you're exaggerating as usual!
esagerazione /ezadʒerat'tsjone/ f. **1** exaggeration; ***senza -i*** without exaggerating **2** *(quantità eccessiva)* excessive amount; ***costare un'~*** to cost the earth *o* a fortune *o* a bomb.
esagitato /ezadʒi'tato/ **I** agg. overexcited, frantic **II** m. (f. **-a**) overexcited person.
esagonale /ezago'nale/ agg. hexagonal.
esagono /e'zagono/ m. hexagon.
esalare /eza'lare/ [1] **I** tr. **1** *(emanare)* to give* off, to exhale **2** FIG. ***~ l'ultimo respiro*** to breath one's last, to draw one's last breath **II** intr. (aus. *avere*) to exhale, to come* off.
esalazione /ezalat'tsjone/ f. exhalation (anche GEOL.).
esaltante /ezal'tante/ agg. [*esperienza, lettura*] thrilling, exciting; [*lavoro, musica*] inspiring; [*partita*] rousing, exhilarating; [*vittoria*] stirring.
esaltare /ezal'tare/ [1] **I** tr. **1** *(entusiasmare)* to elate, to thrill, to excite **2** *(lodare)* to glorify, to exalt, to extol BE, to extoll AE **3** *(mettere in risalto)* to bring* out [*sapore,*

dettaglio]; to enhance [*bellezza, qualità*] **II esaltarsi** pronom. to get* excited, to be* enthused (**per qcn., qcs.** about, over sb., sth.).

esaltato /ezal'tato/ **I** p.pass. → **esaltare II** agg. **1** *(sovreccitato)* elated, excited **2** *(fanatico)* hot-headed **III** m. (f. **-a**) hothead, fanatic.

esaltazione /ezaltat'tsjone/ f. **1** *(eccitazione)* exaltation, elation, excitement **2** *(valorizzazione)* enhancement **3** *(lode)* exhalting, extolling.

esame /e'zame/ m. **1** SCOL. UNIV. examination, exam COLLOQ.; ***dare*** o ***sostenere un ~*** to take *o* sit (for) BE an exam; ***superare un ~*** to pass an exam; ***essere bocciato a un ~*** to fail an exam **2** MED. examination, check-up; ***~ del sangue, delle urine, della vista, dell'udito*** blood, urine, eye, hearing test; ***sottoporsi a*** o ***fare un ~*** to have an examination **3** *(controllo)* check, examination; *(ispezione)* inspection; ***essere all'~*** [*pratica, budget*] to be under review; [*caso*] to be under investigation; ***prendere in ~*** to examine [*budget, caso*]; to consider, to take into consideration [*questione*]; to review [*situazione*] ♦♦ ***~ di ammissione*** entrance exam; ***farsi un ~ di coscienza*** to examine one's conscience, to do some soul-searching; ***~ di guida*** driving test; ***~ di laurea*** thesis defence; ***~ di maturità*** → **maturità**.

esametro /e'zametro/ m. hexameter.

esaminando /ezami'nando/ m. (f. **-a**) examinee, candidate.

esaminare /ezami'nare/ [1] tr. **1** *(studiare)* to examine, to review [*situazione*]; to examine, to investigate, to look into [*questione, possibilità*]; to consider [*caso, problema, offerta*]; to go* over [*fatti*]; [*giudice, giuria*] to hear* [*caso, prove*] **2** *(controllare)* to examine, to inspect, to check [*merci*]; to inspect [*documento, prodotto*]; *(osservare, guardare)* to examine, to look at; ***~ qcs. al microscopio*** to examine sth. under a microscope **3** SCOL. UNIV. to examine, to test [*candidato*] (**su** on) **4** MED. to examine, to look at [*paziente, ferita*].

esaminatore /ezamina'tore/ **I** agg. examining; ***commissione -trice*** board of examiners **II** m. (f. **-trice** /tritʃe/) examiner.

esangue /e'zangwe/ agg. **1** *(dissanguato)* bloodless **2** *(pallido)* pallid, wan, (deadly) pale **3** FIG. *(privo di espressività)* [*stile, arte, letteratura*] lifeless, nerveless.

esanime /e'zanime/ agg. lifeless, inert; *(morto)* dead.

esasperante /ezaspe'rante/ agg. exasperating, irritating, maddening; ***di una lentezza ~*** infuriatingly, maddeningly slow.

esasperare /ezaspe'rare/ [1] **I** tr. **1** *(irritare)* to exasperate, to irritate, to madden **2** *(inasprire)* to exacerbate, to aggravate **II esasperarsi** pronom. **1** *(irritarsi)* to become* exasperated **2** *(inasprirsi)* to become* bitter, to become* exacerbated.

esasperato /ezaspe'rato/ **I** p.pass. → **esasperare II** agg. **1** *(irritato)* exasperated, irritated, maddened **2** *(eccessivo)* exaggerated, extreme.

esasperazione /ezasperat'tsjone/ f. **1** *(irritazione)* exasperation, aggravation, irritation; ***portare qcn. all'~*** to exasperate *o* irritate *o* madden sb. **2** *(inasprimento)* aggravation, worsening.

esattamente /ezatta'mente/ avv. **1** *(precisamente)* exactly, precisely **2** *(proprio)* exactly, just, precisely **3** *(in modo giusto)* [*rispondere*] correctly; [*calcolare, descrivere, ricordare*] accurately.

esattezza /ezat'tettsa/ f. **1** *(di risposta, calcolo)* correctness; *(di diagnosi, stima, previsione)* accuracy **2** *(precisione)* accuracy, precision; ***per l'~*** to be precise.

esatto /e'zatto/ agg. **1** *(giusto)* [*risposta*] correct, right; [*calcolo*] exact, correct; [*stima, diagnosi, previsione*] accurate; ***"tu c'eri!" - "~"*** "you were there!" - "that's right" **2** *(preciso)* [*riproduzione, descrizione, numero*] exact; [*circostanze, dati, momento*] exact, precise; [*strumento di misura, orologio*] accurate; ***scienza -a*** exact science; ***tre chili -i*** exactly three kilos; ***è l'~ contrario*** it's the exact opposite, it's just the opposite **3** *(puntuale)* punctual; ***essere ~ nel pagare*** to be prompt in paying **4** *(in punto)* ***alle nove -e*** at 9 o'clock sharp *o* on the dot.

esattore /ezat'tore/ ➧ ***18*** m. (f. **-trice** /tritʃe/) collector; *(di tasse)* tax collector.

esattoria /ezatto'ria/ f. *(concessione)* collectorship; *(ufficio)* collector's office.

Esaù /eza'u/ n.pr.m. Esau.

esaudimento /ezaudi'mento/ m. satisfaction **U**, fulfilment BE, fulfillment AE.

esaudire /ezau'dire/ [102] tr. **1** to grant, to satisfy, to fulfil BE, to fulfill AE [*desiderio*]; to answer [*preghiera*] **2** to please [*persona*].

esauriente /ezau'rjɛnte/ agg. [*analisi, ricerca*] exhaustive, thorough; [*istruzioni*] full; [*trattazione*] comprehensive; *(convincente)* [*prove*] convincing, conclusive; ***sono stato ~?*** have I missed anything?

esaurimento /ezauri'mento/ ➧ ***7*** m. **1** *(di risorse, scorte)* depletion, exhaustion; ***fino a ~ delle scorte*** while stocks last **2** MED. breakdown, exhaustion; ***~ nervoso*** (nervous) breakdown.

esaurire /ezau'rire/ [102] **I** tr. **1** *(finire)* to deplete, to drain [*risorse*]; to exhaust, to run* out of, to use up [*provviste*]; to spend* [*munizioni*]; to exhaust, to work out [*miniera*]; FIG. to drain, to spend*, to waste [*forze, energie*] **2** *(trattare esaurientemente)* to exhaust [*tema, argomento*] **3** *(logorare)* to exhaust, to wear* out [*persona*] **II esaurirsi** pronom. **1** *(finire, consumarsi)* [*risorse, riserve*] to run* down short, to run* out, to give* out; [*denaro, fondi*] to dry up; [*batteria*] to give* out, to run* down **2** *(venire meno)* [*forze, energie, creatività*] to drain away, to peter out; [*pazienza*] to snap **3** *(logorarsi)* [*persona*] to exhaust oneself, to wear* oneself out **4** *(vendersi completamente)* [*merce, biglietti*] to sell* out.

esaurito /ezau'rito/ **I** p.pass. → **esaurire II** agg. **1** *(finito)* [*risorse, riserve*] exhausted, depleted; [*batteria*] spent **2** *(venduto completamente)* [*prodotto, modello*] out of stock **3** *(al completo)* ***"tutto ~"*** "sold out"; ***fare il tutto ~*** [*teatro*] to have a full house, to play to packed houses **4** *(spossato)* [*persona*] exhausted, worn-out **III** m. (f. **-a**) nervous wreck.

esaustivo /ezaus'tivo/ agg. exhaustive, comprehensive.

esausto /e'zausto/ agg. [*persona*] exhausted, worn-out.

esautorare /ezauto'rare/ [1] tr. to divest [sth., sb.] of authority.

esazione /ezat'tsjone/ f. collection, levy; *(di tasse)* (tax) collection.

esborso /ez'borso/ m. disbursement, outlay, payout.

esca, pl. **esche** /'eska, 'eske/ f. **1** PESC. VENAT. bait; ***fissare l'~ all'amo*** to bait the hook **2** FIG. bait, decoy **3** *(per l'acciarino)* tinder, touchwood, firelighter ♦ ***aggiungere ~ al fuoco*** to add fuel to the flames *o* fire; ***dare ~ all'odio*** to fuel hatred.

escamotage /eskamo'taʒ/ m.inv. subterfuge, guile.

escandescenze /eskandeʃ'ʃɛntse/ f.pl. ***dare in ~*** to go off at the deep end, to work oneself into a frenzy, to fly into a fury *o* rage.

escatologia /eskatolo'dʒia/ f. eschatology.

escatologico, pl. **-ci, -che** /eskato'lɔdʒiko, tʃi, ke/ agg. eschatological.

escavatore /eskava'tore/ m. digger, excavator; ***~ a cucchiaio*** shovel.

escavatrice /eskava'tritʃe/ f. → **escavatore.**

eschimese /eski'mese/ **I** agg. Eskimo **II** m. e f. *(persona)* Eskimo* **III** m. *(lingua)* Eskimo.

esclamare /eskla'mare/ [1] tr. to exclaim (**che** that); ***"cosa?" esclamò*** "what?" he exclaimed.

esclamativo /esklama'tivo/ agg. exclamatory; ***punto ~*** exclamation mark.

esclamazione /esklamat'tsjone/ f. exclamation.

escludere /es'kludere/ [11] **I** tr. **1** *(non includere)* to exclude, to bar, to shut* out (**da** from); to leave* out, to count out (**da** of); *(non ammettere)* to rule out, to eliminate [*candidato*]; ***~ qcn. dal proprio testamento*** to cut sb. out of one's will; ***è stato escluso dalla squadra*** he's been dropped from the team **2** *(eliminare)* to exclude, to leave* out [*nome*]; ***l'ho esclusa dalla lista*** I left her off the list; ***una cosa non esclude l'altra*** one thing does not rule out the other **3** *(scartare)* to discard, to dismiss, to rule out, to preclude [*possibilità*]; to dismiss [*idea, soluzione*]; to eliminate [*sospetto*]; ***escludo che sia lui*** I am certain it isn't him **4** *(eccettuare)* to exclude, to except; ***senza ~ Sara*** not excepting Sara **II escludersi** pronom. **1** *(isolarsi)* to cut* oneself off (**da** from) **2** *(annullarsi)* to rule out one another; ***opzioni che si escludono a vicenda*** mutually exclusive options.

esclusione /esklu'zjone/ f. exclusion; ***a ~ di*** with the exception of; ***procedendo per ~*** by a process of elimination; ***una lotta senza ~ di colpi*** a no holds barred contest.

esclusiva /esklu'ziva/ f. **1** COMM. exclusive right, franchise; ***avere l'~ di qcs.*** to have the sole agency for sth., to have the sole rights to sth., to have exclusive (marketing) rights for sth.; ***è un'~ della nostra azienda*** it's exclusive to our company **2** GIORN. TELEV. exclusive, scoop; ***avere un'~*** to get a scoop; ***servizio in ~*** exclusive (story).

esclusivamente /eskluziva'mente/ avv. exclusively, only, uniquely, solely.

esclusivista, m.pl. **-i**, f.pl. **-e** /eskluzi'vista/ m. e f. **1** COMM. *(rivenditore esclusivo)* franchisee, franchise holder **2** *(intollerante)* exclusivist.

esclusivo /esklu'zivo/ agg. **1** *(unico)* [*diritto*] exclusive, sole; *(possessivo)* [*amicizia*] exclusive **2** *(elitario)* exclusive, posh, select **3** *(nel commercio)* [*agente*] sole; [*prodotto, modello*] exclusive **4** [*intervista, documento*] exclusive.

escluso /es'kluzo/ **I** p.pass. → **escludere II** agg. **1** *(eccettuato)* excepted; ***-i i presenti*** present company excepted; ***nessuno ~*** bar none, with the exception of nobody; ***tutti i giorni -a la domenica*** every day except Sunday **2** *(emarginato)* [*persona*] excluded, alienated, left out **3** *(non compreso)* ***servizio ~*** service not included; ***-i i pasti*** exclusive of meals, excluding meals; ***le bevande sono -e*** drinks are extra **4** *(impensabile)* ***non è ~ che*** it can't be ruled out that; ***è ~ che lui parta*** it's out of the question for him to leave **III** m. (f. **-a**) *(emarginato)* outsider, outcast.

escogitare /eskodʒi'tare/ [1] tr. to contrive, to devise [*mezzo, metodo*]; to dream* up, to think* up [*piano*]; to hit* upon, to hit* on [*soluzione*].

escoriarsi /esko'rjarsi/ [1] pronom. ***~ il ginocchio, il gomito*** to graze *o* scrape *o* skin one's knee, elbow.

escoriazione /eskorjat'tsjone/ f. abrasion, graze.

escremento /eskre'mento/ m. excrement, faeces pl., feces pl. AE; *(di animali)* droppings pl., dung **U**.

escrescenza /eskreʃ'ʃɛntsa/ f. MED. BOT. excrescence, outgrowth, wart.

escrezione /eskret'tsjone/ f. excretion.

escursione /eskur'sjone/ f. *(gita)* excursion, (day-)trip, outing; *(a piedi)* hike; ***fare un'~*** to go on an excursion *o* trip; ***~ in bicicletta*** cycling tour ♦♦ ***~ termica*** temperature range.

escursionismo /eskursjo'nizmo/ ♦ ***10*** m. touring; *(a piedi)* hiking, hill walking.

escursionista, m.pl. **-i**, f.pl. **-e** /eskursjo'nista/ m. e f. excursionist, (day-)tripper; *(a piedi)* hiker.

esecrabile /eze'krabile/ agg. execrable FORM.; [*crimine*] abominable; [*comportamento*] appalling, vile.

esecrando /eze'krando/ agg. → **esecrabile.**

esecrare /eze'krare/ [1] tr. to abhor, to execrate FORM.

esecutivo /ezeku'tivo/ **I** agg. **1** [*potere, comitato*] executive **2** DIR. [*legge, sentenza*] enforceable **II** m. *(governo)* executive (branch); *(di un partito)* executive (committee).

esecutore /ezeku'tore/ m. (f. **-trice** /tritʃe/) **1** *(musicale)* executant, performer **2** ***gli -i materiali del delitto*** the perpetrators of the murder ♦♦ ***~ testamentario*** DIR. executor.

esecutorio, pl. **-ri**, **-rie** /ezeku'tɔrjo, ri, rje/ agg. DIR. [*legge, sentenza*] enforceable.

esecuzione /ezekut'tsjone/ f. **1** *(realizzazione)* execution, performance, carrying out, fulfilment BE, fulfillment AE; *(di brano musicale)* performance, playing **2** *(di condannato)* execution **3** DIR. enforcement, execution.

esegesi /eze'dʒɛzi, e'zɛdʒezi/ f.inv. exegesis*; *(disciplina)* exegetics + verbo sing.

eseguire /eze'gwire/ [109] tr. **1** to perform [*compito*]; to carry out, to effect [*piano, disegno, riparazioni*]; to make*, to carry out [*controllo, ispezione*]; to perform [*operazione, aborto*]; to do*, to perform [*autopsia*]; ***~ un numero al trapezio*** to perform (an act) on a trapeze **2** to carry out, to execute, to fulfil BE, to fulfill AE [*ordine*] **3** to perform, to give* a performance of [*brano musicale*].

esempio, pl. **-pi** /e'zɛmpjo, e'zempjo, pi/ m. **1** example; ***fare un ~*** to give an example; *(modello)* ***dare il buono, cattivo ~ a qcn.*** to set a good, bad example to sb.; ***seguire l'~ di qcn.*** to follow sb.'s example *o* lead; ***prendere qcn. ad ~*** to take sb. as a model; ***portare qcn. come ~*** to hold sb. up as an example *o* a model **2** *(ammonimento)* example, warning (**per** to); ***che ti serva d'~!*** let that be a warning *o* a lesson to you! **3 per esempio** for example, for instance; ***io, per ~*** I for one.

1.esemplare /ezem'plare/ agg. **1** [*condotta, vita, alunno*] exemplary, model **2** [*castigo, pena*] exemplary; ***infliggere a qcn. una punizione ~*** to make an example of sb.

2.esemplare /ezem'plare/ m. **1** *(di libro, documento)* copy, exemplar FORM. **2** *(di animale, vegetale)* specimen **3** *(modello)* model, exemplar FORM.

esemplificare /ezemplifi'kare/ [1] tr. to exemplify.

esemplificativo /ezemplifika'tivo/ agg. [*frase, caso*] illustrative; ***a titolo ~*** for the sake of argument, by way of an example.

esemplificazione /ezemplifikat'tsjone/ f. exemplification.

esentare /ezen'tare/ [1] tr. to dispense, to exempt, to excuse, to free [*persona*]; ***~ qcn. da*** to let sb. off [*lezioni, lavoro*].

esentasse /ezen'tasse/ agg.inv. tax-exempt, tax-free.

esente /e'zɛnte/ agg. **1** exempt, excused, free; ***~ da imposte*** tax-free, tax-exempt, untaxed; ***~ da dazio*** duty-free **2** *(immune)* immune, free; ***~ da critiche*** free from *o* clear of blame, blameless.

esenzione /ezen'tsjone/ f. exemption; ***~ fiscale*** tax exemption *o* immunity.

esequie /e'zɛkwje/ f.pl. funeral sing., exequies, obsequies FORM.

esercente /ezer'tʃɛnte/ m. e f. shopkeeper, dealer, storekeeper AE.

esercitare /ezertʃi'tare/ [1] **I** tr. **1** *(applicare)* to exercise, to wield [*autorità, potere*]; to exercise [*diritto*]; to exert, to apply [*pressioni*]; to exert, to wield [*influenza*] **2** *(praticare)* to follow, to practise BE, to practice AE [*attività, professione*]; ***~ la professione di medico, avvocato*** to practise medicine, law **3** *(allenare)* to cultivate, to exercise [*mente*]; to exercise [*memoria, corpo, muscoli*] **II** intr. (aus. *avere*) [*medico, giurista, architetto*] to be* in practice **III esercitarsi** pronom. [*atleta*] to train, to exercise, to practise BE, to practice AE; [*musicista*] to practise BE, to practice AE; ***-rsi al pianoforte*** to practise the piano.

esercitazione /ezertʃitat'tsjone/ f. **1** drill; ***~ antincendio*** fire drill **2** MIL. drill, exercise **3** SCOL. UNIV. exercise, test.

esercito /e'zɛrtʃito/ m. **1** army; ***essere nell'~*** to be in the army, to serve; ***entrare, arruolarsi nell'~*** to go into the army, to join the army **2** FIG. *(gruppo numeroso)* army, host (**di** of) ♦♦ ***~ della salvezza*** Salvation Army.

eserciziario, pl. **-ri** /ezertʃit'tsjarjo, ri/ m. workbook.

esercizio, pl. **-zi** /ezer'tʃittsjo, tsi/ m. **1** exercise, practice; ***~ fisico*** physical exercise; ***fare un po' di ~*** to take *o* get some exercise; ***~ al trapezio*** trapeze act; ***essere fuori ~*** to be out of practice **2** SCOL. UNIV. exercise; ***~ di pronuncia*** pronunciation drill **3** *(attuazione)* discharge, dispatch; *(di potere, diritto, virtù)* exercise; ***nell'~ delle sue funzioni*** in the execution of his duty **4** *(attività commerciale)* *(negozio)* shop, business; *(azienda)* business, company, firm; ***aprire un ~ commerciale*** to start up a business **5** *(attività professionale)* practice **6** ECON. *(periodo)* ***~ finanziario*** fiscal year, financial year BE ♦♦ ***~ di culto*** worship, practice of religious rites.

esfoliante /esfo'ljante/ **I** agg. ***trattamento ~*** COSMET. exfoliating scrub **II** m. exfoliant.

esibire /ezi'bire/ [102] **I** tr. **1** to flaunt, to display, to parade [*ricchezza*]; to show* off, to display [*bravura, cultura*]; to expose, to display [*parte del corpo*] **2** DIR. to produce [*prove, lettera*] **3** to produce [*documento*]; to exhibit [*merci*] **II esibirsi** pronom. **1** [*artista*] to perform **2** *(mettersi in mostra)* to show* off.

esibizione /ezibit'tsjone/ f. **1** *(spettacolo, numero)* display, performance, show **2** *(sfoggio)* display, show **3** *(di documenti)* presentation; *(di passaporto, biglietto)* production.

esibizionismo /ezibittsjo'nizmo/ m. **1** exhibitionism, showing-off COLLOQ. **2** PSIC. exhibitionism, flashing COLLOQ.

esibizionista, m.pl. **-i**, f.pl. **-e** /ezibittsjo'nista/ **I** agg. exhibitionist **II** m. e f. **1** exhibitionist **2** PSIC. exhibitionist, flasher COLLOQ.

esigente /ezi'dʒɛnte/ agg. exacting, demanding, exigent FORM.; *(difficile da accontentare)* hard to please, particular; *(severo)* strict, demanding.

esigenza /ezi'dʒɛntsa/ f. demand, need, requirement, want; ***soddisfare le -e di qcn.*** to meet *o* suit sb.'s needs; ***-e di mercato*** market requirements; ***secondo le -e del caso*** as each case requires; ***per -e di servizio*** for work reasons.

esigere /e'zidʒere/ [46] tr. **1** *(pretendere)* to demand [*risposta, scuse*]; to command, to exact, to require [*ubbidienza*]; to insist on, to demand [*puntualità*]; to compel [*rispetto, attenzione*]; ***~ qcs. da qcn.*** to require sth. of *o* from sb., to demand sth. of sb.; ***esigo che tu me lo dica!*** I insist you tell me! ***esigi troppo da lui*** you're too demanding *o* exacting of him, you expect too much of him **2** *(comportare)* [*situazione, problema*] to demand, to require [*attenzione, spiegazione*]; to call for [*intervento, provvedimento*] **3** *(dissuadere)* to collect [*crediti*]; to demand, to exact, to enforce [*pagamento*].

esigibile /ezi'dʒibile/ agg. [*tassa, tratta*] due; [*somma, importo*] collectable.

esiguità /ezigui'ta/ f.inv. slenderness, smallness; *(di reddito, entrate)* exiguity, poorness.

esiguo /e'ziguo/ agg. [*entrate, reddito*] exiguous, meagre BE, meager AE; [*margine*] slender, narrow, slim, small; [*quantità, differenza*] scant, scanty.

esilarante /ezila'rante/ agg. [*storia*] hilarious, very funny; ***gas ~*** laughing gas.

esile /'ɛzile/ agg. **1** [*persona*] slight, slender, spare; [*braccia*] thin; [*gambe*] thin, spindly **2** FIG. [*voce*] faint, feeble; [*speranza*] frail, faint.

esiliare /ezi'ljare/ [1] **I** tr. to exile, to expatriate **II esiliarsi** pronom. **1** to go* into exile **2** *(isolarsi)* to bury oneself; ***-rsi dal mondo*** to cut oneself off from the world.

esiliato /ezi'ljato/ **I** p.pass. → **esiliare II** m. (f. **-a**) exile.

esilio, pl. **-li** /e'ziljo, li/ m. exile; ***vivere, andare in ~*** to live in, to go into exile; ***mandare in ~*** to send into exile.

esilità /ezili'ta/ f.inv. *(di persona, braccia, gambe)* slenderness, thinness; *(di corporatura)* slightness, slenderness; *(debolezza) (di voce)* faintness, feebleness.

esimere /e'zimere/ [29] **I** tr. to dispense, to exempt, to excuse, to free; ***~ qcn. dal fare*** to let sb. off doing, to exempt sb. from doing **II esimersi** pronom. to get* out of, to evade (**dal fare** doing).

esimio, pl. **-mi, -mie** /e'zimjo, mi, mje/ agg. distinguished, eminent, illustrious; *(in formule di cortesia)* ***~ collega*** my distinguished colleague; ***un ~ farabutto*** IRON. a first-class rascal, a scoundrel of the top order.

esistente /ezis'tɛnte/ agg. existing, extant, existent FORM.

esistenza /ezis'tɛntsa/ f. **1** existence; ***dubito della loro ~*** I doubt they exist **2** *(vita)* existence, life.

esistenziale /ezisten'tsjale/ agg. existential (anche FILOS.).

esistenzialismo /ezistentsja'lizmo/ m. existentialism.

esistenzialista, m.pl. **-i**, f.pl. **-e** /ezistentsja'lista/ agg., m. e f. existentialist.

esistere /e'zistere/ [21] intr. (aus. *essere*) **1** to exist, to be*; ***i fantasmi non esistono*** ghosts don't really exist; ***fare come se qcn. non esistesse*** to ignore sb.'s very existence; ***esiste questo rischio*** this is a very real risk; *(esserci)* ***l'aereo più grande che esista*** the largest plane in existence; ***non esiste sistema migliore*** there is no better system; ***il teatro non esiste più da molto tempo*** the theatre is long gone **2** *(vivere)* to exist, to live.

esitante /ezi'tante/ agg. [*persona, risposta*] hesitant; [*voce, passo*] faltering.

esitare /ezi'tare/ [1] intr. (aus. *avere*) to hesitate, to waver (**su** over); to dither (**su** about, over); ***~ a fare*** to be hesitant *o* diffident about doing; ***non esitò ad accettare il viaggio gratis*** he wasn't backward about accepting the free trip; ***senza ~*** unfalteringly, unhesitatingly.

esitazione /ezitat'tsjone/ f. hesitation, hesitance, wavering; ***avere un attimo di ~*** to hesitate for a second; ***senza ~*** unhesitatingly, unfalteringly; ***non avere alcuna ~ a fare*** to have no hesitation in doing.

esito /'ɛzito/ m. *(di azione, processo)* outcome, issue, upshot; *(di esame, test, analisi)* result; ***avere ~ positivo*** [*progetto, tentativo*] to succeed; ***congratulazioni per il buon ~ dell'esame*** congratulations on passing your exam.

eskimo /'ɛskimo/ m.inv. ABBIGL. anorak, parka.

esodo /'ɛzɔdo/ m. **1** exodus **2** *(trasferimento)* exodus, flight; ***~ di capitali*** flight of capital; ***l'~ dalle campagne*** the drift from the land **3** BIBL. ***l'Esodo*** the Exodus.

esofago, pl. **-gi** /e'zɔfago, dʒi/ m. oesophagus BE, esophagus AE.

esonerare /ezone'rare/ [1] tr. to dispense, to exempt, to excuse, to free [*persona*]; ***~ qcn. dal fare*** to let sb. off doing, to exempt sb. from doing; ***farsi ~ da un corso*** to be excused from a course.

esonero /e'zɔnero/ m. exemption.

esorbitante /ezorbi'tante/ agg. [*prezzo*] exorbitant, excessive, ruinous, steep COLLOQ.

esorbitare /ezorbi'tare/ [1] intr. (aus. *avere*) to exceed, to go* beyond; ***~ dalle competenze di qcn.*** [*compito*] to exceed sb.'s remit.

esorcismo /ezor'tʃizmo/ m. exorcism.

esorcista, m.pl. **-i**, f.pl. **-e** /ezor'tʃista/ m. e f. exorcist.

esorcizzare /ezortʃid'dzare/ [1] tr. to exorcize (anche FIG.).

esordiente /ezor'djɛnte/ **I** agg. [*artista, sportivo*] budding, at one's debut **II** m. e f. debutant, beginner.

esordio, pl. **-di** /e'zɔrdjo, di/ m. **1** *(inizio)* beginning **2** *(debutto)* debut; ***essere agli -di come*** to debut as, to make one's debut as [*attore, cantante*]; ***al mio ~*** when I started out **3** *(di un discorso)* exordium, beginning, introduction.

esordire /ezor'dire/ [102] intr. (aus. *avere*) **1** to start (off); *(in una professione)* to start out (**in** in; **come** as); ***~ come*** to make one's debut as, to debut as [*attore, cantante*] **2** *(iniziare un discorso)* to commence; ***"ebbene", esordì*** "well", he commenced.

esortare /ezor'tare/ [1] tr. to exhort, to urge.

esortazione /ezortat'tsjone/ f. exhortation; ***~ alla calma*** call for calm.

esoso /e'zɔzo/ agg. [*prezzo*] exorbitant, excessive; [*commerciante*] greedy, grasping.

esoterico, pl. **-ci, -che** /ezo'tɛriko, tʃi, ke/ agg. esoteric.

esoterismo /ezote'rizmo/ m. esotericism.

esotico, pl. **-ci, -che** /e'zɔtiko, tʃi, ke/ **I** agg. **1** [*frutto, fascino, costume*] exotic **2** *(bizzarro, stravagante)* [*gusti*] outlandish **II** m. ***avere il gusto dell'~*** to have exotic tastes.

esotismo /ezo'tizmo/ m. exoticism (anche LING.).

espandere /es'pandere/ [89] **I** tr. to expand [*territorio, attività*]; to expand, to enlarge [*impero*]; to expand, to extend [*influenza*] **II espandersi** pronom. **1** to expand (anche FIS.) **2** *(diffondersi)* [*fenomeno*] to spread*.

espansione /espan'sjone/ f. **1** *(sviluppo) (di attività, economia, mercato)* expansion, growth; ***essere in ~*** [*economia, attività, mercato*] to be developing *o* expanding; ***~ demografica*** population growth; ***una politica di ~*** an expansionist policy **2** *(ingrandimento) (di territorio)* expansion, enlargement **3** FIS. TECN. expansion.

espansionismo /espansjo'nizmo/ m. expansionism.

espansionista, m.pl. **-i**, f.pl. **-e** /espansjo'nista/ agg., m. e f. expansionist.

espansionistico, pl. **-ci, -che** /espansjo'nistiko, tʃi, ke/ agg. expansionist.

espansività /espansivi'ta/ f.inv. expansiveness, effusiveness.

espansivo /espan'sivo/ agg. **1** FIS. expansive **2** [*persona*] expansive, demonstrative, effusive, warm.

espatriare /espa'trjare/ [1] intr. (aus. *essere*, RAR. *avere*) to emigrate; *(per motivi politici)* to expatriate.

espatrio, pl. **-tri** /es'patrjo, tri/ m. expatriation; ***documento valido per l'~*** document valid for foreign travel.

espediente /espe'djɛnte/ m. expedient, contrivance, ploy, dodge BE COLLOQ.; ***vivere di -i*** to live by one's wits.

espellere /es'pɛllere/ [48] tr. **1** to expel, to throw* out [*membro di un gruppo*]; to expel [*studente*]; to expel, to send* off, to order off [*giocatore*] **2** FISIOL. to excrete, to eliminate **3** [*veicolo*] to discharge [*gas di scarico*].

esperanto /espe'ranto/ agg.inv., m. Esperanto.

esperienza /espe'rjɛntsa/ f. **1** experience; ***fare, acquisire ~*** to gain, acquire experience; ***secondo la mia ~*** in my experience; ***sapere, parlare per ~*** to know, speak from experience; ***fare ~ diretta di qcs.*** to experience sth. personally *o* at first hand; ***(non) avere ~ in qcs.*** to be (in)experienced in sth. **2** *(avvenimento)* ***fare una nuova ~*** to have *o* go through a new experience **3** *(avventura amorosa)* affair, relationship **4** *(esperimento)* experiment.

esperimento /esperi'mento/ m. experiment, test; ***fare*** o ***condurre un*** ~ to conduct *o* carry out an experiment; ***-i sugli animali*** animal experiments *o* experimentation; ~ ***nucleare*** nuclear test.

esperto /es'pɛrto/ **I** agg. *(dotato di esperienza)* experienced; *(abile)* expert, skilled, skilful BE, skillful AE; ***essere ~ nel fare qcs.*** to be expert at doing sth.; ***un occhio ~*** an expert eye **II** m. (f. **-a**) expert, specialist, connoisseur (**in**, **di** in); ***un ~ di economia*** an expert on economics; ***~ in informatica*** computer expert.

espettorante /espetto'rante/ agg. e m. expectorant.

espettorare /espetto'rare/ [1] tr. to expectorate.

espiare /espi'are/ [1] tr. *(scontare)* to atone for, to expiate [*colpa, peccato*]; [*condannato*] to serve (out) [*pena*].

espiatorio, pl. **-ri**, **-rie** /espia'tɔrjo, ri, rje/ agg. expiatory.

espiazione /espiat'tsjone/ f. atonement, expiation.

espirare /espi'rare/ [1] tr. to exhale, to breathe out, to expire [*aria*].

espirazione /espirat'tsjone/ f. exhalation, expiration.

espletare /esple'tare/ [1] tr. BUROCR. to accomplish, to fulfil BE, to fulfill AE, to execute; ***~ un incarico*** to perform a task, to fulfil a duty.

esplicare /espli'kare/ [1] tr. *(svolgere)* to perform, to carry out [*attività, mansione*].

esplicativo /esplika'tivo/ agg. [*nota, lettera*] explanatory, explicative FORM., explicatory FORM.

esplicitamente /esplitʃita'mente/ avv. [*dire*] distinctly, expressly, unequivocally; [*proibire*] explicitly, specifically; [*chiedere*] expressly, specifically.

esplicito /es'plitʃito/ agg. [*ordine, istruzioni*] explicit, express; [*affermazione, rifiuto*] explicit, unequivocal; [*critica*] outspoken, blunt; ***essere ~ con qcn.*** to be plain with sb.; ***un'allusione -a*** a broad hint.

esplodere /es'plɔdere/ [49] **I** tr. to fire [*colpi di pistola*] (**contro** at) **II** intr. (aus. *essere*) **1** [*bomba, granata*] to explode, to blow* up, to go* off, to detonate; [*edificio*] to explode, to blow* up, to go* up; ***fare ~*** to explode, to blow up, to set off [*bomba*]; to blast [*edificio*] **2** FIG. [*violenza*] to erupt; [*polemica*] to blow* up; [*scandalo*] to break*, to blow* up **3** FIG. [*persona*] to explode, to blow* up, to erupt.

esplorare /esplo'rare/ [1] tr. **1** to explore [*paese, foresta*] **2** *(perlustrare)* to search [*area, terreno*]; *(osservare attentamente)* to explore, to investigate **3** FIG. to analyse BE, to analyze AE, to probe into [*animo, intenzioni*] **4** MED. to probe, to explore.

esplorativo /esplora'tivo/ agg. exploratory (anche POL. MED.).

esploratore /esplora'tore/ m. (f. **-trice** /tritʃe/) **1** explorer **2** MIL. scout **3** *(negli scout)* ***giovane ~*** boy scout.

esplorazione /esplorat'tsjone/ f. **1** exploration (anche MED.) **2** MIL. reconnaissance.

esplosione /esplo'zjone/ f. **1** explosion, blast, burst **2** *(rumore)* bang, detonation, report **3** FIG. *(di violenza)* explosion, eruption, outbreak; *(di risate)* outburst; *(di rabbia, entusiasmo)* explosion, outburst; ***un'~ di colori*** a burst *o* an explosion of colour ♦♦ ***~ demografica*** population explosion.

esplosivo /esplo'zivo/ agg. e m. explosive (anche FIG.).

esponente /espo'nɛnte/ **I** m. e f. *(di gruppo, partito)* exponent, representative **II** m. **1** MAT. exponent, index* **2** TIP. = superscript character.

esponenziale /esponen'tsjale/ agg. MAT. exponential.

esporre /es'porre/ [73] **I** tr. **1** to exhibit, to display [*opera d'arte*]; to display, to exhibit, to set* out [*prodotti, merce*]; to display [*prezzo, lista*]; to fly* [*bandiera*] **2** *(descrivere)* to state [*idea, opinione*]; to explain [*situazione*]; to set* forth, to lay* out, to represent [*fatti, ragioni*]; to expound [*teoria*] **3** ***~ qcn. a*** to expose sb. to [*pericolo, contagio, ridicolo*]; to subject sb. to [*critiche, insulti*] **4** FOT. to expose **II esporsi** pronom. ***-rsi a*** to expose oneself to [*rischio, pericolo*]; to lay *o* leave oneself open to [*accuse, critiche, ridicolo*].

esportare /espor'tare/ [1] tr. to export (**in** to) (anche FIG.).

esportatore /esporta'tore/ **I** agg. exporting, export attrib. **II** ➧ *18* m. (f. **-trice** /tritʃe/) exporter, export agent.

esportazione /esportat'tsjone/ f. *(attività)* export, exportation; *(merce)* export; ***merci d'~*** exported goods.

esposimetro /espo'zimetro/ m. FOT. exposure meter, light meter.

espositivo /espozi'tivo/ agg. **1** *(descrittivo)* expositive **2** ***area -a*** show floor; ***centro ~*** exhibition centre, show centre.

espositore /espozi'tore/ **I** agg. [*ditta*] exhibiting **II** m. (f. **-trice** /tritʃe/) **1** *(artista, ditta)* exhibitor **2** *(chi racconta)* expositor **3** *(scaffale)* rail, display rack.

esposizione /espozit'tsjone/ f. **1** *(fiera, mostra)* exhibition, exposition, show; ***salone delle -i*** exhibition hall, showroom; ***oggetto da ~*** exhibitory item, showpiece **2** COMM. *(in un negozio)* display; ***essere in ~*** to be on display **3** *(di tesi, situazione)* presentation; *(di fatti, teoria)* exposition **4** *(orientamento, luce)* exposure, orientation, aspect; ***~ a ovest*** westerly aspect *o* exposure **5** *(a radiazioni, sole)* exposure (**a** to) **6** FOT. exposure.

esposto /es'posto, es'pɔsto/ **I** p.pass. → **esporre II** agg. **1** ***~ all'aria, al vento*** exposed *o* open to the air, to the wind **2** *(orientato)* ***casa bene -a*** house with a good aspect; ***essere ~ a nord*** to face north, to have a northern exposure **3** MED. [*frattura*] compound **III** m. DIR. statement, account.

espressamente /espressa'mente/ avv. expressly, specifically.

espressione /espres'sjone/ f. **1** *(manifestazione)* expression **2** *(del viso)* expression, look **3** *(forza espressiva)* ***con ~*** [*leggere*] with expression; [*recitare, cantare, suonare*] with feeling **4** *(parola, frase)* expression, phrase **5** MAT. expression.

espressionismo /espressjo'nizmo/ m. expressionism.

espressionista, m.pl. **-i**, f.pl. **-e** /espressjo'nista/ agg., m. e f. expressionist.

espressionistico, pl. **-ci**, **-che** /espressjo'nistiko, tʃi, ke/ agg. expressionistic.

espressività /espressivi'ta/ f.inv. expressiveness, expressivity.

espressivo /espres'sivo/ agg. **1** [*viso, occhi, parole*] expressive; [*sguardo*] significant, meaningful **2** [*forza, capacità*] expressive.

espresso /es'prɛsso/ **I** p.pass. → **esprimere II** agg. **1** [*pacco, lettera*] express **2** [*divieto*] express, explicit **3** [*treno*] express **4** [*piatto*] made to order **III** m. **1** *(caffè)* espresso* **2** *(lettera)* express letter; ***inviare qcs. per ~*** to send sth. express, to express sth. AE **3** *(treno)* express.

esprimere /es'primere/ [29] **I** tr. **1** *(comunicare)* to express, to convey, to state [*opinione*]; to pronounce, to pass [*giudizio*]; to express [*desiderio, dubbio, paura*]; ***~ un desiderio*** to make a wish; ***~ la propria riconoscenza*** to express one's gratitude; ***~ a parole i propri sentimenti*** to put one's feelings into words **2** *(manifestare)* [*parole, immagini, musica*] to express, to convey [*emozioni, sentimenti*] **II esprimersi** pronom. **1** *(pronunciarsi)* to express oneself; ***-rsi a favore di qcn.*** to come out in favour of sb. **2** *(parlare)* ***-rsi in inglese*** to speak in English; ***-rsi con un linguaggio scurrile*** to use foul language; ***mi sono espresso male*** I haven't made myself clear; *(comunicare) (a gesti)* to communicate.

espropriare /espro'prjare/ [1] tr. to expropriate [*terreno*]; ***~ qcn. di*** to dispossess sb. of [*proprietà, bene*].

espropriazione /esproprjat'tsjone/ f. expropriation, dispossession.

esproprio, pl. **-pri** /es'prɔprjo, pri/ m. → **espropriazione.**

espugnare /espuɲ'ɲare/ [1] tr. to conquer, to take* (by storm).

espulsione /espul'sjone/ f. **1** expulsion; *(di indesiderato, dissidente)* expulsion, ejection; *(di immigrato, criminale)* deportation **2** SPORT sending off (**da** from) **3** FISIOL. expulsion **4** *(emissione) (di gas ecc.)* ejection, discharge.

espungere /es'pundʒere/ [55] tr. to expunge, to erase.

esquimese /eskwi'mese/ → **eschimese.**

essa /'essa/ v. la nota della voce **io.** pron.pers.f. **1** *(come soggetto) (riferito a persona o animale)* she; *(riferito a cosa o animale)* it **2** *(come complemento) (riferito a persona o animale)* her; *(riferito a cosa o animale)* it.

1.esse /'esse/ v. la nota della voce **io.** pron.pers.f.pl. **1** *(come soggetto)* they **2** *(come complemento)* them.

2.esse /'ɛsse/ m. e f.inv. *(lettera)* s, S.

essenza /es'sɛntsa/ f. essence.
essenziale /essen'tsjale/ **I** agg. **1** essential, fundamental, basic, vital **2** [*arredamento*] essential, basic **3** [*stile*] terse, pithy **4** *(necessario)* necessary; ***le cose -i*** the bare essentials **5** CHIM. [*olio*] essential **II** m. **1** *(elemento fondamentale)* ***dimenticare l'~*** to forget the most important thing; ***andare all'~*** to get to the heart of the matter **2** *(oggetti indispensabili)* essentials pl., basics pl.
essenzialità /essentsjalit'ta/ f.inv. **1** essentiality **2** *(di stile)* terseness, pithiness.
essenzialmente /essentsjal'mente/ avv. essentially, basically.
1.essere /'ɛssere/ [4] **I** intr. (aus. *essere*) ***~ o non ~*** to be or not to be; ***tre anni or sono*** three years ago; ***sono subito da lei, signora*** I'll be with you right away, madam; ***"sei brutto!" "sarai bello tu!"*** "you're ugly!" "you're not so handsome yourself!"; ***che ne è di...?*** what (has become) of...? ***che ne sarà di noi?*** what will become of us? ***non è da te, da lui*** it's not like you, him; ***se non fosse per...*** were it not *o* if it were not for...; ***se non fosse stato per te, sarei morto*** had it not been for you, I would have died; ***se fossi in te, lui...*** if I were you, him...; ***per ~ un capo non è male*** as bosses go, she's not bad; ***per ~ bello è bello ma...*** I'm not saying he's not handsome, but...; ***può ~*** maybe, perhaps; ***può ~ che non venga*** he may *o* might not come; ***non può ~ (vero)!*** it can't be (true)! ***quel che è stato, è stato*** let bygones be bygones; ***sarà!*** *(forse)* maybe! *(ne dubito)* I have my doubts! ***sarà anche il capo ma*** he may be the boss, but; ***sarà quel che sarà*** what(ever) will be will be; ***e sia!*** so be it! ***sia come sia*** be that as it may **II esserci, esservi** ***che (cosa) c'è?*** *(che succede?)* what is it? what's up? what's the matter? *(che vuoi?)* yes? *(con tono seccato)* what do you want? ***c'è nessuno (in casa)?*** is anybody there *o* in? ***sono Luca, c'è tuo fratello?*** it's Luca, is your brother in *o* there? ***non ci sono per nessuno*** I'm not in for anyone; ***ci siamo*** *(ci risiamo)* there we go again; *(ecco che si comincia)* here we go.
2.essere /'ɛssere/ m. **1** *(organismo vivente)* being; ***~ umano*** human being; ***~ vivente*** living being **2** *(persona)* person, creature; ***un ~ spregevole*** a despicable person **3** *(natura intima)* being; ***con tutto il proprio ~*** [*detestare, desiderare*] with one's whole being **4** *(esistenza)* being, existence.
essi /'essi/ v. la nota della voce io. pron.pers.m.pl. **1** *(come soggetto)* they **2** *(come complemento)* them.
essiccare /essik'kare/ [1] **I** tr. **1** to drain, to dry up [*palude, terreno*] **2** to desiccate, to exsiccate, to dry [*pesce, carne, fiori*]; ***~ al sole*** to dry in the sun **II essiccarsi** pronom. to dry up (anche FIG.).
essiccatoio, pl. **-oi** /essikka'tojo, oi/ m. **1** *(apparecchio, impianto)* drier, dryer, desiccator **2** *(luogo)* drying room.
essiccazione /essikkat'tsjone/ f. desiccation, drying (process).
esso /'esso/ v. la nota della voce io. pron.pers.m. **1** *(come soggetto) (riferito a persona o animale)* he; *(riferito a cosa o animale)* it **2** *(come complemento) (riferito a persona o animale)* him; *(riferito a cosa o animale)* it.
est /ɛst/ ➧ *29* **I** m.inv. **1** east; ***andare a ~*** to go east *o* eastward(s); ***Venezia è a ~ di Milano*** Venice is east of Milan; ***vento da ~*** east(erly) wind, easterly; ***l'~ della Francia*** the east of France, eastern France **2** *(Europa orientale)* eastern Europe; ***i paesi dell'Est*** the East European countries **II** agg.inv. [*lato, versante*] east; [*zona*] eastern; ***Berlino ~*** STOR. East Berlin; ***nella zona ~ di Londra*** in east London.
estasi /'ɛstazi/ f.inv. ecstasy, rapture; ***~ religiosa*** religious ecstasy; ***andare in ~ per*** to go into raptures over *o* about; ***essere in ~ per*** to be in ecstasy *o* ecstasies over, to be in raptures over *o* about; ***mandare in ~ qcn.*** to send sb. into raptures.
estasiare /esta'zjare/ [1] **I** tr. to enrapture, to entrance **II estasiarsi** pronom. to go* into ecstasies, to go* into raptures (**davanti a**, **per** over).
estasiato /esta'zjato/ **I** p.pass. → **estasiare II** agg. enraptured, entranced; [*sguardo, aria*] enraptured; [*sorriso*] rapt; ***guardare ~ qcn.*** to look at sb. ecstatically.
estate /es'tate/ ➧ *32* f. summer ♦♦ ***~ di S. Martino*** St Martin's summer; Indian summer (anche FIG.).
estatico, pl. **-ci**, **-che** /es'tatiko, tʃi, ke/ agg. **1** ecstatic **2** *(estasiato)* enraptured, entranced; [*espressione, sorriso*] ecstatic.
estemporaneamente /estemporanea'mente/ avv. extempore, extemporaneously, extemporarily.
estemporaneo /estempo'raneo/ agg. extemporary, extemporaneous, extempore; [*discorso*] impromptu, improvised.
estendere /es'tɛndere/ [10] **I** tr. **1** to expand [*possedimenti, impero*]; to widen, to extend [*strada*] **2** FIG. to extend, to expand [*conoscenze, sapere*]; to widen [*dibattito*]; to extend, to expand, to widen [*influenza, potere*] **3** *(a più persone)* to grant, to bestow; ***~ un invito a qcn.*** to extend an invitation to sb. **II estendersi** pronom. **1** [*paesaggio, città*] to spread* (out) (**su** over); [*spiaggia, foresta*] to extend (**fino a** as far as, up to; **oltre** beyond; **da** from); ***-rsi per miglia*** to stretch for miles; ***-rsi da est a ovest*** to run (from) east to west **2** ***~ a*** [*malattia, sciopero, pioggia*] to spread to [*regione*].
estensione /esten'sjone/ f. **1** *(ampiezza)* extent, size; ***su tutta l'~ del paese*** throughout the whole country **2** *(diffusione)* extension, spread **3** *(di dibattito)* amplification; *(di conoscenze, sapere)* breadth; *(di poteri, influenza)* extent **4** *(di significato)* extension.
estensivo /esten'sivo/ agg. **1** AGR. [*coltivazione*] extensive **2** LING. [*senso, uso*] broad **3** ***interpretazione -a di una legge*** broad interpretation of a law.
estensore /esten'sore/ m. **1** ANAT. *(muscolo)* extensor **2** SPORT chest expander.
estenuante /estenu'ante/ agg. *(faticoso)* exhausting, tiring, draining; *(snervante)* [*attesa*] exasperating.
estenuare /estenu'are/ [1] **I** tr. *(sfinire)* to exhaust, to tire out, to wear* out **II estenuarsi** pronom. to exhaust oneself, to get* exhausted.
estenuato /estenu'ato/ **I** p.pass. → **estenuare II** agg. [*persona*] exhausted, worn-out, tired out.
Ester /'ɛster/ n.pr.f. Esther, Hester.
estere /'ɛstere/ m. ester.
esteriore /este'rjore/ agg. **1** [*realtà, mondo*] external, outward, outer, outside; *(relativo all'aspetto fisico)* ***aspetto ~*** external *o* outward appearance **2** FIG. *(apparente, superficiale)* outward, superficial.
esteriorità /esterjori'ta/ f.inv. **1** *(aspetto esteriore)* outward appearance, exteriority, externality, outwardness **2** *(apparenza, superficialità)* superficiality.
esteriormente /esterjor'mente/ avv. **1** *(dall'esterno)* exteriorly, externally, outwardly, from the outside **2** *(in apparenza)* outwardly, externally.
esternamente /esterna'mente/ avv. exteriorly, externally.
esternare /ester'nare/ [1] tr. to express, to show*, to display [*sentimento*]; to express [*dubbio*].
esterno /es'tɛrno/ **I** agg. **1** [*muro, scala, lato*] outer; [*superficie*] external; [*decorazioni, riprese*] exterior; ***temperatura -a*** outside temperature; ***aspetto ~*** outward appearance; ***solo per uso ~*** FARM. for external use *o* application only, not to be taken internally **2** [*realtà*] external (**a** to); ***il mondo ~*** the outside world **3** [*causa, controllo, intervento*] external; [*rumore*] extraneous; [*influenza, stimolo*] extrinsic; ***osservatore ~*** outside observer **4** SPORT ***partita -a*** away match **II** m. **1** outside, exterior; ***dall'~*** [*chiuso, visto*] from the outside; ***all'~*** on the exterior *o* outside; ***all'~ della casa*** outside the house **2** outside world **III** m. **1** *(in un'azienda, un'organizzazione)* outsider **2** SPORT ***~ destro, sinistro*** *(nel calcio)* outside right, left **3** *(allievo)* dayboy BE **IV esterni** m.pl. CINEM. TELEV. outdoor location shots; ***in -i*** [*trasmissione*] outside, on location; ***scena in -i*** outdoor scene.
estero /'ɛstero/ **I** agg. [*paese, politica*] foreign; [*mercato, commercio*] foreign, external; [*debito*] external **II** m. foreign countries pl.; ***vivere, lavorare all'~*** to live, work abroad; ***viaggi all'~*** foreign travel; ***notizie dall'~*** GIORN. news from abroad, foreign news **III esteri** m.pl. POL. ***ministro degli -i*** foreign minister; ***ministero degli -i*** foreign ministry.
esterrefatto /esterre'fatto/ agg. astonished, appalled.
estesamente /esteza'mente/ avv. *(diffusamente)* [*raccontare*] extensively, diffusely.
esteso /es'teso/ **I** p.pass. → **estendere II** agg. **1** [*territorio, regione, pianura*] extended, broad, wide; [*bruciature*] extensive;

1.essere

Uso generale

- Nella maggior parte delle situazioni che esprimono l'esistenza, l'identità, la localizzazione spaziale e temporale o una qualità, *essere* si traduce con *to be*:

penso, dunque sono = I think, therefore I am
il sole è una stella = the sun is a star
ero a casa = I was at home
la festa è sabato = the party is on Saturday
la neve è bianca = snow is white.

- Oltre che nella presente nota, espressioni idiomatiche con *essere* sono elencate nella voce **1.essere** o nelle altre voci coinvolte (ad esempio *essere sul punto di* nella voce **1.punto**).

Uso pleonastico ed enfatico di *essere*

- Nell'italiano parlato è abbastanza frequente un uso pleonastico del verbo *essere*, uso che non ha corrispondente in inglese:

chi è che l'ha fatto? = who did it?
chi è che hai incontrato? = who did you meet?
chi è che bussa? = who's at the door?
quand'è che fai colazione? = when do you have breakfast?
dov'è che vai? = where are you going?

- Strutture analoghe hanno talvolta l'intento di dare enfasi all'espressione; in tal caso, l'inglese ha forme simili o si affida all'intonazione della frase:

com'è che non vi siete visti? = how come you didn't meet?
è questo che voleva dire? = it that what he really meant?
cos'è quello che sento? = what is this I hear?
è quello il giornalista che mi ha intervistato = that's the journalist who interviewed me
è quello il giornalista di cui ti parlavo = that's the journalist I was telling you about
è quella la casa dove sono nato = that's the house where I was born
è lui / John che l'ha rotto = he / John broke it, he / John is the one who broke it
è mio fratello che l'ha scritto = it was my brother who wrote it, my brother is the one who wrote it
è la mia penna che perde = my pen is leaking
è di tua sorella che stavo parlando, non di te = it was your sister I was talking about, not you
è della stessa persona che stiamo parlando = we're talking about the same person.

Essere verbo ausiliare nel passivo

- Nel passivo all'ausiliare *essere* dell'italiano (nei tempi semplici sostituibile da *venire*) corrisponde sempre *to be* in inglese:

è (viene) spesso aiutato dai suoi compagni = he is often helped by his classmates
la mia casa fu (venne) costruita nel 1981 = my house was built in 1981
sono stato sempre accolto a braccia aperte = I have always been welcomed with open arms
il nostro arrivo sarà (verrà) preceduto da un telegramma = our arrival will be preceded by a telegram
se le spese fossero state detratte dal totale... = if expenses had been deducted from the total amount...
saremmo (verremmo) aiutati dai nostri genitori . = we would be helped by our parents.

- Diversamente dall'italiano, in inglese esiste anche il passivo della forma progressiva; pertanto, una frase come *è aiutato dai suoi compagni* si tradurrà come *he is helped by his classmates* se si intende che l'azione è abituale o ripetuta, ma come *he is being helped by his classmates* se s'intende che l'azione è unica e in svolgimento. Un altro esempio può essere: *le foglie erano mosse dal vento* = the leaves were being shaken by the wind. Nella maggior parte dei casi, il passivo della forma progressiva viene usato per l'uso impersonale della forma progressiva italiana: *si sta / stanno costruendo una casa* = a house is being built.

Essere verbo ausiliare dei tempi composti

- Come ausiliare dei tempi composti, in italiano si usa *avere* per i verbi transitivi (*ho già incontrato Paola*) ed *essere* o *avere* per quelli intransitivi (*sono appena arrivato, ho corso*); in inglese, si usa sempre l'ausiliare *to have*: I have already met Paola, I have just arrived, I've been running.
- Altri tipi di verbi per i quali, nel caso dei tempi composti, l'ausiliare italiano *essere* è reso in inglese con *to have*, sono i verbi riflessivi o pronominali e quelli impersonali:

si è appena svegliata = she has just woken up
ti sei già lavata? = have you already washed (yourself)?
è piovuto = it has rained
si sono avute delle lamentele = there have been some complaints.

Essere come copula

- *Essere* e *to be* possono funzionare entrambi come copula, cioè semplice collegamento fra un soggetto e un'espansione della frase che può essere costituita da un aggettivo, da un sostantivo, da un verbo all'infinito, da un pronome o da un complemento introdotto da una preposizione:

è contento = he's happy
è chiaro? = is that clear?
mio figlio è avvocato = my son is a lawyer
questo non è mangiare! = you don't call this eating, do you?
devi essere te stessa = you must be yourself
"chi è?" "sono io" = "who's that?" "it's me"
è il 15 dicembre = it's December 15th
è mezzogiorno = it's midday
eravamo a casa = we were at home.

Esserci

- È frequente in italiano e in inglese la formula *c'è / ci sono*, che si può usare in ogni tempo e modo e in ogni tipo di frase:

c'è del latte nel frigorifero = there's some milk in the fridge
ci sono molti libri sullo scaffale = there are many books on the bookshelf
non c'è più vino = there's no more wine
non c'erano meno di 50 concorrenti = there were no less than 50 competitors
c'era un mucchio di gente alla festa = there were a lot of people at the party
c'era molta gente? = were there many people?
ci saranno Paul, Mary, ... = there will be Paul, Mary, ...
e ci saranno Paul e Mary! = and Paul and Mary will be there!
c'è nessuno? = is anybody in?
c'è posta per me? = is there any post for me?
c'era una volta un re = once upon a time there was a king
non c'è motivo di / per farlo = there's no reason to do it
non c'è motivo che tu lo faccia. = there's no reason for you to do it.

Si noti che la struttura *c'è / ci sono* può essere integrata in italiano e in inglese dai verbi modali:

ci devono essere dei topi in soffitta = there must be mice in the attic
può esserci un errore, può darsi che ci sia un errore = there may be a mistake
dovrebbe esserci / ci dovrebbe essere della frutta = there might be some fruit.

- In alcuni casi la formula *c'è / ci sono* è semanticamente ambigua, ed è pertanto tradotta in inglese in diversi modi:

Liz non c'è (= non è presente) = Liz is not here
Liz non c'è (= non è in casa / ufficio) = Liz is not in
ci sono! (= ho capito) = I got it!
ci sono! (= eccomi) = here I am!

- La formula *c'è* / *ci sono* può essere seguita in italiano da una preposizione che introduce un complemento di tempo, spazio altro:

quanto c'è da casa tua a scuola? (tempo)	=	how long does it take from your place to the school?
quanto c'è da casa tua a scuola? (distanza)	=	how far is it from your place to the school?
quanto c'è ancora per la stazione?	=	how much further is it to the station?
ci sono almeno 4 miglia fino alla stazione	=	the station is at least 4 miles away
ci sono ancora 4 miglia per la stazione	=	it's another 4 miles to the station.

- La formula *c'è* / *ci sono* può essere seguita in italiano dalla preposizione *da* + infinito, che può avere in inglese diversi tipi di traduzione:

non c'è più niente da fare	=	there's nothing more to be done
c'è molto da fare	=	there's a lot to be done
non c'è da preoccuparsi	=	there's nothing to worry about
c'è da diventare matti	=	it's enough to drive one mad
c'è da mangiare abbastanza per quattro persone	=	there's enough food for four
non c'è da discutere!	=	no arguments!
non c'è che da riscriverlo	=	all you have to do is rewrite it.

Essere in strutture impersonali

- In italiano il verbo *essere* in forma impersonale regge spesso una struttura costituita da:
  a) un aggettivo + infinito, che si mantiene in inglese: *è facile criticare* = it's easy to criticize; *sarebbe necessario fare qualcosa per lui* = it would be necessary to do something for him;
  b) un sostantivo + infinito, che si mantiene in inglese: *è consuetudine andarci di domenica* = it is the custom to go there on Sundays; *è nostra responsabilità farlo* = it is our responsibility to do it;
  c) un aggettivo + *che* + congiuntivo, sostituita in inglese da una forma verbale infinitiva introdotta da *for*: *è impossibile che lo faccia Liz* = it's impossible for Liz to do it; *è bello che veniate anche voi* = it's nice for you to come as well;
  d) un sostantivo + una frase secondaria, che si mantiene in inglese: *è un peccato che tu non possa rimanere ancora un po'* = it's a pity (that) you can't stay a bit longer.
- In italiano e in inglese, il verbo *essere* compare in espressioni impersonali riferite al tempo atmosferico e a quello cronologico:

è caldo (= fa caldo)	=	it's hot
oggi è nuvoloso	=	today it's cloudy
ieri era ventilato	=	it was windy yesterday
domani sarà bello	=	it will be fine tomorrow
adesso è coperto	=	it's overcast now
la settimana scorsa il tempo è stato piovoso	=	last week the weather / it was rainy
è tardi	=	it's late
era sera quando...	=	it was evening when...
sono le dieci	=	it's ten o'clock
è il 3 aprile	=	it's April 3rd

- Altri usi del verbo italiano *essere* in forme impersonali sono:
  a) la struttura per *essere* + aggettivo o sostantivo:

per essere sinceri, non mi piace affatto	=	to be honest, I don't like it at all
per essere caro, è caro, ma...	=	all right, it's expensive, but..., I'm not saying it isn't expensive, but...
per essere un principiante, guida bene	=	he drives well for a beginner

  b) la forma *sarà* in espressioni esclamative o interrogative:

sarà! (= può darsi)	=	may be!
sarà! (= ne dubito)	=	I have my doubts!
sarà quel che sarà	=	what(ever) will be will be
sarà vero?	=	it is true, I wonder?

Essere seguito da preposizioni

- Il verbo *essere* seguito da un'ampia serie di preposizioni realizza espressioni di tempo, di luogo, di misura, e altre di vario genere; dato l'alto carattere idiomatico di queste espressioni, spesso non c'è corrispondenza formale negli equivalenti inglesi.
- *Essere* in espressioni di tempo:

saremo presto a Natale	=	it will soon be Christmas
sono vent'anni che non lo vedo	=	I haven't seen him for twenty years
è un pezzo che lo conosco	=	I have known him for quite a long time / it's quite a long time since I met him first
da quant'è che non ci incontriamo?	=	how long is it since we last met?
due anni or sono	=	two years ago
che ora è?	=	what time is it?
sono in anticipo, in ritardo, in tempo	=	I'm early, late, in time
nei tempi che furono	=	in time past, in times gone by
fu nel 1660	=	it happened in 1660.

- *Essere* in espressioni di luogo:

sono a casa	=	I'm at home
è a casa sua	=	she is at her place
siete a letto?	=	are you in bed?
Mr Roberts è in ufficio	=	Mr Roberts is at the office
è da Sheila	=	he is at Sheila's
sono di Milano (= ci abito)	=	I come / am from Milan
sono di Milano (= ci sono nato)	=	I was born in Milan
"di dove sei?" "sono siciliano"	=	"where are you from?" "I come from Sicily".

- *Essere* in espressioni di misura:

sono sessantacinque chili	=	I weigh / my weight is sixty-five kilos
è sulla quarantina	=	he's about fourty
per la chiesa sono dieci minuti in macchina	=	it's a ten minute drive to the church
fino a casa sono tre miglia	=	it's three miles home
questa cintura è un metro e venti	=	this belt is 1.2 metres long
saremo in trenta	=	there will be thirty of us.

Significati di _essere_ in locuzioni

- È possibile elencare i principali significati che assume il verbo *essere* in diverse locuzioni, e i possibili equivalenti inglesi. In alcuni dei casi qui sotto elencati possono essere ripetuti molti esempi della sezione precedente.
- Quando *essere* significa *trovarsi* o *stare*, in senso letterale o figurato, si rende solitamente con *to be*:

il cinema è da quella parte	=	the cinema is over there
tu sei in in piedi e loro sono sedute	=	you are up and they are sitting
il cane è sdraiato vicino a me	=	the dog is lying near me
sono nei guai	=	I'm in trouble
se fossi in te	=	if I were you
non vorrei essere nei suoi panni	=	I shouldn't like to be in his shoes.

- Quando *essere* significa *accadere* o *avvenire*, si rende con *to be, to happen, to become*:

"che cosa è stato?" "era un tuono"	=	"what was it?" "it was a thunder"
che ne sarà dei profughi?	=	what will become of the refugees?
fu nel 1989	=	it was / happened in 1989.

- Quando *essere* significa *diventare*, si rende con *to be* o *to become*:

presto sarò ricco	=	I'll soon be rich
fu medico a ventisette anni	=	he was a doctor at the age of twenty-seven.

- Quando *essere* significa *andare* si traduce in inglese con *to be* solo se il verbo è seguito da un complemento di luogo; in tal

caso la preposizione usata in inglese è *to*, proprio perché *essere* non indica stato ma moto (andare e tornare da un posto):

non sono mai stato in Cina = I've never been to China
sei mai stato a Londra? = have you ever been to London?

Si noti il mutamento del tempo verbale e della preposizione in una possibile risposta a quest'ultima domanda: *sì, sono stato a Londra nel 1999* = yes, I was in London in 1999. Si ricordi anche che, se *essere* nel significato di *andare* è seguito da un verbo all'infinito va tradotto con il verbo *to go*:

è stato a trovare i suoi amici = he's gone to see his friends
siamo stati a mangiare al ristorante = we went to eat in a restaurant.

• Quando *essere* significa *arrivare*, si rende con *to arrive*, *to reach*, *to get* o *to be*:

fra due giorni saremo in Sud Africa = in two days we'll be in South Africa
ci siamo quasi = we're almost there
non appena fummo a Los Angeles... = as soon as we got to Los Angeles...

• Quando *essere* significa *costare*, si rende con *to be* o *to cost*:

quant'è? = how much is it? / how much does it cost?
quant'è questa collana? = how much is this necklace? / how much does this necklace cost?

• Quando *essere* significa *rappresentare*, si rende con *to be* o *to represent*:

il lavoro è tutto per lui = his job represents everything for him.

• Quando *essere* significa *capire* (nel linguaggio colloquiale), si rende con *to get*:

ci sei? = got it?

(dettagliato) [*conoscenze*] extensive, comprehensive, vast **2** **per esteso** [*scrivere, firmare*] in full; *(in dettaglio)* at length.

esteta, m.pl. **-i**, f.pl. **-e** /es'tɛta/ m. e f. aesthete.

estetica /es'tɛtika/ f. **1** FILOS. aesthetics + verbo sing. **2** appearance, beauty; ***curare l'~*** to take care of one's appearance.

estetico, pl. **-ci**, **-che** /es'tɛtiko, tʃi, ke/ agg. **1** [*qualità, senso*] aesthetic(al) **2** *(bello)* beautiful, attractive, lovely **3** MED. ***chirurgia -a*** cosmetic surgery.

estetismo /este'tizmo/ m. aestheticism.

estetista, m.pl. **-i**, f.pl. **-e** /este'tista/ ➧ ***18*** m. e f. beautician, beauty specialist, beauty consultant.

estimatore /estima'tore/ m. (f. **-trice** /tritʃe/) connoisseur, admirer.

estimo /'ɛstimo/ m. **1** *(stima)* estimate, valuation **2** ***~ catastale*** cadastral survey.

estinguere /es'tingwere/ [40] **I** tr. **1** *(spegnere)* to extinguish, to put* out [*incendio, fiamme*]; FIG. to quench, to slake [*sete*] **2** *(saldare)* to extinguish, to cancel, to discharge, to wipe out [*debito*]; *(in banca)* to close [*conto*]; to pay off, to clear [*ipoteca*] **3** FIG. *(fare svanire)* to cancel, to wipe out [*ricordo*] **II estinguersi** pronom. **1** *(spegnersi)* [*fiamma, incendio*] to burn* out; [*vulcano*] to become* extinct **2** *(scomparire)* [*famiglia, razza, animale*] to die* out, to become* extinct **3** FIG. [*ricordo, fama*] to die.

estinguibile /estin'gwibile/ agg. **1** [*incendio*] extinguishable **2** [*debito*] payable; [*ipoteca*] redeemable.

estinto /es'tinto/ **I** p.pass. → **estinguere II** agg. **1** [*vulcano*] extinct **2** [*specie, animale, pianta*] extinct **3** *(in banca)* [*conto*] closed **4** *(defunto)* dead, deceased **III** m. (f. **-a**) ***l'~*** the deceased, the departed.

estintore /estin'tore/ m. (fire) extinguisher.

estinzione /estin'tsjone/ f. **1** *(di specie, razza, animale)* extinction; ***essere in via di ~*** to be threatened with extinction, to be vanishing **2** *(spegnimento) (di incendio)* extinction, extinguishment **3** *(di debito)* discharge, extinction, payment; ***~ della pena*** DIR. discharge, release.

estirpare /estir'pare/ [1] tr. **1** to eradicate, to extirpate, to dig* out, to uproot [*pianta*]; to extract, to draw* (out), to pull (out) [*dente*] **2** FIG. to eradicate, to extirpate, to root out [*malattia, povertà, male*].

estirpazione /estirpat'tsjone/ f. **1** *(di pianta)* extirpation **2** *(di dente)* extraction **3** FIG. *(di malattia, povertà, male)* eradication, extirpation.

estivo /es'tivo/ agg. summer attrib., summery; ***una giornata -a*** a summer('s) day.

estone /'ɛstone/ ➧ ***25, 16*** **I** agg. Estonian **II** m. e f. *(persona)* Estonian **III** m. *(lingua)* Estonian.

estorcere /es'tɔrtʃere/ [94] tr. to extort, to wring* [*denaro*] (**a qcn.** from sb.); to draw* out [*confessione*]; to extract [*promessa*] (**a qcn.** from sb.).

estorsione /estor'sjone/ f. extortion; ***essere accusato di ~ (di denaro)*** to be accused of extorting money.

estradare /estra'dare/ [1] tr. to extradite [*criminale*].

estradizione /estradit'tsjone/ f. extradition.

estraibile /estra'ibile/ agg. extractable; ***frontalino ~*** *(di autoradio)* removable front panel.

estraneità /estranei'ta/ f.inv. extraneousness; ***dimostrare la propria ~ a*** to prove one's ignorance of [*fatto, delitto, complotto*].

estraneo /es'traneo/ **I** agg. **1** *(non in relazione)* **~ a** [*persona*] not involved in; [*fatto*] with no bearing on; [*comportamento*] unrelated to; ***mantenersi, rimanere ~ a qcs.*** to keep one's distance from sth., to take no part in sth.; ***corpo ~*** MED. foreign body **2** *(non attinente)* extraneous, alien, foreign **3** *(sconosciuto)* [*persona, voce*] strange, unfamiliar **II** m. (f. **-a**) stranger, foreigner, outsider.

estraniare /estra'njare/ [1] **I** tr. to estrange, to alienate **II estraniarsi** pronom. to cut* oneself off, to shut* oneself off, to withdraw* into oneself; ***-rsi dal mondo*** *(allontanarsi)* to live estranged from the world.

estraniazione /estranjat'tsjone/ f. estrangement, alienation.

estrapolare /estrapo'lare/ [1] tr. **1** MAT. to extrapolate **2** to extrapolate, to extract; ***~ una frase dal contesto*** to take a sentence out of context.

estrapolazione /estrapolat'tsjone/ f. extrapolation (**da** from).

estrarre /es'trarre/ [95] tr. **1** *(ricavare)* to extract, to mine [*minerale*]; to dig* [*carbone*] (**da** out of); to extract, to distil BE, to distill AE, to milk [*essenza, succo*] **2** *(tirare fuori)* to pull, to draw* (out), to extract [*dente*]; to extract [*pallottola*]; to draw* (out), to dig* out [*scheggia, spina, chiodo*] (**da** of, from); to draw* [*coltello, spada*]; to draw*, to pull COLLOQ. [*pistola*]; to dig* out, to pull out [*ferito, cadavere*] (**da** of); ***~ qcs. da*** to produce *o* extract sth. from [*tasca, borsa*] **3** *(sorteggiare)* to draw* [*numero, nome*]; ***essere estratto a sorte*** to be chosen *o* decided by lot **4** *(trarre)* to excerpt [*brano*] **5** MAT. to extract [*radice*].

estratto /es'tratto/ **I** p.pass. → **estrarre II** m. **1** *(passo, brano)* extract, excerpt, excerption **2** *(di una sostanza)* extract; ***~ di carne*** meat extract **3** BUROCR. *(certificato)* certificate; *(copia)* abstract, estreat **4** *(articolo stampato a parte)* offprint **5** *(numero estratto)* ***il primo, secondo ~*** the first, second number drawn **6** BANC. ***~ conto*** (bank) statement.

estrazione /estrat'tsjone/ f. **1** MIN. *(di minerale, gas)* extraction; *(di carbone, diamanti, oro)* mining **2** *(di pallottola, dente)* extraction **3** *(sorteggio)* draw; ***-i del lotto*** lotto draw; ***~ a premi*** prize draw **4** *(origine)* extraction, origin; ***~ sociale*** social rank; ***un uomo di bassa, alta ~*** a man of high, low estate **5** MAT. extraction **6** CHIM. *(di olio, idrocarburi)* extraction.

estremamente /estrema'mente/ avv. extremely, in the extreme.

estremismo /estre'mizmo/ m. extremism.

estremista, m.pl. **-i**, f.pl. **-e** /estre'mista/ agg., m. e f. extremist.

estremità /estremi'ta/ **I** f.inv. *(capo)* end, extremity; *(punta)* tip, point **II estremità** f.pl. *(piedi o mani)* extremities.

estremo /es'trɛmo/ I agg. 1 [*punto, limite*] extreme, furthest, outer; ***l'~ nord, sud*** the extreme *o* far north, south; ***Estremo Oriente*** GEOGR. Far East 2 [*severità, semplicità, difficoltà*] extreme; [*povertà*] extreme, dire, abject; ***con -a precisione*** with complete accuracy 3 *(grave)* [*situazione*] extreme; *(drastico)* [*decisione, rimedio, mezzi*] drastic; ***sport -i*** extreme sports 4 *(ultimo)* last, final; ***rendere a qcn. l'~ omaggio*** to pay one's last respects to sb.; ***-a unzione*** RELIG. extreme unction 5 POL. ***l'-a destra, sinistra*** the far *o* hard right, left II m. 1 extreme; ***portare*** o ***spingere qcs. all'~*** to take *o* carry sth. to extremes; ***passare da un ~ all'altro*** to go from one extreme to the other *o* from pole to pole; ***all'~ opposto*** at the other extreme 2 *(estremità)* extremity, extreme, end 3 MAT. extreme III **estremi** m.pl. 1 BUROCR. essential data, particulars; ***gli -i di un documento*** the details of a document 2 DIR. ***trovare gli -i di un reato*** to find sufficient grounds to proceed ♦ ***gli -i si toccano*** extremes meet.

estrinseco, pl. **-ci**, **-che** /es'trinseko, tʃi, ke/ agg. extrinsic.

estro /'ɛstro/ m. 1 *(ispirazione)* inspiration; ***~ creativo*** creativity, creative flair 2 *(capriccio)* fancy, whim 3 ZOOL. *(calore)* oestrus BE, estrus AE.

estrogeno /es'trɔdʒeno/ I agg. oestrogenic BE, estrogenic AE II m. oestrogen BE, estrogen AE.

estromettere /estro'mettere/ [60] tr. to expel, to exclude, to oust.

estromissione /estromis'sjone/ f. expulsion, exclusion, ouster.

estroso /es'troso/ agg. 1 creative, imaginative 2 *(capriccioso)* fanciful, whimsical.

estroversione /estrover'sjone/ f. extroversion.

estroverso /estro'vɛrso/ I agg. extrovert(ed), outgoing II m. (f. **-a**) extrovert.

estuario, pl. **-ri** /estu'arjo, ri/ m. estuary.

esuberante /ezube'rante/ agg. exuberant.

esuberanza /ezube'rantsa/ f. exuberance.

esubero /e'zubero/ m. excess, superabundance; ***in ~*** redundant, surplus; ***~ di personale*** overmanning, overstaffing, surplus staff.

esulare /ezu'lare/ [1] intr. (aus. *avere*) to lie* outside; ***questo esula dalla mia competenza*** this is outside my jurisdiction.

esule /'ɛzule/ m. e f. exile, expatriate, expat COLLOQ.

esultante /ezul'tante/ agg. [*persona*] exultant, elated; [*espressione*] triumphant; [*folla*] jubilant, rejoicing.

esultanza /ezul'tantsa/ f. exultation, elation, jubilation.

esultare /ezul'tare/ [1] intr. (aus. *avere*) to exult (**per** at, in); to rejoice (**per** at, over); to be* jubilant (**per** about, at, over).

esumare /ezu'mare/ [1] tr. to exhume, to disinter [*cadavere*].

esumazione /ezumat'tsjone/ f. exhumation, disinterment.

età /e'ta/ ➧ **8** f.inv. 1 age; ***ha la tua ~*** he's your age; ***hanno la stessa ~*** they are the same age, they are of an age; ***avere la stessa ~ di qcn.*** to be as old as sb.; ***all'~ di 14 anni*** at the age of 14, at 14 years of age; ***dall'~ di 12 anni*** from the time (that) *o* since I was 12; ***maggiore, minore ~*** DIR. majority, minority; ***raggiungere la maggiore ~*** to come of age; ***un uomo di una certa ~, di mezza ~*** an elderly, a middle-aged man; ***in ~ da marito*** of marriageable age, nubile FORM.; ***in tenera, giovane ~*** in (one's) infancy, at an early age; ***alla mia ~*** at my time of life; ***non ha più l'~ per andare in discoteca*** she's grown out of going to discos; *(maturità, vecchiaia)* ***con l'~*** with age, with the advance of old age 2 *(epoca)* age, period, era; ***l'~ Elisabettiana*** the Elizabethan Age; ***~ del bronzo, della pietra*** Bronze, Stone Age ♦♦ ***~ della ragione*** age of discretion.

etanolo /eta'nɔlo/ m. ethanol.

1.etere /'ɛtere/ m. 1 LETT. *(aria, cielo)* ether, air, sky 2 RAD. TELEV. ***comunicare via ~*** to communicate by air.

2.etere /'ɛtere/ m. CHIM. ether.

etereo /e'tɛreo/ agg. ethereal.

eternamente /eterna'mente/ avv. eternally, forever; ***~ riconoscente*** eternally grateful; ***~ in ritardo*** perpetually *o* continually late.

eternare /eter'nare/ [1] I tr. to immortalize, to perpetuate II **eternarsi** pronom. to become* eternal, to last forever.

eternità /eterni'ta/ f.inv. 1 eternity; ***per l'~*** for all eternity, forever 2 *(tempo lunghissimo)* eternity; ***aspetto da un'~*** I've been waiting for ages.

eterno /e'tɛrno/ I agg. 1 *(imperituro)* eternal; [*amore*] undying; ***la Città Eterna*** *(Roma)* the Eternal City 2 RELIG. [*dannazione, salvezza*] eternal; [*vita*] eternal, everlasting 3 *(senza fine)* eternal, everlasting, never-ending; [*discorso, dibattito*] endless 4 *(costante)* ***l'~ ottimista*** ever the optimist, the eternal optimist 5 *(indistruttibile)* indestructible, durable II m. 1 *(Dio)* ***l'Eterno*** the Eternal 2 *(eternità)* eternity 3 **in eterno** forever, forevermore.

eterodossia /eterodos'sia/ f. heterodoxy.

eterodosso /etero'dɔsso/ agg. heterodox.

eterogeneo /etero'dʒɛneo/ agg. heterogeneous, mixed, disparate.

eterosessuale /eterosessu'ale/ agg., m. e f. heterosexual, straight COLLOQ.

eterozigote /eteroddzi'gɔte/ I agg. heterozygous II m. heterozygote.

etica /'ɛtika/ f. 1 FILOS. ethic, ethics pl. + verbo sing. 2 *(concezione morale)* ethics pl. + verbo pl.; ***~ professionale*** professional ethics *o* etiquette.

1.etichetta /eti'ketta/ f. 1 label; *(cartellino)* tag, tab, ticket; ***~ adesiva*** sticky label, sticker 2 FIG. label, tag; ***affibbiare un'~ a qcn., qcs.*** to hang, stick a label on sb., sth. ♦♦ ***~ discografica*** (record) label.

2.etichetta /eti'ketta/ f. *(protocollo)* etiquette, ceremonial.

etichettare /etiket'tare/ [1] tr. to label, to tag (anche FIG.).

etichettatrice /etiketta'tritʃe/ f. labelling machine.

etico, pl. **-ci**, **-che** /'ɛtiko, tʃi, ke/ agg. ethical; ***codice ~*** code of ethics.

etilico, pl. **-ci**, **-che** /e'tiliko, tʃi, ke/ agg. CHIM. ethylic; ***alcol ~*** ethyl alcohol.

etilismo /eti'lizmo/ m. alcoholism.

etilista, m.pl. **-i**, f.pl. **-e** /eti'lista/ m. e f. alcoholic.

etilometro /eti'lɔmetro/ m. Breathalyzer®, drunkometer AE.

etimologia /etimolo'dʒia/ f. etymology.

etimologico, pl. **-ci**, **-che** /etimo'lɔdʒiko, tʃi, ke/ agg. etymological.

etimologo, m.pl. **-gi**, f.pl. **-ghe** /eti'mɔlogo, dʒi, ge/ m. (f. **-a**) etymologist.

etiope /e'tiope/ ➧ **25** agg., m. e f. Ethiopian.

Etiopia /e'tiɔpja/ ➧ **33** n.pr.f. Ethiopia.

etiopico, pl. **-ci**, **-che** /eti'ɔpiko, tʃi, ke/ ➧ **25, 16** I agg. Ethiopian II m. (f. **-a**) Ethiopian.

etnia /et'nia/ f. ethnic group.

etnico, pl. **-ci**, **-che** /'ɛtniko, tʃi, ke/ agg. ethnic.

etnografia /etnogra'fia/ f. ethnography.

etnografico, pl. **-ci**, **-che** /etno'grafiko, tʃi, ke/ agg. ethnographical.

etnologia /etnolo'dʒia/ f. ethnology.

etnologico, pl. **-ci**, **-che** /etno'lɔdʒiko, tʃi, ke/ agg. ethnological.

etnologo, m.pl. **-gi**, f.pl. **-ghe** /et'nɔlogo, dʒi, ge/ ➧ **18** m. (f. **-a**) ethnologist.

etologia /etolo'dʒia/ f. ethology.

etologo, m.pl. **-gi**, f.pl. **-ghe** /e'tɔlogo, dʒi, ge/ ➧ **18** m. (f. **-a**) ethologist.

etrusco, pl. **-schi**, **-sche** /e'trusko, ski, ske/ I agg. Etrurian, Etruscan II m. (f. **-a**) Etrurian, Etruscan.

ettagonale /ettago'nale/ agg. heptagonal.

ettagono /et'tagono/ m. heptagon.

ettaro /'ɛttaro/ ➧ **23** m. hectare.

etto /'ɛtto/ ➧ **22** m. (accorc. ettogrammo) hectogram(me); ***due -i di prosciutto*** two hundred grams of ham.

ettogrammo /etto'grammo/ ➧ **22** m. hectogram(me).

ettolitro /et'tɔlitro/ ➧ **20** m. hectolitre BE, hectoliter AE.

ettometro /et'tɔmetro/ ➧ **21** m. hectometre BE, hectometer AE.

Ettore /'ɛttore/ n.pr.m. Hector.

eucalipto /euka'lipto/ m. eucalyptus*.

eucarestia /eukares'tia/ → **eucaristia**.

eucaristia /eukaris'tia/ f. Eucharist, (Holy) Communion; ***ricevere l'~*** to take Communion.

eucaristico, pl. **-ci**, **-che** /euka'ristiko, tʃi, ke/ agg. Eucharistical.

Euclide /eu'klide/ n.pr.m. Euclid.

euclideo /eukli'dɛo/ agg. Euclidean.

eufemismo /eufe'mizmo/ m. euphemism.
eufemistico, pl. **-ci**, **che** /eufe'mistiko, tʃi, ke/ agg. euphemistic.
euforia /eufo'ria/ f. euphoria, exhilaration; ***essere in stato di ~*** to be in high spirits, to be euphoric.
euforico, pl. **-ci**, **-che** /eu'fɔriko, tʃi, ke/ agg. euphoric, elated, in high spirits.
eugenetica /eudʒe'nɛtika/ f. eugenics + verbo sing.
Eugenio /eu'dʒɛnjo/ n.pr.m. Eugene.
eunuco, pl. **-chi** /eu'nuko, ki/ m. eunuch (anche FIG.).
eurasiatico, pl. **-ci**, **-che** /eura'zjatiko, tʃi, ke/ **I** agg. Eurasian **II** m. (f. **-a**) Eurasian.
EURATOM /eura'tɔm, eu'ratom/ f. (⇒ Comunità Europea per l'Energia Atomica European Atomic Energy Community) EURATOM.
Euripide /eu'ripide/ n.pr.m. Euripides.
euristica /eu'ristika/ f. heuristics + verbo sing.
euro /'ɛuro/ ♦ 6 m.inv. *(valuta)* euro.
eurocentrico, pl. **-ci**, **-che** /euro'tʃɛntriko, tʃi, ke/ agg. eurocentric.
eurocentrismo /eurotʃen'trizmo/ m. eurocentrism.
eurocrate /eu'rɔkrate/ m. e f. Eurocrat.
eurodeputato /eurodepu'tato/ m. (f. **-a**) Eurodeputy.
eurodivisa /eurodi'viza/ f. Eurocurrency.
eurodollaro /euro'dɔllaro/ m. Eurodollar.
Eurolandia /euro'landja/ n.pr.f. Euroland.
euromercato /euromer'kato/ m. Euromarket, Eurocurrency market.
euromoneta /euromo'neta/ f. → **eurodivisa.**
Europa /eu'rɔpa/ ♦ *33* n.pr.f. Europe; ***l'~ dell'Est*** Eastern Europe; *(Unione Europea)* Europe; ***l'~ comunitaria*** the European community; ***entrare in ~*** to go into Europe.
europarlamentare /europarlamen'tare/ m. e f. Euro-MP.
europarlamento /europarla'mento/ m. European parliament.
europeismo /europe'izmo/ m. Europeanism.
europeista /europe'ista/ **I** agg. [*movimento*] for European unification; [*spirito*] supporting Europeanism, pro-Europe **II** m. e f. supporter of Europeanism; ***un gruppo di -i*** a pro-European lobby.
europeizzare /europeid'dzare/ [1] tr. to Europeanize.
europeo /euro'pɛo/ **I** agg. European **II** m. (f. **-a**) European **III europei** m.pl. SPORT ***gli -i*** the European championship **IV europee** f.pl. *(elezioni)* ***le -e*** the European elections.
euroscettico, pl. **-ci**, **-che** /euroʃ'ʃɛttikoʃ, tʃi, ke/ m. (f. **-a**) eurosceptic.
eurovaluta /eurova'luta/ f. → **eurodivisa.**
eurovisione /eurovi'zjone/ f. Eurovision; ***in ~*** [*trasmettere*] through Eurovision.
Eustachio /eus'takjo/ n.pr.m. Eustace; ***tromba*** o ***tuba di ~*** ANAT. Eustachian tube.
eutanasia /eutana'zia/ f. euthanasia.
Eva /'ɛva/ n.pr.f. Eve.
evacuare /evaku'are/ [1] tr. to evacuate (anche MED.).
evacuazione /evakuat'tsjone/ f. evacuation (anche MED.).
evadere /e'vadere/ [58] **I** tr. **1** BUROCR. COMM. to dispatch, to deal* with [*ordine, pratica*]; to clear [*corrispondenza*] **2** to evade, to dodge [*tasse*] **II** intr. (aus. *essere*) **1** *(scappare)* to escape, to break* out, to get* away (**da** from), to break* free (**da** of); ***~ dal carcere*** to escape from prison; ***far ~ qcn.*** to help sb. to escape **2** FIG. to escape, to get* away; ***~ dalla realtà*** to escape reality.
evanescente /evaneʃ'ʃɛnte/ agg. **1** [*immagine, visione*] evanescent LETT., vanishing; [*ricordo*] faint, elusive **2** *(debole)* [*suono*] faint **3** *(esile)* [*figura*] diaphanous **4** FIG. [*argomentazione*] vacuous, empty.
evangelico, pl. **-ci**, **-che** /evan'dʒɛliko, tʃi, ke/ agg. **1** *(conforme al Vangelo)* evangelical, Christian; ***il messaggio ~*** the Gospel message **2** *(riformato)* Evangelical, Protestant.
evangelismo /evandʒe'lizmo/ m. evangelism, evangelicalism.
evangelista, pl. **-i** /evandʒe'lista/ m. evangelist.
evaporare /evapo'rare/ [1] **I** tr. to evaporate **II** intr. **1** (aus. *essere*) CHIM. FIS. [*liquido*] to evaporate **2** (aus. *avere*) *(perdere liquido per evaporazione)* to evaporate.
evaporazione /evaporat'tsjone/ f. evaporation.
evasione /eva'zjone/ f. **1** *(di detenuto)* escape, jailbreak, break-out, getaway **2** FIG. escape; ***d'~*** [*romanzo, letteratura*] escapist **3** BUROCR. *(disbrigo)* clearing, dispatching ♦♦ ***~ fiscale*** tax evasion.
evasivo /eva'zivo/ agg. evasive.
evaso /e'vazo/ **I** p.pass. → **evadere II** agg. **1** [*prigioniero*] escaped **2** BUROCR. [*posta*] cleared; [*pratica*] dispatched **III** m. (f. **-a**) escapee, fugitive, runaway.
evasore /eva'zore/ m. ***~ (fiscale)*** tax dodger, tax evader.
Evelina /eve'lina/ n.pr.f. Eveline.
evenienza /eve'njɛntsa/ f. occurrence, eventuality; ***per ogni ~*** for all eventualities, if need be; ***nell'~ che...*** in the event of...; ***tenersi pronti per ogni ~*** to be ready for any eventuality *o* for the unexpected.
evento /e'vɛnto/ m. event (anche MAT. STATIST.); ***essere travolto dagli -i*** to be overwhelmed by the events; ***l'~ musicale dell'anno*** the musical event of the year; *(nascita di un figlio)* ***a quando il lieto ~?*** when is the happy event?
eventuale /eventu'ale/ **I** agg. possible; ***gli -i errori rimasti*** any mistakes that might remain; ***i suoi -i datori di lavoro*** his potential employers **II eventuali** f.pl. ***varie ed -i*** any other business.
eventualità /eventuali'ta/ f.inv. **1** eventuality; ***essere preparato a ogni ~*** to be prepared for all eventualities **2** *(ipotesi)* possibility; ***l'~ che*** the possibility that; ***nell'~ di qcs.*** in the event of sth.; ***nell'~ che*** o ***in cui...*** in case of...
eventualmente /eventual'mente/ avv. *(se è il caso)* ***questo potrebbe ~ servire*** this might be useful; ***~ prenderemo il treno*** we could take the train; ***rileggo ed ~ correggo*** I reread and if necessary I correct; ***~ dovessi tardare...*** *(nel caso in cui)* in case I'm late, if I should be delayed...
eversione /ever'sjone/ f. POL. subversion; *(forze eversive)* ***l'~*** = the subversive movements.
eversivo /ever'sivo/ agg. subversive.
evidente /evi'dɛnte/ agg. [*verità, fatto*] evident, plain, obvious; [*prova, caso, segno*] clear; [*errore*] glaring, gross; [*gioia, imbarazzo*] clear, evident; [*cambiamento, miglioramento*] definite; ***è ~ che*** it is plain *o* clear that; ***sta mentendo, è ~*** he's lying, it's obvious; ***senza un motivo ~*** without any apparent reason.
evidentemente /evidente'mente/ avv. obviously, clearly; ***~ lo ha dimenticato*** *(a quanto sembra)* he apparently *o* evidently forgot it.
evidenza /evi'dɛntsa/ f. **1** evidence, facts pl., obviousness; ***arrendersi all'~*** to face the facts, to bow to the facts; ***negare l'~*** to deny the obvious, to swear black is white **2** *(efficacia rappresentativa)* force, vividness **3 in evidenza** *(in vista)* in a prominent place; ***mettere in (bella) ~*** FIG. to accent, to stress, to highlight [*importanza, utilità*]; to bring out, to point out [*contraddizione*]; to highlight [*legame*]; ***mettersi in ~*** *(farsi notare)* to be *o* come to the fore, to raise one's profile, to draw attention to oneself.
evidenziare /eviden'tsjare/ [1] tr. **1** *(mettere in evidenza)* to highlight, to pick out; *(rilevare, mostrare)* to stress, to emphasize; *(in un testo)* to highlight, to underline **2** *(con evidenziatore)* to highlight.
evidenziatore /evidentsja'tore/ m. highlighter, marker (pen).
evincere /e'vintʃere/ [98] tr. to deduce, to infer; ***da ciò si evince che...*** from this one can infer that...
evirare /evi'rare/ [1] tr. to evirate, to emasculate (anche FIG.).
evirazione /evirat'tsjone/ f. emasculation.
evitabile /evi'tabile/ agg. avoidable.
evitare /evi'tare/ [1] tr. **1** *(schivare)* to avoid [*ostacolo, colpo, pedone*] **2** *(sfuggire)* to avoid, to shun, to dodge [*persona*]; ***~ lo sguardo di qcn.*** to avoid sb.'s eyes **3** *(sottrarsi a)* to avoid, to evade [*problema, crisi, errore, domanda*] **4** *(impedire)* to avoid, to prevent [*catastrofe*] **5** *(astenersi da)* to avoid, to keep* from [*fumo, alcol*]; ***~ qcs., di fare*** to avoid sth., doing; ***evitò di farle altre domande*** he restrained from further questions **6** *(risparmiare)* ***~ qcs. a qcn.*** to save sb. sth.; ***~ a qcn. di fare*** to save sb. (from) doing; ***per ~ loro dei fastidi*** to save them trouble; ***volevo evitarti una spesa*** I wanted to spare you the expense; ***questo mi eviterà di andarci*** it'll save me from going there.

evo /'ɛvo/ m. era, epoch; ***il Medio Evo*** the Middle Ages ♦♦ ~ ***antico*** antiquity; ~ ***moderno*** modern era, modern age.
evocare /evo'kare/ [1] tr. **1** to evoke, to call up, to conjure (up) [*spiriti*] **2** FIG. to evoke, to recall [*ricordo, infanzia*].
evocativo /evoka'tivo/ agg. evocative (anche FIG.).
evocazione /evokat'tsjone/ f. **1** *(di spiriti)* evocation **2** FIG. evocation; *(ricordo)* recollection.
evolutivo /evolu'tivo/ agg. evolutionary; ***età -a*** age of development.
evoluto /evo'luto/ **I** p.pass. → **evolvere II** agg. **1** BIOL. evolved **2** FIG. [*paese, popolo*] advanced, highly-civilized **3** FIG. *(aperto)* open minded.
evoluzione /evolut'tsjone/ f. **1** BIOL. evolution; ***l'~ della specie*** the evolution of species **2** *(progresso)* evolution, development; *(di malattia)* progression **3** MIL. AER. MAR. evolution.
evoluzionismo /evoluttsjo'nizmo/ m. evolutionism.
evolvere /e'vɔlvere/ [22] intr. (aus. *essere*), **evolversi** pronom. to evolve.
evviva /ev'viva/ **I** inter. hurrah, hurray, viva; ***~ gli sposi!*** long life to the bride and groom! ***~, ce l'ho fatta!*** whopee, I've got it *o* I did it! **II** m.inv. cheer, hurrah; ***lanciare un ~*** to give a cheer.
ex /ɛks/ **I** agg.inv. ex, former; ***~ campione, sindaco*** ex-champion, ex-mayor; ***~ marito, moglie*** ex-husband, ex-wife; ***l'~ Germania orientale*** the former East Germany **II** m. e f.inv. COLLOQ. *(ex fidanzato, fidanzata, marito, moglie)* ex.
ex aequo /ɛgz'ɛkwo/ avv. SPORT ***vincitori ~*** joint winners; ***sono primi ~*** they're equal first; ***finirono secondi ~*** there was a tie for a second place.
excursus /eks'kursus/ m.inv. excursus*, digression; ***fare un ~*** to give an excursus.
ex libris /ɛks'libris/ m.inv. ex libris*, bookplate.
ex novo /ɛks'nɔvo/ avv. from the beginning; ***ricominciare ~*** to begin anew *o* all over again.
extra /'ɛkstra/ **I** agg.inv. **1** *(aggiuntivo)* [*lavoro, razione, spesa*] extra, additional **2** *(di qualità superiore)* superior, choice, extra **II** m.inv. **1** *(sovrappiù)* extra **2** *(spesa)* extra, additional expense **III** prep. ***~ bilancio*** outside the budget, extra budgetary.
extracomunitario, pl. **-ri, -rie** /ekstrakomuni'tarjo, ri, rje/ **I** agg. non-EC **II** m. (f. **-a**) non-EC immigrant.
extraconiugale /ekstrakonju'gale/ agg. [*relazione*] extramarital.
extraeuropeo /ekstraeuro'pɛo/ agg. extra-European.
extraparlamentare /ekstraparlamen'tare/ **I** agg. extraparliamentary **II** m. e f. = member of an extraparliamentary group.
extrasensoriale /ekstrasenso'rjale/ agg. [*percezione*] extrasensory.
extraterrestre /ekstrater'rɛstre/ agg., m. e f. extraterrestrial.
extraterritoriale /ekstraterrito'rjale/ agg. extraterritorial.
extraurbano /ekstraur'bano/ agg. [*linea*] suburban.
extrauterino /ekstraute'rino/ agg. [*gravidanza*] extrauterine, ectopic.
extravergine /ekstra'verdʒine/ agg. ***olio ~ di oliva*** extra virgin olive oil.
eziologia /ettsjolo'dʒia/ f. aetiology.

f

f, F /ˈɛffe/ m. e f.inv. *(lettera)* f, F.

1.fa /fa/ m.inv. MUS. F, fa(h).

2.fa /fa/ avv. ago; ***un anno*** ~ a *o* one year ago.

fabbisogno /fabbiˈzoɲɲo/ m. needs pl., requirements pl. ♦♦ ~ ***alimentare*** food requirements.

fabbrica, pl. **-che** /ˈfabbrika, ke/ f. *(stabilimento)* factory; ***prezzo di*** ~ factory(-gate) price; ***~ di armi, di automobili*** arms, car factory; ***~ di birra*** brewery; ***lavorare in*** ~ to work in a factory.

fabbricabile /fabbriˈkabile/ agg. **1** *(realizzabile)* manufacturable **2** *(edificabile)* [*area, terreno*] building attrib.

fabbricante /fabbriˈkante/ m. e f. manufacturer, maker.

fabbricare /fabbriˈkare/ [1] tr. **1** *(produrre)* to manufacture, to turn out, to produce **2** *(edificare)* to build*, to construct **3** FIG. *(inventare)* to fabricate, to make* up, to manufacture [*storia, scusa*].

fabbricato /fabbriˈkato/ m. building.

fabbricazione /fabbrikatˈtsjone/ f. **1** *(atto)* making, manufacturing, production; *(effetto)* make, manufacture; ***di ~ italiana*** made in Italy, Italian-made; ***difetto di*** ~ manufacturing defect, design fault **2** *(edificazione)* building, construction.

fabbro /ˈfabbro/ ➧ **18** m. *(artigiano)* smith; *(di serrature)* locksmith ♦♦ ***~ ferraio*** blacksmith.

Fabio /ˈfabjo/ n.pr.m. Fabius.

Fabrizio /faˈbrittsjo/ n.pr.m. Fabricius.

faccenda /fatˈtʃɛnda/ **I** f. **1** *(affare)* thing, business; ***ho una ~ da sbrigare*** I've got some business to see **2** *(fatto)* matter, affair, thing, business; ***una ~ molto delicata*** a matter of great delicacy; ***una brutta*** ~ a nasty business; ***questa è un'altra*** ~ that's another *o* a different matter **II faccende** f.pl. *(lavori domestici)* household chores, housework sing.; ***fare le -e*** to do the housework.

faccendiere /fattʃenˈdjɛre/ m. wheeler dealer, fixer.

faccetta /fatˈtʃetta/ f. *(di pietra preziosa)* facet.

facchino /fakˈkino/ ➧ **18** m. porter; ***da*** ~ [*modi, linguaggio*] coarse, vulgar.

faccia, pl. **-ce** /ˈfattʃa, tʃe/ ➧ **4** f. **1** *(viso)* face; ***guardare in ~ qcn.*** to look sb. in the face; ***non ho potuto vederlo in*** ~ I couldn't see him from the front; ***avere una brutta ~, una ~ stanca*** *(aspetto)* to look a bit off colour, tired **2** FIG. *(persona)* face; *(espressione)* look, expression, face; ***vedere -ce nuove*** to see new faces; ***non fare quella ~!*** don't look like that! ***ha fatto una ~ strana quando mi ha visto*** he made a face when he saw me; ***ha la ~ da imbroglione*** he looks like a trickster; ***fare una ~ offesa*** to have a hurt expression **3** *(superficie)* face; ***sulla ~ della terra*** on the face of the earth **4** *(lato)* face, side (anche FIG.); ***le -ce di una medaglia, moneta*** the sides of a medal, coin; ***solido a otto -ce*** eight-faced solid; ***l'altra ~ della luna*** the hidden face *o* dark side of the moon; ***l'altra ~ di qcs.*** the other side of sth. ♦ ***di*** o ***in ~ a*** opposite, in front of; ***guardare la morte in*** ~ to face up death; ***alla ~!*** good God! ***alla ~ dell'uguaglianza!*** so much for equality! ***fare qcs. alla ~ di*** to do sth. in the teeth of; ***cambiare*** ~ to change expression; ***avere la ~ di fare qcs.*** to be cheeky enough to do sth.; ***fare le -ce*** to pull *o* make a face, to sulk; ***fare la*** o ***una ~ lunga*** to pull a long face; ***gettare in ~ a qcn.*** to throw at sb. [*oggetto, sfida*]; ***perdere, salvare la*** ~ to lose, save face; ***guardare in ~ la realtà*** to face reality; ***non guardare in ~ nessuno*** to go ahead *o* to do what one wants regardless of anyone else; ***dire qcs. in ~ a qcn.*** to tell sth. to sb.'s face; ***a ~ in giù, in su*** face up, down; ***ridere in ~ a qcn.*** to laugh in sb.'s face; ***gli sta scritto in*** ~ it's written all over his face; ***essere*** o ***avere una (bella) ~ tosta*** to be cheeky, to have nerve; ***avere la ~ di bronzo*** to be as bold as brass; ***avere una ~ da schiaffi*** to be cheeky.

faccia a faccia /ˈfattʃa ˌafˈfattʃa/ **I** m.inv. face-to-face discussion, one-to-one debate **II** avv. face to face.

facciale /fatˈtʃale/ agg. [*nervo, paralisi*] facial.

facciata /fatˈtʃata/ f. **1** *(parete)* front, frontage, façade, facade **2** *(di foglio, disco)* side **3** FIG. *(apparenza)* front, exterior, façade, facade; ***di*** ~ outward, token.

facente: **facente funzione** /faˈtʃɛntefunˈtsjone/ agg., m. e f. ***~ funzione di*** [*direttore, ispettore*] acting (as); ***il ~ funzione*** the deputy, substitute.

faceto /faˈtʃɛto/ agg. [*persona, spirito*] facetious, waggish; [*tono*] joking.

facezia /faˈtʃɛttsja/ f. ANT. witty remark, joke.

fachiro /faˈkiro/ m. fakir.

facile /ˈfatʃile/ agg. **1** *(senza difficoltà)* easy; ***niente di più*** ~ nothing (could be) easier; ***è ~ fare*** it's easy to do; ***avere una*** o ***la vita*** ~ to have an easy ride; ***di ~ comprensione*** easy to understand; ***è ~ a dirsi*** it's easy (for you) to say; ***è più ~ a dirsi che a farsi*** that's easier said than done **2** SPREG. ***donna*** ~ loose woman; ***donna di -i costumi*** woman of easy virtue **3** *(incline)* ***un uomo ~ al bere*** a man who likes his drink; ***essere ~ alla collera*** to be prone to anger **4** *(probabile)* ***è ~ che nevichi*** it's likely to snow, it will probably snow ♦ ***avere la pistola*** ~ to be trigger-happy.

facilità /fatʃiliˈta/ f.inv. **1** *(mancanza di difficoltà)* ease, easiness, facility; ***fare qcs. con estrema*** ~ to do sth. very easily **2** *(predisposizione)* facility; ***avere ~ di parola*** to have the gift of the gab; ***avere ~ a imparare le lingue*** to have a facility *o* feel for languages.

facilitare /fatʃiliˈtare/ [1] tr. to ease, to facilitate; ***~ le cose*** to make things easier; ***è stato facilitato nella carriera*** he has been favoured in his career.

facilitato /fatʃiliˈtato/ **I** p.pass. → **facilitare II** agg. ***accesso*** ~ improved access.

facilitazione /fatʃilitatˈtsjone/ f. facility, facilitation ♦♦ ~ ***creditizia*** credit facility; ***-i di pagamento*** facilities for payment, easy payement terms.

facilmente /fatʃilˈmente/ avv. **1** *(con facilità)* easily **2** *(probabilmente)* probably.

faciloneria /fatʃiloneˈria/ f. superficiality, carelessness.

facinoroso /fatʃinoˈroso/ **I** agg. turbulent, violent **II** m. (f. -a) rioter.

facocero /fakoˈtʃɛro, faˈkɔtʃero/ m. warthog.

facoltà /fakol'ta/ f.inv. **1** faculty; ~ ***mentali*** mental faculties *o* powers; ***essere in pieno possesso delle proprie*** ~ to be in possession *o* command of all one's faculties, to be of sound mind **2** *(libertà, potere)* power, option (**di fare** of doing); ***la ~ di scegliere*** the right to choose, the freedom of choice; ***~ di non rispondere*** DIR. right of silence **3** UNIV. faculty; ***~ di lettere*** faculty of Arts; ***~ di giurisprudenza*** Law faculty.

facoltativo /fakolta'tivo/ agg. optional.

facoltoso /fakol'toso/ agg. well-off, wealthy, rich.

facsimile /fak'simile/ m. **1** *(copia)* facsimile **2** FIG. ***essere il ~ di qcn.*** to be the spitting image of sb.

factotum /fak'tɔtum/ m. e f.inv. factotum; jack of all trades SCHERZ.; *(uomo)* man Friday; *(donna)* girl Friday.

faggio, pl. **-gi** /'faddʒo, dʒi/ m. beech.

fagiano /fa'dʒano/ m. pheasant*.

fagiolino /fadʒo'lino/ m. green bean, French (string) bean.

fagiolo /fa'dʒɔlo/ m. bean ♦ ***andare a ~ a qcn.*** to suit sb. to the ground; ***capitare a ~*** to happen at the right moment; ***capiti a ~!*** you're just the one I wanted to see!

faglia /'faʎʎa/ f. fault.

fagocitare /fagotʃi'tare/ [1] tr. **1** BIOL. to phagocytize **2** FIG. *(incorporare)* to absorb, to swallow up.

1.fagotto /fa'gɔtto/ m. *(fardello)* bundle ♦ ***fare ~*** to (pull) up stakes, to pack one's bags and leave.

2.fagotto /fa'gɔtto/ ♦ ***34*** m. MUS. bassoon.

faida /'faida/ f. STOR. (blood) feud.

fai da te /faida'te/ m.inv. do-it-yourself.

faina /fa'ina/ f. beech marten.

falange, pl. **-gi** /fa'landʒe, dʒi/ f. ANAT. MIL. phalanx*.

falasco, pl. **-schi** /fa'lasko, ski/ m. sedge.

falcata /fal'kata/ f. **1** *(di persona)* stride, lope **2** *(di cavallo)* falcade.

falce /'faltʃe/ f. sickle; *(per il fieno)* scythe; ***~ di luna*** crescent ♦♦ ***~ e martello*** hammer and sickle.

falcetto /fal'tʃetto/ m. sickle.

falchetta /fal'ketta/ f. gunwale.

falciare /fal'tʃare/ [1] tr. **1** *(tagliare)* to mow*, to scythe [*grano, erba*] **2** FIG. *(uccidere)* to mow* down [*nemici*]; [*epidemia*] to wipe out, to decimate [*popolazione*] **3** SPORT to bring* down [*avversario*].

falciatore /faltʃa'tore/ m. (f. **-trice** /tritʃe/) mower.

falciatrice /faltʃa'tritʃe/ f. *(macchina)* mowing machine, mower ♦♦ ***~ da prato*** lawnmower.

falcidia /fal'tʃidja/ f. **1** *(forte riduzione)* drastic reduction, cut **2** *(strage)* massacre, slaughter; ***una ~ di candidati*** FIG. a carnage of candidates.

falcidiare /faltʃi'djare/ [1] tr. **1** *(ridurre)* to cut* down, to reduce **2** *(fare strage)* [*epidemia*] to wipe out, to decimate [*popolazione*].

falco, pl. **-chi** /'falko, ki/ m. **1** ORNIT. hawk **2** POL. hawk ♦ ***avere una vista da ~*** to have eyes like a hawk, to be hawk-eyed ♦♦ ***~ di palude*** marsh harrier; ***~ pellegrino*** peregrine (falcon); ***~ pescatore*** osprey.

falcone /fal'kone/ m. ORNIT. falcon.

falconeria /falkone'ria/ f. falconry.

falconiere /falko'njɛre/ m. falconer.

falda /'falda/ f. **1** *(strato)* layer, stratum* (anche GEOL.) **2** *(di neve)* (snow) flake; ***nevica a larghe -e*** the snow is falling in large flakes **3** *(tesa)* brim **4** *(di abito)* tail **5** *(di monte)* slope; ***alle -e del monte*** at the foot of the mountain **6** *(di tetto)* pitch ♦♦ ***~ acquifera*** water-bearing stratum; ***~ freatica*** water table.

falegname /faleɲ'ɲame/ ♦ ***18*** m. carpenter, joiner.

falegnameria /faleɲɲame'ria/ f. carpentry, joinery.

falena /fa'lɛna/ f. moth.

falesia /fa'lɛzja/ f. cliff.

falla /'falla/ f. *(di bacino, serbatoio)* leak, crack; *(di scafo)* leak; ***turare, tamponare una ~*** to plug, stop a leak.

fallace /fal'latʃe/ agg. [*promesse, speranze*] fallacious, deceptive, illusory; [*parole, ragionamento*] faulty, specious.

fallacia /fal'latʃa/ f. fallaciousness, fallacy, speciousness.

fallato /fal'lato/ agg. [*copia*] faulty; [*stoffa*] flawed.

fallibile /fal'libile/ agg. fallible.

fallibilità /fallibili'ta/ f.inv. fallibility.

fallico, pl. **-ci**, **-che** /'falliko, tʃi, ke/ agg. phallic.

fallimentare /fallimen'tare/ agg. **1** bankruptcy attrib.; ***procedura ~*** bankrupcy proceedings; ***curatore ~*** official receiver; ***tribunale ~*** bankruptcy court **2** FIG. [*esperienza, esito*] disastrous.

fallimento /falli'mento/ m. **1** COMM. DIR. bankrupcy, crash; ***in ~*** bankrupt; ***fare ~*** to go bankrupt **2** FIG. failure, collapse; *(di matrimonio)* break-up.

fallire /fal'lire/ [102] **I** tr. *(mancare)* to miss [*obiettivo, bersaglio*]; ***~ il colpo*** FIG. to miss the mark **II** intr. **1** (aus. *avere*) *(non avere successo)* to fail **2** (aus. *essere*) *(avere esito negativo)* [*piano, operazione*] to be* unsuccessful, to abort, to go* astray, to go* wrong; [*tentativo*] to fail **3** (aus. *essere*) *(fare fallimento)* to go* bankrupt.

fallito /fal'lito/ **I** p.pass. → **fallire II** agg. **1** *(non riuscito, mancato)* [*attore, uomo*] broken, unsuccessful; [*tentativo*] failed, aborted **2** *(insolvente)* [*azienda*] bankrupt, broke **III** m. (f. **-a**) **1** *(perdente)* failure, loser **2** DIR. bankrupt.

1.fallo /'fallo/ m. **1** *(mancanza, colpa)* error, mistake; ***senza ~*** ANT. without fail; ***essere in ~*** LETT. to be at fault; ***cogliere qcn. in ~*** to catch sb. on the wrong foot *o* out; ***mettere un piede in ~*** *(inciampare)* to slip; *(sbagliare)* to take a false step **2** SPORT foul (**di** by; **su** on); *(nel tennis)* fault; ***commettere un ~*** to foul ♦♦ ***~ intenzionale*** professional foul; ***~ laterale*** (ball in) touch; ***~ di mano*** handball.

2.fallo /'fallo/ m. ANAT. phallus*.

falloso /fal'loso/ agg. **1** *(difettoso)* faulty **2** SPORT [*gioco*] foul, illegal; [*giocatore*] dirty.

falò /fa'lɔ/ m.inv. bonfire.

falsamente /falsa'mente/ avv. [*accusare*] wrongly, falsely.

falsare /fal'sare/ [1] tr. to distort, to misrepresent [*realtà*]; to alter [*risultato*].

falsariga, pl. **-ghe** /falsa'riga, ge/ f. *(modello)* pattern, model; ***sulla ~ di qcs.*** along the lines of sth.

falsario, pl. **-ri** /fal'sarjo, ri/ m. (f. **-a**) copyist; *(di banconote)* counterfeiter, forger.

falsetto /fal'setto/ m. ***in ~*** in falsetto.

falsificare /falsifi'kare/ [1] tr. **1** *(contraffare)* to falsify, to counterfeit, to fake [*assegno, firma, documento*]; to falsify, to forge, to counterfeit [*banconote*] **2** *(alterare)* to sophisticate [*testo*]; to alter, to distort [*dichiarazione*].

falsificatore /falsifika'tore/ m. (f. **-trice** /tritʃe/) faker, falsifier, forger, counterfeiter.

falsificazione /falsifikat'tsjone/ f. faking, falsification, forgery, counterfeit.

falsità /falsi'ta/ f.inv. **1** *(di argomento, notizia)* falseness, falsity **2** *(di persona, sentimento)* deceitfulness **3** *(menzogna)* falsehood, lie.

falso /'falso/ **I** agg. **1** *(non vero, infondato)* [*notizia, informazione*] false, unfounded; *(erroneo)* [*credenza, convinzione*] wrong; ***essere su una -a strada*** to be on the wrong track **2** *(falsificato)* [*documento, denaro*] false, fake, forged, counterfeit; *(finto)* ***perla, pietra -a*** imitation pearl, stone; ***un ~ Van Gogh*** a fake Van Gogh; ***denti -i*** false teeth; ***sotto ~ nome*** under an alias *o* an assumed name **3** *(inautentico)* [*libertà, democrazia, bisogno*] false, illusory; *(affettato)* [*pudore, modestia, indifferenza*] false, affected, feigned; *(menzognero)* [*pretesto, dichiarazione, promessa, accusa*] false **4** *(ipocrita)* [*persona*] false, deceitful **II** m. **1** *(contrario del vero)* ***distinguere il vero dal ~*** to tell truth from falsehood; ***giurare il ~*** to commit perjury; ***testimoniare il ~*** to bear false witness **2** *(oggetto falsificato)* fake ♦♦ ***~ allarme*** false alarm; ***~ amico*** LING. false friend; ***~ in atto pubblico*** AMM. DIR. forgery of a public deed; ***~ in bilancio*** AMM. DIR. False statement in account; ***-a partenza*** FIG. false start; ***-a testimonianza*** DIR. false *o* perjured evidence, false testimony.

fama /'fama/ f. **1** *(reputazione)* reputation; ***avere una buona, cattiva ~*** to have a good, bad reputation; ***farsi una brutta ~*** to pick up a reputation; ***avere la ~ di essere*** to have a reputation of being, to be reputed to be; ***conoscere di ~*** to know by reputation **2** *(celebrità)* fame; ***di ~ mondiale*** [*artista, opera*] of world renown.

fame /'fame/ f. **1** *(appetito)* hunger (**di** for); *(denutrizione)* starvation; ***avere ~*** to be hungry (anche FIG.); ***avere una ~ da lupo*** FIG. to be ravenously hungry *o* starving; ***morire di ~*** to die of starvation, to starve to death; FIG. *(avere molto appetito)* to

be starving; ***sciopero della ~*** hunger strike; ***stipendio da ~*** *(misero)* starvation wage **2** *(carestia)* famine; ***la ~ nel mondo*** world famine, the worldwide problem of famine ♦ ***fare la ~*** to be in dire (financial) straits.
famelico, pl. **-ci, -che** /fa'mɛliko, tʃi, ke/ agg. **1** *(affamato)* ravenous **2** *(ingordo)* greedy.
famigerato /famidʒe'rato/ agg. infamous, notorious.
famiglia /fa'miʎʎa/ f. family (anche BIOL. LING.); ***una ~ di musicisti*** a musical family; ***~ con due redditi*** ECON. two-income household; ***di ~*** [*foto, riunione, medico*] family attrib.; ***sono madre, padre di ~*** I'm a mother, a father, I have children; ***essere uno di ~*** to be one of the family; ***essere di buona ~*** to come from a good family; ***formato ~*** family size; ***mettere su ~*** to start a family; ***stato di ~*** family certificate ♦ ***essere tutto (casa e) ~*** to be a family person; ***capita*** o ***succede anche nelle migliori -e*** it can happen to the best *o* to anybody.
famigliare /famiʎ'ʎare/ → **familiare.**
famigliarità /famiʎʎari'ta/ → **familiarità.**
familiare /fami'ljare/ **I** agg. **1** [*vita, equilibrio, pianificazione*] family attrib.; ***bilancio ~*** household budget; ***il nucleo ~*** the family unit; ***per motivi -i*** for family reasons; ***impresa (a conduzione) ~*** family business **2** *(noto, consueto)* [*viso, paesaggio, nome*] familiar, well-known; ***l'autore non mi è ~*** I'm not familiar with the author **3** *(alla buona)* informal, friendly **4** *(colloquiale)* ***linguaggio ~*** informal *o* everyday language **II** m. e f. family member, member of a family **III** f. *(auto)* estate car BE, station wagon AE.
familiarità /familjari'ta/ f.inv. **1** *(confidenza)* familiarity, intimacy; ***avere ~ con qcn.*** to be familiar *o* on familiar terms with sb. **2** *(pratica)* ***acquisire ~ con qcs.*** to get used to sth., to get the hang of sth.
familiarizzare /familjarid'dzare/ [1] intr. (aus. *avere*), **familiarizzarsi** pronom. to familiarize (**con qcn., qcs.** with sb., sth.), to become* friendly (**con qcn.** with sb.).
familiarmente /familjar'mente/ avv. familiarly.
famoso /fa'moso/ L'equivalente più comune dell'italiano *famoso* è *famous*, usato per descrivere chi è conosciuto da tutti: *Rita Hayworth era una famosa stella del cinema* = Rita Hayworth was a famous movie star. *Well-known* si usa invece per designare chi è famoso per un particolare gruppo di persone e per una particolare competenza o abilità: *a well-known literary critic* = un famoso critico letterario. - Al posto di *famous* o *well-known*, possono anche essere usati dei sinomini quali *renowned* (letteralmente, *rinomato*, che si usa per persone o cose) e *distinguished* (letteralmente, *distinto*, che si usa in riferimento ad artisti, scienziati, etc.). - *Famoso* in senso negativo, ossia *famigerato*, si traduce in inglese *infamous* o *notorious.* agg. **1** *(noto, celebre)* famous, renowned, famed, well-known; ***le ultime parole -e!*** IRON. famous last words! **2** *(famigerato)* infamous, notorious; ***tristemente ~*** infamous.
fan /fan/ m. e f.inv. (anche pl. **fans**) fan.
fanale /fa'nale/ m. *(di auto)* (head)lamp, (head)light; *(di bicicletta, motorino)* lamp; *(di nave, aereo)* navigation light; ***~ anteriore*** headlight; ***~ posteriore, di coda*** rear-light, taillight; ***~ di via*** MAR. AER. running light.
fanalino /fana'lino/ m. light; ***~ di coda*** taillight; FIG. tail-end (Charlie).
fanatico, pl. **-ci, -che** /fa'natiko, tʃi, ke/ **I** agg. **1** fanatical **2** *(entusiasta)* fanatical, mad (**di, per** about); ***essere ~ di calcio, di cavalli*** to be football-mad, horse-mad **II** m. (f. **-a**) **1** fanatic **2** *(entusiasta)* fan(atic), enthusiast, freak.
fanciulla /fan'tʃulla/ f. (young) girl, maiden LETT.
fanciullesco, pl. **-schi, -sche** /fantʃul'lesko, ski, ske/ agg. **1** *(di fanciullo)* ***giochi -schi*** children's games **2** *(puerile)* childish.
fanciullezza /fantʃul'lettsa/ f. childhood.
fanciullo /fan'tʃullo/ m. (young) boy, child*.
fandonia /fan'dɔnja/ f. fib, tale, fable, fabrication.
fanello /fa'nɛllo/ m. linnet.
fanfara /fan'fara/ f. **1** *(banda)* (brass) band **2** *(musica)* fanfare.
fanfaronata /fanfaro'nata/ f. brag, blustering **U**.
fanfarone /fanfa'rone/ m. (f. **-a**) boaster; ***fare il ~*** to brag.
fanghiglia /fan'giʎʎa/ f. slush, slime, sludge.
fango, pl. **-ghi** /'fango, gi/ **I** m. mud; ***sporco di ~*** muddy **II** **fanghi** m.pl. *(termali)* mud baths; ***fare i -ghi*** to take mud baths ♦ ***gettare ~ su qcn.*** to sling mud at sb.; ***trascinare il nome di qcn. nel ~*** to drag sb.'s name in, through the mud.
fangoso /fan'goso/ agg. muddy.
fangoterapia /fangotera'pia/ f. mud therapy.
fannullone /fannul'lone/ m. (f. **-a**) idler, loafer, lounger, slouch.
fanone /fa'none/ m. baleen.
Fantacalcio® /fanta'kaltʃo/ m. fantasy football.
fantaccino /fantat'tʃino/ m. infantryman*.
fantapolitica /fantapo'litika/ f. political fantasy.
fantascienza /fantaʃ'ʃɛntsa/ f. science fiction; ***di ~*** [*film, romanzo*] science fiction.
fantasia /fanta'zia/ **I** f. **1** *(immaginazione)* imagination, fancy; ***un volo di ~*** a flight of fancy *o* of the imagination; ***una ~ fervida*** a fertile imagination; ***non avere ~*** not to have *o* to lack imagination; ***lavorare di ~*** to let oneself be carried away by one's imagination **2** *(invenzione)* fantasy; ***opera di ~*** fiction; ***sono tutte -e!*** it's all make-believe! it's pure fantasy! ***la realtà supera la ~*** reality is stranger than fiction **3** *(capriccio)* fancy, whim **4** *(di tessuto)* pattern **5** MUS. fantasia, fantasy **II** agg.inv. [*stoffa, carta*] print, patterned, fancy.
fantasioso /fanta'zjoso/ agg. **1** *(ricco di fantasia)* imaginative **2** *(inverosimile)* improbable, unlikely.
fantasista, m.pl. **-i**, f.pl. **-e** /fanta'zista/ ➧ **18** m. e f. *(artista)* variety artist.
fantasma /fan'tazma/ **I** m. **1** *(spettro)* ghost, phantom, spectre BE, specter AE; ***storia di -i*** ghost story; ***il castello è infestato dai -i*** the castle is haunted **2** *(immagine della fantasia)* illusion, fancy, figment **3** *(ombra)* ***i -i del passato*** the ghosts of one's past; ***essere il ~ di se stesso*** to be the shadow of one's former self **II** agg.inv. ***città ~*** ghost town; ***governo ~*** phantom government; ***nave ~*** ghost ship.
fantasmagoria /fantazmago'ria/ f. phantasmagoria.
fantasmagorico, pl. **-ci, -che** /fantazma'gɔriko, tʃi, ke/ agg. phantasmagoric(al).
fantasticare /fantasti'kare/ [1] intr. to daydream (**su** about).
fantasticheria /fantastike'ria/ f. reverie, dream.
fantastico, pl. **-ci, -che** /fan'tastiko, tʃi, ke/ agg. **1** *(immaginario)* [*creatura, personaggio, mondi*] fabulous, imaginary, fantastic; *(di fantasia)* [*film, racconto*] fantastic **2** COLLOQ. *(formidabile)* fantastic, great, fabulous, wonderful; ***~!*** wonderful!
fante /'fante/ m. **1** MIL. infantryman*; STOR. foot soldier **2** *(nelle carte)* jack, knave BE.
fanteria /fante'ria/ f. infantry ♦♦ ***~ di marina*** Marines.
fantino /fan'tino/ ➧ **18** m. jockey, rider.
fantoccio, pl. **-ci** /fan'tɔttʃo, tʃi/ **I** m. puppet (anche FIG.) **II** agg.inv. ***governo ~*** puppet government.
fantomatico, pl. **-ci, -che** /fanto'matiko, tʃi, ke/ agg. **1** *(inafferrabile)* mysterious, elusive **2** *(immaginario)* imaginary, fantastic.
FAO f. (⇒ Food and Agriculture Organization Organizzazione per l'Alimentazione e l'Agricoltura) FAO.
farabutto /fara'butto/ m. (f. **-a**) rogue, scoundrel, rascal.
faraglione /faraʎ'ʎone/ m. stack.
faraona /fara'ona/ f. ZOOL. guinea-fowl, guinea-hen.
faraone /fara'one/ m. *(sovrano)* pharaoh.
faraonico, pl. **-ci, -che** /fara'ɔniko, tʃi, ke/ agg. **1** *(dei faraoni)* pharaonic **2** *(grandioso)* [*festa*] magnificent; [*villa*] sumptuous.
farcia, pl. **-ce** /'fartʃa, tʃe/ f. stuffing, filling.
farcire /far'tʃire/ [102] tr. to stuff [*pesce, tacchino*]; to fill [*dolce*].
farcito /far'tʃito/ **I** p.pass. → **farcire** **II** agg. [*olive, tacchino*] stuffed; [*dolce*] filled.
fard /fard/ m.inv. blusher.
fardello /far'dɛllo/ m. **1** *(fagotto)* bundle **2** FIG. burden, charge, load.
1.fare /'fare/ [8] **I** tr. **1** *(in senso generico e astratto)* to do*; ***non avere niente da ~*** to have nothing to do; ***che cosa posso ~ per te?*** what can I do for you? ***che cosa dobbiamo ~ con te!*** what are we to do with you! **2** *(preparare, fabbricare, creare)* to make* [*torta, tè, vino, vestito, mobile, pezzi di ricambio, film*]; ***~ del pollo*** to cook some chicken; ***che cosa faccio***

1.fare

- Questa nota si concentra sugli usi grammaticali del verbo *fare* e su quegli usi lessicali che mostrano una certa sistematicità. Per le varie accezioni semantiche del verbo *fare* e le locuzioni idiomatiche in cui compare, è opportuno consultare la voce **1.fare**, le voci relative alle parole utilizzate nelle locuzioni con *fare* (ad es. la voce **università** per *fare l'università*, la voce **giorno** per *fare giorno* ecc.) oppure le note lessicali che raccolgono espressioni con *fare* (ad es. la nota lessicale GIOCHI E SPORT per *fare un bridge* o *fare ginnastica*, oppure le note lessicali 20-24 relativi alle MISURE per *fare 20 metri* o *fare 80 chilometri all'ora*).

To make, to do o...

- *Fare* si traduce con *to make* quando è seguito da un oggetto che designa qualcosa che è stato creato, confezionato, composto, realizzato od ottenuto; tale oggetto è il risultato dell'azione del *fare*:

fatti il letto!	=	make your bed!
la nonna ha fatto la marmellata	=	granny has made jam
il Presidente fece un discorso	=	the President made a speech
ho fatto degli errori?	=	did I make any mistakes?
mi sono fatto un caffè	=	I made myself a coffee.

- *Fare* si traduce con *to do* quando ha il senso più generico e astratto di dedicarsi a un'attività, di occuparsi di qualcosa; l'oggetto del verbo *fare* può precisare la natura di tale attività:

faccio ricerca	=	I do research
hai fatto degli esercizi?	=	did you do any exercises?
tutti devono fare il proprio dovere	=	everybody should do one's duty
ho fatto tedesco a scuola	=	I did German at school.

To do è frequente con parole che descrivono lavori e attività, specie se tali parole terminano in *-ing*:

suo marito fa sempre la spesa	=	her husband does all the shopping
hai fatto il bucato?	=	have you done the washing?

Talvolta la natura del *fare* resta indeterminata:

che cosa fa (nella vita)?	=	what does he do (for a living)?
che cosa fai stasera?	=	what are you doing tonight?
ho da fare	=	I have things to do;

oppure viene suggerita dal contesto, poiché *fare una stanza* = to do a room può significare pulirla, metterla a posto o imbiancarla.

- Se *fare* sostituisce in italiano un verbo semanticamente più preciso, l'equivalente di tale verbo verrà impiegato in inglese:

fare una casa	=	to build a house
fare una domanda	=	to ask a question
fare un incidente	=	to have an accident
fare un nido	=	to build a nest
fare un nodo	=	to tie a knot
fare un numero di telefono	=	to dial a number
fare un ritratto	=	to paint a portrait
fare un tema	=	to write an essay
fare una visita	=	to pay a visit.

Questi e altri casi sono elencati nel paragrafo finale di questa nota, che raccoglie gli usi lessicali del verbo *fare*, dove molti esempi mostreranno anche che a una locuzione italiana costituita da *fare* + sostantivo corrisponde in inglese un semplice verbo:

fare acqua	=	to leak
fare la barba	=	to shave, ecc.

Fare in riferimento a un altro verbo

- Il verbo *fare* è usato in italiano in riferimento e in sostituzione di un altro verbo che non si vuole ripetere; in tal caso, l'inglese usa solitamente *to do*:

"posso guardare?" "faccia pure"	=	"may I look?" "please do"
vogliono che me ne vada, ma non farò niente del genere	=	they want me to leave, but I'll do nothing of the sort.

Far fare qualcosa a qualcuno

- *Far fare qualcosa a qualcuno* è una struttura di tipo attivo che mette in rapporto l'azione di due persone (io faccio in modo che qualcun altro faccia qualcosa); tale struttura può convogliare quattro diversi significati: *obbligo* (costringere qualcuno a fare qualcosa), *persuasione* (persuadere qualcuno a fare qualcosa), *aiuto* (aiutare qualcuno a fare qualcosa) o *permesso* (lasciar fare qualcosa a qualcuno); in rapporto a questi diversi significati, la traduzione inglese è almeno parzialmente diversificata.
- Quando *far fare qualcosa a qualcuno* indica *obbligo*, si traduce con la struttura *to make* + oggetto + infinito senza *to*:

fa' alzare i bambini	=	make the children get up
il poliziotto mi ha fatto tirar fuori la patente	=	the policeman made me produce my driving licence
questa pillola ti fa dormire	=	this pill makes you sleep.

Si noti il mutamento della struttura quando il *fare* reggente viene usato al passivo:

vennero fatti alzare alle sei	=	they were made to get up at six.

Il senso di obbligo presupporrebbe una persona che compie l'azione di costringere; tuttavia la struttura con *to make* si usa anche con soggetti inanimati:

la cosa non mi ha fatto ridere	=	it didn't make me laugh
le sue parole mi hanno fatto sentire meglio	=	her words made me feel better
quella pettinatura la fa sembrare più vecchia	=	that hairstyle makes her look older.

Con soggetti inanimati è comunque spesso opportuno tradurre *fare* con il verbo *to cause*:

la nebbia ha fatto arrivare il treno in ritardo	=	the fog caused the train to arrive late
un forte vento ha fatto cadere molte tegole	=	a strong wind caused many tiles to fall.

Il senso di obbligo può anche essere reso mediante l'uso di verbi quali *to compel, to oblige* o *to order*.

la farò studiare sodo	=	I'll compel / oblige / order her to study hard.

- Quando *far fare qualcosa a qualcuno* indica *persuasione*, si traduce con la struttura *to get* + oggetto + *to* + infinito:

fagli prenotare una stanza	=	get him to book a room
il pittore fece comprare un suo quadro a mia moglie	=	the painter got my wife to buy a picture of his.

Anche in questa struttura il *fare* reggente può essere introdotto nella variante passiva:

le venne fatto comprare un quadro	=	she was got to buy a picture.

Caso particolare con *to get* è dato dall'esempio: *far partire la macchina* = to get the car going.

- Quando *far fare qualcosa a qualcuno* indica *aiuto*, si traduce con la struttura *to help* + oggetto + *to* + infinito:

ho fatto salire sul tram un vecchio	=	I helped an old man to get on the tram.

- Quando *far fare qualcosa a qualcuno* indica *permesso*, si traduce con la struttura *to let* + oggetto + infinito senza *to*:

non ha fatto guardare la televisione ai bambini	=	she didn't let the children watch TV
falli dormire ancora un po'!	=	let them sleep a bit longer!

Si noti il mutamento della struttura quando il *fare* reggente viene usato al passivo:

non gli venne fatta vedere la televisione	=	he wasn't let to watch TV.

Si noti anche che questa struttura può anche avere un oggetto inanimato:

hai fatto bruciare la torta	=	you let the cake burn
avete fatto crescere le erbacce in giardino	=	you've let the weeds grow in the garden.

Il senso di permesso può anche essere reso mediante l'uso di verbi quali to allow o to permit:

li abbiamo fatti dormire ancora un po'	=	we allowed / permitted them to sleep a bit longer.

- La struttura *fare* + infinito dell'italiano compare anche in locuzioni idiomatiche, per le quali vanno fatte le seguenti osservazioni:
  a) alcune locuzioni costituite da *fare* + infinito vengono rese in inglese mediante un semplice infinito: *far affondare* = to

sink, *far cadere* = to drop, *far mangiare* (= nutrire) *un bambino* = to feed a child, *far notare* = to point out, *fare pagare* = to charge, *far pensare* = to remind, *fare scattare una trappola* = to spring a trap, *far vedere* (= mostrare) *qualcosa* = to show something;

b) alcuni usi di *fare* + infinito vengono resi mediante *to let* seguito da un oggetto e da un avverbio o verbo all'infinito:

fare entrare qualcuno = to let someone in
fare uscire qualcuno = to let someone out
fare passare qualcuno = to let someone through / past
far vedere = to let someone see
far conoscere / sapere = to let someone know.

Si noti la differente traduzione di *ci ha fatto sapere che non avrebbe frequentato il corso* = he let us know that he wouldn't attend the course e *ha fatto sapere che non avrebbe frequentato il corso* = he made it known that he wouldn't attend the course;

c) casi del tutto particolari sono illustrati dai seguenti esempi:

fare aspettare qualcuno = to keep somebody waiting
fare arrabbiare qualcuno = to make someone angry
far venire l'idraulico = to send for / to call a plumber
chi me lo fa fare? = why should I do it?

Farsi fare qualcosa (da qualcuno)

- *Farsi fare qualcosa (da qualcuno)* è una struttura di tipo passivo che mette in rapporto l'azione di una persona e un'azione che viene compiuta da un'altra persona (io faccio in modo che qualcosa venga fatto da qualcun altro); ciò viene sottolineato in inglese dall'uso del participio passato, segnale verbale dell'azione non fatta ma subita.
- *Farsi* seguito da un verbo intransitivo all'infinito si traduce con la struttura *to make* + *oneself* + participio passato (+ complemento d'agente facoltativo):

sa farsi capire = he can make himself understood
non riescono a farsi sentire = they can't make themselves heard.

- *Farsi* seguito da un verbo transitivo all'infinito e da un complemento oggetto inanimato, con implicazione semantica di obbligo o persuasione, si traduce con la struttura *to have* oppure *to get* + oggetto + participio passato (+ complemento d'agente facoltativo):

l'anno scorso mi sono fatto costruire una nuova casa = last year I had a new house built
da quanto non ti fai tagliare i capelli? = how long haven't you got your hair cut?
si sta facendo fare il lavoro da un'amica = she's having the work done by a friend
si è fatta lavare la macchina = she got her car washed
mi sono fatto spedire il bagaglio in albergo = I had my luggage forwarded to the hotel.

- *Farsi* seguito da un verbo transitivo all'infinito (e da un complemento oggetto inanimato facoltativo), con implicazione semantica di permesso, si traduce con la struttura *to let* + oggetto + infinito senza *to*:

non si fa accarezzare = he won't let you stroke him
non si fa accarezzare la testa = he won't let you stroke his head.

- *Farsi* + verbo all'infinito compare anche in espressioni idiomatiche:

farsi notare = to attract attention
farsi operare = to have surgery
farsi rispettare = to command respect.

Locuzioni idiomatiche con *fare*

- Oltre alle locuzioni idiomatiche con *fare* elencate nella voce, si possono ricordare i seguenti esempi.
- *farla* + aggettivo:

l'hai fatta bella! = you've made a fine mess of it / of things!
stavolta l'hai fatta grossa! = you've really gone and done it now!
falla finita! = stop it!
voglio farla finita = I want to end it all
l'ha fatta franca = he got away with it, he got off scot-free

- *Farne* compare in locuzioni idiomatiche quali:

farne di cotte e di crude = to get / be up to all kinds of tricks
farne di tutti i colori = to be a bundle of mischief.

- La locuzione idiomatica *non fare (altro) che* esprime i due diversi significati di continuità e di restrizione che, come mostrano gli esempi, vanno resi in inglese in modo diverso:

non fa che piovere = it never stops raining / it rains all the time
non faccio che obbedire agli ordini = I'm only obeying orders
non fa (altro) che mangiare = all he does is eat.

Locuzioni idiomatiche con *fare*

- Il verbo *fare* compare in italiano in moltissime espressioni di carattere più o meno idiomatico. Gli esempi negli elenchi che seguono sono raggruppati in base all'equivalente inglese dell'italiano *fare*, rispettivamente *to make, to do, to have, to take, to go* o verbi vari; si noterà che talvolta una medesima locuzione ha più di una possibile traduzione inglese; un apposito elenco raccoglie infine le locuzioni introdotte da farsi.
- *Fare* si traduce con *to make* nelle seguenti locuzioni:

fare amicizia = to make friends
fare (al)l'amore = to make love
fare baccano = to make a racket
fare il caffè = to make coffee
fare casino / un pasticcio = to make a mess
fare un discorso = to make a speech
fare un elenco = to make a list
fare un film = to make a film / a movie
fare fortuna = to make one's fortune
fare una gaffe = to make a gaffe / a blunder
fare un gesto = to make a gesture
fare una gita a = to make a trip to
fare una buona / cattiva impressione = to make a good / bad impression
fare il letto = to make the bed
fare un movimento = to make a movement
fare di necessità virtù = to make a virtue of necessity
fare un'offerta = to make an offer
fare un'osservazione = to make a remark
fare (la) pace = to make peace
fare posto a qualcuno = to make room for somebody
fare un progetto = to make a plan
fare una proposta = to make a proposal
fare progressi = to make progress
fare una promessa = to make a promise
fare rumore = to make a noise
fare uno sbaglio = to make a mistake
fare una scelta = to make a choice
fare una scoperta = to make a discovery
fare uno sforzo = to make an effort
fare smorfie = to make faces
fare soldi = to make money
fare il tè = to make tea
fare un tentativo = to make an attempt
fare una torta = to make a cake
fare uso di = to make use of
fare un viaggio = to make a journey / trip.

- *Fare* si traduce con *to do* nelle seguenti locuzioni:

fare aerobica = to do aerobics
fare affari = to do business
fare Amleto (= recitare) = to do Hamlet
fare bene / male (alla salute) = to do good / harm
fare il bucato = to do the washing
fare i compiti = to do one's homework
fare un corso = to do a course
fare una cortesia = to do a kindness
fare danni = to do damage
fare il proprio dovere = to do one's duty
fare un esercizio = to do an exercise
fare un favore = to do a favour

fare giardinaggio	= to do gardening
fare ingegneria	= to do engineering
fare un lavoro	= to do a job
fare un po' di lavoro	= to do some work
fare i lavori di casa	= to do the housework / the chores
fare da mangiare	= to do the cooking
fare del proprio meglio	= to do one's best
fare meraviglie	= to do wonders
fare nuoto	= to do swimming
fare la pelle a qualcuno	= to do someone in
fare i piatti	= to do the dishes / the washing-up
fare un anno di prigione	= to do one year in prison
fare le pulizie	= to do the cleaning
fare ricerca / ricerche	= to do research
fare riparazioni	= to do repairs
fare senza / a meno di qualcosa	= to do without something
fare la spesa	= to do the shopping
fare sport	= to do sport
fare un tema	= to do an essay
fare un test	= to do a test.

- *Fare* si traduce con *to have* nelle seguenti espressioni:

fare il bagno (= lavarsi)	= to have a bath
fare il bagno (= nuotare)	= to have a swim
fare colazione / pranzo / cena (= mangiare)	= to have breakfast / lunch / dinner
fare una chiacchierata / quattro chiacchiere	= to have a chat
fare i cuccioli	= to have puppies
fare una cura	= to have treatment
fare la doccia	= to have a shower
fare una brutta esperienza	= to have an unpleasant experience
fare una festa	= to have a party
fare un figlio	= to have a son
fare a modo proprio	= to have one's way
fare una partita a	= to have a game of
fare una passeggiata / quattro passi	= to have a walk
fare un pasto	= to have a meal
fare un pisolino / sonnellino	= to have a nap
fare a pugni (= picchiarsi)	= to have a fist fight
fare una risata	= to have a (good) laugh
fare sesso	= to have sex
fare un sogno	= to have a dream
fare un tentativo	= to have a try / a go.

- *Fare* si traduce con *to take* nelle seguenti espressioni:

fare attenzione	= to take care
fare il bagno (= lavarsi)	= to take a bath AE
fare un corso	= to take a course
fare la doccia	= to take a shower AE
fare effetto	= to take effect
fare un esame	= to take an exam
fare una foto	= to take a picture / a photo
fare un giro in moto	= to take a ride on a motorbike
fare un intervallo	= to take a break
fare un passo	= to take a step
fare un pisolino / sonnellino	= to take a nap
fare prigioniero qualcuno	= to take someone prisoner.

- *Fare* si traduce con *to go*, quando il *fare* implica l'andare, e in altre locuzioni:

fare un giro	= to go around
fare una gita	= to go on a trip
fare una passeggiata / quattro passi	= to go for a stroll / walk
fare spese	= to go shopping
fare le vacanze	= to go on vacation
fare bancarotta	= to go bankrupt
fare a metà	= to go halves
fare alla romana (= pagare)	= to go Dutch
fare la spola	= to go back and forth.

- *Fare* si traduce con verbi vari nelle seguenti locuzioni:

fare acqua (= imbarcare acqua)	= to leak
fare Amleto (= recitare)	= to play Hamlet
fare attenzione	= to pay attention
fare arrosto / lesso	= to roast / to boil
fare la barba	= to shave
fare bello (di tempo)	= to be fine
fare benzina	= to get some petrol
fare il biglietto	= to buy a ticket
fare caldo / freddo	= to be hot / cold
fare caso a	= to notice
fare cilecca	= to misfire
fare la coda	= to queue
far conto	= to reckon, to imagine
fare una corsa	= to run
fare la corte a qualcuno	= to court someone
fare una dieta	= to be on a diet
fare un discorso	= to give a speech
fare un esame	= to sit (for) an exam
fare esercizio	= to practise
fare festa a qualcuno	= to give somebody a warm welcome
fare una brutta figura	= to cut a sorry figure
fare finta	= to pretend
fare fortuna	= to strike it rich / to make one's pile
far fronte a	= to cope with, to face (up)
fare fuoco (= accenderlo)	= to light the fire
fare fuoco (= sparare)	= to fire
far fuori qualcuno (= uccidere)	= to do somebody in, to blow somebody away
far fuori i propri risparmi	= to finish off one's savings
fare ginnastica	= to exercise
fare un'iniezione	= to give an injection
fare legna	= to gather wood
fare luce su (in senso figurato)	= to cast light on
fare (in macchina)	= to drive
fare (in moto o bicicletta)	= to ride
fare (a piedi)	= to walk
far male	= to hurt
fare marcia indietro (in auto)	= to back (up)
fare marcia indietro (in senso figurato)	= to back off, to backtrack, to climb down
fare il militare	= to be in the army
fare in modo di… (= cercare di…)	= to try and…
fare il morto (= fingersi morto)	= to play dead
fare il morto (= galleggiare)	= to float (on one's back)
fare musica (= suonare)	= to play music
fare naufragio	= to be shipwrecked
fare un nodo	= to tie a knot
fare orecchio da mercante	= to turn a deaf ear
fare a pezzi	= to break into pieces, to tear to pieces
fare il pieno (di benzina)	= to fill up (with petrol)
fare politica	= to be politically involved
fare presente	= to point out
fare presto / tardi	= to be early / late
fare una promessa	= to promise
fare un punto	= to score a point
fare ricerca / ricerche	= to carry out research
fare una risata	= to give a laugh
fare scalo in un porto	= to call / dock at a port
fare lo scemo	= to play the fool
fare scuola (= insegnare)	= to teach (school)
fare scuola (= essere imitato)	= to gain a following
fare silenzio	= to keep silent
fare in tempo a	= to be in time to
fare torto a qualcuno	= to wrong somebody
fare le vacanze	= to spend one's holidays
fare le veci di qualcuno	= to act in somebody's stand, to stand in for someone

fare visita a qualcuno	= to pay somebody a visit
fare la vita	= to be on the game.

• *Farsi* si traduce con verbi vari nelle seguenti locuzioni:

farsi gli affari propri	= to mind one's own business
farsi l'amante	= to take a lover
farsi beffe di qualcuno	= to make fun of someone
farsi bello	= to do /spruce oneself up
farsi compagnia	= to keep company
farsi coraggio	= to take heart
farsi i fatti degli altri	= to meddle in other people's business
farsi forza	= to brace up
farsi gioco di qualcuno	= to make fun of somebody
farsi indietro	= to stand back
farsi male	= to hurt oneself
farsi un nome	= to make a name for oneself
farsi in quattro	= to do one's outmost
farsi le unghie (gatto)	= to sharpen its claws
farsi le unghie (= farsi la manicure)	= to manicure one's nails
farsi vecchio	= to get old
farsi vivo	= to turn up.

per pranzo? what shall I cook for lunch? **3** *(produrre, provocare)* to make* [*macchia, buco, rumore*] **4** *(dare come risultato)* ***tre più due fa cinque*** three and two make five; ***quanto fa 3 per 3?*** what's 3 times 3? ***9 meno 7 fa 2*** 9 minus 7 leaves 2 **5** *(redigere, scrivere)* to do* [*traduzione, tesi*]; *(emanare)* to make* [*legge*] **6** *(come professione, mestiere)* ***che lavoro fai?*** what's your job? ***cosa fai (di mestiere)?*** what do you do (for a living)? ***~ il medico, l'insegnante*** to be a doctor, a teacher; *(come sport, hobby)* to do* [*aerobica, giardinaggio*] **7** *(a scuola)* to do*, to study [*materia, facoltà, testo, autore*]; to do* [*corso*]; ***~ (la) prima*** to be in the first year **8** *(trascorrere)* to spend* [*vacanze*]; ***~ tre mesi di prigione*** to do three months in prison; ***hai fatto buon viaggio?*** did you have a pleasant journey? **9** *(rifornirsi di)* ***~ benzina*** to get some petrol; ***~ legna*** to gather wood **10** *(percorrere)* to do* [*tragitto, chilometri*]; ***~ l'autostrada*** to take the motorway **11** *(avere)* to have* [*infarto, orecchioni, otite*] **12** *(provocare, causare)* ***~ del bene, del male a qcn.*** to do sb. good, harm; ***la pastiglia non mi ha fatto niente*** the tablet didn't do anything; ***non ti farò niente*** I won't do anything to you; ***Signore, fa' che non gli succeda niente*** may God protect him! **13** *(far diventare)* to make*; ***~ felice qcn.*** to make sb. happy; ***~ qcn. presidente*** to make sb. president **14** *(considerare)* ***ti facevo più intelligente*** I thought you were cleverer **15** *(fingersi)* ***~ il malato, il coraggioso*** to pretend to be ill, brave **16** *(interpretare)* [*attore*] to play [*parte, ruolo*] **17** *(seguito da infinito) (con valore causativo)* ***~ piangere qcn.*** to make sb. cry; ***~ perdere qcs. a qcn.*** to make sb. lose sth.; *(permettere, lasciare)* ***~ andare qcn.*** to let sb. go; *(convincere)* ***gli ho fatto prendere un appuntamento*** I got him to make an appointment **18** *(riferito all'ora)* ***che ora fai?*** what time do you make it *o* have you got? ***faccio le due*** I make it two o'clock; ***che ora fa l'orologio?*** what time does the clock say? **19** *(costare)* ***quanto fa?*** how much is it? ***fa*** o ***fanno 5 euro*** it's 5 euros **20** *(partorire)* [*donna, animale*] to have* [*bambino, cuccioli*] **21** *(dire)* ***"certo" fece lei*** "of course" she said; ***poi fa "e i miei soldi?"*** COLLOQ. so he goes "what about my money?"; ***il gatto fa "miao"*** the cat goes "miaow" **II** intr. (aus. *avere*) **1** *(agire, procedere)* to do*; ***non ho potuto ~ altrimenti*** I couldn't do otherwise; ***fai come vuoi*** do as you like; ***facciamo alle sei*** let's make it six o'clock **2** *(essere adatto)* ***questo è il posto che fa per me*** this is the place for me; ***vivere a Londra non fa per me*** living in London is not for me **3 fare per** *(essere in procinto di)* ***~ per andarsene*** to be about to leave; *(fare l'atto di)* ***fece per baciarlo*** she made as if to kiss him **4 fare da** *(fungere da)* [*persona*] to act as; *(servire da)* [*cosa*] to function *o* act *o* serve as **5** *(essere espresso in una certa forma)* ***come fa la canzone?*** how does the song go? **6** *(riuscire)* ***come fai a leggere quella robaccia?*** how can you read that junk? ***"come si fa?" - "così"*** "how do I do it?" - "like this"; ***come faccio a saperlo?*** how should I know? **7 farcela *ce l'ho fatta!*** I made it! ***ce la fai a finirlo?*** can you manage to finish it? ***non ce la faccio più!*** I've had it! I can't take any more! **III** impers. **1** *(riferito a tempo atmosferico o condizioni di luce)* ***fa freddo*** it's cold; ***fa buio*** it's getting *o* growing dark **2** *(riferito a durata)* ***oggi fanno sei anni che è partito*** it's six years today since he left **IV farsi** pronom. **1** *(preparare, fabbricare, creare per sé)* to make* oneself [*caffè, vestito*]; ***-rsi da mangiare*** to do one's own cooking **2** *(concedersi)* to have* [*birra, pizza, chiacchierata*] **3** *(procurarsi)* ***-rsi degli amici, dei nemici*** to make friends, enemies; COLLOQ. *(comprarsi)* to get* oneself [*macchina, moto*] **4** POP. *(possedere sessualmente)* to have*, to make* (out with) [*persona*] **5** GERG. *(drogarsi)* to get* stoned (**di** on), to do* drugs **6** *(diventare)* ***-rsi suora, cristiano*** to become a nun, a Christian; ***si è fatta bella*** she's grown up a beauty; ***il cielo si fece grigio*** the sky went *o* turned grey; ***si fa tardi*** it's getting late **7** *(per indicare movimento)* ***-rsi avanti, indietro*** to come forward, to stand back; ***-rsi in là*** to budge over *o* up **8** *(formarsi)* to form [*idea, immagine*] **9** *(seguito da infinito)* ***-rsi sentire*** to make oneself heard; ***-rsi tagliare i capelli*** to have *o* get one's hair cut; ***-rsi operare*** to have surgery **10** *(sottoporsi a)* to have* [*lifting, permanente*] **11** *(procurarsi)* ***-rsi un bernoccolo*** to get a bump; ***-rsi un livido su un braccio*** to bruise one's arm **12** *(reciprocamente)* ***-rsi carezze, dispetti*** to caress each other, to play tricks on each other **13 farsela** *(intendersela)* to jack around AE (**con** with); *(in una relazione amorosa)* to run* around (**con** with) ♦ ***avere a che ~*** to have to do (**con** with); ***non avere niente a che ~*** to have nothing to do (**con** with); ***avere da ~*** to be busy, to have things to do; ***(non) fa niente!*** it doesn't matter, never mind! ***a me non la si fa!*** = I wasn't born yesterday! ***farsela addosso*** *(urinare)* to wet oneself; *(defecare)* to shit oneself POP.; *(dalla paura)* to be scared shitless POP., to shit bricks POP., to brick it; ***farsela sotto*** *(dalla paura)* to be scared shitless, to shit bricks, to brick it; ***che cosa vuoi che ci faccia? che cosa ci posso ~ io?*** what do you want me to do about it? ***non ci si può ~ nulla*** it can't be helped; ***non ci posso ~ niente se...*** I can't help it if...; ***non so che farmene di...*** I have no need for...

2.fare /'fare/ m. **1** *(comportamento)* manner, behaviour BE, behavior AE; ***avere un ~ gentile*** to have a kind manner **2** *(inizio)* ***sul ~ del giorno, della notte*** at daybreak, nightfall.

faretra /fa'rɛtra/ f. quiver.

faretto /fa'retto/ m. spot(light).

farfalla /far'falla/ **I** f. **1** ZOOL. butterfly **2** *(nel nuoto)* butterfly (stroke); ***nuotare a ~*** to do *o* swim the butterfly **II farfalle** f.pl. GASTR. bow pasta ♦♦ ***~ notturna*** moth.

farfallino /farfal'lino/ m. *(cravatta)* bow tie.

farfallone /farfal'lone/ m. *(uomo incostante)* philanderer.

farfugliare /farfuʎ'ʎare/ [1] intr. (aus. *avere*) to jabber, to splutter (out).

farina /fa'rina/ f. flour, meal ♦ ***non è ~ del suo sacco*** this is not his own work ♦♦ ***~ di avena*** oatmeal; ***~ bianca*** white flour; ***~ di frumento*** wheat flour; ***~ gialla*** cornmeal; ***~ integrale*** wheatmeat; ***~ lattea*** baby cereal; ***~ di ossa*** AGR. bonemeal.

farinacei /fari'natʃei/ m.pl. starchy food **U**.

farinata /fari'nata/ f. = chickpea flat bread.

faringe /fa'rindʒe/ f. pharynx*.

faringite /farin'dʒite/ ➧ **7** f. pharyngitis.

farinoso /fari'noso/ agg. [*patata, frutto*] floury, mealy; ***neve -a*** powder snow.

farisaico, pl. **-ci**, **-che** /fari'zaiko, tʃi, ke/ agg. Pharisaic(al) (anche FIG.).

fariseo /fari'zɛo/ m. (f. **-a**) Pharisee (anche FIG.).

farmaceutica /farma'tʃeutika/ f. pharmaceutics + verbo sing., pharmacy.

farmaceutico, pl. **-ci**, **-che** /farma'tʃeutiko, tʃi, ke/ agg. [*ricerca*] pharmaceutical; [*industria*] drug, pharmaceutical(s); ***prodotti -ci*** pharmaceuticals.

farmacia /farma'tʃia/ ➧ ***18*** f. **1** *(scienza)* pharmacy, pharmacology, pharmaceutics + verbo sing. **2** *(negozio)* pharmacy,

pharmacist's shop, chemist's (shop) BE **3** *(in ospedale)* dispensary ♦♦ ~ ***notturna*** = chemist's open at night.
farmacista, m.pl. **-i**, f.pl. **-e** /farma'tʃista/ ♦ *18* m. e f. pharmacist, chemist BE, druggist AE.
farmaco, pl. **-ci** /'farmako, tʃi/ m. drug, medicine.
farmacologia /farmakolo'dʒia/ f. pharmacology, pharmacy.
farneticante /farneti'kante/ agg. raving.
farneticare /farneti'kare/ [1] intr. (aus. *avere*) **1** to rave, to be* delirious **2** FIG. to rave, to talk nonsense.
faro /'faro/ m. **1** AUT. (head)lamp, (head)light **2** *(riflettore)* floodlight **3** MAR. lighthouse; AER. beacon **4** FIG. *(guida)* beacon, light ♦♦ ~ ***antinebbia, fendinebbia*** foglamp; ***-i abbaglianti*** headlights on full beam BE, high beam AE, brights AE COLLOQ.; ***-i anabbaglianti*** dipped BE *o* dimmed AE headlights.
farragine /far'radʒine/ f. farrago*, muddle.
farraginoso /farradʒi'noso/ agg. muddled.
farro /'farro/ m. spelt.
farsa /'farsa/ f. **1** TEATR. farce **2** FIG. farce, mockery.
farsesco, pl. **-schi**, **-sche** /far'sesko, ski, ske/ agg. farcical (anche FIG.).
farsetto /far'setto/ m. doublet, jerkin.
fascetta /faʃ'ʃetta/ f. **1** *(fascia piccola)* small band **2** *(di giornale, libri)* wrapper **3** TECN. strap, collar, clamp ♦♦ ~ ***editoriale*** blurb.
fascia, pl. **-sce** /'faʃʃa, ʃe/ f. **1** *(striscia di tessuto)* band, stripe; *(per capelli)* headband; *(fusciacca)* sash; *(dello smoking)* cummerbund; *(al braccio)* armband **2** *(per fasciature)* band, bandage **3** *(di carta)* wrapper **4** *(per neonati)* swaddling bands, swaddling clothes; ***un bambino in -sce*** a babe in arms **5** *(mollettiera)* puttee **6** *(di territorio)* zone, belt; ~ ***smilitarizzata*** demilitarized zone **7** SPORT wing **8** *(categoria)* range, bracket ♦♦ ~ ***d'ascolto*** time band; RAD. listening time; TEL. viewing time; ~ ***costiera*** costal strip; ~ ***elastica*** elasticated bandage; MECC. piston ring; ~ ***d'età*** age range, age bracket; ~ ***oraria*** time slot; ~ ***di reddito*** income bracket.
fasciame /faʃ'ʃame/ m. planking.
fasciare /faʃ'ʃare/ [1] **I** tr. **1** *(bendare)* to bandage (up) [*dito, arto*]; to bind* (up) [*ferita*] **2** *(avvolgere in fasce)* to swaddle [*neonato*] **3** *(aderire)* [*vestito*] to hug [*vita, fianchi*] **II fasciarsi** pronom. ***-rsi un dito*** to bandage one's finger ♦ ***è inutile -rsi la testa prima di essersela rotta*** don't cross your bridges before coming to them.
fasciatoio, pl. **-oi** /faʃʃa'tojo, oi/ m. changing table, changing top.
fasciatura /faʃʃa'tura/ f. bandage, bandaging, dressing.
fascicolo /faʃ'ʃikolo/ m. **1** *(documenti)* brief, (case) file **2** *(nell'editoria)* instalment; ***a -i*** in instalments.
fascina /faʃ'ʃina/ f. faggot.
fascino /'faʃʃino/ m. charm, appeal, allure(ment), glamour, glamor AE; ***una donna di grande*** ~ a woman of great charm, a very charming *o* fascinating woman; ***cedere al*** ~ ***di qcn.*** to come under the spell of sb.
fascio, pl. **-sci** /'faʃʃo, ʃi/ m. **1** *(di erba, fiori)* bunch, sheaf*, spray; *(di carte, giornali)* batch, bundle **2** *(di luce)* beam, stream **3** COLLOQ. *(partito fascista)* Fascist party ♦ ***fare d'ogni erba un*** ~ PROV. to tar everyone with the same brush; ***essere un*** ~ ***di nervi*** to be a bundle of nerves ♦♦ ~ ***di elettroni*** electron beam.
fascismo /faʃ'ʃizmo/ m. fascism.
fascista, m.pl. **-i**, f.pl. **-e** /faʃ'ʃista/ agg., m. e f. fascist.
fase /'faze/ f. **1** *(di evoluzione)* phase, stage; ~ ***di transizione*** transitional phase; ~ ***iniziale, finale*** early, last stage; ~ ***critica*** critical stage; ***attraversare una*** ~ ***difficile*** to be going through a difficult phase **2** FIS. ASTR. phase **3** EL. MOT. phase; ***mettere in*** ~ ***il motore*** to time the engine ♦ ***essere fuori*** ~ to be out of phase, to feel *o* be out of sorts.
fastello /fas'tɛllo/ m. sheaf*.
fast food /fast'fud/ m.inv. *(locale)* fast food restaurant.
fastidio, pl. **-di** /fas'tidjo, di/ m. **1** *(disturbo)* bother, nuisance; *(irritazione)* annoyance; ***dare*** ~ ***a qcn.*** [*fumo, luce, rumore, persona*] to bother sb., to be a nuisance to sb.; ***ti dà*** ~ ***se...?*** do you mind if...? **2** *(malessere fisico)* pain (**a** in) **3** *(seccatura)* trouble, bother **U**, inconvenience; ***avere dei -di*** to have a bit *o* spot of bother.
fastidioso /fasti'djoso/ agg. [*persona, comportamento, rumore*] annoying, irritating, tiresome; [*prurito*] bothersome; [*problema*] annoying, upsetting, troublesome.
fasto /'fasto/ m., **fastosità** /fastosi'ta/ f.inv. splendour, pomp, richness, lavishness.
fastoso /fas'toso/ agg. sumptuous, rich.
fasullo /fa'zullo/ agg. [*documento*] fake, counterfeit; [*dottore*] bogus; [*società*] phoney; [*elezione, democrazia*] sham attrib.
fata /'fata/ f. fairy; ***racconto di -e*** fairy tale; ***regno delle -e*** faerie *o* faery kingdom.
fatale /fa'tale/ agg. **1** *(irrimediabile, disastroso)* [*errore*] fatal **2** *(mortale)* fatal; ***il viaggio gli è stato*** ~ the journey proved fatal **3** *(determinato dal destino)* [*evento*] fated, destined **4** SCHERZ. *(irresistibile)* [*sguardo*] irresistible; ***donna*** ~ vamp, femme fatale.
fatalismo /fata'lizmo/ m. fatalism.
fatalista, m.pl. **-i**, f.pl. **-e** /fata'lista/ **I** agg. fatalistic **II** m. e f. fatalist.
fatalistico, pl. **-ci**, **-che** /fata'listiko, tʃi, ke/ agg. fatalistic.
fatalità /fatali'ta/ f.inv. **1** *(inevitabilità)* fate **2** *(caso)* fatality **3** *(disgrazia)* ***è stata una*** ~ it was destiny.
fatato /fa'tato/ agg. [*anello*] magic; [*foresta, castello*] enchanted.
fatica, pl. **-che** /fa'tika, ke/ f. **1** *(sforzo)* effort, exertion; ***senza (fare)*** ~ with ease, effortlessly, without effort; ***che*** ~***!*** what an effort *o* a struggle! ***fare*** ~ ***(a fare)*** to have difficulty (in doing); ***è (tutta)*** ~ ***sprecata*** it's a waste of effort *o* time, it's wasted effort *o* time; ***è una*** ~ ***fargli fare i compiti*** it's hard to make him do his homework; ***il coronamento delle proprie -che*** the consummation of one's efforts **2** *(lavoro faticoso)* toil, hard work; ***la*** ~ ***non mi spaventa*** I'm not afraid of hard work; ***uomo di*** ~ drudge **3** *(fastidio)* ***risparmiarsi la*** ~ ***di fare qcs.*** to save oneself the trouble of doing sth. **4** *(stanchezza)* tiredness, exhaustion; ***essere morto di*** o ***crollare dalla*** ~ to be fit to drop, to be dead tired **5** *(opera)* ***l'ultima*** ~ ***di uno scrittore*** the last work of a writer **6** TECN. fatigue **7 a fatica** *(con difficoltà)* with difficulty; *(a malapena)* [*sentire, vedere*] hardly; ***respirare a*** ~ to labour to breathe ♦ ***una*** ~ ***di Ercole*** a labour of Hercules.
faticaccia, pl. **-ce** /fati'kattʃa, tʃe/ f. hard work, slog, grind, drudgery.
faticare /fati'kare/ [1] intr. (aus. *avere*) **1** *(compiere lavori gravosi)* to labour BE, to labor AE, to toil, to work hard **2** *(fare fatica)* to have difficulty (**a fare** in doing), to find* it hard (**a fare** to do).
faticata /fati'kata/ f. hard work, drudgery, slog, grind.
faticosamente /fatikosa'mente/ avv. with difficulty.
faticoso /fati'koso/ agg. **1** *(pesante)* [*lavoro*] hard, painful, demanding; [*sport, viaggio*] tiring, wearing **2** *(difficoltoso)* [*respirazione*] difficult; [*inizio*] laboured BE, labored AE.
fatidico, pl. **-ci**, **-che** /fa'tidiko, tʃi, ke/ agg. [*giorno, ora*] fatal, fateful.
fatiscente /fatiʃ'ʃɛnte/ agg. crumbling, dilapidated, scruffy, tumbledown.
fato /'fato/ m. fate.
fatt. ⇒ fattura invoice.
fatta /'fatta/ f. ***gente di tal*** ~ SPREG. people like that, such people.
fattaccio, pl. **-ci** /fat'tattʃo, tʃi/ m. wicked deed, foul deed; *(crimine)* crime.
fattezze /fat'tettse/ f.pl. features.
fattibile /fat'tibile/ agg. feasible.
fattibilità /fattibili'ta/ f.inv. feasibility.
fattispecie /fattis'pɛtʃe/ f.inv. ***nella*** ~ in the case in point, in this case.
fattivo /fat'tivo/ agg. [*contributo, collaborazione*] effective.
1.fatto /'fatto/ **I** p.pass. → **1.fare II** agg. **1** *(realizzato, compiuto)* ***ben*** ~, ***mal*** ~ well, badly done; ***ben*** ~***!*** well done! ~ ***in casa*** homemade; ~ ***a macchina, a mano*** machine-made, handmade **2** *(formato)* ~ ***di*** o ***in*** made of; ***ben -a*** [*ragazza*] well setup; ~ ***a stella*** star-shaped **3** *(adatto)* ~ ***per qcs., per fare*** made *o* fit for sth., to do; ***sono -i l'uno per l'altra*** they're made *o* meant for each other; ***non è*** ~ ***per lavorare, per l'insegnamento*** he's not cut out for work, for teaching **4** *(adulto)* ***un uomo*** ~ a grown man **5** *(inoltrato)* ***giorno*** ~ broad daylight; ***è***

tornato a notte -a he came back when it was dark **6** GERG. *(drogato)* stoned, zonked ♦ ***ecco ~!*** here you are! ***è -a!*** it's done! we did it! ***detto ~*** no sooner said than done.

2.fatto /'fatto/ **I** m. **1** *(atto concreto)* fact; ***il ~ di fare*** (the fact of) doing; ***questo è il ~*** this is the point, that's the fact of the matter; ***il ~ è che*** the fact *o* point is that; ***il ~ stesso che, di fare*** the very fact that, of doing; ***vogliono -i, non parole*** they want deeds, not words; ***i -i parlano chiaro*** the facts are clear; ***veniamo ai -i*** let's get to the point *o* facts **2** *(avvenimento)* event **3 in fatto di** as regards, as far as [sth.] is concerned **4 di fatto** [*situazione, potere, governatore*] de facto attrib.; [*marito, moglie, matrimonio*] common-law attrib.; ***è lui che di ~ dirige l'azienda*** it is he who actually runs the company **5 sta di fatto che**, **fatto sta che** the fact *o* point is that **II fatti** m.pl. *(affari, questioni personali)* ***questi sono -i miei!*** that's my (own) business! ***badare ai*** o ***farsi i -i propri*** to mind one's own business; ***andarsene per i -i propri*** to go about one's business ♦ ***di nome e di ~*** in word and deed; ***sa il ~ suo*** he knows what he is about; ***gli ha detto il ~ suo*** he gave him a piece of his mind; ***cogliere qcn. sul ~*** to catch sb. in the act *o* red-handed ♦♦ ***~ compiuto*** accomplished fact, fait accompli; ***mettere qcn. davanti al ~ compiuto*** to present sb. with a fait accompli; ***~ di cronaca*** news item; ***-i di sangue*** bloodshed.

1.fattore /fat'tore/ ➧ *18* m. (f. **-essa** /essa/) **1** AGR. land agent, estate manager **2** LETT. ***l'Alto*** o ***il Sommo Fattore*** the Maker.

2.fattore /fat'tore/ m. **1** *(elemento)* factor, element; ***il ~ tempo*** the time element; ***-i politici*** political considerations **2** MAT. factor ♦♦ ***~ di protezione (solare)*** (sun) protection factor; ***~ (di) rischio*** risk factor.

fattoria /fatto'ria/ f. *(azienda agricola)* farm; *(casa)* farmhouse.

fattorino /fatto'rino/ ➧ *18* m. **1** *(per consegne)* deliverer; *(uomo)* delivery boy, delivery man* **2** *(di ufficio)* *(uomo)* errand boy, office boy **3** *(di telegrammi)* telegraph messenger **4** *(di albergo)* call boy, bellboy AE.

fattrice /fat'tritʃe/ f. brood mare, stud mare.

fattucchiera /fattuk'kjɛra/ f. witch, sorceress.

fattura /fat'tura/ f. **1** AMM. bill, invoice; ***fare una ~*** to invoice, to make up an invoice; ***segue ~*** invoice to follow; ***30 giorni data ~*** 30 days invoice; ***come da ~*** as per invoice **2** *(lavorazione)* workmanship; *(di artigiano)* craftmanship; *(di artista)* tecnique; *(di vestiti)* make; ***un abito di buona ~*** a suit of good make; ***la ~ di un abito*** the making-up of a suit **3** *(incantesimo)* spell; ***fare una ~ a qcn.*** to put the evil eye on sb.

fatturare /fattu'rare/ [1] tr. AMM. *(emettere una fattura)* to bill, to invoice; ***~ qcs. a qcn.*** to bill *o* invoice sb. for sth.; *(vendere e contabilizzare)* ***~ 400.000 euro all'anno*** to have a yearly turnover of 400,000 euros.

fatturato /fattu'rato/ m. *(giro di affari)* turnover; *(ricavato delle vendite)* sales pl.

fatturazione /fatturat'tsjone/ f. invoicing, billing.

fatuo /'fatuo/ agg. **1** *(sciocco)* fatuous, foolish; *(vanesio)* vain **2** ***fuoco ~*** ignis fatuus, will-o'-the-wisp.

fauci /'fautʃi/ f.pl. ANAT. fauces; *(di animale)* jaws.

fauna /'fauna/ f. ZOOL. fauna*; ***~ protetta*** protected wildlife.

faunistico, pl. **-ci**, **-che** /fau'nistiko, tʃi, ke/ agg. [*patrimonio*] faunal.

fauno /'fauno/ m. faun.

fausto /'fausto/ agg. [*giorno*] propitious, auspicious, fortunate; [*evento*] happy.

fautore /fau'tore/ m. (f. **-trice** /tritʃe/) advocate, supporter, devotee, proponent.

fava /'fava/ f. BOT. broad bean ♦ ***prendere due piccioni con una ~*** to kill two birds with one stone.

favella /fa'vɛlla/ f. LETT. *(parola)* (power of) speech; *(lingua)* language.

favilla /fa'villa/ f. spark (anche FIG.) ♦ ***fare -e*** to shine, to sparkle.

favo /'favo/ m. **1** *(di api)* (honey)comb **2** MED. favus.

favola /'favola/ f. **1** tale, story; *(fiaba)* fairy tale; ***la morale della ~*** the moral of the story; ***le -e di Esopo*** Aesop's fables; ***libro di -e*** storybook; ***da*** o ***di ~*** FIG. fabulous, wonderful, dream attrib. **2** *(fandonia)* story, fairy tale ♦ ***essere la ~ del paese*** to be the talk of the town.

favoleggiare /favoled'dʒare/ [1] intr. (aus. *avere*) to tell (fantastic) stories, tales (**di** about).

favoloso /favo'loso/ agg. **1** [*animale, essere*] fabulous **2** COLLOQ. *(straordinario)* [*bellezza, tempo, ricchezza*] fabulous, wonderful.

favore /fa'vore/ m. **1** *(benevolenza)* favour BE, favor AE; ***guardare qcn. con ~*** to look with favour on sb.; ***guadagnarsi, perdere il ~ di qcn.*** to win, lose favour with sb.; ***godere del ~ di qcn.*** to find favour with sb.; ***incontrare il ~ del pubblico*** to be popular with the public; ***trattamento di ~*** special treat, preferential treatment; ***biglietto di ~*** complimentary ticket; ***prezzo di ~*** special price; ***cambiale di ~*** accommodation bill **2** *(piacere)* favour BE, favor AE; ***fare un ~ a qcn.*** to do sb. a favour; ***chiedere un ~ a qcn.*** to ask a favour of sb., to ask sb. a favour; ***per ~*** please; ***fammi il ~ di smetterla!*** (would you) please stop it! ***(ma) fammi il ~!*** do me a favour! **3 a**, **in favore (di)** ***voti a ~ di*** votes for; ***andare a ~ di*** to turn to sb.'s advantage; ***avere il vento a ~*** to have tail wind *o* favourable wind; ***bonifico a ~ di qcn.*** bank transfer in sb.'s favour; ***misure a ~ dei disabili, dell'occupazione*** measures to help the disabled, to promote employment; ***essere a ~ di qcs.*** to be in favour of sth.; ***sono a ~*** I'm in favour **4 col ~ della notte** under cover of darkness.

favoreggiamento /favoreddʒa'mento/ m. aiding and abetting.

favoreggiatore /favoreddʒa'tore/ m. (f. **-trice** /tritʃe/) abetter, abettor.

favorevole /favo'revole/ agg. [*circostanze, clima, momento*] favourable BE, favorable AE; [*risposta*] positive; [*vento*] fair; *(sostenitore di)* ***essere ~ a qcs., qcn.*** to be in favour of sb., sth.; ***essere ~ all'aborto*** to be pro-abortion; ***sei ~ o contrario?*** are you for *o* in favour or against?

favorevolmente /favorevol'mente/ avv. favourably BE, favorably AE.

favorire /favo'rire/ [102] **I** tr. **1** *(sostenere, incoraggiare)* to favour BE, to favor AE, to benefit [*economia, esportazioni, mercato, crescita*]; *(promuovere)* to foster, to encourage, to promote [*sviluppo, arti, inserimento sociale*]; *(aiutare)* to aid, to facilitate [*comprensione, digestione*] **2** *(avvantaggiare)* to favour BE, to favor AE [*persona, gruppo*] **3** *(in forme di cortesia)* ***favorisca la patente*** may I see your driving license please? **II** intr. (aus. *avere*) *(in forme di cortesia)* ***favorisca alla cassa*** please, go to the cash desk; ***vuol ~?*** *(offrendo cibo)* would you like (to have) some?

favoritismo /favori'tizmo/ m. favouritism BE, favoritism AE.

favorito /favo'rito/ **I** p.pass. → **favorire II** agg. **1** *(avvantaggiato)* favoured BE, favored AE, favourite; ***partire ~*** [*concorrente, candidato*] to start with an advantage **2** *(preferito)* favourite **III** m. (f. **-a**) **1** *(prediletto)* ***è il ~ del professore*** he's the teacher's pet **2** SPORT favourite **IV favoriti** m.pl. *(fedine)* (side-)whiskers.

fax /faks/ m.inv. fax (message); *(apparecchio)* fax (machine); ***via ~*** by fax.

faxare /fak'sare/ [1] tr. to fax.

fazione /fat'tsjone/ f. faction.

fazioso /fat'tsjoso/ **I** agg. factious **II** m. (f. **-a**) partisan.

fazzoletto /fattso'letto/ m. **1** *(da naso)* handkerchief, hankie COLLOQ., hanky COLLOQ.; ***~ di carta*** paper handkerchief, tissue **2** *(da collo)* neckerchief, cravat; *(da testa)* headscarf **3** FIG. ***un ~ di terra*** a pocket-handkerchief plot.

feb. ⇒ febbraio February (Feb.).

febbraio /feb'brajo/ ➧ *17* m. February.

febbre /'fɛbbre/ f. **1** fever, temperature; ***avere la ~*** to have a fever, to be running *o* have a temperature; ***avere la ~ alta*** to have a high temperature; ***misurare la ~ a qcn.*** to take sb.'s temperature; ***avevo la ~ a 39*** I had a temperature of 39 **2** COLLOQ. *(herpes)* cold sore **3** FIG. fever ♦♦ ***~ da cavallo*** COLLOQ. raging fever; ***~ da fieno*** hay fever; ***~ gialla*** yellow fever; ***~ dell'oro*** gold fever.

febbriciattola /febbri'tʃattola/ f. = low-grade persistent fever.

febbricitante /febbritʃi'tante/ agg. feverish.

febbrile /feb'brile/ agg. **1** [*gesto, atmosfera*] feverish; [*attività*] hectic, restless **2** MED. febrile; ***stato ~*** feverishness.

febbrone /feb'brone/ m. = raging fever.

feccia, pl. **-ce** /'fɛttʃa, tʃe/ f. **1** *(del vino)* dregs pl., lees pl. **2** FIG. SPREG. dregs pl., scum.

feci /'fɛtʃi/ f.pl. faeces, feces AE, stool sing.

fecola /'fɛkola/ f. ***~ di patate*** potato starch.

fecondare /fekon'dare/ [1] tr. **1** to fertilize [*ovulo, uovo*]; to fecundate [*donna, femmina*] **2** *(rendere fertile)* to fertilize [*terra*].

fecondazione /fekondat'tsjone/ f. fecundation, fertilization ♦♦ ***~ artificiale*** artificial fecundation.

fecondità /fekondi'ta/ f.inv. fertility (anche FIG.).

fecondo /fe'kondo/ agg. **1** [*periodo, donna*] fertile **2** FIG. [*suolo, ingegno, immaginazione*] fertile; [*periodo, idea*] fruitful.

fede /'fede/ f. **1** *(credo religioso)* faith; ***perdere la ~*** to lose one's faith; ***atto di ~*** act of faith **2** *(salda convinzione)* creed, belief; ***~ politica*** political creed **3** *(fiducia)* faith, trust; ***uomo di poca ~*** man of little faith; ***abbi ~!*** have faith! ***avere ~ nella giustizia*** to believe in justice; ***prestare ~ a qcs.*** to give credence to sth., to place credit *o* put faith in sth.; ***degno di ~*** trustworthy **4** *(sincerità)* ***in ~ mia*** upon my word; ***buona ~*** → **buonafede**; ***mala ~*** → **malafede** **5** *(fedeltà)* ***tenere ~ a*** to remain faithful to [*principi*]; to keep [*promessa*]; to stand by [*impegni*] **6** *(anello nuziale)* wedding ring, wedding band **7** BUROCR. ***"fa ~ il timbro postale"*** "date as postmark".

fedecommesso /fedekom'messo/ m. trust.

fedele /fe'dele/ **I** agg. **1** *(costante)* [*persona, pubblico, cane*] faithful **2** *(leale)* [*amico, servitore*] loyal; ***essere ~ ai patti*** to honour the agreement; ***~ ai propri principi*** faithful *o* loyal to one's principles **3** *(conforme)* [*ritratto, traduzione, racconto*] faithful; ***~ alla realtà*** close *o* true to reality **II** m. e f. **1** RELIG. believer; ***(la comunità de)i -i*** the faithful, the believers **2** *(seguace)* follower, supporter.

fedelmente /fedel'mente/ avv. **1** *(con esattezza)* [*tradurre, riprodurre, seguire*] faithfully **2** *(con lealtà)* [*servire*] loyally.

fedeltà /fedel'ta/ f.inv. **1** faithfulness, loyalty, fidelity; ***~ coniugale*** marital fidelity; ***giurare ~ a qcn., qcs.*** to swear allegiance to sb., sth. **2** *(di traduzione, racconto)* accuracy, fidelity **3** *(di apparecchio)* ***alta ~*** high fidelity; ***ad alta ~*** [*impianto*] high-fidelity, hi-fi.

federa /'fɛdera/ f. *(di guanciale)* pillowcase; *(di cuscino)* cushion cover.

federale /fede'rale/ agg. federal.

federalismo /federa'lizmo/ m. federalism.

federalista, m.pl. **-i**, f.pl. **-e** /federa'lista/ **I** agg. federalist **II** m. e f. **1** federalist **2** STOR. *(negli Stati Uniti)* Federal.

federare /fede'rare/ [1] **I** tr. to federate **II federarsi** pronom. to federate.

federativo /federa'tivo/ agg. federative.

federazione /federat'tsjone/ f. POL. SPORT federation.

Federica /fede'rika/ n.pr.f. Frederica.

Federico /fede'riko/ n.pr.m. Frederick.

fedifrago, pl. **-ghi, -ghe** /fe'difrago, gi, ge/ agg. faithless, disloyal; SCHERZ. [*partner*] unfaithful.

fedina /fe'dina/ f. ***~ (penale)*** criminal *o* police record; ***avere la ~ pulita*** COLLOQ. to have no criminal *o* police record, to have a clean (criminal) record; ***avere la ~ sporca*** COLLOQ. to have a (bad) record.

fedine /fe'dine/ f.pl. (side-)whiskers.

Fedra /'fɛdra/ n.pr.f. Phaedra.

feed-back, feedback /'fidbek, fid'bɛk/ m.inv. feedback.

feeling /'filin(g)/ m.inv. rapport, affinity, chemistry; ***tra noi c'è un ~*** we hit it off.

fegatino /fega'tino/ m. (chicken, pigeon) liver.

fegato /'fegato/ m. **1** liver; ***avere male al ~*** to feel liverish, to have liver complaint; ***~ di vitello, d'oca*** calves', goose liver **2** FIG. *(coraggio)* guts pl., grit, pluck; ***uomo di ~*** gutsy *o* plucky man, man with guts ♦ ***rodersi*** o ***mangiarsi il ~*** to eat one's heart out (**per** over); ***ha un bel ~!*** he's got a nerve!

felce /'feltʃe/ f. fern.

feldmaresciallo /feldmareʃ'ʃallo/ ♦ ***12*** m. field marshal.

feldspato /feld'spato/ m. fel(d)spar.

felice /fe'litʃe/ agg. **1** *(soddisfatto, contento)* happy, glad, delighted, pleased (**per, di qcs.** about sth.; **per qcn.** for sb.); ***essere ~ di fare*** to be happy *o* glad to do; ***vivere ~*** to live happily; ***fare ~ qcn.*** to make sb. happy; ***sono ~ di vederti*** I'm happy *o* glad to see you; ***~ di fare la sua conoscenza! ~ di conoscerla!*** pleased to meet you! ***e vissero (tutti) -i e contenti*** they (all) lived happily ever after **2** *(lieto)* [*vita, matrimonio, giorni*] happy; ***~ anno nuovo!*** Happy New Year! **3** *(favorevole)* [*combinazione, scelta, idea*] happy; ***un'espressione ~, poco ~*** a well-chosen, ill-chosen expression; ***avere una ~ intuizione*** to make an inspired guess.

Felice /fe'litʃe/ n.pr.m. Felix.

felicemente /felitʃe'mente/ avv. [*terminato, concluso*] happily, successfully; ***essere ~ sposato*** to be happily married.

Felicita /fe'litʃita/ n.pr.f. Felicia, Felicity.

felicità /felitʃi'ta/ f.inv. **1** *(contentezza)* happiness, gladness, felicity; *(più forte)* joy, delight; *(beatitudine)* bliss; ***volere la ~ di qcn.*** to want sb. to be happy; ***augurare a qcn. ogni ~*** to wish sb. every joy *o* happiness *o* all the best; ***fare la ~ di qcn.*** to make sb. happy **2** *(appropriatezza)* felicity.

felicitarsi /felitʃi'tarsi/ [1] pronom. *(congratularsi)* ***~ con qcn. per qcs.*** to congratulate sb. on sth.

felicitazioni /felitʃitat'tsjoni/ f.pl. congratulations (**per** on).

felino /fe'lino/ **I** agg. **1** [*mostra*] cat attrib.; [*razza*] feline **2** FIG. feline, catlike **II** m. feline, cat.

felpa /'felpa/ f. **1** *(tessuto)* plush, fleece **2** *(indumento)* sweatshirt.

felpato /fel'pato/ agg. **1** [*camicia*] plush; ***tessuto ~*** plush, fleece **2** FIG. *(attutito)* soft, muffled; ***camminare con passo ~*** to pad along *o* around, to be soft-footed.

feltrino /fel'trino/ m. felt.

feltro /'feltro/ m. felt; ***cappello di ~*** felt hat.

feluca, pl. **-che** /fe'luka, ke/ f. **1** MAR. felucca **2** *(cappello)* cocked hat.

femmina /'femmina/ **I** agg. **1** ZOOL. ***scimmia ~*** female monkey, she-monkey; ***balena ~*** cow whale; ***falco ~*** hen hawk; ***volpe ~*** vixen **2** EL. [*presa*] female **II** f. **1** *(di animale)* female; *(di balena, elefante)* cow; *(di cervo, coniglio, lepre)* doe; *(di uccello)* hen; *(di leopardo)* leopardess; *(di tigre)* tigress; *(di volpe)* vixen; ***una ~ di labrador*** a Labrador bitch **2** *(bambina, ragazza)* girl; ***maschi e -e*** boys and girls; ***ho avuto una ~*** I've had a baby girl **3** TECN. female.

femmineo /fem'mineo/ agg. **1** LETT. feminine **2** *(effeminato)* womanish, effeminate.

femminile /femmi'nile/ **I** agg. **1** BIOL. ZOOL. feminine **2** *(della donna)* [*corpo, sessualità, voce*] female; [*qualità*] womanly; ***di sesso ~*** female (in gender) **3** *(per le donne)* [*attività, rivista*] women's; [*biancheria, abbigliamento*] women's, ladies'; [*lavoro*] female **4** *(composto da donne)* [*popolazione, coro*] female; [*scuola, classe*] girls'; [*squadra*] women's, ladies'; [*sport, gara, record*] women's **5** *(pieno di femminilità)* [*viso, tocco*] feminine **6** LING. feminine **II** m. LING. feminine; ***al ~*** in the feminine.

femminilità /femminili'ta/ f.inv. femininity, womanliness, womanhood.

femminino /femmi'nino/ **I** agg. feminine **II** m. ***l'eterno ~*** the eternal feminine.

femminismo /femmi'nizmo/ m. feminism.

femminista, m.pl. **-i**, f.pl. **-e** /femmi'nista/ agg., m. e f. feminist.

femminuccia, pl. **-ce** /femmi'nuttʃa, tʃe/ f. **1** *(bambina)* baby girl **2** SPREG. *(uomo debole)* sissy, wimpy.

femorale /femo'rale/ agg. femoral.

femore /'fɛmore/ m. femur*, thighbone.

fendente /fen'dɛnte/ m. *(nella scherma)* downward pass; *(colpo)* hack, slash.

fendere /'fɛndere/ [2] **I** tr. LETT. **1** *(spaccare)* to cleave*, to split* [*muro, legno*]; *(lacerare)* [*lampo, luce*] to rend* [*cielo, oscurità*] **2** *(solcare, attraversare)* to cut* through, to slice (through) [*acqua, aria*]; ***~ la folla*** to push *o* cut one's way through the crowd **II fendersi** pronom. LETT. to crack, to split*.

fendinebbia /fendi'nebbja/ agg. e m.inv. ***(faro) ~*** front foglamp, front foglight.

fenditura /fendi'tura/ f. cleft, crack, fissure, rift, slit.

fenice /fe'nitʃe/ f. phoenix, phenix AE; ***l'araba ~*** the phoenix.

fenicio, pl. **-ci, -cie** /fe'nitʃo, tʃi, tʃe/ **I** agg. Phoenician **II** m. (f. **-a**) **1** Phoenician **2** LING. Phoenician.

fenico /'fɛniko/ agg. ***acido ~*** phenic *o* carbolic acid.

fenicottero /feni'kɔttero/ m. flamingo*.
fenolo /fe'nɔlo/ m. phenol, carbolic acid.
fenomenale /fenome'nale/ agg. phenomenal.
fenomenico, pl. **-ci**, **-che** /feno'mεniko, tʃi, ke/ agg. FILOS. phenomenal.
fenomeno /fe'nɔmeno/ m. **1** phenomenon* **2** COLLOQ. FIG. ***è un ~!*** she's a phenomenon *o* stand-out! ♦♦ ***~ da baraccone*** freak.
Ferdinando /ferdi'nando/ n.pr.m. Ferdinand.
feretro /'fεretro/ m. coffin.
feriale /fe'rjale/ agg. [*orario, treno*] weekday; ***giorno ~*** weekday, workday, working day.
ferie /'fεrje/ f.pl. vacation sing., holiday sing., holidays BE; ***un giorno di ~*** a day off; ***chiuso per ~*** closed for holidays; ***andare, essere in ~*** to go, be on vacation *o* holiday; ***prendere dieci giorni di ~*** to take ten days' vacation *o* holiday.
ferimento /feri'mento/ m. wounding; ***l'incidente ha provocato il ~ di molte persone*** the accident injured a lot of people, a lot of people were injured in the accident.
ferino /fe'rino/ agg. feral, wild.
ferire /fe'rire/ [102] **I** tr. **1** to hurt*, to injure, to wound (**a** in); ***~ a morte, gravemente*** to hurt *o* injure fatally, seriously **2** *(offendere)* to hurt*, to offend, to wound [*persona*]; to hurt*, to injure, to wound [*fierezza, amor proprio*]; ***ferire qcn. nell'orgoglio*** to hurt *o* wound sb.'s pride **3** FIG. *(colpire)* to hurt* [*occhio, orecchio*] **II ferirsi** pronom. to hurt* oneself, to injure oneself; ***-rsi alla mano*** to hurt *o* injure one's hand ♦ ***senza colpo ~*** without striking a blow.
ferita /fe'rita/ f. wound, injury, hurt (anche FIG.); ***una ~ alla testa, gamba*** a wound to *o* in the head, leg, a head, leg injury; ***riportare una grave ~*** to be seriously injured, to suffer a severe injury; ***una ~ all'amor proprio*** FIG. wounded pride ♦ ***leccarsi le -e*** to lick one's wounds; ***riaprire una vecchia ~*** to reopen an old wound ♦♦ ***~ d'arma da fuoco*** gunshot wound; ***~ di guerra*** war injury *o* wound.
ferito /fe'rito/ **I** p.pass. → **ferire II** agg. hurt, wounded, injured **III** m. ***i -i*** the injured *o* wounded; ***l'esplosione ha causato 8 -i*** the explosion injured 8 people, 8 people were injured in the explosion; ***non ci sono -i*** nobody has been hurt.
feritoia /feri'toja/ f. **1** *(di un forte)* loophole **2** *(per dare luce)* slit.
ferma /'ferma/ f. **1** MIL. (period of military) service **2** VENAT. ***cane da ~*** pointer.
fermacalzoni /fermakal'tsoni/ m.inv. bicycle clip.
fermacapelli /fermaka'pelli/ m.inv. (hair) clip.
fermacarte /ferma'karte/ m.inv. paperweight.
fermacravatta /fermakra'vatta/, **fermacravatte** /fermakra'vat-te/ m.inv. tie pin, tie clip.
fermaglio, pl. **-gli** /fer'maʎʎo, ʎi/ m. *(per abiti)* fastener; *(per borse, collane)* catch, clasp; *(per fogli)* paperclip; *(per capelli)* (hair) clip.
fermamente /ferma'mente/ avv. [*credere, negare, opporsi*] firmly, strongly; [*condannare*] resolutely; [*deciso*] strongly.
fermaporta /ferma'pɔrta/, **fermaporte** /ferma'pɔrte/ m.inv. doorstop.
fermare /fer'mare/ [1] **I** tr. **1** *(bloccare)* to stop, to halt [*persona, veicolo*]; to switch off, to stop [*macchinario*]; to stop [*circolazione, massacro*]; to discontinue, to stop [*produzione*]; to staunch, to stop [*emorragia, flusso*] **2** *(fissare)* to fix [*sguardo, attenzione*]; ***~ un bottone*** to stitch *o* sew a button on **3** [*polizia*] to pull in, to detain, to arrest [*delinquente, sospetto*]; [*poliziotto, vigile*] to pull [sb.] over, up [*automobilista*] **4** *(prenotare)* to book, to reserve [*camera, tavolo*] **II** intr. (aus. *avere*) [*treno, bus*] to stop **III fermarsi** pronom. **1** *(arrestarsi)* [*persona, emorragia, musica*] to stop; [*veicolo*] to stop, to come* to a stop, to pull in, to halt; [*orologio*] to stop, to run* down; [*motore, macchina*] to fail, to stall; ***non -rsi davanti a nulla*** FIG. SPREG. to stop at nothing **2** *(sostare)* to stop; ***-rsi a cena, da un amico*** to stay for dinner, at a friend's (house) ♦ ***chi si ferma è perduto*** PROV. he who hesitates is lost.
fermata /fer'mata/ f. **1** *(sosta)* halt, stop(over) **2** *(di bus, tram)* stop; ***~ a richiesta, obbligatoria*** stop on request, compulsory stop; ***effettuare*** o ***fare una ~*** to make a stop.
fermato /fer'mato/ m. detainee.
fermentare /fermen'tare/ [1] intr. (aus. *avere*) to ferment; [*uva, mosto*] to ferment, to work; [*birra*] to ferment, to brew; *(lievitare)* [*pasta*] to rise*; ***fare ~*** to ferment [*vino*]; to brew [*birra*].
fermentazione /fermentat'tsjone/ f. *(di vino)* fermentation; *(di birra)* brewing; *(di pasta)* rising.
fermento /fer'mento/ m. **1** *(enzima)* enzyme, ferment **2** *(alimentare)* yeast, leaven **3** FIG. ferment, stirring, turmoil; ***essere in ~*** to be in (a state of) ferment; ***il popolo è in ~*** the people are in turmoil ♦♦ ***-i lattici*** milk enzymes.
fermezza /fer'mettsa/ f. firmness; *(di volontà)* constancy; ***~ di carattere*** resolution, steadiness of character; ***dire, agire con ~*** to say, act firmly *o* decisively.
fermo /'fermo/ **I** agg. **1** *(che non si muove)* [*persona, barca, aria*] still; [*veicolo, coda, traffico*] stationary; [*treno*] standing; ***rimanere*** o ***restare ~*** [*persona, gatto*] to keep *o* stand *o* stay still; ***non stare ~ un minuto, non stare mai ~*** to be restless, never to keep *o* stand still; ***stai ~!*** don't move! hold still! ***-i tutti!*** everybody stand still! ***tenere ~ qcn.*** to hold sb. down; ***tenere ~ qcs.*** to keep *o* hold sth. steady, to hold sth. down; ***essere ~*** FIG. [*ricerca, progetto*] to be at a stop *o* stand; ***stare ~ un giro*** GIOC. to miss a turn; ***acqua -a*** *(stagnante)* slack water **2** *(non funzionante)* [*macchina*] idle, not working; [*motore*] not running; ***l'orologio è ~*** the watch has stopped **3** *(saldo)* [*persona, carattere*] firm, resolute; [*convinzione, rifiuto*] firm, steadfast; [*intenzione, proposito*] firm, fixed; [*mano, voce*] steady, firm, sure; [*passo*] unfaltering, steady; ***~ sulle gambe*** steady on one's legs **4** ECON. COMM. [*mercato*] stagnant, dull, stalled; [*fabbrica*] idle, at a standstill; [*capitale*] idle; ***gli affari sono -i*** business is stagnant *o* slacking off; ***la produzione è -a*** production is at a stop **II** m. **1** *(chiusura)* lock **2** DIR. custody, detention, provisional arrest; ***essere, mettere in stato di ~*** to be placed, to take into custody **3** ECON. stop payment; ***apporre il ~ su un assegno*** to stop a cheque ♦♦ ***~ immagine*** freeze frame.
fermoposta /fermo'pɔsta/ avv. e m.inv. poste restante BE, general delivery AE.
feroce /fe'rotʃe/ agg. **1** ***animale, bestia ~*** wild animal, savage beast **2** FIG. [*umorismo, repressione*] cruel, fierce, ferocious; [*lotta, concorrenza, critica*] bitter, fierce; [*odio*] ferocious, fierce; [*fame, sete*] ferocious, terrible.
ferocia /fe'rɔtʃa/ f. ferocity, fierceness.
ferraglia /fer'raʎʎa/ f. scrap (iron), old iron; ***rumore di ~*** rattling (noise), rattle.
ferragosto /ferra'gosto/ m. *(giorno)* August 15; *(periodo)* mid-August (bank holiday); ***l'esodo di ~*** the mid-August (holiday) exodus.
ferraio, pl. **-ai** /fer'rajo, ai/ agg. ***fabbro ~*** (black)smith.
ferramenta /ferra'menta/ ♦ **18 I** f.inv. *(articolo)* hardware **II** m. e f.inv. *(negozio)* hardware shop, ironmonger's (shop) BE.
ferrare /fer'rare/ [1] tr. to shoe* [*cavallo*].
ferrato /fer'rato/ **I** p.pass. → **ferrare II** agg. **1** [*animale*] shod; [*scarpe*] hobnail(ed); ***strada -a*** railway BE, railroad AE **2** COLLOQ. *(istruito)* strong (**in** in), up (**in** on).
ferreo /'fεrreo/ agg. [*disciplina, salute, volontà*] iron; [*regole*] rigid, rigorous, strict; [*memoria*] tenacious; [*dieta*] crash.
ferriera /fer'rjεra/ f. ironworks + verbo sing. o pl.
ferro /'fεrro/ **I** m. **1** iron; ***minerale di ~*** iron ore; ***oggetto in*** o ***di ~*** iron object; ***filo di ~*** wire; ***color ~*** iron-grey BE, iron-gray AE; ***carenza di ~*** MED. iron deficiency; ***età del ~*** GEOL. Iron Age **2** FIG. ***di ~*** [*disciplina, salute, volontà*] iron; [*memoria*] tenacious; [*stomaco*] strong; [*alibi*] cast-iron, watertight; ***pugno di ~*** iron fist *o* hand **3** *(da calza)* knitting needle; ***lavorare ai -i*** to knit **4** *(da stiro)* iron; ***~ a vapore*** steam iron; ***dare un colpo di ~ a qcs.*** to give sth. an iron *o* a press **II ferri** m.pl. **1** MED. surgical instruments, knife sing. COLLOQ.; ***morire sotto i -i*** to die under the knife *o* on the operating table; ***essere sotto i -i*** to be under the knife **2** *(di prigioniero)* irons, fetters, shackles; ***mettere qcn. ai -i*** to put sb. in irons *o* fetters, to fetter sb. **3** *(arnesi)* tools; ***i -i del mestiere*** the tools of the trade **4** GASTR. ***ai -i*** [*carne, pesce*] grilled; ***cuocere ai ~*** to grill, to cook on the grill ♦ ***mettere a ~ e fuoco qcs.*** to put sth. to fire and sword; ***essere ai -i corti con qcn.*** to be at daggers drawn with sb., to be eyeball to eyeball with sb.; ***battere il ~ finché è caldo*** PROV. to strike while the iron is hot, to make hay while the sun

shines; ***toccare ~*** to touch BE *o* knock on AE wood ♦♦ ***~ battuto*** wrought iron; ***~ da calza*** knitting needle; ***~ per capelli*** curling iron; ***~ di cavallo*** (horse)shoe; ***a ~ di cavallo*** horseshoe shaped; ***~ da stiro*** iron.

ferroso /fer'roso/ agg. ferrous.

ferrotranviario, pl. **-ri**, **-rie** /ferrotran'vjarjo, ri, rje/ agg. rail and tram attrib.

ferrotranviere /ferrotran'vjere/ m. rail and tram employee.

ferrovecchio, pl. **ferrivecchi** /ferro'vɛkkjo, ferri'vɛkki/ m. **1** *(rottame)* rattletrap, wreck **2** *(rigattiere)* scrap (metal) dealer.

ferrovia /ferro'via/ f. railway BE, railroad AE; ***viaggiare in*** o ***per ~*** to travel by rail; ***trasporto per ~*** rail transport; ***spedire qcs. per ~*** to send sth. by rail *o* train ♦♦ ***~ a cremagliera*** cog *o* rack railway BE *o* railroad AE; ***~ a scartamento ridotto*** narrow-gauge railway BE *o* railroad AE; ***~ soprelevata*** elevated railway BE *o* railroad AE; ***Ferrovie dello Stato*** = Italian railways.

ferroviario, pl. **-ri**, **-rie** /ferro'viarjo, ri, rje/ agg. [*rete, trasporto*] rail, railway BE, railroad AE; [*stazione*] railway BE, railroad AE, train; [*traffico*] railway BE, railroad AE; [*biglietto, orario*] train.

ferroviere /ferro'vjɛre/ ➧ ***18*** m. railwayman* BE, railroader AE.

fertile /'fɛrtile/ agg. **1** *(fruttuoso)* [*terreno*] fertile, rich; FIG. [*ingegno, scrittore*] fertile, fecund **2** *(fecondo)* fertile, fecund.

fertilità /fertili'ta/ f.inv. **1** fertility (anche FIG.), richness **2** *(fecondità)* fertility, fecundity.

fertilizzante /fertilid'dzante/ **I** agg. fertilizing **II** m. fertilizer, plant food.

fertilizzare /fertilid'dzare/ [1] tr. to fertilize.

fervente /fer'vɛnte/ agg. [*patriota, preghiera*] fervent, ardent; [*credente*] fervent, devout; [*sostenitore*] fervent, fierce.

fervere /'fɛrvere/ [2] intr. ***fervono i preparativi*** feverish preparations are under way; ***~ di attività*** to hum with activity.

fervido /'fɛrvido/ agg. [*ammiratore, sostenitore*] fervent, zealous; [*preghiera*] earnest, fervent; [*immaginazione*] lively; [*preparativi*] feverish, hectic; ***con i più -i auguri*** with my most earnest wishes.

fervore /fer'vore/ m. fervour BE, fervor AE, ardour BE, ardor AE; ***~ religioso*** (religious) zeal; ***con ~*** [*pregare, lavorare*] fervently, zealously; ***nel ~ della discussione*** in the heat of the discussion.

fesa /'feza/ f. rump.

fesseria /fesse'ria/ f. **1** *(stupidaggine)* ***fare -e*** to mess about *o* around, to do something stupid; ***dire -e*** to talk rubbish *o* bunkum **2** *(inezia)* trifle.

1.fesso /'fesso/ **I** p.pass. → **fendere II** agg. **1** *(incrinato)* [*vaso*] cracked, fissured **2** *(sordo)* [*voce*] cracked **3** *(spaccato in due)* [*piede, zoccolo*] cloven.

2.fesso /'fesso/ **I** agg. COLLOQ. dumb, foolish; ***far ~ qcn.*** to take sb. for a ride, to make a fool of sb. **II** m. COLLOQ. (f. **-a**) blockhead, dupe, fool, idiot; ***fare il ~*** to play the fool, to mess about *o* around; ***bravo ~!*** (the) more fool you!

fessura /fes'sura/ f. **1** *(fenditura)* crack, fissure **2** *(spiraglio)* *(di porta, tende)* chink, crack **3** *(per monete)* slot.

festa /'fɛsta/ f. **1** *(giorno non lavorativo)* holiday; ***domani è ~*** tomorrow is a (public) holiday; ***giorno di ~*** holiday, feast day **2** COLLOQ. *(compleanno)* birthday; *(onomastico)* name day **3** *(religiosa)* feast; *(civile)* celebration; ***la ~ di Ognissanti*** All Saints' Day; ***sotto le -e*** *(natalizie)* over Christmas; ***buone -e!*** *(di Natale)* Season's greetings! ***il vestito della ~*** Sunday best; ***vestito a ~*** (dressed) in one's Sunday best **4** *(evento privato o sociale)* party; ***dare, fare una ~*** to give, have a party; ***guastare, rovinare la ~ a qcn.*** to spoil sb.'s fun (anche FIG.) **5** *(manifestazione pubblica)* festival, festivity, carnival; ***~ del paese*** village festival; ***le -e di Carnevale*** carnival festivities; ***la ~ della mietitura*** harvest festival **6** *(allegria generale)* ***aria di ~*** festive atmosphere *o* spirit *o* air; ***la città era in ~*** the town was in a holiday mood ♦ ***fare ~*** *(festeggiare)* to celebrate, to party; *(non lavorare)* to be on holiday *o* off work; ***fare ~ a qcn.*** to give sb. a warm welcome; ***fare le -e a qcn.*** [*cane*] to fawn on sb., to jump all over sb.; ***fare la ~ a qcn.*** to bump sb. off, to do sb. in; ***conciare qcn. per le -e*** to leather sb., to give sb. a good tanning *o* thrashing; ***è finita la ~!*** the game is up! ♦♦ ***~ d'addio*** farewell *o* leaving party; ***~ di beneficenza*** charity benefit *o* fete; ***~ comandata*** → ***~ di precetto***; ***~ di compleanno*** birthday party; ***~ del lavoro*** Labour BE *o* Labor AE Day; ***~ della mamma*** Mother's Day; ***~ nazionale*** national holiday; ***~ del papà*** Father's Day; ***~ di precetto*** day of obligation.

festaiolo /festa'jɔlo/ **I** agg. festive **II** m. (f. **-a**) party-goer, party animal, merrymaker.

festante /fes'tante/ agg. [*popolo*] jubilant; [*voci*] festive, joyful.

festeggiamento /festeddʒa'mento/ m. celebration; ***-i*** festivities, celebrations.

festeggiare /fested'dʒare/ [1] tr. to celebrate.

festeggiata /fested'dʒata/ f. guest of honour BE, guest of honor AE; *(di compleanno)* birthday girl.

festeggiato /fested'dʒato/ m. guest of honour BE, guest of honor AE; *(di compleanno)* birthday boy.

festino /fes'tino/ m. feast.

festival /'festival, fɛsti'val/ m.inv. festival.

festività /festivi'ta/ f.inv. festival, holiday; ***~ pagana*** pagan festival; ***la ~ del Natale*** Christmas.

festivo /fes'tivo/ agg. holiday attrib., Sunday attrib.; ***giorno ~*** (public) holiday; ***nei (giorni) -i*** on Sundays and (public) holidays; ***riposo ~*** Sunday rest.

festone /fes'tone/ m. **1** *(ornamento)* festoon; ***~ di carta*** paper chain **2** SART. scallop.

festosità /festosi'ta/ f.inv. festivity.

festoso /fes'toso/ agg. festive, merry, joyous.

fetale /fe'tale/ agg. foetal, fetal AE.

fetente /fe'tɛnte/ **I** agg. **1** *(fetido)* stinking, fetid **2** FIG. *(abietto)* stinking, rotten **II** m. e f. stinker, skunk, bastard.

feticcio, pl. **-ci** /fe'tittʃo, tʃi/ m. fetish, juju.

feticismo /feti'tʃizmo/ m. fetishism.

feticista, m.pl. **-i**, f.pl. **-e** /feti'tʃista/ m. e f. fetishist.

fetido /'fɛtido/ agg. [*odore, luogo*] fetid, stinking, rank.

feto /'fɛto/ m. foetus*, fetus* AE.

fetore /fe'tore/ m. reek, stink, stench.

fetta /'fetta/ f. **1** *(di cibo)* slice, piece; *(rotonda)* round; ***una ~ di carne, di torta*** a slice *o* piece of meat, of cake; ***una ~ di formaggio*** a slice *o* piece *o* wedge of cheese; ***una ~ di limone*** *(rotonda)* a slice of lemon; *(spicchio)* a wedge of lemon; ***tagliare a -e*** to cut [sth.] into slices, to slice; ***ananas a -e*** sliced pineapple **2** FIG. *(porzione)* slice, share, section; ***volere una ~ della torta*** to want one's slice *o* share of the cake; ***avere la propria ~ di torta*** to have one's snout in the trough; ***prendersi la ~ più grossa*** to take the lion's share; ***una grossa ~ di mercato*** a large share *o* chunk of the market ♦ ***fare a -e qcn.*** to rip sb. to pieces *o* shreds, to make mincemeat of sb. ♦♦ ***~ biscottata*** rusk.

fettina /fet'tina/ f. *(di carne)* minute steak, cutlet.

fettuccia, pl. **-ce** /fet'tuttʃa, tʃe/ f. binding.

fettuccine /fettut'tʃine/ f.pl. noodles.

feudale /feu'dale/ agg. feudal.

feudalesimo /feuda'lezimo/, **feudalismo** /feuda'lizmo/ m. feudalism.

feudatario, pl. **-ri** /feuda'tarjo, ri/ m. (f. **-a**) STOR. feoffee, feudatory, liege (lord).

feudo /'fɛudo/ m. **1** STOR. fief(dom), feud **2** FIG. stronghold.

feuilleton /foje'tɔn/ m.inv. **1** serial story **2** SPREG. potboiler.

fez /fɛts/ m.inv. fez*.

ff ⇒ facente funzione acting.

FF.AA. ⇒ Forze Armate Armed Forces.

FF.SS. ⇒ Ferrovie dello Stato = Italian Railways.

FI ⇒ Forza Italia = Italian centre-right political party.

fiaba /'fjaba/ f. fairy tale, (folk) tale, story; ***~ per bambini*** children's fairy tale; ***libro di -e*** storybook; ***il mondo delle -e*** the land of make-believe.

fiabesco, pl. **-schi**, **-sche** /fja'besko, ski, ske/ agg. fairy(-)tale attrib. (anche FIG.).

fiacca /'fjakka/ f. *(debolezza)* weakness, weariness; *(svogliatezza)* sluggishness, slackness ♦ ***battere la ~*** to slack (off).

fiaccamente /fjakka'mente/ avv. *(svogliatamente)* listlessly, sluggishly; *(debolmente)* feebly, sluggishly, weakly.

fiaccare /fjak'kare/ [1] **I** tr. *(stancare)* to weary, to exhaust; *(indebolire)* to weaken, to unnerve; ***~ la resistenza di qcn.*** to wear sb.'s resistance down **II fiaccarsi** pronom. *(stancarsi)* to wear* oneself out, to grow* weary; *(indebolirsi)* to weaken.

fiacchezza /fjak'kettsa/ f. *(di persona)* sluggishness, weakness; *(di mercato, economia)* slackness, slowness, dullness; *(di stile, discorso)* dullness, lameness.

fiacco, pl. **-chi**, **-che** /'fjakko, ki, ke/ agg. **1** *(stanco, debole)* [*persona*] sluggish, listless, tired **2** FIG. [*discorso, stile, scusa*] limp, dull, weak, lame; [*discussione*] languishing; [*persona*] lifeless; [*festa*] dull, lifeless; ***una campagna elettorale -a*** a half-hearted electoral campaign **3** ECON. [*economia, mercato*] slack, dull, slow, sluggish.

fiaccola /'fjakkola/ f. torch; ***~ olimpica*** Olympic torch.

fiaccolata /fjakko'lata/ f. torchlight walk, procession.

fiala /'fjala/ f. phial, vial.

fiamma /'fjamma/ **I** f. **1** flame, blaze; ***in -e*** in flames, on fire, ablaze; ***dare qcs. alle -e*** to set sth. on fire *o* ablaze; ***andare in -e*** to go up in flames; ***aveva le guance in -e*** FIG. her cheeks were bright red *o* blushed crimson; ***a ~ bassa, alta*** over a low, high flame; ***alla ~*** GASTR. flambé **2** FIG. *(persona amata)* flame, love; ***una vecchia ~*** an old flame; ***la sua nuova ~*** his latest (flame) **3** MIL. *(mostrina)* flash **4** MAR. *(bandierina)* pennant, streamer **II** agg.inv. ***rosso ~*** flame-coloured BE, flame-colored AE ♦♦ ***~ olimpica*** SPORT Olympic flame; ***~ ossidrica*** oxyhydrogen flame; ***-e gialle*** = the Guardia di Finanza.

fiammante /fjam'mante/ agg. ***nuovo ~*** brand-new, spanking new COLLOQ.; ***rosso ~*** flaming *o* fiery *o* bright red.

fiammata /fjam'mata/ f. **1** *(fuoco)* flare-up, blaze, burst of flames **2** *(di violenza, odio)* flare-up, outburst, blaze; *(di entusiasmo)* flare-up.

fiammeggiante /fjammed'dʒante/ agg. **1** flaming **2** FIG. *(scintillante)* [*sguardo, spada*] fiery, flaming.

fiammeggiare /fjammed'dʒare/ [1] **I** intr. (aus. *avere*) [*sole, cielo, occhi*] to flame, to glow **II** tr. GASTR. to singe, to flame [*pollo*].

fiammifero /fjam'mifero/ m. match ♦♦ ***~ di sicurezza*** o ***svedese*** safety match.

fiammingo, pl. **-ghi**, **-ghe** /fjam'mingo, gi, ge/ ▸ *16* **I** agg. **1** *(delle Fiandre)* Flemish **2** PITT. Dutch **II** m. (f. **-a**) **1** Fleming; ***i -ghi*** the Flemish *o* Flemings **2** *(lingua)* Flemish.

fiancata /fjan'kata/ f. *(fianco)* side; *(di nave)* broadside.

fiancheggiare /fjanked'dʒare/ [1] tr. **1** *(costeggiare)* [*fiume, strada, giardino*] to flank [*casa, terreno, lago, foresta*]; ***gli alberi fiancheggiano la strada*** the road is lined with trees **2** *(appoggiare)* to back, to support [*piano*] **3** MIL. to protect the flank of.

fiancheggiatore /fjankeddʒa'tore/ m. (f. **-trice** /tritʃe/) supporter.

fianco, pl. **-chi** /'fjanko, ki/ ▸ *4* m. **1** ANAT. *(di persona)* side; *(anca)* hip; *(di animali)* flank; ***avere, mettersi le mani sui -chi*** to have, put one's hands on one's hips; ***con le mani sui -chi*** arms akimbo; ***al mio, tuo ~*** by my, your side; ***su un ~*** on one's side **2** *(parte laterale)* side; ***sul ~ della collina, della montagna*** on the hillside, mountainside; ***~ a ~*** side by side, abreast; ***lavorare ~ a ~*** to work shoulder to shoulder **3** MIL. flank; ***"~ destr, sinistr!"*** "right, left turn!" **4 a fianco** [*camera, appartamento, porta*] next attrib. **5 di fianco a** next to, beside; ***la posta è di ~ alla chiesa*** the post office is next to the church; ***camminare di ~ a qcn.*** to walk alongside sb. ♦ ***essere, stare al ~ di qcn.*** to be, stay at sb.'s side, to stand by sb.; ***offrire*** o ***prestare*** o ***scoprire il ~ alle critiche*** to lay oneself open to criticism.

fiandra /'fjandra/ f. = fabric made in Flanders used for household linen.

Fiandra /'fjandra/ ▸ *30* n.pr.f. ***la ~, le -e*** Flanders.

fiaschetta /fjas'ketta/ f. *(borraccia)* (hip) flask.

fiasco, pl. **-schi** /'fjasko, ski/ m. **1** *(recipiente)* flask **2** FIG. *(insuccesso)* fiasco*, failure, flop; ***fare ~*** to turn into a fiasco, to fall flat.

fiatare /fja'tare/ [1] intr. (aus. *avere*) to breathe; ***non ~!*** don't breathe a word! ***obbedire senza ~*** to obey without a murmur.

fiato /'fjato/ **I** m. **1** *(respiro)* breath; *(resistenza)* stamina; ***avere il ~ grosso*** o ***corto*** to be out of *o* short of breath; ***trattenere il ~*** to hold one's breath (anche FIG.); ***tirare il ~*** to draw breath; FIG. to breathe; ***mozzare*** o ***togliere il ~ a qcn.*** to take sb.'s breath away (anche FIG.); ***da mozzare il ~*** [*bellezza, velocità*] breathtaking; ***essere*** o ***rimanere senza ~*** to be breathless (anche FIG.) (**per** over); ***lasciare qcn. senza ~*** to leave *o* make sb. breathless (anche FIG.); ***(ri)prendere ~*** to get one's breath *o* wind back, to recover *o* catch one's breath; FIG. to get one's second wind; ***mi manca il ~*** I am *o* feel breathless *o* out of breath; ***gridare con quanto ~ si ha in gola*** to scream at the top of one's voice *o* lungs; ***tutto d'un ~*** [*bere*] in one swallow *o* gulp; [*dire*] in a single breath; [*leggere*] in one go, straight through; ***strumento a ~*** wind instrument **2** *(alito)* ***avere il ~ pesante*** to have bad breath **II fiati** m.pl. MUS. winds ♦ ***finché avrò ~*** as long as I have breath in my body *o* I draw breath; ***avere il ~ sul collo*** to be rushed off one's feet; ***risparmia il ~!*** save your breath! ***stare*** o ***rimanere col ~ sospeso*** to hold one's breath; ***tenere qcn. col ~ sospeso*** to keep *o* leave sb. in suspense; ***sprecare il ~*** to waste words *o* one's breath; ***(è tutto) ~ sprecato!*** it's like water off a duck's back.

fiatone /fja'tone/ m. ***avere il ~*** to be out of *o* short of breath, to pant.

fibbia /'fibbja/ f. buckle.

fibra /'fibra/ f. **1** fibre BE, fiber AE; ***~ di carbonio*** carbon fibre; ***ricco di -e*** [*alimento, dieta*] high-fibre **2** *(costituzione)* constitution; ***avere una*** o ***essere di ~ robusta*** to be of sound *o* strong constitution **3** FIG. *(tempra)* ***~ morale*** moral fibre ♦♦ ***~ muscolare*** muscle fibre BE *o* fiber AE; ***~ naturale*** natural fibre BE *o* fiber AE; ***~ nervosa*** nerve fibre BE *o* fiber AE; ***~ ottica*** optical fibre BE *o* fiber AE; ***~ sintetica*** synthetic *o* man-made fibre BE *o* fiber AE; ***~ tessile*** textile fibre BE *o* fiber AE.

fibrillazione /fibrillat'tsjone/ f. fibrillation; ***andare in ~*** to go into fibrillation.

fibroma /fi'brɔma/ m. fibroma*.

fibroso /fi'broso/ agg. ANAT. fibrous.

fibula /'fibula/ f. fibula*.

fica, pl. **-che** /'fika, ke/ f. VOLG. **1** *(vagina)* pussy, cunt **2** *(donna attraente)* dish, doll, babe; ***un pezzo di ~*** a piece of ass.

ficata /fi'kata/ f. COLLOQ. ***è una ~, che ~!*** it's, that's cool!

ficcanasare /fikkana'sare/ [1] intr. (aus. *avere*) to pry (**in** into), to nose about, to nose around (**in** in), to snoop (around) (**in** into).

ficcanaso, m.pl. **ficcanasi**, f.pl. **ficcanaso** /fikka'naso, fikka'nasi, fikka'naso/ m. e f. busybody, snoop(er), nosy parker.

ficcare /fik'kare/ [1] **I** tr. **1** *(cacciare)* to shove, to stick*, to stuff, to put*; ***~ tutto in valigia*** to stuff, shove everything into a suitcase; ***~ la mano nella borsa*** to plunge one's hand into the bag; ***~ un dito in un occhio (a qcn.)*** to poke (sb.) in the eye; ***chissà dove ha ficcato il mio giornale*** I wonder where he put my newspaper **2** *(conficcare)* to drive*, to thrust* (**in** into) **3** FIG. ***~ qcs. in testa a qcn.*** to get *o* drive sth. into sb.'s head; ***ficcatelo bene in testa!*** get that into your (thick) skull! **II ficcarsi** pronom. COLLOQ. **1** *(mettersi)* ***-rsi le mani in tasca*** to stick *o* stuff one's hands in one's pockets; ***-rsi le dita nel naso*** to pick one's nose, to poke *o* stick one's finger up one's nose; ***-rsi nei guai, in un pasticcio*** FIG. to get into trouble *o* a mess **2** *(andare a finire)* ***dove si sono ficcate le chiavi?*** where did my keys get to *o* go? ***dove si è ficcato?*** where did he get to? ♦ ***~ il naso in*** to poke *o* stick one's nose into, to pry into, to nose about *o* around in [*affari, vita*].

fiche /fiʃ/ f.inv. chip, counter.

fichetto /fi'ketto/ m. pretty boy; ***posto da -i*** fancy place.

1.fico, pl. **-chi**, **-che** /'fiko, ki/ m. *(albero)* fig tree; *(frutto)* fig; ***-chi secchi*** dried figs ♦ ***non capire un ~ (secco)*** POP. not to understand a thing; ***non me ne importa un ~ (secco)*** POP. I don't care a fig, I don't give a damn (**di** about); ***non vale un ~ (secco)*** POP. it's not worth a fig *o* a damn ♦♦ ***~ d'India*** → **ficodindia**.

2.fico, pl. **-chi** /'fiko, ki/ **I** agg. COLLOQ. cool **II** m. COLLOQ. cool guy; ***è un gran ~!*** he's a handsome devil! he's really something!

ficodindia, pl. **fichidindia** /fiko'dindja, fiki'dindja/ m. prickly pear.

ficus /'fikus/ m.inv. ficus.

fidanzamento /fidantsa'mento/ m. engagement; ***anello di ~*** engagement ring.

fidanzarsi /fidan'tsarsi/ [1] pronom. to get* engaged (**con** to).

fidanzata /fidan'tsata/ f. *(promessa sposa)* fiancée; COLLOQ. *(partner)* girlfriend.

fidanzato /fidan'tsato/ **I** p.pass. → **fidanzarsi** **II** agg. engaged (**con** to) **III** m. *(promesso sposo)* fiancé; COLLOQ. *(partner)* boyfriend.
fidare /fi'dare/ [1] **I** intr. (aus. *avere*) *(avere fede)* to trust (**in** in) **II fidarsi** pronom. **1** ***-rsi di*** to rely on, to trust [*persona, promessa*]; ***non -rsi di*** to distrust [*persona, governo*]; ***fidati di me*** trust me; ***non fidarti di lei*** she's not to be trusted; ***-rsi ciecamente di qcn.*** to trust sb. with one's life **2** *(osare)* ***non mi fido ad attraversare la strada*** I don't dare to cross the road ♦ ***-rsi è bene, non -rsi è meglio*** PROV. = to trust is good but being wary is better.
fidato /fi'dato/ **I** p.pass. → **fidare** **II** agg. [*amico, collaboratore*] reliable, dependable, trusted; [*confidente*] trustworthy.
fideiussione /fidejus'sjone/ f. guarantee.
fideiussore /fidejus'sore/ m. guarantor, surety.
1.fido /'fido/ agg. [*servitore*] loyal, faithful, true.
2.fido /'fido/ m. overdraft; ***limite di ~*** overdraft limit, credit limit.
fiducia /fi'dutʃa/ f. **1** *(fede in qcn., qcs.)* confidence, trust, belief, faith; ***abuso di ~*** breach of trust; ***riporre la propria ~ in qcn.*** to put one's confidence *o* faith in sb., to place one's trust in sb.; ***tradire la ~ di qcn.*** to betray sb.'s trust; ***di ~*** [*persona*] trustworthy; [*negoziante*] family; ***posto di ~*** position of trust; ***degno di ~*** dependable, trustworthy; ***avere ~ in*** to believe in, to have confidence *o* faith in, to trust [*persona*]; to have confidence *o* faith *o* trust in [*metodo, medicina*]; ***ho ~ nell'avvenire*** I feel confident about the future **2** *(sicurezza)* confidence, assurance, reliance; ***avere ~ in se stessi*** to have self-confidence, to be self-confident; ***quest'uomo, questa banca non mi ispira ~*** this man, bank doesn't inspire much confidence, I don't have much confidence in that man, bank **3** POL. ***voto di ~*** vote of confidence; ***chiedere la ~ (al Parlamento)*** to ask (Parliament) for a vote of confidence.
fiduciaria /fidu'tʃarja/ f. trust company.
fiduciario, pl. **-ri, -rie** /fidu'tʃarjo, ri, rje/ **I** agg. ***società -a*** trust company; ***fondo ~*** trust fund; ***amministratore ~*** trustee **II** m. (f. **-a**) trustee.
fiduciosamente /fidutʃosa'mente/ avv. confidently, hopefully, trustingly.
fiducioso /fidu'tʃoso/ agg. [*persona, sguardo*] confident, hopeful, trusting.
fiele /'fjɛle/ m. **1** MED. gall; ***amaro come il ~*** as bitter as gall **2** *(rancore)* gall, venom.
fienagione /fjena'dʒone/ f. haymaking.
fienile /fje'nile/ m. hay loft, barn.
fieno /'fjɛno/ m. hay; ***fare il ~*** to make hay; ***mucchio di ~*** haycock.
1.fiera /'fjɛra/ f. fair; *(esposizione)* exhibition, show ♦♦ ***~ agricola*** agricultural show; ***~ di beneficenza*** charity fair; ***~ del bestiame*** cattle fair; ***~ del bianco*** white sale; ***~ campionaria*** o ***commerciale*** trade fair.
2.fiera /'fjɛra/ f. *(animale)* wild beast, animal.
fierezza /fje'rettsa/ f. **1** *(orgoglio)* pride; ***~ d'animo*** proud spirit **2** *(altezzosità)* haughtiness.
fiero /'fjɛro/ agg. **1** *(orgoglioso)* proud **2** *(nobile)* [*cuore, portamento, popolo*] proud; SPREG. *(altezzoso)* haughty **3** *(audace)* brave, gallant, valiant.
fievole /'fjɛvole/ agg. [*voce, lamento*] faint, feeble; [*luce*] dim, faint, weak.
fifa /'fifa/ f. COLLOQ. scare, jitters pl.; ***avere ~*** to have *o* get cold feet, to have the jitters; ***avere una ~ blu*** to be in a blue funk; ***mettere ~ a qcn.*** to give sb. a fright.
FIFA /'fifa/ f. (⇒ Fédération Internationale de Football Association Federazione calcistica internazionale) FIFA.
fifone /fi'fone/ **I** agg. COLLOQ. chicken(-hearted) **II** m. COLLOQ. (f. **-a**) chicken, scaredy cat.
fig. 1 ⇒ figurato figurative (fig.) **2** ⇒ figura figure (fig.).
figa, pl. **-ghe** /'figa, ge/ → **fica**.
figata /'figata/ → **ficata**.
FIGC /fiddʒit'tʃi/ f. (⇒ Federazione Italiana Gioco Calcio) = Italian football federation.
fighetto /fi'getto/ → **fichetto**.
Figi /'fidʒi/ ➧ ***14*** n.pr.f.pl. ***le (isole) ~*** the Fiji Islands.
figlia, pl. **-glie** /'fiʎʎa, ʎe/ f. **1** daughter, child* **2** *(cedola)* tear-off part.
figliare /fiʎ'ʎare/ [1] **I** tr. [*orsa, volpe, leonessa*] to cub; [*mucca*] to calve; [*cagna*] to whelp; [*pecora*] to lamb; [*cavalla*] to foal; [*scrofa*] to farrow **II** intr. to have a litter.
figliastra /fiʎ'ʎastra/ f. stepdaughter, stepchild*.
figliastro /fiʎ'ʎastro/ m. stepson, stepchild*.
figliata /fiʎ'ʎata/ f. litter.
figlio, pl. **-gli** /'fiʎʎo, ʎi/ m. **1** *(maschio o femmina)* child*; ***avere tre -gli, due maschi e una femmina*** to have three children, two sons and a daughter; ***~ adottivo, naturale*** adopted *o* adoptive child, natural child; ***coppia senza -gli*** childless couple; ***essere ~ unico*** to be an only child; ***è proprio ~ di suo padre*** he's his father's son **2** *(maschio)* son; ***il ~ dei Bianchi*** the Bianchis' son *o* boy; ***Bianco e -gli*** AMM. Bianco and sons **3** FIG. *(prodotto)* child*, son, creature, product; ***un ~ del popolo*** a child of the people; ***un ~ del nostro tempo*** a creature of our times ♦ ***tale padre, tale ~*** PROV. like father like son; ***essere il ~ della serva*** to be a nobody *o* the fifth wheel ♦♦ ***~ d'arte*** = somebody who follows in his, her father's footsteps (profession, job etc.); ***~ di buona donna*** o ***d'un cane*** VOLG. → ***~ di puttana***; ***~ di nessuno*** waif, foundling; ***~ di papà*** SPREG. spoiled rich young man; ***~ di puttana*** VOLG. son of a bitch, motherfucker.
figlioccia, pl. **-ce** /fiʎ'ʎɔttʃa, tʃe/ f. goddaughter, godchild*.
figlioccio, pl. **-ci** /fiʎ'ʎɔttʃo, tʃi/ m. godson, godchild*.
figliolanza /fiʎʎo'lantsa/ f. progeny, offspring.
figliolo /fiʎ'ʎɔlo/ m. *(figlio)* son; *(ragazzo)* boy; ***il figliol prodigo*** the prodigal son.
figo, pl. **-ghi** /'figo, gi/ → **2.fico**.
figura /fi'gura/ f. **1** *(sagoma, forma)* shape, pattern; *(di persona)* figure; ***una ~ apparve nella nebbia*** a figure appeared through the mist **2** *(corporatura)* figure; ***una ~ slanciata*** a trim figure **3** *(illustrazione)* picture, illustration; *(diagramma)* figure, diagram **4** *(personaggio)* figure; ***~ di spicco*** leading *o* prominent figure **5** LING. MAT. ART. figure; ***ritratto a ~ intera*** full-length portrait, whole-length **6** COREOGR. figure **7** GIOC. *(nelle carte)* picture card, court card BE, face card AE ♦ ***far ~*** to make quite an impression; ***fare bella ~*** to look good, to make the right impression; ***fare una bella, brutta ~*** to cut a fine, sorry figure, to put up a good, poor show, to make a good, bad impression; ***che ~!*** how embarrassing! ***fare la ~ dell'imbecille*** to make a fool of oneself; ***far fare una brutta ~ a qcn.*** to show sb. up ♦♦ ***~ geometrica*** geometric(al) figure; ***~ materna*** mother figure; ***~ paterna*** father figure; ***~ piana*** plane figure; ***~ retorica*** figure of speech, rhetorical device; ***~ solida*** solid figure.
figuraccia, pl. **-ce** /figu'rattʃa, tʃe/ f. ***fare una ~*** to put up a poor show, to cut a sorry figure; ***far fare una ~ a qcn.*** to show sb. up.
figurante /figu'rante/ m. e f. walk-on.
figurare /figu'rare/ [1] **I** intr. (aus. *avere*) **1** *(comparire)* [*nome, cosa*] to figure, to appear, to be* listed, shown **2** *(fare figura)* ***~ bene, male*** to cut a fine, sorry figure, to make a good, bad impression; ***è un vestito che fa ~*** this dress makes a good impression **II figurarsi** pronom. **1** *(immaginare)* to figure, to imagine; ***figurati che si è ricordata come mi chiamo*** fancy her remembering my name; ***figurati che l'ho rivisto due anni dopo!*** I saw him again two years later, can you imagine! ***me lo figuravo più alto*** I imagined him to be taller; ***figurati un po'!*** COLLOQ. just imagine (that)! fancy that! ***figuriamoci*** o ***figurati (se ci credo)*** you must be kidding! **2** COLLOQ. *(come risposta negativa)* ***"si è ricordato stavolta?" - "figurati*** o ***figuriamoci!"*** "did he remember this time?" - "the devil he did!" **3** *(in formule di cortesia)* ***"grazie" - "si figuri!"*** "thanks" - "think nothing of it! not at all! don't mention it!"; ***"posso prenderne un altro?" - "figurati!"*** "can I take another?" - "please do!".
figurativo /figura'tivo/ agg. figurative.
figurato /figu'rato/ **I** p.pass. → **figurare** **II** agg. [*senso, linguaggio*] figurative; ***in senso*** in the figurative sense, figuratively.
figurina /figu'rina/ f. **1** *(statuetta)* figurine **2** *(dipinta, stampata)* card; *(adesiva)* sticker; ***-e dei calciatori*** football *o* soccer stickers; ***raccolta di -e*** sticker *o* card collection; ***fare una raccolta di -e*** to collect stickers *o* cards.
figurinista, m.pl. **-i**, f.pl. **-e** /figuri'nista/ ➧ ***18*** m. e f. fashion designer.

figurino /figu'rino/ m. fashion-plate (anche FIG.); ***è un vero ~!*** COLLOQ. she looks like she's just stepped out of a fashion magazine!
figuro /fi'guro/ m. ***un losco ~*** an ugly customer.
figurona /figu'rona/ f., **figurone** /figu'rone/ m. ***fare un ~*** to cut a dashing figure; ***all'esame ha fatto un ~*** he did very well in the exam; ***con questo vestito fa un ~*** she looks great in this dress.
fila /'fila/ **I** f. **1** *(coda)* line, queue BE; ***fare la ~*** to stand in *o* wait in line *o* a queue BE; ***mettersi in ~*** to join the line, to line up, to queue up BE **2** *(allineamento)* line, row, file, rank; ***una ~ di persone, piante, di auto*** a line *o* row of people, plants, cars; ***in ~*** in a line; ***stare*** o ***essere in ~*** to stand in a line; ***mettersi in ~*** to get into line; ***in ~ per due*** in rows of two; ***è il quarto della ~*** he's fourth in line; ***"per ~ destr', sinistr'"*** MIL. "right, left wheel"; ***essere in prima ~*** to be in the front row; FIG. *(esposto)* to be first in the firing, to be at the sharp end **3** *(sulla carreggiata)* lane; ***parcheggiare in doppia ~*** to double-park **4** **di fila** in a row, running; ***per due settimane di ~*** for two weeks running *o* in a row; ***parlare per tre ore di ~*** to talk for three hours running *o* straight, to talk nonstop for three hours; ***bere tre bicchieri di ~*** to have three drinks one after the other **II** **file** f.pl. FIG. ***le -e dell'opposizione, dei disoccupati*** the ranks of the opposition, of the unemployed; ***rompere le -e*** MIL. to break ranks; ***serrare*** o ***stringere le -e*** MIL. to close ranks (anche FIG.) ♦♦ ***~ indiana*** Indian file, single file; ***in ~ indiana*** in Indian *o* single file.
Filadelfia /fila'delfja/ ➧ *2* n.pr.f. Philadelphia.
filamento /fila'mento/ m. filament.
filanca /fi'lanka/ f. ***calze di ~*** stretch stockings.
filanda /fi'landa/ f. spinning mill.
filante /fi'lante/ agg. **1** [*formaggio*] thready **2** ***stella ~*** ASTR. falling *o* shooting star; *(di carnevale)* (paper) streamer **3** *(affusolato)* streamlined.
filantropia /filantro'pia/ f. philanthropy.
filantropico, pl. **-ci**, **-che** /filan'trɔpiko, tʃi, ke/ agg. philanthropic, charitable.
filantropo /fi'lantropo/ m. (f. **-a**) philanthropist.
1.filare /fi'lare/ [1] **I** tr. **1** TESS. to spin* [*lana, lino, cotone*] **2** *(tessere)* [*ragno*] to spin* [*ragnatela*] **3** MAR. PESC. to pay* out [*fune, lenza*] **II** intr. **1** (aus. *avere*) *(fare la tela)* [*ragno*] to spin* **2** (aus. *avere*) *(fare fili)* [*formaggio*] to go* stringy **3** (aus. *essere*) *(procedere con logica)* [*ragionamento, discorso*] to make* sense, to hang* together **4** (aus. *essere*) COLLOQ. *(sfrecciare)* [*persona*] to dash off, to speed* off; [*veicolo*] to belt (off), to bowl along; ***~ a*** [*auto*] to rush, tear along at [*150 km/h*]; [*nave*] to log [*nodi*] **5** (aus. *essere*) COLLOQ. *(andarsene)* to clear off, to clear out, to take* off, to buzz off; ***fila dritto a casa!*** go straight home! ***fila via!*** clear off! **6** (aus. *avere*) COLLOQ. ***~ con qcn.*** *(flirtare)* to flirt with sb.; *(uscire)* to date sb. **III** **filarsela** pronom. to scuttle off, to slink off; *(sparire)* to get* away, to run* away; ***filiamocela!*** let's decamp! let's make off! ♦ ***~ dritto*** to behave well, to toe the line; ***far ~ (diritto) qcn.*** to keep sb. in line; ***filarsela all'inglese*** to take French leave.
2.filare /fi'lare/ m. line, row.
filarmonica, pl. **-che** /filar'mɔnika, ke/ f. philharmonic.
filarmonico, pl. **-ci**, **-che** /filar'mɔniko, tʃi, ke/ **I** agg. philharmonic **II** m. (f. **-a**) **1** *(membro di filarmonica)* member of a philharmonic **2** *(appassionato di musica)* music lover.
filastrocca, pl. **-che** /filas'trɔkka, ke/ f. **1** *(canzoncina)* nursery rhyme **2** FIG. *(litania)* litany.
filatelia /filate'lia/ f. philately, stamp-collecting.
filatelico, pl. **-ci**, **-che** /fila'teliko, tʃi, ke/ **I** agg. philatelic; ***mostra -a*** stamp exhibition **II** m. (f. **-a**) philatelist, stamp-collector.
filatelista, m.pl. **-i**, f.pl. **-e** /filate'lista/ m. e f. philatelist; *(collezionista)* stamp-collector; *(commerciante)* stamp-dealer.
filato /fi'lato/ **I** p.pass. → **1.filare** **II** agg. **1** *(ridotto in fili)* spun; ***zucchero ~*** spun sugar, candy floss BE, cotton candy AE **2** *(ininterrotto)* ***discorso ~*** FIG. logical reasoning; ***parlare per tre ore -e*** to talk for three hours running *o* straight, to talk nonstop for three hours **III** m. yarn, thread.
filatoio, pl. **-oi** /fila'tojo, oi/ m. spinning machine; ***~ a mano*** spinning wheel.
filatore /fila'tore/ ➧ *18* m. (f. **-trice** /tritʃe/) spinner.
filatrice /fila'tritʃe/ f. *(macchina)* spinning machine.
filatura /fila'tura/ f. **1** *(operazione)* spinning **2** *(opificio)* spinning mill.
filettare /filet'tare/ [1] tr. TECN. to thread [*vite, dado*].
filettatura /filetta'tura/ f. TECN. *(procedimento)* threading; *(filetto)* thread.
filetto /fi'letto/ ➧ *10* m. **1** GASTR. *(di carne)* fillet, tenderloin; *(di pesce)* fillet; *(di merluzzo)* steak **2** TECN. thread **3** SART. braid, piping **4** *(gioco)* nine men's morris **5** TIP. rule; *(in calligrafia)* upstroke **6** EQUIT. *(morso)* snaffle **7** ***~ della lingua*** fraenum of the tongue.
1.filiale /fi'ljale/ agg. filial.
2.filiale /fi'ljale/ f. branch.
filibustiere /filibus'tjɛre/ m. **1** STOR. freebooter, buccaneer **2** FIG. *(furfante)* freebooter, buccaneer, pirate; *(mascalzone)* scoundrel.
filiera /fi'ljɛra/ f. TECN. die.
filiforme /fili'forme/ agg. *(esile)* [*persona*] wiry; *(sottile come un filo)* [*insetto, zampe, calligrafia*] spidery.
filigrana /fili'grana/ f. **1** *(gioiello)* filigree **2** *(su carta)* watermark.
filigranato /filigra'nato/ agg. [*carta*] watermarked.
Filippine /filip'pine/ ➧ *33, 14* n.pr.f.pl. Philippines.
filippino /filip'pino/ ➧ *25* **I** agg. Filipino, Philippine **II** m. (f. **-a**) Filipino.
Filippo /fi'lippo/ n.pr.m. Philip.
filisteo /filis'tɛo/ **I** agg. philistine (anche FIG.) **II** m. (f. **-a**) philistine (anche FIG.).
film /film/ m.inv. **1** *(opera cinematografica)* film, picture, movie AE (**su** on, about); ***~ d'amore, d'azione, dell'orrore*** romantic, action, horror film **2** FOT. CINEM. *(pellicola)* film ♦♦ ***~ d'animazione*** animated film; ***~ per la TV*** television film; ***film-verità*** docudrama.
filmare /fil'mare/ [1] tr. *(riprendere)* to film; *(con videocamera)* to video BE, to tape AE.
filmato /fil'mato/ m. *(servizio)* video (film); ***-i d'attualità*** news footage.
filmina /fil'mina/ f. film strip.
filmino /fil'mino/ m. home movie.
filmografia /filmogra'fia/ f. filmography.
filmoteca, pl. **-che** /filmo'tɛka, ke/ f. film library.
filo /'filo/ m. (in some idiomatic senses it has a feminine plural **-a**) **1** *(filato)* thread, yarn; ***~ di cotone, di seta*** cotton, silk thread **2** *(cavo, corda)* line, string; *(metallico)* wire; *(da pesca)* line; ***~ di rame*** copper wire; ***stendere la biancheria sul ~*** to put *o* peg the washing on the line; ***i -i delle marionette*** the puppet strings; ***i -i dell'alta tensione*** high tension wires; ***i -i della luce*** power lines; ***~ del telefono*** telephone wire; ***tagliare i -i (della luce, del telefono)*** to cut off power, telephone lines; ***senza ~*** [*microfono, telefono*] cordless; ***senza -i*** wireless **3** *(di erba)* blade; *(di paglia)* straw **4** *(filza)* ***un ~ di perle*** a string of pearls, a pearl necklace **5** *(corda dell'equilibrista)* tightrope **6** SPORT ***~ (di lana)*** tape; ***bruciare qcn. sul ~ di lana*** FIG. to nose sb. out **7** *(sequenza)* ***perdere, riprendere il ~ del discorso*** to lose, pick up the thread of a conversation; ***~ dei pensieri*** train of thought **8** FIG. *(piccola quantità)* ***un ~ di speranza*** a grain of hope; ***non c'è un ~ d'aria*** there isn't a breath of air; ***non avere un ~ di grasso*** not to have an ounce of fat; ***un ~ di luce*** a pencil of light; ***un ~ di sangue*** a trickle of blood; ***un ~ di vento*** a breath of wind; ***un ~ di fumo*** a wisp of smoke; ***dire qcs. con un fil di voce*** to say sth. in a thready *o* faint voice **9** *(di lama)* (cutting) edge, blade; ***senza ~*** blunt; ***rifare il ~ a*** to put an edge on, to sharpen [*coltello, forbici*] **10** *(di legno)* grain **11** *(di liquidi)* trickle, drizzle; ***un ~ d'olio*** a drizzle of oil **12** GASTR. *(di fagiolini, sedano)* string; ***il formaggio fa i -i*** the cheese is thready **13** *(di ragnatela)* thread, strand ♦ ***essere appeso*** o ***sospeso*** o ***attaccato a un ~*** to be hanging by a thread *o* on a string; ***essere*** o ***camminare sul ~ del rasoio*** to be on a knife-edge *o* razor('s) edge; ***dare a qcn. del ~ da torcere*** to lead sb. a merry dance, to give sb. a rough ride; ***fare il ~ a qcn.*** to do a line with sb., to chat sb. up; ***passare a fil di spada*** to put sb. to the sword; ***per ~ e per segno*** [*conoscere*] backwards (and forwards), like the back of one's hand; [*raccontare*] in great detail; ***a fil di logica*** logically

speaking; ***tirare le fila di qcs.*** to pull the strings of sth. ♦♦ ~ ***chirurgico*** MED. catgut, gutstring; ~ ***conduttore*** EL. conductor; FIG. central thread, main theme; ~ ***per cucire*** sewing thread; ~ ***diretto*** hotline; ~ ***elettrico*** electric wire; ~ ***di ferro*** wire; ~ ***interdentale*** dental floss; ~ ***a piombo*** plumb (line); ~ ***di Scozia*** TESS. lisle; ~ ***spinato*** barbed *o* razor wire; ~ ***per suture*** → ~ **chirurgico**.

filoamericano /filoameri'kano/ **I** agg. pro-American **II** m. (f. **-a**) pro-American.

filobus /'filobus/ m.inv. trolley bus.

filocomunista, m.pl. **-i**, f.pl. **-e** /filokomu'nista/ **I** agg. Communist sympathizing, pro-Communist **II** m. e f. Communist sympathizer, pro-Communist.

filodiffusione /filodiffu'zjone/ f. cable radio.

filodrammatica, pl. **-che** /filodram'matika, ke/ f. dramatic society, non-professional acting company.

filogenesi /filo'dʒɛnesi/ f.inv. phylogenesis.

filologia /filolo'dʒia/ f. philology.

filologico, pl. **-ci**, **-che** /filo'lɔdʒiko, tʃi, ke/ agg. philological.

filologo, m.pl. **-gi**, f.pl. **-ghe** /fi'lɔlogo, dʒi, ge/ m. (f. **-a**) philologist.

filone /fi'lone/ m. **1** MIN. GEOL. vein, seam **2** GASTR. *(forma di pane)* French loaf* **3** FIG. industry; ***il ~ Joyce*** the Joyce tradition.

filosofale /filozo'fale/ agg. ***pietra ~*** philosopher's stone.

filosofare /filozo'fare/ [1] intr. (aus. *avere*) to philosophize.

filosofeggiare /filozofed'dʒare/ [1] intr. (aus. *avere*) SPREG. to philosophize, to intellectualize.

filosofia /filozo'fia/ f. **1** philosophy **2** FIG. *(saggezza, serenità)* ***prendere qcs. con ~*** to take sth. philosophically.

filosoficamente /filozofika'mente/ avv. philosophically (anche FIG.).

filosofico, pl. **-ci**, **-che** /filo'zɔfiko, tʃi, ke/ agg. philosophic(al).

filosofo /fi'lɔzofo/ m. (f. **-a**) philosopher.

filovia /filo'via/ f. trolley bus line.

filtrante /fil'trante/ agg. filter attrib.

filtrare /fil'trare/ [1] **I** tr. **1** *(depurare)* to filter, to filtrate [*gas, vino, olio*]; to percolate, to filter [*caffè*]; to strain, to filter [*tè, salsa*] **2** FIG. *(selezionare)* to screen [*visitatori*]; to screen, to sift [*telefonate, notizie*] **II** intr. (aus. *essere*) **1** *(penetrare)* [*liquido, umidità, pioggia*] to drain, to filter, to leak; [*suono, luce*] to filter, to pierce **2** *(colare)* [*liquido, caffè*] to percolate **3** FIG. *(trapelare)* [*notizie, idea*] to filter out, to filter through, to percolate.

filtrazione /filtrat'tsjone/ f. filtration.

1.filtro /'filtro/ m. filter (anche FOT. TECN.); *(per sigarette)* filter (tip); *(colino)* strainer; ***sigaretta con ~*** filter tip, filter (-tipped) cigarette ♦♦ ~ ***dell'aria*** AUT. air filter; ~ ***dell'olio*** AUT. oil filter; ~ ***solare*** COSMET. sun filter, sunscreen.

2.filtro /'filtro/ m. potion, philtre, philter AE.

filza /'filtsa/ f. **1** *(oggetti infilati su un filo)* string **2** FIG. *(serie, sequela)* series, stream, string.

fin → **1.fino**.

finale /fi'nale/ **I** agg. [*domanda, pagina*] final, last; [*esame, punteggio, sillaba*] final; [*decisione, risultato*] final, ultimate; [*scena*] closing; ***proposizione ~*** LING. final clause **II** m. **1** *(di testo, film, storia)* ending; MUS. TEATR. finale; ***gran ~*** grand finale **2** SPORT *(di partita)* end; *(di corsa)* finish **III** f. **1** SPORT final; ***arrivare in ~*** to reach the finals **2** LING. final clause.

finalissima /fina'lissima/ f. grand final.

finalista, m.pl. **-i**, f.pl. **-e** /fina'lista/ m. e f. finalist.

finalità /finali'ta/ f.inv. *(scopo)* aim, purpose, end.

finalizzare /finalid'dzare/ [1] tr. **1** *(indirizzare)* to direct [*ricerca, sforzi*] (**a** to) **2** *(concludere)* to finalize [*accordi, acquisto*].

finalmente /final'mente/ avv. **1** *(infine)* finally, at last; ***~ si è deciso a scusarsi*** he apologized at last **2** *(da ultimo)* eventually, finally, in the end.

finanza /fi'nantsa/ **I** f. **1** *(attività)* finance; ***alta ~*** high finance; ***il mondo della ~*** the financial world **2** *(amministrazione)* finance **3** COLLOQ. *(Guardia di Finanza)* ***la ~*** = military corps dealing with customs, excise and tax crimes **II finanze** f.pl. **1** *(di stato, impresa, casa)* finances **2** SCHERZ. *(disponibilità economiche)* ***le mie -e non mi permettono di andare in vacanza*** my finances don't run to a holiday.

finanziamento /finantsja'mento/ m. financing, funding, financial backing, sponsorship.

finanziare /finan'tsjare/ [1] tr. to finance, to fund, to back [*società, progetto*]; to finance, to sponsor [*persona*].

finanziaria /finan'tsjarja/ f. **1** *(società)* finance company, finance house, holding company **2** *(legge)* financial bill.

finanziario, pl. **-ri**, **-rie** /finan'tsjarjo, ri, rje/ agg. [*anno, situazione, gestione, legge*] financial; [*direttore, compagnia*] finance attrib.; ***esercizio ~*** fiscal *o* financial BE year.

finanziatore /finantsja'tore/ m. (f. **-trice** /tritʃe/) financial backer, sponsor.

finanziera /finan'tsjɛra/ f. *(giacca maschile lunga)* frock coat.

finanziere /finan'tsjɛre/ ➧ **18** m. **1** *(chi si occupa di finanza)* financier **2** *(della Guardia di Finanza)* = officer of the Guardia di Finanza.

finché /fin'ke/ cong. **1** *(fino a quando)* until, till, while; ***resteremo ~ non si troverà una soluzione*** we'll stay until a solution is reached **2** *(per tutto il tempo che)* as long as, so long as; ***~ vuoi*** as long as you like.

1.fine /'fine/ **I** agg. **1** *(fatto di piccole parti)* [*sabbia, polvere*] fine **2** *(sottile)* [*tratto, pioggia*] thin, fine; [*caviglie, polsi*] slim, thin **3** *(acuto)* [*ingegno, osservazione, udito*] sharp, keen; [*ironia*] subtle; [*distinzione*] fine **4** *(delicato)* [*lineamenti*] fine, delicate **5** *(raffinato)* [*persona, maniere*] refined, elegant; [*porcellana*] fine; [*oreficeria, biancheria, stoffe*] fine, exquisite; [*pasticceria*] fine; ***una signora molto ~*** a woman of great distinction **II** avv. *(finemente)* [*scrivere, macinare*] fine(ly) ♦ ***fa ~*** it's smooth *o* sophisticated, it's the thing.

2.fine /'fine/ f. **1** *(termine)* end, conclusion, finish; *(fondo, estremità)* end, bottom; ***(a) ~ maggio*** (at) the end of May; ***a ~ giornata*** at the end of the day; ***alla ~ degli anni '70*** in the late 70's; ***a ~ mattina*** late in the morning; ***fino alla ~*** until *o* to the end; ***mettere*** o ***porre ~ a qcs.*** to put an end *o* a stop to sth., to bring sth. to an end; ***avvicinarsi alla ~*** to draw to a close *o* an end; ***alla ~*** at last, finally, in the end; ***alla ~ è diventato insegnante*** he ended up as a teacher; ***alla fin ~, in fin dei conti*** after all, all things considered, all in all; ***"~"*** *(di film, romanzo)* "the end"; ***senza ~*** [*discussioni, guerra*] endless, unending; ***essere la ~ del mondo*** FIG. to be terrific; ***non è la ~ del mondo!*** it's not the end of the world! ***in fin di vita*** dying, nearing death **2** *(esito)* end; ***fare una brutta ~*** to go to the bad, to come to a bad *o* sticky end, to come to no good; ***che ~ ha fatto la mia biro?*** COLLOQ. what has become of my pen? **3** *(morte)* end; ***fare una brutta ~*** to come to a bad *o* sticky end.

3.fine /'fine/ m. **1** *(scopo)* end, purpose, aim; ***essere a fin di bene*** to be well-meant *o* well-intentioned; ***a che ~?*** what for? what's the point? ***senza secondi -i*** without any ulterior motive; ***al ~ di*** in order to; ***non è ~ a se stesso*** it's not an end in itself **2** *(esito)* ending; ***a lieto ~*** [*storia*] with a happy ending; ***condurre qcs. a buon ~*** to bring sth. to a satisfactory conclusion; ***andare a buon ~*** to turn out well ♦ ***il ~ giustifica i mezzi*** PROV. the end justifies the means.

finemente /fine'mente/ avv. **1** *(in modo delicato)* [*lavorato, ricamato*] finely, delicately **2** *(sottilmente)* [*macinare, tagliare*] fine(ly).

fine settimana /finesetti'mana/ m.inv. weekend; ***il, al ~*** at the weekend BE, at weekends BE, on the weekend AE.

finestra /fi'nɛstra/ f. **1** window; ***guardare fuori dalla ~*** to look out of *o* through the window; ***sedersi, stare alla ~*** to sit, be by the window **2** *(di busta)* window **3** INFORM. window; ***~ di dialogo*** dialogue box ♦ ***gettare i soldi dalla ~*** to throw money down the drain; ***o mangi questa minestra o salti dalla ~*** PROV. you can like it or you can lump it, beggars can't be choosers, if you can't stand the heat get out of the kitchen; ***uscire dalla porta e rientrare dalla ~*** out through the door, in through the window ♦♦ ~ ***archiacuta*** ARCH. lancet window; ~ ***a due battenti*** casement window; ~ ***a bovindo*** ARCH. bow window; ~ ***a ghigliottina*** sash window; ~ ***a piombo*** leaded window.

finestrino /fines'trino/ m. *(di automobile, treno)* window; *(di aeroplano)* porthole, window.

finestrone /fines'trone/ m. full-length window.

finezza /fi'nettsa/ f. **1** *(sottigliezza)* sharpness, thinness **2** FIG. *(bellezza delicata)* delicacy **3** *(preziosità)* refinement **4** *(perspicacia)* keenness, subtlety.

ngere /'findʒere/ [24] **I** tr. to pretend, to fake [*emozione, malattia*]; to affect FORM., to feign FORM. [*sorpresa, ignoranza*]; *~ qcs.* to make a pretence of sth.; *~ che, di fare* to pretend that, to do; *~ di non vedere qcn.* FIG. to look through sb., to cut sb. dead **II** intr. (aus. *avere*) to pretend **III fingersi** pronom. *-rsi addormentato* to pretend to be sleeping; *-rsi morto* to play dead.

nimento /fini'mento/ m. *(bardatura) -i* harness sing., saddlery sing., tack sing.

nimondo /fini'mondo/ m. bedlam, hoo-ha COLLOQ.; *scatenare il ~* to kick up a rumpus, to cause (an) uproar.

.finire /fi'nire/ [3] **I** tr. **1** *(terminare)* to finish, to complete [*capitolo, compito, costruzione, frase, lavoro, studi*]; to get* through [*libro, correzioni*] **2** *(smettere, interrompere)* to cease, to stop; *~ di parlare* to stop talking; *non finisci mai di sorprendermi!* you never cease to amaze me! **3** *(consumare, esaurire)* to finish [*pasto, sigaretta*]; to get* through, to use up [*provviste*]; to use up, to run* out of [*cibo, soldi*] **4** *(uccidere)* to finish off [*animale, persona*] **II** intr. (aus. *essere, avere*) **1** *(concludersi)* to conclude, to come* to an end; [*concerto, incontro, stagione*] to finish, to close; [*giorno, guerra, libro*] to end; *per ~* in conclusion; *hai finito?* have you done *o* finished? are you done? *~ di bere* to drink up; *il film finisce bene* the film has a happy ending; *l'inverno non finisce più* the winter seems endless *o* never-ending; *delle discussioni a non ~* endless discussions; *con te non ho ancora finito!* I'm not through with you yet! **2** *(terminare in) ~ in una zuffa* to end in a brawl; *~ in un vicolo cieco* to come to a dead end (anche FIG.) **3** COLLOQ. *(sparire, concludersi) dov'è finito* o *dov'è andato a ~ il mio ombrello?* where has my umbrella got to? where did my umbrella go? *finirà in prigione* he'll end up in prison; *(andare a) ~ bene* to turn out well; *~ male* to come to no good; *finirà che dovrò pagare* I'll end up paying **4 finire con, finire per** to come* to; *~ per credere* to come to believe; *finirai per farti male* you'll end up hurting yourself **5** COLLOQ. **finirla** *finiscila!* stop *o* cheese it! give over! *è ora di finirla!* it's time to put a stop to it! *non la finiva più!* he went on and on! ♦ *~ in bellezza* to go out with a bang; *~ in una bolla di sapone* to come to nothing; *(la cosa) non finisce qui!* you haven't heard the last of this!

.finire /fi'nire/ m. end; *sul ~ dell'estate* towards the end of the summer.

nito /fi'nito/ **I** p.pass. → **1.finire II** agg. **1** *(terminato)* finished, complete; *essere ~* to be (all) over; *è tutto ~* it's all over and done with **2** *(lavorato) prodotto ~* end *o* finished product **3** COLLOQ. *(spacciato) sono ~* I'm done for **4** *(esperto, abile)* expert, accomplished; *un sarto ~* a skilled tailor **5** MAT. FILOS. LING. finite **6 farla finita** *(suicidarsi)* to end it all; *(porre fine) farla -a con qcn.* to finish with sb.; *farla -a con qcs.* to get sth. over with; *diglielo e falla -a!* tell him and have done with it!

nitura /fini'tura/ f. *(di abito, automobile, legno)* finish; *-e interne in marmo* interior finished in marble; *fare le -e* to put the finishing touches (**di** to).

nlandese /finlan'dese/ ♦ *25, 16* **I** agg. Finnish **II** m. e f. Finn **III** m. *(lingua)* Finnish.

Finlandia /fin'landja/ ♦ *33* n.pr.f. Finland.

.fino /'fino/ **I** prep. **1** *(nello spazio)* as far as, up to; *~ a qui* up to here; *~ a Londra* as far as London; *seguire qcn. ~ a casa* to follow sb. all the way home; *fin dove hai intenzione di andare?* how far do you intend to go? *un vestito lungo ~ alla caviglia* an ankle-length dress **2** *(nel tempo)* up to, until, till; *~ a martedì* until Tuesday; *~ al 1975* up to 1975; *~ a ora, allora* until *o* up to now, until then; *fin d'ora* here and now; *~ alla fine, a oggi* to the end, this day; *~ a qualche, poco tempo fa* up until recently, until lately; *~ a quando ti fermi a Roma?* how long are you staying in Rome? *fin dall'età di sei anni* since he was six, from the time he was six; *fin da principio* from very the start **3** *(seguito da verbi) camminare ~ a stancarsi* to walk oneself tired **4** *(per indicare un limite)* as far as, up to; *contare ~ a tre* to count (up) to three; *ha speso ~ all'ultimo centesimo* he spent every last penny of the money; *~ a un certo punto* up to a point; *~ a fare, ~ al punto di fare* to the point *o* extent of doing; *ridere ~ alle lacrime* to cry with laughter; *bagnato ~ all'osso* drenched *o* soaked to the skin, wet *o* soaked through; *~ all'ultimo* to the last **5 fino a che** until; *sono rimasto ~ a che non si è ristabilita* I stayed until she recovered **II** avv. *(perfino)* even; *ho parlato fin troppo* I've said too much already.

2.fino /'fino/ agg. **1** *(fatto di piccole parti)* [*zucchero*] fine; *sale ~* table salt **2** *(prezioso)* [*argento, oro*] fine **3** FIG. [*cervello*] sharp, keen; *lavoro di ~* delicate *o* fine workmanship.

1.finocchio, pl. **-chi** /fi'nɔkkjo, ki/ m. fennel.

2.finocchio, pl. **-chi** /fi'nɔkkjo, ki/ m. COLLOQ. SPREG. queer, queen, poof BE.

finora /fi'nora/ avv. so far, until now, yet, thus far, hitherto.

finta /'finta/ f. **1** pretence BE, pretense AE; *fare ~ che* to make believe that, to pretend that; *è solo per ~!* it's only pretend! *fare ~ di niente* not to let on, to pretend nothing happened **2** SPORT feint.

fintantoché /fintanto'ke/ cong. as long as, so long as; *non starò tranquillo ~ non arriverà* I won't relax until he arrives.

fintare /fin'tare/ [1] **I** tr. SPORT *~ un passaggio* to fake a pass AE **II** intr. (aus. *avere*) to feint.

finto /'finto/ agg. **1** *(artificiale)* [*capelli*] artificial; [*avorio, scamosciato*] mock; [*gioielli*] fake, pretend; [*ciglia, denti*] false; [*oro, pelle, pianta*] imitation attrib. **2** *(simulato)* [*emozione*] sham, feigned **3** *(falso)* [*persona*] artificial ♦ *fare il ~ tonto* to act dumb.

finzione /fin'tsjone/ f. **1** *(invenzione)* fiction **2** *(simulazione)* fiction, make-believe, pretence BE, pretense AE.

fio, pl. **fii** /'fio, fii/ m. *pagare il ~ per qcs.* to pay the penalty for sth.

fioccare /fjok'kare/ [1] intr. (aus. *essere*) [*insulti*] to rain, to spew; *gli applausi fioccavano* there was a shower of applause.

1.fiocco, pl. **-chi** /'fjɔkko, ki/ m. **1** *(nodo decorativo)* bow, rosette; *fare, disfare un ~* to tie, untie a bow **2** TESS. flock **3** *(di cereali)* (corn)flake; *(di neve)* (snow)flake; *-chi d'avena* oat flakes ♦ *coi -chi* [*pasto*] slap-up BE COLLOQ.; *una cuoca coi -chi* a first-class cook.

2.fiocco, pl. **-chi** /'fjɔkko, ki/ m. MAR. jib.

fiocina /'fjɔtʃina/ f. harpoon.

fiocinare /fjotʃi'nare/ [1] tr. to harpoon, to spear.

fioco, pl. **-chi, -che** /'fjɔko, ki, ke/ agg. [*luce, suono*] weak, dim, feeble; [*voce*] hoarse.

fionda /'fjonda/ f. sling, catapult BE.

fiondarsi /fjon'darsi/ [1] pronom. COLLOQ. to fling* oneself; *~ a letto* to hop into bed; *si è fiondato a casa* he belted home.

fior /'fjor/ → **fiore**.

fioraio, pl. **-ai** /fjo'rajo/ ♦ *18* m. (f. **-a**) florist, flower seller.

fiorami /fjo'rami/ m.pl. *a ~* [*motivo, tessuto*] floral, flowered, flowery.

fiorato /fjo'rato/ agg. [*carta, vestito, tessuto*] floral, flowered, flowery.

fiordaliso /fjorda'lizo/ m. BOT. bluebottle, cornflower.

fiordilatte /fjordi'latte/ m.inv. **1** *(formaggio)* = moist, fresh cow's milk cheese similar to mozzarella **2** *(gelato)* = ice cream flavour made from milk, sugar and cream.

fiordo /'fjɔrdo/ m. fjord.

fiore /'fjore/ **I** m. **1** flower; *da ~* [*pianta*] flowering; *-i di campo* o *selvatici* wild flowers; *-i freschi* freshly cut flowers; *-i di melo* apple blossom; *in ~* in bloom *o* blossom *o* flower; *mettere i -i* [*pianta*] to flower; *a -i* [*tessuto, camicia*] floral, flowered, flowery; *è il suo ~ all'occhiello* FIG. that's a feather in his cap **2** *(parte migliore) il ~, il fior ~ di* the flower of [*gruppo*]; *il fior ~ della società* the cream of society; *nel ~ degli anni* in one's prime, in the prime of life, in the bloom *o* flower of youth **3 (un) fior di** *guadagnare fior di quattrini* COLLOQ. to make big money; *un fior di galantuomo* a gentleman first and last, a perfect gentleman; *un fior di mascalzone* a thorough scoundrel **II fiori** m.pl. *(delle carte)* clubs + verbo sing. o pl.; *carta di -i* club ♦ *aveva i nervi a fior di pelle* his nerves were jangling *o* on edge; *rispondere a fior di labbra* to answer under one's breath; *la vita non è tutta rose e -i* life is not a bed of roses *o* a bowl of cherries *o* all beer and skittles ♦♦ *~ di farina* superfine flour.

fiorente /fjo'rɛnte/ agg. *(prospero)* [*affare, commercio, economia, società*] flourishing, thriving, healthy.

fiorentina /fjoren'tina/ f. GASTR. INTRAD. (grilled T-bone steak).

fiorentino /fjoren'tino/ ◗ *2* **I** agg. Florentine **II** m. (f. **-a**) Florentine.
Fiorenza /fjo'rɛntsa/ n.pr.f. Florence.
1.fioretto /fjo'retto/ ◗ *10* m. SPORT foil.
2.fioretto /fjo'retto/ m. *(piccola privazione)* small sacrifice.
floricultore /fjorikul'tore/ ◗ *18* → **floricoltore**.
fioriera /fjo'rjɛra/ f. ~ ***da davanzale*** window box.
fiorino /fjo'rino/ ◗ *6* m. **1** *(moneta dei Paesi Bassi)* florin; ~ ***olandese*** florin, guilder **2** STOR. florin.
fiorire /fjo'rire/ [102] intr. (aus. *essere*) **1** *(sbocciare)* to (come* into) flower, to (come* into) bloom; [*albero*] to (come* into) blossom **2** FIG. *(prosperare)* [*azienda, democrazia*] to flourish ♦ ***se son rose fioriranno*** PROV. time will tell.
fiorista, m.pl. **-i**, f.pl. **-e** /fjo'rista/ ◗ *18* m. e f. florist.
fiorito /fjo'rito/ **I** p.pass. → **fiorire II** agg. **1** *(in fiore)* in bloom, in blossom, in flower **2** *(coperto di fiori)* [*pianta*] flowered, flowering; [*campo, collina*] flowery; [*profumo*] floral, flowery **3** FIG. SPREG. [*linguaggio, stile*] florid, flowery.
fioritura /fjori'tura/ f. **1** *(di fiori)* bloom, blossom **U**, flowering; ***in piena*** ~ in full bloom *o* blossom *o* flower, full-blown **2** FIG. *(di talenti, idee)* flowering **3** *(stilistica, musicale)* flourish.
fiotto /'fjɔtto/ m. *(di acqua, sangue)* gush, spurt; ***uscire a -i*** [*liquido*] to come out in spurts, to stream out.
Firenze /fi'rɛntse/ ◗ *2* n.pr.f. Florence.
firma /'firma/ f. **1** *(scritta)* signature; ~ ***falsa*** forged *o* counterfeit signature; ~ ***elettronica*** digital signature; ***senza*** ~ [*documento*] unsigned; ***mettere*** o ***apporre la (propria)*** ~ to put *o* set one's signature **2** FIG. *(personaggio di fama)* (big) name; *(marchio)* designer label **3** *(atto)* signing; ***specimen*** o ***deposito della*** ~ specimen signature ♦ ***ci farei*** o ***metterei la*** ~***!*** = I'd go with that!
firmamento /firma'mento/ m. sky, firmament LETT.
firmare /fir'mare/ [1] tr. to sign, to put* one's signature to [*documento, lettera*]; to autograph [*libro, disco*]; ~ ***con le proprie iniziali*** to sign one's initials, to initial.
firmatario, pl. **-ri**, **-rie** /firma'tarjo, ri, rje/ **I** agg. [*potenze*] signatory **II** m. (f. **-a**) signatory.
firmato /fir'mato/ **I** p.pass. → **firmare II** agg. **1** *(recante una firma)* signed **2** *(nella moda)* [*abito*] designer attrib.
fisarmonica, pl. **-che** /fizar'mɔnika, ke/ ◗ *34* f. **1** MUS. (piano) accordion **2 a fisarmonica** ***porta a*** ~ folding door.
fiscale /fis'kale/ agg. **1** ECON. fiscal; ***evasione*** ~ tax evasion; ***esenzione*** ~ tax exemption *o* immunity **2** FIG. *(intransigente)* rigid, strict, unbending.
fiscalismo /fiska'lizmo/ m. **1** ECON. = oppressive tax system **2** FIG. = excessively strict following of rules.
fiscalista, m.pl. **-i**, f.pl. **-e** /fiska'lista/ ◗ *18* m. e f. tax accountant.
fischiare /fis'kjare/ [1] **I** tr. **1** to whistle [*melodia, comando*] **2** SPORT [*arbitro*] to blow* the whistle for [*rigore, punizione, fine*] **3** *(per disapprovare)* to boo, to hiss, to hoot **II** intr. (aus. *avere*) **1** *(produrre un suono)* [*persona*] to whistle; [*sirena, treno*] to hoot; [*freccia, proiettile*] to whiz(z) by, to whiz(z) past; ***avere le orecchie che fischiano*** to have a buzzing in one's ears **2** *(chiamare)* ~ ***a*** to whistle at [*persona*]; ~ ***a una ragazza*** to wolf-whistle at a girl ♦ ***mi fischiano le orecchie*** my ears are burning.
fischiettare /fiskjet'tare/ [1] tr. e intr. (aus. *avere*) to whistle.
fischietto /fis'kjetto/ m. whistle.
fischio, pl. **-schi** /'fiskjo, ski/ m. **1** *(di persona)* whistle; *(di gas, vapore)* hiss; *(di nave, sirena)* hoot; *(di treno)* toot, whistle, hoot; *(di bollitore, vento)* whistle, singing; *(nelle orecchie)* ringing, singing; *(di proiettile)* whiz(z), whine; ***fare un*** ~ to whistle, to give a whistle **2** SPORT. call, whistle **3** *(di disapprovazione)* hiss, hoot, catcall ♦ ***se hai bisogno di me, fammi un*** ~ if you need me, just give a whistle; ***capire -schi per fiaschi*** PROV. to have *o* get hold of the wrong end of the stick.
fisco /'fisko/ m. *(in GB)* (Inland) Revenue; *(negli USA)* Internal Revenue Service; ***agente*** o ***ispettore del*** ~ (income) tax inspector; ***frodare*** o ***evadere il*** ~ to defraud the taxman.
fisica /'fizika/ f. physics + verbo sing.
fisico, pl. **-ci**, **-che** /'fiziko, tʃi, ke/ **I** agg. **1** *(relativo al cor umano)* [*dolore, forza, handicap, violenza*] physical; [*bisogr benessere*] bodily **2** *(relativo alla fisica, alla natur* [*grandezza, legge, geografia*] physical **II** ◗ *18* m. (f. **-a**) **1** *(st dioso di fisica)* physicist **2** *(corpo)* figure; ***avere un*** ~ ***po sente*** to be powerfully built; ***avere un gran bel*** ~ to have great figure.
fisima /'fizima/ f. foible.
fisiologia /fizjolo'dʒia/ f. physiology.
fisiologico, pl. **-ci**, **-che** /fizjo'lɔdʒiko, tʃi, ke/ agg. physi logical; [*funzione*] bodily.
fisiologo, m.pl. **-gi**, f.pl. **-ghe** /fi'zjɔlogo, dʒi, ge/ m. (f. - physiologist.
fisionomia /fizjono'mia/ f. *(tratti del viso)* cast of feature physiognomy; ***la*** ~ ***dell'Europa è molto cambiata*** FIG. the fa of Europe has greatly changed.
fisionomista, m.pl. **-i**, f.pl. **-e** /fizjono'mista/ m. e f. = pers with a good memory for faces.
fisioterapia /fizjotera'pia/ f. physiotherapy, physical therap AE.
fisioterapista, m.pl. **-i**, f.pl. **-e** /fizjotera'pista/ ◗ *18* m. e physiotherapist, physical therapist AE.
fissa /'fissa/ f. COLLOQ. fad, fetish, foible.
fissaggio, pl. **-gi** /fis'saddʒo, dʒi/ m. **1** *(il fissare)* attac ment, fixing, fastening; *(di lacca, gel)* hold **2** FOT. CHIM. fi ing.
fissamaiuscole /fissama'juskole/ m.inv. caps lock, sh lock.
fissamente /fissa'mente/ avv. [*guardare*] fixedly.
fissante /fis'sante/ agg. [*gel, schiuma*] styling attrib.
fissare /fis'sare/ [1] **I** tr. **1** *(attaccare)* to attach; *(assicurar* to fasten, to fix, to anchor; *(con puntine, spilli)* to pin (dow **2** *(determinare)* to arrange, to fix, to set* [*data, incontro*]; fix, to determine, to set* [*prezzo*]; to settle [*condizioni*] *(prenotare)* to book, to reserve **4** *(concentrare)* to focu [*sguardo*]; to fix [*attenzione, pensieri*] **5** *(guardare fissament* to stare at, to gaze at, to fix one's gaze on [*oggetto, persona*] BIOL. CHIM. FOT. TESS. to fix **II fissarsi** pronom. **1** *(int stardirsi)* ***si è fissato di diventare pittore*** he's set on *o* he' set his mind on becoming a painter **2** *(stabilirsi)* [*person popolazione*] to settle down, to settle in **3** *(concentrars* [*attenzione, sguardo*] to focus.
fissativo /fissa'tivo/ m. ART. MED. TESS. fixative.
fissato /fis'sato/ **I** p.pass. → **fissare II** agg. **1** *(stabilit* [*orario, luogo*] appointed, scheduled; ***all'ora -a*** at the arrange time **2** *(ostinato)* ***essere*** ~ to have a one-track mind; ***essere per qcs.*** to have a thing about sth. COLLOQ. **III** m. (f. **-a**) mani ac, obsessive, crank COLLOQ.
fissatore /fissa'tore/ m. **1** ART. MED. TESS. fixative; FOT. fix tive, fixer **2** *(per capelli)* fixative, setting lotion.
fissazione /fissat'tsjone/ f. **1** *(determinazione)* fixing *(mania)* fetish, foible, hang-up COLLOQ. **3** PSIC. CHIM. fixatio
fissione /fis'sjone/ f. FIS. NUCL. (nuclear) fission.
fissità /fissi'ta/ f.inv. fixity.
fisso /'fisso/ **I** agg. **1** *(attaccato)* fixed; *(immobile)* [*oggett* immobile; [*immagine*] static **2** *(stabile, costante)* [*interval reddito, prezzo*] fixed; [*tariffa, tasso*] flat, set, fixed; [*lavor* permanent, regular, stable, steady; [*fidanzato*] steady; ***cliente*** regular (customer); ***fare coppia -a con*** to go steady with *(immutabile)* [*posizione, opinione*] immovable; [*espression sorriso*] set **4** *(intento, concentrato)* [*sguardo*] staring, stea fast, unflinching; ***il suo sguardo era*** ~ ***su di me*** his eyes wer fastened on me **II** avv. steadily; ***guardare*** ~ ***nel vuoto*** to star into space **III** m. *(stipendio)* fixed salary.
fitness /'fitness/ m. e f.inv. fitness; ***centro (di)*** ~, ~ ***club*** fit ness club *o* centre.
fitta /'fitta/ f. *(di dolore)* pang, sting, twinge; FIG. *(di gelosia* stab, pang, pinprick; ***ho delle -e al ginocchio*** my knee stings
fittavolo /fit'tavolo/ m. tenant farmer.
fittizio, pl. **-zi**, **-zie** /fit'tittsjo, tsi, tsje/ agg. [*nome, indirizz* fictitious; [*sentimento*] sham, spurious.
1.fitto /'fitto/ **I** agg. **1** *(conficcato)* embedded, driven *(folto)* [*foresta, vegetazione*] thick **3** *(denso)* [*programm scaletta*] crowded, tight **4** *(denso, spesso)* [*grandine*] driving [*neve*] hard, thick; [*nebbia*] thick, heavy; ***buio*** ~ pitch dark

(compatto) [*grafia, stampa, tessuto*] close; ***pettine a denti -i*** fine-tooth(ed) comb **II** avv. ***scritto ~*** closely written; ***cadere ~ (~)*** to fall thickly; ***parlare ~ ~*** to talk nonstop, to rattle on COLLOQ. **III** m. ***nel ~ del bosco*** in the depths of the wood.

2.fitto /'fitto/ m. *(affitto)* rent.

fiumana /fju'mana/ f. *(di persone)* flood, onrush.

fiume /'fjume/ **I** ➧ *9* m. **1** river; ***in riva a un ~*** on the riverside *o* waterside; ***lungo il ~*** along the river(side); ***il ~ Po*** the river Po; ***Fiume Giallo*** Yellow River **2** FIG. *(abbondanza)* river, flood, stream; ***-i di sangue*** rivers of blood; ***un ~ di lacrime*** a flood of tears; ***un ~ di gente*** a flood of people; ***~ di parole*** flow of words **II** agg.inv. [*discorso*] interminable, long-drawn-out; ***romanzo ~*** epic, saga ♦ ***versare -i di inchiostro su qcs.*** = to write a lot about sth.; ***scorrere a -i*** [*birra, vino*] to flow.

fiutare /fju'tare/ [1] tr. **1** *(annusare)* [*animale*] to smell*, to sniff; [*cane*] to scent, to smell* out [*preda, droga*]; ***fiutare la pista*** to pick up the scent (anche FIG.) **2** FIG. *(subodorare)* to sniff out, to spot [*affare*]; to smell* (out) [*tranello, pericolo*]; ***~ il vento*** to see which way the wind blows; ***~ qualcosa di losco*** to smell a rat.

fiutata /fju'tata/ f. sniff.

fiuto /'fjuto/ m. **1** *(odorato)* nose; ***tabacco da ~*** snuff **2** FIG. *(intuizione)* nose, instinct; ***avere ~ per qcs.*** to have a nose for sth.

flaccido /'flattʃido/ agg. [*pelle*] flabby, floppy, flaccid.

flacone /fla'kone/ m. *(per profumi, medicinali)* bottle.

flagellare /fladʒel'lare/ [1] **I** tr. **1** to flagellate, to scourge **2** FIG. *(criticare)* to castigate [*vizio, abusi*] **3** FIG. *(colpire violentemente)* [*carestia, guerra, malattia*] to scourge **II flagellarsi** pronom. to flagellate oneself.

flagellazione /fladʒellat'tsjone/ f. flagellation, scourging.

flagello /fla'dʒɛllo/ m. **1** *(sferza)* scourge (anche FIG.) **2** *(calamità)* blight, plague.

flagrante /fla'grante/ **I** agg. **1** DIR. [*reato*] flagrant **2** *(evidente)* [*ingiustizia, contraddizione*] flagrant, blatant **II** m. ***cogliere qcn. in ~*** to catch sb. red-handed *o* in the act.

flagranza /fla'grantsa/ f. flagrancy.

flan /flan/ m.inv. flan.

flanella /fla'nɛlla/ f. TESS. flannel; ***~ di cotone*** flannelette.

flangia, pl. **-ge** /'flandʒa, dʒe/ f. MECC. flange.

flash /flɛʃ/ m.inv. **1** FOT. (photo)flash **2** RAD. TELEV. ***notizie ~*** flash; ***~ d'agenzia*** news flash.

flashback /flɛʃ'bɛk/ m.inv. CINEM. LETTER. flashback (anche FIG.).

flatting /flat'tin(g)/ m.inv. flatting varnish.

flatulenza /flatu'lɛntsa/ f. flatulence.

flautista, m.pl. **-i**, f.pl. **-e** /flau'tista/ ➧ *34, 18* m. e f. flautist, flutist AE.

flauto /'flauto/ ➧ *34* m. *(dolce)* recorder; *(traverso)* flute; ***~ di Pan*** panpipes.

flebile /'flɛbile/ agg. [*voce*] tremulous, feeble.

flebite /fle'bite/ ➧ *7* f. phlebitis.

flebo /'flɛbo/ f.inv. MED. COLLOQ. (accorc. fleboclisi) drip; ***avere la ~*** to be on a drip.

fleboclisi /flebo'klizi/ f.inv. MED. drip (feed).

flemma /'flɛmma/ f. *(calma esagerata)* phlegm, stolidness.

flemmatico, pl. **-ci**, **-che** /flem'matiko, tʃi, ke/ agg. phlegmatic, stolid.

flessibile /fles'sibile/ agg. **1** *(elastico)* [*materiale*] flexible; [*ramo*] pliable **2** *(modificabile)* [*regolamento, gestione*] flexible; ***orario ~*** flexible working hours, flexitime **3** FIG. *(adattabile)* [*persona*] flexible.

flessibilità /flessibili'ta/ f.inv. flexibility.

flessione /fles'sjone/ f. **1** *(di oggetto)* bending, flexion **2** SPORT ***~ sulle braccia*** press-up, push-up **3** COMM. ECON. drop, downturn, turndown **4** LING. inflection.

flessivo /fles'sivo/ agg. LING. inflected.

flesso /'flɛsso/ agg. [*forma*] inflected.

flessuosità /flessuosi'ta/ f.inv. suppleness.

flessuoso /flessu'oso/ agg. supple, lissom(e), lithe.

flettere /'flɛttere/ [50] **I** tr. **1** *(piegare)* to flex, to bend* [*busto, ginocchia*] **2** LING. to inflect **II** intr. (aus. *avere*), **flettersi** pronom. **1** *(piegarsi)* [*ramo*] to bend* **2** LING. to inflect.

flipper /'flipper/ m.inv. pinball (machine).

flirt /'flərt/ m.inv. flirtation, romance.

flirtare /fler'tare/ [1] intr. (aus. *avere*) to flirt.

F.lli ⇒ COMM. fratelli Brothers (Bros.).

flop /flop/ m.inv. flop, fiasco*.

floppy (disk) /'flɔppi('disk)/ m.inv. floppy disk, flexi disc.

flora /'flɔra/ f. BOT. flora, plant life; ***~ e fauna*** wildlife.

floreale /flo'reale/ agg. [*omaggio, motivo*] floral; [*addobbo, composizione, esposizione*] flower attrib.

floricoltore /florikol'tore/ ➧ *18* m. (f. **-trice** /tritʃe/) flower grower.

floricoltura /florikol'tura/ f. flower growing.

floridezza /flori'dettsa/ f. *(di persona)* floridity; *(di economia)* robustness.

florido /'flɔrido/ agg. [*persona*] blooming, florid; [*paese*] prosperous; [*economia*] robust.

floscio, pl. **-sci**, **-sce** /'flɔʃʃo, ʃi, ʃe/ agg. **1** *(molle)* [*materiale*] limp; [*cappello*] floppy **2** *(flaccido)* [*pelle*] flabby, floppy, flaccid.

flotta /'flɔtta/ f. MAR. AER. fleet.

flottiglia /flot'tiʎʎa/ f. fleet, flotilla.

fluente /flu'ɛnte/ agg. **1** *(folto e lungo)* [*barba, chioma*] flowing **2** FIG. *(scorrevole)* [*stile*] fluid.

fluidificare /fluidifi'kare/ [1] tr. to fluidify [*sostanza*].

fluidità /fluidi'ta/ f.inv. **1** *(l'essere fluido)* fluidity, thinness **2** *(di stile, linguaggio)* fluency **3** *(instabilità)* volatility.

fluido /'fluido/ **I** agg. **1** *(liquido)* fluid; [*miscela, olio*] thin **2** *(scorrevole)* [*stile*] fluent, fluid, flowing **3** *(incerto)* [*situazione*] fluid, open-ended **II** m. CHIM. TECN. fluid.

fluire /flu'ire/ [102] intr. (aus. *essere*) **1** [*liquido*] to flow, to stream **2** FIG. [*parole, tempo*] to flow.

fluorescente /fluoreʃ'ʃɛnte/ agg. fluorescent.

fluorescenza /fluoreʃ'ʃɛntsa/ f. fluorescence.

fluoro /flu'ɔro/ m. fluorine; ***dentifricio al ~*** fluoride toothpaste.

fluoruro /fluo'ruro/ m. fluoride.

flusso /'flusso/ m. **1** *(di liquido, gas)* flow, rush, stream; ***~ d'aria*** airflow **2** MED. FIS. flux; ***~ mestruale*** menstrual flow **3** ECON. flow; ***~ di capitali*** flow of capital; ***~ di cassa*** cash flow **4** *(dell'acqua)* flow; ***~ di marea*** flood tide; ***~ e riflusso*** ebb and flow (anche FIG.) **5** *(di folla, turisti, veicoli)* stream; ***~ del traffico*** traffic flow, stream of traffic ♦♦ ***~ di coscienza*** LETTER. stream of consciousness.

flûte /flyt/ m.inv. flute (glass).

flutto /'flutto/ m. LETT. billow, wave.

fluttuante /fluttu'ante/ agg. **1** *(che ondeggia)* waving **2** ECON. *(instabile)* [*tasso*] fluctuating; [*capitale, valuta, popolazione, debito*] floating.

fluttuare /fluttu'are/ [1] intr. (aus. *avere*) **1** *(nell'aria)* to float, to flutter **2** FIG. *(essere sospeso, incerto)* to fluctuate, to waver **3** ECON. [*valuta*] to float; [*prezzi*] to fluctuate.

fluttuazione /fluttuat'tsjone/ f. **1** *(variazione)* fluctuation **2** ECON. *(di valuta)* flotation; *(di economia, prezzi)* fluctuation, swing.

fluviale /flu'vjale/ agg. fluvial, river attrib.; ***barca ~*** riverboat; ***per via ~*** by water.

FMI /effeemme'i/ m. (⇒ Fondo Monetario Internazionale International Monetary Fund) IMF.

FOB /fob/ agg.inv. (⇒ free on board franco a bordo) FOB.

fobia /fo'bia/ f. phobia (**di**, **per** about); ***avere la ~ di*** to have a phobia *o* hang-up about, to be phobic about.

fobico, pl. **-ci**, **-che** /'fɔbico, tʃi, ke/ agg. e m. phobic.

foca, pl. **-che** /'fɔka, ke/ f. seal; ***pelle di ~*** sealskin.

focaccia, pl. **-ce** /fo'kattʃa, tʃe/ f. GASTR. INTRAD. *(salata)* (flat bread made with olive oil and herbs); *(dolce)* (flat cake) ♦ ***rendere pan per ~*** to give tit for tat.

focaia /fo'kaja/ agg. ***pietra ~*** flint.

focale /fo'kale/ agg. **1** MAT. MED. focal **2** CINEM. FOT. ***distanza ~*** depth of focus.

focalizzare /fokalid'dzare/ [1] tr. FIS. to focus (anche FIG.).

foce /'fotʃe/ f. (river) mouth.

focena /fo'tʃena/ f. ZOOL. porpoise.

focolaio, pl. **-ai** /foko'lajo, ai/ m. **1** MED. hotbed **2** FIG. breeding ground.

focolare /foko'lare/ m. **1** *(di camino)* fireplace, grate, hearth; ***angolo del ~*** chimney corner, fireside **2** FIG. *(casa, famiglia)* home **3** MECC. furnace.

focoso /fo'koso/ agg. [*persona*] full-blooded, red-blooded; [*cavallo*] mettlesome, spirited; [*reazione*] hot-blooded; ***ha un temperamento ~*** he's passionate *o* fiery.
fodera /'fodera/ f. **1** *(di abiti)* lining, facing **2** *(per divani, piumini)* cover; *(per mobili)* dust cover, dust sheet; *(per materassi)* ticking, cover **3** *(di libri)* slipcover.
foderare /fode'rare/ [1] tr. **1** SART. to line **2** *(rivestire)* to recover [*sedia*]; to back, to cover [*libri, quaderni*].
foderato /fode'rato/ **I** p.pass. → **foderare II** agg. **1** [*abito*] lined **2** *(rivestito)* covered.
foderina /fode'rina/ f. *(di libro)* dust cover.
fodero /'fɔdero/ m. *(di coltello, fucile)* case; *(di ombrello, lama)* cover; *(di pugnale, spada)* scabbard, sheath.
foga /'foga/ f. fire, heat; ***parlare con ~*** to talk heatedly.
foggia, pl. **-ge** /'fɔddʒa, dʒe/ f. **1** *(modo)* manner; *(forma)* shape **2** *(taglio)* cut, style; ***un cappotto di ~ antica*** an old-fashioned coat.
foggiare /fod'dʒare/ [1] tr. to mould (anche FIG.).
foglia /'fɔʎʎa/ f. **1** *(di albero)* leaf*; ***~ di fico*** fig leaf; ***verdura in ~*** leaf vegetable; ***mettere le -e*** to come into leaf **2** *(lamina)* foil; ***~ d'oro*** gold foil *o* leaf ♦ ***tremare come una ~*** to shake like a leaf *o* jelly; ***mangiare la ~*** to smell a rat.
fogliame /foʎ'ʎame/ m. BOT. foliage, greenery.
foglietto /foʎ'ʎetto/ m. piece of paper, slip; ***~ illustrativo, pubblicitario*** circular, leaflet.
foglio, pl. **-gli** /'fɔʎʎo, ʎi/ m. **1** *(di carta)* leaf*, sheet; ***un ~ bianco, volante*** a clean, loose sheet of paper; ***~ da disegno, a quadretti, a righe*** drawing, squared, ruled paper; ***a -gli mobili*** [*raccoglitore*] loose-leaf **2** *(lamina)* sheet; ***~ di alluminio*** aluminium *o* tin foil **3** *(documento)* handout **4** COLLOQ. *(giornale)* (news)paper **5** COLLOQ. *(banconota)* (bank)note **6** SCOL. sheet; ***~ di brutta*** rough paper; ***~ bianco*** blank paper ♦♦ ***~ elettronico*** INFORM. spreadsheet; ***~ protocollo*** foolscap BE; ***~ rosa*** = provisional driving licence BE, permit AE; ***~ di via*** o ***di viaggio*** travel warrant.
fogna /'foɲɲa/ f. **1** drain, sewer **2** FIG. SPREG. *(luogo sporco, malfrequentato)* pigsty; *(persona ingorda)* pig.
fognario, pl. **-ri**, **-rie** /foɲ'ɲarjo, ri, rje/ agg. ***rete -a*** sewage system, drainage.
fognatura /foɲɲa'tura/ f. drainage; ***-e*** guttering, sewage system.
folaga, pl. **-ghe** /'fɔlaga, ge/ f. coot.
folata /fo'lata/ f. blast, flurry, gust.
folclore /fol'klore/ m. folklore.
folcloristico, pl. **-ci**, **-che** /folklo'ristiko, tʃi, ke/ agg. **1** *(tradizionale)* [*danza, musica*] folk attrib. **2** COLLOQ. *(eccentrico)* [*tipo*] colourful BE, colorful AE.
folgorante /folgo'rante/ agg. *(improvviso)* [*successo*] sudden; *(che colpisce)* [*bellezza*] striking, dazzling; [*sguardo*] flashing; [*idea*] brilliant.
folgorare /folgo'rare/ [1] tr. **1** *(col fulmine)* ***~ qcn.*** to strike sb. dead **2** *(con una scarica elettrica)* to electrocute **3** FIG. ***~ qcn. con lo sguardo*** to look scathingly at sb.
folgorazione /folgorat'tsjone/ f. **1** electrocution **2** FIG. *(illuminazione)* sudden flash, brainwave COLLOQ.
folgore /'folgore/ f. LETT. bolt, lightning.
folk /folk/ agg. e m.inv. folk.
folklore → **folclore**.
folkloristico → **folcloristico**.
folla /'folla, 'fɔlla/ f. **1** *(moltitudine di persone)* crowd, huddle, mob SPREG., rabble SPREG.; ***una ~ di gente*** crowds of people **2** *(gran numero)* battalion, host, mass **3** FIG. *(di ricordi, pensieri)* host ♦ ***fare un bagno di ~*** to go on (a) walkabout BE.
follare /fol'lare/ [1] tr. TESS. to full.
folle /'fɔlle/ **I** agg. **1** *(pazzo)* [*persona*] insane, lunatic, mad **2** *(assurdo)* [*comportamento, idea*] crazy, mad; [*decisione*] insane, lunatic, foolish **3** *(smisurato)* [*amore, passione*] mad; [*spesa*] crazy; [*velocità*] terrific; ***fare spese -i*** to go on a spending spree **4** *(incontrollabile)* [*corsa, paura*] mad **5 in folle** AUT. in(to) neuter; ***andare in ~*** to freewheel; ***sei in ~*** you're not in gear; ***girare in ~*** MECC. to idle **II** m. e f. *(uomo)* madman*; *(donna)* madwoman*.
folleggiare /folled'dʒare/ [1] intr. (aus. *avere*) to frolic, to live it up, to have* a fling COLLOQ.
follemente /folle'mente/ avv. crazily, insanely; ***~ innamorato di*** madly in love with, smitten by *o* with.
folletto /fol'letto/ m. sprite, (hob)goblin.
follia /fol'lia/ f. **1** *(pazzia)* madness, insanity, crazines ***portare qcn. alla ~*** to drive sb. mad **2** *(dissennatezza)* foll madness; ***amare qcn. alla ~*** to be madly in love with sb., t dote on sb. **3** *(atto sconsiderato)* folly, foolishness; ***fare -e*** t go mad.
follicolo /fol'likolo/ m. ANAT. BOT. follicle.
folto /'folto/ **I** agg. **1** *(fitto)* [*foresta, vegetazione*] thick **2** FIG [*barba, capelli, sopracciglia*] bushy, thick **3** FIG. *(numeroso* [*pubblico, uditorio*] large **II** m. ***il ~ del bosco*** the depths of th wood; ***nel ~ della mischia*** in the thick of the fight.
fomentare /fomen'tare/ [1] tr. to stir up, to fuel [*odio, disco dia*]; to instigate [*attacco*]; to ferment, to foment [*rivolta*].
fomento /fo'mento/ m. MED. poultice.
fon /fɔn/ m.inv. hairdrier, hairdryer.
fonatorio, pl. **-ri**, **-rie** /fona'tɔrjo, ri, rje/ agg. ***organo*** speech organ.
fonda /'fonda/ f. anchorage; ***essere alla ~*** to ride at anchor.
fondaco, pl. **-chi** /'fondako, ki/ m. STOR. warehouse.
fondale /fon'dale/ m. **1** *(del mare)* floor; ***~ marino, ocean co*** seabed, ocean bed **2** TEATR. backcloth, backdrop, flat.
fondamentale /fondamen'tale/ **I** agg. **1** *(principale)* [*argo mento, significato, verità*] fundamental, ultimate; [*problema principio*] basic; [*bisogno, scopo*] basic, vital; [*differenza* essential **2** *(di base)* [*abilità, educazione, regola*] basic; [*lettura* essential; ***esame*** UNIV. ~ core subject **II** m. SPORT *(tecnica d base)* ***i -i*** the basics.
fondamentalismo /fondamenta'lizmo/ m. fundamental ism.
fondamentalista, m.pl. **-i**, f.pl. **-e** /fondamenta'lista/ **I** agg fundamentalist **II** m. e f. **1** RELIG. fundamentalist; ***~ islamic*** (Islam) fundamentalist **2** UNIV. ***essere ~ di inglese*** = to choos English language and literature as one's core subject.
fondamentalmente /fondamental'mente/ avv. basically essentially; [*incompatibile, opposto*] fundamentally.
fondamento /fonda'mento/ **I** m. **1** *(base)* ground; ***senza*** unfounded, without foundation, groundless **2** FIG. *(principio* basis*, foundation; ***i -i di*** the fundamentals of **II fondament** f.pl. *(di costruzioni)* foundation sing.; ***gettare le -a di qcs.*** t lay the foundations for sth. (anche FIG.).
fondant /fon'dan/ m.inv. fondant.
fondare /fon'dare/ [1] **I** tr. **1** *(creare)* to found [*città, orga nizzazione*]; to establish, to set* up, to start [*società*]; to build* [*impero*] **2** *(basare)* to base, to ground [*ricerca, teoria*] 3 *(costruire le fondamenta)* ***~ un edificio*** to lay the foundation for a building **II fondarsi** pronom. ***-rsi su*** [*teoria, metodo*] t be based *o* founded *o* grounded on.
fondatezza /fonda'tettsa/ f. *(di ragionamenti, ricerche)* reasonableness; *(di accuse)* substance; *(di lamentele, obiezioni* validity.
fondato /fon'dato/ **I** p.pass. → **fondare II** agg. *(che ha fondamento)* [*affermazione, sospetto, timore*] founded, justified [*principi, teoria*] well-grounded.
fondatore /fonda'tore/ **I** agg. (f. **-trice** /tritʃe/) founding ***Padri Fondatori*** STOR. Founding Fathers **II** m. founder.
fondazione /fondat'tsjone/ **I** f. **1** *(azione)* foundation founding **2** *(istituzione)* establishment, foundation; ***~ di carità*** charitable trust **II fondazioni** f.pl. *(fondamenta)* foundation sing.
fondello /fon'dɛllo/ m. **1** *(di bossolo, cartuccia, lampadina,* bottom **2** *(fortuna)* ***che ~!*** COLLOQ. SCHERZ. what a fluke! ♦ ***prendere qcn. per i -i*** to make fun of sb., to pull sb.'s leg.
fondente /fon'dɛnte/ **I** agg. ***cioccolato ~*** plain *o* dark chocolate **II** m. **1** GASTR. *(caramella)* fondant **2** TECN. *(per metalli)* flux.
fondere /'fondere/ [51] **I** tr. **1** *(liquefare)* to cast*, to found to fuse [*metallo*] **2** *(colare)* to mould, to cast* [*statua*] **3** *(unificare)* to join, to merge, to amalgamate [*partiti, scuole, stili*]; to blend [*qualità, idee*] **4** AUT. to burn* out [*motore*] **II** intr. (aus. *avere*) *(liquefarsi)* [*neve, burro*] to melt; [*metallo*] to fuse **III fondersi** pronom. **1** *(liquefarsi)* [*neve, burro*] to melt; [*metallo*] to fuse **2** *(unirsi)* [*compagnia, partito, scuola*] to amalgamate; [*colori, gusti, stili*] to blend, to merge (together); [*immagini, idee*] to fuse (together); [*istituzioni, società*] to combine, to merge (together).

fonderia /fonde'ria/ f. foundry, smelter.

fondiario, pl. **-ri, -rie** /fon'djarjo, ri, rje/ agg. [*proprietà*] landed; [*agente, tassa*] land attrib.

1.fondina /fon'dina/ f. *(di pistola)* case; *(sulla sella)* holster.

2.fondina /fon'dina/ f. REGION. soup plate.

fondista, m.pl. **-i**, f.pl. **-e** /fon'dista/ m. e f. SPORT *(nella corsa)* (long-)distance runner; *(nello sci)* cross-country skier.

fonditore /fondi'tore/ ♦ *18* m. (f. **-trice** /tritʃe/) foundry worker.

1.fondo /'fondo/ m. **1** *(parte inferiore)* bottom (end), end; *(di armadio, cassetto)* back; ***in ~ alla pagina, all'armadio*** at the bottom of the page, cupboard; ***sul ~ del bicchiere*** on *o* in the bottom of the glass; ***in ~ al cassetto*** at *o* in the back of the drawer; ***senza ~*** bottomless **2** *(parte posteriore, più lontana)* back; ***in ~ a*** at the back *o* rear of; ***è in ~ al corridoio*** it's down the corridor **3** *(fine)* end; ***in ~ al libro*** at the end of the book; ***ti sosterrò fino in ~*** I'm with *o* behind you all the way; ***adesso dovrai andare fino in ~*** you'll have to go through with it now **4** *(base)* bottom; ***doppio ~*** false bottom; ***~ stradale*** (road) bed **5** *(fondale)* floor, bottom; ***~ del mare*** sea bed *o* floor; ***toccare il ~*** MAR. to touch bottom; FIG. to hit rock bottom **6** *(essenza)* ***di ~*** underlying, basic; ***problema di ~*** root problem; ***andare al ~ di una faccenda*** to get to the bottom of a matter; ***toccare il ~ della disperazione*** to be in the depths of despair; ***un ~ di verità*** a kernel of truth **7** *(sfondo)* background; ***rumore di ~*** background noise **8** *(deposito)* *(di caffè)* grounds pl.; *(di vino)* sediment, dregs pl., lees pl.; ***-i di magazzino*** COMM. odd lot **9** SPORT *(atletica)* ***corsa di ~*** distance running; ***linea di ~*** *(nel tennis)* baseline; *(nel calcio)* goal line; ***rimessa dal ~*** goal kick; ***sci di ~*** cross-country skiing **10** SART. *(di pantaloni)* seat **11** *(articolo di giornale)* editorial, leader, leading article **12 a fondo** [*esaminare, leggere, pulire*] thoroughly; ***da cima a ~*** from end to end, from top to bottom; ***discutere a ~*** to argue out, to talk through; ***impegnarsi a ~*** to be on one's mettle; ***pulire a ~ qcs.*** to clean sth. down; ***andare a ~*** [*nave*] to sink *o* go to the bottom **13 in fondo** essentially, after all; ***in ~ in ~ aveva paura*** deep down he was frightened ♦ ***dar ~ ai propri risparmi*** to squander all one's fortune ♦♦ ***~ di bicchiere*** SCHERZ. paste diamond.

2.fondo /'fondo/ m. **1** *(proprietà agricola)* holding **2** *(capitale)* fund; ***insufficienza di -i*** underfunding; ***raccolta di -i*** fund-raising ♦♦ ***~ di assistenza*** hardship *o* relief fund; ***~ di cassa*** reserve fund; ***~ comune di investimento*** investment *o* mutual AE fund; ***~ fiduciario*** trust fund; ***Fondo Monetario Internazionale*** International Monetary Fund; ***~ pensione*** pension *o* superannuation fund; ***~ di soccorso*** disaster *o* relief fund; ***-i neri*** slush fund; ***-i pubblici*** public funds.

3.fondo /'fondo/ agg. **1** *(profondo)* [*acqua*] deep; ***piatto ~*** soup plate **2** *(inoltrato)* ***a notte -a*** in the *o* at dead of night, in the middle of the night.

fondocampo /fondo'kampo/ m.inv. back court.

fondoschiena /fondo'skjɛna/ m.inv. COLLOQ. backside, bottom.

fondotinta /fondo'tinta/ m.inv. foundation cream.

fondovalle, pl. **fondivalle** /fondo'valle, fondi'valle/ m. valley bottom.

fonduta /fon'duta/ f. GASTR. fondue.

fonema /fo'nɛma/ m. phoneme.

fonetica /fo'nɛtika/ f. phonetics + verbo sing.

fonetico, pl. **-ci, -che** /fo'nɛtiko, tʃi, ke/ agg. [*trascrizione, alfabeto*] phonetic.

foniatra, m.pl. **-i**, f.pl. **-e** /fo'njatra/ ♦ *18* m. e f. speech therapist.

foniatria /fonja'tria/ f. speech therapy.

fonografo /fo'nɔgrafo/ m. phonograph.

fonologia /fonolo'dʒia/ f. phonology.

fonologico, pl. **-ci, -che** /fono'lɔdʒiko, tʃi, ke/ agg. phonological.

fonoteca, pl. **-che** /fono'teka, ke/ f. sound archives pl., sound library.

font /font/ m.inv. TIP. fount, font.

fontana /fon'tana/ f. **1** *(costruzione)* (drinking) fountain **2** GASTR. well ♦ ***piangere come una ~*** to cry buckets.

fontanella /fonta'nella/ f. **1** *(piccola fontana)* drinking fountain **2** ANAT. fontanelle BE, fontanel AE.

fonte /'fonte/ **I** f. **1** *(sorgente)* spring, fount LETT. **2** *(fontana)* fountain **3** *(origine)* root; ***~ di reddito*** source of income; ***~ di*** source of [*ansietà, soddisfazione*]; ***risalire alla ~*** to go back to the original source **4** *(di informazioni)* source, authority; ***una ~ autorevole*** a reliable source (of information); ***secondo una ~ bene informata*** according to a well placed observer **5** *(documento)* ***-i*** source material, sources **II** m. ***~ battesimale*** font.

fontina /fon'tina/ f. GASTR. INTRAD. (typical soft cheese from Valle d'Aosta).

football /'futbol/ ♦ *10* m.inv. *(calcio)* football BE, soccer ♦♦ ***~ americano*** American football, football AE.

footing /'futing/ ♦ *10* m.inv. jogging; ***fare ~*** to go jogging.

foraggiare /forad'dʒare/ [1] tr. **1** *(nutrire con foraggio)* to forage [*animali*] **2** FIG. SCHERZ. *(finanziare)* to finance, to bankroll AE COLLOQ.

foraggio, pl. **-gi** /fo'raddʒo, dʒi/ m. AGR. feed, fodder, forage.

forare /fo'rare/ [1] **I** tr. **1** *(fare un buco a)* to pierce, to prick, to punch [*carta, plastica*]; to puncture [*gomma, pallone*]; ***abbiamo forato per strada*** we had a puncture on the way **2** *(obliterare)* to punch [*biglietto*] **3** *(perforare)* to drill [*metallo, legno*] **II forarsi** pronom. [*pallone, pneumatico*] to puncture.

foratura /fora'tura/ f. **1** *(di biglietti)* punching **2** *(di metalli, legno)* drilling **3** *(di pneumatico)* puncture.

forbici /'fɔrbitʃi/ f.pl. scissors; ***un paio di -i*** a pair of scissors; ***-i da sarto*** sewing scissors; ***-i seghettate*** pinking shears.

forbicina /forbi'tʃina/ **I** f. ZOOL. earwig **II forbicine** f.pl. *(per unghie)* nail scissors, manicure scissors.

forbito /for'bito/ agg. [*stile*] refined, polished.

forca, pl. **-che** /'forka, ke/ f. **1** *(attrezzo)* fork, pitchfork **2** *(patibolo)* gallows, gibbet, rope, scaffold; ***condannare qcn. alla ~*** to sentence sb. to hanging; ***finire sulla ~*** to end up on the gallows ♦ ***va' sulla ~!*** go to the devil!

forcella /for'tʃella/ f. **1** *(di bicicletta)* fork; *(del telefono)* cradle **2** *(per capelli)* hairpin **3** *(valico)* col, pass **4** *(osso)* wishbone.

forchetta /for'ketta/ f. (dinner) fork ♦ ***buona ~*** big *o* hearty eater; ***parlare in punta di ~*** = to speak affectedly.

forchettata /forket'tata/ f. forkful.

forchettone /forket'tone/ m. carving fork.

forcina /for'tʃina/ f. hairpin.

forcipe /'fɔrtʃipe/ m. forceps*.

forcone /for'kone/ m. fork, pitchfork.

forense /fo'rɛnse/ agg. [*abilità, eloquenza*] forensic.

foresta /fo'rɛsta/ f. forest (anche FIG.) ♦♦ ***~ pluviale*** rain forest; ***~ tropicale*** tropical forest; ***~ vergine*** virgin forest.

forestale /fores'tale/ **I** agg. ***guardia ~*** forester, forest ranger AE **II** m. e f. forester.

foresteria /foreste'ria/ f. *(di convento)* guest room; *(di aziende, enti)* ***appartamento uso ~*** guest flat.

forestiero /fores'tjɛro/ **I** agg. stranger **II** m. (f. **-a**) *(straniero)* foreigner; *(estraneo)* stranger.

forfait /for'fɛ/ m.inv. **1** COMM. flat rate, lump sum **2** SPORT default; ***dichiarare*** o ***dare ~*** to default.

forfe(t)tario, pl. **-ri, -rie** /forfe(t)'tarjo, ri, rje/ agg. flat rate attrib.

forficola /for'fikola/ f. earwig.

forfora /'forfora/ f. dandruff **U**, scurf **U**.

forforoso /forfo'roso/ agg. scurfy.

forgia, pl. **-ge** /'fɔrdʒa, dʒe/ f. forge, furnace.

forgiare /for'dʒare/ [1] tr. **1** IND. to forge [*metallo*] **2** FIG. to mould BE, to mold AE, to shape [*carattere*].

forma /'forma/ **I** f. **1** *(aspetto esteriore)* shape, form; ***che ~ ha?*** what shape is it? ***di ~ rotonda*** round in shape; ***a ~ di stella*** in the shape of a star, star-shaped; ***prendere ~*** to take shape (anche FIG.); ***sotto ~ di*** in the shape *o* guise of; ***senza ~*** shapeless **2** *(struttura)* form; ***~ d'arte*** art form; ***~ di vita*** form of life, life form **3** *(modalità)* form; ***nella debita ~*** DIR. in due form; ***pro ~*** as a matter of form; ***in ~ anonima*** anonymously **4** LING. form; ***in ~ interrogativa*** in question form, in the interrogative **5** *(stato fisico)* condition, form, shape; ***in ~*** fit, in shape; ***fuori ~*** unfit, out of condition *o* shape; ***in piena ~*** in good form **6** *(per scarpe)* last, shoe tree **7** *(di formaggio)* round; *(di pane)* loaf **8** *(stampo)* cast, mould BE, mold AE **II forme** f.pl. **1** *(curve femminili)* ***-e rotonde, prosperose*** rounded, full figure

2 *(di oggetto, costruzione)* lines **3** *(regole)* ***fare qcs. nelle debite -e*** to use correct manners; ***rispettare le -e*** to respect convention.

formaggiera /formad'dʒɛra/ f. *(recipiente)* cheese bowl; *(vassoio)* cheeseboard.

formaggino /formad'dʒino/ m. = piece of processed cheese.

formaggio, pl. **-gi** /for'maddʒo, dʒi/ m. cheese; ***~ molle*** soft cheese; ***~ cremoso*** cream cheese; ***~ da spalmare*** cheese spread; ***~ stagionato*** mature *o* ripe cheese.

formale /for'male/ agg. **1** *(ufficiale)* [*evento*] ceremonious, ceremonial; [*annuncio, invito, occasione*] formal **2** *(convenzionale)* [*abbigliamento*] formal, prim **3** ART. LETTER. MAT. LING. FILOS. formal.

formalina /forma'lina/ f. formalin.

formalismo /forma'lizmo/ m. formalism.

formalista, m.pl. **-i**, f.pl. **-e** /forma'lista/ m. e f. formalist.

formalità /formali'ta/ f.inv. **1** formality; DIR. technicality; ***una pura ~*** a mere formality, just a formality; ***per pura ~*** purely as a matter of form **2** *(forma esteriore)* formality; ***mettiamo da parte le ~*** let's drop *o* skip the formalities.

formalizzare /formalid'dzare/ [1] **I** tr. to formalize [*accordo, decisione*] **II formalizzarsi** pronom. ***-rsi per un nonnulla*** to be easily offended.

forma mentis /'forma'mɛntis/ f.inv. cast of mind.

formare /for'mare/ [1] **I** tr. **1** *(dare luogo a)* to form, to make* [*cerchio, angolo, fila*] **2** *(costituire)* to form, to set* up [*comitato, gruppo, società*]; to start [*famiglia*]; to forge, to establish [*alleanza*]; to form, to put* together [*commissione, associazione*]; to build*, to raise [*squadra*] **3** *(dare una formazione a)* to train (up) [*personale, musicista*]; *(educare)* to form [*bambino, alunno, persona*]; to mould, to shape [*personalità, carattere*] **4** *(costruire)* to form, to make* [*frasi*] **5** *(modellare)* to press [*statua*] **6** *(comporre)* to dial [*numero telefonico*] **II formarsi** pronom. **1** *(crearsi)* [*crosta, condensa*] to form; [*crepa*] to develop **2** *(essere formato)* to form **3** *(acquisire una formazione)* to train, to be* trained **4** *(educarsi)* [*carattere, personalità, persona*] to develop **5** *(svilupparsi, crescere)* to grow* (up), to develop.

formativo /forma'tivo/ agg. formative (anche LING.).

1.formato /for'mato/ **I** p.pass. → **formare II** agg. **1** *(istruito, professionalmente)* trained **2** *(maturo)* [*carattere, gusto*] (fully-)formed, grown-up.

2.formato /for'mato/ m. **1** *(dimensioni) (di giornale, foto, carta, libro)* format, size; ***libro ~ tascabile*** pocket edition; ***~ famiglia*** [*confezione*] family-size(d) **2** INFORM. format.

formattare /format'tare/ [1] tr. INFORM. to format.

formattazione /formattat'tsjone/ f. INFORM. formatting.

formazione /format'tsjone/ f. **1** *(istruzione) (scolastica)* education; *(professionale)* background, training; ***~ degli insegnanti*** teacher training BE *o* education AE; ***corso di ~*** training course **2** *(di governo, partito, squadra, gruppo musicale)* formation, line-up; ***dare la ~ della squadra*** to name the team **3** *(di opinione)* moulding; *(di carattere)* forming **4** *(apparizione)* formation; ***~ di vesciche*** blistering **5** *(insieme)* formation; ***~ rocciosa*** rock formation **6** MIL. *(schieramento, disposizione)* formation; ***volare in ~*** to fly in formation.

1.formica, pl. **-che** /for'mika, ke/ f. ZOOL. ant ♦♦ ***~ alata*** flying ant; ***~ bianca*** white ant.

2.formica® /'fɔrmika/ f. Formica®.

formicaio, pl. **-ai** /formi'kajo, ai/ m. anthill; FIG. swarm, crowd.

formichiere /formi'kjɛre/ m. anteater.

formico, pl. **-ci**, **-che** /'fɔrmiko, tʃi, ke/ agg. [*acido*] formic.

formicolante /formiko'lante/ agg. LETT. [*luogo*] teeming, swarming (**di** with).

formicolare /formiko'lare/ [1] intr. (aus. *avere, essere*) **1** *(brulicare)* ***~ di*** to be swarming *o* teeming with [*gente*] **2** [*dita, gambe*] to tingle.

formicolio, pl. **-ii** /formiko'lio, ii/ m. **1** *(di insetti, persone)* swarming, teeming **2** *(intorpidimento)* tingle, tingling, pin and needles pl.

formidabile /formi'dabile/ agg. **1** *(eccezionale)* extraordinary, fantastic **2** LETT. *(spaventoso)* dreadful, terrible.

formina /for'mina/ f. shape (for making sand pies).

formoso /for'moso/ agg. [*donna*] buxom.

formula /'fɔrmula/ f. **1** *(espressione)* form, wording **2** COMM. *(opzione)* option **3** MAT. formula* **4** *(ricetta)* formula*, composition **5** SPORT AUT. ***Formula uno, due*** Formula One, Two; ***Gran Premio di Formula uno*** Formula One Grand Prix **6** *(struttura, schema) (di trasmissione televisiva, rivista)* format ♦♦ ***~ di cortesia*** polite phrase; *(alla fine di una lettera)* letter ending; ***~ di giuramento*** oath; ***~ magica*** (magic) spell; ***~ di struttura*** CHIM. structural formula.

formulare /formu'lare/ [1] tr. *(esprimere)* to formulate [*regole, piano, idea, risposta, lamentela*]; to frame [*problema*]; to phrase, to word [*frase*].

formulario, pl. **-ri** /formu'larjo, ri/ m. *(modulo)* form.

formulazione /formulat'tsjone/ f. *(di idea, risposta)* formulation, wording; *(di frase)* phrasing.

fornace /for'natʃe/ f. IND. furnace, kiln.

fornaio, pl. **-ai** /for'najo, ai/ ➧ ***18*** m. (f. **-a**) baker.

fornello /for'nɛllo/ m. **1** *(da cucina)* stove, cooker BE, range AE; ***essere ai -i*** to be doing the cooking **2** *(della pipa)* bowl **3** *(nelle miniere)* ***~ di ventilazione*** air hole ♦♦ ***~ a gas*** gas ring.

fornicare /forni'kare/ [1] intr. (aus. *avere*) to fornicate.

fornicazione /fornikat'tsjone/ f. fornication.

fornire /for'nire/ [102] **I** tr. *(dare)* to provide [*risposta, esempio, prova, alibi, informazioni, rifugio*]; to supply [*alimenti, armi, carburante, acqua*]; to furnish [*documento, scusa, attrezzature*]; ***~ un nome alla polizia*** to supply the police with a name **II fornirsi** pronom. *(rifornirsi)* ***-rsi di qcs.*** to get in a supply of sth.

fornito /for'nito/ **I** p.pass. → **fornire II** agg. provided, furnished, stocked (**di** with); ***ben ~*** [*negozio*] well-stocked.

fornitore /forni'tore/ **I** agg. [*paese, società*] supply attrib. **II** m. (f. **-trice** /tritʃe/) supplier, provider; ***"~ unico"*** "sole stockist"; ***~ navale*** (ship's) chandler.

fornitura /forni'tura/ f. *(vendita, rifornimento)* supply; *(di attrezzature, servizi)* provision; ***~ dell'acqua*** water supply ♦♦ ***-e per uffici*** office supplies.

forno /'forno/ m. **1** *(di panettiere, in cucina)* oven; ***~ elettrico, a gas*** electric, gas oven; ***cuocere al*** o ***in ~*** to bake; ***pollo al ~*** roast chicken **2** *(bottega del fornaio)* baker's (shop) **3** TECN. furnace; *(per la ceramica)* kiln **4** COLLOQ. *(luogo molto caldo)* furnace, oven; ***che ~ oggi!*** it's baking *o* roasting today! ♦♦ ***~ crematorio*** crematorium, incinerator; ***~ a microonde*** microwave oven.

1.foro /'foro/ m. **1** *(buco)* hole, bore, opening; ***~ di spillo*** pinhole **2** *(di verme, tarlo)* wormhole **3** *(di strumenti musicali)* finger hole.

2.foro /'fɔro/ m. **1** STOR. ARCHEOL. forum* **2** *(autorità giudiziaria)* tribunal; *(insieme, ordine di avvocati)* bar ♦♦ ***~ competente*** place of jurisdiction.

forse /'forse/ *Forse* si rende in inglese per lo più con *perhaps* o *maybe*, ma quest'ultimo è d'uso più informale. - Bisogna fare attenzione a non confondere l'avverbio *maybe* (una parola) con l'uso del modale *may*, eventualmente seguito dal verbo *be*, a indicare possibilità: *forse hai ragione* = maybe you are right; *può darsi che tu abbia ragione* = you may be right. **I** avv. **1** perhaps, maybe, possibly; ***è coscienzioso, ~ perfino troppo*** he's conscientious, perhaps too much so; ***~ potresti aiutarmi*** I wonder if you could help me; ***non so ~ leggere?*** IRON. I can read, you know! ***~ ha ragione*** maybe she's right, she may be right; ***è ~ la vacanza più bella che abbiamo fatto*** it's just about the best holiday we've had; ***~ (che) sì, ~ (che) no*** COLLOQ. maybe yes, maybe no **2** *(circa)* about, some; ***avrà ~ trent'anni*** he is about thirty years old **3** *(per caso)* by chance; ***ti ho ~ offeso?*** have I perhaps offended you? ***vuoi ~ negare che è vero?*** can you possibly deny that it is true? **4** *(in domande retoriche)* ***non siamo ~ amici?*** we are friends, aren't we? **II** m.inv. ***ci sono troppi ~ in questo progetto*** there are too many ifs in this project; ***essere in ~*** to be in doubt; ***mettere qcs. in ~*** *(in dubbio)* to cast *o* throw doubt on sth.; *(in pericolo)* to endanger sth.

forsennato /forsen'nato/ **I** agg. [*persona*] insane, mad; [*ritmo*] furious; [*attività*] frenzied, hectic **II** m. (f. **-a**) insane person; ***lavorare come un ~*** to work like a Trojan BE.

forsizia /for'sittsja/ f. forsythia.

1.forte /'fɔrte/ **I** agg. **1** *(potente)* [*persona, paese*] powerful; [*economia*] strong; [*moneta*] strong, hard; ***~ della sua esperienza...*** on the strength of his experience... **2** *(che ha forza, energico)* [*persona*] strong, robust, sturdy; [*cuore*] sound, strong; [*braccia*] strong; [*atleta*] powerful, strong; ***essere molto ~*** to have great strength **3** *(moralmente)* [*persona, carattere, personalità*] forceful, strong **4** *(accanito)* ***un ~ bevitore*** a hard *o* heavy drinker **5** *(resistente)* [*colla, tessuto*] strong; ***gel a fissaggio ~*** extra hold gel **6** *(intenso)* [*rumore, suono*] loud; [*colore*] deep, bright; [*luce*] bright, harsh; [*sentimento, legame*] strong; [*eccitazione, tensione*] high; [*delusione*] deep; [*desiderio, interesse*] keen; [*emozione, pressione*] intense, powerful; [*disaccordo*] sharp **7** *(violento)* [*colpo, scossa*] hard, powerful, sharp; [*vento*] high, sharp, strong; [*temporale*] heavy; *(acuto)* [*raffreddore, dolore*] severe; ***avere un ~ mal di denti*** to have bad toothache; *(abbondante)* [*nevicata, pioggia*] heavy **8** *(concentrato)* [*caffè*] strong; [*whisky*] hard; *(piccante)* [*spezia, peperoncino*] hot; *(corposo)* [*vino*] robust; ***ho bisogno di bere qualcosa di ~*** I need a stiff drink **9** *(marcato)* [*impressione*] strong; [*accento*] broad, thick, heavy; [*odore*] strong, powerful; [*sapore*] pungent, robust, sharp; [*profumo*] heavy; *(notevole, considerevole)* [*ritardo*] long; [*appetito*] healthy, hearty, keen; [*rivalità, domanda*] great, keen; [*somma, quantità*] large **10** *(ampio)* [*astensione, espansione, consumo, calo*] high, great; [*spesa, guadagni*] great, big **11** *(dotato)* good; *(bravo)* [*avversario*] strong; ***essere ~ a*** to be good at *o* strong on [*scacchi, calcio*] **12** *(risoluto)* [*maniere, metodo*] strong-arm **13** *(duro, offensivo)* [*espressione, parole*] harsh; *(crudo)* [*immagini*] brutal **14** COLLOQ. *(divertente)* ***che ~!*** that's really cool! **II** m. *(ambito in cui si eccelle)* strong point, forte; ***cucinare non è il mio ~*** I'm not much of a one for cooking COLLOQ. **III** avv. **1** *(con forza)* [*colpire, tirare, spingere*] hard, strongly; [*parlare, ridere*] loudly; ***la strinse ~ a sé*** he held her closely to him; *(saldamente)* ***tieniti ~!*** hold tight! ***ti ricevo ~ e chiaro*** RAD. I'm receiving you loud and clear **2** *(avere successo)* ***andare ~*** COLLOQ. to be *o* go over big **3** *(molto)* [*puntare, giocare, bere*] heavily **4** *(velocemente)* *(in auto)* ***andare ~*** to drive fast ♦ ***è più ~ di me*** *(incontrollabile)* I just can't help it; ***puoi dirlo ~!*** you can say that again!

2.forte /'fɔrte/ m. ARCH. MIL. fort.

fortemente /forte'mente/ avv. **1** *(con forza)* [*sospettare, credere*] strongly **2** *(molto)* ***~ coinvolto*** heavily *o* highly involved; ***~ industrializzato*** dominated by factories, highly industrialized.

fortezza /for'tettsa/ f. **1** *(forza morale)* fortitude **2** MIL. fortress, stronghold.

fortificare /fortifi'kare/ [1] **I** tr. **1** *(rinvigorire)* to strengthen [*corpo*]; *(moralmente)* to fortify [*persona*] **2** MIL. to fortify [*castello, città*] **II fortificarsi** pronom. *(irrobustirsi)* [*persona*] to fortify oneself, to strengthen.

fortificato /fortifi'kato/ **I** p.pass. → **fortificare II** agg. [*città*] walled.

fortificazione /fortifikat'tsjone/ f. fortification.

fortino /for'tino/ m. MIL. blockhouse.

fortuito /for'tuito/ agg. [*incontro, scoperta, caso*] accidental, casual, chance attrib.; [*coincidenza*] fluk(e)y.

fortuna /for'tuna/ f. **1** *(sorte)* fortune, chance; ***gioco di ~*** game of chance **2** *(sorte favorevole)* fortune, good luck; ***avere la ~ di fare*** to be fortunate (enough) to do, to have the good fortune to do; ***che ~!*** COLLOQ. you lucky thing! ***buona ~!*** all the best! good luck! ***per ~*** by good fortune, luckily; ***è una ~ che*** it's a mercy (that); ***aveva la ~ dalla sua (parte)*** luck was on his side; ***non avere ~*** to be out of luck; ***essere abbandonato dalla ~*** to run out of luck; ***la ~ sta girando*** our luck is on turn; ***è stata una ~ per lui che*** it was fortunate for him that; ***non ho la ~ di conoscerla*** *(in espressioni di cortesia)* I don't have the pleasure of knowing you **3** *(ricchezza)* fortune; ***fare ~*** to strike it rich, to make one's pile COLLOQ.; ***costare una ~*** to cost a fortune *o* the earth COLLOQ. **4** *(successo)* fortune; ***il film non ha avuto ~*** the film was unsuccessful **5 di fortuna** *(improvvisato)* ***riparo di ~*** makeshift shelter; ***pista di ~*** airstrip; ***atterraggio di ~*** crash landing; ***letto di ~*** shakedown ♦ ***la ~ aiuta gli audaci*** PROV. who dares wins, fortune favours the brave; ***portare ~*** to bring good luck.

fortunatamente /fortunata'mente/ avv. fortunately, happily, thankfully.

fortunato /fortu'nato/ agg. **1** *(felice)* [*combinazione*] happy; *(con buon esito)* [*incontro, progetto*] successful; ***per un caso ~*** by a lucky chance **2** *(che porta fortuna)* [*numero, giorno*] lucky; *(che ha fortuna)* [*persona*] fortunate, lucky.

fortunoso /fortu'noso/ agg. **1** *(avventuroso)* eventful, adventurous **2** *(casuale)* fluk(e)y.

forum /'fɔrum/ m.inv. forum*.

foruncolo /fo'runkolo/ m. boil, spot.

foruncoloso /forunko'lɔso/ agg. [*volto*] spotty COLLOQ.

forza /'fɔrtsa/ **I** f. **1** *(vigore)* *(di persona, animale)* strength, force; ***~ di carattere*** strength of character; ***~ di volontà*** strength of will, willpower; ***gli mancarono le -e*** his strength failed him; ***rimettersi in -e*** to regain one's strength; ***farsi ~*** to brace up; ***è al di sopra delle mie -e*** it's too much for me; ***con tutte le proprie -e*** with all one's strength *o* might; ***con ~*** [*negare*] energetically, vigorously; [*colpire*] forcefully **2** *(mezzo di costrizione)* force; ***ricorrendo alla ~*** by force of arms; ***per ~ di cose*** necessarily, from *o* out of necessity; ***~ bruta*** brute force, sheer manpower; ***per amore o per ~*** willy-nilly **3** *(potenza)* *(di paese, gruppo, settore)* strength; FIG. *(di espressione, persona)* force; ***le -e del male*** the forces of evil; ***~ contrattuale*** bargaining power **4** *(peso)* *(di argomento, convinzione, accusa)* force; ***la ~ dell'abitudine*** the force of habit; ***cause di ~ maggiore*** circumstances beyond our control; ***la ~ della suggestione*** the power of suggestion **5** FIS. force (anche FIG.); ***~ motrice*** motive force o power; ***le -e della natura*** forces of nature **6** MAR. ***avanti a tutta ~*** full speed ahead **7** *(intensità)* *(di urto, sisma, esplosione)* force, intensity, violence; *(di desiderio, sentimento)* strength; ***la ~ del vento*** the power of the wind; ***un vento ~ 10*** a force 10 gale **8** MIL. *(corpo)* force; ***-e armate*** armed forces; ***in -e*** in strength *o* force **9 a forza di** ***a ~ di lavorare a questo ritmo si consumerà*** at the rate he's working, he'll burn himself out; ***ingrassare a ~ di mangiare cioccolatini*** to get fat on chocolates **10 per forza** ***"hai accettato?" - "per ~"*** "have you accepted?" - "I had no choice"; ***per ~ di cose*** from *o* out of necessity; ***mangiare per ~*** to eat unwillingly *o* against one's will **11 di forza** ***trascinare qcn. di ~ dal dentista*** to drag sb. kicking and screaming to the dentist; ***fare entrare di ~ qcn. in*** to push sb. in [*macchina, stanza*] **12 in forza di** ***in ~ del contratto*** as provided by the agreement **II** inter. ***~!*** come on! ***"~ Roma"*** "up with Rome" ♦ ***bella ~!*** how clever of you! ***l'unione fa la ~*** PROV. united we stand, divided we fall; ***~ e coraggio!*** come on! come along! ♦♦ ***~ d'animo*** fortitude; ***~ di attrazione*** pull *o* force of attraction; ***~ di gravità*** o ***gravitazionale*** gravitational pull, force of gravity, G-force; ***Forza Italia*** POL. = Italian centre-right political party; ***~ lavoro*** workforce, labour force; ***~ pubblica*** the police.

forzare /for'tsare/ [1] **I** tr. **1** *(costringere)* to force, to compel **2** *(far cedere)* to force [*porta, cassetto*]; ***~ una cassaforte*** to crack *o* break into a safe **3** *(accelerare)* to force, to speed up [*andatura, ritmo*] **4** AGR. to force [*pianta*] **II** intr. (aus. *avere*) **1** *(esercitare una pressione)* ***~ su*** to force [*coperchio*] **2** *(fare resistenza)* ***la porta forza*** the door is sticking **III forzarsi** pronom. to force oneself ♦ ***~ la mano a qcn.*** to force sb.'s hand.

forzato /for'tsato/ **I** p.pass. → **forzare II** agg. **1** *(imposto)* [*esilio, marcia, atterraggio*] forced; ***"rimozione -a"*** "towaway zone"; ***lavori -i*** hard labour, penal servitude **2** *(non spontaneo)* [*sorriso*] forced, constrained, strained **3** *(non logico)* [*conclusione, intreccio*] contrived **4** AGR. [*coltivazione*] forced **III** m. (f. **-a**) convict.

forzatura /fortsa'tura/ f. **1** *(di cassaforte)* cracking **2** *(interpretazione distorta)* twist(ing).

forziere /for'tsjɛre/ m. safe.

forzista, m.pl. **-i**, f.pl. **-e** /for'tsista/ m. e f. = person who follows the Forza Italia political movement.

forzoso /for'tsoso/ agg. [*corso, prestito*] compulsory, forced.

forzuto /for'tsuto/ agg. SCHERZ. brawny.

foschia /fos'kia/ f. haze, mist.

fosco, pl. **-schi**, **-sche** /'fosko, 'fɔsko, ski, ske/ agg. **1** *(scuro)* dark **2** FIG. *(cupo)* [*tempo, giorno, cielo*] dull, hazy, sombre; [*futuro, prospettiva*] black, bleak; *(minaccioso)* [*sguardo*] sombre, menacing.

fosfato /fos'fato/ m. phosphate.

fosforescente /fosforeʃ'ʃɛnte/ agg. phosphorescent.

fosforo /ˈfɔsforo/ m. phosphorus.

fossa /ˈfɔssa/ f. **1** *(cavità, scavo)* pit, hole **2** *(tomba)* grave **3** MIN. *(pozzo)* pit **4** AUT. *(per riparazioni)* inspection pit ♦ ***avere un*** o ***essere con un piede nella ~*** to be at death's door, to have one foot in the grave; ***scavarsi la ~ (con le proprie mani)*** to dig one's own grave ♦♦ ***~ biologica*** septic tank; ***~ comune*** mass grave; ***~ dei leoni*** lion's den (anche FIG.); ***~ dell'orchestra*** orchestra pit; ***~ settica*** → ***~ biologica***; ***-e nasali*** ANAT. nasal passages.

fossato /fosˈsato/ m. **1** *(cavità)* ditch, trench **2** *(di fortificazione)* moat.

fossetta /fosˈsetta/ f. dimple.

fossile /ˈfɔssile/ **I** agg. [*resti*] fossil **II** m. fossil (anche FIG.).

fossilizzare /fossilidˈdzare/ [1] **I** tr. to fossilize **II fossilizzarsi** pronom. **1** to fossilize **2** FIG. [*persona*] to stagnate; [*società, ideologia*] to petrify.

fosso /ˈfɔsso/ m. ditch, trench; *(di castello)* moat ♦ ***saltare il ~*** to take the plunge.

foto /ˈfɔto/ f.inv. (accorc. fotografia) photo, shot, snap; ***fare una ~*** to take a photo *o* picture ♦♦ ***~ di gruppo*** group photo; ***~ ricordo*** souvenir photo; ***~ segnaletica*** mug shot; ***~ (formato) tessera*** passport photo.

fotoamatore /fotoamaˈtore/ m. (f. **-trice** /tritʃe/) amateur photographer.

fotocellula /fotoˈtʃɛllula/ f. photocell, electronic eye.

fotocomposizione /fotokompozitˈtsjone/ f. filmsetting, photocomposition AE, phototypesetting AE.

fotocopia /fotoˈkɔpja/ f. **1** photocopy, duplicate **2** FIG. double, spitting image.

fotocopiare /fotokoˈpjare/ [1] tr. to photocopy, to duplicate.

fotocopiatrice /fotokopjaˈtritʃe/ f. *(macchina)* (photo)copier.

fotoelettrico, pl. **-ci**, **-che** /fotoeˈlɛttriko, tʃi, ke/ agg. photoelectric(al).

fotofinish /fotoˈfiniʃ/ m.inv. photo finish.

fotogenico, pl. **-ci**, **-che** /fotoˈdʒɛniko, tʃi, ke/ agg. photogenic.

fotografare /fotograˈfare/ [1] tr. to photograph, to take* a photo(graph) of [*persona, luogo, oggetto*].

fotografia /fotograˈfia/ f. **1** *(tecnica)* photography **2** *(immagine)* photograph, picture; ***fare*** o ***scattare una ~*** to take a photograph *o* picture; ***venire bene in ~*** to photograph well **3** *(rappresentazione fedele)* picture ♦♦ ***~ d'artista*** studio portrait; ***~ istantanea*** snapshot, action shot.

fotografico, pl. **-ci**, **-che** /fotoˈgrafiko, tʃi, ke/ agg. **1** [*arte, attrezzatura, archivio*] photographic; ***seduta -a*** photo session; ***redazione -a*** GIORN. picture desk **2** FIG. [*memoria*] photographic.

fotografo /foˈtɔgrafo/ ♦ *18* m. (f. **-a**) **1** *(professionista)* photographer **2** *(commerciante)* ***andare dal ~*** to go to the camera shop.

fotogramma /fotoˈgramma/ m. frame.

fotomodello /fotomoˈdɛllo/ ♦ *18* m. (f. **-a**) model.

fotomontaggio, pl. **-gi** /fotomonˈtaddʒo, dʒi/ m. (photo)montage, composite.

fotone /foˈtone/ m. photon.

fotoreporter /fotoreˈpɔrter/ ♦ *18* m. e f. inv. news photographer.

fotoromanzo /fotoroˈmandzo/ m. photostory.

fotosensibile /fotosenˈsibile/ agg. [*pellicola, carta*] light-sensitive, photosensitive.

fotosintesi /fotoˈsintezi/ f.inv. photosynthesis*.

fotostatico, pl. **-ci**, **-che** /fotosˈtatiko, tʃi, ke/ agg. ***copia -a*** Photostat®.

fototeca, pl. **-che** /fotoˈtɛka, ke/ f. photo(graphic) library.

fototessera /fotoˈtɛssera/ f. passport photo.

fottere /ˈfottere/ [2] **I** tr. **1** VOLG. to fuck, to screw **2** FIG. *(imbrogliare)* to screw **II** intr. VOLG. to fuck, to screw **III fottersene** pronom. VOLG. ***me ne fotto*** I don't give a fuck *o* shit *o* damn ♦ ***va' a farti ~! fottiti!*** fuck you! fuck off!

fottio, pl. **-ii** /fotˈtio, ii/ m. POP. loads pl. (**di** of).

fottuto /fotˈtuto/ **I** p.pass. → **fottere** **II** agg. VOLG. **1** *(rovinato)* [*persona*] fucked, buggered; ***siamo -i!*** we are done for *o* fucked! **2** *(maledetto)* [*mestiere*] fucking, bloody.

foulard /fuˈlar/ m.inv. scarf*.

fox terrier /foksterˈrjɛ, foksˈtɛrrjer/ m.inv. fox terrier.

foyer /fwaˈje/ m.inv. foyer, lobby.

1.fra /fra/ → **tra**.

2.fra /fra/ m. brother; ***~ Nicola*** Brother Nicola.

frac /frak/ m.inv. tailcoat.

fracassare /frakasˈsare/ [1] **I** tr. to smash, to shatter [*ogge to*] **II fracassarsi** pronom. *(rompersi)* [*oggetto, veicolo*] t smash; [*finestra*] to shatter; *(schiantarsi)* to crash (**contr** against, into); ***-rsi la testa contro qcs.*** to smash one's hea against sth.

fracasso /fraˈkasso/ m. **1** *(rumore fastidioso)* din, rumbl *(rumore violento)* crash; ***fare ~*** to make a commotion *o* row *(di oggetti rotti)* clatter, smash, crash.

fracco /ˈfrakko/ m. REGION. ***dare a qcn. un ~ di legnate botte*** to give sb. a (good) hiding.

fradicio, pl. **-ci**, **-ce** e **-cie** /ˈfraditʃo, tʃi, tʃe/ agg. **1** *(bagna to)* [*persona, abiti, capelli*] drenched, soaked, sodden, sopping ***essere bagnato ~*** to be dripping *o* soaking wet **2** *(rafforzati vo)* ***ubriaco ~*** dead drunk, smashed.

fragile /ˈfradʒile/ agg. **1** *(che si rompe facilmente)* breakabl fragile, brittle; [*porcellana*] delicate; "~" "handle with care" "fragile" **2** *(debole, gracile)* [*salute, persona*] fragile, frai [*struttura*] flimsy, fragile **3** *(instabile)* [*mente, persona*] fragile weak **4** FIG. *(tenue)* [*speranza*] frail.

fragilità /fradʒiliˈta/ f.inv. **1** *(facilità a rompersi)* brittleness fragility (anche FIG.) **2** FIG. *(debolezza)* frailty, weakness.

fragola /ˈfragola/ ♦ *3* **I** f. strawberry **II** agg. e m.inv. *(colore* strawberry ♦♦ ***~ di bosco*** wild strawberry.

fragoleto /fragoˈleto/ m. strawberry bed.

fragore /fraˈgore/ m. *(rumore violento)* crash, thunde smash; *(di tuono)* crash, peal; *(di cascata)* roar; *(metallico* clang.

fragoroso /fragoˈroso/ agg. [*risata*] loud, riotous, uproar ious; [*tuono, scoppio*] resounding, loud; [*applauso*] loud wild.

fragrante /fraˈgrante/ agg. fragrant, perfumed.

fragranza /fraˈgrantsa/ f. **1** *(profumo)* fragrance, scent COSMET. perfume.

fraintendere /frainˈtɛndere/ [10] tr. *(capire male)* to misun derstand*; *(interpretare male)* to misconceive, to misread*, t misinterpret.

fraintendimento /fraintendiˈmento/ m. misunderstanding misconstruction.

frammentare /frammenˈtare/ [1] **I** tr. to fragment [*sostanza opera*]; to break* up [*partito*] **II frammentarsi** pronom. [*si stema, partito*] to fragment, to break* up.

frammentario, pl. **-ri**, **-rie** /frammenˈtarjo, ri, rje/ agg. [*infor mazione, conoscenza*] bitty, fragmentary, fragmented; [*memo ria*] patchy.

frammentazione /frammentatˈtsjone/ f. fragmentation.

frammento /framˈmento/ m. **1** *(pezzo)* fragment, chip; *(d osso)* splinter **2** *(di opera)* passage; *(di conversazione)* scrap snatch.

frammezzare /frammedˈdzare/ [1] tr. to interpose.

frammisto /framˈmisto/ agg. mixed, mingled (**a** with).

frana /ˈfrana/ f. **1** *(caduta di materiali)* landslide **2** *(mate riale franato)* fall **3** COLLOQ. FIG. washout, dead loss; ***essere una ~ in qcs.*** to be hopeless at sth.

franare /fraˈnare/ [1] intr. (aus. *essere*) **1** *(cadere)* [*terra rocce*] to fall*, to slide* down **2** FIG. *(svanire)* to founder.

francamente /frankaˈmente/ avv. **1** *(apertamente)* frankly, directly, openly; ***per dirla ~*** to put it bluntly **2** *(in verità)* truthfully.

Francesca /franˈtʃeska/ n.pr.f. Frances.

francescano /frantʃesˈkano/ **I** agg. Franciscan **II** m. (f. **-a**) Franciscan.

Francesco /franˈtʃesko/ n.pr.m. Francis; ***san ~ d'Assisi*** St Francis of Assisi.

francese /franˈtʃeze/ ♦ *25, 16* **I** agg. French **II** m. e f. *(uomo)* Frenchman*; *(donna)* Frenchwoman*; ***i -i*** the French **III** m. LING. French.

franchezza /franˈkettsa/ f. *(sincerità)* frankness, bluntness, openness.

franchigia, pl. **-ge**, **-gie** /franˈkidʒa, dʒe/ f. **1** *(esenzione da imposte, tasse)* exemption; ***bagaglio in ~*** baggage allowance;

merci in ~ doganale duty-frees 2 *(nei contratti assicurativi)* franchise, excess BE.

franchising /fren'tʃaizing/ m.inv. franchising; ***società in ~*** franchisee business.

Francia /'frantʃa/ ▸ ***33*** n.pr.f. France.

1.franco, pl. **-chi, -che** /'franko, ki, ke/ agg. 1 *(schietto)* [*persona, modi, sguardo, atteggiamento*] frank, straightforward, sincere; [*critica*] blunt 2 COMM. DIR. *(esente da imposte)* ***zona -a*** free trade zone; ***porto ~*** free port; ***in deposito ~*** in bond; ***deposito ~*** bonded warehouse ♦ ***farla -a*** to get away with it, to go scot-free ♦♦ ***~ (a) bordo*** free on board; ***~ dogana*** duty-free; ***~ (di porto a) domicilio*** carriage free; ***~ fabbrica*** ex factory *o* works; ***~ ferrovia*** free on rail; ***~ di porto*** post free, carriage prepaid; ***~ tiratore*** MIL. sniper; POL. = defector who votes secretly against his own party.

2.franco, pl. **-chi** /'franko, ki/ m. *(moneta)* franc; ***~ svizzero*** Swiss franc.

3.franco, pl. **-chi, -che** /'franko, ki, ke/ **I** agg. STOR. Frankish **II** m. (f. **-a**) STOR. Frank.

Franco /'franko/ n.pr.m. Frank.

francobollo /franko'bollo/ **I** agg.inv. ***formato ~*** miniature (-sized) **II** m. (postage) stamp; ***mettere un ~ su una lettera*** to put a stamp on a letter; ***~ per posta prioritaria*** first-class stamp.

franco-canadese /frankokana'dese/ **I** agg. French Canadian **II** m. e f. *(persona)* French Canadian **III** m. LING. French Canadian.

frangente /fran'dʒente/ m. 1 *(onda)* breaker, roller, surf 2 *(scogliera)* reef 3 FIG. *(situazione difficile)* ***trovarsi in un brutto ~*** to be in a tight spot; ***in questo ~*** at this juncture.

frangersi /'frandʒersi/ [52] pronom. [*onde*] to break*.

frangia, pl. **-ge** /'frandʒa, dʒe/ f. 1 *(in tessuto, lana)* fringe; *(di capelli)* fringe, bangs AE 2 *(minoranza)* fringe.

frangiare /fran'dʒare/ [1] tr. to fringe [*tenda, abito*].

frangiflutti /frandʒi'flutti/ m.inv. breakwater, bulwark, groyne BE, groin AE, mole.

frangivento /frandʒi'vento/ m.inv. windbreak.

franoso /fra'noso/ agg. [*terreno*] loose; ***sponda -a*** soft verge.

frantoio, pl. **-oi** /fran'tojo, oi/ m. 1 *(edificio, macchina)* oil mill, olive press 2 TECN. MIN. grinder.

frantumare /frantu'mare/ [1] **I** tr. 1 to crush (down) [*pietre, metallo*]; to shatter, to splinter [*vetro*] 2 FIG. to crush [*speranze*] **II frantumarsi** pronom. [*vetro*] to shatter, to splinter.

frantume /fran'tume/ m. fragment; ***mandare qcs. in -i*** to shatter sth., to smash sth. to smithereens; ***ridotto in -i*** blown to pieces *o* bits.

frappè /frap'pe/ m.inv. (milk-)shake, frappé.

frapporre /frap'porre/ [73] **I** tr. to interpose, to put* [sth.] between; ***~ ostacoli*** FIG. to make things difficult, to put up hurdles **II frapporsi** pronom. 1 *(sorgere)* to intervene 2 *(intromettersi)* to come* between.

frasale /fra'zale/ agg. ***verbo ~*** phrasal verb.

frasario, pl. **-ri** /fra'zarjo, ri/ m. *(modo di esprimersi)* language, vocabulary.

frasca, pl. **-sche** /'fraska, ske/ f. spray, branch ♦ ***saltare di palo in ~*** = to hop from one subject to another.

frascati /fras'kati/ m.inv. ENOL. INTRAD. (white wine produced in the Frascati region).

frase /'fraze/ f. 1 LING. sentence 2 *(espressione)* phrase, expression; ***interrompersi a metà ~*** to stop in mid-sentence; ***-i di circostanza*** formalities 3 MUS. phrase ♦♦ ***~ fatta*** *(luogo comune)* hackneyed phrase, set expression, tag; ***~ idiomatica*** idiom.

fraseggiare /frazed'dʒare/ [1] intr. (aus. *avere*) MUS. to phrase.

fraseggio, pl. **-gi** /fra'zeddʒo, dʒi/ m. MUS. phrasing.

fraseologia /frazeolo'dʒia/ f. phraseology.

fraseologico, pl. **-ci, -che** /frazeo'lɔdʒiko, tʃi, ke/ agg. phraseological.

frassino /'frassino/ m. *(albero)* ash (tree); *(legno)* ash (wood).

frastagliato /frastaʎ'ʎato/ agg. [*costa*] broken, indented, jagged, rugged.

frastagliatura /frastaʎʎa'tura/ f. *(di costa, montagna)* indentation.

frastornare /frastor'nare/ [1] tr. 1 *(assordare)* [*rumore*] to deafen 2 *(stordire)* to knock out, to stultify, to stun.

frastornato /frastor'nato/ **I** p.pass. → **frastornare II** agg. 1 *(da rumori)* deafened 2 *(stordito, confuso)* bewildered, stunned, dazed.

frastuono /fras'twɔno/ m. commotion, noise, din; *(di motori)* roar, rumble, zoom.

frate /'frate/ m. friar, monk; *(come appellativo)* brother.

fratellanza /fratel'lantsa/ f. brotherhood, fraternity.

fratellastro /fratel'lastro/ m. half brother, stepbrother.

fratellino /fratel'lino/ m. baby brother.

fratello /fra'tɛllo/ m. 1 brother; ***un ~ maggiore, minore*** an older, a younger brother; ***hai dei -i?*** have you got any brothers or sisters? 2 *(compagno)* brother, fellow 3 RELIG. *(confratello)* brother* ♦♦ ***~ carnale*** blood brother; ***~ gemello*** twin brother.

fraternità /fraterni'ta/ f.inv. fraternity, brotherhood.

fraternizzare /fraternid'dzare/ [1] intr. (aus. *avere*) to fraternize.

fraterno /fra'tɛrno/ agg. *(tra fratelli)* brotherly; *(tra amici)* fraternal.

fratricida, m.pl. **-i**, f.pl. **-e** /fratri'tʃida/ **I** agg. fratricidal **II** m. e f. fratricide.

fratricidio, pl. **-di** /fratri'tʃidjo, di/ m. fratricide.

frattaglie /frat'taʎʎe/ f.pl. guts.

frattale /frat'tale/ **I** agg. fractal **II** m. fractal.

frattanto /frat'tanto/ avv. meanwhile, in the meantime.

frattazzo /frat'tattso/ m. trowel.

frattempo: nel frattempo /nelfrat'tɛmpo/ avv. meanwhile, in the meantime; ***ha lasciato la stanza e nel ~...*** he left the room, during which time...

fratto /'fratto/ agg. ***6 ~ 3 fa 2*** 6 over 3 is 2.

frattura /frat'tura/ f. 1 MED. fracture, break 2 GEOL. fracture, split 3 FIG. break, rift ♦♦ ***~ esposta*** compound fracture; ***~ semplice*** simple fracture.

fratturare /frattu'rare/ [1] **I** tr. to fracture [*osso*] **II fratturarsi** pronom. [*osso*] to break*, to fracture.

fraudolento /fraudo'lɛnto/ agg. [*sistema, pratica, bancarotta*] fraudulent.

frazionamento /frattsjona'mento/ m. *(divisione)* division; *(di società)* break-up.

frazionare /frattsjo'nare/ [1] tr. *(dividere)* to divide, to break* up.

frazionario, pl. **-ri, -rie** /frattsjo'narjo, ri, rje/ agg. fractional.

frazione /frat'tsjone/ f. 1 MAT. fraction 2 *(parte)* fraction; ***in una ~ di secondo*** in a split second 3 *(centro abitato)* hamlet.

freatico, m.pl. **-ci**, f.pl. **-che** /fre'atiko, tʃi, ke/ agg. ***falda -a*** water table.

freccette /fret'tʃette/ ▸ ***10*** f.pl. SPORT darts + verbo sing.; ***giocare a -e*** to play darts.

freccia, pl. **-ce** /'frettʃa, tʃe/ f. 1 *(arma)* arrow; *(per balestra)* bolt; ***punta di ~*** arrowhead; ***scoccare una ~*** to fire *o* shoot an arrow 2 *(segno grafico, stradale)* arrow 3 *(negli autoveicoli)* indicator, blinker; ***mettere la ~*** to indicate ♦ ***avere molte -ce al proprio arco*** to have more than one string to one's bow ♦♦ ***~ di scorrimento*** INFORM. scroll arrow.

frecciata /fret'tʃata/ f. *(battuta)* barb, thrust; ***lanciare una ~ a qcn.*** to get in a dig at sb.

freddamente /fredda'mente/ avv. 1 *(con indifferenza)* coldly, coolly 2 *(con autocontrollo)* coolly 3 *(a sangue freddo)* in cold blood.

freddare /fred'dare/ [1] **I** tr. 1 *(raffreddare)* to chill, to cool down 2 *(ammazzare)* to kill, to gun down **II freddarsi** pronom. to get* cold.

freddezza /fred'dettsa/ f. 1 *(temperatura fredda)* coldness 2 *(indifferenza, distacco)* coldness, coolness 3 *(sangue freddo)* coolness, sangfroid.

freddo /'freddo/ Tra le varie accezioni dell'aggettivo *freddo* e dei suoi equivalenti inglesi, vanno messi in evidenza i seguenti casi: *freddo* si traduce *cold* o *chilly* (che può significare anche *gelido*), quando si vuole indicare una temperatura tanto bassa da essere poco gradevole o sopportabile; se non ci sono queste implicazioni negative, l'equivalente è *cool*; *cold, chilly* e *cool* si usano anche in senso figurato, con una connotazione tendenzialmente negativa. - Si noti che all'aggettivo *freddo* = cold corrisponde il sostantivo *il freddo* = the cold. **I** agg. **1** *(a bassa temperatura)* [*acqua, notte, regione, vento, aria*] cold, cool, chilly; ***resistente al ~*** [*pianta*] frost-resistant; ***questo vino va servito ~*** this wine is best served chilled; ***tè, caffè ~*** iced tea, coffee **2** FIG. [*persona, voce, accoglienza, sguardo, sorriso, risposta*] cold, chilly, cool; [*luce, colore*] cold; *(indifferente, distaccato)* [*racconto, intervista*] dull, flat **3 a freddo** ***analisi, discussione a ~*** impartial analysis, discussion **II** m. *(bassa temperatura)* cold; ***aver, sentire ~*** to be, feel cold; ***fa un ~ pungente*** it's bitterly cold; ***i primi -i*** the first cold weather of the season; ***prendere ~*** to catch a chill ♦ ***non mi fa né caldo né ~*** it leaves me cold; ***sudare ~, avere i sudori -i*** to be in a cold sweat; ***a mente -a*** in the light of day; ***a sangue ~*** in cold blood, cold-bloodedly; ***far venir ~*** to sadden one's heart.

freddoloso /freddo'loso/ agg. ***essere ~*** to feel the cold.

freddura /fred'dura/ f. witticism, quip.

free-lance /fri'lɛns/ ➧ **18** **I** agg.inv. freelance **II** m. e f.inv. freelance(r).

freezer /'frizer, 'friddzer/ m.inv. *(scomparto, cella frigorifera)* freezer (compartment), deep-freeze.

fregare /fre'gare/ [1] **I** tr. **1** *(strofinare per pulire)* to scrub (down), to rub, to scour [*biancheria, tappeto*] **2** COLLOQ. *(imbrogliare)* to diddle, to rip off; ***non mi sono fatta ~ da lui*** I wasn't taken in by him **3** COLLOQ. *(rubare)* to knock off, to swipe, to pinch, to nick BE [*auto, oggetto*] **II fregarsi** pronom. **1** *(strofinarsi)* ***-rsi gli occhi*** to rub one's eyes **2** FIG. *(rovinarsi)* ***-rsi con le proprie mani*** to make a rod for one's own back **3 fregarsene** COLLOQ. *(infischiarsene)* ***me ne frego*** I don't give a damn; ***non me ne potrebbe ~ di meno*** I don't give a monkey's about it; ***chi se ne frega!*** who cares! what the heck! ***che te ne frega!*** what's it to you?

1.fregata /fre'gata/ f. MAR. frigate.

2.fregata /fre'gata/ f. ORNIT. frigate.

fregatura /frega'tura/ f. con, rip-off; ***dare una ~ a qcn.*** to hand sb. a lemon AE; ***prendere una ~*** to be swindled.

fregiare /fre'dʒare/ [1] **I** tr. *(ornare, decorare)* to decorate, to adorn **II fregiarsi** pronom. ***-rsi di un titolo nobiliare*** to have a handle to one's name.

fregio, pl. **-gi** /'fredʒo, dʒi/ m. ARCH. frieze.

frego, pl. **-ghi** /'frego, gi/ m. **1** *(graffio, segnaccio)* scratch mark, scuff **2** GERG. *(grande quantità)* ***un ~ di scarpe*** a pile of shoes.

fregola /'fregola/ f. **1** *(calore)* must, rutting **2** FIG. *(smania)* itch, urge.

freisa /'freiza/ f. ENOL. INTRAD. (light red Piedmontese wine).

fremente /fre'mɛnte/ agg. tremulous.

fremere /'frɛmere/ [2] intr. (aus. *avere*) [*labbra, mano*] to quiver, to tremble; [*persona*] to fidget, to simmer; ***~ di gioia*** to thrill; ***~ per l'eccitazione*** to shiver *o* twitch with excitement.

fremito /'frɛmito/ m. quiver, thrill; *(di rabbia)* spasm.

frenare /fre'nare/ [1] **I** tr. **1** *(fare rallentare)* to slow down [*auto, paracadute, caduta*] **2** *(ostacolare)* to impede [*persona, avanzata*] **3** *(controllare)* to hold* down, to curb, to check [*inflazione, prezzi, costi*] **4** FIG. *(trattenere, dominare)* to bridle, to rein, to hold* [*emozioni*]; to control [*risate, lacrime*]; to curb [*immigrazione, ottimismo, espansione*]; ***~ la lingua*** to bridle one's tongue **II** intr. (aus. *avere*) [*conducente, auto*] to brake, to apply the brakes **III frenarsi** pronom. to check oneself.

frenata /fre'nata/ f. **1** braking **2** FIG. *(rallentamento)* slowing down.

frenato /fre'nato/ **I** p.pass. → **frenare II** agg. [*energia, emozioni*] controlled, pent-up.

frenatura /frena'tura/ f. braking.

frenesia /frene'zia/ f. **1** *(smania)* craze, frenzy; ***~ degli acquisti*** shopping binge COLLOQ. **2** *(delirio folle)* raving, delirium.

frenetico, pl. **-ci, -che** /fre'nɛtiko, tʃi, ke/ agg. [*lotta*] frantic; [*stile di vita, attività*] hectic, frenzied; [*comportamento*] manic; [*applausi*] frantic, rapturous.

freno /'frɛno/ m. **1** *(di veicolo)* brake; ***azionare il ~*** to apply *o* put on the brake; ***"utilizzare il ~ motore"*** "keep in low gear" **2** FIG. *(ostacolo)* control **U**, curb, deterrent; ***tenere a ~*** to put a bridle on, to bridle, to govern [*emozioni, temperamento*]; to fight back [*paura, rabbia, lacrime*]; ***mettere un ~ a*** to put *o* place a check *o* clamp on, to check, to rein [*espansione, produzione, immigrazione*]; to clamp down on [*crimine*]; ***porre un ~ al rialzo dei prezzi*** to put a brake on price rises; ***tenere a ~ la lingua*** to hold one's tongue; ***perdere ogni ~*** to run riot; ***senza -i*** [*emozione, espressione*] unfettered **3** *(morso)* bit ♦ ***mordere il ~*** to take the bit between one's teeth, to chafe *o* champ at the bit ♦♦ ***~ ad aria compressa*** air brake; ***~ a mano*** emergency brakes, handbrake; ***~ a pedale*** foot brake; ***-i a disco*** disc brakes.

frenologia /frenolo'dʒia/ f. phrenology.

frequentare /frekwen'tare/ [1] **I** tr. **1** to attend [*chiesa, classe, scuola*]; to see*, to mix with, to associate with, to hang* around with [*persona, conoscenza, amici*]; ***~ un corso*** to attend *o* to be on a course; ***non li frequento molto al momento*** I don't see much of them now; ***~ cattive compagnie*** to keep bad company, to fall in with a bad crowd; ***~ il bel mondo*** to move in fashionable circles **2** *(avere legami sentimentali con)* to go* out with [*persona*] **II frequentarsi** pronom. **1** *(vedersi)* [*persone, amici*] to see* one another; ***ci frequentiamo poco*** we don't see a great deal of each other **2** *(uscire insieme)* [*coppia*] to go* out together.

frequentato /frekwen'tato/ **I** p.pass. → **frequentare II** agg. [*locale, spiaggia*] popular; [*via*] busy; ***luogo mal ~*** place that attracts the wrong sort of people; ***poco ~*** sparsely attended *o* populated, unfrequented.

frequentatore /frekwenta'tore/ m. (f. **-trice** /tritʃe/) ***~ assiduo*** haunter; ***~ abituale*** *(di locale)* regular; ***~ di concerti, cinema, teatro*** concertgoer, filmgoer, theatregoer.

frequente /fre'kwɛnte/ agg. **1** *(nel tempo)* [*visita, avvenimento, episodio*] frequent **2** *(diffuso)* [*comportamento, reazione, errore*] common **3 di frequente** frequently, often.

frequentemente /frekwente'mente/ avv. frequently, often.

frequenza /fre'kwɛntsa/ f. **1** FIS. RAD. frequency; ***banda di ~*** frequency *o* wave band; ***modulazione di ~*** frequency modulation; ***a bassa, alta ~*** low-, high-frequency **2** *(presenza) (ad avvenimento, incontro)* attendance **3** *(assiduità)* frequency; ***con quale ~ partono gli aerei?*** how often do the planes depart? ***con ~*** frequently; ***~ obbligatoria*** SCOL. UNIV. compulsory attendance **4** *(di parola)* currency **5** MED. ***~ cardiaca*** heart rate.

fresa /'frɛza/ f. MECC. milling cutter.

fresare /fre'sare/ [1] tr. to mill.

fresatore /freza'tore/ ➧ **18** m. (f. **-trice** /tritʃe/) miller.

fresatrice /freza'tritʃe/ f. TECN. *(macchina)* miller, milling machine.

fresatura /freza'tura/ f. *(di metallo)* milling.

freschezza /fres'kettsa/ f. **1** *(di alimenti, prodotti)* freshness; *(di aria)* freshness, coolness **2** *(giovinezza)* freshness.

fresco, pl. **-schi, -sche** /'fresko, ski, ske/ **I** agg. **1** *(leggermente freddo)* [*tempo, acqua, notte, luogo*] cool, fresh; ***"conservare in luogo ~"*** "store in a cool place" **2** *(recente)* [*colla, inchiostro*] fresh; [*notizia, storia*] fresh, hot, red-hot; [*alimenti, frutta*] fresh, crisp; ***pane ~*** fresh bread; ***panna -a*** dairy cream; ***formaggio ~*** underripe cheese; ***~ di bucato*** freshly laundered; ***"vernice -a"*** "wet paint"; ***~ di studi*** [*giovane*] fresh from *o* out of school **3** *(giovane)* [*viso, pelle, voce*] fresh; ***una ragazza -a*** a fresh-faced young girl **4** *(emesso da poco)* ***denaro ~*** fresh money; ***~ di stampa*** hot from *o* off the press **5** *(leggero)* [*profumo*] fresh; [*tessuto, abito*] cool, crisp **6** *(riposato)* fresh; ***avere un aspetto ~*** to look fresh **II** avv. **1** ***fa ~ oggi*** it's cool today **2 di fresco** *(da poco)* [*tagliato, colto, pitturato*] freshly; ***rasato di ~*** newly shaved; ***stirato di ~*** crisply ironed **III** m. **1** *(temperatura piacevole)* cool, coolness; ***prendere il ~*** to get some fresh air; ***il ~ della sera*** the cold evening air **2 al fresco** *(per conservare, raffreddare)* ***tenere qcs. al ~*** to keep sth. cold [*alimenti*]; ***mettere il vino al ~*** to chill *o* cool the wine; *(in prigione)* ***mettere qcn. al ~*** COLLOQ. to put sb behind bars, to put sb. away; ***stare al ~*** to be in the cooler, to do time **3** *(tessuto)* ***~ (di) lana*** light wool ♦ ***~ come una rosa*** as fresh as a daisy; ***stare ~*** *(essere nei guai)* to be in trouble *o* in a real mess; ***stai ~!*** *(per disilludere qcn.)* you can go whistle for it!

frescura /fres'kura/ f. coolness, coldness.

fresia /'frɛsja/ f. freesia.

fretta /'fretta/ f. hurry, haste; ***in tutta ~, in ~ e furia*** with breathless haste, helter-skelter; ***è partito in ~ e furia per Londra*** he's zoomed off to London; ***senza ~*** at (one's) leisure; ***in ~*** hastily, hurriedly, swiftly; ***che ~ c'è?*** what's the rush *o* hurry? ***mettere ~ a qcn.*** to hurry *o* hustle *o* rush sb.; ***andare*** o ***essere di ~, avere ~*** to be in a hurry; ***andare in ~ a casa*** to hurry home; ***nella ~ ho dimenticato...*** in my hurry, I forgot...; ***fai in ~!*** hurry up! don't delay! ♦ ***chi ha ~ vada adagio*** PROV. more haste less speed.

frettoloso /fretto'loso/ agg. *(che ha fretta)* [*persona*] impatient; *(veloce)* [*conversazione, pranzo*] hasty; [*visita*] hurried; [*lettera*] rushed; *(affrettato, precipitoso)* [*conclusioni*] hasty.

freudiano /froi'djano/ **I** agg. Freudian **II** m. (f. **-a**) Freudian.

friabile /fri'abile/ agg. **1** [*biscotto*] crisp, crumbly, friable **2** *(che si sgretola)* [*roccia, terra*] crumbly, friable, powdery.

friabilità /friabili'ta/ f.inv. crispness, friability.

fricassea /frikas'sɛa/ f. fricassee.

fricativo /frika'tivo/ agg. FON. fricative.

friggere /'friddʒere/ [53] **I** tr. *(in olio)* to fry **II** intr. (aus. *avere*) **1** *(in olio)* to fry, to sizzle **2** *(essere rovente)* to sizzle **3** FIG. *(fremere)* ***~ di rabbia*** to fume with anger; ***~ dall'impazienza*** to fume *o* hop with impatience ♦ ***andare a farsi ~*** COLLOQ. to get lost; ***mandare qcn. a farsi ~*** to send sb. to the devil.

friggitoria /friddʒito'ria/ f. = shop which sells fried food.

friggitrice /friddʒi'tritʃe/ f. fryer ♦♦ ***~ elettrica*** deep-(fat-)fryer.

frigidezza /fridʒi'dettsa/ f. frigidity.

frigidità /fridʒidi'ta/ f.inv. MED. frigidity.

frigido /'fridʒido/ agg. MED. [*donna*] frigid.

frignare /friɲ'ɲare/ [1] intr. (aus. *avere*) [*bambino*] to whimper, to whine, to snivel.

frigo /'frigo / m.inv. COLLOQ. (accorc. frigorifero) fridge; ***~ portatile*** icebox, cool box BE.

frigobar /frigo'bar/ m.inv. = small fridge used for keeping drinks cool especially in a hotel room.

frigorifero /frigo'rifero/ **I** agg. [*camion*] refrigerated; ***cella -a*** cold store, refrigerator **II** m. fridge, refrigerator, icebox AE.

fringuello /frin'gwɛllo/ m. chaffinch, finch.

frinire /fri'nire/ [102] intr. (aus. *avere*) [*cicala*] to shrill; [*grillo*] to chirp.

frisone /fri'zone/ ♦ ***30, 16*** **I** agg. Frisian **II** m. (f. **-a**) **1** *(persona)* Frisian **2** LING. Frisian.

frittata /frit'tata/ f. Italian omelette ♦ ***fare una ~*** to create havoc; ***(ri)voltare*** o ***rigirare la ~*** to twist an argument.

frittella /frit'tɛlla/ f. **1** pancake, fritter, crêpe, flapjack AE, hot cake AE **2** COLLOQ. *(macchia d'unto)* grease stain.

fritto /'fritto/ **I** p.pass. → **friggere II** agg. **1** [*carne, vegetali*] fried, deep-fried; ***pesce ~*** fried fish **2** FIG. *(spacciato)* ***siamo -i!*** we've had it now! **III** m. frying; ***~ di pesce*** fried fish ♦ ***sono cose -e e rifritte*** it's old hat ♦♦ ***~ misto*** = mixture of fried fish.

frittura /frit'tura/ f. **1** *(il friggere)* frying **2** *(vivanda fritta)* fried food; ***~ di pesce*** fried fish.

friulano /friu'lano/ ♦ ***30*** **I** agg. Friulian **II** m. (f. **-a**) Friulian.

frivolezza /frivo'lettsa/ f. flippancy, frivolity, levity.

frivolo /'frivolo/ agg. [*persona*] flighty, flippant, frivolous; [*comportamento, commento*] frivolous, giddy.

frizionare /frittsjo'nare/ [1] tr. to rub [*piedi, testa*].

frizione /frit'tsjone/ f. **1** *(massaggio)* rubbing **2** AUT. clutch; ***innestare la ~*** to let in *o* engage the clutch; ***disinnestare la ~*** to let out *o* disengage the clutch **3** TECN. *(attrito)* friction **4** FIG. *(contrasto)* friction.

frizzante /frid'dzante/ agg. **1** [*bevanda*] bubbly, fizzy, sparkling **2** FIG. [*conversazione*] sparkling **3** *(pungente)* [*aria, vento*] brisk, crisp.

frizzare /frid'dzare/ [1] intr. (aus. *avere*) [*bevanda*] to fizz, to fizzle, to sparkle.

frizzo /'friddzo/ m. witticism.

frocio, pl. **-ci** /'frɔtʃo, tʃi/ m. SPREG. REGION. fairy, queen, queer.

frodare /fro'dare/ [1] tr. to defraud [*fisco, persona*]; to swindle, to cheat [*persona*].

frode /'frɔde/ f. **1** *(inganno, raggiro)* cheat, trickery **2** DIR. fraud, deceit, deception ♦♦ ***~ alimentare*** food adulteration; ***~ elettorale*** electoral malpractice; ***~ fiscale*** tax fiddle *o* swindle.

frodo /'frɔdo/ m. ***caccia, pesca di ~*** poaching; ***cacciare, pescare di ~*** to poach; ***cacciatore di ~*** poacher; ***merce di ~*** smuggled goods.

frogia, pl. **-gie, -ge** /'frɔdʒa, dʒe/ f. *(di cavallo)* nostril.

frollare /frol'lare/ [1] **I** tr. to hang* [*selvaggina*] **II** intr. (aus. *essere*), **frollarsi** pronom. to become* high.

frollo /'frɔllo/ agg. [*selvaggina*] high.

1.fronda /'fronda/ **I** f. **1** *(ramoscello)* branch **2** BOT. frond **II fronde** f.pl. *(fogliame)* foliage.

2.fronda /'fronda/ f. *(rivolta)* revolt.

frondoso /fron'doso/ agg. [*albero, cespuglio*] leafy.

frontale /fron'tale/ **I** agg. **1** [*attacco, illuminazione*] frontal; ***scontro ~*** head-on collision **2** ANAT. [*lobo*] frontal **II** m. *(scontro)* head-on collision

frontaliero /fronta'ljɛro/ m. (f. **-a**) border-worker.

frontalino /fronta'lino/ m. *(di autoradio)* front panel.

frontalmente /frontal'mente/ avv. [*attaccare, scontrarsi*] head-on, frontally.

fronte /'fronte/ **I** ♦ ***4*** f. **1** ANAT. forehead, brow; ***~ alta, bassa*** high, low forehead; ***aggrottare, corrugare la ~*** to frown, to wrinkle one's forehead **2** MIL. ***~ a sinistr!*** left face! **3** *(facciata)* front, façade **4 in fronte** ***dare un bacio in ~ a qcn.*** to kiss sb.'s brow, to kiss sb. on the brow; ***leggere qcs. in ~ a qcn.*** to see sth. on sb.'s face; ***hai mentito, te lo si legge in ~*** you lied, it's written all over your face **II** m. **1** MIL. front; ***al ~*** at front **2** FIG. front; ***su tutti i -i*** on all fronts; ***far ~ a*** *(affrontare)* to face, to handle [*sfida, crisi*]; to cope with [*problema*]; *(adempiere)* to face up, to meet [*impegni, responsabilità*]; *(sostenere)* to meet *o* cope with [*spese*] **3** METEOR. front, frontal system **4** POL. front; ***sul ~ interno*** on the home front **5 di fronte** *(dirimpetto)* ***la casa (qui) di ~*** the house over the road; *(davanti)* ***ce l'hai di ~*** it's right in front of you; *(da davanti)* ***fotografare qcn. di ~*** to photograph sb. from the front **6 di fronte a di ~ alla casa** in front of *o* opposite *o* facing the house; ***mettere qcn. di ~ a*** to face *o* confront sb. with [*evidenza, realtà*]; ***trovarsi di ~ a*** to be faced with [*scelta, problema*]; ***non fermarsi di ~ a nulla*** to stop at nothing; *(in confronto a)* ***questo è niente di ~ al tuo incidente*** this is nothing compared to your accident **7 a fronte** ***edizione con traduzione a ~*** parallel text **8 a fronte di** ***a ~ dei recenti avvenimenti*** in view of recent events; ***a ~ del suo ordine*** COMM. against your order ♦ ***col sudore della ~*** by the sweat of one's brow; ***tener la*** o ***andare a ~ alta*** to hold one's head (up), to stand tall ♦♦ ***~ di abbattimento*** MIN. coalface; ***~ del porto*** waterfront.

fronteggiare /fronted'dʒare/ [1] **I** tr. **1** *(affrontare)* to face, to handle [*sfida, crisi*]; to cope with [*problema*] **2** *(stare di fronte a)* ***~ qcs.*** to face sth., to be opposite to sth. **II fronteggiarsi** pronom. to confront each other.

frontespizio, pl. **-zi** /frontes'pittsjo, tsi/ m. TIP. title page.

frontiera /fron'tjɛra/ f. *(confine)* border, frontier (anche FIG.); ***passare*** o ***varcare la ~*** to cross the state line, to slip across the border; ***incidente di ~*** border incident; ***linea di ~*** borderline; ***le -e della scienza*** FIG. the frontiers of science.

frontone /fron'tone/ m. gable, pediment.

fronzolo /'frondzolo/ m. frill, gewgaw; ***senza -i*** FIG. without frills.

fronzuto /fron'dzuto/ agg. leafy.

frotta /'frɔtta/ f. *(di persone)* shoal, swarm; ***a -e*** in flocks.

frottola /'frɔttola/ f. COLLOQ. fable, fib.

frugale /fru'gale/ agg. [*persona, pasto*] frugal.

frugalità /frugali'ta/ f.inv. *(di persona, pasto)* frugality.

frugare /fru'gare/ [1] **I** intr. (aus. *avere*) *(rovistare)* ***~ in*** to delve in(to), to ferret about, to go through [*tasche, cassetto, armadio*]; ***~ per trovare qcs.*** to rummage o fumble for sth. **II** tr. *(esaminare, perquisire)* to search [*casa, bagagli, tasche*]; to search, to rummage through [*stanza*].

frugoletto /frugo'letto/ m. kid, little child*.

fruire /fru'ire/ [102] intr. (aus. *avere*) ***~ di qcs.*** to enjoy sth., to benefit from sth.

fruitore /frui'tore/ m. (f. **-trice** /tritʃe/) *(di servizio)* user; *(di bene)* consumer.

frullare /frul'lare/ [1] **I** tr. to blend, to liquidize BE; ***~ le uova*** to whisk eggs **II** intr. (aus. *avere, essere*) **1** *(alzarsi in volo sbattendo le ali)* (aus. *avere*) [*uccelli*] to whirr **2** FIG. (aus. *essere*) ***cosa ti frulla per la testa?*** what is going on through your mind?

frullato /frul'lato/ m. (milk-)shake.
frullatore /frulla'tore/ m. blender, mixer, liquidizer BE.
frullino /frul'lino/ m. mixer, whisk.
frullio, pl. **-ii** /frul'lio, ii/ m. flutter, whirr.
frumento /fru'mento/ m. corn **U**, wheat **U**; ***campo, farina di*** ~ wheat field, flour.
frusciare /fruʃ'ʃare/ [1] intr. (aus. *avere*) [*carta, tessuto*] to swish; [*foglie*] to rustle; [*radio*] to crackle.
fruscio, pl. **-ii** /fruʃ'ʃio, ii/ m. **1** *(di foglie, carta, tessuto)* rustle, rustling; *(di acqua, prato, abito)* swish, swoosh **2** RAD. TELEV. crackling, noise; ***~ di fondo*** *(di grammofono)* surface noise.
frusta /'frusta/ f. **1** whip, lash, scourge; ***(fare) schioccare la*** ~ to crack the whip; ***colpo di*** ~ MED. whiplash injury **2** *(utensile da cucina)* whisk.
frustare /frus'tare/ [1] tr. **1** to lash, to whip [*persona, animale*]; *(flagellare)* to scourge **2** FIG. *(censurare aspramente)* to castigate, to lambast(e) [*costumi corrotti*].
frustata /frus'tata/ f. **1** lash **2** FIG. *(aspra critica)* blow, stick.
frustino /frus'tino/ m. crop, horsewhip.
frusto /'frusto/ agg. **1** *(consunto, logoro)* [*vestiti*] tired, outworn, ragged **2** FIG. *(trito, scontato)* [*tema, argomento*] tired, hackneyed, trite, well-worn.
frustrante /frus'trante/ agg. [*situazione, lavoro*] frustrating.
frustrare /frus'trare/ [1] tr. *(deludere)* to dash, to foil [*speranze*]; to frustrate, to thwart [*aspettativa, iniziativa*].
frustrato /frus'trato/ **I** p.pass. → **frustrare II** agg. frustrated, thwarted **III** m. (f. **-a**) frustrated person.
frustrazione /frustra'tsjone/ f. frustration.
frutta /'frutta/ f.inv. fruit **U**; ***essere alla*** ~ to be at the end of the meal; FIG. to have reached the end ♦♦ ~ ***candita*** candied fruit; ~ ***cotta*** stewed fruit; ~ ***fresca*** fresh fruit; ~ ***secca*** dried fruit; ~ ***sciroppata*** fruit in syrup.
fruttare /frut'tare/ [1] **I** intr. (aus. *avere*) *(fruttificare)* [*albero*] to bear* fruit; [*terra*] to be* productive **II** tr. **1** *(rendere)* [*conto, investimento*] to bear*, to pay* [*interessi*]; [*capitale*] to yield; [*vendita*] to realize [*somma*]; ***questo affare frutta milioni*** this deal brings in millions; ~ ***il 25% in 10 anni*** to yield 25% over 10 years; ***può ~ 600 sterline*** it can fetch up to £ 600 **2** FIG. to bear*, to win* [*ammirazione*].
fruttariano /frutta'rjano/ m. (f. **-a**) fruitarian.
fruttato /frut'tato/ agg. [*vino*] flowery, fruity; [*profumo*] fruity.
frutteto /frut'teto/ m. orchard.
frutticolo /frut'tikolo/ agg. [*mercato, azienda*] fruit attrib.
frutticoltore /fruttikol'tore/ ♦ *18* m. (f. **-trice** /tritʃe/) fruit farmer, fruit grower.
frutticoltura /fruttikol'tura/ f. fruit farming.
fruttiera /frut'tjɛra/ f. fruit bowl.
fruttifero /frut'tifero/ agg. **1** *(che produce frutti)* [*pianta, albero*] fruit-bearing **2** FIG. *(fruttuoso)* advantageous **3** ECON. [*investimento, conto*] interest-bearing.
fruttificare /fruttifi'kare/ [1] intr. (aus. *avere*) [*pianta, terra*] to fructify.
fruttivendolo /frutti'vendolo/ ♦ *18* m. (f. **-a**) fruiterer, greengrocer BE.
frutto /'frutto/ m. **1** fruit; ~ ***maturo*** ripe fruit; ***prendi un*** ~ have some fruit; ***carico di -i*** laden with fruit; ***cogliere un ~ dall'albero*** to pick a fruit from the tree; ***albero da*** ~ fruit tree **2** FIG. *(risultato)* fruit, result; *(di decisione, idea)* offshoot; ***portare*** o ***dare (buoni) -i*** to bear fruit, to yield benefits; ***i -i del proprio lavoro*** the fruit(s) of one's labours; ***i miei sforzi non hanno dato nessun*** ~ my efforts came to nothing *o* didn't bear fruit; ***mettere a ~ le proprie capacità*** to fulfil one's potential **3** ECON. *(profitto)* revenue, interest, income ♦♦ ~ ***esotico*** exotic fruit; ~ ***della passione*** passion fruit; ~ ***proibito*** BIBL. forbidden fruit; ***-i di bosco*** fruits of the forest, soft fruit **U**; ***-i di mare*** seafood, shellfish.
fruttuoso /fruttu'oso/ agg. *(proficuo)* [*anno*] fruitful; [*discussione, riunione, esperienza*] productive; *(redditizio)* [*affare, investimento*] profitable.
FS /effe'ɛsse/ f.pl. (⇒ Ferrovie dello Stato) = Italian railways.
f.to ⇒ firmato signed.
fu /fu/ agg.inv. BUROCR. ***il ~ Mario Rossi*** the late Mario Rossi.
fucilare /futʃi'lare/ [1] tr. to shoot*; ***far ~ qcn.*** to have sb. shot.
fucilata /futʃi'lata/ f. **1** rifle shot, gun shot **2** SPORT GERG. *(nel tennis)* cannonball.
fucilazione /futʃilat'tsjone/ f. fusillade.
fucile /fu'tʃile/ m. **1** *(arma)* gun, rifle; ***colpo di*** ~ gun *o* rifle shot; ***canna di*** ~ gun barrel **2** *(tiratore)* marksman*, rifleman ♦♦ ~ ***ad aria compressa*** air gun *o* rifle; ~ ***da caccia*** shotgun; ~ ***a due canne*** double-barrelled gun; ~ ***a canne mozze*** sawn-off shotgun; ~ ***mitragliatore*** submachine gun; ~ ***a pietra focaia*** flintlock.
fucileria /futʃile'ria/ f. ***fuoco*** o ***scarica di*** ~ fusillade.
fuciliere /futʃi'ljɛre/ m. rifleman*.
fucina /fu'tʃina/ f. **1** *(laboratorio)* smithy, forge **2** FIG. *(luogo di formazione)* ***una ~ d'ingegni*** a breeding ground of minds; ***una ~ di menzogne*** a hothouse of lies.
fucinare /futʃi'nare/ [1] tr. to forge [*ferro*].
1.fuco, pl. **-chi** /'fuko, ki/ m. ZOOL. drone.
2.fuco, pl. **-chi** /'fuko, ki/ m. BOT. kelp.
fucsia /'fuksja/ ♦ *3* **I** f. BOT. fuchsia **II** agg. e m.inv. *(colore)* fuchsia.
fuga, pl. **-ghe** /'fuga, ge/ f. **1** flight, escape; ***mettere in ~ qcn.*** to put sb. to flight; ***in*** ~ on the run; ***darsi alla*** ~ to take flight; ***tentare la*** ~ to make a break for it COLLOQ.; ***via di*** ~ escape route **2** FIG. escape (**da** from; **in** into) **3** TECN. *(perdita)* leak, leakage, blowout, escape **4** SPORT breakaway **5** ARCH. ~ ***di colonne*** flight of columns **6** MUS. PSIC. fugue ♦♦ ~ ***d'amore*** elopement; ~ ***di capitali*** ECON. flight of capital; ~ ***di cervelli*** brain drain; ~ ***di informazioni*** leakage of information; ~ ***di notizie*** leak.
fugace /fu'gatʃe/ agg. **1** [*pensiero, speranza, gioia, istante*] fleeting; [*bellezza*] transient **2** LETT. *(breve)* [*felicità, impressione*] fugitive, fleeting.
fugacità /fugatʃi'ta/ f.inv. LETT. transience.
fugare /fu'gare/ [1] tr. to dispel, to drive* away [*dubbio, timore, sospetto*].
fuggente /fud'dʒɛnte/ agg. [*felicità*] transient; [*attimo*] fleeting.
fuggevole /fud'dʒevole/ agg. [*sensazione*] transient; [*sguardo, ricordo, attimo*] fleeting.
fuggiasco, pl. **-schi**, **-sche** /fud'dʒasko, ski, ske/ **I** agg. [*prigioniero, schiavo*] fugitive, runaway **II** m. (f. **-a**) fugitive, runaway.
fuggifuggi /fuddʒi'fuddʒi/ m.inv. stampede, rush.
fuggire /fud'dʒire/ [3] **I** tr. *(evitare)* to flee* [*pericolo*]; to avoid [*minaccia, fatica*]; to shun [*tentazioni*] **II** intr. (aus. *essere*) **1** *(andare via)* to flee*, to run* away; ~ ***in Cina, all'estero*** to flee to China, abroad; ~ ***di prigione*** to escape from prison **2** *(sottrarsi a)* ~ ***davanti alle proprie responsabilità*** to run *o* walk away from one's responsibilities **3** FIG. *(trascorrere velocemente)* [*tempo*] to fly*.
fuggitivo /fuddʒi'tivo/ **I** agg. fugitive, runaway **II** m. (f. **-a**) fugitive, runaway.
fulcro /'fulkro/ m. **1** FIS. fulcrum* **2** FIG. fulcrum*, hub, linchpin.
fulgido /'fuldʒido/ agg. **1** [*stella, gemma*] radiant, luminous **2** FIG. [*ingegno, carriera*] brilliant; ***un ~ esempio di*** a shining example of.
fulgore /ful'gore/ m. brightness, splendour, brilliance.
fuliggine /fu'liddʒine/ f. soot.
fuligginoso /fuliddʒi'noso/ agg. [*camino*] sooty.
full /ful/ m.inv. *(nel poker)* full house.
fulminante /fulmi'nante/ agg. **1** [*sguardo*] scathing, withering **2** MED. [*malattia*] fulminating.
fulminare /fulmi'nare/ [1] **I** tr. **1** *(folgorare)* to strike* down [*albero*]; to electrocute [*persona*]; *(bruciare)* to blow* [*lampadina*]; ~ ***qcn. con lo sguardo*** FIG. to look scathingly at sb. **2** *(uccidere sul colpo)* [*fulmine, malattia*] to strike* [sb.] dead **II fulminarsi** pronom. [*lampadina*] to burn* out, to blow*.
fulminato /fulmi'nato/ **I** p.pass. → **fulminare II** agg. [*persona*] struck by lightning, electrocuted; [*lampadina*] burnt out.
fulmine /'fulmine/ **I** m. lightning **U**, flash, stroke of lightning; ***il ~ è caduto sull'edificio*** lightning struck the building **II fulmini** m.pl. *(ire)* ***attirarsi i -i di qcn.*** to incur sb.'s wrath ♦ ***veloce come un*** ~ as quick as lightning; ***un ~ a ciel sereno*** a bolt from *o* out of the blue.
fulmineità /fulminei'ta/ f.inv. suddenness.

fulmineo /ful'mineo/ agg. [*ascesa, progresso*] meteoric; ***una decisione -a*** a split-second decision; ***attacco ~*** lightning raid.
fulvo /'fulvo/ ➧ *3* agg. [*colore, pelo, capelli*] tawny, gingery.
fumaiolo /fuma'jɔlo/ m. *(di nave, locomotiva)* funnel; *(di stabilimento)* smokestack.
fumante /fu'mante/ agg. **1** [*camino, rovine*] smoking **2** *(bollente)* [*vivanda, tè*] steaming, piping hot.
fumare /fu'mare/ [1] **I** tr. to smoke [*sigaretta, sigaro*]; ***~ la pipa*** to smoke a pipe; ***~ 40 sigarette al giorno*** to be on 40 (cigarettes) a day; ***~ una sigaretta dopo l'altra*** to chain-smoke cigarettes **II** intr. (aus. *avere*) **1** *(emanare fumo, vapore)* [*fumatore, vulcano, fuoco*] to smoke; [*tè*] to steam; ***"vietato ~"*** "no smoking", "smoking is forbidden" **2** COLLOQ. FIG. *(essere arrabbiato)* ***~ di rabbia*** to fume with anger ♦ ***~ come un turco*** o ***una ciminiera*** to smoke like a chimney.
fumario, pl. **-ri**, **-rie** /fu'marjo, ri, rje/ agg. ***canna -a*** flue.
fumata /fu'mata/ f. smoke ♦♦ ***~ bianca, ~ nera*** RELIG. = a white, black smoke signal used to indicate whether a new pope has been elected.
fumatore /fuma'tore/ m. (f. **-trice** /tritʃe/) smoker; ***accanito*** o ***forte ~*** chain-smoker, heavy smoker; ***zona -i, non -i*** smoking, non-smoking area; ***scompartimento -i*** smoker.
fumé /fy'me/ agg.inv. [*vetro*] smoky, tinted; [*lenti*] tinted.
fumeria /fume'ria/ f. ***~ (d'oppio)*** opium den.
fumettista, m.pl. **-i**, f.pl. **-e** /fumet'tista/ ➧ *18* m. e f. cartoonist, comic strip artist.
fumetto /fu'metto/ m. **1** *(sequenza di disegni)* comic strip, (strip) cartoon; ***racconto*** o ***storia a -i*** comic-strip story **2** *(giornalino)* comic (book) **3** *(nuvoletta)* balloon.
fumo /'fumo/ m. **1** *(residuo della combustione)* smoke; ***~ di sigaro*** cigar smoke; ***le dà noia il ~?*** do you mind my smoking? **2** *(esalazione, vapore)* fume, steam **3** *(consumo di tabacco)* smoking; ***sono guarito dal vizio del ~*** I'm cured of smoking **4** GERG. *(hascisc)* pot **5** FIG. ***~ negli occhi*** *(fandonie)* eyewash; ***essere in preda ai -i dell'alcol*** to be in an alcoholic haze ♦ ***non c'è ~ senza arrosto*** PROV. there is no smoke without fire; ***essere tanto ~ e poco arrosto*** to be all show; ***andare in ~*** [*progetto, accordo*] to fall through; ***gettare ~ negli occhi a qcn.*** to pull the wool over sb.'s eyes; ***mandare in ~*** to wreck [*vacanze*]; to scuttle [*progetto*] ♦♦ ***~ di Londra*** dark grey; ***~ passivo*** passive smoking.
fumogeno /fu'mɔdʒeno/ agg. ***bomba -a*** smoke bomb; ***cortina -a*** smoke screen **II** m. smoke candle.
fumoso /fu'moso/ agg. **1** [*atmosfera*] smoky; [*locale*] smoke-filled **2** *(nebuloso)* [*teoria, intenzioni*] woolly BE, wooly AE.
funambolo /fu'nambolo/ ➧ *18* m. (f. **-a**) tightrope walker.
fune /'fune/ f. **1** *(di fibre vegetali)* rope; *(in metallo)* cable; *(dell'acrobata)* tightrope **2** SPORT rope; ***tiro alla ~*** tug-of-war.
funebre /'funebre/ agg. **1** *(funerario)* ***corteo ~*** funeral procession; ***servizio ~*** burial service; ***veglia ~*** wake; ***carro ~*** hearse; ***onoranze -i*** funeral honours **2** *(lugubre)* [*atmosfera, tono*] funereal, gloomy.
funerale /fune'rale/ m. funeral, burial ♦ ***che faccia da ~!*** you look so sad!
funerario, pl. **-ri**, **-rie** /fune'rarjo, -ri, -rie/ agg. [*oggetto, monumento*] funerary; [*spese*] funeral attrib.
funereo /fu'nɛreo/ agg. [*aspetto, espressione, voce*] funereal, gloomy.
funestare /funes'tare/ [1] tr. to afflict, to strike*, to ravage [*paese, territorio, evento*].
funesto /fu'nɛsto/ agg. **1** *(nefasto)* [*errore, consiglio, decisione*] fatal; [*notizie*] black; [*conseguenze*] dire **2** *(doloroso)* [*periodo*] sad.
fungere /'fundʒere/ [55] intr. (aus. *avere*) **1** *(sostituire)* ***~ da*** [*persona*] to act as **2** *(servire)* ***~ da*** [*cosa*] to function *o* act *o* serve as.
fungicida /fundʒi'tʃida/ m. fungicide.
fungino /fun'dʒino/ agg. [*infezione*] fungal.
fungo, pl. **-ghi** /'fungo, gi/ m. **1** GASTR. mushroom; ***-ghi velenosi*** poisonous mushrooms; ***andare a*** o ***per -ghi*** to go mushroom picking **2** BOT. MED. fungus* ♦ ***crescere come -ghi*** to spring *o* pop up like mushrooms ♦♦ ***~ atomico*** mushroom cloud.
funicolare /funiko'lare/ **I** agg. funicular **II** f. funicular, cable railway.
funivia /funi'via/ f. cableway.
funzionale /funtsjo'nale/ agg. *(pratico)* [*design, mobile*] functional; [*oggetto, edificio*] practical; [*sistema*] workable.
funzionamento /funtsjona'mento/ m. working, operation, functioning; ***cattivo ~*** malfunction; ***mostrare il ~ di qcs.*** to show how sth. works.
funzionante /funtsjo'nante/ agg. [*macchina*] operable, operational; ***essere ~*** to be in working order *o* in service.
funzionare /funtsjo'nare/ [1] intr. (aus. *avere*) **1** [*dispositivo, macchinario*] to work; [*generatore, motore*] to run*; ***~ male*** to malfunction; ***~ a gas*** to work *o* run on gas; ***fare ~ una macchina*** to operate a machine **2** [*piano, matrimonio*] to work out; [*sistema, ipotesi*] to work; ***c'è qualcosa che non funziona*** there's something wrong here; ***le lusinghe non funzionano con me*** flattery won't work with me **3** → **fungere**.
funzionario, pl. **-ri** /funtsjo'narjo, ri/ m. (f. **-a**) *(di governo, partito, sindacato)* official; *(pubblico)* civil servant; *(di banca, assicurazioni)* executive; ***alto ~*** senior official, top executive.
funzione /fun'tsjone/ f. **1** *(mansione)* function, duties pl.; *(carica)* office, post; ***esonerato dalle proprie -i*** dismissed from one's post; ***nell'esercizio delle loro -i*** while carrying out their duties; ***non rientra nelle mie -i*** that is not part of my function *o* job; ***facente ~ di direttore*** acting as director **2** DIR. ***~ pubblica*** civil service **3** *(ruolo)* function; ***avere una ~*** to serve a function **4** BIOL. *(di organo)* function; ***-i fisiologiche*** bodily functions **5** MAT. INFORM. function **6** RELIG. *(messa)* (church) service **7 in funzione** ***essere in ~*** to be on, to be in use; ***mettere in ~ qcs.*** to set sth. going ♦ ***vivere in ~ di qcs.*** to live for sth.
fuochista, m.pl. **-i**, f.pl. **-e** /fwo'kista/ ➧ *18* m. e f. stoker.
fuoco, pl. **-chi** /'fwɔko, ki/ **I** m. **1** fire; ***~ di legna*** wood fire; ***al ~!*** fire! ***accendere*** o ***fare un ~*** to light a fire; ***spegnere il ~*** to extinguish *o* put out the fire; ***andare a ~*** to go up in flames; ***prendere ~*** to catch fire, to burst into flames; ***hai del ~?*** *(per sigaretta)* COLLOQ. (have you) got a match? **2** *(fornello)* burner, gas ring BE; *(fiamma)* heat; ***a ~ lento, vivo*** on a low, high flame *o* gas *o* heat **3** FIG. ***un discorso di ~*** a passionate speech; ***un temperamento di ~*** a fiery temperament **4** MIL. *(spari)* ***~!*** fire! ***cessare il ~*** to cease fire; ***fare ~*** to fire (**su** at); ***aprire il ~*** to open fire; ***sotto il ~ (del) nemico*** under enemy fire **5** OTT. focus*; ***a ~ fisso*** fixed focus; ***messa a ~*** focalization **6** GIOC. ***fuochino... fuocherello... ~!*** you're getting hot... hotter... you are hot! **II** agg.inv. ***rosso ~*** fiery red ♦ ***mettere a ~ qcs.*** to pin sth. down; ***essere preso*** o ***trovarsi tra due -chi*** to be caught in the middle; ***essere sotto il ~ incrociato*** to be *o* get caught in the crossfire; ***~ di fila di critiche*** barrage of criticism; ***gettarsi nel ~ per qcn.*** to go through fire and water for sb.; ***fare ~ e fiamme*** to breathe fire; ***soffiare sul ~*** to fan the flames; ***dare ~ alle polveri*** to bring things to a head; ***giocare*** o ***scherzare col ~*** to play with fire; ***avere molta carne al ~*** to have a lot of irons in the fire; ***ci metterei la mano sul ~!*** I'm willing to bet on it! ***gettare olio sul ~*** add fuel to the fire; ***versare acqua sul ~*** to pour oil on troubled waters ♦♦ ***~ artificiale*** o ***d'artificio*** firework; ***~ di bivacco*** o ***di campo*** campfire; ***~ di copertura*** MIL. covering fire; ***~ fatuo*** ignis fatuus, will-o'-the-wisp; ***~ di paglia*** flash in the pan; ***~ di sant'Antonio*** shingles.
fuorché /fwor'ke/ **I** cong. except; ***tutto potevo immaginare, ~ tu ammettessi di avere torto*** I would never have thought you'd admit you were wrong **II** prep. except, but; ***era tutto ~ felice*** he was anything but happy; ***avevano tutte le taglie ~ la mia*** they had every size except mine.
fuori /'fwɔri/ Fuori ha due equivalenti in inglese: *outside* e *out (of)*. *Outside*, che può essere avverbio, preposizione o sostantivo, significa *all'esterno*; con valore semantico più generale si usa l'avverbio *out* e la preposizione *out of*: *non aspetti fuori, venga dentro!* = don't wait outside, come in!; *aspettava fuori dal negozio* = she was waiting outside the shop; *la porta non si può aprire da fuori* = you can't open the door from the outside; *ci sono molte persone là fuori* = there are a lot of people out there; *finalmente sono fuori dall'ospedale* = I'm out of hospital at last. **I** avv. **1** out; *(all'esterno)* outside; *(all'aperto)* outdoors; ***è ~ in giardino*** he's out in the garden; ***là ~*** out there; ***qui ~*** out here; ***venite ~!*** come outside! come on out! ***guardare ~*** to look outside; ***da ~***

(dall'esterno) from the outside **2** *(di casa, ufficio, sede)* out; ***stare ~ tutta la notte*** to stay out all night; ***andare a mangiare ~*** to go out for a meal **3** *(all'estero)* abroad; ***in Italia e ~*** in Italy and abroad **4** FIG. ***tenersi ~ dai guai*** to stay out of trouble; ***~ sembrava tranquillo*** outwardly he looked calm **5** *(in espressioni esclamative)* ***~ (di qui)!*** get out (of here)! ***~ i soldi!*** pay up! hand over the money! **6 in fuori** ***sporgersi in ~*** to lean out **II** prep. **1** outside, out of; ***~ città*** out of town, outside the city; ***~ casa*** out of the house; ***~ dall'Italia*** outside Italy; ***~ dalla finestra*** out of the window **2 al di fuori di** *(all'esterno di)* ***al di ~ delle ore di apertura*** outside of opening hours; *(eccetto)* except; ***tutti al di ~ di te*** everybody but you **III** m.inv. ***il (di) ~*** *(parte esterna)* the outside ♦ ***essere ~ di sé*** to be beside oneself; ***essere ~*** COLLOQ. to be off one's nut, to be out of one's tree; *(di prigione)* to be out; ***fare ~ qcn.*** *(uccidere)* to blow sb. away, to do sb. in; ***fare ~*** to finish off *o* up [*cibo, bevanda*]; ***venir ~*** *(essere scoperto)* to come out *o* up.

fuoribordo /fwori'bordo/ **I** agg.inv. [*motore*] outboard **II** m.inv. outboard.

fuoriclasse /fwori'klasse/ **I** agg.inv. first-rate **II** m. e f.inv. world-beater.

fuorigioco /fwori'dʒɔko/ m.inv. offside.

fuorilegge /fwori'leddʒe/ **I** agg.inv. illegal, unlawful **II** m. e f.inv. outlaw.

fuorimano /fwori'mano/ **I** agg.inv. [*luogo, paese*] out-of-the-way **II** avv. [*abitare*] off the beaten track.

fuoripista /fwori'pista/ m.inv. off-piste skiing.

fuoriprogramma /fworipro'gramma/ m.inv. TELEV. unscheduled programme.

fuoriserie /fwori'sɛrje/ **I** agg.inv. custom-built **II** f.inv. custom-built car.

fuoristrada /fworis'trada/ **I** agg.inv. ***pneumatici ~*** all-terrain tyres **II** m.inv. *(veicolo)* all-terrain vehicle, off-road vehicle.

fuoriuscire /fworiuʃ'ʃire/ [106] intr. (aus. *essere*) [*liquido, gas*] to leak, to come* out (**da** from, out of); [*fumo, aria*] to escape; *(da un contenitore)* to spill (**da** from, out of); *(traboccare)* to spill over.

fuoriuscita /fworiuʃ'ʃita/ f. spillage, leakage, leak.

fuorviante /fworvi'ante/ agg. misleading.

fuorviare /fworvi'are/ [1] **I** intr. (aus. *avere*) to go* astray **II** tr. to lead* [sb.] astray, to mislead*.

furbacchione /furbak'kjone/ m. (f. **-a**) sly person, wily bird.

furbastro /fur'bastro/ m. (f. **-a**) SPREG. weasel.

furberia /furbe'ria/ → **furbizia**.

furbizia /fur'bittsja/ f. **1** cunning, slyness **2** *(azione)* clever trick.

furbo /'furbo/ **I** agg. [*persona, aria, idea*] *(intelligente)* clever, smart; *(astuto)* shrewd, cunning; [*mossa*] clever, cunning, crafty **II** m. (f. **-a**) clever person; ***fare il ~*** to get cute; ***non cercare di fare il ~*** don't play games with me ♦ ***bravo ~!*** that was clever! ***farsi ~*** to wise up.

furente /fu'rɛnte/ agg. [*persona*] furious.

fureria /fure'ria/ f. orderly room.

furetto /fu'retto/ m. ZOOL. ferret.

furfante /fur'fante/ m. e f. scoundrel; SCHERZ. rogue.

furfanteria /furfante'ria/ f. roguery.

furfantesco, pl. **-schi**, **-sche** /furfan'tesko, ski, ske/ agg. knavish.

furgoncino /furgon'tʃino/ m. small van.

furgone /fur'gone/ m. van ♦♦ ***~ cellulare*** police *o* prison van; ***~ postale*** mail van.

furia /'furja/ f. **1** *(rabbia)* fury, rage **2** *(impeto)* *(del vento)* fury, wildness; *(di mare, tempesta)* fury **3** *(fretta, foga)* haste; ***avere ~ di fare qcs.*** to be impatient to do sth. **4** *(persona adirata)* fury; ***avventarsi su qcn. come una ~*** to fly at sb. in a fury **5 a furia di** ***a ~ di gridare perse la voce*** he shouted so much (that) he lost his voice ♦ ***essere su tutte le -e*** to be in a towering rage; ***mandare qcn. su tutte le -e*** to send sb. into a rage, to infuriate sb.; ***andare su tutte le -e*** to go berserk; ***in fretta e ~*** with breathless haste, helter-skelter; ***se ne andò in fretta e ~*** he left as fast as he could.

furibondo /furi'bondo/ agg. **1** *(adirato)* [*persona*] incensed, raging, enraged **2** *(violento)* [*rissa, battaglia*] furious, wild; ***una lite -a*** a raging argument.

furiere /fu'rjɛre/ m. MIL. quartermaster.

furioso /fu'rjoso/ agg. **1** *(adirato)* [*persona, aria, tono, occhiata*] furious; ***un pazzo ~*** a raving lunatic **2** *(violento)* [*rissa*] furious, wild; [*lotta*] fierce; ***una lite -a*** a raging argument **3** *(impetuoso)* [*tempesta*] raging; [*passione*] violent.

furore /fu'rore/ m. **1** *(collera)* fury, rage **2** *(impeto)* *(di tempesta, mare)* fury **3** *(estro)* frenzy; ***il ~ poetico*** poetic frenzy; ***~ giovanile*** youthful enthusiasm ♦ ***fare ~*** [*persona, moda*] to be all the fashion *o* rage; ***a furor di popolo*** by popular acclaim.

furoreggiare /furored'dʒare/ [1] intr. (aus. *avere*) to be* (all) the rage.

furtivo /fur'tivo/ agg. [*movimento*] furtive; [*sguardo*] furtive, covert, sidelong; [*passo*] stealthy.

furto /'furto/ m. **1** *(reato)* theft, robbery; ***commettere un ~*** to commit a theft *o* robbery **2** COLLOQ. ***questo è un ~!*** it's daylight *o* sheer robbery! ♦♦ ***~ aggravato*** aggravated burglary; ***~ con scasso*** burglary.

fusa /'fusa/ f.pl. purr sing.; ***fare le ~*** to purr.

fuscello /fuʃ'ʃɛllo/ m. *(sottile ramoscello)* twig; *(di paglia)* straw.

fusciacca, pl. **-che** /fuʃ'ʃakka, ke/ f. sash.

fuseaux /fu'zo/ m.pl. leggings.

fusibile /fu'zibile/ **I** agg. ***filo ~*** fuse wire **II** m. fuse.

fusilli /fu'zilli/ m.pl. GASTR. = spiral shaped pasta.

fusione /fu'zjone/ f. **1** *(liquefazione)* *(di metallo)* fusion, melting; *(di ghiaccio)* melting **2** *(colata)* *(di metallo, statua)* casting **3** FIS. NUCL. fusion **4** *(unione)* fusion; *(di popoli, razze)* mixing; *(di imprese)* merger, amalgamation; *(di stili, colori, idee)* blend.

fuso /'fuzo/ **I** p.pass. → **fondere II** agg. **1** *(liquefatto)* [*burro, formaggio*] melted; [*metallo*] molten **2** COLLOQ. *(rovinato)* [*motore, macchina, televisione*] burnt out **3** COLLOQ. *(esausto)* strung out; *(sballato)* stoned **III** m. **1** *(per filare)* spindle **2** GEOGR. ***~ orario*** time zone ♦ ***dritto come un ~*** straight as a ramrod.

fusoliera /fuzo'ljɛra/ f. fuselage.

fustagno /fus'taɲɲo/ m. fustian, moleskin.

fustigare /fusti'gare/ [1] tr. **1** *(battere, picchiare)* to flog, to scourge **2** FIG. to criticize severely, to lambast(e).

fustigazione /fustigat'tsjone/ f. flogging, lash.

fustino /fus'tino/ m. box; *(cilindrico)* drum.

fusto /'fusto/ m. **1** *(tronco)* trunk; *(gambo)* stem, stalk; ***albero d'alto ~*** timber tree **2** ARCH. *(di colonna)* shaft **3** COLLOQ. FIG. *(giovane aitante)* hunk; ***un bel ~*** a tall, handsome strapping man **4** *(recipiente)* *(di prodotti chimici)* drum, can; ***~ di birra*** beer vat **5** *(armatura)* ***~ del letto*** bedstead.

futile /'futile/ agg. [*conversazione*] shallow, trivial; [*persona, motivo, esistenza*] trivial, superficial; [*tentativo*] futile; [*piaceri*] frivolous.

futilità /futili'ta/ f.inv. **1** *(irrilevanza)* triviality, superficiality **2** *(azioni, dettagli)* froth **U**.

futurismo /futu'rizmo/ m. futurism.

futurista, m.pl. **-i**, f.pl. **-e** /futu'rista/ agg., m. e f. futurist.

futuro /fu'turo/ **I** agg. [*eventi, generazioni*] future; ***la ~ sposa*** the bride-to-be **II** m. **1** *(avvenire)* future; ***in ~*** in (the) future; ***in un lontano ~*** in the far-distant future **2** LING. future (tense); ***al ~*** in the future; ***~ anteriore*** future perfect.

futurologo, m.pl. **-gi** f.pl. **-ghe** /futu'rɔlogo, dʒi, ge/ m. (f. **-a**) futurologist.

g

g, G /dʒi/ m. e f.inv. *(lettera)* g, G.
G8 /dʒi'ɔtto/ m. (⇒ gruppo degli Otto Group of Eight) G8.
gabardine /gabar'din/ f.inv. TESS. ABBIGL. gaberdine.
gabbare /gab'bare/ [1] tr. to cheat, to swindle.
gabbia /'gabbja/ f. **1** *(per uccelli)* birdcage; *(per animali)* cage; ***in ~*** caged; ***mettere in ~*** to cage [*animale*]; ***sentirsi in ~*** FIG. to feel boxed in **2** *(per imballaggi)* crate **3** *(in tribunale)* dock **4** *(di ascensore)* car **5** MAR. ***vela di ~*** topsail; ***albero di ~*** top mast ♦♦ ***~ di matti*** madhouse; ***~ toracica*** rib cage.
gabbiano /gab'bjano/ m. (sea)gull.
gabella /ga'bɛlla/ f. STOR. tallage.
gabinetto /gabi'netto/ m. **1** *(bagno)* toilet, lavatory; *(in casa)* bathroom; *(tazza)* toilet; ***andare al ~*** to go to the toilet **2** *(studio) (medico, odontoiatrico)* surgery BE, office AE; *(di giudice)* chambers pl. **3** POL. *(governo)* cabinet; *(di ministro, prefetto)* staff, cabinet **4** *(di museo)* (exhibition) room ♦♦ ***~ pubblico*** public convenience BE, comfort station AE.
gabonese /gabo'nese/ ▸ ***25*** agg., m. e f. Gabonese.
Gabriele /gabri'ɛle/ n.pr.m. Gabriel.
Gabriella /gabri'ɛlla/ n.pr.f. Gabrielle, Gabriella.
gaelico pl. **-ci, -che** /ga'ɛliko, tʃi, ke/ **I** agg. Gaelic **II** m. LING. Gaelic.
gaffa /'gaffa/ f. MAR. boathook.
gaffe /gaf/ f.inv. gaffe, blunder; ***fare una ~*** to make a gaffe *o* a blunder, to put one's foot in it.
gag /gɛg/ f.inv. gag.
gagà /ga'ga/ m.inv. COLLOQ. ANT. fop, dandy.
gaggia /gad'dʒia/ f. opopanax tree.
gagliardetto /gaʎʎar'detto/ m. **1** *(insegna)* pennant **2** MAR. pennant, pennon.
gagliardo /gaʎ'ʎardo/ agg. *(robusto)* vigorous, strong; *(valoroso)* brave; *(vivace)* lively.
gaglioffo /gaʎ'ʎɔffo/ m. *(farabutto)* scoundrel.
gaiezza /ga'jettsa/ f. gaiety, cheerfulness.
gaio, pl. **gai**, **gaie** /'gajo, 'gai, 'gaje/ agg. [*persona, umore*] happy, gay; [*aria, tono*] cheerful.
gala /'gala/ f. pomp, magnificence; ***di ~*** [*abito, serata*] gala attrib.
galà /ga'la/ m.inv. *(ricevimento)* gala.
galante /ga'lante/ **I** agg. **1** *(cortese con le donne)* gallant; ***è molto ~*** he is a real gentleman **2** *(amoroso)* ***incontro ~*** tryst **II** m. gentleman*, ladies' man*.
galanteria /galante'ria/ f. **1** *(cortesia)* gallantry **2** *(atto)* courtesy; *(parola gentile)* compliment.
galantuomo /galan'twɔmo/ m. honourable man*, gentleman* ♦ ***il tempo è ~*** PROV. time will tell.
galassia /ga'lassja/ f. ASTR. galaxy (anche FIG.).
galateo /gala'tɛo/ m. etiquette, (good) manners pl.; ***le regole del ~*** the rules of etiquette.
galattico, pl. **-ci, -che** /ga'lattiko, tʃi, ke/ agg. **1** galactic **2** COLLOQ. FIG. cosmic.
galea /ga'lɛa/ f. *(nave)* galley.
galeone /gale'one/ m. galleon.

1.galeotto /gale'ɔtto/ m. **1** STOR. *(vogatore)* galley slave **2** *(carcerato)* convict.
2.galeotto /gale'ɔtto/ m. LETT. go-between.
galera /ga'lɛra/ f. **1** STOR. *(galea)* galley **2** *(prigione)* jail, prison; ***andare in ~*** to go to jail; ***farsi 2 anni di ~*** to serve a two-year prison sentence; ***avanzo di ~*** jailbird.
Galilea /gali'lea/ ▸ ***30*** n.pr.f. Galilee.
galla /'galla/ f. **1** ***stare a ~*** to stay *o* remain afloat, to float; FIG. [*persona*] to stay afloat; ***tornare a ~*** to float back up to the surface; ***venire a ~*** [*emozioni*] to come *o* rise to the surface; [*segreti*] to come spilling out **2** BOT. gall.
galleggiabilità /galleddʒabili'ta/ f.inv. buoyancy.
galleggiamento /galleddʒa'mento/ m. *(azione)* floatage; *(di nave)* floating; ***linea di ~*** water line.
galleggiante /galled'dʒante/ **I** agg. floating **II** m. **1** float **2** *(imbarcazione)* barge.
galleggiare /galled'dʒare/ [1] intr. (aus. *avere*) [*boa, imbarcazione*] to float; [*petrolio, scarti*] to float, to stay afloat.
galleria /galle'ria/ f. **1** *(traforo)* tunnel **2** ARCH. *(corridoio)* arcade **3** ART. *(museo)* gallery **4** *(passaggio sotterraneo)* gallery **5** *(di teatro, cinema)* gallery, circle, balcony ♦♦ ***~ d'arte*** art gallery; ***~ di negozi*** shopping arcade; ***~ del vento*** TECN. wind tunnel.
gallerista, m.pl. **-i**, f.pl. **-e** /galle'rista/ ▸ ***18*** m. e f. gallery manager.
Galles /'galles/ ▸ ***33*** n.pr.m. Wales.
gallese /gal'lese/ ▸ ***25, 16*** **I** agg. Welsh **II** m. e f. *(uomo)* Welshman*; *(donna)* Welshwoman*; ***i -i*** the Welsh **III** m. LING. Welsh.
galletta /gal'letta/ f. *(biscotto)* ship's biscuit, rusk.
galletto /gal'letto/ m. **1** *(giovane gallo)* cockerel **2** *(spavaldo)* cocky man*; *(corteggiatore)* ***fare il ~*** to flirt with every woman.
Gallia /'gallja/ n.pr.f. Gaul.
gallicismo /galli'tʃizmo/ m. Gallicism.
gallico, pl. **-ci, -che** /'galliko, tʃi, ke/ agg. STOR. Gaulish, Gallic.
gallina /gal'lina/ f. hen ♦ ***andare a letto con le -e*** = to go to bed very early; ***~ dalle uova d'oro*** golden goose; ***~ vecchia fa buon brodo*** PROV. good broth can be made in an old pot.
1.gallo /'gallo/ **I** m. cock, rooster; ***al canto del ~*** at cockcrow **II** agg.inv. SPORT ***pesi ~*** bantamweight **III** m.inv. SPORT ***i ~*** *(categoria)* bantamweight ♦ ***fare il ~*** to flirt with every woman; ***essere il ~ del pollaio*** to be cock of the walk ♦♦ ***~ cedrone*** capercaillie.
2.gallo /'gallo/ **I** STOR. agg. Gaulish **II** m. STOR. Gaul.
galloccia, pl. **-ce** /gal'lɔttʃa, tʃe/ f. cleat.
gallonato /gallo'nato/ agg. MIL. [*uniforme*] braided.
1.gallone /gal'lone/ m. **1** SART. trim, braid **U 2** MIL. stripe, chevron.
2.gallone /gal'lone/ ▸ ***20*** m. *(unità di misura)* gallon.
galoche /ga'lɔʃ/ f.inv. galosh.
galoppante /galop'pante/ agg. [*inflazione*] galloping.

galoppare /galop'pare/ [1] intr. (aus. *avere*) **1** [*cavallo, fantino*] to gallop **2** FIG. **~ *dalla mattina alla sera*** to dash around all day; ***lasciar ~ la fantasia*** to let one's imagination run wild.
galoppata /galop'pata/ f. **1** *(di cavallo, fantino)* gallop; ***fare una ~*** to go for a gallop **2** FIG. race against time.
galoppatore /galoppa'tore/ m. (f. **-trice** /tritʃe/) galloper.
galoppino /galop'pino/ m. COLLOQ. legman*; ***fare il ~*** to do the legwork ♦♦ **~ *elettorale*** canvasse.
galoppo /ga'lɔppo/ m. EQUIT. gallop; ***un cavallo al ~*** a galloping horse; ***partire al ~*** to gallop away; ***il cavallo è partito al ~*** the horse broke into a gallop; ***andare al ~*** to gallop.
galoscia, pl. **-sce** /ga'lɔʃʃa, ʃe/ → **galoche.**
galvanizzare /galvanid'dzare/ [1] tr. MED. TECN. to galvanize (anche FIG.).
gamba /'gamba/ ➧ *4* f. **1** *(di persona, oggetto, indumento)* leg; **~ *del tavolo*** table leg; ***questi pantaloni sono lunghi di ~*** these trousers are too long in the leg **2** *(di lettera, nota)* stem **3 in gamba *un tipo in ~*** a smart guy; ***in ~! (stai bene)*** take care! ♦ ***tagliare le -e a qcn.*** *(ostacolare)* to put a spoke in sb.'s wheel; [*vino, liquore*] to make sb. drowsy; ***mettersi le -e in spalla, darsela a -e*** to take to one's heels; ***fuggire a -e levate*** to beat a (hasty) retreat, to make a dash for it; ***mandare qcn. a -e all'aria*** to send sb. flying; ***prendere qcs. sotto ~*** = to underestimate sth.
gambale /gam'bale/ m. *(di stivale)* bootleg.
gambaletto /gamba'letto/ m. **1** *(calza)* knee sock **2** *(ingessatura)* walking cast.
gamberetto /gambe'retto/ m. prawn, shrimp.
gambero /'gambero/ m. *(di acqua dolce)* crayfish BE, crawfish AE; *(di mare)* lobster ♦ ***camminare come i -i*** to walk backwards; ***rosso come un ~*** as red as a lobster.
gambetto /gam'betto/ m. *(negli scacchi)* gambit.
gambiano /gam'bjano/ ➧ *25* **I** agg. Gambian **II** m. (f. **-a**) Gambian.
gambizzare /gambid'dzare/ [1] tr. to kneecap.
gambo /'gambo/ m. **1** BOT. stem; *(più spesso)* stalk; *(di sedano)* stick **2** *(di bicchiere)* stem **3** *(di chiodo, vite, amo)* shank.
gamete /ga'mɛte/ m. gamete.
1.gamma /'gamma/ **I** m. e f.inv. *(lettera)* gamma **II** agg.inv. ***raggi ~*** gamma radiation.
2.gamma /'gamma/ f. **1** MUS. gamut, scale **2** *(gradazione)* spectrum*, range; ***la ~ dei sentimenti*** FIG. gradations of feeling **3** *(scelta)* range, gamut; *(di prodotti, servizi)* range, spread, sweep, array; **~ *di prezzi*** price range ♦♦ **~ *di frequenze*** RAD. frequency band.
ganascia, pl. **-sce** /ga'naʃʃa, ʃe/ f. **1** ANAT. ZOOL. jaw **2** *(di pinza, morsa)* jaw **3** FERR. fishplate **4** AUT. (wheel)clamp; *(del freno)* brake shoe; ***mettere le -sce a un'auto*** to clamp a car ♦ ***mangiare a quattro -sce*** to gobble up.
gancio, pl. **-ci** /'gantʃo, tʃi/ m. **1** *(uncino)* hook; *(di macellaio)* meat hook; *(di braccialetto)* clasp **2** *(di rimorchio)* towing attachment; *(di vagone)* coupling **3** SPORT *(nella boxe)* hook.
gang /gɛng/ f.inv. **1** *(di malviventi)* gang, mob **2** *(combriccola)* gang, crew.
ganghero /'gangero/ m. pivot, pin of a hinge ♦ ***uscire dai -i*** to go over the top (with anger); ***fare uscire qcn. dai -i*** to get *o* take a rise out of sb.
ganglio, pl. **-gli** /'gangljo, gli/ m. ganglion (anche FIG.) ♦♦ **~ *linfatico*** lymphatic gland.
ganzo /'gandzo/ **I** agg. COLLOQ. ***un tipo ~*** a cool guy **II** m. **1** SPREG. *(amante)* lover **2** *(dritto)* smart person, sly person.
gara /'gara/ f. competition, contest; *(automobilistica, ciclistica, sciistica)* race; ***essere in ~*** to be in the race; FIG. to be in the running; ***fare a ~ con qcn.*** to compete with sb., to rival sb. ♦♦ **~ *di appalto*** competitive tender.
garage /ga'raʒ/ m.inv. garage.
garagista, pl. **-i**, **-e** /gara'dʒista/ ➧ *18* m. e f. garage owner.
garante /ga'rante/ **I** agg. ***essere*** o ***farsi ~ di qcn.*** to stand surety *o* to vouch for sb.; ***essere*** o ***farsi ~ di qcs.*** to act as underwriter *o* to vouch for sth. **II** m. e f. ECON. DIR. guarantor; ***essere il ~ di qcn.*** to stand guarantor for sb.
garantire /garan'tire/ [102] **I** tr. **1** *(salvaguardare)* to guarantee [*indipendenza*]; to vouchsafe [*pace*] **2** *(assicurare)* to guarantee, to assure, to vouch; ***non le garantisco nulla*** I can't guarantee you anything; ***non sarà facile, te lo garantisco*** it won't be easy, I promise you **3** ECON. to secure [*prestito*]; to stand surety for [*persona, progetto*]; COMM. to guarantee, to certify [*prodotto*] **4** DIR. to put* up bail for [*persona*] **II** intr. (aus. *avere*) **~ *per qcn.*** to stand surety for sb. **III garantirsi** pronom. ***-rsi contro qcs.*** to secure *o* insure oneself against sth.
garantismo /garan'tizmo/ m. = legal principle which aims at safeguarding a person's civil rights and liberties.
garantista, m.pl. **-i**, f.pl. **-e** /garan'tista/ **I** agg. ***provvedimento ~*** = measure to safeguard an individual's civil rights and liberties **II** m. e f. = supporter of garantismo.
garantito /garan'tito/ **I** p.pass. → **garantire II** agg. **1** *(in garanzia)* **~ *per sei anni*** guaranteed for six years **2** *(certificato)* guaranteed; **~ *impermeabile*** guaranteed waterproof **3** ECON. *(assicurato)* [*prezzo, salario*] guaranteed **4** COLLOQ. *(certo)* [*successo*] sure(-fire); **~ *che questo metodo funziona*** this method is certain to work; ***se andiamo a fare una passeggiata, ~ che piove!*** if we go for a walk, it's guaranteed to rain!
garanzia /garan'tsia/ f. **1** COMM. guarantee, warranty; ***in ~*** under guarantee *o* warranty; ***certificato di ~*** guarantee **2** *(pegno)* security; ***come ~*** as security **3** *(certezza)* guarantee; ***non ho nessuna ~ di successo*** I have no certainty of success; ***dare -e a qcn.*** to give sb. guarantees **4** DIR. ***avviso di ~*** notification (of impending investigation).
garbare /gar'bare/ v. la nota della voce **1. piacere.** [1] intr. (aus. *essere*) ***a qcn. garba qcs.*** sb. likes sth.; ***non mi garba affatto*** I don't like it at all.
garbato /gar'bato/ **I** p.pass. → **garbare II** agg. [*sorriso, gesto*] polite; [*risposta, parole*] tactful; [*stile*] graceful.
garbo /'garbo/ m. politeness, gentleness, tact; ***muoversi con ~*** to move gracefully.
garbuglio, pl. **-gli** /gar'buʎʎo, ʎi/ m. tangle; FIG. mess.
garçonnière /garso'njɛr/ f.inv. bachelor pad, bachelor flat BE, bachelor apartment AE.
gardenia /gar'dɛnja/ f. gardenia.
gareggiare /gared'dʒare/ [1] intr. (aus. *avere*) **1** *(concorrere)* to compete, to race **2** *(misurarsi)* **~ *con qcn. per qcs.*** to vie with sb. for sth.
garganella /garga'nɛlla/ f. ***bere a ~*** = to drink without letting one's lips touch the bottle.
gargarismo /garga'rizmo/ m. gargle; ***fare i -i*** to (have a) gargle.
gargarozzo /garga'rɔttso/ m. COLLOQ. gullet, throat.
garibaldino /garibal'dino/ **I** agg. of Garibaldi **II** m. (f. **-a**) follower of Garibaldi.
garitta /ga'ritta/ f. sentry box.
garofano /ga'rɔfano/ m. **1** BOT. carnation, pink **2 *chiodo di ~*** GASTR. clove.
garrese /gar'rese/ m. withers pl.
garretto /gar'retto/ m. *(di cavallo)* gambrel, hock; *(di persona)* back of the heel.
garrire /gar'rire/ [102] intr. (aus. *avere*) **1** [*uccello*] to shriek **2** [*bandiera*] to flutter, to flap.
garrito /gar'rito/ m. shriek.
garrulo /'garrulo/ agg. [*persona*] garrulous, talkative (on trivial matters).
garza /'gardza/ f. *(di cotone)* gauze; ***rotolo di ~*** rollerbandage.
garzetta /gar'dzetta/ f. egret.
garzone /gar'dzone/ m. *(commesso)* boy; *(di fornaio)* baker's boy; *(di stalla)* stable boy.
gas /gas/ m.inv. gas; ***cucina, stufa a ~*** gas cooker, heater; ***accendere, spegnere il ~*** to turn on, off the gas ♦ ***a tutto ~*** at a breathless pace, at full speed ♦♦ **~ *asfissiante*** poison gas; **~ *esilarante*** laughing gas; **~ *lacrimogeno*** tear gas; **~ *di scarico*** AUT. exhaust emissions.
gasare /ga'zare/ [1] **I** tr. **1** → **gassare 2** COLLOQ. FIG. *(esaltare)* to hype up **II gasarsi** pronom. COLLOQ. *(esaltarsi)* to get* hyped; *(vantarsi)* ***si gasa molto*** he thinks he's the bee's knees.
gasato /ga'zato/ **I** p.pass. → **gasare II** agg. **1** COLLOQ. FIG. *(eccitato)* excited **2** SPREG. *(borioso)* ***essere ~*** to be a bighead **III** m. (f. **-a**) bighead.

gasdotto /gaz'dotto/ m. gas pipeline.
gasolio, pl. **-li** /ga'zɔljo, li/ m. gas oil, diesel oil BE, fuel oil AE.
gasometro /ga'zɔmetro/ m. gasholder.
Gaspare /'gaspare/ n.pr.m. Caspar, Jasper.
gaspermeabile /gasperme'abile/ agg. gas-permeable.
gassare /gas'sare/ [1] tr. **1** *(rendere effervescente)* to aerate, to carbonate **2** *(asfissiare)* to gas.
gassato /gas'sato/ **I** p.pass. → **gassare II** agg. [*acqua, bibita*] carbonated, sparkling.
gassista /gas'sista/ ➧ *18* m. gas man*.
gassosa /gas'sosa/ f. lemonade.
gassoso /gas'soso/ agg. gaseous.
gastrico, pl. **-ci**, **-che** /'gastriko, tʃi, ke/ agg. gastric.
gastrite /gas'trite/ ➧ *7* f. gastritis*.
gastroenterite /gastroente'rite/ ➧ *7* f. gastroenteritis.
gastronomia /gastrono'mia/ f. **1** *(arte culinaria)* gastronomy **2** *(negozio)* delicatessen.
gastronomico, pl. **-ci**, **-che** /gastro'nɔmiko, tʃi, ke/ agg. gastronomic(al).
gastronomo /gas'trɔnomo/ ➧ *18* m. (f. **-a**) gastronomist.
gastroscopia /gastrosko'pia/ f. gastroscopy.
gatta /'gatta/ f. (female) cat ♦ ***qui ~ ci cova*** there's something fishy going on here; ***avere una ~ da pelare*** to have a hard row to hoe; ***avere altre -e da pelare*** to have other fish to fry; ***prendersi una (bella) ~ da pelare*** = to take on a difficult job; ***tanto va la ~ al lardo che ci lascia lo zampino*** PROV. curiosity killed the cat.
gattabuia /gatta'buja/ f. SCHERZ. clink, nick.
gattaiola /gatta'jɔla/ f. catflap.
gattamorta, pl. **gattemorte** /gatta'mɔrta, gatte'mɔrte/ f. COLLOQ. ***fare la ~*** to act dumb; ***non fare la ~ con me!*** don't play the innocent with me!
gattina /gat'tina/ f. kitten; FIG. kittenish woman*, pussy cat.
gattino /gat'tino/ m. kitten.
gatto /'gatto/ m. cat ♦ ***giocare con qcn. come il ~ con il topo*** to play cat and mouse with sb.; ***di notte tutti i -i sono bigi*** PROV. all cats are grey in the dark; ***quando il ~ non c'è i topi ballano*** PROV. when the cat's away, the mice will play; ***il ~ scottato teme l'acqua fredda*** PROV. once bitten twice shy ♦♦ ***~ delle nevi*** *(mezzo)* snowmobile; ***~ a nove code*** cat-o'-nine-tails; ***~ persiano*** Persian cat; ***~ selvatico*** wildcat; ***~ siamese*** Siamese cat; ***il Gatto con gli stivali*** Puss in Boots.
gattonare /gatto'nare/ [1] intr. (aus. *avere*) [*bambino*] to crawl.
gattoni /gat'toni/ avv. ***andare (gatton) ~*** [*bambino*] to crawl; [*adulto*] to walk an all fours.
gattopardo /gatto'pardo/ m. ZOOL. serval.
gaudente /gau'dɛnte/ **I** agg. pleasure-seeking **II** m. e f. voluptuary, fast liver.
gaudio, pl. **-di** /'gaudjo, di/ m. joy ♦ ***mal comune mezzo ~*** PROV. a trouble shared is a trouble halved.
gavetta /ga'vetta/ f. *(recipiente)* mess tin ♦ ***venire dalla ~*** to rise through the ranks.
gavettone /gavet'tone/ m. COLLOQ. SCHERZ. = trick consisting in throwing a bucket of cold water over somebody.
gavotta /ga'vɔtta/ f. gavotte.
Gaza /'gadza/ n.pr.f. ***la striscia di ~*** the Gaza strip.
gazebo /gad'dzɛbo/ m.inv. gazebo.
gazza /'gaddza/ f. magpie.
gazzarra /gad'dzarra/ f. ***fare ~*** to make a racket, to racket around.
gazzella /gad'dzɛlla/ f. **1** ZOOL. gazelle* **2** *(mezzo)* prowl car.
gazzetta /gad'dzetta/ f. gazette ♦♦ ***Gazzetta Ufficiale*** official journal *o* gazette BE.
gazzettino /gaddzet'tino/ m. **1** *(bollettino)* news sheet **2** FIG. *(pettegolo)* gossip.
gazzosa /gad'dzosa/ → **gassosa**.
G.d.F. ⇒ Guardia di Finanza = military corps dealing with customs, excise and tax crimes.
geco, pl. **-chi** /'dʒɛko, ki/ m. gecko*.
Geiger /'gaiger/ agg. e m.inv. ***(contatore) ~*** Geiger counter.
gel /dʒɛl/ m.inv. CHIM. gel ♦♦ ***~ per capelli*** hair gel, hair cream.
gelare /dʒe'lare/ [1] **I** tr. **1** *(ghiacciare)* [*freddo*] to freeze* [*liquido, tubo*]; to chill [*dita, faccia*]; [*brina*] to frost [*pianta*] **2** FIG. [*discorso, frase*] to chill [*atmosfera, pubblico*] **II** intr. (aus. *essere, avere*) **1** *(coprirsi di ghiaccio)* [*acqua, lago, fiume*] to freeze* over; [*tubo*] to freeze* up; [*pianta*] to be* killed by frost **2** COLLOQ. *(avere freddo)* to freeze* **III** impers. (aus. *essere, avere*) ***ha gelato questa notte*** it has been a frosty night; ***si gela!*** it's freezing hard! **IV gelarsi** pronom. **1** COLLOQ. ***mi si è gelato il naso*** my nose froze **2** FIG. ***il sangue le si gelò nelle vene*** her blood ran cold.
gelata /dʒe'lata/ f. frost; ***una forte ~*** a hard frost.
gelataio, pl. **-ai** /dʒela'tajo, ai/ ➧ *18* m. (f. **-a**) *(venditore)* ice-cream seller; *(produttore)* ice-cream maker.
gelateria /dʒelate'ria/ ➧ *18* f. ice-cream parlour BE, ice-cream parlor AE.
gelatiera /dʒela'tjɛra/ f. ice-cream maker.
gelatina /dʒela'tina/ f. GASTR. *(di carne, pesce)* aspic; *(di frutta)* jelly ♦♦ ***~ esplosiva*** blasting gelatin.
gelatinoso /dʒelati'noso/ agg. gelatinous.
gelato /dʒe'lato/ **I** p.pass. → **gelare II** agg. [*mani, vento*] ice-cold, icy; [*bevanda, doccia*] ice-cold; ***~ dalla paura*** o ***dallo spavento*** FIG. scared stiff **III** m. ice cream.
gelido /'dʒɛlido/ agg. **1** *(molto freddo)* [*acqua, mani*] ice-cold, icy; [*freddo, tempo, giornata, vento, aria*] freezing cold; [*pioggia*] freezing **2** FIG. *(ostile)* [*persona*] stone-cold, ice-cold; [*silenzio*] icy; [*sguardo, atmosfera, accoglienza*] frosty.
gelo /'dʒɛlo/ m. **1** frost, freeze **2** *(patina ghiacciata)* ***coperto di ~*** covered with hoarfrost **3** FIG. chill; ***sentirsi un ~ nelle ossa*** to feel a chill in one's bones; ***alla notizia scese il ~ sulla festa*** the news cast a chill over the party.
gelone /dʒe'lone/ m. chilblain.
gelosamente /dʒelosa'mente/ avv. jealously; ***custodire ~*** to enshrine [*ricordo*].
1.gelosia /dʒelo'sia/ f. **1** jealousy **2** *(invidia)* envy; ***il suo successo ha provocato molte -e*** her success caused considerable envy.
2.gelosia /dʒelo'sia/ f. *(persiana)* jalousie, shutter.
geloso /dʒe'loso/ **I** agg. **1** jealous **2** *(invidioso)* envious **3** *(attaccato)* ***~ della propria indipendenza*** protective of one's independence; ***è ~ dei suoi giocattoli*** he's possessive about his toys **II** m. (f. **-a**) jealous person.
gelso /'dʒɛlso/ m. mulberry.
gelsomino /dʒelso'mino/ m. jasmine.
gemellaggio, pl. **-gi** /dʒemel'laddʒo, dʒi/ m. twinning.
1.gemellare /dʒemel'lare/ agg. [*gravidanza, parto*] twin attrib.
2.gemellare /dʒemel'lare/ [1] tr. to twin [*comuni*].
gemellato /dʒemel'lato/ **I** p.pass. → **2.gemellare II** agg. ***città -a*** twin town.
Gemelli /dʒe'mɛlli/ ➧ *38* m.pl. ASTR. ASTROL. Gemini, the Twins; ***essere dei ~*** o ***(un) ~*** to be (a) Gemini.
gemello /dʒe'mɛllo/ **I** agg. **1** ***fratello ~*** twin brother; ***sorella -a*** twin sister **2** *(accoppiati)* ***letti -i*** twin beds **3** FIG. *(affine)* ***anima -a*** soul mate, kindred spirit **II** m. (f. **-a**) **1** *(persona)* twin; ***tre, quattro -i*** a set of triplets, quadruplets **2** *(per polsini)* cuff link ♦♦ ***-i siamesi*** Siamese twins.
gemere /'dʒɛmere/ [2] intr. (aus. *avere*) **1** *(lamentarsi)* [*persona*] to moan, to groan **2** *(emettere suoni)* [*trave*] to groan; [*vento*] to moan.
gemito /'dʒɛmito/ m. *(lamento)* moan, groan; *(di vento)* moan.
gemma /'dʒɛmma/ f. **1** BOT. bud **2** MINER. gem **3** *(cosa più preziosa)* gem, jewel.
gendarme /dʒen'darme/ m. **1** MIL. policeman* **2** FIG. *(donna autoritaria)* battle-axe.
gene /'dʒɛne/ m. gene.
genealogia /dʒenealo'dʒia/ f. genealogy; ***ricostruire la ~ della propria famiglia*** to trace back one's line of descent.
genealogico, pl. **-ci**, **-che** /dʒenea'lɔdʒiko, tʃi, ke/ agg. genealogical; ***albero ~*** family tree.
genealogista, m.pl. **-i**, f.pl. **-e** /dʒenealo'dʒista/ m. e f. genealogist.
genepì /dʒene'pi/ m.inv. *(pianta)* = alpine aromatic; *(liquore)* = liqueur flavoured with such aromatic.
1.generale /dʒene'rale/ agg. **1** *(che sovraintende a un servizio)* [*segretario*] general; ***console ~*** consul general; ***quartier ~*** general headquarters **2** *(collettivo)* [*assemblea,*

sciopero] general; [*consenso*] broad-based, general; [*panico*] full-scale; [*scontento*] widespread; ***nell'interesse ~*** in the public interest; ***nella sorpresa ~*** to everyone's suprise **3** *(complessivo)* [*impressione, cultura*] general; [*miglioramento*] all-round; [*crisi*] full-blown; ***farsi un'idea ~ di qcs.*** to form an overall idea of sth.; ***in linea ~*** as a general rule; ***prova ~*** practice run; TEATR. trial run, dress rehearsal **4** *(universalmente valido)* [*principio, legge*] universal **5 in generale** in general; ***parlando in ~*** broadly speaking ♦ ***stare*** o ***mantenersi sulle -i*** to confine oneself to generalities.

2.generale /dʒene'rale/ ▸ *12* m. MIL. general ♦♦ ***~ (di corpo) d'armata*** lieutenant general; ***~ di brigata*** brigadier; ***~ di brigata aerea*** air commodore; ***~ di divisione*** major-general; ***~ di divisione aerea*** air vice-marshal.

generalità /dʒenerali'ta/ f.inv. **1** *(dati personali)* ***le ~*** personal details, particulars **2** *(maggior parte)* ***nella ~ dei casi*** in most cases, widely speaking.

generalizzare /dʒeneralid'dzare/ [1] **I** tr. *(estendere)* to generalize, to spread* [*usanza*] **II** intr. (aus. *avere*) to generalize.

generalizzato /dʒeneralid'dzato/ **I** p.pass. → **generalizzare II** agg. [*conflitto, corruzione*] widespread; ***abitudine -a*** common habit.

generalizzazione /dʒeneraliddzat'tsjone/ f. generalization.

generalmente /dʒeneral'mente/ avv. generally; ***~ si pensa che*** as a rule people think that.

generare /dʒene'rare/ [1] tr. **1** *(dare vita)* [*donna*] to give* birth to [*figlio*]; [*seme*] to produce [*pianta*] **2** *(provocare)* to breed* [*malessere, disprezzo*]; to cause [*azione*]; to bring* about [*cambiamento*]; to give*, to cause [*confusione*] **3** LING. MAT. to generate.

generativo /dʒenera'tivo/ agg. generative.

generatore /dʒenera'tore/ **I** agg. generative **II** m. TECN. generator.

generazionale /dʒenerattsjo'nale/ agg. ***gap ~*** generation gap.

generazione /dʒenerat'tsjone/ f. generation.

genere /'dʒɛnere/ m. **1** *(tipo)* kind, sort, type; ***questo ~ di cose*** this kind *o* sort of thing; ***non sono quel ~ di persona*** I'm not that kind of person; ***il migliore nel suo ~*** the best of its kind; ***un po' sul ~ di*** a bit like; ***qualcosa del ~*** something like that; ***c'è stato un caso del ~ l'anno scorso*** there was some such case last year; ***nessuno farebbe una cosa del ~*** nobody would do a thing like that **2** LING. gender; ***di ~ femminile*** feminine in gender **3** ART. LETTER. genre **4** *(merce)* product, article **5** ZOOL. genus* **6 in genere** in general, as a general rule ♦♦ ***~ umano*** humankind; ***-i alimentari*** foodstuff; ***-i di consumo*** consumer products.

genericamente /dʒenerica'mente/ avv. generically; ***si sapeva ~ che...*** there was a vague rumour that...

generico, pl. **-ci**, **-che** /dʒe'nɛriko, tʃi, ke/ **I** agg. **1** *(generale)* [*descrizione, informazione*] general; [*accusa, promessa*] generalized; [*significato*] broad **2** MED. ***medico ~*** general practitioner **II** m. ***restare nel*** o ***sul ~*** to stick to generalities **III** m. (f. **-a**) *(attore)* = actor who plays bit parts.

genero /'dʒɛnero/ m. son-in-law*.

generosità /dʒenerosi'ta/ f.inv. generosity; ***una persona di grande ~*** a very generous person.

generoso /dʒene'roso/ agg. **1** *(magnanimo)* [*persona*] generous **2** *(abbondante)* [*porzione*] generous; [*somma*] liberal; [*seno, forme*] ample **3** *(fertile)* [*terra*] rich **4** *(robusto)* [*vino*] full-bodied.

genesi /'dʒɛnesi/ **I** f.inv. genesis* **II Genesi** n.pr.f. e m. BIBL. Genesis.

genetica /dʒe'nɛtika/ f. genetics + verbo sing.

geneticamente /dʒenɛtika'mente/ avv. ***~ modificato*** genetically modified.

genetico, pl. **-ci**, **-che** /dʒe'nɛtiko, tʃi, ke/ agg. genetic.

genetista, m.pl. **-i**, f.pl. **-e** /dʒene'tista/ ▸ *18* m. e f. geneticist.

genetliaco, pl. **-ci** /dʒene'tliako, tʃi/ m. *(di sovrano)* birthday.

gengiva /dʒen'dʒiva/ f. gum.

gengivite /dʒendʒi'vite/ ▸ *7* f. gingivitis, gum disease.

genia /dʒe'nia/ f. SPREG. breed, pack.

geniaccio, pl. **-ci** /dʒe'njattʃo, tʃi/ m. erratic genius.

geniale /dʒe'njale/ agg. [*invenzione, idea*] brilliant; ***essere*** [*persona*] to be a genius; ***pittore, scrittore ~*** painter, writer of genius.

genialità /dʒenjali'ta/ f.inv. genius.

geniere /dʒe'njere/ m. sapper.

1.genio, pl. **-ni** /'dʒɛnjo, ni/ m. **1** *(persona di talento)* genius ***~ incompreso*** misunderstood genius **2** *(ingegno)* genius ***colpo di ~*** stroke of genius, burst of inspiration; ***lampo di ~*** brainwave, flash of genius **3** *(spirito)* genius (anche MITOL.) *(folletto)* genie*; ***il ~ della lampada*** the Genie of the Lamp ***andare a ~ a qcn.*** [*persona, idea*] to appeal to sb.

2.genio /'dʒɛnjo/ m. Corps of Engineers; *(in GB)* Royal Engineers pl. ♦♦ ***~ civile*** civil engineers; ***~ navale*** naval engineers.

genitale /dʒeni'tale/ **I** agg. genital **II genitali** m.pl. genitals

genitivo /dʒeni'tivo/ m. LING. genitive ♦♦ ***~ sassone*** possessive case.

genitore /dʒeni'tore/ m. parent; ***i miei -i*** my parents.

genitoriale /dʒenito'rjale/ agg. ***responsabilità -i*** responsibilities that go with parenthood.

genn. ⇒ gennaio January (Jan.).

gennaio /dʒen'najo/ ▸ *17* m. January.

genoano /dʒeno'ano/ agg. [*tifoso, giocatore*] of Genoa (football club), Genoa attrib.

genocidio, pl. **-di** /dʒeno'tʃidjo, di/ m. genocide.

genoma /dʒe'nɔma/ m. genome ♦♦ ***~ umano*** human genome

genotipo /dʒeno'tipo/ m. genotype.

Genova /'dʒɛnova/ ▸ *2* n.pr.f. Genoa.

genovese /dʒeno'vese/ ▸ *2* agg., m. e f. Genoese.

Gent. ⇒ gentile; ***Gent. Sig.ra Anna Bianchi*** *(sulla busta)* Ms Anna Bianchi.

gentaglia /dʒen'taʎʎa/ f. SPREG. riffraff, scum.

gente /'dʒɛnte/ Mentre la parola *gente*, pur indicando una pluralità di persone, è grammaticalmente singolare, l'equivalente inglese *people* è plurale (sebbene non abbia la terminazione *-s*), va concordato con il verbo al plurale, e non è mai preceduto dall'articolo: *la gente dice che Jane è l'amante del direttore* = people say that Jane is the manager's lover; *la maggior parte della gente non lo sa* = most people don't know; *c'è molta gente che aspetta l'autobus* = there are many people waiting for the bus. - Quando *gente* vuol dire *popolo* può avere una forma plurale in italiano e in inglese (ed è preceduta anche in inglese dall'articolo): *le genti dell'Africa* = the peoples of Africa. f. **1** *(persone)* people pl.; ***la ~ dice che*** people say that; ***mi piace avere ~ per casa*** I like having people around the house; ***"chi viene?" - "la solita ~"*** "who's coming?" - "the usual crowd"; ***che ~!*** SPREG. some people! **2** *(persone con caratteristiche comuni)* people pl., folk(s) pl.; ***la ~ di città, campagna*** city country folk; ***la ~ del posto*** the locals; ***la ~ dell'est*** easterners; ***la ~ istruita*** the educated **3** *(popolo)* ***le -i dell'Asia*** the peoples of Asia.

gentildonna /dʒentil'dɔnna/ f. gentlewoman* ANT.

gentile /dʒen'tile/ agg. **1** *(cortese)* [*persona*] kind, nice, polite (**con** to); [*parola*] kind; ***è molto ~ da parte tua*** that's very kind of you; ***vuole essere così ~ da passarmi il sale?*** would you be so kind as to pass me the salt? ***un modo ~ di rifiutare*** a polite way of saying no; ***che pensiero ~!*** what a kind thought! **2** *(aggraziato)* gentle, delicate; ***il gentil sesso*** SCHERZ. the gentle *o* fair sex **3** *(nella corrispondenza)* ***~ signore, signora*** *(nella lettera)* Dear Sir, Madam; ***~ signor Rossi, signora Bianchi*** *(sulla busta)* Mr Rossi, Ms Bianchi.

gentilezza /dʒenti'lettsa/ f. **1** *(cortesia)* courtesy, kindness **U**; ***avere la ~ di fare*** to have the courtesy *o* to be kind enough to do; ***trattare qcn. con ~*** to be kind *o* nice to sb. **2** *(parole, frasi gentili)* ***scambiarsi -e*** to exchange pleasantries **3** *(favore)* ***mi faccia la ~ di fare*** do me the kindness to do.

gentilissimo /dʒenti'lissimo/ agg. *(nella corrispondenza)* ***~ sig. Ferrero*** *(nella lettera)* Dear Mr Ferrero; *(sulla busta)* Mr Ferrero.

gentilizio, pl. **-zi**, **-zie** /dʒenti'littsjo, tsi, tsje/ agg. *(nobiliare)* ***stemma ~*** family coat of arms.

gentilmente /dʒentil'mente/ avv. [*parlare, trattare*] kindly; ***potrebbe ~ chiudere la finestra?*** would you mind closing the window, please?

gentiluomo, pl. **gentiluomini** /dʒenti'lwɔmo, dʒenti'lwɔmini/ m. gentleman*.

Gent.mo ⇒ gentilissimo; ***Gent.mo Signor Bianchi*** *(sulla busta)* Mr Bianchi.

genuflessione /dʒenufles'sjone/ f. genuflexion BE, genuflection AE.

genuflettersi /dʒenu'flɛttersi/ [2] pronom. to genuflect, to kneel* (down).

genuinità /dʒenuini'ta/ f.inv. *(di sentimento)* genuineness; *(di gesto, azione)* spontaneity, candour; *(di prodotto)* quality, authenticity.

genuino /dʒenu'ino/ agg. **1** *(naturale)* [*alimento*] natural, wholesome; [*vino*] real **2** *(sincero)* [*sentimento*] genuine, unaffected.

genziana /dʒen'tsjana/ f. gentian.

geocentrismo /dʒeotʃen'trizmo/ m. geocentrism.

geofisica /dʒeo'fizika/ f. geophysics + verbo sing.

geofisico, pl. **-ci**, **-che** /dʒeo'fiziko, tʃi, ke/ **I** agg. geophysical **II** ➧ ***18*** m. (f. **-a**) geophysicist.

geografia /dʒeogra'fia/ f. geography.

geografico, pl. **-ci**, **-che** /dʒeo'grafiko, tʃi, ke/ agg. geographic(al); ***carta -a*** map; ***nord ~*** true north.

geografo /dʒe'ɔgrafo/ m. (f. **-a**) geographer.

geologia /dʒeolo'dʒia/ f. geology.

geologico, pl. **-ci**, **-che** /dʒeo'lɔdʒiko, tʃi, ke/ agg. geological.

geologo, m.pl. **-gi**, f.pl. **-ghe** /dʒe'ɔlogo, dʒi, ge/ ➧ ***18*** m. (f. **-a**) geologist.

geom. ⇒ geometra building surveyor.

geometra /dʒe'ɔmetra/ ➧ ***18*** m. e f. *(professionista)* building surveyor.

geometria /dʒeome'tria/ f. geometry.

geometrico, pl. **-ci**, **-che** /dʒeo'mɛtriko, tʃi, ke/ agg. [*figura, dimostrazione*] geometrical; [*disegno, progressione*] geometric.

geopolitica /dʒeopo'litika/ f. geopolitics + verbo sing.

geopolitico, pl. **-ci**, **-che** /dʒeopo'litiko, tʃi, ke/ agg. geopolitical.

georgiano /dʒeor'dʒano/ ➧ ***30, 25, 16*** **I** agg. Georgian **II** m. (f. **-a**) Georgian.

geostazionario, pl. **-ri**, **-rie** /dʒeostattsjo'narjo, ri, rje/ agg. geostationary; ***orbita -a*** synchronous *o* geostationary orbit.

geotermico, pl. **-ci**, **-che** /dʒeo'tɛrmiko, tʃi, ke/ agg. geothermal.

Geova /'dʒɛova/ n.pr.m. Jehovah; ***Testimone di ~*** Jehovah's Witness.

Geraldina /dʒeral'dina/ n.pr.f. Geraldine.

geranio, pl. **-ni** /dʒe'ranjo, ni/ m. geranium.

gerarca, pl. **-chi** /dʒe'rarka, ki/ m. STOR. = during the Fascist period, a key person in the National Fascist Party.

gerarchia /dʒerar'kia/ f. hierarchy; ***una ~ di valori*** FIG. a scale of values.

gerarchico, pl. **-ci**, **-che** /dʒe'rarkiko, tʃi, ke/ agg. [*sistema, ordine*] hierarchic(al); ***per via -a*** AMM. through official *o* the correct channels.

Gerardo /dʒe'rardo/ n.pr.m. Gerald, Gerard.

gerbillo /dʒer'billo/ m. gerbil.

Geremia /dʒere'mia/ n.pr.m. Jeremiah, Jeremy.

gerente /dʒe'rɛnte/ m. e f. manager, director.

gerenza /dʒe'rɛntsa/ f. management, direction.

gergale /dʒer'gale/ agg. slang attrib.

gergo, pl. **-ghi** /'dʒɛrgo, gi/ m. **1** *(lingua criptica)* slang **U**; ***~ scolastico*** school slang **2** *(linguaggio settoriale)* jargon **U**; ***~ medico*** medical jargon; ***~ burocratico*** officialese; ***~ giornalistico*** journalese; ***~ giuridico*** legal jargon, legalese.

geriatra, m.pl. **-i**, f.pl. **-e** /dʒe'rjatra/ ➧ ***18*** m. e f. geriatrician.

geriatria /dʒerja'tria/ f. geriatrics + verbo sing., geriatric medicine.

geriatrico, pl. **-ci**, **-che** /dʒe'rjatriko, tʃi, ke/ agg. geriatric.

Gerico /'dʒɛriko/ ➧ ***2*** n.pr.f. Jericho.

gerla /'dʒɛrla/ f. basket (carried on the back).

gerlo /'dʒɛrlo/ m. MAR. gasket.

Germania /dʒer'manja/ ➧ ***33*** n.pr.f. Germany; ***~ dell'Est, dell'Ovest*** POL. STOR. East Germany, West Germany; ***la ~ unita*** unified Germany.

germanico, pl. **-ci**, **-che** /dʒer'maniko, tʃi, ke/ **I** agg. **1** *(dei germani)* Germanic **2** *(tedesco)* German **II** m. LING. Germanic.

germanizzare /dʒermanid'dzare/ [1] **I** tr. to germanize **II germanizzarsi** pronom. to germanize, to become* germanized.

1.germano /dʒer'mano/ **I** agg. STOR. German **II** m. (f. **-a**) STOR. German.

2.germano /dʒer'mano/ m. ZOOL. ***~ reale*** wild duck.

germe /'dʒɛrme/ m. **1** *(germoglio)* germ **2** *(batterio)* germ, bug **3** FIG. *(inizio)* seed, germ.

germicida /dʒermi'tʃida/ **I** agg. germicidal **II** m. germicide.

germinale /dʒermi'nale/ agg. **1** BIOL. germinal; ***cellula ~*** germ(inal) cell **2** FIG. *(iniziale)* ***stadio ~*** embryonic stage.

germinare /dʒermi'nare/ [1] intr. (aus. *essere, avere*) to germinate; FIG. to sprout.

germinazione /dʒerminat'tsjone/ f. germination.

germogliare /dʒermoʎ'ʎare/ [1] intr. (aus. *essere, avere*) **1** [*pianta*] to sprout, to shoot*; [*seme*] to sprout, to germinate; [*patate*] to sprout; [*gemme*] to bud **2** FIG. *(iniziare)* [*speranza*] to spring*, to arise*.

germoglio, pl. **-gli** /dʒer'moʎʎo, ʎi/ m. **1** *(di grano)* germ; *(di patate, soia)* sprout; *(di foglie, fiori)* bud; *(di pianta)* (off)shoot, sprout; ***mettere -gli*** to sprout, to shoot **2** FIG. germ.

geroglifico, pl. **-ci**, **-che** /dʒero'glifiko, tʃi, ke/ **I** agg. hieroglyphic(al); ***scrittura -a*** hieroglyphics **II** m. hieroglyph(ic) (anche FIG.).

Gerolamo /dʒe'rɔlamo/ n.pr.m. Jerome.

gerontologia /dʒerontolo'dʒia/ f. gerontology.

gerontologo, m.pl. **-gi**, f.pl. **-ghe** /dʒeron'tɔlogo, dʒi, ge/ ➧ ***18*** m. (f. **-a**) gerontologist.

gerundio, pl. **-di** /dʒe'rundjo, di/ m. gerund.

gerundivo /dʒerun'divo/ agg. e m. gerundive.

Gerusalemme /dʒeruza'lɛmme/ n.pr.f. Jerusalem.

Gervasio /dʒer'vazjo/ n.pr.m. Jervis.

gessare /dʒes'sare/ [1] tr. AGR. to chalk [*terreno*].

gessato /dʒes'sato/ **I** p.pass. → **gessare II** agg. **1** AGR. chalky **2** MED. plaster attrib. **3** ABBIGL. [*stoffa, tailleur*] pinstriped, pinstripe attrib. **III** m. pinstripes pl.

gessetto /dʒes'setto/ m. piece of chalk.

gesso /'dʒɛsso/ m. **1** *(minerale)* gypsum **2** *(materiale)* chalk **3** MED. *(ingessatura)* plaster (cast) **4** ART. *(oggetto)* plaster cast, plaster model **5** *(gessetto)* piece of chalk.

gessoso /dʒes'soso/ agg. **1** *(di, con gesso)* [*terreno*] chalk attrib., chalky **2** *(simile al gesso)* chalky.

gesta /'dʒɛsta/ f.pl. STOR. LETTER. (heroic) deeds pl.

gestaccio, pl. **-ci** /dʒes'tattʃo, tʃi/ m. rude sign, rude gesture.

gestante /dʒes'tante/ f. pregnant woman*.

gestazione /dʒestat'tsjone/ f. **1** FISIOL. gestation, pregnancy **2** FIG. gestation, development; ***in ~*** [*opera*] in gestation *o* development.

gestibile /dʒes'tibile/ agg. manageable; ***difficilmente ~*** hard to handle *o* to manage.

gesticolare /dʒestiko'lare/ [1] intr. (aus. *avere*) to gesticulate, to gesture.

gesticolazione /dʒestikolat'tsjone/ f. gesticulation.

gestionale /dʒestjo'nale/ agg. [*tecnica, organismo*] administrative; [*problema, contabilità*] management attrib.

gestione /dʒes'tjone/ f. **1** *(amministrazione)* management, administration; *(di negozio, attività)* running; ***dare, prendere in ~*** to appoint a manager for, to take over the management of [*negozio, società*]; ***"nuova ~"*** "under new management *o* ownership"; ***spese di ~*** operating *o* running costs, working expenses **2** *(conduzione)* handling, running; ***~ della crisi*** POL. crisis management; ***la ~ del caso*** DIR. the handling of the case **3** INFORM. management ♦♦ ***~ amministrativa*** administration; ***~ del personale*** personnel management; ***~ risorse*** INFORM. resource management.

gestire /dʒes'tire/ [102] tr. *(amministrare)* to manage, to run*, to keep* [*negozio, attività*]; to manage [*produzione, tempo, artista*]; to administer, to handle, to manage [*fondi*]; to run*, to be* in charge of [*servizio*]; to operate [*rete, collegamento*]; *(trattare)* to handle [*situazione, problema, crisi*].

gesto /'dʒɛsto/ m. **1** *(azione)* gesture, act; ***un ~ di buona volontà, d'amicizia*** a gesture of goodwill, a friendly gesture; ***un ~ disperato*** a desperate act; ***un bel ~*** a nice *o* noble gesture; ***un ~ disinteressato*** an unselfish act **2** *(movimento)* movement; *(movimento espressivo)* gesture; ***esprimersi a -i*** to express oneself with gestures; ***fare un ~*** to make a gesture; ***fare -i*** *(gesticolare)* to gesture ♦ ***fare il ~ di*** to make as if to.

gestore /dʒes'tore/ m. (f. **-trice** /tritʃe/) manager; *(amministratore)* administrator.

gestuale /dʒestu'ale/ agg. ***linguaggio ~*** sign language.

Gesù /dʒe'zu/ n.pr.m. Jesus ♦♦ ***~ Bambino*** Baby Jesus; ***~ Cristo*** Jesus Christ.

gesuita /dʒezu'ita/ **I** agg. **1** RELIG. Jesuit **2** *(ipocrita)* Jesuitical **II** m. Jesuit.

gesuitico, pl. **-ci, -che** /dʒezu'itiko, tʃi, ke/ agg. **1** RELIG. [*collegio*] Jesuit **2** *(ipocrita)* Jesuitical.

gettare /dʒet'tare/ [1] **I** tr. **1** *(lanciare)* to throw*, to cast* [*pietra, dadi*]; *(buttare)* to throw* away, to throw* out [*immondizia*]; ***~ qcs. a qcn.*** to throw sth. to sb., to throw sb. sth.; ***~ le braccia (intorno) al collo di qcn.*** to throw *o* fling one's arms around sb.'s neck; ***~ uno sguardo a qcs.*** FIG. to cast an eye *o* a glance at sth. **2** MAR. PESC. to cast* [*amo, reti*]; ***~ l'ancora*** to drop *o* cast anchor **3** *(costruire)* to build* [*ponte*]; FIG. to establish, to lay* [*basi*]; ***~ le fondamenta di qcs.*** to lay the foundations for sth. (anche FIG.) **4** *(causare)* ***~ lo scompiglio in città*** to throw the town into turmoil **5** *(precipitare)* ***~ qcn. nel panico*** to throw sb. into a panic; ***~ il paese nel caos*** to throw the country into chaos **6** *(emettere)* to give*, to utter [*grido*] **II** intr. (aus. *avere*) *(germogliare)* to sprout, to bud **III** **gettarsi** pronom. **1** *(buttarsi)* to throw* oneself (**in** into); ***-rsi al collo di qcn.*** to fling oneself around sb.'s neck; ***-rsi su*** to pounce on [*preda, cibo*] **2** *(sfociare)* [*corso d'acqua*] to flow (**in** into).

gettata /dʒet'tata/ f. **1** *(colata)* casting **2** *(sull'acqua)* jetty.

gettito /'dʒɛttito/ m. ECON. revenue, yield; ***~ fiscale*** internal revenue.

getto /'dʒɛtto/ m. **1** *(lancio)* throw **2** *(emissione)* *(di acqua, gas)* jet; ***motore a ~*** jet engine; ***stampante a ~ d'inchiostro*** inkjet printer; ***a ~ continuo*** [*parlare, scrivere*] nonstop; ***di ~*** [*scrivere*] in one go **3** TECN. *(colata)* casting **4** BOT. *(germoglio)* shoot, sprout.

gettonato /dʒetto'nato/ agg. COLLOQ. ***la canzone più -a dell'estate*** the most popular song of the summer.

gettone /dʒet'tone/ m. **1** *(per apparecchio)* token; ***~ telefonico*** o ***del telefono*** telephone token *o* counter *o* coin; ***a -i*** coin operated; ***telefono a -i*** coin box, pay phone **2** *(da gioco)* counter; *(nei giochi d'azzardo)* chip ♦♦ ***~ di presenza*** director's fee, attendance fee.

gettoniera /dʒetto'njɛra/ f. *(distributore)* token machine, token dispenser.

geyser /'gaizer/ m.inv. GEOL. geyser.

ghanaese /gana'ese/ agg., m. e f. → **ghaneano**.

ghaneano /gane'ano/ ➧ *25* **I** agg. Ghanaian **II** m. (f. **-a**) Ghanaian.

ghepardo /ge'pardo/ m. cheetah.

gheppio, pl. **-pi** /'geppjo, pi/ m. kestrel.

gheriglio, pl. **-gli** /ge'riʎʎo, ʎi/ m. (walnut) kernel.

gherlino /ger'lino/ m. hawser.

gherminella /germi'nɛlla/ f. trick, hocus-pocus.

ghermire /ger'mire/ [102] tr. **1** *(afferrare)* to claw (at), to clutch [*preda*] **2** FIG. *(cogliere improvvisamente)* to seize.

ghetta /'getta/ **I** f. gaiter, spat **II** **ghette** f.pl. *(per bambini)* leggings.

ghettizzare /gettid'dzare/ [1] tr. **1** to confine [sb.] in a ghetto, to ghettoize **2** FIG. to ghettoize.

ghetto /'getto/ m. ghetto* (anche FIG.).

ghiacciaia /gjat'tʃaja/ f. *(luogo)* icehouse, cold (storage) room; *(mobile)* icebox; ***la stanza è una vera ~*** FIG. this room is like an icebox.

ghiacciaio, pl. **-ai** /gjat'tʃajo, ai/ m. glacier.

ghiacciare /gjat'tʃare/ [1] **I** tr. to freeze* [*acqua, terreno, mani, piedi*] **II** intr. (aus. *essere*, *avere*) [*acqua*] to freeze* (over), to ice over; [*parabrezza, strade*] to frost over, to frost up, to ice over, to ice up **III** impers. (aus. *essere*, *avere*) ***stanotte è ghiacciato*** there was a heavy frost last night **IV** **ghiacciarsi** pronom. [*acqua*] to freeze* (over), to ice over; ***mi si sono ghiacciati i piedi*** my feet are frozen ♦ ***fare ~ il sangue a qcn.*** to make sb.'s blood run cold, to chill sb.'s blood.

ghiacciato /gjat'tʃato/ **I** p.pass. → **ghiacciare** **II** agg. **1** *(ricoperto di ghiaccio)* [*strada, pista da sci*] icy; [*fiume, lago*] frozen; [*parabrezza*] frosty **2** *(molto freddo)* [*acqua, birra*] ice-cold; [*vino bianco*] chilled; [*tè*] iced; [*mani, piedi*] icy(-cold), ice-cold.

ghiaccio, pl. **-ci** /'gjattʃo, tʃi/ **I** m. ice; ***mettere in ~*** to put [sth.] in an ice bucket, to chill [*spumante*]; ***coperto di ~*** [*parabrezza*] frosty; ***ho i piedi di ~*** my feet are frozen *o* are like ice **II** agg.inv. ***(color) bianco ~*** cool white ♦ ***essere (un pezzo) di ~*** [*persona*] to be like ice *o* as cold as ice; ***rimanere di ~*** to remain unmoved, to be dumbfounded; ***avere un cuore di ~*** to have a cold heart; ***rompere il ~*** to break the ice ♦♦ ***~ secco*** dry ice.

ghiacciolo /gjat'tʃɔlo/ m. **1** *(pezzo di ghiaccio)* icicle **2** *(sorbetto)* ice lolly BE, Popsicle® AE.

ghiaia /'gjaja/ f. gravel **U**.

ghiaietto /gja'jetto/, **ghiaino** /gja'ino/ m. chippings pl., (fine) gravel **U**.

ghiaioso /gja'joso/ agg. [*sabbia*] gravel(ly), gritty, pebble, pebbly.

ghianda /'gjanda/ f. acorn.

ghiandaia /gjan'daja/ f. jay.

ghiandola /'gjandola/ f. gland.

ghiandolare /gjando'lare/ agg. [*disfunzione*] glandular.

ghiera /'gjɛra/ f. **1** *(cerchio metallico)* ferrule, metal ring **2** MECC. (ring) nut.

ghigliottina /giʎʎot'tina/ f. **1** guillotine **2** ***finestra a ~*** sash window.

ghigliottinare /giʎʎotti'nare/ [1] tr. to guillotine.

ghignare /giɲ'ɲare/ [1] intr. (aus. *avere*) to sneer; *(ridere)* to laugh.

ghigno /'giɲɲo/ m. sneer; ***un ~ sardonico*** a sardonic grin.

ghinea /gi'nɛa/ ➧ *6* f. *(moneta)* guinea.

ghingheri: **in ghingheri** /in'gingeri/ agg. ***essere in ~*** to be dressed up; ***mettersi in ~*** to dress up.

ghiotto /'gjotto/ agg. **1** *(goloso)* greedy; ***essere ~ di qcs.*** to be very fond of sth. **2** *(avido)* eager, greedy; ***~ di notizie*** eager *o* hungry for news **3** *(che stuzzica la golosità)* [*dolce*] delicious, tasty, appetizing **4** *(molto interessante)* ***una notizia -a*** a juicy bit of news.

ghiottone /gjot'tone/ m. (f. **-a**) glutton.

ghiottoneria /gjottone'ria/ f. **1** *(cibo squisito)* delicacy, titbit BE, tidbit AE **2** *(golosità)* gluttony, greed(iness) **3** FIG. *(oggetto ricercato)* rarity.

ghiribizzo /giri'biddzo, giri'bittso/ m. whim, fancy; ***gli è saltato il ~ di fare...*** he's got it into his head to do...

ghirigoro /giri'gɔro/ m. doodle, squiggle, scribble; ***fare -i*** to doodle, to draw squiggles.

ghirlanda /gir'landa/ f. garland, wreath.

ghiro /'giro/ m. dormouse* ♦ ***dormire come un ~*** to sleep like a log.

ghisa /'giza/ f. cast iron.

gi /dʒi/ m. e f.inv. *(lettera)* g, G.

già /dʒa/ Ci sono tre modi principali per tradurre *già* in inglese: *already, yet* e *before.* - In frase affermativa, si usa solitamente *already*: *già le 10, siamo in ritardo!* = 10 o'clock already, we're late!; *è inutile continuare, ha già vinto lui* = there's no point in going on, he has already won; *ne conoscevo già il significato* = I already knew its meaning. - In frase interrogativa, *già* si traduce con *yet* se quello che è già capitato era previsto o prevedibile, e con *already* per esprimere stupore o sorpresa; così, un esempio come *avete già finito?* si rende con "have you finished yet?" se si chiede semplicemente un'informazione, oppure con "have you finished already?" se si constata la conclusione di un lavoro e ciò crea sorpresa. Esempi in frase interrogativa indiretta sono *chiedi a tua moglie se è già pronta* = ask your wife if she is ready yet, e *mi domando se sono già arrivati* = I wonder if they are there yet. - Quando *già* indica ripetizione di quanto è avvenuto in precedenza, nel passato, si può usare *before* al posto di *already*: *te l'ho già detto* = I've told you before (oppure: I've already told you). - Gli esempi mostrano le diverse possibili posizioni di questi avverbi inglesi: *already* può stare in fondo alla frase, seguire l'ausiliare se il verbo è composto, ma precede il verbo (ad eccezione di *to be*) se questo è in forma semplice; *yet* e *before* stanno solitamente in fondo alla frase. - Va infine notato che *already* e *yet* sono spesso usati con il passato semplice nell'inglese americano, e quest'uso si sta diffondendo anche nell'inglese britannico: *gli ho già parlato* = I already spoke to him; *hai già mangiato?* = did you eat yet? (ma l'uso britannico standard prevede ancora "I've already spoken to him" e "have you eaten yet?"). avv. **1** *(fin da questo momento)* already; ***è ~ tardi*** it is already late, it's late already; ***~ a tre anni sapeva leggere*** he could already read by the age of three; ***sarebbe ~ sposata, se solo l'avesse voluto*** she could have been married by now if she'd wanted **2** *(nelle frasi interrogative)* yet; *(per esprimere stupore, sorpresa)* already; ***è ~ alzato?*** is he up yet? ***~ di ritorno? sono solo le dieci!*** back already? it's only ten o'clock! **3** *(in precedenza)* before, already; ***te l'ho ~ detto*** I told you before, I've already told you; ***Via Roma, ~ Via della Libertà*** Via Roma, formerly Via della Libertà; ***il deputato, ~ ministro*** the current MP and former minister **4** *(rafforzativo)* ***è ~ un buon stipendio!*** that's a pretty good salary! ***si è scusato, è ~ qualcosa*** at least he apologized, that's something; ***ho ~ abbastanza problemi così!*** I've got quite enough problems as it is! ***so ~ come va a finire*** I've heard it all before; ***ah ~!*** oh, yes! of course! ***di ~*** already **5** *(come affermazione)* ***"è lui il tuo medico?" - "~"*** "is he your doctor?" - "yes, that's right" **6 già che ~** ***che ci sei*** since you are at it.

Giacarta /dʒa'karta/ ➧ *2* n.pr.f. Jakarta, Djakarta.

giacca, pl. **-che** /'dʒakka, ke/ ➧ *35* f. jacket; ***essere in ~ e cravatta*** to be wearing a suit and tie ♦♦ ***~ da camera*** smoking jacket; ***~ a vento*** anorak, Windbreaker AE, windcheater BE.

giacché /dʒak'ke/ cong. ANT. forasmuch as, inasmuch, since, as.

giacchetta /dʒak'ketta/ f. jacket ♦♦ ***~ nera*** referee.

giaccone /dʒak'kone/ m. winter jacket; ***~ impermeabile*** waterproof jacket.

giacente /dʒa'tʃɛnte/ agg. **1** *(non ritirato)* [*posta*] dead, unclaimed; *(non spedito)* [*pacco*] unsent; *(invenduto)* [*merce*] unsold; *(in magazzino)* in stock **2** DIR. [*eredità*] vacant **3** BUROCR. [*pratica*] shelved **4** *(non utilizzato)* [*capitale*] idle, uninvested.

giacenza /dʒa'tʃɛntsa/ f. *(merce invenduta)* dead stock, stock in hand; ***in ~*** [*merce*] *(in magazzino)* in stock; *(invenduto)* unsold; [*pacco*] *(non consegnato)* awaiting delivery; *(non ritirato)* unclaimed ♦♦ ***~ di cassa*** cash in hand, (cash) float.

giacere /dʒa'tʃere/ [54] intr. (aus. *essere*) **1** *(essere disteso)* [*persona*] to lie*; ***~ supino, prono*** to lie on one's back, on one's stomach *o* face down; ***qui giace...*** *(nelle iscrizioni funebri)* here lies... **2** *(essere sospeso)* [*pratiche*] to be* pending; [*capitale*] to lie* idle; ***la merce giace in magazzino*** the goods are lying unsold in the warehouse.

giaciglio, pl. **-gli** /dʒa'tʃiʎʎo, ʎi/ m. bed, couch LETT.; *(di paglia)* pallet.

giacimento /dʒatʃi'mento/ m. deposit ♦♦ ***~ aurifero*** gold deposit; ***~ di carbone*** coal deposit *o* seam; ***~ petrolifero*** oilfield.

giacinto /dʒa'tʃinto/ m. BOT. hyacinth.

Giacobbe /dʒa'kɔbbe/ n.pr.m. Jacob.

giacobino /dʒako'bino/ **I** agg. [*idee*] jacobinic(al) **II** m. (f. **-a**) Jacobin.

giacomo /'dʒakomo/ m.inv. COLLOQ. ***le gambe gli fecero ~ ~*** his legs wobbled under him *o* turned to jelly.

Giacomo /'dʒakomo/ n.pr.m. James.

giada /'dʒada/ ➧ *3* **I** f. jade **II** m.inv. *(colore)* jade **III** agg.inv. *(colore)* ***verde ~*** jade green.

giaggiolo /dʒad'dʒɔlo/ m. orris, iris*.

giaguaro /dʒa'gwaro/ m. jaguar.

giaietto /dʒa'jetto/ m. jet.

giallastro /dʒal'lastro/ agg. [*tessuto*] yellowish; [*pelle*] sallow.

giallista, m.pl. **-i**, f.pl. **-e** /dʒal'lista/ ➧ *18* m. e f. crime writer.

giallo /'dʒallo/ ➧ *3* **I** agg. **1** *(colore)* yellow **2** *(poliziesco)* [*film, romanzo*] crime attrib., detective attrib. **II** m. (f. **-a**) **1** *(colore)* yellow **2** *(d'uovo)* (egg) yolk **3** *(di semaforo)* amber BE, yellow AE; ***attraversare con il ~*** to go through when the light is amber *o* yellow **4** *(film)* detective film; *(romanzo)* detective novel, detective story, mystery.

giallorosso /dʒallo'rosso/ agg. [*tifoso, giocatore*] = of Roma football club.

Giamaica /dʒa'maika/ ➧ *33* n.pr.f. Jamaica.

giamaicano /dʒamai'kano/ ➧ *25* **I** agg. Jamaican **II** m. (f. **-a**) Jamaican.

giambico, pl. **-ci**, **-che** /'dʒambiko, tʃi, ke/ agg. iambic.

giambo /'dʒambo/ m. iamb(ic), iambus*.

giammai /dʒam'mai/ avv. LETT. never.

gianduiotto /dʒandu'jɔtto/ m. GASTR. INTRAD. (typical chocolate of Turin made with chocolate and cream of crushed, toasted hazelnuts).

giansenismo /dʒanse'nizmo/ m. Jansenism.

giansenista, m.pl. **-i**, f.pl. **-e** /dʒanse'nista/ agg., m. e f. Jansenist.

Giappone /dʒap'pone/ ➧ *33* n.pr.m. Japan.

giapponese /dʒappo'nese/ ➧ *25, 16* **I** agg. Japanese **II** m. e f. Japanese* **III** m. LING. Japanese.

giara /'dʒara/ f. (earthenware) jar.

giardinaggio, pl. **-gi** /dʒardi'naddʒo, dʒi/ m. gardening.

giardinetta® /dʒardi'netta/ f. estate car.

giardinetti /dʒardi'netti/ m.pl. *(parco giochi)* playground sing.

giardiniera /dʒardi'njɛra/ f. **1** gardener **2** *(piatto)* ***~ di verdure*** pickled vegetables **3** *(fioriera)* jardinière.

giardiniere /dʒardi'njɛre/ ➧ *18* m. gardener.

giardino /dʒar'dino/ m. **1** garden **2** *(parco)* ***andare ai -i*** to go to the park ♦♦ ***~ botanico*** botanic(al) gardens; ***~ d'infanzia*** kindergarten, nursery school; ***~ d'inverno*** winter garden, conservatory; ***~ pensile*** hanging gardens, roof garden; ***~ pubblico*** public garden, park, gardens; ***~ zoologico*** zoological gardens.

giarrettiera /dʒarret'tjɛra/ f. *(a fascia)* garter; *(attaccata a reggicalze o busto)* suspender BE, garter AE; ***ordine della ~*** Order of the Garter.

Giasone /dʒa'zone/ n.pr.m. Jason.

Giava /'dʒava/ ➧ *14* n.pr.f. Java.

giavanese /dʒava'nese/ ➧ *16* **I** agg. Javanese **II** m. e f. Javanese* **III** m. LING. Javanese.

giavellotto /dʒavel'lɔtto/ m. javelin; ***lancio del ~*** SPORT javelin throwing.

gibbone /dʒib'bone/ m. gibbon.

gibboso /dʒib'boso/ agg. [*terreno*] humpy.

giberna /dʒi'bɛrna/ f. ammunition pouch.

Gibilterra /dʒibil'tɛrra/ ➧ *2* n.pr.f. Gibraltar.

Gibuti /dʒi'buti/ ➧ *33* n.pr.m. Djibouti.

giga, pl. **-ghe** /'dʒiga, ge/ f. *(danza)* jig.

gigabyte /dʒiga'bait/ m.inv. gigabyte.

gigante /dʒi'gante/ **I** agg. giant, huge, enormous; [*confezione*] giant-sized; ***slalom ~*** SPORT giant slalom; ***stella ~*** ASTR. giant star **II** m. giant (anche FIG.) ♦ ***fare passi da ~*** to make great strides, to come on in leaps and bounds.

giganteggiare /dʒiganted'dʒare/ [1] intr. (aus. *avere*) to tower (**su** over, above) (anche FIG.).

gigantesco, pl. **-schi**, **-sche** /dʒigan'tesko, ski, ske/ agg. [*statura, costruzione*] gigantic; [*lavoro, sforzo*] huge, monstrous, monster attrib.

gigantessa /dʒigan'tessa/ f. giantess.

gigantografia /dʒigantogra'fia/ f. giant poster.

gigione /dʒi'dʒone/ m. (f. **-a**) TEATR. ham.

gigioneggiare /dʒidʒoned'dʒare/ [1] intr. (aus. *avere*) TEATR. to ham, to overplay.

giglio, pl. **-gli** /'dʒiʎʎo, ʎi/ m. **1** *(fiore)* lily **2** ARALD. fleur-de-lis ♦ ***bianco come un ~*** lily-white; ***puro come un ~*** as pure as the driven snow.

gigolo /ʒigo'lo/ m.inv. gigolo*.

Gilberto /dʒil'bɛrto/ n.pr.m. Gilbert.

gilda /'dʒilda/ f. guild.

gilè, gilet /dʒi'lɛ/ m.inv. waistcoat BE, vest AE.

gimcana, gimkana /dʒim'kana/ → **gincana**.

gin /dʒin/ m.inv. gin ♦♦ ***~ tonic*** gin and tonic.

gincana /dʒin'kana/ f. gymkhana; ***fare la ~ nel traffico*** to weave in and out of traffic.

ginecologia /dʒinekolo'dʒia/ f. gynaecology BE, gynecology AE.

ginecologico, pl. **-ci**, **-che** /dʒineko'lɔdʒiko, tʃi, ke/ agg. gynaecologic(al) BE, gynecologic(al) AE.

ginecologo, m.pl. **-gi**, f.pl. **-ghe** /dʒine'kɔlogo, dʒi, ge/ ▸ *18* m. (f. **-a**) gynaecologist BE, gynecologist AE.
ginepraio, pl. **-ai** /dʒine'prajo, ai/ m. **1** *(luogo)* juniper thicket **2** FIG. tangle; ***cacciarsi in un (bel) ~*** to get oneself into a fix *o* a tight corner, to get into hot water.
ginepro /dʒi'nepro/ m. *(arbusto)* juniper.
ginestra /dʒi'nɛstra/ f. broom.
ginestrone /dʒines'trone/ m. gorse.
Ginevra /dʒi'nevra/ ▸ *2* n.pr.f. **1** *(città)* Geneva **2** *(nome di donna)* Guinevere.
ginevrino /dʒine'vrino/ ▸ *2* **I** agg. Genevan **II** m. (f. **-a**) Genevan.
ginger /'dʒindʒer/ m.inv. = bitter-tasting, orangy-coloured fizzy nonalcoholic soft drink.
gingillarsi /dʒindʒil'larsi/ [1] pronom. **1** *(giocherellare)* to fiddle (around) **2** *(perdere tempo)* to dawdle, to loaf about.
gingillo /dʒin'dʒillo/ m. trinket, knick-knack.
ginnasio, pl. **-si** /dʒin'nazjo, zi/ m. = in the Italian school system, the first two years of the liceo classico.
ginnasta, m.pl. **-i**, f.pl. **-e** /dʒin'nasta/ m. e f. gymnast.
ginnastica /dʒin'nastika/ ▸ *10* f. *(disciplina sportiva)* gymnastics + verbo sing.; *(attività fisica)* exercise **U**, fitness training **U**; *(a scuola)* physical education; ***fare ~*** to (do some) exercise; ***scarpa da ~*** training *o* gym shoe, trainer BE, sneaker AE ♦♦ ***~ aerobica*** aerobics; ***~ correttiva*** remedial exercises; ***~ ritmica*** eurhythmics BE, eurythmics AE.
ginnico, pl. **-ci**, **-che** /'dʒinniko, tʃi, ke/ agg. [*esercizio*] gymnastic.
ginocchiata /dʒinok'kjata/ f. blow with the knee; *(colpo preso al ginocchio)* blow on the knee; ***dare una ~ a qcn.*** to knee sb., to hit sb. with one's knee.
ginocchiera /dʒinok'kjɛra/ f. **1** *(di protezione)* knee-pad **2** *(fasciatura)* ***~ elastica*** elastic knee-band.
ginocchio, pl. **-chi**, pl.f. **-chia** /dʒi'nɔkkjo, ki, kja/ ▸ *4* m. **1** (pl.f. *-chia*) ANAT. knee; ***siediti sulle mie -chia*** sit on my knee *o* lap; ***avere l'acqua alle -chia*** to be up to one's knees *o* knee-deep in water; ***sopra, sotto il ~*** [*gonna*] above, below the knee; ***arrivare al ~*** [*gonna, stivale*] to be knee-length; [*giaccone*] to come down to one's knees **2** (pl. *-chi*) *(di pantalone)* knee **3 in ginocchio** on one's knees; ***essere in ~*** to be kneeling *o* on one's knees; ***mettersi in ~*** to kneel down, to go *o* get down on one's knees; ***cadere in ~*** to drop *o* fall to one's knees; ***te lo chiedo in ~!*** FIG. I'm begging you! ***mettere qcn. in ~*** to bring *o* force sb. to their knees.
ginocchioni /dʒinok'kjoni/ avv. ***mettersi ~*** to kneel down, to go *o* get down on one's knees; ***cadere ~*** to drop *o* fall to one's knees.
ginseng /'dʒinseng, dʒin'sɛng/ m.inv. ginseng.
Giobbe /'dʒɔbbe/ n.pr.m. Job.
giocare /dʒo'kare/ [1] **I** tr. **1** to play [*partita, carta*]; to gamble, to bet*, to stake [*soldi*] **2** *(ingannare)* ***~ qcn.*** to trick sb. **II** intr. (aus. *avere*) **1** ***~ a*** to play [*carte, dama, nascondino, calcio, tennis*]; ***~ con le bambole*** to play with one's dolls; ***a che gioco giocate?*** what are you playing? FIG. what are you playing at? **2** *(gingillarsi)* ***smetti di ~ con la penna!*** stop fiddling with your pen! **3** *(scommettere)* ***~ (d'azzardo)*** to gamble; ***~ al lotto*** to play lotto **4** *(speculare)* ***~ in borsa*** to gamble on the Stock Exchange, to play the market **5** *(influire)* to play a part; ***~ a favore di qcn.*** [*fattore*] to work *o* weigh in sb.'s favour **III giocarsi** pronom. to risk, to stake; ***-rsi la reputazione*** to gamble away one's reputation.
giocata /dʒo'kata/ f. **1** *(partita)* game **2** *(puntata)* stake, bet **3** *(modo di giocare)* play, game; ***una bella ~*** a masterstroke.
giocatore /dʒoka'tore/ m. (f. **-trice** /tritʃe/) **1** SPORT GIOC. player **2** *(d'azzardo)* gambler.
giocattolo /dʒo'kattolo/ m. **1** *(oggetto)* toy **2** FIG. plaything; ***essere un ~ nelle mani di qcn.*** to be a plaything to sb. *o* in sb.'s hands.
giocherellare /dʒokerel'lare/ [1] intr. (aus. *avere*) *(trastullarsi)* ***~ con*** to toy, fiddle (around), fidget, fumble with [*oggetto*].
giocherellone /dʒokerel'lone/ m. (f. **-a**) *(persona)* playful person; *(animale domestico)* playful pet.
giochetto /dʒo'ketto/ m. **1** *(cosa facile)* ***è stato un ~*** it was child's play *o* a piece of cake **2** *(inganno)* trick, game; ***ho capito il tuo ~!*** I saw through your little game!
gioco, pl. **-chi** /'dʒɔko, ki/ ▸ *10* m. **1** *(attività)* play **U**; *(con regole)* game; ***facciamo un ~*** let's play a game; ***carta da ~*** playing card; ***"fate il vostro ~"*** *(al casinò)* "faites vos jeux", "place your bets"; ***perdere una fortuna al ~*** *(d'azzardo)* to lose a fortune in gambling **2** *(scherzo)* ***per ~*** for fun **3** SPORT *(nel tennis)* game; ***campo da ~*** playing field; ***rimettere in ~ la palla*** *(nel calcio)* to put the ball back into play; ***~ leale, scorretto*** fair, foul play **4** *(giocattolo)* toy **5** *(effetto)* ***il ~ di luci sull'acqua*** the play of light on the water **6** MECC. play ♦ ***fare il ~ di qcn.*** to play into sb.'s hands; ***il ~ non vale la candela*** the game's not worth the candle; ***prendersi ~ di qcn.*** to make fun *o* a fool of sb.; ***stare al ~ di qcn.*** to play along with sb.; ***fare buon viso a cattivo ~*** to make the best of a bad bargain, to put a brave face on things; ***mettere in ~*** to stake [*somma, onore*]; ***doppio ~*** → **doppiogioco**; ***a che ~ sta giocando?*** what's his game? ***è un ~ da ragazzi*** it's child's play; ***entrare in ~*** to come into play *o* into the picture; ***è in ~ il tuo futuro*** your future is at stake; ***ha buon ~ a criticarmi*** it's easy for him to criticize me; ***un bel ~ dura poco*** PROV. = the shortest jokes are the best ♦♦ ***~ d'azzardo*** *(attività)* gambling; *(singolo gioco)* game of chance; ***~ educativo*** educational game; ***~ elettronico*** computer game; ***~ dell'oca*** = snakes and ladders; ***~ di parole*** (word) pun; ***~ di pazienza*** = puzzle, game requiring patience; ***~ a premi*** *(in TV)* game show; ***~ di prestigio*** conjuring trick; ***~ di ruolo*** role-play; ***~ di società*** parlour game; ***~ da tavolo*** board game; ***Giochi Olimpici*** Olympic Games, Olympics.
giocoforza /dʒoko'fɔrtsa/ avv. ***è ~ fare*** it's (absolutely) necessary to do.
giocoliere /dʒoko'ljɛre/ ▸ *18* m. (f. **-a**) *(nei circhi)* juggler.
Gioconda /dʒo'konda/ n.pr.f. ***la ~*** the Mona Lisa.
giocondo /dʒo'kondo/ agg. gay, jolly.
giocoso /dʒo'koso/ agg. [*persona, carattere*] playful, jocular.
giogaia /dʒo'gaja/ f. ZOOL. dewlap.
giogo, pl. **-ghi** /'dʒogo, gi/ m. **1** yoke (anche FIG.) **2** *(della bilancia)* beam.
1.gioia /'dʒɔja/ f. joy; ***con mia grande ~*** to my great joy; ***assaporare le -e dell'amore*** to taste the joys of love ♦ ***darsi alla pazza ~*** to have a really wild time of it; ***-e e dolori*** joys and sorrows ♦♦ ***~ di vivere*** zest for life, joie de vivre, joy of living.
2.gioia /'dʒɔja/ f. **1** *(gioiello)* jewel, bijou* **2** *(come vezzeggiativo)* ***non piangere, ~!*** don't cry, sweetheart!
gioielleria /dʒojelle'ria/ ▸ *18* f. **1** *(negozio)* jeweller's (shop) BE, jeweler's (shop) AE **2** *(arte)* jeweller's craft BE, jeweler's craft AE.
gioielliere /dʒojel'ljɛre/ ▸ *18* m. (f. **-a**) jeweller BE, jeweler AE.
gioiellino /dʒojel'lino/ m. ***quella macchina è un ~*** that car is a neat little number.
gioiello /dʒo'jɛllo/ m. **1** jewel, piece of jewellery BE, piece of jewelry AE; ***-i*** jewels, jewellery; ***-i di famiglia*** family jewels **2** FIG. gem, jewel.
gioioso /dʒo'joso/ agg. [*persona*] joyful; [*avvenimento*] happy, joyful.
gioire /dʒo'ire/ [102] intr. (aus. *avere*) to rejoice (**per** at, over); ***fare ~ qcn.*** to delight sb.
Giona /'dʒɔna/ n.pr.m. Jonah, Jonas.
Gionata /'dʒɔnata/ n.pr.m. Jonathan.
Giordania /dʒor'danja/ ▸ *33* n.pr.f. Jordan.
giordano /dʒor'dano/ ▸ *25* **I** agg. Jordanian **II** m. (f. **-a**) Jordanian.
Giordano /dʒor'dano/ ▸ *9* n.pr.m. *(fiume)* Jordan.
Giorgia /'dʒɔrdʒa/ n.pr.f. Georgia.
Giorgio /'dʒordʒo/ n.pr.m. George.
giornalaio, pl. **-ai** /dʒorna'lajo, ai/ ▸ *18* m. (f. **-a**) newsagent BE, newsdealer AE, news vendor; ***andare dal ~*** to go to the newsagent's.
giornale /dʒor'nale/ m. *(quotidiano)* newspaper, paper COLLOQ.; *(rivista)* magazine; ***~ della sera*** evening paper; ***articolo di ~*** newspaper article; ***scrivere su un ~*** to write for a newspaper; ***i -i hanno gonfiato la notizia*** the press blew up the story ♦♦ ***~ di bordo*** log (book); ***~ illustrato*** illustrated magazine; ***~ di moda*** fashion magazine; ***~ radio*** (radio) news, news bulletin BE, news cast AE; ***~ sportivo*** sports newspaper.
giornaliero /dʒorna'ljɛro/ **I** agg. [*lavoro, tasso*] daily **II** m. (f. **-a**) **1** *(lavoratore)* day labourer BE, day laborer AE **2** *(biglietto)* day pass.

giornalino /dʒorna'lino/ m. **1** *(a fumetti)* comic (book) **2** *(scolastico)* school magazine, school paper.
giornalismo /dʒorna'lizmo/ m. journalism.
giornalista, m.pl. **-i**, f.pl. **-e** /dʒorna'lista/ ➧ ***18*** m. e f. journalist; ~ ***economico, politico*** economic affairs, political correspondent; ~ ***sportivo*** sports correspondent *o* writer, sportscaster AE; ~ ***televisivo*** television journalist.
giornalistico, pl. **-ci**, **-che** /dʒorna'listiko, tʃi, ke/ agg. [*linguaggio, stile*] journalistic; ***servizio*** ~ (news) report.
giornalmente /dʒornal'mente/ avv. daily, every day.
giornata /dʒor'nata/ f. **1** *(giorno)* day; ***la ~ di ieri*** yesterday; ***buona ~!*** have a nice day! ***ti chiamo in*** ~ I'll call you sometime today; ***a due -e (di distanza) da*** two days away from **2** *(periodo di lavoro)* ***fare -e di otto ore*** to work an eight-hour day; ***essere pagato a*** ~ to be paid by the day *o* on a daily basis ♦ ***vivere alla*** ~ to take one day at a time, to live (from) hand to mouth ♦♦ ~ ***lavorativa*** working day, workday; ~ ***nera*** o ***no*** black *o* bad *o* off day; ~ ***di riposo*** day off.
giornataccia, pl. **-ce** /dʒorna'tattʃa, tʃe/ f. black day, bad day, off day; ***è una ~!*** it's one of those days!
giorno /'dʒorno/ ➧ ***19*** m. **1** day; ***fra otto -i*** in a week('s time); ***ogni quindici -i*** every two weeks *o* fortnight BE; ***a due -i di treno*** two days away by train; ***due voli al*** ~ two daily flights; ~ ***per*** ~ day by day; ***verranno -i migliori*** better times will come; ***che ~ è oggi?*** *(della settimana)* what day is it today? *(del mese)* what's the date today? what's today's date? ***è il ~ in cui faccio la spesa*** it's my shopping day; ***un ~ o l'altro*** some day, one day; ***un bel*** ~ one fine day; ***tornerà a -i*** he'll be back in a few days; ***da un ~ all'altro*** [*essere atteso*] any day (now); [*cambiare*] overnight, from one day to the next; ***notizia del*** ~ news of the day; ***ai -i nostri*** o ***al ~ d'oggi*** nowadays, today **2** *(ore di luce)* daylight, daytime; ***di*** ~ by *o* in daylight, in the daytime; ***sul far del*** ~ at the break of day, at daybreak; ***fare*** ~ to dawn; ***in pieno*** ~ in broad daylight ♦ ***andare a -i*** to depend on the day; ***tutti i santi -i*** every blessed *o* single day, each and every day; ***tutto il santo*** ~ the whole blessed day; ***tra i due ce ne corre quanto dal ~ alla notte*** they are as different as chalk and cheese ♦♦ ~ ***di chiusura*** closing day; ~ ***feriale*** weekday, workday, working day; ~ ***festivo*** holiday; ~ ***del Giudizio*** RELIG. Judgment Day, day of judgment, doomsday; ~ ***lavorativo*** → ~ ***feriale***; ~ ***di paga*** payday, account day.
giostra /'dʒɔstra/ f. **1** *(per bambini)* merry-go-round, carousel AE; ***fare un giro sulla*** ~ to have a ride *o* a go on the merry-go-round; ***portare i bambini alle -e*** to take the children to the fair **2** STOR. *(torneo)* joust.
giostrare /dʒos'trare/ [1] **I** intr. (aus. *avere*) STOR. to joust **II giostrarsi** pronom. ***-rsi tra le difficoltà*** to navigate one's way through difficulties.
Giosuè /dʒozu'ɛ/ n.pr.m. Joshua.
giov. ⇒ giovedì Thursday (Thur, Thurs).
giovamento /dʒova'mento/ m. ***essere di ~ per qcn.*** to be good for sb., to be useful to sb.; ***recare scarso*** ~ to be of little benefit; ***trarre ~ da qcs.*** to benefit from sth.
giovane /'dʒovane/ agg. **1** [*persona, viso, pubblico, paese*] young; ***un corpo ancora*** ~ a youthful body **2** *(d'età)* ***la loro figlia più*** ~ their youngest daughter; ***è più ~ di me di due anni*** he is my junior by two years, he is two years my junior *o* two years younger than me; *(negli appellativi)* ***Plinio il Giovane*** Pliny the Younger **II** m. e f. *(uomo)* young man*; *(donna)* young woman*; ***i -i*** the young, young people; ***da ~, io...*** when I was young, in my youth, I....
giovanile /dʒova'nile/ agg. [*delinquenza*] juvenile; [*pubblico*] young; [*disoccupazione, esuberanza*] youth attrib.; [*opera*] juvenile, early; [*viso, pettinatura*] youthful; ***età*** ~ youth; ***avere un aspetto*** ~ to look young *o* youthful, to be young-looking; ***vestirsi in modo*** ~ to dress youthfully.
giovanilismo /dʒovani'lizmo/ m. = practice of those who wish to appear young.
Giovanna /dʒo'vanna/ n.pr.f. Jean, Joan(na) ♦♦ ~ ***d'Arco*** Joan of Arc.
Giovanni /dʒo'vanni/ n.pr.m. John.
giovanotto /dʒova'nɔtto/ m. youngster, young man*, lad COLLOQ.
giovare /dʒo'vare/ [1] **I** intr. (aus. *essere*, *avere*) **1** *(essere utile)* [*alimento, riposo*] to be* good (**a** for) **2** *(beneficiare)* ***a chi giova?*** who benefits? ~ ***agli affari*** to be good for business **II** impers. ***giova sapere che...*** it is useful to know that...; ***a che giova?*** what good does it do? **III giovarsi** pronom. ***-rsi di qcs.*** to benefit from *o* by sth., to take advantage of sth.
Giove /'dʒɔve/ n.pr.m. MITOL. ASTR. Jupiter, Jove; ***per ~!*** by Jove!
giovedì /dʒove'di/ ➧ ***11*** m.inv. Thursday ♦♦ ~ ***grasso*** (last) Thursday before Lent; ~ ***santo*** Maundy Thursday.
giovenca, pl. **-che** /dʒo'vɛnka, ke/ f. heifer.
gioventù /dʒoven'tu/ f.inv. **1** *(giovinezza)* youth; ***in ~, io...*** when I was young, in my youth, I... **2** *(i giovani)* ***la*** ~ youth + verbo sing. o pl., the young + verbo pl., young people pl.
gioviale /dʒo'vjale/ agg. [*persona, carattere*] jovial, hearty.
giovialità /dʒovjali'ta/ f.inv. joviality, heartiness.
giovialone /dʒovja'lone/ m. jolly fellow, cheery fellow.
giovinastro /dʒovi'nastro/ m. (f. **-a**) lout, yob BE COLLOQ.; ***una banda di -i*** a gang of youths.
giovincello /dʒovin'tʃɛllo/ m. young boy, lad COLLOQ.
giovinezza /dʒovi'nettsa/ f. youth; ***la prima*** ~ early youth; ***vivere una seconda*** ~ to take on a new lease of life.
GIP /dʒip/ m. (⇒ giudice per le indagini preliminari) = examining justice.
giradischi /dʒira'diski/ m.inv. record player.
giradito /dʒira'dito/ m. whitlow.
giraffa /dʒi'raffa/ f. **1** ZOOL. giraffe **2** TELEV. CINEM. boom.
giramento /dʒira'mento/ m. **1** *(capogiro)* ~ ***di testa*** o ***capo*** fit of dizziness *o* giddiness **2** COLLOQ. ***che ~ di scatole!*** what a drag!
giramondo /dʒira'mondo/ m. e f.inv. globetrotter, rover.
girandola /dʒi'randola/ f. **1** *(banderuola)* wind vane, weather vane **2** *(fuoco artificiale)* Catherine wheel, pinwheel **3** *(giocattolo)* windmill **4** *(carosello)* whirl(wind); *(di ricordi)* swirl.
girandolare /dʒirando'lare/ [1] intr. (aus. *avere*) to stroll (about, around), to wander (about, around), to roam.
girare /dʒi'rare/ [1] **I** tr. **1** *(fare ruotare)* to turn [*volante, chiave*]; to wind* [*manovella*]; ~ ***la testa verso*** to turn to **2** *(mescolare)* to stir [*salsa*]; to flip over [*frittata*] **3** *(voltare)* to turn (over) [*pagina*] **4** FIG. *(volgere)* ~ ***la situazione a favore di qcn.*** to sway *o* swing the outcome in sb.'s favour **5** *(visitare)* to tour [*città, paese*]; ~ ***il mondo*** to wander *o* travel the world **6** *(fare il giro di)* to go* round [*negozi, agenzie*] **7** *(passare)* to put* through [*telefonata*]; to pass on, to refer [*richiesta*] (**a** to) **8** *(trasformare)* to rephrase [*frase*] **9** BANC. to sign the back of, to endorse [*assegno*] **10** CINEM. [*regista*] to shoot*, to make*; [*attore*] to make* [*film, scena*] **II** intr. (aus. *avere*, *essere*) **1** *(ruotare)* [*chiave, disco*] to turn; [*ruota*] to turn, to spin*; ***mi gira la testa*** my head's spinning, I feel dizzy; ***fare ~ la testa a qcn.*** [*alcol*] to make sb.'s head spin; ***(lei) ti ha fatto ~ la testa*** FIG. she's turned your head; ~ ***su se stesso*** to spin around, to turn over and over **2** *(andare in giro)* to wander (around); ~ ***per le strade*** to wander *o* walk the streets; ~ ***per la città, per negozi*** to wander around town, in and out of the shops; ***è un'ora che giro*** *(in macchina)* I've been driving around for an hour **3** *(circolare)* ***gira (la) voce che...*** it is being put about that..., word got (a)round that...; ***qui gira denaro falso*** there is counterfeit money in circulation here **4** *(gravitare)* ~ ***attorno a*** [*pianeta*] to revolve around **5** *(andare e venire)* ~ ***in tondo*** to go around and around, to go around in circles (anche FIG.); ***mille pensieri mi girano per la testa*** FIG. my head is whirling with all these thoughts **6** *(svoltare)* to turn; ~ ***a sinistra, a destra*** to turn left, right **7** *(funzionare)* [*motore*] to run*; ~ ***a vuoto*** [*motore*] to race; ***gli affari girano bene*** FIG. business is running smoothly **8** *(fare una tournée)* [*compagnia*] to tour **III girarsi** pronom. to turn (**verso** to, towards); ***girati e fammi vedere*** turn around and let me see; ***-rsi e rigirarsi nel letto*** to toss and turn in bed ♦ ***non sapere più da che parte -rsi*** not to know which way to turn; ***gira al largo!*** get lost! ***gira e rigira*** *(alla fin fine)* at the end of the day, all things considered; ***girala come vuoi*** whichever way you look at it; ***che cosa ti gira?*** what's got into you? what's going on in your head? ***se mi gira, ...*** if I feel like it, ...; ***dipende da come gli gira*** it depends on which side of the bed he got out of.
girarrosto /dʒirar'rɔsto/ m. roasting spit, rotating spit.

girasole /dʒira'sole/ m. sunflower.
girata /dʒi'rata/ f. BANC. endorsement.
giravolta /dʒira'vɔlta/ f. **1** *(rotazione)* twirl **2** *(capriola)* caper, somersault; ***fare una ~*** to cut a caper **3** FIG. *(voltafaccia)* about-turn, turnabout, about-face.
girellare /dʒirel'lare/ → **gironzolare**.
girello /dʒi'rɛllo/ m. **1** *(per bambini)* (baby) walker **2** *(taglio di carne)* round of beef, silverside.
giretto /dʒi'retto/ m. *(viaggetto)* spin; *(passeggiata)* stroll, saunter.
girevole /dʒi'revole/ agg. [*porta, palcoscenico*] revolving; [*espositore*] rotating; ***ponte ~*** swingbridge; ***sedia ~*** swivel chair.
girino /dʒi'rino/ m. tadpole.
giro /'dʒiro/ m. **1** *(rotazione)* turn, rotation, spin; *(di motore)* revolution; ***dare un ~ di chiave*** to turn the key; ***chiudere qcs. a doppio ~*** to double-lock sth.; ***con più -i di corda*** with the rope wound around a few times; ***un (disco) 33, 45 -i*** a long-player *o* a long-playing record BE, a forty-five (record); ***andare su di -i*** [*motore*] to rev (up); FIG. [*persona*] to have the hots **2** *(viaggio)* ***un ~ per l'Italia*** a tour *o* trip round Italy; ***un ~ in montagna, al mare*** a trip to the mountains, to the seaside; ***fare il ~ del mondo*** to go around the world; ***fare il ~ della Spagna*** to tour Spain; ***fai un ~ alla mostra!*** go and have a look (a)round the exhibition! ***la notizia ha fatto il ~ del paese*** FIG. the news spread through the village **3** *(passeggiata)* stroll, walk; *(in macchina)* drive; *(in bicicletta)* ride; ***andare a fare un ~*** to go for a walk; *(in macchina)* to go for a drive; *(in bicicletta)* to go for a ride; ***fare un ~ in centro*** to go into town BE *o* down town AE **4** *(serie)* ***fare un ~ di opinioni*** to sound out everybody, to go (a)round the table; ***fare un ~ di telefonate*** to ring around **5** *(alle carte)* hand **6** *(nei lavori a maglia)* row **7** *(cerchia)* *(di amici)* circle; ***entrare nel ~ della droga*** to get mixed up in the drug scene; ***sono fuori dal ~*** I'm out of the swing of things **8** *(nella corrispondenza)* ***a stretto ~ di posta*** by return (of post), by return mail **9 in giro** around, about; ***è qui in ~?*** is he around? ***non c'è nessuno in ~*** there's nobody about; ***lasciare qcs. in ~*** to leave sth. lying about; ***l'ho portato in ~ per tutti i musei*** I showed him around all the museums; ***andare in ~ per negozi*** to roam round the shops; ***prendere in ~ qcn.*** to make a fool *o* make fun of sb.; ***c'è in ~ una voce*** there's a rumour going around **10 nel giro di** ***nel ~ di un'ora*** within an hour; ***nel ~ di pochi minuti*** in the space of a few minutes ♦ ***essere su di -i*** [*persona*] to be fired up *o* switched on *o* on a high ♦♦ ***~ d'affari*** turnover; ***~ di boa*** turning point; ***~ d'ispezione*** tour of inspection, inspection tour; ***~ della morte*** AER. loop; ***~ di parole*** roundabout expression; ***fare dei -i di parole*** to beat about the bush; ***~ di pista*** lap; ***fare un ~ di pista*** to (run a) lap; ***~ di prova*** AUT. test drive *o* run; ***~ vita*** → **girovita**; ***~ di vite*** turn of the screw.
girobussola /dʒiro'bussola/ f. gyrocompass.
girocollo /dʒiro'kɔllo/ m.inv. **1** ***(maglione a) ~*** crew neck *o* round-neck(ed) sweater **2** *(collana)* necklace, choker.
giroconto /dʒiro'konto/ m. giro*.
Girolamo /dʒi'rɔlamo/ n.pr.m. Jerome.
giromanica /dʒiro'manika/ m.inv. armhole.
girone /dʒi'rone/ m. **1** SPORT round; ***~ di andata, ritorno*** first, second round; ***~ eliminatorio*** preliminary heat **2** *(nella Divina Commedia)* ***i -i dell'Inferno*** the circles of Hell.
gironzolare /dʒirondzo'lare/ [1] intr. (aus. *avere*) to stroll (about, around), to wander (about, around); ***~ per le strade*** to stroll around *o* roam the streets; ***~ per casa*** to drift *o* lounge around the house.
giroscopico, pl. **-ci**, **-che** /dʒiros'kɔpiko, tʃi, ke/ agg. ***bussola -a*** gyrocompass.
giroscopio, pl. **-pi** /dʒiros'kɔpjo, pi/ m. gyroscope.
girotondo /dʒiro'tondo/ m. ring-a-ring-a-roses; ***fare (un) ~*** to play ring-a-ring-a-roses.
girovagare /dʒirova'gare/ [1] intr. (aus. *avere*) to wander (about, around), to roam.
girovago, pl. **-ghi**, **-ghe** /dʒi'rɔvago, gi, ge/ **I** agg. [*attore*] itinerant; [*popolo*] wandering **II** m. (f. **-a**) itinerant, wanderer.
girovita /dʒiro'vita/ m.inv. waist measurement, waistline, girth; ***qual è il tuo ~?*** what size waist are you?

gita /'dʒita/ f. trip, excursion, outing, tour; ***fare una, andare in ~*** to go on an excursion *o* a trip, to go for an outing; ***~ scolastica*** school trip, outing.
gitano /dʒi'tano/ **I** agg. gypsy **II** m. (f. **-a**) Spanish gypsy.
gitante /dʒi'tante/ m. e f. tripper, excursionist.
gittata /dʒit'tata/ f. *(di arma)* range; ***avere una ~ di*** to range over ♦♦ ***~ cardiaca*** cardiac output.
giu. ⇒ giugno June (Jun).
giù /dʒu/ avv. **1** *(in basso)* down; ***tirare ~ qcs.*** to pull down sth.; ***più ~*** further down **2** *(sotto)* downstairs; ***abita un piano più ~*** he lives a floor below; ***il vino è ~ in cantina*** the wine is down in the cellar **3** *(come rafforzativo)* ***dal primo ~ ~ fino all'ultimo*** from the first (down) to the last **4 in giù** down(wards); ***guardare in ~*** to look down(wards); ***dalla vita in ~*** from the waist down(wards); ***dai 5 anni in ~*** from 5 and under; ***a testa in ~*** [*cadere, tuffarsi*] face downwards **5 giù per** ***~ per la collina, le scale*** down the hill, the stairs **6 giù di lì** thereabouts, more or less; ***deve avere sessant'anni o ~ di lì*** he must be about sixty **7 su e giù** *(in alto e in basso)* up and down; *(avanti e indietro)* up and down, to and fro; ***andare su e ~ per il corridoio*** to pace *o* walk up and down the corridor ♦ ***~ le mani*** o ***le zampe*** COLLOQ.***!*** get your hands off me! ***~ la maschera!*** no more pretending now! ***e ~ botte*** then all hell let loose *o* broke out; ***essere ~ di morale*** o ***di corda*** to feel down *o* low *o* down-in-the-mouth; ***ci va ~ deciso*** *(a parole)* he doesn't pull his punches; *(coi fatti)* he doesn't do things by halves.
giubba /'dʒubba/ f. jacket (anche MIL.).
giubbetto /dʒub'betto/ m. **1** *(giacca corta)* (short) jacket **2** *(dello schermitore)* jacket.
giubbotto /dʒub'bɔtto/ m. jacket ♦♦ ***~ antiproiettile*** bullet-proof vest *o* jacket; ***~ salvagente*** o ***di salvataggio*** lifejacket, life vest AE.
giubilante /dʒubi'lante/ agg. [*folla*] jubilant.
giubilare /dʒubi'lare/ agg. [*anno*] jubilee attrib.
giubilazione /dʒubilat'tsjone/ f. superannuation.
giubileo /dʒubi'lɛo/ m. jubilee.
giubilo /'dʒubilo/ m. jubilation; ***grida di ~*** cries of joy.
Giuda /'dʒuda/ **I** n.pr.m. Judas **II** m.inv. FIG. Judas, traitor ♦ ***essere falso come ~*** to be a Judas; ***porco ~!*** holy cow *o* smoke! ♦♦ ***~ Iscariota*** Judas Iscariot.
giudaico, pl. **-ci**, **-che** /dʒu'daiko, tʃi, ke/ agg. Judaic.
giudaismo /dʒuda'izmo/ m. Judaism.
Giudea /dʒu'dɛa/ n.pr.f. Judaea.
giudeo /dʒu'dɛo/ **I** agg. **1** *(della Giudea)* Judaean, Judean **2** *(ebreo)* Jewish **II** m. (f. **-a**) **1** *(abitante della Giudea)* Judaean, Judean **2** *(ebreo)* Jew.
giudicante /dʒudi'kante/ agg. [*commissione*] judging.
giudicare /dʒudi'kare/ [1] **I** tr. **1** *(valutare)* to judge [*persona*]; ***~ le capacità di qcn.*** to evaluate *o* assess sb.'s abilities; ***l'avevo giudicata male*** I had misjudged her; ***non giudicarlo male*** don't think badly of him **2** *(reputare)* to consider, to think*; ***~ qcn. intelligente*** to consider sb. intelligent **3** DIR. to try, to adjudicate [*causa, imputato*]; ***~ qcn. colpevole*** to (ad)judge *o* find sb. guilty **II** intr. (aus. *avere*) **1** *(valutare)* to judge; ***~ dalle apparenze*** to judge *o* go by appearances; ***a ~ da...*** going by, judging by *o* from... **2** DIR. ***sarà il tribunale a ~*** the court will decide; ***~ secondo i fatti*** to make a judgment based on facts.
giudicato /dʒudi'kato/ m. DIR. ***passare in ~*** [*sentenza*] to be made absolute, to become final.
giudice /'dʒuditʃe/ ♦ ***1, 18*** m. **1** DIR. judge; ***comparire davanti al ~*** to appear before the magistrate *o* the court, to be up before the judge; ***erigersi a ~ (di qcs.)*** to sit in judgment (on *o* over sth.) **2** *(di gioco, concorso)* judge **3** *(persona competente)* judge; ***essere un buon, cattivo ~*** to be a good, bad judge ♦♦ ***~ di gara*** SPORT judge, umpire; ***~ per le indagini preliminari*** = examining justice, examining magistrate; ***~ di linea*** SPORT lines *o* touch judge; ***~ di pace*** Justice of the Peace; ***~ popolare*** jury member, juror.
Giuditta /dʒu'ditta/ n.pr.f. Judith.
giudiziale /dʒudit'tsjale/ agg. judicial; ***spese -i*** trial expenses.
giudiziario, pl. **-ri**, **-rie** /dʒudit'tsjarjo, ri, rje/ agg. [*potere, atto, indagine*] judicial; [*riforma, sistema*] judiciary; [*carriera*]

legal; ***ufficiale*** ~ bailiff, marshal AE; ***errore*** ~ miscarriage of justice; ***intentare un'azione -a contro qcn.*** to take proceedings against sb.
giudizio, pl. **-zi** /dʒu'dittsjo, tsi/ m. **1** *(opinione)* judgment, opinion; ***dare*** o ***esprimere un ~ su qcn., qcs.*** to pass judgment *o* give one's opinion on sb., sth.; ***a mio ~*** as far as I can judge, in my opinion **2** *(senno)* (common) sense, wisdom; ***non avere ~*** to have no wisdom; ***mettere ~*** to become sensible, to steady oneself; ***l'età del ~*** the age of reason **3** SCOL. assessment, evaluation **4** DIR. *(processo)* ***citare qcn. in ~*** to prefer *o* press charges against sb., to take sb. to court; ***comparire in ~*** to come to the bar, to come up for trial, to appear before the *o* in court; ***rinvio a ~*** remand; ***rinviare a ~*** to commit *o* send *o* remand sb. for trial; ***in attesa di ~*** awaiting trial; ***emettere*** o ***pronunciare un ~*** [*tribunale*] to pass judgment; ***~ di assoluzione, di condanna*** verdict of not guilty, of guilty ♦♦ ***~ di Dio*** STOR. ordeal; ***~ di primo grado*** judgment of first instance; ***Giudizio Universale*** Last Judgment.
giudizioso /dʒudit'tsjoso/ agg. [*persona*] judicious; [*scelta*] judicious, wise, sound; [*bambino*] sensible.
giuggiola /'dʒuddʒola/ f. ***andare in brodo di -e*** to be tickled pink *o* to death.
giuggiolone /dʒuddʒo'lone/ m. (f. **-a**) fool, dupe, simpleton.
giugno /'dʒuɲɲo/ ♦ *17* m. June.
giugulare /dʒugu'lare/ agg. e f. jugular.
Giulia /'dʒulja/ n.pr.f. Julia.
Giuliana /dʒu'ljana/ n.pr.f. Juliana.
giuliano /dʒu'ljano/ agg. ***calendario ~*** Julian calendar.
Giuliano /dʒu'ljano/ n.pr.m. Julian.
Giulie /'dʒulje/ n.pr.f.pl. (anche **Alpi ~**) Julian Alps.
Giulietta /dʒu'ljetta/ n.pr.f. Juliet; ***~ e Romeo*** Romeo and Juliet.
Giulio /'dʒuljo/ n.pr.m. Julius ♦♦ ***~ Cesare*** Julius Caesar.
giulivo /dʒu'livo/ agg. gay, joyous, happy; ***oca -a*** dumb blonde, bimbo.
giullare /dʒul'lare/ m. **1** STOR. jester **2** FIG. SPREG. fool, clown.
giumenta /dʒu'menta/ f. mare.
giunca, pl. **-che** /'dʒunka, ke/ f. MAR. junk.
giunchiglia /dʒun'kiʎʎa/ f. jonquil.
giunco, pl. **-chi** /'dʒunko, ki/ m. *(pianta)* rush; *(materiale)* cane, rush.
giungere /'dʒundʒere/ [55] **I** tr. LETT. ***~ le mani*** to join one's hands **II** intr. (aus. *essere*) **1** *(arrivare)* [*persona, lettera*] to arrive; ***~ a casa*** to get home; ***~ alla meta*** to reach one's goal *o* destination; ***~ a termine*** [*progetto*] to come to an end; ***è giunto il momento di...*** the time has come for... **2** *(estendersi)* ***~ (fino) a*** [*foresta, spiaggia*] to stretch to *o* as far as **3** *(raggiungere)* ***~ a*** to reach [*luogo, età*]; to come to, to reach [*accordo, risultato, conclusione*] **4** *(spingersi)* ***~ al punto di fare*** to extend to doing, to go as far as doing ♦ ***mi giunge nuovo*** that's news to me; ***~ all'orecchio di qcn.*** to reach *o* come to sb.'s ears; ***è giunta la tua ora!*** your number's up! your time's run out!
giungla /'dʒungla/ f. jungle (anche FIG.).
Giunone /dʒu'none/ n.pr.f. Juno.
giunonico, pl. **-ci, -che** /dʒu'nɔniko, tʃi, ke/ agg. Junoesque.
1.giunta /'dʒunta/ f. **1** *(aggiunta)* addition; ***fare delle -e*** to make additions **2** *(riferito a indumenti)* insert **3 per giunta** in addition, what's more.
2.giunta /'dʒunta/ f. council, comittee ♦♦ ***~ comunale*** municipality; ***~ militare*** (military) junta.
giuntare /dʒun'tare/ [1] tr. **1** *(congiungere)* to join **2** *(cucire insieme)* to sew* together **3** CINEM. to splice.
giunto /'dʒunto/ **I** p.pass. → **giungere II** agg. ***a mani -e*** with one's hands joined **III** m. TECN. joint ♦♦ ***~ cardanico*** cardan joint.
giuntura /dʒun'tura/ f. **1** *(punto di giunzione)* joint **2** ANAT. joint; ***la ~ del ginocchio*** the knee joint.
giunzione /dʒun'tsjone/ f. **1** *(giunto)* joint **2** EL. junction **3** *(congiunzione)* ***punto di ~*** meeting point, interface.
giuramento /dʒura'mento/ m. oath; ***prestare*** o ***fare ~*** to swear an *o* take the oath; ***sotto ~*** on *o* under oath.
giurare /dʒu'rare/ [1] **I** tr. **1** *(promettere solennemente)* to swear* [*fedeltà, obbedienza*]; ***~ (a qcn.) che, di fare*** to swear (to sb.) that, to do; ***~ il falso*** to perjure oneself DIR.; ***lo giuro su mia madre*** I swear it on my mother's life **2** *(assicurare)* ***ti giuro che fa male*** I can assure you it hurts; ***ce ne sono, te lo giuro!*** honestly, there are some! ***avrei giurato che fosse lì*** I could have sworn he was there **II** intr. (aus. *avere*) ***~ sulla Bibbia, sull'onore*** to swear on the Bible, on one's honour; ***ci giurerei*** I'll take my oath on it, I would *o* could swear to it.
giurassico, pl. **-ci, -che** /dʒu'rassiko, tʃi, ke/ agg. e m. Jurassic.
giurata /dʒu'rata/ f. juror, jurywoman*.
giurato /dʒu'rato/ **I** p.pass. → **giurare II** agg. **1** [*deposizione*] sworn **2** *(che ha prestato giuramento)* ***guardia -a*** security guard **3** *(implacabile)* [*nemico*] sworn **III** m. juror, juryman*; ***i -i*** the jury.
giureconsulto /dʒurekon'sulto/ m. jurisconsult.
giurì /dʒu'ri/ m.inv. ***~ d'onore*** court of honour.
giuria /dʒu'ria/ f. **1** DIR. jury **2** *(in gare sportive, concorsi)* panel, judges pl.
giuridico, pl. **-ci, -che** /dʒu'ridiko, tʃi, ke/ agg. [*posizione, stato*] legal; ***persona -a*** body corporate, corporate body, legal entity; ***una formazione -a*** a background in law.
giurisdizionale /dʒurizdittsjo'nale/ agg. jurisdictional.
giurisdizione /dʒurizdit'tsjone/ f. **1** DIR. jurisdiction; ***essere sotto la, fuori della ~ di qcn.*** to be within, outside sb.'s jurisdiction **2** FIG. ***questo è al di fuori della mia ~*** this is not within my sphere of competence ♦♦ ***~ civile*** civil courts; ***~ militare*** military courts.
giurisprudenza /dʒurispru'dɛntsa/ f. **1** *(scienza)* law, jurisprudence; ***laurea in ~*** degree in law **2** *(sentenze degli organi giurisdizionali)* jurisprudence, case law.
giurista, m.pl. **-i**, f.pl. **-e** /dʒu'rista/ ♦ *18* m. e f. jurist, legal practitioner.
Giuseppe /dʒu'zɛppe/ n.pr.m. Joseph.
Giuseppina /dʒuzep'pina/ n.pr.f. Josephine.
giustacuore /dʒusta'kwɔre/ m. jerkin.
giustamente /dʒusta'mente/ avv. **1** *(con esattezza)* [*rispondere*] rightly **2** *(a ragione)* ***è ~ orgoglioso di*** he is justifiably *o* justly proud of; ***si potrebbe ~ pensare che...*** one might legitimately think that...
giustapporre /dʒustap'porre/ [73] tr. to juxtapose (**a** with).
giustapposizione /dʒustappozit'tsjone/ f. juxtaposition.
giustezza /dʒus'tettsa/ f. **1** *(esattezza)* rightness, correctness; *(precisione)* accuracy **2** TIP. justification.
giustificabile /dʒustifi'kabile/ agg. [*condotta, errore*] justifiable.
giustificare /dʒustifi'kare/ [1] **I** tr. **1** *(rendere accettabile)* to justify [*metodo, decisione*] (**con, attraverso** by); to give* grounds for [*speranza, ottimismo*]; ***nulla giustifica la crudeltà*** there is no excuse for cruelty **2** *(scusare)* to excuse [*comportamento, ritardo*]; ***cerchi sempre di giustificarla*** you are always making excuses for her **3** *(documentare)* ***~ le spese*** to document expenses **4** TIP. to justify [*testo*] **II giustificarsi** pronom. to justify oneself; *(scusarsi)* to excuse oneself, to apologize, to make* excuses.
giustificativo /dʒustifika'tivo/ agg. ***pezza -a*** BUROCR. written evidence *o* proof, documentary evidence; ***copia -a*** *(nell'editoria)* voucher copy.
giustificato /dʒustifi'kato/ **I** p.pass. → **giustificare II** agg. **1** *(legittimo)* [*scelta, assenza*] justified; [*collera, lamentela*] justified, righteous **2** TIP. ***~ a destra, a sinistra*** justified right, left margin.
giustificazione /dʒustifikat'tsjone/ f. **1** justification; ***a ~ di qcs.*** in justification *o* vindication of sth. **2** SCOL. excuse note, absence note **3** TIP. justification.
Giustina /dʒus'tina/ n.pr.f. Justina, Justine.
Giustino /dʒus'tino/ n.pr.m. Justin.
giustizia /dʒus'tittsja/ f. **1** *(principio)* justice; *(equità)* fairness; ***agire con ~*** to act fairly *o* justly **2** *(applicazione)* justice; ***fare ~*** to dispense *o* do justice; ***farsi ~ da soli*** to take the law into one's own hands; ***rendere ~ a qcn.*** to do sb. justice, to do justice to sb. **3** *(autorità, potere)* ***la ~*** the law; ***ricorrere alla ~*** to go to court *o* to law BE *o* to the law AE; ***corte*** o ***palazzo di ~*** courthouse, court of justice *o* of law, law court; ***la ~ funziona male*** the legal system doesn't work properly ♦♦ ***~ sociale*** social justice; ***~ sommaria*** rough justice.

giustiziare /dʒustit'tsjare/ [1] tr. to execute [*condannato*]; *(su sedia elettrica)* to electrocute, to burn* AE COLLOQ.
giustiziere /dʒustit'tsjɛre/ m. (f. **-a**) *(vendicatore)* avenger.
giusto /'dʒusto/ **I** agg. **1** *(equo)* [*persona, regolamento, ripartizione*] fair; [*ricompensa, punizione*] just; ***senza -a causa*** without just cause; ***non è ~!*** it (just) isn't fair! ***quel che è ~ è ~*** fair's fair **2** *(legittimo)* [*paura*] justifiable; [*rivendicazione*] legitimate; [*osservazione*] good, valid **3** *(adeguato)* right; ***~!*** that's (quite) right! ***è la persona -a per questo lavoro*** he's right for the job; ***essere nel posto ~ al momento ~*** to be in the right place at the right time; ***mettere qcs. nella -a luce*** to put sth. in its true perspective **4** *(esatto)* [*calcolo, analisi*] correct; [*ora*] right **II** avv. **1** *(senza errori)* [*rispondere*] correctly **2** COLLOQ. *(proprio)* ***cercavo ~ te*** you're just the person I was looking for; ***~ in tempo*** just in time **3** *(soltanto)* ***ne prendo ~ uno*** I'm just taking one **III** m. (f. **-a**) **1** *(persona)* just person, righteous person **2** ***essere nel ~*** to be right, to have right on one's side; ***ricevere il ~*** to receive the right (sum of) money ♦ ***dormire il sonno del ~*** to sleep the sleep of the just; ***dormire il sonno dei -i*** to sleep one's last *o* final sleep.
glabro /'glabro/ agg. [*petto, volto*] hairless.
glaciale /gla'tʃale/ agg. **1** GEOL. GEOGR. [*lago, periodo*] glacial; [*era*] ice attrib.; ***calotta ~*** icecap, ice sheet; ***circo ~*** cirque; ***Mare Glaciale Artico*** Arctic Ocean **2** *(gelido)* [*freddo*] freezing; [*vento*] icy(-cold), ice-cold, freezing-cold **3** FIG. [*accoglienza*] icy, frosty; [*sguardo*] icy, chilly; [*atmosfera*] glacial, frosty; [*persona*] frosty.
glaciazione /glatʃat'tsjone/ f. glaciation.
gladiatore /gladja'tore/ m. gladiator.
gladiolo /gla'diolo/ m. gladiolus*, sword lily.
glassa /'glassa/ f. (glacé) icing, glaze, frosting.
glassare /glas'sare/ [1] tr. to ice, to glaze, to frost [*dolce*].
glassato /glas'sato/ **I** p.pass. → **glassare II** agg. [*dolce*] iced, glazed, frosted.
glaucoma /glau'kɔma/ ➧ **7** m. glaucoma.
gleba /'glɛba/ f. ***servo della ~*** STOR. serf.
1.gli /ʎi/ artc.det.m.pl. (it is used before a vowel sound, before *s* followed by a consonant, and before *gn*, *pn*, *ps*, *x* and *z*) → **i.**
2.gli /ʎi/ v. la nota della voce io. **I** pron.pers.m.sing. **1** *(riferito a persona di sesso maschile)* him, to him, for him; ***non ~ hai detto nulla?*** didn't you tell him anything? ***~ ho parlato*** I spoke to him; ***vorrei scrivergli*** I would like to write to him; ***la ginnastica ~ fa bene*** exercise is good for him **2** *(riferito a cosa)* it; ***prese il libro e ~ strappò una pagina*** he took the book and tore a page out of it **II** pron.pers.m. e f.pl. COLLOQ. *(a essi)* them; ***digli che ci raggiungano più tardi*** tell them to meet us later; ***~ ho parlato severamente e si sono scusati*** I've spoken to them severely and they've apologized.
glicemia /glitʃe'mia/ f. glyc(a)emia.
glicerina /glitʃe'rina/ f. glycerin(e).
glicine /'glitʃine/ m. wisteria.
gliela /'ʎela/ pron. **1** *(riferito a complemento di termine singolare)* ***vuole questa macchina, ~ comprerò*** he *o* she wants this car, I'll buy it for him *o* her; ***~ farò pagare*** I'll make him *o* her pay, I'll get him *o* her pay for that; ***se sai la verità digliela*** if you know the truth tell him *o* her; ***vuole conoscere Anna ma non ~ voglio presentare*** he *o* she wants to meet Anna but I don't want to introduce her to him *o* her **2** *(riferito a complemento di termine plurale)* ***vorrebbero la sua auto, ma non ~ presterà*** they would like his car but he won't lend it to them; ***vogliono conoscere Sara ma non ~ voglio presentare*** they want to meet Sara but I don't want to introduce her to them.
gliele /'ʎele/ pron. **1** *(riferito a complemento di termine singolare)* ***se venisse a chiedermi le chiavi non ~ darei*** if he *o* she came to me for the keys, I wouldn't give them to him *o* her **2** *(riferito a complemento di termine plurale)* ***vogliono conoscere le mie sorelle, ~ presenterò*** they want to meet my sisters, I'll introduce them to them.
glieli /'ʎeli/ pron. **1** *(riferito a complemento di termine singolare)* ***ho ritrovato i suoi guanti, ~ restituisci tu?*** I found his *o* her gloves, will you give them back to him *o* her? **2** *(riferito a complemento di termine plurale)* ***volevano leggere i tuoi libri e ~ ho prestati*** they wanted to read your books so I lent them to them.
glielo /'ʎelo/ pron. **1** *(riferito a complemento di termine singolare)* ***grazie per il messaggio, ~ riferirò subito*** thanks for the message, I'll report it to him *o* her immediately; ***se vuole conoscere Luca ~ presenterò*** if he *o* she wants to meet Luca I'll introduce him to him *o* her **2** *(riferito a complemento di termine plurale)* ***se hanno bisogno del disco ~ posso portare domani*** if they need the record I can bring it to them tomorrow; ***quando vorranno conoscerlo ~ presenterò*** when they want to meet him I'll introduce him to them.
gliene /'ʎene/ pron. **1** *(riferito a complemento di termine singolare)* ***ha speso molti soldi, ~ presterò*** he *o* she spent a lot of money, I'll lend him *o* her some; ***hai molte caramelle, dagliene un po'*** you've got a lot of candy, give him *o* her some; ***non ~ importa nulla*** he *o* she doesn't care at all (about it) **2** *(riferito a complemento di termine plurale)* ***adorano i dolci, ~ porterò*** they love sweets, I'll bring them some.
glissare /glis'sare/ [1] intr. (aus. *avere*) *(tralasciare)* ***~ su qcs.*** to skate over *o* to skirt sth.
globale /glo'bale/ agg. **1** *(complessivo)* [*costo, importo*] overall, total; [*analisi, visione*] global; ***polizza ~*** blanket *o* comprehensive policy **2** *(mondiale)* [*politica*] global.
globalizzare /globalid'dzare/ [1] tr. to globalize.
globalizzazione /globaliddzat'tsjone/ f. globalization.
globalmente /global'mente/ avv. totally, globally, as a whole.
globo /'glɔbo/ m. globe ♦♦ ***~ oculare*** eyeball; ***~ terrestre*** earth.
globulare /globu'lare/ agg. *(sferico)* globular.
globulo /'glɔbulo/ m. **1** MED. (blood) corpuscle; ***~ bianco*** white corpuscle, white blood cell; ***~ rosso*** red corpuscle, red blood cell **2** *(sferetta)* globule.
1.gloria /'glɔrja/ f. **1** *(fama)* glory, fame; ***coprirsi di ~*** to cover oneself in glory; ***cercare la ~*** to seek fame **2** RELIG. ***~ a Dio nell'alto dei cieli*** glory to God in the high **3** *(persona celebre)* celebrity, star; ***vecchie -e del cinema*** former stars of the silver screen ♦ ***lavorare per la ~*** IRON. to work for peanuts; ***che Dio l'abbia in ~*** God rest his soul.
2.gloria /'glɔrja/ m.inv. RELIG. gloria.
gloriarsi /glo'rjarsi/ [1] pronom. to glory (**di** in), to boast (**di** about).
glorificare /glorifi'kare/ [1] tr. to glorify.
glorioso /glo'rjoso/ agg. [*destino, vittoria*] glorious; [*giorno, antenato*] glorious, illustrious.
glossa /'glɔssa/ f. gloss; *(nota esplicativa)* note.
glossare /glos'sare/ [1] tr. to gloss [*testo*].
glossario, pl. **-ri** /glos'sarjo, ri/ m. glossary.
glottide /'glɔttide/ f. glottis; ***colpo di ~*** glottal stop.
glucosio /glu'kɔzjo/ m. glucose.
glutammato /glutam'mato/ m. ***~ di sodio*** monosodium glutamate.
gluteo /'gluteo/ m. *(natica)* buttock; ***i -i*** the buttocks.
glutine /'glutine/ m. gluten.
gnam /ɲam/ inter. ***~ ~*** yum-yum.
gnocco, pl. **-chi** /'ɲɔkko, ki/ m. **1** GASTR. ***-chi (di patate)*** gnocchi **2** COLLOQ. FIG. *(idiota)* chump, blockhead.
gnomo /'ɲɔmo/ m. gnome.
gnorri /'ɲɔrri/ m. e f.inv. ***fare lo ~*** to play dumb.
gnu /ɲu/ m.inv. gnu*, wildebeest*.
goal /gɔl/ m.inv. goal; ***segnare un ~*** to score *o* kick a goal.
gobba /'gɔbba/ f. **1** *(di persone, animali)* hump; *(sul naso)* bump; ***avere la ~*** [*persona*] to be hunchbacked **2** *(su strada, terreno)* bump; *(su pista di sci)* mogul.
1.gobbo /'gɔbbo/ **I** agg. **1** *(con la gobba)* [*persona*] hunchbacked, humpbacked **2** *(incurvato)* [*schiena*] hunched, bent; [*naso*] hooked; ***non stare così ~!*** sit up straight! **3** FIG. ***colpo ~ (a tradimento)*** underhand *o* lousy trick; *(fortunato)* lucky strike **II** m. (f. **-a**) hunchback.
2.gobbo /'gɔbbo/ m. CINEM. TELEV. autocue.
goccetto /got'tʃetto/ m. snifter, drop.
goccia, pl. **-ce** /'gottʃa, tʃe/ **I** f. drop; ***~ d'acqua*** drop of water; ***~ di sudore*** bead of sweat; ***~ di pioggia*** raindrop; ***(a) ~ a ~*** drop by drop; ***ieri è caduta qualche ~*** there were a few spots of rain yesterday; ***orecchini a ~*** drop-earrings **II gocce** f.pl. MED. FARM. drops ♦ ***è stata la ~ che ha fatto traboccare il vaso*** that was the straw that broke the camel's back; ***la ~ che***

fa traboccare il vaso the last *o* final straw; ***assomigliarsi come due -ce d'acqua*** to be as like as two peas in a pod; ***una ~ nel mare*** a drop in the bucket *o* ocean; ***avere la ~ al naso*** to have a runny nose.

goccio, pl. **-ci** /'gottʃo, tʃi/ m. *(piccola quantità)* drop, dash; ***un ~ di limone*** a dash of lemon juice.

gocciolare /gottʃo'lare/ [1] **I** tr. to drip, to trickle [*liquido*] **II** intr. (aus. *essere, avere*) **1** (aus. *essere*) [*liquido*] to drip (**da** off, from; **in** into); to trickle (**da** from; **in** into) **2** (aus. *avere*) [*tubo, rubinetto*] to drip; [*naso*] to run*.

gocciolina /gottʃo'lina/ f. droplet.

gocciolio, pl. **-ii** /gottʃo'lio, ii/ m. drip, trickle.

gocciolone /gottʃo'lone/ m. large drop.

godere /go'dere/ [56] **I** intr. (aus. *avere*) **1** *(rallegrarsi)* to be* glad, to be* delighted; ***~ all'idea di fare*** to be delighted at the thought of doing; ***~ a*** o ***nel tormentare qcn.*** to delight in *o* to enjoy nagging sb. **2** *(beneficiare, avere)* **~ di** [*persona*] to enjoy [*diritto, privilegio, bene, popolarità, salute*]; ***~ della fiducia di qcn.*** to have sb.'s confidence **3** COLLOQ. *(raggiungere l'orgasmo)* to come* **II** tr. ***~ la vita*** to enjoy life **III godersi** pronom. **1** *(trarre giovamento da)* to enjoy [*vacanze, spettacolo, fresco*]; ***-rsi la vita*** to enjoy life **2 godersela** *(spassarsela)* to have* a great time ♦ ***chi si accontenta gode*** enough is as good as a feast.

godereccio, pl. **-ci**, **-ce** /gode'rettʃo, tʃi, tʃe/ agg. **1** *(che ama i piaceri)* ***gente -a*** pleasure-lovers, pleasure-loving people **2** *(che dà piacere)* [*vita*] enjoyable.

godet /go'de/ m.inv. SART. gore.

godimento /godi'mento/ m. **1** *(piacere)* enjoyment, pleasure; ***trarre ~ da qcs.*** to take pleasure in sth. **2** DIR. *(di diritti)* enjoyment; *(di proprietà)* tenure; ***avere qcs. in ~*** to have use of *o* to enjoy sth.

goduria /go'durja/ f. COLLOQ. ***che ~!*** what a fun! (anche IRON.).

goffaggine /gof'faddʒine/ f. **1** *(l'essere goffo)* awkwardness, clumsiness **2** *(gesto goffo)* awkward gesture; *(osservazione goffa)* awkward remark.

goffo /'gɔffo/ agg. **1** *(maldestro)* [*persona, movimenti*] clumsy, ungainly, lumpish **2** *(privo di disinvoltura)* awkward.

goffrare /gof'frare/ [1] tr. to emboss.

Goffredo /gof'fredo/ n.pr.m. Geoffrey, Godfrey, Jeffr(e)y.

gogna /'goɲɲa/ f. STOR. pillory, stocks pl.; ***mettere qcn. alla ~*** to pillory sb. (anche FIG.).

gogò: **a gogò** /ago'go/ avv. ***vino a ~*** wine galore.

gol → **goal**.

gola /'gola/ f. **1** throat; ***avere mal di ~*** to have a sore throat; ***urlare a piena ~*** to scream at the top of one's lungs; ***voce di ~*** throaty voice; ***il cane mi è saltato alla ~*** the dog leaped at *o* went for my throat; ***tagliare la ~ a qcn.*** to cut *o* slit sb.'s throat **2** RELIG. *(peccato)* gluttony **3** GEOGR. gorge, ravine, gully; ***le -e del Reno*** the Rhine gorge **4** *(condotto)* flue; ***la ~ del camino*** the chimney flue ♦ ***fare ~*** [*oggetto, cibo, carica*] to tempt; ***avere il coltello alla ~*** to have a knife at one's throat; ***prendere qcn. per la ~*** *(metterlo alle strette)* to put sb. in a tight corner; *(sedurlo con manicaretti)* to tempt sb. with delicacies.

goleador /golea'dɔr/ m.inv. prolific goalscorer.

golena /go'lɛna/ f. flood plain.

goletta /go'letta/ f. MAR. schooner.

1.golf /gɔlf/ ➧ **35** m.inv. ABBIGL. *(chiuso)* sweater, jersey; *(da donna)* jumper BE; *(aperto)* cardigan.

2.golf /gɔlf/ ➧ **10** m.inv. SPORT golf.

golfista, m.pl. **-i**, f.pl. **-e** /gol'fista/ ➧ **18** m. e f. golfer.

golfistico, pl. **-ci**, **-che** /gol'fistiko, tʃi, ke/ agg. golf attrib.

golfo /'golfo/ m. gulf; ***il ~ del Messico*** the Gulf of Mexico; ***il ~ del Bengala*** the Bay of Bengal; ***la guerra del ~*** the Gulf War; ***la corrente del ~*** the Gulf Stream ♦♦ ***~ mistico*** orchestra pit.

Golgota /'gɔlgota/ n.pr.m. Golgotha.

Golia /go'lia/ n.pr.m. Goliath.

goliardia /goljar'dia/ f. **1** RAR. *(insieme degli studenti universitari)* = university students **2** *(tradizione)* student traditions pl. **3** *(spirito)* student spirit.

goliardico, pl. **-ci**, **-che** /go'ljardiko, tʃi, ke/ agg. *(di studenti universitari)* ***berretto ~*** student's hat; ***associazione -a*** = student organization.

gollista /gol'lista / agg., m. e f. Gaullist.

golosità /golosi'ta/ f.inv. **1** gluttony, greed **2** *(leccornia)* delicacy.

goloso /go'loso/ **I** agg. **1** *(che ama mangiare)* greedy; ***essere ~ di dolci*** to have a sweet tooth **2** *(squisito)* [*cibo*] tempting **II** m. (f. **-a**) glutton, gourmand.

golpe /'golpe/ m.inv. POL. coup (d'état); ***~ militare*** military coup.

golpista, m.pl. **-i**, f.pl. **-e** /gol'pista/ m. e f. leader of a coup d'état.

gomena /'gomena/ f. hawser.

gomitata /gomi'tata/ f. dig with the elbow; ***dare una ~ a qcn.*** to elbow sb.; ***battere una ~ contro qcs.*** to knock against sth. with the elbow; ***farsi strada tra qcs. a -e*** to elbow one's way through sth.

gomito /'gomito/ ➧ **4** m. **1** elbow (anche SART.); ***farsi largo coi -i*** to elbow (one's way) forward **2** *(di tubo, fiume, strada)* elbow, bend; ***la strada fa un ~*** there is a bend in the road; ***curva a ~*** hairpin bend ♦ ***alzare il ~*** to bend the *o* an elbow, to crook one's elbow; ***olio di ~*** elbow grease; ***~ a ~*** side by side; ***lavorare ~ a ~ con qcn.*** to work cheek by jowl with sb. ♦♦ ***~ del tennista*** tennis elbow.

gomitolo /go'mitolo/ m. ball; ***un ~ di lana*** a ball of wool.

gomma /'gomma/ f. **1** *(caucciù)* rubber; *(sostanza resinosa)* gum **U**; ***guanto di ~*** rubber glove AE **2** *(per cancellare)* eraser, rubber BE **3** (anche **~ da masticare**) (chewing) gum, bubblegum **4** *(pneumatico)* tyre BE, tire AE; ***avere una ~ a terra*** to have a flat tyre ♦ ***sbattere contro un muro di ~*** to run into the buffers ♦♦ ***~ americana*** chewing gum; ***~ arabica*** gum arabic; ***~ espansa*** foam; ***~ da neve*** snow tyre.

gommalacca, pl. **-che** /gomma'lakka, ke/ f. *(naturale)* lac; *(lavorata)* shellac (varnish).

gommapiuma® /gomma'pjuma/ f.inv. foam (rubber).

gommato /gom'mato/ agg. **1** [*carta, busta*] gummed **2** [*tessuto*] rubberized.

gommina® /gom'mina/ f. hair gel, hair cream.

gommista, m.pl. **-i**, f.pl. **-e** /gom'mista/ ➧ **18** m. e f. *(chi vende)* tyre-dealer BE, tire-dealer AE; *(chi ripara)* tyre repairer BE, tire repairer AE.

gommone /gom'mone/ m. (rubber) dinghy.

gommoso /gom'moso/ agg. [*sostanza*] rubbery; [*liquido*] gummy; ***caramella -a*** gumdrop.

Gomorra /go'mɔrra/ n.pr.f. Gomorrah.

gonade /'gɔnade/ f. gonad.

gondola /'gondola/ f. gondola.

gondoliere /gondo'ljɛre/ ➧ **18** m. gondolier.

gonfalone /gonfa'lone/ m. gonfalon.

gonfiabile /gon'fjabile/ agg. inflatable.

gonfiare /gon'fjare/ [1] **I** tr. **1** *(riempire d'aria) (con la bocca)* to blow* up; *(con una pompa)* to inflate, to pump up [*pallone*]; to puff out [*guancia, petto*]; *(distendere)* [*vento*] to swell*, to fill [*vela*] **2** *(aumentare di volume)* [*pioggia*] to swell* [*fiume*]; ***la pasta mi gonfia lo stomaco*** pasta makes me feel bloated **3** FIG. *(esagerare)* to blow* up, to hype (up) [*notizia*]; *(aumentare)* to push up [*prezzo*]; to inflate [*statistiche*] **4** *(esaltare)* to puff up [*persona*] **5** COLLOQ. *(malmenare)* ***~ qcn. di botte*** to beat up sb., to knock the living daylights out of sb.; ***~ la faccia a qcn.*** to smash sb.'s face in **II** intr. (aus. *essere*) [*viso, piede*] to swell* (up); GASTR. [*dolce, pasta*] to rise* **III gonfiarsi** pronom. [*vela*] to swell*, to fill; [*fiume*] to swell*; [*viso, piede*] to swell* (up); [*tonsille*] to become* swollen.

gonfiato /gon'fjato/ **I** p.pass. → **gonfiare II** agg. **1** *(esagerato)* [*notizie*] blown up, hyped (up); *(aumentato)* [*prezzi*] inflated **2** FIG. SPREG. ***essere un pallone ~*** to be a swellhead *o* a stuffed shirt.

gonfiatura /gonfja'tura/ f. **1** *(con la bocca)* blowing up; *(con una pompa)* inflation, pumping up **2** FIG. *(esagerazione)* exaggeration, hype.

gonfio, pl. **-fi**, **-fie** /'gonfjo, fi, fje/ agg. **1** *(pieno d'aria)* [*pneumatico, pallone*] inflated; [*guancia*] puffed out **2** *(rigonfio)* [*ventre*] *(dopo un pasto)* bloated; *(per malattia)* distended; [*occhi, viso*] puffy, swollen; [*gamba, tonsille*] swollen; *(voluminoso)* [*capelli*] bouffant; *(zeppo)* [*borsa*] bulging; [*portafoglio*] bulging, fat; ***aveva gli occhi -fi di sonno*** her eyes were puffy *o* swollen with sleep; ***avere il cuore ~ (di dolore)*** to be heavy-hearted **3** *(ampolloso)* [*stile*] pompous, bombastic, bloated **4** *(borioso)* puffed up; ***~ d'orgoglio*** full of *o* swollen with pride.

gonfiore /gon'fjore/ m. *(di arto, pelle)* swelling; *(di occhi, viso)* puffiness; *(di stomaco)* bloat.

gong /gɔng/ m.inv. **1** MUS. gong **2** *(nella boxe)* bell.

gongolante /gongo'lante/ agg. gleeful, delighted; *(con malignità)* gloating.

gongolare /gongo'lare/ [1] intr. (aus. *avere*) ***~ di gioia*** to be overjoyed.

goniometro /go'njɔmetro/ m. goniometer.

gonna /'gɔnna, 'gonna/ ➧ ***35*** f. skirt ♦♦ ***~ pantalone*** culottes, divided skirt; ***~ a portafoglio*** wrap-around *o* wrap-over skirt.

gonnella /gon'nɛlla/ f. skirt; ***essere sempre attaccato alla ~ della mamma*** FIG. to cling to one's mother's skirts *o* apron strings; ***un poliziotto in ~*** IRON. a policewoman ♦ ***correre dietro alle -e*** to chase skirts.

gonnellino /gonnel'lino/ m. short skirt ♦♦ ***~ scozzese*** kilt.

gonorrea /gonor'rɛa/ ➧ ***7*** f. gonorrh(o)ea.

gonzo /'gondzo/ m. (f. **-a**) sucker.

gora /'gɔra/ f. **1** *(canale del mulino)* mill race **2** *(stagno)* mill pond.

gorgheggiare /gorged'dʒare/ [1] intr. (aus. *avere*) [*uccello*] to warble; [*cantante*] to trill, to warble.

gorgheggio, pl. **-gi** /gor'geddʒo, dʒi/ m. *(di cantante)* trill; *(di uccello)* warble.

gorgiera /gor'dʒɛra/ f. *(di pizzo)* ruff.

gorgo, pl. **-ghi** /'gorgo, gi/ m. eddy, whirlpool (anche FIG.).

gorgogliare /gorgoʎ'ʎare/ [1] intr. (aus. *avere*) **1** *(rumoreggiare)* [*acqua, ruscello*] to bubble, to gurgle, to burble **2** *(ribollire)* [*liquido*] to bubble **3** *(borbottare)* [*stomaco*] to rumble.

gorgoglio, pl. **-ii** /gorgoʎ'ʎio, ii/ m. **1** *(di liquido)* bubbling, gurgling; *(in tubi)* rumbling **2** *(di stomaco)* rumbling.

gorgonzola /gorgon'dzɔla/ m.inv. INTRAD. (Italian cow's milk blue cheese).

gorilla /go'rilla/ m.inv. **1** ZOOL. gorilla (anche FIG.) **2** COLLOQ. *(guardia del corpo)* bodyguard.

gospel /'gɔspel/ **I** agg.inv. [*musica*] gospel **II** m.inv. gospel song.

gota /'gɔta/ f. cheek.

gotha /'gɔta/ m.inv. *(élite)* élite; ***il ~ della finanza*** the high financial circles, the financial élite.

gotico, pl. **-ci**, **-che** /'gɔtiko, tʃi, ke/ **I** agg. Gothic, gothic **II** m. **1** LING. Gothic **2** FIG. *(lingua incomprensibile)* double Dutch **3** ART. ARCH. TIP. Gothic, gothic.

gotta /'gotta/ ➧ ***7*** f. gout.

gottoso /got'toso/ **I** agg. gouty **II** m. (f. **-a**) gouty person.

1.governante /gover'nante/ **I** agg. governing, ruling **II governanti** m.pl. *(governo)* government leaders.

2.governante /gover'nante/ ➧ ***18*** f. **1** *(istitutrice)* governess **2** *(domestica)* housekeeper.

governare /gover'nare/ [1] **I** tr. **1** to govern, to rule [*paese, popolo*] **2** *(amministrare)* to manage, to run* [*azienda*]; ***~ la casa*** to keep house, to run a household **3** *(guidare)* to navigate, to steer [*nave, barca*]; to drive* [*veicolo*] **4** *(custodire)* to take* care of, to look after, to tend [*bestiame*] **II** intr. (aus. *avere*) [*capo di stato*] to govern, to rule.

governativo /governa'tivo/ agg. [*decreto, politica*] government attrib.; [*responsabilità*] governmental; ***organizzazione non -a*** non-governmental organization.

governatorato /governato'rato/ m. **1** *(carica)* governorship **2** *(territorio)* territory under a governor.

governatore /governa'tore/ m. governor; ***il ~ del Texas*** the governor of Texas; ***il ~ della Banca d'Italia*** the governor of the Bank of Italy.

governo /go'vɛrno/ m. **1** *(esercizio dell'autorità)* government U **2** *(organo)* government + verbo sing. o pl.; ***essere al ~*** to be in government; ***andare al ~*** [*partito*] to take office; ***capo del ~*** head of government, premier; ***crisi di ~*** cabinet crisis **3** *(amministrazione) (di impresa)* managing; *(di casa)* housekeeping **4** MAR. *(guida)* steering; ***assumere il ~ di una nave*** to take the helm **5** *(cura)* ***il ~ del gregge*** the tending of the flock ♦♦ ***~ di coalizione*** coalition government; ***~ fantasma*** phantom government; ***~ fantoccio*** puppet government; ***~ ponte*** o ***di transizione*** transitional government.

gozzo /'gottso/ m. **1** MED. goitre, goiter AE **2** *(di uccelli)* crop **3** COLLOQ. *(stomaco)* stomach; RAR. *(gola)* throat, gullet; ***riempirsi il ~*** to stuff *o* gorge oneself.

gozzoviglia /gottso'viʎʎa/ f. debauch; ***fare -e*** to revel.

gozzovigliare /gottsoviʎ'ʎare/ [1] intr. (aus. *avere*) to revel.

GPL /dʒippi'ɛlle/ m.inv. (⇒ gas di petrolio liquefatto liquefied petroleum gas) LPG.

Graal /'graal/ m.inv. ***Santo ~*** Holy Grail.

gracchiare /grak'kjare/ [1] intr. (aus. *avere*) **1** [*corvo, cornacchia*] to caw, to croak; [*gazza*] to chatter **2** FIG. [*persona*] to squawk; [*radio, telefono*] to crackle.

gracidare /gratʃi'dare/ [1] intr. (aus. *avere*) **1** [*rana, rospo*] to croak **2** FIG. [*persona*] to squawk.

gracidio, pl. **-ii** /gratʃi'dio, ii/ m. *(di rana, rospo)* croak.

gracile /'gratʃile/ agg. *(poco robusto)* [*bambino*] weak, puny SPREG.; [*costituzione*] frail; *(esile)* [*corporatura*] slight, delicate; [*braccia, gambe*] spindly.

gradasso /gra'dasso/ m. (f. **-a**) blustering person, swashbuckler; ***fare il ~*** to be a boaster, to brag.

gradatamente /gradata'mente/ avv. gradually.

gradazione /gradat'tsjone/ f. **1** *(progressione)* gradation; ***-i di colore*** colour gradation **2** *(di alcolici)* proof, alcoholic strength, content; ***a bassa ~*** [*vino, liquore*] low-alcohol.

gradevole /gra'devole/ agg. [*persona, esperienza*] agreeable; [*profumo, sapore, voce*] pleasant; [*modi, aspetto*] pleasing; [*vacanza, serata*] enjoyable, nice; [*clima*] delightful.

gradiente /gra'djɛnte/ m. gradient.

gradimento /gradi'mento/ m. **1** *(gusto)* liking; ***di mio, suo ~*** to my, his liking **2** *(approvazione)* acceptance, approval; ***indice di ~*** viewing figures *o* ratings.

gradinata /gradi'nata/ f. **1** *(scalinata)* flight of steps, steps pl. **2** *(in stadi)* ***le -e*** the terraces BE, the bleachers AE.

gradino /gra'dino/ m. **1** step; ***salire, scendere di un ~*** to go up, down a step **2** FIG. *(in una gerarchia)* rung; ***essere al primo ~ della carriera*** to be at the start of one's career **3** ALP. foothold.

gradire /gra'dire/ [102] tr. **1** *(apprezzare)* to appreciate [*dono, invito*]; to welcome [*notizia*]; to like [*persona, attività, alimento*] **2** *(desiderare)* to want, to like; ***gradireste un po' di tè?*** would you like some tea? ***gradirei sapere...*** I would like to know... ♦ ***tanto per ~*** just to oblige.

gradito /gra'dito/ **I** p.pass. → **gradire II** agg. *(apprezzato)* [*dono*] appreciated; [*notizia, visita*] welcome; [*sorpresa*] pleasant; ***fare cosa -a a qcn.*** to please sb.; ***"-a sua risposta"*** *(nella corrispondenza)* "a reply would be appreciated"; ***"abbiamo ricevuto la vostra -a lettera"*** "we received your kind letter".

1.grado /'grado/ ➧ ***36, 12*** **I** m. **1** *(di angolo, temperatura)* degree; ***un angolo di 30 -i*** an angle of 30 degrees; ***fuori ci sono 5 -i*** it's 5 degrees outside **2** *(alcolico)* ***questo vino fa 12 -i*** this wine contains 12% alcohol (by volume) **3** *(livello)* degree, level; *(stadio)* stage; ***per -i*** by degrees, gradually, in stages **4** *(in una serie)* degree; ***~ di parentela*** degree of kinship; ***ustioni di terzo ~*** third-degree burns; ***cugini di primo ~*** first cousins, cousins once removed; ***un terremoto del sesto ~ della scala Richter*** an earthquake registering six on the Richter scale **5** *(livello gerarchico, sociale)* rank (anche MIL.); ***di ~ elevato*** high-ranking; ***salire di ~*** to be promoted, to advance FORM. **6 in grado *essere in ~ di fare qcs.*** to be able to do sth.; ***in ~ di funzionare*** in working *o* running order **II gradi** m.pl. MIL. stripes, bars AE ♦ ***fare il terzo ~ a qcn.*** to give sb. the third degree ♦♦ ***~ Celsius*** o ***centigrado*** degree Celsius *o* centigrade; ***~ Fahrenheit*** degree Fahrenheit.

2.grado /'grado/ m. ***di buon ~*** willingly; ***fare qcs. di buon ~*** to do sth. with (a) good grace.

graduale /gradu'ale/ agg. [*cambiamento, aumento*] gradual; [*esercizi*] graded.

gradualmente /gradual'mente/ avv. gradually, little by little.

graduare /gradu'are/ [1] tr. **1** *(dividere in gradi)* to graduate [*termometro, barometro*] **2** *(ordinare per gradi)* to grade [*esercizi, difficoltà*]; to scale [*prezzi*].

graduato /gradu'ato/ **I** p.pass. → **graduare II** agg. **1** *(diviso in gradi)* [*scala, termometro*] graduated; ***bicchiere ~*** measuring cup **2** *(ordinato per gradi)* [*esercizi*] graded **III** m. striper.

grande

Come mostrano le diverse accezioni dell'aggettivo *grande* elencate nella voce, i principali equivalenti inglesi sono *big*, *great* e *large*.

- In termini molto generali, si può dire che *big* indichi soprattutto la grandezza fisica e materiale di cose e persone (*una grande casa* = a big house, *una grande folla* = a big crowd), *great* quella intellettuale e morale delle persone (*un grande scrittore* = a great writer), mentre *large* non si usa con riferimento alle persone ma solo alle cose (*un grande giardino* = a large garden). Si può anche dire che *big* è usato soprattutto con le parole che indicano realtà concrete (*una grande città* = a big city), mentre *great* con i termini astratti (*grande coraggio* = great courage). Queste distinzioni, tuttavia, non sono rigide, e proprio per questo permettono talvolta di marcare sfumature particolari. Tradurre *è un grande attore* con: he's a big actor può suggerire il successo e la notorietà (più o meno meritati), mentre: he's a great actor indica un più forte apprezzamento sottolineando una capacità straordinaria (talvolta indipendente dal successo di pubblico).
- Va notato che per rendere gli accrescitivi dell'italiano si usa solitamente *big*: *un libro grande* = *un librone* = a big book, *una grande scatola* = *uno scatolone* = a big box.
- Ci sono poi tutta una serie di collocazioni, in cui si deve usare uno, e solo quello, degli equivalenti inglesi di *grande*: *un grande errore* = a big mistake, *una grande altezza* = a great height, etc.

Per gli altri equivalenti dell'italiano *grande*, oltre che per il suo uso come sostantivo e avverbio, e i relativi esempi, si veda la voce.

graduatoria /gradua'tɔrja/ f. classification, list; ***primo in ~*** first on the list.

graffa /'graffa/ f. **1** → **graffetta** **2** *(parentesi)* brace.

graffetta /graf'fetta/ f. *(fermaglio)* (paper)clip, paper fastener; *(punto metallico)* staple.

graffiante /graf'fjante/ agg. [*autore*] scathing; [*ironia, satira*] biting.

graffiare /graf'fjare/ [1] **I** tr. **1** to scratch; ***~ qcn. sul viso*** to scratch sb. on the face **2** FIG. ***ironia che graffia*** biting irony **II graffiarsi** pronom. **1** *(procurarsi graffi, scalfirsi)* to get* scratched **2** *(reciprocamente)* [*persone, animali*] to scratch each other.

graffio, pl. **-fi** /'graffjo, fi/ m. scratch; ***farsi un ~*** to get scratched.

graffitista, m.pl. **-i**, f.pl. **-e** /graffi'tista/ m. e f. graffiti artist.

graffito /graf'fito/ **I** m. ARCHEOL. graffito **II graffiti** m.pl. graffiti.

grafia /gra'fia/ f. LING. **1** *(scrittura)* (hand)writing **2** *(ortografia)* spelling.

grafica, pl. **-che** /'grafika, ke/ f. **1** *(tecnica, arte)* graphic art **2** INFORM. graphics pl. **3** *(insieme di opere)* ***la ~ di Mirò*** Mirò's work.

grafico, pl. **-ci**, **-che** /'grafiko, tʃi, ke/ **I** agg. ART. MAT. INFORM. graphic; ***arti -che*** graphics, graphic arts **II** ➧ ***18*** m. (f. **-a**) **1** *(persona)* graphic designer, graphic artist; *(in una casa editrice)* book designer; ***~ pubblicitario*** graphic designer **2** *(diagramma)* graph, chart.

grafite /gra'fite/ f. graphite, (black)lead.

grafologia /grafolo'dʒia/ f. graphology.

grafologo, m.pl. **-gi**, f.pl. **-ghe** /gra'fɔlogo, dʒi, ge/ ➧ ***18*** m. (f. **-a**) graphologist.

grafomane /gra'fɔmane/ m. e f. **1** MED. graphomaniac **2** SCHERZ. = person who writes a lot.

gragn(u)ola /graɲ'ɲ(w)ɔla/ f. *(di colpi, insulti)* hail.

Graie /'graje/ n.pr.f.pl. (anche **Alpi ~**) Graian Alps.

gramaglie /gra'maʎʎe/ f.pl. mourning clothes, weeds.

gramigna /gra'miɲɲa/ f. dogtooth violet ♦ ***crescere come la ~*** to grow like weed.

graminacea /grami'natʃea/ f. grass **C**.

grammatica, pl. **-che** /gram'matika, ke/ f. **1** *(disciplina)* grammar **2** *(manuale)* grammar (book) **3** *(nozioni basilari)* basics pl.; ***la ~ delle arti figurative*** the basic principle of figurative arts.

grammaticale /grammati'kale/ agg. [*errore, regola, analisi*] grammatical.

grammatico, pl. **-ci** /gram'matiko, tʃi/ m. (f. **-a**) grammarian.

grammo /'grammo/ ➧ ***22*** m. **1** *(misura)* gram(me) **2** FIG. *(briciolo)* ounce.

grammofono /gram'mɔfono/ m. gramophone, phonograph AE.

gramo /'gramo/ agg. **1** *(povero e triste)* [*vita*] wretched, meagre BE, meager AE **2** *(scarso)* [*raccolto*] meagre BE, meager AE, poor.

grampo /'grampo/ m. grampus.

1.grana /'grana/ f. *(consistenza)* grain (anche FOT.); ***a ~ grossa*** coarse-grained.

2.grana /'grana/ f. COLLOQ. *(seccatura)* trouble, bind; ***cercare -e*** to pick a quarrel; ***non voglio -e!*** I don't want any trouble! ***finire nelle -e*** to get into a bind *o* a fix; ***piantare -e*** to raise a fuss, to make waves, to kick up *o* cause a stink.

3.grana /'grana/ f. COLLOQ. *(denaro)* bread, dough; ***avere la ~*** to have the dough; ***essere pieno di ~*** to be rolling in money, to be loaded.

4.grana /'grana/ m.inv. ~ ***(padano)*** INTRAD. (cow's milk cheese, similar to Parmesan cheese).

granaglie /gra'naʎʎe/ f.pl. corn **U**, grain **U**.

granaio, pl. **-ai** /gra'najo, ai/ m. **1** granary, barn **2** FIG. ***il ~ d'Europa*** Europe's granary.

1.granata /gra'nata/ f. MIL. grenade, shell.

2.granata /gra'nata/ ➧ ***3*** **I** agg.inv. **1** [*auto, vestito*] garnet **2** SPORT [*tifoso, giocatore*] = of Torino football club **II** m.inv. *(colore)* garnet **III** f. **1** *(melagrana)* pomegranate **2** *(granato)* garnet.

granatiere /grana'tjɛre/ m. MIL. grenadier.

granatina /grana'tina/ f. *(sciroppo)* grenadine.

granato /gra'nato/ m. MINER. garnet.

Gran Bretagna /granbre'taɲɲa/ ➧ ***33*** n.pr.f. Great Britain.

grancassa /gran'kassa/ f. bass drum ♦ ***battere la ~*** to beat the drum.

granché /gran'ke/ **I** pron.indef. ***non serve a un ~*** it's not much use; ***non è un ~*** it's not that great; ***non è un ~ come cuoco*** he's a poor cook **II** avv. ***questo libro non è ~ interessante*** this book isn't so interesting *o* isn't up to much; ***non capire ~ di qcs.*** not to understand much of sth.; ***non partecipa ~*** he doesn't partecipate to any great extent.

granchio, pl. **-chi** /'grankjo, ki/ m. **1** ZOOL. GASTR. crab **2** COLLOQ. *(cantonata)* mistake, blunder; ***prendere un ~*** to pull a boner.

grandangolare /grandango'lare/ **I** agg. ***obiettivo ~*** wide-angle lens **II** m. wide-angle lens.

grandangolo /gran'dangolo/ m. wide-angle lens.

grande /'grande/ **I** agg. (before a vowel sound the form *grand'* can be used; before a consonant or a consonant cluster the form *gran* can be used, except when there is an *s* followed by a consonant, *gn*, *pn*, *ps*, *x* and *z*; compar. *più grande, maggiore*, superl. *grandissimo, massimo, sommo*) **1** *(di dimensioni notevoli)* [*città, sala, buco, edificio*] large, big; [*margine*] wide; *(alto)* [*albero, torre*] tall; *(rispetto al normale)* [*piede, naso*] big **2** *(numeroso, abbondante)* [*famiglia, folla*] large, big; [*fortuna*] large; ***fare -i spese*** to spend a lot of money **3** *(a un grado elevato)* [*sognatore, amico*] great; [*giocatore, idiota*] big; [*bevitore, fumatore*] heavy; [*lavoratore*] hard; ***un gran bell'uomo*** a very handsome man **4** *(importante)* [*scoperta, evento, notizia, onore*] great; [*problema*] big; ***è un gran giorno per lei*** it's a big day for her **5** *(principale)* main; *(di primo piano)* [*paese, società*] leading; ***le -i industrie*** the big industries **6** *(notevole)* [*pittore, opera, vino*] great; *(nobile)* [*cuore*] noble; ***è un grand'uomo*** he's a great man; ***i -i nomi del cinema*** the big names of cinema **7** *(adulto, maturo)* ***mio fratello più ~*** my elder brother; ***quando sarà ~*** when he grows up; ***i miei figli sono -i*** my children are big **8** *(per qualificare una misura)* [*altezza, lunghezza, distanza, peso, valore*] great; [*dimensioni, taglia, quantità, numero*] large; [*velocità*] high **9** *(intenso,* *estremo, forte)* [*bontà, amicizia, dolore, pericolo, differenza*] great; [*freddo*] severe; [*calore*] intense; *(violento)* [*colpo*] hard, nasty; ***con mia ~ sorpresa*** much to my surprise; ***avere una gran fame*** to be very hungry; ***a gran voce*** loudly **10** *(di rango sociale elevato)* [*famiglia, nome*] great **11** *(grandioso)* [*progetti, stile*] grand **12 in grande *fare le cose in ~*** to do things in a big way; ***pensare in ~*** to have big ideas, to think big **13 alla grande** *(facilmente)* easily; *(in grande stile)* in style; ***sto alla ~*** I'm feeling great **II** m. e f. **1** *(adulto)* grown-up **2** *(personaggio illustre)* great person; ***i -i*** the great(s); ***Grande di Spagna*** (Spanish) grandee; ***i -i della terra*** the world leaders **III** avv. ***questi stivali calzano ~*** these boots are large-fitting, these boots run large ♦♦ ***Grande Fratello*** Big Brother; ***Grande Guerra*** Great War; ***~ magazzino*** department store; ***~ potenza*** Great Power; ***Gran Premio*** Grand Prix; ***~ schermo*** big screen; ***Grandi Laghi*** Great Lakes.

grandeggiare /granded'dʒare/ [1] intr. (aus. *avere*) LETT. ***~ su*** to tower over; FIG. to stand above.

grandemente /grande'mente/ avv. [*stimato, rispettato*] highly; [*ammirato*] greatly.

grandezza /gran'dettsa/ f. **1** *(dimensione)* *(di albero, torre)* height; *(di angolo, margine)* width; *(di città, edificio, fuoco, piede, naso)* size; ***a ~ naturale*** [*modello, riproduzione*] full-scale; [*statua*] life-size **2** *(altezza morale, nobiltà)* greatness; ***~ d'animo*** great-heartedness **3** *(eccellenza)* ***la ~ di un'opera*** the greatness of a work **4** *(gloria, potenza)* greatness **5** ASTR. MAT. magnitude; ***di prima ~*** of the first magnitude (anche FIG.).

grandinare /grandi'nare/ [1] **I** impers. (aus. *essere, avere*) to hail (down); ***grandina*** it's hailing **II** intr. (aus. *essere, avere*) to hail down; ***grandinano sassi*** stones are hailing down.

grandinata /grandi'nata/ f. **1** hailstorm **2** FIG. ***una ~ di sassi*** a hail of stones.

grandine /'grandine/ f. hail (anche FIG.); ***chicco di ~*** hailstone.

grandiosità /grandjosi'ta/ f.inv. **1** *(imponenza)* grandeur **2** *(ostentazione di grandezza)* ostentation.

grandioso /gran'djoso/ agg. **1** *(imponente)* [*edificio, cerimonia*] grand, great; [*proporzioni*] great; *(ambizioso)* [*idea*] grandiose **2** *(che ostenta)* [*persona*] grandiose **3** COLLOQ. *(fantastico)* [*festa*] great, spectacular; [*vittoria*] splendid.

granduca, pl. **-chi** /gran'duka, ki/ m. grand duke.

granduchessa /grandu'kessa/ f. grand duchess.

granello /gra'nɛllo/ m. grain; ***un ~ di polvere*** a speck *o* fleck of dust; ***un ~ di sabbia*** a grain of sand; ***un ~ di zucchero*** a granule of sugar.

granita /gra'nita/ f. water ice BE, slush AE.

granitico, pl. **-ci**, **-che** /gra'nitiko, tʃi, ke/ agg. [*volontà*] granitic.

granito /gra'nito/ m. granite.

grano /'grano/ m. **1** *(cereale)* wheat **U**, corn **U** **2** *(granaglie)* ***i -i*** corn, grain **3** *(granello)* grain; ***~ di caffè*** coffee bean; ***~ di pepe*** peppercorn **4** *(del rosario)* bead **5** COLLOQ. FIG. *(denaro)* bread, dough **6** *(unità di misura)* grain ♦♦ ***~ duro*** hard wheat; ***~ saraceno*** buckwheat; ***~ tenero*** soft wheat.

gran(o)turco /gran(o)'turko/ m. maize **U**, corn **U** AE.

granulare /granu'lare/ agg. granular.

granulo /'granulo/ m. **1** *(granello)* grain **2** FARM. granule.

granuloso /granu'loso/ agg. [*neve, cuoio*] granular; [*carta*] grainy.

grappa /'grappa/ f. *(acquavite)* INTRAD. (brandy distilled from wine or must).

grappolo /'grappolo/ m. **1** *(di frutti)* bunch, cluster; *(di fiori)* cluster; ***~ d'uva*** bunch of grapes **2** FIG. ***-i umani*** clusters of people **3 a grappolo *bomba a ~*** cluster bomb.

grassetto /gras'setto/ **I** agg. bold **II** m. bold BE, boldface AE.

grassezza /gras'settsa/ f. fatness.

grasso /'grasso/ Il diretto equivalente inglese dell'aggettivo *grasso* riferito a persona è *fat*; tuttavia, poiché almeno nella società occidentale essere grassi è spesso percepito negativamente, se si vuole essere gentili si possono usare degli eufemismi, come *(a little) overweight* = (un po') sovrappeso, *large* = grosso, stout oppure *heavy* (in inglese americano) = robusto. - Alcuni aggettivi poi si usano con un riferimento più specifico: per indicare che una donna è leggermente e piacevolmente grassa, si impiega *plump*; ancora *plump* e *chubby* esprimono lo stesso concetto relativamente ai neonati e ai bambini piccoli; *tubby* o *tubbish* descrivono un uomo grassoccio e con la pancia. - Come l'italiano *obeso, obese* definisce una persona grassa in modo patologico. **I** agg. **1** *(pingue)* [*persona, animale*] fat **2** *(contenente grassi)* [*carne*] fat, fatty; [*cibo*] fatty, greasy **3** *(untuoso)* [*pelle, capelli*] greasy, oily **4** *(abbondante)* [*ricompensa*] handsome; [*raccolto*] plentiful; *(fertile)* [*terreno*] fat, fertile **5** MED. [*tosse*] productive, phlegmy **6** BOT. ***pianta -a*** succulent, cactus **7** *(volgare)* [*barzelletta*] coarse, crude; ***risata -a*** belly laugh **8 *martedì ~*** Shrove Tuesday; ***giovedì ~*** = Thursday before Lent **II** m. **1** *(tessuto adiposo)* fat; *(di balena, foca)* blubber **2** GASTR. fat, grease; *(di carne)* fat; ***senza -i*** fat-free **3** *(unto)* grease; ***una macchia di ~*** a grease stain **4** *(lubrificante)* grease ♦ ***uccidere il vitello ~*** to kill the fatted calf; ***gli anni, i tempi delle vacche -e*** prosperous years, times ♦♦ ***~ animale*** animal fat; ***~ vegetale*** vegetable fat.

grassoccio, pl. **-ci**, **-ce** /gras'sɔttʃo, tʃi, tʃe/ agg. → **grassottello**.

grassone /gras'sone/ m. (f. **-a**) COLLOQ. fatty.

grassottello /grassot'tɛllo/ agg. [*persona*] chubby, plump; [*dito, mano*] podgy.

grata /'grata/ f. *(per finestre, porte)* grating, grid, grille.

graticcio, pl. **-ci** /gra'tittʃo, tʃi/ m. **1** EDIL. wattle, hurdle **2** *(stuoia per essiccare)* fruit-drying rack.

graticola /gra'tikola/ f. *(da cucina)* gridiron; ***cuocere sulla ~*** to grill, to cook on the grill.

graticolato /gratiko'lato/ m. trelliswork.

gratifica, pl. **-che** /gra'tifika, ke/ f. bonus, extra pay, gratuity.

gratificante /gratifi'kante/ agg. [*lavoro*] rewarding, satisfying; [*esperienza*] gratifying.

gratificare /gratifi'kare/ [1] tr. **1** *(dare una gratifica a)* to give* [sb.] a bonus **2** *(soddisfare)* to satisfy, to fulfil BE, to fulfill AE.

gratificazione /gratifikat'tsjone/ f. gratification, satisfaction.

gratinare /grati'nare/ [1] tr. to cook [sth.] au gratin.

gratinato /grati'nato/ **I** p.pass. → **gratinare** **II** agg. au gratin.

gratis /'gratis/ **I** agg. free **II** avv. (for) free, gratis; ***entrare ~ al museo*** to get into the museum free.

gratitudine /grati'tudine/ f. gratitude; ***avere ~ per qcn.*** to be grateful to sb.

grato /'grato/ agg. grateful (**a** to; **per** for); ***le sarei ~ se mi rispondesse presto*** I would be grateful *o* I would appreciate it if you could reply soon.

grattacapo /gratta'kapo/ m. poser, headache; ***avere un bel ~*** to be in a bit *o* spot of bother.

grattacielo /gratta'tʃɛlo/ m. skyscraper.

gratta e vinci /grattae'vintʃi/ m.inv. scratchcard.

grattare /grat'tare/ [1] **I** tr. **1** *(sfregare)* to scratch [*schiena, crosta*]; *(raschiare)* to scrape (clean) [*piatto, pentola*]; ***~ via*** to scrape off *o* out [*vernice, fango*] **2** *(grattugiare)* to grate **3** COLLOQ. *(rubare)* to pinch, to nick BE **II** intr. (aus. *avere*) to scratch; ***fare ~ le marce*** to grind *o* strip the gears **III grattarsi** pronom. to scratch oneself; ***-rsi la testa*** to scratch one's head.

grattata /grat'tata/ f. ***darsi una ~*** to have a scratch.

grattugia /grat'tudʒa/ f. grater.

grattugiare /grattu'dʒare/ [1] tr. to grate.

gratuitamente /gratuita'mente/ avv. **1** *(gratis)* [*viaggiare*] free, gratis, free of charge; *(senza retribuzione)* [*lavorare*] for free, gratuitously, for nothing **2** FIG. *(senza motivo)* gratuitously.

gratuito /gra'tuito/ agg. **1** *(non a pagamento)* [*biglietto, servizio*] free, free of charge mai attrib.; [*alloggio*] rent-free; ***"ingresso ~"*** "admission free"; ***il concerto è ~*** the concert is free **2** *(ingiustificato)* [*violenza, cattiveria*] gratuitous; [*accusa*] unfounded, spurious **3** *(disinteressato)* [*gesto*] selfless, unselfish ♦♦ ***~ patrocinio*** DIR. legal aid.

gravame /gra'vame/ m. **1** *(carico)* burden; ***~ di lavoro*** (work)load **2** ECON. *(imposta)* ***~ fiscale*** burden of taxation.

gravare /gra'vare/ [1] **I** tr. **1** *~ qcn. di lavoro* to heap work on sb. **2** *(fiscalmente)* to burden with taxes [*cittadini, imprese*]; *~ qcs. di ipoteca* to mortgage sth. **II** intr. (aus. *essere, avere*) **1** *~ su* [*tetto, struttura*] to weigh (down) on [*colonne*] **2** FIG. *~ su* [*imposte*] to weigh down, to bear heavily on [*paese, contribuente*]; [*sospetti, incertezze*] to hang over [*persona, progetto*].

gravato /gra'vato/ **I** p.pass. → **gravare II** agg. *~ da imposta* assessed.

grave /'grave/ **I** agg. **1** *(serio)* [*problema, errore, incidente*] serious; [*ferita, malattia*] serious, grave; [*condizioni*] acute, serious; [*danni*] severe, major; *(pesante)* [*sconfitta, perdita*] heavy; [*responsabilità*] heavy, weighty; [*decisione*] momentous; [*ingiustizia*] gross; *su, non è niente di ~!* cheer up, it doesn't matter! **2** *(austero)* [*espressione, tono, viso*] grave, solemn **3** *(di bassa frequenza)* [*voce, suono*] deep, low-pitched; [*nota*] bass, low **4** LING. [*accento*] grave **II** m. **1** *(cosa grave) il ~ è che...* the real problem is that... **2** FIS. body.

gravemente /grave'mente/ avv. [*offendere*] grievously; [*ferire*] seriously, badly; [*danneggiare*] grievously, seriously; *~ malato* seriously *o* gravely ill.

gravidanza /gravi'dantsa/ f. pregnancy; *al nono mese di ~* in the ninth month of pregnancy; *interruzione di* o *della ~* termination; *test di ~* pregnancy test.

gravido /'gravido/ agg. **1** [*femmina di animale*] gravid; [*donna*] pregnant **2** FIG. *~ di* [*situazione*] fraught with [*pericoli, difficoltà*]; [*affermazione*] pregnant with [*significato*].

gravità /gravi'ta/ f.inv. **1** *(serietà) (di problema, errore, incidente)* seriousness; *(di ferita, malattia)* seriousness, graveness; *(importanza) (di perdita, responsabilità)* heaviness; *(severità) la ~ di una condanna* the stiffness of a sentence **2** *(solennità)* graveness, solemnity **3** *(bassa frequenza) (di voce)* depth; *(di nota, suono)* depth, lowness **4** FIS. gravity; *centro di ~* centre of gravity; *forza di ~* force of gravity, G-force.

gravitare /gravi'tare/ [1] intr. (aus. *avere*) **1** [*pianeta*] to orbit (**intorno a** around) **2** FIG. to gravitate; *gravita negli ambienti della finanza* he moves in the financial circles.

gravitazionale /gravitattsjo'nale/ agg. gravitational.

gravitazione /gravitat'tsjone/ f. gravitation.

gravoso /gra'voso/ agg. [*obbligo, compito*] hard, burdensome; *condizioni -e* exacting terms.

grazia /'grattsja/ **I** f. **1** *(leggiadria) (di gesto, persona)* grace; *(di portamento)* gracefulness; *(fascino)* charm; *privo di ~* [*gesto, persona*] ungraceful; [*viso*] plain **2** *(benevolenza)* grace, favour BE, favor AE; *essere nelle -e di qcn.* to be in sb.'s good graces *o* books **3** *(favore, concessione)* favour BE, favor AE; *mi farebbe la ~ di aspettarmi?* would you be so kind as to wait for me? *fare ~ a qcn. di qcs.* to exempt sb. from sth. **4** *(perdono)* mercy, pardon; DIR. (free) pardon; *domanda di ~* petition for reprieve **5** RELIG. *(bontà divina)* grace; *nell'anno di ~ 1604* in the year of our Lord 1604; *per ~ di Dio* by the grace of God; *prego Dio che mi faccia la ~* I pray to God for mercy **6 in grazia di** *(per merito di)* owing to, thanks to; *ottenere qcs. in ~ delle proprie conoscenze* to get sth. through one's connections **II grazie** f.pl. **1** *(bellezze di donna)* charms **2** LETT. *(ringraziamenti) rendere -e a qcn. di qcs.* to give thanks to sb. for sth., to thank sb. for sth. ♦ *e chi saresti, di ~?* IRON. and who are you, may I ask? *che ~ di Dio!* what a lot of good things! what abundance! *essere fuori dalla ~ di Dio* to be livid with rage.

1.Grazia /'grattsja/ f. **1** *(titolo) Vostra ~* Your Grace **2** MITOL. *le tre -e* the three Graces.

2.Grazia /'grattsja/ n.pr.f. Grace.

graziare /grat'tsjare/ [1] tr. to pardon.

grazie /'grattsje/ **I** m.inv. thank you; *un grosso ~ a...* a big thank you to... **II** inter. **1** thank you, thanks (**a** to; **di**, **per** for; **per fare**, **per aver fatto** for doing); *molte ~* thank you very much; *mille ~, ~ mille* thanks a million *o* a lot *o* so much; *~ a lei! (in risposta a un altro grazie)* thank you! *~ a Dio* thank God; *dire ~* to say thank you; *~ tante!* IRON. thanks a lot *o* a bunch *o* a bundle! **2 grazie a** thanks to; *~ a Dio sei qui!* thank God you're here!

graziosamente /grattsjosa'mente/ avv. [*ballare, sorridere*] gracefully.

grazioso /grat'tsjoso/ agg. **1** *(carino)* [*ragazza*] pretty; [*viso, vestito*] pretty, lovely; [*casa*] nice, lovely **2** *(leggiadro)* [*persona, sorriso, gesto*] graceful.

greca /'grɛka/ f. *(motivo ornamentale)* Greek fret.

Grecia /'grɛtʃa/ ➧ **33** n.pr.f. Greece.

greco, pl. **-ci**, **-che** /'grɛko, tʃi, ke/ ➧ **25, 16 I** agg. **1** [*isola, mitologia, arte, lingua*] Greek **2** [*naso, profilo*] Grecian **II** m. (f. **-a**) **1** *(persona)* Greek **2** *(lingua)* Greek.

gregario, pl. **-ri**, **-rie** /gre'garjo, ri, rje/ **I** agg. gregarious **II** m. **1** POL. follower **2** SPORT *(nel ciclismo)* domestique.

gregge, pl.f. **-gi** /'greddʒe/ m. **1** *(di ovini)* flock, herd **2** FIG. *(di persone)* herd; *uscire dal ~* to emerge from the herd **3** RELIG. *(di fedeli)* flock.

greggio, pl. **-gi**, **-ge** /'greddʒo, dʒi, dʒe/ **I** agg. [*lana*] coarse; [*cotone, seta, metallo*] raw; [*pietra preziosa*] uncut, unhewn; *cuoio ~* rawhide; *petrolio ~* crude (oil) **II** m. crude (oil).

gregoriano /grego'rjano/ **I** agg. Gregorian **II** m. *(canto)* Gregorian chant.

Gregorio /gre'gɔrjo/ n.pr.m. Gregory.

grembiule /grem'bjule/ m. apron; *(camice)* smock, overall BE, work coat AE; *(da scolaro)* smock.

grembo /'grɛmbo/ ➧ **4** m. **1** lap; *teneva il bambino in ~* she was holding the child on her lap **2** *(ventre materno)* womb; *portare un bambino in ~* to carry a child in one's womb **3** FIG. bosom; *tornare in ~ alla famiglia* to return to the bosom of one's family.

gremire /gre'mire/ [102] tr. to fill up, to pack, to crowd [*sala, teatro, strada*].

gremito /gre'mito/ **I** p.pass. → **gremire II** agg. [*locale, sala*] crowded; *l'autobus era ~ (di gente)* the bus was crammed *o* packed with people.

greppia /'greppja/ f. *(rastrelliera)* crib; *(mangiatoia)* manger.

grès, gres /grɛs/ m. grès; *un piatto di ~* a stoneware dish.

greto /'greto/ m. *(di fiume)* (pebbly) shore; *sul ~* on the shore.

grettezza /gret'tettsa/ f. **1** *(meschinità)* pettiness; *(di vedute)* narrow-mindedness, small-mindedness **2** *(avarizia)* stinginess, meanness.

gretto /'gretto/ agg. **1** *(meschino)* [*persona*] petty; *(di vedute ristrette)* narrow-minded, small-minded **2** *(avaro)* stingy, mean BE.

greve /'grɛve/ agg. *(pesante)* heavy; *c'è un'aria ~ qui* it's stuffy in here.

grezzo /'greddzo/ agg. **1** [*lana, canapa*] coarse; [*pietra preziosa*] uncut, unhewn; [*metallo*] raw; *allo stato ~* in its natural state, in the raw BE **2** *(rozzo)* [*persona*] crude.

gridare /gri'dare/ [1] **I** tr. **1** *(per dire)* to shout (**a** to); *~ una risposta* to shout out *o* call an answer; *~ aiuto* to cry for help; *~ a qcn. di fare qcs.* to shout to sb. *o* to scream at sb. to do sth. **2** *(per proclamare) ~ la propria innocenza* to cry out *o* to proclaim one's innocence **II** intr. (aus. *avere*) **1** [*persona*] to shout, to cry out; *~ di gioia* to shout for joy; *~ dal dolore* to cry out in pain **2** [*animale*] to cry out, to give* a cry ♦ *~ come un'aquila* to scream *o* yell blue murder.

grido, pl. **-i**, pl.f. **-a** /'grido/ m. **1** (pl. *-a*) *(di persona)* cry, shout, call; *(strillo)* scream; *-a di gioia, di aiuto* cries of joy, for help; *lanciare -a di dolore* to cry out in pain **2** (pl. *-a*) *(in borsa) contrattazione alle -a* floor-dealings **3** (pl. *-i*) *(di animale)* cry, call; *(di rapaci notturni)* hoot **4 di grido** [*avvocato, medico*] famous, renowned; [*stilista*] trendy ♦ *l'ultimo ~ della moda* the height of fashion, the latest fashion ♦♦ *~ di guerra* war cry (anche FIG.).

gridolino /grido'lino/ m. shriek.

griffato /grif'fato/ agg. COLLOQ. [*abito*] designer attrib.

griffe /grif/ f.inv. *(marchio)* designer label.

grifone /gri'fone/ m. **1** ORNIT. griffon, griffin **2** *(animale favoloso)* griffin, griffon.

grigiastro /gri'dʒastro/ agg. greyish BE, grayish AE.

grigio, pl. **-gi**, **-gie** e **-ge** /'gridʒo, dʒi, dʒe/ ➧ **3 I** agg. **1** *(colore)* grey BE, gray AE; *capelli -gi* grey *o* grizzled *o* grizzly hair **2** *(triste, cupo)* [*tempo, esistenza*] grey BE, gray AE **II** m. grey BE, gray AE ♦♦ *~ antracite* charcoal (grey); *~ perla* pearl grey; *~ topo* mouse-colour.

grigiore /gri'dʒore/ m. **1** greyness BE, grayness AE **2** FIG. *(noia)* dullness, greyness BE, grayness AE.

grigioverde /gridʒo'verde/ ▸ *3* **I** agg. rifle green, greenish grey BE, greenish gray AE **II** m. **1** *(colore)* rifle green, greenish grey BE, greenish gray AE **2** *(divisa)* = uniform of the Italian army.

griglia /'griʎʎa/ f. **1** *(graticola)* grill, gridiron; ***cuocere alla ~*** to grill; ***alla ~*** [*bistecca*] grilled **2** *(grata)* grille, grid; ***la ~ di una finestra*** the bars on a window **3** *(di parole crociate, orari)* grid **4** ELETTRON. grid ◆◆ ***~ di partenza*** (starting) grid.

grigliare /griʎ'ʎare/ [1] tr. to grill; *(all'aperto)* to barbecue.

grigliata /griʎ'ʎata/ f. **1** *(piatto)* grill; ***~ di verdure*** grilled vegetables **2** *(festa)* barbecue, roast AE.

grignolino /griɲɲo'lino/ m. ENOL. INTRAD. (Piedmontese red wine).

grilletto /gril'letto/ m. trigger; ***premere il ~*** to pull *o* squeeze the trigger; ***avere il ~ facile*** to be trigger-happy.

grillo /'grillo/ m. **1** *(insetto)* cricket **2** FIG. *(ghiribizzo)* whim, caprice, fancy; ***gli è saltato il ~ di fare*** he had the strange idea to do, he has taken it into his head to do; ***avere -i per la testa*** to be full of strange ideas ♦ ***un ~ parlante*** a know-all BE, a know-it-all AE; ***indovinala ~!*** it's anybody's guess! your guess is as good as mine!

grillotalpa, f.pl. **-e** /grillo'talpa/ m. e f. mole-cricket.

grimaldello /grimal'dello/ m. picklock.

grinfia /'grinfja/ f. claw (anche FIG.); ***cadere nelle -e di qcn.*** to fall into sb.'s clutches.

grinta /'grinta/ f. **1** *(volto corrucciato)* scowl **2** *(combattività)* grit, punch, push; ***gli manca la ~*** he lacks drive, there's no fight in him.

grintoso /grin'toso/ agg. *(combattivo)* punchy, pushful.

grinza /'grintsa/ f. **1** *(di stoffa)* crease, wrinkle; ***non fare una ~*** [*vestito*] to fit like a glove; FIG. [*ragionamento*] to be flawless **2** *(di pelle)* wrinkle.

grinzoso /grin'tsoso/ agg. **1** [*stoffa*] creased, wrinkled **2** *(rugoso)* [*viso*] wrinkled, creased; [*pelle, frutto*] wrinkled.

grippare /grip'pare/ [1] intr. (aus. *avere*), **gripparsi** pronom. to seize (up).

grisaglia /gri'zaʎʎa/ f. grisaille.

grisou /gri'zu/ m.inv. (fire)damp.

grissino /gris'sino/ m. breadstick.

grizzly /'grizli/ m.inv. grizzly (bear).

Groenlandia /groen'landja/ n.pr.f. Greenland.

grolla /'grɔlla/ f. INTRAD. (lidded wooden goblet with a number of spouts from which people can drink a hot spiced drink made of coffee and grappa).

gronda /'gronda/ f. eaves pl.

grondaia /gron'daja/ f. gutter.

grondante /gron'dante/ agg. [*vestito, ombrello*] dripping (**di** with); ***~ di sudore*** [*persona, fronte*] dripping *o* pouring with sweat.

grondare /gron'dare/ [1] **I** tr. [*tetto, ombrello*] to drip [*acqua*]; [*mani*] to drip with [*sangue*] **II** intr. (aus. *essere, avere*) **1** *(colare)* [*acqua, sudore, sangue*] to drip; *(scorrere)* [*lacrime*] to stream **2** *(essere zuppo)* [*persona, vestito, ombrello*] to drip, to stream (**di** with); ***~ di sudore*** to be dripping with sweat.

grongo, pl. **-ghi** /'grongo, gi/ m. conger.

groppa /'grɔppa/ f. **1** *(di animale)* rump; *(di cavallo)* crupper, back; ***in ~ al cavallo*** on the horse's back, on the back of the horse **2** COLLOQ. *(schiena)* back; ***ha molti anni sulla ~*** he has many years behind him, he's getting on in his years.

groppo /'grɔppo, 'groppo/ m. **1** *(viluppo)* tangle **2** METEOR. squall ♦ ***un ~ in*** o ***alla gola*** a lump in one's throat.

groppone /grop'pone/ m. ***ha molti anni sul ~*** he has many years behind him, he's getting on in his years.

gros-grain /gro'gren/ m.inv. grosgrain; *(nastro)* grosgrain ribbon.

grossezza /gros'settsa/ f. *(grandezza)* bigness, largeness; *(dimensione)* size; *(spessore)* thickness; *(corpulenza)* bulkiness.

grossista, m.pl. **-i**, f.pl. **-e** /gros'sista/ m. e f. wholesaler, wholesale merchant.

grosso /'grɔsso/ **I** agg. **1** *(grande)* [*palazzo, nave, città, testa*] large, big **2** *(spesso)* [*labbra, caviglie*] thick **3** *(corpulento, grasso)* [*persona*] bulky, fat; [*ventre*] big, fat; ***un uomo grande e ~*** a strapping man **4** *(importante)* [*impresa*] big, large, major; [*produttore, somma, eredità, menzogna*] big; [*sorpresa, successo*] great; ***un ~ nome della musica*** a big name in music; ***un pezzo ~*** FIG. a big shot *o* cheese, a bigwig **5** *(grave)* [*problema, errore, guaio*] big; [*difficoltà*] major; [*difetto*] big, major **6** *(in piena)* [*corso d'acqua*] in flood; *(agitato)* [*mare*] stormy, rough **7** *(grezzo)* [*sale, sabbia*] coarse; ***panno ~*** thick cloth **8 di grosso** ***sbagliare di ~*** to be gravely *o* badly mistaken, to be quite wrong **II** avv. ***scrivere ~*** [*persona*] to write in big letters; [*penna*] to write thickly; ***macinato ~*** coarsely ground **III** m. *(la maggior parte)* ***il ~ di*** the majority *o* bulk of [*spettatori*]; the main body of [*manifestanti*]; the main part of [*spese*] ♦ ***questa è un po' -a!*** that's a bit of a tall story! ***spararle*** o ***raccontarle -e*** to talk big, to be full of big talk; ***questa volta l'hai fatta davvero -a!*** you've really gone and done it now! ***volavano parole -e*** the air was blue; ***fare un colpo ~*** to pull off a big deal ◆◆ ***~ calibro*** big gun (anche FIG.).

grossolanamente /grossolana'mente/ avv. **1** *(con poca cura)* crudely, roughly **2** *(volgarmente)* vulgarly.

grossolanità /grossolani'ta/ f.inv. *(di persona, modi, linguaggio)* coarseness.

grossolano /grosso'lano/ agg. **1** *(approssimativo)* [*stima*] rough; [*lavoro*] crude, rough; *(mediocre)* [*imitazione*] crude; [*stoffa*] coarse **2** *(volgare)* [*persona*] crude, vulgar; [*gesto, scherzo*] crude; [*parole*] bad; [*risata*] coarse **3** *(grave)* [*errore*] gross, glaring.

grossomodo, grosso modo /grosso'mɔdo/ avv. roughly (speaking); ***ecco ~ quello che è successo*** that's roughly *o* more or less what happened.

grotta /'grɔtta/ f. cave; *(artificiale)* grotto*.

grottesco, pl. **-schi, -sche** /grot'tesko, ski, ske/ **I** agg. grotesque **II** m. **1** *(l'essere ridicolo)* ***tutto questo ha del ~!*** all this is preposterous! ***cadere nel ~*** to become grotesque **2** ART. LETTER. ***il ~*** the grotesque.

groviera /gro'vjɛra/ m.inv., f. Gruyère (cheese).

groviglio, pl. **-gli** /gro'viʎʎo, ʎi/ m. tangle (anche FIG.).

gru /gru/ f.inv. ZOOL. TECN. crane.

gruccia, pl. **-ce** /'gruttʃa, tʃe/ f. **1** *(stampella)* crutch **2** *(per abiti)* clotheshanger, coat hanger.

grufolare /grufo'lare/ [1] intr. (aus. *avere*) [*cinghiale, maiale*] to root around, to root about.

grugnire /gruɲ'ɲire/ [102] intr. (aus. *avere*) to grunt (anche FIG.).

grugnito /gruɲ'ɲito/ m. grunt (anche FIG.).

grugno /'gruɲɲo/ m. **1** *(di maiale, cinghiale)* snout **2** SPREG. *(di persona)* snout, mug; ***rompere il ~ a qcn.*** to smash sb.'s face in.

grullo /'grullo/ **I** agg. silly, foolish **II** m. (f. **-a**) fool.

grumo /'grumo/ m. **1** MED. ***un ~ di sangue*** a blood clot **2** *(di farina)* lump; ***fare i -i*** [*salsa*] to go lumpy, to lump AE.

grumoso /gru'moso/ agg. [*salsa*] lumpy.

gruppo /'gruppo/ m. **1** *(di persone)* group, party; ***lavorare in ~*** to work in group; ***fare ~ con qcn.*** to team up with sb.; ***di ~*** [*lavoro, terapia, foto*] group attrib.; [*spirito*] team attrib. **2** *(insieme di oggetti)* group, cluster, bunch COLLOQ.; ***un ~ di alberi*** a cluster *o* clump of trees **3** ECON. IND. MAT. group **4** SPORT pack ◆◆ ***~ dirigente*** management team; ***~ elettrogeno*** (electricity) generator, generating set; ***~ parlamentare*** parliamentary group; ***~ di pressione*** POL. pressure group, lobby (group); ***~ sanguigno*** blood group *o* type.

gruzzolo /'gruttsolo/ m. nest egg, tidy sum; ***mettere da parte un bel ~*** to set aside a nest egg.

G.U. /dʒi'u/ f. (⇒ Gazzetta Ufficiale) = official gazette.

guadagnare /gwadaɲ'ɲare/ [1] **I** tr. **1** *(ottenere come utile)* to earn [*soldi, somma*] (**facendo** by doing); ***ha guadagnato 800 euro vendendo il quadro*** he made 800 euros from the sale of the picture; ***~ due punti in borsa*** to gain two points on the stock market **2** *(ottenere)* to gain [*vantaggio*] (**da** from) **3** *(risparmiare)* to save [*tempo, spazio*] **4** *(raggiungere)* to reach, to get* to [*luogo*] **II** intr. (aus. *avere*) **1** *(ricevere un compenso)* ***~ bene*** to make a good living, to earn good money **2** *(trarre vantaggio)* ***che cosa ci guadagni?*** what will you get out of it? what's in it for you? ***ci ha guadagnato*** *(esteticamente)* it looked all the better for it **III guadagnarsi** pronom. **1** *(ottenere come profitto)* ***-rsi da vivere facendo*** to earn one's living (by) doing, to make a living by doing **2** *(meritarsi)* to earn [*premio*]; to gain [*rispetto, sostegno*]; to earn, to win* [*stima*]; to win* [*approvazione*].

guadagnato /gwadaɲ'ɲato/ **I** p.pass. → **guadagnare II** agg. earned, gained; ***denaro ~ col sudore della fronte*** hard-earned money ♦ ***tanto di ~*** so much the better.
guadagno /gwa'daɲɲo/ m. **1** *(profitto)* gain, profit; *(retribuzione)* earnings pl.; ***-i facili*** easy money; ***fonte di ~*** source of wealth **2** ECON. *(in borsa)* gain; ***chiudere con un ~ di 3 punti*** to close 3 points up **3** *(risparmio)* ***è un ~ di tempo considerevole*** it saves a considerable amount of time **4** *(vantaggio)* gain, advantage.
guadare /gwa'dare/ [1] tr. to ford; *(a piedi)* to wade across.
guado /'gwado/ m. ford; ***passare a ~*** to ford.
guai /'gwai/ inter. woe betide; ***~ a te se non lo fai!*** you'll be sorry *o* you'll catch it, if you don't do it! don't you dare not do it! ***~ a chi copia!*** anyone who cheats will be in trouble!
guaiava /gua'java/ f. guava.
guaina /'gwaina, gwa'ina/ f. **1** *(di spada, pugnale)* scabbard, sheath **2** ANAT. TECN. sheath **3** *(indumento intimo)* girdle.
guaio, pl. **-ai** /'gwajo, ai/ m. trouble, fix, jam COLLOQ.; ***il ~ è che...*** the trouble is that...; ***essere nei -ai*** to be in trouble *o* in a fix; ***sei nei -ai!*** you're in for it! ***essere in un mare di -ai*** to be in a heap of trouble; ***combinare -ai*** to make trouble; ***mettersi*** o ***ficcarsi nei -ai*** to get into trouble; ***andare in cerca di -ai*** to be asking for trouble; ***mettere qcn. nei -ai*** to get sb. into trouble; ***se non viene saranno -ai!*** if he doesn't come there will be trouble! ***-ai grossi*** big trouble; ***ha dei -ai con la giustizia*** he's in trouble with the law.
guaire /gwa'ire/ [102] intr. (aus. *avere*) to whine, to whimper, to yelp.
guaito /gwa'ito/ m. whine, whimper, yelp.
gualcire /gwal'tʃire/ → **sgualcire.**
gualdrappa /gwal'drappa/ f. caparison.
Gualtiero /gwal'tjɛro/ n.pr.m. Walter.
guancia, pl. **-ce** /'gwantʃa, tʃe/ ➧ **4** f. cheek; ***~ a ~*** cheek to cheek ♦ ***porgere l'altra ~*** BIBL. to turn the other cheek.
guanciale /gwan'tʃale/ m. **1** *(cuscino)* pillow **2** GASTR. = lard from the pig's cheek ♦ ***dormire tra due -i*** to be sitting pretty.
guano /'gwano/ m. guano*.
guanto /'gwanto/ m. **1** glove; ***-i di pelle, gomma*** leather, rubber gloves **2** COLLOQ. *(preservativo)* condom, johnny BE ♦ ***calza come un ~*** it fits like a glove; ***trattare qcn. con i -i*** to treat sb. with kid gloves, to give sb. the red carpet; ***gettare, raccogliere il ~*** to throw down, to take up the gauntlet; ***pugno di ferro in ~ di velluto*** an iron fist in a velvet glove ♦♦ ***~ di crine*** massage glove; ***~ da forno*** oven glove.
guantone /gwan'tone/ m. *(da box)* boxing glove; *(da baseball)* mitt.
guardaboschi /gwarda'bɔski/ ➧ **18** m. e f.inv. forester.
guardacaccia /gwarda'kattʃa/ ➧ **18** m. e f.inv. gamekeeper.
guardacoste /gwarda'kɔste/ ➧ **18** m.inv. **1** *(militare)* coastguard **2** *(nave)* coastguard vessel.
guardafili /gwarda'fili/ m. e f.inv. lineman*.
guardalinee /gwarda'linee/ ➧ **18** m. e f.inv. SPORT linesman*.
guardare /gwar'dare/ [1] v. la nota della voce **1. vedere. I** tr. **1** *(volgere lo sguardo su)* ***~ qcn., qcs.*** to look at sb., sth.; ***~ qcs. dalla finestra*** to look out of the window at sth.; ***guarda chi arriva!*** look who's coming! ***~ male qcn.*** to frown at sb.; ***guarda che disordine!*** look at this mess! **2** *(osservare con attenzione)* to watch, to look at [*persona, scena*]; to look at [*quadro, diapositive, paesaggio*]; to watch [*film, televisione*]; *(fisso)* to stare at; *(a lungo)* to gaze at; ***~ qcn. fare*** to watch sb. doing; ***cos'hai da ~?*** what are you staring at? ***~ qcn. negli occhi*** to look sb. in the eye **3** *(sorvegliare)* to look after, to take* care of; *(proteggere)* [*soldati, guardie*] to keep* watch on [*confine, edificio*] **4** *(esaminare, considerare)* to take* a (close) look at [*statistiche, situazione*]; ***guarda Sara, non si lamenta mai*** take Sara, she never complains; ***le ragazze non lo guardano*** girls take no notice of him **5** *(fare attenzione a)* ***guarda dove metti i piedi*** look where you're walking **II** intr. (aus. *avere*) **1** *(dirigere lo sguardo)* to look; ***~ dalla finestra*** to look out of *o* through the window; ***guarda dietro di te*** look behind you; ***~ al futuro con ottimismo*** to look to *o* to view the future with optimism; ***~ al passato*** to look back; ***stare a ~*** to look on **2** *(cercare)* to look; *(in libro, dizionario)* to look up **3** *(considerare)* ***tutti guardano a lui come a un eroe*** everyone looks on him as a hero **4** *(badare)* to mind, to look to; *(fare attenzione)* ***guarda di non farti male*** mind you don't get hurt **5** *(essere rivolto)* ***~ su*** [*casa, stanza*] to look onto, to overlook, to face (towards) [*mare, strada*]; ***~ a*** [*finestra*] to face [*nord*] **III guardarsi** pronom. **1** *(se stesso)* ***-rsi allo specchio*** to look at oneself in the mirror; ***-rsi le mani*** to look at one's hands; ***~ attorno*** to look around **2** *(reciprocamente)* to look at each other, one another; ***-rsi dritto negli occhi*** to look into each other's eyes **3** *(stare in guardia)* ***-rsi da*** to beware of **4** *(astenersi)* ***me ne guardo bene!*** Heaven forbid! ***mi guarderò bene dal farlo*** I'll be careful *o* I'll take good care not to do it ♦ ***ma guarda (un po')!*** fancy that! ***guarda, guarda!*** well, well, well! ***guarda, ...*** look here, ...; ***guarda caso, quel giorno il tempo era brutto*** strangely enough, the weather that day was bad.
guardaroba /gwarda'rɔba/ m.inv. **1** *(armadio)* wardrobe; *(per biancheria)* linen cupboard **2** *(di locale pubblico)* cloakroom, coatroom AE **3** *(vestiti)* wardrobe, set of clothes.
guardarobiere /gwardaro'bjɛre/ ➧ **18** m. (f. **-a**) *(di locale pubblico)* cloakroom attendant.
guardasigilli /gwardasi'dʒilli/ m.inv. *(ministro)* = justice minister.
guardaspalle /gwardas'palle/ m. e f.inv. bodyguard.
guardata /gwar'data/ f. COLLOQ. look, glance; ***dare una ~ al giornale*** to take a look *o* have a glance at the newspaper.
guardia /'gwardja/ ➧ **18** f. **1** *(sorveglianza, custodia)* guard, watch; ***montare di ~*** [*soldato*] to go on guard, to mount guard; ***fare la ~ a*** MIL. to keep *o* stand guard over; [*cane*] to guard [*casa*]; ***cane da ~*** guard dog, watchdog **2** *(servizio di vigilanza)* ***essere di ~*** [*soldato*] to be on guard (duty); [*dottore, infermiere*] to be on call; ***turno di ~*** MIL. turn of duty, guard duty **3** *(sorvegliante)* guard; *(poliziotto)* policeman*, constable BE; ***giocare a -e e ladri*** to play cops and robbers **4** *(reparto militare)* guard, guards pl.; ***la vecchia ~*** the old guard (anche FIG.) **5** SPORT guard; ***in ~!*** on guard! ***abbassare la ~*** to lower *o* drop *o* relax one's guard (anche FIG.) ♦ ***mettere in ~ qcn.*** to warn *o* caution sb.; ***stare in ~ da*** to be on one's guard against ♦♦ ***~ carceraria*** prison officer BE *o* guard AE; ***~ del corpo*** bodyguard; ***~ costiera*** coastguard; ***~ di finanza*** = military corps dealing with customs, excise and tax crimes; ***~ forestale*** forester, forest ranger AE; ***~ giurata*** security guard; ***~ medica*** emergency medical service; ***~ notturna*** night watchman; ***~ d'onore*** guard of honour BE, honor guard AE; ***~ svizzera*** Swiss Guard.
guardiacaccia /gwardja'kattʃa/ → **guardacaccia.**
guardiacoste /gwardja'kɔste/ → **guardacoste.**
guardialinee /gwardja'linee/ → **guardalinee.**
guardiamarina /gwardjama'rina/ ➧ **12** m.inv. midshipman* BE; ensign AE.
guardiano /gwar'djano/ ➧ **18** m. (f. **-a**) **1** *(custode)* keeper, caretaker; ***~ notturno*** night watchman; ***~ del faro*** lighthouse keeper **2** *(in prigione)* (prison) guard **3** *(di bestiame)* stockman*; *(di pecore)* shepherd.
guardina /gwar'dina/ f. lock-up, jail.
guardingo, pl. **-ghi, -ghe** /gwar'dingo, gi, ge/ agg. cautious, canny, wary, careful.
guardiola /gwar'djɔla/ f. **1** *(portineria)* porter's lodge **2** *(delle guardie)* (sentry) box.
guardone /gwar'done/ m. Peeping Tom.
guarigione /gwari'dʒone/ f. *(di malato)* recovery; *(di ferita)* healing; ***in via di ~*** on the road to recovery, on the mend.
guarire /gwa'rire/ [102] **I** tr. **1** [*medico, cura*] to cure [*persona, malattia*] (**da** of); to heal [*ferita*] **2** FIG. *(liberare)* ***~ qcn. da*** to cure sb. of [*vizio, abitudine*] **II** intr. (aus. *essere*) [*persona, animale*] to recover, to get* well (**da** from); [*frattura, ferita*] to heal; ***guarisci presto!*** get well soon!
guaritore /gwari'tore/ m. (f. **-trice** /tritʃe/) healer.
guarnigione /gwarni'dʒone/ f. garrison.
guarnire /gwar'nire/ [102] tr. **1** *(ornare)* to trim; *(con pelliccia)* to fur **2** GASTR. to garnish, to decorate.
guarnizione /gwarnit'tsjone/ f. **1** ABBIGL. trimming; *(di pelliccia)* furring **2** GASTR. decoration, garnish **3** TECN. *(di rubinetto)* washer; *(di pistone)* gasket.
Guascogna /gwas'koɲɲa/ ➧ **30** n.pr.f. Gascony.
guastafeste /gwasta'fɛste/ m. e f.inv. spoilsport, killjoy, party pooper.

guastare /gwas'tare/ [1] **I** tr. **1** *(rovinare)* to spoil, to mar, to ruin **2** *(rompere)* to damage [*meccanismo, televisore*]; to spoil [*giocattolo*] **3** *(deturpare)* to spoil, to scar [*paesaggio*] **4** *(far andare a male)* to taint, to make* [sth.] go off BE [*carne*]; to ruin, to spoil [*frutto*] **5** FIG. *(rovinare)* to spoil, to ruin [*serata, vacanza, appetito*]; to sour [*rapporti, atmosfera*] **6** *(nuocere)* ***è intelligente e pure bella, il che non guasta*** she is intelligent, and beautiful into the bargain **II guastarsi** pronom. **1** *(rompersi)* [*meccanismo, motore, automobile*] to break* down, to go* wrong; [*freni*] to fail; [*apparecchio, strumento*] to be* out of order, to pack up COLLOQ. **2** *(danneggiarsi)* [*carne, frutto*] to go* bad, to go* off AE, to spoil; [*dente*] to decay **3** FIG. *(corrompersi)* [*situazione*] to deteriorate, to take* a turn for the worse **4** COLLOQ. ***-rsi la salute*** to ruin one's health **5** *(rovinarsi)* [*tempo*] to deteriorate, to change for the worse, to break*.

1.guasto /'gwasto/ agg. **1** *(rotto)* [*meccanismo, motore*] broken; [*veicolo*] off the road; ***l'ascensore è ~*** the lift is out of order **2** *(avariato)* [*cibo, carne*] tainted; *(marcio)* [*frutto*] bad, rotten **3** *(rovinato)* ***denti -i*** bad teeth **4** FIG. *(corrotto)* corrupt, tainted.

2.guasto /'gwasto/ m. **1** *(danno, avaria)* breakdown, failure; ***avere un ~*** [*macchina*] to break down; [*apparecchio, strumento*] to have a fault **2** FIG. corruption, rot.

guatemalteco, pl. **-chi**, **-che** /guatemal'tɛko, ki, ke/ ➧ ***25*** **I** agg. Guatemalan **II** m. (f. **-a**) Guatemalan.

guazzabuglio, pl. **-gli** /gwattsa'buʎʎo, ʎi/ m. mess, mishmash, jumble, hotchpotch BE.

guazzetto /gwat'tsetto/ m. GASTR. ***pesce in ~*** = fish stewed in tomato sauce.

Guendalina /gwenda'lina/ n.pr.f. Gwendolen, Gwendoline.

guercio, pl. **-ci**, **-ce** /'gwɛrtʃo, tʃi, tʃe/ **I** agg. **1** *(strabico)* [*persona*] cross-eyed; [*occhio*] squinting **2** *(privo di un occhio)* one-eyed **II** m. (f. **-a**) **1** *(strabico)* squinter **2** *(privo di un occhio)* one-eyed person.

guerra /'gwɛrra/ f. *(conflitto)* war (anche FIG.); *(metodo, tecnica)* warfare; ***entrare in ~*** to go to war; ***sul piede di ~*** on a war footing; ***andare in ~*** to go to war; ***in tempo di ~*** in times of war, in wartime; ***essere in ~*** to be at war; ***fare la ~*** to wage war (**a** against, on); ***mio nonno ha fatto la ~*** my grand-father fought at war *o* was in the war; ***i paesi in ~*** the warring nations; ***di ~*** [*ferita, orfano, tribunale, film*] war attrib.; ***dichiarazione di ~*** declaration of war; ***prima, seconda ~ mondiale*** First, Second World War, World War I, II; ***la ~ ai narcotrafficanti, alla corruzione*** the war against drug dealers, on corruption ♦♦ ***~ aerea*** aerial warfare; ***~ batteriologica*** germ warfare; ***~ biologica*** biological warfare; ***~ dei Cent'anni*** Hundred Years' War; ***~ chimica*** *(conflitto)* chemical war; *(tecnica)* chemical warfare; ***~ civile*** civil war; ***~ difensiva*** defensive warfare; ***~ delle due rose*** Wars of the Roses; ***~ fredda*** Cold War; ***~ del Golfo*** Gulf War; ***~ di indipendenza*** war of independence; ***~ lampo*** blitzkrieg; ***~ di liberazione*** liberation war; ***~ di nervi*** war *o* battle of nerves; ***~ nucleare*** *(conflitto)* nuclear war; *(tecnica)* nuclear warfare; ***~ di posizione*** war of position; ***~ psicologica*** psychological warfare; ***~ di religione*** war of religion; ***~ santa*** holy war; ***~ di secessione*** American Civil War; ***~ dei Sette anni*** Seven Years' War; ***~ di trincea*** trench warfare; ***~ del Vietnam*** Vietnam War; ***-e puniche*** Punic Wars; ***-e stellari*** star wars.

guerrafondaio, pl. **-ai**, **-aie** /gwerrafon'dajo, ai, aje/ **I** agg. warmongering **II** m. (f. **-a**) warmonger.

guerreggiare /gwerred'dʒare/ [1] intr. (aus. *avere*) to wage war (**contro** on).

guerresco, pl. **-schi**, **-sche** /gwer'resko, ski, ske/ agg. **1** *(di guerra)* war attrib. **2** *(bellicoso)* warlike.

guerriero /gwer'rjɛro/ **I** agg. warlike, warrior **II** m. (f. **-a**) warrior.

guerriglia /gwer'riʎʎa/ f. guerrilla warfare ♦♦ ***~ urbana*** urban guerrilla warfare.

guerrigliero /gwerriʎ'ʎɛro/ m. (f. **-a**) guerrilla.

gufo /'gufo/ m. owl; ***~ reale*** eagle owl.

guglia /'guʎʎa/ f. **1** ARCH. spire, steeple **2** *(di montagna)* peak, needle.

gugliata /guʎ'ʎata/ f. length of thread (on a needle).

Guglielmina /guʎʎel'mina/ n.pr.f. Wilhelmina.

Guglielmo /guʎ'ʎɛlmo/ n.pr.m. William ♦♦ ***~ il conquistatore*** William the Conqueror; ***~ Tell*** William Tell.

guida /'gwida/ **I** f. **1** *(direzione)* direction, guidance; *(comando)* leadership; ***gli ha affidato la ~ del progetto*** he put him in charge of the project **2** *(accompagnatore)* guide; ***fare da ~ a qcn.*** to act as sb.'s guide; ***cane ~*** guide dog **3** *(maestro)* guide; *(capo)* leader **4** *(di auto, camion)* driving; *(di moto)* riding; ***esame di ~*** driving test; ***patente di ~*** driving licence BE, driver's license AE; ***scuola ~*** driving school; ***essere alla ~ di un'auto*** to be driving a car, to be at the wheel of a car; ***~ pericolosa*** dangerous driving; ***~ in stato di ubriachezza*** drunk BE *o* drunken AE driving, drink-driving BE **5** AUT. *(comandi di un autoveicolo)* ***~ a sinistra*** left-hand drive; ***automobile con ~ a destra*** right-hand drive car **6** *(negli scout)* (girl) guide BE, girl scout AE **7** *(libro)* guide (book); *(manuale)* handbook; ***una ~ della Grecia*** a guide to Greece; ***~ dei ristoranti*** restaurant guide **8** *(elenco telefonico)* telephone directory, phone book **9** *(tappeto)* *(di scale)* stair carpet; *(di corridoio)* runner **10** TECN. *(scanalatura, rotaia)* rail, track; *(di porta, cassetto, tenda)* runner **II** agg.inv. ***ruolo ~*** leading *o* guiding role ♦♦ ***~ alpina*** mountain guide; ***~ spirituale*** spirit guide, spiritual adviser; ***~ turistica*** tour guide, travel courier.

guidare /gwi'dare/ [1] tr. **1** *(accompagnare)* to guide, to take*, to lead* **2** *(portare)* [*strada, segnale, odore*] to lead* **3** *(dirigere)* to conduct, to lead* [*ricerche, negoziati*]; to carry out [*progetto*]; to head, to lead* [*spedizione, squadra, attacco*]; to manage, to run* [*azienda*] **4** FIG. *(condurre)* to guide; ***lasciarsi ~ dal proprio istinto*** to let oneself be guided by instinct, to follow one's instinct(s) **5** AUT. to drive* [*automobile, autobus*]; to ride* [*motocicletta*] **6** *(essere in testa a)* to lead*; ***~ la classifica*** SPORT to be at the top of the (league) table.

guidato /gwi'dato/ **I** p.pass. → **guidare** **II** agg. [*visita*] guided, conducted.

guidatore /gwida'tore/ m. (f. **-trice** /tritʃe/) driver.

Guido /'gwido/ n.pr.m. Guy.

guinzaglio, pl. **-gli** /gwin'tsaʎʎo, ʎi/ m. leash, lead BE; ***tenere il cane al ~*** to have one's dog on a leash; ***tenere qcn. al ~*** FIG. to keep sb. on a short *o* tight leash *o* on a tight rein.

guisa /'gwiza/ f. LETT. ***a ~ di*** like.

guitto /'gwitto/ m. (f. **-a**) SPREG. *(attore)* ham, bad player.

guizzare /gwit'tsare/ [1] intr. (aus. *essere*) **1** *(muoversi rapidamente)* [*pesce*] to squirm, to dart; [*muscoli*] to ripple; [*fiamma*] to leap*; [*fulmine*] to flash **2** *(saltare)* to jump, to leap*.

guizzo /'gwittso/ m. **1** *(di pesce)* dart **2** *(di fiamma)* spurt; *(di fulmine)* flash **3** FIG. *(scatto)* flick.

gulag /'gulag/ m.inv. Gulag.

guru /'guru/ m.inv. guru (anche FIG.).

guscio, pl. **-sci** /'guʃʃo, ʃi/ m. **1** *(di uovo, lumaca, crostacei)* shell; *(di mollusco)* shell, test **2** *(di noce, nocciola)* shell; *(di cereali)* husk; *(di legumi)* pod ♦ ***chiudersi nel proprio ~*** to withdraw *o* go back into one's shell; ***uscire dal proprio ~*** to come out of one's shell ♦♦ ***~ di noce*** nutshell; FIG. *(barchetta)* cockleshell; ***~ d'uovo*** eggshell.

gustare /gus'tare/ [1] **I** tr. **1** *(assaggiare)* to taste, to try **2** *(assaporare)* to relish, to enjoy [*piatto, bevanda, cena*] **3** *(apprezzare, godere di)* to enjoy, to appreciate [*lettura, opera, spettacolo*]; to enjoy [*piacere, pace, solitudine*] **II** intr. (aus. *avere*) *(piacere, essere gradito)* to like; ***non mi gusta*** this is not to my liking *o* taste **III gustarsi** pronom. *(assaporare)* to savour BE, to savor AE, to relish.

gustativo /gusta'tivo/ agg. ***papille -e*** taste buds.

Gustavo /gus'tavo/ n.pr.m. Gustavus.

gusto /'gusto/ m. **1** *(senso)* taste **2** *(sapore)* taste; GASTR. flavour; ***al ~ di caffè*** coffee-flavoured; ***che ~ ha?*** what does it taste like? ***avere un buon, cattivo ~*** to taste nice, unpleasant; ***avere un ~ dolce*** to have a sweet taste, to be sweet to the taste; ***non avere nessun ~*** to be tasteless **3** *(piacere)* ***trovar(ci) ~ in qcs., a fare qcs.*** to enjoy sth., doing sth.; ***prenderci ~*** to get to like sth., to acquire a taste for sth., to develop a taste *o* liking for sth.; ***non c'è ~ a litigare con lui*** it's no fun arguing with him **4** *(senso estetico, della misura)* taste; ***di buon, cattivo ~*** [*arredamento, vestito, scherzo*] in good, bad taste; ***le persone di buon ~*** people with good taste; ***ha un ottimo, pessimo ~ nel vestire*** she has exquisite, awful taste in clothes; ***sarebbe di cattivo ~ fare*** it would be in bad *o* poor taste to do **5** *(preferenza, gradimento)* taste; ***è di tuo ~?*** is this to your taste? ***troppo violento per i miei -i*** too violent for my taste(s); ***troppo furbo per i miei -i*** too smart for my liking **6 di gusto** [*bere, mangiare*] with gusto, with relish; [*ridere*] heartily, with delight ♦ ***(tutti) i -i sono -i*** PROV. there's no accounting for tastes, one man's meat is another man's poison.

gustoso /gus'toso/ agg. **1** *(saporito)* tasty, savoury BE, savory AE, flavoursome BE, flavorsome AE **2** FIG. *(divertente)* amusing.

gutturale /guttu'rale/ agg. e f. guttural.

gymkhana /dzim'kana/ → **gincana.**

h

h, H /'akka/ m. e f.inv. h, H.
habitat /'abitat/ m.inv. BIOL. habitat (anche FIG.).
habitué /abi'twe/ m. e f.inv. *(di bar, locale)* regular (customer); *(di teatro)* regular (goer).
haitiano /ai'tjano/ ➧ *25* **I** agg. Haitian **II** m. (f. **-a**) Haitian.
hall /ol/ f.inv. lobby, foyer.
hamburger /am'burger/ m.inv. hamburger.
handicap /'ɛndikap, 'andikap/ m.inv. **1** handicap, disability; ***portatore di ~*** handicapped person **2** SPORT handicap (anche FIG.).
handicappato /endikap'pato, andikap'pato/ **I** agg. **1** handicapped, disabled **2** EQUIT. handicapped **II** m. (f. **-a**) ***~ psichico, fisico*** mentally, physically handicapped *o* disabled person; ***gli -i*** the handicapped, the disabled.
hangar /'angar/ m.inv. hangar.
harakiri /ara'kiri/ m.inv. → **karakiri.**
harem /'arem/ m.inv. harem, seraglio*.
hascisc, hashish /'aʃʃiʃ, aʃ'ʃiʃ/ m.inv. hashish, hasheesh, hash COLLOQ.
hawaiano /awa'jano, ava'jano/ ➧ *25* **I** agg. Hawaiian **II** m. (f. **-a**) Hawaiian.
Hawaii /a'wai/ ➧ *33, 14* n.pr.f.pl. Hawaii; ***nelle ~*** in Hawaii.
henné /en'ne/ m.inv. henna; ***tingersi i capelli con l'~*** to henna one's hair.
herpes /'ɛrpes/ ➧ *7* m.inv. herpes ♦♦ ***~ simplex*** herpes simplex; ***~ zoster*** herpes zoster, shingles.
hertz /'ɛrts/ m.inv. hertz.
hi-fi /ai'fai/ agg. e m.inv. hi-fi.
Himalaia /ima'laja/ n.pr.m. ***(le montagne del)l'~*** the Himalayas.
himalaiano, himalayano /imala'jano/ agg. Himalayan.
hinterland /'interland/ m.inv. hinterland.
hip /ip/ inter. ***~, ~ hurrà!*** hip, hip hooray!
hippy /'ippi/ agg.inv., m. e f.inv. hippie, hippy.
hitleriano /itle'rjano/ **I** agg. Hitlerian, Hitler's, Hitler attrib. **II** m. (f. **-a**) supporter of Hitler.
hit-parade /itpa'reɪd/ f.inv. charts sing.
hobby /'ɔbbi/ m.inv. hobby; ***ho l'~ dell'aviazione*** my hobby is flying.
hockey /'ɔkei/ ➧ *10* m.inv. hockey ♦♦ ***~ su ghiaccio*** ice hockey, hockey AE; ***~ su prato*** hockey BE, field hockey AE.
holding /'ɔlding/ f.inv. holding company.
hollywoodiano /ollivu'djano/ agg. Hollywood attrib.; ***un film in stile ~*** a Hollywood-style film.
honoris causa /on'ɔris'kauza/ agg. ***laurea ~*** honorary degree.
horror /'ɔrror/ **I** m.inv. CINEM. horror films pl.; LETTER. horror literature **II** agg.inv. ***film ~*** horror film *o* movie.
hostess /'ɔstes/ ➧ *18* f.inv. **1** hostess; *(assistente di volo)* (air) hostess, stewardess, flight attendant **2** *(in congressi, fiere)* hostess, guide.
hot-dog /ɔt'dɔg/ m.inv. hot dog, red hot AE COLLOQ.
hotel /o'tɛl/ m.inv. hotel; ***~ di lusso, a quattro stelle*** luxury, four-star hotel.
humour /'jumor/ m.inv. humour BE, humor AE; ***avere, non avere il senso dello ~*** to have a, no sense of humour.
humus /'umus/ m.inv. **1** *(materia organica)* humus **2** FIG. breeding ground.
hurrà → **urrà.**
husky /'aski/ m.inv. **1** *(cane)* husky **2** ABBIGL. husky jacket.

I

i, I /i/ m. e f.inv. i, I.

i /i/ artc.det.m.pl. → **il.**

IACP /jattʃip'pi/ m. (⇒ Istituto Autonomo per le Case Popolari) = independent agency for council housing.

iarda /'jarda/ f. yard.

iato /'jato, i'ato/ m. LING. ANAT. hiatus*.

iberico, pl. **-ci, -che** /i'bɛriko, tʃi, ke/ **I** agg. Iberian **II** m. (f. **-a**) Iberian.

ibernare /iber'nare/ [1] **I** tr. to freeze* **II** intr. (aus. *avere*) to hibernate.

ibernazione /ibernat'tsjone/ f. BIOL. ZOOL. hibernation ♦♦ ***~ artificiale*** MED. induced hypothermia.

ibisco, pl. **-schi** /i'bisko, ski/ m. hibiscus.

ibridare /ibri'dare/ [1] tr. to crossbreed*, to interbreed*.

ibridazione /ibridat'tsjone/ f. crossbreeding, interbreeding.

ibrido /'ibrido/ agg. e m. hybrid (anche FIG.).

IC ⇒ Intercity inter-city.

Icaro /'ikaro/ n.pr.m. Icarus.

iceberg /'aisberg/ m.inv. iceberg ♦ ***la punta dell'~*** the tip of the iceberg.

ICI /'itʃi/ f. (⇒ Imposta Comunale sugli Immobili) = local council property tax.

ICIAP /'itʃap/ f. (⇒ Imposta Comunale Imprese Arti e Professioni) = local council business and trades tax.

icona /i'kɔna/ f. **1** RELIG. icon, ikon **2** INFORM. icon; ***ridurre a ~*** to minimize, to iconify.

iconoclasta, m.pl. **-i**, f.pl. **-e** /ikono'klasta/ **I** m. e f. STOR. iconoclast (anche FIG.) **II** agg. iconoclastic.

iconoclastico, pl. **-ci, -che** /ikono'klastiko, tʃi, ke/ agg. iconoclastic.

iconografia /ikonogra'fia/ f. iconography.

iconografico, pl. **-ci, -che** /ikono'grafiko, tʃi, ke/ agg. iconographic(al).

ics /iks/ m. e f.inv. x.

ictus /'iktus/ m.inv. MED. ictus*.

Iddio /id'dio/ m. → **Dio.**

idea /i'dɛa/ f. **1** idea; ***che ~!*** what an idea! ***mi è venuta un'~*** I've had an idea; ***non avere ~ del perché, di come*** to have no idea why, how; ***non ne è ho la minima*** o ***più pallida ~*** I haven't the faintest idea; ***avere una mezza ~ di fare qcs.*** COLLOQ. to have a good *o* half a mind to do sth.; ***abbandonare l'~ di fare*** to change one's mind about doing; ***avere le -e chiare*** to have a clear head, to think clearly; ***mettere un'~ in testa a qcn.*** to put an idea into sb.'s head **2** *(opinione)* idea, opinion, mind, thought; ***essere dell'~ che*** to think that; ***avere ~ che*** to think that; ***farsi un'~ di qcs.*** to gain an insight into sth., to get the picture of sth.; ***cambiare ~*** to change one's mind; ***avere -e di sinistra, di destra*** to have left-wing, right-wing tendencies **3** *(quantità minima)* ***aggiungere un'~ di sale*** to add a hint of salt **4** *(ideale)* ***l'~ europea*** the European ideal **5** *(rappresentazione astratta)* ***l'~ di giustizia, del bello*** the idea of justice, beauty ♦ ***avere un'~ fissa*** to have a bee in one's bonnet, to have a fixation.

ideale /ide'ale/ **I** agg. ideal; *(perfetto)* perfect **II** m. ideal; ***l'~ sarebbe partire a maggio*** leaving in May would be ideal.

idealismo /idea'lizmo/ m. idealism.

idealista, m.pl. **-i**, f.pl. **-e** /idea'lista/ m. e f. idealist.

idealistico, pl. **-ci, -che** /idea'listiko, tʃi, ke/ agg. idealistic.

idealizzare /idealid'dzare/ [1] tr. to idealize.

idealizzazione /idealiddzat'tsjone/ f. idealization.

ideare /ide'are/ [1] tr. **1** *(immaginare)* to think* up, to imagine **2** *(progettare)* to plan, to devise.

ideatore /idea'tore/ m. (f. **-trice** /tritʃe/) **1** *(autore)* author **2** *(inventore)* deviser, inventor.

idem /'idem/ **I** pron.inv. idem **II** avv. ditto, likewise, too; ***"sono stufo" - "io ~"*** "I'm tired" - "ditto".

identico, pl. **-ci, -che** /i'dɛntiko, tʃi, ke/ agg. identical (**a** to, with); ***copia -a*** exact copy.

identificabile /identifi'kabile/ agg. identifiable.

identificare /identifi'kare/ [1] **I** tr. **1** to identify **2** to determine [*causa*] **3** ***~ qcn., qcs. con qcn., qcs.*** to identify sb., sth. with sb., sth. **II identificarsi** pronom. **1** ***-rsi con qcn.*** to identify oneself with sb. **2** *(essere identico)* to be* identical.

identificazione /identifikat'tsjone/ f. identification.

identikit /identi'kit/ m.inv. identikit (picture).

identità /identi'ta/ f.inv. **1** identity; ***ha un documento di ~?*** have you any proof of identity? ***carta d'~*** identity *o* ID card; ***crisi d'~*** identity crisis **2** *(uguaglianza)* ***avere ~ di vedute*** to have similar views.

ideogramma /ideo'gramma/ m. ideogram, ideograph.

ideologia /ideolo'dʒia/ f. ideology.

ideologico, pl. **-ci, -che** /ideo'lɔdʒiko, tʃi, ke/ agg. ideologic(al).

ideologo, m.pl. **-gi**, f.pl. **-ghe** /ide'ɔlogo, dzi, ge/ m. (f. **-a**) ideologist, ideologue.

idi /'idi/ f.pl. ANT. ***le ~ di marzo*** the ides of March.

idilliaco, pl. **-ci, -che** /idil'liako, tʃi, ke/, **idillico**, pl. **-ci, -che** /i'dilliko, tʃi, ke/ agg. idyllic.

idillio, pl. **-li** /i'dilljo, li/ m. **1** LETT. idyll **2** FIG. idyll, romance, love affair.

idioma /i'djɔma/ m. idiom.

idiomatico, pl. **-ci, -che** /idjo'matiko, tʃi, ke/ agg. idiomatic(al).

idiosincrasia /idjosinkra'zia/ f. **1** MED. idiosyncrasy **2** FIG. (strong) dislike, aversion.

idiota, m.pl. **-i**, f.pl. **-e** /i'djɔta/ **I** agg. idiot(ic) **II** m. e f. idiot, fool, halfwit.

idiotismo /idjo'tizmo/ m. LING. idiom.

idiozia /idjot'tsia/ f. **1** *(stupidità)* idiocy, foolishness, stupidity **2** *(azione)* stupid thing, foolish thing (to do); *(parole)* stupid thing (to say), rubbish **U**, nonsense **U**; ***non dire -e!*** don't talk nonsense!

idolatra, m.pl. **-i**, f.pl. **-e** /ido'latra/ **I** agg. idolatrous **II** m. e f. *(uomo)* idolater; *(donna)* idolatress.

idolatrare /idola'trare/ [1] tr. to idolatrize, to idolize, to worship (anche FIG.).

idolatria /idola'tria/ f. idolatry (anche FIG.).
idolatrico, pl. **-ci**, **-che** /ido'latriko, tʃi, ke/ agg. idolatrous (anche FIG.).
idolo /'idolo/ m. idol (anche FIG.).
idoneità /idonei'ta/ f.inv. fitness, suitability (**a qcs.** for sth.); ***esame di*** ~ aptitude test; ***~ al servizio militare*** MIL. fitness to serve, fitness for military service.
idoneo /i'dɔneo/ agg. **1** [*sistemazione, equipaggiamento, strumento*] suitable; [*comportamento, luogo, abbigliamento*] appropriate **2** *(atto, capace)* fit; MIL. able-bodied; ***non ~ al servizio militare*** unfit for military service.
idra /'idra/ f. ZOOL. hydra*.
idrante /i'drante/ m. **1** *(presa d'acqua)* hydrant; *(antincendio)* fire hydrant **2** *(tubo)* fire-hose **3** *(autobotte)* water tanker.
idratante /idra'tante/ **I** agg. **1** CHIM. hydrating **2** COSMET. moisturizing **II** m. COSMET. moisturizer.
idratare /idra'tare/ [1] tr. **1** CHIM. to hydrate **2** COSMET. to moisturize.
idratazione /idratat'tsjone/ f. **1** CHIM. hydration **2** COSMET. moisture.
idrato /i'drato/ **I** agg. hydrous **II** m. hydrate.
idraulica /i'draulika/ f. hydraulics + verbo sing.
idraulico, pl. **-ci**, **-che** /i'drauliko, tʃi, ke/ ♦ ***18*** **I** agg. **1** [*turbina, freno*] hydraulic; ***impianto ~*** plumbing system **2** ***ingegnere ~*** hydraulics engineer **II** m. plumber.
idrico, pl. **-ci**, **-che** /'idriko, tʃi, ke/ agg. water attrib.
idrocarburo /idrokar'buro/ m. hydrocarbon.
idroelettrico, pl. **-ci**, **-che** /idroe'lɛttriko, tʃi, ke/ agg. hydroelectric; ***energia -a*** hydroelectricity.
idrofilo /i'drɔfilo/ agg. hydrophilic; BOT. hydrophilous; ***cotone ~*** absorbent cotton wool.
idrofobia /idrofo'bia/ ♦ ***7*** f. hydrophobia, rabies.
idrofobo /i'drɔfobo/ agg. **1** MED. hydrophobic, rabid **2** FIG. *(furioso)* furious, mad.
idrogeno /i'drɔdʒeno/ m. hydrogen.
idrografia /idrogra'fia/ f. hydrography.
idrografico, pl. **-ci**, **-che** /idro'grafiko, tʃi, ke/ agg. hydrographic(al).
idrolisi /i'drɔlizi, idro'lizi/ f. hydrolysis*.
idrologia /idrolo'dʒia/ f.inv. hydrology.
idromassaggio, pl. **-gi** /idromas'saddʒo, dʒi/ m. hydromassage.
idromele /idro'mɛle/ m.inv. hydromel, mead.
idropittura /idropit'tura/ f. water paint.
idroplano /idro'plano/ m. hydroplane.
idroponica /idro'pɔnika/ f. hydroponics + verbo sing.
idrorepellente /idrorepel'lɛnte/ agg. water-repellent.
idroscalo /idros'kalo/ m. seadrome.
idrosolubile /idroso'lubile/ agg. water-soluble.
idrossido /i'drɔssido/ m. hydroxide.
idrostatica /idros'tatika/ f. hydrostatics + verbo sing.
idroterapia /idrotera'pia/ f. hydrotherapy.
idroterapico, pl. **-ci**, **-che** /idrote'rapiko, tʃi, ke/ agg. hydrotherapeutic.
idrovia /idro'via/ f. waterway.
idrovolante /idrovo'lante/ m. seaplane, hydroplane AE.
idrovora /i'drɔvora/ f. draining pump.
idrovoro /i'drɔvoro/ agg. draining.
iella /'jɛlla/ f. COLLOQ. bad luck, jinx; ***avere ~*** to be dogged by bad luck, to be jinxed; ***portare ~ a qcn.*** to jinx sb.; ***che ~!*** what rotten luck!
iellato /jel'lato/ agg. COLLOQ. jinxed.
iena /'jɛna/ f. hy(a)ena (anche FIG.) ♦♦ ***~ ridens*** laughing hyena.
ieri /'jɛri/ **I** avv. yesterday; ***~ mattina, sera*** yesterday morning, evening; ***l'altro ~, ~ l'altro*** the day before yesterday **II** m.inv. yesterday; ***la moda di ~*** *(passato)* yesterday's fashion ♦ ***non sono nato ~*** I wasn't born yesterday.
iettatore /jetta'tore/ m. (f. **-trice** /tritʃe/) jinx, Jonah.
iettatura /jetta'tura/ f. **1** *(malocchio)* evil eye, jinx **2** *(sfortuna)* bad luck, jinx.
Ifigenia /ifidʒe'nia/ n.pr.f. Iphigenia.
igiene /i'dʒɛne/ f. **1** hygiene; ***ufficio d'~*** health authorities **2** *(scienza)* hygiene, hygienics + verbo sing.; *(educazione)* health education ♦♦ ***~ dentale*** dental hygiene; ***~ intima*** personal hygiene; ***~ mentale*** mental health; ***~ personale*** personal hygiene; ***~ pubblica*** environmental health.
igienico, pl. **-ci**, **-che** /i'dʒɛniko, tʃi, ke/ agg. **1** hygienic, sanitary; ***servizi -ci*** toilet facilities, sanitation; ***carta -a*** toilet paper **2** *(salutare)* healthy **3** FIG. SCHERZ. *(consigliabile)* wise, advisable.
igienista, m.pl. **-i**, f.pl. **-e** /idʒe'nista/ ♦ ***18*** m. e f. **1** hygienist **2** SPREG. *(salutista)* health fanatic.
igloo /i'glu/ m.inv. igloo.
ignaro /iɲ'ɲaro/ agg. **1** unaware, oblivious; ***~ del pericolo*** unaware *o* oblivious of the danger **2** *(ignorante)* ***essere ~ di qcs.*** to be ignorant of sth.
ignavia /iɲ'ɲavja/ f. LETT. sloth.
ignavo /iɲ'ɲavo/ **I** agg. slothful **II** m. (f. **-a**) slothful person.
Ignazio /iɲ'ɲattsjo/ n.pr.m. Ignatius.
igneo /'iɲɲeo/ agg. GEOL. igneous.
ignifugo, pl. **-ghi**, **-ghe** /iɲ'ɲifugo, gi, ge/ agg. fireproof, flameproof, fire-resistant.
ignobile /iɲ'ɲɔbile/ agg. [*persona*] vile, base-minded; [*comportamento, azione*] low, vile, base; [*crimine*] ugly; ***è stato ~ da parte sua fare*** it was shameful of him to do; ***tempo ~*** FIG. filthy weather.
ignobiltà /iɲɲobil'ta/ f.inv. ignobility.
ignominia /iɲɲo'minja/ f. ignominy, shame; ***coprirsi d'~*** to bring dishonour upon oneself.
ignominioso /iɲɲomi'njoso/ agg. [*comportamento*] ignominious, shameful; [*sconfitta, ritirata, fallimento*] ignominious, disgraceful.
ignorante /iɲɲo'rante/ **I** agg. **1** *(profano, incompetente)* ignorant (**di** of; **in** about) **2** *(non istruito)* ignorant, unlearned, illiterate **II** m. e f. **1** *(persona incolta)* ignorant person, ignoramus **2** SPREG. *(rozzo, villano)* boor, lout, oik BE.
ignoranza /iɲɲo'rantsa/ f. ignorance; ***beata ~!*** SCHERZ. blissful ignorance! ***la legge non ammette ~*** ignorance of law is no excuse.
ignorare /iɲɲo'rare/ [1] **I** tr. **1** not to know*; ***ignoro come, dove*** I don't know how, where; ***~ qcs. completamente*** to know nothing of *o* about sth.; ***~ l'esistenza di*** to be unaware of the existence of **2** *(non considerare)* to ignore [*regola, consiglio, problema*]; to ignore, to brush aside [*persona, critiche*]; to ignore, to sweep* aside [*obiezione, proteste*] **II ignorarsi** pronom. to ignore each other.
ignoto /iɲ'ɲɔto/ **I** agg. unknown; ***Milite Ignoto*** Unknown Soldier **II** m. (f. **-a**) **1** *(persona)* unknown person, person unknown DIR.; ***sporgere denuncia contro -i*** to take an action against person(s) unknown **2** *(ciò che non si conosce)* ***l'~*** the unknown.
ignudo /iɲ'ɲudo/ **I** agg. LETT. naked **2 II** m. (f. **-a**) ***gli -i*** the naked.
igrometro /i'grɔmetro/ m. hygrometer.
igroscopico, pl. **-ci**, **-che** /igros'kɔpiko, tʃi, ke/ agg. hygroscopic.
igroscopio, pl. **-pi** /igros'kɔpjo, pi/ m. hygroscope.
iguana /i'gwana/ f. iguana*.
il /il/ artc.det.m.sing. (**il, lo, la**; pl. **i, gli, le**; in the masculine, *il* is used before a consonant sound, except before *s* followed by a consonant, and before *gn*, *pn*, *ps*, *x* and *z*; *lo* is used before a vowel sound - in the form *l'* -, before *s* followed by a consonant, and before *gn*, *pn*, *ps*, *x* and *z*; *la* is used in the feminine, but the form *l'* is used before a vowel) the spesso omesso.
ilare /'ilare/ agg. LETT. cheerful, merry.
Ilaria /i'larja/ n.pr.f. Hilary, Hillary.
ilarità /ilari'ta/ f.inv. hilarity, merriment; ***destare l'~ generale*** to cause much hilarity *o* mirth.
ileo /'ileo/ m. ANAT. **1** *(osso)* ilium* **2** *(intestino)* ileum*.
iliaco, pl. **-ci**, **-che** /i'liako, tʃi, ke/ agg. iliac.
Iliade /i'liade/ n.pr.f. Iliad.
illanguidire /illangwi'dire/ [102] **I** tr. to weaken, to make* languid **II** intr. (aus. *essere*), **illanguidirsi** pronom. **1** [*persona*] to become* weak, to flag **2** FIG. [*ricordi*] to fade.
illazione /illat'tsjone/ f. **1** *(ragionamento)* conclusion, inference **2** *(insinuazione)* conjecture, insinuation.
illecito /il'letʃito/ **I** agg. [*fatto, vendita, relazione*] illicit; [*pratica, contratto, traffico*] unlawful; [*guadagno*] illegal, fraudulent **II** m. injury, malfeasance; ***~ penale*** criminal offence, crime; ***~ civile*** tort, civil wrong.

il - uso dell'articolo

Articolo determinativo

- Mentre l'articolo determinativo dell'italiano presenta un'ampia varietà di forme (*il, lo, la, l', i, gli, le*), la lingua inglese ha l'unica forma *the*, che però assume tre pronunce diverse: /ðə/ in posizione debole, perché atona, davanti a consonante; /ðɪ/ in posizione debole, perché atona, davanti a vocale; e /ðiː/ in posizione forte, perché tonica.
- L'articolo determinativo dell'italiano viene mantenuto in inglese e reso con *the* nei seguenti casi:
  - a) davanti a nomi che definiscono oggetti unici: *la luna* = the moon; *il sole* = the sun; *la terra* = the Earth;
  - b) quando il referente è già stato specificato in precedenza o è facilmente identificabile e lo si conosce bene: *chiudi la porta!* = close the door! *mi passi lo zucchero, per favore* = will you please pass me the sugar? *l'ho accompagnata io alla stazione* = I drove her to the station;
  - c) quando la specificazione è costituita da un seguente sintagma preposizionale: *i fiori nel mio giardino* = the flowers in my garden, *le cose migliori della vita* = the best things in life, *è orrenda la musica che ascolta di solito* = the music he usually listens to is terrible;
  - d) quando è usato davanti a un nome singolare per renderlo generale: *il computer ha cambiato la nostra vita* = the computer has changed our life;
  - e) quando è usato davanti a sostantivi plurali per riferirsi in modo generale a una particolare categoria di cose o realtà: *le città sono sempre affollate a Natale* = the towns are always crowded at Christmas;
  - f) davanti ad aggettivi per indicare una categoria di persone: *i poveri* = the poor, *i disoccupati* = the unemployed, *i ricchi* = the rich, *i feriti* = the wounded (si noti che, diversamente dall'italiano, l'aggettivo è invariato in inglese);
  - g) davanti agli aggettivi al superlativo: *la fermata più vicina* = the nearest stop, *la ragazza più bella* = the most beautiful girl;
  - h) in certe espressioni di tempo: *gli anni trenta* = the thirties; *il 10 dicembre* = Dec. 10th (si legge the tenth of December o December the tenth);
  - i) con certi tipi di nomi geografici: *il Tamigi* = the Thames, *le Baleari* = the Balearics, *l'isola di Wight* = the Isle of Wight;
  - j) davanti ai sostantivi plurali indicanti nomi di popoli: *gli inglesi e gli italiani* = the English and the Italians;
  - k) davanti al nome di una dinastia o di una famiglia: *i Kennedy* = the Kennedys, *i Jones* = the Joneses, *i Rossi* = the Rossis (se indica la famiglia Rossi, genitori e figli) o the Rossi brothers (se indica i fratelli), *le Nobili* = the Nobili sisters;
  - l) davanti a titoli nobiliari o appellativi: *il Principe di Galles* = the Prince of Wales, *il Vescovo di Durham* = the Bishop of Durham, *Pietro il Grande* = Peter the Great, *Plinio il vecchio* = Pliny the Elder;
  - m) davanti al nome di un pittore, uno scultore, ecc. per indicare il quadro di quel pittore, la statua di quello scultore, ecc.: *il Picasso è stato comprato all'asta* = the Picasso was bought at an auction;
  - n) con i nomi degli strumenti musicali: *suonare il violino / il pianoforte* = to play the violin / the piano;
  - o) con alcuni nomi di malattie non gravi: *l'influenza* = the flu.
- L'articolo determinativo dell'italiano viene omesso in inglese nei seguenti casi:
  - a) davanti a nomi non numerabili: *la vita è piena di sorprese* = life is full of surprises, *ha paura della morte* = she fears death, *il latte fa bene* = milk is good for you, *mi piace il verde* = I like green;
  - b) davanti a nomi plurali con valore generale: *mi piacciono i cani* = I like dogs, *i computer sono molto utili* = computers are very useful;
  - c) in una serie di nomi preceduti da articolo: *i paesi, le vigne e le colline del Piemonte* = the villages, vineyards and hills of Piedmont;
  - d) davanti agli aggettivi e pronomi possessivi, e alle forme di genitivo sassone con nomi propri: *il mio libro* = my book, *non è il mio* = it's not mine, *il libro di Peter* = Peter's book;
  - e) davanti a nomi preceduti da *entrambi* o *tutti e due*: *entrambi gli studenti* = both students;
  - f) nelle forme relative del tipo *il cui, la cui*, ecc.: *i bambini la cui madre...* = the children whose mother...;
  - g) davanti ai nomi che indicano le parti del corpo: *ho gli occhi azzurri* = I've got blue eyes, *ha i capelli neri* = she's got black hair;
  - h) davanti ai numeri delle ore e con certe espressioni di tempo: *sono le 2* = it's 2 o'clock, *nel 1956* = in 1956, *il mese scorso* = last month, *l'anno prossimo* = next year, *al tramonto* = at sunset;
  - i) davanti a certi nomi geografici o di luogo: *il Monte Bianco* = Mont Blanc, *il lago di Garda* = Lake Garda, *la Sicilia* = Sicily, *l'Europa* = Europe, *l'Italia* = Italy;
  - j) quando l'articolo determinativo collabora con un sintagma preposizionale a specificare un nome proprio solitamente usato senza articolo (e tale sintagma è reso in inglese come aggettivo o apposizione): *la Roma dei Papi* = Papal Rome; *la Londra dell'Ottocento* = 19th-century London;
  - k) davanti ai cognomi di personaggi famosi: *il Manzoni* = Manzoni, *la Callas* = Callas, *il giovane Leopardi* = young Leopardi;
  - l) davanti ai nomi di persona (secondo un uso popolare dell'italiano): *il Carlo* = Carlo, *la Maria* = Maria;
  - m) davanti a titoli: *il Signor Bianchi* = Mr Bianchi, *il professor Rossi* = Professor Rossi, *il colonnello Richards* = Colonel Richards, *il dottor Johnson* = Dr Johnson, *il re Guglielmo* = King William, *la regina Vittoria* = Queen Victoria;
  - n) davanti a cognomi che indicano un libro mediante il riferimento al suo autore o editore: *il De Mauro* = De Mauro, *la Treccani* = Treccani;
  - o) davanti ai nomi di parentela: *il papà* = Daddy, *la nonna* = grandmother;
  - p) davanti ai nomi dei pasti: *la colazione è pronta* = breakfast is ready;
  - q) davanti ai nomi delle lingue: *parlo l'inglese* = I speak English;
  - r) davanti ai nomi delle materie scolastiche: *studiare la matematica* = to study maths;
  - s) davanti ai nomi delle malattie gravi: *ha il cancro* = she's got cancer, *ho l'asma* = I've got asthma;
  - t) davanti ai nomi degli sport e dei giochi: *mi piace il tennis* = I like tennis.
- Pur senza avere alcun corrispondente formale in italiano, l'articolo determinativo the viene inserito in inglese nei seguenti casi:
  - a) davanti ai numerali presenti nei nomi di sovrani o pontefici: *Carlo I* = Charles the First, *Giovanni Paolo II* = John Paul the Second;
  - b) davanti a un nome in apposizione a un altro nome: *Vittorio Emanuele, re d'Italia* = Vittorio Emanuele, the king of Italy.
- L'articolo determinativo dell'italiano viene sostituito da un'altra forma, in inglese, nei seguenti casi:
  - a) davanti ai nomi in funzione appositiva o predicativa, è sostituito dall'articolo indeterminativo: *fa il medico* = he's a doctor, *hai l'ombrello?* = have you got an umbrella?
  - b) davanti ai nomi indicanti le parti del corpo e oggetti personali, è sostituito dall'articolo *a / an* o dall'aggettivo possessivo: *ha il naso grosso* = he's got a big nose, *mi fa male la mano* = my hand aches, *dov'è il cappello?* = where is my hat?
  - c) quando l'articolo determinativo ha valore partitivo, si traduce *some, any* o *no*: *prendi il vino / la frutta* = have some wine / fruit, *non c'è l'indirizzo sulla busta* = there is no address on the envelope, *c'è lo zucchero?* = is there any sugar (in it)? *vammi a comprare le sigarette* = go and buy some cigarettes for me;
  - d) quando l'articolo determinativo ha valore temporale, si traduce *on, in, during* o *every*: *la domenica andiamo sempre in chiesa* = we always go to church on Sundays / every Sunday, *mi sono sposato il 19 marzo* = I got married on the 19th of March, *lo farò il pomeriggio* = I'll do it in the afternoon;
  - e) quando l'articolo determinativo ha valore distributivo in espressioni di misura o tempo, è tradotto dall'articolo *a / an*: *4 euro il chilo / il metro / la dozzina* = 4 euros a kilo / a metre / a dozen, *3 sterline il gallone* = 3 pounds a gallon, *60 miglia l'ora* = 60 miles an hour, *2 giorni la settimana* = two days a week, *una volta al giorno* = once a day;

f) davanti a nomi di malattie non gravi, è sostituito da *a / an*: *avere il mal di testa / il raffreddore / la febbre / la tosse* = to have a headache / a cold / a temperature / a cough;

g) quando l'articolo determinativo allude a un termine sottinteso, questo viene esplicitato in inglese: *il Torino* (= *la squadra di calcio di Torino*) = Torino football team.

- Per ulteriori esempi si vedano le note lessicali GIORNI DELLA SETTIMANA, DISTURBI E MALATTIE, GIOCHI E SPORT, NAZIONALITÀ, LINGUE, APPELLATIVI DI CORTESIA, NUMERI ecc.

Articolo indeterminativo

- A fronte delle forme *un, uno, una* e *un'* dell'italiano, l'inglese ha le forme *a* e *an*, ciascuna delle quali può avere una pronuncia debole, se usata in posizione atona (rispettivamente /ə/ e /ən/), oppure una pronuncia forte, se usata in posizione tonica (rispettivamente /eɪ/ e /æn/). *A* precede le parole che iniziano con un suono consonantico (*a cat, a storm, a house*) o semivocalico [j] (*a unit, a European nation*). *An* precede le parole che iniziano per vocale e, poiché tale uso è indipendente dalla grafia, *an* si usa anche davanti a parole che iniziano con un'acca muta: *heir, heiress, honest, honestly, honestly, honorary, honour, honourable, hour* e *hourly*. Si ricordi che, diversamente dall'italiano, l'inglese distingue nella forma l'articolo indeterminativo (*a / an*) dal numerale (*one*).
- L'articolo indeterminativo dell'italiano viene mantenuto in inglese e reso con *a / an* nei seguenti casi:

a) quando viene usato con un possessivo (anche se l'inglese trasforma l'aggettivo in pronome): *un mio libro* = a book of mine;

b) davanti a sostantivi numerabili al singolare, anche a indicare tutta una categoria di oggetti: *una matita* = a pencil, *di solito un martello è pesante* = a hammer is usually heavy;

c) davanti a un nome non numerabile usato come numerabile: *un novembre che non dimenticherò mai* = a November I will never forget, *avere una buona conoscenza della geografia* = to have a good knowledge of geography;

d) davanti al nome di un pittore, uno scultore, ecc. per indicare un quadro di quel pittore, una statua di quello scultore ecc.: *la banca ha comprato un Picasso* = the bank bought a Picasso;

e) davanti a un cognome per indicare una famiglia: *la loro madre è una Caspani* = their mother is a Caspani;

f) davanti a un nome proprio per indicare una persona con le stesse qualità di quella nominata: *è un nuovo Einstein* = he's a new Einstein;

g) in locuzioni idiomatiche: *un certo Mr Fagin* = a Mr Fagin.

- L'articolo indeterminativo dell'italiano viene omesso in inglese nei seguenti casi:

a) davanti a un aggettivo indefinito: *per una qualche ragione* = for some reason or other, *devi avere una qualche idea* = you must have some sort of idea;

b) in locuzioni idiomatiche: *sciocco di un ragazzo!* = you silly boy!

- Pur senza avere alcun corrispondente formale in italiano, l'articolo indeterminativo a / an viene inserito in inglese nei seguenti casi:

a) davanti a un sostantivo in posizione appositiva o predicativa: *è avvocato* = he's a lawyer, *è colonnello* = he's a colonel, *lavora come cuoco* = he works as a cook, *mi hanno preso per insegnante* = I was taken for a teacher, *Churchill, politico inglese* = Churchill, an English politician;

b) dopo *what* esclamativo e nome singolare o non numerabile: *che bella ragazza!* = what a nice girl! *che peccato!* = what a pity! *che vergogna!* = what a shame!

c) dopo *many* seguito da un nome numerabile al singolare: *molti amici* = many a friend;

d) davanti a due nomi usati tanto spesso insieme da essere considerati un'unità: *hai coltello e forchetta?* = have you got a knife and fork?

e) in casi particolari e locuzioni idiomatiche: *un'edizione completa delle opere di Blake* = a complete Blake, *poco tempo fa* = a short time ago.

- L'articolo indeterminativo dell'italiano viene sostituito da un'altra forma, in inglese, nei seguenti casi:

a) quando *un/ una* esprime valore approssimativo, si usa *about*: *ci vorrà una mezz'ora* = it will take about half an hour, *un duecento chilometri* = about 200 kilometres, *ne ho un duemila* = I've got about two thousand;

b) quando è usato con valore enfatico nelle esclamative, è reso da *so, such (a/an)* oppure in modo idiomatico: *ieri faceva un caldo!* = it was so hot yesterday! *ha un naso!* = he's got such a nose! *c'era una vista!* = the view was fantastic! *ha una casa!* = you should see her house!

illegale /ille'gale/ agg. [*attività, possesso, detenzione*] illegal, unlawful; [*vendita, commercio*] illegal, under-the-counter.

illegalità /illegali'ta/ f.inv. **1** illegality, unlawfulness; ***agire nell'~*** to act illegally **2** *(azione illegale)* illegality, illegal act, breach of the law.

illeggibile /illed'dʒibile/ agg. **1** [*calligrafia, parola, documento*] illegible, crabbed, cramped **2** [*opera, autore*] unreadable, unintelligible.

illegittimità /illedʒittimi'ta/ f.inv. illegitimacy.

illegittimo /ille'dʒittimo/ agg. **1** [*decisione, provvedimento, potere*] illegitimate, illegal, unlawful **2** [*figlio*] illegitimate **3** [*rivendicazione*] unfounded, unwarranted.

illeso /il'lezo/ agg. unhurt, unharmed, unscathed; ***uscire ~ da un incidente*** to escape uninjured *o* unharmed from an accident.

illetterato /illette'rato/ agg. illiterate; *(ignorante)* uneducated, unlearned.

illibatezza /illiba'tettsa/ f. **1** *(verginità)* virginity, chastity **2** *(innocenza)* purity.

illibato /illi'bato/ agg. **1** *(vergine)* virgin attrib., chaste **2** *(puro, integro)* pure, uncorrupted.

illiberale /illibe'rale/ agg. illiberal.

illimitato /illimi'tato/ agg. unlimited; *(senza confini)* boundless, limitless; ***poteri -i*** unlimited powers; ***foglio di congedo ~*** MIL. *(a tempo indeterminato)* discharge papers.

illividire /illivi'dire/ [102] **I** tr. to make* livid, to make* blue; ***il freddo gli illividì le mani*** his hands were blue with cold **II** intr. (aus. *essere*), **illividirsi** pronom. to turn livid, to turn blue.

ill.mo ⇒ illustrissimo Most Illustrious; ***Ill.mo Professore*** Dear Professor.

illogicità /illodʒitʃi'ta/ f.inv. illogicality, inconsequentiality.

illogico, pl. **-ci**, **-che** /il'lɔdʒiko, tʃi, ke/ agg. illogical, nonlogical, inconsequential.

illudere /il'ludere/ [11] **I** tr. to deceive, to take* in, to delude; ***non voglio illuderlo*** I don't want to raise his expectations **II** **illudersi** pronom. **1** to deceive oneself, to delude oneself, to fool oneself; ***-rsi che*** to be *o* labour under the illusion that; ***-rsi di poter fare qcs.*** to fool oneself into doing sth.; ***non illuderti!*** don't deceive yourself! don't raise your hopes! **2** *(ingannarsi)* ***-rsi sul conto di qcn.*** to be mistaken about sb.

illuminante /illumi'nante/ agg. **1** illuminant, illuminating **2** FIG. [*esempio*] illuminating; [*discorso*] inspiring.

illuminare /illumi'nare/ [1] **I** tr. **1** to light*, to illuminate, to illumine; *(con riflettori)* to floodlight* **2** FIG. [*gioia, sorriso*] to light* up [*viso*]; [*sentimento*] to illuminate [*vita*] **3** FIG. to enlighten, to illuminate, to illumine [*persona*] (**su** on) **II** **illuminarsi** pronom. **1** [*città, strada, cielo*] to light* up **2** FIG. [*viso, occhi*] to light* up (**di** with), to brighten up (**a**, **per** at).

illuminato /illumi'nato/ **I** p.pass. → **illuminare** **II** agg. **1** *(reso luminoso)* illuminated, lit up, lit mai attrib.; *(con riflettori)* floodlit **2** FIG. [*sovrano, mente*] enlightened.

illuminazione /illuminat'tsjone/ f. **1** lighting; *(di edificio, insegna)* illumination; ***~ elettrica, al neon*** electric light *o* lighting, strip lighting; ***~ stradale*** street lighting **2** FIG. *(ispirazione)* flash of inspiration, enlightenment **U**.

illuminismo /illumi'nizmo/ m. Enlightenment.

illuminista, m.pl. **-i**, f.pl. **-e** /illumi'nista/ **I** agg. Enlightenment attrib. **II** m. e f. *(filosofo)* Enlightenment philosopher; *(seguace)* Enlightenment follower.

illuministico, pl. **-ci**, **-che** /illumi'nistiko, tʃi, ke/ agg. Enlightenment attrib.

illusione /illu'zjone/ f. **1** illusion; ~ ***ottica*** optical illusion **2** *(speranza vana)* illusions pl., delusion (**su** about); ***farsi delle -i*** to delude oneself *o* kid oneself (**su** about); ***non mi faccio molte*** o ***troppe -i*** I don't hold out much hope.
illusionismo /illuzjo'nizmo/ m. *(magia)* conjuring.
illusionista, m.pl. **-i**, f.pl. **-e** /illuzjo'nista/ ➧ ***18*** m. e f. *(prestigiatore)* conjurer, magician.
illuso /il'luzo/ **I** p.pass. → **illudere II** m. (f. **-a**) deluded person, dreamer; ***povero ~!*** what a dreamer!
illusorio, pl. **-ri**, **-rie** /illu'zɔrjo, ri, rje/ agg. illusory, deceptive, false.
illustrare /illus'trare/ [1] tr. **1** to illustrate [*libro*] **2** FIG. *(spiegare)* to illustrate, to explain, to set* out.
illustrativo /illustra'tivo/ agg. illustrative.
illustrato /illus'trato/ **I** p.pass. → **illustrare II** agg. [*libro, storia*] illustrated; [*calendario, giornale*] pictorial; ***cartolina -a*** picture postcard.
illustratore /illustra'tore/ ➧ ***18*** m. (f. **-trice** /tritʃe/) illustrator.
illustrazione /illustrat'tsjone/ f. **1** *(l'illustrare)* illustration; *(figura, immagine)* illustration, picture **2** *(spiegazione)* illustration, explanation.
illustre /il'lustre/ agg. illustrious, distinguished; ***Illustre Professore*** Dear Professor; ***un ~ sconosciuto*** SCHERZ. a perfect stranger.
ILOR /'ilor/ f. (⇒ imposta locale sui redditi) = income tax on real estate, land business and capital earnings collected by local authorities.
imbacuccare /imbakuk'kare/ [1] **I** tr. to wrap up, to muffle **II imbacuccarsi** pronom. to wrap up, to wrap oneself up.
imbaldanzire /imbaldan'tsire/ [102] **I** tr. to embolden, to make* [sb.] bold **II** intr. (aus. *essere*), **imbaldanzirsi** pronom. to grow* bold.
imballaggio, pl. **-gi** /imbal'laddʒo, dʒi/ m. packing, packaging; ***spese di ~*** packing charges.
1.imballare /imbal'lare/ [1] tr. **1** to pack (up), to package; *(in casse)* to crate **2** to bale [*fieno*].
2.imballare /imbal'lare/ [1] **I** tr. MECC. to race [*motore*] **II imballarsi** pronom. MECC. [*motore*] to race.
imballo /im'ballo/ m. → **imballaggio**.
imbalsamare /imbalsa'mare/ [1] tr. **1** to embalm **2** *(impagliare)* to stuff.
imbalsamatore /imbalsama'tore/ ➧ ***18*** m. (f. **-trice** /tritʃe/) **1** embalmer **2** *(impagliatore)* taxidermist.
imbalsamazione /imbalsamat'tsjone/ f. **1** embalming **2** *(tecnica)* taxidermy; *(impagliatura)* stuffing.
imbambolarsi /imbambo'larsi/ [1] pronom. to be* bewildered, to be* stunned, to be* dazed.
imbambolato /imbambo'lato/ **I** p.pass. → **imbambolarsi II** agg. bewildered, stunned, dazed.
imbandierare /imbandje'rare/ [1] tr. to deck [sth.] with flags [*strada, edificio*]; to dress [*nave*].
imbandire /imban'dire/ [102] tr. to lay*, to prepare [*tavola*].
imbandito /imban'dito/ **I** p.pass. → **imbandire II** agg. [*tavola*] laid.
imbarazzante /imbarat'tsante/ agg. embarrassing, awkward.
imbarazzare /imbarat'tsare/ [1] **I** tr. **1** to embarrass; ***mi imbarazza fare*** I feel embarrassed *o* uncomfortable about doing **2** *(appesantire)* to upset* [*stomaco*] **II imbarazzarsi** pronom. to be* embarrassed.
imbarazzato /imbarat'tsato/ **I** p.pass. → **imbarazzare II** agg. **1** [*persona*] embarrassed, uncomfortable; *(impacciato)* self-conscious, awkward; [*silenzio*] embarrassed **2** [*stomaco*] upset.
imbarazzo /imba'rattso/ m. **1** embarrassment, discomfort; *(impaccio)* self-consciousness; ***essere, sentirsi in ~*** to be, feel embarrassed; ***mettere qcn. in ~*** to embarrass sb., to cause sb. embarrassment **2** MED. ***~ di stomaco*** stomach upset ♦ ***avere (solo) l'~ della scelta*** to be spoilt for choice.
imbarbarimento /imbarbari'mento/ m. barbarization.
imbarbarire /imbarba'rire/ [102] **I** tr. to barbarize **II imbarbarirsi** pronom. to become* barbarous.
imbarcadero /imbarka'dero/ m. pier, wharf*.
imbarcare /imbar'kare/ [1] **I** tr. to take* [sb.] on board, to embark [*passeggeri*]; ***~ acqua*** to ship water **II imbarcarsi** pronom. **1** to board, to go* aboard, to embark **2** FIG. ***-rsi in*** to embark on [*relazione, impresa*] **3** *(arcuarsi)* [*legno*] to warp.
imbarcazione /imbarkat'tsjone/ f. boat, craft* ♦♦ ***~ da diporto*** pleasure boat.
imbarco, pl. **-chi** /im'barko, ki/ m. **1** *(di passeggeri, merci)* boarding, embarkation; ***carta d'~*** boarding card **2** *(banchina)* embarkation point **3** MAR. *(ingaggio)* signing on, shipping.
imbastardire /imbastar'dire/ [102] **I** tr. **1** to bastardize [*razza*] **2** FIG. to debase, to corrupt [*lingua*] **II** intr. (aus. *essere*), **imbastardirsi** pronom. [*razza*] to become* bastardized; FIG. [*lingua*] to become* debased, corrupted.
imbastire /imbas'tire/ [102] tr. **1** SART. to baste, to tack (on) **2** FIG. *(abbozzare)* to draft, to outline **3** *(inventare)* to invent, to concoct [*alibi*].
imbastitura /imbasti'tura/ f. **1** SART. basting, tacking **2** FIG. *(abbozzo)* draft, outline.
imbattersi /im'battersi/ [2] pronom. ***~ in*** to run into *o* come upon *o* bump into COLLOQ. [*persona*]; to come *o* run up against [*problema, ostacolo, difficoltà*].
imbattibile /imbat'tibile/ agg. [*esercito*] invincible; [*campione, giocatore, prezzi*] unbeatable; [*record*] unbeatable, secure.
imbattibilità /imbattibili'ta/ f.inv. invincibility.
imbattuto /imbat'tuto/ agg. [*giocatore, squadra*] unbeaten, undefeated; ***il record rimane ~*** the record still stands.
imbavagliare /imbavaʎ'ʎare/ [1] tr. to gag (anche FIG.).
imbeccare /imbek'kare/ [1] tr. **1** to feed* [*uccello*] **2** FIG. *(suggerire)* to prompt.
imbeccata /imbek'kata/ f. **1** beakful, billful **2** FIG. *(suggerimento)* cue; ***dare l'~ a qcn.*** to prompt sb., to give sb. the prompt **3** TEATR. feed, prompt.
imbecille /imbe'tʃille/ **I** agg. imbecile, stupid, dim-witted **II** m. e f. imbecile, idiot, dimwit.
imbecillità /imbetʃilli'ta/ f.inv. stupidity, imbecility; *(azione)* stupid thing, idiotic thing (to do); *(parole)* nonsense **U**, stupid thing (to say).
imbelle /im'belle/ agg. unwarlike; *(vile)* cowardly.
imbellettarsi /imbellet'tarsi/ [1] pronom. to make* oneself up; ***-rsi il viso*** to make up one's face.
imbellire /imbel'lire/ [102] **I** tr. to make* [sb.] (more) attractive, to make* [sb.] beautiful [*persona*] **II imbellirsi** pronom. to become* (more) attractive, beautiful.
imberbe /im'berbe/ agg. **1** beardless, smooth-cheeked **2** FIG. callow, inexperienced.
imbestialirsi /imbestja'lirsi/ [102] pronom. to fly* into a rage, to get* mad, to work oneself into a rage.
imbevere /im'bevere/ [25] **I** tr. to imbue, to soak (**di** with) **II imbeversi** pronom. **1** *(impregnarsi)* to soak up, to absorb **2** FIG. to absorb.
imbevibile /imbe'vibile/ agg. undrinkable.
imbevuto /imbe'vuto/ **I** p.pass. → **imbevere II** agg. **1** *(impregnato)* imbued (**di** with), soaked (**di** in) **2** FIG. ***essere ~ di pregiudizi*** to be imbued with prejudices.
imbiancare /imbjan'kare/ [1] **I** tr. **1** to whiten; *(candeggiare)* to bleach [*tessuto*]; ***la neve imbianca i tetti*** the roofs are white with snow **2** *(tinteggiare)* to paint, to decorate; *(con calce)* to whitewash **II imbiancarsi** pronom. to go* white, to turn white (anche FIG.).
imbianchino /imbjan'kino/ ➧ ***18*** m. (f. **-a**) **1** (house) painter, whitewasher **2** SPREG. *(pittore di scarso valore)* dauber, bad painter.
imbiondire /imbjon'dire/ [102] **I** tr. **1** to turn [sth.] blonde BE, blond AE [*capelli*] **2** GASTR. to brown [sth.] lightly **II** intr. (aus. *essere*), **imbiondirsi** pronom. **1** to turn, to go* blonde BE, blond AE **2** GASTR. to brown lightly.
imbizzarrirsi /imbiddzar'rirsi/ [3] pronom. [*cavallo*] to shy, to take* fright; FIG. [*persona*] to fly* into a rage, to get* mad.
imboccare /imbok'kare/ [1] tr. **1** to spoon-feed* [*persona*] **2** to take* [*strada, via*]; to enter [*galleria*]; ***~ la via del successo*** to find the road to success.
imboccatura /imbokka'tura/ f. **1** *(di autostrada, galleria)* access, entrance **2** *(di vaso)* mouth **3** *(di strumento musicale)* embouchure.
imbocco, pl. **-chi** /im'bokko, ki/ m. *(di autostrada, galleria)* access, entrance.

imbolsire /imbol'sire/ [102] intr. (aus. *essere*), **imbolsirsi** pronom. **1** [*cavallo*] to become* broken-winded **2** [*persona*] to become* flabby.
imbonimento /imboni'mento/ m. sales talk, patter COLLOQ.
imbonire /imbo'nire/ [102] tr. to tout, to spiel COLLOQ. [*cliente*]; **~ *qcn. per fargli fare*** to fast-talk sb. into doing.
imbonitore /imboni'tore/ m. (f. **-trice** /tritʃe/) barker, spieler AE COLLOQ.; SPREG. tout, huckster.
imborghesire /imborge'zire/ [102] **I** tr. to make* [sb.] bourgeois, to make* [sb.] middle class **II** intr. (aus. *essere*), **imborghesirsi** pronom. to become* bourgeois, to become* middle class.
imboscare /imbos'kare/ [1] **I** tr. **1** *(nascondere)* to hide* away [*oggetto*] **2** MIL. GERG. to help [sb.] to evade military service [*soldato*] **II imboscarsi** pronom. **1** MIL. GERG. to evade military service, to dodge the draft AE **2** *(sottrarsi a compiti gravosi)* to shirk; *(trovare un'occupazione tranquilla)* to get* oneself a cushy number **3** SCHERZ. *(nascondersi)* to lie* low, to keep* a low profile **4** SCHERZ. *(appartarsi)* to have* a tumble in the hay.
imboscata /imbos'kata/ f. ambush; ***tendere un'~ a qcn.*** to ambush sb.; ***cadere in un'~*** to fall into an ambush.
imboscato /imbos'kato/ m. MIL. GERG. draft dodger; COLLOQ. *(scansafatiche)* skulk, shirker.
imboschimento /imboski'mento/ m. forestation, afforestation.
imboschire /imbos'kire/ [102] tr. to afforest.
imbottigliamento /imbottiʎʎa'mento/ m. **1** bottling **2** *(nel traffico)* bottleneck, snarl-up.
imbottigliare /imbottiʎ'ʎare/ [1] **I** tr. **1** to bottle **2** to bottle up [*nemico*] **II imbottigliarsi** pronom. ***-rsi nel traffico*** to get caught in a traffic jam.
imbottigliato /imbottiʎ'ʎato/ **I** p.pass. → **imbottigliare II** agg. **1** bottled **2** COLLOQ. FIG. *(nel traffico)* caught, stuck (in the traffic).
imbottire /imbot'tire/ [102] **I** tr. **1** to stuff, to fill [*cuscino*]; to fill [*trapunta*] **2** SART. to pad [*spalle*] **3** COLLOQ. *(imbacuccare)* to wrap [sb.] up warmly **4** COLLOQ. **~ *qcn. di medicine*** to pump sb. full of drugs **5** to fill [*panino*] **6** FIG. **~ *la testa a qcn. di qcs.*** to fill sb.'s head with sth. **II imbottirsi** pronom. **1** COLLOQ. *(imbacuccarsi)* to wrap (oneself) up warmly **2** COLLOQ. *(riempirsi)* to stuff oneself; ***-rsi di medicine*** to dose oneself up.
imbottito /imbot'tito/ **I** p.pass. → **imbottire II** agg. **1** [*cuscino*] stuffed, filled; [*giaccone, sedile*] padded **2** *(molto vestito)* wrapped up **3** ***panino* ~** sandwich.
imbottitura /imbotti'tura/ f. **1** *(di cuscino)* stuffing, filling; *(di trapunta, materasso)* batting **2** SART. padding **3** *(protezione)* pad.
imbracare /imbra'kare/ [1] **I** tr. to sling*, to secure [sth.] with a sling, to harness **II imbracarsi** pronom. to rope up.
imbracatura /imbraka'tura/ f. **1** slinging **2** *(insieme di corde)* harness, sling (anche ALP.).
imbracciare /imbrat'tʃare/ [1] tr. **1** to take* up [*scudo*] **2** to shoulder, to raise, to take* aim with [*fucile*].
imbranato /imbra'nato/ **I** agg. COLLOQ. awkward, clumsy, wimpish **II** m. (f. **-a**) bungler, bumbler, sad sack AE.
imbrattacarte /imbratta'karte/ m. e f.inv. SPREG. scribbler.
imbrattare /imbrat'tare/ [1] **I** tr. to dirty, to soil, to smear **II imbrattarsi** pronom. to get* dirty (**di, con** with); ***-rsi di marmellata*** to get jam all over oneself.
imbrattatele /imbratta'tele/ m. e f.inv. SPREG. dauber.
imbrigliare /imbriʎ'ʎare/ [1] tr. **1** to bridle, to put a bridle on [*cavallo*] **2** FIG. to bridle, to check **3** TECN. IDR. to contain.
imbrillantinarsi /imbrillanti'narsi/ [1] pronom. to put* brillantine on one's hair.
imbroccare /imbrok'kare/ [1] tr. **1** *(centrare)* to hit* **2** FIG. ***imbroccarla giusta*** to get it right, to hit the nail on the head; ***non ne imbrocca mai una*** she never gets it right.
imbrogliare /imbroʎ'ʎare/ [1] **I** tr. **1** *(truffare)* to cheat, to deceive, to fool, to take* in **2** *(ingarbugliare)* to tangle; FIG. to muddle up, to entangle [*faccenda*] **3** MAR. to clew down [*vele*] **II imbrogliarsi** pronom. **1** [*fili*] to get* tangled **2** *(confondersi)* [*idee, faccenda, persona*] to get* mixed up ♦ **~ *le carte*** to confuse *o* cloud an issue.
imbroglio, pl. **-gli** /im'brɔʎʎo, ʎi/ m. **1** *(truffa)* cheat, swindle, trick, rip-off COLLOQ., take-in COLLOQ. **2** *(groviglio)* tangle; FIG. *(pasticcio)* mix-up, muddle **3** *(guaio)* scrape, fix.
imbroglione /imbroʎ'ʎone/ m. (f.**-a**) cheat, dodger, crook, swindler, trickster.
imbronciarsi /imbron'tʃarsi/ [1] pronom. to sulk, to pout.
imbronciato /imbron'tʃato/ **I** p.pass. → **imbronciarsi II** agg. [*persona*] sulky, sullen, pouting.
1.imbrunire /imbru'nire/ [102] intr., impers. (aus. *essere*) ***imbrunisce*** it's growing *o* getting dark.
2.imbrunire /imbru'nire/ m. ***all'*** o ***sull'~*** at dusk *o* nightfall.
imbruttire /imbrut'tire/ [102] **I** tr. to uglify, to make* [sb., sth.] ugly **II** intr. (aus. *essere*), **imbruttirsi** pronom. [*persona*] to grow* ugly, to go* off.
imbucare /imbu'kare/ [1] **I** tr. **1** to post, to mail [*lettera*] **2** *(nel golf)* to hole; *(nel biliardo)* to pocket **II imbucarsi** pronom. COLLOQ. **1** *(nascondersi)* to hide* **2** SCHERZ. GERG. ***-rsi a una festa*** to crash *o* gatecrash a party.
imbufalirsi /imbufa'lirsi/ [102] pronom. COLLOQ. to fly* off the handle, to get* one's dander up (**per** over).
imbufalito /imbufa'lito/ **I** p.pass. → **imbufalirsi II** agg. furious, mad mai attrib. (**con** at, with; **per** for).
imburrare /imbur'rare/ [1] tr. to butter [*pane, tartina*]; to grease [sth.] with butter [*teglia*].
imbustare /imbus'tare/ [1] tr. to put* [sth.] into an envelope.
imbuto /im'buto/ m. funnel; ***a* ~** funnel-shaped.
imene /i'mɛne/ m. ANAT. hymen.
imitare /imi'tare/ [1] tr. **1** *(copiare)* to imitate [*gesto, comportamento*]; to imitate, to copy [*firma, maestro, eroe*] **2** *(riprodurre)* to imitate, to mimic; *(fare il verso a)* to mock [*accento, difetto*]; TEATR. to do* an impression of [*attore, personalità*].
imitatore /imita'tore/ ♦ ***18*** m. (f. **-trice** /tritʃe/) **1** imitator **2** *(artista)* impressionist.
imitazione /imitat'tsjone/ f. **1** *(azione)* imitation; TEATR. impersonation, impression; ***fare le -i*** to do impressions **2** COMM. imitation; *(contraffazione)* fake.
Immacolata (Concezione) /immako'lata(kontʃet'tsjone)/ n.pr.f. **1** RELIG. ***l'~*** the Immaculate Conception **2** *(festa)* Feast of the Immaculate Conception.
immacolato /immako'lato/ agg. **1** *(bianchissimo)* immaculate **2** FIG. immaculate, spotless, whiter than white.
immagazzinare /immagaddzi'nare/ [1] tr. **1** to store, to warehouse **2** to store (up) [*calore, energia, conoscenze*] **3** INFORM. to store [*dati*].
immaginabile /immadʒi'nabile/ agg. imaginable; *(concepibile)* conceivable.
immaginare /immadʒi'nare/ [1] **I** tr. **1** *(rappresentarsi)* to imagine, to picture; ***lo immaginavo più alto*** I imagined him to be taller; ***non è come l'avevo immaginato*** it's not like I imagined it would be; ***immagina la sua faccia quando...*** just picture his face when... **2** *(supporre)* to imagine, to suppose, to presume; ***immagino fosse lui*** I presume it was him **3** *(inventare)* to devise, to think* up [*metodo, mezzo*] **II immaginarsi** pronom. **1** *(rappresentarsi)* to imagine, to picture; ***puoi facilmente immaginarti la scena!*** can you just picture the scene! ***c'era da immaginarselo*** that was to be expected **2** *(vedersi)* to picture oneself, to see* oneself **3** *(credere)* to think* (**che** that) **4** *(formula di cortesia)* ***"grazie per il suo aiuto" - "ma si immagini!"*** "thank you for your help" - "don't mention it!".
immaginario, pl. **-ri, -rie** /immadʒi'narjo, ri, rje/ **I** agg. **1** [*personaggio, eroe*] fictitious, imaginary; [*mondo, universo*] imaginary, fictional; [*problema, nemico*] imaginary **2** MAT. [*numero*] imaginary **II** m. **1** *(immaginazione)* imagination **2** *(mondo immaginato)* ***l'~ di un autore*** the imaginative world of an author ♦♦ **~ *collettivo*** collective imagination.
immaginativa /immadʒina'tiva/ f. imagination, imaginativeness.
immaginativo /immadʒina'tivo/ agg. imaginative.
immaginazione /immadʒinat'tsjone/ f. imagination, fancy; ***avere* ~** to have imagination, to be imaginative.
immagine /im'madʒine/ f. **1** image (anche CINEM. TELEV.); FIG. *(ritratto)* ***è l'~ di sua padre*** he is the image of his father; ***essere l'~ della salute*** to be the picture of health **2** *(figura, disegno)* image, picture; *(illustrazione)* illustration **3** *(rappre-*

sentazione) picture; ***Dio creò l'uomo a sua ~ e somiglianza*** God created Man in his own image **4** LETTER. image **5** *(modo di apparire)* image ♦♦ **~ *votiva*** votive image.

immaginoso /immadʒi'noso/ agg. **1** imaginative **2** [*stile, linguaggio*] imaginative, vivid.

immalinconire /immalinko'nire/ [102] **I** tr. to make* [sb.] melancholy, to sadden **II immalinconirsi** pronom. to grow* melancholy, to grow* sad.

immancabile /imman'kabile/ agg. **1** *(inevitabile)* unfailing, inevitable **2** [*successo*] guaranteed, certain.

immancabilmente /immankabil'mente/ avv. unfailingly, without fail.

immane /im'mane/ agg. *(spaventoso)* terrible, dreadful.

immanente /imma'nɛnte/ agg. immanent.

immangiabile /imman'dʒabile/ agg. uneatable, inedible.

immateriale /immate'rjale/ agg. **1** immaterial, nonmaterial **2** DIR. [*beni*] incorporeal, intangible **3** [*grazia*] ethereal, impalpable.

immatricolare /immatriko'lare/ [1] **I** tr. **1** AMM. to license, to register [*veicolo*] **2** UNIV. to matriculate **II immatricolarsi** pronom. UNIV. to matriculate.

immatricolazione /immatrikolat'tsjone/ f. **1** *(di veicolo)* registration **2** UNIV. matriculation, matric COLLOQ.

immaturità /immaturi'ta/ f.inv. **1** *(di frutto)* unripeness **2** FIG. immaturity.

immaturo /imma'turo/ agg. **1** [*frutto*] unripe, immature **2** FIG. [*persona*] immature **3** *(prematuro)* premature.

immedesimarsi /immedezi'marsi/ [1] pronom. to identify oneself.

immedesimazione /immedezimat'tsjone/ f. identification.

immediatamente /immedjata'mente/ avv. **1** *(direttamente)* directly, immediately **2** *(subito)* immediately, at once.

immediatezza /immedja'tettsa/ f. **1** *(spontaneità)* directness, spontaneity **2** *(prontezza)* immediacy, immediateness.

immediato /imme'djato/ **I** agg. **1** *(istantaneo)* [*risposta, effetto, reazione, pericolo*] immediate; [*successo*] overnight, instant; ***non correre rischi -i*** to be in no direct danger; ***consegna -a*** spot delivery **2** [*superiore*] immediate, direct; ***nelle -e vicinanze di qcs.*** in the immediate vicinity of sth.; ***nell'~ futuro*** in the immediate future **II** m. ***nell'~*** in the immediate future, for the time being.

immemorabile /immemo'rabile/ agg. immemorial; ***da tempo ~*** from *o* since time immemorial, since the year dot COLLOQ.

immemore /im'mɛmore/ agg. LETT. oblivious, forgetful (**di** of).

immensamente /immensa'mente/ avv. immensely.

immensità /immensi'ta/ f.inv. **1** *(di luogo)* immensity, vastness **2** *(grande quantità)* infinity, infinite number.

immenso /im'mɛnso/ agg. [*luogo, folla*] huge; [*dolore, gioia, piacere*] immense.

immergere /im'merdʒere/ [19] **I** tr. **1** to immerse, to dip **2** *(conficcare)* to plunge **II immergersi** pronom. **1** [*sottomarino, palombaro*] to dive, to plunge **2** SPORT to dive **3** *(dedicarsi completamente)* ***-rsi in*** to submerge oneself in, to get *o* become absorbed in, to lose oneself in [*pensieri, lettura*]; to bury oneself in [*lavoro*].

immeritato /immeri'tato/ agg. undeserved, unworthy.

immeritevole /immeri'tevole/ agg. undeserving, unworthy.

immersione /immer'sjone/ f. **1** immersion, dipping, dive **2** PESC. SPORT TECN. dive; ***fare ~*** to dive, to go diving **3** *(di sottomarino)* dive **4** MAR. *(pescaggio)* draught BE, draft AE.

immerso /im'mɛrso/ **I** p.pass. → **immergere II** agg. **1** *(sprofondato)* **~ *nell'oscurità*** plunged into darkness; ***i bambini erano -i nel sonno*** the children were deeply asleep **3** *(assorto)* immersed, absorbed; ***essere ~ nei propri pensieri*** to be absorbed *o* buried *o* deep *o* immersed in one's thoughts.

immettere /im'mettere/ [60] **I** tr. **1** *(introdurre)* to put* (**in** in, into); **~ *un (nuovo) prodotto sul mercato*** to launch *o* put a (new) product on(to) the market **2** INFORM. to input*, to enter, to key [*dati*] **II** intr. (aus. *avere*) to lead*; ***il corridoio immette sul*** o ***nel cortile*** the corridor leads to the courtyard **III immettersi** pronom. **1** *(confluire)* ***la nostra via si immette nella strada principale*** our road leads to the main street; ***-rsi in autostrada*** to get onto the motorway; ***-rsi in una corsia*** to go into a lane **2** *(sfociare)* [*corso d'acqua*] to flow (**in** into).

immigrante /immi'grante/ m. e f. immigrant.

immigrare /immi'grare/ [1] intr. (aus. *essere*) to immigrate.

immigrato /immi'grato/ **I** p.pass. → **immigrare II** agg. immigrant **III** m. (f. **-a**) immigrant; **~ *clandestino*** illegal immigrant, alien.

immigrazione /immigrat'tsjone/ f. immigration.

imminente /immi'nɛnte/ agg. [*liberazione, caduta, guerra, crisi*] imminent; [*pubblicazione*] forthcoming; [*evento, risultato, elezione*] oncoming, upcoming; [*pericolo*] impending, imminent; ***il suo arrivo è ~*** his arrival is close at hand.

imminenza /immi'nɛntsa/ f. imminence.

immischiare /immis'kjare/ [1] **I** tr. to involve, to mix up **II immischiarsi** pronom. to meddle, to embroil; ***-rsi negli affari altrui*** to meddle *o* mess in *o* intrude into sb.'s affairs.

immiserire /immize'rire/ [102] **I** tr. to impoverish (anche FIG.) **II** intr. (aus. *essere*), **immiserirsi** pronom. to become* poor.

immissario, pl. **-ri** /immis'sarjo, ri/ m. tributary, inlet.

immissione /immis'sjone/ f. **1** *(introduzione)* introduction **2** INFORM. input; **~ *di dati*** data entry **3** MECC. intake, inlet.

immobile /im'mɔbile/ **I** agg. **1** motionless, still, immobile, unmoving; [*sguardo*] fixed; ***rimanere*** o ***restare ~*** to stand (stock-)still, to freeze **2** DIR. ***beni -i*** real estate, (immovable) property, realty AE, immovables **II** m. *(costruzione)* building; ***un ~ di dieci piani*** a ten-storey building; ***mercato degli -i*** real estate *o* property *o* housing market.

immobiliare /immobi'ljare/ agg. [*settore, credito, investimento, annuncio*] property, real estate; ***società ~*** *(di costruzione)* development company; *(di vendita)* (real) estate agency BE, realty AE; ***agente ~*** (real) estate agent, property dealer; ***vendite -i*** house sales.

immobilismo /immobi'lizmo/ m. = ultraconservative policy.

immobilità /immobili'ta/ f.inv. immobility, immovability (anche FIG.).

immobilizzare /immobilid'dzare/ [1] tr. **1** to immobilize, to pin (down) [*persona*]; to immobilize, to set* [*arto*] **2** FIG. to block, to paralyze, to bring* [sth.] to a halt [*economia, paese*] **3** ECON. to immobilize, to lock up.

immobilizzazione /immobiliddzat'tsjone/ **I** f. **1** immobilization **2** ECON. immobilization, locking up **II immobilizzazioni** f.pl. ECON. capital assets, fixed assets.

immobilizzato /immobilid'dzato/ **I** p.pass. → **immobilizzare II** agg. **1** [*persona, braccio*] immobilized; **~ *sulla sedia a rotelle*** wheelchair-bound **2** ECON. [*capitale*] immobilized, frozen.

immoderato /immode'rato/ agg. immoderate.

immodesto /immo'dɛsto/ agg. immodest.

immolare /immo'lare/ [1] **I** tr. **1** RELIG. to immolate, to sacrifice (**su** on; **a** to) **2** FIG. **~ *la propria vita per qcs.*** to give *o* sacrifice one's life for sth. **II immolarsi** pronom. to immolate oneself.

immondezzaio, pl. **-ai** /immondet'tsajo, ai/ m. **1** *(discarica)* rubbish dump, tip BE, garbage dump AE **2** FIG. *(luogo sporco)* pigsty, tip BE COLLOQ.

immondizia /immon'dittsja/ f. litter **U**, rubbish **U**, garbage **U** AE, trash **U** AE; ***camion dell'~*** dustcart BE, garbage truck AE; ***buttare qcs. nell'~*** to throw sth. out *o* in the bin BE *o* in the garbage AE.

immondo /im'mondo/ agg. **1** *(sporco)* filthy **2** RELIG. [*animale*] unclean **3** FIG. *(turpe)* foul.

immorale /immo'rale/ agg. immoral, unethical.

immoralità /immorali'ta/ f.inv. immorality.

immortalare /immorta'lare/ [1] tr. to immortalize.

immortale /immor'tale/ agg. [*anima, dio*] immortal; [*opera, bellezza, simbolo*] immortal, everlasting, eternal.

immortalità /immortali'ta/ f.inv. immortality.

immotivato /immoti'vato/ agg. [*atto, collera, timore, ritardo*] unjustified; [*reclamo*] groundless, motiveless.

immune /im'mune/ agg. **1** MED. immune (**da** to) **2** *(esente)* immune, exempt (**da** from).

immunità /immuni'ta/ f.inv. immunity (**da** to, against) ♦♦ **~ *diplomatica*** diplomatic immunity *o* privilege; **~ *parlamentare*** parliamentary privilege.

immunitario, pl. **-ri, -rie** /immuni'tarjo, ri, rje/ agg. [*sistema, difesa*] immune.

immunizzare /immunid'dzare/ [1] **I** tr. to immunize (**da** against) **II immunizzarsi** pronom. to become* immune.
immunizzazione /immuniddzat'tsjone/ f. immunization.
immunodeficienza /immunodefi'tʃɛntsa/ f. immunodeficiency, immune deficiency.
immunologia /immunolo'dʒia/ f. immunology.
immunologico, pl. **-ci, -che** /immuno'lɔdʒiko, tʃi, ke/ agg. immunological.
immunologo, m.pl. **-gi**, f.pl. **-ghe** /immu'nɔlogo, dʒi, ge/ ➧ ***18*** m. (f. **-a**) immunologist.
immunostimolante /immunostimo'lante/ agg. e m. immunostimulant.
immunoterapia /immunotera'pia/ f. immunotherapy.
immusonirsi /immuzo'nirsi/ [102] pronom. to sulk, to pull a long face (**per qcs.** about, over sth.).
immusonito /immuzo'nito/ **I** p.pass. → **immusonirsi II** agg. sulky, sullen.
immutabile /immu'tabile/ agg. **1** *(che non muta)* [*legge*] immutable; [*tradizione, paesaggio, carattere, umore*] immutable, unchanging; [*sentimento*] unchanging, eternal; [*bellezza*] timeless, eternal **2** *(che non può mutare)* [*regola, principio*] immutable, unchangeable.
immutato /immu'tato/ agg. unchanged, unaltered.
impacchettare /impakket'tare/ [1] tr. to wrap (up).
impacciare /impat'tʃare/ [1] tr. **1** to hinder, to hamper, to encumber [*persona, movimenti*] **2** *(mettere a disagio)* to embarrass.
impacciato /impat'tʃato/ **I** p.pass. → **impacciare II** agg. **1** *(imbarazzato)* embarrassed, self-conscious **2** *(goffo)* clumsy, awkward.
impaccio, pl. **-ci** /im'pattʃo, tʃi/ m. **1** *(ingombro)* hindrance, encumbrance; ***essere d'~ a qcn.*** to be a hindrance to sb. **2** *(situazione difficile)* scrape, predicament; ***cavarsi*** o ***trarsi d'~*** to get out of a scrape **3** *(imbarazzo)* embarrassment.
impacco, pl. **-chi** /im'pakko, ki/ m. MED. pack, compress.
impadronirsi /impadro'nirsi/ [102] pronom. **1** *(prendere)* ***~ di*** [*persona, gruppo*] to take over, to seize [*città, potere*]; to get hold of, to seize [*oggetto*] **2** FIG. *(assalire)* ***~ di qcn.*** [*ira, rabbia*] to creep over sb., to possess sb. **3** ***~ di una lingua, di una tecnica*** to master a language, a technique.
impagabile /impa'gabile/ agg. **1** invaluable, priceless **2** FIG. [*persona*] invaluable.
impaginare /impadʒi'nare/ [1] tr. to page, to lay* out.
impaginato /impadʒi'nato/ **I** p.pass. → **impaginare II** m. page proof.
impaginatore /impadʒina'tore/ ➧ ***18*** m. (f. **-trice** /'tritʃe/) layout artist, paste-up artist.
impaginazione /impadʒinat'tsjone/ f. (page) layout.
impagliare /impaʎ'ʎare/ [1] tr. **1** to bottom [sth.] with straw [*sedia*]; to cover [sth.] with straw [*fiasco*] **2** to stuff (with straw) [*animale*].
impagliatore /impaʎʎa'tore/ ➧ ***18*** m. (f. **-trice** /tritʃe/) *(di sedie)* chair mender; *(di animali)* taxidermist.
impagliatura /impaʎʎa'tura/ f. **1** *(di sedie)* chair mending; *(rivestimento)* straw bottom **2** *(di animali)* stuffing.
impalare /impa'lare/ [1] tr. to impale.
impalato /impa'lato/ **I** p.pass. → **impalare II** agg. COLLOQ. *(rigido, immobile)* stiff, bolt upright; ***rimanere ~*** to stand stock-still; ***non stare lì ~, fai qualcosa!*** don't just stand there, do something!
impalcatura /impalka'tura/ f. **1** *(ponteggio)* scaffold, scaffolding, stage **2** *(struttura)* structure, framework (anche FIG.).
impallidire /impalli'dire/ [102] intr. (aus. *essere*) **1** to go* pale, to turn pale, to pale, to blanch **2** FIG. [*luce, immagine*] to fade; [*gloria, prestigio*] to pale, to fade.
impallinare /impalli'nare/ [1] tr. to riddle, to pepper (with shot).
impallinato /impalli'nato/ **I** p.pass. → **impallinare II** agg. COLLOQ. ***essere ~ di qcs.*** to be hooked on sth.
impalpabile /impal'pabile/ agg. **1** [*polvere, zucchero*] very fine, impalpable **2** FIG. [*sensazione*] intangible, undefinable.
impanare /impa'nare/ [1] tr. GASTR. to bread, to crumb, to coat [sth.] in breadcrumbs, to coat [sth.] with breadcrumbs [*cotoletta*].
impanato /impa'nato/ **I** p.pass. → **impanare II** agg. GASTR. [*cotoletta*] breaded.
impantanarsi /impanta'narsi/ [1] pronom. **1** *(nel fango)* to get* stuck (**in** in) **2** FIG. *(nelle difficoltà)* to get* bogged down, to be* stuck in the mud.
impaperarsi /impape'rarsi/ [1] pronom. to falter, to stumble.
impappinarsi /impappi'narsi/ [1] pronom. to falter, to flounder.
imparabile /impa'rabile/ agg. SPORT [*tiro*] unstoppable.
imparare /impa'rare/ [1] tr. to learn*; ***~ a scrivere, a guidare*** to learn (how) to write, drive; ***~ a proprie spese*** to learn the hard way ♦ ***non si finisce mai di ~*** live and learn; ***così impari!*** that'll teach you!
impareggiabile /impared'dʒabile/ agg. [*bellezza*] incomparable, unparalleled; [*artista, persona*] matchless, peerless, unparalleled.
imparentarsi /imparen'tarsi/ [1] pronom. to become* related (**con** to); ***-rsi con una famiglia*** to marry into a family.
imparentato /imparen'tato/ **I** p.pass. → **imparentarsi II** agg. [*persona, famiglia*] related, cognate (**con** to).
impari /'impari/ agg.inv. [*lotta, partita*] unbalanced, uneven; *(inferiore)* ***essere ~ di numero*** to be numerically inferior.
impartire /impar'tire/ [102] tr. to issue, to give* [*ordine*]; to give* [*lezioni, sacramenti*].
imparziale /impar'tsjale/ agg. impartial, fair, unbiased.
imparzialità /impartsjali'ta/ f.inv. impartiality, fairness.
impasse /im'pas, em'pas/ f.inv. **1** *(situazione senza uscita)* impasse, deadlock, dead end; ***trovarsi in un'~*** to reach an impasse **2** *(nel bridge)* finesse.
impassibile /impas'sibile/ agg. impassive, emotionless, immovable.
impastare /impas'tare/ [1] tr. **1** to knead [*pasta, pane*]; to pug [*argilla, creta*]; to mix [*cemento, colori*]; ***~ la farina con l'acqua*** to mix the flour with the water **2** to fur up [*lingua*].
impastato /impas'tato/ **I** p.pass. → **impastare II** agg. [*lingua*] furred; [*voce*] thick; ***occhi -i di sonno*** eyes heavy with sleep.
impasticcato /impastik'kato/ **I** agg. COLLOQ. **1** *(con medicine)* pill popping attrib. **2** *(fatto di acido)* high (on acid) mai attrib. **II** m. (f. **-a**) acid head, pill popping, pillhead AE.
impasto /im'pasto/ m. **1** *(amalgama)* mix, mixture (anche FIG.); *(di cemento)* slurry **2** GASTR. mixture, batter, paste; *(per pane, pizza)* dough.
impastoiare /impasto'jare/ [1] tr. **1** to hobble [*animale*] **2** FIG. to fetter [*iniziativa*].
impataccarsi /impatak'karsi/ [1] pronom. to spatter oneself, to dirty oneself (**di** with).
impattare /impat'tare/ [1] tr. to draw* [*partita*].
impatto /im'patto/ m. impact (anche FIG.); ***avere ~ su qcn., qcs.*** to have *o* make an impact on sb., sth.
impaurire /impau'rire/ [102] tr. to frighten, to scare (**facendo** by doing; **con** with).
impaurito /impau'rito/ **I** p.pass. → **impaurire II** agg. frightened, scared.
impavido /im'pavido/ agg. fearless, brave, impavid, dauntless, unafraid.
impaziente /impat'tsjɛnte/ agg. impatient; *(ansioso)* eager, anxious.
impazienza /impat'tsjɛntsa/ f. **1** impatience; ***dare segni di ~*** to get restless, to show signs of impatience **2** *(desiderio)* eagerness; ***attendere qcs. con ~*** to look forward to sth., to eagerly await sth.
impazzare /impat'tsare/ [1] intr. (aus. *avere, essere*) [*folla*] to revel; [*carnevale, festa*] to be* in full swing.
impazzata: **all'impazzata** /allimpat'tsata/ avv. [*correre*] like mad; [*sparare*] wildly.
impazzire /impat'tsire/ [102] intr. (aus. *essere*) **1** to go* mad, crazy (anche FIG.); ***~ di gioia*** to leap with joy; ***sta impazzendo di dolore*** pain is driving him mad; ***fare ~ qcn.*** to drive sb. mad, to madden sb.; ***sei impazzito?*** COLLOQ. are you nuts *o* out of your head? ***è bella da ~*** she's ravishing; ***mi fa male da ~*** it hurts like hell **2** *(andare pazzo)* to be* mad, crazy (**per** about) **3** [*bussola*] to spin; [*apparecchiatura*] to go* haywire **4** GASTR. [*maionese*] to separate, to curdle.
impeccabile /impek'kabile/ agg. **1** impeccable, faultless, flawless **2** *(pulito, in ordine)* [*abito*] impeccable, spruce, immaculate; [*persona*] impeccable.

impedimento /impedi'mento/ m. impediment, hindrance, obstacle, bar, block; ***essere un ~ per qcn.*** to be a hindrance to sb.; ***non è venuto a causa di un ~ dell'ultimo momento*** he didn't come because he was unavoidably detained at the last minute.

impedire /impe'dire/ [102] tr. **1** to prevent, to stop; ***~ a qcn. di fare*** to prevent *o* keep *o* restrain sb. from doing; ***~ che venga rivelata la verità*** to prevent the truth from being revealed; ***niente ti impedisce di partire*** there's nothing to stop you from leaving; ***il suo stato di salute glielo impedisce*** his health forbids it **2** *(bloccare)* to bar, to block, to obstruct [*accesso, passaggio*] (**a qcn.** to sb.); ***~ la vista di qcs.*** to block out *o* shut out sb.'s view **3** to hamper, to constrict [*movimenti*].

impedito /impe'dito/ **I** p.pass. → **impedire II** agg. **1** *(inabile)* [*braccio*] hampered **2** COLLOQ. *(incapace, maldestro)* clumsy, awkward **III** m. (f. **-a**) COLLOQ. clumsy person, awkward person.

impegnare /impeɲ'ɲare/ [1] **I** tr. **1** *(vincolare)* to commit, to bind* **2** *(dare in pegno)* to pawn, to hock, to pledge **3** ECON. to commit, to lock up, to tie up [*capitali*] **4** *(tenere occupato)* to take* up, to keep* [sb.] busy; ***il lavoro mi impegna totalmente*** *(richiedere impegno)* my work absorbes all my energies **5** *(riservare)* to book, to reserve [*camera, tavolo*] **6** SPORT ***~ l'avversario*** to put one's opponent under pressure, to give one's opponent a hard time **7** *(attaccare)* to start [*battaglia*]; to engage [*nemico*] **II impegnarsi** pronom. **1** *(assumersi un impegno)* to commit oneself, to pledge oneself **2** *(intraprendere)* ***-rsi in trattative, in un progetto*** to embark in negotiations, a project **3** *(dedicarsi)* to involve oneself (**in** with, in) **4** *(applicarsi)* to devote oneself, to apply oneself (**in** to), to concentrate (**in** on).

impegnativa /impeɲɲa'tiva/ f. BUROCR. = document issued by the National Health Service authorizing medical treatments for a patient.

impegnativo /impeɲɲa'tivo/ agg. **1** *(che richiede impegno)* [*lavoro, mestiere*] demanding; [*compito, esame*] difficult **2** *(vincolante)* [*risposta, promessa*] binding.

impegnato /impeɲ'ɲato/ **I** p.pass. → **impegnare II** agg. **1** *(politicamente, socialmente)* committed **2** *(occupato)* busy, tied-up; ***sono ~ tutte le sere, la prossima settimana*** I'm booked up every evening, next week **3** *(sentimentalmente)* ***essere ~*** to be in a relationship.

impegno /im'peɲɲo/ m. **1** commitment, undertaking, engagement, agreement; ***prendere un ~*** to take on a commitment; ***assumersi l'~ di fare*** to undertake to do; ***senza ~*** without obligation **2** *(sociale, politico)* involvement, engagement; ***~ per la pace*** peacemaking efforts **3** *(incombenza)* engagement, appointment; *(appuntamento)* appointment; ***avere molti -i*** to be very busy **4** *(cura, applicazione)* care, application; ***ci si è messo d'~*** he did it to the best of his abilities.

impegolarsi /impego'larsi/ [1] pronom. → **impelagarsi**.

impelagarsi /impela'garsi/ [1] pronom. to get* mixed up, to get* involved; *(in ragionamenti, discorsi)* to get* tangled up (**in** in).

impellente /impel'lɛnte/ agg. urgent, pressing.

impellenza /impel'lɛntsa/ f. urgency.

impellicciato /impellit'tʃato/ agg. [*persona*] fur-clad, wrapped in furs mai attrib.

impenetrabile /impene'trabile/ agg. **1** impenetrable (anche FIG.) **2** FIG. [*persona, carattere, volto*] inscrutable, impenetrable.

impenitente /impeni'tɛnte/ agg. **1** RELIG. impenitent **2** [*scapolo*] confirmed.

impennacchiato /impennak'kjato/ agg. plumed.

impennare /impen'nare/ [1] **I** tr. **1** AER. to nose up, to zoom **2** COLLOQ. ***~ la moto*** to do a wheelie **II impennarsi** pronom. **1** [*cavallo*] to rear **2** AER. to nose up, to zoom **3** FIG. *(inalberarsi)* to flare up, to bridle, to lose* one's temper **4** *(aumentare)* [*prezzi, dollaro, vendite*] to soar.

impennata /impen'nata/ f. **1** *(di cavallo)* prance **2** COLLOQ. *(con moto, bicicletta)* wheelie **3** *(aumento)* leap, steep rise; ***subire*** o ***avere un'~*** [*prezzi*] to soar, to skyrocket; [*vendite, domanda*] to surge **3** AER. nose up, zoom.

impensabile /impen'sabile/ agg. unthinkable.

impensato /impen'sato/ agg. [*difficoltà*] unthought-of, unexpected; ***nascondere qcs. nei luoghi più -i*** to hide sth. in the weirdest *o* most unthinkable places.

impensierire /impensje'rire/ [102] **I** tr. ***~ qcn., fare ~ qcn.*** to worry sb., to make sb. worry **II impensierirsi** pronom. to worry, to get* worried.

imperante /impe'rante/ agg. [*violenza*] ruling; [*moda, tendenza*] prevailing.

imperare /impe'rare/ [1] intr. (aus. *avere*) **1** *(governare)* to reign **2** FIG. *(dominare)* to rule **3** *(essere di gran moda)* ***quest'anno impera il blu*** this year blue is in *o* is very trendy.

imperativo /impera'tivo/ **I** agg. **1** [*tono*] imperative, commanding **2** LING. imperative **II** m. imperative (anche LING. FILOS.) ♦♦ ***~ categorico*** FILOS. categorical imperative.

imperatore /impera'tore/ m. emperor.

imperatrice /impera'tritʃe/ f. empress.

impercettibile /impertʃet'tibile/ agg. imperceptible.

imperdibile /imper'dibile/ agg. ***questo film, spettacolo è ~*** this film, show is a must *o* is not to be missed.

imperdonabile /imperdo'nabile/ agg. [*errore*] unforgivable; [*crimine*] indefensible; ***è stato ~ da parte tua fare*** it was unpardonable of you to do.

imperfetto /imper'fɛtto/ **I** agg. **1** *(che presenta difetti)* imperfect **2** *(incompleto)* [*conoscenza*] incomplete, imperfect **3** LING. imperfect **II** m. LING. imperfect.

imperfezione /imperfet'tsjone/ f. **1** imperfection **2** *(difetto)* imperfection, blemish, flaw, defect.

1.imperiale /impe'rjale/ agg. imperial.

2.imperiale /impe'rjale/ f. *(di carrozza)* imperial; *(di bus)* upper deck.

imperialismo /imperja'lizmo/ m. imperialism.

imperialista, m.pl. **-i**, f.pl. **-e** /imperja'lista/ agg., m. e f. imperialist.

imperialistico, pl. **-ci**, **-che** /imperja'listiko, tʃi, ke/ agg. imperialistic.

imperiosità /imperjosi'ta/ f.inv. imperiousness, peremptoriness.

imperioso /impe'rjoso/ agg. **1** *(autoritario)* imperious, commanding, domineering, peremptory **2** *(urgente)* urgent, pressing, impelling.

imperituro /imperi'turo/ agg. LETT. [*opera, gloria*] imperishable, deathless, eternal.

imperizia /impe'rittsja/ f. inexperience, inexpertness, unskilfulness BE, unskillfulness AE.

imperlare /imper'lare/ [1] **I** tr. *(coprire di gocce)* to bead, to dew; ***il sudore gli imperlava la fronte*** beads of perspiration had formed on his forehead **II imperlarsi** pronom. to be* beaded with; ***la sua fronte si imperlò di sudore*** sweat beaded on his forehead.

imperlato /imper'lato/ **I** p.pass. → **imperlare II** agg. ***~ di sudore*** beaded with sweat.

impermalirsi /imperma'lirsi/ [102] pronom. to get* annoyed (**per qcs.** over sth.), to take* offence BE, to take* offense AE (**per qcs.** at sth.).

impermeabile /imperme'abile/ **I** agg. [*tessuto, sostanza*] waterproof, water-resistant, water-repellent; [*giaccone*] waterproof, rainproof, showerproof; [*membrana, roccia*] impermeable (**a** to) **II** m. raincoat, mac(k)intosh, waterproof BE, slicker AE.

impermeabilizzare /impermeabilid'dzare/ [1] tr. to (water)proof.

imperniare /imper'njare/ [1] **I** tr. *(incentrare)* to base, to focus **II imperniarsi** pronom. FIG. to hinge, to depend, to be* based (**su** on).

impero /im'pɛro/ m. empire (anche FIG.); ***l'~ britannico, romano*** the British, Roman Empire; ***un ~ finanziario*** a financial empire; ***durante, sotto l'~ di Tiberio*** *(periodo)* when Tiberius was emperor, under Tiberius' (imperial) rule **II** agg.inv. [*stile, mobile*] (Second) Empire.

imperscrutabile /imperskru'tabile/ agg. [*volto, espressione*] inscrutable; [*motivo*] unknown.

imperscrutabilità /imperskrutabili'ta/ f.inv. inscrutability.

impersonale /imperso'nale/ agg. **1** impersonal, cold **2** LING. [*verbo*] impersonal.

impersonare /imperso'nare/ [1] tr. **1** *(incarnare)* to personify, to embody **2** TEATR. [*attore*] to play [*personaggio*].
imperterrito /imper'tɛrrito/ agg. undeterred, undaunted; ***continuò ~ a parlare*** he kept on talking regardless.
impertinente /imperti'nɛnte/ **I** agg. [*persona*] impertinent, saucy, pert, cheeky (**con qcn.** towards sb.); [*domanda, atteggiamento*] impertinent, bold, flippant **II** m. e f. ***sei proprio un ~!*** you've got a cheek!
impertinenza /imperti'nɛntsa/ f. **1** impertinence, sauciness, pertness, cheek, flippancy, forwardness **2** *(parole)* impertinence.
imperturbabile /impertur'babile/ agg. imperturbable, impassive, unflappable COLLOQ.
imperturbabilità /imperturbabili'ta/ f.inv. imperturbability, unflappability COLLOQ.
imperturbato /impertur'bato/ agg. unmoved, unshaken, unwrung.
imperversare /imperver'sare/ [1] intr. (aus. *avere*) **1** *(infierire)* to rage, to rail FORM. (**contro qcn.** against, at sb.) **2** [*guerra, tempesta*] to rage; [*malattia, povertà, epidemia*] to be* rampant **3** [*moda*] to be* (all) the rage.
impervio, pl. **-vi**, **-vie** /im'pɛrvjo, vi, vje/ agg. [*strada*] impracticable; [*luogo*] inaccessible, wild.
impeto /'impeto/ m. **1** *(forza)* violence; ***l'~ delle onde*** the rush of the waves **2** *(accesso)* outburst, fit; ***~ d'ira*** outburst of rage, fit *o* flush of anger **3** *(foga)* enthusiasm, heat; ***parlare con ~*** to speak with passion.
impettito /impet'tito/ agg. ***camminare ~*** to walk with one's chest out, to walk tall; ***stare ~*** to stand rigid *o* tall.
impetuosità /impetuosi'ta/ f.inv. impetuosity.
impetuoso /impetu'oso/ agg. **1** *(focoso)* [*persona, carattere*] impetuous; [*slancio*] headlong, impulsive **2** [*corrente, torrente*] rushing; [*vento*] tempestuous, impetuous, wild.
impiallacciare /impjallat'tʃare/ [1] tr. to veneer.
impiallacciatura /impjallattʃa'tura/ f. **1** *(legno)* veneer **2** *(processo)* veneering.
impiantare /impjan'tare/ [1] tr. **1** to install [*telefono, scaldabagno*] **2** to set* up [*impalcatura*] **3** to establish, to set* up, to start (up) [*azienda*]; to start [*attività, commercio*] **4** MED. to implant.
impiantito /impjan'tito/ m. floor, flooring.
impianto /im'pjanto/ m. **1** *(installazione)* installation **2** *(di azienda)* establishment, setting up **3** *(complesso di apparecchiature)* equipment, plant, system, fitting **4** FIG. *(struttura)* structure, framework **5** MED. implant, implantation ♦♦ ***~ elettrico*** wiring, electrical system; ***~ idraulico*** plumbing system; ***~ di risalita*** SPORT TECN. ski tow; ***~ di riscaldamento*** heating plant *o* system, heating apparatus; ***~ stereo*** stereo system, hi-fi, music centre BE.
impiastrare /impjas'trare/ [1] **I** tr. to smear, to daub (**di** with) **II impiastrarsi** pronom. to smear oneself (**di** with).
impiastricciare /impjastrit'tʃare/ → **impiastrare.**
impiastro /im'pjastro/ m. **1** MED. FARM. poultice **2** COLLOQ. *(seccatore)* nuisance, bore.
impiccagione /impikka'dʒone/ f. hanging.
impiccare /impik'kare/ [1] **I** tr. **1** to hang; ***~ qcn. a un albero*** to hang sb. from a tree **2** FIG. [*colletto, cravatta*] to choke, to strangle **3** COLLOQ. *(fare pagare troppo)* to drain **II impiccarsi** pronom. to hang oneself.
impiccato /impik'kato/ **I** p.pass. → **impiccare II** agg. hanged **III** m. **1** hanged man* **2** **(gioco del)*l'~*** the hangman.
impicciare /impit'tʃare/ [1] **I** tr. to hinder, to encumber, to hamper **II** intr. (aus. *avere*) ***questo tavolo impiccia*** this table is in the way **III impicciarsi** pronom. ***-rsi degli affari altrui*** to meddle in other people's business; ***non ti impicciare!*** COLLOQ. mind your own business!
impiccio, pl. **-ci** /im'pittʃo, tʃi/ m. **1** hindrance, encumbrance; ***essere d'~ a qcn.*** to be a hindrance to sb.; ***quei pacchetti mi sono d'~*** those packages are in my way **2** *(situazione difficile)* scrape, predicament; ***cavarsi*** o ***trarsi d'~*** to get out of a scrape; ***trarre qcn. dagli -ci*** to get sb. out of a scrape, to help sb. out of his predicament.
impiccione /impit'tʃone/ m. (f. **-a**) COLLOQ. meddler, busybody, nosy parker.
impiegare /impje'gare/ [1] **I** tr. **1** *(assumere)* to employ [*persona*] **2** *(utilizzare)* to use [*forza, materiale*]; to spend* [*tempo*]; ***~ male il proprio tempo, denaro*** to waste one's time, money **3** *(dedicare)* ***~ tutte le proprie energie a fare qcs.*** to invest all one's energy in doing sth. **4** *(necessitare di)* ***impiego un'ora per andare al lavoro*** it takes me one hour to go to work **II impiegarsi** pronom. to find* a job, to get* a job; ***-rsi in banca*** to be hired by a bank.
impiegatizio, pl. **-zi**, **-zie** /impjega'tittsjo, tsi, tsje/ agg. [*lavoro*] clerical, nine-to-five, white-collar attrib.; ***la classe -a*** white collar workers.
impiegato /impje'gato/ **I** p.pass. → **impiegare II** agg. ***essere ~ presso una ditta*** to work for a firm **III** ❥ **18** m. (f. **-a**) clerk, clerical worker, office worker, white collar worker, employee; ***~ delle poste*** postal empoyee; ***~ di banca*** bank clerk; ***fare l'~*** to be an office worker, to have a clerical job; ***gli -i di un'azienda*** the staff *o* personnel of a firm ♦♦ ***~ statale*** civil servant.
impiego, pl. **-ghi** /im'pjɛgo, gi/ m. **1** employment **U**, job, position; ***cercare un ~*** to seek employment, to look for a job; ***trovare un ~*** to find employment, to get a job; ***avere un ~ fisso*** to have a permanent job, to be regularly employed; ***avere un buon ~*** to have a good job; ***senza ~*** unemployed, out of work **2** *(uso)* use, employment; ***un proficuo ~ di tempo*** a useful expenditure of time.
impietosire /impjeto'sire/ [102] **I** tr. to move [sb.] to pity **II impietosirsi** pronom. to be* moved to pity.
impietoso /impje'toso/ agg. pitiless, merciless.
impietrire /impje'trire/ [102] **I** tr. **1** to petrify **2** FIG. to stun, to petrify **II** intr. (aus. *essere*), **impietrirsi** pronom. to become* petrified; ***appena lo vide si impietrì*** she froze *o* turned to stone the minute she saw him.
impietrito /impje'trito/ **I** p.pass. → **impietrire II** agg. petrified; ***rimanere ~*** to be frozen on the spot.
impigliare /impiʎ'ʎare/ [1] **I** tr. to entangle, to catch*, to snag (**in** on) **II impigliarsi** pronom. to get* entangled; *(rimanere preso)* to get* caught.
impigrire /impi'grire/ [102] **I** tr. to make* [sb.] lazy **II impigrirsi** pronom. [*persona*] to grow* lazy, to get* lazy, to (grow*) slack; [*cervello, intelligenza*] to grow* lazy, to get* lazy.
impilare /impi'lare/ [1] tr. to pile (up), to stack (up).
impiombare /impjom'bare/ [1] tr. **1** to fill [*dente*]; to seal [sth.] with lead [*tubature*] **2** MAR. to splice.
impiombatura /impjomba'tura/ f. **1** leading **2** *(di denti)* filling **3** MAR. splice.
implacabile /impla'kabile/ agg. [*nemico, odio*] implacable; [*freddo, pioggia*] merciless, relentless, unrelenting.
implicare /impli'kare/ [1] tr. **1** *(coinvolgere)* to implicate, to involve [*persona*] **2** *(comportare)* to entail, to involve [*sforzo, lavoro, misure*] **3** *(significare)* to imply, to mean*, to infer.
implicazione /implikat'tsjone/ f. **1** *(partecipazione)* involvement **2** *(conseguenza)* implication.
implicitamente /implitʃita'mente/ avv. implicitly; DIR. impliedly.
implicito /im'plitʃito/ agg. implicit, implied; ***è ~ che*** it's understood that; ***è ~!*** it goes without saying!
implodere /im'plɔdere/ [49] intr. (aus. *essere*) to implode.
implorante /implo'rante/ agg. imploring, pleading.
implorare /implo'rare/ [1] tr. to implore, to beg, to plead [*persona, Dio*]; to beg for, to implore [*clemenza, perdono, aiuto*]; ***~ la grazia*** to beg for mercy.
implosione /implo'zjone/ f. FIS. implosion.
implume /im'plume/ agg. featherless, unfeathered, unfledged.
impollinare /impolli'nare/ [1] tr. to pollinize, to pollinate.
impollinazione /impollinat'tsjone/ f. pollination.
impolverare /impolve'rare/ [1] **I** tr. to dust **II impolverarsi** pronom. to get* dusty.
impolverato /impolve'rato/ **I** p.pass. → **impolverare II** agg. dusty.
impomatare /impoma'tare/ [1] **I** tr. **1** to rub ointment on [*pelle*] **2** to plaster down, to pomade [*capelli*] **II impomatarsi** pronom. **1** to rub oneself with ointment **2** *(con gel, brillantina)* to plaster down one's hair, to pomade one's hair.
impomatato /impoma'tato/ **I** p.pass. → **impomatare II** agg. [*capelli*] pomaded.

imponderabile /imponde'rabile/ agg. e m. imponderable.
imponente /impo'nɛnte/ agg. imposing, impressive, stately.
imponenza /impo'nɛntsa/ f. impressiveness, majesty, stateliness.
imponibile /impo'nibile/ **I** agg. ECON. [*reddito*] taxable, assessable, leviable **II** m. taxable income.
impopolare /impopo'lare/ agg. unpopular.
impopolarità /impopolari'ta/ f.inv. unpopularity.
imporre /im'porre/ [73] **I** tr. **1** to impose, to dictate, to enjoin [*sanzioni, termine, regolamento, condizioni*] (**a qcn., qcs.** on sb., sth.) **2** *(comandare)* to force, to oblige; ***~ il silenzio*** to impose *o* order silence; ***gli hanno imposto di fare*** he was obliged *o* forced to do **3** ***~ a qcn. la propria presenza*** to force oneself *o* one's presence on sb. **4** [*situazione*] to require, to call for [*provvedimenti, cambiamento*] **5** *(fare accettare)* to impose [*idea, volontà, moda, amici*] (**a** on) **6** *(ispirare)* to command [*rispetto, ammirazione*] **7** RELIG. ***~ le mani su qcn.*** to lay hands on sb. **8** *(dare)* ***al bambino fu imposto il nome di Simone*** the newborn child was given the name of Simone **II imporsi** pronom. **1** [*scelta, soluzione*] to be* obvious (**a** to); *(essere necessario)* ***si impone un cambiamento*** there must be a change, a change is needed **2** *(emergere, affermarsi)* to stand* out; ***-rsi per la propria intelligenza*** to stand out because of one's intelligence; ***si è imposto come leader*** he established himself as a leader; ***-rsi su un mercato*** [*prodotto, azienda*] to dominate the market **3** ***-rsi all'attenzione di qcn.*** to attract *o* claim sb.'s attention **4** *(farsi valere)* [*persona*] to assert oneself; *(farsi rispettare)* to command respect **5** *(vincere)* ***l'Italia si è imposta sulla Svezia per 2 a 1*** Italy beat Sweden 2 to 1.
importante /impor'tante/ **I** agg. **1** important **2** [*naso*] big, prominent **II** m. ***l'~ è partecipare*** the main thing is to participate; ***l'~ è fare*** the (most) important thing is to do.
importanza /impor'tantsa/ f. importance; ***è una questione della massima ~*** it's a matter of the greatest *o* highest importance; ***senza ~*** [*fatto, dettaglio*] unimportant; ***avere ~*** to be important; ***non avere alcuna ~*** not to matter; ***che ~ ha?*** what does it matter? who cares? ***per darsi ~*** to make oneself look important.
1.importare /impor'tare/ [1] **I** intr. (aus. *essere*) to matter, to be* important; ***quel che importa è la salute*** the main thing is health; ***non me ne importa proprio niente*** I don't give a damn; ***non ci importa essere presenti*** we don't care about being there **II** impers. **1** *(avere importanza)* ***non importa!*** it doesn't matter! ***che importa se lei non capisce*** who cares if she doesn't understand **2** *(essere necessario)* to be* necessary; ***non importa che tu venga*** it's not necessary for you to come.
2.importare /impor'tare/ [1] tr. ECON. to import [*prodotti, moda*].
importatore /importa'tore/ **I** agg. [*paese, società*] importing **II** m. (f. **-trice** /tritʃe/) importer.
importazione /importat'tsjone/ f. import, importation, importing; ***d'~*** import attrib., importation attrib.; ***l'~ di nuove idee*** FIG. the introduction of new ideas.
import-export /'import'eksport/ m.inv. ECON. import-export (trade); ***occuparsi di ~*** to be in the import-export trade; ***di ~*** [*società*] import-export attrib.
importo /im'pɔrto/ m. **1** amount, sum; ***per un ~ di*** to the amount of **2** *(prezzo)* price; ***quant'è l'~?*** how much is it? how much does it cost?
importunare /importu'nare/ [1] tr. **1** to bother, to pester, to trouble, to importune **2** *(molestare)* to harass, to molest [*donna*].
importuno /impor'tuno/ **I** agg. **1** [*persona*] importunate; ***non vorrei essere ~*** I don't wish to intrude **2** [*visita, osservazione, domanda*] inopportune, intrusive, obtrusive **II** m. (f. **-a**) importuner.
imposizione /impozit'tsjone/ f. **1** ECON. taxation, imposition; ***nuove -i*** new taxes **2** ***l'~ delle mani*** RELIG. the imposition of *o* the laying on of the hands; ***~ del nome a qcn.*** the naming of sb. **3** *(ordine)* order, dictation, command; ***non accetto -i da nessuno*** I won't be ordered around by anybody.
impossessarsi /imposses'sarsi/ [1] pronom. **1** ***~ di*** [*persona, gruppo*] to take over, to seize [*città, potere, paese*]; to get hold of, to seize [*oggetto*] **2** ***~ di*** [*torpore, sentimento*] to creep over, to possess [*persona*]; ***la follia si è impossessata di lui*** madness has taken hold of him **3** ***~ di una lingua*** to master a language.
impossibile /impos'sibile/ **I** agg. **1** impossible; ***mi è ~ fare*** it's impossible for me to do, I cannot possibly do **2** COLLOQ. [*bambino*] impossible, unbearable; ***rendere la vita ~ a qcn.*** to make life impossible for sb. **3** *(assurdo)* [*ora*] unearthly; [*vestito*] outrageous **II** m. ***chiedere l'~ (a qcn.)*** to ask (sb.) the impossible; ***tentare l'~*** to do everything one can.
impossibilità /impossibili'ta/ f.inv. impossibility; ***essere*** o ***trovarsi nell'~ di venire*** to be unable to come, to find it impossible to come; ***mettere qcn. nell'~ di nuocere*** to make it impossible for sb. to do harm.
impossibilitare /impossibili'tare/ [1] tr. to prevent, to make* [sth.] impossible.
impossibilitato /impossibili'tato/ **I** p.pass. → **impossibilitare II** agg. unable; ***essere ~ a partire*** to be unable to leave.
1.imposta /im'pɔsta/ f. *(di finestra)* (window-)shutter.
2.imposta /im'pɔsta/ f. tax, levy; ***al lordo, al netto delle -e*** before, after tax; ***soggetto a ~*** taxable; ***esente da ~*** free of *o* from tax, tax-free ♦♦ ***~ diretta*** direct tax; ***~ indiretta*** indirect tax; ***~ patrimoniale*** capital levy, property *o* wealth BE tax; ***~ sui redditi delle persone fisiche*** personal income tax; ***~ sul reddito*** income tax; ***~ sul valore aggiunto*** value added tax.
1.impostare /impos'tare/ [1] tr. **1** to tackle [*problema*]; to plan [*lavoro*]; to formulate [*soggetto, questione*] **2** to structure [*discorso*]; to outline [*tema*] **3** *(abbozzare)* to lay* out, to set* up [*programma, progetto*] **4** TIP. to impose **5** MUS. to pitch [*voce*] **6** FIG. *(basare)* to build*, to found.
2.impostare /impos'tare/ [1] tr. *(imbucare)* to mail, to post BE [*lettera*].
impostazione /impostat'tsjone/ f. **1** *(strutturazione)* structuring **2** *(abbozzo)* layout, outline, set-up **3** MUS. ***~ della voce*** voice training **4** MAT. ***~ del problema*** statement of the problem.
imposto /im'posto/ **I** p.pass. → **imporre II** agg. [*tariffa, termine*] fixed; [*matrimonio*] forced; ***prezzo ~*** manufacturer's price, fixed retail price.
impostore /impos'tore/ m. (f. **-a**) impostor.
impostura /impos'tura/ f. imposture, deception.
impotente /impo'tɛnte/ **I** agg. **1** powerless, helpless, impotent; ***assistere ~ a qcs.*** to watch sth. impotently; ***sentirsi ~ di fronte a qcs.*** to feel helpless in front of sth. **2** MED. impotent **II** m. MED. impotent man*.
impotenza /impo'tɛntsa/ ➧ **7** f. **1** helplessness, powerlessness, impotence, impotency; ***ridurre qcn. all'~*** to render sb. powerless **2** MED. impotence.
impoverimento /impoveri'mento/ m. impoverishment (anche FIG.).
impoverire /impove'rire/ [102] **I** tr. to impoverish (anche FIG.) **II** intr. (aus. *essere*), **impoverirsi** pronom. to become* poor, to get* poor.
impraticabile /imprati'kabile/ agg. **1** [*strada*] impracticable, impassable **2** SPORT [*campo da calcio*] impracticable, unplayable.
impratichire /imprati'kire/ [102] **I** tr. to train (**in** in) **II impratichirsi** pronom. to practise BE, to practice AE, to get* to know; ***-rsi nell'uso del computer*** to get some practice using the computer.
imprecare /impre'kare/ [1] intr. (aus. *avere*) to swear*, to curse (**contro** at).
imprecazione /imprekat'tsjone/ f. curse, oath, swearword, imprecation FORM.
imprecisabile /impretʃi'zabile/ agg. indeterminable, indefinable.
imprecisato /impretʃi'zato/ agg. indefinite, indeterminate, unspecified.
imprecisione /impretʃi'zjone/ f. imprecision, inaccuracy.
impreciso /impre'tʃizo/ agg. [*data, tiro, risultato, parola*] imprecise, inaccurate; [*idea, forma*] vague, unclear.
impregnare /impreɲ'ɲare/ [1] **I** tr. **1** TECN. to impregnate (**di** with) **2** *(imbevere)* to impregnate [*spugna*] (**di** with); [*liquido*] to impregnate, to soak [*tessuto, carta, terreno*]; [*odore*] to permeate **II impregnarsi** pronom. **1** *(inzupparsi)* [*tessuto, carta, terreno*] to become* impregnated, to be* soaked (**di** with) **2**

(odorare) ***gli abiti le si erano impregnati di odore di fritto*** her clothes smelled strongly of frying.

impregnato /impreɲ'ɲato/ **I** p.pass. → **impregnare II** agg. **1** impregnated, imbued, soaked (**di** with); ***~ di sudore*** sweat-soaked **2** *(pieno)* ***una stanza ~ di fumo*** a smoke-filled room.

imprendibile /impren'dibile/ agg. **1** [*ladro*] uncatchable; SPORT [*tiro*] unstoppable **2** [*fortezza*] impregnable.

imprenditore /imprendi'tore/ ♦ *18* m. (f. **-trice** /tritʃe/) entrepreneur; ***piccolo ~*** small businessman ♦♦ ***~ edile*** (house) builder, (building) contractor.

imprenditoria /imprendito'ria/ f. **1** *(settore)* entrepreneurial activity **2** *(categoria)* entrepreneurs pl.

imprenditoriale /imprendito'rjale/ agg. entrepreneurial; ***classe ~*** entrepreneurs.

impreparato /imprepa'rato/ agg. **1** unprepared, unready (**a** for); ***la notizia mi coglie ~*** the news takes *o* catches me by surprise **2** *(incompetente)* incompetent **3** SCOL. UNIV. ***andare all'esame ~*** to take *o* sit BE an exam without having studied.

impresa /im'presa/ **I** f. **1** *(azienda)* enterprise, company, firm, business (unit); ***libera ~*** free enterprise; ***~ edile*** building firm; ***piccola e media ~*** small and medium enterprise; ***una piccola ~ con 10 dipendenti*** a small business with a staff of ten; ***dirigere un'~*** to run a business **2** *(progetto, attività)* enterprise, undertaking; ***lanciarsi in un'~*** to undertake a venture **II imprese** f.pl. *(gesta)* ***-e che sono entrate nella leggenda*** deeds *o* feats which have passed into legend ♦ ***è un'~ fargli capire cosa deve fare!*** SCHERZ. it's quite a job to make him understand what to do! ***è un'~ entrare in città!*** it's a real performance getting into town!

impresario, pl. **-ri** /impre'sarjo, ri/ ♦ *18* m. (f. **-a**) **1** entrepreneur **2** TEATR. impresario* ♦♦ ***~ edile*** builder; ***~ di pompe funebri*** funeral director.

imprescindibile /impreʃʃin'dibile/ agg. [*impegno, dovere, necessità*] unavoidable.

impressionabile /impressjo'nabile/ agg. **1** impressionable, sensitive **2** FOT. sensitive.

impressionante /impressjo'nante/ agg. **1** [*risultato, numero*] impressive; [*somiglianza*] striking, startling **2** *(che spaventa)* horrifying, spine-chilling.

impressionare /impressjo'nare/ [1] **I** tr. **1** *(fare effetto)* to impress, to strike* (**con** with; **facendo** by doing); ***lasciarsi facilmente ~*** to be easily impressed; ***non lasciarti ~ dagli esaminatori*** don't let the examiners upset you; ***l'ultimo candidato mi ha impressionato favorevolmente*** I was favourably impressed by the last candidate; ***il film mi ha impressionato molto*** the film had quite an effect on me **2** *(scioccare)* to shock, to horrify, to disturb **3** FISIOL. to act on [*retina*] **4** FOT. to expose [*pellicola*] **II impressionarsi** pronom. **1** *(turbarsi)* to be* upset **2** FOT. to be* exposed.

impressionato /impressjo'nato/ **I** p.pass. → **impressionare II** agg. **1** *(colpito)* impressed (**da** by, with); ***sono molto impressionato dal tuo lavoro*** I'm very impressed with your work **2** *(scioccato)* horrified, disturbed **3** FOT. [*pellicola*] exposed.

impressione /impres'sjone/ f. **1** impression; ***quali sono le sue -i?*** what are your impressions? *(effetto)* ***che ~ ti ha fatto?*** how did he strike you? ***fare*** o ***dare una buona, cattiva ~*** to make *o* create a good, bad impression **2** *(raccapriccio)* horror, disgust; ***che ~!*** how disgusting! ***il sangue gli fa ~*** blood upsets him **3** *(sensazione)* impression, feeling; ***avere l'~ che*** to be under the impression that; ***il rivederlo mi ha fatto una strana ~*** it was *o* I felt strange seeing him again **4** TIP. TECN. impression, printing.

impressionismo /impressjo'nizmo/ m. impressionism.

impressionista, m.pl. **-i**, f.pl. **-e** /impressjo'nista/ agg., m. e f. impressionist.

impressionistico, pl. **-ci**, **-che** /impressjo'nistiko, tʃi, ke/ agg. impressionistic.

impresso /im'presso/ **I** p.pass. → **imprimere II** agg. FIG. stamped, printed; ***rimanere ~ nella memoria di qcn.*** to remain *o* stick in one's memory; ***quel particolare mi è rimasto ~*** that detail stuck in my mind.

imprestare /impres'tare/ [1] tr. to lend*; ***~ qcs. a qcn.*** to lend sb. sth., to lend sth. to sb.; ***farsi ~ qcs.*** to borrow sth.

imprevedibile /impreve'dibile/ agg. [*fattori, persona*] unpredictable, unexpected; [*conseguenze, evento*] unforeseeable, unexpected.

imprevedibilità /imprevedibili'ta/ f.inv. unpredictability, unforeseeability.

imprevidente /imprevi'dɛnte/ agg. improvident, unforeseeing.

imprevisto /impre'visto/ **I** agg. **1** [*spese*] unforeseen, unexpected, unplanned; [*cambiamento*] unannounced **2** [*reazione*] unexpected **II** m. contingency, accident; ***salvo -i*** barring accidents; ***c'è stato un piccolo ~*** there has been a slight hitch.

impreziosire /imprettsjo'sire/ [102] tr. to embellish (anche FIG.).

imprigionare /impridʒo'nare/ [1] tr. **1** to imprison **2** FIG. to block, to trap.

imprimere /im'primere/ [29] **I** tr. **1** to impress, to imprint, to stamp [*sigillo*] (**su** on); ***~ qcs. nella memoria*** FIG. to imprint sth. in one's memory **2** *(trasmettere)* to give* [*spinta, movimento*] (**a qcs.** to sth.) **II imprimersi** pronom. to be* impressed, to be* engraved, to be* branded.

improbabile /impro'babile/ agg. improbable, unlikely; ***è ~ che possa venire*** he is not likely to come; ***è ~ che i soldi vengano rimborsati*** the money is unlikely to be paid back.

improbabilità /improbabili'ta/ f.inv. improbability, unlikelihood.

improbo /'improbo/ agg. arduous.

improcrastinabile /improkrasti'nabile/ agg. ***un impegno ~*** a task that cannot be postponed.

improduttività /improduttivi'ta/ f.inv. unproductiveness; *(di terreno)* infertility, unfruitfulness.

improduttivo /improdut'tivo/ agg. [*terreno*] infertile, unfruitful; [*investimento, capitali*] unproductive, nonproductive, idle.

impronta /im'pronta/ f. **1** impression, imprint, print, mark; ***l'~ di un piede sulla sabbia*** a footprint in the sand; ***le -e di un cane*** a dog's footprints; ***l'~ dei denti*** MED. dental impression; ***lasciare l'~*** [*dente, piede*] to leave a mark **2** *(di sigillo, moneta, chiave)* impression **3** *(marchio, segno)* mark, stamp; ***l'~ di un artista*** the stamp of an artist; ***lasciare un'~*** to leave a mark ♦♦ ***-e digitali*** fingerprints, dabs BE COLLOQ.

improntare /impron'tare/ [1] **I** tr. ***~ il volto a un'espressione corrucciata*** to frown, to put on a sullen look **II** intr. (aus. *essere*), **improntarsi** pronom. to become* imbued (**di** with); ***-rsi di tristezza*** [*personalità*] to become imbued with sadness; [*volto*] to take on a sorrowful look.

improntato /impron'tato/ **I** p.pass. → **improntare II** agg. ***~ di tristezza*** [*sguardo, volto*] full of sadness.

impronunciabile /impronun'tʃabile/, **impronunziabile** /impronun'tsjabile/ agg. **1** *(difficile da pronunciare)* unpronounceable **2** *(da non proferire)* unrepeatable.

improperio, pl. **-ri** /impro'pɛrjo, ri/ m. curse, abuse **U**; ***coprire qcn. di -ri*** to heap abuse on sb., to let fly a stream of abuse on sb.

improponibile /impropo'nibile/ agg. *(inaccettabile)* ***una soluzione ~*** an absurd solution.

impropriamente /improprja'mente/ avv. improperly; ***un termine usato ~*** a misused word.

improprietà /improprje'ta/ f.inv. **1** impropriety; ***~ di linguaggio*** inappropriate language **2** *(cosa, parola impropria)* inaccuracy.

improprio, pl. **-ri**, **-rie** /im'prɔprjo, ri, rje/ agg. *(scorretto)* [*termine*] inaccurate; [*espressione, uso*] improper; ***in senso ~*** improperly.

improrogabile /improro'gabile/ agg. ***un impegno ~*** an appointment that cannot be postponed; ***scadenza ~*** deadline.

improrogabilmente /improrogabil'mente/ avv. without any possible postponement.

improvvisamente /improvviza'mente/ avv. **1** *(tutto a un tratto)* suddenly, all of a sudden **2** *(in modo inaspettato)* unexpectedly, out of the blue, all of a sudden; ***suo zio è morto ~*** his uncle died unexpectedly.

improvvisare /improvvi'zare/ [1] **I** tr. to improvise, to extemporize [*poesia, sonata*]; to improvise, to ad-lib [*discorso*]; to improvise, to put* together, to rustle up [*cena*] **II** intr. (aus. *avere*) to improvise, to extemporize, to ad-lib **III**

in

La preposizione *in* si traduce in inglese in vari modi a seconda del valore semantico che convoglia.

- Quando *in* introduce lo stato in luogo, si traduce solitamente *in*: *una villetta in campagna* = a cottage in the countryside; *è in cucina* = she's in the kitchen; *in Europa* = in Europe; *in Italia* = in Italy; *nell'Italia del Nord* = in Northern Italy; *in classe* = in the classroom; *nell'acqua* = in the water; si notino però i casi di *in casa* = at home e *in tutta la regione* = all over the area.
- Quando *in* introduce il moto a luogo, si traduce *to*: *è andato in montagna* = he's gone to the mountains; *andare con l'aereo in Asia / Canada* = to fly to Asia / Canada; *corse in giardino* = he ran into the garden; *entrò nel ristorante / nella stanza / nel negozio* = he went into the restaurant / room / shop. Si usa invece *through* se si vuole sottolineare il moto per luogo: *ho viaggiato spesso negli Stati Uniti* = I have often travelled through the States.
- Quando *in* introduce un complemento di tempo a significare *durante*, si traduce solitamente *in*, ma anche *on*, *over* o *at*: *in maggio* = in May; *in estate* = in summer; *in futuro* = in the future; *sono nato nel 1956* = I was born in 1956; *nel XX secolo* = in the 20th century; *nella mia giovinezza* = in my youth; *in una sera come questa* = on a night like this; *in quegli anni* = over those years; *nei fine settimana* = at weekends.
- Quando *in* introduce mezzi di trasporto, si rende con *by*: *in macchina* = by car; *in treno* = by train; *in autobus* = by bus; *in bici* = by bike.
- Nel caso di altri complementi, e di locuzioni avverbiali e idiomatiche, la preposizione italiana *in* ha diversi equivalenti in inglese, tra i quali ***at*** (*bravo in latino* = good at Latin; *in cima e in fondo al foglio* = at the top and at the bottom of the paper; *è in gioco la mia reputazione* = my reputation is at stake; *in qualunque momento* = at any time; *in fondo a questa via* = at the end of this street), ***for*** (*un cambiamento in meglio / peggio* = a change for the better / worse), ***in*** (*in pratica* = in practice; *in vista* = in sight; *in silenzio* = in silence; *in tempo* = in time; *in lacrime* = in tears; *dimmelo in inglese, per favore* = tell me in English, please), ***into*** (*traduci questo articolo in inglese* = translate this article into English), ***on*** (*in servizio* = on duty; *in vendita* = on sale; *in vacanza* = on vacation / holiday; *spendere soldi in giocattoli* = to spend money on toys; *in sciopero* = on strike; *che c'è in programma?* = what's on?; *in punta di piedi* = on tiptoe), ***under*** (*in discussione* = under discussion).
- La costruzione *in* + articolo + infinito ha valore circostanziale e significato temporale di *mentre*, e va tradotta in inglese per lo più con un gerundio o con *in / on* + gerundio: *nell'aprire la lattina, si tagliò un dito* = in opening the tin, he cut his finger; *nel sentire la mia voce, sorrise* = on hearing my voice, she smiled.
- Talvolta la preposizione *in* non si traduce in alcun modo in inglese: è il caso di alcune locuzioni o espressioni idiomatiche come *in disparte* = aside; *in verità* = actually / to tell the truth; *se fossi in te* = if I were you; *siamo in dieci* = there are ten of us; *Maria Rossi in Brambilla* = Maria Brambilla née Rossi; oppure è il caso in cui il sintagma preposizionale dell'italiano è reso in inglese da un aggettivo o da una forma appositiva: *era pallida in volto* = she was pale-faced; *carne in umido* = stewed meat; *scultura in marmo* = marble statue.
- *In* interviene nella formazione di locuzioni prepositive (*in compagnia di*) e avverbiali (*in giù, in su, in breve, in fretta e furia*); per una corretta traduzione in inglese, si vedano queste voci nel dizionario.
- Per altri esempi, usi particolari ed eccezioni, si veda la voce qui sotto. Sarà spesso utile consultare la voce relativa alla parola introdotta dalla preposizione; inoltre, la consultazione delle note lessicali poste alla fine del dizionario potrà risolvere particolari dubbi d'uso e di traduzione.

improvvisarsi pronom. ***-rsi cuoco, avvocato*** to act as a cook, lawyer.

improvvisata /improvvi'zata/ f. surprise visit; ***fare un'~*** to make *o* pay a surprise visit.

improvvisato /improvvi'zato/ **I** p.pass. → **improvvisare II** agg. **1** [*discorso*] impromptu, off-the-cuff, extemporaneous; [*poesia, canzone*] improvised, extemporaneous **2** [*cena*] improvised, scratch; [*letto, tavolo*] makeshift **3** [*cantante, cuoco, autista*] makeshift.

improvvisazione /improvvizat'tsjone/ f. improvisation.

improvviso /improv'vizo/ **I** agg. **1** [*cambiamento, dolore, morte, attacco, impulso*] sudden; [*partenza*] hasty; [*calo, aumento*] sudden, sharp; [*accelerazione, frenata*] violent; [*decisione*] snap **2** [*notizia*] unexpected **3 all'improvviso, d'improvviso** suddenly, all of a sudden **II** m. MUS. impromptu.

imprudente /impru'dɛnte/ agg. [*persona, azione, comportamento*] imprudent, careless, reckless; [*decisione, parola*] unwise, imprudent, ill-advised.

imprudenza /impru'dɛntsa/ f. **1** imprudence, carelessness **2** *(atto imprudente)* imprudence; ***commettere un'~*** to do sth. reckless; ***è stata un'~ fare*** it was rash to do.

impudente /impu'dɛnte/ agg. [*parola, azione*] impudent; [*persona*] impudent, insolent, cheeky.

impudenza /impu'dɛntsa/ f. **1** impudence, gall, cheek **2** *(atto, parola)* impudence.

impudico, pl. **-ci**, **-che** /impu'diko, tʃi, ke/ agg. [*gesto, parola*] indecent; [*persona*] shameless, lewd.

impugnabile /impuɲ'ɲabile/ agg. DIR. [*testamento, sentenza*] impugnable, contestable.

1.impugnare /impuɲ'ɲare/ [1] tr. to seize, to grasp, to grip [*bastone, maniglia*]; to hold* [*racchetta da tennis*]; to take* up [*armi*]; to draw* [*spada*].

2.impugnare /impuɲ'ɲare/ [1] tr. DIR. to contest.

impugnatura /impuɲɲa'tura/ f. **1** *(manico)* handle; *(di spada, sciabola)* hilt; *(di pistola)* butt, helve; *(di arnese, attrezzo)* handgrip, butt; *(di pala)* handle, haft **2** *(l'impugnare)* grip, grasp; ***l'~ corretta della racchetta*** the right way to hold the racket.

impulsività /impulsivi'ta/ f.inv. impulsiveness.

impulsivo /impul'sivo/ agg. [*gesto*] impulsive, rash.

impulso /im'pulso/ m. **1** impulse, impetus, stimulus*, push; ***agire d'~*** to act on (an) impulse **2** *(desiderio)* impulse, urge, compulsion; ***sentire l'~ di fare*** to feel a compulsion to do, to have an impulse to do; ***il mio primo ~ è stato di...*** my first instinct was to... **3** PSIC. drive **4** ELETTRON. EL. TECN. impulse, pulse ♦♦ ***~ nervoso*** nerve impulse; ***~ sessuale*** sex drive.

impunemente /impune'mente/ avv. with impunity.

impunità /impuni'ta/ f.inv. impunity.

impunito /impu'nito/ agg. unpunished; ***restare ~*** to go *o* remain unpunished.

impuntarsi /impun'tarsi/ [1] pronom. **1** [*cavallo*] to jib **2** FIG. [*persona*] to dig* in one's heels; ***-rsi su qcs.*** to bash on with sth.; ***-rsi su un'idea*** to cling stubbornly to an idea.

impurità /impuri'ta/ f.inv. impurity (anche FIG.).

impuro /im'puro/ agg. impure.

imputabile /imputa'bile/ agg. **1** *(attribuibile)* imputable, ascribable, attributable, due (**a** to) **2** *(responsabile)* responsible (**di** for) **3** DIR. chargeable (**di** with), indictable (**di** of).

imputare /impu'tare/ [1] tr. **1** to impute, to ascribe, to attribute [*colpa*] (**a qcn.** to sb.) **2** DIR. ***~ qcs. a qcn.*** to charge sb. with sth. **3** COMM. to charge (**a** to); ***~ una somma a un conto*** to charge a sum to an account.

imputato /impu'tato/ **I** p.pass. → **imputare II** agg. DIR. charged, accused; ***essere ~ di omicidio*** to be charged with murder **III** m. (f. **-a**) ***l'~*** the accused (one), the indictee, the defendant ♦ ***mettere qcn. sul banco degli -i*** to put sb. on trial *o* in the dock BE.

imputazione /imputat'tsjone/ f. imputation, charge, accusation; ***~ d'omicidio*** murder charge; ***capi d'~*** criminal charges.

imputridire /imputri'dire/ [102] intr. (aus. *essere*) to rot (away), to putrefy.

imputridito /imputri'dito/ **I** p.pass. → **imputridire II** agg. rotten, putrid.

impuzzolentire /imputtsolen'tire/ [102] tr. to stink* out, to pong out BE COLLOQ., to stink* up AE [*luogo*].

in /in/ prep. (artcl. **nel**, **nello**, **nella**, **nell'**; pl. **nei**, **negli**, **nelle**) **1** *(stato in luogo)* in; *(all'interno)* in, inside; *(sopra)* on; ***abito ~ via Roma*** I live in BE *o* on AE via Roma; ***vivere ~ Italia, ~ città, ~ campagna*** to live in Italy, in town, in the country;

stare ~ casa to stay at home; ***essere ~ un taxi*** to be in a taxi; ~ ***televisione*** on TV; ~ ***questa storia*** in this story; ***nel suo discorso*** in his speech; ***che cosa ti piace ~ un uomo?*** what do you like in a man? ***un tema ricorrente ~ Montale*** a recurrent theme in Montale's work **2** *(moto a luogo)* to; ***andare ~ Francia, ~ città, ~ campagna*** to go to France, to town, to the country; ***andare ~ vacanza*** to go on holiday; ***vado ~ macelleria*** I'm going to the butcher's; ***entrare ~ una stanza*** to go into a room; ***il treno sta per entrare ~ stazione*** the train is arriving at the station; ***salire ~ macchina*** to get into the car **3** *(moto per luogo)* ***passeggiare ~ centro*** to walk in the city centre BE *o* around downtown AE; ***viaggiare ~ Cina, negli Stati Uniti*** to travel around *o* through Cina, the United States; ***correre nei prati*** to run across the fields; ***infilare il dito nella fessura*** to stick one's finger through the slit **4** *(tempo) (durante)* ~ ***inverno*** in winter; ***nel 1991*** in 1991; ***nel Medio Evo*** in the Middle Ages; ***negli ultimi giorni*** over the last few days; ~ ***settimana mangio alla mensa*** during the week I eat at the canteen; *(entro)* ***l'ho fatto ~ due giorni*** I did it in two days; ***lo farò ~ settimana*** I'll do it within the week **5** *(mezzo)* by; ***sono venuto ~ taxi*** I came here by taxi; ***abbiamo fatto un giro ~ barca*** we went out on the boat **6** *(modo, maniera)* ***un'opera ~ versi, inglese, tre volumi*** a work in verse, in English, in three volumes; ***parlare ~ spagnolo*** to speak Spanish; ~ ***piena forma*** in great shape; ~ ***contanti*** (in) cash **7** *(fine)* ***ho avuto questo libro ~ regalo*** this book was given to me as a present; ~ ***vendita*** for sale **8** *(trasformazione)* ***tradurre ~ italiano*** to translate into Italian; ***cambiare delle sterline ~ dollari*** to change pounds in dollars **9** *(per indicare relazione di matrimonio)* ***Enza Bianchi ~ Rossi*** Enza Rossi, née Bianchi **10** *(materia)* ***è ~ oro*** it's made of gold; ***un anello ~ oro*** a gold ring **11** *(limitazione)* ***laurea ~ filosofia*** degree in philosophy; ***laureato ~ lettere*** arts graduate; ***essere bravo ~ storia*** to be good at history; ***malattia frequente nei bovini*** common disease in cattle; ~ ***politica*** in politics **12** *(misura)* ***il muro misura tre metri ~ altezza e sei ~ lunghezza*** the wall is three metres high and six metres long **13** *(quantità)* ***erano ~ venti*** there were twenty of them; ***siamo ~ pochi*** there are few of us; ***abbiamo fatto il lavoro ~ due*** two of us did the job **14** *(davanti a un infinito)* ***nel tornare a casa, ...*** on my way home, ...; ***nel dire così, ...*** saying this, ...

inabbordabile /inabbor'dabile/ agg. **1** *(irraggiungibile)* unapproachable, inaccessible (anche FIG.) **2** *(costoso)* [*prodotto*] prohibitive.

inabile /i'nabile/ agg. unfit; ~ ***al lavoro, al servizio militare*** unfit for work, for military service.

inabilità /inabili'ta/ f.inv. **1** *(incapacità)* inability, incapacity; ~ ***al lavoro*** inability to work **2** *(invalidità)* disability **3** *(al servizio militare)* unfitness.

inabilitare /inabili'tare/ [1] tr. [*malattia*] to disable, to incapacitate.

inabissarsi /inabis'sarsi/ [1] pronom. to sink*.

inabitabile /inabi'tabile/ agg. uninhabitable.

inaccessibile /inattʃes'sibile/ agg. **1** *(irraggiungibile)* inaccessible, unapproachable (anche FIG.) **2** *(costoso)* [*prezzo*] unaffordable, prohibitive.

inaccettabile /inattʃet'tabile/ agg. [*condizioni, comportamento*] unacceptable, inadmissible.

inaccostabile /inakkos'tabile/ agg. unapproachable (anche FIG.).

inacerbirsi /inatʃer'birsi/ [102] pronom. to become* embittered, to become* exacerbated.

inacidire /inatʃi'dire/ [102] **I** tr. **1** *(rendere acido)* to make* [sth.] sour **2** FIG. ***la vecchiaia lo ha inacidito*** old age has embittered him **II** intr. (aus. *essere*) *(diventare acido)* [*latte, panna*] to go* sour, to turn sour, to go* off **III inacidirsi** pronom. **1** *(diventare acido)* [*latte, panna*] to go* sour, to turn sour, to go* off **2** FIG. to become* embittered.

inacidito /inatʃi'dito/ **I** p.pass. → **inacidire II** agg. sour (anche FIG.).

inadatto /ina'datto/ agg. **1** *(inadeguato)* unsuitable, unfit (**a** for) **2** *(inopportuno)* inappropriate, unsuitable.

inadeguatezza /inadegwa'tettsa/ f. **1** *(di strumento, legge)* inadequacy, inappropriateness, unsuitability; ***l'~ delle parole*** the impotence of words **2** *(insufficienza)* insufficiency, inadequacy; ~ ***dei mezzi*** insufficient means.

inadeguato /inade'gwato/ agg. **1** *(inadatto)* [*sistema, legge, persona, struttura*] inadequate, unfit, unsuitable **2** *(inopportuno)* [*abbigliamento*] inappropriate, unsuitable, unsuited **3** *(insufficiente)* [*mezzo, somma*] inadequate; [*parole, preparazione*] insufficient.

inadempiente /inadem'pjɛnte/ **I** agg. defaulting; ***essere ~*** to be in default, to default **II** m. e f. defaulter.

inadempienza /inadem'pjɛntsa/ f. breach, non-fulfilment; *(di pagamenti)* default; ~ ***professionale*** professional misconduct.

inadempiuto /inadem'pjuto/ agg. unfulfilled.

inafferrabile /inaffer'rabile/ agg. [*ladro, animale*] unseizable; [*carattere, personaggio*] elusive.

inaffidabile /inaffi'dabile/ agg. [*informazione, persona*] unreliable, untrustworthy.

inaffidabilità /inaffidabili'ta/ f.inv. unreliability.

inaffondabile /inaffon'dabile/ agg. unsinkable.

inagibile /ina'dʒibile/ agg. [*edificio*] unfit for use mai attrib.; [*strada, campo da calcio*] impracticable.

INAIL /'inail/ m. (⇒ Istituto Nazionale per l'Assicurazione contro gli Infortuni sul Lavoro) = national institute for the insurance against on-the-job injuries.

inalare /ina'lare/ [1] tr. MED. to inhale, to breathe in.

inalatore /inala'tore/ m. inhaler.

inalazione /inalat'tsjone/ f. inhalation.

inalberarsi /inalbe'rarsi/ [1] pronom. **1** *(impennarsi)* [*cavallo*] to rear **2** *(adirarsi)* to get* angry, to bristle.

inalienabile /inalje'nabile/ agg. [*bene, diritto*] inalienable.

inalterabile /inalte'rabile/ agg. [*materiale, sostanza*] unalterable; [*carattere, sentimento*] unchanging; [*colore*] fast; [*posizione, opinione*] immovable, constant.

inalterato /inalte'rato/ agg. [*metallo, sostanza*] unaltered; [*situazione, stima*] unchanged.

INAM /'inam/ f. (⇒ Istituto Nazionale per l'Assicurazione contro le Malattie) = national institute for socialized health insurance.

inamidare /inami'dare/ [1] tr. to starch, to stiffen.

inamidato /inami'dato/ **I** p.pass. → **inamidare II** agg. [*biancheria, colletto, polsino*] starched, stiff.

inammissibile /inammis'sibile/ agg. inadmissible.

inanellato /inanel'lato/ agg. **1** [*capelli*] curly **2** *(ornato di anelli)* [*mano*] covered with rings, adorned with rings.

inanimato /inani'mato/ agg. [*materia*] inanimate; [*persona, corpo*] lifeless.

inappagato /inappa'gato/ agg. [*desiderio, persona, curiosità*] unsatisfied, unfulfilled.

inappellabile /inappel'labile/ agg. [*decisione, sentenza*] unappellable.

inappetente /inappe'tɛnte/ agg. ***essere ~*** to lack appetite, to be off one's food.

inappetenza /inappe'tɛntsa/ f. lack of appetite.

inapplicabile /inappli'kabile/ agg. inapplicable (**a** to).

inappropriato /inappro'prjato/ agg. inappropriate.

inappuntabile /inappun'tabile/ agg. [*servizio, vestito*] impeccable; [*comportamento*] irreproachable, unobjectionable; [*maniere*] impeccable, faultless; [*esecuzione*] flawless, faultless.

inarcare /inar'kare/ [1] **I** tr. ~ ***la schiena*** to arch one's back; ~ ***le sopracciglia*** to raise one's *o* an eyebrow **II inarcarsi** pronom. [*persona*] to arch one's back.

inaridire /inari'dire/ [102] **I** tr. **1** [*sole, calura*] to wither, to parch, to scorch [*erba, terra, campi*] **2** FIG. to dry up, to wither (away) [*persona, anima, immaginazione*] **II** intr. (aus. *essere*) [*fiume*] to dry up **III inaridirsi** pronom. **1** [*terra*] to dry up; [*capelli*] to become* dry **2** FIG. to dry up.

inaridito /inari'dito/ **I** p.pass. → **inaridire II** agg. [*campo, pozzo, cuore*] dried up.

inarrestabile /inarres'tabile/ agg. [*evoluzione, declino, ascesa, offensiva*] unstoppable, unrelenting, relentless, inexorable.

inarrivabile /inarri'vabile/ agg. **1** *(non raggiungibile)* [*vetta*] unreachable, inaccessible **2** *(impareggiabile)* incomparable, unparalleled.

inarticolato /inartiko'lato/ agg. [*suono*] inarticulate.

inascoltato /inaskol'tato/ agg. unheeded, unheard.

inaspettatamente /inaspettata'mente/ avv. [*andarsene*] abruptly; [*grande, veloce*] unexpectedly.
inaspettato /inaspet'tato/ agg. [*arrivo, ospite*] unexpected, unannounced, surprise attrib.; [*cambiamento*] abrupt; [*notizia, successo*] unexpected, unforeseen; ***questo mi giunge del tutto ~*** this is a complete surprise to me.
inasprimento /inaspri'mento/ m. **1** *(aggravamento)* worsening, exacerbation **2** *(aumento)* ***~ fiscale*** tax increase *o* bite; ***~ della pena*** DIR. increase in sentence **3** FIG. *(indurimento)* embitterment, hardening.
inasprire /inas'prire/ [102] **I** tr. **1** *(esasperare)* to exacerbate, to aggravate, to sharpen [*disputa, dibattito, situazione*] **2** *(aumentare)* to increase [*pena*]; to tighten [*sanzioni*] **3** FIG. *(indurire)* to harden [*persona, carattere*] **II inasprirsi** pronom. **1** *(indurirsi)* [*tono, voce*] to harden **2** *(aumentare)* ***il freddo si inasprisce*** it's getting colder **3** *(esasperarsi)* [*disputa, situazione*] to worsen, to grow* more bitter; [*leggi*] to tighten.
inastare /inas'tare/ [1] tr. to hoist [*bandiera*]; to fix [*baionetta*].
inattaccabile /inattak'kabile/ agg. **1** [*fortezza, posizione*] unassailable, impregnable **2** FIG. [*persona, reputazione, argomentazione*] irreproachable, unassailable; [*potere*] unchallengeable **3** ***~ dagli acidi, dagli agenti atmosferici*** acid-proof, weather-proof.
inattendibile /inatten'dibile/ agg. [*persona, informazione*] unreliable, untrustworthy.
inatteso /inat'teso/ agg. [*arrivo, ospite, occasione*] unexpected, unannounced, surprise attrib.; [*cambiamento*] abrupt; [*successo, notizia*] unexpected, unforeseen.
inattività /inattivi'ta/ f.inv. inactivity.
inattivo /inat'tivo/ agg. [*persona*] inactive; [*vulcano*] inactive, dormant; [*capitale*] idle.
inattuabile /inattu'abile/ agg. impracticable, unfeasible.
inaudito /inau'dito/ agg. unheard-of, unprecedented; ***è una cosa -a!*** I've never heard such a thing! ***è ~!*** it's absurd!
inaugurale /inaugu'rale/ agg. [*cerimonia, discorso*] inaugural, opening.
inaugurare /inaugu'rare/ [1] tr. **1** to inaugurate, to open [*museo, esposizione, scuola*]; to unveil [*monumento*] **2** *(segnare l'inizio)* to inaugurate, to start **3** COLLOQ. *(usare per la prima volta)* to christen [*automobile, vestito*].
inaugurazione /inaugurat'tsjone/ f. inauguration, opening; *(di monumenti)* unveiling; ***cerimonia di ~*** opening ceremony.
inavvertenza /inavver'tɛntsa/ f. inadvertence, carelessness.
inavvertitamente /inavvertita'mente/ avv. inadvertently.
inavvertito /inavver'tito/ agg. unnoticed; ***passare ~*** to go *o* pass unnoticed.
inavvicinabile /inavvitʃi'nabile/ agg. **1** *(irraggiungibile)* inaccessible, unapproachable (anche FIG.) **2** *(costoso)* [*prezzi*] unaffordable, prohibitive.
inazione /inat'tsjone/ f. inaction.
incagliarsi /inkaʎ'ʎarsi/ [1] pronom. **1** [*nave*] to run* aground, to be* grounded **2** FIG. [*negoziazioni, trattative*] to come* to a standstill, to reach a deadlock.
incalcolabile /inkalko'labile/ agg. incalculable.
incallito /inkal'lito/ agg. **1** *(insensibile)* [*criminale*] hardened **2** *(accanito)* [*fumatore, giocatore, bevitore*] inveterate, confirmed **3** *(calloso)* [*mani*] callous, callused.
incalzante /inkal'tsante/ agg. [*richiesta*] pressing, urgent.
incalzare /inkal'tsare/ [1] **I** tr. to chase, to follow [sb.] closely [*nemico*]; ***~ qcn. da vicino*** to be hot on sb.'s heels; ***~ qcn. con delle domande*** to ply sb. with questions **II** intr. (aus. *avere*) **1** *(essere imminente)* [*pericolo, crisi*] to be* imminent **2** *(susseguirsi con rapidità)* [*domande*] to be* pressing.
incameramento /inkamera'mento/ m. confiscation.
incamerare /inkame'rare/ [1] tr. DIR. to confiscate.
incamminarsi /inkammi'narsi/ [1] pronom. to make* one's way (**verso** towards), to set* off (**verso** for); ***~ verso casa*** to head (for) home.
incanalare /inkana'lare/ [1] **I** tr. **1** *(canalizzare)* to channel, to canalize [*acque*] **2** FIG. to channel [*soldi, traffico, folla*]; to channel, to funnel [*aiuti, fondi*] **II incanalarsi** pronom. [*acque*] to be* channelled BE, to be* channeled AE; [*auto*] to converge (**in** to); [*folla*] to stream.
incancellabile /inkantʃel'labile/ agg. [*traccia, ricordo*] indelible.
incancrenire /inkankre'nire/ [102] intr. (aus. *essere*), **incancrenirsi** pronom. **1** [*ferita*] to gangrene, to become* gangrenous **2** FIG. [*male, vizio*] to become* deep-rooted.
incandescente /inkandeʃ'ʃɛnte/ agg. incandescent, white hot (anche FIG.).
incandescenza /inkandeʃ'ʃɛntsa/ f. incandescence; ***lampada a ~*** incandescent lamp.
incantare /inkan'tare/ [1] **I** tr. *(stregare)* to bewitch, to charm, to enchant; ***lasciarsi ~ da qcn.*** to fall to sb.'s charms; ***~ serpenti*** to charm snakes **II incantarsi** pronom. **1** *(imbambolarsi)* to be* lost in wonder, to be* lost in a daydream **2** *(incepparsi)* to get* stuck.
incantato /inkan'tato/ **I** p.pass. → **incantare II** agg. **1** *(affascinato)* enraptured, enthralled, fascinated, spellbound **2** *(fatato)* bewitched; [*anello, giardino*] enchanted, magic **3** *(imbambolato)* caught in a trance, stunned.
incantatore /inkanta'tore/ **I** agg. bewitching, captivating, spellbinding **II** m. (f. **-trice** /tritʃe/) charmer ♦♦ ***~ di serpenti*** snake charmer.
incantesimo /inkan'tezimo/ m. charm, incantation, spell; ***fare un ~ a qcn.*** to cast *o* put a spell on sb.
incantevole /inkan'tevole/ agg. [*hotel, villaggio, vista*] delightful, enchanting; [*abito, libro, luogo, persona*] charming; [*bellezza*] haunting.
1.incanto /in'kanto/ m. **1** *(incantesimo)* enchantment, spell; ***come per ~*** as if by magic *o* charm **2** *(meraviglia)* magic, enchantment, charm; ***ti sta d'~*** [*abito*] it suits you to a T, it's divine on you; ***è un ~!*** it's a dream *o* marvel!
2.incanto /in'kanto/ m. auction; ***all'~*** at auction; ***mettere qcs. all'~*** to put sth. up for auction, to auction sth. off.
incanutire /inkanu'tire/ [102] intr. (aus. *essere*) to turn white.
incapace /inka'patʃe/ **I** agg. **1** *(che non può)* incapable (**di fare** of doing), unable (**di fare** to do); ***era ~ di fare del male*** she could do no harm **2** *(incompetente)* [*lavoratore*] ineffective, poor **3** DIR. ***essere ~ di intendere e di volere*** to be non compos mentis, to be of unsound mind **II** m. e f. **1** *(inetto)* failure, bungler COLLOQ. **2** DIR. ***circonvenzione d'~*** circumvention of an incapable.
incapacità /inkapatʃi'ta/ f.inv. **1** *(inettitudine)* inability, incapacity **2** DIR. incapability, incapacity, unfitness.
incaponirsi /inkapo'nirsi/ [102] pronom. ***~ su qcs.*** to bash on with sth., to dig one's heels over sth.
incappare /inkap'pare/ [1] intr. (aus. *essere*) ***~ in*** to run up against [*difficoltà*]; to hit [*problema*].
incappucciare /inkapput'tʃare/ [1] tr. **1** to put* a hood on **2** FIG. to cap, to cover.
incappucciato /inkapput'tʃato/ **I** p.pass. → **incappucciare II** agg. **1** hooded **2** FIG. capped; ***~ di neve*** [*montagna*] snow-capped.
incapricciarsi /inkaprit'tʃarsi/ [1] pronom. ***~ di*** to become infatuated of, to take a fancy to BE [*donna, oggetto, idea*].
incapsulare /inkapsu'lare/ [1] tr. **1** to capsule [*bottiglia*]; to encapsulate [*farmaco*] **2** MED. to cap, to crown [*dente*].
incarcerare /inkartʃe'rare/ [1] tr. to imprison, to incarcerate, to jail.
incardinare /inkardi'nare/ [1] **I** tr. **1** to hinge [*cancello, porta*] **2** FIG. to found, to ground, to base **II incardinarsi** pronom. ***-rsi su qcs.*** to hinge on sth., to centre *o* revolve around sth.
incaricare /inkari'kare/ [1] **I** tr. to charge, to commission; ***~ qcn. di fare*** to get sb. to do; FORM. to commission sb. to do, to charge sb. with doing; ***mi ha incaricato di porgerle i suoi saluti*** she asked me to give you her regards **II incaricarsi** pronom. ***-rsi di*** to undertake [*missione*]; to see to [*compito, persona*].
incaricato /inkari'kato/ **I** p.pass. → **incaricare II** agg. commissioned; ***~ di*** responsible for, in charge of, charged with **III** m. (f. **-a**) **1** *(responsabile)* person in charge; *(funzionario)* officer; ***~ d'affari*** AMM. chargé d'affaires **2** SCOL. teacher on a temporary contract.
incarico, pl. **-chi** /in'kariko, ki/ m. **1** *(compito)* assignment, commission, job, task; ***un ~ di fiducia*** a position of trust; ***ha l'~ di fare*** he's responsible for doing; ***dare*** o ***affidare a qcn. l'~ di***

fare to entrust sb. with the task of doing **2** *(carica)* assignment, office; **~ *pubblico*** public office; ***sollevare qcn. da un ~*** to relieve sb. of a post **3** SCOL. appointment; *(cattedra)* appointment, chair.

incarnare /inkar'nare/ [1] **I** tr. *(rappresentare)* to embody, to incarnate, to personify [*ideale, male, virtù*] **II incarnarsi** pronom. **1** *(essere rappresentato)* to become* incarnated, to become* embodied **2** RELIG. to be* made flesh, to become* incarnate.

1.incarnato /inkar'nato/ **I** p.pass. → **incarnare II** agg. **1** *(personificato)* embodied, incarnate **2** RELIG. ***il Verbo ~*** the Word made flesh.

2.incarnato /inkar'nato/ ➧ *3* m. colour, complexion.

incarnazione /inkarnat'tsjone/ f. incarnation (anche RELIG.), embodiment, personification.

incarnirsi /inkar'nirsi/ [102] pronom. [*unghia*] to grow* in.

incarnito /inkar'nito/ agg. [*unghia*] ingrown.

incarognire /inkaroɲ'ɲire/ [102] intr. (aus. *essere*), **incarognirsi** pronom. *(incattivirsi)* to turn nasty.

incartamento /inkarta'mento/ m. dossier, file.

incartapecorito /inkartapeko'rito/ agg. [*pelle*] papery, wizened, shrivelled, shriveled AE.

incartare /inkar'tare/ [1] tr. to wrap; ***glielo incarto?*** shall I wrap it for you?

incarto /in'karto/ m. *(involucro)* wrapper.

incasellare /inkasel'lare/ [1] tr. **1** to pigeonhole BE, to deliver [sth.] to a post box BE, to deliver [sth.] to a mailbox AE **2** FIG. to pigeonhole BE, to classify.

incasinare /inkasi'nare/ [1] **I** tr. COLLOQ. to mess up, to balls up BE, to ball up AE **II incasinarsi** pronom. COLLOQ. **1** [*persona*] to foul up; ***si è incasinato al colloquio*** he made a hash of the interview **2** [*faccenda, situazione*] to become* a mess.

incasinato /inkasi'nato/ **I** p.pass. → **incasinare II** agg. COLLOQ. **1** *(confuso)* [*idea*] fuddled, screwed up; [*posto, situazione*] messy; ***sono ~*** I'm in a mess **2** *(difficile)* ***la prova era -a*** the test was a real stinker.

incassare /inkas'sare/ [1] tr. **1** *(imballare)* to pack up, to box up [*merce*] **2** *(inserire)* to build* in(to) [*libreria*]; to recess [*lampada, vasca da bagno*] **3** *(riscuotere)* to cash [*assegno*]; to collect [*affitto, soldi*]; to pull in COLLOQ. [*somma*] **4** *(sopportare)* to absorb, to take* [*colpo, pugno*]; FIG. to take*, to swallow [*insulto*]; ***sa ~*** he can take it.

incassato /inkas'sato/ **I** p.pass. → **incassare II** agg. **1** *(inserito)* [*guardaroba, ripiano*] built-in; [*lampada*] recessed; ***vasca da bagno -a*** sunken *o* enclosed bath **2** *(riscosso)* [*assegno*] cashed **3** *(racchiuso da argini)* [*fiume*] embanked; ***strada -a nella montagna*** road cut through the mountains.

incasso /in'kasso/ m. **1** *(somma incassata)* takings pl.; *(per evento sportivo)* gate money **2** *(riscossione)* collecting, collection; *(di assegno)* cashing **3** *(incassatura)* ***da ~*** [*guardaroba, ripiano*] built-in; ***lavello a ~*** sink unit ♦♦ **~ *lordo*** gross receipts; **~ *netto*** net receipts.

incastellatura /inkastella'tura/ f. *(impalcatura)* scaffolding, staging.

incastonare /inkasto'nare/ [1] tr. to mount, to set* [*gemma*].

incastonatura /inkastona'tura/ f. mounting, setting.

incastrare /inkas'trare/ [1] **I** tr. **1** *(unire)* to fit, to set* **2** *(bloccare)* **~ *qcs. in*** to jam *o* wedge sth. into **3** FIG. *(coinvolgere)* to frame, to set* up BE COLLOQ.; ***mi hanno incastrato!*** I've been framed! **II incastrarsi** pronom. **1** *(unirsi)* [*componenti, pezzi*] to fit* together, to lock together, to slot together; [*ingranaggi, rotelle*] to mesh **2** *(rimanere incastrato)* to get* jammed, to get* caught; [*piccolo oggetto*] to lodge **3** *(incepparsi, bloccarsi)* [*finestra, serratura, cassetto*] to jam, to get* stuck.

incastrato /inkas'trato/ **I** p.pass. → **incastrare II** agg. **1** *(unito)* fitted **2** *(bloccato)* [*finestra, cassetto, serratura*] jammed, stuck.

incastro /in'kastro/ m. ING. TECN. groove, joint ♦♦ **~ *a coda di rondine*** dovetail.

incatenare /inkate'nare/ [1] **I** tr. **1** to chain (up), to enchain [*persona, animale*]; to (en)fetter, to put* in chains [*forzato*] **2** FIG. *(vincolare)* to tie (down) **II incatenarsi** pronom. to chain oneself.

incatenato /inkate'nato/ **I** p.pass. → **incatenare II** agg. chained, shackled.

incatramare /inkatra'mare/ [1] tr. to coat with tar, to tar.

incattivire /inkatti'vire/ [102] **I** tr. to make* [sb.] bad, to make* [sb.] nasty **II incattivirsi** pronom. to turn nasty.

incauto /in'kauto/ agg. incautious; [*persona*] unwary, unwise; [*strategia*] misguided.

incavato /inka'vato/ agg. [*occhi*] hollow, sunken; ***guance -e*** lantern jaws.

incavo /in'kavo, 'inkavo/ m. indent(ation), hollow.

incavolarsi /inkavo'larsi/ [1] pronom. COLLOQ. to get* narked, to get* shirty BE, to lose* one's rag AE; **~ *con qcn.*** to get mad at *o* with sb.

incavolato /inkavo'lato/ **I** p.pass. → **incavolarsi II** agg. COLLOQ. narked, shirty BE; ***è ~ nero!*** he's fuming! ***essere ~ con qcn.*** to be angry with sb.

incazzarsi /inkat'tsarsi/ [1] pronom. VOLG. to get* pissed off.

incazzato /inkat'tsato/ **I** p.pass. → **incazzarsi II** agg. VOLG. shagged off, pissed off.

incazzatura /inkattsa'tura/ f. VOLG. fit of rage; ***prendersi un'~*** to get really pissed off.

1.incedere /in'tʃɛdere/ [2] intr. (aus. *avere*) LETT. to walk gravely, to walk solemnly.

2.incedere /in'tʃɛdere/ m. gait, pace.

incendiare /intʃen'djare/ [1] **I** tr. **1** **~ *qcs.*** to set fire to sth., to set sth. on fire **2** FIG. *(eccitare)* to inflame [*animi, immaginazione*] **II incendiarsi** pronom. **1** to go* up in flames, to burst* into flames, to catch* fire **2** FIG. [*persona*] to flare up.

incendiario, pl. **-ri, -rie** /intʃen'djarjo, ri, rje/ **I** agg. **1** incendiary (anche FIG.); ***bomba -a*** firebomb, incendiary; ***attacco ~*** arson *o* incendiary attack **2** FIG. [*discorso, linguaggio*] inflammatory **II** m. (f. **-a**) arsonist.

incendio, pl. **-di** /in'tʃɛndjo, di/ m. fire, blaze; **~ *boschivo*** bushfire, forest fire; ***pericolo d'~*** fire hazard; ***è scoppiato un ~*** a fire broke out ♦♦ **~ *doloso*** arson.

incenerire /intʃene'rire/ [102] **I** tr. **1** to burn* [sth.] to the ground, to burn* [sth.] to ashes, to incinerate **2** FIG. **~ *qcn. con un'occhiata*** to look daggers at sb., to kill sb. with a look **II incenerirsi** pronom. to be* burned to the ground, to be* burned to ashes.

inceneritore /intʃeneri'tore/ m. incinerator.

incensare /intʃen'sare/ [1] tr. *(adulare)* to flatter, to adulate.

incensiere /intʃen'sjɛre/ m. incense burner.

incenso /in'tʃɛnso/ m. incense.

incensurato /intʃensu'rato/ agg. ***delinquente ~*** first offender; ***è ~*** he has no previous convictions.

incentivare /intʃenti'vare/ [1] tr. to boost, to patronize [*arti*]; to stimulate, to incentivize [*domanda*].

incentivazione /intʃentivat'tsjone/ f. fillip, incentive.

incentivo /intʃen'tivo/ m. **1** *(stimolo)* fillip, incentive **2** ECON. COMM. incentive.

incentrare /intʃen'trare/ [1] **I** tr. to centre BE, to center AE **II incentrarsi** pronom. [*attività*] to centre BE, to center AE (**su** around); [*film, dibattito*] to concentrate, to focus (**su** on).

inceppare /intʃep'pare/ [1] **I** tr. *(bloccare)* to jam (up) [*meccanismo, sistema*] **II incepparsi** pronom. **1** [*leva, serratura*] to jam; [*meccanismo*] to jam, to lock; [*pistola*] to misfire; [*chiave, valvola*] to stick* **2** *(balbettare)* to flounder, to stammer.

incerare /intʃe'rare/ [1] tr. to wax.

incerata /intʃe'rata/ f. *(tessuto)* oilcloth, tarpaulin; *(indumento)* oilskins pl.

incerato /intʃe'rato/ **I** p.pass. → **incerare II** agg. ***tela -a*** oilcloth, tarpaulin.

incerottare /intʃerot'tare/ [1] tr. to put* a plaster on, to strap; ***avere un dito incerottato*** to have a plaster on one's finger.

incertezza /intʃer'tettsa/ f. **1** *(mancanza di fondamento)* doubtfulness, dubiousness **2** *(indecisione)* uncertainty; ***essere, vivere nell'~*** to be, live in a state of uncertainty.

incerto /in'tʃɛrto/ **I** agg. **1** *(imprevedibile)* [*risultato*] doubtful, uncertain; [*futuro*] unclear, uncertain; [*tempo*] hazardous, unpredictable, unsettled **2** *(esitante)* [*sguardo, risposta*] dubious, hesitant; [*persona*] uncertain; [*passo*] faltering, unsteady; [*tentativo*] wavering, shaky; [*grafia*] wobbly; ***essere ~ su qcs.*** to be dubious about sth. **II** m. uncertainty; ***gli -i del mestiere*** occupational risks.

incespicare /intʃespi'kare/ [1] intr. (aus. *essere*) *(inciampare)* to stumble; **~ in** to trip over [*corda, gradino, pietra*].
incessante /intʃes'sante/ agg. ceaseless, continual, incessant, unceasing; [*chiacchiericcio, lamentela*] eternal; [*pioggia*] persistent; [*attività, rumore*] relentless; [*pressione, sforzo*] unremitting.
incesto /in'tʃɛsto/ m. incest.
incestuoso /intʃestu'oso/ agg. incestuous.
incetta /in'tʃɛtta/ f. collection, hoard (anche FIG.); ***fare ~ di*** to buy up.
incettatore /intʃetta'tore/ m. (f. **-trice** /tritʃe/) hoarder.
inchiesta /in'kjɛsta/ f. *(investigazione)* inquiry (anche AMM. DIR.); *(ricerca)* survey; ***svolgere, condurre un'~*** to hold, conduct an inquiry; ***aprire un'~*** to set up *o* open *o* launch an inquiry ♦♦ ***~ giudiziaria*** judicial inquiry; ***~ preliminare*** preliminary inquiry.
inchinare /inki'nare/ [1] **I** tr. ***~ il capo*** to bow one's head **II inchinarsi** pronom. to bow (**a, davanti a** to) (anche FIG.); ***-rsi ai voleri di qcn.*** to defer to sb.'s will *o* wishes.
inchino /in'kino/ m. bow; ***fare un ~*** to make a bow.
inchiodare /inkjo'dare/ [1] **I** tr. **1** to nail (down) (anche FIG.); ***le prove lo hanno inchiodato*** the evidence nailed him **2** *(immobilizzare)* ***essere inchiodato a*** to be confined to [*letto*]; to be tied to [*lavoro*]; ***essere inchiodato sul posto*** to be glued *o* riveted *o* rooted to the spot **II** intr. (aus. *avere*) COLLOQ. *(frenare di colpo)* to slam on the brakes.
inchiostrare /inkjos'trare/ [1] tr. to ink.
inchiostro /in'kjɔstro/ m. ink; ***macchiato d'~*** [*dita, pagina*] inky ♦ ***versare fiumi d'~*** to write reams and reams ♦♦ ***~ di china*** Indian BE *o* India AE ink; ***~ simpatico*** invisible ink; ***~ da stampa*** printer's ink.
inciampare /intʃam'pare/ [1] intr. (aus. *essere, avere*) **1** *(incespicare)* to stumble; ***~ su qcs.*** to fall *o* trip over sth. **2** FIG. ***~ in*** to run up against [*ostacolo, difficoltà*].
inciampo /in'tʃampo/ m. hitch, snag, stumbling block; ***essere d'~ a qcn.*** to be in sb.'s way; ***senza -i*** without a hitch.
incidentale /intʃiden'tale/ agg. **1** *(casuale)* accidental, chance attrib. **2** *(marginale)* incidental **3** LING. ***proposizione ~*** non-defining relative clause.
incidentalmente /intʃidental'mente/ avv. **1** *(casualmente)* accidentally, by chance **2** *(marginalmente)* incidentally **3** *(per inciso)* incidentally, by the way.
1.incidente /intʃi'dɛnte/ m. **1** *(sciagura, infortunio)* accident, crash; ***~ automobilistico*** o ***stradale*** car *o* road accident; ***-i domestici*** accidents in the home; ***avere un ~*** to have an accident *o* a crash **2** *(inconveniente)* incident, mishap, trouble **U**; ***senza -i di percorso*** without mishap ♦♦ ***~ diplomatico*** diplomatic incident.
2.incidente /intʃi'dɛnte/ agg. FIS. incident.
incidenza /intʃi'dɛntsa/ f. **1** FIS. incidence **2** *(effetto, peso)* incidence, influence.
1.incidere /in'tʃidere/ [35] tr. **1** *(tagliare)* to carve [*legno, pietra*]; to notch [*bastone, bordo, superficie*]; to incise, to lance, to puncture [*ascesso*]; *(iscrivere)* to cut*, to hew [*iniziali*] **2** ART. TIP. to engrave; ***~ all'acquaforte*** to etch **3** FIG. *(imprimere)* to engrave, to impress **4** TECN. ***~ un disco*** to cut a record.
2.incidere /in'tʃidere/ [35] intr. (aus. *avere*) **1** FIS. [*raggio*] to hit* **2** *(gravare)* ***~ su*** to put a strain on **3** *(influenzare)* ***~ su*** to bear on *o* affect.
incinta /in'tʃinta/ agg.f. [*donna*] pregnant; ***essere ~ di un maschio*** to be expecting a boy; ***~ di sei mesi*** six months pregnant; ***rimanere ~*** to become *o* get COLLOQ. pregnant; ***mettere ~ una donna*** to get a woman pregnant COLLOQ.
incipiente /intʃi'pjɛnte/ agg. [*calvizie, crisi, malattia*] incipient, initial.
incipriare /intʃiprj'are/ [1] **I** tr. to powder [*viso*] **II incipriarsi** pronom. ***-rsi il naso*** to powder one's nose (anche EUFEM. SCHERZ.).
incirca: **all'incirca** /allin'tʃirka/ avv. roughly.
incisione /intʃi'zjone/ f. **1** incision, notch; MED. cut, incision **2** ART. carving, engraving; ***~ su rame*** copperplate; ***~ su legno*** woodcut, wood engraving; ***~ all'acquaforte*** etching; ***~ rupestre*** rock carving **3** *(registrazione)* recording; ***~ su nastro*** tape recording.
incisività /intʃizivi'ta/ f.inv. incisiveness, strength.
incisivo /intʃi'zivo/ **I** agg. *(efficace)* [*discorso, critica*] forceful, keen; [*stile*] incisive, assertive **II** m. foretooth*, incisor.
inciso /in'tʃizo/ m. LING. parenthesis*; ***per ~*** incidentally, by the way.
incisore /intʃi'zore/ ♦ **18** m. (f. **-a**) engraver.
incitamento /intʃita'mento/ m. encouragement, incitement; ***discorso di ~*** pep talk COLLOQ.; ***essere un ~ a*** to act as a spur to [*azione*].
incitare /intʃi'tare/ [1] tr. to encourage, to incite, to spur; to stir up [*folla, lavoratori*]; to cheer on, to urge on [*squadra*]; to urge on, to spur [*cavallo*]; ***~ qcn. all'azione*** to stir sb. to action; ***~ alla violenza, alla rivolta*** to incite violence, a riot.
incivile /intʃi'vile/ **I** agg. **1** *(arretrato)* uncivilized, barbaric **2** *(indegno)* uncivilized; *(ineducato)* rude, coarse **II** m. e f. rude person.
incivilire /intʃivi'lire/ [102] **I** tr. to civilize [*maniere, persona*] **II incivilirsi** pronom. to become* civilized.
inciviltà /intʃivil'ta/ f.inv. **1** *(mancanza di civiltà)* barbarousness **2** *(maleducazione)* incivility.
inclassificabile /inklassifi'kabile/ agg. **1** unclassifiable; SCOL. unclassified **2** FIG. [*azione, comportamento*] unspeakable.
inclemente /inkle'mɛnte/ agg. unforgiving; [*clima*] harsh, inclement; [*giudice*] inclement.
inclemenza /inkle'mɛntsa/ f. *(di clima)* inclemency; *(di persona)* mercilessness.
inclinare /inkli'nare/ [1] **I** tr. **1** to tilt, to tip [*contenitore, tavolo*]; to tilt [*aeroplano*]; ***~ qcs. di lato, verso l'alto*** to angle sth. sideways, upwards; ***~ la testa verso sinistra, indietro*** to tilt one's head to the left, back; ***~ la sedia all'indietro*** to tip one's chair back **2** *(rendere incline)* to incline [*animo, persona*] **II** intr. (aus. *avere*) **1** *(pendere)* [*costruzione, muro*] to lean*, to slope **2** FIG. *(essere incline)* ***~ a fare*** to be inclined *o* tend to do **III inclinarsi** pronom. to bend*, to lean* over; [*albero, torre*] to lean*; [*aeroplano*] to tilt; ***-rsi in avanti, di lato*** to tip forward, onto one side.
inclinato /inkli'nato/ **I** p.pass. → **inclinare II** agg. sloping, slanted; [*albero*] bowed; [*testa*] tilted; ***piano ~*** inclined plane.
inclinazione /inklinat'tsjone/ f. **1** *(di oggetto)* slope, slant, tilt; *(di testa, aeroplano)* angle, tilt; *(di tetto)* pitch; ***angolo d'~*** angle of descent *o* dip, tilt angle, rake **2** *(disposizione naturale)* aptitude, bent; *(propensione)* bias, fondness, inclination; ***avere ~ per gli studi*** to be of a studious bent ♦♦ ***~ magnetica*** magnetic dip.
incline /in'kline/ agg. inclined, prone; ***essere ~ a*** to be prone to [*violenza*]; ***sono poco ~ a fare*** I am not very keen on doing.
includere /in'kludere/ [11] tr. **1** *(comprendere)* to comprise, to include, to number, to reckon in, to take* in; ***~ qcn. tra gli amici più intimi*** to number sb. among one's closest friends; ***~ qcn. nel numero dei partecipanti*** to count sb. among the participants; ***le sue responsabilità di presidente includono...*** his responsibilities as chairman include... **2** *(allegare)* to enclose.
inclusione /inklu'zjone/ f. inclusion (anche MAT. BIOL.).
inclusivo /inklu'zivo/ agg. [*prezzo*] inclusive.
incluso /in'kluzo/ **I** p.pass. → **includere II** agg. **1** *(compreso)* ***bambini -i*** including children; ***fino a giovedì ~*** up to and including Thursday; ***è tutto ~ nel prezzo*** that price covers everything, it's all part of the deal; ***spese di spedizione -e*** including postage **2** *(allegato)* enclosed.
incoercibile /inkoer'tʃibile/ agg. incoercible.
incoerente /inkoe'rɛnte/ agg. [*osservazione*] unconnected; [*discorso, resoconto*] incoherent; [*comportamento*] inconsistent.
incoerenza /inkoe'rɛntsa/ f. *(di discorso)* incoherence; *(di comportamento)* inconsistency.
incognita /in'kɔɲɲita/ f. **1** MAT. unknown (quantity) **2** *(fatto, persona non prevedibile)* wild card, unknown quantity; ***l'avvenire è pieno di -e*** the future is full of uncertainties.
incognito /in'kɔɲɲito/ **I** agg. unknown **II** m. ***in ~*** [*essere, viaggiare*] incognito; ***mantenere l'~*** to remain incognito.
incollare /inkol'lare/ [1] **I** tr. **1** to glue, to stick*, to paste [*carta, legno*]; to stick* (down) [*fotografia, francobollo*] **2** FIG. ***~ il naso al vetro*** to glue *o* press one's nose against the windowpane **3** INFORM. to paste **II incollarsi** pronom. **1** [*pagine*] to stick* together; ***-rsi a*** to stick to [*muro, pagina, pelle*] **2** FIG. ***-rsi a qcn.*** to stick like glue to sb.

incollato /inkol'lato/ **I** p.pass. → **incollare II** agg. FIG. ***stare ~ all'avversario*** to stick close to one's opponent; ***essere ~ alla televisione*** COLLOQ. to be glued to the TV; ***mi sta sempre ~*** he clings to me all the time.

incollatura /inkolla'tura/ f. EQUIT. neck; ***vincere di una ~*** to win by a neck.

incollerirsi /inkolle'rirsi/ [102] pronom. to get* cross, to get* angry, to grow* angry.

incollerito /inkolle'rito/ **I** p.pass. → **incollerirsi II** agg. cross, angry, enraged.

incolmabile /inkol'mabile/ agg. ***lasciare un vuoto ~*** to leave a gap that cannot be filled; ***avere un vantaggio ~*** SPORT to have an unassailable lead.

incolonnamento /inkolonna'mento/ m. *(di veicoli)* (traffic) tailback, queue.

incolonnare /inkolon'nare/ [1] **I** tr. to tabulate [*cifre, dati*]; to line up, to put* in line [*persone*] **II incolonnarsi** pronom. to queue up.

incolonnato /inkolon'nato/ **I** p.pass. → **incolonnare II** agg. ***viaggiare -i*** [*auto*] to travel nose to tail *o* bumper to bumper.

incolore /inko'lore/, **incoloro** /inko'loro/ agg. colourless BE, colorless AE.

incolpare /inkol'pare/ [1] **I** tr. to blame, to put* the blame on; DIR. to accuse, to charge **II incolparsi** pronom. to blame oneself; *(a vicenda)* to blame each other.

incolpevole /inkol'pevole/ agg. blameless, guiltless FORM.

incolto /in'kolto/ agg. **1** [*terreno*] uncultivated; [*giardino*] wild **2** *(in disordine)* [*barba*] straggly, unkempt **3** FIG. *(ignorante)* [*persona*] uncultivated, unlearned.

incolume /in'kɔlume/ agg. [*persona*] safe, unhurt, unharmed, unscathed; [*oggetto*] undamaged; ***uscire ~*** to get off, to go scot-free.

incolumità /inkolumi'ta/ f.inv. safety.

incombente /inkom'bɛnte/ agg. impending; [*crisi, minaccia*] looming.

incombenza /inkom'bɛntsa/ f. task, office, duty.

incombere /in'kombere/ [2] intr. **1** *(sovrastare)* [*crisi, minaccia, guerra*] to hang*, to loom (**su** over) **2** BUROCR. *(spettare)* ***~ a qcn. fare*** to be incumbent on *o* upon sb. to do.

incombustibile /inkombus'tibile/ agg. incombustible, noncombustible.

incominciare /inkomin'tʃare/ → **cominciare**.

incommensurabile /inkommensu'rabile/ agg. incommensurable.

incomodare /inkomo'dare/ [1] **I** tr. to inconvenience, to trouble; ***mi dispiace di doverla ~*** sorry to trouble you **II incomodarsi** pronom. to take* trouble, to bother, to disturb oneself.

incomodo /in'kɔmodo/ m. inconvenience, nuisance, bother; ***scusi l'~*** sorry to bother *o* trouble you; ***togliere*** o ***levare l'~*** to take one's leave ♦ ***essere, fare il terzo ~*** to be a, play gooseberry.

incomparabile /inkompa'rabile/ agg. incomparable, peerless; [*persona*] unequalled BE, unequaled AE; ***una bellezza ~*** a beauty beyond compare.

incomparabilmente /inkomparabil'mente/ avv. incomparably.

incompatibile /inkompa'tibile/ agg. incompatible (anche INFORM.).

incompatibilità /inkompatibili'ta/ f.inv. incompatibility.

incompetente /inkompe'tɛnte/ agg., m. e f. incompetent.

incompetenza /inkompe'tɛntsa/ f. incompetence.

incompiutezza /inkompju'tettsa/ f. incompleteness, sketchiness.

incompiuto /inkom'pjuto/ agg. *(non finito)* incomplete, unfinished; *(imperfetto)* sketchy.

incompletezza /inkomple'tettsa/ f. incompleteness, sketchiness.

incompleto /inkom'plɛto/ agg. *(non finito)* incomplete, unfinished; *(imperfetto)* sketchy.

incomprensibile /inkompren'sibile/ agg. incomprehensible.

incomprensibilità /inkomprensibili'ta/ f.inv. incomprehensibility.

incomprensione /inkompren'sjone/ f. incomprehension, misunderstanding.

incompreso /inkom'preso/ agg. misunderstood, uncomprehended; [*talento, genio*] misjudged, unackowledged.

incomunicabile /inkomuni'kabile/ agg. incommunicable.

incomunicabilità /inkomunikabili'ta/ f.inv. incommunicableness.

inconcepibile /inkontʃe'pibile/ agg. inconceivable, unconceivable.

inconciliabile /inkontʃi'ljabile/ agg. [*attività, idea*] incompatible; [*conflitto*] irreconcilable.

inconcludente /inkonklu'dɛnte/ agg. **1** *(irresoluto)* [*persona*] shiftless **2** *(che non porta a niente)* [*discussione, incontro*] inconclusive.

incondizionatamente /inkondittsjonata'mente/ avv. unconditionally.

incondizionato /inkondittsjo'nato/ agg. **1** *(senza condizioni)* [*resa, ritirata*] unconditional; [*cessate il fuoco*] unqualified **2** *(assoluto)* [*sostegno, appoggio*] unqualified, unreserved, wholehearted.

inconfessabile /inkonfes'sabile/ agg. unmentionable, shameful.

inconfessato /inkonfes'sato/ agg. unconfessed.

inconfondibile /inkonfon'dibile/ agg. [*scrittura, voce*] unmistakable; ***è ~!*** there's no mistaking him!

inconfutabile /inkonfu'tabile/ agg. irrefutable, incontrovertible, unquestionable.

incongruente /inkongru'ɛnte/ agg. incongruent.

incongruenza /inkongru'ɛntsa/ f. incongruity.

inconoscibile /inkonoʃ'ʃibile/ agg. unknowable.

inconsapevole /inkonsa'pevole/ agg. [*persona*] unaware, unknowing, unwitting; [*ostilità, pregiudizio*] unconscious.

inconsapevolezza /inkosapevo'lettsa/ f. unawareness.

inconsapevolmente /inkonsapevol'mente/ avv. unwittingly, unconsciously.

inconsciamente /inkonʃa'mente/ avv. subconsciously, unconsciously.

inconscio, pl. **-sci**, **-sce** /in'kɔnʃo, ʃi, ʃe/ **I** agg. subconscious, unconscious **II** m. unconscious.

inconsistente /inkonsis'tɛnte/ agg. [*prova, scusa*] flimsy; [*accusa*] insubstantial.

inconsolabile /inkonso'labile/ agg. inconsolable.

inconsueto /inkonsu'ɛto/ agg. unusual.

inconsulto /inkon'sulto/ agg. [*atto, gesto*] thoughtless, rash.

incontaminato /inkontami'nato/ agg. uncontaminated (anche FIG.), unpolluted.

incontenibile /inkonte'nibile/ agg. [*desiderio, entusiasmo*] irrepressible; [*gioia*] unrestrained; [*risata*] wild; [*lacrime*] uncontrollable.

incontentabile /inkonten'tabile/ agg. **1** *(insaziabile)* insatiable **2** *(molto esigente)* [*cliente, ospite*] choosy, demanding; [*capo*] exacting; ***essere ~*** to be hard to please.

incontestabile /inkontes'tabile/ agg. incontestable, indisputable.

incontestato /inkontes'tato/ agg. uncontested, unquestioned; [*campione, leader*] undisputed.

incontinente /inkonti'nɛnte/ **I** agg. MED. incontinent (anche FIG.) **II** m. e f. MED. person suffering from incontinence.

incontinenza /inkonti'nɛntsa/ ♦ **7** f. MED. incontinence (anche FIG.).

incontrare /inkon'trare/ [1] **I** tr. **1** to meet*; *(per caso)* to come* across, to run* into [*persona*]; ***~ qcn., qcs. sul proprio cammino*** to encounter sb., sth. along one's path; ***non si incontrano spesso persone così generose*** you don't often come across such generous people **2** *(trovare)* to experience, to encounter, to meet* with, to run into* [*difficoltà, problema*]; ***~ il favore della critica*** to find favour with the critics; ***~ il consenso, delle resistenze*** to meet with acceptance, resistance **3** SPORT to meet*, to play [*squadra*] **II** intr. (aus. *avere*) ***una moda che incontra (molto)*** COLLOQ. a very popular fashion, a fashion that finds a lot of favour **III incontrarsi** pronom. **1** *(vedersi)* [*persone*] to join up, to meet* (each other); *(conoscersi)* ***ci siamo incontrati a Praga*** we met in Praha **2** SPORT to meet* up.

incontrario: **all'incontrario** /allinkon'trarjo/ avv. *(con il davanti dietro)* the other way about *o* around, back to front; *(capovolto)* upside down, the wrong way up; *(con l'interno all'esterno)* inside out.
incontrastabile /inkontras'tabile/ agg. **1** [*forza, avanzata*] relentless, unstoppable **2** *(indiscutibile)* indisputable.
incontrastato /inkontras'tato/ agg. [*dominio, vincitore*] undisputed.
1.incontro /in'kontro/ m. **1** meeting, encounter; **~ *casuale*** chance encounter; **~ *al vertice*** summit (meeting); ***avere, fissare un* ~** to have, arrange a meeting; ***fare un brutto* ~** to have a nasty experience **2** SPORT match, contest; *(di boxe)* fight.
2.incontro /in'kontro/ avv. **1** *(verso)* toward(s); ***andare* ~ *a qcn.*** to go towards sb., to go to meet sb. **2** FIG. ***andare* ~ *a*** to head for [*sconfitta, vittoria, catastrofe*]; to meet with [*disapprovazione*]; to come in for [*critiche*]; to meet [*desideri, esigenze*]; ***venire* ~ *a qcn.*** to meet sb. halfway.
incontrollabile /inkontrol'labile/ agg. **1** *(non verificabile)* unascertainable **2** *(irreprimibile)* uncontrollable; [*desiderio, rabbia*] ungovernable; ***essere* ~** [*folla, incendio, rivolta*] to be out of control.
incontrollato /inkontrol'lato/ agg. **1** *(non verificato)* unascertained **2** *(non represso)* [*proliferazione, sviluppo*] unchecked; [*desiderio, emozione, rabbia*] unrestrained.
incontroverso /inkontro'verso/ agg. uncontroversial.
incontrovertibile /inkontrover'tibile/ agg. incontrovertible.
inconveniente /inkonve'njɛnte/ m. **1** *(fastidio)* inconvenience **2** *(lato negativo)* disadvantage, drawback, inconvenience **3** *(guasto)* snag, hitch, mishap; **~ *tecnico*** technical hitch.
incoraggiamento /inkoraddʒa'mento/ m. encouragement; ***essere d'* ~ *per qcn.*** to be an encouragement to sb.
incoraggiante /inkorad'dʒante/ agg. encouraging.
incoraggiare /inkorad'dʒare/ [1] tr. to encourage.
incordare /inkor'dare/ [1] **I** tr. MUS. SPORT to string* [*chitarra, racchetta*] **II incordarsi** pronom. [*muscoli*] to stiffen, to become* stiff.
incordatura /inkorda'tura/ f. **1** MED. stiffening **2** SPORT MUS. stringing.
incornare /inkor'nare/ [1] tr. to gore.
incorniciare /inkorni'tʃare/ [1] tr. to frame (anche FIG.).
incorniciatura /inkornitʃa'tura/ f. (picture) framing.
incoronare /inkoro'nare/ [1] tr. to crown.
incoronazione /inkoronat'tsjone/ f. coronation.
incorporare /inkorpo'rare/ [1] tr. **1** GASTR. to mix (in), to whip (in), to work in [*farina, zucchero*] **2** *(assorbire)* to incorporate, to integrate, to merge [*compagnia*].
incorporazione /inkorporat'tsjone/ f. incorporation.
incorporeo /inkor'pɔreo/ agg. bodiless, incorporeal.
incorreggibile /inkorred'dʒibile/ agg. [*difetto*] incorrigible, incurable; [*bugiardo*] incorrigible; [*giocatore*] inveterate; ***sei* ~!** you're hopeless!
incorrere /in'korrere/ [32] intr. (aus. *essere*) **~ *in*** to incur [*multa, perdita*]; to run into [*difficoltà*].
incorrotto /inkor'rotto/ agg. uncorrupted.
incorruttibile /inkorrut'tibile/ agg. incorruptible.
incorruttibilità /inkorruttibili'ta/ f.inv. incorruptibility.
incosciente /inkoʃ'ʃɛnte/ **I** agg. **1** MED. unconscious, senseless **2** *(irresponsabile)* reckless, irresponsible, mad **II** m. e f. ***è un* ~!** he's totally irresponsible!
incoscienza /inkoʃ'ʃɛntsa/ f. **1** MED. unconsciousness **2** *(irresponsabilità)* recklessness.
incostante /inkos'tante/ agg. [*carattere*] changeable, inconsistent; [*persona*] moody, erratic; [*innamorato*] fickle, flighty, inconstant; ***umore* ~** moodiness.
incostanza /inkos'tantsa/ f. fickleness, changeableness.
incostituzionale /inkostituttsjo'nale/ agg. unconstitutional.
incravattato /inkravat'tato/ agg. wearing a tie.
incredibile /inkre'dibile/ agg. **1** *(difficile da credere)* amazing, incredible, unbelievable **2** *(fuori dal comune)* extraordinary, incredible; ***un'* ~ *perdita di tempo*** a dreadful waste of time; ***un'* ~ *faccia tosta*** an awful cheek *o* nerve; ***è di un'ignoranza* ~** he's incredibly ignorant.
incredibilmente /inkredibil'mente/ avv. amazingly, incredibly, unbelievably.
incredulità /inkreduli'ta/ f.inv. *(scetticismo)* disbelief, incredulity, doubt.
incredulo /in'krɛdulo/ **I** agg. *(scettico)* [*persona*] incredulous; [*sguardo, tono*] unbelieving **II** m. (f. **-a**) doubting Thomas.
incrementale /inkremen'tale/ agg. INFORM. MAT. incremental.
incrementare /inkremen'tare/ [1] tr. *(fare crescere)* to boost, to increase [*affari, produttività, commercio, vendite*].
incremento /inkre'mento/ m. *(di produttività, profitto)* growth, increase; *(di prezzi)* rise, increase; **~ *demografico*** population increase *o* growth.
increscioso /inkreʃ'ʃoso/ agg. [*avvenimento, incidente*] regrettable; [*fatto*] sad.
increspare /inkres'pare/ [1] **I** tr. **1** to curl, to wrinkle, to crumple [*superficie*]; to crinkle, to crumple [*carta*]; to ripple [*acqua*]; to frizz [*capelli*] **2** *(corrugare)* to furrow [*fronte*] **II incresparsi** pronom. **1** [*capelli*] to go* frizzy; [*acqua*] to ripple; [*carta, tessuto*] to become* wrinkled, to crumple **2** *(corrugarsi)* [*fronte*] to wrinkle.
increspato /inkres'pato/ **I** p.pass. → **increspare II** agg. [*mare*] choppy; [*barba, capelli*] frizzy.
increspatura /inkrespa'tura/ f. **1** *(di carta, superficie)* wrinkle, crumple **2** SART. gather.
incretinire /inkreti'nire/ [102] **I** tr. to make* [sb.] stupid **II incretinirsi** pronom. COLLOQ. to go* soft in the head, to go* weak in the head.
incriminabile /inkrimi'nabile/ agg. DIR. indictable, liable to prosecution.
incriminante /inkrimi'nante/ agg. incriminatory.
incriminare /inkrimi'nare/ [1] tr. [*documento, prova*] to incriminate [*persona*]; **~ *qcn. di*** to charge sb. with.
incriminato /inkrimi'nato/ **I** p.pass. → **incriminare II** agg. **1** DIR. [*persona*] accused, charged, indicted **2** FIG. *(criticato)* accused; ***la frase -a*** the offending words.
incriminazione /inkriminat'tsjone/ f. accusation, incrimination, indictment.
incrinare /inkri'nare/ [1] **I** tr. **1** to crack [*muro, osso, specchio*] **2** FIG. to damage [*amicizia, unione*] **II incrinarsi** pronom. **1** [*muro, osso, specchio*] to crack **2** FIG. [*voce*] to crack; [*amicizia*] to sour, to deteriorate.
incrinatura /inkrina'tura/ f. crack; FIG. *(contrasto)* rift.
incrociare /inkro'tʃare/ [1] **I** tr. **1** to cross; **~ *le braccia*** to fold *o* cross one's arms; FIG. to down tools BE; **~ *le dita*** FIG. to keep one's fingers crossed **2** *(incontrare)* to meet* [*persona*] **3** BIOL. to cross, to crossbreed* [*animali, piante, specie*] **II** intr. (aus. *avere*) MAR. to cruise **III incrociarsi** pronom. **1** [*pedoni, veicoli*] to meet* **2** *(intersecarsi)* to crisscross, to cross (each other), to intersect **3** BIOL. to interbreed*.
incrociato /inkro'tʃato/ **I** p.pass. → **incrociare II** agg. **1** crossed; ***con le gambe -e*** cross-legged **2** BIOL. crossbred **3** *(reciproco)* ***controllo* ~** cross-check; ***fuoco* ~** MIL. crossfire (anche FIG.) **4** GIOC. ***parole -e*** crossword (puzzle).
incrociatore /inkrotʃa'tore/ m. MIL. cruiser.
incrocio, pl. **-ci** /in'krotʃo, tʃi/ m. **1** *(crocevia)* crossing, crossroads pl., junction; **~ *pericoloso*** dangerous crossing **2** BIOL. cross(breed).
incrollabile /inkrol'labile/ agg. [*convinzione, ottimismo, lealtà*] fierce, sturdy, unfaltering.
incrostare /inkros'tare/ [1] **I** tr. [*fango*] to cake [*abiti, persona*]; [*calcare*] to scale up [*caldaia, tubatura*] **II incrostarsi** pronom. [*fango, sangue*] to cake; [*tubatura*] to fur up BE.
incrostazione /inkrostat'tsjone/ f. *(in una tubatura)* deposit.
incrudelire /inkrude'lire/ [102] intr. **1** (aus. *essere*) to become* cruel **2** (aus. *avere*) *(infierire)* to be* cruel, to behave cruelly (**contro** with).
incruento /inkru'ɛnto/ agg. bloodless.
incubare /inku'bare/ [1] tr. to incubate.
incubatrice /inkuba'tritʃe/ f. **1** *(per neonati)* incubator **2** *(per pulcini)* breeder.
incubazione /inkubat'tsjone/ f. incubation; ***la malattia ha due settimane di* ~** the disease takes two weeks to incubate.
incubo /'inkubo/ m. nightmare (anche FIG.); ***da* ~** nightmare attrib.

incudine /in'kudine/ f. anvil ♦ ***essere tra l'~ e il martello*** to be caught between the devil and the deep blue sea, to be caught between a rock and a hard place.
inculare /inku'lare/ [1] tr. VOLG. **1** *(sodomizzare)* to bugger **2** FIG. *(imbrogliare)* to fuck up, to screw, to con COLLOQ.
inculata /inku'lata/ f. VOLG. *(imbroglio)* con, rip-off.
inculcare /inkul'kare/ [1] tr. to inculcate.
incunabolo /inku'nabolo/ m. incunabulum*.
incuneare /inkune'are/ [1] **I** tr. to wedge in **II incunearsi** pronom. to wedge oneself in.
incupire /inku'pire/ [102] **I** tr. **1** to darken **2** FIG. to darken, to cloud over [*atmosfera, viso*] **II incupirsi** pronom. [*atmosfera, sguardo, umore*] to darken.
incurabile /inku'rabile/ agg. **1** [*malattia*] incurable; [*paziente*] beyond cure; ***soffrire di un male ~*** to be incurably ill **2** FIG. [*ottimismo, stupidità, ubriacone*] incurable.
incurante /inku'rante/ agg. heedless, careless; ***~ del pericolo*** forgetful *o* mindless of danger.
incuria /in'kurja/ f. *(di edificio, giardino)* neglect, negligence.
incuriosire /inkurjo'sire/ [102] **I** tr. ***~ qcn.*** to arouse sb.'s curiosity, to intrigue sb. **II incuriosirsi** pronom. to become* curious, to be* intrigued.
incursione /inkur'sjone/ f. MIL. raid, incursion, foray (anche FIG.); ***~ aerea*** air strike *o* raid.
incurvare /inkur'vare/ [1] **I** tr. to bend* **II incurvarsi** pronom. to bend*; [*legno*] to warp; [*pavimento*] to sag; *(per l'età)* [*persona*] to bend*.
incurvatura /inkurva'tura/ f. bend, curvature; *(nel legno)* warp.
incustodito /inkusto'dito/ agg. [*bagaglio, veicolo, parcheggio*] unattended.
incutere /in'kutere/ [39] tr. to command [*rispetto*]; ***~ terrore a qcn.*** to strike terror into sb.
indaco, pl. **-chi** /'indako, ki/ ➧ *3* **I** m. indigo* **II** agg.inv. indigo (blue).
indaffarato /indaffa'rato/ agg. busy.
indagare /inda'gare/ [1] **I** tr. to investigate [*causa*] **II** intr. (aus. *avere*) to investigate, to inquire; ***la polizia indaga sull'omicidio*** the police are carrying out an investigation into the murder.
indagato /inda'gato/ **I** p.pass. → **indagare II** agg. under investigation **III** m. (f. **-a**) person under investigation.
indagatore /indaga'tore/ **I** agg. [*sguardo*] inquiring **II** m. (f. **-trice** /tritʃe/) inquirer.
indagine /in'dadʒine/ f. **1** *(ricerca)* research, survey **2** AMM. DIR. inquiry, investigation ♦♦ ***~ di mercato*** market research.
indebitamente /indebita'mente/ avv. unduly, unjustly; ***appropriarsi ~ di*** to embezzle, to misappropriate FORM.; DIR. to appropriate.
indebitamento /indebita'mento/ m. debt; ECON. borrowing; ***~ pubblico*** public debt.
indebitare /indebi'tare/ [1] **I** tr. to put* into debt **II indebitarsi** pronom. to get* into debt, to run* into debt.
indebitato /indebi'tato/ **I** p.pass. → **indebitare II** agg. [*paese, impresa*] in debt; ***essere ~ con una banca*** to have debts with a bank; ***~ fino al collo*** up to one's ears *o* eyes *o* neck in debt.
indebito /in'debito/ agg. **1** *(inopportuno)* [*ora*] undue **2** *(illecito)* ***appropriazione -a*** embezzlement, misappropriation FORM.
indebolimento /indeboli'mento/ m. weakening.
indebolire /indebo'lire/ [102] **I** tr. to weaken [*udito, vista, influenza, nemico, mercato*]; to undermine [*autorità, resistenza*] **II indebolirsi** pronom. [*economia, muscoli, paese, valuta*] to weaken; [*persona, squadra*] to grow* weak; [*vista*] to grow* dim, to dim, to fail; [*udito*] to fail; [*autorità, influenza*] to diminish.
indebolito /indebo'lito/ **I** p.pass. → **indebolire II** agg. weakened; [*memoria, udito, vista*] failing; ***essere ~ da*** to be weak with *o* from [*fame*].
indecente /inde'tʃɛnte/ agg. **1** *(indecoroso)* indecent **2** *(vergognoso)* disgraceful; ***a un'ora ~*** at an uncivilized hour; ***il prezzo del caffè è ~*** the price of coffee is a scandal.
indecenza /inde'tʃɛntsa/ f. indecency; ***è un'~!*** that's outrageous *o* an outrage *o* a scandal! it's a disgrace!
indecifrabile /indetʃi'frabile/ agg. *(incomprensibile)* indecipherable; [*grafia*] unreadable.
indecisione /indetʃi'zjone/ f. **1** *(esitazione)* indecision; ***un attimo*** o ***un momento d'~*** a moment's hesitation **2** *(tratto caratteriale)* indecisiveness.
indeciso /inde'tʃizo/ agg. **1** *(non definito)* unsettled, pendent **2** *(irresoluto)* [*persona*] indecisive, irresolute, undecided; ***essere ~ tra*** to waver between; ***essere ~ sul fare*** to be unsure about doing; ***sono -a su quale vestito mettermi*** I can't make up my mind about which dress to wear.
indeclinabile /indekli'nabile/ agg. undeclinable (anche LING.).
indecoroso /indeko'roso/ agg. indecorous; [*comportamento, fallimento*] undignified.
indefesso /inde'fɛsso/ agg. untiring; [*lavoratore*] indefatigable.
indefinibile /indefi'nibile/ agg. indefinable, undefinable.
indefinitamente /indefinita'mente/ avv. indefinitely.
indefinito /indefi'nito/ agg. **1** [*numero, tempo, piano, responsabilità*] indefinite; [*desiderio, obiettivo*] undefined; [*colore*] vague **2** LING. non-finite.
indeformabile /indefor'mabile/ agg. [*abito*] unshrinkable.
indegno /in'deɲɲo/ agg. **1** *(condannabile)* [*comportamento, persona*] shameful **2** *(non degno)* unworthy; ***è ~ di lei*** it's below *o* beneath her; ***~ di attenzione*** undeserving of attention.
indelebile /inde'lɛbile/ agg. indelible; ***inchiostro ~*** marking ink.
indelicatezza /indelika'tettsa/ f. **1** *(mancanza di tatto)* tactlessness, indelicacy FORM. **2** *(azione indelicata)* impropriety.
indelicato /indeli'kato/ agg. insensitive, tactless, indiscreet.
indemagliabile /indemaʎ'ʎabile/ agg. [*collant, tessuto*] runproof.
indemoniato /indemo'njato/ **I** agg. possessed **II** m. (f. **-a**) possessed person; ***urlava come un ~*** he was screaming like one possessed.
indenne /in'dɛnne/ agg. unharmed, unhurt; ***uscire ~*** to escape unharmed *o* uninjured.
indennità /indenni'ta/ f.inv. **1** DIR. *(risarcimento)* indemnity, compensation **2** *(compenso aggiuntivo)* allowance, benefit, bonus ♦♦ ***~ di disoccupazione*** unemployment benefit BE, unemployment compensation AE; ***~ di malattia*** sickpay; ***~ di maternità*** maternity allowance; ***~ di rischio*** danger money; ***~ di viaggio*** travel allowance.
indennizzare /indennid'dzare/ [1] tr. to compensate, to indemnify (**di** for).
indennizzo /inden'niddzo/ m. compensation, indemnification, indemnity; ***ricevere un ~*** to receive compensation.
indentro /in'dentro/ avv. (anche **in dentro**) ~ o ***all'~*** inwards; ***pancia ~!*** hold your stomach in!
inderogabile /indero'gabile/ agg. [*disposizione, norma*] mandatory; [*impegno*] binding; ***termine ~*** deadline.
indescrivibile /indeskri'vibile/ agg. indescribable, beyond description.
indesiderabile /indeside'rabile/ agg. undesirable.
indesiderato /indeside'rato/ agg. undesirable, undesired; [*ospite, presenza*] unwanted, unwelcome; ***persona -a*** persona non grata.
indeterminabile /indetermi'nabile/ agg. indeterminable.
indeterminatezza /indetermina'tettsa/ f. **1** *(indecisione)* irresolution, indecision **2** *(imprecisione)* indefiniteness, indeterminateness.
indeterminativo /indetermina'tivo/ agg. [*articolo*] indefinite.
indeterminato /indetermi'nato/ agg. indeterminate (anche MAT.), undetermined; ***a tempo ~*** indefinitely; ***contratto a tempo ~*** permanent contract.
indi /'indi/ avv. LETT. **1** *(da lì)* thence **2** *(da allora)* then, afterwards.
India /'indja/ ➧ *33* n.pr.f. India ♦♦ ***-e occidentali*** West Indies.
indiano /in'djano/ ➧ *25, 16* **I** agg. *(d'India, d'America)* Indian **II** m. (f. **-a**) **1** *(d'India)* Indian **2** *(d'America)* (American) Indian **3** *(lingua)* Indian ♦ ***fare l'~*** to play possum; ***in fila -a*** in single *o* Indian file.
indiavolato /indjavo'lato/ agg. [*bambino*] wild; [*musica, rumore*] infernal; ***lavorare a ritmo ~*** to work at a terrific rate; ***avere una fretta -a*** to be in an awful hurry.

indicare /indi'kare/ [1] tr. **1** *(mostrare dove si trova)* to indicate, to show*; **~ *qcn., qcs. con il dito*** to point (one's finger) at sb., sth.; **~ *la strada a qcn.*** to show sb. the way; ***può indicarmi la strada per la stazione?*** can you direct me *o* tell me the way to the station? **2** *(essere indice di)* [*azione, comportamento*] to indicate, to suggest **3** *(consigliare)* to recommend, to suggest; ***sai ~ un posto dove mangiare?*** can you suggest a place to eat? **4** *(segnalare, dire)* to indicate, to show* [*ora, data*]; to mark [*nome, prezzo*] **5** *(mostrare, rappresentare visualmente)* to indicate, to show*, to signpost [*luogo, direzione*]; [*indicatore, quadrante*] to record, to register, to say*, to tell* [*pressione, velocità*].

indicativamente /indikativa'mente/ avv. approximately, roughly.

indicativo /indika'tivo/ **I** agg. **1** *(significativo)* indicative **2** *(approssimativo)* approximate; ***a titolo ~*** as a rough guide **3** LING. indicative **II** m. LING. indicative.

indicato /indi'kato/ **I** p.pass. → **indicare II** agg. *(appropriato)* [*cura*] recommended.

indicatore /indika'tore/ **I** agg. ***cartello ~*** road sign **II** m. indicator; **~ *del livello dell'olio*** oil gauge; **~ *di direzione*** AUT. *(freccia)* blinker, indicator; *(cartello)* signpost.

indicazione /indikat'tsjone/ f. **1** *(informazione)* indication, information **U**; *(cenno)* clue, hint, pointer; ***salvo ~ contraria*** unless otherwise specified; ***può darci una qualche ~ della somma in questione?*** can you give us some indication of the sum involved? **2** *(direzione)* ***-i*** directions; ***chiedere -i stradali*** to ask for directions **3** *(istruzione)* instruction; *(consiglio)* ***su ~ di qcn.*** on sb.'s recommendation **4** *(di medicina)* ***-i (terapeutiche)*** indications.

indice /'inditʃe/ ♦ **4** m. **1** *(dito)* first finger, index finger, forefinger **2** *(indicazione)* index, indication, pointer; ***essere ~ di*** to be indicative of **3** STATIST. index, rate **4** *(nei libri)* index, table of contents; **~ *generale, per autori, per materie*** general, author, subject index **5** FIS. MAT. INFORM. TECN. index **6** STOR. ***l'Indice*** the Index; ***mettere qcs., qcn. all'~*** FIG. to blacklist sth., sb. ♦♦ **~ *d'ascolto*** audience ratings; **~ *di gradimento*** viewing figures, popularity ratings; **~ *dei prezzi*** price index; **~ *di rifrazione*** index of refraction, refractive index.

indicibile /indi'tʃibile/ agg. [*terrore*] nameless; [*dolore*] inexpressible, unspeakable, unutterable; [*povertà*] untold.

indicibilmente /inditʃibil'mente/ avv. inexpressibly.

indicizzare /inditʃid'dzare/ [1] tr. **1** ECON. to index(-link) **2** INFORM. to index.

indicizzazione /inditʃiddzat'tsjone/ f. ECON. indexation.

indietreggiare /indjetred'dʒare/ [1] intr. (aus. *essere, avere*) **1** *(spostarsi indietro)* to back away, to back off; [*folla*] to stand* back **2** *(ritirarsi)* [*esercito*] to fall* back, to pull back.

indietro /in'djɛtro/ avv. **1** *(nello spazio)* back; ***tornare ~*** to come *o* go back; ***avanti e ~*** back and forth, to and fro; ***fare un passo ~*** to take a step back; ***lasciare ~ qcn.*** to leave sb. behind; ***tirarsi ~*** to move *o* step aside; FIG. to back down, to flinch, to hang back; ***voltarsi ~*** to turn back *o* round, to look back (anche FIG.); ***vai un po' ~*** move back a bit; ***~!*** get back! ***state ~!*** keep back! **~ *tutta!*** MAR. go hard astern! **2** ***all'indietro*** [*passo, salto*] back(wards); [*guardare*] behind, back; [*cadere, piegarsi*] backwards **3** *(in ritardo)* ***rimanere*** o ***restare ~*** [*persona*] to drop back *o* behind, to fall *o* hang behind; [*orologio*] to run slow, to lose time; ***rimanere ~ con il lavoro*** to be behind with one's work; ***essere*** o ***restare ~ in matematica*** to be behind in maths; ***mettere ~ l'orologio*** to put the clock back; ***il mio orologio va ~*** o ***è ~ di 2 minuti*** my watch is two minutes out *o* slow **4** *(in restituzione)* ***avere, dare ~*** to get, give back.

indifendibile /indifen'dibile/ agg. indefensible.

indifeso /indi'feso/ agg. **1** *(senza difesa)* [*città, nazione*] undefended, defenceless BE, defenseless AE **2** *(incapace di difendersi)* [*animale, persona*] helpless, defenceless BE, defenseless AE.

indifferente /indiffe'rɛnte/ **I** agg. **1** *(impassibile)* indifferent, uninterested; [*atteggiamento, gesto, tono*] casual; ***con aria ~*** casually, with an air of indifference; ***mi lascia completamente ~*** it's of no consequence to me; ***il calcio mi è (del tutto) ~*** football leaves me cold **2** *(uguale)* ***è ~ per me*** anything will do, it's all the same *o* it makes no difference to me, I don't mind **3** *(irrilevante)* ***una somma non ~*** a considerable sum **II** m. e f. ***fare l'~*** to pretend not to care.

indifferentemente /indifferente'mente/ avv. indifferently, without distinction, equally, likewise.

indifferenza /indiffe'rɛntsa/ f. disregard, indifference.

indifferenziato /indifferen'tsjato/ agg. undifferentiated.

indifferibile /indiffe'ribile/ agg. ***appuntamento ~*** meeting that can't be postponed *o* put off *o* deferred.

indigeno /in'didʒeno/ **I** agg. **1** BOT. ZOOL. [*specie*] native, indigenous **2** ANTROP. native, aboriginal **II** m. (f. **-a**) aborigine, native.

indigente /indi'dʒɛnte/ **I** agg. destitute, needy, indigent FORM. **II** m. e f. pauper; ***gli -i*** the destitute.

indigenza /indi'dʒɛntsa/ f. destitution, neediness, indigence FORM.

indigeribile /indidʒe'ribile/ agg. indigestible (anche FIG.).

indigestione /indidʒes'tjone/ f. indigestion; ***fare ~*** to have an attack of *o* get indigestion; ***ho fatto ~ di fichi*** I made myself sick eating figs; ***fare ~ di televisione*** FIG. to overdose on television.

indigesto /indi'dʒɛsto/ agg. indigestible (anche FIG.).

indignare /indiɲ'ɲare/ [1] **I** tr. to make* [sb.] indignant, to fill [sb.] with indignation **II indignarsi** pronom. to get* indignant, to become* indignant (**per** about, over).

indignato /indiɲ'ɲato/ **I** p.pass. → **indignare II** agg. indignant; [*lettera*] angry.

indignazione /indiɲɲat'tsjone/ f. indignation (**per** at; **contro** with), outrage (**per** at).

indilazionabile /indilattsjo'nabile/ agg. ***un incontro ~*** an appointment that can't be postponed *o* put off.

indimenticabile /indimenti'kabile/ agg. unforgettable; ***una serata ~*** a night to remember.

indimenticato /indimenti'kato/ agg. unforgotten.

indimostrabile /indimos'trabile/ agg. undemonstrable.

indimostrato /indimos'trato/ agg. [*affermazione, teoria*] untested.

indio, pl. **-di, -die** /'indjo, di, dje/ **I** agg. of the natives of Central and South America **II** m. (f. **-a**; pl. **-di, ~s**) native of Central and South America.

indipendente /indipen'dɛnte/ **I** agg. **1** *(libero da vincoli)* [*paese, cinema, giornale, persona, carattere, vita*] independent; [*giornalista, lavoro*] freelance; [*lavoratore*] self-employed **2** *(non comunicante)* [*casa*] detached **3** *(non in relazione)* unrelated, unconnected **4** MAT. FIS. LING. independent **II** m. e f. POL. independent.

indipendentemente /indipendente'mente/ avv. *(in modo indipendente)* independently; *(a prescindere)* independently, irrespective (**da** of).

indipendentismo /indipenden'tizmo/ m. = political stance supporting the independence of a country or region.

indipendentista, m.pl. **-i**, f.pl. **-e** /indipenden'tista/ **I** agg. independence attrib. **II** m. e f. = supporter of the independence of a country or region.

indipendentistico, pl. **-ci, -che** /indipenden'tistiko, tʃi, ke/ agg. independence attrib.

indipendenza /indipen'dɛntsa/ f. independence.

indire /in'dire/ [37] tr. to call [*assemblea, elezioni*]; [*sindacato*] to call [*sciopero*].

indirettamente /indiretta'mente/ avv. indirectly; [*rispondere, riferirsi*] obliquely; [*scoprire*] second hand.

indiretto /indi'rɛtto/ agg. indirect; [*mezzo, complimento*] oblique; ***discorso ~*** reported speech.

indirizzamento /indirittʃa'mento/ m. INFORM. addressing.

indirizzare /indirit'tsare/ [1] **I** tr. **1** *(rivolgere)* to direct [*appello, critica, protesta*]; to turn [*rabbia, rancore*] (**a** on; **contro** against); **~ *i propri sforzi a*** to direct one's efforts towards; **~ *l'attenzione di qcn. su qcs.*** to turn sb.'s attention to sth. **2** *(avviare)* to orient [*persona, società*] (**verso** at, towards); **~ *qcn. alla carriera diplomatica*** to groom sb. for a diplomatic career **3** *(scrivere l'indirizzo)* to address [*lettera, pacco*] **4** *(mandare)* to send*, to refer [*persona*] (**da** to) **II indirizzarsi** pronom. *(dirigersi)* ***-rsi verso*** to head towards (anche FIG.).

indirizzario, pl. **-ri** /indirit'tsarjo, ri/ m. mailing list, address book.

indirizzo /indi'rittso/ m. **1** address; ***~ postale, di posta elettronica*** mailing address, e-mail address; ***cambiare ~*** to change (one's) address **2** SCOL. UNIV. course of studies **3** POL. trend, orientation.
indiscernibile /indiʃʃer'nibile/ agg. indiscernible, indistinguishable.
indisciplina /indiʃʃi'plina/ f. indiscipline.
indisciplinato /indiʃʃipli'nato/ agg. undisciplined; [*classe, folla*] unruly; [*bambino*] naughty, rowdy.
indiscreto /indis'kreto/ agg. indiscreet; [*domanda*] intrusive, tactless; ***al riparo da occhi, sguardi -i*** safe from prying eyes.
indiscrezione /indiskret'tsjone/ f. **1** *(mancanza di riservatezza)* indiscretion **2** *(rivelazione)* indiscretion, rumour BE, rumor AE.
indiscriminato /indiskrimi'nato/ agg. indiscriminate; [*attacco, violenza*] wholesale.
indiscusso /indis'kusso/ agg. [*fatto*] undisputed, unquestioned; [*campione, leader*] acknowledged, indisputable, undisputed.
indiscutibile /indisku'tibile/ agg. indisputable, unquestionable.
indiscutibilmente /indiskutibil'mente/ avv. without dispute, incontrovertibly, indisputably.
indispensabile /indispen'sabile/ **I** agg. indispensable (**a**, **per** for; **per fare** for doing); [*ingrediente, lettura*] essential; [*aiuto, servizio*] vital, essential; ***requisito ~*** prerequisite **II** m. ***l'~*** essentials pl.; ***il minimo ~*** the bare essentials *o* necessities *o* minimum; ***fare il minimo ~*** to do the minimum.
indispettire /indispet'tire/ [102] **I** tr. to vex, to pique **II indispettirsi** pronom. to get* vexed, to take* exception.
indispettito /indispet'tito/ **I** p.pass. → **indispettire II** agg. vexed, picked.
indisponente /indispo'nɛnte/ agg. unsympathetic; [*persona*] galling, vexatious.
indisporre /indis'porre/ [73] tr. to vex, to upset*.
indisposizione /indispozit'tsjone/ f. ailment, indisposition FORM.
indisposto /indis'posto/ agg. unwell, indisposed FORM. o SCHERZ.
indissolubile /indisso'lubile/ agg. indissoluble.
indissolubilità /indissolubili'ta/ f.inv. indissolubility.
indistinguibile /indistin'gwibile/ agg. indistinguishable.
indistintamente /indistinta'mente/ avv. **1** *(indifferentemente)* indifferently, indiscriminately, without distinction **2** *(confusamente)* indistinctly.
indistinto /indis'tinto/ agg. indistinct; [*forma, idea, ricordo*] dim, blurred; [*suono, voce*] indistinct, vague.
indistruttibile /indistrut'tibile/ agg. indestructible.
indisturbato /indistur'bato/ agg. undisturbed.
indivia /in'divja/ f. endive.
individuale /individu'ale/ agg. individual; [*porzione*] single; ***insegnamento ~*** one-to-one tuition; ***prova ~*** SPORT singles, single events.
individualismo /individua'lizmo/ m. individualism.
individualista, m.pl. **-i**, f.pl. **-e** /individua'lista/ agg., m. e f. individualist.
individualistico, pl. **-ci**, **-che** /individua'listiko, tʃi, ke/ agg. individualistic.
individualità /individuali'ta/ f.inv. individuality.
individualizzare /individualid'dzare/ [1] tr. to personalize, to individualize [*accordi, insegnamento*].
individualmente /individual'mente/ avv. individually; ***ogni persona ~*** each individual person.
individuare /individu'are/ [1] tr. **1** *(identificare, scoprire)* to pick out, to identify, to detect [*causa, problema*]; to spot [*differenza, errore*]; *(localizzare)* to locate, to pinpoint [*difetto*]; ***~ qcn. tra la folla*** to single *o* spot sb. out in the crowd **2** *(caratterizzare)* ***il protagonista di questo romanzo è ben individuato*** the hero in this novel is well portrayed.
individuazione /individuat'tsjone/ f. individuation, spotting, detection.
individuo /indi'viduo/ m. **1** *(persona singola)* individual, person, guy COLLOQ., fellow COLLOQ. **2** *(tipo sospetto)* individual; ***un ~ dall'aria sospetta*** a suspicious-looking individual.
indivisibile /indivi'zibile/ agg. indivisible (anche MAT. FIS.), unseparable.
indivisibilità /indivizibili'ta/ f.inv. indivisibility.
indiviso /indi'vizo/ agg. undivided.
indiziare /indit'tsjare/ [1] tr. to put* [sb.] under investigation, to name [sb.] as a suspect.
indiziario, pl. **-ri**, **-rie** /indit'tsjarjo, ri, rje/ agg. DIR. [*prova*] circumstantial; ***processo ~*** trial based on circumstantial evidence.
indiziato /indit'tsjato/ **I** p.pass. → **indiziare II** agg. under investigation **III** m. (f. **-a**) suspect.
indizio, pl. **-zi** /in'dittsjo, tsi/ m. **1** *(segnale)* clue, pointer **2** *(in un'inchiesta)* clue.
indocile /in'dɔtʃile/ agg. indocile.
Indocina /indo'tʃina/ n.pr.f. Indochina.
indocinese /indotʃi'nese/ agg., m. e f. Indochinese.
indoeuropeo /indoeuro'pɛo/ agg. e m. Indo-European.
indole /'indole/ f. disposition, temperament; ***d'~ buona*** [*persona*] good-natured, good-tempered.
indolente /indo'lɛnte/ agg. [*persona*] idle, indolent, shiftless, sluggish; [*lavoratore, studente*] slack, lazy.
indolenza /indo'lɛntsa/ f. indolence, shiftlessness, slackness.
indolenzimento /indolentsi'mento/ m. soreness, ache.
indolenzire /indolen'tsire/ [102] **I** tr. to make* sore **II indolenzirsi** pronom. to become* sore.
indolenzito /indolen'tsito/ **I** p.pass. → **indolenzire II** agg. aching, sore; ***avere le gambe -e*** to have aches in one's legs; ***essere tutto ~*** to ache all over.
indolore /indo'lore/ agg. painless.
indomabile /indo'mabile/ agg. **1** [*animale*] tameless, unmanageable, untamable **2** FIG. [*spirito, volontà*] indomitable.
indomani /indo'mani/ m.inv. ***l'~*** the day after, the following *o* next day; ***all'~ del suo arrivo*** the day after his arrival *o* after he arrived.
indomito /in'domito/ agg. [*coraggio, passione, persona*] invincible.
indonesiano /indone'ziano/ ➧ ***25, 16*** **I** agg. Indonesian **II** m. (f. **-a**) **1** Indonesian **2** *(lingua)* Indonesian.
indorare /indo'rare/ [1] tr. to gild ♦ ***~ la pillola*** to sugar *o* sweeten *o* gild the pill.
indossare /indos'sare/ [1] tr. *(infilarsi)* to put* on; *(avere indosso)* to have* on, to wear*.
indossatore /indossa'tore/ ➧ ***18*** m. (male) model.
indossatrice /indossa'tritʃe/ ➧ ***18*** f. (catwalk) model, mannequin; ***fare l'~*** to model.
indosso /in'dɔsso/ avv. → **addosso**.
Indostan /indos'tan/ ➧ ***30*** n.pr.m. Hindustan.
indostano /indos'tano/ ➧ ***30, 16*** **I** agg. Hindustani **II** m. (f. **-a**) **1** Hindustani **2** *(lingua)* Hindustani.
indotto /in'dotto/ **I** p.pass. → **indurre II** agg. **1** EL. ***corrente -a*** induction current **2** ECON. ***consumo ~*** induced consumption **3** MED. ***travaglio ~*** induced labour **4** FIG. *(provocato, spinto)* induced; ***gusti -i dalla televisione*** tastes formed by television; ***~ a credere che*** led to believe that **III** m. **1** EL. *(circuito)* armature **2** ECON. satellite industries pl.; ***l'~ automobilistico*** satellite car industries.
indottrinamento /indottrina'mento/ m. indoctrination.
indottrinare /indottri'nare/ [1] tr. to indoctrinate (**in** with).
indovinare /indovi'nare/ [1] tr. **1** to guess [*nome, risposta*]; ***~ giusto*** to guess right; ***indovina (un po')!*** guess what! ***indovina chi!*** guess who! ***indovina chi è tornato?*** guess who's back in town? ***tirare a ~*** to take a leap, to shot in the dark, to hazard a guess **2** *(azzeccare)* ***~ i gusti di qcn.*** to divine sb.'s tastes ♦ ***chi l'indovina è bravo!*** it's anybody's guess! ***non ne indovina una!*** he never gets it right! he's always wide of the mark!
indovinato /indovi'nato/ **I** p.pass. → **indovinare II** agg. *(azzeccato)* successful, happy, well-chosen.
indovinello /indovi'nɛllo/ m. riddle; ***fare un ~ a qcn.*** to ask *o* tell sb. a riddle.
indovino /indo'vino/ m. diviner, fortune-teller; ***non sono un ~!*** I'm not a prophet!
indù /in'du/ agg., m. e f.inv. Hindu.
indubbiamente /indubbja'mente/ avv. decidedly, doubtless, undoubtedly.

indubbio, pl. **-bi**, **-bie** /in'dubbjo, bi, bje/ agg. decided, undoubted.
indubitabile /indubi'tabile/ agg. indubitable.
indubitato /indubi'tato/ agg. undoubted.
indugiare /indu'dʒare/ [1] intr. (aus. *avere*) [*persona*] to dally, to delay, to linger, to pause (**su** over); ***~ a fare qcs.*** to hesitate before doing sth.; ***senza ~*** without hesitation *o* delay.
indugio, pl. **-gi** /in'dudʒo, dʒi/ m. delay; ***senza ulteriori -gi*** without more *o* further delay.
induismo /indu'izmo/ m. Hinduism.
induista, m.pl. **-i**, f.pl. **-e** /indu'ista/ agg., m. e f. Hindu.
indulgente /indul'dʒɛnte/ agg. [*persona*] easygoing, forgiving, indulgent; [*istituzione*] lenient; ***~ con se stesso*** self-indulgent.
indulgenza /indul'dʒɛntsa/ f. **1** forgiveness, lenience **2** RELIG. indulgence; ***~ plenaria*** plenary indulgence.
indulgere /in'duldʒere/ [57] intr. (aus. *avere*) ***~ ai desideri di qcn.*** to comply with sb.'s wishes; ***~ al vizio dell'alcol*** to overindulge in drink.
indulto /in'dulto/ m. DIR. pardon.
indumento /indu'mento/ m. garment, piece of clothing; ***-i*** clothes.
indurire /indu'rire/ [102] **I** tr. to harden (anche FIG.) **II** intr. (aus. *essere*) [*argilla, pane*] to harden **III indurirsi** pronom. **1** [*colla, argilla*] to harden; [*cemento*] to set* (hard) **2** FIG. to harden.
indurito /indu'rito/ **I** p.pass. → **indurire II** agg. **1** *(diventato duro)* hard, hardened **2** FIG. [*persona*] hardbitten, hard-boiled.
indurre /in'durre/ [13] tr. **1** *(incitare)* to induce, to prompt, to persuade (**a fare** to do); ***~ qcn. a credere che*** to lead sb. to believe that; ***non ci ~ in tentazione*** RELIG. don't lead us into temptation; ***~ qcn. in errore*** to misguide sb. **2** *(provocare)* ***"può ~ sonnolenza"*** "may cause drowsiness".
industria /in'dustrja/ f. **1** *(attività, settore)* industry; ***piccola, media ~*** small, medium-sized industry; ***grande ~*** big industries *o* business **2** *(azienda)* factory, works pl. ♦♦ ***~ alimentare*** food industry; ***~ automobilistica*** car *o* motor industry; ***~ bellica*** armament industry; ***~ chimica*** chemical industry; ***~ farmaceutica*** drug *o* pharmaceutical industry; ***~ leggera*** light industry; ***~ meccanica*** engineering industry; ***~ mineraria*** mining industry; ***~ pesante*** heavy industry; ***~ petrolifera*** oil industry; ***~ siderurgica*** steel industry; ***~ dello spettacolo*** show business; ***~ tessile*** textile industry.
industriale /indus'trjale/ **I** agg. [*città, zona, paese*] industrial; ***complesso*** o ***stabilimento ~*** manufacturing facility *o* plant; ***produzione ~*** industrial *o* manufacturing output; ***in quantità ~*** SCHERZ. in vast *o* huge amounts **II** ♦ ***18*** m. e f. industrialist, manufacturer.
industrializzare /industrjalid'dzare/ [1] **I** tr. to industrialize **II industrializzarsi** pronom. to become* industrialized.
industrializzato /industrjalid'dzato/ **I** p.pass. → **industrializzare II** agg. ***paesi -i*** industrialized *o* industrial countries.
industrializzazione /industrjaliddzat'tsjone/ f. industrialization.
industriarsi /indus'trjarsi/ [1] pronom. to do* one's best, to try hard, to strive* (**per** to); ***si industriò per trovare un lavoro*** he did all he could to find a job.
industriosità /industrjosi'ta/ f.inv. industriousness, industry.
industrioso /indus'trjoso/ agg. industrious, hard-working.
induttanza /indut'tantsa/ f. inductance.
induttivo /indut'tivo/ agg. inductive (anche EL.).
induttore /indut'tore/ m. inductor.
induzione /indut'tsjone/ f. FILOS. EL. induction.
inebetire /inebe'tire/ [102] **I** tr. **1** *(incretinire)* to make* [sb.] stupid **2** *(stordire)* to stun **II inebetirsi** pronom. to become* stupid.
inebetito /inebe'tito/ **I** p.pass. → **inebetire II** agg. *(stordito)* dazed, stunned, stupefied.
inebriante /inebri'ante/ agg. [*profumo, odore, vino*] intoxicating, heady.
inebriare /inebri'are/ [1] **I** tr. **1** *(ubriacare)* [*alcol*] to intoxicate, to inebriate, to make* [sb.] drunk **2** FIG. *(esaltare)* [*potere, successo*] to intoxicate **II inebriarsi** pronom. **1** *(ubriacarsi)* to get* drunk **2** FIG. *(esaltarsi)* to become* intoxicated, to go* into raptures.
ineccepibile /inettʃe'pibile/ agg. *(irreprensibile)* [*persona*] irreproachable; [*comportamento, maniere*] impeccable; *(irrefutabile)* [*argomentazione*] irrefutable, compelling.
inedia /i'nɛdja/ f. starvation; ***morire d'~*** to starve to death, to die of starvation.
inedito /i'nɛdito/ **I** agg. **1** *(mai pubblicato)* unpublished **2** FIG. *(insolito)* original, uncommon **II** m. *(opera)* unpublished work.
ineducato /inedu'kato/ agg. **1** *(senza educazione)* unlearned **2** *(maleducato)* impolite, bad-mannered, rude.
ineffabile /inef'fabile/ agg. **1** *(inesprimibile)* ineffable, unutterable, inexpressible, unspeakable **2** *(impareggiabile)* incomparable.
inefficace /ineffi'katʃe/ agg. ineffective, ineffectual, inefficacious.
inefficacia /ineffi'katʃa/ f. ineffectiveness, ineffectualness, inefficaciousness.
inefficiente /ineffi'tʃɛnte/ agg. [*servizio, apparecchio*] inefficient; [*lavoratore*] ineffective, inefficient, ineffectual.
inefficienza /ineffi'tʃɛntsa/ f. inefficiency.
ineguagliabile /inegwaʎ'ʎabile/ agg. matchless, incomparable, beyond compare.
ineguagliato /inegwaʎ'ʎato/ agg. unequalled BE, unequaled AE, unmatched.
ineguale /ine'gwale/ agg. **1** *(differente)* [*forze*] uneven, unequal **2** *(discontinuo)* inconstant, uneven **3** *(non uniforme)* [*superficie*] irregular, uneven.
inelegante /inele'gante/ agg. inelegant.
ineleganza /inele'gantsa/ f. inelegance, lack of elegance.
ineleggibile /ineled'dʒibile/ agg. ineligible.
ineluttabile /inelut'tabile/ agg. ineluctable, inescapable, inevitable.
inenarrabile /inenar'rabile/ agg. unmentionable, unspeakable.
inequivocabile /inekwivo'kabile/ agg. [*atteggiamento, risposta*] unequivocal, unambiguos.
inequivocabilmente /inekwivokabil'mente/ avv. unmistakably, unambiguously.
inerente /ine'rɛnte/ agg. inherent (**a** in); connected (**a** with).
inerme /i'nɛrme/ agg. *(disarmato)* unarmed; *(indifeso)* defenceless BE, defenseless AE.
inerpicarsi /inerpi'karsi/ [1] pronom. **1** to clamber (**su** over, up); to scramble (**su** up) **2** *(salire ripidamente)* [*strada*] to climb, to slope up.
inerte /i'nɛrte/ agg. **1** *(pigro)* [*persona*] inactive, indolent, idle **2** *(immobile)* [*corpo, persona*] motionless, still, immobile **3** FIS. CHIM. inert.
inerzia /i'nɛrtsja/ f. **1** FIS. CHIM. inertia; ***forza d'~*** inertial force **2** *(passività)* inertia, inactivity ♦ ***per forza d'~*** *(per abitudine)* by force of habit.
inerziale /iner'tsjale/ agg. inertial.
inesattezza /inezat'tettsa/ f. **1** *(l'essere inesatto)* inexactitude, inaccuracy **2** *(imprecisione)* inaccuracy, imprecision.
1.inesatto /ine'zatto/ agg. *(non giusto)* inaccurate, incorrect, inexact.
2.inesatto /ine'zatto/ agg. *(non riscosso)* uncollected.
inesaudito /inezau'dito/ agg. [*desiderio*] unfulfilled; [*preghiera*] unheard.
inesauribile /inezau'ribile/ agg. inexhaustible, endless.
inesigibile /inezi'dʒibile/ agg. uncollectable; [*debito*] irrecoverable.
inesistente /inezis'tɛnte/ agg. nonexistent.
inesorabile /inezo'rabile/ agg. **1** *(implacabile)* [*tiranno, giudice*] inexorable, implacable, inflexible **2** *(ineluttabile)* [*destino*] inexorable, inescapable; [*progresso*] relentless.
inesorabilmente /inezorabil'mente/ avv. **1** *(implacabilmente)* inexorably, implacably **2** *(ineluttabilmente)* inexorably, relentlessly.
inesperienza /inespe'rjɛntsa/ f. inexperience.
inesperto /ines'pɛrto/ agg. **1** *(senza esperienza)* inexperienced **2** *(principiante)* [*persona*] inexpert, unskilful BE, unskillful AE; [*mano, occhio*] untrained, inexpert.
inesplicabile /inespli'kabile/ agg. inexplicable, unexplainable, unaccountable.

inesplicabilmente /inesplikabil'mente/ avv. inexplicably, unaccountably.
inesplorato /inesplo'rato/ agg. unexplored.
inesploso /ines'plɔzo/ agg. [*bomba*] unexploded, live.
inespressivo /inespres'sivo/ agg. [*viso, sguardo*] inexpressive, expressionless, blank.
inespresso /ines'prɛsso/ agg. [*desiderio*] unspoken; [*sentimento*] unexpressed, undeclared.
inesprimibile /inespri'mibile/ agg. **1** *(indescrivibile)* inexpressible, unutterable **2** *(vago)* indefinite, vague.
inespugnabile /inespuɲ'ɲabile/ agg. [*fortezza*] impregnable.
inestetismo /ineste'tizmo/ m. *(della pelle, del viso)* imperfection, blemish.
inestimabile /inesti'mabile/ agg. [*fortuna, valore*] inestimable; [*quadro, gioiello*] invaluable, priceless.
inestinguibile /inestin'gwibile/ agg. **1** [*fuoco*] inextinguishable, unquenchable; FIG. [*sete*] unquenchable **2** FIG. *(eterno)* [*passione, amore*] eternal, undying.
inestirpabile /inestir'pabile/ agg. ineradicable (anche FIG.).
inestricabile /inestri'kabile/ agg. inextricable (anche FIG.).
inettitudine /inetti'tudine/ f. **1** *(mancanza di attitudine)* ineptitude, lack of aptitude **2** *(incapacità)* ineptitude, incompetence, incapacity.
inetto /i'nɛtto/ **I** agg. **1** *(inadatto)* unfit, unsuited **2** *(incompetente)* incompetent, incapable **3** *(buono a nulla)* inept, good-for-nothing **II** m. (f. **-a**) incompetent, good-for-nothing.
inevaso /ine'vazo/ agg. outstanding; [*posta*] unanswered.
inevitabile /inevi'tabile/ **I** agg. inevitable, unavoidable; ***era ~ che facesse*** it was inevitable that he should do; ***è ~!*** it can't be helped! **II** m. ***è accaduto l'~*** the inevitable happened.
inevitabilmente /inevitabil'mente/ avv. inevitably.
in extremis /ineks'trɛmis/ avv. **1** *(all'ultimo momento)* in extremis, in extremity **2** *(in punto di morte)* in extremis, at the point of death.
inezia /i'nɛttsja/ f. trifle, mere nothing.
infagottare /infagot'tare/ [1] **I** tr. to muffle, to wrap up, to bundle up **II infagottarsi** pronom. to wrap up.
infallibile /infal'libile/ agg. **1** *(che non sbaglia)* [*persona*] infallible, unerring **2** *(molto preciso)* [*mira*] unerring **3** *(sicuro)* [*metodo, sistema*] foolproof.
infallibilità /infallibili'ta/ f.inv. infallibility.
infallibilmente /infallibil'mente/ avv. infallibly, unerringly.
infamante /infa'mante/ agg. [*accusa, comportamento*] defamatory, slanderous.
infamare /infa'mare/ [1] tr. to defame, to disgrace [*nome*]; to dishonour BE, to dishonor AE [*memoria*].
infame /in'fame/ **I** agg. **1** *(pessimo)* [*cibo, tempo*] abominable, dreadful, rotten **2** *(ignobile)* [*individuo, crimine*] infamous, foul **II** m. e f. villain, wicked person.
infamia /in'famja/ f. *(disonore)* infamy, disgrace ♦ ***senza ~ e senza lode*** without praise or blame.
infangare /infan'gare/ [1] **I** tr. **1** to splatter with mud, to muddy **2** FIG. to taint, to disgrace, to smirch [*memoria, reputazione*] **II infangarsi** pronom. **1** to get* muddy **2** FIG. to disgrace oneself, to dishonour oneself BE, to dishonor oneself AE.
infanticida, m.pl. **-i**, f.pl. **-e** /infanti'tʃida/ m. e f. infanticide.
infanticidio, pl. **-di** /infanti'tʃidjo, di/ m. infanticide.
infantile /infan'tile/ agg. **1** *(relativo ai bambini)* infantile, infant; ***malattia ~*** childhood *o* pediatric illness, infant disease; ***mortalità ~*** infant mortality **2** *(puerile)* childish, babyish, infantile.
infanzia /in'fantsja/ f. **1** *(periodo)* childhood; ***prima ~*** babyhood, infancy **2** *(bambini)* children pl.; ***~ abbandonata*** abandoned children; ***letteratura per l'~*** children's fiction **3** *(inizio)* infancy, beginnings pl.
infarcire /infar'tʃire/ [102] tr. **1** GASTR. to stuff [*carne, pesce*] **2** FIG. *(inzeppare)* to cram, to lard (**di** with).
infarinare /infari'nare/ [1] tr. to flour [*pesce, teglia*].
infarinatura /infarina'tura/ f. *(conoscenza superficiale)* smattering.
infarto /in'farto/ m. infarct MED., infarction MED., heart attack.
infartuato /infartu'ato/ m. (f. **-a**) heart attack patient.
infastidire /infasti'dire/ [102] **I** tr. [*fumo, rumore, luce*] to annoy; [*persona*] to annoy, to bother, to worry, to vex **II infastidirsi** pronom. to get* annoyed (**per** at).
infaticabile /infati'kabile/ agg. tireless, indefatigable, untiring.
infatti /in'fatti/ **I** cong. **1** *(tanto è vero che)* indeed **2** *(effettivamente)* as a matter of fact, sure enough; ***mi aspettavo dei problemi, e ~ la macchina si è rotta*** I expected there would be some problems, and sure enough the car broke down **II** avv. *(come risposta)* ***"Non ha nessuna possibilità" "Infatti"*** "He doesn't have a chance" "No, he doesn't" *o* "Exactly"; ***"Sei rimasto deluso, vero?" "Infatti"*** "You were disappointed, weren't you?" "Yes, I was".
infatuarsi /infatu'arsi/ [1] pronom. to become* infatuated (**di** with); to develop an infatuation (**di** for).
infatuato /infatu'ato/ **I** p.pass. → **infatuarsi II** agg. infatuated (**di** with).
infatuazione /infatuat'tsjone/ f. infatuation (**per** with).
infausto /in'fausto/ agg. [*presagio, giorno*] inauspicious, unlucky, ill-omened.
infecondo /infe'kondo/ agg. [*donna*] infertile, sterile; [*terreno*] barren, infertile.
infedele /infe'dele/ **I** agg. **1** [*marito, moglie, amante*] unfaithful **2** *(impreciso)* [*traduzione, racconto*] unfaithful, inaccurate **II** m. e f. RELIG. infidel.
infedeltà /infedel'ta/ f.inv. **1** *(in una coppia)* infidelity, unfaithfulness **2** *(di traduzione)* unfaithfulness, inaccuracy.
infelice /infe'litʃe/ **I** agg. **1** *(molto triste)* [*persona*] unhappy, wretched, miserable, sad; [*infanzia, amore*] unhappy; [*vita*] miserable **2** *(inopportuno)* [*battuta, frase, scelta*] unhappy, unfortunate, unlucky; ***l'annuncio venne fatto in un momento ~*** the timing of the announcement was unfortunate **3** *(malriuscito)* [*tentativo*] unfortunate; [*matrimonio*] joyless; [*traduzione*] bad, poor **4** *(sfavorevole)* [*posizione*] inconvenient, uncomfortable **II** m. e f. unhappy person; *(uomo)* poor man*; *(donna)* poor woman*.
infelicemente /infelitʃe'mente/ avv. unhappily.
infelicità /infelitʃi'ta/ f.inv. **1** *(tristezza)* unhappiness, wretchedness **2** *(inopportunità)* inappropriateness.
infeltrire /infel'trire/ [102] **I** tr. to felt [*stoffa, lana*] **II** intr. (aus. *essere*), **infeltrirsi** pronom. [*lana, maglione, tessuto*] to felt, to mat.
inferenza /infe'rɛntsa/ f. inference.
inferiore /infe'rjore/ **I** agg. **1** *(sottostante)* [*arti, labbro, mascella, piano*] lower; [*parte*] bottom, lower; ***abitare al piano ~*** to live downstairs **2** *(in valore)* [*temperatura, velocità, costo, salario, numero*] lower (**a** than); [*durata*] shorter (**a** than); [*taglia, dimensione*] smaller (**a** than); ***temperature -i ai 30 gradi*** temperatures lower than *o* under 30 degrees; ***la visibilità è ~ ai 50 metri*** visibility is below 50 metres; ***~ alla media*** below average; ***tassi d'interesse -i al 5%*** interest rates below 5% **3** *(peggiore)* inferior (**a** to); ***la sua prestazione è stata ~ alle aspettative*** his performance didn't come up to expectations; ***fare sentire qcn. ~*** to make sb. feel inferior **4** *(in una gerarchia)* [*gradi, classi*] lower **II** m. e f. inferior, subordinate.
inferiorità /inferjori'ta/ f.inv. inferiority; ***complesso d'~*** PSIC. inferiority complex.
inferire /infe'rire/ [110] tr. **1** *(infliggere)* to inflict, to deal*, to strike* [*colpo*] **2** *(dedurre)* to infer.
infermeria /inferme'ria/ f. infirmary; *(su una nave)* sickbay.
infermiera /infer'mjɛra/ ♦ ***18*** f. (hospital) nurse.
infermiere /infer'mjɛre/ ♦ ***18*** m. (male) nurse, hospital nurse; ***~ professionale*** registered general nurse BE, registered nurse AE.
infermieristico, pl. **-ci**, **-che** /infermje'ristiko, tʃi, ke/ agg. nursing attrib.
infermità /infermi'ta/ f.inv. infirmity, illness; ***~ mentale*** insanity, mental disability.
infermo /in'fermo/ **I** agg. invalid, infirm, sick **II** m. (f. **-a**) ***gli -i*** the infirm, the sick + verbo pl.
infernale /infer'nale/ agg. **1** *(dell'inferno)* hellish, infernal **2** *(malvagio)* devilish, diabolical, fiendish **3** *(tremendo)* [*traffico, rumore*] hellish, infernal; [*tempo*] diabolical, infernal; ***ho avuto una giornata ~*** I've had a hell of a day; ***faceva un caldo ~*** it was devilishly hot, it was as hot as hell.

inferno /in'fɛrno/ m. hell (anche FIG.); ***soffrire le pene dell'~*** to go through hell; ***la sua vita è un vero ~*** his life is sheer hell; ***ha passato un periodo d'~*** he has been to hell and back; ***sarà un lavoro d'~ pulire la casa*** we'll have a devil of a job cleaning the house; ***va' all'~!*** go to hell!

inferocire /infero'tʃire/ [102] **I** tr. **1** to make* ferocious [*animale*] **2** FIG. to enrage, to infuriate [*persona*] **II inferocirsi** pronom. **1** *(diventare feroce)* [*animale*] to become* ferocious **2** FIG. [*persona*] to get* furious.

inferocito /infero'tʃito/ **I** p.pass. → **inferocire II** agg. [*animale*] angry, enraged; ***una folla -a*** an angry mob.

inferriata /infer'rjata/ f. *(di finestra)* grating, grille, iron bars pl.; *(cancellata)* railing, railings pl.

infervorarsi /infervo'rarsi/ [1] pronom. to get* excited, to be* fired with enthusiasm.

infervorato /infervo'rato/ **I** p.pass. → **infervorarsi II** agg. [*discorso, persona*] fiery, enthusiastic.

infestante /infes'tante/ agg. ***insetto ~*** pest; ***pianta ~*** weed.

infestare /infes'tare/ [1] tr. [*insetti, piante*] to infest; [*fantasmi*] to haunt [*castello*].

infestazione /infestat'tsjone/ f. infestation.

infettare /infet'tare/ [1] **I** tr. **1** MED. to infect [*ferita, persona*] **2** *(inquinare)* to pollute, to contaminate [*acque, aria*] **II infettarsi** pronom. [*ferita, persona*] to become* infected.

infettivo /infet'tivo/ agg. [*malattia*] infectious, contagious, catching; [*agente*] infectious, infective.

infetto /in'fɛtto/ agg. **1** [*ferita*] infected, septic **2** *(inquinato)* [*acque*] polluted, contaminated.

infezione /infet'tsjone/ f. infection; ***fare ~*** to become infected.

infiacchire /infjak'kire/ [102] **I** tr. to enfeeble, to weaken [*persona*] **II infiacchirsi** pronom. to grow* weak(er), to weaken.

infiammabile /infjam'mabile/ agg. **1** (in)flammable **2** FIG. [*temperamento*] fiery, inflammable.

infiammare /infjam'mare/ [1] **I** tr. **1** *(incendiare)* to set* fire to **2** *(colorare di rosso)* to flush [*guance*]; [*sole*] to set* [sth.] ablaze [*cielo*] **3** FIG. *(eccitare)* to inflame [*folla*]; ***il gol infiammò lo stadio*** the goal set the stadium on fire **4** MED. to inflame **II infiammarsi** pronom. **1** *(prendere fuoco)* to catch* fire **2** *(arrossire)* to flush, to blush **3** FIG. ***-rsi di desiderio*** to be inflamed with desire **4** *(adirarsi)* to flare up **5** MED. to become* inflamed.

infiammato /infjam'mato/ **I** p.pass. → **infiammare II** agg. **1** *(in fiamme)* burning, inflamed **2** *(arrossato)* [*viso*] flaming, red **3** MED. [*ferita, gola*] inflamed **4** FIG. inflamed; ***~ dal desiderio*** burning with desire.

infiammatorio, pl. **-ri, -rie** /infjamma'tɔrjo, ri, rje/ agg. MED. inflammatory.

infiammazione /infjammat'tsjone/ f. MED. inflammation.

inficiare /infi'tʃare/ [1] tr. DIR. to invalidate.

infido /in'fido/ agg. **1** *(sleale)* [*persona*] treacherous, untrustworthy **2** *(malsicuro)* [*acque, strada*] treacherous.

infierire /infje'rire/ [102] intr. **1** *(accanirsi)* ***~ contro*** o ***su*** to keep going at [*vittima*]; ***non ~!*** no need to put the boot in! **2** FIG. *(imperversare)* [*epidemia, tempesta*] to rage.

infiggere /in'fiddʒere/ [14] **I** tr. **1** to drive*; ***le infisse il coltello nel petto*** he plunged the knife into her heart; ***~ un palo nella terra*** to pound *o* sink a stake into the ground **2** FIG. *(imprimere)* to engrave **II infiggersi** pronom. **1** to penetrate, to dig* into **2** FIG. *(imprimersi)* ***-rsi nella memoria di qcn.*** to be engraved in sb.'s memory.

infilare /infi'lare/ [1] **I** tr. **1** *(con un filo)* to thread [*ago*]; to thread, to string* [*perle*] **2** *(inserire)* to insert; *(mettere)* to put*; *(senza sforzo)* to slip, to slide*; *(con difficoltà)* to squeeze, to stuff; ***~ la chiave nella toppa*** to insert the key into the lock; ***~ una lettera in una busta*** to slide a letter into an envelope **3** *(imboccare)* to take* [*sentiero*]; ***~ la porta*** to slip out the door **4** COLLOQ. *(imbroccare)* ***non ne infila una giusta*** he never gets it right, he's always wide of the mark **5** *(dire, fare di seguito)* ***~ un sacco di bugie*** to tell one lie after another; ***~ un errore dietro l'altro*** to make a string of mistakes **6** *(indossare)* to put* on [*indumento*]; to roll on [*calze*]; *(velocemente)* to slip on [*guanti*]; ***~ un anello al dito di qcn.*** to put *o* slip a ring on sb.'s finger **II infilarsi** pronom. **1** *(indossare)* to put* on [*indumento*]; to roll on [*calze*]; *(velocemente)* to slip into [*vestito*] **2** *(mettersi)* ***-rsi le mani in tasca*** to stuff one's hands in one's pockets; ***infilati la camicia nei pantaloni*** tuck your shirt in(to) your trousers **3** *(mettersi dentro)* ***-rsi nel letto*** to slip into bed; ***-rsi sotto le coperte*** to smuggle under the covers **4** *(intrufolarsi)* to sneak, to slip (**in** into); ***-rsi tra la folla*** to thread one's way through the crowd; ***il gatto si è infilato sotto la macchina*** the cat crept under the car.

infilata /infi'lata/ f. row, line; ***un'~ di insulti*** FIG. a stream *o* string of insults.

infiltrare /infil'trare/ [1] **I** tr. to infiltrate **II infiltrarsi** pronom. **1** [*liquido, luce*] to infiltrate, to seep (**in** into) **2** ***-rsi in*** [*spia*] to infiltrate, to penetrate [*organizzazione*].

infiltrato /infil'trato/ **I** p.pass. → **infiltrare II** agg. infiltrated **III** m. (f. **-a**) infiltrator.

infiltrazione /infiltrat'tsjone/ f. **1** *(di liquido)* seepage **2** *(di spie)* infiltration, penetration **3** MED. infiltration.

infilzare /infil'tsare/ [1] **I** tr. **1** *(su un filo)* to string* [*perle*] **2** *(trafiggere)* to pierce, to run* through LETT. [*nemico*] **3** *(conficcare)* to plunge, to stick* [*coltello*]; to spear, to spike, to stab [*cibo*] **II infilzarsi** pronom. *(trafiggersi)* to impale oneself.

infimo /'infimo/ agg. *(pessimo)* lowest, lowermost; ***merce di -a qualità*** goods of the lowest quality.

infine /in'fine/ avv. **1** *(da ultimo)* lastly, finally **2** *(alla fine)* at last **3** *(insomma)* in short, well then.

infingardo /infin'gardo/ **I** agg. **1** *(pigro)* lazy, slothful **2** *(falso)* sneaky, underhand **II** m. (f. **-a**) **1** *(pigro)* slacker, sluggard **2** *(falso)* pretender.

infinità /infini'ta/ f.inv. infinity; ***un'~ di*** an infinity of, an endless number of.

infinitamente /infinita'mente/ avv. **1** *(all'infinito)* infinitely, endlessly **2** *(immensamente)* immensely, awfully; ***mi dispiace ~*** I'm awfully *o* terribly sorry.

infinitesimale /infinitezi'male/ agg. MAT. infinitesimal.

infinitesimo /infini'tɛzimo/ **I** agg. infinitesimal **II** m. **1** MAT. infinitesimal **2** *(parte piccolissima)* infinitesimal part.

infinito /infi'nito/ **I** agg. **1** *(illimitato)* [*spazio*] infinite **2** *(immenso)* [*amore, pazienza*] infinite, endless; [*attenzione*] infinite **3** *(innumerevole)* endless, countless; ***grazie -e*** thank you very *o* so much **4** LING. infinitive **II** m. **1** ***l'~*** the infinite **2** MAT. FOT. infinity **3** LING. infinitive ♦ ***all'~*** [*proseguire, estendersi*] endlessly, ad infinitum, to infinity; ***andare avanti all'~*** to go on and on.

infinocchiare /infinok'kjare/ [1] tr. COLLOQ. ***non farti ~!*** don't be fooled!

infiocchettare /infjokket'tare/ [1] tr. **1** to decorate with ribbons **2** FIG. *(impreziosire)* to embellish, to embroider [*discorso, testo*].

infiorescenza /infjoreʃ'ʃɛntsa/ f. inflorescence.

infiorettare /infjoret'tare/ [1] tr. **1** *(infiorare)* to decorate with flowers **2** FIG. *(impreziosire)* to embellish, to embroider [*discorso, testo*].

infirmare /infir'mare/ [1] tr. DIR. to invalidate, to nullify.

infischiarsi /infis'kjarsi/ [1] pronom. COLLOQ. ***~ di qcn., qcs.*** not to give a darn *o* damn about sb., sth.; ***me ne infischio!*** I couldn't care less!

infisso /in'fisso/ m. *(di porte, finestre)* frame, casing.

infittire /infit'tire/ [102] **I** tr. **1** *(rendere più fitto)* to thicken, to make* thick(er) **2** *(rendere più frequente)* to make* more frequent **II infittirsi** pronom. **1** *(diventare più fitto)* to thicken, to become* thick(er) **2** *(addensarsi)* [*nebbia*] to thicken; ***il mistero s'infittisce*** FIG. the mystery is growing **3** *(diventare più frequente)* to become* more frequent.

inflaccidirsi /inflattʃi'dirsi/ [102] pronom. [*muscolo, corpo*] to sag, to become* flabby.

inflazionare /inflattsjo'nare/ [1] tr. to devalue [*moneta*]; to inflate [*economy*].

inflazionato /inflattsjo'nato/ **I** p.pass. → **inflazionare II** agg. **1** [*moneta*] devalued **2** FIG. [*espressione*] hackneyed.

inflazione /inflat'tsjone/ f. **1** ECON. inflation; ***~ galoppante, strisciante*** galloping, underlying inflation **2** *(abbondanza)* flood; ***~ di laureati*** flood of graduates.

inflazionistico, pl. **-ci, -che** /inflattsjo'nistiko, tʃi, ke/ agg. inflationary.

inflessibile /infles'sibile/ agg. [*persona, volontà*] inflexible, unbending.
inflessibilità /inflessibili'ta/ f.inv. inflexibility.
inflessione /infles'sjone/ f. *(accento, cadenza)* inflection.
infliggere /in'fliddʒere/ [15] tr. to inflict, to impose [*punizione, multa*]; to inflict [*maltrattamento, sconfitta*] (**a** on).
influente /influ'ɛnte/ agg. influential, powerful.
influenza /influ'ɛntsa/ ➧ 7 f. **1** *(influsso)* influence (**su** on); ***avere una buona, cattiva ~*** to have *o* be a good, bad influence **2** *(potere)* influence, clout **3** MED. influenza, flu; ***avere l'~*** to be down with the flu, to have (the) flu.
influenzabile /influen'tsabile/ agg. ***essere facilmente ~*** to be easily influenced *o* led.
influenzale /influen'tsale/ agg. ***virus ~*** flu virus.
influenzare /influen'tsare/ [1] **I** tr. to influence [*persona, scelta*]; to affect [*economia, situazione*] **II influenzarsi** pronom. **1** to influence each other **2** MED. to catch* influenza.
influenzato /influen'tsato/ **I** p.pass. → **influenzare II** agg. MED. ***essere ~*** to be down with the flu, to have (the) flu.
influire /influ'ire/ [102] intr. (aus. *avere*) ***~ su*** to influence [*persona, scelta*]; to affect [*economia, situazione*].
influsso /in'flusso/ m. influence; ***subire l'~ di qcn.*** to be under sb.'s influence.
infognarsi /infoɲ'ɲarsi/ [1] pronom. COLLOQ. ***~ in una brutta situazione*** to get bogged down in a difficult situation.
infoltire /infol'tire/ [102] **I** tr. to thicken, to make* thick(er) **II infoltirsi** pronom. to thicken, to become* thick(er).
infondato /infon'dato/ agg. groundless, unfounded.
infondere /in'fondere/ [51] tr. to infuse, to inspire, to instil BE, to instill AE; ***~ speranza a qcn.*** to breathe hope into sb.; ***~ coraggio a qcn.*** to give sb. courage, to inspire sb. with courage.
inforcare /infor'kare/ [1] tr. **1** *(prendere con la forca)* to pitchfork [*fieno*] **2** *(montare su)* to mount, to get* on, to jump on [*bicicletta*] **3** *(mettersi)* to put* on [*occhiali*].
informale /infor'male/ agg. **1** [*maniere, abbigliamento*] informal, casual; [*tono, stile*] informal; [*invito, visita*] informal, unofficial **2** ART. nonrepresentational.
informare /infor'mare/ [1] **I** tr. **1** *(mettere al corrente)* to inform [*persona*] (**di, su, circa** of, about) **2** *(conformare)* to inform, to pervade **3** *(plasmare)* to shape, to mould BE, to mold AE **II informarsi** pronom. to inform oneself, to inquire, to enquire; ***-rsi di, su qcs.*** to (make an) inquiry about, into sth.; ***-rsi su qcn.*** to inquire after sb.; ***mi sono informato su di lui*** I've checked him out.
informatica /infor'matika/ f. **1** *(scienza)* computer science, information science, information technology **2** *(disciplina)* computer studies pl.
informatico, pl. **-ci, -che** /infor'matiko, tʃi, ke/ **I** agg. [*sistema*] information attrib.; [*tecnologia, ingegnere*] computer attrib. **II** m. (f. **-a**) *(tecnico)* computer expert; *(scienziato)* computer scientist.
informativo /informa'tivo/ agg. [*libretto*] informative; ***a titolo ~*** for information, as a point of information; ***materiale ~*** information pack.
informatizzare /informatid'dzare/ [1] tr. to computerize.
informatizzazione /informatiddzat'tsjone/ f. computerization.
informato /infor'mato/ **I** p.pass. → **informare II** agg. informed, advised; *(aggiornato)* up-to-date; ***bene, male ~*** well-informed, ill-informed; ***una fonte ben -a*** a well-informed *o* reliable source.
informatore /informa'tore/ m. (f. **-trice** /tritʃe/) **1** *(spia)* informer **2** GIORN. informant ♦♦ ***~ medico-scientifico*** pharmaceutical representative.
informazione /informat'tsjone/ f. **1** information **U**, info **U** COLLOQ.; ***un'~*** a piece *o* bit *o* item of information; ***dare -i*** to give information; ***ho ricevuto -i sbagliate*** I was misinformed; ***servizio -i*** information service; ***ufficio -i*** information bureau, inquiries; ***per tua ~*** for your information; ***prendere -i su qcn., qcs.*** to find out about sb., sth. **2** GIORN. RAD. TELEV. *(attività)* reporting; *(settore)* media pl.; ***mezzi d'~*** (news) media **3** INFORM. information **U**.
informe /in'forme/ agg. [*massa, oggetto*] formless, shapeless, amorphous; FIG. [*idea*] amorphous.

infornare /infor'nare/ [1] tr. to put* [sth.] in the oven [*pane, arrosto*].
infornata /infor'nata/ f. batch (anche FIG. IRON.).
infortunarsi /infortu'narsi/ [1] pronom. to injure oneself, to hurt* oneself.
infortunato /infortu'nato/ **I** p.pass. → **infortunarsi II** agg. injured **III** m. (f. **-a**) injured person; ***gli -i*** the injured.
infortunio, pl. **-ni** /infor'tunjo, ni/ m. accident; ***~ sul lavoro*** industrial accident *o* injury; ***subire un ~*** to have an accident; ***assicurazione contro gli -ni*** (personal) accident insurance casualty insurance AE; ***ritirarsi per ~*** [*giocatore*] to retire injured *o* with an injury.
infortunistica /infortu'nistika/ f. = subject which studies industrial injuries in relation with health and safety regulations.
infossarsi /infos'sarsi/ [1] pronom. **1** [*terreno*] to subside, to sink* **2** *(incavarsi)* [*guance*] to become* hollow, to become* sunken.
infossato /infos'sato/ **I** p.pass. → **infossarsi II** agg. [*occhi, guance*] hollow, sunken.
infradiciare /infradi'tʃare/ [1] **I** tr. **1** *(inzuppare)* to drench, to soak **2** *(far marcire)* to rot **II infradiciarsi** pronom. **1** to get* drenched, to get* soaked **2** *(marcire)* to rot, to go* bad.
infradito /infra'dito/ **I** agg.inv. ***sandalo ~*** flip-flop **II** m. e f.inv. flip-flop, thong AE AUSTRAL.
inframmezzare /inframmed'dzare/ [1] tr. to intersperse (**con** with).
infrangere /in'frandʒere/ [70] **I** tr. **1** *(rompere)* to break*, to shatter, to smash [*vetro, vaso*] **2** FIG. to break*, to infringe [*legge*]; to break* through [*barriera*]; to shatter [*sogno*]; to dash, to shatter, to dissipate [*speranze*] **II infrangersi** pronom. **1** [*vetro, vaso*] to break*, to shatter, to smash; [*onde*] to break* **2** FIG. [*speranze*] to be* shattered.
infrangibile /infran'dʒibile/ agg. unbreakable; ***vetro ~*** shatterproof *o* splinterproof glass.
infranto /in'franto/ **I** p.pass. → **infrangere II** agg. [*vetro*] broken; FIG. [*sogno*] shattered; [*cuore*] broken.
infrarosso /infra'rosso/ agg. e m. infrared.
infrasettimanale /infrasettima'nale/ agg. midweek attrib.; ***chiusura ~*** closing day.
infrastruttura /infrastrut'tura/ f. **1** *(impianti, servizi pubblici)* facilities pl.; ***~ alberghiera*** hotel facilities; ***-e stradali*** road infrastructure **2** ECON. ING. infrastructure.
infrattarsi /infrat'tarsi/ [1] pronom. SCHERZ. *(imboscarsi)* to have* a tumble in the hay.
infrazione /infrat'tsjone/ f. infraction, infringement, offence, breach; ***commettere un'~*** to commit an offence.
infreddatura /infredda'tura/ f. chill, cold; ***prendersi un'~*** to catch a chill.
infreddolirsi /infreddo'lirsi/ [102] pronom. to get* cold.
infreddolito /infreddo'lito/ **I** p.pass. → **infreddolirsi II** agg. cold, chilly.
infrequente /infre'kwɛnte/ agg. [*fenomeno*] infrequent, uncommon.
infrequenza /infre'kwɛntsa/ f. infrequency.
infruttifero /infrut'tifero/ agg. **1** [*pianta*] unfruitful, barren **2** ECON. [*capitale*] non-interest-bearing, idle, dead.
infruttuoso /infruttu'oso/ agg. **1** [*terreno, albero*] unfruitful **2** ECON. [*capitale*] non-interest-bearing, idle, dead **3** FIG. [*tentativo*] fruitless, unsuccessful, vain.
infuocare /infwo'kare/ [1] **I** tr. **1** *(arroventare)* to make* [sth.] red-hot [*metallo*] **2** FIG. *(infiammare)* to inflame, to excite, to stir [*animi*] **II infuocarsi** pronom. **1** *(diventare rovente)* to become* red-hot **2** *(diventare rosso)* [*viso*] to become* flushed, to flush **3** FIG. *(infiammarsi)* to get* excited, to grow* heated; ***-rsi in una discussione*** to grow heated in an argument.
infuocato /infwo'kato/ **I** p.pass. → **infuocare II** agg. **1** *(rovente)* [*ferro*] red-hot; *(molto caldo)* [*estate, sabbia*] scorching **2** *(rosso)* ***avere il viso ~*** to be flushed **3** FIG. [*dibattito, atmosfera*] (over)heated, spirited.
infuori /in'fwɔri/ **I** avv. **1** (anche **in fuori**) out(wards); ***all'~*** outwards **2 all'infuori di** except; ***nessuno all'~ di te lo sa*** nobody knows other than you, nobody but you knows **II** agg.inv. (anche **in fuori**) [*occhi, denti*] prominent, protruding; ***ha i denti ~*** her teeth stick out.

infuriare /infu'rjare/ [1] **I** intr. (aus. *avere*) **1** *(imperversare)* [*tempesta, battaglia*] to rage; [*vento, pioggia*] to storm **2** *(diventare furioso)* ***fare ~ qcn.*** to work sb. up into a rage **II** **infuriarsi** pronom. to rage, to fly* into a rage, to lose* one's temper, to become* furious.
infuriato /infu'rjato/ **I** p.pass. → **infuriare** **II** agg. **1** [*persona*] furious, enraged, mad mai attrib. **2** [*mare*] raging.
infusione /infu'zjone/ f. infusion; ***essere in ~*** [*tè*] to infuse; ***lasciare il tè in ~*** to let the tea stand *o* steep.
infuso /in'fuzo/ **I** p.pass → **infondere** **II** agg. infused **III** m. infusion, brew; ***~ di erbe*** herb tea.
ing. ⇒ingegnere engineer (eng.).
ingabbiare /ingab'bjare/ [1] tr. **1** to (en)cage [*animale*] **2** FIG. *(intrappolare)* to entrap; SCHERZ. *(mettere in prigione)* to lock up, to put [sb.] behind bars [*persona*] **3** EDIL. ***~ un edificio*** to erect the framework of a building.
ingaggiare /ingad'dʒare/ [1] tr. **1** *(assumere)* to sign (on), to sign up [*calciatore*]; to book [*artista*]; to engage, to employ [*operai*]; MIL. to recruit, to enlist [*soldati*] **2** *(iniziare)* to engage, to join, to start [*lotta*]; ***~ battaglia con qcn.*** to do battle with sb.
ingaggio, pl. **-gi** /in'gaddʒo, dʒi/ m. **1** *(di calciatori)* signing; *(di artisti)* booking, engagement; *(reclutamento)* recruitment, enlistment **2** *(somma)* fee.
ingannare /ingan'nare/ [1] **I** tr. **1** *(indurre in errore)* to deceive, to mislead*; ***se la memoria non mi inganna*** if my memory serves me right; ***non lasciarti ~ dalle apparenze!*** don't be taken in by appearances! **2** *(imbrogliare)* to deceive, to fool, to trick, to swindle **3** *(tradire)* to betray, to be* unfaithful to, to cheat on AE [*moglie, marito*] **4** *(deludere)* to betray [*fiducia*] **5** *(distrarre da)* ***~ il tempo*** to kill time, to while away the time; ***~ l'attesa*** to pass the time while waiting **II** **ingannarsi** pronom. ***-rsi sul conto di qcn.*** to be deceived in sb. ♦ ***l'apparenza inganna*** PROV. appearances can be deceptive.
ingannevole /ingan'nevole/ agg. [*apparenza, impressione*] deceptive, deceiving, misleading; [*parole*] deceitful; [*pubblicità*] misleading.
inganno /in'ganno/ m. **1** *(imbroglio)* deception, deceit, trickery; ***è capace di tali -i?*** is he capable of such deception? ***con l'~*** on *o* under false pretences, by cheating; ***essere convinto con l'~ a fare qcs.*** to be tricked into doing sth. **2** *(errore)* delusion, fallacy; ***cadere in ~*** to be taken in; ***trarre in ~ qcn.*** to mislead *o* deceive sb.
ingarbugliare /ingarbuʎ'ʎare/ [1] **I** tr. **1** *(intricare)* to tangle up, to muddle up, to scramble [*fili*] **2** FIG. *(rendere confuso)* to confuse [*faccenda, persona*]; to garble [*storia*] **II** **ingarbugliarsi** pronom. **1** *(intricarsi)* [*fili*] to tangle up, to become* tangled **2** FIG. *(diventare confuso)* [*idee, faccenda, persona*] to become* confused.
ingarbugliato /ingarbuʎ'ʎato/ **I** p.pass. → **ingarbugliare** **II** agg. **1** [*matassa*] tangled **2** *(complicato)* [*faccenda*] confused, messy.
ingavonarsi /ingavo'narsi/ pronom. MAR. [*nave*] to heel (over).
ingegnarsi /indʒeɲ'ɲarsi/ [1] pronom. **1** to do* one's best, to try hard **2** *(arrabattarsi)* to get* by.
ingegnere /indʒeɲ'ɲere/ ♦ ***18*** m. engineer.
ingegneria /indʒeɲɲe'ria/ f. engineering ♦♦ ***~ elettronica*** electronic engineering; ***~ genetica*** genetic engineering.
ingegno /in'dʒeɲɲo/ m. **1** *(inventiva)* intelligence, mind, brains pl., wits pl.; ***aguzzare l'~*** to sharpen up one's wits **2** *(inclinazione)* talent, gift.
ingegnosità /indʒeɲɲosi'ta/ f.inv. ingenuity, cleverness.
ingegnoso /indʒeɲ'ɲoso/ agg. [*persona, invenzione*] ingenious, clever.
ingelosire /indʒelo'sire/ [102] **I** tr. ***~ qcn.*** to make sb. jealous **II** **ingelosirsi** pronom. to become* jealous, to get* jealous.
ingenerare /indʒene'rare/ [1] tr. to generate, to engender, to give* rise to [*confusione, inquietudine*].
ingente /in'dʒente/ agg. [*somma*] huge; [*spesa*] heavy; [*fortuna*] large; [*danni, perdite*] extensive, severe.
ingentilire /indʒenti'lire/ [102] **I** tr. to refine, to polish [*modi, stile*] **II** **ingentilirsi** pronom. to become* refined.
ingenuità /indʒenui'ta/ f.inv. **1** *(candore)* naïvety, naïveté, ingenuousness **2** *(azione)* ***hai commesso un'~*** that was a naïve thing to do.
ingenuo /in'dʒenuo/ **I** agg. naïve, ingenuous **II** m. (f. **-a**) naïve person, ingenuous person.
ingerenza /indʒe'rentsa/ f. interference, meddling.
ingerire /indʒe'rire/ [102] **I** tr. to swallow, to ingest [*cibo, liquido*] **II** **ingerirsi** pronom. to interfere, to meddle.
ingessare /indʒes'sare/ [1] tr. to plaster, to put [sth.] in plaster [*braccio, gamba*].
ingessato /indʒes'sato/ **I** p.pass. → **ingessare** **II** agg. ***avere un braccio ~*** to have one's arm in plaster *o* a cast.
ingessatura /indʒessa'tura/ f. plaster (cast).
ingestibile /indʒes'tibile/ agg. [*problema*] unmanageable.
ingestione /indʒes'tjone/ f. ingestion.
Inghilterra /ingil'terra/ ♦ ***33*** n.pr.f. England.
inghiottire /ingjot'tire/ [102] tr. **1** *(mandare giù)* to swallow (up) [*cibo*] **2** FIG. to swallow [*rabbia, insulto*]; to hold* back [*lacrime*] **3** FIG. *(fare sparire)* [*onde*] to engulf, to swallow up [*nave, persona*].
inghippo /in'gippo/ m. COLLOQ. **1** *(trucco)* trick, catch, dodge BE **2** *(intoppo)* ***filare senza -i*** to pass off without a hitch.
inghirlandare /ingirlan'dare/ [1] tr. to enwreath, to (en)garland [*capo*].
ingiallire /indʒal'lire/ [102] **I** tr. [*sole*] to make* [sth.] yellow, to yellow [*carta, erba*]; [*nicotina*] to discolour BE, to discolor AE, to stain [*denti*] **II** intr. (aus. *essere*), **ingiallirsi** pronom. [*foto, carta, tessuto*] to go* yellow, to turn yellow; [*foglie*] to turn.
ingigantire /indʒigan'tire/ [102] **I** tr. to magnify, to exaggerate [*problema*]; to blow* up [*fatto*] **II** **ingigantirsi** pronom. to become* gigantic.
inginocchiarsi /indʒinok'kjarsi/ [1] pronom. to kneel* (down), to get* down on one's knees.
inginocchiatoio, pl. **-oi** /indʒinokkja'tojo, oi/ m. prie-dieu, kneeler.
ingioiellato /indʒojel'lato/ agg. [*donna*] bejewelled BE, bejeweled AE.
ingiù /in'dʒu/ **I** avv. (anche **in giù**) down(wards); ***all'~*** downward(s); ***guardare (all')~*** to look down(wards); ***dalla vita ~*** from the waist down; ***abita più ~*** he lives down the road **II** agg.inv. (anche **in giù**) ***a faccia ~*** face down(wards); ***stare a pancia ~*** to lie on one's stomach.
ingiungere /in'dʒundʒere/ [55] tr. ***~ a qcn. di fare qcs.*** to enjoin *o* order sb. to do sth.
ingiunzione /indʒun'tsjone/ f. injunction (anche DIR.).
ingiuria /in'dʒurja/ f. **1** *(insulto)* insult, abuse; ***coprire qcn. di -e*** to heap abuse on sb. **2** *(danno)* ***le -e del tempo*** the ravages of time.
ingiuriare /indʒu'rjare/ [1] **I** tr. to insult, to abuse **II** **ingiuriarsi** pronom. to insult each other, to swear* at one another.
ingiurioso /indʒu'rjoso/ agg. [*parole*] insulting.
ingiustamente /indʒusta'mente/ avv. [*condannare*] wrongly, unjustly; [*trattare*] unfairly; [*punire*] undeservedly; [*accusato*] falsely, unjustly.
ingiustificabile /indʒustifi'kabile/ agg. [*comportamento*] unjustifiable, inexcusable.
ingiustificato /indʒustifi'kato/ agg. [*ritardo, assenza*] unjustified; [*azione*] unwarranted.
ingiustizia /indʒus'tittsja/ f. **1** *(l'essere ingiusto)* injustice, unfairness **2** *(torto)* injustice, wrong; ***commettere un'~ verso qcn.*** to do sb. an injustice; ***è un'~!*** it's not fair!
ingiusto /in'dʒusto/ **I** agg. **1** *(scorretto)* [*persona*] unfair, unjust **2** *(ingiustificato)* [*punizione*] unfair, unjust; [*trattamento*] unworthy **II** m. ***distinguere il giusto dall'~*** to tell right from wrong.
inglese /in'glese/ ♦ ***25, 16*** **I** agg. *(dell'Inghilterra)* English; *(britannico)* British; ***giardino all'~*** landscaped garden **II** m. e f. *(uomo)* Englishman*; *(donna)* Englishwoman*; ***gli -i*** the English, the British **III** m. *(lingua)* English ♦ ***filarsela all'~*** to take French leave.
inglobare /inglo'bare/ [1] tr. to englobe, to include.
inglorioso /inglo'rjoso/ agg. **1** *(oscuro)* inglorious LETT., obscure **2** *(disonorevole)* inglorious LETT., ignominious, shameful.
ingobbirsi /ingob'birsi/ [102] pronom. to become* hunchbacked, to develop a stoop.

ingoiare /ingo'jare/ [1] tr. **1** *(mandare giù)* to swallow (up) [*cibo*]; *(in fretta)* to gulp (down) [*boccone*] **2** FIG. *(sopportare)* to swallow [*insulti*] **3** FIG. *(fare sparire)* [*onde*] to engulf, to swallow up [*nave, persona*].

ingolfare /ingol'fare/ [1] **I** tr. to flood [*motore*] **II ingolfarsi** pronom. [*motore*] to get* flooded.

ingollare /ingol'lare/ [1] tr. to gulp down, to swallow down [*cibo*].

ingolosire /ingolo'sire/ [102] **I** tr. **1** ***le torte mi ingolosiscono*** cakes make my mouth water **2** FIG. to tempt, to entice **II ingolosirsi** pronom. **1** to become* greedy **2** FIG. ***-rsi di qcs.*** to take a fancy to sth.

ingombrante /ingom'brante/ agg. **1** [*pacco*] bulky; [*mobile*] cumbersome **2** FIG. [*ospite*] intrusive, obtrusive.

ingombrare /ingom'brare/ [1] tr. **1** *(ostruire)* to obstruct, to block [*strada*]; ***~ il passaggio*** to be in the way **2** *(riempire)* to clutter (up), to cram; ***~ il tavolo di libri*** to encumber the table with books.

1.ingombro /in'gombro/ agg. [*stanza*] cluttered, crowded, piled (**di** with); [*passaggio*] congested; FIG. [*mente*] cluttered.

2.ingombro /in'gombro/ m. **1** *(impedimento)* encumbrance; ***essere di ~*** to be in the way **2** *(cosa ingombrante)* bulk, obstruction.

ingordigia, pl. **-gie** /ingor'didʒa, dʒe/ f. **1** *(ghiottoneria)* gluttony, greed(iness); ***mangiare con ~*** to eat greedily **2** *(cupidigia)* greed(iness); ***~ di denaro*** greed for money.

ingordo /in'gordo/ **I** agg. **1** *(goloso)* greedy, gluttonous **2** *(avido)* greedy, eager (**di** for) **II** m. (f. **-a**) glutton.

ingorgare /ingor'gare/ [1] **I** tr. to block (up), to choke (up), to clog up [*lavandino*] **II ingorgarsi** pronom. [*lavandino*] to get* blocked, to clog up, to be* choked (up).

ingorgo, pl. **-ghi** /in'gorgo, gi/ m. **1** *(di conduttura)* blockage **2** FIG. *(del traffico)* (traffic) jam, gridlock, snarl.

ingovernabile /ingoverna'bile/ agg. [*paese*] ungovernable; [*veicolo*] unmanageable.

ingozzare /ingot'tsare/ [1] **I** tr. **1** to force-feed* [*pollo*] **2** *(rimpinzare)* to fill (up) [*persona*]; ***~ qcn. di dolci*** to stuff sb. with cakes **3** *(trangugiare)* to gulp down [*cibo*] **II ingozzarsi** pronom. to gorge oneself (**di** on).

ingranaggio, pl. **-gi** /ingra'naddʒo, dʒi/ m. **1** MECC. gears pl., guts pl.; ***sistema di -gi*** gearing, train of gears **2** FIG. mechanism, workings pl.; ***essere preso nell'~ di qcs.*** to get caught up in a spiral of sth.

ingranare /ingra'nare/ [1] **I** tr. AUT. ***~ la marcia*** to put a car in gear, to slip a car into gear; ***~ la retromarcia*** to put in reverse **II** intr. (aus. *essere*) **1** TECN. [*parti di ingranaggio*] to mesh, to tooth **2** *(cominciare a funzionare)* to get* going.

ingrandimento /ingrandi'mento/ m. **1** *(ampliamento)* enlargement, expansion **2** FOT. enlargement, blow-up **3** OTT. ***lente d'~*** magnifying glass, magnifier.

ingrandire /ingran'dire/ [102] **I** tr. **1** *(ampliare)* to widen, to enlarge [*strada*]; to enlarge [*casa*]; to enlarge, to expand, to extend [*attività*]; to make* [sth.] bigger [*oggetto*] **2** FIG. *(esagerare)* to exaggerate [*difficoltà*]; to magnify [*importanza*] **3** FOT. to enlarge, to blow* up **4** OTT. [*lente*] to magnify **II ingrandirsi** pronom. [*città*] to expand, to increase in size; ***quel negoziante si è ingrandito*** FIG. that dealer has expanded.

ingranditore /ingrandi'tore/ m. FOT. enlarger.

ingrassaggio, pl. **-gi** /ingras'saddʒo, dʒi/ m. greasing, lubrication.

ingrassare /ingras'sare/ [1] **I** tr. **1** *(fare diventare grasso)* to make*[sb.] fat [*persona*]; to fatten up [*animali*] **2** MECC. to grease, to lubricate [*ingranaggi*] **II** intr. (aus. *essere*) *(diventare grasso)* [*persona*] to become* fat, to get* fat, to get* big(ger); [*animale*] to fatten; ***~ di due chili*** to put *o* gain on two kilos; ***la birra fa ~*** beer is fattening.

ingrasso /in'grasso/ m. fattening; ***mettere un animale all'~*** to fatten up an animal.

ingratitudine /ingrati'tudine/ f. ingratitude, ungratefulness.

ingrato /in'grato/ **I** agg. **1** *(senza riconoscenza)* [*persona*] ungrateful, unappreciative **2** *(spiacevole)* [*compito*] thankless; ***è un lavoro ~*** it's a real chore **II** m. (f. **-a**) ungrateful person.

ingravidare /ingravi'dare/ [1] tr. to impregnate [*animale*]; to make* [sb.] pregnant, to impregnate [*donna*].

ingraziarsi /ingrat'tsjarsi/ [1] pronom. ***~ qcn.*** to ingratiate oneself *o* gain favour with sb.

ingrediente /ingre'djɛnte/ m. ingredient.

ingresso /in'grɛsso/ m. **1** *(l'entrare)* entrance, entry; ***fare un ~ trionfale*** to make a spectacular entrance *o* a triumphal entry; ***fare il proprio ~ nel mondo del lavoro*** to enter professional life **2** *(accesso)* admission, entry; *(prezzo)* admission fee, entry fee; ***"vietato l'~"*** "no entry *o* admittance"; ***biglietto d'~*** entrance ticket **3** *(luogo di accesso)* entrance; ***porta d'~*** front door; ***~ principale, posteriore*** main *o* front entrance, back entrance **4** *(stanza)* (entrance) hall **5** INFORM. EL. input.

ingrigire /ingri'dʒire/ [102] intr. (aus. *essere*) [*persona, capelli*] to grey BE, to gray AE.

ingripparsi /ingrip'parsi/ [1] pronom. [*motore*] to seize (up).

ingrossamento /ingrossa'mento/ m. *(l'ingrossarsi)* enlargement; *(rigonfiamento)* swelling; *(parte ingrossata)* bulge.

ingrossare /ingros'sare/ [1] **I** tr. **1** *(gonfiare)* [*pioggia*] to swell* [*fiume*] **2** *(rendere più grosso)* ***questo vestito ti ingrossa*** this dress makes you look fat **3** *(accrescere)* to swell* [*numero*]; ***~ le file di*** to swell *o* join the ranks of **II** intr. (aus. *essere*), **ingrossarsi** pronom. [*fiume*] to swell*; [*ghiandole*] to become* big(ger); [*persona*] to put* on weight.

ingrosso: **all'ingrosso** /allin'grɔsso/ **I** avv. **1** [*comprare, vendere*] in bulk, wholesale **2** *(all'incirca)* approximately, roughly **II** agg. ***acquisto all'~*** bulk-buying; ***vendita all'~*** bulk *o* volume sale, wholesale.

ingrugnare /ingruɲ'ɲare/ [1] intr. (aus. *essere*), **ingrugnarsi** pronom. to sulk.

inguaiare /ingwa'jare/ [1] **I** tr. COLLOQ. ***~ qcn.*** to get sb. into trouble **II inguaiarsi** pronom. COLLOQ. to get* into trouble.

inguainare /ingwai'nare/ [1] tr. to sheathe [*spada*]; ***era inguainata in un abito di seta*** she was sheathed in a silk dress.

ingualcibile /ingwal'tʃibile/ agg. [*tessuto*] crease-resistant, permanent press.

inguaribile /ingwa'ribile/ agg. **1** [*malattia*] incurable **2** FIG. [*bugiardo*] confirmed, chronic; ***essere un ~ romantico*** to be incurably romantic.

inguinale /ingwi'nale/ agg. inguinal.

inguine /'ingwine/ m. groin.

ingurgitare /ingurdʒi'tare/ [1] tr. to swallow down, to gulp down [*cibo, bevanda*].

inibire /ini'bire/ [102] **I** tr. **1** *(proibire)* to forbid*, to prohibit **2** PSIC. to inhibit [*persona*] **3** *(ostacolare)* to inhibit, to stunt [*sviluppo*]; to suppress [*crescita*] **II inibirsi** pronom. to become* inhibited.

inibito /ini'bito/ **I** p.pass. → **inibire II** agg. [*persona*] inhibited **III** m. (f. **-a**) inhibited person.

inibitorio, pl. **-ri**, **-rie** /inibi'tɔrjo, ri, rje/ agg. PSIC. inhibitory, inhibiting.

inibizione /inibit'tsjone/ f. **1** *(divieto)* prohibition **2** PSIC. inhibition.

iniettare /injet'tare/ [1] **I** tr. **1** to inject [*liquido*] (**in** into); ***~ qcs. a qcn.*** to inject sb. with sth. **2** TECN. to inject [*carburante*] **II iniettarsi** pronom. to inject oneself with [*eroina*].

iniettato /injet'tato/ **I** p.pass. → **iniettare II** agg. ***occhi -i di sangue*** bloodshot eyes.

iniettore /injet'tore/ m. injector.

iniezione /injet'tsjone/ f. **1** MED. injection, shot, jab BE; ***fare un'~ a qcn.*** to give sb. an injection; ***fare un'~ di qcs. a qcn.*** to inject sb. with sth.; ***~ di richiamo*** booster injection **2** MECC. EDIL. injection; ***motore a ~*** fuel injection engine **3** FIG. ***un'~ di entusiasmo*** a boost of enthusiasm ♦♦ ***~ elettronica*** AUT. electronic fuel injection.

inimicare /inimi'kare/ [1] **I** tr. to make* an enemy of [*persona*]; ***la sua sincerità le ha inimicato il capo*** her sincerity has antagonized her boss **II inimicarsi** pronom. ***-rsi (con) qcn.*** to fall out *o* clash with sb.

inimicizia /inimi'tʃittsja/ f. enmity, hard feelings pl.

inimitabile /inimi'tabile/ agg. inimitable, incomparable.

inimmaginabile /inimmadʒi'nabile/ agg. unimaginable, unthinkable, inconceivable.

ininfiammabile /ininfjam'mabile/ agg. [*materiali*] nonflammable, fireproof.

inintelligibile /initelli'dʒibile/ agg. **1** *(confuso)* [*ragionamento*] unintelligible **2** *(indecifrabile)* [*scrittura*] incomprehensible.

ininterrottamente /ininterrotta'mente/ avv. uninterruptedly, nonstop.

ininterrotto /ininter'rotto/ agg. uninterrupted, nonstop; [*processo, rumore*] continuous.

iniquità /inikwi'ta/ f.inv. iniquity.

iniquo /i'nikwo/ agg. iniquitous, inequitable.

iniziale /init'tsjale/ **I** agg. [*capitolo, scena*] opening; [*stipendio*] starting; [*lettera, timidezza*] initial; [*fasi*] initial, early; ***i minuti -i*** the first few minutes **II** f. *(lettera)* initial.

inizializzare /inittsjalid'dzare/ [1] tr. INFORM. to initialize.

inizializzazione /inittsjaliddzat'tsjone/ f. INFORM. initialization.

inizialmente /inittsjal'mente/ avv. initially, at the beginning.

iniziare /init'tsjare/ [1] **I** tr. **1** *(incominciare)* to begin*, to start [*attività, giornata*]; to strike* up, to break* off [*conversazione*]; to initiate [*colloqui*]; ***~ a fare qcs.*** to begin *o* start doing *o* to do sth.; ***inizi bene l'anno!*** that's a good start to the year! **2** *(avviare)* ***~ qcn. a*** to introduce sb. to [*pittura, musica*]; to initiate sb. into [*società segreta*] **II** intr. (aus. *essere*) [*lezione, film, anno*] to begin*, to start; ***(tanto) per ~*** to start with; ***non ~!*** *(in una lite)* don't start on me! ***un nome che inizia con la C*** a name beginning with C; ***~ col fare*** to begin *o* start off by doing; ***a ~ da oggi*** from this day on *o* forth **III** impers. (aus. *essere, avere*) ***inizia a piovere*** it's beginning to rain; ***inizia a farsi buio*** it's getting *o* growing dark.

iniziativa /inittsja'tiva/ f. **1** *(decisione)* initiative; ***prendere l'~ di fare*** to take the initiative *o* lead in doing; ***di propria ~*** on one's own initiative *o* account **2** *(impresa)* venture, undertaking; ***~ editoriale*** publishing venture; ***~ di pace*** peace initiative(s) *o* effort **3** *(intraprendenza)* initiative, drive, enterprise; ***mostrare ~*** to show initiative; ***avere, non avere (spirito di) ~*** to be enterprising, unenterprising ♦♦ ***~ privata*** free enterprise.

iniziato /init'tsjato/ **I** p.pass. → **iniziare II** agg. ***essere ~ ai misteri di qcs.*** SCHERZ. to be inducted into the mysteries of sth. **III** m. (f. **-a**) initiate; ***linguaggio per -i*** esoteric language.

iniziatore /inittsja'tore/ m. (f. **-trice** /tritʃe/) initiator, promoter.

iniziazione /inittsjat'tsjone/ m. **1** *(a culto, società segreta)* initiation **2** *(a pittura, musica)* introduction.

inizio, pl. **-zi** /i'nittsjo, tsi/ m. beginning, start; ***all'~*** in *o* at the beginning, at first; ***all'~ di marzo*** at the beginning of March; ***sin dall'~*** right from the start, from the very first; ***dare ~ a qcs.*** to begin *o* start sth.; ***agli -zi della sua carriera*** early on in her career.

innaffiare /innaf'fjare/ → **annaffiare.**

innaffiatoio, pl. **-oi** /innaffja'tojo, oi/ → **annaffiatoio.**

innalzamento /innaltsa'mento/ m. **1** *(di statua, monumento)* erection, raising; *(di muro)* raising **2** *(elevazione)* elevation **3** *(aumento)* rise; *(di prezzi)* raising, increase.

innalzare /innal'tsare/ [1] **I** tr. **1** *(sollevare)* to raise, to put* up [*bandiera*]; to address, to uplift [*preghiera*] **2** *(erigere)* to erect, to raise [*statua, monumento*]; to erect [*impalcatura*]; to put* up, to raise [*barriera*] **3** *(fare salire)* to raise [*temperatura*]; to improve, to raise [*livello, standard*] **4** FIG. to elevate (a to); ***~ qcn. al trono, al rango di*** to raise sb. to the throne, to the rank of **5** *(nobilitare)* to elevate, to uplift [*mente, anima*] **II innalzarsi** pronom. **1** *(sollevarsi)* [*mongolfiera*] to float off, to rise* up; FIG. [*anima*] to ascend **2** *(ergersi)* [*montagna*] to rise* (up) **3** *(aumentare)* [*temperatura, livello dell'acqua*] to rise*.

innamoramento /innamora'mento/ m. **1** *(l'innamorarsi)* falling in love **2** *(amore)* love.

innamorare /innamo'rare/ [1] **I** tr. to enamour, to charm **II innamorarsi** pronom. ***-rsi di qcn.*** to fall in love with sb.

innamorata /innamo'rata/ f. girlfriend, lover, sweetheart.

innamorato /innamo'rato/ **I** p.pass. → **innamorare II** agg. [*sguardo*] loving; ***~ di qcn.*** in love with sb. **III** m. boyfriend, lover, sweetheart; ***una coppia di -i*** lovebirds.

innanzi /in'nantsi/ **I** avv. **1** *(avanti)* forward(s), on; ***corse ~*** he ran ahead; ***venire*** o ***farsi ~*** to come forward **2** *(poi)* later, further on **3** *(prima)* before; ***come è stato detto ~*** as (it) was said earlier **4 innanzi a** before, in front of **5 d'ora innanzi** from now on(wards) **II** agg.inv. *(precedente)* ***la notte ~*** the night before, the previous night.

innanzitutto /innantsi'tutto/ avv. (anche **innanzi tutto**) first of all, in the first place.

innato /in'nato/ agg. [*tendenza*] innate, inborn, inbreed; [*talento*] inborn, natural; [*eleganza*] unstudied, effortless.

innaturale /innatu'rale/ agg. **1** *(anormale)* unnatural **2** *(artificioso)* [*comportamento*] artificial; [*recitazione*] forced; [*silenzio*] unnatural.

innegabile /inne'gabile/ agg. [*verità, fatto*] undeniable.

inneggiare /inned'dʒare/ [1] intr. (aus. *avere*) **1** to sing* hymns **2** *(celebrare)* ***~ a qcs.*** to hymn sth.

innervosire /innervo'sire/ [102] **I** tr. ***(fare) ~ qcn.*** *(irritare)* to annoy *o* irritate sb.; *(agitare)* to make sb. nervous **II innervosirsi** pronom. *(irritarsi)* to get* annoyed, to become* irritated; *(agitarsi)* to get* nervous.

innescare /innes'kare/ [1] **I** tr. **1** *(munire di innesco)* to prime [*bomba*] **2** FIG. *(suscitare)* to trigger (off) [*polemica*]; to spark (off) [*reazione*] **II innescarsi** pronom. [*polemica*] to be* triggered (off); [*reazione*] to be* sparked (off).

innesco, pl. **-schi** /in'nesko, ski/ m. **1** *(di bomba)* primer **2** FIG. trigger.

innestare /innes'tare/ [1] tr. **1** AGR. to bud, to (en)graft [*pianta*] **2** CHIR. to graft [*organo*] **3** *(inserire)* to insert [*spina*] **4** AUT. to let* in, to engage [*frizione*]; ***~ la retromarcia*** to put the car into reverse.

innesto /in'nɛsto/ m. **1** AGR. graft(ing), engraftation **2** CHIR. graft(ing) **3** MECC. clutch.

innevato /inne'vato/ agg. [*montagne*] snowy, snow-capped; [*paesaggio*] snowy.

inno /'inno/ m. **1** hymn, anthem **2** FIG. hymn, praise ♦♦ ***~ nazionale*** national anthem.

innocente /inno'tʃɛnte/ **I** agg. **1** *(senza colpa)* [*persona*] innocent; DIR. innocent, not guilty; ***dichiararsi ~*** DIR. to claim innocence *o* to be innocent, to plead not guilty **2** *(senza malizia)* [*domanda*] innocent; [*scherzo*] harmless **II** m. e f. innocent; ***fare l'~*** to play the innocent.

innocenza /inno'tʃɛntsa/ f. innocence (anche DIR.).

Innocenzo /inno'tʃɛntso/ n.pr.m. Innocent.

innocuo /in'nɔkuo/ agg. **1** *(non nocivo)* [*sostanza*] harmless, innocuous **2** *(non pericoloso)* [*animale*] safe **3** FIG. [*persona*] harmless, inoffensive; [*scherzo*] harmless.

innominabile /innomi'nabile/ agg. [*persona*] unnameable; [*desiderio*] unmentionable.

innovare /inno'vare/ [1] **I** tr. to renew, to reform [*ordinamento*] **II innovarsi** pronom. to innovate, to be* renewed.

innovativo /innova'tivo/ agg. innovative, innovatory.

innovatore /innova'tore/ **I** agg. innovative, innovatory **II** m. (f. **-trice** /tritʃe/) innovator.

innovazione /innovat'tsjone/ f. innovation.

innumerevole /innume'revole/ agg. innumerable, countless, numberless LETT.; ***-i volte*** scores of times.

inoculare /inoku'lare/ [1] tr. **1** to inoculate; ***~ in qcn.*** to inoculate sb. with [*virus, siero*] **2** FIG. to sow* [*discordia*]; to stir up [*rancore*].

inoculazione /inokulat'tsjone/ f. inoculation.

inodore /ino'dore/, **inodoro** /ino'doro/ agg. [*sostanza*] odourless BE, odorless AE.

inoffensivo /inoffen'sivo/ agg. **1** [*persona*] inoffensive, harmless **2** *(non pericoloso)* [*animale*] safe **3** FIG. *(innocente)* [*frase*] innocuous, innocent; [*discorso*] safe.

inoltrare /inol'trare/ [1] **I** tr. to send* on, to forward FORM., to convey [*corrispondenza*]; to file [*reclamo*]; to send* in [*documento*]; ***~ domanda*** to apply **II inoltrarsi** pronom. to penetrate; ***-rsi nella foresta*** to enter the forest.

inoltrato /inol'trato/ **I** p.pass. → **inoltrare II** agg. *(avanzato)* ***a maggio ~*** in late May; ***fino a notte -a*** well into the night.

inoltre /i'noltre/ I più diretti equivalenti inglesi di *inoltre* sono *further, furthermore* e *moreover*; queste parole, tuttavia, sono d'uso abbastanza limitato perché formale; nel linguaggio quotidiano, si preferiscono *in addition, also* e *besides.* avv. **1** *(oltre a ciò)* further(more), in addition; ***~ ha detto che*** he further said that **2** *(per di più)* besides, moreover, also.

inoltro /i'noltro/ m. *(di posta)* mailing, forwarding, sending; *(di merci)* forwarding, sending; ***con preghiera d'~*** please forward.

inondare /inon'dare/ [1] tr. **1** *(allagare)* [*fiume*] to flood, to inundate [*paese, campo*] **2** *(bagnare)* [*lacrime*] to flood, to stream down [*viso*] **3** [*sole, luce*] to flood (into) [*luogo*] **4** *(invadere)* [*merce*] to flood [*mercato*]; [*folla*] to flood into, to overflow [*stadio*] **5** FIG. *(subissare)* ***essere inondato da*** to be inundated with *o* swamped with *o* by [*domande, lettere*] **6** FIG. *(pervadere)* [*gioia*] to fill [*cuore*].

inondazione /inondat'tsjone/ f. **1** flood(ing), inundation **2** FIG. ***un'~ di turisti*** a flood of tourists.

inoperosità /inoperosi'ta/ f.inv. inactivity, idleness.

inoperoso /inope'roso/ agg. **1** *(inattivo)* [*persona*] inactive, idle **2** *(non fruttifero)* [*capitale*] idle **3** *(inutilizzato)* [*macchina*] inactive.

inopportunità /inopportuni'ta/ f.inv. inopportunity, inappropriateness.

inopportuno /inoppor'tuno/ agg. **1** *(fuori luogo)* [*momento*] inopportune, awkward, unsuitable; [*ora*] inconvenient; [*comportamento*] incongruous **2** *(importuno)* [*persona*] tactless, intrusive.

inoppugnabile /inoppuɲ'ɲabile/ agg. [*tesi, ragionamento*] incontrovertible, indefeasible; [*prova*] incontrovertible, absolute.

inorganico, pl. **-ci, -che** /inor'ganiko, tʃi, ke/ agg. **1** CHIM. inorganic **2** *(mancante di organicità)* [*esposizione, discorso*] disjointed, unjointed.

inorgoglirsi /inorgoʎ'ʎirsi/ [102] pronom. to pride oneself (**per** on), to take* pride (**per** in).

inorridire /inorri'dire/ [102] **I** tr. to horrify, to appal BE, appall AE **II** intr. (aus. *essere*) to be* horrified, to be* appalled.

inorridito /inorri'dito/ **I** p.pass. → **inorridire II** agg. horrified, horror-struck, appalled.

inospitale /inospi'tale/ agg. inhospitable.

inosservanza /inosser'vantsa/ f. nonobservance, noncompliance; ***~ delle regole*** failure to comply with the rules.

inosservato /inosser'vato/ agg. **1** *(inavvertito)* unnoticed, unobserved; ***passare ~*** to go *o* pass unnoticed **2** *(non rispettato)* [*legge*] not observed.

inossidabile /inossi'dabile/ agg. **1** [*metallo*] rust-proof; ***acciaio ~*** stainless steel **2** FIG. SCHERZ. [*persona*] indestructible, hardy.

inox /'inoks/ **I** agg.inv. ***acciaio ~*** stainless steel **II** m.inv. stainless steel.

INPS /imps/ m. (⇒ Istituto Nazionale della Previdenza Sociale) = Italian state body which coordinates national insurance funds.

input /'imput/ m.inv. INFORM. ECON. input.

inquadrare /inkwa'drare/ [1] **I** tr. **1** *(incorniciare)* to frame [*quadro*] **2** FIG. *(collocare in un contesto)* to situate, to set* [*fatto, opera, autore*] **3** FOT. CINEM. to frame [*immagine*] **4** MIL. to organize [*reparto*]; to assign [*recluta*] **5** FIG. ***non riesco a inquadrarlo*** I can't figure him out; ***ormai ti ho inquadrato!*** I've got your number! **II inquadrarsi** pronom. to fit* in, to form part of.

inquadratura /inkwadra'tura/ f. framing (anche CINEM.).

inqualificabile /inkwalifi'kabile/ agg. [*comportamento*] undignified, dishonourable BE, dishonorable AE.

inquietante /inkwje'tante/ agg. [*situazione*] worrying; [*film, libro*] disturbing, unsettling; [*notizia, silenzio*] ominous.

inquietare /inkwje'tare/ [1] **I** tr. to worry, to trouble; ***mi inquieta che*** it disturbs me that **II inquietarsi** pronom. **1** *(preoccuparsi)* to worry (**per** about, over); to get* worried (**per** about) **2** *(irritarsi)* to get* angry (**per** at, about).

inquieto /in'kwjɛto/ agg. **1** *(irrequieto)* restless **2** *(preoccupato)* troubled, worried, uneasy **3** *(risentito)* resentful, annoyed.

inquietudine /inkwje'tudine/ f. **1** *(irrequietezza)* restlessness, unrest **2** *(preoccupazione)* worry **U**, concern, anxiety.

inquilino /inkwi'lino/ m. (f. **-a**) tenant; *(pensionante)* lodger.

inquinamento /inkwina'mento/ m. pollution ♦♦ ***~ acustico*** noise pollution *o* nuisance; ***~ atmosferico*** air pollution.

inquinante /inkwi'nante/ **I** agg. polluting; ***agente ~*** pollutant **II** m. pollutant.

inquinare /inkwi'nare/ [1] tr. **1** to pollute [*aria, mare*] **2** FIG. *(corrompere)* to pollute, to defile.

inquinato /inkwi'nato/ **I** p.pass. → **inquinare II** agg. polluted; ***non ~*** unpolluted, free from *o* of pollution.

inquirente /inkwi'rɛnte/ **I** agg. investigating; ***commissione ~*** board of enquiry, investigatory commission **II** m. e f. investigating officer.

inquisire /inkwi'zire/ [102] **I** tr. to investigate [*persona*] **II** intr. (aus. *avere*) to inquire (**su qcs.** into sth.; **su qcn.** after sb.).

inquisitore /inkwizi'tore/ **I** agg. [*sguardo*] probing, searching **II** m. (f. **-trice** /tritʃe/) inquisitor.

inquisitorio, pl. **-ri, -rie** /inkwizi'tɔrjo, ri, rje/ agg. **1** [*processo*] inquisitorial **2** *(da inquisitore)* [*tono, sguardo*] inquiring; [*modo*] interrogatory.

inquisizione /inkwizit'tsjone/ f. inquisition; ***santa ~*** STOR. Inquisition.

insabbiamento /insabbja'mento/ m. **1** *(di fondale, porto)* silting up **2** FIG. *(di progetto, pratica)* shelving **3** FIG. *(occultamento)* cover-up.

insabbiare /insab'bjare/ [1] **I** tr. **1** *(coprire di sabbia)* to cover [sth.] with sand **2** FIG. to cover up [*scandalo*]; ***~ qcs.*** to brush *o* sweep sth. under the carpet **3** FIG. to shelve [*progetto, pratica*] **II insabbiarsi** pronom. **1** [*porto*] to sand up; [*fiume*] to silt (up); *(arenarsi)* [*barca*] to run* aground, to be* grounded **2** FIG. [*progetto, pratica*] to be* shelved.

insaccare /insak'kare/ [1] **I** tr. **1** *(insacchettare)* to sack, to put* [sth.] into sacks [*merci*] **2** GASTR. to make* [sth.] into sausages [*carne*] **3** *(infagottare)* to wrap up **II insaccarsi** pronom. **1** *(infagottarsi)* to wrap up **2** *(stiparsi)* to crowd, to pack.

insaccato /insak'kato/ m. ***gli -i*** sausages, salami.

insalata /insa'lata/ f. **1** *(pianta)* lettuce **2** *(piatto)* salad; ***~ mista, verde*** mixed, green salad **3** FIG. *(guazzabuglio)* muddle, jumble.

insalatiera /insala'tjɛra/ f. salad bowl.

insalubre /insa'lubre/ agg. insalubrious, unhealthy.

insanabile /insa'nabile/ agg. **1** [*piaga, morbo*] incurable **2** FIG. [*contrasti*] irreconcilable; [*errore*] irremediable.

insanguinare /insangwi'nare/ [1] **I** tr. to cover [sth.] with blood [*viso*]; to stain [sth.] with blood [*camicia*]; ***la guerra ha insanguinato il paese*** FIG. the war steeped the country in blood **II insanguinarsi** pronom. [*persona*] to become* bloodstained, to cover oneself with blood.

insano /in'sano/ agg. insane, mad.

insaponare /insapo'nare/ [1] **I** tr. **1** to soap [*biancheria, mani*] **2** FIG. ***~ qcn.*** to soft(-)soap sb. **II insaponarsi** pronom. to soap oneself; ***-rsi le mani*** to soap one's hands.

insaponata /insapo'nata/ f. **1** soaping; ***darsi un'~*** to soap oneself **2** COLLOQ. FIG. (soft) soap.

insapore /insa'pore/ agg. flavourless BE, flavorless AE, tasteless.

insaporire /insapo'rire/ [102] **I** tr. to flavour BE, to flavor AE, to season [*pietanza*] **II insaporirsi** pronom. to become* tasty.

insaputa: **all'insaputa** /allinsa'puta/ avv. ***all'~ di qcn.*** without sb.'s knowledge; ***a mia ~*** unbeknown to me; ***sono partito a loro ~*** I left without their knowing.

insaziabile /insat'tsjabile/ agg. insatiable (anche FIG.).

inscatolare /inskato'lare/ [1] tr. to box up, to pack up [*oggetti*]; to can, to tin BE [*cibi*].

inscenare /inʃe'nare/ [1] tr. **1** TEATR. to stage, to mount, to put* on [*spettacolo*] **2** FIG. to stage [*furto, manifestazione*].

inscindibile /inʃin'dibile/ agg. [*aspetti, fenomeno*] inseparable; [*vincolo*] indissoluble.

inscrivere /in'skrivere/ [87] tr. MAT. to inscribe.

insediamento /insedja'mento/ m. **1** *(in carica, ufficio)* installation, inauguration; ***cerimonia d'~*** inaugural ceremony **2** *(in un luogo)* settlement.

insediare /inse'djare/ [1] **I** tr. to inaugurate, to induct [*presidente ecc.*]; ***~ qcn. in una carica*** to instal(l) sb. in office **II insediarsi** pronom. **1** to take* office, to take* over **2** *(stabilirsi)* ***-rsi in*** to settle (in) [*zona*].

insegna /in'seɲɲa/ f. **1** *(stemma)* emblem; *(emblema)* insignia pl.; ***le -e regali*** the regalia **2** *(di negozio)* (shop) sign

~ luminosa neon sign **3** *(vessillo)* ensign; *(nelle processioni)* banner, pennant; *(distintivo)* badge; ***abbandonare le -e*** to desert **4 all'insegna di** ***una piacevole giornata all'~ del tennis*** an enjoyable day's tennis.

insegnamento /inseɲɲa'mento/ m. **1** *(istituzione)* education; ***l'~ pubblico*** state education; ***riforma dell'~*** educational reform **2** *(professione)* teaching; ***dedicarsi all'~*** to go into *o* enter teaching; ***abilitazione all'~*** teaching qualification BE *o* certification AE **3** *(formazione)* ***l'~ teorico*** theoretical instruction; ***materia d'~*** school subject; ***programmi d'~*** syllabuses, syllabi; ***~ individuale*** one-to-one tuition **4** *(lezione)* ***ricco di -i*** full of lessons to be learned; ***che ti sia d'~*** let that be a lesson to you.

insegnante /inseɲ'ɲante/ ➧ ***18*** **I** m. e f. teacher; *(di scuola)* schoolteacher **II** agg. ***corpo ~*** teaching staff.

insegnare /inseɲ'ɲare/ [1] tr. **1** to teach*; ***~ a qcn. a fare*** to teach sb. (how) to do **2** SCOL. to teach*; ***~ scienze, canto*** to teach science, singing; ***non è nato per ~*** he isn't cut out to be a teacher.

inseguimento /insegwi'mento/ m. chase, pursuit (anche FIG.); *(in automobile)* car chase; ***lanciarsi all'~ di qcn.*** to set off in pursuit of sb.

inseguire /inse'gwire/ [3] tr. **1** *(rincorrere)* to chase, to run* after [*animale, persona, macchina*]; to pursue [*nemico*]; *(pedinare)* to tail; ***inseguitelo!*** go after him! ***è inseguito dalla polizia*** he's being chased *o* trailed by the police **2** FIG. to pursue [*sogno*].

inseguitore /insegwi'tore/ m. (f. **-trice** /tritʃe/) pursuer, tracker.

inselvatichirsi /inselvati'kirsi/ [102] pronom. **1** to grow* wild **2** FIG. to become* unsociable.

inseminare /insemi'nare/ [1] tr. BIOL. to inseminate.

inseminazione /inseminat'tsjone/ f. insemination ♦♦ ***~ artificiale*** artificial insemination.

insenatura /insena'tura/ f. cove, inlet.

insensatezza /insensa'tettsa/ f. **1** *(mancanza di senso)* senselessness, foolishness **2** *(azione)* foolish act; *(discorso)* nonsense U; ***fare -e*** to do stupid things.

insensato /insen'sato/ **I** agg. [*parole*] senseless; [*piano, comportamento, idea*] crazy, foolish; [*scelta, persona*] unwise; [*critica*] unreasonable; ***è ~!*** that's insane! **II** m. (f. **-a**) fool.

insensibile /insen'sibile/ **I** agg. **1** *(senza reazione)* ***~ per il freddo*** [*dita*] numb with cold; ***essere ~ al freddo*** [*persona*] not to feel the cold **2** FIG. [*persona*] unfeeling, insensitive; [*comportamento, rimprovero*] heartless, insensitive; ***essere ~ a*** to be blind *o* dead to [*qualità*]; to be immune to [*critiche*]; to be indifferent to [*fascino*]; ***diventare ~ a*** to harden one's heart *o* become hardened to [*dolore*] **II** m. e f. insensitive person.

insensibilità /insensibili'ta/ f.inv. **1** *(mancanza di sensibilità)* insensitivity, insensibility, numbness **2** FIG. insensitivity; ***~ alle critiche*** immunity to criticism.

inseparabile /insepa'rabile/ agg. inseparable, indivisible.

inserimento /inseri'mento/ m. **1** *(aggiunta)* insertion **2** FIG. *(integrazione)* integration; ***~ professionale, sociale*** professional, social integration **3** INFORM. ***~ dati*** data entry *o* input.

inserire /inse'rire/ [102] **I** tr. **1** to insert, to put* [sth.] in(to) [*oggetto, chiave, dito*]; to feed* [sth.] into, to insert [*monete, foglio, cassetta*] **2** *(includere)* to include, to insert [*clausola, modifica*]; *(in articolo, libro)* to insert, to add, to put* in [*aneddoto, commento, riferimento*]; ***~ in un elenco*** to add to a list; ***~ qcn. in un'organizzazione*** to bring sb. into an organization; ***~ qcn., qcs. tra i propri impegni*** to fit sb., sth. into one's schedule **3** *(collegare)* to plug in [*spina*]; *(attivare)* to switch on [*allarme*] **4** INFORM. to enter [*dati*] **II inserirsi** pronom. **1** to enter, to get* in; ***-rsi in una discussione*** to join in the debate **2** *(essere attaccato)* ***questo componente si inserisce qui*** this component fits in here **3** *(integrarsi)* [*immigrati, lavoratore*] to integrate **4** INFORM. ***-rsi illecitamente in un sistema*** to hack into a system.

inserito /inse'rito/ **I** p.pass. → **inserire II** agg. [*persona*] integrated; ***ben ~ nel gruppo*** well-adjusted in the group.

inserto /in'sɛrto/ m. **1** *(fascicolo)* dossier, file **2** *(nel giornale)* insert, supplement; *(staccabile)* pull-out **3** CINEM. insert ♦♦ ***~ pubblicitario*** promotional insert.

inservibile /inser'vibile/ agg. useless, unserviceable.

inserviente /inser'vjɛnte/ m. e f. attendant; *(in ospedale)* medical orderly.

inserzione /inser'tsjone/ f. **1** insertion **2** *(annuncio)* classified ad, advertisement.

inserzionista, m.pl. **-i**, f.pl. **-e** /insertsjo'nista/ m. e f. advertiser.

insetticida /insetti'tʃida/ **I** agg.inv. [*polvere, spray*] insect attrib. **II** m. insecticide, pesticide.

insettifugo, pl. **-ghi**, **-ghe** /inset'tifugo, gi, ge/ **I** agg. insect-repelling **II** m. insect repellent.

insettivoro /inset'tivoro/ **I** agg. insectivorous **II** m. insect eater, insectivore.

insetto /in'sɛtto/ m. insect, bug COLLOQ.

insicurezza /insiku'rettsa/ f. insecurity.

insicuro /insi'kuro/ **I** agg. [*persona*] insecure; [*strada*] unsafe, insecure **II** m. (f. **-a**) insecure person.

insidia /in'sidja/ f. **1** *(tranello)* pitfall, snare, trap; ***tendere -e*** to set traps **2** *(pericolo)* ***le -e del mare, della montagna*** the dangers of the sea, mountains; ***pieno di -e*** [*sentiero, percorso*] hazardous.

insidiare /insi'djare/ [1] **I** tr. to set* traps for; ***~ una ragazza*** to force one's attention on a girl **II** intr. (aus. *avere*) ***~ alla vita di qcn.*** to make an attempt on sb.'s life.

insidioso /insi'djoso/ agg. **1** *(pericoloso)* [*pendio, cammino*] hazardous; [*corrente, strada*] treacherous; [*malattia*] insidious **2** *(capzioso)* [*domanda*] loaded.

insieme /in'sjɛme/ **I** avv. **1** *(in compagnia)* together; ***mettere ~*** to put *o* get together [*persone, oggetti*]; to build up [*collezione*]; to collect [*prove, documenti*]; to knock together [*cena*]; ***mettersi ~*** [*coppia*] to pair off; ***più di tutto il resto messo ~*** more than all the rest combined **2** *(contemporaneamente)* ***non parlate tutti ~!*** don't all talk at once! ***tutti ~*** all together **3 insieme a, con** (along) with **II** m. **1** *(elementi raggruppati)* ***un ~ di persone, fatti*** a group of people, facts **2** MAT. set; ***teoria degli -i*** set theory **3** *(complesso)* whole, entirety; *(di dati, regole)* set; ***formare un bell'~*** to form a harmonious whole; ***avere una visione d'~*** to have an overall view; ***nell'~*** by and large; ***il film nel suo ~ è bello*** the film is on the whole good; ***la società nel suo ~*** society at large; ***dovuto a un ~ di fattori*** due to a number of factors.

insiemistica /insje'mistika/ f. set theory.

insigne /in'siɲɲe/ agg. [*personalità*] prominent, distinguished; [*opera*] famous.

insignificante /insiɲɲifi'kante/ agg. **1** *(di nessun valore)* [*persona, dettaglio*] insignificant; [*parole*] vain, empty; [*somma, danno*] negligible, trifling; [*discorso, ruolo*] meaningless; [*questione, preoccupazione*] trivial; ***una faccenda ~*** a small matter **2** *(poco espressivo)* [*aspetto*] undistinguished; ***un essere ~*** SPREG. a nonentity, a nonperson.

insignire /insiɲ'ɲire/ [102] tr. ***~ qcn. di*** to invest sb. with [*diritto, autorità, potere*].

insincerità /insintʃeri'ta/ f.inv. insincerity.

insincero /insin'tʃɛro/ agg. [*persona*] insincere; [*complimento*] insincere, hypocritical.

insindacabile /insinda'kabile/ agg. [*decisione*] final; [*prova, vittoria*] unquestionable; [*causa, fatto*] beyond dispute mai attrib.; [*ragione, questione*] indisputable, uncontroversial; [*giudizio*] unchallengeable.

insinuante /insinu'ante/ agg. [*modo di fare, parole*] suggestive, ingratiating; [*sorriso*] insinuating.

insinuare /insinu'are/ [1] **I** tr. **1** *(infilare)* to insert, to slip in **2** *(far nascere)* to insinuate, to instil BE, to instill AE [*dubbio, sospetto*] **3** *(accusare)* to imply, to insinuate; ***come osi ~ che*** how dare you suggest that **II insinuarsi** pronom. [*persona*] to insinuate oneself; [*sentimento, idea*] to creep* into.

insinuazione /insinuat'tsjone/ f. **1** insinuation, implication **2** DIR. *(diffamatoria)* innuendo*.

insipidezza /insipi'dettsa/ f. insipidity, dullness; *(di cibo)* tastelessness.

insipidità /insipidi'ta/ f.inv. → **insipidezza**.

insipido /in'sipido/ agg. **1** *(senza gusto)* [*alimento*] tasteless, bland, insipid **2** *(banale)* [*esistenza, libro*] dull, insipid **3** *(insignificante)* [*persona*] insipid.

insistente /insis'tɛnte/ agg. **1** *(assillante)* [*persona*] nagging, insistent; [*domande, tono*] insistent; [*tosse*] rattling **2** *(continuo)* [*rumore, pioggia*] persistent, incessant.

insistenza /insis'tɛntsa/ f. **1** *(perseveranza)* insistence; ***chiedere con ~*** to crave [*attenzione*]; to solicit [*informazioni, denaro*] **2** *(pressione)* ***dopo molte -e ha ammesso che...*** when pressed, he admitted that...; ***su ~ di qcn.*** at *o* on sb.'s insistence, at sb.'s urging **3** *(persistenza)* persistence; ***la pioggia cadde con ~ tutta la notte*** the rain fell incessantly *o* relentlessly all night.

insistere /in'sistere/ [21] intr. (aus. *avere*) **1** *(perseverare)* to insist, to persist, to persevere; ***~ perché qcn. faccia, per fare*** to insist on sb. doing, on doing; ***non fu necessario ~ con lui*** he needed no urging **2** *(ostinarsi)* ***è inutile ~, dev'essere uscito*** it's pointless to keep on trying, he must have gone out **3** *(mettere l'accento)* ***~ su*** to lay *o* put stress on, to stress [*problema, aspetto*]; ***~ sul fatto che*** to stress the point that.

insito /'insito/ agg. **1** *(innato)* innate, inherent, inborn **2** *(implicito)* ***la risposta è -a nella domanda*** the answer is implied in the question.

insoddisfacente /insoddisfa'tʃɛnte/ agg. unfulfilling, unsatisfactory.

insoddisfatto /insoddis'fatto/ agg. **1** *(scontento)* unsatisfied, dissatisfied, disappointed **2** *(non realizzato)* [*desiderio, richiesta*] unfulfilled, unsatisfied.

insoddisfazione /insoddisfat'tsjone/ f. dissatisfaction, discontent.

insofferente /insoffe'rɛnte/ agg. [*persona*] restless; [*carattere*] impatient, irritable; ***essere ~ dell'autorità*** not to put up with authority.

insofferenza /insoffe'rɛntsa/ f. impatience, intolerance.

insolazione /insolat'tsjone/ f. MED. sunstroke.

insolente /inso'lɛnte/ **I** agg. [*persona, tono*] insolent, impudent, cheeky; [*risposta*] flippant, rude **II** m. e f. insolent person.

insolentire /insolen'tire/ [102] **I** tr. to insult, to get* abusive with [*persona*] **II** intr. (aus. *essere, avere*) **1** (aus. *essere*) to become* insolent **2** (aus. *avere*) to be* rude (**contro qcn.** to sb.).

insolenza /inso'lɛntsa/ f. **1** *(impertinenza)* insolence, impudence; ***sbattè la porta con ~*** he slammed the door defiantly **2** *(espressione offensiva)* insolence.

insolitamente /insolita'mente/ avv. unusually; ***era ~ gentile*** he was more friendly than usual.

insolito /in'sɔlito/ agg. [*aspetto, situazione, caratteristica*] unusual; [*regalo*] unusual, uncommon; ***un avvenimento ~*** a rare event; ***sta succedendo qcs. di ~*** there's something funny going on.

insolubile /inso'lubile/ agg. **1** *(irrisolvibile)* [*problema*] insoluble, unsolvable **2** CHIM. [*sostanza*] insoluble.

insolubilità /insolubili'ta/ f.inv. insolubility (anche CHIM.).

insoluto /inso'luto/ agg. **1** *(non risolto)* [*problema, enigma*] unresolved **2** CHIM. [*sostanza*] undissolved **3** COMM. [*debito*] outstanding; [*fattura, conto*] unsettled, unpaid.

insolvente /insol'vɛnte/ agg. [*cliente, debitore*] insolvent.

insolvenza /insol'vɛntsa/ f. DIR. insolvency; ***detenzione per ~*** imprisonment for debt.

insolvibile /insol'vibile/ agg. [*prestito, debito*] bad.

insomma /in'somma/ **I** avv. **1** *(in breve)* in a word, in short **2** *(in conclusione)* ***~ sei stato tu a rimetterci*** so, you're the one who lost **3** *(così così)* ***"come è andata?" - "~"*** "how did it go?" - "so-so" **II** inter. ***~, dove vuoi andare?*** well then, where do you want to go? ***~, deciditi!*** do make up your mind! ***ma ~, dove credi di essere?*** hey! where do you think you are? ***~, ci sarà qualcuno che conosca la risposta!*** come on, somebody must know the answer!

insondabile /inson'dabile/ agg. [*mistero*] impenetrable, unfathomable; [*profondità, abisso*] immeasurable.

insonne /in'sɔnne/ agg. [*persona, notte*] sleepless.

insonnia /in'sɔnnja/ ➧ **7** f. insomnia, sleeplessness.

insonnolito /insonno'lito/ agg. drowsy.

insonorizzante /insonorid'dzante/ **I** agg. [*materiale*] soundproof **II** m. sound-proof material.

insonorizzare /insonorid'dzare/ [1] tr. to insulate, to (sound-)proof [*stanza, ambiente*].

insonorizzato /insonorid'dzato/ **I** p.pass. → **insonorizzare** **II** agg. [*stanza, ambiente*] sound-proof.

insonorizzazione /insonoriddzat'tsjone/ f. sound-proofing, sound insulation.

insopportabile /insoppor'tabile/ agg. [*rumore, caldo, discorso*] unbearable; [*dolore, silenzio, tristezza*] unbearable, unendurable; [*noia*] insufferable; [*comportamento*] insufferable, intolerable; ***diventa ~ quando è stanco*** he gets nasty when he is tired.

insopprimibile /insoppri'mibile/ agg. [*odio*] insuppressible.

insorgenza /insor'dʒɛntsa/ f. onset.

insorgere /in'sordʒere/ [72] intr. (aus. *essere*) **1** *(ribellarsi)* [*popolazione*] to rebel, to revolt **2** *(sorgere)* [*difficoltà*] to arise*; [*infezione*] to set* in.

insormontabile /insormon'tabile/ agg. insurmountable.

insorto /in'sorto/ **I** p.pass. → **insorgere** **II** agg. [*popoli, truppe*] insurgent **III** m. (f. **-a**) insurgent.

insospettabile /insospet'tabile/ agg. **1** *(al di sopra di ogni sospetto)* [*persona*] above suspicion, beyond suspicion mai attrib. **2** *(imprevisto)* unexpected; ***dar prova di un ~ sangue freddo*** to show unsuspected cold-bloodedness.

insospettato /insospet'tato/ agg. **1** *(esente da sospetto)* [*persona, ricchezza*] unsuspected **2** *(imprevisto)* [*generosità, difficoltà*] unexpected.

insospettire /insospet'tire/ [102] **I** tr. ***~ qcn.*** to arouse sb.'s suspicion **II insospettirsi** pronom. to become* suspicious.

insostenibile /insoste'nibile/ agg. [*teoria, tesi*] indefensible, unsupportable, unsustainable; [*punto di vista*] untenable; [*situazione*] unbearable; ***spese -i*** prohibitive costs.

insostituibile /insostitu'ibile/ agg. irreplaceable.

insozzare /insot'tsare/ [1] **I** tr. to dirty, to soil (anche FIG.) **II insozzarsi** pronom. **1** *(sporcarsi)* to get* dirty, to dirty oneself **2** FIG. to tarnish one's reputation.

insperato /inspe'rato/ agg. [*successo, fortuna*] unhoped-for, unexpected.

inspiegabile /inspje'gabile/ agg. [*fenomeno, sentimento*] unexplainable; [*ragione*] inexplicable.

inspirare /inspi'rare/ [1] tr. to breathe in, to inhale.

inspirazione /inspirat'tsjone/ f. inspiration, inhalation.

instabile /in'stabile/ agg. **1** *(precario)* [*costruzione*] unstable; [*sedia, scala*] unstable, unsteady; [*governo, situazione*] insecure; ***mentalmente ~*** mentally unbalanced **2** *(mutevole)* [*tempo*] changeable, unsettled, fickle; [*persona*] unstable, temperamental; [*salute*] wavering; [*opinioni, idee*] shifting; [*situazione, economia*] uncertain, unstable **3** CHIM. FIS. [*legame*] unstable.

instabilità /instabili'ta/ f.inv. instability (anche CHIM. FIS.); *(di tempo)* changeability, fickleness; *(di posizione, situazione)* insecurity, instability; *(di oggetto)* unsteadiness; ***~ mentale*** mental instability.

installare /instal'lare/ [1] **I** tr. **1** *(collocare)* to instal(l) [*attrezzatura, cucina*]; to mount [*dispositivo*]; to fit [*serratura, porta, doccia*]; to put* in [*impianto di riscaldamento*] **2** INFORM. to instal(l) [*programma, stampante*] **II installarsi** pronom. to instal(l) oneself; ***-rsi in un appartamento*** to settle into a flat.

installatore /installa'tore/ m. (f. **-trice** /tritʃe/) fitter.

installazione /installat'tsjone/ f. **1** *(l'installare)* installation **2** *(impianto)* facility, installation; ***-i industriali*** industrial equipment *o* plant.

instancabile /instan'kabile/ agg. [*persona*] indefatigable, tireless, untirable.

instaurare /instau'rare/ [1] **I** tr. **1** *(allacciare)* to build*, to establish [*rapporto*]; ***~ un clima di confidenza*** to create a climate of confidence **2** POL. to put* [sth.] into power [*regime*] **3** *(introdurre)* to introduce [*nuova moda*] **II instaurarsi** pronom. to be* established, to begin*.

instaurazione /instaurat'tsjone/ f. *(di regime)* institution; *(di legge, regolamento)* establishment.

instillare /instil'lare/ [1] tr. to instil BE, to instill AE.

instradare /instra'dare/ → **istradare**.

insù /in'su/ **I** avv. (anche **in su**) **1** up, upward(s); ***guarda ~!*** look up! ***da due anni ~*** from two years upwards **2 all'insù** upward(s); ***avere il naso all'~*** to have a snub nose **II** agg. inv. (anche **in su**) upward.

insubordinato /insubordi'nato/ agg. [*persona, truppe*] insubordinate, rebellious.

insubordinazione /insubordinat'tsjone/ f. insubordinate behaviour; ***la vostra ~ verrà denunciata*** your insubordination will be reported.

insuccesso /insut'tʃɛsso/ m. failure.

insudiciare /insudi'tʃare/ [1] **I** tr. to dirty, to soil (anche FIG.) **II insudiciarsi** pronom. **1** *(sporcarsi)* to get* dirty, to dirty oneself **2** FIG. to tarnish one's reputation.

insufficiente /insuffi'tʃɛnte/ agg. **1** *(quantitativamente)* [*risorse, servizio*] inadequate, insufficient, scarce; [*informazioni, prove*] insufficient, sketchy; [*razione*] short **2** *(qualitativamente)* [*misure, preparazione*] insufficient, unsatisfactory; ***i tuoi risultati in storia sono -i*** SCOL. your results in history are unsatisfactory *o* poor.

insufficienza /insuffi'tʃɛntsa/ ➧ **7** f. **1** *(mancanza)* inadequacy, insufficiency, lack; *(di informazioni, dettagli, prove)* insufficiency, sketchiness; ***~ di provviste*** stock shortage; ***per ~ di prove*** for lack of evidence **2** SCOL. *(voto)* fail, failing grade AE; ***prendere un'~*** to get a fail **3** MED. ***~ cardiaca, epatica*** heart, liver deficiency; ***~ renale, respiratoria*** kidney, respiratory failure.

insulare /insu'lare/ agg. [*clima, mentalità*] island attrib., insular; [*popolazione*] island attrib.; ***l'Italia ~*** the Italian islands.

insulina /insu'lina/ f. insulin.

insulsaggine /insul'saddʒine/ f. **1** *(di libro, idea)* banality; *(di chiacchiere)* vapidity **2** *(cosa insulsa)* nonsense **U**.

insulso /in'sulso/ agg. **1** *(banale)* [*film, libro, idea*] insipid, banal; [*chiacchiere*] vapid **2** *(insignificante)* [*persona*] insipid, dull.

insultante /insul'tante/ agg. insulting, offensive.

insultare /insul'tare/ [1] **I** tr. to insult [*persona*]; ***farsi ~*** to be *o* get sworn at **II insultarsi** pronom. to exchange insults.

insulto /in'sulto/ m. insult, swear word; ***una sfilza di -i*** a stream of abuse; ***coprire di -i qcn.*** to call sb. names, to heap insults at sb.; ***un ~ alla memoria di qcn.*** an insult to sb.'s memory.

insuperabile /insupe'rabile/ agg. **1** *(insormontabile)* [*difficoltà, disaccordo*] insuperable, insurmountable **2** *(eccezionale)* [*persona*] unequalled BE, unequaled AE, unsurpassed, unmatched; ***essere ~ nel fare qcs.*** to be an ace at doing sth.

insuperato /insupe'rato/ agg. [*risultato, primato*] unequalled BE, unequaled AE.

insuperbire /insuper'bire/ [102] **I** tr. to make* [sb.] proud [*persona*] **II insuperbirsi** pronom. to boast (**per** about).

insurrezione /insurret'tsjone/ f. insurrection, riot, revolt.

intabarrarsi /intabar'rarsi/ [1] pronom. to wrap oneself up warmly.

intaccare /intak'kare/ [1] tr. **1** *(corrodere)* [*ruggine, acido*] to corrode, to eat* into [*metallo*] **2** FIG. *(iniziare a consumare)* [*inflazione*] to eat* away at, to eat* into [*capitale*]; to dip into [*risparmi*]; [*società*] to dig* into [*capitale*] **3** *(incidere)* to nick, to notch [*superficie, legno*] **4** FIG. *(pregiudicare)* to weaken, to undermine [*credibilità*]; to eat* away at [*salute*]; to chip away (at), to erode [*autorità, fiducia*]; to tarnish [*prestigio*]; to blemish, to undermine [*reputazione*]; ***nulla può ~ la loro amicizia*** nothing can get in the way of their friendship.

intagliare /intaʎ'ʎare/ [1] tr. to carve [*legno*]; to cut* [*pietra preziosa*]; to incise, to engrave [*metallo, pietra*].

intagliatore /intaʎʎa'tore/ ➧ **18** m. (f. **-trice** /tritʃe/) **1** *(incisore)* engraver **2** *(scultore)* carver; *(di legno)* wood carver.

intaglio, pl. **-gli** /in'taʎʎo, ʎi/ m. **1** *(su legno, metallo)* carving, incision, engraving **2** *(prodotto in legno, marmo)* intaglio.

intangibile /intan'dʒibile/ agg. **1** *(intoccabile)* [*denaro*] intangible **2** FIG. *(inviolabile)* [*diritti, principi*] inviolable.

intanto /in'tanto/ avv. **1** *(nel frattempo)* meanwhile, in the meantime; ***io esco, tu ~ riposati*** I'm going out, try to get some rest in the meantime; *(contrapposizione)* ***vuoi passare l'esame e ~ non studi*** you want to pass your exam, but you are not studying at all **2 per intanto** for the moment, for now, for the time being **3 intanto che** ***~ che mi preparo, telefona a Sara*** while I get ready, phone Sara **4** *(tanto per cominciare)* ***~ non è vero, e comunque ho ragione io*** to begin with it's not true, and anyway I'm right **5** *(per concludere)* ***~ anche questa è fatta*** well, that's something out of the way.

intarsiare /intar'sjare/ [1] tr. to inlay* [*legno*].

intarsiato /intar'sjato/ **I** p.pass. → **intarsiare II** agg. [*scatola, mobile*] inlaid.

intarsio, pl. **-si** /in'tarsjo, si/ m. inlay, marquetry; ***a ~*** inlaid.

intasamento /intasa'mento/ m. *(di traffico)* (traffic) jam; *(di lavandino)* blockage, clogging; *(di rete telefonica)* overloading.

intasare /inta'sare/ [1] **I** tr. to choke up, to block (up) [*strada*]; to overload [*rete telefonica*]; to block (up), to clog [*tubatura*]; ***le auto intasavano le strade*** cars jammed (up) the roads **II intasarsi** pronom. to clog up, to be* blocked (up).

intasato /inta'sato/ **I** p.pass. → **intasare II** agg. [*strada*] congested, jammed; [*naso*] stuffed.

intascare /intas'kare/ [1] tr. to pocket [*fondi, guadagni*]; ***quanto avrà intascato con quell'affare?*** how much can he have made with that deal?

intatto /in'tatto/ agg. **1** *(non danneggiato)* [*oggetto*] intact; [*edificio*] undamaged, unharmed **2** *(inalterato)* [*onore, reputazione*] undamaged; [*entusiasmo, potere*] undiminished; [*paesaggio*] unspoiled **3** *(non intaccato)* [*riserva, energia*] untouched.

intavolare /intavo'lare/ [1] tr. to open, to start [*dialogo, discussione*]; to start [*trattative*].

integerrimo /inte'dʒɛrrimo/ agg. [*magistrato, funzionario*] upright.

integrale /inte'grale/ **I** agg. **1** [*edizione, testo*] unabridged, uncut; [*abbronzatura*] allover; [*nudo*] full-frontal; ***un film in versione ~*** a film in its uncut version **2** GASTR. [*farina, pane, pasta*] whole wheat, wheatmeal BE, wholemeal BE; ***riso ~*** brown rice **3** *(radicale)* [*rinnovamento*] sweeping **4** AUT. ***a trazione ~*** four-wheel **5** MAT. [*calcolo*] integral **II** m. MAT. integral.

integralismo /integra'lizmo/ m. ***~ islamico*** fundamentalism.

integralista, m.pl. **-i**, f.pl. **-e** /integra'lista/ m. e f. hardliner; ***~ islamico*** fundamentalist.

integralmente /integral'mente/ avv. integrally, in full.

integrante /inte'grante/ agg. [*caratteristica*] integral; ***essere parte ~ di*** to be an integral part of.

integrare /inte'grare/ [1] **I** tr. **1** *(completare)* to insert [*capitoli, articoli*]; to complete [*testo*]; to supplement [*personale, dieta*]; to round out [*numero, gamma*]; ***~ qcs. con qcs.*** to complement sth. with sth. **2** *(assimilare)* to integrate [*comunità, popolazione*] **3** MAT. to integrate **II integrarsi** pronom. **1** *(inserirsi)* to integrate, to be* integrated **2** *(completarsi)* to complement each other.

integrativo /integra'tivo/ agg. [*esame, assicurazione*] additional, supplemental; ***pensione -a*** supplementary pension, occupational pension scheme.

integrato /inte'grato/ **I** p.pass. → **integrare II** agg. **1** COMM. INFORM. AMM. integrated **2** ELETTRON. ***circuito ~*** integrated circuit.

integratore /integra'tore/ m. ***~ vitaminico*** vitamin supplement.

integrazione /integrat'tsjone/ f. **1** *(inserimento)* integration; ***~ razziale*** racial integration **2** *(completamento)* ***~ dello stipendio*** salary supplement.

integrità /integri'ta/ f.inv. integrity (anche FIG.).

integro /'integro/ agg. **1** *(non danneggiato)* [*confezione*] intact, untouched; [*piatto*] undamaged, whole **2** FIG. *(incorruttibile)* [*persona*] honest, upright.

intelaiatura /intelaja'tura/ f. **1** *(di porta, finestra)* casing, frame; *(di tetto)* roof structure; *(di quadro)* chassis; *(di macchina)* shell, body **2** *(l'intelaiare)* framing **3** FIG. ***l'~ di un romanzo*** the structure of a novel.

intelare /inte'lare/ [1] tr. SART. to interface, to back [*tessuto*].

intellettivo /intellet'tivo/ agg. [*facoltà, quoziente*] intellective.

intelletto /intel'letto/ m. intellect, mind; ***perdere il ben dell'~*** to lose one's wits.

intellettuale /intellettu'ale/ **I** agg. intellectual **II** m. e f. intellectual, highbrow.

intellettualismo /intellettua'lizmo/ m. intellectualism.

intellettualistico, pl. **-ci, -che** /intellettua'listiko, tʃi, ke/ agg. intellectualistic.

intellettualoide /intellettua'lɔide/ agg., m. e f. pseudo-intellectual.

intelligente /intelli'dʒɛnte/ agg. intelligent, clever; ***non è ~ da parte tua*** it isn't very bright of you; ***credi che fumare sia ~*** you think it's smart to smoke.

intelligenza /intelli'dʒɛntsa/ f. intelligence, cleverness ♦♦ **~ *artificiale*** artificial intelligence.
intellighenzia /intelli'gɛntsja/ f. ***l'~*** the intelligentsia.
intelligibile /intelli'dʒibile/ agg. [*scrittura*] intelligible.
intelligibilità /intellidʒibili'ta/ f.inv. intelligibility.
intemperante /intempe'rante/ agg. intemperate, immoderate; ***essere ~ nel mangiare*** to overindulge in eating.
intemperanza /intempe'rantsa/ f. insobriety, intemperance.
intemperie /intem'pɛrje/ f.pl. bad weather; ***esposto alle ~*** exposed to the elements; ***segnato dalle ~*** [*volto, paesaggio*] weatherbeaten; ***danni causati dalle ~*** storm damage.
intempestivo /intempes'tivo/ agg. [*invito, arrivo*] untimely, ill-timed.
intendente /inten'dɛnte/ m. e f. **1** intendant (anche STOR.) **2 *~ di finanza*** revenue officer.
intendenza /inten'dɛntsa/ f. **1** intendancy (anche STOR.) **2 *~ di finanza*** revenue office.
intendere /in'tɛndere/ [10] **I** tr. **1** *(capire)* to understand*; ***fare*** o ***lasciare ~ che*** to imply *o* suggest that; ***dare a ~ a qcn. che*** to give sb. to believe *o* understand (that); ***non diede a ~ che sapeva*** he gave no hint of knowing; ***~ qcs. male*** to misunderstand sth.; ***non vuole ~ ragione*** he won't listen to reason; ***s'intende*** of course, naturally; ***essere capace di ~ e di volere*** DIR. to be compos mentis *o* of sound mind; *(concepire)* ***~ la politica come un mestiere*** to see politics as a job **2** *(avere intenzione di)* to intend; ***non intendo rimanere*** I have no intention of staying; ***cosa intendi dire (con questo)?*** what do you mean (by that)? ***non intende farti male*** he doesn't mean you any harm; ***intendevo farlo comunque*** I was planning to do that anyway **3** *(sentire)* to hear* [*rumore*] **II intendersi** pronom. **1** *(capirsi)* ***intendiamoci...*** mind you..., let's get this straight...; ***tanto per intenderci...*** just to make things clear...; ***ci siamo intesi al volo*** we understood each other immediately **2** *(andare d'accordo)* ***-rsi con qcn.*** to get on *o* along with sb.; ***-rsi a meraviglia*** to get on *o* along famously, to get on like a house on fire **3** *(comunicare)* ***-rsi a gesti*** to communicate by gestures **4** *(essere esperto)* ***-rsi di*** to know about [*musica, cinema*] **5** *(accordarsi)* ***non ci siamo intesi sul prezzo*** we didn't agree on the price **6 intendersela** *(avere una relazione)* ***se la intendono*** they are having an affair; *(complottare)* ***intendersela con qcn.*** to be in league with sb. ♦ ***chi ha orecchie per ~, intenda*** a word to the wise.
intendimento /intendi'mento/ m. **1** *(intenzione)* ***è mio ~ fare*** it's my intention to do **2** *(facoltà di comprendere)* understanding.
intenditore /intendi'tore/ m. (f. **-trice** /tritʃe/) connoisseur, expert; ***un ~ di vini*** a wine connoisseur ♦ ***a buon ~ poche parole*** PROV. a nod is as good as a wink (to a blind horse), a word to the wise.
intenerire /intene'rire/ [102] **I** tr. to move, to touch; ***lasciarsi ~*** to soften **II intenerirsi** pronom. to be* moved, to be* touched.
intensamente /intensa'mente/ avv. [*pensare, guardare*] intensely, hard; [*arrossire*] deeply; ***mi fissava ~*** he gazed deep into my eyes.
intensificare /intensifi'kare/ [1] **I** tr. to intensify [*scambi, combattimento*]; to step up [*produzione, sforzo*] **II intensificarsi** pronom. [*traffico*] to intensify, to thicken, to build* up; [*conflitto, violenza*] to escalate.
intensificazione /intensifikat'tsjone/ f. intensification; *(di guerra, violenza)* escalation.
intensità /intensi'ta/ f.inv. intensity (anche FIS. EL.); ***l'~ del vento*** the strength of the wind; ***la tempesta sta aumentando d'~*** the storm is worsening.
intensivo /inten'sivo/ agg. intensive; ***fare un corso ~ di*** to take a crash *o* intensive course in.
intenso /in'tɛnso/ agg. [*vita, programma*] intense, full; [*sapore*] strong, intense; [*dolore*] acute, intense; [*odio, amore*] deep, burning; [*odore, impressione, luce*] strong; [*colore*] deep, intense; [*traffico*] heavy; [*sguardo*] intense, meaningful.
intentare /inten'tare/ [1] tr. ***~ una causa*** to bring charges, to file a lawsuit, to sue; ***~ un'azione giudiziaria contro qcn.*** to initiate proceedings against sb.
intentato /inten'tato/ **I** p.pass. → **intentare II** agg. unattempted ♦ ***non lasciar nulla d'~*** to leave no stone unturned.
1.intento /in'tɛnto/ agg. intent (**a** on); ***essere ~ a lavorare*** to be deep in one's work, to be busy working.
2.intento /in'tɛnto/ m. **1** *(scopo)* goal, aim, object; ***riuscire nell' ~*** to reach one's goal; ***questo film non ha un ~ educativo*** this film is not intended to be educational **2** *(proposito)* intention; ***con l'~*** o ***nell'~ di fare qcs.*** with the intent *o* intention to do sth.
intenzionale /intentsjo'nale/ agg. **1** *(deliberato)* [*errore, provocazione*] deliberate, intentional; [*offesa*] intended, intentional **2** DIR. ***omicidio ~*** wilful murder.
intenzionalmente /intentsjonal'mente/ avv. [*agire, ignorare*] intentionally, on purpose; [*offendere, ingannare*] knowingly.
intenzionato /intentsjo'nato/ agg. ***bene, male ~*** well-intentioned, ill-intentioned; ***essere ~ a fare qcs.*** to intend to do sth.
intenzione /inten'tsjone/ f. intention, intent, purpose; ***avere buone, cattive -i nei confronti di qcn.*** to have good, evil designs on sb.; ***ha delle brutte -i*** he means trouble *o* mischief; ***avere l'~ di fare*** to intend *o* mean to do; ***avere una mezza ~ di fare*** to have half a mind to do; ***non avevo ~ di fargli del male*** I didn't mean him any harm; ***avere la ferma ~ di fare*** to have the firm intention of doing; ***non ho più ~ di sopportarlo*** I won't put up with it any longer; ***è un rischio che ho ~ di correre*** it's a chance I'm willing to take.
interagente /intera'dʒɛnte/ agg. interactive.
interagire /intera'dʒire/ [102] intr. (aus. *essere*) to interact.
interamente /intera'mente/ avv. completely, entirely, wholly.
interasse /inte'rasse/ m. AUT. wheelbase.
interattività /interattivi'ta/ f.inv. interactivity.
interattivo /interat'tivo/ agg. interactive.
interazione /interat'tsjone/ f. interaction (anche FIS. INFORM.), interplay.
1.intercalare /interka'lare/ m. **1** *(parola)* verbal tic **2** *(ritornello)* refrain.
2.intercalare /interka'lare/ [1] tr. ***intercala di continuo "cioè"*** he stuffs his sentences with "cioè".
intercambiabile /interkam'bjabile/ agg. interchangeable.
intercapedine /interka'pɛdine/ f. ING. air space; ***muro a ~*** cavity wall.
intercedere /inter'tʃɛdere/ [2] intr. (aus. *avere*) to intercede (**presso qcn.** with sb.; **a favore di qcn.** on sb.'s behalf).
intercessione /intertʃes'sjone/ f. intercession.
intercessore /intertʃes'sore/ m. (f. **interceditrice** /intertʃedi'tritʃe/) interceder, mediator, intercessor.
intercettare /intertʃet'tare/ [1] tr. to intercept [*aereo, lettera*].
intercettazione /intertʃettat'tsjone/ f. interception ♦♦ ***~ telefonica*** (tele)phone tapping, wire tapping.
intercettore /intertʃet'tore/ m. AER. interceptor.
intercity /inter'siti/ agg. e m.inv. inter-city.
interconfessionale /interkonfessjo'nale/ agg. RELIG. interdenominational.
interconnettersi /interkon'nɛttersi/ [17] pronom. INFORM. to interconnect.
intercontinentale /interkontinen'tale/ agg. intercontinental.
intercorrere /inter'korrere/ [32] intr. (aus. *essere*) **1** *(frapporsi)* to intervene, to elapse; ***nei due anni intercorsi*** in the intervening two years **2** *(esserci)* [*rapporto*] to exist, to be*.
interculturale /interkultu'rale/ agg. cross-cultural.
interdentale /interden'tale/ agg. MED. ***filo ~*** dental floss.
1.interdetto /inter'detto/ **I** p.pass. → **interdire II** agg. DIR. ***essere ~ dal fare*** to be disabled from doing.
2.interdetto /inter'detto/ agg. *(sbalordito)* [*sguardo*] bewildered, blank; ***essere*** o ***rimanere ~*** to be dumbfounded.
3.interdetto /inter'detto/ m. RELIG. interdict(ion).
interdipartimentale /interdipartimen'tale/ agg. AMM. UNIV. interdepartmental.
interdipendente /interdipen'dɛnte/ agg. [*fenomeni, fattori*] interdependent, interrelated.
interdipendenza /interdipen'dɛntsa/ f. interdependence.
interdire /inter'dire/ [37] tr. **1** *(vietare)* to ban [*attività, libro, droga*]; to prohibit [*commercio, accesso*]; *(sospendere)* to suspend [*funzionario*] **2** DIR. RELIG. to interdict; ***~ per infermità mentale*** to declare insane.
interdisciplinare /interdiʃʃipli'nare/ agg. SCOL. UNIV. [*corso, attività*] cross-disciplinary, interdisciplinary.

interdizione /interdit'tsjone/ f. **1** *(atto dell'interdire)* ban **2** DIR. disability; *(di funzionario)* **~ dai pubblici uffici** disqualification from public offices.
interessamento /interessa'mento/ m. interest; *(intervento influente)* **per ~ del Ministro** by the good offices of the Minister.
interessante /interes'sante/ agg. **1** *(ricco di interesse)* interesting (**fare** to do) **2** *(vantaggioso)* [*offerta, affare*] attractive; **lo stipendio sembra ~** the salary sounds good **3 essere in stato ~** to be expecting.
interessare /interes'sare/ [1] **I** tr. **1** *(attirare l'attenzione)* to interest, to be* of interest to; *(far intervenire)* **~ qcn. al proprio caso** to get sb. to take an interest in one's case; *(rendere interessato)* **~ i giovani alla lettura** to arouse the interest of young people in reading **2** *(riguardare)* [*problema, decisione*] to interest, to concern; **la cosa non ti interessa** that's none of your concern **3** *(colpire)* [*cambiamento, avvenimento*] to affect, to concern [*persone, paese*]; [*lesioni*] to affect [*organo*] **II** intr. (aus. *essere*) **~ a qcn.** to interest sb.; **il progetto mi interessa** I'm interested in the project; **non mi interessa** it doesn't appeal to me; **mi interessa fare** I have an interest in doing **III interessarsi** pronom. **1** *(avere interesse)* **-rsi a** o **di** to be interested in [*cultura, arte*]; **si interessa di molte cose** he has wide interests; **sempre più gente si interessa all'ambiente** more and more people are taking an interest in the environment **2** *(occuparsi)* **-rsi a** o **di qcs.** to concern oneself with sth.; **-rsi di un problema** to deal with *o* tackle a problem; **interessati dei fatti tuoi** mind your own business; *(prendersi cura)* **-rsi di** to take care of [*cena, biglietti*] **3** *(chiedere notizie)* to ask after.
interessato /interes'sato/ **I** p.pass. → **interessare II** agg. **1** *(attratto da)* interested (**a** in) **2** *(influenzato)* affected **3** *(in causa)* **le parti -e** the interested parties; **le persone -e ai profitti** people with a share in the profits **4** *(che mira a un profitto)* [*persona, opinione*] self-interested; **è ~** he acts out of self-interest; **amore ~** SCHERZ. cupboard love **III** m. (f. **-a**) person concerned; **gli -i** the people concerned.
interesse /inte'rɛsse/ m. **1** *(attenzione)* interest (**per** in); **avere un grande ~ per qcs.** to have *o* take great interest in sth.; **suscitare l'~ di qcn.** to interest sb., to rouse sb.'s interest **2** *(attività)* **un'ampia sfera di -i** a wide range of interests **3** *(rilievo)* interest; **essere di grande, scarso ~ per** to be of great, little interest to; **degno di ~** worthwhile; **privo d'~** uninteresting; **perdere di ~** to blow over **4** *(vantaggio)* **~ personale, generale** personal, general interest; **nell'~ di** in the interest(s) of; **per il nostro stesso ~** for all our sakes; **va contro il suo ~ (facendo)** he's not doing himself any favours (by doing); **che ~ avrebbe di fare?** what would be the point in his doing? **fare un matrimonio d'~** to marry for money; **agire per ~** to act out of self-interest **5** ECON. interest; **fruttare -i** [*conto*] to earn interest.
interezza /inte'rettsa/ f. entirety, wholeness; **trattare un problema nella sua ~** to deal with a problem as a whole.
interfaccia, pl. **-ce** /inter'fattʃa, tʃe/ f. INFORM. TECN. interface.
interfacciare /interfat'tʃare/ [1] tr. INFORM. to interface.
interferenza /interfe'rɛntsa/ f. **1** TECN. RAD. TELEV. FIS. interference **2** *(intromissione)* interference, intrusion.
interferire /interfe'rire/ [102] intr. (aus. *avere*) to interfere.
interferone /interfe'rone/ m. interferon.
interfono /inter'fɔno/ m. intercom, interphone.
interiezione /interjet'tsjone/ f. interjection.
interim /'interim/ m.inv. *(intervallo di tempo)* interim; **assumere l'~** to hold the post temporary.
interinale /interi'nale/ agg. [*personale*] temporary; [*lavoro, agenzia*] temping.
interiora /inte'rjora/ f.pl. entrails, guts, insides COLLOQ.
interiore /inte'rjore/ agg. **1** *(che è dentro)* **parte ~** internal part **2** *(intimo)* [*voce, conflitto, vita, forza*] inner; [*monologo*] interior.
interiorizzare /interjorid'dzare/ [1] tr. to interiorize, to internalize.
interiormente /interjor'mente/ avv. [*soffrire, fremere*] inwardly.
interista, m.pl. **-i**, f.pl. **-e** /inte'rista/ agg. [*tifoso, giocatore*] of Inter, Inter attrib.
interlinea /inter'linea/ f. TIP. line space, line-spacing; **~ singola, doppia** single, double spacing.
1.interlineare /interline'are/ agg. [*glossa, traduzione*] interlinear.
2.interlineare /interline'are/ [1] tr. to interline [*testo*].
interlocutore /interloku'tore/ m. (f. **-trice** /tritʃe/) **1** *(in una conversazione)* interlocutor; **farsi capire dal proprio ~** to make oneself understood by the person one is talking to **2** *(in una negoziazione)* **l'~ privilegiato dal governo** the person the government prefers to deal with.
interlocutorio, pl. **-ri**, **-rie** /interloku'tɔrjo, ri, rje/ agg. [*sentenza*] interlocutory.
interloquire /interlo'kwire/ [102] intr. (aus. *avere*) to interject.
interludio, pl. **-di** /inter'ludjo, di/ m. interlude (anche MUS.).
intermediario, pl. **-ri**, **-rie** /interme'djarjo, ri, rje/ **I** agg. intermediary, intermediate **II** m. (f. **-a**) intermediary, go-between; ECON. COMM. broker; **avere un ruolo d'~** o **fare da ~** to (inter)mediate; **senza -ri** [*agire*] without any intermediary; [*vendere, acquistare*] without a middleman.
intermediazione /intermedjat'tsjone/ f. intermediation; ECON. COMM. brokerage.
intermedio, pl. **-di**, **-die** /inter'mɛdjo, di, dje/ agg. [*punto, stadio*] intermediate, halfway, midway; [*spazio*] in-between; [*difficoltà*] intermediate, middle; [*livello*] intermediate.
intermezzo /inter'mɛddzo/ m. **1** MUS. TEATR. intermezzo **2** *(intervallo)* interval, break.
interminabile /intermi'nabile/ agg. [*viaggio, processo*] endless, never-ending, interminable.
interministeriale /interministe'rjale/ agg. interdepartmental.
intermittente /intermit'tɛnte/ agg. [*pioggia, febbre, rumore*] intermittent; [*luce*] flashing; [*attività*] intermittent, irregular.
intermittenza /intermit'tɛntsa/ f. intermittence (anche MED.); *(di luce)* blinking; **a ~** on and off, off and on.
internamento /interna'mento/ m. **1** *(di malato mentale)* confinement **2** MIL. POL. internment.
internare /inter'nare/ [1] tr. **1** to confine, to intern [*malato*] **2** MIL. POL. to intern.
1.internato /inter'nato/ m. **1** SCOL. boarding school **2** UNIV. MED. period as a house officer, internship AE.
2.internato /inter'nato/ **I** p.pass. → **internare II** m. (f. **-a**) **1** *(di istituto, ospedale psichiatrico)* inmate; *(di ospedale)* patient **2** MIL. POL. internee.
internauta, m.pl. **-i**, f.pl. **-e** /inter'nauta/ m. e f. Internet user.
internazionale /internattsjo'nale/ agg. international; **su scala ~** on a worldwide scale; **un attore di fama ~** a world-famous actor.
internazionalismo /internattsjona'lizmo/ m. internationalism.
internazionalizzare /internattsjonalid'dzare/ [1] tr. to internationalize.
Internet /'internet/ **I** f.inv. Internet; **su ~** on the Internet; **accesso a ~** Internet access **II** agg.inv. **indirizzo ~** Internet address.
internista, m.pl. **-i**, f.pl. **-e** /inter'nista/ ➧ *18* m. e f. *(medico)* internist.
interno /in'tɛrno/ **I** agg. **1** [*scala, cortile*] inner attrib.; [*tasca, muro, superficie, pagina, corsia*] inside **2** GEOGR. [*area, porto*] inland **3** *(nazionale)* [*domanda, volo*] domestic; [*mercato, politica, affari*] domestic, home, national; [*commercio, trasporto*] domestic, inland BE; [*sicurezza, debito*] national; **prodotto ~ lordo** gross domestic product **4** *(in ambito delimitato)* [*concorso, servizio*] in-house; [*organizzazione*] internal; **membro ~** SCOL. UNIV. internal examiner BE **5** *(intimo)* [*moto, voce*] inner attrib. **6** MED. [*organo, lesioni, temperatura*] internal; [*orecchio*] inner **II** m. **1** *(di edificio)* interior; *(di oggetto)* inside; **chiuso dall'~** locked from the inside; **visto dall'~** seen from within; **all'~** on the inside; **i bambini giocano all'~** the children are playing inside; **l'~ è in seta** the lining inside is silk; **verso l'~** inwards; **scena girata in ~** CINEM. interior scene **2** TEL. extension **3 all'interno di** *(dentro)* inside; *(in seno a)* **all'~ del governo** within the government **4** *(entroterra)* inland; **sulla costa e nell'~** on the coast and inland; **le città dell'~** the inland towns **III** m. (f. **-a**) **1** *(in un'organizzazione)* insider **2** SPORT

~ destro, sinistro inside right, left **3** SCOL. boarder **4** UNIV. MED. house officer BE, intern AE **IV interni** m.pl. **1** interior sing.; *d'-i* indoor **2** AUT. interior trim sing. **3** POL. *ministero, ministro degli Interni* Ministry, Minister of the Interior.

intero /in'tero/ **I** agg. [*giorno*] entire, whole; [*collezione*] complete; [*prezzo*] full; *un'-a giornata di lavoro* a solid day's work; *l'ha ingoiato tutto ~* he swallowed it whole; *(integro) essere ancora ~* [*persona, oggetto*] to be still in one piece; [*vasellame*] to be unbroken **II** m. **1** MAT. integer **2 per intero** in full, wholly.

interparlamentare /interparlamen'tare/ agg. [*comitato, sessione*] interparliamentary.

interpellanza /interpel'lantsa/ f. POL. interpellation; *~ parlamentare* parlamentary inquiry.

interpellare /interpel'lare/ [1] tr. **1** POL. to interpellate **2** *(consultare)* to consult [*medico, avvocato*].

interpersonale /interperso'nale/ agg. interpersonal.

interplanetario, pl. **-ri**, **-rie** /interplane'tarjo, ri, rje/ agg. interplanetary.

interpolare /interpo'lare/ [1] tr. to interpolate (anche MAT.).

interpolazione /interpolat'tsjone/ f. interpolation.

interporre /inter'porre/ [73] **I** tr. **1** *(frapporre)* to interpose; *~ ostacoli* to set up obstacles; *(mettere innanzi) ~ tempo* to dither **2** *(usare) ~ la propria autorità* to interpose one's authority **II interporsi** pronom. to interpose oneself, to intervene.

interposto /inter'posto/ **I** p.pass. → **interporre II** agg. *per -a persona* vicariously.

interpretare /interpre'tare/ [1] tr. **1** CINEM. MUS. TEATR. to play [*ruolo, personaggio*]; to sing* [*canzone*]; to perform, to play [*brano*] **2** *(desumere un significato da)* to interpret [*testo, parole, sogno, avvenimento, legge*]; *~ male* to misinterpret **3** *(intuire)* to interpret [*desideri, propositi*].

interpretariato /interpreta'rjato/ m. interpreting; *scuola d'~* school for interpreters.

interpretativo /interpreta'tivo/ agg. interpretational, interpretative.

interpretazione /interpretat'tsjone/ f. **1** *(spiegazione)* interpretation, reading **2** CINEM. TEATR. *(recitazione)* acting, performance; *(di ruolo)* interpretation; MUS. *(esecuzione)* performance.

interprete /in'tɛrprete/ ▸ *18* m. e f. **1** interpreter; *fare da ~ a qcn.* to act as sb.'s interpreter, to interpret for sb.; *farsi ~ del malcontento di qcn.* FIG. to voice sb.'s complaints **2** MUS. *(esecutore)* exponent, performer; *(cantante)* singer **3** CINEM. TEATR. performer; *(uomo)* actor; *(donna)* actress; *~ principale* lead, star; *personaggi e -i* cast.

interpunzione /interpun'tsjone/ f. punctuation; *segni d'~* punctuation marks.

interramento /interra'mento/ m. *(sotterramento)* burying; *~ di rifiuti* landfill.

interrare /inter'rare/ [1] **I** tr. **1** *(sotterrare)* to bury [*tesoro*]; *~ un cavo* to lay a cable underground **2** *(colmare di terra)* to fill in [*fosso, canale*] **II interrarsi** pronom. [*estuario, porto*] to silt up.

interrato /inter'rato/ **I** p.pass. → **interrare II** agg. **1** *(sotto terra) cavo ~* underground cable; *piano ~* basement **2** *(colmo di terra)* [*canale*] silted up, filled in **III** m. basement.

interrazziale /interrat'tsjale/ agg. interracial.

interregionale /interredʒo'nale/ **I** agg. interregional **II** m. interregional train.

interregno /inter'reɲɲo/ m. interregnum*.

interrelato /interre'lato/ agg. interrelated.

interrelazione /interrelat'tsjone/ f. interrelation.

interrogare /interro'gare/ [1] **I** tr. **1** *(fare un interrogatorio a)* to question, to interrogate [*testimone, imputato*] **2** SCOL. [*professore*] to test, to examine [sb.] orally [*allievo*] (**in, su** on) **II interrogarsi** pronom. *-rsi su qcn., qcs.* to wonder about sb., sth.

interrogativamente /interrogativa'mente/ avv. [*guardare*] questioningly, inquiringly, inquisitively.

interrogativo /interroga'tivo/ **I** agg. **1** [*sguardo, tono*] inquisitive, questioning, puzzled **2** LING. interrogative; *punto ~* question mark; *in forma -a* in question form **II** m. **1** *(dubbio)* question; *porre un ~* to raise a question **2** *(persona, cosa enigmatica)* enigma, mystery.

interrogatore /interroga'tore/ m. (f. **-trice** /tritʃe/) interrogator, questioner.

interrogatorio, pl. **-ri** /interroga'tɔrjo, ri/ **I** agg. [*tono*] interrogatory, quizzical **II** m. *(di accusato, ostaggio)* interrogation, questioning, probing; *(di testimone)* examination; *sottoporre qcn. a un ~* to interrogate sb. ♦♦ *~ di terzo grado* third degree COLLOQ.

interrogazione /interrogat'tsjone/ f. **1** *(di testimone)* questioning, examination (**su** about) **2** SCOL. test; *~ scritta, orale* written, oral test **3** INFORM. query **4** POL. question ♦♦ *~ parlamentare* parliamentary inquiry.

interrompere /inter'rompere/ [81] **I** tr. **1** *(sospendere)* to interrupt [*relazioni, traffico, partita, vacanze, viaggio*]; [*sciopero*] to shut* down [*produzione, servizio*]; to call off [*negoziazione, ricerca, investigazione*]; to stop [*attività, lavoro*]; to burst* in on, to cut* in on [*riunione, conversazione*]; to cut* off, to sever [*contatto, collegamento*]; to black out [*trasmissione*]; EL. to break* [*corrente, circuito*]; *(definitivamente)* to break* off [*conversazione, trattative*]; to break* up [*festa, dimostrazione*]; to abort [*missione, lancio, processo*]; MED. to abort, to terminate [*gravidanza*]; *~ le comunicazioni* to bring the lines down; *~ il gioco* SPORT to abandon play; *~ gli studi* to leave school **2** *(disturbare)* to interrupt; *vi ho interrotti?* am I disturbing you? **3** *(ostacolare)* to cut* off [*strada, passaggio*] **4** *(spezzare)* to break* up [*giorno lavorativo, mattinata*] **5** *(parlando)* to cut* [sb.] off [*interlocutore*]; *non interrompermi continuamente!* stop interrupting all the time! **II interrompersi** pronom. [*persona*] to leave* off; [*comunicazione*] to be cut* off; [*strada*] to stop, to end; *s'interruppe per rispondere al telefono* she broke off to answer the phone; *-rsi nel bel mezzo di una frase* to stop in mid-sentence.

interrotto /inter'rotto/ **I** p.pass. → **interrompere II** agg. [*strada*] blocked; [*comunicazione*] cut off; [*progetto*] unfinished; [*partita*] stopped.

interruttore /interrut'tore/ m. switch ♦♦ *~ automatico* circuit breaker; *~ principale* master switch; *~ a tempo* time-switch.

interruzione /interrut'tsjone/ f. **1** *(arresto)* interruption, stop (**di** of, in); *(di circuito, collegamento)* break; *(di comunicazioni, negoziazioni)* breakdown; *(di riunione, dialogo, ostilità)* suspension; *(di servizio, commercio, riunione)* disruption **2** *(intromissione)* interjection ♦♦ *~ di corrente* EL. blackout, power failure *o* cut; *~ pubblicitaria* commercial break; *~ delle trasmissioni* RAD. TEL. blackout; *~ volontaria di gravidanza* MED. termination of pregnancy.

interscambio, pl. **-bi** /inter'skambjo, bi/ m. interchange.

intersecare /interse'kare/ [1] **I** tr. **1** MAT. to intersect **2** *(incrociare)* [*strada, linea ferroviaria*] to cross [*strada, linea ferroviaria, fiume*] **II intersecarsi** pronom. **1** MAT. to intersect **2** *(incrociarsi)* to cross.

intersezione /interset'tsjone/ f. intersection.

intersindacale /intersinda'kale/ agg. *accordo ~* joint agreement (between trade unions).

interstellare /interstel'lare/ agg. [*spazio*] interstellar.

interstizio, pl. **-zi** /inter'stittsjo, tsi/ m. interstice*, gap.

interurbana /interur'bana/ f. long-distance call.

interurbano /interur'bano/ agg. **1** [*linee, trasporti*] interurban **2** TEL. [*telefonata*] long-distance; *prefisso ~* dialling BE *o* area AE code.

intervallare /interval'lare/ [1] tr. **1** *(distanziare) ~ le partenze* to stagger the starts **2** *(alternare)* [*diagrammi*] to break* up [*testo*].

intervallo /inter'vallo/ m. **1** *(di spazio)* interval; *a -i di 5 metri* at intervals of 5 metres **2** *(di tempo) (interruzione)* interval, lapse, pause; *(a scuola)* break, recess AE; *(al cinema)* break, intermission, interlude; *(a teatro)* intermission; *(in televisione)* interlude; *(nello sport)* half-time **U**, interval; *a -i regolari* at regular intervals; *a -i* at intervals; *fare un ~* to take a break **3** MUS. interlude.

intervenire /interve'nire/ [107] intr. (aus. *essere*) **1** *(intromettersi)* [*governo, polizia*] to intervene; *~ in una conversazione* to cut in on a conversation; *"non sono d'accordo" intervenne* "I disagree" she interjected; *~ in favore di qcn.* to intervene on sb.'s behalf **2** *(prendere parte)* to take* part, to participate (**a** in) [*cerimonia, spettacolo, trasmissione*];

alla festa sono intervenute molte celebrità many celebrities attended the party **3** *(sopraggiungere)* to happen, to occur; [*difficoltà, problema*] to arise* **4** *(in un dibattito)* [*oratore*] to come* in **5** MED. to operate.

interventismo /interven'tizmo/ m. interventionism.

interventista, m.pl. **-i**, f.pl. **-e** /interven'tista/ agg., m. e f. interventionist.

intervento /inter'vɛnto/ m. **1** *(entrata in azione)* intervention (**in favore di** on behalf of; **presso** with); ***non ~*** nonintervention **2** *(assistenza)* ***pronto ~*** *(per riparazioni)* 24-hour repair service; *(di polizia)* flying squad; *(medico)* mobile accident unit **3** *(discorso)* speech; *(relazione scritta)* paper; *(partecipazione)* participation, presence **4** MED. operation; ***subire un ~*** to have an operation.

intervenuto /interve'nuto/ **I** p.pass. → **intervenire II** agg. present **III** m. (f. **-a**) *(chi prende parte)* person present, participant; *(in un dibattito)* speaker.

intervista /inter'vista/ f. interview; ***concedere un'~ a qcn.*** to grant sb. an interview.

intervistare /intervis'tare/ [1] tr. to interview; *(per un sondaggio)* to poll.

intervistato /intervis'tato/ m. (f. **-a**) interviewee.

intervistatore /intervista'tore/ ➧ ***18*** m. (f. **-trice** /tritʃe/) interviewer.

intesa /in'tesa/ f. **1** *(affiatamento)* harmony **2** *(accordo)* arrangement, settlement, understanding, agreement (anche ECON.), accord (anche DIR. POL.); *(verbale)* compact; ***agire d'~ con qcn.*** to act in agreement with sb.; ***la Triplice Intesa*** STOR. the Triple Entente **3** *(consenso)* ***d'~*** [*sorriso, sguardo*] knowing, sly.

inteso /in'teso/ **I** p.pass. → **intendere II** agg. **1** *(convenuto)* ***resta*** o ***rimane ~ che*** it is understood that; ***sia ben ~, non vi parlo di politica*** now don't get me wrong, I'm not talking about politics here; ***intesi!*** agreed! right you are! **2** *(volto)* intended, meant (**a** to).

intessere /in'tɛssere/ [2] tr. to interweave* (anche FIG.) ♦ ***~ lodi a qcn.*** to sing sb.'s praises.

intestardirsi /intestar'dirsi/ [102] pronom. ***~ su qcs., nel fare qcs.*** to be stubborn about *o* over sth., doing sth.

intestare /intes'tare/ [1] tr. **1** to superscribe [*busta*]; to head [*lettera*] **2** *(trasferire la proprietà)* ***~ [qcs.] a qcn.*** to put [sth.] in sb.'s name [*casa*]; to open [sth.] in sb.'s name [*conto*]; to make [sth.] out to sb. [*assegno*].

intestatario, pl. **-ri**, **-rie** /intesta'tarjo, ri, rje/ m. (f. **-a**) **1** *(di conto)* holder **2** *(di appartamento)* owner.

intestato /intes'tato/ **I** p.pass. → **intestare II** agg. [*carta da lettere*] headed.

intestazione /intestat'tsjone/ f. *(di lettera)* letterhead; *(di libro, capitolo)* title; *(di documento)* heading, superscription.

intestinale /intesti'nale/ agg. intestinal; ***influenza ~*** gastric flu.

1.intestino /intes'tino/ agg. intestine, internal.

2.intestino /intes'tino/ ➧ ***4*** m. intestine, bowel, gut, insides pl.; ***liberare l'~*** to relieve one's bowels ♦♦ ***~ cieco*** caecum BE, cecum AE; ***~ crasso*** large intestine; ***~ tenue*** small intestine.

intiepidire /intjepi'dire/ [102] **I** tr. **1** *(riscaldare)* to warm; *(raffreddare)* to cool **2** FIG. *(moderare)* to cool, to dampen **II** intr. (aus. *essere*) ***fare ~*** *(scaldare)* to warm; *(raffreddare)* to cool **III intiepidirsi** pronom. **1** *(scaldarsi)* to warm up; *(raffreddarsi)* to cool down **2** FIG. *(moderarsi)* to cool down.

intimamente /intima'mente/ avv. **1** *(profondamente)* intimately; ***essere ~ fiducioso che*** to be quietly confident that **2** *(strettamente)* ***i due fatti sono ~ connessi*** the two events are closely related **3** *(nell'intimità)* ***essere ~ legato a qcn.*** to be on terms of intimacy with sb.

intimare /inti'mare/ [1] tr. ***~ l'alt a qcn.*** MIL. to order sb. to stop; ***~ la resa al nemico*** to bid the enemy surrender; ***~ il pagamento a qcn.*** to give notice of payment to sb.; ***~ lo sfratto a qcn.*** to serve sb. with an eviction notice *o* order; ***~ a qcn. un mandato di comparizione*** to serve sb. with a summons.

intimazione /intimat'tsjone/ f. order, injunction, summons (anche DIR.); ***notificare un'~*** to give notice of a summons ♦♦ ***~ di pagamento*** injunction to pay; ***~ di sfratto*** eviction order *o* notice.

intimidatorio, pl. **-ri**, **-rie** /intimida'tɔrjo, ri, rje/ agg. intimidating; ***politica -a*** power politics.

intimidazione /intimidat'tsjone/ f. intimidation.

intimidire /intimi'dire/ [102] **I** tr. **1** *(spaventare)* to intimidate **2** *(imbarazzare)* ***~ qcn.*** to make sb. feel shy **II intimidirsi** pronom. *(imbarazzarsi)* to become* shy.

intimistico, pl. **-ci**, **-che** /inti'mistiko, tʃi, ke/ agg. ART. CINEM. LETTER. intimist.

intimità /intimi'ta/ f.inv. **1** *(legame)* intimacy, closeness; ***essere in ~ con qcn.*** to be on intimate terms with sb. **2** *(privato)* privacy; ***nell'~ della sua casa*** in the privacy of his home.

intimo /'intimo/ **I** agg. **1** [*amico*] close, intimate; [*relazioni*] intimate; [*emozione, pensiero*] inner **2** *(relativo agli organi sessuali, alla sessualità)* [*igiene*] personal; ***parti -e*** private parts; ***biancheria -a*** underwear, underclothes; *(da donna)* lingerie; ***rapporti -i*** intimacy **3** *(tra familiari, amici)* [*festa, cerimonia*] private; [*cena*] quiet, intimate **4** *(confortevole)* [*stanza, atmosfera*] cosy, intimate **5** *(profondo)* [*conoscenza*] deep, intimate **II** m. (f. **-a**) **1** *(amico)* intimate, familiar; ***una festa tra -i*** o ***per pochi -i*** a party for a few close friends **2** *(interiorità)* ***nel proprio ~*** in one's heart of hearts; ***nell'~*** deep down **3** *(biancheria)* underwear, underclothes; *(da donna)* lingerie.

intimorire /intimo'rire/ [102] **I** tr. *(impaurire)* to frighten, to intimidate **II intimorirsi** pronom. to become* frightened, to get* afraid.

intingere /in'tindʒere/ [24] tr. to dip (**in** in, into).

intingolo /in'tingolo/ m. **1** *(condimento)* sauce, gravy **2** *(piatto)* tasty dish.

intirizzire /intirid'dzire/ [102] **I** tr. to numb **II intirizzirsi** pronom. to grow* numb.

intirizzito /intirid'dzito/ **I** p.pass. → **intirizzire II** agg. [*persona*] chilled; [*faccia, dita*] numb; ***~ dal freddo*** numb with *o* from the cold.

intitolare /intito'lare/ [1] **I** tr. **1** *(fornire di titolo)* to entitle, to title, to call [*libro, opera, film*]; to head [*articolo, capitolo*] **2** *(dedicare)* to name after, to dedicate [*via*] **II intitolarsi** pronom. [*libro, pubblicazione*] to be* entitled, to be* called; ***come si intitola il film?*** what's the title of the film?

intoccabile /intok'kabile/ agg., m. e f. untouchable.

intollerabile /intolle'rabile/ agg. **1** *(inaccettabile)* [*atteggiamento, comportamento*] intolerable, unacceptable **2** *(insopportabile)* [*rumore, dolore*] insufferable, intolerable; [*persona, situazione*] impossible.

intollerabilmente /intollerabil'mente/ avv. intolerably.

intollerante /intolle'rante/ **I** agg. **1** *(intransigente)* intolerant (**verso, nei confronti di** towards, with) **2** *(insofferente)* impatient (**verso** with) **II** m. e f. intolerant person.

intolleranza /intolle'rantsa/ f. **1** *(insofferenza)* intolerance (**a, verso, per** for); impatience (**verso** with; **a** at) **2** MED. intolerance (**a** to).

intonacare /intona'kare/ [1] tr. to plaster.

intonacatore /intonaka'tore/ ➧ ***18*** m. (f. **-trice** /tritʃe/) plasterer.

intonaco, pl. **-ci** /in'tɔnako, tʃi/ m. plaster.

intonare /into'nare/ [1] **I** tr. **1** *(iniziare a cantare)* to strike* up [*canzone, aria*] **2** *(armonizzare)* to match [*colori, abiti*] **II intonarsi** pronom. *(armonizzarsi)* [*abiti, colori*] to match; ***-rsi a qcs.*** [*borsa, colore*] to match sth., to go with sth.

intonato /into'nato/ **I** p.pass. → **intonare II** agg. **1** MUS. [*strumento*] tuned; ***non sono ~*** I can't sing in tune **2** *(in armonia)* [*colori, abiti, mobili*] matching.

intonazione /intonat'tsjone/ f. **1** FON. MUS. intonation; ***~ perfetta*** perfect pitch **2** FIG. *(carattere)* tone.

intonso /in'tonso/ agg. [*libro*] uncut.

intontire /inton'tire/ [102] **I** tr. **1** *(frastornare)* to daze, to numb **2** *(stordire)* [*medicina*] to make* [sb.] groggy **II intontirsi** pronom. to be* dazed, to be* stunned.

intontito /inton'tito/ **I** p.pass. → **intontire II** agg. *(per un colpo)* stunned, dazed; ***~ dai farmaci*** groggy from medicine.

intoppo /in'tɔppo/ m. *(ostacolo)* hitch; *(contrattempo)* mishap; ***procedere senza -i*** to pass off without a hitch, to proceed *o* run smoothly; ***avere un ~*** to hit *o* run into a snag.

intorbidamento /intorbida'mento/ m. clouding, turbidity.

intorbidare /intorbi'dare/ [1] **I** tr. **1** *(rendere torbido)* to cloud, to make* turbid, to muddy [*liquido*] **2** *(offuscare)* to dim [*vista*]; to cloud, to confuse [*ragione, idee*] **II intorbidarsi** pronom. **1** *(diventare torbido)* [*liquido*] to become* cloudy, to cloud **2** *(offuscarsi)* [*idee*] to become* confused; [*vista*] to become* blurred ♦ **~ *le acque*** to muddy the waters.
intorbidimento /intorbidi'mento/ → **intorbidamento**.
intorbidire /intorbi'dire/ [102] → **intorbidare**.
intorno /in'torno/ **I** avv. **1** *(attorno)* around, round; ***avere gente ~*** to have people around; ***guardarsi ~*** to look around (anche FIG.); ***qui ~*** hereabout, around here; ***tutt'~*** all around **2 intorno a** *(luogo)* around, round; ***un viaggio ~ al mondo*** a trip round the world; *(approssimativamente)* ***~ alle 9*** round about 9 am; ***~ a mezzanotte*** around *o* round midnight; ***dev'essere ~ ai 20 anni*** he must be about 20; ***~ al 1850*** around 1850; ***la spesa si aggira ~ ai 3 milioni*** it will cost about 3 million; *(argomento)* ***la storia si sviluppa ~ a due temi principali*** the plot develops around two main themes; ***lavorare ~ a un progetto*** to work on a project **II** agg.inv. *(circostante)* ***il paesaggio ~*** the surrounding landscape.
intorpidimento /intorpidi'mento/ m. *(di arti)* numbness, stiffness; *(di mente)* numbness, dulling.
intorpidire /intorpi'dire/ [102] **I** tr. **1** *(anchilosare)* to numb, to benumb **2** FIG. to dull [*sensi, mente*] **II intorpidirsi** pronom. [*membra, corpo, cervello, intelligenza*] to numb, to stiffen.
intorpidito /intorpi'dito/ **I** p.pass. → **intorpidire II** agg. [*dita, gambe*] numb; [*cervello, mente*] dull; ***~ dal freddo*** numb with *o* from the cold.
intossicare /intossi'kare/ [1] **I** tr. to poison **II intossicarsi** pronom. to poison oneself.
intossicazione /intossikat'tsjone/ f. intoxication, poisoning; ***~ alimentare*** food poisoning.
intracomunitario, pl. **-ri, -rie** /intrakomuni'tarjo, ri, rje/ agg. *(nell'UE)* intra-Community.
intraducibile /intradu'tʃibile/ agg. untranslatable.
intralciare /intral'tʃare/ [1] **I** tr. to hold* up, to impede [*traffico*]; to encumber, to hamper [*persona*]; FIG. to hinder, to impede [*sviluppo, carriera, piano*] **II intralciarsi** pronom. ***-rsi (l'un l'altro)*** to get in each other's way.
intralcio, pl. **-ci** /in'traltʃo, tʃi/ m. encumbrance, hindrance, obstacle; ***essere d'~ a qcn.*** to stand in sb.'s path.
intrallazzare /intrallat'tsare/ [1] intr. (aus. *avere*) to scheme, to wheel and deal COLLOQ.
intrallazzatore /intrallattsa'tore/ m. (f. **-trice** /tritʃe/) intriguer, schemer, wheeler and dealer COLLOQ.
intrallazzo /intral'lattso/ m. put-up job COLLOQ.; ***fare -i*** to wheel and deal.
intramontabile /intramon'tabile/ agg. everlasting, timeless, eternal; [*canzone*] evergreen.
intramuscolare /intramusko'lare/ **I** agg. [*iniezione*] intramuscular **II** f. intramuscular injection.
intransigente /intransi'dʒente/ **I** agg. [*atteggiamento, discorso, persona*] intransigent, uncompromising; [*politica*] hardline, diehard; [*negoziatore*] unyielding; ***è molto ~ sulla pulizia*** he is very strict about cleanliness **II** m. e f. hardliner; POL. diehard.
intransigenza /intransi'dʒentsa/ f. intransigence.
intransitabile /intransi'tabile/ agg. impraticable.
intransitivo /intransi'tivo/ agg. e m. intransitive.
intrappolare /intrappo'lare/ [1] tr. to trap, to (en)snare (anche FIG.).
intraprendente /intrapren'dɛnte/ agg. [*persona*] enterprising, resourceful; ***essere ~ con le donne*** to have a way with women.
intraprendenza /intrapren'dɛntsa/ f. enterprise, initiative.
intraprendere /intra'prɛndere/ [10] tr. to undertake*, to start [*viaggio, ricerche, studi, lavori*]; to take* up [*attività, carriera, negoziazioni*]; to institute [*riforma*]; to embark on [*campagna*].
intrattabile /intrat'tabile/ agg. **1** *(scostante)* [*carattere, umore, persona*] intractable, unbearable **2** *(delicato)* [*argomento, questione*] taboo, unmentionable, thorny; *(difficile da affrontare)* [*problema*] intractable, unmanageable.
intrattabilità /intrattabili'ta/ f.inv. intractability.
intrattenere /intratte'nere/ [93] **I** tr. **1** to entertain [*persona, pubblico*] **2** *(avere)* ***~ buoni, cattivi rapporti con qcn.*** to keep up a good, bad relationship with sb.; ***~ relazioni amichevoli con qcn.*** to be on a friendly footing with sb. **3** *(discorrere)* ***~ qcn. su qcs.*** to speak to sb. about sth. **II intrattenersi** pronom. **1** *(fermarsi)* to stay, to linger **2** *(soffermarsi a parlare)* ***-rsi con qcn.*** to have a consultation with sb.; ***-rsi su qcs.*** to dwell on sth.
intrattenimento /intratteni'mento/ m. entertainment; ***letteratura d'~*** pleasure reading.
intrattenitore /intratteni'tore/ ♦ ***18*** m. (f. **-trice** /tritʃe/) entertainer.
intrauterino /intraute'rino/ agg. intrauterine.
intravedere /intrave'dere/ [97] tr. **1** *(scorgere)* to glimpse [*oggetto, scena, silhouette*]; to catch* a glimpse of [*persona*]; ***si intravede una casa in lontananza*** you can make out *o* discern a house in the distance **2** *(intuire)* to glimpse, to sense [*miglioramento, peggioramento*]; to foresee* [*soluzione, possibilità, difficoltà*]; ***lasciare ~ qcs.*** [*segno, risultato*] to point to *o* indicate sth.
intrecciare /intret'tʃare/ [1] **I** tr. **1** to weave* [*cesto, paglia*]; to braid, to plait [*capelli*]; to twist [*corda, cavi*]; to interweave* [*fili*] **2** FIG. to establish [*rapporti*] **II intrecciarsi** pronom. [*fibre, destini, melodie, voci*] to interweave*; [*corpi, dita, fili*] to interwine.
intreccio, pl. **-ci** /in'trettʃo, tʃi/ m. **1** intertwining, weaving; ***lavoro d'~*** basketwork **2** *(trama)* plot **3** *(intrico)* tangle.
intrepido /in'trɛpido/ agg. dauntless, fearless, intrepid.
intricare /intri'kare/ [1] **I** tr. **1** to tangle, to snarl **2** FIG. to ravel, to complicate **II intricarsi** pronom. to get* tangled up (anche FIG.).
intricato /intri'kato/ **I** p.pass. → **intricare II** agg. **1** [*capelli, fili*] tangled, entangled; [*radici, rami*] matted **2** FIG. [*discorso, problema*] intricate.
intrico, pl. **-chi** /in'triko, ki/ m. *(di rami, fili)* tangle; *(di corde)* snarl; *(di strade)* maze; FIG. jumble, muddle.
intridere /in'tridere/ [35] tr. **1** *(inzuppare)* to soak **2** *(impastare)* to mix.
intrigante /intri'gante/ **I** agg. **1** *(furbo)* [*persona*] scheming, designing, meddlesome **2** *(avvincente, coinvolgente)* intriguing **II** m. e f. intriguer.
intrigare /intri'gare/ [1] **I** tr. to intrigue **II** intr. (aus. *avere*) to intrigue, to scheme, to plot.
intrigo, pl. **-ghi** /in'trigo, gi/ m. **1** *(macchinazione)* intrigue **U**, scheme, plot; ***-ghi politici*** political intrigue **2** *(situazione complicata)* ***-ghi amorosi*** romantic intrigue.
intrinseco, pl. **-ci, -che** /in'trinseko, tʃi, ke/ agg. [*valore, contenuto*] intrinsic; ***essere ~ a*** to be integral to.
intriso /in'trizo/ agg. soaked, drenched; ***spugna -a d'acqua*** sponge saturated with water; ***~ di sangue*** blood-soaked.
intristire /intris'tire/ [102] intr. (aus. *essere*) *(rattristarsi)* [*persona*] to languish, to pine.
introdotto /intro'dotto/ **I** p.pass. → **introdurre II** agg. [*persona*] well-known, well-established; ***è ~ nell'ambiente*** he's well-known on the circuit *o* in his sphere; ***ben ~ sul mercato*** [*marchio, prodotto*] established.
introdurre /intro'durre/ [13] **I** tr. **1** *(infilare)* to insert [*oggetto*]; to introduce [*tubo, ago, liquido*] (**in** into) **2** *(fare entrare)* to bring* [*prodotto*] (**in** into); to run*, to smuggle [*armi, droga*] (**in** in); to smuggle [*clandestino*] (**in** into) **3** *(mettere in uso)* to introduce [*moda, prodotto, idea*] (**in** to); to bring* in, to introduce [*misure, leggi*]; to make* [*innovazioni*] **4** *(accompagnare)* to usher in [*persona*] **5** FIG. *(avviare)* ***~ qcn. alla pittura*** to introduce sb. to painting **6** *(iniziare)* to introduce [*discorso, argomento, questione*] **II introdursi** pronom. *(penetrare)* ***-rsi in*** [*persona*] to get into, to enter; ***-rsi in una casa*** to break into a house.
introduttivo /introdut'tivo/ agg. [*capitolo, discorso, corso*] introductory; [*nota, pagine*] opening.
introduzione /introdut'tsjone/ f. **1** *(inserimento)* *(di oggetto)* insertion; *(di tubo, ago, liquido)* introduction **2** *(adozione)* *(di moda, prodotto, misura)* introduction **3** *(illegale)* smuggling **4** *(di libro)* introduction (**a, di** to); *(se di autore diverso)* foreword **5** *(avviamento)* introduction (**a** to).
introito /in'trɔito/ m. income, takings pl., receipts pl.; ***-i pubblicitari*** advertising revenue.

intromettersi /intro'mettersi/ [60] pronom. **1** *(immischiarsi)* to interfere, to (inter)meddle **2** *(intervenire)* to butt in, to cut* in; **~ *in una conversazione*** to butt in on a conversation.

intromissione /intromis'sjone/ f. intrusion, interference, meddling SPREG.

intronato /intro'nato/ agg. stunned, dazed.

introspettivo /introspet'tivo/ agg. introspective.

introspezione /introspet'tsjone/ f. introspection (anche PSIC.).

introvabile /intro'vabile/ agg. [*persona, luogo, indirizzo*] untraceable; ***quel libro è*** **~** that book is impossible to find; ***un oggetto*** **~** an unobtainable object; ***il ladro rimane*** **~** the thief has still not been found.

introverso /intro'vɛrso/ **I** agg. [*persona*] inward-looking, introvert **II** m. (f. **-a**) introvert.

intrufolarsi /intrufo'larsi/ [1] pronom. to slink* into, to slip in; **~ *tra*** [*persona*] to thread one's way through [*folla*]; **~ *in una stanza*** to sneak into a room.

intruglio, pl. **-gli** /in'truʎʎo, ʎi/ m. *(bevanda)* brew; *(cibo)* concoction.

intrupparsi /intrup'parsi/ [1] pronom. to gather.

intrusione /intru'zjone/ f. *(ingerenza)* intrusion (**in** into).

intruso /in'truzo/ m. (f. **-a**) intruder; ***sentirsi un*** **~** to feel like an outsider.

intuibile /intu'ibile/ agg. ***facilmente*** **~** easy to guess.

intuire /intu'ire/ [102] tr. to see* [*verità, soluzione, possibilità*]; to foresee* [*difficoltà, miglioramento*]; to read* [*intenzioni, pensiero*]; to realize [*significato, gravità*]; to sense [*pericolo*]; ***lasciare*** **~ *a qcn. che*** to drop sb. a hint that.

intuitivo /intui'tivo/ agg. **1** [*persona, mente*] intuitive **2** *(immediatamente percepibile)* **è ~ *che...*** it is evident that...

intuito /in'tuito/ m. intuition; ***per*** **~** by intuition.

intuizione /intuit'tsjone/ f. insight, intuition; ***avere*** **~** to have insight, to be intuitive; ***avere una felice*** **~** to make an inspired *o* a shrewd guess.

inturgidirsi /inturdʒi'dirsi/ [102] pronom. to become* turgid, to swell*.

inumano /inu'mano/ agg. inhuman(e).

inumare /inu'mare/ [1] tr. to bury.

inumazione /inumat'tsjone/ f. burial.

inumidire /inumi'dire/ [102] **I** tr. to dampen [*biancheria, spugna*]; to wet* [*francobollo*] **II inumidirsi** pronom. to become* damp, to become* moist; [*occhi*] to moisten; ***-rsi le labbra, dita*** to moisten one's lips, fingers.

inurbamento /inurba'mento/ m. urban drift.

inurbanità /inurbani'ta/ f.inv. impoliteness.

inurbano /inur'bano/ agg. [*persona, comportamento*] impolite.

inurbarsi /inur'barsi/ [1] pronom. = to move into urban areas.

inusitato /inuzi'tato/ agg. unusual, uncommon.

inutile /i'nutile/ L'espressione *è inutile fare qualcosa* si può tradurre in vari modi; ad esempio, una frase come: *è inutile andarci dopo le 8 se vuoi vedere Lisa, perché partirà verso le 6.30* si può rendere con "it's useless to go (*o* going) there after 8 o'clock if you want to meet Lisa, as she's leaving at about 6.30", oppure "it's no use / no good going there", oppure "it's pointless to go there", o infine "there's no point in going there". Mentre le prime espressioni inglesi definiscono semplicemente l'inutilità della cosa, le ultime due sottolineano l'irritazione che nascerebbe per un'azione destinata al fallimento, dalla perdita di tempo ecc. - *Useless* si usa normalmente anche come aggettivo in funzione attributiva (*un'informazione inutile* = a useless piece of information) e predicativa (*questo attrezzo è inutile* = this tool is useless), mentre *no use* e *no good* hanno solo funzione predicativa: *"aiutala" "sarebbe inutile, è troppo stupida!"* = "help her" "it would be no use / no good, she's too thick!". Per tradurre *inutile* si può usare anche *unnecessary* se il senso è quello di non necessario: *è inutile dirglielo, sa già tutto* = it's unnecessary to tell him, he knows everything already. - Per altri traducenti ed esempi, si veda la voce qui sotto. agg. **1** *(privo di utilità)* [*oggetto, informazione*] useless; [*lavoro, discussione, suggerimento, rimprovero*] pointless, useless; **è ~ *che partiate*** there's no point in your leaving; **è ~ *chiederlo a me*** it's no use asking me; **~ *dire che...*** needless to say... **2** *(senza risultati)* [*sforzo, tentativo*] ineffectual, vain; [*viaggio*] fruitless, wasted; **è ~! *Ci rinuncio!*** it's hopeless! I give up!

inutilità /inutili'ta/ f.inv. *(di oggetto, sforzo, persona)* uselessness; *(di discussione, lavoro)* pointlessness.

inutilizzabile /inutilid'dzabile/ agg. [*attrezzo, mezzo*] unusable, unserviceable.

inutilizzato /inutilid'dzato/ agg. [*oggetto*] unused; [*capitale*] unemployed.

inutilmente /inutil'mente/ avv. [*discutere*] pointlessly; [*preoccuparsi, soffrire*] needlessly; [*aspettare, provare*] vainly.

invadente /inva'dente/ **I** agg. [*persona, comportamento*] intrusive, obtrusive **II** m. e f. obtruder.

invadenza /inva'dentsa/ f. obtrusiveness.

invadere /in'vadere/ [58] tr. **1** *(occupare)* to invade [*luogo*] **2** *(diffondersi)* [*animale, pianta*] to overrun* [*luogo*] **3** *(dilagare)* [*mare*] to flood [*terre*]; [*fumo, gas*] to flow through [*stanza, edificio*] **4** FIG. [*gioia*] to flood, to sweep* through [*cuore*]; [*terrore*] to overwhelm [*anima*] **5** FIG. *(sconfinare)* **~ *il campo di qcn.*** to encroach on sb.'s territory, to impinge on sb. else's competence.

invaghirsi /inva'girsi/ [102] pronom. **~ *di*** to be infatuated with [*persona*].

invalicabile /invali'kabile/ agg. [*frontiera, ostacolo*] impassable; [*difficoltà*] insurmountable.

invalidante /invali'dante/ agg. **1** DIR. invalidating **2** *(che rende invalido)* disabling, crippling.

invalidare /invali'dare/ [1] tr. **1** DIR. to invalidate [*contratto, testamento*] **2** *(confutare)* to disprove, to invalidate.

invalidità /invalidi'ta/ f.inv. **1** MED. disability **2** DIR. invalidity.

invalido /in'valido/ **I** agg. **1** MED. *(per incidente)* disabled, invalid; ***rimanere*** **~** to be disabled **2** DIR. invalid **II** m. (f. **-a**) disabled person, invalid ♦♦ ***(grande)*** **~ *civile*** registered disabled civilian; ***(grande)*** **~ *di guerra*** registered disabled ex-serviceman.

invalso /in'valso/ agg. [*consuetudine, opinione*] widespread.

invano /in'vano/ avv. in vain, to no purpose.

invariabile /inva'rjabile/ agg. invariable (anche LING.).

invariabilmente /invarjabil'mente/ avv. invariably.

invariato /inva'rjato/ agg. [*condizione, sistema, ordine*] unchanged; [*produzione, crescita*] unvaried.

1.invasare /inva'zare/ [1] tr. **1** *(pervadere)* to obsess, to haunt **2** *(possedere)* to possess.

2.invasare /inva'zare/ [1] tr. to pot [*pianta*].

invasato /inva'zato/ **I** p.pass. → **1.invasare II** agg. possessed **III** m. (f. **-a**) **1** *(indemoniato)* possessed; ***urlare come un*** **~** to scream like one possessed **2** *(fanatico)* fanatic.

invasione /inva'zjone/ f. **1** MIL. invasion **2** *(di insetti, animali)* plague **3** FIG. ***un'*** **~ *di turisti*** a flood of tourists **4** SPORT **~ *di campo*** pitch invasion.

invasivo /inva'zivo/ agg. invasive.

invasore /inva'zore/ **I** agg. invading **II** m. invader.

invecchiamento /invekkja'mento/ m. ageing.

invecchiare /invek'kjare/ [1] **I** tr. **1** [*malattia, vestito*] to age [*persona*]; ***il trucco la invecchia di 10 anni*** make-up makes her look 10 years older **2** to age [*vino, whisky*] **II** intr. (aus. *essere*) **1** [*persona*] to age, to grow* old **2** [*vino, whisky*] to age **3** *(passare di moda)* to become* outdated.

invecchiato /invek'kjato/ **I** p.pass. → **invecchiare II** agg. **1** [*pelle, viso*] aged, old-looking **2** *(superato)* outdated **3** [*vino, whisky*] aged, mature.

invece /in'vetʃe/ avv. **1** *(viceversa)* instead, on the contrary, on the other hand; ***in Italia, ~, è possibile...*** in Italy, on the other hand, it is possible to...; ***doveva andarci e*** **~ *ci andai io*** she was supposed to go, but I went instead; ***volevo telefonare poi*** **~ *ho scritto*** I was going to phone but wrote instead; ***"non l'ho mai incontrato!" "~ sì!"*** "I've never met him!" "yes you have!" **2 invece di** instead of **3 invece che** rather than.

inveire /inve'ire/ [102] intr. (aus. *avere*) **~ *contro*** to lash out at *o* against, to rail at *o* against.

invelenire /invele'nire/ [102] **I** tr. to embitter [*persona*] **II invelenirsi** pronom. to become* embittered.

invendibile /inven'dibile/ agg. [*prodotto*] unmarketable.
invenduto /inven'duto/ **I** agg. [*merce*] unsold **II** m. unsold goods pl.
inventare /inven'tare/ [1] tr. to invent [*macchina, gioco*]; to devise [*rimedio, sotterfugio*]; to make* up, to invent [*scusa, storia*]; ***stai inventando tutto!*** you're making it all up!
inventariare /inventa'rjare/ [1] tr. to inventory, to make* an inventory of [*oggetti, merci*].
inventario, pl. **-ri** /inven'tarjo, ri/ m. inventory; COMM. stocktaking; ***fare l'~*** to make an inventory, to do stocktaking.
inventato /inven'tato/ **I** p.pass. → **inventare II** agg. *(d'invenzione)* [*personaggio, storia*] fictional; ***questa storia è -a di sana pianta*** that story is pure *o* complete invention.
inventiva /inven'tiva/ f. inventiveness, creativity.
inventivo /invent'tivo/ agg. inventive, creative.
inventore /inven'tore/ m. (f. **-trice** /tritʃe/) inventor.
invenzione /inven'tsjone/ f. **1** invention; ***~ brevettata*** patent **2** *(ideazione)* ***un'~ linguistica, teatrale*** a linguistic, theatrical invention **3** *(bugia)* fabrication, invention **4** *(trovata)* idea, thought.
inverecondo /invere'kondo/ agg. [*persona*] shameless; [*atto*] obscene.
invernale /inver'nale/ agg. [*tempo, giorno, temperatura*] wintry, winter attrib.; ***vestiti -i*** winter clothes.
inverno /in'vɛrno/ ♦ ***32*** m. winter.
inverosimiglianza /inverosimiʎ'ʎantsa/ f. improbability, unlikelihood.
inverosimile /invero'simile/ **I** agg. [*avvenimento, storia*] unlikely; [*ipotesi, avventura*] improbable, implausible **II** m. FIG. ***all'~*** [*mangiare, bere*] to excess; ***ha dell'~*** it is hardly likely.
inversamente /inversa'mente/ avv. ***~ proporzionale*** in inverse proportion (**a** to).
inversione /inver'sjone/ f. *(di elementi, oggetti)* inversion (anche LING.); *(di tendenza, processo, ruoli, ordine)* reversal (anche CHIM. FIS.) ♦♦ ***~ di rotta*** MAR. turnabout; ***~ di tendenza*** ECON. turnround; ***~ (a U)*** AUT. U-turn.
inverso /in'vɛrso/ **I** agg. **1** *(opposto)* [*direzione, effetto*] opposite; ***in ordine ~*** in backward *o* reversed order **2** LING. ***costruzione -a*** converse proposition **3** MAT. inverse **II** m. *(opposto)* ***l'~*** the opposite, the reverse; ***all'~*** conversely.
invertebrato /inverte'brato/ agg. e m. invertebrate.
invertire /inver'tire/ [3] **I** tr. **1** to invert [*oggetti, termini, elementi*]; to reverse [*posizione, tendenza, ordine*]; ***~ la marcia*** [*auto*] to turn back; ***~ la rotta*** [*nave, aereo*] to change one's course (anche FIG.); ***~ i ruoli*** to reverse roles **2** EL. to reverse [*corrente*] **3** CHIM. to invert **II invertirsi** pronom. [*tendenza, ruoli, rapporti*] to be* reversed; [*processo*] to go* into reverse.
invertito /inver'tito/ **I** p.pass. → **invertire II** agg. **1** *(al contrario)* [*parole, corrente, immagine*] reversed **2** CHIM. ***zucchero ~*** invert sugar **III** m. (f. **-a**) *(omosessuale)* invert.
investigare /investi'gare/ [1] **I** tr. to investigate [*cause*]; to examine [*fatti*] **II** intr. (aus. *avere*) [*commissione, poliziotto*] to investigate.
investigativo /investiga'tivo/ agg. *(che investiga)* investigating; ***agente ~*** detective; ***agenzia -a*** detective agency.
investigatore /investiga'tore/ ♦ ***18*** m. (f. **-trice** /tritʃe/) detective, investigator ♦♦ ***~ privato*** private detective.
investigazione /investigat'tsjone/ f. investigation, inquiry.
investimento /investi'mento/ m. **1** ECON. investment **2** *(incidente) (tra auto e pedone)* knocking down, running over.
investire /inves'tire/ [3] tr. **1** *(capitalizzare)* to invest [*capitali, denaro, risparmi*]; ***~ in borsa, in immobili*** to invest on the Stock Exchange, in property **2** *(insignire)* ***~ qcn. di*** to invest sb. with [*potere, autorità*] **3** *(travolgere)* [*veicolo, automobilista*] to hit*, to run* over, to run* down, to knock down [*pedone, animale*] **4** *(impiegare)* to invest [*energie*] **5** *(assalire)* to assail (anche FIG.).
investitore /investi'tore/ m. (f. **-trice** /tritʃe/) **1** ECON. investor; ***piccolo ~*** private investor **2** *(automobilista)* = the driver who runs somebody over.
investitura /investi'tura/ f. investiture.
inveterato /invete'rato/ agg. [*bevitore, ladro, bugiardo*] inveterate, habitual; [*pregiudizio, abitudine*] ingrained; [*scapolo*] confirmed.
invetriare /inve'trjare/ [1] tr. to glaze.
invetriata /inve'trjata/ f. full-length window, windows pl.
invettiva /invet'tiva/ f. invective **U**, abuse **U**; ***lanciarsi -e*** to hurl abuse at each other.
inviare /invi'are/ [1] tr. **1** *(spedire)* to send*, to post BE, to mail AE [*lettera, merci, denaro, pacco*] (**a** to) **2** *(mandare)* to send* [*messaggio, auguri, soccorsi*]; to send*, to dispatch [*truppe, viveri*]; to issue [*ultimatum*].
inviato /invi'ato/ m. (f. **-a**) **1** *(giornalista)* correspondent **2** *(rappresentante)* envoy ♦♦ ***~ dall'estero*** foreign correspondent; ***~ speciale*** special correspondent.
invidia /in'vidja/ f. envy; ***morire d'~*** to be sick with envy; ***provare ~ per qcn.*** to envy sb.; ***suscitare l'~ di qcn.*** to make sb. envious; ***ricco da fare ~*** enviably rich ♦ ***essere verde per l'~*** to be green with envy.
invidiabile /invi'djabile/ agg. [*situazione, sorte, aspetto*] enviable; ***avere una linea ~*** to be enviably slim.
invidiare /invi'djare/ [1] tr. to envy; ***come ti invidio!*** how I envy you! ***non hai nulla da invidiargli!*** you're every bit as good as him!
invidioso /invi'djoso/ **I** agg. envious **II** m. (f. **-a**) envious person.
invigorire /invigo'rire/ [102] **I** tr. to invigorate, to strengthen **II invigorirsi** pronom. to gain strength.
invincibile /invin'tʃibile/ agg. [*esercito, forza*] invincible; [*giocatore*] unbeatable, invincible.
invio, pl. **-ii** /in'vio, ii/ m. **1** *(spedizione)* dispatch, forwarding; ***data d'~*** dispatch date BE, mailing date AE; ***chiedere l'~ di truppe, di una delegazione*** to ask for troops, a delegation to be dispatched **2** INFORM. ***tasto d'~*** enter key.
inviolabile /invio'labile/ agg. [*segreto, frontiera, rifugio, diritto*] inviolable.
inviolabilità /inviolabili'ta/ f.inv. inviolability.
inviolato /invio'lato/ agg. [*diritto*] inviolate; ***partita a reti -e*** SPORT goalless match.
inviperirsi /invipe'rirsi/ [102] pronom. to fly* off the handle, to turn nasty.
inviperito /invipe'rito/ **I** p.pass. → **inviperirsi II** agg. furious, vicious.
invischiare /invis'kjare/ [1] **I** tr. *(coinvolgere)* to inveigle (**in** in) **II invischiarsi** pronom. ***-rsi in qcs.*** to get enmeshed *o* tangled up *o* roped in sth.
invisibile /invi'zibile/ agg. **1** *(impercettibile)* invisible **2** *(nascosto)* [*pericolo, minaccia*] unseen.
inviso /in'vizo/ agg. unpopular; ***essere ~ a qcn.*** to be in disfavour with sb.
invitante /invi'tante/ agg. [*piatto, profumo*] tempting, enticing; [*proposta, luogo, prospettiva*] inviting, alluring, appealing.
invitare /invi'tare/ [1] tr. **1** to invite, to ask (**a** to); ***~ qcn. a cena, a una festa, a bere qcs.*** to invite sb. to dinner, a party, for a drink **2** *(esortare)* to invite, to ask, to request [*persona*] (**a** to; **a fare** to do); ***~ qcn. a uscire, a sedersi*** to invite *o* ask sb. out, to sit down; ***mi invitò a seguirlo*** I was requested to follow him; ***~ il pubblico a fare domande*** to invite questions from the audience; ***la recessione invita alla prudenza*** the recession is making people cautiou **3** *(a carte)* ***~ a cuori*** to call for hearts.
invitato /invi'tato/ m. (f. **-a**) guest.
invito /in'vito/ m. **1** invitation; ***su ~ di qcn.*** at sb.'s invitation; ***biglietto d'~*** invitation card **2** *(esortazione)* invitation, call; ***~ allo sciopero*** strike call **3** *(allettamento, richiamo)* invitation, inducement, allurement **4** *(a carte)* ***mettere una fiche di ~*** to ante one chip ♦ ***essere un ~ a nozze per qcn.*** to be meat and drink to sb.
in vitro /in'vitro/ agg.inv. e avv. in vitro; ***fecondazione ~*** in vitro fertilization.
invitto /in'vitto/ agg. undefeated.
invivibile /invi'vibile/ agg. [*situazione*] unbearable.
invocare /invo'kare/ [1] tr. **1** *(appellarsi)* to invoke, to appeal to [*legge*]; ***~ la legittima difesa*** to plead self-defence **2** *(chiedere)* to call for [*giustizia, riforme, pace*]; to cry out for [*aiuto, pietà*] **3** RELIG. to invoke [*Dio, santi*].
invocazione /invokat'tsjone/ f. invocation ♦♦ ***~ di soccorso*** call for help.
invogliare /invoʎ'ʎare/ [1] tr. ***~ qcn. a fare*** *(spingere)* to prompt *o* entice sb. to do, to make sb. want to do; *(tentare)* to tempt sb. to do.

io - uso dei pronomi personali

Caratteristiche generali

- Per ciascuna delle persone l'italiano ha un pronome da usare in funzione di soggetto (ad es. *io* in *io parlo*) e un altro per il complemento oggetto e il complemento indiretto (ad es. *me* in *Carla ama me* e *l'ha detto a me*); il pronome complemento può avere due forme, anche clitiche (ad es. *me/mi* in *Carla ama me / Carla mi ama, l'ha detto a me / me l'ha detto*). Tali variazioni formali e strutturali non sono presenti in inglese (I speak, Carla loves me, she told me).
- Com'è noto, i pronomi personali in funzione di soggetto vengono normalmente sottintesi in italiano, mentre sono obbligatori in inglese:

  sono stanco = I'm tired
  hanno comprato una macchina nuova? = have they bought a new car?
  non andremo = we won't go.

- Si noti che in italiano le forme di pronome personale soggetto espresso e di pronome complemento in posizione marcata convogliano un significato diverso dalle corrispondenti forme sottintese o non marcate, una differenza che di solito viene resa in inglese mediante l'intonazione:

  ti amo! (forma non marcata, accento frasale sul verbo) = I love you!
  io ti amo! (forma marcata = io e non un'altra persona) = I love you!
  io amo te! (forma marcata = te e non un'altra persona) = I love you!
  io ho vinto! / ho vinto io! = I won!
  tu l'hai rotto, non Carla / l'hai rotto tu, non Carla = you broke it, not Carla

  Per rendere queste forme marcate, l'inglese non si affida sempre e solo all'intonazione: ad esempio, confrontando gli esempi *daccelo!* = give it to us! e *dallo a noi, non a tuo fratello* = give it to us, not to your brother, si noterà che l'inglese deve utilizzare la medesima struttura morfosintattica "give it to us", e pertanto può rendere solo con l'intonazione la sfumatura della forma marcata italiana; invece, nella coppia di esempi *non mi mandò nulla* = he didn't send me anything e *a me non mandò nulla* = he didn't send anything to me, la duplice possibile costruzione del verbo *to send* permette, nel secondo caso, di riflettere anche mediante la struttura sintattica la costruzione marcata dell'italiano.

- Nell'italiano colloquiale esiste un'altra possibilità di sottolineatura enfatica, quando il pronome personale funge da rafforzativo di un nome soggetto; l'inglese in questo caso ricorre all'intonazione o a una costruzione scissa:

  i tuoi compagni hanno rotto loro il vetro = your classmates broke the window-pane, it was your classmates that broke the window pane.

- In altri casi in cui il pronome è obbligatoriamente espresso, italiano e inglese utilizzano una struttura identica o almeno comparabile:

  a) quando si vuole sottolineare un contrasto: *io lavoro, loro dormono* = I am working, they are sleeping;
  b) quando l'enfasi viene resa mediante una costruzione scissa: *era te che volevo invitare fuori a cena* = it was you that I wanted to ask out for dinner;
  c) quando il pronome è coordinato con un altro nome: *Liz e io siamo andati al cinema ieri sera* = Liz and I went to the cinema last night;
  d) quando il pronome è precisato da un sintagma nominale, da una frase relativa, da un aggettivo o da un avverbio:

  voi, studenti del primo anno, rimanete qui = you, first-year students, stay here
  lui, che parla bene l'inglese, potrebbe aiutarci = he, who speaks English well, might help us
  lei stessa ha corretto il test = she marked the test herself
  hanno sempre bisogno di noi due = they always need the two of us
  anch'io sono capace di nuotare = I can swim too.

Diverso uso dei pronomi personali in italiano e in inglese

- Con i verbi all'imperativo il pronome personale non è di solito usato né in italiano né in inglese, ma talvolta compare in una o in entrambe le lingue a scopo enfatico o distintivo:

  non scordartelo! = don't you forget it!
  dimmelo tu! = you tell me!
  aiutatela voi! = you help her!

- In alcune strutture, alla forma di pronome personale soggetto dell'italiano può corrispondere in inglese una forma di pronome personale complemento:

  a) quando il pronome personale è introdotto da *e / and* oppure *o / or* in un'espressione che fa da soggetto di una frase: *Rose e io l'abbiamo già conosciuta* = Rose and me have already met her, me and Rose have already met her;
  b) in una frase impersonale con *to be*: *sono io* = it's me, *eravamo noi* = it was us, *sono stati loro a romperlo* = it was them who broke it.

  Si noti che la traduzione di queste espressioni può variare in rapporto al contesto d'uso:

  (alla porta di casa) *"chi è?"* = "who's there?"
  "sono io" / "siamo noi" = "it's me" / "it's us"
  (al telefono) *"Mr Brown?"* = "is that Mr Brown?"
  "sono io" = "speaking"
  (alla porta di casa) *sei tu?* = is that you?
  sono stato io = I did it
  sono stati loro = they did it.

- In alcune strutture, indipendentemente dalla forma di pronome personale utilizzata dall'italiano, l'inglese impiega una forma di pronome personale complemento nel linguaggio colloquiale e una forma di pronome personale soggetto nel linguaggio scritto formale o antiquato:

  a) dopo *as* nel comparativo di uguaglianza: *nessuna di loro è bella come lei* = none of them is as pretty as her / she (is);
  b) dopo *than* nel comparativo di maggioranza o minoranza: *corriamo più in fretta di loro* = we run faster than them / they do, *sua moglie è meno alta di lui* = his wife is less tall than him / he (is);
  c) nei due casi del punto precedente: *Rose e io* = Rose and me / Rose and I, *erano loro* = it was them / they.

- Quando in una frase il pronome personale soggetto e il pronome personale complemento fanno riferimento alla medesima persona, quello che funziona da complemento è sostituito in inglese da un riflessivo:

  mi ha visto Sheila = Sheila saw me
  mi sono visto nello specchio = I saw myself in the mirror
  io ti guardo = I'm looking at you
  tu ti guardi = you're looking at yourself
  Sheila lavora per me = Sheila works for me
  io lavoro per me (stesso) = I work for myself.

- Quando il pronome personale svolge la funzione di pronome riflessivo, non sempre viene tradotto in inglese, perché:

  a) al verbo italiano con pronome riflessivo può corrispondere un semplice verbo intransitivo in inglese: *ci laviamo tutti i giorni* = we wash every day, *vi siete vestiti?* = have you got dressed?
  b) il pronome riflessivo non va mai tradotto in inglese quando è accompagnato da un complemento oggetto: *vi siete lavati le mani?* = did you wash your hands? *mi sono messo il cappotto* = I put on my coat; in questo caso al pronome riflessivo italiano corrisponde l'aggettivo possessivo inglese;
  c) in molti verbi pronominali italiani il pronome è solo formalmente riflessivo e serve piuttosto a marcare il carattere intransitivo del verbo: *ci siamo spaventati moltissimo* = we got an awful fright, *mi sono congratulato con lui per la sua vittoria* = I congratulated him on his victory, *ti penti dei tuoi peccati?* = will you repent of your sins? *si arricchirono in pochi anni* = they became rich in a few years.

- Quando un pronome personale svolge la funzione di pronome reciproco si traduce con *each other* o *one another*:

  dobbiamo aiutarci (a vicenda / reciprocamente) = we should help one another
  ci guardiamo = we're looking at one another
  vi amate, vero? = you love each other, don't you?
  Laura e Jim si vedevano tutti i giorni = Laura and Jim saw each other every day
  si odiano = they hate each other.

- Con alcuni verbi, alla struttura impersonale dell'italiano, che eventualmente utilizza un pronome personale in funzione di complemento, corrisponde in inglese una struttura personale in cui il pronome fa da soggetto:

accadde che stessi ascoltando	= I happened to be listening
sembra che sia in ritardo	= he seems to be late
gli ci volle parecchio tempo per arrivarci	= he took a long time to get there.

- Diversamente dall'italiano, alcuni verbi inglesi richiedono l'introduzione del pronome *it* con valore anticipatorio:

penso che sia giusto che vada a trovarli	= I think it right to go and see them
credeva che fosse vero	= he believed it to be true
considera sciocco andarsene ora	= he considers it foolish to go away now
trovò che fosse piuttosto scorretto da parte sua comportarsi a quel modo	= she found it rather unfair of him to behave like that.

- In alcune espressioni idiomatiche, i pronomi personali dell'italiano sono resi mediante forme e/o strutture diverse:

secondo me, hai torto	= in my opinion, you're wrong
secondo voi, chi è il migliore?	= in your opinion, who's the best?
per me, puoi fare ciò che vuoi	= as far as I am concerned, you can do what you want to.

Casi particolari nella traduzione inglese dei pronomi personali

- Oltre alle sistematiche corrispondenze e divergenze sopra delineate nell'uso dei pronomi personali in italiano e in inglese, vengono qui sotto ricordati una serie di casi particolari che meritano attenzione e per i quali si rimanda anche alle relative voci del dizionario (**io**, **me**, **1.mi**; **tu**, **te**, **1.ti**; **egli**, **lui**, **2.gli**, **2.lo**; **ella**, **lei**, **2.le**, **2.la**; **esso**, **essa**, **essi**, **1.esse**; **noi**, **ce**, **1.ci**; **voi**, **ve**, **1.vi**; **loro**, **li**; **sé**, **1.si**; si vedano anche le note delle voci **1.ci** e **1.si**.
- **tu:** a differenza dell'italiano, in cui si distingue tra *tu* e *Lei*, in inglese non esistono distinzioni di cortesia e di formalità basate sui pronomi: in qualsiasi situazione si usa *you*. La familiarità viene espressa rivolgendosi all'interlocutore con il nome proprio (*ciao, Samuel, come te la passi?* = hi, Samuel, how're you doing?), tanto è vero che *darsi del tu* si dice *to be on first-name terms* e *dammi del tu!* se chi parla si chiama ad esempio John, si rende con *call me John* o *you can call me John, if you like* (si veda sotto la sezione dedicata al pronome *Lei*).
- **egli / lui:** oltre che in riferimento agli esseri umani maschi, il pronome di terza persona singolare maschile si usa in inglese anche per gli animali domestici di sesso maschile:

senti il cane, abbaia ancora	= listen to the dog, he's barking again.

- **lo:** questo pronome di terza persona singolare maschile può avere diverse traduzioni in inglese:
  a) nell'uso più comune, si rende con *him* se ci si riferisce a persone e con *it* se ci si riferisce a cose:

riesco a vederlo	= I can see him
non lo mangi?	= won't you eat it?

  b) dopo certi verbi si traduce con *so* in frase affermativa e *not* in frase negativa:

lo credo	= I believe so
non lo credo	= I believe not
l'ho detto	= I said so
non l'ho detto	= I didn't say so
te l'ho detto	= I told you so
non te l'ho detto	= I didn't tell you so
lo immagino	= I expect so
non lo immagino	= I expect not
lo penso	= I think so
non lo penso	= I don't think so / I think not
lo preferisco	= I prefer so
non lo preferisco	= I prefer not
lo spero	= I hope so
non lo spero	= I hope not
lo suppongo	= I suppose so
non lo suppongo	= I suppose not.

  Si noti che queste espressioni rendono anche l'italiano credo di sì, credo di no, immagino di sì, immagino di no etc.

  c) la frase *lo so* si può tradurre in vari modi:

lo so (oggetto non specificato)	= I know
lo so (se *lo* si riferisce a qualcosa già specificato)	= I know that
lo so (in risposta a domande come who knows his name / address...?)	= I know it
lo so (come replica a una frase come you're late again)	= I know I am.

- **ella / lei:** oltre che in riferimento agli esseri umani femmine, il pronome di terza persona singolare femminile si usa in inglese anche per gli animali domestici di sesso femminile, le barche e le navi, le nazioni come entità politico-economiche, e particolari oggetti personali come l'auto o la moto:

"dov'è la tua gatta?"	= "where's your cat?"
"è in giardino"	"she's in the garden"
che bella nave! come si chiama?	= what a lovely ship! what is she called?
"è quella la tua macchina?"	= "is that your car?"
"sì, è nuova di zecca"	"yes, she's brand-new".

- **Lei:** la forma italiana di cortesia introdotta dal pronome *Lei* non ha un diretto corrispondente in inglese, che usa sempre *you*. Tuttavia, per dare del Lei a qualcuno, si usa il cognome dell'interlocutore oppure termini quali *sir* e *madam*:

mi scusi, Mr Smith...	= excuse me, Mr Smith
come sta, Mrs Robinson?	= how are you, Mrs Robinson?
posso aiutarLa, signore / signora?	= can I help you, sir / madam?

- **noi:** un particolare impiego italiano del pronome personale di prima persona plurale si ha quando *noi* viene usato per rivolgersi a un destinatario singolo, con un senso di partecipazione personale e di confidenza; tale uso non ha diretto equivalente in inglese:

come stiamo oggi, Mr Burchett?	= how are you today, Mr Burchett?

- **Voi:** il pronome personale di seconda persona plurale si trova come forma di cortesia in due casi:
  a) nella lingua letteraria del passato, e ancora oggi come uso regionale:

come state oggi, zio?	= how are you today, uncle?

  b) al posto di *Loro*, nella forma di cortesia al plurale:

la fattura da Voi inviataci	= the invoice you sent us.

- **Loro:** come plurale del *Lei* forma di cortesia è usato raramente nel linguaggio comune (si veda sopra *Voi*).

involgarire /involga'rire/ [102] **I** tr. to coarsen **II** intr. (aus. *essere*), **involgarirsi** pronom. to coarsen, to become* vulgar.

involontariamente /involontarja'mente/ avv. [*ferire, rompere, urtare*] unintentionally, involuntarily, accidentally; [*rivelare*] unwittingly.

involontario, pl. **-ri**, **-rie** /involon'tarjo, ri, rje/ agg. [*reazione, gesto*] involuntary; [*errore*] unintentional.

involtino /invol'tino/ m. GASTR. **~ *di carne*** stuffed escalope, stuffed roll of meat; **~ *primavera*** spring roll.

involto /in'vɔlto/ m. *(fagotto)* bundle.

involucro /in'vɔlukro/ m. *(rivestimento)* wrapping; *(rigido)* casing.

involuto /invo'luto/ agg. **1** BOT. involute **2** *(contorto)* [*discorso*] convoluted, involute.

involuzione /involut'tsjone/ f. **1** *(decadenza)* regression **2** BIOL. MED. involution.

invulnerabile /invulne'rabile/ agg. invulnerable.

invulnerabilità /invulnerabili'ta/ f.inv. invulnerability.

inzaccherare /intsakke'rare/ [1] **I** tr. to mire, to muddy **II** **inzaccherarsi** pronom. to become* mud-spattered.

inzaccherato /intsakke'rato/ **I** p.pass. → **inzaccherare II** agg. [*scarpe, abito*] muddy.
inzavorrare /indzavor'rare/ [1] tr. to ballast.
inzeppare /intsep'pare/ [1] tr. to cram [*valigia*]; FIG. to pad out [*discorso*] (**di** with).
inzuccherare /intsukke'rare/ [1] tr. **1** to sugar, to sprinkle with sugar **2** FIG. to sugarcoat.
inzuppare /intsup'pare/ [1] **I** tr. **1** *(intingere)* to dip, to dunk **2** *(bagnare completamente)* to soak, to drench **II inzupparsi** pronom. to get* drenched, to get* soaked.
inzuppato /intsup'pato/ **I** p.pass. → **inzuppare II** agg. ~ ***d'acqua*** [*terreno*] soggy, wet; [*abiti*] soaking wet.
io /'io/ **I** pron.pers. I *(in inglese va sempre espresso)*; ***l'ho fatto ~ stesso*** I did it myself **II** m.inv. FILOS. PSIC. self, ego ♦♦ ~ ***sottoscritto*** I the undersigned.
iodio /'jɔdjo/ m.inv. iodine.
ioga → **yoga**.
iole /'jɔle/ f.inv. gig.
iolla /'jɔlla/ f. yawl.
ione /'jone/ m. ion.
1.ionico, pl. **-ci**, **-che** /'jɔniko, tʃi, ke/ agg. *(dell'antica Ionia)* Ionic.
2.ionico, pl. **-ci**, **-che** /'jɔniko, tʃi, ke/ agg. CHIM. FIS. ionic.
ionio, pl. **-ni**, **-nie** /'jɔnjo, ni, nje/ agg. Ionian.
Ionio /'jɔnjo/ ♦ ***27*** n.pr.m. ***lo ~, il mar ~*** the Ionian (Sea).
ionizzare /jonid'dzare/ [1] tr. to ionize.
ionosfera /jonos'fɛra/ f. ionosphere.
iosa: **a iosa** /a'jɔza/ avv. in plenty, aplenty, galore.
iota /'jɔta/ m. e f.inv. iota.
iperattività /iperattivi'ta/ f.inv. hyperactivity.
iperattivo /iperat'tivo/ agg. hyperactive.
iperbarico, pl. **-ci**, **-che** /iper'bariko, tʃi, ke/ agg. ***camera -a*** decompression chamber.
iperbole /i'pɛrbole/ f. **1** MAT. hyperbola* **2** RET. hyperbole.
iperbolico, pl. **-ci**, **-che** /iper'bɔliko, tʃi, ke/ agg. hyperbolic(al).
ipercalorico, pl. **-ci**, **-che** /iperka'lɔriko, tʃi, ke/ agg. high-calorie.
ipercritico, pl. **-ci**, **-che** /iper'kritiko, tʃi, ke/ agg. hypercritical.
iperglicemia /iperglitʃe'mia/ f. hyperglyc(a)emia.
ipermedia /iper'mɛdia/ m.inv. hypermedia.
ipermercato /ipermer'kato/ m. hypermarket, superstore.
ipermetrope /iper'mɛtrope/ **I** agg. long-sighted **II** m. e f. hypermetrope.
ipermetropia /ipermetro'pia/ f. hypermetropia, long-sightedness.
ipernutrizione /ipernutrit'tsjone/ f. overfeeding.
iperproteico, pl. **-ci**, **-che** /iperpro'tɛiko, tʃi, ke/ agg. high-protein.
iperprotettivo /iperprotet'tivo/ agg. overprotective.
iperrealismo /iperrea'lizmo/ m. hyperrealism, photorealism.
ipersensibile /ipersen'sibile/ agg. hypersensitive (anche MED.), oversensitive.
ipersostentatore /ipersostenta'tore/ m. (wing) flap.
ipertensione /iperten'sjone/ f. hypertension, high blood pressure.
iperteso /iper'teso/ m. (f. **-a**) hypertensive.
ipertrofia /ipertro'fia/ f. MED. hypertrophy.
ipertrofico, pl. **-ci**, **-che** /iper'trɔfiko, tʃi, ke/ agg. hypertrophic.
ipnosi /ip'nɔzi/ f.inv. hypnosis.
ipnoterapia /ipnotera'pia/ f. hypnotherapy.
ipnotico, pl. **-ci**, **-che** /ip'nɔtiko, tʃi, ke/ agg. e m. hypnotic.
ipnotismo /ipno'tizmo/ m. hypnotism.
ipnotizzare /ipnotid'dzare/ [1] tr. to hypnotize (anche FIG.).
ipnotizzatore /ipnotiddza'tore/ m. (f. **-trice** /tritʃe/) hypnotist.
ipoallergenico, pl. **-ci**, **-che** /ipoaller'dʒɛniko, tʃi, ke/ agg. hypoallergenic.
ipocalorico, pl. **-ci**, **-che** /ipoka'lɔriko, tʃi, ke/ agg. low-calorie.
ipocondria /ipokon'dria/ ♦ ***7*** f. hypochondria.
ipocondriaco, pl. **-ci**, **-che** /ipokon'driako, tʃi, ke/ **I** agg. hypo-chondriac(al) **II** m. (f. **-a**) hypochondriac.
ipocrisia /ipokri'zia/ f. hypocrisy, cant.
ipocrita, m.pl. **-i**, f.pl. **-e** /i'pɔkrita/ **I** agg. hypocritical **II** m. e f. hypocrite.
ipocritamente /ipokrita'mente/ avv. hypocritically.
ipodermico, pl. **-ci**, **-che** /ipo'dɛrmiko, tʃi, ke/ agg. hypodermic.
ipofisi /i'pɔfizi/ f.inv. hypophysis, pituitary gland.
ipoglicemia /ipoglitʃe'mia/ f. hypoglyc(a)emia.
ipotalamo /ipo'talamo/ m. hypothalamus.
ipoteca, pl. **-che** /ipo'tɛka, ke/ f. mortgage; ***accendere un'~*** to raise *o* take out a mortgage; ***estinguere un'~*** to pay off a mortgage; ***mettere un'~ sul futuro*** FIG. to mortgage one's future.
ipotecabile /ipote'kabile/ agg. mortgageable.
ipotecare /ipote'kare/ [1] tr. to mortgage (anche FIG.).
ipotecario, pl. **-ri**, **-rie** /ipote'karjo, ri, rje/ agg. ***creditore ~*** mortgagee; ***debitore ~*** mortgager, mortgagor; ***mutuo ~*** mortgage loan.
ipotensione /ipoten'sjone/ f. hypotension, low blood pressure.
ipotenusa /ipote'nuza/ f. hypotenuse.
ipotermia /ipoter'mia/ f. hypothermia.
ipotesi /i'pɔtezi/ f.inv. hypothesis*; ***~ di lavoro*** working hypothesis; ***fare delle ~*** to speculate (**su**, **circa** about); ***nell'~ che venisse eletto*** in the supposition he is elected, supposing he his elected; ***nella migliore, peggiore delle ~*** at best, at worst; ***se per ~...*** let's assume..., supposing...
ipoteso /ipo'teso/ m. (f. **-a**) hypotensive.
ipotetico, pl. **-ci**, **-che** /ipo'tɛtiko, tʃi, ke/ agg. **1** hypothetic(al), conjectural **2** LING. ***periodo ~*** conditional clause.
ipotizzabile /ipotid'dzabile/ agg. presumable, supposable.
ipotizzare /ipotid'dzare/ [1] tr. to suppose, to hypothesize, to conjecture.
ipotrofia /ipotro'fia/ f. hypotrophy.
ipovedente /ipove'dente/ **I** agg. partially sighted **II** m. e f. partially sighted person; ***gli -i*** the partially sighted.
ippica /'ippika/ f. horseracing ♦ ***datti all'~!*** go take up knitting!
ippico, pl. **-ci**, **-che** /'ippiko, tʃi, ke/ agg. [*manifestazione, centro, sport*] equestrian; ***concorso ~*** horseshow, race meeting.
ippocampo /ippo'kampo/ m. hippocampus, sea horse.
ippocastano /ippokas'tano/ m. horse chestnut.
Ippocrate /ip'pɔkrate/ n.pr.m. Hippocrates; ***giuramento di ~*** Hippocratic oath.
ippodromo /ip'pɔdromo/ m. racecourse, racetrack.
ippoglosso /ippo'glɔsso/ m. halibut*.
ippogrifo /ippo'grifo/ m. hippogriff.
ippopotamo /ippo'pɔtamo/ m. hippopotamus*, hippo.
iprite /i'prite/ f. mustard gas.
ipsilon /'ipsilon/ m. e f.inv. *(latina)* y, Y; *(greca)* upsilon.
ira /'ira/ f. **1** *(umore)* anger, wrath LETT.; ***con ~*** in anger; ***in un momento d'~*** in a fit of rage **2** *(dei cieli)* fury, wrath LETT. ♦ ***costare l'~ di Dio*** to cost a king's ransom; ***far succedere l'~ di Dio*** to put *o* set the cat among the pigeons.
iracheno /ira'kɛno/ ♦ ***25*** **I** agg. Iraqi **II** m. (f. **-a**) Iraqi.
iracondo /ira'kondo/ agg. hot-tempered, quick-tempered, prone to anger.
irakeno → **iracheno**.
iraniano /ira'njano/ ♦ ***25*** **I** agg. Iranian **II** m. (f. **-a**) Iranian.
iranico, pl. **-ci**, **-che** /i'raniko, tʃi, ke/ ♦ ***16*** agg. e m. LING. Iranian.
irascibile /iraʃ'ʃibile/ agg. irascible, quick-tempered.
irascibilità /iraʃʃibili'ta/ f.inv. irascibility, quick temper.
irato /i'rato/ agg. angry (**con qcn.** at, with sb.; **per qcs.** at, about sth.).
ireos /'ireos/ m.inv. iris.
iridato /iri'dato/ agg. **1** iridescent **2** SPORT. ***maglia -a*** rainbow jersey.
iride /'iride/ f. **1** *(arcobaleno)* rainbow; ***colori dell'~*** rainbow colours **2** ANAT. iris* **3** BOT. iris.
iridescente /irideʃ'ʃɛnte/ agg. iridescent.
iris /'iris/ m. e f.inv. iris.
Irlanda /ir'landa/ ♦ ***33*** n.pr.f. Ireland; ***~ del Nord*** Northern Ireland.
irlandese /irlan'dese/ ♦ ***25, 16*** **I** agg. Irish **II** m. e f. *(uomo)* Irishman*; *(donna)* Irishwoman*; ***gli -i*** the Irish **III** m. LING. Irish.

ironia /iro'nia/ f. irony; ***fare dell'~*** to be ironic.
ironico, pl. **-ci, -che** /i'rɔniko, tʃi, ke/ agg. ironic.
ironizzare /ironid'dzare/ [1] intr. (aus. *avere*) to be* ironic (**su** about).
iroso /i'roso/ agg. **1** *(irato)* [*voce*] wrathful **2** *(irascibile)* quick-tempered, irascible.
IRPEF /'irpef/ f. (⇒ Imposta sui Redditi delle Persone Fisiche) = income tax.
IRPEG /'irpeg/ f. (⇒ Imposta sul Reddito delle Persone Giuridiche) = corporation tax.
irradiamento /irradja'mento/ m. *(radiazione)* radiation; NUCL. irradiation.
irradiare /irra'djare/ [1] **I** tr. **1** *(esporre a radiazioni)* to irradiate [*tumore, organo, persona*] **2** *(emanare)* to radiate [*calore, luce*] **II irradiarsi** pronom. [*calore*] to radiate.
irradiazione /irradjat'tsjone/ f. FIS. NUCL. radiation, irradiation.
irraggiare /irrad'dʒare/ [1] tr. to radiate [*calore*].
irraggiungibile /irraddʒun'dʒibile/ agg. [*luogo*] inaccessible; [*obiettivo*] unachievable; [*verità, oggetto*] unattainable; [*persona*] unapproachable.
irragionevole /irradʒo'nevole/ agg. [*aspettative*] unreasonable; [*persona*] irrational, unreasonable; [*paura*] irrational.
irragionevolezza /irradʒonevo'lettsa/ f. irrationality, absurdity, unreason.
irrancidire /irrantʃi'dire/ [102] intr. (aus. *essere*) [*burro*] to go* rancid.
irrancidito /irrantʃi'dito/ **I** p.pass. → **irrancidire II** agg. [*burro*] rancid.
irrazionale /irrattsjo'nale/ agg. **1** irrational (anche MAT.) **2** *(non funzionale)* impractical.
irrazionalità /irrattsjonali'ta/ f.inv. irrationality.
irreale /irre'ale/ agg. [*mondo, paesaggio, situazione*] unreal; [*atmosfera*] dreamlike.
irrealizzabile /irrealid'dzabile/ agg. [*progetto, idea*] impracticable, impractical, unfeasible; [*sogno*] unattainable.
irrealtà /irreal'ta/ f.inv. unreality.
irreconciliabile /irrekontʃi'ljabile/ agg. irreconcilable.
irrecuperabile /irrekupe'rabile/ agg. **1** *(non recuperabile)* [*oggetto, debito*] irrecoverable **2** *(non redimibile)* [*persona, delinquente*] irretrievable.
irrecusabile /irreku'zabile/ agg. *(inconfutabile)* [*segno, prova, verità*] indisputable.
irredentismo /irreden'tizmo/ m. irredentism.
irredentista, m.pl. **-i**, f.pl. **-e** /irreden'tista/ agg., m. e f. irredentist.
irredimibile /irredi'mibile/ agg. irredeemable, unredeemable.
irrefrenabile /irrefre'nabile/ agg. [*risata, lacrime*] uncontrollable; [*desiderio, impulso*] uncurbed; [*curiosità*] unabashed.
irrefutabile /irrefu'tabile/ agg. irrefutable, undeniable.
irreggimentare /irreddʒimen'tare/ [1] tr. MIL. to regiment (anche FIG.).
irregolare /irrego'lare/ agg. **1** *(senza regolarità)* [*forma, viso*] irregular; [*scrittura, terreno, respiro, ritmo*] irregular, uneven; [*abitudini alimentari, performance*] erratic; ***poligono ~*** irregular polygon **2** *(illegale)* [*procedura, transazione*] irregular; [*immigrato, lavoratore*] illegal; SPORT [*mossa*] illegal; [*azione*] foul **3** LING. [*verbo, plurale*] irregular.
irregolarità /irregolari'ta/ f.inv. **1** *(atto scorretto)* irregularity; SPORT instance of foul play **2** *(l'essere irregolare) (di polso, lineamenti, forma)* irregularity; *(di superficie, ritmo)* unevenness **3** LING. irregularity.
irreligioso /irreli'dʒoso/ agg. irreligious.
irremovibile /irremo'vibile/ agg. ***essere ~ nelle proprie convinzioni*** to have unshakeable convictions; ***rimanere ~*** to remain adamant; ***su questo è ~*** he's being most obstinate about it.
irreparabile /irrepa'rabile/ agg. [*danno, errore*] irreparable; [*perdita*] irrecoverable, irretrievable.
irreperibile /irrepe'ribile/ agg. [*persona*] untraceable; [*oggetto*] unobtainable; ***rendersi ~*** to make oneself scarce.
irreprensibile /irrepren'sibile/ agg. irreproachable, blameless, faultless.
irreprimibile /irrepri'mibile/ agg. irrepressible.
irrequietezza /irrekwje'tettsa/ f. restlessness.
irrequieto /irre'kwjɛto/ agg. [*persona, animale*] restless; [*adolescente, alunno*] rowdy; [*spirito*] unquiet.
irresistibile /irresis'tibile/ agg. [*persona, fascino, sorriso*] irresistible; [*bisogno*] compelling.
irresolutezza /irresolu'tettsa/ f. indecisiveness, irresoluteness.
irresoluto /irreso'luto/ agg. [*persona*] indecisive, irresolute, weak-minded.
irrespirabile /irrespi'rabile/ agg. **1** [*aria, gas*] unbreathable **2** FIG. *(insopportabile)* [*atmosfera, clima*] stifling.
irresponsabile /irrespon'sabile/ agg. [*persona, atteggiamento*] irresponsible, reckless.
irresponsabilità /irresponsabili'ta/ f.inv. irresponsibility, recklessness.
irrestringibile /irrestrin'dʒibile/ agg. [*tessuto*] unshrinkable, non-shrink.
irretire /irre'tire/ [102] tr. *(circuire)* to ensnare, to entice; ***si è lasciato ~ dalle sue grazie*** he was ensnared by her charms.
irreversibile /irrever'sibile/ agg. **1** CHIM. FIS. MED. irreversible **2** *(non trasferibile)* [*pensione*] nontransferable.
irrevocabile /irrevo'kabile/ agg. [*decisione*] definitive, irrevocable; [*giudizio*] final.
irriconoscente /irrikonoʃ'ʃɛnte/ agg. thankless.
irriconoscibile /irrikonoʃ'ʃibile/ agg. unrecognizable.
irridere /ir'ridere/ [35] tr. LETT. to mock.
irriducibile /irridu'tʃibile/ **I** agg. **1** [*opposizione*] invincible; [*volontà*] unshakeable; [*persona*] indomitable **2** MAT. MED. irreducible **II** m. e f. diehard; ***gli -i*** the hard core.
irriflessivo /irrifles'sivo/ agg. **1** *(precipitato)* [*frase, gesto*] thoughtless **2** *(sventato)* [*persona*] unthinking.
irrigare /irri'gare/ [1] tr. **1** AGR. to water, to irrigate **2** *(bagnare)* [*fiume*] to flow through [*regione*].
irrigatore /irriga'tore/ m. MED. irrigator ♦♦ ***~ da giardino*** lawn sprinkler; ***~ a pioggia*** sprinkler.
irrigazione /irrigat'tsjone/ f. **1** AGR. irrigation, watering **2** MED. irrigation, douche.
irrigidimento /irridʒidi'mento/ m. **1** *(di muscolo, corpo)* stiffening **2** FIG. *(di posizione, atteggiamento)* hardening ♦♦ ***~ cadaverico*** rigor mortis.
irrigidire /irridʒi'dire/ [102] **I** tr. **1** to stiffen [*tessuto*]; to tense [*braccio, corpo*] **2** FIG. to stiffen [*regole*] **II irrigidirsi** pronom. **1** [*braccia, corpo*] to stiffen, to grow* tense; FIG. [*persona*] to freeze **2** FIG. *(ostinarsi)* ***~ su qcs.*** to stick stubbornly to sth.; *(diventare più rigido)* [*posizione*] to harden **3** [*clima*] to become* harsher.
irriguardoso /irrigwar'doso/ agg. [*atteggiamento*] disrespectful, inconsiderate.
irriguo /ir'rigwo/ agg. **1** *(di irrigazione)* ***canale ~*** irrigation canal **2** *(irrigato)* (well-)watered, (well-)irrigated.
irrilevante /irrile'vante/ agg. negligible, insignificant, immaterial, trivial.
irrilevanza /irrile'vantsa/ f. insignificance.
irrimediabile /irrime'djabile/ agg. [*perdita, errore*] irretrievable, irreparable; ***essere ~*** [*situazione*] to be beyond (all) remedy.
irrimediabilmente /irrimedjabil'mente/ avv. irreparably; ***~ compromesso*** fatally compromised.
irrinunciabile /irrinun'tʃabile/ agg. ***diritto ~*** indefeasible right.
irripetibile /irripe'tibile/ agg. **1** *(unico)* [*occasione, esperienza*] unique, one-off **2** *(molto volgare)* [*parole*] unrepeatable.
irriproducibile /irriprodu'tʃibile/ agg. not reproducible, unreproducible.
irrisione /irri'zjone/ f. derision, mockery.
irrisolto /irri'sɔlto/ agg. [*problema, enigma, questione, crimine*] unsolved.
irrisorio, pl. **-ri, -rie** /irri'zɔrjo, ri, rje/ agg. **1** *(inadeguato)* [*somma, cifra*] trivial, derisory, laughable; [*prezzo*] ridiculous **2** *(minimo)* [*danni, differenza, vantaggio*] negligible.
irrispettoso /irrispet'toso/ agg. disrespectful (**verso** to, toward).
irritabile /irri'tabile/ agg. **1** irritable **2** MED. [*pelle*] sensitive.
irritabilità /irritabili'ta/ f.inv. irritability.
irritante /irri'tante/ agg. **1** *(fastidioso)* irritating, annoying **2** MED. irritating.

irritare /irri'tare/ [1] **I** tr. **1** *(infastidire)* to irritate, to annoy **2** MED. to irritate **II irritarsi** pronom. **1** *(innervosirsi)* to get* annoyed (**per** about, over) **2** MED. to become* irritated.
irritato /irri'tato/ **I** p.pass. → **irritare II** agg. **1** annoyed, cross **2** MED. irritated.
irritazione /irritat'tsjone/ f. **1** *(fastidio)* irritation, annoyance **2** MED. irritation.
irriverente /irrive'rɛnte/ agg. irreverent, disrespectful.
irriverenza /irrive'rɛntsa/ f. irreverence, disrespect (**verso, nei confronti di** to, toward).
irrobustire /irrobus'tire/ [102] **I** tr. to strengthen [*corpo, muscoli*] **II irrobustirsi** pronom. [*corpo*] to strengthen, to grow* stronger; [*persona*] to build* oneself up.
irrompere /ir'rompere/ [81] intr. (aus. *essere*) to break* in, to burst* in, to barge in; **~ *in*** to break into *o* burst into [*edificio*].
irrorare /irro'rare/ [1] tr. **1** *(annaffiare)* to sprinkle **2** MED. ***il sangue irrora gli organi*** organs are supplied with blood.
irrorazione /irrorat'tsjone/ f. **1** AGR. crop spraying **2** MED. **~ *sanguigna*** supply of blood.
irruente /irru'ɛnte/ agg. [*parole, gesti*] vehement; [*temperamento*] impetuous.
irruenza /irru'ɛntsa/ f. vehemence, impetuosity.
irruvidire /irruvi'dire/ [102] **I** tr. to roughen **II irruvidirsi** pronom. [*pelle*] to roughen, to become* rough.
irruzione /irrut'tsjone/ f. *(entrata)* irruption; *(di polizia)* break-in, raid; ***fare ~ in*** to burst into, to raid [*edificio*].
irsuto /ir'suto/ agg. *(peloso)* [*petto*] hairy; *(ispido)* [*barba*] bristly, shaggy.
irto /'irto/ agg. [*barba*] bristly; [*capelli*] spiky; ***essere ~ di*** to bristle with [*chiodi, spine*]; to be beset with [*problemi, difficoltà*].
Isabella /iza'bɛlla/ n.pr.f. Isabel.
Isacco /i'zakko/ n.pr.m. Isaac.
Isaia /iza'ia/ n.pr.m. Isaiah.
Iscariota /iska'rjɔta/ n.pr.m. ***l'~*** Judas Iscariot.
ischemia /iske'mia/ f. isch(a)emia.
1.iscritto /is'kritto/ **I** p.pass. → **iscrivere II** agg. **1** SCOL. enrolled; UNIV. registered **2** *(registrato)* ***essere ~ a*** to be on the books of [*club, organizzazione*]; **~ *all'albo*** [*professionista*] chartered **III** m. (f. **-a**) **1** SCOL. UNIV. registered student **2** *(membro)* member; *(di sindacato)* union member; *(di partito)* card-carrying member.
2.iscritto: **per iscritto** /peris'kritto/ avv. ***mettere qcs. per ~*** to put sth. down on paper *o* in writing; ***una risposta per ~*** an answer in writing, a written reply.
iscrivere /is'krivere/ [87] **I** tr. **1** *(registrare)* to enrol BE, to enroll AE [*allievo*]; to register [*studente*]; **~ *qcn. su una lista*** to enter sb.'s name on a list **2** *(incidere)* to inscribe **II iscriversi** pronom. **1** *(farsi registrare)* SCOL. to enrol BE, to enroll AE; UNIV. to register; ***-rsi all'università*** to reister at (a) university; ***-rsi a un esame*** to enter for an exam; ***-rsi a un corso*** to enrol on a course; ***-rsi a una gara*** to enter a competition; ***-rsi alle liste di collocamento*** to register as unemployed **2** *(diventare membro)* ***-rsi a*** to join [*club, sindacato, partito*].
iscrizione /iskrit'tsjone/ f. **1** SCOL. enrolment BE, enrollment AE; UNIV. registration; ***modulo di ~*** application form; ***ci sono 500 nuove -i ogni anno*** 500 new students register every year **2** *(registrazione)* entering; *(a club)* membership; *(di società)* registration; ***tessera, quota di ~*** membership card, fee; **~ *in bilancio*** ECON. budgeting **3** *(antica scrittura)* inscription ♦♦ **~ *ipotecaria*** DIR. registration of mortgage.
Iside /'izide/ n.pr.f. Isis.
Isidoro /izi'dɔro/ n.pr.m. Isidore.
islam /'izlam, iz'lam/ m.inv. Islam.
islamico, pl. **-ci, -che** /iz'lamiko, tʃi, ke/ **I** agg. Islamic **II** m. (f. **-a**) Islamist.
islamismo /izla'mizmo/ m. Islamism.
Islanda /iz'landa/ ➧ ***33*** n.pr.f. Iceland.
islandese /izlan'dese/ ➧ ***25, 16*** **I** agg. Icelandic **II** m. e f. Icelander **III** m. LING. Icelandic.
Ismaele /izma'ɛle/ n.pr.m. Ishmael.
isobara /i'zɔbara/ f. isobar.
isocrono /i'zɔkrono/ agg. isochronous.
isoipsa /izo'ipsa/ f. isohypse.
isola /'izola/ ➧ ***14*** f. island, isle LETT.; ***un'~ di pace*** FIG. an island of peace ♦♦ **~ *pedonale*** pedestrian precint; **~ *spartitraffico*** traffic island.
isolamento /izola'mento/ m. **1** *(separatezza)* isolation, seclusion **2** *(in ospedale)* isolation; ***reparto d'~*** isolation ward **3** *(in carcere)* solitary confinement **4** *(di sostanza, virus)* isolation **5** EL. TECN. insulation ♦♦ **~ *acustico*** soundproofing, sound insulation; **~ *termico*** thermal insulation.
isolano /izo'lano/ **I** agg. island attrib. **II** m. (f. **-a**) islander.
isolante /izo'lante/ **I** agg. [*materiale, nastro*] insulating **II** m. insulator.
isolare /izo'lare/ [1] **I** tr. **1** *(privare di contatti)* to isolate [*malato, dissidente*]; to put* [sb.] in solitary confinement [*prigioniero*]; **~ *qcn. da qcs.*** to cut sb. off from sth. **2** *(separare da un insieme)* to isolate [*sostanza, problema, elemento*]; **~ *una frase dal (suo) contesto*** to take a sentence out of context **3** TECN. EL. to insulate **II isolarsi** pronom. to isolate oneself, to shut* oneself off, to cut* oneself off (**da** from).
1.isolato /izo'lato/ **I** p.pass. → **isolare II** agg. **1** *(molto lontano)* [*regione, paese*] remote **2** *(in disparte)* [*casa, albero*] isolated, solitary; **~ *dal mondo*** [*persona*] withdrawn **3** *(unico)* [*caso, avvenimento, incidente*] isolated **4** *(solo)* isolated, lonely **5** EL. insulated **III** m. (f. **-a**) outsider, lonely person.
2.isolato /izo'lato/ m. block (of houses).
isolatore /izola'tore/ m. insulator.
isolazionismo /izolattsjo'nizmo/ m. isolationism.
isolazionista, m.pl. **-i**, f.pl. **-e** /izolattsjo'nista/ agg., m. e f. isolationist.
isolotto /izo'lotto/ m. ait, holm.
isomero /i'zɔmero/ m. isomer.
isometrico, pl. **-ci, -che** /izo'mɛtriko, tʃi, ke/ agg. isometric; ***ginnastica -a*** isometrics.
isomorfismo /izomor'fizmo/ m. isomorphism.
isoscele /i'zɔʃʃele/ agg. isosceles.
isoterma /izo'tɛrma/ f. isotherm.
isotermico, pl. **-ci, -che** /izo'tɛrmiko, tʃi, ke/ agg. isothermal.
isotopo /i'zɔtopo/ m. isotope.
Isotta /i'zɔtta/ n.pr.f. Iseult, Isolde.
ispanico, pl. **-ci, -che** /is'paniko, tʃi, ke/ agg. Hispanic.
ispano-americano /ispanoameri'kano/ **I** agg. *(dell'America Latina)* Latin American **II** m. (f. **-a**) Latin American.
ispessimento /ispessi'mento/ m. thickening.
ispessire /ispes'sire/ [102] **I** tr. to thicken **II ispessirsi** pronom. to thicken.
ispettivo /ispet'tivo/ agg. ***visita -a*** inspection.
ispettorato /ispetto'rato/ m. inspectorate.
ispettore /ispet'tore/ ➧ ***18*** m. inspector ♦♦ **~ *(delle) vendite*** COMM. sales supervisor.
ispezionare /ispettsjo'nare/ [1] tr. **1** *(controllare)* to inspect [*registri, scuola, fabbrica*]; *(perquisire)* to check out, to search [*bagagli, persona*] **2** MIL. to look over [*truppe, reclute*].
ispezione /ispet'tsjone/ f. inspection; ***giro di ~*** tour of inspection BE, inspection tour AE ♦♦ **~ *sanitaria*** health control.
ispido /'ispido/ agg. **1** [*capelli*] bristly, wiry; [*barba*] bristly, brushy **2** FIG. *(scontroso)* crabby, crusty.
ispirare /ispi'rare/ [1] **I** tr. **1** *(fornire l'ispirazione a)* to inspire [*persona, movimento*] **2** *(suscitare)* to inspire [*rispetto, fiducia, diffidenza*] (**a qcn.** in sb.) **3** *(suggerire)* to prompt; **~ *una risposta*** to prompt an answer **II ispirarsi** pronom. **1** *(trarre ispirazione)* ***-rsi a*** to draw one's inspiration from; ***-rsi a un ideale*** to be inspired by an ideal **2** *(prendere esempio da)* ***-rsi a qcn.*** to follow sb.'s example.
ispirato /ispi'rato/ **I** p.pass. → **ispirare II** agg. [*autore, artista, opera*] inspired.
ispiratore /ispira'tore/ **I** agg. inspiring **II** m. (f. **-trice** /tritʃe/) inspirer.
ispirazione /ispirat'tsjone/ f. inspiration; ***fonte d'~*** source of inspiration; ***opera di ~ romantica*** work of romantic inspiration; ***d'~ socialista*** with socialist overtones; ***avere un'~*** to have an inspiration.
Israele /izra'ɛle/ ➧ ***33*** n.pr.m. Israel.
israeliano /izrae'ljano/ ➧ ***25*** **I** agg. Israeli **II** m. (f. **-a**) Israeli.
israelita, m.pl. **-i**, f.pl. **-e** /izrae'lita/ agg., m. e f. Israelite.
issa /'issa/ inter. heave-ho; ***oh ~!*** yo-heave-ho!

issare /is'sare/ [1] **I** tr. *(sollevare)* to hoist [*carico*]; *(innalzare)* to hoist, to run* up [*vela, bandiera*]; ***~ le vele*** MAR. to set sail **II issarsi** pronom. *(salire con fatica)* to heave* oneself up.
issopo /is'sɔpo/ m. hyssop.
istallare /istal'lare/ → **installare**.
istallazione /istallat'tsjone/ → **installazione**.
istamina /ista'mina/ f. histamine.
istantanea /istan'tanea/ f. snap(shot).
istantaneo /istan'taneo/ agg. **1** *(immediato)* instantaneous **2** GASTR. [*minestra, caffè*] instant.
istante /is'tante/ m. instant, moment; ***un ~!*** just a minute! ***in un ~*** in a moment, in no time; ***all'~*** instantly, right away; ***in quell'~*** at that very minute; ***in questo preciso ~*** this very second.
istanza /is'tantsa/ f. **1** *(richiesta)* request, motion **2** DIR. petition; ***tribunale di prima ~*** lower court, court of first instance; ***presentare ~ di fallimento*** to file a petition in bankruptcy; ***presentare ~ di divorzio*** to sue *o* file for divorce **3** *(esigenza)* need, demand ♦ ***in ultima ~*** FIG. in the last resort.
ISTAT /'istat/ m. (⇒ Istituto Centrale di Statistica) = central statistics institute.
istaurare /istau'rare/ → **instaurare**.
isterectomia /isterekto'mia/ f. hysterectomy.
isteria /iste'ria/ ➧ **7** f. hysteria.
isterico, pl. **-ci**, **-che** /is'teriko, tʃi, ke/ **I** agg. hysterical; ***crisi -a*** hysterics; ***avere una crisi -a*** to have *o* go into hysterics **II** m. (f. **-a**) hysteric.
isterilire /isteri'lire/ [102] **I** tr. **1** to make* [sth.] barren [*terreno*] **2** FIG. to suppress [*creatività*] **II isterilirsi** pronom. **1** [*terreno*] to become* barren **2** FIG. to dry up.
isterismo /iste'rizmo/ ➧ **7** m. hysteria.
istigare /isti'gare/ [1] tr. to incite, to induce, to instigate (**a fare** to do).
istigatore /istiga'tore/ m. (f. **-trice** /tritʃe/) inciter, instigator.
istigazione /istigat'tsjone/ f. incitement (**a** to); ***per*** o ***su ~ di qcn.*** at the instigation of sb. ♦♦ ***~ a delinquere*** DIR. instigation.
istillare /istil'lare/ [1] tr. **1** *(versare a piccole gocce)* to instil BE, to instill AE (**in** into); ***~ del collirio nell'occhio*** to put eye drops in **2** FIG. *(suscitare)* to instil BE, to instill AE, to infuse [*rispetto, pietà, odio, gelosia*].
istintivamente /istintiva'mente/ avv. instinctively, by instinct.
istintivo /istin'tivo/ agg. [*reazione, movimento*] instinctive; [*persona*] impulsive.
istinto /is'tinto/ m. instinct; ***~ di conservazione*** self-preservation instinct; ***~ materno*** maternal instinct; ***agire d'~*** to act on instinct; ***per ~*** by instinct.
istituire /istitu'ire/ [102] tr. **1** *(creare)* to institute [*organizzazione, legge, premio*]; to establish [*tribunale*]; to constitute [*comitato*]; to introduce [*tassa*] **2** DIR. ***~ una commissione*** to set up a commission; ***~ qcn. proprio erede*** to appoint sb. one's heir.
istitutivo /istitu'tivo/ agg. institutive.
istituto /isti'tuto/ m. **1** *(impresa, fondazione)* institute; institution **2** *(scuola)* institute, school; UNIV. department, division AE **3** DIR. *(istituzione)* insitution ♦♦ ***~ di bellezza*** beauty salon BE *o* parlor AE; ***~ di credito*** ECON. (loan) bank; ***~ di detenzione*** detention centre BE, detention home AE; ***~ di ricerca*** research establishment.
istitutore /istitu'tore/ ➧ **18** m. **1** *(chi istituisce)* founder **2** *(precettore)* tutor, preceptor.
istitutrice /istitu'tritʃe/ ➧ **18** f. *(precettrice)* governess.
istituzionale /istituttsjo'nale/ agg. **1** [*sistema, riforma, crisi*] institutional **2** UNIV. ***corso ~*** basic *o* introductory course.
istituzionalizzare /istituttsjonalid'dzare/ [1] **I** tr. to institutionalize **II istituzionalizzarsi** pronom. to become* institutionalized.
istituzione /istitut'tsjone/ **I** f. **1** AMM. POL. institution, establishment; ***la crisi delle -i*** the crisis of the establishment **2** *(l'istituire)* institution, establishment, setting up **3** *(fondazione)* institution, foundation; ***~ finanziaria, religiosa*** financial, religious institution **4** DIR. ***~ d'erede*** appointment of an heir **II istituzioni** f.pl. **1** POL. *(organismi)* institutions, authorities **2** *(principi fondamentali)* institutes ♦ ***diventare un'~*** to become an institution.
istmo /'istmo/ m. isthmus.
istogramma /isto'gramma/ m. histogram.
istologia /istolo'dʒia/ f. histology.
istologico, pl. **-ci**, **-che** /isto'lɔdʒiko, tʃi, ke/ agg. histological.
istoriare /isto'rjare/ [1] tr. to ornament [sth.] with figures.
istoriato /isto'rjato/ **I** p.pass. → **istoriare II** agg. storied.
istradare /istra'dare/ [1] **I** tr. **1** *(dirigere)* to route, to direct **2** *(avviare)* ***~ qcn. in una professione*** to start sb. (off) in a profession **II istradarsi** pronom. ***-rsi verso una carriera*** to take up a career.
istrice /'istritʃe/ m. **1** ZOOL. porcupine, hedgehog AE **2** *(persona scontrosa)* prickly person.
istrione /istri'one/ m. **1** *(attore mediocre)* ham actor **2** FIG. stagic person, histrionic person.
istrionico, pl. **-ci**, **-che** /istri'ɔniko, tʃi, ke/ agg. histrionic.
istrionismo /istrjo'nizmo/ m. histrionics pl.
istruire /istru'ire/ [102] **I** tr. **1** *(formare)* to instruct, to educate, to form, to teach* [*bambino, giovani*]; *(addestrare)* to train [*soldati*]; ***~ qcn. in qcs.*** to instruct sb. in sth., to give sb. instruction in sth. **2** DIR. ***~ una causa*** to prepare a case for judgement **3** *(dare istruzioni)* to give* instructions to, to instruct **II istruirsi** pronom. *(imparare)* to educate oneself, to learn*.
istruito /istru'ito/ **I** p.pass. → **istruire II** agg. educated, learned.
istruttivo /istrut'tivo/ agg. [*storia, libro, film*] instructive; [*esperienza, gioco*] instructive, educational; [*viaggio, giornata*] informative.
istruttore /istrut'tore/ **I** agg. ***sergente ~*** drill sergeant; ***giudice ~*** investigating judge **II** ➧ **18** m. **1** instructor **2** MIL. driller, instructor ♦♦ ***~ di guida*** driving instructor; ***~ di nuoto*** swimming instructor; ***~ di volo*** flying instructor.
istruttoria /istrut'tɔrja/ f. preliminary investigation, inquiry.
istruttorio, pl. **-ri**, **-rie** /istrut'tɔrjo, ri, rje/ agg. preliminary; ***procedimento ~*** (preliminary) inquiry; ***segreto ~*** = secrecy concerning a preliminary investigation.
istruttrice /istrut'tritʃe/ ➧ **18** f. instructor, instructress.
istruzione /istrut'tsjone/ **I** f. **1** education **U**, schooling; *(insegnamento)* teaching; MIL. training; ***Ministero della Pubblica Istruzione*** Ministry of Education; ***senza ~*** uneducated; ***gita d'~*** field trip **2** *(direttiva)* instruction; ***dare, ricevere -i*** to give, receive instructions **3** DIR. = preparation of a case for eventual judgement **II istruzioni** f.pl. *(indicazioni, descrizione tecnica)* instructions; ***-i per l'uso*** instructions for use; ***libretto delle -i*** instruction book ♦♦ ***~ elementare*** primary education; ***~ obbligatoria*** compulsory education; ***~ primaria*** primary education; ***~ professionale*** vocational training *o* education; ***~ secondaria*** secondary education; ***~ superiore*** higher education, college *o* university education.
istupidire /istupi'dire/ [102] **I** tr. **1** to make* [sb.] stupid **2** FIG. *(stordire)* to stun, to daze **II istupidirsi** pronom. to become* stupid.
Italia /i'talja/ ➧ **33** n.pr.f. Italy.
italianità /italjani'ta/ f.inv. Italian spirit.
italianizzare /italjanid'dzare/ [1] **I** tr. to Italianize **II italianizzarsi** pronom. to Italianize.
italiano /ita'ljano/ ➧ **25, 16 I** agg. **1** Italian **2 all'italiana** Italian-style; ***girone all'-a*** SPORT round robin **II** m. (f. **-a**) **1** *(persona)* Italian **2** *(lingua)* Italian.
italico, pl. **-ci**, **-che** /i'taliko, tʃi, ke/ **I** agg. **1** STOR. Italic **2** TIP. italic **II** m. (f. **-a**) **1** STOR. Italic **2** TIP. italics.
italoamericano /italoameri'kano/ **I** agg. Italo-American **II** m. (f. **-a**) Italo-American.
italofono /ita'lɔfono/ **I** agg. Italian-speaking **II** m. (f. **-a**) Italian speaker.
ITC /itit'tʃi/ m. (⇒ Istituto Tecnico Commerciale) = high school specializing in accountancy.
iter /'iter/ m.inv. procedure ♦♦ ***~ parlamentare*** parliamentary procedures.
iterare /ite'rare/ [1] tr. to iterate FORM., to repeat; UNIV. ***~ un esame*** = to attend a course more than one time.

itinerante /itine'rante/ agg. [*artista, spettacolo, fiera, circo*] travelling BE, traveling AE, itinerant; [*mostra, vacanza*] touring.
itinerario, pl. **-ri** /itine'rarjo, ri/ m. itinerary, route.
ITIS /'itis/ m. (⇒ Istituto Tecnico Industriale Statale) = state technical and industrial high school.
ITST /itiesset'ti/ m. (⇒ Istituto Tecnico di Stato per il Turismo) = state technical school specializing in tourism.
itterico, pl. **-ci, -che** /it'tεriko, tʃi, ke/ **I** agg. jaundiced **II** m. (f. **-a**) jaundice patient.
itterizia /itte'rittsja/ ➧ **7** f. jaundice.
ittero /'ittero/ m. → **itterizia**.
ittico, pl. **-ci, -che** /'ittiko, tʃi, ke/ agg. fish attrib.; ***allevamento* ~** fish farming; ***industria -a*** fishing industry.
ittiologia /ittjolo'dʒia/ f. ichthyology.
Iugoslavia → **Jugoslavia**.
iugoslavo → **jugoslavo**.
iuta /'juta/ f. jute.
IVA /iva/ f. (⇒ imposta sul valore aggiunto value-added tax) VAT; ***~ inclusa, esclusa*** including, not including VAT.
ivi /ivi/ avv. LETT. there; BUROCR. therein; ***~ contenuto*** therein enclosed; ***~ compreso*** including.
Ivo /ivo/ n.pr.m. Ives, Yves.

j

j, **J** /i'lungo, i'lunga/ m. e f.inv. j, J.
jack /dʒɛk/ m.inv. **1** EL. jack **2** *(nei giochi di carte)* jack.
jackpot /'dʒɛkpot/ m.inv. jackpot.
jazz /dʒɛts/ agg. e m.inv. jazz.
jazzista, m.pl. **-i**, f.pl. **-e** /dʒet'tsista/ m. e f. jazz musician, jazzman.
jazzistico, pl. **-ci**, **-che** /dʒet'tsistiko, tʃi, ke/ agg. jazz.
jeans /dʒins/ ➧ *35* **I** m.inv. *(tela)* jean; ***un giubbotto di ~*** a jean jacket **II** m.pl. jeans; ***un paio di ~*** a pair of jeans **III** agg.inv. ***tessuto ~*** jean fabric.
jeep® /dʒip/ f.inv. jeep®.
jet /dʒet/ m.inv. jet.
jet set /dʒet'sɛt/ m.inv. jet set.
jogging /'dʒɔgging/ ➧ *10* m.inv. jogging; ***fare ~*** to jog.
jolly /'dʒɔlli/ m.inv. **1** *(nelle carte)* joker **2** FIG. ***fare da ~*** to be a jack of all trades.
joule /dʒaul, dʒul/ m.inv. joule.
judo /'dʒudo, dʒu'do/ ➧ *10* m.inv. judo.
judoista, m.pl. **-i**, f.pl. **-e** /dʒudo'ista/ m. e f. judoist, judoka.
judoka /dʒu'doka/ m. e f.inv. → **judoista**.
Jugoslavia /jugoz'lavja/ ➧ *33* n.pr.f. Yugoslavia.
jugoslavo /jugoz'lavo/ ➧ *25* **I** agg. Yugoslav **II** m. (f. **-a**) Yugoslav.
juke-box /dʒu'bɔks/ m.inv. jukebox.
jumbo /'dʒumbo, 'dʒambo/, **jumbo-jet** /dʒumbo'dʒɛt, dʒambo'dʒɛt/ m.inv. jumbo jet.
junior /'junjor/ agg.inv. junior; ***Ugo Neri ~*** Ugo Neri junior.
juniores /ju'njɔres/ agg.inv., m. e f.inv. SPORT junior.
juta /'juta/ → **iuta**.
juventino /juven'tino/ agg. [*giocatore, tifoso*] of Juventus, Juventus attrib.

k

k, K /'kappa/ m. e f.inv. k, K.
kafkiano /kaf'kjano/ agg. *(assurdo)* Kafkaesque.
kaki → **2.cachi**.
kamikaze /kami'kaze/ agg. e m.inv. kamikaze.
kapok → **capoc**.
kappa → **1.cappa**.
kappaò /kappa'ɔ/ agg. e m.inv. → **knock-out**.
karakiri /kara'kiri/ m.inv. hara-kiri (anche FIG.); ***fare*** ~ to commit hara-kiri.
karatè /kara'tɛ/, **karate** /ka'rate/ ➧ ***10*** m.inv. karate.
karateka /kara'tɛka/ m. e f.inv. karate expert, karateka.
karkadè /karka'dɛ/ m.inv. **1** BOT. roselle **2** *(infuso)* roselle tea.
karma /'karma/ m.inv. karma.
kasba /'kazba/ f.inv. kasbah.
kasher /kaʃ'ʃɛr/ agg.inv. [*cibo, ristorante*] kosher.
kashmiriano /kaʃmi'rjano/ ➧ ***30, 16*** **I** agg. Kashmiri **II** m. (f. **-a**) **1** *(persona)* Kashmiri **2** *(lingua)* Kasmiri.
kayak /ka'jak/ ➧ ***10*** m.inv. kayak.
Kazakhistan /kad'dzakistan/ ➧ ***33*** n.pr.m. Kazakhstan.
keniano /ke'njano/ ➧ ***25*** **I** agg. Kenyan **II** m. (f. **-a**) Kenyan.
keniota, m.pl. **-i**, f.pl. **-e** /ke'njɔta/ agg., m. e f. → **keniano**.
kepi /ke'pi/ m.inv. kepi.
kermesse /ker'mɛs/ f.inv. **1** kermess, kermis **2** FIG. celebration; gala.
kerosene → **cherosene**.
KGB /kappaddʒib'bi, kege'be/ m. STOR. KGB.
kibbu(t)z /kib'buts/ m.inv. kibbutz*.
killer /'killer/ **I** agg.inv. deadly, killing **II** m. e f.inv. killer, murderer.
kilo... → **chilo...**
kilobyte /kilo'bait/ m.inv. kilobyte.
kilt /kilt/ m.inv. kilt.
kimono /ki'mɔno/ m.inv. kimono.
kirghiso → **chirghiso**.
Kirghizistan /kirgizis'tan/ ➧ ***33*** n.pr.m. Kirghizstan, Kirghizia.
kit /kit/ m.inv. kit.
kitsch /kitʃ/ agg. e m.inv. kitsch.
kiwi /'kiwi/ m.inv. **1** *(frutto)* kiwi (fruit) **2** ZOOL. kiwi.
knock-down /nɔk'daun/ m.inv. knockdown.
knock-out /nɔk'aut/ **I** agg.inv. **1** [*pugile*] knocked out **2** COLLOQ. knocked-out; *(sfinito)* dead-beat, knackered, tired out **II** m.inv. knock-out; ***vincere per*** ~ to win by a knock-out ◆◆ ~ ***tecnico*** technical knock-out.
KO, k.o. /kappa'ɔ/ m.inv. KO; ***mettere qcn.*** ~ to KO sb., to knock sb. out cold; FIG. [*malattia*] to strike sb. down.
koala /ko'ala/ m.inv. koala (bear).
koinè /koi'nɛ/ f.inv. koine.
kolossal /ko'lɔssal, 'kɔlossal/ m.inv. blockbuster, spectacular film.
kosovaro /koso'varo/ ➧ ***30*** **I** agg. Kosovan **II** m. (f. **-a**) Kosovar.
krapfen /'krafen/ m.inv. GASTR. doughnut.
kung-fu /kung'fu/ ➧ ***10*** m.inv. kung fu.
kuwaitiano /kuwei'tjano, kuwai'tjano/ ➧ ***25*** **I** agg. Kuwaiti **II** m. (f. **-a**) Kuwaiti.
k-way /kei'wɛi, ki'wɛi/ m.inv. K-way®.

l

l, L /'ɛlle/ m. e f.inv. l, L.

l' → **1.la, 2.la, 1.lo, 2.lo**.

1.la /la/ (l' before vowel) artc.det.f.sing. → **il.**

2.la /la/ v. la nota della voce **io**. pron.pers.f. **1** *(complemento oggetto) (riferito a persona di sesso femminile)* her; *(riferito a cosa o animale)* it; ***non ~ capisco*** I don't understand her; ***portamela!*** bring it to me! **2** *(forma di cortesia)* you; ***~ ringrazio*** thank you **3** *(con oggetto indeterminato)* ***smettila!*** stop it *o* that! ***non ce ~ faccio più*** I can't stick it any longer.

3.la /la/ m.inv. MUS. A, la(h); ***dare il ~*** to give an A; FIG. to set the tone.

là /la/ Come l'italiano *là*, anche il suo equivalente inglese *there* è avverbio di stato in luogo o moto a luogo, e indica un punto lontano sia da chi parla sia da chi ascolta (in tal modo opponendosi a *qui / here*): *i miei figli sono qui, i tuoi sono là* = my children are here, yours are there. L'opposizione *qui / là* si ritrova nell'uso dei verbi *andare* e *venire*: *venite qui* = come here; *andate là* = go there. - *Là*, aggiunto a pronomi e aggettivi dimostrativi di terza persona, ne rafforza il valore indicativo: *quel cane là* = that dog (over) there; *quello là* = that one (there); *là* non viene però tradotto in inglese in un'espressione come *quel giorno là* = that day, che non ha implicazione di luogo ma di tempo. - Si noti che quando *là* è seguito da un altro avverbio di luogo (*là dentro, là fuori, là sopra, là sotto*), negli equivalenti inglesi *there* non precede ma segue l'altro avverbio: *in there, out there, over there, under there.*
avv. **1** *(stato e moto)* there; ***vai ~*** go over there; ***qua e ~*** here and there; ***~ dentro, sopra*** in there, up there; ***eccoli ~!*** there they are! ***chi va ~?*** MIL. who goes there? *(rafforzativo)* ***guarda ~ che confusione!*** look what a mess! ***quel giorno ~*** that day; ***quelle persone ~*** those people there; ***quell'aggeggio ~*** that there contraption **2 di là** *(in un'altra stanza)* in there, over there, in the other room; *(moto)* that way; *(provenienza)* from there; ***al di ~ di*** beyond; ***al di ~ dell'oceano*** on the other side of the ocean, over the ocean **3 in là *andare*** o ***spingersi troppo in ~*** to go too far; ***fare un passo in ~*** to step aside; ***tirarsi*** o ***farsi in ~*** COLLOQ. to budge up *o* over; ***essere in ~ con gli anni*** to be getting on in years; ***più in ~*** *(nel tempo)* later on ♦ ***essere più di ~ che di qua*** to be pretty far gone; ***ma va' ~!*** you don't say! come on! ***di ~ da venire*** yet to come.

labbro, pl. **-i**, pl.f. **-a** /'labbro/ ➧ **4** m. **1** (pl.f. *-a*) lip; ***~ superiore, inferiore*** upper, lower lip; ***leccarsi, mordersi le -a*** to lick, bite one's lips; ***baciare qcn. sulle -a*** to kiss sb. on the lips; ***leggere sulle -a (di qcn.)*** to read sb.'s lips; ***avere il sorriso sulle -a*** to have a smile on one's lips **2** (pl.f. *-a*) *(della vulva)* ***grandi, piccole -a*** labia majora, minora **3** (pl. *-i*) *(orlo)* brim, edge, lip; *(di ferita)* lip ♦ ***pendere dalle -a di qcn.*** to hang on sb.'s words ♦♦ ***~ leporino*** harelip.

labiale /la'bjale/ agg. e f. labial.

labile /'labile/ agg. **1** *(fugace)* ephemeral, short-lived, transient **2** *(debole)* [*ricordo, salute, memoria*] weak, faint **3** CHIM. PSIC. labile.

labilità /labili'ta/ f.inv. **1** *(fugacità)* transience **2** *(debolezza)* weakness, faintness **3** CHIM. PSIC. lability.

labirintico, pl. **-ci**, **-che** /labi'rintiko, tʃi, ke/ agg. labyrinthine, mazy.

labirinto /labi'rinto/ m. **1** labyrinth, maze (anche FIG.) **2** ANAT. labyrinth.

laboratorio, pl. **-ri** /labora'tɔrjo, ri/ m. **1** FARM. IND. laboratory; ***da ~*** [*animale, apparecchio*] laboratory; ***tecnico di ~*** laboratory technician **2** *(di artigiano)* workroom, workshop ♦♦ ***~ di analisi (mediche)*** medical laboratory; ***~ linguistico*** language lab(oratory); ***~ spaziale*** skylab, space lab; ***~ teatrale*** drama workshop.

laboriosamente /laborjosa'mente/ avv. laboriously.

laboriosità /laborjosi'ta/ f.inv. **1** *(operosità)* industriousness **2** *(difficoltà, fatica)* laboriousness, difficulty.

laborioso /labo'rjoso/ agg. **1** *(operoso)* hard-working, industrious; [*giornata, città*] busy **2** *(faticoso)* [*attività, processo*] laborious, difficult.

labrador /'labrador/ m.inv. Labrador (retriever).

laburismo /labu'rizmo/ m. Labourism.

laburista, m.pl. **-i**, f.pl. **-e** /labu'rista/ **I** agg. Labour **II** m. e f. member of the Labour Party; *(parlamentare)* Labour MP.

laburno /la'burno/ m. laburnum.

lacca, pl. **-che** /'lakka, ke/ **I** f. **1** COSMET. *(per capelli)* hairspray; ***~ per unghie*** nail varnish **2** *(vernice)* lake enamel; *(resina, smalto)* laquer **3** *(oggetto)* laquer; ***~ giapponese*** japan **II** agg.inv. ***rosso ~*** laky.

laccare /lak'kare/ [1] **I** tr. to lacquer [*mobile*]; to paint [sth.] in gloss BE, to enamel AE [*porta*]; to varnish [*unghie*] **II laccarsi** pronom. ***-rsi le unghie*** to varnish one's nails.

lacchè /lak'kɛ/ m.inv. footman*, lackey (anche FIG.).

laccio, pl. **-ci** /'lattʃo, tʃi/ m. **1** *(di scarpa, busto)* lace; ***scarpe con i -ci*** lace-ups, lace-up shoes **2** VENAT. snare (anche FIG.); *(trappola)* trap (anche FIG.); ***prendere al ~*** to snare ♦♦ ***~ emostatico*** tourniquet.

lacerante /latʃe'rante/ agg. [*grido*] piercing; [*dolore*] excruciating; [*rimorso*] lacerating.

lacerare /latʃe'rare/ [1] **I** tr. **1** *(strappare)* to lacerate, to tear*, to rend*, to rip (off); ***uno sparo lacerò il silenzio*** FIG. a shot shattered *o* broke the silence **2** *(tormentare)* ***essere lacerato dai dubbi*** to be torn by doubts **II lacerarsi** pronom. to tear*, to rip.

lacerazione /latʃerat'tsjone/ f. **1** *(strappo)* tear, rent **2** MED. laceration.

lacero /'latʃero/ agg. [*abiti*] torn, rent, tattered; [*persona*] ragged.

lacero-contuso /latʃerokon'tuzo/ agg. [*ferita*] lacerated and contused.

laconicità /lakonitʃi'ta/ f.inv. laconicism, brevity.

laconico, pl. **-ci**, **-che** /la'kɔniko, tʃi, ke/ agg. [*persona, stile*] laconic, terse; [*risposta*] laconic, brief.

lacrima /'lakrima/ f. **1** tear; ***in -e*** in tears; ***avere le -e agli occhi*** to have tears in one's eyes; ***commuovere qcn. alle -e*** to move sb. to tears; ***non versare una*** ~ not to shed a tear; ***scoppiare*** o ***sciogliersi in -e*** to burst into tears; ***viso bagnato di -e*** tear-stained face; ***ridere fino alle -e*** to shed tears of laughter; ***-e di gioia*** tears of joy; ***piangere a calde -e*** to cry as though one's heart would break; ***avere la ~ facile*** to cry at the slightest thing *o* easily; ***versare -e amare*** to cry salt tears **2** COLLOQ. *(piccola quantità)* drop.

lacrimale /lakri'male/ agg. [*liquido, ghiandola*] lachrymal; ***condotto*** ~ tear duct.

lacrimare /lakri'mare/ [1] intr. (aus. *avere*) [*occhi*] to water, to weep*.

lacrimazione /lakrimat'tsjone/ f. lachrymation.

lacrimevole /lakri'mevole/ agg. tearful, sad; ***una storia*** ~ a sob story.

lacrimogeno /lakri'mɔdʒeno/ **I** agg. tear attrib.; ***gas*** ~ tear gas **II** m. tear gas.

lacrimoso /lakri'moso/ agg. **1** *(che lacrima)* tearful **2** *(triste)* tearful, sad.

lacuna /la'kuna/ f. **1** *(di opera)* lacuna **2** *(di educazione, nozioni, argomentazione)* gap; ***avere delle -e in qcs.*** to have a blind spot as far as sth. is concerned; ***colmare una*** ~ to plug a gap.

lacunoso /laku'noso/ agg. *(incompleto)* [*testo, nozioni*] defective, incomplete; ***ha una preparazione -a*** he doesn't have a solid background.

lacustre /la'kustre/ agg. lake attrib.

laddove /lad'dove/ cong. LETT. **1** *(avversativa)* whilst, whereas **2** *(qualora)* if, in case.

ladino /la'dino/ ♦ *16* **I** agg. Ladin **II** m. (f. **-a**) **1** Ladin **2** LING. Ladin.

ladresco, pl. **-schi**, **-sche** /la'dresko, ski, ske/ agg. thievish.

ladro /'ladro/ **I** m. (f. **-a**) thief* (anche FIG.); *(di appartamento)* burglar; ***~ d'automobili, di gioielli*** car, jewel thief; ***~ di polli*** FIG. small-time crook *o* thief; ***"al ~!"*** "stop thief!" **II** agg. **1** *(che ruba)* thieving **2** FIG. *(pessimo)* ***tempo*** ~ foul weather ♦ ***l'occasione fa l'uomo*** ~ PROV. opportunity makes the thief.

ladrocinio /ladro'tʃinjo/ → **latrocinio**.

ladrone /la'drone/ m. thief*.

ladruncolo /la'drunkolo/ m. (f. **-a**) small-time thief*.

lager /'lager/ m.inv. concentration camp.

laggiù /lad'dʒu/ avv. *(in basso)* down there, down below; *(lontano)* over there.

laghetto /la'getto/ m. pond; *(artificiale)* pool.

lagna /'laɲɲa/ f. **1** *(lamento continuo)* whine, whining **2** *(cosa, persona noiosa)* drag, bore.

lagnanza /laɲ'ɲantsa/ f. complaint, grievance.

lagnarsi /laɲ'ɲarsi/ [1] pronom. **1** *(lamentarsi)* to complain, to gripe (**di**, **per** about); to grumble (**di**, **per** at) **2** *(emettere lamenti)* to moan, to groan; ***~ per il dolore*** to groan in *o* with pain.

lagnoso /laɲ'ɲoso/ agg. **1** *(lamentoso)* [*tono, musica*] wailing; [*persona*] moaning; [*bambino*] whining **2** *(noioso)* boring, draggy COLLOQ.

lago, pl. **-ghi** /'lago, gi/ ♦ *15* m. **1** lake; ***il ~ di Garda*** Lake Garda **2** FIG. *(di sangue)* pool; ***essere in un ~ di sudore*** to be in a sweat.

laguna /la'guna/ f. lagoon.

lagunare /lagu'nare/ **I** agg. lagoon attrib. **II** m. = Italian army amphibious assault soldier.

l'Aia /'laja/ → **Aia**.

laicato /lai'kato/ m. **1** *(condizione)* lay status, laity **2** *(i laici)* laity.

laicismo /lai'tʃizmo/ m. secularism, laicism.

laicità /laitʃi'ta/ f.inv. laity.

laicizzare /laitʃid'dzare/ [1] **I** tr. to laicize, to secularize **II** **laicizzarsi** pronom. to become* laicized.

laico, pl. **-ci**, **-che** /'laiko, tʃi, ke/ **I** agg. lay, laic(al); [*società, istruzione*] secular **II** m. laic, layman*; ***i -ci*** laity, lay people.

laidezza /lai'dettsa/ f. **1** *(sozzura)* filth, foulness **2** *(oscenità)* filth, obscenity.

laido /'laido/ agg. **1** *(sozzo)* filthy, foul **2** *(osceno)* filthy, obscene.

1.lama /'lama/ f. *(di coltello, sega, forbici, pattino)* blade; ***~ di rasoio*** razor blade.

2.lama /'lama/ m.inv. ZOOL. llama.

3.lama /'lama/ m.inv. RELIG. lama.

Lamberto /lam'bɛrto/ n.pr.m. Lambert.

lambiccarsi /lambik'karsi/ [1] pronom. ***~ il cervello*** to beat *o* rack one's brains.

lambiccato /lambik'kato/ **I** p.pass. → **lambiccarsi** **II** agg. *(troppo ricercato)* affected, unnatural; *(troppo complesso)* convoluted.

lambire /lam'bire/ [102] tr. **1** *(con la lingua)* to lick **2** *(sfiorare)* to brush; [*fiamma*] to lick; [*acqua*] to lap against.

lambrusco, pl. **-chi** /lam'brusko/ m. ENOL. INTRAD. (slightly sparkling red wine typical of Emilia Romagna).

lamé /la'me/ m.inv. lamé.

lamella /la'mella/ f. **1** *(sottile lamina)* thin plate **2** *(di fungo)* gill.

lamentare /lamen'tare/ [1] **I** tr. **1** *(compiangere)* to lament [*morte*] **2** *(attestare con rammarico)* to report; ***si lamentano tre morti*** three deaths have been reported **3** *(accusare)* to complain of [*mal di testa*] **II** **lamentarsi** pronom. **1** *(lagnarsi)* to complain (**di**, **per** about; **con** to); ***-rsi per*** to complain of [*dolori, mal di testa*]; ***non mi posso ~ di lui*** I've no complains about him; ***non mi posso ~, non mi lamento*** *(va bene)* I can't complain **2** *(gemere)* to moan.

lamentazione /lamentat'tsjone/ f. lamentation.

lamentela /lamen'tɛla/ f. complaint.

lamentevole /lamen'tevole/ agg. **1** *(che esprime dolore)* mournful, plaintive **2** *(degno di compassione)* [*stato, condizione*] lamentable, pitiful.

lamento /la'mento/ m. lament (anche LETTER. MUS.); *(di dolore)* moan, groan.

lamentoso /lamen'toso/ agg. mournful, plaintive.

lametta /la'metta/ f. *(da barba)* razor blade.

lamiera /la'mjɛra/ f. plate, metal sheet ♦♦ ***~ ondulata*** corrugated iron.

lamierino /lamje'rino/ m. sheet.

lamina /'lamina/ f. **1** *(di metallo)* lamina*, thin sheet, thin layer; *(scaglia)* scale; ***~ d'oro*** gold foil **2** ANAT. BOT. GEOL. lamina* **3** *(degli sci)* edge.

laminare /lami'nare/ [1] tr. **1** *(ridurre in lamine)* to roll **2** *(rivestire con lamine)* to laminate.

laminato /lami'nato/ **I** p.pass. → **laminare** **II** agg. [*ferro*] rolled; [*superficie, legno*] laminated **III** m. METALL. rolled section.

laminatoio, pl. **-oi** /lamina'tojo, oi/ m. rolling mill.

laminatura /lamina'tura/, **laminazione** /laminat'tsjone/ f. lamination; METALL. rolling.

lampada /'lampada/ f. **1** lamp, light **2** *(abbronzante)* ***fare la ~*** to have a sunbath ♦♦ ***~ abbronzante*** sunlamp; ***~ da scrivania*** desk light *o* lamp, table lamp; ***~ a stelo*** free-standing lamp, standard lamp BE, floor lamp AE.

lampadario, pl. **-ri** /lampa'darjo, ri/ m. chandelier.

lampadina /lampa'dina/ f. (light) bulb; ***improvvisamente mi si è accesa la ~*** FIG. suddenly something clicked.

lampante /lam'pante/ agg. *(evidente)* [*contraddizione, errore*] glaring, self-evident; [*esempio*] blatant, glaring, outstanding; ***sta mentendo, è ~!*** it is blatantly obvious that he's lying!

lampeggiante /lamped'dʒante/ agg. [*semaforo, luce*] flashing.

lampeggiare /lamped'dʒare/ [1] **I** intr. (aus. *avere, essere*) [*luce*] to flash (on and off), to blink; ***~ (con gli abbaglianti) a*** to flash one's headlights at **II** impers. (aus. *avere, essere*) ***lampeggia*** there is lightning, it is lightning.

lampeggiatore /lampeddʒa'tore/ m. *(di auto)* indicator, blinker; *(su ambulanza ecc.)* beacon; ***~ d'emergenza*** blue light, blinker.

lampioncino /lampjon'tʃino/ m. paper lantern, Chinese lantern.

lampione /lam'pjone/ m. (street)lamp; *(palo)* lamppost ♦ ***~ a gas*** gas lamp.

lampo /'lampo/ **I** m. **1** METEOR. lightning **U**; ***un*** ~ a flash of lightning; ***ci sono dei -i*** there's lightning; ***con la rapidità*** o ***velocità del*** ~ with lightning speed, (as) quick as a flash; ***in un*** ~ in a flash; ***passare come un*** ~ to flash past *o* by **2** *(di sguardo)* flash; ***i suoi occhi lanciavano -i di collera*** his eyes were flashing with anger **II** f.inv. (anche **cerniera ~**) zip; ***chiudere, aprire una*** ~ to do up, to undo a zip **III** agg.inv.

(rapido) lightning attrib.; ***visita ~*** flying *o* lightning visit ♦♦ ***~ di genio*** flash of genius; ***~ di magnesio*** FOT. magnesium flash.
lampone /lam'pone/ m. *(frutto)* raspberry; *(pianta)* raspberry bush.
lampreda /lam'prɛda/ f. lamprey.
lana /'lana/ f. wool; ***di ~*** woollen BE, woolen AE, wool attrib.; ***pura ~ (vergine)*** pure (new) wool ♦ ***questione di ~ caprina*** captious remark; ***essere una buona ~*** to be a rascal *o* a scallywag ♦♦ ***~ d'acciaio*** steel wool; ***~ di vetro*** glass wool.
lancetta /lan'tʃetta/ f. **1** *(di orologio, cronometro)* hand; ***~ dei minuti, delle ore*** minute, hour hand **2** *(di bussola)* needle; *(di strumenti)* pointer **3** MED. lancet.
1.lancia, pl. **-ce** /'lantʃa, tʃe/ f. **1** *(da caccia, guerra)* spear; *(per torneo)* lance **2** *(di estintore)* nozzle ♦ ***spezzare una ~ in favore di qcn., qcs.*** to strike a blow for sb., sth.; ***partire (con la) ~ in resta*** to go full tilt.
2.lancia, pl. **-ce** /'lantʃa, tʃe/ f. *(imbarcazione)* launch ♦♦ ***~ di salvataggio*** lifeboat.
lanciafiamme /lantʃa'fjamme/ m.inv. flamethrower.
lanciamissili /lantʃa'missili/ m.inv. rocket launcher, missile launcher.
lanciarazzi /lantʃa'rattzi/ **I** agg.inv. [*pistola*] rocket launching **II** m.inv. rocket launcher, rocket gun.
lanciare /lan'tʃare/ [1] **I** tr. **1** *(gettare)* to throw* [*pallone, sasso*]; *(con violenza)* to hurl, to fling*; PESC. to cast* [*lenza, rete*]; SPORT to throw* [*disco, giavellotto, martello, peso*]; ***~ qcs. in acqua, aria*** to throw sth. in the water, (up) in the air; ***~ qcs. a qcn.*** to throw sth. to sb., sb. sth. **2** *(inviare)* to launch [*satellite*]; to fire [*missile, freccia*] (**su, a** at); to drop [*bomba*] (**su, a** on) **3** *(emettere)* to give* [*grido*] **4** *(indirizzare)* to hurl [*insulto*]; to give* [*sguardo*]; to issue [*sfida*]; to make*, to fling*, to level [*accusa*] (**a, contro** against); to issue [*ultimatum*]; to send* out [*SOS, invito*]; to launch [*appello*] **5** *(promuovere)* to launch [*prodotto, cantante, inchiesta, campagna*]; ***è il film che l'ha lanciato*** it's the film that made his name; ***~ una moda*** to start *o* set a fashion **6** *(fare accelerare)* ***~ un'auto a 150 km/h*** to take a car up to 150 kph; ***~ un cavallo al galoppo*** to spur one's mount into a gallop **7** INFORM. to launch [*programma*] **8** ECON. to float [*prestito*] **II lanciarsi** pronom. **1** *(inviarsi)* to throw* [sth.] to each other [*palla, oggetto*]; to exchange [*ingiurie, insulti*] **2** *(saltare)* to leap*, to jump; *(col paracadute)* to parachute; *(precipitarsi)* to dart, to fling* oneself; ***-rsi all'inseguimento di qcn.*** to set off in hot pursuit of sb. **3** *(impegnarsi)* ***-rsi in*** to embark on [*operazione, spese*]; ***-rsi negli affari*** to go into business.
lanciasiluri /lantʃasi'luri/ m.inv. torpedo tube.
lanciato /lan'tʃato/ **I** p.pass. → **lanciare II** agg. **1** [*veicolo*] at full speed, speeding along; ***partenza -a*** flying start **2** *(infervorato)* ***quando è ~ non lo ferma più nessuno*** once he gets going, he never stops.
lanciatore /lantʃa'tore/ m. (f. **-trice** /tritʃe/) SPORT *(nell'atletica)* thrower; *(nel baseball)* pitcher; *(nel cricket)* bowler; ***~ del disco, del giavellotto, del martello*** discus, javelin, hammer thrower; ***~ del peso*** shot-putter.
lanciere /lan'tʃɛre/ m. lancer.
Lancillotto /lantʃil'lɔtto/ n.pr.m. Lancelot.
lancinante /lantʃi'nante/ agg. [*dolore*] lancinating, nagging, shooting; [*mal di testa*] splitting.
lancio, pl. **-ci** /'lantʃo, tʃi/ ♦ ***10*** m. **1** throw; *(il lanciare)* throwing (anche SPORT); ***~ del disco, del giavellotto, del martello*** discus, javeling, hammer throwing; ***~ del peso*** shot put **2** *(di razzo, satellite)* launch; *(dall'alto)* dropping, drop; ***base di ~*** launching *o* launch site; ***rampa di ~*** launch(ing) pad **3** *(con paracadute)* parachute drop, jump **4** *(di campagna, offensiva, programma)* launching; *(di prodotto, libro, film)* launch; *(di prestito)* floating; *(di artista)* promotion; ***~ pubblicitario*** publicity launch; ***offerta di ~*** introductory offer.
landa /'landa/ f. *(brughiera)* heath, moor(land); *(territorio desolato)* barren land.
languidamente /langwida'mente/ avv. languidly.
languidezza /langwidet'tsa/ f. languor, faintness.
languido /'langwido/ agg. **1** *(debole)* [*persona*] listless, weak, faint **2** *(svenevole)* [*persona, movimento*] languid; [*sguardo, sospiro*] languishing.
languire /lan'gwire/ [102] intr. (aus. *avere*) **1** *(essere privo di energia)* [*persona*] to languish; [*economia*] to be* sluggish; [*conversazione*] to languish, to flag; [*luce*] to grow* dim, to grow* faint; ***~ in prigione*** to languish in prison **2** *(struggersi)* to languish, to pine; ***~ d'amore per qcn.*** to languish for sb., to be pining with love for sb.
languore /lan'gwore/ m. **1** *(debolezza)* languor, weakness, listlessness **2** *(struggimento)* languor; ***sguardo pieno di ~*** languishing eyes **3** *(di stomaco)* pangs pl. (of hunger).
laniccio, pl. **-ci** /la'nittʃo, tʃi/ m. fluff.
laniero /la'njɛro/ agg. wool attrib.
lanificio, pl. **-ci** /lani'fitʃo, tʃi/ m. woolen mill.
lanolina /lano'lina/ f. lanolin, wool fat.
lanoso /la'noso/ agg. wooly.
lanterna /lan'tɛrna/ f. **1** *(lume)* lantern **2** *(faro)* lighthouse; *(parte del faro)* beacon **3** ARCH. lantern ♦ ***prendere lucciole per -e*** to have *o* get hold of the wrong end of the stick ♦♦ ***~ cieca*** dark lantern; ***~ magica*** magic lantern.
lanternino /lanter'nino/ m. ***cercare qcs. col ~*** to search high and low for sth.; ***cercarsele col ~*** to be asking for trouble.
lanugine /la'nudʒine/ f. down.
lanuginoso /lanudʒi'noso/ agg. downy.
Laocoonte /laoko'onte/ n.pr.m. Laocoon.
laotiano /lao'tjano/ ♦ ***25, 16*** **I** agg. Lao, Laotian **II** m. (f. **-a**) **1** Lao*, Laotian **2** LING. Lao.
lapalissiano /lapalis'sjano/ agg. self-evident, obvious.
laparotomia /laparoto'mia/ f. laparotomy.
lapidare /lapi'dare/ [1] tr. **1** to lapidate, to stone [sb.] to death [*persona*] **2** FIG. *(demolire criticando)* to pan.
lapidario, pl. **-ri**, **-rie** /lapi'darjo, ri, rje/ agg. lapidary (anche FIG.).
lapidazione /lapidat'tsjone/ f. lapidation.
lapide /'lapide/ f. **1** *(per un sepolcro)* gravestone, tombstone **2** *(sui muri)* (memorial) tablet, plaque.
lapillo /la'pillo/ m. lapillus*.
lapin /la'pɛn/ m.inv. rabbit (fur).
lapis /'lapis/ m.inv. pencil.
lapislazzuli /lapiz'laddzuli/ m.inv. lapis lazuli.
lappare /lap'pare/ [1] intr. (aus. *avere*) [*cane, gatto*] to lap (up).
lappola /'lappola/ f. burr.
lappone /lap'pone, 'lappone/ ♦ ***30, 16*** **I** agg. Lapp **II** m. e f. Laplander, Lapp **III** m. *(lingua)* Lapp.
Lapponia /lap'pɔnja/ ♦ ***30*** n.pr.f. Lapland.
lapsus /'lapsus/ m.inv. slip (of the tongue); ***avere un ~*** to make a slip ♦♦ ***~ freudiano*** Freudian slip.
lardellare /lardel'lare/ [1] tr. to lard (**di, con** with).
lardo /'lardo/ m. lard.
largamente /larga'mente/ avv. **1** *(ampiamente)* [*accettato, diffuso*] widely **2** *(generosamente)* [*contribuire*] freely, generously.
largheggiare /larged'dʒare/ [1] intr. (aus. *avere*) to be* free (**in qcs.** with sth.); ***~ nelle spese*** to spend (money) freely.
larghezza /lar'gettsa/ ♦ ***21*** f. **1** *(dimensione)* width, breadth; ***misurare 5 metri in ~*** to be 5 metres wide *o* in breadth *o* across; ***in ~, nel senso della ~*** widthwise, breadthwise; ***~ di vedute*** FIG. broadmindedness **2** *(abbondanza) (di mezzi)* largeness, abundance **3** *(generosità)* liberality, generosity.
largo, pl. **-ghi**, **-ghe** /'largo, gi, ge/ Come mostrano le diverse accezioni dell'aggettivo *largo* qui sotto elencate, i principali equivalenti inglesi di *largo* sono *wide* e *broad*. - In termini molto generali, si può dire che *wide* indichi soprattutto l'ampiezza di qualcosa (*un fiume largo* = a wide river), mentre *broad* si usa spesso in relazione alle parti del corpo (*spalle larghe* = broad shoulders) o per descrivere qualcosa che è piacevolmente largo (*un largo viale alberato* = a broad tree-lined avenue). - Per gli altri usi ed equivalenti dell'italiano *largo*, si veda la voce qui sotto. ♦ ***21*** **I** agg. **1** [*fronte, spalle, fianchi*] broad; [*corridoio, fiume, letto*] wide; ***quanto è ~?*** how wide is it? ***essere ~ 4 metri*** to be 4 metres wide **2** *(ampio)* [*indumento, pantalone*] loose(-fitting), roomy, baggy; [*gonna*] full; ***mi va un po' ~*** it's a bit loose; ***~ in vita*** loose in the waist **3** *(grande, notevole)* [*maggioranza*] large; [*pubblico*] wide; [*consenso*] widespread; ***una -a parte dei presenti*** most of those present; ***su -a scala***

far-reaching; ***con ~ margine*** by a wide margin; ***in -a misura*** *o* ***parte*** in large measure, to a large *o* great extent **4** *(generoso)* [*persona*] generous (**con** to) **5** *(aperto)* ***di -ghe vedute*** broad-minded, open-minded **6** *(lento)* [*nodo, fasciatura*] loose **7 alla larga *stare alla -a da qcn., qcs.*** to give sb., sth. a wide berth, to keep away from sb., sth.; ***tenere qcn., qcs. alla -a da qcn.*** to keep sb., sth. out of sb.'s way; ***prendere qcs. alla -a*** to approach sth. in a roundabout way **II** m. **1** *(larghezza)* breadth, width **2** MAR. *(mare aperto)* open sea; ***prendere il ~*** to push off, to put (out) to sea; COLLOQ. FIG. to do a bunk; ***al ~*** off-shore, off the coast; ***al ~ di Napoli*** off Naples **3 in lungo e in largo *cercare qcs. in lungo e in ~*** to hunt high and low *o* far and wide for sth.; ***ha visitato la Francia in lungo e in ~*** he's travelled all over France **4** MUS. largo **5** *(slargo)* ***Largo Francia*** Francia place **III** avv. MUS. largo ♦ ***avere le spalle -ghe*** to have a broad back; ***fate ~!*** make way! ***farsi ~*** to push (one's way) (**tra** through); ***stare -ghi*** COLLOQ. *(avere molto spazio)* to have plenty of room.

larice /'laritʃe/ m. larch.

laringe /la'rindʒe/ f. larynx*.

laringite /larin'dʒite/ ➧ **7** f. laryngitis.

laringoiatra, m.pl. **-i**, f.pl. **-e** /laringo'jatra/ ➧ **18** m. e f. laryngologist.

larva /'larva/ f. **1** ZOOL. larva*; *(di insetto)* grub **2** SPREG. *(persona deperita)* skeleton.

larvale /lar'vale/ agg. larval.

larvato /lar'vato/ agg. *(velato)* concealed.

lasagne /la'zaɲɲe/ f.pl. lasagne **U**.

lasciapassare /laʃʃapas'sare/ m.inv. pass; *(salvacondotto)* safe-conduct, safe passage.

lasciare /laʃ'ʃare/ [1] **I** tr. **1** *(smettere di tenere)* to let* go of [*oggetto, corda*]; *(fare cadere)* to drop; ***lasciami!*** get off me! **2** *(separarsi da)* to leave* [*persona, famiglia, fidanzato*] **3** *(andare via da)* to leave* [*luogo, paese, ufficio*]; ***devo lasciarvi, ho una riunione*** I must go now, I have a meeting **4** *(dimenticare)* to leave* (behind), to forget* [*ombrello, chiavi, portafoglio*] **5** *(fare restare)* to leave* [*traccia, impronta*]; ***lasciami alla stazione*** drop me (off) at the station; ***~ qcn. nel dubbio*** to leave sb. in a state of uncertainty; ***~ le cose come stanno*** to leave well enough alone, to let the matter lie; ***~ in pace qcn.*** to leave sb. alone **6** *(rinunciare a)* to leave* [*lavoro, partito, azienda*]; to leave*, to give* up [*studi*] **7** *(cedere, prestare)* to leave*; ***~ il posto a qcn.*** to let sb. have one's seat **8** *(affidare)* to leave* (**a qcn.** with sb.) **9** *(dare)* ***~ [qcs.] a qcn.*** to give sb. [*mancia, tempo, scelta*] **10** *(rendere)* ***~ perplesso qcn.*** to puzzle sb.; ***mi lasciò indifferente*** it left me cold; ***~ libero un animale*** to let an animal go **11** *(vendere)* ***glielo lascio per 50 euro*** I'll let you have it for 50 euros **12** *(mantenere)* to leave*; ***~ la porta chiusa, una luce accesa*** to leave the door shut, a light on **13** *(conservare)* ***lasciami qualcosa da mangiare*** leave *o* keep me something to eat **14** *(in eredità)* to leave* [*denaro, proprietà*] **15** *(permettere)* ***~ che qcn., qcs. faccia*** to let sb., sth. do; ***~ fare qcs. a qcn.*** to let sb. do sth.; ***lascia fare a me*** leave it to me, let me (do that); ***~ cadere qcs.*** to let sth. fall **16 lasciare stare** *(non disturbare)* ***lascialo stare*** leave him alone, let him be; *(smettere di toccare)* ***lascia stare quella bici*** leave that bike alone; *(lasciare perdere)* ***no, lascia stare, pago io!*** no, no it's my treat! ***lascia stare, è un fastidio troppo grosso*** leave it, it's too much trouble **II lasciarsi** pronom. **1** *(separarsi)* [*persone*] to part; [*coppia*] to split* up, to break* up; ***-rsi da buoni amici, molto male*** to part the best of friends, on angry terms **2** *(farsi)* ***-rsi cullare dalle onde*** to be lulled by the waves; ***non è certo il tipo che si lascia fregare*** he won't be pushed around; ***-rsi sfuggire*** to let slip, to come out with [*frase, bestemmia*] **3** *(abbandonarsi)* ***-rsi andare alla disperazione*** to give in to despair ♦ ***lasciar detto, scritto a qcn. che...*** to give *o* leave sb. a message that...; ***lasciarci una gamba, un mucchio di soldi*** to lose an arm, a lot of money; ***lasciar correre*** o ***perdere*** to let sth. pass; ***prendere o ~*** take it or leave it; ***-rsi qcs. alle spalle*** to leave sth. behind; ***~ a molto desiderare*** to leave much to be desired; ***-rsi andare*** to let oneself go; ***~ il segno*** [*personaggio, avvenimento*] to set one's stamp; ***lascia il tempo che trova*** = it makes no difference.

lasciata /laʃ'ʃata/ f. ***ogni ~ è persa*** opportunity only knocks once.

lascito /'laʃʃito/ m. legacy, bequest.

lascivia /laʃ'ʃivja/ f. lewdness, lasciviousness.

lascivo /laʃ'ʃivo/ agg. lascivious, lecherous, lewd.

lasco, pl. **-schi**, **-sche** /'lasko, ski, ske/ agg. loose; MAR. slack.

laser /'lazer/ **I** m.inv. laser **II** agg.inv. laser attrib.

laserchirugia /lazerkirur'dʒia/ f. laser surgery.

laserterapia /lazertera'pia/ f. laser treatment.

lassativo /lassa'tivo/ agg. e m. laxative.

lassismo /las'sizmo/ m. laxity, laxness.

lassista, m.pl. **-i**, f.pl. **-e** /las'sista/ **I** agg. lax **II** m. e f. lax person.

lasso /'lasso/ m. ***~ di tempo*** lapse of time.

lassù /las'su/ avv. up there; *(in cielo, in paradiso)* up above; ***~ qualcuno mi ama*** somebody up there likes me.

lastra /'lastra/ f. **1** *(di pietra, marmo)* slab; *(per selciato)* flagstone; *(di metallo)* plate, sheet; *(di ghiaccio, vetro)* sheet **2** COLLOQ. *(radiografia)* X-ray **3** TIP. FOT. plate.

lastricare /lastri'kare/ [1] tr. to pave (**di** with).

lastricato /lastri'kato/ **I** p.pass. → **lastricare II** agg. [*strada*] paved **III** m. pavement, paving; *(con lastre di pietra)* flagging.

lastrico, pl. **-chi** o **-ci** /'lastriko, ki, tʃi/ m. paving, pavement ♦ ***essere sul ~*** to be on one's uppers *o* on the rocks; ***ridurre qcn. sul ~*** to take sb. to the cleaners, to beggar sb.

lastrone /las'trone/ m. (large) slab; *(di ghiaccio)* (thick) sheet.

latente /la'tente/ agg. [*tensione, rivolta*] simmering; [*dubbio, paura, sospetto*] lurking, latent; [*potenziale, talento*] dormant, latent; ***allo stato ~*** in a latent state; ***rimanere ~*** to lie dormant.

latenza /la'tentsa/ f. ***periodo di ~*** MED. latent period.

laterale /late'rale/ **I** agg. *(su un lato)* [*entrata, tasca, strada*] side attrib.; *(parallelo)* [*tunnel*] lateral **II** m. SPORT ***~ destro, sinistro*** right, left wing.

lateralmente /lateral'mente/ avv. laterally, sideways.

lateranense /latera'nεnse/ agg. ***i Patti Lateranensi*** the Lateran Treaty.

Laterano /late'rano/ n.pr.m. Lateran.

laterizio, pl. **-zi**, **-zie** /late'rittsjo, tsi, tsje/ **I** agg. brick attrib. **II** m. ***fabbrica di -zi*** brickworks.

latice /'latitʃe/ m. latex*.

latifoglio, pl. **-gli**, **-glie** /lati'fɔʎʎo, ʎi, ʎe/ agg. broad-leaved.

latifondiario, pl. **-ri**, **-rie** /latifon'djarjo, ri, rje/ agg. of a large estate.

latifondista, m.pl. **-i**, f.pl. **-e** /latifon'dista/ m. e f. big landowner.

latifondo /lati'fondo/ m. large landed estate.

latinismo /lati'nizmo/ m. Latinism.

latinista, m.pl. **-i**, f.pl. **-e** /lati'nista/ m. e f. Latinist.

latinizzare /latinid'dzare/ [1] tr. to Latinize.

latino /la'tino/ ➧ **16 I** agg. Latin; ***quartiere ~*** Latin Quarter; ***America -a*** Latin America **II** m. (f. **-a**) **1** Latin **2** LING. Latin.

latino-americano /latinoameri'kano/ **I** agg. Latin American **II** m. (f. **-a**) Latin American.

latitante /lati'tante/ **I** agg. DIR. absconding, fugitive (from justice) **II** m. e f. absconder, fugitive (from justice).

latitanza /lati'tantsa/ f. DIR. absconding.

latitudine /lati'tudine/ f. latitude; ***a 57° di ~ nord*** at a latitude of 57° north, at latitude 57° north.

1.lato /'lato/ agg. ***in senso ~*** broadly speaking.

2.lato /'lato/ m. **1** side (anche MAT.); ***dall'altro ~ della strada*** on the other side of *o* across the road; ***ai due -i opposti del tavolo*** at opposite ends of the table; ***sul ~ destro, sinistro*** on the right-hand, left-hand side **2 di lato** sideways, on(to) one's side; ***inclinare qcs. di ~*** to angle sth. sideways; ***saltare di ~*** to jump aside *o* to one side; ***visto di ~*** viewed from the side **3** *(aspetto)* side; ***prendere*** o ***vedere le cose dal ~ buono*** to look on the bright side of things; ***da un ~*** on the one hand; ***dall'altro ~*** on the other hand; ***il ~ oscuro di*** the dark side of **4** *(punto di vista)* ***dal ~ politico, morale*** from a political, moral point of view **5** *(ramo familiare)* side; ***dal ~ materno*** on the mother's side.

latore /la'tore/ m. (f. **-trice** /tritʃe/) bearer.

latrare /la'trare/ [1] intr. (aus. *avere*) to bark, to bay.

latrato /la'trato/ m. bark, bay.
latrina /la'trina/ f. lavatory; MIL. latrine.
latrocinio, pl. **-ni** /latro'tʃinjo, ni/ m. theft, robbery.
latta /'latta/ f. **1** *(lamiera)* tin plate **2** *(recipiente)* can, tin BE.
lattaia /lat'taja/ ➧ *18* f. milkwoman*.
lattaio, pl. **-ai** /lat'tajo, ai/ ➧ *18* m. milkman*.
lattante /lat'tante/ **I** agg. breast-fed **II** m. e f. **1** baby **2** SCHERZ. SPREG. colt, greenhorn.
lattato /lat'tato/ m. CHIM. lactate.
lattazione /lattat'tsjone/ f. lactation.
latte /'latte/ **I** m. milk; **~ *di mucca, pecora*** cow's, sheep's milk; ***al*** **~** [*caramella, cioccolato*] milk attrib.; ***dare il*** **~** *(allattare)* to breast-feed; ***fratello di*** **~** foster brother; ***vitello da*** **~** sucking calf; ***mucca da*** **~** dairy cow; ***dente da*** **~** milk *o* baby tooth; **~ *di mandorle, di cocco, di soia*** almond, coconut, soya milk **II** agg.inv. ***bianco*** o ***color*** **~** milk-white ♦ ***ha ancora il*** **~** ***sulle labbra*** he is wet behind the ears; ***far venire il*** **~** ***alle ginocchia a qcn.*** to bore sb. to death *o* to tears; ***è inutile piangere sul*** **~** ***versato*** it's no good crying over spilt milk ♦♦ **~ *condensato*** condensed milk; **~ *detergente*** cleansing milk; **~ *intero*** full cream milk, whole milk; **~ *a lunga conservazione*** long-life milk; **~ *macchiato*** latte; **~ *materno*** breast milk; **~ *parzialmente scremato*** semi-skimmed milk; **~ *pastorizzato*** pasteurized milk; **~ *in polvere*** powdered milk; **~ *scremato*** skim(med) milk; **~ *UHT*** UHT milk.
lattemiele /latte'mjele/ m.inv. = mixture of cream and honey ♦ ***essere tutto*** **~** to be all sweetness and light.
latteo /'latteo/ agg. [*prodotto, dieta*] milk attrib.; ***farina -a*** baby cereal; ***crosta -a*** cradle cap; ***la Via Lattea*** the Milky Way.
latteria /latte'ria/ f. **1** *(negozio)* dairy, milk bar **2** *(stabilimento)* dairy.
lattice /'lattitʃe/ m. latex*.
latticello /latti'tʃɛllo/ m. buttermilk.
latticini /latti'tʃini/ m.pl. dairy products.
lattico, pl. **-ci, -che** /'lattiko, tʃi, ke/ agg. ***acido*** **~** lactic acid; ***fermenti -i*** milk enzymes.
lattiera /lat'tjɛra/ f. milk jug.
lattiero /lat'tjɛro/ agg. dairy attrib., milk attrib.
lattierocaseario, pl. **-ri, -rie** /lat‚tjɛrokaze'arjo, ri, rje/ agg. dairy attrib.
lattiginoso /lattidʒi'noso/ agg. [*liquido*] milky.
lattina /lat'tina/ f. can, tin BE.
lattoniere /latto'njɛre/ ➧ *18* m. (f. **-a**) tinsmith.
lattonzolo /lat'tontsolo/ m. *(maialino)* suck(l)ing pig; *(vitello)* suck(l)ing calf.
lattosio /lat'tozjo/ m. lactose, milk-sugar.
lattuga /lat'tuga/ f. lettuce; **~ *romana*** cos lettuce.
laudano /lau'dano/ m. laudanum.
laurea /'laurea/ f. degree; **~ *in filosofia, medicina*** degree in philosophy, medicine; ***diploma di*** **~** university degree; ***tesi di*** **~** graduation thesis; ***conseguire*** *o* ***prendere la*** **~** to take *o* get a degree, to graduate ♦ **~ *breve*** = Italian degree similar to a bachelor's degree; **~ *ad honorem*** honorary degree.
laureando /laure'ando/ m. (f. **-a**) = final year student, student about to receive a degree.
laureare /laure'are/ [1] **I** tr. **1** *(dare la laurea a)* to confer a degree on **2** LETT. to crown [*poeta, vincitore*] **II laurearsi** pronom. **1** *(conseguire una laurea)* to graduate (**a** at, from), to take* a degree; ***-rsi in giurisprudenza*** to take a degree in law **2** FIG. ***-rsi campione*** to be crowned champion.
laureato /laure'ato/ **I** p.pass. → **laureare II** agg. graduated; ***essere*** **~** to have a degree (**in** in) **III** m. (f. **-a**) graduate; ***un*** **~** ***in lettere*** an arts graduate.
lauro /'lauro/ m. **1** BOT. bay (tree), laurel **2** FIG. laurels pl.
lautamente /lauta'mente/ avv. [*mangiare*] abundantly; [*ricompensare*] handsomely.
lauto /'lauto/ agg. [*guadagno*] rich, large; [*stipendio*] high; [*ricompensa*] handsome, generous; [*pranzo*] lavish.
lava /'lava/ f. lava.
lavabiancheria /lavabjanke'ria/ f.inv. washing machine.
lavabile /la'vabile/ agg. washable.
lavabo /la'vabo/ m. *(lavandino)* washbasin, hand basin.
lavacristallo /lavakris'tallo/ m.inv. screen wash.
lavadita /lava'dita/ m.inv. finger bowl.
lavaggio, pl. **-gi** /la'vaddʒo, dʒi/ m. washing, wash; **~ *a mano*** hand wash; ***ciclo di*** **~** washing cycle ♦♦ **~ *del cervello*** brainwashing; ***fare il*** **~** ***del cervello a qcn.*** to brainwash sb.; **~ *a secco*** dry-cleaning.
lavagna /la'vaɲɲa/ f. **1** MINER. slate **2** *(per scrivere)* blackboard; ***scrivere qcs. alla*** o ***sulla*** **~** to write sth. on the blackboard; ***andare alla*** **~** to go to the blackboard ♦♦ **~ *luminosa*** overhead projector; **~ *magnetica*** magnetic blackboard.
lavamacchine /lava'makkine/ ➧ *18* m. e f.inv. car washer.
lavamoquette /lavamo'kɛt/ f.inv. carpet cleaner.
1.lavanda /la'vanda/ f. **1** *(abluzione)* washing, wash **2** MED. lavage ♦♦ **~ *gastrica*** gastric lavage; ***fare una*** **~** ***gastrica a qcn.*** to pump sb.'s stomach (out).
2.lavanda /la'vanda/ ➧ *3* f. lavender.
lavandaia /lavan'daja/ ➧ *18* f. **1** laundress, washerwoman* **2** FIG. *(donna volgare)* fishwife*.
lavanderia /lavande'ria/ f. laundry ♦♦ **~ *a gettone*** laud(e)rette BE, laundromat AE.
lavandino /lavan'dino/ m. sink; *(lavabo)* washbasin.
lavapiatti /lava'pjatti/ ➧ *18* **I** m. e f.inv. dishwasher **II** f.inv. *(lavastoviglie)* dishwasher.
lavare /la'vare/ [1] Tra i vari usi e significati del verbo *lavare* qui sotto elencati, va notato che *lavarsi* si dice semplicemente *to wash*: *vado a lavarmi* = I'm going to wash; *ti sei lavato i denti?* = have you washed your teeth? *To wash oneself* si usa solamente quando il lavarsi implica uno sforzo particolare: *è troppo piccolo, non è ancora in grado di lavarsi* = he's too young, he can't wash himself yet. **I** tr. **1** *(pulire)* to wash [*abito, bambino, auto*]; **~ *qcs. a mano, in lavatrice*** to wash sth. by hand, in the machine; **~ *la biancheria*** o ***i panni*** to do one's washing; **~ *i piatti*** to do *o* wash the dishes, to do the washing-up BE; ***portare qcs. a*** **~**, ***fare*** **~** ***qcs.*** to have sth. washed; **~ *a secco*** to dry-clean **2** *(disinfettare)* to clean, to bathe, to cleanse [*ferita*] **II lavarsi** pronom. to wash; ***-rsi le mani*** to wash one's hands ♦ ***-rsi le mani di qcs.*** to wash one's hands of sth.
lavasciuga /lavaʃ'ʃuga/ f.inv. washer-dryer.
lavasecco /lava'sekko/ m. e f.inv. *(lavanderia)* dry-cleaner's.
lavastoviglie /lavasto'viʎʎe/ f.inv. dishwasher.
lavata /la'vata/ f. wash; ***darsi una*** **~** to have a wash ♦ ***dare una*** **~** ***di capo a qcn.*** to give sb. a dressing-down *o* a mouthful *o* an earful; ***prendersi una*** **~** ***di capo*** to get *o* catch it on the neck.
lavativo /lava'tivo/ m. (f. **-a**) *(scansafatiche)* shirker, lazy-bones, skiver BE.
lavatoio, pl. **-oi** /lava'tojo, oi/ m. **1** *(luogo)* washhouse **2** *(vasca)* washtub **3** *(asse)* washboard.
lavatrice /lava'tritʃe/ f. washing machine, washer COLLOQ.
lavatura /lava'tura/ f. **1** *(lavaggio)* washing **2** *(sciacquatura)* **~ *di piatti*** dishwater (anche FIG.).
lavavetri /lava'vetri/ **I** ➧ *18* m. e f.inv. *(persona)* window cleaner **II** m.inv. *(spatola)* squeegee.
lavello /la'vɛllo/ m. sink.
lavico, pl. **-ci, -che** /'laviko, tʃi, ke/ agg. lava attrib.
lavorabile /lavo'rabile/ agg. [*materiale*] workable; [*terreno*] cultivable.
lavoraccio, pl. **-ci** /lavo'rattʃo, tʃi/ m. *(lavoro faticoso)* slog.
lavorante /lavo'rante/ m. e f. worker.
lavorare /lavo'rare/ [1] **I** tr. *(manipolare)* to work [*legno, metallo*]; GASTR. to knead [*pasta*]; AGR. to work, to cultivate [*terra*] **II** intr. (aus. *avere*) **1** to work; **~ *molto*** o ***sodo*** to work hard; **~ *in fabbrica*** to work in a factory; **~ *nell'editoria*** to work in publishing; **~ *per qcn.*** to work for sb.; **~ *come insegnante*** to work as a teacher; **~ *in proprio*** to work for oneself, to freelance; **~ *in nero*** = to work without declaring one's earnings, under the table; **~ *a cottimo*** to job; **~ *su un testo, a un progetto*** to work on a text, project; ***far*** **~** ***un allievo*** to make a pupil work; ***far*** **~** ***il cervello*** FIG. to apply one's mind; ***lavori troppo di immaginazione*** you have an overactive imagination **2** *(fare affari)* [*commerciante, negozio, albergo*] to do* business; **~ *molto*** to do good business; **~ *in perdita*** to run at loss **3** SART. **~ *a maglia*** to knit; **~ *all'uncinetto*** to crochet **4** SPORT **~ *qcn. ai fianchi*** [*boxeur*] to work away at sb.'s ribs **III lavorarsi** pronom. ***-rsi qcn.*** to work on sb. ♦ **~ *come un negro*** to

work like a slave; ~ ***come un mulo*** to work like a horse; ~ ***di gomiti*** to elbow one's way; ~ ***sott'acqua*** to plot, to scheme.

lavorativo /lavora'tivo/ agg. [*vita, condizioni, orario*] working; ***giornata -a*** working day, workday; ***settimana -a*** working *o* work week AE; ***esperienza -a*** work experience.

lavorato /lavo'rato/ **I** p.pass. → **lavorare II** agg. **1** *(rifinito)* [*legno, pietra*] carved; [*metallo*] wrought; [*pelle*] tooled; *(industrialmente)* processed **2** [*terreno*] tilled.

lavoratore /lavora'tore/ ➧ **18 I** agg. working **II** m. (f. **-trice** /tritʃe/) worker; ***essere un gran*** ~ to be a hard worker ♦♦ ~ ***agricolo*** agricultural worker, farm labourer BE *o* laborer AE; ~ ***autonomo*** self-employed worker; ~ ***a contratto*** contract worker; ~ ***dipendente*** employee; ~ ***a domicilio*** houseworker; ~ ***interinale*** temporary employee; ~ ***part time*** part-timer; ~ ***stagionale*** seasonal worker; ~ ***a tempo pieno*** full-timer.

lavorazione /lavorat'tsjone/ f. **1** making, manufacturing, processing; ~ ***delle carni*** meat processing; ~ ***a macchina*** machine work, machining; ***ciclo di*** ~ operation schedule; ***metodo di*** ~ processing techinque; ***essere in*** ~ to be in progress **2** AGR. tillage, cultivation.

lavoretto /lavo'retto/ m. *(occasionale)* odd job; *(poco impegnativo)* easy job; *(di poca importanza)* small job.

lavoricchiare /lavorik'kjare/ [1] intr. (aus. *avere*) *(di malavoglia)* to work half-heartedly; *(occasionalmente)* to do* odd jobs, to potter about, around BE.

lavorio, pl. **-ii** /lavo'rio, ii/ m. **1** *(lavoro intenso)* intense activity **2** *(intrigo)* intrigue, plotting.

lavoro /la'voro/ I due principali equivalenti inglesi della parola *lavoro* sono *job* e *work*: in linea generale, *job* si riferisce al posto di lavoro o al rapporto d'impiego (specie se subordinato), mentre *work* indica l'attività lavorativa, il compito da svolgere, l'attività fisica o mentale richiesta per produrre qualcosa. Per gli esempi e numerosi usi idiomatici, si veda la voce qui sotto. - Per un riferimento più specifico, invece di *job* o *work*, possono anche essere usate parole quali *post, position* o *occupation* (per definire in modo formale un lavoro nel senso di *posizione lavorativa*), *line of work* o *line of business* (per definire nel linguaggio parlato il *tipo di lavoro* che uno fa), *trade* (per definire un *lavoro manuale ma qualificato*, ad esempio quello dell'elettricista) o *profession* (letteralmente, *professione*). **I** m. **1** *(attività fisica o mentale)* work; ***mettersi al*** ~ to get (down) to work, to start work; ***un mese di*** ~ a month's work; ***al*** ~*!* *(rivolto ad altri)* get to work! *(rivolto a se stessi)* let's get to work! ***ammazzarsi di*** ~ to work oneself to death **2** *(compito da svolgere)* (piece of) work, job; *(incarico)* job, task; ***stai facendo un buon*** ~ your're doing a good *o* lovely job; ***è un*** ~ ***da professionista*** o ***da maestro*** it's a very professional job; ***è un*** ~ ***da uomo*** it's man's work; ***gruppo di*** ~ work group **3** *(occupazione)* work; *(impiego, professione)* work **U**, job, employment; *(luogo dove si lavora)* work; ***che*** ~ ***fai?*** what's your job? ***un*** ~ ***da insegnante*** a teaching job; ***dare*** ~ ***a qcn.*** to give sb. a job; ***cambiare*** ~ to change jobs; ***perdere il*** ~ to lose one's job; ***essere senza*** ~ to be out of work; ***andare al*** ~ to go to work! ***essere al*** ~ to be at work; ***posto di*** ~ *(occupazione)* job; *(luogo)* workplace; ***abiti da*** ~ work clothes; ***orario, condizioni di*** ~ working hours, conditions; ***vivere del proprio*** ~ to work for one's living; ***parlare di*** ~ to talk shop; ***essere fuori per*** ~ to be out on business; ***secondo*** ~ *(non dichiarato)* moonlighting **4** ECON. SOCIOL. labour BE, labor AE; ***divisione del*** ~ division of labour; ***forza*** ~ workforce, labour force; ***il mondo del*** ~ the working world; ***il costo del*** ~ the cost of labour; ***mercato del*** ~ labour *o* job market **5** *(opera)* work (**su** on) **6** MECC. FIS. work **II lavori** m.pl. **1** *(in cantiere)* work sing.; *(sulle strade)* roadworks BE, roadwork **U** AE; ***far fare dei -i in casa propria*** to have work done in one's house; ***"chiuso per -i"*** "closed for repairs"; ***"-i in corso"*** "road under repair", "men at work" **2** *(di assemblea, commissione)* deliberations **3** *(serie di operazioni della stessa natura)* ***-i agricoli*** agricultural work; ***-i di cucito*** needlework ♦♦ ~ ***autonomo*** self-employment; ~ ***a cottimo*** piecework; ~ ***dipendente*** salaried job; ~ ***a domicilio*** working at home; ~ ***a maglia*** knitting; ~ ***interinale*** temping job; ~ ***manuale*** manual work; ~ ***minorile*** child labour; ~ ***nero*** = job for which no earnings are declared, under the table job; ~ ***notturno*** night-work; ~ ***part time*** part-time job; ~ ***di squadra*** teamwork; ~ ***stagionale*** seasonal work; ~ ***straordinario*** overtime; ~ ***a tempo pieno*** full-time job; ~ ***d'ufficio*** office work; ***-i di casa*** o ***domestici*** housework; ***-i femminili*** fancywork, needlework and knitting; ***-i forzati*** hard labour; FIG. slave labour; ***-i di manutenzione*** maintenance work; ***-i pubblici*** public works; ***-i di restauro*** renovations.

laziale /lat'tsjale/ ➧ **30 I** agg. **1** of Latium **2** SPORT [*tifoso, giocatore*] of Lazio, Lazio attrib. **II** m. e f. native, inhabitant of Latium.

Lazio /'lattsjo/ ➧ **30** n.pr.m. Latium.

lazo /'laddzo/ m.inv. lasso*.

lazzaretto /laddza'retto/ m. lazaret.

Lazzaro /'laddzaro/ n.pr.m. Lazarus.

lazzarone /laddza'rone/ m. (f. **-a**) **1** *(fannullone)* shirker **2** *(mascalzone)* rascal, scoundrel.

lazzo /'laddzo, 'lattso/ m. joke, jest.

1.le /le/ artc.det.f.pl. → **il.**

2.le /le/ v. la nota della voce **io**. **I** pron.pers.f.sing. **1** *(riferito a persona di sesso femminile)* her, to her, for her; ~ ***ho comprato un regalo*** I've bought her a present; ~ ***preparerò la colazione*** I'll prepare breakfast for her; ~ ***ho parlato*** I spoke to her; ***mandale i miei saluti!*** send her my love! **2** *(riferito a cosa)* it; ***la macchina è sporca, dalle una lavata*** the car is dirty, give it a wash **3** *(forma di cortesia)* you, to you; ~ ***dispiace se ...?*** do you mind if ...? ***mi permetta di presentarle mia figlio*** may I introduce my son to you? **II** pron.pers.f.pl. **1** *(esse)* them; ***non*** ~ ***conosco*** I don't know them; ***prendile*** take them **2** *(in espressioni ellittiche)* ***spararle grosse*** to talk big; ***darle a qcn.*** to give sb. a good thrashing.

leader /'lider/ **I** agg.inv. [*regione, azienda*] leading **II** m. e f.inv. leader.

leale /le'ale/ agg. **1** *(fedele)* loyal, faithful **2** *(corretto)* [*comportamento, competizione, concorrenza*] fair.

lealista, m.pl. **-i**, f.pl. **-e** /lea'lista/ agg., m. e f. loyalist.

lealmente /leal'mente/ avv. **1** *(fedelmente)* loyally **2** *(correttamente)* fairly.

lealtà /leal'ta/ f.inv. **1** *(fedeltà)* loyalty (**verso** to) **2** *(correttezza)* *(di persona, comportamento)* honesty; *(di competizione)* fairness.

leasing /'lizin(g)/ m.inv. leasing; ***prendere qcs. in*** ~ to lease sth. ♦♦ ~ ***immobiliare*** leaseback.

lebbra /'lebbra/ ➧ **7** f. leprosy.

lebbrosario, pl. **-ri** /lebbro'sarjo, ri/ m. leper colony.

lebbroso /leb'broso/ **I** agg. leprous **II** m. (f. **-a**) leper.

leccaculo /lekka'kulo/ m. e f.inv. VOLG. ass-kisser, arselicker BE, kiss ass AE.

lecca-lecca /lekka'lekka/ m.inv. lollipop, lolly.

leccapiedi /lekka'pjɛdi/ m. e f.inv. SPREG. bootlicker, toady.

leccarda /lek'karda/ f. drip(ping) pan.

leccare /lek'kare/ [1] **I** tr. **1** *(con la lingua)* to lick; [*animale*] to lap [*latte, acqua*] **2** FIG. *(adulare)* to suck up to [*persona*] **II leccarsi** pronom. ***-rsi le dita*** to lick one's fingers; FIG. to lick one's chops; ***-rsi le labbra*** o ***i baffi*** to lick one's chops ♦ ~ ***i piedi a qcn.*** to lick sb.'s boots, to suck up to sb.; ~ ***il culo a qcn.*** VOLG. to kiss *o* lick sb.'s arse BE *o* ass AE; ***-rsi le ferite*** to lick one's wounds.

leccata /lek'kata/ f. lick.

leccato /lek'kato/ **I** p.pass. → **leccare II** agg. *(affettato)* overpolished; *(molto curato)* [*persona*] smooth, affected.

leccio, pl. **-ci** /'lettʃo, tʃi/ m. holm oak.

leccornia /lekkor'nia/ f. delicacy, dainty, titbit BE, tidbit AE.

lecitina /letʃi'tina/ f. lecithin.

lecito /'letʃito/ **I** agg. **1** *(permesso)* [*azione, attività*] lawful, legitimate; DIR. allowable; ***a lui tutto è*** ~ he can do what he likes; ***dove è diretta, se mi è*** ~*?* where are you going, if I may ask? **2** *(giustificato)* [*domanda, commento, decisione*] fair, justifiable; ***è*** ~ ***dire*** it's fair to say, one may legitimately say **II** m. ***nei limiti del*** ~ within the limits of what we can do, within the law.

ledere /'lɛdere/ [10] tr. **1** *(danneggiare)* to wrong, to injure [*persona*]; to injure, to damage [*reputazione*]; to injure, to harm [*interessi*]; to prejudice [*diritti*]; [*terremoto*] to damage [*edificio*] **2** MED. to injure, to damage [*organo*].

1.lega, pl. **-ghe** /'lega, ge/ f. **1** *(associazione)* league, association; ~ ***calcio*** Football League **2** *(alleanza)* league, alliance; ***far ~ con qcn.*** to be in league with sb. **3** METALL. alloy; ***in ~*** alloy; ***di buona ~*** sterling, genuine; ***di bassa ~*** [*metallo*] base; FIG. cheap, of little worth ♦♦ ***Lega (Nord)*** POL. = Italian regionalist and federalist political party.

2.lega, pl. **-ghe** /'lega, ge/ ➧ **21** f. *(unità di misura)* league.

legaccio, pl. **-ci** /le'gattʃo, tʃi/ m. string, fastener; *(di scarpe)* lace.

legale /le'gale/ **I** agg. [*età, attività, possesso, spese, vie*] legal; [*separazione*] legal, judicial; [*durata*] prescribed by law; [*custodia, sciopero*] lawful; ***moneta a corso ~*** legal tender; ***studio ~*** law firm **II** m. *(avvocato)* lawyer, solicitor BE, attorney AE.

legalismo /lega'lizmo/ m. legalism.

legalista, m.pl. **-i**, f.pl. **-e** /lega'lista/ **I** agg. legalistic **II** m. e f. legalist.

legalistico, pl. **-ci**, **-che** /lega'listiko, tʃi, ke/ agg. legalistic.

legalità /legali'ta/ f.inv. legality, lawfulness; ***restare nella, uscire dalla ~*** to remain within, to go outside the law.

legalizzare /legalid'dzare/ [1] tr. **1** *(rendere legale)* to legalize **2** *(autenticare)* to certify, to authenticate [*documento*]; to attest, to authenticate [*firma*].

legalizzazione /legaliddzat'tsjone/ f. **1** *(per rendere legale)* legalization **2** *(per autenticare)* certification, authentication.

legalmente /legal'mente/ avv. [*agire*] lawfully, legally; [*comprare, vendere*] legally; ***~ riconosciuto*** recognized by law.

legame /le'game/ m. **1** *(vincolo)* link, bond **2** *(nesso, rapporto)* link, nexus* **3** *(relazione)* connection, link, relationship; *(a livello affettivo, amoroso)* tie, bond; ***~ di amicizia*** friendly tie; ***-i affettivi*** emotional ties *o* bonds; ***-i di sangue*** blood ties; ***~ di parentela*** family relationships *o* ties **4** CHIM. bond.

legamento /lega'mento/ m. ANAT. ligament.

legante /le'gante/ m. **1** IND. binder **2** GASTR. thickening.

1.legare /le'gare/ [1] **I** tr. **1** *(avvolgere)* to bind*, to tie, to rope [*persona, mani, piedi*]; to tie (back) [*capelli*]; ***~ qcn. mani e piedi*** to bind *o* tie sb. hand and foot **2** *(fissare)* to fasten, to tie [*corda*] (**a** to); to tie (up) [*pacco*]; *(con una catena)* to chain (up) [*persona, animale, bicicletta*] (**a** to); *(con cinghie)* to strap down [*paziente, prigioniero*] **3** FIG. *(unire)* to bind*, to tie; ***l'amore che lo lega a lei*** the love that binds him to her **4** FIG. *(vincolare)* to bind*, to tie; ***~ qcn. con una promessa*** to bind sb. by a promise **5** FIG. *(connettere)* to link, to connect [*idee, avvenimenti*] (**a** to) **6** *(per chiudere)* to tie [*sacco*]; to do* up, to tie up [*lacci*] **7** GASTR. to bind*, to thicken [*salsa*] **8** MUS. to tie [*note*] **9** METALL. to alloy [*metalli*] **II** intr. (aus. *avere*) **1** METALL. to alloy **2** FIG. *(stringere amicizia)* ***~ con qcn.*** to make friends *o* to hit it off with sb.; ***~ facilmente*** to be a good mixer, to make friends easily **III legarsi** pronom. **1** *(avere una relazione con)* to bind* oneself (**a** to), to get* involved (**a** with) **2** *(vincolarsi)* to bind* oneself **3** *(allacciarsi)* to tie [*lacci*]; *(annodarsi)* to tie [*capelli*] ♦ ***questa me la lego al dito!*** I won't forget that! ***matto*** o ***pazzo da ~*** raving lunatic *o* as mad as a March hare.

2.legare /le'gare/ [1] tr. DIR. to bequeath [*beni mobili*]; to devise [*beni immobili*].

legatario, pl. **-ri** /lega'tarjo, ri/ m. *(di beni mobili)* legatee; *(di beni immobili)* devisee.

1.legato /le'gato/ **I** p.pass. → **1.legare II** agg. **1** *(immobilizzato)* tied, bound; ***ho le mani -e*** my hands are tied (anche FIG.); ***portare i capelli -i*** to wear one's hair tied back **2** *(collegato)* tied, related, linked (**a** to); bound up (**a** with) **3** FIG. fond, attached; ***essere ~ sentimentalmente a qcn.*** to be (romantically) involved with sb. **4** *(vincolato)* ***~ a*** o ***da una promessa*** tied to a promise **5** *(impacciato)* stiff **III** avv. e m. MUS. legato.

2.legato /le'gato/ m. STOR. RELIG. legate.

3.legato /le'gato/ m. DIR. *(di beni mobili)* legacy, bequest; *(di beni immobili)* devise.

legatore /lega'tore/ ➧ **18** m. (f. **-trice** /tritʃe/) (book)binder.

legatoria /legato'ria/ f. **1** *(arte)* (book)binding **2** *(laboratorio)* (book)bindery.

legatrice /lega'tritʃe/ f. AGR. *(macchina)* binder.

legatura /lega'tura/ f. **1** *(azione del legare)* tying, binding **2** MUS. ligature, slur, tie **3** *(rilegatura)* (book)binding **4** MED. ligature.

legazione /legat'tsjone/ f. legation.

legenda /le'dʒɛnda/ f. *(su carte geografiche)* key, legend; *(su grafici)* label.

legge /'leddʒe/ f. **1** *(norma)* law, act; ***approvare, fare passare una ~*** to pass, carry a law; ***~ sull'aborto*** abortion act; ***~ parlamentare*** Act of Parliament; ***disegno*** o ***progetto di ~*** bill **2** *(corpo di leggi)* (the) law **U**, legislation, statute; ***rispettare la ~*** to obey the law; ***in nome della ~*** in the name of the law; ***la ~ è uguale per tutti*** all men are equal before the law; ***secondo la ~ italiana*** under Italian law; ***per ~*** by law; ***mettere qcs. fuori ~*** to outlaw sth.; ***rappresentante della ~*** law officer; ***uomo di ~*** lawyer **3** *(principio)* law; ***-i fisiche, economiche*** laws of physics, economics; ***le -i della natura*** the laws of nature; ***la ~ del più forte*** the law of the strongest **4** UNIV. *(giurisprudenza)* law ♦ ***dettar ~*** to lay down the law, to call the shots; ***fatta la ~ trovato l'inganno*** every law has a loophole ♦♦ ***~ civile*** civil law; ***~ costituzionale*** constitutional law; ***~ delega*** delegated *o* subordinated legislation; ***~ divina*** divine law; ***~ finanziaria*** finance bill; ***~ di gravità*** law of gravity; ***~ marziale*** martial law; ***~ di mercato*** market law; ***~ di Murphy*** Murphy's law; ***~ quadro*** outline law.

leggenda /led'dʒɛnda/ f. **1** *(favola)* legend, tale, fable; ***~ popolare*** folk tale; ***~ vivente*** living legend; ***entrare nella ~*** to pass into legend **2** *(di carta geografica)* legend ♦♦ ***~ metropolitana*** urban myth.

leggendario, pl. **-ri**, **-rie** /leddʒen'darjo, ri, rje/ agg. legendary, mythical.

leggere /'lɛddʒere/ [59] tr. **1** to read*; ***~ qcs. a qcn.*** to read sth. to sb., to read sb. sth.; ***saper ~ e scrivere*** to be literate, to know how to read and write; ***~ ad alta voce*** to read aloud, to read out (loud); ***~ in silenzio*** to read quietly *o* to oneself; ***leggi a pagina 5*** read page 5; ***mi piace ~*** I like reading; ***~ le labbra di qcn.*** to read sb.'s lips; ***~ a prima vista*** MUS. to sight-read **2** *(interpretare)* to read* [*carte*]; to see* into [*futuro*]; to interpret [*film, fatto*]; ***~ la mano*** to read palms; ***~ nel pensiero di qcn.*** to read sb.'s thoughts *o* mind; ***te lo si legge in faccia, in fronte*** it's written all over your face, I can tell from the look on your face ♦ ***~ tra le righe*** to read between the lines.

leggerezza /leddʒe'rettsa/ f. **1** lightness **2** *(agilità)* *(di persona)* lightness, nimbleness; *(di andatura, movimento, stile)* lightness; ***con ~*** lightly **3** *(superficialità)* *(di giudizio, parole)* lightness, levity, lack of thought; *(frivolezza)* lightness, fickleness, flippancy; ***con ~*** [*parlare*] lightly; [*comportarsi*] frivolously **4** *(azione leggera)* ***una ~ imperdonabile*** an unpardonable carelessness; ***è stata una grossa ~ da parte sua*** that was most thoughtless of him.

leggermente /leddʒer'mente/ avv. **1** *(delicatamente)* [*appoggiare, muovere*] gently; [*toccare*] lightly **2** *(poco)* slightly.

leggero /led'dʒɛro/ **I** agg. **1** *(che pesa poco)* light, lightweight; ***essere ~ come una piuma*** to be as light as a feather; ***sentirsi più ~*** FIG. to have a weight off one's mind, to feel relieved **2** IND. [*industria, lega*] light **3** GASTR. [*piatto, pasto, cucina, cibo*] light; ***tenersi ~*** to have light meals *o* a light meal **4** *(non spesso)* [*abiti, stoffa*] light(weight), thin; [*scarpe*] light **5** *(agile)* [*persona*] light, nimble; [*passo*] light, soft, nimble **6** *(lieve)* [*ritardo, calo, vantaggio*] slight; [*rumore*] soft, light; [*ferita*] minor, slight; [*infezione, attacco, malessere*] mild; [*pioggia, vento*] light, soft, moderate; [*brezza*] faint, gentle, soft; [*colpo, carezza*] light, delicate, soft; [*tremore, scossa di terremoto*] light; [*accento, odore*] light, faint, slight; *(indulgente)* [*punizione*] light, mild; *(poco faticoso)* [*lavoro, allenamento*] light; ***avere un ~ difetto di pronuncia*** to have a slight speech defect *o* impediment; ***avere la mano -a*** to have a light touch, to be light-handed; ***avere il sonno ~*** to be a light sleeper, to sleep lightly **7** *(poco concentrato)* [*vino*] light; [*caffè, tè*] weak, mild; [*birra, sigarette*] light, mild; [*tabacco*] mild; *(con effetti minori)* [*droghe*] soft **8** *(disimpegnato)* [*film, libro*] light(weight), flimsy **9** *(frivolo)* [*persona*] light-minded, fickle, flippant; [*donna*] flirtatious, fickle **10** MIL. [*arma, artiglieria*] light **11** SPORT ***pesi -i*** lightweight **12 alla leggera** [*parlare, agire*] lightly, without thinking; ***prendere qcs. alla -a*** to take sth. lightly **II** avv. [*viaggiare*] light; [*essere vestito*] lightly; ***mangiare, cucinare ~*** to eat, cook light meals.

leggiadria /leddʒa'dria/ f. gracefulness, weightlessness.

leggiadro /led'dʒadro/ agg. graceful, weightless.
leggibile /led'dʒibile/ agg. **1** *(decifrabile)* [*scrittura*] clear, legible, readable **2** *(facile da leggere)* [*autore, romanzo*] legible, readable.
leggio, pl. **-ii** /led'dʒio, ii/ m. *(per libro)* bookrest, bookstand; *(di oratore, in chiesa)* lectern; *(per musica)* music stand, desk.
leggiucchiare /leddʒuk'kjare/ [1] tr. *(senza impegno)* to have* a read of [*giornale*].
leghista, m.pl. **-i**, f.pl. **-e** /le'gista/ **I** agg. POL. = of the "Lega Nord" **II** m. e f. POL. = member of the "Lega Nord".
legiferare /ledʒife'rare/ [1] intr. (aus. *avere*) to legislate, to make* laws.
legionario, pl. **-ri**, **-rie** /ledʒo'narjo, ri, rje/ m. **1** STOR. legionary **2** *(della Legione straniera)* legionnaire; ***morbo del ~*** legionnaire's disease.
legione /le'dʒone/ f. legion (anche FIG.) ♦♦ ***Legione straniera*** Foreign Legion.
legionellosi /ledʒonel'lɔzi/ ➧ **7** f.inv. legionnaire's disease.
legislativo /ledʒizla'tivo/ agg. [*assemblea, provvedimento*] legislative; ***potere ~*** legislature.
legislatore /ledʒizla'tore/ m. (f. **-trice** /tritʃe/) legislator, lawmaker, lawgiver.
legislatura /ledʒizla'tura/ f. **1** *(periodo)* term of office of a legislature **2** *(assemblea legislativa)* legislature.
legislazione /ledʒizlat'tsjone/ f. **1** *(insieme di leggi)* legislation, law **U** **2** *(attività legislativa)* legislation, lawmaking.
legittima /le'dʒittima/ f. = portion of a deceased person's estate to which their immediate family is legally entitled, regardless of the terms of the will.
legittimamente /ledʒittima'mente/ avv. legitimately.
legittimare /ledʒitti'mare/ [1] tr. **1** DIR. to legitimize **2** *(giustificare)* to legitimize, to justify.
legittimazione /ledʒittimat'tsjone/ f. legitimation.
legittimità /ledʒittimi'ta/ f.inv. **1** DIR. legitimacy **2** *(di un'azione)* legitimacy, justifiability.
legittimo /le'dʒittimo/ agg. **1** *(secondo la legge)* [*figlio, coniuge*] legitimate, lawful; [*erede, proprietario*] legal, lawful, legitimate, rightful; [*matrimonio*] lawful; [*potere, governo*] legitimate **2** *(giustificato)* [*azione, dubbio*] legitimate; [*domanda*] legitimate, fair; [*rivendicazione*] legitimate, legal, just, rightful; ***è ~ dire*** one can legitimately say ♦♦ ***-a difesa*** self-defence BE, self-defense AE; ***~ sospetto*** reasonable suspicion.
legna /'leɲɲa/ f.inv. wood; ***far ~*** to gather wood; ***~ da ardere*** firewood; ***stufa a ~*** wood stove ♦ ***mettere*** o ***aggiungere ~ al fuoco*** to add fuel to the flames *o* fire.
legnaia /leɲ'ɲaja/ f. woodshed.
legname /leɲ'ɲame/ m. wood; *(da carpenteria, costruzione)* timber, lumber AE.
legnare /leɲ'ɲare/ [1] tr. COLLOQ. to thrash, to wallop.
legnata /leɲ'ɲata/ f. COLLOQ. blow with a stick; ***dare un sacco di -e a qcn.*** to give sb. a beating *o* bashing *o* thrashing.
legno /'leɲɲo/ **I** m. wood; ***~ di pino, quercia*** pinewood, oak wood; ***tavolo di ~*** wooden table; ***testa di ~*** FIG. SPREG. woodenhead, thickhead, blockhead **II legni** m.pl. MUS. woodwind ♦♦ ***~ dolce*** softwood.
legnoso /leɲ'ɲoso/ agg. **1** woody **2** *(duro)* [*carne*] tough **3** FIG. wooden, stiff.
leguleio, pl. **-ei** /legu'lɛjo, ɛi/ m. SPREG. pettifogger.
legume /le'gume/ m. legume, pulse.
leguminosa /legumi'nosa/ f. legume.
lei /lɛi/ v. la nota della voce **io**. **I** pron.pers.f. **1** *(soggetto)* she *(in inglese va sempre espresso)*; ***~ e i suoi amici erano lì*** she and her friends were there **2** *(complemento oggetto)* her; ***conosco ~ ma non lui*** I know her, not him **3** *(preceduto da preposizione)* ***non penso più a ~*** I don't think about her any more; ***un regalo per ~*** a present for her; ***sono più giovane di ~*** I'm younger than she (is) *o* than her; ***degli amici di ~*** friends of hers **II** pron.pers.m. e f. *(forma di cortesia)* you; ***~ è troppo buono*** you are too kind; ***dopo di ~!*** after you! **III** m. ***l'uso del ~*** the use of the "lei" form; ***dare del ~*** to use the polite form; ***dare del ~ a qcn.*** to address sb. using the "lei" form; ***darsi del ~*** to address one another using the "lei" form.
lembo /'lembo/ m. *(di tessuto)* corner; *(di camicia)* shirttail; *(di tovaglia, lenzuolo)* overhang; *(di terra)* patch; *(di ferita)* lip, edge.
lemma /'lɛmma/ m. LING. entry, headword.
lemmario, pl. **-ri** /lem'marjo, ri/ m. wordlist.
lemme lemme /'lɛmme'lɛmme/ avv. very slowly, at a leisurely pace.
lemming /'lɛming/ m.inv. lemming.
lemure /'lɛmure/ m. ZOOL. lemur.
lena /'lena/ f. ***di buona ~*** [*lavorare*] with a will, energetically; ***mettersi di buona ~*** to wade in COLLOQ.
lendine /'lɛndine/ m. e f. nit.
lenire /le'nire/ [102] tr. to alleviate, to dull, to ease, to soothe [*dolore*]; to alleviate, to mitigate [*sofferenza, pena*].
lenitivo /leni'tivo/ agg. e m. demulcent.
lenone /le'none/ m. procurer, bawd.
lentamente /lenta'mente/ avv. [*camminare*] slowly, at a slow pace; [*guidare, avvicinarsi, parlare*] slow, slowly.
lente /'lɛnte/ f. lens, glass; ***mettersi le -i*** to put in one's contact lenses ♦♦ ***~ a contatto*** contact lens; ***~ d'ingrandimento*** magnifying glass, magnifier; ***~ morbida*** soft lens; ***~ rigida*** hard lens.
lentezza /len'tettsa/ f. slowness; ***con ~*** slowly.
lenticchia /len'tikkja/ f. *(legume)* lentil.
lentiggine /len'tiddʒine/ f. freckle.
lentigginoso /lentiddʒi'noso/ agg. freckled.
lento /'lɛnto/ **I** agg. **1** [*persona, veicolo, digestione, film*] slow; [*reazione, traffico*] slow, sluggish; [*passo*] slow, leisurely; ***essere ~ come una lumaca*** to be a slowcoach, to be as slow as a snail; ***essere ~ di comprendonio*** to be slow on the uptake **2** *(allentato)* [*nodo, fune*] slack, loose; [*vite*] loose **II** m. MUS. slow dance **III** avv. slowly.
lenza /'lentsa/ f. PESC. (fishing) line; ***pesca con la ~*** line fishing, angling.
lenzuolo, pl. **-i**, pl.f. **-a** /len'tswɔlo/ m. sheet; ***~ matrimoniale*** double sheet; ***~ singolo*** o ***a una piazza*** single sheet; ***~ con angoli*** fitted sheet; ***infilarsi sotto le -a*** to get under the blankets ♦ ***essere bianco come un ~*** to be as white as a sheet ♦♦ ***~ funebre*** shroud.
Leonardo /leo'nardo/ n.pr.m. Leonard.
leoncino /leon'tʃino/ m. lion cub.
leone /le'one/ m. lion ♦ ***avere un coraggio da -i*** to be as brave as a lion; ***sentirsi un ~*** to feel like a lion; ***battersi come un ~*** to fight like a lion *o* tiger; ***prendere*** o ***fare la parte del ~*** to take the lion's share ♦♦ ***~ marino*** sea lion.
Leone /le'one/ ➧ **38** m.inv. ASTROL. Leo, the Lion; ***essere del ~*** o ***un ~*** to be (a) Leo.
leonessa /leo'nessa/ f. lioness.
leonino /leo'nino/ agg. LETT. [*aspetto, chioma*] leonine.
leopardato /leopar'dato/ agg. [*fantasia, motivo*] leopardskin.
leopardo /leo'pardo/ m. **1** *(animale)* leopard; ***femmina di ~*** leopardess **2** *(pelliccia)* leopardskin.
Leopoldo /leo'pɔldo/ n.pr.m. Leopold.
leporino /lepo'rino/ agg. ***labbro ~*** harelip.
lepre /'lɛpre/ f. **1** ZOOL. hare **2** SPORT pacemaker.
leprotto /le'prɔtto/ m. leveret.
lercio, pl. **-ci**, **-ce** /'lɛrtʃo, tʃi, tʃe/ agg. filthy, foul.
lerciume /ler'tʃume/ m. filth, foulness.
lesbica, pl. **-che** /'lɛzbika, ke/ f. lesbian, dyke BE, dike AE.
lesbico, pl. **-ci**, **-che** /'lɛzbiko, tʃi, ke/ agg. lesbian.
lesbismo /lez'bizmo/ m. lesbianism.
lesena /le'zɛna/ f. pilaster.
lesina /'lezina/ f. awl, punch.
lesinare /lezi'nare/ [1] **I** tr. to skimp on, to be* sparing with **II** intr. (aus. *avere*) ***~ su*** to be sparing with, to skimp on [*denaro, spesa, cibo*] ♦ ***~ il centesimo*** to count the pennies.
lesionare /lezjo'nare/ [1] **I** tr. to damage **II lesionarsi** pronom. to be* damaged.
lesione /le'zjone/ f. **1** MED. damage, lesion, injury **2** DIR. injury; ***~ personale*** personal injury, bodily harm **3** *(crepa)* damage **U**, crack.
lesivo /le'zivo/ agg. **1** *(dannoso)* detrimental, harmful **2** DIR. prejudicial (**di** to).
leso /'lezo/ **I** p.pass. → **ledere** **II** agg. **1** MED. [*organo*] injured **2** DIR. ***la parte -a*** the injured party, the aggrieved ♦♦ ***-a maestà*** lese-majesty.

lessare /les'sare/ [1] tr. to boil.
lessicale /lessi'kale/ agg. lexical.
lessico, pl. **-ci** /'lɛssiko, tʃi/ m. **1** *(insieme di termini)* lexicon, vocabulary **2** *(dizionario)* lexicon, dictionary.
lessicografia /lessikogra'fia/ f. lexicography.
lessicografo /lessi'kɔgrafo/ ➧ ***18*** m. (f. **-a**) lexicographer.
lesso /'lesso/ **I** agg. boiled **II** m. *(carne bollita)* boiled meat; *(taglio di carne)* boiling meat.
lesto /'lɛsto/ agg. *(veloce)* quick; *(agile)* nimble; ***essere ~ di mano*** to be light- *o* nimble-fingered.
lestofante /lesto'fante/ m. rascal, rogue, scoundrel.
letale /le'tale/ agg. [*malattia, ferita, veleno, arma*] lethal, deadly; [*conseguenza*] lethal; ***avere un effetto ~*** to have a lethal effect, to be fatal.
letamaio, pl. **-ai** /leta'majo, ai/ m. **1** dunghill, manure heap, muckheap **2** FIG. dunghill.
letame /le'tame/ m. **1** dung, manure, muck **2** FIG. muck, filth.
letargia /letar'dʒia/ ➧ ***7*** f. lethargy.
letargico, pl. **-ci**, **-che** /le'tardʒiko, tʃi, ke/ agg. **1** MED. lethargic (anche FIG.) **2** *(di animali)* ***sonno ~*** hibernation.
letargo, pl. **-ghi** /le'targo, gi/ m. **1** *(di animali)* *(invernale)* hibernation; ***essere, andare in ~*** to hibernate, to go into hibernation **2** MED. lethargy (anche FIG.).
letizia /le'tittsja/ f. joy, happiness.
lettera /'lɛttera, 'lettera/ **I** f. **1** *(segno grafico)* letter; ***~ minuscola*** small letter; TIP. lower-case letter; ***~ maiuscola*** capital *o* big letter; TIP. upper-case letter; ***parola di tre -e*** three-letter word; ***scrivere la somma in -e*** to write the sum in full; ***scritto a chiare -e*** FIG. written in black and white **2** *(messaggio scritto)* letter; ***~ d'amore*** love letter; ***~ commerciale*** o ***d'affari*** business letter; ***per ~*** by letter **3** **alla lettera** [*applicare, eseguire*] to the letter; [*tradurre, interpretare*] literally; [*descrivere*] word-for-word **II lettere** f.pl. **1** UNIV. *(materie letterarie)* arts **2** *(cultura letteraria)* letters; ***uomo di -e*** man of letters, literary man ♦ ***diventare ~ morta*** to become a dead letter ♦♦ ***~ d'addio*** goodbye letter; ***~ aperta*** open letter (**a** to); ***~ di credito*** letter of credit; ***~ di licenziamento*** notice of dismissal; ***-e classiche*** classical studies; ***-e credenziali*** letters of credence; ***-e moderne*** arts.
letterale /lette'rale/ agg. literal.
letteralmente /letteral'mente/ avv. literally.
letterario, pl. **-ri**, **-rie** /lette'rarjo, ri, rje/ agg. literary; ***opera -a*** work of literature; ***studi -ri*** arts.
letterata /lette'rata/ f. woman* of letters, scholar.
letterato /lette'rato/ **I** agg. lettered **II** m. man* of letters, scholar.
letteratura /lettera'tura/ f. literature.
lettiera /let'tjɛra/ f. *(per animali)* litter.
lettiga, pl. **-ghe** /let'tiga, ge/ f. **1** STOR. litter **2** *(barella)* stretcher, litter.
lettino /let'tino/ m. *(per bambini)* crib, cot BE; *(del medico, dello psicanalista)* couch ♦♦ ***~ abbronzante*** o ***solare*** sunbed; ***~ da spiaggia*** sunbed.
letto /'lɛtto/ m. **1** bed; ***~ a una piazza*** o ***singolo*** single bed; ***~ a due piazze, matrimoniale*** double bed; ***andare a ~*** to go to bed; ***è ora di andare a ~*** it's time for bed *o* bedtime; ***andare a ~ con qcn.*** to go to bed with sb.; ***mettersi a ~*** to get into bed, to bed down; *(per malattia)* to take to one's bed; ***a ~*** in bed; ***essere costretto a ~*** [*malato*] to be bedridden *o* confined to bed; ***fare, disfare il ~*** to make, strip down the bed; ***(posto) ~*** bed; ***un albergo con 300 posti ~*** a hotel that sleeps 300; ***camera a un ~, a due -i*** single, double bedroom; ***figli dello stesso, di primo ~*** children of the same, first marriage **2** *(di corso d'acqua)* bed **3** *(strato)* bed, layer; ***un ~ di foglie*** a bed of leaves ♦ ***andare a ~ con le galline*** to go to bed *o* turn in early ♦♦ ***~ a baldacchino*** four-poster (bed); ***~ da campo*** camp bed, cot AE; ***~ a castello*** bunk bed; ***~ coniugale*** marriage bed; ***~ di dolore*** LETT. bed of pain; ***~ estraibile*** truckle BE *o* trundle AE bed; ***~ di morte*** deathbed; ***~ di rose*** bed of roses; ***~ di spine*** bed of nails; ***-i gemelli*** twin beds.
lettone /'lɛttone/ ➧ ***25, 16*** agg., m. e f. Latvian.
Lettonia /let'tɔnja/ ➧ ***33*** n.pr.f. Latvia.
lettorato /letto'rato/ m. *(carica)* (foreign language) assistantship; *(corso)* = foreign language course held by a mother-tongue teacher.
lettore /let'tore/ ➧ ***18*** m. **1** (f. **-trice** /tritʃe/) reader; ***i -i*** the readership, the audience **2** (f. **-trice** /tritʃe/) UNIV. *(di lingua)* (foreign language) assistant **3** INFORM. ***~ di dischetti*** disk drive *o* player **4** TECN. reader; ***~ di codice a barre*** bar-code reader; ***~ ottico*** optical character reader, optical wand; ***~ (di) CD*** CD player.
lettura /let'tura/ f. **1** reading; ***è un libro di difficile ~*** this book is difficult to read *o* makes heavy reading; ***dare ~ di qcs.*** to read out sth; ***libro di ~*** SCOL. reader, reading book; ***sala di ~*** reading room; ***~ di bozze*** proofreading; ***~ del contatore*** meter reading; ***modalità sola ~*** INFORM. read mode; ***~ della mano*** hand-reading; ***~ del pensiero*** mindreading **2** *(interpretazione)* reading, interpretation **3** *(ciò che si legge)* reading (matter), book; ***fare buone, cattive -e*** to read good, trashy books; ***-e consigliate*** recommended reading.
letturista, m.pl. **-i**, f.pl. **-e** /lettu'rista/ ➧ ***18*** m. e f. meter reader.
leucemia /leutʃe'mia/ ➧ ***7*** f. leuk(a)emia.
leucemico, pl. **-ci**, **-che** /leu'tʃɛmiko, tʃi, ke/ **I** agg. leuk(a)emic **II** m. (f. **-a**) leuk(a)emic, leuk(a)emia sufferer.
leucocita /leuko'tʃita/, **leucocito** /leuko'tʃito/ m. leucocyte, leukocyte, white blood cell.
1.leva /'lɛva/ f. lever (anche FIG.); ***fare ~ con*** to lever with [*palo, sbarra*]; ***fare ~ su qcs.*** FIG. to play on sth.; ***avere in mano le -e del comando*** FIG. to be in the driving seat ♦♦ ***~ del cambio*** AUT. gear lever BE, (gear) stick BE, gearshift AE; ***~ di comando*** AER. stick; ***~ del freno a mano*** AUT. brake lever.
2.leva /'lɛva/ **I** f. **1** MIL. *(coscrizione)* conscription, call-up, draft AE; *(servizio militare)* military service; ***chiamare alla ~*** to call up for military service, to draft AE; ***obblighi di ~*** compulsory military service; ***essere di ~*** to be liable for military service; ***soldato di ~*** conscript (soldier), draftee AE; ***visita di ~*** army medical **2** *(giovani richiamati)* conscript soldiers, conscripts **II leve** f.pl. *(generazioni)* ***le nuove -e*** the new generations.
levante /le'vante/ m. **1** *(oriente)* east **2** *(vento)* east wind, easterly.
levantino /levan'tino/ agg. Levantine.
1.levare /le'vare/ [1] **I** tr. **1** *(elevare)* to lift, to raise [*dito, braccio, pugno, testa*]; ***~ gli occhi al cielo*** to cast *o* raise one's eyes (up) to heaven; ***~ i calici*** o ***i bicchieri*** to raise one's glasses; ***~ un grido*** to utter a cry **2** *(togliere)* to take* away, to remove [*mobile, libro, vaso*]; to take* off [*vestito, occhiali*]; to remove [*macchia*]; to lift [*sanzione, assedio*]; to take* out, to pull out [*dente, spina, chiodo*]; ***~ le scarpe dalla scatola*** to take the shoes out of the box; ***~ una somma dal totale*** to take *o* subtract a sum from the total; ***~ l'ancora*** MAR. to raise (the) anchor, to weigh *o* up anchor; ***~ il fiato a qcn.*** to take sb.'s breath away (anche FIG.); ***~ le tende*** to break *o* strike camp, to decamp; FIG. to pack off **II levarsi** pronom. **1** *(alzarsi)* [*persona*] to get* up; [*vento, brezza*] to get* up, to increase; ***-rsi da tavola*** to get up, to get down from the table; ***-rsi (in volo)*** [*aereo, uccello*] to rise **2** FIG. *(ribellarsi)* ***-rsi in armi*** to rise up in revolt **3** *(ergersi)* [*campanile, palazzo*] to rise* up, to soar (**su** over; **al di sopra di** above); ***-rsi in difesa di qcn.*** FIG. to leap to sb.'s defence **4** *(togliersi)* to take* off [*abito*]; FIG. to indulge [*voglia*]; ***-rsi il cappello*** to take off one's hat; FIG. to raise one's hat **5** *(sorgere)* [*sole, luna*] to rise* ♦ ***~ di mezzo qcn.*** to get rid of sb.; *(uccidere)* to do sb. in; ***~ di mezzo*** o ***di torno qcs.*** to get *o* move sth. out of sb.'s way; ***-rsi di mezzo*** o ***dai piedi*** o ***di torno*** to get out of sb.'s way; ***levati di mezzo*** o ***dai piedi!*** (get) out of my *o* the way! move yourself! buzz off! ***levatelo dalla testa!*** *(di cosa)* you can put *o* get that idea out of your head! *(di persona)* get him out of your mind! forget him!
2.levare /le'vare/ m. **1** rising; ***al ~ del sole*** at sunrise **2** MUS. ***(tempo in) ~*** offbeat.
levata /le'vata/ f. **1** *(il levarsi)* rising; ***~ del sole*** sunrise **2** *(dal letto)* getting up **3** *(di posta)* collection, post ♦♦ ***~ di scudi*** outcry, uproar, uplifting.
levataccia, pl. **-ce** /leva'tattʃa, tʃe/ f. ***fare una ~*** to get up at an ungodly hour.
levatoio, pl. **-oi** /leva'tojo, oi/ agg. ***ponte ~*** drawbridge.
levatrice /leva'tritʃe/ ➧ ***18*** f. midwife*.
levatura /leva'tura/ f. calibre BE, caliber AE, stature.

leviatano /levja'tano/ n.pr.m. leviathan (anche FIG.).
levigare /levi'gare/ [1] tr. to smooth down; to polish [*pietra, marmo*]; to rub down [*legno*]; *(con carta vetrata)* to sandpaper.
levigatezza /leviga'tettsa/ f. *(di superficie, pelle)* smoothness.
levigato /levi'gato/ **I** p.pass. → **levigare II** agg. [*metallo, pietra*] polished; [*superficie, pelle, legno*] smooth.
levigatrice /leviga'tritʃe/ f. sander; *(di pietre, diamanti)* polisher.
levigatura /leviga'tura/ f. smoothing; *(di pietre)* polishing.
levitare /levi'tare/ [1] intr. (aus. *avere*) to levitate.
levitazione /levitat'tsjone/ f. levitation.
levriere /le'vrjɛre/, **levriero** /le'vrjɛro/ m. greyhound ♦♦ *~ afgano* Afghan hound.
lezione /let'tsjone/ f. **1** lesson; *(collettiva)* class; UNIV. lecture BE, class AE; *~ di spagnolo, di guida, di sci* Spanish, driving, skiing lesson; *avere ~* to have a class *o* lecture; *fare ~* to teach; UNIV. to lecture, to give a lecture; *prendere -i di* to have *o* take lessons *o* classes in; *dare -i di* to give lessons in; *-i private* private tuition, private lessons, tutoring, coaching **2** *(ciò che si studia)* lesson; *imparare la ~* to learn one's lesson (anche FIG.) **3** *(punizione, avvertimento)* lesson; *dare una (bella) ~ a qcn.* to teach sb. a lesson; *gli servirà di ~* that'll teach him a lesson; *che ti serva di ~* let that be a lesson to you.
leziosaggine /lettsjo'saddʒine/ f. *(l'essere lezioso)* affectation.
leziosamente /lettsjosa'mente/ agg. mincingly, affectedly.
lezioso /let'tsjoso/ agg. affected, mincing.
lezzo /'leddzo/ m. stench, reek, stink.
li /li/ v. la nota della voce io. **I** pron.pers.m.pl. them; *~ ho visti ieri* I saw them yesterday; *dammeli!* give them to me! **II** artc.det.m.pl. ANT. BUROCR. *Roma, ~ 7 maggio* Rome, 7th May.
lì /li/ avv. **1** *(stato e moto)* there; *posalo ~* put it there; *qui e ~* here and there; *~ dentro, sopra* in there, up there; *è ~ che* that's where; *eccolo ~* there he is; *(per) di ~* that way; *(rafforzativo) fermo ~!* stop there! *quel giorno ~* that day; *quella, quello ~* that one, that there COLLOQ.; *quell'aggeggio ~* that there contraption **2** *(in quel momento) di ~ a poco* shortly afterwards, after a while; *di ~ a tre anni* three years on; *non è ancora mezzogiorno, ma siamo ~* it's not midday yet, but we're almost there *o* we can't be far off it **3 lì per lì** *(sul momento)* on the spur of the moment; *(in un primo momento)* at first; *(su due piedi)* there and then **4 lì lì per** *era ~ ~ per dirglielo, poi ha cambiato idea* she was about to tell him *o* on the verge of telling him, then she changed her mind **5 (o) giù di ~** *(più o meno) ha 50 anni o giù di ~* she's 50 or so; *c'erano 20 yacht o giù di ~* there were 20 yachts or thereabouts *o* very nearly.
liana /li'ana/ f. liana, creeper.
libanese /liba'nese/ ➧ *25* agg., m. e f. Lebanese.
Libano /'libano/ ➧ *33* n.pr.m. Lebanon.
libbra /'libbra/ ➧ *22* f. METROL. pound.
libecciata /libet'tʃata/ f. southwesterly gale.
libeccio /li'bettʃo/ m. **1** *(vento)* southwest(erly) wind **2** *(sud-ovest)* southwest.
libellista, m.pl. **-i**, f.pl. **-e** /libel'lista/ m. e f. pamphleteer.
libello /li'bɛllo/ m. pamphlet.
libellula /li'bɛllula/ f. dragonfly; *muoversi come una ~* to move like a sylph.
liberaldemocratico, pl. **-ci**, **-che** /liberaldemo'kratiko, tʃi, ke/ **I** agg. Liberal Democratic **II** m. (f. **-a**) Liberal Democrat.
liberale /libe'rale/ **I** agg. liberal (anche POL. ECON.) **II** m. e f. POL. ECON. liberal.
liberalismo /libera'lizmo/ m. liberalism.
liberalità /liberali'ta/ f.inv. *(generosità)* liberality.
liberalizzare /liberalid'dzare/ [1] tr. to liberalize [*commercio, economia*]; to liberalize, to unfreeze [*prezzi, scambi*]; to decontrol [*affitti*]; to deregulate [*trasporti*]; *(autorizzare) ~ l'aborto* to sanction abortion.
liberalizzazione /liberaliddzat'tsjone/ f. liberalization; *(degli affitti)* decontrol; *(dei trasporti)* deregulation.
liberalmente /liberal'mente/ avv. liberally.
liberamente /libera'mente/ avv. **1** *(spontaneamente)* [*scegliere, decidere*] freely **2** *(non letteralmente)* [*tradurre*] liberally, freely, loosely **3** *(senza restrizioni)* [*parlare*] freely, without restraint; [*spostarsi, muoversi, agire*] free(ly).
liberare /libe'rare/ [1] **I** tr. **1** *(rendere libero)* to free, to liberate, to set* [sb., sth.] free [*persona, animale*]; to free, to set* [sb.] free, to release, to liberate [*detenuto, ostaggio*]; to free, to liberate [*paese, città, popolo*] (**da** from); *~ qcn. da* to free sb. from [*dolore, ossessioni, pregiudizi*]; to release sb. from [*obbligo, promessa, debito*] **2** *(lasciare libero)* to vacate [*appartamento*]; *~ la camera prima di mezzogiorno (in un albergo)* check out before noon **3** *(sgombrare)* to clear [*stanza, passaggio, marciapiede*] (**da** of); *~ la casa dai topi* to rid the house of mice **4** *(sbloccare)* to release [*ingranaggio, meccanismo*]; to release, to disentangle [*fune*]; to free [*braccio, mano*]; to clear [*naso*] **5** *(sprigionare)* to give* off, out [*ossigeno, calore*]; CHIM. FIS. to liberate, to release [*gas, elettroni*] **II liberarsi** pronom. **1** *(rendersi libero)* to break* free, to free oneself (**da**, **di** from) (anche FIG.) **2** *(sbarazzarsi) -rsi di* to get rid of [*rifiuti, auto, ospiti*] **3** CHIM. FIS. [*ossigeno, calore*] to come* out **4** *(rendersi disponibile)* [*appartamento*] to become* vacant, to fall* vacant; *cercherò di liberarmi lunedì* I'll try and be free on Monday.
liberatore /libera'tore/ **I** agg. liberating **II** m. (f. **-trice** /tritʃe/) liberator.
liberatorio, pl. **-ri**, **-rie** /libera'tɔrjo, ri, rje/ agg. **1** [*risata, pianto*] liberating **2** ECON. DIR. [*pagamento*] releasing.
liberazione /liberat'tsjone/ f. **1** *(di prigioniero, ostaggio)* release; *(di paese, città, popolo)* liberation; *di ~* [*esercito, guerra, movimento*] liberation **2** *(affrancamento)* liberation, freeing **3** *(sollievo) provare un senso di ~* to feel released *o* a sense of release; *che ~!* COLLOQ. what a relief! good riddance (to bad rubbish)!
libercolo /li'bɛrkolo/ m. cheap and worthless book.
liberiano /libe'rjano/ ➧ *25* **I** agg. Liberian **II** m. (f. **-a**) Liberian.
liberismo /libe'rizmo/ m. liberalism, free trade.
liberista, m.pl. **-i**, f.pl. **-e** /libe'rista/ **I** agg. [*teoria, politica*] liberalistic **II** m. e f. free trader.
libero /'libero/ **I** agg. **1** [*persona, paese, popolo*] free; *~ da* free from [*pregiudizi, obblighi*]; free from *o* of, clear of [*debiti*]; *~ da ipoteca* free of mortgage **2** *(non impedito)* free; *avere le mani -e* to have one's hands free; *avere mano -a* FIG. to have a free hand **3** *(non letterale)* [*traduzione, interpretazione*] liberal, loose **4** *(sgombro)* [*strada, via, spazio*] clear; *avere ~ accesso* to have open *o* unrestricted access; *"lasciare ~ il passaggio"* "keep clear", "do not block" **5** *(gratuito)* [*parcheggio, ingresso, entrata*] free **6** *(disponibile)* [*persona*] available; [*camera, WC*] vacant; [*posto*] vacant, free, available; [*linea telefonica*] open; [*taxi*] for hire; *siete -i domani?* are you free tomorrow? *tieniti ~ per il 4* keep the 4th clear; *tempo ~* free *o* spare time, time off, leisure (time) **7** SPORT *stile ~ (nel nuoto)* crawl; *tiro ~ (nel basket)* free throw **II** m. SPORT *(nel calcio)* sweeper; *(nella pallavolo)* libero player ♦ *essere ~ come l'aria* to be as free as the air *o* a bird; *dare il via -a a qcn.* to give sb. the all clear *o* green light ♦♦ *~ amore* free love; *~ arbitrio* FILOS. free will; *-a concorrenza* ECON. free competition; *-a impresa, -a iniziativa* ECON. free enterprise; *~ pensatore* freethinker; *~ pensiero* freethinking, free thought; *~ professionista* freelance professional; *~ scambio* ECON. free trade; *-a uscita* leave.
liberoscambista, m.pl. **-i**, f.pl. **-e** /liberoskam'bista/ **I** agg. liberalistic **II** m. e f. free trader.
libertà /liber'ta/ f.inv. **1** freedom, liberty; *in ~* [*animale*] free, (on the) loose; *l'assassino è sempre in ~* the killer is still at large *o* on the loose; *rimettere in ~ qcn.* to release sb., to set sb. at liberty; *~ d'azione, di scelta* freedom of action, of choice; *prendersi la ~ di fare* to take the liberty of doing *o* the freedom to do; *prendersi delle ~ con qcn., qcs.* to take liberties *o* to make free with sb., sth. **2** *(diritto)* liberty; *~ civili* civil liberties ♦ *mettersi in ~* to put on something casual *o* informal clothes ♦♦ *~ di associazione* freedom of assembly; *~ su cauzione* DIR. (conditional) bail; *~ condizionale* DIR. parole; *mettere qcn. in ~ condizionale* DIR. to release sb. on parole; *~ di coscienza* freedom of conscience; *~ di costumi* looseness of

morals; ~ **di culto** freedom of worship; ~ **d'informazione** freedom of information; ~ **di opinione** freedom of opinion; ~ **di parola** freedom of speech, free speech; ~ **di pensiero** freedom of thought; ~ **provvisoria** DIR. provisional release; **mettere qcn. in ~ provvisoria** DIR. to release sb. provisionally; ~ **di stampa** freedom of the press; ~ **vigilata** DIR. probation; **mettere qcn. in ~ vigilata** to put sb. on probation.

libertario, pl. **-ri**, **-rie** /liber'tarjo, ri, rje/ **I** agg. libertarian **II** m. (f. **-a**) libertarian.

libertinaggio, pl. **-gi** /liberti'naddʒo, dʒi/ m. libertinage, libertinism.

libertino /liber'tino/ **I** agg. *(dissoluto)* libertine, rakish, dissolute **II** m. (f. **-a**) libertine, rake.

liberty /'liberti/ agg. e m.inv. art nouveau.

Libia /'libja/ ➧ *33* n.pr.f. Libya.

libico, pl. **-ci**, **-che** /'libiko, tʃi, ke/ ➧ *25* **I** agg. Libyan **II** m. (f. **-a**) Libyan.

libidine /li'bidine/ f. **1** *(lussuria)* lust, lechery; **atti di ~** DIR. indecent behaviour **2** FIG. *(avidità)* ~ **di potere, denaro** lust for power, money **3** COLLOQ. **è una ~!** that's cool!

libidinoso /libidi'noso/ agg. libidinous, lecherous, lustful, lewd.

libido /li'bido/ f.inv. libido*.

libraio, pl. **-ai** /li'brajo, ai/ ➧ *18* m. (f. **-a**) bookseller.

librario, pl. **-ri**, **-rie** /li'brarjo, ri, rje/ agg. [*mercato, commercio*] book.

librarsi /li'brarsi/ [1] pronom. ~ **in aria, in volo** to hover (in the air).

libreria /libre'ria/ ➧ *18* f. **1** *(negozio)* bookshop, bookseller's shop, bookstore AE **2** *(mobile)* bookcase, bookshelves pl.

libresco, pl. **-schi**, **-sche** /li'bresko, ski, ske/ agg. SPREG. bookish.

librettista, m.pl. **-i**, f.pl. **-e** /libret'tista/ ➧ *18* m. e f. librettist.

libretto /li'bretto/ m. **1** *(libro)* booklet, small book; *(taccuino)* notebook **2** *(d'opera)* libretto* ◆◆ ~ **degli assegni** chequebook BE, checkbook AE; ~ **di banca** (bank)book; ~ **di circolazione** registration (document); ~ **di istruzioni** instruction book; ~ **di lavoro** = document recording a worker's personal details and any previous employment; ~ **della pensione** pension book; ~ **di risparmio** savings book; ~ **universitario** = university student's personal record book.

libro /'libro/ m. **1** book (**su** about); ~ **di racconti, di poesie** storybook, book of poems; ~ **di storia** history book **2** AMM. *(registro)* book; **tenere i -i** to keep the books ◆ **parlare come un ~ stampato** to speak like a book ◆◆ ~ **bianco** POL. blue book, white book; ~ **di bordo** MAR. AER. log (book); ~ **cassa** cash book; ~ **contabile** account book; ~ **di lettura** reader, reading book; ~ **mastro** ledger; ~ **da messa** mass-book, missal; ~ **nero** black book; **essere sul ~ nero di qcn.** to be in sb.'s black book(s); ~ **d'oro** roll of honour BE *o* honor AE; ~ **paga** payroll; ~ **scolastico** schoolbook; ~ **tascabile** pocketbook, paperback (book), softback (book); ~ **di testo** textbook, course book; **-i sacri** sacred books.

licantropo /li'kantropo/ m. **1** PSIC. lycanthrope **2** *(lupo mannaro)* werewolf, wolf-man*.

liceale /litʃe'ale/ **I** agg. liceo attrib. **II** m. e f. = student at a liceo.

liceità /litʃei'ta/ f.inv. lawfulness.

licenza /li'tʃɛntsa/ f. **1** *(permesso)* permission, leave **2** *(autorizzazione ufficiale)* licence BE, license AE, permit; **su ~ di** under licence from **3** FIG. *(libertà)* licence BE, license AE, freedom; **prendersi delle -e con qcn.** to take liberties *o* to make free with sb. **4** MIL. leave (of absence); **essere, andare in ~** to be on, take leave **5** SCOL. school-leaving qualifications pl.; **esame di ~** final exam, school-leaving exam ◆◆ ~ **di caccia** hunting permit; ~ **di costruzione** building permit, planning permission; ~ **elementare** SCOL. = elementary school leaving certificate; ~ **di esercizio** (trade) licence BE, license AE; ~ **di matrimonio** marriage licence BE *o* license AE; ~ **media** SCOL. = leaving certificate awarded by a scuola media; ~ **di pesca** fishing permit *o* licence BE *o* license AE; ~ **poetica** poetic licence BE *o* license AE; ~ **di porto d'armi** gun permit; ~ **premio** MIL. special leave; ~ **superiore** SCOL. = high school leaving certificate.

licenziamento /litʃentsja'mento/ m. dismissal, lay-off, sack COLLOQ. ◆◆ ~ **senza giusta causa** unfair *o* wrongful dismissal; ~ **senza preavviso** *o* **in tronco** dismissal without notice *o* warning.

licenziare /litʃen'tsjare/ [1] **I** tr. **1** to dismiss, to fire, to lay* [sb.] off, to sack COLLOQ., to give* [sb.] the sack COLLOQ. [*dipendente*]; *(per esubero)* to make* [sb.] redundant; **essere licenziato** to be dismissed, to get one's notice *o* the sack COLLOQ.; ~ **qcn. in tronco** to dismiss sb. without notice **2** SCOL. to grant [sb.] a school-leaving certificate [*studente*] **II** **licenziarsi** pronom. *(dal lavoro)* to hand in one's notice, to hand in one's resignation, to resign.

licenziosità /litʃentsjosi'ta/ f.inv. licentiousness, bawdiness.

licenzioso /litʃen'tsjoso/ agg. licentious, dissolute, bawdy.

liceo /li'tʃɛo/ m. SCOL. *(istituto)* = senior high school ◆◆ ~ **artistico** = senior high school specializing in an artistic education; ~ **classico** = senior high school specializing in classical studies; ~ **linguistico** = senior high school specializing in modern languages; ~ **scientifico** = senior high school specializing in science education; ~ **sociopsicopedagogico** = senior high school specializing in didactics and education; ~ **tecnologico** = senior high school specializing in a technical education.

lichene /li'kɛne/ m. lichen.

licitare /litʃi'tare/ [1] intr. (aus. *avere*) *(a un'asta)* to bid; *(a una gara d'appalto)* to tender.

licitazione /litʃitat'tsjone/ f. **1** DIR. *(asta)* bid; *(gara d'appalto)* tendering **2** *(nel bridge)* bid ◆◆ ~ **privata** DIR. private treaty.

Lidia /'lidja/ ➧ *30* n.pr.f. Lydia.

lido /'lido/ m. **1** *(spiaggia)* beach, shore; *(attrezzata)* lido*, bathing beach **2** LETT. *(terra)* country; **tornare ai patri -i** to come *o* go back to one's native land.

lieto /'ljɛto/ agg. [*persona*] happy, pleased, glad; [*viso*] happy, delighted; [*umore*] happy; **essere ~ di qcs.** to be happy *o* glad about sth.; **sarei ~ di aiutarla** I'd be glad to help you; **i Signori Bianchi sono -i di annunciare...** Mr and Mrs Bianchi are pleased to announce...; **il ~ evento** *(nascita)* the happy event; ~ **fine** *(nei libri, film)* happy ending; **a ~ fine** with a happy ending; **(molto) ~!** *(nelle presentazioni)* pleased to meet you! how do you do?

lieve /'ljɛve/ agg. **1** *(leggero)* [*diminuzione, cambiamento, miglioramento, ritardo*] light, slight; [*tocco*] light, delicate, soft; [*ferita*] minor, slight; [*malessere, mal di testa*] mild; [*scossa sismica*] light; [*brezza*] faint, gentle, soft; [*pendenza*] gentle; **avere un ~ difetto di pronuncia** to have a slight speech defect *o* impediment **2** *(trascurabile)* [*mancanza, differenza, spesa, danno*] light; **di ~ entità** of little importance.

lievemente /ljeve'mente/ avv. **1** *(leggermente)* [*ferire*] lightly, slightly **2** *(poco, appena)* slightly.

lievitare /lievi'tare/ [1] intr. (aus. *essere*) **1** [*pasta*] to rise*, to prove; **far ~ la pasta** to leaven *o* raise *o* prove dough **2** FIG. [*prezzi*] to rise*, to mount; **la notizia ha fatto ~ il prezzo dell'oro** the news sent the gold price up.

lievitato /ljevi'tato/ **I** p.pass. → **lievitare II** agg. **pane ~, non ~** leavened, unleavened bread.

lievitazione /ljevitat'tsjone/ f. **1** *(di pasta)* leavening, rising; **a ~ naturale** with natural rising agents **2** FIG. **la ~ dei prezzi** price rising.

lievito /'ljɛvito/ m. leaven, yeast ◆◆ ~ **di birra** brewer's yeast; ~ **in polvere** baking powder.

lifting /'lifting/ m.inv. MED. COSMET. face-lift; **farsi (fare) il ~** COLLOQ. to have a face-lift, to have one's face lifted.

ligio, pl. **-gi**, **-gie** e **-ge** /'lidʒo, dʒi, dʒe/ agg. *(fedele)* [*persona*] faithful; ~ **al (proprio) dovere** devoted to one's duty, dutiful; ~ **alle regole** rule-abiding.

lignaggio, pl. **-gi** /liɲ'ɲaddʒo, dʒi/ m. lineage, line of descent; **d'alto ~** of high birth; **di nobile ~** of noble lineage.

ligneo /'liɲɲeo/ agg. **1** *(di legno)* wooden **2** BOT. ligneous.

ligure /'ligure/ ➧ *30* agg., m. e f. Ligurian.

Liliana /li'ljana/ n.pr.f. Lil(l)ian.

lilla /'lilla/ ➧ *3* agg. e m.inv. lilac.

lillà /lil'la/ m.inv. lilac.

lillipuziano /lilliput'tsjano/ **I** agg. Lilliputian **II** m. (f. **-a**) Lilliputian.

lima /'lima/ f. file; **lavorare di ~** FIG. to polish ◆◆ ~ **per (le) unghie** nail file.

limaccioso /limat'tʃoso/ agg. muddy.

limanda /li'manda/ f. lemon sole.
limare /li'mare/ [1] **I** tr. **1** *(modellare)* to file [*unghia, metallo, chiave*] **2** FIG. to polish [*testo*] **II limarsi** pronom. ***-rsi le unghie*** to file one's nails.
limatura /lima'tura/ f. **1** *(azione)* filing **2** *(polvere)* filings pl.; ***~ di ferro*** iron filings.
limbo /'limbo/ m. RELIG. limbo **U** (anche FIG.).
1.limetta /li'metta/ f. (small) file; ***~ per unghie*** nail file, emery board.
2.limetta /li'metta/ f. BOT. lime.
1.limitare /limi'tare/ [1] **I** tr. **1** *(restringere)* to limit, to curb [*potere, influenza, consumo*]; to keep* down [*durata, velocità*]; to limit, to narrow (down) [*scelta*]; to limit, to curb, to contain, to keep* down [*spese*]; to restrict, to curtail [*libertà, diritti*]; to minimize, to limit [*espansione*]; ***~ i danni*** to minimize damage **2** *(delimitare)* to border [*campo, terreno*] **II limitarsi** pronom. **1** *(moderarsi)* ***non sa -rsi*** he doesn't know when to stop *o* when he's had enough; ***-rsi a, a fare*** to limit *o* confine oneself to, to doing; ***-rsi nelle spese*** to watch one's spending; ***-rsi a due sigarette al giorno*** to limit oneself to two cigarettes a day **2** *(ridursi)* ***-rsi a*** [*ruolo, funzione*] to be limited *o* restricted to.
2.limitare /limi'tare/ m. **1** *(soglia)* threshold **2** *(limite)* *(di bosco, foresta)* border, edge.
limitatamente /limitata'mente/ avv. **1** *(moderatamente)* within limits **2** *(relativamente)* within the limits of, as far as; ***~ ai nostri mezzi*** as far as our means allow.
limitativo /limita'tivo/ agg. restrictive, limiting.
limitato /limi'tato/ **I** p.pass. → **1.limitare II** agg. *(ristretto)* [*persona*] limited, narrow-minded; [*zona, spazio*] limited, constricted, confined; [*possibilità, risorse, offerta*] limited; [*scelta, interesse, mentalità, intelligenza*] narrow, limited; [*budget*] restricted, tight; [*mezzi*] moderate.
limitazione /limitat'tsjone/ f. limitation, restriction; *(di potere, spese)* limitation, curb; *(di diritti, libertà)* restriction, curtailment; *(di prezzi, tassi d'interesse)* limitation, restraint; ***porre -i a*** to impose *o* place limitations *o* restraints on; ***~ delle nascite*** birth control.
limite /'limite/ **I** m. **1** *(linea di demarcazione)* border, boundary; ***al ~ del bosco*** on the edge of the wood **2** *(confine, termine definito)* limit, limitation; ***conoscere, riconoscere i propri -i*** to know, acknowledge one's (own) limitations; ***c'è un ~ a tutto*** there's a limit to everything; ***senza -i*** [*entusiasmo, generosità*] boundless; [*libertà, gioia*] unrestrained; ***porre dei -i a*** to impose *o* place limitations *o* restrictions on; ***non ci sono -i alla sua curiosità*** there are no bounds to her curiosity; ***superare i -i della decenza*** to cross the bounds of decency; ***passare il, ogni ~*** to go over the limit, to go too far; ***hai davvero superato ogni ~!*** you're really carrying it too far! you're way out of line! COLLOQ.; ***al ~*** *(nel peggiore dei casi)* at worst; *(al massimo)* at (the) most; ***attività al ~ della legalità*** activities bordering on the illegal; ***essere al ~ (della sopportazione)*** to be at breaking point **3** *(quadro)* ***entro certi -i*** within limits; ***nei -i del possibile*** as far as possible, within the bounds of possibility **4** MAT. limit **II** agg.inv. ***caso ~*** borderline case; ***data ~*** deadline, time-limit ♦♦ ***~ di cassa*** cash limit; ***~ di età*** age limit; ***~ di fido*** credit limit; ***~ di guardia*** flood mark; ***~ massimo*** ECON. ceiling; ***~ delle nevi perenni*** snow line; ***~ di sicurezza*** safety limit; ***~ di tempo*** time-limit; ***~ di velocità*** speed limit *o* restriction.
limitrofo /li'mitrofo/ agg. [*paese, stato, provincia*] adjoining, adjacent, neighbouring.
limo /'limo/ m. **1** *(fango)* mud, slime **2** GEOL. silt.
limonata /limo'nata/ f. *(spremuta)* lemon crush BE, lemonade AE; *(bibita)* lemonade.
limoncello /limon'tʃɛllo/ m. INTRAD. (lemon liquor).
limone /li'mone/ ➧ **3 I** m. **1** *(albero)* lemon tree **2** *(frutto)* lemon **II** agg. e m.inv. *(colore)* lemon (yellow) ♦ ***spremere qcn. come un ~*** to milk sb. dry.
limoneto /limo'neto/ m. lemon grove.
limousine /limu'zin/ f.inv. limousine.
limpidezza /limpi'dettsa/ f. **1** *(di acqua, aria)* clearness; *(di cielo, giornata)* clearness, brightness **2** FIG. *(di ricordo, stile, ragionamento)* clearness.
limpido /'limpido/ agg. **1** *(pulito)* [*acqua, aria*] limpid, clear; [*cielo, giornata*] clear, bright **2** FIG. *(lucido)* [*anima, coscienza, ricordo, stile, mente*] clear.
lince /'lintʃe/ f. lynx*; ***avere l'occhio di ~*** FIG. to be lynx-eyed ♦♦ ***~ rossa*** bobcat.
linciaggio, pl. **-gi** /lin'tʃaddʒo, dʒi/ m. lynching (anche FIG.).
linciare /lin'tʃare/ [1] tr. to lynch (anche FIG.).
lindo /'lindo/ agg. [*tovaglia, lenzuolo*] clean; [*casa*] neat, trim, spick-and-span.
linea /'linea/ f. **1** *(tratto)* line (anche MAT. SPORT); ***tirare*** o ***tracciare una ~*** to draw *o* rule a line; ***~ curva, spezzata*** curved, broken line; ***~ dell'orizzonte*** skyline; ***in ~ retta*** in a straight line; ***in ~ d'aria*** as the crow flies **2** *(di trasporti)* line; *(d'autobus)* (bus) route; ***~ marittima, aerea*** *(compagnia)* shipping line, airline; *(rotta)* sea, air route; ***di ~*** [*volo, pullman*] scheduled; [*pilota*] airline; ***aereo di ~*** airliner **3** EL. (power) line, cable **4** TEL. line, connection; ***è caduta la ~*** the line went dead, I was cut off, I've been disconnected; ***"resti in ~"*** "hold the line *o* hold on, please"; ***prendere*** o ***ottenere la ~*** to get a connection, to get through; ***essere in ~ con qcn.*** to be on the line to sb. **5** RAD. TELEV. line; ***passare la ~ a*** to hand over to [*inviato, studio*] **6** (anche ***~ di montaggio***) production line **7** *(silhouette)* figure; ***riacquistare la ~*** to get back one's figure **8** *(contorno)* line; *(stile)* line, style, look; ***una giacca di ~ sportiva*** a jacket with a sport cut **9** *(gamma di prodotti)* line **10** *(idea, punto)* ***le -e essenziali del progetto*** the broad outline of the plan; ***a grandi -e*** broadly, in (broad) outline; ***in ~ di massima*** broadly (speaking), as a general rule; ***in ~ di principio*** in principle **11** *(orientamento)* line, stance; ***~ d'azione*** course of action; ***~ politica*** political line, policy; ***essere in ~*** to be in line (**con** with); ***adottare la ~ dura, morbida con qcn.*** to take a tough, soft line with sb. **12** MIL. *(fronte)* line; ***essere in prima ~*** to be in BE *o* on AE the front line, to be (first) in the firing line (anche FIG.) **13** SPORT line; ***giudice di ~*** linesman **14** *(in genealogia)* line; ***~ (di discendenza) maschile*** male line; ***in ~ materna*** on one's mother's side **15** *(nei termometri)* ***avere qualche ~ di febbre*** to have a slight temperature ♦ ***su tutta la ~*** all along *o* right down the line; ***battere qcn. su tutta la ~*** to beat sb. hollow ♦♦ ***~ d'arrivo*** SPORT finishing line; ***~ d'attacco*** SPORT MIL. line of attack; ***~ di comunicazione*** communication line, line of communication; ***~ di condotta*** course of action; ***~ di confine*** borderline, boundary line; ***~ ferroviaria*** railway line; ***~ di fondo*** SPORT *(nel calcio)* goal line; *(nel tennis)* baseline; ***~ di galleggiamento*** MAR. water line; ***~ laterale*** SPORT sideline, by-line; ***~ di metà campo*** SPORT halfway line; ***~ di partenza*** SPORT starting line; ***~ di porta*** SPORT goal line; ***~ telefonica*** (tele)phone line *o* link; ***~ di tiro*** MIL. line of fire, firing line.
lineamenti /linea'menti/ m.pl. **1** *(del viso)* features, lineaments **2** FIG. *(in un titolo)* outline sing.
lineare /line'are/ agg. **1** [*funzione, misura*] linear **2** FIG. *(coerente)* [*ragionamento*] consistent, coherent; [*trama*] uncomplicated.
lineetta /line'etta/ f. **1** *(nei composti)* hyphen **2** *(nel discorso diretto)* dash.
linfa /'linfa/ f. **1** ANAT. lymph **2** BOT. sap **3** FIG. sap, nourishment; ***~ vitale*** life blood.
linfangite /linfan'dʒite/ ➧ **7** f. lymphangitis.
linfatico, pl. **-ci, -che** /lin'fatiko, tʃi, ke/ agg. [*vaso, sistema*] lymphatic.
linfatismo /linfa'tizmo/ ➧ **7** m. lymphatism.
linfografia /linfogra'fia/ f. lymphography.
linfonodo /linfo'nɔdo/ m. lymph node.
lingerie /linʒe'ri/ f.inv. lingerie **U**.
lingotto /lin'gɔtto/ m. ingot, bar; ***~ d'oro*** gold ingot, bar of gold.
lingua /'lingwa/ **I** f. **1** *(organo)* tongue (anche GASTR.); ***avere la ~ impastata*** to have a furred tongue; ***fare*** o ***mostrare*** o ***tirare fuori la ~*** to poke *o* put *o* stick out one's tongue; ***mordersi la ~*** to bite one's tongue (anche FIG.) **2** *(linguaggio)* language, tongue; ***-e moderne*** modern languages; ***~ scritta, parlata*** written, spoken language; ***studiare una ~*** to study a foreign language; ***parlare la stessa ~*** to speak the same language (anche FIG.); ***paesi di ~ spagnola*** Spanish-speaking countries **3** *(forma allungata)* ***~ di terra*** tongue *o* strip of land **II lingue** f.pl. UNIV. modern languages ♦ ***avere la ~ sciolta*** to be very talkative; ***essere una ~ lunga*** to be a bigmouth COLLOQ.; ***non avere peli sulla ~*** to be outspoken, not to

mince one's words; ***tenere a freno la ~*** to hold one's tongue; ***perdere, ritrovare la ~*** to lose, find one's tongue; ***avere qcs. sulla punta della ~*** to have sth. on the tip of one's tongue; ***il gatto ti ha mangiato la ~? ti sei mangiato la ~?*** SCHERZ. has the cat got your tongue? ***la ~ batte dove il dente duole*** PROV. the tongue always turns to the aching tooth ♦♦ ***~ d'arrivo*** target language; ***~ franca*** lingua franca*; ***~ materna, ~ madre*** first language, mother *o* native tongue; ***~ morta*** dead language; ***~ di partenza*** source language; ***~ dei segni*** sign language; ***~ viva*** living language.

linguaccia, pl. **-ce** /lin'gwattʃa, tʃe/ f. **1** *(malalingua)* wicked tongue, slanderer **2** *(smorfia)* ***fare le -ce*** to poke *o* put *o* stick out one's tongue.

linguaggio, pl. **-gi** /lin'gwaddʒo, dʒi/ m. **1** *(lingua)* language; ***~ della pubblicità*** adspeak; ***~ della malavita*** thieves' cant; ***nel ~ corrente*** in common parlance, in everyday speech; ***scusate il ~*** pardon my French COLLOQ. **2** *(facoltà di parola)* speech; ***disturbo del ~*** speech disorder ♦♦ ***~ artificiale*** artificial language; ***~ cifrato*** code, cipher; ***~ del corpo*** body language; ***~ giuridico*** legal parlance; ***~ giornalistico*** journalistic parlance; ***~ infantile*** baby talk; ***~ macchina*** INFORM. machine language; ***~ naturale*** natural language; ***~ di programmazione*** INFORM. programming BE *o* programing AE language, computer language; ***~ dei segni*** sign language; ***~ settoriale*** jargon, parlance.

linguetta /lin'gwetta/ f. *(di borsa, scarpa)* tongue; *(di cerniera, busta)* flap; *(di lattina)* tab.

linguine /lin'gwine/ f.pl. GASTR. = long, flat pasta.

linguista, m.pl. **-i**, f.pl. **-e** /lin'gwista/ m. e f. linguist.

linguistica /lin'gwistika/ f. linguistics + verbo sing.

linguistico, pl. **-ci**, **-che** /lin'gwistiko, tʃi, ke/ **I** agg. **1** *(della lingua)* [*comunità*] speech attrib.; [*area, geografia, atlante*] linguistic; [*famiglia, barriera, laboratorio*] language attrib. **2** *(della linguistica)* [*teorie*] linguistics attrib. **II** m. → **liceo linguistico**.

linimento /lini'mento/ m. liniment.

lino /'lino/ m. **1** *(fibra, pianta)* flax; ***seme di ~*** linseed; ***olio di ~*** linseed oil **2** *(tessuto)* linen, flax; ***camicia di ~*** linen shirt.

linoleum /li'nɔleum/ m.inv. linoleum, lino COLLOQ.

linotipista, m.pl. **-i**, f.pl. **-e** /linoti'pista/ ➧ ***18*** m. e f. linotypist.

liocorno /lio'kɔrno/ m. unicorn.

liofilizzato /liofilid'dzato/ agg. [*alimento*] freeze-dried.

Lionello /lio'nello/ n.pr.m. Lionel.

lipide /li'pide/ m. lipid.

liposolubile /liposo'lubile/ agg. liposoluble.

liposuzione /liposut'tsjone/ f. liposuction.

LIPU /'lipu/ f. (⇒ Lega Italiana Protezione Uccelli) = Italian association for the protection of birds.

liquame /li'kwame/ m. sewage; *(di animali)* slurry.

liquefare /likwe'fare/ [8] **I** tr. **1** *(fondere)* to melt [*ghiaccio, neve, burro*] **2** FIS. to liquefy [*gas, aria*] **II liquefarsi** pronom. **1** *(fondersi)* [*ghiaccio, neve, burro*] to melt **2** FIS. [*gas, aria*] to liquefy.

liquerizia /likwe'rittsja/ → **liquirizia**.

liquidare /likwi'dare/ [1] tr. **1** DIR. to liquidate, to wind* up [*società, attività*]; to liquidate, to pay* off, to settle [*debito*]; to settle [*conti*]; to award [*danni*]; to pay* off [*dipendente, creditori*]; to realize [*beni*]; to wind* up [*proprietà, eredità*]; to adjust [*sinistro*] **2** COMM. *(svendere)* to liquidate, to clear, to sell* off [*merce*] **3** COLLOQ. *(risolvere)* to settle, to solve [*problema*] **4** *(sbarazzarsi di)* to dispose of, to get* rid of [*scocciatore*]; *(uccidere)* to liquidate, to remove, to bump off COLLOQ. [*persona*]; ***l'ho liquidato con una scusa*** I got rid of him with an excuse **5** *(stroncare)* [*critico, recensione*] to write* off [*film, attore, atleta*].

liquidatore /likwida'tore/ m. liquidator; *(nelle assicurazioni)* (loss) adjuster.

liquidazione /likwidat'tsjone/ f. **1** DIR. *(di impresa)* liquidation, winding-up; *(di debiti, conti)* settlement, selling-off; *(in assicurazione)* adjustment **2** *(indennità di fine rapporto)* severance pay, gratuity **3** COMM. *(vendita)* clearance (sale), selling-off; ***~ per cessata attività*** closing-down sale; ***comprare qcs. in ~*** to buy sth. in the sales *o* at sale price BE **4** ECON. settlement; ***giorno di ~*** payday.

liquidità /likwidi'ta/ f.inv. **1** FIS. liquidness, liquidity **2** ECON. liquidity; *(denaro liquido)* liquid assets pl.; ***problemi di ~*** cash flow problems.

liquido /'likwido/ **I** agg. **1** [*sostanza*] liquid, fluid; ***allo stato ~*** in a liquid state; ***troppo ~*** [*alimento, colla, salsa*] runny, watery; ***dieta -a*** liquid diet; ***schermo a cristalli -i*** liquid crystal display **2** ECON. [*denaro, capitale*] liquid; ***pagare con denaro ~*** to pay (in) cash **II** m. **1** *(sostanza)* liquid, fluid; ***assuma molti -i*** drink plenty of liquids **2** ECON. (hard) cash; ***avere disponibilità di -i*** to have liquid ♦♦ ***~ amniotico*** amniotic fluid; ***~ organico*** bod(il)y fluid.

liquirizia /likwi'rittsja/ f. liquorice, licorice AE; ***bastoncino di ~*** liquorice stick.

liquore /li'kwore/ m. strong drink; *(dolce o digestivo)* liqueur; ***vini e -i*** wines and spirits.

liquoroso /likwo'roso/ agg. [*vino*] fortified.

1.lira /'lira/ ➧ ***6*** f. **1** STOR. *(italiana)* lira* **2** *(unità monetaria di vari paesi)* pound; ***~ egiziana*** Egyptian pound; ***~ irlandese*** STOR. Irish pound **3** *(denaro)* ***sono senza una ~*** I haven't got a penny, I'm broke COLLOQ.; ***non vale una ~*** it's not worth a brass farthing *o* a penny ♦♦ ***~ sterlina*** (pound) sterling.

2.lira /'lira/ ➧ ***34*** f. STOR. MUS. lyre.

lirica, pl. **-che** /'lirika, ke/ f. **1** LETTER. *(genere)* lyric (poetry); *(componimento)* lyric (poem) **2** MUS. opera.

lirico, pl. **-ci**, **-che** /'liriko, tʃi, ke/ **I** agg. **1** MUS. [*compositore, pezzo*] operatic; [*cantante, stagione*] opera attrib.; ***teatro ~*** opera house **2** LETTER. [*poesia, poeta*] lyric; [*slancio*] lyrical **II** m. LETTER. *(poeta)* lyric poet, lyricist.

lirismo /li'rizmo/ m. lyricism.

Lisbona /liz'bona/ ➧ ***2*** n.pr.f. Lisbon.

lisca, pl. **-sche** /'liska, ske/ f. (fish) bone.

lisciare /liʃ'ʃare/ [1] **I** tr. **1** *(rendere liscio)* to smooth [*capelli, superficie*] **2** *(accarezzare)* ***~ il pelo a un gatto*** to stroke a cat **3** *(rifinire)* to polish [*lavoro*] **4** FIG. *(adulare)* ***~ (il pelo a) qcn.*** to flatter *o* butter up sb. **II lisciarsi** pronom. **1** *(accarezzarsi)* ***-rsi la barba*** to stroke one's beard **2** *(pulirsi)* ***-rsi il pelo*** [*gatto*] to lick one's fur; ***-rsi le penne*** [*uccello*] to preen oneself **3** FIG. *(agghindarsi)* [*persona*] to spruce oneself up.

liscio, pl. **-sci**, **-sce** /'liʃʃo, ʃi, ʃe/ **I** agg. **1** [*superficie, pelle*] smooth; [*capelli*] straight; [*pneumatici*] smooth, bald, worn; ***il mare era ~ come l'olio*** the sea was like glass; ***~ come la seta*** as soft *o* smooth as silk **2** *(privo di ornamenti)* [*abito, mobile*] plain **3** *(puro)* [*liquore*] straight, neat; [*caffè*] black; *(non gassato)* [*acqua*] still **II** m. *(ballo)* ballroom dancing ♦ ***andare*** o ***filare ~ (come l'olio)*** to go like clockwork, to go smoothly; ***non la passerai -a!*** you'll never get away with it!

liscivia /liʃ'ʃivja/ f. lye.

liseuse /li'zøz/ f.inv. bed jacket.

liso /'lizo/ agg. [*tessuto, vestito*] worn, threadbare.

lista /'lista/ f. **1** *(striscia) (di stoffa, carta, cuoio)* strip, band **2** *(elenco)* list; ***essere sulla ~*** to be on the list; ***compilare*** o ***fare una ~*** to draw up *o* make a list; ***essere in cima alla ~*** to be at the head *o* top of the list (anche FIG.) **3** POL. *(di candidati)* list BE, ticket AE, slate AE ♦♦ ***~ d'attesa*** waiting list; ***~ di controllo*** checklist; ***~ elettorale*** electoral register *o* roll; ***~ nera*** blacklist, hit list; ***~ nozze*** wedding list; ***~ dei vini*** wine list.

listare /lis'tare/ [1] tr. **1** *(bordare)* to edge, to line (**di** with) **2** INFORM. to list.

listato /lis'tato/ **I** p.pass. → **listare II** agg. ***carta -a a lutto*** mourning paper **III** m. INFORM. listing.

listello /lis'tɛllo/ m. *(striscia di legno)* lath, splint.

listino /lis'tino/ m. *(elenco)* list; ***prezzo di ~*** list price ♦♦ ***~ dei cambi*** exchange list; ***~ (dei) prezzi*** price list.

litania /lita'nia/ f. litany (anche FIG.); ***ripetere la solita ~*** FIG. to tell the same old story.

litchi /'litʃi/ m.inv. lychee.

lite /'lite/ f. **1** quarrel, row, argument (**per**, **riguardo a** over); ***attaccare ~ con qcn.*** to begin *o* start a quarrel with sb.; ***~ in famiglia*** family row *o* quarrel **2** DIR. ***~ (giudiziaria)*** (law)suit, case; ***le parti in ~*** the litigants.

litigante /liti'gante/ m. e f. ***fra i due -i il terzo gode*** PROV. two dogs strive for a bone, and a third runs away with it; the onlooker gets the best of a fight.

litigare /liti'gare/ [1] intr. (aus. *avere*) **1** to quarrel, to argue, to fight*, to have* an argument; *(per questioni futili)* to squabble, to bicker **2** *(rompere un legame affettivo)* to fall* out.

litigata /liti'gata/ f. quarrel, row, argument, fight.

litigio, pl. **-gi** /li'tidʒo, dʒi/ m. quarrel, row, argument, fight; ***un motivo di*** **~** a cause for argument.
litigioso /liti'dʒoso/ agg. [*persona*] quarrelsome.
litio /'litjo/ m. lithium.
litografare /litogra'fare/ [1] tr. to lithograph.
litografia /litogra'fia/ f. *(tecnica)* lithography; *(stampa)* lithograph.
litografico, pl. **-ci**, **-che** /lito'grafiko, tʃi, ke/ agg. lithographic(al).
litografo /li'tɔgrafo/ ◗ *18* m. (f. **-a**) lithographer.
litorale /lito'rale/ **I** agg. [*città, regione*] coastal, littoral **II** m. coast, (sea)shore.
litoraneo /lito'raneo/ agg. [*città, regione*] coastal, littoral.
litosfera /litos'fɛra/ f. lithosphere.
litro /'litro/ ◗ *20* m. litre BE, liter AE.
Lituania /litu'anja/ ◗ *33* n.pr.f. Lithuania.
lituano /litu'ano/ ◗ *25, 16* **I** agg. Lithuanian **II** m. (f. **-a**) **1** *(persona)* Lithuanian **2** *(lingua)* Lithuanian.
liturgia /litur'dʒia/ f. **1** RELIG. liturgy **2** FIG. *(rituale)* ritual.
liturgico, pl. **-ci**, **-che** /li'turdʒiko, tʃi, ke/ agg. [*canto, libro*] liturgic(al).
liutaio, pl. **-ai** /liu'tajo, ai/ ◗ *18* m. (f. **-a**) lutist.
liuto /li'uto/ ◗ *34* m. lute.
livella /li'vɛlla/ f. TECN. level ♦♦ **~ *a bolla d'aria*** spirit level.
livellamento /livella'mento/ m. **1** *(di suolo, terreno, strada)* levelling BE, leveling AE **2** FIG. equalization, levelling BE, leveling AE; **~ *salariale*** equalization of wages.
livellare /livel'lare/ [1] **I** tr. **1** *(rendere piano)* to level off, to level out [*suolo, terreno*]; to flatten [*rilievo*] **2** FIG. *(parificare)* to level off, to level out **II livellarsi** pronom. **1** *(diventare piano)* [*terreno*] to flatten (out) **2** *(portarsi ad uguale livello)* [*acque, liquidi*] to become* even **3** FIG. [*prezzi, retribuzioni, salari*] to even out.
livellatore /livella'tore/ agg. levelling BE, leveling AE.
livello /li'vɛllo/ m. **1** *(altezza)* level; ***sopra, sotto il*** **~ *del mare*** above, below sea level **2** *(grado, condizione)* level, standard; ***al di sotto del*** **~ *richiesto*** below the required standard; ***allo stesso*** **~ *di*** on the same level with; ***abbassarsi al*** **~ *di qcn.*** to get *o* come down to sb.'s level; ***di alto*** **~** high-level; ***ai massimi -i*** top class, top-level; ***a tutti i -i*** at all levels, at every level **3** AMM. *(qualifica)* grade ♦♦ **~ *di guardia*** flood mark; FIG. danger level; **~ *retributivo*** wage level; **~ *di vita*** living standards.
livido /'livido/ **I** agg. **1** livid, (black-and-)blue; **~ *dal freddo*** blue from *o* with the cold **2** *(pallido)* [*volto*] livid, deathly pale; *(grigio)* [*cielo*] livid, leaden; **~ *di rabbia*** livid with rage; **~ *di paura*** white *o* pale with fear **II** m. *(ecchimosi)* bruise; ***farsi un*** **~ *su un ginocchio*** to bruise one's knee; ***coperto di -i*** [*gambe, braccia*] covered in *o* full of bruises.
livore /li'vore/ m. *(astio)* acrimony, spite.
Livorno /li'vorno/ ◗ *2* n.pr.f. Leghorn.
livrea /li'vrɛa/ f. **1** *(divisa)* livery **2** ZOOL. plumage.
lizza /'littsa/ f. lists pl. (anche FIG.); ***entrare in*** **~** to enter the lists, to throw one's hat into the ring.
1.lo /lo/ (**l'** before a vowel sound) artc.det.m.sing. → **il**.
2.lo /lo/ Quando equivale a *ciò*, *lo* si rende spesso con *it* (*non lo dire* = don't say it), ma va notata la particolare traduzione dopo certi verbi: *lo penso* = I think so; *non lo penso* = I don't think so / I think not (d'uso più formale); *lo spero* = I hope so; *non lo spero* = I hope not; *lo credo* = I believe so; *non lo credo* = I believe not; *te l'ho detto* = I told you so; *non te l'ho detto* = I didn't tell you so. Analogamente si comportano verbi quali *to suppose*, *to be afraid*, *to prefer* e *to expect*. - Si notino in particolare le diverse traduzioni dell'espressione *lo so* = I know (se non si deve specificare l'oggetto), *I know that* (se ci si riferisce a qualcosa menzionato in precedenza), *I know it* (solo in risposta a domande in cui c'è un riferimento specifico, come "who knows his name?"), o infine una frase del tipo *I know he is* (come replica breve a un'affermazione del tipo "he's the best student in the class"). - Per altri usi di *lo* come pronome personale si veda la nota della voce **io**. pron.pers.m.sing. **1** *(complemento oggetto)* *(riferito a persona di sesso maschile)* him; *(riferito a cosa, animale)* it; ***l'ho incontrato ieri*** I met him yesterday; ***il tuo orologio? eccolo!*** your watch? here it is! **2** *(ciò)* it; ***non*** **~ *dire*** don't say it; ***non*** **~ *so*** I don't know **3** *(con valore predicativo)* ***sembra sincero, ma non*** **~ *è*** he seems honest but he isn't.
lobbismo /lob'bizmo/ m. lobbying.
lobbista, m.pl. **-i**, f.pl. **-e** /lob'bista/ m. e f. lobbyist.
lobby /'lɔbbi/ f.inv. lobby (group).
lobelia /lo'bɛlja/ f. lobelia.
lobo /'lɔbo/ m. ANAT. ZOOL. BOT. lobe; **~ *dell'orecchio*** earlobe.
lobotomia /loboto'mia/ f. lobotomy.
lobotomizzare /lobotomid'dzare/ [1] tr. to lobotomize.
1.locale /lo'kale/ **I** agg. [*industria, autorità, radio, specialità, ora*] local **II** m. FERR. *(treno)* stopping train, local.
2.locale /lo'kale/ m. **1** *(sede)* place; *(stanza)* room; *(per uso specifico)* premises pl.; ***i -i della fabbrica*** the factory premises **2** *(luogo di ritrovo)* club, haunt COLLOQ., joint COLLOQ.; *(ristorante)* restaurant ♦♦ **~ *caldaia*** *(isolato dall'edificio)* boiler house; *(nell'edificio)* boiler room; MAR. stokehold; **~ *notturno*** nightclub; **~ *pubblico*** public place.
località /lokali'ta/ f.inv. place, locality; *(di villeggiatura)* resort.
localizzare /lokalid'dzare/ [1] **I** tr. **1** *(reperire)* to locate [*persona, rumore, guasto*]; to pinpoint [*luogo preciso*] **2** *(circoscrivere)* to localize [*incendio, malattia*] **II localizzarsi** pronom. to become* localized.
localizzazione /lokaliddzat'tsjone/ f. **1** *(ubicazione)* location **2** *(limitazione)* localization.
localmente /lokal'mente/ avv. locally.
locanda /lo'kanda/ f. inn.
locandiere /lokan'djɛre/ m. (f. **-a**) innkeeper.
locandina /lokan'dina/ f. poster; TEATR. playbill.
locare /lo'kare/ [1] tr. *(dare in locazione)* to let*, to rent (out) [*immobile*].
locatario, pl. **-ri** /loka'tarjo, ri/ m. tenant, lessee.
locatore /loka'tore/ m. (f. **-trice** /tritʃe/) lessor.
locazione /lokat'tsjone/ f. lease; ***dare in*** **~** to rent (out), to let [*alloggio*]; ***prendere in*** **~** to rent, to lease; ***contratto di*** **~** rent(al) agreement; ***canone di*** **~** rent.
loco: **in loco** /in'lɔko/ agg. e avv. in situ, on the premises; ***in alto*** **~** in high places.
locomotiva /lokomo'tiva/ f. **1** FERR. engine, locomotive, railway engine BE **2** FIG. *(elemento trainante)* ***la*** **~ *del progresso*** the engine of progress.
locomotore /lokomo'tore/ **I** agg. [*apparato*] locomotive **II** m. electric locomotive, electric engine.
locomozione /lokomot'tsjone/ f. locomotion; ***mezzi di*** **~** means of transport, vehicles.
loculo /'lɔkulo/ m. = walled niche which contains a coffin or a cinerary urn.
locusta /lo'kusta/ f. locust.
locuzione /lokut'tsjone/ f. phrase, expression; *(frase idiomatica)* idiomatic expression, idiom.
lodare /lo'dare/ [1] **I** tr. **1** *(rendere grazie a)* to praise [*Signore, Dio*]; ***Dio sia lodato!*** praise the Lord! praise be to God! **2** *(elogiare)* to praise [*persona, lavoro*] **II lodarsi** pronom. to boast, to brag ♦ ***chi si loda s'imbroda*** PROV. self-praise is no recommendation.
lode /'lɔde/ f. **1** *(elogio)* praise; ***degno di*** **~** worthy of praise, praiseworthy; ***tessere le -i di qcn.*** to praise sb. highly *o* loudly; ***tessere le proprie -i*** to blow one's own trumpet; ***essere avaro di -i*** to be grudging in one's praise **2** RELIG. praise; ***rendere*** **~ *al Signore*** to praise *o* glorify God **3** SCOL. UNIV. honours BE, honors AE; ***prendere 30 e*** **~ *all'esame di storia*** = to get full, top marks in the history exam; ***laurearsi con 110 e*** **~** = to graduate with first-class honours BE, to graduate with honors AE, to graduate magna cum laude AE, summa cum laude AE ♦ ***senza infamia e senza*** **~** without praise or blame.
lodevole /lo'devole/ agg. [*risultato, sforzo, intenzione*] praiseworthy, commendable, laudable.
lodo /'lɔdo/ m. DIR. **~ *(arbitrale)*** arbitration award.
loft /'lɔft/ m.inv. loft.
logaritmico, pl. **-ci**, **-che** /loga'ritmiko, tʃi, ke/ agg. ***tavole -che*** log tables.
logaritmo /loga'ritmo/ m. logarithm.
loggia, pl. **-ge** /'lɔddʒa, dʒe/ f. **1** ARCH. loggia* **2** (anche **~ *massonica***) lodge.

loggione /lod'dʒone/ m. gallery.
logica, pl. **-che** /'lɔdʒica, ke / f. logic (anche FILOS. INFORM.); ***mancare di ~*** to be illogical; ***a rigor di ~*** logically speaking.
logicamente /lodʒika'mente/ avv. **1** *(a rigor di logica)* logically **2** *(ovviamente, naturalmente)* obviously, naturally.
logico, pl. **-ci, -che** /'lɔdʒiko, tʃi, ke/ **I** agg. *(razionale)* [*deduzione, conclusione*] logical; *(ovvio)* obvious; ***è ~!*** it stands to reason! **II** m. (f. **-a**) logician.
logistica /lo'dʒistika/ f. logistics + verbo sing. o pl.
logistico, pl. **-ci, -che** /lo'dʒistiko, tʃi, ke/ agg. logistic(al).
loglio, pl. **-gli** /'lɔʎʎo, ʎi/ m. darnel ♦ ***separare il grano dal ~*** to separate the wheat from the chaff.
logo, pl. **-ghi** /'lɔgo, gi/ m. logo*.
logopedia /logope'dia/ f. speech therapy.
logopedista, m.pl. **-i**, f.pl. **-e** /logope'dista/ ➧ ***18*** m. e f. speech therapist.
logoramento /logora'mento/ m. **1** *(usura)* wear **2** FIG. *(di forze, energie)* wearing down, attrition; ***guerra di ~*** MIL. war of attrition.
logorante /logo'rante/ agg. [*lavoro, vita*] back-breaking.
logorare /logo'rare/ [1] **I** tr. **1** to wear* out [*vestiti, scarpe, oggetti*]; to fray [*tessuto*] **2** FIG. [*lavoro, preoccupazione*] to wear* out [*persona*]; ***~ i nervi a qcn.*** to fray sb.'s nerves **II logorarsi** pronom. **1** *(usurarsi)* [*vestiti, scarpe, oggetti*] to wear* out **2** FIG. *(esaurirsi)* [*persona*] to wear* oneself out **3** FIG. *(consumare)* ***-rsi gli occhi*** to ruin one's eyesight.
logorio, pl. **-ii** /logo'rio, ii/ m. **1** wear and tear, attrition **2** FIG. *(di forze, energie)* strain, stress.
logoro /'logoro/ agg. **1** *(consumato)* [*vestito*] worn(-out), well-worn, outworn, threadbare **2** FIG. [*nervi*] frayed **3** *(superato)* [*argomento*] hackneyed.
logorroico, pl. **-ci, -che** /logor'rɔiko, tʃi, ke/ agg. [*persona*] long-winded.
logotipo /logo'tipo/ m. logotype; *(nella pubblicità)* logo*.
lombaggine /lom'baddʒine/ ➧ ***7*** f. lumbago*.
Lombardia /lombar'dia/ ➧ ***30*** n.pr.f. Lombardy.
lombardo /lom'bardo/ ➧ ***30*** **I** agg. Lombard attrib. **II** m. (f. **-a**) Lombard.
lombare /lom'bare/ agg. [*regione, vertebre*] lumbar.
lombata /lom'bata/ f. loin.
lombo /'lombo/ m. **1** ANAT. loin **2** *(in macelleria)* loin, sirloin.
lombrico, pl. **-chi** /lom'briko, ki/ m. earthworm.
lompo /'lompo/ m. lumpfish.
londinese /londi'nese/ ➧ ***2*** **I** agg. from, of London, London attrib. **II** m. e f. Londoner.
Londra /'londra/ ➧ ***2*** n.pr.f. London.
longevità /londʒevi'ta/ f.inv. longevity.
longevo /lon'dʒɛvo/ agg. [*persona, animale*] long-lived.
longilineo /londʒi'lineo/ **I** agg. long-limbed **II** m. (f. **-a**) long-limbed person.
longitudinale /londʒitudi'nale/ agg. **1** longitudinal **2** *(della lunghezza)* lengthwise.
longitudinalmente /londʒitudinal'mente/ avv. lengthwise.
longitudine /londʒi'tudine/ f. longitude; ***a 30° di ~ est*** at a longitude of 30° east, at longitude 30° east.
longobardo /longo'bardo/ m. (f. **-a**) Lombard.
lontanamente /lontana'mente/ avv. *(vagamente)* vaguely; *(leggermente)* slightly; ***non ci penso neanche ~*** I wouldn't dream of it.
lontananza /lonta'nantsa/ f. **1** *(grande distanza)* ***in ~*** in the distance; ***l'ho visto arrivare in ~*** I saw him coming from a distance; ***lo vidi molto in ~*** I saw it a long way out **2** *(assenza)* absence.
lontano /lon'tano/ Come l'italiano *lontano*, anche i suoi equivalenti inglesi si possono impiegare in relazione sia allo spazio sia al tempo; vanno comunque distinti gli usi aggettivali da quelli avverbiali. - Come aggettivo, in funzione attributiva *lontano* si rende con *faraway, far-off* o *distant*: *un posto lontano tra le montagne* = a far-off place in the mountains. In funzione predicativa dopo il verbo *to be*, se la frase è affermativa *lontano* si traduce per lo più con *away*, oppure con *a long way away* se manca una precisa indicazione di distanza: *casa mia è lontana un chilometro* = my house is one kilometre away; *la chiesa è ancora molto lontana* = the church is still a long way away; se invece la frase è negativa o interrogativa, si usa *far* o *far away*: *è lontana la chiesa?* = is the church far?; *casa mia non è lontana* = my house is not far (away). - Come avverbio, in frase affermativa *lontano* si può tradurre in vari modi: *oggi andiamo lontano* = we are driving a long way today; *vivo lontano dalla scuola* = I live a long way from the school; *sentii un cane abbaiare lontano* = I heard a dog barking in the distance; in frase negativa e interrogativa, si usa solo *far (away) (from)*: *non vivo lontano dalla mia ragazza* = I don't live far from my girlfriend; *devi andare lontano oggi?* = have you got to go far today? - Per questi e altri impieghi, soprattutto idiomatici, della parola *lontano* e dei suoi equivalenti inglesi, si veda la voce qui sotto. **I** agg. **1** *(nello spazio)* [*terra, paese, musica, rumore*] distant, far-off, faraway; ***è -a la scuola?*** is the school far? ***la banca è (abbastanza) -a*** the bank is (quite) a long way away; ***la stazione non è molto -a*** the station is not very far; ***a quest'ora sarà già ~*** he must be a long way *o* far away by now **2** *(nel tempo)* [*passato, civiltà, ricordo, futuro*] distant; [*scadenza*] far-off; ***le vacanze sono già -e*** the vacation is long past now; ***è ancora ~ (nel futuro)*** it's still a long way off (in the future); ***non è ~ dai 70 anni*** he's not far off 70, he's approaching 70; ***non è ~ il tempo in cui...*** it's not so long ago that...; ***nel ~ 1910*** away back in 1910 **3** *(di parentela)* [*parente, cugino*] distant **4 lontano da** *(nello spazio, nel tempo)* far from; ***è ancora ~ da qui?*** is it much further *o* farther from here? ***vivono ~ dai genitori*** they live far away from their folks; ***la scuola non è -a da qui*** the school is not far from here; ***siamo ancora -i dalla fine*** the end is still a long way off; ***essere ~ da*** to be far removed from [*verità, realtà*]; ***era ben ~ dall'immaginare che...*** little did he know that... **II** avv. **1** *(in un luogo distante)* far away, far off, away; ***abita ~*** he lives a long way away *o* off; ***guardare ~*** to gaze into the distance; ***andare più ~*** to go farther *o* further; ***stare, tenersi ~ da*** to stay, keep away from **2 da lontano *viene da molto ~*** he comes from far away; ***non vedo molto bene da ~*** I can't see very well at a distance; ***riconoscere qcn. da ~*** to recognize sb. from a distance ♦ ***andare ~*** *(avere successo)* to go far *o* a long way; ***essere parente alla -a (di qcn.)*** to be distantly related (to sb.); ***prendere qcs. alla -a*** to approach sth. in a roundabout way; ***~ dagli occhi, ~ dal cuore*** PROV. out of sight, out of mind; ***chi va piano, va sano e va ~*** PROV. slow and steady wins the race.
lontra /'lontra/ f. otter ♦♦ ***~ marina*** sea otter.
lonza /'lontsa/ f. GASTR. loin (of pork).
look /luk/ m.inv. look; ***cambiare ~*** COLLOQ. to have a new look.
loquace /lo'kwatʃe/ agg. [*persona*] talkative, chatty, loquacious FORM.
loquacità /lokwatʃi'ta/ f.inv. talkativeness, chattiness, loquacity FORM.
lordare /lor'dare/ [1] **I** tr. to dirty **II lordarsi** pronom. to get* dirty, to dirty oneself.
lordo /'lordo/ **I** agg. **1** LETT. *(sporco)* dirty, filthy **2** *(complessivo)* [*utile, attivo, reddito, incasso, peso*] gross **II** m. ***al ~ di imposte*** before tax, pre-tax.
lordura /lor'dura/ f. LETT. filth.
Lorenzo /lo'rɛntso/ n.pr.m. Laurence, Lawrence.
loro /'loro/ v. le note delle voci **io** e **mio**. **I** pron.pers.pl. **1** *(soggetto)* they *(in inglese va sempre espresso)*; ***~ vanno al cinema, io no*** they go to the cinema, I don't; ***~ due*** the two of them **2** *(complemento oggetto)* them; ***sto cercando ~*** I'm looking for them **3** *(complemento di termine)* them; ***ho dato ~ il tuo numero di telefono*** I gave them your telephone number; ***la lettera non era indirizzata a ~*** the letter wasn't for them **4** *(preceduto da preposizione)* ***lei non pensa a ~*** she doesn't think of them; ***un regalo per ~*** a present for them; ***io lavoro più di ~*** I work more than they do *o* than them **5** *(forma di cortesia)* you; ***come ~ preferiscono*** as you prefer; ***dopo di ~*** after you **II** agg.poss.inv. **1** their; *(quando è preceduto da un articolo, quest'ultimo non si traduce)* ***la ~ casa*** their house; ***un ~ amico, uno dei ~ amici*** a friend of theirs; ***alcuni ~ insegnanti*** some of their teachers, some teachers of theirs; ***sto dalla ~ (parte)*** I'm on their side; ***al ~ arrivo*** when they arrived; ***non hanno una macchina ~*** they haven't got a car of their own **2** *(forma di cortesia)* your **III il loro, la loro, i loro, le**

loro pron.poss.inv. theirs; ***è il ~*** it's theirs; ***la nostra casa è più grande della ~*** our house is bigger than theirs; *(in espressioni ellittiche)* ***ne hanno fatta un'altra delle ~*** they've been up to mischief again; ***vogliono sempre dire la ~*** they always have to speak their mind; ***è dei ~*** *(familiari, alleati, compagni)* he's one of them.

losanga, pl. **-ghe** /lo'zanga, ge/ f. diamond, lozenge, rhombus*.

losco, pl. **-schi**, **-sche** /'losko, ski, ske/ agg. [*individuo*] suspicious, shady; [*sguardo*] sly; [*affare, faccenda*] dirty, shady; [*ambiente, luogo*] seedy; ***c'è qcs. di ~ in questa storia*** there is sth. fishy in this story.

loto /'lɔto/ m. BOT. lotus.

lotta /'lɔtta/ f. **1** *(battaglia, guerra)* conflict (**con**, **contro** with); ***ingaggiare una ~*** to start a fight; ***abbandonare la ~*** to give up *o* abandon the struggle **2** *(impegno)* fight, struggle; ***~ contro il cancro, la disoccupazione*** fight against cancer, unemployment; ***~ alla criminalità*** crime fighting; ***~ per il potere*** power struggle **3** *(conflitto)* struggle; ***la ~ tra il bene e il male*** the struggle between good and evil **4** SPORT wrestling; ***fare la ~*** to wrestle ♦♦ ***~ armata*** armed conflict *o* struggle; ***~ di classe*** class struggle *o* war(fare); ***~ greco-romana*** Graeco-Roman wrestling; ***~ libera*** all-in wrestling.

lottare /lot'tare/ [1] intr. (aus. *avere*) **1** *(combattere)* [*popolo, paese*] to struggle; ***~ contro qcn.*** to fight against sb. **2** *(impegnarsi)* [*persona, gruppo*] to fight*; ***~ contro*** to fight [*crimine, inquinamento, disoccupazione*]; ***~ per la democrazia*** to fight for democracy.

lottatore /lotta'tore/ m. (f. **-trice** /tritʃe/) **1** SPORT wrestler **2** FIG. fighter.

lotteria /lotte'ria/ f. lottery (anche FIG.); ***giocare alla ~*** to have a go at the lottery, to take part in a lottery; ***vincere alla ~*** to win in the lottery; ***~ di beneficienza*** charity raffle ♦♦ ***~ istantanea*** instant lottery.

lottizzare /lottid'dzare/ [1] tr. **1** *(frazionare)* to parcel out **2** FIG. SPREG. to carve up COLLOQ. [*cariche*].

lottizzazione /lottiddzat'tsjone/ f. **1** *(divisione in lotti)* parcelling out BE, parceling out AE **2** FIG. SPREG. carve-up COLLOQ.

lotto /'lɔtto/ m. **1** *(gioco d'azzardo)* lotto, lottery; ***giocare al ~*** to play lotto; ***estrazione del ~*** drawing **2** *(parte)* share, portion **3** *(partita di merce)* batch, lot **4** *(appezzamento)* plot, parcel, lot AE **5** *(in borsa)* round lot ♦ ***vincere un terno al ~*** to hit the jackpot.

lozione /lot'tsjone/ f. lotion.

LP /ɛllep'pi/ m.inv. (⇒ long-playing record Lunga Esecuzione) LP.

LSD /ɛlleɛssed'di/ m.inv. (⇒ lysergic acid diethylamide dietilammide dell'acido lisergico) LSD.

lubrico, pl. **-chi**, **-che** /'lubriko, lu'briko, ki, ke/ agg. *(osceno)* [*sguardo, immagine*] lewd.

lubrificante /lubrifi'kante/ **I** agg. [*sostanza*] lubricating **II** m. lubricant.

lubrificare /lubrifi'kare/ [1] tr. to lubricate, to oil, to grease.

lubrificazione /lubrifikat'tsjone/ f. lubrication.

Luca /'luka/ n.pr.m. Luke.

lucano /lu'kano/ ♦ ***2*** **I** agg. from, of Basilicata **II** m. (f. **-a**) native, inhabitant of Basilicata.

lucchetto /luk'ketto/ m. padlock; ***mettere il ~ alla bocca di qcn.*** FIG. to shut sb. up.

luccicante /luttʃi'kante/ agg. [*stella*] twinkling, glittering; [*occhi*] twinkling, gleaming, sparkling.

luccicare /luttʃi'kare/ [1] intr. (aus. *essere, avere*) [*gioiello, metallo*] to sparkle, to shimmer; [*stella*] to twinkle, to glitter; [*occhi*] to gleam, to twinkle, to sparkle; [*acqua*] to shimmer, to glisten, to gleam ♦ ***non è tutto oro quel che luccica*** PROV. all that glitters is not gold.

luccichio, pl. **-ii** /luttʃi'kio, ii/ m. *(di metallo, gioiello)* sparkle, shimmer; *(di stella)* twinkling; *(dell'acqua)* gleam, shimmer; *(di occhi)* twinkle, sparkle.

luccicone /luttʃi'kone/ m. big tear, large tear; ***gli vennero i -i*** tears filled his eyes.

luccio, pl. **-ci** /'luttʃo, tʃi/ m. pike*.

lucciola /'luttʃola/ f. ZOOL. firefly, glowworm ♦ ***prendere -e per lanterne*** to have *o* get hold of the wrong end of the stick.

luce /'lutʃe/ **I** f. **1** light; ***~ naturale, artificiale*** natural, artificial light; ***~ del sole, delle stelle*** sunlight, starlight; ***~ del giorno*** daylight; ***fa poca ~*** [*lampada, candela*] it doesn't give much light **2** *(elettricità)* electricity, power; ***accendere, spegnere la ~*** to turn the light on, off; ***bolletta della ~*** electricity bill; ***palo della ~*** electricity pole *o* post **3** FIG. ***alla ~ di*** in the light of [*fatti*]; ***fare ~ su*** to cast *o* throw *o* shed light on; ***(ri)portare alla ~*** to dig up *o* unearth *o* excavate [*rovine*]; ***venire alla ~*** *(nascere)* to come into the world; ***vedere la ~*** [*opera*] to see the light of day; ***dare alla ~ qcn.*** to give birth to sb., to bring sb. into the world; ***la ~ della ragione*** *(lume)* the light of reason; ***è la ~ dei suoi occhi*** she's the light of her life **4** ARCH. *(di ponte, arco)* span **5** TECN. opening **6** EDIL. ***un bagno senza ~*** a bathroom without windows **7** CINEM. ***cinema a -i rosse*** porno cinema BE *o* movie theater AE; ***film a -i rosse*** blue film BE COLLOQ. *o* movie AE COLLOQ. **II luci** f.pl. *(fanali)* (head)lights ♦ ***mettere in ~ qcs.*** to highlight sth.; ***mettersi in ~*** to draw attention to oneself; ***brillare di ~ propria*** to be a shining light; ***brillare di ~ riflessa*** to bask in sb.'s reflected glory; ***agire alla ~ del sole*** to act openly; ***in*** o ***sotto falsa ~*** in a false light; ***in buona ~*** in a favourable light; ***non ti conoscevo in*** o ***sotto questa ~*** I knew nothing of *o* about that side of you ♦♦ ***~ di retromarcia*** reversing *o* backup AE light; ***-i abbaglianti*** headlights on full beam BE, high beam AE, brights AE COLLOQ.; ***-i anabbaglianti*** dipped BE *o* dimmed AE headlights; ***-i di emergenza*** hazard lamps BE *o* lights AE; ***-i fendinebbia*** foglamps, foglights; ***-i di posizione*** sidelights, parking lights; ***-i della ribalta*** footlights.

lucente /lu'tʃɛnte/ agg. [*capelli, pelo*] glossy, shining; [*metallo, gioiello, stella*] bright; [*occhi*] bright, starry.

lucentezza /lutʃen'tettsa/ f. *(di capelli)* gloss, shine, sheen; *(di colore)* brightness, brilliance; *(di metallo)* brightness, gloss, lustre BE, luster AE; *(di seta)* sheen.

lucerna /lu'tʃɛrna/ f. *(lampada a olio)* oil lamp.

lucernario, pl. **-ri** /lutʃer'narjo, ri/ m. skylight.

lucertola /lu'tʃɛrtola/ f. lizard.

Lucia /lu'tʃia/ n.pr.f. Lucy, Lucie.

Luciano /lu'tʃano/ n.pr.m. Lucian.

lucidalabbra /lutʃida'labbra/ m.inv. lip gloss.

lucidante /lutʃi'dante/ m. polish.

lucidare /lutʃi'dare/ [1] tr. to polish (up) [*mobile, pavimento, argento*]; to polish, to shine*, to buff [*scarpe*]; *(con la cera)* to wax.

lucidatrice /lutʃida'tritʃe/ f. floor polisher.

lucidatura /lutʃida'tura/ f. polishing.

lucidezza /lutʃi'dettsa/ f. gloss, shine, brightness.

lucidità /lutʃidi'ta/ f.inv. **1** MED. lucidity; ***momenti di ~*** lucid moments **2** *(razionalità)* ***ragionare con ~*** to think clearly; ***conservare la propria ~*** to keep a clear head; ***esaminare qcs. con ~*** to look at sth. in a clear-headed way.

lucido /'lutʃido/ **I** agg. **1** *(scintillante)* [*pavimento, legno*] shiny; [*capelli*] glossy, shiny; [*occhi*] watery; [*metallo*] bright, shiny **2** MED. [*persona, mente*] lucid **3** *(razionale)* [*persona*] clear-headed; [*analisi, esame*] clear **II** m. **1** *(lucentezza)* brightness, shine, sheen **2** *(da scarpe)* shoe polish **3** *(disegno)* tracing; ***carta da -i*** tracing paper **4** *(per lavagna luminosa)* transparency ♦ ***tirare qcs. a ~*** to spruce sth. up, to make sth. spick and span; ***essere tirato a ~*** [*persona*] to be spruced up.

Lucifero /lu'tʃifero/ n.pr.m. Lucifer.

lucignolo /lu'tʃiɲɲolo/ m. *(stoppino)* wick.

Lucio /'lutʃo/ n.pr.m. Lucius.

lucrativo /lukra'tivo/ agg. [*attività*] lucrative.

Lucrezia /lu'krɛttsja/ n.pr.f. Lucretia.

Lucrezio /lu'krɛttsjo/ n.pr.m. Lucretius.

lucro /'lukro/ m. gain, profit, lucre SPREG.; ***senza fini di ~, a scopo di ~*** [*associazione*] non-profitmaking, profit-making.

lucroso /lu'kroso/ agg. lucrative, profitable.

ludibrio, pl. **-bri** /lu'dibrjo, bri/ m. ***esporre al pubblico ~*** to hold sb. up to public scorn.

ludico, pl. **-ci**, **-che** /'ludiko, tʃi, ke/ agg. play attrib.

lug. ⇒ luglio July (Jul).

luglio /'luʎʎo/ ♦ ***17*** m. July.

lugubre /'lugubre/ agg. [*paesaggio, luogo, pensiero*] gloomy, dismal; [*suono*] mournful, lugubrious; [*atmosfera*] funereal, gloomy.

lui /'lui/ v. la nota della voce **io**. pron.pers.m. **1** *(soggetto)* he *(in inglese va sempre espresso)*; ***~ e i suoi amici erano lì*** he and his friends were there **2** *(complemento oggetto)* him; ***ho visto lei ma non ~*** I saw her, but not him **3** *(preceduto da preposizione)* ***non penso più a ~*** I don't think about him any more; ***un regalo per ~*** a present for him; ***sono più giovane di ~*** I'm younger than he is *o* than him; ***degli amici di ~*** friends of his.

Luigi /lu'idʒi/ n.pr.m. Louis, Lewis.

Luisa /lu'iza/ n.pr.f. Louise, Louisa.

lumaca, pl. **-che** /lu'maka, ke/ f. **1** *(mollusco)* slug; *(con guscio)* snail **2** FIG. *(persona lenta)* slug, slowcoach BE COLLOQ., slowpoke AE COLLOQ.; *(veicolo lento)* slug ♦ ***a passo di ~*** at a snail's pace.

lumacone /luma'kone/ m. (f. **-a**) **1** *(mollusco)* slug **2** FIG. *(pigrone)* slowcoach BE COLLOQ., slowpoke AE COLLOQ.

lume /'lume/ m. **1** *(apparecchio)* lamp, light; ***~ a gas, olio*** gas, oil lamp **2** *(luce)* ***a ~ di candela*** by candlelight **3** FIG. *(consiglio)* ***ho bisogno dei suoi -i*** I need to pick his brain **4** STOR. ***il secolo dei -i*** the Age of Enlightenment ♦ ***a ~ di naso*** at a guess, by (sheer) intuition; ***perdere il ~ della ragione*** to lose one's reason *o* mind; ***perdere il ~ degli occhi*** to be blind with rage *o* blinded by anger; ***reggere il ~*** to be a *o* play gooseberry.

lumicino /lumi'tʃino/ m. ***essere ridotto al ~*** [*persona*] to be at death's door; [*cosa*] to be coming to an end.

luminare /lumi'nare/ m. luminary, leading light.

luminaria /lumi'narja/ f. *(addobbo)* lights pl.; *(insieme di luci)* illuminations pl.

luminescente /lumineʃ'ʃɛnte/ agg. [*tubo*] luminescent.

luminescenza /lumineʃ'ʃɛntsa/ f. luminescence.

lumino /lu'mino/ m. **1** *(piccola lampada a olio)* small oil lamp; ***~ da notte*** night-light **2** *(candela funebre)* grave light.

luminosità /luminosi'ta/ f.inv. **1** brightness (anche TELEV.) **2** FIS. luminosity.

luminoso /lumi'noso/ agg. **1** *(che emette luce)* [*corpo, punto*] luminous; ***fascio ~*** beam of light, light beam **2** *(pieno di luce)* [*stanza*] bright, well lit; [*colore*] bright **3** FIG. *(radioso)* [*occhi*] bright; [*sorriso*] beaming **4** FIG. *(grandioso)* [*idea*] bright, brilliant.

lun. ⇒ lunedì Monday (Mon).

luna /'luna/ f. moon; ***notte senza ~*** moonless night; ***raggio di ~*** moonbeam; ***al chiaro di ~*** by moonlight, by the light of the moon; ***c'è la ~ piena*** there's a full moon; ***eclissi di ~*** lunar eclipse; ***a forma di ~ piena*** [*viso*] moon-faced ♦ ***abbaiare alla ~*** to bay at the moon; ***avere la ~ storta*** o ***di traverso*** to be in one of one's moods *o* in a bad mood; ***chiedere la ~*** to ask for the moon; ***promettere la ~*** to promise the earth *o* moon; ***fare vedere la ~ nel pozzo a qcn.*** to lead sb. up the garden path ♦♦ ***~ calante*** waning moon; ***~ crescente*** waxing moon; ***~ di miele*** honeymoon; ***~ nuova*** new moon; ***~ piena*** full moon.

luna park /luna'park/ m.inv. (fun) fair, carnival.

lunare /lu'nare/ agg. [*cratere, ciclo, mese, eclissi*] lunar; [*roccia*] moon attrib.; ***paesaggio ~*** moonscape.

lunario, pl. **-ri** /lu'narjo, ri/ m. almanac(k) ♦ ***sbarcare il ~*** to barely make ends meet, to eke out *o* scrape a living.

lunatico, pl. **-ci**, **-che** /lu'natiko, tʃi, ke/ **I** agg. [*carattere*] moody **II** m. (f. **-a**) moody person.

lunedì /lune'di/ ➧ ***11*** m.inv. Monday ♦♦ ***~ dell'Angelo*** Easter Monday; ***~ di Pentecoste*** Whit Monday.

lunetta /lu'netta/ f. **1** ARCH. lunette; ***~ a ventaglio*** fanlight **2** *(di unghia)* half-moon.

lungaggine /lun'gaddʒine/ f. **1** *(in film, libro, discorso)* lengthiness **2** *(lentezza, ritardo)* delay, slowness; ***-i burocratiche*** red tape.

lungamente /lunga'mente/ avv. [*parlare, aspettare*] for a long time.

lunghezza /lun'gettsa/ ➧ ***21*** f. **1** *(nello spazio)* length; ***10 cm di ~*** 10 cm in length; ***nel senso della ~*** lengthways BE, lengthwise AE; ***un cavo di tre metri di ~*** a cable three metres long, a three-metre long cable **2** *(durata)* length **3** SPORT length; ***vincere per una ~*** to win by a length ♦♦ ***~ d'onda*** FIS. wavelength (anche FIG.).

lungi /'lundʒi/ avv. LETT. ***~ dall'essere soddisfatto*** far from satisfied; ***siamo ancora ~ dall'aver finito*** we're still a long way from finishing; ***~ da me l'idea di fare*** far be it from me to do; ***~ da me!*** perish the thought!

lungimirante /lundʒimi'rante/ **I** agg. [*persona*] far-sighted, forward-looking **II** m. e f. far-sighted person.

lungimiranza /lundʒimi'rantsa/ f. far-sightedness.

lungo, pl. **-ghi**, **-ghe** /'lungo, gi, ge/ ➧ ***21*** **I** agg. **1** *(nello spazio)* [*gambo, ciglia, vestito, lettera, distanza*] long; ***un tubo ~ due metri*** a pipe two metres long, a two-metre long pipe; ***quanto è ~?*** how long is it? **2** *(nel tempo)* [*viaggio, film, silenzio*] long, lengthy; [*vita*] long; [*amicizia*] long-standing; ***un colloquio ~ 40 minuti*** a 40-minute interview; ***sarebbe ~ da spiegare*** it would take a long time to explain it; ***di -a data*** of long standing **3** COLLOQ. *(lento)* ***essere ~ nel fare*** [*persona*] to be slow to do **4** *(allungato)* [*caffè*] weak; [*brodo*] thin, watery **5** *(alto)* tall **6** LING. [*vocale*] long **7** ***dirla -a*** to speak volumes, to say a lot (**su** about); ***saperla -a*** *(essere ben informato)* to know all (**su** about) **8 di gran lunga** ***è di gran -a più intelligente di me*** he's far more intelligent than I am *o* than me; ***è di gran -a la migliore*** she's by far the best **9 in lungo e in largo** far and wide, far and near; ***cercare qcs. in ~ e in largo*** to hunt high and low for sth. **10 a lungo** (for) a long time; ***non resterò a ~*** I won't stay for long **11 a lungo andare, alla lunga** in the long run **II** m. **1** ABBIGL. ***vestirsi in ~*** to wear a full-length dress **2 per il lungo** [*tagliare, spezzare*] lengthwise **III** prep. **1** *(nello spazio)* ***~ il fiume*** along the river; ***camminare ~ un muro*** to walk beside a wall **2** *(nel tempo)* ***~ tutto il viaggio*** throughout the trip ♦ ***cadere ~ disteso (per terra)*** to fall flat on one's face, to fall headlong; ***farla -a, andare per le -ghe*** to drag on.

lungodegente /lungode'dʒɛnte/ m. e f. long-stay patient, long-term patient.

lungofiume /lungo'fjume/ m. riverfront, riverbank.

lungolago, pl. **-ghi** /lungo'lago, gi/ m. lakeside.

lungomare /lungo'mare/ m. seafront, promenade.

lungometraggio, pl. **-gi** /lungome'traddʒo, dʒi/ m. feature (film), full-length film.

lunotto /lu'nɔtto/ m. rear window ♦♦ ***~ termico*** heated rear window.

lunula /'lunula/ f. ANAT. ***~ ungueale*** half-moon.

luogo, pl. **-ghi** /'lwɔgo, gi/ m. **1** *(posto)* place; ***~ di ritrovo*** meeting-place; ***~ di residenza*** place of residence, dwelling place; ***~ di nascita*** place of birth, birthplace; ***~ di culto*** place of worship; ***~ di lavoro*** place of work, workplace; ***~ di villeggiatura*** (holiday) resort; ***sul ~*** on the spot; ***sul ~ del delitto*** at the scene of the crime; ***prodotti del ~*** local products; ***la gente del ~*** the locals **2** FIG. ***a tempo e ~*** *(momento opportuno)* at the proper time and place; ***avere ~*** *(accadere)* to take place; ***fuori ~*** *(inopportuno)* [*comportamento, risposta*] out of place, uncalled-for; ***in primo, secondo ~*** *(ordine di importanza)* firstly, secondly; ***dare ~ a*** *(causare)* to give rise to, to cause [*scandalo*] **3 in luogo di** instead of, in place of ♦♦ ***~ comune*** commonplace, cliché; ***~ geometrico*** locus*; ***~ di perdizione*** fleshpot; ***~ pubblico*** public place.

luogotenente /lwogote'nɛnte/ m. lieutenant.

lupa /'lupa/ f. ZOOL. she-wolf.

lupacchiotto /lupak'kjɔtto/ m. (f. **-a**) wolf cub.

lupara /lu'para/ f. *(fucile)* sawn-off shotgun ♦ ***~ bianca*** = journalistic term used to describe a mafia-style killing in which the body can't be found.

lupetto /lu'petto/ m. **1** ZOOL. wolf cub **2** *(scout)* cub (scout) **3** ABBIGL. turtle neck.

lupino /lu'pino/ m. lupin.

lupo /'lupo/ **I** m. wolf*; ***avere una fame da ~*** FIG. to be as hungry as a wolf; ***mangiare come un ~*** FIG. to eat like a horse; ***gridare al ~*** to cry wolf (anche FIG.) **II** agg.inv. ***cane ~*** German shepherd, Alsatian BE ♦ ***~ solitario*** lone wolf; ***da -i*** [*tempo*] foul, stormy; ***in bocca al ~!*** break a leg! COLLOQ.; ***il ~ perde il pelo ma non il vizio*** a leopard cannot change his spots ♦♦ ***~ di mare*** *(marinaio)* salt, sea dog; ***~ mannaro*** werewolf*.

luppoleto /luppo'leto/ m. hop field.

luppolo /'luppolo/ m. hops pl.

lurido /'lurido/ agg. *(sporco)* [*luogo, casa, vestito*] filthy.

lusinga, pl. **-ghe** /lu'zinga, ge/ f. **1** *(adulazione)* flattery U, lure **2** LETT. fallacious hope, illusion.

lusingare /luzin'gare/ [1] **I** tr. **1** *(adulare)* to flatter [*persona*] **2** *(allettare)* to tempt **II lusingarsi** pronom. to delude oneself.

lusinghiero /luzin'gjɛro/ agg. **1** *(che lusinga)* [*giudizio, parole*] flattering, glowing **2** *(che dà soddisfazione)* [*risultato*] gratifying.

lussare /lus'sare/ [1] **I** tr. to dislocate [*osso*] **II lussarsi** pronom. [*persona*] to dislocate, to put* out [*caviglia, spalla*].

lussazione /lussat'tsjone/ f. dislocation.

lussemburghese /lussembur'gese/ ♦ *25, 2* agg., m. e f. Luxembourgian.

Lussemburgo /lussem'burgo/ ♦ *33, 2* n.pr.m. Luxembourg.

lusso /'lusso/ m. **1** *(fasto)* luxury; ***vivere nel ~*** to live in luxury, to live a life of luxury; ***prodotti di ~*** luxury products; ***hotel di ~*** exclusive hotel **2** *(cosa superflua)* ***può permettersi questo ~*** he can afford it; ***permettersi il ~ di fare*** to afford the luxury of doing; FIG. to give oneself the satisfaction of doing ♦ ***ci è andata di ~*** we've been very lucky, we can thank our lucky stars.

lussuoso /lussu'oso/ agg. [*appartamento, auto*] luxurious, luxury attrib.

lussureggiante /lussured'dʒante/ agg. **1** *(rigoglioso)* [*vegetazione*] luxuriant, lush **2** FIG. *(ricco)* [*stile*] rich, flamboyant.

lussuria /lus'surja/ f. lust.

lussurioso /lussu'rjoso/ agg. lustful.

lustrare /lus'trare/ [1] tr. to polish [*scarpe, specchio, metallo*] ♦ ***~ le scarpe a qcn.*** to lick sb.'s boots COLLOQ.

lustrascarpe /lustras'karpe/ ♦ *18* m.inv. bootblack, shoeshine.

lustrino /lus'trino/ m. sequin, spangle.

1.lustro /'lustro/ **I** agg. [*pavimento*] shiny, polished, spick-and-span **II** m. **1** *(lucentezza)* shine, sheen, lustre BE, luster AE **2** *(prestigio)* ***dare ~ a qcs.*** to glamorize sth., to bring prestige to sth.

2.lustro /'lustro/ m. LETT. *(quinquennio)* five-year period.

luteranesimo /lutera'nezimo/ m. Lutheranism.

luterano /lute'rano/ **I** agg. Lutheran **II** m. (f. **-a**) Lutheran.

Lutero /lu'tɛro/ n.pr.m. Luther; ***Martin ~*** Martin Luther.

lutto /'lutto/ m. **1** *(avvenimento)* bereavement; ***un ~ in famiglia*** a death in the family **2** *(cordoglio)* mourning **U**, grief; ***~ nazionale*** national mourning; ***essere in ~ (stretto)*** to be in (deep) mourning; ***mettere*** o ***prendere il ~*** to go into mourning; ***smettere il ~*** to come out of mourning; ***portare il ~*** to mourn, to wear mourning.

luttuoso /luttu'oso/ agg. [*evento*] tragic, distressing; [*notizia*] distressing.

m, M /ˈɛmme/ m. e f.inv. *(lettera)* m, M.

m' → **1.mi**.

m. ⇒ morto died (d.).

ma /ma/ **I** cong. **1** *(per esprimere opposizione)* but; ***è intelligente ~ pigro*** he's intelligent but lazy; ***strano ~ vero*** strange but true; ***non arriva lunedì, ~ martedì*** he's not arriving on Monday but on Tuesday *o* he's arriving on Tuesday, not on Monday; ***non solo... ~ anche*** not only... but also **2** *(come rafforzativo)* ***~ è una pazzia!*** but that's madness! ***~ dai, non ti preoccupare!*** come on, don't worry about it! ***faceva un caldo, ~ un caldo!*** it was so incredibly hot! ***"posso venire anch'io?" - "~ certo!"*** "can I come too?" - "of course!" **3** *(per esprimere indignazione, impazienza)* ***~ dove è finito?*** where on earth has he got to? ***~ vuoi stare zitto!*** can't you just shut up? ***~ guarda che faccia tosta!*** really! what a nerve! **4** *(per esprimere stupore, incredulità)* ***~ allora mi ha mentito!*** so he lied to me! ***~ guarda un po'!*** fancy that! ***~ non mi dire!*** you don't say! ***~ no!*** really? **5** *(in apertura di frase)* ***~ ora passiamo ad altro*** and now, let's move on to something else; ***~ dimmi, lo conosci anche tu?*** so you know him too? **II** m.inv. ***non c'è ~ che tenga*** no buts about it; ***non ci sono né se né ~*** no ifs and buts *o* no ifs, ands or buts.

macabro /ˈmakabro/ agg. [*spettacolo, danza*] macabre; ***umorismo ~*** gallows humour.

macaco, pl. **-chi** /maˈkako, ki/ m. **1** ZOOL. macaque **2** SPREG. *(uomo goffo e sciocco)* fool, dunce.

macao /maˈkao/ m.inv. ZOOL. macaw.

macché /makˈke/ inter. of course not, not in the least.

maccheroni /makkeˈroni/ m.pl. macaroni **U**.

maccheronico, pl. **-ci**, **-che** /makkeˈrɔniko, tʃi, ke/ agg. ***latino ~*** dog Latin.

1.macchia /ˈmakkja/ f. **1** *(zona sporca, segno)* stain; *(piccola)* spot; *(di vernice)* blot; *(sulla pelle)* blotch, mark, blemish; ***~ d'inchiostro*** ink stain; ***~ di umidità*** damp patch; ***~ di sangue*** bloodstain; ***ti sei fatto una ~ sui pantaloni*** you've got a stain on your trousers; ***le -e del leopardo*** the leopard's spots; ***-e di colore*** splashes of colour **2** FIG. stain, blot; ***senza ~*** [*reputazione*] spotless, unblemished; [*vita*] blameless ♦ ***espandersi a ~ d'olio*** to spread like wildfire ♦♦ ***~ solare*** ASTR. sunspot.

2.macchia /ˈmakkja/ f. *(boscaglia)* scrub, brush ♦ ***darsi alla ~*** to go into hiding ♦♦ ***~ mediterranea*** maquis.

macchiare /makˈkjare/ [1] **I** tr. **1** *(sporcare)* [*sostanza*] to stain, to mark; [*vernice, inchiostro*] to blot; ***ti macchierai il vestito*** you'll stain your dress; ***ho macchiato la cravatta*** I've got a stain on my tie **2** *(allungare)* ***~ il caffè*** to add a dash of milk to the coffee **3** FIG. to tarnish, to stain, to blemish [*reputazione, onore*] **II** intr. (aus. *avere*) [*frutta, vino, prodotto*] to stain **III macchiarsi** pronom. **1** *(sporcarsi)* ***-rsi la giacca*** to stain one's jacket; ***-rsi le mani di nero*** to stain one's hands black; ***ti sei macchiato d'olio*** you've got oil on your clothes **2** FIG. ***-rsi di un delitto*** to soil one's hands with a foul deed.

macchiato /makˈkjato/ **I** p.pass. → **macchiare II** agg. **1** *(sporco)* ***~ d'olio*** oil-stained; ***~ di sangue*** bloodstained, bloodspattered; ***~ di fango*** spattered with mud **2** *(allungato)* ***caffè ~*** = espresso coffee with a spot of milk; ***latte ~*** latte.

macchietta /makˈkjetta/ f. *(persona ridicola)* odd person, odd character.

macchina /ˈmakkina/ f. **1** *(apparecchio)* machine; ***fatto a ~*** machine-made **2** *(macchina da scrivere)* typewriter; ***battere*** o ***scrivere una lettera a ~*** to type a letter; ***scritto a ~*** typewritten, typed **3** COLLOQ. *(auto)* car **4** *(motore)* engine; ***sala -e*** MAR. engine room **5** *(apparato)* machine; ***la ~ burocratica*** the administrative machine ♦♦ ***~ agricola*** agricultural machine; ***~ del caffè*** coffee machine; ***~ da corsa*** competition *o* racing car, racer; ***~ da cucire*** sewing machine; ***~ fotografica*** camera; ***~ da guerra*** military engine; ***~ da presa*** (cine)camera, movie camera; ***~ da*** o ***per scrivere*** typewriter; ***~ a vapore*** steam engine; ***~ della verità*** lie detector.

macchinare /makkiˈnare/ [1] tr. to plot, to brew [*complotto*]; to hatch up [*brutto tiro*].

macchinario, pl. **-ri** /makkiˈnarjo, ri/ m. machinery **U**.

macchinata /makkiˈnata/ f. COLLOQ. *(carico di lavatrice)* ***due -e di bucato*** two loads of washing.

macchinazione /makkinatˈtsjone/ f. plot, machination, manoeuvring **U** BE, maneuvering **U** AE.

macchinetta /makkiˈnetta/ f. **1** *(apparecchio)* device, small machine **2** COLLOQ. *(del caffè)* coffee maker; *(a filtro)* percolator **3** *(apparecchio per i denti)* brace **4** *(per i capelli)* clipper, trimmer.

macchinina /makkiˈnina/ f. **1** *(modellino)* model car; *(giocattolo)* toy car **2** *(a pedali)* pedal car.

macchinista, m.pl. **-i**, f.pl. **-e** /makkiˈnista/ ♦ ***18*** m. e f. **1** FERR. engine driver, train driver, engineer AE **2** TEATR. stagehand, scene shifter; TELEV. CINEM. grip.

macchinosità /makkinosiˈta/ f.inv. complexity, intricacy.

macchinoso /makkiˈnoso/ agg. complicated, complex; [*iter burocratico*] lumbering.

macchiolina /makkjoˈlina/ f. speck, spot.

macedone /maˈtʃɛdone/ ♦ ***30*** agg., m. e f. Macedonian.

macedonia /matʃeˈdɔnja/ f. fruit salad, fruit cocktail.

macellaio, pl. **-ai** /matʃelˈlajo, ai/ ♦ ***18*** m. (f. **-a**) butcher (anche FIG.); ***andare dal ~*** to go to the butcher's.

macellare /matʃelˈlare/ [1] tr. to butcher, to slaughter (anche FIG.).

macellatore /matʃellaˈtore/ ♦ ***18*** m. (f. **-trice** /tritʃe/) slaughterer, butcher.

macellazione /matʃellatˈtsjone/ f. slaughter, butchery.

macelleria /matʃelleˈria/ ♦ ***18*** f. butcher's (shop).

macello /maˈtʃɛllo/ m. **1** *(mattatoio)* slaughterhouse, abattoir BE; ***bestie da ~*** animals for slaughter **2** *(strage)* slaughter, massacre **3** COLLOQ. *(disastro)* ***l'esame sarà un ~*** the exam will be a disaster; ***hai fatto un ~ in cucina*** you've made a shambles of the kitchen ♦ ***carne da ~*** cannon fodder; ***mandare qcn. al ~*** to send sb. to his, her death.

macerare /matʃeˈrare/ [1] **I** tr. **1** GASTR. to soak, to macerate [*frutta, verdura*]; to marinate [*carne, pesce*] **2** TESS. to ret **II**

macerarsi pronom. **1** GASTR. [*frutta, verdura*] to soak, to macerate; [*carne, pesce*] to marinate **2** FIG. *(rodersi)* ***-rsi dall'invidia*** to be consumed with envy, to eat one's heart out.
macerie /ma'tʃɛrje/ f.pl. rubble **U**, wreckage **U**, debris **U**; ***un cumulo di ~*** a pile of rubble.
macero /'matʃero/ m. ***mandare al ~*** to pulp [*libri, giornali*]; ***carta da ~*** wastepaper.
machete /ma'tʃɛte, ma'tʃete/ m.inv. machete.
machiavellico, pl. **-ci**, **-che** /makja'vɛlliko, tʃi, ke/ agg. Machiavellian.
machismo /ma'tʃizmo/ m. machismo.
macho /'matʃo/ **I** agg.inv. macho **II** m.inv. macho man*.
macigno /ma'tʃiɲɲo/ m. **1** *(masso)* rock, boulder **2** *(pietra arenaria)* sandstone, grit.
macilento /matʃi'lɛnto/ agg. [*persona, aspetto*] haggard, emaciated, gaunt.
macina /'matʃina/ f. millstone, grindstone.
macinacaffè /matʃinakaf'fɛ/ m.inv. coffee grinder, coffee mill.
macinapepe /matʃina'pepe/ m.inv. pepper mill.
macinare /matʃi'nare/ [1] tr. to grind* [*caffè, pepe*]; to mill [*grano*]; *(tritare)* to mince (up) [*carne*] ♦ ***~ chilometri*** to eat up *o* clock up a lot of mileage.
macinato /matʃi'nato/ **I** p.pass. → **macinare II** agg. [*caffè, pepe*] ground; [*carne*] minced **III** m. **1** *(prodotto della macinazione)* meal **2** *(carne tritata)* minced meat, mince BE.
macinatura /matʃina'tura/, **macinazione** /matʃinat'tsjone/ f. *(di cereali)* milling; *(di caffè)* grinding.
macinino /matʃi'nino/ m. **1** *(per macinare)* ***~ da caffè*** coffee mill, coffee grinder; ***~ da pepe*** pepper mill **2** *(auto malandata)* wreck, heap, banger.
macis /'matʃis/ m. e f.inv. mace.
maciullare /matʃul'lare/ [1] tr. *(stritolare)* to crush, to mangle [*gamba*].
macro /'makro/ f.inv. INFORM. macro*.
macrobiotica /makrobi'ɔtika/ f. macrobiotics + verbo sing.
macrobiotico, pl. **-ci**, **-che** /makrobi'ɔtiko, tʃi, ke/ agg. macrobiotic.
macrocosmo /makro'kɔzmo/ m. macrocosm.
macroeconomia /makroekono'mia/ f. macroeconomics + verbo sing.
macroeconomico, pl. **-ci**, **-che** /makroeko'nɔmiko, tʃi, ke/ agg. macroeconomic.
macroscopico, pl. **-ci**, **-che** /makros'kɔpiko, tʃi, ke/ agg. [*errore*] gross, blatant, glaring.
maculato /maku'lato/ agg. spotted, speckled, dappled.
Maddalena /madda'lena/ n.pr.f. Magdalen(e), Madeleine.
madia /'madja/ f. **1** *(mobile per impastare il pane)* kneading trough **2** *(credenza)* (kitchen) cupboard.
madido /'madido/ agg. moist, damp; ***essere ~ di sudore*** to be dripping *o* pouring with sweat, to be sweat-soaked.
madonna /ma'dɔnna/ f. **1** RELIG. ***la Madonna*** Our Lady, the Virgin Mary, the Madonna **2** ART. Madonna, madonna; ***Madonna con bambino*** Virgin and Child, Madonna and Child **3** POP. ***avere una fame della ~*** to be starving; ***faceva un freddo della ~*** it was perishingly cold ♦ ***Madonna santa!*** Good Heavens!
madonnaro /madon'naro/ ◗ *18* m. (f. **-a**) *(artista)* pavement artist BE.
madornale /mador'nale/ agg. gross, massive, enormous; ***errore ~*** blunder, clanger BE COLLOQ.
madre /'madre/ **I** f. **1** *(genitrice)* mother; ***è ~ di tre bambini*** she is the mother of three (children); ***diventare ~*** to become a mother, to give birth to a child; ***da*** o ***per parte di ~*** on one's mother's side; ***i cuccioli e la loro ~*** the puppies and their mother **2** RELIG. ***~ badessa*** Mother Abbess; ***~ superiora*** Mother Superior **3** *(matrice)* stub **II** agg. **1** *(che ha figli)* ***ragazza ~*** single mother; ***regina ~*** queen mother **2** FIG. *(che costituisce l'origine)* ***lingua ~*** mother tongue; ***cellula ~*** BIOL. parent cell; ***scheda ~*** motherboard ♦ ***fare una scena ~*** to make a song and dance *o* a scene ♦♦ ***~ dell'aceto*** mother (of vinegar); ***~ di Dio*** Mother of God; ***~ di famiglia*** mother; ***~ natura*** Mother Nature; ***~ patria*** → **madrepatria**; ***~ terra*** mother earth.
madrelingua /madre'lingwa/ **I** f. mother tongue, native tongue; ***essere di ~ inglese*** to be a native speaker of English **II** m. e f.inv. native speaker **III** agg.inv. ***insegnante ~*** mother-tongue teacher.
madrepatria /madre'patrja/ f. mother country, homeland.
madreperla /madre'pɛrla/ ◗ *3* **I** f. mother-of-pearl, nacre; ***di ~*** [*bottone*] mother-of-pearl, pearl **II** agg. e m.inv. *(colore)* pearl.
madreperlaceo /madreper'latʃeo/ agg. pearly.
madreperlato /madreper'lato/ agg. frosted.
madrigale /madri'gale/ m. madrigal.
madrina /ma'drina/ Si noti che, diversamente dall'italiano *madrina*, l'equivalente inglese *godmother* non può essere usato come appellativo. f. **1** *(di battesimo)* godmother; *(di cresima)* sponsor; ***essere la ~ di qcn.*** to be godmother to sb. **2** *(di nave)* sponsor; *(di cerimonie)* patroness.
maestà /maes'ta/ ◗ *1* f.inv. **1** *(imponenza)* majesty **2** *(titolo)* ***sua Maestà la regina*** Her Majesty the Queen; ***sua Maestà il re*** His Majesty the King; ***Vostra Maestà*** Your Majesty.
maestosità /maestosi'ta/ f.inv. *(imponenza)* grandeur; *(regalità)* majesty, stateliness.
maestoso /maes'toso/ agg. [*edificio*] majestic, stately; [*panorama*] imposing, magnificent.
maestra /ma'ɛstra/ ◗ *18* f. **1** *(insegnante)* teacher, mistress BE; ***~ di ballo*** dancing teacher *o* mistress **2** SCOL. *(insegnante elementare)* primary school teacher, schoolteacher; ***~ d'asilo*** nursery (school) teacher **3** FIG. ***è una ~ in cucina*** she's a brilliant cook **4** MAR. ***albero di ~*** mainmast.
maestrale /maes'trale/ m. = north-westerly wind which blows in the Mediterranean.
maestranze /maes'trantse/ f.pl. workers, hands.
maestria /maes'tria/ f. mastery, skill.
maestro /ma'ɛstro/ ◗ *18* **I** m. **1** *(insegnante)* teacher, master; ***~ di ballo*** dancing teacher *o* master; ***~ del coro*** choirmaster; ***~ di sci*** ski(ing) instructor **2** SCOL. *(insegnante elementare)* primary school teacher, schoolteacher; ***~ d'asilo*** nursery (school) teacher **3** *(modello)* ***essere un ~ di eleganza*** to be a model of fashion **4** *(esperto)* master, expert; ***essere (un) ~ nel fare*** to be a master at doing; ***un lavoro da ~*** a masterwork; ***un colpo da ~*** a masterstroke **5** *(grande artista)* master **6** MUS. *(titolo)* ***il ~ Abbado*** Maestro Abbado **II** agg. **1** *(abile)* ***mano -a*** masterhand **2** *(principale)* ***strada -a*** main road, high road, highway BE **3** MAR. ***albero ~*** mainmast ♦ ***nessuno nasce ~*** PROV. all trades must be learnt ♦♦ ***~ di cappella*** kapellmeister; ***~ di cerimonie*** master of ceremonies, emcee.
mafia /'mafja/ f. mafia, Mafia.
mafioso /ma'fjoso/ **I** agg. mafia attrib., Mafia attrib. **II** m. mafioso.
mag. ⇒ maggio May.
maga, pl. **-ghe** /'maga, ge/ f. **1** *(fattucchiera)* magician, sorceress, enchantress **2** *(prestigiatrice)* conjurer **3** FIG. ***è una ~ in cucina*** she's a brilliant cook.
magagna /ma'gaɲɲa/ f. **1** *(imperfezione)* defect, blemish **2** *(acciacco)* ***le -e della vecchiaia*** the infirmities of old age.
magari /ma'gari/ **I** inter. ***"hai vinto?" - "~!"*** "did you win?" - "I wish I had!"; ***"ti piacerebbe andare in America?" - "~!"*** "would you like to go to America?" - "I'd love to!"; ***~ fosse vero!*** if only it were true! **II** avv. **1** *(forse)* maybe, perhaps **2** *(persino)* even **III** cong. even if.
magazziniere /magaddzi'njɛre/ ◗ *18* m. (f. **-a**) warehouse-keeper.
magazzino /magad'dzino/ m. **1** *(deposito)* warehouse, store(house); *(stanza)* stock room; ***avere qcs. in ~*** to have sth. in stock **2** *(insieme delle merci)* stock; ***fondi di ~*** odd lot **3** COMM. *(emporio)* store; ***grande ~*** department store, megastore BE.
magenta /ma'dʒɛnta/ ◗ *3* agg. e m.inv. magenta.
maggese /mad'dʒeze/ m. *(pratica)* fallow; *(terreno)* fallow land; ***lasciare un campo a ~*** to leave a field lying fallow.
maggio /'maddʒo/ ◗ *17* m. May.
maggiolino /maddʒo'lino/ m. **1** ZOOL. May bug **2** COLLOQ. *(automobile)* beetle.
maggiorana /maddʒo'rana/ f. marjoram.
maggioranza /maddʒo'rantsa/ f. **1** *(in una votazione)* majority; ***a larga ~*** by a large majority; ***stretta ~*** narrow majority **2** *(di persone, cose)* majority + verbo sing. o pl.; ***la ~ delle persone, dei computer*** most of the people, of the computers;

nella ~ dei casi in most cases; ***essere in ~*** to be the majority **3** *(partito maggioritario)* ***la ~*** the government ♦♦ ***~ assoluta*** absolute majority; ***~ relativa*** o ***semplice*** relative *o* simple majority, plurality AE.

maggiorare /maddʒo'rare/ [1] tr. to increase, to raise, to put* up.

maggiorazione /maddʒorat'tsjone/ f. increase.

maggiordomo /maddʒor'dɔmo/ ➧ *18* m. butler, house-steward.

maggiore /mad'dʒore/ **I** agg. **1** *(più grande) (comparativo)* bigger, greater (**di** than); *(superlativo)* biggest, greatest (**di** of, in); ***una somma ~ del previsto*** a larger sum than expected; ***per -i informazioni...*** for further information...; ***x è ~ o uguale a y*** MAT. x is greater than or equal to y **2** *(più lungo) (comparativo)* longer (**di** than); *(superlativo)* longest (**di** of); ***il lato ~ di un poligono*** the longest side of a polygon **3** *(più importante)* ***il maggior produttore di vino del mondo*** the world's largest *o* leading wine producer; ***i -i poeti italiani*** the greatest Italian poets **4** *(di grado superiore)* ***sergente ~*** staff *o* master AE sergeant **5** MUS. major; ***re ~*** D major **6** *(di età) (comparativo)* older; *(superlativo)* oldest; *(tra due persone)* older; *(tra due consanguinei)* elder; *(tra più consanguinei)* eldest; ***mio fratello ~*** my elder brother; *(con più di due fratelli)* my eldest brother; ***~ età*** majority, legal *o* voting age; ***raggiungere la ~ età*** to come of age, to reach one's majority **7** **maggior parte** ***la maggior parte di...*** most (of)...; ***la maggior parte delle persone*** most people; ***come la maggior parte di voi sa...*** as most of you know...; ***per la maggior parte*** for the most part, mostly, mainly **II** m. e f. *(il più anziano)* oldest; *(tra due consanguinei)* elder; *(tra più consanguinei)* eldest **III** ➧ *12* m. MIL. major ♦ ***andare per la ~*** to be trendy; ***per cause di forza ~*** due to circumstances beyond our control; ***a maggior ragione*** all the more reason.

maggiorenne /maddʒo'rɛnne/ **I** agg. ***essere ~*** to be of age; ***diventare ~*** to come of age, to reach one's majority; ***gli studenti -i*** the students over eighteen **II** m. e f. major, (legal) adult.

maggioritario, pl. **-ri**, **-rie** /maddʒori'tarjo, ri, rje/ agg. majority attrib.

maggiormente /maddʒor'mente/ avv. **1** *(di più)* more; ***dovrebbe concentrarsi ~ nel lavoro*** he should concentrate more on his work **2** *(più di tutto)* most; ***ciò che la irritava ~ era*** what most annoyed her *o* what annoyed her most (of all) was; ***le zone ~ colpite dall'alluvione*** the areas worst hit by the flood.

magi /'madʒi/ m.pl. ***i (tre Re) Magi*** the Magi, the three Wise Men.

magia /ma'dʒia/ f. **1** *(stregoneria)* magic; ***libro di ~*** book of magic **2** *(incantesimo)* spell, charm, conjuration; ***fare una ~*** [*prestigiatore*] to do a trick; [*mago, strega*] to cast a spell; ***come per ~*** as if by magic, like magic **3** FIG. *(fascino)* magic, charm ♦♦ ***~ bianca*** white magic; ***~ nera*** black magic *o* arts.

magico, pl. **-ci**, **-che** /'madʒiko, tʃi, ke/ agg. magic.

magistero /madʒis'tɛro/ m. **1** *(attività di insegnante)* teaching; ***esercitare il ~*** to teach, to be a teacher **2** *(insegnamento autorevole)* ***il ~ della chiesa*** the teaching(s) of the Church **3** UNIV. = up to 1995, an Italian university faculty offering a degree in education.

magistrale /madʒis'trale/ **I** agg. **1** SCOL. ***istituto ~*** = formerly, high school specializing in education **2** *(eccellente)* [*abilità, interpretazione*] masterly; [*opera, studio*] brilliant; *(sentenzioso)* [*tono*] magisterial **II magistrali** f.pl. → **scuola magistrale**.

magistrato /madʒis'trato/ ➧ *18* m. DIR. AMM. magistrate; *(giudice)* judge.

magistratura /madʒistra'tura/ f. **1** *(carica politica)* ***esercitare la ~*** to be a magistrate *o* a judge **2** *(insieme dei magistrati)* bench, Bench, judiciary.

maglia /'maʎʎa/ ➧ *35* f. **1** *(lavoro ai ferri, all'uncinetto)* ***(lavoro a) ~*** knitting; ***lavorare a*** o ***fare (la) ~*** to knit; ***ferri da ~*** knitting needles; *(punto)* stitch; ***una ~ tirata*** a pull; ***a -e strette*** fine-knit; ***fare una ~ a diritto, a rovescio*** to knit one, to purl one **2** *(di rete)* mesh **3** *(di catena, collana)* link **4** STOR. *(di armatura)* mail **5** *(tessuto)* ***un vestito di ~*** a knit dress **6** ABBIGL. *(maglione)* sweater, pullover, jumper; *(cardigan)* cardigan; *(maglietta)* T-shirt, tee-shirt; *(maglietta intima)* vest, undershirt AE **7** SPORT *(sports)* shirt, jersey; *(nel ciclismo)* jersey; ***il giocatore con la ~ numero 9*** the player wearing number 9 ♦♦ ***~ alta*** treble crochet; ***~ azzurra*** SPORT = blue shirt worn by members of the Italian national team; ***~ bassa*** double crochet; ***~ gialla*** SPORT yellow jersey; ***~ iridata*** SPORT rainbow striped jersey; ***~ rosa*** SPORT pink jersey.

maglieria /maʎʎe'ria/ f. **1** *(tessuti e lavori a maglia)* knitwear **U** **2** *(negozio)* knitwear shop.

maglierista, m.pl. **-i**, f.pl. **-e** /maʎʎe'rista/ ➧ *18* m. e f. knitter.

maglietta /maʎ'ʎetta/ ➧ *35* f. *(maglia leggera)* T-shirt, tee-shirt; *(intima)* vest, undershirt AE.

maglina /maʎ'ʎina/ f. jersey.

maglio, pl. **-gli** /'maʎʎo, ʎi/ m. **1** MECC. tilt hammer, trip-hammer **2** *(martello)* mallet (anche SPORT).

maglione /maʎ'ʎone/ ➧ *35* m. sweater, pullover, jumper.

magma /'magma/ m. **1** GEOL. CHIM. magma* **2** FIG. jumble.

magnaccia /maɲ'ɲattʃa/ m.inv. REGION. SPREG. pimp, ponce BE.

magnanimità /maɲɲanimi'ta/ f.inv. magnanimity, generosity.

magnanimo /maɲ'ɲanimo/ agg. magnanimous, generous.

magnate /maɲ'ɲate/ m. magnate (anche STOR.), tycoon; ***~ del petrolio*** oil magnate *o* tycoon; ***~ della stampa*** press baron *o* lord.

magnesia /maɲ'ɲɛzja/ f. magnesia.

magnesio /maɲ'ɲɛzjo/ m. magnesium.

magnete /maɲ'ɲɛte/ m. FIS. magnet.

magnetico, pl. **-ci**, **-che** /maɲ'ɲɛtiko, tʃi, ke/ agg. magnetic (anche FIG.); ***carta -a*** card key.

magnetismo /maɲɲe'tizmo/ m. magnetism (anche FIG.).

magnetite /maɲɲe'tite/ f. magnetite, lodestone, load stone.

magnetizzare /maɲɲetid'dzare/ [1] **I** tr. to magnetize (anche FIG.) **II magnetizzarsi** pronom. to become* magnetized.

magnificare /maɲɲifi'kare/ [1] tr. to glorify, to extol BE, to extoll AE.

magnificenza /maɲɲifi'tʃɛntsa/ f. *(sfarzosità)* magnificence, splendour BE, splendor AE.

magnifico, pl. **-ci**, **-che** /maɲ'ɲifiko, tʃi, ke/ agg. **1** *(straordinario)* [*casa, giornata, idea, panorama, tempo*] wonderful, magnificent; ***questo dolce è ~*** this cake is a dream **2** *(appellativo)* ***~ Rettore*** Rector of the University.

magnitudine /maɲɲi'tudine/ f. ASTR. magnitude.

magnitudo /maɲɲi'tudo/ f.inv. magnitude; ***sisma di ~ 5*** earthquake measuring 5.

magnolia /maɲ'ɲɔlja/ f. magnolia.

mago, pl. **-ghi** /'mago, gi/ m. **1** *(stregone)* magician, wizard, sorcerer, enchanter; ***il ~ Merlino*** Merlin the Wizard **2** *(prestigiatore)* conjurer **3** FIG. wizard, whizz COLLOQ., dab hand BE; ***un ~ dell'economia*** an economic wizard.

magra /'magra/ f. low water ♦ ***tempi di ~*** hard times.

magrebino /magre'bino/ ➧ *30* **I** agg. Maghrebi **II** m. (f. **-a**) Maghrebi.

magrezza /ma'grettsa/ f. **1** *(di persona, parte del corpo)* thinness, leanness **2** *(scarsità, penuria)* meagreness BE, meagerness AE.

magro /'magro/ Come equivalente dell'aggettivo italiano *magro*, in inglese si usa solitamente *thin*, sebbene questa parola possa avere una connotazione negativa; per indicare che qualcuno è magro in modo sano e piacevole a vedersi si usano *lean*, *slim* o *slender* (che traducono anche *snello*); per descrivere qualcuno troppo magro, si possono usare il termine informale *skinny* (= ossuto, pelle e ossa), il tecnicismo *underweight* (= sotto peso) oppure *emaciated* (= emaciato, smunto, macilento). **I** agg. **1** [*persona, braccio, gamba*] *(scarno)* thin; *(snello)* lean, slim, slender; [*animale*] thin **2** *(senza grassi)* [*prosciutto, carne*] lean; [*yogurt, formaggio*] low-fat **3** *(poco fertile)* [*terreno*] poor **4** *(mediocre)* [*risultato, stipendio*] poor; [*pasto, raccolto*] meagre BE, meager AE; [*scusa*] thin; ***-a consolazione*** poor consolation, cold comfort; ***essere una -a consolazione per qcn.*** to be small comfort for sb. **II** m. (f. **-a**) **1** *(persona scarna)* thin person; *(persona snella)* lean, slim, slender person **2** *(carne magra)* lean **3** RELIG. ***mangiare di ~*** = to abstain from meat ♦ ***essere ~ come un chiodo*** o ***un'acciuga*** to be as thin as a rake *o* lath; ***gli anni*** o ***i tempi delle vacche -e*** lean years.

mah /ma/ inter. ***"è tornato?" - "~, non lo so"*** "has he come back?" - "I have no idea"; ***costerà, ~ non so, 20 euro?*** it'll cost, what, 20 euros?

mai /mai/ *Mai* si traduce in inglese con *never* oppure *ever*. *Never* concentra in sé il valore negativo della frase, e quindi esclude l'uso di altri negativi (diversamente dal *mai* italiano): *non ho mai visto nessuno mangiare così!* = I never saw anybody eating like that! *Never* precede il verbo quando questo è in forma semplice (tranne *to be*) e segue il primo ausiliare quando il verbo è composto: *non mangia mai abbastanza* = she never eats enough; *non è mai stanca* = she is never tired; *non l'ho mai incontrato* = I've never met him. *Ever* si usa in quattro casi: al posto di *never*, quando si deve o si vuole mantenere un'altra forma negativa nella frase (*non farlo mai più!* = don't you ever do that again!); quando *mai* ha valore positivo e significa *qualche volta* (*sei mai stato a Londra?* = have you ever been to London?); dopo un comparativo (*più magro che mai* = thinner than ever); infine, nel linguaggio parlato, *ever* segue e rafforza *never* (*non glielo dirò mai!* = I'll never ever tell him!). avv. **1** *(in nessun momento)* never; ***non scrive ~*** he never writes; ***non scrive mai?*** doesn't he ever write? ***~ più!*** never again! ***non farlo ~ più!*** don't (you) ever do that again! ***~ e poi ~!*** never ever! ***ora o ~ più*** it's now or never **2** *(qualche volta)* ***hai ~ visto una cosa del genere?*** have you ever seen something like that? **3** *(come rafforzativo)* ***dove ~ sarà andato?*** wherever did he go? ***perché ~ l'hai fatto?*** why ever did you do that? ***chi l'avrebbe ~ detto!*** who ever would have guessed? who would have thought it! **4** *(in espressioni comparative)* ***più bella che ~*** more beautiful than ever; ***più, meno che ~*** more, less than ever before; ***è felice come (non) ~*** she has never been happier ♦ ***meglio tardi che ~*** better late than never; ***non si sa ~!*** you never know! you never can tell!

maiale /ma'jale/ m. **1** *(animale)* pig, swine, hog AE **2** *(carne)* pork; ***carne di ~*** pork; ***braciola di ~*** pork chop **3** FIG. pig, hog; ***è proprio un ~*** he is so hoggish, he is a real pig ♦ ***mangiare come un ~*** to be a greedy pig, to eat like a pig.

maialino /maja'lino/ m. (f. **-a**) piglet.

mail /meil/ → **e-mail**.

maiolica, pl. **-che** /ma'jɔlika, ke/ f. majolica.

maionese /majo'nese/ f. mayonnaise.

maiorchino /major'kino/ **I** agg. Majorcan **II** m. (f. **-a**) Majorcan.

mais /mais/ m.inv. maize **U**, corn **U** AE.

maiuscola /ma'juskola/ f. capital (letter); TIP. upper-case letter; ***tasto delle -e*** shift key.

maiuscolo /ma'juskolo/ ➧ *28* **I** agg. **1** [*lettera*] capital; TIP. upper-case **2** FIG. [*errore*] big **II** m. TIP. upper case; ***scrivere in ~*** to capitalize [*lettera*]; to write [sth.] in capital letters [*frase*].

mala /'mala/ f. COLLOQ. (accorc. malavita) underworld, gangland.

Malacca /ma'lakka/ n.pr.f. ***la penisola della ~*** the Malay Peninsula.

malaccorto /malak'kɔrto/ agg. [*persona*] unwise, imprudent; [*gesto*] ill-advised.

Malachia /mala'kia/ n.pr.m. Malachi.

malafede /mala'fede/ f. bad faith; ***agire in ~*** to act in bad faith.

malaffare /malaf'fare/ m. ***donna, casa di ~*** woman, house of ill reputation; ***gente di ~*** crooks.

malagrazia /mala'grattsja/ f. bad grace.

malalingua, pl. **malelingue** /mala'lingwa, male'lingwe/ f. backbiter, rumourmonger BE, rumormonger AE.

malamente /mala'mente/ avv. [*comportarsi, trattare*] badly; ***guardare ~ qcn.*** to frown at sb.

malandato /malan'dato/ agg. [*vestito*] seedy, in bad condition, tatty BE; [*casa*] shabby(-looking), run-down; [*persona*] *(in cattiva salute)* in bad health, in poor health; *(di aspetto miserevole)* shabby(-looking), seedy.

malandrino /malan'drino/ **I** agg. **1** *(disonesto)* dishonest, crooked COLLOQ. **2** SCHERZ. [*sguardo*] mischievous **II** m. **1** ANT. *(brigante)* brigand **2** SCHERZ. *(bambino)* rascal, rogue.

malanimo /ma'lanimo/ m. *(avversione)* hostility; *(malevolenza)* malevolence, ill will.

malanno /ma'lanno/ m. **1** *(malattia)* illness, disease **2** *(disgrazia)* misfortune, mishap.

malapena: **a malapena** /amala'pena/ avv. ***si teneva a ~ in piedi*** he could hardly stand; ***c'erano a ~ 50 persone*** there were scarcely 50 people; ***il suo stipendio gli permette a ~ di sopravvivere*** he can barely survive on that salary.

malaria /ma'larja/ ➧ *7* f. malaria.

malasorte, pl. **malesorti** /mala'sɔrte, male'sɔrti/ f. bad luck, hard luck, ill luck, ill fortune, misfortune.

malaticcio, pl. **-ci, -ce** /mala'tittʃo, tʃi, tʃe/ agg. [*bambino, aspetto*] sickly, unhealthy.

malato /ma'lato/ v. la voce **ammalato**. **I** agg. **1** [*persona*] ill mai atrib., sick; [*animale*] sick; [*albero, polmoni, mente*] diseased; ***essere ~*** to be ill; ***ho visitato la nonna -a*** I visited my sick grandmother; ***essere ~ di cuore*** to suffer from heart trouble **2** *(in cattive condizioni)* [*impresa, società*] ailing **II** m. (f. **-a**) sick person ♦♦ ***~ immaginario*** hypochondriac; ***~ di mente*** brainsick person, mental patient.

malattia /malat'tia/ Sebbene gli equivalenti inglesi di *malattia*, cioè *disease, illness* e *sickness*, siano intercambiabili nella lingua parlata, *illness* e *sickness* sono i termini più generali che indicano la condizione dell'essere malato o il periodo di tempo in cui uno è malato, mentre *disease* è usato in ambiti più specifici: nella terminologia medica (*malattia infettiva* = infectious disease), con riferimento alle parti malate del corpo umano (*malattia cardiaca* = heart disease) o in varie espressioni idiomatiche (*contrarre una malattia* = to catch / to contract a disease; *soffrire di una malattia* = to suffer from a disease). ➧ *7* f. **1** *(di persona) (patologia)* illness, sickness; *(affezione)* disease; ***durante la sua lunga ~*** during his long illness; ***~ mentale*** mental illness; ***prendere una ~*** to catch a disease *o* an illness; ***essere in ~*** to be on sick leave *o* on the sick list **2** FIG. ***la gelosia è una brutta malattia*** jealousy is a terrible disease ♦ ***fare una ~ di*** to make oneself ill about *o* over ♦♦ ***~ della mucca pazza*** mad cow disease; ***~ professionale*** industrial disease; ***~ del sonno*** sleeping sickness.

malauguratamente /malaugurata'mente/ avv. unfortunately.

malaugurato /malaugu'rato/ agg. inauspicious, ill-omened; ***nella -a ipotesi che...*** if by some misfortune...

malaugurio, pl. **-ri** /malau'gurjo, ri/ m. ill omen; ***essere di ~*** to be a jinx; ***uccello del ~*** jinx.

malavita /mala'vita/ f. underworld, gangland.

malavitoso /malavi'toso/ **I** agg. criminal, underworld attrib. **II** m. (f. **-a**) criminal.

malavoglia /mala'vɔʎʎa/ f. unwillingness; ***di ~*** unwillingly, reluctantly.

malaysiano /malai'zjano/ ➧ *25* **I** agg. Malaysian **II** m. (f. **-a**) Malaysian.

malcapitato /malkapi'tato/ m. (f. **-a**) unfortunate.

malconcio, pl. **-ci, -ce** /mal'kontʃo, tʃi, tʃe/ agg. [*cosa*] battered; [*persona*] in bad health, in poor health.

malcontento /malkon'tɛnto/ m. (f. **-a**) **1** *(insoddisfazione)* discontent, unrest **U**, malcontent FORM. **2** *(persona)* malcontent FORM.

malcostume /malkos'tume/ m. immoral behaviour BE, immoral behavior AE; *(corruzione)* corruption.

maldestro /mal'dɛstro/ agg. clumsy, awkward.

maldicente /maldi'tʃɛnte/ m. e f. backbiter.

maldicenza /maldi'tʃɛntsa/ f. backbiting, slander; *(pettegolezzo)* gossip **U**.

maldisposto /maldis'posto/ agg. ill-disposed.

Maldive /mal'dive/ ➧ *14, 33* n.pr.f.pl. ***le ~*** the Maldives; ***le isole ~*** the Maldive Islands.

1.male /'male/ **I** avv. (compar. *peggio*; superl. *malissimo, pessimamente*) **1** *(in modo sbagliato, scorretto, insoddisfacente)* [*fatto, pagato, leggere, cominciare, trattare, dormire*] badly; [*illuminato*] poorly, badly; [*diagnosticato, indirizzato*] wrongly; ***funzionare ~*** not to work properly; ***finire ~*** [*persona*] to go to the bad; [*rapporto*] to go sour; ***comportarsi ~*** to behave badly, to misbehave (oneself), to misconduct oneself; ***parlare ~ tedesco*** to speak bad German; ***ti sento ~*** I can't hear you very well; ***di ~ in peggio*** worse and worse, from bad to worse; ***ho fatto ~ a fare questo*** I should never have done that; ***non***

sarebbe ~ fare it wouldn't be a bad idea to do; *sta ~ parlare a bocca piena* it's bad manners to speak with one's mouth full 2 *(in modo negativo) parlare ~ di qcn.* to badmouth sb., to speak evil *o* ill of sb.; *la vedo ~* FIG. I don't like the look of it; *essere mal visto* to be in bad odour BE *o* odor AE; *guardare ~ qcn.* to frown at sb.; *le cose si mettono ~ per noi* things are looking black down for us 3 **niente male**, **mica male** not bad; *una festa niente ~* a goodish party, not a bad party; *niente ~ il vestito!* nice dress! II inter. *~!* that's bad!

2.male /'male/ ➧ 7 m. 1 *(ciò che è malvagio, immorale)* evil, ill; *il bene e il ~* good and evil, right and wrong; *non fare nulla di ~* to do nothing wrong; *non c'è nulla di ~ a fare* there is nothing wrong with *o* in doing; *che ~ c'è?* where is the harm (in it)? what harm is there? *che cosa ha fatto di ~?* what has she done wrong? 2 *(dolore)* pain, ache; *dove ha ~?* where does it hurt? *mal di testa* headache; *fare ~* [*braccio, schiena*] to ache, to hurt; [*taglio*] to smart, to sting; *fare ~ a qcn.* [*persona*] to hurt *o* injure sb.; FIG. to hurt sb.; *farsi ~* to get hurt, to hurt *o* injure oneself; *farsi ~ alla mano* to hurt *o* injure one's hand; *questi stivali mi fanno ~ ai piedi* these boots hurt my feet 3 *(malattia)* illness, sickness; *~ incurabile* incurable disease; *brutto ~* EUFEM. cancer 4 *(danno) fare del ~ a qcn.* to harm sb., to do sb. harm; *fare ~ alla salute* [*fumo, alcol*] to damage health, to be bad for one's health; *troppo sole fa ~ alla pelle* too much sun(bathing) is bad for your skin; *portare ~* to be unlucky; [*persona*] to be a jinx; *"come va?" - "non c'è ~!"* "how are you?" - "not so bad!"; *poco ~!* no harm done! 5 *(sentimento) volere ~ a qcn.* *(nutrire rancore)* to bear ill will to sb.; *(nutrire odio)* to hate sb. ♦ *andare a ~* to go bad, to spoil, to go off BE; *aversela* o *aversene a ~* to take something amiss, to get sore; *mettere ~* to make *o* create mischief; *non tutto il ~ vien per nuocere* every cloud has a silver lining; *non farebbe ~ a una mosca* he wouldn't hurt *o* harm a fly, he wouldn't say boo to a goose ♦♦ *mal d'aria* airsickness; *avere il mal d'aria* to be airsick; *mal d'auto* car sickness; *avere il mal d'auto* to be carsick; *mal di mare* seasickness; *avere il mal di mare* to be seasick; *mal di montagna* mountain sickness.

maledettamente /maledetta'mente/ avv. COLLOQ. terribly, awfully.

maledetto /male'detto/ I p.pass. → **maledire** II agg. 1 *(dannato)* damned 2 [*persona, auto*] cursed, damned, damn attrib.; *~ il giorno in cui...* cursed be the day that...; *questo ~ computer è di nuovo rotto* this effing computer is down again; *~ idiota!* bleeding idiot! you bloody idiot! POP.

maledire /male'dire/ [37] tr. to curse.

maledizione /maledit'tsjone/ I f. curse; *scagliare una ~ contro qcn.* to put a curse on sb. II inter. bloody hell, damn (it), dammit.

maleducato /maledu'kato/ I agg. [*persona*] rude, ill-bred, ill-mannered, bad-mannered, impolite; [*gesto, risposta*] rude; *è ~ fare* it is rude to do; *essere ~ con qcn.* to be rude to sb. II m. (f. **-a**) rude person, ill-mannered person; *è da -i fare* it is bad manners to do.

maleducazione /maledukat'tsjone/ f. rudeness, impoliteness; *che ~!* how rude!

malefatta /male'fatta/ f. misdeed, wrongdoing.

maleficio, pl. **-ci** /male'fitʃo, tʃi/ m. evil spell.

malefico, pl. **-ci**, **-che** /ma'lɛfiko, tʃi, ke/ agg. [*spirito*] evil; [*influsso*] baleful, dark, malign; [*forza, potere*] dark.

maleodorante /maleodo'rante/ agg. evil-smelling.

malerba /ma'lɛrba/ f. weed.

malese /ma'lese/ ➧ 16 I agg. Malay(an) II m. e f. Malay(an) III m. LING. Malay(an).

Malesia /ma'lɛzja/ n.pr.f. Malaya.

malessere /ma'lɛssere/ m. 1 *(fisico)* indisposition, malaise FORM. 2 *(disagio, inquietudine)* unease, uneasiness.

malevolenza /malevo'lɛntsa/ f. malevolence.

malevolo /ma'lɛvolo/ agg. [*persona*] malicious, malevolent; [*intento*] malevolent; [*sguardo, occhio*] baleful; [*osservazione*] spiteful.

malfamato /malfa'mato/ agg. [*locale, quartiere, via*] disreputable, ill-famed.

malfatto /mal'fatto/ agg. 1 [*oggetto*] badly made; [*lavoro*] messy, shoddy 2 [*donna*] unshapely.

malfattore /malfat'tore/ m. (f. **-trice** /tritʃe/) wrongdoer, malefactor FORM.

malfermo /mal'fermo/ agg. 1 [*passo*] faltering, unsteady; [*struttura*] unstable, unsteady; [*voce*] trembling 2 [*salute*] poor, rocky.

malformazione /malformat'tsjone/ f. malformation; *~ congenita* birth *o* congenital defect.

malgascio, pl. **-sci**, **-sce** /mal'gaʃʃo, ʃi, ʃe/ ➧ 25, 16 I agg. Malagasy, Madagascan II m. (f. **-a**) 1 *(persona)* Malagasy, Madagascan 2 *(lingua)* Malagasy.

malgoverno /malgo'vɛrno/ m. misgovernment, misrule.

malgrado /mal'grado/ I avv. *mio, tuo, suo ~* despite myself, yourself, himself *o* herself II prep. in spite of, despite; *~ le difficoltà legali* notwithstanding the legal difficulties, the legal difficulties notwithstanding; *~ ciò* nevertheless; *~ tutto* nevertheless III cong. although, though.

malia /ma'lia/ f. 1 *(incantesimo)* spell, charm, enchantment 2 *(fascino)* charm, enchantment.

maliardo /mali'ardo/ agg. [*sorriso, sguardo*] enchanting, charming.

malignare /maliɲ'ɲare/ [1] intr. (aus. *avere*) *~ su* to malign.

malignità /maliɲɲi'ta/ f.inv. 1 *(l'essere maligno)* malice, malignancy, spite 2 MED. malignancy 3 *(azione, discorso)* malice; *dire ~ su qcn.* to say nasty things about sb.

maligno /ma'liɲɲo/ I agg. 1 [*persona*] evil, spiteful, malicious; [*spirito*] evil; [*sguardo, insinuazione*] malicious 2 MED. malignant II m. *il Maligno* the Evil One.

malinconia /malinko'nia/ f. 1 gloom, melancholy 2 PSIC. melancholia.

malinconico, pl. **-ci**, **-che** /malin'kɔniko, tʃi, ke/ agg. [*persona*] gloomy, melancholy; [*espressione, voce*] gloomy; [*musica*] melancholy.

malincuore: **a malincuore** /amalin'kwɔre/ avv. [*dare, prestare*] grudgingly, reluctantly; [*accettare*] reluctantly.

malinformato /malinfor'mato/ agg. ill-informed.

malintenzionato /malintentsjo'nato/ I agg. ill-intentioned, evil-minded II m. (f. **-a**) prowler.

malinteso /malin'teso/ I agg. misunderstood II m. misunderstanding, misconstruction, misapprehension FORM.; *per evitare -i* so as to avoid any misunderstanding.

malizia /ma'littsja/ f. 1 *(malvagità)* malice, mischief 2 *(di sguardo, atteggiamento)* naughtiness, slyness; *essere senza ~* to be innocent 3 *(stratagemma)* ruse, trick; *le -e del mestiere* the tricks of the trade.

maliziosamente /malittsjosa'mente/ avv. 1 *(con malvagità)* mischievously 2 [*guardare*] naughtily.

malizioso /malit'tsjoso/ agg. 1 *(malvagio)* mischievous 2 [*sguardo, sorriso*] naughty, sly 3 *(furbo)* [*domanda*] artful, crafty.

malleabile /malle'abile/ agg. malleable; FIG. malleable, pliable.

malleolo /mal'lɛolo/ m. malleolus.

mallevadore /malleva'dore/ m. (f. **-drice** /dritʃe/) guarantor, guarantee, sponsor.

mallo /'mallo/ m. *(di noce)* cupule.

malloppo /mal'lɔppo/ m. 1 *(fagotto)* bundle 2 GERG. *(refurtiva)* loot.

malmenare /malme'nare/ [1] tr. *(picchiare)* to beat* (up), to batter; *(maltrattare)* to ill-treat, to maltreat, to manhandle, to maul.

malmesso /mal'messo/ agg. 1 *(nell'aspetto)* [*casa, persona*] shabby(-looking); *(malvestito)* poorly dressed 2 *(malato)* [*paziente*] in bad, poor health 3 *(in cattive acque)* *essere ~* to be poorly off.

malnutrito /malnu'trito/ agg. malnourished, miserably fed.

malnutrizione /malnutrit'tsjone/ f. malnutrition.

malo /'malo/ agg. bad; *in ~ modo* [*comportarsi*] nastily, rudely; [*dire*] nastily, unkindly; *cadere in ~ modo* to have a bad fall, to fall the wrong way; *una -a femmina* REGION. a woman of ill reputation.

malocchio, pl. **-chi** /ma'lɔkkjo, ki/ m. evil eye, jinx; *fare il ~ a* o *gettare il ~ su qcn.* to give sb. the evil eye, to put a jinx on sb.

malora /ma'lora/ f. ruin; *andare in ~* to go to rack and ruin; *va' in ~!* go to hell! damn you! *fa un freddo della ~* it's perishing *o* deathly cold.

malore /ma'lore/ m. fainting fit; ***avere un ~*** to feel faint.
malpartito /malpar'tito/ m.inv. ***ridurre qcn. a ~*** to put sb. in a tight situation *o* corner; ***trovarsi a ~*** to be behind the eight ball *o* in low water.
malpreparato /malprepa'rato/ agg. ill-prepared.
malridotto /malri'dotto/ agg. [*auto*] shabby(-looking), beat-up COLLOQ.; [*casa*] shabby(-looking), run-down.
malriuscito /malriuʃ'ʃito/ agg. [*romanzo, film*] unsuccessful; [*tentativo*] botched; ***foto -e*** photos that didn't come out, bad pictures.
malsano /mal'sano/ agg. [*clima*] unhealthy, unwholesome; [*luogo*] insalubrious.
malsicuro /malsi'kuro/ agg. **1** *(insicuro)* [*luogo*] unsafe; [*passo*] faltering **2** *(inattendibile)* [*notizia*] discountable, unreliable.
malta /'malta/ f. mortar.
maltagliati /maltaʎ'ʎati/ m.pl. GASTR. = fresh pasta cut into irregular rhomboidal shapes.
maltempo /mal'tɛmpo/ m. bad weather.
maltenuto /malte'nuto/ agg. [*giardino, palazzo*] unkempt, unkept.
maltese /mal'tese/ ♦ ***25, 16*** **I** agg. Maltese **II** m. e f. Maltese* **III** m. LING. Maltese.
malto /'malto/ m. malt.
maltolto /mal'tɔlto/ m. ill-gotten gains pl.
maltrattamento /maltratta'mento/ m. ill treatment, maltreatment, mistreatment; ***~ di minori*** child abuse.
maltrattare /maltrat'tare/ [1] tr. to ill-treat, to maltreat, to manhandle, to mishandle [*persona, animale*]; to mistreat, to handle roughly [*libri*].
malumore /malu'more/ m. **1** *(stato d'animo)* ill temper, bad mood; ***essere di ~*** to be in a bad mood **2** *(dissapore)* slight disagreement **3** *(malcontento)* discontent, unrest **U**, malcontent FORM.
malva /'malva/ ♦ ***3*** **I** f. BOT. mallow **II** agg. e m.inv. *(colore)* mauve.
malvagio, pl. **-gi**, **-gie**, **-ge** /mal'vadʒo, dʒi, dʒe/ **I** agg. **1** [*persona*] wicked, bad, malignant; [*sguardo*] wicked, bad; [*atto*] malicious **2** COLLOQ. ***questo sugo non è ~*** this sauce is not so bad **II** m. (f. **-a**) wicked person.
malvagità /malvadʒi'ta/ f.inv. **1** *(l'essere malvagio)* wickedness, malignancy **2** *(azione malvagia)* wicked action.
malvasia /malva'zia/ f. malmsey.
malversare /malver'sare/ [1] tr. to embezzle.
malversatore /malversa'tore/ m. (f. **-trice** /tritʃe/) embezzler.
malversazione /malversat'tsjone/ f. embezzlement, misappropriation.
malvestito /malves'tito/ agg. *(con abiti logori)* poorly dressed; *(con abiti di cattivo gusto)* badly dressed.
malvisto /mal'visto/ agg. unpopular (**da** with).
malvivente /malvi'vɛnte/ m. e f. criminal.
malvolentieri /malvolen'tjɛri/ avv. unwillingly, grudgingly.
malvolere /malvo'lere/ [100] tr. ***farsi ~ da qcn.*** to make oneself unpopular to sb.; ***prendere qcn. a ~*** to take a dislike *o* disliking to sb.
mamma /'mamma/ f. mother, mum BE, mom AE; INFANT. mummy BE, mammy; ***festa della ~*** Mother's Day ♦ ***~ mia!*** oh my!
mammario, pl. **-ri**, **-rie** /mam'marjo, ri, rje/ agg. mammary.
mammella /mam'mɛlla/ ♦ ***4*** f. *(umana)* breast; *(animale)* udder.
mammifero /mam'mifero/ **I** agg. [*animale*] mammalian **II** m. mammal.
mammina /mam'mina/ f. mummy BE, mammy.
mammografia /mammogra'fia/ f. **1** *(esame)* mammography **2** *(lastra)* mammograph.
mammola /'mammola/ f. **1** BOT. violet **2** FIG. shrinking violet.
mammona /mam'mona/ m. Mammon.
mammone /mam'mone/ m. mother's boy, mummy's boy BE.
mammut /mam'mut/ m.inv. mammoth.
manager /'manadʒer/ ♦ ***18*** m. e f.inv. manager; ***donna ~*** manageress.
manageriale /manadʒe'rjale/ agg. managerial.
manata /ma'nata/ f. *(colpo)* slap; ***dare una ~ sulla spalla a qcn.*** to slap sb.'s back.
manca /'manka/ f. **1** *(mano sinistra)* left hand **2** *(parte sinistra)* left(-hand side); ***a destra e a ~*** left, right and centre; ***lo racconta a destra e a ~*** he tells it to everybody.
mancamento /manka'mento/ m. faint, faintness.
mancante /man'kante/ agg. ***le pagine -i*** the missing pages; ***un ragionamento ~ di logica*** an argument lacking in logic.
mancanza /man'kantsa/ f. **1** *(insufficienza) (di acqua, immaginazione)* lack; *(di personale, manodopera)* shortage; *(di denaro)* lack, shortage; ***~ di prove*** lack of proof **2** *(assenza)* absence, lack; ***in ~ di*** in the absence of, in default of; ***in ~ del miele utilizzate lo zucchero*** if you have no honey, use sugar; ***in ~ di meglio*** for want of anything better; ***sento la sua ~*** I miss him **3** *(colpa)* fault, mistake; ***commettere una ~*** to make a mistake, to commit a fault; ***rimediare alle -e di qcn.*** to make up for sb.'s shortcomings.
mancare /man'kare/ [1] **I** tr. to miss [*bersaglio, palla*]; ***~ il colpo*** to misfire **II** intr. (aus. *essere*) **1** *(non bastare, essere assente)* to be* missing; ***gli indizi non mancano*** there's no lack *o* there are plenty of clues; ***i viveri vennero a ~*** supplies were running out; ***gli manca il coraggio*** he lacks courage; ***giunto il momento, gli mancò il coraggio*** when the time came, his courage failed him; ***la pazienza non le manca*** she is not lacking in patience; ***mi è mancato il tempo*** I didn't have enough time; ***non ci manca nulla qui*** we don't want *o* lack for anything here; ***gli manca un dito, un occhio*** he's got a finger missing, he's only got one eye; ***la minestra manca di sale*** there isn't enough salt in the soup **2** *(in espressioni di tempo o di spazio)* ***manca un quarto alle due*** it's a quarter to BE *o* of AE two; ***mancano solo dieci minuti alla fine*** there are ten minutes to go before the end; ***ormai manca poco*** *(a una meta)* we've almost arrived; *(a una data)* the day *o* time is nearly here; ***mancano 2 km*** there are 2 km to go **3** *(venire meno, svanire)* ***gli mancarono le forze*** his strength failed him; ***mi mancano le parole*** words fail me **4** *(non essere più erogato)* ***è mancata la luce*** there's been a blackout **5** *(essere lontano o assente)* ***manca da casa da 2 mesi*** he has been away from home for 2 months **6** *(fare sentire la mancanza)* ***mi manchi*** I miss you **7** EUFEM. *(morire)* to pass away, to die **8** (aus. *avere*) *(tralasciare)* to omit, to fail; ***non mancherò di fargliela sapere*** I'll be sure to let you know; ***"ringrazialo da parte mia" - "non mancherò"*** "thank him for me" - "I won't forget, I most certainly shall" **9** (aus. *avere*) *(venire meno a)* ***~ al proprio dovere*** to fail in one's duty; ***~ alle proprie promesse*** to fail to keep one's promises **10 mancarci** *(per esprimere disappunto)* ***ci mancherebbe solo che si mettesse a piovere*** all (that) we need now is for it to start raining; ***ci mancava anche questa!*** that's all we needed! that's done it! **11 mancarci poco** ***c'è mancato poco che cadesse dalla scala*** he just missed falling from the ladder; ***c'è mancato poco che morisse*** he almost *o* (very) nearly died.
mancato /man'kato/ **I** p.pass. → **mancare** **II** agg. **1** *(andato a vuoto)* [*tentativo*] failed; [*appuntamento*] missed; [*occasione*] missed, lost; ***colpo ~*** SPORT miss, duff shot **2** *(non realizzato)* ***è un poeta ~*** *(non ha avuto risultati apprezzabili)* he's a failed poet; *(ha scelto un'altra attività)* he should have been a poet ♦♦ ***~ pagamento*** failure to pay, nonpayment; ***-a accettazione*** nonacceptance.
manche /manʃ/ f.inv. **1** SPORT run **2** *(nel bridge)* game.
manchevolezza /mankevo'lettsa/ f. **1** *(l'essere manchevole)* defectiveness **2** *(difetto)* defect, imperfection.
mancia, pl. **-ce** /'mantʃa, tʃe/ f. gratuity, tip; ***dare una ~ al cameriere*** to tip the waiter.
manciata /man'tʃata/ f. handful, fistful.
mancina /man'tʃina/ f. left hand.
mancino /man'tʃino/ **I** agg. **1** [*persona*] left-handed **2** FIG. ***un tiro ~*** a dirty *o* lousy trick; ***un colpo ~*** a treacherous blow **II** m. (f. **-a**) left-hander, leftie AE; ***forbici per -i*** left-handed scissors.
manciù /man'tʃu/ **I** agg.inv. Manchu **II** m. e f.inv. Manchu* **III** m.inv. LING. Manchu.
Manciuria /man'tʃurja/ ♦ ***30*** n.pr.f. Manchuria.

manco /'manko/ avv. COLLOQ. not even; ***non aveva ~ un soldo*** he hadn't even a dime; ***~ a farlo apposta, ...*** as if on purpose *o* as ill-luck would have it, ...; ***non pago ~ morto!*** I'll be *o* I'm damned if I'm going to pay! ***~ a dirlo*** *(naturalmente)* that goes without saying; *(neanche a farlo apposta)* as if on purpose; ***~ per sogno!*** not on your life!

mancorrente /mankor'rɛnte/ m. handrail.

mandante /man'dante/ m. e f. **1** ***il ~ di un omicidio*** the person behind *o* the accessory before the assassination **2** DIR. mandant, mandator.

mandarancio, pl. **-ci** /manda'rantʃo, tʃi/ m. clementine.

mandare /man'dare/ [1] tr. **1** *(spedire, inviare)* to send* [*lettera, merce, regalo, soldi, auguri*]; ***~ per posta*** to mail **2** *(far andare)* to send*; ***~ un uomo in prigione*** to send a man to jail; ***l'hanno mandato a Ginevra a studiare*** he was sent off to study in Geneva; ***l'ho mandato a prendere il giornale*** I sent him out to get the paper; ***~ i bambini a letto*** to send the children to bed; ***~ a chiamare qcn.*** to send for sb. **3** *(trasmettere)* to send* [*messaggio, segnale*]; ***~ in onda*** to broadcast, to air AE **4** *(emettere)* ***~ un grido*** to shout, to cry out, to let out a cry; ***la stufa manda calore*** the stove sends out heat; ***~ un buon profumo, un cattivo odore*** to smell good, bad **5 mandare avanti** *(fare avanzare)* to wind* on, to advance [*cassetta, nastro*]; *(gestire)* to keep* [*negozio*]; *(amministrare)* to run* [*azienda*]; *(portare avanti)* to go* ahead with [*progetto, lavoro*]; to forward [*pratica*]; *(mantenere)* to support [*famiglia, casa*] **6 mandare indietro** *(riavvolgere)* to run* back, to rewind* [*cassetta, nastro*]; *(rispedire)* to send* back, to return [*lettera, merce*] **7 mandare via** *(cacciare)* to send* away, to drive* out [*persona*]; to chase away [*gatto*]; to put* out [*inquilino*]; *(togliere)* to clean off [*macchia*]; to get* rid of [*odore*] **8 mandare su** to send* up [*ascensore, persona*] **9 mandare giù** *(fare scendere)* to send* down [*ascensore, persona*]; *(ingoiare)* to swallow [*cibo*]; ***è dura da ~ giù!*** that's pretty strong medicine! **10 mandare dentro** to let* in; ***manda dentro i bambini, piove!*** get the children indoors, it's raining! **11 mandare fuori** *(esalare)* to exhale [*aria, fumo*]; *(cacciare)* to send* out [*alunno*] ♦ ***non me lo ha mandato a dire*** and he told me in no uncertain terms.

1.mandarino /manda'rino/ m. STOR. mandarin.

2.mandarino /manda'rino/ ➧ **3 I** m. *(frutto, albero)* tangerine, mandarin **II** agg. e m.inv. *(colore)* tangerine.

mandata /man'data/ f. **1** *(quantità di merce)* lot, batch, consignment; *(spedizione)* consignment **2** *(di chiave)* turn; ***doppia ~*** double lock; ***chiudere la porta a doppia ~*** to double-lock the door.

mandatario, pl. **-ri**, **-rie** /manda'tarjo, ri, rje/ m. (f. **-a**) DIR. mandatary.

mandato /man'dato/ m. **1** *(incarico)* commission, mandate; POL. mandate **2** *(durata di un incarico)* tenure, term of office; ***~ presidenziale*** presidential term of office; ***~ di sindaco*** mayoralty **3** DIR. *(nel diritto internazionale)* mandate; ***~ internazionale*** international mandate; ***sotto ~*** under mandate ♦♦ ***~ di cattura*** arrest *o* bench warrant; ***~ di comparizione*** subpoena, summons to appear; ***~ di pagamento*** money order; ***~ di perquisizione*** search warrant.

mandibola /man'dibola/ ➧ **4** f. **1** ANAT. mandible, lower jaw **2** ZOOL. mandible.

mandolino /mando'lino/ ➧ **34** m. mandolin(e).

mandorla /'mandorla/ f. almond; ***pasta, olio di -e*** almond paste, oil; ***occhi a ~*** slanting eyes; ***dagli occhi a ~*** almond-eyed, slant-eyed.

mandorlo /'mandorlo/ m. almond (tree).

mandragola /man'dragola/, **mandragora** /man'dragora/ f. mandrake.

mandria /'mandrja/ f. *(di cavalli, bovini)* herd.

mandriano /mandri'ano/ ➧ **18** m. herdsman*, cowboy, cowhand.

mandrillo /man'drillo/ m. **1** ZOOL. mandrill **2** FIG. SCHERZ. lecher.

mandrino /man'drino/ m. **1** *(attrezzo per allargare l'imboccatura)* mandrel **2** *(dispositivo di serraggio)* chuck; ***chiave per ~*** chuck key.

maneggevole /maned'dʒevole/ agg. [*oggetto*] handy; [*auto*] manageable; [*formato, libro*] easy to handle.

maneggevolezza /maneddʒevo'lettsa/ f. *(di oggetto)* handiness; *(di auto)* manageability.

maneggiare /maned'dʒare/ [1] tr. to handle [*arma, esplosivo, denaro*]; to manage [*fondi*]; ***"~ con cura"*** "handle with care".

maneggio, pl. **-gi** /ma'neddʒo, dʒi/ m. **1** *(uso)* handling **2** EQUIT. manège, riding stables; ***scuola di ~*** riding school **3** *(intrallazzo)* intrigue.

maneggione /maned'dʒone/ m. (f. **-a**) manoeuvrer BE, maneuverer AE.

manesco, pl. **-schi**, **-sche** /ma'nesko, ski, ske/ agg. aggressive; ***essere ~*** to be free with one's hands.

manetta /ma'netta/ **I** f. TECN. lever; ***~ del gas*** gas throttle **II manette** f.pl. handcuffs, cuffs COLLOQ.; ***mettere le -e a qcn.*** to put the handcuffs on sb., to handcuff sb., to cuff sb. COLLOQ.

manforte /man'fɔrte/ f. ***dare ~ a qcn.*** to come to sb.'s aid.

Manfredi /man'fredi/ n.pr.m. Manfred.

manganellata /manganel'lata/ f. blow with a truncheon.

manganello /manga'nɛllo/ m. truncheon, baton BE, cosh BE, billy AE.

manganese /manga'nese/ m. manganese.

mangano /'mangano/ m. TECN. mangle.

mangereccio, pl. **-ci**, **-ce** /mandʒe'rettʃo, tʃi, tʃe/ agg. edible, eatable.

mangiabile /man'dʒabile/ agg. edible, eatable.

mangiadischi /mandʒa'diski/ m.inv. portable record player.

mangianastri /mandʒa'nastri/ m.inv. cassette player.

mangiapane /mandʒa'pane/ m. e f.inv. ***~ a tradimento*** scrounger.

1.mangiare /man'dʒare/ [1] **I** tr. **1** to eat*; ***mangialo tutto!*** eat (it) up! ***che cosa vorresti ~?*** what would you like to have? ***che cosa si mangia a pranzo?*** what's for lunch? ***non ti mangio mica!*** COLLOQ. I won't eat you! ***~ qcn. di baci*** FIG. to smother sb. with kisses; ***~ qcn. con gli occhi*** FIG. to have one's eye on sb., to eye sb. up and down; ***~ vivo qcn.*** FIG. to eat sb. alive **2** *(corrodere, rovinare)* [*ruggine, pioggia, acido*] to eat* away [*metallo*]; [*tarme*] to eat* [*lana*]; ***essere mangiato dai topi*** to be gnawed by rats; ***essere mangiato*** *o* ***farsi ~ dalle zanzare*** to be eaten alive by mosquitos **3** *(nella dama, agli scacchi ecc.)* to take* **II** intr. (aus. *avere*) **1** to eat*; *(fare pranzo)* to have* lunch; *(fare cena)* to have* dinner; ***~ cinese*** to eat Chinese; ***~ fuori*** to eat out; ***si mangia male qui*** the food is not good here; ***dare da ~ a*** to feed [*bambino, animale*]; ***fare da ~*** to do the cooking, to cook, to make the meal; ***fare da ~ per*** to cook for [*famiglia*]; ***invitare qcn. a ~*** to invite sb. for a meal **2** *(guadagnare illecitamente)* ***~ su qcs.*** to make an illicit profit with sth. **III mangiarsi** pronom. **1** *(rosicchiarsi)* ***-rsi le unghie*** to bite one's nails **2** *(articolare male)* ***-rsi le parole*** to clip *o* slur one's speech **3** *(sperperare)* to go* through [*patrimonio*]; ***si è mangiato tutto al gioco*** he gambled all his money away.

2.mangiare /man'dʒare/ m. **1** *(atto del mangiare)* eating **2** *(cibo)* food; ***è difficile nel ~*** he's a picky eater; ***gli piace il ~ semplice*** he likes plain cooking.

mangiata /man'dʒata/ f. feed, nosh BE; ***farsi una bella ~*** to have a good feed.

mangiatoia /mandʒa'toja/ f. manger.

mangiatore /mandʒa'tore/ m. (f. **-trice** /tritʃe/) eater; ***un gran ~*** a big eater; ***è un gran ~ di frutta*** he's a big fruit eater; ***-trice di uomini*** man-eater ♦♦ ***~ di fuoco*** fire-eater; ***~ di spade*** sword swallower.

mangime /man'dʒime/ m. feed (stuffs); ***~ per uccelli*** bird-seed; ***~ per pesci*** fish food.

mangione /man'dʒone/ m. (f. **-a**) COLLOQ. big eater.

mangiucchiare /mandʒuk'kjare/ [1] tr. to nibble.

mango, pl. **-ghi** /'mango, gi/ m. mango*.

mangrovia /man'grɔvja/ f. mangrove.

mangusta /man'gusta/ f. mangoose.

mania /ma'nia/ ➧ **7** f. mania; ***~ di persecuzione*** persecution complex *o* mania; ***-e di grandezza*** delusions of grandeur; ***è una vera ~*** it's an absolute obsession; ***ognuno ha le sue piccole -e*** we all have our little quirks; ***avere la ~ dell'ordine*** to be fanatical about tidiness.

maniacale /mania'kale/ agg. maniacal; ***ha una cura ~ dell'ordine*** she is obsessive about tidiness.

maniaco, pl. **-ci**, **-che** /ma'niako, tʃi, ke/ **I** agg. maniac **II** m. (f. **-a**) **1** maniac **2** *(fanatico)* maniac, obsessive, crank; ***è un ~ dell'ordine*** he's obsessive about tidiness; ***è ~ del calcio*** he's soccer mad.

maniaco-depressivo /maˌniakodepres'sivo/ agg. manic (depressive).

manica, pl. **-che** /'manika, ke/ f. **1** SART. sleeve; ***~ corta*** short sleeve; ***vestito a -che corte, senza -che*** short-sleeved, sleeveless dress; ***rimboccarsi le -che*** to roll up one's sleeves (anche FIG.) **2** *(banda, gruppo)* ***una ~ di delinquenti*** a gang of delinquents ♦ ***essere nelle -che di qcn.*** to be in sb.'s good books; ***questo è un altro paio di -che*** that's a whole new *o* completely different, that's a horse of a different colour, that's a different kettle of fish; ***essere di ~ larga*** *(generoso)* to be generous; *(indulgente)* to be easygoing; ***essere di ~ stretta*** *(avaro)* to be mean; *(severo)* to be strict ♦♦ ***~ a chimono*** kimono sleeve; ***~ a palloncino*** o ***a sbuffo*** puff sleeve; ***~ a vento*** AER. air sock, (wind) sock, wind-sleeve.

Manica /'manika/ n.pr.f. ***la ~*** the Channel; ***il canale della ~*** the English Channel; ***il tunnel della ~*** the Channel Tunnel, the Chunnel BE COLLOQ.

manicaretto /manika'retto/ m. delicacy, dainty.

manichetta /mani'ketta/ f. hose; ***~ antincendio*** fire hose.

manichino /mani'kino/ m. dummy, mannequin, mannikin; ART. lay figure; ***~ da sarto*** tailor's dummy.

manico, pl. **-ci** /'maniko, tʃi/ m. **1** *(impugnatura)* handle; ***il ~ del coltello*** the hilt of a knife; ***il ~ della padella*** the panhandle; ***~ di scopa*** broomstick, broom handle BE; FIG. stiff person **2** *(di strumenti a corda)* neck.

manicomio, pl. **-mi** /mani'kɔmjo, mi/ m. **1** *(ospedale psichiatrico)* mental hospital, lunatic asylum ANT., madhouse ANT.; ***~ criminale*** o ***giudiziario*** psychiatric prison **2** COLLOQ. FIG. madhouse; ***che ~!*** it's bedlam in here! ♦ ***roba da ~*** that's crazy.

manicotto /mani'kɔtto/ m. **1** ABBIGL. muff **2** TECN. sleeve; ***giunto a ~*** sleeve coupling.

manicure /mani'kyr/ ➧ *18* **I** f.inv. *(trattamento)* manicure; ***fare la ~ a qcn.*** to give sb. a manicure, to manicure sb. **II** m. e f.inv. *(persona)* manicurist.

maniera /ma'njɛra/ **I** f. **1** *(modo)* way, manner; ***in una ~ o nell'altra*** in one way or another, somehow or other; ***alla propria ~*** in one's own way; ***in ~ (tale) che*** so that; ***in nessuna ~*** in no wise **2** *(metodo)* ***-e forti*** strong-arm tactics; ***usare le -e forti con qcn.*** to get tough with sb.; ***usare le -e dolci*** to use kid gloves **3** ART. style; ***alla ~ di Raffaello*** after (the manner of) Raphael; ***poesia di ~*** mannered poetry; ***è un Picasso ultima ~*** this is a late Picasso, an example of Picasso's later work **II** **maniere** f.pl. manners; ***buone -e*** good *o* nice manners, (good) breeding; ***non conosce le buone -e*** he has no manners; ***che -e!*** what a way to behave! ***che cosa sono queste ~!*** what manners!

manierato /manje'rato/ agg. [*pittore, stile*] mannered, affected.

manierismo /manje'rizmo/ m. Mannerism.

maniero /ma'njɛro/ m. manor (house).

manieroso /manje'roso/ agg. genteel, affected.

manifattura /manifat'tura/ f. **1** *(stabilimento)* factory **2** *(fabbricazione)* manufacture.

manifatturiero /manifattu'rjɛro/ agg. manufacturing.

manifestante /manifes'tante/ m. e f. demonstrator.

manifestare /manifes'tare/ [1] **I** tr. **1** *(esprimere)* to show*, to demonstrate [*sostegno, opposizione*]; to show* [*sentimento*]; to display [*disprezzo*]; to manifest, to express, to show* [*gioia*]; to state [*opinione*]; ***~ il proprio desiderio di fare*** to signal one's desire to do **2** *(rivelare)* to reveal **II** intr. (aus. *avere*) to demonstrate **III** **manifestarsi** pronom. **1** *(mostrarsi)* [*sintomo*] to manifest itself; [*paura, malattia*] to show* itself **2** *(apparire)* [*fenomeno*] to appear.

manifestazione /manifestat'tsjone/ f. **1** *(per protestare, sostenere)* demonstration; ***~ dei lavoratori*** workers' demonstration; ***~ per la pace*** peace rally; ***~ di protesta*** protest (march) **2** *(avvenimento)* event; ***-i culturali*** cultural events **3** *(di malattia, fenomeno)* appearance, onset **4** *(di solidarietà, gioia)* expression; *(di sentimento, desiderio)* manifestation.

manifestino /manifes'tino/ m. leaflet, handbill.

1.manifesto /mani'fɛsto/ agg. manifest, evident, overt; ***segni -i d'impazienza*** evident signs of impatience; ***rendere ~*** to make known.

2.manifesto /mani'fɛsto/ m. **1** poster, bill, placard; ***~ pubblicitario*** advertisement; ***~ teatrale*** playbill **2** *(scritto programmatico)* manifesto* **3** MAR. AER. manifest.

maniglia /ma'niʎʎa/ f. *(di porta)* (door) handle; *(di cassetto)* handle; *(pomello)* knob.

manigoldo /mani'goldo/ m. (f. **-a**) rascal, rogue.

manioca, pl. **-che** /ma'njɔka, ke/ f. cassava.

manipolare /manipo'lare/ [1] tr. **1** *(lavorare)* to knead [*impasto, creta*] **2** *(maneggiare)* to handle [*oggetto, sostanza*] **3** *(falsificare)* to manipulate, to falsify [*cifre, notizia*]; to cook BE, to tamper with AE [*libri contabili*].

manipolativo /manipola'tivo/ agg. manipulative.

manipolatore /manipola'tore/ m. (f. **-trice** /tritʃe/) **1** manipulator **2** FIG. intriguer.

manipolazione /manipolat'tsjone/ f. **1** *(di oggetto, sostanza)* handling **2** *(di persona, risultati, statistiche)* manipulation; ***-i elettorali*** electoral rigging **3** MED. manipulation.

manipolo /ma'nipolo/ m. *(piccolo gruppo)* handful.

maniscalco, pl. **-chi** /manis'kalko, ki/ ➧ *18* m. (horse)shoer, farrier BE.

manna /'manna/ f. **1** BIBL. manna **2** FIG. godsend, manna; ***la pioggia è una vera ~ per la campagna*** rain is a godsend for the country ♦ ***essere una ~ dal cielo*** to be (like) manna from heaven; ***aspettare la ~ dal cielo*** to wait for things to fall into one's lap.

mannaggia /man'naddʒa/ inter. REGION. darn, damn, dammit; ***~ la miseria!*** darn it! ***~ a te!*** darn you!

mannaia /man'naja/ f. *(di boia)* axe, ax AE; *(di macellaio)* (meat) cleaver, poleaxe, poleax AE.

mannaro /man'naro/ agg. ***lupo ~*** werewolf.

mannequin /man'kɛn/ ➧ *18* f.inv. mannequin.

mano /'mano/ ➧ *4* f. **1** hand; ***salutare qcn. con la ~*** to wave at sb.; ***-i in alto, su le -i!*** hands up! ***~ nella ~*** hand in hand; ***passare di ~ in ~*** to pass from hand to hand; ***tenere qcs. in ~*** to hold sth. in one's hand; ***tenersi per ~*** to hold hands; ***prendere qcn. per ~*** to take sb. by the hand (anche FIG.); ***attingere qcs. a piene -i*** FIG. to pick up handfuls of sth.; ***a -i nude*** with one's bare hands; ***suonare il piano a quattro -i*** to play a duet on the piano; ***disegnare a ~ libera*** to draw freehand; ***rapina a ~ armata*** armed robbery; ***sporcarsi le -i*** to dirty one's hands, to get one's hands dirty (anche FIG.); ***mettere ~ al portafogli*** to put one's money where one's mouth is, to put one's hand in one's pocket **2** *(aiuto)* ***dare una ~ a qcn.*** to give *o* lend sb. a (helping) hand **3** *(indicando il controllo, il possesso)* hand; ***cambiare ~*** to change hands; ***avere qcs. sotto ~*** to have sth. on hand; ***mi è capitato tra le -i*** I just happened to come across it; ***tenere qcs. a portata di ~*** to keep sth. handy; ***essere nelle -i di qcn.*** [*potere, impresa*] to be in sb.'s hands; ***prendere in ~ la situazione*** to take matters into one's own hands; ***in buone -i*** in good hands; ***in -i sicure*** in safe hands; ***cadere nelle -i di qcn.*** to fall into sb.'s hands; ***di prima, seconda ~*** firsthand, second-hand **4** *(stile)* ***riconoscere la ~ di un artista*** to recognize an artist's style **5** *(denotando l'abilità)* ***fare*** o ***prendere la ~ a*** to get one's hand in; ***avere la ~ leggera*** to have a light touch; ***avere la ~ pesante*** to be heavy-handed; ***avere la ~ felice*** to be skillful *o* skilled **6** GIOC. *(a carte)* hand; ***passare la ~*** to pass (anche FIG.) **7** *(direzione di marcia)* ***contro ~*** → **contromano** **8** *(di colore)* coat, layer **9** **a mano** ***fare qcs. a ~*** to do *o* make sth. by hand; ***fatto a ~*** handmade; ***dipinto a ~*** hand-painted **10** **alla mano** *(pronto da usare, esibire)* ***minacciare qcn. coltello alla ~*** to threaten sb. at knife point; ***è arrivata con prove alla ~*** she had concrete proof; *(semplice)* [*persona*] informal **11** **man mano**, **(a) mano a mano** little by little; ***preferisco informarli man ~*** I prefer to inform them as I go along; ***man ~ che*** as **12** **fuori mano** [*paese, sentiero*] out of the way; [*abitare*] off the beaten track ♦ ***chiedere la ~ di qcn.*** to ask for sb.'s hand; ***ci metterei la ~ sul fuoco*** I'm willing to bet on it; ***fare man bassa*** to sweep the board; ***venire alle -i*** to come to blows; ***avere le -i di burro*** o ***di pastafrolla*** to be butterfingered; ***arrivare a -i vuote*** to arrive empty-handed; ***qua la ~!*** put it there! shake! give *o* slip me some skin! AE; ***man forte***

→ **manforte**; ***una ~ lava l'altra*** you scratch my back and I'll scratch yours; ***essere preso con le -i nel sacco*** to be caught red-handed; ***alzare le -i su qcn.***, ***mettere le -i addosso a qcn.*** to lay a finger *o* hand on sb.; ***mettere le -i avanti*** to play (it) safe; ***stare con le -i in ~*** to sit *o* stand idly by; ***avere le -i lunghe*** *(rubare)* to be light- *o* nimble-fingered, to have sticky fingers COLLOQ.; *(essere influente)* to have a lot of influence; ***avere le -i in pasta*** to have a finger in every pie; ***farsi*** o ***lasciarsi prendere la ~*** to lose control of the situation; ***toccare con ~*** to experience first hand.

manodopera /mano'dɔpera/ f. labour BE, labor AE; ***~ qualificata*** skilled labour.

manometro /ma'nɔmetro/ m. pressure gauge.

manomettere /mano'mettere/ [60] tr. **1** *(scassinare)* to tamper with [*serratura*] **2** *(danneggiare)* to damage [*allarme*] **3** *(falsificare)* to falsify, to alter [*prove*] **4** *(violare)* to violate, to infringe [*diritto*].

manomissione /manomis'sjone/ f. **1** *(scasso)* tampering with **2** *(danneggiamento)* damaging **3** *(falsificazione)* falsification, alteration **4** *(violazione)* violation.

manopola /ma'nɔpola/ f. **1** *(di radio, televisore)* knob **2** *(impugnatura)* grip **3** *(muffola)* mitten **4** *(di armatura)* gauntlet.

manoscritto /manos'kritto/ **I** agg. [*lettera*] manuscript; [*pagina, spartito*] handwritten **II** m. manuscript.

manovalanza /manova'lantsa/ f. **1** *(lavoratori)* unskilled labour BE, labor AE **2** *(lavoro)* (unskilled) labor BE, labor AE.

manovale /mano'vale/ ➧ **18** m. labourer BE, laborer AE.

manovella /mano'vɛlla/ f. crank, handle; ***~ d'avviamento*** starting handle.

manovra /ma'nɔvra/ f. **1** *(con un veicolo)* manoeuvre BE, maneuver AE; FERR. shunting; ***fare ~*** to manoeuvre; ***~ di attracco*** landing operation **2** FIG. tactic, manoeuvre BE, maneuver AE; ***-e elettorali*** electoral tactics **3** MIL. manoeuvre BE, maneuver AE; ***fare le -e*** to be on manoeuvres; ***grandi -e*** large-scale manoeuvres **4** MAR. *(cavo)* rigging, rope ♦♦ ***~ a tenaglia*** pincer movement.

manovrare /mano'vrare/ [1] **I** tr. **1** to manoeuvre BE, to maneuver AE (anche FIG.) **2** *(azionare)* to operate, to control [*macchina*] **II** intr. (aus. *avere*) **1** to manoeuvre BE, to maneuver AE **2** FIG. to manoeuvre BE, to maneuver AE, to scheme.

manovratore /manovra'tore/ ➧ **18** m. (f. **-trice** /tritʃe/) *(di tram)* tram driver; *(di treno)* shunter.

manrovescio, pl. **-sci** /manro'vɛʃʃo, ʃi/ m. backhander.

mansarda /man'sarda/ f. **1** *(tetto)* mansard (roof) **2** *(stanza)* mansard, attic room.

mansione /man'sjone/ f. task, job; ***non rientra nelle mie -i*** it doesn't come within my remit; ***-i direttive*** executive duties.

mansueto /mansu'ɛto/ agg. **1** [*persona*] meek, docile; [*sguardo*] gentle; [*carattere*] mild **2** [*animale*] *(addomesticato)* tame; *(docile di natura)* docile.

mansuetudine /mansue'tudine/ f. meekness.

mantecato /mante'kato/ agg. GASTR. creamy.

mantella /man'tɛlla/ f. **1** *(da donna)* cape, mantle **2** *(mantello)* cloak, mantle ANT.

mantello /man'tɛllo/ m. **1** ABBIGL. cloak, mantle ANT. **2** FIG. blanket; ***~ di neve*** blanket of snow **3** ZOOL. *(di cavalli, buoi)* coat.

mantenere /mante'nere/ [93] **I** tr. **1** *(tenere, far durare)* to maintain [*temperatura, velocità*]; to keep*, to preserve [*pace*]; to keep*, to maintain [*legami*]; to keep* [*segreto*]; ***~ la calma*** to keep one's calm *o* cool *o* temper, to stay cool; ***~ le distanze*** to stand aloof; ***~ in vita qcn.*** to keep sb. alive; ***~ giovane*** to keep young **2** *(tenere fede a)* to keep*, to fulfil BE, to fulfill AE [*promessa*]; ***mantengo quello che ho detto*** I stand by what I said **3** *(conservare)* to hold* [*posizione, primato*]; to keep* [*abitudini*] **4** *(sostenere finanziariamente)* to keep*, to maintain [*famiglia, amante*]; to maintain [*stile di vita*] **II mantenersi** pronom. **1** *(conservarsi)* [*cibo*] to keep*; [*tempo*] to hold*; ***se il tempo si mantiene al bello*** if the fine weather holds; ***-rsi giovane*** to keep *o* stay young; ***-rsi in buona salute*** to keep oneself healthy; ***-rsi in forma*** to keep oneself in trim *o* shape, to keep fit **2** *(finanziarsi)* to earn one's living, to keep* oneself **3** *(restare)* ***-rsi fedele a qcn.*** to be faithful to sb.

mantenimento /manteni'mento/ m. **1** maintaining; ***~ della pace*** peacekeeping **2** *(sostentamento)* maintenance, support, keep; ***provvedere al ~ di un figlio*** to support a child **3** *(manutenzione)* maintenance.

mantenuto /mante'nuto/ **I** p.pass. → **mantenere II** m. (f. **-a**) kept person.

mantice /'mantitʃe/ m. **1** *(di camino, fucina)* bellows pl.; ***un ~*** a pair *o* set of bellows **2** *(di carrozza, auto)* folding top.

mantide /'mantide/ f. mantis*.

manto /'manto/ m. **1** ABBIGL. cloak, mantle ANT. **2** *(strato)* layer; *(coltre)* blanket; ***~ stradale*** wearing course; ***~ di vegetazione*** mantle of vegetation; ***~ di neve*** carpet *o* blanket of snow **3** FIG. *(finzione)* cloak; ***un ~ di rispettabilità*** a cloak of respectability.

Mantova /'mantova/ ➧ **2** n.pr.f. Mantua.

mantovana /manto'vana/ f. **1** *(di tetto)* bargeboard **2** *(di tenda)* pelmet, valance.

1.manuale /manu'ale/ agg. manual.

2.manuale /manu'ale/ m. **1** *(libro)* handbook; SCOL. textbook; UNIV. manual; ***~ d'istruzioni*** instruction *o* operating manual **2** MUS. *(tastiera)* manual ♦ ***da ~*** [*atterraggio, soluzione*] textbook.

manualità /manuali'ta/ f.inv. manual skill, manual ability.

manualmente /manual'mente/ avv. [*funzionare, regolare*] manually.

manubrio, pl. **-bri** /ma'nubrjo, bri/ m. **1** *(di moto, bicicletta)* handlebars pl. **2** SPORT dumbbell.

manufatto /manu'fatto/ **I** agg. handmade **II** m. manufactured article, artefact, manufacture.

manutenzione /manuten'tsjone/ f. *(di casa, giardino)* upkeep; *(di auto, strada)* maintenance; ***~ straordinaria*** extraordinary repairs; ***spese di ~*** maintenance costs.

manzo /'mandzo/ m. **1** *(animale)* steer, bullock **2** GASTR. beef; ***carne di ~*** beef.

maoismo /mao'izmo/ m. Maoism.

maomettano /maomet'tano/ **I** agg. Mohammedan **II** m. (f. **-a**) Mohammedan.

maomettismo /maomet'tizmo/ m. Mohammedanism.

Maometto /mao'metto/ n.pr.m. Mohammed.

maori /ma'ɔri/ **I** agg.inv. Maori **II** m. e f.inv. Maori **III** m.inv. LING. Maori.

mappa /'mappa/ f. map; *(di città)* plan.

mappamondo /mappa'mondo/ m. **1** *(globo)* globe **2** *(planisfero)* planisphere.

mappatura /mappa'tura/ f. mapping.

mar. 1 ⇒ martedì Tuesday (Tue, Tues) **2** ⇒ marzo March (Mar).

marabù /mara'bu/ m.inv. marabou.

marachella /mara'kɛlla/ f. mischief, prank, roguery.

maragià /mara'dʒa/ m.inv. maharajah.

marameo /mara'mɛo/ inter. ***fare ~ a qcn.*** to thumb one's nose *o* cock a snook at sb.

marasma /ma'razma/ m. *(grande confusione)* chaos, confusion.

maratona /mara'tona/ f. marathon (anche FIG.).

maratoneta, m.pl. **-i**, f.pl. **-e** /marato'nɛta/ m. e f. marathon runner.

marca, pl. **-che** /'marka, ke/ f. **1** COMM. IND. *(di caffè, detersivo, cosmetico)* brand; *(di elettrodomestico, auto, computer)* make; ***prodotti di ~*** brand-name goods *o* articles **2** *(contromarca)* ticket, countermark **3** FIG. *(genere, carattere)* character, nature; ***un attentato di ~ terrorista*** a terrorist attack ♦♦ ***~ da bollo*** revenue stamp.

marcantonio, pl. **-ni** /markan'tɔnjo, ni/ m. SCHERZ. strapping man*.

marcare /mar'kare/ [1] tr. **1** *(contrassegnare)* to mark [*articoli*]; to brand [*bestiame*] **2** *(accentuare)* to emphasize **3** SPORT *(segnare)* to score [*goal, punto*]; *(controllare)* to mark [*calciatore*] ♦ ***~ visita*** MIL. to report sick (anche SCHERZ.).

marcasite /marka'site/, **marcassite** /markas'site/ f. marcasite.

marcato /mar'kato/ **I** p.pass. → **marcare II** agg. *(accentuato)* [*differenza*] definite; [*lineamenti*] marked; [*accento*] marked, pronounced.

marcatore /marka'tore/ m. (f. **-trice** /tritʃe/) SPORT *(chi segna)* scorer; *(chi controlla)* marker.

marcatura /marka'tura/ f. **1** *(etichettatura)* marking **2** SPORT *(di goal, punto)* scoring; *(di avversario)* marking ♦♦ **~ a uomo** man-to-man marking; **~ a zona** zone marking.

Marcello /mar'tʃello/ n.pr.m. Marcellus.

Marche /'marke/ ♦ **30** n.pr.f.pl. Marches.

marchesa /mar'keza/ ♦ **1** f. marquise; *(in Gran Bretagna)* marchioness.

marchese /mar'keze/ ♦ **1** m. marquis; *(in Gran Bretagna)* marquess.

marchiano /mar'kjano/ agg. **errore ~** blunder.

marchiare /mar'kjare/ [1] tr. **1** *(contrassegnare)* to mark [*merce*]; to brand [*animale*]; **~ a fuoco** to brand **2** FIG. *(bollare)* to brand.

marchigiano /marki'dʒano/ ♦ **30 I** agg. from, of the Marches **II** m. (f. **-a**) native, inhabitant of the Marches.

marchingegno /markin'dʒeɲɲo/ m. *(arnese)* contraption.

marchio, pl. **-chi** /'markjo, ki/ m. **1** *(su animali)* brand; *(all'orecchio)* earmark **2** *(su merce)* mark **3** *(su oro, argento)* hallmark **4** FIG. *(segno negativo)* brand, label ♦♦ **~ depositato** proprietary brand *o* name, registered trademark; **~ di fabbrica** trademark, maker's label; **~ di qualità** seal of quality.

marcia, pl. **-ce** /'martʃa, tʃe/ ♦ **10** f. **1** *(movimento di persone, soldati)* march; **~ per la pace, di protesta** peace, protest march; **in ~** on the march; **è a un giorno di ~ da qui** it's a day's march from here **2** *(movimento di veicoli)* **in senso contrario a quello di ~** backwards, with one's back to the engine, facing backward(s); **nel senso di ~** facing the engine, facing forward(s); **fare un'inversione di ~** to make a U-turn **3** AUT. gear, speed; **cambiare ~** to change *o* shift AE gear; **fare ~ indietro** to back (up), to go into reverse, to reverse, to go back; FIG. to back off, to back-pedal, to backtrack **4** SPORT walk, walking race; **la ~ di 10 km** the 10 km walk **5** MUS. march; **~ funebre** Death March, funeral march; **~ nuziale** wedding march ♦ **avere una ~ in più** to have the edge over *o* on.

marciapiede /martʃa'pjɛde/ m. **1** *(di strada)* footpath, pavement BE, sidewalk AE **2** *(di stazione)* platform ♦ **battere il ~** to be on *o* walk the streets, to take to the streets.

marciare /mar'tʃare/ [1] intr. (aus. *avere*) **1** to march; **~ su Roma** to march on Rome **2** SCHERZ. *(rigare dritto)* **fare ~ qcn.** to keep sb. in line.

marciatore /martʃa'tore/ m. (f. **-trice** /tritʃe/) **1** marcher **2** SPORT walker.

marcio, pl. **-ci**, **-ce** /'martʃo, tʃi, tʃe/ **I** agg. **1** [*uova, carne, frutto*] rotten; [*legno*] rotten, decayed; [*muro, roccia*] rotten, crumbling **2** FIG. *(corrotto)* [*persona*] corrupt; [*società*] corrupt, rotten **II** m. **1** rottenness; *(parte marcia)* rotten part, rot; **puzza di ~** it smells rotten **2** FIG. *(corruzione)* rot ♦ **avere torto ~** to be dead wrong.

marcire /mar'tʃire/ [102] intr. (aus. *essere*) **1** [*uova, carne, frutta*] to go* bad, to rot (away); [*legno*] to decay; [*muro*] to rot **2** FIG. **~ in prigione** to rot in prison; **~ nell'ignoranza** to wallow in one's ignorance.

marcita /mar'tʃita/ f. water meadow.

marciume /mar'tʃume/ m. **1** *(parte marcia)* rotten part, rot **2** FIG. *(corruzione)* rot.

marco, pl. **-chi** /'marko, ki/ ♦ **6** m. mark.

Marco /'marko/ n.pr.m. Mark, Marcus.

marconista, m.pl. **-i**, f.pl. **-e** /marko'nista/ ♦ **18** m. e f. wireless operator.

mare /'mare/ ♦ **27** m. **1** sea; **via ~, per ~** by sea, by water; **in alto ~** on the open *o* high seas, offshore; FIG. offshore; **siamo ancora in alto ~** FIG. we still have a long way to go; **essere in ~** to be at sea; **mettersi in ~** to take to the sea; **prendere il ~** to go to sea, to put (out) to sea; **uomo in ~!** man overboard! **acqua di ~** seawater; **Mar Mediterraneo** Mediterranean Sea; **Mar Morto** Dead Sea; **Mare del Nord** North Sea; **Mar Rosso** Red Sea **2** *(zona costiera)* seaside; **andare al ~** to go to the seaside *o* sea **3** FIG. *(grande quantità)* sea, ocean; **un ~ di guai** a heap of trouble; **un ~ di gente** a crowd of people; **un ~ di lacrime** floods of tears ♦ **cercare qcs. per ~ e per terra** o **per -i e per monti** to hunt high and low for sth.

marea /ma'rɛa/ f. **1** tide; **con l'alta, la bassa ~** at high, low tide; **corrente di ~** riptide; **energia delle -e** tidal energy **2** FIG. *(di persone)* flood; *(di automobili)* mass, flood ♦♦ **~ nera** oil slick.

mareggiata /mared'dʒata/ f. sea storm.

maremoto /mare'mɔto/ m. seaquake.

maresciallo /mareʃ'ʃallo/ ♦ **12** m. **1** *(sottufficiale)* = warrant officer **2** STOR. *(capo dell'esercito)* (field) marshal.

maretta /ma'retta/ f. **1** choppy sea **2** FIG. friction.

marezzato /mared'dzato/ agg. [*carta*] marbled, veined; [*tessuto*] moiré, watered.

margarina /marga'rina/ f. margarine, marge BE COLLOQ.

margherita /marge'rita/ f. **1** *(fiore)* daisy **2** INFORM. TIP. daisy wheel **3** GASTR. **pizza ~** = pizza with tomato, mozzarella cheese and basil ♦ **sfogliare la ~** to waver.

Margherita /marge'rita/ n.pr.f. Daisy, Margaret.

marginale /mardʒi'nale/ agg. marginal.

marginalizzare /mardʒinalid'dzare/ [1] tr. to marginalize.

margine /'mardʒine/ m. **1** *(bordo estremo)* *(di foresta, bosco)* border, edge, fringe, margin; *(di strada, lago)* side; **~ della strada** roadside; **~ del precipizio** edge *o* brink of the precipice; **i -i di una ferita** the lips of a wound **2** FIG. *(limite)* **ai -i della società** on the fringes of society; **essere ai -i della legalità** to be verging on the illegal **3** *(spazio bianco)* margin; **a ~** in the margin; **annotare a ~** to margin **4** *(possibilità, spazio, tempo in più)* margin; **~ di manovra** room for manouvre; **~ di libertà** degree of freedom; **abbiamo al massimo un ~ di 10 minuti** we've got no more than 10 minutes *o* 10 minutes's leeway; **vincere con largo ~** SPORT to win by a wide margin **5** COMM. *(profitto)* (profit) margin; **~ di profitto** profit margin ♦♦ **~ d'errore** margin of *o* for error; **~ di garanzia** o **sicurezza** safety margin; **~ di tolleranza** tolerance.

margotta /mar'gɔtta/ f. layer.

margottare /margot'tare/ [1] tr. to layer.

Maria /ma'ria/ n.pr.f. Mary; **la Vergine ~** the Virgin Mary ♦ **~ santissima! ~ Vergine!** Good Heavens!

mariano /ma'rjano/ agg. RELIG. Marian.

marijuana /marju'ana/ f.inv. marijuana.

marina /ma'rina/ f. **1** *(zona in riva al mare)* seacoast, seashore **2** MAR. MIL. navy, marine; **~ mercantile** mercantile navy, merchant navy BE, merchant marine AE; **~ militare** navy; **entrare in ~** to join the navy **3** ART. seascape.

marinaio, pl. **-ai** /mari'najo, ai/ ♦ **12** m. sailor, seaman* (anche MIL.); **promessa da ~** FIG. = unfulfilled promise ♦♦ **~ d'acqua dolce** landlubber.

marinare /mari'nare/ [1] tr. **1** GASTR. to marinade, to pickle, to souse **2** COLLOQ. to cut* [*lezione*]; **~ la scuola** to play truant, to skive BE, to play hooky AE.

marinaresco, pl. **-schi**, **-sche** /marina'resko, ski, ske/ agg. [*canzone*] sea attrib.; [*termine*] nautical; [*tradizione*] naval; **gergo ~** sailors' slang.

marinaro /mari'naro/ agg. **1** *(di mare)* [*località*] seaside attrib.; **repubblica -a** STOR. maritime republic **2** *(di marinai)* [*popolo*] seafaring **3 alla marinara** ABBIGL. **giacca alla -a** reefer (jacket).

marinata /mari'nata/ f. marinade, pickle.

marino /ma'rino/ agg. [*corrente, fauna*] marine attrib.; [*sale, mostro*] sea attrib.; **miglio ~** nautical *o* sea mile.

mariolo /mari'ɔlo/ m. scoundrel, rascal (anche SCHERZ.).

marionetta /marjo'netta/ f. **1** *(fantoccio)* (string) puppet, marionette; **teatro delle -e** puppet theatre **2** FIG. *(persona)* puppet, tool.

maritare /mari'tare/ [1] **I** tr. ANT. to marry (off) **II maritarsi** pronom. ANT. to get* married.

marito /ma'rito/ m. husband; **cercare ~** to look for a husband; **prendere ~** to take husband; **in età da ~** of marriageable age ♦ **tra moglie e ~ non mettere il dito** PROV. = never interfere between husband and wife.

Marittime /ma'rittime/ n.pr.pl.f. (anche **Alpi ~**) Maritime Alps.

marittimo /ma'rittimo/ **I** agg. **1** *(vicino al mare)* [*clima, pianta*] maritime; [*regione*] coastal; [*città*] seaside attrib.; **porto ~** seaport; **stazione -a** harbour station **2** *(che sfrutta il mare)* [*traffico, commercio*] maritime; [*trasporto*] marine attrib. **II** m. sailor, seaman*.

marketing /'marketing/ m.inv. marketing.

marmaglia /mar'maʎʎa/ f. **1** SPREG. *(gentaglia)* riffraff **2** *(moltitudine)* mob + verbo sing. o pl.

marmellata /marmel'lata/ f. jam, jelly AE; *(di agrumi)* marmalade; ~ ***di pesche*** peach jam.

marmista, m.pl. **-i**, f.pl. **-e** /mar'mista/ ➧ ***18*** m. e f. marble cutter, marble carver.

marmitta /mar'mitta/ f. **1** *(pentolone)* pot, stockpot **2** AUT. silencer BE, muffler AE; ~ ***catalitica*** catalytic converter.

marmo /'marmo/ m. **1** marble **2** FIG. ***freddo come il*** ~ stone-cold; ***rimanere di*** ~ to remain stony-faced.

marmocchio, pl. **-chi** /mar'mɔkkjo, ki/ m. COLLOQ. kid, brat SPREG.

marmoreo /mar'mɔreo/ agg. marble attrib.

marmorizzato /marmorid'dzato/ agg. marbled; ***carta -a*** marble paper.

marmotta /mar'mɔtta/ f. marmot; ~ ***americana*** woodchuck ♦ ***dormire come una*** ~ to sleep like a log.

1.marocchino /marok'kino/ ➧ ***25*** **I** agg. Moroccan **II** m. (f. **-a**) Moroccan.

2.marocchino /marok'kino/ m. *(cuoio)* morocco (leather).

Marocco /ma'rɔkko/ ➧ ***33*** n.pr.m. Morocco.

maroso /ma'roso/ m. billow.

marra /'marra/ f. **1** AGR. hoe **2** MAR. fluke.

marrone /mar'rone/ ➧ ***3*** **I** agg. brown **II** m. **1** *(castagna)* sweet chestnut **2** *(colore)* brown.

marsala /mar'sala/ m.inv. Marsala (wine).

marsc', **marsch** /marʃ/ inter. march; ***avanti, ~!*** forward march!

marsina /mar'sina/ f. dress coat, tails pl.

marsupiale /marsu'pjale/ agg. e m. marsupial.

marsupio, pl. **-pi** /mar'supjo, pi/ m. **1** marsupium*, pouch **2** *(per bambini)* baby carrier **3** *(legato a vita)* bumbag.

Marta /'marta/ n.pr.f. Martha.

Marte /'marte/ n.pr.m. MITOL. ASTR. Mars.

martedì /marte'di/ ➧ ***11*** m.inv. Tuesday ♦♦ ~ ***grasso*** Shrove Tuesday, Pancake Day.

martellamento /martella'mento/ m. **1** hammering **2** FIG. ~ ***pubblicitario*** advertising overkill.

martellante /martel'lante/ agg. thumping, pounding (anche FIG.).

martellare /martel'lare/ [1] **I** tr. **1** to hammer **2** FIG. ~ ***qcn. di domande*** to bombard sb. with questions **II** intr. (aus. *avere*) to hammer (anche FIG.); ***il cuore gli martellava per la paura*** his heart was pounding *o* thumping with fear; ***mi martellano le tempie*** my temples are throbbing.

martellata /martel'lata/ f. hammer blow; FIG. heavy blow; ***rumori di -e*** sounds of hammering; ***darsi una ~ sul dito*** to hit one's finger with a hammer; ***spianare [qcs.] a -e*** to beat [sth.] out, to hammer [sth.] flat [*metallo*].

martelletto /martel'letto/ m. **1** *(del pianoforte)* hammer **2** *(di giudice, banditore d'aste)* gavel **3** MED. reflex hammer.

martello /mar'tɛllo/ m. **1** *(di falegname)* hammer; *(di banditore, giudice, presidente)* gavel **2** SPORT hammer; ***lanciare il*** ~ to throw the hammer **3** ANAT. hammer **4** *(allarme)* ***suonare a*** ~ to ring the tocsin ♦ ***essere tra l'incudine e il*** ~ to be caught between the devil and the deep blue sea *o* between a rock and a hard place ♦♦ ~ ***pneumatico*** hammer *o* pneumatic drill, jackhammer.

martinetto /marti'netto/ m. jack.

martingala /martin'gala/ f. SART. back-belt, half-belt.

Martino /mar'tino/ n.pr.m. Martin.

martin pescatore /martinpeska'tore/ m. kingfisher.

martire /'martire/ m. e f. martyr (anche FIG.).

martirio, pl. **-ri** /mar'tirjo, ri/ m. martyrdom.

martirizzare /martirid'dzare/ [1] tr. to martyr (anche FIG.).

martora /'martora/ f. marten.

martoriare /marto'rjare/ [1] tr. to torture, to torment.

marxismo /mark'sizmo/ m. Marxism.

marxista, m.pl. **-i**, f.pl. **-e** /mark'sista/ agg., m. e f. Marxist.

marzapane /martsa'pane/ m. marzipan.

marziale /mar'tsjale/ agg. martial; ***corte*** ~ court-martial; ***legge*** ~ martial law; ***arti -i*** martial arts.

marziano /mar'tsjano/ **I** agg. Martian **II** m. (f. **-a**) **1** Martian **2** FIG. oddball, weirdo.

marzo /'martso/ ➧ ***17*** m. March.

mascalzonata /mascaltso'nata/ f. roguery.

mascalzone /mascal'tsone/ m. (f. **-a**) COLLOQ. rascal, rogue, skunk.

mascara /mas'kara/ m.inv. mascara.

mascarpone /maskar'pone/ m. GASTR. INTRAD. (soft cheese used for preparing creams and cakes).

mascella /maʃ'ʃɛlla/ ➧ ***4*** f. jaw, jowl.

mascellare /maʃʃel'lare/ agg. ***osso*** ~ jawbone.

maschera /'maskera/ ➧ ***18*** f. **1** *(sul viso)* mask; ***essere una ~ di sangue*** FIG. to be a mask of blood **2** *(travestimento)* costume, masquerade, fancy dress **U** BE; *(persona travestita)* masker; ***in*** ~ in fancy dress; ***mettersi in*** ~ to disguise oneself; ***ballo in*** ~ masked ball, masquerade, fancy dress ball BE **3** *(maschera popolare)* stock character **4** COSMET. mask; ~ ***di bellezza*** face-pack; ~ ***all'argilla*** mudpack **5** *(apparenza)* cloak, mask, appearance **6** *(al cinema)* attendant, doorman*; *(a teatro)* mask; *(uomo)* usher; *(donna)* usherette ♦ ***gettare la*** ~ to unmask oneself, to shed one's disguise; ***giù la ~!*** no more pretending! ***strappare la ~ a qcn.*** to unmask sb. ♦♦ ~ ***antigas*** gas mask; ~ ***d'ossigeno*** oxygen mask; ~ ***da sub*** o ***subacquea*** underwater *o* diving mask.

mascheramento /maskera'mento/ m. **1** masking **2** FIG. whitewash **3** MIL. camouflage.

mascherare /maske'rare/ [1] **I** tr. **1** *(travestire)* to disguise [*persona*]; to mask [*viso*] **2** *(dissimulare)* to belie, to disguise, to hide* [*fatti, sentimenti*]; to cloak [*intenzioni*]; to disguise, to mask [*emozione*]; to whitewash [*verità*]; to conceal [*divertimento*] **3** MIL. to camouflage **II mascherarsi** pronom. [*persona*] to disguise oneself, to masquerade (**da** as).

mascherata /maske'rata/ f. **1** *(festa)* masquerade, fancy dress party BE; *(sfilata)* costume parade **2** FIG. masquerade.

mascherato /maske'rato/ **I** p.pass. → **mascherare II** agg. **1** *(con una maschera)* disguised, masked; ***ballo*** ~ masquerade, masked ball, fancy dress ball BE; ~ ***da clown*** disguised as a clown **2** FIG. *(dissimulato)* [*difetto, voce*] disguised, hidden.

mascherina /maske'rina/ f. **1** *(sugli occhi)* domino, eye mask **2** *(di animali)* patch **3** *(di scarpe)* toe cap **4** *(protettiva)* ~ ***antismog*** smog mask **5** AUT. *(del radiatore)* (radiator) grille ♦ ***ti conosco ~!*** you can't fool me! gotcha!

maschiaccio, pl. **-ci** /mas'kjattʃo, tʃi/ m. **1** *(ragazzo)* bad boy **2** *(ragazza)* tomboy.

maschietta /mas'kjetta/ f. flapper (girl) COLLOQ.; ***pettinatura alla*** ~ shingle hairstyle, shingled hair.

maschietto /mas'kjetto/ m. baby boy.

maschile /mas'kile/ **I** agg. **1** BIOL. ZOOL. male **2** *(degli uomini)* [*corpo, sessualità, voce*] male; ***di sesso*** ~ male (in gender) **3** *(per gli uomini)* [*attività, rivista*] men's; [*abbigliamento*] masculine **4** *(composto da uomini)* [*popolazione, coro*] male; [*scuola, classe*] boys'; [*squadra, sport, gara, record*] men's **5** LING. masculine **II** m. LING. masculine; ***al*** ~ in the masculine.

maschilismo /maski'lizmo/ m. (male) chauvinism.

maschilista, m.pl. **-i**, f.pl. **-e** /maski'lista/ agg., m. e f. (male) chauvinist.

1.maschio, pl. **-schi**, **-schie** /'maskjo, ski, skje/ **I** agg. **1** ZOOL. ***cane*** ~ male dog, he-dog; ***antilope, coniglio*** ~ buck antelope, buck rabbit; ***balena*** ~ bull whale; ***falco*** ~ cock hawk **2** EL. [*spina, presa*] male **3** *(virile)* [*voce*] manly, virile **II** m. **1** ZOOL. male, mate; *(di capra, coniglio, lepre)* buck; *(di balena, elefante)* bull; *(di uccello)* cock; *(di volpe, lupo)* dog **2** *(bambino, ragazzo)* boy; ***-schi e femmine*** boys and girls; ***ho avuto un*** ~ I've had a baby boy **3** TECN. (screw) tap.

2.maschio, pl. **-schi** /'maskjo, ski/ m. ARCH. keep.

mascolinità /maskolini'ta/ f.inv. manhood, masculinity.

mascolino /masko'lino/ agg. virile, manly; [*abbigliamento, donna*] mannish, unwomanly, butch COLLOQ. SPREG.

mascotte /mas'kɔt/ f.inv. mascot.

masochismo /mazo'kizmo/ m. masochism.

masochista, m.pl. **-i**, f.pl. **-e** /mazo'kista/ agg., m. e f. masochist.

massa /'massa/ f. **1** *(insieme)* mass; *(di acqua)* body; ~ ***continentale*** landmass; ~ ***d'aria*** air mass; ***una ~ di capelli*** FIG. a bush *o* mop of hair **2** *(grande quantità)* mass; ***la gente accorse in*** ~ people came in crowds; ***cultura, turismo di*** ~ mass culture, tourism; ***scena di*** ~ CINEM. TEATR. crowd *o* mob scene **3** *(popolazione)* ***le -e operaie*** the labouring masses; ***seguire la*** ~ to follow the crowd, to go *o* move with the crowd **4** FIS. mass **5** EL. earth BE, ground AE; ***mettere a*** ~ to earth BE, to ground AE.

massacrante /massa'krante/ agg. [*lavoro*] back-breaking, killing COLLOQ.; [*giorno, viaggio*] exhausting; [*caldo, condizioni*] murderous COLLOQ.

massacrare /massa'krare/ [1] tr. **1** *(uccidere)* to massacre, to slaughter, to butcher **2** *(malmenare)* to beat* [*persona*]; **~ *qcn. di botte*** to knock *o* beat the living daylights out of sb. COLLOQ. **3** *(stremare)* ***questo caldo mi sta massacrando*** this heat is killing me **4** COLLOQ. *(stracciare)* to slaughter, to take* apart [*squadra*] **5** COLLOQ. *(rovinare)* to mangle [*musica, traduzione*]; to massacre, to murder [*lingua*].

massacro /mas'sakro/ m. **1** *(di persone)* massacre, butchery, mass murder; *(di animali)* slaughter **2** FIG. disaster, murder.

massaggiare /massad'dʒare/ [1] tr. to massage [*persona*]; to rub [*schiena, spalle*]; to rub down [*atleta*].

massaggiatore /massaddʒa'tore/ ➧ *18* m. masseur.

massaggiatrice /massaddʒa'tritʃe/ ➧ *18* f. masseuse.

massaggio, pl. **-gi** /mas'saddʒo, dʒi/ m. massage, rub; ***centro -gi*** massage parlour BE *o* parlor AE ♦♦ **~ *cardiaco*** MED. cardiac massage.

massaia /mas'saja/ f. housewife*.

massello /mas'sɛllo/ m. *(legno)* solid wood.

masserizie /masse'rittsje/ f.pl. household belongings, household effects.

massicciare /massit'tʃare/ tr. to ballast [*ferrovia, strada*].

massicciata /massit'tʃata/ f. *(di ferrovia, strada)* ballast, hard core.

massiccio, pl. **-ci**, **-ce** /mas'sittʃo, tʃi, tʃe/ **I** agg. **1** *(solido)* [*edificio*] solid, massive; [*corporatura, persona*] stocky, burly, hefty **2** *(per quantità, numero)* [*dose*] massive **3** *(puro)* [*oro, legno*] solid **II** m. GEOGR. GEOL. massif.

massificare /massifi'kare/ [1] tr. SPREG. to standardize.

1.massima /'massima/ f. **1** *(motto)* adage, maxim, precept, saying **2** *(principio generale)* ***in linea di ~*** as a general rule, on the whole; ***parlando in linea di ~*** broadly speaking.

2.massima /'massima/ f. **1** METEOR. maximum **2** MED. *(pressione)* systolic pressure.

massimale /massi'male/ m. *(limite massimo)* limit, ceiling; **~ *di rischio*** maximum coverage.

massimalismo /massima'lizmo/ m. maximalism.

massimalista, m.pl. **-i**, f.pl. **-e** /massima'lista/ m. e f. maximalist.

Massimiliano /massimi'ljano/ n.pr.m. Maximilian.

massimizzare /massimid'dzare/ [1] tr. to maximize.

massimizzazione /massimiddzat'tsjone/ f. maximization.

massimo /'massimo/ **I** agg. **1** [*punteggio, velocità*] maximum, top; [*prezzo, temperatura*] highest, maximum; [*lusso*] greatest; [*attenzione, cautela, importanza, rispetto, segretezza*] utmost; ***valore ~*** peak; ***carico ~*** maximum load; ***il ~ esponente della letteratura russa*** the leading figure in Russian literature; ***con la -a cura, urgenza*** with the utmost care, haste; ***della -a importanza*** highly important, of the utmost importance; ***essere in stato di -a allerta*** to be on red *o* full alert MIL.; ***tempo ~*** time-limit; ***ai -i livelli*** [*negoziati*] top-level; ***carcere di -a sicurezza*** maximum *o* top security prison **2** SPORT ***pesi -i*** heavyweight **3** MAT. **~ *comun divisore*** highest common factor, greatest common divisor *o* factor **II** m. **1** *(la quantità più grande, il grado più elevato)* height, high, most; ***il ~ di*** the height of [*lusso, stupidità*]; ***trarre il ~ da*** to make the best of [*situazione*]; ***il ~ dei voti*** full marks BE, top grades AE; ***laurearsi in storia col ~ dei voti*** to get a history first *o* a first in history BE, to graduate with honors in history AE; ***raggiungere il ~*** [*rumore, inflazione*] to reach its peak; ***non è il ~*** [*efficienza, servizio*] it's not all (that) it should be; ***era il ~ che potevo fare*** it was all *o* the most I could do; ***il ~ della pena*** the maximum sentence *o* penalty **2** *(limite consentito o richiesto)* maximum; ***ottenere un prestito fino a un ~ di...*** to obtain a loan for a maximum amount of...; ***un ~ di 5 giorni*** 5 days at the most **3** *(meglio)* ***questo ristorante è il ~*** this restaurant is the top **4 al massimo** at the maximum, at the most, at the utmost; *(al più tardi)* at the latest; ***tre giorni al ~*** three days at the longest; ***essere al ~ (storico)*** to be at a record high; ***con il riscaldamento al ~*** with the heating at full blast; ***regola il grill al ~*** turn the grill to high; ***essere al ~*** [*persona*] to be firing *o* working on all cylinders; ***sfruttare al ~ le proprie capacità*** to maximize one's potential; ***partiremo al ~ giovedì*** we'll leave on Thursday at the latest; ***se non ci riesco, al ~ ti chiamo*** if I can't do it, I'll call you.

mass media /mass'mɛdja/ m.pl. mass media + verbo sing. o pl.

massmediatico, pl. **-ci**, **-che** /massme'djatiko, tʃi, ke/ agg. media attrib.

massmediologo, m.pl. **-gi**, f.pl. **-ghe** /massme'djɔlogo, dʒi, ge/ m. (f. **-a**) media expert.

masso /'masso/ m. boulder, rock; ***caduta -i*** rockfall; ***"attenzione, caduta -i"*** "beware of falling rocks".

massone /mas'sone/ m. Freemason, Mason.

massoneria /massone'ria/ f. Freemasonry, Masonry.

massonico, pl. **-ci**, **-che** /mas'sɔniko, tʃi, ke/ agg. Masonic.

massoterapia /massotera'pia/ f. massotherapy.

massoterapista, m.pl. **-i**, f.pl. **-e** /massotera'pista/ ➧ *18* m. e f. massotherapist.

mastectomia /mastekto'mia/ f. mastectomy.

mastello /mas'tɛllo/ m. tub.

master /'master/ m.inv. **1** TECN. *(originale)* master (copy) **2** UNIV. master's degree.

masterizzare /masterid'dzare/ [1] tr. TECN. to masterize.

masterizzatore /masteriddza'tore/ m. CD-Writer.

masticare /masti'kare/ [1] tr. **1** to chew; *(rumorosamente)* to champ, to chomp; **~ *tabacco*** to chew tobacco **2** *(borbottare)* to mumble [*frase, risposta*] **3** COLLOQ. FIG. *(parlare)* **~ *un po' il russo*** to have a smattering of Russian.

masticazione /mastikat'tsjone/ f. mastication.

mastice /'mastitʃe/ m. mastic.

mastino /mas'tino/ m. **1** mastiff **2** FIG. *(persona aggressiva)* bulldog.

mastite /mas'tite/ ➧ *7* f. mastitis.

mastodonte /masto'donte/ m. **1** ZOOL. mastodon **2** FIG. beached whale, elephant.

mastodontico, pl. **-ci**, **-che** /masto'dɔntiko, tʃi, ke/ agg. mammoth, mastodontic.

mastro /'mastro/ **I** agg. ***libro ~*** ledger **II** m. master; **~ *falegname*** master carpenter.

masturbare /mastur'bare/ [1] **I** tr. to masturbate **II masturbarsi** pronom. to masturbate.

masturbazione /masturbat'tsjone/ f. masturbation.

matassa /ma'tassa/ f. hank; *(di lana)* skein; ***sbrogliare la ~*** FIG. to unravel a problem; ***non riuscivo a trovare il bandolo della ~*** I couldn't make head (n)or tail of it.

matematica /mate'matika/ f. mathematics + verbo sing., maths BE + verbo sing., math AE.

matematicamente /matematika'mente/ avv. mathematically; ***essere ~ impossibile*** to be a mathematical impossibility.

matematico, pl. **-ci**, **-che** /mate'matiko, tʃi, ke/ **I** agg. mathematical; ***avere la certezza -a che*** to be absolutely sure that **II** ➧ *18* m. (f. **-a**) mathematician.

materassaio, pl. **-ai** /materas'sajo, ai/ ➧ *18* m. (f. **-a**) mattress maker.

materassino /materas'sino/ m. **1** *(per fare ginnastica)* exercise mat **2** *(gonfiabile)* air bed BE, Lilo®, air mattress AE.

materasso /mate'rasso/ m. mattress ♦♦ **~ *ad acqua*** water mattress; **~ *a molle*** spring mattress.

materia /ma'tɛrja/ f. **1** *(sostanza)* material, matter; ***la ~ e la forma*** matter and form; **~ *grigia*** grey matter; **~ *prima*** raw material; ***-e plastiche*** plastics **2** *(argomento)* subject, topic; ***indice per -e*** subject index; ***esperto in ~*** expert on the subject; ***è un'autorità in ~ di*** he's an authority on; ***sa tutto in ~ di musica*** he knows everything about music; ***c'è ~ per intentare un processo*** there are grounds for legal action **3** SCOL. *(disciplina)* subject; **~ *obbligatoria, complementare*** core, optional subject.

materiale /mate'rjale/ **I** agg. material; ***sono nell'impossibilità ~ di aiutarla*** it's physically impossible for me to help you **II** m. **1** *(equipaggiamento)* materials pl., equipment; **~ *da disegno*** art materials, artist's materials; **~ *di lettura*** reading matter; **~ *bellico*** military hardware; **~ *didattico*** course *o* teaching material **2** *(documentazione)* material; **~ *pubblicitario, illustrativo*** publicity, illustrative material; **~ *informativo*** information pack, presentation pack **3** ING. TECN. material; ***-i edilizi*** building materials; **~ *da imballaggio*** packing material.

materialismo /materja'lizmo/ m. materialism.
materialista, m.pl. **-i**, f.pl. **-e** /materja'lista/ agg., m. e f. materialist.
materialistico, pl. **-ci**, **-che** /materja'listiko, tʃi, ke/ agg. materialistic.
materializzare /materjalid'dzare/ [1] **I** tr. to materialize **II** **materializzarsi** pronom. [*persona, oggetto, spirito*] to materialize (anche SCHERZ.); [*minaccia, speranza*] to materialize, to take* shape.
materialmente /materjal'mente/ avv. materially; ***è ~ impossibile*** it's a physical impossibility.
maternità /materni'ta/ f.inv. **1** *(stato di madre)* maternity, motherhood **2** *(congedo)* ***(congedo per) ~*** maternity leave.
materno /ma'terno/ **I** agg. **1** [*istinto*] maternal, motherly; [*figura, amore*] mother; ***latte ~*** breast milk; ***è molto -a*** she's a motherly soul **2** *(da parte di madre)* [*linea, zia, nonno*] maternal **3** *(nativo)* ***lingua -a*** native *o* mother tongue **II materna** f. SCOL. nursery school.
Matilde /ma'tilde/ n.pr.f. Mathilda.
matinée /mati'ne/ f.inv. afternoon performance, matinée.
matita /ma'tita/ f. pencil; ***a ~*** in pencil; ***~ da disegno*** drawing pencil; ***disegno a ~*** pencil drawing ♦♦ ***~ colorata*** (pencil) crayon; ***~ per le labbra*** lip liner; ***~ per gli occhi*** eye pencil; ***~ per le sopracciglia*** eyebrow pencil.
matriarca /matri'arka/ f. matriarch.
matriarcale /matriar'kale/ agg. matriarchal.
matriarcato /matriar'kato/ m. matriarchy.
matrice /ma'tritʃe/ f. **1** MAT. INFORM. TECN. matrix* **2** *(di biglietto, assegno)* stub, tally, counterfoil ECON. **3** *(origine)* background, roots pl., origins pl.; ***di ~ politica, razzista*** [*attentato*] politically, racially motivated.
matricida, m.pl. **-i**, f.pl. **-e** /matri'tʃida/ **I** agg. matricidal **II** m. e f. matricide.
matricidio, pl. **-di** /matri'tʃidjo, di/ m. matricide.
matricola /ma'trikola/ f. **1** *(registro)* register, roll; ***numero di ~*** *(di soldato)* serial number; *(di studente)* matriculation number **2** UNIV. first-year student, fresher BE COLLOQ.; *(ragazzo)* freshman*; *(ragazza)* freshwoman* **3** *(nuovo assunto)* rookie.
matricolato /matriko'lato/ agg. [*bugiardo, canaglia*] out-and-out, outright; ***è un furfante ~*** he's a regular crook.
matrigna /ma'triɲɲa/ f. stepmother.
matrimoniale /matrimo'njale/ agg. ***promesse -i*** marriage *o* wedding vows; ***vita ~*** married life; ***letto, lenzuolo ~*** double bed, sheet; ***agenzia ~*** introduction agency, marriage bureau; ***annunci -i*** lonely hearts' column.
matrimonio, pl. **-ni** /matri'mɔnjo, ni/ m. **1** *(unione)* marriage, matrimony; ***proposta di ~*** marriage proposal; ***certificato di ~*** marriage certificate; ***fare un ~ di interesse*** to marry into money; ***unire in ~*** to join in marriage **2** *(cerimonia)* wedding ♦♦ ***~ d'amore*** lovematch, love match; ***~ bianco*** unconsummated wedding; ***~ civile*** civil marriage, civil wedding; ***~ religioso*** church wedding; ***~ riparatore*** shotgun wedding.
matrona /ma'trɔna/ f. matron.
matronale /matro'nale/ agg. matronal (anche FIG.).
matroneo /matro'nεo/ m. = in churches, a gallery that was once reserved for women.
1.matta /'matta/ f. *(carta da gioco)* joker.
2.matta /'matta/ f. madwoman*.
mattacchione /mattak'kjone/ m. (f. **-a**) joker.
mattana /mat'tana/ f. fit, tantrum; ***gli è presa la ~*** he threw a fit, he had a tantrum.
mattanza /mat'tantsa/ f. **1** = the final phase in tuna fish catching, in which the tuna are harpooned **2** *(massacro)* slaughter, butchery.
mattarello /matta'rεllo/ → **matterello**.
mattatoio, pl. **-oi** /matta'tojo, oi/ m. slaughterhouse, abattoir BE.
mattatore /matta'tore/ m. (f. **-trice** /tritʃe/) TEATR. CINEM. spotlight chaser.
Matteo /mat'tεo/ n.pr.m. Matthew.
matterello /matte'rεllo/ m. rolling pin.
Mattia /mat'tia/ n.pr.m. Matthias.
mattina /mat'tina/ f. morning; ***di prima ~*** bright and early; ***dalla ~ alla sera*** from morning till night; ***alle 5 della ~*** at 5 in the morning, at 5 am; ***domani ~*** tomorrow morning; ***lunedì ~*** Monday morning.
mattinata /matti'nata/ f. morning; ***in ~*** during the morning; ***tutta la ~*** the whole of the morning, all morning long.
mattiniero /matti'njεro/ **I** agg. early-rising; ***essere ~*** to be an early bird **II** m. (f. **-a**) early riser.
mattino /mat'tino/ ♦ *13* m. morning; ***al*** o ***il ~*** in the morning; ***alle 5 del ~*** at 5 in the morning, at 5 am; ***il ~ del 23 marzo*** on the morning of 23 March; ***di buon ~*** early in the morning; ***edizione del ~*** morning edition; ***stella del ~*** morning star; ***nelle prime ore del ~*** in the early hours ♦ ***il buon giorno si vede dal ~*** PROV. a good beginning bodes well; ***il ~ ha l'oro in bocca*** PROV. early to bed, early to rise.
1.matto /'matto/ **I** agg. **1** *(demente)* mad, insane, crazy COLLOQ., loony COLLOQ., bonkers COLLOQ.; ***non sono mica ~!*** I'm not that crazy! ***c'è da diventare -i!*** it's enough to drive you mad! ***essere ~ da legare*** to be mad as a March hare *o* as a hatter, to be crazy with a capital C; ***fare diventare ~ qcn.*** to drive sb. mad *o* crazy COLLOQ.; ***essere una testa -a*** to be a madcap; ***andare ~ per*** to be crazy *o* wild *o* daft COLLOQ. *o* nuts COLLOQ. about; ***"vieni?" - "fossi ~!"*** "are you coming?" - "I wouldn't dream of it!", "not on your life!" **2** *(grandissimo)* ***avere una voglia -a di qcs.*** to be dying for sth.; ***farsi -e risate*** to laugh one's head off **3 da matti** *(tantissimo)* madly; ***è lontano da -i*** it's a heck of a long way; ***questa musica mi piace da -i!*** this music really sends me! **II** m. (f. **-a**) **1** *(persona demente)* insane person, loony; *(uomo)* madman*; ***come un ~*** [*lavorare*] crazily, like crazy COLLOQ.; ***ridere come un ~*** to be in hysterics, to laugh like anything **2** *(persona insensata)* ***che banda di -i!*** what a bunch of lunatics! ***gabbia di -i*** madhouse; ***cose da -i!*** it's the tail wagging the dog! it's sheer madness!
2.matto /'matto/ agg. ***scacco ~*** checkmate (anche FIG.), mate; ***dare scacco ~ a*** to checkmate (anche FIG.), to mate.
mattonata /matto'nata/ f. *(cosa noiosa e pesante)* bore, yawn.
mattoncino /matton'tʃino/ m. *(giocattolo)* building block, brick BE.
mattone /mat'tone/ **I** m. **1** brick; ***muro di -i*** brick wall **2** GASTR. ***pizza al ~*** = pizza cooked on the fire bricks in a wood burning oven **3** COLLOQ. FIG. bore, yawn **II** agg.inv. *(colore)* brick red ♦♦ ***~ forato*** air brick; ***~ crudo*** cob BE; ***~ refrattario*** firebrick.
mattonella /matto'nεlla/ f. *(piastrella)* square; *(di carbone)* briquet(te).
mattutino /mattu'tino/ **I** agg. morning attrib. **II** m. RELIG. matins pl.
maturando /matu'rando/ m. (f. **-a**) = high school student preparing to take the high school leaving examination.
maturare /matu'rare/ [1] **I** tr. **1** to ripen [*frutto*]; FIG. to mature [*persona*] **2** *(meditare, ideare)* to incubate [*idea, schema*] **3** *(accantonare)* ***~ ferie*** to accrue **II** intr. (aus. *essere*) **1** [*frutto*] to ripen; FIG. [*persona*] to mature **2** *(delinearsi)* [*idea*] to mature, to take* shape **3** MED. [*ascesso, foruncolo*] to come* to a head **4** ECON. [*interesse*] to accrue.
maturato /matu'rato/ **I** p.pass. → **maturare II** agg. **1** ripened; ***pesche -e al sole*** sun-ripened peaches **2** ECON. [*dividendi, interesse*] accrued; [*conto, polizza assicurativa*] mature.
maturazione /maturat'tsjone/ f. **1** maturation (anche MED.) **2** ECON. accrual, maturity.
maturità /maturi'ta/ f.inv. **1** *(di persona)* maturity; *(di frutto)* ripeness (anche FIG.) **2** SCOL. *(esame)* = high school leaving examination; *(diploma)* = high school leaving qualifications.
maturo /ma'turo/ agg. **1** [*frutto*] ripe; FIG. [*persona*] mature; ***di età -a*** of a ripe age; ***dopo -a riflessione*** after mature consideration **2** *(pronto)* ***i tempi sono -i*** the time is ripe.
matusa /ma'tuza/ m.inv. COLLOQ. fuddy-duddy, old fogey BE, old fogy AE.
Matusalemme /matuza'lεmme/ n.pr.m. Methuselah.
Maurizio /mau'rittsjo/ n.pr.m. Maurice, Morris.
mausoleo /mauzo'lεo/ m. mausoleum.
maxigonna /maksi'gonna/ f. maxi (skirt).
maxiprocesso /maksipro'tʃεsso/ m. = long-lasting trial due to the large number of indictees.
maya /'maja/ **I** agg.inv. Mayan **II** m. e f.inv. Mayan **III** m.inv. LING. Mayan.

mazurca, **mazurka**, pl. **-che**, **-ke** /mad'dzurka, ke/ f. mazurka.
mazza /'mattsa/ f. **1** *(bastone)* club; ~ ***da cerimoniere*** mace **2** SPORT *(da baseball)* bat; *(da cricket)* bat, willow; *(da golf)* club; *(da hockey)* stick; *(da polo)* mallet, stick **3** MUS. *(di grancassa)* drumstick **4** *(maglio)* maul, sledgehammer **5** VOLG. *(niente)* ***non capire una*** ~ not to understand shit, to understand bugger all BE; ***non fare una*** ~ to piss about, not to do a fucking thing ♦♦ ~ ***da guerra*** o ***ferrata*** mace.
mazzata /mat'tsata/ f. **1** *(colpo di mazza)* ***prendere qcn. a -e*** to club sb. **2** FIG. blow, shock.
mazzetta /mat'tsetta/ f. **1** *(di banconote)* bundle, roll, wad **2** *(bustarella)* kickback, bribe.
1.mazziere /mat'tsjɛre/ m. *(in cerimonie)* mace-bearer; *(di banda)* drum major.
2.mazziere /mat'tsjɛre/ m. GIOC. (f. **-a**) dealer.
1.mazzo /'mattso/ m. **1** *(di fiori, verdure)* bunch; ***a -i*** in bunches; ***un ~ di chiavi*** a bunch, set of keys **2** *(di carte)* deck, pack; ***fare il*** ~ to shuffle.
2.mazzo /'mattso/ m. REGION. ***farsi il*** ~ to work one's ass off *o* guts out.
mazzolino /mattso'lino/ m. *(di fiori)* nosegay, posy.
mazzuolo /mat'tswɔlo/ m. *(attrezzo)* mallet, beetle.
me /me/ v. la nota della voce **io**. pron.pers. **1** *(complemento oggetto)* me; ***cercano*** ~ they are looking for me **2** *(in espressioni comparative)* me; ***lui non è come*** ~ he's not like me; ***è più giovane di*** ~ he is younger than me **3** *(complemento indiretto)* me; ***l'ha fatto per*** ~ she did it for me; ***l'ho fatto per*** ~ I did it for myself; ***è venuta con*** ~ she came with me; ***ha dato a ~ il libro*** he gave me the book; ~ ***lo ha scritto*** he wrote that to me; ***dimmelo!*** tell me! ***parlamene un po'*** tell me something about it **4** *(in locuzioni)* ***per ~, secondo*** ~ in my opinion, according to me; ***(in) quanto a*** ~ as far as I am concerned; ~ ***stesso*** myself; ***povero ~!*** dear me! **5 da me** *(a casa mia) (moto a luogo)* to my house, to my place; *(stato in luogo)* at my place, at home; *(nella mia zona)* here; *(da solo)* (all) by myself.
meandro /me'andro/ **I** m. meander **II meandri** m.pl. FIG. ***i -i della legge*** the intricacy of law; ***i -i della mente*** the twists and turns of the mind.
Mecca /'mɛkka/ ➧ **2** n.pr.f. Mecca; ***una ~ per*** a mecca for [*turisti*].
meccanica, pl. **-che** /mek'kanika, ke/ f. **1** *(scienza)* mechanics + verbo sing. **2** *(funzionamento)* mechanism (anche FIG.).
meccanicismo /mekkani'tʃizmo/ m. FILOS. mechanism.
meccanicità /mekkanitʃi'ta/ f.inv. mechanicalness.
meccanico, pl. **-ci**, **-che** /mek'kaniko, tʃi, ke/ **I** agg. **1** *(mosso da un congegno)* mechanical; [*giocattolo*] mechanical, clockwork **2** *(fatto a macchina)* machine attrib. **3** *(di macchina)* [*difetto, guasto*] mechanical; ***problemi -ci*** engine trouble **4** FIS. ING. ***ingegneria -a*** mechanical engineering; ***industria -a*** engineering (industry); ***officina -a*** machine shop **5** *(automatico)* [*gesto, lavoro*] mechanical, automatic **II** ➧ ***18*** m. (f. **-a**) *(per auto)* (garage) mechanic, motor mechanic; *(in fabbrica)* engineer.
meccanismo /mekka'nizmo/ m. **1** MECC. device, mechanism, workings pl. **2** *(di arma da fuoco, pianoforte)* action; *(di orologio)* clockwork, movement **3** FIG. *(funzionamento)* mechanism, mechanics + verbo sing., workings pl.; ***-i mentali*** thought processes ♦♦ ~ ***di difesa*** means of defence, defence mechanism.
meccanizzare /mekkanid'dzare/ [1] **I** tr. to mechanize **II meccanizzarsi** pronom. to be* mechanized.
meccanizzazione /mekkaniddzat'tsjone/ f. mechanization.
meccanografico, pl. **-ci**, **-che** /mekkano'grafiko, tʃi, ke/ agg. ***centro*** ~ data processing centre.
mecenate /metʃe'nate/ m. patron.
mecenatismo /metʃena'tizmo/ m. patronage (of the arts).
mèche /mɛʃ/ f.inv. highlight, streak; ***farsi le*** ~ to get one's hair streaked *o* highlighted.
medaglia /me'daʎʎa/ f. **1** medal; ~ ***di bronzo, d'argento, d'oro*** bronze (medal), silver (medal), gold (medal) **2** *(persona)* medallist BE, medalist AE; ~ ***d'oro*** gold medallist ♦ ***il rovescio della*** ~ the other side of the coin ♦♦ ~ ***olimpica*** Olympic medal; ~ ***al valore*** award for bravery, bravery award; ~ ***al valor militare*** campaign medal.
medagliere /medaʎ'ʎɛre/ m. **1** *(collezione)* = collection of medals and coins **2** *(mobile)* medal showcase **3** SPORT = number of medals won by a team during a competition.
medaglietta /medaʎ'ʎetta/ f. **1** *(gioiello)* small medal **2** *(di cane, gatto)* tag.
medaglione /medaʎ'ʎone/ m. **1** *(gioiello)* locket **2** ARCH. ART. medallion **3** GASTR. medallion.
medesimo /me'dɛzimo/ v. la nota della voce **questo**. **I** agg.dimostr. *(stesso)* same; ***abbiamo visto il ~ film*** we saw the same film; ***il risultato era il*** ~ the result was the same **II** pron.dimostr. *(la stessa persona)* ***il*** ~ the same DIR.
1.media /'mɛdja/ **I** f. **1** MAT. average, mean; ***fare una*** ~ to work out an average, to average out **2** *(norma)* average; ***in*** ~ on (the) average; ***al di sopra, al di sotto della*** ~ above, below (the) average *o* standard; ***essere nella*** ~ to be average; ***è più alto della ~ degli uomini*** he is taller than the average man; ***ci vogliono in ~ tre ore per farlo*** it takes an average of three hours to do it; ***in ~ lavoro sette ore al giorno*** on an average day I work seven hours, I average seven hours of work a day **3** *(velocità)* ***tenere una ~ di 95 km/h*** to average 95 kmh **4** SCOL. *(dei voti)* average; ***avere una buona*** ~ to have good marks **5** *(scuola)* → **scuola media inferiore II medie** f.pl. SCOL. → **scuola media inferiore** ♦♦ ~ ***aritmetica*** arithmetic mean; ~ ***oraria*** average per hour.
2.media /'mɛdja, 'midja/ m.pl. *(mass media)* media + verbo sing. o pl.
mediamente /medja'mente/ avv. on (the) average.
mediana /me'djana/ f. **1** MAT. STATIST. median **2** SPORT halfback line.
medianico, pl. **-ci**, **-che** /medja'niko, tʃi, ke/ agg. mediumistic.
mediano /me'djano/ **I** agg. [*linea, punto*] median **II** m. SPORT halfback.
mediante /me'djante/ prep. *(per mezzo di)* by, by means of, through; ~ ***votazione*** by vote; ***trovare qcn. ~ un'agenzia*** to get sb. through an agency.
mediare /me'djare/ [1] **I** tr. to mediate [*accordo, pace*] **II** intr. (aus. *avere*) to mediate.
mediatico, pl. **-ci**, **-che** /me'djatiko, tʃi, ke/ agg. media attrib.
mediato /me'djato/ **I** p.pass. → **mediare II** agg. indirect.
mediatore /medja'tore/ m. (f. **-trice** /tritʃe/) mediator, go-between; ECON. COMM. broker; ~ ***di pace*** peacemaker.
mediazione /medjat'tsjone/ f. mediation, intercession; COMM. brokerage.
medicamento /medika'mento/ m. medication, medicine.
medicamentoso /medikamen'toso/ agg. medicinal, medicative.
medicare /medi'kare/ [1] **I** tr. MED. to medicate, to dress [*ferita*] **II medicarsi** pronom. to medicate oneself.
medicastro /medi'kastro/ m. quack, charlatan.
medicazione /medikat'tsjone/ f. dressing; ***fare una ~ a qcn.*** to put a dressing on sb.'s wound.
medicina /medi'tʃina/ f. **1** *(scienza)* medical science, medicine; ***dottore in*** ~ medical doctor; ***studiare*** ~ to go to medical school, to study to be a doctor; ***studente di*** ~ medical student **2** *(medicinale)* medication, medicine, drug; ~ ***per la gola*** throat medicine; ***prendere -e per*** to be on medication for; ***essere una buona ~ per qcn.*** FIG. to be a good medicine for sb. ♦♦ ~ ***alternativa*** alternative medicine; ~ ***di base*** community medicine; ~ ***generale*** general practice; ~ ***del lavoro*** industrial medicine, occupational health; ~ ***legale*** forensic medicine *o* science, medical jurisprudence; ~ ***nucleare*** nuclear medicine; ~ ***dello sport*** o ***sportiva*** sports medicine; ~ ***veterinaria*** veterinary medicine.
medicinale /meditʃi'nale/ **I** agg. medicinal, medicative; ***erba*** ~ (medicinal) herb **II** m. medicine, drug, medication.
medico, pl. **-ci**, **-che** /'mɛdiko, tʃi, ke/ **I** agg. medical; ***certificato*** ~ doctor's note, medical certificate; ***visita -a*** medical examination; ***assistenza -a*** medical care; ***progressi in campo*** ~ advances in medicine **II** ➧ ***18*** m. doctor, medic COLLOQ.; ***andare dal*** ~ to go to the doctor's ♦♦ ~ ***di bordo*** ship's doctor; ~ ***di famiglia*** family doctor; ~ ***generico*** general practitioner; ~ ***legale*** forensic expert *o* scientist, pathologist.
medievale /medje'vale/ agg. medi(a)eval.
medio, pl. **-di**, **-die** /'mɛdjo, di, dje/ **I** agg. **1** [*età, peso, statura, intelligenza, temperatura, prezzo*] medium, average; ***di***

-a grandezza medium-sized, midsize; ***di livello ~*** medium-level; ***onde -e*** medium waves **2** *(ordinario)* [*utente, lettore*] general; [*consumatore, famiglia*] average, ordinary; ***ceto ~*** middle class; ***il cittadino ~*** Mr Average **3** *(nella media)* [*costo, guadagno, rendita, temperatura*] average, median; ***velocità -a*** average speed **4** SPORT ***pesi -i*** middleweight **II** m. *(dito)* middle finger ♦♦ ***Medio Oriente*** Middle East, Mideast AE.

mediocre /me'djɔkre/ agg. **1** *(dalle capacità limitate)* [*persona, allievo, intelligenza*] mediocre, weak **2** *(di scarsa qualità)* common, mediocre; [*performance*] weak, unimpressive; [*libro, scrittore*] middlebrow, second-rate.

mediocrità /medjokri'ta/ f.inv. mediocrity.

medioevale /medjoe'vale/ → **medievale**.

Medioevo /medjo'evo/ m. Middle Ages pl.

mediomassimo /medjo'massimo/ agg. e m. light heavyweight.

mediorientale /medjorjen'tale/ agg. Middle-Eastern.

meditabondo /medita'bondo/ agg. [*espressione, sguardo*] pensive, musing; [*persona*] reflective, meditative.

meditare /medi'tare/ [1] **I** tr. **1** *(esaminare)* to ponder, to mull over [*parole, consiglio*] **2** *(progettare)* to plan, to contemplate; ***~ vendetta, la fuga*** to plot one's revenge, escape **II** intr. (aus. *avere*) to meditate (**su** on); to muse, to ponder (**su** on, over); to brood (**su** over).

meditativo /medita'tivo/ agg. contemplative, reflective, meditative.

meditato /medi'tato/ **I** p.pass. → **meditare II** agg. meditated, pondered; ***un progetto ~ a lungo*** a well thought-out plan.

meditazione /meditat'tsjone/ f. **1** *(riflessione)* musing, meditation, reflection, consideration **2** *(esercizio ascetico)* meditation.

mediterraneo /mediter'raneo/ ➧ **27 I** agg. Mediterranean **II Mediterraneo** n.pr.m. ***il (mar) Mediterraneo*** the Mediterranean (Sea).

medium /'mɛdjum/ m. e f.inv. medium.

medusa /me'duza/ f. jellyfish*.

Mefistofele /mefis'tɔfele/ n.pr.m. Mephistopheles.

mefistofelico, pl. **-ci**, **-che** /mefisto'fɛliko, tʃi, ke/ agg. Mephistophelian, satanic.

mefitico, pl. **-ci**, **-che** /me'fitiko, tʃi, ke/ agg. mephitic; ***gas ~*** sewer gas.

megabyte /mega'bait/ m.inv. megabyte.

megafono /me'gafono/ m. megaphone, loudhailer BE, bullhorn AE.

megagalattico, pl. **-ci**, **-che** /megaga'lattiko, tʃi, ke/ agg. COLLOQ. *(importantissimo)* super, mega attrib.

megahertz /mega'ɛrts/ m.inv. megahertz.

megalite /mega'lite/ m. megalith.

megalomane /mega'lɔmane/ agg., m. e f. megalomaniac.

megalomania /megaloma'nia/ ➧ **7** f. megalomania.

megalopoli /mega'lɔpoli/ f.inv. megalopolis.

megaton /'mɛgaton/ m.inv. megaton.

megattera /me'gattera/ f. humpback (whale).

megera /me'dʒɛra/ f. SPREG. witch, hag.

meglio /'mɛʎʎo/ **I** agg.inv. *(comparativo)* *(migliore)* better (**di** than); ***è ~ giocare che guardare*** playing is better than watching; ***farebbe ~ a venire*** he'd better come; ***sarebbe ~ andare*** it would be better to go; ***qualcosa di ~*** something better; ***c'è di ~*** it's nothing special; ***non troverai di ~*** it's the best you'll get; ***non chiedo di ~ che restare qui*** I'm perfectly happy staying here; ***non hai (niente) di ~ da fare?*** IRON. haven't you got anything better to do? ***non c'è niente di ~ che...*** there's nothing better than... **II** m.inv. *(la cosa, parte migliore)* best; ***il ~ che ci sia*** the best there is; ***è il ~ che ho*** it's the best I've got; ***fare del proprio ~*** to do one's best; ***va tutto per il ~*** everything's fine; ***dare il ~ di sé*** to be at one's best **III** avv. **1** *(comparativo)* better; ***funzionava ~ prima*** it worked better before; ***essere ~ che niente*** to be better than nothing; ***prima è, ~ è*** the sooner, the better; ***così va ~!*** that's better! ***chi ~ di lui potrebbe fare la parte?*** who better to play the part? ***parlare l'inglese ~ dello spagnolo*** to speak English better than Spanish; ***un po', molto ~*** a little, a lot better; ***la materia in cui riesco ~ è storia*** I'm best at history; ***ancora ~*** even better; ***di bene in ~, sempre ~*** better and better; ***tanto ~!*** all the better! so much the better! ***tanto ~ per lui!*** much the better for him! ***andare ~*** [*paziente*] to be doing better; ***si sente un po' ~?*** is he feeling any better? ***sempre ~ che camminare*** it beats walking; ***per ~ dire*** to be more exact *o* precise; ***telefonagli, o ~ vacci di persona*** phone him, or better still go there yourself **2** *(superlativo)* ***la persona ~ vestita*** the best dressed person; ***è qui che si mangia ~*** this is the best place to eat; ***comportarsi al ~*** to be on one's best behaviour ♦ ***fare qcs. alla bell'e ~*** to do sth. in a botched way; ***avere la ~ su*** to get the better of [*avversario*].

mela /'mela/ ➧ **3 I** f. apple; ***torta di -e*** apple pie **II** agg.inv. *(colore)* ***verde ~*** apple green ♦ ***una ~ al giorno leva il medico di torno*** PROV. an apple a day keeps the doctor away; ***~ marcia*** COLLOQ. bad *o* rotten apple ♦♦ ***~ cotogna*** quince; ***~ renetta*** pippin; ***~ selvatica*** crab apple.

melagrana /mela'grana/ f. pomegranate.

melanconia /melanko'nia/ → **malinconia**.

melanesiano /melane'zjano/ **I** agg. Melanesian **II** m. (f. **-a**) **1** Melanesian **2** LING. Melanesian.

mélange /me'lanʒ/ m.inv. mélange.

melanina /mela'nina/ f. melanin.

melanoma /mela'nɔma/ ➧ **7** m. melanoma.

melanzana /melan'dzana/ f. aubergine BE, eggplant AE.

melassa /me'lassa/ f. golden syrup BE, treacle BE, molasses + verbo sing.

melato /me'lato/ agg. → **mielato**.

melba /'mɛlba/ agg.inv. ***pesca ~*** peach melba.

melenso /me'lɛnso/ agg. **1** *(tardo)* silly SPREG. **2** *(stucchevole)* sappy, mawkish SPREG.

meleto /me'leto/ m. apple orchard.

melina /me'lina/ f. SPORT GERG. ***fare ~*** = in football, to keep possession of the ball and use time-wasting tactics to prevent the opponent from scoring.

melissa /me'lissa/ f. (lemon) balm.

mellifluo /mel'lifluo/ agg. [*sorriso*] saccharine, suave; [*persona*] smooth(-tongued), suave; [*complimento, voce*] soapy; ***con fare ~*** in a mellifluous way.

melma /'melma/ f. mire, mud, slime, sludge.

melmoso /mel'moso/ agg. slimy, muddy.

melo /'melo/ m. apple tree ♦♦ ***~ selvatico*** crab apple tree.

melodia /melo'dia/ f. **1** MUS. melody **2** *(motivo)* melody, tune **3** *(melodiosità)* melody, melodiousness.

melodico, pl. **-ci**, **-che** /me'lɔdiko, tʃi, ke/ agg. melodic.

melodioso /melo'djoso/ agg. [*tono, voce*] melodic, melodious, musical.

melodramma /melo'dramma/ m. melodrama (anche FIG.).

melodrammatico, pl. **-ci**, **-che** /melodram'matiko, tʃi, ke/ agg. melodramatic (anche FIG.).

melograno /melo'grano/ m. pomegranate.

melomane /me'lɔmane/ m. e f. melomaniac.

melone /me'lone/ m. melon.

membrana /mem'brana/ f. membrane ♦♦ ***~ cellulare*** cell membrane.

membranoso /membra'noso/ agg. membranous.

membro, pl. **-i**, pl.f. **-a** /'mɛmbro/ m. **1** (pl. **-i**) *(di associazione, gruppo)* member; ***~ fondatore, onorario*** founder, honorary member; ***essere ~ di*** to be a member of; ***~ della famiglia*** family member; ***~ del parlamento*** member of parliament; ***~ della giuria*** juror **2** (pl. **-i**) ANAT. ***~ virile*** male member *o* organ **3** (pl.f. **-a**) ANAT. *(arto)* limb.

memorabile /memo'rabile/ agg. [*esperienza, evento, giorno, vittoria*] memorable.

memorabilia /memora'bilja/ m.pl. memorabilia + verbo sing. o pl.

memorandum /memo'randum/ m.inv. **1** AMM. POL. memorandum* **2** *(libretto per appunti)* notebook, notepad.

memore /'mɛmore/ agg. remembering; ***~ di*** mindful of.

memoria /me'mɔrja/ **I** f. **1** *(facoltà)* memory; ***avere una buona ~*** to have a good memory; ***non avere ~*** to have a bad memory; ***avere ~ per i nomi*** to have a good memory for names; ***perdere la ~*** to lose one's memory; ***avere un vuoto di ~*** to blank out, to have a lapse of memory; ***ritornare con la ~ a*** to think back to; ***la ~ mi gioca brutti scherzi*** my mind plays tricks on me; ***se la ~ non mi inganna*** if memory serves me right *o* well **2 a memoria** [*imparare, sapere*] by heart **3**

(ricordo) memory, recollection, remembrance; *(oggetto tenuto per ricordo)* keepsake; ***a ~ d'uomo*** within living memory; ***in ~ di*** in (loving) memory of, in remembrance of; ***mantenere viva la ~ di qcn.*** to keep sb.'s memory alive; ***le rovine sono una ~ del passato*** ruins are reminders of the past **4** INFORM. memory, storage; *(di calcolatrice, telefono)* memory; ***capacità di ~*** storage capacity **II memorie** f.pl. LETTER. memoirs ♦ ***avere la ~ corta*** to have a short memory; ***avere una ~ di ferro*** to have an excellent memory ♦♦ ***~ a breve termine*** MED. short term memory; ***~ centrale*** INFORM. core *o* main memory; ***~ a lungo termine*** MED. long term memory; ***~ storica*** folk memory; ***~ tampone*** INFORM. buffer (memory); ***~ visiva*** visual memory.

memoriale /memo'rjale/ m. **1** LETTER. memorial, memoir **2** *(documento)* memorial.

memorizzare /memorid'dzare/ [1] tr. **1** to memorize **2** INFORM. [*computer*] to store, to read* in [*dati*].

memorizzazione /memoriddzat'tsjone/ f. **1** memorization **2** INFORM. storage.

menabò /mena'bɔ/ m.inv. TIP. dummy, mock-up.

menadito: **a menadito** /amena'dito/ avv. ***conoscere*** o ***sapere qcs. a ~*** to know sth. backwards *o* inside out.

ménage /me'naʒ/ m.inv. *(rapporto, economia familiare)* ménage, household.

menagramo /mena'gramo/ m. e f.inv. jinx.

menare /me'nare/ [1] **I** tr. **1** COLLOQ. *(picchiare)* to belt, to wallop [*persona*] **2** *(assestare)* to deal*, to deliver, to land [*colpi*] **II menarsi** pronom. COLLOQ. to fight*, to brawl, to scuffle ♦ ***~ la lingua*** to blab; ***menarla per le lunghe*** to drag one's feet *o* heels; ***menarla a qcn.*** to niggle (about, over sth.) with sb.; ***~ le mani*** to fight; ***~ qcn. per il naso*** COLLOQ. to lead sb. up *o* down the garden path; ***~ il can per l'aia*** to beat about the bush; ***~ vanto*** to boast, to brag.

mendace /men'datʃe/ agg. FORM. mendacious.

mendacia /men'datʃa/ f. FORM. mendacity.

mendicante /mendi'kante/ **I** agg. [*ordine, frate*] mendicant **II** m. e f. beggar, mendicant FORM.

mendicare /mendi'kare/ [1] **I** tr. to beg for [*aiuti, fondi*] **II** intr. (aus. *avere*) to beg.

mendicità /menditʃi'ta/ f.inv. beggary.

mendico, pl. **-chi**, **-che** /men'diko, ki, ke/ m. (f. **-a**) LETT. beggar, mendicant.

menefreghismo /menefre'gizmo/ m. COLLOQ. couldn't-care-less attitude, so-what attitude.

menefreghista, m.pl. **-i**, f.pl. **-e** /menefre'gista/ **I** agg. COLLOQ. couldn't-care-less attrib. **II** m. e f. COLLOQ. ***è un ~*** he couldn't care less.

menestrello /menes'trɛllo/ m. minstrel.

menhir /me'nir/ m.inv. menhir.

meninge, pl. **-gi** /me'nindʒe, dʒi/ **I** f. meninx* **II meningi** f.pl. COLLOQ. brains, wits; ***spremersi le -gi*** to cudgel *o* rack one's brains.

meningite /menin'dʒite/ ♦ **7** f. meningitis.

menisco, pl. **-schi** /me'nisko, ski/ m. meniscus*.

meno /'meno/ *Meno* è usato principalmente come avverbio e come aggettivo, anche con valore pronominale. - Come avverbio, si rende con *less* quando introduce un comparativo di minoranza e con *(the) least* quando introduce un superlativo di minoranza: *less* è seguito da *than*, *the least* è seguito da *of* oppure *in* (se ci si riferisce a un luogo o un gruppo). Gli esempi nella voce mostrano anche che il comparativo di minoranza è spesso sostituito in inglese dalla variante negativa di un comparativo di uguaglianza: *ho meno esperienza di te* = I have less experience than you, oppure: I don't have as much experience as you; *la mia stanza è meno grande della tua* = my bedroom isn't as big as yours. - Come aggettivo, in inglese standard *meno* si traduce con *less* davanti e al posto di sostantivi non numerabili (*meno denaro* = less money; *ne ho meno di ieri* = I have less than yesterday), mentre davanti e al posto di sostantivi plurali si usa *fewer* con valore comparativo (*meno studenti* = fewer students; *non meno di* = no fewer than) e *(the) fewest* con valore superlativo (*ho fatto meno errori di tutti* = I made the fewest mistakes; *ne ha dati meno di tutti* = he gave the fewest); tuttavia, nel linguaggio parlato *less* tende a sostituire *fewer* anche con riferimento plurale: *meno persone* = less people. - Per altri esempi e per l'uso di *meno* come preposizione e sostantivo, si veda la voce qui sotto. **I** avv. **1** *(in un comparativo di minoranza)* less; ***un po' ~*** a little less; ***è ~ alto di Tim*** he is not as tall as Tim; ***è ~ complicato di quanto pensi*** it's less complicated than you think **2** *(con un avverbio)* less; ***~ spesso*** less often; ***~ del solito*** less than usual; ***canta ~ bene di prima*** she doesn't sing as well as she used to **3** *(con un verbo)* less; ***l'argento costa ~ dell'oro*** silver costs less than gold; ***costa ~ prendere il treno*** it works out cheaper to take the train; ***dovresti lavorare (di) ~*** you should work less; ***guadagno ~ di lei*** I earn less than she does, I don't earn as much as she does; ***~ se ne parla, meglio è*** the less said about that, the better; ***~ esco, ~ ho voglia di uscire*** the less I go out, the less I feel like going out; ***è lui quello che lavora ~ di tutti*** he's the one who works the least of all **4** *(con un numerale)* less; ***~ di 50*** less than 50; ***~ di due ore*** under *o* less than two hours; ***un po' ~ di 15 cm*** just under 15 cm; ***i bambini con ~ di sei anni*** children under six; ***non troverai niente a ~ di 200 euro*** you won't find anything for less than *o* for under 200 euros **5** *(in un superlativo relativo)* ***(il) ~, (la) ~, (i) ~, (le) ~*** the least; ***le famiglie ~ ricche*** the least wealthy families; ***era la ~ soddisfatta di tutti*** she was the least satisfied of all; ***è quello pagato ~ bene fra i due*** he's the least well-paid of the two; ***quello mi piace ~ di tutti*** I like that one (the) least; ***sono quelli che ne hanno ~ bisogno*** they are the ones who need it (the) least; ***proprio quando ~ me l'aspettavo*** just when I least expected it **6** *(in correlazione con "più")* ***né più, né ~*** neither more, nor less; ***centimetro più, centimetro ~*** give or take an inch (or two); ***né più né ~ che*** nothing less than **7** *(con valore di negazione)* not; ***che lo voglia o ~*** whether he's willing or not; ***non ha deciso se firmare o ~*** he hasn't decided whether to sign (or not) **8 da meno** ***è un gran bugiardo e suo fratello non è da ~*** he's a liar and his brother isn't any better; ***ho fatto una torta anche io per non essere da ~*** I made a cake as well, just to keep up **9 di meno, in meno** ***se avessi 20 anni di ~!*** I wish I were 20 years younger! ***ho preso 30 euro in ~ di stipendio*** my wages are 30 euros short **10 a meno di** short of **11 a meno che** unless **12 sempre meno** less and less **13 meno male** thank goodness; ***~ male che*** it's a good thing that; ***~ male che è impermeabile!*** it's just as well it's waterproof! ***~ male che ci sono andato!*** it was lucky for me that I went! **14 quanto meno, per lo meno** at least **15 tanto meno** ***non l'ho mai visto, tanto ~ gli ho parlato*** I've never seen him, much less spoken to him; ***era troppo malata per stare in piedi, tanto ~ per camminare*** she was too ill to stand let alone walk **16 più o meno** more or less, about, roughly, round about; ***più o ~ alto come te*** about your height; ***è successo più o ~ qui*** it happened round about here; ***"ti è piaciuto il film?" - "più o ~"*** "did you enjoy the film?" - "sort of"; ***più o ~ nello stesso modo*** in much the same way; ***la canzone fa più o ~ così*** the song goes something like this **II** agg.inv. **1** *(in un comparativo di minoranza)* less, fewer; ***ho ~ libri di te*** I have fewer books than you; ***ho ~ caldo adesso*** I feel cooler now; ***ci è voluto ~ tempo di quanto pensassimo*** it took less time than we expected **2** *(con valore pronominale)* less, fewer; ***non ~ di*** no fewer than; ***ne ho ~ di te*** I have less than you; ***ha venduto ~ di tutti*** he sold the fewest **III** prep. **1** *(in una sottrazione)* from, minus; ***quanto fa 20 ~ 8?*** what is 20 minus 8? ***20 ~ 5 fa 15*** 5 from 20 leaves 15, 20 minus 5 is 15, 20 take away 5 is 15 **2** *(tranne, eccetto)* but, besides, except **3** *(per indicare l'ora)* ***le sei ~ dieci*** ten to six **4** *(per indicare una temperatura)* ***~ 10*** minus 10 **IV** m.inv. **1** *(la cosa, quantità minore)* least; ***questo è il ~*** that's the least of it; ***fare il ~ possibile*** to do as little as possible **2** MAT. minus (sign) ♦ ***parlare del più e del ~*** to talk about this and that, to shoot the breeze AE; ***in men che non si dica*** before you could say knife, in the bat *o* wink of an eye, in (less than) no time; ***fare a ~ di*** to manage *o* do without, to dispense with [*auto, servizi*]; ***non posso farne a ~*** I can't help it.

menomare /meno'mare/ [1] tr. to maim, to disable, to cripple.

menomato /meno'mato/ **I** p.pass. → **menomare II** agg. crippled, maimed.

menomazione /menomat'tsjone/ f. handicap.
menopausa /meno'pauza/ f. menopause; ***essere in*** **~** to be menopausal.
mensa /'mɛnsa/ f. **1** dining hall, canteen BE; UNIV. cafeteria; MIL. mess; **~ *ufficiali*** officers' mess; **~ *aziendale*** work canteen **2** *(tavola)* table ♦♦ **~ *eucaristica*** Holy Communion; **~ *per i poveri*** soup kitchen.
mensile /men'sile/ **I** agg. monthly **II** m. *(rivista)* monthly (magazine).
mensilità /mensili'ta/ f.inv. *(stipendio mensile)* monthly pay; *(rata mensile)* monthly instalment, installment AE.
mensilmente /mensil'mente/ avv. monthly.
mensola /'mɛnsola/ f. **1** ARCH. console **2** *(mobile)* (book)shelf*; **~ *del camino*** mantelpiece.
menta /'menta/ ❥ **3** f. mint; ***alla*** **~** mint, mint-flavoured BE, mint-flavored AE; ***tè alla*** **~** mint tea; ***caramella alla*** **~** peppermint ♦♦ **~ *piperita*** peppermint; **~ *verde*** spearmint.
mentale /men'tale/ agg. mental; ***struttura*** **~** cast of mind.
mentalità /mentali'ta/ f.inv. mentality, mind-set; ***avere una*** **~** ***ristretta, aperta*** to be narrow-minded, open-minded.
mentalmente /mental'mente/ avv. mentally.
mente /'mente/ f. **1** mind; ***a*** **~** ***fresca, lucida*** with a clear mind; ***malato di*** **~** psychiatric case; ***avere qcs. fisso in*** **~** to have sth. on one's mind; ***ho in*** **~** ***qualcosa per questa sera*** I have something in mind for this evening; ***non era quello che aveva in*** **~** that was not what she had intended; ***mi chiedo cosa le passi per la*** **~** I wonder what's going on in her mind; ***che cosa ti salta in*** **~*?*** whatever are you thinking of? ***tenere a*** **~** to retain; ***tornare alla*** **~** to come back *o* to mind; ***fare venire in*** **~** ***qcs.*** to bring *o* call sth. to mind; ***non mi venne in*** **~** ***di fare*** it didn't occur to me to do; ***mi era sfuggito di*** **~** it had slipped my mind; ***mi era completamente passato*** o ***uscito di*** **~** it went right *o* clean *o* completely out of my mind **2** *(persona dotata)* mind **3** *(chi organizza)* ***era lei la*** **~** ***dell'operazione*** she was the brains behind the operation ♦ ***a*** **~** by heart; ***a*** **~** ***fredda*** in the (cold) light of day; ***fammi fare*** **~** ***locale*** let me try and remember, let me place it (in my mind).
mentecatta /mente'katta/ f. madwoman*.
mentecatto /mente'katto/ **I** agg. mad, crazy **II** m. madman*.
mentina /men'tina/ f. (pepper)mint.
mentire /men'tire/ [3] intr. (aus. *avere*) to lie, to tell* lies (**su, riguardo a** about); **~ *a qcn.*** to lie to sb.; **~ *sapendo di*** **~** to lie deliberately; ***non saper*** **~** to be a bad liar.
mentito /men'tito/ **I** p.pass. → **mentire II** agg. ***sotto -e spoglie*** in disguise, under false colours.
mentitore /menti'tore/ m. (f. **-trice** /tritʃe/) liar.
mento /'mento/ ❥ **4** m. chin; ***doppio*** **~** double chin.
mentolato /mento'lato/ agg. mentholated.
mentolo /men'tɔlo/ m. menthol.
mentoniera /mento'njɛra/ f. MUS. chin rest.
mentore /'mɛntore/ m. mentor.
mentre /'mentre/ cong. **1** *(nel tempo in cui)* while, as; ***è arrivato proprio*** **~** ***stavo andando via*** he arrived just as I was leaving; ***puoi passare a prendere il latte*** **~** ***torni a casa?*** could you pick up some milk on the way home? **2** *(invece)* while, whereas; ***a lei piacciono i cani*** **~** ***io preferisco i gatti*** she likes dogs whereas I prefer cats **3** *(finché)* while; **~ *è ancora giorno*** while it's still light; **~ *sei lì chiudi la porta*** close the door while you're at it **4 in quel mentre** at that very moment, just then.
menu /me'nu/ m.inv. **1** *(lista)* menu; **~ *a prezzo fisso*** fixed *o* set menu **2** INFORM. menu; **~ *a tendina*** drop-down *o* pull-down menu.
menzionare /mentsjo'nare/ [1] tr. to mention, to work in.
menzionato /mentsjo'nato/ **I** p.pass. → **menzionare II** agg. mentioned; ***sopra*** **~** mentioned before *o* above.
menzione /men'tsjone/ f. **1** mention; ***degno di*** **~** highly commendable, worthy of mention; ***fare*** **~** ***di*** to mention; ***non fare*** **~** ***di*** to make no mention of **2** *(attestato)* mention; SCOL. UNIV. distinction; MIL. commendation ♦♦ **~ *onorevole*** honourable mention.
menzogna /men'tsoɲɲa/ f. lie, falsehood, invention; ***sono solo -e*** it's all lies.
menzognero /mentsoɲ'ɲɛro/ agg. [*persona*] untruthful, lying; [*accusa, pubblicità*] false.

meramente /mera'mente/ avv. merely.
meraviglia /mera'viʎʎa/ f. **1** *(cosa ammirevole)* marvel, wonder; ***le sette -e del mondo*** the seven wonders of the world; ***paese delle -e*** wonderland; ***fare -e*** to work *o* do wonders; ***dire*** o ***raccontare -e di qcn., qcs.*** to tell wonderful things about sb., sth. **2** *(sentimento di sorpresa)* astonishment, surprise, wonder **3 a meraviglia *andare a*** **~** to work like a charm *o* dream; ***intendersi a*** **~** to get on famously *o* like a house on fire COLLOQ.; ***funziona a*** **~*!*** it works like magic! ***ti sta a*** **~** [*abito*] it suits you down to the ground; ***tutto sta andando a*** **~** everything is coming up roses; ***il piano ha funzionato a*** **~** the plan worked a treat COLLOQ.
meravigliare /meraviʎ'ʎare/ [1] **I** tr. to astonish, to amaze, to surprise; ***mi meraviglia che*** it astonishes me that **II meravigliarsi** pronom. to marvel (**che** that); ***-rsi di qcs.*** to wonder at sth.; ***mi meraviglio di te*** I'm surprised at you! ***non c'è da -rsi che*** not surprisingly, it is no surprise *o* wonder that.
meravigliato /meraviʎ'ʎato/ **I** p.pass. → **meravigliare II** agg. astonished, surprised, amazed (**da** by, at); ***guardare qcn., qcs.*** **~** to look at sb., sth. in astonishment *o* in wonder.
meravigliosamente /meraviʎʎosa'mente/ avv. marvellously BE, marvelously AE; [*comportarsi, funzionare*] perfectly.
meraviglioso /meraviʎ'ʎoso/ agg. marvellous BE, marvelous AE, wonderful.
merc. ⇒ mercoledì Wednesday (Wed).
mercante /mer'kante/ m. ANT. merchant, dealer ♦ ***fare orecchie da*** **~** to turn a deaf ear ♦♦ **~ *d'arte*** art dealer; **~ *di cavalli*** horse dealer; **~ *di schiavi*** slave-trader.
mercanteggiare /merkanted'dʒare/ [1] intr. (aus. *avere*) *(sul prezzo)* to bargain, to barter, to haggle (**su** over).
mercantile /merkan'tile/ **I** agg. **1** [*flotta*] merchant, mercantile; [*nazione*] mercantile; ***marina*** **~** mercantile *o* merchant marine, merchant navy BE **2** *(da mercante)* [*spirito, mentalità*] commercial **II** m. MAR. merchantman*, merchant ship, trader.
mercantilismo /merkanti'lizmo/ m. mercantilism.
mercantilista, m.pl. **-i**, f.pl. **-e** /merkanti'lista/ **I** agg. mercantile **II** m. e f. mercantilist.
mercanzia /merkan'tsia/ f. merchandise **U**, goods pl., wares pl.; ***saper vendere la propria*** **~** FIG. SCHERZ. to know how to sell oneself.
mercatino /merka'tino/ m. local street market.
mercato /mer'kato/ m. **1** (street) market, marketplace; ***piazza del*** **~** market square; ***andare al*** **~** to go to (the) market **2** ECON. market; ***analisi di*** **~** market analysis, market(ing) research; ***economia di*** **~** market economy; ***prezzo di*** **~** market price **3 a buon mercato** [*prodotto*] cheap, inexpensive; [*acquistare*] cheaply, inexpensively, low; ***cavarsela a buon*** **~** FIG. to get off lightly ♦♦ **~ *azionario*** stock market; **~ *del bestiame*** cattle market; **~ *dei cambi*** foreign exchange market; **~ *Comune*** common market; **~ *coperto*** covered market; **~ *finanziario*** capital market; **~ *dei fiori*** flower market; **~ *immobiliare*** property market; **~ *del lavoro*** job market; **~ *monetario*** currency *o* money market; **~ *nero*** black market; **~ *ortofrutticolo*** fruit and vegetable market; **~ *del pesce*** fish market; **~ *delle pulci*** flea market; **~ *rionale*** local market; **~ *unico*** single market.
merce /'mɛrtʃe/ f. commodity (anche FIG.), merchandise **U**; ***-i*** goods, wares; **~ *rubata*** stolen goods; ***deposito -i*** goods depot; ***treno -i*** freight *o* goods *o* supply train.
mercé /mer'tʃe/ **I** f.inv. ANT. LETT. mercy; ***essere alla*** **~** ***di*** to be at the mercy of **II** prep. ANT. LETT. thanks to.
mercenario, pl. **-ri**, **-rie** /mertʃe'narjo, ri, rje/ **I** agg. mercenary **II** m. (f. **-a**) hireling, mercenary.
merceologia /mertʃeolo'dʒia/ f. the study of marketable products.
merceologico, pl. **-ci**, **-che** /mertʃeo'lɔdʒiko, tʃi, ke/ agg. [*analisi*] product attrib., commodity attrib.
merceria /mertʃe'ria/ ❥ **18** f. **1** *(negozio)* haberdasher's, haberdashery BE **2** *(articoli)* ***-e*** haberdashery BE.
merchandising /mertʃan'daizing/ m.inv. merchandising.
merciaio, pl. **-ai** /mer'tʃajo, ai/ ❥ **18** m. (f. **-a**) haberdasher BE.
mercificare /mertʃifi'kare/ [1] tr. to commodify [*arte, cultura*].
mercoledì /merkole'di/ ❥ **11** m.inv. Wednesday ♦♦ **~ *delle ceneri*** Ash Wednesday.

mercurio /mer'kurjo/ m. mercury, quicksilver.
Mercurio /mer'kurjo/ n.pr.m. MITOL. ASTR. Mercury.
merda /'mɛrda/ **I** f. VOLG. **1** *(escremento)* shit **2** FIG. *(cosa senza valore)* crap **U**; ***questo film è una ~!*** this film is crap! **3** FIG. *(persona spregevole)* shit **4** *(situazione difficile)* ***essere nella ~ (fino al collo)*** to be in the shit *o* in deep shit **5 di merda** *(pessimo)* ***di ~*** [*situazione, libro, macchina*] shitty, crappy; ***fare una figura di ~*** to cut a sorry figure; *(malissimo)* ***sentirsi di ~*** to feel shitty; ***qui si mangia di ~*** here they serve crap food **II** inter. VOLG. shit ♦ ***pezzo di ~!*** you fuck! ***trattare qcn. come una ~*** to shit on sb., to treat sb. like dirt.
merdoso /mer'doso/ agg. VOLG. shitty.
merenda /me'rɛnda/ f. (afternoon) snack; ***fare ~*** to have *o* eat a snack, to snack ♦ ***c'entra come i cavoli a ~*** that's got nothing to do with it!
merendina /meren'dina/ f. snack.
meretrice /mere'tritʃe/ f. LETT. prostitute, harlot.
meridiana /meri'djana/ f. *(orologio)* sundial.
meridiano /meri'djano/ **I** agg. [*sole*] meridian, noon attrib., midday attrib. **II** m. GEOGR. ASTR. MAT. meridian ♦♦ ***~ celeste*** celestial meridian; ***~ zero*** prime meridian.
meridionale /meridjo'nale/ ➧ **29 I** agg. [*zona, costa, frontiera*] southern, south; [*vento*] south, southerly; [*accento*] southern; ***Italia ~*** southern Italy **II** m. e f. southerner; *(in Italia)* = person from southern Italy.
meridione /meri'djone/ m. south; ***il Meridione*** *(Italia meridionale)* the south of Italy.
meriggio, pl. **-gi** /me'riddʒo, dʒi/ m. LETT. noon(day), midday.
meringa, pl. **-ghe** /me'ringa, ge/ f. meringue.
meringata /merin'gata/ f. GASTR. INTRAD. (a cake of whipped cream and meringues).
merino /me'rino/ agg. e m. merino.
meritare /meri'tare/ [1] tr. **1** (anche **meritarsi**) *(essere degno di)* [*persona, azione*] to deserve [*stima, incoraggiamento, ricompensa, punizione*]; ***cosa abbiamo fatto per meritarci questo?*** what did we do to deserve this? ***questioni che non meritano la vostra attenzione*** issues unworthy of your attention; ***ha avuto quello che si meritava*** he got his just deserts, he had it coming (to him) COLLOQ.; ***te lo meriti!*** *(positivo)* you deserve it! *(negativo)* it serves you right! you've got what you deserve! **2** *(valere la pena)* ***il libro merita (di essere letto)*** the book is worth reading; ***~ di essere fatto*** to be worthwhile doing **3** *(procurare)* ***~ il rispetto di qcn.*** to earn sb.'s respect.
meritatamente /meritata'mente/ avv. deservedly.
meritato /meri'tato/ **I** p.pass. → **meritare II** agg. [*successo, vittoria, ricompensa*] (well-)deserved, (well-)earned.
meritevole /meri'tevole/ agg. deserving, worthy mai attrib.
merito /'mɛrito/ m. **1** credit, merit; ***ha il ~ di essere sincero*** he has the merit *o* quality of being sincere; ***ha il grande ~ di avere fatto*** it was greatly to his credit that he did; ***un uomo di (grande) ~*** a man of (great) merit; ***in base al ~*** according to merit **2** *(aspetto sostanziale)* ***entrare nel ~ della questione*** to get to the heart of the matter **3 per merito di** thanks to, due to **4 a pari merito** ***essere a pari ~*** to be level on points; ***due squadre a pari ~*** two teams level with each other; ***sono arrivati secondi a pari ~*** they drew for second place, they came equal second, they finished joint second **5 in merito a** concerning, regarding, with regard to, as regards.
meritocrazia /meritokrat'tsia/ f. meritocracy.
meritorio, pl. **-ri**, **-rie** /meri'tɔrjo, ri, rje/ agg. meritorious, deserving.
merlango, pl. **-ghi** /mer'lango, gi/ m. whiting*.
merlato /mer'lato/ agg. [*mura, torre*] crenellated, embattled, battlemented.
merlatura /merla'tura/ f. battlements pl.
merletto /mer'letto/ m. lace **U**.
Merlino /mer'lino/ n.pr.m. Merlin.
1.merlo /'mɛrlo/ m. **1** ZOOL. blackbird **2** FIG. fool, simpleton, sucker ♦♦ ***~ acquaiolo*** dipper.
2.merlo /'mɛrlo/ m. ARCH. merlon.
merluzzo /mer'luttso/ m. cod*.
mero /'mɛro/ agg. LETT. [*coincidenza*] mere; ***per ~ caso*** by pure chance, by sheer accident.
mesata /me'sata/ f. COLLOQ. *(paga mensile)* monthly pay.
mescalina /meska'lina/ f. mescaline.
mescere /'meʃʃere/ [16] tr. to pour (out) [*vino*].
meschinità /meskini'ta/ f.inv. **1** meanness, pettiness, shabbiness; ***~ d'animo*** narrow-mindedness, small-mindedness **2** *(azione)* foul play, dirty work.
meschino /mes'kino/ agg. **1** *(gretto)* [*persona*] mean(-minded), petty(-minded); [*atteggiamento*] mean, petty; [*scuse*] pitiable, pitiful, paltry; ***fare una figura -a*** to cut a sorry *o* shabby figure **2** *(misero)* [*vita*] miserable **3** ANT. *(infelice)* unhappy, wretched.
mescita /'meʃʃita/ f. *(locale)* wine shop.
mescolanza /mesko'lantsa/ f. *(di colori, stili, idee)* mix, blend; *(di persone, popoli)* mix, medley, mixture; *(di oggetti)* mix, miscellany.
mescolare /mesko'lare/ [1] **I** tr. **1** *(amalgamare)* to mix, to blend [*colori, ingredienti*] **2** *(rimestare)* to stir [*caffè, minestra*]; to toss [*insalata*] **3** FIG. *(accostare)* to blend, to mix, to mingle **4** *(mettere in disordine)* to shuffle, to jumble (up) [*fogli, lettere*]; *(mischiare)* to shuffle [*carte da gioco*] **II mescolarsi** pronom. **1** *(unirsi)* [*colori*] to mix, to blend **2** *(confondersi)* to mingle (**con** with), to get* mixed up (**con** in, with); ***-rsi tra la folla*** to mingle with the crowd.
mese /'mese/ ➧ **19, 17** m. **1** month; ***il ~ scorso, prossimo*** last month, next month; ***nel ~ di giugno*** in the month of June; ***alla fine del ~, a fine ~*** at the end of the month; ***un neonato di tre -i*** a three-month-old baby; ***è al sesto ~ (di gravidanza)*** she's six months gone; ***è incinta di quattro -i*** she's four months pregnant; ***guadagna 1500 euro al ~*** he earns 1500 euros a month **2** *(paga mensile)* monthly pay; *(canone mensile)* ***un ~ d'affitto*** a month's rent ♦♦ ***~ lunare*** lunar month; ***~ solare*** solar month.
mesmerizzare /mezmerid'dzare/ [1] tr. to mesmerize.
mesopotamico, pl. **-ci**, **-che** /mezopo'tamiko, tʃi, ke/ agg. Mesopotamian.
mesoterapia /mezotera'pia/ f. mesotherapy.
mesozoico, pl. **-ci**, **-che** /mezod'dzɔiko, tʃi, ke/ agg. e m. Mesozoic.
1.messa /'messa/ f. RELIG. MUS. mass, Mass; ***andare a ~*** to attend mass, to go to mass; ***ascoltare la ~*** to hear mass; ***celebrare, dire la ~*** to celebrate, say mass ♦♦ ***~ cantata*** sung mass; ***~ di mezzanotte*** midnight mass; ***~ nera*** black mass; ***~ da requiem*** requiem mass; ***~ solenne*** High Mass.
2.messa /'messa/ f. *(il mettere)* ***la ~ in vendita di un prodotto*** putting a product on sale ♦♦ ***~ a fuoco*** FOT. focus, focusing; ***~ in piega*** set; ***farsi fare la ~ in piega*** to have one's hair set; ***~ a punto*** MECC. fine tuning, tune-up; ***~ in scena*** → **messinscena**; ***~ a terra*** EL. earthing BE, grounding AE.
messaggero /messad'dʒɛro/ m. (f. **-a**) messenger; ***~ di pace*** messenger of peace; ***~ di sventura*** harbinger of doom.
messaggio, pl. **-gi** /mes'saddʒo, dʒi/ m. **1** message (anche FIG.); ***dare, lasciare un ~ a qcn.*** to give, leave sb. a message; ***posso lasciare un ~?*** can I leave a message? **2** TEL. text message; ***mandare un ~ a qcn.*** to text sb. **3** *(discorso solenne)* address ♦♦ ***~ pubblicitario*** commercial.
messale /mes'sale/ m. missal.
messe /'mɛsse/ f. *(mietitura)* harvest, reaping; *(raccolto)* harvest, crop (anche FIG.).
messia /mes'sia/ m.inv. messiah (anche FIG.).
messianico, pl. **-ci**, **-che** /messi'aniko, tʃi, ke/ agg. messianic.
messicano /messi'kano/ ➧ **25 I** agg. Mexican **II** m. (f. **-a**) Mexican.
Messico /'mɛssiko/ ➧ **33** n.pr.m. Mexico.
messinscena /messin'ʃɛna/ f. **1** *(allestimento)* production, staging, mise-en-scène **2** FIG. mise-en-scène, play-acting, sham, put-on AE; ***fare una ~*** to put on an act; ***è stata tutta una ~*** the whole thing was staged.
messo /'messo/ m. **1** LETT. *(messaggero)* emissary **2** *(di ente pubblico)* ***~ comunale*** agent for the (town) council.
mestierante /mestje'rante/ m. e f. SPREG. hireling.
mestiere /mes'tjɛre/ ➧ **18** m. **1** *(attività manuale)* trade, craft; *(lavoro, professione)* job, profession, trade; ***cosa fai di ~?*** what do you do for a living? ***di ~ fa il cuoco*** he's a cook by trade; ***il ~ di giornalista, di attore*** the journalist's craft, the acting profession; ***imparare un ~*** to learn a trade; ***conoscere bene il proprio ~*** to be good at one's job, to know one's stuff COLLOQ.; ***le persone del ~*** the professionals, people in the

business; ***essere nuovo del*** ~ to be a newcomer to a job; ***essere pratico*** o ***vecchio del*** ~ to be an old hand, to know the ropes; ***arti e -i*** arts and crafts; ***i ferri del*** ~ the tools of the trade; ***i trucchi del*** ~ the tricks of the trade **2** FIG. *(abilità)* skill, expertise, craft; ***avere, non avere*** ~ to be experienced, to lack experience **3** REGION. ***fare i -i*** to do the chores *o* the housework.

mestizia /mes'tittsja/ f. sadness, mournfulness, melancholy.

mesto /'mεsto/ agg. [*sguardo, espressione*] sad, mournful, woeful; [*musica, avvenimento, occasione*] sad, melancholy.

mestolata /mesto'lata/ f. *(contenuto)* ladleful.

mestolo /'mestolo/ m. ladle, dipper AE.

mestruale /mestru'ale/ agg. [*ciclo, flusso*] menstrual; ***dolori -i*** period pains.

mestruazione /mestruat'tsjone/ f. menstruation, period; ***avere le -i*** to menstruate.

meta /'mεta/ f. **1** *(punto d'arrivo)* destination; ***vagare senza*** ~ to wander aimlessly; ***giungere alla*** ~ to reach one's destination **2** SPORT *(nel rugby)* try; ***realizzare una*** ~ to score a try **3** FIG. *(scopo)* goal, aim, purpose.

metà /me'ta/ **I** f.inv. **1** *(ciascuna di due parti uguali)* half*; ***tagliare, strappare qcs. a*** ~ to cut, tear sth. in half; ***la ~ di 8 è 4*** half (of) 8 is 4; ***ha la ~ dei miei anni*** he's half my age; ***fare a ~ con qcn.*** to go halves with sb.; ***fare le cose a*** ~ to do things by half-measures; ***non fare mai le cose a*** ~ never do things by halves **2** *(centro, mezzo)* middle; ***a ~ del cammino*** halfway along the path; ***a ~ degli anni '90*** in the mid-1990's; ***verso la ~ del mese*** toward(s) the middle of the month; ***ho letto ~ dell'articolo*** I'm halfway through the article **3** COLLOQ. *(partner)* ***la mia dolce*** ~ my better *o* other half **II** agg.inv. ***~ pomeriggio*** mid-afternoon; ***a ~ settimana*** in midweek; ***a ~ aprile*** in the middle of April, in mid-April; ***a ~ pagina*** halfway down the page; ***a ~ film*** halfway through the film; ***fermarsi a ~ strada*** to stop halfway; ***vendere a ~ prezzo*** to sell half price; ***è a ~ prezzo*** it's half the price; ***~ campo*** SPORT half.

metabolico, pl. **-ci**, **-che** /meta'bɔliko, tʃi, ke/ agg. metabolic.

metabolismo /metabo'lizmo/ m. metabolism.

metadone /meta'done/ m. methadone.

metafisica /meta'fizika/ f. metaphysics + verbo sing.

metafisico, pl. **-ci**, **-che** /meta'fiziko, tʃi, ke/ **I** agg. metaphysical **II** m. (f. **-a**) metaphysician.

metafora /me'tafora/ f. metaphor; ***parlare per -e*** to speak in metaphors; ***parlando fuor di*** ~ plainly speaking.

metaforicamente /metaforika'mente/ avv. metaphorically; ***~ parlando*** metaphorically *o* figuratively speaking.

metaforico, pl. **-ci**, **-che** /meta'fɔriko, tʃi, ke/ agg. metaphoric(al), figurative.

metalingua /meta'lingwa/ f., **metalinguaggio**, pl. **-gi** /metalin'gwaddʒo, dʒi/ m. metalanguage.

metallaro /metal'laro/ m. (f. **-a**) metalhead.

metallico, pl. **-ci**, **-che** /me'talliko, tʃi, ke/ agg. **1** *(di metallo)* [*oggetto*] metal attrib. **2** FIG. [*suono*] metallic, tinny; [*sapore*] metallic; ***rumore*** ~ clang(ing), clank(ing).

metallizzato /metallid'dzato/ agg. [*colore, verniciatura*] metallic; ***grigio*** ~ silver(-grey).

metallo /me'tallo/ m. metal; ***lastra di*** ~ metal plate; ***~ prezioso*** precious metal.

metallurgia /metallur'dʒia/ f. metallurgy.

metallurgico, pl. **-ci**, **-che** /metal'lurdʒiko, tʃi, ke/ **I** agg. [*industria*] metallurgic(al) **II** m. (f. **-a**) *(operaio)* = factory worker in the metallurgic industry.

metallurgista, m.pl. **-i**, f.pl. **-e** /metallur'dʒista/ ♦ ***18*** m. e f. metallurgist.

metalmeccanico, pl. **-ci**, **-che** /metalmek'kaniko, tʃi, ke/ **I** agg. [*industria*] engineering attrib. **II** m. (f. **-a**) *(operaio)* = factory worker in the engineering industry.

metamorfico, pl. **-ci**, **-che** /meta'mɔrfiko, tʃi, ke/ agg. metamorphic.

metamorfismo /metamor'fizmo/ m. GEOL. metamorphism.

metamorfosi /meta'mɔrfozi/ f.inv. metamorphosis*.

metano /me'tano/ m. methane.

metanodotto /metano'dotto/ m. methane pipeline.

metanolo /meta'nɔlo/ m. methanol, methyl alcohol.

metastasi /me'tastazi/ f.inv. MED. metastasis*.

metempsicosi /metempsi'kɔzi/ f.inv. metempsychosis.

meteo /'mεteo/ **I** agg.inv. [*previsioni, bollettino*] weather **II** m.inv. weather forecast.

meteora /me'tεora/ f. meteor ♦ ***passare come una*** ~ to be a flash in the pan.

meteorico, pl. **-ci**, **-che** /mete'ɔriko, tʃi, ke/ agg. meteoric.

meteorismo /meteo'rizmo/ ♦ ***7*** m. MED. meteorism.

meteorite /meteo'rite/ m. e f. meteorite.

meteorologia /meteorolo'dʒia/ f. meteorology.

meteorologico, pl. **-ci**, **-che** /meteoro'lɔdʒiko, tʃi, ke/ agg. [*fenomeno, condizioni*] meteorological; [*stazione, bollettino, carta*] weather attrib.; ***previsioni -che*** weather forecast(ing).

meteorologo, m.pl. **-gi**, f.pl. **-ghe** /meteo'rɔlogo, dʒi, ge/ ♦ ***18*** m. (f. **-a**) meteorologist, (weather) forecaster.

meticcio, pl. **-ci**, **-ce** /me'tittʃo, tʃi, tʃe/ m. (f. **-a**) **1** *(persona)* mestizo* **2** *(animale)* hybrid, crossbreed.

meticolosità /metikolosi'ta/ f.inv. *(scrupolosità)* meticulousness, scrupulousness; *(pignoleria)* fastidiousness, fussiness.

meticoloso /metiko'loso/ agg. [*persona*] meticulous, scrupulous; *(pignolo)* fastidious, fussy; [*lavoro*] finicky, finicking.

metile /me'tile/ m. methyl.

metilene /meti'lεne/ m. ***blu di*** ~ methylene blue.

metilico, pl. **-ci**, **-che** /me'tiliko, tʃi, ke/ agg. methylic; ***alcol*** ~ methyl alcohol.

metodica /me'tɔdika/ f. methodology.

metodicamente /metodika'mente/ avv. methodically, systematically.

metodico, pl. **-ci**, **-che** /me'tɔdiko, tʃi, ke/ agg. [*persona*] methodical; [*mente, vita*] orderly.

metodismo /meto'dizmo/ m. RELIG. Methodism.

metodista, m.pl. **-i**, f.pl. **-e** /meto'dista/ agg., m. e f. RELIG. Methodist.

metodo /'mεtodo/ m. **1** method, system; ***-i di insegnamento, di coltivazione*** teaching, farming methods **2** *(maniera, modo)* way; ***-i sbrigativi, drastici*** brisk, drastic measures; ***con -i illegali*** by illegal means **3** *(sistematicità)* ***lavorare con*** ~ to work systematically *o* with method; ***avere*** ~ to be methodical; ***non avere*** ~ to lack system **4** *(manuale)* *(per strumenti musicali)* tutor; *(di lingue straniere)* course book BE, textbook AE.

metodologia /metodolo'dʒia/ f. **1** *(disciplina)* methodology **2** *(pratica)* method.

metodologico, pl. **-ci**, **-che** /metodo'lɔdʒiko, tʃi, ke/ agg. methodological.

metonimia /meto'nimja, metoni'mia/ f. metonymy.

metraggio, pl. **-gi** /me'traddʒo, dʒi/ m. **1** *(di stoffa)* length; ***vendere a*** ~ to sell by the metre **2** CINEM. footage.

metratura /metra'tura/ f. **1** *(lunghezza in metri)* = length in metres **2** *(area in metri quadrati)* = area in metres; ***"appartamenti di diversa ~"*** = flats of various measurements.

metrica /'mεtrika/ f. metrics + verbo sing., prosody.

1.metrico, pl. **-ci**, **-che** /'mεtriko, tʃi, ke/ agg. metric; ***il sistema ~ decimale*** the metric system.

2.metrico, pl. **-ci**, **-che** /'mεtriko, tʃi, ke/ agg. LETTER. metrical.

1.metro /'mεtro/ ♦ ***21, 23, 24*** m. **1** *(misura)* metre BE, meter AE; ***è (lungo) due -i e mezzo*** it's two and a half metres long; ***un muro di cinque -i*** a five-metre high wall; ***vendere qcs. al*** ~ to sell sth. by the metre **2** *(strumento)* rule **3** FIG. *(criterio)* criterion, yardstick; ***giudicare tutti con lo stesso*** ~ to use the same yardstick for everybody; ***è un buon ~ per giudicare il carattere*** it's a good gauge of character ♦♦ ***~ cubo*** cubic metre; ***~ a nastro*** (measuring) tape, tape measure; ***~ pieghevole*** folding rule; ***~ quadrato*** o ***quadro*** square metre; ***~ da sarto*** tape (measure).

2.metro /'mεtro/ m. LETTER. metre BE, meter AE.

3.metro /'mεtro/ f.inv. → **metropolitana**.

metrò /me'trɔ/ m.inv. → **metropolitana**.

metronomo /me'trɔnomo/ m. metronome.

metronotte /metro'nɔtte/ ♦ ***18*** m.inv. night watchman*.

metropoli /me'trɔpoli/ f.inv. metropolis.

metropolita /metropo'lita/ m. RELIG. metropolitan (bishop).

metropolitana /metropoli'tana/ f. underground BE, subway AE, metro; *(a Londra)* tube.

metropolitano /metropoli'tano/ agg. metropolitan (anche RELIG.).

mettere /'mettere/ [60] **I** tr. **1** *(collocare, porre)* to put*, to place, to set* [*oggetto*]; ~ ***i piatti in tavola*** to put the plates on the table; ~ ***una tovaglia*** to put on a tablecloth; ***ti ho messo le lenzuola pulite*** I've changed the sheets for you; ~ ***i piedi sul tavolo*** to put one's feet on the table; ~ ***le mani in tasca*** to put one's hands in one's pockets; ~ ***la biancheria ad asciugare*** to put the washing out to dry; ~ ***un annuncio sul giornale*** to place an advertisement in the paper; ~ ***giù (il ricevitore)*** to hang up, to put down the receiver, to ring off BE **2** *(indossare)* to put* on, to wear* [*abito, gioiello*]; to put* on [*crema, rossetto*]; ***non metto mai il cappello*** I never wear a hat; ***metti la sciarpa!*** put your scarf on! **3** *(porre in una situazione, in uno stato)* ~ ***qcn. di buonumore, di cattivo umore*** to put sb. in a good, bad mood; ~ ***qcn. contro qcn. altro*** to play sb. off against sb.; ~ ***qcn. a dieta*** to put sb. on a diet; ~ ***alla prova*** to put to the test; ~ ***in dubbio*** to question; ~ ***in fuga qcn.*** to put sb. to flight; ~ ***in libertà*** to set free; ~ ***qcs. in vendita*** to put sth. up *o* offer sth. for sale **4** *(classificare)* to put*, to rank; ***tra gli scrittori, lo metto al primo posto*** I rank him the best writer of all; ~ ***i bambini, la sicurezza davanti a tutto*** to put children, safety first **5** *(appendere, attaccare)* to put* up, to post up [*poster, manifesto*] **6** MUS. TELEV. to play, to put* on [*disco, cassetta, CD*]; ~ ***un po' di musica*** to play music **7** *(installare)* to put* in [*riscaldamento, telefono*]; to lay* on BE [*luce, gas*]; to put* in, to fit* [*doccia, mensola*]; ***fare ~ il telefono*** to have a telephone put in; ~ ***la moquette*** to lay a carpet **8** *(puntare)* ~ ***la sveglia alle sette*** to set the alarm for 7 am; ~ ***avanti, indietro l'orologio*** to put forward, back the clock **9** *(scrivere, inserire)* to put* in [*parola, virgola*]; ***metta una firma qui*** sign here **10** *(rendere, volgere)* ~ ***in versi*** to put into verse; ~ ***in musica*** to set to music **11** *(aggiungere)* to add, to put* [*ingrediente*] **12** *(dedicare)* to put* (in) [*energia, impegno*]; ***mettercela tutta*** to try one's hardest *o* best to do; ***mettici più impegno!*** try harder! **13** *(impiegare)* ***non metterci tanto*** don't be long; ***ci ho messo due ore*** it took me two hours; ***ci hanno messo molto a decidere*** they've been a long time making up their minds; ***ce ne hai messo di tempo!*** you took a long time! **14** *(investire, spendere)* to put* [*denaro*] (**in** into) **15** COLLOQ. *(fare pagare)* ***a quanto mette le patate?*** what price have you put on the potatoes? what are you asking for potatoes? **16** *(imporre)* to put* (on), to impose [*tassa*] **17** *(infondere, provocare)* to cause, to inspire; ~ ***paura a qcn.*** to frighten sb., to give sb. a scare; ~ ***allegria*** to cheer, to delight; ~ ***sete, fame a qcn.*** to make sb. thirsty, hungry **18** *(azionare)* ~ ***la retromarcia*** to go into reverse, to put the car into reverse; ~ ***la seconda*** to shift into second gear AE; ~ ***gli anabbaglianti*** to dip one's headlights BE **19** COLLOQ. *(confrontare)* to compare; ***vuoi ~ questo ristorante con quella bettola?*** how can you compare this restaurant with that greasy spoon? ***vuoi mettere?*** there's no comparison! **20** COLLOQ. *(supporre)* to suppose, to assume; ***mettiamo il caso che...*** let's assume that...; ***mettiamo che sia vero*** suppose (that) it's true **21 mettere su** *(dare inizio)* ~ ***su famiglia*** to start a family; ~ ***su casa*** to set up home *o* house; ~ ***su un negozio*** to set up *o* start up shop; *(ingrassare)* ~ ***su peso, chili*** to put on weight, kilos; *(sul fornello)* ~ ***su il caffè*** COLLOQ. to put the coffee on; *(allestire)* ~ ***su uno spettacolo*** to put on *o* stage a show **22 mettere sotto** ~ ***sotto qcn.*** *(investire)* to run over *o* down sb.; *(fare lavorare)* to work sb. hard **II** intr. (aus. *avere*) COLLOQ. *(regolare)* ~ ***sul terzo (canale)*** to switch to channel 3 **III mettersi** pronom. **1** *(collocarsi)* to put* oneself; ***-rsi in un angolo*** to place oneself in a corner; ***-rsi in piedi*** to stand up; ***-rsi in ginocchio*** to go *o* get down on one's knees, to kneel; ***-rsi a letto*** to go to bed, to take to one's bed; ***mettiti seduto*** sit down there; ***-rsi a tavola*** to sit down to dinner *o* to a meal **2** *(infilarsi)* ***-rsi le mani in tasca*** to put one's hands in one's pockets; ***-rsi una caramella in bocca*** to pop a sweet in(to) one's mouth **3** *(indossare)* to put* on, to wear* [*abito, gioiello*]; to put* on [*crema, rossetto*]; ***che cosa ti metti stasera?*** what are you wearing tonight? ***non ho niente da mettermi*** I haven't got a thing to wear; ***-rsi in pigiama*** to get into one's pyjamas; ***-rsi in maschera*** to put on *o* wear fancy dress **4** *(cominciare)* ***-rsi a studiare inglese, a giocare a tennis*** to take up English, tennis; ***-rsi a bere*** to take to the bottle; ***-rsi a cantare*** to burst into song, to burst out singing; ***-rsi a correre*** to break into a run; ***si è messo a nevicare*** it started to snow *o* snowing **5** *(porsi in una situazione, in uno stato)* ***-rsi dalla parte del torto*** to put oneself in the wrong; ***-rsi nei guai*** to get into trouble; ***-rsi in salvo*** to flee to safety; ***-rsi in viaggio*** to go on a journey; ***-rsi contro qcn.*** to set oneself against sb. **6** COLLOQ. ***-rsi insieme*** [*soci, amici*] to team up; [*innamorati*] to pair off **7** *(evolversi)* ***le cose si mettono male per noi*** things are looking black for us; ***dipende da come si mettono le cose*** it depends how things turn out; ***il tempo si è messo al bello*** the weather is set fair ♦ ***come la mettiamo?*** *(di fronte a difficoltà)* so where do we go from here? *(per chiedere una spiegazione)* what have you got to say for yourself? ***-rsi sotto*** *(impegnarsi)* to set to.

mettimale /metti'male/ m. e f.inv. mischief-maker.

meublé /mœ'ble/ agg.inv. [*albergo*] without board.

mezza /'meddza/ f. *(mezzogiorno, mezzanotte e mezzo)* half past twelve.

mezzacalzetta, pl. **mezzecalzette** /meddzakal'tsetta, meddzekal'tsette/ f. second-rater, small-timer, mediocrity.

mezzacartuccia, pl. **mezzecartucce** /meddzakar'tuttʃa, meddzekar'tuttʃe/ f. runt, pipsqueak.

mezzadria /meddza'dria/ f. métayage, sharecropping.

mezzadro /med'dzadro/ m. (f. **-a**) métayer, sharecropper.

mezzala, pl. **-i** /med'dzala/ f. SPORT ~ ***destra, sinistra*** inside right, left.

mezzaluna, pl. **mezzelune** /meddza'luna, meddze'lune/ f. **1** half-moon; *(figura, forma)* crescent **2** *(emblema dell'Islam)* Crescent; ~ ***rossa*** Red Crescent **3** *(arnese da cucina)* (two-handled) chopping knife*.

mezzamanica, pl. **mezzemaniche** /meddza'manika, meddze'manike/ f. **1** *(manica corta)* short sleeve **2** *(per scrivani)* oversleeve **3** SPREG. pen pusher.

mezzana /med'dzana/ f. **1** MAR. miz(z)en **2** *(ruffiana)* procuress.

mezzanino /meddza'nino/ m. mezzanine.

mezzano /med'dzano/ **I** agg. *(di mezzo)* middle, medium, mean; ***di statura -a*** of medium height; ***il fratello ~*** the middle brother **II** m. (f. **-a**) *(ruffiano)* pimp.

mezzanotte, pl. **mezzenotti** /meddza'nɔtte, meddze'nɔtti/ ➧ *13* f. **1** *(ora)* midnight **2** *(settentrione)* north.

mezz'aria: **a mezz'aria** /amed'dzarja/ agg. e avv. in midair.

mezz'asta: **a mezz'asta** /amed'dzasta/ agg. [*bandiera*] at half-mast.

mezzatacca, pl. **mezzetacche** /meddza'takka, meddze'takke/ f. small-timer, pipsqueak.

mezzeria /meddze'ria/ f. *(di strada)* centre line BE, center line AE.

1.mezzo /'mɛddzo/ ➧ *13* **I** agg. **1** half; ***-a mela*** half apple; ***una -a dozzina di uova*** a half-dozen eggs; ~ ***litro*** a half-litre, half a litre; ***-a aspirina*** half an aspirin; ***mezz'ora*** half hour, half an hour; ***-a giornata*** half day; ***due tazze e -a*** two and a half cups; ***ha sei anni e ~*** he's six and a half; ***un'ora e -a*** an hour and a half; ***le due e -a*** half past two **2** *(medio)* middle; ***-a età*** middle age; ***un uomo di -a età*** a middle-aged man **3** *(con valore attenuativo)* ***avere una -a intenzione di fare*** to have half a mind to do; ***fare una -a promessa a qcn.*** to make a half promise to sb. **II** m. **1** *(metà)* half*; ***tre -i*** MAT. three halves **2** *(punto centrale)* middle, centre BE, center AE **3** *(momento centrale)* middle; ***nel ~ della notte*** in the middle *o* dead of the night; ***nel bel ~ della cena*** right in the middle of dinner **4 in mezzo a** *(fra due)* between; *(fra molti)* among; *(nella parte centrale)* in the middle of; ***mettersi in ~*** FIG. *(intervenire)* to come between, to intervene; *(intromettersi)* to interfere; ***essere messo in ~*** FIG. to be caught in the middle **5 di mezzo** ***togliere*** o ***levare di ~*** to get rid of; *(uccidere)* to do in COLLOQ.; ***levati di ~!*** get out of my way! ***andarci di ~*** to get involved, to be caught up; ***mettere di ~ qcn.*** to involve sb., to bring sb. into **6 a mezzo** ***lasciare un lavoro a ~*** to leave a job half finished; ***fare a ~*** to go halves **III** avv. half; ~ ***addormentato*** half asleep; ***essere ~ morto*** to be half-dead *o* as good as dead; ***essere ~ matto*** to have screw loose ♦ ~ ***e ~, mezz'e ~*** half-and-half; *(così così)* so-so; ***il giusto ~*** the golden mean, the happy medium; ***-e misure*** half-measures; ~ ***mondo*** a load *o* whole lot of people; ***parlare senza -i termini*** not to mince matters *o* one's words ♦♦ ~ ***punto*** → **mezzopunto**; ***-a manica*** → **mezzamanica**; ***-a pensione*** half board; ***-a stagione*** = autumn or spring.

2.mezzo /'mɛddzo/ **I** m. **1** *(modo di procedere)* means*; ***con ogni*** ~ by every possible means, by fair means or foul; ***tentare ogni*** ~ to do one's utmost **2** BIOL. FIS. medium* **3** *(veicolo)* means of transport; ***-i pubblici*** public transport **4 per mezzo di, a mezzo** by means of, through; ***a*** ~ ***stampa*** through the medium of the press; ***a*** ~ ***posta*** by post **II mezzi** m.pl. *(risorse finanziarie)* means, funds; ***avere -i*** to be in funds *o* well off; ***vivere al di sopra dei propri -i*** to live beyond one's means ♦ ***il fine giustifica i -i*** PROV. the end justifies the means ♦♦ ~ ***anfibio*** MIL. amphibian; ~ ***d'assalto*** MIL. assault craft; ~ ***corazzato*** armoured BE *o* armored AE vehicle; ~ ***pesante*** heavy lorry; ~ ***da sbarco*** MIL. landing craft; ***-i di comunicazione (di massa)*** (mass) media.

mezzobusto, pl. **mezzibusti** /meddzo'busto, meddzi'busti/ m. **1** ***ritratto a*** ~ half-length portrait **2** COLLOQ. *(annunciatore, giornalista televisivo)* talking head.

mezzodì /meddzo'di/ m.inv. → **mezzogiorno**.

mezzofondista, m.pl. **-i**, f.pl. **-e** /meddzofon'dista/ m. e f. SPORT middle distance athlete.

mezzofondo, pl. **-i** /meddzo'fondo/ ➧ ***10*** m. SPORT middle distance race.

mezzogiorno /meddzo'dʒorno/ ➧ ***13*** m. **1** *(ora)* midday, noon, 12 o'clock **2** *(meridione)* south; ***il*** ~ ***d'Italia*** the south of Italy, the Italian Mezzogiorno.

mezzopunto, pl. **mezzipunti** /meddzo'punto, meddzi'punti/ m. *(ricamo)* tent-stitch, petit point.

mezzora, mezz'ora /med'dzora/ f. half hour, half an hour; ***ogni*** ~ every half hour, half-hourly.

mezzosangue /meddso'sangwe/ m. e f.inv. *(persona)* half-breed SPREG., crossbreed SPREG.

mezzoservizio /meddzoser'vittsjo/ m. part-time domestic service; ***donna a*** ~ part-time daily service.

mezzosoprano, pl. **mezzosoprani**, **mezzisoprani** /meddzoso'prano, meddzoso'prani, meddziso'prani/ m. mezzo-soprano*.

mezzuccio, pl. **-ci** /med'dzuttʃo, tʃi/ m. mean expedient.

1.mi /mi/ v. la nota della voce **io**. pron.pers. **1** *(complemento oggetto)* me; ~ ***conosce*** he knows me; ***lasciami andare*** let me go; ***guardami*** look at me! **2** *(complemento di termine)* me; ~ ***ha scritto*** he wrote to me; ***passami il tuo piatto*** pass me your plate **3** *(con verbi pronominali)* ~ ***sono fatto male*** I've hurt myself; ~ ***sto lavando le mani*** I'm washing my hands **4** *(pleonastico)* ***stammi bene!*** take care! ***salutami tuo fratello*** say hello to your brother for me.

2.mi /mi/ m.inv. MUS. E, mi, me.

miagolare /mjago'lare/ [1] intr. (aus. *avere*) [*gatto*] to miaow, to mew; [*gatto in calore*] to caterwaul.

miagolio, pl. **-ii** /mjago'lio, ii/ m. miaow, mew; *(di gatto in calore)* caterwaul.

mialgia /mial'dʒia/ f. myalgia.

mialgico, pl. **-ci**, **-che** /mi'aldʒiko, tʃi, ke/ agg. myalgic.

miao /'mjao/ inter. e m.inv. miaow; ***fare*** ~ to miaow.

miasma /mi'azma/ m. miasma*.

MIB /mib/ m. (⇒ Milano Indice Borsa) = Milan Stock Exchange index.

MIBTEL /'mibtel/ m. (⇒ Milano Indice Borsa Telematico) = computerized Milan Stock Exchange index.

1.mica /'mika/ avv. COLLOQ. **1** *(per nulla, affatto)* at all; ~ ***scemo!*** there are no flies on him! ***non gli credo*** ~ I don't believe him at all **2** *(non)* no, not; ~ ***male!*** not (half) bad! **3** *(forse, per caso)* ***hai*** ~ ***il suo indirizzo?*** do you happen to have his address? do you have his address by any chance? ***potresti*** ~ ***prestarmi un po' di soldi?*** could you possibly lend me some money? **4** *(rafforzativo)* ***non ti sarai*** ~ ***arrabbiato?*** surely you didn't get angry! ***non lo mangerai*** ~***!*** you're surely not going to eat that!

2.mica, pl. **-che** /'mika, ke/ f. MINER. mica.

miccia, pl. **-ce** /'mittʃa, tʃe/ f. fuse ♦ ***accendere la*** ~, ***dare fuoco alla*** ~ = to spark off a row *o* a riot.

Michele /mi'kɛle/ n.pr.m. Michael.

micidiale /mitʃi'djale/ agg. **1** *(letale)* deadly, lethal, fatal **2** *(terribile)* [*caldo, condizioni*] murderous, killing; [*traffico*] fiendish.

micino /mi'tʃino/ m. (f. **-a**) INFANT. COLLOQ. kitten, pussy cat, kitty.

micio, m.pl. **-ci**, f.pl. **-cie**, **-ce** /'mitʃo, tʃi, tʃe/ m. (f. **-a**) INFANT. COLLOQ. pussy cat, puss, pussy BE.

micologia /mikolo'dʒia/ f. mycology.

microbico, pl. **-ci**, **-che** /mi'krɔbiko, tʃi, ke/ agg. microbial, microbic.

microbiologia /mikrobiolo'dʒia/ f. microbiology.

microbo /'mikrobo/ m. BIOL. microbe.

microchirurgia /mikrokirur'dʒia/ f. microsurgery.

microchirurgico, pl. **-ci**, **-che** /mikroki'rurdʒiko, tʃi, ke/ agg. microsurgical.

microcircuito /mikrotʃir'kuito/ m. microcircuit.

microclima /mikro'klima/ m. microclimate.

microcomputer /mikrokom'pjuter/ m.inv. → **microelaboratore**.

microcosmo /mikro'kɔzmo/ m. microcosm (anche FIG.).

microcriminalità /mikrokriminali'ta/ f.inv. petty crime.

microelaboratore /mikroelabora'tore/ m. INFORM. microcomputer, micro* COLLOQ.

microelettronica /mikroelet'trɔnika/ f. microelectronics + verbo sing.

microelettronico, pl. **-ci**, **-che** /mikroelet'trɔniko, tʃi, ke/ agg. microelectronic.

microfibra /mikro'fibra/ f. microfibre BE, microfiber AE.

microfiche /mikro'fiʃ/ f.inv. (micro)fiche.

microfilm /mikro'film/ m.inv. microfilm.

microfilmare /mikrofil'mare/ [1] tr. to microfilm.

microfonista, m.pl. **-i**, f.pl. **-e** /mikrofo'nista/ ➧ ***18*** m. e f. microphone technician.

microfono /mi'krɔfono/ m. microphone, mike COLLOQ.; ***parlare al*** ~ to speak into the microphone.

microfotografia /mikrofotogra'fia/ f. **1** *(tecnica)* microphotography **2** *(fotografia)* microphotograph.

microinformatica /mikroinfor'matika/ f. microcomputing.

micron /'mikron/ ➧ ***21*** m.inv. micron.

micronesiano /mikrone'zjano/ **I** agg. Micronesian **II** m. (f. **-a**) Micronesian.

microonda /mikro'onda/ f. microwave; ***forno a -e*** microwave (oven).

microonde /mikro'onde/ m.inv. COLLOQ. *(forno)* microwave (oven); ***cuocere al*** ~ to microwave.

microorganismo /mikroorga'nizmo/ → **microrganismo**.

microprocessore /mikroprotʃes'sore/ m. microprocessor, micro* COLLOQ.

microrganismo /mikrorga'nizmo/ m. microorganism.

microscopico, pl. **-ci**, **-che** /mikros'kɔpiko, tʃi, ke/ agg. microscopic (anche FIG.).

microscopio, pl. **-pi** /mikros'kɔpjo, pi/ m. microscope; ***al*** ~ under the microscope (anche FIG.) ♦♦ ~ ***elettronico*** electron microscope.

microsecondo /mikrose'kondo/ m. microsecond.

microspia /mikros'pia/ f. bug.

microtelefono /mikrote'lɛfono/ m. TEL. handset.

Mida /'mida/ n.pr.m. Midas.

midolla /mi'dolla/ f. *(mollica)* crumb.

midollare /midol'lare/ agg. medullary.

midollo, pl.f. **-a** /mi'dollo/ m. **1** ANAT. marrow, medulla* **2** BOT. pith ♦ ***infreddolito, gelato fino al*** ~ o ***alle -a*** chilled, frozen to the marrow; ***inglese fino al*** ~ o ***alle -a*** English to the core *o* through and through ♦♦ ~ ***osseo*** bone marrow; ~ ***spinale*** spinal cord.

mie, miei → **mio**.

mielato /mje'lato/ agg. honeyed (anche FIG.).

miele /'mjɛle/ **I** m. honey; ***dolce come il*** ~ (as) sweet as honey **II** agg.inv. ***color*** ~ honey-coloured BE, honey-colored AE ♦ ***essere tutto*** ~ to be all sweetness (and light), to be as sweet *o* nice as pie.

mielina /mie'lina/ f. myelin.

mielite /mie'lite/ ➧ ***7*** f. myelitis.

mieloso /mje'loso/ agg. [*tono, parole*] honeyed, suave; [*sorriso*] sugary, suave, saccharine; [*persona*] smooth, suave.

mietere /'mjetere/ [2] tr. **1** to reap, to harvest, to mow* [*raccolto, grano*] **2** FIG. *(conseguire)* to achieve, to meet* with [*successi*]; ~ ***allori*** to reap honours **3** *(stroncare)* to claim [*vite umane*]; ~ ***vittime*** to take a heavy toll.

mietitore /mjeti'tore/ ➧ *18* m. (f. **-trice** /trit∫e/) reaper, harvester.
mietitrebbia /mjeti'trebbja/, **mietitrebbiatrice** /mjetitrebbja'trit∫e/ f. combine harvester.
mietitrice /mjeti'trit∫e/ f. *(macchina)* reaper, harvester.
mietitura /mjeti'tura/ f. **1** *(operazione)* reaping, harvest **2** *(raccolto)* harvest, crop **3** *(periodo)* reaping time.
migliaio, pl.f. **-a** /miʎ'ʎajo/ **I** m. **1** *(mille)* (a) thousand; *(circa mille)* about a thousand; ***danni per -a di sterline*** thousands of pounds' worth of damage; ***decine di -a*** tens of thousands **2** *(grande numero)* ***te l'ho ho detto un ~ o -a di volte*** I've told you thousands of times *o* a thousand times; ***a -a*** in (their) thousands **II migliaia** f.pl. MAT. thousands.
1.miglio, pl.f. **-a** /'miʎʎo/ ➧ *21, 37* m. METROL. mile ♦ ***ero lontano mille -a dall'immaginare che...*** I never for a moment imagined that...; ***si vede lontano un ~!*** it sticks *o* stands out a mile ♦♦ ***~ geografico*** geographical mile; ***~ marino*** sea *o* nautical mile.
2.miglio /'miʎʎo/ m. BOT. millet.
miglioramento /miʎʎora'mento/ m. improvement; ***apportare -i a*** to make improvements to [*casa*]; ***è in via di ~*** he's improving.
migliorare /miʎʎo'rare/ [1] **I** tr. to improve, to better; ***~ un record di 10 secondi*** to cut 10 seconds off a record **II** intr. (aus. *essere*) [*risultati, relazioni*] to improve; [*allievo, sportivo*] to make* progress, to progress; [*malato, salute*] to improve, to get* better; [*tempo*] to improve, to clear up; ***può ~ ancora*** there is still room for improvement.
migliore /miʎ'ʎore/ **I** agg. **1** *(comparativo)* better (**di** than); ***molto ~*** much better; ***non essere ~ di qcn.*** to be no better than sb.; ***avere conosciuto tempi -i*** to have seen better days **2** *(superlativo)* best (**di** of, in); ***il mio ~ amico*** my best friend; ***il miglior libro che abbia mai letto*** the best book I've ever read; ***l'albergo ~ della città*** the best hotel in town; ***non è il momento ~ per fare*** it's not the best of times to do; ***i -i auguri per...*** wishing you all the best on...; ***i nostri -i auguri*** our best wishes; ***con le -i intenzioni*** with the best of intentions; ***nel ~ dei casi, nella ~ delle ipotesi*** at best **II** m. e f. ***il ~, la ~*** *(fra più di due)* the best; *(fra due)* the better; ***il ~ del mondo*** the best in the world; ***che vinca il ~!*** may the best man win!
miglioria /miʎʎo'ria/ f. improvement; ***apportare delle -e a*** to make improvements to [*casa*].
mignatta /miɲ'ɲatta/ f. ZOOL. leech, bloosducker.
mignolo /'miɲɲolo/ ➧ *4* m. *(della mano)* little finger; *(del piede)* little toe.
mignon /miɲ'ɲon/ agg.inv. miniature.
mignotta /miɲ'ɲɔtta/ f. VOLG. REGION. slut, whore.
migrare /mi'grare/ [1] intr. (aus. *avere*) [*animali*] to migrate.
migratore /migra'tore/ **I** agg. migratory, migrant **II** m. migrator, migrant.
migratorio, pl. **-ri**, **-rie** /migra'tɔrjo, ri, rje/ agg. migratory.
migrazione /migrat'tsjone/ f. migration.
milanese /mila'nese/ ➧ *2* **I** agg. **1** Milanese **2** GASTR. ***alla milanese risotto alla ~*** = risotto made with white wine, butter and saffron; ***cotoletta alla ~*** = breaded veal cutlet **II** m. e f. Milanese* **III** f. GASTR. *(cotoletta)* = breaded veal cutlet.
milanista, m.pl. **-i**, f.pl. **-e** /mila'nista/ agg. [*tifoso, giocatore*] of Milan, Milan attrib.
Milano /mi'lano/ ➧ *2* n.pr.f. Milan.
miliardario, pl. **-ri**, **-rie** /miljar'darjo, ri, rje/ m. (f. **-a**) (multi)millionaire, billionaire.
miliardo /mi'ljardo/ ➧ *26* m. **1** billion; ***un ~ di persone*** a billion people; ***due -i di dollari*** two billion dollars **2** *(grande numero)* ***te l'ho detto un ~ di volte*** I've told you millions *o* thousands of times *o* a thousand times.
miliare /mi'ljare/ agg. ***pietra ~*** milestone (anche FIG.).
milionario, pl. **-ri**, **-rie** /miljo'narjo, ri, rje/ m. (f. **-a**) millionaire.
milione /mi'ljone/ ➧ *26* m. **1** million; ***un ~*** a *o* one million; ***tre -i di abitanti*** three million inhabitants; ***-i di persone*** millions of people **2** *(numero enorme)* ***te l'ho detto un ~ di volte!*** I've told you a million times! ***avere un ~ di cose da fare*** to have a million and one things to do.
militante /mili'tante/ agg., m. e f. militant.
militanza /mili'tantsa/ f. militancy.
1.militare /mili'tare/ **I** agg. military; ***vita ~*** army life; ***servizio ~*** military service **II** m. serviceman*, soldier; ***i -i*** the army + verbo pl.; ***~ di carriera*** regular *o* career soldier; ***~ di leva*** conscript soldier; ***fare il ~*** *(prestare servizio di leva)* to be in the army.
2.militare /mili'tare/ [1] intr. (aus. *avere*) **1** *(in un corpo militare)* to serve **2** *(appartenere)* ***milita nel partito comunista*** he's an active member of the Communist Party; ***milita nella nazionale inglese*** he's an England cap.
militaresco, pl. **-schi**, **-sche** /milita'resko, ski, ske/ agg. [*atteggiamento, portamento*] soldierly.
militarismo /milita'rizmo/ m. militarism.
militarista, m.pl. **-i**, f.pl. **-e** /milita'rista/ agg., m. e f. militarist.
militarizzare /militarid'dzare/ [1] **I** tr. to militarize **II militarizzarsi** pronom. to become* militarized.
militarmente /militar'mente/ avv. ***zona occupata ~*** military occupied zone; ***occupare ~ un paese*** to occupy a country with military force; ***salutare ~*** to salute, to give a salute.
militassolto /militas'sɔlto/ agg. e m. = in small ads language, a person who has completed his compulsory military service.
milite /'milite/ m. *(soldato)* soldier; ***~ ignoto*** Unknown Soldier *o* Warrior.
militesente /milite'zɛnte/ agg. e m. = in small ads language, a person who is exempt from compulsory military service.
milizia /mi'littsja/ f. *(corpo armato)* militia*.
miliziano /milit'tsjano/ m. militiaman*.
millantare /millan'tare/ [1] **I** tr. to boast about, to brag about [*nobili origini, amicizie importanti*] **II millantarsi** pronom. to boast, to brag (**di qcs.** about sth.).
millantato /millan'tato/ **I** p.pass. → **millantare II** agg. ***~ credito*** DIR. influence peddling.
millantatore /millanta'tore/ m. (f. **-trice** /trit∫e/) boaster, braggart.
millanteria /millante'ria/ f. boasting, bragging.
mille /'mille/ ➧ *26* **I** agg.inv. **1** a thousand, one thousand; ***~ euro*** a *o* one thousand euros; ***milledue*** a thousand and two; ***nel millenovecento*** in nineteen hundred; ***nel millenovecentotre*** in nineteen hundred and three; ***l'anno Mille*** the year one thousand; ***"Le ~ e una notte"*** LETTER. "The Arabian Nights" **2** *(gran numero)* ***avere ~ cose da fare*** to have a thousand and one things to do; ***rompersi in ~ pezzi*** to break into a thousand pieces; ***te l'ho detto ~ volte*** I told you thousands of times *o* a thousand times; ***grazie ~*** thank you very much (indeed), thanks a lot **II** m.inv. thousand **III** m.pl. SPORT ***correre i ~*** to run in the thousand metres.
millefoglie /mille'fɔʎʎe/ m. e f.inv. GASTR. = small layered cake made of puff pastry filled with cream.
millefoglio, pl. **-gli** /mille'fɔʎʎo, ʎi/ m. BOT. yarrow.
millenario, pl. **-ri**, **-rie** /mille'narjo, ri, rje/ agg. ***un albero ~*** a thousand-year-old tree; ***essere ~*** to be a thousand years old.
millennio, pl. **-ni** /mil'lɛnnjo, ni/ ➧ *19* m. millennium*.
millepiedi /mille'pjɛdi/ m.inv. millipede.
millesimato /millezi'mato/ agg. [*vino*] vintage.
millesimo /mil'lɛzimo/ ➧ *26* **I** agg. thousandth **II** m. (f. **-a**) thousandth.
milligrammo /milli'grammo/ ➧ *22* m. milligram(me).
millilitro /mil'lilitro/ ➧ *20* m. millilitre BE, milliliter AE.
millimetrato /millime'trato/ agg. ***carta -a*** graph paper.
millimetrico, pl. **-ci**, **-che** /milli'mɛtriko, t∫i, ke/ agg. **1** millimetric **2** FIG. ***ha una precisione -a*** it's accurate to within a millimetre.
millimetro /mil'limetro/ ➧ *21* m. millimetre BE, millimeter AE.
milza /'miltsa/ f. spleen.
mimare /mi'mare/ [1] tr. to mime.
mimetica /mi'mɛtika/ f. *(divisa militare)* camouflage fatigues pl.
mimetico, pl. **-ci**, **-che** /mi'mɛtiko, t∫i, ke/ agg. **1** ZOOL. BIOL. mimetic **2** *(mimetizzante)* camouflage attrib.; ***giacca -a*** combat jacket.
mimetismo /mime'tizmo/ m. ZOOL. BIOL. mimicry.
mimetizzare /mimetid'dzare/ [1] **I** tr. to camouflage **II mimetizzarsi** pronom. **1** to camouflage oneself **2** ZOOL. ***molti***

animali si mimetizzano con l'ambiente many animals mimic their surroundings.

mimetizzazione /mimetiddzat'tsjone/ f. MIL. camouflage.

mimica /'mimika/ f. **1** *(arte del mimo)* mime **2** *(gestualità, espressività)* gestures pl., expressiveness; ***~ facciale*** facial expressions.

mimico, pl. **-ci**, **-che** /'mimiko, tʃi, ke/ agg. ***linguaggio ~*** sign language; ***arte -a*** mime.

mimo /'mimo/ ➧ **18** m. **1** TEATR. mime **2** ZOOL. mockingbird.

mimosa /mi'mosa/ f. mimosa.

Min. 1 ⇒ Ministero Minister (Min. GB) **2** ⇒ Ministro Ministry (Min. GB).

mina /'mina/ f. **1** *(esplosivo)* mine **2** *(di matita)* lead ♦ ***~ vagante*** loose cannon ♦♦ ***~ anticarro*** antitank mine; ***~ antiuomo*** antipersonnel mine; ***~ terrestre*** land mine.

minaccia, pl. **-ce** /mi'nattʃa, tʃe/ f. threat, menace; ***fare delle -ce a qcn.*** to make threats against sb.; ***subire -ce*** to come under threat; ***~ di morte*** death threat; ***costituire una ~ per*** to pose a threat to; ***tenere qcn. sotto la ~ di un'arma, di un coltello*** to hold sb. up at gunpoint, at knife-point.

minacciare /minat'tʃare/ [1] tr. **1** *(spaventare)* to threaten, to menace; ***~ qcn. con un coltello*** to threaten sb. at knife-point; ***essere minacciato*** to be under threat; ***sentirsi minacciato*** to feel threatened; ***essere minacciato di morte*** to be threatened with death **2** FIG. *(preannunciare)* ***minaccia pioggia*** it looks like rain **3** FIG. *(mettere a rischio)* to pose a threat to [*paese, salute*]; ***essere minacciato*** [*equilibrio, tranquillità, economia*] to be in jeopardy *o* peril **4** FIG. *(rischiare)* ***la caldaia minaccia di esplodere*** the boiler could explode at any moment.

minacciosamente /minattʃosa'mente/ avv. menacingly, threateningly.

minaccioso /minat'tʃoso/ agg. [*gesto, espressione, atmosfera*] threatening, menacing; [*presenza, ombra, nubi, mare, cielo*] ominous; ***il tempo era ~*** the weather looked threatening.

minare /mi'nare/ [1] tr. **1** MIL. to mine **2** FIG. *(compromettere)* to undermine [*autorità, reputazione, salute, sicurezza*]; ***~ le fondamenta di qcs.*** to rock *o* shake sth. to its foundations.

minareto /mina'reto/ m. minaret.

minato /mi'nato/ **I** p.pass. → **minare II** agg. ***campo ~*** minefield (anche FIG.); ***il terreno è ~*** the ground is mined.

minatore /mina'tore/ ➧ **18** m. (f. **-trice** /tritʃe/) miner, mineworker; *(in miniere di carbone)* coalminer, collier, pit worker.

minatorio, pl. **-ri**, **-rie** /mina'tɔrjo, ri, rje/ agg. [*lettera, telefonata*] threatening, minatory FORM.

minchia /'minkja/ **I** f. VOLG. **1** *(pene)* dick, cock, prick **2** *(niente)* ***non capire una ~ di*** to understand fuck-all of **II** inter. VOLG. fuck (me), bugger me ♦ ***testa di ~*** dickhead, prick; ***che ~ fai, vuoi?*** what the fuck are you doing, do you want?

minchione /min'kjone/ m. (f. **-a**) POP. dupe.

minerale /mine'rale/ **I** agg. [*regno, sali, acqua*] mineral **II** m. mineral; *(grezzo)* ore; ***~ di ferro*** iron ore, ironstone **III** f. *(acqua minerale)* mineral water.

mineralogia /mineralo'dʒia/ f. mineralogy.

minerario, pl. **-ri**, **-rie** /mine'rarjo, ri, rje/ agg. [*giacimento, industria*] mining; ***risorse -rie*** mineral wealth.

minestra /mi'nɛstra/ f. soup; ***~ di verdura*** vegetable soup ♦ ***è una ~ riscaldata*** there's nothing new about it, it's old hat; ***o mangi questa ~ o salti dalla finestra*** PROV. you can like it or you can lump it, beggars can't be choosers, if you can't stand the heat get out of the kitchen.

minestrina /mines'trina/ f. thin soup.

minestrone /mines'trone/ m. **1** GASTR. minestrone, thick soup **2** FIG. ***far di tutto un ~*** to make a hotchpotch of everything.

mingherlino /minger'lino/ agg. *(minuto)* thin, slight; *(gracile)* puny, gracile.

mini /'mini/ f.inv. *(minigonna)* mini(-skirt).

miniappartamento /miniapparta'mento/ m. flatlet BE, efficiency apartment AE.

miniare /mi'njare/ [1] tr. **1** to illuminate [*manoscritto*] **2** FIG. to describe minutely.

miniato /mi'njato/ **I** p.pass. → **miniare II** agg. [*codice, manoscritto*] illuminated.

miniatura /minja'tura/ f. **1** *(arte, opera)* illumination, miniature **2 in miniatura** ***ferrovia in ~*** miniature *o* model *o* toy railway; ***è suo padre in ~*** FIG. he's a small-scale version of his father.

miniaturista, m.pl. **-i**, f.pl. **-e** /minjatu'rista/ ➧ **18** m. e f. illuminator, miniaturist.

miniaturizzare /minjaturid'dzare/ [1] tr. to miniaturize.

miniera /mi'njɛra/ f. **1** *(giacimento)* mine, pit; ***lavorare in ~*** to work in *o* down the mines, to work at the pit **2** FIG. *(fonte)* mine; ***una ~ di informazioni*** a mine *o* treasure house of information ♦♦ ***~ di carbone*** coalmine, coal pit, colliery; ***~ a cielo aperto*** opencast mine; ***~ d'oro*** gold mine (anche FIG.).

minigolf /mini'gɔlf/ ➧ **10** m.inv. miniature golf.

minigonna /mini'gɔnna/ f. mini-skirt.

minima /'minima/ f. **1** MUS. minim BE, halfnote AE **2** METEOR. *(temperatura minima)* minimum temperature, minimum* **3** COLLOQ. *(pressione minima)* diastolic pressure.

minimalismo /minima'lizmo/ m. ART. POL. minimalism.

minimalista, m.pl **-i**, f.pl. **-e** /minima'lista/ agg., m. e f. ART. POL. minimalist.

minimamente /minima'mente/ avv. in the least, at all; ***non sono ~ preoccupato*** I'm not worried in the least, I'm not in the least (bit) worried; ***non era ~ geloso*** he wasn't the least bit jealous.

minimarket /mini'market/ m.inv. minimarket, minimart.

minimizzare /minimid'dzare/ [1] tr. to minimize, to play down, to downplay COLLOQ. [*incidente, evento*].

minimizzazione /minimiddzat'tsjone/ f. minimization.

minimo /'minimo/ **I** agg. **1** *(il più piccolo)* (the) smallest, (the) least; *(il più basso)* (the) lowest; [*velocità, temperatura*] minimum **2** *(in costrutti negativi: nessuno, alcuno)* ***non ne ho la (benché) -a idea*** I have no idea what(so)ever, I haven't the least *o* faintest *o* slightest idea; ***senza il ~ dubbio*** without the slightest doubt; ***non ha la -a importanza*** it doesn't matter in the least **3** *(piccolissimo)* [*quantità, variazione*] very small, minute; [*rischio*] slight, minimal; [*cambiamento, esitazione, possibilità, speranza*] slight; [*somiglianza*] remote, slight; [*differenza*] minimal, negligible; ***un prezzo ~*** a very low price; ***nei -i dettagli*** in great *o* minute detail **4** *(al più basso livello necessario)* [*età, durata, salario*] minimum; ***una pena -a di 20 anni*** a minimum of 20 years **5** MAT. ***~ comun denominatore*** lowest common denominator; ***~ comune multiplo*** lowest common multiple **II** m. **1** *(la parte, quantità più piccola)* minimum*; ***era il ~ che potessi fare*** it was the least I could do; ***non ha un ~ di buonsenso*** he is sadly lacking in sense; ***un ~ d'iniziativa!*** an ounce of initiative! ***tenere, ridurre al ~*** to keep, reduce to a *o* to the minimum; ***essere al ~ storico*** to be at an all-time low **2** AUT. ***girare al ~*** [*motore*] to idle; ***motore che tiene bene il ~*** engine that ticks over BE *o* idles well **3 come minimo** at (the very) least; ***costerà come ~ 20 euro*** it will cost a minimum of *o* at least 20 euros.

minio, pl. **-ni** /'minjo, ni/ m. minium, red lead.

ministeriale /ministe'rjale/ agg. **1** *(di ministro o ministero)* ministerial, departmental **2** *(governativo)* ***crisi ~*** cabinet crisis.

ministero /minis'tɛro/ m. **1** POL. *(governo)* ministry, government **2** POL. *(dicastero, edificio)* ministry; *(in GB)* Office, Department; *(negli USA)* Department **3** DIR. ***pubblico ~*** public prosecutor BE, prosecuting attorney AE **4** RELIG. ***~ sacerdotale*** ministry ♦♦ ***~ dell'ambiente*** *(in GB)* Department *o* Ministry of the Environment; ***~ per i beni culturali e ambientali*** = ministry of cultural heritage and environmental conservation; ***~ della difesa*** *(in GB)* Ministry of Defence; *(negli USA)* Department of Defense; ***~ degli (affari) esteri*** = foreign ministry, ministry of foreign affairs; ***~ delle finanze*** = finance ministry; ***~ di grazia e giustizia*** = ministry of Justice; *(negli USA)* Justice Department; ***~ dell'interno*** *(in GB)* Home Office; *(negli USA)* Department of the Interior; ***~ del lavoro*** = ministry of Employment; *(negli USA)* Labor Department; ***~ delle poste e telecomunicazioni*** = postal and telecommunications ministry; ***~ della pubblica istruzione*** = ministry of education; ***~ della sanità*** *(in GB)* Department of Health; *(negli USA)* Department of Health and Human Services; ***~ del tesoro*** *(in GB)* Treasury; *(negli USA)* Treasury Department; ***~ dei trasporti*** *(in GB)* Ministry of Transport; *(negli USA)* Depart-

mio - uso del possessivo

I possessivi primari

- Gli aggettivi e i pronomi possessivi variano in italiano e in inglese in funzione del possessore, mentre solo in italiano assumono forme diverse in funzione del genere e del numero della cosa posseduta:

il mio cane	= my dog
il loro cane	= their dog
questo cane è il mio / il loro	= this dog is mine / theirs
la mia scuola	= my school
la loro scuola	= their school
i miei cani	= my dogs
i loro cani	= their dogs
le mie scarpe	= my shoes
le loro scarpe	= their shoes
questi cani sono i miei / i loro	= these dogs are mine / theirs
queste scarpe sono le mie / le loro	= these shoes are mine / theirs

Si ricordi che, a differenza dell'italiano *suo*, l'inglese ha forme diverse a seconda del genere del possessore:

(maschile) *il suo libro*	= his book
la sua penna	= his pen
questo libro è il suo	= this book is his
questa penna è la sua	= this pen is his
(femminile) *il suo libro*	= her book
la sua penna	= her pen
questo libro è il suo	= this book is hers
questa penna è la sua	= this pen is hers
(neutro) *il suo collare*	= its collar
la sua zampa	= its paw

Va notato che non esiste in inglese forma pronominale corrispondente all'aggettivo possessivo neutro *its*, cosicché una frase come *questo collare è il suo* può essere tradotta trasformando il pronome possessivo in aggettivo: *this is its collar.*

- Gli esempi al punto precedente mostrano che in italiano gli aggettivi e i pronomi possessivi sono morfologicamente identici, e si distinguono tra loro per il fatto che l'aggettivo, con o senza articolo determinativo, accompagna sempre un nome, mentre il pronome richiede necessariamente l'articolo e sostituisce un nome; in inglese, aggettivi e pronomi possessivi escludono entrambi la presenza dell'articolo, e si distinguono morfologicamente (*my / mine, your / yours*, ecc.) con l'unica eccezione di *his.*
- In italiano, il possessivo può essere preceduto non solo dall'articolo determinativo, ma anche da quello indeterminativo, dai numerali, dai quantificatori, dai dimostrativi, dagli interrogativi, ecc.; in inglese, mentre l'articolo determinativo viene semplicemente eliminato, la presenza di un altro determinante impone la ristrutturazione del sintagma (con la trasformazione dell'aggettivo possessivo in pronome), secondo il modello proposto dagli esempi:

il mio amico	= my friend
un mio amico	= a friend of mine
tre miei amici	= three friends of mine
molti miei amici	= many friends of mine / many of my friends
qualche mio amico / alcuni miei amici	= some friends of mine
questo / quel mio amico	= this / that friend of mine
questi / quei miei amici	= these / those friends of mine
quale mio amico?	= which friend of mine?

- Il significato dell'aggettivo e del pronome possessivo equivale alla preposizione *di* + corrispondente pronome personale (ad es. *nostro = di noi*); tuttavia, questa espressione non può liberamente sostituire il possessivo, ma il suo uso è ristretto a particolari contesti:

a) per chiarire il possessore nel caso della terza persona singolare: *la sua casa = la casa di lui* oppure *la casa di lei*; la variante *la di lui casa* appare solo nello stile burocratico scritto;

b) per motivi di enfasi o contrasto: *ho bisogno del suo aiuto, non del suo = ho bisogno dell'aiuto di lui, non di lei.*

In entrambi questi casi, l'inglese non necessita di una struttura equivalente poiché distingue formalmente *his* e *her*, e può sfruttare l'enfasi data dall'accento: *his house, her house, I need his help, not hers.*

- In italiano, il possessivo può essere sottinteso, sostituito da articoli o da forme clitiche pronominali; queste strutture non sono possibili in inglese, che mantiene l'uso del possessivo:

ho cambiato idea (= … la mia idea)	= I changed my mind
hai le mani sporche (= le tue mani sono sporche)	= your hands are dirty
lavati la faccia! (= lava la tua faccia!)	= wash your face!
mi sono fatto tagliare i capelli (= … i miei capelli)	= I had my hair cut
tenne in testa il cappello (= … il suo cappello)	= he kept his hat on
venne con il fratello (= … con suo fratello)	= she came with her brother
ho perso l'equilibrio (= … il mio equilibrio)	= I lost my balance
non gli uscì parola di bocca (= nessuna parola uscì dalla sua bocca)	= no word came out of his mouth
mi piace Londra e ne ammiro i monumenti (= … e ammiro i suoi monumenti)	= I like London and admire its monuments

- Per altri esempi d'uso e i casi particolari relativi ai singoli possessivi, si vedano le voci **mio**, **tuo**, **suo**, **nostro**, **vostro** e **loro** nel dizionario.

Proprio

- L'aggettivo *proprio*, come l'equivalente inglese *own*, può accompagnare tutti i possessivi, rafforzandone il significato:

l'ho scritto di mio proprio pugno	= I wrote it in my own hand
l'avete fatto di vostra propria iniziativa	= you did it on your own initiative.

- Alla terza persona singolare e plurale, l'aggettivo possessivo italiano può essere sostituito da *proprio*, cosa che *own* non può fare:

a Mike piace guidare la propria auto (= la sua auto) = Mike likes driving his own car.

Si noti che l'uso di *proprio* in questo caso elimina l'ambiguità insita nell'uso dell'italiano *suo*: *a Mike piace guidare la sua auto* potrebbe anche significare *l'auto di qualcun altro* (ad es. della moglie), per cui la traduzione inglese diverrebbe *Mike likes driving her car.*

- L'uso di *proprio* è invece obbligatorio quando c'è un soggetto impersonale o ci si riferisce a un sintagma nominale non specifico; in tal caso, *proprio* si traduce in inglese con *one's* o *one's own*:

si dovrebbe sempre pensare al proprio futuro	= one should always think of one's future
non è facile essere padrone del proprio destino	= it isn't easy to be master of one's (own) fate.

- Per gli altri usi e significati di *proprio*, si veda la voce relativa.

Altrui

- *Altrui* può essere considerato un possessivo equivalente all'espressione *di altri* o *di un altro* (così come, si è detto sopra, i possessivi sono equivalenti a *di* + pronome personale); *altrui*, in italiano forma d'uso letterario, si rende in inglese con *another person's*, *other people's* o *of others*:

non si deve mettere il naso negli affari altrui	= you should not poke your nose into other people's business
ho agito per il bene altrui	= I acted for the good of others.

ment of Transportation; **~ *dell'università e della ricerca scientifica e tecnologica*** = ministry of university and of scientific and technological research.

ministro /mi'nistro/ ♦ ***1*** m. **1** POL. *(professione)* minister; *(titolo) (in GB)* Secretary (of State); *(negli USA)* Secretary; ***primo*** **~** prime minister, premier; ***vice primo*** **~** deputy prime minister **2** RELIG. minister, pastor; **~ *del culto*** minister of religion **3** DIR. *(diplomatico)* minister ♦♦ **~ *dell'agricoltura*** = agriculture minister; *(in GB)* Minister of Agriculture, Fisheries and Food; *(negli USA)* Secretary of Agriculture; **~ *dell'am-***

biente *(in GB)* Environment Secretary (of State), Secretary of State *o* Minister for the Environment; **~ *della difesa*** *(in GB)* Secretary of State for Defence; *(negli USA)* Defense Secretary; **~ *degli (affari) esteri*** = foreign minister; *(in GB)* Secretary of State for Foreign and Commonwealth Affairs; *(negli USA)* Secretary of State; **~ *delle finanze*** = finance minister; **~ *di grazia e giustizia*** = justice minister; **~ *ad interim*** acting minister; **~ *dell'interno*** *(in GB)* Home Secretary; *(negli USA)* Secretary of the Interior; **~ *del lavoro*** *(in GB)* Minister of Employment; *(negli USA)* Secretary of Labor; **~ *senza portafoglio*** minister without portfolio; **~ *della pubblica istruzione*** = minister for education; **~ *della sanità*** *(in GB)* Secretary of State for Health; *(negli USA)* Secretary of Health and Human Services; **~ *del tesoro*** = treasury minister; *(in GB)* Chancellor of the Exchequer; *(negli USA)* Treasury Secretary; **~ *dei trasporti*** *(in GB)* Secretary of State for Transport; *(negli USA)* Secretary of Transportation.

minoranza /mino'rantsa/ f. **1** *(parte minore)* minority; ***essere in*** **~** to be in the minority **2** *(gruppo)* minority; **~ *etnica, religiosa*** ethnic, religious minority; ***piacere solo a una*** **~** to appeal only to the few **3** POL. *(opposizione)* minority; ***partito di*** **~** minority party.

minorato /mino'rato/ **I** agg. disabled, handicapped **II** m. (f. **-a**) disabled person, handicapped person; ***i -i mentali, fisici*** the mentally, physically handicapped.

minorazione /minorat'tsjone/ f. *(menomazione)* handicap, disability.

minore /mi'nore/ **I** agg. **1** *(più piccolo, più basso) (comparativo)* smaller, lower (**di** than); *(superlativo)* smallest, lowest (**di** of, in); ***hanno il minor numero di vestiti*** they have the fewest clothes; ***di*** **~ *importanza*** of less importance; ***in minor grado*** to a lesser degree *o* extent **2** *(più breve) (comparativo)* shorter (**di** than); *(superlativo)* shortest (**di** of); ***nel minor tempo possibile*** in as short a time as possible **3** *(secondario)* [*artista, ruolo*] minor; [*opera, reato*] minor, lesser **4** *(di età) (comparativo)* younger; *(superlativo)* youngest; ***mio fratello*** **~** my younger brother; *(con più di due fratelli)* my youngest brother; **~ *età*** DIR. minority, infancy **5** MUS. minor; ***do*** **~** C minor **6** RELIG. ***ordini -i*** minor orders **II** m. e f. **1** *(il più giovane) (di due)* younger; *(di più di due)* youngest **2** DIR. *(minorenne)* minor; ***i -i di quattordici anni*** the under-fourteens; ***film vietato ai -i di 18 anni*** 18-certificate *o* X-rated film ♦ ***il male*** **~**, ***il*** **~ *dei mali*** the lesser of two evils.

minorenne /mino'rɛnne/ **I** agg. underage **II** m. e f. minor.

minorile /mino'rile/ agg. juvenile; ***età*** **~** minority; ***lavoro*** **~** child labour.

minoritario, pl. **-ri**, **-rie** /minori'tarjo, ri, rje/ agg. minority attrib.

minuetto /minu'etto/ m. minuet.

minugia, pl. **-gie**, **-ge** /mi'nudʒa, dʒe/ f. **1** *(budella)* gut **2** *(per strumenti musicali)* gutstring **3** *(per suture)* catgut, gutstring.

minuscola /mi'nuskola/ f. small letter; TIP. lower-case letter.

minuscolo /mi'nuskolo/ ➧ ***28*** **I** agg. **1** [*lettera*] small; TIP. lower-case **2** *(piccolissimo)* [*cosa, persona*] tiny; [*quantità*] minute **II** m. TIP. lower case, small print; ***scrivere in*** **~** to write in small letters.

minusvalenza /minusva'lɛntsa/ f. capital loss.

minuta /mi'nuta/ f. *(bozza)* draft, rough (copy).

minutaglia /minu'taʎʎa/ f. *(cianfrusaglie)* odds and ends pl.

minutamente /minuta'mente/ avv. [*descrivere, analizzare*] minutely, in (minute) detail.

1.minuto /mi'nuto/ **I** agg. **1** *(piccolo)* [*scrittura*] small, minute; [*oggetto*] tiny, small; ***legna -a*** kindling **2** *(esile)* [*persona*] tiny, slight; [*donna*] petite; *(delicato)* [*lineamenti*] delicate, fine; ***di corporatura -a*** small-bodied; ***di ossatura -a*** fine-boned **3** FIG. *(trascurabile)* [*dettagli*] petty, minute, trifling; [*spese*] trifling **4** FIG. *(dettagliato)* [*descrizione*] minute, detailed **II** m. ***vendita al*** **~** retail; ***prezzo al*** **~** retail price; ***comprare, vendere al*** **~** to buy, sell retail.

2.minuto /mi'nuto/ ➧ ***19, 13*** m. **1** *(unità di tempo)* minute; ***è a circa dieci -i di cammino*** it's about ten minutes' walk **2** *(momento)* minute, moment; ***(solo) un*** **~** half a minute *o* second *o* tick BE COLLOQ.; ***hai un*** **~*?*** can you spare a minute? ***non c'è un*** **~ *da perdere*** there's not a moment to lose; ***l'angoscia aumenta di*** **~ *in*** **~** fear is mounting by the minute; ***a -i*** *(a momenti)* at any moment, anytime; ***un cambiamento dell'ultimo*** **~** a last-minute change ♦ ***avere i -i contati*** to be hard-pressed for time, to work against the clock; ***spaccare il*** **~** [*persona*] to be dead on time; [*orologio*] to keep perfect time.

minuzia /mi'nuttsja/ f. *(piccolezza)* trifle, trivial detail; ***litigano per delle -e*** they quarrel over nothing.

minuziosamente /minuttsjosa'mente/ avv. [*descrivere*] minutely, in (minute) detail; [*esaminare*] minutely, scrupulously, thoroughly.

minuziosità /minuttsjosi'ta/ f.inv. *(scrupolosità)* minuteness, meticulousness.

minuzioso /minut'tsjoso/ agg. [*persona*] meticulous, scrupulous; [*lavoro*] finicking, finicky; [*ricerca*] thorough; [*descrizione*] very detailed.

minzione /min'tsjone/ f. urination, micturition.

mio, f. **mia**, m.pl. **miei**, f.pl. **mie** /'mio, 'mia, mi'ɛi, 'mie/ **I** agg.poss. my; **~ *padre*** my father; ***mia madre*** my mother; ***i miei genitori*** my parents; ***le mie scarpe*** my shoes; ***ci andrò con la mia macchina*** I'll get there in my own car; ***con i miei stessi occhi*** with my own eyes; ***un*** **~ *amico*** a friend of mine; **~ *Dio! mamma mia!*** oh my! ***quel libro è*** **~** that book is mine **II il mio**, f. **la mia**, m.pl. **i miei**, f.pl. **le mie** pron.poss. **1** mine; ***la macchina blu è la mia*** the blue car is mine; ***non ho la macchina della ditta, uso la mia*** I don't have a company car, I use my own; ***i suoi figli sono più giovani dei miei*** his sons are younger than mine **2** *(in espressioni ellittiche)* ***voglio dire la mia*** I want to have my say; ***ho il capo dalla mia*** the boss is on my side; ***quando riceverai questa mia...*** when you receive this letter...; ***ho avuto le mie*** I've had my share; ***i miei*** *(genitori)* my parents, my folks COLLOQ.; *(parenti)* my relatives; ***non voglio spendere del*** **~** I don't want to spend my money *o* to pay out of my own pocket; ***vivo del*** **~** I live on my own income.

miocardio, pl. **-di** /mio'kardjo, di/ m. myocardium.

miope /'miope/ **I** agg. **1** MED. [*occhio*] myopic; [*persona*] shortsighted **2** FIG. [*visione*] myopic, shortsighted **II** m. e f. shortsighted person, myope.

miopia /mio'pia/ ➧ ***7*** f. MED. myopia, shortsightedness (anche FIG.); ***avere una leggera*** **~** to be slightly shortsighted.

mira /'mira/ f. **1** *(atto del mirare)* aim; ***prendere la*** **~** to take aim; ***avere una buona*** **~** to have a sure aim, to be a good shot **2** *(mirino)* sight **3** FIG. *(scopo)* aim, goal; ***avere -e ambiziose*** to aim high; ***avere delle -e su qcs.*** to have designs on sth. ♦ ***prendere di*** **~ *qcn.*** to pick on sb.

mirabile /mi'rabile/ agg. admirable, wonderful, marvellous; ***gesta -i*** heroic feats.

mirabolante /mirabo'lante/ agg. astonishing, amazing.

miracolato /mirako'lato/ **I** agg. [*persona*] miraculously cured **II** m. (f. **-a**) ***è un*** **~** he has been saved by a miracle.

miracolo /mi'rakolo/ m. **1** RELIG. miracle; ***compiere*** o ***fare un*** **~** to perform *o* accomplish a miracle **2** *(fatto incredibile)* miracle, marvel, wonder; ***fare -i*** to work miracles *o* marvels *o* magic, to do *o* work wonders **3 per miracolo *come per*** **~** *(casualmente)* as if by a miracle *o* magic; ***ho preso il treno per*** **~** *(per poco)* I (only) just caught the train; ***salvarsi per*** **~** to have a narrow escape, to be saved by a miracle; ***sopravvivere per*** **~** to survive for a miracle; ***stava in piedi per*** **~** *(stentatamente)* it was a miracle he could stand up ♦ ***gridare al*** **~** = to hail something as a miracle ♦♦ **~ *economico*** economic miracle.

miracoloso /mirako'loso/ agg. [*guarigione, cura*] miraculous, miracle attrib., wonder attrib.

miraggio, pl. **-gi** /mi'raddʒo, dʒi/ m. mirage (anche FIG.).

mirare /mi'rare/ [1] **I** tr. LETT. to gaze at, to contemplate [*persona, paesaggio*] **II** intr. (aus. *avere*) **~ a** to aim at *o* for, to take aim at [*persona, oggetto*]; FIG. to aim for [*impiego, risultato*]; **~ *in alto*** FIG. to aim for the top; **~ *troppo in alto*** to pitch one's ambitions *o* to set one's sights too high; ***a che cosa miri?*** what are you driving at?

mirato /mi'rato/ **I** p.pass. → **mirare II** agg. aimed at; [*domanda, osservazione*] pointed; [*intervento*] targeted; ***intervenire in modo*** **~** to operate selectively.

miriade /mir'riade/ f. myriad LETT., multitude (**di** of).

mirino /mi'rino/ m. **1** *(di arma da fuoco)* sights pl. **2** FOT. CINEM. viewfinder ♦ ***essere nel*** **~ *di qcn.*** to be in sb.'s sights, to be sb.'s target.

mirra /'mirra/ f. myrrh.
mirtillo /mir'tillo/ m. bilberry, whortleberry, blueberry AE.
mirto /'mirto/ m. myrtle.
misantropia /mizantro'pia/ f. misanthropy.
misantropo /mi'zantropo/ **I** agg. misanthropic **II** m. (f. **-a**) misanthrope, misanthropist.
miscela /miʃ'ʃɛla/ f. **1** CHIM. GASTR. mixture; *(di caffe, tè)* blend; *~ di tabacco* smoking mixture, tobacco blend **2** *(carburante)* mixture **3** FIG. *(miscuglio)* mixture, blend.
miscelare /miʃʃe'lare/ [1] tr. to mix [*ingredienti, sostanze*]; to blend [*caffè*].
miscelatore /miʃʃela'tore/ **I** agg. mixing, blending **II** m. **1** TECN. mixer (anche MUS. CINEM.) **2** *(rubinetto)* mixer tap BE, mixer faucet AE.
miscellanea /miʃʃel'lanea/ f. **1** *(raccolta di scritti)* miscellany **2** *(mescolanza)* mixture.
miscellaneo /miʃʃel'laneo/ agg. miscellaneous.
mischia /'miskja/ f. **1** *(zuffa)* fight, fray FORM.; *~ generale* free-for-all; *gettarsi nella ~* to enter *o* join the fray (anche FIG.); *rimanere fuori dalla* o *al di sopra della ~* FIG. to keep out of the fray **2** SPORT *(nel rugby)* scrum(mage).
mischiare /mis'kjare/ [1] **I** tr. **1** *(amalgamare)* to mix, to blend (anche FIG.) **2** *(mettere in disordine)* to shuffle, to jumble (up), to scramble (up) [*fogli, lettere*]; *~ le carte* GIOC. to give the cards a shuffle, to shuffle the cards **II mischiarsi** pronom. **1** *(unirsi)* to mix, to blend **2** *(confondersi)* *-rsi alla folla* to mingle with the crowd.
misconosciuto /miskonoʃ'ʃuto/ agg. unrecognized, underrated.
miscredente /miskre'dɛnte/ **I** agg. unbelieving, irreligious **II** m. e f. unbeliever.
miscuglio, pl. **-gli** /mis'kuʎʎo, ʎi/ m. mixture; *(di persone)* mixture, medley; *(di idee)* patchwork, jumble.
mise /miz/ f.inv. outfit, attire SCHERZ.
miserabile /mize'rabile/ **I** agg. **1** *(miserevole)* [*condizioni, stato*] wretched, abject, sorry; [*esistenza*] miserable; *vestito in modo ~* meanly *o* poorly dressed **2** SPREG. *(spregevole)* [*traditore, imbroglione*] despicable, mean **3** *(scarso)* [*compenso*] miserable, pitiable, pitiful **II** m. e f. **1** *(indigente)* wretch, pauper **2** SPREG. *(persona disprezzabile)* despicable person, scoundrel.
miseramente /mizera'mente/ avv. **1** *(poveramente)* [*vivere*] poorly **2** *(spregevolmente)* despicably, meanly **3** *(pietosamente)* [*fallire*] miserably, pathetically.
miserevole /mize'revole/ agg. pitiable, pitiful, wretched.
miseria /mi'zɛrja/ f. **1** *(povertà)* poverty, destitution; *vivere nella ~* to live in poverty *o* squalor; *cadere in ~* to fall on hard times, to become destitute; *essere ridotto in ~* to be reduced to poverty; *piangere ~* to bewail one's poverty, to poor-mouth AE COLLOQ. **2** *(grettezza)* meanness, baseness; *nascondere le proprie -e* to conceal one's baseness **3** *(sventura)* *le -e della vita* the troubles of life **4** *(somma ridicola)* *guadagnare una ~* to earn a mere pittance; *la pagano una ~* she's paid peanuts; *costare una ~* to cost a trifle *o* next to nothing ♦ *per la ~!* good heavens! *porca ~!* holy cow *o* smoke! damn it!
misericordia /mizeri'kɔrdja/ **I** f. mercy (anche RELIG.); *usare ~ verso qcn.* to have mercy on sb.; *non avere ~* to be merciless **II** inter. *~!* for mercy's sake!
misericordioso /mizerikor'djoso/ agg. merciful.
misero /'mizero/ **I** agg. **1** *(povero)* [*persona*] poor, needy; [*condizioni, stato*] wretched, abject, sorry; [*esistenza*] miserable; [*abitazione*] miserable, shabby-looking, squalid **2** *(infelice)* [*persona*] miserable, unhappy, wretched; *~ me!* woe is me! *fare una fine -a* to meet a sad fate **3** *(meschino)* mean, petty, paltry **4** *(scarso)* [*compenso, paga, quantità*] miserable, paltry, pitiful **II** m. (f. **-a**) destitute person.
miserrimo /mi'zɛrrimo/ superl. → **misero**.
misfatto /mis'fatto/ m. *(malefatta)* misdeed; *(crimine)* crime.
misoginia /mizodʒi'nia/ f. misogyny.
misogino /mi'zɔdʒino/ **I** agg. misogynous **II** m. misogynist, woman-hater.
miss /mis/ f.inv. *Miss Mondo, Miss Italia* Miss World, Miss Italy.
missaggio, pl. **-gi** /mis'saddʒo, dʒi/ m. mixing; *tecnico del ~* mixer.
missare /mis'sare/ [1] tr. to mix [*suoni, immagini*].
missile /'missile/ m. missile.
missilistico, pl. **-ci**, **-che** /missi'listiko, tʃi, ke/ agg. [*base, attacco*] missile attrib., rocket attrib.
missionario, pl. **-ri**, **-rie** /missjo'narjo, ri. rje/ **I** agg. missionary **II** m. (f. **-a**) missionary.
missino /mis'sino/ **I** agg. = of the former Italian right-wing party MSI **II** m. (f. **-a**) = member of the former Italian right-wing party MSI.
missione /mis'sjone/ f. mission (anche RELIG. MIL.); *essere in ~* to be on a mission; *~ compiuta!* mission accomplished! (anche SCHERZ.); *attribuisce alla scuola la ~ di* it gives school the job of.
missiva /mis'siva/ f. LETT. missive, letter.
mister /'mister/ m.inv. COLLOQ. *(nel calcio)* coach ♦♦ *~ muscolo* muscleman, Mr Muscle; *~ simpatia* Mr Nice Guy; *Mister Universo* Mr Universe.
misterioso /miste'rjoso/ **I** agg. **1** *(incomprensibile)* [*malattia, scomparsa*] mysterious; *in circostanze -e* under mysterious circumstances **2** *(enigmatico)* [*persona*] enigmatic, mysterious **II** m. (f. **-a**) *fare il ~ su qcs.* to be mysterious about sth., to make a mystery out of sth.
mistero /mis'tɛro/ m. **1** *(enigma)* mystery, puzzle **2** *(segreto)* mystery, secret; *circondare qcs. di ~* to surround sth. in secrecy; *"quanto guadagna?" - "~!"* COLLOQ. "how much does he earn?" - "who knows?" *o* "God only knows!"; *l'uomo, la donna del ~* the mystery man, woman **3** *(persona enigmatica)* dark horse, enigmatic person **4** STOR. TEATR. mystery play ♦ *non fare ~ di qcs.* to make no mystery of sth.
misticismo /misti'tʃizmo/ m. mysticism.
mistico, pl. **-ci**, **-che** /'mistiko, tʃi, ke/ **I** agg. mystic(al); [*amore*] spiritual **II** m. (f. **-a**) mystic.
mistificare /mistifi'kare/ [1] tr. *~ la verità* to falsify the truth.
mistificazione /mistifikat'tsjone/ f. *(distorsione)* mystification; *(falsificazione)* sham.
misto /'misto/ **I** agg. **1** [*insalata, pelle, squadra, coppia, sangue*] mixed; [*classe*] mixed, coeducational; *matrimonio ~* intermarriage, mixed marriage; *comitato ~* joint committee **2** *(mescolato)* *pioggia -a a neve* rain mixed with snow; *gioia -a a dolore* joy mixed with pain **II** m. *un ~ di gesso e sabbia* a mix of chalk and sand; *~ (di) cotone* polycotton, cotton blend; *un ~ di autorità e dolcezza* FIG. a mixture of authority and sweetness.
mistura /mis'tura/ f. mix, mixture.
misura /mi'zura/ ♦ *35* f. **1** *(dimensione)* measure, measurement; *prendere le -e di qcs.* to take the measurements of sth.; *prendere le -e a qcn.* to take sb.'s measurements; *(fatto) su ~* made-to-measure, tailor-made, custom-made; *a ~ d'uomo* [*edificio, città*] on a human scale, man-sized; *a ~ di bambino* child-friendly **2** *(taglia)* size; *(di scarpe)* size, fitting; *che ~ ha?* what size are you *o* do you take? **3** *(misurazione)* measure; *unità di ~* measure, unit of measurement; *~ di capacità, lunghezza* measure of capacity, length; *~ di superficie* square measure; *pesi e -e* weights and measures **4** *(moderazione)* *non avere ~* to know no limits; *con ~* [*parlare, agire*] carefully, with moderation; *senza ~* [*spendere, bere*] wildly, to excess; *senso della ~* sense of proportion; *senza mezze -e* without half-measures **5** *(limite)* *passare* o *colmare la ~* to go too far; *la ~ è colma!* it's the last straw; *oltre ogni ~* beyond all limits **6** *(maniera)* *in una (qual) certa ~* to a certain extent *o* degree; *nella ~ in cui* inasmuch as, insofar as; *in larga ~* in large measure, to a great *o* large extent; *in ~ minore* to a lesser degree; *in uguale ~* in equal measure **7** *(provvedimento)* measure, step; *~ precauzionale, disciplinare* precautionary, disciplinary measure **8 di misura** [*vittoria*] hairline, close, narrow; *vincere di (stretta) ~* to win by a slender margin *o* a (short) head.
misurabile /mizu'rabile/ agg. measurable, mensurable.
misurare /mizu'rare/ [1] **I** tr. **1** to measure [*lunghezza, altezza, peso, oggetto*]; to gauge [*diametro, distanza*]; to meter [*elettricità, gas, acqua*]; to take* [*temperatura, pressione*]; *~ 2 metri di tessuto* to measure off 2 metres of fabric **2** *(provare)* to try on [*vestito*] **3** *(percorrere)* *~ una stanza a grandi passi* to pace (up and down) a room **4** FIG. *(valutare)* to measure [*valore, efficacia, rischi*]; *~ la propria forza contro* o *con qcn.* to pit one's strength against sb. **5** *(contenere)* *~ le parole* to

weigh one's words **6** *(razionare)* ***~ il cibo a qcn.*** to ration sb.'s food **II** intr. (aus. *avere*) to measure; ***~ 2 metri di altezza, larghezza*** to measure 2 metres in height, width *o* to be 2 metres high, wide; ***~ 20 metri di profondità*** to be 20 metres deep; ***~ 1 metro e 70*** [*persona*] to be 1.70 metre tall **III misurarsi** pronom. **1** *(contenersi)* ***-rsi nel bere*** to drink moderately *o* in moderation **2** *(confrontarsi)* ***-rsi con qcn.*** to measure *o* pit oneself against sb.; ***-rsi con un problema*** to tackle a problem.

misurato /mizu'rato/ **I** p.pass. → **misurare II** agg. [*tono*] measured; [*entusiasmo*] moderate; ***essere ~ nel fumare*** to smoke moderately *o* in moderation; ***essere ~ nel parlare*** to weigh one's words.

misuratore /mizura'tore/ m. meter, gauge ♦♦ ***~ di pressione*** pressure gauge.

misurazione /mizurat'tsjone/ f. measuring, mensuration.

misurino /mizu'rino/ m. measure, measuring spoon.

mite /'mite/ agg. **1** *(temperato)* [*clima, inverno*] mild **2** *(bonario)* [*persona*] mild, meek, gentle; [*sguardo*] meek **3** *(moderato)* [*punizione*] lenient, mild **4** *(mansueto)* [*animale*] tame, meek ♦ ***venire a più -i consigli*** to see reason.

mitezza /mi'tettsa/ f. **1** *(di clima)* mildness **2** *(di carattere)* mildness, gentleness, meekness **3** *(di punizione)* leniency, mildness **4** *(mansuetudine)* meekness.

mitico, pl. **-ci**, **-che** /'mitiko, tʃi, ke/ agg. **1** *(del mito)* [*eroe*] mythic(al) **2** *(leggendario)* legendary **3** COLLOQ. *(eccezionale)* great, fantastic.

mitigare /miti'gare/ [1] **I** tr. **1** *(rendere più mite)* to mitigate, to milden [*caldo, freddo*]; to appease [*dolore, passione*]; to smooth over [*contrasti*] **2** *(alleviare)* to mitigate [*punizione*] **II mitigarsi** pronom. [*persona*] to calm down; [*temperatura*] to milden, to become* milder.

mitilo /'mitilo/ m. mussel.

mitizzare /mitid'dzare/ [1] **I** tr. to mythicize, to mythologize **II** intr. (aus. *avere*) to create myths.

mito /'mito/ m. **1** myth; ***fare crollare un ~*** to destroy a myth **2** COLLOQ. ***sei un ~!*** you're great!

mitologia /mitolo'dʒia/ f. mythology.

mitologico, pl. **-ci**, **-che** /mito'lɔdʒiko, tʃi, ke/ agg. mythological.

mitomane /mi'tɔmane/ **I** agg. ***essere ~*** to be a mythomaniac **II** m. e f. mythomaniac.

1.mitra /'mitra/ f. RELIG. mitre BE, miter AE.

2.mitra /'mitra/ m.inv. *(arma)* submachine gun.

mitraglia /mi'traʎʎa/ f. COLLOQ. *(mitragliatrice)* machine gun.

mitragliare /mitraʎ'ʎare/ [1] tr. **1** MIL. to machine-gun **2** COLLOQ. FIG. ***~ qcn. di domande*** to fire questions at sb., to bombard sb. with questions.

mitragliata /mitraʎ'ʎata/ f. machine gun fire, grapeshot MIL.

mitragliatore /mitraʎʎa'tore/ m. ***(fucile) ~*** light machine gun.

mitragliatrice /mitraʎʎa'tritʃe/ f. machine gun.

mitragliere /mitraʎ'ʎɛre/ m. machine gunner.

mitraglietta /mitraʎ'ʎetta/ f. submachine gun.

mitteleuropeo /mitteleuro'pɛo/ agg. Central European.

mittente /mit'tɛnte/ m. e f. *(di lettere)* sender; *(di merce)* sender, forwarder; ***"rispedire al ~"*** "return to sender".

mixare /mik'sare/ [1] tr. to mix.

mixer /'mikser/ m.inv. **1** *(frullatore)* (food) mixer, liquidizer BE **2** MUS. *(tecnico)* mixer; *(apparecchio)* mixer, mixing desk.

MLD ⇒ miliardo billion (bn.).

mnemonico, pl. **-ci**, **-che** /mne'mɔniko, tʃi, ke/ agg. **1** *(della memoria)* [*processo, sforzo*] mnemonic **2** *(ripetitivo)* mechanical; ***apprendimento ~*** rote learning.

mo /mɔ, mo/ avv. REGION. now.

mo' /mɔ/ m.inv. ***a ~ di*** as; ***a ~ di scusa*** as an excuse, by way of excuse; ***a ~ di ringraziamento*** as a thank you.

mobile /'mɔbile/ **I** agg. **1** *(che si muove)* moving, mobile **2** *(non fisso)* movable; ***beni -i*** movable goods, movables; ***telefonia ~*** mobile communications *o* telephony **3** *(vivace)* [*occhi*] mobile, darting **4** *(incostante)* fickle, inconstant; ***la donna è ~*** = woman is fickle **II** m. piece of furniture; ***i -i*** furniture, furnishing; ***un ~ d'epoca*** a piece of period furniture; ***-i da cucina*** kitchen fittings ♦♦ ***~-bar*** cocktail cabinet, drinks cupboard.

mobilia /mo'bilja/ f.inv. furniture, furnishing.

mobiliare /mobi'ljare/ agg. [*credito, proprietà, valori*] movable; ***mercato ~*** securities market.

mobiliere /mobi'ljɛre/ m. (f. **-a**) **1** *(produttore)* furniture maker, furnisher **2** *(venditore)* furniture seller.

mobilificio, pl. **-ci** /mobili'fitʃo, tʃi/ m. **1** *(fabbrica)* furniture factory **2** *(negozio)* furniture shop.

mobilio /mo'biljo/ m. → **mobilia**.

mobilità /mobili'ta/ f.inv. **1** ECON. SOCIOL. mobility; ***~ del lavoro*** job mobility, fluidity of labour **2** *(facoltà di muoversi)* mobility, movability, movableness **3** *(incostanza)* fickleness, inconstancy **4** *(vivacità)* liveliness, quickness.

mobilitare /mobili'tare/ [1] **I** tr. **1** MIL. to mobilize [*truppe*] **2** *(radunare)* to rally, to mobilize [*amici, energie*]; ***questo problema ha mobilitato tutta la famiglia*** this problem got the whole family moving **II mobilitarsi** pronom. [*truppe*] to mobilize; [*militanti, studenti*] to rally.

mobilitazione /mobilitat'tsjone/ f. MIL. mobilization (anche FIG.).

moca → **moka**.

mocassino /mokas'sino/ m. *(scarpa)* moccasin, slip-on (shoe).

moccio, pl. **-ci** /'mottʃo, tʃi/ m. COLLOQ. snot.

moccioso /mot'tʃoso/ **I** agg. [*naso*] snotty; [*bambino*] snotty-nosed **II** m. (f. **-a**) COLLOQ. *(bambino)* snot, snotty kid.

moccolo /'mɔkkolo/ m. **1** *(di candela)* candle-end, butt **2** COLLOQ. *(moccio)* ***avere il ~ al naso*** to be snotty-nosed **3** COLLOQ. *(bestemmia)* oath, swearword ♦ ***reggere il ~*** to be a *o* play gooseberry.

moda /'mɔda/ f. **1** *(tendenza)* fashion, trend, vogue; ***alla ~*** o ***di ~*** in fashion, fashionable; ***fuori ~*** out of fashion *o* vogue, unfashionable; ***una ragazza alla ~*** a trendy *o* fashionable girl; ***andare*** o ***essere di ~*** to be fashionable *o* in fashion; ***passare di*** o ***andare fuori ~*** to go out (of fashion *o* favour); ***tornare di ~*** to come back into fashion; ***lanciare una ~*** to start a fashion, to set a trend; ***vestirsi all'ultima ~*** to dress in the latest fashion, to wear trendy clothes; ***adesso va di ~ Internet*** nowadays Internet is very popular **2** *(settore)* fashion (industry); *(modelli)* fashions pl.; ***~ maschile, femminile*** ladies', men's fashions; ***la ~ italiana*** Italian fashion; ***alta ~*** haute couture; ***lavorare nella*** o ***nel campo della ~*** to work in the fashion business.

modaiolo /moda'jɔlo/ agg. trendy.

modale /mo'dale/ **I** agg. LING. modal **II** m. modal (verb).

modalità /modali'ta/ f.inv. **1** LING. FILOS. modality **2** *(procedura)* method, procedure, modality; ***~ operativa*** INFORM. operational mode; ***~ di pagamento*** terms of payement; ***~ d'uso*** directions for use; ***seguire attentamente le ~ d'uso*** *(per medicine)* to be taken as directed.

modanatura /modana'tura/ f. moulding BE, molding AE.

modella /mo'dɛlla/ ◗ ***18*** f. **1** ART. FOT. model; ***fare da ~ a qcn.*** to pose as a model for sb. **2** *(indossatrice)* (fashion) model, mannequin; ***fare la ~*** to (work as a) model.

modellare /model'lare/ [1] **I** tr. **1** *(plasmare)* to model, to mould BE, to mold AE, to shape [*materiale, statua*] **2** *(dare forma)* to style, to shape [*acconciatura*]; *(sagomare)* ***una gonna che modella la figura*** a close-fitting skirt **3** FIG. *(adattare)* to model, to pattern (**su** on) **II modellarsi** pronom. to model oneself (**su** on, upon), to mould BE, to mold BE (**su** to, round).

modellino /model'lino/ m. model; ***~ di auto*** model car.

modellismo /model'lizmo/ m. modelling, modeling AE, model making.

modello /mo'dɛllo/ ◗ ***18*** **I** m. **1** *(esempio)* model, example, pattern; ***sul ~ di*** on the model *o* pattern of; ***seguire un ~*** to follow a model *o* an example; ***prendere qcn. a ~*** to model oneself on sb.; ***un ~ di chiarezza, eleganza*** a model of clarity, elegance; ***~ di comportamento*** pattern of behaviour **2** *(di prodotto)* model, design; ***l'ultimo ~*** the latest model; ***la tenda ~ grande*** the large-size tent **3** *(di abito)* model, design, style; ***un ~ estivo, invernale*** a summer, winter style **4** ART. FOT. (male) model; ***fare da ~ a qcn.*** to pose as a model for sb. **5** *(indossatore)* (male) (fashion) model; ***lavorare come ~*** to (work as a) model **6** *(schema)* model; ***~ educativo, economico*** educational, economic model **7** IND. TECN. *(riproduzione)* model; ***~ di aereo*** model aircraft **8** BUROCR. *(per la* *dichiarazione dei redditi)* ***~ 740, 730, unico*** = various types of income tax return **II** agg. [*impiegato, marito, scolaro*] model attrib., exemplary; [*cittadino*] upstanding; [*prigione, fabbrica*] model attrib., showcase; ***questo è un ospedale ~*** this hospital is a showpiece.

moderare /mode'rare/ [1] **I** tr. to moderate, to curb [*ambizione, desideri*]; to moderate, to temper [*entusiasmo*]; to lower [*tono*]; to reduce, to limit [*velocità*]; ***modera i termini, per favore!*** watch your language, please! **II moderarsi** pronom. to moderate oneself, to limit oneself, to control oneself; ***-rsi nel bere*** to drink with moderation.

moderatamente /moderata'mente/ avv. moderately, with moderation; ***bere, fumare ~*** to drink, smoke in moderation.

moderato /mode'rato/ **I** p.pass. → **moderare II** agg. [*persona*] moderate, tempered; [*vento*] mild, moderate; [*costo, velocità*] moderate; [*entusiasmo*] mild; POL. [*partito, candidato*] moderate; ***essere ~ nel bere*** to drink in moderation, to be a light drinker **III** m. (f. **-a**) moderate.

moderatore /modera'tore/ **I** agg. moderating **II** m. (f. **-trice** /tritʃe/) moderator; ***fare il ~ in un dibattito*** to moderate over a debate.

moderazione /moderat'tsjone/ f. moderation, temperance, (self-)restraint; ***con ~*** moderately, in moderation; ***senza ~*** without moderation *o* restraint.

modernismo /moder'nizmo/ m. modernism.

modernista, m.pl **-i**, f.pl. **-e** /moder'nista/ agg., m. e f. modernist.

modernistico, pl. **-ci**, **-che** /moder'nistiko, tʃi, ke/ agg. modernistic.

modernità /moderni'ta/ f.inv. modernity.

modernizzare /modernid'dzare/ [1] **I** tr. to modernize [*settore, impianti*]; to update, to upgrade [*materiale*] **II modernizzarsi** pronom. to modernize.

modernizzazione /moderniddzat'tsjone/ f. modernization.

moderno /mo'dɛrno/ **I** agg. [*arte, società, storia, lingue, danza*] modern; [*attrezzatura, macchinario*] up-to-date **II** m. modern.

modestamente /modesta'mente/ avv. modestly; ***~, sono il migliore!*** IRON. if I must say so myself *o* in all modesty, I'm the best!

modestia /mo'dɛstja/ f. modesty; ***~ a parte*** in all modesty.

modesto /mo'dɛsto/ agg. [*persona, atteggiamento, casa*] modest, humble; [*costo, somma*] modest; [*interesse*] mild; [*risultato, vino*] mediocre; ***a mio ~ parere*** IRON. in my humble opinion

modicità /moditʃi'ta/ f.inv. ***la ~ dei prezzi*** the lowness *o* smallness of the prices; ***la ~ dei prezzi di*** the cheap price of.

modico, pl. **-ci**, **-che** /'mɔdiko, tʃi, ke/ agg. [*somma, quantità*] modest, moderate; [*prezzi*] reasonable, cheap.

modifica, pl. **-che** /mo'difika, ke/ f. modification, alteration, change; ***apportare*** o ***fare delle -che a qcs.*** to carry out alterations on sth., to modify sth., to make modifications to *o* in sth.

modificabile /modifi'kabile/ agg. modifiable, alterable; [*orario, rata*] adjustable.

modificare /modifi'kare/ [1] **I** tr. to modify, to alter [*programma, progetto, testo*]; to change [*abitudine, politica, metodo*]; to adjust [*vestito*]; to amend [*legge*] **II modificarsi** pronom. [*situazione, abitudine, carattere*] to change.

modificatore /modifika'tore/ m. LING. modifier.

modificazione /modifikat'tsjone/ f. modification, alteration, change; ***~ della legge*** amendment of the law.

modista /mo'dista/ ♦ ***18*** f. hat designer, hatter, milliner.

modisteria /modiste'ria/ f. **1** *(negozio)* hatshop, milliner's shop **2** *(professione)* millinery.

modo /'mɔdo/ m. **1** *(maniera)* way, manner; ***in questo ~*** this way, like this; ***il tuo ~ di mangiare, il ~ in cui mangi*** the way you eat; ***~ di vivere*** way of living; ***~ di pagamento*** terms of payement; ***a mio ~ di vedere*** from my point of view, from where I stand; ***in ~ decisivo*** in a decisive way, decisively; ***in che ~?*** how? ***a ~ mio*** (in) my (own) way; ***c'è ~ e ~ di dire le cose!*** there are other ways of putting it! ***in un ~ o nell'altro*** in one way or another, somehow **2** *(caso)* ***in*** o ***ad ogni ~*** anyway, in any case; ***in nessun ~*** never, in no way **3** *(possibilità)* way, chance; ***c'è ~ di fare*** it is possible to do; ***non c'è ~ di uscirne*** we can't get out of *o* through it; ***non ha avuto ~ di spiegarsi*** he wasn't given a chance to explain himself; ***ho avuto ~ di incontrarlo*** I managed to meet him; ***se tu avessi ~ di comprarlo*** if you could buy it **4** *(comportamento)* ***i tuoi -i non mi piacciono*** I don't like your manners *o* the way you behave; ***avere -i cortesi*** o ***bei -i*** to be polite, to have good manners; ***ha un brutto ~ di fare*** he has a bad manner; ***una persona a ~*** a well-bred person **5** LING. ***~ congiuntivo, indicativo*** subjunctive, indicative mood; ***avverbio di ~*** modal adverb **6** MUS. mode **7 in modo da** so that; ***in ~ da non fare di nuovo quell'errore*** so that I won't make, not to make that mistake again **8 in modo di** ***fa' in ~ di essere puntuale*** do what you have to (do) to be on time; ***fare in ~ di fare qcs.*** to arrange for sth. to be done **9 in modo che** ***fa' in ~ che*** see (to) it that; ***fa' in ~ che lui capisca*** (try to) make him understand; ***fare in ~ che succeda qcs.*** to make sth. happen **10 in tal modo** in such a way; ***compromettendo in tal ~ i futuri negoziati*** thereby compromising further negotiations **11 in certo qual modo** in a way **12 di modo che** so that **13 modo di dire** idiom; ***l'ho detto per ~ di dire*** it was just a manner of speaking *o* a figure of speech; ***è il presidente solo per ~ di dire*** he is the president in name only.

1.modulare /modu'lare/ [1] tr. **1** *(regolare)* to inflect, to modulate [*voce, suono*] **2** RAD. TECN. to modulate.

2.modulare /modu'lare/ agg. [*programma, sistema*] modular.

modulatore /modula'tore/ **I** agg. modulating **II** m. modulator.

modulazione /modulat'tsjone/ f. **1** FIS. RAD. modulation **2** *(di voce, tono)* modulation, inflection ♦♦ ***~ di frequenza*** frequency modulation; ***essere in ~ di frequenza*** to be on FM.

modulistica /modu'listika/ f. set of forms, forms pl.

modulo /'mɔdulo/ m. **1** *(stampato)* form; ***compilare*** o ***riempire un ~*** to fill in a form; ***~ d'iscrizione*** entry *o* application form; ***~ in bianco*** blank form, blank AE; ***~ di versamento*** paying-in slip **2** *(elemento costitutivo)* unit; ***~ di cucina componibile*** kitchen unit **3** MAT. FIS. modulus **4** SCOL. ASTR. module.

moffetta /mof'fetta/ f. skunk.

mogano /'mɔgano/ ♦ ***3*** **I** m. *(albero, legno)* mahogany **II** agg. e m.inv. *(colore)* mahogany.

mogio, pl. **-gi**, **-gie** e **-ge** /'mɔdʒo, dʒi, dʒe/ agg. [*persona*] low-spirited; ***essere ~*** to feel down.

moglie, pl. **-gli** /'moʎʎe, ʎi/ f. wife*; ***prendere ~*** to marry, to get married, to take a wife ANT.; ***sarà una buona ~ per lui*** she will make him a good wife ♦ ***tra ~ e marito non mettere il dito*** = never interfere between husband and wife.

mohair /mo'ɛr/ m.inv. mohair.

mo(h)icano /moi'kano/ **I** agg. Mohican **II** m. (f. **-a**) Mohican.

moina /mo'ina/ f. ***le -e*** *(comportamento lezioso)* coaxing, wheedling, cajoling; *(gesto d'affetto)* fondling; ***fare le -e a qcn.*** to try to coax sb.; ***convincere qcn. a fare qcs. con le -e*** to wheedle sb. into doing sth.

moka /'mɔka/ **I** m.inv. *(caffè)* mocha **II** f.inv. *(caffettiera)* = coffee maker.

mola /'mɔla/ f. **1** *(macina)* millstone, grindstone **2** TECN. grindstone, grinding wheel.

1.molare /mo'lare/ [1] tr. to grind* [*lente, vetro*]; to whet [*lama*].

2.molare /mo'lare/ **I** agg. ANAT. ***dente ~*** molar, grinding tooth, grinder **II** m. ANAT. molar, grinder.

3.molare /mo'lare/ agg. CHIM. FIS. molar.

molatrice /mola'tritʃe/ f. *(macchina)* grinder.

molatura /mola'tura/ f. grinding.

Moldavia /mol'davja/ ♦ ***30, 33*** n.pr.f. *(regione)* Moldavia; *(stato)* Moldavia, Moldova.

moldavo /mol'davo/ ♦ ***30, 25, 16*** **I** agg. *(della regione)* Moldavian; *(dello stato)* Moldavian, Moldovan **II** m. (f. **-a**) **1** *(persona)* *(della regione)* Moldavian; *(dello stato)* Moldavian, Moldovan **2** LING. Moldavian.

mole /'mɔle/ f. **1** *(volume notevole)* bulk, mass; *(quantità)* volume, amount; ***un uomo di grossa ~*** a hunk; ***mi cadde addosso con tutta la sua ~*** he fell on me with all his weight; ***un'enorme ~ di lavoro*** an awful lot of work **2** ARCH. = massive building.

molecola /mo'lɛkola/ f. molecule.

molecolare /moleko'lare/ agg. molecular.
molestare /moles'tare/ [1] tr. **1** *(infastidire)* to annoy, to bother, to pester **2** *(importunare)* to harass, to molest [*donna*]; to molest [*bambino*] **3** *(disturbare)* to disturb **4** *(tormentare)* to tease, to torment [*animali*]; ***essere molestato dal mal di denti*** to be plagued by a toothache.
molestatore /molesta'tore/ m. (f. **-trice** /tritʃe/) molester.
molestia /mo'lɛstja/ f. **1** *(fastidio)* ***arrecare ~ a qcn.*** to annoy *o* bother sb. **2** *(azione molesta)* harassment **U** ♦♦ ***~ sessuale*** sexual harassment.
molesto /mo'lɛsto/ agg. [*persona*] annoying, bothering, vexatious; [*rumore*] bothersome, irritating.
molibdeno /molib'dɛno/ m. molybdenum.
molisano /moli'zano/ ➧ **30 I** agg. from, of Molise **II** m. (f. **-a**) native, inhabitant of Molise.
molla /'mɔlla/ **I** f. **1** TECN. spring; ***materasso a -e*** spring mattress; ***caricato a ~*** spring loaded; ***caricare, scaricare una ~*** to load, to release a spring **2** FIG. (main)spring; ***le -e dell'odio*** the impulse behind hatred **II molle** f.pl. *(arnesi)* tongs; *(per tizzoni)* fire tongs ♦ ***prendere qcn. con le -e*** to handle sb. with care, to watch one's step with sb.; ***scattare come una ~*** to spring up.
mollaccione /mollat'tʃone/ m. (f. **-a**) *(pigrone)* lazybones, slowcoach; *(pappamolla)* spineless person.
mollare /mol'lare/ [1] **I** tr. **1** *(lasciare andare)* to let* go, to release [*persona, oggetto*]; *(allentare)* to slacken, to ease off [*nodo*]; *(lasciare cadere)* to drop; ***ha mollato la corda*** he's lost his grip on the rope; ***~ la presa*** to let go, to loose one's hold **2** MAR. to let* fall [*vela*]; to cast off, to slip [*ormeggi*]; ***~ l'ancora*** to slip anchor **3** COLLOQ. *(abbandonare)* to quit [*studi, lavoro*]; to drop, to dump, to ditch [*ragazzo, ragazza*]; ***~ tutto*** to jack it in, to pack it all in **4** COLLOQ. *(dare)* to give* [*oggetto, denaro*]; *(appioppare)* to deliver, to land [*sberla*]; ***molla la grana!*** hand over the dough! **5** COLLOQ. *(lasciare tranquillo)* ***non mi ha mollato tutto il giorno*** he wouldn't stop bothering me all day **II** intr. (aus. *avere*) **1** *(cedere)* ***non ~!*** don't give in *o* up! **2** *(smettere)* to stop **III mollarsi** pronom. [*coppia*] to split* (up).
molle /'mɔlle/ **I** agg. **1** *(non duro)* [*materia*] soft **2** ANAT. [*tessuti, palato*] soft **3** *(allentato)* [*cintura, nodo*] slack, loose **4** *(intriso)* [*terreno*] soft, moist, squashy, squelchy; ***~ di pioggia, di sudore*** soaked in rain, sweat **5** *(senza forza)* [*stretta di mano*] flabby, limp; [*gambe*] weak, feeble **6** *(senza energia)* [*carattere*] weak **II** m. ***dormire sul ~*** to sleep on a soft bed.
molleggiarsi /molled'dʒarsi/ [1] pronom. ***~ sulle ginocchia*** to bend *o* flex one's knees.
molleggiato /molled'dʒato/ **I** p.pass. → **molleggiarsi II** agg. ***un'auto ben -a*** a car with a good suspension system; ***passo ~*** springy step.
molleggio, pl. **-gi** /mol'leddʒo, dʒi/ m. **1** *(di poltrona)* springing **2** *(di auto)* springs pl., suspension.
mollemente /molle'mente/ avv. [*disteso*] languidly, lazily; [*pendere*] limply.
molletta /mol'letta/ **I** f. *(per appuntare)* ***~ per*** o ***da bucato*** (clothes) peg; ***~ per capelli*** clip, hairclip BE, hairgrip BE, bobby pin AE **II mollette** f.pl. *(pinze)* ***-e per il ghiaccio, per lo zucchero*** ice, sugar tongs.
mollettone /mollet'tone/ m. *(di asse da stiro)* (ironing board) cover; *(di tavolo)* duffel.
mollezza /mol'lettsa/ **I** f. **1** *(di carattere, stretta di mano)* weakness, feebleness **2** *(assenza di autorità)* lenience, lack of authority **3** *(rilassatezza)* ***~ dei costumi*** looseness of morals, moral slackness **4** *(di sostanza)* softness **II mollezze** f.pl. ***vivere nelle -e*** to live in (the lap of) luxury.
mollica, pl. **-che** /mol'lika, ke/ **I** f. = soft part of the bread **II molliche** f.pl. crumbs.
molliccio, pl. **-ci, -ce** /mol'littʃo, tʃi, tʃe/ agg. **1** *(molle)* softish; [*terreno*] mushy **2** *(flaccido)* limpish, (rather) flabby.
mollo /'mɔllo/ agg. **1** COLLOQ. ***pappa -a*** → **pappamolla 2 a mollo** ***mettere a ~ la biancheria*** to soak the laundry, to put the laundry to soak; ***tenere i piedi a ~*** to bathe one's feet.
mollusco, pl. **-schi** /mol'lusko, ski/ m. **1** ZOOL. mollusc, mollusk AE, shellfish **2** COLLOQ. *(pappamolla)* jellyfish.
molo /'mɔlo/ m. pier, quay, jetty, dock AE ♦♦ ***~ di sbarco*** wharf.
molotov /'mɔlotov/ agg. e f.inv. ***(bottiglia) ~*** Molotov cocktail.
molteplice /mol'teplitʃe/ agg. **1** *(numeroso)* [*ragioni, occasioni*] many, several, various **2** *(diverso)* [*scopi, cause*] various, manifold; ***una questione dagli aspetti -i*** a multi-faceted *o* many-sided question; ***dare -i interpretazioni a qcs.*** to interpret sth. in many different ways; ***una donna dai -i interessi*** a woman of wide interests.
molteplicità /molteplitʃi'ta/ f.inv. multiplicity, variety; ***una ~ di opinioni, interessi*** a wide range of opinions, interest.
moltiplica, pl. **-che** /mol'tiplika, ke/ f. TECN. gear ratio; *(di bicicletta)* gear wheel.
moltiplicare /moltipli'kare/ [1] **I** tr. **1** MAT. to multiply [*cifra*] (**per** by) **2** *(aumentare)* to multiply [*rischi, possibilità, guadagni, forze*] **II moltiplicarsi** pronom. **1** *(aumentare)* to multiply, to increase **2** *(riprodursi)* [*animali*] to multiply.
moltiplicatore /moltiplika'tore/ **I** agg. multiplicative **II** m. multiplier.
moltiplicazione /moltiplikat'tsjone/ f. **1** *(aumento)* increase (**di** in) **2** MAT. multiplication; ***fare le -i*** to do multiplication; ***segno di ~*** multiplication sign **3** BIOL. BOT. multiplication.
moltitudine /molti'tudine/ f. **1** *(gran numero)* multitude, great number **2** *(folla)* large crowd.
molto /'molto/ *Molto* può essere usato come aggettivo, pronome o avverbio. - Come aggettivo e come pronome, si traduce con *much* davanti o al posto di nomi non numerabili (*molto vino* = much wine; *molta cura* = much care; *ne hai mangiato molto?* = have you eaten much (of it)?) e *many* davanti o al posto di sostantivi plurali (*molti nemici* = many enemies; *molti (di loro) non vivono a Londra* = many (of them) don't live in London). Si noti che *much* e *many* sono preferibilmente usati in frasi negative e interrogative, mentre in frasi affermative sono spesso sostituiti da *a lot (of), lots (of), plenty (of), a good / great deal (of)*: *molte persone* = a lot of people; *guadagno molto* = I earn a lot. - Come avverbio, *molto* si usa dopo un verbo, e in tal caso si traduce *much, very much* o *a lot* (*non bevo mai molto* = I never drink much / very much / a lot); quando precede un altro avverbio o un aggettivo, si traduce con *very* (*molto presto* = very soon; *molto veloce* = very fast), ma se tale avverbio o aggettivo è al comparativo si rende con *much* (*molto più presto* = much sooner; *molto più veloce* = much faster). - v. anche la nota della voce **alcuno**. ➧ **31 I** agg.indef. **1** *(un gran numero di)* ***-i fiori*** many flowers; ***-e persone*** many *o* a lot of people; ***è da -i anni che*** it's a long time that **2** *(una gran quantità di)* ***-i soldi*** lots *o* plenty *o* a great deal of money; ***-a gente*** many people; ***non rimane più ~ pane*** there isn't much bread left; ***abbiamo fatto -a strada*** we've gone very far **3** *(tanto)* ***con -a gentilezza, cura*** with much *o* great kindness, care; ***ho -a fame, paura*** I'm very hungry, scared; ***fate -a attenzione*** be very careful; ***avere -a fortuna*** to be very lucky, to have a lot of luck **4** *(in un comparativo)* ***~ più, meno denaro*** much more, less money; ***-e meno persone, -i meno libri*** far fewer people, books; ***è ~ più difficile*** it's much more difficult **II** pron.indef. **1** *(un gran numero)* ***-i di loro*** many of them; ***-i dei luoghi che ho visitato...*** many of the places I visited... **2** *(tante persone)* ***-i sono pensionati*** many (of them) are pensioners; ***-i sono tentati di crederlo*** many people tend to believe him **3** *(tanto)* ***vincere, scrivere ~*** to win, write a lot; ***ho ~ da fare*** I've got a lot of things to do; ***avete già fatto ~ per me*** you've already done so much for me; ***non ci vuole ~ a capirlo*** it doesn't take much understanding; ***~ di quello che dici è vero*** much of what you say is true; ***non me ne intendo ~ di cinema*** I don't know much about cinema **4** *(tanto tempo)* ***è da ~ che non lo vedo*** I haven't seen him for a long time *o* for so long; ***aspetti da ~?*** have you been waiting long? ***non ci vorrà ~ a finire*** it won't take long to finish; ***fra non ~*** before long; ***ho aspettato ~*** I waited for a long time **5** *(una gran cosa)* ***è già ~ se non ci sbatte fuori*** we'll be lucky if he doesn't throw us out; ***è già ~ che sia venuta*** it's already saying a lot that she came; ***è ~ per la tua età*** it's a lot for your age **6 a dir molto** at the utmost **III** avv. **1** *(con un verbo)* ***la ringrazio ~*** I thank you very much; ***amare ~ qcn.*** to love sb. very much; ***va ~ a teatro*** he goes to the theatre a lot; ***è cambiato ~*** he has changed a lot; ***non m***

piace **~** I don't really like it; ***mi è piaciuto*** **~** I enjoyed it very much *o* a great deal **2** *(con un avverbio)* very; ***~ bene*** very well; ***sto ~ bene*** I'm really fine, I feel very well; ***si è comportato ~ male*** he behaved really badly; ***~ gentilmente, volentieri*** very kindly, with much pleasure; ***~ prima, dopo*** a long time before, after **3** *(con un aggettivo o un participio passato)* ***~ felice, pulito, famoso*** very happy, clean, famous; ***è ~ amato a scuola*** he's very much loved at school; ***~ in anticipo*** far in advance **4** *(in un comparativo)* ***sta ~ meglio*** he's much better; ***~ meno*** much less; ***lavora ~ più velocemente di me*** he works much faster than me.

Molucche /mo'lukke/ ➧ *14* n.pr.f.pl. ***(isole) ~*** Moluccas, Molucca islands.

momentaneamente /momentanea'mente/ avv. [*interrompere*] temporarily; ***è ~ assente*** he's not here at the moment.

momentaneo /momen'taneo/ agg. [*disaccordo, dolore*] momentary; [*interruzione, miglioramento*] temporary.

momento /mo'mento/ m. **1** moment; ***hai un ~ (di tempo)?*** have you got a moment? ***è successo tutto in un ~*** it happened all at once; ***non c'è un ~ da perdere*** there's no time to lose; ***ho avuto un ~ di incertezza*** I hesitated for a moment; ***non ha (mai) un ~ per sé*** she hasn't (ever) got a moment to herself; ***un ~, ho quasi finito!*** just a moment, I've nearly finished! ***uscire, entrare un ~*** COLLOQ. to go out, in for a moment; ***smetti (per) un ~ di parlare*** please stop talking for a minute; ***un ~ di disattenzione*** a moment's distraction; ***in qualsiasi*** o ***in ogni ~*** at any time; ***tutti i -i*** always; ***in un ~ di debolezza*** in a moment of weakness; ***nello*** o ***allo stesso ~*** in the same time; ***all'ultimo ~*** at the last minute; ***fino all'ultimo ~*** till the last moment; ***(fin) da questo ~*** from this moment, from now on; ***ha cambiato idea da un ~ all'altro*** all of a sudden he changed his mind; ***dovrebbe arrivare da un ~ all'altro*** he should arrive (at) any minute now; ***una decisione dell'ultimo ~*** a last minute decision; ***sul ~ ho creduto che scherzasse*** for a moment there I thought he was joking; ***per il*** o ***al ~*** for the time being; ***abbiamo vissuto dei bei -i insieme*** we had *o* went through some good times together; ***è un brutto ~*** it's a bad period; ***è arrivato il ~ di fare*** it's time *o* time has come to do; ***è il ~ buono*** it's the right time; ***arriva sempre al ~ giusto!*** he always arrives at just the right time! **2** MAT. FIS. moment **3 del momento** [*uomo*] of the moment; [*problemi*] current **4 dal momento che** since **5 a momenti** *(quasi)* ***a -i cadevo*** I nearly fell; *(tra poco)* ***dovrebbe arrivare a -i*** he'll come any minute.

monaca, pl. **-che** /'mɔnaka, ke/ f. RELIG. nun; ***farsi ~*** to become a nun ♦♦ ***~ di clausura*** cloistered nun.

monacale /mona'kale/ agg. [*ordine, rigore*] monastic; ***abito ~*** habit; ***condurre una vita ~*** FIG. to live like a monk.

monachesimo /mona'kezimo/ m. monasticism.

monaco, pl. **-ci** /'mɔnako, tʃi/ m. RELIG. monk; ***farsi ~*** to become a monk ♦ ***l'abito non fa il ~*** PROV. you can't judge a book by its cover.

monade /'mɔnade/ f. monad.

monarca, m.pl. **-chi**, f.pl. **-che** /mo'narka, ki/ m. e f. *(sovrano)* monarch.

monarchia /monar'kia/ f. monarchy ♦♦ ***~ assoluta*** absolute monarchy; ***~ costituzionale*** constitutional monarchy.

monarchico, pl. **-ci**, **-che** /mo'narkiko, tʃi, ke/ **I** agg. [*potere, stato*] monarchic(al); [*partito*] monarchist, royalist **II** m. (f. **-a**) monarchist, royalist.

monastero /monas'tɛro/ m. monastery.

monastico, pl. **-ci**, **-che** /mo'nastiko, tʃi, ke/ agg. [*regola, ordine*] monastic.

moncherino /monke'rino/ m. *(di braccio, gamba)* stump.

monco, pl. **-chi**, **-che** /'monko, ki, ke/ **I** agg. **1** [*arto*] amputated; [*persona*] maimed, mutilated; ***essere ~ di un braccio*** to be one-armed **2** *(incompleto)* [*lavoro, frase*] incomplete **II** m. (f. **-a**) maimed person, mutilated person, cripple.

moncone /mon'kone/ m. *(di braccio, gamba, dente)* stump; *(di matita)* stub, stump.

mondana /mon'dana/ f. EUFEM. prostitute.

mondanità /mondani'ta/ f.inv. **1** *(secolarità)* worldliness, earthliness **2** *(vita mondana)* social life **3** *(bel mondo)* jet set, high society.

mondano /mon'dano/ agg. **1** [*ricevimento, vita, incontro*] social; ***fare vita -a*** to have an active social life; ***cronista ~*** gossip columnist; ***cronaca -a*** society news **2** *(di questo mondo)* [*piaceri, beni*] worldly.

mondare /mon'dare/ [1] tr. **1** *(pulire)* to peel [*frutta, verdura*]; to shell, to hull [*piselli, noce, gamberetto*]; to hull [*orzo*]; ***~ il riso*** to weed the paddyfields **2** FIG. LETT. *(purificare)* ***~ l'anima dai peccati*** to cleanse the soul from sin.

mondiale /mon'djale/ **I** agg. **1** [*potenza, economia, successo, campionato, titolo*] world attrib.; [*diffusione, importanza*] worldwide; [*problema*] global, world attrib.; ***su scala ~*** worldwide, on a worldwide scale; ***di fama ~*** [*star, museo*] of world renown, world-famous; ***capitale ~ della moda*** fashion capital of the world; ***prima guerra ~*** World War I, First World War **2** COLLOQ. *(eccezionale)* ***è stato ~!*** it was great *o* fantastic! **II mondiali** m.pl. ***i -i di calcio*** the World Cup.

mondializzare /mondjalid'dzare/ [1] tr. to globalize [*mercato, scambi*]; ***~ un conflitto*** to cause a conflict to spread worldwide.

mondina /mon'dina/ ➧ *18* f. = rice weeder.

1.mondo /'mondo/ m. **1** world; ***in tutto il ~, nel ~ intero*** all over the world, worldwide; ***girare il ~*** to go *o* travel round the world; ***giro del ~*** world tour; ***la fame, pace nel ~*** world famine, peace; ***il cuoco peggiore del ~*** the world's worst chef; ***la città più antica del ~*** the oldest city on earth; ***è la cosa più bella del ~*** FIG. it's the best thing in the world; ***sono i migliori amici del ~*** FIG. they're the best of friends; ***vive nel suo ~, in un ~ a parte*** FIG. he lives in a world of his own, in a world apart; ***l'altro ~, il ~ ultraterreno*** *(l'adilà)* the next *o* other world; ***andare all'altro ~*** to die, to pass away; ***mandare qcn. all'altro ~*** to send *o* knock sb. to kingdom, to dispatch sb. **2** *(parte del globo)* ***il Nuovo Mondo*** the New World; ***il Vecchio Mondo*** the Old World; ***il Terzo Mondo*** the Third World **3** *(ambiente)* world, scene; ***il ~ dell'arte, della musica*** the art, music world; ***il ~ degli affari*** the business community *o* world; ***il ~ della droga*** the drug scene **4** *(civiltà)* ***il ~ antico, arabo*** the ancient, Arab world **5** *(regno)* ***il ~ animale*** the animal kingdom; ***il ~ delle favole*** the land of make-believe **6** *(la gente)* ***lo sa tutto il ~*** o ***mezzo ~*** the whole world knows; ***agli occhi del ~*** in the eyes of the world **7** *(alta società)* ***il bel*** o ***gran ~*** the beautiful people, the high society; ***un uomo di ~*** a man of the world, a man-about-town **8 un mondo** *(molto)* ***avere un ~ di cose da fare*** to have loads of things to do; ***divertirsi un ~*** to have great fun *o* a great time **9 al mondo** ***mettere al ~ un bambino*** to bring a child into the world; ***venire al ~*** to come into the world; ***saper stare al ~*** to know how to behave (in society); ***nessuno*** o ***niente al ~ le farà cambiare idea*** nothing in the world will make her change her mind; ***per niente al ~ mi convincerei a fare*** nothing on earth would persuade me to do; ***nessuno al ~*** no man alive; ***non c'è nessuna ragione al ~*** there's no earthly reason ♦ ***così va il ~*** that's the way of the world, that's the way it goes *o* the cookie crumbles; ***da che ~ è ~*** since *o* from time immemorial; ***cose dell'altro ~!*** it's unbelievable! ***~ cane!*** damn! ***cascasse il ~!*** no matter what (happens)! come what may! ***com'è piccolo il ~!*** it's a small world! ***vecchio come il ~*** world-old, as old as the world; ***essere la fine del ~*** to be terrific; ***non è mica la fine del ~!*** it's not the end of the world! ***vivere fuori dal ~*** o ***nel ~ delle nuvole*** to be living in cloud-cuckoo-land *o* in a dreamworld; ***tutto il ~ è paese*** it's *o* people are the same the whole world over; ***il ~ è bello perché è vario*** there's nowt so queer as folk.

2.mondo /'mondo/ agg. LETT. **1** *(pulito)* clean **2** FIG. *(puro)* pure, clean.

mondovisione /mondovi'zjone/ f. ***in ~*** worldwide.

monelleria /monelle'ria/ f. mischief.

monello /mo'nɛllo/ **I** m. (f. **-a**) **1** *(ragazzo di strada)* (street) urchin **2** *(ragazzino vivace)* rascal, brat, scamp **II** agg. [*ragazzino*] naughty.

moneta /mo'neta/ ➧ *6* f. **1** *(pezzo coniato)* coin; ***~ d'oro*** gold coin; ***~ di rame*** copper; ***una ~ da 50 penny*** a 50p coin *o* piece; ***battere ~*** to mint *o* strike coin **2** *(denaro)* money; ***~ corrente*** o ***circolante*** currency; ***~ falsa*** counterfeit money **3** *(valuta)* currency **4** *(spiccioli)* change, cash; ***non ho ~*** I haven't got any small change; ***6 euro in ~*** 6 euros in change ♦ ***ripagare qcn. con la stessa ~*** to pay sb. back with their own coin; ***prendere***

qcs. per ~ corrente to take sth. at face value ♦♦ *~ cartacea* paper currency U, paper money U, folding money U; *~ comune* common currency; *~ legale* legal tender; *~ metallica* specie; *~ di scambio* ECON. trading currency; FIG. bargaining chip; *~ unica* single currency.

monetario, pl. **-ri, -rie** /mone'tarjo, ri, rje/ agg. [*valore, politica, riforma, corso*] monetary; [*riserva, crisi*] cash attrib., monetary; [*mercato*] money attrib., monetary, currency attrib.; [*unità*] monetary, currency attrib.; *sistema ~* monetary system, coinage.

monetarismo /moneta'rizmo/ m. monetarism.

monetarista, m.pl. **-i**, f.pl. **-e** /moneta'rista/ agg., m. e f. monetarist.

monetina /mone'tina/ f. *(moneta piccola)* small coin; *-e (spiccioli)* small change; *tirare una ~ in aria* to toss a coin.

monetizzare /monetid'dzare/ [1] tr. to monetize.

mongolfiera /mongol'fjɛra/ f. (hot air) balloon.

mongolico, pl. **-ci, -che** /mon'gɔliko, tʃi, ke/ agg. Mongolian, Mongol(ic).

mongolismo /mongo'lizmo/ ♦ **7** m. mongolism.

mongolo /'mɔngolo/ **I** agg. GEOGR. Mongol(ian) **II** m. (f. **-a**) **1** *(persona)* Mongol **2** SPREG. *(idiota)* mongol(oid) **3** LING. Mongol(ian).

mongoloide /mongo'lɔide/ **I** agg. MED. mongol(oid) **II** m. e f. MED. mongol(oid) (anche SPREG.).

Monica /'mɔnika/ n.pr.f. Monica, Monique.

monile /mo'nile/ m. **1** *(girocollo)* necklace **2** *(gioiello)* jewel.

monito /'mɔnito/ m. (ad)monition, warning.

monitor /'mɔnitor/ m.inv. **1** TELEV. INFORM. monitor **2** *(video)* monitor.

monitoraggio, pl. **-gi** /monito'raddʒo, dʒi/ m. monitoring.

monitorare /monito'rare/ [1] tr. to monitor [*operazione, esperimento*].

mono /'mono/ agg.inv. (accorc. monofonico) mono.

monoblocco /mono'blɔkko/ **I** agg.inv. [*motore*] monobloc, one-piece; *cucina ~* built-in kitchen unit **II** m. AUT. TECN. monobloc.

monocolo /mo'nɔkolo/ **I** agg. [*persona*] one-eyed, single-eyed **II** m. *(lente)* monocle, eyeglass.

monocolore /monoko'lore/ agg.inv. [*governo*] single-party attrib.

monocoltura /monokol'tura/ f. monoculture.

monocorde /mono'kɔrde/ agg. [*voce*] flat; [*discorso*] monotonous.

monocotiledone /monokoti'lɛdone/ **I** agg. monocotyledon(ous) **II** f. monocotyledon.

monocromatico, pl. **-ci, -che** /monokro'matiko, tʃi, ke/ agg. monochromatic, monochrome.

monocromia /monokro'mia/ f. *in ~* in monochrome.

monocromo /mono'krɔmo, mo'nɔkromo/ agg. monochrome.

monodose /mono'dɔze/ agg.inv. [*confezione*] single-dose attrib.

monofase /mono'faze/ agg.inv. [*corrente*] monophasic, single-phase attrib.

monogamia /monoga'mia/ f. monogamy.

monogamo /mo'nɔgamo/ **I** agg. monogamous **II** m. (f. **-a**) monogamist.

monografia /monogra'fia/ f. monograph.

monografico, pl. **-ci, -che** /mono'grafiko, tʃi, ke/ agg. [*mostra*] monographic(al); *corso ~* UNIV. = series of lectures on a specific subject.

monogramma /mono'gramma/ m. monogram, cipher.

monolingue /mono'lingwe/ agg., m. e f. monolingual.

monolitico, pl. **-ci, -che** /mono'litiko, tʃi, ke/ agg. monolithic (anche FIG.).

monolito /mo'nɔlito/ m. monolith.

monolocale /monolo'kale/ m. one-room flat, one-room apartment, studio, bedsit(ter) BE.

monologare /monolo'gare/ [1] intr. (aus. *avere*) **1** *(fare un monologo)* to recite a monologue **2** *(parlare da soli)* to talk to oneself.

monologo, pl. **-ghi** /mo'nɔlogo, gi/ m. monologue, monolog AE; *il ~ di Amleto* Hamlet's soliloquy.

monomandatario, pl. **-ri, -rie** /monomanda'tarjo, ri, rje/ agg. *agente ~* one-firm agent.

monomane /mo'nɔmane/ m. e f. monomaniac.

monomania /monoma'nia/ ♦ **7** f. monomania.

monomaniacale /monomanja'kale/ agg. monomaniac(al).

monomaniaco, pl. **-ci, -che** /monoma'niako, tʃi, ke/ **I** agg. monomaniac(al) **II** m. (f. **-a**) monomaniac.

monomio, pl. **-mi** /mo'nɔmjo, mi/ m. monomial.

monomotore /monomo'tore/ m. single-engine plane.

mononucleosi /mononukle'ɔzi/ ♦ **7** f.inv. mononucleosis.

monoparentale /monoparen'tale/ agg. [*famiglia*] one-parent attrib., single-parent attrib.

monopartitico, pl. **-ci, -che** /monopar'titiko, tʃi, ke/ agg. [*sistema*] one-party attrib., single-party attrib.

monopattino /mono'pattino/ m. *(veicolo giocattolo)* scooter.

monoplano /mono'plano/ m. monoplane.

Monopoli® /mo'nɔpoli/ ♦ **10** m.inv. Monopoly®.

monopolio, pl. **-li** /mono'pɔljo, li/ m. monopoly (anche FIG.); *avere il ~ di* to have a monopoly of *o* on; *la verità non è ~ di nessuno* truth belongs to no-one ♦♦ *~ di stato* government *o* state monopoly.

monopolista, m.pl. **-i**, f.pl. **-e** /monopo'lista/ **I** agg. [*sistema, economia*] monopolistic **II** m. e f. monopolist.

monopolistico, pl. **-ci, -che** /monopo'listiko, tʃi, ke/ agg. [*politica*] monopolistic.

monopolizzare /monopolid'dzare/ [1] tr. to monopolize (anche FIG.).

monopolizzazione /monopoliddzat'tsjone/ f. monopolization (anche FIG.).

monoposto /mono'posto/ **I** agg.inv. [*auto, aereo*] single-seat attrib.; [*bob*] one-man **II** m.inv. AER. AUT. single seater.

monorotaia /monoro'taja/ f. monorail.

monoscì /monoʃ'ʃi/ m.inv. monoski.

monosillabico, pl. **-ci, -che** /monosil'labiko, tʃi, ke/ agg. monosyllabic.

monosillabo /mono'sillabo/ **I** agg. monosyllabic **II** m. monosyllable.

monossido /mo'nɔssido/ m. monoxide ♦♦ *~ di carbonio* carbon monoxide.

monoteismo /monote'izmo/ m. monotheism.

monoteista, m.pl. **-i**, f.pl. **-e** /monote'ista/ agg., m. e f. monotheist.

monoteistico, pl. **-ci, -che** /monote'istiko, tʃi, ke/ agg. monotheistic.

monotematico, pl. **-ci, -che** /monote'matiko, tʃi, ke/ agg. [*composizione musicale*] monothematic; [*libro*] based on a single subject, monothematic.

monotipo /mono'tipo/ m.inv. monotype.

monotonia /monoto'nia/ f. monotony; *la ~ della vita quotidiana* the monotony *o* humdrum of everyday life; *la ~ della sua voce* the flatness *o* dullness of his voice.

monotono /mo'nɔtono/ agg. [*paesaggio, giornate*] monotonous, tedious; [*vita*] dull, boring, humdrum; [*voce*] flat, dull; [*discorso*] boring, dull.

monouso /mono'uzo/ agg.inv. [*siringa, lente*] disposable.

monovalenza /monova'lɛntsa/ f. univalence.

monovolume /monovo'lume/ m. e f.inv. AUT. people carrier, space wagon.

monozigote /monoddzi'gɔte/ agg. [*gemelli*] monozygotic.

monozigotico, pl. **-ci, -che** /monoddzi'gɔtiko, tʃi, ke/ → **monozigote**.

mons. ⇒ monsignore Monseigneur, Monsignor (Mgr).

monsignore /monsiɲ'ɲore/ ♦ **1** m. *(rivolgendosi a prelati cattolici)* monsignor.

monsone /mon'sone/ m. monsoon.

monsonico, pl. **-ci, -che** /mon'sɔniko, tʃi, ke/ agg. *piogge -che* monsoon rains.

monta /'monta/ f. **1** ALLEV. covering, service; *stazione di ~* stud(farm) **2** EQUIT. riding **3** ARCH. *(di arco)* rise.

montacarichi /monta'kariki/ m.inv. (service) lift BE, (hoist) elevator AE.

montaggio, pl. **-gi** /mon'taddʒo, dʒi/ m. **1** *(assemblaggio)* assembly, assembling; *catena di ~* assembly *o* production line **2** CINEM. edit(ing), cutting, montage; *tecnico del ~* editor.

montagna /mon'taɲɲa/ f. **1** *(altura)* mountain; *Montagne Rocciose* Rocky Mountains, Rockies **2** *(regione monta-*

gnosa) ***la*** **~** the mountains; ***andare in*** **~** to go to the mountains; ***di*** **~** [*strada, animale*] mountain attrib.; ***zona di*** **~** alpine *o* mountain area **3** *(grande quantità)* mountain, mound, heap, pile (**di** of); ***delle -e di biancheria da stirare, di lavoro*** mountains of ironing, work; ***ho una*** **~** ***di cose da fare*** I've got heaps of things to do ♦♦ ***-e russe*** rollercoaster, switchback BE.

montagnola /montaɲ'ɲɔla/ f. mound, hillock.

montagnoso /montaɲ'ɲoso/ agg. [*regione*] mountainous.

montanaro /monta'naro/ **I** agg. [*popolazione, abitudini*] mountain attrib. **II** m. (f. **-a**) mountain dweller, mountaineer AE.

montano /mon'tano/ agg. [*paesaggio*] mountainous, mountain attrib.; ***comunità -a*** = territorial association in a mountain region.

montante /mon'tante/ **I** agg. [*marea*] incoming, rising **II** m. **1** TECN. upright; *(di porta)* (door) jamb, doorpost **2** AUT. pillar **3** *(nel calcio)* upright, goalpost **4** *(nella boxe)* uppercut.

montare /mon'tare/ [1] **I** tr. **1** *(cavalcare)* to ride*, to straddle [*cavallo*] **2** *(salire)* to mount, to go* up, to climb [*scala*] **3** ZOOL. *(fecondare)* to mount, to cover **4** FIG. *(gonfiare)* to blow* up, to play up [*notizia*] **5** TECN. to assemble [*mobile, apparecchio*]; to set* up, to put* up [*tenda*]; to fit [*serratura, porta*]; to fix (up), to put* up [*scaffale*] **6** CINEM. to edit [*film*] **7** *(incastonare)* to mount, to set* [*pietra preziosa*] **8** *(incorniciare)* to mount [*fotografia*] **9** GASTR. to whip [*maionese, panna*]; **~** ***i bianchi a neve*** beat the egg whites until stiff **10** MIL. **~** ***la guardia a qcn., qcs.*** to mount (a) guard over sb., sth. **II** intr. (aus. *essere*) **1** *(salire)* to mount, to climb; **~** ***sulle spalle di qcn.*** to climb *o* mount on sb.'s shoulders; **~** ***su un albero*** to climb a tree; **~** ***in bicicletta*** to get *o* jump on one's bike; ***monta in macchina!*** get in the car! **~** ***in treno*** to get on the train; **~** ***sulla scala*** to climb (up) the ladder; **~** ***in groppa a*** to get (up) on *o* to mount [*cavallo*]; **~** ***in sella*** to climb into the saddle **2** *(cavalcare)* to ride* **3** *(aumentare)* [*marea*] to rise*, to flow **4** FIG. *(crescere d'intensità)* [*collera*] to mount; ***gli è montato il sangue alla testa*** the blood rose *o* rushed to his head **5** MIL. **~** ***di guardia*** to go on guard *o* watch, to mount guard **III montarsi** pronom. ***-rsi la testa*** to have a swollen head, to get a swelled head; ***non montarti la testa*** don't let it go to your head ♦ **~** ***in bestia*** to fly off the handle, to blow a fuse; **~** ***in collera*** to fly into a rage *o* temper; **~** ***in cattedra*** to pontificate, to get on one's high horse.

montata /mon'tata/ f. rise, rising ♦♦ **~** ***lattea*** lactation onset.

montato /mon'tato/ **I** p.pass. → **montare II** agg. **1** GASTR. [*panna, albumi*] whipped **2** GERG. swollen headed **III** m. (f. **-a**) ***essere un*** **~** to have a swollen head, to be swollen headed.

montatoio, pl. **-oi** /monta'tojo, oi/ m. *(predellino)* running board.

montatore /monta'tore/ ➧ ***18*** m. (f. **-trice** /tritʃe/) **1** IND. mounter, assembler **2** CINEM. editor.

montatura /monta'tura/ f. **1** *(supporto)* frame, set-up; *(di occhiali)* mount, frames pl. **2** *(montaggio)* mounting; *(incastonatura)* mounting, setting **3** FIG. *(invenzione)* fabrication, set-up; *(esagerazione)* stunt, puff.

montavivande /montavi'vande/ m.inv. dumbwaiter.

monte /'monte/ m. **1** *(montagna)* mountain **2** GEOGR. *(seguito da un nome proprio)* ***il*** **~** ***Everest*** Mount Everest; ***il*** **~** ***Bianco*** Mont Blanc **3** FIG. *(grande quantità)* mountain, mound, heap, pile; ***ho un*** **~** ***di cose da fare*** I have a mountain *o* heaps of things to do **4** GIOC. *(carte scartate)* discarded cards pl. **5 a monte** upstream, upriver; ***lo sci a*** **~** the upper *o* uphill ski; ***risolvere un problema a*** **~** to get to the root of the problem; ***andare a*** **~** [*progetto, piano*] to fall through, to go down the drain COLLOQ.; ***mandare a*** **~** to wreck, to scrap [*negoziati, progetti*]; ***mandare a*** **~** ***il fidanzamento*** to break (off) the engagement ♦ ***per -i e per valli*** up hill and down dale BE, over hill and dale AE; ***cercare qcs. per mari e per -i*** to search *o* hunt high and low for sth. ♦♦ **~** ***ore*** BUROCR. total number of hours; **~** ***dei pegni*** o ***di pietà*** pawnshop; ***impegnare qcs. al*** **~** ***di pietà*** to pawn sth.; **~** ***di Venere*** ANAT. mons veneris.

montebianco, pl. **-chi** /monte'bjanko, ki/ m. GASTR. = cake made with chestnuts and whipped cream.

Montecitorio /montetʃi'tɔrjo/ n.pr.m. = the Italian Chamber of Deputies.

montenegrino /montene'grino/ ➧ ***25*** **I** agg. Montenegrin **II** m. (f. **-a**) Montenegrin.

montepremi /monte'prɛmi/ m.inv. jackpot, price money.

montgomery /mon'gɔmeri/ m.inv. duffel coat.

montone /mon'tone/ m. **1** ZOOL. ram **2** GASTR. ***(carne di)*** **~** mutton **3** *(pelle)* sheepskin; ***(giacca di)*** **~** sheepskin jacket.

montuoso /montu'oso/ agg. [*zona, regione*] mountainous; ***catena -a*** mountain range.

monumentale /monumen'tale/ agg. monumental.

monumento /monu'mento/ m. **1** *(commemorativo)* monument, memorial; ***un*** **~** ***ai caduti*** a war memorial; ***fare un*** **~** ***a*** to erect a monument to [*personaggio*] **2** *(edificio)* ***visitare i -i di Roma*** to go sightseeing in Rome, to see the sights of Rome **3** FIG. monument; ***un*** **~** ***della pittura*** a masterpiece of painting ♦♦ **~** ***nazionale*** national monument.

moquettare /moket'tare/ [1] tr. to carpet [*stanza*].

moquette /mo'kɛt/ f.inv. (fitted) carpet, carpeting, wall-to-wall carpet, moquette; ***rivestire di*** **~**, ***mettere la*** **~** ***in*** to carpet [*stanza*].

1.mora /'mɔra/ f. DIR. *(ritardo)* delay; *(somma)* arrears pl.; ***cadere in*** **~** to fall into arrears; ***mettere in*** **~** to bring a default action.

2.mora /'mɔra/ f. BOT. *(di gelso)* mulberry; *(di rovo)* blackberry, bramble BE.

3.mora /'mɔra/ f. *(donna bruna)* brunette.

morale /mo'rale/ **I** agg. [*codice, corruzione, sostegno, danno*] moral; [*condotta*] ethical; [*sofferenza*] mental; ***filosofia*** **~** moral philosophy, ethics; ***è stato uno schiaffo*** **~** ***per lui*** it was a slap in the face for him **II** m. *(disposizione di spirito)* morale; ***essere su di*** **~** to be in good spirits; ***essere giù di*** **~** to feel down; ***sollevare*** o ***tirar su il*** **~** ***a qcn.*** to cheer sb. up, to raise *o* lift sb.'s morale *o* spirits; ***tenersi su di*** **~**, ***tenere alto il*** **~** to keep one's spirits up; ***tirarsi su di*** **~** to cheer up **III** f. **1** *(etica)* morals pl., morality, ethics; ***la*** **~** ***cristiana, borghese*** Christian, bourgeois morals; ***non avere alcuna*** **~** to have no morals **2** *(insegnamento)* moral; ***la*** **~** ***della favola*** the moral of the story; **~** ***della favola, non sono più partito*** to cut a long story short, I didn't leave; ***fare la*** **~** ***a qcn.*** to give sb. a lecture.

moraleggiare /moraled'dʒare/ [1] intr. (aus. *avere*) SPREG. to moralize, to preach (**su** on, about).

moralismo /mora'lizmo/ m. moralism (anche FILOS.).

moralista, m.pl. **-i**, f.pl. **-e** /mora'lista/ **I** agg. moralistic (anche SPREG.) **II** m. e f. moralist (anche SPREG.).

moralistico, pl. **-ci**, **-che** /mora'listiko, tʃi, ke/ agg. moralistic.

moralità /morali'ta/ f.inv. **1** *(di persona, azione, società)* morality, morals pl.; ***un individuo di dubbia*** **~** a man of loose morals *o* of doubtful morality **2** LETTER. morality play.

moralizzare /moralid'dzare/ [1] tr. to moralize [*campagna elettorale, vita pubblica*]; to clean up [*costumi*].

moralizzatore /moraliddza'tore/ **I** agg. moralizing **II** m. (f. **-trice** /tritʃe/) moralizer.

moralizzazione /moraliddzat'tsjone/ f. moralization; *(dei costumi)* cleaning up.

moralmente /moral'mente/ avv. morally; ***sostenere qcn.*** **~** to give sb. moral support, to back sb. up.

moratoria /mora'tɔrja/ f. moratorium*.

morbidezza /morbi'dettsa/ f. *(di sostanza, carattere)* softness; *(di pelle, capelli)* softness, smoothness; *(di tinte, suoni)* softness, mellowness.

morbido /'mɔrbido/ **I** agg. **1** *(soffice)* [*letto, cuscino*] soft; [*capelli, pelle, tessuto*] soft, smooth; [*maglione, tappeto*] soft, fluffy; *(molle)* [*terreno, formaggio*] soft **2** *(delicato)* [*voce, colore*] mellow, soft **3** *(flessibile)* [*cuoio, collo*] soft; ***lenti -e*** soft lenses **4** *(sinuoso)* [*forma, contorno*] soft, smooth; ***un abito dalla linea -a*** a loose-fitting *o* loosely tailored dress **II** m. ***cadere, dormire sul*** **~** to fall, sleep on something soft.

morbillo /mor'billo/ ➧ **7** m. measles pl. + verbo sing.

morbo /'mɔrbo/ ➧ **7** m. disease, illness; *(epidemia)* epidemic, plague ♦♦ **~** ***di Alzheimer*** Alzheimer's disease; **~** ***blu*** (congenital) cyanosis, cyanotic disease; **~** ***celiaco*** coeliac *o* celiac AE disease; **~** ***di Creutzfeld-Jakob*** Creutzfeld-Jakob disease; **~** ***della mucca pazza*** mad cow disease; **~** ***di Parkinson*** Parkinson's disease.

morbosità /morbosi'ta/ f.inv. morbidity.

morboso /mor'boso/ agg. **1** MED. [*stato*] pathological, morbid **2** FIG. [*gelosia*] morbid, pathological; *(perverso)* [*fantasia, curiosità*] morbid, sick, unhealthy.

morchia /'mɔrkja/ f. sludge.

mordace /mor'datʃe/ agg. [*ironia, critica, tono*] biting, caustic, mordacious; [*umorismo*] biting, keen, sharp; [*persona*] caustic, sharp-tongued.

mordacità /mordatʃi'ta/ f.inv. bite, causticity, mordacity; ***la ~ di un epigramma*** the bite of an epigramme; ***la ~ delle loro osservazioni*** the sharpness of their remarks.

mordente /mor'dɛnte/ m. **1** CHIM. mordant **2** MUS. mordent **3** *(incisività)* bite, pungency, spice; ***il suo stile ha perso ~*** his style has lost its edge.

mordere /'mɔrdere/ [61] tr. **1** *(addentare)* [*cane, persona*] to bite* [*persona, animale, oggetto*]; [*persona*] to bite* into [*mela, panino*] **2** *(pungere)* [*zanzara*] to bite*; ***oggi il freddo morde*** FIG. today it's biting cold **3** *(corrodere)* [*acido, ruggine*] to eat* into, to corrode [*metallo*] **4** FIG. ***~ l'asfalto*** [*pneumatici*] to grip the road ♦ ***~ il freno*** to have *o* take the bit between one's teeth, to chafe *o* champ at the bit; ***~ la polvere*** to bite the dust; ***-rsi la lingua*** to bite one's tongue; ***-rsi le mani*** to kick oneself.

mordicchiare /mordik'kjare/ [1] tr. to nibble, to nip [*labbro, orecchio*]; ***~ la matita*** to chew the pencil.

morello /mo'rɛllo/ m. (f. **-a**) black horse.

morena /mo'rɛna/ f. moraine.

morenico, pl. **-ci**, **-che** /mo'rɛniko, tʃi, ke/ agg. morainal, morainic.

morente /mo'rɛnte/ **I** agg. [*persona, animale*] dying; [*sole*] dying, sinking, fading; [*luce*] fading **II** m. e f. dying person.

moresco, pl. **-schi**, **-sche** /mo'resko, ski, ske/ agg. [*civiltà*] Moorish, Morisco; [*arco, arte*] Moorish, Moresque, Morisco.

more uxorio /'mɔreuk'sɔrjo/ avv. [*convivere*] as husband and wife; ***convivenza ~*** common law marriage.

morfema /mor'fɛma/ m. morpheme.

Morfeo /mor'fɛo/ n.pr.m. Morpheus ♦ ***essere tra le braccia di ~*** to be in the arms of Morpheus.

morfina /mor'fina/ f. morphine.

morfinomane /morfi'nɔmane/ m. e f. morphine addict.

morfologia /morfolo'dʒia/ f. morphology.

Morgana /mor'gana/ n.pr.f. ***Fata ~*** Morgan the Fay.

morganatico, pl. **-ci**, **-che** /morga'natiko, tʃi, ke/ agg. [*matrimonio*] morganatic.

moria /mo'ria/ f. **1** *(epidemia)* plague, pestilence; ***~ del bestiame*** murrain **2** BOT. blight.

moribondo /mori'bondo/ **I** agg. [*persona*] dying, moribund **II** m. (f. **-a**) dying person.

morigerato /moridʒe'rato/ agg. [*persona, costumi*] moderate, temperate, sober.

morire /mo'rire/ [103] intr. (aus. *essere*) **1** *(cessare di vivere)* to die; ***~ di morte naturale, violenta*** to die a natural, violent death; ***~ di cancro, per una crisi cardiaca*** to die of cancer, of a heart attack; ***~ annegato*** to drown; ***~ dissanguato, soffocato*** to bleed, choke to death; ***~ da eroe*** to die a hero('s death); ***~ ammazzato*** to be murdered; ***~ avvelenato*** to die of poisoning, to be poisoned; ***~ strangolato*** to be strangled to death; ***~ giovane*** to die young; ***gli è morta la nonna*** he has lost his grandmother; ***~ sul nascere*** FIG. [*progetto*] to die *o* wither on the vine; ***~ di fame*** to starve to death, to die of starvation; FIG. to be starving; ***~ di freddo*** o ***assiderato*** to freeze to death; ***sto morendo di freddo*** FIG. I'm freezing; ***muoio di sete*** FIG. I'm dying of thirst; ***sto morendo dal*** o ***di sonno*** FIG. I'm asleep on my feet; ***~ di curiosità*** FIG. to be dying *o* burning with curiosity; ***~ di paura, di noia*** FIG. to be frightened, bored to death; ***~ dal ridere*** FIG. to kill oneself *o* die laughing; ***~ di vergogna*** FIG. to die a thousand deaths; ***~ dalla voglia di qcs., di fare qcs.*** to be dying *o* pining for sth., to do sth.; ***meglio ~*** o ***preferirei ~ piuttosto che*** I'd sooner *o* rather die than; ***preferirei ~!*** I'd die first! ***muore per lui*** she's pining for him; ***mi fa ~ con le sue battute*** FIG. his jokes just kill me **2** *(scomparire)* [*civiltà, usanza, sentimento*] to die* (out) **3** LETT. *(spe-gnersi)* [*fiamma, suono*] to die* (away), to fade (out); ***il giorno sta morendo*** the day is drawing to its close; ***il sorriso gli morì sulle labbra*** the smile disappeared from his lips **4 da morire** ***triste da ~*** terribly sad; ***stanco da ~*** dead tired; ***arrabbiato da ~*** absolutely furious; ***è bella da ~*** she's ravishing *o* incredibly beautiful; ***mi vergogno da ~*** I'm terribly ashamed; ***fa caldo da ~*** it's boiling hot; ***fa freddo da ~*** it's freezing cold; ***fa male da ~*** it hurts like hell; ***mi piace da ~*** I like it a lot, I'm mad about it; ***ti voglio bene da ~*** I love you so much; ***era da ~ dal ridere!*** it was hilarious! ***i piedi mi fanno male da ~*** my feet are killing me ♦ ***essere duro a ~*** [*persona*] to die hard; ***~ dietro a qcn.*** COLLOQ. to be dying for sb.; ***meglio, peggio di così si muore*** it can't be any better, worse than that; ***chi non muore si rivede!*** PROV. long time no see!

morituro /mori'turo/ **I** agg. LETT. [*persona*] about to die **II** m. (f. **-a**) LETT. = person about to die.

mormone /mor'mone/ m. e f. Mormon.

mormorare /mormo'rare/ [1] **I** tr. **1** *(sussurrare)* to murmur; ***~ qcs. all'orecchio di qcn.*** to murmur sth. into sb.'s ear **2** *(borbottare)* to mutter [*insulti, preghiera*]; to mumble [*risposta*]; ***~ qcs. tra i denti*** to mutter sth. between one's teeth **II** intr. (aus. *avere*) **1** *(sussurrare)* [*persona*] to murmur, to whisper; [*vento*] to whisper; [*ruscello*] to murmur **2** *(bisbigliare con disapprovazione)* to grumble; ***~ fra sé (e sé)*** to mutter to oneself **3** *(spettegolare)* ***~ su qcs., sul conto di qcn.*** to gossip about sth., sb.; ***si mormora che*** it is rumoured *o* there is rumour that.

mormorio, pl. **-ii** /mormo'rio, ii/ m. **1** *(di voci, torrente)* murmur(ing); *(di vento)* whisper(ing); *(di mare)* rumble **2** *(protesta)* grumbling; ***i -ii*** muttering (**contro** about).

1.moro /'mɔro/ ♦ **3** **I** agg. **1** *(di pelle nera)* black **2** [*capelli, carnagione*] dark **II** m. (f. **-a**) **1** STOR. GEOGR. Moor **2** *(di pelle)* black (person) **3** *(di capelli)* dark-haired person; *(di carnagione)* dark-skinned person.

2.moro /'mɔro/ m. BOT. mulberry (tree).

morosità /morosi'ta/ f.inv. arrearage.

morosa /mo'rosa/ f. REGION. girlfriend.

1.moroso /mo'roso/ m. REGION. boyfriend.

2.moroso /mo'roso/ agg. DIR. ***essere ~*** to be in arrears.

morsa /'mɔrsa/ f. **1** MECC. vice BE, vise AE **2** *(stretta, presa)* grip **3** FIG. grip, stranglehold; ***essere preso*** o ***stretto in una ~*** to be caught in a vice-like grip; ***nella ~ dell'inverno*** in the grip of winter.

morse /'mɔrs/ m.inv. ***(alfabeto*** o ***codice) ~*** Morse (code).

morsetto /mor'setto/ m. **1** TECN. clamp **2** EL. terminal.

morsicare /morsi'kare/ [1] tr. **1** *(mordere)* to bite* **2** COLLOQ. *(pungere)* [*zanzara*] to bite*.

morsicatura /morsika'tura/ f. bite; ***~ di insetti*** insect bite.

morso /'mɔrso/ m. **1** *(morsicatura)* bite; ***~ di serpente*** snakebite **2** *(azione)* bite, nip; ***dare un ~ a qcs.*** to have *o* take a bite of sth.; ***dare un ~ a qcn.*** to bite sb.; ***staccare qcs. con un ~*** to bite sth. off **3** *(boccone)* mouthful, bite; ***un ~ di pane*** a morsel of bread **4** EQUIT. bit; ***mettere il ~ al cavallo*** to bit a horse ♦ ***-i della fame*** hunger pangs; ***mettere il ~ a qcn.*** to curb sb.

mortadella /morta'dɛlla/ f. mortadella, Bologna sausage.

mortaio, pl. **-ai** /mor'tajo, ai/ m. mortar (anche MIL.).

mortale /mor'tale/ **I** agg. **1** *(che provoca la morte)* [*colpo, ferita, malattia*] fatal, mortal; [*veleno*] deadly, lethal; [*peccato*] mortal, deadly; ***uno scontro ~*** a fight to the death; ***trappola ~*** death trap; ***è di una noia ~!*** FIG. it's deadly boring *o* a real drag! **2** *(intenso)* [*pallore*] deathlike, deathly **3** *(implacabile)* [*nemico, odio*] deadly **4** *(destinato a morire)* [*essere*] mortal; ***resti -i*** mortal remains **II** m. e f. LETT. mortal; ***i comuni -i come noi*** SCHERZ. lesser beings *o* mortals like us.

mortalità /mortali'ta/ f.inv. mortality.

mortalmente /mortal'mente/ avv. [*colpire, ferire*] fatally; ***~ noioso*** deadly boring.

mortaretto /morta'retto/ m. firecracker, banger.

mortasa /mor'taza/ f. mortise, mortice.

morte /'mɔrte/ f. **1** death; ***~ per asfissia, strangolamento*** death by asphyxiation, strangulation; ***~ naturale, violenta*** natural, violent death; ***sul letto di ~*** on one's deathbed; ***in punto di ~*** at death's door, on the verge of death; ***trovare la ~ in un incidente*** to die in an accident; ***alla ~ di mio zio*** *(in quel momento)* on the death of my uncle; *(poco dopo)* after my uncle died; ***lottare fino alla ~*** to go down fighting, to fight to the death; ***è una questione di vita o di ~*** it's a matter of life or death; ***trovare la ~*** LETT. to meet one's end; ***dare la ~ a qcn.*** LETT. to take sb.'s life; ***darsi la ~*** LETT. to take one's own life **2** FIG. *(fine, scomparsa)* death **3** GASTR. ***la ~ della lepre è in salmì*** the best way of cooking a hare is to jug it **4 a morte** [*picchiare, annoiare, spaventare, condannare*] to death; ***ferito a ~***

fatally injured; ***avercela a ~ con qcn.*** to have it in for sb.; ***a ~ il re!*** death to the king! ♦ ***avere la ~ nel cuore*** to be sick at heart; ***brutto come la ~*** as ugly as sin; ***ad ogni ~ di papa*** once in a blue moon; ***finché ~ non ci separi*** till death do us part; ***piuttosto la ~!*** over my dead body! ***sembrare la ~ in vacanza*** to look like death warmed up; ***non sapere di che ~ si deve morire*** to know nothing about what will happen ♦♦ ***~ apparente*** catalepsy; ***~ cerebrale*** brain death.

mortificante /mortifi'kante/ agg. [*sguardo*] mortifying.

mortificare /mortifi'kare/ [1] **I** tr. **1** *(umiliare)* to mortify, to humiliate **2** RELIG. to mortify [*carne, corpo*] **II mortificarsi** pronom. RELIG. to mortify oneself.

mortificato /mortifi'kato/ **I** p.pass. → **mortificare II** agg. *(umiliato)* [*persona, aspetto*] mortified; *(dispiaciuto)* ***sono ~*** I'm very sorry.

mortificazione /mortifikat'tsjone/ f. **1** *(umiliazione)* mortification, humiliation **2** RELIG. mortification.

morto /'mɔrto/ **I** p.pass. → **morire II** agg. **1** *(senza vita)* [*persona, animale, pianta, pelle*] dead; ***~ stecchito*** as dead as a doornail *o* mutton; ***cadere ~*** to drop dead; ***non muoverti o sei un uomo ~!*** one move and you're dead (meat AE)! **2** FIG. ***mezzo ~*** half dead; ***stanco ~*** dead tired; ***sono ~ di freddo*** I'm freezing to death; ***~ di paura*** dead scared **3** *(inattivo)* [*stagione*] dead, slow; [*binario, angolo*] blind **4** *(estinto)* [*lingua*] dead **III** m. dead person; *(corpo)* body; ***i -i*** the dead; ***giorno*** o ***festa dei Morti*** RELIG. All Soul's Day; ***fare il ~*** to play dead; *(nel nuoto)* to float (on one's back); ***non ci sono stati -i*** there were no fatalities; ***qui ci scappa il ~*** COLLOQ. someone is going to get killed ♦ ***~ di fame*** down-and-out; ***~ di sonno*** sleepyhead; ***~ e sepolto*** dead and buried; ***non te lo dico neanche ~*** wild horses wouldn't drag it out of me; ***fare la mano -a*** to have wandering *o* straying hands; ***essere pallido come un ~*** to be as pale as a ghost ♦♦ ***-i viventi*** zombies.

mortorio, pl. **-ri** /mor'tɔrjo, ri/ m. ***questo posto è un ~!*** this place is like a morgue!

mortuario, pl. **-ri**, **-rie** /mortu'arjo, ri, rje/ agg. ***camera -a*** mortuary chapel.

1.mosaico, pl. **-ci** /mo'zaiko, tʃi/ m. **1** *(opera, arte)* mosaic; ***(decorato) a ~*** [*pavimentazione*] mosaic attrib., tessellated **2** FIG. mosaic, patchwork.

2.mosaico, pl. **-ci**, **-che** /mo'zaiko, tʃi, ke/ agg. Mosaic; ***legge -a*** Mosaic law.

mosca, pl. **-sche** /'moska, ske/ **I** f. **1** *(insetto)* fly **2** *(neo)* beauty spot **3** PESC. fly **4** *(barba)* imperial **II** agg.inv. SPORT ***pesi ~*** flyweight **III** m.inv. SPORT ***i ~*** *(categoria)* flyweight ♦ ***non farebbe male a una ~*** he wouldn't hurt *o* harm a fly; ***non si sente volare una ~*** it is so quiet you could hear a pin drop *o* the grass growing; ***morire come (le) -sche*** to drop like flies; ***restare con un pugno di -e*** to have nothing to show for sth.; ***fare di una ~ un elefante*** to make a mountain out of a molehill; ***gli è saltata la ~ al naso*** he's beginning to see red; ***zitto e ~!*** keep it under your hat! ♦♦ ***~ bianca*** rara avis; ***~ cavallina*** horsefly; ***~ domestica*** housefly; ***~ tse tse*** tsetse fly.

Mosca /'moska/ ♦ ***2*** n.pr.f. Moscow.

moscacieca /moska'tʃɛka/ ♦ ***10*** f. blind man's buff.

moscardino /moskar'dino/ m. *(mollusco)* eledone.

moscatello /moska'tɛllo/ m. ENOL. muscatel, muscadel.

moscato /mos'kato/ **I** m. *(uva, vino)* muscat **II** agg. [*uva*] muscat; ***noce -a*** nutmeg.

moscerino /moʃʃe'rino/ m. midge, gnat.

moschea /mos'kɛa/ f. mosque.

moschettiera: **alla moschettiera** /allamosket'tjɛra/ agg. ***stivali alla ~*** highwayman's boots; ***polsino alla ~*** double cuff.

moschettiere /mosket'tjɛre/ m. musketeer.

moschetto /mos'ketto/ m. STOR. musket.

moschettone /mosket'tone/ m. snap-hook; ALP. karabiner.

moschicida /moski'tʃida/ **I** agg. ***carta ~*** flypaper **II** m. fly spray, insecticide.

moscio, pl. **-sci**, **-sce** /'moʃʃo, ʃi, ʃe/ agg. **1** *(molle)* [*pelle*] flaccid **2** *(fiacco)* [*persona, temperamento*] dull **3** LING. ***avere l'erre -a*** to speak with a French r.

moscone /mos'kone/ m. **1** ZOOL. blowfly **2** *(pattino)* twin-hulled rowboat **3** COLLOQ. FIG. ***le ronzavano attorno un sacco di -i*** persistent suitors buzzed around her.

moscovita, m.pl. **-i**, f.pl. **-e** /mosko'vita/ ♦ ***2*** agg., m. e f. Muscovite, Moscovite.

Mosè /mo'zɛ/ n.pr.m. Moses.

mossa /'mɔssa/ f. **1** *(azione)* movement, move; ***~ di karatè*** karate chop **2** GIOC. move (anche FIG.) **3** *(movimento dei fianchi)* = dancer or actress' movement made by rolling the hips and then suddenly stopping with a jerk ♦ ***darsi una ~*** to get a move on; ***anticipare le -e di qcn.*** to second-guess sb.; ***prendere le -e da qcs.*** to stem from sth.; ***fare la prima ~*** to make the first move.

mosso /'mɔsso/ **I** p.pass. → **muovere II** agg. **1** *(agitato)* [*mare*] rough **2** FIG. *(ispirato)* ***~ da buone, cattive intenzioni*** driven by good, bad intentions **3** *(ondulato)* [*capelli*] wavy **4** FOT. [*foto*] blurred.

mostarda /mos'tarda/ f. mustard; ***~ di Cremona*** GASTR. = pickled candied fruit in a spicy syrup.

mosto /'mosto/ m. *(di mele, d'uva)* must.

mostra /'mostra/ f. **1** *(il mostrare)* ***far ~ di*** to show [*prudenza, coraggio*]; to display [*abilità*]; ***mettersi in ~*** to show off, to put on a show; ***mettere in ~ qcs.*** to put sth. on display; ***far bella ~ di sé*** to make the best of oneself **2** *(esposizione)* exhibition, exhibit, show **3** COMM. ***essere in ~*** [*vestiti, collezione*] to be on view ♦♦ ***~ d'arte*** art exhibition; ***~ canina*** dogshow; ***~ del cinema*** film festival; ***~ floreale*** flower show.

mostrare /mos'trare/ [1] **I** tr. **1** *(fare vedere)* to show*; ***~ qcs. a qcn.*** to show sb. sth.; ***~ le gambe*** to display one's legs; ***~ la lingua*** to stick out one's tongue; ***~ il funzionamento di qcs.*** to demonstrate how sth. works **2** *(manifestare)* to show* [*talento, coraggio, intenzioni*]; to exhibit [*eroismo, devozione*]; ***(non) ~ segni di*** to show (no) signs of; ***non ~ alcuna emozione*** to show no emotion; ***~ la propria ignoranza*** to expose one's ignorance **3** *(indicare)* [*grafico, sondaggio*] to show* [*evoluzione, risultati*]; ***~ a dito qcn., qcs.*** to point one's finger at sb., sth.; ***~ la strada a qcn.*** to show sb. the way (anche FIG.) **4** *(fingere)* to pretend; ***mostrai di non sapere nulla*** I feigned ignorance **II mostrarsi** pronom. **1** *(farsi vedere)* [*persona*] to show* oneself; ***il governo si è mostrato fiducioso*** the government showed itself to be confident; ***-rsi in pubblico*** to appear in public **2** *(dimostrarsi)* to show* oneself to be; ***-rsi all'altezza di*** to rise to [*occasione, sfida*]; ***-rsi per quel che si è veramente*** to show one's true colours; ***-rsi superiore*** to rise above; ***-rsi disponibile*** to show willing ♦ ***~ i pugni a qcn.*** to show one's fist at sb.; ***~ i denti*** to bare *o* show one's teeth; ***~ i muscoli*** to flex one's muscles.

mostrina /mos'trina/ f. flash, shoulder patch AE, tab BE.

mostro /'mostro/ m. **1** *(essere fantastico)* monster **2** *(essere deforme)* monster; *(persona)* freak **3** *(persona abietta)* monster, fiend **4** *(fenomeno)* prodigy; ***un ~ di bravura in matematica*** a mathematical genius ♦♦ ***un ~ sacro del cinema*** a giant of the cinema.

mostruosamente /mostruosa'mente/ avv. [*stupido, difficile*] tremendously.

mostruosità /mostruosi'ta/ f.inv. **1** *(di crimine)* enormity **2** *(atto crudele)* atrocity, monstrosity.

mostruoso /mostru'oso/ agg. **1** *(scioccante)* [*idea, crimine, crudeltà*] monstrous **2** *(orrendo)* [*persona, aspetto*] freakish, hideous **3** *(enorme)* [*errore*] tremendous; [*lavoro*] huge, colossal **4** *(eccezionale)* [*intelligenza*] exceptional.

mota /'mɔta/ f. mire.

motivare /moti'vare/ [1] tr. **1** *(stimolare)* to motivate [*persona*] (**a fare** to do) **2** *(causare)* [*avvenimento, risultato*] to lead to [*decisione, azione*] **3** *(spiegare)* to give* reasons for.

motivato /moti'vato/ **I** p.pass. → **motivare II** agg. **1** *(stimolato)* [*persona, squadra*] motivated (**a fare** to do); ***assumiamo solo persone molto -e*** we only take on people who are really dedicated; ***essere poco ~*** to lack motivation **2** *(giustificato)* [*esigenza, ritardo, decisione, lamentela*] justifiable.

motivazione /motivat'tsjone/ f. **1** PSIC. motivation **2** *(ragione)* motive, reason **3** DIR. ***-i di una sentenza*** grounds for a decision.

motivo /mo'tivo/ m. **1** *(ragione)* reason, cause, grounds pl. (**di**, **per** for); ***(non) c'è ~ di preoccuparsi*** there is (no) cause for concern; ***non ho ~ di lamentarmi*** I have no occasion for complaint; ***per lo stesso ~*** on the same grounds; ***assente per -i di famiglia*** absent due to family commitments; ***per -i personali, economici*** for personal, economic reasons; ***essere ~***

di imbarazzo per qcn. to be an embarrassment to sb.; ***era il suo principale ~ di vanto*** this was her (chief) claim to fame; ***per nessun ~*** on no account; ***per quale ~?*** for what reason? why? ***per vari -i*** in many respects; ***felice senza ~*** irrationally happy; ***avere ~ di credere che*** to have reason to believe that; ***il ~ per cui*** the reason why; ***senza alcun ~*** for no reason **2** *(decorazione)* pattern; ***~ geometrico, floreale*** geometric, floreal pattern **3** *(tema)* ***il ~ dominante di un libro, di un film*** the main theme *o* subject of a book, film **4** MUS. *(melodia)* tune ♦♦ ***~ conduttore*** leitmotiv.

1.moto /'mɔto/ m. **1** *(movimento)* motion (anche FIS.); ***essere in ~*** [*veicolo*] to be in motion; ***mettere in ~*** to start [*veicolo, motore*]; FIG. to set [sth.] in motion, to get [sth.] underway *o* off the ground [*processo*] **2** *(esercizio fisico)* ***fare un po' di ~*** to get some exercise **3** LING. ***verbi di ~*** verbs of motion **4** *(impulso)* impulse; ***un ~ di stizza*** a rush of anger; ***un ~ di pietà*** a surge of pity **5** *(sommossa)* ***-i insurrezionali*** rebel movements; ***i -i del 1821*** the risings of 1821 ♦♦ ***~ alternativo*** alternating motion; ***~ ondoso*** wave motion; ***~ perpetuo*** perpetual motion; ***~ rotatorio*** rotary motion.

2.moto /'mɔto/ f.inv. (accorc. motocicletta) (motor)bike, motorcycle.

motocarro /moto'karro/ m. three-wheeler.

motocicletta /mototʃi'kletta/ f. motorcycle, motorbike; ***andare in ~*** to ride a motorbike ♦♦ ***~ da corsa*** racer; ***~ da cross*** trail bike.

motociclismo /mototʃi'klizmo/ ➧ ***10*** m. motorcycling, motorcycle racing.

motociclista, m.pl. **-i**, f.pl. **-e** /mototʃi'klista/ m. e f. motorcyclist, rider.

motociclistico, pl. **-ci**, **-che** /mototʃi'klistiko, tʃi, ke/ agg. motorcycle attrib.

motociclo /moto'tʃiklo/ m. motorcycle.

motocross /moto'krɔs/ ➧ ***10*** m.inv. motocross.

motonautica /moto'nautika/ f. **1** motor-boating **2** *(attività agonistica)* speedboat racing.

motonave /moto'nave/ f. motor ship.

motopeschereccio, pl. **-ci** /motopeske'rettʃo, tʃi/ m. trawler.

motoraduno /motora'duno/ m. motorcycle rally.

1.motore /mo'tore/ m. **1** engine; *(elettrico)* motor; ***avviare, spegnere il ~*** to switch on, off the ignition; ***guasto al ~*** engine failure; ***un ~ a 4 tempi*** a 4-stroke engine; ***~!*** CINEM. action! **2** FIG. driving force; ***essere il ~ di qcs.*** [*persona, motivo*] to be the driving force behind sth.; ***qual è il ~ dell'economia?*** what drives the economy? ♦♦ ***~ a benzina*** petroleum BE *o* gasoline AE engine; ***~ diesel*** diesel engine; ***~ elettrico*** electric motor; ***~ a iniezione*** fuel injection engine; ***~ di ricerca*** INFORM. search engine; ***~ a scoppio*** internal combustion engine.

2.motore /mo'tore/ agg. [*principio*] driving; ***forza motrice*** motive force *o* power; ***albero ~*** drive shaft; ***ruota motrice*** driving wheel; ***l'automobile ha quattro ruote motrici*** the car has four-wheel drive.

motorino /moto'rino/ m. *(moto)* moped ♦♦ ***~ d'avviamento*** AUT. starter.

motorio, pl. **-ri**, **-rie** /mo'tɔrjo, ri, rje/ agg. [*attività, nervo, difetto, afasia*] motor.

motorista, m.pl. **-i**, f.pl. **-e** /moto'rista/ ➧ ***18*** m. e f. mechanic; *(di aerei)* airmechanic.

motorizzare /motorid'dzare/ [1] **I** tr. to motorize **II** **motorizzarsi** pronom. to get* oneself a motor vehicle.

motorizzato /motorid'dzato/ **I** p.pass. → **motorizzare II** agg. ***truppe -e*** motorized troops; ***le persone -e, non -e*** COLLOQ. people with transport, without transport.

motorizzazione /motoriddzat'tsjone/ f. **1** *(il motorizzare)* motorization **2** BUROCR. ***(Direzione generale della) Motorizzazione civile*** = government office that issues driving licences and registers vehicles.

motoscafo /motos'kafo/ m. motorboat.

motosega, pl. **-ghe** /moto'sega, ge/ f. chain saw.

motoslitta /motoz'litta/ f. snow mobile.

motovedetta /motove'detta/ f. patrol boat.

motrice /mo'tritʃe/ f. engine.

motteggio, pl. **-gi** /mot'teddʒo, dʒi/ m. bantery.

mottetto /mot'tetto/ m. MUS. motet.

motto /'mɔtto/ m. **1** *(battuta)* ***~ (di spirito)*** quip, witticism **2** *(aforisma)* saying, motto **3** *(parola)* ***non fare*** o ***proferire ~*** to keep mum; ***senza far ~*** without saying a word.

mousse /mus/ f.inv. mousse.

movente /mo'vɛnte/ m. motive.

movenza /mo'vɛntsa/ f. motion, gait.

movimentato /movimen'tato/ agg. [*vita, viaggio*] eventful; [*giornata*] hectic, eventful; [*riunione*] lively, animated.

movimento /movi'mento/ m. **1** *(gesto)* movement; ***fare un ~*** to (make a) move; ***~ volontario, involontario*** voluntary, involuntary movement **2** *(esercizio)* ***fare ~*** to exercise **3** *(spostamento)* movement, motion (anche FIS.); ***libertà di ~*** freedom of movement; ***~ ferroviario*** rail traffic; ***la polizia controlla tutti i miei -i*** the police keeps track of me wherever I go; ***~ di truppe*** troop movement; ***il ~ di un pendolo*** the swing of a pendulum; ***~ rotatorio*** rotary motion; ***imprimere un ~ a qcs.*** to set sth. in motion **4** *(azione)* ***essere sempre in ~*** to be always on the go; ***mettersi in ~*** to get moving **5** *(animazione)* bustle; ***c'è ~ in strada*** there's a lot of bustle in the street **6** LETTER. ART. *(corrente)* ***~ letterario, pittorico*** literary, artistic(al) movement **7** SOCIOL. *(gruppo)* movement; ***~ giovanile, sindacale*** youth, trade union movement; ***~ per i diritti dell'uomo*** human rights movement **8** MUS. *(parte di un'opera)* movement **9** MECC. *(di orologio, sveglia)* movement, clockwork ♦♦ ***~ di cassa*** cash flow.

moviola /mo'vjɔla/ f. *(rallentatore)* slow motion; ***alla ~*** in slow motion.

mozambicano /moddzambi'kano/ ➧ ***25*** **I** agg. Mozambican **II** m. (f. **-a**) Mozambican.

Mozambico /moddzam'biko/ ➧ ***33*** n.pr.m. Mozambique.

mozione /mot'tsjone/ f. DIR. POL. motion; ***approvare, respingere la ~*** to carry, to defeat the motion ♦♦ ***~ di fiducia*** motion of confidence; ***~ d'ordine*** point of order; ***~ di sfiducia*** motion of no confidence.

mozzafiato /mottsa'fjato/ agg. [*bellezza, paesaggio, spettacolo*] breathtaking.

mozzare /mot'tsare/ [1] tr. to cut* off, to chop off [*testa, membra*]; ***~ la coda a*** to dock [*cane, cavallo*] ♦ ***~ il fiato a qcn.*** to take sb.'s breath away.

mozzarella /mottsa'rɛlla/ f. mozzarella (cheese) ♦ ***sembrare una ~*** [*persona pallida*] to be as white as snow.

mozzicone /mottsi'kone/ m. end, stump, stub; ***~ di candela*** candle end; ***~ di sigaretta*** cigarette end *o* butt.

1.mozzo /'mottso/ agg. **1** *(tagliato)* [*testa*] cut off **2** *(incompleto)* [*parole, frasi*] broken.

2.mozzo /'mottso/ m. **1** MAR. shipboy, cabin boy **2** ANT. ***~ di stalla*** groom.

3.mozzo /'mɔttso/ m. MECC. hub.

MSI /emmeesse'i/ m. STOR. (⇒ Movimento Sociale Italiano) = right-wing political party.

mucca, pl. **-che** /'mukka, ke/ f. cow ♦♦ ***~ da latte*** dairy cow; ***~ pazza*** VETER. mad cow disease.

mucchio, pl. **-chi** /'mukkjo, ki/ m. **1** heap, pile; ***un ~ di fieno*** a heap of hay, a haystack; ***un ~ di rovine*** a pile of rubble; ***un ~ di rottami*** a scrap heap **2** FIG. *(grande quantità)* ***un ~ di*** heaps of, a (whole) load of, a lot of, plenty of; ***un ~ di bugie*** a pack of lies; ***un ~ di cose da fare*** loads of things to do; ***un ~ di tempo*** heaps of time; ***un ~ di soldi*** a whole lot of money ♦ ***sparare nel ~*** = to level accusations indiscriminately.

mucillagine /mutʃil'ladʒine/ f. mucilage.

mucillaginoso /mutʃilladʒi'noso/ agg. mucilaginous.

muco, pl. **-chi** /'muko, ki/ m. mucus.

mucosa /mu'kosa/ f. mucosa, mucous membrane.

mucoso /mu'koso/ agg. mucous.

muesli → **müsli**.

muffa /'muffa/ f. *(di alimenti)* mould BE, mold AE; *(di piante, legno, stoffa)* mildew; ***coperto di ~*** [*alimento*] mouldy BE, moldy AE; [*pianta*] mildewed; ***avere odore di ~*** to smell musty; ***fare la ~*** to go mouldy; ***non resterò qui a fare la ~ tutto il giorno!*** FIG. I'm not going to hang around here all day!

muffola /'muffola/ f. **1** ABBIGL. mitten **2** TECN. muffle.

muflone /mu'flone/ m. mouf(f)lon*.

mugghiare /mug'gjare/ [1] intr. (aus. *avere*) **1** *(muggire)* [*mucca*] to low, to moo; [*toro, bue*] to bellow **2** *(urlare di dolore)* to bellow, to roar with pain **3** FIG. [*vento*] to roar, to howl; [*mare*] to roar.

mugghio, pl. **-ghi** /ˈmuggjo, gi/ m. RAR. → **muggito**.
muggine /ˈmuddʒine/ m. grey mullet BE, gray mullet AE.
muggire /mudˈdʒire/ [102] intr. (aus. *avere*) [*mucca*] to moo, to low; [*toro, bue*] to bellow.
muggito /mudˈdʒito/ m. **1** *(di mucca)* mooing, lowing; *(di bue, toro)* bellowing **2** *(di mare)* roar(ing); *(di vento)* roar(ing), howling; *(di persona)* howl, yelling.
mughetto /muˈgetto/ m. **1** BOT. lily of the valley **2** MED. thrush.
mugnaio, pl. **-ai** /muɲˈɲajo, ai/ ♦ *18* m. (f. **-a**) **1** miller **2** ***alla mugnaia*** GASTR. ***trota, sogliola alla -a*** trout, sole meunière.
mugolare /mugoˈlare/ [1] **I** intr. [*cane*] to whimper **II** tr. ***cosa stai mugolando?*** what are you muttering about?
mugolio, pl. **-lii** /mugoˈlio, lii/ m. whimpering.
mugugnare /muguɲˈɲare/ [1] intr. (aus. *avere*) to grumble, to whine.
mugugno /muˈguɲɲo/ m. grumbling, whining.
mujaheddin /muʒaedˈdin/ m.inv. ***i ~*** the Mujaheddin.
mulattiera /mulatˈtjɛra/ f. mule track.
mulatto /muˈlatto/ **I** agg. mulatto **II** m. (f. **-a**) mulatto*.
muliebre /muˈliebre/ agg. LETT. feminine, womanly.
mulinare /muliˈnare/ [1] **I** tr. **1** *(far girare)* to twirl [*spada, bastone*] **2** FIG. *(macchinare)* to hatch **II** intr. (aus. *avere*) **1** *(turbinare)* [*fogli, carte*] to swirl around; [*acqua*] to whirl, to swirl **2** FIG. [*idee, ricordi*] to whirl around.
mulinello /muliˈnɛllo/ m. **1** *(movimento)* twirl (anche SPORT); *(d'acqua)* whirlpool, eddy; *(d'aria)* whirlwind, eddy **2** *(di canna da pesca)* reel.
mulino /muˈlino/ m. mill ♦ ***tirare l'acqua al proprio ~*** to bring grist to one's mill; ***combattere contro i -i a vento*** to tilt at windmills ♦♦ ***~ ad acqua*** water mill; ***~ a vento*** windmill.
mulo /ˈmulo/ m. mule ♦ ***essere (testardo come) un ~*** to be pigheaded, to be as stubborn as a mule; ***essere carico come un ~*** to be overloaded.
multa /ˈmulta/ f. fine; ***~ per eccesso di velocità*** speeding ticket; ***prendere una ~*** to get *o* be given a fine, to be fined; ***fare una ~ a qcn.*** to impose a fine on sb.; ***pagare 250 euro di ~*** to pay a 250 euro fine.
multare /mulˈtare/ [1] tr. to fine.
multicanali /multikaˈnali/, **multicanale** /multikaˈnale/ agg.inv. [*televisore*] multichannel.
multicolore /multikoˈlore/ agg. many-coloured BE, many-colored AE, multicoloured BE, multicolored AE.
multiculturale /multikultuˈrale/ agg. multicultural.
multidisciplinare /multidiʃʃipliˈnare/ agg. SCOL. UNIV. multidisciplinary.
multietnico, pl. **-ci**, **-che** /multiˈɛtniko, tʃi, ke/ agg. multiethnic.
multiforme /multiˈforme/ agg. [*aspetto, realtà*] multiform, many-sided.
multifunzionale /multifuntsjoˈnale/ agg. [*orologio, calcolatrice*] multi-function; [*attrezzo*] multipurpose, all-purpose.
multifunzione /multifunˈtsjone/ agg.inv. INFORM. multifunction.
multilingue /multiˈlingwe/ agg. multilingual.
multimediale /multimeˈdjale/ agg. mixed media, multimedia.
multimetro /mulˈtimetro/ m. multimetre BE, multimeter AE.
multimilionario, pl. **-ri**, **-rie** /multimiljoˈnarjo, ri, rje/ m. (f. **-a**) multimillionaire.
multinazionale /multinattsjoˈnale/ agg. e f. multinational.
multipiano /multiˈpjano/ agg. [*parcheggio, edificio*] multilevel.
multiplo /ˈmultiplo/ agg. e m. multiple; ***minimo comune ~*** least common multiple.
multiprogrammazione /multiprogrammatˈtsjone/ f. multiprogramming.
multiproprietà /multiproprjeˈta/ f.inv. time-sharing; ***acquistare un appartamento in ~*** to buy a timeshare in a flat.
multirazziale /multiratˈtsjale/ agg. [*società, cultura*] multiracial.
multirischio, pl. **-schi** /multiˈriskjo, ski/ agg. ***polizza assicurativa ~*** comprehensive insurance policy.
multisala /multiˈsala/ **I** agg.inv. ***cinema ~*** multiplex, cinema complex **II** m. e f.inv. multiplex.
multischermo /multisˈkermo/ agg.inv. multi-screen.
multiuso /multiˈuzo/ agg.inv. [*sala, apparecchio*] multipurpose; [*utensile, strumento*] multipurpose, all-purpose.
mummia /ˈmummja/ f. **1** mummy **2** FIG. *(vecchio)* fossil; *(antiquato)* old fogey.
mummificare /mummifiˈkare/ [1] **I** tr. to mummify [*cadavere*] **II mummificarsi** pronom. **1** to become* mummified **2** FIG. *(fossilizzarsi)* [*istituzioni, persona*] to become* fossilized.
mungere /ˈmundʒere/ [55] tr. **1** to milk [*mucca, capra, pecora*]; ***~ il latte da una mucca*** to draw milk from a cow **2** FIG. to milk, to squeeze [*denaro*].
mungitore /mundʒiˈtore/ ♦ *18* m. (f. **-trice** /tritʃe/) *(persona)* milker.
mungitrice /mundʒiˈtritʃe/ f. *(macchina)* milking machine.
mungitura /mundʒiˈtura/ f. milking.
municipale /munitʃiˈpale/ agg. AMM. [*amministrazione, imposta*] local; [*parco, biblioteca*] municipal; ***consiglio ~*** town *o* city council.
municipalità /munitʃipaliˈta/ f.inv. municipality.
municipalizzare /munitʃipalidˈdzare/ [1] tr. to municipalize [*azienda*].
municipio, pl. **-pi** /muniˈtʃipjo, pi/ m. AMM. town hall, city hall AE; ***sposarsi in ~*** to get married in a registry office.
munificenza /munifiˈtʃɛntsa/ f. generosity, munificence FORM.
munifico, pl. **-ci**, **-che** /muˈnifiko, tʃi, ke/ agg. generous, munificent FORM.
munire /muˈnire/ [102] **I** tr. **1** *(fortificare)* to fortify **2** *(equipaggiare)* to provide, to equip, to supply [*persona*] (**di** with) **II munirsi** pronom. to provide oneself, to equip oneself (**di** with); ***-rsi di pazienza*** to summon up one's patience.
munito /muˈnito/ **I** p.pass. → **munire II** agg. *(equipaggiato)* ***partì ~ di sci e scarponi*** he left equipped with skis and boots.
munizioni /munitˈtsjoni/ f.pl. ammunition **U**, munitions.
muovere /ˈmwɔvere/ [62] **I** tr. **1** *(mettere in movimento)* to move [*braccio, gamba, testa, meccanismo*] **2** *(spostare)* to move [*tavolo, sedia, cursore*]; to move, to advance [*pedina*]; ***il vento muove le foglie*** the breeze stirs the leaves **3** FIG. ***~ qcn. a compassione, al pianto*** to move sb. to pity, tears; ***~ al riso*** to provoke laughter **4** FIG. *(spingere)* [*sentimento, impulso*] to drive [*persona*] **5** FIG. *(rivolgere)* to make* [*accusa*]; ***~ un'obiezione contro qcn.*** to object to sb. **II** intr. (aus. *essere, avere*) **1** *(avanzare)* ***~ incontro a qcn.*** to go to meet sb. **2** FIG. *(derivare)* ***il tuo discorso muove da...*** your speech is based on... **III muoversi** pronom. **1** to move; ***non muoverti, arrivo!*** don't move, I'm coming! ***non si muove più di casa*** he doesn't go out any more **2** FIG. *(sbrigarsi)* ***muoviti! siamo in ritardo*** get a move on! we're late! ***su, muoviti!*** go on! get moving! **3** FIG. *(adoperarsi)* ***nessuno si mosse per aiutarmi*** nobody made a move *o* intervened to help me **4** FIG. *(cavarsela)* ***-rsi bene in un luogo*** to be well acquainted with a place; ***non sa come -rsi in società*** he's got no social skills **5** FIG. *(recedere)* ***non si muoverà dalla sua posizione*** he won't budge from his position ♦ ***~ guerra a*** to wage war against *o* on; ***non ~ un dito*** not to lift a finger.
mura /ˈmura/ f. MAR. tack.
muraglia /muˈraʎʎa/ f. wall; ***la Muraglia cinese, la Grande Muraglia*** the Great Wall of China.
murale /muˈrale/ agg. [*arte, decorazione*] mural; ***carta ~*** wall map.
murales /muˈrales/ m.pl. murals.
murare /muˈrare/ [1] **I** tr. **1** *(fissare a muro)* ***~ un gancio*** to fix a hook in a wall **2** *(chiudere con un muro)* to wall up, to brick up [*finestra, stanza*]; to wall up [*persona*] **II murarsi** pronom. to shut* oneself up, to immure oneself.
murario, pl. **-ri**, **-rie** /muˈrarjo, ri, rje/ agg. ***arte -a*** bricklaying, masonry; ***cinta -a*** walls.
muratore /muraˈtore/ ♦ *18* m. EDIL. bricklayer, mason.
muratura /muraˈtura/ f. *(lavoro, opera)* masonry-work; *(di mattoni)* brickwork; ***lavori di ~*** building work; ***costruzione in ~*** permanent structure.
murena /muˈrɛna/ f. moray eel.
muriatico /muˈrjatiko/ agg. ***acido ~*** hydrochloric *o* muriatic acid.
muro /ˈmuro/ **I** m. **1** wall; ***un ~ di mattoni, di pietra*** a brick, stone wall; ***armadio a ~*** built-in wardrobe *o* cupboard; ***orolo-***

gio a o ***da ~*** wall clock **2** SPORT *(pallavolo)* block **3** FIG. ***un ~ d'acqua, di nebbia*** a wall of water, fog; ***un ~ di silenzio*** a wall of silence **II mura** f.pl. **1** *(insieme delle pareti)* ***le -a domestiche*** home; ***chiudersi tra le quattro -a*** to shut oneself up **2** *(fortificazioni)* ***le antiche -a della città*** the old walls of the city; ***fuori, entro le -a*** beyond, within the city walls ♦ ***è come parlare al*** o ***a un ~*** it's like talking to a brick wall; ***mettere al ~ qcn.*** *(fucilare)* to shoot sb.; ***mettere qcn. con le spalle al ~*** to have sb. up against the wall; ***essere con le spalle al muro*** to have one's back to the wall; ***i -i hanno orecchie*** walls have ears ♦♦ ***~ di Berlino*** STOR. Berlin Wall; ***~ del pianto*** Wailing Wall; ***~ del suono*** sound barrier.

musa /'muza/ f. **1** LETTER. MITOL. Muse **2** FIG. *(ispirazione)* muse.

muschiato /mus'kjato/ agg. [*rosa, profumo*] musky; ***bue ~*** musk ox; ***topo ~*** musk-rat.

1.muschio, pl. **-schi** /'muskjo, ski/ m. BOT. moss ♦ ***pietra smossa non fa ~*** PROV. a rolling stone gathers no moss.

2. muschio, pl. **-schi** /'muskjo, ski/ m. *(sostanza odorosa)* musk.

muscolare /musko'lare/ agg. [*tessuto, forza, malattia*] muscular; [*tono, affaticamento*] muscle attrib.; ***farsi uno strappo ~*** to tear a muscle.

muscolatura /muskola'tura/ f. musculature, muscles pl.

muscolo /'muskolo/ ➧ ***4*** m. **1** ANAT. muscle; ***sciogliere i -i*** to loosen up; ***mostrare i -i*** to flex one's muscles (anche FIG.); ***essere tutto -i*** COLLOQ. to be all muscle **2** *(taglio di carne)* lean meat, brawn **3** ZOOL. mussel ♦ ***tutto -i niente cervello*** all brawn no brains.

muscoloso /musko'loso/ agg. [*braccio*] muscular; ***essere ~*** to have a muscular build.

muscoso /mus'koso/ agg. [*terreno, pietra*] mossy, moss-covered.

museo /mu'zɛo/ m. museum; ***pezzo da ~*** SCHERZ. museum piece.

museruola /muze'rwɔla/ f. muzzle; ***mettere la ~ al cane*** to muzzle a dog; ***mettere la ~ a qcn.*** FIG. to muzzle sb.

musetta /mu'zetta/ f. nosebag, feed bag.

musetto /mu'zetto/ m. **1** *(di persona)* ***che bel ~!*** what a pretty little face! **2** *(di auto)* nose.

musica, pl. **-che** /'muzika, ke/ f. music; ***fare ~*** to play music; ***mettere qcs. in ~*** to set sth. to music ♦ ***è sempre la stessa ~*** it's always the same old refrain *o* story; ***questa è ~ per le mie orecchie!*** this is music to my ears! ♦♦ ***~ da camera*** chamber music; ***~ classica*** classical music; ***~ da discoteca*** disco music; ***~ elettronica*** electronic music; ***~ leggera*** easy listening music; ***~ lirica*** o ***operistica*** opera; ***~ pop*** pop music; ***~ rock*** rock music; ***~ sacra*** sacred music; ***~ sinfonica*** symphonic music.

musicale /musi'kale/ agg. **1** *(relativo alla musica)* [*nota, strumento, talento*] musical; [*critico, rivista*] music attrib.; ***ha strani gusti -i*** he has strange tastes in music; ***un sottofondo ~*** a background of music **2** *(armonioso)* [*voce, lingua*] singsong.

musicante /muzi'kante/ m. e f. musician, bandsman*; SPREG. second-rate musician.

musicare /muzi'kare/ [1] tr. to set* [sth.] to music [*poesia, testo*].

musicassetta /muzikas'setta/ f. musicassette.

musicista, m.pl. **-i**, f.pl. **-e** /muzi'tʃista/ ➧ ***18*** m. e f. musician.

musicologia /muzikolo'dʒia/ f. musicology.

musivo /mu'zivo/ agg. ***arte -a*** mosaic art.

müsli /'mysli/ m.inv. muesli, granola AE.

muso /'muzo/ m. **1** *(di cane, bovino, ovino)* muzzle; *(di maiale, delfino)* snout **2** COLLOQ. *(viso)* mug; ***ti spaccherà il ~!*** he'll flatten you! **3** COLLOQ. *(broncio)* ***cosa sono quei -i lunghi?*** why all the long faces? ***fare*** o ***avere il ~ lungo*** to pull *o* wear a long face **4** *(di aero, vettura)* nose ♦ ***dire qcs. a qcn. sul ~*** to say sth. to sb.'s face; ***a ~ duro*** resolutely.

musone /mu'zɔne/ m. (f. **-a**) COLLOQ. sulker, mope(r).

musoneria /muzone'ria/ f. sulkiness.

mussola /'mussola/, **mussolina** /musso'lina/ f. muslin.

mussoliniano /mussoli'njano/ **I** agg. of Mussolini, Mussolini's **II** m. (f. **-a**) STOR. follower of Mussolini.

musulmano /musul'mano/ **I** agg. Moslem, Muslim **II** m. (f. **-a**) Moslem, Muslim.

1.muta /'muta/ f. **1** ZOOL. *(di uccelli, crostacei)* moult(ing) BE, molt(ing) AE; *(di serpenti)* slough(ing); ***fare la ~*** [*uccello*] to moult BE, to molt AE; [*serpente*] to slough **2** *(tuta da subacqueo)* wet suit **3** MIL. shift.

2.muta /'muta/ f. VENAT. *(di cani)* pack.

mutamento /muta'mento/ m. change (**di** of), shift, variation (**di** in); ***un ~ di significato*** a shift in meaning.

mutande /mu'tande/ ➧ ***35*** f.pl. *(da uomo)* briefs, underpants; *(da donna)* panties, pants BE ♦ ***perdere le ~, ritrovarsi in ~*** to lose one's shirt; ***lasciare qcn. in ~*** to rob sb. blind.

mutandine /mutan'dine/ ➧ ***35*** f.pl. *(da donna)* panties, pants BE; *(da bambino)* briefs.

mutante /mu'tante/ agg., m. e f. mutant.

mutare /mu'tare/ [1] **I** tr. **1** *(cambiare)* to change; ***~ la pelle*** [*serpente*] to shed skin, to slough; ***~ le penne*** [*uccello*] to moult BE, to molt AE **2** *(trasformare)* ***~ qcs. in qcs.*** to turn sth. into sth. **II** intr. (aus. *essere*) to change; ***mutò d'umore improvvisamente*** his mood suddenly changed; ***il tempo è mutato*** the weather changed; ***~ in meglio, in peggio*** to change for the better, worse **III mutarsi** pronom. **1** *(trasformarsi)* ***-rsi in qcs.*** to turn into sth. **2** *(cambiarsi)* ***-rsi d'abito*** to change (one's clothes).

mutazione /mutat'tsjone/ f. **1** *(cambiamento)* change, alteration, transformation **2** BIOL. MED. MUS. mutation ♦♦ ***~ genetica*** genetic mutation.

mutevole /mu'tevole/ agg. [*condizione, opinione*] changeable; [*tempo*] fickle, changeable; ***essere di umore ~*** to be moody; ***i gusti sono -i*** tastes change.

mutevolezza /mutevo'lettsa/ f. mutability; *(di comportamento)* fickleness.

mutilare /muti'lare/ [1] tr. **1** to mutilate, to maim [*persona, corpo*] **2** FIG. to mutilate [*testo, articolo, film*].

mutilato /muti'lato/ **I** p.pass. → **mutilare II** agg. [*persona*] mutilated, maimed **III** m. (f. **-a**) disabled person ♦♦ ***~ di guerra*** disabled war veteran; ***~ del lavoro*** = person disabled from an accident at work.

mutilazione /mutilat'tsjone/ f. **1** mutilation, maiming; ***subire una ~*** to be maimed **2** FIG. *(di testo)* mutilation; *(di statua)* defacement.

mutismo /mu'tizmo/ ➧ ***7*** m. **1** PSIC. mutism **2** *(silenzio)* ***chiudersi in un ~ completo*** to withdraw into total silence.

muto /'muto/ **I** agg. **1** MED. dumb, mute **2** *(che tace)* silent; ***rimanere ~*** to remain silent **3** *(incapace di parlare)* ***~ per*** speechless with [*gioia, rabbia*] **4** *(inespresso)* [*rimprovero, dolore, rabbia*] silent **5** CINEM. [*cinema, film*] silent **6** FON. [*vocale, consonante*] mute **7** *(senza iscrizione)* [*cartina geografica*] blank **8** *(privo di suono)* ***il telefono diventò ~*** the phone went dead **II** m. (f. **-a**) **1** *(persona)* dumb person, mute **2** CINEM. silent screen ♦ ***restare ~ come un pesce*** to keep mum; ***fare scena -a*** not to say one word; GERG. SCOL. not to know a thing; ***~ come una tomba*** as silent as the grave.

mutua /'mutua/ f. COLLOQ. *(organismo)* National Health Service; ***medico della ~*** National Health doctor; *(congedo per malattia)* ***essere in ~*** to be on sick leave; ***ho dieci giorni di ~*** I have a sick note for ten day.

mutuabile /mutu'abile/ agg. ***essere ~*** [*farmaco, analisi*] to be on the National Health (Service).

mutualistico, pl. **-ci, -che** /mutua'listiko, tʃi, ke/ agg. **1** *(relativo alla mutualità)* [*principio*] mutualistic **2** *(previdenziale)* ***ente ~*** National Health Service Organization; ***assistenza -a*** National Health assistance.

mutuare /mutu'are/ [1] tr. **1** ECON. RAR. ***~ una somma di denaro a un'impresa*** to lend a sum of money to a company; ***~ una somma di denaro da una banca*** to borrow a sum of money from a bank **2** FIG. to borrow.

mutuatario, pl. **-ri** /mutua'tarjo, ri/ m. (f. **-a**) borrower, mutuary.

mutuato /mutu'ato/ m. (f. **-a**) *(pubblico)* National Health patient; *(privato)* person insured against illness.

1.mutuo /'mutuo/ agg. mutual; ***~ soccorso*** mutual aid; ***associazione di ~ soccorso*** friendly *o* provident society BE, benefit association AE.

2.mutuo /'mutuo/ m. loan; ***contrarre un ~*** to take out a loan; ***concedere un ~ a qcn.*** to grant a loan to sb. ♦♦ ***~ garantito*** secured loan; ***~ ipotecario*** mortgage loan.

n

n, N /'ɛnne/ m. e f.inv. *(lettera)* n, N.

n. 1 (anche **n°**) ⇒ numero number (n°) **2** ⇒ nato born (b.).

nababbo /na'babbo/ m. STOR. nabob ♦ ***vivere da ~*** to live in the lap of luxury.

nabuk /'nabuk/ m.inv. nubuck.

nacchere /'nakkere/ ➧ ***34*** f.pl. castanets.

nadir /na'dir/ m.inv. nadir.

nafta /'nafta/ f. *(combustibile)* oil; CHIM. naphtha; ***stufa a ~*** oil stove; ***riscaldamento a ~*** oil-fired heating.

naftalina /nafta'lina/ f. **1** CHIM. naphthalene **2** *(tarmicida)* ***pallina di ~*** mothball; ***mettere qcs. in ~*** to put sth. in mothballs (anche FIG.).

naia /'naja/ f. GERG. = compulsory military service; ***essere sotto ~*** to be doing military service.

naiade /'najade/ f. MITOL. water nymph.

naïf /na'if/ **I** agg.inv. naïve **II** m.inv *(genere)* naïve painting.

nailon → **nylon**.

nanerottolo /nane'rɔttolo/ m. (f. **-a**) SPREG. midget.

nanna /'nanna/ f. INFANT. ***andare a (fare la) ~*** to go to bye-byes BE.

nano /'nano/ **I** agg. [*albero, stella*] dwarf; [*cavallo, cane*] miniature **II** m. (f. **-a**) dwarf.

napalm /'napalm/ m.inv. napalm.

napoleone /napole'one/ m. *(bicchiere)* snifter AE.

Napoleone /napole'one/ n.pr.m. Napoleon.

napoletana /napole'tana/ f. **1** *(caffettiera)* Italian coffee maker **2** GASTR. = pizza with tomato, mozzarella cheese, basil and anchovies.

napoletano /napole'tano/ ➧ ***2*** **I** agg. Neapolitan **II** m. (f. **-a**) Neapolitan.

Napoli /'napoli/ ➧ ***2*** n.pr.f. Naples.

nappa /'nappa/ f. **1** *(ornamento)* tassel **2** *(pelle)* nap(p)a leather.

narcisismo /nartʃi'zizmo/ ➧ ***7*** m. narcissism.

narcisista, m.pl. **-i**, f.pl. **-e** /nartʃi'zista/ m. e f. narcissist.

narcisistico, pl. **-ci**, **-che** /nartʃi'zistiko, tʃi, ke/ agg. narcissistic.

narciso /nar'tʃizo/ m. BOT. narcissus*.

Narciso /nar'tʃizo/ n.pr.m. Narcissus.

narcodollari /narko'dɔllari/ m.pl. = money (in US dollars) obtained through drug dealing.

narcotici /nar'kɔtitʃi/ agg. e f.inv. ***(squadra) ~*** drug *o* narcotics squad.

narcotico, pl. **-ci**, **-che** /nar'kɔtiko, tʃi, ke/ **I** agg. narcotic **II** m. narcotic; *(stupefacente)* drug.

narcotizzare /narkotid'dzare/ [1] tr. to drug.

narcotrafficante /narkotraffi'kante/ m. e f. drug dealer.

narcotraffico, pl. **-ci** /narko'traffiko, tʃi/ m. drug dealing.

narghilè /nargi'lɛ/ m.inv. hookah.

narice /na'ritʃe/ f. nostril.

narrare /nar'rare/ [1] **I** tr. to tell* [*storia*]; to tell*, to relate [*fatto*] **II** intr. (aus. *avere*) ***~ a qcn. di qcs.*** to tell sb. about *o* of sth.

narrativa /narra'tiva/ f. fiction; ***opera di ~*** work of fiction.

narrativo /narra'tivo/ agg. [*stile, poema*] narrative.

narratore /narra'tore/ m. (f. **-trice** /tritʃe/) **1** *(chi narra)* (story)teller **2** *(autore di narrativa)* fiction writer **3** LETT. narrator.

narrazione /narrat'tsjone/ f. **1** *(il raccontare)* narration, narrative, storytelling **2** *(racconto)* tale, story.

NAS /nas/ m.pl. (⇒ Nucleo Antisofisticazioni) = division of Carabinieri appointed to investigate the adulteration of beverages and foodstuffs.

nasale /na'sale/ agg. ANAT. FON. nasal.

nascente /naʃ'ʃɛnte/ agg. [*interesse*] budding; [*movimento*] infant attrib.; [*sole, luna*] rising; ***è un astro ~*** FIG. he's a rising star.

1.nascere /'naʃʃere/ [63] La traduzione in inglese di *nascere* crea due tipi di problemi: innanzitutto, il verbo *nascere* è reso dalla forma passiva di *to bear* (= *partorire, generare*), cosicché *to be born* traduce *nascere* in quanto significa *essere partorito / generato*; ciò spiega l'imperfetta corrispondenza formale nelle due lingue in frasi come *sono nato / nacqui nel 1956* = I was born in 1956 o *era nato in una famiglia povera* = he had been born in a poor family; secondariamente, quando *nascere* è usato in senso letterale ma non in riferimento agli esseri umani oppure in senso figurato, l'inglese utilizza solitamente altri verbi, per i quali vedi sotto le accezioni 2 e seguenti. intr. (aus. *essere*) **1** *(venire al mondo)* [*persona, animale*] to be* born; ***è nata il 5 maggio '99*** she was born on 5 May 1999; ***quando deve ~ il bambino?*** when is your baby due? ***è appena nato*** he is a newborn baby; ***vedere ~ qcn.*** to see sb. being born; ***l'ho visto ~*** FIG. I have known him since he was born; ***non sono certo nato ieri*** COLLOQ. I wasn't born yesterday **2** *(spuntare)* [*astro*] to rise*; [*dente*] to erupt; [*pianta*] to come* up **3** *(scaturire)* [*fiume*] to rise*, to have* its rise (**da** in) **4** FIG. [*movimento, progetto*] to be* born; [*sentimento*] to spring* up; [*sospetto, dubbio*] to arise*; [*amicizia*] to start; ***~ da*** to spring from [*gelosia, paura, pregiudizio*]; ***far ~*** to give rise to [*speranza, gelosia, conflitto*].

2.nascere /'naʃʃere/ m. **1** *(nascita)* ***il ~ di una civiltà*** the dawning of a civilization **2** ***sul nascere stroncare qcs. sul ~*** to nip sth. in the bud; ***risolvere i problemi sul ~*** to solve problems as they arise.

nascita /'naʃʃita/ f. **1** birth; ***data e luogo di ~*** date and place of birth; ***italiano di ~*** of Italian birth; ***essere sordo dalla ~*** to be born deaf; ***controllo delle -e*** birth control **2** FIG. *(inizio)* *(di opera, movimento, corrente)* birth; *(di prodotto)* first appearance **3** *(il sorgere)* ***~ del sole*** sunrise.

nascituro /naʃʃi'turo/ m. unborn child*.

nascondere /nas'kondere/ [64] **I** tr. **1** *(sottrarre alla vista)* to hide* [*oggetto*]; to hide*, to conceal [*criminale*]; ***~ il viso tra le mani*** to bury one's face in one's hands; ***~ qcs. in un cassetto*** to hide sth. away in a drawer **2** *(impedire alla vista)* to hide*, to block [*paesaggio, mare*] **3** FIG. to conceal [*verità,* *fatto*]; to cover up [*errore, crimine*]; to hide*, to conceal [*emozioni*]; to keep* back, to withhold* [*informazione, dettaglio*]; **~ qcs. a qcn.** to keep sth. from sb.; ***mi stai nascondendo qualcosa!*** you're hiding something from me! ***non si può ~ che*** there's no disguising the fact that **II nascondersi** pronom. [*persona, animale*] to hide*; ***-rsi sotto falso nome*** to masquerade under a false name.

nascondiglio, pl. **-gli** /naskon'diʎʎo, ʎi/ m. hiding place, hideout, hideaway.

nascondino /naskon'dino/ ♦ *10* m. hide and seek BE, hide-and-go-seek AE.

nascosto /nas'kosto/ **I** p.pass. → **nascondere II** agg. **1** [*tesoro, angolo, bellezza*] hidden; [*difetto, qualità*] latent; ***glielo ha tenuto ~*** he kept it a secret for them **2 di nascosto** furtively, on the sly; ***fare qcs. di ~ da qcn.*** to do sth. out of sight of sb.

nasello /na'sɛllo/ m. ZOOL. hake*.

naso /'naso/ ♦ *4* m. **1** nose; ***~ alla francese*** o ***all'insù*** snub nose; ***~ a patata*** flat nose; ***avere il ~ chiuso*** to have a blocked nose; ***soffiarsi, tapparsi il ~*** to blow, hold one's nose; ***mettersi le dita nel ~*** to poke one's finger up one's nose, to pick one's nose; ***parlare con il ~*** to speak through one's nose; ***ti sanguina il ~*** you have a nosebleed *o* a bloody nose; ***mettere*** o ***ficcare il ~ in qcs.*** COLLOQ. FIG. to stick *o* poke one's nose in sth.; ***non ho messo il ~ fuori*** I didn't set foot outside; ***ce l'hai sotto il ~*** it's under you nose, it's staring you in the face **2** FIG. ***avere ~ (per qcs.)*** to have a nose (for sth.); ***a (lume di) ~*** at a guess, by (sheer) intuition ♦ ***menare*** o ***prendere qcn. per il ~*** to lead sb. by the nose; ***non vedere più in là del proprio ~*** to see no further than the end of one's nose; ***passare sotto il ~ di qcn.*** to slip through sb.'s fingers; ***arricciare*** o ***storcere il ~ per qcs.*** to turn one's nose up at sth.; ***rimanere*** o ***restare con un palmo di ~*** to be left dumbfounded *o* flabbergasted; ***avere la puzza sotto il ~*** to be hoity-toity.

nassa /'nassa/ f. creel, fish pot; ***~ per aragoste*** lobster pot.

nastrino /nas'trino/ m. MIL. ribbon.

nastro /'nastro/ m. **1** *(per decorazione, per legare)* ribbon; *(di cappello)* hatband; *(per capelli)* band, ribbon **2** TECN. tape; *(di macchina da scrivere)* ribbon; ***sega a ~*** band saw; ***metro a ~*** measuring tape ♦♦ ***~ adesivo*** adhesive tape; ***~ biadesivo*** double-sided tape; ***~ isolante*** insulating tape; ***~ magnetico*** magnetic tape; ***~ di partenza*** starting line; ***~ perforato*** INFORM. paper tape; ***~ trasportatore*** conveyer (belt); *(per bagagli)* baggage carousel.

nastroteca, pl. **-che** /nastro'tɛka, ke/ f. tape library.

nasturzio, pl. **-zi** /nas'turtsjo, tsi/ m. nasturtium.

natale /na'tale/ **I** agg. [*città, terra*] native; ***paese ~*** *(città)* home town; *(stato)* home country **II natali** m.pl. ***di nobili -i*** nobly born, of gentle birth; ***la nazione che ha dato i -i a Picasso*** the country that produced Picasso.

Natale /na'tale/ m. Christmas; ***a ~*** *(periodo)* at Christmas; *(25 dicembre)* on Christmas day; ***"Buon ~"*** "Merry Christmas"; ***Babbo ~*** Father Christmas BE, Santa (Claus) ♦ ***durare da ~ a Santo Stefano*** = to last a very short time; ***~ con i tuoi, Pasqua con chi vuoi*** PROV. = you should spend Christmas with your family, but you can choose who to spend Easter with.

Natalia /nata'lia/ n.pr.f. Natalie.

natalità /natali'ta/ f.inv. STATIST. ***tasso di ~*** birthrate.

natalizio, pl. **-zi, -zie** /nata'littsjo, tsi, tsje/ agg. [*biglietto, canto*] Christmas attrib.

Nataniele /nata'njɛle/ n.pr.m. Nathaniel.

natante /na'tante/ **I** agg. floating **II** m. MAR. craft*.

natatorio, pl. **-ri, -rie** /nata'tɔrjo, ri, rje/ agg. ***vescica -a*** air bladder.

natica, pl. **-che** /'natika, ke/ f. buttock.

natio, pl. **-ii, -ie** /na'tio, io, ie/ agg. [*città, terra*] native; ***paese ~*** *(città)* home town; *(stato)* home country.

natività /nativi'ta/ f.inv. RELIG. ART. Nativity.

nativo /na'tivo/ **I** agg. **1** [*lingua, terra*] native **2** *(originario)* ***sono ~ di Roma*** I was born in Rome **II** m. (f. **-a**) native.

nato /'nato/ **I** p.pass. → **nascere II** agg. born; ***la Signora Marchi -a Rossi*** Mrs Marchi née Rossi; ***~ da buona famiglia*** highborn; ***non sono ~ per viaggiare*** I'm a poor traveller; ***appena ~*** [*bambino*] newborn; ***~ morto*** stillborn (anche FIG.); ***un musicista ~*** a born musician **III** m. ***i -i del 1972*** those born in 1972.

natura /na'tura/ f. **1** *(forza che muove l'universo)* nature; ***le leggi della ~*** the laws of nature; ***contro ~*** against nature **2** *(ambiente)* nature, environment; ***vivere a contatto con la ~*** to live close to nature; ***tutela della ~*** nature conservancy **3** *(indole)* nature, character; ***~ umana*** human nature; ***non è nella sua ~ essere aggressiva*** it's not in her nature to be aggressive; ***non posso farci nulla, è la mia ~*** I can't do anything about it, it's just the way I am; ***è allegro di ~*** he has a cheerful disposition **4** *(tipo, genere)* nature, kind; ***qual è la ~ del problema?*** what is the nature of the problem? ♦ ***in ~*** [*pagare*] in kind; ***scherzo di*** o ***della ~*** freak of nature ♦♦ ***~ morta*** ART. still life.

naturale /natu'rale/ agg. **1** [*legge, diritto, confine, gas*] natural; ***acqua ~*** still water; ***è una bionda ~*** her hair is naturally blonde; ***a grandezza ~*** [*ritratto, statua*] life-size; ***gli viene ~*** it's second nature to him; ***è del tutto ~ che sia curiosa*** it's only natural for her to be curious; ***morte ~*** death for natural causes **2 al naturale** *(senza additivi)* [*yogurt, formaggio*] natural; ***da consumare al ~*** to be eaten on its own.

naturalezza /natura'lettsa/ f. *(spontaneità)* naturalness; ***con ~*** [*parlare, muoversi*] naturally; ***manca di ~*** he's not very natural.

naturalismo /natura'lizmo/ m. naturalism.

naturalista, m.pl. **-i**, f.pl. **-e** /natura'lista/ agg., m. e f. naturalist.

naturalistico, pl. **-ci, -che** /natura'listiko, tʃi, ke/ agg. naturalistic.

naturalizzare /naturalid'dzare/ [1] **I** tr. to naturalize [*straniero*] **II naturalizzarsi** pronom. DIR. BIOL. to become* naturalized.

naturalizzazione /naturaliddzat'tsjone/ f. DIR. BIOL. naturalization.

naturalmente /natural'mente/ Fra i diversi equivalenti sotto elencati dell'italiano *naturalmente*, va precisato l'uso di *of course*: è un modo gentile di accondiscendere a una richiesta ma, nel caso di una richiesta d'informazioni, l'uso di *of course* (o della sua variante negativa *of course not*) potrebbe sottolineare che la domanda è ovvia e quindi inutile (*"Lei è già in pensione?" "Naturalmente, no!"* = "Are you retired yet?" "Of course not!"). A parte quando si risponde a una domanda, *of course* non si usa all'inizio di una frase. avv. **1** *(di natura)* naturally **2** *(spontaneamente)* ***cerca di comportarti ~*** try to act naturally **3** *(ovviamente)* sure enough **4** *(certamente)* of course.

naturismo /natu'rizmo/ m. naturism.

naturista, m.pl. **-i**, f.pl. **-e** /natu'rista/ agg., m. e f. naturist.

naufragare /naufra'gare/ [1] intr. (aus. *essere, avere*) **1** [*imbarcazione*] to be* wrecked, to sink*; [*persona*] to be* shipwrecked **2** FIG. *(fallire)* [*progetto, piano*] to go* by the board; [*matrimonio*] to be* on the rocks.

naufragio, pl. **-gi** /nau'fradʒo, dʒi/ m. (ship)wreck, sinking; FIG. wreck(age); ***fare ~*** to be shipwrecked.

naufrago, m.pl. **-ghi**, f.pl. **-ghe** /'naufrago, gi, ge/ m. (f. **-a**) shipwrecked person; *(su un'isola)* castaway.

nausea /'nauzea/ f. **1** nausea; ***avere la ~*** to feel sick; ***mangiare fino alla ~*** to eat oneself sick **2** FIG. nausea; ***fino alla ~*** [*ripetere, discutere*] ad nauseam.

nauseabondo /nauzea'bondo/, **nauseante** /nauze'ante/ agg. **1** [*cibo, odore*] nauseous, sickening **2** FIG. [*persona, ipocrisia*] nauseating, disgusting.

nauseare /nauze'are/ [1] tr. [*cibo, odore*] to make* [sb.] sick, to nauseate [*persona*]; FIG. to nauseate [*persona*].

nauseato /nauze'ato/ **I** p.pass. → **nauseare II** agg. nauseated, disgusted (**da** at, by, with).

nautica /'nautika/ f. *(scienza)* navigation; *(attività)* boating, sailing; ***salone della ~*** boat show.

nautico, pl. **-ci, -che** /'nautiko, tʃi, ke/ agg. [*carta, strumento, termine*] nautical; [*scienza*] navigational; ***sci ~*** water-skiing; ***circolo ~*** yacht club.

navale /na'vale/ agg. **1** IND. ***industria ~*** shipbuilding industry; ***cantiere ~*** shipyard, boatyard; ***ingegnere ~*** marine engineer **2** MIL. [*forze, base*] naval; ***battaglia ~*** naval *o* sea battle; GIOC. battleships.

navata /na'vata/ f. *(centrale)* nave; *(laterale)* aisle; ***una chiesa a tre -e*** a church with a nave and two aisles.

ne

- Il pronome clitico *ne*, che può essere usato per riferirsi a persone o cose indifferentemente, è l'equivalente di una struttura del tipo *di* + nome / pronome oppure *da* + nome / pronome, ciascuna delle quali convoglia significati diversi e pertanto richiede una diversa traduzione in inglese.

Ne = di + nome / pronome

- *Ne* corrisponde a *di* + nome / pronome quando funziona come espansione di un verbo, di un aggettivo o di un nome:

mi hanno offerto un lavoro part time, e ne ho subito approfittato = I was offered a part-time job, and I availed myself of it at once
ho scritto un articolo interessante, e ne sono fiero = I wrote an interesting article, and I am proud of it
conosco una brava parrucchiera; te ne darò l'indirizzo = I know a good hairdresser; I'll give you her address

Come risulta dall'ultimo esempio, quando *ne* funge da complemento di un nome, equivale a un aggettivo possessivo (*ti darò il suo indirizzo*), e come tale è tradotto in inglese; un altro esempio è costituito da:

lo conosco ma non ne ricordo il nome = I know him but I can't remember his name

- Gli esempi del punto precedente vanno integrati da altri per mostrare che *ne* non si riferisce solamente a cose (un lavoro, un articolo, un indirizzo), ma anche a persone, e che il suo equivalente inglese può essere *about* + nome / pronome, oltre a *of* + nome / pronome e all'aggettivo possessivo:

è la mia studentessa migliore, e ne sono fiero = she's my best student, and I'm proud of her
e tua madre? non ne ho più sentito parlare = and your mother? I haven't heard any more about her

Per tradurre *ne* possono essere usate in inglese anche altre preposizioni, se queste sono in rapporto idiomatico con il verbo, aggettivo o sostantivo reggente:

che cosa ne hai fatto? = what have you done with it?
so che me ne pentirò, ma... = I know I will be sorry for it, but...

- Sempre in quanto corrispondente alla struttura *di* + nome / pronome, *ne* è anche usato in funzione di pronome partitivo (= *alcuni, qualche, un po'*), da solo o accompagnato da un quantificatore:

"vuoi delle mele?" "sì, ne voglio" = "would you like some apples?" "yes, I'd like some"
"ne vuoi?" "sì, dammene tre" = "would you like some?" "yes, give me three"
"ne vuoi due?" "no, ne voglio tre" = "would you like two?" "no, I want three"
non ne restano molte (di mele) = there aren't many (of them) left
prendine alcune = take some
se ne avessi, te ne darei = if I had any, I would give you some
anche Liz non ne ha = Liz has none either
ce n'è, di vino? = is there any wine?
non ce n'è più = there isn't any left
ne hai portati, di libri? = have you brought any book?
ne ho letti solo due, però = I only read two, though
ne ho due molto interessanti = I have two interesting ones
eccone due = here are two (of them)

Gli esempi mostrano che *ne* come pronome partitivo va reso in inglese secondo l'uso regolare dei pronomi *some, any* e *none*, uso che, diversamente dall'italiano, non prevede la coesistenza fra partitivo e quantificatore (*ne voglio due* = I want two); si noti inoltre che le forme colloquiali marcate del tipo *ce n'è, di vino?* (al posto di *c'è del vino?*) vengono rese in inglese con la struttura standard.

Ne = da + nome / pronome

- Quando *ne* corrisponde a *da* + nome / pronome esprime provenienza in senso figurato o causa efficiente; l'equivalente forma inglese è *from, out of* o anche *by* perché *ne* può esprimere un vero e proprio complemento d'agente:

non ne abbiamo cavato niente = we didn't get anything out of it
possiamo dedurne che ci ha mentito = from this we can deduce he lied to us
fu un'esperienza sconvolgente, e ne rimasi colpito = it was a shocking experience, and I was struck by it
ama i suoi figli e ne è amato = he loves his children and he is loved by them

- Un altro uso di *ne*, ancora corrispondente a *da* + nome / pronome ma di natura avverbiale, è quello di complemento di moto da luogo, tipicamente dopo verbi quali *uscire, fuggire, allontanarsi* ecc.:

era in una prigione di massima sicurezza, ma è riuscito a evaderne = he was in a maximum security prison, but he managed to escape from it
sono atterrato all'aeroporto di Heathrow alle 10 e ne sono ripartito alle 16.30 = I landed at Heathrow airport at 10 and left at 4.30 pm
ce ne andiamo tra 10 minuti = we're leaving in 10 minutes
andiamocene! = let's go!
entrò nel caffè mentre io ne uscivo = he entered the café as I was coming out

Casi particolari dell'uso di *ne*

- *Ne* ha talvolta un uso pleonastico, che in quanto tale non ha alcun equivalente formale in inglese:

ne va della mia vita = my life is at risk
non statevene lì impalati! = don't just stand there!
stasera ce ne andiamo al cinema = we are going to the cinema tonight

- *Ne* compare anche in locuzioni idiomatiche:

ne ho abbastanza delle tue bugie! = I've had enough of your lies!
me ne ha dette di tutti i colori = he called me all sorts of names
quanti ne abbiamo oggi? = what's the date today?
non ne vale la pena = it isn't worth it

- Mentre nei due casi precedenti la mancanza di un equivalente diretto di *ne* in inglese dipende dalla natura pleonastica e idiomatica della forma italiana, talvolta *ne* non viene tradotto in inglese con nessuna preposizione perché il corrispondente verbo inglese regge un complemento diretto:

ne ho bisogno = I need it
non ne dubito = I don't doubt it
dovresti discuterne con tua moglie = you should discuss it with your wife

nave /'nave/ f. ship; ***"abbandonare la ~!"*** "abandon ship!" ♦ ***i topi abbandonano la ~ (che affonda)*** rats leave a sinking ship ♦♦ ***~ ammiraglia*** flagship; ***~ di cabotaggio*** coaster; ***~ da carico*** freighter; ***~ cisterna*** tanker; ***~ corsara*** corsair; ***~ da crociera*** cruise liner; ***~ fattoria*** factory ship; ***~ da guerra*** warship; ***~ di linea*** liner; ***~ mercantile*** merchantman, merchant ship; ***~ ospedale*** hospital ship; ***~ passeggeri*** passenger ship; ***~ scuola*** training ship; ***~ spaziale*** spaceship; ***~ traghetto*** ferry; ***~ a vapore*** steamship; ***~ a vela*** sailing ship.

navetta /na'vetta/ f. shuttle; ***fare la ~*** to shuttle; ***autobus ~*** shuttle bus.

navicella /navi'tʃella/ f. **1** *(di mongolfiera)* basket; *(di dirigibile)* gondola **2** *(per l'incenso)* incense boat ♦♦ ***~ spaziale*** space capsule.

navigabile /navi'gabile/ agg. [*fiume*] navigable; ***corso d'acqua ~*** waterway **2** AER. [*aeromobile*] airworthy; MAR. [*imbarcazione*] seaworthy.

navigante /navi'gante/ **I** agg. [*personale*] MAR. seagoing; AER. flying **II** m. e f. ***-i*** MAR. seagoing staff; AER. air staff; ***avviso ai -i*** shipping forecast.

navigare /navi'gare/ [1] **I** tr. to navigate, to sail; ***~ i mari della Cina*** to sail the China seas **II** intr. (aus. *avere*) **1** [*nave, per-*

sona] to sail; ***~ controvento*** to sail into the wind; ***~ in cattive acque*** FIG. to be in deep waters **2** *(guidare una nave)* to navigate **3** INFORM. ***~ in Internet*** to netsurf, to surf the Net.

navigato /navi'gato/ **I** p.pass. → **navigare II** agg. [*professionista*] experienced; [*uomo, donna*] worldly-wise.

navigatore /naviga'tore/ m. (f. **-trice** /tritʃe/) **1** *(chi naviga)* navigator, sailor **2** *(nell'automobilismo)* navigator **3** AER. MAR. navigator **4** INFORM. ***~ (in rete)*** (net)surfer.

navigazione /navigat'tsjone/ f. **1** AER. MAR. navigation; *(traffico marittimo)* shipping; ***strumento di ~*** navigational instrument; ***compagnia di ~*** shipping company *o* line; ***ci vogliono due giorni di ~ da qui*** it's two days' sail from here **2** INFORM. ***~ in Internet*** netsurfing ♦♦ ***~ da diporto*** yachting; ***~ fluviale*** o ***interna*** inland navigation.

nazareno /naddza'rɛno/ m. (f. **-a**) Nazarene; ***il Nazareno*** the Nazarene.

nazionale /nattsjo'nale/ **I** agg. [*festa, biblioteca, eroe, identità, inno*] national; [*mercato, consumo, politica, volo*] domestic; ***su scala ~*** [*diffondere, sviluppare*] nationally **II** f. SPORT national team **III** m. e f. *(atleta)* international (player) **IV nazionali** m.pl. SPORT *(campionati)* national championship sing.

nazionalismo /nattsjona'lizmo/ m. nationalism.

nazionalista, m.pl. **-i**, f.pl. **-e** /nattsjona'lista/ agg., m. e f. nationalist.

nazionalistico, pl. **-ci**, **-che** /nattsjona'listiko, tʃi, ke/ agg. nationalistic.

nazionalità /nattsjonali'ta/ f.inv. nationality; ***gente di tutte le ~*** people of all nationalities *o* from all countries.

nazionalizzare /nattsjonalid'dzare/ [1] tr. to nationalize.

nazionalizzazione /nattsjonaliddzat'tsjone/ f. nationalization.

nazionalsocialismo /nattsjonalsotʃa'lizmo/ m. National Socialism.

nazione /nat'tsjone/ f. nation, people; *(paese)* country ♦♦ ***Nazioni Unite*** United Nations.

nazismo /nat'tsizmo, nad'dzizmo/ m. Nazi(i)sm.

nazista, m.pl. **-i**, f.pl. **-e** /nat'tsista, nad'dzista/ agg., m. e f. Nazi.

N.d.A. ⇒ nota dell'autore = author's note.

N.d.E. ⇒ nota dell'editore = publisher's note.

N.d.R. ⇒ nota della redazione = editor's note.

'ndrangheta /'ndrangeta/ f. = organized society of criminals originating in Calabria.

N.d.T. ⇒ nota del traduttore = translator's note.

ne /ne/ **I** pron. **1** *(di lui, di lei, di loro)* of him, her, them, about him, her, them; ***l'ho conosciuto e ~ ho parlato al direttore*** I've met him and I talked to the manager about him; ***e tua madre? non ~ ho più sentito parlare*** and your mother? I haven't heard any more about her **2** *(di ciò)* of it, about it; ***non ~ sono sicuro*** I'm not sure about that; ***che cosa ~ pensi?*** what do you think? ***parliamone*** let's talk about that; ***~ sono fiero*** I am proud of it **3** *(con valore di possessivo)* his, her, their, its; ***lo conosciamo e ~ apprezziamo la sincerità*** we know him and we appreciate his sincerity **4** *(con valore partitivo) (in frasi affermative, nelle offerte)* some; *(in frasi negative e interrogative)* any; ***~ vuole?*** would like some? ***~ voglio un altro*** I want another (one); ***~ ho*** I've got some; ***prendetene ancora un po'!*** do have some more! ***non ~ ha*** he hasn't got any; ***vorrei un po' di tè, se ~ hai*** I'd like some tea, if you have any; ***non ce ~ servono ancora molti*** we don't need many more; ***~ prendo quattro*** I'll take four; ***dammene metà*** give me half; ***ce ~ sono otto*** there are eight of them; ***~ ho mangiato solo un po'*** I only ate a little; ***eccone uno, dov'è l'altro?*** here's one of them, where is the other? **5** *(da ciò)* from it, out of it; *(complemento d'agente)* by it; ***~ derivano gravi conseguenze*** serious consequences stem from it *o* come out of it; ***~ rimasi colpito*** I was struck by it **6** COLLOQ. *(enfatico)* ***non me ~ importa nulla delle tue scuse!*** I'm not interested in your excuses! **7** *(in espressioni ellittiche)* ***me ~ ha dette di tutti i colori*** he called me all sorts of names **II** avv. **1** *(moto da luogo)* from here, from there, out of it; ***entrò nella stanza ma ~ uscì subito*** she entered the room but came out (of it) immediately; ***devo andarmene di qui*** I must get away from here; ***vattene!*** get out! go away! **2** *(con valore pleonastico)* ***starsene a casa*** to stay at home; ***se ~ stavano in piedi vicino al bar*** they were standing at the bar.

né /ne/ cong. **1** *(in correlazione)* neither... nor; *(in presenza di altra negazione)* either... or; ***non ho ~ il tempo ~ i soldi*** I have neither the time nor the money; ***non ho visto ~ Nick ~ Henry*** I saw neither Nick nor Henry, I didn't see either Nick or Henry; ***~ lei ~ io conosciamo la risposta*** neither she nor I know the answer; ***non parla ~ inglese, ~ tedesco, ~ spagnolo*** he speaks neither English, nor German, nor Spanish; ***~ l'uno ~ l'altro*** neither (of them); ***non voglio ~ l'uno ~ l'altro*** I want neither; ***non ho visto ~ l'uno ~ l'altro*** I haven't seen either (of them); ***non mi ha detto ~ sì ~ no*** she didn't say yes or no; ***~ più ~ meno*** neither more, nor less **2** *(e neanche)* nor; ***non vuole ~ può cambiare*** she doesn't want to change, nor can she; ***non scrive ~ telefona mai*** he never writes or phones.

neanche /ne'anke/ **I** avv. **1** *(e così pure)* neither, nor; *(in presenza di altra negazione)* either; ***"non sono stato io" - "neanch'io"*** "I didn't do it" - "neither *o* nor did I", "I didn't either", "me neither"; ***io non lo so e ~ lui*** I don't know and neither does he *o* and he doesn't either; ***non sono d'accordo neanch'io*** I don't agree either **2** *(rafforzativo in frase negativa)* even; ***non ha ~ provato*** he didn't even try; ***non voglio ~ sentirne parlare*** I won't hear of it; ***non ci penso ~!*** nothing could be further from my mind! ***non se ne parla ~!*** nothing doing! no way! ***"c'era gente?" - "~ un'anima"*** "were many people there?" - "not a soul"; ***"sono rimasti dei soldi?" - "~ un po'"*** "is there any money left?" - "none at all"; ***non sono preoccupato ~ un po'*** I'm not in the least (bit) worried; ***~ per sogno!*** no way! not a bit of it! **3** *(per indicare esclusione)* ***~ uno ha detto grazie*** not one of them said thank you; ***~ io ho saputo rispondere*** even I didn't know how to answer; ***~ tu ci crederesti*** not even you could believe that **4** COLLOQ. *(così)* ***non fa ~ tanto freddo*** it's not so cold **II** cong. even; ***~ se volessi*** o ***~ volendo potrei aiutarti*** even if I wanted I could not help you; ***~ a farlo apposta, quel giorno ha piovuto*** as ill-luck would have it *o* as if on purpose, it rained that day; ***~ a farlo apposta ne ho uno in macchina*** by sheer coincidence, I happen to have one in my car.

nebbia /'nebbja/ f. fog; *(foschia)* mist, haze; ***~ fitta*** thick fog; ***c'è ~*** it's foggy; ***aeroporto chiuso per ~*** fogbound airport; ***dissolversi come ~ al sole*** FIG. to vanish into thin air; ***perso nelle -e del passato*** FIG. lost in the mists of time.

nebbiolo /neb'bjɔlo/ m. ENOL. INTRAD. (Piedmontese red wine).

nebbioso /neb'bjoso/ agg. **1** [*paesaggio, tempo*] foggy, misty **2** FIG. *(confuso)* hazy, misty.

nebulizzare /nebulid'dzare/ [1] tr. to nebulize, to atomize.

nebulizzatore /nebuliddza'tore/ m. nebulizer, atomizer.

nebulizzazione /nebuliddzat'tsjone/ f. nebulization, atomization.

nebulosa /nebu'losa/ f. nebula*.

nebulosità /nebulosi'ta/ f.inv. **1** nebulosity **2** FIG. nebulosity, vagueness.

nebuloso /nebu'loso/ agg. **1** nebulous **2** FIG. *(fumoso)* [*idea, progetto*] nebulous, vague, hazy.

nécessaire /neses'sɛr/ m.inv. *(da toeletta)* toilet case; ***~ per le unghie*** manicure set; ***~ per il trucco*** vanity bag *o* case, make-up case.

necessariamente /netʃessarja'mente/ avv. necessarily, of necessity.

necessario, pl. **-ri**, **-rie** /netʃes'sarjo, ri, rje/ **I** agg. necessary (**a**, **per** for); ***è ~ fare*** it is necessary to do; ***trovare ~ fare*** to find it necessary to do; ***più del ~*** o ***di quanto (non) sia ~*** more than is necessary; ***se (è) ~*** if necessary; ***è ~ che tu (ci) vada*** it is necessary for you to go, you have to go; ***non è ~ che tu (ci) vada*** you don't have to go, there's no need for you to go, it isn't necessary for you to go; ***non era ~ che mi sbrigassi*** I needn't have hurried; ***i voti -ri per...*** the votes needed (in order) to... **II** m. **1** *(ciò che si impone)* (what is) necessary, what is needed; ***fare il ~*** to do what is necessary, to do the necessary **2** *(beni, mezzi)* essentials pl.; ***il ~ per vivere*** the necessities of life, the bare essentials **3** *(materiale)* materials pl.; ***il ~ per scrivere*** writing materials.

necessità /netʃessi'ta/ f.inv. **1** necessity; *(bisogno)* need; ***per ~*** from *o* out of necessity *o* need; ***~ di qcs., di fare*** need for sth., to do; ***avere la ~ di fare*** to need to do; ***non ne vedo la ~*** I don't see that it is necessary, I can't see the need for it; ***in caso***

di* ~** if necessary, if need be, if the need arises; ***di prima* ~** [*articolo, genere*] vital, basic **2** *(indigenza)* poverty, need, necessity; ***trovarsi in* ~** to be in need ♦ ***fare di* ~ *virtù PROV. to make a virtue of necessity; ***la* ~ *aguzza l'ingegno*** necessity is the mother of invention.

necessitare /netʃessi'tare/ [1] **I** tr. to require, to necessitate [*lavoro, operazione*]; to call for [*cambiamento, intervento*] **II** intr. (aus. *avere*) **1** *(aver bisogno)* ***necessito del vostro aiuto*** I need your help **2** *(essere necessario)* to be* necessary.

necrofilia /nekrofi'lia/ ➧ **7** f. necrophilia.

necrofilo /ne'krɔfilo/ **I** agg. necrophiliac **II** m. (f. **-a**) necrophiliac.

necroforo /ne'krɔforo/ ➧ **18** m. gravedigger, undertaker.

necrologio, pl. **-gi** /nekro'lɔdʒo, dʒi/ m. obituary (notice).

necropoli /ne'krɔpoli/ f.inv. necropolis*.

necroscopico, pl. **-ci**, **-che** /nekros'kɔpiko, tʃi, ke/ agg. ***esame* ~** post-mortem examination, autopsy.

necrosi /ne'krɔzi, 'nɛkrozi/ f.inv. necrosis*.

necrotico, pl. **-ci**, **-che** /ne'krɔtiko, tʃi, ke/ agg. necrotic.

nefando /ne'fando/ agg. infamous, nefarious, wicked.

nefasto /ne'fasto/ agg. **1** *(luttuoso)* [*evento, notizia*] bad, tragic, baleful **2** *(infausto)* [*circostanze*] inauspicious, ominous.

nefrite /ne'frite/ ➧ **7** f. MED. nephritis.

nefrologo, m.pl. **-gi**, f.pl. **-ghe** /ne'frɔlogo, dʒi, ge/ ➧ **18** m. (f. **-a**) renal specialist.

negare /ne'gare/ [1] **I** tr. **1** *(smentire)* to deny [*fatto, esistenza, errore, colpa*]; **~ *che*** to deny that; **~ *di aver fatto qcs.*** to deny doing *o* having done sth.; ***non si può* ~ *la sua popolarità*** there's no denying his popularity; **~ *l'evidenza*** to refuse to face up the facts **2** *(rifiutare, non concedere)* to deny [*accesso*]; to refuse, to withhold* [*consenso, permesso*]; **~ *a qcn. il diritto di fare*** to deny sb. the right to do sth.; ***vedersi* ~ *qcs.*** to be refused sth. **II** intr. (aus. *avere*) to say* no; ***nega ostinatamente*** he persists in his denial; ***alla sua domanda negò*** when questioned he denied **III negarsi** pronom. **1** *(privarsi di)* to deny oneself [*piacere*] **2** *(al telefono)* to pretend one is not in.

negativa /nega'tiva/ f. FOT. negative.

negativamente /negativa'mente/ avv. [*influenzare*] negatively, badly; [*rispondere*] negatively, in the negative.

negativo /nega'tivo/ **I** agg. **1** *(non positivo)* [*immagine, esempio, critica*] negative; ***la risposta è stata -a*** the reply was (in the) negative; ***il suo esame del sangue è risultato* ~** his blood tested negative; ***vede solo i suoi lati -i*** she only sees the bad in him **2** *(nefasto)* [*influenza, conseguenza*] negative, adverse **3** FIS. FOT. MAT. negative **II** m. FOT. negative.

negato /ne'gato/ **I** p.pass. → **negare II** agg. ***essere* ~ *per*** to be hopeless at, to be no good at [*disciplina, attività*].

negazione /negat'tsjone/ f. **1** *(il negare)* negation, denial; *(rifiuto)* refusal **2** LING. negative **3** FIG. negation, contrary; ***è la* ~ *del buonsenso*** it's against all common sense **4** FILOS. negation.

negletto /ne'glɛtto/ agg. **1** *(sciatto)* [*abito, modo di vestire*] unkempt, slovenly, sloppy **2** *(mal tenuto)* [*casa, giardino*] unkempt, neglected.

negli /'neʎʎi/ → **in.**

négligé /negli'ʒe/ m.inv. negligee, négligée.

negligente /negli'dʒɛnte/ agg. [*impiegato, allievo*] negligent, careless; [*proprietario*] neglectful; DIR. negligent.

negligenza /negli'dʒɛntsa/ f. **1** *(l'essere negligente)* negligence, carelessness **2** *(grave disattenzione)* negligence; *(omissione)* oversight **3** *(trascuratezza)* slovenliness, sloppiness ♦♦ **~ *colposa*** culpable neglicence; **~ *professionale*** professional malpractice.

negoziabile /negot'tsjabile/ agg. [*tasso, termini*] negotiable.

negoziante /negot'tsjante/ ➧ **18** m. e f. **1** *(commerciante)* dealer, merchant **2** *(chi ha un negozio)* shopkeeper, storekeeper AE ♦♦ **~ *all'ingrosso*** wholesaler; **~ *al minuto*** retailer, retail dealer.

negoziare /negot'tsjare/ [1] **I** tr. **1** COMM. to negotiate [*accordo, prestito*]; **~ *un affare*** to transact business **2** *(trattare)* to negotiate [*pace*] **II** intr. (aus. *avere*) **1** *(trattare)* to negotiate **2** *(commerciare)* to trade, to deal*(**in** in).

negoziato /negot'tsjato/ **I** p.pass. → **negoziare II** agg. [*pace, soluzione*] negotiated **III** m. negotiation, talks pl.

negoziatore /negottsja'tore/ m. (f. **-trice** /tritʃe/) negotiator ♦♦ **~ *di pace*** peace envoy.

negoziazione /negottsjat'tsjone/ f. **1** *(trattativa diplomatica)* negotiation **2** ECON. transaction, deal.

negozio, pl. **-zi** /ne'gɔttsjo, tsi/ ➧ **18** m. **1** *(locale)* shop BE, store AE; ***aprire, gestire un* ~** to open, run a shop; ***andare per -zi*** to go shopping, to go round the shops; **~ *di giocattoli*** toyshop; **~ *di animali*** pet shop **2** *(trattativa)* bargain, deal, business ♦♦ **~ *al dettaglio*** retail shop; **~ *giuridico*** DIR. agreement; **~ *all'ingrosso*** wholesale shop.

negra /'negra/ f. black woman*.

negriero /ne'grjɛro/ **I** agg. ***nave -a*** slaver, slave ship **II** m. **1** STOR. slave-trader **2** FIG. SPREG. slave driver.

negro /'negro/ **I** agg. Negro, black **II** m. **1** black man*, black; SPREG. Negro*, nigger **2** *(chi scrive per altri)* ghost-writer ♦ ***lavorare come un* ~** to work like a slave. Nell'uso italiano attuale la parola *negro* è spesso usata o percepita con valore spregiativo, cosicché in ogni accezione riferibile alle popolazioni di colore va preferito l'aggettivo o il sostantivo *nero*; in inglese *Negro, nigger* e *coloured* sono oggi considerati offensivi e inaccettabili, mentre si usano *black, Afro-American* o *African-American* (soprattutto negli USA) e *Afro-Caribbean* (soprattutto in GB).

negromante /negro'mante/ m. e f. necromancer.

negromanzia /negroman'tsia/ f. necromancy.

nei /nei/, **nel**, **nell'** /nel/, **nella** /'nella/, **nelle** /'nelle/, **nello** /'nello/ → **in.**

nembo /'nembo/ m. *(nuvola)* nimbus*.

nemesi /'nɛmezi/ f.inv. nemesis*.

nemico, pl. **-ci**, **-che** /ne'miko, tʃi, ke/ **I** agg. **1** [*paese, esercito*] enemy attrib. **2** *(ostile)* [*sorte, fortuna*] hostile; [*persona*] adverse, opposed (**di** to) **3** *(nocivo)* harmful; ***l'alcol è* ~ *della vostra salute*** alcohol damages your health **II** m. (f. **-a**) enemy; ***farsi dei -ci*** to make enemies.

nemmeno /nem'meno/ → **neanche.**

nenia /'nɛnja/ f. **1** *(canto funebre)* dirge **2** *(cantilena)* singsong; *(ninnananna)* lullaby **3** FIG. ***è sempre la stessa* ~** it's always the same old song.

neo /'nɛo/ m. **1** mole; *(finto)* beauty spot **2** FIG. *(difetto)* flaw, imperfection.

neoassunto /neoas'sunto/ m. (f. **-a**) new recruit.

neoclassicismo /neoklassi'tʃizmo/ m. neoclassicism.

neoclassico, pl. **-ci**, **-che** /neo'klassiko, tʃi, ke/ **I** agg. [*architettura, stile*] neoclassical **II** m. neoclassicism.

neodiplomato /neodiplo'mato/ **I** agg. [*studente*] newly-qualified **II** m. (f. **-a**) newly-qualified student.

neofita, m.pl. **-i**, f.pl. **-e** /ne'ɔfita/ m. e f. neophyte.

neolatino /neola'tino/ agg. Romance, neo-Latin.

neolaureato /neolaure'ato/ **I** agg. newly-graduated **II** m. (f. **-a**) recent graduate.

neolitico, pl. **-ci**, **-che** /neo'litiko, tʃi, ke/ agg. e m. Neolithic.

neologismo /neolo'dʒizmo/ m. neologism.

neon /'nɛon/ m.inv. **1** *(gas)* neon **2** *(lampada)* neon light.

neonato /neo'nato/ **I** agg. [*bambino, cucciolo*] newborn **II** m. (f. **-a**) newborn baby, newborn child*.

neonazismo /neonat'tsizmo, neonad'dzizmo/ m. Neo-Nazism.

neonazista, m.pl. **-i**, f.pl. **-e** /neonat'tsista, neonad'dzista/ agg., m. e f. neonazi.

neoplasia /neopla'zia/ f. neoplasia.

neoplastico, pl. **-ci**, **-che** /neo'plastiko, tʃi, ke/ agg. neoplastic.

neorealismo /neorea'lizmo/ m. neorealism.

neorealista, m.pl. **-i**, f.pl. **-e** /neorea'lista/ agg., m. e f. neorealist.

neozelandese /neoddzelan'dese/ ➧ **25 I** agg. New Zealand **II** m. e f. New Zealander.

nepalese /nepa'lese/ ➧ **25 I** agg. Nepalese, Nepali **II** m. e f. Nepalese*, Nepali; ***i -i*** the Nepalese, the Nepali(s) **III** m. *(lingua)* Nepali.

nepotismo /nepo'tizmo/ m. nepotism.

neppure /nep'pure/ → **neanche.**

nerastro /ne'rastro/ agg. blackish.

nerazzurro /nerad'dzurro/ ➧ **3** [*tifoso, giocatore*] = of Inter or Atalanta football club.

nerbo /'nɛrbo/ m. 1 *(scudiscio)* scourge, whip 2 FIG. *(colonna portante)* backbone 3 FIG. *(vigore)* sinew, punch.
nerboruto /nerbo'ruto/ agg. brawny.
neretto /ne'retto/ I agg. [*carattere*] bold II m. bold, boldface AE.
nero /'nero/ ➧ 3 I agg. 1 [*abito, fumo, capelli*] black; [*occhi*] dark; ***essere ~ di botte*** to be black and blue 2 *(sporco)* [*mani, collo*] black, filthy 3 *(buio, scuro)* [*notte, cielo*] dark 4 *(africano)* [*razza, pelle, quartiere*] black 5 *(abbronzato)* ***essere ~*** o ***avere la pelle -a*** to have a dark tan 6 *(illegale, clandestino)* ***lavoro ~*** = work for which no earnings are declared, under the table job 7 *(cupo, negativo)* [*epoca, anno*] bad, bleak; [*giornata, settimana*] black; [*miseria*] dire, abject; ***nella più -a disperazione*** in deepest despair; ***vedere tutto ~*** to look on the dark side; ***è d'umore ~*** he's in one of his dark moods 8 *(cattivo)* [*anima*] wicked, dark; ***messa, magia -a*** black mass, magic II m. (f. **-a**) 1 *(colore)* black; ***vestito di ~*** dressed in black; ***in bianco e ~*** [*film, foto, televisione*] black and white 2 *(persona di pelle nera)* black, Black; ***i -i*** the blacks, black people; ***i -i d'America*** black Americans, African Americans 3 *(clandestinità)* ***in ~*** on the side, illegally; ***lavorare in ~*** = to work without declaring one's earnings, under the table 4 GIOC. *(negli scacchi, nella dama, alla roulette)* black ♦ ***è scritto qui ~ su bianco*** here it is in black and white, it's set down here in black and white; ***~ come la pece*** pitch-black; ***~ come il carbone*** as black as coal; ***essere la bestia -a di qcn.*** to be a bugbear for sb.
nerofumo /nero'fumo/ ➧ 3 m.inv. gas black.
Nerone /ne'rone/ n.pr.m. Nero.
nervatura /nerva'tura/ f. 1 ANAT. nerves pl. 2 BOT. nervature, venation 3 ARCH. rib 4 TIP. raised band.
nervino /ner'vino/ agg. ***gas ~*** nerve gas.
nervo /'nɛrvo/ I m. 1 ANAT. nerve; ***~ ottico*** visual nerve 2 BOT. vein, nerve II **nervi** m.pl. nerves; ***un attacco di -i*** an attack *o* a fit of nerves ♦ ***avere i -i*** to be on edge; ***dare ai*** o ***sui -i a qcn.*** to get on sb.'s nerves; ***aveva i -i a fior di pelle*** his nerves were on edge; ***essere un fascio di -i*** to be all nerves, to be a bundle of nerves; ***avere i -i a pezzi*** to be a nervous wreck; ***una guerra di -i*** a war *o* battle of nerves; ***toccare un ~ scoperto*** to touch *o* hit a raw nerve; ***che -i!*** how frustrating!
nervosismo /nervo'sizmo/ m. *(tensione)* tension, agitation; *(apprensione)* nervousness; ***in uno stato di grande ~*** in a very nervous state; ***dare segni di ~*** to show signs of agitation.
nervoso /ner'voso/ I agg. 1 [*cellula, centro*] nerve attrib.; [*sistema, tensione*] nervous; ***esaurimento ~*** nervous breakdown 2 *(agitato)* [*persona*] nervous, tense; *(irritabile)* irritable, short-tempered, edgy 3 *(che denota nervosismo)* [*risata, tosse*] nervous 4 FIG. [*mercato*] nervous, jumpy COLLOQ. II m. COLLOQ. irritability, nervousness; ***avere il ~*** to be cross, to be on edge; ***far venire il ~ a qcn.*** to get on sb.'s nerves, to give sb. the willies COLLOQ.; ***che ~!*** how frustrating!
nespola /'nɛspola/ f. medlar.
nespolo /'nɛspolo/ m. medlar (tree).
nesso /'nɛsso/ m. link, connection, relation, nexus*.
nessun /nes'sun/ → **nessuno.**
nessuno /nes'suno/ *Nessuno* in italiano, e i suoi equivalenti inglesi, possono essere usati come aggettivi oppure come pronomi. - Come aggettivo, *nessuno* si rende con *no* (*nessuna speranza* = no hope), e con *any* in una frase già negativa (*non fa mai nessun errore* = she never makes any mistakes) o in frase interrogativa dove *nessuno* ha in realtà valore positivo (*nessun'idea? = qualche idea?* = any ideas?). - Più numerosi sono i traducenti inglesi del pronome *nessuno*, poiché, oltre a *nobody* e al suo sinonimo *no-one* (*non è venuto nessuno* = nobody / no-one came), si usano: anybody o *anyone*, se c'è già un'altra negazione (*non parlo mai con nessuno* = I never talk to anybody) o in frase interrogativa dove *nessuno* ha in realtà valore positivo (*ho dimenticato nessuno? = ho dimenticato qualcuno?* = have I forgotten anybody?); *none*, se nessuno ha valore partitivo e relativo, non assoluto: *"questi sono i miei compagni di classe" "non ne conosco nessuno"* = "these are my classmates" "I know none (of them)"; *"ci sono delle auto in strada?" "nessuna"* = "are there any cars in the street?" "none"; *any*, al posto di *none* in presenza di un'altra negazione: *non conosco nessuno dei tuoi compagni* = I don't know any of your classmates; *neither*, se *nessuno* si riferisce a due cose o persone: *l'ho chiesto a entrambe, ma nessuna ha risposto* = I asked them both, but neither answered; *either*, al posto di *neither* in presenza di un'altra negazione: *non ho mai conosciuto nessuna (delle due)* = I've never met either. I agg.indef. (for the alternation with *nessun* it follows the rules of the article *uno*) 1 no; *(in presenza di altra negazione)* any; ***non ha nessun difetto*** he has no faults, he hasn't got any faults; ***nessun soldato è ritornato*** none of the soldiers came back; ***in nessun modo*** in no way, not in any way; ***nessun altro*** nobody *o* no-one else; ***da -a parte, in nessun posto*** nowhere; ***non sono andati da -a parte*** they didn't go anywhere; ***nessun'altra città*** no other town 2 *(qualche)* any; ***-a novità?*** is there any news? II pron.indef. 1 *(riferito a persona)* nobody, no-one; *(in presenza di altra negazione)* anybody, anyone; *(partitivo)* none; ***~ è perfetto*** nobody's perfect; ***non accuso ~*** I'm not accusing anybody *o* anyone; ***non c'era quasi, mai ~*** there was hardly, never anybody there; ***(che) ~ esca!*** nobody leave! ***non ci sono per ~*** if anybody asks for me, I'm not here; ***senza che ~ lo sappia*** without anybody knowing; ***~ di noi*** none of us; ***non conosco ~ dei suoi amici*** I don't know any of his friends; ***non c'è ~ intelligente quanto Jane*** there's none so clever as Jane 2 *(riferito a cosa)* none; *(in presenza di altra negazione)* any; ***"hai ricevuto molte lettere?" - "-a!"*** "did you receive many letters?" - "not one!" *o* "none!"; ***non ho letto ~ dei vostri libri*** I read none of your books, I haven't read any of your books 3 *(tra due cose o persone)* neither; *(in presenza di altra negazione)* either; ***-a delle due ragazze rispose*** neither girl replied; ***non mi piace ~ dei due*** I don't like either (of them) 4 *(qualcuno)* anybody, anyone; ***c'è ~?*** is anyone in? ***non c'è ~ qui che parli l'italiano?*** does anybody here speak Italian? III m. ***non essere ~*** to be a nobody.
nettamente /netta'mente/ avv. 1 *(distintamente)* [*distinguersi, separare*] clearly; [*differire*] sharply 2 *(decisamente)* [*preferire*] definitely; ***~ migliore*** decidedly better.
nettare /'nɛttare/ m. nectar (anche FIG.).
nettarina /netta'rina/ agg.f. ***pesca ~*** nectarine.
nettezza /net'tettsa/ f. 1 *(pulizia)* cleanness, cleanliness 2 *(precisione) (di immagine, contorni)* sharpness, clarity; *(di stile)* clarity, neatness ♦ ***~ urbana*** = service for refuse collection and street cleaning.
netto /'netto/ I agg. 1 [*prezzo, utile, peso*] net; ***un utile ~ di 50.000 euro*** an income of net 50,000 euros; ***il suo peso ~ è di 5 chili*** it weighs 5 kilos net; ***in dieci minuti -i*** in ten minutes flat 2 *(notevole)* [*cambiamento, aumento, miglioramento*] marked, definite, decided 3 *(chiaro, preciso)* [*contorno, profilo*] clear(-cut); [*immagine*] clear, sharp; [*differenza, distinzione*] sharp; ***avere la -a sensazione che*** to have the distinct impression that, to have a definite feeling that 4 *(risoluto, inequivocabile)* [*taglio, spaccatura*] clean; [*contrasto*] sharp; [*rifiuto*] flat, straight; [*vittoria*] clear 5 *(pulito)* [*casa, tovaglia*] neat II avv. **di netto *tagliare qcs. di ~*** to cut sth. cleanly; *(mozzare)* to cut sth. off III m. AMM. ECON. ***al ~ delle imposte*** after-tax, net of tax.
Nettuno /net'tuno/ n.pr.m. MITOL. ASTR. Neptune.
netturbino /nettur'bino/ ➧ 18 m. street cleaner, roadsweeper, dustman* BE, garbage man* AE.
neurale /neu'rale/ agg. neural.
neuro /'nɛuro/ f.inv. COLLOQ. *(clinica)* mental home.
neurochirurgia /neurokirur'dʒia/ f. neurosurgery.
neurochirurgo, m.pl. **-ghi**, f.pl. **-ghe** /neuroki'rurgo, gi, ge/ ➧ 18 m. (f. **-a**) neurosurgeon.
neurologia /neurolo'dʒia/ f. neurology.
neurologico, pl. **-ci**, **-che** /neuro'lɔdʒiko, tʃi, ke/ agg. neurological.
neurologo, m.pl. **-gi**, f.pl. **-ghe** /neu'rɔlogo, dʒi, ge/ ➧ 18 m. (f. **-a**) neurologist.
neurone /neu'rone/ m. neuron.
neuropsichiatra, m.pl. **-i**, f.pl. **-e** /neuropsi'kjatra/ ➧ 18 m. e f. neuropsychiatrist ♦♦ ***~ infantile*** child psychiatrist.
neuropsichiatria /neuropsikja'tria/ f. neuropsychiatry ♦♦ ***~ infantile*** child psychiatry, child neurology.

neurotossico, pl. **-ci**, **-che** /neuro'tɔssiko, tʃi, ke/ agg. neurotoxic.
neurovegetativo /neurovedʒeta'tivo/ agg. neurovegetative.
neutrale /neu'trale/ agg. neutral.
neutralismo /neutra'lizmo/ m. neutralism.
neutralità /neutrali'ta/ f.inv. neutrality (anche CHIM.).
neutralizzare /neutralid'dzare/ [1] tr. **1** to neutralize (anche CHIM.) **2** *(rendere inefficiente)* to neutralize, to counteract [*opposizione, influenza*].
neutralizzazione /neutraliddzat'tsjone/ f. neutralization.
neutro /'nɛutro/ **I** agg. **1** *(neutrale)* neutral **2** *(indefinibile)* [*colore*] neutral **3** LING. ZOOL. neuter **II** m. LING. neuter.
neutrone /neu'trone/ m. neutron; ***bomba al ~*** neutron bomb.
neve /'neve/ **I** f. snow; ***~ fresca, artificiale, farinosa*** fresh, artificial, powder snow; ***fiocco di ~*** snowflake; ***pupazzo di ~*** snowman; ***montare i bianchi a ~*** GASTR. to beat the egg whites till stiff **II** agg.inv. TELEV. ***effetto ~*** snow ♦ ***bianco come la ~*** snow-white ♦♦ ***-i perenni*** perpetual snows.
nevicare /nevi'kare/ [1] impers. (aus. *essere, avere*) to snow; ***nevica*** it's snowing; ***nevica a larghe falde*** the snow is falling in large flakes.
nevicata /nevi'kata/ f. snowfall.
nevischiare /nevis'kjare/ [1] impers. (aus. *essere, avere*) to sleet.
nevischio, pl. **-schi** /ne'viskjo, ski/ m. sleet.
nevosità /nevosi'ta/ f.inv. METEOR. snowfall.
nevoso /ne'voso/ agg. **1** [*tempo, stagione*] snowy **2** *(coperto di neve)* snow-covered.
nevralgia /nevral'dʒia/ ➧ **7** f. neuralgia.
nevralgico, pl. **-ci**, **-che** /ne'vraldʒiko, tʃi, ke/ agg. neuralgic; ***punto ~*** centre of pain; FIG. key point; ***centro ~*** FIG. nerve centre.
nevrastenia /nevraste'nia/ ➧ **7** f. neurasthenia.
nevrastenico, pl. **-ci**, **-che** /nevras'tɛniko, tʃi, ke/ **I** agg. neurasthenic **II** m. (f. **-a**) neurasthenic.
nevrosi /ne'vrɔzi/ ➧ **7** f.inv. neurosis*.
nevrotico, pl. **-ci**, **-che** /ne'vrɔtiko, tʃi, ke/ **I** agg. neurotic **II** m. (f. **-a**) neurotic.
newyorchese, **newyorkese** /njujor'kese/ ➧ **2** **I** agg. of New York, New York attrib. **II** m. e f. New Yorker.
nibbio, pl. **-bi** /'nibbjo, bi/ m. kite.
nicaraguense /nikara'gwɛnse/ ➧ **25** agg., m. e f. Nicaraguan.
nicchia /'nikkja/ f. niche ♦♦ ***~ ecologica*** ecological niche; ***~ di mercato*** COMM. niche.
nicchiare /nik'kjare/ [1] intr. (aus. *avere*) to hesitate, to shillyshally.
nichel /'nikel/ m.inv. nickel.
nichelino /nike'lino/ m. nickel AE.
nichilismo /niki'lizmo/ m. nihilism.
nichilista, m.pl. **-i**, f.pl. **-e** /niki'lista/ m. e f. nihilist.
nickel → **nichel.**
Nicola /ni'kɔla/ n.pr.m. Nicholas.
Nicoletta /niko'letta/ n.pr.f. Nicole.
nicotina /niko'tina/ f. nicotine.
nidiata /ni'djata/ f. *(di uccellini, piccoli animali)* nest; *(covata)* brood; FIG. *(di bambini)* brood.
nidificare /nidifi'kare/ [1] intr. (aus. *avere*) to nest.
nidificazione /nidifikat'tsjone/ f. nidification, nest-building.
nido /'nido/ m. **1** *(di uccelli, piccoli animali)* nest; *(di rapaci)* eyrie; ***~ di vespe*** wasps' nest; ***fare il ~*** to build *o* make its nest; ***lasciare il ~*** FIG. to fly *o* flee *o* leave the nest **2** ***a ~ d'ape*** [*disegno, struttura*] honeycomb attrib. **3** *(covo)* den **4** *(asilo)* ***(asilo) ~*** crèche BE, day nursery.
niente /'njɛnte/ *Niente* in italiano, e i suoi equivalenti inglesi, possono essere usati come pronomi e aggettivi, meno spesso come sostantivi e avverbi. - Il pronome *niente* si traduce solitamente con *nothing*: *non ne sapevo niente* = I knew nothing about it; tuttavia, si usano *anything* se c'è già un'altra negazione (*non mi hanno mai detto niente* = I was never told anything about it) o in frase interrogativa dove *niente* ha in realtà valore positivo (*hai visto niente? = hai visto qualcosa?* = have you seen anything?). - Come aggettivo, *niente* si rende con *no* (*niente imbrogli!* = no cheating!), e con *any* in una frase già negativa o in frase interrogativa dove *niente* ha in realtà valore positivo (*niente soldi nel portafoglio? = dei soldi nel portafoglio?* = any money in your wallet?). - Per gli altri usi di *niente*, si veda la voce qui sotto. Si veda anche la voce **nulla**. **I** pron.indef. **1** *(nessuna cosa)* nothing; *(in presenza di altra negazione)* anything; ***~ è impossibile*** nothing is impossible; ***non sento ~*** I can't hear anything; ***ho deciso di non dire ~*** I decided to say nothing *o* not to say anything; ***non c'è più ~*** there is nothing left; ***non c'è più ~ da fare*** *(come lavoro)* there's nothing left *o* else to do; *(non c'è speranza)* there's nothing more that can be done; ***non è ~*** *(non mi sono fatto male)* it's nothing; ***non possiamo farci ~*** we can do nothing (about it); ***non se ne fa ~*** it's all off; ***e questo è ancora ~!*** you haven't seen anything yet! ***non serve a ~ piangere*** it's no good *o* use crying; ***non avere ~ a che fare con qcn.*** to have nothing to do with sb.; ***~ da fare!*** no go! nothing doing! ***non ha ~ di sua sorella*** she's nothing like her sister; ***~ di meno, di più*** nothing less, nothing more (**di**, **che** than); ***~ di meglio, di peggio*** nothing better, worse (**di**, **che** than); ***~ di nuovo*** nothing new; ***non ci vedo ~ di male*** I see no harm in it, there's nothing wrong with it; ***"grazie" - "di ~"*** "thank you" - "you're welcome", "not at all", "don't mention it"; ***non fa ~*** *(non importa)* never mind, it doesn't mind; ***~ di ~*** absolutely nothing; ***come ~ (fosse)*** o ***come se ~ fosse*** as if nothing had happened; ***fare finta di ~*** to pretend nothing has happened; ***nient'altro*** nothing else *o* more **2** *(qualcosa)* anything; ***ti serve ~?*** do you need anything? **3 da niente** ***un livido da ~*** a tiny bruise; ***una cosa da ~*** a trivial matter **4 per niente** *(inutilmente)* ***tanta fatica per ~*** all that trouble for nothing; ***fare un sacco di storie per ~*** to make a big fuss about nothing; ***non per ~ sono italiano*** I'm not Italian for nothing; *(gratis)* for nothing, for free; ***nessuno fa ~ per ~*** you get nothing for nothing; *(affatto)* at all; ***non è per ~ sicuro*** it is by no means certain; ***non assomiglia per ~ a suo padre*** he is nothing like his father; ***la cosa non mi riguarda per ~*** that doesn't concern me at all *o* in any way; ***non mi preoccupa per ~*** it doesn't bother me in the least; ***per ~ al mondo*** not for love nor for money, for anything; ***per ~!*** not at all! **II** agg.indef. *(nessuno)* no; *(in presenza di altra negazione)* any; ***~ alcolici*** no alcoholic drinks; ***~ paura!*** never fear! have no fear! ***non ho ~ fame*** COLLOQ. I'm not at all hungry **III** m. nothing; ***un ~ lo irrita*** the slighest thing annoys him; ***non vedo un bel ~*** I can't see a damned thing; ***in un ~*** in no time at all; ***è venuto su dal ~*** FIG. he is a self-made man **IV** avv. **1** *(neanche un poco)* ***non m'importa ~*** I don't care at all; ***non ci metto ~ a farlo*** I'll do it in no time; ***~ affatto*** not at all, not in the least; ***non ero ~ affatto contento*** I was none too happy; ***non vale ~*** it's worth nothing; ***~ male*** not half bad, not bad at all; ***non eri ~ male*** you weren't too bad at all **2** *(in espressioni ellittiche)* ***tutti lo chiamano, ma lui ~!*** everybody calls him, but he won't listen **3** **niente niente** COLLOQ. ***(se) ~ ~*** if only.
nientedimeno /njentedi'meno/ ANT., **nientemeno** /njente'meno/, **nientepopodimeno** /njentepopodi'meno/ COLLOQ. **I** avv. ***~ che*** *(riferito a persona)* no less than; *(riferito a cosa)* no less than, nothing less than **II** inter. you don't say.
nigeriano /nidʒe'rjano/ ➧ **25** **I** agg. Nigerian **II** m. (f. **-a**) Nigerian.
Nilo /'nilo/ ➧ **9** n.pr.m. Nile.
ninfa /'ninfa/ f. MITOL. ZOOL. nymph.
ninfea /nin'fɛa/ f. water lily.
ninfomane /nin'fɔmane/ f. nymphomaniac.
ninnananna /ninna'nanna/ f. lullaby, cradlesong; ***l'ho fatto addormentare con una ~*** I sang him to sleep.
ninnolo /'ninnolo/ m. **1** *(giocattolo)* plaything, toy **2** *(gingillo)* knick-knack, trinket.
nipote /ni'pote/ m. e f. **1** *(di nonni) (maschio)* grandson; *(femmina)* granddaughter; *(senza specificare il sesso)* ***i -i*** the grandchildren **2** *(di zii) (maschio)* nephew; *(femmina)* niece **3** LETT. *(discendente)* ***i -i*** posterity sing., progeny sing.
nipponico, pl. **-ci**, **-che** /nip'pɔniko, tʃi, ke/ ➧ **25** **I** agg. Japanese **II** m. (f. **-a**) Japanese*.
nirvana /nir'vana/ m.inv. nirvana (anche FIG.).
nitidezza /niti'dettsa/ f. **1** *(di disegno, immagine)* clearness; *(di contorno, profilo)* sharpness **2** FIG. *(di stile)* clarity; *(di ricordi)* vividness.

nitido /'nitido/ agg. **1** *(ben delineato)* [*fotografia, colori*] clear; [*contorno, profilo*] sharp **2** *(limpido)* [*cielo, aria*] limpid **3** *(pulito)* [*vetro*] clean **4** FIG. *(preciso)* [*stile*] clear, limpid; [*ricordo*] vivid.

nitrato /ni'trato/ m. nitrate ♦♦ **~ *di amile*** amyl nitrate; **~ *di potassio*** saltpetre.

nitrico, pl. **-ci, -che** /'nitriko, tʃi, ke/ agg. nitric.

nitrire /ni'trire/ [102] intr. (aus. *avere*) [*cavallo*] to neigh, to whinny.

nitrito /ni'trito/ m. *(di cavallo)* neigh, whinny.

nitroglicerina /nitroglitʃe'rina/ f. nitroglycerin(e).

nitroso /ni'troso/ agg. nitrous; ***ossido* ~** nitrous oxide.

niveo /'niveo/ agg. LETT. snow-white, snowy.

NN ⇒ nomen nescio = father's name unknown.

no /no/ **I** avv. **1** *(indica negazione, disaccordo)* no; ***~, grazie*** no thanks, no thank you; ***"stai bene?" - "~"*** "are you well?" - "no, I am not"; ***"sai nuotare?" - "~"*** "can you swim" - "no, I can't"; ***"ti è piaciuto il film?" - "~"*** "did you like the film" - "no I didn't"; ***~ e poi ~!*** absolutely not! ***questo* o *questa poi ~!*** definitely not! no way! ***allora, (la risposta) è ~?*** so the answer is no? ***assolutamente ~*** absolutely not, no way; ***"era contento?" - "assolutamente ~!"*** "was he pleased?" - "not at all!"; ***non è contento, ~ davvero*** he isn't at all pleased; ***~ di certo*** certainly not, of course not **2** *(sostituisce una proposizione negativa)* ***penso* o *credo di ~*** I don't think so; ***temo di ~*** I fear not, I'm afraid not; ***spero proprio di ~*** I do hope not; ***ti dico di ~*** no, I tell you; ***sembra di ~*** apparently not; ***meglio di ~*** better not; ***funziona? lei dice di ~*** does it work? she claims it doesn't; ***lei è sposata e lui ~*** she is married and he isn't **3** *(in una alternativa)* ***che sia d'accordo o ~*** whether he agrees or not; ***malato o ~, verrò*** I'll come even if I'm ill; ***vieni (sì) o ~?*** are you coming or not? ***non dire né sì né ~*** not to give a definite answer; ***un giorno sì uno ~*** every other *o* second day; ***una pagina sì e una ~*** every other page; ***c'erano sì e ~ dieci persone*** there were barely *o* no more than ten people **4** *(retorico)* ***lo farai, ~?*** you will do it, won't you? ***Luca è carino, ~?*** Luca is cute, isn't he? ***te l'avevo detto, ~?*** I told you, didn't I? ***non sembra difficile, ~?*** it doesn't seem difficult, does it? **5** *(con valore enfatico)* ***(oh) ~!*** (oh) no! *(come risposta)* ***come ~!*** I'll bet! indeed! by all means! ***perché ~?*** why not? **6 *se no*** → **sennò II** agg.inv. COLLOQ. ***una giornata ~*** an off day **III** m.inv. no*; ***un ~ chiaro e tondo*** a clear no; ***vincono i ~*** the nays *o* the noes have it.

Nobel /'nɔbel, no'bɛl/ m.inv. **1** *(premio)* Nobel (prize) **2** *(detentore)* Nobel prizewinner, Nobel laureate; ***un ~ della fisica*** a Noble prize physicist.

nobildonna /nobil'dɔnna/ f. STOR. noblewoman*.

nobile /'nɔbile/ **I** agg. **1** *(aristocratico)* [*persona*] of noble birth, noble; [*famiglia*] aristocratic, noble; ***di ~ famiglia, stirpe*** of high birth, nobly born **2** FIG. *(elevato)* [*sentimenti, causa, compito*] noble; ***una ~ missione*** a worthy *o* noble undertaking; ***avere un animo ~*** to be noble-minded **3** CHIM. [*metallo*] noble **II** m. e f. noble, aristocrat; *(uomo)* nobleman*; *(donna)* noblewoman*.

nobiliare /nobi'ljare/ agg. [*titolo*] aristocratic, of nobility.

nobilitare /nobili'tare/ [1] **I** tr. to ennoble, to dignify **II nobilitarsi** pronom. to ennoble oneself.

nobiltà /nobil'ta/ f.inv. **1** *(aristocrazia)* nobility; *(i nobili)* nobility, nobles pl. **2** FIG. nobility.

nobiluomo, pl. **nobiluomini** /nobi'lwɔmo, nobi'lwɔmini/ m. nobleman*.

nocca, pl. **-che** /'nɔkka, ke/ f. **1** *(delle mani)* knuckle **2** *(del cavallo)* knuckle, fetlock.

nocciola /not'tʃɔla/ ➧ **3 I** f. hazelnut, nut; ***cioccolato alle -e*** hazelnut chocolate **II** agg. e m.inv. *(colore)* hazel, light brown.

nocciolina /nottʃo'lina/ f. **~ *americana*** peanut, groundnut BE.

1.nocciolo /'nɔttʃolo/ m. **1** *(di frutto)* stone, pit AE; ***togliere il ~ a una pesca*** to stone a peach **2** FIG. core, gist; ***il ~ della questione*** the heart of the matter; ***andare* o *arrivare al ~*** to get down to the nitty-gritty; ***veniamo al ~!*** let's come to the point!

2.nocciolo /not'tʃɔlo/ m. *(albero, legno)* hazel.

noce /'notʃe/ **I** m. *(albero, legno)* walnut **II** f. **1** *(frutto)* walnut, nut **2** *(in cucina)* ***una ~ di burro*** a knob of butter **3** GASTR. *(taglio di carne)* = inner part of the hindquarters ♦♦ **~ *del Brasile*** Brazil nut; **~ *di cocco*** coconut; **~ *moscata*** nutmeg; **~ *di pecan*** pecan.

nocino /no'tʃino/ m. *(liquore)* walnut liqueur.

nocivo /no'tʃivo/ agg. [*gas, prodotto*] noxious, harmful; **~ *per la salute*** bad for *o* harmful to one's health; ***insetti -i*** pests.

NOCS /nɔks/ m.pl. (⇒ Nucleo Operativo Centrale di Sicurezza) = central security anti-terrorist unit.

nodale /no'dale/ agg. [*problema, questione*] crucial, key attrib.

nodello /no'dɛllo/ m. ZOOL. fetlock.

nodo /'nɔdo/ m. **1** knot; **~ *semplice, doppio*** single, double knot; ***fare il ~ a*** to tie [*cravatta*] **2** *(groviglio)* knot, kink **3** *(di vie di comunicazione)* junction; **~ *ferroviario, stradale*** railway, road junction **4** BOT. *(di ramo, legno)* knot, knob **5** *(punto nodale)* crux* **6** FIG. *(di amicizia, affettivo)* bonds pl., ties pl. **7** MAT. node **8** MAR. knot ♦ ***un ~ in gola*** a lump in one's throat; ***farsi un ~ al fazzoletto*** to tie a knot in one's handkerchief; ***tutti i -i vengono al pettine*** PROV. your sins will find you out ♦♦ **~ *piano*** reef knot; **~ *scorsoio*** slipknot.

nodosità /nodosi'ta/ f.inv. **1** BOT. knottiness **2** MED. node.

nodoso /no'doso/ agg. [*albero, ramo*] gnarled; [*mani, dita*] gnarled, knotty.

nodulo /'nɔdulo/ m. MED. nodule, lump.

Noè /no'ɛ/ n.pr.m. Noah.

noi /noi/ v. la nota della voce io. pron.pers. **1** *(soggetto)* we *(in inglese va sempre espresso)*; ***siamo ~ i primi*** we're first; ***tu puoi farlo, ~ no*** you can do it, we cannot **2** *(oggetto)* us; ***dovreste aiutare ~, non loro*** you should help us, not them **3** *(dopo una preposizione)* us; ***un regalo per ~*** a present for us; ***detto tra ~*** between you and me; ***a ~ ha raccontato una storia diversa*** he told us a different story; ***sono più grandi di ~*** they are older than us *o* than we are **4 *da noi*** *(a casa nostra) (moto a luogo)* to our house; *(stato in luogo)* with us, at our place; *(nel nostro paese)* in our country; *(da soli)* all by ourselves **5** *(plurale di maestà)* we **6** *(impersonale)* we; ***se ~ pensiamo che...*** if we think that...

noia /'nɔja/ **I** f. **1** *(sentimento)* boredom; ***ingannare la ~*** to escape from boredom; ***che ~!*** what a bore! ***fare morire di ~ qcn.*** to bore sb. stiff *o* to death *o* to tears; ***mi è venuto a ~*** I'm fed up with it **2** *(persona, cosa noiosa)* bore, drag; ***che ~ quel film!*** what a drag that film is! **3** *(fastidio)* ***dare ~ a qcn.*** to bother sb. **II noie** f.pl. *(problemi, guai)* problems, troubles; ***ho delle -e con la polizia*** I'm in trouble with the police; ***procurare* o *dare delle -e a qcn.*** to make trouble for sb., to give *o* cause sb. trouble.

noialtri /no'jaltri/ pron.pers. *(rafforzativo di noi)* → **noi.**

noioso /no'joso/ **I** agg. **1** *(che annoia)* [*persona, attività, film, libro*] boring; ***è ~ fare...*** it's boring doing...; **~ *da morire, mortalmente ~*** double boring; ***Luca è così ~*** Luca is such a bore **2** *(fastidioso)* annoying, troublesome **II** m. (f. **-a**) **1** bore, drag **2** *(seccatore)* nuisance, pain in the neck COLLOQ.

noleggiare /noled'dʒare/ [1] tr. **1** *(prendere a nolo)* to rent, to hire BE [*attrezzatura, veicolo, videocassetta*]; to charter [*aereo, nave*] **2** *(dare a nolo)* to rent out, to hire out BE [*attrezzatura, veicolo, videocassetta*]; to charter [*aereo, nave*]; ***"si noleggiano roulotte"*** "caravans for hire".

noleggiatore /noleddʒa'tore/ ➧ **18** m. (f. **-trice** /tritʃe/) hirer, renter.

noleggio, pl. **-gi** /no'leddʒo, dʒi/ m. **1** *(di veicoli, videocassette)* hire, hiring, renting; *(di aerei, navi)* chartering; ***a ~*** on hire; ***auto a ~*** hire car; ***prendere a ~*** to hire BE, to rent [*attrezzatura, veicolo, videocassetta*]; to charter [*aereo*] **2** *(luogo)* hire company **3** *(prezzo)* hire (charge), rental; *(per trasporto su nave o aereo)* freight.

nolente /no'lɛnte/ agg. ***volente o ~*** whether one likes it or not.

nolo /'nɔlo/ m. **1** *(noleggio)* ***auto a ~*** hire car; ***prendere a ~*** to rent, to hire BE [*videocassetta, attrezzatura*]; to charter [*aereo, nave*] **2** *(prezzo)* hire (charge), rental.

nomade /'nɔmade/ **I** agg. [*persona, vita, tribù*] nomadic **II** m. e f. **1** nomad, wanderer **2** *(zingaro)* gypsy.

nomadismo /noma'dizmo/ m. nomadism.

nome /'nome/ m. **1** *(designazione)* name; ***qual è il ~ di questa pianta?*** what's the name of this plant? what is this plant called? ***conosciuto con il ~ di*** known as; ***dare un ~ a*** to name; ***in ~ di*** in the name of; ***a ~ di*** [*parlare, firmare*] on BE *o* in AE behalf of **2** *(nome di battesimo)* name; *(cognome)* surname, last name AE; ***~ e cognome*** full name, first name and surname; ***qual è il tuo ~?*** what's your name? ***avere il ~ del nonno*** to be named after one's grandfather; ***una ragazza di ~ Lara*** a girl named Lara *o* by the name of Lara; ***chiamare qcn. per ~*** to refer to sb. by name; ***conoscere qcn. di ~*** to know sb. by name; ***rispondere al ~ di*** to answer to the name of; ***a che ~? a ~ di chi?*** under what name? ***sotto falso ~*** under an alias *o* an assumed name; ***fare i -i*** to name names; ***senza fare -i*** naming no names, without mentioning any names; ***fuori i -i!*** we want the names! **3** *(reputazione)* name; ***farsi un ~*** to make one's name *o* a name for oneself **4** *(persona eminente)* ***i grandi -i dello spettacolo*** the big names in showbusiness **5** LING. noun; ***~ proprio, comune*** proper, common noun ♦ ***di ~ e di fatto*** in word and deed ♦♦ ***~ d'arte*** *(di scrittore)* pen name; *(di attore)* stage name; ***~ di battesimo*** Christian name; ***~ in codice*** code name; ***~ commerciale*** proprietary *o* trade name; ***~ depositato*** (registered) trademark.

nomea /no'mɛa/ f. reputation.

nomenclatura /nomenkla'tura/ f. nomenclature.

nomignolo /no'miɲɲolo/ m. nickname.

nomina /'nɔmina/ f. AMM. POL. appointment, nomination; ***~ a capo di*** appointment as head of; ***di fresca ~*** newly appointed; ***di prima ~*** in one's first post.

nominale /nomi'nale/ agg. **1** LING. noun attrib.; ***sintagma ~*** noun phrase **2** *(per nome)* ***appello ~*** roll call **3** ECON. [*rialzo, tasso*] nominal; ***valore ~*** nominal *o* face value.

nominalmente /nominal'mente/ avv. nominally.

nominare /nomi'nare/ [1] tr. **1** *(citare)* to name, to mention [*persona*]; ***non l'ho mai sentito ~*** I've never heard of him **2** *(conferire la nomina a)* to appoint, to nominate; MIL. to commission [*ufficiale*]; *(eleggere)* to elect; ***~ qcn. (al posto di) direttore*** to appoint sb. director; ***~ qcn. proprio erede*** to make sb. one's heir **3** *(dare un nome a)* to name, to call.

nominativo /nomina'tivo/ **I** agg. **1** ECON. [*titolo, azione*] registered **2** *(per nome)* [*schedario, elenco*] of names **II** m. **1** LING. *(caso)* nominative **2** BUROCR. name.

non /non/ Generalmente, l'avverbio *non* ha il suo equivalente diretto nell'inglese *not*. Si ricordi tuttavia che la frase inglese non ammette una doppia negazione, e che quindi *non* può essere assorbito da un pronome o da un avverbio negativo: *non mi conosce nessuno* = nobody knows me; *non ci vediamo mai* = we never meet. A sua volta, diversamente dall'italiano, l'uso di *not* in frase negativa impone l'uso di un ausiliare se già non ne è presente uno nella frase. - La forma contratta di *not*, ossia *n't*, si lega al verbo ausiliare precedente: *non l'ho vista* = I haven't seen her; *non è qui* = she isn't here; *non è potuta venire* = she couldn't come; si ricordino le particolari forme contratte negative di *will*, *shall* e *can*, cioè *won't*, *shan't* e *can't*. Tutte queste forme contratte si usano solo nella lingua parlata e familiare. - Si noti, infine, l'accezione 3 sotto, che mostra come il negativo *non* davanti ad aggettivi o avverbi può essere reso in inglese mediante un prefisso di valore negativo. avv. **1** *(con verbi)* not *(spesso contratto in* n't *con ausiliari e modali)*; ***~ è a casa*** she isn't at home; ***a loro ~ è piaciuto*** they didn't like it; ***~ l'ha visto?*** hasn't he seen it? ***"è sposata?" - "~ penso"*** "is she married?" - "I think not"; ***si prega di ~ toccare (la merce)*** please do not handle (the goods); ***ho cercato di ~ ridere*** I tried not to laugh; ***ho una buona ragione per ~ farlo*** I have a good excuse for not doing it; ***~ è che un bambino*** he's but a child; ***~ hanno scrupoli*** they have no scruples; ***~ è un posto dove fermarsi*** this is no place to stop; ***~ c'è di che!*** don't mention it! not at all! **2** *(con sostantivi)* not; ***~ una sedia*** not one *o* a (single) chair **3** *(con aggettivi e avverbi)* not; ***aumento ~ previsto*** unforeseen increase; ***oggetto ~ identificato*** unidentified object; ***le cose ~ dette*** things left unsaid; ***~ qui*** not here; ***~ proprio*** not quite *o* exactly; ***~ tanto X quanto Y*** not so much X as Y **4** *(con comparativi)* no, not; ***~ più di*** no more than; ***~ più tardi delle 6*** no later than 6; ***~ oltre maggio*** no later than May **5** *(in doppia negazione)* ***~ senza ragione*** not without reason; ***~ meno difficile*** just as difficult; ***~ disse nulla*** she didn't say anything; ***~ c'era nessuno in giro*** there was no-one about; ***~ metto mai zucchero nel caffè*** I never put any sugar in my coffee **6** *(con* che *restrittivo)* ***~ è che un graffio*** it's only a scratch, it's nothing but a scratch; ***~ hai che da dirlo*** just tell me *o* say so; ***~ farai che peggiorare le cose*** you'll only make things worse; ***~ fa che lamentarsi*** she does nothing but moan **7** *(pleonastico)* ***che cosa ~ farebbe per lei!*** he would do anything for her! ***per poco ~ perdevano il treno*** they almost missed the train.

nona /'nɔna/ f. MUS. *(intervallo)* ninth.

nonagenario, pl. **-ri, -rie** /nonadʒe'nario, ri, rje/ **I** agg. nonagenarian **II** m. (f. **-a**) nonagenarian.

non aggressione /nonaggres'sjone/ f. nonaggression.

non allineato /nonalline'ato/ agg. nonaligned.

non belligerante /nonbellidʒe'rante/ agg. nonbelligerent.

nonché /non'ke/ cong. *(anche)* as well as, as well; ***inviterò Marco, ~ sua moglie*** I'll invite Marco as well as his wife; ***è un lavoro lungo ~ noioso*** it's a long job and boring as well.

nonconformismo /nonkonfor'mizmo/ m. nonconformism.

nonconformista, m.pl. **-i**, f.pl. **-e** /nonkonfor'mista/ agg., m. e f. nonconformist.

non credente /nonkre'dɛnte/ m. e f. nonbeliever, unbeliever.

noncurante /nonku'rante/ agg. careless, nonchalant; ***~ del pericolo*** forgetful *o* mindless of danger.

noncuranza /nonku'rantsa/ f. **1** *(indifferenza)* carelessness, nonchalance **2** *(trascuratezza)* negligence.

nondimeno /nondi'meno/ cong. nevertheless, however.

non docente /nondo'tʃɛnte/ agg. [*personale*] nonteaching.

non fumatore /nonfuma'tore/ m. (f. **-trice** /tritʃe/) nonsmoker.

nonna /'nɔnna/ f. grandmother, grandma COLLOQ., granny COLLOQ.

nonnismo /non'nizmo/ m. GERG. MIL. = bullying, hazing of young recruits by senior soldiers.

nonno /'nɔnno/ m. **1** grandfather, grandpa COLLOQ., grandaddy COLLOQ.; ***i -i*** *(nonno e nonna)* the grandparents **2** GERG. MIL. = senior soldier about to be discharged.

nonnulla /non'nulla/ m.inv. trifle, mere nothing; ***per un ~*** [*arrabbiarsi, piangere*] for the slightest thing.

nono /'nɔno/ ♦ ***26*** **I** agg. ninth **II** m. (f. **-a**) ninth.

nonostante /nonos'tante/ **I** prep. despite, in spite of, notwithstanding; ***~ il freddo*** despite the cold; ***~ le apparenze*** in spite of appearances; ***~ tutti i suoi difetti*** for all his faults; ***~ tutto*** in spite of all **II** cong. although, though; ***è venuto a lavorare ~ (che) fosse influenzato*** he came in to work, although he had flu.

non plus ultra /nonplus'ultra/ m.inv. height; ***il ~ del lusso*** the ultimate in luxury.

nonsenso, non senso /non'sɛnso/ m. nonsense **U**, absurdity.

non so che /nonsok'ke/ m. ***avere un certo ~*** to have a certain je ne sais quoi *o* a certain something; ***c'è un ~ di strano nel suo comportamento*** there's something strange in her behaviour *o* the way she's acting.

nontiscordardimé /nontiskordardi'me/ m.inv. forget-me-not.

non udente /nonu'dɛnte/ m. e f. hearing-impaired person; ***i -i*** the hearing-impaired.

non vedente /nonve'dɛnte/ m. e f. visually handicapped person; ***i -i*** the visually handicapped.

nonviolenza, non violenza /nonvjo'lɛntsa/ f. nonviolence.

nord /nɔrd/ ♦ ***29*** **I** m.inv. **1** north; ***andare a ~*** to go north *o* northward(s); ***Torino è a ~ di Roma*** Turin is north of Rome; ***vento da ~*** northerly wind; ***il ~ dell'Europa*** the north of Europe, northern Europe **2** GEOGR. POL. North; *(Italia settentrionale)* the north of Italy, northern Italy **II** agg.inv. [*lato, versante*] north; [*zona*] northern; ***Polo Nord*** North Pole; ***nella zona ~ di Londra*** in north London.

Nordafrica /nord'afrika/ n.pr.m. North Africa.

nordafricano /nordafri'kano/ **I** agg. North African **II** m. (f. **-a**) North African.

Nordamerica /norda'mɛrika/ n.pr.m. North America.

nordamericano /nordameri'kano/ **I** agg. North American **II** m. (f. **-a**) North American.

nordcoreano /nordkore'ano/ ➧ *25* **I** agg. North Korean **II** m. (f. **-a**) North Korean.

nord-est /nor'dɛst/ ➧ *29* **I** m.inv. northeast; ***vento di ~*** northeasterly wind **II** agg.inv. [*versante*] northeast; [*zona*] northeastern.

nordeuropeo /nordeuro'pɛo/ **I** agg. North European **II** m. (f. **-a**) North European.

nordico, pl. **-ci, -che** /'nɔrdiko, tʃi, ke/ agg. GEOGR. [*paese, popolazione*] Nordic.

nordista, m.pl. **-i**, f.pl. **-e** /nor'dista/ agg., m. e f. Federal.

nord-occidentale /nordottʃiden'tale/ ➧ *29* agg. [*versante*] northwest; [*zona*] northwestern.

nord-orientale /nordorjen'tale/ ➧ *29* agg. [*versante*] northeast; [*zona*] northeastern.

nord-ovest /nor'dɔvest/ ➧ *29* **I** m.inv. northwest; ***vento di ~*** northwesterly wind **II** agg.inv. [*versante*] northwest; [*zona*] northwestern.

norma /'nɔrma/ f. **1** *(regola, principio)* norm, rule; ***~ di comportamento*** rule of conduct; ***è buona ~ rispondere*** it's a good rule to answer; ***per tua ~ (e regola)*** for your information **2** *(istruzione scritta)* ***-e per l'uso*** instructions for use **3** DIR. rule; *(legge)* law; *(regolamento)* regulation; ***le -e vigenti*** the regulations in force, the current regulations; ***a ~ di legge*** according to the law **4** *(consuetudine)* rule, custom, norm; ***sopra, sotto la ~*** above, below the norm; ***di ~*** as a rule **5** TECN. IND. COMM. standard, regulation; ***-e di sicurezza*** safety standards *o* regulations.

normale /nor'male/ **I** agg. **1** *(non eccezionale)* [*situazione, avvenimento*] normal; *(abituale)* [*età, tariffa*] normal, usual; ***è ~ che faccia freddo a gennaio*** it's usually cold in January **2** *(sano di mente)* normal **II** m. normal; ***fuori dal ~*** extraordinary, outside the norm; ***superiore al ~*** above normal *o* average **III** f. MAT. normal.

normalità /normali'ta/ f.inv. normality; ***tornare alla ~*** to return to normal *o* to normality.

normalizzare /normalid'dzare/ [1] **I** tr. **1** to normalize, to bring* back to normal **2** IND. *(standardizzare)* to standardize **II normalizzarsi** pronom. to normalize.

normalizzazione /normaliddzat'tsjone/ f. **1** normalization **2** IND. *(standardizzazione)* standardization.

normalmente /normal'mente/ avv. *(in modo normale)* normally; *(solitamente)* normally, usually.

Normandia /norman'dia/ ➧ *30* n.pr.f. Normandy.

normanno /nor'manno/ ➧ *30* **I** agg. Norman **II** m. (f. **-a**) **1** Norman **2** LING. Norman (French).

normativa /norma'tiva/ f. regulations pl., rules pl., provisions pl.

normativo /norma'tivo/ agg. normative, prescriptive.

norvegese /norve'dʒese/ ➧ *25* **I** agg. Norwegian **II** m. e f. Norwegian **III** m. LING. Norwegian.

Norvegia /nor'vedʒa/ ➧ *33* n.pr.f. Norway.

nossignore /nossiɲ'ɲore/ avv. **1** *(nelle risposte negative)* no, Sir **2** *(rafforzativo)* not in the least, certainly not, no way COLLOQ.

nostalgia /nostal'dʒia/ f. nostalgia; ***~ di casa*** homesickness; ***avere ~ di casa*** to be homesick; ***sento la ~ di Roma*** I miss Rome.

nostalgico, pl. **-ci, -che** /nos'taldʒiko, tʃi, ke/ **I** agg. nostalgic; *(di casa)* homesick **II** m. (f. **-a**) nostalgic person.

nostrano /nos'trano/ agg. [*specialità, prodotto*] home attrib., local.

nostro, f. **nostra**, m.pl. **nostri**, f.pl. **nostre** /'nɔstro, 'nɔstra, 'nɔstri, 'nɔstre/ v. la nota della voce **mio**. **I** agg.poss. our; ***-a madre*** our mother; ***la -a casa*** our house; ***una -a amica*** a friend of ours; ***alcuni -i insegnanti*** some of our teachers, some teachers of ours; ***questa valigia è -a*** this suitcase is ours; ***non abbiamo una casa -a*** we haven't got a house of our own **II il nostro**, f. **la nostra**, m.pl. **i nostri**, f.pl. **le nostre** pron.poss. **1** ours; ***un mestiere come il ~*** a job like ours; ***la loro macchina è rossa ma la -a è blu*** their car is red but ours is blue; ***il ~ non è un compito facile*** ours is not an easy task **2** *(in espressioni ellittiche)* ***alla -a!*** cheers! ***sta dalla -a*** he is on our side; ***abbiamo detto la -a*** we've had our say; ***la -a del 3 maggio*** COMM. our letter of *o* dated May 3rd; ***i -i*** *(genitori)* our parents; ***sei dei -i?*** are you with us? will you join our side? ***sei dei -i martedì?*** will you join us on Tuesday? ***arrivano i -i!*** our troops *o* soldiers are coming! ***non vorremmo rimetterci del ~*** we would't like to lose any of our money; ***viviamo del ~*** we live on our own income.

nostromo /nos'trɔmo/ m. boatswain.

nota /'nɔta/ f. **1** *(appunto)* note; ***prendere ~ di qcs.*** to take note of sth., to note sth. down; ***prendere mentalmente ~ di qcs.*** to make a mental note of sth.; ***degno di ~*** FIG. of note, noteworthy **2** *(breve annotazione)* note; *(commento)* note, comment; ***~ a piè di pagina*** footnote **3** *(comunicazione scritta)* note; ***~ ufficiale*** official note **4** MUS. note; ***~ stonata*** false note; FIG. jarring note **5** SCOL. reprimand note **6** *(elenco)* list; ***~ della spesa*** shopping list; ***mettere qcs. in ~*** to put sth. on a list **7** *(conto)* bill, check AE **8** *(sfumatura)* note; ***una ~ triste*** a note of sadness ♦ ***dire qcs. a chiare -e*** to say sth. bluntly *o* frankly; ***le dolenti -e*** the bad news ♦♦ ***~ di accredito*** credit note; ***~ di addebito*** debit note; ***~ di biasimo*** reprimand; ***~ dell'editore*** publisher's note; ***~ spese*** expense account.

notabile /no'tabile/ m. e f. notable.

notaio, pl. **-ai** /no'tajo, ai/ ➧ *18* m. notary (public).

notare /no'tare/ [1] tr. **1** *(osservare, accorgersi di)* to notice, to note [*cambiamento, differenza, somiglianza, errore*]; ***non abbiamo notato niente di strano*** we didn't notice anything strange; ***la loro entrata è stata notata da molti*** their entrance attracted a lot of attention; ***farsi ~*** to get oneself noticed, to attract attention to oneself; *(distinguersi)* to distinguish oneself **2** *(rilevare)* to notice, to note; *(osservare)* to observe, to comment; ***è interessante ~ che*** it is interesting to notice that; ***mi è stato fatto ~ che*** it has been drawn to my attention that; ***fare ~ che*** to point out that **3** *(annotare)* to note down, to make* a note of, to write* down [*indirizzo, data*].

notarile /nota'rile/ agg. ***atto ~*** notarial deed; ***studio ~*** notary's office.

notazione /notat'tsjone/ f. **1** *(numerazione)* numbering **2** *(commento)* remark, observation **3** MUS. MAT. notation.

notes /'nɔtes/ m.inv. notebook, notepad.

notevole /no'tevole/ agg. **1** *(degno di nota)* remarkable, notable, noteworthy; ***quella macchina è davvero ~*** that car is really something **2** *(considerevole)* [*differenza, ritardo, dimensione*] considerable; [*somma*] considerable, sizeable; [*investimenti*] extensive.

notifica, pl. **-che** /no'tifika, ke/ f. → **notificazione.**

notificare /notifi'kare/ [1] tr. **1** *(comunicare)* to give* notice of, to advise of, to notify BE; ***~ un furto alla polizia*** to report a theft to the police **2** DIR. to notify, to serve [*citazione, ingiunzione di pagamento*]; ***~ un mandato a qcn.*** to serve a writ on sb.

notificazione /notifikat'tsjone/ f. **1** *(il notificare)* notification **2** DIR. service, summons.

notizia /no'tittsja/ f. **1** news **U**, information **U**; ***una ~*** a bit *o* piece of news; ***una buona ~*** a good piece of news; ***avere -e da o di qcn.*** to hear from sb.; ***non ho sue -e*** I have no news of her; ***chiedere -e di qcn.*** to ask after sb. **2** GIORN. RAD. TELEV. news **U**; ***una ~*** a news item; ***le -e sono cattive*** the news is bad; ***-e dell'ultima ora*** stop-press news; ***le -e in breve*** the news in brief; ***~ flash*** news flash; ***ultime -e*** latest news; ***~ da prima pagina*** front page news, lead story; ***fare ~*** to hit the headlines, to make the news; ***un avvenimento che fa ~*** a newsworthy event **3** *(breve indicazione)* ***-e biografiche*** biographical notes.

notiziario, pl. **-ri** /notit'tsjarjo, ri/ m. **1** RAD. TELEV. news **U**, news bulletin; *(telegiornale)* television news **U** **2** *(pubblicazione)* newsletter, bulletin, report.

noto /'nɔto/ **I** agg. **1** *(conosciuto)* [*personaggio, luogo*] well-known; [*viso*] known, familiar; [*criminale*] notorious; ***com'è ~*** as everybody knows; ***è ~ a tutti che...*** everybody knows that, it is common knowledge that...; ***rendere ~*** to publicize, to make known [*ragioni, questione*]; to publish [*resoconto*]; to announce [*risultati*]; ***essere ~ per*** to have a name for **2** *(famoso)* [*scrittore, artista*] famous, well-known, acknowledged **II** m. ***il ~*** the known.

notoriamente /notorja'mente/ avv. *(come è noto)* as everyone knows; SPREG. [*inaffidabile, difficile, corrotto*] notoriously.

notorietà /notorje'ta/ f.inv. notoriety, fame.

notorio, pl. **-ri, -rie** /no'tɔrjo, ri, rje/ agg. **1** [*fatto*] well-known; [*scroccone, stupidità*] notorious **2** DIR. ***atto ~*** attested affidavit.

nottambulo /not'tambulo/ m. (f. **-a**) night owl, night-time reveller.
nottata /not'tata/ f. night.
notte /'nɔtte/ ➧ *19* **I** f. **1** night; ***di ~, nella ~*** at night, in the night; ***questa ~*** tonight; ***tutta la ~*** all night (long); ***a ~ fonda*** late at night; ***nel cuore della ~, in piena ~*** in the middle of the night, in the dead of night; ***la scorsa ~, ieri ~*** last night; ***questa ~*** *(scorsa)* last night; *(a venire)* tonight; ***le due di ~*** two o'clock in the morning; ***viaggiare di ~*** to travel by night; ***lavorare di ~*** to work nights; ***fare la ~*** o ***il turno di ~*** to be on nights, to work the night shift; ***portiere di ~*** night porter; ***una ~ in bianco*** a sleepless night; ***ospitare qcn. per la ~*** to put sb. up for the night; ***passare la ~ a Roma*** to have an overnight stay in Rome; ***lavorare giorno e ~*** to work around the clock; ***dalla ~ dei tempi*** from time out of mind; ***Roma di ~*** Rome by night **2** *(oscurità)* night, dark; ***sul far della ~*** at nightfall **3 da notte camicia da ~*** nightdress, nightshirt **II** agg.inv. ***blu ~*** midnight blue; ***zona ~*** sleeping area ♦ ***sono il giorno e la ~, ci corre quanto dal giorno alla ~*** they are as different as chalk and cheese; ***peggio che andar di ~*** worse than ever; ***la ~ porta consiglio*** night is the mother of counsel ♦♦ ***~ dell'Epifania*** Twelfth Night; ***~ eterna*** eternal night; ***~ di Natale*** Christmas Eve; ***~ di San Silvestro*** New Year's Eve.
nottetempo /notte'tɛmpo/ avv. at night.
nottola /'nɔttola/ f. ZOOL. noctule.
nottolino /notto'lino/ m. **1** TECN. ratchet **2** *(di serratura)* door latch.
notturna /not'turna/ f. SPORT ***giocare in ~*** to play under floodlights.
notturno /not'turno/ **I** agg. [*visita, spettacolo, passeggiata*] evening attrib., night attrib.; [*animale*] nocturnal, night attrib.; [*treno, viaggio*] overnight; ***vita -a*** nightlife; ***servizio ~*** night *o* all-night service; ***guardia -a*** night watchman **II** m. MUS. ART. nocturne.
Nov. ⇒ novembre november (Nov.).
novanta /no'vanta/ ➧ *26, 5, 8* **I** agg.inv. ninety **II** m.inv. ninety **III** m.pl. *(anni di età)* ***essere sui ~*** to be in one's nineties ♦ ***pezzo da ~*** big shot; ***la paura fa ~*** PROV. fear is an ugly beast.
novantenne /novan'tɛnne/ agg., m. e f. ninety-year-old.
novantesimo /novan'tɛzimo/ ➧ *26* **I** agg. ninetieth; ***segnare al ~ minuto*** SPORT to score a goal during the last minute of play **II** m. (f. **-a**) ninetieth.
novantina /novan'tina/ f. **1** *(circa novanta)* ***una ~ di persone*** about ninety people **2** *(età)* ***essere sulla ~*** to be about ninety.
nove /'nɔve/ ➧ *26, 5, 8, 13* **I** agg.inv. nine **II** m.inv. **1** *(numero)* nine **2** *(giorno del mese)* ninth **3** SCOL. *(voto)* = very high pass mark **III** f.pl. *(ore)* *(del mattino)* nine am; *(della sera)* nine pm.
novecentesco, pl. **-schi**, **-sche** /novetʃen'tesko, ski, ske/ agg. twentieth-century attrib.
novecento /nove'tʃɛnto/ ➧ *26* **I** agg.inv. nine hundred **II** m.inv. nine hundred **III Novecento** m. twentieth century.
novella /no'vɛlla/ f. **1** *(racconto)* tale, short story **2** ***la buona ~*** the Gospel.
novelliere /novel'ljɛre/ m. (f. **-a**) storyteller, writer of tales.
novellino /novel'lino/ **I** agg. inexperienced, green **II** m. (f. **-a**) newcomer, novice.
novello /no'vɛllo/ agg. **1** *(nato da poco)* ***patate -e, vino ~*** new potatoes, wine; ***pollo ~*** spring chicken; ***sposi -i*** newly weds **2** *(nuovo)* ***un ~ Giotto*** the next Giotto.
novembre /no'vɛmbre/ ➧ *17* m. November.
novero /'nɔvero/ m. number, list; ***mettere nel ~ dei propri amici*** to include *o* count among one's friends.
novilunio, pl. **-ni** /novi'lunjo, ni/ m. new moon.
novità /novi'ta/ f.inv. **1** *(aspetto nuovo, originalità)* novelty, freshness; ***fare qcs. per il gusto della ~*** to do sth. for the novelty **2** *(cosa nuova)* novelty; *(sviluppo, cambiamento)* innovation, change; ***non è una ~!*** that's nothing new! ***è una ~ per me*** that's a new one on me; ***l'ultima ~*** the latest word; ***~ d'autunno*** ABBIGL. new autumn fashions; ***le ultime ~ della moda*** the latest in fashion; ***"~ editoriali"*** "just out", "just published" **3** *(notizia)* news **U**; ***ci sono ~?*** any news? ***telefonami se ci sono ~*** give me a ring if there is anything new.
noviziato /novit'tsjato/ m. **1** RELIG. novitiate **2** *(apprendistato)* apprenticeship.
novizio, pl. **-zi** /no'vittsjo, tsi/ m. (f. **-a**) **1** RELIG. novice **2** *(principiante)* novice, tyro*.
nozione /not'tsjone/ f. **1** *(di pericolo, realtà)* sense, notion; ***perdere la ~ del tempo*** to lose all sense of time **2** *(conoscenza)* knowledge, notion; ***"Nozioni di botanica"*** "A Botany Primer".
nozionismo /nottsjo'nizmo/ m. sciolism.
nozionistico, pl. **-ci**, **-che** /nottsjo'nistiko, tʃi, ke/ agg. sciolistic.
nozze /'nɔttse/ f.pl. wedding sing.; ***cerimonia di ~*** wedding ceremony; ***festa di ~*** bridal *o* wedding feast; ***seconde ~*** remarriage; ***convolare a (giuste) ~*** to get married ♦ ***essere un invito a ~ per qcn.*** to be meat and drink to sb. ♦♦ ***~ d'argento*** silver wedding *o* anniversary; ***~ di diamante*** diamond wedding *o* anniversary; ***~ d'oro*** golden wedding *o* anniversary.
ns. ⇒ nostro our.
N.T. ⇒ Nuovo Testamento New Testament (NT).
NU ⇒ Nazioni Unite United Nations (UN).
nube /'nube/ f. **1** cloud; ***un cielo senza -i*** a cloudless sky **2** *(di polvere, fumo)* haze ♦♦ ***~ radioattiva*** radioactive cloud; ***~ tossica*** toxic cloud.
nubifragio, pl. **-gi** /nubi'fradʒo, dʒi/ m. cloudburst, downpour.
nubile /'nubile/ **I** agg. [*donna*] single, unmarried **II** f. single woman*; DIR. spinster.
nuca, pl. **-che** /'nuka, ke/ f. nape, back of the neck.
nucleare /nukle'are/ agg. **1** [*arma, esplosione, energia, reazione*] nuclear **2** SOCIOL. BIOL. nuclear.
nucleo /'nukleo/ m. **1** ASTR. NUCL. EL. BIOL. nucleus*; GEOL. core **2** *(unità, reparto)* unit; *(gruppo)* group; ***~ antidroga*** drugs BE *o* drug AE squad **3** FIG. *(centro)* core; ***il ~ del problema*** the heart of the problem ♦♦ ***~ familiare*** family unit.
nudismo /nu'dizmo/ m. nudism.
nudista, m.pl. **-i**, f.pl. **-e** /nu'dista/ agg., m. e f. nudist.
nudità /nudi'ta/ **I** f.inv. **1** *(di persona)* nudity, nakedness **2** *(di luogo, muro)* bareness **II** f.pl. *(parti nude)* naked parts, naked body sing.
nudo /'nudo/ **I** agg. **1** *(svestito)* [*corpo, parti del corpo*] bare, naked; [*persona*] naked, nude; ***essere ~*** to have nothing on, to be naked; ***camminare a piedi -i*** to walk barefoot; ***a mani -e*** *(senz'armi)* with one's bare hands; ***a torso ~*** stripped to the waist; ***a occhio ~*** to the naked eye; ***~ come un verme*** stark naked; ***mettere a ~*** to lay [sth.] bare [*piano, vita privata, segreto*] **2** *(spoglio)* [*muro, stanza, albero*] bare **3** FIG. ***la -a verità, la verità -a e cruda*** the hard facts, the naked *o* plain truth **II** m. ART. nude.
nugolo /'nugolo/ m. *(di insetti)* swarm, cloud; *(di persone)* swarm.
nulla /'nulla/ **I** pron.indef. → **niente II** m. **1** nothing; ***creare dal ~*** to create from nothing; ***comparire dal ~*** to appear from nowhere; ***svanire nel ~*** to vanish into thin air **2** *(cosa da poco)* nothing; ***basta un ~ per impaurirlo*** he gets frightened over the slightest thing **3** FILOS. nothingness ♦ ***chi troppo vuole ~ stringe*** PROV. grasp all, lose all; ***buono a ~*** good-for-nothing; ***molto rumore per ~*** much ado about nothing.
nullaosta /nulla'ɔsta/ m.inv. authorization, permission.
nullatenente /nullate'nɛnte/ agg., m. e f. destitute.
nullità /nulli'ta/ f.inv. **1** DIR. *(di atto)* nullity **2** *(di argomento, teorie, opera)* invalidity **3** *(persona)* nonentity; ***essere una ~*** to be a nobody.
nullo /'nullo/ agg. **1** DIR. [*matrimonio, testamento, sentenza*] invalid; [*contratto, documento*] void, invalid; [*voto, scheda*] spoiled; ***rendere ~*** to invalidate **2** *(inesistente)* [*differenza, pericolo, effetto*] nonexistent **3** SPORT ***incontro ~*** draw, tie.
nume /'nume/ m. LETT. *(divinità)* god, deity.
numerabile /nume'rabile/ agg. numerable; LING. countable; ***nome non ~*** uncountable noun.
numerale /nume'rale/ agg. e m. numeral ♦♦ ***~ cardinale*** cardinal number; ***~ ordinale*** ordinal number.
numerare /nume'rare/ [1] tr. to number.
numeratore /numera'tore/ m. MAT. numerator.
numerazione /numerat'tsjone/ f. **1** *(il numerare)* numbering **2** *(numeri)* numeration.

numerico, pl. **-ci**, **-che** /nu'mɛriko, tʃi, ke/ agg. [*valore, ordine*] numerical; ***caratteri -ci*** numerics.

numero /'numero/ ➧ ***26, 35*** m. **1** MAT. number; *(cifra)* figure; ***un ~ di due cifre*** a two-digit number; ***~ positivo, negativo*** positive, negative number **2** *(cifra che distingue persone e cose)* number; ***~ di telefono*** (tele)phone number; ***giocare un ~*** to bet on a number (in a lottery); ***sbagliare (il) ~*** *(al telefono)* to dial the wrong number; ***abitare al ~ 7*** *(civico)* to live at number 7; ***il ~ due del partito*** the number two party member; ***essere il ~ uno della hit-parade*** to be number one in the charts **3** *(di scarpe)* (shoe) size; ***che ~ hai*** o ***porti?*** what's your shoe size? what size are you? **4** *(di giornale, periodico)* issue, number; ***il prossimo ~*** the next issue; ***~ arretrato*** back issue **5** *(quantità) (di persone, oggetti)* number, amount; ***il ~ degli iscritti sta diminuendo*** membership is declining; ***un gran ~ di*** a great deal of; ***essere pochi di ~*** to be few in number; ***in ~ uguale*** in equal numbers **6** LING. number **7** *(esibizione)* act, number; ***~ di canto e ballo*** song and dance act *o* routine; ***~ principale*** star turn; ***~ d'apertura*** TEATR. opener ♦ ***dare i -i*** to go off one's head, to flip one's lid, to lose one's marbles; ***andare nel ~ dei più*** to cross the great divide; ***avere dei -i*** to have what it takes ♦♦ ***~ arabo*** Arabic numeral; ***~ atomico*** CHIM. atomic number; ***~ cardinale*** cardinal number; ***~ decimale*** decimal; ***~ dispari*** odd number; ***~ d'immatricolazione*** AUT. registration number; ***~ interno*** TEL. extension; ***~ intero*** integer, whole number; ***~ legale*** quorum; ***~ ordinale*** ordinal number; ***~ pari*** even number; ***~ primo*** prime (number); ***~ romano*** Roman numeral; ***~ di serie*** serial number; ***~ di targa*** plate *o* registration BE number; ***~ verde*** Freefone® BE, toll-free number AE; ***~ zero*** *(edizione)* trial issue; ***-i di emergenza*** emergency numbers.

numeroso /nume'roso/ agg. [*comunità, popolazione, pubblico*] large; ***una famiglia -a*** a large family; ***i suoi -i amici*** his many friends; ***accorrere -i*** to come in large numbers; ***in -e occasioni*** on numerous *o* several occasions; ***i clienti erano più -i di ieri*** there were more customers than yesterday.

numismatica /numiz'matika/ f. numismatics + verbo sing.

numismatico, pl. **-ci**, **-che** /numiz'matiko, tʃi, ke/ agg. numismatic.

nunzio, pl. **-zi** /'nuntsjo, tsi/ m. RELIG. ***~ apostolico*** papal nuncio.

nuocere /'nwɔtʃere/ [65] intr. (aus. *avere*) ***~ a*** to be harmful to, to harm, to be bad for [*persona, economia, ambiente*]; to damage [*immagine, reputazione, interessi*]; ***"il fumo nuoce alla salute"*** "smoking damages your health" ♦ ***non tutto il male vien per ~*** PROV. every cloud has a silver lining; ***tentar non nuoce*** there is no harm in trying.

nuora /'nwɔra/ f. daughter-in-law*.

nuotare /nwo'tare/ [1] **I** tr. to swim*; ***~ i cento metri*** to swim the hundred metres **II** intr. (aus. *avere*) **1** to swim*; ***~ a dorso, rana, farfalla*** to do *o* swim the backstroke, breast stroke, butterfly (stroke) **2** FIG. ***~ nell'abbondanza*** to be *o* live in clover; ***i pomodori nuotano nell'olio*** the tomatoes are swimming in oil; ***~ nell'oro*** to wallow in luxury, to be rolling in it.

nuotata /nwo'tata/ f. swim; ***andare a fare una ~*** to go for a swim.

nuotatore /nwota'tore/ m. (f. **-trice** /tritʃe/) swimmer.

nuoto /'nwɔto/ ➧ ***10*** m. **1** *(il nuotare)* ***raggiungere la riva a ~*** to swim ashore; ***attraversare un fiume a ~*** to swim across a river **2** *(sport)* swimming; ***fare una gara di ~*** to swim in a race ♦♦ ***~ a cagnolino*** dog paddle; ***~ a farfalla*** butterfly stroke; ***~ a rana*** breast stroke; ***~ sincronizzato*** synchronized swimming.

nuova /'nwɔva/ f. news **U** ♦ ***nessuna ~, buona ~*** PROV. no news is good news.

Nuova Delhi /'nwɔva'dɛli/ ➧ ***2*** n.pr.f. New Delhi.

Nuova Guinea /'nwɔvagwi'nɛa/ ➧ ***14*** n.pr.f. New Guinea.

nuovamente /nuova'mente/ avv. again.

Nuova Zelanda /'nwɔvadze'landa/ ➧ ***33*** n.pr.f. New Zealand.

nuovo /'nwɔvo/ **I** agg. **1** *(opposto a usato)* new; ***come ~*** as good as new (anche FIG.); ***~ di zecca*** brand-new **2** *(che sostituisce, succede, si aggiunge)* new, further; ***il ~ modello*** the new *o* latest model; ***è la -a Callas*** she is the next Callas; ***c'è stato un ~ incidente*** there's been another accident; ***un ~ tentativo*** another *o* a fresh attempt; ***aprire -e strade*** to break fresh *o* new grounds; ***fino a ~ ordine*** till further notice *o* orders; ***anno ~*** New Year **3** *(di recente apparizione)* [*parola, virus*] new; *(della stagione)* [*patate, vino*] new; ***~ arrivato, assunto*** new arrival, recruit; ***i -i venuti*** the newcomers **4** *(originale)* [*concezione, metodo*] new, novel; ***questo nome non mi è ~*** that name rings a bell, that name sounds familiar; ***il libro non dice nulla di ~*** the book provides no new insight **5** *(novizio)* ***sono ~ del mestiere*** I'm new to the job **II** m. **1** new; ***niente di ~*** nothing new; ***che cosa c'è di ~?*** what's new? **2 di nuovo** again; ***è di ~ in ospedale*** he's back in (the) hospital; ***fare di ~ lo stesso errore*** to make the same mistake again *o* twice; ***è di ~ in ritardo*** he's late again **3 a nuovo** ***rimettere a ~*** to refurbish, to renovate [*edificio*] ♦ ***~ ricco*** nouveau riche; ***Nuovo Mondo*** New World; ***Nuovo Testamento*** New Testament.

Nuovo Messico /'nwɔvo'mɛssiko/ ➧ ***30*** n.pr.m. New Mexico.

nursery /'nɜrseri/ f.inv. nursery.

nutria /'nutrja/ f. coypu*.

nutrice /nu'tritʃe/ ➧ ***18*** f. wetnurse.

nutriente /nutri'ɛnte/ agg. nourishing, nutritious.

nutrimento /nutri'mento/ m. nourishment (anche FIG.), food, nutriment, sustenance.

nutrire /nu'trire/ [3] **I** tr. **1** *(fornire alimenti a)* to feed*, to nourish [*persona, pianta, animale*]; [*terra*] to support [*persone*] **2** FIG. to nourish, to foster, to nurture [*sentimento, sogno, speranza*]; to harbour BE, to harbor AE, to nurse [*odio, pregiudizi*]; to entertain [*idea*]; ***~ dei dubbi*** to be doubtful *o* in doubt **II nutrirsi** pronom. to feed* (**di** on) (anche FIG.); ***-rsi solo di frutta*** to live on *o* off fruit.

nutritivo /nutri'tivo/ agg. [*alimento*] nutritious; ***valore ~*** nutritional value.

nutrito /nu'trito/ **I** p.pass. → **nutrire II** agg. **1** fed, nourished; ***ben ~*** well-fed **2** FIG. ***un ~ gruppo di*** a large group of; ***un programma ben ~*** a very busy schedule.

nutrizionale /nutrittsjo'nale/ agg. nutritional.

nutrizione /nutrit'tsjone/ f. nutrition.

nutrizionista, m.pl. **-i**, f.pl. **-e** /nutrittsjo'nista/ ➧ ***18*** m. e f. nutritionist.

nutrizionistica /nutrittsjo'nistika/ f. *(scienza)* nutrition.

nuvola /'nuvola/ f. **1** METEOR. cloud; ***~ temporalesca*** storm-cloud; ***un cielo senza -e*** a cloudless sky **2** *(di polvere, fumo)* cloud, haze ♦ ***essere nelle -e, avere la testa fra le -e*** to have one's head in the clouds; ***scendere dalle -e*** to come back to earth.

nuvoletta /nuvo'letta/ f. *(nei fumetti)* balloon.

nuvolone /nuvo'lone/ m. thundercloud.

nuvolosità /nuvolosi'ta/ f.inv. cloudiness.

nuvoloso /nuvo'loso/ agg. [*cielo*] cloudy, overcast.

nuziale /nut'tsjale/ agg. [*cerimonia*] marriage attrib.; [*velo*] bridal; [*marcia, rinfresco, fede, torta*] wedding attrib.

nylon /'nailon/ m.inv. nylon®; ***calze di ~*** nylons, nylon stockings.

O

o, O /o/ m. e f.inv. o, O.

1.o /o/ cong. (also **od** before a vowel sound) **1** or; ***con ~ senza zucchero?*** with or without sugar? ***vieni sì ~ no?*** will you or won't you be coming? ***che ti piaccia ~ no*** whether you like it or not; ***non sapevo se ridere ~ piangere*** I didn't know whether to laugh or cry; *(valutazione approssimativa)* ***una ~ due volte alla settimana*** once or twice a week; *(come correzione o spiegazione)* ***la conoscevo, ~ almeno credevo di conoscerla!*** I knew her, or at least I thought I did! **2** *(correlativo)* ***o... o...*** either... or...; ***~ l'uno ~ l'altro*** either one or the other; ***~ lui ~ io*** it's either him or me **3** *(altrimenti)* or, otherwise; ***fallo adesso ~ te ne pentirai!*** do it now or you will be sorry! ***andiamo, ~ perderemo l'aereo*** let's go now, otherwise we'll miss our flight.

2.o /o/ inter. *(per invocare)* o; ***~ Signore, aiutami tu!*** good Lord, help me!

oasi /'ɔazi/ f.inv. oasis* (anche FIG.); ***un'~ di pace*** a haven of peace.

obbediente /obbe'djɛnte/ agg. obedient.

obbedienza /obbe'djɛntsa/ f. obedience (anche RELIG.).

obbedire /obbe'dire/ [102] intr. (aus. *avere*) ***~ a*** to obey [*ordine, regole*]; to follow, to adhere to [*principio*]; ***~ a qcn.*** [*soldato*] to obey sb.; [*bambino*] to mind sb., to listen to sb.; ***non discutere, obbedisci!*** don't argue, do as you are told! ***si fa ~ dai suoi figli*** her children always do as she says.

obbiettare /obbjet'tare/ → **obiettare.**

obbiettivo /obbjet'tivo/ → **obiettivo.**

obbligare /obbli'gare/ [1] tr. ***~ qcn. a fare*** [*persona, autorità*] to oblige *o* force *o* compel *o* obligate sb. to do, to make sb. do; [*legge, regola, contratto*] to bind sb. to do; ***fu obbligato ad accettare la decisione*** the decision was forced on him; ***ci sono diverse ragioni che mi obbligano ad andare*** there are several reasons why I have to go.

obbligato /obbli'gato/ **I** p.pass. → **obbligare II** agg. **1** obliged, forced, compelled; *(vincolato)* bound; ***non siete -i a frequentare*** you don't have to attend; ***non sei affatto ~ a venire*** you are in no way obliged to come; ***essere ~ a letto*** to be bedridden **2** *(inevitabile)* forced, inevitable; ***scelta -a*** unescapable choice; ***passaggio ~*** FIG. staging post **3** *(riconoscente)* ***essere ~ verso qcn. per qcs., per aver fatto*** to be obliged, grateful to sb. for sth., for doing; ***molto ~ !*** much obliged!

obbligatorietà /obbligatorje'ta/ f.inv. obligatoriness, compulsoriness.

obbligatorio, pl. **-ri, -rie** /obbliga'tɔrjo, ri, rje/ agg. **1** compulsory, obligatory; ***essere ~ per legge*** to be required by law; ***non è ~ che tu lo faccia*** you do not have to do it; ***queste sono le letture -e*** these texts are required reading; ***materie -e*** SCOL. core curriculum; ***figure -e*** SPORT compulsories **2** DIR. [*norme*] mandatory; [*contratto*] binding.

obbligazionario, pl. **-ri, -rie** /obbligattsjo'narjo, ri, rje/ agg. [*prestito, mercato*] bond attrib.; ***titolo ~*** bond; ***capitale ~*** loan capital *o* stock.

obbligazione /obbligat'tsjone/ f. **1** obligation (anche DIR.) **2** ECON. bond, stock, debenture; ***sottoscrivere delle -i*** to underwrite bonds ♦♦ ***~ al portatore*** bearer bond.

obbligazionista, m.pl. **-i**, f.pl. **-e** /obbligattsjo'nista/ m. e f. bondholder, debenture holder.

obbligo, pl. **-ghi** /'ɔbbligo, gi/ m. obligation, commitment; *(dovere)* duty; ***~ morale*** moral duty *o* obligation; ***far fronte ai propri -ghi*** to fulfil one's obligations; ***venir meno ai propri -ghi*** to default on one's obligations; ***senza ~ da parte vostra*** with no obligation on your part; ***avere l'~ di fare*** to be bound *o* obliged to do; ***mi sento in ~ di avvertirvi*** I feel I should warn you; ***essere in ~ verso qcn.*** to be obliged to sb.; ***è fatto ~ di...*** it is obligatory to...; ***è d'~ l'abito da sera*** evening dress is required ♦♦ ***~ scolastico*** compulsory school attendance; ***-ghi di leva*** liability for military service.

obbrobrio, pl. **-bri** /ob'brɔbrjo, bri/ m. **1** *(ignominia, vergogna)* infamy, dishonour BE, dishonor AE, opprobrium **2** *(cosa brutta)* disgrace, horror, monstrosity; ***questa casa è un ~*** this house is an eyesore *o* a monstrosity; ***che ~ quella cravatta!*** what a ghastly tie!

obbrobrioso /obbro'brjoso/ agg. **1** [*comportamento*] opprobrious, infamous, despicable, disgraceful **2** *(brutto)* awful, dreadful, ghastly.

obelisco, pl. **-schi** /obe'lisko, ski/ m. obelisk.

oberare /obe'rare/ [1] tr. *(di debiti, responsabilità)* to overburden (**di** with); ***~ qcn. di lavoro*** to load sb. down with work; ***~ di tasse*** to overtax.

oberato /obe'rato/ **I** p.pass. → **oberare II** agg. ***~ di debiti*** burdened *o* crippled with debts; ***~ di lavoro*** overloaded with work.

obesità /obezi'ta/ f.inv. obesity.

obeso /o'bɛzo/ **I** agg. obese **II** m. (f. **-a**) obese person.

obice /'ɔbitʃe/ m. howitzer.

obiettare /objet'tare/ [1] tr. to object; ***"è ingiusto" obiettò*** "it's unfair," he objected; ***hai qualcosa da ~?*** do you have any objections? ***non avere nulla da ~*** to have no objections.

obiettività /objettivi'ta/ f.inv. objectivity, objectiveness; *(di trasmissione, giornalista)* impartiality.

obiettivo /objet'tivo/ **I** agg. [*analisi, giudizio, articolo*] objective, impartial, unbias(s)ed; [*osservatore*] detached, unprejudiced **II** m. **1** FOT. lens, objective, object-glass **2** *(scopo)* aim, objective, goal, target; ***prefiggersi come ~ di fare*** to set oneself the target of doing; ***raggiungere il proprio ~*** to achieve one's goal **3** MIL. target, objective.

obiettore /objet'tore/ m. **1** MIL. ***~ di coscienza*** conscientious objector **2** *(medico)* antiabortionist.

obiezione /objet'tsjone/ f. objection; ***sollevare -i*** to object, to make objections; ***~ accolta, respinta*** objection sustained, overruled ♦♦ ***~ di coscienza*** conscientious objection.

obitorio, pl. **-ri** /obi'tɔrjo, ri/ m. morgue, mortuary.

oblazione /oblat'tsjone/ f. **1** *(offerta)* donation **2** RELIG. oblation; *(offerta dei fedeli)* offering **3** DIR. = cash settlement of a fine.

oblio /o'blio/ m. oblivion; ***cadere nell'~*** to be completely forgotten, to sink into oblivion.
obliquamente /oblikwa'mente/ avv. [*posizionare*] at an angle, obliquely, slantwise; [*muoversi*] slantingly, slantwise, sideways; [*tracciare*] obliquely.
obliquo /o'blikwo/ agg. [*tratto, raggio*] oblique, slanted; [*sguardo*] sidelong; ***caso ~*** LING. oblique case.
obliterare /oblite'rare/ [1] tr. to frank, to obliterate [*marca da bollo*]; to punch [*biglietto*].
obliteratore /oblitera'tore/ m., **obliteratrice** /oblitera'tritʃe/ f. *(di francobolli)* obliterator; *(di biglietti)* ticket punch.
obliterazione /obliterat'tsjone/ f. *(di francobollo)* obliteration, cancelling BE, canceling AE; *(di biglietto)* punching.
oblò /o'blɔ/ m.inv. *(di nave)* porthole; *(di aeroplano)* window; *(di lavatrice)* viewing panel, window.
oblungo, pl. **-ghi**, **-ghe** /o'blungo, gi, ge/ agg. oblong; BOT. ZOOL. elongate.
obnubilare /obnubi'lare/ [1] tr. to cloud, to obscure [*mente, coscienza, giudizio*].
oboe /'ɔboe/ ➧ ***34*** m. oboe.
oboista, m.pl. **-i**, f.pl. **-e** /obo'ista/ ➧ ***18*** m. e f. obo(e)ist.
obolo /'ɔbolo/ m. *(offerta)* offering; ***dare il proprio ~*** to make one's own contribution.
obsolescente /obsoleʃ'ʃɛnte/ agg. obsolescent.
obsolescenza /obsoleʃ'ʃɛntsa/ f. obsolescence.
obsoleto /obso'lɛto/ agg. obsolete, outdated.
OC ⇒ onde corte short wave (SW).
oca, pl. **oche** /'ɔka, 'ɔke/ f. **1** ZOOL. goose* **2** *(ragazza stupida)* goose*; ***~ giuliva*** COLLOQ. SPREG. bimbo, silly goose.
occasionale /okkazjo'nale/ agg. [*clientela, uso*] occasional; [*incontro, avvenimento*] chance attrib.; [*rapporti sessuali*] casual; ***lavori -i*** odd jobs.
occasionalmente /okkazjonal'mente/ avv. **1** *(di tanto in tanto)* occasionally **2** *(per caso)* fortuitously.
occasionare /occazjo'nare/ [1] tr. to occasion.
occasione /okka'zjone/ f. **1** occasion, chance, opportunity; ***questa è la tua ~!*** now's your chance! ***cogliere l'~ per fare*** to seize the opportunity to do; ***perdere*** o ***lasciarsi sfuggire un'~*** to miss an opportunity; ***non ci sarà un'altra ~!*** you won't get a second chance! ***vorrei approfittare dell'~ per dire*** I should like to take this opportunity to say; ***all'~, se si presenta l'~*** if the occasion arises; ***in ~ di*** on the occasion of **2** *(affare vantaggioso)* bargain; ***questo computer è una vera ~*** this computer is a real bargain; ***il mercato delle -i*** the secondhand market; ***un'auto d'~*** a bargain car **3** *(motivo)* cause, occasion; ***essere ~ di*** to give rise to; ***dare a qcn. ~ di*** to give sb. cause to do **4** *(circostanza)* ***d'~*** [*poema*] occasional ♦ ***l'~ fa l'uomo ladro*** PROV. opportunity makes the thief.
occhiaia /ok'kjaja/ f. **1** *(orbita)* eye socket, orbit **2** *(segno)* ***avere le -e*** to have shadows *o* rings under one's eyes.
occhialetto /okkja'letto/ m. pince-nez*; *(con manico)* lorgnette.
occhiali /ok'kjali/ m.pl. glasses, spectacles, specs COLLOQ.; ***un paio di ~*** a pair of glasses; ***~ da miope, da presbite*** glasses for near-sighted, far-sighted people; ***mettersi*** o ***inforcare gli ~*** to put on one's glasses; ***portare gli ~*** to wear glasses ♦♦ ***~ da lettura*** reading glasses; ***~ da neve*** snow goggles; ***~ da nuoto*** goggles; ***~ da sole*** sunglasses; ***~ da vista*** eyeglasses.
occhialino /okkja'lino/ m. → **occhialetto.**
occhialuto /okkja'luto/ agg. spectacled, four-eyed.
occhiata /ok'kjata/ f. **1** look, glance, glimpse; ***dare un'~ a qcs.*** to have *o* take a look at sth.; ***dare una rapida ~ a*** to give [sth.] a cursory glance, to give [sth.] a look-over, to flip through [*giornale, rivista*]; to run through [*lista, appunti*]; ***diede un'~ all'orologio*** he cocked *o* glanced an eye at the clock; ***dare un'~ in giro*** to have a look around **2** *(sguardo significativo)* glance, look; ***scambiarsi delle -e*** to exchange glances *o* looks; ***lanciare un'~ assassina a qcn.*** to give sb. an evil look.
occhiataccia, pl. **-ce** /okkja'tattʃa, tʃe/ f. ***lanciare un'~ a qcn.*** to give sb. a dirty look; ***mi ha lanciato un'~*** I got an ugly look from him.
occhieggiare /okkjed'dʒare/ [1] **I** tr. to eye (up), to ogle COLLOQ. [*ragazza*]; to eye [*cosa*] **II** intr. (aus. *avere*) ***il sole occhieggia tra le nuvole*** the sun is peeping through the clouds.
occhiello /ok'kjɛllo/ m. **1** *(di abiti)* buttonhole, eyelet **2** *(di scarpe, cinture)* eye **3** TIP. *(di libro)* half title, bastard title; GIORN. subhead.
occhietto /ok'kjetto/ m. → **occhiolino.**
occhio, pl. **-chi** /'ɔkkjo, ki/ ➧ ***4*** m. **1** eye; ***-chi a mandorla*** almond *o* slanting eyes; ***-chi chiari, scuri*** light-coloured, dark eyes; ***avere gli -chi storti*** to be cross-eyed; ***un bambino dagli*** o ***con gli -chi blu*** a blue-eyed child; ***non riesco a tenere gli -chi aperti*** I can't keep my eyes open; ***sognare a ~ aperti*** to daydream; ***aprire gli -chi*** to open one's eyes; FIG. to get wise; ***tenere gli -chi bene aperti*** FIG. to keep one's eyes skinned *o* peeled; ***aprire gli -chi a qcn. su qcs.*** to awaken sb. to sth.; ***apri gli -chi!*** wake up! ***chiudere un ~ su qcs.*** FIG. to turn a blind eye to sth.; ***trovare la strada a -chi chiusi*** FIG. to find the way blindfold *o* with one's eyes closed; ***potrei farlo a -chi chiusi*** FIG. I could do it in my sleep *o* with my eyes closed; ***non ho chiuso ~ (tutta la notte)*** I didn't sleep a wink (all night); ***tenere d'~ qcn.*** to keep an eye on sb.; ***visibile a ~ nudo*** visible to the naked eye; ***ce l'ho sotto gli -chi*** I have it in front of me; ***sotto gli -chi di tutti*** for all the world to see; ***proprio davanti ai nostri -chi*** before our very eyes; ***non credevo ai miei -chi*** I couldn't believe my eyes; ***cercare qcs. con gli -chi*** to look around for sth.; ***mettere gli -chi su*** o ***addosso a qcn., qcs.*** to have one's eye on sb., sth., to set one's sights on sb., sth.; ***non staccare*** o ***togliere gli -chi di dosso a qcn.*** not to take one's eyes off sb.; ***non avere -chi che per qcn.*** to only have eyes for sb.; ***guardarsi negli -chi*** to gaze into each other's eyes; ***dare nell'~*** to attract attention, to be showy, to stand out a mile; ***guardare qcn. con la coda dell'~*** to see sb. out of the corner of one's eye; ***a colpo d'~*** at a glance; ***vedere qcn., qcs. di buon ~*** to look with favour on sb., sth., to look on sb., sth. with favour *o* favourably; ***sotto l'~ vigile di*** under the watchful eye of; ***guardare qcn. dritto negli -chi*** to look sb. straight in the eye *o* face; ***guardare qcs. con ~ critico*** to take a critical look at sth.; ***dove hai gli -chi?*** are you blind? ***agli -chi del mondo*** in the eyes of the world; ***vedere qcs. con altri -chi*** to take a different view of sth.; ***a ~ e croce avrà 30 anni*** roughly speaking I would say that he is about 30; ***dimagrisce a vista d'~*** he's getting thinner before our very eyes; ***in un batter d'~*** in the bat of an eye, in less than no time **2** *(come esclamazione)* ***~!*** watch out! mind! ♦ ***fare gli -chi dolci a qcn.*** to make eyes *o* flutter one's eyelashes at sb., to make sheep's eyes at sb.; ***fare l'~ a qcs.*** to get used to sth.; ***fare un ~ nero a qcn.*** to black BE *o* blacken AE sb.'s eye; ***cavare gli -chi a qcn.*** to claw *o* gouge sb.'s eyes out; ***anche l'~ vuole la sua parte*** = you should also please the eye; ***la pasta mi esce dagli -chi*** I've had it up to here with pasta; ***saltare*** o ***balzare agli -chi*** to leap out at sb., to stand out a mile; ***buttare*** o ***gettare l'~ su*** to clap eyes on, to have *o* take a look-see; ***rifarsi gli -chi con qcs.*** to feast one's eyes on sth.; ***avere ~ per*** to have an eye for [*dettagli, colore*]; ***avere gli -chi foderati di prosciutto*** to go around with one's eyes shut; ***a perdita d'~*** as far as the eye can see; ***a quattr'-chi*** [*discutere, parlare*] face to face, one-to-one; ***costare un ~ (della testa)*** to cost the earth, to cost an arm and a leg; ***avere -chi di lince*** to be lynx-eyed; ***~ per ~, dente per dente*** PROV. an eye for an eye, a tooth for a tooth; ***lontano dagli -chi, lontano dal cuore*** PROV. out of sight, out of mind; ***~ non vede cuore non duole*** PROV. what the eye doesn't see, the heart doesn't grieve over; ***essere nell'~ del ciclone*** to be in the eye of the storm ♦♦ ***~ di bue*** ARCH bull's-eye; FOT. snoot; ***all'~ di bue*** [*uovo*] sunny side up; ***~ clinico*** discerning *o* expert eye; ***~ di pernice*** *(tessuto)* bird's eye pattern; *(callo)* = small corn between toes; ***~ di pesce*** TECN. fisheye; ***~ di tigre*** tiger's eye; ***~ di vetro*** glass eye.
occhiolino /okkjo'lino/ m. ***fare l'~ a qcn.*** to wink at sb.
occidentale /ottʃiden'tale/ ➧ ***29*** **I** agg. **1** [*zona, costa, frontiera*] western, west; [*vento*] west, westerly; ***Europa ~*** western Europe **2** POL. [*mondo, potenze*] Western **II** m. e f. Westerner.
occidentalizzare /ottʃidentalid'dzare/ [1] **I** tr. to occidentalize, to westernize **II occidentalizzarsi** pronom. to become westernized.
occidente /ottʃi'dɛnte/ m. west; ***l'Occidente*** the West.
occipitale /ottʃipi'tale/ agg. occipital.
occipite /ot'tʃipite/ m. occiput*.

occludere /ok'kludere/ [11] tr. **1** to stop up, to obstruct **2** MED. to occlude [*vaso sanguigno*].
occlusione /okklu'zjone/ f. **1** MED. *(di vaso sanguigno)* occlusion, obstruction **2** CHIM. LING. occlusion ♦♦ *~ intestinale* intestinal blockage *o* impaction.
occlusivo /okklu'zivo/ agg. MED. LING. occlusive.
occorrente /okkor'rɛnte/ **I** agg. necessary **II** m. ***l'~ per scrivere*** writing materials; ***portare con sé tutto l'~*** to bring everything necessary.
occorrenza /okkor'rɛntsa/ f. **1** need, necessity; *(eventualità)* eventuality; ***all'~*** if need be; ***all'~ prendere le pastiglie*** take the tablets as required *o* needed **2** LING. occurrence.
occorrere /ok'korrere/ [32] **I** intr. (aus. *essere*) **1** *(essere necessario)* ***mi, ti, ci occorre qcs., qcn.*** I, you, we need sth., sb.; ***occorreranno diversi giorni per finire il lavoro*** it will require several days to finish the work; ***occorrono tre ore per arrivare all'albergo*** it takes three hours to get to the hotel; ***occorrono più soldi*** more money is needed **2** *(accadere)* to happen, to occur **II** impers. ***occorre fare*** we've got to *o* must *o* should do; ***occorre trovare una soluzione*** we've got to *o* must find a solution; ***occorre prenotare i posti con molto anticipo*** you need to book your seats well in advance; ***occorre che tu faccia*** it's necessary that you do; ***tutto ciò che occorre sapere sui computer*** everything you need to know about computers; ***quando occorre*** when necessary.
occultamento /okkulta'mento/ m. concealment.
occultare /okkul'tare/ [1] **I** tr. **1** to hide*, to conceal [*prova, refurtiva*] **2** FIG. to conceal [*verità, fatto, questione*] **3** ASTR. to occult **II occultarsi** pronom. to hide*.
occultismo /okkul'tizmo/ m. occultism.
occultista, m.pl. **-i**, f.pl. **-e** /okkul'tista/ m. e f. occultist.
occulto /ok'kulto/ **I** agg. **1** [*scienze, forze*] occult; [*potere*] mystic **2** *(segreto)* [*pensieri, ragioni, fondi*] secret **II** m. ***l'~*** the occult.
occupante /okku'pante/ **I** agg. [*forze, truppe*] occupying **II** m. e f. occupant; ***~ abusivo*** squatter.
occupare /okku'pare/ [1] **I** tr. **1** [*persona*] to occupy [*posto, cella*]; to live in, to reside in [*casa*]; ***~ il sesto posto della classifica*** to be sixth in the ranking; ***il monumento occupa il centro della piazza*** the monument stands in the centre of the square **2** to take* up [*spazio, volume*]; ***il nuovo tavolo occupa tutta la stanza*** the new table fills up the whole room; ***~ il posto di due persone*** to take up as much room as two people **3** *(impegnare)* to occupy [*persona, mente*]; to fill (up) [*tempo*]; ***i miei studi mi occupano molto*** my studies keep me very busy, my studies take up a lot of my time; ***~ il proprio tempo facendo*** to spend one's time doing **4** to hold* [*impiego, posizione*]; to fill [*carica*] **5** *(dare lavoro)* to employ **6** [*scioperanti*] to occupy; MIL. [*truppe, esercito*] to occupy, to take* possession of **7** *(illegalmente)* to stage a sit-in at [*università*]; to squat [*casa*] **II occuparsi** pronom. **1** *(provvedere a)* ***-rsi di*** to take* care of, to see* to [*cena, biglietti*]; to deal* with [*spese*] **2** *(dedicare attenzione, lavoro)* ***-rsi di*** to address, to cope with [*problema, questione*]; to deal* with [*lamentele, emergenze, richieste, caso, situazioni*]; [*dipartimento, ufficiale*] to handle [*immigrazione, inchieste*]; ***l'argomento di cui ci occupiamo oggi*** the matter which we are dealing with today; ***non ho ancora avuto il tempo di occuparmene*** I haven't got around to it yet; ***di cosa ti occupi?*** what do you do? **3** *(prendersi cura)* ***-rsi di*** to look after, to take* care of, to see* to [*bambino, animale*]; to deal* with [*paziente, clientela*]; to take* care of [*giardino, casa*] **4** *(essere incaricato di)* ***-rsi di*** to be* in charge of [*finanziamento, amministrazione*]; to look after, to work with [*handicappati*]; to mind [*negozio*]; to be* involved in [*affari, progetto*]; ***-rsi di politica*** to be in politics **5** ***occupati degli affari tuoi*** mind your own business.
occupato /okku'pato/ **I** p.pass. → **occupare II** agg. **1** [*persona*] busy, pushed COLLOQ.; ***essere ~ a fare*** to be busy doing, to be employed *o* occupied in doing; ***tenersi ~ facendo qcs.*** to busy oneself *o* to keep oneself occupied doing sth. **2** [*sedia, linea telefonica, bagno*] engaged; [*posto*] taken; ***ho le mani -e*** I've got my hands full; ***é un'ora che Piera tiene ~ il bagno*** Piera's been in the bathroom for one hour; ***il numero è ~*** the number is engaged BE *o* busy AE **3** *(impiegato)* ***é ~ presso una casa editrice*** he works in a publishing house **4** MIL. occupied.
occupazionale /okkupattsjo'nale/ agg. [*crisi, ripresa, livello*] occupational, employment attrib.; ***tagli -i*** job cuts.
occupazione /okkupat'tsjone/ f. **1** employment U, job, occupation, work U; ***~ fissa*** permanent *o* steady job; ***favorire, promuovere l'~*** to promote, stimulate employment; ***piano per l'~*** job creation scheme **2** *(passatempo)* pursuit, occupation **3** *(di appartamento, terreno)* occupation, occupancy **4** *(per protestare)* occupation; ***decidere l'~ dei locali*** to decide to stage a sit-in; ***~ abusiva*** squatting **5** MIL. occupation (**di** of; **con** by); ***zona d'~*** occupied territory.
Oceania /otʃe'anja/ ➧ ***33*** n.pr.f. Oceania.
oceanico, pl. **-ci**, **-che** /otʃe'aniko, tʃi, ke/ agg. **1** oceanic **2** FIG. immense, huge.
oceano /o'tʃeano/ ➧ ***27*** m. **1** ocean; ***~ Atlantico*** Atlantic Ocean; ***~ Pacifico*** Pacific Ocean **2** FIG. *(immensa quantità)* ***un ~ di*** oceans of.
oceanografia /otʃeanogra'fia/ f. oceanography.
oceanografico, pl. **-ci**, **-che** /otʃeano'grafiko, tʃi, ke/ agg. oceanographic(al).
ocello /o'tʃɛllo/ m. ZOOL. *(sulla coda del pavone)* eye.
ocelot /os'lo, otʃe'lɔt/ m.inv. ocelot.
ocra /'ɔkra/ ➧ ***3*** **I** f. *(minerale)* ochre BE, ocher AE **II** agg. e m.inv. *(colore)* ochre BE, ocher AE.
OCSE /'ɔkse/ f. (⇒ Organizzazione per la Cooperazione e lo Sviluppo Economico Organization for Economic Cooperation and Development) OECD.
oculare /oku'lare/ **I** agg. **1** ocular, eye attrib.; ***bulbo*** o ***globo ~*** eyeball; ***bagno ~*** eyebath **2** DIR. ***testimone ~*** eyewitness **II** m. *(lente)* eyepiece.
oculatezza /okula'tettsa/ f. caution, prudence; *(nelle spese)* sparingness, thrift.
oculato /oku'lato/ agg. [*gestione, strategia*] sound, wise; [*persona*] cautious, prudent; [*consiglio, scelta*] sensible.
oculista, m.pl. **-i**, f.pl. **-e** /oku'lista/ ➧ ***18*** m. e f. eye specialist, oculist, ophthalmologist.
oculistica /oku'listika/ f. ophthalmology.
oculistico, pl. **-ci**, **-che** /oku'listiko, tʃi, ke/ agg. ophthalmological; ***fare una visita -a*** to have one's eyes examined.
od /od/ → **1.o.**
odalisca, pl. **-sche** /oda'liska, ske/ f. odalisque.
oddio /od'dio/ inter. my dear, my God.
ode /'ɔde/ f. ode.
O.d.G. ⇒ Ordine del Giorno agenda.
odiare /o'djare/ [1] **I** tr. to hate, to loathe, to detest; ***~ a morte qcn.*** to hate sb. like poison; ***odio i pettegoli*** I can't stand gossip **II odiarsi** pronom. **1** *(se stesso)* to hate oneself **2** *(reciprocamente)* to hate each other.
odiato /o'djato/ **I** p.pass. → **odiare II** agg. hated, detested, loathed.
odierno /o'djɛrno/ agg. **1** today's attrib., of today mai attrib.; ***in data -a*** today, on this day **2** *(attuale)* present, modern.
Odino /o'dino/ n.pr.m. Odin.
odio, pl. **odi** /'ɔdjo, 'ɔdi/ m. hatred, hate (**di qcn.** of sb.; **per qcs.** of, for sth.); ***nutrire*** o ***provare ~ per qcn.*** to feel hatred for sb., to hate sb.; ***attirarsi l'~ di qcn.*** to earn oneself sb's hatred; ***avere in ~ qcs.*** to abominate sth.; ***prendere qcn., qcs. in ~*** to take a strong dislike to sb., sth.
odioso /o'djoso/ agg. **1** *(abietto)* [*persona, azione*] hateful, loathsome, odious; [*bugia*] detestable; *(esecrabile)* damnable **2** *(insopportabile)* [*persona, comportamento*] nasty, obnoxious, detestable; [*lavoro*] loathsome; ***essere ~ a qcn.*** to be abhorrent to sb.
Odissea /odis'sɛa/ **I** n.pr.f. ***l'~*** the Odyssey **II odissea** f. FIG. odyssey; ***la sua vita fu una lunga ~*** her life was full of trial and tribulation.
odontoiatra, m.pl. **-i**, f.pl. **-e** /odonto'jatra/ ➧ ***18*** m. e f. dental surgeon, odontologist.
odontoiatria /odontoja'tria/ f. dentistry.
odontoiatrico, pl. **-ci**, **-che** /odonto'jatriko, tʃi, ke/ agg. [*controllo, cura*] dental; ***studio ~*** dentist's office.
odontotecnico, pl. **-ci**, **-che** /odonto'tɛkniko, tʃi, ke/ **I** agg. ***laboratorio ~*** prosthodontic lab **II** ➧ ***18*** m. (f. **-a**) dental technician, prosthodontist.
odorare /odo'rare/ [1] **I** tr. to smell*, to sniff **II** intr. (aus. *avere*) to smell* (**di** of, like); ***~ di cattivo, di buono*** to smell

bad, good, to have a bad, nice smell; ***~ di cipolla*** to smell of onion.

odorato /odo'rato/ m. (sense of) smell.

odore /o'dore/ **I** m. smell, scent, odour BE, odor AE (**di** of); ***buon, cattivo ~*** nice, bad smell; ***avere*** o ***mandare un buon, un cattivo ~*** to smell good, bad; ***c'è ~ di gas, di fumo*** there is a smell of gas, smoke; ***sento ~ di bruciato*** I can smell burning; FIG. I smell a rat; ***avere ~ di qcs.*** to smell of sth. **II odori** m.pl. GASTR. (fresh) herbs ♦ ***in ~ di santità*** in the odour of sanctity.

odorino /odo'rino/ m. **1** *(odore gradevole)* pleasant smell; ***che ~!*** what a nice smell! **2** IRON. *(puzza)* stench, stink.

odoroso /odo'roso/ agg. LETT. odorous.

Ofelia /o'fɛlja/ n.pr.f. Ophelia.

offendere /of'fɛndere/ [10] **I** tr. **1** to offend, to hurt*, to give* offence to; ***non voleva ~*** she meant no offence; ***lo ha offeso andandosene presto*** he hurt him by leaving early **2** RELIG. to trespass against [*Dio, cielo*] **3** FIG. to offend, to go* against [*ragione, moralità, buon gusto*]; to outrage [*sentimenti, pubblico*]; to offend [*sensibilità, vista*]; to be* an affront to [*intelligenza*]; to hurt*, to wound, to injure [*amor proprio*]; to undermine [*onore*] **4** DIR. to offend, to outrage [*pudore*] **5** to injure, to damage, to wound [*organo vitale*] **II offendersi** pronom. **1** to get* offended (**per** over), to take* offence (**per** at); ***-rsi facilmente, per un nonnulla*** to take offence easily, to be quick to take offence; ***non ti ~, ma...*** no offence intended, but... **2** *(reciprocamente)* to exchange insults.

offensiva /offen'siva/ f. MIL. POL. SPORT offensive; ***passare all'~*** to go on *o* take the offensive; ***~ di pace*** peace offensive.

offensivo /offen'sivo/ agg. **1** [*discorso, atteggiamento, osservazione*] offensive (**verso, nei confronti di** to); [*sarcasmo, commento*] wounding; [*linguaggio*] offensive, foul, insulting; [*rifiuto, parole*] hurtful; [*persona*] abusive (**verso, nei confronti di** to) **2** MIL. SPORT DIR. offensive.

offerente /offe'rɛnte/ m. e f. COMM. bidder; *(in una gara d'appalto)* tenderer; ***vendere al miglior ~*** to sell to the highest bidder.

offerta /of'fɛrta/ f. **1** *(proposta)* offer (anche COMM.), proposal; ***fare, accettare, rifiutare un'~*** to make, accept, decline an offer; ***rispondere a un'~ di impiego*** o ***lavoro*** to reply to a job advertisement *o* offer; ***pubblicare un'~ di lavoro*** to advertise a vacancy *o* job; ***stanno arrivando -e di aiuto da tutte le parti*** offers of help are coming in thick and fast **2** *(condizione di vendita)* offer; ***~ speciale*** special offer, bargain; ***oggi i pomodori sono in ~*** special offer *o* bargain on tomatoes today **3** *(all'asta)* bid, bidding; *(negli appalti)* tender bid **4** ECON. supply; ***l'equilibrio tra la domanda e l'~*** the balance between supply and demand **5** *(donazione)* offering, donation; *(promessa di donazione)* pledge **6** RELIG. ***le -e*** oblations.

offertorio, pl. **-ri** /offer'tɔrjo, ri/ m. RELIG. offertory.

offesa /of'fesa/ f. **1** *(affronto)* affront, offence BE, offense AE; *(umiliazione)* humiliation; *(insulto)* insult; *(oltraggio)* outrage, indignity; ***senza ~!*** no insult *o* offence intended! ***è un'~ alla sua memoria, intelligenza*** it's an insult to his memory, intelligence; ***lavare un'~ nel sangue*** to exact retribution in blood for an insult **2** MIL. offensive; ***armi di ~*** weapons of offence.

offeso /of'feso/ **I** p.pass. → **offendere II** agg. **1** offended, slighted, affronted; ***essere ~ a morte*** to be extremely offended **2** [*gamba*] injured **III** m. (f. **-a**) ***fare l'~*** to be in *o* get into a huff.

officiante /offi'tʃante/ **I** agg. officiating **II** m. e f. officiant.

officiare /offi'tʃare/ [1] **I** tr. to celebrate [*messa*] **II** intr. (aus. *avere*) to officiate.

officina /offi'tʃina/ f. workshop, shop ♦♦ ***~ meccanica*** machine shop; ***~ di montaggio*** IND. AUT. assembly plant; ***~ di riparazione*** repair shop.

officinale /offitʃi'nale/ agg. [*erba, pianta*] medicinal, officinal.

off-limits /ɔf'limits/ agg.inv. off-limits, out of bounds.

offrire /of'frire/ [91] **I** tr. **1** ***~ qcs. a qcn.*** to offer *o* give sb. sth, to offer sth. to sb.; ***posso offrirti una tazza di tè?*** can I tempt you to a cup of tea? ***offrigli una bibita!*** give him a drink! *(pagare)* ***mi ha offerto il pranzo*** he treated me to lunch; ***ti offro una birra*** have a beer on me, I'll buy you a beer; ***offro io!*** it's my treat! it's my round! ***"questo programma vi è stato offerto da ..."*** "brought to you by ..."; *(sacrificare)* ***~ la propria vita per qcs.*** to offer up one's life for sth. **2** *(mettere a disposizione)* to offer [*sostegno, aiuto, suggerimento*]; to proffer, to offer [*amicizia*]; to provide, to offer [*servizio, denaro*]; ***~ rifugio a qcn.*** to provide *o* give cover for sb.; ***~ un posto a qcn.*** to offer sb. a post **3** to offer, to tender [*ricompensa, denaro*]; ECON. COMM. to bid*; ***quanto mi offri per quello?*** how much are you offering? ***1 milione, chi offre di più?*** *(nelle aste)* any advance on 1 million? **4** *(presentare)* to offer [*scelta*]; to present, to provide [*opportunità, vantaggio*]; ***questo viaggio ti offrirà l'occasione di fare*** this trip will give you the opportunity to do; ***un lavoro che offre prospettive*** a job with opportunities; ***il mercato offre buone possibilità di successo*** the market has possibilities; ***la finestra vi offre una bella vista sulla chiesa*** the window gives you a good view of the church; ***offre spunti di riflessione*** that's food for thought; ***~ qcs. a qcn. su un vassoio d'argento*** FIG. to hand *o* present sb. sth. on a silver platter **5** *(esporre)* ***~ il fianco alle critiche*** to lay oneself open to criticism **II offrirsi** pronom. **1** *(proporsi)* ***-rsi come autista*** to hire oneself out as a driver; ***si è offerto di aiutarci*** he offered to help us; ***-rsi volontario per fare*** to volunteer *o* come forward to do **2** *(presentarsi)* [*soluzione, opportunità*] to offer itself (**a** to); ***il paesaggio che si offriva ai nostri occhi era magico*** the landscape before us was magical; ***mi si è offerta l'occasione di andare a Roma*** I've been given the chance to go to Rome.

off-shore /ɔf'ʃɔr/ agg. e m.inv. offshore.

offuscamento /offuska'mento/ m. **1** *(del cielo)* darkening, obfuscation FORM. **2** *(della mente)* clouding, obfuscation FORM. **3** *(della vista)* dimming, blurring.

offuscare /offus'kare/ [1] **I** tr. **1** to darken [*cielo*] **2** [*fumo*] to cloud, to blur, to dim [*vista*]; FIG. to cloud [*giudizio, memoria*]; to obscure [*verità*]; to tarnish [*felicità*]; ***~ i sensi*** to dull senses **II offuscarsi** pronom. **1** [*cielo*] to darken, to cloud (over), to haze; [*immagine, visione*] to be* blurred; [*paesaggio*] to mist over; FIG. [*memoria, ricordi, bellezza*] to dim, to fade; ***mi si è offuscata la vista*** my sight is growing dim **2** [*sguardo*] to waver, to become* sombre.

oftalmico, pl. **-ci, -che** /of'talmiko, tʃi, ke/ agg. ophthalmic; ***ospedale ~, clinica -a*** eye hospital, clinic.

oggettivamente /oddʒettiva'mente/ avv. **1** *(di fatto)* objectively, clearly **2** *(con imparzialità)* objectively.

oggettività /oddʒettivi'ta/ f.inv. objectivity.

oggettivo /oddʒet'tivo/ agg. **1** objective; ***realtà -a*** objective reality **2** *(imparziale)* objective, unbiased, fair **3** LING. ***proposizione -a*** (direct) object clause.

oggetto /od'dʒɛtto/ **I** m. **1** *(cosa materiale)* object, item, thing **2** *(di dibattito, pensiero)* subject; ***essere ~ di*** to be the subject of [*ricerca*]; to be the object of [*brama, odio, amore*]; to be singled out for [*inchiesta*]; ***essere ~ di controversia*** to be controversial; ***essere ~ di scherno, di critiche da parte di qcn.*** to be held up to scorn by sb., to come under attack from sb.; ***essere ~ di conversazione*** to be a conversation piece **3** *(scopo)* purpose, object; ***"~: risposta alla vostra lettera del..."*** *(in una lettera)* "re: your letter of..." **4** LING. FILOS. object; ***complemento ~*** direct object **II** agg.inv. ***donna ~, uomo ~*** woman, man as an object ♦♦ ***~ volante non identificato*** unidentified flying object; ***-i smarriti*** *(alla stazione)* lost and found, lost property.

oggi /'ɔddʒi/ **I** avv. **1** today; ***~ pomeriggio*** this afternoon; ***~ stesso*** just today; ***un mese ~*** a month ago today; ***~ a otto*** a week today; ***~ è il 2 maggio*** it's May 2 today **2** *(oggigiorno)* today, nowadays **II** m.inv. **1** today; ***nel giornale di ~*** in today's newspaper; ***fino a ~*** to date, to this day **2** *(l'epoca presente)* ***la gioventù d'~*** the teenagers of today; ***al giorno d'~*** nowadays; ***dall'~ al domani*** from one day to the next.

oggidì /oddʒi'di/, **oggigiorno** /oddʒi'dʒorno/ avv. nowadays, these days, today.

ogiva /o'dʒiva/ f. **1** ARCH. ogive; ***a ~*** [*arco, volta*] ogival **2** AER. MIL. nose-cone.

ogivale /odʒi'vale/ agg. [*arco, volta*] ogival.

ogm /oddʒi'ɛmme/ m.inv. (⇒ organismo geneticamente modificato genetically modified organism) GMO.

ogni /'oɲɲi, 'ɔɲɲi/ *Ogni* si può tradurre in inglese in tre modi diversi: si usa *every* quando si vuole sottolineare l'omogeneità di un insieme di fatti, avvenimenti, cose o persone (*andiamo a sciare ogni anno* = we go skiing every year); quando invece si vuole sottolineare ciascuno dei fatti ecc. presi separatamente, si preferisce *each* (*la situazione peggiora ogni anno* = each year the situation is getting worse), che è obbligatorio usare se il riferimento è a due fatti, ecc. (*in una partita di pallavolo, ogni squadra è composta da sei giocatori* = in a volleyball match, each team is made up of six players); infine, se *ogni* significa *qualunque, tutti*, si traduce con *any* (*in ogni caso* = in any case). - Si veda anche la voce **ciascuno**. agg.indef. **1** *(ciascuno) (nell'insieme)* every; *(singolarmente)* each; ***~ giorno che passa*** with each passing day; ***~ cosa che dico lo lascia del tutto indifferente*** everything I say just washes over him; ***la situazione si complica ~ giorno di più*** the situation is becoming more complicated by the day *o* each day *o* every day; ***prendiamo il giornale ~ giorno*** we buy a newspaper every day; ***~ volta che*** whenever **2** *(qualsiasi, tutti)* ***~ scusa è buona per litigare*** any pretext will do to start a quarrel; ***di ~ sorta*** of any kind; ***in ~ momento*** at any time; ***a ~ modo*** at any rate; ***a ~ costo*** at any cost, at all costs; ***in ~ caso*** in any case; ***escludere ~ possibilità*** to rule out all possibilities; ***cose di ~ tipo*** all sorts of things **3** *(con funzione distributiva)* every; ***~ ora, ~ 10 metri*** every hour, every ten metres.

ogniqualvolta /oɲɲikwal'vɔlta/ cong. whenever, every time (that).

Ognissanti /oɲɲis'santi/ m.inv. All Saints' Day.

ognuno /oɲ'ɲuno/ *Ognuno* si può tradurre in inglese in modi diversi: si usa *everyone* oppure *everybody* quando si vuole sottolineare l'omogeneità di un insieme di persone (*ognuno ha i suoi difetti* = everyone has their faults); quando invece si vuole alludere a ciascuna delle persone prese separatamente, si preferisce *each* (*ognuno di loro le diede un bacio* = each of them gave her a kiss). Gli esempi nella voce qui sotto documentano due usi particolari legati all'uso di *each (of)* ed *everybody / everyone*: innanzitutto, che è possibile l'alternanza fra *they each* e *each of them* o *we each* e *each of us*; secondariamente, che l'aggettivo possessivo dipendente da *everyone, everybody* o *each (of)* è nell'inglese corrente d'oggi *their*, con valore singolare e indistinto tra maschile e femminile, usato proprio per evitare l'uso generico di *his* o forme pesanti come *his or her* (*ognuno prenda il suo libro!* = everybody take their book! meglio di: everybody take his book! o: everybody take his or her book!) - Si veda anche la voce **ciascuno**. pron.indef. *(ciascuno) (nell'insieme)* everyone, everybody; *(singolarmente)* each; ***~ di noi vuole qualcosa di diverso*** we each want something different; ***ha parlato con ~ di noi a turno*** she spoke to each of us in turn; ***~ ha i suoi difetti*** everyone has their faults; ***questo è valido per ~ di voi!*** that goes for every one of you! ♦ ***~ per sé e Dio per tutti*** every man for himself (and God for us all).

oh /ɔ, o/ inter. oh; ***~, povero me!*** oh, woe is me!

ohi /ɔi/ inter. *(espressione di dolore)* ouch, ow.

ohimè /oi'mɛ/ inter. alas.

ohm /om/ m.inv. ohm.

o.k., okay /o'kɛi/ **I** inter. okay, OK **II** m.inv. OK; ***dare l'~*** to give sb. the go-ahead.

ola /'ɔla/ f.inv. Mexican wave.

olà /o'la/ inter. hey.

Olanda /o'landa/ ➧ ***33*** n.pr.f. Holland.

olandese /olan'dese/ ➧ ***25, 16*** **I** agg. Dutch **II** m. e f. *(uomo)* Dutchman*; *(donna)* Dutchwoman*; ***gli -i*** the Dutch **III** m. **1** LING. Dutch **2** *(formaggio)* Edam (cheese).

olé /o'le/ inter. olé.

oleandro /ole'andro/ m. oleander, rose-laurel.

oleario, pl. **-ri, -rie** /ole'arjo, ri, rje/ agg. oil attrib.

oleato /ole'ato/ agg. [*carta*] greaseproof.

oleificio, pl. **-ci** /olei'fitʃo, tʃi/ m. *(stabilimento)* oil mill.

oleina /ole'ina/ f. olein.

oleodotto /oleo'dotto/ m. (oil) pipeline.

oleografia /oleogra'fia/ f. **1** *(tecnica)* oleography **2** *(dipinto)* oleograph.

oleografico /oleo'grafiko/ agg. **1** ART. oleographic **2** FIG. conventional, unoriginal.

oleosità /oleosi'ta/ f.inv. oiliness.

oleoso /ole'oso/ agg. oily; [*seme*] oleaginous, oleiferous.

olezzo /o'leddzo/ m. *(profumo)* smell, fragrance; SCHERZ. stench.

olfattivo /olfat'tivo/ agg. olfactory.

olfatto /ol'fatto/ m. (sense of) smell; ***l'organo dell'~*** the olfactory organ.

oliare /o'ljare/ [1] tr. **1** to oil **2** FIG. *(corrompere)* to bribe.

oliatore /olja'tore/ m. oilcan, oiler.

oliera /o'ljɛra/ f. cruet.

oligarchia /oligar'kia/ f. oligarchy.

oligarchico, pl. **-ci, -che** /oli'garkiko, tʃi, ke/ agg. oligarchic(al).

oligominerale /oligomine'rale/ agg. with a low mineral content.

oligopolio, pl. **-li** /oligo'pɔljo, li/ m. oligopoly.

Olimpia /o'limpja/ n.pr.f. Olympia.

olimpiade /olim'piade/ **I** f. *(nell'antichità)* olympiad **II** **olimpiadi** f.pl. ***le -i*** the Olympics; ***-i invernali*** Winter Olympics.

1.olimpico, pl. **-ci, -che** /o'limpiko, tʃi, ke/ agg. *(dell'Olimpo)* Olympian (anche FIG.).

2.olimpico, pl. **-ci, -che** /o'limpiko, tʃi, ke/ agg. SPORT Olympic.

olimpionico, m.pl. **-ci**, f.pl. **-che** /olim'pjɔniko, tʃi, ke/ **I** agg. Olympic **II** m. (f. **-a**) Olympic athlete.

olimpo /o'limpo/ m. *(gruppo di persone)* Hall of Fame.

olio, pl. **oli** /'ɔljo, 'ɔli/ m. **1** oil; ***sardine sott'~*** sardines in vegetable oil; ***controllare (il livello del)l'~*** *(dell'auto)* to check the oil **2** ART. *(dipinto)* oil painting; *(tecnica)* ***dipingere a ~*** to paint *o* work in oils; ***colore a ~*** oil colour ♦ ***andare liscio come l'~*** to be plain sailing; ***gettare ~ sul fuoco*** to add fuel to the fire ♦♦ ***~ di arachidi*** peanut oil, groundnut oil BE; ***~ da bagno*** bath oil; ***~ di balena*** whale oil, train oil; ***~ combustibile*** fuel oil, heating oil; ***~ essenziale*** aromatherapy oil, essential oil; ***~ extravergine*** extra virgin olive oil; ***~ di fegato di merluzzo*** cod-liver oil; ***~ di gomito*** SCHERZ. elbow grease; ***~ di lino*** linseed oil; ***~ minerale*** MINER. mineral oil; ***~ di oliva*** olive oil; ***~ di ricino*** castor oil; ***~ santo*** holy oil; ***~ solare*** COSMET. suntan oil; ***~ da tavola*** salad oil.

olismo /o'lizmo/ m. holism.

olistico, pl. **-ci, -che** /o'listiko, tʃi, ke/ agg. holistic.

oliva /o'liva/ ➧ ***3*** **I** f. olive; ***olio d'~*** olive oil **II** agg. e m.inv. *(colore)* olive green.

olivastro /oli'vastro/ **I** agg. [*pelle*] olive **II** m. oleaster, wild olive.

oliveto /oli'veto/ m. olive grove.

Olivia /o'livia/ n.pr.f. Olive, Olivia.

olivicoltore /olivikol'tore/ ➧ ***18*** m. (f. **-trice** /tritʃe/) olive grower.

olivicoltura /olivikol'tura/ f. olive-growing.

Oliviero /oli'vjɛro/ n.pr.m. Oliver.

olivo /o'livo/ m. olive.

olmo /'olmo/ m. elm.

olocausto /olo'kausto/ m. **1** RELIG. burnt offering, holocaust **2** *(sterminio)* holocaust.

olografia /ologra'fia/ f. holography.

olografo /o'lɔgrafo/ agg. ***testamento ~*** handwritten *o* holograph will.

ologramma /olo'gramma/ m. hologram.

olona /o'lona/ f. TESS. duck, sailcloth.

OLP /oɛllep'pi/ f. (⇒ Organizzazione per la liberazione della Palestina Palestine Liberation Organization) PLO.

oltraggiare /oltrad'dʒare/ [1] tr. to outrage [*persona*]; to violate [*costumi*].

oltraggio, pl. **-gi** /ol'traddʒo, dʒi/ m. outrage, offence BE, offense AE; ***fare*** *o* ***recare ~ a*** to be an insult to [*persona, memoria, reputazione*]; to be an affront to [*ragione, morale*]; ***gli -gi del tempo*** FIG. the ravages *o* injuries of time ♦♦ ***~ alla corte*** contempt of court; ***~ a pubblico ufficiale*** verbal assault of a policeman; ***~ al pudore*** indecent exposure, indecency.

oltraggioso /oltrad'dʒoso/ agg. [*parole*] abusive, offensive; [*comportamento*] outrageous.

oltralpe /ol'tralpe/ **I** m. ***paesi d'~*** transalpine countries, countries north of the Alps **II** avv. [*vivere*] north of the Alps.

oltranza /ol'trantsa/ f. **a oltranza** *(fino all'ultimo)* ***parlare a ~*** to speak excessively; ***combattere a ~*** to fight to death; ***resistere a ~*** to resist to the bitter end; ***sciopero a ~*** all-out strike.

oltranzismo /oltran'tsizmo/ m. extremism.

oltranzista, m.pl. **-i**, f.pl. **-e** /oltran'tsista/ m. e f. extremist.

oltre /'oltre/ **I** avv. **1** *(nello spazio)* beyond; ***passare ~*** to move beyond, to go past; FIG. *(cambiare argomento)* to move *o* pass on; ***nella sua riflessione è andato ~*** FIG. he carried his thoughts further **2** *(nel tempo)* ***non ti tratterrò ~*** I won't detain you any longer, I won't delay you any further; ***senza aspettare ~*** without further delay; ***fino all'anno 2000 e ~*** up to the year 2000 and beyond **3** *(più)* beyond; ***il 20% è il limite, non andranno ~*** 20% is the limit, they won't go over that; ***posso arrivare fino a 1.000 euro ma non ~*** I'm quite prepared to go up to 1,000 euros but no more; ***le persone con reddito di 18.000 euro e ~*** those on incomes of 18,000 euros and above **II** prep. **1** *(nello spazio)* ***~ questo limite*** beyond this limit; ***~ le frontiere*** beyond *o* across *o* over the borders; ***~ la montagna*** beyond the mountain; ***~ la chiesa, il parco*** past the church, the park; ***va ~ ogni immaginazione*** FIG. it is beyond the grasp of the imagination **2** *(nel tempo)* beyond, over; ***~ una certa scadenza*** beyond a certain deadline; ***non lo vedo da ~ vent'anni*** I haven't seen him for over twenty years; ***ben ~ la mezzanotte*** well beyond midnight **3** *(più di)* over; ***cime di ~ 6.000 metri*** peaks of over 6,000 metres; ***non andare ~ i 5.000 euro*** don't go any higher than 5,000 euros; ***~ il 20%*** over 20%; ***i bambini ~ i sei anni*** children (of) over six; ***ben ~ i 30, 40 (anni)*** well over 30, 40; ***la temperatura salì bruscamente ~ i 40°*** the temperature soared past *o* above 40° **4 oltre a** in addition to; on top of [*salario, carico di lavoro*]; ***~ a ciò*** over and above that, besides that; ***~ a essere illegale, è anche pericoloso*** apart from being illegal, it's also dangerous; ***~ al mal di testa ho la febbre*** besides having a headache, I've got a temperature; ***nessuno ~ a voi*** nobody apart from you **5 oltre che** *(in aggiunta)* ***è anche stupido ~ che volgare*** besides being stupid he is also vulgar ♦ ***~ ogni dire*** beyond expression; ***andare*** o ***spingersi ~*** to go too far; ***~ misura*** → **oltremisura**.

oltremanica /oltre'manika/ **I** m.inv. ***d'~*** British **II** avv. across, beyond the (English) Channel.

oltremare /oltre'mare/ **I** agg.inv. [*paese*] overseas **II** m.inv. **1** ***d'~*** overseas **2** *(colore)* ultramarine (blue) **III** avv. overseas.

oltremisura /oltremi'zura/ avv. [*aumentare*] beyond measure; [*preoccuparsi, ignorare*] unduly.

oltremodo /oltre'mɔdo/ avv. extremely.

oltreoceano /oltreo'tʃɛano/ **I** m. ***d'~*** American **II** avv. across the Atlantic.

oltrepassare /oltrepas'sare/ [1] tr. to cross [*frontiera, traguardo, soglia*]; to go* beyond [*fiume, montagna*]; to walk through [*porta, cancello*]; to pass [*area, edificio*]; to overshoot* [*incrocio, semaforo*]; to exceed [*limite di velocità*]; ***quando avrete oltrepassato il paese, svoltate a destra*** when you have gone through the village, turn right.

oltretomba /oltre'tomba/ m.inv. afterworld.

oltretutto /oltre'tutto/ avv. moreover, on top of that.

omaccione /omat'tʃone/ m. ***un ~*** a great hulk of a man.

omaggiare /omad'dʒare/ [1] tr. *(ossequiare)* to pay* homage to, to render homage to.

omaggio, pl. **-gi** /o'maddʒo, dʒi/ **I** m. **1** homage, tribute, salute; ***rendere ~ a qcn., qcs.*** to pay homage to sb., sth.; ***rendere a qcn. l'estremo ~*** to pay one's last respects to sb. **2** *(dono)* free gift, giveaway, freebie COLLOQ.; ***~ floreale*** floral tribute; ***dare qcs. in ~ a qcn.*** to give sth. free to sb.; ***in ~ con il suo abbonamento, voglia gradire...*** as a free gift to new subscribers, we're offering...; ***e in ~, un disco*** and a complimentary record; ***copia, biglietto ~*** complimentary copy, ticket; ***campione ~*** free sample; ***buono ~*** gift token **II omaggi** m.pl. ***presentare*** o ***porgere i propri -gi*** to pay one's devoirs; ***"i miei -gi alla sua signora"*** "my compliments to your wife"; ***"con gli -gi dell'autore"*** "with the compliments of the author".

ombelicale /ombeli'kale/ agg. umbilical.

ombelico, pl. **-chi** /ombe'liko, ki/ ➧ ***4*** m. navel, belly button COLLOQ.

ombra /'ombra/ **I** f. **1** *(zona senza sole)* shade, shadow; ***30 gradi all'~*** 30 degrees in the shade; ***all'~ di*** in the shadow of; ***l'albero fa ~*** the tree provides shade; ***mi stai facendo ~!*** you're blocking my light! **2** *(sagoma scura)* shadow; ***proiettare la propria ~ sul muro*** to cast one's shadow on the wall; ***un'~ si aggirava furtiva in giardino*** a shadowy figure was prowling in the garden; ***avere paura della propria ~*** FIG. to be afraid of one's own shadow **3** *(penombra)* dusk, half-light **4** FIS. ***cono d'~*** cone of shadow; ***zona d'~*** shady area **5** ART. shade **6** FIG. *(minaccia)* cloud; ***un'~ minacciosa incombeva sull'Europa*** a dark cloud was gathering all over Europe **7** FIG. ***restare nell'~*** to stand in the background; ***agire nell'~*** to operate behind the scenes; ***tramare nell'~*** to plot secretly *o* in the dark; ***mettere qcn., qcs. in ~*** to put sb., sth. in the shadows **8** *(traccia)* shadow, trace, hint; ***l'~ di un sorriso*** the flicker *o* trace of a smile; ***senza ~ di dubbio*** without *o* beyond the shadow of a doubt; ***senza l'~ di un sospetto*** without a shadow of suspicion; ***non vedere neanche l'~ di qcs.*** not to get even a glimpse of sth. **9** FIG. ***è l'~ di se stesso*** he's a shadow of his former self **10** *(spirito)* shade, ghost; ***il regno delle -e*** the Kingdom of the Shades **11 all'ombra di** *(protetto da, vicino a)* ***all'~ di qcn.*** under the protection of *o* near sb. **II** agg.inv. shadow; ***bandiera ~*** flag of convenience; ***governo ~*** POL. shadow cabinet BE ♦♦ ***-e cinesi*** shadow puppets.

ombreggiare /ombred'dʒare/ [1] tr. to shade (anche ART.).

ombreggiato /ombred'dʒato/ **I** p.pass. → **ombreggiare II** agg. **1** [*luogo*] shady **2** ART. shaded.

ombreggiatura /ombreddʒa'tura/ f. ART. shading.

ombrellaio, pl. **-ai** /ombrel'lajo, ai/ ➧ ***18*** m. (f. **-a**) **1** *(fabbricante)* umbrella maker **2** *(venditore)* umbrella seller.

ombrellata /ombrel'lata/ f. ***lo prese a -e*** she laid into him with her umbrella.

ombrellino /ombrel'lino/ m. *(parasole)* sunshade, parasol.

ombrello /om'brɛllo/ m. umbrella; ***~ pieghevole*** folding umbrella; ***aprire, chiudere l'~*** to open, close one's umbrella.

ombrellone /ombrel'lone/ m. beach umbrella; *(da giardino)* sun umbrella.

ombretto /om'bretto/ m. eye shadow.

ombroso /om'broso/ agg. **1** [*luogo*] shady, shadowy **2** FIG. [*persona*] touchy; [*cavallo*] skittish.

omega /o'mɛga, 'ɔmega/ m. e f.inv. omega.

omelette /ome'lɛt/ f.inv. omelette.

omeopata, m.pl. **-i**, f.pl. **-e** /ome'ɔpata/ ➧ ***18*** m. e f. homeopath.

omeopatia /omeopa'tia/ f. homeopathy.

omeopatico, pl. **-ci**, **-che** /omeo'patiko, tʃi, ke/ agg. homeopathic.

omero /'ɔmero/ m. ANAT. humerus*.

Omero /o'mɛro/ n.pr.m. Homer.

omertà /omer'ta/ f.inv. conspiracy of silence; ***la legge dell'~*** the code of silence.

omesso /o'messo/ **I** p.pass. → **omettere II** agg. omitted, left out mai attrib.

omettere /o'mettere/ [60] tr. *(per errore)* to drop [*cifra, lettera, numero*]; *(deliberatamente)* to leave* out, to omit [*parola, nome, fatto*]; to miss out [*evento, dettaglio*]; *(da un testo)* to excise; ***~ di fare qcs.*** to omit to do sth.; *(per noncuranza)* to neglect to do sth.

omicida, m.pl. **-i**, f.pl. **-e** /omi'tʃida/ **I** agg. homicidal, murderous; ***istinto ~*** killer instinct **II** m. e f. homicide; *(uomo)* murderer; *(donna)* murderess.

omicidio, pl. **-di** /omi'tʃidjo, di/ m. murder, homicide; ***tentato ~*** attempted murder; ***squadra -di*** murder squad ♦♦ ***~ colposo*** culpable homicide, manslaughter; ***~ premeditato*** premeditated *o* wilful murder; ***~ preterintenzionale*** involuntary manslaughter; ***~ volontario*** voluntary manslaughter.

ominide /o'minide/ m. hominid.

omino /o'mino/ m. little man*, little fellow.

omissione /omis'sjone/ f. omission; *(da un testo)* excision; ***salvo errori e -i*** COMM. errors and omissions excepted; ***peccato d'~*** sin of omission ♦♦ ***~ di atti di ufficio*** dereliction of duty; ***~ di soccorso*** failure to offer assistance.

omissis /o'missis/ m.inv. (deliberate) omission.

omofono /o'mɔfono/ **I** agg. LING. MUS. homophonic **II** m. LING. MUS. homophone.

omogeneità /omodʒenei'ta/ f.inv. homogeneity, homogeneousness.

omogeneizzare /omodʒeneid'dzare/ [1] tr. to homogenize.

omogeneizzato /omodʒeneid'dzato/ **I** agg. homogenized **II** m. = (homogenized) baby food.

omogeneo /omo'dʒɛneo/ agg. **1** homogeneous **2** [*salsa, impasto*] smooth, homogeneous.

omografo /o'mɔgrafo/ **I** agg. homographic **II** m. homograph.

omologare /omolo'gare/ [1] **I** tr. **1** AMM. to homologate, to approve [*prodotto, apparecchio*] **2** DIR. to prove, to grant probate [*testamento*]; to validate [*atto, delibera*] **3** SPORT to recognize, to ratify [*primato, risultato*] **4** FIG. to standardize [*comportamenti, lingua*] **II omologarsi** pronom. to conform (**a** to).

omologato /omolo'gato/ **I** p.pass. → **omologare II** agg. **1** AMM. homologated, approved; ***casco ~*** homologated helmet **2** DIR. [*testamento*] proven; [*atto, delibera*] validated **3** SPORT recognized, ratified **4** FIG. [*comportamento, cultura*] standardized.

omologazione /omologat'tsjone/ f. **1** AMM. *(di prodotto, apparecchio)* homologation, approval **2** DIR. probate; ***~ testamentaria*** grant of probate **3** SPORT ratification, recognition **4** FIG. standardization.

omologo, pl. **-ghi**, **-ghe** /o'mɔlogo, gi, ge/ **I** agg. **1** homologous, corresponding, analogous **2** MAT. homologous **II** m. (f. **-a**) *(persona)* counterpart, opposite number BE.

omone /o'mone/ m. strapping man*, beefy man* COLLOQ., hunk COLLOQ.

omonimia /omoni'mia, omo'nimja/ f. homonymy.

omonimo /o'mɔnimo/ **I** agg. homonymous (anche LING.) **II** m. (f. **-a**) **1** LING. homonym **2** *(persona)* namesake, homonym.

omosessuale /omosessu'ale/ **I** agg. homosexual **II** m. e f. homosexual, gay COLLOQ.

omosessualità /omosessuali'ta/ f.inv. homosexuality, gayness COLLOQ.

omozigote /omoddzi'gɔte/ **I** agg. homozygous **II** m. homozygote.

OMS /oemme'ɛsse/ f. (⇒ Organizzazione Mondiale della Sanità World Health Organization) WHO.

onagro /'ɔnagro, o'nagro/ m. ZOOL. onager, wild-ass.

onanismo /ona'nizmo/ m. onanism.

oncia, pl. **-ce** /'ontʃa, tʃe/ ➧ ***33*** f. ounce (anche FIG.).

oncologia /onkolo'dʒia/ f. oncology, cancerology; *(reparto)* cancer ward.

oncologico, pl. **-ci**, **-che** /onko'lɔdʒiko, tʃi, ke/ agg. oncologic(al); [*reparto*] cancer attrib.

oncologo, m.pl. **-gi**, f.pl. **-ghe** /on'kɔlogo, dʒi, ge/ ➧ ***18*** m. (f. **-a**) oncologist, cancerologist, cancer specialist.

onda /'onda/ f. **1** wave (anche FIS.); ***essere in balia delle -e*** to be at the mercy of the waves; ***~ luminosa, sonora*** light, sound wave; ***essere sulla stessa lunghezza d'~ di qcn.*** to be on the same wavelength as sb. **2** RAD. TELEV. ***andare in ~*** [*film, pubblicità*] to go on the air, to be broadcast; ***essere in ~*** to be on the air; ***mandare in ~*** to broadcast, to air [*programma*] **3** *(di capelli)* wave, ripple; ***farsi le -e*** to have one's hair waved, to ripple one's hair **4** FIG. *(di rabbia, sdegno)* surge, rush ♦♦ ***~ corta*** RAD. short wave; ***~ lunga*** MAR. RAD. long wave; ***~ media*** RAD. medium wave; ***~ radio*** radio wave; ***~ d'urto*** FIS. shock-wave.

ondata /on'data/ f. **1** *(onda)* wave, surge; *(di fumo, vapore)* billow; *(di profumo)* whiff **2** FIG. wave, tide, surge; ***un'~ di arresti, di violenza*** a wave of arrests, of violence; ***a -e*** in waves; ***~ di caldo, di freddo*** METEOR. heatwave, cold wave *o* spell *o* snap.

onde /'onde/ cong. ANT. LETT. *(al fine di)* to, in order to; *(affinché)* in order that, so that; ***~ evitare confusioni*** (in order) to avoid confusion.

ondeggiamento /ondeddʒa'mento/ m. *(di barca)* rocking, rolling; *(di grano)* ripple; *(di piante, erba, bandiera)* swaying, undulation.

ondeggiare /onded'dʒare/ [1] intr. (aus. *avere*) **1** [*acqua, mare*] to ripple; ***la folla ondeggiava per le strade*** FIG. the crowd swayed down the streets **2** [*barca*] to rock, to roll, to sway; [*fiamma, luce*] to flicker, to waver; [*grano*] to wave, to ripple; [*erba, piante, fiori*] to sway, to undulate; [*capelli*] to stream; [*vestito, tende, bandiera*] to flutter; ***~ al vento*** to sway *o* stream in the wind **3** *(barcollare)* [*ubriaco*] to sway, to stagger **4** FIG. *(tentennare)* to waver, to hover.

ondina /on'dina/ f. MITOL. undine, nixie.

ondoso /on'doso/ agg. [*mare*] wavy, billowy LETT.; ***moto ~*** wave-motion.

ondulare /ondu'lare/ [1] tr. to ripple [*capelli*]; ***farsi ~ i capelli*** to have one's hair waved.

ondulato /ondu'lato/ agg. [*forma, linea*] wavy, undulate; [*paesaggio, colline*] rolling, undulating; [*terreno, strada, lamiera, cartone*] corrugated; [*superficie*] undulating, corrugated; [*capelli*] wavy.

ondulatorio, pl. **-ri**, **-rie** /ondula'tɔrjo, ri, rje/ agg. undulatory.

ondulazione /ondulat'tsjone/ f. **1** *(di colline)* undulation; *(di terreno)* corrugation, undulation; *(di capelli)* wave, ripple **2** *(moto ondoso)* undulation, wave-motion **3** FIS. wave.

onere /'ɔnere/ m. burden ♦♦ ***~ fiscale*** tax burden; ***-i sociali*** social security taxes.

oneroso /one'roso/ agg. **1** onerous, burdensome **2** DIR. [*contratto, negozio*] onerous.

onestà /ones'ta/ f.inv. honesty, fairness, integrity, squareness, straightforwardness; ***in tutta ~*** in all honesty *o* fairness.

onestamente /onesta'mente/ avv. honestly; [*fare affari*] straightforwardly; [*comportarsi*] honestly, honourably BE, honorably AE; [*rispondere, dire*] sincerely, honestly, fairly, squarely; ***guadagnarsi da vivere ~*** to earn *o* make an honest living; ***~, non lo so*** I honestly don't know.

onesto /o'nesto/ agg. **1** *(sincero)* [*persona, risposta*] honest, straightforward; [*faccia*] honest **2** *(retto)* [*persona, vita*] honest, honourable BE, honorable AE; [*intenzioni*] honourable BE, honorable AE **3** *(equo)* [*arbitro*] fair; [*prezzo*] fair, honest; [*proposta, lavoro*] honest **4** *(ragionevole)* [*salario*] respectable, fair.

onice /'ɔnitʃe/ f. onyx.

onirico, pl. **-ci**, **-che** /o'niriko, tʃi, ke/ agg. **1** [*scena, atmosfera*] dreamlike, dreamy **2** [*simbolo*] oneiric.

on line /ɔn'lain/ agg.inv. on-line.

onnicomprensivo /onnikompren'sivo/ agg. all-embracing; [*regola*] comprehensive.

onnipossente /onnipos'sɛnte/ agg. omnipotent.

onnipotente /onnipo'tɛnte/ **I** agg. omnipotent, all-powerful; [*Dio*] Almighty, omnipotent; ***Dio ~!*** God Almighty! **II** m. ***l'Onnipotente*** *(Dio)* the Almighty, the Omnipotent.

onnipotenza /onnipo'tɛntsa/ f. omnipotence, all-powerfulness; ***l'~ divina*** God's almightiness.

onnipresente /onnipre'zɛnte/ agg. omnipresent, ever-present, ubiquitous.

onnipresenza /onnipre'zɛntsa/ f. omnipresence, ubiquity.

onnisciente /onniʃ'ʃɛnte/ agg. omniscient.

onniscienza /onniʃ'ʃɛntsa/ f. omniscience.

onnivoro /on'nivoro/ **I** agg. omnivorous (anche FIG.) **II** m. (f. **-a**) omnivore.

onomastica /ono'mastika/ f. onomastics + verbo sing.

onomastico, pl. **-ci**, **-che** /ono'mastiko, tʃi, ke/ **I** agg. onomastic **II** m. name day, saint's day; ***(auguri di) buon ~!*** happy name day!

onomatopea /onomato'pɛa/ f. onomatopoeia.

onomatopeico, pl. **-ci**, **-che** /onomato'pɛiko, tʃi, ke/ agg. onomatopoeic.

onorabilità /onorabili'ta/ f.inv. honourableness BE, honorableness AE.

onoranza /ono'rantsa/ f. honour BE, honor AE ♦♦ ***-e funebri*** funeral honours, last honours.

onorare /ono'rare/ [1] **I** tr. **1** to honour BE, to honor AE (**di**, **con** with); ***onora il padre e la madre*** honour thy father and mother; ***~ qcn. della propria presenza*** to grace sb. with one's presence (anche IRON.) **2** *(adempiere)* to honour BE, to honor AE, to fulfil BE, to fulfill AE [*promessa, firma, impegni, parola data*]; *(pagare)* to honour BE, to honor AE, to meet* [*debito, assegno*]; *(rispettare)* to honour BE, to honor AE [*scadenza*] **3** *(rendere fiero)* [*persona*] to be* a credit to [*paese, genitori*] **4** *(dare lustro a)* [*qualità*] to do* [sb.] credit; ***il suo coraggio la onora*** your bravery does you credit **II onorarsi** pronom. to be* proud (**di qcs.** of sth.; **di fare** of doing).

1.onorario, pl. **-ri**, **-rie** /ono'rarjo, ri, rje/ agg. honorary; [*colonna, lapide*] commemorative; ***cittadino ~*** freeman (of the city); ***dare, ricevere la cittadinanza -a*** to give, receive the freedom of a city.

2.onorario, pl. **-ri** /ono'rarjo, ri/ m. (professional) fee, honorarium*.

onorato /ono'rato/ **I** p.pass. → **onorare II** agg. [*vita, famiglia, lavoro*] honourable BE, honorable AE, honoured BE, honored AE, respectable; ***sono molto ~ di essere qui*** I am *o* feel very honoured to be here; ***~ (di conoscerla)*** I am most honoured (to meet you).

onore /o'nore/ **I** m. **1** *(dignità)* honour BE, honor AE; ***uomo d'~*** man of honour; ***attentare all'~ di qcn.*** to cast a slur on sb.'s honour; ***offendere l'~ di qcn., ferire qcn. nell'~*** to wound sb.'s honour; ***ne va del tuo ~*** your honour is at stake; ***farsi un punto d'~*** to make it a point of honour; ***una questione d'~*** an affair of honour; ***giurare sul proprio ~*** to swear (up)on one's honour; ***(dare la propria) parola d'~*** (to give one's) word of honour; ***con ~*** honourably **2** *(merito)* honour BE, honor AE, credit; ***fare ~ a qcn., qcs.*** to be an honour *o* a credit to sb., sth., to do sb. proud; ***fa ~ al suo paese*** he is a credit to his country; ***non ti fa (molto) ~*** it says very little for you, you don't come out of it very well **3** *(privilegio)* honour BE, honor AE; ***avere l'~ di fare*** to have the honour to do *o* of doing; ***considerare qcs. un grande ~*** to consider sth. a great honour; ***concedere, fare a qcn. l'~ di fare*** to give, do sb. the honour of doing; ***è un grande ~ per me fare la sua conoscenza*** it's a great honour for me to make your acquaintance; ***posso avere l'~ di questo ballo?*** may I have the pleasure of this dance? ***con chi ho l'~ di parlare?*** whom do I have the honour of speaking to? ***~ ai vinti!*** loser goes first! ***a te l'~!*** you do the honours! ***lei mi fa troppo ~*** you flatter me; ***l'~ delle armi*** the honours of war; ***ho l'~ di informarla che*** I'm honoured to inform you that; ***a che (cosa) devo l'~?*** to what do I owe this honour? (anche IRON.); ***quale, che ~!*** what an honour! (anche IRON.); ***d'~*** [*codice, debito, giro, guardia, posto*] of honour **4** *(nelle cerimonie, nei festeggiamenti)* ***fare, rendere ~ a qcn.*** to honour *o* salute sb.; ***fare ~ alla tavola*** to do justice to a meal; ***in ~ di qcn., qcs.*** in honour of sb., sth.; [*cena, ricevimento, monumento*] for sb., sth.; ***ospite d'~*** guest of honour **5** *(titolo giuridico)* ***Vostro Onore*** Your Honour **6** GIOC. *(carta alta)* honour BE, honor AE **II onori** m.pl. **1** *(onorificenze)* honours BE, honors AE; ***essere coperto di -i*** to be loaded with honours; ***con tutti gli -i dovuti al suo rango*** with all the honour due to his rank; ***essere ricevuto con gli -i riservati ai capi di stato*** to be received with the ceremony reserved for heads of State; ***fare gli -i di casa*** to do the honours, to play host (anche SCHERZ.); ***salire agli -i della cronaca*** to hit the headlines **2** *(titoli accademici)* honours BE, honors AE ♦ ***~ al merito!*** PROV. honour where honour is due! credit where credit is due! ♦♦ ***-i militari*** MIL. military honours.

onorevole /ono'revole/ ➧ ***1*** agg. honourable BE, honorable AE **II** m. e f. the (Honourable) MP.

onorificenza /onorifi'tʃɛntsa/ f. **1** *(tributo)* honour BE, honor AE, distinction, accolade; ***conferire, ricevere un'~*** to confer, to be awarded an honour **2** MIL. *(medaglia)* distinction, award.

onorifico, pl. **-ci**, **-che** /ono'rifiko, tʃi, ke/ agg. honorary.

onta /'onta/ f. **1** disgrace, shame; ***conoscere l'~ della sconfitta*** to know the humiliation of defeat **2** *(offesa)* insult, offence; ***lavare l'~ nel sangue*** to wipe out an insult with blood **3 a onta di** in spite of.

ontano /on'tano/ m. alder.

ontologia /ontolo'dʒia/ f. ontology.

ONU /'onu/ f. (⇒ Organizzazione delle Nazioni Unite United Nations Organization) UNO; ***le truppe dell'~*** UN forces.

OOPP ⇒ opere pubbliche public works.

opacità /opatʃi'ta/ f.inv. opacity, opaqueness; *(di colori)* flatness.

opaco, pl. **-chi**, **-che** /o'pako, ki, ke/ agg. **1** [*vetro*] opaque, matt **2** [*vernice*] matt, flat; [*metallo*] opaque, matt; [*colore*] dull, flat; [*capelli, sguardo*] dull **3** FIG. *(insignificante)* opaque, dull; SPORT [*prestazione*] lacklustre BE, lackluster AE.

opale /o'pale/ m. o f. opal.

opalescente /opaleʃ'ʃɛnte/ agg. opalescent.

opalescenza /opaleʃ'ʃɛntsa/ f. opalescence.

opalina /opa'lina/ f. *(vetro)* opaline, milk-glass.

opalino /opa'lino/ agg. opaline.

open space /'openspeis/ m.inv. open-plan office.

opera /'ɔpera/ f. **1** ART. LETTER. *(prodotto singolo)* (piece of) work, oeuvre (**di** by); *(produzione complessiva)* work, works, oeuvre (**di** by); MUS. work, opus*; ***le -e di Dante*** Dante's works, the writings of Dante; ***l'~ scultorea, pittorica di Michelangelo*** the sculptures, paintings of Michelangelo **2** *(lavoro)* work; ***essere all'~*** to be at work; ***mettersi all'~*** to become active, to go *o* set *o* get (down) to work; ***vedere qcn. all'~*** to see sb. in action; ***fare ~ di convincimento, persuasione*** to make efforts *o* try to convince, persuade; ***prestare la propria ~ a favore di qcn.*** to offer one's services to *o* to work for sb.; ***valersi dell'~ di qcn.*** to avail oneself of sb.'s services **3** *(risultato di un'azione)* doing; ***essere ~ di qcn.*** to be (the) work of sb. *o* sb.'s doing; ***quest'attacco è ~ di professionisti*** this attack is work of professionals; ***non è ~ mia*** it's none of my doing **4** MUS. *(lirica)* opera; *(edificio)* opera house; ***l'Opera di Parigi*** the Opera in Paris **5** *(azione di agenti naturali)* action ♦ ***chi ben comincia è a metà dell'~*** PROV. well begun is half done ♦♦ ***~ d'arte*** work of art; ***~ di bene*** good work *o* deed, charitable act; ***~ buffa*** MUS. comic opera; ***~ di carità*** *(istituto)* charitable institution, charity; *(azione)* good work *o* deed; ***~ omnia*** collected *o* complete works; ***~ pia*** → ***~ di carità***; ***~ postuma*** literary remains; ***~ teatrale*** play, drama; ***-e pubbliche*** public works.

operabile /ope'rabile/ agg. MED. operable.

operaio, pl. **-ai**, **-aie** /ope'rajo, ai, aje/ ➧ ***18*** **I** agg. **1** POL. SOCIOL. [*movimento, partito*] working class, labour BE, labor AE; [*famiglia, quartiere*] working class; [*contestazione*] of the workers; ***classe -a*** working class, labour; ***prete ~*** worker-priest **2** ZOOL. [*ape*] worker; [*formica*] worker, slave **II** m. (f. **-a**) worker, labourer BE, laborer AE, hand; ***~ specializzato*** skilled *o* trained *o* qualified worker.

operante /ope'rante/ agg. **1** *(attivo)* [*persona*] active, working **2** *(vigente)* [*legge, provvedimento*] operative; ***diventare ~*** to become operative, to come into operation.

operare /ope'rare/ [1] **I** tr. **1** MED. to operate; ***~ qcn. al ginocchio, al fegato*** to operate on sb.'s knee, liver; ***~ qcn. di tonsille, appendicite*** to remove sb.'s tonsils, to operate on sb. for appendicitis; ***farsi ~ al ginocchio*** to have an operation on one's knee; ***farsi ~ di appendicite*** to have one's appendicitis removed **2** *(effettuare)* to make* [*scelta, distinzione*]; to operate, to make* [*cambiamento*] **3** ***~ miracoli*** to work miracles **II** intr. (aus. *avere*) **1** MED. to operate **2** *(agire)* to act, to work, to operate; ***~ nel settore alimentare*** to be *o* work in the food industry **III operarsi** pronom. **1** *(compiersi)* to take* place, to occurr, to come* about; ***si è operato in lui un gran cambiamento*** a great change came about *o* occurred in him **2** COLLOQ. *(farsi operare)* to have* surgery, to undergo* surgery, to have* an operation; ***-rsi di appendicite*** to have one's appendicitis removed.

operativo /opera'tivo/ agg. **1** [*legge, provvedimento*] operative **2** [*ordine*] executory **3** MIL. [*persona*] operational; ***sala -a*** information room, situation room; ***centrale -a*** operations room; ***unità -a*** task force **4** INFORM. [*sistema*] operating.

operato /ope'rato/ **I** p.pass. → **operare II** agg. TESS. textured **III** m. actions pl., conduct, doings pl.; ***approvare l'~ di qcn.*** to approve sb.'s doings.

operatore /opera'tore/ ➧ ***18*** m. (f. **-trice** /tritʃe/) **1** *(persona)* operator **2** INFORM. (computer) operator **3** CINEM. TELEV. cameraman* ♦♦ ***~ di borsa*** stockbroker, dealer; ***~ ecologico*** street cleaner, sanitation worker AE, sanitary engineer AE; ***~ finanziario*** transactor; ***~ scolastico*** caretaker; ***~ turistico*** tour operator.

operatorio, pl. **-ri**, **-rie** /opera'tɔrjo, ri, rje/ agg. [*tavolo*] operating; ***sala -a*** operating theatre BE *o* room AE.

operazione /operat'tsjone/ f. **1** MED. operation, surgery; ***subire un'~*** to have an operation, to have *o* undergo surgery; ***eseguire un'~*** to perform an operation **2** MAT. *(processo)* operation; *(calcolo)* calculation; ***le quattro -i*** the four basic operations; ***il risultato di un'~*** the result of a calculation; ***fare delle -i*** to make *o* do calculations **3** ECON. operation, dealing **4** *(serie di azioni coordinate)* operation (anche MIL.); ***~ di polizia*** police operation; ***~ di salvataggio*** rescue operation

♦♦ ~ ***di banca*** banking transaction; ~ ***di borsa*** stock exchange transaction.

operetta /ope'retta/ f. MUS. operetta, light opera; ***da*** ~ [*musica*] operetta attrib.; FIG. [*matrimonio, personaggio*] frivolous, foppish.

operistico, pl. **-ci**, **-che** /ope'ristiko, tʃi, ke/ agg. [*musica*] opera; [*compositore, rappresentazione, associazione*] operatic.

operosità /operosi'ta/ f.inv. industriousness, busyness.

operoso /ope'roso/ agg. industrious, active, hard-working.

opificio, pl. **-ci** /opi'fitʃo, tʃi/ m. factory, works pl.

opinabile /opi'nabile/ agg. arguable, disputable, questionable.

opinione /opi'njone/ f. opinion, idea, view, belief; ***essere dell'~ che*** to be of the opinion that; ***avere una buona, cattiva ~ di*** to have a high, low opinion of; ***cambiare ~*** to change one's mind (**su** about), to revise one's opinion (**su** of); ***avere un'alta ~ di sé*** to have a high *o* no mean opinion of oneself; ***farsi un'~*** to form, arise an opinion (**su** on, about); ***secondo la mia ~*** in my opinion *o* view; ***scambio di -i*** exchange (of opinions), discussion ♦♦ ~ ***pubblica*** public opinion.

opinionista, m.pl. **-i**, f.pl. **-e** /opinjo'nista/ ♦ ***18*** m. e f. columnist.

oplà /op'la/ inter. **1** *(per incitare il cavallo a saltare)* jump **2** *(saltando)* hey presto **3** *(a un bambino caduto)* upsa-daisy, whoops a daisy.

opossum /o'pɔssum/ m.inv. opossum.

oppiaceo /op'pjatʃeo/ agg. [*sostanza*] opiate.

oppio /'ɔppjo/ m. opium ♦ ***la religione è l'~ dei popoli*** religion is the opium of the masses.

oppiomane /op'pjɔmane/ m. e f. opium addict.

opporre /op'porre/ [73] **I** tr. to put* up, to raise [*argini, barriere*]; to oppose [*ragioni, riserve*]; to raise [*argomento, dubbi*]; ~ ***resistenza a*** to put up a fight against [*aggressore, regime*]; ***arrendersi senza ~ resistenza*** to give up without a struggle *o* putting up resistance; ~ ***un secco rifiuto*** to refuse flatly **II opporsi** pronom. **1** *(contrastare)* ***-rsi a*** to cross, to thwart [*persona*]; to counter [*accusa, delinquenza, minaccia, attacco, esercito*]; to oppose, to thwart [*candidatura, nomina*]; to stand out against [*sviluppo, cambiamento, decisione*]; to fend off [*concorrente*]; to oppose [*partito*]; to block [*iniziativa*]; to object to, to oppose [*piano, legge*]; to counteract [*sciopero*]; ***nulla più si oppone al nostro successo*** nothing no longer stands in the way of our success **2** DIR. ***mi oppongo!*** I object!

opportunamente /opportuna'mente/ avv. advisably, conveniently; [*intervenire*] seasonably; [*equipaggiato*] suitably; ~ ***scelto*** happily chosen.

opportunismo /opportu'nizmo/ m. opportunism, self-interest, time-serving SPREG.

opportunista, m.pl. **-i**, f.pl. **-e** /opportu'nista/ **I** agg. opportunist **II** m. e f. opportunist, trimmer, chancer COLLOQ., time-server SPREG.

opportunistico, pl. **-ci**, **-che** /opportu'nistiko, tʃi, ke/ agg. opportunistic.

opportunità /opportuni'ta/ f.inv. **1** *(convenienza)* expediency, opportuneness, advisability; ***l'~ di un intervento*** the seasonableness of an intervention **2** *(occasione)* opportunity, chance; ***avere l'~ di fare*** to have *o* get the chance to do; ***dare a qcn. l'~ di fare*** to give sb. the opportunity *o* chance to do; ***cogliere, perdere un'~*** to take, miss an opportunity *o* a chance; ~ ***di lavoro*** occupational *o* job opportunity.

opportuno /oppor'tuno/ agg. **1** [*tempo, momento*] opportune, appropriate, convenient, timely; [*luogo*] appropriate, convenient; ***al momento ~*** [*arrivare*] opportunely, at (just) the right moment; ***a un'ora -a*** at an appropriate time; ***in un momento poco ~*** at an akward *o* inconvenient time **2** *(adeguato)* [*comportamento, maniere*] appropriate, correct; [*discorso, osservazione, visita*] opportune; [*punizione, cure, provvedimento*] adequate, appropriate **3** *(conveniente)* opportune, expedient, advisable; ***è ~ che tu venga*** it's advisable for you to come; ***sarebbe ~ che tu facessi*** you would be better advised to do; ***mi pare ~ avvertirla*** I consider it opportune to warn her; ***ho agito come credevo ~*** I did as I thought proper.

oppositore /oppozi'tore/ m. (f. **-trice** /tritʃe/) opposer, opponent, objector.

opposizione /opposit'tsjone/ f. **1** POL. opposition, minority AE; ***essere all'~*** to be in opposition; ***dell'~*** [*partiti, deputati, gruppo*] opposition attrib.; ***passare all'~*** to join the ranks of the opposition **2** *(contrasto)* opposition, contrast; ***essere in ~ con*** to be in opposition *o* contrast to; ***fare ~ a*** to put up opposition against, to oppose **3** ASTR. opposition; ***la luna è in ~ con il sole*** the moon is in opposition to the sun.

opposto /op'posto/ **I** p.pass. → **opporre II** agg. **1** [*direzione*] opposite, contrary; [*effetto*] opposite; ***dal lato ~ della strada*** on the other *o* opposite side of the road; ***in*** o ***nella direzione -a*** [*andare*] in the opposite direction; *(per errore)* in the wrong direction; ***si sbaglia, la chiesa è dalla parte -a*** you're wrong, the church is the other way **2** *(contrastante)* [*parere, idea*] opposite, contrary (**a** to); [*partito, lati*] opposing; [*forze, fini, teorie*] conflicting (**a** with), opposite (**a** to); [*interessi, caratteri*] conflicting (**a** with), opposed (**a** to); [*decisione, atteggiamento*] opposite; ***diametralmente -i*** diametrically opposed **3** MAT. opposite **III** m. opposite; ***essere l'esatto ~ di*** to be the exact *o* direct opposite of; ***gli -i si attraggono*** opposites attract.

oppressione /oppres'sjone/ f. **1** oppression **2** FIG. constriction, oppression; ***un senso di ~*** a feeling of constriction.

oppressivo /oppres'sivo/ agg. [*regime*] oppressive, harsh.

oppresso /op'presso/ **I** p.pass. → **opprimere II** agg. oppressed (anche FIG.) **III** m. (f. **-a**) ***gli -i*** the oppressed.

oppressore /oppres'sore/ **I** agg. oppressive **II** m. oppressor.

opprimente /oppri'mente/ agg. **1** [*caldo*] oppressive, overwhelming **2** [*vita*] constricting; [*persona, genitore*] oppressive, overbearing; [*lavoro*] constricting, overwhelming; [*atmosfera*] oppressive, suffocating, stuffy **3** FIG. [*tristezza, sensazione*] overwhelming, pressing; [*dolore*] overwhelming; [*silenzio*] oppressive.

opprimere /op'primere/ [29] tr. **1** to oppress, to dominate, to overpower [*popolo*] **2** [*dispiacere, rimorsi*] to oppress; [*responsabilità*] to weigh down, to overwhelm; [*persona, genitore*] to oppress, to overbear*; [*fatica, sonno*] to overcome*; [*dolore, lavoro*] to overwhelm [*persona*]; [*paura*] to constrain; [*preoccupazioni*] to weigh down, to overwhelm, to oppress **3** *(soffocare)* [*calore*] to oppress, to overpower, to overwhelm [*persona*].

oppure /op'pure/ cong. **1** or **2** *(altrimenti)* otherwise, or else.

optare /op'tare/ [1] intr. (aus. *avere*) ~ ***per qcs.*** to opt for sth., to choose sth.

optimum /'ɔptimum/ m.inv. optimum*; ***raggiungere l'~ di qcs.*** to reach the optimal level of sth.

optional /'ɔpʃonal/ m.inv. (optional) extra, accessory, optional feature, option; ***il tettuccio apribile è un ~*** the sunroof is an extra.

optometrista, m.pl. **-i**, f.pl. **-e** /optome'trista/ ♦ ***18*** m. e f. optometrist.

opulento /opu'lɛnto/ agg. **1** *(abbondante)* [*petto, forme*] ample, voluptuous; *(agiato)* [*vita, società*] affluent; [*paese*] opulent, affluent, wealthy **2** FIG. [*stile*] redundant, luxuriant.

opulenza /opu'lɛntsa/ f. **1** *(abbondanza)* opulence, richness, wealthiness **2** *(rotondità)* ampleness, voluptuousness **3** FIG. *(ridondanza)* redundance, luxuriance.

opuscolo /o'puskolo/ m. brochure, booklet; *(foglio)* leaflet.

opzionale /optsjo'nale/ agg. [*materia*] optional.

opzione /op'tsjone/ f. **1** option; *(scelta)* choice **2** DIR. ECON. option; ***diritto d'~*** stock option; ***esercitare il diritto d'~*** to take up an option ♦♦ ~ ***di acquisto*** ECON. buyer's option; ~ ***di vendita*** ECON. put option.

1.ora /'ora/ ♦ ***19, 13*** f. **1** *(sessanta minuti)* hour; ***un'~ di lavoro, di lezione*** an hour's work, lesson; ***due -e di attesa*** two hours' wait, a two-hour wait; ***ventiquattr'-e su ventiquattro*** FIG. twenty-four hours a day, round the clock; ***fra un'~*** in *o* within an hour; ***di ~ in ~*** [*aumentare, peggiorare*] from hour to hour; ***seguire qcs. di ~ in ~*** to follow sth. hour by hour; ***dopo tre -e d'aereo*** after three hours on the plane, after a three-hour flight; ***è a due -e di macchina, di treno da Milano*** it's two hours' drive away from Milan, it's two hours away from Milan by train; ***essere a quattro -e di marcia, cammino da*** to be a four-hour walk from; ***fare i 60 all'~*** COLLOQ. to do 60 (km per hour); ***essere pagato all'~, a -e*** to be paid by the hour;

guadagnare 30 euro all'~ to earn 30 euros per *o* an hour; ***avere due -e di chimica alla settimana*** to have two hours of chemistry per week; ***parlare di qcs. per delle -e, per -e e -e*** to talk about sth. for hours on end; ***sono -e che aspetto!*** COLLOQ. FIG. I've been waiting for hours! **2** *(indicazione di tempo)* time; ***chiedere, dire l'~*** to ask, tell the time; ***guardare l'~*** to look at the time; ***che ~ è, che -e sono?*** what time is it? what's the time? ***sono le -e 10*** it's 10 o'clock; ***hai l'~?*** have you got the time? ***che ~ fai?*** what time do you make it? ***a che ~...?*** what time..? ***alle dieci, ~ italiana*** at 10, Italian time **3** *(momento preciso)* time; ***l'~ dell'arrivo, della partenza*** the arrival, departure time; ***all'~ convenuta, stabilita*** at the agreed time; ***tutti i giorni alla stessa, solita ~*** every day at the same time; ***a tarda ~, a un'~ tarda (della notte)*** late (at night); ***fare le -e piccole*** to keep late hours; ***di buon'~*** [*alzarsi, partire*] early, at an early hour, in good time; ***a quest'~ sarà lontano*** he must be a long way off by now; ***il tuo amico non verrà più a quest'~*** your friend won't come this late; ***è ~ di partire*** it's time to leave, it's time we left; ***è ~ che tu faccia*** it's time for you to do; ***della prima ~*** [*militante*] from the very beginning; ***notizie dell'ultima ~*** last-minute *o* latest news **4** *(periodo della giornata)* time; ***~ di pranzo, di cena*** lunchtime, dinner-time; ***all'~ dei pasti, -e pasti*** at mealtime(s) ♦ ***è arrivata o suonata la sua ~*** his time has come; ***alla buon'~! era ~!*** about time too! ***non vedere l'~ di fare*** to be itching *o* burning to do, to look forward to doing, to long to do ♦♦ ***~ esatta*** TEL. speaking clock; ***~ di Greenwich*** Greenwich Mean Time; ***~ legale*** AMM. daylight saving time; ***~ locale*** AMM. local time; ***~ di punta*** peak hour, rush hour; ***~ solare*** solar time; ***l'~ della verità*** the moment of truth; ***~ X, ~ zero*** zero hour (anche FIG.).

2.ora /'ora/ **I** avv. **1** *(adesso)* now, at present; ***la casa ~ è sua*** it's his house now; ***~ è il momento di agire*** now it's time for action; ***~ è un anno che...*** it's been a year now since...; ***e ~?*** what now? ***a partire da ~*** from now on, hence FORM.; ***prima d'~*** before now; ***d'~ in poi, d'~ in avanti*** from now on(wards), henceforth FORM.; ***fino ad ~*** up to now, up until now; ***fin, sin d'~*** here and now; ***per ~*** for now, for the moment, for the time being; ***~ come ~*** at this moment in time, as things stand now; ***~ o mai più*** (it's) now or never; ***~ che ci penso*** now that I think of it, come to think of it **2** *(poco fa, appena)* ***è arrivato ~*** he's arrived just now, he's just arrived; ***stavo parlando di te or ~*** I was just talking about you **3** *(tra poco)* ***~ vengo*** I'm (just) coming, I'll be right there **4** *(in correlazione)* ***era ~ calmo ~ brusco*** he was sometimes calm (and) sometimes brusque; ***~ velocemente, ~ lentamente*** now fast, now slowly **II** cong. **1** *(con valore avversativo)* ***credi di aver capito, ~ ti dimostro che non è vero*** you think you've understood, but now I'll show you that you haven't **2** *(con valore introduttivo o conclusivo)* now (then); ***~ avvenne che...*** now it happened that...; ***~ dovete sapere che...*** now (then), you ought to know that...

oracolare /orako'lare/ agg. oracular.

oracolo /o'rakolo/ m. oracle.

orafo /'ɔrafo/ ♦ *18* **I** agg. ***l'arte -a*** the goldsmith's art **II** m. (f. **-a**) goldsmith.

orale /o'rale/ **I** agg. **1** [*cavità*] oral, buccal; [*igiene*] oral; ***per via ~*** orally **2** [*esame, tradizione, interrogazione*] oral **II** m. oral (examination, test); ***sostenere gli -i*** to take the orals.

oralmente /oral'mente/ avv. [*comunicare*] orally, by word of mouth; [*testimoniare, esaminare*].

oramai /ora'mai/ → **ormai.**

orango, pl. **-ghi** /o'rango, gi/ m., **orangutan** /orangu'tan/ m.inv. orang-outang BE, orangutan AE.

orario, pl. **-ri, -rie** /o'rarjo, ri, rje/ **I** agg. **1** [*fascia, fuso, tabella*] time; ***segnale ~*** time-signal, time check; ***disco ~*** parking disc; ***in senso ~*** clockwise, in a clockwise direction **2** *(calcolato a ore)* [*media, paga, tariffa*] hourly; [*velocità, chilometri*] per hour; ***un aumento ~ di tre euro*** a pay rise of three euros per hour **II** m. **1** *(prospetto)* timetable, schedule; ***~ ferroviario, dei treni*** train schedule *o* timetable; ***~ delle lezioni*** SCOL. school timetable, timetable of classes *o* lessons **2** *(tempo)* hours pl., times pl., time(table); ***gli -ri dei treni per Firenze*** the times of trains to Florence; ***~ di arrivo, di partenza*** arrival, departure time; ***fuori ~*** out of hours; ***fuori dell'~ di lavoro*** after (working) hours; ***essere in ~*** [*persona*] to be on time; [*treno, autobus, aereo*] to be on schedule *o* on time; ***essere in anticipo, in ritardo sull'~*** [*treno, autobus, aereo*] to arrive ahead of, behind schedule ♦♦ ***~ di apertura*** opening time *o* hours; *(di museo)* visiting hours; *(di negozio)* business hours; ***~ di chiusura*** closing time; "***~ continuato***" "open all day"; ***~ di ricevimento*** consulting hours; ***~ ridotto*** part-time, short time; ***~ d'ufficio*** office *o* business hours; ***~ di visita*** *(dal medico)* consulting time *o* hours, office hours AE; *(in ospedale ecc.)* visiting time *o* hours.

orata /o'rata/ f. (sea) bream, gilthead bream.

oratore /ora'tore/ m. (f. **-trice** /tritʃe/) *(declamatore)* (public) speaker, speech maker, orator FORM.; *(conferenziere)* lecturer.

oratoria /ora'tɔrja/ f. (public) speaking, eloquence, oratory FORM.

1.oratorio, pl. **-ri, -rie** /ora'tɔrjo, ri, rje/ agg. oratorical FORM., rhetorical; ***arte -a*** oratory, art of public speaking.

2.oratorio, pl. **-ri** /ora'tɔrjo, ri/ m. **1** ARCH. RELIG. MUS. oratory **2** *(presso una parrocchia)* parish recreation centre.

Orazio /o'rattsjo/ n.pr.m. Horace.

orazione /orat'tsjone/ f. **1** *(discorso solenne)* speech, oration FORM. **2** *(preghiera)* prayer; ***recitare un'~*** to say a prayer.

orbene /or'bɛne/ cong. LETT. well (then), so, now then.

orbettino /orbet'tino/ m. slowworm, blindworm.

orbita /'ɔrbita/ f. **1** ASTR. orbit, path; ***~ lunare, terrestre*** lunar, earth's orbit; ***essere in ~ attorno a qcs.*** to be in orbit round sth.; ***entrare in ~*** to go into orbit (anche FIG.); ***lanciare, mettere in ~*** to put [sth.] into orbit [*satellite*] **2** ANAT. (eye) socket, eye hole; ***aveva gli occhi fuori dalle -e, gli occhi gli uscivano dalle -e*** FIG. his eyes were bulging out of their sockets *o* were popping out of his head **3** FIG. *(sfera d'influenza)* ***cadere nell'~ di*** to fall into the sphere of influence of; ***attrarre nella propria ~*** to bring into one's orbit, to attract into one's sphere of influence.

orbitale /orbi'tale/ agg. ASTR. ANAT. orbital.

orbitare /orbi'tare/ [1] intr. (aus. *essere*) ASTR. ***~ intorno a*** to orbit (anche FIG.).

orbo /'ɔrbo/ **I** agg. **1** *(cieco)* blind **2** *(guercio)* blind in one eye **II** m. (f. **-a**) **1** *(cieco)* blind person **2** *(guercio)* person blind in one eye ♦ ***dare botte da -i a qcn.*** to give sb. a good thrashing, to thrash the living daylights out of sb., to bash sb.

orca, pl. **-che** /'ɔrka, ke/ f. ZOOL. killer whale, grampus.

Orcadi /'ɔrkadi/ ♦ *14* n.pr.f.pl. ***le (isole) ~*** the Orkneys (Islands).

orchessa /or'kessa/ f. ogress (anche FIG.).

orchestra /or'kɛstra/ f. **1** MUS. orchestra **2** *(fossa per i musicisti)* orchestra pit ♦♦ ***~ d'archi*** string orchestra; ***~ da camera*** chamber orchestra; ***~ jazz*** jazz band; ***~ sinfonica*** symphony orchestra.

orchestrale /orkes'trale/ ♦ *18* **I** agg. orchestral **II** m. e f. orchestral player.

orchestrare /orkes'trare/ [1] tr. MUS. to orchestrate (anche FIG.).

orchestrazione /orkestrat'tsjone/ f. MUS. orchestration (anche FIG.).

orchidea /orki'dɛa/ f. orchid.

orcio, pl. **-ci** /'ortʃo, tʃi/ m. jug, jar, pitcher.

orco, pl. **-chi** /'ɔrko, 'orko, ki/ m. ogre (anche FIG.).

orda /'ɔrda/ f. *(di barbari, turisti)* horde.

ordalia /or'dalja, orda'lia/ f. ordeal.

ordigno /or'diɲɲo/ m. **1** device; ***~ esplosivo*** explosive device **2** *(arnese strano)* device, machine COLLOQ.; ***~ diabolico, infernale*** fiendish device.

ordinale /ordi'nale/ agg. e m. MAT. ordinal.

ordinamento /ordina'mento/ m. **1** *(organizzazione)* organization, ordering **2** *(istituzione)* system **3** INFORM. sort ♦♦ ***~ carcerario*** prison system; ***~ fiscale*** system of taxation; ***~ giudiziario*** court system, judicature; ***~ scolastico*** school system.

ordinanza /ordi'nantsa/ f. **1** DIR. order, ordinance, decree; ***un'~ del tribunale*** an order of the Court; ***~ di sfratto*** eviction order **2** MIL. regulation; ***d'~*** [*pistola, divisa*] service attrib., regulation attrib.; ***ufficiale d'~*** STOR. orderly officer; ***fuori ~*** non-regulation.

ordinare /ordi'nare/ [1] tr. **1** to clear up, to tidy up, to sort out [*stanza, armadio*]; to order, to arrange, to sort [*schedario, nomi, date*]; to organize [*libri, carte*]; ***~ alfabeticamente*** to order alphabetically **2** *(comandare)* to order [*chiusura, consegna, inchiesta*]; ***~ a qcn. di fare qcs.*** to order *o* command sb. to do sth.; ***~ a qcn. di entrare, uscire*** to order sb. in, out **3** *(prescrivere)* [*medico*] to prescribe **4** *(richiedere)* to order, to place an order for [*articolo, prodotto*]; *(in locali pubblici)* to order [*bevanda, piatto*]; ***~ qcs. per posta*** o ***corrispondenza*** to send away *o* off for sth. **5** RELIG. ***~ qcn. sacerdote*** to ordain *o* induct sb. priest.

ordinario, pl. **-ri**, **-rie** /ordi'narjo, ri, rje/ **I** agg. **1** *(normale, consueto)* [*misure, dimensioni*] ordinary, average; [*qualità, modello*] standard; [*vita*] ordinary, uneventful; [*funzionamento, procedura*] usual, ordinary; ***posta -a*** = second class (mail); ***di -a amministrazione*** FIG. ordinary, routine; ***è -a amministrazione*** FIG. it's all in a day's work **2** *(mediocre)* [*persona, pasto, gusti*] ordinary, common, plain; *(banale)* [*commento, problema*] ordinary, banal **3** *(di scarsa qualità)* [*tessuto, vestito*] cheap, plain, low-quality **4** *(rozzo)* coarse, gross **5** DIR. [*seduta, membro, giudice*] ordinary **II** m. (f. **-a**) **1** ordinary; ***fuori dell'~*** out of the ordinary **2** UNIV. full professor; SCOL. regular teacher.

ordinata /ordi'nata/ f. **1** MAT. ordinate **2** MAR. cant **3** AER. former.

ordinativo /ordina'tivo/ **I** agg. [*principio*] governing **II** m. COMM. order, indent BE.

ordinato /ordi'nato/ **I** p.pass. → **ordinare II** agg. **1** *(in ordine)* tidy, neat; [*fila, schieramento, folla*] orderly **2** [*persona*] neat, tidy **3** *(regolato)* [*vita*] orderly, (well-)ordered; [*mente*] orderly, organized; [*insieme, struttura*] ordered **4** *(commissionato)* ordered, on order.

ordinazione /ordinat'tsjone/ f. **1** order; ***~ per corrispondenza*** mail order; ***fatto su ~*** made to order, custom-made; ***fare un'~ a qcn.*** to place an order with sb. **2** RELIG. ordination, ordering.

ordine /'ordine/ m. **1** *(comando)* order; ***dare a qcn. l'~ di fare*** to give an order for sb. to do, to order sb. to do; ***ricevere l'~ di fare*** to take the order to do; ***eseguire un ~*** to carry out an order; ***non prendo -i da nessuno*** I won't *o* don't take orders from anybody; ***agire su*** o ***per ~ di qcn.*** to act on sb.'s order; ***avere l'~ di fare*** to be under *o* have orders to do; ***essere agli -i di qcn.*** to be under sb.'s orders (anche MIL.); ***agli -i!*** MIL. yes, sir! (anche SCHERZ.); ***fino a nuovo ~*** until further orders **2** *(criterio che ordina)* order; ***in ~ alfabetico, cronologico*** in alphabetical, chronological order; ***mettere in ~ alfabetico*** to order alphabetically, to put in alphabetical order; ***~ di partenza, di arrivo*** SPORT starting order, order of arrival; ***avanzare in ~ sparso, serrato*** to advance in scattered, close formation **3** *(insieme di elementi)* ***primo, secondo ~ di posti in platea*** first, second row of seats in the pit **4** *(sistemazione ordinata)* order; ***essere in ~*** [*casa, armadio*] to be tidy; [*affari, conti*] to be in order; ***tenere una stanza in ~*** to keep a room tidy; ***mettere in ~*** to clear up, to tidy up, to sort out [*stanza, armadio*]; to order, to arrange, to sort [*schedario, nomi, date*]; to organize [*libri, carte*]; ***mettere ~ nei propri affari*** to put *o* set one's affairs in order; ***far ~ nella propria vita*** to put *o* set one's life in order, to sort out one's life; ***è amante dell'~ e della pulizia*** he likes order and tidiness **5** *(disciplina)* ***mantenere, ristabilire l'~*** to keep, restore order; ***richiamare qcn. all'~*** to call sb. to order; ***~ pubblico*** public order, peace; ***le forze dell'~*** the police **6** *(natura, categoria)* ***è un problema di ~ economico*** it's a problem of an economic nature; ***è nell'~ delle cose*** it's in the natural order of things; ***dell'~ del 15%*** of BE *o* in AE the order of 15%; ***di prim'~*** first-class, first-rate, high-class; ***di second'~*** second-class, second-rate **7** ARCH. BIOL. order **8** *(associazione, confraternita)* order; ***~ cavalleresco*** order of chivalry; ***l'~ dei medici*** the medical association; ***l'~ degli avvocati*** the Bar, bar association AE **9** RELIG. ***~ monastico*** monastic order; ***-i maggiori, minori*** major, minor orders **10** RELIG. *(sacramento)* ordination, ordering; ***prendere gli -i*** to take Holy orders **11** STOR. order; ***l'Ordine della Giarrettiera*** the Order of the Garter **12** ECON. order; ***~ d'acquisto, di vendita, di consegna, di pagamento*** buying, selling, delivery, money order; ***pagare all'~ del signor Bianchi*** to pay to the order of Mr Bianchi ♦♦ ***~ del giorno*** agenda; ***essere all'~ del giorno*** to be on the agenda (anche FIG.); ***~ di grandezza*** order of magnitude.

ordire /or'dire/ [102] tr. **1** TESS. to warp **2** FIG. to machinate, to hatch [*complotto*]; to plot, to hatch [*cospirazione, intrigo*].

ordito /or'dito/ m. **1** TESS. warp **2** FIG. *(intreccio)* tissue, web.

orecchia /o'rekkja/ f. **1** POP. *(orecchio)* ear **2** *(in libro, quaderno)* fold mark, dog-ear; ***fare un'~, le -e a*** to dog-ear, to turn down [*foglio, pagina*].

orecchiabile /orek'kjabile/ agg. [*musica, motivo*] catchy.

orecchietta /orek'kjetta/ **I** f. ANAT. auricle **II orecchiette** f.pl. GASTR. = typical short, ear-shaped pasta from Puglia.

orecchino /orek'kino/ m. *(a buco)* earring; *(a clip)* clip(-on); ***portare gli -i*** to wear earrings; ***mettere, togliere gli -i*** to put on, take off one's earrings.

orecchio, pl. **-chi**, pl.f. **-chie** /o'rekkjo, ki, kje/ ➧ ***4*** m. **1** ear; ***essere sordo da un ~*** to be deaf in one ear; ***da quell'~ non ci sente*** that's his deaf ear; FIG. he won't listen; ***avere mal d'-chi*** to have (an) earache; ***dire, bisbigliare qcs. nell'~ a qcn.*** to say, to whisper sth. in sb.'s ear; ***ha le -chie a sventola*** his ears stick out, he's flap-eared; ***i muri hanno -chi*** walls have ears **2** FIG. ***tendere l'~*** to cock an ear, to keep an ear cocked, to strain one's ears; ***giungere all'~ di qcn.*** to come to *o* reach sb.'s ears; ***porgere*** o ***prestare ~ a qcn.*** to give *o* lend an ear to sb., to give *o* lend sb. a hearing; ***drizzare le -chie*** to prick (up) one's ears; ***non credo alle mie -chie!*** I can't believe my ears! ***tenere le -chie bene aperte*** to keep one's ears open, to pin one's ears back; ***apri bene le -chie!*** pin your ears back! listen carefully! **3** *(udito)* ***avere un ~ fino*** to have good ears; ***duro d'-chi*** hard of hearing; ***avere ~*** MUS. to have a musical ear; ***non avere ~*** MUS. to have a tin ear, to be tone-deaf; ***a ~*** [*suonare, cantare*] by ear ♦ ***mettere la pulce nell'~ a qcn.*** to set sb. thinking; ***fare -chie da mercante*** to turn a deaf ear; ***essere tutt'-chi*** to be all ears; ***essere musica per le -chie di qcn.*** to be music to sb.'s ears; ***entrare da un ~ e uscire dall'altro*** to go in one ear and out the other; ***tirare gli -chi, dare una tirata d'-chi a qcn.*** to slap sb. on the wrist, to tell sb. off; ***hai le -chie foderate di prosciutto?*** are you deaf or what? ***con le -chie basse*** [*andarsene, stare*] crestfallen; ***attaccarsi qcs. all'~*** not to forget sth.

orecchioni /orek'kjoni/ ➧ ***7*** m.pl. MED. mumps; ***avere gli -i*** to have (the) mumps.

orefice /o'refitʃe/ ➧ ***18*** m. e f. goldsmith.

oreficeria /orefitʃe'ria/ ➧ ***18*** f. **1** *(arte)* goldsmith's art **2** *(negozio)* goldsmith's shop; *(laboratorio)* goldsmith's workshop.

Oreste /o'reste/ n.pr.m. Orestes.

oretta /o'retta/ f. ***torno tra un'~*** I'll be back in about an hour.

orfano /'ɔrfano/ **I** agg. orphan, parentless; ***essere ~ di padre, di madre*** to be fatherless, motherless **II** m. (f. **-a**) orphan; ***rendere ~*** to orphan.

orfanotrofio, pl. **-fi** /orfano'trɔfjo, fi/ m. orphanage.

Orfeo /or'fɛo/ n.pr.m. Orpheus.

organdi(s) /or'gandi(s)/ m.inv. organdie, organdy AE.

organetto /orga'netto/ ➧ ***34*** m. MUS. *(piccolo organo)* barrel organ, hand-organ, hurdy-gurdy, piano organ.

organico, pl. **-ci**, **-che** /or'ganiko, tʃi, ke/ **I** agg. **1** [*chimica, materia, concime, composto*] organic; [*fluido*] bodily, body attrib.; ***rifiuti -ci*** compost heap **2** [*malattia*] organic; [*deperimento*] physical **3** *(coerente, funzionale)* [*struttura, sistema, sviluppo, parte*] organic; ***formare un tutto ~*** to form an organic whole **II** m. *(complesso del personale)* staff, workforce, personnel; MIL. manning, cadre.

organigramma /organi'gramma/ m. organization chart, tree diagram.

organismo /orga'nizmo/ m. **1** FISIOL. *(corpo umano)* body, system; ***nuocere all'~*** to damage the system **2** ZOOL. BOT. organism; ***~ vivente*** living organism; ***~ vegetale*** vegetal organism **3** ECON. *(organizzazione)* organism, organization, body; ***~ governativo*** government organization.

organista, m.pl. **-i**, f.pl. **-e** /orga'nista/ ➧ ***34, 18*** m. e f. organist.

organistico, pl. **-ci**, **-che** /orga'nistiko, tʃi, ke/ agg. [*musica, concerto*] organ attrib.

organizzare /organid'dzare/ [1] **I** tr. to organize, to arrange [*festa, serata, vita, giornata, tempo*]; to engineer [*rivolta, complotto*]; to arrange, to organize, to fix, to plan [*viaggio, riunione*]; to hold* [*gara, concorso, dibattito*]; to stage, to put* on [*dimostrazione*]; to plot [*colpo*] **II organizzarsi** pronom. **1**

(prepararsi) to organize oneself, to get* organized, to get* one's act together COLLOQ.; ***-rsi per fare*** to organize oneself *o* arrange to do **2** *(raggrupparsi, associarsi)* to organize oneself (**in** in).

organizzativo /organiddza'tivo/ agg. organizational.

organizzato /organid'dzato/ **I** p.pass. → **organizzare II** agg. organized; ***criminalità -a*** organized crime; ***viaggio ~*** package tour.

organizzatore /organiddza'tore/ **I** agg. organizing **II** m. (f. **-trice** /tritʃe/) organizer.

organizzazione /organiddzat'tsjone/ f. **1** organization, organizing, arrangement; ***l'~ di un concerto, di una festa*** the organization of a concert, a party **2** *(ente, associazione)* organization ♦♦ ***~ aziendale*** business management; ***Organizzazione per la Liberazione della Palestina*** Palestine Liberation Organization; ***Organizzazione Mondiale della Sanità*** World Health Organization; ***Organizzazione delle Nazioni Unite*** United Nations Organization; ***~ non governativa*** non-governmental organization; ***~ sindacale*** trade union, syndicate organization.

organo /'ɔrgano/ ➧ **34** m. **1** ANAT. organ **2** MUS. (pipe) organ; ***~ elettrico*** electric organ **3** DIR. POL. *(di stampa)* organ, mouthpiece; *(organismo)* organism, body; ***~ ufficiale di un partito*** official organ of a party; ***~ di controllo*** controlling body; ***~ amministrativo*** administrative body **4** MECC. member.

organolettico, pl. **-ci**, **-che** /organo'lɛttiko, tʃi, ke/ agg. organoleptic.

organza /or'gandza/ f. organdie, organza.

orgasmo /or'gazmo/ m. **1** orgasm, climax; ***raggiungere l'~*** to reach *o* achieve orgasm **2** *(agitazione)* excitement, fluster; ***essere in ~*** to be in a state of excitement, to be in a fluster *o* stew COLLOQ.

orgia, pl. **-ge** /'ɔrdʒa, dʒe/ f. **1** orgy **2** FIG. ***un'~ di colori*** a riot of colours.

orgiastico, pl. **-ci**, **-che** /or'dʒastiko, tʃi, ke/ agg. orgiastic.

orgoglio, pl. **-gli** /or'goʎʎo, ʎi/ m. **1** pride, proudness; ***ferire qcn. nell'~*** to hurt *o* wound sb.'s pride; ***peccare di ~*** to err on the side of pride, to be too proud **2** *(vanto)* pride, glory; ***essere l'~ della famiglia*** to be the pride of one's family; ***questo museo è l'~ della città*** this museum is the glory of the town.

orgoglioso /orgoʎ'ʎoso/ agg. **1** *(fiero)* proud, prideful; ***essere ~ di qcn., qcs., di fare*** to be proud of sb., sth., of doing; ***andare ~ di qcs.*** to take pride in sth.; ***la Walt Disney è -a di presentare "Bambi"*** CINEM. Disney Studios proudly present "Bambi" **2** *(altezzoso)* proud, haughty.

orientabile /orjen'tabile/ agg. [*specchio, braccio*] swivel attrib.; [*proiettore, antenna*] adjustable.

orientale /orjen'tale/ ➧ **29 I** agg. **1** [*zona, costa, frontiera*] eastern, east; [*vento*] east, easterly; ***Europa ~*** eastern Europe **2** [*civiltà*] eastern; [*lingue, arte, tappeto*] oriental; ***il blocco ~*** the Eastern bloc **II** m. e f. Oriental.

orientalista, m.pl. **-i**, f.pl. **-e** /orjenta'lista/ m. e f. orientalist.

orientamento /orjenta'mento/ m. **1** orientation, bearings pl.; ***senso dell'~*** sense of direction; ***perdere l'~*** to lose one's bearings **2** *(indirizzo)* orientation, direction, trend **3** *(posizione)* orientation ♦ ***~ professionale*** careers guidance *o* counselling *o* counseling AE, vocational guidance; ***~ scolastico*** curriculum counselling *o* counseling AE.

orientare /orjen'tare/ [1] **I** tr. **1** to orient [*edificio, carta geografica*]; to direct, to point, to angle [*antenna, lampada, luce*] (**verso** towards) **2** *(indirizzare)* to orient, to direct, to steer [*persona*] (**verso** at, towards); to direct [*ricerca, campagna*] (**verso** towards) **II orientarsi** pronom. **1** *(orizzontarsi)* to orient oneself, to find* one's way, to get* one's bearings; ***-rsi con*** to set one's course by [*sole*] **2** FIG. *(raccapezzarsi)* to see* one's way, to find* one's way; ***non riesco a orientarmi in questa teoria*** I can't make head or tail of this theory **3** *(dirigersi)* [*persona*] to turn (**verso** towards); [*paese, movimento*] to move (**verso** towards); [*conversazione*] to turn (**verso** to).

orientativamente /orjentativa'mente/ avv. indicatively.

orientativo /orjenta'tivo/ agg. indicative; [*indagine*] preliminary.

orientato /orjen'tato/ **I** p.pass. → **orientare II** agg. **1** *(rivolto)* ***la casa è -a sud*** the house faces south *o* is south-facing **2** FIG. [*attività, operazione*] oriented, turned (**verso** towards); ***essere politicamente ~ a destra*** to be politically oriented towards the right.

oriente /o'rjɛnte/ m. east; ***l'Oriente*** the East, the Orient; ***l'Estremo Oriente*** the Far East; ***il Medio Oriente*** the Middle East, the Mideast AE; ***il Vicino Oriente*** the Near East.

orifizio, pl. **-zi** /ori'fittsjo, tsi/ m. orifice (anche ANAT.).

origano /o'rigano/ m. *(erba aromatica)* oregano.

originale /oridʒi'nale/ **I** agg. **1** *(originario)* [*versione, testo*] original; *(autentico)* [*documento, manoscritto, quadro*] original, authentic, genuine; ***in lingua ~*** in the original language **2** *(creativo)* [*personalità, opera, idea*] original **3** *(bizzarro)* [*persona, maniere, vestito*] original, fanciful, odd, unusual **II** m. *(opera autentica)* original; TECN. master (copy) **III** m. e f. *(persona bizzarra)* original, character, curiosity.

originalità /oridʒinali'ta/ f.inv. **1** *(autenticità)* originality, authenticity **2** *(inventiva)* originality; ***privo di ~***, ***senza ~*** unoriginal **3** *(bizzarria)* originality, oddness.

originare /oridʒi'nare/ [1] **I** tr. to originate, to cause **II** intr. (aus. *essere*), **originarsi** pronom. to originate.

originariamente /oridʒinarja'mente/ avv. originally, initially.

originario, pl. **-ri**, **-rie** /oridʒi'narjo, ri, rje/ agg. **1** *(proveniente)* native (**di** of, to); ***è ~ dell'Africa*** he is *o* comes from Africa originally **2** *(iniziale)* [*forma, significato, obiettivo, aspetto*] original.

origine /o'ridʒine/ f. **1** *(provenienza)* origin; ***di ~ italiana*** [*tradizione, parola*] of Italian origin; [*persona*] of Italian extraction *o* descent *o* origin; ***essere di*** o ***avere nobili -i*** to come from a noble background; ***di umili -i*** of humble origins, humbly born; ***avere -i contadine*** to come from a farming family; ***far risalire le proprie -i a qcn.*** to trace one's line back to sb.; ***prodotto di ~ animale*** animal product; ***paese di ~*** country of origin, homeland, home country **2** *(inizio)* origin; ***l'~ della vita*** the origin(s) of life; ***fin dall'~*** right from the start *o* beginning; ***in ~*** originally; ***tornare alle -i*** FIG. to revert to type, to get back to one's roots **3** *(causa)* origin, root; ***conflitto di ~ razziale*** conflict of racial origin; ***malattia di ~ virale*** viral disease; ***prendere*** o ***trarre ~ da qcs.*** to originate from sth.; ***dare ~ a*** to give rise to, to originate.

origliare /oriʎ'ʎare/ [1] intr. (aus. *avere*) to eavesdrop, to listen in; ***~ alla porta*** to listen at the door.

orina /o'rina/ → **urina**.

orinale /ori'nale/ m. urinal.

orinare /ori'nare/ [1] **I** tr. to urinate, to pass [*sangue*] **II** intr. (aus. *avere*) to urinate.

orinatoio, pl. **-oi** /orina'tojo, oi/ m. urinal.

oriundo /o'rjundo/ agg. ***essere ~ italiano*** to have Italian origins, to be of Italian extraction.

orizzontale /oriddzon'tale/ **I** agg. horizontal (anche MAT.), level; ***mettersi in posizione ~*** to lie down **II orizzontali** f.pl. *(in enigmistica)* across.

orizzontare /oriddzon'tare/ [1] **I** tr. to orient [*edificio*] **II orizzontarsi** pronom. **1** *(orientarsi)* to orient oneself, to find* one's way, to get* one's bearings **2** FIG. *(raccapezzarsi)* to see* one's way, to find* one's way; ***non riesco a orizzontarmi in mezzo a tutti questi documenti*** I can't find my way among all these papers.

orizzonte /orid'dzonte/ m. horizon (anche FIG.); ***linea dell'~*** line of the horizon, skyline; ***all'~*** [*comparire, sorgere*] on the horizon; ***alto sull'~*** high above the horizon; ***basso sull'~*** low in the sky; ***dei pericoli si profilano all'~*** dangers are beckoning (on the horizon) *o* heaving into sight; ***questo lavoro mi apre nuovi -i*** this job opens up new horizons *o* perspectives for me; ***allargare i propri -i*** to widen *o* broaden one's horizons ♦ ***fare un giro d'~*** to make a general survey.

ORL f. (⇒ otorinolaringoiatria Ear, Nose and Throat) ENT.

Orlando /or'lando/ n.pr.m. Roland.

orlare /or'lare/ [1] tr. *(fare l'orlo a)* to hem; *(bordare)* to edge, to border, to trim.

orlatura /orla'tura/ f. **1** *(confezione dell'orlo)* hemming; *(confezione della bordura)* edging, trimming **2** *(orlo)* hem; edge, border, trim.

orlo /'orlo/ m. **1** SART. border, edge, hem; *(di indumento)* hem(line); ***fare un ~ a*** to hem [*indumento*]; ***~ a giorno*** hemstitch **2** *(bordo, margine)* edge, brim; *(di tazza, bicchiere)* lip, rim; ***riempire qcs. fino all'~*** to fill sth. to the brim **3** FIG. ***essere sull'~ di*** to be on the brink *o* verge of [*precipizio, caos, fallimento*]; ***era sull'~ di una crisi di nervi*** his nerves were strained to breaking point.

orma /ˈorma/ f. *(traccia)* mark, trace, trail; *(di piede)* footmark, footprint; *(di animali)* track, mark; ***seguire le -e di qcn.*** FIG. to follow in sb.'s footsteps, to tread the same path as sb.

ormai /orˈmai/ avv. **1** *(adesso)* now; *(a questo punto)* by this time, by now; *(a quel punto)* by that time, by then; ***l'estate è ~ vicina*** summer is drawing near now; ***~ dovrebbe avere finito*** he should be finished by now; ***quando arrivammo era ~ buio*** when we arrived it was already dark; ***~ era tardi*** by then it was too late **2** *(quasi)* almost; ***~ siamo arrivati*** we're almost arrived.

ormeggiare /ormedˈdʒare/ [1] **I** tr. to berth, to moor, to dock **II** **ormeggiarsi** pronom. to dock, to moor.

ormeggio, pl. **-gi** /orˈmeddʒo, dʒi/ **I** m. **1** *(operazione)* berthing, mooring, docking; ***cavo d'~*** mooring rope **2** *(luogo)* berth, mooring; ***la nave è all'~*** the ship is at berth, at its moorings **II** **ormeggi** m.pl. moorings; ***mollare gli -gi*** to slip the moorings.

ormonale /ormoˈnale/ agg. hormonal.

ormone /orˈmone/ m. hormone.

ornamentale /ornamenˈtale/ agg. [*disegno, motivo, statua*] decorative, ornamental; [*pianta*] ornamental.

ornamentazione /ornamentatˈtsjone/ f. ornamentation.

ornamento /ornaˈmento/ m. **1** *(decorazione)* ornament, decoration, embellishment; ***essere di ~*** to be an ornament (**a** to) **2** MUS. ornament, grace note.

ornare /orˈnare/ [1] **I** tr. to decorate, to ornament, to adorn, to deck [*casa, vestito*]; to embellish [*stile, discorso*] **II** **ornarsi** pronom. to adorn oneself (**di** with).

1.ornato /orˈnato/ **I** p.pass. → **ornare** **II** agg. **1** *(decorato)* adorned, embellished (**di** with) **2** FIG. [*stile*] ornate, embellished, florid.

2.ornato /orˈnato/ m. **1** ARCH. *(ornamentazione)* ornamentation **2** *(arte del disegno)* decorative illustration.

ornitologia /ornitoloˈdʒia/ f. ornithology.

ornitologico, pl. **-ci**, **-che** /ornitoˈlɔdʒiko, tʃi, ke/ agg. ornithological; ***riserva -a*** bird sanctuary,

ornitologo, m.pl. **-gi**, f.pl. **-ghe** /orniˈtɔlogo, dʒi, ge/ ♦ ***18*** m. (f. **-a**) ornithologist.

ornitorinco, pl. **-chi** /ornitoˈrinko, ki/ m. (duck-billed) platypus.

oro /ˈɔro/ ♦ ***3*** **I** m. **1** gold; ***d'~*** [*dente, orologio, anello, filo, filone, lingotto, moneta, pepita, polvere*] gold; [*foglia, lamina, corona*] golden; [*occhiali*] gold-rimmed; FIG. [*occasione, regola, periodo*] golden; [*moglie, affare*] priceless, wonderful; ***è in*** o ***d'oro*** it's made of gold; ***miniera d'~*** gold mine (anche FIG.); ***età dell'~*** golden age; ***corsa all'~*** gold rush; ***febbre dell'~*** gold fever; ***avere un cuore d'~*** FIG. to have a heart of gold, to be all heart; ***essere una persona d'~*** FIG. to be as good as gold; ***capelli d'~*** golden hair **2** SPORT *(medaglia)* gold (medal) **II** **ori** m.pl. **1** *(gioielli)* gold jewels **2** GIOC. = one of the four suits in a pack of typical Italian cards **III** agg.inv. ***color ~*** golden; ***capelli biondo ~*** golden hair ♦ ***prendere qcs. per ~ colato*** to take sth. as gospel (truth); ***non è tutto ~ quello che luccica*** PROV. all that glitters is not gold; ***non lo farei per tutto l'~ del mondo*** I wouldn't do it for (all) the world, for all the money in the world, for all the tea in China ♦♦ ***~ antico*** old gold; ***~ bianco*** white gold; ***~ fino*** fine gold; ***~ giallo*** yellow gold; ***~ massiccio*** solid gold; ***~ nero*** black gold; ***~ rosso*** red gold; ***~ zecchino*** pure *o* fine gold.

orografia /orograˈfia/ f. orography.

orografico, pl. **-ci**, **-che** /oroˈgrafiko, tʃi, ke/ agg. orographic(al).

orologeria /orolodʒeˈria/ f. **1** *(meccanismo)* clockwork; ***bomba a ~*** time bomb **2** *(arte)* watchmaking **3** *(negozio)* watchmaker's (shop).

orologiaio, pl. **-ai** /oroloˈdʒajo, ai/ ♦ ***18*** m. (f. **-a**) watchmaker, clockmaker.

orologio, pl. **-gi** /oroˈlɔdʒo, dʒi/ m. clock; *(da polso)* (wrist)watch; ***torre dell'~*** clock tower; ***il mio ~ va avanti, indietro*** my watch is fast, slow; ***il mio ~ fa le sei*** by my watch it is six o'clock; ***un'ora d'~*** one hour by the clock, a whole hour, exactly one hour; ***con la precisione di un ~*** with clockwork precision ♦ ***essere preciso come un ~*** to be as regular as clockwork ♦♦ ***~ ad acqua*** water clock; ***~ automatico*** automatic clock, watch; ***~ biologico*** BIOL. biological *o* body clock; ***~ a cucù*** cuckoo clock; ***~ digitale*** digital clock, watch; ***~ marcatempo*** o ***marcatore*** punch *o* time clock; ***~ a*** o ***da muro*** wall clock; ***~ a pendolo*** grandfather clock; ***~ di precisione*** precision watch; ***~ al quarzo*** quartz clock, watch; ***~ solare*** sundial; ***~ subacqueo*** waterproof watch; ***~ a sveglia*** alarm clock; ***~ da tasca*** pocket *o* fob watch.

oroscopo /oˈrɔskopo/ m. horoscope; ***fare l'~ a qcn.*** to cast sb.'s horoscope.

orpelli /orˈpɛlli/ m.pl. *(fronzoli)* frills, twiddly bits.

orrendamente /orrendaˈmente/ avv. horrendously, horribly, hideously.

orrendo /orˈrɛndo/ agg. **1** *(che desta orrore)* horrendous, horrible, awful, ghastly, hideous, appalling **2** *(pessimo)* [*film, vestito, tempo*] terrible, awful, horrible, dreadful.

orribile /orˈribile/ agg. **1** *(spaventoso)* horrible, awful, ghastly, hideous **2** *(pessimo)* [*film, vestito, tempo*] terrible, awful, horrible, dreadful **3** *(disgustoso)* [*odore, sapore*] foul, ghastly, nasty.

orribilmente /orribilˈmente/ avv. horribly, hideously.

orrido /ˈɔrrido/ **I** agg. horrid, hideous, dreadful, horrible **II** m. **1** ***gusto dell'~*** a taste for the horrid **2** *(forra)* gorge, ravine.

orripilante /orripiˈlante/ agg. horryfing, horrific, horrible.

orrore /orˈrore/ m. **1** *(raccapriccio)* horror (**davanti a**, **alla vista di** at); ***destare*** o ***suscitare ~ in qcn.*** to arouse *o* excite horror in sb., to horrify sb.; ***provare ~ alla vista di*** to feel horror at the sight of; ***con ~*** in horror; ***avere ~ di*** o ***provare ~ per qcn., qcs.*** to have a horror *o* an abhorrence of sb., sth. **2** *(atrocità)* ***gli -i della guerra*** the horrors *o* atrocities of war **3** COLLOQ. *(cosa o persona orribile)* ***essere un ~*** to be horrible *o* a horror; ***che ~!*** how horrible! that's horrible! **4** LETTER. CINEM. ***dell'~*** [*film, romanzo*] horror.

orsa /ˈorsa/ f. **1** ZOOL. she-bear **2** ASTR. ***Orsa Minore*** Little Bear BE *o* Dipper AE, Ursa Minor; ***Orsa Maggiore*** Great Bear BE, Big Dipper AE, Ursa Major.

orsacchiotto /orsakˈkjɔtto/ m. **1** *(cucciolo)* bear cub **2** *(pupazzo)* teddy (bear).

orsetto /orˈsetto/ m. → **orsacchiotto** ♦♦ ***~ lavatore*** racoon.

orso /ˈorso/ m. **1** bear; ***pelle d'~*** bearskin **2** FIG. *(persona scorbutica)* surly person, bear; *(persona goffa)* clumsy person, ox ♦ ***vendere la pelle dell'~ prima di averlo ammazzato*** PROV. to count one's chickens (before they are hatched) ♦♦ ***~ bianco*** white bear; ***~ bruno*** brown bear; ***~ grigio*** grizzly (bear); ***~ nero*** black bear; ***~ polare*** polar bear.

Orsola /ˈorsola/ n.pr.f. Ursula.

orsù /orˈsu/ inter. LETT. come on.

ortaggio, pl. **-gi** /orˈtaddʒo, dʒi/ m. vegetable.

ortensia /orˈtɛnsja/ f. hydrangea.

ortica, pl. **-che** /orˈtika, ke/ f. (stinging) nettle; ***pungersi con le -che*** to get stung in the nettles ♦ ***gettare alle -che*** to throw out of the window.

orticaria /ortiˈkarja/ ♦ ***7*** f. urticaria, nettle rash, hives.

orticolo /orˈtikolo/ agg. horticultural.

orticoltore /ortikolˈtore/ ♦ ***18*** m. (f. **-trice** /tritʃe/) horticulturist.

orticoltura /ortikolˈtura/ f. horticulture.

orto /ˈɔrto/ m. (vegetable) garden; *(domestico)* kitchen garden BE; ***verdure del proprio ~*** homegrown vegetables ♦♦ ***~ botanico*** botanical gardens.

ortocentro /ortoˈtʃɛntro/ m. orthocentre.

ortodontico, pl. **-ci**, **-che** /ortoˈdɔntiko, tʃi, ke/ agg. orthodontic.

ortodontista, m.pl. **-i**, f.pl. **-e** /ortodonˈtista/ ♦ ***18*** m. e f. orthodontist.

ortodonzia /ortodonˈtsia/ f. orthodontics + verbo sing.

ortodossia /ortodosˈsia/ f. orthodoxy.

ortodosso /ortoˈdɔsso/ **I** agg. orthodox **II** m. (f. **-a**) RELIG. member of the Orthodox church.

ortofonia /ortofoˈnia/ f. speech therapy.

ortofonista, m.pl. **-i**, f.pl. **-e** /ortofoˈnista/ ♦ ***18*** m. e f. speech therapist.

ortofrutticolo /ortofrut'tikolo/ agg. fruit and vegetable attrib.
ortofrutticoltore /ortofruttikol'tore/ ♦ *18* m. (f. **-trice** /tritʃe/) market gardener BE, truck farmer AE.
ortofrutticoltura /ortofruttikol'tura/ f. market gardening BE, truck farming AE.
ortogonale /ortogo'nale/ agg. orthogonal.
ortografia /ortogra'fia/ ♦ *28* f. spelling, orthography; ***errore di*** ~ spelling mistake, misspelling.
ortografico, pl. **-ci, -che** /orto'grafiko, tʃi, ke/ agg. orthographic(al), spelling attrib.; ***correttore*** ~ INFORM. spellchecker.
ortolano /orto'lano/ ♦ *18* m. (f. **-a**) **1** *(coltivatore)* market gardener BE, truck farmer AE **2** *(commerciante)* fruit and vegetables retailer, greengrocer BE.
ortopedia /ortope'dia/ f. orthopaedics, orthopedics AE + verbo sing.
ortopedico, pl. **-ci, -che** /orto'pɛdiko, tʃi, ke/ **I** agg. [*istituto, reparto, letto, materasso*] orthopaedic, orthopedic AE; [*scarpe, apparecchio*] orthopaedic, orthopedic AE, surgical; [*collare, cuscino*] neck attrib.; ***busto*** ~ (surgical) corset **II** ♦ *18* m. (f. **-a**) orthopaedist, orthopedist AE.
orvieto /or'vjeto/ m. ENOL. INTRAD. (dry white wine produced in the area near Orvieto).
orzaiolo /ordza'jɔlo/ m. sty(e).
orzare /or'tsare, or'dzare/ [1] intr. (aus. *avere*) [*barca*] to haul off, to luff.
1.orzata /or'dzata/ f. *(bevanda)* orgeat, barley water BE.
2.orzata /or'tsata, or'dzata/ f. MAR. luff, haulage.
orzo /'ɔrdzo/ m. barley; ***chicco d'*** ~ barleycorn; ***caffè d'*** ~ = hot malt drink resembling coffee ♦♦ ~ ***perlato*** pearl barley.
osanna /o'zanna/ **I** inter. hosanna **II** m.inv. ***gli*** ~ ***della folla*** the acclaim *o* cheers of the crowd.
osannare /ozan'nare/ [1] tr. to cheer, to acclaim, to hail.
osare /o'zare/ [1] tr. to dare (**fare** do, to do); ***non oso chiedere*** I don't dare *o* daren't BE ask; ***non*** ~ ***parlarmi in questo modo!*** don't (you) dare speak to me like that! ***come osi insinuare che*** how dare you suggest that; ***come osi!*** how dare you! ***oserei dire che*** I venture to say *o* suggest that; ~ ***l'impossibile*** to attempt the impossible.
oscar /'ɔskar/ m.inv. **1** CINEM. Academy Award, Oscar; ***nomination all'*** ~ Oscar nomination; ~ ***per il miglior attore*** Oscar *o* Award for Best Actor **2** *(attore)* Oscar-winning actor; *(film)* Oscar-winning film **3** FIG. ***l'*** ~ ***della cortesia*** the award *o* first prize for kindness.
oscenità /oʃʃeni'ta/ f.inv. **1** *(sconcezza, indecenza)* obscenity, dirtiness, filth(iness); ***dire, scrivere delle*** ~ to utter, write obscenities **2** *(cosa di cattivo gusto)* ***questo quadro è un'*** ~ this picture is awful *o* a monstrosity.
osceno /oʃ'ʃɛno/ agg. **1** *(sconcio)* [*atti*] indecent; [*film, spettacolo*] indecent, obscene; [*barzelletta*] dirty; [*linguaggio, parole*] obscene, dirty, filthy **2** *(orribile)* horrible, nasty, awful.
oscillante /oʃʃil'lante/ agg. **1** *(che oscilla)* swinging **2** *(fluttuante)* [*azioni, temperatura, prezzi*] fluctuating.
oscillare /oʃʃil'lare/ [1] intr. (aus. *avere*) **1** *(ondeggiare)* [*pendolo*] to oscillate, to swing* (back and forth); [*nave*] to rock, to sway; [*ponte, treno, albero, rami, corpo*] to sway; [*pila di libri, vaso*] to totter **2** *(fluttuare)* [*temperatura, prezzi, tasso*] to fluctuate, to oscillate, to seesaw **3** FIG. to oscillate, to fluctuate, to swing* (**tra** between).
oscillatore /oʃʃilla'tore/ m. oscillator.
oscillatorio, pl. **-ri, -rie** /oʃʃilla'tɔrjo, ri, rje/ agg. [*moto*] oscillatory.
oscillazione /oʃʃillat'tsjone/ f. **1** FIS. TECN. fluctuation, oscillation; ***-i della temperatura*** temperature fluctuations *o* swings **2** *(movimento oscillatorio)* *(di pendolo)* swing, oscillation; *(di nave, corpo, ponte)* sway, rocking; *(di indicatore)* flicker **3** FIG. *(di moneta, quotazioni)* fluctuation, oscillation.
oscuramento /oskura'mento/ m. **1** *(ottenebramento)* obscuration, darkening **2** *(in guerra)* blackout.
oscurantismo /oskuran'tizmo/ m. obscurantism.
oscurantista, m.pl. **-i**, f.pl. **-e** /oskuran'tista/ agg., m. e f. obscurantist.
oscurare /osku'rare/ [1] **I** tr. **1** *(rendere oscuro)* to darken, to black out [*luogo*]; [*nuvole*] to obscure, to darken [*cielo, luna*] **2** *(schermare)* to screen [*lampada, luce*] **3** RAD. TELEV. to black out [*programma*] **4** FIG. *(eclissare)* to eclipse, to obscure [*persona, fama, nome*] **II oscurarsi** pronom. **1** *(rabbuiarsi)* [*cielo*] to darken, to go* dark **2** *(accigliarsi)* [*volto, sguardo*] to darken, to cloud over; ***si è oscurato in volto*** his face clouded over *o* darkened.
oscurità /oskuri'ta/ f.inv. **1** *(buio)* dark(ness) **2** FIG. obscurity.
oscuro /os'kuro/ agg. **1** *(buio)* dark; ***camera -a*** FOT. darkroom **2** *(sconosciuto)* [*persona, luogo, origine*] obscure **3** *(incomprensibile)* [*testo, concetto, ragione*] obscure **4** *(misterioso, inquietante)* [*segreto, minaccia*] dark; ***il lato*** ~ ***di*** the dark side of; ***un*** ~ ***presagio*** a dark omen ♦ ***essere all'*** ~ ***di*** to be in the dark about; ***tenere qcn. all'*** ~ ***di*** to keep sb. in the dark about.
osé /o'ze/ agg.inv. [*film, libro, scherzo*] risqué; [*vestito*] daring.
Osiride /o'ziride/ n.pr.f. Osiris.
osmosi /oz'mɔzi/ f.inv. osmosis (anche FIG.).
osmotico, pl. **-ci, -che** /oz'mɔtiko, tʃi, ke/ agg. osmotic.
ospedale /ospe'dale/ m. hospital; ***andare all'*** ~ [*paziente*] to go (in)to hospital; [*visitatore*] to go to the hospital ♦♦ ~ ***da campo*** field hospital; ~ ***militare*** military hospital; ~ ***psichiatrico*** psychiatric(al) *o* mental hospital.
ospedaliero /ospeda'ljɛro/ **I** agg. MED. hospital attrib. **II** m. (f. **-a**) hospital worker.
ospedalizzare /ospedalid'dzare/ [1] tr. to hospitalize.
ospedalizzazione /ospedaliddzat'tsjone/ f. hospitalization.
ospitale /ospi'tale/ agg. [*atmosfera, persona, paese*] hospitable.
ospitalità /ospitali'ta/ f.inv. hospitality; ***offrire*** ~ ***a qcn.*** to offer hospitality to sb., to play host to sb.
ospitante /ospi'tante/ agg. [*famiglia, paese*] host; ***squadra*** ~ SPORT home team.
ospitare /ospi'tare/ [1] tr. **1** *(accogliere, alloggiare)* [*persona*] to play host to, to put* [sb.] up [*amico*]; to take* in [*pensionante, rifugiato*]; [*città, paese*] to host; ***potresti ospitarmi questa settimana?*** could you put me up this week? **2** *(contenere)* [*hotel*] to accommodate, to lodge [*persone*]; [*edificio*] to house [*organizzazione, mostra*] **3** SPORT ~ ***una squadra*** to play at home, to play host to a team.
ospite /'ɔspite/ **I** agg. [*animale, pianta, cellula, paese*] host; [*cantante, presentatore*] guest; ***squadra*** ~ visiting team **II** m. e f. **1** *(chi ospita)* *(uomo)* host; *(donna)* host, hostess **2** *(persona ospitata)* (house)guest, visitor; ***essere*** ~ ***di qcn. a pranzo*** to be sb.'s guest for lunch; ***camera degli -i*** guest *o* spare room **3** BIOL. guest ♦♦ ~ ***d'onore*** guest of honour, special guest.
ospizio, pl. **-zi** /os'pittsjo, tsi/ m. *(per pellegrini)* hospice; *(per anziani)* old people's home, institution, nursing home; *(per orfani)* children's home; *(per poveri)* poor people's home.
ossario, pl. **-ri** /os'sarjo, ri/ m. ossuary, charnel house.
ossatura /ossa'tura/ f. **1** ANAT. bone structure, skeleton, frame; ***avere un'*** ~ ***robusta*** to be strong-boned, big-boned **2** ARCH. ING. frame(work), structure, skeleton **3** FIG. frame, skeleton.
osseo /'ɔsseo/ agg. [*crescita, tessuto, midollo, malattia*] bone; [*massa, pesce*] bony, osseous.
ossequente /osse'kwɛnte/ → **ossequiente.**
ossequiare /osse'kwjare/ [1] tr. ~ ***qcn.*** to pay homage *o* one's respects to sb.
ossequiente /osse'kwjɛnte/ agg. LETT. deferential, dutiful, respectful; ~ ***alle leggi*** law-abiding.
ossequio, pl. **-qui** /os'sɛkwjo, kwi/ **I** m. *(deferenza)* deference, respect; ***in*** ~ ***a*** in deference to, out of deference to *o* for, in respect of **II ossequi** m.pl. *(saluti)* regards, respects; ***i miei -qui!*** my respects! my best regards! ***i miei -qui alla signora*** my compliments to your wife.
ossequiosità /ossekwjosi'ta/ f.inv. deference.
ossequioso /osse'kwjoso/ agg. deferential (**con, nei confronti di** to).
osservabile /osser'vabile/ agg. observable.
osservante /osser'vante/ **I** agg. **1** *(rispettoso)* observant; ~ ***della legge*** law-abiding **2** *(praticante)* churchgoing; ***cattolico*** ~ practising catholic **II** m. e f. *(praticante)* churchgoer.
osservanza /osser'vantsa/ f. observance (anche RELIG.); *(adempimento)* compliance (**di** with).

osservare /osser'vare/ [1] tr. **1** *(esaminare)* to watch, to observe [*persona, movimento*]; to observe [*fenomeno, situazione*]; ***~ qcs. al microscopio*** to examine sth. under a microscope **2** *(notare)* to notice, to observe; ***fare ~ qcs. a qcn.*** to point sth. out to sb. **3** *(rispettare)* to observe [*regola, legge, riposo*]; to keep*, to observe [*digiuno, dieta*]; ***~ il silenzio*** to keep *o* remain quiet **4** *(obiettare)* ***non avere nulla da ~*** to have nothing to object to.

osservatore /osserva'tore/ **I** agg. observant **II** m. (f. **-trice** /tritʃe/) observer.

osservatorio, pl. **-ri** /osserva'tɔrjo, ri/ m. **1** *(per fenomeni naturali)* observatory **2** MIL. observation post ♦♦ ***~ astronomico*** astronomical observatory; ***~ meteorologico*** meteorological observatory, weather station.

osservazione /osservat'tsjone/ f. **1** *(analisi, esame)* observation; ***spirito di ~*** power of observation **2** MED. *(controllo)* observation; ***sotto ~*** under observation **3** *(considerazione)* observation (**su** about, on), remark (**su** about); *(rimprovero)* reproach (**su** to); ***fare un'~*** to make an observation; ***fare un'~ a qcn.*** to reproach sb.

ossessionante /ossessjo'nante/ agg. [*ricordo, sogno*] obsessive, haunting; [*problema*] nagging.

ossessionare /ossessjo'nare/ [1] tr. **1** *(turbare)* [*ricordo, sogno, paura, rimorsi*] to haunt; [*idea, problema*] to obsess [*persona*] **2** *(assillare)* ***~ qcn. con continue domande*** to plague sb. with questions.

ossessione /osses'sjone/ f. **1** obsession; ***avere l'~ di qcs.*** to be obsessed with sth. **2** SCHERZ. *(assillo)* ***sei la mia ~!*** what a nag you are!

ossessivo /osses'sivo/ agg. [*pensiero*] obsessive; [*musica, ritmo*] haunting.

ossesso /os'sɛsso/ m. (f. **-a**) possessed person ♦ ***gridare come un ~*** to scream *o* yell blue murder, to wail like a banshee; ***dimenarsi come un ~*** to thrash about, around.

ossia /os'sia/ cong. **1** *(cioè)* that is; *(ovvero)* or **2** *(per meglio dire)* or rather.

ossidante /ossi'dante/ **I** agg. oxidizing **II** m. oxidizer.

ossidare /ossi'dare/ [1] **I** tr. to oxidize **II** **ossidarsi** pronom. to oxidize.

ossidazione /ossidat'tsjone/ f. oxidation.

ossido /'ɔssido/ m. oxide.

ossidrico, pl. **-ci**, **-che** /os'sidriko, tʃi, ke/ agg. [*fiamma, cannello*] oxyhydrogen.

ossificare /ossifi'kare/ [1] **I** tr. to ossify **II** **ossificarsi** pronom. to ossify.

ossificazione /ossifikat'tsjone/ f. ossification.

ossigenare /ossidʒe'nare/ [1] **I** tr. **1** CHIM. MED. to oxygenate **2** *(decolorare)* to bleach with peroxide [*capelli*] **II** **ossigenarsi** pronom. **1** COLLOQ. ***andare in montagna a -rsi*** to go to the mountains to get some fresh air **2** *(decolorarsi)* ***-rsi i capelli*** to bleach one's hair with peroxide.

ossigenato /ossidʒe'nato/ **I** p.pass. → **ossigenare** **II** agg. **1** CHIM. MED. ***acqua -a*** (hydrogen) peroxide **2** *(decolorato)* [*capelli*] peroxided; ***bionda -a*** peroxide blonde.

ossigenazione /ossidʒenat'tsjone/ f. CHIM. MED. oxygenation.

ossigeno /os'sidʒeno/ m. **1** CHIM. MED. oxygen **2** *(aria pura)* fresh air **3** *(aiuto finanziario)* financial help; ***portare ~ a un'azienda*** to reinvigorate a firm.

osso, pl. **-i**, pl.f. **-a** /'ɔsso/ ❥ **4** m. **1** (pl.f. *-a*) *(elemento dello scheletro)* bone; ***-a del cranio*** skull bones; ***mi fanno male le -a*** my bones ache; ***rompersi l'~ del collo*** to break one's neck; ***d'~*** [*pettine, manico*] bone attrib. **2** (pl. *-i*) *(di animali macellati)* bone **3** (pl. *-i*) *(nocciolo)* stone, pit AE; ***~ di pesca*** peach stone ♦ ***in carne e -a*** in the flesh, real live; ***essere fatto di carne e -a*** to be (only) flesh and blood; ***essere pelle e -a*** to be a barebones, to be reduced to a skeleton; ***ridotto all'~*** [*resoconto*] bare-bones; [*organico*] skeleton; ***rompere le -a a qcn.*** to thrash the living daylights out of sb.; ***fare economia fino all'~*** to practise strict economy; ***essere marcio fino alle -a*** to be rotten to the core; ***essere bagnato fino alle -a*** to be soaked to the skin *o* through; ***un ~ duro*** a hardcase, a toughie COLLOQ.; ***molla l'~!*** give it back! put it down! ***sputa l'~!*** let it out! just say it! ♦♦ ***~ di balena*** whalebone; ***~ di seppia*** cuttlebone.

ossobuco, pl. **ossibuchi** /osso'buko, ossi'buki/ m. marrowbone.

ossuto /os'suto/ agg. bony.

ostacolare /ostako'lare/ [1] tr. to obstruct [*progetto, negoziati, giustizia*]; to be* in the way of, to stand* in the way of, to hinder, to impede [*discussione, trattive*]; to hamper, to impede, to obstruct [*progresso*]; to thwart, to foil [*sforzo*]; to hamper, to hinder [*persona*]; to hinder, to impede, to hamper [*azione, corso, carriera, sviluppo, movimento*]; to block, to hold [*traffico*].

ostacolista, m.pl. **-i**, f.pl. **-e** /ostako'lista/ **I** m. e f. SPORT hurdler **II** m. EQUIT. hurdler, showjumper.

ostacolo /os'takolo/ m. **1** *(intralcio, difficoltà)* obstacle, hindrance; ***superare un ~*** to clear a hurdle, to overcome an obstacle; ***incontrare -i*** to encounter obstacles **2** SPORT hurdle; EQUIT. hurdle, fence, jump; ***corsa a -i*** EQUIT. hurdle race; *(in atletica)* obstacle race; ***i 110 -i*** the 110 metre obstacles.

ostaggio, pl. **-gi** /os'taddʒo, dʒi/ m. hostage; ***essere preso in ~*** to be taken hostage; ***tenere qcn. in ~*** to hold sb. hostage.

oste /'ɔste/ ❥ **18** m. (f. **-essa** /essa/) innkeeper, host ♦ ***fare i conti senza l'~*** = to make a decision without consulting the person in charge.

osteggiare /osted'dʒare/ [1] tr. to be* hostile to, to oppose.

ostello /os'tɛllo/ m. *(della gioventù)* (youth) hostel.

ostensorio, pl. **-ri** /osten'sɔrjo, ri/ m. ostensory, monstrance.

ostentare /osten'tare/ [1] tr. **1** *(vantare)* to flaunt [*ricchezza, potere, successo*]; to display, to show off, to parade [*sapere, talento*] **2** *(fingere)* to feign [*calma, indifferenza*].

ostentatamente /ostentata'mente/ avv. ostentatiously.

ostentato /osten'tato/ **I** p.pass. → **ostentare** **II** agg. **1** *(vantato)* [*ricchezza*] ostentatious, flaunted **2** *(finto)* feigned.

ostentazione /ostentat'tsjone/ f. ostentation, flaunt, dislay.

osteopata, m.pl. **-i**, f.pl. **-e** /oste'ɔpata/ ❥ **18** m. e f. ostopath.

osteopatia /osteopa'tia/ f. osteopathy.

osteoporosi /osteopo'rɔzi/ ❥ **7** f.inv. osteoporosis*.

osteria /oste'ria/ f. tavern; *(locanda)* inn.

osteriggio, pl. **-gi** /oste'riddʒo, dʒi/ m. companion.

ostetrica, pl. **-che** /os'tɛtrika, ke/ ❥ **18** f. midwife*.

ostetricia, pl. **-cie**, **-ce** /oste'tritʃa, tʃe/ f. obstetrics + verbo sing., midwifery.

ostetrico, pl. **-ci**, **-che** /os'tɛtriko, tʃi, ke/ **I** agg. obstetric(al); ***clinica -a*** maternity home, nursing home BE **II** ❥ **18** m. obstetrician.

ostia /'ɔstja/ f. RELIG. host; *(cialda)* wafer.

ostico, pl. **-ci**, **-che** /'ɔstiko, tʃi, ke/ agg. *(difficile)* [*materia, tema*] difficult; [*compito*] hard, harsh.

ostile /os'tile/ agg. hostile, unfriendly.

ostilità /ostili'ta/ f.inv. **1** *(avversione)* hostility **2** MIL. ***aprire, cessare, riprendere le ~*** to start, cease, resume hostilities.

ostinarsi /osti'narsi/ [1] pronom. to persist (**in**, **su** in; **a fare** in doing); to persevere (**in**, **su** with, at; **a fare** in doing); ***~ a credere che*** to cling to the belief that; ***~ a non rispondere*** to refuse obstinately to answer.

ostinatamente /ostinata'mente/ avv. obstinately, stubbornly.

ostinato /osti'nato/ **I** agg. **1** *(caparbio)* [*persona, carattere*] obstinate, stubborn **2** *(tenace)* [*rifiuto*] stubborn, dogged; [*silenzio*] stubborn, obstinate **3** *(persistente)* [*tosse*] obstinate, persistent **II** m. (f. **-a**) obstinate person.

ostinazione /ostinat'tsjone/ f. obstinacy, stubbornness; ***negare qcs. con ~*** to deny sth. stubbornly.

ostracismo /ostra'tʃizmo/ m. ostracism; ***dare l'~ a qcn.*** to ostracize sb.

ostracizzare /ostratʃid'dzare/ [1] tr. to ostracize.

ostrica, pl. **-che** /'ɔstrika, ke/ f. oyster; ***allevamento di -che*** oyster farm; ***~ perlifera*** pearl oyster.

ostrogoto /ostro'gɔto/ m. SCHERZ. *(lingua incomprensibile)* ***è ~ per me!*** it's all Greek *o* double Dutch to me!

ostruire /ostru'ire/ [102] **I** tr. **1** *(sbarrare)* to obstruct, to block [*passaggio*]; ***le valigie ostruiscono il passaggio*** the suitcases are in the way **2** *(otturare)* to obstruct, to block [*condotto*]; to clog up [*grondaia, poro*] **II** **ostruirsi** pronom. to become* obstructed.

ostruzione /ostrut'tsjone/ f. **1** MED. obstruction **2** TECN. *(di condotto, canalizzazione)* obstruction, blockage **3** SPORT obstruction, block.

ostruzionismo /ostruttsjo'nizmo/ m. POL. *(parlamentare)* filibuster, obstructionism, stonewalling; ***fare ~*** to filibuster, to be obstructive.
ostruzionista, m.pl. **-i**, f.pl. **-e** /ostruttsjo'nista/ **I** agg. obstructionist, obstructive **II** m. e f. POL. *(parlamentare)* filibusterer, obstructionist, stonewaller.
ostruzionistico, pl. **-ci**, **-che** /ostruttsjo'nistiko, tʃi, ke/ agg. obstructionnist, obstructive.
Osvaldo /oz'valdo/ n.pr.m. Oswald.
otaria /o'tarja/ f. eared seal.
Otello /o'tɛllo/ n.pr.m. Othello.
otite /o'tite/ ➧ *7* f. otitis, ear infection.
otorino /oto'rino/ ➧ *18* m. COLLOQ. (accorc. otorinolaringoiatra) otolaryngologist, ear nose and throat specialist.
otorinolaringoiatra, m.pl. **-i**, f.pl. **-e** /otorinolaringo'jatra/ ➧ *18* m. e f. oto(rhino)laryngologist.
otorinolaringoiatria /otorinolaringoja'tria/ f. oto(rhino)-laryngology.
otre /'otre/ m. leather bottle, goatskin ♦ ***essere pieno come un ~*** to be full to bursting point.
ott. ⇒ ottobre October (Oct).
ottagonale /ottago'nale/ agg. octagonal.
ottagono /ot'tagono/ m. octagon.
ottano /ot'tano/ m. octane; ***numero di -i*** octane number *o* rating; ***ad alto numero di -i*** high-octane.
ottanta /ot'tanta/ ➧ *26, 5, 8* **I** agg.inv. eighty **II** m.inv. eighty **III** m.pl. *(anni di età)* ***aver superato gli ~*** to be in one's eighties.
ottantenne /ottan'tɛnne/ agg., m. e f. eighty-year-old.
ottantesimo /ottan'tɛzimo/ ➧ *26* **I** agg. eightieth **II** m. (f. **-a**) eightieth.
ottantina /ottan'tina/ f. **1** *(circa ottanta)* ***un'~ di persone*** about eighty people **2** *(età)* ***essere sull'~*** to be about eighty.
ottava /ot'tava/ f. **1** MUS. octave, eighth **2** METR. octave.
Ottavia /ot'tavja/ n.pr.f. Octavia.
ottavino /otta'vino/ ➧ *34* m. piccolo*.
Ottavio /ot'tavjo/ n.pr.m. Octavius.
ottavo /ot'tavo/ ➧ *26, 5* **I** agg. eighth **II** m. (f. **-a**) **1** eighth **2** MUS. ***in sei -i*** in six-eight time **3** TIP. ***volume in ~*** octavo (volume); ***formato in ~*** octavo ♦♦ ***-i di finale*** qualifying heats, matches.
ottemperanza /ottempe'rantsa/ f. obedience, compliance; ***in ~ alle leggi*** in compliance *o* conformity with the laws.
ottemperare /ottempe'rare/ [1] intr. (aus. *avere*) ***~ a un ordine*** to obey *o* comply an order.
ottenebrare /ottene'brare/ [1] **I** tr. **1** *(oscurare)* to darken, to obscure **2** FIG. *(annebbiare)* to obfuscate, to cloud **II** **ottenebrarsi** pronom. **1** *(oscurarsi)* to darken **2** FIG. *(annebbiarsi)* to become* obfuscated.
ottenere /otte'nere/ [93] Le varie accezioni del verbo *ottenere* vengono rese in inglese da equivalenti diversi, come risulta dagli esempi sotto elencati; va anche tenuto presente, tuttavia, che *to obtain* è d'uso formale e risulta spesso innaturale nella lingua parlata o nello scritto informale, dove si preferisce *to get*, che a sua volta non si dovrebbe usare nello scritto formale. tr. **1** *(riuscire ad avere)* to get*, to obtain [*informazioni, permesso*]; to obtain, to win* [*premio*]; to get* [*lavoro*]; to achieve, to reach [*accordo, consenso*]; to arrive at, to get* [*totale, somma*]; *(conseguire)* to get*, to obtain [*diploma*]; to get*, to obtain, to achieve [*risultato*]; ***~ grande successo*** to be a great success; ***non otterrai granché da lui*** you won't get much out of him **2** *(ricavare)* to obtain, to extract.
ottenibile /otte'nibile/ agg. [*permesso*] obtainable; [*risultato*] obtainable, achievable.
ottenimento /otteni'mento/ m. obtaining, getting.
ottetto /ot'tetto/ m. INFORM. MUS. octet.
ottica, pl. **-che** /'ɔttika, ke/ f. **1** FIS. optics + verbo sing. **2** FIG. *(punto di vista)* perspective, point of view; ***visto in quest'~*** from this perspective *o* point of view.
ottico, pl. **-ci**, **-che** /'ɔttiko, tʃi, ke/ **I** agg. **1** ANAT. [*nervo*] optic **2** FIS. [*strumento, illusione, fibra*] optical **II** ➧ *18* m. (f. **-a**) optician.
ottimale /otti'male/ agg. optimal, optimum attrib.
ottimamente /ottima'mente/ avv. optimally.
ottimismo /otti'mizmo/ m. optimism.
ottimista, m.pl. **-i**, f.pl. **-e** /otti'mista/ **I** agg. optimistic **II** m. e f. optimist.
ottimistico, pl. **-ci**, **-che** /otti'mistiko, tʃi, ke/ agg. optimistic.
ottimizzare /ottimid'dzare/ [1] tr. to optimize.
ottimizzazione /ottimiddzat'tsjone/ f. optimization.
ottimo /'ɔttimo/ **I** agg. [*studente, medico, educazione*] excellent; [*lavoro*] first-rate; ***un'-a idea*** a splendid idea; ***godere di -a salute*** to enjoy perfect health; ***essere in -a forma*** to be in fine form; ***avere un ~ aspetto*** to look (the) best; ***di ~ umore*** in high spirits; ***in ~ stato*** in perfect condition; ***essere in -i rapporti con qcn.*** to be on very good terms with sb.; ***~!*** excellent! **II** m.inv. **1** *(punto massimo)* optimum* **2** SCOL. *(giudizio)* excellent; ***prendere (un) ~ in matematica*** to get top marks in maths.
otto /'ɔtto/ ➧ *26, 5, 8, 13* **I** agg.inv. eight **II** m.inv. **1** *(numero)* eight **2** *(giorno del mese)* eighth **3** SCOL. *(voto)* = high pass mark **4** *(traiettoria)* figure of eight **III** f.pl. *(ore) (del mattino)* eight am; *(della sera)* eight pm ♦ ***oggi a ~*** a week today BE *o* from today AE ♦♦ ***~ volante*** roller coaster.
ottobre /ot'tobre/ ➧ *17* m. October.
ottocentesco, pl. **-schi**, **-sche** /ottotʃen'tesko, ski, ske/ agg. nineteenth-century attrib.
ottocento /otto'tʃɛnto/ ➧ *26* **I** agg.inv. eight hundred **II** m.inv. eight hundred **III** m.pl. SPORT ***correre gli ~*** to run the eight hundred metres **IV** **Ottocento** m. nineteenth century.
ottomana /otto'mana/ f. *(divano)* ottoman.
ottomano /otto'mano/ **I** agg. Ottoman **II** m. (f. **-a**) Ottoman.
ottone /ot'tone/ **I** m. brass; ***di ~*** [*bottone, targa*] brass attrib. **II** **ottoni** m.pl. **1** *(oggetti)* brass + verbo sing., brassware sing. **2** MUS. brass + verbo sing. o pl., brass section sing.
ottuagenario, pl. **-ri**, **-rie** /ottuadʒe'narjo, ri, rje/ **I** agg. octogenarian **II** m. (f. **-a**) octogenarian.
ottundere /ot'tundere/ [51] tr. to blunt, to dull (anche FIG.).
ottundimento /ottundi'mento/ m. blunting, dulling (anche FIG.).
otturare /ottu'rare/ [1] **I** tr. **1** *(ostruire)* to block (up) [*buco, condotto*]; to stop [*scarico*]; to clog (up) [*grondaia*]; to fill in [*fessura*] **2** MED. to fill [*dente*] **II** **otturarsi** pronom. [*lavandino, condotto*] to get* blocked (up), to clog (up).
otturatore /ottura'tore/ m. **1** FOT. shutter **2** ARM. breechblock, obturator, bolt.
otturazione /otturat'tsjone/ f. **1** *(di buco, condotto)* blocking (up); *(di scarico)* stopping; *(di grondaia)* clogging (up) **2** MED. *(di dente)* filling.
ottusità /ottuzi'ta/ f.inv. obtuseness.
ottuso /ot'tuzo/ agg. obtuse.
ouverture /uver'tyr/ f.inv. overture.
ovaia, pl. **-ie** /o'vaja, je/ f. ovary.
ovale /o'vale/ **I** agg. oval(-shaped) **II** m. oval.
ovarico, pl. **-ci**, **-che** /o'variko, tʃi, ke/ agg. ovarian, ovarial.
ovario, pl. **-ri** /o'varjo, ri/ m. BOT. ANAT. ovary.
ovatta /o'vatta/ f. **1** FARM. cotton wool **2** TESS. wadding, padding.
ovattare /ovat'tare/ [1] tr. *(attutire)* to soften [*suono*].
ovattato /ovat'tato/ **I** p.pass. → **ovattare** **II** agg. [*atmosfera*] muffled; [*suono, rumore*] softened, muffled.
ovazione /ovat'tsjone/ f. ovation.
ove /'ove/ LETT. **I** avv. where **II** cong. *(ipotetico)* in case, if.
overdose /over'doze/ f.inv. overdose, OD COLLOQ.; ***un'~ di eroina*** a heroin overdose; ***morire per ~*** to die from an overdose.
ovest /'ɔvest/ ➧ *29* **I** m.inv. **1** west; ***andare a ~*** to go west *o* westward(s); ***Torino è a ~ di Milano*** Turin is west of Milan; ***vento da ~*** west(erly) wind, westerly; ***l'~ della Francia*** the west of France, western France **2** *(Stati Uniti e Canada occidentali)* West; ***gli stati dell'~*** the western states **II** agg.inv. [*facciata, costa*] west; [*zona*] western; ***Berlino ~*** STOR. West Berlin; ***nella zona ~ di Londra*** in west London.
ovile /o'vile/ m. (sheep)fold; ***tornare all'~*** SCHERZ. *(a casa)* to return to the fold.
ovino /o'vino/ **I** agg. ovine; ***carne -a*** mutton; ***allevamento ~*** sheep farm **II** m. sheep*; ***gli -i*** sheep.
oviparo /o'viparo/ agg. oviparous.
ovocita /ovo'tʃita/ m. oocyte.
ovodonazione /ovodonat'tsjone/ f. egg donation.
ovoidale /ovoi'dale/ agg. ovoid, egg-shaped.

ovolo /'ɔvolo/ m. *(fungo)* royal agaric ♦♦ ~ ***malefico*** fly agaric.

1.ovulare /ovu'lare/ agg. ovular.

2.ovulare /ovu'lare/ [1] intr. (aus. *avere*) to ovulate.

ovulazione /ovulat'tsjone/ f. ovulation.

ovulo /'ɔvulo/ m. **1** ANAT. ovum*, ovule, egg cell **2** BOT. ovule.

ovunque /o'vunkwe/ avv. e cong. LETT. → **dovunque**.

ovvero /ov'vero/ cong. **1** *(cioè)* that is; *(per meglio dire)* or rather **2** *(oppure)* or.

ovverosia /ovvero'sia/ cong. LETT. *(cioè)* that is; *(per meglio dire)* or rather.

ovviamente /ovvja'mente/ avv. **1** *(certamente)* obviously, plainly **2** *(evidentemente)* evidently.

ovviare /ovvi'are, ov'vjare/ [1] intr. (aus. *avere*) ~ ***a*** to obviate [*ostacolo, male*]; to compensate for [*problema, mancanza, inconveniente*].

ovvietà /ovvje'ta/ f.inv. **1** obviousness **2** *(cosa ovvia)* ***dire delle*** ~ to state the obvious.

ovvio, pl. **-vi**, **-vie** /'ɔvvjo, vi, vje/ agg. obvious; ***è*** ~ ***che...*** it's obvious that...; ***per -vi motivi*** for obvious reasons.

oxoniense /okso'njɛnse/ agg., m. e f. Oxonian.

oziare /ot'tsjare/ [1] intr. (aus. *avere*) to idle, to laze, to idle about, to loaf about.

ozio, pl. **ozi** /'ɔttsjo, 'ɔttsi/ m. idleness; ***stare in*** ~ to idle about ♦ ***l'*** ~ ***è il padre di tutti i vizi*** PROV. the devil makes works for idle hands.

oziosamente /ottsjosa'mente/ avv. [*stare seduto, vagare*] idly, lazily; [*conversare*] idly.

oziosità /ottsjosi'ta/ f.inv. **1** *(tendenza all'ozio)* idleness, laziness **2** *(inutilità)* otioseness.

ozioso /ot'tsjoso/ agg. **1** [*persona, vita*] idle **2** *(inutile)* [*litigio, spiegazione*] pointless.

ozono /od'dzɔno/ m. ozone; ***strato di*** ~ ozone layer; ***buco nell'*** ~ hole in the ozone layer; ***che non danneggia l'*** ~ ozone-friendly.

ozonosfera /oddzonos'fɛra/ f. ozonosphere.

P

p, P /pi/ m. e f.inv. *(lettera)* p, P.

P ⇒ parcheggio parking (P).

p. ⇒ pagina page (p).

PA ⇒ Pubblica Amministrazione public administration.

PAC /piat'tʃi, pak/ f. (⇒ Politica Agricola Comunitaria Common Agricultural Policy) CAP.

pacato /pa'kato/ agg. [*voce, persona*] calm.

pacca, pl. **-che** /'pakka, ke/ f. **1** *(colpo amichevole)* slap, clap; ***dare una ~ sulle spalle a qcn.*** to give sb. a slap on the back, to slap sb. on the back **2** *(schiaffo)* slap, blow.

pacchetto /pak'ketto/ m. **1** *(confezione) (di zucchero)* packet BE, package AE; *(di sigarette, caffè)* packet BE, pack AE; *(di caramelle)* bag **2** *(collo)* parcel, package **3** *(fascio) (di lettere)* bundle **4** INFORM. TECN. packet **5** POL. package **6** *(nel turismo)* ***~ (turistico)*** package tour *o* holiday BE *o* vacation AE ♦♦ ***~ azionario*** ECON. block of shares, holding; ***~ maggioritario*** o ***di maggioranza*** majority stake.

pacchia /'pakkja/ f. COLLOQ. ***che ~!*** what a blast! ***la ~ è finita*** the fun has ended.

pacchiano /pak'kjano/ agg. [*arredamento*] flashy, tacky; [*abito*] flashy, showy, tacky.

pacciame /pat'tʃame/ m. mulch.

pacco, pl. **-chi** /'pakko, ki/ m. **1** *(confezione)* pack, packet; ***le faccio un ~ regalo?*** would you like it gift-wrapped? **2** *(collo)* parcel, package **3** COLLOQ. ***guadagnare un ~ di soldi*** to earn a packet, to make a bundle **4** COLLOQ. *(bidone, fregatura)* con trick, rip-off; ***tirare un ~ a qcn.*** *(mancare a un appuntamento)* to stand sb. up ♦♦ ***~ bomba*** parcel *o* mail bomb; ***~ postale*** parcel.

paccottiglia /pakkot'tiʎʎa/ f. junk, cheapjack goods pl.

pace /'patʃe/ f. **1** peace; ***in tempo di ~*** in peacetime, in times of peace; ***conferenza, trattato di ~*** peace conference, treaty; ***forze di ~*** peacekeeping force; ***giudice di ~*** Justice of the Peace; ***fare (la) ~ con qcn.*** to make peace with sb. **2** *(calma interiore)* peace; ***essere in ~ con se stessi*** to be at peace with oneself; ***avere la coscienza in ~*** to have peace of mind **3** *(tranquillità)* peace; ***stare in ~*** to have some peace; ***lasciare in ~ qcn.*** to leave sb. in peace; *(lasciare solo)* to leave sb. alone; ***non dare ~ a qcn.*** to give sb. no peace **4** *(beatitudine eterna)* ***~ all'anima sua*** peace be with him; ***riposi in ~*** may he rest in peace; ***~ eterna*** eternal rest ♦ ***mettersi il cuore*** o ***l'anima in ~*** to set one's mind at rest; ***non darsi ~*** = not to resign oneself; ***con buona ~ di...*** without offending...

pachiderma /paki'dɛrma/ m. **1** ZOOL. pachyderm **2** FIG. *(persona grossa)* elephant; *(persona insensibile)* thick-skinned person.

pachistano /pakis'tano/ ➧ ***25*** **I** agg. Pakistani **II** m. (f. **-a**) Pakistani.

paciere /pa'tʃɛre/ m. (f. **-a**) peacemaker.

pacificamente /patʃifika'mente/ avv. peacefully.

pacificare /patʃifi'kare/ [1] tr. **1** to pacify [*paese*] **2** *(riconciliare)* to make* peace between [*persone*].

pacificatore /patʃifika'tore/ **I** agg. peacemaking **II** m. (f. **-trice** /tritʃe/) peacemaker.

pacifico, pl. **-ci**, **-che** /pa'tʃifiko, tʃi, ke/ agg. **1** [*coesistenza, soluzione, manifestazione*] peaceful; [*popolo, persona*] peaceful, peace-loving, pacific **2** FIG. *(ovvio)* ***è ~ che...*** it is obvious that...

Pacifico /pa'tʃifiko/ ➧ ***27*** n.pr.m. ***il ~*** the Pacific (Ocean); ***l'oceano ~*** the Pacific Ocean.

pacifismo /patʃi'fizmo/ m. pacifism.

pacifista, m.pl. **-i**, f.pl. **-e** /patʃi'fista/ **I** agg. pacifist **II** m. e f. pacifist, peace campaigner.

pacioccone /patʃok'kone/ agg. fattish and easygoing.

pack /pɛk/ m.inv. pack ice.

padano /pa'dano/ agg. of Po Valley; ***la pianura Padana*** the Po Valley.

padella /pa'dɛlla/ f. **1** *(da cucina)* pan, skillet; ***~ per friggere*** frying pan BE; ***fare saltare in ~*** to pan-fry **2** *(per malati)* bedpan **3** REGION. *(macchia)* (oil) stain ♦ ***cadere dalla ~ nella brace*** to jump out of the frying pan into the fire ♦♦ ***~ antiaderente*** nonstick pan.

padiglione /padiʎ'ʎone/ m. **1** *(edificio) (di parco, esposizione)* pavilion; *(di ospedale)* pavilion, wing; ***~ di caccia*** hunting lodge **2** ANAT. ***~ auricolare*** auricle **3** *(tenda)* pavilion.

Padova /'padova/ ➧ ***2*** n.pr.f. Padua.

padovano /pado'vano/ ➧ ***2*** **I** agg. Paduan **II** m. (f. **-a**) Paduan.

padre /'padre/ **I** m. **1** *(genitore)* father; ***diventare ~*** to become a father; ***da*** o ***per parte di ~*** on one's father's side; ***è sposato e ~ di due figli*** he is married with two children; ***di ~ in figlio*** from father to son; ***Rossi ~*** Rossi senior; ***il Padre eterno*** RELIG. the eternal Father **2** RELIG. ***~ Matteo*** Father Matteo; ***~ superiore*** Father Superior; ***il Santo Padre*** the Holy Father **3** FIG. *(inventore, fondatore)* father; ***il ~ fondatore*** the founding father **II padri** m.pl. *(antenati)* (fore)fathers ♦ ***tale ~ tale figlio*** like father like son ♦♦ ***~ di famiglia*** father; ***Padre Nostro*** → **padrenostro**; ***~ padrone*** heavy-handed father; ***~ spirituale*** father confessor.

padrenostro, pl. **-i** /padre'nɔstro/ m. Lord's Prayer, paternoster.

padreterno /padre'tɛrno/ m. **1** *(Dio)* eternal Father **2** FIG. ***si crede un ~*** he thinks he's God Almighty.

padrino /pa'drino/ Si noti che, diversamente dall'italiano *padrino*, l'equivalente inglese *godfather* non può essere usato come appellativo. m. **1** *(di battesimo)* godfather; *(di cresima)* sponsor (at confirmation); ***essere il ~ di qcn.*** to be godfather to sb. **2** *(di duello)* second **3** *(d'organizzazione mafiosa)* godfather.

padrona /pa'drona/ f. **1** *(proprietaria)* owner, proprietor; *(di animale)* mistress; ***~ di casa*** mistress of the house, householder; *(contrapposto all'affittuario)* landlady; ***la perfetta ~ di casa*** the perfect hostess **2** *(datrice di lavoro)* employer **3** *(che ha potere, controllo)* ***essere ~ di se stessa*** to be one's own mistress *o* woman; ***essere ~ della situazione*** to be (the) mistress of the situation.

padronale /padro'nale/ agg. *(del proprietario)* owner's; ***casa ~*** manor (house).

padronanza /padro'nantsa/ f. *(conoscenza approfondita) (di tecnica, lingua)* command; *(di argomento)* grasp, mastery; *(di sé)* composure, self-mastery, self-possession; ***una buona ~ del russo*** a good command of Russian; ***avere ~ di sé*** to be in command of oneself.

padronato /padro'nato/ m. employers pl.

padroncino /padron'tʃino/ m. *(autotrasportatore, tassista)* owner-driver.

padrone /pa'drone/ m. **1** *(proprietario)* owner, proprietor; *(di animale)* master; ***~ di casa*** master of the house, householder; *(contrapposto all'affittuario)* landlord **2** *(datore di lavoro)* employer, boss COLLOQ.; ***lavorare sotto ~*** COLLOQ. to be employed by sb. **3** *(che ha potere, controllo)* ***il ~ del mondo*** the ruler of the world; ***non sono ~ del mio tempo*** my time isn't my own; ***essere ~ di fare*** to be free to do; ***essere ~ di se stesso*** to be master of oneself, to be one's own man; ***essere ~ della situazione*** to be (the) master of the situation ♦ ***farla da ~*** to boss the show, to rule the roost, to throw one's weight about *o* around; ***servire due -i*** to serve two masters.

padroneggiare /padroned'dʒare/ [1] tr. to master, to control [*sentimenti*]; to master [*materia, lingua*].

paesaggio, pl. **-gi** /pae'zaddʒo, dʒi/ m. **1** landscape; *(panorama)* scenery **U**, view; ***-gi di montagna*** mountain landscape **2** ART. landscape (painting).

paesaggista, m.pl. **-i**, f.pl. **-e** /paezad'dʒista/ m. e f. landscape painter.

paesaggistico, pl. **-ci**, **-che** /paezad'dʒistiko, tʃi, ke/ agg. landscape attrib.

paesano /pae'zano/ **I** agg. [*festa*] village attrib. **II** m. (f. **-a**) **1** *(abitante di paese)* villager **2** *(compaesano)* fellow villager.

paese /pa'eze/ m. **1** *(stato)* country; ***~ d'origine*** homeland, country of origin; ***nel mio ~*** where I come from, in my country **2** *(piccolo centro abitato)* village; ***al mio ~*** where I come from ♦ ***mandare qcn. a quel ~*** to send sb. about his business, to tell sb. where to get off; ***va' a quel ~!*** drop dead! you can get lost! go and jump in the lake! ***~ che vai usanza che trovi*** PROV. when in Rome do as the Romans do ♦♦ ***i Paesi Baschi*** the Basque Country; ***i Paesi Bassi*** Low Countries, the Netherlands.

paffuto /paf'futo/ agg. [*bimbo*] chubby; [*persona*] plump; [*guancia, viso*] chubby, plump.

pag. ⇒ pagina page (p).

paga, pl. **-ghe** /'paga, ge/ **I** f. pay; *(stipendio)* wage; *(salario)* salary; ***giorno di ~*** payday **II** agg.inv. ***busta ~*** pay-packet, wage packet; ***libro ~*** payroll; *(cedolino)* pay-sheet; ***~ base*** basic pay.

pagabile /pa'gabile/ agg. payable; ***~ alla consegna*** payable cash on delivery.

pagaia /pa'gaja/ f. paddle.

pagaiare /paga'jare/ [1] intr. (aus. *avere*) to paddle.

pagamento /paga'mento/ m. payment; ***dietro ~ di 10 euro*** on payment of 10 euros; ***scuola, canale a ~*** fee-paying school, pay channel; ***l'ingresso è a ~*** you have to pay to get in ♦♦ ***~ anticipato*** advance payment; ***~ in contanti*** cash payment; ***~ a mezzo assegno*** payment by cheque; ***~ in natura*** payment in kind; ***~ a rate*** o ***rateale*** payment by instalments, deferred payment; ***~ alla scadenza*** payment on maturity.

paganesimo /paga'nezimo/ m. paganism.

pagano /pa'gano/ **I** agg. pagan, heathen **II** m. (f. **-a**) pagan, heathen.

pagante /pa'gante/ agg. [*pubblico*] paying.

pagare /pa'gare/ [1] *To pay*, equivalente inglese di *pagare*, viene impiegato in strutture grammaticali diverse: se si paga un conto, una somma di denaro o il costo di qualcosa, il verbo è seguito direttamente da tale riferimento (*pagare il conto* = to pay the bill; *pagare 100 euro* = to pay 100 euros; *pagare le proprie spese di viaggio* = to pay one's travelling expenses); se il verbo è seguito dall'indicazione della persona che riceve il pagamento, la costruzione inglese prevede sempre un complemento oggetto (*pagare il tassista* = to pay the taxi driver; *pagare alla commessa* = to pay the shop assistant); se il verbo *to pay* regge entrambe le strutture sopra citate, si può usare la costruzione col doppio oggetto (*pagare alla commessa 100 euro* = to pay the shop assistant 100 euros; *pagare il conto al cameriere* = to pay the bill to the waiter); quando *pagare* è seguito dall'indicazione dell'oggetto acquistato o del beneficiario del pagamento, si traduce con *to pay for* (*ho pagato io il tuo biglietto* = I paid for your ticket; *lui ha pagato per noi* = he paid for us); infine, si possono trovare riunite in un'unica frase le precedenti costruzioni (*ho pagato al tassista 35 euro per il viaggio dall'aeroporto all'ufficio* = I paid the taxi driver 35 euros for the drive from the airport to my office). - Si noti che *far pagare qualcosa a qualcuno* si dice in inglese *to charge somebody for something.* **I** tr. **1** *(con denaro)* to pay* for [*articolo, biglietto, servizio*]; to pay*, to settle [*fattura, conto, debito*]; to pay* [*somma, tassa, salario, dipendente*]; to settle up with, to pay* [*fornitore, artigiano*]; ***quanto lo hai pagato il libro?*** how much did you pay for it? ***mi ha pagato l'affitto, una mattinata di lavoro*** he paid me the rent, for a morning's work; ***~ in contanti, tramite assegno*** to pay in cash, by cheque; ***non so cosa pagherei per...*** COLLOQ. what I wouldn't give for... **2** COLLOQ. *(offrire)* ***~ qcs. a qcn.*** to buy sb. sth.; ***lasciate che paghi io la cena*** let me pay for dinner **3** *(subire delle conseguenze di)* to pay* for [*errore, imprudenza*]; ***me la pagherai (cara)!*** you'll pay for this! I'll make you pay for this! **II** intr. (aus. *avere*) **1** *(con denaro)* to pay*; ***in questo caso l'assicurazione non paga*** in this case the insurance doesn't pay (you back) **2** *(ricompensare)* [*sacrificio, sforzo*] to pay* off; ***il crimine non paga*** crime doesn't pay **3** *(espiare)* ***~ con la propria vita*** to pay with one's life **III pagarsi** pronom. to treat oneself to [*viaggio, cena*]; ***con questo mi pago l'affitto*** I pay the rent with this ♦ ***chi rompe paga (e i cocci sono suoi)*** PROV. = all breakages must be paid for.

pagatore /paga'tore/ **I** agg. paying **II** m. (f. **-trice** /tritʃe/) payer.

pagella /pa'dʒɛlla/ f. progress report, (school) report BE, (school) report card AE.

pagello /pa'dʒɛllo/ m. sea bream.

paggetto /pad'dʒetto/ m. pageboy.

paggio, pl. **-gi** /'paddʒo, dʒi/ m. page; ***acconciatura alla ~*** pageboy.

pagherò /page'rɔ/ m.inv. promissory note.

paghetta /pa'getta/ f. pocket money, spending money, allowance AE.

pagina /'padʒina/ f. **1** page; ***~ bianca*** blank page; ***in prima, nell'ultima ~*** on the front, back page; ***voltare ~*** to turn over (the page); FIG. to turn over a new leaf **2** *(brano)* ***le più belle -e della poesia irlandese*** the finest passages of Irish poetry **3** FIG. *(episodio)* ***una ~ buia della loro esistenza*** a dark chapter in their lives ♦♦ ***-e gialle***® Yellow Pages®.

paginatura /padʒina'tura/ f. pagination.

paglia /'paʎʎa/ ♦ **3 I** f. straw; ***cappello di ~*** straw hat; ***filo di ~*** straw; ***uomo di ~*** FIG. man of straw, frontman, straw man AE **II** agg.inv. ***(color) ~*** straw-coloured ♦♦ ***~ di ferro*** steel *o* wire wool; ***~ e fieno*** GASTR. = yellow and green tagliatelle.

pagliaccetto /paʎʎat'tʃetto/ m. romper suit, rompers pl.

pagliacciata /paʎʎat'tʃata/ f. ***smettila con questa ~!*** enough of this clowning around!

pagliaccio, pl. **-ci** /paʎ'ʎattʃo, tʃi/ m. **1** *(di circo)* clown **2** *(buffone)* clown, buffoon; ***fare il ~*** to play the fool, to clown around BE.

pagliaio, pl. **-ai** /paʎ'ʎajo, ai/ m. **1** *(ammasso di paglia)* straw stack **2** *(edificio)* barn.

pagliericcio, pl. **-ci** /paʎʎe'rittʃo, tʃi/ m. bedstraw, pallet.

paglierino /paʎʎe'rino/ agg. ***giallo ~*** straw-yellow; ***capelli biondo ~*** straw-coloured hair.

paglietta /paʎ'ʎetta/ f. **1** *(cappello)* boater **2** *(paglia di ferro)* steel wool, wire wool.

pagliuzza /paʎ'ʎuttsa/ f. **1** *(di paglia)* straw **2** *(di metallo)* speck; *(d'oro)* particle.

pagnotta /paɲ'ɲɔtta/ f. loaf* ♦ ***lavorare per la ~*** to work for one's bread and butter.

pago, pl. **-ghi**, **-ghe** /'pago, gi, ge/ agg. satisfied, content (**di**, **per** with).

pagoda /pa'gɔda/ f. pagoda.

paillette /pa'jɛt/ f.inv. sequin, spangle.

paio, pl.f. **-a** /'pajo/ m. **1** *(due persone, animali, cose)* pair; ***un ~ di scarpe*** a pair of shoes; ***un ~ di buoi*** a yoke *o* couple of oxen **2** *(oggetto formato da due parti non divisibili)* pair; ***un ~ di*** a pair of [*forbici, occhiali, pantaloni*] **3** *(numero limitato, non precisabile)* couple; ***potrei raccontarti un ~ di cosette sul suo conto!*** I could tell you a thing or two about him! ***ci vediamo tra un ~ di giorni*** I'll see you in a couple of days.

paiolo /pa'jɔlo/ m. pot, cauldron.

pakistano → **pachistano.**

pala /'pala/ f. **1** *(badile)* shovel **2** *(di mulino)* *(ad acqua)* bucket, paddle; *(a vento)* sail, vane **3** *(di ventilatore, turbina, elica, remo)* blade **4** ART. RELIG. ***~ d'altare*** altar piece ♦♦ ***~ meccanica*** mechanical digger.

paladino /pala'dino/ m. (f. **-a**) **1** STOR. paladin **2** FIG. *(difensore)* champion; ***farsi ~ di una causa*** to champion a cause.

palafitta /pala'fitta/ f. **1** *(abitazione)* pile dwelling; *(su lago)* lake dwelling **2** EDIL. *(struttura)* piling.

palafreniere /palafre'njɛre/ m. groom.

palanchino /palan'kino/ m. *(leva)* crowbar.

palandrana /palan'drana/ f. **1** man's dressing gown **2** SCHERZ. *(abito lungo e largo)* sack of potatoes.

palasport /palas'pɔrt/ m.inv. indoor stadium*.

palata /pa'lata/ f. **1** *(contenuto di una pala)* shovelful **2** *(grande quantità)* ***a -e*** in plenty; ***fare soldi a -e*** to make big money, to make money hand over fist.

palatale /pala'tale/ agg. e f. palatal.

palato /pa'lato/ m. **1** ANAT. palate **2** *(gusto)* palate; ***stuzzicare il ~*** to tickle the palate ♦♦ ***~ duro*** hard palate; ***~ molle*** soft palate.

palazzina /palat'tsina/ f. **1** *(signorile)* = bourgeois house usually of two or more floors **2** *(plurifamiliare)* small block of flats.

palazzinaro /palattsi'naro/ m. SPREG. building speculator.

palazzo /pa'lattso/ m. **1** *(grande edificio signorile)* palace **2** *(corte)* ***congiura di ~*** palace plot; *(governo)* ***critiche della piazza contro il ~*** = popular criticism of the government **3** *(edificio)* building; *(condominio)* block of flats, apartment block, apartment house ♦♦ ***~ Chigi*** = the Italian government; ***~ di città*** town *o* city AE hall; ***~ di giustizia*** courthouse; ***~ Madama*** = the Italian senate; ***~ presidenziale*** presidential palace; ***~ reale*** royal palace; ***Palazzo di Vetro*** UN building; ***Palazzi Vaticani*** Vatican Palace.

palco, pl. **-chi** /'palko, ki/ m. **1** *(tribuna)* platform, stand, tribune; ***~ della banda*** bandstand; ***~ d'onore*** VIP stand **2** *(palcoscenico)* stage **3** TEATR. *(per spettatori)* box; ***~ di proscenio*** stage box, mezzanine AE **4** *(corna di cervidi)* antler.

palcoscenico, pl. **-ci** /palkoʃ'ʃɛniko, tʃi/ m. stage; ***animale da ~*** all-round entertainer.

paleocristiano /paleokris'tjano/ agg. early Christian.

paleografia /paleogra'fia/ f. paleography.

paleografo /pale'ɔgrafo/ ➧ ***18*** m. (f. **-a**) paleographer.

paleolitico, pl. **-ci**, **-che** /paleo'litiko, tʃi, ke/ agg. e m. Paleolithic.

paleontologia /paleontolo'dʒia/ f. paleontology.

paleontologo, m.pl. **-gi**, f.pl. **-ghe** /paleon'tɔlogo, dʒi, ge/ ➧ ***18*** m. (f. **-a**) paleontologist.

palermitano /palermi'tano/ ➧ ***2*** **I** agg. from, of Palermo **II** m. (f. **-a**) native, inhabitant of Palermo.

palesare /pale'zare/ [1] **I** tr. to reveal, to disclose **II palesarsi** pronom. to reveal oneself.

palese /pa'leze/ agg. [*soddisfazione*] evident, patent; [*contraddizione*] obvious, straight; ***è ormai ~ che...*** it's now clear that...; ***rendere ~ qcs.*** to reveal sth.

Palestina /pales'tina/ ➧ ***30*** n.pr.f. Palestine.

palestinese /palesti'nese/ ➧ ***30*** agg., m. e f. Palestinian.

palestra /pa'lɛstra/ f. **1** *(locale)* gymnasium*, gym, sports hall **2** *(attività)* gymnastics + verbo sing. **3** FIG. training ground; ***è un'utile ~ di vita*** it is good training for life ♦♦ ***~ di roccia*** practice wall.

paletta /pa'letta/ f. **1** *(piccola pala)* small shovel **2** *(utensile da cucina)* scoop, spatula; *(per servire)* slice **3** *(giocattolo)* spade **4** *(di capostazione, poliziotto)* signal paddle ♦♦ ***~ per dolci*** cake slice *o* knife; ***~ per la spazzatura*** dustpan.

paletto /pa'letto/ m. **1** stake, pole, peg; *(per fissare una tenda)* tent pole, peg **2** *(di serratura)* bolt.

palinsesto /palin'sɛsto/ m. **1** *(codice)* palimpsest **2** TELEV. schedule.

palio, pl. **-li** /'paljo, li/ m. INTRAD. (traditional horse race which takes place in a number of Italian cities) ♦ ***essere in ~*** to be the prize; ***mettere in ~*** to put up as a prize.

palissandro /palis'sandro/ m. rosewood.

palizzare /palit'tsare/ [1] tr. to train.

palizzata /palit'tsata/ f. palisade, paling, stockade, picket fence.

palla /'palla/ ➧ ***10*** **I** f. **1** ball (anche GIOC. SPORT); ***~ da biliardo, bowling, tennis*** billiard, bowling, tennis ball; ***giocare a ~*** to play ball **2** *(tiro)* shot **3** ARM. *(di cannone)* (cannon)ball; *(di fucile, pistola)* ball, bullet **4** POP. *(frottola)* fib, whopper; ***(tutte) -e!*** bullshit! ***sono tutte -e*** that's a load of balls *o* bollocks BE **5** *(cosa, persona noiosa)* drag; *(scocciatura)* bummer, pain in the arse BE VOLG., pain in the ass AE VOLG.; ***che (rottura di) -e!*** what a drag *o* bummer! **II palle** f.pl. VOLG. *(testicoli)* balls, nuts, bollocks ♦ ***essere una ~ al piede di qcn.*** to be a millstone round sb.'s neck; ***essere in ~*** to be in shape; ***(non) avere le -e*** to have (no) balls; ***far girare le -e a qcn.*** to piss sb. off; ***rompe sempre le -e*** he's a pain in the ass; ***rompersi le -e*** to get pissed off; ***levarsi dalle -e*** to fuck off, to jerk off, to sod off; ***avere le -e piene di qcs.*** to be pissed off with *o* at sth.; ***mi sta sulle -e*** = I can't stand him ♦♦ ***~ di lardo*** COLLOQ. fatso; ***~ medica*** medicine ball; ***~ di neve*** snowball; ***~ ovale*** SPORT rugby ball.

pallacanestro /pallaka'nɛstro/ ➧ ***10*** f. basketball.

pallacorda /palla'kɔrda/ f. SPORT real tennis.

Pallade /'pallade/ n.pr.f. Pallas.

pallamano /palla'mano/ ➧ ***10*** f. handball.

pallanuoto /palla'nwɔto/ ➧ ***10*** f. water polo.

pallavolista, m.pl. **-i**, f.pl. **-e** /pallavo'lista/ ➧ ***18*** m. e f. volleyball player.

pallavolo /palla'volo/ ➧ ***10*** f. volleyball.

palleggiamento /palleddʒa'mento/ m. **1** SPORT → **palleggio 2** FIG. ***è un ~ di responsabilità*** they are passing the buck.

palleggiare /palled'dʒare/ [1] **I** intr. (aus. *avere*) *(nel tennis)* to rally; *(prima della partita)* to knock up BE; *(nel calcio, nel basket)* to dribble; *(nella pallavolo)* to do* an overhand pass **II palleggiarsi** pronom. ***-rsi la responsabilità*** to pass the buck.

palleggio, pl. **-gi** /pal'leddʒo, dʒi/ m. SPORT *(nel tennis)* rally; *(prima della partita)* knock-up; *(nel calcio, nel basket)* dribbling; *(nella pallavolo)* overhand pass.

pallet /'pallet/ m.inv. pallet.

pallettone /pallet'tone/ m. buckshot.

palliativo /pallja'tivo/ agg. e m. palliative (anche MED.).

pallido /'pallido/ agg. **1** [*colore, carnagione*] pale; ***come sei ~!*** you look really pale! **2** FIG. *(vago)* ***non ne ho la più -a idea*** I haven't the faintest *o* slightest *o* foggiest idea **3** *(scialbo)* ***una -a imitazione*** a pale imitation.

pallina /pal'lina/ f. **1** *(piccola palla)* little ball; *(bilia)* marble **2** GASTR. *(di gelato)* scoop, scoopful ♦♦ ***~ da ping-pong*** table-tennis *o* ping-pong ball.

pallino /pal'lino/ m. **1** *(nel biliardo)* cue ball; *(nelle bocce)* jack **2** ARM. *(nelle cartucce)* pellet, shot **3** *(motivo sulla stoffa)* dot; ***a -i*** [*vestito, stoffa*] dotted, polka dot **4** COLLOQ. FIG. *(mania)* fad, mania; ***ha il ~ della pesca*** he is hooked on fishing.

pallonata /pallo'nata/ f. blow with a ball.

palloncino /pallon'tʃino/ m. **1** balloon **2** *(lampioncino)* Chinese lantern **3** AUT. COLLOQ. *(per la prova dell'alcol)* Breathalyzer®.

pallone /pal'lone/ ➧ ***10*** m. **1** *(palla)* ball **2** SPORT *(calcio)* soccer, football BE, footy COLLOQ.; ***giocare a ~*** to play football **3** AER. METEOR. balloon **4** CHIM. flask ♦ ***essere nel ~*** to be in a daze; ***andare nel ~*** to go to pieces; ***un ~ gonfiato*** a stuffed shirt, a swellhead AE; ***avere la testa come un ~*** to feel dazed; ***fare la testa come un ~ a qcn.*** to talk sb.'s head off ♦♦ ***~ da calcio*** soccer ball, football BE; ***~ da pallacanestro*** basketball; ***~ da rugby*** rugby ball; ***~ sonda*** sounding balloon.

pallonetto /pallo'netto/ m. lob.

pallore /pal'lore/ m. pallor, paleness.

palloso /pal'loso/ agg. COLLOQ. [*libro, oratore*] boring, square; ***questo lavoro è veramente ~!*** this job's a real bummer *o* drag!

pallottola /pal'lɔttola/ f. **1** *(piccola palla)* pellet **2** *(proiettile)* bullet, ball.

pallottoliere /pallotto'ljɛre/ m. *(per calcoli)* abacus*.
1.palma /'palma/ f. ANAT. palm ♦ ***portare qcn. in ~ di mano*** = to hold sb. in high esteem.
2.palma /'palma/ f. BOT. palm (tree); ***cuori di ~*** palm-hearts ♦ ***ottenere*** o ***riportare la ~*** to take the prize ♦♦ ***~ da cocco*** coconut palm; ***~ da datteri*** date (palm).
palmare /pal'mare/ m. INFORM. palmtop, hand-held computer.
palmato /pal'mato/ agg. ZOOL. palmate(d).
palmento /pal'mɛnto/ m. ***mangiare a quattro -i*** FIG. to shovel food into one's mouth.
palmipede /pal'mipede/ **I** agg. palmiped(e), web-footed **II** m. palmiped(e).
palmo /'palmo/ m. **1** *(misura antica)* span; *(misura moderna)* = linear measure equal to about 25 centimetres; ***largo un ~*** a span in width **2** COLLOQ. *(palma della mano)* palm ♦ ***non cedere nemmeno di un ~*** not to yield an inch; ***a ~ a ~*** *(a poco a poco)* inch by inch; *(alla perfezione)* thoroughly; ***non riuscire a vedere a un ~ dal naso*** = not to see farther than one's nose; ***rimanere con un ~ di naso*** = to be greatly disappointed.
palo /'palo/ m. **1** *(grossa asta)* post, pole; *(di sostegno)* stake; EDIL. pile; ***~ della luce*** electricity pole *o* post **2** SPORT *(nel calcio)* (goal)post **3** GERG. ***fare il ~ a qcn.*** to give gammon to sb. ♦ ***rimanere fermo al ~*** to be left at the post; ***saltare di ~ in frasca*** = to hop from one subject to another.
palombaro /palom'baro/ ➧ ***18*** m. deep-sea diver.
palombo /pa'lombo/ m. smooth dogfish*.
palpabile /pal'pabile/ agg. palpable (anche FIG.).
palpare /pal'pare/ [1] tr. **1** to feel*, to finger [*stoffa, frutto*] **2** *(palpeggiare)* to fondle, to feel* up, to grope COLLOQ. [*persona*] **3** MED. to palpate, to feel*.
palpazione /palpat'tsjone/ f. MED. palpation.
palpebra /'palpebra/ ➧ ***4*** f. (eye)lid; ***battere le -e*** to blink one's eyes.
palpeggiare /palped'dʒare/ [1] tr. to fondle, to grope COLLOQ.
palpitante /palpi'tante/ agg. [*cuore*] throbbing, beating; ***~ d'emozione*** FIG. trembling with emotion.
palpitare /palpi'tare/ [1] intr. (aus. *avere*) **1** *(pulsare)* [*cuore*] to palpitate, to throb, to beat* **2** *(fremere)* ***~ di paura*** to tremble with fear.
palpitazione /palpitat'tsjone/ f. palpitation.
palpito /'palpito/ m. *(di cuore)* palpitation.
paludato /palu'dato/ agg. *(ampolloso)* [*stile*] bombastic.
palude /pa'lude/ f. GEOGR. marsh(land), fen, swamp, bog.
paludoso /palu'doso/ agg. [*terreno*] marshy, boggy; [*zona*] marshy, swampy.
palustre /pa'lustre/ agg. marsh attrib.
pam /pam/ inter. **1** *(di sparo)* bang **2** *(di tonfo)* thump.
pampa /'pampa/ f. (pl. **~s**) pampas pl. + verbo sing.
pamphlet /pan'flɛ/ m.inv. satirical pamphlet.
pamphlettista, m.pl. **-i**, f.pl. **-e** /panflet'tista/ m. e f. pamphlet writer, pamphleteer ANT.
pampino /'pampino/ m. vine leaf*.
panacea /pana'tʃɛa/ f. panacea, cure-all.
panafricano /panafri'kano/ agg. Pan-African.
panamense /pana'mɛnse/ ➧ ***25, 2*** agg., m. e f. Panamian.
panamericano /panameri'kano/ agg. Pan-American.
panca, pl. **-che** /'panka, ke/ f. bench (anche SPORT); *(senza spalliera)* form.
pancarré /pankar're/ m.inv. sandwich loaf*.
pancetta /pan'tʃetta/ f. **1** GASTR. = pork underbelly; ***~ affumicata*** bacon **2** *(pancia)* (pot) belly.
panchina /pan'kina/ f. **1** *(di parco)* bench **2** SPORT *(luogo)* bench; *(allenatore)* trainer, coach; ***essere in ~*** to be on the (substitute's) bench *o* on the sidelines.
pancia, pl. **-ce** /pantʃa, tʃe/ ➧ ***4*** f. **1** *(addome, stomaco)* stomach, tummy COLLOQ.; *(ventre)* belly; ***avere la ~*** *(essere grasso)* to have a fat stomach *o* a paunch; ***mettere su ~*** to grow a belly; ***avere mal di ~*** to have a bellyache; ***avere la ~ piena*** to have a full stomach; ***stare a ~ in giù*** to lie on one's stomach; ***stare a ~ all'aria*** to lie on one's back; FIG. = to idle; ***tenersi la ~ (dalle risate)*** to hold one's stomach with laughter **2** *(parte panciuta) (di pentola, vaso, barca, aereo)* belly ♦ ***avere la ~ lunga*** to be famished.
panciata /pan'tʃata/ f. ***dare una ~ (in acqua)*** to do a belly flop.
panciera /pan'tʃɛra/ f. body belt.
panciolle: **in panciolle** /impan'tʃɔlle/ avv. ***stare in ~*** to loll about.
pancione /pan'tʃone/ m. (f. **-a**) **1** *(pancia grossa)* fat stomach **2** *(di donna incinta)* bump; ***avere il ~*** to be big-bellied **3** *(persona grassa)* fatty.
panciotto /pan'tʃɔtto/ m. waistcoat BE, vest AE.
panciuto /pan'tʃuto/ agg. [*persona*] (big-)bellied, paunchy; [*pentola, vaso, mobile*] rounded.
pancreas /'pankreas/ m.inv. pancreas.
panda /'panda/ m.inv. panda; ***~ gigante*** giant panda.
pandemonio, pl. **-ni** /pande'mɔnjo, ni/ m. pandemonium, bedlam.
pandispagna /pandis'paɲɲa/ m.inv. GASTR. sponge (cake).
pandoro /pan'dɔro/ m. GASTR. = typical Christmas cake from Verona made from flour, butter and eggs.
pane /'pane/ m. **1** *(alimento)* bread; ***fetta di ~*** slice of bread **2** *(pagnotta)* loaf* **3** *(mezzo di sostentamento)* bread (and butter); ***guadagnarsi il ~ quotidiano*** to earn one's daily bread **4** *(blocco) (di burro)* pat; *(di sapone, cera)* cake ♦ ***vendersi come il ~*** to sell like hot cakes; ***levarsi*** o ***togliersi il ~ di bocca*** = to make sacrifices to help sb.; ***essere buono come il ~, essere un pezzo di ~*** to be as good as gold; ***se non è zuppa è pan bagnato*** it's six of one and half a dozen of the other; ***dire ~ al ~ (e vino al vino)*** to call a spade a spade; ***per un tozzo*** o ***pezzo di ~*** [*vendere*] for next to nothing; ***mettere qcn. a ~ e acqua*** to put sb. on bread and water; ***trovar ~ per i propri denti*** to meet one's match; ***questo lavoro è ~ per i suoi denti*** it's a job she can get her teeth into; ***render pan per focaccia*** to give tit for tat ♦♦ ***~ azzimo*** unleavened bread; ***~ bianco*** white bread; ***~ a*** o ***in cassetta*** sandwich loaf; ***pan grattato*** → **pangrattato**; ***~ integrale*** wheatmeal bread; ***~ nero*** brown bread; ***~ di segale*** rye bread, blackbread; ***pan di Spagna*** → **pandispagna**; ***pan di zucchero*** sugar loaf.
panegirico, pl. **-ci** /pane'dʒiriko, tʃi/ m. panegyric, eulogy (anche FIG.).
panetteria /panette'ria/ ➧ ***18*** f. bakery; *(negozio)* baker's (shop).
panettiere /panet'tjɛre/ ➧ ***18*** m. (f. **-a**) baker.
panettone /panet'tone/ m. GASTR. = typical Christmas cake from Milan made from flour, butter, eggs and sugar, with candied citron and sultanas.
panfilo /'panfilo/ m. yacht.
panforte /pan'fɔrte/ m. GASTR. = typical Christmas cake from Siena made from flour, sugar or honey, spices, candied fruit, almonds and hazelnuts.
pangrattato /pangrat'tato/ m. breadcrumbs pl.
pania /'panja/ f. **1** VENAT. birdlime **2** FIG. *(allettamento)* snare.
panico, pl. **-ci, -che** /'paniko, tʃi, ke/ **I** agg. ***timor ~*** panic fear **II** m. panic; ***in preda al ~*** panic-stricken; ***gettare qcn. nel ~*** to throw sb. into a panic; ***farsi prendere dal ~*** to get into a panic.
paniere /pa'njɛre/ m. basket (anche ECON.) ♦ ***rompere le uova nel ~ a qcn.*** to queer sb.'s pitch, to cook sb.'s goose COLLOQ.
panificatore /panifika'tore/ m. (f. **-trice** /tritʃe/) baker.
panificazione /panifikat'tsjone/ f. bread-making.
panificio, pl. **-ci** /pani'fitʃo, tʃi/ ➧ ***18*** m. bakery; *(negozio)* baker's (shop).
panino /pa'nino/ m. roll; *(imbottito)* sandwich; ***~ al prosciutto*** ham sandwich.
paninoteca, pl. **-che** /panino'tɛka, ke/ f. sandwich bar.
1.panna /'panna/ ➧ ***3*** **I** f. GASTR. cream **II** agg. e m.inv. *(colore)* cream ♦♦ ***~ acida*** sour cream; ***~ cotta*** = a creamy sugary pudding; ***~ da montare*** whipping cream; ***~ montata*** whipped cream.
2.panna /'panna/ f. MAR. ***mettersi in ~*** to heave to; ***restare in ~*** to be hove to.
panne /'panne/ f.inv. breakdown; ***veicolo in ~*** broken-down vehicle; ***rimanere in ~*** to have a breakdown.
pannello /pan'nɛllo/ m. EDIL. TECN. panel; ***rivestire di -i qcs.*** to panel sth. ♦♦ ***~ di controllo*** control panel; ***~ isolante*** insulating board; ***~ radiante*** radiating panel; ***~ solare*** solar panel.

panno /'panno/ **I** m. **1** *(tessuto)* cloth; ***cappotto di ~*** wool coat **2** *(pezzo di stoffa)* cloth **II panni** m.pl. *(biancheria)* linen sing.; *(vestiti)* clothes ♦ ***mettersi, essere nei -i di qcn.*** to put oneself, to be in sb.'s shoes; ***i -i sporchi si lavano in famiglia*** don't wash your dirty linen in public; ***tagliare i -i addosso a qcn.*** to speak ill of sb., to dish the dirt on sb.

pannocchia /pan'nɔkkja/ f. BOT. panicle; *(di mais)* cob; *(di graminacee)* ear.

pannolino /panno'lino/ m. **1** *(per bambini)* nappy BE, diaper AE **2** *(assorbente igienico)* sanitary towel BE, sanitary napkin AE.

pannolone /panno'lone/ m. incontinence pad.

panorama /pano'rama/ m. **1** panorama, view; ***~ marino*** seascape **2** FIG. panorama; ***~ della letteratura contemporanea*** survey of contemporary literature; ***il ~ economico*** the economic situation.

panoramica, pl. **-che** /pano'ramika, ke/ f. **1** CINEM. pan (shot) **2** MED. panoramic X-ray **3** *(strada)* scenic road.

panoramico, pl. **-ci**, **-che** /pano'ramiko, tʃi, ke/ agg. [*veduta*] panoramic; [*strada*] panoramic, scenic; ***schermo ~*** CINEM. wide screen.

panpepato /pampe'pato/ m. = cake flavoured with spices, honey, almonds, orange peel and candied citron.

pantaloncini /pantalon'tʃini/ ➧ ***35*** m.pl. shorts, short trousers.

pantaloni /panta'loni/ ➧ ***35*** m.pl. trousers, pants AE; ***~ corti*** short trousers, shorts; ***~ del pigiama*** pyjama BE *o* pajama AE trousers ♦ ***portare i ~*** to wear the trousers BE *o* pants AE ♦♦ ***~ alla cavallerizza*** (riding) breeches; ***~ alla pescatora*** pedal pushers, clamdiggers AE; ***~ a zampa di elefante*** bell-bottoms, flares; ***~ alla zuava*** knickerbockers, plus-fours.

pantano /pan'tano/ m. **1** *(terreno acquitrinoso)* quagmire, bog **2** *(fango)* mire, mud **3** FIG. (quag)mire, mud.

panteismo /pante'izmo/ m. pantheism.

pantera /pan'tɛra/ f. panther.

pantofola /pan'tɔfola/ ➧ ***35*** f. slipper; *(chiusa dietro)* carpet slipper.

pantofolaio, pl. **-ai** /pantofo'lajo, ai/ ➧ ***18*** m. (f. **-a**) *(pigro, abitudinario)* stay-at-home, lazybones.

pantografo /pan'tɔgrafo/ m. pantograph.

pantomima /panto'mima/ f. TEATR. (panto)mime, dumb show.

panzana /pan'tsana/ f. cock-and-bull story, tall story.

panzerotto /pantse'rɔtto/ m. GASTR. INTRAD. (large ravioli with mozzarella cheese, ricotta cheese, ham or, when sweet, jam).

Paola /'paola/ n.pr.f. Paula.

paolino /pao'lino/ agg. RELIG. Pauline.

Paolo /'paolo/ n.pr.m. Paul.

paonazzo /pao'nattso/ agg. [*colorito, viso*] purple.

papa /'papa/ ➧ ***1*** m. pope ♦ ***andare a Roma e non vedere il ~*** = to leave out the most important thing; ***(a) ogni morte di ~*** once in a blue moon; ***morto un ~ se ne fa un altro*** PROV. there are plenty more fish in the sea; ***stare come un ~*** to live like a king.

papà /pa'pa/ m.inv. father, dad, daddy, papa AE; ***figlio di ~*** spoilt boy; ***festa del ~*** Father's Day.

papaia /pa'paja/ f. papaya, pa(w)paw.

papale /pa'pale/ agg. papal ♦ ***~ ~*** bluntly, not to put too fine a point on it.

papalina /papa'lina/ f. skull cap.

papalino /papa'lino/ agg. papal, of the pope.

paparazzo /papa'rattso/ m. paparazzo.

papato /pa'pato/ m. papacy.

papavero /pa'pavero/ m. **1** BOT. (corn) poppy **2** FIG. *(pezzo grosso)* big shot, big fish ♦ ***essere rosso come un ~*** to be as red as a beetroot BE *o* beet AE.

papera /'papera/ f. **1** *(oca giovane)* gosling **2** *(errore)* slip (of the tongue); ***prendere una ~*** to make a slip.

papero /'papero/ m. gander, gosling.

papilla /pa'pilla/ f. ***~ gustativa*** taste bud.

papillon /papi'jɔn/ m.inv. bow tie.

papiro /pa'piro/ m. **1** *(pianta, materiale)* papyrus* **2** *(testo)* papyrus*; SCHERZ. *(scritto prolisso)* screed; *(lunga lettera)* long letter.

papismo /pa'pizmo/ m. papalism; SPREG. papism.

papista, m.pl. **-i**, f.pl. **-e** /pa'pista/ agg., m. e f. papalist; SPREG. papist.

pappa /'pappa/ f. **1** *(cibo per bambini)* babyfood, pap; INFANT. din-din **2** *(poltiglia)* mush, pulp ♦ ***essere ~ e ciccia*** to be hand in glove; ***trovare la ~ pronta*** o ***fatta*** = to find everything already done; ***vuole la ~ pronta*** he expects everything on a silver plate ♦♦ ***~ molle*** → **pappamolle**; ***~ reale*** royal jelly.

pappagallescamente /pappagalleska'mente/ avv. parrot-fashion.

pappagallesco, pl. **-schi**, **-sche** /pappagal'lesko, ski, ske/ agg. parrot-like.

pappagallino /pappagal'lino/ m. ***~ ondulato*** budgerigar.

pappagallo /pappa'gallo/ m. **1** ZOOL. parrot **2** FIG. *(chi ripete)* parrot **3** *(chi importuna le donne per strada)* = man who bothers women on the street **4** *(orinale)* bed-bottle ♦ ***ripetere come un ~*** to repeat everything parrot-fashion.

pappagorgia, pl. **-ge** /pappa'gɔrdʒa, dʒe/ f. double chin.

pappamolla /pappa'mɔlla/, **pappamolle** /pappa'mɔlle/ m. e f.inv. milksop, namby-pamby.

pappardella /pappar'dɛlla/ **I** f. COLLOQ. long speech, waffle BE **II pappardelle** f.pl. GASTR. INTRAD. (large noodle egg pasta).

pappare /pap'pare/ [1] tr. COLLOQ. **1** *(mangiare)* to wolf (down), to eat* up **2** FIG. *(intascare)* to pocket.

pappone /pap'pone/ m. POP. *(protettore di prostitute)* pimp, ponce BE.

paprica, **paprika** /'paprika/ f. paprika.

pap-test /pap'test/ m.inv. Pap test.

para /'para/ f. Pará rubber.

parà /pa'ra/ m.inv. COLLOQ. (accorc. paracadutista) para.

1.parabola /pa'rabola/ f. **1** MAT. parabola **2** *(traiettoria)* trajectory **3** *(antenna)* satellite aerial, satellite dish.

2.parabola /pa'rabola/ f. BIBL. parable.

parabolico, pl. **-ci**, **-che** /para'bɔliko, tʃi, ke/ agg. [*curva*] parabolic; ***antenna -a*** satellite aerial *o* dish.

parabordo /para'bordo/ m. fender.

parabrezza /para'breddza/ m.inv. windscreen BE, windshield AE.

paracadutare /parakadu'tare/ [1] **I** tr. to parachute, to drop **II paracadutarsi** pronom. to parachute; *(in caso di emergenza)* to bail out.

paracadute /paraka'dute/ m.inv. parachute, chute COLLOQ.; ***lancio col ~*** airdrop, parachute jump *o* drop; ***lanciare col ~*** to parachute.

paracadutismo /parakadu'tizmo/ m. parachuting; ***fare ~*** to go parachuting.

paracadutista, m.pl. **-i**, f.pl. **-e** /parakadu'tista/ m. e f. parachutist; MIL. paratrooper.

paracarro /para'karro/ m. = post made of stone or other material.

paradenti /para'dɛnti/ m.inv. gumshield.

paradigma /para'digma/ m. paradigm.

paradigmatico, pl. **-ci**, **-che** /paradig'matiko, tʃi, ke/ agg. paradigmatic.

paradisiaco, pl. **-ci**, **-che** /paradi'ziako, tʃi, ke/ agg. paradisiac.

paradiso /para'dizo/ m. heaven, paradise (anche FIG.); ***il ~ e l'inferno*** heaven and hell; ***andare in ~*** to go to heaven *o* paradise ♦ ***avere dei santi in ~*** = to have friends in high places ♦♦ ***~ artificiale*** drug-induced bliss, opium dream; ***~ fiscale*** tax haven, tax shelter; ***~ terrestre*** BIBL. Eden.

paradossale /parados'sale/ agg. paradoxical.

paradosso /para'dɔsso/ m. paradox.

parafango, pl. **-ghi** /para'fango, gi/ m. *(di bici)* mudguard; *(di auto)* wing, fender AE.

paraffina /paraf'fina/ f. paraffin (wax).

parafrasare /parafra'zare/ [1] tr. to paraphrase.

parafrasi /pa'rafrazi/ f.inv. paraphrase.

parafulmine /para'fulmine/ m. lightning rod, lightning conductor BE ♦ ***fare da ~*** to act as a lightning rod *o* as a shield.

parafuoco, pl. **-chi** /para'fwɔko, ki/ m. fender, fireguard.

paraggi /pa'raddʒi/ m.pl. neighbourhood sing. BE, neighborhood sing. AE, surrounding area sing.; ***nei ~*** in the neighbourhood, within easy reach; ***deve essere nei ~*** she must be somewhere about; ***sarò nei ~*** I'll be around.

paragonabile /parago'nabile/ agg. comparable; ***essere ~ a*** to be on a par with, to be comparable to *o* with.
paragonare /parago'nare/ [1] **I** tr. to compare (**a** with, to), to liken (**a** to) **II paragonarsi** pronom. ***-rsi a*** to compare oneself with *o* to.
paragone /para'gone/ m. comparison; ***a ~ di*** compared with, in comparison with; ***senza ~*** without parallel; ***non c'è ~!*** there's no comparison! ***fare un ~ tra qcs. e qcs.*** to draw a comparison between sth. and sth.
paragrafo /pa'ragrafo/ m. **1** *(di testo)* paragraph, section **2** *(segno tipografico)* paragraph, section mark.
paraguaiano /paragwa'jano/ ➧ ***25*** **I** agg. Paraguayan **II** m. (f. **-a**) Paraguayan.
paralisi /pa'ralizi/ f.inv. MED. palsy, paralysis (anche FIG.) ♦♦ ***~ cerebrale*** cerebral palsy; ***~ facciale*** Bell's *o* facial palsy.
paralitico, pl. **-ci**, **-che** /para'litiko, tʃi, ke/ **I** agg. paralytic **II** m. (f. **-a**) paralytic.
paralizzare /paralid'dzare/ [1] tr. **1** MED. to paralyse BE, to paralyze AE **2** *(bloccare)* to cripple, to paralyse BE, to paralyze AE [*economia, industria*]; to paralyse BE, to paralyze AE [*mercato, traffico*].
paralizzato /paralid'dzato/ **I** p.pass. → **paralizzare II** agg. **1** MED. paralysed BE, paralyzed AE **2** FIG. [*economia, industria*] crippled, paralysed BE, paralyzed AE; [*mercato, traffico*] paralysed BE, paralyzed AE.
parallela /paral'lɛla/ f. **1** MAT. parallel **2** SPORT ***-e*** parallel bars; ***-e asimmetriche*** asymmetric *o* uneven bars **3** *(strada)* ***la prima ~ di via Po*** the first street running parallel to via Po.
parallelamente /parallela'mente/ avv. parallel (**a** to, with).
parallelepipedo /parallele'pipedo/ m. parallelepiped.
parallelo /paral'lɛlo/ **I** agg. **1** MAT. parallel (**a** to, with) **2** *(simultaneo)* parallel; ***corso ~*** twin course **3** *(a margine)* [*mondo, universo*] parallel **II** m. **1** *(paragone)* parallel (**tra** between; **con** to) **2** GEOGR. parallel, line of latitude **3 in parallelo** EL. in parallel; INFORM. [*stampante, trasmissione*] parallel.
parallelogramma /parallelo'gramma/, **parallelogrammo** /parallelo'grammo/ m. parallelogram.
paraluce /para'lutʃe/ m.inv. lens hood.
paralume /para'lume/ m. (lamp)shade.
paramedico, pl. **-ci**, **-che** /para'mɛdiko, tʃi, ke/ **I** agg. paramedical **II** m. paramedic.
paramento /para'mento/ m. ***-i sacri*** vestment.
parametro /pa'rametro/ m. MAT. parameter (anche FIG.).
paramilitare /paramili'tare/ agg. paramilitary.
paranco, pl. **-chi** /pa'ranko, ki/ m. TECN. block, hoist; *(per sollevare)* tackle.
paranoia /para'nɔja/ ➧ ***7*** f. PSIC. paranoia (anche FIG.); ***andare*** o ***cadere in ~*** COLLOQ. to get *o* become paranoid, to freak out; ***un sacco di -e per niente*** endless fussing about nothing.
paranoico, pl. **-ci**, **-che** /para'nɔiko, tʃi, ke/ **I** agg. paranoid **II** m. (f. **-a**) paranoid.
paranoide /para'nɔide/ agg., m. e f. paranoid.
paranormale /paranor'male/ **I** agg. [*fenomeno*] paranormal, psychic; [*poteri*] psychic **II** m. paranormal.
paraocchi /para'ɔkki/ m.inv. blinkers pl., blinder AE; ***avere i ~*** FIG. to wear blinkers, to have a tunnel vision.
Paraolimpiadi /paraolim'piadi/ f.pl. Paralympics.
paraorecchi /parao'rekki/, **paraorecchie** /parao'rekkje/ m.inv. *(su un berretto)* earflap; *(fascia)* earmuffs pl.
parapendio /parapen'dio / m.inv. **1** *(paracadute)* paraglider **2** *(sport)* paragliding.
parapetto /para'pɛtto/ m. **1** EDIL. (guard) rail, parapet; *(di torre)* railing **2** MAR. rail.
parapiglia /para'piʎʎa/ m.inv. hubbub, commotion, hustle and bustle.
paraplegico, pl. **-ci**, **-che** /para'plɛdʒiko, tʃi, ke/ **I** agg. paraplegic **II** m. (f. **-a**) paraplegic.
parapsicologia /parapsikolo'dʒia/ f. parapsychology.
parare /pa'rare/ [1] **I** tr. **1** *(ornare)* to apparel, to deck, to decorate **2** *(riparare)* to screen [*occhi*] **3** *(schivare)* to counter, to fend off [*colpo*] **4** SPORT *(nella scherma, nel pugilato)* to parry; *(nel calcio)* to save [*rigore*] **II** intr. (aus. *avere*) **1** *(mirare)* ***andare a ~*** to lead up to; ***dove vuoi andare a ~?*** what are you driving at? **2** SPORT *(nella scherma, nel pugilato)* to parry **III pararsi** pronom. *(apparire all'improvviso)* to appear, to surprise, to spring* up.
parascolastico, pl. **-ci**, **-che** /parasko'lastiko, tʃi, ke/ agg. extracurricular.
parasole /para'sole/ m.inv. **1** parasol, sunshade, sunshield, sun umbrella **2** FOT. lens hood.
parassita, m.pl. **-i**, f.pl. **-e** /paras'sita/ **I** agg. parasitic(al) (anche FIG.); ***insetti -i*** vermin **II** m. BIOL. parasite, guest; ***-i*** vermin **III** m. e f. COLLOQ. FIG. freeloader, hanger-on.
parassitario, pl. **-ri**, **-rie** /parassi'tarjo, ri, rje/, **parassitico**, pl. **-ci**, **-che** /paras'sitiko, tʃi, ke/ agg. parasitic(al).
parastinchi /paras'tinki/ m.inv. (shin)pad, shin protector.
1.parata /pa'rata/ f. **1** *(nel calcio)* save; ***fare una ~*** to save a goal **2** *(nella scherma, nel pugilato)* parry ♦♦ ***~ in tuffo*** diving save.
2.parata /pa'rata/ f. **1** *(sfilata)* parade, procession **2** MIL. parade, march-past; ***sfilare in ~*** to parade **3** *(gala)* ***uniforme di*** o ***da ~*** MIL. mess dress *o* kit BE, robes of state ♦♦ ***~ aerea*** flyby, flypast BE, flyover AE.
paratia /para'tia/ f. MAR. AER. bulkhead.
parato /pa'rato/ m. **1** *(drappo)* wall hanging **2** *(rivestimento)* ***carta da -i*** wallpaper.
paraurti /para'urti/ m.inv. **1** AUT. bumper **2** FERR. buffer.
paravalanghe /parava'lange/ m.inv. avalanche shelter.
paravento /para'vɛnto/ m. room divider, screen; ***fare da ~ a qcn.*** FIG. to cover up for sb.
parcella /par'tʃɛlla/ f. fee; ***la ~ dell'avvocato*** the lawyer's bill *o* fee.
parcellizzare /partʃellid'dzare/ [1] tr. to parcel out [*lavoro*].
parcellizzazione /partʃelliddzat'tsjone/ f. parcelling out.
parcheggiare /parked'dʒare/ [1] tr. to park.
parcheggiatore /parkeddʒa'tore/ ➧ ***18*** m. (f. **-trice** /tritʃe/) parking attendant; ***~ abusivo*** unlicensed parking attendant.
parcheggio, pl. **-gi** /par'keddʒo, dʒi/ m. **1** *(azione)* parking **2** *(spazio)* parking space **3** *(area di posteggio)* parking, car park BE, parking lot AE; ***~ a pagamento*** fee parking **4** *(sosta)* parking; ***~ in doppia fila*** double parking.
parchettista, m.pl. **-i**, f.pl. **-e** /parket'tista/ ➧ ***18*** m. e f. parquet layer.
parchimetro /par'kimetro/ m. (parking) meter, slot meter.
1.parco, pl. **-chi** /'parko, ki/ m. park ♦♦ ***~ di divertimenti*** amusement park, (fun) fair; ***~ giochi*** playground; ***~ macchine*** car fleet; ***~ naturale*** wildlife reserve; ***~ nazionale*** national park.
2.parco, pl. **-chi**, **-che** /'parko, ki, ke/ agg. economical, sparing; ***una -a cena*** a frugal meal; ***essere ~ nello spendere*** to spend sparingly; ***essere ~ di parole*** to be economical with words, to be tight-lipped; ***essere ~ di complimenti*** to be sparing of *o* pinching with praise.
par condicio /parkon'ditʃo/ f.inv. POL. = situation in which everybody is guaranteed equal opportunity, especially referring to the access to mass media.
parecchio, pl. **-chi**, **-chie** /pa'rekkjo, ki, kje/ v. la nota della voce **alcuno**. **I** agg.indef. **1** quite a lot of, a good deal of; ***-chi*** several, quite a few, a good many; ***-chie persone*** quite a few people; ***-chie volte*** a good many times; ***guadagna -chi soldi*** he earns quite a lot of *o* a good deal of money; ***sono -chi giorni che non si vede in giro*** he hasn't been seen for several days **2** *(di tempo)* ***~ tempo fa*** long ago; ***per ~ tempo*** for quite a long time **II** pron.indef. quite a lot, a good deal; ***guadagnare ~*** to earn quite a lot *o* a good deal; ***c'è voluto ~*** it took quite long; ***ce n'è ~*** there's quite a lot **III *parecchi*** pron.indef.pl. ***-chi di voi*** many of you; ***-chi di essi erano rotti*** many of them were broken; ***ce ne sono -chi*** there are quite a few *o* a good many **IV** avv. **1** *(con un verbo)* [*mangiare, preoccuparsi, lavorare*] quite a lot; ***si intende ~ di cinema*** she knows a lot about cinema **2** *(con un aggettivo)* quite; ***~ più grande*** quite a bit *o* a good bit bigger.
pareggiamento /pareddʒa'mento/ m. COMM. ***~ dei conti*** settlement of accounts.
pareggiare /pared'dʒare/ [1] **I** tr. **1** *(livellare)* to grade, to level off [*terreno*] **2** *(tagliare allo stesso livello)* to straighten [*orlo*]; to trim [*capelli, erba*] **3** AMM. COMM. to balance [*bilancio, conti*] **II** intr. (aus. *avere*) SPORT to tie, to draw* (a match), to square the score; ***hanno pareggiato*** it was a draw **III pareg-**

giarsi pronom. [*risultati*] to be* equal ♦ **~ *i conti con qcn.*** to settle accounts *o* a score with sb., to settle sb.'s hash.

pareggio, pl. **-gi** /pa'reddʒo, dʒi/ m. **1** COMM. balance, break-even; ***bilancio in ~*** balanced budget; ***chiudere in ~*** to break even **2** SPORT draw, tie; ***terminare l'incontro con un ~*** to end a game in a tie, to draw a match.

parentado /paren'tado/ m. kinsfolk + verbo pl., kindred **U** + verbo sing. o pl., relatives pl.

parentale /paren'tale/ agg. parental.

parente /pa'rɛnte/ m. e f. relative, relation, connection, connexion BE; **~ *prossimo*** o ***stretto*** close relation; ***essere un ~ stretto di qcn.*** to be sb.'s next of kin; ***essere ~ alla lontana*** o ***lontano ~ di*** to be distantly related to.

parentela /paren'tɛla/ f. **1** *(consanguineità)* family ties pl., kindred, kinship; ***grado di ~*** degree of kinship; ***legami di ~*** family relationships **2** FIG. *(legame)* tie **3** *(parentado)* kindred **U**, kinsfolk + verbo pl., relatives pl.

parentesi /pa'rɛntezi/ f.inv. **1** *(digressione)* digression; ***aprire una ~*** to make a digression, to digress **2** *(segno tipografico)* bracket, parenthesis*; ***tra ~*** in brackets *o* parenthesis; ***tra ~...*** *(a proposito)* incidentally..., by the way...; ***mettere tra ~*** to put in brackets, to bracket; ***aperta, chiusa ~*** open, close bracket **3** *(intervallo)* interval, break ♦♦ **~ *graffa*** brace; **~ *quadra*** square bracket; **~ *tonda*** round bracket.

pareo /pa'rɛo/ m.inv. *(da spiaggia)* beachrobe.

1.parere /pa'rere/ [66] **I** intr. (aus. *essere*) **1** *(sembrare)* to appear, to seem, to look; *(assomigliare)* to look like; ***pare felice*** he seems *o* looks happy; ***il viaggio mi è parso lungo*** the journey seemed long to me; ***mi pare un tipo onesto*** he seems to be an honest guy **2** *(ritenere, credere)* to think*; ***non mi pare, mi pare di no*** I don't think so; ***mi pare che*** it appears *o* seems to me that; ***e ti pareva!*** did you doubt it! ***mi pareva (strano)!*** I thought so! I guessed as much! ***che te ne pare di questa idea?*** how does the idea strike you? **3** *(volere)* ***fa quello che gli pare*** he does what he wants; ***sei libero di andare e venire come ti pare*** you can come and go as you please **4** *(formula di cortesia)* ***ma Le pare!*** think nothing of it! don't mention it! **II** impers. to seem, to sound; ***pare sia divertente!*** it sounds like it should be fun! ***pare proprio che*** it very much seems as if *o* as though; ***pare che abbia cambiato idea*** he is reported to have changed his mind; ***pare che sia un buon hotel*** it's supposed to be a good hotel; ***pare che sia molto ricco*** he is reputed to be very rich; ***pare che ci sia qualche errore*** there seems to be some mistakes; ***a quanto pare*** to all appearances; ***a quanto pare, pensa che...*** he seems to think that...; ***i suoi genitori, a quanto pare, erano ambiziosi*** his parents, it appears, were ambitious.

2.parere /pa'rere/ m. advice **U**, opinion, judgment, view; ***a mio ~, a parer mio*** in my opinion *o* judgement, personally speaking, to my mind COLLOQ.; ***essere dello stesso ~*** to be of one mind; ***i -i sono discordi*** opinion is divided; ***dare il proprio ~*** to have one's say; ***cambiare ~*** to change one's mind; ***chiedere il ~ di un medico*** to seek medical advice; ***sentire il ~ di un avvocato*** to take legal advice.

parete /pa'rete/ f. **1** ING. ARCH. wall; **~ *divisoria*** partition (wall), screen; ***tra le -i domestiche*** FIG. in the privacy of one's home **2** *(di tunnel, grotta)* side, wall **3** GEOL. *(pendio)* face; **~ *rocciosa*** rock face; **~ *di un dirupo*** cliffside **4** SPORT climbing wall **5** ANAT. BIOL. lining, wall.

1.pari /'pari/ **I** agg.inv. **1** *(uguale)* [*abilità, quantità*] equal, same; **~ *opportunità*** equal opportunities, equality of opportunity; ***di ~ importanza*** of the same importance; ***di ~ grado*** of equal rank; ***una cifra ~ a un mese di stipendio*** a sum equal to one month's salary; ***andare di ~ passo*** FIG. to go hand in hand; ***siamo ~!*** let's call it quits! we're all square now! **2** *(senza dislivello)* [*superficie, terreno*] level, even **3** SPORT [*gara, partita*] drawn; [*punti*] even; ***pari!*** *(nel tennis)* deuce! draw! ***essere ~*** to be (all) square **4** MAT. [*numero*] even **5** FIG. LETT. *(all'altezza)* ***essere ~ a*** to be adequate *o* equal to; ***essere ~ alle aspettative*** to match up to *o* meet expectations **II** m. e f.inv. equal, peer; ***senza ~*** without parallel, peerless, unexcelled, unmatched; ***bellezza senza ~*** incomparable *o* unsurpassed beauty; ***non avere*** o ***essere senza ~*** to have no equal; ***trattare qcn. da ~ a ~*** to treat sb. as an equal **III** avv. **1** SPORT *(nel tennis)* ***(sono) 30 ~*** (they are) 30 all; *(nel calcio)* ***la partita è finita 2 ~*** the match finished in a 2-2 draw **2 alla pari** [*competizione*] even; ***trattare qcn. alla ~*** to treat sb. as an equal; ***ragazza alla ~*** au pair **3 in pari** ***chiudere il bilancio in ~*** to balance the budget; ***mettersi in ~ con i pagamenti*** to break even with the bills; ***mettersi in ~ con il lavoro*** to catch up with one's work **4 al pari di** as **5 pari pari** [*copiare*] word-for-word; ***gli ho detto ~ ~ quel che pensavo di lui*** I told him plainly *o* exactly *o* flatly what I thought of him **6 a pari merito** ***terminare a ~ merito*** to draw; ***arrivare terzo a ~ merito*** to come equal third; ***X e Y sono arrivati a ~ merito*** X drew with Y ♦ ***fare ~ e patta*** SPORT to draw, to (end in a) tie, to finish equal; ***fare a ~ o dispari*** to play odds and evens; ***essere ~ e patta*** FIG. to be even *o* quits *o* straight *o* (all) square; ***saltare a piè ~*** to skip (over).

2.pari /'pari/ m.inv. GB POL. peer, lord; ***Camera dei ~*** house of Lords.

paria /'parja/ m. e f.inv. **1** pariah **2** FIG. outcast.

Paride /'paride/ n.pr.m. Paris.

parificare /parifi'kare/ [1] tr. **1** to equalize [*pensioni, salari*] **2** *(riconoscere)* **~ *una scuola*** to recognize a school officially.

parificato /parifi'kato/ **I** p.pass. → **parificare II** agg. [*scuola*] officially recognized.

Parigi /pa'ridʒi/ ♦ **2** n.pr.f. Paris.

parigino /pari'dʒino/ ♦ **2 I** agg. Parisian **II** m. (f. **-a**) Parisian.

pariglia /pa'riʎʎa/ f. *(di cavalli)* span ♦ ***rendere la ~*** to give tit for tat.

parimenti /pari'menti/ avv. LETT. equally, likewise, in the same way.

parità /pari'ta/ f.inv. **1** *(uguaglianza)* equality, parity; ***a ~ di prezzo*** for the same price; ***a ~ di condizioni*** all conditions being equal **2** SPORT ***essere in ~*** [*squadre*] to be all square; ***finire in ~*** [*partita*] to end in a tie *o* draw.

paritario, pl. **-ri, -rie** /pari'tarjo, ri, rje/ agg. equal.

1.parlamentare /parlamen'tare/ **I** agg. parliamentary **II** m. e f. parlamentarian, member of parliament; **~ *europeo*** Member of the European Parliament, Euro-MP.

2.parlamentare /parlamen'tare/ [1] intr. (aus. *avere*) to parley.

parlamento /parla'mento/ m. POL. parliament; *(in GB)* (Houses of) Parliament; ***il ~ europeo*** the European Parliament.

parlante /par'lante/ **I** agg. **1** [*animale, bambola*] talking **2** FIG. *(eloquente)* [*ritratto*] lifelike **II** m. e f. LING. speaker.

parlantina /parlan'tina/ f. COLLOQ. ***avere una bella ~*** o ***una ~ sciolta*** to have the gift of the gab.

1.parlare /par'lare/ [1] Il verbo *parlare* è reso in inglese principalmente da due verbi, *to talk* e *to speak. To talk* è d'uso frequente e informale, e significa parlare in modo amichevole e comunque non ostile o distaccato; *to speak* è d'uso più raro e formale, e si usa per indicare il parlare con un certo distacco, in modo spesso poco amichevole o comunque tra estranei, e in alcuni casi particolari (parlare al telefono, parlare in dibattiti o conferenze, parlare le lingue, essere in grado fisicamente di parlare ecc). Rinviando agli esempi d'uso più sotto nella voce, si noti che nell'inglese britannico *to speak with* e *to talk with* designano un modo di parlare più articolato e prolungato di *to speak to* e *to talk to* (il riferimento alla persona a cui si parla deve comunque essere introdotto da *with* o *to*). **I** tr. to speak* [*lingua*]; ***parli inglese?*** do you speak English? ***"si parla francese"*** "French spoken" **II** intr. (aus. *avere*) **1** *(pronunciare parole)* to speak*; **~ *in dialetto*** to speak dialect; ***la bimba ha già cominciato a ~*** the baby has already started to talk **2** *(esprimersi)* to speak*; **~ *per qcn.*** o ***a nome di qcn.*** to speak for sb.; ***senti chi parla!*** look *o* listen who's talking! **3** *(confessare)* to talk; ***far ~ qcn.*** to make sb. talk *o* sing COLLOQ. **4** *(riferire)* to tell*, to mention; **~ *di qcn., qcs. a qcn.*** to mention sb., sth. to sb.; ***non parlarne con loro*** don't tell them about it, don't mention it to them **5** *(rivolgersi)* **~ *a*** o ***con qcn.*** to talk *o* speak to sb.; ***le devo ~*** I must talk *o* speak to you; ***sto parlando con te!*** I'm talking to you! **6** *(discutere)* to talk; **~ *di qcs., di fare*** to talk about sth., about doing; ***si parla molto di...*** there's a lot of talk about...; **~ *di affari, di sport*** to talk business, sport; ***sentire ~ di qcs., qcn.*** to hear of sth., sb.; ***non se ne parla nemmeno*** *(rifiuto)* I wouldn't dream of it, nothing doing COLLOQ.; *(divieto)* it's completely out of the question;

non me ne parlare! IRON. tell me about it! let's drop it! ***per non ~ di*** not mentioning, leaving aside, let alone, to say nothing of; ***fanno presto a ~!*** it's all very well for them to talk! ***facile ~!*** talk is cheap! ***se ne parlerà fra un anno*** we'll talk about it *o* deal with that in a year's time **7** *(trattare)* ***~ di*** [*articolo, film, libro*] to deal with, to be about **8** *(conversare)* to speak*, to talk; ***~ a*** o ***con qcn.*** to speak to *o* with sb.; ***far ~ di sé*** to get oneself talked about; ***~ bene di qcn.*** to speak well *o* kindly of sb.; ***~ male di qcn.*** to speak ill *o* evil of sb.; ***~ al telefono*** to speak on the telephone; ***~ da solo*** o ***tra sé e sé*** to talk to oneself; ***tanto per ~*** for argument's sake, to make a conversation **9** *(commentare)* ***i dati parlano da sé*** the facts speak for themselves; ***parlando in generale, generalmente parlando*** generally speaking **10** *(al telefono)* ***pronto, chi parla?*** hello, who's speaking please? **III parlarsi** pronom. **1** *(colloquiare)* to talk, to speak*; ***si sono parlati al telefono*** they spoke on the telephone **2** *(rivolgersi la parola)* to speak*; ***non ci parliamo più*** we don't speak (to each other), we're not on speaking terms ♦ ***~ arabo*** to talk double Dutch; ***bada come parli!*** mind your language! ***~ del più e del meno*** to talk about this and that, to make small talk, to shoot the breeze AE; ***-rsi addosso*** to like the sound of one's own voice; ***con rispetto parlando*** no disrespect (to you), (if you) excuse the expression.

2.parlare /par'lare/ m. **1** *(modo di esprimersi)* way of speaking, speech **2** *(idioma)* ***il ~ fiorentino*** the Florentine dialect **3** *(chiacchiere)* talk; ***si fa un gran ~ di*** there is (a lot of) talk about.

parlata /par'lata/ f. parlance, way of speaking; ***la ~ fiorentina*** the Florentine dialect.

parlato /par'lato/ **I** p.pass. → **1.parlare II** agg. **1** *(orale)* spoken; ***lingua -a*** speech, spoken language **2** CINEM. [*cinema, film*] talking **III** m. **1** *(lingua parlata)* ***il ~*** the spoken word **2** CINEM. ***il ~*** talking pictures, talkies; ***il ~ di un film*** the dialogue of a film.

parlatore /parla'tore/ m. (f. **-trice** /tritʃe/) speaker, talker.

parlatorio, pl. **-ri** /parla'tɔrjo, ri/ m. parlour BE, parlor AE.

parlottare /parlot'tare/ [1] intr. (aus. *avere*) to murmur, to chatter.

parlottio, pl. **-ii** /parlot'tio, ii/ m. chatter, chattering, murmuring.

parmigiana /parmi'dʒana/ f. GASTR. ***(melanzane alla) ~*** = slices of fried aubergines seasoned with tomato sauce and grated Parmesan cheese baked in the oven.

parmigiano /parmi'dʒano/ m. GASTR. Parmesan (cheese).

parodia /paro'dia/ f. **1** parody, burlesque, spoof COLLOQ.; ***una ~ di un film dell'orrore*** a spoof horror film **2** FIG. *(caricatura)* mockery, parody, travesty SPREG.; ***fare la ~ di qcn.*** to parody sb., to take sb. off.

parodiare /paro'djare/ [1] tr. to parody, to burlesque, to mimic [*persona, stile*]; to parody, to spoof COLLOQ. [*film, libro*].

parodistico, pl. **-ci**, **-che** /paro'distiko, tʃi, ke/ agg. burlesque, parodic.

parola /pa'rɔla/ f. **1** word; ***gioco di -e*** pun, word game; ***in una ~*** in a word; ***in altre -e*** in other words; ***con -e tue*** in your own words; ***un uomo di poche -e*** a man of few words; ***~ per ~*** [*ripetere, raccontare*] verbatim, word-for-word; [*tradurre*] literally, word-for-word; ***togliere le -e di bocca a qcn.*** to take the words right out of sb.'s mouth; ***non sono riuscito a cavarle di bocca una sola ~*** I couldn't get a word out of her; ***avere una ~ buona per tutti*** to have a kind word for everyone; ***non è detta l'ultima ~*** the last word has not been said; ***senza dire una ~*** without saying a word; ***non capire una ~ di qcs.*** not to understand a word of sth.; ***non credo a una sola ~*** I don't believe a word of it; ***non ne farò ~*** I won't breath a word, it won't pass my lips; ***è tutto facile, a -e*** it only sounds easy *o* everything is easy when you're talking about it; ***la Parola di Dio*** the Word of God **2** *(facoltà)* speech; ***gli organi della ~*** the organs of speech; ***perdere l'uso della ~*** to lose the power of speech; ***avere la ~ facile*** to be a fluent speaker; ***gli manca solo la ~*** it can almost talk **3** *(possibilità di esprimersi)* ***libertà di ~*** freedom of expression *o* speech, free speech; ***avere diritto di ~*** to have the right to speak; ***avere, prendere la ~*** to have, take the floor; ***avere l'ultima ~*** to have the final word *o* the last say, to win the argument **4** *(promessa, impegno)* word; ***una donna di ~*** a woman of her word; ***mantenere, non mantenere la ~*** to keep, break one's word; ***dare la propria ~*** to pledge *o* give one's word; ***credere a qcn. sulla ~*** to take sb.'s word for it; ***~ d'onore!*** on *o* upon my word (of honour)! ***hai la mia ~!*** you have my guarantee! ***prendere qcn. in ~*** to take sb. at his word ♦ ***senza -e*** dumbstruck, speechless; ***sono senza -e!*** words fail me! I'm at loss for words! I'm speechless! ***le ultime -e famose!*** IRON. famous last words! ***venire a -e con qcn.*** to have words with sb.; ***mettere una buona ~ per qcn.*** to put in a good word for sb.; ***mangiarsi le -e*** to clip one's speech, to slur one's speech *o* words; ***passare ~*** to spread *o* pass the word; ***tante belle -e, ma...*** talk is all very well but...; ***-e sante!*** how right you are! ***è una ~!*** (it's) easier said than done! ***in poche -e*** in a nutshell; ***in -e povere*** to put it simply, in plain words; ***a buon intenditor poche -e*** least said soonest mended, a nod is as good as a wink (to a blind horse) ♦♦ ***~ d'accesso*** password; ***~ chiave*** keyword; ***~ composta*** LING. compound; ***~ magica*** magic word; ***~ d'ordine*** password, codeword; MIL. parole, password, watchword; ***-e (in)crociate*** crossword (puzzle).

parolaccia, pl. **-ce** /paro'lattʃa, tʃe/ f. swearword, four-letter word; ***non dice mai -ce*** he never swears.

parolaio, pl. **-ai** /paro'lajo, ai/ m. (f. **-a**) windbag.

paroliere /paro'ljɛre/ ♦ *18* m. (f. **-a**) lyricist, lyric-writer, songwriter.

parolina /paro'lina/ f. **1** *(cenno affettuoso)* ***-e dolci*** sweet nothings **2** *(come rimprovero)* ***vorrei scambiare due -e con te*** I'd like to have a few words with you.

parolone /paro'lone/ m. long, difficult word.

parossismo /paros'sizmo/ m. **1** MED. paroxysm **2** FIG. frenzy; ***il nostro entusiasmo era giunto al ~*** our excitement had reached fever pitch.

parotite /paro'tite/ ♦ *7* f. parotitis.

parquet /par'kɛ/ m.inv. parquet, wood-block floor.

parricida, m.pl. **-i**, f.pl. **-e** /parri'tʃida/ m. e f. parricide.

parricidio, pl. **-di** /parri'tʃidjo, di/ m. parricide.

parrocchetto /parrok'ketto/ m. **1** ZOOL. parakeet **2** MAR. *(vela)* foretopsail; *(albero)* foretopmast ♦♦ ***~ ondulato*** budgerigar.

parrocchia /par'rɔkkja/ f. **1** RELIG. parish **2** SPREG. ***essere della stessa ~*** to be part of the same band *o* clan.

parrocchiale /parrok'kjale/ agg. parish attrib.

parrocchiano /parrok'kjano/ m. (f. **-a**) parishioner; ***-i*** congregation + verbo sing. o pl.

parroco, pl. **-ci** /'parroko, tʃi/ m. parson; *(cattolico)* parish priest; *(anglicano)* rector, vicar.

parrucca, pl. **-che** /par'rukka, ke/ f. wig.

parrucchiere /parruk'kjɛre/ ♦ *18* m. (f. **-a**) hairdresser, hair stylist ♦♦ ***~ da donna*** ladies' hairdresser; ***~ da uomo*** barber, gentlemen's hairdresser.

parrucchino /parruk'kino/ m. hairpiece, scratch wig, toupee.

parruccone /parruk'kone/ m. COLLOQ. SPREG. (f. **-a**) fogey.

Parsifal /'parsifal/ n.pr.m. Perceval.

parsimonia /parsi'mɔnja/ f. sparingness, thrift, thriftiness, parsimoniousness FORM., parsimony FORM.; ***vivere con ~*** to live frugally; ***elogiare con ~*** to be sparing with one's praise.

parsimonioso /parsimo'njoso/ agg. [*persona*] parsimonious FORM., sparing, thrifty; [*uso*] sparing.

parte /'parte/ f. **1** *(di un intero)* part; ***un romanzo in tre -i*** a three-part novel; ***per la maggior ~*** for the most part; ***la maggior ~ della gente*** most people; ***dividere in -i uguali*** to divide equally *o* evenly **2** *(porzione)* part, share; ***pagare la propria ~*** to pay one's share; ***dedica loro una ~ del suo tempo libero*** he devotes some of his free time to them; ***la maggior ~ del tempo*** most of the time **3** *(componente)* part; ***le -i del corpo*** the parts of the body; ***far ~ di*** to be part of; ***fa ~ della famiglia*** he's one of the family **4** *(lato)* side (anche FIG.); ***da ogni ~*** from all sides; ***d'altra ~*** FIG. then again, on the other hand; ***da ~ a ~*** [*attraversare, trafiggere*] right *o* straight through; ***dalla stessa ~*** on the same side; ***abita dall'altra ~ della strada*** he lives across the street; ***il tempo è dalla nostra ~*** time is on our side **5** *(direzione)* way, direction; ***da che ~ andate?*** which way are you going? **6** *(luogo)* ***da qualche ~*** somewhere; *(in frasi interrogative)* anywhere; ***da qualsiasi ~*** anywhere, anywhere and everywhere; ***da un'altra ~*** elsewhere, somewhere else; ***da nessuna ~*** nowhere; *(con altra negazione)* anywhere; ***da tutte le -i*** everywhere **7** *(zona)* ***da queste -i*** *(nei dintorni)* somewhere about *o* around here; ***dalle -i della stazione*** in the neighbourhood of the station; ***se per caso capiti dalle nostre -i*** if you're ever down our way; ***un dolce tipico delle nostre -i*** one of our local cakes **8** *(punto di vista)* ***da ~ sua ha dichiarato che...*** for his part he declared that...; ***da una ~... dall'altra...*** on the one hand... on the other hand... **9** *(fazione, campo)* side; ***di ~*** [*spirito, discorso*] partisan; ***essere dalla ~ di qcn.*** to be on sb.'s side; ***essere dalla ~ del torto*** to be in the wrong **10** DIR. party; ***la ~ lesa*** the aggrieved; ***le -i in causa*** the parties hereto **11** *(difese)* ***prendere le -i di qcn.*** to take sb.'s part, to side with sb., to stand *o* stick up for sb. **12** TEATR. TELEV. CINEM. *(ruolo)* part, role (anche FIG.); ***~ da protagonista*** lead *o* leading role; ***fare la ~ del cattivo*** to play the villain; ***fare la propria ~*** FIG. to do one's part *o* bit **13** MUS. part **14 da parte di *da ~ di qcn.*** *(per quanto riguarda)* by *o* from sb., on the part of sb.; *(per incarico di)* on behalf of sb.; *(del ramo familiare di)* on sb.'s side; ***salutalo da ~ mia*** give him my best regards; ***è stupido da ~ sua fare*** it is stupid of him to do; ***ho un regalo per te da ~ di mia sorella*** I've got a present for you from my sister **15 da parte** *(in serbo)* aside; *(in disparte)* apart; ***mettere, lasciare qcs. da ~*** to put, leave sth. to one side *o* aside; ***prendere qcn. da ~*** to take sb. to one side, to get sb. alone; ***farsi da ~*** to step *o* move aside **16 a parte** *(separatamente)* apart, separately; *(eccetto, tranne)* apart, besides; ***scherzi a ~*** joking aside *o* apart; ***un mondo a ~*** a world apart; ***a ~ il giardino*** apart from the garden; ***nessuno lo sa, a ~ Mary*** nobody knows, besides Mary; ***a ~ i cani, gli animali non mi piacciono*** dogs apart, I don't like animals; ***preparate una salsa a ~*** prepare a sauce separately **17 in parte** (in) part, partly; ***in ~ era paura, in ~ avidità*** it was part fear, part greed **18 prendere ~ a** to take* part in, to join in [*manifestazione, gioco, attività*]; to be* engaged in, to join in [*discussione, negoziati*]; ***prendiamo ~ al vostro dolore*** we share your grief ♦ ***fare la ~ del leone*** to take the lion's share; ***anche l'occhio vuole la sua ~*** you should also please the eye ♦♦ ***~ del discorso*** LING. part of speech; ***-i basse*** groin; ***-i intime*** private parts, privates COLLOQ.

partecipante /partetʃi'pante/ m. e f. partaker, participant; *(a una discussione)* contributor; ***i -i alla conferenza*** the conference members.

partecipare /partetʃi'pare/ [1] intr. (aus. *avere*) **1** *(intervenire)* ***~ a*** to take part in, to be involved in [*progetto*]; to attend [*asta, incontro, manifestazione*]; to be engaged in [*attività, ricerca*]; to enter [*concorso, gara*]; to join in, to take part in [*discussione, sciopero*]; ***in classe non partecipa abbastanza*** he doesn't participate *o* join in enough in class **2** *(avere parte)* to contribute; ***~ all'affare*** to be in on the deal; ***~ alle spese*** to help with expenses, to share expenses; ***~ agli utili*** ECON. AMM. to share the profits; ***~ all'organizzazione di qcs.*** to have a hand in organizing sth. **3** *(condividere)* to share; ***~ alla gioia di qcn.*** to share sb.'s joy.

partecipazione /partetʃipat'tsjone/ f. **1** *(presenza)* participation, attendance; *(ad attività, campagna)* involvement; *(a sciopero, votazioni)* turnout; ***c'è stata una buona ~ all'incontro*** the meeting was well-attended; ***con la ~ di Tim Roth*** with special appearance by Tim Roth **2** *(biglietto)* card; ***~ di matrimonio*** wedding (invitation) card **3** COMM. ECON. ***~ azionaria*** holding; ***avere una ~ in una società*** to have a share in a company ♦♦ ***~ di maggioranza*** controlling interest *o* share *o* stake, majority interest; ***~ di minoranza*** minority interest; ***~ agli utili*** profit sharing.

partecipe /par'tetʃipe/ agg. ***essere ~ della gioia di qcn.*** to share in sb.'s joy; ***rendere ~ qcn. di qcs.*** to let sb. share in sth., to bring sb. in on sth. COLLOQ.

parteggiare /parted'dʒare/ [1] intr. (aus. *avere*) ***~ per qcn.*** to take sb.'s part, to side sb., to back sb.

partenopeo /parteno'pɛo/ **I** agg. Neapolitan **II** m. (f. **-a**) Neapolitan.

partenza /par'tentsa/ f. **1** *(atto del partire)* departure; ***essere di ~*** to be about to leave **2** SPORT start; ***falsa ~*** false start (anche FIG.) **3** *(inizio)* start; ***punto di ~*** base *o* point of departure; ***essere di nuovo al punto di ~*** to be back at square one **4 in partenza** leaving; [*posta*] outgoing; ***in ~ per*** [*aereo, nave, treno, persona*] bound for; ***il treno è in ~*** the train is about to leave *o* to depart; ***è una battaglia persa in ~*** FIG. it's a losing battle ♦♦ ***~ da fermo*** SPORT standing start; ***~ lanciata*** SPORT flying start; ***~ in salita*** AUT. hill start; ***~ scaglionata*** staggered start.

particella /parti'tʃɛlla/ f. particle (anche FIS. LING.).

particina /parti'tʃina/ f. TEATR. bit part.

participio, pl. **-pi** /parti'tʃipjo, pi/ m. participle ♦♦ ***~ passato*** past participle; ***~ presente*** present participle.

particolare /partiko'lare/ **I** agg. **1** particular, special; ***segni -i*** distinguishing marks, particulars; ***in questo caso ~*** in this particular instance; ***senza un*** o ***per nessun motivo ~*** for no particular reason; ***niente di ~*** nothing special; ***prestare ~ attenzione*** to pay special attention; ***segretario ~*** personal assistant, social secretary **2 in particolare** especially, in particular; ***perché lei in ~?*** why her especially? ***stai cercando qualcosa in ~?*** are you looking for anything in particular? **3 in particolar modo** *(specialmente)* particularly, in particular, especially, specially, chiefly, mainly, mostly **II** m. particular, detail; ***in tutti i -i*** in every particular; ***descrivere qcs. fin nei minimi -i*** to describe sth. down to the smallest details *o* in minute detail; ***entrare nei -i*** to enter into details.

particolareggiato /partikolared'dʒato/ agg. detailed.

particolarità /partikolari'ta/ f.inv. **1** *(peculiarità)* particularity, peculiarity; ***le ~ climatiche di una regione*** the special climatic features of an area **2** *(minuzia)* detail.

particolarmente /partikolar'mente/ avv. **1** *(in modo particolare)* particularly, especially; ***~ in riferimento a*** with particular reference to **2** *(molto)* [*interessante, gentile, utile*] specially; ***non mi ispira ~*** it's not particularly inspiring.

partigiano /parti'dʒano/ **I** agg. **1** *(di parte)* partisan **2** *(della Resistenza)* ***guerra -a*** = Resistance fighting **II** m. (f. **-a**) **1** MIL. partisan **2** *(fautore)* partisan, supporter.

partire /par'tire/ [3] intr. (aus. *essere*) **1** *(andare via)* to leave*, to get* off; ***~ da casa*** to leave from home; ***~ per le vacanze*** to set off on holiday; ***è partita per l'Australia*** she's gone out to Australia; ***~ in guerra*** to go off to the war **2** *(mettersi in movimento)* [*persona, treno*] to go*, to leave*, to depart FORM.; [*macchina, motore*] to start (off); ***fare ~*** to start (up) [*automobile*] **3** *(esplodere)* ***fare ~ un colpo*** to fire a shot; ***giocava con il fucile ed è partito un colpo*** he was playing with the gun and it went off *o* a shot was fired **4** *(iniziare)* to start; ***il sentiero parte da qui*** the path starts here; ***il terzo partendo da sinistra*** the third (starting) from the left; ***quando parte non lo si ferma più*** COLLOQ. once he gets going, there's no stopping him **5** *(basarsi)* ***~ da qcs.*** to proceed from sth.; ***partendo dal principio che*** starting from the principle that **6** COLLOQ. *(rompersi)* [*automobile, macchinario*] to conk out; ***il televisore è partito*** the television has packed it; ***il motore è partito*** the engine is burned out; ***è partito un altro bicchiere!*** there's another glass gone west! **7** COLLOQ. *(perdere la testa)* to flip (out); ***è veramente partita per lui*** she's really gone on him **8** SPORT to start; ***sono partiti!*** they're off! **9 a partire da** *(nel tempo)* ***a ~ da adesso, da aprile*** as from *o* of now, April; ***a ~ da quel giorno*** from that day on; ***un mese a ~ da adesso*** one month from now; ***a ~ dal primo gennaio*** with effect from *o* starting January 1; *(nello spazio)* ***il terzo a ~ dal fondo*** the third from the back; *(in una gamma)* ***biglietti a ~ da 5 euro*** tickets at 5 euros and above *o* from 5 euros up(wards).

partita /par'tita/ f. **1** GIOC. SPORT match, game; ***una ~ di tennis*** a game of tennis, a tennis match; ***fare una ~ a carte*** to have *o* play a game of cards; ***la ~ è persa*** the game's lost *o* up (anche FIG.); ***voglio essere della ~*** FIG. I want in on the deal, I want to be one of the party **2** *(stock)* batch, consignment, lot; ***una ~ di eroina*** a heroin haul ♦♦ ***~ amichevole*** friendly match; ***~ di andata*** first leg; ***~ di caccia*** hunting expedition, shoot BE, shooting party; ***~ doppia*** AMM. double entry; ***~ di ritorno*** rematch; ***~ semplice*** AMM. single entry.

partitismo /parti'tizmo/ m. party politics.

partitivo /parti'tivo/ agg. e m. partitive.

1.partito /par'tito/ **I** p.pass. → **partire II** agg. COLLOQ. *(ubriaco)* smashed, slashed; *(innamorato)* ***essere ~ per qcn.*** to be head over heels in love with sb., to be smitten by *o* with sb.

2.partito /par'tito/ m. **1** POL. party; ***~ dell'opposizione*** opposition party; ***iscriversi a un ~*** to join a party **2** *(soluzione)* solution, option; ***esitare fra due -i*** to hesitate between two options; ***non so che* ~ *prendere*** I can't make up my mind **3** ANT. *(persona da sposare)* match; ***un buon* ~** *(uomo)* an eligible bachelor; *(donna)* a good catch; ***sposare un buon* ~** to make a good match ♦ ***trarre* ~ *da*** to take advantage of [*situazione, avvenimento, lezione*]; ***per* ~ *preso*** because of *o* from preconceived ideas.

partitocratico, pl. **-ci**, **-che** /partito'kratiko, tʃi, ke/ agg. dominated by political parties.

partitocrazia /partitokrat'tsia/ f. = political system in which parties have greater rule than the parliament and the government.

partitura /parti'tura/ f. score, part.

parto /'parto/ m. **1** (child)birth, delivery; VETER. birth; ***travaglio del* ~** labour **2** FIG. product, creation; **~ *letterario*** literary work *o* product; **~ *della mente*** brainchild; ***un* ~ *della tua immaginazione*** a figment of your imagination ♦♦ **~ *in acqua*** underwater birth; **~ *cesareo*** Caesarean *o* Caesarian birth; **~ *gemellare*** twin-birth; **~ *indotto*** o ***pilotato*** induced delivery; **~ *podalico*** breech (delivery); **~ *prematuro*** premature birth; **~ *a termine*** full term delivery.

partoriente /parto'rjɛnte/ f. ***una* ~** a woman in childbed.

partorire /parto'rire/ [102] tr. **1** [*donna*] to give* birth to, to have*, to bear* ANT. LETT. [*bambino*]; ***partorirà a maggio*** she's having a baby in May **2** VETER. [*animale*] to give* birth to, to have*, to drop; [*mucca*] to calve; [*cavalla*] to foal; [*cagna, foca*] to pup **3** *(causare)* ***la violenza partorisce odio*** violence breeds hatred.

part time /par'taim/ **I** agg.inv. [*lavoro*] part-time; ***lavoratore* ~** part-timer **II** avv. ***lavorare* ~** to be on *o* to work part-time **III** m.inv. part-time.

parvenza /par'vɛntsa/ f. semblance.

parziale /par'tsjale/ **I** agg. **1** *(non completo)* [*eclissi, sordità, verità*] partial; [*successo, vittoria*] incomplete, partial; ***pagamento* ~** part payment **2** *(non obiettivo)* [*resoconto*] one-sided, biased, unbalanced; [*atteggiamento, giudizio, giudice*] biased, prejudiced **II** m. SPORT part-time score.

parzialità /partsjali'ta/ f.inv. partiality; *(di resoconto)* one-sidedness; **~ *dei media*** media bias.

parzialmente /partsjal'mente/ avv. **1** *(non completamente)* partially; ***latte* ~ *scremato*** semi-skimmed milk **2** *(non obiettivamente)* partially.

pascere /'paʃʃere/ [2] **I** intr. (aus. *avere*) to pasture **II** **pascersi** pronom. [*persona*] to feast (**di** on).

pascià /paʃ'ʃa/ m.inv. pasha ♦ ***vivere come un*** o ***da* ~** to live like fighting cocks *o* a king.

pasciuto /paʃ'ʃuto/ **I** p.pass. → **pascere II** agg. well-fed; ***essere (ben)* ~** to be plump.

pascolare /pasko'lare/ [1] **I** tr. to pasture, to graze, to grass AE **II** intr. (aus. *avere*) to graze, to pasture.

pascolo /'paskolo/ m. **1** *(terreno)* pasture, grassland; *(attività)* grazing; ***tenere a* ~** to graze [*terreno*]; ***portare una mucca al* ~** to put a cow out to pasture, to pasture a cow **2** *(cibo)* food (stuffs), pasture.

Pasqua /'paskwa/ f. **1** *(cristiana)* Easter; ***a* ~** at Easter; ***domenica di* ~** Easter Sunday; ***Buona* ~*!*** Happy Easter! **2** *(ebraica)* Passover ♦ ***contento come una pasqua*** as happy as a lark *o* as Larry.

pasquale /pas'kwale/ agg. Easter attrib., paschal; ***cero* ~** paschal candle; ***agnello* ~** Paschal Lamb; ***periodo* ~** Eastertide.

pasquetta /pas'kwetta/ f. COLLOQ. Easter Monday.

passa: **e passa** /e'passa/ avv. ***avrà trent'anni e* ~** he'll be well over thirty; ***pesa 100 chili e* ~** he is well over 100 kilos.

passabile /pas'sabile/ agg. [*film*] goodish; [*conoscenza, qualità*] passable; ***il cibo è* ~** the food is reasonable.

passacarte /passa'karte/ m. e f. paper pusher.

passaggio, pl. **-gi** /pas'saddʒo, dʒi/ m. **1** *(transito, circolazione)* passage, passing, transit; ***il* ~ *di navi*** the passage of ships; ***diritto di* ~** DIR. easement, right of passage **2** *(traversata)* crossing **3** *(strappo)* lift, ride AE; ***dare un* ~ *a qcn. fino alla stazione*** to give sb. a lift to the station **4** *(luogo in cui si passa)* passage, (passage)way; *(in treno, aereo, cinema)* aisle, gangway; *(tra due costruzioni)* walkway; ***bloccare il* ~ *a qcn.*** to be in *o* stand in *o* block sb.'s way; ***"lasciare libero il* ~*"*** "keep clear" **5** *(varco)* way; ***aprirsi un* ~ *tra la folla*** to push *o* work one's way through the crowd **6** *(transizione)* changeover, switchover, shift, transition; ***il* ~ *ai computer*** the changeover *o* switchover to computers; ***il* ~ *dall'agricoltura all'industria*** the switch (away) *o* shift from agriculture to industry **7** *(trasferimento)* change; *(di proprietà, potere)* handover, transfer **8** SPORT pass; **~ *del testimone*** *(nella staffetta)* changeover **9** **di passaggio** *(frequentato)* [*luogo*] very busy; *(per poco tempo)* [*ospite*] short-stay; ***sono solo di* ~** I'm just passing through ♦♦ **~ *a livello*** (level) crossing, grade crossing AE; **~ *pedonale*** (pedestrian) crossing, zebra crossing BE, crosswalk AE.

passamaneria /passamane'ria/ f. braid **U**, passementerie, trim, trimming.

1.passamano /passa'mano/ m. *(nastro)* braid **U**.

2.passamano /passa'mano/ m.inv. passing from hand to hand; ***fare (il)* ~** to form a human chain.

passamontagna /passamon'taɲɲa/ m.inv. balaclava (helmet), ski mask.

passanastro /passa'nastro/ m.inv. **1** *(infilanastri)* bodkin **2** *(pizzo)* lace with eyelets.

passante /pas'sante/ **I** m. e f. passerby*, bystander; ***i* -*i*** the people walking by **II** m. **1** ABBIGL. loop, tab **2** **~ *ferroviario*** = city rail link, usually underground **3** SPORT. *(nel tennis)* passing shot.

passaparola /passapa'rɔla/ m.inv. **1** MIL. = order passed by word of mouth **2** FIG. word-of-mouth advertising, bush telegraph SCHERZ. **3** GIOC. Chinese whispers.

passaporto /passa'pɔrto/ m. passport (anche FIG.); ***la sua bellezza è un* ~ *per il successo*** his looks are a passport to success ♦♦ **~ *collettivo*** group passport; **~ *diplomatico*** diplomatic passport.

1.passare /pas'sare/ [1] **I** tr. **1** *(attraversare)* to go* past, to go* across, to get* across, to get* over, to pass, to cross [*fiume, ponte*]; to go* through, to get* through [*dogana*]; ***passato il semaforo, giri a destra*** turn right after the lights **2** *(infilare)* to run*; *(trafiggere)* to run* through; **~ *la corda nell'anello*** to pass *o* run the rope through the ring **3** *(trasferire)* to move; **~ *qcn. a un altro ufficio*** to move sb. to another office **4** *(al telefono)* **~ *una telefonata a qcn.*** to put a call through to sb.; ***mi passi il direttore commerciale, per favore*** give me the sales manager, please; ***glielo passo*** I'll put him on, I'm putting you through **5** *(porgere)* to hand, to pass [*oggetto*]; ***passami il piatto*** pass me your plate; ***potete (fare)* ~ *il sale?*** could you pass the salt along please? **~ *la palla*** SPORT to feed *o* pass the ball **6** *(far scorrere)* **~ *le dita su qcs.*** to run one's fingers over sth.; **~ *uno straccio su qcs.*** to run a duster over sth. **7** *(trascorrere)* to spend*, to pass; **~ *una bella giornata*** to have a nice day; **~ *la giornata a fare*** to spend the day doing; **~ *un brutto momento*** to have a thin time of it **8** *(superare)* to pass, to get* through [*esame, test*]; to live out [*inverno*] **9** *(approvare)* to get* through, to carry, to pass [*legge, decreto*] **10** *(perdonare)* ***non me ne passa una*** he doesn't let me get away with anything **11** GASTR. *(con il frullatore)* to whizz up; to mash (up), to puree [*frutta, verdura*]; **~ *qcs. al tritacarne*** to put sth. through the mincer **12** *(spalmare)* to rub [*crema*]; **~ *la cera sul tavolo*** to wax the table **13** *(pagare)* **~ *gli alimenti*** DIR. to pay maintenance **14** RAD. TELEV. ***passo!*** over; ***passo e chiudo!*** over and out! ***passiamo ora la linea ai nostri studi di Roma*** now over to our Rome studios **15** *(oltrepassare)* **~ *la cinquantina*** to be over fifty years old, to be in one's fifties; ***hai proprio passato il limite!*** you're way out of line! COLLOQ. **II** intr. (aus. *essere*) **1** *(transitare)* [*persona, veicolo*] to pass; ***riesci a* ~*?*** can you fit *o* get through? ***passando per*** o ***da*** by way of; **~ *per il centro della città, davanti alla scuola*** to go through the town centre, past the school; ***andare in Polonia passando per la Germania*** to travel through Germany to Poland; **~ *per i campi*** to cut across the fields; ***l'autobus è appena passato*** the bus has just gone; ***passate da quella porta*** go straight through that door; **~ *dalla scala di servizio*** to use the backstairs *o* service stairs AE **2** *(snodarsi)* **~ *per*** [*strada*] to go through; *(scorrere)* [*acqua*] to flow through **3** *(andare momentaneamente)* to drop in, to drop round, to pop in BE COLLOQ.; **~ *da*** to call at [*negozio*]; to call (in) on [*amico, parente*]; to go round to [*scuola, ufficio*]; ***devi* ~ *a trovarci*** you must come by and see us; **~ *a prendere qcn., qcs.*** to pick sb., sth. up; ***passerà oggi*** he's coming round today; ***sono solo***

passata a salutare I've just popped in to say hello **4** *(penetrare)* to get* through; ***fare ~*** to let in [*acqua, luce*] **5** *(svolgersi)* ***~ inosservato*** to go *o* pass unnoticed **6** *(spostarsi)* to go*, to move; ***~ dalla sala da pranzo in salotto*** to move from the dining room to the lounge; ***~ davanti a qcn. in una coda*** to cut in front of sb. in a queue **7** *(pensare)* ***dire quello che passa per la mente*** to say things off the top of one's head; ***mi domando cosa le passi per la testa*** I wonder what's going on in her head; ***non mi era mai passato per la testa che...*** it never crossed *o* entered my mind that... **8** *(essere trasferito, trasmesso)* [*proprietà*] to pass; [*titolo*] to pass down; ***~ alla storia come*** to go down in history as; ***~ di padre in figlio, di generazione in generazione*** to be handed down from father to son, from generation to generation **9** *(variare, cambiare)* to change; ***~ dal riscaldamento a gas a quello elettrico*** to change over from gas to electric heating; ***~ sotto il controllo dell'ONU*** to be taken over by the UN; ***~ al (campo) nemico*** to desert to the enemy camp, to go over to the enemy **10** FIG. *(procedere)* to go* on, to move on, to pass on; ***passiamo ad altro*** let's move on; ***~ all'offensiva*** to go on *o* take the offensive; ***~ alle vie di fatto*** to use force, to come to blows **11** *(essere approvato)* [*legge, regolamento*] to go* through **12** *(essere ammesso)* [*candidato*] to pass; ***~ alla classe superiore*** to go up a class; ***è passato generale*** he's been promoted to general **13** *(cessare)* [*crisi, sentimento*] to pass; [*dolore, effetto*] to pass off, to subside; [*temporale*] to blow* itself out, to blow* over, to spend* itself, to die out; [*amore, rabbia*] to die; ***passerà*** it'll pass, things will get better; ***gli passerà*** he'll get over it; ***questo mal di testa non vuole ~!*** this headache just won't go away! ***mi è passata la voglia di giocare*** I don't feel like playing any more **14** *(trascorrere)* [*tempo*] to draw* on, to go* (by), to pass; ***sono appena passate le sei*** it's just gone six o'clock; ***passarono tre ore prima che...*** three hours went by before... **15** *(sopportare)* ***farne ~ di tutti colori a qcn.*** to put sb. through the mill; ***dopo tutto quello che mi hai fatto ~*** after all you've put me through; ***ci siamo passati tutti*** we've all gone through it **16** *(chiudere un occhio)* ***lasciare ~*** to let it pass; ***~ sopra a*** to overlook, to pass over [*comportamento, errore*]; ***passi per i giovani, ma...*** that's all right for young people but...; ***per questa volta passi*** I'll let you off *o* I'll turn a blind eye this time, this time I'll let it go **17** *(dimenticare)* ***mi era completamente passato di mente*** it went right *o* clean *o* completely out of my mind **18** *(essere considerato)* ***~ per un genio*** to pass for a genius; ***fare ~ qcn. per bugiardo*** to make sb. out to be a liar **19** *(spacciarsi)* ***facendosi ~ per un poliziotto*** impersonating a *o* posing as a policeman **20** *(intercorrere)* to pass between; ***che differenza passa tra i due?*** what's the difference between the two? **III passarsi** pronom. **1** *(far scivolare)* to run*, to draw*; ***-rsi il pettine tra i capelli*** to run a comb through one's hair; ***-rsi un fazzoletto sulla fronte*** to draw a handkerchief across one's forehead; ***si passò la mano sul viso*** he passed his hand over his face **2** *(reciprocamente)* ***-rsi documenti*** to exchange documents; ***-rsi la palla*** to throw a ball around ♦ ***~ parola*** to spread *o* pass the word; ***come te la passi?*** how are things, how are you getting along? ***passarsela bene*** to be well off; ***passarsela male*** to have a hard *o* bad time, to go through the *o* jump through hoops; ***non mi passa più!*** there's no end to it! ***non la passerai liscia!*** you'll never get away with it! ***~ a miglior vita*** EUFEM. to pass away.

2.passare /pas'sare/ m. passage, passing; ***con il ~ degli anni*** with the passing of the years, as years go by; ***con il ~ delle ore*** as the day progressed.

passata /pas'sata/ f. **1** *(breve trattamento)* rub, wipe; ***dare una ~ con il ferro da stiro a qcs.*** to pass the iron over sth., to give sth. a press **2** *(mano)* ***una ~ di vernice*** a coat of paint **3** *(lettura rapida)* ***dare una ~ al giornale*** to have a glance at the paper **4** GASTR. *(di pomodoro)* tomato puree.

passatempo /passa'tɛmpo/ m. hobby, pastime.

passatista, m.pl. **-i**, f.pl. **-e** /passa'tista/ m. e f. ***è un ~*** he lives in *o* is attached to the past.

passato /pas'sato/ **I** p.pass. → **1.passare II** agg. **1** *(trascorso, compiuto)* [*esperienze, generazioni, problemi, secoli*] past; ***nei tempi -i*** in former times, in times past **2** *(scorso)* ***il mese ~, la settimana -a*** last month, week **3** *(più di)* past, over; ***erano le due -e*** it was past *o* after two o'clock; ***adesso ha quarant'anni -i*** she's over forty now **III** m. **1** *(tempo trascorso)* past; ***in ~*** in the past, aforetime, formerly; ***il mio ~ di attore*** my past as an actor **2** LING. past (tense); ***al ~*** in the past tense; ***~ prossimo*** present perfect; ***~ remoto*** past historic **3** GASTR. puree; ***~ di verdura*** vegetable puree, pureed vegetables ♦ ***tagliare i ponti con il ~*** to make a clean break with the past.

passatoia /passa'toja/ f. *(di scale)* stair carpet; *(di corridoio)* runner.

passaverdura /passaver'dura/, **passaverdure** /passaver'dure/ m.inv. masher, grinder.

passavivande /passavi'vande/ m.inv. (service) hatch, serving hatch, pass-through AE.

passeggero /passed'dʒɛro/ **I** agg. [*effetto, fenomeno*] short-lived; [*emozione, piacere*] fleeting; [*indecisione*] momentary; [*capriccio*] passing **II** m. (f. **-a**) passenger, traveller BE, traveler AE.

passeggiare /passed'dʒare/ [1] intr. (aus. *avere*) to stroll, to walk, to wander; ***~ nervosamente su e giù*** to pace fretfully to and fro.

passeggiata /passed'dʒata/ f. **1** walk, stroll; ***~ a cavallo*** horse ride; ***andare a fare una ~*** to go for *o* on a walk **2** *(luogo in cui si passeggia)* walk; ***~ a mare*** promenade, esplanade, front BE **3** COLLOQ. FIG. ***da qui è una ~*** it's downhill from here; ***l'esame è stato una ~!*** the exam was a piece of cake *o* a walk! AE COLLOQ.

passeggiatrice /passeddʒa'tritʃe/ f. EUFEM. streetwalker.

passeggino /passed'dʒino/ m. (baby) buggy BE, pushchair BE, stroller AE.

passeggio, pl. **-gi** /pas'seddʒo, dʒi/ m. **1** *(il passeggiare)* walk, stroll; ***andare a ~*** to go for *o* on a walk, to walk (around); ***portare qcn. a ~*** to take sb. out for a walk **2** *(luogo in cui si passeggia)* walk **3** *(gente che passeggia)* ***guardare il ~*** to watch the comings and goings *o* the strollers.

passe-partout /paspar'tu/ m.inv. **1** *(chiave)* master key, passkey, skeleton key, passe-partout **2** *(cornice)* passe-partout.

passera /'passera/ f. **1** ZOOL. hen sparrow **2** VOLG. pussy, beaver AE ♦♦ ***~ di mare*** plaice, flounder BE; ***~ scopaiola*** hedge sparrow.

passerella /passe'rɛlla/ f. **1** *(ponte pedonale)* footbridge **2** MAR. bridge, gangplank, gangway **3** TEATR. = forestage **4** *(per sfilate)* catwalk, runway **5** *(esibizione)* parade.

passero /'passero/ m. sparrow ♦♦ ***~ domestico*** house sparrow.

passerotto /passe'rɔtto/ m. **1** *(passero)* little sparrow **2** *(termine affettuoso)* lovey, toots.

passi /'passi/ m.inv. pass.

passibile /pas'sibile/ agg. liable, subject; ***essere ~ di*** to be liable to [*multa, modifiche*].

passiflora /passi'flɔra/ f. passion flower.

passino /pas'sino/ m. colander, sieve, strainer.

passionale /passjo'nale/ agg. **1** *(ispirato dalla passione)* ***delitto ~*** crime of passion **2** *(impulsivo)* excitable, passionate, warm-blooded.

passionalità /passjonali'ta/ f.inv. passion.

passione /pas'sjone/ f. **1** *(forte sentimento)* passion **2** *(entusiasmo)* intense feeling, keenness; ***con ~*** [*descrivere, parlare*] feelingly; [*cantare*] feelingly, heartily **3** *(grande interesse, inclinazione)* passion, fondness, fascination; ***~ per i libri*** bookishness; ***~ per le moto*** motorcycle mania; ***avere una ~ per*** to be keen on, to go in for **4 Passione** RELIG. Passion; ***la Passione secondo Matteo*** Saint Matthew's Passion.

passito /pas'sito/ m. ENOL. INTRAD. (strong sweet wine made from raisins).

passività /passivi'ta/ f.inv. **1** *(l'essere passivo)* passivity **2** ECON. liabilities pl., debit.

passivo /pas'sivo/ **I** agg. **1** *(che subisce)* [*persona, resistenza*] passive; [*compiacenza, sottomissione*] supine; ***fumo ~*** passive *o* slipstream smoking **2** LING. passive **3** ECON. ***bilancio ~*** debit balance; ***interesse ~*** debt *o* red ink interest **II** m. **1** LING. passive; ***al ~*** in the passive, passively **2** AMM. *(dare)* debit; COMM. ECON. *(perdita)* liabilities pl., red ink; ***registrare qcs. al ~*** to enter on the debit side.

1.passo /'passo/ m. **1** *(movimento)* step, pace; ***fare un ~*** to take a step; ***fare un ~ avanti*** to take a step forward, to step forward; ***fare dei -i avanti*** FIG. to make headway; ***camminare a grandi -i*** to stride; ***muovere i primi -i*** [*bambino*] to toddle; FIG. [*organizzazione*] to be still in its infancy **2** *(andatura)* pace, tread; ***dare il ~*** to set the pace; ***camminare di buon ~*** to walk at a rattling *o* smart *o* cracking pace; ***allungare il ~*** to lengthen one's stride; ***rallentare il ~*** to slow down the pace; ***rompere il ~*** to break step; ***tenere il ~*** to keep up (the pace) (anche FIG.); ***camminare di pari ~*** to walk at the same rate *o* pace; FIG. to go hand in hand; ***andare al ~*** MIL. to march; EQUIT. to walk; ***andare a ~ d'uomo*** [*veicolo*] to drive dead slow **3** *(rumore)* footfall, step; ***sentire dei -i*** to hear footsteps; ***avere il ~ leggero*** to be light on one's feet **4** *(orma)* footstep; ***seguire i -i di qcn.*** to follow in sb.'s footsteps; ***tornare sui propri -i*** to backtrack, to retrace one's steps, to turn back (anche FIG.) **5** FIG. *(mossa)* ***~ falso*** slip, false step; ***fare il primo ~*** to get to first base, to make the first move **6** *(breve distanza)* ***a due -i*** on the *o* one's doorstep; ***la stazione è a due -i da qui*** it's a short walk to the station; ***essere a un ~ dalla vittoria*** to be two steps away from victory **7** *(di danza)* step, pas **8** *(brano)* passage, bit, piece **9** TECN. *(di elica)* pitch; *(di dado, vite)* thread **10** CINEM. gauge ♦ ***~ (dopo) ~*** stage by stage, step by step; ***fare il grande ~*** to take the plunge; ***stare al ~ coi tempi*** to keep up with *o* abreast of the times; ***non essere al ~ coi tempi*** to be out of step with the times, to be behind the times; ***a ~ di lumaca*** at a snail's pace; ***fare il ~ più lungo della gamba*** to bite off more than one can chew; ***e via*** o ***avanti di questo ~*** and so on and so forth; ***di questo ~*** *(continuando così)* at this rate; ***fare due -i*** to stroll casually; ***andare a fare due -i*** to go for *o* take a (short) walk ♦♦ ***~ dell'oca*** goose-step.

2.passo /'passo/ m. **1** *(passaggio)* passage, way; ***aprirsi il ~ tra la folla*** to push *o* work one's way through the crowd; ***uccello di ~*** migratory bird, bird of passage **2** GEOGR. *(valico)* col, pass ♦♦ ***~ carrabile*** o ***carraio*** driveway; *(nella segnaletica)* "keep clear, vehicle entrance".

pasta /'pasta/ f. **1** *(impasto) (per il pane)* dough; *(per dolci)* pastry, paste; ***lavorare, stendere la ~*** to knead, roll out dough *o* pastry; ***a ~ dura, molle*** [*formaggio*] hard, soft **2** *(alimento)* pasta **U**; ***~ all'uovo*** egg pasta; ***~ al pomodoro*** pasta and tomato sauce; ***~ e fagioli*** = bean and pasta soup **3** *(pasticcino)* cake, pastry **4** FIG. *(indole)* ***essere della stessa ~*** to be cast in the same mould; ***una ~ d'uomo*** an easygoing man, a good soul COLLOQ., a softy COLLOQ.; ***vediamo di che ~ è fatto*** let's see what he's made of ♦ ***avere le mani in ~*** to have a finger in every pie ♦♦ ***~ d'acciughe*** anchovy paste; ***~ dentifricia*** toothpaste; ***~ frolla*** → **pastafrolla**; ***~ di mandorle*** almond paste; ***~ sfoglia*** puff *o* flaky pastry.

pastafrolla, pl. **pastefrolle** /pasta'frɔlla, paste'frɔlle/ f. short pastry ♦ ***essere di ~*** to be spineless, to have no backbone; ***avere le mani di ~*** to be butterfingered.

pastasciutta /pastaʃ'ʃutta/ f. pasta **U**.

pasteggiare /pasted'dʒare/ [1] intr. (aus. *avere*) ***~ a ostriche e champagne*** to dine on champagne and oysters; ***~ a*** o ***con vino rosso*** to have red wine with one's meal.

pastella /pas'tɛlla/ f. batter.

pastello /pas'tɛllo/ **I** agg.inv. [*tinta*] pastel **II** m. **1** *(matita)* pastel, crayon **2** *(tecnica)* pastel.

pasticca, pl. **-che** /pas'tikka, ke/ f. **1** *(medicinale)* lozenge, pastille **2** GERG. *(di droga)* pill.

pasticceria /pastittʃe'ria/ ➧ *18* f. **1** *(negozio)* cake shop, confectioner's (shop); *(industria)* confectionery **U** **2** *(arte)* pastry making, confectionery **U** **3** *(pasticcini)* pastries pl., confectionery **U** ♦♦ ***~ fresca*** = cream filled or topped pastries or tartlets; ***~ secca*** = pastries or biscuits with neither topping nor filling.

pasticciare /pastit'tʃare/ [1] tr. **1** *(eseguire in modo confuso)* ***~ un lavoro*** to bungle a piece of work, to make a mess of a job **2** *(scarabocchiare)* ***~ un libro*** to scribble *o* doodle on a book.

pasticciere /pastit'tʃɛre/ ➧ *18* m. (f. **-a**) *(chi produce)* pastry cook, confectioner; *(chi vende)* confectioner.

pasticcino /pastit'tʃino/ m. cake, pastry; ***-i*** pastries, confectionery, patisserie.

pasticcio, pl. **-ci** /pas'tittʃo, tʃi/ m. **1** GASTR. pie; ***~ di carne*** meat pie **2** FIG. *(lavoro mal eseguito)* mess, hash, bungle; ***fare*** o ***combinare un ~*** to make a mess *o* botch-up **3** FIG. *(guaio)* trouble, jam COLLOQ., fix COLLOQ.; ***un bel ~*** a right mess, a pretty *o* fine kettle of fish; ***mettersi nei -ci*** to get into a mess *o* jam *o* scrape *o* fix; ***tirare fuori qcn. dai -ci*** to get sb. out of a hole, to help sb. out of a jam.

pasticcione /pastit'tʃone/ m. (f. **-a**) muddler, bungler COLLOQ.

pastificio, pl. **-ci** /pasti'fitʃo, tʃi/ m. *(stabilimento)* pasta factory; *(negozio)* pasta shop.

pastiglia /pas'tiʎʎa/ f. **1** FARM. lozenge, pastille, tablet, pill; ***~ per la gola*** throat pastille *o* lozenge **2** *(caramella)* sweet BE, candy AE; ***-e di cioccolato*** chocolate buttons *o* drops; ***~ alla menta*** (pepper)mint **3** MECC. ***~ dei freni*** brake pad.

pastina /pas'tina/ f. = small pasta (used in soup).

pastinaca, pl. **-che** /pasti'naka, ke/ f. **1** ITTIOL. stingray, fireflair **2** BOT. parsnip.

pasto /'pasto/ m. meal; ***mangiare fuori ~*** o ***tra un ~ e l'altro*** to eat between meals; ***medicina da prendere durante i -i, lontano dai -i*** medicine to be taken with meals, between meals; ***telefonare ore -i*** please call at mealtimes; ***vino da ~*** table wine ♦ ***dare qcs. in ~ al pubblico*** to take the wraps off sth.

pastoia /pas'toja/ f. **1** *(fune)* tether **2** EQUIT. trammel **3** FIG. ***le -e dell'autorità*** the fetters of authority.

pastone /pas'tone/ m. **1** *(mangime) (per cani, cavalli, polli)* mash; *(per maiali)* (pig)swill **2** *(pappa)* mush, soggy mess **3** FIG. SPREG. *(accozzaglia)* clutter, hotchpotch, jumble.

pastora /pas'tora/ ➧ *18* f. shepherdess.

pastorale /pasto'rale/ **I** agg. LETTER. MUS. RELIG. pastoral **II** f. **1** MUS. pastorale **2** RELIG. *(lettera)* pastoral (letter) **III** m. *(bastone)* crosier, pastoral, staff.

pastore /pas'tore/ ➧ *18* m. **1** *(di greggi)* shepherd; ***cane (da) ~*** shepherd dog, sheep dog **2** RELIG. priest, pastor, parson; *(protestante)* clergyman*, minister; ***il Buon Pastore*** the Good Shepherd ♦♦ ***~ belga*** Belgian sheepdog *o* shepherd; ***~ tedesco*** German sheepdog *o* shepherd, Alsatian BE.

pastorizia /pasto'rittsja/ f. sheep-breeding, sheep-farming.

pastorizzare /pastorid'dzare/ [1] tr. to pasteurize.

pastorizzato /pastorid'dzato/ **I** p.pass. → **pastorizzare II** agg. [*latte*] pasteurized.

pastorizzazione /pastoriddzat'tsjone/ f. pasteurization.

pastosità /pastosi'ta/ f.inv. **1** *(consistenza)* doughiness, softness **2** FIG. *(di colore, voce)* mellowness **3** ENOL. mellowness.

pastoso /pas'toso/ agg. **1** *(molle)* [*sostanza*] doughy, pasty **2** FIG. [*colore, voce*] mellow **3** ENOL. [*vino*] mellow.

pastrano /pas'trano/ m. greatcoat.

pastrocchio, pl. **-chi** /pas'trɔkkjo, ki/ m. COLLOQ. muddle, mess.

pastura /pas'tura/ f. **1** *(luogo)* pasture, pasturage, grazing **2** *(cibo)* pasture, grass **3** *(esca)* fish food.

patacca, pl. **-che** /pa'takka, ke/ f. **1** *(moneta di scarso valore)* ***non vale una ~*** it's not worth a brass farthing *o* a bean **2** *(oggetto di poco valore)* piece of junk, junk **U** **3** IRON. *(medaglia)* medal, gong BE COLLOQ. **4** COLLOQ. *(macchia)* stain.

patata /pa'tata/ f. potato* ♦ ***naso a ~*** button nose; ***sacco di -e*** clumsy person, clodhopper COLLOQ.; ***che spirito di ~!*** what a weak humour! ♦♦ ***~ americana*** o ***dolce*** sweet potato, yam AE; ***~ bollente*** hot potato; ***passare la ~ bollente a qcn.*** to leave sb. holding the baby; ***-e fritte*** chips BE, (French) fries AE.

patatina /pata'tina/ f. ***-e (fritte)*** *(di contorno)* chips BE, (French) fries AE; *(confezionate)* (potato) crisps BE, chips AE.

patatrac /pata'trak/ **I** inter. crash, crack, bang **II** m.inv. *(disastro)* disaster; *(crollo finanziario)* crash.

patchwork /'pɛtʃwork/ agg. e m.inv. patchwork.

pâté /pa'te/ m.inv. pâté; ***~ di fegato d'oca*** pâté de foie gras.

patella /pa'tɛlla/ f. **1** ZOOL. limpet **2** ANAT. patella, kneecap.

patema /pa'tɛma/ m. ***~ (d'animo)*** anxiety, worry.

patentato /paten'tato/ agg. COLLOQ. [*bugiardo, imbecille*] out-and-out, absolute, outright.

1.patente /pa'tɛnte/ agg. LETT. [*ingiustizia*] patent.

2.patente /pa'tɛnte/ f. **1** *(concessione)* charter, licence BE, license AE **2** ***~ (di guida)*** driving licence BE, driver's license AE; ***prendere la ~*** to get one's driving licence; ***sospensione della ~*** disqualification from driving, driving disqualification *o* ban.

pateréccio, pl. **-ci** /pate'rettʃo, tʃi/ m. whitlow.
paternale /pater'nale/ f. lecture, talking-to, telling-off; ***fare la ~ a qcn.*** to give sb. a lecture *o* a talking-to, to lecture sb.
paternalismo /paterna'lizmo/ m. paternalism.
paternalista, m.pl. **-i**, f.pl. **-e** /paterna'lista/ m. e f. paternalist.
paternalistico, pl. **-ci**, **-che** /paterna'listiko, tʃi, ke/ agg. paternalist(ic).
paternità /paterni'ta/ f.inv. **1** *(condizione di padre)* fatherhood, parenthood; DIR. paternity **2** *(di opera)* authorship.
paterno /pa'tɛrno/ agg. **1** *(del padre)* [*affetto*] paternal, fatherly; ***figura -a*** father figure; ***casa -a*** parental home **2** FIG. *(affettuoso)* [*gesto, atteggiamento*] fatherly, fatherlike **3** *(da parte di padre)* [*nonna, zio*] paternal.
patetico, pl. **-ci**, **-che** /pa'tɛtiko, tʃi, ke/ **I** agg. *(commovente)* [*discorso, stile, tono*] soppy; *(penoso)* [*sforzo*] pathetic; [*tentativo*] miserable, pathetic **II** m. ***andare sul, cadere nel ~*** to become sentimental; ***fare il ~*** to sentimentalize, to go all soppy.
pathos /'patos/ m.inv. pathos.
patibolare /patibo'lare/ agg. [*faccia*] sinister.
patibolo /pa'tibolo/ m. scaffold, gallows*; ***salire sul ~, andare al ~*** to mount the scaffold; ***condannare qcn. al ~*** to send sb. to the gallows.
patimento /pati'mento/ m. suffering; ***-i dello spirito*** spiritual sorrow.
patina /'patina/ f. **1** *(velatura)* patina; *(sulla lingua)* furring **2** FIG. *(aspetto superficiale)* gloss.
patinato /pati'nato/ agg. **1** [*metallo*] patinated; [*lingua*] furred, coated **2** [*carta*] glazed, glossy; [*rivista*] glossy, slick AE.
patio, pl. **-ti** /'patjo, ti/ m. patio*.
patire /pa'tire/ [102] **I** tr. **1** *(subire)* to experience, to suffer, to undergo* [*sconfitta, rifiuto*] **2** *(soffrire)* to feel*, to suffer from [*freddo, caldo*]; ***~ la fame*** to go hungry; ***~ il solletico*** to be ticklish **II** intr. (aus. *avere*) to suffer (**di**, **per** from); ***~ di stomaco*** to suffer from a bad stomach.
patito /pa'tito/ **I** p.pass. → **patire II** agg. [*viso*] haggard, pinched; [*bambino*] sickly **III** m. (f. **-a**) *(appassionato)* fan, buff COLLOQ.
patogeno /pa'tɔdʒeno/ agg. [*germe*] pathogenic; ***agente ~*** pathogen.
patologia /patolo'dʒia/ f. pathology.
patologico, pl. **-ci**, **-che** /pato'lɔdʒiko, tʃi, ke/ agg. pathological; ***anatomia -a*** morbid anatomy; ***caso ~*** pathological case; FIG. hopeless case, nutcase.
patologo, m.pl. **-gi**, f.pl. **-ghe** /pa'tɔlogo, dʒi, ge/ ♦ ***18*** m. (f. **-a**) pathologist.
patria /'patrja/ f. (native) country, home (country); ***madre ~*** mother country, homeland; ***amor di ~*** love of one's country; ***i senza ~*** the stateless; ***Bologna è la ~ dei tortellini*** FIG. Bologna is home to *o* the home of tortellini ♦♦ ***~ d'elezione*** adoptive country.
patriarca, pl. **-chi** /patri'arka, ki/ m. patriarch.
patriarcale /patriar'kale/ agg. patriarchal.
patrigno /pa'triɲɲo/ m. stepfather.
patrimoniale /patrimo'njale/ agg. [*interesse, diritto*] proprietary; ***imposta ~*** capital levy, property tax; ***danno ~*** damage to property; ***accertamento ~*** means test.
patrimonio, pl. **-ni** /patri'mɔnjo, ni/ m. **1** DIR. property **U**, assets pl., estate **2** *(somma rilevante)* ***spendere, costare un ~*** to spend, cost a fortune **3** *(eredità)* ***~ culturale, linguistico*** cultural, linguistic heritage ♦♦ ***~ finanziario*** financial holdings; ***~ genetico*** BIOL. gene pool; ***~ immobiliare*** real estate *o* property.
patrio, pl. **-tri**, **-trie** /'patrjo, tri, trje/ agg. **1** *(della patria)* ***suolo ~*** one's native soil; ***tornare ai -tri lidi*** to return to one's native shores **2** *(paterno)* ***-a potestà*** paternal authority.
patriota, m.pl. **-i**, f.pl. **-e** /patri'ɔta/ m. e f. patriot.
patriottico, pl. **-ci**, **-che** /patri'ɔttiko, tʃi, ke/ agg. patriotic.
patriottismo /patriot'tizmo/ m. patriotism.
Patrizia /pa'trittsja/ n.pr.f. Patricia.
patrizio, pl. **-zi**, **-zie** /pa'trittsjo, tsi, tsje/ **I** agg. patrician **II** m. (f. **-a**) patrician.
Patrizio /pa'trittsjo/ n.pr.m. Patrick.
patrocinare /patrotʃi'nare/ [1] tr. **1** DIR. [*avvocato*] to plead [*causa*] **2** *(appoggiare)* to sponsor [*manifestazione, serata*]; to be* patron of [*fondazione*].
patrocinatore /patrotʃina'tore/ m. (f. **-trice** /tritʃe/) **1** DIR. pleader, lawyer **2** *(di fondazioni)* patron, sponsor.
patrocinio, pl. **-ni** /patro'tʃinjo, ni/ m. **1** STOR. patronage **2** DIR. defence, advocacy in court; ***gratuito ~*** legal aid **3** *(appoggio)* patronage; ***col ~ di*** under the patronage of.
patrona /pa'trɔna/ f. *(santa protettrice)* patroness, patron saint.
patronale /patro'nale/ agg. ***festa ~*** patronal festival.
patronato /patro'nato/ m. patronage, sponsorship; ***sotto il ~ di*** under the patronage of ♦♦ ***~ scolastico*** students' benevolent fund.
patrono /pa'trɔno/ m. (f. **-a**) **1** RELIG. *(santo protettore)* patron (saint) **2** *(di iniziativa)* patron, sponsor **3** DIR. advocate.
1.patta /'patta/ f. **1** *(di pantaloni)* fly, flies pl. **2** *(di tasca)* flap.
2.patta /'patta/ f. *(partita)* ~ drawn match, draw; ***fare pari e ~*** SPORT to draw, to (end in a) tie ♦ ***essere pari e ~*** to be even *o* quits.
patteggiamento /patteddʒa'mento/ m. negotiation, deal; DIR. plea bargaining.
patteggiare /patted'dʒare/ [1] **I** tr. to negotiate [*resa, tregua*] **II** intr. (aus. *avere*) to deal*, to negotiate; ***~ con il nemico*** to negotiate with the enemy; ***~ con la propria coscienza*** to strike a bargain with one's conscience.
pattinaggio, pl. **-gi** /patti'naddʒo, dʒi/ ♦ ***10*** m. skating; ***pista di ~*** skating rink, rollerdrome; *(su ghiaccio)* ice rink ♦♦ ***~ artistico*** figure skating; ***~ su ghiaccio*** ice-skating; ***~ in linea*** rollerblading, in-line skating; ***~ a*** o ***su rotelle*** roller-skating.
pattinare /patti'nare/ [1] intr. (aus. *avere*) **1** to skate; *(su ghiaccio)* to iceskate **2** AUT. *(slittare)* [*automobile*] to skid.
pattinatore /pattina'tore/ m. (f. **-trice** /tritʃe/) skater; *(su ghiaccio)* ice skater; *(su rotelle)* roller-skater; *(in linea)* rollerblader; *(artistico)* figure skater.
1.pattino /'pattino/ m. **1** *(attrezzo per il pattinaggio)* skate **2** *(di slitta)* runner **3** *(di aereo)* skid **4** TECN. sliding block ♦♦ ***~ da ghiaccio*** iceskate; ***~ in linea*** rollerblade, in-line skate; ***~ a rotelle*** roller-skate.
2.pattino /pat'tino/ m. *(imbarcazione)* twin-hulled rowboat.
patto /'patto/ m. **1** *(accordo)* pact, agreement; *(tra stati)* convention; ***fare un ~ con qcn.*** to make a pact with sb.; ***scendere*** o ***venire a -i con qcn.*** to come to an agreement with sb.; ***stare ai -i*** to keep one's side of the bargain, to keep to an agreement **2 a patto che** provided that **3 a nessun patto** on no account, in no case ♦ ***-i chiari, amicizia lunga*** PROV. clear understandings breed long friendships ♦♦ ***Patto Atlantico*** STOR. Atlantic Charter; ***~ di non aggressione*** nonaggression pact; ***~ sociale*** social contract; ***Patto di Varsavia*** STOR. Warsaw Pact.
pattuglia /pat'tuʎʎa/ f. patrol; ***essere di ~*** to be on patrol.
pattugliare /pattuʎ'ʎare/ [1] tr. e intr. (aus. *avere*) to patrol.
pattuire /pattu'ire/ [102] tr. to arrange, to negotiate [*prezzo, compenso*]; ***~ la resa*** to agree the terms of the surrender.
pattuito /pattu'ito/ **I** p.pass. → **pattuire II** agg. [*prezzo*] agreed (upon), settled.
pattume /pat'tume/ m. litter **U**, rubbish **U**, garbage **U** AE, trash **U** AE.
pattumiera /pattu'mjɛra/ f. rubbish bin BE, dustbin BE, garbage can AE, trashcan AE; ***gettare qcs. nella ~*** to throw sth. out *o* in the bin BE *o* in the garbage AE.
paturnie /pa'turnje/ f.pl. COLLOQ. ***avere le ~*** to be in one of one's moods, to have the sulks.
paura /pa'ura/ f. *(timore)* fear; *(spavento)* fright; ***morto di ~*** scared *o* frightened to death, dead scared COLLOQ.; ***fare ~ a qcn.*** to frighten *o* scare sb.; ***fare ~*** to be frightful *o* scary COLLOQ.; ***avere ~*** to be afraid (**di** of; **di fare** to do); ***che ~!*** what a fright! ***brutto da fare ~*** hideously ugly; ***per ~ che, di qcs., di fare*** for fear that, of sth., of doing; ***non avere ~! niente ~!*** don't be afraid! have no fear! never fear!
paurosamente /paurosa'mente/ avv. **1** *(con paura)* fearfully **2** *(da far paura)* frighteningly, wildly.
pauroso /pau'roso/ agg. **1** *(pieno di paure)* [*persona*] fearful, timid **2** *(che fa paura)* [*incidente*] frightful; [*magrezza, pallore*] dreadful **3** *(straordinario)* [*memoria*] incredible.

pausa /ˈpauza/ f. **1** *(intervallo)* break, pause; ***fare una ~*** to take *o* have a break; ***~ pranzo*** COLLOQ. lunchbreak; ***~ (per il) caffè*** coffee break; ***~ pubblicitaria*** (commercial) break **2** MUS. rest, pause.

paventare /paven'tare/ [1] tr. LETT. to fear, to dread [*morte, rischi*].

pavese /pa'vese/ m. MAR. bunting; ***alzare il gran ~*** to dress a ship overall, to dress ship.

pavido /ˈpavido/ agg. fearful, timid, timorous, pavid.

pavimentare /pavimen'tare/ [1] tr. to pave, to surface [*strada*]; to floor [*stanza*].

pavimentazione /pavimentat'tsjone/ f. **1** *(azione) (di strada)* paving, road surfacing; *(di stanza)* flooring **2** *(manto stradale)* road surface; *(pavimento)* floor(ing).

pavimento /pavi'mento/ m. floor; ***~ di legno*** wooden floor.

pavoncella /pavon'tʃɛlla/ f. lapwing, peewit.

pavone /pa'vone/ **I** m. peacock **II** agg.inv. ***blu ~*** peacock blue.

pavoneggiarsi /pavoned'dʒarsi/ [1] pronom. to (play the) peacock, to strut (about).

pavonessa /pavo'nessa/ f. peahen.

pazientare /pattsjen'tare/ [1] intr. (aus. *avere*) to have* patience, to wait patiently.

paziente /pat'tsjɛnte/ agg., m. e f. patient.

pazienza /pat'tsjɛntsa/ f. patience; ***perdere la ~*** to lose patience; ***sto perdendo la ~*** my patience is running out *o* wearing thin; ***avere ~*** to be patient; ***porta ~, non tarderà!*** be patient, he won't be long! ***santa ~!*** COLLOQ. for heaven's *o* goodness' sake! ***~!*** *(per esprimere rassegnazione)* never mind! ♦ ***avere la ~ di Giobbe*** to have the patience of Job.

pazza /ˈpattsa/ f. lunatic, madwoman* COLLOQ.

pazzamente /pattsa'mente/ avv. *(moltissimo)* ***divertirsi ~*** to have a swell time *o* a hell of a time; ***~ innamorato di*** madly in love with.

pazzesco, pl. **-schi, -sche** /pat'tsesko, ski, ske/ agg. **1** [*idea, impresa*] crazy, insane; ***è ~ come passa il tempo!*** it's amazing how time flies! **2** COLLOQ. *(eccessivo)* [*rumore, successo*] tremendous, wild; [*divertimento*] great, fantastic; [*velocità*] terrific; [*prezzo*] crazy; ***ho una fame -a*** I'm absolutely starving; ***fa un caldo ~*** it's boiling hot.

pazzia /pat'tsia/ f. madness, insanity, lunacy; ***ho fatto la ~ di accettare*** I was crazy enough to accept; ***sposarla è stata una ~!*** marrying her was (a) folly! ***fare -e*** to go mad.

pazzo /ˈpattso/ **I** agg. [*persona, idea*] mad, crazy; ***~ di gioia, dolore*** mad with joy, pain; ***innamorato ~*** madly in love; ***fare diventare ~ qcn.*** to drive sb. mad *o* crazy; ***fare delle spese -e*** to go on a shopping spree **II** m. lunatic, madman*; ***come un ~*** [*guidare*] like a lunatic, like a maniac; [*lavorare, ridere*] like mad, like anything ♦ ***andare ~ per*** to be mad *o* crazy *o* daft COLLOQ. *o* nuts COLLOQ. about; ***cose da -i!*** it's sheer madness! unbelievable! that's crazy! ***darsi alla -a gioia*** to have a really wild time of it; ***divertirsi da -i*** to have great fun, a great *o* swell time.

pazzoide /pat'tsɔide/ **I** agg. crazy, loony **II** m. e f. loony.

PC /pit'tʃi/ m.inv. INFORM. (⇒ personal computer personal computer) PC.

PCI /pit'tʃi/ m. STOR. (⇒ Partito Comunista Italiano) = Italian Communist Party.

PDS /piddi'ɛsse/ m. (⇒ Partito Democratico della Sinistra) = Democratic Party of the Left.

p.e. ⇒ per esempio for example, for instance (eg).

pecca, pl. **-che** /ˈpɛkka, ke/ f. flaw, fault; ***senza -che*** flawless, faultless.

peccaminoso /pekkami'noso/ agg. [*pensieri, amore, vita*] sinful.

peccare /pek'kare/ [1] intr. (aus. *avere*) **1** *(commettere peccato)* to (commit a) sin; ***~ di gola*** to be guilty of the sin of gluttony; ***~ di superbia*** to commit the sin of pride **2** *(sbagliare)* to err; ***~ di negligenza*** to err through carelessness; ***~ per eccesso di generosità*** to err on the side of generosity, to be overgenerous.

peccato /pek'kato/ m. **1** *(trasgressione)* sin; ***commettere un ~*** to commit a sin; ***vivere nel ~*** to live in sin *o* a sinful life **2** *(dispiacere)* ***(che) ~!*** what a pity *o* a shame! ***(è un) ~ che tu non sia potuto venire*** (it's) a pity you couldn't come ♦ ***essere brutto come il ~*** to be as ugly as sin ♦♦ ***~ capitale*** deadly sin; ***~ di gioventù*** youthful blunder; ***~ mortale*** mortal sin; ***~ originale*** original sin; ***~ veniale*** venial sin.

peccatore /pekka'tore/ m. (f. **-trice** /tritʃe/) sinner.

peccatuccio, pl. **-ci** /pekka'tuttʃo, tʃi/ m. peccadillo*.

pece /ˈpetʃe/ f. pitch; ***nero come la ~*** pitch-black ♦♦ ***~ greca*** rosin.

pechinese /peki'nese/ ♦ *2* **I** agg. Pekin(g)ese **II** m. e f. Pekin(g)ese* **III** m. **1** LING. Pekin(g)ese **2** *(cane)* Pekin(g)ese*.

Pechino /pe'kino/ ♦ *2* n.pr.f. Beijing, Peking.

pecora /ˈpɛkora/ f. sheep*; *(femmina)* ewe; ***un gregge di -e*** a flock of sheep; ***contare le -e*** FIG. to count sheep ♦♦ ***~ nera*** FIG. black sheep.

pecoreccio, pl. **-ci, -ce** /peko'rettʃo, tʃi, tʃe/ agg. *(volgare)* [*film, spettacolo*] coarse, vulgar.

pecorella /peko'rɛlla/ f. **1** small sheep*, young sheep* **2** *(nuvola)* ***cielo a -e*** mackerel sky ♦ ***cielo a -e, acqua a catinelle*** PROV. a mackerel sky is never long dry ♦♦ ***~ smarrita*** FIG. lost sheep.

pecorino /peko'rino/ m. GASTR. INTRAD. (hard cheese made from ewe's milk).

pecorone /peko'rone/ m. large sheep*; ***sono una massa di -i*** FIG. SPREG. they are a load of sheep.

pectina /pek'tina/ f. pectin.

peculato /peku'lato/ m. peculation, embezzlement.

peculiare /peku'ljare/ agg. [*qualità, tratto*] peculiar, distinctive, characteristic; ***~ di qcn., qcs.*** peculiar to sb., sth.

peculiarità /pekuljari'ta/ f.inv. peculiarity, characteristic, distinctive feature.

pecunia /pe'kunja/ f. SCHERZ. money.

pecuniario, pl. **-ri, -rie** /peku'njarjo, ri, rje/ agg. pecuniary; ***pena -a*** fine.

pedaggio, pl. **-gi** /pe'daddʒo, dʒi/ m. toll; ***autostrada a ~*** toll motorway BE, toll road AE.

pedagogia /pedago'dʒia/ f. pedagogy, science of education.

pedagogico, pl. **-ci, -che** /peda'gɔdʒiko, tʃi, ke/ agg. [*teoria, metodi*] pedagogic(al), teaching.

pedagogista, m.pl. **-i**, f.pl. **-e** /pedago'dʒista/ m. e f. pedagogist, educationalist.

pedagogo, m.pl. **-ghi**, f.pl. **-ghe** /peda'gɔgo, gi, ge/ m. (f. **-a**) pedagogue.

pedalare /peda'lare/ [1] intr. (aus. *avere*) to pedal ♦ ***pedala!*** *(vattene)* get your skates on! on your bike!

pedalata /peda'lata/ f. thrust on a pedal, push on a pedal.

pedale /pe'dale/ m. pedal (anche MUS.); ***~ del freno, della frizione*** brake, clutch pedal.

pedaliera /peda'ljɛra/ f. *(di organo)* pedalboard, pedal keyboard; *(di pianoforte)* pedals pl.

pedalino /peda'lino/ m. (man's) sock.

pedalò® /peda'lɔ/ m.inv. pedalo, pedal boat.

pedana /pe'dana/ f. **1** *(elemento rialzato)* platform; *(di cattedra)* platform, dais **2** SPORT *(per le prove ginniche)* trampoline, springboard; *(nel baseball)* box, mound AE.

pedante /pe'dante/ **I** agg. pedantic **II** m. e f. pedant.

pedanteria /pedante'ria/ f. pedantry, hair splitting.

pedata /pe'data/ f. **1** *(calcio)* kick; ***prendere qcn. a -e*** to kick sb. **2** *(orma)* footprint, footmark.

pederasta /pede'rasta/ m. p(a)ederast.

pederastia /pederas'tia/ f. p(a)ederasty.

pedestre /pe'dɛstre/ agg. *(banale)* pedestrian.

pediatra, m.pl. **-i**, f.pl. **-e** /pe'djatra/ ♦ *18* m. e f. p(a)ediatrician.

pediatria /pedja'tria/ f. p(a)ediatrics + verbo sing.

pediatrico, pl. **-ci, -che** /pe'djatriko, tʃi, ke/ agg. p(a)ediatric.

pedice /ˈpeditʃe/ m. subscript.

pedicure /pedi'kure, pedi'kyr/ ♦ *18* **I** f.inv. *(trattamento)* pedicure, chiropody **II** m. e f.inv. *(persona)* pedicure, chiropodist.

pedigree /pedi'gri/ m.inv. pedigree; ***cane con il ~*** pedigree dog.

pediluvio, pl. **-vi** /pedi'luvjo, vi/ m. footbath; ***fare un ~*** to bathe one's feet, to have a footbath.

pedina /pe'dina/ f. **1** *(a dama)* piece, man*, draught(sman*) BE, checker AE; *(negli scacchi)* pawn **2** FIG. pawn.

pedinamento /pedina'mento/ m. shadowing, tailing COLLOQ.
pedinare /pedi'nare/ [1] tr. to shadow, to dog, to tail COLLOQ.; ***fare ~ qcn.*** to have sb. shadowed, to put a tail on sb. COLLOQ.
pedissequo /pe'dissekwo/ agg. [*adattamento, imitatore*] slavish.
pedivella /pedi'vɛlla/ f. pedal crank.
pedofilia /pedofi'lia/ f. paedophilia, pedophilia AE.
pedofilo /pe'dɔfilo/ **I** agg. paedophile, pedofile AE, paedophiliac, pedophiliac AE **II** m. (f. **-a**) paedophile, pedophile AE.
pedonale /pedo'nale/ agg. [*zona, strada*] pedestrian; ***attraversamento*** o ***passaggio ~, strisce -i*** pedestrian crossing, zebra crossing BE, crosswalk AE.
pedonalizzare /pedonalid'dzare/ [1] tr. to pedestrianize [*strada, centro storico*].
pedone /pe'done/ m. **1** *(persona)* pedestrian **2** *(negli scacchi)* pawn.
pedula /'pɛdula, pe'dula/ f. hiking boot, climbing shoe.
peduncolo /pe'dunkolo/ m. BOT. ZOOL. ANAT. peduncle.
peeling /'piling/ m.inv. (exfoliating) scrub.
peggio /'pɛddʒo/ **I** agg.inv. *(comparativo) (peggiore)* worse (**di** than); ***questo film è ~ dell'altro*** this film is worse than the other one; ***sarebbe ~ non avvisarlo*** it would be worse not to let him know; ***e, quel che è ~...*** and, what is worse...; ***c'è di ~*** there's worse, worse things happen at sea; ***non c'è niente di ~ che...*** there's nothing worse than... **II** m.inv. *(la cosa, parte peggiore)* worst; ***il ~ è che*** the worst of it all is that; ***temere il ~*** to fear the worst; ***il ~ deve ancora venire*** there's worse to come *o* in the store; ***è quanto di ~ potesse succedere*** it's the worse thing that could have happened; ***essere il ~ del ~*** to be the lowest of the low; ***essere preparato al ~*** to be prepared for the worst; ***volgere al ~*** to take a turn for the worse **III** avv. **1** *(comparativo)* worse (**di** than); ***suona il piano ~ di te!*** he plays the piano worse than you! ***sto ~ di ieri*** I feel worse than yesterday; ***cambiare in ~*** to change for the worse; ***poteva andare ~*** it could have been worse; ***ancora ~*** even worse, worse still; ***sempre ~*** worse and worse; ***tanto ~!*** so much the worse! too bad! ***~ per loro!*** so much the worse for them! ***di male in ~*** from bad to worse **2** *(superlativo)* ***i lavoratori ~ pagati*** the worst-paid labourers **3 alla peggio** at (the) worst, if the worst were to happen **4 alla meno peggio** ***cavarsela alla meno ~*** to muddle *o* struggle through; ***fare qcs. alla meno ~*** to do sth. in a slapdash way ♦ ***avere la ~*** to get the worst of it, to come off worst; ***~ che andar di notte, ~ di così si muore*** it couldn't be any worse, things couldn't be worse.
peggioramento /peddʒora'mento/ m. *(di situazione, crisi)* worsening; *(di salute)* worsening, decline, aggravation; *(del tempo)* worsening, deterioration.
peggiorare /peddʒo'rare/ [1] **I** tr. to worsen, to make* [sth.] worse [*malattia, condizioni*]; ***non farai che ~ le cose!*** you'll only make things *o* it worse! **II** intr. (aus. *essere*) [*situazione, tempo*] to get* worse, to worsen; [*malato*] to get* worse; [*salute*] to worsen, to decline, to deteriorate.
peggiorativo /peddʒora'tivo/ agg. e m. pejorative.
peggiore /ped'dʒore/ **I** agg. **1** *(comparativo)* worse (**di** than); ***questo libro è ~ dell'altro*** this book is worse than the other one; ***oggi il tempo è ~ di ieri*** today the weather is worse than yesterday; ***non c'è cosa ~ di...*** there's nothing worse than... **2** *(superlativo relativo)* worst (**di** of, in); ***il mio peggior nemico, difetto*** my worst enemy, fault; ***un bugiardo della peggior specie*** a liar of the worst kind; ***nel ~ dei modi*** in the worst possible way; ***nel ~ dei casi, nella ~ delle ipotesi*** at (the) worst, if the worst were to happen, if the worst came to the worst; ***la cosa ~ di lei è (che)*** the worst thing about her is (that) **II** m. e f. ***il~, la ~*** *(fra più di due)* the worst (**di** of, in); *(fra due)* the worse (**di** of).
pegno /'peɲɲo/ m. **1** *(garanzia)* pawn, pledge, security **U**, surety **U**; ***lasciare qcs. in ~*** to pawn sth., to leave sth. as security *o* surety; ***prestare su ~*** to lend against surety; ***monte dei -i*** pawnshop **2** GIOC. *(penitenza)* forfeit; ***pagare ~*** to pay one's forfeit **3** *(prova)* ***come ~ della sua amicizia*** as a pledge *o* token of her friendship.
pelame /pe'lame/ m. fur **U**, hair **U**, coat.
pelandrone /pelan'drone/ m. (f. **-a**) idler, sluggard, loafer, lazybones COLLOQ.
pelapatate /pelapa'tate/ m.inv. potato peeler, parer.
pelare /pe'lare/ [1] tr. **1** *(sbucciare)* to peel, to skin, to pare [*frutta, cipolle*] **2** *(spennare)* to pluck [*pollo*] **3** *(radere a zero)* ***~ qcn.*** to shave sb.'s head **4** COLLOQ. *(lasciare senza soldi)* to soak, to rip off [*cliente*]; ***lo hanno pelato al casinò*** he's been cleaned out *o* fleeced at the casino.
pelata /pe'lata/ f. SCHERZ. *(testa calva)* bald head.
pelato /pe'lato/ **I** p.pass. → **pelare II** agg. **1** *(calvo)* [*testa*] bald; [*persona*] bald, bald-headed, baldpated **2** *(senza buccia)* [*pomodoro*] peeled **III** m. *(uomo calvo)* baldhead, baldpate **IV pelati** m.pl. = tinned peeled tomatoes.
pellaccia, pl. **-ce** /pel'lattʃa, tʃe/ f. **1** *(persona resistente)* tough (person) **2** *(persona senza scrupoli)* rogue, rascal ♦ ***avere la ~ dura*** to be thick-skinned, to have a thick skin.
pellame /pel'lame/ m. hides pl., skins pl.; ***lavorazione del ~*** tanning.
pelle /'pɛlle/ ♦ **4** f. **1** *(cute)* skin; ***dalla ~ chiara*** fair- *o* light-skinned **2** *(di animale)* skin, hide, pelt; ***~ di leopardo, foca, serpente*** leopardskin, sealskin, snakeskin **3** *(conciata)* leather; ***finta ~*** imitation leather; ***guanti, giacca in, di ~*** leather gloves, jacket; ***rilegato in ~*** leather-bound **4** *(buccia) (di frutta, ortaggi)* skin, peel; *(di agrumi)* peel; *(del salame)* rind; *(di salsiccia)* skin, casing **5** COLLOQ. FIG. *(vita)* ***rischiare, lasciarci la ~*** to risk, lose one's life; ***vendere cara la ~*** to sell one's life dearly; ***fare la ~ a qcn.*** to do sb. in, to bump sb. off; ***riportare a casa*** o ***salvare la ~*** to save one's (own) skin *o* bacon ♦ ***vendere la ~ dell'orso prima di averlo ucciso*** to count one's chickens (before they are hatched); ***ho i nervi a fior di ~*** my nerves are on edge; ***essere amici per la ~*** to be as thick as thieves; ***avere la ~ d'oca*** to have goose flesh *o* pimples; ***fare venire la ~ d'oca a qcn.*** *(per la paura)* to make sb.'s skin *o* flesh crawl, to give sb. the creeps COLLOQ.; ***non stare più nella ~ dalla gioia*** to be beside oneself with joy; ***essere (tutto) ~ e ossa*** to be all skin and bone *o* nothing but skin and bones; ***ridursi ~ e ossa*** to be reduced to a skeleton; ***avere la ~ dura*** to be thick-skinned ♦♦ ***~ di daino*** *(pellame)* deerskin, doeskin; *(panno)* chamois leather, shammy (leather); ***~ d'uovo*** TESS. muslin.
pellegrinaggio, pl. **-gi** /pellegri'naddʒo, dʒi/ m. pilgrimage; ***andare in ~, fare un ~ a*** to go on *o* make a pilgrimage to.
pellegrino /pelle'grino/ **I** agg. ***padri -i*** STOR. Pilgrim Fathers **II** m. (f. **-a**) pilgrim.
pellerossa /pelle'rossa/ m. e f.inv. American Indian, Red Indian SPREG., redskin SPREG.
pelletteria /pellette'ria/ f. **1** *(oggetti in pelle)* leather goods pl. **2** *(negozio)* leather (goods) shop.
pellicano /pelli'kano/ m. pelican.
pellicceria /pellittʃe'ria/ ♦ ***18*** f. **1** *(pellicce)* furs pl. **2** *(negozio)* furrier's (shop).
pelliccia, pl. **-ce** /pel'littʃa, tʃe/ f. **1** *(indumento)* fur (coat); ***~ sintetica*** imitation *o* fun fur; ***~ di castoro*** beaver (fur) **2** *(mantello di animale)* fur, coat.
pellicciaio, pl. **-ai** /pellit'tʃajo, ai/ ♦ ***18*** m. (f. **-a**) **1** *(conciatore)* furrier, fur dresser **2** *(negoziante)* furrier.
pellicciotto /pellit'tʃɔtto/ m. fur jacket.
pellicina /pelli'tʃina/ f. *(dell'unghia)* cuticle.
pellicola /pel'likola/ f. **1** ANAT. *(sottile membrana)* pellicle, cuticle **2** *(cellofan)* ***~ trasparente (per alimenti)*** (protective) film, clingfilm BE **3** CINEM. FOT. film; ***~ cinematografica*** (movie) film; ***~ fotografica*** (photographic) film; ***~ vergine*** unexposed.
pelo /'pelo/ m. **1** *(di uomo, animali)* hair; ***-i di cane*** dog hairs; ***-i superflui*** unwanted hair; ***perdere il ~*** [*gatto, cane*] to moult, to shed hair; ***cavalcare a ~*** to ride bareback; ***un ragazzo di primo ~*** FIG. a fledg(e)ling **2** COLLOQ. *(pelliccia)* coat, hair **U**, fur **U**; ***a ~ corto, lungo*** short-haired, long-haired **3** *(di tessuto)* nap; *(di tappeto)* pile; *(di indumenti di lana)* fluff **4** *(superficie)* ***il ~ dell'acqua*** the surface of the water **5** BOT. hair, down **U** **6** COLLOQ. ***per un ~*** by the skin of one's teeth, by a hair('s breadth), by a whisker; ***c'è mancato un ~ che facessi*** I was within a whisker of doing; ***ho preso il treno per un ~*** I (only) just caught the train; ***essere a un ~ da*** to be within a hair's breadth of ♦ ***cercare il ~ nell'uovo*** to be a nit-picker, to nit-pick; ***avere il ~ sullo stomaco*** to be ruthless; ***non avere -i sulla lingua*** to be outspoken, not to mince one's words; ***fare ~ e contropelo a qcn.*** to tear sb. apart.

peloso /pe'loso/ agg. [*persona, animale, insetto, pianta*] hairy; [*maglia, tessuto*] fluffy.
peltro /'peltro/ m. pewter.
peluche /pe'luʃ/ m.inv. *(materiale)* plush; ***(giocattoli di)*** **~** fluffy *o* furry *o* soft *o* cuddly BE toys; ***orso di*** **~** teddy (bear).
peluria /pe'lurja/ f. **1** *(sulla cute)* down **U 2** *(sui tessuti)* fluff.
pelvi /'pɛlvi/ f.inv. pelvis*.
pelvico, pl. **-ci, -che** /'pɛlviko, tʃi, ke/ agg. pelvic.
pena /'pena/ f. **1** *(pietà)* pity; ***povera Anna, mi fa*** **~** poor Anna, I feel sorry for her; ***mi fa*** **~** ***vederlo così triste*** it hurts me to see him so sad; ***faceva*** **~** ***vedere una cosa simile*** it was sad to see such a thing **2** *(sofferenza)* pain, sorrow; **~** ***d'amore*** love pang, heartache; ***confidare le proprie -e a qcn.*** to tell sb. of one's afflictions **3** DIR. *(punizione)* punishment, sentence, penalty; ***sotto*** **~** ***di*** on *o* under penalty of; ***scontare una*** **~** to serve a sentence; ***casa di*** **~** prison **4** *(sforzo)* ***darsi la*** **~** ***di fare qcs.*** to take the trouble *o* to be at pains to do sth.; ***ne è valsa la*** **~*!*** it was really worth it! ***vale la*** **~** ***fare*** it's worth doing **5** *(preoccupazione)* ***essere, stare in*** **~** ***per qcn.*** to be worried for sb. ♦♦ **~** ***capitale*** capital punishment; **~** ***corporale*** corporal punishment; **~** ***detentiva*** custodial *o* prison sentence, detention; **~** ***di morte*** death penalty; **~** ***pecuniaria*** fine.
penale /pe'nale/ **I** agg. [*causa, tribunale, responsabilità*] criminal; [*codice*] penal, criminal; [*colonia, legge*] penal; ***clausola*** **~** penalty clause; ***diritto*** **~** criminal *o* crown law **II** f. penalty, fine.
penalista, m.pl. **-i**, f.pl. **-e** /pena'lista/ ➧ ***18*** m. e f. *(avvocato)* criminal lawyer.
penalità /penali'ta/ f.inv. **1** *(penale)* penalty, fine **2** SPORT penalty.
penalizzare /penalid'dzare/ [1] tr. to penalize (anche FIG.).
penalizzazione /penaliddzat'tsjone/ f. **1** *(di squadra, concorrente)* penalty **2** FIG. *(di categoria)* penalization.
penalmente /penal'mente/ avv. ***perseguire qcn.*** **~** to prosecute sb.
penare /pe'nare/ [1] intr. (aus. *avere*) **1** *(soffrire)* to suffer; ***ha finito di*** **~** his sufferings are over **2** *(faticare)* to have* difficulty, to have* a lot of trouble (**a fare** doing).
pendaglio, pl. **-gli** /pen'daʎʎo, ʎi/ m. pendant ♦♦ ***da forca*** gallows bird ANT.
pendant /pan'dan/ m.inv. companion (**di** to); ***fare da*** **~** ***a qcs., fare*** **~** ***con qcs.*** to match sth., to be the companion to sth.
pendente /pen'dɛnte/ **I** agg. **1** *(che pende)* [*lampada*] hanging; [*orecchino*] dangling **2** *(inclinato)* ***la torre*** **~** ***di Pisa*** the leaning tower of Pisa **3** *(irrisolto)* [*questione*] outstanding **4** DIR. [*causa*] pending; [*credito, debito*] outstanding **II** m. **1** *(ciondolo)* pendant **2** *(orecchino)* drop earring.
pendenza /pen'dɛntsa/ f. **1** *(inclinazione)* slope, slant, incline; ***una forte, lieve*** **~** a steep, slight slope; ***essere in*** **~** to (be on a) slope, to slant **2** *(grado di inclinazione)* gradient; ***una*** **~** ***del 20%*** a gradient of one in five, of 20% **3** DIR. pending suit **4** COMM. outstanding account; ***sistemare una vecchia*** **~** FIG. to settle an old score.
pendere /'pɛndere/ [2] intr. (aus. *avere*) **1** *(essere inclinato)* [*torre, albero, muro*] to lean*; [*quadro*] to slant; [*strada*] to slope, to slant **2** *(essere sospeso, appeso)* [*lampadario, frutto*] to hang* (**da** from); [*braccio, gamba*] to hang*, to dangle; [*orecchini*] to dangle **3** DIR. [*causa*] to be* pending ♦ **~** ***dalle labbra di qcn.*** to hang on sb.'s words *o* on sb.'s every word.
pendice /pen'ditʃe/ f. ***le -i del monte*** the mountainside.
pendio, pl. **-dii** /pen'dio, dii/ m. slope; ***strada in*** **~** downhill road; ***in cima a un*** **~** at the top of a hill.
pendola /'pɛndola/ f. grandfather clock.
1.pendolare /pendo'lare/ [1] intr. (aus. *avere*) to pendulate, to oscillate.
2.pendolare /pendo'lare/ **I** agg. **1** [*moto*] pendular **2** [*traffico*] commuter attrib. **II** m. e f. commuter, straphanger COLLOQ.; ***fare il*** **~** to commute.
pendolarismo /pendola'rizmo/ m. commuting.
1.pendolino /pendo'lino/ m. *(dei rabdomanti)* pendulum used by diviners.
2.pendolino /pendo'lino/ m. = Italian high-speed electric train.
pendolo /'pɛndolo/ m. **1** FIS. pendulum **2** *(orologio)* ***orologio a*** **~** grandfather clock.

pendulo /'pɛndulo/ agg. [*orecchie*] floppy.
pene /'pɛne/ m. penis*.
penetrabile /pene'trabile/ agg. **1** penetrable **2** FIG. *(comprensibile)* understandable.
penetrante /pene'trante/ agg. [*sguardo*] piercing, sharp, penetrating; [*odore*] pervasive; [*voce*] penetrating; [*freddo*] penetrating, biting, piercing; [*analisi*] acute, insightful, penetrating.
penetrare /pene'trare/ [1] **I** tr. **1** [*liquido*] to soak in, to seep into, to permeate [*terreno, tessuto*] **2** *(svelare)* to penetrate [*mistero*] **3** *(sessualmente)* to penetrate **II** intr. (aus. *essere*) **~** ***in*** [*luce, odore*] to enter, to get in [*luogo*]; ***il freddo mi è penetrato nelle ossa*** the cold went right through my bones; ***fare*** **~** ***la pomata*** to let the ointment absorb.
penetrazione /penetrat'tsjone/ f. penetration (anche FIG.).
penicillina /penitʃil'lina/ f. penicillin.
peninsulare /peninsu'lare/ agg. peninsular.
penisola /pe'nizola/ f. peninsula; ***la*** **~** *(Italia)* Italy.
penitente /peni'tɛnte/ **I** agg. [*peccatore*] penitent, repentant **II** m. e f. penitent.
penitenza /peni'tɛntsa/ f. **1** RELIG. *(espiazione)* penance, penitence; ***fare*** **~** to do penance **2** GIOC. *(pegno)* forfeit; ***fare la*** **~** to pay the forfeit.
penitenziale /peniten'tsjale/ agg. penitential.
penitenziario, pl. **-ri, -rie** /peniten'tsjarjo, ri, rje/ **I** agg. [*istituto*] penal; [*regime*] prison attrib. **II** m. prison, penitentiary AE.
penna /'penna/ **I** f. **1** *(piumaggio)* feather; ***mettere, mutare le -e*** to fledge, to moult **2** *(per scrivere)* pen; ***scritto a*** **~** written in ink; ***disegno a*** **~** pen-and-ink drawing **3** *(scrittore)* writer **4** *(di martello)* peen **II penne** f.pl. GASTR. = short thin diagonally cut tubular pasta ♦ ***rimetterci, lasciarci le -e*** to lose one's life; ***lasciare qcs. nella*** **~** to leave sth. out, to omit sth. ♦♦ **~** ***biro*** → **~** ***a sfera***; **~** ***d'oca*** quill; **~** ***ottica*** electronic stylus, light pen, optical wand; **~** ***a sfera*** ballpoint (pen), rollerball, biro®; **~** ***stilografica*** fountain pen, cartridge pen.
pennacchio, pl. **-chi** /pen'nakkjo, ki/ m. **1** panache, plume **2** *(di fumo)* plume.
pennarello /penna'rello/ m. felt-tip (pen), fibre tip.
pennellata /pennel'lata/ f. (brush)stroke; ***quel pittore si riconosce dalla*** **~** that painter can be identified by his brushwork.
pennello /pen'nɛllo/ m. **1** brush; *(per dipingere)* paintbrush **2** IDR. groyne BE, groin AE ♦ ***a*** **~** perfectly, to perfection; ***andare, stare a*** **~** to be a good *o* perfect fit, to suit to a T, to fit like a glove ♦♦ **~** ***da barba*** shaving brush; **~** ***elettronico*** electron beam.
pennichella /penni'kɛlla/ f. nap, doze; ***fare una*** **~** to have *o* take a nap.
Pennine /pen'nine/ n.pr.f.pl. (anche **Alpi ~**) Pennine Alps.
pennino /pen'nino/ m. (pen-)nib.
pennone /pen'none/ m. **1** *(asta)* mast **2** MAR. yard **3** *(stendardo)* banner.
pennuto /pen'nuto/ **I** agg. [*animale*] feathered **II** m. bird.
penombra /pe'nombra/ f. half-light, semidarkness.
penoso /pe'noso/ agg. **1** *(triste)* [*situazione*] painful, distressing **2** *(pessimo)* [*trasmissione, risultato*] pathetic **3** *(imbarazzante)* [*comportamento*] pathetic **4** *(miserevole)* [*fine, vita, stato*] pitiful, miserable; [*spettacolo*] sorry.
pensabile /pen'sabile/ agg. ***non è*** **~** ***che...*** it is hardly *o* not thinkable that...
pensante /pen'sante/ agg. ***l'uomo è un essere*** **~** man is a thinking being.
pensare /pen'sare/ [1] **I** tr. **1** *(avere un'opinione)* to think*; ***che ne pensi?*** what do you think of it? ***non so cosa*** **~** ***di lui*** I don't know what to make *o* think of him; ***dire ciò che si pensa*** to say what one thinks, to speak one's mind **2** *(credere)* to think*, to believe; ***penso che abbia ragione*** I think (that) he's right; ***penso di sì*** I think so; ***non penso, penso di no*** I don't think so; ***penso di avere fatto un buon lavoro*** I think I did a good job; ***non è così stupido come si pensa*** he's not as stupid as people think (he is); ***tutto fa*** **~** ***che*** there's every indication that **3** *(avere l'intenzione di)* **~** ***di fare qcs.*** to think *o* be thinking of doing sth., to intend to do sth. **4** *(immaginare)* to think*, to imagine; ***pensa cosa potrebbe succedere!*** just think what might happen! ***pensa che si è ricordata il mio***

nome! fancy her remembering my name! ***ma pensa un po'!*** fancy that! **II** intr. (aus. *avere*) **1** to think*; ***~ a*** to think of *o* about [*problema, offerta*]; ***a che cosa pensi?*** what are you thinking of *o* about? ***ti penso giorno e notte*** I think about you day and night; ***non posso ~ a tutto*** I can't think of everything; ***pensa solo a se stesso, al denaro, a divertirsi*** he only thinks of himself, about money, about enjoying himself; ***pensa a quello che ti ho detto!*** *(tenere a mente)* remember what I told you! ***mi fa ~ a mio padre*** it makes me think *o* it reminds me of my father; ***pensa agli affari tuoi!*** mind your own business! **2** *(prendersi cura di)* ***penserò io ai bambini*** I'll look after the children **3** *(giudicare)* ***~ bene, male di qcn., qcs.*** to think well, ill *o* badly of sb., sth. **4 pensarci** ***ora che ci penso, a pensarci bene...*** come to think of it...; ***solo a pensarci mi sento male*** the mere thought makes me ill, it makes me ill just thinking about it; ***è semplice, bastava pensarci*** it's easy, it just required some thinking; ***non pensarci neanche!*** don't even think about it! ***pensandoci meglio...*** on second thoughts...; ***ci penserò (su)*** I'll think about it; ***pensaci bene!*** think twice about it! think it over! ***ci penso io!*** I'll see about *o* to it! I'll arrange it! ***non pensiamoci più!*** let's forget about it! ***non ci avevo neanche pensato*** it hadn't even occurred to me; ***non ci penso proprio!*** nothing could be further from my mind! no way am I doing that! **5 pensarla** ***la penso come te*** I think the same as you, I am of the same mind; ***le ho detto come la penso*** I gave her a piece of my mind ♦ ***una ne fa e cento ne pensa*** he is always up to something; ***dare da ~*** to worry; ***è una faccenda che dà da ~*** the whole affair sets you thinking; ***e ~ che...*** and to think that...; ***pensa e ripensa*** after long thought, after much racking of one's brains; ***pensa alla salute!*** don't worry!

pensata /pen'sata/ f. ***una bella ~*** a bright *o* good idea.

pensatore /pensa'tore/ m. (f. **-trice** /tritʃe/) thinker; ***libero ~*** freethinker, freethinking person.

pensierino /pensje'rino/ m. **1** SCOL. sentence **2** *(regalino)* small present, small gift ♦ ***fare un ~ su qcs.*** to think over *o* about sth.

pensiero /pen'sjɛro/ m. **1** thought; ***perso nei propri -i*** lost in thought *o* in one's thoughts; ***al ~ che, di fare*** at the thought that, of doing; ***leggere nel ~ di qcn.*** to read sb.'s mind *o* thoughts **2** *(mente)* ***volgere il ~ a qcn., qcs.*** to turn one's mind to sb., sth.; ***sarò con te con il ~*** I'll be with you in spirit **3** *(filosofia)* thought **4** *(preoccupazione)* ***essere*** o ***stare in ~ per qcn., qcs.*** to be worried for *o* concerned about sb., sth.; ***darsi ~ per qcn., qcs.*** to worry about *o* over sb., sth.; ***ho già abbastanza -i*** I've got enough to worry about; ***mi sono tolto il ~*** that's a load *o* weight off my mind **5** *(dono)* ***è solo un ~*** it's just a small gift *o* present; *(attenzione)* ***che ~ gentile!*** what a kind thought! ***è il ~ che conta*** it's the thought that counts.

pensieroso /pensje'roso/ agg. *(assorto)* thoughtful, pensive; *(preoccupato)* worried.

pensile /'pɛnsile/ **I** agg. **1** *(appeso)* ***mobile ~*** wall cupboard **2** [*giardino*] hanging **II** m. wall cupboard.

pensilina /pensi'lina/ f. *(alla fermata del bus)* bus shelter; *(alla stazione)* platform roof.

pensionabile /pensjo'nabile/ agg. [*dipendente*] pensionable; ***essere in età ~*** to be of retirement, pensionable age.

pensionamento /pensjona'mento/ m. retirement; ***~ anticipato*** early retirement.

pensionante /pensjo'nante/ m. e f. boarder, paying guest, lodger.

pensionare /pensjo'nare/ [1] tr. to pension (off), to retire.

pensionato /pensjo'nato/ **I** p.pass. → **pensionare II** agg. retired, pensioned **III** m. (f. **-a**) **1** *(persona)* pensioner, retired person, retiree AE **2** *(istituto)* *(per studenti, lavoratori)* hostel; *(per anziani)* retirement home, old people's home.

pensione /pen'sjone/ f. **1** *(cessazione d'attività)* retirement; ***in ~*** retired; ***andare in ~*** to retire; ***mandare in ~*** to pension (off) **2** *(somma)* pension; ***riscuotere la ~*** to draw one's pension **3** *(vitto e alloggio)* board; ***mezza ~*** half-board; ***tenere a ~ qcn.*** to take sb. as a lodger; ***stare a ~ da qcn.*** to board with sb. **4** *(esercizio alberghiero)* pension; *(in GB)* boarding house, guesthouse ♦♦ ***~ di anzianità*** retirement pension; ***~ completa*** full board, bed and board; ***~ di guerra*** war pension; ***~ di invalidità*** disability pension; ***~ minima*** guaranteed minimum pension; ***~ di vecchiaia*** old-age pension.

pensionistico, pl. **-ci, -che** /pensjo'nistiko, tʃi, ke/ agg. [*sistema*] pension attrib.

pensoso /pen'soso/ agg. [*aria, viso*] pensive, thoughtful.

pentagonale /pentago'nale/ agg. pentagonal.

pentagono /pen'tagono/ m. MAT. pentagon; ***il Pentagono*** POL. the Pentagon.

pentagramma /penta'gramma/ m. MUS. staff, stave.

pentathlon /'pɛntatlon/ m.inv. pentathlon.

Pentecoste /pente'kɔste/ f. Pentecost, Whit(sun); ***domenica di ~*** Whit Sunday.

pentimento /penti'mento/ m. **1** *(rimorso)* repentance, contrition FORM. **2** *(ripensamento)* second thought.

pentirsi /pen'tirsi/ [3] pronom. **1** to regret; ***~ di qcs., di aver fatto qcs.*** to regret sth., having done sth.; ***non te ne pentirai*** you won't regret it! **2** ***~ dei propri peccati*** to repent (of) one's sins.

pentito /pen'tito/ **I** p.pass. → **pentirsi II** agg. repentant **II** m. (f. **-a**) = terrorist or criminal who has turned state's evidence.

pentola /'pɛntola, 'pentola/ f. **1** *(recipiente)* pot, casserole **2** *(pentolata)* ***una ~ di minestrone*** a potful of soup ♦ ***qualcosa bolle in ~*** there's something brewing *o* cooking; ***essere una ~ di fagioli*** = to be a grumbler; ***il diavolo fa le -e ma non i coperchi*** PROV. = truth will out ♦♦ ***~ a pressione*** pressure cooker.

pentolame /pento'lame/ m. pots and pans pl.

pentolata /pento'lata/ f. **1** *(contenuto)* ***una ~ di fagioli*** a potful of beans **2** *(colpo di pentola)* ***dare una ~ in testa a qcn.*** to hit sb. over the head with a pot.

pentolino /pento'lino/ m. kettle, small saucepan.

penultimo /pe'nultimo/ **I** agg. last but one, second last, penultimate; ***la -a riga*** the second last line; ***il ~ edificio*** the last building but one **II** m. (f. **-a**) last but one.

penuria /pe'nurja/ f. shortage, scarcity, lack.

penzolare /pendzo'lare/ [1] intr. (aus. *avere*) [*gambe, braccia, corda*] to dangle; [*lingua*] to loll, to hang* down.

penzoloni /pendzo'loni/ **I** agg.inv. ***aveva la lingua ~*** his tongue was hanging down; ***con le gambe, braccia ~*** with legs, arms dangling **II** avv. ***stare ~*** to dangle, to hang down.

peonia /pe'ɔnja/ f. peony.

pepaiola /pepa'jɔla/ f. **1** *(pepiera)* pepper pot, (pepper) shaker **2** *(macinapepe)* pepper mill.

pepare /pe'pare/ [1] tr. to pepper [*piatto*].

pepato /pe'pato/ **I** p.pass. → **pepare II** agg. **1** *(piccante)* [*piatto, salsa*] peppery, peppered **2** FIG. [*risposta*] sharp, caustic, pungent; [*storiella*] juicy.

pepe /'pepe/ m. **1** *(spezia)* pepper; ***~ in grani*** whole peppercorns; ***~ macinato*** ground pepper; ***capelli sale e ~*** pepper-and-salt hair **2** FIG. ***una ragazza tutto ~*** a high-spirited girl ♦♦ ***~ bianco*** white pepper; ***~ nero*** black pepper.

peperino /pepe'rino/ m. *(persona vivace)* high-spirited person, (real) live wire.

peperonata /pepero'nata/ f. GASTR. INTRAD. (dish consisting of sliced peppers cooked in oil, with onions and tomatoes).

peperoncino /peperon'tʃino/ m. ***~ rosso*** chilli (pepper), hot pepper; ***~ in polvere*** chilli powder.

peperone /pepe'rone/ m. **1** *(ortaggio)* (sweet) pepper, capsicum; ***~ verde, rosso*** green, red pepper **2** *(pianta)* capsicum ♦ ***rosso come un ~*** as red as a beetroot; ***avere un naso come un ~*** to have a big red nose.

pepiera /pe'pjɛra/ f. pepper pot, (pepper) shaker.

pepita /pe'pita/ f. nugget.

peptico, pl. **-ci, -che** /'pɛptiko, tʃi, ke/ agg. peptic.

per /per/ **I** prep. **1** *(moto per luogo)* ***girare ~ le strade*** to wander through the streets; ***passare ~ la finestra*** to pass through the window; ***viaggiare ~ il mondo*** to go around *o* travel the world; ***ha tagliato ~ i campi*** he cut across the fields **2** *(destinazione)* ***il treno ~ Roma*** the train for *o* to Rome; ***l'aereo ~ Milano*** the plane to Milan; ***partire ~ il Messico*** to leave for Mexico **3** *(stato in luogo)* ***~ terra*** on the ground *o* floor; ***~ strada*** in the street **4** *(fine)* ***uscire ~ comprare il giornale*** to go out to buy the newspaper; ***~ questo bisognerà fare*** for that, you'll have to do **5** *(causa)* ***~ colpa tua*** because of

per

- *Per*, preposizione e congiunzione, si traduce in inglese in vari modi a seconda del valore semantico che convoglia (moto, stato, fine, causa, vantaggio, tempo, mezzo ecc.), come mostrano le varie accezioni della voce qui sotto.
- È importante distinguere l'uso di *per* davanti a un nome o un pronome (*l'aereo per Roma* = the plane for Rome; *per colpa tua* = because of you; *l'ho fatto per te* = I did it for you; *per venerdì* = by Friday, ecc.), e il suo uso davanti a un verbo, che prevede i seguenti casi: nel senso di fine o scopo, *per* si traduce con *to* o, nel linguaggio formale *in order to*, davanti all'infinito (*sono uscito per comprare il giornale* = I went out to buy a newspaper; *per mettere fine alle ostilità* = in order to put an end to hostilities); nello stesso senso ma in frase negativa, *per non* si rende con *so as not to* o *in order not to* (*l'ho fatto per non cadere* = I did it so as not to fall); quando *per* collega due azioni distinte senza rapporto di causa ed effetto, si traduce con *and* + verbo declinato (*si addormentò per svegliarsi due ore più tardi* = she fell asleep only to wake up two hours later).
- In molte locuzioni o espressioni idiomatiche, non c'è corrispondenza prevedibile fra l'italiano *per* e il suo equivalente inglese:

sono negato per le lingue	=	I'm hopeless at languages
l'ho fatto per errore	=	I did it by mistake
l'ho fatto per scherzo	=	I did that in fun
sono venuto a Londra per affari	=	I came to London on business
l'ho fatto per ordine del capo	=	I did it on my boss's orders
per telefono	=	on the phone.

Per altri esempi, usi particolari ed eccezioni, si veda la voce **per**. Sarà spesso utile consultare la voce relativa alla parola introdotta dalla preposizione; inoltre, la consultazione delle note lessicali poste alla fine della sezione italiano-inglese del dizionario potrà risolvere particolari dubbi d'uso e di traduzione.

you; ***picchiarsi ~ una donna*** to fight over a woman; ***rosso ~ la rabbia*** red with anger; ***gridare ~ il dolore*** to cry out in pain; ***lo fa ~ interesse*** he does it out of interest **6** *(vantaggio, svantaggio)* ***~ il tuo bene*** for your own good *o* sake; ***peggio ~ te!*** so much the worse for you! ***pregare ~ qcn.*** to pray for sb.; ***danni enormi ~ l'economia*** enormous damage to the economy; ***è ~ la ricerca sul cancro*** it's for *o* in aid of cancer research; ***2 a 1 ~ l'Italia*** 2-1 for Italy **7** *(tempo continuato)* ***~ ore e ore*** for hours; ***~ i primi due anni*** for the first two years; ***~ un istante*** for a moment; ***~ tutta la notte*** all night (long); ***~ tutto il viaggio*** throughout the journey; ***~ quanto tempo...?*** how long...? **8** *(tempo determinato)* ***sarà pronto ~ lunedì*** it'll be ready for *o* by Monday; ***~ ora*** o ***il momento*** for the moment, for the time being; ***dovrei arrivare ~ le sei*** I should be there by six o'clock **9** *(mezzo)* ***~ mare*** by sea; ***~ telefono*** by phone; ***~ posta*** by post *o* mail; ***prendere qcs. ~ il manico*** to pick sth. up by the handle **10** *(modo, maniera)* ***~ gradi*** by degrees *o* stages; ***prendere qcn. ~ mano*** to take sb. by the hand **11** *(concessione)* ***~ quanto ricco sia*** however rich he may be, rich though he may be; ***~ poco traffico che ci sia, ...*** even though there's not much traffic...; ***~ quanto ci provasse, ...*** try as he might, he... **12** *(per quanto riguarda)* ***~ quanto (ne) sappia io*** as *o* so far as I know; ***~ quel che mi riguarda*** as far as I am concerned; ***~ me ha torto*** as far as I am concerned, he's wrong **13** *(prezzo)* ***comprare qcs. ~ 5 euro*** to buy sth. for 5 euros **14** MAT. ***moltiplicare, dividere ~ due*** to multiply, divide by two; ***3 ~ 3 fa 9*** 3 by 3 is; ***~ cento → percento*** **15** *(distributivo)* ***1 litro di benzina ~ 15 chilometri*** 1 litre of petrol every 15 kilometres; ***~ persona*** per head, each; ***giorno ~ giorno*** day by day; ***poco ~ volta*** little by little; ***due, tre ~ volta*** two, three at a time; ***dividere ~ età*** to divide according to age **16** *(predicativo)* ***ho solo te ~ amico*** you're the only friend I've got; ***dare qcs. ~ scontato*** to take sth. for granted; ***finire ~ fare qcs.*** to end up doing sth.; ***dare qcn. ~ morto*** to give sb. up *o* write sb. off for dead; ***avere qcn. ~ professore*** to have sb. as a professor **17** *(per indicare il futuro prossimo)* ***stavo ~ telefonarti*** I was going to *o* I was just about to phone you **18** *(in esclamazioni)* ***~ Giove!*** by Jove! ***~ l'amor di Dio!*** for God's *o* heaven's sake! **II** cong. **1** *(consecutivo)* ***è troppo bello ~ essere vero*** it's too good to be true; ***ha abbastanza soldi ~ comprare una macchina*** he has enough money to buy a car **2** *(finale)* ***vado a Londra ~ imparare l'inglese*** I'm going to London to learn English; ***lo dico ~ non offenderti*** I say this in order not to offend you **3** *(causale)* ***fu arrestato ~ avere rapinato la banca*** he was arrested for robbing the bank **4** *(concessiva)* ***~ ricco che sia*** however rich he may be, rich as he may be **5** *(limitativa)* ***~ andare va, ma è una vecchia carretta*** I'm not saying it doesn't run, but it's an old banger.

pera /'pera/ f. **1** *(frutto)* pear; ***a (forma di) ~*** pear-shaped **2** GERG. *(dose di eroina)* ***farsi una ~*** to shoot up, to get a fix ♦ ***a ~*** SCHERZ. [*ragionamento, discorso*] burbling, rambling; ***cadere come una ~ cotta*** *(addormentarsi)* to fall fast asleep, to drop into a deep sleep; *(innamorarsi)* to fall head over heels in love.

peraltro /pe'raltro/ avv. *(d'altra parte)* on the other hand, however.

perbacco /per'bakko/ inter. *(di meraviglia)* goodness; *(di consenso)* of course, sure.

perbene /per'bɛne/ **I** agg.inv. ***gente ~*** decent *o* respectable people; ***ha un'aria ~*** he looks respectable **II** avv. properly, neatly, in the proper way.

perbenismo /perbe'nizmo/ m. = conformism, bourgeois respectability.

perbenista, m.pl. **-i**, f.pl. **-e** /perbe'nista/ m. e f. = conformist, bourgeois.

percalle /per'kalle/ m. gingham.

percento /per'tʃɛnto/ **I** avv. ***il 50 ~*** 50 per cent; ***avere ragione al cento ~*** to be a hundred per cent correct **II** m.inv. per cent, percentage.

percentuale /pertʃentu'ale/ **I** f. **1** MAT. STATIST. percentage, per cent; ***la ~ dei disoccupati, delle nascite*** the unemployment, birth rate **2** *(contenuto)* ***~ di albumina, alcolemia*** albumin, blood alcohol level **3** *(compenso)* commission; ***pagare qcn. a ~*** to pay sb. by commission **II** agg. [*punto, valore*] percentage attrib.; ***tasso ~*** percentage.

percepibile /pertʃe'pibile/ agg. **1** *(percettibile)* [*rumore*] perceptible; *(riconoscibile)* [*dettaglio*] detectable, perceptible **2** COMM. [*somma*] cashable, receivable.

percepire /pertʃe'pire/ [102] tr. **1** *(attraverso i sensi)* to perceive, to detect [*colore*]; to detect, to be* aware of [*odore*]; to discern, to be* aware of [*suono*]; to feel* [*vibrazione*] **2** *(intuire)* to appreciate [*significato*]; to perceive, to become* aware of [*cambiamento*]; to feel* [*presenza*]; ***essere percepito come*** to be seen as **3** *(ricevere)* to receive, to get* [*stipendio*]; to get* [*pensione*]; to receive [*diritti d'autore*]; to receive, to collect [*affitto*].

percettibile /pertʃet'tibile/ agg. [*suono, sfumatura*] perceptible (**a**, **per** to).

percettivo /pertʃet'tivo/ agg. perceptive.

percezione /pertʃet'tsjone/ f. **1** perception **2** COMM. DIR. perception, collection.

perché /per'ke/ *Perché* si usa innanzitutto nelle interrogative dirette e indirette; si ricordi che in inglese queste ultime, diversamente dalle prime, non richiedono l'uso dell'ausiliare e l'inversione soggetto / ausiliare: *perché l'ha buttata via?* = why did he throw it away? *non so perché l'abbia buttata via* = I don't know why he threw it away. - Nelle risposte si usa invece *because*, che è anche usato con valore causale (= poiché, siccome) accanto a *since* o *as*: *è già andata a dormire, perché domani si deve alzare alle 5* = she's already gone to bed, because / since / as tomorrow she has to get up at 5. Quando è usato con valore causale, *because* non può stare all'inizio della frase: l'esempio precedente può essere riformulato solo come since / as tomorrow..., she's already gone to bed. - Per gli altri usi di *perché*, si veda la voce qui sotto. **I** avv. *(in interrogazioni dirette e indirette)* why; ***~ mai?*** why on earth? ***~ no?*** why not? ***~ non andare a Venezia?*** what *o* how about going to Venice? *~ ridi?* why are you laughing? ***dimmi ~*** tell me why; ***mi domando ~*** I wonder why **II** cong. **1** *(poiché)* because, since, as; ***faccio questo lavoro ~ mi piace*** I do this job because I like it; ***"~ non mi hai telefonato?" - "~ no!"*** "why haven't you phoned me?" - "because I haven't, that's why!" **2** *(affinché)* so that; ***insistere ~ qcn. faccia*** to insist on sb. doing; ***ti faccio una piantina ~ tu non ti perda*** I'll draw you a map so (that) you won't get lost **3** *(tanto da)* ***l'acqua è troppo fredda ~ si possa fare il bagno*** the water is too cold to have a swim; ***è troppo tardi ~ tu possa correre ai ripari*** it's too late for you to take measures now **III** m.inv. ***il ~ e il percome*** the whys and (the) wherefores; ***senza un ~*** without a reason; ***non posso rispondere a tutti i ~*** I cannot go into all the whys and wherefores.

perciò /per'tʃɔ/ cong. therefore, so, for this reason; ***non rispondeva nessuno, ~ me ne sono andata*** nobody answered, so I left.

percome /per'kome/ m.inv. ***il perché e il ~*** the whys and (the) wherefores.

percorrenza /perkor'rɛntsa/ f. distance covered; ***tempo di ~*** travelling time; ***treno a lunga ~*** long distance train.

percorrere /per'korrere/ [32] tr. **1** *(compiere un tragitto)* to do*, to cover [*distanza*]; *(a piedi)* to walk; *(in macchina)* to drive*; *(in volo)* to fly*; [*auto, aereo*] to travel over [*paese*]; ***c'è ancora un lungo tratto da ~*** there's still a long way to go **2** *(attraversare)* to run* through, to run* across, to pass through; ***un brivido mi percorse la schiena*** a shiver ran down my spine.

percorribile /perkor'ribile/ agg. [*sentiero*] practicable; ***~ a piedi*** walkable; ***distanza ~ in due ore*** distance that can be covered in two hours.

percorso /per'korso/ m. **1** *(tragitto)* way; *(di fiume, gara)* course; *(di mezzi di trasporto, autostrada)* route; ***scegliere il ~ più breve*** to choose the shortest way; ***coprire un ~ in due ore*** to cover a distance in two hours **2** *(carriera)* career; ***~ politico, professionale*** political, professional career **3** INFORM. path ♦♦ ***~ di guerra*** MIL. assault *o* obstacle course; ***~ obbligato*** *(in gara)* set course; *(strada obbligatoria)* set route.

percossa /per'kɔssa/ f. blow, stroke; ***segni di -e*** marks and bruises of a beating; ***-e e lesioni*** DIR. assault and battery.

percuotere /per'kwɔtere/ [67] **I** tr. *(picchiare)* to beat*, to hit* **II percuotersi** pronom. ***-rsi il petto*** to beat one's breast, to pound one's chest.

percussione /perkus'sjone/ f. **1** MUS. ***-i, strumenti a ~*** percussion (instruments) **2** MIL. TECN. percussion; ***proiettile a ~*** percussion bullet.

percussionista, m.pl. **-i**, f.pl. **-e** /perkussjo'nista/ ➧ **18** m. e f. percussionist, percussion player, drummer.

percussore /perkus'sore/ m. firing pin, striker.

perdente /per'dɛnte/ **I** agg. [*squadra*] losing **II** m. e f. loser.

perdere /'pɛrdere/ [68] **I** tr. **1** to lose* [*denaro, amico, lavoro, vita, voce, capelli, peso, memoria, concentrazione*]; to shed* [*foglie*]; ***~ sangue*** to lose blood, to bleed; ***non hai nulla da ~*** you've got nothing to lose; ***le azioni hanno perso il 9%*** the shares have dropped 9%; ***~ i sensi*** to faint; ***~ la speranza*** to lose *o* give up hope **2** *(mancare)* to miss [*treno, aereo, occasione*]; ***un film da non ~*** a film not to be missed **3** SCOL. ***~ l'anno*** = to have to repeat a year (in the same class) **4** *(avere una perdita)* [*recipiente, rubinetto*] to leak **5** *(non vincere)* to lose* [*elezioni, battaglia, processo*]; ***saper, non saper ~*** to be a good, bad loser; ***il Milan ha perso contro l'Inter*** Milan lost to Inter **6** *(sprecare)* to waste, to lose* [*giornata, mese*]; ***~ tempo*** to waste one's time; ***non c'è tempo da ~*** there's no time for delay *o* to waste **7** *(di abiti)* ***perdo le scarpe*** my shoes are too big; ***perdo i pantaloni*** my trousers are coming down **II** intr. (aus. *avere*) **1** to lose*; ***~ alle elezioni*** to lose the election; ***ci perdo*** I lose out **2** *(diminuire)* ***~ in credibilità*** to lose credibility; ***~ di importanza*** to lose importance **3 a perdere** ***vuoto a ~*** one-way *o* nonreturnable bottle; ***imballaggio a ~*** throwaway packaging **III perdersi** pronom. **1** *(smarrirsi)* to get* lost, to lose* one's way **2** *(confondersi)* ***-rsi in chiacchiere, in dettagli*** to get bogged down in chatter, in details **3** *(sparire)* [*urlo, richiamo*] to be* lost **4** *(essere assorto)* ***-rsi nei propri pensieri*** to be lost in thought **5** *(lasciarsi sfuggire)* ***-rsi qcs.*** to miss sth.; ***non ti sei perso nulla*** you didn't miss anything ♦ ***lasciare ~*** to give up [*attività*]; to drop, to forget [*progetto*]; ***lasciamo ~*** (let's) forget (about) it, let's call the whole thing off; ***lascia ~!*** let it go! ***lascialo ~!*** leave him alone *o* to it!

perdifiato: **a perdifiato** /aperdi'fjato/ avv. ***correre a ~*** to run like hell *o* until one is gasping for breath; ***gridare a ~*** to shout at the top of one's voice.

perdigiorno /perdi'dʒorno/ m. e f.inv. loafer, idler, dawdler.

perdinci /per'dintʃi/ inter. *(di meraviglia)* golly, gosh; *(di impazienza)* for goodness' sake.

perdio /per'dio/ inter. by God.

perdita /'pɛrdita/ f. **1** loss; ***~ di peso*** weight loss; ***~ di memoria*** loss of memory, memory loss; ***~ di controllo, di conoscenza*** loss of control, consciousness; ***~ dei diritti civili*** deprivation of civil rights; ***in ~*** [*vendere, lavorare*] at a loss; ***l'azienda è in ~*** the company is losing money; ***conto profitti e -e*** profit and loss account **2** *(morte)* ***la ~ di un caro*** the loss of a loved one; ***gravi, lievi -e*** MIL. heavy, light casualties **3** *(spreco)* ***è una ~ di tempo*** it's a waste of time **4** *(dispersione)* loss; ***~ di energia, di calore*** power, heat loss **5** *(fuoriuscita)* leak(age); ***~ d'acqua, d'olio*** water, oil leak **6** MED. ***-e bianche*** whites; ***avere -e di sangue*** to bleed ♦ ***a ~ d'occhio*** as far as the eye can see.

perditempo /perdi'tɛmpo/ **I** m.inv. *(perdita di tempo)* waste of time **II** m. e f.inv. *(persona)* time-waster, idler; ***"no ~"*** "no time-wasters".

perdizione /perdit'tsjone/ f. **1** *(rovina morale)* ruin, perdition **2** RELIG. perdition, damnation; ***la ~ dell'anima*** the damnation of the soul.

perdonabile /perdo'nabile/ agg. [*colpa*] forgivable; [*errore, ritardo*] pardonable, excusable.

perdonare /perdo'nare/ [1] **I** tr. **1** *(accordare il perdono a)* to forgive*, to pardon [*colpa, offesa, peccato*]; ***~ qcs. a qcn.*** to forgive sb. sth., to pardon sb. for sth.; ***~ a qcn. di*** o ***per aver fatto qcs.*** to forgive sb. for doing sth. **2** *(scusare)* to pardon, to excuse; ***perdoni la mia curiosità*** pardon my curiosity; ***perdoni la sua giovane età*** excuse him, he's just a boy; ***mi si perdoni l'espressione*** if you'll excuse my expression **3** *(avere riguardi per)* ***la morte non perdona nessuno*** death does not spare anyone **II** intr. (aus. *avere*) ***~ a qcn.*** to forgive sb.; ***una malattia che non perdona*** an incurable disease **III perdonarsi** pronom. ***non me lo perdonerò mai*** I'll never forgive myself for that.

perdono /per'dono/ m. **1** forgiveness, pardon (anche RELIG.); ***~ dei peccati*** remission of sins; ***chiedere ~ a qcn.*** to ask for *o* beg sb.'s forgiveness; ***(ti chiedo) ~!*** forgive me! **2** *(scusa)* ***chiedo ~, posso dire una cosa?*** excuse me, may I say one thing? ***chiedo ~ per il ritardo*** I'm sorry I'm late.

perdurare /perdu'rare/ [1] intr. (aus. *essere, avere*) **1** [*situazione, conflitto*] to go* on, to continue; [*sentimento*] to last **2** *(ostinarsi)* ***~ nel fare qcs.*** to persist in doing sth.

perdutamente /perduta'mente/ avv. [*innamorato*] madly, deeply.

perduto /per'duto/ **I** p.pass. → **perdere II** agg. **1** *(perso)* lost; ***andare ~*** to get lost **2** *(sprecato)* [*giornata, occasione*] wasted **3** *(corrotto)* [*donna*] fallen **4** *(spacciato)* ***sentirsi ~*** to give up hope; ***siamo -i!*** we're done for!

peregrinazione /peregrinat'tsjone/ f. LETT. wandering, peregrination.

peregrino /pere'grino/ agg. *(bizzarro)* [*idea*] weird, peculiar

perenne /pe'rɛnne/ agg. [*neve*] never-ending, perpetual; [*sorgente*] perennial; [*gloria*] everlasting; [*odio*] everlasting, never-ending; ***pianta ~*** (hardy) perennial.

perennemente /perenne'mente/ avv. **1** *(eternamente)* perennially, eternally **2** *(continuamente)* continuously, perpetually.

perentorio, pl. **-ri**, **-rie** /peren'tɔrjo, ri, rje/ agg. [*risposta, ordine*] peremptory, final.

perequazione /perekwat'tsjone/ f. adjustment; ***~ fiscale, salariale*** equalization of taxes, of wages.

peretta /pe'retta/ f. **1** EL. pear-switch **2** *(da clistere)* rubber syringe, enema*.

perfettamente /perfetta'mente/ avv. **1** *(alla perfezione)* perfectly, to perfection; ***parla ~ il francese*** he speaks perfect French; ***capisco ~*** I understand perfectly well **2** *(assoluta* *mente)* absolutely; ***ha ~ ragione*** he's absolutely right; ***è ~ inutile*** it's completely useless.

perfettibile /perfet'tibile/ agg. perfectible.

perfetto /per'fɛtto/ **I** agg. **1** *(senza difetti)* [*bellezza, piano, forma, delitto*] perfect; [*lavoro, ragionamento*] perfect, faultless; [*pelle*] flawless, clear; ***nessuno è ~*** nobody's perfect; ***essere in -a salute*** to be perfectly healthy **2** *(totale)* [*somiglianza*] perfect; [*idiota*] complete, utter; [*conoscenza*] thorough; [*silenzio*] total, perfect; ***in ~ orario*** right on time **3** *(ideale)* ***essere ~ per*** to be ideally suited for [*ruolo, lavoro*] **4** *(con valore avverbiale)* ***~!*** great! **5** MAT. [*numero*] perfect **II** m. LING. perfect (tense); ***più che ~*** past perfect.

perfezionamento /perfettsjona'mento/ m. improvement, perfecting; ***corso di ~*** specialization course; ***apportare un ~ a qcs.*** to improve sth.

perfezionare /perfettsjo'nare/ [1] **I** tr. to improve, to perfect [*conoscenze, tecnica*]; to polish, to refine [*strategia, idea, stile*]; ***~ l'inglese*** to improve one's English **II perfezionarsi** pronom. [*tecnica, attrezzi*] to improve; ***-rsi in francese*** to improve one's French.

perfezione /perfet'tsjone/ f. perfection, flawlessness; ***fare qcs. a(lla) ~*** to do sth. to perfection; ***ci capiamo alla ~*** we get along perfectly; ***sapere qcs. alla ~*** to know sth. inside out.

perfezionismo /perfettsjo'nizmo/ m. perfectionism.

perfezionista, m.pl. **-i**, f.pl. **-e** /perfettsjo'nista/ m. e f. perfectionist.

perfidia /per'fidja/ f. **1** *(carattere malvagio)* perfidiousness, wickedness **2** *(atto malvagio)* perfidy, wicked act.

perfido /'pɛrfido/ **I** agg. **1** *(malvagio)* [*persona, consiglio*] perfidious, wicked **2** *(pessimo)* [*giornata, tempo*] awful **II** m. (f. **-a**) wicked person.

perfino /per'fino/ v. la nota della voce **anche**. avv. even; ***lo sapevano tutti, ~ lui*** everybody knew it, even him; ***è coscienzioso, ~ troppo*** he's conscientious, perhaps too much.

perforare /perfo'rare/ [1] **I** tr. **1** *(forare)* to pierce, to perforate [*superficie*]; to perforate, to punch [*schede, carta*] **2** MED. to puncture [*polmone*]; to rupture [*appendice*]; to perforate [*timpano*] **II perforarsi** pronom. to become* perforated, to become* pierced; [*polmone*] to puncture.

perforato /perfo'rato/ **I** p.pass. → **perforare II** agg. **1** *(forato)* pierced, perforated **2** INFORM. [*scheda*] punch(ed); ***nastro ~*** (punched) paper tape **3** MED. [*ulcera*] perforated.

perforatore /perfora'tore/ ♦ *18* m. (f. **-trice** /tritʃe/) perforator, borer; MIN. drill(er).

perforatrice /perfora'tritʃe/ f. **1** TECN. perforator **2** MIN. drill(er) **3** INFORM. (key) punch.

perforazione /perforat'tsjone/ f. **1** TECN. perforation, piercing; *(di metallo, roccia)* drilling, boring **2** MED. *(di polmone)* puncture; *(di timpano)* perforation.

pergamena /perga'mɛna/ f. parchment.

pergola /'pɛrgola/ f. arbour BE, arbor AE, pergola.

pergolato /pergo'lato/ m. → **pergola**.

pericardio, pl. **-di** /peri'kardjo, di/ m. pericardium*.

pericarpo /peri'karpo/ m. pericarp.

pericolante /periko'lante/ agg. **1** *(fatiscente)* [*edificio*] unsafe, tumbledown **2** FIG. [*situazione*] shaky, tottering.

pericolo /pe'rikolo/ m. **1** *(rischio)* danger, risk, peril; ***in ~*** in danger; [*nave*] in distress; ***in ~ di vita*** in peril of one's life; ***fuori ~*** out of danger; ***mettere in ~*** to endanger, to jeopardize; ***mettere in ~ la vita di qcn.*** to put sb.'s life at risk; ***"~!"*** "danger!"; ***i -i del mare*** the perils of the sea; ***"~ d'incendio"*** "fire hazard" **2** *(persona pericolosa)* ***al volante è un vero ~*** he's a real menace at the wheel **3** COLLOQ. *(probabilità)* ***non c'è ~!*** IRON. no fear! ***non c'è ~ che venga*** there is no fear of his *o* him coming, there is no danger that he will come ♦♦ ***~ pubblico*** public menace (anche FIG.).

pericolosamente /perikolosa'mente/ avv. dangerously.

pericolosità /perikolosi'ta/ f.inv. dangerousness.

pericoloso /periko'loso/ agg. [*attività*] dangerous, hazardous, perilous; [*curva, viaggio*] dangerous, unsafe; [*sostanza*] dangerous, hazardous; [*persona, animale*] dangerous; ***guida ~*** dangerous driving; ***è ~ sporgersi*** it is dangerous to lean out; ***è ~ parlare con gli sconosciuti*** it's not safe to talk to strangers.

peridurale /peridu'rale/ agg. e f. epidural.

perielio, pl. **-li** /peri'ɛljo, li/ m. perihelion.

periferia /perife'ria/ f. **1** *(insieme di quartieri)* outskirts pl., suburbs pl.; ***all'estrema ~ della città*** on the edge of *o* on the outer fringes of the city; ***in ~*** in the suburbs; ***di ~*** [*strada, ospedale*] suburban **2** *(quartiere)* suburb; ***la ~ operaia*** the working class suburb; ***~ residenziale*** garden suburb, suburbia **3** *(zona esterna)* periphery, edge.

periferica, pl. **-che** /peri'fɛrika, ke/ f. INFORM. peripheral (device).

periferico, pl. **-ci, -che** /peri'fɛriko, tʃi, ke/ agg. **1** *(esterno)* [*zona*] suburban, peripheral **2** *(marginale)* marginal, peripheral **3** INFORM. ***unità -a*** peripheral unit *o* device **4** MED. [*sistema nervoso, visione*] peripheral.

perifrasi /pe'rifrazi/ f.inv. periphrasis*.

perifrastico, pl. **-ci, -che** /peri'frastiko, tʃi, ke/ agg. periphrastic.

perigeo /peri'dʒɛo/ m. perigee.

perimetrale /perime'trale/ agg. perimetric(al); ***muro ~*** perimeter wall.

perimetro /pe'rimetro/ m. perimeter; ***entro il ~ della scuola*** on the school premises.

perineo /peri'nɛo/ m. perineum*.

periodicamente /periodika'mente/ avv. [*manifestarsi*] periodically.

periodicità /perioditʃi'ta/ f.inv. *(frequenza)* periodicity.

periodico, pl. **-ci, -che** /peri'ɔdiko, tʃi, ke/ **I** agg. **1** *(che si ripete a intervalli regolari)* [*crisi*] periodic(al), recurrent **2** CHIM. FIS. [*moto*] periodic(al); ***tavola -a*** periodic table **3** *(nell'editoria)* [*pubblicazione*] periodical **4** MED. [*febbre*] recurrent **5** MAT. [*funzione*] periodic; ***numero (decimale) ~*** circulating *o* repeating decimal **II** m. periodical, magazine.

periodo /pe'riodo/ m. **1** *(arco di tempo)* period, time; ***~ di tempo*** span of time; ***~ di prova*** trial period; ***in questo ~ non lavoro*** at the moment *o* in this period I'm not working; ***in questo ~ dell'anno*** at this time of year; ***nel breve, lungo ~*** in the short, long term *o* run; ***essere in un ~ fortunato*** to be on a winning streak; ***attraversare un brutto ~*** to have a hard *o* rough *o* tough time (of it), to go through a hard *o* rough period; ***abitavo a Roma in quel ~*** I was living in Rome then *o* at the time; ***~ di siccità, di caldo*** a dry, warm period *o* spell **2** *(epoca)* period, age; ***in quel ~*** at that time; ***il ~ vittoriano*** the Victorian period **3** *(stagione)* ***~ estivo, invernale*** summertime, wintertime; ***~ di pioggia*** rainy period; ***il ~ natalizio*** the Christmas season, Christmas time **4** GEOL. ASTR. MUS. MAT. FIS. LING. period ♦ ***andare a -i*** to have highs and lows.

peripezia /peripet'tsia/ f. *(avventura)* ***dopo molte -e*** after many vicissitudes; ***un viaggio pieno di -e*** a journey full of mishaps.

periplo /'pɛriplo/ m. circumnavigation, periplus; ***fare il ~ di un'isola*** to sail round an island.

perire /pe'rire/ [102] intr. (aus. *essere*) to perish, to die; ***la sua gloria non perirà*** LETT. his fame will never die.

periscopio, pl. **-pi** /peris'kɔpjo, pi/ m. periscope.

perito /pe'rito/ m. (f. **-a**) **1** *(specialista)* expert; ***~ del tribunale*** DIR. assessor **2** *(tecnico diplomato)* = someone who has obtained a diploma from a technical high school ♦♦ ***~ agrario*** agronomist; ***~ assicurativo*** (insurance) assessor; ***~ calligrafo*** handwriting expert; ***~ edile*** building surveyor.

peritoneo /perito'nɛo/ m. peritoneum.

peritonite /perito'nite/ ♦ *7* f. peritonitis.

perizia /pe'rittsja/ f. **1** *(stima di un esperto)* survey, valuation; ***effettuare una ~*** to (do *o* carry out a) survey **2** *(competenza)* expertise, skill ♦♦ ***~ calligrafica*** handwriting analysis; ***~ dei danni*** damage appraisal, assessment of damage; ***~ giudiziaria*** judicial examination; ***~ giurata*** sworn testimony; ***~ medico-legale*** forensic tests; ***~ psichiatrica*** psychiatric examination.

periziare /perit'tsjare/ [1] tr. to value [*gioiello, quadro*].

perizoma /perid'dzɔma/ m. loincloth; *(tanga)* G-string.

perla /'pɛrla/ ♦ *3* **I** f. **1** *(d'ostrica)* pearl; *(di vetro, plastica)* bead **2** *(capsula)* capsule; ***-e da bagno*** bath pearls **3** FIG. *(persona o cosa eccezionale)* ***una ~ di marito*** a jewel *o* gem of a husband; ***una ~ dell'arte barocca*** a perfect example of the Baroque; ***-e di saggezza*** pearls of wisdom **4** COLLOQ. *(errore madornale)* gem, howler **II** agg.inv. ***grigio ~*** pearl grey ♦ ***gettare*** o ***dare le -e ai porci*** to cast pearls before swine; ***essere una ~ rara*** to be a real treasure *o* a gem ♦♦ ~ ***artificiale*** imitation pearl; ~ ***coltivata*** cultured pearl; ~ ***vera*** natural pearl.

perlaceo /per'latʃeo/ agg. pearly.

perlato /per'lato/ agg. [*grigio, rosa*] pearly, pearl attrib.; ***orzo*** ~ pearl barley.

perlifero /per'lifero/ agg. [*ostrica*] pearl attrib.

perlina /per'lina/ f. **1** *(di plastica, vetro)* bead; *(di ostrica)* seed pearl **2** *(listello di legno)* matchboard.

perlinato /perli'nato/ m. matchboarding.

perlinatura /perlina'tura/ f. matchboarding.

perlomeno, per lo meno /perlo'meno/ avv. **1** *(almeno)* at least **2** *(a dir poco)* to say the least.

perlopiù, per lo più /perlo'pju/ avv. **1** *(di solito)* usually, generally **2** *(per la maggior parte)* mostly, mainly.

perlustrare /perlus'trare/ [1] tr. to search, to scour; [*polizia*] to patrol; MIL. to reconnoitre BE, to reconnoiter AE [*zona*].

perlustrazione /perlustrat'tsjone/ f. searching, scouring; *(di polizia)* patrol, search; MIL. reconnaissance; ***andare in ~*** [*polizia*] to patrol; [*soldati*] to make a reconnaissance.

permalosità /permalosi'ta/ f.inv. touchiness.

permaloso /perma'loso/ agg. touchy.

permanentare /permanen'tare/ [1] tr. to perm [*capelli*]; ***farsi ~ i capelli*** to get a perm, to have one's hair permed.

permanentato /permanen'tato/ **I** p.pass. → **permanentare** **II** agg. [*capelli*] permed.

permanente /perma'nɛnte/ **I** agg. [*ufficio, mostra*] permanent; [*comitato*] standing; [*esercito*] standing, regular BE; [*stato*] perpetual; [*tensione, pericolo*] constant; [*danno*] lasting; [*invalidità*] permanent; ***i denti -i*** the second teeth **II** f. perm, permanent AE; ***fare una ~ a qcn.*** to perm sb.'s hair; ***farsi fare, avere la ~*** to get, to have a perm.

permanentemente /permanente'mente/ avv. [*fissato*] permanently; ***il mio portafoglio è ~ vuoto*** my wallet is always empty.

permanenza /perma'nɛntsa/ f. **1** *(presenza continua)* permanence, permanency **2** *(soggiorno)* stay; ***buona ~!*** enjoy your stay!

permanere /perma'nere/ [79] intr. (aus. *essere*) [*timore, dubbio*] to linger, to remain; [*nebbia, nuvole*] to hang*; [*inflazione, cattivo tempo*] to continue.

permeabile /perme'abile/ agg. permeable.

permeanza /perme'antsa/ f. permeance.

permeare /perme'are/ [1] tr. to permeate (anche FIG.).

permesso /per'messo/ **I** p.pass. → **permettere** **II** agg. permitted, allowed **III** m. **1** *(autorizzazione)* permission; ***chiedere il ~*** to ask for permission; ***dare*** o ***concedere a qcn. il ~ di fare*** to give sb. leave to do; ***non ha il ~ di uscire la sera*** he's not allowed to go out at night; ***con ~!*** by *o* with your leave! **2** *(licenza)* license, leave; MIL. home leave; ***in ~*** on leave; ***prendere un ~*** [*impiegato*] to take time off; ***prendere due giorni di ~*** to take two days leave **3** *(modulo)* permit, authorization; ~ ***di soggiorno*** DIR. residence permit ♦ ***(è) ~?*** *(per entrare)* may I come in? ***~!*** *(per passare)* excuse me!

permettere /per'mettere/ [60] **I** tr. **1** *(autorizzare)* to allow, to permit, to authorize; ***~ a qcn. di fare qcs.*** to give sb. permission *o* to allow sb. to do sth.; ***permettimi di dirti che...*** let me tell you that...; ***permette questo ballo?*** may I have this dance? ***se permetti, so quello che faccio!*** if you please, I know what I'm doing! ***se permette, tocca a me*** it's my turn, if you don't mind; ***mi permetto di dubitarne*** I have my doubts about that **2** *(tollerare)* ***non permetto che mi parli così*** I won't let him talk to me like that **3** *(rendere possibile)* to permit, to allow, to enable; ***tempo permettendo*** weather permitting; ***questo mi ha permesso di risparmiare*** this allowed me to save money **II** **permettersi** pronom. **1** *(concedersi)* ***-rsi di fare*** to allow *o* permit oneself to do; ***non posso permettermi di comprarlo*** I can't afford to buy it **2** *(prendersi la libertà)* ***si è permesso di entrare*** he took the liberty of coming in; ***come ti permetti?*** how do you dare?

permissività /permissivi'ta/ f.inv. permissiveness.

permissivo /permis'sivo/ agg. [*educazione*] permissive; [*persona*] lenient, permissive.

permuta /'pɛrmuta/ f. **1** *(cambio)* exchange **2** *(contratto)* permutation; ***fare una ~*** to make a swap; ***dare qcs. in ~*** to trade sth. in.

permutare /permu'tare/ [1] tr. **1** *(scambiare)* to exchange **2** MAT. to permute.

permutazione /permutat'tsjone/ f. **1** *(scambio)* exchange **2** MAT. permutation.

pernacchia /per'nakkja/ f. rapsberry; ***fare una ~*** to blow a rapsberry.

pernice /per'nitʃe/ f. partridge; ***occhio di ~*** *(callo)* = small corn between toes; *(disegno su tessuto)* bird's eye pattern.

pernicioso /perni'tʃoso/ agg. [*effetto*] pernicious, baneful.

perno /'pɛrno/ m. **1** TECN. MECC. (king)pin; *(cardine)* pivot, hinge; ***fare ~ su qcs.*** to hinge *o* pivot on sth. **2** FIG. pivot, kingpin; ***il ~ della famiglia*** the linchpin of the family; ***il ~ dell'economia*** the mainstay of economy.

pernottamento /pernotta'mento/ m. overnight stay.

pernottare /pernot'tare/ [1] intr. (aus. *avere*) to (stay) overnight, to spend* the night; ***~ in albergo*** to spend the night in a hotel; ***~ a Genova*** to overnight in Genoa.

pero /'pero/ m. *(albero)* pear (tree); *(legno)* pearwood.

però /pe'rɔ/ **I** cong. **1** *(con valore avversativo)* but, however, nevertheless **2** *(in compenso)* ***non è bello, ~ è simpatico*** he's not handsome but he's very nice **3** *(nondimeno)* ***avresti potuto fare attenzione ~!*** you should have been more careful, though! **II** inter. well; ***~, niente male!*** wow, not bad!

perone /pe'rone, 'pɛrone/ m. fibula*.

perorare /pero'rare/ [1] **I** tr. to plead; ***~ la causa di qcn., la propria causa*** to plead sb.'s, one's case **II** intr. (aus. *avere*) to plead.

perorazione /perorat'tsjone/ f. **1** *(discorso di difesa)* pleading **2** RET. peroration.

perossido /pe'rɔssido/ m. peroxide.

perpendicolare /perpendiko'lare/ **I** agg. [*retta*] perpendicular; ***~ a*** [*strada*] at right angles to [*corso*] **II** f. perpendicular.

perpendicolo /perpen'dikolo/ m. ***a ~*** perpendicularly.

perpetrare /perpe'trare/ [1] tr. to perpetrate, to commit [*delitto*].

perpetua /per'pɛtua/ ♦ ***18*** f. *(domestica del parroco)* priest's housekeeper.

perpetuamente /perpetua'mente/ avv. perpetually.

perpetuare /perpetu'are/ [1] **I** tr. to perpetuate [*specie*]; to immortalize [*ricordo*] **II** **perpetuarsi** pronom. [*specie*] to be* perpetuated; [*ricordo*] to be* immortalized.

perpetuo /per'pɛtuo/ agg. **1** *(continuo)* [*moto, calendario*] perpetual **2** *(eterno)* [*esilio*] permanent; ***carcere ~*** life imprisonment; ***a -a memoria*** in everlasting memory; ***in ~*** in perpetuity.

perplessità /perplessi'ta/ f.inv. perplexity; ***avere delle ~ su qcs.*** to be puzzled about sth.

perplesso /per'plɛsso/ agg. perplexed, puzzled; ***lasciare ~*** to perplex, to puzzle.

perquisire /perkwi'zire/ [102] tr. to search [*casa, stanza*]; to body search, to frisk [*persona*].

perquisizione /perkwizit'tsjone/ f. search; *(di persona)* body search, frisk; ***mandato di ~*** search warrant ♦♦ ***~ domiciliare*** house search; ***~ personale*** (intimate) body search.

persecutore /perseku'tore/ m. (f. **-trice** /tritʃe/) persecutor.

persecutorio, pl. **-ri**, **-rie** /perseku'tɔrjo, ri, rje/ agg. persecutory.

persecuzione /persekut'tsjone/ f. **1** persecution; ***mania di ~*** persecution complex *o* mania **2** *(persona, cosa molesta)* plague, nuisance, pest.

perseguibile /perse'gwibile/ agg. DIR. [*reato*] indictable, punishable by law.

perseguire /perse'gwire/ [3] tr. **1** to pursue [*scopo*] **2** DIR. to prosecute [*reato*].

perseguitare /persegwi'tare/ [1] tr. **1** *(fare oggetto di persecuzioni)* to persecute **2** *(tormentare)* to pursue, to harass, to hound; [*incubo*] to haunt [*persona*]; ***la sfortuna lo perseguita*** he's dogged by misfortune.

perseguitato /persegwi'tato/ **I** p.pass. → **perseguitare** **II** agg. pursued, hounded **III** m. (f. **-a**) persecuted person, victim of persecution.

perseverante /perseve'rante/ agg. persevering, persistent.

perseveranza /perseve'rantsa/ f. perseverance, persistance.

perseverare /perseve'rare/ [1] intr. (aus. *avere*) to persevere, to persist.

persiana /per'sjana/ f. *(imposta)* (window-)shutter ♦♦ ~ ***avvolgibile*** roller shutter.
persiano /per'sjano/ **I** agg. Persian **II** m. (f. **-a**) **1** *(persona)* Persian **2** LING. Persian **3** *(gatto)* Persian (cat) **4** *(pelliccia)* Persian lamb.
1.persico, pl. **-ci**, **-che** /'pɛrsiko, tʃi, ke/ agg. Persian; ***il Golfo Persico*** the Persian Gulf.
2.persico, pl. **-ci** /'pɛrsiko, tʃi/ agg. e m. ***(pesce)*** ~ bass, perch.
persino /per'sino/ → **perfino.**
persistente /persis'tɛnte/ agg. [*nebbia, odore*] persistent, lingering; [*febbre, tosse*] persistent, obstinate; [*pioggia*] persistent, steady; [*immagine*] lasting.
persistenza /persis'tɛntsa/ f. persistence.
persistere /per'sistere/ [21] intr. (aus. *avere*) **1** *(protrarsi)* [*febbre, sintomi*] to persist; [*odore*] to persist, to hang*, to linger; [*dubbio*] to linger; [*maltempo*] to continue **2** *(ostinarsi)* to persist, to persevere; ***~ nel fare qcs.*** to keep doing sth.
perso /'pɛrso/ **I** p.pass. → **perdere II** agg. **1** *(perduto)* [*partita, causa*] lost; ***a tempo*** ~ in one's spare time; ***andare*** ~ to get lost **2** *(sprecato)* ***è tempo*** ~ it's a waste of time **3** *(vago)* [*sguardo*] blank **4** *(incapace di intendere)* ***ubriaco*** ~ dead drunk, smashed; ***(innamorato) ~ di qcn.*** head over heels in love with sb. ♦ ***dare qcs. per*** ~ to give sth. up for lost; ***~ per*** ~ having nothing else to lose.
persona /per'sona/ *Person*, l'equivalente inglese dell'italiano *persona*, ha come plurale la forma *people*: *sono venute molte persone* = a lot of people came; il plurale *persons* è d'uso molto formale, e solitamente limitato al linguaggio burocratico: *questo ascensore può portare 12 persone* = this elevator may carry 12 persons. f. **1** *(individuo)* person; ***-e*** people, persons FORM.; ***una brava*** ~ a good person; ***una ~ cara*** someone dear; ***due euro per*** o ***a*** ~ two euros each *o* a head; ***le -e interessate*** those (who are) concerned; ***un viaggio per due -e*** a trip for two; ***la ~ amata*** the (be)loved one; ***~ di servizio*** domestic (servant); ***i diritti della ~ (umana)*** the right of the individual; ***tutta la sua ~ ispirava rispetto*** his whole being inspired respect; ***il ministro in*** ~ the minister himself *o* in person; ***tua madre in*** ~ your mother herself; ***è proprio lui in ~!*** it's really him! ***se ne occupa di*** ~ he's dealing with it personally; ***ci è andato di*** ~ he went there in person; ***è la pazienza in*** o ***fatta*** ~ he's patience personified *o* the personification of patience; ***parlare in prima*** ~ to speak for oneself **2** *(corpo)* ***un abito poco adatto alla sua*** ~ a dress that doesn't suit her; ***avere cura della propria*** ~ to take care of one's personal appeareance **3** *(qualcuno)* ***c'è una ~ che chiede di te*** there's somebody looking for you; *(nessuno)* ***non c'è ~ disposta a crederti*** nobody will believe you **4** LING. person; ***alla prima*** ~ in the first person ♦♦ ***~ fisica*** DIR. natural person; ***~ giuridica*** DIR. body corporate, legal *o* artificial person; ***~ grata*** DIPL. persona grata; ***~ non grata*** DIPL. persona non grata.
personaggio, pl. **-gi** /perso'naddʒo, dʒi/ m. **1** LETTER. TEATR. CINEM. character; ***-gi e interpreti*** cast **2** *(personalità)* figure, personality, personage; ***un ~ della politica*** a political figure; ***un grande ~ dello sport*** a sporting personality **3** *(persona stravagante)* ***è un ~ singolare*** he's a real character.
personal (computer) /'pɛrsonal(kom'pjuter)/ m.inv. personal computer.
personale /perso'nale/ **I** agg. **1** [*impegno, invito, opinione, effetti, beni, igiene*] personal; [*iniziativa, caratteristica*] personal, individual; [*interessi, segretaria*] personal, private; ***dati -i*** particulars; ***questioni di carattere*** ~ personal matters; ***non farne una questione ~!*** don't take it personally! ***per uso*** ~ for personal use **2** LING. [*pronome, verbo*] personal **II** f. *(mostra)* ***una ~ di Dalì*** an exhibition dedicated to Dalì **III** m. **1** *(di hotel, ospedale, scuola)* staff; *(di azienda)* staff, personnel, payroll; ***ufficio del*** ~ personnel department; ***capo del*** ~ head of personnel, personnel officer **2** *(figura)* ***avere un bel*** ~ to have a good figure ♦♦ ***~ di bordo*** AER. cabin crew; ***~ docente*** (teaching) staff; ***~ di servizio*** domestic staff; ***~ di terra*** AER. groundstaff, ground crew.
personalità /personali'ta/ f.inv. **1** PSIC. personality **2** *(carattere)* personality, character; ***avere*** ~ to have personality *o* character **3** *(persona influente)* personality, personage **4** DIR. ***~ giuridica*** legal status.
personalizzare /personalid'dzare/ [1] tr. **1** *(dare una nota personale a)* to personalize [*casa, uniforme*] **2** *(adattare)* to customize [*orario, contratto*].
personalizzazione /personaliddzat'tsjone/ f. personalization.
personalmente /personal'mente/ avv. personally; ***me l'ha detto*** ~ he told me that himself; ***occuparsi ~ di qcs.*** to deal with sth. personally; ***ci è andato*** ~ he went there in person; ***~, sono contrario*** personally, I'm against it.
personificare /personifi'kare/ [1] tr. **1** *(rappresentare un'astrazione)* to personify [*virtù*] **2** *(simboleggiare)* to embody, to symbolize, to epitomize.
personificato /personifi'kato/ **I** p.pass. → **personificare II** agg. ***essere la pazienza -a*** to be the personification of patience.
personificazione /personifikat'tsjone/ f. personification; ***essere la ~ della pazienza*** to be the personification of patience.
perspicace /perspi'katʃe/ agg. [*persona*] perceptive, perspicacious FORM.; [*mente, osservazione*] sharp, insightful, keen.
perspicacia /perspi'katʃa/ f. perceptiveness, insight, perspicacity FORM.
perspicuità /perspikui'ta/ f.inv. perspicuity.
perspicuo /pers'pikuo/ agg. perspicuous.
persuadere /persua'dere/ [69] **I** tr. **1** *(convincere)* to persuade, to convince; ***~ qcn. a fare*** to persuade *o* convince sb. to do, to talk sb. into doing; ***tentai di persuaderlo*** I tried to convince him **2** *(ottenere approvazione)* ***un film che ha persuaso la critica*** a film that convinced the critics; ***quel tipo non mi persuade affatto*** there's something about that guy I don't trust **II persuadersi** pronom. to persuade oneself, to convince oneself.
persuadibile /persua'dibile/, **persuasibile** /persua'zibile/ agg. persuadable.
persuasione /persua'zjone/ f. **1** *(convincimento)* persuasion; ***fare opera di ~ presso qcn.*** to try to persuade sb. **2** *(opinione)* persuasion, belief.
persuasivo /persua'zivo/ agg. **1** *(convincente)* [*tono*] persuasive **2** *(che piace)* [*interpretazione*] convincing.
persuaso /persu'azo/ **I** p.pass. → **persuadere II** agg. persuaded, convinced.
persuasore /persua'zore/ m. (f. **persuaditrice** /persuadi'tritʃe/) persuader ♦♦ ***-i occulti*** hidden persuaders.
pertanto /per'tanto/ cong. therefore, so, thence FORM.
pertica, pl. **-che** /'pɛrtika, ke/ f. **1** *(bastone)* pole, rod; *(da barcaiolo)* bargepole **2** *(attrezzo ginnico)* pole **3** COLLOQ. FIG. *(spilungone)* beanpole.
pertinace /perti'natʃe/ agg. pertinacious, persistent, tenacious.
pertinacia /perti'natʃa/ f. pertinacity, tenacity.
pertinente /perti'nɛnte/ agg. [*domanda, osservazione*] relevant, pertinent; ***essere ~ a qcs.*** to be pertinent *o* material to sth.
pertinenza /perti'nɛntsa/ f. **1** *(di domanda, dettaglio)* relevance, pertinence **2** *(spettanza)* ***essere di ~ di*** to pertain to; ***la questione non è di mia*** ~ the matter is out of my hands.
pertosse /per'tosse/ ♦ ***7*** f. whooping cough, pertussis.
pertugio, pl. **-gi** /per'tudʒo, dʒi/ m. **1** *(foro)* hole **2** *(fessura)* crack, fissure.
perturbare /pertur'bare/ [1] **I** tr. to perturb, to disturb **II perturbarsi** pronom. [*cielo*] to cloud over.
perturbatore /perturba'tore/ m. (f. **-trice** /tritʃe/) disturber, troubler, perturber.
perturbazione /perturbat'tsjone/ f. **1** METEOR. ***~ atmosferica*** (atmospheric) disturbance **2** *(agitazione politica, sociale)* disturbance, upheaval, unrest.
Perù /pe'ru/ ♦ ***33*** n.pr.m. Peru.
perugino /peru'dʒino/ ♦ ***2*** **I** agg. from, of Perugia **II** m. (f. **-a**) native, inhabitant of Perugia.
peruviano /peru'vjano/ ♦ ***25*** **I** agg. Peruvian **II** m. (f. **-a**) Peruvian.
pervadere /per'vadere/ [58] tr. to pervade, to permeate, to fill (anche FIG.).
pervaso /per'vazo/ **I** p.pass. → **pervadere II** agg. ***~ da*** pervaded by [*idea, sentimento*]; ***una poesia -a di tristezza*** a poem imbued with sadness.

pervenire /perve'nire/ [107] intr. (aus. *essere*) **1** *(giungere)* **~ a** to come to, to reach [*accordo, conclusione*]; **far ~ qcs. a qcn.** to forward sb. sth., to send sth. (on) to sb.; ***mi è pervenuta una lettera*** I received a letter **2** *(raggiungere)* **~ a** to reach [*meta, cima*].

perversione /perver'sjone/ f. perversion; ***-i sessuali*** sexual perversions.

perversità /perversi'ta/ f.inv. perversity.

perverso /per'vɛrso/ agg. **1** *(cattivo)* [*animo, azione*] wicked **2** *(depravato)* [*gioco*] perverted; [*persona*] depraved; [*mente*] twisted **3** *(negativo)* [*effetto, logica*] pernicious.

pervertimento /perverti'mento/ m. perversion, corruption.

pervertire /perver'tire/ [3] **I** tr. to pervert, to corrupt **II pervertirsi** pronom. to be* perverted.

pervertito /perver'tito/ **I** p.pass. → **pervertire II** agg. perverted **III** m. (f. **-a**) pervert.

pervicace /pervi'katʃe/ agg. obstinate, stubborn.

pervicacia /pervi'katʃa/ f. obstinacy, stubbornness.

pervinca, pl. **-che** /per'vinka, ke/ **I** f. *(pianta)* periwinkle **II** m.inv. *(colore)* periwinkle(-blue) **III** agg.inv. ***blu ~*** periwinkle-blue.

p.es. ⇒ per esempio for example, for instance (eg).

pesa /'pesa/ f. **1** *(bilancia)* weighing machine **2** *(pesatura)* weighing **3** *(luogo in cui avviene la pesatura)* weigh-house ♦♦ **~ pubblica** weigh-house.

pesante /pe'sante/ agg. **1** *(greve)* [*oggetto, valigia*] heavy, weighty **2** *(spesso)* [*coperta, giacca*] heavy, thick **3** *(che dà senso di pesantezza)* [*gambe, stomaco*] heavy; ***ho la testa ~*** I've got a bit of a headache **4** *(profondo)* ***avere il sonno ~*** to be a heavy *o* sound sleeper **5** *(indigesto)* [*pasto, cibo*] heavy; **~ *da digerire*** heavy on the stomach, hard to digest **6** *(maleodorante)* [*alito*] bad **7** *(forte)* [*droghe*] hard **8** MIL. [*artiglieria, carro*] heavy **9** *(grave)* [*condanna, sconfitta*] heavy; [*responsabilità*] heavy, weighty **10** *(massiccio)* [*corpo, figura*] heavy, ungainly **11** *(volgare)* [*scherzo, battuta*] vulgar, tasteless, heavy **12** *(noioso)* [*romanzo*] heavy, dull; ***come sei ~!*** you're a bore! **13** *(opprimente)* [*clima, silenzio*] heavy, oppressive **14** *(faticoso)* [*giornata, esame, lavoro*] hard; [*orario*] heavy **15** SPORT [*terreno*] slow, heavy; ***gioco ~*** rough play ♦ ***andarci ~ con*** to be heavy on [*sale, profumo*]; ***ci è andato giù ~!*** he came on strong!

pesantemente /pesante'mente/ avv. [*cadere, muoversi*] heavily; **~ *truccato*** heavily made-up.

pesantezza /pesan'tettsa/ f. **1** heaviness **2** *(peso)* heaviness, weight **3** MED. ***avere una ~ di stomaco*** to have sth. lying heavily on one's stomach, to feel bloated **4** *(noia)* dullness.

pesapersone /pesaper'sone/ m. e f.inv. bathroom scales pl.

pesare /pe'sare/ [1] **I** tr. to weigh; **~ *le parole*** to weigh one's words **II** intr. (aus. *avere, essere*) **1** to weigh; ***quanto pesi?*** how much *o* what do you weigh? **~ *molto*** to be very heavy, to weigh a lot **2** FIG. *(gravare)* ***la solitudine mi pesa*** loneliness weighs heavily on me; ***mi pesa andarmene*** I find it hard to leave; **~ *sulla coscienza*** to weigh on one's conscience; ***su di lui pesa un sospetto*** a suspect hangs upon him **4** FIG. *(avere importanza)* to carry weight; **~ *su*** to have a decisive influence in *o* on [*decisione*] **III pesarsi** pronom. to weigh oneself.

pesatura /pesa'tura/ f. weighing.

1.pesca, pl. **-sche** /'pɛska, ske/ ➧ ***3*** **I** f. peach; ***marmellata di -sche*** peach jam **II** agg. e m.inv. *(colore)* peach.

2.pesca /'peska/ f. **1** *(attività)* fishing; *(di perle, spugne)* diving; ***andare a ~ (di)*** to go fishing (for); ***canna da ~*** fishing rod **2** *(pesci pescati)* catch, take, haul; ***fare una buona ~*** to have a good catch **3** *(lotteria)* lottery, raffle ♦♦ **~ *d'altomare*** o ***d'altura*** deep-sea fishing; **~ *di beneficenza*** raffle, prize draw; **~ *con la lenza*** line fishing, angling; **~ *sportiva*** sportfishing; **~ *a strascico*** trawling, trolling; **~ *subacquea*** underwater fishing.

pescaggio, pl. **-gi** /pes'kaddʒo, dʒi/ m. draught BE, draft AE.

pescanoce, pl. **peschenoci** /peska'notʃe, peske'notʃi/ f. nectarine.

pescare /pes'kare/ [1] **I** tr. **1** to fish for, to catch* [*pesci*]; to catch* [*crostacei*]; to dive for [*perle, spugne*]; **~ *trote*** to (fish for) trout; **~ *una trota*** to catch a trout **2** COLLOQ. *(trovare)* to get*, to find*, to fish; ***dov'è andato a ~ quei vestiti?*** where did he get that outfit from? **3** COLLOQ. *(prendere a caso)* to draw*, to pick (up); ***pesca una carta!*** pick a card! **4** COLLOQ. *(sorprendere)* **~ *qcn. a fare qcs.*** to catch sb. doing sth. **II** intr. (aus. *avere*) **1** *(andare a pesca)* to fish; *(con la lenza)* to angle; *(a strascico)* to trawl, to troll; ***andare a ~*** to go fishing; **~ *in un fiume*** to fish a river **2** MAR. [*nave*] to draw* ♦ **~ *nel torbido*** to fish in troubled waters.

pescata /pes'kata/ f. **1** *(azione)* ***fare una ~*** to fish **2** *(pesce pescato)* take, catch, haul.

pescatora: **alla pescatora** /allapeska'tora/ agg. **1** ABBIGL. ***pantaloni alla ~*** pedal pushers, clamdiggers AE **2** GASTR. [*pasta, risotto*] = with a fish and seafood sauce.

pescatore /peska'tore/ ➧ ***18*** m. (f. **-trice** /tritʃe/) fisher; *(uomo)* fisherman*; *(con la lenza)* angler; ***villaggio di -i*** fishing village; **~ *di perle*** pearl diver.

pescatrice /peska'tritʃe/ f. (anche **rana ~**) angler fish*, monkfish*.

pesce /'peʃʃe/ m. **1** ZOOL. fish*; **~ *d'acqua dolce*** freshwater fish; **~ *di mare*** saltwater *o* sea fish; **~ *azzurro*** = anchovies, sardines and mackerels; ***un fiume pieno di -i*** a river full of fish **2** GASTR. fish U; **~ *fresco, fritto*** fresh, fried fish ♦ ***nuotare come un ~*** to swim like a fish; ***né carne né ~*** neither fish nor fowl (nor good red herring); ***essere come un ~ fuor d'acqua*** to be like a fish out of water; ***trattare qcn. a -i in faccia*** to treat sb. like dirt; ***buttarsi a ~ su qcs.*** to jump *o* throw oneself at sth.; ***non saper che -i pigliare*** not to know where *o* which way to turn; ***sano come un ~*** as sound as a bell, as fit as a fiddle ♦♦ **~ *angelo*** angelfish; **~ *d'aprile*** *(scherzo)* April Fool's joke *o* trick; **~ *d'aprile!*** *(esclamazione)* April Fool! **~ *gatto*** catfish; **~ *martello*** hammer-fish; **~ *palla*** globefish; **~ *rosso*** goldfish; **~ *san Pietro*** dory; **~ *spada*** swordfish; ***-i grossi*** FIG. bigwigs; ***-i piccoli*** FIG. small fry.

pescecane, pl. **pescicani**, **pescecani** /peʃʃe'kane, peʃʃi'kani, peʃʃe'kani/ m. dogfish*, shark; FIG. shark.

peschereccio, pl. **-ci** /peske'rettʃo, tʃi/ m. fishing boat, smack; *(per pesca a strascico)* drag boat, trawler.

pescheria /peske'ria/ ➧ ***18*** f. fishmonger's (shop).

peschiera /pes'kjɛra/ f. fish tank.

Pesci /'peʃʃi/ ➧ ***38*** m.pl. ASTR. ASTROL. Pisces, the Fishes; ***essere dei ~*** o ***un ~*** to be (a) Pisces.

pesciera /peʃ'ʃɛra/ f. *(pentola)* fish kettle.

pesciolino /peʃʃo'lino/ m. *(d'acqua dolce)* minnow; **~ *rosso*** goldfish.

pescivendola /peʃʃi'vendola/ ➧ ***18*** f. fishwife*.

pescivendolo /peʃʃi'vendolo/ ➧ ***18*** m. fishmonger BE, fish vendor AE.

pesco, pl. **-schi** /'pɛsko, ski/ m. peach (tree); ***fiori di ~*** peach blossom.

pescoso /pes'koso/ agg. [*fiume, mare*] full of fish.

pesista, m.pl. **-i**, f.pl. **-e** /pe'sista/ m. e f. weight-lifter.

peso /'peso/ ➧ ***22*** m. **1** weight; ***una cassa del ~ di 5 chili*** a crate weighing 5 kilos; ***cedere sotto il ~ di qcs.*** to give way under the weight of sth.; ***vendere a ~*** to sell by the weight; ***prendere, perdere ~*** to put on, lose weight; ***rubare sul ~*** to give short weight; ***la mia valigia supera di 5 chili il ~ consentito*** my suitcase is 5 kilos overweight; ***sollevare qcn. di ~*** to lift sb. bodily **2** *(pesantezza)* heaviness **3** *(carico)* weight, load; ***un ~ di 50 kg*** a 50 kg weight **4** FIG. *(importanza)* weight, clout; ***avere un certo ~*** to carry weight, to have clout; ***dare ~ a qcs.*** to give *o* lend weight to sth. **5** FIG. *(fardello)* burden; ***sentire il ~ degli anni*** to feel one's age *o* the burden of one's years; ***scaricare il ~ su qcn.*** to dump the load on sb.; ***essere un ~ per qcn.*** to be a burden to sb. **6** FIG. *(fastidio, cruccio)* ***togliersi un ~ dalla coscienza*** to make a clean breast of sth.; ***avere un ~ sulla coscienza*** to have a guilty conscience; ***togliersi un ~ dallo stomaco*** to get sth. off one's chest **7** *(di bilancia)* weight **8** SPORT *(per il lancio)* shot; *(per il sollevamento)* weight; ***lancio del ~*** shot put; ***sollevamento -i*** weight-lifting; ***fare -i*** *(in palestra)* to weight train **9** *(nella boxe)* ***un ~ medio*** a middleweight (boxer); ***il titolo dei -i massimi*** the heavyweight title ♦ ***avere*** o ***usare due -i e due misure*** to have double standards; ***vendere qcs. a ~ d'oro*** to sell sth. at a very high price ♦♦ **~ *atomico*** atomic weight; **~ *corporeo*** body weight; **~ *forma*** ideal weight; **~ *morto*** dead weight (anche FIG.); **~ *netto*** net weight; **~ *specifico*** specific weight *o* gravity.

pessimismo /pessi'mizmo/ m. pessimism.

pessimista, m.pl. **-i**, f.pl. **-e** /pessi'mista/ **I** agg. pessimistic **II** m. e f. pessimist.
pessimistico, pl. **-ci**, **-che** /pessi'mistiko, tʃi, ke/ agg. pessimistic.
pessimo /'pɛssimo/ agg. awful, terrible, very bad; ***-a qualità*** very poor quality; ***avere un ~ carattere*** to have a nasty *o* bad temper; ***una -a cuoca*** a rotten cook; ***di ~ umore*** in a foul *o* awful mood; ***avere una -a opinione di qcn.*** to think the worst of sb.
pesta /'pesta/ f. ***trovarsi*** o ***essere nelle -e*** to be in trouble; ***lasciare qcn. nelle -e*** to leave sb. in the lurch.
pestaggio, pl. **-gi** /pes'taddʒo, dʒi/ m. beating up; *(rissa)* fight.
pestare /pes'tare/ [1] **I** tr. **1** *(schiacciare)* to grind* [*pepe, cereali*]; to crush [*aglio, noci*] **2** *(calpestare)* to trample, to step on [*erba, aiuola*]; to crush, to step on [*insetto*]; ***~ un piede a qcn.*** to stamp on sb.'s foot **3** COLLOQ. *(picchiare)* to beat* (up), to bash (up), to rough up; ***~ qcn. a sangue*** to beat the hell out of sb. **4** *(strimpellare)* ***~ il pianoforte*** to hammer on *o* pound away at the piano **II pestarsi** pronom. to fight*, to come* to blows ♦ ***~ l'acqua nel mortaio*** to flog BE *o* beat AE a dead horse; ***~ i piedi*** to stamp one's feet; ***~ i piedi*** o ***calli a qcn.*** to tread on sb.'s toes *o* corns.
peste /'pɛste/ ➧ **7** f. **1** MED. plague; *(pestilenza)* pestilence; ***morire di ~*** to die from the plague; ***non ho la ~!*** COLLOQ. SCHERZ. I haven't got the plague! **2** FIG. *(male, rovina)* plague, curse **3** COLLOQ. FIG. *(bambino vivace)* pest; ***piccola ~!*** you little pest *o* terror! ♦ ***evitare qcn., qcs. come la ~*** to avoid sb., sth. like the plague; ***dire ~ e corna di qcn.*** to tear sb. to bits ♦♦ ***~ bovina*** cattle plague; ***~ bubbonica*** (bubonic) plague; ***~ nera*** Black Death.
pestello /pes'tɛllo/ m. pestle.
pesticida /pesti'tʃida/ m. pesticide.
pestifero /pes'tifero/ agg. ***quel bambino è davvero ~*** that child is a real pest.
pestilenza /pesti'lɛntsa/ f. pestilence, plague.
pestilenziale /pestilen'tsjale/ agg. **1** *(contagioso)* [*epidemia*] pestilential **2** *(fetido)* [*odore*] stinking.
pesto /'pesto/ **I** agg. **1** *(tumefatto)* ***occhio ~*** black eye **2** *(fitto)* ***buio ~*** pitch darkness; ***era buio ~*** it was pitch-black *o* pitch-dark **II** m. ***~ (alla genovese)*** = sauce of crushed basil, pine nuts, garlic, cheese and olive oil served with pasta and other food.
petalo /'pɛtalo/ m. petal.
petardo /pe'tardo/ m. **1** (fire)cracker, banger **2** MIL. STOR. petard.
petare /pe'tare/ [1] intr. (aus. *avere*) to fart.
petizione /petit'tsjone/ f. petition; ***presentare una ~*** to petition.
peto /'peto/ m. fart; ***tirare un ~*** to fart, to break wind.
petrarchesco, pl. **-schi**, **-sche** /petrar'kesko, ski, ske/ agg. Petrarchan, of Petrarch.
petrodollaro /petro'dɔllaro/ m. petrodollar.
petrolchimico, pl. **-ci**, **-che** /petrol'kimiko, tʃi, ke/ agg. petrochemical.
petroliera /petro'ljɛra/ f. (oil) tanker, oiler.
petroliere /petro'ljɛre/ ➧ ***18*** m. *(magnate)* oil tycoon; *(lavoratore)* oil man*.
petroliero /pero'ljɛro/ agg. oil attrib., petroleum attrib.
petrolifero /petro'lifero/ agg. [*compagnia, giacimento, pozzi*] oil attrib.; [*industria*] oil attrib., petroleum attrib.; [*regione*] oil-bearing.
petrolio, pl. **-li** /pe'trɔljo, li/ **I** m. oil, petroleum; ***trovare, estrarre il ~*** to strike, remove oil; ***lampada a ~*** paraffin BE *o* kerosene AE lamp **II** m.inv. *(colore)* dark blue-green **III** agg.inv. ***verde ~*** dark blue-green ♦♦ ***~ greggio*** crude (oil).
pettegolezzo /pettego'lettso, pettego'leddzo/ m. gossip **U**, (tittle-)tattle **U**, rumour BE, rumor AE; ***un ~*** a piece of gossip; ***fare -i su qcn.*** to gossip about sb.
pettegolo /pet'tegolo/ **I** agg. gossipy **II** m. (f. **-a**) gossip.
pettinare /petti'nare/ [1] **I** tr. **1** *(col pettine)* to comb [*capelli*]; *(con la spazzola)* to brush [*capelli*]; *(acconciare)* ***~ qcn.*** to dress *o* do sb.'s hair; ***si fa ~ da Rodolfo*** her hair is styled by Rodolfo **2** TESS. to comb **II pettinarsi** pronom. to comb one's hair.
pettinata /petti'nata/ f. comb(ing); ***darsi una ~*** to give one's hair a comb.
pettinato /petti'nato/ **I** p.pass. → **pettinare II** agg. **1** *(acconciato)* ***era ben ~*** his hair was neatly combed **2** TESS. [*filato*] combed **III** m. TESS. worsted.
pettinatrice /pettina'tritʃe/ ➧ ***18*** f. *(parrucchiera)* hairdresser.
pettinatura /pettina'tura/ f. **1** *(il pettinare)* combing **2** *(acconciatura)* hairstyle, hairdo COLLOQ. **3** TESS. combing.
pettine /'pɛttine/ m. **1** *(per capelli)* comb; ***passarsi il ~ tra i capelli*** to run a comb through one's hair **2** TESS. comb **3** ZOOL. scallop ♦ ***tutti i nodi vengono al ~*** PROV. your sins will find you out ♦♦ ***~ a coda*** tail comb; ***~ a denti larghi, stretti*** wide-tooth(ed), fine-tooth(ed) comb.
pettirosso /petti'rosso/ m. robin (redbreast).
petto /'pɛtto/ ➧ **4** m. **1** *(torace)* chest; ***essere debole di ~*** to have a bad chest; ***~ in fuori!*** chest out! ***voce di ~*** voice from the chest; ***malato di ~*** ANT. consumptive **2** *(seno)* bosom, breasts pl.; ***non ha molto ~*** she's rather small-breasted; ***circonferenza di ~*** bust size *o* measurement; ***stringersi qcn. al ~*** to hug *o* press sb. to one's bosom *o* breast **3** GASTR. breast; ***~ di pollo*** chicken breast **4** *(di abito)* ***giacca a un ~*** single-breasted jacket; ***giacca (a) doppio ~*** double-breasted jacket ♦ ***battersi il ~*** to beat one's breast, to pound one's chest; ***prendere qcs. di ~*** to tackle sth. head-on; ***prendere qcn. di ~*** to face up to sb.
pettorale /petto'rale/ **I** agg. ANAT. ZOOL. pectoral **II** m. **1** SPORT number **2** *(di cavallo)* breast-harness **3** *(di corazza)* breast-plate **4** ANAT. ***-i*** pectorals, pecs.
pettorina /petto'rina/ f. *(di grembiule, pantaloni)* bib.
pettoruto /petto'ruto/ agg. **1** [*uomo*] large-chested; [*donna*] large-breasted, bosomy **2** FIG. *(impettito)* puffed up.
petulante /petu'lante/ agg. **1** *(insistente)* pestering, insistent **2** *(molesto)* annoying, tiresome.
petunia /pe'tunja/ f. petunia.
pezza /'pɛttsa/ f. **1** *(pezzo di stoffa)* piece of cloth; *(straccio)* rag; *(toppa)* patch; ***bambola di ~*** rag doll **2** *(rotolo di tessuto)* bolt, roll **3** *(sul manto di animale)* patch, spot, speckle **4** BUROCR. *(documento)* ***~ giustificativa, d'appoggio*** written evidence, proof ♦ ***mettere una ~ a qcs.*** to patch sth. up; ***trattare qcn. come una ~ da piedi*** to treat sb. like dirt.
pezzato /pet'tsato/ **I** agg. [*pelo, cavallo*] brindle(d), dappled **II** m. piebald.
pezzatura /pettsa'tura/ f. COMM. size.
pezzente /pet'tsɛnte/ m. e f. **1** *(mendicante)* tramp, beggar **2** FIG. *(tirchio)* miser.
pezzo /'pɛttso/ m. **1** *(parte, porzione)* piece, bit; ***un ~ di pane*** a piece *o* bit of bread; ***un ~ di carta*** a piece *o* slip of paper; ***un ~ di terreno*** a piece *o* plot *o* patch of land; ***due -i di torta*** two pieces *o* slices of cake; ***un ~ di ferro, legno*** a piece of iron, wood; ***un ~ di sapone*** a cake *o* bar of soap; ***in -i*** in pieces *o* bits; ***ho visto un ~ di spettacolo*** I saw part of the show; ***fare un ~ di strada insieme*** to travel together for part of the way; ***è un bel ~ di strada!*** it's quite a way! ***a -i*** *(rotto)* [*oggetto*] in pieces; FIG. [*persona*] beat, dead tired; ***ho la schiena a -i*** my back is killing me; ***ho i nervi a -i*** my nerves are in shreads; ***tagliare qcs. a*** o ***in -i*** to chop sth. to pieces; ***rompere qcs. in (mille) -i*** to break sth. into (a thousand) pieces, to smash sth. to pieces *o* bits; ***cadere a*** o ***in -i*** to fall apart *o* to pieces; ***fare a -i*** *(rompere)* to break [sth.] into pieces [*oggetto*]; FIG. *(criticare)* to take *o* tear [sth.] apart [*libro, film*]; ***fare a -i qcn.*** FIG. to tear sb. to pieces **2** *(in macelleria)* cut **3** *(elemento di assemblaggio)* part **4** *(unità, elemento)* piece, item; ***un puzzle da 500 -i*** a 500-piece puzzle; ***(costume a) due -i*** two-piece swimsuit; ***venduto al ~*** sold separately *o* individually; ***costano 5 euro al ~*** they cost 5 euros apiece *o* a piece *o* each **5** ART. MUS. *(opera, brano)* piece; *(di libro)* passage **6** GIORN. piece, (newspaper) article **7** *(banconota)* note; *(moneta)* piece **8** *(periodo di tempo)* ***è un ~ che...*** it's a long time that...; ***non lo vedo da un (bel) ~*** I haven't seen him for quite a while **9** COLLOQ. *(riferito a persona)* ***un bel ~ di ragazza*** a nice bit of stuff BE, a piece; ***un (bel) ~ d'uomo*** a hunk; ***~ d'imbecille!*** you (stupid) idiot! ***che ~ d'asino!*** what an ass *o* a fool! ♦ ***essere un ~ di ghiaccio*** to be an iceberg; ***essere tutto d'un ~*** to have a sterling character ♦♦ ***~ d'antiquariato*** antique; ***~ d'artiglieria*** piece of artillery; ***~ di bravura*** MUS. bravura passage; ***~ di carta***

COLLOQ. *(titolo di studio)* = diploma, degree; **~ da collezione** collector's item; **~ da esposizione** showpiece; **~ forte** pièce de résistance; *(di collezione)* centre-piece; TEATR. speciality act BE, specialty number AE; MUS. set piece; **~ grosso** big shot *o* noise, bigwig SPREG.; **~ da museo** museum piece (anche SCHERZ.); **~ di ricambio** spare part.

pezzuola /pet'tswɔla/ f. cloth.

p.f. ⇒ per favore please.

PG ⇒ Procuratore Generale = Director of Public Prosecutions GB, Attorney General US.

phon → **fon**.

pi /pi/ m. e f.inv. *(lettera)* p, P ♦♦ **~ greco** pi.

PI ⇒ Pubblica Istruzione Ministry of Education.

piacente /pja'tʃɛnte/ agg. attractive.

1.piacere /pja'tʃere/ [54] Il verbo *to like*, equivalente semantico dell'italiano *piacere*, se ne distacca per alcune peculiarità grammaticali: non si usa mai nella forma progressiva, utilizza una costruzione personale (*a me piace* = I like), è seguito dal gerundio quando si fa un'affermazione generale (*ti piace ascoltare la musica?* = do you like listening to music?) e da *to* + infinito quando ci si riferisce a un caso particolare (*da giovane mi piaceva ascoltare la musica* = as a young man I liked to listen to music) o quando è usato al condizionale (*ti piacerebbe venire a trovarci?* = would you like to come and see us?). **I** intr. (aus. *essere*) **a qcn. piace qcs., qcs. piace a qcn.** sb. likes sth.; **mi piace moltissimo** I like it very much, I love it; **mi piaci** I like you; **mi piace la musica pop** I like pop music, I'm fond of pop music; **il film gli è piaciuto molto** he really liked *o* enjoyed the film; **quel tizio non mi è mai piaciuto** I have never liked *o* I've always disliked that guy; **piace agli uomini** men find her attractive; **una soluzione che piace a tutti** a solution that appeals to everybody; **è un prodotto che piace molto** it's a very popular product; **mi piace viaggiare, ballare, nuotare** I like travelling, dancing, swimming; **mi piace dormire fino a tardi la domenica** on Sundays I like to sleep in late; **mi piacerebbe andare in Grecia** I'd like to go to Greece; **come vi piace!** as you like it! as you prefer! **così mi piace** that's the way I like it; **così mi piaci!** now that's what I like to see! **vi piaccia o no, piaccia o non piaccia** whether you like it or not; **faccio come mi pare e piace** I do as I please; **lo spettacolo è piaciuto molto** the show was very successful *o* was a hit **II piacersi** pronom. **1** *(a se stesso)* to like oneself **2** *(reciprocamente)* to like each other ♦ **non è bello ciò che è bello, ma è bello ciò che piace** PROV. beauty is in the eye of the beholder; **a Dio piacendo** God willing.

2.piacere /pja'tʃere/ m. **1** pleasure, delight; **"vuoi ballare?" "con grande ~!"** "would you like to dance?" "I'd love to!"; **ho appreso con ~ che** I was delighted to hear that; **che ~ vederti!** how nice to see you! **provare ~ nel** o **a fare** to enjoy doing; **avrei ~ che tu...** I would like you to...; **ho avuto il ~ di fare la loro conoscenza** I had the pleasure of meeting them; **ho il ~ di informarvi che** I am pleased to inform you that; **se ti fa ~, se la cosa può farti ~** if it'll make you happy; **le ha fatto ~ che** it pleased her that; **mi fa molto ~ vedervi** I'm delighted to see you **2** *(in formule di cortesia)* **(tanto) ~** how do you do, nice to meet you; **~ di conoscerla, di fare la sua conoscenza** nice *o* pleased to meet you; **il ~ è tutto mio** the pleasure is all mine **3** *(godimento)* pleasure; **amare i -i della tavola** to enjoy good food; **viaggio di ~** holiday trip; **è un ~ guardarla** she's a pleasure to watch **4** *(favore)* favour BE, favor AE; **fare un ~ a qcn.** to do sb. a favour *o* a good turn; **fammi il ~!** IRON. do me a favour! **mi faccia il ~ di tacere!** (would you) shut up please! **5 per piacere** please **6 a piacere** at will, at pleasure ♦ **prima il dovere, poi il ~** PROV. = duty comes first; **andare giù che è un ~** [*cibo, vino*] to go down well; **piove che è un ~!** it's pouring! **questa macchina va che è un ~** this car handles like a dream.

piacevole /pja'tʃevole/ agg. **1** *(che piace)* [*luogo, persona*] pleasant, nice; [*lettura, spettacolo*] enjoyable, entertaining **2** *(gradevole)* [*aspetto*] pleasant, pleasing.

piacevolezza /pjatʃevo'lettsa/ f. pleasantness, agreeableness.

piacevolmente /pjatʃevol'mente/ avv. pleasantly, agreeably.

piacimento /pjatʃi'mento/ m. liking; **a ~** at one's pleasure; **fai pure a tuo ~** do as you like *o* prefer.

piadina /pja'dina/ f. GASTR. INTRAD. (unleavened flat bread typical of Romagna).

piaga, pl. **-ghe** /'pjaga, ge/ f. **1** sore; *(ferita)* wound **2** FIG. plague; **la ~ della disoccupazione** the curse *o* scourge of unemployment **3** COLLOQ. FIG. *(persona noiosa)* plague, pest; **smettila di fare la ~!** don't be such a pain in the neck! ♦ **rigirare il coltello nella ~** to twist the knife in the wound, to rub salt into the wound; **mettere il dito nella ~** to touch on a sore point; **riaprire vecchie -ghe** to reopen old wounds ♦♦ **~ da decubito** bedsore; **~ sociale** social evil.

piagato /pja'gato/ agg. covered in sores.

piagnisteo /pjaɲɲis'tɛo/ m. whining, snivelling.

piagnone /pjaɲ'ɲone/ m. (f. **-a**) whiner, moaner.

piagnucolare /pjaɲɲuko'lare/ [1] intr. (aus. *avere*) [*persona*] to whine, to moan, to snivel; [*bambino*] to whine, to whimper.

piagnucolio, pl. **-ii** /pjaɲɲuko'lio, ii/ m. moaning, whining, snivelling.

piagnucolone /pjaɲɲuko'lone/ m. (f. **-a**) crybaby, whiner, moaner.

piagnucoloso /pjaɲɲuko'loso/ agg. [*voce, tono*] whining; [*bambino*] whining, whimpering.

pialla /'pjalla/ f. plane.

piallare /pjal'lare/ [1] tr. to plane, to shave [*asse*].

piana /'pjana/ f. plain, levels pl.; **~ salina** salt flat.

pianale /pja'nale/ m. **1** AUT. floor **2** FERR. flat wagon.

pianeggiante /pjaned'dʒante/ agg. [*terreno*] level, flat; [*strada, zona*] flat.

pianella /pja'nɛlla/ f. *(pantofola)* slipper, mule.

pianerottolo /pjane'rɔttolo/ m. landing.

pianeta /pja'neta/ m. **1** ASTR. planet **2** FIG. world, universe; **il ~ donna** the world of women.

piangente /pjan'dʒɛnte/ agg. *(in lacrime)* crying, weeping.

piangere /'pjandʒere/ [70] **I** tr. **1** *(lamentare)* to mourn (for), to grieve for, to grieve over, to lament [*defunto, perdita, morte*] **2** *(versare)* **~ lacrime amare, di gioia** to cry bitter tears, to weep tears of joy **II** intr. (aus. *avere*) **1** [*bambino, adulto*] to cry, to weep*; **stare per ~** to be close to tears, to be on the verge of tears; **scoppiare a ~** to burst out crying, to burst into tears; **mettersi a ~** to start crying; **fare ~ qcn.** [*persona, storia, film*] to make sb. cry, to reduce sb. to tears; **mi viene da ~** I'm about to cry; **~ dalla gioia, dalla rabbia** to cry for joy, with rage **2** *(affliggersi)* **~ su qcs.** to shed tears over sth.; **~ sulle proprie disgrazie** to grieve over one's sorrows **3** *(lacrimare)* [*occhi*] to water; **il fumo mi fa ~** smoke makes my eyes water ♦ **~ come una fontana** to cry buckets; **~ tutte le proprie lacrime** to cry one's eyes *o* heart out, to cry fit to burst; **gli sono rimasti solo gli occhi per ~** all he can do is cry; **-rsi addosso** to feel sorry for oneself; **andare a ~ sulla spalla di qcn.** to cry on sb.'s shoulder; **~ miseria** to bewail one's poverty, to poor-mouth AE COLLOQ.; **mi piange il cuore di dovergli dare questa notizia** it breaks my heart to have to tell him this; **è inutile ~ sul latte versato** PROV. (it's) no good crying over spilt milk; **chi è causa del suo mal pianga se stesso** PROV. as you make your bed so you must lie in it.

pianificare /pjanifi'kare/ [1] tr. to plan [*economia, futuro, attacco*].

pianificato /pjanifi'kato/ **I** p.pass. → **pianificare II** agg. [*sviluppo, vendita, economia*] planned.

pianificazione /pjanifikat'tsjone/ f. planning ♦♦ **~ familiare** family planning; **~ territoriale** town-and-country planning; **~ urbanistica** town *o* urban planning.

pianista, m.pl. **-i**, f.pl. **-e** /pja'nista/ ▸ **18** m. e f. pianist, piano player.

pianistico, pl. **-ci, -che** /pja'nistiko, tʃi, ke/ agg. [*musica, concerto*] piano attrib.

1.piano /'pjano/ **I** agg. **1** *(piatto)* [*superficie*] flat, level, even; **piatto ~** dinner plate **2** MAT. [*geometria, figura*] plane **3** *(semplice)* [*spiegazione, discorso*] plain, clear, simple **4** LING. **parola -a** = word having an accent on the penultimate syllable **5** SPORT **cento metri -i** hundred metres sprint **6 in piano** *(orizzontalmente)* **posare qcs. in ~** to lay sth. (down) flat **II** avv. **1** *(con delicatezza)* [*partire, frenare*] slowly, gently; **~! ~!** easy (does it)! steady! **vacci ~ con il gin!** go easy on the gin! **2** *(a bassa voce)* [*parlare*] softly, gently, quietly; **parla più ~** lower your voice **3** *(lentamente)* [*avvicinarsi, camminare*] slowly; **va**

più ~! slow down! **4 pian(o) piano** little by little ♦ ***chi va ~ va sano e va lontano*** PROV. slow and steady wins the race.

2.piano /'pjano/ Quando ci si riferisce al piano di un edificio, bisogna ricordare che in inglese britannico *piano terra* si dice *ground floor* mentre *primo / secondo... piano* si traducono *first / second... floor*. In inglese americano, *piano terra* si dice invece *first floor*, cosicché il primo piano sarà *second floor* ecc. Si ricordi anche che si usa *floor* per indicare il singolo piano (*abito al quinto piano* = I live on the fifth floor) ma *storey* per indicare il numero dei piani di un edificio (*un grattacielo di 55 piani* = a 55-storey skyscraper). m. **1** *(superficie piana)* flat surface; *(di tavolo, mobile)* top **2** *(terreno pianeggiante)* plain, flat land **3** *(livello)* level; ***mettere due persone sullo stesso ~*** to put two people on the same level; ***balzare in primo ~*** [*notizia, problema*] to come to the fore; ***passare in secondo ~*** [*persona, problema*] to be pushed (in)to the background, to take second place; ***di primo ~*** [*personaggio, ruolo*] leading; [*opera, evento*] major; ***di secondo ~*** [*personaggio, ruolo, evento*] minor **4** CINEM. FOT. *(inquadratura)* ***primo ~*** close-up; ***in primo ~*** in close-up, in the foreground; ***secondo ~*** middle distance **5** *(di edificio)* floor, storey BE, story AE; *(di autobus, aereo)* deck; ***primo ~*** first BE *o* second AE floor; ***al ~ superiore*** o ***di sopra*** upstairs, on the next floor; ***al ~ inferiore*** o ***di sotto*** downstairs, on the floor below ♦♦ ***~ americano*** CINEM. thigh shot; ***~ ammezzato*** mezzanine; ***~ di cottura*** hob; ***~ interrato*** basement; ***~ di lavoro*** worktop; ***~ sequenza*** CINEM. sequence shot; ***~ stradale*** roadway, road surface.

3.piano /'pjano/ m. **1** *(programma)* plan, scheme, programme BE, program AE; ***~ quinquennale*** five-year plan; ***fare -i*** to make plans; ***tutto è andato secondo i -i*** everything went according to plan **2** *(progetto)* plan, layout ♦♦ ***~ d'azione*** plan of action; ***~ di battaglia*** MIL. battle map; FIG. plan of action; ***~ pensionistico*** o ***di pensionamento*** pension plan; ***~ regolatore*** = urban planning regulations; ***~ di studi*** UNIV. = list of courses that a university student plans to take in a term.

4.piano /'pjano/ ➧ **34** → **pianoforte.**

piano-bar /pjano'bar/ m.inv. piano bar.

pianoforte /pjano'fɔrte/ ➧ **34** m. piano*, pianoforte; ***suonare qcs. al ~*** to play sth. on the piano ♦♦ ***~ a coda*** grand (piano); ***~ meccanico*** player-piano; ***~ a mezza coda*** baby grand; ***~ verticale*** upright piano.

pianola /pja'nɔla/ ➧ **34** f. player-piano*, pianola®.

pianoterra /pjano'tɛrra/ m.inv. → **pianterreno.**

pianta /'pjanta/ f. **1** *(vegetale)* plant; *(albero)* tree **2** *(di piede, scarpa)* sole **3** *(cartina)* map, plan; *(proiezione, progetto)* plan, layout **4 di sana pianta** [*inventare*] entirely, completely; [*copiare*] wholesale, word by word **5 in pianta stabile** *(fisso)* ***un impiegato in ~ stabile*** a permanent employee; *(sempre)* ***è in ~ stabile a casa mia*** he's always round at my place; *(definitivamente)* ***trasferirsi in ~ stabile a Roma*** to settle down for good in Rome ♦♦ ***~ acquatica*** water plant; ***~ annua(le)*** annual; ***~ d'appartamento*** houseplant, pot plant; ***~ carnivora*** carnivore; ***~ da frutto*** fruit tree; ***~ grassa*** succulent; ***~ medicinale*** herb; ***~ perenne*** (hardy) perennial; ***~ rampicante*** creeper, rambler, vine.

piantagione /pjanta'dʒone/ f. plantation.

piantagrane /pjanta'grane/ m. e f.inv. troublemaker.

piantana /pjan'tana/ f. **1** ING. upright **2** *(di lampada)* base; ***(lampada a) ~*** standard lamp, floor lamp AE.

piantare /pjan'tare/ [1] **I** tr. **1** to plant [*patate, pomodori*]; ***~ un terreno a viti*** to plant a vineyard **2** *(conficcare)* to drive* [*chiodo*] (**in** in, into); to sink* [*palo*] (**in** into); to dig* [*unghie*] (**in** into); to stick* [*coltello*] (**in** into) **3** *(tirare su)* to raise [*tenda*]; ***~ le tende*** *(accamparsi)* to make *o* pitch camp; ***ha piantato le tende a casa mia*** FIG. he settled down at my house **4** COLLOQ. *(lasciare)* to dump, to jilt, to drop, to ditch [*ragazzo, fidanzata*]; to quit* [*lavoro*]; ***~ tutto*** to jack it in, to pack it all in **5 piantarla** ***piantala di dire sciocchezze!*** stop saying nonsense! ***piantala!*** stop it! **II piantarsi** pronom. **1** COLLOQ. *(lasciarsi)* [*coppia*] to split* (up) **2** *(conficcarsi)* [*chiodo, palo*] to dig* (**in** into); ***-rsi una spina nel piede*** to get a thorn in one's foot **3** COLLOQ. *(porsi di fronte)* ***-rsi davanti a qcs., qcn.*** to stand in front of sth., sb. **4** COLLOQ. *(bloccarsi)* [*computer, programma*] to crash ♦ ***~ in asso qcn.*** to leave sb. stranded *o* in the lurch; ***~ gli occhi addosso a qcn.*** to stare at sb.

piantato /pjan'tato/ **I** p.pass. → **piantare II** agg. **1** *(coltivato)* ***un campo ~ a grano*** a field planted with wheat **2** *(robusto)* ***ben ~*** [*uomo, giovanotto*] well-built, sturdy; ***una ragazza ben -a*** a big strapping girl **3** COLLOQ. *(fermo)* ***stava ~ davanti a lui*** he was planted in front of him.

piantatore /pjanta'tore/ ➧ **18** m. (f. **-trice** /tritʃe/) planter.

pianterreno /pjanter'reno/ m. ground floor BE, first floor AE; ***abitare al ~*** to live on the ground floor *o* at ground-floor level.

piantina /pjan'tina/ f. **1** *(pianta giovane)* seedling **2** *(cartina)* map, plan.

pianto /'pjanto/ m. **1** *(il piangere)* weeping, crying; ***scoppiare in ~*** to burst into tears; ***farsi un (bel) ~*** COLLOQ. to have a good cry; ***avere il ~ facile*** to be a weepy person **2** *(lacrime)* tears pl. **3** FIG. *(disastro)* ***la stanza è un ~*** the room is a mess.

piantonamento /pjantona'mento/ m. stakeout.

piantonare /pjanto'nare/ [1] tr. to keep* watch on [*edificio*]; to guard [*detenuto*].

1.piantone /pjan'tone/ m. MIL. *(di guardia)* guard, sentry; *(di servizio)* orderly; ***stare di ~*** to be on sentry; FIG. to wait around.

2.piantone /pjan'tone/ m. MECC. ***~ (dello sterzo)*** steering column.

pianura /pja'nura/ f. plain; ***la ~ Padana*** the Po valley ♦♦ ***~ alluvionale*** flood plain.

piastra /'pjastra/ f. **1** *(lastra)* plate; ***~ di marmo*** slab **2** *(fornello)* hotplate **3** *(padella piatta)* griddle; ***cuocere alla ~*** to cook on the griddle **4** TECN. ELETTRON. plate ♦♦ ***~ di registrazione*** tape *o* cassette deck.

piastrella /pjas'trɛlla/ f. tile; ***pavimento di -e*** tiled floor.

piastrellare /pjastrel'lare/ [1] tr. to tile [*pavimento*].

piastrellista, m.pl. **-i**, f.pl. **-e** /pjastrel'lista/ ➧ **18** m. e f. tiler.

piastrina /pjas'trina/ f. **1** BIOL. (blood) platelet **2** MIL. ***~ (di riconoscimento)*** identity tag *o* disc, dog tag AE.

piattaforma /pjatta'forma/ f. **1** platform; ***~ per elicotteri*** helipad **2** *(di autobus, tram)* platform **3** GEOGR. SPORT INFORM. POL. platform ♦♦ ***~ di carico*** loading bay; ***~ continentale*** continental shelf; ***~ girevole*** FERR. turntable; ***~ di lancio*** launch pad *o* platform; ***~ mobile*** CINEM. dolly; ***~ petrolifera*** oil rig; ***~ salariale*** pay guidelines.

piattello /pjat'tɛllo/ m. clay pigeon; ***tiro al ~*** clay pigeon shooting.

piattino /pjat'tino/ m. **1** *(piccolo piatto)* saucer **2** *(manicaretto)* delicacy.

piatto /'pjatto/ **I** agg. **1** *(senza rilievi)* [*fondo, superficie, paesaggio*] flat; [*mare*] smooth **2** *(poco profondo)* [*cappello*] flat **3** *(senza spessore)* [*sasso*] flat; [*orologio, calcolatrice*] slim(line) **4** MAT. ***angolo ~*** straight angle **5** FIG. [*stile, vita, conversazione*] unimaginative, unexciting, flat, dull **II** m. **1** *(stoviglia)* plate; *(di portata, per cuocere)* dish; ***~ di porcellana*** china dish *o* plate; ***lavare i -i*** to do the dishes, to do the washing up BE; ***asciugare i -i*** to dry up, to do the drying up BE **2** *(vivanda)* dish; ***~ freddo, caldo*** cold, hot dish; ***un ~ di spaghetti*** a dish of spaghetti **3** *(di bilancia)* pan **4** *(di giradischi)* turntable **5** GIOC. kitty; ***il ~ piange*** the kitty's short **6** MUS. cymbal ♦ ***servire qcs. a qcn. su un ~ d'argento*** to hand sb. sth. on a plate; ***sputare nel ~ in cui si mangia*** to bite the hand that feeds you ♦♦ ***~ di carta*** paper plate; ***~ da dessert*** dessert plate; ***~ fondo*** soup plate; ***~ forte*** GASTR. main course; FIG. main item; ***~ del giorno*** today's special; ***~ piano*** dinner plate; ***~ di portata*** serving dish; ***~ pronto*** ready meal.

piattola /'pjattola/ f. **1** crab louse* **2** FIG. ***è una ~*** he's a pain in the neck.

piazza /'pjattsa/ f. **1** *(spiazzo)* square; ***la ~ del mercato*** the marketplace; ***scendere in ~*** FIG. to take to the streets; ***~ Rossa*** Red Square **2** ECON. COMM. market; ***la ~ di Londra*** the London market; ***è il migliore cuoco sulla ~*** he's the chef in the business *o* on the market **3** FIG. *(la gente, la massa)* crowd **4** *(di letto)* ***letto a una ~*** single bed; ***letto a due -e*** double bed ♦ ***mettere in ~ qcs.*** to publicize sth.; ***mettere in ~ i propri affari*** to wash one's dirty linen in public; ***fare ~ pulita*** to sweep the board, to make a clean sweep; ***rovinare la ~ a qcn.*** to put a spoke in sb.'s wheel ♦♦ ***Piazza Affari*** ECON. the Milan Stock Exchange; ~ ***d'armi*** MIL. parade ground.

piazzaforte /pjattsa'fɔrte/ f. stronghold (anche FIG.).

piazzale /pjat'tsale/ m. *(di chiesa, stazione)* square; *(di aeroporto)* apron.

piazzamento /pjattsa'mento/ m. placing.

piazzare /pjat'tsare/ [1] **I** tr. **1** *(collocare)* to place [*oggetto*]; to position [*persona, soldato*]; to plant [*bomba, registratore*]; to lay* [*mina*] **2** *(smerciare)* to pass [*merce rubata, moneta falsa*] **3** *(assestare)* to land [*pugno*] **II piazzarsi** pronom. **1** *(classificarsi)* ***-rsi al terzo posto*** to be placed third, to come third **2** *(sistemarsi)* to settle; ***-rsi davanti al televisore*** to plonk oneself down in front of the TV; ***si è piazzato davanti alla porta*** he went and stood in front of the door.

piazzata /pjat'tsata/ f. (stormy) scene, performance COLLOQ.; ***fare una ~*** to make a scene.

piazzato /pjat'tsato/ **I** p.pass. → **piazzare II** agg. **1** *(messo a segno)* ***ben ~*** [*colpo*] well-aimed **2** EQUIT. [*cavallo*] placed **3** *(robusto)* ***ben ~*** [*uomo*] well-built.

piazzista, m.pl. **-i**, f.pl. **-e** /pjat'tsista/ ♦ *18* m. e f. sales representative.

piazz(u)ola /pjat'ts(w)ɔla/ f. **1** MIL. emplacement **2** *(per la sosta)* lay-by, pull-in.

picaresco, pl. **-schi**, **-sche** /pika'resko, ski, ske/ agg. picaresque.

picca, pl. **-che** /'pikka, ke/ **I** f. STOR. *(alabarda)* pike **II picche** f.pl. GIOC. *(seme)* spades + verbo sing. o pl.; ***carta di -che*** spade ♦ ***contare come il due di -che*** = to count for nothing; ***rispondere -che*** to refuse point-blank.

piccante /pik'kante/ agg. **1** *(saporito)* [*salsa, piatto*] hot; [*formaggio*] sharp **2** *(licenzioso)* [*storiella, battuta*] spicy, juicy.

picchè /pik'kɛ/ → **piqué.**

picchettaggio, pl. **-gi** /pikket'taddʒo, dʒi/ m. picketing **U**.

picchettare /pikket'tare/ [1] tr. **1** *(segnare con picchetti)* to stake out, to peg out [*strada, terreno*] **2** *(in uno sciopero)* to picket [*fabbrica, luogo*].

picchetto /pik'ketto/ m. **1** *(paletto)* stake **2** *(in uno sciopero)* picket **3** MIL. ***ufficiale di ~*** orderly officer; ***essere di ~*** to be on picket duty ♦♦ ~ ***d'onore*** MIL. guard of honour.

picchiare /pik'kjare/ [1] **I** tr. **1** *(malmenare)* to beat*, to batter [*persona*]; ~ ***duro*** o ***sodo qcn.*** to beat sb. up **2** *(battere dei colpi)* ~ ***un chiodo col martello*** to hit a nail with a hammer; ~ ***il pugno sul tavolo*** to bang one's fist on the table **3** *(urtare)* to bump, to hit* [*ginocchio, testa*] (**contro** on); ***picchiò la testa contro il tavolo*** his head struck the table **II** intr. (aus. *avere*) **1** *(dare colpi ripetuti)* to thump, to knock (**su** on); [*grandine*] to hammer (**su** against); ~ ***alla porta*** to knock *o* bang at *o* on the door **2** FIG. *(insistere)* to insist (**su** on) **3** COLLOQ. FIG. *(essere caldo)* [*sole*] to beat* down; ***(il sole) picchia, oggi!*** it's a scorcher today! **4** AUT. ~ ***in testa*** [*motore*] to knock **III picchiarsi** pronom. **1** *(darsi dei colpi)* ***-rsi il petto*** to beat one's breast **2** *(malmenarsi)* to fight*, to come* to blows.

picchiata /pik'kjata/ f. AER. nose-dive; ***scendere in ~*** to nose-dive.

picchiato /pik'kjato/ **I** p.pass. → **1.picchiare II** agg. COLLOQ. [*persona*] crazy, nutty.

picchiatore /pikkja'tore/ m. **1** POL. goon **2** *(boxe)* slogger.

picchiettare /pikkjet'tare/ [1] **I** tr. **1** *(punteggiare)* to dot, to speckle (**di**, **con** with) **2** *(tamburellare)* to tap **II** intr. (aus. *avere*) to tap, to patter.

picchiettio, pl. **-ii** /pikkjet'tio, ii/ m. patter, tapping.

picchio, pl. **-chi** /'pikkjo, ki/ m. woodpecker.

piccineria /pittʃine'ria/ f. **1** *(meschinità)* meanness **2** *(azione meschina)* mean trick.

piccino /pit'tʃino/ **I** agg. **1** *(molto piccolo)* tiny, weeny COLLOQ. **2** *(meschino)* [*animo, persona*] mean **II** m. (f. **-a**) baby, kiddy COLLOQ.; ***per grandi e -i*** for young and old (alike).

picciolo /pit'tʃɔlo/ m. *(di foglia, fiore)* stem; *(di ciliegia, mela)* stalk BE, stem AE.

piccionaia /pittʃo'naja/ f. **1** *(per piccioni)* pigeon house, dovecot(e) **2** *(soffitta)* garret **3** TEATR. SCHERZ. peanut gallery, Gods.

piccione /pit'tʃone/ m. pigeon ♦ ***prendere due -i con una fava*** to kill two birds with one stone ♦♦ ~ ***viaggiatore*** carrier *o* homing pigeon.

picciotto /pit'tʃɔtto/ m. *(nella gerarchia mafiosa)* = person at the bottom of the Mafia hierarchy.

picco, pl. **-chi** /'pikko, ki/ m. **1** *(di montagna)* peak **2** *(di grafico)* peak; ~ ***di natalità*** peak in the birthrate **3** FIG. peak, high **4 a picco** [*parete, scogliera*] sheer; ***scendere a ~*** [*strada*] to drop away; ***colare*** o ***andare a ~*** [*nave*] to go straight down, to sink to the bottom; FIG. [*affare, impresa*] to go under, to sink ♦♦ ~ ***di ascolto*** TELEV. peak time.

piccolezza /pikko'lettsa/ f. **1** *(di grado, estensione, statura)* littleness; *(di oggetto, persona, gruppo)* smallness **2** *(meschinità)* meanness, pettiness **3** *(inezia)* little thing, trifle, triviality.

piccolo /'pikkolo/ L'aggettivo *piccolo* è reso in inglese principalmente da *small* e *little*. Pur rinviando agli esempi d'uso più sotto nella voce, si può anticipare che *small* descrive semplicemente le dimensioni di qualcosa, mentre *little* connota il termine a cui si riferisce come qualcosa o qualcuno di gradevolmente piccolo oppure di poco importante. **I** agg. **1** *(di grandezza)* [*persona, parte del corpo, oggetto*] small, little; ***è ~ per la sua età*** he's short for his age **2** *(di lunghezza, durata)* [*distanza, pausa*] short **3** *(di età)* young, little; ***è la più -a*** she's the youngest; ***i due bambini più -i*** the two younger children; ***ha parlato di quando era ~*** he spoke of when he was a child; ***è il nostro figlio più ~*** he's our youngest **4** *(in quantità)* [*somma, aumento, gruppo*] small; [*cenno, sorriso*] little; [*porzione*] undersized, small; ***fai un ~ sforzo*** make a bit of an effort **5** *(poco importante)* [*particolare, difetto, operazione*] minor; [*inconveniente, incidente*] slight, minor; [*cambiamento*] slight, small; [*furto, spese*] petty; ***pesci -i*** FIG. small fry **6** *(modesto)* [*dono, favore*] little **7** *(meschino, ristretto)* [*persona*] petty, mean **8** *(di secondo piano)* [*impresa, azionista*] small; ***-a nobiltà*** minor aristocracy **II** m. (f. **-a**) **1** *(bambino)* baby, child*; ***da ~ era un monello*** when he was little he was a pest; ***ho imparato a nuotare da ~*** I learnt how to swim when I was a child **2** *(cucciolo)* baby; ~ ***di scimmia, pinguino*** baby monkey, penguin; ***i mammiferi allattano i loro -i*** mammals suckle their young; ***la leonessa e i suoi -i*** the lioness and her cubs **3 in piccolo** in small; [*riprodurre*] on a small scale; ***è Venezia in ~*** it's a miniature Venice ♦ ***nel mio, suo ~*** in my, his own small way ♦♦ ~ ***trotto*** EQUIT. jog trot.

piccone /pik'kone/ m. pickaxe BE, pickax AE, pick.

piccozza /pik'kɔttsa/ f. (ice) pick, ice axe BE, ice ax AE.

picnic /pik'nik/ m.inv. picnic; ***andare a fare un ~*** to go for *o* on a picnic.

pidiessino /pidies'sino/ **I** agg. = of the Italian party PDS **II** m. (f. **-a**) = member of the Italian party PDS.

pidocchio, pl. **-chi** /pi'dɔkkjo, ki/ m. **1** *(insetto)* louse*; ***avere i -chi*** to have nits *o* lice **2** *(spilorcio)* skinflint ♦♦ ~ ***del capo*** headlouse.

pidocchioso /pidok'kjoso/ agg. **1** *(pieno di pidocchi)* lousy **2** *(spilorcio)* stingy, mean.

piè /pjɛ/ m.inv. foot*; ***nota a ~ (di) pagina*** TIP. footnote; ***a ogni ~ sospinto*** at every turn; ***saltare qcs. a ~ pari*** FIG. to skip (over) sth.

piedarm, pied'arm /piɛ'darm/ **I** inter. order arms **II** m.inv. order arms.

pied-de-poule /pjed'pul/ m.inv. houndstooth (check), dogtooth check.

piede /'pjɛde/ ♦ *4, 21* m. **1** foot*; ***essere a -i nudi*** to be barefooted, to have bare feet; ***avere male ai -i*** to be footsore; ***sono venuto a -i*** I came on foot, I walked; ***raggiungibile a -i*** within walking distance; ***essere ai -i di qcn.*** to be at sb.'s feet (anche FIG.); ***dalla testa ai -i, da capo a -i*** from head to foot; ***non ho mai messo ~ in casa sua*** I've never set foot in her house; ***sta attento a dove metti i -i*** watch your step; ***in punta di -i*** on tiptoe **2** *(parte inferiore)* ***ai -i di*** at the foot of [*montagna, albero, letto*] **3** *(unità di misura; in metrica)* foot*; ***un palo alto 40 -*** a forty foot pole **4 in piedi** ***"in -i!"*** "stand up!"; ***siamo rimast in -i tutta la notte*** we were up all night; ***lo aiutai ad alzarsi in -i*** I helped him to his feet; ***saltare*** o ***balzare in -i*** to leap *o* jump to one's feet; ***stare in -i*** [*persona*] to stand; [*ragionamento*] to hold up; ***rimasero in -i solo poche case*** only a few houses were left standing ♦ ***su due -i*** off the top of one's head; ***così su due -i, non saprei*** offhand, I don't know; ***mettere in -i qcs.*** to set sth. up; ***rimettere qcs. in -i*** to get sth. back on its feet again

prendere ~ to take off, to catch on; ***stare coi*** o ***tenere i -i per terra*** to keep both *o* one's feet on the ground; ***tornare con i -i per terra*** to come down to earth; ***andarci con i -i di piombo*** to tread carefully *o* warily; ***cadere in -i*** to fall *o* land on one's feet; ***mettere i -i in testa a qcn.*** to walk over sb.; ***tenere il ~ in due staffe*** o ***scarpe*** to have a foot in both camps; ***puntare i -i*** to dig in one's heel; ***fare qcs. con i -i*** to do sth. in a slapdash way; ***ragionare con i -i*** to reason like a fool; ***partire col ~ giusto, sbagliato*** to get off on the right, wrong foot; ***alzarsi con il ~ sinistro*** to get out of bed on the wrong side; ***far mancare la terra sotto i -i a qcn.*** to cut the ground *o* rug out from under sb.'s feet; ***a ~ libero*** at large; ***togliti*** o ***levati dai -i!*** go take a running jump! get out of my way! ***stare tra i -i a qcn.*** to be *o* get under sb.'s feet; ***avere il morale sotto i -i*** to be an all-time low; ***lasciare qcn. a -i*** to leave sb. stranded ♦♦ ***~ d'atleta*** athlete's foot; ***~ equino*** club foot; ***~ di mosca*** TIP. paragraph (mark); ***~ di porco*** crowbar; ***-i piatti*** flat feet.

piedino /pje'dino/ m. **1** *(di macchina da cucire)* foot **2** COLLOQ. ***fare ~ a qcn.*** to play footsie with sb.

piedipiatti /pjedi'pjatti/ m. e f.inv. *(poliziotto)* cop(per), flat foot* BE.

piedistallo /pjedis'tallo/ m. pedestal; ***mettere qcn. su un ~*** FIG. to put sb. on a pedestal; ***fare scendere qcn. dal ~*** FIG. to knock sb. off their pedestal *o* perch.

piega, pl. **-ghe** /'pjega, ge/ f. **1** *(di foglio, tessuto)* fold **2** *(piegatura)* pleat; ***gonna a -ghe*** pleated skirt **3** *(grinza)* crease **4** *(di capelli)* set; ***messa in ~*** hair set; ***farsi fare la messa in ~*** to have one's hair set **5** *(di occhi, bocca)* line **6** GEOL. fold **7** FIG. *(andamento)* turn; ***prendere una brutta ~*** [*persona, situazione*] to take a turn for the worse **8** FIG. *(profondità)* ***le -ghe della coscienza*** the recesses of one's conscience ♦ ***non fare una ~*** *(essere coerente)* [*ragionamento*] to be flawless; *(rimanere impassibile)* [*persona*] not to turn a hair.

piegamento /pjega'mento/ m. **1** *(il piegare)* bending **2** SPORT *(sulle braccia)* push-up.

piegare /pje'gare/ [1] **I** tr. **1** to fold [*carta, vestito*]; to fold up [*sedia, sdraio*]; ***~ qcs. in due*** to fold sth. in two **2** *(flettere)* to bend* [*ramo, oggetto, parte del corpo*]; to flex [*dito*]; ***~ il capo*** to bend one's head; FIG. to bow one's head **3** *(sottomettere)* to submit [*persona*] (**a** to); to weaken [*volontà, resistenza*]; to crush [*nemico*]; ***~ qcn. alla propria volontà*** to bend sb. to one's will **II** intr. (aus. *avere*) [*strada*] to turn **III piegarsi** pronom. **1** *(curvarsi)* [*persona, braccia*] to bend*; [*ramo*] to droop, to bend* down **2** FIG. *(cedere, sottomettersi)* to bend*, to submit, to give* in; ***-rsi alle minacce di qcn.*** to yield to sb.'s threats ♦ ***-rsi*** o ***essere piegato in due dal ridere, dal dolore*** to be bent double with laughter, pain.

piegatura /pjega'tura/ f. **1** *(il piegare)* folding, bending **2** *(piega) (di fogli)* fold; *(di tubi)* bend.

pieghettare /pjeget'tare/ [1] tr. to pleat, to crimp [*tessuto*].

pieghettatura /pjegetta'tura/ f. **1** *(il pieghettare)* pleating, crimping **2** *(pieghe)* pleats pl.

pieghevole /pje'gevole/ **I** agg. **1** *(ripiegabile)* [*sedia, bici, letto*] folding **2** *(che si può piegare)* pliable, pliant **II** m. fold-out.

Piemonte /pje'monte/ ▸ ***30*** n.pr.m. Piedmont.

piemontese /pjemon'tese/ ▸ ***30*** agg., m. e f. Piedmontese.

piena /'pjɛna/ f. **1** *(di corso d'acqua)* flood; ***in ~*** in flood, swelling, swollen **2** FIG. *(calca)* crowd **3** FIG. *(foga, impeto)* heat.

pienezza /pje'nettsa/ f. **1** *(interezza)* fullness **2** *(culmine)* height.

pieno /'pjɛno/ **I** agg. **1** *(colmo)* full; ***~ fino all'orlo*** filled to the brim; ***~ zeppo*** [*luogo*] packed, crammed, chock-a-block; [*valigia, borsa*] bulging (**di** with); ***una stanza -a di fumo*** a smoke-filled room; ***aveva gli occhi -i di lacrime*** his eyes brimmed with tears; ***essere ~ di sé*** to be full of oneself; ***essere ~ di soldi*** to be made of money; ***non parlare con la bocca -a!*** don't speak with your mouth full! ***una giornata, vita -a*** FIG. a busy *o* full day, life **2** *(non vuoto)* [*mattone, muro*] solid **3** *(florido)* [*gote, viso*] plump, round **4** *(completo)* [*potere, adesione*] full; [*soddisfazione, successo*] complete; ***a tempo ~*** full-time; ***in -a forma*** in good form; ***luna -a*** full moon **5** *(nel bel mezzo di)* ***in ~ volto*** full in the face; ***in -a notte*** in the middle of the night; ***in -a campagna*** in the depths of countryside; ***in ~ maggio*** right in the middle of May; ***in ~ giorno*** in broad daylight; ***in ~ inverno*** in midwinter **II** m. **1** *(di serbatoio)* ***fare il ~ di*** to fill up with [*acqua, carburante*]; FIG. [*museo*] to get a lot of [*visitatori*]; ***il ~ per piacere*** fill it up please **2 in pieno** ***l'aereo si è schiantato in ~ contro l'edificio*** the plane crashed straight into the building; ***centrare in ~ il bersaglio*** to hit the target in the centre **3 nel pieno di** ***nel ~ dell'inverno*** in the dead *o* dephts of winter; ***nel ~ della guerra*** in the midst of war; ***nel ~ delle proprie forze*** at the height of one's power ♦ ***~ fino agli occhi*** o ***come un uovo*** full to bursting point.

pienone /pje'none/ m. ***fare il ~*** TEATR. to have a full house, to play to packed house; ***il concerto ha fatto il ~*** the concert is sold out.

pienotto /pje'nɔtto/ agg. [*persona*] chubby; [*braccia, gambe*] plump.

pierre /pi'ɛrre/ m. e f.inv. PR person, PR officer.

pietà /pje'ta/ f.inv. **1** *(compassione, indulgenza)* pity, mercy; ***avere ~ di qcn.*** to take pity *o* to have mercy on sb.; ***fare ~ a qcn., ispirare ~ a qcn.*** to stir sb. to pity; ***senza ~*** [*criticare*] mercilessly; ***per ~!*** for pity's sake! **2** RELIG. piety.

pietanza /pje'tantsa/ f. dish; ***una ~ di pesce*** a fish dish.

pietosamente /pjetosa'mente/ avv. **1** *(con pietà)* mercifully **2** *(male)* [*cantare, recitare*] pitifully.

pietoso /pje'toso/ agg. **1** *(che manifesta pietà)* [*persona, frase*] merciful, pitying; ***una bugia -a*** a white lie **2** *(che suscita compassione)* [*condizione, stato*] piteous, pitiable; ***in uno stato ~*** in a sorry state **3** *(misero, scarso)* [*film, risultato*] pathetic, lamentable.

pietra /'pjɛtra/ f. **1** *(materia)* stone; ***un muro di*** o ***in ~*** a stone wall; ***una lastra di ~*** a flagstone **2** *(sasso, roccia)* stone, rock; ***posare*** o ***porre la prima ~*** to lay the foundation stone; FIG. to lay the foundations **3** *(gemma)* stone; ***~ falsa*** paste, artificial stone ♦ ***chi è senza peccato scagli la prima ~*** PROV. people in glass houses shouldn't throw stones; ***avere un cuore di ~*** to have a heart of stone; ***c'è un sole che spacca le -e*** there's a blazing sun; ***mettiamoci una ~ sopra!*** let bygones be bygones! ***la ~ dello scandalo*** = a bad example ♦♦ ***~ angolare*** cornerstone (anche FIG.); ***~ dura*** semiprecious stone; ***~ filosofale*** philosopher's stone; ***~ focaia*** firestone; ***~ da gesso*** gypsum; ***~ di luna*** moonstone; ***~ miliare*** milestone (anche FIG.); ***~ di paragone*** touchstone (anche FIG.); ***~ pomice*** pumice (stone); ***~ preziosa*** precious stone; ***~ tombale*** gravestone, headstone, tombstone.

pietrificare /pjetrifi'kare/ [1] **I** tr. **1** to petrify **2** FIG. to transfix, to petrify **II pietrificarsi** pronom. **1** to become* petrified **2** FIG. to be* transfixed, to be* petrified.

pietrificato /pjetrifi'kato/ **I** p.pass. → **pietrificare II** agg. petrified (anche FIG.).

pietrina /pje'trina/ f. flint.

pietrisco, pl. **-schi** /pje'trisko, ski/ m. rubble.

Pietro /'pjɛtro/ n.pr.m. Peter.

pietroso /pje'troso/ agg. [*sentiero, campo*] stony, rocky.

piezoelettrico, pl. **-ci, -che** /pjeddzoe'lɛttriko, tʃi, ke/ agg. piezoelectric.

pifferaio, pl. **-ai** /piffe'rajo, ai/ m. (f. **-a**) piper.

piffero /'piffero/ m. fife, pipe.

pigiama /pi'dʒama/ m. pyjamas BE, pajamas AE; ***un ~*** a pair of pyjamas.

pigia pigia /pidʒa'pidʒa/ m.inv. crush, press.

pigiare /pi'dʒare/ [1] **I** tr. **1** *(premere)* to force down, to squash down [*oggetti*]; to pack [*vestiti*]; to tread* [*uva*]; ***~ l'acceleratore*** COLLOQ. to step on the gas **2** *(spingere)* to crowd, to cram [*persone*] (**in** into) **II pigiarsi** pronom. [*persone*] to crowd (**in** in).

pigione /pi'dʒone/ f. rent.

pigliare /piʎ'ʎare/ [1] → **prendere.**

piglio, pl. **-gli** /'piʎʎo, ʎi/ m. **1** *(atteggiamento)* manner; ***~ sicuro*** sureness of touch; ***con ~ risoluto*** in a resolute manner **2** *(tono)* tone.

Pigmalione /pigma'ljone/ **I** n.pr.m. Pygmalion **II** m. FIG. talent scout, patron.

pigmentazione /pigmentat'tsjone/ f. pigmentation.

pigmento /pig'mento/ m. pigment.

pigmeo /pig'mɛo/ m. (f. **-a**) pygmy, pigmy (anche FIG.).

pigna /ˈpiɲɲa/ f. cone; *(di pino)* pine cone; *(di abete)* fir cone.
pignatta /piɲˈɲatta/ f. *(pentola)* pot.
pignoleria /piɲɲoleˈria/ f. **1** *(carattere)* fussiness, nit-picking **2** *(dettaglio)* quibble, trifle.
pignolo /piɲˈɲɔlo/ **I** agg. nit-picking, fussy, pernickety **II** m. (f. **-a**) nit-picker, fussy person.
pignone /piɲˈɲone/ m. MECC. pinion.
pignoramento /piɲɲoraˈmento/ m. DIR. seizure.
pignorare /piɲɲoˈrare/ [1] tr. DIR. ***~ i beni di qcn.*** to distrain upon sb.'s goods.
pigolare /pigoˈlare/ [1] intr. (aus. *avere*) [*uccellino*] to chirp, to cheep, to peep.
pigolio, pl. **-lii** /pigoˈlio, lii/ m. *(di uccellini)* chirping, cheeping, peeping.
pigrizia /piˈgrittsja/ f. laziness, idleness.
pigro /ˈpigro/ **I** agg. [*persona*] lazy, idle; [*gesto*] lazy **II** m. (f. **-a**) lazy person, idler.
pigrone /piˈgrone/ m. (f. **-a**) COLLOQ. lazybones*.
PIL /pil/ m. (⇒ Prodotto Interno Lordo Gross Domestic Product) GDP.
1.pila /ˈpila/ f. **1** *(mucchio) (disordinato)* pile; *(ordinato)* stack **2** EL. battery; ***a -e*** [*giocattolo, sveglia*] battery-operated attrib. **3** *(lampadina tascabile)* torch **4** ARCH. *(di ponte)* pier ♦♦ ***~ alcalina*** alkaline battery; ***~ nucleare*** atomic pile.
2.pila /ˈpila/ f. *(recipiente)* basin; ***~ dell'acquasanta*** stoup.
pilaf /ˈpilaf, piˈlaf/ m.inv. pilau (rice).
pilastro /piˈlastro/ m. **1** EDIL. pillar **2** FIG. *(persona)* pillar, prop.
Pilato /piˈlato/ n.pr.m. Pilate.
pile /pail/ m.inv. *(tessuto)* pile fabric, fleece.
pilifero /piˈlifero/ agg. [*follicolo, bulbo*] hair attrib.
pillola /ˈpillola/ f. **1** *(pastiglia)* pill **2** *(contraccettivo)* pill; ***prendere la ~*** to be on the pill; ***smettere (di prendere) la ~*** to come off the pill **3** FIG. *(situazione, cosa spiacevole)* ***ingoiare la ~*** to take one's medicine ♦ ***indorare la ~*** to sugar the pill; ***prendere qcs. in -e*** to take sth. in small doses ♦♦ ***~ del giorno dopo*** morning-after pill.
pilone /piˈlone/ m. **1** *(traliccio)* pylon; RAD. TELEV. mast **2** ING. pier **3** SPORT *(nel rugby)* prop.
piloro /piˈlɔro/ m. pylorus.
pilota /piˈlɔta/ ➧ *18* **I** m. e f. *(di aereo, nave)* pilot; *(di autoveicolo)* driver; ***secondo ~*** co-pilot **II** agg.inv. [*progetto, studio*] pilot attrib.; ***scuola ~*** experimental school; ***trasmissione ~*** TELEV. pilot ♦♦ ***~ acrobatico*** stunt pilot; ***~ automatico*** automatic pilot; ***~ da caccia*** fighter pilot; ***~ collaudatore*** test pilot; ***~ di linea*** airline pilot.
pilotaggio, pl. **-gi** /piloˈtaddʒo, dʒi/ m. piloting; ***cabina di ~*** cockpit, flight deck.
pilotare /piloˈtare/ [1] tr. **1** *(guidare)* to pilot, to fly* [*aereo*]; to pilot, to steer [*nave*]; to drive* [*auto da corsa*] **2** FIG. to pilot, to steer.
pilotina /piloˈtina/ f. pilot boat.
piluccare /pilukˈkare/ [1] tr. **1** ***~ un grappolo d'uva*** to pick at the grapes (from the bunch) **2** *(sbocconcellare)* to pick at, to peck at, to nibble [*cibo*].
pimento /piˈmento/ m. allspice, pimento*.
pimpante /pimˈpante/ agg. [*persona*] brisk, lively, jaunty.
pinacoteca, pl. **-che** /pinakoˈtɛka, ke/ f. picture gallery.
pince /pɛns/ f.inv. dart, tuck.
pince-nez /pɛnsˈne/ m.inv. pince-nez*.
Pinco Pallino /ˈpinko palˈlino/ m. Mr Whatnot.
pineta /piˈneta/ f. pinewood.
ping-pong® /pingˈpɔng/ ➧ *10* m.inv. ping-pong®, table tennis.
pingue /ˈpingwe/ agg. **1** *(grasso)* [*persona, animale*] stout **2** *(fertile)* [*terreno*] fertile **3** FIG. *(ricco)* [*patrimonio*] big.
pinguedine /pinˈgwɛdine/ f. stoutness.
pinguino /pinˈgwino/ m. **1** ZOOL. penguin **2** *(gelato)* choc-ice.
pinna /ˈpinna/ f. **1** *(di pesce)* fin; *(di mammifero, rettile)* flipper **2** *(attrezzo per nuotare)* flipper.
pinnacolo /pinˈnakolo/ m. ARCH. pinnacle.
pino /ˈpino/ m. pine; ***legno di ~*** pine(wood); ***ago di ~*** pine-needle ♦♦ ***~ marittimo*** maritime pine; ***~ silvestre*** Scots pine.
pinolo /piˈnɔlo/ m. pine kernel.
pinta /ˈpinta/ f. pint.
pinza /ˈpintsa/ f. **1** *(arnese)* ***un paio di -e*** a pair of pliers *o* pincers *o* nippers *o* tongs **2** ZOOL. *(chela)* pincer, claw **3** CHIR. forceps*.
pinzare /pinˈtsare/ [1] tr. *(unire)* to staple (together).
pinzatrice /pintsaˈtritʃe/ f. stapler, staple gun.
pinzette /pinˈtsette/ f.pl. tweezers.
pinzimonio, pl. **-ni** /pintsiˈmɔnjo, ni/ m. GASTR. INTRAD. (a sauce made with olive oil, vinegar, salt and pepper into which raw vegetables may be dipped).
pio, pl. **pii**, **pie** /ˈpio, ˈpii, ˈpie/ agg. **1** *(devoto)* [*persona*] pious, devout; [*atto, lettura*] pious, devotional **2** *(sacro)* [*luogo*] sacred **3** *(caritatevole)* [*persona, opera*] charitable ♦♦ ***~ desiderio*** IRON. wishful thinking.
Pio /ˈpio/ n.pr.m. Pius.
pioggerella /pjoddʒeˈrɛlla/ f. drizzle.
pioggia, pl. **-ge** /ˈpjɔddʒa, dʒe/ f. **1** rain; ***sotto la ~*** in the rain; ***cade una ~ sottile*** it is drizzling; ***giorno di ~*** rainy day; ***rovescio di ~*** downpour; ***-ge sparse*** METEOR. occasional *o* scattered showers; ***la stagione delle -ge*** the rainy season, the rains **2** FIG. *(di missili)* volley; *(di frammenti, petali, cenere)* shower; *(di lamentele)* rush; *(di insulti)* hail; ***una ~ di critiche*** a storm of criticism **3 a pioggia** ***buttare il riso a ~ nel latte*** to sprinkle the rice into the milk ♦♦ ***~ acida*** acid rain.
piolo /piˈɔlo/ m. **1** *(paletto)* stake; *(più corto)* peg **2** *(di scala)* rung, spoke.
1.piombare /pjomˈbare/ [1] intr. (aus. *essere*) **1** *(cadere)* to fall*; ***un fulmine è piombato sull'albero*** lightning struck the tree **2** *(assalire improvvisamente)* ***~ su*** [*soldati, polizia*] to fall *o* swoop on [*persona, gruppo*]; [*rapace*] to swoop down on *o* upon [*preda*]; [*predatore*] to pounce on [*preda*] **3** FIG. *(sprofondare)* ***~ in*** [*persona*] to sink into [*disperazione, tristezza*]; ***~ nel caos*** to plunge into chaos **4** FIG. *(sopraggiungere all'improvviso)* ***~ in casa di qcn.*** to descend on sb.; ***gli piombò addosso una disgrazia*** he was struck by misfortune.
2.piombare /pjomˈbare/ [1] tr. **1** MED. to fill [*dente*] **2** *(sigillare)* to seal (with a leaden seal) [*pacco*].
piombino /pjomˈbino/ m. **1** *(di lenza, rete)* sinker, bob **2** *(sigillo)* lead seal.
piombo /ˈpjombo/ ➧ *3* **I** m. **1** *(metallo)* lead; ***senza ~*** [*benzina*] unleaded; ***cielo di ~*** LETT. leaden sky; ***mi sento le gambe di ~*** my legs feel like lead **2** *(nella pesca)* lead, sinker **3** *(sigillo)* lead seal **4** FIG. *(proiettili)* lead, bullets pl.; ***riempire qcn. di piombo*** COLLOQ. to fill *o* pump sb. full of lead; ***gli anni di ~*** GIORN. = the years of terrorism **5** TIP. ***caratteri di ~*** metal type **6 a piombo** *(a perpendicolo)* [*roccia*] sheer; ***finestra a ~*** leaded window; ***filo a ~*** plumb line; ***non essere a ~*** [*muro*] to be off *o* out of plumb **II** agg.inv. *(colore)* ***grigio ~*** gunmetal grey BE *o* gray AE ♦ ***pesante come il ~*** as heavy as lead.
pioniere /pjoˈnjɛre/ m. (f. **-a**) **1** STOR. pioneer **2** FIG. *(precursore)* pioneer, pathfinder, trail blazer; ***un ~ del socialismo*** a pioneer socialist.
pionieristico, pl. **-ci**, **-che** /pjonjeˈristiko, tʃi, ke/ agg. [*studio, ricerca*] pioneer attrib., pioneering.
pioppo /ˈpjɔppo/ m. poplar ♦♦ ***~ tremulo*** aspen.
piorrea /pjorˈrɛa/ ➧ *7* f. pyorrh(o)ea.
piovano /pjoˈvano/ agg. ***acqua -a*** rainwater.
piovasco, pl. **-schi** /pjoˈvasko, ski/ m. shower.
piovere /ˈpjɔvere/ [71] **I** impers. (aus. *essere, avere*) to rain; ***piove*** it's raining; ***sembra che voglia ~*** it looks like rain; ***piove a dirotto*** it's pouring (with rain); ***~ a catinelle*** to rain buckets *o* cats and dogs; ***l'auto non parte quando piove*** the car won't start in the wet **II** intr. (aus. *essere*) [*colpi, complimenti*] to rain down, to shower; [*offerte, soldi, richieste*] to pour in; ***piovono le cattive notizie*** bad news is coming in thick and fast; ***~ dal cielo*** FIG. to come out of the blue ♦ ***piove (sempre) sul bagnato*** it never rains but it pours; ***su questo non ci piove*** that's flat *o* a fact.
piovigginare /pjoviddʒiˈnare/ [1] impers. (aus. *essere, avere*) to drizzle.
piovigginoso /pjoviddʒiˈnoso/ agg. [*tempo, giorno*] drizzly.
piovoso /pjoˈvoso/ agg. [*giornata, regione*] rainy, wet.
piovra /ˈpjɔvra/ f. **1** ZOOL. octopus* **2** FIG. *(organizzazione)* octopus*.
pipa /ˈpipa/ f. pipe; ***fumare la ~*** to smoke a pipe; ***~ in radica*** briar (pipe); ***~ di schiuma*** meerschaum pipe.

più

- L'uso maggiormente frequente di *più* è quello avverbiale nel comparativo di maggioranza e nel superlativo.
- L'inglese distingue tra gli aggettivi corti (monosillabici e bisillabici terminanti in *-er*, *-y*, *-ly* e *-ow*), che aggiungono il suffisso *-er* per il comparativo ed *-est* per il superlativo, e tutti gli altri che premettono all'aggettivo, rispettivamente, *more* e *(the) most*:

più alto	= taller / higher	*il più alto*	= the tallest / the highest
più piccolo	= smaller	*il più piccolo*	= the smallest
più bravo	= cleverer	*il più bravo*	= the cleverest
più facile	= easier	*il più facile*	= the easiest
più stretto	= narrower	*il più stretto*	= the narrowest
più bello	= more beautiful	*il più bello*	= the most beautiful
più interessante	= more interesting	*il più interessante*	= the most interesting.

- Ci sono casi particolari, come il raddoppiamento della consonante finale in certi monosillabi (*più grande* = bigger, *il più grande* = the biggest), mutamenti ortografici (*carina* = pretty, *più carina* = prettier, *la più carina* = the prettiest), doppia formazione (*più bello* = handsomer o more handsome, *il più semplice* = the simplest o the most simple).
- Le medesime regole valgono per la formazione del comparativo e del superlativo degli avverbi, anche se gli avverbi in *-ly* non ammettono la formazione a suffisso (*più lentamente* = more slowly, *lentissimamente* = most slowly).

Per questi e gli altri impieghi di *più* si veda la voce relativa.

pipetta /pi'petta/ f. CHIM. pipette.

pipì /pi'pi/ f.inv. COLLOQ. pee, wee BE, piddle; ***fare (la)*** **~** to pee, to wee BE, to piddle; ***farsi la ~ addosso*** to wet oneself; ***fare la ~ a letto*** to wet the bed.

pipistrello /pipis'trɛllo/ m. ZOOL. bat.

pipita /pi'pita/ f. *(delle unghie)* hangnail.

piqué /pi'ke/ m.inv. piqué.

pira /'pira/ f. pyre.

piramidale /pirami'dale/ agg. [*costruzione*] pyramid-shaped; FIG. [*gerarchia*] pyramid attrib.

piramide /pi'ramide/ f. pyramid (anche ARCHEOL.).

piranha /pi'raɲɲa/ m.inv. piranha.

pirata /pi'rata/ **I** agg.inv. [*video, cassetta*] pirated, pirate attrib.; [*radio, nave*] pirate attrib. **II** m. pirate; FIG. freebooter, pirate ♦♦ ***~ dell'aria*** hijacker, skyjacker; ***~ informatico*** (computer) hacker; ***~ della strada*** hit-and-run driver.

piratare /pira'tare/ [1] tr. to pirate [*software, cassetta*].

pirateria /pirate'ria/ f. **1** *(brigantaggio)* piracy **2** FIG. *(contraffazione)* piracy ♦♦ ***~ informatica*** (computer) hacking.

Pirenei /pire'nɛi/ n.pr.m.pl. Pyrenees.

pirico, pl. **-ci**, **-che** /'piriko, tʃi, ke/ agg. ***polvere -a*** gunpowder.

pirla /'pirla/ m.inv. REGION. POP. twit, jerk AE.

piroetta /piro'etta/ f. pirouette, spin, twirl.

piroettare /piroet'tare/ [1] intr. (aus. *avere*) to pirouette, to spin*.

pirofila /pi'rɔfila/ f. oven dish.

piroga, pl. **-ghe** /pi'rɔga, ge/ f. pirogue.

pirografia /pirogra'fia/ f. pokerwork.

piromane /pi'rɔmane/ m. e f. pyromaniac.

piroscafo /pi'rɔskafo/ m. steamship ♦♦ ***~ di linea*** liner.

pirotecnica /piro'teknika/ f. pyrotechnics.

pirotecnico, pl. **-ci**, **-che** /piro'tɛkniko, tʃi, ke/ agg. ***spettacolo ~*** fireworks display, pyrotechnics.

pisciare /piʃ'ʃare/ [1] **I** tr. POP. ***~ sangue*** to piss blood **II** intr. (aus. *avere*) POP. to piss **III pisciarsi** pronom. POP. ***-rsi addosso*** to piss oneself; ***-rsi addosso dal ridere*** to piss oneself laughing.

pisciata /piʃ'ʃata/ f. POP. ***fare una ~*** to have *o* take a piss.

piscicoltore /piʃʃikol'tore/ ➧ **18** m. (f. **-trice** /tritʃe/) fish farmer.

piscicoltura /piʃʃikol'tura/ f. fish farming.

piscina /piʃ'ʃina/ f. swimming pool ♦♦ ***~ all'aperto*** open-air *o* outside swimming pool; ***~ coperta*** indoor swimming pool.

piscio /'piʃʃo/ m. POP. piss.

pisello /pi'sɛllo, pi'zɛllo/ ➧ **3** **I** m. **1** *(pianta, legume)* pea **2** COLLOQ. INFANT. *(pene)* willy, weeny BE **II** m.inv. *(colore)* pea green **III** agg.inv. *(colore)* ***verde ~*** pea green ♦♦ ***~ mangiatutto*** BOT. mangetout, sugar pea; ***~ odoroso*** BOT. sweet pea.

pisolare /pizo'lare/ [1] intr. (aus. *avere*) to have* a snooze, to take* a nap.

pisolino /pizo'lino/ m. doze, snooze, nap; ***fare*** o ***schiacciare un ~*** to have a doze *o* snooze, to have *o* take a nap.

pista /'pista/ f. **1** *(traccia)* track, trail; ***essere su una buona ~*** to be on the right track **2** SPORT *(di stadio, autodromo)* track; *(d'ippodromo)* racecourse BE, racetrack AE; ***un giro di ~*** a lap (of the track) **3** SPORT *(nello sci) (di fondo)* trail; *(di discesa)* ski run, ski slope; ***sciare fuori ~*** to go off-piste skiing; ***~!*** out of the way! **4** *(percorso battuto)* track, trail **5** *(di cassetta)* track **6** GERG. *(di cocaina)* line ♦♦ ***~ di atletica*** athletics track; ***~ d'atterraggio*** AER. landing strip; ***~ da ballo*** dance floor; ***~ da bowling*** bowling alley; ***~ ciclabile*** (bi)cycle lane; ***~ di decollo*** AER. take-off strip; ***~ di pattinaggio*** *(su ghiaccio)* ice rink; *(a rotelle)* roller-skating rink.

pistacchio, pl. **-chi** /pis'takkjo, ki/ ➧ **3** **I** m. pistachio* **II** m.inv. *(colore)* pistachio (green) **III** agg.inv. [*verde, color*] pistachio.

pistillo /pis'tillo/ m. pistil.

pistola /pis'tɔla/ f. *(arma)* gun, pistol; *(a tamburo)* revolver; ***colpo di ~*** gunshot ♦♦ ***~ ad acqua*** water pistol; ***~ ad aria compressa*** air *o* pop gun; ***~ automatica*** automatic gun; ***~ a due canne*** double-barrelled gun; ***~ a spruzzo*** spray gun.

pistolero /pisto'lɛro/ m. (f. **-a**) gun fighter.

pistolettata /pistolet'tata/ f. pistol shot, gunshot.

pistolino /pisto'lino/ m. COLLOQ. willy.

pistolotto /pisto'lɔtto/ m. SCHERZ. *(sermone)* lecture.

pistone /pis'tone/ m. **1** TECN. piston; ***motore a -i*** piston engine **2** MUS. valve.

Pitagora /pi'tagora/ n.pr.m. Pythagoras.

pitagorico, pl. **-ci**, **-che** /pita'gɔriko, tʃi, ke/ agg. ***tavola -a*** multiplication table.

pitale /pi'tale/ m. (chamber) pot.

pitocco, pl. **-chi**, **-che** /pi'tɔkko, ki, ke/ m. (f. **-a**) **1** *(pezzente)* beggar **2** *(avaro)* skinflint.

pitone /pi'tone/ m. python.

pittogramma /pitto'gramma/ m. pictogram.

pittore /pit'tore/ ➧ **18** m. **1** *(artista)* painter **2** *(decoratore)* painter.

pittoresco, pl. **-schi**, **-sche** /pitto'resko, ski, ske/ agg. [*luogo, stile*] picturesque; [*personaggio*] colourful BE, colorful AE.

pittorico, pl. **-ci**, **-che** /pit'tɔriko, tʃi, ke/ agg. pictorial.

pittura /pit'tura/ f. **1** *(vernice)* paint; ***"~ fresca"*** "wet paint" **2** *(arte, tecnica)* painting; ***~ su tela*** painting on canvas **3** *(quadro)* painting ♦♦ ***~ ad acquerello*** watercolour BE, watercolor AE; ***~ murale*** wall painting; ***~ a olio*** oil painting; ***~ rupestre*** cave painting.

pitturare /pittu'rare/ [1] **I** tr. to paint [*muro, stanza*]; ***~ qcs. di bianco*** to paint sth. white **II pitturarsi** pronom. COLLOQ. to paint one's face.

pituitario, pl. **-ri**, **-rie** /pitui'tarjo, ri, rje/ agg. ANAT. pituitary.

più /pju/ **I** avv. **1** *(comparativo di maggioranza)* more; ***è ~ vecchio di me*** he's older than me; ***è ~ bello di Luca*** he's more handsome than Luca; ***non è ~ onesto di lei*** he is no more honest than her; ***molto ~ difficile*** much more difficult; ***sempre ~ veloce*** faster and faster; ***sempre ~ interessante*** more and more interesting; ***tre volte ~ lungo di*** three times longer than *o* as long as; ***mangia ~ di me*** she eats more than I do *o* more than me; ***mangia due volte ~ di lui*** she eats twice as much as he does **2** *(superlativo relativo)* ***(il) ~, (la) ~, (i) ~, (le) ~*** the most; ***è il ~ caro*** it's the most expensive; ***è il ~ simpatico di tutti*** he's the nicest of all; ***al ~ presto possibile*** as early as possible; ***quale parte del libro ti è piaciuta di ~?*** which part of the book did you like most? **3** *(piuttosto)* **~ che uno stimolo è un freno** it's more of a discouragement than an incentive; **~ che un avvertimento è una minaccia** it isn't so much a warning as a threat **4** *(in costruzioni correlative)* **si è comportato ~ o meno come gli altri** he behaved much the way the others did; **la canzone fa ~ o meno così** the song goes something like this; **~ o meno piace a tutti** everybody likes it more or less; **né ~, né meno** neither more, nor less; **~ studio questa materia, ~ difficile diventa** the more I study this subject, the more difficult it becomes; **~ lo vedo e meno mi piace** the more I see him, the less I like him **5 non... più** *(tempo)* no longer, no more; *(in presenza di altra negazione)* any longer, any more; *(quantità)* no more; *(in presenza di altra negazione)* any more; **non fuma ~** he doesn't smoke any more *o* any longer; **non abitano ~ qui** they no longer live here; **non ~ di 5 persone per volta** no more than 5 people at any one time; **non ~ tardi delle 6** no later than 6; **non c'è ~ pane** there is no more bread, there's no bread left; **non ne voglio ~** I don't want any more; **non lo farò mai ~** I'll never do it again **6 di più** *(in quantità, qualità maggiore)* **una volta di ~** once more *o* again; **allontanarsi sempre di ~** to get farther and farther away; **spazientirsi sempre di ~** to grow more and more impatient; **me ne serve di ~** I need more of it; **è attivo quanto lei, se non di ~** he is just as active as her, if not more so *o* or even more so; *(con valore superlativo)* **loro soffrono di ~** they suffer (the) worst; **quel che mi manca di ~** what I miss most **7 non di più cinque minuti, non di ~** five minutes, no longer; **non un soldo di ~** not a penny more **8 niente di più è carina, niente di ~** she's nice looking but nothing special **9 in più mi dia due mele in ~** give me two more apples; **ci abbiamo messo 2 ore in ~ dell'ultima volta** it took us 2 hours longer than last time **10 per di più** moreover, furthermore, what's more **11 tutt'al più** at the most **12 più che pratico ~ che decorativo** practical rather than decorative; **ce n'è ~ che a sufficienza** there's more than enough; **più che mai** more than ever before **II** agg.inv. **1** *(in maggiore quantità)* more; **~... che, ~... di** more... than; **mangia ~ pane di me** he eats more bread than me; **offrire ~ possibilità** to offer more opportunities **2** *(parecchi)* **~ volte, persone** several times, people **3** *(con valore di superlativo relativo)* most; **è quello che ha ~ esperienza** he is the one with the most experience; **chi prenderà ~ voti?** who will get (the) most votes? **III** prep. **1** *(oltre a)* plus, besides **2** MAT. plus; **due ~ sei fa otto** two plus six is eight **IV** m.inv. **1** *(la maggior parte)* most; **il ~ è fatto** most (of it) is done; **il ~ è convincerlo** the main thing *o* the most difficult thing is to persuade him **2** MAT. *(segno)* plus (sign) **V i più** m.pl. *(la maggioranza)* most people ♦ **parlare del ~ e del meno** to talk about this and that.

piuccheperfetto /pjukkeper'fɛtto/ m. past perfect, pluperfect.

piuma /'pjuma/ **I** f. *(di uccello)* feather; **guanciale di -e** feather pillow **II** agg.inv. SPORT **pesi ~** featherweight **III** m.inv. SPORT featherweight; **i ~** *(categoria)* featherweight ♦ **leggero come una ~** light as a feather.

piumaggio, pl. **-gi** /pju'maddʒo, dʒi/ m. plumage.

piumato /pju'mato/ agg. [*cappello*] plumed.

piumino /pju'mino/ m. **1** *(per imbottitura)* down **2** *(coperta)* eiderdown, duvet BE, continental quilt BE **3** ABBIGL. down jacket **4** *(per spolverare)* feather duster **5** *(per cipria)* powder puff.

piuttosto /pjut'tɔsto/ L'avverbio *piuttosto*, nel significato di *alquanto* o *abbastanza*, si può rendere in inglese in vari modi. *Rather* è d'uso abbastanza formale e dà spesso una sfumatura negativa: *fa piuttosto freddo qui dentro* = it's rather cold in here. *Fairly, quite* e *somewhat* non introducono alcuna connotazione: *sta piuttosto bene* = he's fairly well; *il suo ultimo romanzo è piuttosto bello* = her lastest novel is quite good; *il prezzo è piuttosto alto* = the price is somewhat high. *Pretty* è usato soprattutto nell'inglese americano e nella lingua parlata: *quell'attrezzo è piuttosto utile* = that tool is pretty useful. avv. **1** *(invece, anzi)* instead; **chiedi ~ ad Ada** ask Ada instead; **perché non dici ~ che non hai voglia di farlo?** why don't you just say that you don't want to do it? **2** *(alquanto)* rather, quite, fairly, somewhat; **~ deludente, infastidito** rather disappointing, annoyed; **sto ~ bene qui** I'm quite content here; **~ spesso** quite *o* fairly often; **in modo ~ ironico** somewhat ironically; **sono ~ di fretta** I'm in rather a hurry **3** *(più spesso)* **qui piove ~ d'estate che d'inverno** here it rains more during the summer than during the winter **4 piuttosto che, di** *(anziché)* rather than; **preferisco camminare ~ che prendere l'autobus** I prefer to walk rather than to take the bus.

piva /'piva/ f. bagpipes pl. ♦ **tornare con le -e nel sacco** = to return empty-handed.

pivello /pi'vɛllo/ m. (f. **-a**) COLLOQ. greenhorn.

piviere /pi'vjɛre/ m. plover.

pivot /pi'vo/ m.inv. SPORT *(nel basket)* pivot.

pizza /'pittsa/ f. **1** GASTR. pizza **2** CINEM. *(scatola)* can; *(pellicola)* reel **3** FIG. bore; **che ~!** what a yawn *o* pain! ♦♦ **~ al taglio** pizza by the slice.

pizzaiolo /pittsa'jɔlo/ ♦ **18** m. pizza maker ♦ **alla -a** GASTR. = cooked with tomato sauce, garlic, oil and oregano.

pizzeria /pittse'ria/ f. pizzeria, pizza parlour BE, pizza parlor AE.

pizzetto /pit'tsetto/ m. goatee.

pizzicare /pittsi'kare/ [1] **I** tr. **1** *(stringere con le dita)* to pinch **2** *(irritare)* [*cibi*] to burn* [*lingua*]; **questa sciarpa pizzica il collo** this scarf is scratchy **3** *(pungere)* [*zanzara*] to bite* [*persona*]; [*fumo*] to sting* [*naso, gola*] **4** MUS. to pluck [*corde*] **5** COLLOQ. *(sorprendere)* to nick BE, to pinch AE; to cop, to nab [*criminale*] **II** intr. (aus. *avere*) **1** *(prudere)* [*occhi, pelle*] to prick; **mi sento ~ dappertutto** my skin feels prickly **2** *(essere piccante)* [*salsa*] to be* hot, to burn* **3** *(essere frizzante)* [*bibita*] to be* fizzy, to be* sparkling.

pizzico, pl. **-chi** /'pittsiko, ki/ m. **1** *(di sale, pepe)* pinch, sprinkle **2** FIG. touch, bit; **un ~ di fortuna** a bit of luck **3** *(pizzicotto)* nip, pinch **4** *(puntura d'insetto)* bite.

pizzicore /pittsi'kore/ m. **1** *(prurito)* itch **2** *(formicolio)* tingle, tingling.

pizzicotto /pittsi'kɔtto/ m. nip, pinch.

pizzo /'pittso/ m. **1** *(barba)* goatee **2** *(merletto)* lace; **in ~** made of lace **3** *(estremità)* *(di tovaglia, fazzoletto)* edge, corner **4** *(cima)* peak, mountain top **5** GERG. protection money.

placare /pla'kare/ [1] **I** tr. **1** *(calmare)* to appease [*ira, persona*] **2** *(attenuare)* to satisfy, to appease [*fame*]; to quench [*sete*] **II placarsi** pronom. **1** *(calmarsi)* [*persona*] to calm down **2** *(attenuarsi)* [*vento, temporale*] to die down; [*curiosità, fame, dolore*] to subside.

placca, pl. **-che** /'plakka, ke/ f. **1** *(lamina)* plate **2** *(targhetta)* plaque **3** MED. plaque **4** GEOL. plate ♦♦ **~ batterica** dental plaque.

placcaggio, pl. **-gi** /plak'kaddʒo, dʒi/ m. tackle.

placcare /plak'kare/ [1] tr. **1** *(rivestire)* to plate **2** *(nel rugby)* to tackle.

placcato /plak'kato/ **I** p.pass. → **placcare II** agg. plated; **~ d'oro** gold-plated.

placcatura /plakka'tura/ f. plating.

placebo /pla'tʃɛbo/ m.inv. placebo*.

placenta /pla'tʃɛnta/ f. placenta*.

placido /'platʃido/ agg. [*persona, carattere, mare*] placid, calm; [*notte*] peaceful.

plafond /pla'fɔn/ m.inv. **1** *(soffitto)* ceiling **2** *(limite massimo)* ceiling, upper limit.

plafoniera /plafo'njɛra/ f. ceiling light, overhead light.

plagiare /pla'dʒare/ [1] tr. **1** *(copiare)* to plagiarize [*opera, autore*] **2** *(soggiogare psicologicamente)* to subjugate [sb.] morally [*persona*].

plagio, pl. **-gi** /'pladʒo, dʒi/ m. **1** *(copiatura, furto)* plagiarism **2** *(il soggiogare)* subjugation.

plaid /plɛid/ m.inv. tartan rug BE, plaid blanket AE.

planare /pla'nare/ [1] intr. (aus. *avere*) [*aereo, uccello*] to glide, to plane.

plancia, pl. **-ce** /'plantʃa, tʃe/ f. MAR. *(ponte di comando)* bridge; *(passerella)* gangplank, gangway.

plancton /'plankton/ m.inv. plankton.

planetario, pl. **-ri, -rie** /plane'tarjo, ri, rje/ **I** agg. **1** *(di pianeta)* planetary **2** *(mondiale)* worldwide **II** m. **1** ASTR. planetarium* **2** MECC. orrery.

planimetria /planime'tria/ f. *(pianta)* plan.

plantare /plan'tare/ **I** agg. plantar **II** m. insole ♦♦ ~ ***ortopedico*** orthopedic insole.
plantigrado /plan'tigrado/ agg. e m. plantigrad.
plasma /'plazma/ m. FISIOL. FIS. plasma.
plasmare /plaz'mare/ [1] tr. to mould BE, to mold AE [*materiale*]; FIG. to mould BE, to mold AE, to shape [*individuo, carattere*].
plastica, pl. **-che** /'plastika, ke/ f. **1** *(materiale)* plastic; ***borsa di*** ~ plastic bag **2** ART. plastic art **3** MED. plastic surgery; ***farsi fare una ~ al naso*** to have a nose job.
plasticità /plastitʃi'ta/ f.inv. plasticity.
plastico, pl. **-ci, -che** /'plastiko, tʃi, ke/ **I** agg. **1** MED. [*chirurgo, chirurgia*] plastic **2** *(malleabile)* [*materia*] plastic **3** *(elegante e armonioso)* ***posa -a*** statuesque pose **II** m. **1** *(modello)* scale model **2** *(esplosivo)* plastic explosive; ***bomba al*** ~ plastic bomb.
plastificato /plastifi'kato/ agg. [*carta*] plastic-coated.
plastilina® /plasti'lina/ f. Plasticine®.
platano /'platano/ m. plane (tree) ♦♦ ~ ***americano*** sycamore.
platea /pla'tɛa/ f. **1** *(di teatro)* stalls pl. BE, orchestra AE **2** *(pubblico)* audience.
plateale /plate'ale/ agg. **1** *(palese)* [*errore*] glaring **2** *(ostentato)* [*gesto*] dramatic.
platessa /pla'tessa/ f. plaice*.
platinato /plati'nato/ agg. [*capelli*] platinum blond; ***una bionda -a*** a platinum blonde.
platino /'platino/ ♦ *3* **I** m. platinum **II** agg.inv. ***biondo*** ~ platinum blond.
Platone /pla'tone/ n.pr.m. Plato.
platonico, pl. **-ci, -che** /pla'tɔniko, tʃi, ke/ agg. platonic.
plaudire /plau'dire/ [109] intr. (aus. *avere*) to applaud.
plausibile /plau'zibile/ agg. [*scusa, storia*] plausible.
plausibilmente /plauzibil'mente/ avv. plausibly.
plauso /'plauzo/ m. *(approvazione)* approval, acclaim.
play(-)back /plei'bɛk/ m.inv. **1** MUS. ***cantare in*** ~ to lip-sync **2** CINEM. playback.
plebaglia /ple'baʎʎa/ f. mob, rabble.
plebe /'plɛbe/ f. **1** STOR. plebs pl. **2** SPREG. mob, rabble.
plebeo /ple'bɛo/ **I** agg. plebeian **II** m. (f. **-a**) plebeian.
plebiscitario, pl. **-ri, -rie** /plebiʃʃi'tarjo, ri, rje/ agg. [*consenso*] unanimous.
plebiscito /plebiʃ'ʃito/ m. **1** POL. plebiscite **2** *(consenso generale)* general approval.
plenario, pl. **-ri, -rie** /ple'narjo, ri, rje/ agg. plenary.
plenilunio, pl. **-ni** /pleni'lunjo, ni/ m. full moon.
plenipotenziario, pl. **-ri, -rie** /plenipoten'tsjarjo, ri, rje/ **I** agg. plenipotentiary **II** m. (f. **-a**) plenipotentiary.
pleonasmo /pleo'nazmo/ m. pleonasm.
pleonastico, pl. **-ci, -che** /pleo'nastiko, tʃi, ke/ agg. pleonastic.
plesso /'plɛsso/ m. ANAT. plexus*.
pletora /'plɛtora/ f. FORM. plethora.
plettro /'plɛttro/ m. MUS. plectrum*.
pleura /'plɛura/ f. pleura.
pleurite /pleu'rite/ ♦ *7* f. pleurisy.
plico, pl. **-chi** /'pliko, ki/ m. *(carte)* bundle, sheaf, wad; *(involucro)* parcel, cover; *(busta)* envelope, cover; ***in ~ a parte*** o ***separato*** under separate cover.
Plinio /'plinjo/ n.pr.m. Pliny.
plinto /'plinto/ m. ARCH. plinth.
plissé /plis'se/ **I** agg.inv. [*gonna*] pleated **II** m.inv. pleated fabric.
plissettato /plisset'tato/ agg. [*gonna*] pleated.
plotone /plo'tone/ m. **1** MIL. platoon + verbo sing. o pl., squad **2** SPORT pack ♦♦ ~ ***di esecuzione*** firing squad.
plotter /'plɔtter/ m.inv. (graph) plotter.
plumbeo /'plumbeo/ agg. **1** *(scuro)* [*cielo, nubi*] leaden, livid; ***il cielo era*** ~ the sky was the colour of lead **2** FIG. *(opprimente)* [*atmosfera*] oppressive, dull.
plurale /plu'rale/ **I** m. LING. plural; ***al*** ~ in the plural **II** agg. LING. plural.
pluralis maiestatis /plu'ralismajes'tatis/ m.inv. = the royal "we".
pluralismo /plura'lizmo/ m. pluralism.
pluralista, m.pl. **-i**, f.pl. **-e** /plura'lista/ **I** agg. → **pluralistico** **II** m. e f. pluralist.
pluralistico, pl. **-ci, -che** /plura'listiko, tʃi, ke/ agg. pluralist(ic).
pluralità /plurali'ta/ f.inv. **1** *(molteplicità)* plurality, multiplicity **2** *(maggioranza)* majority.
pluriaggravato /pluriaggra'vato/ agg. DIR. [*reato*] = having more than one aggravating circumstance.
pluriboll® /'pluribol/ m.inv. bubblewrap.
pluridisciplinare /pluridiʃʃipli'nare/ agg. SCOL. UNIV. multidisciplinary.
pluriennale /plurien'nale/ agg. [*contratto*] long-term; [*esperienza*] long.
plurigemellare /pluridʒemel'lare/, **plurigemino** /pluri'dʒɛmino/ agg. ***parto*** ~ multiple birth.
plurilingue /pluri'lingwe/ agg. multilingual.
plurilinguismo /plurilin'gwizmo/ m. multilinguism.
plurimandatario, pl. **-ri, -rie** /plurimanda'tarjo, ri, rje/ agg. [*agente*] working for different firms.
plurimo /'plurimo/ agg. multiple.
pluripartitico, pl. **-ci, -che** /pluripar'titiko, tʃi, ke/ agg. [*sistema, governo*] multi-party.
plusvalore /plusva'lore/ m. ECON. surplus value.
Plutarco /plu'tarko/ n.pr.m. Plutarch.
plutocrate /plu'tɔkrate/ m. e f. plutocrat.
plutocrazia /plutokrat'tsia/ f. plutocracy.
Plutone /plu'tone/ n.pr.m. MITOL. ASTR. Pluto.
plutonio /plu'tɔnjo/ m. CHIM. plutonium.
pluviale /plu'vjale/ **I** agg. rain attrib.; ***foresta*** ~ rain forest **II** m. drainpipe, downpipe BE, downspout AE.
pluviometro /plu'vjɔmetro/ m. pluviometer, rain gauge.
1.P.M. ⇒ polizia militare military police (MP).
2.P.M. /pi'ɛmme/ m. (⇒ pubblico ministero) = public prosecutor BE, prosecuting attorney AE.
1.pneumatico, pl. **-ci, -che** /pneu'matiko, tʃi, ke/ agg. TECN. pneumatic, air attrib.; ***martello*** ~ pneumatic drill, jackhammer; ***sospensione -a*** air suspension.
2.pneumatico, pl. **-ci** /pneu'matiko, tʃi/ m. (pneumatic) tyre BE, (pneumatic) tire AE ♦♦ ~ ***antisdrucciolevole*** nonskid, nonslip; ~ ***radiale*** (radial) tyre; ~ ***ricostruito*** retread, remould BE.
pneumotorace /pneumoto'ratʃe/ m. pneumothorax.
PNL /pienne'ɛlle/ m. (⇒ prodotto nazionale lordo gross national product) GNP.
PO ⇒ posta ordinaria second class (mail).
po' /pɔ/ → **poco.**
poc'anzi /pok'antsi/ avv. not long ago, a little while ago, just now.
pochette /pɔʃ'ʃɛt/ f.inv. **1** *(borsetta)* clutch bag **2** *(fazzoletto)* pocket handkerchief.
pochezza /po'kettsa/ f. **1** *(scarsezza)* littleness, scarcity **2** FIG. meanness, pettiness.
pochino /po'kino/ **I** m. a little bit; ***un ~ di aglio*** a touch of garlic **II** avv. very little.
poco, pl. **-chi, -che** /'pɔko, ki, ke/ *Poco* può essere usato come aggettivo, pronome, sostantivo e avverbio. - Come aggettivo e pronome, *poco* si traduce con *little* davanti o al posto di nomi non numerabili e con *few* davanti o al posto di nomi plurali: *poco zucchero* = little sugar; *aggiunse poco a quanto aveva già detto* = she added little to what she had already said; *pochi libri* = few books; *ne ho letti pochi* = I read few of them. Attenzione a non confondere *few* = pochi (cioè, un numero insufficiente) con *a few* = alcuni (cioè, un numero ridotto, ma non necessariamente insufficiente). - Come sostantivo, *poco* compare in espressioni quali *il poco che...* = the little... / what little..., *un po'* / un poco di... = a little (of), a bit (of), some, any: si vedano sotto gli esempi. - Come avverbio, *poco* si traduce con *little* o *not much* con i verbi (*lo vedo molto poco* = I see him very little) o con forme al comparativo (*sono poco più grasso di lui* = I'm little / not much fatter than him), e con *not very* davanti ad aggettivi e avverbi (*poco pulito* = not very clean; *poco chiaramente* = not very clearly). - Questi e altri esempi nella voce mostrano come *poco* si rende spesso in inglese con la negazione di *molto*: *pochi studenti* = few students / not many students; *ho poco da dire* = I've got little to say / I don't have much to say; *ho dormito poco* = I slept little / I didn't sleep very much, ecc.

♦ *31* **I** agg.indef. **1** *(un numero esiguo di)* few, not many; ***-chi visitatori*** not many *o* few visitors; ***troppo -che persone*** too few people; ***troppo -chi soldi*** too little money; ***pochissime case*** very few houses **2** *(una piccola quantità di)* little, not much; ***beve ~ vino*** he doesn't drink much wine; ***spendere ~ denaro*** to spend little money **3** *(scarso)* little, not much; ***-che possibilità*** little chance; ***c'è ~ rumore*** there's not much noise; ***avere -a memoria*** to have a poor memory **4** *(di tempo)* ***~ tempo fa*** a short time ago, not long ago; ***c'è così ~ tempo*** there's so little time **5** *(in frasi esclamative)* ***-che chiacchiere!*** cut the cackle! **II** pron.indef. **1** *(piccola quantità, scarsa misura)* ***voglio spendere ~*** I don't want to spend much; ***"è rimasto del gelato?" - "~"*** "is there any ice cream left?" - "not much"; ***so ~ di lui*** I don't know much about him; ***ne ha letti -chi*** he read few of them; ***ci vuole ~ a...*** it doesn't take much to...; ***c'è mancato ~*** that was a close shave **2** *(esiguo numero di persone)* few; ***-chi hanno fiducia in lui*** few *o* not many people trust him; ***siamo in -chi*** there are only a few of us **3** *(in espressioni di tempo)* ***manca ~ alle due*** it's nearly two o'clock, it's going on for two; ***ci ha impiegato ~*** it didn't take him long; ***ci sono rimasto ~*** I didn't stay there (for) long *o* a long time; ***è arrivato da ~*** he hasn't been here long, he's just arrived; ***lavoro qui da ~*** I've worked here for a short time; ***~ fa*** a short while ago; ***~ prima, dopo*** shortly before, afterwards; ***fra*** o ***tra ~*** shortly, before long, very soon; ***di lì a ~*** before long, soon afterwards **4 per poco, di poco** ***l'ha mancato per*** o ***di ~*** he just missed it; ***mancare di ~ il bersaglio*** to strike short of the target, to miss the target by a little **5 per poco (non)** *(quasi)* ***per ~ (non) perdeva il treno*** he almost missed the train; ***per ~ non mi catturavano*** I just *o* narrowly missed being captured **6 per poco che** ***per ~ che sia*** however little it is **7 a poco, per poco** *(a buon mercato)* [*comprare, vendere*] cheap; ***l'ho avuto per ~*** I got it cheap **8 poco da** ***ho ~ da dire*** I've got little to say; ***c'è ~ da ridere*** it's no laughing matter; ***c'è ~ da scegliere*** there's not much to choose **9 da poco** ***una cosa da ~*** a small thing; ***una persona da ~*** a worthless person **10 a dir poco** ***era sorpreso, a dir ~*** he was surprised, to say the least (of it); ***è a dir ~ testardo!*** he's nothing if not stubborn! **III** m. **1** *(piccola quantità)* little; ***quel ~ che ha*** what little she has; ***quel ~ che ho visto era molto bello*** the little I saw was very good **2 un po' di** *(un poco)* a little of, a bit of, some, any; ***voglio un po' di tè*** I want a little *o* some tea; ***c'è ancora un po' di gelato?*** is there any ice cream left? ***bevi ancora un po' di birra!*** have some more beer! ***posso averne un po' di più?*** can I have a little more? ***un po' di tutto*** a bit of everything; ***parlo un po' di inglese*** I speak a little English; ***un po' di tempo fa*** a little while ago **3 un bel po' di** COLLOQ. quite a lot of, a fair amount of; ***un bel po' di persone*** quite a few people, a lot of people; ***aspettò un bel po' di ore*** he waited for a good few hours; ***un bel po' di tempo fa*** a good *o* long while ago **4 un bel po'** ***per un bel po'*** for a good while; ***camminò un bel po'*** he walked quite a way; ***è un bel po' che non ci si vede!*** long time no see! **IV** avv. **1** *(con un verbo)* little, not much; ***parla ~*** he doesn't talk much; ***ho dormito ~*** I didn't sleep (very) much; ***ci vede ~*** he can't see very well **2** *(con un avverbio)* ***sta ~ bene*** he's not well; ***~ lontano da qui*** not far away from here; ***~ male!*** *(non importa)* no harm done! *(tanto meglio)* just as well! **3** *(con aggettivo o participio passato)* not very; ***è ~ educato*** he's not very polite; ***un lavoro ~ pagato*** a poorly paid job; ***i suoi libri sono ~ letti*** his books are little read; ***un romanzo ~ conosciuto*** a little-known novel **4** *(con forme comparative)* little, not much; ***è ~ più alto di me*** he is little *o* not much taller than me; ***~ più di un'ora fa*** little more than an hour ago **5 un po'** *(per un certo tempo)* ***rimani ancora un po'*** stay a little longer; ***aspetta un po'!*** wait a bit! ***ci vorrà un po'*** it will take some time; ***studio da un po'*** I've been studying for some time; ***ci ho pensato un (bel) po'*** I've thought about it quite a bit; *(in una certa quantità)* ***prendine ancora un po'*** take some more; *(leggermente)* ***un po' timido*** a bit shy; ***ti senti un po' meglio?*** are you feeling any better? ***l'arrosto è un po' bruciato*** the roast is a bit *o* slightly burned; *(abbastanza)* ***"parli tedesco?" - "un po'"*** "do you speak German?" - "a little bit"; *(con valore rafforzativo)* ***sta un po' zitto!*** just keep quiet! ***vediamo un po'*** let me see; ***(ma) pensa, guarda un po'!*** fancy that! *(seguito da altro avverbio)* ***mangia un po' di più*** eat a bit more; ***parla un po' più forte*** speak little *o* a bit louder; ***fa un po' meno freddo di ieri*** it's a little less cold than yesterday **6 a poco a poco** little by little **7 non poco** ***ero non ~ sorpreso*** I was not a little surprised ♦ ***sapere di ~*** *(essere insipido)* to be tasteless; *(essere poco interessante)* to be dull; ***~ o nulla*** little or nothing; ***non ti credo neanche un po'*** you don't fool me for a minute; ***non è ~!*** that's saying a lot! ***un po' per la depressione un po' per la disoccupazione*** what with the depression and unemployment; ***un ~ di buono*** an ugly customer, a bad lot; ***una ~ di buono*** a slut POP.

podalico, pl. **-ci**, **-che** /po'daliko, tʃi, ke/ agg. ***parto ~*** breech (delivery).

podere /po'dere/ m. farm, holding.

poderoso /pode'roso/ agg. powerful, mighty.

podestà /podes'ta/ m.inv. STOR. **1** *(nei comuni medievali)* podestà **2** *(durante il fascismo)* = head of a town appointed by central government to carry out the duties of the mayor and town council.

podio, pl. **-di** /'pɔdjo, di/ m. **1** ARCHEOL. *(in un anfiteatro)* podium* **2** *(nelle gare sportive)* podium*; *(per oratori, autorità)* podium*, platform; *(del direttore d'orchestra)* music stand.

podismo /po'dizmo/ ♦ *10* m. SPORT *(corsa)* running; *(marcia)* walking.

podista, m.pl. **-i**, f.pl. **-e** /po'dista/ ♦ *18* m. e f. **1** SPORT *(corridore)* runner; *(marciatore)* walker **2** *(camminatore)* walker, hiker.

podistico, pl. **-ci**, **-che** /po'distiko, tʃi, ke/ agg. ***gara -a*** track event.

podologo, m.pl. **-gi**, f.pl. **-ghe** /po'dɔlogo, dʒi, ge/ ♦ *18* m. (f. **-a**) podiatrist AE; *(callista)* chiropodist.

poema /po'ɛma/ m. **1** LETTER. poem; ***~ cavalleresco*** poem of chivalry; ***~ epico*** epic; ***-i omerici*** Homeric poems **2** MUS. poem **3** SCHERZ. *(scritto lungo)* epic **4** *(persona, cosa straordinaria)* wonder, marvel; ***è un vero ~*** it's quite something.

poesia /poe'zia/ f. **1** *(arte, attività)* poetry; ***~ epica, lirica*** epic, lyrical poetry **2** *(forma metrica)* poetry, verse **3** *(componimento)* poem, piece of poetry; ***scrivere una ~*** to write a poem; ***un libro di -e*** a book of poems *o* verse **4** *(produzione poetica)* poetry; ***generi di ~*** verse forms; ***la ~ romantica*** romantic poetry **5** FIG. poetry, poetic quality; ***essere privo di ~*** to lack poetry.

poeta /po'ɛta/ ♦ *18* m. poet; ***~ laureato*** poet laureate; ***~ lirico*** lyricist.

poetessa /poe'tessa/ ♦ *18* f. poet.

poetica, pl. **-che** /po'ɛtika, ke/ f. poetics + verbo sing.

poetico, pl. **-ci**, **-che** /po'ɛtiko, tʃi, ke/ agg. **1** [*opera, linguaggio, vena*] poetic(al); ***licenza -a*** poetic licence **2** FIG. *(sensibile)* [*animo*] poetic, sensitive.

poggiapiedi /poddʒa'pjɛdi/ m.inv. *(sgabello)* footrest, footstool.

poggiare /pod'dʒare/ [1] **I** tr. *(posare)* to lean*, to rest [*parte del corpo, oggetto*] (**su** on; **a**, **contro** against) **II** intr. (aus. *essere*) **1** *(reggersi)* to rest, to stand* (**su** on) **2** FIG. *(basarsi)* ***~ su*** to rest on, to be based on [*teoria, indizi*].

poggiatesta /poddʒa'tɛsta/ m.inv. AUT. head rest.

poggio, pl. **-gi** /'pɔddʒo, dʒi/ m. knoll, hillock.

poggiolo /pod'dʒɔlo/ m. balcony.

pogo /'pɔgo/ m.inv. pogo-stick.

poi /pɔi/ **I** avv. **1** *(successivamente)* then; *(più tardi)* later, afterwards; ***lo farò ~*** I'll do it afterwards; ***prima mi dice una cosa, ~ un'altra*** first she tells me one thing, then something else; ***d'ora in ~*** from now on(wards); ***da oggi in ~*** from today onwards *o* forwards, from this day forth; ***da allora in ~*** from then on, from that day forth *o* forward **2** *(inoltre)* besides, secondly; ***non ho voglia di uscire e ~ ho mal di testa*** I don't feel like going out, besides I've got a headache; ***e ~ non c'era abbastanza da mangiare*** besides, there wasn't enough to eat **3** *(con valore avversativo)* ***io te lo dico, tu ~ fai quel che vuoi*** I'll tell you, but (then) you do what you like; ***volevo telefonare ~ invece ho scritto*** I was going to phone but I wrote instead **4** *(alla fine)* at last, in the end; ***l'hai ~ vista?*** have you seen her at last? **5** *(tutto sommato)* ***non è ~ così forte*** he's not all that strong; ***non è ~ così avaro!*** he's not as greedy as (all) that! **6** *(in espressioni enfatiche)* ***che cosa ho fatto ~ di male?*** what harm did I do anyway? ***bisogna ~ dire che...*** it must also be said that... **II** m. *(il futuro)* ***pensare al ~*** to think of the future ♦ ***e ~?*** and? and then what? ***prima o ~*** sooner or later, sometime; ***questa ~ (è bella)!*** well I never (did)! the very idea!

poiana /po'jana/ f. buzzard.

poiché /poi'ke/ cong. as, since; ***~ pioveva sono rimasto a casa*** since it was raining I stayed at home.

pointer /'pɔinter/ m.inv. *(razza, cane)* pointer.

pois /pwa/ m.inv. (polka) dot, spot; ***a ~*** spotted, dotted, spotty.

poker /'pɔker/ ➧ **10** m.inv. **1** *(gioco)* poker **2** *(combinazione di carte)* ***~ di donne*** four queens.

pokerista, m.pl. **-i**, f.pl. **-e** /poke'rista/ m. e f. poker player.

polacco, pl. **-chi**, **-che** /po'lakko, ki, ke/ ➧ **25, 16 I** agg. Polish **II** m. (f. **-a**) **1** Pole; ***i -chi*** the Polish **2** LING. Polish.

polare /po'lare/ agg. **1** GEOGR. [*regione, orso*] polar; [*spedizione*] Arctic **2** FIG. [*clima*] Arctic; ***freddo ~*** bitterly *o* freezing cold **3** EL. [*attrazione*] polar.

polarità /polari'ta/ f.inv. EL. FIS. polarity (anche FIG.).

polarizzare /polarid'dzare/ [1] tr. **1** EL. FIS. to polarize **2** FIG. *(calamitare)* to attract, to magnetize [*attenzione*].

polarizzazione /polariddzat'tsjone/ f. EL. FIS. polarization.

polemica, pl. **-che** /po'lɛmika, ke/ f. **1** *(disputa)* polemic, controversy, debate; ***suscitare violente -che*** to arouse bitter controversy **2** COLLOQ. *(discussione sterile)* argument, squabble; ***smettila di fare -che!*** stop being so argumentative!

polemico, pl. **-ci**, **-che** /po'lɛmiko, tʃi, ke/ agg. **1** [*dichiarazione, scritto*] polemical **2** *(combattivo)* [*tono, persona*] polemical, argumentative.

polemizzare /polemid'dzare/ [1] intr. (aus. *avere*) **1** to enter into a debate (**con** with) **2** COLLOQ. to be* argumentative.

polena /po'lɛna/ f. MAR. figurehead.

polenta /po'lɛnta/ f. GASTR. INTRAD. (dish made from maize flour cooked in salted water to accompany various foods or with various dressings).

polentone /polen'tone/ m. (f. **-a**) **1** *(persona goffa, lenta)* pudding, slowcoach BE COLLOQ., slowpoke AE COLLOQ. **2** SPREG. *(settentrionale)* = person from northern Italy.

POLFER /'pɔlfer/ f. (⇒ polizia ferroviaria) = Italian railway police.

poliambulatorio, pl. **-ri** /poliambula'tɔrjo, ri/ m. health clinic, health centre BE.

policlinico, pl. **-ci** /poli'kliniko, tʃi/ m. general hospital.

policromia /polikro'mia/ f. polychromy.

policromo /po'likromo/ agg. polychrome.

poliedrico, pl. **-ci**, **-che** /poli'ɛdriko, tʃi, ke/ agg. *(eclettico)* [*ingegno, persona*] versatile, eclectic; [*personalità*] many-sided.

poliedro /poli'ɛdro/ m. polyhedron*.

poliennale /polien'nale/ agg. long-term, long-standing.

poliestere /poli'ɛstere/ m. polyester.

polietilene /polieti'lɛne/ m. polyethylene, polythene BE.

Polifemo /poli'fɛmo/ n.pr.m. Polypheme.

polifonia /polifo'nia/ f. polyphony.

polifonico, pl. **-ci**, **-che** /poli'fɔniko, tʃi, ke/ agg. polyphonic.

polifunzionale /polifuntsjo'nale/ agg. [*centro, complesso*] multipurpose, all-purpose.

poligamia /poliga'mia/ f. polygamy.

poligamo /po'ligamo/ **I** agg. polygamous **II** m. (f. **-a**) polygamist.

poliglotta, m.pl. **-i**, f.pl. **-e** /poli'glɔtta/ **I** agg. [*persona*] polyglot; [*testo*] polyglot, multilingual **II** m. e f. polyglot.

poligono /po'ligono/ m. **1** MAT. polygon **2** MIL. SPORT (anche **~ di tiro**) (rifle) range.

poligrafico, pl. **-ci**, **-che** /poli'grafiko, tʃi, ke/ **I** agg. ***officina -a*** print shop **II** m. *(stabilimento)* print works pl. **III** m. (f. **-a**) printer, print worker.

poliinsaturo /poliin'saturo/ agg. ***grassi -i*** polyunsaturates.

polimerizzazione /polimeriddzat'tsjone/ f. polymerization.

polimero /po'limero/ m. polymer.

polimorfismo /polimor'fizmo/ m. BIOL. CHIM. MINER. polymorphism.

polimorfo /poli'mɔrfo/ agg. BIOL. CHIM. MINER. polymorphous.

Polinesia /poli'nɛzia/ n.pr.f. Polynesia.

polinesiano /poline'zjano/ **I** agg. Polynesian **II** m. (f. **-a**) **1** *(persona)* Polynesian **2** *(lingua)* Polynesian.

polinomio, pl. **-mi** /poli'nɔmjo, mi/ m. polynomial.

polio /'pɔljo/ f.inv. COLLOQ. (accorc. poliomielite) polio.

poliomielite /poljomie'lite/ ➧ **7** f. poliomyelitis.

poliomielitico, pl. **-ci**, **-che** /poljomie'litiko, tʃi, ke/ m. (f. **-a**) poliomyelitis sufferer.

polipo /'pɔlipo/ m. **1** ZOOL. MED. polyp **2** *(polpo)* octopus*.

polipropilene /polipropi'lɛne/ m. polypropylene.

polisemia /polise'mia/ f. polysemy.

polisillabico, pl. **-ci**, **-che** /polisil'labiko, tʃi, ke/ agg. polysyllabic.

polisillabo /poli'sillabo/ **I** agg. polysyllabic **II** m. polysyllable.

polisportiva /polispor'tiva/ f. sports club.

polisportivo /polispor'tivo/ agg. sports attrib.

polistirene /polisti'rɛne/ m. polystyrene.

polistirolo /polisti'rɔlo/ m. polystyrene ♦♦ ***~ espanso*** expanded polystyrene.

politecnico, pl. **-ci** /poli'tɛkniko, tʃi/ m. = university institute of engineering and architecture with relative postgraduate schools.

politeismo /polite'izmo/ m. polytheism.

politeista, m.pl. **-i**, f.pl. **-e** /polite'ista/ **I** agg. polytheistic **II** m. e f. polytheist.

politeistico, pl. **-ci**, **-che** /polite'istiko, tʃi, ke/ agg. polytheistic.

politene /poli'tɛne/ → **polietilene.**

politica, pl. **-che** /po'litika, ke/ f. **1** *(scienza, arte)* politics + verbo sing.; ***occuparsi di ~*** to be in politics; ***entrare in ~*** to go into *o* enter politics; ***discutere*** o ***parlare di ~*** to talk politics COLLOQ.; ***~ internazionale*** international politics **2** *(modo di governare)* policy; ***~ estera, fiscale, sociale*** foreign, fiscal, social policy; ***~ dei redditi*** incomes policy **3** *(linea di condotta)* policy; ***~ aziendale*** company policy **4** *(diplomazia)* diplomacy; *(astuzia)* shrewdness, craftiness; ***ci vuole un po' di ~*** it takes a little diplomacy.

politicamente /politika'mente/ avv. politically; ***~ corretto*** politically correct.

politicante /politi'kante/ m. e f. SPREG. (party) hack COLLOQ.

politichese /politi'keze/ m. political jargon.

politicizzare /politiʃid'dzare/ [1] **I** tr. to politicize [*scuola, discorso*] **II politicizzarsi** pronom. to become* politicized.

politicizzato /polititʃid'dzato/ **I** p.pass. → **politicizzare II** agg. [*manifestazione, sciopero*] politicized; [*persona*] politically aware.

politicizzazione /polititʃiddzat'tsjone/ f. politicization.

politico, pl. **-ci**, **-che** /po'litiko, tʃi, ke/ **I** agg. **1** political; ***uomo ~*** politician; ***elezioni -che*** general election **2** *(abile)* calculating, shrewd; *(diplomatico)* diplomatic, tactful **II** m. (f. **-a**) **1** politician **2** FIG. *(persona diplomatica)* diplomat; *(persona scaltra)* shrewd operator.

politicone /politi'kone/ m. (f. **-a**) COLLOQ. SPREG. shrewd operator.

politologia /politolo'dʒia/ f. political science.

politologo, m.pl. **-gi**, f.pl. **-ghe** /poli'tɔlogo, dʒi, ge/ m. (f. **-a**) political scientist.

polittico, pl. **-ci** /po'littiko, tʃi/ m. ART. polyptyc(h).

poliuretanico, pl. **-ci**, **-che** /poliure'taniko, tʃi, ke/ agg. polyurethane attrib.

poliuretano /poliure'tano/ m. polyurethane.

polivalente /poliva'lɛnte/ agg. **1** CHIM. MED. polyvalent **2** *(con più scopi)* [*area, struttura, edificio*] all-purpose, multipurpose.

polivalenza /poliva'lɛntsa/ f. **1** CHIM. polyvalence **2** FIG. versatility.

polizia /polit'tsia/ f. police + verbo pl.; ***entrare in ~*** to join the police (force); ***agente di ~*** police officer; *(uomo)* policeman; *(donna)* policewoman; ***posto di ~*** police station; ***stato di ~*** POL. police state ♦♦ ***~ ferroviaria*** railway police; ***~ giudiziaria*** investigative police; ***~ militare*** military police; ***~ municipale*** local police; ***~ stradale*** traffic police; ***~ tributaria*** = excise and revenue police.

poliziesco, pl. **-schi**, **-sche** /polit'tsjesko, ski, ske/ agg. **1** [*inchiesta, indagini*] police attrib. **2** SPREG. *(autoritario)*

[*metodi, sistemi*] inquisitorial; ***stato*** o ***regime ~*** police state **3** *(giallo)* [*film, racconto*] detective attrib.; ***romanzo ~*** detective story, crime novel.
poliziotta /polit'tsjɔtta/ ➧ *18* f. policewoman*, police officer.
poliziotto /polit'tsjɔtto/ ➧ *18* **I** m. policeman*, police officer; ***~ a cavallo*** mounted policeman **II** agg. ***donna ~*** policewoman; ***cane ~*** police dog.
polizza /'pɔlittsa/ f. *(assicurazione)* policy; ***stipulare una ~*** to take out a policy; ***~ vita*** life insurance; ***~ antincendio*** fire-policy, fire insurance; ***~ sulla casa*** household policy *o* insurance; ***titolare di ~*** policyholder ♦♦ ***~ assicurativa*** o ***~ di assicurazione*** insurance policy; ***~ di carico*** COMM. bill of lading; ***~ di pegno*** pawn ticket.
polka /'pɔlka/ f. polka.
polla /'polla/ f. *(fonte)* spring, water source.
pollaio, pl. **-ai** /pol'lajo, ai/ m. **1** henhouse, chicken run **2** FIG. *(luogo sporco)* pigsty **3** FIG. *(chiasso)* bedlam, cackle, hullabaloo.
pollame /pol'lame/ m. poultry.
pollastra /pol'lastra/ f. **1** *(gallina giovane)* pullet **2** FIG. SCHERZ. chick.
pollastro /pol'lastro/ m. **1** *(pollo giovane)* chicken **2** FIG. SCHERZ. simpleton, sucker.
polleria /polle'ria/ f. poultry shop.
pollice /'pɔllitʃe/ ➧ *4, 21* m. **1** *(dito)* thumb **2** METROL. inch; ***un monitor da 15 -i*** a 15-inch monitor ♦ ***girarsi i -i*** to twiddle one's thumbs, to kick *o* cool one's heels; ***avere il ~ verde*** to have green fingers BE *o* a green thumb AE; ***~ verso*** thumbs down.
pollicoltore /pollikol'tore/ ➧ *18* m. (f. **-trice** /tritʃe/) chicken farmer.
pollicoltura /pollikol'tura/ f. chicken farming.
polline /'pɔlline/ m. pollen, flower-dust.
pollinico, pl. **-ci**, **-che** /pol'liniko, tʃi, ke/ agg. ***sacco ~*** pollen sac.
pollivendolo /polli'vendolo/ ➧ *18* m. (f. **-a**) poultry dealer.
pollo /'pollo/ m. **1** *(animale)* chicken, fowl; *(carne)* chicken (meat) **2** FIG. *(ingenuo)* simpleton, dupe, sucker ♦ ***conoscere i propri -i*** = to know who one is dealing with; ***faceva ridere i -i*** it was enough to make a cat laugh ♦♦ ***~ d'allevamento*** battery chicken; ***~ arrosto*** roaster, roast chicken.
pollone /pol'lone/ m. sucker.
polmonare /polmo'nare/ agg. [*arteria, enfisema*] pulmonary; [*malattia*] lung.
polmone /pol'mone/ ➧ *4* m. **1** lung; ***avere buoni -i*** to have a good pair of lungs COLLOQ.; ***cancro ai -i*** lung cancer; ***respirare a pieni -i*** to breathe deeply; ***gridare a pieni -i*** to scream at the top of one's lungs *o* voice **2** FIG. *(zona verde)* ***~ verde*** green area, lung ♦♦ ***~ d'acciaio*** iron lung.
polmonite /polmo'nite/ ➧ *7* f. pneumonia.
1.polo /'pɔlo/ m. **1** ASTR. GEOGR. FIS. pole; ***Polo Nord, Sud*** North, South Pole; ***~ negativo, positivo*** negative (pole), positive (pole) **2** FIG. *(centro)* centre BE, center AE; ***~ d'attrazione*** magnet, centre of attraction; ***~ economico*** economic hub ♦ ***essere ai -i opposti*** to be polar opposites *o* poles apart ♦♦ ***Polo delle Libertà*** POL. = Italian centre-right coalition; ***~ magnetico*** FIS. magnetic pole.
2.polo /'pɔlo/ ➧ *10* m.inv. SPORT polo.
3.polo /'pɔlo/ f.inv. *(maglia)* polo shirt.
Polonia /po'lɔnja/ ➧ *33* n.pr.f. Poland.
polpa /'polpa/ f. **1** *(carne)* lean meat **2** *(di frutto)* flesh, pulp **3** FIG. substance, essence, meat ♦♦ ***~ di granchio*** crab meat.
polpaccio, pl. **-ci** /pol'pattʃo, tʃi/ m. calf*.
polpastrello /polpas'trɛllo/ m. = fleshy part of the fingertip.
polpetta /pol'petta/ f. **1** GASTR. rissole; *(di carne)* meatball; *(di pesce)* fishball **2** *(boccone avvelenato)* poisoned bait ♦ ***fare -e di qcn.*** o ***ridurre qcn. in -e*** to make mincemeat of sb., to make a hamburger out of sb.
polpettone /polopet'tone/ m. **1** GASTR. meat loaf* **2** FIG. *(film, libro)* mishmash, hotchpotch.
polpo /'polpo/ m. octopus*, devilfish*.
polposo /pol'poso/ agg. [*frutto*] fleshy, pulpy.
polsino /pol'sino/ m. **1** *(di camicia)* cuff **2** *(gemello)* cuff link **3** SPORT *(di spugna)* wristband.
polso /'polso/ ➧ *4* m. **1** ANAT. wrist; ***orologio da ~*** wristwatch **2** ABBIGL. cuff **3** MED. pulse (rate); ***aveva il ~ accelerato*** his pulse raced; ***prendere, tastare il ~ a qcn.*** to take, feel sb.'s pulse **4** FIG. *(fermezza)* ***avere ~*** to have an iron grip, to command respect; ***un uomo di ~*** a strong *o* firm man; ***con ~ fermo*** [*dirigere*] with a firm *o* sure hand.
POLSTRADA /pols'trada/ f. (⇒ polizia stradale) = traffic police.
poltiglia /pol'tiʎʎa/ f. **1** *(mistura)* mush, pulp, pap **2** *(fanghiglia)* mud, mire, slush, slosh ♦ ***ridurre qcn. in ~*** to make mincemeat of sb., to beat sb. to a pulp.
poltrire /pol'trire/ [102] intr. (aus. *avere*) **1** *(sonnecchiare)* ***~ nel letto*** to laze in bed **2** *(oziare)* to laze (about), to idle, to lounge.
poltrona /pol'trona/ f. **1** (arm)chair, easy chair; ***sedersi in ~*** to sit in an armchair **2** TEATR. seat in the stalls BE, orchestra seat AE **3** FIG. *(carica)* position; ***~ di ministro*** ministerial post *o* appointment ♦♦ ***~ letto*** chair-bed; ***~ odontoiatrica*** dentist's armchair.
poltroncina /poltron'tʃina/ f. **1** *(poltrona piccola)* small armchair **2** TEATR. seat in the back stalls BE, back orchestra seat AE.
poltrone /pol'trone/ m. (f. **-a**) *(persona pigra)* idler, loiterer, loafer, lazybones COLLOQ.
poltroneria /poltrone'ria/ f. idleness, laziness.
poltronissima /poltro'nissima/ f. TEATR. seat in the front stalls BE, front orchestra seat AE.
polvere /'polvere/ f. **1** dust; ***togliere la ~*** to dust, to do the dusting; ***coperto di ~*** thick *o* covered with dust; ***prendere ~*** to gather dust; ***alzare ~*** to raise (a cloud of) dust **2** *(di sostanza, materiale)* powder, dust; ***~ insetticida*** insect powder; ***~ di gesso, carbone*** chalk, coal dust; ***in ~*** in powder form, powdered; ***latte in ~*** powdered milk; ***cacao, lievito in ~*** cocoa, baking powder; ***detersivo in ~*** washing *o* soap powder; *(per superfici)* scouring powder; ***ridurre qcs. in ~*** to crush *o* reduce sth. to a powder ♦ ***dare fuoco alle -i*** to bring things to a head; ***gettare ~ negli occhi a qcn.*** to throw dust in sb.'s eyes; ***mordere la ~*** to bite the dust ♦♦ ***~ bianca*** = cocaine, heroin; ***~ d'oro*** gold dust; ***~ pirica*** o ***da sparo*** gunpowder.
polveriera /polve'rjɛra/ f. **1** powder magazine **2** FIG. powder keg, tinderbox.
polverizzare /polverid'dzare/ [1] **I** tr. **1** *(macinare)* to pulverize, to grind* down, to crush [sth.] to a powder [*sostanza*] **2** *(nebulizzare)* to atomize [*liquido*] **3** FIG. *(battere)* to pulverize, to crush [*nemico*]; to smash [*record*] **II polverizzarsi** pronom. [*materiale*] to pulverize, to be* reduced to powder.
polverizzatore /polveriddza'tore/ m. *(di sostanze solide)* pulverizer; *(nebulizzatore)* atomizer, nebulizer.
polverone /polve'rone/ m. dust cloud; ***sollevare*** o ***alzare un ~*** to raise (a cloud of) dust; FIG. to raise a dust, to make waves.
polveroso /polve'roso/ agg. [*locale, scarpe, strada*] dusty.
pomata /po'mata/ f. FARM. ointment, liniment, salve; *(per capelli)* pomade.
pomellato /pomel'lato/ agg. [*cavallo*] dapple(d).
pomello /po'mɛllo/ m. **1** *(zigomo)* cheek(bone) **2** *(di spada, sella)* pommel; *(di porta)* (door-)knob; *(di bastone)* knob, head.
pomeridiano /pomeri'djano/ agg. afternoon attrib.; ***le ore -e*** the afternoon hours; ***alle quattro -e*** at four pm.
pomeriggio, pl. **-gi** /pome'riddʒo, dʒi/ ➧ *13* m. afternoon; ***nel*** o ***di ~*** in the afternoon; ***le 3 del ~*** 3 pm *o* in the afternoon; ***nel primo, tardo ~*** in the early, late afternoon; ***domani ~*** tomorrow afternoon; ***il venerdì ~*** on Friday afternoons.
pomice /'pomitʃe/ f. pumice (stone).
pomiciare /pomi'tʃare/ [1] intr. (aus. *avere*) COLLOQ. to neck, to snog, to smooch.
pomiciata /pomi'tʃata/ f. COLLOQ. necking, smooch, snog(ging).
pomo /'pomo/ m. **1** *(mela)* apple **2** *(di spada, sella)* pommel; *(di porta)* (door-)knob; *(di bastone)* knob, head ♦♦ ***~ d'Adamo*** Adam's apple; ***~ della discordia*** apple of discord, bone of contention.
pomodoro /pomo'dɔro/ m. tomato*; ***insalata di -i*** tomato salad; ***salsa di ~*** tomato sauce ♦ ***diventare rosso come un ~*** to turn as red as a beetroot.
1.pompa /'pompa/ f. **1** *(macchinario)* pump; ***~ di bicicletta*** bicycle pump; ***~ dell'alimentazione, della benzina*** AUT. fue

pump, petrol pump BE; ***fucile a*** ~ pump-action gun **2** *(distributore di benzina)* petrol station BE, gas station AE, filling station **3** COLLOQ. *(tubo di gomma)* hose, hosepipe BE ♦♦ ~ ***antincendio*** fire engine; ~ ***aspirante*** suction pump; ~ ***di sentina*** MAR. bilge pump.

2.pompa /'pompa/ **I** f. *(fasto)* pomp, magnificence; ***in ~ magna*** with great pomp, in full regalia (anche SCHERZ.); ***mettersi in ~ magna*** SCHERZ. to dress in all one's finery **II pompe** f.pl. ***impresa di -e funebri*** funeral parlour, undertaker; ***impresario di -e funebri*** funeral director, undertaker.

pompaggio, pl. **-gi** /pom'paddʒo, dʒi/ m. pumping.

pompare /pom'pare/ [1] tr. **1** to pump [*liquido*] **2** *(gonfiare)* to pump, to blow* up **3** FIG. *(esagerare)* to pump up, to blow* up, to hype (up) COLLOQ. [*notizia*]; *(lodare esageratamente)* to puff, to give* a puff to [*film, libro*].

pompelmo /pom'pɛlmo/ m. *(frutto)* grapefruit; *(albero)* grapefruit tree ♦♦ ~ ***rosa*** pink(-fleshed) grapefruit.

pompetta /pom'petta/ f. *(contagocce)* dropper; *(spruzzatore)* sprayer.

pompiere /pom'pjɛre/ ➧ ***18*** m. fireman*, firefighter; ***(il corpo de)i -i*** the fire brigade BE *o* department AE; ***chiamare i -i*** to call the fire brigade.

pompino /pom'pino/ m. VOLG. blow job; ***fare un ~ a qcn.*** to give sb. a blow job.

pompon /pom'pɔn/ **I** m.inv. pompom, pompon, bobble; ***berretto col*** ~ bobble hat **II** agg.inv. ***ragazza*** ~ pompom girl, cheerleader.

pomposità /pomposi'ta/ f.inv. pomposity.

pomposo /pom'poso/ agg. **1** *(fastoso)* [*abiti, apparato*] sumptuous, magnificent, stately **2** FIG. *(presuntuoso)* [*persona*] pompous, assuming, self-important **3** *(ampolloso)* [*stile, linguaggio*] pompous, overblown.

ponce /'pontʃe/ m. punch.

ponderare /ponde'rare/ [1] tr. *(valutare)* to ponder, to weigh (up).

ponderatezza /pondera'tettsa/ f. *(assennatezza)* judiciousness, deliberation.

ponderato /ponde'rato/ **I** p.pass. → **ponderare II** agg. [*decisione*] conscious, cool-headed; [*risposta, opinione*] meditated, considered; [*uomo*] judicious, sensible.

ponderazione /ponderat'tsjone/ f. **1** → **ponderatezza 2** STATIST. weighting.

ponderoso /ponde'roso/ agg. LETT. *(pesante)* ponderous, heavy.

ponente /po'nɛnte/ m. **1** *(occidente)* west **2** *(vento)* west wind, westerly.

pongo® /'pɔngo/ m.inv. = substance used by children for modelling.

ponte /'ponte/ **I** m. **1** bridge; ~ ***ferroviario*** railway bridge; ***gettare un*** ~ to build a bridge; ***gettare un ~ fra due culture*** FIG. to provide a link between two cultures **2** MAR. deck; ~ ***auto*** car deck; ~ ***di prima classe*** saloon **3** *(ponteggio)* scaffold(ing) **4** *(in odontoiatria)* bridge(work) **5** EL. bridge **6** *(festività)* long weekend; ***fare il*** ~ to have a long weekend **II** agg.inv. ***governo*** ~ transitional government; ***legge*** ~ bridge law, interim law ♦ ***tagliare*** o ***bruciare i -i*** to burn one's boats *o* bridges; ***tagliare i -i col passato*** to make a clean break with the past; ***dormire sotto i -i*** to sleep rough, to be a tramp; ***fare dei -i d'oro a qcn.*** to offer sb. a gold mine ♦♦ ~ ***aereo*** airlift; ~ ***di barche*** pontoon bridge; ~ ***di comando*** MAR. bridge; ~ ***di coperta*** MAR. upper *o* main deck; ~ ***galleggiante*** pontoon bridge; ~ ***girevole*** swingbridge; ~ ***levatoio*** drawbridge; ~ ***mobile*** drawbridge; ~ ***di passeggiata*** MAR. promenade deck; ~ ***radio*** RAD. radio link; ~ ***sospeso*** suspension bridge; ~ ***di volo*** *(nelle portaerei)* flight deck.

pontefice /pon'tefitʃe/ m. RELIG. pontiff; ***il sommo*** ~ the Supreme Pontiff.

ponteggio, pl. **-gi** /pon'teddʒo, dʒi/ m. scaffold(ing).

ponticello /ponti'tʃɛllo/ m. **1** MUS. bridge **2** *(di occhiali)* bridge, nosepiece.

pontiere /pon'tjɛre/ m. MIL. pontoneer, pontonier, bridge-builder.

pontificale /pontifi'kale/ agg. pontifical.

pontificare /pontifi'kare/ [1] intr. (aus. *avere*) to pontificate (anche FIG.).

pontificato /pontifi'kato/ m. **1** *(dignità)* pontificate, papacy **2** *(periodo)* pontificate.

pontificio, pl. **-ci**, **-cie** /ponti'fitʃo, tʃi, tʃe/ agg. papal.

pontile /pon'tile/ m. wharf*, pier, quay; ~ ***di sbarco*** landing stage.

pontone /pon'tone/ m. pontoon.

1.pony /'pɔni/ m.inv. ZOOL. pony.

2.pony /'pɔni/ m.inv. → **pony express.**

pony express /'pɔni'ɛkspres, 'pɔnieks'prɛs/ ➧ ***18*** m.inv. **1** *(corriere)* (motorcycle) courier company **2** *(fattorino)* motorcycle messenger, (motorcycle) dispatch rider.

ponzare /pon'tsare/ [1] intr. (aus. *avere*) SCHERZ. to rack one's brains.

pool /pul/ m.inv. **1** ECON. *(coalizione)* consortium*, pool AE **2** *(gruppo di esperti)* pool, team **3** BIOL. ~ ***genetico*** gene pool.

pop /pɔp/ **I** agg.inv. MUS. pop attrib. **II** m.inv. MUS. pop (music).

pop-corn /pɔp'kɔrn/ m.inv. pop corn.

pope /'pɔpe/ m.inv. pope.

popeline /'pɔpelin/ m.inv. poplin.

popò /po'pɔ/ f.inv. INFANT. pooh; ***fare la*** ~ to poop, to do a big job.

popolamento /popola'mento/ m. peopling, population.

popolana /popo'lana/ f. woman* of the people.

popolano /popo'lano/ **I** agg. lower class, of the common people **II** m. man* of the people.

1.popolare /popo'lare/ agg. **1** *(della collettività)* [*sovranità, volontà, consultazione, democrazia*] people's, popular; ***esercito, repubblica*** ~ people's army, republic; ***giudice*** ~ DIR. jury member, juror **2** *(dei ceti più bassi)* [*insurrezione, movimento*] popular; [*quartiere, periferia*] working class; [*gusti, zona*] lower class; ***casa*** ~ tenement, council house; *(singolo appartamento)* council flat; ***prezzi -i*** low *o* affordable prices **3** *(che proviene dal popolo)* [*cultura, credenza, musica, festa, leggenda, saggezza*] folk attrib. **4** *(accessibile a molti)* [*divertimento, programma, giornale*] popular, downmarket **5** *(famoso)* [*cantante, attore, politico*] popular (**tra** with, among).

2.popolare /popo'lare/ [1] **I** tr. **1** *(rendere abitato)* to populate, to people LETT. **2** *(occupare)* to populate, to inhabit **II popolarsi** pronom. **1** *(diventare popoloso)* [*territorio*] to become* populated **2** *(affollarsi)* [*strade*] to fill (up) with people.

popolaresco, pl. **-schi**, **-sche** /popola'resko, ski, ske/ agg. popular.

popolarità /popolari'ta/ f.inv. *(celebrità)* popularity (**tra** with); ***acquistare*** ~ to grow in popularity, to gain popularity.

popolarmente /popolar'mente/ avv. *(generalmente)* popularly, commonly.

popolato /popo'lato/ **I** p.pass. → **2.popolare II** agg. [*paese, regione*] populated (**da, di** with, by).

popolazione /popolat'tsjone/ f. population; ***la ~ locale*** the local residents, the local community; ***le -i anglofone*** the English-speaking peoples.

popolino /popo'lino/ m. populace.

popolo /'pɔpolo/ m. **1** *(nazione)* nation, people; ***un ~ antico*** an ancient people; ***un ~ di narratori*** a nation of storytellers; ***i -i nordici*** the Nordic peoples **2** *(abitanti di stato, città)* people pl.; ***il ~ italiano*** the Italian people **3** *(ceto umile)* people pl., lower classes pl.; ***un uomo del*** ~ a man of the people.

popoloso /popo'loso/ agg. populous, densely populated.

1.poppa /'poppa/ f. MAR. poop, stern; ***a*** ~ aft, astern; ***vento di*** ~ aft *o* stern wind; ***da ~ a prua*** from stem to stern; ***avere il vento in*** ~ to sail *o* run before the wind (anche FIG.).

2.poppa /'poppa/ f. *(mammella)* breast, boob, tit POP.; *(di animale)* udder.

poppante /pop'pante/ m. e f. **1** *(lattante)* baby **2** FIG. IRON. colt.

poppare /pop'pare/ [1] intr. (aus. *avere*) to suck, to nurse.

poppata /pop'pata/ f. feed; ***l'ora della*** ~ feeding *o* nursing time.

poppatoio, pl. **-oi** /poppa'tojo, oi/ m. (feeding) bottle.

poppiero /pop'pjɛro/ agg. MAR. stern attrib.

popputo /pop'puto/ agg. SCHERZ. [*donna*] large-breasted.

populismo /popu'lizmo/ m. POL. populism.

populista, m.pl. **-i**, f.pl. **-e** /popu'lista/ agg., m. e f. POL. populist.

populistico, pl. **-ci, -che** /popu'listiko, tʃi, ke/ agg. POL. populist.

1.porcaio, pl. **-ai** /por'kajo, ai/ m. *(luogo molto sporco)* pigsty.

2.porcaio, pl. **-ai** /por'kajo, ai/ m. (f. **-a**) → **porcaro.**

porcaro /por'karo/ m. (f. **-a**) swineherd.

porcata /por'kata/ f. **1** *(azione sleale)* dirty trick, mean trick **2** *(azione, espressione scurrile)* obscenity, filth; ***dire -e*** to say smutty *o* dirty things **3** COLLOQ. *(prodotto scadente)* crap.

porcellana /portʃel'lana/ f. **1** *(materiale)* china **U**, porcelain **U** **2** *(oggetti)* **-e** china, chinaware, porcelain (ware); ***una ~*** a piece of china *o* porcelain.

porcellino /portʃel'lino/ m. (f. **-a**) **1** piggy, piglet; ***~ da latte*** suck(l)ing pig **2** FIG. SCHERZ. little pig **3** *(salvadanaio)* piggy bank ♦♦ ***~ d'India*** guinea-pig.

porcello /por'tʃɛllo/ m. (f. **-a**) **1** hogling **2** FIG. pig.

porcheria /porke'ria/ f. **1** *(sporcizia)* dirt, filth, muck **2** FIG. *(atto indecente)* obscenity, hanky-panky; *(espressione indecente)* dirt **U**, filth **U**, smut **U**; ***dire -e*** to say smutty *o* dirty things **3** FIG. *(cibo cattivo)* junk food; ***mangia solo delle -e*** he only eats junk food **4** FIG. *(azione sleale)* dirty trick, mean trick **5** FIG. *(cosa fatta male)* rubbish **U**, trash **U**, muck.

porchetta /por'ketta/ f. GASTR. INTRAD. (oven or spit roasted suckling pig flavoured with pepper, rosemary, garlic and other seasonings).

porcile /por'tʃile/ m. pigsty, piggery, pigpen AE (anche FIG.).

porcino /por'tʃino/ **I** agg. ***occhi -i*** piggy eyes **II** m. *(fungo)* edible boletus.

porco, pl. **-ci, -che** /'pɔrko, tʃi, ke/ **I** m. **1** *(maiale)* pig, swine*, hog AE **2** *(carne)* pork **3** FIG. pig, hog, swine*; ***vecchio ~*** dirty old man **II** agg. POP. SPREG. ***fa sempre i suoi -ci comodi*** he always does what the hell he likes ♦ ***mangiare come un ~*** to be a greedy pig, to eat like a pig; ***essere sudicio come un ~*** to be filthy dirty; ***-a miseria!*** holy cow! holy smoke! ***~ mondo!*** bloody hell!

porcospino /porkos'pino/ m. *(istrice)* porcupine; COLLOQ. *(riccio)* hedgehog.

porfido /'pɔrfido/ m. porphyry.

porgere /'pɔrdʒere/ [72] tr. **1** *(dare)* to give*, to hand; *(passare)* to pass; ***~ la mano a qcn.*** to hold out one's hand to sb.; ***~ il braccio a qcn.*** to give *o* offer one's arm to sb. **2** FIG. ***~ i propri omaggi a qcn.*** to pay one's respects to sb.; ***gli porga i miei saluti*** give him my greetings; ***~ aiuto a qcn.*** to offer sb. help; ***~ orecchio*** to lend an ear.

porno /'pɔrno/ **I** agg.inv. porn attrib., porno COLLOQ.; ***film ~*** porn film, blue film, skin flick COLLOQ. **II** m.inv. porn.

pornografia /pornogra'fia/ f. pornography.

pornografico, pl. **-ci, -che** /porno'grafiko, tʃi, ke/ agg. pornographic.

pornostar /pornos'tar/ f.inv. porn star.

poro /'pɔro/ m. pore; ***sprizzare gioia da tutti i -i*** to be all smiles, to radiate joy.

porosità /porosi'ta/ f.inv. porosity, porousness.

poroso /po'roso/ agg. porous.

porpora /'porpora/ ➧ ***3*** **I** f. **1** *(colorante)* purple dye **2** *(dignità di cardinale)* ***la ~*** the purple **II** m.inv. *(colore)* purple **III** agg.inv. purple, crimson; ***rosso ~*** purple-red.

porporato /porpo'rato/ m. *(cardinale)* cardinal.

porre /'porre/ [73] **I** tr. **1** *(mettere)* to put*; *(posare)* to lay* down, to put* down; *(collocare)* to set*, to place; ***~ la propria firma*** to affix one's signature; ***~ rimedio a*** to cure [*disoccupazione, inflazione*]; ***~ la prima pietra*** to lay the foundation stone; ***~ fine*** o ***termine a qcs.*** to put a stop to sth., to bring sth. to an end; ***senza por tempo in mezzo*** without delay **2** *(seguito da preposizione)* ***~ in dubbio*** to doubt, to question; ***~ in essere*** to carry out, to realize **3** *(fissare, stabilire)* to lay* down [*condizione*]; to set* [*scadenza*] **4** *(supporre)* to suppose, to assume; ***poniamo (il caso) che...*** let's assume that...; ***poniamo che tu passi l'esame*** (let's) suppose you pass the exam **5** *(rivolgere, presentare)* to pose, to put* [*domanda*]; to pose, to set* [*problema*] **II porsi** pronom. **1** *(mettersi, collocarsi)* to put* oneself **2** *(mettersi in una situazione, in uno stato)* ***-rsi in salvo*** to flee to safety; ***-rsi in cammino*** to take (to) the road, to set forth **3** *(proporsi)* ***-rsi una domanda*** to ask oneself a question **4** *(esistere)* [*problema, caso, questione*] to arise*; ***il problema non si pone*** there's no question of it.

porro /'pɔrro/ m. **1** BOT. leek **2** *(verruca)* wart.

porta /'pɔrta/ f. **1** door; ***c'è qualcuno alla ~*** there's someone at the door; ***accompagnare qcn. alla ~*** to see *o* show *o* usher sb. to the door; ***chiudere, sbattere la ~ in faccia a qcn.*** (anche FIG.) to slam the door in sb.'s face; ***abitiamo ~ a ~*** we're nextdoor neighbours; ***vendita ~ a ~*** door-to-door selling; ***la ragazza della ~ accanto*** the girl next door; ***a -e aperte*** DIR. in open court; ***a -e chiuse*** behind closed doors; DIR. in camera, in closed court **2** *(di città, mura)* gate; ***abitare fuori ~*** to live just outside town; ***il nemico è alle -e*** the enemy is at the gate; ***Natale è alle -e*** FIG. Christmas is just around the corner **3** FIG. *(mezzo d'accesso)* gateway, door **4** SPORT *(nello sci)* gate; *(nel calcio)* goal; *(nell'hockey)* cage; ***giocare in ~*** to keep goal, to play in goal; ***tirare in ~*** to have *o* take a shot at goal, to shoot at goal **5** *(di veicolo)* door; ***un'automobile a quattro -e*** a four-door car **6** INFORM. port ♦ ***prendere la ~*** to leave; ***sfondare una ~ aperta*** to preach to the converted; ***mettere qcn. alla ~*** to show sb. the door ♦♦ ***~ antincendio*** fire door; ***~ girevole*** revolving door; ***~ d'ingresso*** front door; ***~ scorrevole*** sliding door; ***~ di servizio*** back door; ***~ a soffietto*** accordion door; ***~ a vetri*** glass door.

portabagagli /portaba'gaʎʎi/ m.inv. **1** *(facchino)* luggage handler, porter **2** AUT. *(portapacchi)* roof rack; FERR. (overhead) luggage rack **3** COLLOQ. *(bagagliaio)* boot BE, trunk AE.

portabandiera /portaban'djɛra/ m. e f.inv. standard-bearer (anche FIG.).

portabiancheria /portabjanke'ria/ m.inv. laundry basket, linen basket.

portabiciclette /portabitʃi'klette/ m.inv. bicycle rack.

portabile /por'tabile/ agg. **1** transportable **2** *(indossabile)* wearable.

portaborse /porta'borse/ m. e f.inv. SPREG. flunkey BE, flunky AE.

portabottiglie /portabot'tiʎʎe/ m.inv. **1** *(mobile)* bottle rack, wine rack **2** *(cesto)* bottle crate.

portacarte /porta'karte/ m.inv. *(custodia)* paper holder.

portacassette /portakas'sette/ m.inv. cassette rack, cassette holder.

porta-cd /portattʃid'di/ m.inv. CD caddy.

portacenere /porta'tʃenere/ m.inv. ashtray.

portachiavi /porta'kjavi/ m.inv. key-ring.

portacipria /porta'tʃiprja/ m.inv. (powder) compact.

portacontainer /portakon'tɛjner/ **I** m.inv. *(autocarro)* container truck **II** f.inv. *(nave)* container ship.

portadocumenti /portadoku'menti/ m.inv. *(custodia)* document holder, document wallet; *(valigetta)* briefcase, document case.

portaerei /porta'ɛrei/ f.inv. aircraft carrier.

portaferiti /portafe'riti/ m.inv. stretcher-bearer.

portafinestra, pl. **portefinestre** /portafi'nɛstra, portefi'nɛstre/ f. French window, French doors pl. AE.

portafogli /porta'fɔʎʎi/ m.inv. **1** wallet, billfold AE **2** *(cartella)* briefcase.

portafoglio, pl. **-gli** /porta'fɔʎʎo, ʎi/ m. **1** wallet, billfold AE **2** *(cartella)* briefcase **3** POL. portfolio*; ***ministro senza ~*** minister without portfolio; ***~ della Difesa*** defence portfolio **4** ECON. portfolio* ♦♦ ***~ azionario*** share portfolio, portfolio of shares; ***~ estero*** foreign bills; ***~ obbligazionario*** loan portfolio; ***~ titoli*** securities portfolio.

portafortuna /portafor'tuna/ m.inv. **1** *(amuleto)* lucky charm, amulet **2** *(mascotte)* lucky mascot.

portafotografie /portafotogra'fie/ m.inv. → **portaritratti.**

portaghiaccio /porta'gjattʃo/ m.inv. ice bucket.

portagioie /porta'dʒɔje/, **portagioielli** /portadʒo'jɛlli/ m.inv. jewel case, jewel box.

portainnesto /portain'nɛsto/ m. (root)stock.

portalampada /porta'lampada/, **portalampade** /porta'lampade/ m.inv. socket, light fitting.

portale /por'tale/ m. ARCH. INFORM. portal.

portalettere /porta'lɛttere/ ➧ ***18*** m. e f.inv. *(uomo)* postman*; *(donna)* postwoman*.

portamatite /portama'tite/ m.inv. pencil box, pencil case.
portamento /porta'mento/ m. **1** bearing, carriage, posture; ***avere un bel ~*** to have good posture **2** MUS. portamento, slide.
portamine /porta'mine/ m.inv. propelling pencil BE.
portamissili /porta'missili/ m.inv. rocket carrier, missile carrier.
portamonete /portamo'nete/ m.inv. purse, change purse AE.
portante /por'tante/ agg. [*muro, trave*] (load-)bearing, supporting.
portantina /portan'tina/ f. **1** STOR. *(sedia)* sedan chair; *(lettiga)* litter; *(palanchino)* palankeen, palanquin **2** *(barella)* stretcher, litter.
portantino /portan'tino/ ➧ *18* m. **1** *(negli ospedali)* (hospital) porter, stretcher-bearer **2** STOR. sedan bearer.
portanza /por'tantsa/ f. **1** *(capacità di carico)* carrying capacity **2** AER. lift.
portaoggetti /portaod'dʒɛtti/ **I** agg.inv. ***vano ~*** glove box, glove compartment **II** m.inv. *(contenitore)* holder; *(ripiano)* shelf*.
portaombrelli /portaom'brɛlli/ m.inv. umbrella stand.
portaordini /porta'ordini/ m.inv. MIL. dispatch rider.
portapacchi /porta'pakki/ m.inv. **1** *(di auto)* roof rack; *(di bicicletta)* carrier **2** *(fattorino)* delivery man*.
portapenne /porta'penne/ m.inv. **1** *(astuccio)* pencil box, pencil case **2** *(asticella)* pen holder.
portapillole /porta'pillole/ m.inv. pillbox.
portare /por'tare/ [1] Tra i verbi inglesi che traducono l'italiano *portare*, *to bring* e *to take* sottolineano il movimento e la direzione verso cui si porta qualcosa: *to bring* implica l'idea di venire verso chi parla o ascolta, *to take* l'idea di allontanarsi da chi parla o ascolta (*cameriere, mi porti il conto per favore!* = waiter, bring me the bill, please!; *prenditi l'ombrello!* = take your umbrella with you!). Il verbo *to carry*, invece, non implica alcuna direzione ma piuttosto l'idea di trasportare qualcosa, o portare qualcosa con sé: *mi porti tu questi libri, per favore?* = will you carry these books for me, please? *non porto mai molti soldi con me* = I never carry much money with me. Tra gli equivalenti più specifici di *portare*, tutti elencati nella voce qui sotto, si noti in particolare *to wear*, cioè *indossare*. **I** tr. **1** *(verso chi parla)* to bring*; *(andare a prendere)* to fetch; ***portami quella sedia*** bring me that chair; ***ci ha portato dei regali dal suo viaggio*** he brought us back presents from his trip; ***portami qualcosa da bere*** get me something to drink; ***te ne porto un altro*** I'll fetch you another one **2** *(lontano da chi parla)* to take*; ***~ qcs. a qcn.*** to take sb. sth., to take sth. to sb.; ***~ delle sedie in giardino*** to take chairs into the garden; ***~ la macchina dal meccanico*** to take the car to the garage **3** *(trasportare)* to carry; ***~ una valigia*** to carry a suitcase; ***~ qcs. sulle spalle*** to carry sth. on one's back; ***~ in braccio un bambino*** to hold a baby in one's arms; ***essere portato dal vento*** to be blown along by the wind, to be borne on the wind **4** *(prendere con sé)* to take*, to bring* [*oggetto*]; ***non dimenticare di ~ un ombrello*** don't forget to take an umbrella **5** *(accompagnare)* to take*; *(condurre con sé)* to bring* [*amico, cane*]; ***~ qcn. a scuola, all'ospedale*** to take sb. to school, to the hospital; ***ti porto a casa*** I'll take you home; ***~ qcn. a ballare*** to take sb. dancing **6** *(condurre)* to bring*, to lead* (anche FIG.); ***un autobus ti porterà in albergo*** a bus will take you to the hotel; ***cosa ti ha portato qui?*** what brought you here? ***questa discussione non ci sta portando da nessuna parte*** FIG. this discussion is leading *o* getting us nowhere; ***~ qcn. alla follia, alla disperazione*** FIG. to drive sb. to madness, despair **7** *(causare)* ***~ danno*** to cause *o* do harm; ***~ fortuna, sfortuna a qcn.*** to bring sb. good, bad luck; ***porta bene, male fare*** it's good, bad luck to do; ***~ frutti*** to bear fruit **8** *(indurre)* ***tutto porta a credere che*** there is every indication that, all the indications are that; ***questo ci porta alla conclusione che*** this leads us to the conclusion that **9** *(avere)* to wear* [*barba, capelli*]; ***porta i capelli lunghi*** she wears her hair long **10** ➧ *35* *(indossare)* to wear*, to have* on [*vestito*]; to wear* [*gioiello, occhiali, lenti a contatto*]; to take* [*taglia*]; ***che numero porti di scarpe?*** what size shoes do you take? ***porto il 40 di scarpe*** I take size 40 shoes **11** *(avere)* to bear*, to have* [*nome, titolo*]; ***porto il nome di mia nonna*** I'm named after my grandmother; ***~ i segni di*** to bear the marks *o* signs of; ***ne porta ancora i segni*** FIG. he still bears the scars **12** *(reggere, sostenere)* [*colonna, struttura*] to bear*, to hold*, to support [*tetto, peso*]; [*persona, animale*] to bear* [*peso*] **13** *(nutrire un sentimento)* to bear*, to nourish [*amore, rancore*]; ***~ rispetto a qcn.*** to have respect for sb.; ***porta pazienza!*** be patient! have some patience! **14** *(addurre)* to adduce, to put* forward [*ragione, motivazioni*]; to bring* forward, to produce [*prove*] **15** *(comunicare, riferire)* ***porta loro i miei saluti*** send them my regards **16** MAT. COLLOQ. ***scrivo 3, porto 2*** I put down 3 and carry 2 **17** **portare via** *(prendere con sé)* to take* away, to carry away; ***~ via la spazzatura*** to clear away the rubbish; ***"due hamburger da ~ via"*** "two hamburgers to take away BE *o* to go AE"; *(rubare)* to steal*, to take*; *(trasportare)* [*acqua*] to bear* away, to carry away [*persona, barca*]; [*vento*] to blow* off, to blow* away [*cappello*]; *(richiedere)* to take* (up) [*tempo*] **18** **portare avanti** *(proseguire)* to follow through, to pursue [*idea, teoria*]; to carry out [*campagna, indagine*]; *(mettere avanti)* to put* forward, to put* on [*orologio*] **19** **portare indietro** to take* back, to return [*merce*]; *(mettere indietro)* to put* back, to turn back [*orologio*] **20** **portare su** to carry up; *(al piano di sopra)* to take* upstairs; *(far aumentare)* to force up [*prezzi*] **21** **portare giù**, **sotto** to bring* down; *(al piano di sotto)* to take* downstairs **22** **portare dentro** to bring* inside, to fetch in **23** **portare fuori** to carry out, to fetch out; ***~ fuori il cane*** to take the dog for a walk, to walk the dog; ***~ fuori l'immondizia*** to put the garbage out **II** intr. (aus. *avere*) **1** *(condurre)* to lead*; ***questa strada porta alla chiesa*** this road leads to the church **2** ARM. ***un cannone che porta a 2500 metri*** a cannon with a range of 2500 metres **III portarsi** pronom. **1** *(andare)* to go*; *(venire)* to come*; *(spostarsi)* to move; ***-rsi in testa alla classifica*** to get to first place **2** *(con sé)* to bring* along; ***-rsi il lavoro a casa*** to take one's work home **3** **portarsi dietro** to bring* along; ***un'abitudine che ci si porta dietro dall'infanzia*** a habit that is carried over from childhood **4** **portarsi avanti** *(progredire)* ***mi sono portata avanti nel lavoro*** I've got well ahead with my work.
portarinfuse /portarin'fuze/ f.inv. bulk carrier.
portaritratti /portari'tratti/ m.inv. picture frame.
portariviste /portari'viste/ m.inv. magazine rack.
portasapone /portasa'pone/ m.inv. soapdish.
portasci /portaʃ'ʃi/ m.inv. ski rack.
portasciugamani /portaʃʃuga'mani/ m.inv., **portasciugamano** /portaʃʃuga'mano/ m. towel rail, towel horse, towel rack.
portasigarette /portasiga'rette/ m.inv. cigarette case.
portasigari /porta'sigari/ m.inv. cigar case.
portassegni /portas'seɲɲi/ m.inv. chequebook case BE, checkbook case AE.
portata /por'tata/ f. **1** *(a tavola)* course; ***piatto da ~*** (serving) dish, platter; ***pasto di tre -e*** three-course meal **2** *(capacità di carico)* capacity; *(di nave)* tonnage, burden; ***~ lorda*** MAR. dead weight **3** *(di fiume, tubo)* (rate of) flow **4** *(di arma da fuoco, strumento ottico)* range; ***arma a lunga ~*** long-range weapon; ***avere una ~ di 20 chilometri*** to range over 20 km; ***essere fuori ~*** to be out of range **5** FIG. *(importanza)* importance, extent, significance **6** *(possibilità, capacità di arrivare)* ***tenere qcs. fuori dalla ~ di qcn.*** to keep sth. out of sb.'s way *o* reach; ***"tenere fuori dalla ~ dei bambini"*** "keep out of reach of children"; ***a ~ di voce*** *(per chi parla)* within hailing *o* shouting distance; *(per chi ascolta)* within earshot *o* hearing **7** **a portata di mano** handy, (close) at hand, within sb.'s reach **8** **alla portata di** *(che può essere compreso, fatto)* ***alla ~ di qcn.*** within sb.'s reach *o* grasp; ***fuori della ~ di qcn.*** above *o* over sb.'s head, out of sb.'s reach; *(economicamente)* ***alla ~ di tutti*** affordable for all.
portatile /por'tatile/ **I** agg. portable, hand-held **II** m. *(computer)* (hand)portable, laptop; *(televisore)* portable.
portato /por'tato/ **I** p.pass. → **portare** **II** agg. *(dotato)* inclined; *(incline)* prone, given, inclined; ***essere ~ per le lingue*** to have a feel *o* a facility for languages; ***essere ~ per l'arte, la musica*** to be artistically, musically inclined, to be artistic, musical; ***uno studente molto ~ per la musica*** a musically gifted student; ***non essere ~ per fare*** to be bad at doing; ***sono ~ a credergli*** I'm inclined to believe him.

portatore /porta'tore/ m. (f. **-trice** /tritʃe/) **1** bearer; *(in una spedizione)* porter **2** MED. carrier; ***è ~ del virus HIV*** he is carrying the HIV virus **3** COMM. bearer; ***assegno al ~*** bearer cheque; ***pagabile al ~*** payable to bearer ♦♦ ***~ di handicap*** handicapped person; ***~ sano*** symptom-free carrier.

portatovagliolo /portatovaʎ'ʎɔlo/ m. *(anello)* napkin ring; *(custodia)* napkin holder.

portattrezzi /portat'trettsi/ m.inv. *(cassetta)* toolbox.

portauova /porta'wɔva/ m.inv. egg box.

portauovo /porta'wɔvo/ m.inv. eggcup.

portavalori /portava'lori/ **I** agg.inv. ***furgone ~*** security van; ***cassetta ~*** safe-deposit box **II** ➧ *18* m. e f.inv. security guard.

portavasi /porta'vazi/ m.inv. flower stand.

portavivande /portavi'vande/ **I** agg.inv. ***carrello ~*** food trolley **II** m.inv. *(contenitore)* = container for keeping food hot.

portavoce /porta'votʃe/ m. e f.inv. spokesperson, mouthpiece; *(uomo)* spokesman*; *(donna)* spokeswoman*; ***farsi ~ di*** to act as a spokesperson for, to be the mouthpiece of.

portello /por'tɛllo/ m. MAR. AER. port, hatchway.

portellone /portel'lone/ m. **1** MAR. AER. hatch, door **2** AUT. ***~ posteriore*** hatch(back).

portento /por'tɛnto/ m. **1** *(prodigio)* portent, prodigy, marvel **2** *(persona)* prodigy; ***un ~ d'intelligenza*** a marvel *o* prodigy of intelligence.

portentoso /porten'toso/ agg. **1** *(miracoloso)* miraculous **2** *(straordinario)* prodigious, phenomenal.

portfolio /port'fɔljo/ m.inv. ART. FOT. portfolio*.

porticato /porti'kato/ m. arcade, colonnade.

portico, pl. **-ci** /'pɔrtiko, tʃi/ m. *(di casa)* porch; ***-ci*** *(per transito pedonale)* arcades.

portiera /por'tjɛra/ f. AUT. door.

portiere /por'tjɛre/ ➧ *18* m. (f. **-a**) **1** *(di stabile)* (door) porter, caretaker, door keeper; *(d'albergo)* (hall) porter; *(uomo)* doorman*; ***~ di notte*** night porter **2** SPORT goalkeeper, goalie COLLOQ.

portinaia /porti'naja/ f. **1** (door) porter, caretaker, door keeper **2** SPREG. COLLOQ. *(donna pettegola)* ***è una vera ~*** she's a real gossip *o* a nosy parker.

portinaio, pl. **-ai** /porti'najo, ai/ ➧ *18* m. (door) porter, caretaker, door keeper.

portineria /portine'ria/ f. *(guardiola)* porter's lodge, caretaker's lodge; *(appartamento)* porter's flat, caretaker's flat.

1.porto /'pɔrto/ m. **1** harbour BE, harbor AE, port; ***~ marittimo, di mare*** seaport, maritime port; ***~ fluviale*** river port; ***entrare in ~*** to come into port **2** FIG. *(rifugio)* haven, harbour BE, harbor AE ♦ ***andare in ~*** [*affare, progetto*] to go through, to come off, to be successful; ***condurre in ~*** to pull off [*affare*]; ***questa casa è un ~ di mare*** this house is like a train station ♦♦ ***~ franco*** free port; ***~ d'imbarco*** port of embarkation; ***~ militare*** naval base; ***~ di sbarco*** port of entry; ***~ di scalo*** port of call; ***~ di scarico*** port of despatch; ***~ turistico*** marina.

2.porto /'pɔrto/ m. COMM. carriage, freight; ***franco di ~*** post-free, carriage (pre)paid ♦♦ ***~ affrancato*** COMM. post free; ***~ d'armi*** gun licence BE *o* license AE; ***avere il ~ d'armi*** to be licensed to carry a gun; ***~ assegnato*** COMM. carriage forward, freight forward BE *o* collect AE.

3.porto /'pɔrto/ m.inv. ENOL. port.

Portogallo /porto'gallo/ ➧ *33* n.pr.m. Portugal.

portoghese /porto'gese/ ➧ *25, 16* **I** agg. Portuguese **II** m. e f. **1** Portuguese* **2** FIG. *(chi entra senza biglietto)* gatecrasher; *(chi viaggia senza biglietto)* fare dodger **III** m. *(lingua)* Portuguese.

portolano /porto'lano/ m. MAR. pilot's book.

portone /por'tone/ m. main door, main entrance, street door.

portoricano /portori'kano/ ➧ *25* **I** agg. Puerto Rican **II** m. (f. **-a**) Puerto Rican.

Portorico /porto'riko/ ➧ *33* n.pr.f. Puerto Rico.

portuale /portu'ale/ ➧ *18* **I** agg. port attrib., harbour attrib. BE, harbor attrib. AE; ***zona ~*** docks; ***diritti -i*** harbour dues *o* fees **II** m. docker, dockworker.

porzionatore /portsjona'tore/ m. *(per gelato)* scoop.

porzione /por'tsjone/ f. **1** *(parte)* part, share, portion **2** *(di cibo)* helping, serving, portion.

posa /'pɔsa/ f. **1** *(di piastrelle, cavo, binari ecc.)* laying; ***~ della prima pietra*** the laying of the foundation stone **2** ART. FOT. pose, sitting; ***mettersi in ~*** to pose; ***teatro di ~*** CINEM. studio **3** FIG. *(atteggiamento)* pose, attire **4** FOT. exposure **5** ***senza posa*** without a pause, incessantly.

posacavi /posa'kavi/ f.inv. cable ship.

posacenere /posa'tʃenere/ m.inv. → **portacenere.**

posamine /posa'mine/ f.inv. minelayer.

posapiano /posa'pjano/ m. e f.inv. COLLOQ. SCHERZ. slowcoach BE, slowpoke AE.

posare /po'sare/ [1] **I** tr. **1** *(mettere giù)* to lay* (down), to put* down, to set* down [*oggetto*]; *(adagiare)* to lean*, to rest [*parte del corpo*] (**su** on); ***~ il giornale sul tavolo*** to lay the newspaper on the table; ***~ la mano sul braccio di qcn.*** to lay *o* place one's hand on sb.'s arm; ***~ le armi*** FIG. to lay down one's arms **2** TECN. to lay* [*piastrelle, cavo, pietra, mine*] **3** FIG. *(fissare)* ***~ gli occhi su qcn., qcs.*** to set one's eye on sb., sth. **II** intr. (aus. *avere*) **1** *(poggiare)* to rest, to stand* (**su** on) **2** FIG. *(basarsi)* ***~ su*** to rest on, to be based on, to rely on [*teoria, indizi, testimonianza*] **3** ART. FOT. to pose **4** FIG. *(atteggiarsi)* to pose, to put* on airs; ***~ a genio incompreso*** to act *o* play the misunderstood genius **5** *(sedimentare)* to settle **III posarsi** pronom. **1** *(poggiarsi)* [*uccello, insetto*] to alight, to settle; *(appollaiarsi)* [*uccello*] to perch (**su** on); [*polvere, neve*] to settle (**su** on); [*aereo*] to land, to touch down **2** *(sedimentarsi)* to settle **3** FIG. *(soffermarsi)* ***-rsi su qcn., qcs.*** [*occhi, sguardo*] to rest *o* light on sb., sth.

posata /po'sata/ **I** f. *(coltello)* knife*; *(forchetta)* fork; *(cucchiaio)* spoon **II posate** f.pl. cutlery **U**, flatware AE sing.

posateria /posate'ria/ f. cutlery **U**.

posato /po'sato/ **I** p.pass. → **posare II** agg. *(riflessivo)* sedate, staid, composed; *(calmo)* calm, quiet.

posatoio, pl. **-oi** /posa'tojo, oi/ m. perch, roost.

poscritto /pos'kritto/ m. postscript.

positiva /pozi'tiva/ f. FOT. positive.

positivamente /pozitiva'mente/ avv. [*reagire, valutare*] positively.

positivismo /poziti'vizmo/ m. FILOS. positivism.

positivista, m.pl. **-i**, f.pl. **-e** /poziti'vista/ m. e f. FILOS. positivist.

positivo /pozi'tivo/ **I** agg. **1** *(buono, favorevole)* [*risultato, critica, giudizio*] positive; ***la cosa -a è che*** the good thing is that; ***il lato ~*** the sunny *o* plus side **2** *(costruttivo)* [*atteggiamento*] positive, constructive; ***pensare in modo ~*** to think positive(ly) **3** *(oggettivo)* [*conoscenza, dato*] positive **4** *(affermativo)* [*risposta*] positive **5** MED. [*esame, test, reazione*] positive **6** MAT. [*numero*] positive **7** EL. positive **8** LING. ***(di) grado ~*** (in the) positive **II** m. FOT. positive.

posizionamento /pozittsjona'mento/ m. positioning.

posizionare /pozittsjo'nare/ [1] **I** tr. TECN. MECC. to position, to locate **II posizionarsi** pronom. *(collocarsi)* to place oneself.

posizione /pozit'tsjone/ f. **1** *(nello spazio)* position, location; ***in ~ orizzontale, verticale*** horizontally, vertically; ***la casa è in un'ottima ~, in ~ ideale*** the house is in a good position, ideally situated **2** *(postura)* position, attitude, posture; ***essere in ~ prona, supina*** to lie prone, to be supine; ***in ~ fetale*** in the foetal position; ***assumere una ~*** to adopt a stance **3** *(in una classifica)* position, place, placing; ***essere in terza ~*** to be in third position *o* place; ***arrivare in quarta ~*** to arrive fourth; ***perdere -i in classifica*** to fall in the charts **4** FIG. *(situazione)* position; ***trovarsi in una ~ imbarazzante*** to be in an awkward position **5** FIG. *(professionale, sociale)* position, status*, standing; ***~ sociale*** position, social standing; ***una ~ di responsabilità*** a position of responsibility; ***farsi una ~*** to rise **6** FIG. *(punto di vista)* position, view; ***avere -i estremiste*** to be extreme in one's views; ***presa di ~*** stance, stand; ***prendere ~ su qcs.*** to take *o* make a stand on sth. **7** MIL. position, line; ***guerra di ~*** war of position.

posologia /posolo'dʒia/ f. *(di farmaco)* dosage.

posporre /pos'porre/ [73] tr. **1** *(mettere dopo)* to place [sth.] after, to put* [sth.] after **2** *(posticipare)* to postpone, to defer [*data, viaggio, riunione*].

possedere /posse'dere/ [88] tr. **1** to own, to possess [*proprietà, automobile, fortuna, arma, materiale*]; to hold*, to have* [*azioni, laurea*] **2** *(essere dotato di)* to have*, to possess [*abilità, qualità, istinto*] **3** *(conoscere a fondo)* to have* a thorough knowledge of [*tecnica, materia*]; to be* a master of [*arte*] **4** *(sessualmente)* to have*, to take*, to possess [*donna*] **5** *(dominare)* to possess; ***essere posseduto da*** to be possessed by *o* with [*demone, passione*].

possedimento /possedi'mento/ m. **1** *(proprietà terriera)* property, estate **2** *(colonia)* possession.

posseduto /posse'duto/ **I** p.pass. → **possedere II** agg. possessed; ***~ dal demonio*** possessed by the devil.

possente /pos'sɛnte/ agg. [*persona, animale, fisico, voce*] powerful.

possessione /posses'sjone/ f. possession.

possessivo /posses'sivo/ agg. possessive (anche LING.).

possesso /pos'sɛsso/ m. **1** possession, ownership; ***essere in ~ di*** to be in possession of [*passaporto, prove, laurea, droga, armi*]; ***entrare in*** o ***prendere ~ di qcs.*** to take possession of sth.; ***essere nel pieno ~ delle proprie facoltà*** to be in possession of all one's faculties; ***~ di palla*** SPORT possession **2** *(padronanza)* mastery.

possessore /posses'sore/ m. (f. **posseditrice** /possedi'tritʃe/) *(di beni, oggetti)* owner, possessor FORM.; *(di titolo di studio, documento, azioni)* holder.

possibile /pos'sibile/ **I** agg. **1** *(realizzabile)* possible; ***se (è) ~*** if possible; ***oggi non mi sarà ~ spostarmi*** I won't be able to get out today; ***rendere ~ qcs.*** to make sth. possible; ***sarebbe ~ avere un caffè?*** any chance of a coffee? COLLOQ.; ***non appena ~*** as soon as possible; ***il più presto, tardi ~*** as soon, late as possible; ***il più vicino ~ alla stazione*** as close to the station as possible; ***il più, meno ~*** as much, little as possible; ***per quanto ~*** as much as possible, where possible **2** *(che può accadere, potenziale)* possible; ***si annunciano -i disagi sulle linee aeree*** there is a possibility of airline delays; ***un ~ candidato*** a potential candidate; ***tutto è ~*** anything is possible; ***non è ~, ma come è ~!*** I don't believe it! that can't be true! ***~?*** can this be possible? ***come è ~ che...?*** how does *o* can it happen that...? **II** m. ***il ~*** (the) possible; ***fare (tutto) il ~*** to do one's best, to do everything possible.

possibilismo /possibi'lizmo/ m. possibilism.

possibilista, m.pl. **-i**, f.pl. **-e** /possibi'lista/ agg., m. e f. possibilist.

possibilità /possibili'ta/ **I** f.inv. **1** *(eventualità)* possibility; *(probabilità)* likelihood; ***la ~ di fare qcs.*** the possibility of doing sth.; ***c'è la ~ che venga*** there's a possibility that he might come; ***quali sono le sue ~ di recupero?*** what are his chances of recovery? ***c'è la pur minima ~ che...?*** is it at all likely that...? ***avere una ~ su cinque*** to have a one-in-five chance **2** *(occasione)* opportunity, chance; ***le ~ di trovare un lavoro*** the chances of finding a job; ***valutare tutte le ~*** to weigh up all the options; ***non ho altra ~ che accettare*** I have no choice but to accept; ***offrire*** o ***dare a qcn. la ~ di fare*** to give sb. the chance to do *o* of doing **II** f.pl. **1** *(capacità)* abilities **2** *(mezzi economici)* means, income sing.; ***al di sopra delle proprie ~*** beyond one's income *o* means.

possibilmente /possibil'mente/ avv. if possible.

possidente /possi'dɛnte/ m. e f. property owner; *(di terre)* landowner.

posta /'pɔsta/ f. **1** mail, post BE; ***le Poste*** the post GB, the Postal Service US; ***inviare per ~*** to send [sth.] by mail *o* post BE, to mail, to post BE; ***a (stretto) giro di ~*** by return of post; ***ricevere qcs. per ~*** to get sth. through the post; ***~ in arrivo, in partenza*** incoming, outgoing mail; ***c'è ~ per me?*** is there any post for me? ***è arrivato con la ~ di oggi*** it came in today's post **2** *(ufficio)* post office **3** VENAT. hide BE, blind AE; ***fare la ~ a*** FIG. to keep a look-out for [*persona*] **4** GIOC. stake; ***avere una grossa ~ in gioco*** to play for high stakes; ***raddoppiare, rilanciare la ~*** to double, raise the stakes **5 a bella posta** on purpose ♦♦ ***~ aerea*** airmail; ***spedire per ~ aerea*** to airmail; ***~ centrale*** main post office, General Post Office; ***~ del cuore*** agony BE *o* advice AE column; ***~ elettronica*** electronic mail, e-mail; ***avere la ~ elettronica*** to be on e-mail; ***~ ordinaria*** = second class (mail); ***~ pneumatica*** pneumatic post; ***~ prioritaria*** = first class (mail).

postacelere /posta'tʃɛlere/ m. e f.inv. = fast postal delivery service.

postagiro /posta'dʒiro/ m.inv. postal transfer, giro* BE.

postale /pos'tale/ **I** agg. postal, mail attrib., post attrib. BE; ***cartolina ~*** postcard; ***pacco ~*** parcel; ***casella ~*** P.O. Box; ***timbro ~*** postmark; ***spese -i*** postage; ***ufficio ~*** post office; ***furgone ~*** mail van **II** m. *(nave)* mail boat; *(treno)* mail train; *(aereo)* mail plane.

postazione /postat'tsjone/ f. **1** MIL. post, station, emplacement **2** TEL. GIORN. position ♦♦ ***~ di tiro*** firing point.

postbellico, pl. **-ci**, **-che** /post'bɛlliko, tʃi, ke/ agg. postwar attrib.

postdatare /postda'tare/ [1] tr. to postdate.

posteggiare /posted'dʒare/ [1] tr. to park.

posteggiatore /posteddʒa'tore/ ➧ **18** m. (f. **-trice** /tritʃe/) parking attendant.

posteggio, pl. **-gi** /pos'teddʒo, dʒi/ m. *(il posteggiare)* parking; *(area)* car park, parking lot AE ♦♦ ***~ di taxi*** taxi rank BE *o* stand AE.

postelegrafonico, pl. **-ci**, **-che** /postelegra'fɔniko, tʃi, ke/ **I** agg. postal, telegraph and telephone attrib. **II** m. (f. **-a**) post office employee.

poster /'pɔster/ m.inv. poster.

posteri /'pɔsteri/ m.pl. descendants, posterity sing.

posteriore /poste'rjore/ **I** agg. **1** *(nello spazio)* [*parte, fila*] back; AUT. [*asse, vetro, sedile, ruota*] rear, back; ***ingresso ~*** back *o* rear entrance; ***zampe -i*** hind legs; ***trazione ~*** rear-wheel drive; ***fanale ~*** rear-light, taillight **2** *(nel tempo)* [*data*] later; [*avvenimento, opera*] subsequent; ***uno scrittore ~ a Dickens*** a writer who came after Dickens; ***questa invenzione è ~ al 1960*** this invention dates from after 1960 **II** m. COLLOQ. SCHERZ. bottom, behind, rear.

posteriormente /posterjor'mente/ avv. **1** *(dietro)* in the back, at the back (**a** of) **2** *(dopo)* later (on), subsequently.

posterità /posteri'ta/ f.inv. *(posteri)* posterity.

postfazione /postfat'tsjone/ f. afterword.

posticcio, pl. **-ci**, **-ce** /pos'tittʃo, tʃi, tʃe/ **I** agg. [*barba, capelli*] false **II** m. *(parrucchino)* hairpiece, toupee.

posticipare /postitʃi'pare/ [1] tr. to postpone, to defer [*partenza, riunione, decisione*].

posticipato /postitʃi'pato/ **I** p.pass. → **posticipare II** agg. ***pagamento ~*** deferred payment.

posticipazione /postitʃipat'tsjone/ f. postponement.

postilla /pos'tilla/ f. marginal note, annotation.

postillare /postil'lare/ [1] tr. to annotate.

postina /pos'tina/ ➧ **18** f. postwoman*.

postindustriale /postindus'trjale/ agg. postindustrial.

postino /pos'tino/ ➧ **18** m. postman*, mailman* AE.

postlaurea /post'laurea/ agg.inv. postgraduate.

postmoderno /postmo'dɛrno/ agg. postmodern.

1.posto /'pɔsto, 'posto/ m. **1** place; ***in qualche ~*** somewhere; ***in nessun ~*** nowhere **2** *(spazio)* room, space; ***avere il ~ per fare*** to have enough room *o* space to do; ***fare ~ a qcn., qcs.*** to make room *o* space for sb., sth.; ***potrebbe farmi ~ per favore?*** could you please move over? **3** *(collocazione, posizione assegnata)* place, position; ***prendere il ~ di qcn.*** to take sb.'s place; ***restare al proprio ~*** to remain at one's post; ***bisogna saper rimanere al proprio ~*** you must know your place; ***occupa un ~ importante*** he holds a very high position; ***sentirsi fuori ~*** to feel out of place; ***ogni cosa al suo ~*** everything in its place; ***i libri sono fuori ~, non sono al loro ~*** the books aren't in the right place *o* where they should be; ***che cosa avresti fatto al mio ~?*** what would you have done in my place? ***(se fossi) al tuo ~*** if I were in your position *o* in your shoes, if I were you **4** *(in una classifica)* place; ***piazzarsi al terzo ~*** to be placed third; ***è ai primi, agli ultimi -i*** he's up toward(s) the top, down toward(s) the bottom; ***questo problema viene al primo, all'ultimo ~ tra le priorità del governo*** the problem is at the top, bottom of the government's list of priorities **5** *(sito, località)* place, spot; ***essere nel ~ giusto al momento giusto*** to be in the right place at the right time **6** *(per sedersi)* seat, place; *(a tavola)* place; ***automobile a quattro -i*** four-seater (car); ***cedere il ~ a qcn.*** to give sb. one's seat; ***è libero questo ~?*** is this seat free? ***tienimi il, un ~*** save my seat, save me a seat; ***prendere ~*** to take one's seat; ***una sala da 200 -i*** a 200-seat auditorium **7** *(impiego)* job, post; ***un ~ di insegnante*** a job as a teacher; ***avere un buon ~*** to have a good job; ***perdere il ~*** to lose one's job **8** *(posteggio)* parking place **9 a posto** *(in ordine)* tidy; ***mettere a ~*** to tidy (up) [*stanza*]; to put away [*oggetti*]; *(aggiustare)* to set [sth.] right [*mecca-*

nismo, orologio]; ***questo dovrebbe mettere le cose a ~*** FIG. that ought to fix it; ***mettersi a ~*** *(rassettarsi)* to make oneself presentable; ***mettersi a ~ i capelli*** to fix one's hair; ***ho la coscienza a ~*** my conscience is clear; ***lo metto a ~ io*** I'll sort him out; ***siamo a ~!*** IRON. we're in a fine mess now! ***tenere la lingua a ~*** to hold one's tongue; ***non sa tenere le mani a ~*** he can't keep his hands to himself; ***è tutto a ~?*** *(va tutto bene)* is everything all right? ***è un tipo a ~*** he's a regular guy, he's okay; ***adesso ha messo la testa a ~*** she's a lot more settled now; ***non mi sento a ~*** *(di salute)* I don't feel well **10 al posto di** *(in sostituzione di)* in place of; *(invece)* instead of **11 del posto** ***la gente del ~*** the people around here; ***non è del ~*** she's not from around here **12 sul posto** [*andare*] to the scene; [*arrivare*] on the scene; [*essere*] at the scene; ***studiare le lingue sul ~*** to study languages where they are spoken ♦ ***mandare qcn. in quel ~*** to send sb. packing; ***prendersela in quel ~*** to be screwed *o* conned; ***andare in quel ~*** *(gabinetto)* to pay a visit ♦♦ ***~ di blocco*** roadblock; ***~ di comando*** command post; ***~ di combattimento*** action station; ***~ di controllo*** checkpoint; ***~ di frontiera*** frontier post; ***~ di guardia*** sentry *o* watch post; ***~ di guida*** driving *o* driver's seat; ***~ letto*** bed; ***~ macchina*** = private parking place; ***~ d'onore*** place of honour; ***~ di pilotaggio*** AER. flight deck, cockpit; ***~ di polizia*** police station; ***~ a sedere*** seat; ***-i in piedi*** standing room.

2.posto /'pɔsto, 'posto/ **I** p.pass. → **porre II** agg. **1** *(situato)* placed, situated, set **2 posto che** *(dato che)* given that, since; *(ammesso che)* provided that, assuming that.

postoperatorio, pl. **-ri, -rie** /postopera'tɔrjo, ri, rje/ agg. post-operative; ***assistenza -a*** aftercare.

postribolo /pos'tribolo/ m. brothel.

post scriptum /pɔst'skriptum/ m.inv. postscript.

postulante /postu'lante/ m. e f. **1** *(richiedente)* petitioner, solicitor **2** RELIG. postulant.

postulare /postu'lare/ [1] tr. **1** *(sollecitare)* to solicit **2** MAT. FILOS. to postulate.

postulato /postu'lato/ m. postulate.

postumo /'pɔstumo/ **I** agg. posthumous **II postumi** m.pl. after-effect sing. (anche MED.), aftermath **U**; ***avere i -i di una sbronza*** to have a hangover.

postuniversitario, pl. **-ri, -rie** /postuniversi'tarjo, ri, rje/ agg. postgraduate.

postura /pos'tura/ f. posture.

potabile /po'tabile/ agg. **1 *acqua ~*** drinkable *o* drinking water; ***acqua non ~*** undrinkable water **2** COLLOQ. *(passabile)* decent.

potare /po'tare/ [1] tr. to prune, to lop [*albero*]; to trim, to clip [*siepe*].

potassa /po'tassa/ f. potash.

potassio /po'tassjo/ m. potassium.

potatura /pota'tura/ f. *(di albero)* pruning, lopping; *(di siepe)* trimming.

potentato /poten'tato/ m. potentate.

potente /po'tɛnte/ **I** agg. **1** *(influente)* [*persona, organizzazione*] powerful; [*paese*] powerful, mighty **2** *(intenso)* [*voce*] powerful **3** TECN. [*motore, veicolo, computer, bomba*] powerful **4** *(efficace)* [*antidoto*] powerful; [*veleno, farmaco*] potent **II** m. ***i -i*** the mighty, the powerful.

potentino /poten'tino/ ♦ **2 I** agg. from, of Potenza **II** m. (f. **-a**) native, inhabitant of Potenza.

potenza /po'tɛntsa/ f. **1** power; *(forza)* strength; ***la ~ militare di un paese*** the military power of a country **2** *(nazione)* power; ***~ nucleare, commerciale*** nuclear, commercial power; ***~ mondiale*** world power; ***le grandi -e*** the big powers **3** *(persona potente)* powerful person **4** FIS. EL. power **5** MAT. power; ***dieci alla terza ~*** ten to the power (of) three **6** *(efficacia)* *(di veleno, medicinale)* potency ♦ ***in ~*** [*pericolo*] potential; [*essere pericoloso*] potentially.

potenziale /poten'tsjale/ agg. e m. potential.

potenzialità /potentsjali'ta/ f.inv. *(capacità)* potentiality, potential, capability.

potenziamento /potentsja'mento/ m. *(rafforzamento)* strengthening; *(sviluppo)* development.

potenziare /poten'tsjare/ [1] tr. **1** to strengthen [*muscoli*]; to develop [*industria, commercio*]; to supplement [*servizio*] **2** INFORM. to upgrade [*memoria, sistema*].

1.potere /po'tere/ [74] mod. (the use of the auxiliary *essere* or *avere* in compound tenses depends on the verb in the infinitive that follows) **1** *(riuscire, essere in grado di)* can, to be* able to; ***puoi sollevare questa scatola?*** can you lift this box? ***non potrà venire*** he won't be able to come; ***non appena potrò*** as soon as I can; ***se potrò permettermelo, comprerò una macchina*** if I can afford it, I'll buy a car; ***potevo appena respirare*** I could hardly breathe; ***potrebbe fare (di) meglio*** he could do better; ***avrebbe potuto farlo*** she could have done it; ***non posso farci niente*** there's nothing I can do about that; ***faccio quello che posso*** I'm doing my best; ***per quel che posso*** insofar as I can; ***non ne posso più*** I've had it; ***non ne posso più di tutta questa storia*** I'm fed up with the whole business **2** *(per esprimere possibilità)* can, may; *(più remota)* could, might; *(per esprimere probabilità, opportunità)* may, to be* likely; *(più remota)* might; ***chiunque può iscriversi*** anyone can enrol; ***non puoi averlo dimenticato!*** you can't have forgotten! ***potrebbe essere Andy*** it may be Andy; *(meno probabile)* it might be Andy; ***può essere stato Jim*** it may have been Jim; ***potrebbe essere che...*** it could be that...; ***potrei sbagliarmi*** I could be wrong; ***potrebbe capitare che io parta*** I could *o* might leave; ***puoi sempre cambiarlo*** you can always change it; ***potevano essere state le sei*** it was probably about six o'clock; ***non può non vincere*** he's bound to win; ***può darsi*** maybe, perhaps, possibly; ***può darsi che sia così, ma...*** that's as may be, but...; ***può darsi che i prezzi aumentino*** prices may *o* might rise; ***"vieni?" - "può darsi"*** "will you come" - "I might" **3** *(per esprimere permesso, autorizzazione)* can, to be* allowed to, may FORM.; ***posso entrare?*** may I come in? ***posso usare la tua auto?*** can I use your car? ***gli studenti non possono uscire dall'edificio senza autorizzazione*** pupils can't *o* may not leave *o* are not allowed to leave the school without permission; ***si può fumare qui?*** is smoking allowed here? **4** *(nelle richieste)* can; *(più cortese)* would, could; ***puoi farmi un favore?*** can you do me a favour? ***potrei parlare con John?*** could I speak to John? ***potreste fare silenzio, per favore?*** would you please be quiet? **5** *(nelle offerte)* can; ***posso darti una mano?*** can I give you a hand? ***che cosa posso fare per lei?*** what can I do for you? **6** *(per suggerire, dare un consiglio)* can, could; ***potremmo andare al cinema stasera*** we could go to the cinema tonight; ***puoi comprargli una camicia*** you can buy him a shirt **7** *(essere nella condizione, posizione di)* can; ***non si può certo biasimarla*** one can hardly blame her; ***non può non*** o ***che accettare*** he has no option but to accept; *(per esprimere rimprovero)* ***come hai potuto!*** how could you! ***avrebbero potuto*** o ***potevano avvertirci*** they could have warned us; ***non potevi dirmelo subito?*** why couldn't you have told me that right away? why didn't you tell me that right away? *(per esprimere sorpresa)* ***che può mai volere da me?*** what can she possibly want from me? **8** *(in espressioni ellittiche)* ***una persona che può*** *(che ha denaro)* a person of means; *(che ha potere)* a very influential person; ***lui può*** IRON. he's got a lot of pull **9** *(in espressioni di augurio)* ***possa la vostra vita essere felice*** may you live happily **10 a più non posso** [*correre*] as fast as one can; [*lavorare*] as hard as one can, flat out; [*mangiare*] as much as one can; [*gridare*] at the top of one's voice ♦ ***volere è ~*** PROV. where there's a will, there's a way.

2.potere /po'tere/ m. **1** *(capacità)* ability, capability, power; ***avere il ~ di fare*** to be able to do; ***-i magici, soprannaturali*** magic, supernatural powers **2** *(influenza, autorità)* power (**su** over); ***la tiene in suo ~*** he's got her in his power; ***esercitare un ~ su qcn.*** to hold sway over sb.; ***non avere nessun ~ su qcn.*** to have no power *o* influence over sb.; ***non ho il ~ di prendere una decisione simile*** I'm not the one who decides **3** POL. power; ***~ assoluto*** absolute power; ***gioco di ~*** power game; ***essere al ~*** to be in power; ***prendere*** o ***assumere il ~*** to take power; ***rimanere al ~*** to stay in power; ***dare pieni -i a qcn.*** to give sb. full powers; ***avere pieni -i*** to have all powers; ***il quarto ~*** the fourth estate; ***il quinto ~*** = the broadcasting media ♦♦ ***~ d'acquisto*** purchasing *o* spending power; ***~ esecutivo*** executive power; ***~ giudiziario*** judiciary; ***~ legislativo*** legislative power; ***-i straordinari*** emergency power.

potestà /potes'ta/ f.inv. **1** *(potere)* power **2** DIR. authority; ***patria ~*** parental authority.

1.potere

- Gli equivalenti inglesi del verbo modale italiano *potere* sono *can* (al negativo *cannot* o *can't*), *could* (al negativo *could not* o *couldn't*), *may* (al negativo *may not*) e *might* (al negativo *might not* o *mightn't*), oltre alle forme suppletive *to be able to, to be likely / possible to* e *to be allowed / permitted to.*
- Gli equivalenti inglesi di *potere* condividono con tutti gli altri modali inglesi alcune caratteristiche: non prendono la terminazione *-s* alla terza persona singolare del presente; non sono mai preceduti da un ausiliare; sono seguiti da un verbo all'infinito senza *to* (con l'eccezione delle forme suppletive).

Potere = can

- L'italiano *potere* si traduce con *can* quando, al tempo presente, si vuole indicare:
  a) la capacità di fare qualcosa: *può nuotare per un'ora senza fermarsi* = he can swim for an hour without stopping;
  b) la possibilità di fare qualcosa: *posso preparare una macedonia, se volete* = I can make a fruit salad, if you like, *quella porta può venire chiusa a chiave* = that door can be locked;
  c) il permesso, dato o richiesto, di fare qualcosa: *potete lasciare qui il vostro bagaglio* = you can leave your luggage here, *si può parcheggiare qui?* = can one park here?
  d) l'offerta, la proposta o il suggerimento di fare qualcosa: *posso aiutarti?* = can I help you? *possiamo scrivere una lettera di scuse* = we can write a letter of apology;
  e) altri usi secondari, con una forte componente idiomatica, vengono esemplificati nella voce **1.potere 7-10**.
- Si noti che quando *potere* indica capacità può essere espresso in italiano anche mediante altri verbi; solo talvolta anche il modale *can* è sostituito da una forma verbale:
  a) mediante *sapere (fare qualcosa)*: *so parlare correntemente il russo* = I can speak Russian fluently, *sapete nuotare?* = can you swim? *sai cucinare i funghi?* = can you cook mushrooms? / do you know how to cook mushrooms?
  b) mediante *riuscire (a fare qualcosa)*: *riesci a vederla laggiù?* = can you spot her down there? *come riesci a rimanere così magra?* = how do you manage to stay so slim? *sei riuscito a parlarle?* = did you succeed in talking to her?
  c) mediante *essere in grado / capace (di fare qualcosa)*: *non sono capace di guidare* = I can't drive.

  Mentre in italiano verbi di percezione quali *vedere* o *sentire* non richiedono necessariamente l'uso del modale *potere*, la forma *can* non può mancare in inglese davanti a questi verbi e ad altri come *to find, to manage, to speak* e *to understand*:

non ci vedo più!	=	I can't see any longer!
lo vedi?	=	can you see him?
parla più forte, non ti sento	=	speak louder, I can't hear you
non trovo gli occhiali	=	I can't find my glasses
ce la fate da soli?	=	can you manage alone?
Lei parla l'inglese, vero?	=	you can speak English, can't you?
non capisco Helmut quando parla in tedesco	=	I can't understand Helmut when he speaks German.

- In inglese, come in italiano, la forma di modale al presente è seguita da un infinito composto quando il riferimento temporale è al passato:

non posso aver detto una cosa del genere!	=	I can't have said some thing like that!
non può essere già arrivato!	=	he can't have arrived already!

Potere = could

- L'italiano *potere* si traduce con *could* quando, al tempo passato o al modo condizionale, si vuole indicare:
  a) al tempo passato, una capacità relativa al passato (espressa anche mediante *saper fare*): *potevano anche lavorare dodici ore al giorno* = they could even work twelve hours a day, *da giovane, sapevo giocare a scacchi molto bene* = when I was young, I could play chess very well;
  b) al condizionale, una capacità: *potrebbe costruirlo lui, è un ingegnere* = he could build it, he's an engineer;
  c) al condizionale, una possibilità o eventualità remota: *potrebbe farlo lui, se glielo chiedessimo* = he could do it, if we asked him to, *potrebbero essere morti* = they could be dead;
  d) al condizionale, una richiesta cortese: *per favore, potresti prestarmi 200 euro?* = could you please lend me 200 euros? *potrebbe passarmi il sale, per favore?* = could you pass me the salt, please?
  e) al condizionale, la proposta o il suggerimento di fare qualcosa: *potrei finirlo io* = I could finish it, *potreste passare l'estate in montagna* = you could spend the summer in the mountains;
  f) al condizionale composto, una possibilità non realizzata: *sarebbe potuto venire anche lui, se gli fosse stato chiesto* = he could have come as well, if he had been asked to.

  Si noti che il condizionale composto di *potere* si costruisce in inglese con *could* + infinito composto del verbo retto, cosicché l'inglese rende nello stesso modo due forme italiane, diverse per struttura e significato:

avrebbe potuto dirglielo John (= poteva farlo, ma sicuramente non l'ha fatto)	=	John could have told him
potrebbe averglielo detto John (= poteva farlo, e non si sa se l'abbia fatto o no)	=	John could have told him

  Si ricordi anche che nell'italiano corrente il condizionale composto è spesso sostituito dall'imperfetto indicativo, ma in inglese la traduzione non cambia:

poteva dirglielo John	=	John could have told him.

Potere = to be able to

- *To be able to* è una forma suppletiva del modale *can*, che si usa solamente per esprimere i tempi e i modi non resi mediante *can* e *could*, come il futuro, i tempi composti o le forme infinitive:

potrai parlargli appena arriverà a casa	=	you'll be able to speak to him as soon as he gets home
non ho ancora potuto parlargli	=	I have not been able to speak to him yet
non potendo venire, ci mandò un messaggio di posta elettronica	=	not being able to come, he sent us an e-mail message
è bello poter / saper parlare le lingue straniere	=	it's nice to be able to speak foreign languages.

- Se è possibile, tuttavia, bisogna usare le forme *can* e *could*; ad esempio, una forma di futuro come *will be able to* non sostituirà *can* se, come normalmente avviene in inglese, il futuro può essere espresso dal presente accompagnato da un'adeguata espressione avverbiale di tempo:

potrai parlargli dopodomani	=	you can speak to him the day after tomorrow.

- In alcuni rari casi l'uso di *can / could* ovvero della forma suppletiva *to be able to* serve a distinguere e convogliare significati diversi:
  a) negli esempi che seguono, mentre la forma infinitiva, e quindi *to be able to*, si usa quando la frase principale e quella secondaria hanno il medesimo soggetto, la forma coniugata, e quindi *could*, si usa per marcare la distinzione fra il soggetto della principale e quello della secondaria: *le spiaceva di non poter incontrare le sue ex compagne* = she was sorry not to be able to meet her former classmates, *gli spiaceva che lei non potesse incontrare le sue ex compagne* = he was sorry she couldn't meet her former classmates
  b) *was / were able to* non è semplice sostituto di *could* al passato, ma gli si contrappone nell'indicare il raggiungimento di un obiettivo tramite una capacità piuttosto che l'indicazione al passato del semplice possesso di una capacità: *quand'ero giovane, potevo mangiare di tutto* = when I was young, I could eat anything, *ha potuto / è stato capace di mangiare un intero tacchino farcito!* = he was able to eat a whole stuffed turkey! Si noti che questo contrasto semantico è marcato in italiano dall'uso dell'imperfetto rispetto al passato prossimo o remoto: *potevo / sapevo / ero capace di farlo* = I could do it, *potei / ho potuto / seppi / ho saputo / fui capace di / sono stato capace di farlo* = I was able to do it.

Potere = may

- L'italiano *potere* si traduce con *may* quando, al tempo presente, si vuole indicare:
  a) la possibilità di fare qualcosa: *penso che possa aiutarci lui* = I think he may help us;
  b) una probabilità: *può nevicare da un momento all'altro* = it may snow any time;
  c) il permesso, dato o richiesto, di fare qualcosa: *puoi dirglielo, se vuoi* = you may tell her, if you want to, *posso uscire?* = may I go out? (quest'uso di *may* è più formale rispetto al corrispondente impiego di *can*);
  d) un augurio: *possiate essere felici!* = may you be happy! *possa vivere altri cent'anni!* = may he live another one hundred years!
- Quando *potere* esprime probabilità, l'italiano si può avvalere della struttura *può darsi che* + congiuntivo, che tuttavia non ha alcun corrispondente formale in inglese:

può darsi che nevichi da un momento all'altro	=	it may snow any time
può darsi che quella porta sia chiusa a chiave	=	that door may be locked

  Si ricordi che *may* in questa accezione di probabilità non è normalmente usato nella frase interrogativa, che pertanto andrebbe riformulata in inglese: *domani può nevicare?, può darsi che nevichi domani?* = do you think it will snow tomorrow?

  Bisogna anche fare attenzione a non confondere la struttura *può darsi che* + congiuntivo con la locuzione avverbiale *può darsi*, traducibile in inglese con gli avverbi *maybe, perhaps* o *possibly*:

può darsi che Paul sia a casa	=	Paul may be at home
"pioverà stasera?" "può darsi"	=	"is it going to rain tonight?" "possibly"

- In inglese come in italiano, la forma di modale al presente è seguita da un infinito composto quando il riferimento temporale è al passato:

posso aver sbagliato, ma...	=	I may have made a mistake, but...
può essere stato George	=	it may have been George.

Potere = might

- L'italiano *potere* si traduce con *might* quando, al tempo passato o al modo condizionale, si vuole indicare:
  a) il passato di *may*, ossia *might* è di solito usato al passato solo quando la concordanza dei tempi richiede tale tempo verbale: *chiesi se potevo aprire la porta* = I asked if I might open the door (frase al discorso indiretto, rapportabile a *chiesi: "posso aprire la porta?"* = I asked: "may I open the door?"), *sperando che potesse arrivare in tempo, salii sul treno* = hoping he might arrive in time, I got on the train. *Might* non si usa al passato come verbo principale; pertanto, quando una forma del genere è presente in italiano, la si traduce in inglese con una forma suppletiva (si veda sotto) o con *may* + infinito composto: *ieri ho potuto parlarle* = I was allowed to speak to her yesterday, *poteva essere lui, ma non ne sono sicuro* = it may have been him, but I'm not sure about it;
  b) al condizionale, una possibilità o una probabilità remota: *non si sa mai, potrebbe anche arrivare in tempo* = you never know, he might even be here in time;
  c) al condizionale, un suggerimento: *potresti mandarle dei fiori* = you might send her some flowers;
  d) al condizionale, una proposta o una domanda in forma cortese: *potrei parlarLe, per favore?* = might I talk to you, please?
  e) al condizionale composto, una possibilità non realizzata: *sarebbe potuto arrivare in tempo, se non gli si fosse rotta la macchina* = he might have arrived in time, if his car hadn't broken down.

  Si noti che il condizionale composto di *potere* si costruisce in inglese con *might* + infinito composto del verbo retto, cosicché l'inglese rende nello stesso modo due forme italiane, diverse per struttura e significato:

sarebbe potuto arrivare in tempo (= poteva farlo, ma sicuramente non l'ha fatto)	=	he might have arrived in time
potrebbe essere arrivato in tempo (= poteva farlo, e non si sa se l'abbia fatto o no)	=	he might have arrived in time

  Si ricordi anche che nell'italiano corrente il condizionale composto è spesso sostituito dall'imperfetto indicativo, ma in inglese la traduzione non cambia:

poteva venire anche lui	=	he might have come too.

Potere = to be permitted / allowed / likely / possible to

- Come *can / could* possono essere sostituiti dalla forma suppletiva *to be able to*, così *may / might* vengono sostituiti da *to be permitted to* o *to be allowed to* quando si deve esprimere il senso di permesso, e da *to be likely to* o *to be possible to* quando si deve esprimere il senso di possibilità / probabilità. Gli esempi qui sotto mostrano che le prime tre di queste forme vengono impiegate in una struttura personale, solo l'ultima in una struttura impersonale:

non potremo fumare durante il volo	=	we wont' be permitted to smoke during the flight
potendo star fuori fino a tardi, rientrò alle due del mattino	=	being allowed to stay out until late, he got back home at 2 o'clock in the morning
può arrivare / è probabile che arrivi tardi	=	she is likely to arrive late
può arrivare / è possibile che arrivi tardi	=	it is possible for her to arrive late.

- Si ricordi tuttavia che, sebbene alcuni tempi verbali del modale italiano non abbiano un corrispondente formale diretto nel modale inglese, la forma suppletiva non è necessaria poiché può essere diversa e disponibile la forma verbale da impiegare in inglese:

non potendo dormire, ho letto fino all'alba	=	as I could not sleep, I read until dawn.

Casi particolari e locuzioni idiomatiche

- Si è visto che i due elementi delle coppie *can / could* e *may / might* si oppongono tra loro nel marcare la distinzione tra presente e passato indicativo (*posso / potevo*) oppure quella tra indicativo presente e condizionale presente (*posso / potrei*); si è pure visto che questa seconda distinzione non conta tanto dal punto di vista formale, ma da quello semantico nel sottolineare una possibilità più o meno remota, una richiesta o proposta più o meno gentile ecc.; pertanto, non ci si deve sorprendere nel trovare casi in cui non c'è corrispondenza formale tra il modale italiano e quello inglese, se tale corrispondenza si ritrova invece a livello semantico e pragmatico:

mi può aiutare, per favore?	=	could you please help me?
può nevicare come può far bello	=	it might snow or it might be fine
non toccarlo, potresti romperlo	=	don't touch it, you may break it.

- Il verbo *potere* compare in frasi del tipo *è troppo lontano perché io ci possa arrivare in tempo* o *questa frase è troppo difficile perché voi la possiate tradurre*; poiché l'inglese prevede in questi casi una struttura infinitiva, il modale *potere* non viene tradotto: it is too far for me to get there in time, this sentence is too difficult for you to translate it.
- Si noti la traduzione inglese della struttura *vorrei poter / saper fare qualcosa*:

vorrei potergli rendere i suoi soldi	=	I wish I could give his money back to him
vorrei che Jean sapesse guidare la macchina	=	I wish Jean could drive a car.

- Alcune locuzioni idiomatiche con *potere*:

non può non vincere	=	he's bound to win
non poteva che sentirsi felice	=	he could scarcely be other than happy
non ci posso fare niente	=	I can't do anything about it.

pot-pourri /popur'ri/ m.inv. **1** *(per profumare)* pot-pourri **2** *(accozzaglia)* medley, hotchpotch BE, hodgepodge AE **3** MUS. pot-pourri, medley.

pouf /puf/ m.inv. pouf(fe).

povera /'pɔvera/ f. poor woman*.

poveraccia, pl. **-ce** /pove'rattʃa, tʃe/ f. poor woman*, down-and-out.

poveraccio, pl. **-ci** /pove'rattʃo, tʃi/ m. poor man*, down-and-out, poor fellow.

poveretto /pove'retto/, **poverino** /pove'rino/ m. (f. **-a**) poor thing, poor devil.

povero /'pɔvero/ **I** agg. **1** *(senza risorse)* [*persona, quartiere, paese*] poor **2** *(carente, misero)* [*terreno, raccolto, alimentazione*] poor; **~ di** poor *o* lacking in; ***dieta -a di zuccheri*** *(insufficiente)* diet lacking in sugar; *(consigliata)* low-sugar diet **3** *(infelice)* ***~ bambino!*** poor child! ***~ te, me!*** poor you, me! ***un ~ Cristo*** COLLOQ. a poor chap BE *o* guy AE; ***~ diavolo*** poor devil **4** *(defunto)* poor, late; ***il mio ~ marito*** my late husband **II** m. poor man*, pauper; ***i -i*** the poor ♦ ***~ in canna*** as poor as a church mouse; ***in parole -e*** to put it simply, in plain words.

povertà /pover'ta/ f.inv. **1** *(miseria)* poverty; ***in condizioni di ~*** in poor circumstances; ***vivere in (estrema) ~*** to live in (extreme) poverty **2** *(scarsità)* poverty, shortage; *(mancanza)* lack; ***~ di mezzi, di idee*** lack of means, of ideas.

poveruomo, pl. **poveruomini** /pove'rwɔmo, pover'wɔmini/ m. *(povero)* poor man*, poor fellow.

pozione /pot'tsjone/ f. potion ♦♦ ***~ magica*** magic potion.

pozza /'pottsa/ f. **1** *(pozzanghera)* pool, puddle **2** *(liquido versato)* pool; ***~ di sangue*** pool of blood.

pozzanghera /pot'tsangera/ f. puddle, pool.

pozzetto /pot'tsetto/ m. **1** *(per acqua di scolo)* sump, well **2** MAR. cockpit **3** AUT. *(per i piedi)* footwell.

pozzo /'pottso/ m. **1** *(per l'acqua)* well **2** *(per estrazione o usi tecnici)* shaft, pit **3** COLLOQ. ***avere un ~ di quattrini*** to have pots of money ♦ ***essere (come) il*** o ***un ~ di san Patrizio*** to be like a widow's cruse ♦♦ ***~ artesiano*** artesian well; ***~ nero*** cesspit, cesspool; ***~ petrolifero*** o ***di petrolio*** oil well; ***~ di scienza*** prodigy *o* wellspring of learning.

pp. ⇒ pagine pages (pp.).

p.p. 1 ⇒ per procura per procurationem (pp) **2** ⇒ pacco postale parcel post (pp).

PP ⇒ porto pagato carriage paid (CP).

PPI /pippi'i/ m. (⇒ partito popolare italiano) = Italian political party based on Catholic ideals.

1.PR ⇒ **1** Procuratore della Repubblica state prosecutor **2** Piano Regolatore urban planning regulations.

2.PR /pi'ɛrre/ m. (⇒ Partito radicale) = Radical Party.

PRA /pra/ m. (⇒ Pubblico Registro Automobilistico) = office where motor vehicles are registered.

Praga /'praga/ ➧ **2** n.pr.f. Prague; ***la primavera di ~*** STOR. Prague Spring.

pragmatica /prag'matika/ f. pragmatics + verbo sing.

pragmatico, pl. **-ci**, **-che** /prag'matiko, tʃi, ke/ agg. pragmatic.

pragmatismo /pragma'tizmo/ m. pragmatism.

pragmatista, m.pl. **-i**, f.pl. **-e** /pragma'tista/ m. e f. pragmatist.

pragmatistico, pl. **-ci**, **-che** /pragma'tistiko, tʃi, ke/ agg. pragmatistic.

pralina /pra'lina/ f. praline.

prammatica /pram'matika/ f. ***essere di ~*** to be the custom *o* customary; ***una risposta di ~*** a regular answer.

pranoterapeuta, m.pl. **-i**, f.pl. **-e** /pranotera'pεuta/ ➧ **18** m. e f. → **pranoterapista.**

pranoterapia /pranotera'pia/ f. faith healing.

pranoterapista, m.pl. **-i**, f.pl. **-e** /pranotera'pista/ ➧ **18** m. e f. faith healer.

pranzare /pran'dzare/ [1] intr. (aus. *avere*) *(consumare il pasto principale)* to dine, to have* dinner; *(a mezzogiorno)* to lunch, to have* lunch; ***~ fuori*** to dine out; ***a che ora si pranza?*** what time are we eating?

pranzo /'prandzo/ m. *(pasto principale)* dinner; *(di mezzogiorno)* lunch, luncheon FORM.; *(con invitati)* dinner party; ***a ~*** at dinner; ***invitare qcn. a ~*** to invite *o* ask sb. to lunch; ***portare qcn. fuori a ~*** to take sb. out for *o* to lunch; ***per, a ~ ho mangiato un panino*** I had a sandwich for lunch; ***il ~ è pronto*** dinner is ready; ***all'ora di ~*** at lunchtime; ***pausa (per il) ~*** lunchbreak; ***sala, tavolo da ~*** dining room, table ♦♦ ***~ d'affari*** business lunch; ***~ di lavoro*** working lunch; ***~ di Natale*** Christmas dinner; ***~ di nozze*** wedding banquet; ***~ al sacco*** packed *o* box AE lunch.

prassi /'prassi/ f.inv. *(procedimento abituale)* standard procedure, normal practice; ***attenersi alla*** o ***seguire la ~*** to follow the usual procedure; ***è sua ~ fare*** he makes it a practice to do.

prataiolo /prata'jɔlo/ **I** agg. field attrib., meadow attrib. **II** m. *(fungo)* field mushroom.

prateria /prate'ria/ f. prairie, grassland.

pratica, pl. **-che** /'pratika, ke/ f. **1** practice; ***la teoria e la ~*** theory and practice; ***mettere qcs. in ~*** to put sth. into practice; ***in ~*** in practice, virtually; *(a tutti gli effetti)* for all practical purposes; *(in concreto)* in concrete terms **2** *(esercizio, esperienza)* practice, (practical) experience; *(conoscenza)* knowledge; ***avere ~ con qcs., nel fare qcs.*** to have experience with sth., in *o* at doing sth.; ***le manca la ~*** she lacks (practical) experience; ***fare ~*** to practise, to train; ***fare ~ presso qcn.*** to be apprenticed to sb. **3** *(operazione, rituale)* practice; ***-che religiose*** religious practices **4** *(faccenda)* ***-che illecite*** illegal activity **5** *(abitudine)* practice, custom **6** AMM. BUROCR. dossier, file; ***-che*** paperwork; ***istruire, archiviare una ~*** to open, close a file ♦ ***val più la ~ che la grammatica*** PROV. practice makes perfect.

praticabile /prati'kabile/ **I** agg. **1** *(transitabile)* [*strada*] practicable, passable **2** *(agibile)* [*campo da gioco*] playable **3** *(realizzabile)* [*idea, progetto*] workable, feasible **II** m. CINEM. TEATR. platform.

praticabilità /pratikabili'ta/ f.inv. **1** *(di strada)* practicability **2** *(di campo da gioco)* playability **3** *(di idea, progetto)* workability, feasibility.

praticamente /pratika'mente/ avv. **1** *(quasi)* practically, virtually; ***~ cieco*** as good as blind; ***quando siamo arrivati il film era ~ finito*** when we arrived the film was all but over; ***i trasporti pubblici sono ~ inesistenti*** there is virtually no public transport; ***~ mai*** hardly ever **2** *(in sostanza)* in practice, for all practical purposes; ***mi ha ~ dato del bugiardo*** he as good as called me a liar **3** *(in modo pratico)* practically, in a practical way.

praticantato /pratikan'tato/ m. training, practice.

praticante /prati'kante/ **I** agg. RELIG. [*cattolico, musulmano, ebreo*] practising BE, practicing AE; ***non ~*** non-practising attrib. **II** m. e f. *(apprendista, tirocinante)* apprentice, trainee.

praticare /prati'kare/ [1] tr. **1** *(esercitare)* to play [*sport*]; to practise BE, to practice AE [*professione*]; ***~ la professione di medico, di avvocato*** to practise medicine, law **2** *(eseguire)* to make* [*incisione, taglio, apertura*]; to carry out [*aborto*]; ***~ un'iniezione a qcn.*** to give sb. an injection **3** *(applicare)* to charge [*tassi d'interesse*]; to give* [*sconto*] **4** *(frequentare)* to frequent [*luogo*]; to associate with, to keep* company with [*persona*]; *(percorrere)* to travel [*strada*] **5** RELIG. to follow, to practise BE, to pratice AE [*religione*].

praticità /pratitʃi'ta/ f.inv. **1** *(comodità, funzionalità)* convenience, practicalness **2** *(carattere pratico)* practicalness, matter-of-factness.

pratico, pl. **-ci**, **-che** /'pratiko, tʃi, ke/ agg. **1** *(non teorico)* [*applicazione, conoscenze, metodo, dimostrazione*] practical; [*esperienza, addestramento*] hands-on **2** *(utile)* [*manuale, consiglio, mezzo*] practical; [*modo*] convenient **3** *(comodo da usare)* [*apparecchio, oggetto*] handy, practical; [*tecnica, vestito*] practical; [*formato*] handy, convenient; [*sistema*] workable **4** *(concreto)* [*problema, dettaglio, ragione*] practical; ***all'atto ~*** for all practical purposes, in practice **5** *(che ha esperienza)* experienced, familiar (**di** with); ***essere ~ del mestiere*** to be skilled in one's trade; ***essere ~ del posto*** to be familiar with the place **6** *(pragmatico)* [*persona*] practical; ***senso ~*** common sense; ***avere senso*** o ***spirito ~*** to be practical.

praticone /prati'kone/ m. (f. **-a**) old hand.

prativo /pra'tivo/ agg. meadow attib., grass attib.

prato /'prato/ m. grass **U**, meadow; *(all'inglese)* lawn; ***tennis su ~*** lawn tennis.

pratolina /prato'lina/ f. daisy.
PRC /piɛrret'tʃi/ m. (⇒ Partito della Rifondazione Comunista) = left-wing political party based on Communist ideals.
preaccensione /preattʃen'sjone/ f. pre-ignition.
preaffrancato /preaffran'kato/ agg. [*busta, cartolina*] prepaid, stamped.
preallarme /preal'larme/ m. readiness, alert; ***stato di ~*** state of readiness.
preambolo /pre'ambolo/ m. preamble; ***dire qcs. senza tanti -i*** to say sth. right away *o* straight out *o* without beating about the bush.
preanestesia /preaneste'zia/ f. premedication, basal anaesthesia BE, basal anesthesia AE.
preannunciare /preannun'tʃare/ [1] **I** tr. **1** *(annunciare in anticipo)* to preannounce, to announce [sth.] in advance **2** *(far presagire)* to announce, to foreshadow **II preannunciarsi** pronom. ***il futuro si preannuncia migliore*** the future looks more promising.
preannuncio, pl. **-ci** /prean'nuntʃo, tʃi/ m. **1** preannouncement **2** *(presagio)* sign, presage.
preannunziare /preannun'tsjare/ → **preannunciare.**
preavvertire /preavver'tire/ [3] tr. to forewarn.
preavvisare /preavvi'zare/ [1] tr. to forewarn, to inform [sb.] in advance.
preavviso /preav'vizo/ m. notice; ***senza ~*** without notice; ***dietro ~*** upon notice; ***un ~ di un mese, un mese di ~*** a month's notice.
prebellico, pl. **-ci, -che** /pre'bɛlliko, tʃi, ke/ agg. [*periodo*] prewar.
prebenda /pre'bɛnda/ f. **1** RELIG. prebend **2** *(guadagno)* profit.
precariato /preka'rjato/ m. **1** *(condizione)* temporary employment; *(nella scuola)* temporary teaching **2** *(lavoratori)* temporary employees pl.; *(nella scuola)* temporary teachers pl.
precarietà /prekarje'ta/ f.inv. precariousness.
precario, pl. **-ri, -rie** /pre'karjo, ri, rje/ **I** agg. [*esistenza, posizione*] precarious; [*lavoro, sistemazione, insegnante, personale*] temporary; [*salute*] precarious, poor **II** m. (f. **-a**) temporary employee; *(nella scuola)* temporary teacher.
precauzionale /prekauttsjo'nale/ agg. precautionary.
precauzione /prekaut'tsjone/ f. **1** *(misura preventiva)* precaution; ***per ~*** out of prevention; ***prendere -i*** to take precautions **2** *(cautela)* caution, care.
precedente /pretʃe'dɛnte/ **I** agg. ***il pomeriggio ~*** the afternoon before, the previous afternoon; ***il mio ~ datore di lavoro*** my former employer; ***un impegno ~*** a prior engagement **II** m. *(fatto anteriore)* precedent; ***creare un ~*** to create *o* set a precedent; ***senza -i*** without precedent, unprecedented **III precedenti** m.pl. *(condotta anteriore)* record sing.; ***avere dei buoni, cattivi -i*** to have a good, bad (track) record; ***-i penali*** DIR. criminal record.
precedentemente /pretʃedente'mente/ avv. previously, before.
precedenza /pretʃe'dɛntsa/ f. **1** *(nella circolazione)* priority, right of way; ***avere la ~*** to have right BE *o* the right AE of way (**su** over); ***dare la ~*** to give way; ***~ a destra*** priority to the right; ***segnale di ~*** give-way sign **2** *(maggiore importanza)* precedence, priority; ***dare la ~ a qcs.*** to give priority to sth.; ***avere la ~ su qcs., qcn.*** to take *o* have precedence over sth., sb. **3 in precedenza** previously, before.
precedere /pre'tʃɛdere/ [2] tr. **1** to precede, to go* before, to come* before; *(nel tempo)* [*avvenimento, periodo*] to precede, to lead* up to; ***l'auto che mi precedeva*** the car in front of me; ***mi aveva preceduto di cinque minuti*** he'd got there five minutes ahead of me **2** *(anticipare)* to anticipate.
precettare /pretʃet'tare/ [1] tr. **1** MIL. to call up, to mobilize **2** ***i lavoratori sono stati precettati*** workers have been ordered back to work.
precettazione /pretʃettat'tsjone/ f. **1** MIL. call-up, mobilization **2** *(di lavoratori in sciopero)* order to resume work.
precettistica /pretʃet'tistika/ f. *(di arte, disciplina)* precepts pl.
precetto /pre'tʃɛtto/ m. **1** *(norma)* precept, rule **2** RELIG. precept, obligation; ***festa di ~*** day of obligation **3** DIR. precept, order.
precettore /pretʃet'tore/ m. (f. **-trice** /tritʃe/) preceptor, tutor.
precipitare /pretʃipi'tare/ [1] **I** tr. **1** *(affrettare)* to hasten [*ritorno*]; to precipitate [*avvenimenti, rivolta*]; ***è meglio non ~ le cose*** it's better not to rush *o* hasten things; ***~ una decisione*** to rush into a decision **2** CHIM. to precipitate **II** intr. (aus. *essere*) **1** *(cadere)* [*oggetto, persona*] to fall* (anche FIG.); [*aereo*] to crash; [*prezzi, vendite*] to slump; ***~ nella disperazione*** FIG. to plunge into desperation **2** *(peggiorare)* [*avvenimento, crisi*] to come* to a head **3** CHIM. to precipitate **III precipitarsi** pronom. **1** *(gettarsi giù)* to throw* oneself, to hurl oneself **2** *(dirigersi precipitosamente)* to rush, to dash; ***-rsi in aiuto di qcn.*** to rush to sb.'s aid, to rush to help sb.
precipitato /pretʃipi'tato/ **I** p.pass. → **precipitare II** agg. [*partenza, decisione*] hasty **III** m. precipitate.
precipitazione /pretʃipitat'tsjone/ f. **1** METEOR. **-i** rainfall **U**, precipitation **U 2** *(fretta)* rashness, precipitation.
precipitosamente /pretʃipitosa'mente/ avv. [*partire, scappare*] hastily, hurriedly, headlong; [*agire, decidere*] rashly.
precipitoso /pretʃipi'toso/ agg. [*partenza, decisione*] hasty, rash, hurried, precipitate; ***essere troppo ~ nel fare*** to be too hasty in doing.
precipizio, pl. **-zi** /pretʃi'pittsjo, tsi/ m. **1** precipice, cliff **2 a precipizio *la scogliera scende a ~ sul mare*** the cliff drops into the sea; ***cadere, correre a ~*** to fall, run headlong.
precipuo /pre'tʃipuo/ agg. [*interesse, scopo*] principal, main, chief.
precisamente /pretʃiza'mente/ avv. **1** *(con esattezza)* precisely, exactly; ***che cosa stavi facendo ~?*** what exactly were you doing? **2** *(proprio)* just, exactly; ***~!*** just so! that's it! that's right!
precisare /pretʃi'zare/ [1] tr. **1** *(determinare, definire)* to specify, to state, to define (precisely) [*data*]; ***precisare meglio qcs.*** to be more precise about sth. **2** *(puntualizzare)* to clarify [*idea, programma*].
precisazione /pretʃizat'tsjone/ f. specification, clarification; ***è necessaria una ~*** more precise information is needed.
precisione /pretʃi'zjone/ f. precision; *(accuratezza)* accuracy; ***di ~*** [*strumento, bilancia*] precision attrib.; ***con ~*** [*calcolare, ricordare, descrivere*] accurately, exactly; [*dosare*] with precision; ***è stato in estate, a luglio per la ~*** it was in summer, July to be exact; ***due paesi, per la ~ Italia e Spagna*** two countries, namely Italy and Spain.
preciso /pre'tʃizo/ agg. **1** *(esatto)* [*somma, misura, momento, luogo*] precise, exact; [*strumento, orologio, descrizione, calcolo*] accurate; ***~ come un orologio*** as regular as clockwork; ***puoi essere più ~?*** can you be more precise *o* exact? ***in quel ~ istante*** at that very instant; ***alle due -e*** at exactly two o'clock, at two o'clock on the dot **2** *(ben definito)* [*programma, criterio*] specific; [*idea, data*] definite, determinate; [*ricordo, contorno*] clear; [*ordini*] precise, specific **3** *(coscienzioso, puntuale)* precise, careful, thorough **4** *(identico)* identical (**a** to) **5 di preciso** exactly.
precludere /pre'kludere/ [11] tr. to bar, to block, to preclude; ***~ a qcn. ogni possibilità di successo*** to bar sb.'s chances of success.
preclusione /preklu'zjone/ f. bar.
precoce /pre'kɔtʃe/ agg. **1** *(maturo prima del tempo)* [*bambino, ragazza*] precocious **2** *(anticipato)* [*frutta, stagione*] early attrib. **3** *(prematuro)* [*rughe, senilità*] premature.
precocità /prekotʃi'ta/ f.inv. precocity; *(di pianta)* earliness.
precolombiano /prekolom'bjano/ agg. pre-Columbian.
precompresso /prekom'prɛsso/ m. prestressed concrete.
preconcetto /prekon'tʃɛtto/ **I** agg. preconceived, prejudiced **II** m. preconception, prejudice, bias.
preconfezionato /prekonfettsjo'nato/ agg. ready-made, off-the-shelves.
preconizzare /prekonid'dzare/ [1] tr. to predict, to foretell*.
precorrere /pre'korrere/ [32] tr. to anticipate [*avvenimenti*]; ***~ i tempi*** to be ahead of *o* in advance of the times.
precorritore /prekorri'tore/ → **precursore.**
precotto /pre'kɔtto/ agg. precooked.
precursore /prekur'sore/ m. (f. **precorritrice** /prekorri'tritʃe/) forerunner, precursor.
preda /'prɛda/ f. **1** prey (anche FIG.); *(animale cacciato)* quarry; ***animale, uccello da ~*** beast, bird of prey; ***cadere ~ di***

to fall prey to; ***in ~ alle fiamme*** in flames; ***in ~ alla disperazione, al panico*** in despair, in a panic, panic-stricken; ***essere in ~ al dubbio*** to be prey to doubt **2** *(bottino)* booty, plunder; ***~ di guerra*** booty of war.

predare /pre'dare/ [1] tr. **1** *(cacciare)* to prey on **2** *(saccheggiare)* to plunder, to pillage.

predatore /preda'tore/ **I** agg. [*animale*] predatory **II** m. (f. **-trice** /tritʃe/) **1** *(animale)* predator **2** *(predone)* plunderer.

predatorio, pl. **-ri, -rie** /preda'tɔrjo, ri, rje/ agg. predatory.

predecessore /predetʃes'sore/ **I** m. predecessor **II predecessori** m.pl. *(antenati)* forefathers, ancestors.

predella /pre'dɛlla/ f. **1** *(pedana)* platform **2** *(dell'altare)* altar-step.

predellino /predel'lino/ m. *(di vettura)* footboard; *(di automobile)* running board.

predestinare /predesti'nare/ [1] tr. **1** to predestine (**a** for) **2** RELIG. to predestinate.

predestinato /predesti'nato/ **I** p.pass. → **predestinare II** agg. predestined; [*vittima*] intended, chosen; ***~ al fallimento*** doomed for disaster.

predestinazione /predestinat'tsjone/ f. **1** *(destino)* fate, destiny **2** RELIG. predestination.

predeterminare /predetermi'nare/ [1] tr. to predetermine.

predetto /pre'detto/ **I** p.pass. → **predire II** agg. aforesaid, above-mentioned.

predica, pl. **-che** /'prɛdika, ke/ f. **1** RELIG. sermon; ***fare una ~*** to preach a sermon **2** COLLOQ. *(ramanzina)* ***fare la ~ a qcn.*** to give sb. a lecture *o* a talking-to.

predicare /predi'kare/ [1] **I** tr. **1** to preach; ***~ la pace*** to preach peace **2** FILOS. to predicate **II** intr. (aus. *avere*) to preach ♦ ***~ bene e razzolare male*** not to practise what one preaches; ***~ al deserto*** o ***vento*** to waste one's words.

predicativo /predika'tivo/ agg. predicative, predicate.

predicato /predi'kato/ m. **1** LING. FILOS. predicate **2 in predicato *essere in ~ per*** to be in line for.

predicatore /predika'tore/ **I** agg. preaching **II** m. (f. **-trice** /tritʃe/) **1** preacher **2** *(sostenitore)* advocate; ***un ~ della pace*** a peace advocate.

predicazione /predikat'tsjone/ f. preaching.

predicozzo /predi'kɔttso/ m. SCHERZ. ***fare il ~ a qcn.*** to give sb. a lecture *o* a talking-to.

predigerito /predidʒe'rito/ agg. predigested.

prediletto /predi'lɛtto/ **I** agg. [*figlio*] dearest, favourite BE, favorite AE; [*scrittore, sport*] favourite BE, favorite AE **II** m. (f. **-a**) *(figlio, pupillo)* darling, pet.

predilezione /predilet'tsjone/ f. predilection, partiality, preference (**per** for).

prediligere /predi'lidʒere/ [75] tr. to have* a preference for, to prefer; *(fra due)* to like better; *(fra molti)* to like best.

predire /pre'dire/ [37] tr. to foretell*, to predict; ***~ il futuro a qcn.*** to tell *o* predict sb.'s future.

predisporre /predis'porre/ [73] **I** tr. **1** *(disporre)* to arrange [sth.] beforehand, to prearrange **2** *(psicologicamente)* to predispose (**a** to); to prepare (**a** for) **3** MED. to predispose **II predisporsi** pronom. to prepare oneself, to get* ready.

predisposizione /predispozit'tsjone/ f. **1** *(inclinazione)* predisposition (**per** to); aptitude (**per** for); ***mostrare una ~ per la musica*** to show a talent for music **2** *(preparazione)* prearrangement, preparation **3** MED. predisposition (**a** to).

predisposto /predis'posto/ **I** p.pass. → **predisporre II** agg. **1** *(preparato)* (pre)arranged, prepared **2** *(incline)* predisposed **3** MED. predisposed, prone (**a** to).

predizione /predit'tsjone/ f. prediction.

predominante /predomi'nante/ agg. *(per importanza)* predominant, prevalent, leading; *(per quantità)* predominant, prevailing.

predominanza /predomi'nantsa/ f. predominance, prevalence (**su** over).

predominare /predomi'nare/ [1] intr. (aus. *avere*) **1** *(dominare)* to (pre)dominate **2** *(prevalere)* to predominate, to prevail.

predominio, pl. **-ni** /predo'minjo, ni/ m. **1** *(supremazia)* predominance, supremacy (**su** over); ***avere, esercitare il ~*** to rule **2** *(preponderanza)* predominance, preponderance.

predone /pre'done/ m. raider, plunderer.

preelettorale /preeletto'rale/ agg. pre-election attrib.

preesistente /preezis'tɛnte/ agg. pre-existing, pre-existent; ***~ a qcs.*** existing before sth., prior to sth.

preesistere /pree'zistere/ [21] intr. (aus. *essere*) to pre-exist.

prefabbricare /prefabbri'kare/ [1] tr. to prefabricate.

prefabbricato /prefabbri'kato/ **I** p.pass. → **prefabbricare II** agg. prefabricated, prefab COLLOQ. **III** m. *(casa, costruzione)* prefabricated house, prefabricate building, prefab COLLOQ.

prefazione /prefat'tsjone/ f. preface, foreword (**di** by).

preferenza /prefe'rɛntsa/ f. preference; ***avere una (spiccata) ~ per*** to have a (clear) preference for; ***dare la ~ a*** to give preference to; ***di ~*** preferably, mostly; ***fare -e*** to show favouritism; ***voto di ~*** preferential vote.

preferenziale /preferen'tsjale/ agg. preferential; ***corsia ~*** bus lane; FIG. fast-track.

preferibile /prefe'ribile/ agg. preferable.

preferibilmente /preferibil'mente/ avv. preferably.

preferire /prefe'rire/ [102] tr. to prefer; *(tra due)* to like better; *(tra molti)* to like best; ***questo è il film che preferisco*** this is the film I like best; ***preferisco telefonare piuttosto che scrivere*** I prefer phoning to writing; ***preferirei che tu facessi*** I'd rather you did; ***preferirei non dirlo*** I'd rather not say; ***preferirei di no*** I'd rather not; ***(fa') come preferisci*** (it's) as you prefer *o* wish *o* please.

preferito /prefe'rito/ **I** p.pass. → **preferire II** agg. favourite BE, favorite AE **III** m. (f. **-a**) favourite BE, favorite AE; *(prediletto)* pet, darling.

prefestivo /prefes'tivo/ agg. before a holiday.

prefettizio, pl. **-zi, -zie** /prefet'tittsjo, tsi, tsje/ agg. prefectorial, prefect's.

prefetto /pre'fɛtto/ m. prefect.

prefettura /prefet'tura/ f. prefecture.

prefiggersi /pre'fiddʒersi/ [14] pronom. to set* oneself [*scopo*]; ***~ di fare*** to be determined to do, to establish *o* intend to do.

prefigurare /prefigu'rare/ [1] tr. to prefigure.

prefissare /prefis'sare/ [1] **I** tr. to fix in advance, to prearrange **II prefissarsi** pronom. → **prefiggersi**.

prefisso /pre'fisso/ **I** p.pass. → **prefiggere II** agg. fixed, prearranged **III** m. **1** LING. prefix **2** TEL. dialling code BE, area code AE.

pregare /pre'gare/ [1] tr. **1** *(chiedere a)* to ask, to beg; *(richiedere)* to request; ***~ qcn. di fare*** to ask sb. to do; ***ti prego di non fare il mio nome*** please don't mention my name; ***"i visitatori sono gentilmente pregati di fare"*** "visitors are kindly requested to do"; ***"si prega di non fumare"*** "please do not smoke", "please refrain from smoking"; ***non si è fatto ~*** he didn't wait to be asked twice; ***ama farsi ~*** she likes to be coaxed **2** RELIG. to pray (**per** for); ***ti prego, fa che tocchi a me!*** please, let it be me next!

pregevole /pre'dʒevole/ agg. **1** *(prezioso)* valuable, excellent **2** *(stimato)* valued, estimable.

preghiera /pre'gjɛra/ f. **1** RELIG. prayer; ***dire le -e*** to say one's prayers; ***luogo di ~*** place of prayer **2** *(richiesta)* request; *(supplica)* entreaty; ***rivolgere una ~ a qcn.*** to make a request to sb.; ***essere sordo alle -e di qcn.*** to be deaf to sb.'s entreaties.

pregiato /pre'dʒato/ agg. **1** *(di qualità superiore)* [*vino*] fine, rare **2** *(prezioso)* [*merce*] valuable; [*pietra, metallo*] precious; ***valuta -a*** hard currency **3** *(nelle lettere)* ***pregiatissimo Signor Rossi*** Dear Mr Rossi.

pregio, pl. **-gi** /'prɛdʒo, dʒi/ m. **1** *(qualità)* quality, merit **2** *(considerazione)* ***essere tenuto in gran ~*** to be held in high esteem **3** *(valore)* value, worth; ***di ~*** valuable.

pregiudicare /predʒudi'kare/ [1] tr. *(compromettere)* to prejudice, to compromise [*possibilità, qualità*]; *(danneggiare)* to impair, to damage [*prestazione, salute*].

pregiudicato /predʒudi'kato/ m. (f. **-a**) previous offender.

pregiudiziale /predʒudit'tsjale/ **I** agg. [*questione*] prejudicial, preliminary **II** f. preliminary question.

pregiudizievole /predʒudit'tsjevole/ agg. prejudicial (**per** to).

pregiudizio, pl. **-zi** /predʒu'dittsjo, tsi/ m. **1** prejudice, bias; ***~ di classe, razza*** class, racial prejudice; ***essere pieno di -zi*** to be very prejudiced **2** *(danno)* prejudice, detriment, harm; ***con***

***(grave)* ~ della sua salute** to the (great) detriment of his health **3** *(superstizione)* superstition.

preg.mo ⇒ pregiatissimo Dear; **~ Signor Rossi** Dear Mr Rossi.

pregnante /preɲ'ɲante/ agg. pregnant.

pregnanza /preɲ'ɲantsa/ f. pregnancy, significance.

pregno /'preɲɲo/ agg. **1** *(gravido)* pregnant **2** *(pieno)* full; [*situazione, evento*] fraught (**di** with) **3** *(impregnato)* impregnated (**di** with).

prego /'prɛgo/ inter. **1** *(per rispondere a "grazie")* not at all, don't mention it, you're welcome; **"grazie mille!" - "~!"** "thanks a lot" - "not at all!", "it's a pleasure *o* my pleasure" **2** *(per invitare a fare qcs.)* please; **~ si accomodi** please, take a seat *o* do sit down; **"posso entrare?" - "~"** "may I come in?" - "by all means!", "please do!"; **~!** *(dopo di lei)* after you! you go first! **3** *(per invitare a ripetere)* pardon, sorry BE, excuse me AE **4** *(per rivolgersi a un cliente)* can I help you? Si noti che *prego!* come risposta a *grazie!* viene spesso reso in Gran Bretagna da un semplice sorriso.

pregustare /pregus'tare/ [1] tr. to foretaste, to anticipate.

preistoria /preis'tɔrja/ f. **1** prehistory **2** FIG. prehistory, early history.

preistorico, pl. **-ci, -che** /preis'tɔriko, tʃi, ke/ agg. prehistoric (anche FIG.).

prelato /pre'lato/ m. prelate.

prelavaggio, pl. **-gi** /prela'vaddʒo, dʒi/ m. prewash.

prelazione /prelat'tsjone/ f. pre-emption; **diritto di ~** pre-emption right, right of pre-emption.

prelevare /prele'vare/ [1] tr. **1** MED. GEOL. to take* a sample of [*sangue, midollo, acqua*] **2** to withdraw*, to draw* (out) [*denaro*] **3** ECON. to collect, to levy [*tasse*] **4** *(arrestare)* to take*, to arrest **5** SCHERZ. *(passare a prendere)* to pick up, to collect [*persona*].

prelibatezza /preliba'tettsa/ f. tastiness, deliciousness; *(cibo prelibato)* delicacy, titbit BE, tidbit AE.

prelibato /preli'bato/ agg. dainty, delicious, choice.

prelievo /pre'ljɛvo/ m. **1** GEOL. MED. sampling; *(campione)* sample; **fare un ~ di sangue** to take a blood sample **2** *(di denaro)* withdrawal; **fare un ~ di 300 euro** to make a withdrawal of 300 euros ♦♦ **~ fiscale** charging.

preliminare /prelimi'nare/ **I** agg. preliminary; [*incontro, rapporto*] preliminary, preparatory; **udienza ~** pretrial hearing **II preliminari** m.pl. **1** *(trattative)* preliminaries **2** *(amorosi)* foreplay **U**.

preludere /pre'ludere/ [11] intr. (aus. *avere*) **~ a** to prelude, to foreshadow, to announce.

preludio, pl. **-di** /pre'ludjo, di/ m. **1** MUS. prelude **2** FIG. prelude, sign, foreshadow; **come ~ a, di** as a prelude to.

premaman /prema'man/ agg.inv. [*abiti*] maternity attrib.

prematrimoniale /prematrimo'njale/ agg. premarital; **rapporti -i** premarital sex.

prematuramente /prematura'mente/ avv. prematurely; **morire ~** to die before one's time.

prematuro /prema'turo/ **I** agg. premature; [*morte*] early **II** m. (f. **-a**) premature baby.

premeditare /premedi'tare/ [1] tr. to premeditate, to plan.

premeditato /premedi'tato/ **I** p.pass. → **premeditare II** agg. DIR. premeditated; **non ~** unpremeditated.

premeditazione /premeditat'tsjone/ f. DIR. premeditation.

premere /'prɛmere/ [2] **I** tr. **1** *(schiacciare)* to press **2** *(tirare)* to pull, to squeeze [*grilletto*] **3** *(incalzare)* [*truppe*] to bear* down on [*nemico*] **II** intr. (aus. *avere*) **1** *(appoggiare)* **~ su qcs.** to press sth., to press against sth.; **~ sull'acceleratore** to step on the accelerator **2** *(gravare)* to press, to weigh **3** *(accalcarsi)* to crowd, to push **4** FIG. *(fare pressioni)* **~ su qcn.** to press sb., to urge sb. **5** *(insistere)* to insist (**su** on); **~ su un punto** to stress a point **6** *(essere urgente)* to be* urgent, to be* pressing **7** FIG. *(stare a cuore)* to matter, to interest; **mi preme saperlo** I'm anxious to know; **gli preme l'avvenire di suo figlio** his son's future is close to his heart.

premessa /pre'messa/ f. **1** *(preambolo)* preliminary remarks pl., preamble; **fare una ~** to make some preliminary remarks **2** *(in un libro)* preface, introduction **3** FILOS. premise **4** *(condizione)* basis*, condition; **ci sono tutte le -e per** there are all the makings of.

premettere /pre'mettere/ [60] tr. to premise, to state beforehand; **~ alcune considerazioni** to make some preliminary remarks; **premesso che...** since..., granted that...; **premesso ciò** that being stated.

premiare /pre'mjare/ [1] tr. **1** to give* a prize to, to award a prize to; **fu premiato con una medaglia** he was awarded a medal **2** *(ricompensare)* to reward, to recompense.

premiato /pre'mjato/ **I** p.pass. → **premiare II** agg. award-winning, prize-winning **III** m. (f. **-a**) award winner, prizewinner.

premiazione /premjat'tsjone/ f. prize-giving.

premier /'prɛmjer/ m. e f.inv. premier, prime minister.

preminente /premi'nɛnte/ agg. leading, pre-eminent.

preminenza /premi'nɛntsa/ f. pre-eminence.

premio, pl. **-mi** /'prɛmjo, mi/ **I** m. **1** prize, award; **vincere, consegnare un ~** to win, to present an award; **ottenere il primo ~** to win first prize; **~ in denaro** cash prize **2** *(ricompensa)* reward **3** *(di assicurazione)* premium **4** ECON. bonus **5** SPORT **Gran Premio** Grand Prix **II** agg.inv. prize attrib.; **viaggio ~** prize trip ♦♦ **~ di anzianità** seniority *o* long-service bonus; **~ di consolazione** consolation prize; **~ Nobel** *(onorificenza)* Noble prize; *(persona)* Nobel laureate *o* prizewinner; **~ partita** match bonus; **~ di produzione** productivity bonus.

premolare /premo'lare/ agg. e m. premolar.

premonitore /premoni'tore/ agg. premonitory.

premonitorio, pl. **-ri, -rie** /premoni'tɔrjo, ri, rje/ agg. premonitory.

premonizione /premonit'tsjone/ f. premonition, forewarning.

premunire /premu'nire/ [102] **I** tr. *(proteggere)* to protect, to guard **II premunirsi** pronom. to protect oneself; **-rsi contro un pericolo** to take protective measures against a danger.

premura /pre'mura/ f. **1** care, attention, consideration; *(cortesia)* kindness; **colmare qcn. di -e** to shower attentions upon sb. **2** *(sollecitudine, cura)* care, thoughtfulness; **sarà mia ~ farle avere...** I'll see to it to let you have... **3** *(fretta)* hurry, haste ♦ **darsi ~ per** to take pains over; **fare ~ a qcn.** to hurry sb. up.

premurarsi /premu'rarsi/ [1] pronom. to take* care (**di fare** to do).

premuroso /premu'roso/ agg. attentive, considerate, thoughtful (**con, verso** towards).

prenatale /prena'tale/ agg. antenatal BE, prenatal AE.

prendere /'prɛndere/ [10] **I** tr. **1** to take*; *(afferrare)* to grasp, to grab, to seize; *(in movimento)* to catch*; *(raccogliere)* to pick up; **~ qcn. per il braccio, per (la) mano** to take sb. by the arm, hand; **tieni, prendi!** here! catch! **~ qcs. al volo** to catch sth. in midair; **il martello si prende per il manico** you hold a hammer by the handle **2** *(sorprendere)* to catch*; *(catturare)* to catch*, to capture; MIL. *(conquistare)* to take*, to seize [*città, fortezza*]; **l'hanno preso mentre rubava** they caught him stealing; **farsi ~** to be *o* get caught; **prendetelo!** stop him! **farsi ~ dal panico** to get *o* fly into a panic **3** *(utilizzare)* to take* [*mezzo di trasporto, strada*]; **ha preso l'aereo per andare a Madrid** he went to Madrid by air; **sei riuscito a prendere il treno?** did you manage to catch the train? **prendi la prima a destra** take the first turn on the right; **~ una curva** *(imboccare)* to go around a bend **4** *(portare)* to bring*; *(portare via con sé)* to take*; *(rubare)* to take*, to steal*; **non ho preso abbastanza soldi** I haven't brought enough money; **prendi la sciarpa, fa freddo** take your scarf, it's cold; **mi hanno preso tutti i gioielli** I had all my jewellery stolen **5** *(ritirare)* to get*; **~ un libro in biblioteca** to get a book out of the library; **~ indietro** to take back [*regalo, articolo, merce*] **6** *(prelevare)* **andare a ~ i bambini a scuola** to collect the children from school; **è venuta a prendermi alla stazione** she picked me up at the station; **passare a ~ qcn., qcs.** to call for *o* pick up sb., sth. **7** *(consumare)* to have* [*bevanda, alimento, pasto*]; to take* [*medicina, droga*]; **non prendi qcs. (da bere, da mangiare)?** won't you have sth. to eat or drink? **prenderò il pesce** I'll have the fish; **prendere il tè senza zucchero** not to put sugar in one's tea; **posso ~ un altro pasticcino?** can I have another cake? **andare a ~ un caffè, una birra** to go for a coffee, beer **8** *(scegliere)* to take*; **~ una (camera) doppia** to take a double room; **~ una decisione** to make *o* take a decision **9** *(comprare)* to get*; ***prendi anche del prosciutto*** get some ham too; ***di solito prendiamo La Stampa*** we usually take La Stampa **10** *(ricevere, ottenere)* to get* [*denaro, stipendio, premio, voto, diploma*]; to take* [*lezioni*]; *(far pagare)* to charge; *(assumere)* to take* over [*direzione, potere*]; to assume [*controllo*]; *(accumulare)* to put* on [*peso*]; *(captare)* [*televisore*] to get* [*canale*]; ***prendo 1.000 euro al mese*** I get 1,000 euros a month; ***quanto prende all'ora?*** how much does he charge an hour? ***~ una telefonata*** to take a telephone call; ***~ ordini da qcn.*** to take orders from sb. **11** *(subire)* to get* [*schiaffo, scossa, contravvenzione*]; ***~ qcn. a calci, a pugni*** to kick, to punch sb. **12** *(accettare)* to take*; ***~ le cose come vengono*** to take things as they come; ***prendere male qcs.*** to take sth. badly; ***~ qcn. in simpatia, in antipatia*** to take a liking, disliking to sb. **13** *(acquisire)* to take* on [*colore, significato*]; to put* on [*aria, espressione*]; to pick up [*accento, abitudine*]; ***~ cattive abitudini*** to get into bad habits; ***~ da qcn.*** *(assomigliare)* to take after sb. **14** *(cominciare)* ***~ a fare*** to start doing **15** *(contrarre)* to get*, to catch* [*malattia, virus*] **16** *(colpire, raggiungere)* to hit*, to strike* [*bersaglio*]; *(sbattere contro)* to hit*, to run* into, to go* into [*albero, muro*]; ***ho preso un colpo contro il banco*** I bumped into the desk **17** *(occupare)* to take* up [*spazio, tempo*]; ***quando tempo ti prenderà la riunione?*** how long will you be in the meeting? ***costruire il muro non prenderà tanto tempo*** the wall won't take long to build; ***~ tempo*** *(temporeggiare)* to hold off, to stall, to play for time **18** *(alle dipendenze)* to take* [sb.] on [*impiegato, assistente, apprendista*]; to engage [*avvocato, guida*]; ***~ qcn. come balia*** to take sb. on as a nanny; ***~ qcn. come socio*** to take sb. into partnership **19** *(coinvolgere)* to involve; ***essere preso da un libro*** to be involved in a book; ***farsi ~ da*** to get involved in **20** *(considerare)* to take*; ***prendiamo Luca, per esempio*** take Luca, for example; ***per chi mi prendi?*** what do you take me for? ***mi hai preso forse per la tua serva?*** I'm not your slave, you know! ***non prenderla come una critica*** don't take it as a criticism; ***~ qcn. per qualcun altro*** *(confondere)* to mistake sb. for sb. else **21** *(trattare)* ***è molto gentile se lo sai ~*** he is very nice when you know how to handle him; ***lui sa come prenderla*** he knows how to manage her **22** *(misurare)* to take* [*misure, pressione, polso*]; ***farsi ~ le misure per*** to get oneself measured for **23** *(annotare)* to take* down [*indirizzo, numero di targa*]; ***~ appunti*** to take notes **24** *(possedere sessualmente)* to take* **25** *(in locuzioni)* ***~ in prestito*** to borrow; ***~ in affitto*** to rent; ***~ posto*** to take one's seat; ***~ piede*** to catch on, to take root **26** **prenderle** COLLOQ. to get* a beating; ***le ha prese di santa ragione*** he got a sound beating **II** intr. (aus. *avere*) **1** *(andare, dirigersi)* ***~ a sinistra*** to go left; ***~ per i campi*** to head off across the fields **2** *(infiammarsi)* [*fuoco, legno*] to catch* **3** *(rapprendersi)* [*cemento, gesso*] to set* **4** *(capitare)* ***cosa ti prende?*** what's come over you? **III** **prendersi** pronom. **1** ***-rsi le dita nella porta*** to catch one's fingers in the door **2** *(assumersi)* to take* on [*impegno*]; to take* [*merito*]; *(concedersi)* to take* [*ferie*]; ***-rsi a cuore qcn., qcs.*** to take sb., sth. to heart; ***-rsi cura di qcn.*** to take care of sb. to look after sb.; ***-rsi la libertà di fare qcs.*** to take the liberty of doing sth.; ***-rsi due giorni (di vacanza)*** COLLOQ. to take two days off **3** *(subire)* to get* [*schiaffo, sgridata*]; ***-rsi l'influenza*** to get flu, to catch *o* come down with flu; ***-rsi uno spavento*** to have *o* get a fright **4** *(con valore reciproco)* ***-rsi per mano*** to join hands **5** **prendersela** *(preoccuparsi)* to get* worked up; *(arrabbiarsi)* to take* sth. amiss; ***prendersela con qcn.*** *(incolpare)* to go on at sb., to pick on sb.; *(sfogarsi)* to take it out on sb. ♦ ***~ o lasciare*** take it or leave it.

prendisole /prendi'sole/ m.inv. sundress.

prenotare /preno'tare/ [1] **I** tr. to book, to reserve; ***ha prenotato?*** do you have a reservation? **II** **prenotarsi** pronom. to put* one's name down, to make* a reservation.

prenotato /preno'tato/ **I** p.pass. → **prenotare** **II** agg. booked, reserved; ***è tutto ~*** it's booked up *o* fully booked.

prenotazione /prenotat'tsjone/ f. reservation, booking BE; ***ufficio -i*** booking office; ***fare, annullare una ~*** to make, to cancel a reservation.

prensile /'prɛnsile/ agg. prehensile.

preoccupante /preokku'pante/ agg. worrying, worrisome.

preoccupare /preokku'pare/ [1] **I** tr. to worry, to concern, to trouble; ***cosa ti preoccupa?*** what's worrying you? ***lo preoccupava non trovare le chiavi*** it worried him that he couldn't find the keys; ***la preoccupa la tua salute*** she's worried about your health **II** **preoccuparsi** pronom. **1** to worry, to be* worried; ***-rsi per qcs., qcn.*** to worry about, over sth., sb.; ***non ti ~, sarà stato trattenuto*** don't worry, he must have been delayed; ***non c'è motivo di -rsi*** there's no cause for concern; ***telefonagli, se no si preoccupa*** telephone him, otherwise he'll get *o* be worried; ***comincio a preoccuparmi*** I'm beginning to get worried **2** *(prendersi la briga)* to take* care, to take* the trouble; ***non si è neanche preoccupato di avvertirmi*** he didn't even take the trouble to tell me.

preoccupato /preokku'pato/ **I** p.pass. → **preoccupare** **II** agg. worried (**per** about); *(turbato)* anxious (**per** about, over), concerned (**per** about), troubled (**per** about).

preoccupazione /preokkupat'tsjone/ f. worry, concern, anxiety; ***destare ~*** to give rise to *o* cause concern; ***dare delle -i a qcn.*** to be an anxiety to sb.

prepagato /prepa'gato/ agg. prepaid.

preparare /prepa'rare/ [1] **I** tr. **1** *(predisporre, approntare)* to get* [sth.] ready [*vestiti, attrezzi, documenti*]; to prepare [*camera, discorso*]; *(progettare)* to prepare, to plan [*campagna elettorale, spettacolo*]; to plan [*azione, strategia*]; *(redigere)* to draw up*, to draft [*lista, piano, contratto, bilancio, dossier*]; to make* out [*conto, fattura*]; ***~ la tavola*** to lay *o* set the table; ***~ la valigia*** to pack one's suitcase; ***~ il terreno*** FIG. to prepare the ground **2** *(cucinare)* to prepare, to make* [*piatto, pasto*] **3** *(predisporre, addestrare)* to prepare (**a** for); SPORT to train, to coach [*atleta, squadra*]; ***cerca di prepararla prima di darle la notizia*** try and break the news to her gently; ***~ qcn. per un esame*** to prepare *o* coach *o* groom sb. for an exam **4** SCOL. UNIV. to prepare for, to study for [*esame*] **5** *(riservare)* ***chissà cosa ci prepara il futuro?*** who knows what the future holds? **II** **prepararsi** pronom. **1** *(fare i preparativi)* to prepare (oneself), to get* ready (**per qcs.** for sth.; **a, per fare** to do); ***-rsi per uscire*** to get ready to go out; ***-rsi a invadere un paese*** to get ready *o* gear up to invade a country **2** *(allenarsi)* to prepare, to train; ***-rsi per un esame*** to prepare for an exam; ***-rsi al peggio*** to prepare for the worst; ***preparati a ricevere una brutta notizia*** prepare yourself for some bad news **3** *(essere imminente)* [*temporale, disgrazia*] to be* brewing **4** *(fare per sé)* ***-rsi una tazza di tè*** to make oneself a cup of tea; ***-rsi un bagno*** to run a bath.

preparativo /prepara'tivo/ m. preparation; ***fare i -i per*** to make preparations for, to get things ready for [*vacanze*].

preparato /prepa'rato/ **I** p.pass. → **preparare** **II** agg. **1** *(psicologicamente)* prepared (**per, a** for) **2** [*insegnante, lavoratore*] competent; [*studente*] prepared **III** m. preparation; *(per dolci)* mix.

preparatore /prepara'tore/ m. (f. **-trice** /tritʃe/) *(atletico)* coach, trainer.

preparatorio, pl. **-ri, -rie** /prepara'tɔrjo, ri, rje/ agg. [*lavoro*] preparatory, preparative; [*riunione, fase*] preliminary.

preparazione /preparat'tsjone/ f. **1** preparation; ***essere in ~*** [*libro, film, spettacolo*] to be in preparation **2** *(preparato)* preparation **3** *(formazione)* qualification, grounding **4** *(allenamento)* training.

prepensionamento /prepensjona'mento/ m. early retirement; ***andare in ~*** to take early retirement, to retire early.

preponderante /preponde'rante/ agg. preponderant, prevailing, predominant.

preponderanza /preponde'rantsa/ f. *(prevalenza)* preponderance, preponderancy (**su** over); *(superiorità)* superiority, predominance.

preporre /pre'porre/ [73] tr. **1** *(anteporre)* to place before, to put* before, to prepose; ***~ il soggetto al verbo*** to put the subject before the verb **2** *(preferire)* ***~ il dovere al piacere*** to put duty before pleasure **3** *(mettere a capo di)* ***~ qcn. a qcs.*** to put sb. in charge *o* at the head of sth.

preposizionale /prepozittsjo'nale/ agg. prepositional.

preposizione /prepozit'tsjone/ f. preposition.

preposto /pre'posto/ **I** p.pass. → **preporre** **II** agg. *(a capo di)* in charge (**a** of).

prepotente /prepo'tɛnte/ **I** agg. **1** [*persona*] domineering, overbearing, bossy COLLOQ. **2** [*sentimento*] powerful; [*deside-*

rio, bisogno] pressing **II** m. e f. bully, domineering person; ***fare il*** ~ to bully, to be a bully.

prepotenza /prepo'tɛntsa/ f. **1** overbearingness, arrogance, bullying **2** *(azione)* abuse, bullying; ***subire le -e di qcn.*** to be tyrannized by sb. **3 di prepotenza** overbearingly; FIG. forcefully, powerfully.

prepuzio, pl. **-zi** /pre'puttsjo, tsi/ m. prepuce.

preraffaellismo /preraffael'lizmo/ m. Pre-Raphaelitism.

preraffaellita, m.pl. **-i**, f.pl. **-e** /preraffael'lita/ agg., m. e f. Pre-Raphaelite.

prerogativa /preroga'tiva/ f. **1** *(privilegio)* prerogative, privilege **2** *(caratteristica peculiare)* prerogative.

preromanico, pl. **-ci**, **-che** /prero'maniko, tʃi, ke/ agg. = pre-Romanesque.

preromano /prero'mano/ agg. pre-Roman.

preromanticismo /preromanti'tʃizmo/ m. pre-Romanticism.

preromantico, pl. **-ci**, **-che** /prero'mantiko, tʃi, ke/ **I** agg. pre-Romantic **II** m. (f. **-a**) pre-Romantic.

presa /'presa/ f. **1** *(conquista)* capture, taking; ***la ~ della Bastiglia*** STOR. the storming of the Bastille **2** *(appiglio)* handhold, grip, hold; ***allentare la ~ su qcs.*** to relax *o* loosen one's grip on sth.; ***lasciare la*** ~ to let go; ***mantenere la ~ su qcs.*** to keep (a) hold of *o* on sth.; ***fare*** ~ FIG. [*notizia*] to catch on, to take hold **3** SPORT catch, hold; *(del portiere)* save **4** GIOC. *(alle carte)* trick; ***fare una*** ~ to take a trick **5** *(tenuta)* grasp, grip, hold **6** *(solidificazione)* setting; ***cemento a ~ rapida*** quick-drying *o* quick-setting cement **7** EL. plug, socket, outlet AE, tap AE **8** ***una ~ di tabacco*** a pinch of snuff **9** CINEM. take, shot; ***in ~ diretta*** live ♦ ***essere alle -e con*** to be caught up in [*lavoro, difficoltà, problema*]; ***venire alle -e con qcs.*** to come to grips with sth. ♦♦ ***~ d'acqua*** catchment; ***~ d'aria*** air inlet *o* intake; ***~ di coscienza*** consciousness raising, awareness; ***~ in giro*** leg-pull, mocking, teasing; ***~ di posizione*** stance; ***~ di possesso*** seizure; ***~ di terra*** EL. earth BE, ground AE.

presagio, pl. **-gi** /pre'zadʒo, dʒi/ m. **1** *(segno, presentimento)* foreboding, foretoken, presage FORM. **2** *(predizione)* omen, augury, portent; ***trarre un*** ~ to augur.

presagire /preza'dʒire/ [102] tr. *(annunciare)* to forerun*; *(profetizzare)* to augur, to portend; ***questo incontro non (mi) lascia ~ nulla di buono*** I can't see any good coming from this meeting.

presago, pl. **-ghi**, **-ghe** /pre'zago, gi, ge/ agg. ***~ di qcs.*** foreboding sth.

presbiopia /prezbjo'pia/ ➧ **7** f. long sightedness, presbyopia.

presbite /'prɛzbite/ **I** agg. long-sighted, presbyopic **II** m. e f. long-sighted person, presbyope.

presbiterianesimo /prezbiterja'nezimo/, **presbiterianismo** /prezbiterja'nizmo/ m. Presbyterianism.

presbiteriano /prezbite'rjano/ **I** agg. Presbyterian **II** m. (f. **-a**) Presbyterian.

presbiterio, pl. **-ri** /prezbi'tɛrjo, ri/ m. **1** ARCH. presbytery **2** *(consiglio)* presbyterate, presbytery + verbo sing. o pl.

prescelto /preʃ'ʃelto/ **I** agg. elected, selected, chosen **II** m. (f. **-a**) chosen person.

prescindere /preʃ'ʃindere/ [2] intr. to prescind (**da** from); ***a ~ da*** *(a parte)* aside from; *(senza considerare)* irrespective of, regardless of.

prescolare /presko'lare/ agg. preschool attrib.; ***bambino in età*** ~ infant BE, preschooler AE.

prescolastico, pl. **-ci**, **-che** /presko'lastiko, tʃi, ke/ agg. → **prescolare**.

prescritto /pres'kritto/ **I** p.pass. → **prescrivere II** agg. **1** MED. prescribed **2** DIR. *(in prescrizione)* statute-barred.

prescrivere /pres'krivere/ [87] tr. **1** MED. to give*, to prescribe [*medicina*]; ***~ un esame a qcn.*** to order sb. to do a test **2** DIR. to prescribe **3** *(stabilire)* to prescribe, to establish, to set*.

prescrizione /preskrit'tsjone/ f. **1** MED. prescript, prescription **2** *(direttiva)* ***-i*** prescription **3** DIR. prescription; ***andare*** o ***cadere in*** ~ to expire; ***caduto in*** ~ statute-barred.

preselezione /preselet'tsjone/ f. preselection; *(di candidato)* shortlisting, shortlist.

presentabile /prezen'tabile/ agg. ***non sono ~!*** I'm not fit to be seen!

presentare /prezen'tare/ [1] **I** tr. **1** *(far conoscere)* to introduce, to present; ***posso presentarle mio figlio?*** may I introduce *o* present my son? ***vi hanno presentati?*** have you been introduced? ***ti presento Lisa*** this is Lisa, meet Lisa **2** *(sottoporre)* to bring* forward, to present, to submit [*conto, mozione, piano*]; to introduce [*documento, proposta*]; to put* in, to file [*reclamo, richiesta*]; to resign [*dimissioni*]; ***~ qcn. come candidato*** to put sb. forward as a candidate; ***~ una domanda di impiego*** to put in *o* make an application for a job **3** *(porgere)* to make*, to give* [*scuse*]; to offer, to pay* [*saluti, rispetti*]; to offer [*condoglianze*] **4** *(descrivere)* to present, to represent [*persona, situazione*] **5** *(esibire)* to present, to produce, to exhibit [*documento, passaporto*] **6** *(comportare)* to present, to involve [*problemi, rischi*]; to have [*inconvenienti*] **7** *(produrre)* to present [*attore, mostra, film*]; to show* [*collezione di moda*] **8** RAD. TELEV. to compère, to host, to present **9** *(manifestare)* [*paziente*] to develop, to show* [*sintomo*] **II presentarsi** pronom. **1** *(comparire, apparire)* to report, to show* up, to turn up; ***-rsi in jeans*** to turn up in jeans; ***-rsi al proprio reparto*** MIL. to report to one's unit; ***-rsi all'udienza*** DIR. to appear in court; ***non ci si presenta a casa della gente a mezzanotte*** you don't call on people at midnight; ***una scena straordinaria mi si presentò alla vista*** an amazing sight greeted me *o* met my eyes **2** *(farsi conoscere)* ***permettetemi di presentarmi*** allow me to introduce myself, let me introduce myself **3** *(proporsi come candidato)* ***-rsi a*** to attend [*colloquio*]; to go in for [*esame*]; ***-rsi a un'elezione*** POL. to run for election; ***-rsi per un lavoro*** to put oneself forward for a post **4** *(sopraggiungere)* [*opportunità, problema, questione*] to arise*, to occur; ***se si presentasse l'occasione*** should the occasion arise **5** *(sembrare, rivelarsi)* to appear, to look; *(essere)* to be*; ***la situazione si presenta critica*** the situation appears to be critical **6** MED. [*condizione, paziente, sintomo*] to present; ***il bambino si presenta in posizione podalica*** the baby is in the breech position ♦ ***~ il conto a qcn.*** to bring sb. to book.

presentat'arm, **presentatarm** /prezenta'tarm/ inter. present arms!

presentatore /prezenta'tore/ ➧ **18** m. RAD. TELEV. *(di show)* host, presenter; *(di quiz)* question master, quiz master.

presentatrice /prezenta'tritʃe/ ➧ **18** f. RAD. TELEV. *(di show)* hostess, presenter; *(di quiz)* question master, quiz master.

presentazione /prezentat'tsjone/ f. **1** introduction, presentation FORM.; ***fare le -i*** to make *o* do the introductions; ***lettera di*** ~ letter of introduction **2** *(di piatto, idee, prodotto)* presentation **3** POL. AMM. *(di progetto di legge)* introduction; *(di appello, reclamo)* lodgement, lodging; *(di proposta, relazione)* presentation, submission **4** *(esibizione)* *(di documento)* production; ***farmaco vendibile dietro ~ di ricetta medica*** = prescription drug **5** ECON. ***~ all'incasso*** presentment for payment.

1.presente /pre'zɛnte/ **I** agg. **1** [*persona*] present; ***non ero*** ~ I wasn't there; ***le persone -i*** those present; ***il qui ~ sig. Bianchi*** Mr Bianchi, who is here with us; ***essere ~ a*** to attend, to be present at; ***"~!"*** *(in un appello)* "here!", "present!"; ***essere ~ col pensiero*** FIG. to be there in spirit **2** *(che si trova)* [*cosa*] present; ***una sostanza ~ in natura, nel sangue*** a substance present in nature, in blood; ***la violenza è ~ in ogni pagina*** violence is there on every page **3** *(attivo)* active; ***la nostra ditta è molto ~ sul mercato*** our company is very active on the market; *(partecipe)* ***mia madre è sempre stata molto ~*** my mother has always been there for me **4** *(attuale)* present **5** *(in causa)* present; ***la ~ dichiarazione*** the present statement; ***con la ~ lettera*** DIR. hereby **6** LING. present **7** ***fare ~*** *(puntualizzare)* to point out; ***avere ~*** *(ricordare)* to remember, to have fresh in one's mind; ***tenere ~ qcs.*** *(considerare)* to take sth. into account, to take account of sth., to consider sth.; *(ricordare)* to remember *o* retain sth., to keep *o* bear sth. in mind **II** m. e f. ***i -i*** those present, the assembled company; ***parlo a nome di tutti i -i*** I speak for everyone here; ***esclusi i -i*** present company excepted **III** m. **1** ***il*** ~ the here and now, the present **2** LING. present (tense); ***al*** ~ in the present (tense) **IV** f. BUROCR. *(lettera)* ***allegato alla*** ~ enclosed; ***la ~ fa seguito a...*** this letter is a follow-up to...; ***con la ~ dichiaro che*** AMM. DIR. I hereby declare that.

2.presente /pre'zεnte/ m. *(dono)* present, gift.
presentimento /presenti'mento/ m. foreboding, feeling, presentiment FORM.
presentire /presen'tire/ [3] tr. to have* a foreboding, to forebode FORM.; ***~ un pericolo*** to have an intimation of danger.
presenza /pre'zεntsa/ f. **1** presence; ***in** o **alla ~ di qcn.*** in sb.'s presence, in the presence of sb.; ***essere ammesso alla ~ di qcn.*** to be admitted to sb.'s presence; ***fare atto di ~*** to put in *o* make an appearance; ***una massiccia ~ di polizia*** a heavy police presence; ***si è riscontrata la ~ di bacilli nell'acqua*** bacilli have been found in that water **2** SCOL. ***-e*** attendance; ***registro delle -e*** attendance register; ***prendere le -e*** to take the register *o* attendance AE **3** *(aspetto)* ***"si richiede bella ~"*** "smart appearance essential" ♦ ***fare sentire la propria ~*** to make one's presence felt ♦♦ ***~ di spirito*** presence of mind; ***conservare la propria ~ di spirito*** to have *o* keep (all) one's wits about; ***~ scenica*** stage presence.
presenzialismo /presentsja'lizmo/ m. = the tendency to be present at every social event in order to get noticed.
presenziare /prezen'tsjare/ [1] intr. FORM. (aus. *avere*) to assist (**a** at).
presepe /pre'zεpe/, **presepio**, pl. **-pi** /pre'zεpjo, pi/ m. crèche, (Christmas) crib BE.
preservare /preser'vare/ [1] tr. to preserve; to conserve [*foresta, paesaggio*].
preservativo /preserva'tivo/ **I** agg. preservative **II** m. condom.
preservazione /preservat'tsjone/ f. preservation.
preside /'prεside/ ➧ *18, 1* m. e f. **1** SCOL. head teacher, principal; *(uomo)* headmaster; *(donna)* headmistress **2** UNIV. dean, provost.
presidente /presi'dεnte/ ➧ *1* m. e f. president (anche POL.), chairperson; *(uomo)* chairman*; *(donna)* chairwoman* ♦♦ ***~ del Consiglio (dei Ministri)*** prime minister, premier; ***~ della giuria*** DIR. foreman of the jury; ***~ della Repubblica*** President of the Republic; ***~ di seggio*** returning officer BE.
presidentessa /presiden'tessa/ ➧ *1* f. chairwoman*.
presidenza /presi'dεntsa/ f. **1** presidency (anche POL.), chairmanship; ***la corsa alla ~*** the presidential contest *o* race; ***essere candidato alla ~*** to stand BE *o* run AE for president; ***assumere la ~*** to take the chair **2** SCOL. headmastership; UNIV. deanship; *(ufficio)* SCOL. headmaster's office.
presidenziale /presiden'tsjale/ agg. [*elezione, governo, mandato*] presidential.
presidenzialismo /presidentsja'lizmo/ m. presidentialism.
presidiare /presi'djare/ [1] tr. **1** MIL. to garrison **2** *(difendere)* to defend, to protect, to guard.
presidio, pl. **-di** /pre'sidjo, di/ m. **1** MIL. garrison; ***essere** o **stare di ~*** to garrison **2** FIG. *(difesa)* defence, protection.
presiedere /pre'sjεdere/ [2] **I** tr. **1** *(dirigere)* to preside at, to preside over, to chair [*meeting*] **2** DIR. *(essere presidente di)* to be* at the head of **II** intr. (aus. *avere*) **1** *(dirigere)* to moderate, to officiate **2** FIG. *(regolare)* ***~ a*** to control.
presina /pre'sina/ f. pot holder.
preso /'preso/ **I** p.pass. → **prendere II** agg. **1** *(occupato)* [*posto*] taken, engaged **2** *(indaffarato)* busy; ***sono molto ~*** I am heavily committed, I have a lot to do **3** *(coinvolto)* ***~ da*** engrossed in [*libro, problema*] **4** *(innamorato)* smitten.
pressa /'prεssa/ f. press.
pressante /pres'sante/ agg. [*bisogno, invito*] pressing; [*richiesta*] urgent; [*tattica, tecnica*] high pressure attrib.
pressappochista, m.pl. **-i**, f.pl. **-e** /pressappo'kista/ m. e f. slapdash person, sloppy person.
pressappoco /pressap'pɔko/ avv. about, roughly.
pressare /pres'sare/ [1] tr. **1** TECN. to press **2** *(schiacciare)* to press, to squeeze **3** FIG. *(sollecitare)* to call on, to press, to urge.
pressing /'prεssin(g)/ m.inv. pressure; ***fare ~ (sulla squadra avversaria)*** to put pressure on the opposing team.
pressione /pres'sjone/ f. **1** FIS. TECN. MECC. pressure; ***aumentare la ~*** to raise the pressure; *(di acqua)* to get up *o* raise steam **2** METEOR. pressure; ***alta, bassa ~*** high, low pressure **3** FIG. *(costrizione, insistenza)* pressure, strain; ***essere sotto ~*** to be under pressure *o* strain; ***fare ~ su qcn.*** to put pressure on sb., to twist sb.'s arm **4** *(azione)* press, squeezing (anche FIG.); ***fare ~ con un dito*** to press with one's finger; ***esercitare una ~ su qcs.*** to exert pressure on sth., to give sth. a press **5** MED. (blood) pressure; ***avere la ~ alta, bassa*** to have high, low blood pressure ♦♦ ***~ arteriosa*** arterial *o* blood pressure; ***~ atmosferica*** air pressure; ***~ fiscale*** tax burden; ***~ sanguigna*** MED. blood pressure.
presso /'prεsso/ **I** avv. *(vicino)* nearby, close (at hand) **II** prep. **1** *(da)* ***reclamare ~*** to complain to; ***ambasciatore ~ l'ONU*** UN ambassador; ***intercedere ~ qcn.*** to intercede with sb. **2** *(vicino a)* by, beside, next to; ***~ il mare*** by the sea **3** *(alle dipendenze di)* to, with; ***lavorare come apprendista ~ qcn.*** to work as an apprentice with sb.; ***fare pratica ~ qcn.*** to be apprenticed to sb.; ***andare a servizio ~ qcn.*** to go into service with sb. **4** *(nella sede di)* at, with; ***depositare qcs. ~ l'avvocato*** to deposit sth. with the solicitor; ***avere un conto aperto ~ un negozio*** to have an account at a shop **5** *(a casa di)* with; ***essere a pensione ~*** to board with **6** *(tra)* ***~ i Romani, i Greci*** among the Romans, the Greeks; ***diventare famoso ~*** to become popular with **7** *(nella corrispondenza)* care of; ***John Smith, ~ il sig. Rossi*** John Smith, care of Mr Rossi **III pressi** m.pl. **1** ***nei -i*** nearby **2** ***nei -i di*** in the vicinity of, in the precincts of; ***nei -i di Venezia*** somewhere around Venice.
pressoché /presso'ke/ avv. almost, nearly, just about.
pressurizzare /pressurid'dzare/ [1] tr. to pressurize.
pressurizzato /pressurid'dzato/ **I** p.pass. → **pressurizzare II** agg. pressurized; ***cabina -a*** pressure cabine; ***tuta -a*** pressure suit.
prestabilire /prestabi'lire/ [102] tr. to prearrange, to arrange [sth.] in advance, to pre-establish, to preconcert.
prestabilito /prestabi'lito/ **I** p.pass. → **prestabilire II** agg. preconcerted; ***in giorni -i*** on stated days.
prestampato /prestam'pato/ agg. preprinted.
prestanome /presta'nome/ m. e f.inv. figurehead, dummy.
prestante /pres'tante/ agg. well-set; ***un uomo ~*** a fine figure of a man.
prestanza /pres'tantsa/ f. presence.
prestare /pres'tare/ [1] **I** tr. **1** to lend*; ***~ qcs. a qcn.*** to lend sb. sth.; ***farsi ~ qcs. da qcn.*** to borrow sth. from sb. **2** *(accordare)* ***~ assistenza a qcn.*** to give assistance to sb.; ***~ i primi soccorsi a qcn.*** to give sb. first aid; ***~ attenzione a*** to pay attention to **II prestarsi** pronom. **1** *(accondiscendere)* to offer oneself; ***-rsi a qcs.*** to make oneself available for sth. **2** *(essere adatto)* ***-rsi a*** to lend oneself to; ***-rsi a due diverse interpretazioni*** [*frase, testo*] to permit of two interpretations FORM.; ***-rsi all'adattamento televisivo*** to be adaptable for TV.
prestasoldi /presta'sɔldi/ m. e f.inv. money-lender.
prestatore /presta'tore/ m. (f. **-trice** /tritʃe/) lender ♦♦ ***~ su pegno*** pawnbroker; ***~ d'opera*** employee.
prestazione /prestat'tsjone/ f. **1** *(azione)* service, performance **2** SPORT performance, showing; ***dare, offrire una buona, cattiva ~*** [*squadra*] to perform well, badly **3** TECN. performance; ***dare buone -i*** to be a good performer.
prestidigitatore /prestididʒita'tore/ ➧ *18* → **prestigiatore**.
prestidigitazione /prestididʒitat'tsjone/ f. prestidigitation.
prestigiatore /prestidʒa'tore/ ➧ *18* m. (f. **-trice** /tritʃe/) conjurer.
prestigio, pl. **-gi** /pres'tidʒo, dʒi/ m. **1** prestige, status **U**, kudos COLLOQ. **2** ***gioco di ~*** conjuring trick.
prestigioso /presti'dʒoso/ agg. prestigious.
prestito /'prεstito/ m. **1** ***prendere in ~ qcs. da qcn.*** to borrow sth. from sb.; ***dare in ~*** to lend; ***il libro è già in ~*** the book is already on loan **2** ECON. borrowing **U**, lending, loan; ***chiedere, ottenere un ~*** to ask for, to secure a loan; ***concedere un ~*** to lend, to give a loan **3** *(di idea, stile, genere)* borrowing; *(culturale)* import **4** LING. borrowing; *(parola)* loan word ♦♦ ***~ bancario*** bank loan; ***~ obbligazionario*** bond issue; ***~ su pegno*** loan on pawn.
presto /'prεsto/ avv. **1** *(di buonora)* early; ***la mattina ~*** early in the morning **2** *(in anticipo)* early, soon; ***è arrivato ~*** he arrived soon; ***ho parlato troppo ~!*** I spoke too soon! **3** *(in fretta)* quickly, quick, soon; ***~!*** quick! hurry up! ***guarisci ~!*** get well soon! ***il più ~ possibile*** as soon as possible; ***il progetto fu ~ abbandonato*** the plan was soon abandoned; ***fa ~ a parlare*** it's all very well *o* all right for him to talk **4** *(entro breve tempo)* before long, soon; ***~ sarà inverno*** before long it will be

winter; ***più ~ è, meglio è*** the sooner, the better; ***scrivimi ~*** write me soon; ***spero di avere ~ tue notizie*** I look forward to hearing from you **5** **al più ~** ***domani al più ~*** tomorrow at the soonest; ***lo farò al più ~*** I'll do it as soon as possible; ***ho bisogno di aiuto al più ~*** I need help fast.

presumere /pre'zumere, pre'sumere/ [23] **I** tr. to assume, to presume, to suppose; *(pretendere)* to pretend, to think*; ***presumo che lei sappia*** I assume *o* presume she knows; ***domani, presumo*** tomorrow, I assume; ***presume di sapere tutto*** he pretends to know everything **II** intr. (aus. *avere*) ***~ di sé*** to have an exalted opinion of oneself.

presumibilmente /prezumibil'mente/ avv. presumably, presumedly, allegedly, supposedly.

presuntivo /prezun'tivo/ agg. [*prova*] presumptive.

presunto /pre'zunto/ **I** p.pass. → **presumere** **II** agg. [*cospirazione, crimine, vittima*] alleged, presumed; [*sabotaggio*] suspected; DIR. [*erede*] presumptive; [*possessore, testimone, vantaggio*] proposed; ***~ innocente, colpevole*** presumed innocent, guilty; ***~ assassino*** murder suspect, alleged murderer.

presuntuoso /prezun'twoso/ **I** agg. assuming, conceited, presumptuous **II** m. (f. **-a**) conceited person; ***essere un ~*** to have a big head.

presunzione /prezun'tsjone/ f. **1** DIR. presumption **2** *(supposizione)* presumption **3** *(boria)* conceit, conceitedness, presumption, self-importance; ***peccare di ~*** to be presumptuous, to pride oneself.

presupporre /presup'porre/ [73] tr. **1** *(supporre)* to presume, to assume **2** *(richiedere)* to presuppose, to imply.

presupposizione /presupposit'tsjone/ f. presumption, presupposition.

presupposto /presup'posto/ m. **1** *(premessa)* assumption, presupposition; ***partendo dal ~ che*** on the basis that **2** *(condizione)* prerequisite, condition; ***creare i -i per qcs.*** to create the necessary conditions for sth.

prêt-à-porter /prɛtapɔr'te/ **I** agg.inv. made-up, ready-made, ready-to-wear, off-the-peg, off-the-rack **II** m.inv. ready-made clothes, prêt-à-porter.

prete /'prɛte/ m. **1** priest, clergyman*; ***farsi ~*** to enter the priesthood, to become a priest **2** *(scaldino)* bedwarmer ♦♦ ***~ operaio*** worker-priest.

pretendente /preten'dɛnte/ **I** m. e f. **1** DIR. *(a un titolo)* claimant **2** ***~ al trono*** pretender to the throne **II** m. *(corteggiatore)* suitor, admirer.

pretendere /pre'tɛndere/ [10] tr. **1** *(esigere)* to claim [*parte*]; to demand [*attenzione, rispetto, pagamento*]; to demand, to exact [*obbedienza*]; ***~ che qcn. faccia*** to demand that sb. do; ***~ qcs. da qcn.*** to demand sth. for sb.; ***~ di essere ubbidito*** to expect to be obeyed; ***non si può ~ che sappia tutto*** he can't be expected to know everything **2** *(presumere)* to pretend, to think*; ***~ di fare*** to purport to do; ***~ di sapere, di capire*** to pretend to know, understand; ***pretende di essere un esperto*** he claims to be an expert; ***pretende di essere più intelligente di lei*** he thinks he's more intelligent than her.

pretensionatore /pretensjona'tore/ m. seatbelt tensioner.

pretenzioso /preten'tsjoso/ agg. [*gesto, persona*] pretentious, camp.

preterintenzionale /preterintentsjo'nale/ agg. DIR. ***omicidio ~*** involuntary manslaughter.

pretesa /pre'tesa/ f. **1** claim, demand, pretension; ***senza -e*** unpretentious; [*persona, edificio*] unassuming; ***avere la ~ di fare*** to purport to do, to have pretensions to doing, to claim to do; ***sono di poche -e*** their demands are few, they have low standards **2** *(rivendicazione)* claim; ***avanzare -e a*** to make claims to, to lay claim to.

pretesto /pre'tɛsto/ m. **1** *(scusa)* pretext, excuse; ***addurre un ~*** to advance an excuse; ***con il ~ di*** under *o* on the pretext of **2** *(occasione)* occasion, opportunity, chance.

pretestuoso /pretestu'oso/ agg. [*scusa, motivazione*] spurious, specious.

pretore /pre'tore/ ➧ ***18, 1*** m. **1** DIR. magistrate, lower court judge **2** STOR. praetor.

pretoriano /preto'rjano/ m. **1** STOR. praetorian **2** FIG. SPREG. henchman*.

pretorio, pl. **-ri**, **-rie** /pre'tɔrjo, ri, rje/ agg. STOR. praetorian.

prettamente /pretta'mente/ avv. purely, typically.

pretto /'prɛtto/ agg. plain, pure.

pretura /pre'tura/ f. **1** DIR. magistrate's court **2** STOR. praetorship.

prevalente /preva'lɛnte/ agg. dominant, predominant, prevalent; *(principale)* foremost, principal.

prevalentemente /prevalente'mente/ avv. predominantly, chiefly, mainly.

prevalenza /preva'lɛntsa/ f. predominance, preponderance; ***in ~*** predominantly, chiefly, mainly.

prevalere /preva'lere/ [96] intr. (aus. *avere, essere*) **1** *(imporsi)* to predominate, to preponderate (**su** over) **2** *(vincere)* to prevail (**su** against); ***è prevalso il buonsenso*** sanity prevailed **3** *(dominare)* [*argomento, questione*] to dominate; ***tale è il sentimento che prevale nell'opinione pubblica*** this is the prevailing public mood **4** *(avere la meglio)* ***~ sul nemico*** to beat the enemy.

prevaricare /prevari'kare/ [1] intr. (aus. *avere*) to abuse one's power.

prevaricatore /prevarika'tore/ m. (f. **-trice** /tritʃe/) person who abuses his power.

prevaricazione /prevarikat'tsjone/ f. misuse of power (anche DIR.).

prevedere /preve'dere/ [97] tr. **1** *(supporre)* to forecast*, to foresee* [*reazione, risultato*]; to anticipate [*problema, ritardo*]; ***è difficile ~ chi vincerà le elezioni*** it is hard to judge who will win the election; ***è previsto un calo degli investimenti*** investment is forecast to fall; ***l'inizio dei lavori è previsto per il 2 marzo*** the work is scheduled to start on 2 March; ***per domani è previsto bel tempo*** METEOR. sunshine is forecast for tomorrow; ***~ le mosse di qcn.*** to outguess sb.; ***non potevo ~ che cambiasse idea*** I couldn't have foreseen he would change his mind **2** DIR. AMM. [*accordo, clausola, legge*] to provide for **3** *(pianificare)* to calculate, to anticipate [*conseguenze, effetti, probabilità*]; ***il progetto generale prevede di fare*** the general plan is to do.

prevedibile /preve'dibile/ agg. foreseeable, expectable, predictable.

preveggente /preved'dʒɛnte/ agg. foresighted.

preveggenza /preved'dʒɛntsa/ f. second sight.

prevendita /pre'vendita/ f. advance sale.

prevenire /preve'nire/ [107] tr. **1** *(anticipare)* to anticipate, to forestall [*evento, desiderio, gesto, persona*]; to head off [*domanda*] **2** *(preavvertire)* to warn [*popolazione*] **3** *(evitare)* to prevent [*malattia, carie*]; to avert [*crisi, critica, disastro*].

preventivare /preventi'vare/ [1] tr. **1** to estimate, to budget **2** FIG. *(mettere in conto)* to plan.

preventivo /preven'tivo/ **I** agg. **1** [*azione*] anticipative, precautionary, preventive; MIL. [*attacco*] pre-emptive **2** DIR. [*carcerazione*] preventive **II** m. COMM. estimate, quotation, quote; ***fare un ~ per qcs.*** to put in an estimate for sth., to estimate for sth.; ***fare a qcn. un ~ di 80 euro per la riparazione di qcs.*** to quote sb. 80 euros for repairing sth.; ***mettere in ~*** to budget.

prevenuto /preve'nuto/ **I** p.pass. → **prevenire** **II** agg. prejudiced, biased (**contro, nei confronti di** against).

prevenzione /preven'tsjone/ f. **1** prevention (anche MED.); ***~ del crimine, degli incendi*** crime, fire prevention **2** *(pregiudizio)* bias, prejudice.

previdente /previ'dɛnte/ agg. far-sighted, long-sighted, forehanded, provident FORM.

previdenza /previ'dɛntsa/ f. **1** *(prudenza)* far-sightedness, long-sightedness, providence FORM. **2** *(assistenza)* ***~ sociale*** welfare services, social security.

previdenziale /previden'tsjale/ agg. social security attrib.

previo, pl. **-vi**, **-vie** /'prɛvjo, vi, vje/ agg. ***-a sua approvazione*** subject to his approval; ***~ accordo*** subject to agreement; ***~ appuntamento*** by appointment; ***~ pagamento*** against *o* upon payment.

previsione /previ'zjone/ f. **1** foresight, expectation, prediction, prevision; ***fare delle -i*** to forecast; ***in ~ di fare*** with a view to doing; ***in ~ del disastro imminente*** in contemplation of the imminent disaster; ***contro tutte le -i*** against all expectation(s); ***vincere contro ogni ~*** to win against the odds **2** COMM. ECON. forecast ♦♦ ***-i del tempo*** weather forecast(ing).

previsto /pre'visto/ **I** p.pass. → **prevedere** **II** agg. [*attacco, reazione, vendite*] expected; [*deficit, domanda, ora, cifra,* *somma*] estimated; ***come ~*** *(come annunciato)* as anticipated; *(secondo i piani)* according to plan *o* schedule; ***non era ~*** that wasn't meant to happen **III** m. what is expected, expectation; ***più, peggio del ~*** more, worse than expected; ***la riunione è durata molto più del ~*** the meeting took much longer than expected.

prevosto /pre'vɔsto/ m. provost.

preziosismo /prettsjo'sizmo/ m. *(ricercatezza)* refined detail, preciosity (anche LETTER.).

prezioso /pret'tsjoso/ **I** agg. **1** [*metallo, pietra*] precious; [*regalo, gioiello*] valuable **2** [*aiuto, consiglio, esperienza*] invaluable; [*bene, lezione, tempo*] valuable, precious; [*contributo, opinione*] valued; ***perdere secondi -i*** to lose vital seconds **3** [*ricordo*] treasured **4** *(affettato)* [*stile*] precious **II preziosi** m.pl. *(gioielli)* jewellery BE sing., jewelry AE sing. ♦ ***fare il ~*** to play hard to get.

prezzare /pret'tsare/ [1] tr. to put* price tags on.

prezzario, pl. **-ri** /pret'tsarjo, ri/ m. price list.

prezzemolo /pret'tsemolo/ m. parsley ♦ ***essere come il ~*** to turn up like a bad penny.

prezzo /'prɛttso/ m. **1** *(costo)* price, cost, value; *(tariffa)* fare, rate; ***~ del biglietto aereo, del treno*** air, train fare; ***~ della corsa*** *(di taxi)* taxi fare; ***a ~ ridotto*** on the cheap; ***la colazione è compresa nel ~*** breakfast is included in the price; ***al ~ di 10 euro*** at a cost of 10 euros; ***~ al chilo*** price per kilo; ***vendere qcs. a un buon ~*** to sell sth. at *o* for a good price; ***aumentare, scendere di ~*** to go up, fall in price; ***pagare qcs. a caro ~*** FIG. to pay dearly *o* a high price for sth.; ***ogni cosa ha il suo ~*** FIG. you can't expect a free ride, nothing is for nothing; ***il ~ del silenzio*** COLLOQ. FIG. hush money **2** *(cartellino)* price label, price tag; ***su alcuni articoli non c'era il ~*** certain items were unpriced **3** *(sacrificio)* price, cost; ***è il ~ che si deve pagare per la fama*** that's the price one pays for being famous **4** *(valore affettivo, morale)* price, value; ***l'amicizia non ha ~*** you can't put a price *o* value on friendship ♦♦ ***~ d'acquisto*** purchase price; ***~ base*** COMM. reserve (price), target price; *(alle aste)* upset price AE; ***~ di copertina*** retail price; ***~ di costo*** cost price; ***~ di fabbrica*** factory price; ***~ fisso*** set price; ***menu a ~ fisso*** fixed *o* set menu; ***~ di listino*** list price; ***~ di vendita*** sale price, selling price.

prezzolato /prettso'lato/ agg. [*sicario, spia*] hired; [*giornalista, stampa*] mercenary; ***killer ~*** contract killer.

PRI /piɛrre'i, pri/ m. (⇒ Partito Repubblicano Italiano) = Italian Republican Party.

prigione /pri'dʒone/ f. prison, jail; ***essere, andare in ~*** to be in, go to jail *o* prison; ***fare*** o ***scontare tre anni di ~*** to go to jail for three years, to serve three years; ***mandare, mettere qcn. in ~*** to send sb. to prison, to put sb. in prison.

prigionia /pridʒo'nia/ f. captivity, detention, imprisonment; ***campo di ~*** prison camp, prisoner of war camp.

prigioniero /pridʒo'njɛro/ **I** agg. captive, imprisoned **II** m. (f. **-a**) captive, prisoner; ***fare, tenere qcn. ~*** to take, hold sb. captive *o* prisoner ♦♦ ***~ di guerra*** prisoner of war; ***~ politico*** political prisoner *o* detainee.

1.prima /'prima/ **I** avv. **1** *(nel tempo)* before; *(in anticipo)* beforehand, in advance; ***molto, poco ~*** long, shortly before; ***due mesi ~*** two months before; ***non ci sono mai stato ~*** I had never been there before; ***lo sapevano già da ~*** they knew beforehand **2** *(un tempo)* once; ***~ andavo a scuola in bici*** once I used to cycle to school; ***non è più quello di ~*** he's a shadow of his former self **3** *(per prima cosa)* first; ***~ dobbiamo decidere*** first we must decide; ***~ le signore*** ladies before gentlemen; ***~ le donne e i bambini*** women and children first **4** *(più presto)* earlier, sooner; ***~ possibile, quanto ~*** as soon as possible; ***~ è meglio è*** the sooner the better; ***~ o poi*** sooner or later; ***non puoi arrivare a casa ~?*** can't you get home earlier? **5** *(nello spazio)* before; ***due pagine ~*** two pages back **6** *(in una gerarchia)* before; ***~ tu!*** you go first! **7 di prima** former, previous; ***gli inquilini di ~*** the former *o* previous tenants; ***com'è il tuo lavoro rispetto a quello di ~?*** how does this job compare with your last one? **8 prima di** before; ***~ della mia partenza*** before my leaving, before I left; ***~ di andare, vorrei dire che*** before I go *o* before going, I would like to say that; ***non mi era mai successo ~ d'ora*** it had never happened before; ***poco ~ di mezzanotte*** shortly before midnight; ***non saprò niente ~ di martedì*** I won't know until Tuesday; ***è arrivata mezz'ora ~ degli altri*** she arrived half an hour in advance of the others; ***~ di tutto*** first (of all); ***~ di abitare qui, lui...*** previous to living here, he...; ***per lui il lavoro viene ~ di tutto*** for him, work comes before everything **9 prima che** before; ***ci volle del tempo ~ che tornasse a camminare*** it was some time before he was able to walk again; ***ah, ~ che mi dimentichi,...*** oh, before I forget,... **II** agg.inv. *(precedente)* before, previous; ***il giorno, il mese ~*** the day, the month before, the previous day, month; ***la mattina ~*** the previous morning; ***questa pagina e quella ~*** this page and the one before; ***prendere il treno ~*** to catch the earlier train.

2.prima /'prima/ f. **1** SCOL. first year, first form BE; ***fare la ~*** to be in the first year *o* form **2** TEATR. CINEM. première, opening (night), first (night) **3** AUT. first gear, bottom gear BE; ***ingranare*** o ***mettere la ~*** to change *o* shift AE into first (gear) **4** FERR. AER. first class; ***viaggiare in ~*** to travel first class.

prima donna /prima'dɔnna/ f. TEATR. CINEM. leading lady, prima donna; ***fare la ~*** FIG. to be a (real) prima donna.

primario, pl. **-ri, -rie** /pri'marjo, ri, rje/ **I** agg. **1** *(principale)* elemental, primary; ***di -a importanza*** of primary *o* prime importance; ***colore ~*** primary colour **2** ECON. ***settore ~*** primary industry *o* sector **II** m. MED. top clinician, consultant BE **III primarie** f.pl. POL. *(negli USA)* primary election sing.

1.primate /pri'mate/ m. RELIG. primate, Primate.

2.primate /pri'mate/ m. ZOOL. primate.

primaticcio, pl. **-ci, -ce** /prima'tittʃo, tʃi, tʃe/ agg. [*fiore, frutto*] early.

primatista, m.pl. **-i**, f.pl. **-e** /prima'tista/ m. e f. record-breaker, record holder.

primato /pri'mato/ m. **1** *(preminenza)* primacy, supremacy **2** SPORT record; ***stabilire, detenere un ~*** to set, hold a record; ***migliorare*** o ***battere un ~*** to break a record.

primavera /prima'vɛra/ ♦ **32** f. **1** spring **2** SPORT *(squadra giovanile)* youth team, boys team, excellence ♦ ***avere parecchie -e*** to be no spring chicken.

primaverile /primave'rile/ agg. spring attrib.

primeggiare /primed'dʒare/ [1] intr. (aus. *avere*) to excel (**in** at, in); ***~ nel proprio campo*** to lead in one's field; ***vuole sempre ~*** he always wants to be first.

primigenio, pl. **-ni, -nie** /primi'dʒɛnjo, ni, nje/ agg. primigenial.

primipara /pri'mipara/ f. primipara.

primitivo /primi'tivo/ **I** agg. **1** [*significato, stato*] primary **2** ANTROP. primitive; ***l'uomo ~*** primitive Man **3** *(poco evoluto)* primitive, barbaric; [*forma di vita*] simple **4** *(rudimentale)* [*attrezzo*] rudimentary **II** m. (f. **-a**) primitive.

primizia /pri'mittsja/ f. **1** firstling, first fruits pl. **2** FIG. *(notizia)* titbit, hot news **U**, scoop.

primo /'primo/ ♦ **26** **I** agg. **1** *(in una serie, in un gruppo)* first; *(tra due)* former; ***le -e tre pagine*** the first three pages, the three first pages; ***i -i gradini della scala*** the first few steps of the stairs; ***"libro ~"*** "book one"; ***arrivare ~*** *(in una gara)* to come (in) *o* finish first; ***essere tra i -i tre*** to be in the top three; ***il ~ esercizio è semplice, il secondo è complesso*** the former exercise is simple, the latter is complex; ***per la -a volta*** for the first time; ***non era la -a volta che lo avvertivo che*** I warned him not for the first time; ***lo incontrai a Oxford per la -a volta*** I first met him in Oxford; ***per -a cosa domani telefono*** I'll ring first thing tomorrow; ***-a pagina*** front page; ***finire in -a pagina*** to hit the headlines; ***essere una notizia da -a pagina*** to be front page news **2** *(nel tempo)* early; ***nel ~ pomeriggio*** in the early afternoon, early in the afternoon; ***i -i romanzi dell'autore*** the author's early novels; ***un Picasso -a maniera*** an early Picasso, an example of Picasso's early work; ***nei -i tempi andava tutto bene*** at first things went well; ***nei -i anni '60*** in the early 60's **3** *(prossimo)* first, next; ***scendere alla -a fermata*** to get off at the next stop; ***prendere il ~ treno, volo*** to leave on the first train, flight **4** *(per superiorità)* ***il ~ produttore mondiale di vino*** the world leading wine producer **5** LING. ***-a persona singolare, plurale*** first person singular, plural **6** *(nelle parentele)* ***cugino ~*** first cousin **7** TELEV. ***il ~ canale*** channel one **8 in primo luogo** to begin with, firstly, in the first instance *o* place; ***in ~ luogo non avrei dovuto dirglielo*** I wish I hadn't told her to begin with **9 sulle prime** at first, initially

10 in primo piano in the foreground; ***mettere qcs. in ~ piano*** to bring sth. to the fore, to foreground sth., to bring sth. into sharp focus **II** m. (f. **-a**) **1** *(in una successione)* first; *(tra due)* former; ***sei il ~ a dirmelo*** you are the first to tell me; ***fu tra i -i ad arrivare*** he was one of *o* among the first to arrive; ***preferisco il ~*** I prefer the first one; ***il ~ dei miei figli*** *(tra due)* my elder son; *(tra più di due)* my eldest son **2** *(in una classifica)* first; ***essere il ~ della classe*** to be top of the class **3** *(giorno iniziale)* first; ***il ~ (di) maggio*** the first of May; ***ai -i del mese*** at the beginning of the month; ***il ~ dell'anno*** New Year's Day **4** *(minuto primo)* minute **5** *(prima portata)* first course **6** TELEV. *(canale)* channel one **7 per primo** first; ***arrivare per ~*** to get there first **III** avv. first; ***ci sono due ragioni: ~...*** there are two reasons: first...; ***non ci andrò, ~ perché non ho tempo e poi perché non ho voglia*** I'm not going first because I'm busy and then because I don't feel like it ♦♦ ~ ***attore*** TEATR. principal; ~ ***ballerino*** principal dancer; ***-a comunione*** First Communion; ~ ***ministro*** prime minister, premier; ~ ***violino*** first *o* lead violin.

primogenito /primo'dʒɛnito/ **I** agg. first-born **II** m. (f. **-a**) first-born.

primogenitura /primodʒeni'tura/ f. birthright, primogeniture.

primordiale /primor'djale/ agg. [*caos, stadio*] primordial; [*condizione, forza, istinto, terrore*] primeval; [*forma di vita*] low; ***brodo ~*** BIOL. primeval *o* primordial soup.

primordio, pl. **-di** /pri'mɔrdjo, di/ m. beginning, origin; ***ai -i*** in its infancy; ***i -di della letteratura*** the dawning of literature.

primula /'primula/ f. **1** BOT. primula, primrose, cowslip **2** STOR. ~ ***rossa*** Scarlet Pimpernel (anche FIG.).

principale /printʃi'pale/ **I** agg. **1** main, principal, primary; [*bisogno, fatto, tema*] basic, principal; [*ruolo*] central; [*ragione*] principal, chief; [*fattore, candidato, sospetto*] prime; ***via, entrata ~*** main street, entrance; ***sede ~*** head office, headquarters; ***ruolo ~*** lead *o* leading role; TEATR. title role, name part **2** LING. [*accento*] primary; [*proposizione*] principal **II** m. e f. *(capo)* boss, head.

principato /printʃi'pato/ m. princedom, principality; ***il ~ di Monaco*** the Principality of Monaco.

principe /'printʃipe/ ➧ **1 I** m. prince (anche FIG.); ***il ~ Carlo*** Prince Charles **II** agg.inv. *(principale, primo)* principal, main; ***l'argomento ~*** the main topic ♦♦ ~ ***azzurro*** Prince Charming; ~ ***consorte*** prince consort; ~ ***elettore*** STOR. prince-elector; ~ ***ereditario*** crown prince; ~ ***del foro*** FIG. = outstanding barrister; ~ ***di Galles*** TESS. Prince-of-Wales; ~ ***reggente*** prince regent.

principesco, pl. **-schi**, **-sche** /printʃi'pesko, ski, ske/ agg. princely (anche FIG.); ***accogliere qcn. in modo ~*** to give sb. a (right) royal welcome.

principessa /printʃi'pessa/ ➧ **1** f. princess; ***la ~ Anna*** Princess Anne.

principiante /printʃi'pjante/ m. e f. beginner, novice, first-timer COLLOQ.; ***corso per -i*** beginners' class; ***fortuna del ~!*** beginner's luck!

principio, pl. **-pi** /prin'tʃipjo, pi/ **I** m. **1** *(inizio)* beginning, start; ***in ~*** in *o* at the beginning, at first; ***(fin) dal ~*** all along, (right) from the start; ***dal ~ alla fine*** from beginning to end, from start to finish; ***il ~ di ogni male*** the origin of all evil; ***ho un ~ di raffreddore*** I've got a cold coming on, I've got the beginnings of a cold **2** *(regola)* principle, value; ***-pi morali*** morals; ***per ~*** on principle, as a matter of principle; ***in linea di ~*** in principle; ***è una questione di ~*** it's the principle of the thing, it's a point *o* matter of principle; ***avere sani -pi*** to have high principles, to be principled; ***essere privo di -pi morali*** to have no morals; ***persona di nobili -pi*** high-principled person **3** *(fondamento)* principle, tenet; ***partire dal ~ che*** to work on the assumption that **4** MAT. FIS. principle, law; ~ ***di Archimede*** Archimedes' principle **5** CHIM. FARM. principle; ***-pi attivi*** active principles **II principi** m.pl. *(rudimenti)* rudiment sing., element sing.

prione /pri'one/ m. prion.

priore /pri'ore/ m. prior.

priorità /priori'ta/ f.inv. **1** priority **U**, precedence, previousness; ***avere la ~ su qcs.*** to have *o* take priority over sth. **2** *(fatto più importante)* priority; ***essere, non essere tra le proprie ~*** to be high, low on one's list.

prioritario, pl. **-ri**, **-rie** /priori'tarjo, ri, rje/ agg. **1** overriding, prior; [*caso, chiamata, spesa*] priority attrib. **2** ***posta -a*** = first class (mail).

prisma /'prizma/ m. prism.

prismatico, pl. **-ci**, **-che** /priz'matiko, tʃi, ke/ agg. prismatic(al).

privacy /'pr(a)ivasi/ f.inv. privacy; ***violare la ~ di qcn.*** to encroach *o* invade sb.'s privacy.

privare /pri'vare, 'privasi/ [1] **I** tr. **1** ~ ***qcn. di qcs.*** to deprive *o* rob sb. of sth.; ~ ***qcn. delle forze, energie*** to drain sb. of strength, energy; ~ ***qcs. di ogni significato*** to make sth. totally meaningless; ~ ***qcn. della vita*** to take sb.'s life **2** DIR. POL. ~ ***qcn. dei diritti civili, elettorali*** to disenfranchise sb.; ~ ***della cittadinanza*** to denaturalize **II privarsi** pronom. ***-rsi di qcs.*** to deny oneself sth.

privatamente /privata'mente/ avv. privately; ***esercitare ~*** [*medico*] to work *o* be in private practice; ***farsi curare ~*** MED. to go private.

privatista, m.pl. **-i**, f.pl. **-e** /priva'tista/ m. e f. *(studente)* = external student who enters for an exam without having attended official state-run courses.

privativa /priva'tiva/ f. COMM. franchise; ***diritto di ~*** DIR. patent right.

privatizzare /privatid'dzare/ [1] tr. to privatize, to denationalize.

privatizzazione /privatiddzat'tsjone/ f. privatization, denationalization.

privato /pri'vato/ **I** agg. **1** *(non statale)* independent, private **2** *(non destinato al pubblico)* [*collezione, festa, jet, spiaggia, strada*] private **3** *(non ufficiale)* private; ***in veste -a*** informally; ***il matrimonio sarà celebrato in forma -a*** the wedding will be private **4** *(personale)* private; ***insegnante ~*** tutor, home teacher AE; ***segretario ~*** private *o* personal secretary; ***vita -a*** private life **II** m. (f. **-a**) **1** *(cittadino)* private citizen, private individual; ***vendita a -i*** private sale **2** *(settore)* private sector **3 in ~** in private, privately, off-screen; ***posso parlarle in ~?*** may I speak to you in private?

privazione /privat'tsjone/ f. **1** deprival, deprivation; ~ ***della cittadinanza*** DIR. POL. denaturalization **2** *(rinuncia, patimento)* privation, deprivation, hardship; ***una vita di -i*** a life of privation.

privilegiare /privile'dʒare/ [1] tr. **1** *(favorire)* to favour BE, to favor AE **2** *(preferire)* to privilege, to grant a privilege to.

privilegiato /privile'dʒato/ **I** p.pass. → **privilegiare II** agg. **1** advantaged, favoured BE, favored AE; [*minoranza, posizione, vita*] privileged **2** ECON. ***azione -a*** preference BE *o* priority AE share **III** m. (f. **-a**) privileged person; ***i -i*** the advantaged *o* privileged; ***pochi -i*** a select few.

privilegio, pl. **-gi** /privi'lɛdʒo, dʒi/ m. **1** privilege; ***godere di un ~*** to enjoy a privilege; ***concedere*** o ***accordare un ~ a qcn.*** to grant sb. a privilege; ***lo considero un ~*** *(onore)* I look on it as a privilege **2** *(prerogativa)* prerogative, privilege; ***viaggiare era allora un ~ dei ricchi*** travel was then the privilege *o* prerogative of the rich.

privo /'privo/ agg. ~ ***di coraggio*** without courage; ~ ***di tatto*** tactless; ~ ***di senso*** empty of meaning, meaningless; ~ ***di talento*** untalented; ***essere ~ di qcs.*** to lack sth., to be lacking *o* wanting in sth.; ***essere ~ di fondamento*** to lack substance, to be unsubstantiated; ~ ***di scrupoli*** unscrupulous; ~ ***di sensi*** senseless *o* unconscious.

pro /prɔ/ **I** prep. for, pro COLLOQ.; ***votare ~ o contro una legge*** to vote for or against a bill **II** m.inv. ***i ~ e i contro*** the pros and cons, pros and contras ♦ ***buon ~ gli faccia!*** much good may it do him! ***a che ~?*** what's the use? what's the good of it?

probabile /pro'babile/ agg. probable, likely; ***il ~ vincitore*** the probable winner; ***è ~ che*** it is *o* seems likely that; ***è poco ~*** it's hardly likely, it's improbable *o* unlikely; ***è ~ che il concerto venga annullato*** the concert might very well be cancelled; ***essere un ~ candidato per*** to be a likely candidate for.

probabilità /probabili'ta/ f.inv. **1** *(possibilità)* chance, likelihood, probability **U**; ***ha delle buone ~*** he has a good chance; ***ci sono poche ~ di vittoria*** there's little chance *o* probability of winning; ***avere buone ~ di passare gli esami*** to be likely to pass one's exams; ***con ogni*** o ***tutta ~*** in all likelihood *o* probability **2** *(opportunità favorevole)* chance, odds pl.; ***c'era una ~ su cento*** it was a hundred to one chance **3** MAT. STATIST. probability; ***calcolo delle ~*** theory of probability, probability theory.

probabilmente /probabil'mente/ avv. likely, probably; ***molto ~*** most *o* very probably.

probante /pro'bante/ agg. **1** *(convincente)* convincing; ***non ~*** inconclusive **2** DIR. → **probatorio**.

probatorio, pl. **-ri, -rie** /proba'tɔrjo, ri, rje/ agg. DIR. evidential.

probità /probi'ta/ f.inv. probity.

problema /pro'blɛma/ m. **1** MAT. problem **2** *(difficoltà)* problem, trouble **U**, matter; ***un ~ tecnico*** a technical hitch; ***dare, creare -i a qcn.*** to give, cause sb. trouble; ***avere -i di peso*** to have a weight problem; ***non c'è ~!*** (it's *o* there's) no problem! ***qual è il ~?*** what's the problem *o* matter? **3** *(preoccupazione)* problem, worry; ***essere un ~ per qcn.*** to be a problem to sb.; ***è l'ultimo dei miei -i!*** that's the least of my problems *o* worries! **4** *(questione)* issue, problem, question; ***il ~ della disoccupazione, dell'inquinamento*** the problem of unemployment, the question of pollution.

problematica, pl. **-che** /proble'matika, ke/ f. problems pl., issues pl.

problematico, pl. **-ci, -che** /proble'matiko, tʃi, ke/ agg. problematic(al).

probo /'prɔbo/ agg. LETT. honest, upright.

proboscide /pro'bɔʃʃide/ f. ZOOL. *(di elefante)* trunk; *(di insetti)* proboscis*.

procacciare /prokat'tʃare/ [1] **I** tr. to provide, to obtain, to procure (**a** for); ***~ affari, voti*** to tout for business, votes **II procacciarsi** pronom. *(procurarsi)* ***-rsi qcs.*** to get hold of sth., to obtain sth.; ***-rsi da vivere*** to get *o* earn a living; ***-rsi clienti*** to drum up clients.

procacciatore /prokattʃa'tore/ m. (f. **-trice** /tritʃe/) ***~ d'affari*** broker.

procace /pro'katʃe/ agg. seductive, provocative.

pro capite /pro'kapite/ **I** avv. per head, per capita **II** agg.inv. per capita; ***reddito, consumo ~*** per capita income, consumption.

procedere /pro'tʃɛdere/ [2] intr. (aus. *essere, avere*) **1** (aus. *essere*) [*persona, veicolo*] to proceed, to move (along); ***~ con prudenza*** to proceed with caution *o* care; ***~ velocemente*** to rush along; ***~ a fatica*** [*persona*] to plough through, to struggle along (anche FIG.) **2** (aus. *essere*) [*lavoro, progetto, studi*] to come* along, to get* along, to proceed, to progress; ***come procede la tua tesi?*** how's your thesis coming *o* getting along? ***tutto procede secondo i piani*** everything is proceeding *o* going according to plan **3** (aus. *avere*) *(continuare)* to go* on, to carry on, to proceed; ***proceda pure*** please proceed **4** (aus. *avere*) *(passare, dare avvio)* to proceed, to pass on, to go* on (**a** to); ***~ al ballottaggio*** to proceed with the ballot; ***~ alla votazione di qcs.*** to put sth. to the vote **5** (aus. *avere*) DIR. ***~ contro qcn.*** to proceed against sb.; ***~ per via legale contro qcn.*** to bring a *o* take legal action against sb.; ***non luogo a ~*** nonsuit **6** (aus. *avere*) *(agire)* to proceed; ***come intendi ~ al riguardo?*** how are you going to go about it?

procedimento /protʃedi'mento/ m. **1** *(metodo)* procedure, proceeding, process **2** *(azione giudiziaria)* proceedings pl.; ***intraprendere un ~ contro qcn.*** to bring *o* take *o* institute proceedings against sb.

procedura /protʃe'dura/ f. **1** procedure, practice; ***seguire una ~*** to follow procedure **2** DIR. procedure; ***vizio di ~*** legal irregularity, procedural mistake **3** INFORM. procedure.

procedurale /protʃedu'rale/ agg. procedural (anche INFORM.).

procellaria /protʃel'larja/ f. Mother Carey's chicken, (storm) petrel.

processare /protʃes'sare/ [1] tr. ***~ qcn. per omicidio, per frode*** to try sb. for murder, fraud.

processione /protʃes'sjone/ f. **1** RELIG. procession; ***andare in ~*** to go *o* walk in procession **2** *(lunga fila)* train, column.

processo /pro'tʃɛsso/ m. **1** DIR. trial, action, case; ***~ per omicidio*** murder case *o* trial; ***sotto ~*** on trial; ***subire un ~*** to go on *o* stand trial; ***intentare un ~ contro qcn.*** to bring an action against sb. **2** *(metodo, svolgimento)* process; ***~ di fabbricazione*** manufacturing process; ***~ chimico*** chemical process; ***il ~ di pace*** the peace process; ***~ di apprendimento*** learning process **3** INFORM. process ♦ ***fare un ~ alle intenzioni*** to judge sb. on mere intent.

processore /protʃes'sore/ m. INFORM. processor.

processuale /protʃessu'ale/ agg. [*azione, caso*] court attrib.; ***diritto ~*** adjective law; ***spese -i*** (legal) costs.

procinto /pro'tʃinto/ m.inv. ***essere in ~ di fare*** to be on the brink *o* point *o* verge of doing, to be about to do.

procione /pro'tʃone/ m. raccoon, coon AE.

proclama /pro'klama/ m. proclamation.

proclamare /prokla'mare/ [1] **I** tr. **1** to proclaim, to declare [*guerra, indipendenza*]; to call [*sciopero*]; ***~ qcn. vincitore*** to declare *o* announce sb. the winner **2** *(dichiarare)* to declare; [*manifesto, documento*] to proclaim [*libertà, sovranità*]; ***~ la propria innocenza*** to declare one's innocence **3** DIR. to promulgate [*legge*] **II proclamarsi** pronom. to proclaim oneself; *(dichiararsi)* to declare oneself.

proclamazione /proklamat'tsjone/ f. declaration, proclamation.

proconsole /pro'kɔnsole/ m. STOR. proconsul.

procrastinare /prokrasti'nare/ [1] **I** tr. to postpone, to defer, to delay **II** intr. *(aus. avere)* to procrastinate.

procrastinazione /prokrastinat'tsjone/ f. procrastination.

procreare /prokre'are/ [1] tr. to procreate, to beget* ANT.

procreazione /prokreat'tsjone/ f. procreation ♦♦ ***~ assistita*** assisted reproduction.

procura /pro'kura/ f. **1** DIR. power of attorney, proxy; *(documento)* letter of attorney; ***per ~*** by proxy, per procuration; ***voto per ~*** proxy vote; ***avere la ~ di qcn.*** to stand proxy for sb., to have power of attorney for sb.; ***dare una ~ a qcn.*** to give sb. power of attorney **2** *(ufficio)* attorney's office; ***~ della Repubblica*** = Public Prosecutor's Office ♦♦ ***~ generale*** DIR. general *o* full power of attorney; *(ufficio)* = office of the Director of Public Prosecution.

procurare /proku'rare/ [1] **I** tr. **1** *(causare)* to bring* (on), to give*, to cause; ***~ uno shock a qcn.*** to cause sb. a shock; ***~ noie*** o ***grane a qcn.*** to bring sb. trouble **2** *(fornire)* to provide, to get* [*cibo, lavoro*]; ***~ qcs. a qcn.*** to provide sb. with sth., to fix sb. up with sth., to obtain sth. for sb. **3** *(cercare)* to manage; ***procura di essere puntuale!*** try *o* manage to be on time! **II procurarsi** pronom. **1** to get* hold of [*biglietto, documento, informazione, libro*]; to obtain, to secure [*denaro*]; to win* [*appoggio*]; to drum up [*clienti*] **2** *(causare a se stesso)* to pick up [*problemi*].

procuratore /prokura'tore/ ➧ **18, 1** m. (f. **-trice** /tritʃe/) **1** AMM. COMM. procurer, proxy; ***il ~ di una società*** the authorized representative of a company **2** DIR. attorney, prosecuting attorney AE, prosecutor AE ♦♦ ***~ distrettuale*** = District Attorney; ***~ generale*** = Director of Public Prosecutions GB, Attorney General US; ***~ legale*** = solicitor GB, attorney(-at-law) US; ***~ della Repubblica*** state prosecutor.

prode /'prɔde/ **I** agg. valiant, brave **II** m. valiant man*, brave man*.

prodezza /pro'dettsa/ f. **1** *(coraggio)* prowess, valiance **2** *(impresa)* feat, valiance; SPREG. *(azione sconsiderata)* bravado **U**, stunt AE COLLOQ.; ***bella ~!*** IRON. a fine feat indeed! big deal!

prodigalità /prodigali'ta/ f.inv. prodigality, extravagance SPREG.

prodigare /prodi'gare/ [1] **I** tr. **1** *(elargire)* to lavish [*ricchezze, onori*]; to ladle out [*complimenti, informazioni*]; to expend, to lavish [*attenzioni*]; to hand out SPREG. [*consigli*] **2** *(sperperare)* to be* prodigal of, to lavish, to squander [*averi, soldi*] **II prodigarsi** pronom. **1** *(profondersi)* ***-rsi in elogi a qcn.*** to bestow effusive praise on sb. **2** *(adoperarsi)* to do* one's best; ***-rsi per qcn.*** to do all one can for sb.

prodigio, pl. **-gi** /pro'didʒo, dʒi/ **I** m. **1** portent, prodigy, wonder; ***compiere -gi*** to work wonders; ***un ~ dell'ingegneria*** a wonder of engineering **2** *(persona)* prodigy, marvel; ***un ~ della musica*** a music prodigy **II** agg.inv. ***bambino ~*** child prodigy.

prodigioso /prodi'dʒoso/ agg. prodigious; [*riuscita*] wonderful.

prodigo, pl. **-ghi, -ghe** /'prɔdigo, gi, ge/ **I** agg. **1** *(dissipatore)* extravagant, lavish, prodigal, thriftless **2** FIG. generous, free, lavish; ***essere ~ di complimenti, consigli*** to be free with compliments, advice **3** BIBL. ***il figliol ~*** the prodigal son (anche FIG.) **II** m. (f. **-a**) spendthrift, unthrift.

proditorio, pl. **-ri**, **-rie** /prodi'tɔrjo, ri, rje/ agg. FORM. traitorous; [*atto, offesa*] treasonable.

prodotto /pro'dotto/ m. **1** product (anche FIG.); ***-i della terra*** produce of the land; ***~ alimentare*** food product **2** MAT. product ♦♦ ***~ di bellezza*** beauty product; ***~ finito*** COMM. end *o* finished product; ***~ interno lordo*** gross domestic product; ***-i tessili*** textiles.

prodromo /'prɔdromo/ m. **1** prodrome; ***i -i della rivoluzione*** the rumblings *o* birth pangs of revolution **2** MED. prodrome, premonitory symptom.

produrre /pro'durre/ [13] **I** tr. **1** *(fabbricare)* to produce, to manufacture, to turn out [*beni, merci*]; ***~ in serie*** to mass-produce **2** AGR. to bear*, to produce, to yield [*frutti, raccolto*] **3** *(generare, provocare)* to produce [*calore, effetto, elettricità, energia, suono*]; to generate, to produce [*guadagno*] **4** CINEM. MUS. TEATR. TELEV. to produce **5** *(creare)* [*era, paese*] to produce [*artista, scienziato*]; ***~ un'opera d'arte*** to produce a work of art **6** DIR. to bring* forward [*testimone*]; ***~ qcs. come prova*** to produce sth. as proof **II** **prodursi** pronom. **1** [*buco, rottura*] to develop; [*situazione*] to happen, to come* along **2** ***-rsi una ferita*** to cause oneself an injury.

produttività /produttivi'ta/ f.inv. productiveness, productivity.

produttivo /produt'tivo/ agg. **1** [*capitale, fase, giorno, settore*] productive **2** *(della produzione)* production attrib.; ***ciclo ~*** production cycle; ***processo ~*** manufacturing process **3** AGR. [*terreno*] fertile, fruitful.

produttore /produt'tore/ ➧ ***18*** **I** agg. producing; ***paese ~ di petrolio*** oil-producing country **II** m. (f. **-trice** /tritʃe/) **1** ECON. producer, manufacturer; *(di cibo, vino)* maker **2** CINEM. TELEV. producer ♦♦ ***~ cinematografico*** film *o* movie producer; ***~ esecutivo*** TELEV. commissioning editor; CINEM. executive producer; ***~ indipendente*** CINEM. MUS. indie COLLOQ.

produzione /produt'tsjone/ f. **1** make, production; *(in fabbrica)* output, production, throughput; *(di dati, elettricità, reddito)* generation; ***un leader mondiale nella ~ di automobili*** a world leader in car manufacturing; ***~ propria*** = own production; ***birra di ~ propria*** home brew(ed) beer **2** *(insieme dei prodotti)* production, yield; ***~ agricola*** crop production; ***la ~ annuale di latte*** the annual milk yield **3** BIOL. FIS. production **4** CINEM. TELEV. ***~ cinematografica*** film production; ***~ teatrale*** stage production **5** *(artistica)* work, output; ***~ letteraria*** literary work **6** DIR. *(di prove)* production ♦♦ ***~ industriale*** industrial *o* manufacturing output; ***~ in serie*** mass production.

prof /prɔf/ m. e f.inv. COLLOQ. (accorc. professore) prof.

prof. ⇒ professore professor (Prof).

profanare /profa'nare/ [1] tr. **1** RELIG. to profane, to defile, to desecrate, to violate **2** FIG. to profane.

profanatore /profana'tore/ m. (f. **-trice** /tritʃe/) defiler RELIG., desecrator, violator.

profanazione /profanat'tsjone/ f. RELIG. defilement, desecration; violation, profanation FORM. (anche FIG.).

profano /pro'fano/ **I** agg. profane; [*persona*] uninitiated **II** m. (f. **-a**) **1** *(persona)* layperson*, layman*; ***i -i*** the laity + verbo sing. o pl., the uninitiated + verbo pl.; ***parlando da ~...*** speaking as a layman... **2** *(non sacro)* ***il sacro e il ~*** the sacred and the profane; ***mescolare il sacro con il ~*** to confound *o* mix things sacred and profane.

proferire /profe'rire/ [102] tr. to utter; ***senza ~ parola*** without uttering a word.

professare /profes'sare/ [1] **I** tr. **1** to confess, to profess [*credenza, fede*]; to follow [*religione*] **2** *(esercitare)* to practice; ***~ l'avvocatura*** to practice law **II** **professarsi** pronom. *(proclamarsi)* to profess oneself; ***-rsi innocente*** to claim innocence, to enter a plea of not guilty; ***-rsi amico di qcn.*** to claim to be sb.'s friend.

professionale /professjo'nale/ agg. **1** [*attività, opportunità, sbocco*] occupational; [*etica, esperienza, competenza, qualificazione*] professional; [*formazione*] occupational, vocational; ***deformazione ~*** professional bias; ***malattia ~*** industrial disease **2** *(da professionista)* [*attrezzatura*] professional.

professionalità /professjonali'ta/ f.inv. professionalism.

professionalmente /professjonal'mente/ avv. professionally.

professione /profes'sjone/ f. **1** profession, occupation, trade; ***qual è la sua ~?*** what's his occupation? ***di ~*** [*pittore, muratore*] professional; ***di ~ fa l'architetto*** he is an architect by profession; ***la ~ di insegnante, medico*** the teaching, medical profession; ***esercitare la ~ giuridica*** to practise law **2** *(dichiarazione)* profession, statement; ***~ di fede*** statement of belief; ***fare ~ d'amicizia*** to declare one's friendship.

professionismo /professjo'nizmo/ m. professionalism (anche SPORT); ***passare al ~*** to turn professional.

professionista, m.pl. **-i**, f.pl. **-e** /professjo'nista/ **I** agg. [*ballerino, attore, cantante, calciatore*] professional **II** m. e f. professional; ***libero ~*** freelance, freelancer; ***fare un lavoro da ~*** to do a very professional job; ***sono dei -i*** they are professional people.

professionistico, pl. **-ci**, **-che** /professjo'nistiko, tʃi, ke/ agg. professional.

professorale /professo'rale/ agg. **1** professorial **2** *(saccente)* donnish.

professore /profes'sore/ Mentre *professore* si usa in italiano con riferimento sia ai docenti della scuola sia a quelli dell'università, in Gran Bretagna *professor* qualifica solo il livello più alto dei docenti universitari (ed equivale a *professore ordinario* in Italia), gerarchicamente seguito da *reader, senior lecturer* e *lecturer*, che è la qualifica più bassa. ➧ ***18, 1*** m. (f. **-essa** /essa/) *(in scuola secondaria)* schoolteacher, teacher; *(all'università) (ordinario)* professor; ***~ di inglese, musica*** English, music teacher; ***il professor Neri*** *(in scuola secondaria)* Mr Neri; *(all'università)* Professor Neri; ***fare il ~*** SPREG. to be pedantic ♦♦ ***~ associato*** UNIV. associate, associate professor AE, = lecturer BE; ***~ ordinario*** UNIV. professor BE, full professor AE; ***~ di ruolo*** tenured professor.

profeta /pro'fɛta/ m. prophet ♦ ***nessuno è ~ in patria*** PROV. no-one is a prophet in his own land ♦♦ ***~ di sciagure*** prophet of doom.

profetessa /profe'tessa/ f. prophetess.

profetico, pl. **-ci**, **-che** /pro'fɛtiko, tʃi, ke/ agg. prophetic(al).

profetizzare /profetid'dzare/ [1] tr. to prophesy.

profezia /profet'tsia/ f. prophecy, foretelling, prediction.

profferta /prof'fɛrta/ f. LETT. proffer.

proficuo /pro'fikuo/ agg. [*affare, investimento*] profitable; [*discussione, incontro*] useful, worthwhile.

profilare /profi'lare/ [1] **I** tr. **1** to profile, to outline [*disegno, figura*]; *(delineare)* to delineate, to outline; ***~ un personaggio*** to outline a character **2** SART. to pipe **3** TECN. to profile **II** **profilarsi** pronom. **1** to stand* out, to be* profiled, to be* silhouetted **2** FIG. [*crisi, guerra*] to loom up, to impend.

profilassi /profi'lassi/ f.inv. prophylaxis*, prophylactic, preventive treatment.

profilato /profi'lato/ **I** p.pass. → **profilare** **II** m. section bar, draw piece; ***~ di acciaio*** structural steel.

profilattico, pl. **-ci**, **-che** /profi'lattiko, tʃi, ke/ **I** agg. prophylactic **II** m. prophylactic, condom.

profilo /pro'filo/ m. **1** *(contorno)* profile, outline, contour; ***il ~ dei monti*** the outline of the mountains **2** *(volto visto di fianco)* profile, outline, side-face; ***di ~*** in profile, sideways on, in silhouette; ***essere di ~*** to be turned sideways **3** *(descrizione)* profile (anche GIORN.), sketch; ***~ psicologico*** psychological profile **4** SART. piping **5** *(punto di vista)* aspect, face; ***sotto questo ~*** seen from this angle; ***sotto il ~ della qualità*** from the point of view of quality.

profittare /profit'tare/ [1] intr. (aus. *avere*) ***~ di qcs.*** to profit by *o* from sth., to take advantage of sth.

profittatore /profitta'tore/ m. (f. **-trice** /tritʃe/) profiteer, exploiter.

profitto /pro'fitto/ m. **1** *(vantaggio)* profit, advantage; ***studiare con ~*** to study to advantage; ***trarre ~ da qcs.*** to put *o* turn sth. to (good) account, to take advantage of sth. **2** COMM. ECON. profit, gain, cleaning, return; ***ricavare un ~ da*** to make *o* turn a profit on; ***vendere qcs. con ~*** to sell sth. profitably *o* at a profit; ***conto -i e perdite*** profit and loss account.

profluvio, pl. **-vi** /pro'fluvjo, vi/ m. flood, flow; *(di insulti)* stream; ***~ di lacrime, di parole*** flood of tears, words.

profondamente /profonda'mente/ avv. [*respirare, soffrire, commuovere*] deeply; [*odiare, disprezzare*] intensely; [*credere*] passionately; [*scavare*] deep; ***~ influenzato, traumatizzato*** profoundly affected, traumatized; ***dormire ~*** to be sound *o* fast asleep; ***impressionare ~ qcn.*** to leave a deep impression on sb.; ***essere ~ infelice, arrabbiato*** to be bitterly unhappy, extremely angry; ***sono ~ consapevole di questi problemi*** I am acutely aware of these problems.

profondere /pro'fondere/ [51] **I** tr. to lavish [*denaro, parole, elogi*] **II profondersi** pronom. ***-rsi in scuse*** to apologize profusely; ***-rsi in elogi*** to bestow effusive praise, to lavish praise.

profondimetro /profon'dimetro/ m. depth gauge.

profondità /profondi'ta/ f.inv. **1** depth, deepness; ***il lago ha una ~ di 13 m*** the lake is 13 m deep **2** FIG. *(di sentimento)* depth, soulfulness; *(di voce)* richness; *(di conoscenza)* profundity FORM., depth; *(di personaggio, romanzo, analisi)* depth; ***~ di pensiero*** profundity of thought.

profondo /pro'fondo/ **I** agg. **1** deep, profound; [*rughe*] deep, marked; ***~ 8 m*** 8 m in depth *o* deep; ***avere una scollatura -a*** to show a lot of cleavage; ***radici -e*** deep roots (anche FIG.) **2** *(intenso)* deep, profound; [*desiderio*] earnest; [*repulsione*] sheer; [*sonno*] deep, sound; [*suono, voce*] rich, low; ***fare un ~ respiro*** to take a deep *o* heavy breath; ***avere una -a conoscenza di*** to have an intimate knowledge of **3** *(importante)* [*significato, cambiamento*] profound; [*esperienza*] meaningful **4** *(penetrante)* [*osservazione, pensiero*] profound, deep; [*analisi, critica*] penetrating, deep **II** m. ***il ~ della sua anima*** his innermost self *o* being; ***dal ~ del cuore*** from the bottom of one's heart; ***nel ~ della sua coscienza*** in the depths of his consciousness, deep in his unconsciuos **III** avv. deeply, deep down.

pro forma /pro'forma/ **I** agg.inv. [*inchino, saluto*] perfunctory; COMM. pro forma **II** m.inv. formality.

profugo, pl. **-ghi, -ghe** /'profugo, gi, ge/ **I** m. (f. **-a**) refugee, displaced person; ***campo -ghi*** refugee camp **II** agg. displaced.

profumare /profu'mare/ [1] **I** tr. to perfume, to scent; [*odore*] to scent, to sweeten, to fill [*ambiente, aria*] **II** intr. (aus. *avere*) to smell good; ***~ di pulito*** to smell clean; ***~ di rose*** to smell of roses **III profumarsi** pronom. to put* on perfume.

profumatamente /profumata'mente/ avv. [*pagare, ricompensare*] handsomely.

profumato /profu'mato/ **I** p.pass. → **profumare II** agg. **1** [*fiore*] (sweet-)scented, sweet-smelling, fragrant; [*sostanza, cibo, spezia*] fragrant; [*fazzoletto*] perfumed, scented; [*sapone, carta*] scented; ***~ alla rosa, al limone*** rose-, lemon-scented **2** *(lauto)* [*onorario, mancia*] generous.

profumeria /profume'ria/ f. perfumery.

profumiere /profu'mjɛre/ ♦ *18* m. (f. **-a**) perfumer.

profumino /profu'mino/ m. *(odorino)* lovely smell, delicious smell; ***c'è un buon ~ in cucina*** it smells delicious in the kitchen.

profumo /pro'fumo/ m. **1** *(essenza)* perfume; ***darsi*** o ***mettersi il ~*** to put on perfume **2** *(fragranza, odore)* fragrance, sweet smell, scent; ***avere*** o ***mandare un buon ~*** to smell good *o* lovely; ***~ di lavanda*** scent of lavender; ***sapone al ~ di rosa*** rose-scented soap; ***il ~ dei soldi*** FIG. the scent of money.

profusione /profu'zjone/ f. **1** profusion; ***una ~ di colori*** a riot of colours; ***~ d'idee*** flood *o* torrent of ideas **2 a profusione** [*regali, fiori*] by the armful; [*spendere*] lavishly; ***avere tutto a ~*** to have everything in abundance; ***ha idee a ~*** he's full of ideas.

progenie /pro'dʒɛnje/ f.inv. LETT. **1** *(stirpe)* progeny **2** *(discendenza)* descendants pl., offspring*.

progenitore /prodʒeni'tore/ m. (f. **-trice** /tritʃe/) **1** *(avo)* ancestor, progenitor **2** *(capostipite)* stirps*.

progettare /prodʒet'tare/ [1] tr. **1** to plan [*viaggio, vacanza*]; ***~ di fare*** to plan *o* make plans to do **2** TECN. to design, to plan [*edificio*]; to plan [*autostrada, galleria*]; to style, to design [*auto, cucina*].

progettazione /prodʒettat'tsjone/ f. design, styling; ***~ d'interni*** interior design; ***in fase di ~*** [*azione, idea*] in the planning stage.

progettista, m.pl. **-i**, f.pl. **-e** /prodʒet'tista/ ♦ *18* m. e f. designer, planner; ING. project manager.

progettistica /prodʒet'tistika/ f. design engineering.

progetto /pro'dʒɛtto/ m. **1** *(proposito)* plan; ***fare dei -i per l'avvenire*** to make plans for the future; ***realizzare un ~*** to carry out a plan; ***avete -i per l'estate?*** do you have any plans for the summer? ***avere in ~ di fare qcs.*** to have a plan *o* make plans to do sth. **2** *(fase preparatoria)* ***il ~ è in ritardo*** the project is falling behind schedule; ***allo stadio di ~*** at the planning stage; *(piano sistematico)* ***secondo il ~ del governo...*** under the government's scheme... **3** *(bozza) (di romanzo, contratto, legge)* draft **4** ARCH. EDIL. *(schema d'esecuzione) (di edificio, locale, oggetto)* design, project, plan **5** IND. TECN. *(di macchina, apparecchio)* plan ♦♦ ***~ di bilancio*** budget proposal, draft budget; ***~ di legge*** bill; ***~ di riforma*** POL. reform bill.

progettuale /prodʒettu'ale/ agg. planning.

prognosi /'prɔɲɲozi/ f.inv. MED. prognosis*; ***sciogliere la ~*** to take sb. off the danger list; ***in ~ riservata*** on the danger list.

programma /pro'gramma/ m. **1** TELEV. CINEM. programme BE, program AE; ***-i educativi*** AE educational television; ***il film è in ~ al Lux*** the film is on at the Lux **2** TEATR. *(cartellone)* programme; ***che cosa c'è in ~?*** what's on? **3** *(piano)* plan, schedule; ***fare -i*** to make plans; ***avere in ~ di fare*** to plan on doing; ***che cosa c'è in ~ per oggi?*** what's on the programme for today? ***hai dei -i per stasera?*** have you got anything arranged *o* on for this evening? ***~ di lavoro*** work schedule; ***un ~ pieno di impegni*** a full *o* crowded schedule; ***sostenere un ~ politico*** to support a political platform **4** SCOL. UNIV. syllabus, curriculum*; ***un ~ di studi*** a course of study; ***il ~ di storia*** the history syllabus; ***il ~ del primo anno*** the first-year syllabus; ***in ~*** on the syllabus **5** INFORM. (computer) program ♦♦ ***~ applicativo*** INFORM. application program; ***~ elettorale*** election manifesto, electoral programme, platform; ***~ d'esame*** coursework; ***~ di lavaggio*** washing cycle.

programmare /program'mare/ [1] tr. **1** [*cinema*] to put* on [*film*] **2** *(progettare)* to plan, to schedule, to time [*lavoro, vacanze, giornata*]; to budget, to organize [*tempo*] **3** to programme BE, to program AE, to set* [*videoregistratore*]; to preset* [*temperatura, accensione*] **4** INFORM. to program.

programmatico, pl. **-ci, -che** /program'matiko, tʃi, ke/ agg. ***discorso ~*** POL. keynote speech; ***documento ~*** POL. policy document.

programmatore /programma'tore/ ♦ *18* m. (f. **-trice** /tritʃe/) **1** INFORM. (computer) programmer, designer **2** ECON. planner.

programmazione /programmat'tsjone/ f. **1** *(di viaggio, lavoro)* planning, programming, scheduling; *(di videoregistratore)* presetting, programming **2** ECON. planning, scheduling **3** INFORM. (computer) programming BE, programing AE **4** RAD. TELEV. schedule, programming; TEATR. run; ***c'è un nuovo film in ~*** CINEM. there's a new film on; ***il film resterà in ~ ancora una settimana*** the film will run (for) another week; ***la trasmissione offre una buona ~ di musica rock*** the programme's coverage of rock music is good.

progredire /progre'dire/ [102] intr. (aus. *essere, avere*) [*persona, civilizzazione, tecnica, malattia*] to advance; [*lavoro, ricerca, studi*] to progress; ***~ nella carriera*** to progress *o* advance in one's career; ***è progredito moltissimo*** he has made a lot of progress.

progredito /progre'dito/ **I** p.pass. → **progredire II** agg. [*paese*] developed; [*tecnica*] advanced.

progressione /progres'sjone/ f. **1** progress, progression **2** MAT. MUS. LING. progression; ***~ aritmetica*** arithmetic progression ♦ ***crescere in ~ geometrica*** to increase exponentially.

progressista, m.pl. **-i**, f.pl. **-e** /progres'sista/ agg., m. e f. progressive.

progressivo /progres'sivo/ agg. **1** progressive; [*crescita, accumulo*] steady; ***perdita -a della memoria*** progressive loss of memory **2** *(in progressione)* ***in ordine ~*** in ascending order **3** ECON. [*imposta, tassa*] graduated, progressive **4** LING. continuous, progressive; ***presente ~*** present continuous.

progresso /pro'grɛsso/ m. **1** progress U, improvement; ***i recenti -i in campo medico*** recent advances in medicine; ***grandi -i della chirurgia*** major developments in surgery; ***fare (dei) -i*** [*persona*] to make progress, to come along, to get ahead; ***ha fatto -i in matematica*** he has made some improvement in maths **2** *(di malattia)* progress U.

proibire /proi'bire/ [102] tr. to forbid*, to prohibit, to ban [*film, commercio, pubblicità, opera*]; ***~ qcs. a qcn.*** to forbid sb. sth.; ***~ a qcn. di fare*** to forbid sb. to do, to prohibit sb. from doing; ***la sua religione gli proibisce di sposarsi*** his religion bars him from marrying; ***il medico gli ha proibito l'alcol*** the doctor told him he isn't allowed alcohol; ***ti proibisco di parlare male di lei*** I won't hear a word against her.

proibitivo /proibi'tivo/ agg. [*prezzo*] prohibitive; [*condizioni meteorologiche*] hazardous, treacherous.

proibito /proi'bito/ **I** p.pass. → **proibire II** agg. forbidden, banned; ***sogni -i*** forbidden dreams; ***è assolutamente ~ fare*** it is strictly forbidden to do; ***(è) ~ fumare*** smoking is (expressly) forbidden; ***un colpo ~*** SPORT a foul **III** m. ***il fascino del ~*** the temptation of the forbidden.

proibizione /proibit'tsjone/ f. ban, prohibition.

proibizionismo /proibittsjo'nizmo/ m. **1** prohibitionism **2** STOR. *(in America)* ***il ~*** the Prohibition.

proibizionista, m.pl. **-i**, f.pl. **-e** /proibittsjo'nista/ **I** agg. prohibition attrib. **II** m. e f. prohibitionist.

proiettare /projet'tare/ [1] tr. **1** to cast*, to throw* [*ombra, immagine*] **2** *(scagliare)* [*vulcano*] to throw* out [*lava, lapilli*]; [*geyser*] to spout [*getti d'acqua*]; to project [*oggetto*] **3** CINEM. to project, to screen, to show*, to unreel [*film*]; to project [*diapositive*] (**su** onto) **4** PSIC. to project (**su** onto).

proiettile /pro'jɛttile/ m. *(oggetto lanciato)* projectile, missile; *(di pezzo d'artiglieria)* projectile, shell; *(pallottola)* bullet, ball; ***a prova di ~*** bulletproof ♦♦ ***~ tracciante*** MIL. tracer.

proiettore /projet'tore/ m. **1** *(faro)* floodlight; *(orientabile)* searchlight **2** AUT. headlight **3** FOT. CINEM. projector ♦♦ ***~ cinematografico*** cine-projector, movie projector; ***~ per diapositive*** slide projector.

proiezione /projet'tsjone/ f. **1** CINEM. projection, screening, showing, view; ***sala di ~*** screening room; ***cabina di ~*** projection room; ***la ~ delle 10*** the 10 o'clock screening **2** MAT. STATIST. PSIC. projection ♦♦ ***~ di diapositive*** slide show; ***-i elettorali*** STATIST. election forecasts.

proiezionista, m.pl. **-i**, f.pl. **-e** /projettsjo'nista/ ♦ ***18*** m. e f. projectionist.

prolasso /pro'lasso/ m. prolapse.

prole /'prɔle/ f. **1** offspring*, issue; SCHERZ. brood; ***senza ~*** issueless, childless **2** *(di animali)* offspring*.

proletariato /proleta'rjato/ m. proletariat, working class.

proletario, pl. **-ri**, **-rie** /prole'tarjo, ri, rje/ **I** agg. proletarian, working class attrib.; ***rivoluzione -a*** proletarian *o* workers' revolution **II** m. (f. **-a**) proletarian, worker.

proliferare /prolife'rare/ [1] intr. (aus. *avere*) **1** BIOL. ZOOL. to proliferate; [*batteri*] to flourish **2** FIG. ***in questa zona proliferano i negozi etnici*** Ethnic shops are popping up everywhere in this area.

proliferazione /proliferat'tsjone/ f. BIOL. proliferation.

prolificare /prolifi'kare/ [1] intr. (aus. *avere*) **1** BIOL. to procreate, to proliferate **2** FIG. to proliferate.

prolifico, pl. **-ci**, **-che** /pro'lifiko, tʃi, ke/ agg. prolific (anche FIG.).

prolissità /prolissi'ta/ f.inv. long-windedness.

prolisso /pro'lisso/ agg. [*descrizione, persona, romanzo*] expatiatory, long-winded, wordy; [*discorso*] windy; [*stile*] diffusive.

pro loco /prɔ'lɔko/ f.inv. = local office which organises cultural and athletic events.

prologo, pl. **-ghi** /'prɔlogo, gi/ m. **1** *(introduzione)* prologue **2** *(inizio)* beginning, prelude.

prolunga, pl. **-ghe** /pro'lunga, ge/ f. *(di tavolo)* extension, leaf; EL. extension (cable), extension lead.

prolungamento /prolunga'mento/ m. *(nello spazio)* prolongation; *(di strada, ferrovia, muro)* extension, continuation, lengthening; *(nel tempo)* lengthening; ***~ dell'orario di lavoro*** longer working hours.

prolungare /prolun'gare/ [1] **I** tr. to prolong, to extend, to lengthen [*vacanza, viaggio, dibattito, percorso, attesa*]; to draw* out, to run* on [*riunione, discorso, pranzo*]; to extend [*strada, orario*]; to hold* over [*mostra*]; MAT. to produce [*retta*]; ***~ il proprio soggiorno*** to stay longer than planned **II prolungarsi** pronom. **1** *(nello spazio)* ***il viale si prolunga fino alla villa*** the avenue continues to *o* goes as far as the villa **2** *(nel tempo)* [*spettacolo, discussione*] to go* on, to continue; [*visita*] to lengthen.

prolungato /prolun'gato/ **I** p.pass. → **prolungare II** agg. prolonged, extended; [*sforzo, applauso*] sustained.

promemoria /prome'mɔrja/ m.inv. memo, memorandum*, reminder, note.

1.promessa /pro'messa/ f. **1** *(impegno)* promise, pledge; ***fare una ~ a qcn.*** to make a promise *o* give a pledge to sb.; ***mantenere la propria ~*** to keep one's promise **2** FIG. ***una giovane ~ della musica, del calcio*** a promising young musician, football player ♦ ***ogni ~ è debito*** PROV. promise is debt ♦♦ ***~ da*** o ***di marinaio*** sailor's promise; ***~ di matrimonio*** promise of marriage, marriage pledge; ***~ di vendita*** agreement of sale.

2.promessa /pro'messa/ f. *(fidanzata)* fiancée.

promesso /pro'messo/ **I** p.pass. → **promettere II** agg. **1** [*dono*] promised; ***sposa -a*** fiancée **2** RELIG. ***Terra Promessa*** Promised Land **III** m. *(fidanzato)* fiancé.

promettente /promet'tɛnte/ agg. promising.

promettere /pro'mettere/ [60] **I** tr. **1** to promise; ***~ qcs. a qcn.*** to promise sb. sth.; ***~ di essere fedele a qcn.*** to pledge fidelity to sb.; ***mi promise che sarebbe venuta*** she promised me (that) she would come; ***te lo prometto!*** I promise! **2** *(annunciare)* ***non ~ nulla di buono*** [*tempo*] to look bad, not to look very promising; ***la giornata promette bene*** it promises to be a fine day **3** *(destinare)* ***~ la propria figlia in moglie a qcn.*** to promise one's daughter in marriage to sb. **II** intr. (aus. *avere*) *(avere un futuro)* ***~ bene*** [*persona, situazione*] to promise well **III promettersi** pronom. **1** *(l'un l'altro)* ***si sono promessi di non lasciarsi mai più*** they have vowed never to be parted **2** *(impegnarsi)* ***-rsi a qcn.*** to pledge one's heart *o* love *o* hand to sb.; ***-rsi a Dio*** to dedicate oneself to God ♦ ***~ mari e monti*** o ***la luna (a qcn.)*** to promise (sb.) the earth *o* moon.

prominente /promi'nɛnte/ agg. prominent.

prominenza /promi'nɛntsa/ f. prominence; *(di pancia)* rotundity.

promiscuità /promiskui'ta/ f.inv. promiscuity, promiscuousness; ***vivere nella ~*** to live in promiscuity.

promiscuo /pro'miskuo/ agg. [*comportamento*] promiscuous; [*matrimonio, società, cultura*] mixed; ***trasporto ~*** = transport of people and freight.

promontorio, pl. **-ri** /promon'tɔrjo, ri/ m. GEOGR. promontory, cape, foreland, headland.

promosso /pro'mɔsso/ **I** p.pass. → **promuovere II** agg. SCOL. UNIV. [*candidato*] successful; [*alunno*] promoted, successful **III** m. (f. **-a**) SCOL. UNIV. successful candidate; ***percentuale dei -i*** pass *o* success rate.

promotore /promo'tore/ **I** agg. [*comitato*] organizing, promoting **II** m. (f. **-trice** /tritʃe/) *(di prodotti, mostre)* promoter; *(di spettacoli)* plugger; *(di iniziative)* prime mover; *(di mozione, legge)* sponsor.

promozionale /promottsjo'nale/ agg. promotional; ***vendita ~*** sales promotion; ***video ~*** promotional, sample, promo COLLOQ.

promozione /promot'tsjone/ f. **1** *(avanzamento)* promotion, advancement, career move; ***ottenere una ~*** to gain a promotion, to move up **2** SCOL. pass; ***ottenere la ~*** to pass one's exams **3** SPORT ***~ in serie A*** promotion in the first division **4** COMM. promotion; *(singola offerta)* (bargain) offer; AMM. preferment; ***fare delle -i*** to have special offers ♦♦ ***~ delle vendite*** sales promotion.

promulgare /promul'gare/ [1] tr. **1** DIR. to enact, to promulgate [*legge*]; to issue [*decreto*] **2** *(diffondere)* to promulgate [*teoria*].

promulgazione /promulgat'tsjone/ f. **1** DIR. enactment, promulgation **2** *(diffusione)* promulgation.

promuovere /pro'mwɔvere/ [62] tr. **1** to promote [*idea, pace, commercio*]; to advance [*ricerca*]; to patronize [*arti*]; to foster, to promote [*attività, immagine*]; to further [*causa*]; to present [*petizione*]; ***~ una campagna contro il fumo*** to launch an antismoking campaign; ***~ un disegno di legge*** POL. to promote a bill **2** COMM. to promote, to merchandise [*prodotto, marca*]; to publicize [*film, opera*] **3** to promote, to upgrade [*persona*]; ***~ qcn. (al grado di) sergente*** to promote sb. (to the rank of) sergeant; ***essere promosso direttore*** to be promoted to manager **4** SPORT to move up, to promote [*squadra*] **5** SCOL.

UNIV. to pass, to put* up, to promote [*alunno, candidato*]; ***è stato promosso in seconda elementare*** he is going into second form.

pronipote /proni'pote/ m. e f. **1** *(di bisnonno)* great grandchild*; *(maschio)* great grandson; *(femmina)* great granddaughter **2** *(di prozio)* *(maschio)* grandnephew, great nephew; *(femmina)* grandniece, great niece **3** *(discendente)* ***i -i*** the descendants.

prono /'prɔno/ agg. **1** [*persona*] prone, procumbent; ***stare*** o ***giacere ~*** to lie prone *o* face down *o* flat on one's stomach **2** FIG. *(incline, propenso)* inclined, prone (**a** to).

pronome /pro'nome/ m. pronoun.

pronominale /pronomi'nale/ agg. pronominal.

pronosticare /pronosti'kare/ [1] tr. **1** *(prevedere)* to prognosticate, to foretell* [*vittoria, sconfitta*]; to forecast* [*avvenire*] **2** SPORT EQUIT. to forecast*.

pronostico, pl. **-ci** /pro'nɔstiko, tʃi/ m. forecast, prevision, prognostication; ***fare un ~*** to make forecasts.

prontamente /pronta'mente/ avv. [*replicare, chiedere, dire*] briskly, promptly, readily; [*agire, intervenire*] quickly.

prontezza /pron'tettsa/ f. *(mentale)* readiness, agility; *(fisica)* promptness, quickness, swiftness ♦♦ ***~ di riflessi*** quickness of reflex.

pronto /'pronto/ agg. **1** ready (**a, per** to, for); ***~ per l'uso*** ready for use; ***sarò -a in un minuto*** I'll be ready in a minute; ***il pranzo è ~*** lunch is ready! ***tenersi ~ per*** to be ready *o* to brace for; ***essere ~ a intervenire*** [*dottore, esercito, servizi di emergenza*] to stand by, to be on standby; ***essere -i al peggio*** to be prepared for the worst; ***ha sempre una scusa -a*** he's never short of an excuse *o* he's always got an excuse ready; ***non è ancora ~ per l'esame*** he isn't ready for the exam yet; ***non era -a ad affrontare il problema*** she wasn't equipped *o* prepared *o* ready to cope with the problem; ***-i, partenza, via!*** ready, steady, go! ***è ~ a tutto*** he's game *o* ready for anything; ***essere ~ a criticare*** to be ready with one's criticism; ***essere ~ ad ammettere i propri errori*** to be quick to admit one's mistakes; ***sarei ~ a giurarlo*** I'll take my oath on it; ***sarei ~ a scommettere che...*** I'd be willing to wager that... **2** *(rapido)* prompt; ***i migliori auguri di -a guarigione*** best wishes for a speedy recovery; ***ha sempre la risposta*** o ***battuta -a*** she is quick on the draw **3** *(sveglio)* [*mente*] quick, clever, nimble, agile, quick-witted; ***avere i riflessi -i*** to have quick *o* good reflexes **4** *(al telefono)* ***~!*** hello! **5 bell'e pronto** [*risposta, scusa, soluzione*] ready-made ♦♦ ***~ soccorso*** first aid; *(reparto)* emergency ward.

prontuario, pl. **-ri** /prontu'arjo, ri/ m. **1** *(manuale)* handbook, reference book **2** FARM. formulary.

pronuncia, pl. **-ce** /pro'nuntʃa, tʃe/ f. **1** FON. pronunciation; ***ha una buona, pessima ~*** his pronunciation is good, terrible; ***difetto di ~*** speech defect *o* impediment **2** DIR. *(di sentenza)* pronouncement.

pronunciare /pronun'tʃare/ [1] **I** tr. **1** FON. to pronounce [*suono, parola*]; to sound [*lettera*]; ***~ male*** to mispronounce **2** *(proferire)* to utter, to speak* [*parola, frase*]; ***~ i voti*** RELIG. to take one's vows; ***~ un discorso*** to give *o* deliver an address **3** *(emettere)* to pass, to pronounce, to render [*giudizio, condanna, verdetto*] **II pronunciarsi** pronom. ***-rsi contro, a favore di qcs.*** to pronounce against, for sth., to decide against, in favour of sth.; ***-rsi in favore di qcn.*** to speak (out) in sb.'s favour; ***non si è ancora pronunciato*** he hasn't yet given his opinion, he's still not saying.

pronunciato /pronun'tʃato/ **I** p.pass. → **pronunciare II** agg. **1** *(prominente)* [*mento*] protruding, protrusive; [*fronte, zigomi*] prominent **2** *(spiccato)* [*sapore, odore*] strong; [*accento*] heavy, pronounced, marked.

pronunzia /pro'nuntsja/ → **pronuncia.**

propaganda /propa'ganda/ f. propaganda; COMM. advertising, publicity; ***fare ~ a un prodotto*** to propagandize *o* plug *o* push a product; ***fare ~ politica*** POL. to canvass ♦♦ ***~ elettorale*** electioneering.

propagandare /propagan'dare/ [1] tr. to propagandize, to disseminate [*idee, informazioni*]; to advertise [*prodotto*].

propagandista, m.pl. **-i**, f.pl. **-e** /propagan'dista/ m. e f. propagandist.

propagandistico, pl. **-ci, -che** /propagan'distiko, tʃi, ke/ agg. [*materiale*] advertising, propaganda attrib.

propagare /propa'gare/ [1] **I** tr. **1** *(diffondere)* to spread*, to propagate [*idea, notizia*]; to spread* [*malattia, incendio*] **2** BIOL. FIS. to carry [*sostanza*]; to propagate [*onda, suono*] **II propagarsi** pronom. **1** *(diffondersi)* [*idea, notizia, malattia*] to take* hold, to spread*; [*incendio*] to spread*, to sweep; [*follia, moda*] to spring* up **2** FIS. [*luce, suono*] to travel; [*materia, fluido*] to propagate.

propagazione /propagat'tsjone/ f. **1** *(di notizia, idea)* propagation; *(di malattia)* spread **2** FIS. BIOL. propagation.

propaggine /pro'paddʒine/ f. *(diramazione)* ramification; ***le -i delle Alpi*** the foothills of the Alps.

propano /pro'pano/ m. propane.

propedeutica /prope'dɛutika/ f. propaedeutics + verbo sing.

propedeutico, pl. **-ci, -che** /prope'dɛutiko, tʃi, ke/ agg. [*anno, corso*] preparatory, propaedeutic(al).

propellente /propel'lɛnte/ **I** agg. [*sostanza*] propulsive **II** m. propellant.

propellere /pro'pɛllere/ [48] tr. to boost [*razzo, missile*].

propendere /pro'pɛndere/ [10] intr. (aus. *avere*) ***~ per*** o ***verso qcs.*** to be inclined *o* tend towards sth.; ***~ per il sì, per il no*** to be rather in favour, against sth.

propensione /propen'sjone/ f. **1** *(preferenza)* liking **2** *(inclinazione, tendenza naturale)* inclination (**a, per** to, towards), propensity (**a** to, for).

propenso /pro'pɛnso/ **I** p.pass. → **propendere II** agg. inclined (**a** to); ***sono ~ a credere che*** I tend to think that; ***essere poco ~ a fare qcs.*** to be rather unwilling to do sth.

propinare /propi'nare/ [1] tr. SCHERZ. to give*, to administer [*veleno*]; ***~ [qcs.] a qcn.*** to fob *o* palm sb. off with [*merce scadente*].

propiziare /propit'tsjare/ [1] **I** tr. to propitiate [*dei*] **II propiziarsi** pronom. ***-rsi il favore di qcn.*** to endear oneself to sb.

propiziatorio, pl. **-ri, -rie** /propittsja'tɔrjo, ri, rje/ agg. [*sacrificio*] propitiatory.

propizio, pl. **-zi, -zie** /pro'pittsjo, tsi, tsje/ agg. favourable, propitious; ***aspettare il momento ~*** to wait for the right moment.

propoli /'prɔpoli/ m. e f.inv. bee-glue, propolis.

proponente /propo'nɛnte/ m. e f. mover, proposer.

proponimento /proponi'mento/ m. resolution.

proporre /pro'porre/ [73] **I** tr. **1** *(suggerire)* to propose, to suggest [*dibattito, soluzione, passeggiata*]; ***~ di fare*** to propose doing; ***~ qcn. per un premio*** to name *o* propose sb. for a prize; ***~ un brindisi*** to propose a toast **2** *(offrire)* to offer [*aiuto, denaro*] (**a qcn.** to sb.) **3** *(sottoporre, presentare)* to put* forward [*soluzione, progetto*]; to bring* forward [*mozione, piano*]; to submit [*nomina, dimissioni*]; ***~ la candidatura di qcn.*** to put sb. forward as candidate **II proporsi** pronom. **1** *(offrirsi)* ***-rsi per*** to put oneself in *o* up for [*candidatura, lavoro*]; ***-rsi per fare*** to offer to do **2** *(avere l'intenzione)* ***-rsi di fare*** to contemplate *o* propose doing, to mean *o* plan *o* set out to do.

proporzionale /proportsjo'nale/ **I** agg. proportional (**a** to); ***direttamente, inversamente ~ a*** MAT. directly proportional *o* in direct ratio to, in inverse proportion *o* ratio to; ***imposta ~*** proportional tax; ***essere eletto con il sistema ~*** to be elected by proportional representation **II** f. POL. proportional representation.

proporzionalmente /proportsjonal'mente/ avv. proportionally.

proporzionare /proportsjo'nare/ [1] tr. to proportion.

proporzionato /proportsjo'nato/ **I** p.pass. → **proporzionare II** agg. **1** *(armonico)* proportionate; ***ben ~*** [*donna*] well-proportioned, shapely **2** *(adeguato)* [*punizione, pena*] suitable.

proporzione /propor'tsjone/ **I** f. proportion, ratio; ***la ~ studenti/insegnanti*** the student-teacher ratio, the proportion of students to teachers; ***in ~ a*** in proportion to; ***in ~, sono pagati meglio*** they are proportionately better paid; ***in ~ di 3 a 5*** in *o* by a ratio of 3 to 5; ***in ~ diretta, inversa*** MAT. in direct, inverse proportion *o* ratio; ***non c'è ~ tra gli sforzi e i risultati*** the results don't match the efforts **II proporzioni** f.pl. ***un edificio dalle -i imponenti*** a massive building; ***cambiamenti di vaste -i*** extensive changes; ***fatte le debite -i*** relatively speaking; ***perdere il senso delle -i*** to let things get out of perspective.

proposito /pro'pɔzito/ m. **1** *(intenzione)* aim, intention, purpose; ***col ~ di fare*** with the intention *o* aim of doing; ***animato da buoni -i*** well-meaning, full of good intentions; ***-i per l'anno nuovo*** New Year's resolutions **2** *(argomento)* ***non ho niente da dire a questo ~*** I don't have anything to say about that; "***vorrei parlarti" - "a quale*** o ***che ~?***" "I would like to speak to you" - "what about?"; ***a questo ~ vorrei dire che*** concerning this *o* in this connection I'd like to say that **3 di proposito** [*dire, agire*] on purpose, by design, designedly, with intent **4 a proposito** *(per introdurre un discorso)* ***a ~, hai visto...?*** by the way *o* incidentally, did you see...? ***a ~, hai prenotato un tavolo?*** speaking of which, have you booked a table? *(opportunamente)* ***a ~*** [*capitare, arrivare*] at the right moment, just in time; [*parlare*] to the point **5 a proposito di** ***a ~ di film, tennis...*** talking of *o* about, speaking of films, tennis...; ***a ~ del tuo scoperto di conto...*** about *o* regarding your overdraft... **6 in proposito** ***non so nulla in ~*** I know nothing of the matter; ***chiedere spiegazioni in ~*** to ask for explanations on the subject.

proposizione /propozit'tsjone/ f. **1** FILOS. proposition **2** LING. clause; ~ ***subordinata, temporale*** subordinate, time clause.

proposta /pro'posta/ **I** f. *(suggerimento)* suggestion; *(offerta)* proposal, proposition, offer; ***fare, avanzare una ~*** to make, put forward a proposal; ***ha ricevuto delle -e da diverse case editrici*** she has been approached by several publishers **II proposte** f.pl. *(sessuali)* ***fare delle -e a qcn.*** to make avances on sb., to proposition sb. ♦♦ ~ ***di legge*** DIR. bill; ~ ***di matrimonio*** marriage proposal, proposal of marriage.

propriamente /proprja'mente/ avv. **1** *(strettamente)* strictly, specifically **2** *(in senso proprio)* ~ ***detto*** in the strict sense of the word; ***non si è ~ lamentato*** he didn't actually complain **3** *(prettamente)* ***una malattia ~ infantile*** a disease typical of childhood.

proprietà /proprje'ta/ f.inv. **1** *(possesso)* ownership, property; ***diritto di ~*** proprietary right; ***violazione della ~*** trespass; ***passaggio di ~*** transfer of property; ***nuda ~*** bare ownership, residuary of right ownership **2** *(bene posseduto)* property, estate, possessions pl. **3** *(caratteristica)* property, characteristic; ***una pianta con ~ medicinali*** a plant with medicinal properties **4** *(esattezza)* propriety, correctness; ***parlare con, senza ~ di linguaggio*** to speak with, without correctness of speech **5 di proprietà** ***essere di ~ di qcn.*** to belong to sb., to be sb.'s property ♦♦ ~ ***artistica e letteraria*** copyright; ~ ***assoluta*** fee simple, freehold (possession); ~ ***fondiaria*** landed estate; ~ ***immobiliare*** real estate *o* property; ~ ***industriale*** patent rights; ~ ***privata*** private property *o* ownership; *(su cartello)* private property, no trespassing; ~ ***terriera*** → ~ **fondiaria**.

proprietaria /proprje'tarja/ f. owner, proprietress; *(padrona di casa)* landlady.

proprietario, pl. **-ri** /proprje'tarjo, ri/ m. owner, proprietor; *(padrone di casa)* landlord; ***è ~ di due negozi*** he owns two shops ♦♦ ~ ***terriero*** landholder, landowner.

1.proprio, pl. **-ri, -rie** /'prɔprjo, ri, rje/ v. la nota della voce **mio**. **I** agg.poss. **1** *(di lui)* his (own); *(di lei)* her (own); *(di cosa o animale)* its (own); *(loro)* their (own) *(quando è preceduto da un articolo, quest'ultimo non si traduce)*; ***essere padrone del ~ destino*** to be (the) master of one's fate; ***vedere qcs. con i -ri occhi*** to see sth. with one's own eyes; ***vivere per conto ~*** to live on one's own; ***ammettere i -ri errori*** to admit one's mistakes **2** *(rafforzativo)* ***l'ho comprato con i miei -ri soldi*** I bought it with my own money **II** agg. **1** *(peculiare)* ~ ***di qcs., qcn.*** peculiar to *o* typical of sth., sb. **2** *(personale, specifico)* ***avere uno stile ~*** to have a style of one's own; ***avere le -e idee*** to have a mind of one's own; ***essere sicuro del fatto ~*** to be sure of one's ground **3** *(appropriato)* ***usare un linguaggio ~*** to use fitting language; ***chiamare le cose col ~ nome*** FIG. to speak clearly **4** *(autentico)* ***è una vera e -a schifezza*** it's complete and utter rubbish; ***mi sono sentito un vero e ~ stupido!*** I felt a proper *o* real fool! **5** *(letterale)* literal, exact; ***in senso ~*** literally **6** LING. [*nome*] proper **III** pron.poss. ***fece passare il braccio di lui sotto il ~*** she drew his arm through hers; ***non scambiatevi i libri: ognuno usi i -ri*** don't swap books: everyone should use their own **IV** m. **1** *(proprietà personale)* ***rimetterci del ~*** to lose one's own money **2 in proprio** *(per conto proprio)* ***mettersi in ~*** to set up business on one's own account, to branch out on one's own; ***lavorare in ~*** to freelance, to be self-employed; ***rispondere in ~ di qcs.*** *(personalmente)* to be directly responsible for sth.

2.proprio /'prɔprjo/ avv. **1** *(esattamente)* just; ***è ~ ciò che volevo dire*** that's just what I wanted to say; ***ti è ~ di fronte*** it's right in front of you; ***stavo per telefonarti ~*** I was just about to call you; ***~ adesso*** just *o* right now; ***non ~*** *(non precisamente)* not quite; *(non completamente)* not entirely **2** *(veramente)* really; ***sei ~ sicuro?*** are you really *o* quite sure? ***un film ~ bello*** a very good film; ***devi ~ venire*** you really must come; ***se ~ ci tieni*** if you really like **3** *(affatto)* ***non vuole ~ ascoltare*** he just won't listen; ***non è ~ il mio tipo*** he's definitely not my type **4** *(con tono di sorpresa, dispetto)* ***~ oggi doveva succedere!*** it had to happen today of all days! ***mi sei ~ di grande aiuto!*** IRON. great help you are! ***parli ~ tu!*** you're a fine one to talk!

propugnare /propuɲ'ɲare/ [1] tr. to support, to fight* for.

propugnatore /propuɲɲa'tore/ m. (f. **-trice** /tritʃe/) proponent, advocate.

propulsione /propul'sjone/ f. propulsion; ***forza di ~*** propulsive force.

propulsivo /propul'sivo/ agg. propulsive.

propulsore /propul'sore/ m. TECN. propulsor ♦♦ ~ ***a elica*** propeller; ~ ***a getto*** o ***a reazione*** jet engine.

prora /'prɔra/ f. MAR. bow, stem; ***a ~*** at the bow, forward.

proroga, pl. **-ghe** /'prɔroga, ge/ f. extension, respite; ***ottenere una ~*** to get an extension; ***concedere una ~ a qcn.*** to grant a respite to sb.

prorogabile /proro'gabile/ agg. [*contratto*] extendible.

prorogare /proro'gare/ [1] tr. to extend [*validità, contratto*]; to defer [*data, scadenza, partenza*].

prorompente /prorom'pɛnte/ agg. [*sensualità*] unbridled.

prorompere /pro'rompere/ [81] intr. (aus. *avere*) [*acqua*] to gush out; [*persona*] to burst out; ~ ***in lacrime*** to burst into tears.

prosa /'prɔza/ f. **1** *(forma letteraria)* prose; ***opera in ~*** prose work, work in prose **2** *(genere teatrale)* drama; ***attore, stagione di ~*** theatre actor, season.

prosaicità /prozaitʃi'ta/ f.inv. prosaicness.

prosaico, pl. **-ci, -che** /pro'zaiko, tʃi, ke/ agg. [*stile*] prosaic; [*esistenza, persona*] prosy, commonplace; [*voce, tono*] matter-of-fact, down-to-earth.

proscenio, pl. **-ni** /proʃ'ʃɛnjo, ni/ m. TEATR. forestage, proscenium*.

prosciogliere /proʃ'ʃɔʎʎere/ [28] tr. DIR. to acquit, to clear [*imputato*] (**da** of).

proscioglimento /proʃʃoʎʎi'mento/ m. DIR. acquittal.

prosciugamento /proʃʃuga'mento/ m. draining; AGR. TECN. drainage.

prosciugare /proʃʃu'gare/ [1] **I** tr. **1** *(asciugare)* to drain [*palude, suolo*]; [*siccità*] to dry up [*fiume*] **2** FIG. to drain [*energie, fondi*] **II prosciugarsi** pronom. **1** *(asciugarsi)* [*sorgente, pozzo*] to dry up; [*fiume, risorse*] to run* dry **2** *(esaurirsi)* [*forze, fondi*] to drain away; [*denaro, riserve*] to dry up.

prosciutto /proʃ'ʃutto/ m. ham; ***panino al*** o ***col ~*** ham sandwich ♦♦ ~ ***affumicato*** smoked ham; ~ ***cotto*** cooked ham; ~ ***crudo*** raw *o* cured ham; ~ ***di Parma*** Parma ham; ~ ***di spalla*** = cooked ham of lesser quality.

proscritto /pros'kritto/ **I** p.pass. → **proscrivere II** agg. proscribed **III** m. (f. **-a**) exile, outlaw.

proscrivere /pros'krivere/ [87] tr. **1** *(vietare)* to proscribe, to ban [*opere, alcolici*] **2** *(bandire)* to banish, to exile [*persona*].

proscrizione /proskrit'tsjone/ f. **1** *(divieto)* proscription; ***lista di ~*** proscription list **2** POL. *(esilio)* banishment, exile.

prosecco /pro'sɛkko/ m. ENOL. INTRAD. (dry white wine from the hills around Treviso).

prosecuzione /prosekut'tsjone/ f. **1** *(di studi, opera)* continuation, prosecution **2** *(di strada)* extension.

proseguimento /prosegwi'mento/ m. continuation; ***buon ~!*** *(in viaggio)* enjoy the rest of your trip! *(a una cena, festa)* enjoy your stay!

proseguire /prose'gwire/ [3] **I** tr. to continue, to carry on [*viaggio, racconto, ricerche, attività*]; to continue, to pursue [*studi*] **II** intr. **1** (aus. *avere*) *(andare avanti)* [*persona*] to go* on, to carry on; *(in un discorso)* to continue; **~ *in qcs.*** to carry on *o* pursue sth. **2** (aus. *avere*, *essere*) *(continuare il tragitto)* [*veicolo*] to go* on; ***proseguì senza fermarsi*** he passed on without stopping **3** (aus. *avere*, *essere*) *(prolungarsi)* [*strada, viaggio*] to continue (on); [*intervista, processo*] to proceed.

proselitismo /prozeli'tizmo/ m. proselytism; ***fare (del) ~ politico*** to preach one's politics.

proselito /pro'zɛlito/ m. (f. **-a**) proselyte.

prosieguo /pro'sjɛgwo/ m.inv. course, continuation; ***in ~ di tempo*** later.

prosopopea /prozopo'pɛa/ f. arrogance.

prosperare /prospe'rare/ [1] intr. (aus. *avere*) to flourish, to prosper, to thrive*.

prosperità /prosperi'ta/ f.inv. prosperity, prosperousness; ***un periodo di ~*** a time of plenty.

prospero /'prɔspero/ agg. **1** *(favorevole)* [*anno, stagione*] prosperous, propitious **2** FIG. *(florido)* [*commercio, paese, affari, città*] prosperous, booming, flourishing.

prosperoso /prospe'roso/ agg. **1** *(florido)* prosperous, flourishing **2** *(fiorente)* [*seno*] ample; [*donna*] buxom.

prospettare /prospet'tare/ [1] **I** tr. **1** *(guardare)* [*edificio*] to front (onto BE *o* on AE), to look onto [*mare, giardino*] **2** *(presentare)* to present, to point out [*difficoltà, successi*] **3** *(proporre)* to advance, to propose, to put* forward [*affare*] **II prospettarsi** pronom. to seem, to look; ***la situazione si prospetta difficile*** the situation promises to be difficult.

prospettico, pl. **-ci**, **-che** /pros'pɛttiko, tʃi, ke/ agg. [*effetto*] perspective attrib.

prospettiva /prospet'tiva/ f. **1** ARCH. ART. perspective; ***in ~*** in perspective; ***errore di ~*** error of perspective (anche FIG.) **2** *(vista panoramica)* view **3** *(ottica)* perspective, angle; ***vedere qcs. sotto un'altra ~*** to see sth. from a different perspective **4** *(possibilità)* prospect, opportunity (**di** of; **di fare** of doing); ***questa invenzione apre delle -e fantastiche*** this invention opens up fantastic possibilities; ***le -e economiche sono brillanti*** the economic outlook is bright; ***in ~ delle vacanze*** with holidays in mind ♦♦ **~ *aerea*** aerial perspective; **~ *lineare*** linear perspective.

prospetto /pros'pɛtto/ m. **1** *(veduta)* view; ***di ~*** [*ritrarre*] full-face **2** *(facciata)* front, façade **3** ARCH. elevation **4** *(tavola)* table; **~ *delle spese*** statement of expenses ♦♦ **~ *informativo*** prospectus.

prospezione /prospet'tsjone/ f. COMM. GEOL. prospecting, test bore.

prospiciente /prospi'tʃɛnte/ agg. **~ *(su) qcs.*** [*finestra*] overlooking sth.

prossimamente /prossima'mente/ avv. soon, shortly; **~ *sui vostri schermi*** coming soon to your cinema.

prossimità /prossimi'ta/ f.inv. **1** *(di persona, oggetto, luogo)* nearness, proximity; ***in ~ di*** near, in the proximity of **2** *(di evento)* closeness, nearness; ***siamo in ~ di Natale*** Christmas is drawing near.

prossimo /'prɔssimo/ **I** agg. **1** *(seguente)* next; ***l'anno, il mese ~*** next *o* the coming year, month; ***lunedì ~*** next Monday; ***nei -i anni*** in years to come; ***la -a volta*** next time; ***alla -a!*** COLLOQ. see you! **2** *(imminente)* [*libro, evento, elezione*] forthcoming **3** *(molto vicino)* ***essere ~ a*** to be close to *o* near [*luogo*]; to face, to be near [*licenziamento, rovina*]; ***essere ~ a partire*** to be about *o* going to leave, to be on the point of leaving; ***un uomo ~ alla quarantina*** a man nearly *o* approaching forty **4** *(stretto)* [*parente*] close **5** LING. ***passato ~*** present perfect; ***trapassato ~*** past perfect **II** m. **1** neighbour; ***ama il ~ tuo*** love thy neighbour **2** *(chi segue)* ***è il ~ sulla lista*** he's next on the list.

prostata /'prɔstata/ f. prostate.

prosternarsi /proster'narsi/ [1] pronom. to prostrate oneself (**davanti a** before).

prostituire /prostitu'ire/ [102] **I** tr. to prostitute (anche FIG.) **II prostituirsi** pronom. to prostitute oneself (anche FIG.).

prostituta /prosti'tuta/ f. prostitute.

prostituto /prosti'tuto/ m. male prostitute, rent boy BE.

prostituzione /prostitut'tsjone/ f. prostitution (anche FIG.).

prostrare /pros'trare/ [1] **I** tr. [*malattia, difficoltà*] to prostrate, to exhaust, to wear* out [*persona*] **II prostrarsi** pronom. **1** *(inginocchiarsi)* to prostrate oneself (**davanti a** before) **2** FIG. *(umiliarsi)* to grovel (**davanti a** before).

prostrato /pros'trato/ **I** p.pass. → **prostrare II** agg. prostrate (anche FIG.).

prostrazione /prostrat'tsjone/ f. prostration (anche FIG.).

protagonismo /protago'nizmo/ m. SPREG. = desire to be the centre of attention; ***essere malato di ~*** = to need to be the centre of attention.

protagonista, m.pl. **-i**, f.pl. **-e** /protago'nista/ m. e f. **1** *(in un romanzo)* main character, protagonist **2** *(attore principale)* protagonist; *(uomo)* leading actor; *(donna)* leading actress; ***ruolo da ~*** leading role; ***"migliore attore non ~"*** "best supporting actor" **3** FIG. *(di evento, vicenda)* protagonist.

proteggere /pro'tɛddʒere/ [59] **I** tr. **1** *(preservare, difendere)* to protect [*casa, beni, specie, ambiente, persona*]; **~ *qcn. da qcs.*** to protect *o* shelter *o* shield sb. from sth., to keep sb. safe from sth.; **~ *gli occhi dal sole*** to screen *o* shield one's eyes from the sun **2** *(favorire)* to encourage, to promote [*arte, sport, commercio*] **3** INFORM. to lock [*file*]; to protect [*programma, dischetto*] **II proteggersi** pronom. to protect oneself; ***-rsi dal freddo*** to keep oneself warm.

proteico, pl. **-ci**, **-che** /pro'tɛiko, tʃi, ke/ agg. [*sostanza*] proteinic; ***contenuto ~*** protein content.

proteiforme /protei'forme/ agg. protean.

proteina /prote'ina/ f. protein.

protendere /pro'tɛndere/ [10] **I** tr. **~ *le braccia*** to stretch out one's arms **II protendersi** pronom. [*persona*] to lean; ***-rsi verso qcn., qcs.*** to reach *o* lean out towards sb., sth.; ***-rsi in avanti*** to lean forward.

protervia /pro'tɛrvja/ f. arrogance.

protesi /'prɔtezi/ f.inv. MED. prosthesis*; *(dentiera)* denture; **~ *acustica*** hearing aid.

proteso /pro'teso/ **I** p.pass. → **protendere II** agg. [*braccia*] outstretched.

protesta /pro'tɛsta/ f. **1** *(manifestazione di dissenso)* protest; ***in segno di ~, per ~*** in protest(ation); ***parole, lettera di ~*** words, letter of protest; ***una marcia di ~ contro*** a march in protest at, a protest march against **2** *(dichiarazione esplicita)* ***le sue -e d'innocenza*** his insistence that he was innocent; ***fare grandi -e d'amore*** to make great professions of love.

protestante /protes'tante/ agg., m. e f. Protestant.

protestantesimo /protestan'tezimo/ m. Protestantism.

protestare /protes'tare/ [1] **I** tr. **1** *(asserire)* to protest, to declare; **~ *la propria innocenza*** to protest one's innocence **2** DIR. to protest [*cambiale*] **3** COMM. to reject, to refuse [*merce*] **II** intr. (aus. *avere*) to protest (**con**, **presso** to; **per** about, at, over) **III protestarsi** pronom. to declare oneself; ***-rsi innocente*** to declare oneself innocent.

protesto /pro'tɛsto/ m. DIR. COMM. protest (**per** on); ***mandare in ~*** to protest [*cambiale*].

protettivo /protet'tivo/ agg. protective; ***crema -a*** barrier cream; ***schermo ~*** shield.

protetto /pro'tɛtto/ **I** p.pass. → **proteggere II** agg. protected, preserved, sheltered; ***area -a*** conservation area, nature reserve **III** m. (f. **-a**) protégé.

protettorato /protetto'rato/ m. **1** POL. protectorate **2** *(tutelare)* protectorship.

protettore /protet'tore/ **I** agg. ***santo ~*** patron (saint) **II** m. (f. **-trice** /tritʃe/) **1** *(santo)* patron (saint) **2** *(difensore)* guardian; *(dei diritti)* protector **3** *(mecenate)* patron **4** *(di prostitute)* pimp.

protezione /protet'tsjone/ f. **1** *(il proteggere)* protection; **~ *dell'ambiente*** environmental protection; ***sotto la ~ di qcn.*** under sb.'s protection *o* umbrella; ***di ~*** [*occhiali, misure*] protective; [*zona, sistema, fattore*] protection **2** *(dispositivo che protegge)* protective device **3** INFORM. protection, security; *(con password)* lock ♦♦ **~ *civile*** civil defence; **~ *solare*** COSMET. suntan lotion, sunblock.

protezionismo /protettsjo'nizmo/ m. protectionism, (trade) protection.

protezionista, m.pl. **-i**, f.pl. **-e** /protettsjo'nista/ **I** agg. [*tariffa, sistema*] protective, protectionist **II** m. e f. protectionist.

protezionistico, pl. **-ci**, **-che** /protettsjo'nistiko, tʃi, ke/ agg. [*tariffa, sistema*] protective, protectionist.

1.protocollare /protokol'lare/ [1] tr. to protocol.

2.protocollare /protokol'lare/ agg. formal, ceremonial.

protocollo /proto'kɔllo/ m. **1** *(cerimoniale)* protocol, etiquette **2** POL. INFORM. protocol **3** *(registro notarile, di enti pubblici)* register; ***ufficio ~*** stamp duty office; ***numero di ~*** reference number; ***foglio ~*** foolscap.

protone /pro'tone/ m. proton.

protoplasma /proto'plazma/ m. protoplasm.

prototipo /pro'tɔtipo/ agg. e m. prototype.

protozoo /protod'dʒɔo/ m. protozoan, protozoon*.

protrarre /pro'trarre/ [95] **I** tr. **1** *(prolungare)* to protract, to drag out, to prolong [*riunione, discussione*]; to extend [*spettacolo*] **2** *(rimandare)* to prolong [*termine*] **II protrarsi** pronom. [*riunione, discussione*] to drag on; ***-rsi per*** to stretch over; ***-rsi fino a*** to extend into.

protrudere /pro'trudere/ [11] intr. (aus. *essere*) [*occhi*] to protrude; [*vene*] to stand* out.

protuberanza /protube'rantsa/ f. bulge, knob, protuberance, bump, swelling.

prov. ⇒ provincia province (prov.).

prova /'prɔva/ f. **1** *(dimostrazione)* proof **U**, evidence **U**; ***dare ~ di*** to show [*fermezza, coraggio*]; ***essere la ~ di*** to testify to, to bear testimony to [*fatto, ostilità*]; ***è la ~ che*** it's a sure sign that; ***dare buona ~ di sé*** to give a good account of oneself, to acquit oneself well; ***fino a ~ contraria*** until proved otherwise **2** DIR. evidence **U**, proof; *(documento)* exhibit; ***una ~*** a piece of evidence; ***insufficienza di -e*** insufficient evidence **3** MAT. *(operazione di verifica)* proof **4** AUT. IND. TECN. *(collaudo)* trial (run); ***fare delle -e*** to run trials; ***il nuovo modello è in ~*** the new model is undergoing trials; ***~ su strada*** road test, test drive; ***volo, giro di ~*** test flight, run **5** *(esperimento)* test; ***fare delle -e*** to do *o* run tests, to test; ***~ di laboratorio*** laboratory test **6** *(verifica)* test; *(di persona)* trial, test; ***assumere qcn. in ~*** to give sb. a trial, to try sb. (out); ***periodo di ~*** trial *o* probational period; ***essere all'altezza della ~*** to rise to *o* meet the challenge; ***"uno, due, tre, ~"*** "one, two, three, testing"; ***mettere alla ~*** to (put to the) test, to try [*persona, capacità, resistenza*]; ***mettere a dura ~*** to put a strain on, to strain *o* try [sth.] to the limit [*pazienza, rapporto*]; ***ho bisogno di un lavoro che mi metta alla ~*** I need a job that stretches *o* challenges me; ***"mettimi alla ~!"*** "try me!" **7** *(tentativo)* try; ***fare una ~*** to have a try **8** *(esame)* test, exam(ination); ***~ orale*** oral examination; ***-e scritte*** written proof *o* examinations **9** TIP. ***~ di stampa*** proof **10** *(momento difficile)* ordeal, hardship; ***superare una ~*** to go through an ordeal **11** *(manifestazione)* ***~ d'amore*** demonstration of love; ***come ~ della sua amicizia*** as a pledge of her friendship **12** SPORT event; *(prestazione)* performance; ***-e eliminatorie*** heats; ***~ di velocità, a cronometro*** speed, time trial **13** TEATR. MUS. rehearsal; ***fare le -e*** to rehearse, to practise **14** SART. fitting; ***cabina*** o ***camerino di ~*** changing *o* fitting room **15 a prova di *a ~ di bomba*** [*rifugio*] shell-proof; FIG. [*pazienza, solidità*] bombproof; ***a ~ di scasso*** burglar-proof, tamper-proof ♦ ***a tutta ~*** [*coraggio*] unflinching ♦♦ ***~ d'acquisto*** proof of purchase; ***~ a carico*** DIR. evidence for the prosecution; ***~ a discarico*** DIR. evidence for the defence; ***~ d'esame*** examination *o* exam paper; ***~ generale*** TEATR. dress rehearsal, trial run; ***~ del nove*** MAT. casting out nines; FIG. litmus test, acid test; ***~ di resistenza*** SPORT MIL. endurance test.

provabile /pro'vabile/ agg. provable.

provare /pro'vare/ [1] tr. **1** *(sottoporre a test)* to run* trials on, to test [*arma, aereo, auto, macchinario*]; *(sperimentare)* to try (out), to test [*prodotto, ristorante, metodo, rimedio*]; *(misurare)* to try on [*vestito, scarpe*]; *(assaggiare)* to sample, to try [*cibo, vino*]; ***~ a dare qcs. a qcn.*** to try sth. on sb.; ***~ i piaceri di Londra*** to sample the delights of London; ***~ la propria forza*** to test one's strength **2** *(tentare)* to try; ***~ a fare qcs.*** to try to do sth., to have a try at doing sth.; ***prova a indovinare!*** try and guess! ***hai provato in farmacia?*** have you tried the chemist's? ***prova col sapone*** try using soap; ***non ~ a imbrogliare!*** don't try to cheat! **3** *(sentire)* to feel* [*sensazione, desiderio, dolore, emozione*]; ***~ tenerezza per qcn.*** to have tender feelings for *o* towards sb.; ***~ vergogna per*** to feel shame at, to be embarrassed by *o* about; ***non provava nessun rancore*** he was free from *o* of any bitterness; ***~ gelosia*** to be jealous; ***~ piacere a fare*** to take delight *o* find pleasure in doing; ***cosa si prova a essere papà?*** how does it feel *o* what does it feel like to be a dad? **4** *(sperimentare personalmente)* to experience [*fame, amore*]; *(assaporare)* to have* a taste of [*libertà, potere*]; ***~ l'umiliazione della sconfitta*** to know *o* experience the humiliation of defeat **5** *(dimostrare)* to prove [*teoria, ipotesi*]; to establish, to prove, to demonstrate [*colpevolezza, innocenza*]; to document [*caso*]; ***~ a qcn. che*** to show sb. that **6** *(far soffrire)* [*avvenimento*] to distress [*persona*]; [*epidemia, crisi*] to hit* [*popolazione, regione*] **7** TEATR. MUS. to rehearse, to practise BE, to practice AE [*scena, canzone*] **8 provarci *dai, provaci!*** come on, try it *o* have a try! ***non provarci!*** don't you dare! ***provaci ancora!*** keep trying! *(fare delle avances)* ***provarci con qcn.*** to try it on with sb., to make a move on sb. *o* a pass at sb.; *(cercare di imbrogliare)* ***ci stanno provando!*** they're just trying it on! it's a try-on! ***provarci gusto a fare pcs.*** to enjoy *o* get fun doing sth.

provato /pro'vato/ **I** p.pass. → **provare II** agg. **1** *(messo a dura prova)* exhausted, tried **2** *(dimostrato)* [*competenza, abilità, talento*] proven; [*formula*] proven, tested **3** *(collaudato)* [*metodo, tecnica*] tested.

provenienza /prove'njɛntsa/ f. origin, provenance; *(fonte)* source; ***luogo di ~*** place of origin; ***di ~ sospetta*** suspect; ***notizie di ~ certa*** news from a reliable source.

provenire /prove'nire/ [107] intr. (aus. *essere*) ***~ da*** [*oggetto, denaro, diceria, tradizione, grida*] to come from; [*merce*] to come *o* originate from, to be sourced from; [*roccia, dati*] to be derived from; [*parola*] to derive from; [*problema*] to arise* from.

provento /pro'vɛnto/ m. ***i -i di una vendita*** the proceeds of a sale.

proverbiale /prover'bjale/ agg. proverbial.

proverbio, pl. **-bi** /pro'vɛrbjo, bi/ m. proverb; ***come dice il ~*** as the saying goes; ***passare in ~*** to become proverbial.

provetta /pro'vetta/ f. test tube; ***bambino in ~*** test-tube baby.

provetto /pro'vɛtto/ agg. [*sciatore, falegname*] expert.

provincia, pl. **-cie, -ce** /pro'vintʃa, tʃe/ f. **1** *(suddivisione territoriale)* province; *(ente locale)* provincial administration **2** *(in contrapposizione alle grandi città)* ***la ~*** the provinces; ***vivere in ~*** to live in the provinces; ***città di ~*** provincial town.

provinciale /provin'tʃale/ agg., m. e f. provincial (anche SPREG.).

provincialismo /provintʃa'lizmo/ m. provincialism, insularism.

provino /pro'vino/ m. **1** TELEV. TEATR. audition; CINEM. audition, screen test, film test; ***fare un ~*** to (go for an) audition **2** FOT. proof, test strip **3** TECN. sample **4** *(campione)* sample.

provitamina /provita'mina/ f.inv. provitamin.

provocante /provo'kante/ agg. [*comportamento, abito, sguardo*] provocative.

provocare /provo'kare/ [1] tr. **1** *(causare)* to cause, to bring* about [*incidente, esplosione, danni, morte, rivolta, panico*]; to bring* on, to cause [*emicrania, fitta*]; to create [*disordine, crisi*]; *(suscitare)* to induce, to provoke, to produce [*reazione, emozione*]; to arouse [*rabbia, disgusto*]; ***~ un incendio*** to start a fire **2** *(indurre a una reazione violenta)* to provoke [*persona*]; ***non mi ~!*** don't push me! don't start me off! **3** *(sessualmente)* to lead* on, to arouse.

provocatore /provoka'tore/ **I** agg. [*atteggiamento*] provoking, provocative; ***agente ~*** agent provocateur **II** m. (f. **-trice** /tritʃe/) provoker, teaser.

provocatorio, pl. **-ri, -rie** /provoka'tɔrjo, ri, rje/ agg. [*atteggiamento, affermazione, sguardo, libro, film*] provocative, provoking, challenging; [*comportamento*] defiant.

provocazione /provokat'tsjone/ f. provocation.

provola /'prɔvola/ f. GASTR. INTRAD. (cow buffalo's or cow's milk cheese typical of Southern Italy).

provolone /provo'lone/ m. GASTR. INTRAD. (cow's milk hard cheese typical of Southern Italy).

provvedere /provve'dere/ [97] **I** tr. ***~ qcn. di qcs.*** to endow sb. with sth. **II** intr. (aus. *avere*) ***bisogna ~ al più presto*** we must act *o* take steps as soon as possible; ***~ a*** to provide for [*bisogni, spese*]; to meet [*necessità*]; ***~ al proprio sostentamento*** to pay for one's keep.

provvedimento /provvedi'mento/ m. measure, step; ***prendere -i contro qcn.*** to take action *o* measures *o* steps against sb.; ***prendere -i per il futuro*** to make provisions for the future ♦♦ ***~ disciplinare*** disciplinary action; SCOL. punishment.

provveditorato /provvedito'rato/ m. BUROCR. superintendency; **~ *agli studi*** = local education authority.
provveditore /provvedi'tore/ m. BUROCR. superindendent; **~ *agli studi*** = education superintendent.
provvidenza /provvi'dɛntsa/ f. **1** (anche **Provvidenza**) RELIG. providence, Providence; ***la divina* ~** divine providence **2** *(fortuna)* ***questo lavoro è stato una vera* ~** this job was a real godsend **3** BUROCR. *(provvedimento)* provision.
provvidenziale /provviden'tsjale/ agg. [*aiuto, rimedio*] providential, heaven-sent.
provvigione /provvi'dʒone/ f. commission; *(intermediazione)* brokerage; ***una ~ del 5%*** a 5% commission; ***lavorare su* ~** to work on a commission basis *o* on commission.
provvisoriamente /provvizorja'mente/ avv. provisionally, temporarily.
provvisorio, pl. **-ri**, **-rie** /provvi'zɔrjo, ri, rje/ agg. [*bilancio, governo, giudizio*] provisional, interim; [*provvedimento*] provisional, stopgap; [*costruzione, soluzione*] temporary; ***a titolo* ~** on a temporary basis; ***essere in libertà -a*** DIR. to be (out) on bail.
provvista /prov'vista/ **I** f. ***fare ~ di qcs.*** to lay in (a store of) sth., to lay up sth. **II provviste** f.pl. provisions, supplies, stores, stocks; ***fare -e*** to shop for food, to get in supplies *o* provisions.
provvisto /prov'visto/ **I** p.pass. → **provvedere II** agg. provided, supplied (**di** with); ***un negozio ben* ~** a well-stocked shop.
prozia /prot'tsia, prod'dzia/ f. great aunt.
prozio, pl. **-zii** /prot'tsio, prod'dzio, ii/ m. great uncle.
prua /'prua/ f. MAR. → **prora.**
prudente /pru'dɛnte/ agg. **1** *(cauto)* [*persona, comportamento*] careful, cautious, prudent; [*automobilista*] safe, careful; [*atteggiamento, risposta*] cautious, wary; ***sii ~!*** be careful! **2** *(giudizioso)* prudent, wise; ***la cosa più ~ da fare sarebbe andarsene*** the safest thing to do would be to leave.
prudentemente /prudente'mente/ avv. cautiously, carefully.
prudenza /pru'dɛntsa/ f. **1** *(cautela)* caution, carefulness, prudence, cautiousness; ***con* ~** [*procedere*] with care *o* caution; [*parlare*] cautiously, carefully; ***agire con* ~** to play it safe *o* for safety; ***con la massima* ~** with the greatest caution **2** RELIG. prudence ♦ ***la ~ non è mai troppa*** PROV. better safe than sorry.
prudere /'prudere/ [2] intr. to itch; ***mi sento ~ dappertutto*** I feel itchy all over; ***queste calze mi fanno ~ i piedi*** these socks make my feet itch; ***quando sente simili cose gli prudono le mani*** FIG. when he hears things like that he feels like hitting somebody.
prugna /'pruɲɲa/ ♦ ***3*** **I** f. *(frutto)* plum **II** agg. e m.inv. *(colore)* plum ♦♦ **~ *secca*** prune.
prugno /'pruɲɲo/ m. plum (tree).
prugnola /'pruɲɲola/ f. sloe.
prugnolo /'pruɲɲolo/ m. *(arbusto)* sloe, blackthorn.
pruno /'pruno/ m. thornbush ♦♦ **~ *selvatico*** sloe, blackthorn.
pruriginoso /prurid͡ʒi'noso/ agg. pruriginous (anche FIG.).
prurito /pru'rito/ m. itch; MED. pruritus; ***avere* ~** to be itchy.
prussiano /prus'sjano/ **I** agg. Prussian **II** m. (f. **-a**) Prussian.
prussico /'prussiko/ agg. ***acido* ~** prussic acid.
P.S. /pi'ɛsse/ **I** f. (⇒ pubblica sicurezza) = public security guard **II** m. (⇒ post scriptum postscriptum) PS.
PSDI /piessed'di, psdi/ m. STOR. (⇒ Partito Socialdemocratico Italiano) = Italian Social Democratic Party.
pseudonimo /pseu'dɔnimo/ m. pseudonym, alias; ***sotto* ~** under a pseudonym; ***scrive sotto lo ~ di Eve Quest*** she writes under the name Eve Quest.
psi /psi/ m. e f.inv. *(lettera greca)* psi.
PSI /piesse'i, psi/ m. (⇒ Partito Socialista Italiano) = Italian Socialist Party.
psicanalisi /psika'nalizi/ → **psicoanalisi.**
psicanalista, m.pl. **-i**, f.pl. **-e** /psikana'lista/ ♦ ***18*** → **psicoanalista.**
psicanalitico, pl. **-ci**, **-che** /psikana'litiko, tʃi, ke/ → **psicoanalitico.**
psicanalizzare /psikanalid'dzare/ → **psicoanalizzare.**
psiche /'psike/ f.inv. PSIC. psyche.
psichedelico, pl. **-ci**, **-che** /psike'dɛliko, tʃi, ke/ agg. psychedelic.
psichiatra, m.pl. **-i**, f.pl. **-e** /psi'kjatra/ ♦ ***18*** m. e f. psychiatrist.
psichiatria /psikja'tria/ f. psychiatry.
psichiatrico, pl. **-ci**, **-che** /psi'kjatriko, tʃi, ke/ agg. [*cure, reparto*] psychiatric(al); ***ospedale* ~** psychiatric hospital, mental hospital *o* institution.
psichico, pl. **-ci**, **-che** /'psikiko, tʃi, ke/ agg. psychic.
psicoanalisi /psikoa'nalizi/ f.inv. psychoanalysis*.
psicoanalista, m.pl. **-i**, f.pl. **-e** /psikoana'lista/ ♦ ***18*** m. e f. psychoanalyst.
psicoanalitico pl. **-ci**, **-che** /psikoana'litiko, tʃi, ke/ agg. psychoanalytic(al).
psicoanalizzare /psikoanalid'dzare/ [1] tr. to psychoanalyse BE, to psychoanalyze AE.
psicoattivo /psikoat'tivo/ agg. psychoactive, mood-altering.
psicocinesi /psikot͡ʃi'nɛzi/ f.inv. psychokinesis, telekinesis.
psicodramma /psiko'dramma/ m. psychodrama, role-play.
psicofarmaco, pl. **-ci** /psiko'farmako, tʃi/ m. psychotropic drug.
psicofisico, pl. **-ci**, **-che** /psiko'fiziko, tʃi, ke/ agg. psychophysical.
psicolabile /psiko'labile/ **I** agg. psychologically unstable **II** m. e f. psychologically unstable person.
psicologia /psikolo'dʒia/ f. psychology ♦♦ **~ *clinica*** clinical psychology; **~ *comportamentale*** behavioural psychology; **~ *infantile*** child psychology.
psicologico, pl. **-ci**, **-che** /psiko'lɔdʒiko, tʃi, ke/ agg. [*disturbi, stress*] psychologic(al); ***assistenza -a*** counselling; ***trauma* ~** psychological damage.
psicologo, m.pl. **-gi**, f.pl. **-ghe** /psi'kɔlogo, dʒi, ge/ ♦ ***18*** m. (f. **-a**) psychologist; **~ *del lavoro*** industrial *o* occupational psychologist.
psicopatia /psikopa'tia/ f. psychopathy.
psicopatico, pl. **-ci**, **-che** /psiko'patiko, tʃi, ke/ **I** agg. psychopathic **II** m. (f. **-a**) psychopath, psycho* POP.
psicosi /psi'kɔzi/ ♦ ***7*** f.inv. **1** MED. PSIC. psychosis* **2** *(ossessione)* **~ *della guerra*** obsessive fear of war; **~ *collettiva*** mass panic.
psicosomatico, pl. **-ci**, **-che** /psikoso'matiko, tʃi, ke/ agg. psychosomatic.
psicoterapeuta, m.pl. **-i**, f.pl. **-e** /psikotera'pɛuta/ ♦ ***18*** m. e f. psychotherapist.
psicoterapia /psikotera'pia/ f. psychotherapeutics + verbo sing.
psicotico, pl. **-ci**, **-che** /psi'kɔtiko, tʃi, ke/ **I** agg. psychotic **II** m. (f. **-a**) psychotic.
psicotropo /psi'kɔtropo/ **I** agg. [*farmaco*] psychotropic, mood-altering **II** m. psychotropic.
psoriasi /pso'riazi/ ♦ ***7*** f.inv. psoriasis*.
PT /pit'ti/ f.pl. (⇒ Poste e Telecomunicazioni) = post and telecommunications service.
puah /pwa/ inter. pah, phew, ugh.
pub /pab/ m.inv. pub.
pubblicamente /pubblika'mente/ avv. publicly.
pubblicare /pubbli'kare/ [1] tr. to publish [*libro, rivista, autore*]; to advertise [*inserzione, annuncio*]; GIORN. to print, to release [*foto, intervista*]; *(rendere pubblico)* to publish [*bando*]; to issue [*lettera, legge*]; **~ *sulla gazzetta ufficiale*** to gazette.
pubblicazione /pubblikat'tsjone/ **I** f. **1** *(il pubblicare)* publication; ***la ~ del libro è prevista per maggio*** the book is due to be published *o* to come out in May **2** *(opera pubblicata)* publication **II pubblicazioni** f.pl. *(di matrimonio)* banns; ***fare le -i*** to publish the banns.
pubblicista, m.pl. **-i**, f.pl. **-e** /pubbli'tʃista/ ♦ ***18*** m. e f. *(giornalista)* freelance journalist, contributor.
pubblicistica /pubbli'tʃistika/ f. = journalism on current events.
pubblicità /pubblitʃi'ta/ f.inv. **1** *(attività, professione)* advertising, publicity; ***lavora nel settore della* ~** he works in advertising; ***fare ~ a un prodotto*** to advertise *o* publicize a product; ***farsi* ~** to promote oneself **2** *(annuncio)* ad(vertisement); RAD. TELEV. commercial (break); *(materiale pubblicitario)* publicity; ***piccola* ~** small ad(vertisement); ***una ~ televisiva, radiofonica*** a television, radio commercial ♦♦ **~ *comparativa*** comparative advertising; **~ *progresso*** social marketing.

pubblicitario, pl. **-ri**, **-rie** /pubblitʃi'tarjo, ri, rje/ **I** agg. [*campagna, vendita*] advertising; ***annuncio*** ~ ad(vertisement); ***agenzia -a*** advertising *o* publicity agency; ***cartellone*** ~ board, placard; ***interruzione -a*** commercial break; ***trovata -a*** publicity stunt **II** ❥ *18* m. (f. **-a**) advertiser, publicist.

pubblicizzare /pubblitʃid'dzare/ [1] tr. *(fare pubblicità a)* to publicize, to advertise.

1.pubblico, pl. **-ci**, **-che** /'pubbliko, tʃi, ke/ **I** agg. **1** *(statale)* [*scuola*] public, state attrib.; [*azienda*] state-owned; [*ospedale*] state-run; [*debito*] national, public; ***servizio*** ~ public service *o* utility **2** *(della collettività)* [*opinione, pericolo, nemico*] public **3** *(accessibile a tutti)* [*luogo*] public; ***diventare di dominio*** ~ to fall in the public domain; ***rendere*** ~ to release **II** m. ***il ~ e il privato*** the public and the private sectors ◆◆ ***-a amministrazione*** civil service; ***-che relazioni*** public relations.

2.pubblico, pl. **-ci** /'pubbliko, tʃi/ m. **1** *(gente)* public; ***aperto al*** ~ open to the public; ***portare qcs. a conoscenza del*** ~ to make sth. public audience, spectators pl.; *(ascoltatori)* audience, listeners pl.; ***uno spettacolo che piace al grande*** ~ a very popular show **2** *(spettatori)* **3** *(seguito)* ***avere un proprio*** ~ to have a following; ***deludere il proprio*** ~ to disappoint one's public **4 in pubblico** [*parlare, esibirsi*] in public.

pube /'pube/ m. *(osso)* pubis*; *(regione)* pubes*.

pubertà /puber'ta/ f.inv. puberty.

pubico, pl. **-ci**, **-che** /'pubiko, tʃi, ke/ agg. pubic.

pudicizia /pudi'tʃittsja/ f. modesty.

pudico, pl. **-chi**, **-che** /pu'diko, ki, ke/ agg. modest.

pudore /pu'dore/ m. *(riserbo)* modesty, decency; *(vergogna)* shame; ***senza*** ~ shamelessly; ***non avere alcun*** o ***essere senza*** ~ to have no shame; ***falso*** ~ false modesty; ***comune senso del*** ~ decencies; ***oltraggio al*** ~ indecent exposure.

puericultore /puerikul'tore/ ❥ *18* m. (f. **-trice** /triʃe/) *(infermiere)* pediatric nurse.

puericultura /puerikul'tura/ f. pediatric nursing.

puerile /pue'rile/ agg. SPREG. [*comportamento, reazione*] childish, babyish, puerile.

puerilità /puerili'ta/ f.inv. childishness, puerility FORM.

puerpera /pu'ɛrpera/ f. = woman during puerperium.

puerperio, pl. **-ri** /puer'pɛrjo, ri/ m. puerperium*.

pugilato /pudʒi'lato/ ❥ *10* m. boxing; ***di*** ~ [*campione, incontro*] boxing; ***fare*** ~ to box.

pugile /'pudʒile/ ❥ *18* m. boxer, fighter.

pugilistico, pl. **-ci**, **-che** /pudʒi'listiko, tʃi, ke/ agg. boxing attrib.

Puglia /'puʎʎa/ n.pr.f., **Puglie** /'puʎʎe/ ❥ *30* n.pr.f.pl. Apulia.

pugliese /puʎ'ʎese/ ❥ *30* agg., m. e f. Apulian.

pugnace /puɲ'ɲatʃe/ agg. ANT. pugnacious.

pugnalare /puɲɲa'lare/ [1] tr. to stab; ***~ qcn. alle spalle*** to backstab sb., to stab sb. in the back (anche FIG.).

pugnalata /puɲɲa'lata/ f. stab; ***una ~ alle spalle*** a stab in the back (anche FIG.).

pugnale /puɲ'ɲale/ m. dagger.

pugno /'puɲɲo/ m. **1** *(mano chiusa)* fist; ***stringere i -i*** to clench one's fists; ***mostrare i -i a qcn.*** to shake one's fist at sb. **2** *(colpo)* punch; ***tirare un ~ a qcn.*** to give sb. a punch; ***mi ha dato un ~ sul naso*** he punched me on the nose; ***prendere a -i qcn.*** to punch sb.; ***fare a -i*** to get in *o* have a fist fight; FIG. *(stridere)* [*colori*] to clash (**con** with) **3** *(manciata)* fistful, handful; ***un ~ di persone*** FIG. a handful of people ◆ ***~ di ferro in un guanto di velluto*** an iron fist in a velvet glove; ***avere in ~ qcn.*** to have sb. in one's power, to hold sb. in one's grasp; ***avere la situazione in*** ~ to be on top of a situation; ***avere la vittoria in*** ~ to have victory within one's grasp; ***rimanere con un ~ di mosche*** to have nothing to show for sth.; ***essere un ~ nell'occhio*** to be an eyesore; ***di proprio*** ~ [*scrivere, firmare*] in one's own hand *o* writing ◆◆ ***~ di ferro*** *(tirapugni)* knuckleduster; *(fermezza)* iron fist.

1.pula /'pula/ f. AGR. chaff.

2.pula /'pula/ f. GERG. *(polizia)* fuzz + verbo pl.

pulce /'pultʃe/ **I** f. ZOOL. flea; ***mercato delle -i*** flea market; ***gioco della*** ~ tiddlywinks **II** m. e agg.inv. *(colore)* puce ◆ ***mettere la ~ nell'orecchio a qcn.*** = to arouse sb.'s suspicions; ***fare le -i a qcn.*** to pick holes in sb.'s work.

pulcinella /pultʃi'nɛlla/ **I** m.inv. *(persona inaffidabile)* buffoon, fool **II Pulcinella** n.pr.m. *(maschera)* Punch(inello); ***segreto di*** ~ open secret ◆◆ ***~ di mare*** ZOOL. puffin.

pulcino /pul'tʃino/ m. **1** ZOOL. chick **2** COLLOQ. *(termine affettivo)* ***~ mio*** my tot **3** SPORT ***i -i*** the under eleven ◆ ***essere bagnato come un*** ~ to look like a drowned rat.

pulcioso /pul'tʃoso/ agg. COLLOQ. flea-bitten.

puledra /pu'ledra/ f. filly.

puledro /pu'ledro/ m. colt, foal.

puleggia, pl. **-ge** /pu'leddʒa, dʒe/ f. pulley.

pulire /pu'lire/ [102] **I** tr. **1** *(rendere pulito)* to clean [*luogo, oggetto, ferita*]; *(mettere in ordine)* to clean up [*stanza*]; *(lavare)* to wash [*abito, pavimento*]; *(con uno straccio)* to wipe; *(strofinando)* to scour, to scrub, to scrape **2** GASTR. to clean [*verdura*]; to gill, to clean, to gut [*pesce*] **II** intr. (aus. *avere*) ***ho passato la mattina a*** ~ I've been cleaning all morning **III pulirsi** pronom. **1** ***-rsi le mani*** to clean one's hands; ***-rsi i denti*** to pick one's teeth; ***-rsi i piedi, la bocca*** to wipe one's feet, mouth **2** *(poter essere lavato)* ***si pulisce facilmente*** it cleans easily.

pulita /pu'lita/ f. ***dare una ~ a qcs.*** to give sth. a clean *o* scrub *o* wipe.

pulito /pu'lito/ **I** p.pass. → **pulire II** agg. **1** *(privo di sporcizia)* [*persona, abito, pavimento, acqua, ferita*] clean **2** *(che ama la pulizia)* [*persona, animale*] clean **3** *(non inquinante)* [*energia*] clean, ecological, enviromentally friendly **4** *(onesto)* [*persona, affare, denaro*] clean, honest; [*coscienza*] clear; ***una faccenda poco -a*** a shady business **5** *(decente)* ***barzelletta -a*** clean joke **6** *(preciso)* [*pronuncia*] clear; [*linea*] clean **7** COLLOQ. *(senza soldi)* penniless, cleaned up **III** m. ***profuma di*** ~ it smells clean ◆ ***fare piazza -a*** to sweep the board.

pulitura /puli'tura/ f. **1** *(di abiti, superfici)* cleaning **2** TECN. *(lucidatura)* polishing; *(di metallo)* buffing.

pulizia /pulit'tsia/ f. **1** *(assenza di sporcizia)* cleanliness, cleanness, neatness **2** *(il pulire)* ***fare le -e*** to clean, to do the housework *o* cleaning; ***impresa di*** ~ contract cleaners; ***addetto alle -e*** cleaner; ***signora delle -e*** cleaning lady; ***-e di primavera*** spring-cleaning **3** *(lo sgomberare)* ***fare*** ~ to clear everything out **4** COSMET. *(della pelle)* cleansing ◆◆ ***~ etnica*** ethnic cleansing.

pullman /'pulman/ m.inv. bus, coach.

pullover /pul'lɔver/ m.inv. pullover.

pullulare /pullu'lare/ [1] intr. (aus. *avere*) *(essere gremito)* ***~ di*** to swarm *o* teem *o* seethe with.

pulmino /pul'mino/ m. minibus.

pulpito /'pulpito/ m. pulpit; ***salire sul*** ~ to step up into the pulpit (anche FIG.) ◆ ***da che ~ viene la predica!*** look who's talking!

1.pulsante /pul'sante/ agg. [*cuore, vena*] pulsating, beating, throbbing; [*dolore*] throbbing.

2.pulsante /pul'sante/ m. *(di interruttore, campanello)* (push) button; *(di lavatrice, televisore)* switch.

pulsare /pul'sare/ [1] intr. (aus. *avere*) [*cuore, vena*] to beat*, to pulsate, to throb; ***la vita pulsa nelle strade*** FIG. the streets throb with life.

pulsazione /pulsat'tsjone/ f. FISIOL. beat, pulsation; ***~ cardiaca*** heartbeat; ***70 -i al minuto*** 70 beats per minute.

pulsione /pul'sjone/ f. drive, urge, instinct; ***~ sessuale*** sex urge.

pulviscolo /pul'viskolo/ m. dust.

pulzella /pul'tsɛlla/ f. ANT. SCHERZ. maid.

puma /'puma/ m.inv. puma, cougar, mountain lion.

punching ball /pantʃing'bɔl/ m.inv. punch ball.

pungente /pun'dʒɛnte/ agg. **1** *(aguzzo)* [*spina, ago*] sharp, prickly **2** FIG. *(molto intenso)* [*freddo, vento*] biting, piercing, sharp; [*odore*] pungent, sour, tang; [*dolore*] sharp, stinging; *(aspro)* [*critica, commento*] biting, cutting, stinging; [*domanda*] sharp; *(sarcastico)* [*battuta, ironia*] keen, scathing; [*satira*] pungent.

pungere /'pundʒere/ [2] **I** tr. **1** *(ferire)* [*insetto*] to bite*, to sting*; [*ago, rosa*] to prick **2** *(irritare la pelle)* [*vestito, lana*] to prickle; [*ortica, pianta spinosa*] to sting*; ***hai la barba che punge*** you are bristly **3** *(offendere)* [*parole*] to sting*, to wound **II pungersi** pronom. to prick oneself; ***-rsi un dito*** to prick one's finger.

pungiglione /pundʒiʎ'ʎone/ m. sting.
pungolare /pungo'lare/ [1] tr. **1** to goad, to prod [*animale*] **2** FIG. *(stimolare)* to goad, to sting* [sb.] into action [*persona*].
pungolo /'pungolo/ m. goad (anche FIG.).
punibile /pu'nibile/ agg. [*reato*] punishable.
punire /pu'nire/ [102] tr. to punish [*criminale, crimine*] (**con** by); ***~ qcn. per aver fatto*** to punish *o* penalize sb. for doing.
punitivo /puni'tivo/ agg. [*spedizione, azione*] punitive.
punizione /punit'tsjone/ f. **1** *(castigo)* punishment; ***come*** *o* ***per ~*** as punishment **2** *(nel calcio)* ***(calcio di) ~*** free kick.
punk /pank/ agg.inv., m. e f.inv. punk.
1.punta /'punta/ f. **1** *(di coltello, spillo, stella)* point; *(di freccia, lancia)* head; *(di dita, naso, lingua, coda, scarpe, bastone)* tip; *(di ramo, capelli)* end; ***camminare in ~ di piedi*** to (walk on) tiptoe, to walk on the tip of one's toes (anche FIG.); ***con la ~ delle dita*** with one's fingertips; ***fare la ~ a*** to sharpen [*matita*]; ***a ~*** pointed **2** *(cima)* top **3** *(piccola quantità, accenno)* touch, hint; ***una ~ d'aglio*** a touch of garlic; ***una ~ d'ironia*** a hint *o* touch of irony **4** GEOGR. *(capo)* point **5** *(di scarpetta da ballo)* point; ***danzare sulle -e*** to dance on point(s), to point one's toes **6** *(di trapano)* (drill) bit **7** SPORT forward, striker; ***mezza ~*** inside forward **8** STATIST. peak; ***una ~ demografica*** a demographic bulge **9 di punta** [*tecnologia, settore*] leading-edge; [*figura*] leading; ***prodotto di ~*** market leader; ***ore di ~*** peak time, rush hour ♦ ***prendere qcn. di ~*** to attack sb. head-on ♦♦ ***~ di diamante*** diamond point; ***essere la ~ di diamante di*** FIG. to be the jewel in the crown of; ***la ~ dell'iceberg*** the tip of the iceberg (anche FIG.).
2.punta /'punta/ f. VENAT. (dead) set; ***cane da ~*** pointer.
puntale /pun'tale/ m. *(di ombrello, bastone)* tip; *(di laccio)* tag.
puntare /pun'tare/ [1] **I** tr. **1** *(appoggiare con forza)* to rest, to lean, to brace; ***~ i gomiti sul tavolo*** to lean *o* rest one's elbows on the table; ***~ le racchette (da sci)*** to plant the ski poles; ***~ i piedi*** to brace one's feet against the ground; FIG. to dig in one's heels **2** *(dirigere)* to aim, to point, to direct [*arma*] (**contro** at); to turn, to point [*telecamera, telescopio*] (**su** at); ***~ una pistola alla testa di qcn.*** to hold a gun to sb.'s head; ***~ il dito contro qcn.*** FIG. to point the finger at sb.; ***~ la sveglia alle*** to set the alarm clock for **3** *(scommettere)* to bet*, to place a bet, to gamble (**su** on); ***~ tutto su qcs.*** to stake one's all on sth. **4** SART. to pin [*vestito*] **5** VENAT. [*cane*] to point **II** intr. (aus. *avere*) **1** *(dirigersi)* to head; ***~ verso nord, verso un'isola*** to head north, for an island **2** *(fare affidamento)* ***~ su qcn., qcs.*** to count on sb., sth. **3** *(tendere)* ***~ a qcs., a fare*** to aim at sth., at doing; ***~ in alto*** to aim high; ***~ troppo in alto*** to set one's sights too high.
puntasecca, pl. **puntesecche** /punta'sekka, punte'sekke/ f. drypoint.
puntaspilli /punta'spilli/ m.inv. pincushion.
1.puntata /pun'tata/ f. **1** *(rapida visita)* (quick) trip, flying visit; ***fare una ~ in città*** to pop into town **2** GIOC. bet, stake.
2.puntata /pun'tata/ f. *(di serie televisiva, radiofonica)* episode, part; *(di narrazione)* instalment, installment AE; ***romanzo a -e*** serialized novel; ***pubblicato a -e*** published in instalments.
puntato /pun'tato/ agg. *(contrassegnato da un punto)* dotted (anche MUS.).
puntatore /punta'tore/ m. INFORM. pointer.
punteggiare /punted'dʒare/ [1] tr. **1** *(tracciare con dei puntini)* to dot **2** *(mettere la punteggiatura)* to punctuate **3** FIG. *(intercalare)* to punctuate; ***~ un discorso di citazioni*** to pepper a speech with quotations.
punteggiatura /punteddʒa'tura/ ➧ ***28*** f. **1** LING. punctuation; ***segno di ~*** punctuation mark **2** *(macchiettatura)* punctation.
punteggio, pl. **-gi** /pun'teddʒo, dʒi/ m. *(di gara, concorso, test)* score; ***realizzare un buon ~*** to score well.
puntellare /puntel'lare/ [1] **I** tr. **1** ING. to (under)prop, to shore **2** FIG. to support, to underpin [*teoria, dimostrazione*] (**con** with) **II puntellarsi** pronom. ***-rsi a qcs.*** to prop oneself against sth.
puntello /pun'tɛllo/ m. **1** ING. prop, shore **2** FIG. prop.
punteria /punte'ria/ f. **1** MIL. aiming, pointing **2** MECC. tappet.
punteruolo /punte'rwɔlo/ m. *(di ricamatrice, calzolaio, falegname)* (brad)awl, bodkin.
puntiglio, pl. **-gli** /pun'tiʎʎo, ʎi/ m. **1** *(testardaggine)* stubbornness, obstinacy; ***per ~*** out of *o* in pique **2** *(meticolosità)* punctiliousness, meticulousness.
puntigliosità /puntiʎʎosi'ta/ f.inv. → **puntiglio**.
puntiglioso /puntiʎ'ʎoso/ agg. **1** *(ostinato)* stubborn, obstinate **2** *(meticoloso)* precise, punctilious, meticulous.
puntina /pun'tina/ f. **1** *(da disegno)* drawing pin BE, pushpin AE, thumbtack AE; ***fissare con -e*** to pin down, to thumbtack AE [*cartina, foglio*] **2** *(di giradischi)* stylus*, needle ♦♦ ***~ platinata*** AUT. point.
puntinismo /punti'nizmo/ m. pointillism.
puntino /pun'tino/ m. **1** *(piccolo punto)* dot, spot **2** *(segno ortografico)* dot; ***"-i -i"*** "dot, dot, dot" **3 a puntino** ***fare qcs. a ~*** to do sth. perfectly *o* properly *o* to perfection; ***cotto a ~*** [*cibo*] done to a turn, cooked to perfection ♦ ***mettere i -i sulle i*** to dot the i's (and cross the t's) ♦♦ ***-i di sospensione*** suspension points, dots.
1.punto /'punto/ ➧ ***28*** m. **1** *(luogo)* point; ***nel ~ in cui il sentiero si divide*** at the point where the path divides **2** *(situazione, momento)* point; ***a quel ~ mi sono arreso*** at that point I gave up; ***arrivare al ~ in cui*** to reach the point *o* stage where; ***arrivare al ~ di fare*** to go so far as to do; ***essere sul ~ di fare*** to be on the point of doing *o* (just) about to do *o* close to doing; ***in ~ di morte*** at death's door, at one's last gasp **3** *(livello)* ***a che ~ siamo?*** where are we? ***a che ~ sei arrivato col lavoro?*** how far have you got with the work? ***fino a che ~...?*** to what extent...? ***non lo credevo stupido fino a questo ~*** I didn't think he was that stupid; ***al ~ che*** to the extent that; ***a un ~ tale che, a tal ~ che*** to such a degree *o* an extent that, so much so that; ***fino a un certo ~*** up to a point, to a certain extent *o* degree; ***a un certo ~*** at one point; ***essere a buon ~ (nel fare)*** to be partway through (doing) **4** *(questione, argomento)* point; ***un ~ fondamentale di un testo*** a basic point in a text; ***~ per ~*** point by point; ***venire al ~*** to get (straight) to the point; ***non è questo il ~*** that's not the point *o* issue **5** *(segno grafico)* dot; ***le città sono indicate sulla cartina da un ~*** towns are marked on the map by a dot; ***~ com*** INFORM. dot com **6** *(figura appena visibile)* ***un ~ luminoso in lontananza*** a point of light in the distance; ***un ~ all'orizzonte*** a speck on the horizon **7** *(punteggio)* point; ***segnare, perdere -i*** to score, lose points; ***contare i -i*** to keep (the) score; ***vincere ai -i*** to win on points; ***essere un ~ a favore, a sfavore di qcn.*** to be a point in sb.'s favour *o* a plus point for sb., to be a black mark against sb. **8** *(nella punteggiatura)* full stop BE, period AE; ***due -i*** colon **9** FIS. ***~ di ebollizione, congelamento, fusione*** boiling, freezing, melting point **10** TIP. point **11** *(in un sistema di calcolo)* point; ***aumentare di 2 -i (percentuali)*** to rise by 2 points **12** SART. stitch; ***dare un ~ a qcs.*** to stitch up sth., to put a stitch in sth. **13** MED. CHIR. stitch; ***mi hanno dato sei -i (di sutura)*** I had six stitches **14 in punto** ***alle 9 in ~*** at 9 o'clock sharp *o* on the dot; ***mezzogiorno in ~*** high noon **15 a punto** ***essere a ~*** to be in order; ***mettere a ~*** to develop [*sistema, metodo*]; to adjust, to fine-tune [*macchina, apparecchio*]; ***messa a ~*** *(di sistema, metodo)* development; *(di macchina, apparecchio)* fine tuning **16 di tutto punto** ***era bardato di tutto ~*** he was rigged out in his best clothes ♦ ***dare dei -i a qcn.*** to knock spots off sb.; ***di ~ in bianco*** point-blank, out of the blue, all of a sudden; ***abbiamo molti -i in comune*** we have a lot in common; ***fare il ~ della situazione*** to take stock of the situation; ***~ e basta!*** that's (the end of) that! that's final! full stop! BE, period! AE ♦♦ ***~ caldo*** FIG. hot *o* trouble spot; ***~ (e) a capo*** full stop, new paragraph; ***essere di nuovo ~ e a capo*** FIG. to be back at square one; ***~ cardinale*** FIS. GEOGR. compass *o* cardinal point; ***~ di contatto*** point of contact; ***~ critico*** critical *o* crisis point; ***~ (a) croce*** cross-stitch; ***~ debole*** weak point *o* spot; ***~ dolente*** sore point *o* spot; ***~ erba*** stem stitch; ***~ esclamativo*** exclamation mark BE *o* point AE; ***~ fermo*** FIG. anchor; ***~ di forza*** strong point, strength; ***~ di fuga*** ART. ARCH. vanishing point; ***~ G*** ANAT. G spot; ***~ a giorno*** SART. hemstitch; ***~ d'incontro*** meeting point (anche FIG.); ***~ interrogativo*** question mark, interrogation mark; ***~ d'intersezione*** MAT. point of intersection; ***~ metallico*** *(graffetta)* staple; ***~ morto*** TECN. dead centre; ***essere a un ~ morto*** FIG. to be at (a) deadlock *o* standstill; ***~ nero*** MED. blackhead; ***~ di non ritorno*** point of no return; ***~ d'onore*** point of honour; ***~ panoramico*** viewpoint; ***~ di partenza*** starting point

(anche FIG.); ***tornare al ~ di partenza*** to come full circle, to go back to square one; ***~ di ritrovo*** meeting-place; ***~ di rottura*** breaking point; ***~ (di) vendita*** outlet, point of sale, sales point; ***~ e virgola*** semicolon; ***~ di vista*** point of view; ***da un ~ di vista economico*** from an economic point of view.

2.punto /'punto/ avv. ANT. *(affatto)* ***non mi dispiace ~*** I don't mind at all.

puntone /pun'tone/ m. EDIL. strut.

puntuale /punt'uale/ agg. **1** [*persona, consegna*] punctual; ***essere ~*** to be punctual *o* on time (**per** for; **a fare** in doing); ***i treni sono -i*** the trains are running on time **2** FIG. *(preciso)* [*analisi, relazione, lavoro*] accurate, precise; [*osservazione*] sharp.

puntualità /puntuali'ta/ f.inv. **1** *(di persona, consegna)* punctuality; ***raccomandare a qcn. la ~*** to advise sb. to be punctual *o* on time; ***non contare sulla sua ~*** don't rely on his being on time **2** *(precisione)* accuracy, precision.

puntualizzare /puntualid'dzare/ [1] tr. to define precisely, to pinpoint.

puntualmente /puntual'mente/ avv. **1** [*arrivare*] punctually, on time **2** *(immancabilmente)* invariably, unfailingly, always **3** *(precisamente)* accurately, precisely.

puntura /pun'tura/ f. **1** *(iniezione)* injection, shot; ***fare una ~ a qcn.*** to give sb. a shot; ***farsi fare una ~*** to have an injection **2** *(di ago)* prick; *(di ape, vespa)* sting; *(di zanzara)* bite **3** *(dolore, fitta)* spasm, sting, twinge ♦♦ ***~ lombare*** lumbar puncture.

puntuto /pun'tuto/ agg. [*oggetto, naso, mento*] sharp, pointed.

punzecchiare /puntsek'kjare/ [1] **I** tr. **1** *(pungere)* [*persona*] to prick, to prod; [*erba*] to prickle **2** FIG. *(stuzzicare)* to tease, to dig* at [*persona*] **II punzecchiarsi** pronom. to tease each other, to dig* at each other.

punzonare /puntso'nare/ [1] tr. to punch, to stamp [*lamiera, metallo*].

punzone /pun'tsone/ m. **1** *(asticciola in acciaio)* stamp **2** *(punteruolo)* punch.

1.pupa /'pupa/ f. **1** COLLOQ. *(bambina)* baby-girl, little girl **2** COLLOQ. *(ragazza)* doll, babe, chick; ***la ~ di un gangster*** a gangster's moll.

2.pupa /'pupa/ f. ZOOL. pupa*.

pupattola /pu'pattola/ f. doll (anche FIG.).

pupazzo /pu'pattso/ m. **1** *(marionetta)* puppet; *(bambolotto)* doll; *(di ventriloquo)* dummy **2** FIG. *(fantoccio)* puppet, dummy ♦♦ ***~ di neve*** snowman.

pupilla /pu'pilla/ f. ANAT. pupil ♦ ***essere la ~ degli occhi di qcn.*** LETT. to be the apple of sb.'s eye.

pupillo /pu'pillo/ m. (f. **-a**) **1** DIR. ward (of court) **2** *(protetto)* darling, pet.

pupo /'pupo/ m. **1** *(bambino)* baby-boy, little boy **2** *(marionetta)* = Sicilian string puppet.

pur /pur/ → **pure.**

puramente /pura'mente/ avv. purely, only.

purché /pur'ke/ cong. **1** *(a condizione che)* as long as, provided (that) **2** *(in frase esclamativa)* ***~ sia vero!*** let's hope it is true! ***~ duri!*** long may it last! let's hope it lasts!

purchessia /purkes'sia/ agg.inv. any; ***bisogna prendere una decisione ~*** whatever it is, a decision has to be made.

pure /'pure/ v. la nota della voce **anche**. **I** avv. **1** *(anche)* too, also, as well; ***lui parte oggi e io ~*** he's leaving today and so am I; ***c'ero ~ io*** I was there too *o* as well; ***fosse ~ per ragioni umanitarie non lo farei*** even if it were a humanitarian gesture, I wouldn't do it; ***non solo è disonesto, (ma) se ne vanta ~*** not only is he dishonest but on top of that he boasts about it; ***ci mancava ~ questa!*** this is just too much! ***l'ho aspettato ~ troppo*** I've waited far too long for him; ***pur con tutta la buona volontà*** even with the best will in the world **2** *(dopotutto)* well; ***avrò ~ il diritto di scherzare?*** I can joke about it, can't I? ***bisogna pur farlo*** it has to be done; ***bisogna pur riconoscere che*** it can be said, with some justice, that; ***bisognerà pur dirglielo*** he'll have to be told though **3** *(enfatico)* ***ci sarà ~ qualcuno che mi presterà del denaro*** surely someone will lend me some money; ***c'è la pur minima possibilità che...?*** is it at all likely that...? **4** *(esortativo)* ***entra ~!*** do come in! ***andiamo ~!*** let's go! ***parla ~!*** go ahead, have your say! ***diglielo ~*** tell him, if you like; ***dica ~*** can I help you? ***chiedete ~!*** feel free to ask! ***fai ~ (come vuoi)!*** suit yourself! ***va' ~, fa' solo attenzione!*** you can go, only be careful! ***faccia ~ con comodo!*** take your time over it! ***continua ~!*** go on! **II** cong. **1** *(sebbene)* although, even if, (even) though; ***pur volendolo, non potrei farlo*** I couldn't do it even if I wanted to **2** *(tuttavia)* yet, but; ***è un tipo strano, ~ mi piace*** he's a strange chap, but I still like him **3 pur di** (in order) to; ***pagherei qualsiasi cifra pur di averlo*** I'd pay any price to get it; ***è capace di tutto pur di mantenere il suo lavoro*** he would do anything to keep his job **4 quando pure**, **se pure**, **pure se** even if, even though; ***quando ~ o ~ se lo volessi, non potrei accontentarti*** even if I wanted to, I couldn't help you **5 sia pure** although; ***sia ~ a malincuore, devo andarmene*** although I hate to, I really must go.

purè /pu'rɛ/ m. e f.inv., **purea** /pu'rɛa/ f. GASTR. puree; ***~ di patate*** mashed potatoes; ***~ in fiocchi*** instant mashed potatoes; ***fare un ~ di, ridurre in ~*** to puree [*frutta, verdura*].

purezza /pu'rettsa/ f. **1** *(di lingua, razza)* purity **2** *(di aria, suono)* clearness, purity, pureness **3** FIG. *(candore)* purity, chastity.

purga, pl. **-ghe** /'purga, ge/ f. **1** MED. FARM. purge, purgative **2** POL. purge, purgation.

purgante /pur'gante/ agg. e m. purgative, laxative.

purgare /pur'gare/ [1] **I** tr. **1** MED. FARM. to purge **2** *(depurare)* to cleanse, to purify, to depurate [*sangue*]; to expurgate [*testo*] **3** LETT. ***~ l'anima*** to cleanse *o* purify the soul **4** DIR. to redeem [*ipoteca*] **5** POL. to purge **II purgarsi** pronom. **1** MED. FARM. to take* a purgative **2** FIG. LETT. to purge oneself.

purgativo /purga'tivo/ agg. [*confetto, sciroppo*] purgative, purging.

purgatorio, pl. **-ri** /purga'tɔrjo, ri/ m. RELIG. purgatory (anche FIG.).

purificante /purifi'kante/ agg. [*maschera, lozione*] cleansing, purifying.

purificare /purifi'kare/ [1] **I** tr. to purify **II purificarsi** pronom. to purify oneself (anche FIG.).

purificatore /purifika'tore/ agg. purifying (anche FIG.).

purificazione /purifikat'tsjone/ f. purification (anche RELIG.).

purismo /pu'rizmo/ m. purism.

purista, m.pl. **-i**, f.pl. **-e** /pu'rista/ m. e f. purist.

puritanesimo /purita'nezimo/ m. Puritanism; FIG. puritanism.

puritano /puri'tano/ **I** agg. **1** RELIG. Puritan **2** FIG. puritan, prudish **II** m. (f. **-a**) **1** RELIG. Puritan **2** FIG. puritan, prude.

puro /'puro/ **I** agg. **1** *(non mescolato)* [*cotone, lana, seta, razza, lingua*] pure; [*oro, argento*] pure, fine; [*alcol*] pure, absolute; ***bere il vino ~*** to drink one's wine straight *o* undiluted; ***allo stato ~*** in the pure state; ***è un egoista allo stato ~*** FIG. he's a complete and utter egoist **2** *(non alterato)* [*gusto, colore*] pure; *(limpido)* [*aria, acqua, suono*] clear, pure **3** *(semplice)* ***è una -a formalità*** it's a mere formality, just a formality; ***è la -a verità*** it's the naked *o* simple truth; ***è -a follia*** it's sheer lunacy; ***~ e semplice*** [*bugia, rifiuto*] pure and simple, outright; [*pigrizia, ignoranza*] plain; ***per ~ caso*** by pure chance, by sheer accident; ***per -a curiosità*** out of pure *o* idle curiosity **4** *(innocente)* [*persona*] pure; ***dal cuore ~*** pure-hearted **II** m. (f. **-a**) ***i -i*** the pure-hearted.

purosangue /puro'sangwe/ **I** agg. [*cavallo*] purebred, thoroughbred; ***un piemontese ~*** SCHERZ. a full-blooded Piedmontese **II** m.inv. purebred, thoroughbred.

purpureo /pur'pureo/ agg. LETT. purple, purplish.

purtroppo /pur'trɔppo/ avv. unfortunately; ***~ no*** unfortunately not, I'm afraid not; ***~ per lui*** regrettably for him.

purulento /puru'lɛnto/ agg. [*ferita*] festering, suppurating.

pus /pus/ m.inv. pus, matter.

pusillanime /puzil'lanime/ **I** agg. pusillanimous FORM., cowardly **II** m. e f. coward, pusillanimous person.

pustola /'pustola/ f. pimple, spot, pustule MED.

pustoloso /pusto'loso/ agg. [*viso*] pimply.

putacaso /puta'kazo/ avv. ***se, ~, vincessi...*** if by any chance I won...

putativo /puta'tivo/ agg. DIR. [*padre*] reputed, putative, supposed.

putiferio, pl. **-ri** /puti'fɛrjo, ri/ m. fuss; ***sollevare*** o ***fare scoppiare un ~*** to cause an uproar, to kick up a fuss.
putrefare /putre'fare/ [8] intr. (aus. *avere*), **putrefarsi** pronom. [*cadavere*] to decay, to decompose, to putrefy, to rot.
putrefatto /putre'fatto/ **I** p.pass. → **putrefare II** agg. rotten (anche FIG.).
putrefazione /putrefat'tsjone/ f. putrefaction, decay, rot.
putrella /pu'trɛlla/ f. girder.
putrido /'putrido/ agg. **1** [*pesce, carne*] rotten, putrid; [*acqua*] foul, putrid **2** FIG. [*società*] rotten, decayed, corrupt.
puttana /put'tana/ **I** f. VOLG. *(prostituta)* whore, tart; *(donna facile)* whore, slut; *(come insulto)* bitch; ***andare a -e*** [*uomo*] to whore; FIG. [*affare*] to go down the tubes; ***è andato tutto a -e!*** FIG. it's all fucked! ***mandare a -e*** to fuck [sth.] up, to balls [sth.] up; ***figlio di ~!*** (you) son of a bitch! ***porca ~!*** fuck (me)! **II** agg.f. ***è un po' ~*** she's a bit sluttish *o* whorish.
puttanaio, pl. **-ai** /putta'najo, ai/ m. VOLG. *(luogo disordinato)* ***questa stanza è un ~*** this room is a real dump.
puttanata /putta'nata/ f. VOLG. ***dire -e*** to (talk) bullshit; ***fare -e*** to fuck up; ***che ~!*** what (a bunch of) crap!
puttanesca: **alla puttanesca** /allaputta'neska/ agg.inv. e avv. GASTR. = with a sauce made of tomato sauce, black olives, capers, anchovies and chilli pepper.
puttaniere /putta'njɛre/ m. VOLG. whoremonger.
putto /'putto/ m. ART. putto.
puzza /'puttsa/ f. smell, stink, stench; ***che ~!*** what a smell! ***c'è ~ di fumo*** it smells of cigarette smoke; ***c'è ~ di bruciato*** there's a smell of burning; FIG. I smell a rat ♦ ***avere la ~ sotto il naso*** to be a snob, to be snooty COLLOQ.
puzzare /put'tsare/ [1] intr. (aus. *avere*) to smell*, to stink* (**di** of); ***~ di gas*** to stink of gas; ***~ di muffa*** to smell musty; ***che cos'è che puzza così?*** what's this (awful) smell? ***ti puzzano i piedi*** your feet stink; ***~ di sudore*** to be stinky and sweaty; ***avere l'alito che puzza*** to have bad *o* smelly breath ♦ ***la cosa mi puzza*** it sounds fishy to me; ***ti puzzano i soldi?*** do you turn your nose up at money?
puzzle /'pazol, 'putsle/ m.inv. **1** GIOC. jigsaw (puzzle) **2** FIG. puzzle.
puzzo /'puttso/ m. smell, stink, stench; ***~ di marcio*** rotten smell; ***c'è ~ di imbroglio*** COLLOQ. FIG. I smell a rat.
puzzola /'puttsola/ f. polecat.
puzzolente /puttso'lɛnte/ agg. [*animale, formaggio*] smelly, stinking; [*piedi, ascelle*] smelly; [*alito*] bad, smelly; ***fialetta ~*** stink-bomb.
p.v. ⇒ prossimo venturo proximo (prox.).
PVC /pivit'tʃi/ m.inv. (⇒ polivinilcloruro polyvinyl chloride) PVC.
pyrex® /'pireks/ m.inv. Pyrex®.
P.za ⇒ piazza square (Sq.).

q

q, Q /ku/ m. e f.inv. q, Q.
qb ⇒ quanto basta = just enough.
Q.G. /kud'dʒi/ m. (⇒ Quartier Generale (General) Headquarters) (G)HQ.
QI /ku'i/ m. (⇒ quoziente intellettivo, di intelligenza intelligence quotient) IQ.
qu /ku/ m. e f.inv. q, Q.
1.qua /kwa/ avv. **1** *(stato e moto)* here; ***vieni ~*** come (over) here; ***~ e là*** here and there; ***~ dentro, sopra*** in here, up here; ***ecco ~ i tuoi soldi!*** here is your money! ***eccoti ~!*** there you are! *(rafforzativo)* ***guarda ~ che confusione!*** look what a mess! ***dai ~!*** give it here! ***chi è questo ~?*** who's this one here? **2** *(in frasi ellittiche)* ***~ la mano!*** put it there! shake! ***non sono potuto venire, tutto ~!*** I couldn't come, that's all! ***~ ti volevo!*** now let's see what you can do! **3 in qua** *(da questa parte)* this way; *(con valore temporale)* ***da un anno, un po' di tempo in ~*** for a year, some time now; ***da quando in ~?*** since when? **4 di qua** ***di ~ e di là*** here and there; ***di ~ non mi muovo*** I'm staying right here; ***via di ~!*** get away from here! ***fuori di ~!*** get out of here! ***è passato di ~*** he's gone this way; ***al di ~ di*** on this side of [*montagna, fiume*] ♦ ***essere più di là che di ~*** to be more dead than alive.
2.qua /kwa/ inter. e m.inv. quack; ***fare ~ ~*** to quack.
quacchero /'kwakkero/ **I** agg. Quaker **II** m. (f. **-a**) Quaker.
quaderno /kwa'dɛrno/ m. SCOL. exercise book ♦♦ ***~ ad anelli*** ring binder; ***~ degli esercizi*** exercise book, workbook.
quadra /'kwadra/ f. square bracket.
quadrangolare /kwadrango'lare/ agg. **1** quadrangular **2** SPORT ***incontro ~*** = four-team tournament.
quadrangolo /kwa'drangolo/ m. quadrangle.
quadrante /kwa'drante/ m. **1** MAT. ASTR. TECN. quadrant **2** *(di orologio)* dial, (clock) face.
quadrare /kwa'drare/ [1] **I** tr. *(verificare)* to balance [*conti, bilancio*] **II** intr. (aus. *essere, avere*) **1** [*cifre, libri contabili, conti*] to balance; ***fare ~ il bilancio*** to balance the budget, to make the budget balance; ***fare ~ i conti*** to get the accounts square; ***i conti non quadrano*** FIG. it doesn't add up; ***tutto quadra!*** COLLOQ. it all adds up! it all fits into place! ***c'è qualcosa che non quadra in questa storia*** something doesn't quite fit, there's something fishy in this story **2** *(piacere)* ***il suo comportamento non mi quadra*** I don't like his behaviour.
quadratico, pl. **-ci, -che** /kwa'dratiko, tʃi, ke/ agg. quadratic.
quadrato /kwa'drato/ **I** agg. **1** square; ***avere le spalle -e*** to be square-shouldered **2** MAT. METROL. square; ***radice -a*** square root **3** *(equilibrato)* [*persona*] balanced, sensible, level-headed **II** m. **1** square; ***l'area di un ~*** the area of a square **2** MAT. *(potenza)* square; ***elevare un numero al ~*** to square a number; ***due al ~*** two squared **3** MAR. wardroom, officers' mess **4** SPORT ring.
quadratura /kwadra'tura/ f. MAT. ASTR. FIS. quadrature; ***cercare la ~ del cerchio*** FIG. to square the circle.
quadrello /kwa'drɛllo/ m. *(mattonella)* quarry tile.
quadrettare /kwadret'tare/ [1] tr. to divide [sth.] up into squares [*foglio*].
quadrettato /kwadret'tato/ **I** p.pass. → **quadrettare II** agg. [*carta, foglio*] squared; [*tessuto*] check(ed), chequered BE, checkered AE.
quadretto /kwa'dretto/ m. **1** *(piccolo quadrato)* small square; *(motivo)* check, chequer BE, checker AE; ***a -i*** [*tessuto, camicia*] check(ed), chequered BE, checkered AE; [*carta, quaderno, foglio*] squared **2** *(piccolo pezzo quadrato)* ***un ~ di cioccolato*** a (small) piece of chocolate **3** *(piccolo quadro)* little picture **4** *(scena graziosa)* picture.
quadricromia /kwadrikro'mia/ f. four-colour process BE, four-color process AE.
quadriennale /kwadrien'nale/ **I** agg. **1** *(che dura quattro anni)* four-year attrib. **2** *(che ricorre ogni quattro anni)* quadrennial **II** f. quadrennial (exhibition, event).
quadriennio, pl. **-ni** /kwadri'ɛnnjo, ni/ m. four-year period.
quadrifoglio, pl. **-gli** /kwadri'fɔʎʎo, ʎi/ m. **1** BOT. four-leaf clover **2** AUT. (anche **interscambio a ~**) cloverleaf junction.
quadrifonia /kwadrifo'nia/ f. quadraphonics + verbo sing.
quadrigetto /kwadri'dʒɛtto/ m. four-engined jet plane.
quadriglia /kwa'driʎʎa/ f. *(danza)* quadrille, square dance.
quadrilatero /kwadri'latero/ **I** agg. quadrilateral, four-sided **II** m. quadrilateral.
quadrimestrale /kwadrimes'trale/ agg. [*corso, abbonamento*] four-month attrib.; [*rivista*] four-monthly.
quadrimestre /kwadri'mɛstre/ m. **1** four-month period **2** SCOL. = school-term of four months.
quadrimotore /kwadrimo'tore/ m. four-engined plane.
quadripartito /kwadripar'tito/ agg. *(diviso in quattro parti)* quadripartite.
quadrireattore /kwadrireat'tore/ m. four-engined jet plane.
quadrivio, pl. **-vi** /kwa'drivjo, vi/ m. **1** *(crocevia)* crossroads* + verbo sing., junction **2** STOR. quadrivium.
1.quadro /'kwadro/ agg. square; ***parentesi -a*** square bracket; ***metro ~*** square metre; ***testa -a*** FIG. bullhead, blockhead.
2.quadro /'kwadro/ **I** m. **1** *(dipinto)* painting, picture; ***~ a olio*** oil painting; ***dipingere un ~*** to paint a picture **2** *(descrizione)* picture, description; ***un ~ della situazione*** a picture of the situation; ***il ~ attuale degli avvenimenti*** the current pattern of events **3** *(spettacolo, scena)* picture; *(vista)* sight **4** *(tabella)* board; ***~ riassuntivo*** summary table **5** *(pannello)* board, panel **6** *(quadrato)* check; ***a -i*** [*tessuto*] check(ed), chequered BE, checkered AE **7** TEATR. scene **8** CINEM. TELEV. frame; ***fuori ~*** out of frame **9** MIL. AMM. cadre **II quadri** m.pl. GIOC. *(seme)* diamonds + verbo sing. o pl.; ***carta di -i*** diamond ♦♦ ***~ clinico*** clinical picture; ***~ di comando, (dei) comandi*** TECN. control panel; ***~ (degli) strumenti*** AER. AUT. instrument panel; ***~ svedese*** SPORT window ladder; ***-i direttivi*** o ***dirigenti*** senior staff, top management; ***-i intermedi*** middle management; ***-i di partito*** political cadres.
quadrupede /kwa'drupede/ **I** agg. quadruped(al), four-footed **II** m. quadruped.

quadruplicare /kwadrupli'kare/ [1] **I** tr. **1** to quadruple, to quadruplicate **2** *(accrescere)* to redouble **II quadruplicarsi** pronom. to quadruple, to increase fourfold.

quadruplo /'kwadruplo/ **I** agg. quadruple **II** m. quadruple; ***guadagna il ~ di me*** he earns four times as much as I do.

quaggiù /kwad'dʒu/ avv. down here; *(su questa terra)* in this world, here below.

quaglia /'kwaʎʎa/ f. quail*.

quagliare /kwaʎ'ʎare/ [1] intr. (aus. *essere*) **1** REGION. [*latte*] to curdle **2** FIG. to gel.

qualche /'kwalke/ v. la nota della voce **alcuno**. agg.indef. **1** *(alcuni) (in frasi affermative e nelle offerte)* some, a few; *(in frasi interrogative)* any; ***~ anno fa*** a few *o* some years ago; ***tra ~ giorno*** in a few days; ***c'è ancora ~ biscotto?*** are there any biscuits left *o* any more biscuits? ***~ mio amico*** some of my friends, some *o* a few friends of mine; ***ha ~ soldo da parte*** he has some money saved; ***~ cosa*** something **2** *(uno) (in frasi affermative e nelle offerte)* some, a few; *(in frasi interrogative)* any; ***per ~ motivo non è venuto*** for some reason (or other) he didn't come; ***troverò ~ scusa*** I'll make *o* find an excuse; ***~ problema?*** is anything the matter? any problems? ***in ~ modo*** *(in un modo o nell'altro)* somehow, one way or another; ***da ~ parte*** *(in frasi affermative)* somewhere; *(in frasi interrogative)* anywhere; ***da ~ altra parte*** somewhere else; ***in ~ posto*** *(in frasi affermative)* somewhere, someplace AE; *(in frasi interrogative)* anywhere, anyplace AE **3** *(un certo) (in frasi affermative e nelle offerte)* some, a few; *(in frasi interrogative)* any; ***ho avuto ~ difficoltà a convincerlo*** I had some trouble persuading him; ***da ~ tempo*** for some time; ***~ tempo fa*** some time ago **4 qualche volta** *(talvolta)* sometimes; *(una volta o l'altra)* sometime.

qualcheduno /kwalke'duno/ → **qualcuno**.

qualcosa /kwal'kɔsa/ **I** pron.indef. **1** *(una o più cose) (in frasi affermative e nelle offerte)* something; *(in frasi interrogative e ipotetiche)* anything; ***le serve ~?*** do you need anything? ***~ da fare, da mangiare*** something to do, to eat; ***forse gli è successo ~*** maybe something's happened to him; ***se le dovesse succedere ~*** if anything should happen to her; ***c'è ~ che non va*** there's something wrong, something's wrong; ***~ del genere*** something like that; ***~ di meglio, di meno caro*** something better, cheaper; ***~ di nuovo, bello*** something new, nice; ***è già ~*** that's something anyway; ***è già ~ che ti abbia chiesto scusa!*** at least he apologized, that's something! ***mi dice ~*** it reminds me of something, it rings a bell; ***~ mi dice che...*** something tells me (that)...; ***ne so ~*** I know what you mean; ***è ~ di straordinario*** it's something extraordinary **2 qualcos'altro** *(in frasi affermative e nelle offerte)* something else; *(in frasi interrogative e ipotetiche)* anything else **II** m. *(cosa indefinibile)* ***un ~*** a certain something; ***un ~ di strano*** something odd *o* strange.

qualcuno /kwal'kuno/ v. la nota della voce **alcuno**. **I** pron.indef. **1** *(riferito a persona) (in frasi affermative)* somebody, someone; *(in frasi interrogative e ipotetiche)* anybody, anyone; ***~ ha bussato*** somebody knocked; ***c'è ~?*** is there anyone around? is anybody there? ***se telefona ~ durante la mia assenza*** should anybody phone *o* if anybody phones while I'm out; ***ne hai combinata -a delle tue*** you've been up to mischief again **2** *(alcuni) (riferito a cose o persone) (in frasi affermative)* some, a few; *(in frasi interrogative e ipotetiche)* any; ***~ di voi*** some of you; ***~ dice che*** some (people) say that; ***se ~ non ha capito lo dica*** if anyone hasn't understood say so; ***ho letto ~ dei suoi libri*** I've read some of his books; ***ho delle fragole, ne vuoi -a?*** I've got some strawberries, do you want some? **3 qualcun altro** *(in frasi affermative)* somebody else, someone else; *(in frasi interrogative e ipotetiche)* anybody else, anyone else **II** m. *(personalità)* ***diventerà ~*** he's going to be somebody.

quale /'kwale/ v. la nota della voce **1.che**. **I** agg.interr. *(fra un numero limitato di elementi)* which; *(fra un numero indeterminato di elementi)* what; ***~ borsa vuole?*** which bag would you like? ***in -i paesi hai vissuto?*** what countries have you lived in? ***a ~ fermata scendi?*** which stop are you getting off at? **II** pron.interr. *(fra un numero limitato di elementi)* which (one); *(fra un numero indeterminato di elementi)* what; ***~ vuoi?*** which (one) do you want? ***qual è la tua auto preferita?*** what is your favourite car? ***~ di queste due medicine è più efficace?*** which of these two medicines is more effective? ***di tutti questi impiegati, -i sono i più competenti?*** of all the employees, who are the most competent? ***"ho visto un film di Tarantino" - "~?"*** "I have seen a film by Tarantino" - "which one?"; ***con ~ di questi personaggi vi identificate?*** which of these characters do you identify with? **III** agg.esclam. what; ***~ onore!*** what an honour! ***~ gioia!*** what bliss! **IV** agg.rel. **1** *(come)* such as; ***una catastrofe, ~ nessuno l'aveva mai vista*** a catastrophe such as had never been seen before; ***città -i Roma e Firenze*** such cities as *o* cities such as Rome and Florence **2** *(in qualità di)* as; ***~ presidente dell'associazione*** as president of the association **3 tale (e) quale** *(identico)* ***la situazione è rimasta tale ~*** the situation is exactly the same; ***essere tale (e) ~ a qcn.*** to be the spitting *o* very image of sb.; ***ho un vestito tale (e) ~ a questo*** I have a dress just like this one **V il quale, la quale, i quali, le quali** pron.rel. **1** *(soggetto) (persona)* who, that; ***ha dato il pacco al custode, il ~ me l'ha consegnato*** he gave the package to the caretaker, who gave it to me; ***coloro i -i*** those who **2** *(complemento) (persona)* who, whom FORM., that; *(cosa)* which, that; ***l'amico al ~ hai scritto*** the friend to whom you wrote *o* (who) you wrote to; ***la regione dalla ~ sono fuggiti*** the region from which they escaped *o* (which) they escaped from **3 del quale, della quale, dei quali, delle quali** *(possessivo)* whose; ***ha un fidanzato il nome del ~ è John*** she's got a boyfriend whose name is John **4 nel quale** *(tempo)* when; *(spazio)* where **VI** agg.indef. **1** *(qualunque)* ***~ che sia la ragione...*** whatever the reason... **2** *(rafforzativo)* ***in una certa qual misura*** to a certain extent; ***in un certo qual modo*** in a way.

qualifica, pl. **-che** /kwa'lifika, ke/ f. **1** *(appellativo)* label, name **2** *(titolo)* qualification, status; ***~ di ingegnere*** status of qualified engineer; ***~ professionale*** vocational qualification **3** *(qualificazione)* ***avere la ~ richiesta per*** to have the necessary qualification for.

qualificabile /kwalifi'kabile/ agg. qualifiable.

qualificante /kwalifi'kante/ agg. **1** *(che qualifica)* qualifying **2** *(significativo)* ***i punti -i di un discorso*** the key points of a speech.

qualificare /kwalifi'kare/ [1] **I** tr. **1** *(definire)* to describe, to qualify; ***~ qcn., qcs. come qcs.*** to describe sb., sth. as sth., to call sb., sth. sth. **2** *(formare)* [*lavoro*] to qualify [*persona*] (**per** for) **3** SPORT [*vittoria, rete*] to qualify [*squadra, sportivo*] (**per** for) **II qualificarsi** pronom. **1** *(identificarsi)* ***-rsi come impiegato*** to describe oneself as *o* to call oneself a clerk **2** *(ottenere una qualifica)* to qualify.

qualificativo /kwalifika'tivo/ agg. qualifying; ***aggettivo ~*** qualifier.

qualificato /kwalifi'kato/ **I** p.pass. → **qualificare II** agg. *(competente)* qualified; [*lavoro, manodopera*] skilled; [*personale, operaio*] qualified, trained; ***altamente ~*** highly-trained.

qualificazione /kwalifikat'tsjone/ f. **1** *(qualifica)* ***è richiesta un'alta ~ per questo impiego*** you need good qualifications for this job; ***lavoratori privi di ogni ~*** totally unskilled *o* untrained workers **2** SPORT qualification (**per** for); ***partita, girone di ~*** qualifying match, round.

qualità /kwali'ta/ f.inv. **1** *(valore)* quality; ***di ~*** [*prodotto, spettacolo, materiale*] quality attrib.; ***buona, cattiva ~*** good, poor quality; ***di prima ~*** first-rate, of prime quality; ***~ dell'aria*** air quality; ***~ della vita*** quality of life **2** *(attributo)* quality; ***avere molte ~*** to have many qualities, to have a lot going for one **3** *(genere)* kind; ***abbiamo diverse ~ di champagne*** we have different kinds of champagne **4 in qualità di** as; ***in ~ di dottore*** in one's capacity as a doctor.

qualitativo /kwalita'tivo/ agg. [*studio, inchiesta, analisi*] qualitative; [*controllo*] quality attrib.

qualora /kwa'lora/ cong. if, in case; ***~ venisse, sarei pronto ad accoglierlo*** if he comes *o* should he come, I would be ready to welcome him; ***~ vi fossero dei problemi*** should there be any problems.

qualsiasi /kwal'siasi/ **I** agg.indef.inv. **1** *(qualunque)* any; ***~ penna andrà bene*** any pen will do; ***"~ riferimento a fatti o persone è puramente casuale"*** "any similarity with people or events is purely coincidental"; ***~ persona*** anybody, anyone; ***in ~ posto*** anywhere; ***in ~ momento*** anytime, at any time; ***a ~***

costo, prezzo at any cost, price, whatever the cost, price; ***in ~ modo*** in any way; ***dipende da lei per ~ cosa*** he relies on her for everything; ***farebbe ~ cosa per lei*** he'd do anything for her; ***uno ~*** any one; ***uno studente ~*** any student; ***un ~ oggetto che tagli*** any sharp object; ***se per un ~ motivo non potesse venire*** if for any reason he couldn't come; ***con un pretesto ~*** on some pretext or other **2** *(insignificante)* ordinary, common; ***una ragazza ~*** an ordinary girl; ***non è uno ~*** he's not just anybody **II** agg.rel.inv. *(fra un numero indeterminato di elementi)* whatever; *(fra un numero limitato di elementi)* whichever; ***~ decisione si prenda*** whatever *o* whichever decision we take; ***accetta ~ lavoro gli offrano*** he accepts whatever job he's offered; ***da ~ parte andiamo*** whichever way we go; ***~ cosa*** whatever; ***~ cosa egli abbia fatto*** no matter what he did; ***~ cosa accada*** whatever happens.

qualunque /kwa'lunkwe/ → **qualsiasi**.

qualunquismo /kwalun'kwizmo/ m. = indifferent and sceptical behaviour towards politics.

qualunquista, m.pl. **-i**, f.pl. **-e** /kwalun'kwista/ **I** agg. = indifferent and sceptical towards politics **II** m. e f. = person who shows an indifferent and sceptical behaviour towards politics.

quandanche /'kwan'danke/ cong. even if.

quando /'kwando/ I due principali usi di *quando* e del suo equivalente inglese *when* sono quelli di avverbio e congiunzione; come mostrano gli esempi nella voce, *when* congiunzione non può introdurre un verbo al futuro: *quando arriverà, glielo diremo* = when he arrives, we'll tell him; *quando sarà arrivato, se ne accorgerà* = when he has arrived, he'll realize it. - Si noti che *da quando* si dice *since* (non *since when*), e che *quando* si rende con *whenever* se il significato richiesto è *tutte le volte che.* **I** avv. **1** when; ***~ arriva?*** when is he arriving? ***quand'è il concerto?*** when is the concert? ***non so ~ arriverà*** I don't know when she'll get here; ***da ~ abitate qui?*** how long have you been living here? ***da ~ in qua rispondi a tua madre?*** since when do you answer your mother back? ***di quand'è la lettera?*** what is the date on the letter? ***a ~ il lieto evento?*** when is the happy day *o* the baby due? ***fino a ~ ti fermi a Oxford?*** how long are you staying in Oxford? ***per ~ sarà pronto?*** when will it be ready? **2 di quando in quando** every now and then, every now and again, every so often, every once in a while **II** cong. **1** when; ***~ arrivò sul posto, capì*** when he got there, he understood; ***~ arriverà, gli darete la notizia*** when he gets here, you can *o* will tell him the news; ***~ avrà finito*** when she's finished; ***mi chiami ~ l'auto sarà pronta*** call me when the car is ready; ***~ meno me l'aspettavo è arrivato*** when I least expected it he arrived; ***ero appena uscito ~ si mise a piovere*** I had just gone out when it started raining **2** *(preceduto da preposizione)* ***da ~ sa nuotare, adora l'acqua*** he has loved water ever since he learned to swim; ***da ~ mi ricordo*** for as long as I can remember; ***parlaci di ~ eri in Francia*** tell us about when you were in France; ***fino a ~*** till, until **3** *(ogni volta che)* whenever; ***~ deve prendere l'aereo è sempre molto nervoso*** whenever he has to fly he gets nervous **4** *(in frasi esclamative)* ***~ penso che mia figlia ha quasi dieci anni!*** to think that my daughter's almost ten! **5** *(mentre)* when; ***l'ha lasciato solo ~ invece avrebbe dovuto aiutarlo*** she let him down when she should have helped him **6** *(visto che)* since; ***~ le cose stanno così non ho niente da aggiungere*** since it's like that I have nothing else to say **7** *(qualora)* if, when; ***~ ti capita di vederlo, salutalo da parte mia*** if you happen to see him, say hello to him for me **8 quand'anche** even if **9 quand'ecco** when all of a sudden **III** m. ***il come e il ~*** how and when.

quantico, pl. **-ci**, **-che** /'kwantiko, tʃi, ke/ agg. quantum attrib.

quantificabile /kwantifi'kabile/ agg. [*dati*] quantifiable.

quantificare /kwantifi'kare/ [1] tr. to quantify, to measure.

quantificatore /kwantifika'tore/ m. quantifier.

quantistico, pl. **-ci**, **-che** /kwan'tistiko, tʃi, ke/ agg. quantum attrib.

quantità /kwanti'ta/ ➧ ***31*** f.inv. **1** *(numero)* quantity, amount; ***in ~*** [*pane, vino*] in large amounts; [*libri*] in large numbers; ***in grande ~*** in (a large) quantity, in (large) quantities **2** *(moltitudine)* ***c'era una ~ incredibile di gente*** there was an incredible number of people **3** LING. MUS. quantity ♦♦ ***~ di moto*** FIS. quantity of motion.

quantitativo /kwantita'tivo/ **I** agg. quantitative **II** m. quantity.

1.quanto /'kwanto/ **I** agg.interr. *(con nomi non numerabili)* how much; *(con nomi plurali)* how many; ***~ zucchero vuoi?*** how much sugar would you like? ***~ tempo è rimasto?*** how much time is there left? ***~ tempo ci hai messo per venire?*** how long did you take to come? ***-i giorni occorrono per andarci?*** how many days does it take to get there? ***-i anni hai?*** how old are you? ***fra ~ tempo arriviamo?*** when will we get there? **II** pron.interr. how much; pl. how many; ***-i siete?*** how many of you are there? ***non so -i partiranno*** I don't know how many (people) will be leaving; ***a ~ andava la macchina?*** how fast was the car going? ***a ~ ammontano le perdite?*** how much *o* what do the losses come to? ***~ manca ancora?*** *(di tempo)* how much longer is it? *(di spazio)* how much further is it? ***~ c'è da qui al mare?*** how far is it to the sea? ***~ dura il film?*** how long is the film? how long does the film last? ***per ~ ne hai?*** how long will you be? ***da ~ abiti qui?*** how long have you been living here? ***fra ~ potrai uscire?*** when will you be able to get away? ***~ dista casa tua?*** how far is your house? ***-i ne abbiamo oggi?*** what's the date today *o* today's date? **III** agg.esclam. ***-i regali! -a gente!*** what a lot of gifts, people! ***~ tempo ci abbiamo messo!*** what a long time we took! **IV** pron.esclam. ***~ ci sarebbe ancora da dire!*** a lot more could be said (about that)! **V** agg.rel. **1** ***prendi ~ denaro ti occorre*** take as much money as you need **2** *(preceduto da preposizione)* ***hai notato con -a cattiveria gli ha risposto?*** did you notice how snappily she answered him? ***per -i problemi possano avere, ...*** however many problems they may have, ... **VI** pron.rel. what; ***ho ~ occorre*** I have what I need; ***non credo a ~ mi ha detto*** I don't believe what he told me; ***tutto ~*** everything; ***questo è ~*** that's it; ***-i*** *(coloro che)* those who; ***tutti -i*** everybody, one and all; ***è ~ di meglio si possa trovare*** this is the best that could be found; ***a ~ dicono*** if they're to be believed; ***da ~ ho capito*** as I understand it; ***per ~ ne so*** for all I know, as far as I'm aware, to my knowledge; ***per ~ mi riguarda*** as far as I'm concerned **VII** avv. **1** *(in frasi interrogative)* how much; ***~ costa?*** how much *o* what does it cost? ***~ fa?*** how much is it? ***mi piacerebbe sapere ~ lo ha pagato*** I'd like to know how much *o* what he paid for it; ***~ è grande il giardino?*** how big is the garden? ***~ sei alto?*** how tall are you? what's your height? ***~ pesi?*** how heavy are you? how much do you weigh? **2** *(in che misura)* ***vedi ~ le cose sono cambiate*** you can see how much things have changed **3** *(in frasi esclamative)* ***quant'è brutto!*** how ugly it is! ***è stupefacente ~ ti assomigli!*** it's amazing how much he looks like you! ***~ lo odio!*** how I hate him! ***~ mi dispiace!*** how sorry I am! ***ma ~ sei carina!*** how nice you look! **4** *(in un comparativo) (con aggettivo)* ***è bravo ~ lui*** he's as good as him; ***è tanto bella ~ intelligente*** she's just as pretty as she is intelligent; ***era più lontano di ~ non ricordassi*** it was further away than I remembered; *(con verbo)* ***rimani pure ~ vuoi*** stay as long as you like; ***lavoro tanto ~ te*** I work as much as you do; ***ti aiuterò ~ è possibile*** I'll help you insofar as I can; ***ho fatto ~ è possibile*** I did as much as possible; ***grande ~ basta*** big enough (**per** to); ***~ basta per due*** just about enough for two; ***aggiungere sale ~ basta*** add salt to taste; *(con avverbio)* ***~ prima*** as soon as possible **5 quanto più** ***~ più guadagna, tanto più spende*** the more he earns, the more he spends **6 quanto meno** ***~ meno si allena, tanto più ingrassa*** the less he trains, the more weight he puts on **7 per quanto** *(sebbene)* ***per ~ io l'ammiri*** however much I admire him, much as I admire him; ***per ~ ci provi non riesco a farlo*** try as I might, I can't do it **8 in quanto** *(poiché)* because; *(in qualità di)* as; ***in ~ insegnante*** as a teacher; ***in ~ tale*** as such **9 (in) quanto a** as for, concerning, regarding; ***in ~ a voi*** as for you; ***non mi ha detto niente ~ all'ora della riunione*** he didn't say anything to me concerning *o* about the time of the meeting.

2.quanto /'kwanto/ m. FIS. quantum*.

quantomeno /kwanto'meno/ avv. at least.

quantunque /kwan'tunkwe/ cong. (al)though.

quaranta /kwa'ranta/ ➧ ***26, 5, 8, 13*** **I** agg.inv. forty **II** m.inv. forty **III** m.pl. *(anni di età)* ***è sui ~*** he's in his forties.

quarantena /kwaran'tɛna/ f. quarantine; ***(essere) in ~*** (to be) in quarantine; ***mettere in ~*** to place in quarantine, to quarantine.

quarantenne /kwaran'tɛnne/ agg., m. e f. forty-year-old.
quarantesimo /kwaran'tɛzimo/ ➧ *26* **I** agg. fortieth **II** m. (f. **-a**) fortieth.
quarantina /kwaran'tina/ f. **1** *(circa quaranta)* ***una ~ di persone*** about forty people **2** *(età)* ***essere sulla ~*** to be about forty.
quarantotto /kwaran'tɔtto/ ➧ *26* **I** agg.inv. forty-eight **II** m.inv. **1** forty-eight **2** *(confusione)* mess, shambles, bedlam; ***fare un ~*** to make a mess *o* shambles, to raise hell.
quaresima /kwa'rezima/ f. Lent; ***fare la ~*** to keep Lent ♦ ***lungo come la ~*** [*persona*] = very slow; [*discorso*] = never-ending.
quaresimale /kwarezi'male/ agg. Lenten, Lent attrib.
quark /kwark/ m.inv. quark.
quarta /'kwarta/ f. **1** SCOL. fourth year, fourth form BE; ***faccio la ~*** I'm in the fourth year **2** MUS. fourth **3** AUT. fourth (gear); ***mettere*** o ***ingranare la ~*** to change *o* shift into fourth gear; ***partire in ~*** FIG. to speed away, to get off to a flying start **4** MAT. ***alla ~*** to the power of four ♦♦ ***~ di copertina*** TIP. back cover.
quartetto /kwar'tetto/ m. **1** *(gruppetto)* quartet, foursome COLLOQ. **2** MUS. quartet.
quartiere /kwar'tjɛre/ m. **1** *(zona)* quarter, district, area, neighbourhood BE, neighborhood AE; ***~ commerciale, operaio*** shopping, working class area *o* district; ***~ residenziale*** residential quarter; ***i -i alti*** the fashionable districts; ***~ arabo, cinese*** Arab quarter, Chinatown; ***di ~*** [*vita, poliziotto*] local; [*negozio, scuola*] neighbourhood attrib. **2** MIL. quarters pl. **3** FIG. *(tregua)* ***non dare ~*** to give no quarter; ***lotta senza ~*** fight to the death ♦♦ ***~ dormitorio*** dormitory BE *o* bedroom AE suburb; ***quartier generale*** MIL. general headquarters (anche FIG.).
quartina /kwar'tina/ f. METR. quatrain.
quartino /kwar'tino/ m. ***bersi un ~*** to drink a quarter of wine.
quarto /'kwarto/ ➧ *26, 5* **I** agg. fourth **II** m. (f. **-a**) **1** fourth **2** *(quarta parte)* quarter (anche ASTR.); ***un ~ di mela*** a quarter of an apple; ***un ~ di bue*** a quarter of beef; ***un ~ di pollo*** a quarter chicken; ***un ~ di secolo*** a quarter century; ***di tre -i*** [*foto, ritratto*] in three-quarter profile; ***tre -i di nobiltà*** three quarters of nobility; ***manica tre -i*** three-quarter sleeve **3** *(nell'indicazione dell'ora)* ***un ~ d'ora*** a quarter of an hour; ***sono le sei e un ~, le sei meno un ~*** it's a quarter past six, a quarter to six; ***far passare un brutto ~ d'ora a qcn.*** FIG. to give sb. a hard time **4** MUS. ***in tre, quattro -i*** in three-four, four-four time **5** TIP. quarto*; ***formato in ~*** quarto size **6** MAR. watch ♦♦ ***~ di finale*** SPORT quarterfinal; ***Quarto Mondo*** Fourth World; ***~ potere*** fourth estate; ***il ~ stato*** the proletariat; ***~ uomo*** SPORT fourth official; ***-a dimensione*** fourth dimension.
quartultimo /kwar'tultimo/ **I** agg. last but three, fourth from the last **II** m. (f. **-a**) last but three, fourth from the last.
quarzite /kwar'tsite/ f. quartzite.
quarzo /'kwartso/ m. quartz; ***al ~*** [*orologio, lampada*] quartz attrib. ♦♦ ***~ rosa*** rose quartz.
quasar /'kwazar/ m. e f.inv. quasar.
quasi /'kwazi/ **I** avv. **1** *(in frasi affermative)* almost, nearly; ***sono ~ le otto*** it's almost *o* nearly *o* (just) about eight o'clock; ***la ~ totalità degli studenti*** almost all the students; ***costa ~ 10 euro*** it costs nearly *o* almost 10 euros; ***~ sempre*** almost *o* nearly always; ***siamo ~ pronti*** we're almost *o* (just) about ready; ***~ uguali*** almost *o* mostly the same, nearly identical; ***tutti o ~*** everybody or almost everybody **2** *(in frasi negative)* hardly, scarcely; ***non c'era ~ nessuno*** hardly *o* scarcely anybody was there; ***non resta ~ nulla*** there's hardly *o* scarcely anything left; ***non ha mangiato niente o ~*** she ate hardly anything *o* little or nothing *o* next to nothing; ***non succede ~ mai*** it hardly *o* scarcely ever happens **3** *(forse)* ***oserei ~ dire che...*** I would almost venture to say that... **4** *(per poco)* ***stava ~ per annegare*** o ***~ annegava*** he was nearly drowning **5** *(iterato per esprimere desiderio)* ***~ ~ vengo anch'io*** I might just come as well, I have half a mind to come too; ***una birra? - ~ ~*** a beer? - why not? **II** cong. as if.
quassù /kwas'su/ avv. up here.
quaterna /kwa'tɛrna/ f. **1** GIOC. = set of four winning numbers **2** *(lista di quattro persone)* = list of four people.
quaternario, pl. **-ri**, **-rie** /kwater'narjo, ri, rje/ agg. e m. Quaternary.
quatto /'kwatto/ agg. ***restare*** o ***starsene ~ (~)*** to squat quietly.
quattordicenne /kwattordi'tʃɛnne/ agg., m. e f. fourteen-year-old.
quattordicesima /kwattordi'tʃɛzima/ f. = fourteenth month salary.
quattordicesimo /kwattordi'tʃɛzimo/ ➧ *26, 5* **I** agg. fourteenth **II** m. (f. **-a**) fourteenth.
quattordici /kwat'torditʃi/ ➧ *26, 5, 8, 13* **I** agg.inv. fourteen **II** m.inv. **1** *(numero)* fourteen **2** *(giorno del mese)* fourteenth **III** f.pl. *(ore)* two pm.
quattrino /kwat'trino/ **I** m. *(moneta di poco valore)* penny BE, cent AE; ***non avere il becco di un ~*** to be without a penny *o* cent *o* bean COLLOQ.; ***senza il becco di un ~*** flat broke **II** **quattrini** m.pl. money sing., dough sing. COLLOQ.; ***guadagnare fior di -i*** o ***far -i a palate*** to make big money, to make money hand over fist.
quattro /'kwattro/ ➧ *26, 5, 8, 13* **I** agg.inv. four **II** m.inv. **1** *(numero)* four **2** *(giorno del mese)* fourth **3** SPORT ***bob a ~*** four men bob; *(canottaggio)* ***~ con, senza*** coxed, coxless four **4** SCOL. *(voto)* = low fail **III** f.pl. *(ore) (del mattino)* four am; *(della sera)* four pm ♦ ***dirne ~ a qcn.*** to give sb. a piece of one's mind; ***ai ~ venti*** [*spargere*] to the four winds; ***urlare qcs. ai ~ venti*** to shout sth. from the rooftops, to tell the world about sth.; ***a quattr'occhi*** [*parlare, discutere*] face to face, one-to-one; ***in ~ e quattr'otto*** in a flash, in less than no time; ***fare ~ passi*** to go for a stroll, to go for a little *o* short walk; ***è a ~ passi da qui*** it's within walking distance; ***farsi in ~ per qcn.*** to bend over backwards *o* do one's very best for sb.; ***c'erano solo ~ gatti*** there was hardly anybody *o* a soul ♦♦ ***~ per ~*** AUT. four-by-four.
quattrocchi /kwat'trɔkki/ m. e f.inv. SPREG. four eyes.
quattrocentesco, pl. **-schi**, **-sche** /kwattrotʃen'tesko, ski, ske/ agg. fifteenth-century attrib.; ART. *(in Italia)* quattrocento attrib.
quattrocento /kwattro'tʃɛnto/ ➧ *26* **I** agg.inv. four hundred **II** m.inv. four hundred **III** m.pl. SPORT ***correre i ~*** to run in the four hundred metres **IV** **Quattrocento** m. **1** *(epoca)* fifteenth century **2** ART. *(in Italia)* quattrocento.
quegli /'kweʎʎi/ **I** pron.dimostr.m.sing. LETT. that man, he **II** agg. → **quello**.
quello /'kwello/ (**quel**, **quell'** /kwel/; pl. **quegli** /'kweʎʎi/, **quei** /'kwei/, **quelle** /'kwelle/; the form *quell'* is used only before a vowel; the masculine plural form is *quei* before a consonant followed by a vowel and before *f*, *p*, *t*, *c*, *v*, *b*, *d*, *g* followed by *l* or *r*; in all other cases *quelli* or *quegli*; today, the plural form *quelli* is used only when it follows a noun or does not immediately precede it) v. la nota della voce **questo**. **I** agg.dimostr. **1** that, pl. those; ***quel ragazzo, quell'uomo*** that boy, man; ***-a finestra*** that window; ***-e ragazze*** those girls; ***~ stesso giorno*** that same day; ***preferisco quel colore a questo*** I prefer that colour to this one; *(seguito da proposizione relativa)* ***chi è quell'uomo che abbiamo incontrato?*** who's that man (that) we met? **2** *(con valore enfatico)* ***ho uno di quei raffreddori!*** I've got such a cold! ***quel pigro di tuo figlio*** that lazy son of yours **3** *(seguito da possessivo)* ***quel suo modo di fare*** that manner of his; ***quel tuo amico*** that friend of yours **II** pron.dimostr. **1** that (one), pl. those (ones); ***che cos'è, chi è ~?*** what's, who's that? ***lo vedi ~? è mio fratello*** (do you) see that man over there? he *o* that is my brother; ***"quale delle due?" - "-a (là)"*** "which one of the two?" - "that one (over there)"; ***questo è per noi e ~ nell'angolo è per voi*** this is for us and the one in the corner is for you **2** COLLOQ. *(con valore enfatico)* ***sta esagerando, ~ lì!*** that guy is pushing it a bit! ***ma guarda -a lì!*** get her! **3** *(seguito da preposizione)* ***i tuoi occhi sono azzurri, -i di tuo fratello sono neri*** your eyes are blue, your brother's are dark; ***il treno del mattino o ~ delle 17?*** the morning train or the 5 o'clock one? ***le persone che abitano di fianco o -i del primo piano?*** the people next door or the ones on the first floor? ***~ del gas*** COLLOQ. the gas man; ***-i di Roma*** the people in Rome **4** *(seguito da proposizione relativa)* ***quale vicina? -a che abita di fronte?*** which neighbour? the one who lives opposite? ***tutti -i che sono muniti di tessera*** all those who have a card; ***questi libri non sono -i che avevo scelto*** these books are not the ones I chose; ***"quale disco?" - "~ di cui parlavo"*** "which record?" - "the one I was talking about" **5** *(seguito da aggettivo qualificativo)* ***quale vuoi? ~***

questo – uso dei pronomi dimostrativi

questo e quello

- Nell'italiano di oggi, il sistema dei dimostrativi è composto da due termini, *questo* e *quello*, che ben corrispondono ai termini inglesi *this* e *that*; a livello formale, la differenza sta nel fatto che i termini italiani marcano il genere, maschile o femminile, e il numero, singolare o plurale (*questo / questa / questi / queste, quello / quella / quelli / quelle*), mentre quelli inglesi solo il numero (*this / these, that / those*); a livello semantico, invece, italiano e inglese corrispondono nell'indicare con *questo* e *this* la prossimità nello spazio e nel tempo, e con *quello* e *that* la lontananza nello spazio e nel tempo:
  - *prendi questo libro* = take this book
  - *queste matite sono mie* = these pencils are mine
  - *questa mattina ha piovuto* = it rained this morning
  - *in queste sere sono a casa di rado* = I am rarely at home these evenings
  - *prendi quella sedia in giardino* = take that chair in the garden
  - *quei quadri non sono in vendita* = those pictures are not on sale
  - *quell'anno* = that year
  - *in quei giorni lontani* = in those far-off days.
- Gli esempi appena riportati documentano l'uso aggettivale dei dimostrativi *questo* e *quello* e delle corrispondenti forme inglesi. Quando i dimostrativi italiani sono usati come pronomi, vengono normalmente tradotti con *this (one) / these* e *that (one) / those*:
  - *vuoi questo o quello?* = do you want this one or that one?
  - *queste sono rotte* = these are broken
  - *me ne dia un po' di quelle* = give me some of those.
- Poiché, come si è detto, in inglese non c'è distinzione di genere nell'uso di *questo* e *quello*, un'unica forma può tradurre una doppia indicazione dell'italiano:
  - *questi ragazzi e queste ragazze* = these boys and girls
  - *quei fogli dattiloscritti e quelle buste* = those typewritten sheets and envelopes.
- Quando l'aggettivo dimostrativo è accompagnato da un aggettivo qualificativo, entrambi precedono il nome in inglese:
  - *quell'anziana signora / quella signora anziana* = that elderly lady
  - *questi vecchi giornali / questi giornali vecchi* = these old newspapers.
- Si noti la particolare costruzione inglese da usare quando l'aggettivo dimostrativo è seguito in italiano da un aggettivo possessivo o dal caso del possesso:
  - *quelle tue parole mi hanno turbato* = those words of yours shocked me
  - *mi piace moltissimo questa sua foto* = I like this picture of hers very much
  - *quei libri di John non vanno spostati* = those books of John's are not to be removed
  - *questo vestito rosso di Mary costa 300 euro* = this red dress of Mary's costs 300 euros.
- Si noti la particolare costruzione inglese da usare quando il pronome dimostrativo è seguito da un aggettivo qualificativo:
  - *"quale vuoi?" "questo verde"* = "which do you want?" "this green one"
  - *"quale vuoi?" "quello verde"* = "which do you want?" "the green one"
  - *preferisco quelli verdi* = I like the green ones better.
- I dimostrativi *questo* e *quello* possono essere rafforzati da particelle avverbiali, rispettivamente *qui* o *qua* e *lì* o *là*, che specificano meglio la posizione della persona o cosa indicata dal dimostrativo; analoga struttura è possibile, ma non obbligatoria, in inglese:
  - *prendo questo qui* = I'll take this one (here)
  - *dammi quello là* = give me that one (there).
- Usi particolari di *questo* e *quello*:
  a) si noti l'ambiguità e la diversa traduzione inglese dell'espressione avverbiale *questa notte*, che può fare riferimento alla notte appena trascorsa (e allora si traduce *last night*) oppure alla notte a venire (e allora si traduce *tonight*);
  b) *quello* e *that* si possono usare per indicare che il parlante mostra distacco, e il più delle volte disapprovazione, verso una cosa o persona: *sei ridicolo con quel cappello!* = you look ridiculous in that hat! *quel ragazzo mi dà sui nervi* = that boy gets on my nerves;
  c) nella lingua letteraria i pronomi *questo* e *quello* assumono la forma *questi* e *quegli* nel riferirsi a una persona maschile singolare: *questi non era altri che il professor Rossi* = this was no other than Professor Rossi;
  d) *questo* e *quello* per il maschile, come *questa* e *quella* per il femminile, possono essere resi rispettivamente da *the latter* e *the former*: *sia Doug sia Tim sono degli sportivi: questo è un giocatore di basket, quello è un tuffatore* = both Doug and Tim are sportsmen: the latter is a basketball player, the former is a diver;
  e) per l'uso di *questo* e *quello* nel significato e valore di *ciò*, si veda una successiva sezione di questa nota;
  f) per gli altri usi di *questo* e *quello* (con valore enfatico, in espressioni ellittiche, ecc.), si vedano le voci relative.

codesto

- Nell'italiano antico, e ancora oggi nel toscano, accanto a *questo* e *quello* si usa *codesto* (*codesta* per il femminile, *codesti* e *codeste* per il plurale), che indica persone o cose vicine al destinatario dell'enunciato; in questo caso, come equivalente inglese si usa *that / those*:
  - *codesto vestito è molto elegante* = that dress is very elegant
  - *codeste finestre danno sul parco* = those windows face the park
  - *preferisco codesta* = I like that one better.

ciò

- *Ciò* è pronome dimostrativo sinonimo di *questo* e *quello*, che si usa solo in riferimento a cose; va tradotto con *this* o *that*:
  - *per fare ciò* (o *questo*), *dovrei traslocare* = in order to do that, I would have to move.
- Quando introducono una frase relativa, *ciò che* o *quello che* si traducono con *what*:
  - *ciò* (*quello*) *che voglio sapere è chi l'ha rotta* = what I want to know is who broke it.
- Per le locuzione varie costruite con *questo* e *quello* come sinonimi di *ciò*, si vedano le voci relative.

costui e colui

- *Costui* (al femminile *costei*, al plurale *costoro*) e *colui* (al femminile *colei*, al plurale *coloro*) corrispondono rispettivamente a *questo* e *quello*, ma funzionano solo come pronomi e, in ogni caso, sono d'uso raro nella lingua parlata. Gli equivalenti inglesi rendono il significato di tali pronomi dimostrativi con forme d'uso solitamente più comune:
  - *costui* = this man, he (se soggetto), him (se complemento)
  - *costei* = this woman, she (se soggetto), her (se complemento)
  - *costoro* = these people, they (se soggetto), them (se complemento)
  - *colui che* = the man who(m), the one who(m), he who(m)
  - *colei che* = the woman who(m), the one who(m), she who(m)
  - *coloro che* = the people who(m), those who(m), they who(m).
- L'uso di *costui, costei* e *costoro* dà spesso una sfumatura peggiorativa all'enunciato, suggerendo se non altro un certo distacco da parte del parlante:
  - *chi sono costoro?* = who are they?
  - *non parlerei mai con costoro* = I would never speak to these people
  - *non ho niente da dire contro costei* = I have nothing to say against her.

- *Colui, colei* e *coloro* vengono usati nel linguaggio formale a introdurre una frase relativa con significato indeterminato (di solito, vengono impiegati in tale uso *quello / quella / quelli / quelle che* oppure *chi*):

colui il quale mente sarà punito	=	he who lies will be punished
coloro i quali hanno terminato possono uscire	=	those who have finished may leave.

Altri dimostrativi

- Per le modalità d'uso, equivalenti inglesi ed esempi dei dimostrativi *medesimo, stesso* e *tale,* si vedano le voci relative nel dizionario.

verde? which do you want? the green one? ***compra -i più piccoli*** buy the smallest ones **6** *(in un comparativo)* ***è più intelligente di ~ che pensavo*** he's more intelligent than I thought **7** *(ciò)* what; ***fai ~ che vuoi*** do what you want *o* like; ***hai tutto ~ che ti occorre?*** do you have everything you need? ***per quel che mi riguarda*** as far as I'm concerned; ***per quel che ne so io*** as far as I can tell, for all I know **8** *(in espressioni ellittiche)* ***la sai -a del pescatore?*** have you heard the one about the fisherman? **9** *(con valore di pronome personale)* ***io parlavo e ~ non mi ascoltava*** I was talking and he wasn't listening to me; *(lo stesso)* ***è sempre ~*** he's always the same **10 in quel di** ***in quel di Torino*** in *o* around *o* near Turin.

quercia, pl. **-ce** /'kwertʃa, tʃe/ f. **1** oak **2** POL. ***la Quercia*** = the symbol used by the Democratic Party of the Left ♦ ***essere forte come una ~*** to be as strong as an ox.

querela /kwe'rɛla/ f. action, lawsuit; ***sporgere ~ contro qcn.*** to bring an action against sb., to lay *o* file a complaint against sb., to sue sb.; ***~ per diffamazione*** libel action.

querelante /kwere'lante/ m. e f. complainant, plaintiff.

querelare /kwere'lare/ [1] tr. ***~ qcn.*** to bring an action against sb., to lay *o* file a complaint against sb., to sue sb.

querimonia /kweri'mɔnja/ f. LETT. *(lamentela)* complaint, complaining.

querulo /'kwɛrulo/ agg. querulous.

quesito /kwe'zito/ m. question, query (**su** about); *(problema)* problem.

questi /'kwesti/ pron.dimostr.m.sing. LETT. this man.

questionare /kwestjo'nare/ [1] intr. (aus. *avere*) **1** *(discutere)* to argue (**di** about) **2** *(litigare)* to argue, to quarrel.

questionario, pl. **-ri** /kwestjo'narjo, ri/ m. questionnaire; ***rispondere a un ~*** to fill in a questionnaire.

questione /kwes'tjone/ f. **1** *(problema)* matter, question, issue; ***sollevare una ~*** to raise a question *o* an issue; ***il nocciolo*** o ***nodo della ~*** the heart *o* crux of the matter; ***ne ha fatto una ~ personale*** he took it personally; ***farne una ~ di stato*** to make too much of it *o* a big thing out of it COLLOQ.; ***è una ~ di famiglia*** it's a family affair **2** *(faccenda)* question, matter; ***è una ~ di soldi*** it's a money matter; ***la ~ non cambia*** that doesn't change a thing; ***la ~ è chiusa*** the matter is closed; ***è ~ di*** it's a matter of [*abitudine, tempo, buon gusto, buon senso, giorni*]; ***è solo ~ di fortuna*** it's the luck of the draw; ***è ~ di vita o di morte*** it's a matter of life and death *o* a life or death matter; ***è solo ~ di pratica*** it's just a question of practice; ***ne fa una ~ di principio*** he's making an issue of it **3** *(discussione)* ***in ~*** at issue, in question; ***il punto in ~*** the point at issue, the matter under discussion; ***mettere in ~ qcs.*** to call sth. into question, to bring sth. up; ***è fuori ~*** it's out of the question; ***senza fare -i*** without argument; ***far -i su tutto*** to cause problems about everything ♦♦ ***~ di lana caprina*** captious question; ***~ d'onore*** affair of honour; ***~ di principio*** point of principle.

questo /'kwesto/, f. **questa** /'kwesta/, m.pl. **questi** /'kwesti/, f.pl. **queste** /'kweste/ **I** agg.dimostr. **1** this, pl. these; ***~ libro*** this book; ***-a casa*** this house; ***-i ragazzi e -e ragazze*** these boys and girls; ***quest'anno*** this year; ***-a mattina*** this morning; ***-a sera*** this evening, tonight; ***-a notte*** *(scorsa)* last night; *(a venire)* tonight; ***quest'oggi*** today; ***uno di -i giorni*** one of these days; ***~ lunedì*** this (coming) Monday; ***in -i giorni è piovuto molto*** it's been raining a lot these days **2** *(tale, simile)* ***è meglio non uscire con ~ freddo*** it's better not to go out in this cold **3** *(seguito da possessivo)* ***~ tuo amico*** this friend of yours **4** *(con valore enfatico)* ***l'ho visto con -i occhi!*** I've seen it with my own eyes! **II** pron.dimostr. **1** this (one), pl. these (ones); ***che cos'è, chi è ~?*** what's, who's this? ***vuoi ~ o quello?*** do you want this one or that one? **2** *(seguito da aggettivo qualificativo)* ***quale vuoi? ~ verde?*** which do you want? this green one? **3** *(ciò)* this; ***~ è molto strano*** this is very strange; ***vorrei dirti ~...*** this is what I wanted to tell you...; ***detto ~, ...*** having said that *o* that said, ...; ***con ~ concludo*** by saying this I conclude; ***e con ~?*** so what? ***~ è tutto*** that's all; ***in ~ hai ragione*** in that way you're right; ***~ mai!*** never! ***~ sì che è un pensiero profondo!*** how profound! ***~ no!*** no way! absolutely not! ***per ~*** for this (reason); ***è per ~ che è partito*** that's why he left **4** *(in espressioni ellittiche)* ***-a è bella!*** that's a good one! I like that! ***ci mancava anche -a!*** that's all we needed! that's done it! ***senti -a!*** get this!

questore /kwes'tore/ ➧ ***18*** m. = officer in charge of police force, public order and relative administrative services.

questua /'kwɛstua/ f. collection of alms; ***fare la ~*** to collect alms.

questuante /kwestu'ante/ **I** agg. begging, mendicant **II** m. e f. beggar, mendicant.

questuare /kwestu'are/ [1] **I** tr. to beg for (anche FIG.) **II** intr. (aus. *avere*) to beg.

questura /kwes'tura/ f. = offices responsible for police force, public order and relative administrative services.

questurino /kwestu'rino/ m. COLLOQ. cop, copper.

qui /kwi/ avv. **1** *(stato e moto)* here; ***~ Sandra Seitan, da Tokyo, a voi Roma*** this is Sandra Seitan in Tokyo, back to you in Rome; ***e io sono ~ ad aspettare*** and here I am, waiting; ***è ~ che*** this is where; ***~ e là*** here and there; ***~ dentro, sopra*** in here, up here; ***~ sotto*** under here; *(in testo)* here below; ***~ intorno*** around here, hereabouts; ***eccomi ~!*** here I am! *(rafforzativo)* ***chi è questo ~?*** who's this one here? ***ecco ~ i tuoi soldi!*** here is your money! ***guarda ~ che confusione!*** look what a mess! ***tieni ~!*** here (you are)! ***tutto ~?*** will that be all? ***il problema è tutto ~*** that's the whole point of the matter; ***non sono potuto venire, tutto ~!*** I couldn't come, that's all! **2** *(a questo punto)* ***fermiamoci ~*** let's stop here; ***~ scoppiò in lacrime*** at this point she burst into tears; ***~ viene il bello*** now comes the best of it; *(in questo frangente)* ***~ ci vuole molta calma*** here we have to be calm; *(finora)* ***fin ~*** so far, up to here, until now **3 di qui** ***fuori di ~!*** get out of here! **(per) di ~** this way; ***la gente di ~*** the people from around here; ***di ~ in avanti*** *(di spazio)* from here on(wards); *(di tempo)* from now on(wards); ***di ~ a poco*** before long; ***di ~ a una settimana*** one week from now.

quiescente /kwjeʃ'ʃɛnte/ agg. quiescent; [*vulcano*] dormant.

quiescenza /kwjeʃ'ʃɛntsa/ f. **1** quiescence; *(di vulcano)* dormancy **2** BUROCR. retirement; ***trattamento di ~*** retirement pension.

quietanza /kwje'tantsa/ f. receipt, acquittance; ***"per ~"*** "received with thanks".

quietanzare /kwjetan'tsare/ [1] tr. to receipt [*fattura, ricevuta*].

quietare /kwje'tare/ [1] **I** tr. to calm, to soothe [*persona*] **II quietarsi** pronom. to calm down.

quiete /'kwjɛte/ f. **1** *(immobilità)* still(ness); *(pace)* calm(ness), quiet; ***la ~ della campagna*** the quiet of the countryside; ***~ dell'anima*** peace of mind **2** FIS. rest ♦ ***la ~ prima della tempesta*** the calm *o* lull before the storm ♦♦ ***~ pubblica*** peace.

quieto /'kwjɛto/ agg. **1** *(immobile)* [*mare, aria*] still **2** *(pacifico)* [*persona, indole*] calm, quiet; ***stai ~!*** keep calm! ♦♦ ***~ vivere*** quiet life; ***per amore del ~ vivere*** for a quiet life.

quindi /'kwindi/ **I** avv. **1** *(in seguito)* then, afterwards **2** *(di conseguenza)* therefore, hence **II** cong. so; ***non ha telefonato, ~ non verrà*** he hasn't called, so he won't be *o* isn't coming.

quindicennale /kwinditʃen'nale/ agg. **1** *(che dura quindici anni)* fifteen-year attrib. **2** *(che ricorre ogni quindici anni)* occurring every fifteen years.

quindicenne /kwindi'tʃɛnne/ agg., m. e f. fifteen-year-old.

quindicennio, pl. **-ni** /kwindi'tʃɛnnjo, ni/ m. fifteen-year period.

quindicesimo /kwindi'tʃɛzimo/ ♦ *26, 5* **I** agg. fifteenth **II** m. (f. **-a**) fifteenth.

quindici /'kwinditʃi/ ♦ *26, 5, 8, 13* **I** agg.inv. fifteen; ***ogni ~ giorni*** every two weeks, every fortnight BE **II** m.inv. **1** *(numero)* fifteen **2** *(giorno del mese)* fifteenth **III** f.pl. *(ore)* three pm.

quindicina /kwindi'tʃina/ f. **1** *(circa quindici)* about fifteen **2** *(due settimane)* ***la prima ~ di agosto*** the first half *o* two weeks of August, the first fortnight in August BE.

quindicinale /kwinditʃi'nale/ **I** agg. [*scadenza*] fortnight's attrib. BE; [*rivista*] biweekly, bimonthly, fortnightly BE **II** m. biweekly publication, bimonthly publication, fortnightly publication BE.

quindicinalmente /kwinditʃinal'mente/ avv. biweekly, bimonthly, fortnightly BE.

quinquennale /kwinkwen'nale/ agg. **1** *(che dura cinque anni)* five-year attrib. **2** *(che ricorre ogni cinque anni)* occurring every five years.

quinquennio, pl. **-ni** /kwin'kwɛnnjo, ni/ m. five-year period.

quinta /'kwinta/ f. **1** SCOL. fifth year, fifth form BE; ***faccio la ~*** I'm in the fifth year **2** TEATR. wings pl.; ***dietro le -e*** backstage, offstage, behind the scenes (anche FIG.) **3** MUS. fifth **4** AUT. fifth (gear), top (gear); ***mettere*** o ***ingranare la ~*** to change *o* shift into fifth gear **5** MAT. ***alla ~*** to the power of five.

quintale /kwin'tale/ m. quintal.

quinterno /kwin'tɛrno/ m. = five sheets of paper folded in two.

quintessenza /kwintes'sɛntsa/ f. quintessence.

quintetto /kwin'tetto/ m. MUS. quintet.

Quintino /kwin'tino/ n.pr.m. Quentin, Quintin.

quinto /'kwinto/ ♦ *26, 5* **I** agg. fifth **II** m. (f. **-a**) fifth.

quintuplicare /kwintupli'kare/ [1] **I** tr. to quintuple **II quintuplicarsi** pronom. to quintuple.

quintuplo /'kwintuplo/ agg. e m. quintuple.

qui pro quo, quiproquò /kwipro'kwɔ/ m.inv. misunderstanding.

Quirinale /kwiri'nale/ n.pr.m. Quirinal; ***il ~*** = the President's palace or the President of the Italian Republic.

Quirino /kwi'rino/ n.pr.m. Quirinus.

quisquilia /kwis'kwilja/ f. LETT. trifle, bagatelle.

quivi /'kwivi/ avv. LETT. **1** *(là)* there **2** *(allora)* then.

quiz /kwits, kwidz/ m.inv. quiz*; ***gioco a ~*** quiz game, quiz show.

quorum /'kwɔrum/ m.inv. quorum, legal number; ***raggiungere il ~*** to have a quorum.

quota /'kwɔta/ f. **1** *(somma da pagare o riscuotere)* share, amount, portion, part; *(contributo periodico)* subscription; ***pagare*** o ***versare la propria ~*** to pay one's share; ***~ associativa, d'iscrizione*** membership, registration fee **2** *(di società, proprietà)* share (**di** in, of) **3** ECON. *(quantità)* quota; ***-e latte*** milk quotas **4** *(altitudine)* altitude, height; ***perdere, prendere ~*** to lose, gain altitude; ***a bassa, alta ~*** [*nevicare, volare*] at a low, high altitude; ***a 2.000 metri di ~*** at an altitude of 2,000 metres; ***in ~*** at altitude; ***~ 451*** hill 451; ***riprendere ~*** FIG. [*inflazione*] to creep, go up again **5** *(nel totocalcio)* payoff, payout; *(nell'ippica)* odds pl. **6** *(punteggio)* ***essere a ~ dieci*** to have ten points ♦♦ ***~ di partecipazione*** stake, contribution.

quotare /kwo'tare/ [1] **I** tr. **1** COMM. ECON. to quote [*titolo, valuta*]; ***essere quotato 2 euro*** [*titolo*] to be quoted at 2 euros; ***essere quotato in borsa*** to be listed *o* quoted on the Stock Exchange **2** *(valutare)* to value [*quadro*] **II quotarsi** pronom. to subscribe.

quotato /kwo'tato/ **I** p.pass. → **quotare II** agg. **1** ECON. ***~ in Borsa*** [*titolo, azione*] quoted, listed (on the Stock Exchange) **2** FIG. [*artista*] highly-rated, appreciated.

quotazione /kwotat'tsjone/ f. **1** ECON. *(di borsa)* quotation, listing; ***~ d'apertura*** opening price *o* quotation; ***~ dei cambi*** exchange rate **2** COMM. *(di auto, francobollo)* quoted value **3** *(nelle scommesse)* betting, odds pl. **4** FIG. reputation.

quotidianamente /kwotidjana'mente/ avv. daily, every day.

quotidiano /kwoti'djano/ **I** agg. [*routine, visita, passeggiata*] daily; [*lavoro, vita*] everyday; ***la stampa -a*** the daily press **II** m. *(giornale)* daily (newspaper).

quoto /'kwɔto/ m. quotient.

quoziente /kwot'tsjɛnte/ m. **1** MAT. quotient **2** STATIST. rate ♦♦ ***~ intellettivo*** o ***d'intelligenza*** intelligence quotient, IQ; ***~ di natalità*** birthrate.

r

r, R /'ɛrre/ m. e f.inv. r, R.

R. ⇒ raccomandata = letter or parcel sent by recorded delivery.

rabarbaro /ra'barbaro/ m. **1** BOT. rhubarb **2** *(liquore)* rhubarb liqueur.

rabberciare /rabber'tʃare/ [1] tr. to patch up, to patch together.

rabbia /'rabbja/ f. **1** MED. rabies + verbo sing. **2** *(furore)* rage, anger (**per** over, at); ***che ~!*** what a damned nuisance! ***mi fa ~ vederlo così infelice*** it makes me angry *o* it annoys me to see him so unhappy.

rabbinico, pl. **-ci, -che** /rab'biniko, tʃi, ke/ agg. rabbinic(al).

rabbino /rab'bino/ m. rabbi.

rabbioso /rab'bjoso/ agg. **1** MED. rabid **2** *(collerico)* angry, furious **3** FIG. ***una tempesta -a*** a raging *o* furious storm.

rabboccare /rabbok'kare/ [1] tr. to fill up, to top up [*recipiente*].

rabbonire /rabbo'nire/ [102] **I** tr. to calm down, to appease [*persona*] **II rabbonirsi** pronom. [*persona*] to calm down.

rabbrividire /rabbrivi'dire/ [102] intr. (aus. *avere, essere*) to shiver, to shudder (**di, da, per** with; **a** at).

rabbuffo /rab'buffo/ m. scolding, reprimand.

rabbuiarsi /rabbu'jarsi/ [1] pronom. to darken (anche FIG.).

rabdomante /rabdo'mante/ m. e f. dowser, water diviner BE; ***bacchetta da ~*** dowsing *o* divining rod.

rabdomanzia /rabdoman'tsia/ f. dowsing, (water) divining.

raccapezzarsi /rakkapet'tsarsi/ [1] pronom. ***~ in qcs.*** to make *o* figure sth. out; ***non riesco a raccapezzarmi in questa teoria*** I can't make head or tail of this theory; ***non mi ci raccapezzo più*** I'm at a loss.

raccapricciante /rakkaprit'tʃante/ agg. [*immagine, racconto*] horrifying, gruesome, bloodcurdling.

raccapricciare /rakkaprit'tʃare/ [1] intr. (aus. *essere*) to be* horrified, to be* appalled, to shudder; ***uno spettacolo che fa ~*** a bloodcurdling scene.

raccapriccio, pl. **-ci** /rakka'prittʃo, tʃi/ m. horror; ***guardare qcs. con ~*** to look at sth. in horror.

raccattapalle /rakkatta'palle/ m. e f.inv. *(ragazzo)* ballboy; *(ragazza)* ball girl.

raccattare /rakkat'tare/ [1] tr. COLLOQ. **1** *(raccogliere da terra)* to pick up **2** *(mettere insieme)* to pick up [*notizie*]; to scrape together [*denaro*].

racchetta /rak'ketta/ f. **1** *(da tennis)* racket; *(da ping-pong)* (table tennis) bat, paddle AE **2** *(da neve)* snow shoe; *(da sci)* ski pole, ski stick.

racchia /'rakkja/ f. *(donna brutta)* dog POP.

racchiudere /rak'kjudere/ [11] tr. to contain, to hold*; *(nascondere)* to hide*.

raccogliere /rak'kɔʎʎere/ [28] **I** tr. **1** *(prendere da terra)* to collect, to pick up [*conchiglie, sassi*]; to gather [*legna*]; to clean up, to clear up [*immondizia*] **2** *(cogliere)* to pick, to harvest, to crop [*frutta, verdura*]; to pick, to gather [*fiori, funghi*]; to harvest, to reap [*uva, grano*]; [*ape*] to collect [*polline*]; ***~ i frutti del proprio lavoro*** FIG. to reap the fruit of one's labour **3** *(radunare, mettere assieme)* to collect, to get* together, to gather [*oggetti sparsi*]; *(ritirare)* to collect [*giornali vecchi, immondizia*]; SCOL. to take* in, to collect [*quaderni, compiti*]; ***~ le idee*** to collect *o* gather one's thoughts; ***~ le proprie forze*** to gather *o* collect *o* muster one's strength **4** *(piegando, arrotolando)* ***~ i capelli in uno chignon*** to put *o* wear *o* gather (up) one's hair in a bun **5** *(accumulare)* to collect, to raise [*somma*]; to collect [*firme*]; to gather (together), to collect [*testimonianze, informazioni, dati*]; *(collezionare)* to collect [*monete, francobolli*] **6** *(ricevere, ottenere)* to obtain [*voti*]; to win*, to gain [*applausi, lodi*]; ***~ consensi*** to meet with approval **7** *(convogliare)* to collect [*acqua*] **8** *(accettare)* to take* up, to respond to [*sfida*]; to respond to, to react to [*provocazione*]; to accept [*invito*]; *(accogliere)* to shelter, to house [*profughi*]; to take* in [*animale abbandonato*] **9** *(capire)* to take*, to catch* [*allusione*] **II raccogliersi** pronom. **1** *(radunarsi)* to collect, to gather **2** *(concentrarsi, meditare)* to concentrate, to collect one's thoughts; ***-rsi in preghiera*** to collect one's thoughts in prayer, to compose one's thoughts for prayer **3** *(rannicchiarsi)* to crouch.

raccoglimento /rakkoʎʎi'mento/ m. *(meditazione)* contemplation, meditation; ***un minuto di ~*** a minute's silence.

raccogliticcio, pl. **-ci, -ce** /rakkoʎʎi'tittʃo, tʃi, tʃe/ agg. [*truppe*] irregular, raked up; [*squadra*] scratch.

raccoglitore /rakkoʎʎi'tore/ m. (f. **-trice** /tritʃe/) **1** *(persona)* picker, gatherer; *(collezionista)* collector **2** *(cartellina)* (loose-leaf) binder, (loose-leaf) folder, file; ***~ ad anelli*** ring binder **3** *(recipiente)* container; ***~ per il vetro*** bottle bank.

raccolta /rak'kɔlta/ f. **1** *(il raccogliere)* *(di conchiglie, sassi)* collecting; *(di funghi, fiori, legna)* gathering; *(di fondi)* collection, raising; *(di informazioni, dati)* collection, gathering; *(di firme, abiti smessi, rifiuti)* collection **2** AGR. harvesting; *(del cotone, delle mele)* picking; *(periodo)* harvest-time; *(raccolto)* crop, harvest **3** *(collezione)* collection; ***~ di francobolli*** stamp collection **4** *(di novelle, poesie)* collection, anthology; ***~ di leggi*** body of laws **5** *(raduno)* ***luogo di ~*** meeting point; ***chiamare a ~*** to gather, to muster (up) [*forze, coraggio, sostenitori*] ♦♦ ***~ differenziata*** separate refuse collection, waste separation.

1.raccolto /rak'kɔlto/ **I** p.pass. → **raccogliere II** agg. **1** *(rannicchiato)* curled up **2** [*capelli*] gathered (up) **3** *(assorto)* rapt, absorbed, intent; ***~ in preghiera*** rapt in prayer **4** *(tranquillo)* [*atmosfera*] cosy BE, cozy AE.

2.raccolto /rak'kɔlto/ m. AGR. harvest, crop, yield.

raccomandabile /rakkoman'dabile/ agg. **1** *(consigliabile)* advisable, recommendable **2** *(affidabile)* recommendable, reliable; ***poco ~*** [*persona*] disreputable, untrustworthy.

raccomandare /rakkoman'dare/ [1] **I** tr. **1** *(affidare)* to entrust; ***~ l'anima a Dio*** to commend *o* confide one's soul to God **2** *(consigliare)* to recommend [*film, medico*]; to advise, to counsel [*prudenza, puntualità*]; ***~ a qcn. di fare*** to urge sb. to do; ***~ a qcn. la massima discrezione*** to advise sb. to be extremely discreet; ***il dottore mi ha raccomandato di stare a letto*** the doctor recommended (that) I should stay in bed; ***quel***

tipo lì, te lo raccomando! IRON. watch your step with that fellow! watch out for that one! **3** *(appoggiare)* to recommend [*candidato*] **II raccomandarsi** pronom. **1** *(implorare)* ***-rsi a Dio*** to commend oneself to God; ***-rsi alla clemenza di qcn.*** to throw oneself on sb.'s mercy **2** *(esortare)* ***si raccomandò che arrivassi in tempo*** he urged me to arrive on time; ***mi raccomando, finisci i compiti!*** do finish *o* you'd better finish your homework!

raccomandata /rakkoman'data/ f. **1** = letter or parcel sent by recorded delivery; ***spedire*** o ***fare una ~*** to register a letter **2** *(spedizione)* recorded delivery BE, certified mail AE ♦♦ ***~ con ricevuta di ritorno*** = letter or parcel with advice of delivery.

raccomandato /rakkoman'dato/ **I** p.pass. → **raccomandare II** agg. **1** *(consigliato)* recommended **2** *(appoggiato)* [*candidato*] recommended **3** [*lettera, pacco*] sent by recorded delivery BE, sent by certified mail AE **III** m. (f. **-a**) recommended person; ***essere un ~ di ferro*** = to have friends or connections in high places.

raccomandazione /rakkomandat'tsjone/ f. **1** *(appoggio)* recommendation; ***lettera di ~*** letter of recommendation; ***ho ottenuto il lavoro grazie alla sua ~*** I got the job on her recommendation **2** *(esortazione)* recommendation; *(consiglio)* advice **U**, recommendation; ***fare delle -i a qcn.*** to make recommendations to sb.; ***dietro ~ di qcn.*** on sb.'s advice *o* recommendation.

raccontare /rakkon'tare/ [1] tr. **1** *(riferire)* to tell*; ***~ qcs. a qcn.*** to tell sth. to sb. *o* sb. sth.; ***che mi racconti (di bello)?*** what's new? ***raccontami tutto!*** tell me all about it! tell me the whole story! ***~ bugie*** to tell lies; ***si racconta*** o ***raccontano che...*** it is said that... **2** *(narrare)* [*persona*] to tell* [*storia, favola*]; to tell*, to crack [*barzelletta*]; [*film, libro*] to tell* of [*battaglia, vita*] ♦ ***raccontarne delle belle*** o ***di tutti i colori*** to tell all sorts of things; ***poterla ~*** to live to tell the tale; ***valla a ~ a qualcun altro!*** COLLOQ. tell me another! tell it to the marines! ***non me la ~!*** don't give me that!

racconto /rak'konto/ m. *(narrazione)* account; *(componimento letterario)* (short) story, tale; ***~ di avventure*** adventure story, tale of adventure; ***~ di fate*** fairy tale; ***~ poliziesco*** detective story.

raccordare /rakkor'dare/ [1] **I** tr. to connect, to join [*tubi*]; to connect [*linee ferroviarie*] **II raccordarsi** pronom. [*tubi*] to join.

raccordo /rak'kɔrdo/ m. **1** *(di tubazioni)* joint, connection **2** *(collegamento, intersezione)* ***~ stradale*** feeder, branch road; ***~ autostradale*** slip road; ***~ anulare*** ringroad BE, beltway AE; ***~ ferroviario*** crossing.

Rachele /ra'kɛle/ n.pr.f. Rachel.

rachitico, pl. **-ci, -che** /ra'kitiko, tʃi, ke/ **I** agg. **1** MED. rickety **2** FIG. [*animale, pianta*] stunted, undersized **II** m. (f. **-a**) = person who suffers from rickets.

rachitismo /raki'tizmo/ ♦ *7* m. rickets + verbo sing.

racimolare /ratʃimo'lare/ [1] tr. to glean, to gather [*notizie, informazioni*]; to scrape together [*soldi*].

racket /'raket/ m.inv. racket; ***il ~ della droga*** the drugs racket.

rada /'rada/ f. road(stead), roads pl.

radar /'radar/ **I** m.inv. radar **II** agg.inv. [*schermo, rilevazione*] radar; ***uomo ~*** air-traffic controller.

radarista, m.pl. **-i**, f.pl. **-e** /rada'rista/ ♦ *18* m. e f. radar operator.

raddensare /radden'sare/ [1] **I** tr. to thicken **II raddensarsi** pronom. to thicken.

raddobbare /raddob'bare/ [1] tr. MAR. to refit, to repair [*nave*].

raddobbo /rad'dɔbbo/ m. MAR. refit, repair.

raddolcire /raddol'tʃire/ [102] **I** tr. **1** *(addolcire)* to sweeten **2** *(attenuare)* to soften, to tone down [*suoni, colori*] **3** FIG. to soften up, to mellow [*persona*] **II raddolcirsi** pronom. [*persona*] to mellow, to soften.

raddoppiamento /raddoppja'mento/ m. **1** (re)doubling **2** LING. *(di lettera)* gemination.

raddoppiare /raddop'pjare/ [1] **I** tr. **1** *(moltiplicare per due)* to (re)double [*numero, prezzo*]; ***~ la posta*** GIOC. to double the stakes (anche FIG.) **2** *(intensificare)* ***~ la prudenza, le attenzioni*** to be twice as *o* much more careful, attentive; ***~ gli sforzi*** to redouble one's efforts **II** intr. (aus. *essere*) [*quantità, cifra*] to (re)double; ***~ di valore*** to double in value; ***il traffico è raddoppiato*** traffic has redoubled *o* has increased twice as much.

raddoppio, pl. **-pi** /rad'doppjo, pi/ m. **1** *(raddoppiamento)* (re)doubling **2** FERR. ***il ~ di una linea*** the doubling of a line, the laying of a second track.

raddrizzamento /raddrittsa'mento/ m. **1** straightening **2** EL. rectification.

raddrizzare /raddrit'tsare/ [1] **I** tr. **1** *(far tornare dritto)* to straighten up [*picchetto, barra*]; to straighten [*denti, chiave, arnese*]; to straighten, to set* [sth.] straight [*quadro*]; ***~ le spalle*** to straighten one's shoulders **2** *(dopo una manovra)* to straighten up [*barca a vela, aliante, volante*] **3** *(dopo un errore)* to redress [*torto, situazione*]; ***ti raddrizzo io!*** COLLOQ. I'll teach you! **4** EL. to rectify **II raddrizzarsi** pronom. **1** *(mettersi dritto)* to straighten (up), to push oneself upright **2** *(dopo una manovra)* [*barca a vela, aliante*] to straighten up ♦ ***~ le gambe ai cani*** to milk the bull *o* the ram.

radente /ra'dɛnte/ agg. [*palla, tiro*] grazing; [*luce, raggio*] oblique; [*volo*] hedgehopping, grazing.

radere /'radere/ [58] **I** tr. **1** *(rasare)* to shave* [*persona, testa, viso, gambe*]; to shave* off [*barba, capelli, baffi*]; ***~ a zero qcn.*** to shave sb.'s head **2** *(distruggere)* ***~ al suolo*** to level, to raze [sth.] to the ground [*edificio, città*] **3** *(sfiorare)* to graze, to skim **II radersi** pronom. to shave*, to have* a shave; ***-rsi la barba*** to shave off one's beard; ***-rsi le gambe*** to shave one's legs.

radiale /ra'djale/ **I** agg. radial **II** m. *(pneumatico)* radial (tyre).

radiante /ra'djante/ agg. FIS. radiant.

radiare /ra'djare/ [1] tr. BUROCR. ***~ qcn. da una lista*** to remove sb. from a list; ***~ un nome da una lista*** to cross a name off a list; ***~ un medico*** to strike off a doctor, to strike a doctor off the roll; ***~ un avvocato*** to disbar a lawyer.

radiatore /radja'tore/ m. **1** AUT. AER. FIS. radiator **2** *(di riscaldamento)* radiator, heater.

1.radiazione /radjat'tsjone/ f. FIS. radiation **U**.

2.radiazione /radjat'tsjone/ f. expulsion; *(da un albo)* disbarment.

radica /'radika/ f. *(di noce)* walnut root; ***pipa di ~*** briar (pipe).

radicale /radi'kale/ **I** agg. **1** BOT. root attrib. **2** FIG. *(drastico)* [*cura, soluzione*] drastic; [*cambiamento, riforma*] radical, sweeping, far-reaching **3** POL. radical **II** m. e f. POL. radical **III** m. CHIM. ***-i liberi*** free radicals.

radicalismo /radika'lizmo/ m. radicalism.

radicalizzare /radikalid'dzare/ [1] **I** tr. to radicalize **II radicalizzarsi** pronom. to radicalize, to become* more radical.

radicalmente /radikal'mente/ avv. [*cambiare*] radically, drastically, dramatically; [*diverso*] radically.

radicare /radi'kare/ [1] **I** intr. (aus. *essere*) [*pianta*] to take* root, to root **II radicarsi** pronom. [*abitudine, idea, pregiudizio*] to take* root.

radicato /radi'kato/ **I** p.pass. → **radicare II** agg. [*pregiudizio, credenza, uso*] (deep-)rooted, entrenched, ingrained (**in** in); ***essere ~ nelle proprie abitudini*** to be set in one's ways.

radicchio, pl. **-chi** /ra'dikkjo, ki/ m. radicchio.

radice /ra'ditʃe/ f. root (anche FIG.); ***mettere -i*** to take root, to root; FIG. to put down roots; ***essere alla ~ di qcs.*** to be at the root of sth.; ***estirpare il male alla ~*** to strike at the root of the problem; ***non ha -i*** FIG. he has no roots; ***una credenza che ha -i profonde*** a deep-rooted belief ♦ ***vedere l'erba dalla parte delle -i*** to be pushing up (the) daisies ♦♦ ***~ commestibile*** root vegetable, root crop; ***~ cubica*** cube root; ***~ del naso*** bridge (of the nose); ***~ quadrata*** square root.

1.radio /'radjo/ **I** f.inv. **1** *(apparecchio)* radio*, radio set; ***accendere, spegnere la ~*** to switch *o* turn on, off the radio; ***alzare, abbassare (il volume del)la ~*** to turn up, down the radio **2** *(radiodiffusione)* radio*; ***per*** o ***alla ~*** on the radio; ***trasmettere qcs. per*** o ***alla ~*** to broadcast sth. (on the radio); ***ascoltare qcn., qcs. alla ~*** to listen to sb., sth. on the radio **3** *(stazione)* radio station; ***~ libera, locale, pirata*** independent, local, pirate radio (station); ***~ privata*** private radio company **4** *(radiotelegrafia)* radio*; ***per ~*** by radio; ***trasmettere qcs. via ~*** to radio sth. **II** agg.inv. [*collegamento, comunicazioni, segnale, ponte, stazione*] radio; ***onda ~*** → **radioonda**; ***apparec-***

chio ~ radio (set); ***giornale*** ~ → **radiogiornale** ♦♦ ~ ***a galena*** crystal set; ~ ***sveglia*** → **radiosveglia.**

2.radio, pl. **-di** /'radjo, di/ m. ANAT. radius*.

3.radio /'radjo/ m. CHIM. radium.

radioamatore /radjoama'tore/ m. (f. **-trice** /tritʃe/) CB user, (radio) ham COLLOQ.

radioascoltatore /radjoaskolta'tore/ m. (f. **-trice** /tritʃe/) (radio) listener.

radioattività /radjoattivi'ta/ f.inv. radioactivity.

radioattivo /radjoat'tivo/ agg. radioactive; ***scorie -e*** nuclear waste.

radiobussola /radjo'bussola/ f. radio compass.

radiocarbonio /radjokar'bɔnjo/ m. radiocarbon.

radiocomandato /radjokoman'dato/ agg. [*giocattolo*] radio-controlled.

radiocomando /radjoko'mando/ m. radio control.

radiocronaca, pl. **-che** /radjo'krɔnaka, ke/ f. (radio) commentary, running commentary.

radiocronista, m.pl. **-i**, f.pl. **-e** /radjokro'nista/ ➧ ***18*** m. e f. (radio) commentator; ~ ***sportivo*** sports commentator.

radiodiffusione /radjodiffu'zjone/ f. (radio) broadcasting.

radiodramma /radio'dramma/ m. radio play.

radioecologia /radjoekolo'dʒia/ f. radioecology.

radiofaro /radjo'faro/ m. (radio) beacon.

radiofonia /radjofo'nia/ f. radio transmission.

radiofonicamente /radjofonika'mente/ avv. **1** *(alla radio)* on the radio **2** *(via radio)* by radio, over the radio.

radiofonico, pl. **-ci**, **-che** /radjo'fɔniko, tʃi, ke/ agg. [*stazione, trasmissione, intervista, annunciatore, pubblicità*] radio attrib.

radiofrequenza /radjofre'kwɛntsa/ f. radio frequency.

radiogiornale /radjodʒor'nale/ m. (radio) news (broadcast), (radio) news bulletin BE, (radio) news cast AE.

radiogoniometro /radjogo'njɔmetro/ m. radiogoniometer, direction finder.

radiografare /radjogra'fare/ [1] tr. to radiograph, to X-ray.

radiografia /radjogra'fia/ f. **1** MED. X-ray (photograph); ***fare una ~ ai polmoni*** to have a chest X-ray; ***il dottore mi ha fatto una ~ al piede*** the doctor X-rayed my foot **2** FIG. *(esame approfondito)* in-depth analysis.

radiografico, pl. **-ci**, **-che** /radjo'grafiko, tʃi, ke/ agg. radiographic.

radioguida /radjo'gwida/ f. radio control.

radioguidare /radjogwi'dare/ [1] tr. to radio-control.

radiointervista /radjointer'vista/ f. radio interview.

radiolina /radjo'lina/ f. portable (transistor) radio*.

radiologia /radjolo'dʒia/ f. radiology.

radiologico, pl. **-ci**, **-che** /radjo'lɔdʒiko, tʃi, ke/ agg. radiological.

radiologo, m.pl. **-gi**, f.pl. **-ghe** /ra'djɔlogo, dʒi, ge/ ➧ ***18*** m. (f. **-a**) radiologist, radiographer.

radiomicrofono /radjomi'krɔfono/ m. radio microphone.

radiomobile /radjo'mɔbile/ f. radio car, cruiser AE, prowl car AE.

radioonda /radjo'onda/ f. radio wave, airwave.

radiopilota /radjopi'lɔta/ m. radio control.

radioregistratore /radjoredʒistra'tore/ m. radio cassette recorder, radio tape recorder.

radioricevente /radjoritʃe'vɛnte/ **I** agg. radio-receiving **II** f. radio receiver.

radioricevitore /radjoritʃevi'tore/ m. radio receiver.

radioricezione /radjoritʃet'tsjone/ f. radio reception.

radioripetitore /radjoripeti'tore/ m. relay station, radio relay.

radioscopia /radjosko'pia/ f. radioscopy.

radioscopico, pl. **-ci**, **-che** /radjos'kɔpiko, tʃi, ke/ agg. radioscopic.

radiosegnale /radjoseɲ'ɲale/ m. radio signal.

radiosità /radjosi'ta/ f.inv. radiance, brightness.

radioso /ra'djoso/ agg. **1** *(splendente)* [*sole*] dazzling **2** *(soleggiato)* [*tempo, mattino*] sunny, bright **3** *(raggiante)* [*viso, sorriso, aspetto*] bright, radiant; [*bellezza, persona*] radiant **4** *(promettente)* [*futuro*] glorious, bright.

radiosonda /radjo'sonda/ f. radiosonde.

radiospia /radjos'pia/ f. bug.

radiosveglia /radjoz'veʎʎa/ f. radio alarm (clock), clock radio.

radiotaxi /radjo'taksi/ m.inv. radio taxi, radio-controlled taxi.

radiotecnica /radjo'tɛknika/ f. radio engineering.

radiotecnico, pl. **-ci**, **-che** /radjo'tɛkniko, tʃi, ke/ m. (f. **-a**) radio engineer.

radiotelecomando /radjoteleko'mando/ m. → **radiocomando.**

radiotelefono /radjote'lɛfono/ m. radio(tele)phone; *(telefonino)* mobile (phone), cellphone, cellular (tele)phone.

radiotelegrafare /radjotelegra'fare/ [1] tr. to radiotelegraph.

radiotelegrafia /radjotelegra'fia/ f. radiotelegraphy, wireless telegraphy.

radiotelegrafista, m.pl. **-i**, f.pl. **-e** /radjotelegra'fista/ ➧ ***18*** m. e f. radiotelegraphist, radio-operator, wireless operator.

radiotelegrafo /radjote'lɛgrafo/ m. radiotelegraph, wireless.

radiotelegramma /radjotele'gramma/ m. radiotelegram, wireless message.

radiotelescopio, pl. **-pi** /radjoteles'kɔpjo, pi/ m. radio telescope.

radiotelevisione /radjotelevi'zjone/ f. broadcasting company.

radiotelevisivo /radjotelevi'zivo/ agg. broadcast(ing).

radioterapia /radjotera'pia/ f. *(con raggi X)* radiotherapy, radiation therapy; *(con radio)* radium therapy.

radioterapico, pl. **-ci**, **-che** /radjote'rapiko, tʃi, ke/ agg. radiotherapeutic.

radioterapista, m.pl. **-i**, f.pl. **-e** /radjotera'pista/ ➧ ***18*** m. e f. radiotherapist.

radiotrasmettere /radjotraz'mettere/ [60] tr. to broadcast*.

radiotrasmettitore /radjotrazmetti'tore/ m. radio transmitter.

radiotrasmissione /radjotrazmis'sjone/ f. (radio) broadcasting; *(programma)* (radio) broadcast.

radiotrasmittente /radjotrazmit'tɛnte/ **I** agg. broadcasting **II** f. **1** *(stazione)* (radio) broadcasting station **2** *(apparecchio)* (radio) transmitter.

rado /'rado/ agg. **1** *(non fitto)* [*pubblico*] thin; [*barba, capelli*] sparse, thinning; [*vegetazione*] sparse; [*pettine*] wide-toothed; [*tessuto*] loose **2** *(poco frequente)* ***di*** ~ rarely, seldom; ***non di*** ~ not infrequently, rather often; ***farsi più*** ~ [*lettere, visite*] to become less frequent.

radon /'radon/ m.inv. radon.

radunare /radu'nare/ [1] **I** tr. to muster (up), to assemble, to rally, to summon (up) [*truppe*]; to gather, to round up [*persone*]; to herd, to round up [*mandria, gregge*]; to gather, to collect [*oggetti*] **II radunarsi** pronom. [*truppe, navi*] to rally; [*persone*] to gather, to collect.

raduno /ra'duno/ m. **1** gathering, rally, convention, meeting; ~ ***automobilistico*** car rally **2** SPORT meet, meeting BE.

radura /ra'dura/ f. clearing, glade.

rafano /'rafano/ m. horseradish.

raffa /'raffa/ f. ***di riffa o di*** ~ by hook or by crook.

Raffaele /raffa'ɛle/, **Raffaello** /raffa'ɛllo/ n.pr.m. Raphael.

raffazzonare /raffattso'nare/ [1] tr. to botch (up) [*lavoro*]; to throw* together, to patch together [*discorso*].

raffazzonato /raffattso'nato/ **I** p.pass. → **raffazzonare II** agg. [*lavoro*] botched, careless, rushed; [*discorso*] patched together.

raffazzonatura /raffattsona'tura/ f. *(lavoro mal fatto)* botch(-up), bungle.

raffermo /raf'fermo/ agg. [*pane*] hard, stale; ***diventare*** ~ to go stale.

raffia /'raffja/ → **rafia.**

raffica, pl. **-che** /'raffika, ke/ f. **1** *(di vento)* gust; *(di pioggia)* shower, burst; *(di neve)* flurry **2** *(di arma da fuoco)* burst, volley; ***sparare a*** ~ to blast away; ***-che di mitragliatrice*** rounds of machine-gun fire **3** FIG. ~ ***di domande*** barrage of questions, rapid-fire questions; ~ ***d'insulti*** shower *o* hail of insults.

raffigurare /raffigu'rare/ [1] **I** tr. **1** *(descrivere)* to depict [*paesaggio, scena, situazione*]; to portray [*persona*] **2** *(simboleggiare)* to symbolize, to represent, to stand* for **II raffigurarsi** pronom. *(immaginare)* ***-rsi qcs.*** to picture *o* imagine sth.

raffigurazione /raffigurat'tsjone/ f. **1** *(rappresentazione)* depiction, representation, portrayal **2** *(simbolo)* symbol.
raffinamento /raffina'mento/ m. refinement (anche FIG.).
raffinare /raffi'nare/ [1] **I** tr. to refine (anche FIG.) **II raffinarsi** pronom. to refine, to become* refined (anche FIG.).
raffinatezza /raffina'tettsa/ f. **1** *(di persona, civiltà)* refinement; *(di ambiente, abbigliamento)* sophistication **2** *(cosa raffinata)* refinement.
raffinato /raffi'nato/ **I** p.pass. → **raffinare II** agg. **1** *(ricercato, fine)* [*persona*] refined, polished, cultivated; [*maniere*] polished, elegant; [*cucina, piatto*] refined; [*stile*] refined, polished; [*gusti*] sophisticated, refined; [*pubblico*] sophisticated **2** *(trattato per raffinazione)* [*petrolio, zucchero*] refined **III** m. (f. **-a**) refined person.
raffinazione /raffinat'tsjone/ f. refining.
raffineria /raffine'ria/ f. *(di petrolio, zucchero)* refinery.
rafforzamento /raffortsa'mento/ m. *(di costruzioni)* reinforcement, strengthening; *(di potere, economia, amicizia)* strengthening.
rafforzare /raffor'tsare/ [1] **I** tr. to reinforce, to strengthen [*costruzione*]; to strengthen [*potere, posizione, fede, amicizia*] **II rafforzarsi** pronom. [*regime, autorità*] to get* stronger; [*mercato, economia, amicizia*] to strengthen.
rafforzativo /raffortsa'tivo/ agg. LING. ***elemento ~*** intensifier.
raffreddamento /raffredda'mento/ m. **1** METEOR. ***~ del clima*** cooler weather **2** TECN. NUCL. cooling; ***circuito di ~*** cooling circuit; ***liquido di ~*** coolant; ***~ ad aria*** air cooling **3** *(di relazioni, sentimenti)* cooling.
raffreddare /raffred'dare/ [1] **I** tr. **1** [*dispositivo*] to cool down [*motore*]; [*vento*] to cool, to chill [*aria*]; [*ghiaccio*] to chill [*acqua*]; ***fare*** o ***lasciare ~ qcs.*** to leave sth. to cool **2** FIG. to dampen, to cool [*ardore, entusiasmo*] **II raffreddarsi** pronom. **1** [*acqua, minestra, caffè*] to get* cold, to go* cold **2** FIG. [*entusiasmo, passione*] to cool **3** *(prendere un raffreddore)* to catch* a cold.
raffreddato /raffred'dato/ **I** p.pass. → **raffreddare II** agg. **1** ***~ ad acqua, aria*** water-cooled, air-cooled **2** MED. ***essere ~*** to have a cold.
raffreddore /raffred'dore/ ➧ ***7*** m. cold; ***un brutto ~*** a bad cold; ***prendersi il ~*** to catch a cold ♦♦ ***~ da fieno*** hay fever.
raffrontare /raffron'tare/ [1] tr. to compare [*esperienze, testi*].
raffronto /raf'fronto/ m. comparison; ***fare un ~*** to compare, to make a comparison.
rafia /'rafja/ f. *(fibra)* raffia; *(albero)* raffia palm.
rag. ⇒ragioniere accountant.
ragadi /'ragadi/ f.pl. rhagades.
raganella /raga'nɛlla/ f. **1** ZOOL. tree frog **2** MUS. GIOC. rattle.
ragazza /ra'gattsa/ f. **1** *(giovane donna)* girl; ***una ~ di sedici anni*** a sixteen-year(-old) girl, a girl of sixteen *o* aged sixteen; ***è una brava ~*** she's a good girl; ***da ~, lei...*** when (she was) a girl, she… **2** *(nubile)* ***cognome da ~*** maiden name **3** *(fidanzata)* girlfriend; ***avere, farsi la ~*** to have, get a girlfriend ♦♦ ***~ madre*** single mother; ***~ pompon*** cheerleader, pompom girl; ***~ squillo*** call girl.
ragazzaccio, pl. **-ci** /ragat'tsattʃo, tʃi/ m. bad boy.
ragazzata /ragat'tsata/ f. childish action, childish trick, mischief.
ragazzina /ragat'tsina/ f. young girl, little girl, kid; ***da ~*** [*aspetto*] girlish.
ragazzino /ragat'tsino/ m. young boy, little boy, kid.
ragazzo /ra'gattso/ m. **1** *(giovane uomo)* boy, kid COLLOQ., lad COLLOQ.; ***un ~ di sedici anni*** a sixteen-year(-old) boy, a boy of sixteen *o* aged sixteen; ***è un bravo ~*** he's a good boy *o* guy; ***da ~, lui...*** when (he was) a boy, he…; ***è un gioco*** o ***giochetto da -i*** that's child's play, it's kid's stuff COLLOQ.; ***hey, -i!*** hey, you guys! ***forza -i!*** come on lads! ***i -i di oggi*** *(gioventù)* today's young people *o* youth; ***i miei -i*** *(figli)* my kids; *(maschi)* my sons, my boys **2** *(fidanzato)* boyfriend; ***avere, farsi il ~*** to have, get a boyfriend **3** *(garzone)* boy ♦♦ ***~ di bottega*** *(fattorino)* errand boy; *(apprendista)* apprentice; ***~ padre*** single father; ***~ di vita*** male prostitute, rent boy BE.
ragazzona /ragat'tsona/ f. big (strapping) girl.
ragazzone /ragat'tsone/ m. big (strapping) boy.

raggelare /raddʒe'lare/ [1] **I** tr. **1** *(gelare)* to freeze* **2** FIG [*discorso, frase*] to chill [*atmosfera, pubblico*]; ***~ il sangue a qcn.*** to chill sb.'s blood **II raggelarsi** pronom. to freeze* (anche FIG.); ***il sangue le si raggelò nelle vene*** her blood ran cold.
raggiante /rad'dʒante/ agg. [*viso, sorriso, aspetto, persona*] beaming, radiant; ***~ di gioia*** radiant *o* beaming with joy; ***~ di felicità*** glowing with happiness.
raggiato /rad'dʒato/ agg. [*simmetria*] radial.
raggiera /rad'dʒɛra/ f. halo* (with rays); ***(disposto) a ~*** [*strade*] radial, radiating.
raggio, pl. **-gi** /'raddʒo, dʒi/ m. **1** MAT. radius* **2** *(distanza)* ***nel ~ di 5 km*** within a 5 km radius; ***~ d'azione*** *(di armi)* range; FIG. sphere of activity; ***a lungo, corto ~*** long-range, short-range **3** *(di luce)* beam, ray; ***un ~ di sole*** a ray of sunshine *o* of sunlight, a sunbeam; ***~ di luna*** moonbeam; ***un ~ di speranza*** FIG. a ray *o* gleam of hope **4** MED. *(radiazione)* X-ray, radiation **U**; ***farsi fare i -gi*** to have an X-ray **5** FIS. ray **6** *(di ruota)* spoke **7** EDIL. wing ♦♦ ***~ laser*** laser beam; ***~ luminoso*** ray of light, light ray; ***~ ultravioletto*** ultraviolet ray; ***~ vettore*** radius vector; ***-gi alfa*** alpha rays; ***-gi beta*** beta rays; ***-gi catodici*** cathode rays; ***-gi cosmici*** ASTR. cosmic rays; ***-gi gamma*** gamma rays; ***-gi infrarossi*** infrared rays; ***-gi X*** X-rays.
raggirare /raddʒi'rare/ [1] tr. to deceive, to dupe, to trick, to take* in [*persona*]; ***lasciarsi*** o ***farsi ~*** to let oneself be taken in *o* be cheated.
raggiro /rad'dʒiro/ m. deceit, deception, dupery.
raggiungere /rad'dʒundʒere/ [55] tr. **1** *(arrivare a, trovare)* to reach, to get* to [*luogo*]; to catch* up with, to join [*persona*]; to reach [*valore, somma, età*]; ***~ la vetta della montagna*** to reach the top of the mountain; ***ti raggiungo subito*** I'll catch up with you in a minute; ***essere facile da ~*** to be within easy reach; ***la temperatura può ~ i 30°*** the temperature can get up to *o* can reach 30°; ***l'auto può ~ i 200 km/h*** the car can do up to 200 km/h; ***~ l'apice, il culmine*** [*carriera*] to peak, to reach its climax **2** *(colpire)* [*proiettile*] to hit* [*obiettivo, bersaglio*] **3** *(conseguire)* to achieve, to attain [*risultati, meta, gloria, scopo*]; to come* to, to reach [*intesa, compromesso*] **4** *(riprendere)* to catch* up with, to overtake* [*concorrente, veicolo*].
raggiungibile /raddʒun'dʒibile/ agg. [*luogo*] reachable, accessible; [*obiettivo*] achievable, attainable.
raggiungimento /raddʒundʒi'mento/ m. *(conseguimento)* achievement, attainment; ***~ della maggiore età*** coming of age.
raggomitolare /raggomito'lare/ [1] **I** tr. to roll [sth.] into a ball, to wind* (into a ball) [*lana*] **II raggomitolarsi** pronom. [*persona, gatto*] to curl up (into a ball).
raggranellare /raggranel'lare/ [1] tr. to scrape together [*denaro*].
raggrinzire /raggrin'tsire/ [102] **I** tr. [*sole*] to wrinkle [*pelle*] **II** intr. (aus. *essere*) [*viso, pelle*] to wizen, to wrinkle **III raggrinzirsi** pronom. [*viso, pelle*] to wizen, to wrinkle.
raggrinzito /raggrin'tsito/ **I** p.pass. → **raggrinzire II** agg. [*pelle, viso*] wizened, wrinkled; [*frutto*] wrinkled.
raggrumare /raggru'mare/ [1] **I** tr. to congeal, to thicken **II raggrumarsi** pronom. [*sangue*] to clot, to coagulate, to congeal; [*salsa*] to become* lumpy.
raggruppamento /raggruppa'mento/ m. **1** *(il raggruppare)* grouping **2** *(gruppo di persone)* group.
raggruppare /raggrup'pare/ [1] **I** tr. *(mettere insieme)* to group (together) (**in** into) [*oggetti, persone, parole, territori*] **II raggrupparsi** pronom. [*persone*] to group (together), to gather, to cluster; [*imprese*] to group (together), to combine, to merge.
ragguagliare /raggwaʎ'ʎare/ [1] tr. **1** *(informare)* to inform (**su, circa** of, about), to brief (**su, circa** on) **2** *(confrontare)* to compare.
ragguaglio, pl. **-gli** /rag'gwaʎʎo, ʎi/ m. *(informazione)* information **U**, detail; ***dare -gli a qcn. su qcs.*** to inform sb. about sth., to brief sb. on sth.
ragguardevole /raggwar'devole/ agg. **1** *(considerevole)* [*somma*] substantial, considerable **2** *(degno di riguardo)* respectable, notable, distinguished.
ragià /ra'dʒa/ m.inv. rajah.
ragionamento /radʒona'mento/ m. **1** *(serie di argomentazioni)* reasoning **U**, (line of) argument; ***seguire il ~ di qcn.*** to

follow sb.'s argument *o* reasoning; ***ma che -i fai!*** whatever are you talking about? **2** *(operazione del pensiero)* reasoning **U**.

ragionare /radʒo'nare/ [1] intr. (aus. *avere*) **1** *(pensare, riflettere)* to think*; ***~ bene, male*** to think correctly, incorrectly; ***modo di ~*** way of reasoning; ***che modo di ~ è questo?*** what nonsense! ***adesso cominciamo a ~!*** now we're talking business! ***cerca di ~!*** try and be reasonable! think about it a minute! **2** *(conversare)* to discuss, to reason; ***con lui non si può proprio ~!*** there's no reasoning with him! ♦ ***~ con i piedi*** to talk nonsense.

ragionato /radʒo'nato/ **I** p.pass. → **ragionare II** agg. **1** *(meditato, prudente)* [*osservazione, discorso*] reasoned; [*scelta*] rational, sensible, reasonable **2** *(ordinato razionalmente)* [*biografia*] critical; [*bibliografia*] annotated.

ragionatore /radʒona'tore/ m. (f. **-trice** /tritʃe/) reasoner, thinker.

ragione /ra'dʒone/ f. **1** *(razionalità)* reason **U**; ***età della ~*** age of discretion; ***ricondurre*** o ***riportare qcn. alla ~*** to make sb. see reason; ***fare appello alla ~*** to appeal to people's common sense **2** *(causa, motivo)* reason; ***non avere nessuna ~ per*** to have no reason to; ***senza ~ (apparente)*** for no (apparent) reason; ***per una ~ o per l'altra*** for some reason or other; ***per la buona, semplice ~ che*** for the (very) good, simple reason that; ***per nessuna ~ al mondo*** for nothing in the world, not for all the tea in China; ***per -i di salute*** for health reasons; ***la ~ per cui*** the reason why; ***non c'è ~ di preoccuparsi*** there is no cause for concern; ***non vedo la ~ di fare*** I don't see the point of doing; ***avere tutte le -i per fare*** to have every reason for doing *o* to do; ***avere delle buone -i per pensare che*** to have good reasons for thinking that; ***farsi una ~ di qcs.*** to resign oneself to sth.; ***~ di più per fare*** all the more reason to do **3** *(diritto, giusta pretesa)* ***avere ~*** to be right; ***avere perfettamente ~*** to be absolutely right; ***dare ~ a qcn.*** to agree with sb.; ***essere dalla parte della ~*** to be in the right **4** *(spiegazione)* reason; ***chiedere (a qcn.) ~ di qcs.*** to call (sb.) to account for sth. **5** MAT. *(rapporto)* ratio; ***in ~ del 5%*** at the rate of 5%; ***in ~ diretta, inversa*** in direct, inverse ratio *o* proportion ♦ ***a maggior ~*** all the more reason, even more so; ***a ragion veduta*** after due consideration; *(di proposito)* deliberately, intentionally; ***a*** o ***con ~*** rightly; ***a torto o a ~*** whether mistakenly or not, rightly or wrongly; ***avere ~ di qcn., qcs.*** to get the better of sb., sth.; ***perdere (il lume del)la ~*** to lose one's reason *o* one's mind; ***darle a qcn. di santa ~*** to thrash the living daylights out of sb., to give sb. a good thrashing; ***prenderle di santa ~*** to get a beating *o* thrashing ♦♦ ***ragion d'essere*** reason for existence, raison d'être; ***~ sociale*** DIR. company *o* corporate name; ***ragion di stato*** POL. reason of state.

ragioneria /radʒone'ria/ f. **1** *(disciplina)* accountancy **2** *(reparto)* ***(ufficio) ~*** accounts department ♦♦ ***~ dello Stato*** national accounts.

ragionevole /radʒo'nevole/ agg. **1** *(non troppo elevato)* [*distanza, costo*] reasonable **2** *(misurato)* [*persona, obiettivo*] reasonable **3** *(sensato)* [*persona, idea, soluzione*] sensible **4** *(fondato)* [*dubbio, preoccupazione*] reasonable.

ragionevolezza /radʒonevo'lettsa/ f. reasonableness, sensibleness.

ragionevolmente /radʒonevol'mente/ avv. **1** *(adeguatamente)* [*alto, basso*] reasonably, acceptably **2** *(legittimamente)* [*supporre, esigere*] reasonably **3** *(razionalmente)* [*agire*] rationally.

ragioniere /radʒo'njɛre/ ➧ ***18*** m. (f. **-a**) accountant.

raglan /ra'glan/ agg.inv. ***a(lla) ~*** [*maniche, taglio*] raglan.

ragliare /raʎ'ʎare/ [1] intr. (aus. *avere*) [*asino*] to bray.

raglio, pl. **-gli** /'raʎʎo, ʎi/ m. *(dell'asino)* bray.

ragnatela /raɲɲa'tela/ f. **1** (spider's) web, cobweb **2** FIG. web.

ragno /'raɲɲo/ m. spider ♦ ***non cavare un ~ dal buco*** = to get nowhere.

ragù /ra'gu/ m.inv. = sauce of minced meat, tomato, and onion; ***spaghetti al ~*** = spaghetti Bolognese.

RAI /rai/, **RAI-TV** /raitiv'vu/ f.inv. (⇒ Radio Audizioni Italiane, Radiotelevisione Italiana) = Italian national TV and radio corporation.

raid /raid/ m.inv. MIL. raid; ***~ aereo*** air raid; ***fare un ~*** to carry out a raid, to raid.

Raimondo /rai'mondo/ n.pr.m. Raymond.

raion® /'rajon/ m.inv. rayon.

rallegramenti /rallegra'menti/ m.pl. congratulations; ***-i per il tuo successo, per la nascita di tuo figlio!*** congratulations on your success, on the birth of your new baby!

rallegrare /ralle'grare/ [1] **I** tr. **1** *(fare piacere a)* to gladden, to cheer (up) [*persona*]; ***mi rallegra il cuore*** it gladdens my heart **2** *(rendere più piacevole)* to brighten up [*giornata, vita, atmosfera*] **II rallegrarsi** pronom. **1** *(gioire)* ***-rsi per qcs.*** to brighten up *o* rejoice at sth.; ***-rsi all'idea*** o ***al pensiero che*** to be delighted at the thought that **2** *(congratularsi)* ***-rsi con qcn. per qcs.*** to congratulate sb. on sth.; ***mi rallegro!*** congratulations!

rallentamento /rallenta'mento/ m. **1** *(processo)* slowing down **2** *(diminuzione, recessione)* slowdown (**di** in) **3** *(sulle strade)* delay, hold-up.

rallentare /rallen'tare/ [1] **I** tr. to slow down, to delay [*traffico, progresso*]; to slow down [*produzione, passo*]; [*veicoli*] to reduce [*velocità*]; to slacken [*ritmo*] **II** intr. (aus. *essere, avere*) [*velocità, veicoli*] to slow down, to slow up; ***~ in curva*** to slow down at a bend **III rallentarsi** pronom. [*produzione*] to slacken, to ease off.

rallentatore /rallenta'tore/ m. CINEM. slow motion; ***al ~*** in slow motion; ***fare qcs. al ~*** FIG. to do sth. in slow motion *o* very slowly.

rallista, m.pl. **-i**, f.pl. **-e** /ral'lista/ ➧ ***18*** m. e f. competitor in a rally.

rally /'rɛlli/ m.inv. rally.

RAM /ram/ f.inv. (⇒ random access memory memoria ad accesso casuale) RAM.

ramaiolo /rama'jɔlo/ m. *(mestolo)* ladle.

ramanzina /raman'dzina/ f. COLLOQ. dressing-down, telling-off, talking-to; ***fare una ~ a qcn.*** to give sb. a lecture; ***prendersi una ~*** to be scolded, to get told off, to get an earful.

ramarro /ra'marro/ m. green lizard.

ramato /ra'mato/ agg. [*capelli*] copper, copper-coloured BE, copper-colored AE.

ramazza /ra'mattsa/ f. broom.

ramazzare /ramat'tsare/ [1] tr. to sweep* [*cortile, foglie*].

rame /'rame/ **I** m. copper; ***moneta di ~*** copper coin **II rami** m.pl. *(oggetti)* copperware.

ramengo /ra'mengo/ m. REGION. ***andare a ~*** *(in rovina)* to go to rack (and ruin) *o* to the dogs; ***ma va' a ~!*** get lost!

ramificarsi /ramifi'karsi/ [1] pronom. to branch, to ramify.

ramificazione /ramifikat'tsjone/ f. **1** BOT. ANAT. ramification **2** *(di organizzazione)* offshoot **3** *(di strada)* fork; *(di fiume)* branch.

ramingo, pl. **-ghi**, **-ghe** /ra'mingo, gi, ge/ agg. wandering, roving; ***andare ~ per il mondo*** to go wandering round the world.

ramino /ra'mino/ ➧ ***10*** m. rummy.

rammaricare /rammari'kare/ [1] **I** tr. to afflict, to sadden [*persona*] **II rammaricarsi** pronom. *(dispiacersi)* ***-rsi di*** o ***per qcs.*** to regret sth.; ***-rsi di aver fatto qcs.*** to regret doing sth.

rammarico, pl. **-chi** /ram'mariko, ki/ m. regret; ***con ~*** with regret; ***con mio grande ~*** much to my regret, to my great regret.

rammendare /rammen'dare/ [1] tr. to darn, to mend [*calze*].

rammendo /ram'mɛndo/ m. *(il rammendare)* darning, mending; *(parte rammendata)* darn, mend; ***ago da ~*** darning needle; ***fare un ~ a qcs.*** to darn sth.

rammentare /rammen'tare/ [1] **I** tr. **1** *(ricordare)* to remember, to recall **2** *(richiamare alla memoria)* ***~ qcs. a qcn.*** to remind sb. of sth.; ***~ a qcn. di fare*** to remind sb. to do **II rammentarsi** pronom. ***-rsi (di) qcn., qcs.*** to remember sb., sth.

rammollire /rammol'lire/ [102] **I** tr. **1** *(ammorbidire)* to soften **2** FIG. *(indebolire)* to weaken [*fisico, animi*] **II rammollirsi** pronom. **1** *(ammorbidirsi)* [*materia*] to become* soft, to soften **2** FIG. to weaken.

rammollito /rammol'lito/ **I** p.pass. → **rammollire II** agg. **1** *(ammorbidito)* softened **2** FIG. [*persona*] soft, spineless **III** m. (f. **-a**) softy, weakling, weed BE.

ramo /'ramo/ m. **1** *(d'albero)* branch; ***~ secco*** dead wood (anche FIG.) **2** *(settore, ambito)* trade, field, line; ***essere un esperto nel proprio ~*** to be an expert in one's field *o* line; ***qual è il tuo ~?*** what's your line? ***i -i del parlamento*** the chambers of Parliament; ***il ~ assicurazioni*** the insurance business **3** *(diramazione) (di fiume)* branch; *(di lago)* arm **4** *(di famiglia, lingua)* branch ♦ ***avere un ~ di pazzia*** to have a touch of insanity *o* a streak of madness.

ramoscello /ramoʃ'ʃɛllo/ m. twig; ***~ di olivo*** olive branch.

ramoso /ra'moso/ agg. branchy.

rampa /'rampa/ f. **1** *(piano inclinato)* ramp **2** *(di scale)* flight (of stairs, of steps) ♦♦ ***~ di lancio*** MIL. launch(ing) pad (anche FIG.).

rampante /ram'pante/ agg. **1** ARALD. rampant **2** FIG. *(che mira al successo)* [*giovane, politico*] high-flying, go-getting COLLOQ. **3** ***arco ~*** flying buttress.

rampicante /rampi'kante/ **I** agg. [*pianta*] climbing, creeping, rambling, trailing **II** m. climber, creeper, rambler.

rampichino /rampi'kino/ m. COLLOQ. *(bicicletta)* mountain bike.

rampino /ram'pino/ m. **1** *(gancio)* hook **2** MAR. grapnel, grappling iron.

rampollare /rampol'lare/ [1] intr. (aus. *essere*) **1** *(sgorgare)* [*acqua*] to gush (out), to spout (out) **2** BOT. [*pianta*] to burgeon, to sprout, to shoot* **3** FIG. *(avere origine)* [*idee*] to originate, to spring* up.

rampollo /ram'pollo/ m. *(discendente)* descendant, offspring, scion FORM.

rampone /ram'pone/ m. **1** *(arpione)* harpoon **2** ALP. climbing iron, crampon.

ramponiere /rampo'njɛre/ m. harpooner.

Ramsete /ram'sɛte/ n.pr.m. Ramses.

rana /'rana/ **I** f. **1** ZOOL. frog; ***cosce di ~*** frogs' legs **2** *(stile di nuoto)* breast stroke; ***nuotare a ~*** to do *o* swim the breast stroke **II** agg.inv. ***uomo ~*** frogman ♦♦ ***~ pescatrice*** → **pescatrice**; ***~ toro*** bullfrog.

rancido /'rantʃido/ **I** agg. [*olio, burro*] rancid **II** m. ***avere odore di ~*** to smell rancid.

rancio, pl. **-ci** /'rantʃo, tʃi/ m. mess rations pl.

rancore /ran'kore/ m. grudge, resentment, ill will, rancour BE, rancor AE; ***serbare ~ nei confronti di qcn.*** to bear BE *o* hold AE a grudge against sb., to bear sb. ill will; ***nutrire ~ contro qcn.*** to harbour *o* nurse a grudge against sb.; ***senza ~!*** no hard feelings!

rancoroso /ranko'roso/ agg. rancorous, spiteful.

randa /'randa/ f. MAR. spanker.

randagio, pl. **-gi**, **-gie** e **-ge** /ran'dadʒo, dʒi, dʒe/ agg. **1** [*cane, gatto*] stray **2** FIG. [*vita*] wandering, vagabond.

randellare /randel'lare/ [1] tr. to club, to cudgel, to bludgeon.

randellata /randel'lata/ f. blow with a cudgel; ***prendere a -e qcn.*** to club *o* cudgel *o* bludgeon sb.

randello /ran'dɛllo/ m. club, cudgel, bludgeon.

Randolfo /ran'dɔlfo/ n.pr.m. Randolph.

ranetta /ra'netta/ → **renetta.**

rango, pl. **-ghi** /'rango, gi/ m. **1** *(fila)* rank (anche MIL.); ***serrare i -ghi*** to close ranks (anche FIG.); ***rientrare nei -ghi*** to fall in; FIG. to fall into line, to toe the line; ***uscire dai -ghi*** to break ranks (anche FIG.) **2** *(classe)* rank; ***una donna di alto ~*** a woman of high social standing.

rannicchiare /rannik'kjare/ [1] **I** tr. ***~ le gambe*** to curl up one's legs **II rannicchiarsi** pronom. to curl up, to huddle; *(accoccolarsi)* to crouch (down).

rannicchiato /rannik'kjato/ **I** p.pass. → **rannicchiare II** agg. curled up, huddled; *(accoccolato)* crouching.

rannuvolamento /rannuvola'mento/ m. clouding over.

rannuvolare /rannuvo'lare/ [1] **I** tr. to cloud (anche FIG.) **II rannuvolarsi** pronom. **1** [*cielo*] to cloud over **2** FIG. [*volto, sguardo*] to cloud over, to become* gloomy.

rannuvolato /rannuvo'lato/ **I** p.pass. → **rannuvolare II** agg. **1** [*cielo*] overcast, cloudy **2** FIG. gloomy, dark.

ranocchio, pl. **-chi** /ra'nɔkkjo, ki/ m. ZOOL. frog.

rantolare /ranto'lare/ [1] intr. (aus. *avere*) [*morente, ferito*] to gasp, to groan.

rantolo /'rantolo/ m. **1** *(di moribondo)* gasp, death rattle **2** MED. rale.

ranuncolo /ra'nunkolo/ m. buttercup.

rapa /'rapa/ f. BOT. turnip; ***cime di ~*** turnip tops ♦ ***testa di ~*** cabbagehead, blockhead, pinhead; ***cavare sangue da una ~*** to get blood out of a stone.

rapace /ra'patʃe/ **I** agg. **1** ZOOL. ***uccello ~*** bird of prey, rapacious bird, raptor **2** FIG. *(avido)* [*persona*] rapacious, greedy **II** m. *(uccello)* bird of prey, raptor.

rapacità /rapatʃi'ta/ f.inv. rapacity.

rapanello /rapa'nɛllo/ → **ravanello.**

rapare /ra'pare/ [1] **I** tr. to crop [*capelli*]; ***~ la testa di qcn.***, ***~ qcn. a zero*** to shave sb.'s head **II raparsi** pronom. ***-rsi a zero*** to shave one's head, to have one's head shaved.

rapata /ra'pata/ f. crop.

rapato /ra'pato/ **I** p.pass. → **rapare II** agg. [*capelli*] (close-)cropped; [*testa*] shaved.

rapida /'rapida/ f. rapids pl.

rapidamente /rapida'mente/ avv. [*correre, parlare*] quickly, rapidly, fast; [*intervenire, reagire*] quickly, swiftly; [*capire, decidere*] quickly.

rapidità /rapidi'ta/ f.inv. *(velocità)* speed; *(prontezza)* quickness, promptness, rapidity; ***con la ~ del fulmine*** with the speed of lightning, as quick as lightning.

rapido /'rapido/ **I** agg. [*sviluppo, invecchiamento, crescita, combustione*] rapid; [*consegna, intervento, servizio, movimento, gesto*] quick; [*decisione*] prompt; [*fiume, corrente*] fast-flowing **II** m. express (train).

rapimento /rapi'mento/ m. **1** DIR. kidnapping, abduction **2** *(estasi)* rapture, ravishment.

rapina /ra'pina/ f. robbery; *(con aggressione)* mugging; ***~ in banca*** bank robbery *o* raid; ***~ a mano armata*** hold-up, armed robbery.

rapinare /rapi'nare/ [1] tr. to rob, to hold* up [*banca, negozio, persona*].

rapinatore /rapina'tore/ m. (f. **-trice** /tritʃe/) robber; *(con aggressione)* mugger.

rapire /ra'pire/ [102] tr. **1** *(sequestrare)* to kidnap, to abduct [*persona*] **2** *(avvincere)* to entrance, to enrapture, to ravish.

rapito /ra'pito/ **I** p.pass. → **rapire II** agg. **1** *(sequestrato)* kidnapped, abducted **2** *(estasiato)* [*sguardo*] entranced, ravished; ***lo guardava -a*** she was looking at him spellbound.

rapitore /rapi'tore/ m. (f. **-trice** /tritʃe/) kidnapper, abductor.

rappacificare /rappatʃifi'kare/ [1] **I** tr. **1** *(riconciliare)* to bring* together, to reconcile [*persone*] **2** *(placare)* to calm; ***~ gli animi*** to ease people's minds **II rappacificarsi** pronom. [*coppia, amici*] to make* up, to make* (one's) peace, to become* reconciled.

rappacificazione /rappatʃifikat'tsjone/ f. reconciliation.

rappezzare /rappet'tsare/ [1] tr. **1** *(rammendare)* to patch (up), to mend [*lenzuolo*] **2** FIG. to cobble together [*articolo*].

rappezzo /rap'pɛttso/ m. **1** *(rattoppo)* patch, mend **2** FIG. stopgap, makeshift.

rapportare /rappor'tare/ [1] **I** tr. **1** to compare [*grandezze*] **2** *(riprodurre)* ***~ una pianta sulla scala di 1:100.000*** to make a map on a 1:100,000 scale **II rapportarsi** pronom. **1** *(riferirsi)* ***-rsi a qcs.*** to refer to sth. **2** *(relazionarsi)* ***avere problemi a -rsi con gli altri*** to have problems relating (to others).

rapportatore /rapporta'tore/ m. (f. **-trice** /tritʃe/) TECN. MAT. protractor.

rapporto /rap'pɔrto/ m. **1** *(resoconto)* report; ***~ ufficiale*** official report **2** *(relazione)* relationship, relation; ***-i commerciali*** business *o* trade relations; ***non c'è alcun ~ di parentela tra loro*** they're not related; ***essere in ~ con qcn.*** to be in contact with sb.; ***rompere i -i con qcn.*** to break with *o* break away from sb.; ***essere in buoni, cattivi -i con qcn.*** to be on good, bad terms with sb.; ***~ di lavoro*** working relationship **3** *(nesso, collegamento)* connection, link; ***non avere alcun ~ con*** to have no connection *o* nothing to do with **4** ***-i sessuali*** sexual intercourse, sex; ***avere dei -i con qcn.*** to have sex *o* intercourse with sb. **5** MAT. ratio*; ***in un ~ 1 a 10*** in a ratio of 1 to 10; ***il ~ uomini/donne è di tre a uno*** the ratio of men to women is three to one **6** MECC. gear **7** MIL. ***chiamare a ~ qcn.*** to debrief sb. **8 in rapporto a** in relation to, with relation to ♦♦ ***~ di causalità*** chain of causation; ***~ epistolare*** correspondence.

rapprendersi /rap'prendersi/ [10] pronom. [*grasso*] to congeal; [*salsa*] to thicken; [*sangue*] to clot, to coagulate, to congeal.

rappresaglia /rappre'saʎʎa/ f. reprisal; ***compiere -e*** to take reprisals; ***per ~*** in retaliation.

rappresentante /rapprezen'tante/ ♦ *18* m. e f. **1** *(delegato)* representative; **~ *di classe*** SCOL. class president AE; *(ragazzo)* head boy BE; *(ragazza)* head girl BE; ***~ della legge*** law officer **2** (anche **~ di commercio**) sales rep(resentative), salesperson, traveller BE; *(uomo)* salesman*; *(donna)* saleswoman*; ***~ esclusivo*** sole agent; ***~ di enciclopedie*** encyclopedia salesman ♦♦ ***~ sindacale*** shop steward, trade union representative.

rappresentanza /rapprezen'tantsa/ f. **1** *(ruolo)* representation; ***in ~ di qcn.*** on behalf of sb.; *(rappresentativa)* ***la ~ nazionale*** POL. the representatives of the country; ***~ degli studenti*** student delegation **2** COMM. agency **3** *(immagine)* ***spese di ~*** entertainment expenses; ***sala di ~*** boardroom ♦♦ ***~ diplomatica*** diplomatic representation, foreign service.

rappresentare /rapprezen'tare/ [1] tr. **1** *(mostrare)* [*quadro, disegno*] to depict, to show, to represent; [*pittore*] to depict [*scena, persona*]; ***è stato rappresentato come un eroe*** he has been portrayed as a hero **2** *(agire per conto di)* to represent [*persona, comunità, organizzazione*]; ***~ qcn. in tribunale*** to represent sb. in court **3** TEATR. to perform [*opera*] **4** *(simboleggiare)* to represent; ***il leone rappresenta la forza*** the lion symbolizes strength **5** *(significare, equivalere a)* to be*, to constitute.

rappresentativa /rapprezenta'tiva/ f. **1** SPORT representative team, selected team **2** *(rappresentanza)* delegation.

rappresentativo /rapprezenta'tivo/ agg. **1** representative **2** *(caratteristico)* typical, representative.

rappresentazione /rapprezentat'tsjone/ f. **1** *(raffigurazione)* representation **2** FIG. *(descrizione)* description **3** TEATR. performance; ***sacra ~*** miracle play, mystery play.

rapsodia /rapso'dia/ f. rhapsody.

raptus /'raptus/ m.inv. raptus.

raramente /rara'mente/ avv. seldom, rarely.

rarefare /rare'fare/ [8] **I** tr. to rarefy [*aria, gas*] **II rarefarsi** pronom. [*nebbia*] to become* thinner; [*gas, atmosfera*] to rarefy.

rarefatto /rare'fatto/ **I** p.pass. → **rarefare II** agg. rarefied (anche FIG.).

rarefazione /rarefat'tsjone/ f. rarefaction.

rarità /rari'ta/ f.inv. **1** *(l'essere raro)* rarity **2** *(cosa rara)* rarity, curiosity.

raro /'raro/ agg. **1** *(poco comune)* [*oggetto, animale, pianta, bellezza*] rare **2** *(poco frequente)* [*caso, parola, malattia*] rare; [*visita*] infrequent, rare; ***essere più unico che ~*** to be one in a million; ***qualche ~ visitatore*** a few occasional visitors; ***è ~ fare*** it is unusual to do; ***è ~ che venga in treno*** it is unusual for him to come by train; ***con qualche -a eccezione*** with a few rare exceptions **3** CHIM. [*gas*] noble, rare ♦ ***essere una perla -a*** to be a real treasure *o* a gem.

rasare /ra'sare, ra'zare/ [1] **I** tr. **1** *(radere)* to shave* [*persona, testa*]; to shave* off [*barba, baffi*]; ***~ qcn. a zero*** to shave sb.'s head **2** *(pareggiare)* to trim [*prato*] **II rasarsi** pronom. to shave*.

rasatello /rasa'tɛllo, raza'tɛllo/ m. sateen.

rasato /ra'sato, ra'zato/ **I** p.pass. → **rasare II** agg. **1** *(raso)* [*testa, capelli*] shaved, shaven **2** *(tagliato)* [*prato*] trimmed **3** ***punto ~*** stocking stitch.

rasatura /rasa'tura, raza'tura/ f. **1** *(di barba, capelli)* shaving **2** *(di prato)* trimming.

raschiamento /raskja'mento/ m. MED. curettage.

raschiare /ras'kjare/ [1] **I** tr. **1** to scratch out, to scrape off [*vernice, ruggine*]; to scour [*pentola*] **2** MED. to curette **II raschiarsi** pronom. ***-rsi la gola*** to clear one's throat ♦ ***~ il fondo del barile*** to scrape the bottom of the barrel.

raschiatura /raskja'tura/ f. **1** *(azione)* scraping, scratching **2** *(segno)* scrape mark.

raschietto /ras'kjetto/ m. scraper.

rasentare /razen'tare/ [1] tr. **1** *(sfiorare)* [*vettura, autista*] to shave*, to keep* close to, to hug [*palo, muro*]; [*uccello*] to skim [*alberi*]; [*proiettile*] to graze [*persona*] **2** FIG. to border on [*insolenza, follia, assurdo*]; to verge on [*stupidità, ridicolo*]; ***~ la cinquantina*** to be nearly fifty.

rasente /ra'zɛnte/ prep. ***~ (a) qcs.*** close to sth.; ***passare ~ qcs.*** [*aereo, uccello*] to skim over *o* across *o* along sth.

1.raso /'raso, 'razo/ **I** p.pass. → **radere II** agg. **1** *(rasato)* [*barba*] shaven; ***a pelo ~*** [*animale*] short-haired **2** *(liscio)* [*superficie*] flat **3** *(pieno fino all'orlo)* [*cucchiaio*] level; [*bicchiere*] full to the brim **4 raso terra** → **rasoterra**.

2.raso /'raso, 'razo/ m. satin.

rasoiata /raso'jata, razo'jata/ f. razor cut, razor slash.

rasoio, pl. **-oi** /ra'sojo, ra'zojo, oi/ m. razor; ***affilato come la lama di un ~*** razor sharp ♦ ***essere*** o ***trovarsi sul filo del ~*** to be on a razor('s) edge *o* knife-edge ♦♦ ***~ elettrico*** (electric) shaver; ***~ a mano libera*** cut-throat razor; ***~ di sicurezza*** safety razor.

rasoterra /raso'tɛrra, razo'tɛrra/ **I** avv. close to the ground **II** agg.inv. ***tiro ~*** level shot.

raspa /'raspa/ f. *(lima)* rasp.

raspare /ras'pare/ [1] **I** tr. **1** *(con una raspa)* to rasp **2** FIG. to tickle [*gola*] **3** *(grattare)* [*cane, gallina*] to scratch [*terreno*] **II** intr. (aus. *avere*) **1** *(grattare)* to scratch **2** FIG. *(frugare)* to rummage.

raspo /'raspo/ m. *(di uva)* (grape) stalk.

rasposo /ras'poso/ agg. rough.

rassegna /ras'seɲɲa/ f. **1** MIL. review, muster; ***passare in ~*** to inspect, to review [*truppe*] **2** *(controllo, esame)* review; ***fare la ~ di qcs.*** examine sth.; ***passare in ~*** to inspect [*materiale*]; to examine [*proposte*] **3** *(resoconto)* report **4** *(mostra)* show; CINEM. TEATR. MUS. season; ***una ~ di film italiani*** a season of Italian films ♦♦ ***~ cinematografica*** film show; ***~ stampa*** GIORN. review of the papers.

rassegnare /rasseɲ'ɲare/ [1] **I** tr. to resign [*mandato, carica*]; ***~ le dimissioni*** to set in *o* hand in one's resignation, to resign **II rassegnarsi** pronom. to resign oneself (**a** to; **a fare** to doing).

rassegnato /rasseɲ'ɲato/ **I** p.pass. → **rassegnare II** agg. [*persona, tono, sguardo*] resigned.

rassegnazione /rasseɲɲat'tsjone/ f. resignation; ***con ~*** with resignation, resignedly.

rasserenamento /rasserena'mento/ m. **1** *(di cielo)* clearing (up) **2** FIG. brightening.

rasserenare /rassere'nare/ [1] **I** tr. **1** [*vento*] to clear [*cielo*] **2** FIG. to brighten [*persona*] **II rasserenarsi** pronom. **1** [*cielo*] to clear (up), to brighten up **2** FIG. [*viso, persona*] to brighten.

rasserenato /rassere'nato/ **I** p.pass. → **rasserenare II** agg. **1** [*cielo*] clear, bright **2** FIG. [*viso, persona*] happier.

rassettare /rasset'tare/ [1] **I** tr. to tidy up [*casa, stanza*] **II rassettarsi** pronom. to tidy oneself up.

rassicurante /rassiku'rante/ agg. reassuring; ***un individuo poco ~*** a suspicious customer.

rassicurare /rassiku'rare/ [1] **I** tr. to reassure [*persona*] (**su** about) **II rassicurarsi** pronom. to be* reassured.

rassicurazione /rassikurat'tsjone/ f. (re)assurance.

rassodamento /rassoda'mento/ m. *(di muscoli, seno)* toning (up).

rassodante /rasso'dante/ agg. [*crema*] toning.

rassodare /rasso'dare/ [1] **I** tr. to tone up [*pelle, seno, muscoli*] **II rassodarsi** pronom. **1** *(solidificare)* to set* **2** *(diventare tonico)* [*muscoli, seno*] to tone (up).

rassomigliante /rassomiʎ'ʎante/ → **somigliante**.

rassomiglianza /rassomiʎ'ʎantsa/ → **somiglianza**.

rassomigliare /rassomiʎ'ʎare/ → **somigliare**.

rasta /'rasta/ agg.inv., m. e f.inv. Rasta.

rastrellamento /rastrella'mento/ m. **1** *(di terreno)* raking **2** MIL. *(perlustrazione)* combing; ***un ~ delle SS*** an SS search **3** ECON. *(di azioni, titoli)* buying up.

rastrellare /rastrel'lare/ [1] tr. **1** to rake (over) [*giardino, viale*]; to rake up [*foglie, fieno*] **2** *(perlustrare)* to comb [*regione, zona*] **3** ECON. to buy* up [*titoli, azioni*].

rastrelliera /rastrel'ljɛra/ f. rack; *(per piatti)* plate-rack; *(per biciclette)* (bi)cycle rack.

rastrello /ras'trɛllo/ m. rake.

rastremare /rastre'mare/ [1] **I** tr. to taper [*colonna*] **II rastremarsi** pronom. [*colonna*] to taper.

rastremato /rastre'mato/ **I** p.pass. → **rastremare II** agg. [*colonna*] tapered.

rata /'rata/ f. instalment, installment AE; ***a -e*** in instalments.

rateale /rate'ale/ agg. [*pagamento*] by instalments; ***vendita ~*** hire purchase BE, installment plan AE.

ratealmente /rateal'mente/ avv. [*pagare*] in instalments; [*vendere*] on hire purchase BE, on installment plan AE.

rateizzare /rateid'dzare/ [1] tr. **1** *(suddividere in rate)* to divide [sth.] into instalments [*pagamento*] **2** *(suddividere nel tempo)* ***il pagamento fu rateizzato in sei anni*** payment by instalments was spread over six years.
rateizzazione /rateiddzat'tsjone/ f. division into instalments.
rateo /'rateo/ m. ECON. accrual; ***~ attivo, passivo*** accrued income, expense.
ratifica, pl. **-che** /ra'tifika, ke/ f. **1** *(approvazione)* ratification **2** *(conferma)* confirmation.
ratificare /ratifi'kare/ [1] tr. **1** to ratify [*contratto, trattato*] **2** *(confermare)* to confirm.
ratificazione /ratifikat'tsjone/ f. → **ratifica.**
rat musqué /ramus'ke/ m.inv. *(pelliccia)* musquash.
1.ratto /'ratto/ m. *(rapimento)* abduction; ***il ~ delle Sabine*** STOR. the rape of the Sabine women.
2.ratto /'ratto/ m. ZOOL. rat.
rattoppare /rattop'pare/ [1] tr. **1** to patch (up) [*indumento*]; to cobble [*scarpe*] **2** FIG. to patch up [*situazione*].
rattoppo /rat'tɔppo/ m. *(toppa)* patch.
rattrappire /rattrap'pire/ [102] **I** tr. to contract, to cramp [*mani, muscoli*] **II rattrappirsi** pronom. [*gambe, mani, muscoli*] to become* contracted, to be* cramped.
rattrappito /rattrap'pito/ **I** p.pass. → **rattrappire II** agg. [*arto, muscolo*] contracted, cramped.
rattristare /rattris'tare/ [1] **I** tr. to sadden, to make* sad; ***mi ha rattristato venire a sapere*** I was sad to hear **II rattristarsi** pronom. to be* saddened (**per qcs.** by sth.).
rattristato /rattris'tato/ **I** p.pass. → **rattristare II** agg. [*persona*] saddened, sad.
raucedine /rau'tʃɛdine/ ➧ **7** f. ***avere la ~*** to be hoarse.
rauco, pl. **-chi, -che** /'rauko, ki, ke/ agg. [*persona*] hoarse; [*voce*] hoarse, raucous.
ravanello /rava'nɛllo/ m. radish.
ravioli /ravi'ɔli/ m.pl. ravioli.
ravizzone /ravit'tsone/ m. oilseed rape.
ravvedersi /ravve'dersi/ [97] pronom. to mend one's ways, to reform.
ravvedimento /ravvedi'mento/ m. reformation.
ravviare /ravvi'are/ [1] **I** tr. to tidy (up) [*casa, capelli*] **II ravviarsi** pronom. to tidy oneself up; ***-rsi i capelli*** to tidy one's hair (up); *(con il pettine)* to comb one's hair.
ravviata /ravvi'ata/ f. ***darsi una ~*** to tidy oneself up; ***darsi una ~ ai capelli*** *(con il pettine)* to give one's hair a comb.
ravvicinare /ravvitʃi'nare/ [1] **I** tr. **1** *(accostare)* to draw* up, to pull up [*sedia*]; ***~ i letti*** to push the beds close together **2** FIG. *(conciliare)* to bring* together, to reconcile [*persone*] **II ravvicinarsi** pronom. **1** *(accostarsi)* to draw* near(er), to draw* close(r) **2** FIG. *(riconciliarsi)* to make* up.
ravvicinato /ravvitʃi'nato/ **I** p.pass. → **ravvicinare II** agg. *(nello spazio)* close; ***a distanza -a*** at close range.
ravvisare /ravvi'zare/ [1] tr. *(riconoscere)* to recognize.
ravvivare /ravvi'vare/ [1] **I** tr. to rekindle [*fiamma, passione, desiderio, ricordo, speranza*]; to liven (up) [*serata, conversazione*]; to reawaken [*interesse*] **II ravvivarsi** pronom. [*fuoco, fiamma, passione, ricordo, speranza*] to rekindle; [*conversazione*] to liven up.
rayon → **raion.**
raziocinante /rattsjotʃi'nante/ agg. [*essere*] rational.
raziocinio, pl. **-ni** /rattsjo'tʃinjo, ni/ m. **1** *(facoltà mentale)* reasoning **2** *(buon senso)* common sense.
razionale /rattsjo'nale/ agg. **1** rational **2** *(funzionale)* functional **3** MAT. [*numeri*] rational.
razionalismo /rattsjona'lizmo/ m. rationalism.
razionalista, m.pl. **-i**, f.pl. **-e** /rattsjona'lista/ agg., m. e f. rationalist.
razionalità /rattsjonali'ta/ f.inv. rationality.
razionalizzare /rattsjonalid'dzare/ [1] tr. to rationalize.
razionalizzazione /rattsjonaliddzat'tsjone/ f. rationalization.
razionalmente /rattsjonal'mente/ avv. **1** *(in modo logico)* rationally **2** *(in modo ragionevole)* reasonably **3** *(in modo funzionale)* functionally.
razionamento /rattsjona'mento/ m. rationing.
razionare /rattsjo'nare/ [1] tr. to ration.
razione /rat'tsjone/ f. ration (anche MIL.); ***~ giornaliera*** daily ration; ***una doppia ~*** a double portion; ***a -i ridotte*** on short rations; ***ho avuto la mia ~ di guai oggi*** FIG. SCHERZ. I've had my share of troubles today.
1.razza /'rattsa/ f. **1** *(di esseri umani)* race; ***~ umana, bianca*** human, white race **2** *(famiglia, stirpe)* race, breed; ***essere di buona ~*** to come from a good stock **3** ZOOL. breed, strain; ***di ~ (pura)*** [*animale*] purebred, well-bred, pedigree attrib.; [*cavallo*] thoroughbred; ***cavalli di ~*** (blood)stock **4** COLLOQ. *(categoria di persone)* ***gente di ogni ~*** all kinds of people **5** FIG. SPREG. ***~ di stupido!*** you stupid idiot! ***che ~ di risposta è questa?*** what kind of an answer is that?
2.razza /'raddza/ f. ITTIOL. ray, skate*.
3.razza /'raddza/ f. TECN. spoke.
razzia /rat'tsia/ f. **1** *(scorreria)* raid **2** *(ruberia)* raid, plundering; ***fare ~*** to plunder.
razziale /rattsi'ale/ agg. [*discriminazione, integrazione*] racial; [*odio, scontri, legge*] race attrib.
razziare /rat'tsiare/ [1] tr. **1** *(rubare)* to steal*, to raid, to rustle AE [*bestiame*] **2** *(saccheggiare)* to plunder, to loot [*paese*].
razziatore /rattsja'tore/ m. (f. **-trice** /tritʃe/) raider, plunderer.
razzismo /rat'tsizmo/ m. racism, racialism.
razzista, m.pl. **-i**; f.pl. **-e** /rat'tsista/ agg., m. e f. racist, racialist.
razzistico, pl. **-ci, -che** /rat'tsistiko, tʃi, ke/ agg. racist, racialist.
razzo /'raddzo/ m. rocket; ***propulsione a ~*** rocket propulsion ♦ ***partire a*** o ***come un ~*** to take off like a rocket ♦♦ ***~ illuminante*** flare; ***~ di segnalazione*** distress rocket; ***~ vettore*** carrier rocket.
razzolare /rattso'lare/ [1] intr. (aus. *avere*) [*polli*] to scratch about, around ♦ ***predicare bene e ~ male*** not to practise what one preaches.
RDT /erreddit'ti/ f. STOR. (⇒ Repubblica Democratica Tedesca German Democratic Republic) GDR.
1.re /re/ ➧ **1** m.inv. king (anche GIOC.); ***(il) ~ Carlo*** King Charles; ***il ~ di Spagna*** the king of Spain; ***il ~ degli animali*** FIG. the king of the beasts; ***il ~ del rock*** FIG. the king of rock; ***il ~ del petrolio*** FIG. the oil baron ♦♦ ***i Re Magi*** BIBL. the Magi.
2.re /re/ m.inv. *(nota)* D, re.
reagente /rea'dʒɛnte/ **I** agg. reactive **II** m. reactant, reagent.
reagire /rea'dʒire/ [102] intr. (aus. *avere*) to react (anche CHIM.); ***devi ~!*** you'll have to do something!
1.reale /re'ale/ **I** agg. **1** *(non immaginario)* real; *(concreto)* true, actual; ***fatti -i*** real *o* true facts; ***tempo ~*** real time **2** ECON. MAT. DIR. real **II** m. ***il ~*** the real.
2.reale /re'ale/ **I** agg. **1** *(di sovrani)* royal **2** ZOOL. ***aquila ~*** golden eagle; ***gufo ~*** eagle owl **3** GIOC. ***scala ~*** straight flush **II reali** m.pl. ***i -i*** *(stirpe)* the royalty; *(coppia)* the royal couple.
realismo /rea'lizmo/ m. realism.
1.realista, m.pl. **-i**, f.pl. **-e** /rea'lista/ agg., m. e f. FILOS. ART. LETTER. realist.
2.realista, m.pl. **-i**, f.pl. **-e** /rea'lista/ agg., m. e f. *(sostenitore della monarchia)* royalist ♦ ***essere più ~ del re*** to be more Catholic than the Pope.
realistico, pl. **-ci, -che** /rea'listiko, tʃi, ke/ agg. realistic.
realizzabile /realid'dzabile/ agg. **1** [*sogno*] realizable; [*piano, progetto*] feasible, practicable **2** ECON. realizable.
realizzare /realid'dzare/ [1] **I** tr. **1** *(rendere reale)* to realize, to fulfil BE, to fulfill AE [*sogno*]; to achieve, to fulfil BE, to fulfill AE [*ambizione*] **2** *(fare)* to make* [*modellino, mobile*]; to carry out [*sondaggio, piano, progetto*]; to direct [*film*] **3** SPORT to score [*gol, canestro*] **4** *(rendersi conto di)* to realize **5** ECON. to realize [*bene, proprietà*]; to make* [*utile*] **II realizzarsi** pronom. **1** *(diventare reale)* [*sogno*] to come* true; [*predizioni*] to be* fulfilled **2** *(affermarsi)* to fulfil oneself BE, fulfill oneself AE.
realizzatore /realiddza'tore/ m. (f. **-trice** /tritʃe/) **1** *(chi mette in atto)* realizer **2** SPORT scorer.
realizzazione /realiddzat'tsjone/ f. **1** *(di sogno)* realization, fulfilment BE, fulfillment AE **2** *(di progetto, sondaggio)* carrying out, achievement; ***di difficile ~*** difficult to put into action; ***in fase di ~*** in progress **3** CINEM. TEATR. TELEV. production ♦♦ ***~ scenica*** scenery.

realizzo /rea'liddzo/ m. ECON. realization; ***prezzo di ~*** break-up price.
realmente /real'mente/ avv. **1** *(nella realtà)* really, actually; ***fatti ~ accaduti*** real events; ***un personaggio ~ esistito*** a person who actually existed, a real person **2** *(davvero)* truly, really.
realtà /real'ta/ f.inv. **1** *(il reale)* reality; ***la dura ~*** the grim reality; ***~ e finzione*** fact and fiction; ***senso della ~*** sense of reality; ***guardare in faccia la ~*** to face facts; ***in ~*** actually, really, in reality; ***in ~ ha ragione lui*** in actual fact he is right; ***si tratta in ~ di suo cugino*** it's actually his cousin **2** *(situazione)* ***la ~ politica, economica di un paese*** the political, economic reality of a country **3** *(fatto concreto)* reality; ***diventare ~*** [*sogno, progetto*] to become (a) reality ♦♦ ***~ virtuale*** virtual reality.
reame /re'ame/ m. ANT. realm.
reato /re'ato/ m. offence BE, offense AE; *(più grave)* crime; ***commettere un ~*** to commit an offence *o* a crime, to offend ♦♦ ***~ comune*** non-political crime; ***~ politico*** political crime.
reattività /reattivi'ta/ f.inv. CHIM. FIS. PSIC. reactivity.
reattivo /reat'tivo/ **I** agg. CHIM. FIS. PSIC. reactive **II** m. **1** CHIM. reagent **2** PSIC. test.
reattore /reat'tore/ m. **1** NUCL. reactor; ***~ nucleare*** nuclear reactor **2** AER. jet engine **3** CHIM. reactor.
reazionario, pl. **-ri**, **-rie** /reattsjo'narjo, ri, rje/ **I** agg. reactionary **II** m. (f. **-a**) reactionary.
reazione /reat'tsjone/ f. **1** *(in parole, azioni)* reaction; ***avere una ~ violenta*** to have a violent reaction; ***non ha avuto alcuna ~*** he didn't react; ***questo susciterà vive -i nel pubblico*** it will provoke a strong public reaction **2** POL. reaction **3** FIS. CHIM. reaction; ***motore a ~*** reaction *o* jet engine; ***aereo a ~*** jet (aircraft) **4** MED. reaction, response; ***~ allergica*** allergic reaction ♦♦ ***~ a catena*** chain reaction (anche FIG.); ***~ nucleare*** nuclear reaction.
rebbio, pl. **-bi** /'rebbjo, bi/ m. *(di forca, forchetta)* prong.
rebus /'rɛbus/ m.inv. **1** *(in enigmistica)* rebus* **2** FIG. enigma*, puzzle.
recalcitrante /rekaltʃi'trante/ agg. [*cavallo*] restive; [*persona*] reluctant, recalcitrant FORM.
recalcitrare /rekaltʃi'trare/ [1] intr. (aus. *avere*) **1** [*cavallo, mulo*] to kick **2** FIG. [*persona*] to balk (**a**, **contro** at).
recapitare /rekapi'tare/ [1] tr. to deliver [*lettera, pacco*].
recapito /re'kapito/ m. **1** *(consegna)* delivery; ***in caso di mancato ~*** if undelivered **2** *(indirizzo)* (forwarding) address ♦♦ ***~ a domicilio*** home delivery; ***~ telefonico*** (tele)phone number.
recare /re'kare/ [1] **I** tr. **1** LETT. *(portare)* to bring*, to bear* [*dono, notizia*] **2** *(avere su di sé)* to have* [*data, iniziali*]; to bear* [*segni, tracce*] **3** FIG. *(arrecare)* to cause, to produce [*dolore, pena, danno*]; to give*, to bring* [*conforto, sollievo*]; ***non vorrei recarle disturbo*** I don't want to cause you any inconvenience **II recarsi** pronom. to go*.
recedere /re'tʃɛdere/ [2] intr. (aus. *avere*) ***~ da*** to back out of [*impegno*]; to withdraw from [*contratto*].
recensione /retʃen'sjone/ f. LETTER. review; CINEM. TEATR. review, notice; ***fare la ~ di*** to review.
recensire /retʃen'sire/ [102] tr. to review.
recensore /retʃen'sore/ m. reviewer.
recente /re'tʃɛnte/ agg. recent; ***il suo libro più ~*** her latest book; ***di ~*** recently, lately.
recentemente /retʃente'mente/ avv. recently, lately.
recepire /retʃe'pire/ [102] tr. **1** *(accogliere)* to acknowledge **2** *(comprendere)* to understand*.
reception /re'sɛpʃon/ f.inv. reception (desk).
recessione /retʃes'sjone/ f. **1** *(da un patto)* withdrawal **2** ECON. recession.
recessivo /retʃes'sivo/ agg. **1** BIOL. recessive **2** ECON. recessionary.
recesso /re'tʃɛsso/ m. **1** LETT. recess; ***i -i dell'anima*** the (innermost) depths of the soul **2** DIR. withdrawal.
recettore /retʃet'tore/ m. BIOL. receptor.
recidere /re'tʃidere/ [35] tr. to cut* (off) [*ramo, rosa*]; to sever, to cut* [*vena, fune*]; to sever [*legame*].
recidiva /retʃi'diva/ f. **1** DIR. second offence BE, second offense AE **2** MED. relapse.
recidività /retʃidivi'ta/ f.inv. DIR. recidivism.
recidivo /retʃi'divo/ **I** agg. **1** DIR. [*delinquente*] habitual **2** MED. [*malattia*] recurring **II** m. (f. **-a**) DIR. recidivist, persistent offender, habitual offender.
recingere /re'tʃindʒere/ [24] tr. to encircle, to enclose, to surround [*terreno, giardino*].
recintare /retʃin'tare/ [1] tr. to fence (in) [*terreno, giardino*].
recinto /re'tʃinto/ m. **1** *(spazio recintato)* enclosure; *(per animali)* pen; *(per bestiame)* stockyard; *(per pecore)* sheep fold **2** *(recinzione)* fence, enclosure.
recinzione /retʃin'tsjone/ f. **1** *(il recingere)* encircling, enclosing, surrounding **2** *(struttura)* fence, enclosure.
recipiente /retʃi'pjɛnte/ m. container, vessel ♦♦ ***~ graduato*** measuring jug.
reciprocamente /retʃiproka'mente/ avv. reciprocally, mutually; ***aiutarsi ~*** to help each other.
reciprocità /retʃiprotʃi'ta/ f.inv. reciprocity.
reciproco, pl. **-ci**, **-che** /re'tʃiproko, tʃi, ke/ **I** agg. **1** [*aiuto, sentimento, fiducia*] reciprocal, mutual **2** MAT. LING. reciprocal **II** m. reciprocal.
recisione /retʃi'zjone/ f. **1** *(il recidere)* cutting (off); *(di arto)* amputation **2** FIG. *(risolutezza)* firmness.
reciso /re'tʃizo/ **I** p.pass. → **recidere II** agg. **1** *(tagliato)* [*fiore*] cut **2** FIG. *(netto)* [*risposta, tono*] clipped; ***dire un no ~*** to give a curt no.
recita /'rɛtʃita/ f. *(rappresentazione)* performance, play; ***~ di beneficenza*** charity performance.
recital /'rɛtʃital, 'rɛsital/ m.inv. recital.
recitante /retʃi'tante/ agg. MUS. ***voce ~*** narrator.
recitare /retʃi'tare/ [1] **I** tr. **1** *(dire a memoria)* to recite [*poesia*]; to say* [*preghiera*]; ***~ la lezione*** to reel off the lesson (anche IRON.) **2** TEATR. CINEM. to act (out), to play [*parte, ruolo*]; to play [*opera teatrale*]; ***~ la commedia*** FIG. to put on an act, to act **3** *(affermare)* to state; ***l'articolo 1 della Costituzione recita...*** article 1 of the Constitution reads... **II** intr. (aus. *avere*) **1** TEATR. CINEM. to act, to play **2** FIG. *(fingere)* to put on an act, to act.
recitativo /retʃita'tivo/ m. recitative.
recitazione /retʃitat'tsjone/ f. **1** *(di poesia)* recitation **2** TEATR. *(modo di recitare)* acting; *(arte)* drama; ***scuola di ~*** drama school.
reclamare /rekla'mare/ [1] **I** tr. *(richiedere)* to demand [*giustizia, aumento*]; to claim, to demand [*diritti*] **II** intr. (aus. *avere*) *(protestare)* to complain, to protest (**presso** to; **per** about).
réclame /re'klam/ f.inv. **1** *(pubblicità)* adveritising, publicity; ***fare ~ a qcs.*** to advertise sth. **2** *(avviso pubblicitario)* advertisement, advert BE COLLOQ.; ***~ televisiva*** television commercial *o* advertisement, TV advert COLLOQ.
reclamizzare /reklamid'dzare/ [1] tr. to advertise, to publicize.
reclamo /re'klamo/ m. complaint, claim; ***lettera di ~*** letter of complaint; ***fare, presentare un ~*** to make, lodge a complaint; ***ufficio -i*** (customer) complaints department.
reclinabile /rekli'nabile/ agg. [*sedile*] reclining; ***essere ~*** to recline.
reclinare /rekli'nare/ [1] tr. to recline, to bow [*capo*]; to recline [*sedile*].
reclusione /reklu'zjone/ f. **1** LETT. *(prigionia, isolamento)* confinement **2** DIR. imprisonment, confinement; ***condannato a due anni di ~*** sentenced to two years' imprisonment.
recluso /re'kluzo/ m. (f. **-a**) prisoner, convict.
recluta /'rɛkluta/ f. MIL. recruit (anche FIG.).
reclutamento /rekluta'mento/ m. MIL. recruitment (anche FIG).
reclutare /reklu'tare/ [1] tr. **1** MIL. to recruit [*soldati*] **2** FIG. to recruit, to hire [*operai, collaboratori*]; to recruit, to attract [*nuovi iscritti*].
recondito /re'kɔndito/ agg. **1** LETT. [*luogo*] hidden, remote **2** FIG. [*significato*] hidden, recondite FORM.
record /'rɛkord/ **I** m.inv. **1** SPORT record; ***~ nazionale, mondiale*** national, world record; ***il ~ stagionale*** the season's best; ***battere, stabilire un ~*** to break, set a record **2** FIG. record (**di** for); ***a tempo di ~*** in record time **3** INFORM. record **II** agg. [*livello, velocità, incassi, crescita*] record attrib.

recriminare /rekrimi'nare/ [1] intr. (aus. *avere*) to recriminate; **~ *sul passato*** to haul up the past.

recriminazione /rekriminat'tsjone/ f. recrimination.

recrudescenza /rekrudeʃ'ʃɛntsa/ f. *(di violenza)* fresh upsurge, fresh outbreak; *(di malattia)* recurrence; *(di conflitto)* flare-up.

recto /'rɛkto/ m.inv. **1** BIBLIOT. recto, face **2** NUMISM. front, obverse.

recuperabile /rekupe'rabile/ agg. **1** *(riguadagnabile)* [*somma*] recoverable, retrievable; ***il ritardo nella produzione è ancora ~*** the production delay can still be made up **2** *(redimibile)* [*delinquente*] redeemable.

recuperare /rekupe'rare/ [1] **I** tr. **1** *(ritornare in possesso di)* to get* back, to recover, to retrieve [*oggetto, refurtiva, denaro*] **2** FIG. *(riacquistare)* to recover [*salute, forze*]; to recover, to regain [*vista*]; to regain [*libertà*] **3** *(riutilizzare)* to reclaim, to salvage [*ferro, vetro, stracci, vecchi giornali*] **4** *(mettere in salvo)* to salvage [*merce*]; to rescue [*naufrago*] **5** *(riguadagnare)* to make* up for [*tempo perduto, ritardo, sonno*]; to make* up [*punti, giornata lavorativa*]; ***~ uno svantaggio*** to close the gap **6** ECON. to recover [*somma*] **7** *(reinserire)* to rehabilitate [*criminale, tossicodipendente*] **II** intr. (aus. *avere*) *(in una gara)* to catch* up, to pull up; *(nel lavoro)* to catch* up.

recupero /re'kupero/ m. **1** *(di oggetto, denaro)* recovery **2** FIG. *(riacquisto) (di salute, forze, vista)* recovery; ***capacità di ~*** recuperative powers **3** *(raccolta) (di ferro, vetro, stracci)* reclaim, reclamation; ***materiali di ~*** salvaged materials **4** *(salvataggio) (di merce)* salvage; *(di naufrago)* rescue **5** *(di tempo perduto, ritardo)* making up; ***corso, classe di ~*** SCOL. remedial lesson, class **6** *(di criminale)* rehabilitation **7** SPORT *(partita)* replay; ***(minuti di) ~*** injury time **8** *(di quartiere)* development ♦♦ **~ *crediti*** credit recovery.

redarguire /redargu'ire/ [102] tr. to reproach, to reprimand, to scold.

redattore /redat'tore/ ➧ *18* m. (f. **-trice** /tritʃe/) **1** *(di documento, testo)* compiler, author, writer **2** *(di giornale)* copy editor; ***essere ~ in un giornale*** to be on the editorial staff of a newspaper **3** *(di casa editrice)* editor ♦♦ **~ *capo*** editor-in-chief; **~ *sportivo*** sports editor.

redazionale /redattsjo'nale/ agg. editorial.

redazione /redat'tsjone/ f. **1** *(stesura) (di articolo, opera)* writing; *(di bilancio)* compilation; *(di documento, decreto)* drafting; *(di testamento)* drawing up; ***la prima ~ di un testo*** the first draft of a text **2** *(compilazione) (di giornale)* editing **3** *(insieme dei redattori)* editorial staff; *(ufficio)* editorial office.

redditività /redditivi'ta/ f.inv. profitability.

redditizio, pl. **-zi**, **-zie** /reddi'tittsjo, tsi, tsje/ agg. profitable, payable.

reddito /'rɛddito/ m. ECON. income, revenue; ***avere un ~ di 30.000 euro all'anno*** to be on an income of 30,000 euros per year; ***famiglie a basso ~*** low-income households; ***imposta sul ~*** income tax; ***fascia di ~*** income bracket; ***fonte di ~*** source of income *o* of revenue; ***a ~ fisso*** fixed-income ♦♦ **~ *di capitali*** unearned income; **~ *imponibile*** taxable income; **~ *d'impresa*** business income; **~ *da lavoro*** earned income; **~ *da lavoro autonomo*** income from self-employment, self-employment income; **~ *da lavoro dipendente*** income from employment, earned income; **~ *nazionale*** national income.

redento /re'dɛnto/ **I** p.pass. → **redimere II** agg. RELIG. redeemed.

redentore /reden'tore/ m. RELIG. ***il Redentore*** the Redeemer.

redenzione /reden'tsjone/ f. RELIG. redemption.

redigere /re'didʒere/ [76] tr. to write* [*articolo, testo*]; to draw* up [*contratto, atto, bilancio, testamento, verbale*].

redimere /re'dimere/ [77] **I** tr. **1** RELIG. to redeem **2** DIR. COMM. *(estinguere)* to pay* off [*debito*]; to redeem [*ipoteca*] **II redimersi** pronom. to redeem oneself.

redimibile /redi'mibile/ agg. [*debito, prestito*] redeemable.

redine /'rɛdine/ f. rein (anche FIG.); ***tenere le -i*** to hold the reins (anche FIG.); ***allentare le -i*** to slacken the reins; ***prendere le -i del governo*** FIG. to take over the reins of government.

redingote /redin'gɔt/ f.inv. **1** *(da uomo)* redingote, frock coat **2** *(da donna)* redingote, dress coat.

redistribuire /redistribu'ire/ → **ridistribuire**.

redivivo /redi'vivo/ m. (f. **-a**) ***ecco il ~!*** SCHERZ. look, he's back in the land of the living!

reduce /'rɛdutʃe/ **I** agg. ***essere ~ da*** to be back from [*viaggio*]; to be none the worse for [*esperienza disastrosa*] **II** m. *(sopravvissuto)* survivor; *(di guerra)* veteran.

referendario, pl. **-ri**, **-rie** /referen'darjo, ri, rje/ agg. referendum attrib.; ***consultazione -a*** referendum.

referendum /refe'rɛndum/ m.inv. referendum* (**su** on); ***indire un ~*** to hold a referendum ♦♦ **~ *abrogativo*** = referendum to abrogate a law.

referente /refe'rɛnte/ m. **1** *(punto di riferimento)* point of reference **2** LING. referent.

referenze /refe'rɛntse/ f.pl. references, testimonials; ***avere ottime -e*** to have excellent references.

referenziare /referen'tsjare/ [1] tr. **~ *qcn.*** to write *o* give sb. a reference.

referenziato /referen'tsjato/ **I** p.pass. → **referenziare II** agg. ***cercasi segretaria -a*** wanted secretary with references.

referto /re'fɛrto/ m. MED. DIR. report.

refettorio, pl. **-ri** /refet'tɔrjo, ri/ m. refectory, dining hall.

refezione /refet'tsjone/ f. meal; **~ *scolastica*** school meals.

reflex /'rɛfleks/ agg.inv., m. e f.inv. FOT. reflex.

refolo /'rɛfolo/ m. gust of wind.

refrattario, pl. **-ri**, **-rie** /refrat'tarjo, ri, rje/ agg. **1** *(resistente al calore)* refractory; ***argilla -a*** fireclay; ***mattone ~*** firebrick **2** MED. refractory **3** SCHERZ. *(riluttante)* ***essere ~ allo studio*** to be allergic to studying; ***essere ~ al matrimonio*** to be averse to getting married.

refrigerante /refridʒe'rante/ agg. **1** *(rinfrescante)* [*bibita*] cooling, refreshing **2** TECN. [*apparecchio, sistema, fluido*] cooling, refrigerant.

refrigerare /refridʒe'rare/ [1] **I** tr. **1** *(rinfrescare)* [*bibita*] to cool, to chill **2** *(gelare)* to refrigerate, to chill [*alimento*] **II refrigerarsi** pronom. *(rinfrescarsi)* to refresh oneself.

refrigeratore /refridʒera'tore/ m. *(apparecchio)* refrigerator, cooler.

refrigerazione /refridʒerat'tsjone/ f. refrigeration, cooling.

refrigerio, pl. **-ri** /refri'dʒɛrjo, ri/ m. *(sensazione di fresco)* refreshment; ***cercare un po' di ~ all'ombra*** to look for a cool place in the shade.

refurtiva /refur'tiva/ f. stolen goods pl.

refuso /re'fuzo/ m. misprint, printer's error.

regalare /rega'lare/ [1] **I** tr. **1 ~ *qcs. a qcn.*** to give sb. sth. (as a present); ***mi ha regalato un orologio*** she gave me a watch; ***ti piace? te lo regalo!*** do you like it? it's yours! **2** COLLOQ. *(vendere a basso prezzo)* to give* away; ***me l'hanno praticamente regalato*** I got this for next to nothing **II regalarsi** pronom. to buy* oneself [*vestito*]; to treat oneself to [*vacanza*].

regale /re'gale/ agg. **1** *(di re)* [*dignità, autorità*] regal, royal **2** FIG. [*portamento*] regal.

regalia /rega'lia/ f. *(mancia)* gratuity.

regalità /regali'ta/ f.inv. **1** *(dignità di re)* regality, royalty **2** *(di portamento)* regality.

regalo /re'galo/ **I** m. **1** *(dono)* present, gift; **~ *di compleanno, di Natale*** birthday, Christmas present; ***fare un ~ a qcn.*** to give sb. a present; ***dare qcs. in ~ a qcn.*** to give sb. sth. as a present; ***articoli da ~*** gifts; ***carta da ~*** gift wrap(ping), wrapping paper **2** *(piacere)* favour BE, favor AE; ***mi faresti proprio un ~*** it would be a great treat for me **3** *(cosa a buon prezzo)* gift, giveaway COLLOQ. **II** agg.inv. ***confezione ~*** gift wrapping; *(scatola)* presentation box; ***idea ~*** gift.

regata /re'gata/ f. regatta.

reggae /'rɛgge/ agg. e m.inv. reggae.

reggente /red'dʒɛnte/ **I** agg. **1** POL. ***principe ~*** prince regent **2** LING. [*proposizione, verbo*] governing **II** m. e f. regent.

reggenza /red'dʒɛntsa/ f. **1** POL. regency **2** LING. government.

reggere /'rɛddʒere/ [59] **I** tr. **1** *(impedire la caduta di)* [*persona*] to hold* [*scala*]; to hold* up [*anziano, ubriaco*]; [*cintura*] to hold* up [*pantaloni*]; *(tenere in mano)* [*persona*] to hold* [*oggetto*]; ***reggimi gli sci*** please, hold the skis **2** *(sostenere)* [*colonna, struttura*] to bear*, to hold*, to support [*tetto, peso*]; **~ *qcs. sulle spalle*** to carry sth. on one's back; ***il ramo non ti regge*** the branch won't hold you; ***le gambe non mi***

reggevano più my legs couldn't carry me any longer **3** *(resistere a, far fronte a)* to stand* [*prova*]; to withstand*, to absorb [*impatto*]; to stand*, to handle [*ritmo*]; to bear* [*dolore*]; to hold* [*sguardo*]; **~ *l'alcol*** to (be able to) hold one's drink; **~ *il mare*** [*nave*] to be seaworthy **4** *(sopportare)* ***non la reggo*** I can't stand her **5** *(governare)* to rule [*paese*]; *(amministrare)* to manage, to run* [*azienda*] **6** LING. to govern, to take* **II** intr. (aus. *avere*) **1** *(resistere)* **~ *a*** to withstand [*assalto, urto, shock*]; to stand up to [*sforzo, fatica*]; **~ *alla tensione*** [*persona*] to take the strain; **~ *al confronto con*** to bear *o* stand comparison with, to compare favourably with; ***ha smesso di fumare, ma non reggerà a lungo!*** he's given up smoking, but he'll never last out! **2** *(essere valido)* [*teoria, ipotesi*] to hold* (good); [*accusa*] to hold* up; [*alibi*] to stand* up **3** COLLOQ. *(durare)* [*tempo*] to last, to hold*; [*matrimonio*] to hold* together **III reggersi** pronom. **1** *(sostenersi)* to stand*; ***-rsi in piedi*** to stand up; ***fa fatica a -rsi in piedi*** he can hardly stand; ***non si regge sulle gambe*** he can't stand up **2** *(aggrapparsi)* **~ *a*** to hold on *o* cling on to [*ringhiera*]; ***reggiti forte!*** hold tight! **3** *(governarsi)* ***-rsi a repubblica*** to be a republic ♦ **~ *il colpo*** to tough it out.

reggia, pl. **-ge** /'rɛddʒa, dʒe/ f. **1** (royal) palace **2** FIG. palace.

reggicalze /reddʒi'kaltse/ m.inv. suspender belt BE, garter belt AE.

reggilibri /reddʒi'libri/, **reggilibro** /reddʒi'libro/ m.inv. bookend.

reggimentale /reddʒimen'tale/ agg. regimental.

reggimento /reddʒi'mento/ m. MIL. regiment; ***un ~ di cavalleria*** a cavalry regiment; ***ce n'è per un ~!*** FIG. there's enough to feed an army!

reggipetto /reddʒi'pɛtto/, **reggiseno** /reddʒi'seno/ ➧ *35* m. bra, brassière.

regia /re'dʒia/ f. **1** CINEM. TELEV. TEATR. direction; **~ *di*** directed by; ***curare la ~ di*** to direct [*spettacolo, film*] **2** *(organizzazione)* organization.

regicida, m.pl. **-i**, f.pl. **-e** /redʒi'tʃida/ **I** agg. regicidal **II** m. e f. regicide.

regicidio, pl. **-di** /redʒi'tʃidjo, di/ m. regicide.

regime /re'dʒime/ m. **1** POL. *(sistema di governo)* regime, system of government; **~ *militare*** military regime; **~ *parlamentare*** parliamentary government **2** MED. regime, regimen FORM.; ***essere, mettersi a ~*** to be, go on a diet **3** ECON. regime, system; **~ *degli scambi*** system of trade; **~ *fiscale*** tax treatment **4** MECC. *(ritmo)* (running) speed; ***girare a pieno ~*** [*motore*] to run at top speed; ***la fabbrica lavora a pieno ~*** FIG. the factory is working at full stretch *o* is operating at full capacity **5** GEOGR. METEOR. regime.

regina /re'dʒina/ ➧ **1 I** f. queen (anche GIOC.); ***la ~ Anna*** Queen Anne; ***la ~ d'Inghilterra*** the queen of England **II** agg. ***ape ~*** queen bee ♦♦ **~ *madre*** queen mother.

Reginaldo /redʒi'naldo/ n.pr.m. Reginald.

reginetta /redʒi'netta/ f. **~ *di bellezza*** beauty queen; ***la ~ del ballo*** the belle of the ball.

regio, pl. **-gi**, **-gie** /'rɛdʒo, dʒi, dʒe/ agg. [*potere, decreto*] royal.

regionale /redʒo'nale/ agg. regional.

regionalismo /redʒona'lizmo/ m. POL. LING. regionalism.

regionalista, m.pl. **-i**, f.pl. **-e** /redʒona'lista/ agg., m. e f. regionalist.

regionalistico, pl. **-ci**, **-che** /redʒona'listiko, tʃi, ke/ agg. regionalistic.

regione /re'dʒone/ f. **1** AMM. region; ***le -i d'Italia*** the regions of Italy **2** GEOGR. region, land; ***-i tropicali*** tropical lands; **~ *desertica*** desert region; **~ *industriale*** industrial area **3** ANAT. region.

regista, m.pl. **-i**, f.pl. **-e** /re'dʒista/ ➧ *18* m. e f. CINEM. TELEV. TEATR. director; ***aiuto ~*** assistant director.

registrabile /redʒis'trabile/ agg. **1** [*brano, album*] recordable **2** TECN. ***chiave ~*** adjustable wrench *o* spanner.

registrare /redʒis'trare/ [1] tr. **1** *(scrivere in un registro)* to register [*nascita, veicolo, atto, contratto*]; to file [*fattura*]; to record [*ordinazione*]; **~ *una voce in contabilità*** to enter an item in the books; **~ *l'arrivo, la partenza dei clienti*** to check in, out the guests **2** *(annotare, riportare)* to record **3** *(rilevare)* to record, to register [*temperatura, velocità*]; ***si è registrato un terremoto del sesto grado della scala Richter*** an earthquake registering six on the Richter scale was recorded **4** *(ottenere)* to register [*perdite, guadagni*]; to set* [*record*] **5** RAD. TELEV. to record [*disco, cassetta*] **6** TECN. *(mettere a punto)* to adjust [*freni*]; to set* [*orologio*].

registrato /redʒis'trato/ **I** p.pass. → **registrare II** agg. **1** *(depositato in un registro)* [*atto, contratto, società*] registered; ***marchio ~*** proprietary brand *o* name, registered trademark; ***le spese -e quest'anno*** the expenses on record this year **2** RAD. TELEV. recorded **3** TECN. adjusted.

registratore /redʒistra'tore/ **I** agg. recording **II** m. recorder; *(a cassette)* cassette recorder; *(a nastro)* tape recorder ♦♦ **~ *di cassa*** cash register; **~ *di volo*** flight recorder.

registrazione /redʒistrat'tsjone/ f. **1** *(di nascita, veicolo, atto, contratto)* registration; **~ *di addebito*** debit entry **2** *(di fatti, dati)* recording **3** *(di temperatura, velocità)* recording, registration **4** RAD. TELEV. recording; *(su cassetta)* cassette recording; ***studio di ~*** recording studio **5** TECN. *(di freni)* adjustment.

registro /re'dʒistro/ m. **1** AMM. COMM. book, register; ***-i della polizia*** police records; ***ufficio del ~*** Registry of Deeds **2** LING. register **3** MUS. *(di organo)* register, stop **4** INFORM. TECN. register ♦ ***cambiare ~*** to change one's tune ♦♦ **~ *di classe*** SCOL. class roll *o* register; **~ *dei clienti*** *(in albergo)* guest book; **~ *navale*** Register of Shipping; **~ *delle ordinazioni*** order book; **~ *parrocchiale*** parish register; **~ *di stato civile*** register of births, marriages and deaths.

regnante /reɲ'ɲante/ **I** agg. [*dinastia, famiglia*] regnant, reigning; FIG. [*opinione*] dominant **II** m. e f. sovereign.

regnare /reɲ'ɲare/ [1] intr. (aus. *avere*) **1** [*sovrano*] to reign, to rule; **~ *su un paese*** to reign over *o* rule a country **2** FIG. [*confusione, silenzio, ottimismo, paura*] to reign; **~ *sovrano*** [*disordine, caos*] to reign supreme.

regno /'reɲɲo/ m. **1** *(paese)* kingdom, realm; *(esercizio e durata)* reign; ***il ~ di Napoli*** the kingdom of Naples; ***sotto il ~ di*** under the reign of **2** FIG. kingdom; ***il ~ animale, vegetale*** the animal, plant kingdom; ***il ~ della fantasia*** the realm of imagination; ***la biblioteca è il suo ~*** the library is his realm ♦♦ ***Regno dei Cieli*** kingdom of heaven; ***Regno Unito*** United Kindom.

regola /'rɛgola/ f. **1** *(norma)* rule; **~ *di comportamento*** rule of conduct; ***le -e del gioco*** the rules of the game (anche FIG.); ***rispettare le -e del gioco*** to play by the rules (anche FIG.); ***fare di qcs. una ~ di vita*** to make sth. a rule *o* practice *o* way of life; ***a ~ d'arte*** by the rule book; ***rispettare, infrangere le -e*** to obey, break the rules; ***fare uno strappo alla ~*** to bend the rules; ***l'eccezione conferma la ~*** the exception proves the rule **2** *(uso stabilito)* ***è la ~*** that's the rule; ***è buona ~ rispondere*** it is customary to reply **3** RELIG. rule **4** *(moderazione)* ***senza ~*** without moderation **5 di regola** as a rule **6 in regola** [*documenti, conti*] in order; [*lavoratore*] with regular contract; ***essere in ~ con i pagamenti*** to be up-to-date with one's payments; ***avere (tutte) le carte in ~*** to fulfil *o* meet *o* satisfy the requirements; ***mettersi in ~ con il fisco*** to get one's tax affairs properly sorted out **7 in piena regola** regular; ***subire un interrogatorio in piena ~*** to undergo a full-scale interrogation ♦ ***per sua norma e ~*** for your information.

regolabile /rego'labile/ agg. [*altezza, posizione, sedile*] adjustable.

1.regolamentare /regolamen'tare/ agg. [*uniforme*] regulation attrib.; [*formato*] prescribed; [*procedura*] statutory; ***tempo ~*** SPORT normal time.

2.regolamentare /regolamen'tare/ [1] tr. to regulate, to control [*prezzo*]; to regulate [*traffico, uso, commercio*].

regolamentazione /regolamentat'tsjone/ f. **1** *(regole)* regulations pl. **2** *(controllo)* regulation, control.

regolamento /regola'mento/ m. **1** *(regole)* regulations pl.; ***attenersi al ~*** to adhere to regulations; ***conforme al ~*** in keeping with regulations; ***infrazione al ~*** infringement of the rules **2** *(pagamento)* payment, settlement ♦♦ **~ *di condominio*** = rules in a block of flats; **~ *di conti*** settling of scores; **~ *edilizio*** building regulations; **~ *interno*** rules and regulations; **~ *di polizia*** police regulations; **~ *scolastico*** school regulations; **~ *di sicurezza*** safety regulations.

1.regolare /rego'lare/ agg. **1** *(conforme alle regole)* regular **2** *(normale)* [*statura*] average, medium; [*lineamenti*] regular, neat; [*vita*] regular **3** *(costante)* [*versamenti, arrivi*] regular; [*flusso, polso, respiro*] steady, regular; [*ritmo*] steady, smooth; [*passo*] even, steady; ***a intervalli -i*** at regular intervals; ***essere ~ nei pagamenti*** to be regular with one's payments **4** MAT. [*poligono*] regular **5** *(piano)* [*superficie*] even; *(uniforme)* [*scrittura*] regular **6** LING. [*plurale, verbo*] regular **7** MIL. [*esercito, truppe*] regular.

2.regolare /rego'lare/ [1] **I** tr. **1** *(disciplinare, governare)* to regulate [*traffico, scambi commerciali*]; [*norma, legge*] to govern [*rapporti, uso*] **2** *(mettere a punto)* to adjust [*altezza, microfono, riscaldamento, illuminazione*]; to regulate, to adjust [*meccanismo*]; to regulate, to govern [*velocità*]; to regulate [*flusso, funzionamento*]; *(programmare)* to control, to regulate [*temperatura*]; ***~ l'orologio*** to set the clock; ***~ il forno a*** o ***sui 180 gradi*** to set the oven to 180 degrees **3** *(pagare)* to settle [*conto, debito, fattura*]; ***~ i conti con qcn.*** FIG. to settle accounts *o* a score with sb., to square one's account(s) with sb. **4** *(risolvere)* to settle [*questione*] **5** *(adattare)* ***~ la propria condotta su quella di qcn.*** to model one's behaviour on sb.'s **6** *(moderare)* to limit [*spese, consumo*] **II regolarsi** pronom. **1** *(comportarsi)* to behave; ***non sapere come -rsi*** not to know how to act **2** *(moderarsi)* to control oneself; ***-rsi nel mangiare*** to moderate one's eating.

regolarità /regolari'ta/ f.inv. **1** *(legalità)* regularity **2** *(normalità) (di vita)* regularity, orderliness; *(di lineamenti)* regularity, neatness **3** *(costanza) (di versamenti, arrivi)* regularity; *(di polso, respiro)* steadiness, regularity; *(di ritmo)* steadiness, uniformity; *(di passo)* evenness, steadiness; ***con ~*** regularly **4** *(di superficie)* evenness; *(di scrittura)* regularity.

regolarizzare /regolarid'dzare/ [1] **I** tr. to straighten out [*posizione, documenti*]; ***~ la propria unione*** to formalize one's union **II regolarizzarsi** pronom. [*polso, traffico*] to become* regular.

regolarizzazione /regolariddzat'tsjone/ f. *(di situazione)* regularization; *(di documento)* regulation.

regolarmente /regolar'mente/ avv. **1** *(secondo le regole)* [*iscritto, eletto*] properly, duly; ***la merce è stata consegnata ~*** goods were delivered in compliance with the rules; ***arrivare ~ in ritardo*** IRON. to regularly arrive late **2** *(a intervalli regolari)* [*spedire, incontrare, prodursi*] regularly **3** *(puntualmente)* punctually.

regolata /rego'lata/ f. ***dare una ~ a*** to adjust, to tune [*motore, meccanismo*] ♦ ***darsi una ~*** to get it together, to clean up one's act.

regolato /rego'lato/ **I** p.pass. → **2.regolare II** agg. **1** *(sottoposto a regole)* regulated; ***ben ~*** well-regulated **2** *(moderato)* [*vita*] regular; ***essere ~ nel bere*** to be moderate in one's drinking.

regolatore /regola'tore/ **I** agg. [*meccanismo, funzione*] regulating; ***piano ~*** land use **II** m. regulator; ***~ di pressione, velocità*** pressure, speed regulator; ***~ del volume*** volume control.

regolazione /regolat'tsjone/ f. **1** *(controllo)* regulation, control; ***~ del traffico*** traffic control **2** *(messa a punto) (di meccanismo)* adjustment; *(di velocità, pressione, volume)* regulation; ***con ~ automatica*** [*riscaldamento, forno*] with a timing device.

regolo /'rɛgolo/ m. *(righello)* rule, ruler ♦♦ ***~ calcolatore*** slide rule BE *o* ruler AE.

regredire /regre'dire/ [102] intr. (aus. *essere*) **1** [*livello delle acque*] to recede; [*produzione, disoccupazione*] to go* down, to decrease; [*economia*] to regress **2** PSIC. to regress.

regressione /regres'sjone/ f. regression (anche PSIC.); ***la mortalità infantile è in fase di ~*** infant mortality is decreasing.

regressivo /regres'sivo/ agg. regressive.

regresso /re'grɛsso/ m. regress, regression; ***~ economico*** recession; ***essere in ~*** [*cultura, industria, economia*] to be in decline.

reietto /re'jɛtto/ **I** agg. rejected **II** m. (f. **-a**) outcast; ***i -i della società*** society's outcasts.

reimpiegare /reimpje'gare/ [1] tr. to reuse [*materiali*]; ECON. to reinvest [*capitali*].

reimpiego, pl. **-ghi** /reim'pjɛgo, gi/ m. *(di materiali)* reuse; ECON. *(di capitali)* reinvestment.

reincarnare /reinkar'nare/ [1] **I** tr. to reincarnate **II reincarnarsi** pronom. to be* reincarnated (**in** as).

reincarnazione /reinkarnat'tsjone/ f. reincarnation.

reinserimento /reinseri'mento/ m. reintegration, rehabilitation (anche SOCIOL.); ***~ professionale*** industrial rehabilitation; ***centro di ~*** rehabilitation centre.

reinserire /reinse'rire/ [102] **I** tr. to reintegrate, to rehabilitate [*persona*]; ***~ qcn. nella società*** to reintegrate sb. into society **II reinserirsi** pronom. [*persona*] to become* reintegrated; ***-rsi nel mondo del lavoro*** to get back into the working world.

reintegrare /reinte'grare/ [1] **I** tr. **1** *(ripristinare)* to replenish [*scorte*]; to restore [*capitali*]; ***~ le proprie forze*** to recover one's strength **2** *(reinserire)* ***~ qcn. nelle sue funzioni*** to reinstate sb. in their job; ***~ qcn. nella società*** to reintegrate sb. into society; ***~ qcn. nei suoi diritti*** to restore sb.'s rights **II reintegrarsi** pronom. to become* reintegrated; ***-rsi nella società*** to take one's place in society again.

reintegrazione /reintegrat'tsjone/ f., **reintegro** /re'integro/ m. **1** *(di scorte)* replenishment; *(di capitali)* restoration **2** *(reinserimento)* reinstatement.

reinvestire /reinves'tire/ [3] tr. to reinvest [*capitali*].

reiterare /reite'rare/ [1] tr. to reiterate FORM., to repeat.

reiteratamente /reiterata'mente/ avv. repeatedly.

reiterazione /reiterat'tsjone/ f. reiteration.

relativamente /relativa'mente/ avv. relatively, comparatively; ***~ a*** in relation to, relative to.

relativismo /relati'vizmo/ m. relativism.

relativista, m.pl. **-i**, f.pl. **-e** /relati'vista/ agg., m. e f. relativist.

relativistico, pl. **-ci**, **-che** /relati'vistiko, tʃi, ke/ agg. relativistic.

relatività /relativi'ta/ f.inv. relativity; ***la teoria della ~*** the theory of relativity.

relativo /rela'tivo/ agg. **1** *(attinente)* ***~ a qcs.*** relating to sth., concerning sth. **2** *(rispettivo)* respective; ***le mie amiche e i -i mariti*** my friends and their husbands **3** *(non assoluto)* relative; ***tutto è ~*** it's all relative **4** FIS. MAT. LING. relative.

relatore /rela'tore/ m. (f. **-trice** /tritʃe/) **1** *(di conferenza)* speaker **2** POL. proposer of a bill **3** UNIV. supervisor BE, thesis director AE.

relax /re'laks, 'relaks/ m.inv. relaxation; ***concedersi un'ora di ~*** to take an hour off, to have an hour's rest.

relazionale /relattsjo'nale/ agg. relational.

relazionare /relattsjo'nare/ [1] tr. *(mettere al corrente)* ***~ qcn. su qcs.*** to report sth. to sb.

relazione /relat'tsjone/ **I** f. **1** *(nesso)* connection; ***~ di causa ed effetto*** relationship of cause and effect; ***essere in ~ con qcs.*** to be connected with sth.; ***non c'è nessuna ~ tra i due casi*** there is no connection between the two cases; ***mettere in ~ due fatti*** to establish a connection between two facts, to relate two facts **2** *(legame)* relationship; *(d'amore)* affair, liaison; ***~ d'affari*** business contact; ***~ amorosa*** love affair; ***mantenere, avere buone -i con qcn.*** to keep up, have a good relationship with sb.; ***essere, entrare in ~ con qcn.*** to be, get in touch with sb.; ***avere una ~ con qcn.*** to have an affair with sb.; ***avere una ~ d'affari con qcn.*** to have business dealings with sb.; ***~ di parentela*** family connection **3** MAT. relation **4** *(esposizione)* account, report **5 in relazione a** with relation to, in connection with; ***in ~ alle Sue richieste*** with regards to your requests **II relazioni** f.pl. *(rapporti)* relations; ***-i diplomatiche, commerciali, internazionali*** diplomatic, trade, international relations; ***pubbliche -i*** public relations; ***-i umane*** human relations.

relè /re'lɛ/ m.inv. relay.

relegare /rele'gare/ [1] tr. **1** *(esiliare)* ***~ qcn.*** to exile sb. (**in** to) **2** FIG. to relegate [*persona*] (**in** to); to banish, to consign [*oggetto*] (**in** to).

relegazione /relegat'tsjone/ f. relegation, confinement.

religione /reli'dʒone/ f. **1** religion (anche FIG.); ***~ di stato*** established religion; ***non c'è più ~!*** IRON. is nothing sacred? **2** *(attenzione)* ***ascoltare qcn. con ~*** to listen to sb. religiously.

religiosità /relidʒosi'ta/ f.inv. religiosity; ***con ~*** FIG. [*ascoltare, eseguire, osservare*] religiously, scrupulously.

religioso /reli'dʒoso/ **I** agg. **1** [*culto, cerimonia, festa, ordine, abito, vita, persona*] religious; [*matrimonio, funzione*] church attrib. **2** FIG. [*silenzio*] reverent; [*attenzione, cura*] religious **II** m. (f. **-a**) religious.

reliquia /re'likwja/ f. relic (anche FIG.); ***conservare, tenere qcs. come una ~*** to keep sth. as a relic.

reliquiario, pl. **-ri** /reli'kwjarjo, ri/ m. reliquary.

relitto /re'litto/ m. *(di nave, aereo)* wreck (anche FIG.); ***~ umano*** human derelict; ***un ~ della società*** an outcast of society.

Rem, REM /rɛm/ m.inv. (⇒ rapid eye movements rapidi movimenti oculari) REM.

remare /re'mare/ [1] intr. (aus. *avere*) to row.

remata /re'mata/ f. **1** *(il remare)* row **2** *(colpo di remo)* stroke.

rematore /rema'tore/ m. rower, oarsman*.

remigante /remi'gante/ agg. ZOOL. ***penna ~*** pinion.

reminiscenza /reminiʃ'ʃɛntsa/ f. **1** *(ricordo)* reminiscence, recollection **2** *(riecheggiamento)* reminiscence.

remissione /remis'sjone/ f. *(di debito, pena)* remission, remittal; *(di peccati)* remission, forgiveness.

remissività /remissivi'ta/ f.inv. submissiveness.

remissivo /remis'sivo/ agg. submissive.

remo /'rɛmo/ m. oar; ***colpo di ~*** stroke; ***tirare i -i in barca*** to ship the oars; FIG. to throw in the towel; ***barca a -i*** rowing boat.

Remo /'rɛmo/ n.pr.m. Remus.

remora /'rɛmora/ f. **1** *(scrupolo)* scruple, hesitation, objection; ***senza alcuna ~*** without any hesitation; ***è una persona senza o priva di -e*** he is a person without any scruples **2** *(resistenza)* impediment.

remoto /re'mɔto/ agg. **1** *(nello spazio)* remote, distant **2** *(nel tempo)* [*epoca, avvenimento*] remote; ***in tempi -i*** in far-off times **3** FIG. [*somiglianza, causa*] remote; ***una -a possibilità*** an off-chance, an outside chance **4** LING. ***passato ~*** past historic; ***trapassato ~*** past perfect.

remunerare /remune'rare/ → **rimunerare.**

remunerativo /remunera'tivo/ → **rimunerativo.**

remunerazione /remunerat'tsjone/ → **rimunerazione.**

rena /'rena/ f. sand.

renale /re'nale/ agg. [*colica*] renal; [*insufficienza, calcolo, infezione*] kidney attrib.

Renata /re'nata/ n.pr.f. Renée.

rendere /'rɛndere/ [10] **I** tr. **1** *(restituire)* to give* back, to return [*oggetto prestato*]; to give* back, to restore [*vista*]; to give* back [*libertà*] **2** *(ricambiare)* to return [*saluto, invito*]; ***a buon ~!*** I owe you one! **3** *(dare, tributare)* ***~ conto di qcs. a qcn.*** to account for sth. to sb., to answer to sb. for sth.; ***~ omaggio a qcn.*** to pay homage *o* tribute to sb.; ***~ giustizia a qcn.*** to do sb. justice *o* justice to sb.; ***~ grazie a Dio*** to say grace **4** *(fruttare)* [*investimento*] to yield [*denaro*]; ***le azioni rendono il 10%*** the shares yield *o* return 10%; ***non rende niente*** it doesn't pay **5** *(esprimere)* to render, to convey [*sentimento, idea, atmosfera*]; ***rendo l'idea?*** have I got it across? **6** *(fare diventare)* to make*, to render; ***~ qcn. felice, celebre*** to make sb. happy, famous; ***~ qcs. possibile, difficile*** to make sth. possible, difficult; ***~ pubblico*** to make [sth.] public [*relazione, vita privata*]; to make [sth.] known [*verità, notizia*] **II** intr. (aus. *avere*) **1** *(fruttare)* ***~ (bene)*** [*terra*] to be productive; [*coltura*] to do well; [*attività, commercio*] to be profitable **2** *(dare un rendimento)* ***a scuola non rende*** he's not getting on at school; ***rende meglio a colori*** it comes out better in colour **III rendersi** pronom. **1** *(diventare)* to make* oneself; ***-rsi indispensabile*** to make oneself indispensable **2** ***-rsi conto di*** to appreciate, to realize; ***-rsi conto che*** to be *o* become aware that, to realize that; ***sì, me ne rendo conto*** yes, I can appreciate that; ***ti rendi conto di quanto costa?*** do you realize how expensive that is?

rendez-vous /rande'vu/ m.inv. rendezvous*, appointment.

rendiconto /rendi'konto/ m. **1** COMM. account, financial statement; ***~ annuale*** annual report **2** *(relazione)* report, account **3** *(atti)* report of proceedings.

rendimento /rendi'mento/ m. **1** *(di terreno)* yield; *(di fabbrica)* production **2** *(di lavoratore)* output; *(di studente)* progress, performance; *(di atleta)* performance; ***~ scolastico*** progress at school; ***un lavoratore di scarso ~*** an inefficient worker **3** *(di macchina)* output; *(di motore)* efficiency; ***macchina ad alto ~*** efficient machine **4** *(di investimento)* yield, return; ***obbligazione ad alto ~*** high yield bond; ***il ~ di un'impresa*** the returns of a business; ***avere un ~ del 4%*** to be 4% efficient.

rendita /'rɛndita/ f. **1** *(privata)* unearned income; *(pubblica)* revenue; *(da azioni, investimenti)* yield; ***vivere di ~*** to live on a private income *o* private means; ***~ del 5%*** yield of 5% **2** DIR. annuity ♦♦ ***~ da capitale*** return on capital; ***~ catastale*** cadastral rent; ***~ fondiaria*** land revenue; ***~ vitalizia*** perpetuity, life(time) annuity.

rene /'rɛne/ ▸ **4** m. kidney ♦♦ ***~ artificiale*** artificial kidney, kidney *o* dialysis machine.

renetta /re'netta, re'nɛtta/ f. *(mela)* rennet.

reni /'reni/ ▸ **4** f.pl. loins; ***avere male alle ~*** to feel a pain in the small of one's back; ***spezzare le ~ a qcn.*** FIG. to trample sb. underfoot.

renitente /reni'tɛnte/ **I** agg. reluctant, recalcitrant **II** m. MIL. ***~ alla leva*** = person who fails to report for military service.

renitenza /reni'tɛntsa/ f. **1** reluctance, recalcitrance **2** MIL. ***~ alla leva*** = failure to report for military service.

renna /'rɛnna/ f. **1** ZOOL. reindeer* **2** *(pelle)* buckskin.

Reno /'reno/ ▸ **9** n.pr.m. Rhine.

rentrée /ran'tre/ f.inv. return, comeback.

reo /'rɛo/ **I** agg. ***essere ~ di qcs.*** to be guilty of sth. **II** m. (f. **-a**) offender ♦♦ ***~ confesso*** self-confessed criminal.

reparto /re'parto/ m. **1** *(di impresa, amministrazione)* department, division; *(di fabbrica)* floor; *(di officina)* shop; ***~ amministrativo*** administrative department; ***~ vendite*** sales (division); ***~ di montaggio*** assembly shop; ***capo ~*** departmental chief; *(di fabbrica)* factory supervisor **2** *(di grandi magazzini)* department, section **3** *(di ospedale)* department, ward; ***~ maternità*** maternity ward **4** MIL. unit, party.

repellente /repel'lɛnte/ **I** agg. [*odore*] revolting, foul; [*comportamento*] repellent, repulsive **II** m. *(per insetti)* insect repellent.

repentaglio /repen'taʎʎo/ m. ***mettere a ~*** to endanger [*libertà, futuro, salute*]; to jeopardize [*vita, reputazione*].

repentino /repen'tino/ agg. [*cambiamento*] sudden; [*partenza*] sudden, hasty.

reperibile /repe'ribile/ agg. [*merce, materiale, persona*] available; ***è ~ telefonicamente*** he can be contacted *o* reached by phone; ***non è ~ da nessuna parte*** she is not to be found anywhere.

reperibilità /reperibili'ta/ f.inv. availability; ***dare la ~*** to make oneself available.

reperimento /reperi'mento/ m. finding; ***~ dei dati*** INFORM. data retrieval.

reperire /repe'rire/ [102] tr. to find* [*prove*]; to find*, to raise [*fondi*]; to gather, to find* [*dati*]; ***dove posso reperirLa?*** where can I find you?

reperto /re'pɛrto/ m. **1** ***~ archeologico*** archeological find **2** DIR. exhibit **3** MED. (medical) report.

repertorio, pl. **-ri** /reper'tɔrjo, ri/ m. **1** *(elenco)* index*, list; ***~ bibliografico*** bibliography **2** MUS. TEATR. repertoire, repertory; *(di attore)* range **3** TELEV. ***immagini di ~*** library pictures **4** FIG. *(raccolta)* repertoire, stock; ***avere tutto un ~ di aneddoti, di insulti*** to have an extensive repertoire of anecdotes, of insults.

replay /re'plɛi/ m.inv. action replay BE, instant replay AE.

replica, pl. **-che** /'rɛplika, ke/ f. **1** *(ripetizione)* repetition **2** ART. replica **3** TEATR. TELEV. repeat, rerun **4** *(risposta)* answer, reply **5** *(obiezione)* objection, retort; ***non ammetto -che!*** I won't listen to any objections! ***un tono che non ammette -che*** a definitive tone.

replicante /repli'kante/ m. e f. replicant.

replicare /repli'kare/ [1] tr. **1** *(rifare, ridire)* to repeat **2** TEATR. TELEV. to repeat, to rerun*; ***questa sera si replica*** tonight we are repeating performance **3** *(rispondere)* to answer, to reply, to retort; ***~ a*** to respond to [*obiezione, critica, attacco*].

reportage /repor'taʒ/ m.inv. GIORN. RAD. TELEV. reportage, press story, press report, feature ♦♦ ***~ fotografico*** picture story; ***~ di guerra*** war report.

repressione /repres'sjone/ f. **1** POL. DIR. repression, suppression **2** PSIC. suppression.

repressivo /repres'sivo/ agg. **1** [*azione, regime, legge*] repressive; [*educazione*] strict **2** PSIC. suppressive.

represso /re'prɛsso/ **I** p.pass. → **reprimere II** agg. **1** [*invidia, nervosismo*] repressed; [*sorriso, sbadiglio*] suppressed, stifled **2** PSIC. suppressed **III** m. (f. **-a**) suppressed person.

reprimenda /repri'mɛnda/ f. reprimand, rebuke.

reprimere /re'primere/ [29] **I** tr. **1** *(soffocare, trattenere)* to repress [*emozione, sentimento, desiderio*]; to hold* back [*lacrime, starnuto, rabbia*]; to suppress, to stifle [*sorriso, sbadiglio*]; ***~ un grido*** to muffle a cry **2** POL. to put* down, to suppress [*rivolta, disordini*] **3** PSIC. to suppress **II reprimersi** pronom. to restrain oneself.

reprobo /'rɛprobo/ m. (f. **-a**) reprobate.

repubblica, pl. **-che** /re'pubblika, ke/ f. republic; ***~ federale, popolare*** federal, people's republic ♦♦ ***~ delle banane*** banana republic.

repubblicanesimo /repubblika'nezimo/ m. republicanism.

repubblicano /repubbli'kano/ **I** agg. republican **II** m. (f. **-a**) republican.

repulisti /repu'listi/ m.inv. ***fare (un) ~*** *(mettere in ordine)* to clean out everything; *(mangiare)* to eat up everything; *(rubare)* to clean out.

repulsione /repul'sjone/ f. **1** *(ripugnanza)* repulsion, revulsion; ***provare (un sentimento di) ~ per qcn.*** to be repelled by sb. **2** FIS. repulsion.

repulsivo /repul'sivo/ agg. repulsive (anche FIS.).

reputare /repu'tare/ [1] **I** tr. to consider; ***se lo reputi necessario*** if you think it necessary **II reputarsi** pronom. to consider oneself; ***-rsi fortunato*** to consider oneself lucky.

reputazione /reputat'tsjone/ f. reputation, standing; ***avere una buona, cattiva ~*** to have a good, bad reputation; ***farsi una ~*** to make a name for oneself.

requie /'rɛkwje/ f. *(quiete)* peace; *(tregua)* rest; ***non riesco ad avere un minuto di ~*** I can't find a moment's peace; ***i bambini non mi danno ~*** the children won't give me a second of peace; ***senza ~*** incessantly.

requiem /'rɛkwjem/ m.inv. requiem; ***messa da ~*** requiem mass.

requisire /rekwi'zire/ [102] tr. to requisition, to confiscate [*veicoli, locali*]; MIL. to commandeer [*uomini, beni*]; to impound [*passaporto*].

requisito /rekwi'zito/ m. requirement, requisite, qualification; ***-i per l'ammissione*** entrance *o* entry requirements; ***~ indispensabile*** prerequisite; ***avere i -i necessari*** [*persona, prodotto*] to have the necessary requirements, to fulfil *o* meet *o* satisfy the requirements, to measure up; ***avere tutti i -i per fare qcs.*** to be fully qualified, to have the necessary *o* right qualifications *o* requirements for doing, to do sth.

requisitoria /rekwizi'tɔrja/ f. **1** DIR. = public prosecutor's closing speech **2** *(rimprovero)* lecture, scolding.

requisizione /rekwisit'tsjone/ f. requisition, commandeering.

resa /'resa/ f. **1** MIL. surrender, capitulation; ***~ incondizionata*** unconditional surrender; ***condizioni di ~*** terms of surrender; ***accettare la ~*** to accept the (terms of) surrender; ***costringere un pugile alla ~*** SPORT to force a boxer to give up **2** COMM. *(di merce invenduta)* return **3** *(riconsegna)* return, restitution **4** *(rendimento)* return, performance; *(ricavo)* profit, yield; ***questo prodotto ha un'ottima ~*** the performance of this product is excellent ♦♦ ***~ dei conti*** rendering of accounts; FIG. showdown; ***alla ~ dei conti*** when the chips are down, when it comes to the crunch.

rescindere /reʃ'ʃindere/ [86] tr. to rescind, to terminate, to cancel [*contratto*].

rescindibile /reʃʃin'dibile/ agg. rescindable, cancellable.

rescissione /reʃʃis'sjone/ f. rescission, termination, cancellation.

resettare /reset'tare/ [1] tr. INFORM. to reset.

resezione /reset'tsjone/ f. CHIR. resection.

residence /'rɛsidens/ m.inv. residencial development, apartment complex AE.

residente /resi'dɛnte/ **I** agg. resident; ***un italiano ~ all'estero*** an Italian who lives abroad **II** m. e f. resident; ***non ~*** nonresident; ***i -i nel centro storico*** those who live *o* those residents living in the city centre.

residenza /resi'dɛntsa/ f. **1** AMM. *(domicilio)* residence; ***luogo di ~*** dwelling place, place of residence; ***cambiare ~*** to change one's (place of) residence *o* address; ***prendere ~*** o ***stabilire la propria ~ a Roma*** to take up residence in Rome **2** *(edificio)* residence, house; ***~ di campagna*** country house *o* seat **3** *(sede)* seat, headquarters pl. ♦♦ ***~ fissa*** fixed residence, permanent address.

residenziale /residen'tsjale/ agg. residential.

residuato /residu'ato/ m. surplus; ***-i bellici*** war surplus.

residuo /re'siduo/ **I** agg. residual, remaining **II** m. **1** *(resto, avanzo)* remnant, residue, remains pl.; *(traccia)* trace; ***~ di merce*** remaining goods, left-overs; ***i -i di un incendio*** the remains of a fire; ***-i industriali, radioattivi*** industrial, radioactive waste **2** CHIM. residual, residue **3** COMM. *(saldo)* balance.

resiliente /resi'ljɛnte/ agg. resilient.

resilienza /resi'ljɛntsa/ f. resilience.

resina /'rɛzina, 'rezina/ f. resin.

resinoso /rezi'noso/ agg. resinous.

resistente /resis'tɛnte/ agg. **1** *(robusto)* [*persona, animale*] strong, tough, resilient; [*pianta*] hardy, sturdy; [*muro*] stout, resistant **2** *(che resiste)* [*materiale*] resistant; [*tessuto, vestito*] hard-wearing; ***essere ~ a*** [*persona*] to be able to stand, to tolerate [*caldo, freddo*]; to be resistant to [*malattia*]; [*materiale, oggetto*] to resist [*alte temperature, usura*]; ***~ all'acqua*** water-resistant, waterproof; ***~ al calore*** heat-proof; ***~ al fuoco*** fire-resistant, fireproof, flameproof.

resistenza /resis'tɛntsa/ f. **1** *(opposizione)* resistance; ***~ passiva*** passive resistance; ***fare ~*** to resist; ***opporre ~ a*** to put up resistance to, a fight against [*aggressore, occupazione, regime*]; ***incontrare ~*** o ***delle -e*** to encounter *o* meet opposition *o* resistance; ***vincere le -e di qcn.*** to break through sb.'s reserve **2** STOR. ***la Resistenza*** the Resistance **3** *(fisica)* resistance, endurance, resilience, stamina; ***prova di ~*** endurance test **4** FIS. strength, tolerance; ***~ alla rottura, alla trazione*** breaking, tensile strength; ***~ dell'aria*** air *o* wind resistance; ***coefficiente di ~*** AUT. AER. drag coefficient **5** EL. resistance, resistor.

resistere /re'sistere/ [21] intr. (aus. *avere*) **1** *(opporsi)* ***~ a*** to resist, to withstand [*assalto, attacco*]; to resist [*arresto*] **2** *(sopportare, reggere)* ***~ a*** [*persona, animale, cuore*] to stand [*sforzo fisico*]; to be able to stand [*sete, clima*]; [*materiale, oggetto*] to withstand [*forza, intemperie, calore*]; ***tessuto che resiste a lavaggi frequenti*** material that will stand frequent washing; ***il muro non ha resistito*** the wall collapsed *o* gave way; ***~ agli urti*** to be shockproof **3** *(tenere duro)* to hold* on, to endure; ***resisti!*** hang on! **4** *(sopportare moralmente)* to bear* up; ***~ a*** [*persona*] to endure, to get through [*prova, dispiacere*] **5** *(essere più forte di)* ***~ a*** [*intesa, amicizia*] to withstand [*separazione, differenze*]; to overcome [*convenzioni, opposizione*]; [*economia, paese*] to withstand [*crisi, invasione, cambiamento*]; ***~ al tempo*** o ***alla prova del tempo*** to stand the test of time **6** *(tenere testa, respingere)* ***~ a*** to resist [*tentazione, fascino*]; ***nessuno gli può ~*** nobody stands up to him; ***non ho potuto ~*** I couldn't resist (it).

reso /'reso/ **I** p.pass. → **rendere II** m. *(nell'editoria)* = unsold copies.

resoconto /reso'konto/ m. **1** *(di seduta, incontro, viaggio)* account, record, report; ***fare il ~ di*** to give an account of, to (make a) report on **2** *(rendiconto)* statement.

respingente /respin'dʒɛnte/ m. buffer, bumper AE.

respingere /res'pindʒere/ [24] tr. **1** *(allontanare)* to drive* back, to repel, to push away [*individuo, folla*]; [*esercito, truppe*] to counter, to fight* off, to force back, to resist [*nemico, attacco*] **2** *(rifiutare)* to reject, to refuse, to decline [*offerta, proposta*]; to reject [*corteggiatore*]; to turn away [*candidato*] **3** AMM. DIR. to dismiss, to defeat [*ricorso, progetto di legge, istanza*]; ECON. to bounce [*assegno*] **4** *(rispedire)* to return, to send* back [*lettera*] **5** SPORT to clear [*pallone*] **6** *(bocciare)* to fail, to keep* back [*studente*]; ***è stato respinto all'esame*** he failed the exam.

respinta /res'pinta/ f. SPORT clear(ance).

respinto /res'pinto/ **I** p.pass. → **respingere II** agg. **1** [*proposta*] refused, turned down; [*innamorato*] rejected **2** SCOL. failed **III** m. failed student.

respirabile /respi'rabile/ agg. breathable.

respirare /respi'rare/ [1] **I** intr. (aus. *avere*) **1** to breathe; ***~ dal*** o ***col naso*** to breathe through one's nose; ***~ profondamente, a pieni polmoni*** to breathe deeply; ***con quest'afa non si respira!*** it's so hot and sticky it's hard to breathe! **2** FIG. *(avere pace)* ***non abbiamo un minuto per ~*** we don't have a moment to catch our breath; ***lasciami ~!*** let me get my breath back! **II** tr. to breathe (in), to inhale [*aria, gas, fumo, polvere*]; ***si respira un'aria nuova*** FIG. there's a breath of fresh air.

respiratore /respira'tore/ m. **1** MED. ***~ artificiale*** ventilator **2** *(per immersioni subacquee)* breathing apparatus; *(tubo con boccaglio)* snorkel.

respiratorio, pl. **-ri**, **-rie** /respira'tɔrjo, ri, rje/ agg. [*sistema, apparato*] respiratory; [*difficoltà*] breathing.

respirazione /respirat'tsjone/ f. respiration, breathing ♦♦ ***~ artificiale*** artificial respiration *o* ventilation; ***~ bocca a bocca*** mouth-to-mouth resuscitation.

respiro /res'piro/ m. **1** *(respirazione)* breathing, respiration; *(singolo atto)* breath; ***~ regolare, irregolare*** regular, irregular respiration *o* breathing; ***trattenere il ~*** to catch *o* hold one's breath; ***fare un ~*** to take a breath; ***tirare un ~ di sollievo*** to sigh with relief; ***fino all'ultimo ~*** FIG. to the last, till one's dying breath; ***togliere il ~*** to take one's breath away **2** FIG. *(sollievo, riposo)* respite, breathing space; ***lavorare senza ~*** to work relentlessly *o* without a break; ***non avere un attimo di ~*** not to have a moment's rest; ***prendersi un attimo di ~*** to give oneself breathing space.

responsabile /respon'sabile/ **I** agg. **1** *(colpevole)* responsible, guilty; ***sentirsi ~*** to feel guilty *o* responsible; ***ritenere qcn. ~ di qcs.*** to hold sb. responsible for sth. **2** *(che deve rispondere dei propri atti)* responsible, accountable; ***essere ~ delle proprie azioni*** to be responsible for one's actions; ***essere ~ di fronte a qcn.*** to be responsible to sb. **3** *(incaricato)* ***essere ~ di qcs., qcn.*** to be responsible for *o* in charge of sb., sth. **4** *(ragionevole)* [*persona*] responsible, reliable, trustworthy; [*comportamento, azione*] responsible **II** m. e f. **1** *(chi ha la responsabilità)* person responsible, person in charge; ***vorrei parlare con il ~*** I'd like to talk to the person in charge **2** *(colpevole)* ***i -i della catastrofe*** those *o* the people responsible for the catastrophe; ***i -i saranno puniti*** those responsible will be punished; ***è lui il ~*** he's (the one) to blame *o* the guilty one.

responsabilità /responsabili'ta/ f.inv. **1** responsibility (**di** for); ***affidare la ~ di qcs. a qcn.*** to give sb. responsibility for sth.; ***un posto di ~*** a position of responsibilities; ***sotto la ~ di qcn.*** under the supervision of sb.; ***prendersi le proprie ~*** to face up to one's responsibilities **2** *(colpa)* responsibility, guilt; ***non ha nessuna ~ per l'accaduto*** he's not guilty *o* responsible for what happened; ***la ~ è sua*** he's (the one) to blame **3** DIR. liability; ***società a ~ limitata*** limited liability company; ***"la direzione declina ogni ~ in caso di furto"*** "the management disclaims all responsibility for loss due to theft" ♦♦ ***~ civile*** civil liability; ***~ penale*** criminal liability.

responsabilizzare /responsabilid'dzare/ [1] **I** tr. to give* [sb.] a sense of responsibility **II responsabilizzarsi** pronom. to assume, take* one's responsibilities, to become* responsible.

responso /res'pɔnso/ m. *(di oracolo, medico)* response; *(di giuria)* verdict; ***il ~ delle urne*** the election results.

responsorio, pl. **-ri** /respon'sɔrjo, ri/ m. responsory, response.

ressa /'rɛssa/ f. crowd, rush; ***fare ~*** to crowd, to throng.

1.resta /'rɛsta/ f. ***partire (con la) lancia in ~*** FIG. to go full tilt.

2.resta /'rɛsta/ f. BOT. beard.

restante /res'tante/ **I** agg. remaining, left over mai attrib. **II** m. rest.

restare /res'tare/ [1] → **rimanere.**

restaurare /restau'rare/ [1] tr. **1** to restore, to repair [*edificio, quadro*] **2** FIG. to restore [*monarchia, pace*].

restauratore /restaura'tore/ ♦ *18* m. (f. **-trice** /tritʃe/) restorer.

restaurazione /restaurat'tsjone/ f. restauration (anche STOR.).

restauro /res'tauro/ m. *(di quadri)* restauration; *(di immobili)* renovation, restauration, renewal; ***lavori di ~*** renovations, repairs, renovation works; ***essere in ~*** to be undergoing renovations.

restio, pl. **-ii**, **-ie** /res'tio, ii, ie/ agg. reluctant, unwilling (**a fare** to do).

restituibile /restitu'ibile/ agg. [*oggetto*] returnable; [*prestito, somma*] repayable.

restituire /restitu'ire/ [102] tr. **1** *(ridare)* to return, to give* back, to hand* back [*oggetto, regalo*]; to bring* back, to restore [*memoria, vista, splendore*]; to give* back [*libertà*]; to hand over, to give* back [*chiavi*]; ***mi ha restituito il libro*** she gave me back my book; ***ho restituito il libro alla biblioteca*** I returned the book to the library; ***~ il sorriso a qcn.*** to put the smile back on sb.'s face **2** *(rimborsare)* to repay*, to return, to pay* off [*prestito, somma*] **3** *(contraccambiare)* to return [*complimenti, favore, visita*].

restituzione /restitut'tsjone/ f. *(di oggetto)* restitution, return; *(di soldi)* repayment.

resto /'rɛsto/ **I** m. **1** *(ciò che avanza)* rest, remain, remainder; ***il ~ del mondo, del tempo, dei libri*** the rest of the world, the time, the books; ***pagare un terzo in anticipo, il ~ alla fine*** to pay one third in advance, the rest at the end; ***avete il passaporto e tutto il ~?*** have you got your passports and everything? ***e non sai ancora il ~!*** and you don't know the half of it! ***per il ~, è simpatico*** apart from that, he's nice **2** *(denaro)* change; ***dare il ~*** to give the change *o* rest; ***non ho da darLe il ~*** I have no change to give you; ***tenga il ~*** keep the change; ***mi ha dato 6 penny di ~*** she gave me 6p change **3** MAT. remainder; ***il 2 nel 5 sta 2 volte con ~ di 1*** 2 into 5 goes 2 and one over **4 del resto** ***ha un'aria preoccupata, ma del ~ ce l'ha sempre*** he looks a bit anxious, but then he always does; ***del ~, è troppo caro*** it's too expensive, anyway **II resti** m.pl. **1** *(di pasto, edificio)* remains, remnant sing.; ***i -i della cena*** the leftovers from the dinner; ***i -i di un antico castello*** the ruins of an old castle **2** *(cadavere)* ***i -i di qcn.*** the human remains *o* the bones of sb.; ***-i mortali*** mortal remains.

restringere /res'trindʒere/ [36] **I** tr. **1** *(rendere più stretto)* to narrow [*passaggio, strada*]; to shrink* [*vestito*] **2** *(fare contrarre)* to contract [*pupilla*] **3** FIG. to narrow (down) [*campo, ambito, orizzonte*]; to reduce, to limit [*libertà, numero*] **II restringersi** pronom. **1** *(diventare più stretto)* [*sentiero, valle, fiume*] to narrow, to grow* narrow, to become* narrow; [*vestito*] to shrink* **2** *(contrarsi)* [*pupilla*] to contract **3** FIG. [*campo, ambito, possibilità*] to be* narrowed.

restringimento /restrindʒi'mento/ m. **1** *(di strada, valle, fiume)* narrowing; *(di stoffe)* shrinkage **2** MED. *(di pupilla)* contraction; *(di arteria)* constriction, stricture.

restrittivo /restrit'tivo/ agg. restrictive.

restrizione /restrit'tsjone/ f. restriction, restraint, limitation.

resurrezione /resurret'tsjone/ → **risurrezione.**

resuscitare /resuʃʃi'tare/ → **risuscitare.**

retaggio, pl. **-gi** /re'taddʒo, dʒi/ m. legacy, heritage.

retata /re'tata/ f. *(della polizia)* (police) raid, swoop, bust; ***fare una ~*** to swoop, to round up, to make a raid.

rete /'rete/ f. **1** net; ***gettare, tirare le -i*** to cast, haul in the nets **2** SART. TECN. TESS. netting; *(di metallo)* mesh, meshwork, wire netting; *(nel circo)* safety net; ***calze a ~*** fishnet stockings **3** *(di condutture, strade, canali)* network, system **4** *(di persone)* network; ***una ~ di spie, di trafficanti di droga*** a spy, drug dealers network, a spy, drug ring **5** SPORT *(nel tennis)* net; *(nel calcio)* net, goal; *(goal)* goal; ***tirare in ~*** to shoot the ball in; ***andare in ~*** to score (a goal) **6** TELEV. network **7** INFORM. network; ***la Rete*** the Net; ***collegare in ~*** to network [*computer*] **8** *(del letto)* sprung bed base **9** FIG. ***prendere qcn. nella rete*** to catch sb. in a trap; ***finire*** o ***cadere nella ~*** to fall into a trap *o* the net ♦♦ ***~ per capelli*** hairnet; ***~ di comunicazione*** communications network; ***~ di distribuzione*** *(di prodotti)* distribution network; *(di servizi)* supply system; ***~ elettrica*** electricity network; ***~ idrografica*** river system; ***~ stradale*** road network; ***~ telefonica*** telephone system *o* network; ***~ dei trasporti*** transport system; ***~ di vendita*** sales network.

reticella /reti'tʃɛlla/ f. **1** *(per la spesa)* mesh bag **2** *(per capelli)* hairnet **3** TECN. (wire) gauze, wire mesh **4** FERR. ***~ portabagagli*** (luggage) rack.

reticente /reti'tʃɛnte/ agg. reticent.

reticenza /reti'tʃɛntsa/ f. reticence; ***senza -e*** without reserve.

Retiche /'rɛtike/ n.pr.f.pl. (anche **Alpi ~**) Rhaetian Alps.

reticolare /retiko'lare/ agg. reticular.

reticolato /retiko'lato/ **I** agg. reticulate **II** m. **1** *(rete metallica)* wire netting, mesh; MIL. barbed wire entanglement **2** GEOGR. grid.

reticolo /re'tikolo/ m. **1** network, grid **2** BIOL. ZOOL. reticulum **3** FIS. OTT. reticle ♦♦ **~ cristallino** crystal lattice.
1.retina /'rɛtina/ f. ANAT. retina*.
2.retina /re'tina/ f. *(per capelli)* hairnet.
retino /re'tino/ m. **1** *(per farfalle)* butterfly net **2** *(per pesci)* landing net **3** TIP. halftone screen.
retore /'rɛtore/ m. rhetorician.
retorica /re'tɔrika/ f. rhetoric; ***fare della ~*** SPREG. to mouth rhetoric.
retorico, pl. **-ci**, **-che** /re'tɔriko, tʃi, ke/ agg. rhetorical (anche SPREG.); ***figura ~*** figure of speech.
retrattile /re'trattile/ agg. [*unghie*] retractile; AER. [*carrello*] rentractable.
retribuire /retribu'ire/ [102] tr. to remunerate, to pay*.
retribuito /retribu'ito/ **I** p.pass. → **retribuire II** agg. [*festività, lavoro*] paid; ***non ~*** unpaid; ***mal ~*** underpaid.
retributivo /retribu'tivo/ agg. [*quadro, livello*] wage attrib.; ***aumento ~*** salary increase, wage rise; ***sistema ~*** pay system.
retribuzione /retribut'tsjone/ f. pay, salary, wage.
retrivo /re'trivo/ **I** agg. [*mentalità, tendenze*] reactionary, conservative **II** m. (f. **-a**) reactionary.
1.retro /'rɛtro/ **I** m. *(di oggetto, veicolo)* back; *(di edificio)* back, rear; *(di foglio, assegno, moneta)* back, reverse; ***sul ~ di*** on the back of [*busta, foglio*]; at the back of [*edificio*]; ***il giardino sul ~*** the back *o* rear garden **II** avv. ***vedi ~*** see overleaf, please turn over.
2.retro /'rɛtro/ m.inv. → **retrobottega**.
3.retro /'rɛtro/ f.inv. → **retromarcia**.
retroattivamente /retroattiva'mente/ avv. retroactively.
retroattivo /retroat'tivo/ agg. AMM. DIR. [*provvedimento, legge*] retroactive, retrospective.
retroazione /retroat'tsjone/ f. *(feedback)* feedback.
retrobottega /retrobot'tega/ m. e f.inv. backshop.
retrocedere /retro'tʃɛdere/ [2, 30] **I** tr. **1** MIL. AMM. to downgrade, to demote [*impiegato*]; to reduce (in rank), to degrade [*militare*] **2** SPORT to relegate, to move down, to put* down [*squadra*] **II** intr. (aus. *essere*) **1** *(tornare indietro)* to retreat, to back away, to move backwards, to pull back; ***~ da una decisione*** FIG. to go back on a decision **2** SPORT [*squadra*] to be* relegated, to go* down (**in** to).
retrocessione /retrotʃes'sjone/ f. **1** *(di impiegato)* demotion, downgrading; *(di militare)* degrading **2** SPORT relegation, demotion.
retrocucina /retroku'tʃina/ m. e f.inv. back kitchen, scullery BE.
retrodatare /retroda'tare/ [1] tr. to backdate, to predate [*fattura, documento*].
retrodatazione /retrodatat'tsjone/ f. backdating.
retroflesso /retro'flesso/ agg. retroflex.
retrogrado /re'trɔgrado/ **I** agg. **1** *(che va all'indietro)* retrograde, retrogressive **2** FIG. *(retrivo)* [*persona*] reactionary, conservative; [*atteggiamento*] backward-looking **II** m. (f. **-a**) reactionary, stick-in-the-mud COLLOQ.
retroguardia /retro'gwardja/ f. MIL. rear(guard); ***stare alla ~*** FIG. to hang back.
retrogusto /retro'gusto/ m. aftertaste (anche FIG.).
retromarcia, pl. **-ce** /retro'martʃa, tʃe/ f. *(movimento)* reverse motion, backing; *(disposivo di cambio)* reverse (gear); ***luce di ~*** reversing light, backup light AE; ***mettere la ~*** to go into reverse; ***uscire dal garage in ~*** to back out of the garage, to reverse a car out of the garage; ***fare ~*** to back (up), to reverse; FIG. to back off, to back-pedal, to backtrack.
retronebbia /retro'nebbja/ m.inv. rear foglamp.
retrorazzo /retro'raddzo/ m. retrorocket.
retroscena /retroʃ'ʃɛna/ m.inv. ***i ~ della politica*** the backstage political events; ***svelare tutti i ~*** to reveal all the hidden details *o* what went on behind the scenes.
retrospettiva /retrospet'tiva/ f. retrospective.
retrospettivo /retrospet'tivo/ agg. retrospective.
retrostante /retros'tante/ agg. ***gli edifici -i*** the buildings at the back; ***i locali -i al negozio*** the rooms behind the shop.
retroterra /retro'tɛrra/ m.inv. **1** *(entroterra)* hinterland **2** FIG. background.
retroversione /retrover'sjone/ f. LING. back translation.
retrovia /retro'via/ f. rear, zone behind the front line; ***nelle -e*** behind the lines.
retrovisivo /retrovi'zivo/ agg. ***specchietto ~*** rear-view *o* driving mirror.
retrovisore /retrovi'zore/ agg. e m. ***(specchietto) ~*** rear-view *o* driving mirror.
1.retta /'rɛtta/ f. ***dare ~ a qcn.*** to pay attention to sb., to listen to sb.; ***dammi ~!*** listen to me!
2.retta /'rɛtta/ f. *(per il vitto)* (boarding) charge; *(per la scuola)* tuition fees pl.
3.retta /'rɛtta/ f. MAT. (straight) line.
rettale /ret'tale/ agg. rectal.
rettangolare /rettango'lare/ agg. rectangular.
rettangolo /ret'tangolo/ **I** agg. [*triangolo, trapezio*] right-angled **II** m. rectangle.
rettifica, pl. **-che** /ret'tifika, ke/ f. **1** *(di calcolo, tracciato)* adjustment, rectification; *(di legge)* amendment; *(nella stampa)* correction **2** TECN. grinding.
rettificare /rettifi'kare/ [1] tr. **1** *(correggere)* to correct, to adjust, to amend [*errore, documento, calcolo*]; ***"solo uno," rettificò*** "just one," he corrected **2** MAT. CHIM. to rectify **3** TECN. to grind.
rettificazione /rettifikat'tsjone/ f. MAT. CHIM. rectification.
rettifilo /retti'filo/ m. straight stretch (of road).
rettile /'rɛttile/ m. reptile (anche SPREG.).
rettilineo /retti'lineo/ **I** agg. rectilinear (anche FIS.), straight **II** m. straight stretch (of road) ♦ **~ *d'arrivo*** SPORT (home) straight.
rettitudine /retti'tudine/ f. (up)rightness, rectitude.
retto /'rɛtto/ **I** agg. **1** *(diritto)* straight, right **2** FIG. *(onesto)* [*persona, vita*] straight, honest, upright; *(corretto)* [*giudizio*] correct, right **3** MAT. [*linea, angolo*] straight; ***in linea -a*** in a straight line; ***ad angolo ~*** right-angled **II** m. **1** ANAT. rectum* **2** TIP. recto*.
rettorato /retto'rato/ m. *(carica)* rectorship, rectorate; *(ufficio)* rector's office.
rettore /ret'tore/ m. **1** *(di università)* rector; *(in GB)* chancellor, provost **2** *(di seminario, istituto religioso)* rector.
reumatico, pl. **-ci**, **-che** /reu'matiko, tʃi, ke/ agg. rheumatic.
reumatismo /reuma'tizmo/ ♦ **7** m. rheumatism, rheumatics + verbo sing. COLLOQ.; ***avere i -i*** to suffer from rheumatism.
reumatoide /reuma'tɔide/ agg. [*artrite*] rheumatoid.
reumatologia /reumatolo'dʒia/ f. rheumatology.
reumatologo, m.pl. **-gi**, f.pl. **-ghe** /reuma'tɔlogo, dʒi, ge/ ♦ **18** m. (f. **-a**) rheumatologist.
Rev. ⇒ Reverendo Reverend (Rev, Revd).
revanscismo /revan'ʃizmo/ m. revanchism.
revanscista, m.pl. **-i**, f.pl. **-e** /revan'ʃista/ m. e f. revanchist.
reverendo /reve'rendo/ ♦ **1 I** agg. reverend **II** m. reverend, priest.
reverenza /reve'rɛntsa/ → **riverenza**.
reverenziale /reveren'tsjale/ agg. reverential; ***timore ~*** (reverential) awe.
reversibile /rever'sibile/ agg. **1** reversible **2** DIR. reversionary.
reversibilità /reversibili'ta/ f.inv. **1** reversibility **2** DIR. ***pensione di ~*** reversionary pension.
reversione /rever'sjone/ f. DIR. reversion.
revisionare /revizjo'nare/ [1] tr. **1** *(rivedere)* to revise, to correct, to check [*articolo, bozze*] **2** TECN. to overhaul, to service [*macchina, veicolo, motore*] **3** DIR. BUROCR. to revise, to amend [*contratto, documento*]; to review [*bilancio*].
revisione /revi'zjone/ f. **1** *(riesame) (di posizione, tariffe, accordo)* revision, review(al); *(di documento, contratto)* revision, amendment **2** *(di macchina, veicolo, motore)* overhaul, service; ***portare la macchina alla ~*** to have one's car serviced **3** *(di testo)* edit; *(di bozze)* proofreading ♦♦ **~ *dei conti*** audit.
revisionismo /revizjo'nizmo/ m. revisionism.
revisionista, m.pl. **-i**, f.pl. **-e** /revizjo'nista/ agg., m. e f. revisionist.
revisionistico, pl. **-ci**, **-che** /revizjo'nistiko, tʃi, ke/ agg revisionist.
revisore /revi'zore/ ♦ **18** m. reviser, check clerk; *(di testi)* editor ♦♦ **~ *contabile*** o ***dei conti*** auditor.

revoca, pl. **-che** /'rɛvoka, ke/ f. **1** *(di provvedimento, ordine)* revocation, cancellation; *(di legge)* repeal; *(di contratto)* termination **2** *(di embargo, sciopero)* lifting; *(di sovvenzione, pensione)* suspension **3** *(di funzionario, ambasciatore)* removal.
revocabile /revo'kabile/ agg. revocable.
revocare /revo'kare/ [1] tr. **1** *(annullare)* to revoke, to cancel [*decreto, provvedimento, decisione, credito, pensione*]; to revoke, to countermand [*divieto, ordine*]; to call off [*sciopero*] **2** *(rimuovere da un incarico)* to remove [*funzionario*].
revocativo /revoka'tivo/, **revocatorio**, pl. **-ri, -rie** /revoka'tɔrjo, ri, rje/ agg. revocatory, revoking.
revolver /re'vɔlver/ m.inv. revolver, gun.
revolverata /revolve'rata/ f. revolver shot.
RFT /erreeffe'ti/ f. (⇒ Repubblica Federale Tedesca Federal Republic of Germany) FRG.
Rh /erre'akka/ m.inv. (⇒ Rhesus Rhesus) Rh; *~ **positivo, negativo*** Rh positive, negative.
rhum → **rum.**
RI ⇒ Repubblica Italiana Italian Republic.
riabbracciare /riabbrat'tʃare/ [1] **I** tr. *(abbracciare di nuovo)* to hug [sb.] again; *(rivedere)* to meet* [sb.] again, to see* [sb.] again **II riabbracciarsi** pronom. to meet* again.
riabilitante /riabili'tante/ agg. rehabilitative.
riabilitare /riabili'tare/ [1] **I** tr. **1** *(reintegrare)* to re-establish, to reinstate **2** *(socialmente)* to rehabilitate **3** MED. to rehabilitate [*arto*] **II riabilitarsi** pronom. [*persona*] to clear one's name, to recover one's reputation.
riabilitazione /riabilitat'tsjone/ f. **1** *(reintegrazione)* re-establishment, reinstatement **2** *(sociale)* rehabilitation **3** MED. rehabilitation.
riabituare /riabitu'are/ [1] **I** tr. to reaccustom **II riabituarsi** pronom. to reaccustom oneself, to get* used again.
riaccendere /riat'tʃɛndere/ [10] **I** tr. **1** to light* [sth.] again, to rekindle [*fuoco*]; to light* [sth.] again [*candela, pipa*]; to turn [sth.] on again, to switch [sth.] on again [*luce, radio, gas*]; to restart [*motore*] **2** FIG. to revive, to inflame [sth.] again [*disputa, passione*]; ***~ la speranza in qcn.*** to give sb. new hope **II riaccendersi** pronom. **1** [*fuoco*] to rekindle; [*legna*] to catch* fire again; [*motore*] to restart **2** FIG. [*disputa, passione, speranza*] to revive, to rekindle.
riaccompagnare /riakkompaɲ'ɲare/ [1] tr. to take* back, to lead* back; ***~ qcn. (a casa)*** to bring *o* take sb. home; *(in auto)* to drive sb. home.
riaccordare /riakkor'dare/ [1] tr. to re-string* [*racchetta*]; to retune [*strumento musicale*].
riaccostarsi /riakkos'tarsi/ [1] pronom. to move close again, to draw* close again (anche FIG.); ***~ alla fede*** to return to one's faith.
riacquistare /riakkwis'tare/ [1] tr. **1** → **ricomprare 2** FIG. to regain, to recover [*vista, parola, sicurezza, libertà*]; ***~ le forze*** to get back one's strength.
riacutizzarsi /riakutid'dzarsi/ [1] pronom. **1** MED. [*sintomo, malattia*] to flare up, to worsen **2** FIG. [*crisi*] to worsen; [*dolore*] to sharpen.
riadattamento /riadatta'mento/ m. readjustment; MUS. LETTER. reworking.
riadattare /riadat'tare/ [1] **I** tr. to readjust, to alter [*vestito*]; to rework [*musica, opera*] **II riadattarsi** pronom. to readjust, to readapt.
riaddormentare /riaddormen'tare/ [1] **I** tr. ***(fare) ~ un bambino*** to put a child to sleep again **II riaddormentarsi** pronom. to get* back to sleep, to go* back to sleep.
riaffacciarsi /riaffat'tʃarsi/ [1] pronom. **1** ***~ alla finestra*** to reappear at the window **2** FIG. [*pensiero, ricordo*] to occur again.
riaffermare /riaffer'mare/ [1] **I** tr. to reaffirm **II riaffermarsi** pronom. to reaffirm oneself.
riaffiorare /riaffjo'rare/ [1] intr. (aus. *essere*) to resurface.
riagganciare /riaggan'tʃare/ [1] **I** tr. to couple [sth.] again, to hitch [sth.] again [*vagone, rimorchio*]; to hang* up [*cornetta, telefono*] **II riagganciarsi** pronom. *(fare riferimento)* ***-rsi a*** to refer back to, to go back to.
riaggiustare /riaddʒus'tare/ [1] **I** tr. to repair [sth.] again [*lavatrice, radio*] **II riaggiustarsi** pronom. to readjust [*cravatta, cappello*].
riallacciare /riallat'tʃare/ [1] **I** tr. **1** to tie [sth.] up again [*lacci, scarpe*]; to fasten [sth.] again [*cintura di sicurezza*] **2** FIG. *(ristabilire)* to renew, to resume [*amicizia, rapporti*] **3** *(ricollegare)* to reconnect [*telefono, corrente*] **II riallacciarsi** pronom. *(ricollegarsi)* [*opera, artista, problema*] to be* linked, to be* connected (**a** to).
riallineamento /riallinea'mento/ m. realignment (anche ECON.).
riallineare /ralline'are/ [1] **I** tr. to realign (anche ECON.) **II riallinearsi** pronom. to realign.
rialzare /rial'tsare/ [1] **I** tr. **1** *(alzare di nuovo)* to lift up (again); ***~ lo sguardo*** to look up again; ***~ la testa*** FIG. to hold one's head up again **2** *(rendere più alto)* to raise, to take* up [*edificio*] **3** *(aumentare)* to increase, to raise [*prezzi*] **II rialzarsi** pronom. **1** *(sollevarsi)* [*persona*] to get* up, to rise*, to pick oneself up **2** *(aumentare)* [*temperatura*] to go* up.
rialzato /rial'tsato/ **I** p.pass. → **rialzare II** agg. [*bordo*] upturned; ***piano ~*** mezzanine.
rialzista, m.pl. **-i**, f.pl. **-e** /rial'tsista/ m. e f. ECON. bull, stag BE.
rialzo /ri'altso/ m. **1** *(aumento) (di prezzi, temperatura)* rise, increase (**di** in) **2** *(in borsa)* rise; ***al ~*** [*corsa, mercato*] bull attrib.; ***in ~*** [*valore, titolo*] bullish, buoyant, surging; ***chiudere in ~*** to close up; ***essere in ~, andare al ~*** to be on the rise, to rise; ***tendenza al ~*** upward trend, uptrend; ***in ~ di 5 punti*** up 5 points **3** *(di terreno)* rise, height **4** *(spessore)* wedge, chock; *(per scarpe)* lift.
riamare /ria'mare/ [1] tr. *(contraccambiare l'amore)* ***~ qcn.*** to love sb. in return, to return sb.'s love.
riambientarsi /riambjen'tarsi/ [1] pronom. to readjust, to readapt.
riammettere /riam'mettere/ [60] tr. to readmit [*studente, socio*].
riammissione /riammis'sjone/ f. readmission, readmittance.
riandare /rian'dare/ [1] intr. (aus. *essere*) to go* back, to return; ***riandò con la memoria al passato*** FIG. her mind wandered *o* travelled back to her past.
rianimare /riani'mare/ [1] **I** tr. **1** *(far riprendere coscienza)* to reanimate, to revive; MED. to resuscitate [*persona*] **2** *(rinvigorire, rallegrare)* to revive, to cheer up [*persona*] **3** *(movimentare, riaccendere)* to reanimate [*dibattito, conversazione*] **II rianimarsi** pronom. **1** *(riprendere coscienza)* to revive, to regain consciousness, to come* round COLLOQ. **2** *(riaccendersi)* [*dibattito, conversazione*] to liven up **3** *(riprendere coraggio)* to take* heart again.
rianimazione /rianimat'tsjone/ f. reanimation; MED. resuscitation, intensive care; ***sala (di) ~*** recovery room; ***essere in ~*** to be in the recovery room.
riannodare /rianno'dare/ [1] tr. **1** to tie [sth.] again, to knot [sth.] again [*lacci, corda*] **2** FIG. to renew [*amicizia*].
riapertura /riaper'tura/ f. *(di scuole, negozi, negoziati)* reopening.
riapparire /riappa'rire/ [47] intr. (aus. *essere*) [*persona, sole*] to reappear.
riapparizione /riapparit'tsjone/ f. reappeareance.
riaprire /ria'prire/ [91] **I** tr. **1** to reopen, to open [sth.] again [*porta, occhi*]; to turn [sth.] back on [*acqua*]; FIG. to reopen [*ferita*] **2** *(rimettere in servizio)* to reopen [*negozio, strada*] **3** *(riprendere)* to reopen [*dibattito, dialogo, caso*] **II** intr. (aus. *avere*) [*negozio, scuola, museo, teatro*] to reopen **III riaprirsi** pronom. [*porta, ferita*] to be* reopened, to be* opened again.
riarmare /riar'mare/ [1] **I** tr. to rearm **II riarmarsi** pronom. to rearm.
riarmo /ri'armo/ m. rearmament.
riarruolarsi /riarrwo'larsi/ [1] pronom. to re-enlist.
riarso /ri'arso/ agg. [*terra, gola*] parched, dry.
riascoltare /riaskol'tare/ [1] tr. to listen to [sth.] again [*musica, conversazione*]; to replay, to play [sth.] again [*disco, cassetta*].
riassaporare /riassapo'rare/ [1] tr. to taste [sth.] again (anche FIG.).
riassegnare /riasseɲ'ɲare/ [1] tr. to reallocate, to reassign [*missione, sovvenzione*]; to reassign, to give* [sth.] again [*premio*].
riassestamento /riassesta'mento/ m. **1** *(di impresa)* reorganization **2** *(di terreno)* resettlement.

riassestare /riasses'tare/ [1] **I** tr. **1** *(risistemare)* to rearrange **2** *(rimettere in sesto)* to reorganize [*economia, impresa*] **II riassestarsi** pronom. **1** [*paese, economia*] to be* reorganized **2** [*terreno*] to settle again, to resettle.

riassetto /rias'sɛtto/ m. *(nuovo ordinamento)* reorganization.

riassorbimento /riassorbi'mento/ m. **1** reabsorption **2** FIG. *(di lavoratori)* re-employment, taking back.

riassorbire /riassor'bire/ [109] **I** tr. **1** to reabsorb **2** FIG. to take* back, to re-employ [*mano d'opera*] **II riassorbirsi** pronom. to be* reabsorbed.

riassumere /rias'sumere/ [23] tr. **1** *(riprendere)* to take* [sth.] again, to reassume [*carica*]; to return to [*potere, guida del partito*] **2** *(al lavoro)* to re-employ, to reinstate [*impiegato*] **3** *(condensare)* to summarize, to sum up [*testo, idea*]; ***riassumendo...*** to sum up *o* in summary...

riassuntivo /riassun'tivo/ agg. resumptive.

riassunto /rias'sunto/ m. summary; ***fare il ~ di qcs.*** to make *o* give a summary of sth., to summarize sth.

riassunzione /riassun'tsjone/ f. re-employment, reinstatement.

riattaccare /riattak'kare/ [1] **I** tr. **1** *(attaccare di nuovo)* to reattach; *(allacciare di nuovo)* to turn on [sth.] again [*corrente*]; *(ricucire)* to sew* [sth.] back on [*bottone*]; *(appiccicare di nuovo)* to stick* [sth.] on again; *(con la colla)* to glue [sth.] on again **2** *(al telefono)* ***~ (la cornetta*** o ***il telefono)*** to hang up (the phone) **3** *(ricominciare)* ***~ a parlare*** to start talking again **II** intr. (aus. *avere*) to start again, to begin* again **III riattaccarsi** pronom. [*adesivo*] to stick* again.

riattare /riat'tare/ [1] tr. to restore [*edificio*].

riattivare /riatti'vare/ [1] tr. **1** to reactivate [*linea telefonica, circuito elettrico*]; to put* [sth.] back in service [*impianto*]; to reopen [*strada, fabbrica*]; ***il servizio (di) pullman è stato riattivato*** buses are back to normal *o* are running normally again **2** *(reintrodurre)* to offer [sth.] again [*insegnamento*] **3** MED. to stimulate [*circolazione*].

riattivazione /riattivat'tsjone/ f. **1** *(di impianto, fabbrica, servizio)* reactivation **2** MED. stimulation.

riavere /ria'vere/ [5] **I** tr. **1** *(avere di nuovo)* to regain [*vista, libertà*] **2** *(avere indietro)* to have* back, to get* back **II riaversi** pronom. to recover one's senses, to come* round; ***-rsi da*** to collect oneself from, to get over [*sorpresa, spavento*]; to recover from [*malattia*].

riavviare /riavvi'are/ [1] **I** tr. to restart [*macchina*]; to reboot [*computer*] **II riavviarsi** pronom. to restart.

riavvicinamento /riavvitʃina'mento/ m. reapproaching; FIG. reapproaching, rapprochement.

riavvicinare /riavvitʃi'nare/ [1] **I** tr. **1** to bring* [sth.] close again, to move [sth.] close again **2** *(riconciliare)* to reconcile, to bring* [sb.] together [*famiglie, amici*] **II riavvicinarsi** pronom. **1** to move close again, to draw* close again (**a** to) **2** *(riconciliarsi)* to become* reconciled, to make* it up again (**a qcn.** with sb.).

riavvolgere /riav'vɔldʒere/ [101] **I** tr. **1** *(arrotolare di nuovo)* to roll up [sth.] again [*corda, fascia*]; to rewind* [*cassetta, nastro*] **2** *(avviluppare di nuovo)* ***~ qcs. nel cellofan*** to wrap sth. up in cellophane again **II riavvolgersi** pronom. **1** *(riarrotolarsi)* [*cassetta, nastro*] to rewind* **2** *(avvilupparsi di nuovo)* ***~ in*** to wrap oneself up again in [*cappotto, scialle*].

riavvolgimento /riavvoldʒi'mento/ m. rewind(ing).

ribadire /riba'dire/ [102] tr. **1** *(ribattere)* to rivet [*chiodo*] **2** FIG. to reassert, to confirm [*intenzione, accusa*]; ***vorrei ~ che...*** I'd like to stress *o* underline that...

ribaldo /ri'baldo/ m. rogue, rascal.

ribalta /ri'balta/ f. **1** *(di tavolo, scrivania)* (drop) leaf*, flap **2** TEATR. *(proscenio)* apron stage; ***luci della ~*** footlights, limelights; ***chiamare gli attori alla ~*** to make a curtain call; ***presentarsi alla ~*** to take a curtain call **3** FIG. limelight, fore(front); ***venire alla ~*** to come to the fore *o* into the limelight; ***tornare alla ~*** [*artista, politico*] to make a comeback.

ribaltabile /ribal'tabile/ agg. **1** [*letto, tavolo*] folding, fold-away; [*sedile*] folding **2** AUT. ***camion (con cassone) ~*** tipper lorry, dump(er) truck.

ribaltamento /ribalta'mento/ m. **1** *(capottamento)* overturning **2** FIG. *(capovolgimento)* reversal, overturning.

ribaltare /ribal'tare/ [1] **I** tr. **1** *(ripiegare)* to fold down [*sedile, schienale, letto*] **2** *(capovolgere)* to tip over, to turn over **3** FIG. to reverse, to overturn [*governo, situazione, risultato*] **II ribaltarsi** pronom. **1** [*veicolo*] to overturn, to turn over, to roll over; [*barca*] to capsize, to roll over **2** FIG. [*situazione*] to overturn.

ribaltone /ribal'tone/ m. *(capovolgimento)* reversal; ***~ politico*** = sudden change in political alliances.

ribassare /ribas'sare/ [1] tr. **1** *(ridurre)* to reduce, to cut*, to pull down [*percentuale, prezzi*] **2** ARCH. to lower [*arco*].

ribassato /ribas'sato/ **I** p.pass. → **ribassare II** agg. **1** [*prezzo*] reduced, cut down **2** AUT. [*telaio*] low-slung.

ribassista, m.pl. **-i**, f.pl. **-e** /ribas'sista/ m. e f. ECON. bear.

ribasso /ri'basso/ m. **1** ECON. fall, decline; ***al ~*** [*corsa, mercato*] bear attrib.; ***in ~*** [*valore, titolo*] bearish; ***chiudere in ~*** to close down; ***essere in ~, andare al ~*** to be on the decline, to decline; ***tendenza al ~*** downward trend, downtrend; ***in ~ di 5 punti*** down 5 points **2** *(sconto)* discount, mark-down, allowance, rebate.

ribattere /ri'battere/ [2] **I** tr. **1** *(battere di nuovo)* to beat* [sth.] again **2** *(ribadire)* to rivet [*chiodo*] **3** *(a macchina)* to retype [*lettera*] **4** SPORT *(respingere)* to hit* back [*palla*] **5** *(confutare)* to reject [*accusa*]; to refute [*argomentazioni*] **6** *(ridire)* to reply, to retort; ***ha sempre qualcosa da ~*** he's always got something to say **II** intr. (aus. *avere*) *(replicare)* to answer back, to talk back.

ribattezzare /ribatted'dzare/ [1] tr. *(rinominare)* to rename, to rechristen [*strada, partito, città*].

ribattino /ribat'tino/ m. rivet.

ribellarsi /ribel'larsi/ [1] pronom. to rebel, to revolt (**a, contro** against).

ribelle /ri'bɛlle/ **I** agg. **1** MIL. [*forze, capo, soldato*] rebel attrib. **2** *(insorto)* [*popolazione*] rebellious; *(che rifiuta l'autorità)* [*figlio, bambino*] rebellious, mutinous **3** *(indocile)* [*capelli*] unmanageable, unruly **II** m. e f. rebel.

ribellione /ribel'ljone/ f. *(insurrezione)* rebellion; *(disubbidienza)* revolt; ***atto di ~*** rebellious act; ***essere in aperta ~*** to be in open rebellion *o* revolt; ***incitare qcn. alla ~*** to incite sb. to revolt.

ribes /'ribes/ m.inv. currant ♦♦ ***~ nero*** blackcurrant; ***~ rosso*** redcurrant.

ribollire /ribol'lire/ [108] intr. (aus. *avere*) **1** *(fremere)* [*persona*] to boil, to seethe; ***~ di*** to be boiling with, to seethe *o* simmer with [*impazienza, rabbia*]; ***mi fa ~ il sangue!*** it makes my blood boil! **2** *(fermentare)* to ferment.

ribollita /ribol'lita/ f. GASTR. = Tuscan soup made with beans, red cabbage and bread cooked one day in advance and reheated.

ribonucleico /ribonu'klɛiko/ agg. ***acido ~*** ribonucleic acid.

ribrezzo /ri'breddzo, ri'brettso/ m. disgust, horror; ***provare ~ per qcn., qcs.*** to be disgusted at sb., sth.; ***fare ~ a qcn.*** to disgust *o* loathe sb.

ributtante /ribut'tante/ agg. [*aspetto, spettacolo*] disgusting, horrible.

ributtare /ribut'tare/ [1] **I** tr. *(buttare indietro)* to throw* back, to fling* back [*palla*]; *(in acqua)* to throw* back [*pesce*] **II** intr. (aus. *avere*) **1** *(provocare ribrezzo)* ***~ a qcn.*** to disgust sb. **2** *(rimettere germogli)* [*pianta*] to sprout again **III ributtarsi** pronom. to throw* oneself again, to fling* oneself again; ***-rsi in acqua*** to jump back in the water.

ricacciare /rikat'tʃare/ [1] **I** tr. **1** *(mandare via di nuovo)* to throw* out [sb.] again, to chase away [sb.] again **2** *(respingere)* to force back, to repulse [*nemico*]; to turn back [*folla*] **3** *(infilare di nuovo)* to shove back, to thrust back (**in** in); ***~ le mani in tasca*** to put one's hands back in one's pockets **4** FIG. *(reprimere)* to fight* back, to force back [*lacrime*]; ***ti ricaccerò in gola le tue parole*** I'll make you swallow your words **II ricacciarsi** pronom. ***-rsi nei guai*** to get into trouble again.

ricadere /rika'dere/ [26] intr. (aus. *essere*) **1** *(cadere di nuovo)* to fall* again; ***~ nel peccato, nell'errore*** FIG. to fall back into evil ways **2** *(cadere a terra)* to fall*; ***~ sulle zampe*** [*gatto*] to land on one's feet **3** *(pendere)* to hang*, to fall*; ***capelli gli ricadevano sulle spalle*** his hair fell over his shoulders **4** *(gravare)* ***~ su qcn.*** [*responsabilità, fastidi*] to fall on sb. **5** MED. *(riammalarsi)* to relapse.

ricaduta /rika'duta/ f. **1** MED. relapse; ***avere una ~*** to relapse, to have a relapse **2** *(effetto)* effect, spin-off, fallout (**su** on).

ricalcare /rikal'kare/ [1] tr. **1** to trace (out) [*disegno*] **2** *(imitare)* to imitate, to copy, to follow; ***~ le orme di qcn.*** to follow in sb.'s footsteps.

ricalcitrante /rikaltʃi'trante/ → **recalcitrante**.

ricalcitrare /rikaltʃi'trare/ → **recalcitrare**.

ricalco, pl. **-chi** /ri'kalko, ki/ m. tracing; ***carta da ~*** tracing paper.

ricamare /rika'mare/ [1] tr. to embroider (anche MED.).

ricamatore /rikama'tore/ ♦ *18* m. (f. **-trice** /tritʃe/) embroiderer.

ricambiare /rikam'bjare/ [1] tr. *(contraccambiare)* to return, to exchange, to reciprocate [*saluto, favore, invito, complimento, auguri*]; ***il mio amore non era ricambiato*** my love was not returned; ***come posso ~?*** how can I return your favour *o* pay you back?

ricambio, pl. **-bi** /ri'kambjo, bi/ m. **1** change; ***qui c'è bisogno di un ~ d'aria*** we need some fresh air in here; ***un abito di ~*** a change of suit **2** *(elemento sostitutivo)* ***(pezzo di) ~*** spare (part); ***ruota di ~*** spare wheel **3** *(avvicendamento)* turnover **4** MED. metabolism.

ricamo /ri'kamo/ m. *(arte)* embroidery; *(lavoro)* (piece of) embroidery, needlework; ***da ~*** [*filo, telaio, ago*] embroidery attrib.

ricanalizzare /rikanalid'dzare/ [1] tr. to recanalize.

ricanalizzazione /rikanaliddzat'tsjone/ f. recanalization.

ricandidarsi /rikandi'darsi/ [1] pronom. to present oneself as a candidate again.

ricapitolare /rikapito'lare/ [1] tr. to sum up, to summarize, to recapitulate FORM., to recap COLLOQ.; ***ricapitolando...*** to sum up..., in short...

ricapitolazione /rikapitolat'tsjone/ f. summary, recapitulation FORM., recap COLLOQ.

ricarica, pl. **-che** /ri'karika, ke/ f. *(di accendino, penna)* recharge, refill; *(di batteria)* recharge; *(di arma)* reload; *(di orologio, sveglia)* key, winder.

ricaricabile /rikari'kabile/ agg. [*batteria, scheda telefonica*] rechargeable; [*accendino, penna*] refillable, rechargeable.

ricaricare /rikari'kare/ [1] **I** tr. **1** *(con un nuovo carico)* to reload [*veicolo*] **2** *(con una nuova carica)* to refill, to recharge [*accendino, penna*]; to rewind* [*orologio, sveglia*]; to reload [*fucile*]; to recharge [*batteria, cellulare*] **3** FIG. *(dare nuova forza)* to buck **II ricaricarsi** pronom. **1** [*batteria, cellulare*] to recharge **2** FIG. *(recuperare energie)* to charge one's batteries.

ricascare /rikas'kare/ [1] intr. (aus. *essere*) **1** ***~ nello stesso errore*** to make the same mistake again **2 ricascarci** FIG. *(in un inganno)* to fall* for it again; *(in un errore)* to make* the same mistake again.

ricattare /rikat'tare/ [1] tr. to blackmail.

ricattatore /rikatta'tore/ m. (f. **-trice** /tritʃe/) blackmailer.

ricattatorio, pl. **-ri, -rie** /rikatta'tɔrjo, ri, rje/ agg. [*lettera*] blackmailing, blackmail attrib.

ricatto /ri'katto/ m. blackmail; ***subire un ~*** to be blackmailed; ***~ morale*** moral blackmail.

ricavare /rika'vare/ [1] tr. **1** *(estrarre)* to obtain, to extract [*sostanza*] (**da** from) **2** *(ottenere)* ***~ un ripostiglio dal sottoscala*** to make a closet under the stairs **3** *(trarre)* to draw* [*conclusione*]; to obtain, to have* [*vantaggio, beneficio*] **4** *(guadagnare)* to gain, to make*, to get* [*denaro*] (**da** from); to derive, to make*, to turn [*profitto*]; ***ne ho ricavato solo dei fastidi*** it gave me nothing but troubles.

ricavato /rika'vato/ m. ***il ~ di una vendita*** the revenue from a sale; ***il ~ del concerto è stato devoluto all'UNICEF*** the money raised from the concert was donated to UNICEF.

ricavo /ri'kavo/ m. proceeds pl., receipts pl., takings pl.

Riccardo /rik'kardo/ n.pr.m. Richard.

ricchezza /rik'kettsa/ **I** f. **1** wealth, richness, affluence, wealthiness; ***fonte di ~*** source of wealth **2** *(abbondanza)* richness **II ricchezze** f.pl. ***accumulare -e*** to accumulate wealth; ***le -e artistiche dell'Italia*** Italy's artistic treasures.

1.riccio, pl. **-ci, -ce** /'rittʃo, tʃi, tʃe/ **I** agg. [*capelli*] curly; [*persona*] curly-haired, curly-headed **II** m. **1** *(di capelli)* curl, lock, ringlet **2** *(di violino)* scroll.

2.riccio, pl. **-ci** /'rittʃo, tʃi/ m. **1** ZOOL. hedgehog **2** *(di castagna)* husk ♦ ***chiudersi a ~*** to shut up like a clam ♦♦ ***~ di mare*** (sea) urchin.

ricciolino /rittʃo'lino/ **I** agg. [*persona*] curly-haired, curly-headed **II** m. *(ricciolo)* curl, lock, ringlet.

ricciolo /'rittʃolo/ m. *(di capelli)* curl, lock, ringlet ♦♦ ***~ di burro*** butterball.

riccioluto /rittʃo'luto/ agg. [*persona*] curly-haired, curly-headed.

ricciuto /rit'tʃuto/ agg. [*capelli*] curly; [*persona*] curly-haired, curly-headed.

ricco, pl. **-chi, -che** /'rikko, ki, ke/ **I** agg. **1** *(benestante)* [*persona*] rich, wealthy, well off, well-to-do; *(prospero)* [*paese*] rich, wealthy; ***essere ~ di famiglia*** to come from a wealthy family; ***essere ~ sfondato*** COLLOQ. to be loaded, to be rolling with money **2** *(per abbondanza)* [*vegetazione, fauna, collezione, vocabolario*] rich **3** *(per contenuto)* [*terra, pascoli*] rich; ***~ di*** rich in [*risorse, vitamine*]; ***~ di boschi*** densely wooded; ***la regione è -a di siti archeologici*** the region is full of archaeological sites **4** *(lussuoso)* [*abito, stoffa*] rich **II** m. (f. **-a**) rich person; ***i -chi*** the rich, the affluent, the better-off, the wealthy, the well-off, the well-to-do; ***nuovo ~*** nouveau riche.

riccone /rik'kone/ m. (f. **-a**) moneybags.

ricerca, pl. **-che** /ri'tʃerka, ke/ f. **1** *(studio)* research (**su** into, on); *(risultato dello studio)* study, survey, piece of research; ***~ sul campo*** field study, fieldwork; ***fare una ~ su qcs.*** to make a study on sth.; ***sta facendo (delle) -che sul cancro*** she's doing some research on cancer; ***centro, laboratorio, gruppo di ~*** research centre, laboratory, unit **2** *(perlustrazione)* search, researches pl.; ***dopo due ore di ~*** after a two-hour search; ***partecipare alle -che*** to take part in the search **3** *(il cercare)* research, quest, pursuit; ***la ~ della felicità, della verità*** the pursuit of happiness, the quest for truth; ***essere alla ~ di*** to be looking for [*casa, lavoro*]; ***alla ~ di una soluzione*** in (the) search of a solution **4** *(indagine)* investigation, inquiry; ***faremo -che più approfondite*** we will inquire further into the matter **5** SCOL. (research) project, topic **6** INFORM. search, lookup; ***motore di ~*** search engine ♦♦ ***~ di mercato*** market research; ***~ scientifica*** scientific research; ***~ spaziale*** space research.

ricercare /ritʃer'kare/ [1] tr. *(cercare di trovare)* to look for, to seek* [*oggetto, persona*]; to try to find [*spiegazione, soluzione*]; to seek*, to hunt [*evaso, delinquente*]; *(perseguire)* to pursue, to seek* [*felicità*]; ***è ricercato per omicidio, dalla polizia*** he's wanted for murder, by the police.

ricercatezza /ritʃerka'tettsa/ f. *(cura, raffinatezza)* refinement; *(affettazione)* affectedness; *(di abiti)* elegance, sophistication.

ricercato /ritʃer'kato/ **I** p.pass. → **ricercare II** agg. **1** *(richiesto)* [*modella*] sought-after; ***è un articolo molto ~*** there's a great demand for this article, this article is in great demand **2** *(curato, elegante)* [*abito, stile*] refined, elegant; *(affettato)* [*linguaggio*] affected, mannered **III** m. (f. **-a**) wanted person.

ricercatore /ritʃerka'tore/ ♦ *18* m. (f. **-trice** /tritʃe/) *(studioso)* researcher (anche UNIV.), research worker.

ricetrasmettitore /ritʃetrazmetti'tore/ m. transceiver, two-way radio.

ricetrasmittente /ritʃetrazmit'tɛnte/ agg. e f. ***(apparecchio) ~*** transceiver, two-way radio.

ricetta /ri'tʃɛtta/ f. **1** MED. prescription **2** GASTR. recipe; ***mi dai la ~ della torta?*** can you give me the recipe for the cake? ***libro di -e*** recipe book, cookbook **3** *(rimedio, metodo)* ***una ~ contro la noia*** a remedy for boredom; ***non esiste ~ per essere felici*** there's no (magic) formula for happiness.

ricettacolo /ritʃet'takolo/ m. ***un ~ di germi*** a breeding ground for germs; ***~ di ladri*** den of thieves.

ricettare /ritʃet'tare/ [1] tr. to handle, to receive, to fence COLLOQ. [*merce rubata*].

ricettario, pl. **-ri** /ritʃet'tarjo, ri/ m. **1** MED. prescription book **2** GASTR. recipe book, cookbook.

ricettatore /ritʃetta'tore/ m. (f. **-trice** /tritʃe/) handler, receiver (of stolen goods), fence COLLOQ.

ricettazione /ritʃettat'tsjone/ f. receiving, fencing COLLOQ.

ricettività /ritʃettivi'ta/ f.inv. **1** RAD. TELEV. receptivity **2** *(di strutture turistiche)* accommodation capacity.
ricettivo /ritʃet'tivo/ agg. **1** *(sensibile)* responsive (**a** to) **2** RAD. TELEV. receptive **3** *(nel settore turistico)* ***capacità -a*** accommodation capacity; ***strutture -e*** accommodation facilities.
ricevente /ritʃe'vɛnte/ **I** agg. receiving **II** m. e f. receiver.
ricevere /ri'tʃevere/ [2] tr. **1** *(essere il destinatario di)* to receive, to get* [*regalo, denaro, telefonata, lettera, complimento, risposta, rimproveri*] (**da** from); *(percepire)* to get*, to draw*, to take* [*stipendio*]; *(accettare)* to accept [*prenotazioni*]; ***~ molte critiche*** to be much criticized; ***~ un rifiuto*** to be refused *o* turned down; ***~ notizie di qcn.*** to hear from sb., to have news from sb.; ***~ un calcio*** to get kicked **2** *(accogliere)* to welcome, to receive [*amici, invitati*]; *(in modo ufficiale)* to receive [*ministro, ambasciatore, delegazione*]; ***è stato ricevuto dal ministro*** the minister granted him audience **3** *(per una consultazione)* to see*, to receive [*pazienti, clienti*]; ***il dottore riceve solo su appuntamento*** the doctor only sees patients by appointment; ***il professore riceve fra le 14 e le 17*** the professor's office hours are between 2 and 5 pm; ***il direttore la riceverà nel suo ufficio*** the manager will see you in his office **4** RAD. TELEV. to receive [*segnale, onde*]; ***questo canale si riceve male*** the reception of this channel is bad; ***la ricevo forte e chiaro*** I am receiving you *o* I can read you loud and clear; ***ricevuto!*** roger! wilco! **5** *(prendere)* to get* [*sole, pioggia*]; ***la stanza non riceve mai la luce del sole*** the room never gets any sun **6** SPORT to catch*; *(nella pallavolo)* to retrieve [*palla*].
ricevimento /ritʃevi'mento/ m. **1** *(intrattenimento)* reception, party; ***dare un ~*** to hold a reception, to give a party **2** *(di posta, merce)* receipt, acceptance; ***al ~ della fattura*** on receipt of the bill; ***avviso di ~*** confirmation of receipt, advice of delivery **3** ***orario di ~*** consulting hours.
ricevitore /ritʃevi'tore/ m. **1** TEL. receiver, earpiece; ***abbassare, alzare il ~*** to pick up, put down the receiver **2** RAD. TELEV. receiver **3** SPORT *(nel baseball)* catcher, (wide) receiver, backstop.
ricevitoria /ritʃevito'ria/ f. *(delle imposte)* tax office; *(del totocalcio)* football pools office; *(delle scommesse sui cavalli)* betting office.
ricevuta /ritʃe'vuta/ f. receipt; *(scontrino)* receipt, (sales) slip; *(quietanza)* quittance; ***rilasciare una ~*** to give *o* issue a receipt; ***accusare ~ di*** to acknowledge receipt of ♦♦ ***~ di consegna*** proof of delivery, delivery note; ***~ fiscale*** till receipt; ***~ di pagamento*** proof of payment, receipt for payment; ***~ di ritorno*** advice of delivery; ***~ di versamento*** bank receipt.
ricezione /ritʃet'tsjone/ f. **1** RAD. TELEV. reception, pickup **2** *(accoglienza)* reception **3** SPORT catching.
richiamare /rikja'mare/ [1] **I** tr. **1** *(chiamare di nuovo)* to call [sb.] again; *(al telefono)* to call [sb.] back, to phone [sb.] back, to ring* [sb.] back **2** *(fare ritornare indietro)* to call [sb.] back, to call [sb.] off [*persona, cane*]; MIL. POL. *(ritirare)* to recall, to summon back, to withdraw* [*truppe, ambasciatore*]; ***~ qcs. alla memoria*** FIG. to bring *o* call sth. (back) to mind **3** *(rimproverare)* to rebuke, to reprimand; ***~ qcn. all'ordine*** to call sb. to order; ***~ qcn. al dovere*** to recall sb. to his duty; ***~ qcn. all'obbedienza*** to bring sb. to heel **4** *(attirare)* to attract, to draw* [*folla, interesse*]; ***~ l'attenzione su qcs.*** to draw *o* focus attention on sth. **5** *(ricordare)* to remind **II** **richiamarsi** pronom. *(fare riferimento)* to refer (**a** to).
richiamata /rikja'mata/ f. TEL. ***tasto di ~*** redial button; ***~ su occupato*** callback facility.
richiamo /ri'kjamo/ m. **1** *(per attirare l'attenzione)* call, cry; ***accorrere ai -i di qcn.*** to answer sb.'s cries for help **2** *(verso di uccelli)* call note, cry **3** MIL. *(alle armi)* call-up **4** *(fascino)* appeal, call, allure, lure; ***esercitare un grande ~*** to have wide appeal; ***un evento di grande ~*** a crowd-pulling event; ***il ~ della foresta*** the call of the forest *o* wild **5** *(rimprovero)* admonition, warning; ***~ all'ordine*** call to order **6** MED. *(di vaccinazione)* booster **7** VENAT. lure; ***(uccello da) ~*** decoy **8** *(rimando)* reference; *(in libro, dizionario)* cross-reference.
richiedente /rikje'dɛnte/ m. e f. DIR. applicant, petitioner.
richiedere /ri'kjɛdere/ [27] tr. **1** *(domandare di nuovo)* ***~ qcs. a qcn.*** to ask sb. sth. again **2** *(domandare)* to ask; *(con insistenza)* to demand; *(sollecitare)* to ask for, to request [*soccorso, protezione*]; ***come da Lei, Voi richiesto*** as requested **3** *(esigere)* to exact, to demand [*puntualità*] **4** *(necessitare)* to require [*attenzione, competenze, pazienza, sacrifici*]; [*pianta, animale*] to need [*attenzione*]; to take* [*tempo*]; ***questo lavoro richiede il trasferimento*** the job would necessitate your moving **5** *(fare domanda)* to apply for [*passaporto, visto*]; to claim, to apply for [*sussidio, rimborso*].
richiesta /ri'kjɛsta/ f. **1** *(domanda, sollecitazione)* request, claim; *(invito insistente)* demand, call, plea; *(esigenza)* requirement; ***~ di denaro*** request for money; ***~ di fondi*** call for funds; ***~ di risarcimento danni*** refund request *o* claim; ***a ~*** on demand *o* request; ***su ~ di*** at the request of; ***a grande ~*** by popular demand *o* request; ***fare una ~*** to make a request; ***soddisfare le -e di qcn.*** to meet sb.'s requirements, to satisfy sb.'s demands; ***fermata a ~*** request stop BE **2** *(domanda scritta, istanza)* application; ***fare ~ di*** to apply for [*sussidio, visto, passaporto, trasferimento, asilo*] **3** ECON. COMM. call, demand.
richiesto /ri'kjɛsto/ **I** p.pass. → **richiedere** **II** agg. **1** *(ricercato)* [*articolo, modella*] sought-after; [*meta, servizio*] in demand; ***è un cantante molto ~*** he's in great demand as a singer **2** *(necessario)* [*documenti, condizioni*] requested, necessary; ***non ~*** unrequired, unwanted.
richiudere /ri'kjudere/ [11] **I** tr. *(chiudere di nuovo)* to close [sth.] again, to shut* [sth.] again; *(a chiave)* to lock [sth.] again **II** **richiudersi** pronom. [*porta, finestra*] to close again, to shut* again; [*ferita*] to heal up, to close; [*fiore, conchiglia*] to close ♦ ***-rsi nel proprio guscio*** to go back into one's shell.
riciclabile /ritʃi'klabile/ agg. [*rifiuti, carta*] recyclable.
riciclaggio, pl. **-gi** /ritʃi'kladdʒo, dʒi/ m. recycling; ***~ di denaro sporco*** money-laundering.
riciclare /ritʃi'klare/ [1] tr. to recycle [*carta, vetro, regalo, capitali*]; ***~ denaro sporco*** to launder money.
riciclato /ritʃi'klato/ **I** p.pass. → **riciclare** **II** agg. recycled.
ricino /'ritʃino/ m. ***olio di ~*** castor oil.
ricognitore /rikoɲɲi'tore/ m. AER. MIL. reconnaissance plane, spotter plane.
ricognizione /rikoɲɲit'tsjone/ f. MIL. reconnaissance, patrol; ***di ~*** [*pattuglia, giro, volo*] reconnaissance attrib.; ***aereo da ~*** → **ricognitore**; ***andare in*** o ***fare una ~*** to reconnoitre BE, to reconnoiter AE; FIG. to scout around, to have a look around; ***~ aerea*** air patrol.
ricollegare /rikolle'gare/ [1] **I** tr. **1** TECN. to reconnect **2** FIG. *(mettere in relazione)* to connect, to link, to associate (**a** to) **II** **ricollegarsi** pronom. **1** *(essere in connessione)* to be* connected **2** FIG. to refer (**a** to).
ricollocare /rikollo'kare/ [1] tr. to replace.
ricolmare /rikol'mare/ [1] tr. **1** *(riempire fino all'orlo)* to fill (to the brim), to fill up **2** FIG. ***~ qcn. di doni*** to load *o* shower sb. with gifts; ***~ qcn. di attenzioni*** to lavish attentions on sb.
ricolmo /ri'kolmo/ agg. full, brimful, overflowing (anche FIG.) (**di** with).
ricominciare /rikomin'tʃare/ [1] **I** tr. *(riprendere)* to go* back to, to return to, to restart, to resume [*lavoro, attività*]; ***~ a fare qcs.*** to begin *o* start doing, to do sth. again; ***~ a lavorare*** to start working again; ***~ a fumare*** to take up smoking again **II** intr. (aus. *essere, avere*) [*attività*] to restart, to start again, to begin* again; [*scuola*] to reopen, to start again; ***~ da zero*** o ***da capo*** to make a fresh *o* new start, to start over; ***le lezioni ricominciano a settembre*** classes start again *o* resume in September; ***ecco che ricominciano!*** there they go again! ***non ~!*** COLLOQ. don't start that again! **III** impers. (aus. *essere, avere*) ***ricomincia a piovere*** it's beginning to rain again.
ricomparire /rikompa'rire/ [47] intr. (aus. *essere*) [*sole*] to reappear, to come* out again; [*persona*] to reappear, to show* up again; [*dolore, sintomi, malattia*] to recur, to reappear.
ricomparsa /rikom'parsa/ f. *(di persona)* reappereance, return, comeback; *(di sintomo, malattia)* recurrence.
ricompensa /rikom'pɛnsa/ f. reward, payoff; ***per ~ di*** as a reward for, in payment for; ***offrire una ~ per qcs.*** to offer a reward for sth.; ***è questa la ~ per l'aiuto che ti ho dato?*** is this my return *o* what I get for helping you?
ricompensare /rikompen'sare/ [1] tr. to reward (**per** for); ***come potrò mai ricompensarti?*** how can I ever repay you?
ricomporre /rikom'porre/ [73] **I** tr. **1** *(comporre di nuovo)* to recompose, to rewrite* [*lettera*]; to piece together, to

reassemble [*puzzle*] **2** TIP. to reset* **3** TEL. to redial [*numero*] **4** FIG. ***~ il viso*** to compose one's face **5** *(appianare)* to smooth out, to settle [*lite*] **II ricomporsi** pronom. to compose oneself.

ricomprare /rikom'prare/ [1] tr. *(recuperare un oggetto venduto)* to buy* back; *(acquistare di nuovo)* to buy* [sth.] again.

riconciliare /rikontʃi'ljare/ [1] **I** tr. **1** *(conciliare di nuovo)* to reconcile **2** *(riconquistare)* to win* back, to regain; ***il suo discorso gli ha riconciliato la simpatia di tutti*** his speech won him back everybody's support **II riconciliarsi** pronom. [*coppia, amici*] to make* up, to come* together; [*nazioni*] to be* reconciled, to become* reconciled.

riconciliazione /rikontʃiljat'tsjone/ f. reconcilement, reconciliation, rapprochement.

riconducibile /rikondu'tʃibile/ agg. referable, ascribable (**a** to).

ricondurre /rikon'durre/ [13] tr. **1** *(riportare indietro)* to bring* back; ***~ qcn. a casa*** to take sb. back home; ***~ qcn. alla ragione*** FIG. to make sb. see reason **2** FIG. *(far risalire)* to trace back (**a** to); ***l'incidente è da ~ a un errore umano*** the accident can be ascribed *o* put down to human error.

riconferma /rikon'ferma/ f. **1** *(rinnovo)* reconfirmation, reappointment **2** *(riaffermazione)* ***a ~ di quanto ho detto*** in confirmation of what I said.

riconfermare /rikonfer'mare/ [1] tr. **1** *(rinnovare)* to reconfirm, to renew [*mandato, sostegno, fiducia*] **2** *(riaffermare)* to (re)confirm, to reassert [*opinione*].

ricongiungere /rikon'dʒundʒere/ [55] **I** tr. to rejoin, to put* back together **II ricongiungersi** pronom. to rejoin; ***-rsi alla famiglia*** to rejoin one's family, to be reunited with one's family.

ricongiungimento /rikondʒundʒi'mento/ m. rejoining, reunion.

ricongiunzione /rikondʒun'tsjone/ f. rejoining.

riconnettere /rikon'nɛttere/ [17] **I** tr. to reconnect **II riconnettersi** pronom. to be* reconnected (**a** to).

riconoscente /rikonoʃ'ʃɛnte/ agg. grateful, thankful, obliged (**a** to); ***ti sono infinitamente ~*** I'm infinitely grateful to you.

riconoscenza /rikonoʃ'ʃɛntsa/ f. gratitude, thankfulness; ***esprimere la propria ~ a qcn.*** to show one's appreciation *o* gratitude to sb.; ***gesto di ~*** mark of gratitude; ***debito di ~*** debt of gratitude; ***parole di ~*** words of thanks.

riconoscere /riko'noʃʃere/ [31] **I** tr. **1** *(identificare)* to recognize, to know* [*persona, voce, luogo*] (**da** by); to pick out, to identify [*sospetto*]; ***la riconosco dalla camminata*** I know her by her walk; ***scusami, non ti avevo riconosciuto*** sorry, I didn't recognize you; ***non ti riconosco più!*** you're no longer the person you were! **2** *(ammettere)* to acknowledge, to admit [*torto, errore, fatti, meriti*]; to grant, to concede [*validità*]; ***riconosco di aver mentito*** I admit I lied; ***bisogna ~ che*** you have to admit that; ***~ qcn. come capo*** to acknowledge sb. as leader **3** *(giudicare)* ***~ qcn. colpevole*** to find sb. guilty **4** *(considerare come legittimo)* to recognize [*governo, sindacato, diritto*]; ***~ un bambino*** to recognize a child legally **5** *(distinguere)* to distinguish, to tell*; ***~ il vero dal falso*** to sort out *o* tell truth from falsehood **II riconoscersi** pronom. **1** *(identificarsi)* ***-rsi in qcn.*** to recognize *o* see *o* identify oneself in sb. **2** *(l'un l'altro)* to recognize each other **3** *(essere identificabile)* to be* recognizable (**da** by) **4** *(dichiararsi)* ***-rsi colpevole*** to admit one's guilt.

riconoscibile /rikonoʃ'ʃibile/ agg. recognizable, identifiable (**da** by).

riconoscimento /rikonoʃʃi'mento/ m. **1** *(identificazione)* identification, recognition; ***~ di un cadavere*** identification of a body **2** *(ammissione di torti, errori, qualità, meriti)* acknowledgement **3** *(di diritto, indipendenza, Stato)* acknowledgement; ***~ di paternità*** o ***di un bambino*** legal recognition of a child **4** *(ricompensa, premio)* award.

riconosciuto /rikonoʃ'ʃuto/ **I** p.pass. → **riconoscere II** agg. recognized; ***~ dalla legge*** recognized by law; ***è il leader ~ del suo partito*** he's acknowledged as the party's leader.

riconquista /rikon'kwista/ f. **1** *(di territorio, città)* recapture, reconquest **2** *(di libertà)* regaining; *(di diritto)* recovery.

riconquistare /rikonkwis'tare/ [1] tr. **1** MIL. to recapture, to reconquest, to retake* [*territorio, città*] **2** FIG. to win* back [*fiducia, amore, maggioranza*]; to regain, to gain back [*libertà*]; to recover [*diritto*].

riconsegna /rikon'seɲɲa/ f. **1** *(restituzione)* return **2** COMM. new delivery, redelivery.

riconsegnare /rikonseɲ'ɲare/ [1] tr. **1** *(restituire)* to return [*chiavi*]; to give* [sth.] back [*denaro*] **2** COMM. to deliver [sth.] again [*merce*].

riconsiderare /rikonside'rare/ [1] tr. to reconsider, to reappraise, to review [*questione, posizione*].

riconsiderazione /rikonsiderat'tsjone/ f. reconsideration, reappraisal.

ricontare /rikon'tare/ [1] tr. to re-count.

ricontrollare /rikontrol'lare/ [1] tr. to check [sth.] again, to double-check.

riconversione /rikonver'sjone/ f. ***incentivi per la ~*** incentives for a company's conversion to a new line of production.

riconvertire /rikonver'tire/ [3] **I** tr. **1** ECON. to restructure, to reorganize [*industria, economia*] **2** ARCH. to convert [*fabbrica, edificio*] **II riconvertirsi** pronom. [*azienda, impianti*] to be* converted.

riconvocare /rikonvo'kare/ [1] tr. to reconvene [*assemblea*]; DIR. to resummon [*persona*].

riconvocazione /rikonvokat'tsjone/ f. reconvention; DIR. resummons.

ricoperto /riko'pɛrto/ **I** p.pass. → **ricoprire II** agg. covered (**di** with); ***~ di neve*** snow-covered; ***~ di muschio*** moss-grown; ***mandorle -e di zucchero*** sugar-coated almonds **III** m. GASTR. choc-ice.

ricopiare /riko'pjare/ [1] tr. to copy out [*testo, citazione*]; to copy down [*indirizzo*]; *(in bella)* to make* a fair copy of.

ricoprire /riko'prire/ [91] **I** tr. **1** *(coprire completamente)* to cover (**di** with); ***vecchi giornali ricoprivano il pavimento*** old newspapers were strewn all over the floor **2** *(coprire di nuovo)* to cover [sb.] up again [*malato, bambino*] **3** *(esercitare)* to hold*, to fill [*cariche, funzioni*] **5** FIG. *(ricolmare)* ***~ qcn. di regali, onori*** to lavish presents, honours on sb. **6** FIG. *(nascondere)* to cover up [*errori*] **7** GASTR. *(con uno strato)* to top (**di** with); *(completamente)* to coat (**di** in, with) **II ricoprirsi** pronom. **1** ***-rsi di ghiaccio*** to become covered with ice, to ice up; ***-rsi di chiazze rosse*** to come out *o* break in a rash **2** *(procurarsi)* ***-rsi di gloria*** to cover oneself with glory.

ricordare /rikor'dare/ [1] *Ricordare* e *ricordarsi* si traducono in inglese con *to remember,* quando significano *tenere a mente* o *farsi venire in mente qualcosa,* mentre *ricordare qualcosa a qualcuno* si traduce con *to remind somebody of something.* Va notato anche il diverso significato indicato dalla reggenza grammaticale di *to remember*: *to remember* + gerundio traduce *ricordare* /*-rsi di avere fatto qualcosa* (*mi ricordo di averlo scritto da qualche parte* = I remember writing it somewhere), mentre *to remember* + *to* + infinito rende *ricordare* /*-rsi di fare qualcosa* (*devo ricordarmi di ringraziarla* = I must remember to thank her). **I** tr. **1** *(tenere a mente)* to remember; ***~ di aver letto*** to remember reading; ***non riesco proprio a ~ il suo nome*** I just can't think of his name; ***una serata da ~*** an evening to remember **2** *(richiamare alla memoria)* to remind; ***~ qcs. a qcn.*** to remind sb. of sth.; ***che cosa ti ricorda?*** what does it suggest to you? **3** *(somigliare)* ***mi ricorda mia sorella*** she reminds me of my sister **4** *(menzionare)* to mention **II ricordarsi** pronom. *(rammentarsi di)* ***-rsi (di) qcn., qcs.*** to remember sb., sth.; ***~ di fare*** to remember to do.

ricordino /rikor'dino/ m. **1** *(regalino)* souvenir, keepsake **2** *(di defunto)* rememberance card.

ricordo /ri'kɔrdo/ **I** m. **1** memory; ***serbare un buon, cattivo ~ di qcs.*** to have happy, bad memories of sth.; ***ormai è solo un brutto ~*** it's just a bad memory; ***-i di scuola*** memories of schooldays; ***-i d'infanzia*** childhood memories; ***mantenere vivo il ~ di qcn.*** to keep sb.'s memory alive *o* green **2** *(oggetto)* *(di luogo, avvenimento)* souvenir; *(di persona)* memento, keepsake; ***me l'ha dato per ~*** she gave it to me as a keepsake **II** agg.inv. ***foto ~*** souvenir photo.

ricorrente /rikor'rɛnte/ agg. *(frequente)* [*motivo, sogno, pensiero*] recurring.

ricorrenza /rikor'rɛntsa/ f. **1** *(il ripetersi)* recurrence **2** *(anniversario)* anniversary, occasion.
ricorrere /ri'korrere/ [32] intr. (aus. *essere*) **1** *(fare ricorso)* **~ a** to have recourse to [*rimedio, tecnica*]; to resort to [*espediente, stratagemma*]; to turn to [*amico*]; to draw on [*risparmi*]; **~ alle vie legali** to take legal action **2** DIR. *(presentare ricorso)* to appeal; **~ in cassazione** to file an appeal to the Supreme Court **3** *(ripetersi nel tempo)* **oggi ricorre il nostro anniversario di nozze** today is our wedding anniversary **4** *(comparire con frequenza)* [*data, idea, tema*] to recur.
ricorsività /rikorsivi'ta/ f.inv. recursion.
ricorso /ri'korso/ **I** p.pass. → **ricorrere II** m. **1** *(appello)* recourse, resort; **fare ~ a** to have recourse to [*rimedio, tecnica*]; to resort to [*espediente, stratagemma*]; to turn to [*amico*]; to draw on [*risparmi*] **2** DIR. appeal; **~ in cassazione** appeal to the Supreme Court; **fare** o **presentare ~** to appeal **3** *(il ripetersi)* **i corsi e i -i della storia** historical recurrences.
ricostituente /rikostitu'ɛnte/ agg. e m. tonic.
ricostituire /rikostitu'ire/ [102] **I** tr. to reform, to reconstitute [*esercito, associazione, partito*] **II ricostituirsi** pronom. to reform, to be* reconstituted.
ricostituzione /rikostitut'tsjone/ f. *(di associazione, partito)* reconstitution.
ricostruire /rikostru'ire/ [102] tr. **1** *(costruire di nuovo)* to rebuild*, to reconstruct [*edificio*]; *(da frammenti)* to piece together [*lettera, vaso*] **2** FIG. to reconstruct [*crimine, fatto, scena, testo*].
ricostruzione /rikostrut'tsjone/ f. **1** *(di edificio)* reconstruction, rebuilding **2** FIG. *(di crimine, testo, fatti)* reconstruction.
ricotta /ri'kɔtta/ f. ricotta cheese ♦ **avere le mani di ~** to be butterfingered.
ricoverare /rikove'rare/ [1] **I** tr. **1** *(in ospedale)* to hospitalize; *(in ospizio)* to put* [sb.] in institutional care, to put* [sb.] in a home; **essere ricoverato (in ospedale)** to be admitted to hospital **2** *(offrire riparo)* to shelter, to give* [sb.] shelter **II ricoverarsi** pronom. **1 -rsi in ospedale** to go into hospital **2** *(trovare ricovero)* to take* shelter.
ricoverato /rikove'rato/ m. (f. **-a**) *(in ospedale)* in-patient; *(in istituto)* guest, patient.
ricovero /ri'kovero/ m. **1** *(in istituto)* admission; *(in ospedale)* hospitalization; **-i in ospedale** admissions to a hospital **2** *(riparo)* shelter, refuge; **cercare ~** to seek refuge *o* shelter **3** *(ospizio)* home; **casa di ~** retirement *o* nursing home, old people's home.
ricreare /rikre'are/ [1] **I** tr. **1** *(creare di nuovo)* to recreate **2** *(ristorare)* to refresh **3** *(divertire)* to amuse **II ricrearsi** pronom. *(divertirsi)* to amuse oneself, to recreate.
ricreativo /rikrea'tivo/ agg. recreational; *(divertente)* entertaining; **centro ~** recreation *o* leisure centre.
ricreazione /rikreat'tsjone/ f. **1** SCOL. break, recess AE **2** *(svago)* recreation.
ricredersi /ri'kredersi/ [2] pronom. to change one's mind (**su** about).
ricrescere /ri'kreʃʃere/ [33] intr. (aus. *essere*) to grow* again; **farsi ~ la barba** to let one's beard grow (back) again.
ricrescita /ri'kreʃʃita/ f. *(di capelli tinti)* roots pl.
ricucire /riku'tʃire/ [108] tr. **1** SART. to sew* up [*orlo, bottone*] **2** FIG. to repair [*rapporti*] **3** MED. to stitch up [*ferita*].
ricuperabile /rikupe'rabile/ → **recuperabile.**
ricuperare /rikupe'rare/ → **recuperare.**
ricupero /ri'kupero/ → **recupero.**
ricurvo /ri'kurvo/ agg. [*persona*] stooping, bent; [*schiena*] bowed, hunched; [*becco, lama, corna*] curved; [*ciglia*] curly.
ricusare /riku'zare/ [1] tr. **1** to refuse [*invito*] **2** DIR. to challenge [*testimone*].
ricusazione /rikuzat'tsjone/ f. DIR. challenge, challenging.
ridacchiare /ridak'kjare/ [1] intr. (aus. *avere*) to chuckle, to giggle, to snigger.
ridanciano /ridan'tʃano/ agg. *(incline al riso)* prone to laugh.
ridare /ri'dare/ [7] tr. **1** *(dare di nuovo)* **~ qcs. a qcn.** to give sb. sth. *o* sth. to sb. again **2** *(infondere nuovamente)* **~ coraggio, speranza, forza a qcn.** to restore sb.'s courage, hopes, strength **3** *(restituire)* to return, to give* back [*oggetto, denaro*] (**a** to) **4** *(ritrasmettere)* to rerun* [*film, programma*] **5** *(ripetere)* to resit* [*esame*]; to take* [sth.] again [*esame di guida*].
ridarella /rida'rɛlla/ f. COLLOQ. **avere la ~** to have a fit of *o* get the giggles.
ridda /'ridda/ f. *(di cifre, idee)* jumble.
ridefinire /ridefi'nire/ [102] tr. to redefine.
ridente /ri'dɛnte/ agg. **1** [*occhi, espressione*] laughing, smiling; [*viso*] happy **2** *(ameno)* [*paesaggio*] nice, joyful.
1.ridere /'ridere/ [35] **I** intr. (aus. *avere*) to laugh (**di**, **per** at); **scoppiare a ~** to burst into laughter, to burst out laughing; **far ~ qcn.** to make sb. laugh; **non c'è niente da ~, c'è poco da ~!** it's no laughing matter! there's nothing to laugh about! **farsi ~ dietro da tutta la scuola** to become the laughing stock of the whole school; **~ in faccia a qcn.** to laugh in sb.'s face; **(così** o **tanto) per ~** for a laugh; **ma non farmi ~** COLLOQ. don't make me laugh, don't be ridicolous; **le ridono gli occhi** FIG. she has laughing eyes **II ridersi** pronom. **1** *(burlarsi)* to laugh (**di** at) **2 ridersela** COLLOQ. **ridersela di qcs.** to laugh at sth. ♦ **ride bene chi ride ultimo** PROV. he who laughs last laughs longest; **fare ~ i polli** (to be enough) to make a cat laugh; **~ sotto i baffi** to laugh up one's sleeve; **~ alle spalle di qcn.** to laugh behind sb.'s back.
2.ridere /'ridere/ m. laughing, laughter; **buttare** o **mettere qcs. sul ~** to laugh sth. off; **morire dal ~** to kill oneself laughing, to die laughing; **tenersi la pancia dal ~** to split one's sides with laughter.
ridestare /rides'tare/ [1] **I** tr. to revive, to reawaken [*paura, passione, ricordo*] **II ridestarsi** pronom. [*speranze, entusiasmo*] to revive, to reawaken.
ridicolaggine /ridiko'laddʒine/ f. **1** *(caratteristica)* ridiculousness, absurdity **2** *(cosa ridicola)* ridiculous thing, nonsense **U**.
ridicolizzare /ridikolid'dzare/ [1] tr. to ridicule.
ridicolo /ri'dikolo/ **I** agg. ridiculous; *(insensato)* ludicrous, absurd; *(insignificante)* [*somma*] laughable; **rendersi ~** to make a fool of oneself **II** m. **mettere qcn., qcs. in ~** to hold sb., sth. up to ridicule, to make a mockery of sb., sth.; **essere messo in ~** to be met with ridicule.
ridimensionamento /ridimensjona'mento/ m. *(di industria)* reorganization; *(di organico, prezzi)* cut, reduction.
ridimensionare /ridimensjo'nare/ [1] **I** tr. **1** *(riorganizzare)* to reorganize, to run* down [*impresa*]; to trim down [*organico*]; to cut* down [*spese, prezzi*] **2** FIG. *(ricondurre a giuste proporzioni)* **~ qcs.** to put sth. back in its right perspective **3** *(indurre a cambiare atteggiamento)* to cut* [sb.] down to size, to take* [sb.] down a peg or two **4** INFORM. to size [*finestra*] **II ridimensionarsi** pronom. **1** [*impresa, organizzazione*] to slim down **2** FIG. *(tornare a giuste proporzioni)* to scale down.
ridipingere /ridi'pindʒere/ [24] tr. to repaint.
ridire /ri'dire/ [37] tr. **1** *(ripetere)* to tell* [sth.] again; **gliel'ho detto e ridetto mille volte** I've told him over and over again **2** *(criticare)* **avere** o **trovare qualcosa da ~ su qcs.** to find fault with sth.; **non avere nulla da ~** to have no complaints *o* nothing to say **3** *(riferire)* to repeat; **non andare a ~ quello che ti ho raccontato** don't go and repeat what I have told you.
ridiscendere /ridiʃ'ʃendere/ [10] **I** tr. to go* back down [*scale, gradini*] **II** intr. (aus. *essere, avere*) [*persona, ascensore*] to go* back down, to come* back down.
ridisporre /ridis'porre/ [73] tr. to rearrange.
ridisputare /ridispu'tare/ [1] tr. to replay [*incontro*].
ridistribuire /ridistribu'ire/ [102] tr. to redistribute [*ricchezze*]; to reallocate [*compiti*].
ridistribuzione /ridistribut'tsjone/ f. redistribution; *(di compiti)* reallocation.
ridonare /rido'nare/ [1] tr. **~ qcs. a qcn.** *(donare di nuovo)* to give sb. sth. *o* sth. to sb. again; *(restituire)* to give sb. back sth., to give sth. back to sb.
ridondante /ridon'dante/ agg. **1** [*stile*] luxuriant, verbose **2** INFORM. LING. redundant.
ridondanza /ridon'dantsa/ f. redundancy.
ridosso /ri'dɔsso/ m. **a ~ di qcs.** [*casa, villaggio*] close to sth. [*montagna*] at the back of sth., behind sth.; **siamo a ~ dell'estate** summer is close at hand.

ridotta /ri'dotta/ f. MIL. redoubt.

ridotto /ri'dotto/ **I** p.pass. → **ridurre II** agg. **1** *(diminuito)* [*tassi, attività, manodopera*] reduced; [*visibilità*] restricted; [*edizione*] abridged **2** *(scontato)* ***biglietto ~*** ticket at a reduced price; ***tariffa -a*** reduced fare, special price; TEL. cheap *o* reduced rate; ***volo a tariffa -a*** discount flight; ***a prezzo ~*** [*comprare, vendere*] on the cheap, on sale **3** *(piccolo)* [*dimensioni*] small; ***in scala -a, in formato ~*** [*oggetto*] small-scale, small-sized **III** m. TEATR. foyer ♦ ***essere mal ~*** *(fisicamente)* to be in poor health, to be pretty bad; *(economicamente)* to be flat broke; ***guarda come sei ~!*** you're a sight!

riducibile /ridu'tʃibile/ agg. reducible.

ridurre /ri'durre/ [13] **I** tr. **1** *(diminuire)* to reduce, to cut* [*imposte, spese, costi, personale*]; to reduce [*dimensioni, velocità, distanza*]; to reduce, to shorten [*durata*]; to narrow [*divario*]; to reduce, to lessen [*rischi, probabilità*]; to reduce, to bring* down [*disoccupazione*]; to reduce, to limit [*scelta, influenza*]; ***~ il consumo di alcolici*** to cut down on alcohol; ***~ l'inflazione dell'1%*** to cut 1% off inflation; ***~ di un quarto*** to reduce by a quarter **2** *(nelle dimensioni)* to reduce [*foto, documento*]; to cut*, to abridge [*testo*] **3** *(trasformare)* to reduce (**in** to); ***~ qcs. in polvere*** to reduce *o* crush sth. to (a) powder; ***~ qcs. a brandelli*** to tear sth. to ribbons *o* shreds **4** *(obbligare)* ***~ qcn. al silenzio, in miseria*** to reduce sb. to silence, to begging **5** MED. to reset* [*osso fratturato*] **II ridursi** pronom. **1** *(diminuire)* [*costi, ritardo*] to be* reduced; [*rischi, spese, velocità, disoccupazione, livello*] to decrease; [*divario*] to narrow, to close **2** *(limitarsi)* ***tutto si riduce al fatto che*** it all comes down to the fact that **3** *(diventare)* ***la sua voce si ridusse a un sussurro*** his voice dropped to a whisper; ***la strada si riduceva a un sentiero*** the road narrowed to a track ♦ ***-rsi all'ultimo (momento)*** to leave things to the last minute.

riduttivo /ridut'tivo/ agg. [*teoria, spiegazione*] reductive.

riduttore /ridut'tore/ m. EL. adaptor ♦♦ ***~ di corrente*** EL. step-down transformer; ***~ di velocità*** MECC. speed reducer.

riduzione /ridut'tsjone/ f. **1** *(sconto)* discount, reduction; ***~ del 5%*** 5% reduction *o* discount; ***~ per studenti*** concession *o* discount for students **2** *(diminuzione)* *(di spese, sovvenzioni, produzione, organico, salario, costi)* cut (**di** in); *(di armamenti)* reducing; ***~ delle imposte*** tax cut; ***~ dei consumi*** decrease in spending **3** CHIM. MED. MAT. reduction **4** CINEM. TEATR. ***~ cinematografica, televisiva, teatrale*** dramatized version ♦♦ ***~ della pena*** DIR. remission.

riecco /ri'ɛkko/ avv. ***~ Sam!*** here's Sam again! ***rieccoci!*** here we are again! ***rieccolo là!*** there he goes again!

riecheggiare /rieked'dʒare/ [1] **I** tr. to (re-)echo [*idea, artista*] **II** intr. (aus. *essere*) *(risuonare)* to resound, to (re-)echo.

riedificare /riedifi'kare/ [1] tr. to rebuild*, to reconstruct.

riedificazione /riedifikat'tsjone/ f. rebuilding, reconstruction.

riedizione /riedit'tsjone/ f. **1** EDIT. reissue, re-edition **2** *(di film)* reissue **3** *(di opera teatrale)* revival.

rieducare /riedu'kare/ [1] tr. **1** MED. to restore normal functioning to [*arto*]; to rehabilitate [*disabile*] **2** *(educare in modo diverso)* to re-educate.

rieducazione /riedukat'tsjone/ f. **1** MED. *(di disabile)* rehabilitation **2** *(di delinquente)* ***centro di ~*** rehabilitation centre **3** *(nuova educazione)* re-education.

rielaborare /rielabo'rare/ [1] tr. to revise [*testo, opera*].

rielaborazione /rielaborat'tsjone/ f. revision, reworking.

rieleggere /rie'lɛddʒere/ [59] tr. to re-elect.

rieleggibile /rieled'dʒibile/ agg. re-eligible.

rielezione /rielet'tsjone/ f. re-election.

riemergere /rie'merdʒere/ [19] intr. (aus. *essere*) **1** *(in superficie)* to resurface **2** FIG. [*dubbio, pregiudizio*] to resurface; [*problema*] to re-emerge.

riempire /riem'pire/ [111] **I** tr. **1** *(colmare)* to fill [*recipiente, bicchiere, cassetto*] (**di, con** with); ***~ qcs. a metà*** to half fill sth.; ***il fumo riempiva la stanza*** smoke filled the room; ***~ qcn. di gioia, speranza*** FIG. to fill sb. with joy, hope **2** *(compilare)* to fill in, to fill out, to complete [*modulo, questionario*]; to make* out [*assegno*]; ***~ gli spazi vuoti*** fill in the blanks **II** intr. (aus. *avere*) *(dare sazietà)* ***le patate riempiono*** potatoes fill you up *o* are very filling **III riempirsi** pronom. [*sala, strada, recipiente, cielo*] to fill (up) (**di** with); ***i suoi occhi si riempirono di lacrime*** her eyes filled with tears; ***-rsi la bocca di cibo*** to stuff food into one's mouth; ***-rsi di dolci*** to fill up on sweets ♦ ***~ qcn. di botte*** to give sb. a going-over *o* working-over; ***-rsi le tasche*** to feather one's (own) nest.

riempitivo /riempi'tivo/ m. filler; *(di testi, discorsi)* padding.

rientrante /rien'trante/ agg. [*superficie*] sunken, depressed.

rientranza /rien'trantsa/ f. *(di costa)* indentation; *(di muro)* recess.

rientrare /rien'trare/ [1] **I** intr. (aus. *essere*) **1** *(andare di nuovo dentro)* to go* back in; *(venire di nuovo dentro)* to come* back in **2** *(tornare)* to come* back, to get* back, to return; ***~ dal lavoro*** to come in from work; ***mio marito rientrerà il 7*** my husband will be home on the 7th; ***~ in servizio*** to go back to work *o* to one's duties; ***~ in possesso di qcs.*** to regain possession of sth.; ***~ alla base*** MIL. to return to base **3** *(non avere realizzazione)* [*progetto*] to be* dropped **4** *(attenuarsi)* [*scandalo*] to die away **5** *(formare una rientranza)* to curve inwards, to turn inwards **6** *(recuperare)* ***~ delle spese*** to recoup one's costs **7** FIG. *(far parte)* ***~ in*** to be part of, to fall within; ***~ nei piani di qcn.*** to enter into sb.'s plans; ***~ nei propri compiti*** to fall within sb.'s brief; ***~ in una categoria*** to fall into a category; ***~ nelle possibilità di qcn.*** [*spesa*] to be within sb.'s reach **8** *(ritrarsi)* [*ruote*] to retract; [*letto*] to fold away **II** tr. TIP. to indent [*riga*] ♦ ***~ in sé*** to come to oneself.

rientro /ri'entro/ m. **1** return; ***al mio ~ a Roma*** on *o* upon my return to Rome; ***sono previsti (degli) scioperi al ~ (dalle ferie)*** strikes are expected after the summer break **2** *(di missile)* re-entry.

riepilogare /riepilo'gare/ [1] tr. to sum up, to recapitulate.

riepilogo, pl. **-ghi** /rie'pilogo, gi/ m. summing up, recapitulation; ***fare il ~ di qcs.*** to sum up sth.

riequilibrare /riekwili'brare/ [1] **I** tr. **1** ***~ i poteri*** POL. to restore the balance of power; ***~ la bilancia dei pagamenti*** ECON. to restore the balance of payments **2** AUT. to balance [*ruote*] **3 II riequilibrarsi** pronom. to reach an equilibrium, to reach a new equilibrium.

riesame /rie'zame/ m. *(di progetto, dossier)* re-examination; *(di decisione)* reconsideration.

riesaminare /riezami'nare/ [1] tr. to re-examine [*progetto, bilancio, dossier*]; to reconsider [*decisione, candidatura*]; to reassess, to review [*situazione, problema*].

riesplodere /ries'plɔdere/ [49] intr. (aus. *essere*) [*conflitto, polemica*] to break* out again.

riessere /ri'ɛssere/ [4] intr. ***ci risiamo!*** here we go again!

riesumare /riezu'mare/ [1] tr. **1** to exhume [*cadavere*] **2** FIG. to dig* up, to uncover [*scandalo*]; to revive [*stile, tradizione*].

riesumazione /riezumat'tsjone/ f. **1** *(di cadavere)* exhumation **2** FIG. *(del passato)* resurrection.

rievocare /rievo'kare/ [1] tr. **1** *(ricordare)* [*persona*] to recall [*passato, amico, ricordi*]; [*oggetto, suono, immagine*] to bring* back [*ricordo*] **2** *(commemorare)* to commemorate [*avvenimento*].

rievocazione /rievokat'tsjone/ f. *(commemorazione)* commemoration.

rifacimento /rifatʃi'mento/ m. **1** *(di facciata, tetto)* repairing; *(di edificio, ponte)* rebuilding **2** CINEM. remake **3** *(di testo)* rewrite.

rifare /ri'fare/ [8] v. la voce 1.fare. **I** tr. **1** *(fare di nuovo)* to do* [sth.] again, to redo* [*esercizio, calcolo, lavoro*]; to remake* [*letto, vestito, film*]; ***~ la valigia*** to repack one's suitcase; ***~ gli stessi errori*** to make the same mistakes again; ***~ la stessa strada*** to go back the same way; ***~ un numero di telefono*** to redial a phone number; ***si doveva ~ tutto da capo*** it all had to be done all over again **2** *(risistemare)* to redo* [*pavimento, grondaia*]; to resurface [*strada*]; ***~ i tacchi delle scarpe*** to reheel the shoes; ***farsi ~ il naso, il seno*** to have a nose job, breast job **3** *(imitare)* to imitate **II rifarsi** pronom. **1** *(recuperare)* ***-rsi del tempo, sonno perduto*** to make up for lost time, sleep **2** *(riferirsi)* to relate (**a** to) **3** *(rivalersi)* ***-rsi su qcn.*** to take it out on sb.; ***-rsi delle perdite*** to recoup one's costs **4** COLLOQ. *(con chirurgia plastica)* ***-rsi il naso, seno*** to have a nose job, breast job ♦ ***-rsi gli occhi con qcs.*** to feast one's eyes on sth.; ***-rsi una vita*** to start a new life.

riferibile /rife'ribile/ agg. **1** *(che si può riferire)* reportable, repeatable **2** *(relazionabile)* that can be related (**a** to, with).
riferimento /riferi'mento/ m. reference (**a** to); ***in*** o ***con ~ a*** in reference to; ***in ~ alla vostra lettera*** COMM. with reference to your letter; ***fare ~ a*** to refer *o* make reference to; ***data, anno di ~*** date, year of reference; ***punto di ~*** GEOGR. landmark; FIG. point of reference, reference point; ***prezzo di ~*** reference price.
riferire /rife'rire/ [102] **I** tr. **1** *(raccontare)* to report, to relate [*fatto, parole*]; to retail [*pettegolezzo*]; ***mi ha riferito tutto*** she told me everything; ***ti riferirò*** I'll let you know; ***riferirò!*** I'll pass on the message! **2** *(mettere in relazione)* to relate (**a** to) **II** intr. (aus. *avere*) ***~ a qcn. su qcs.*** to report to sb. on sth. **III riferirsi** pronom. **1** *(essere in rapporto con)* to relate (**a** to); ***le cifre si riferiscono allo scorso anno*** the figures relate to last year **2** *(fare riferimento)* ***-rsi a*** to refer to [*persona, articolo, legge*]; ***a chi ti riferisci?*** to whom are you referring?
1.riffa /'riffa/ f. *(lotteria)* raffle.
2.riffa /'riffa/ f. ***di ~ o di raffa*** by hook or by crook.
rifilare /rifi'lare/ [1] tr. **1** *(tagliare a filo)* to trim [*carta*] **2** FIG. ***~ una banconota falsa a qcn.*** to palm a forged note off on sb.; ***~ un ceffone a qcn.*** to slap sb. in the face; ***è un lavoro che non rifilerei a nessuno*** it's a job I wouldn't wish on anyone.
rifinire /rifi'nire/ [102] tr. *(completare)* to finish off; *(perfezionare)* to put* the finishing touches to.
rifinitura /rifini'tura/ f. *(processo)* finishing; *(risultato)* finish; ***fare le -e*** to put the finishing touches (**di** on).
rifiorire /rifjo'rire/ [102] intr. (aus. *essere*) **1** to blossom again **2** FIG. *(riprendere vigore)* to flourish again **3** *(ricomparire)* [*macchia, muffa*] to come* out again.
rifiutare /rifju'tare/ [1] **I** tr. **1** *(non accettare)* to refuse [*regalo*]; to turn down, to refuse [*offerta, lavoro, invito*]; to refuse to accept [*evidenza*]; to reject [*accusa*] **2** *(negare)* to refuse [*permesso, credito*]; to deny [*accesso*]; ***~ qcs. a qcn.*** to refuse *o* deny sb. sth. **3** EQUIT. ***~ l'ostacolo*** to refuse a fence **II rifiutarsi** pronom. to refuse (**di fare** to do).
rifiuto /ri'fjuto/ **I** m. **1** refusal; ***~ della violenza*** repudiation of violence; ***è un valido motivo di ~*** it's a valid reason for refusing; ***non accetto -i!*** I won't take no for an answer! **2** FIG. ***essere un ~ della società*** to be a social reject **II rifiuti** m.pl. **1** *(scarti)* waste **U**; ***-i tossici*** toxic waste **2** *(immondizia)* refuse **U** BE, garbage **U** AE; ***-i domestici*** kitchen waste, household refuse *o* garbage.
riflessione /rifles'sjone/ f. **1** *(considerazione)* remark **2** *(meditazione)* thinking, reflection, consideration; ***dopo una lunga ~*** after long deliberation; ***essere materia di ~*** to be food for thought **3** FIS. reflection, reflexion.
riflessivo /rifles'sivo/ **I** agg. **1** [*persona*] thoughtful, reflective **2** LING. reflexive **II** m. LING. reflexive.
1.riflesso /ri'flɛsso/ m. **1** *(riverbero)* reflection **2** FISIOL. reflex; ***avere buoni -i*** to have quick *o* good reflexes; ***mancare di -i*** to be slow to react **3** FIG. *(ripercussione)* repercussion **4** *(sfumatura)* ***capelli castani con -i rossicci*** brown hair with red highlights; ***fogliame dai -i argentati*** foliage with a silvery shimmer **5 di riflesso** as a consequence, as a result ♦♦ ***~ condizionato*** conditioned reflex (anche FIG.).
2.riflesso /ri'flesso/ **I** p.pass. → **riflettere II** agg. **1** FIS. [*raggio, suono, luce*] reflected **2** *(rispecchiato)* ***immagine -a*** reflection **3** FISIOL. reflex.
riflessologia /riflessolo'dʒia/ f. reflexology.
riflettente /riflet'tɛnte/ agg. [*superficie*] reflective.
riflettere /ri'flɛttere/ [84] **I** tr. **1** to reflect (anche FIS.) **2** FIG. to reflect, to mirror **II** intr. (aus. *avere*) to think* (**su** about, over); ***parlare senza ~*** to speak without thinking; ***vorrei più tempo per rifletterci*** I'd like more time to think things over; ***ci ho riflettuto a lungo*** I have thought it through *o* over very carefully **III riflettersi** pronom. **1** to be* reflected (anche FIS.) **2** FIG. *(ripercuotersi)* to be* reflected, to have* repercussions.
riflettore /riflet'tore/ m. **1** *(di teatro, cinema)* spotlight; *(di stadio)* floodlight; ***illuminato dai -i*** floodlit **2** TECN. reflector.
rifluire /riflu'ire/ [102] intr. (aus. *essere*) **1** *(scorrere indietro)* [*liquido*] to flow back; FIG. [*folla*] to surge back(wards); ***fluire e ~*** [*marea*] to ebb and flow **2** *(fluire nuovamente)* to flow again.
riflusso /ri'flusso/ m. **1** *(il rifluire)* reflux, flowing back **2** *(bassa marea)* ebb; ***il flusso e il ~*** the ebb and flow **3** FIG. *(regresso)* ***~ culturale*** cultural reaction.
rifocillare /rifotʃil'lare/ [1] **I** tr. to feed* [*persona*] **II rifocillarsi** pronom. to have* something to eat, to refresh oneself.
rifondazione /rifondat'tsjone/ f. refoundation ♦♦ ***Rifondazione Comunista*** = hard-line communist party.
rifondere /ri'fondere/ [51] tr. **1** to recast* [*metallo, oggetto*] **2** FIG. *(rielaborare)* to recast* [*testo*] **3** *(rimborsare)* to reimburse, to refund.
riforma /ri'forma/ f. **1** *(modifica)* reform; ***~ elettorale*** electoral reform; ***~ sociale*** social reform **2** MIL. discharge for unfitness **3** STOR. RELIG. ***la Riforma*** the Reformation.
riformabile /rifor'mabile/ agg. reformable.
riformare /rifor'mare/ [1] **I** tr. **1** *(formare di nuovo)* to reform, to form [sth.] again **2** *(sottoporre a riforma)* to reform [*amministrazione*] **3** MIL. to declare [sb.] unfit for service, to invalid [sb.] out of the army **II riformarsi** pronom. [*ghiaccio*] to reform, to form again.
riformato /rifor'mato/ **I** p.pass. → **riformare II** agg. **1** RELIG. reformed **2** MIL. declared unfit for service, invalided out **III** m. (f. **-a**) **1** RELIG. Protestant **2** MIL. = person who has been declared unfit for service.
riformatore /riforma'tore/ **I** agg. reforming **II** m. (f. **-trice** /tritʃe/) reformer.
riformatorio, pl. **-ri** /riforma'tɔrjo, ri/ m. young offenders' institution, reformatory AE.
riformismo /rifor'mizmo/ m. reformism.
riformista, m.pl. **-i**, f.pl. **-e** /rifor'mista/ agg., m. e f. reformist.
riformulare /riformu'lare/ [1] tr. to reformulate [*pensiero, discorso*]; to rephrase [*affermazione*].
rifornimento /riforni'mento/ **I** m. *(di viveri, acqua, ecc.)* supply; *(di carburante)* refuelling BE, refueling AE; ***stazione di ~*** filling station, petrol BE *o* gas AE station **II rifornimenti** m.pl. *(provviste)* (food) supplies; SCHERZ. *(per una gita)* provisions.
rifornire /rifor'nire/ [102] **I** tr. **1** *(di viveri, acqua)* to supply [*città*] (**con, di** with); *(di carburante)* to refuel, to fuel up [*aereo, nave*]; ***~ qcn. di qcs.*** to provide sb. with fresh supplies of sth. **2** COMM. to replenish, to stock [*negozio, magazzino*] **II rifornirsi** pronom. *(di viveri, materiale)* to stock up (**di** on, with); *(di carburante)* to refuel.
rifrangente /rifran'dʒente/ agg. refractive.
rifrangenza /rifran'dʒɛntsa/ f. refractiveness.
rifrangere /ri'frandʒere/ [52] **I** tr. to refract **II rifrangersi** pronom. to be* refracted.
rifrazione /rifrat'tsjone/ f. refraction.
rifritto /ri'fritto/ agg. *(trito)* ***cose fritte e -e*** old hat.
rifuggire /rifud'dʒire/ [3] **I** tr. *(evitare)* to avoid, to shun **II** intr. (aus. *essere*) **1** *(fuggire di nuovo)* to run* away again **2** FIG. to shy away, to recoil (**da** from).
rifugiarsi /rifu'dʒarsi/ [1] pronom. to take* refuge (anche FIG.); ***~ nella foresta*** to take to the forest.
rifugiato /rifu'dʒato/ m. (f. **-a**) refugee; ***~ politico*** political refugee.
rifugio, pl. **-gi** /ri'fudʒo, dʒi/ m. **1** *(riparo, protezione)* refuge, shelter; ***dare ~ a qcn.*** to give sb. shelter; ***cercare ~*** to seek refuge; ***trovare ~ nella religione*** to find refuge in religion **2** *(in montagna)* refuge, mountain hut ♦♦ ***~ antiaereo*** air-raid shelter; ***~ antiatomico*** nuclear shelter.
riga, pl. **-ghe** /'riga, ge/ f. **1** *(tratto)* line; *(striscia)* stripe; ***tracciare una ~*** to draw *o* rule a line **2** *(scriminatura)* parting BE, part AE; ***farsi la ~ in mezzo, di lato*** to part one's hair *o* to make a part in the middle, on the side **3** *(linea di testo)* line; ***la terza ~ dall'alto*** three lines from the top; ***scrivere due -ghe a qcn.*** to drop sb. a line **4** *(graffio)* scratch **5** *(righello)* ruler **6** MIL. SPORT *(allineamento)* row, rank; ***mettersi in ~*** MIL. to line up, to get *o* fall into line; ***rompere le -ghe*** MIL. to break ranks; ***rompete le -ghe!*** fall out! ***in ~!*** fall in! ***rimettere in ~ qcn.*** FIG. to bring sb. into line **7 a righe** [*tessuto, maglia*] striped; [*foglio, quaderno*] ruled; ***una giacca a -ghe blu*** a blue striped jacket ♦ ***leggere tra le -ghe*** to read between the lines.
rigaglie /ri'gaʎʎe/ f.pl. giblets.
rigagnolo /ri'gaɲɲolo/ m. **1** *(piccolo ruscello)* small stream rivulet **2** *(ai lati delle strade)* gutter.
rigare /ri'gare/ [1] **I** tr. **1** TIP. to rule [*foglio*] **2** *(graffiare)* to scratch [*macchina, disco*]; to scuff [*pavimento*] **3** FIG. ***le***

lacrime le rigavano il volto tears streamed down her face **II rigarsi** pronom. to become* scratched ♦ **~ *dritto*** to toe the line; ***far ~ dritto qcn.*** to keep sb. in line.

rigato /ri'gato/ **I** p.pass. → **rigare II** agg. **1** *(con righe)* [*carta*] lined, ruled **2** *(a strisce)* [*tessuto, maglia*] striped **3** *(graffiato)* [*mobile*] scratched **4** FIG. ***~ di lacrime*** tear-stained, tear-stricked **5** ARM. ***a canna -a*** rifled.

rigatoni /riga'toni/ m.pl. GASTR. = pasta in the form of short hollow fluted tubes.

rigattiere /rigat'tjɛre/ ♦ *18* m. (f. **-a**) second-hand dealer, junkman* AE.

rigenerare /ridʒene'rare/ [1] **I** tr. **1** to regenerate (anche BIOL. CHIM.) **2** TECN. to retread, to remould BE, to remold AE [*pneumatico*] **II rigenerarsi** pronom. **1** BIOL. to regenerate **2** FIG. [*persona*] to regain one's forces.

rigenerativo /ridʒenera'tivo/ agg. regenerative.

rigenerazione /ridʒenerat'tsjone/ f. **1** *(rinascita)* regeneration (anche FIG.) **2** CHIM. TECN. regeneration; ***~ dei pneumatici*** retreading, remoulding BE, remolding AE.

rigettare /ridʒet'tare/ [1] **I** tr. **1** *(gettare di nuovo)* to throw* [sth.] again **2** *(gettare indietro)* to throw* back **3** FIG. *(respingere)* to reject [*mozione, richiesta*]; to dismiss [*ricorso*] **4** *(vomitare)* to bring* up, to vomit [*cibo, bile*] **5** MED. [*organismo*] to reject [*innesto*] **6** *(cacciare)* to push back, to drive* back [*nemico, assalitori*] **II rigettarsi** pronom. to throw* oneself again, to fling* oneself again.

rigetto /ri'dʒɛtto/ m. rejection (anche FIG.); ***crisi di ~*** rejection (crisis).

righello /ri'gɛllo/ m. ruler, rule.

rigidezza /ridʒi'dettsa/ f. **1** *(di materiale)* stiffness, rigidity **2** *(di clima)* harshness **3** FIG. *(intransigenza)* strictness, severity.

rigidità /ridʒidi'ta/ f.inv. **1** *(di materiale)* stiffness, rigidity **2** *(di clima)* harshness **3** FIG. *(di carattere, abitudini)* strictness, severity **4** MED. ***~ cadaverica*** cadaveric *o* postmortem rigidity; ***~ muscolare*** muscular rigidity.

rigido /'ridʒido/ agg. **1** *(duro)* [*materiale, supporto*] rigid; [*cartone, colletto*] stiff; [*lenti a contatto*] hard **2** *(irrigidito)* stiff; ***sentirsi ~ dopo una lunga camminata*** to feel stiff after a long walk; ***avere il collo ~*** to have a stiff neck **3** FIG. *(severo)* [*persona, regolamento, morale, disciplina*] strict; ***un uomo dai -i principi*** a man of rigid principles **4** *(non flessibile)* [*orario*] rigid **5** *(inclemente)* [*clima*] harsh, severe; [*temperatura*] harsh.

rigiocare /ridʒo'kare/ [1] tr. to replay [*incontro*].

rigirare /ridʒi'rare/ [1] **I** tr. **1** ***~ qcs. tra le mani*** to turn sth. over in one's hands; ***~ la frittata*** to toss the omelette; FIG. to twist an argument **2** FIG. to turn around [*domanda, frase*] **3** FIG. *(raggirare)* ***~ qcn.*** to twist *o* wrap sb. around one's little finger **II** intr. (aus. *avere*) ***girare e ~ per i negozi*** to wander in and out of the shops **III rigirarsi** pronom. **1** ***girarsi e -rsi nel letto tutta la notte*** to toss and turn all night long **2** COLLOQ. *(raggirare)* ***-rsi qcn. (come si vuole)*** to twist *o* wrap sb. around one's little finger ♦ ***~ il coltello nella piaga*** to twist the knife in the wound, to rub salt into the wound; ***gira e rigira*** *(alla fin fine)* at the end of the day, all things considered.

rigo, pl. **-ghi** /'rigo, gi/ m. **1** TIP. line **2** MUS. staff, stave BE.

rigoglio, pl. **-gli** /ri'goʎʎo, ʎi/ m. **1** BOT. luxuriance, vigour BE, vigor AE **2** FIG. ***in grande ~*** in full bloom.

rigoglioso /rigoʎ'ʎoso/ agg. **1** [*pianta*] vigourous, blooming, thriving; [*vegetazione, natura*] luxuriant, flourishing **2** *(florido, sano)* ***una donna giovane e -a*** a young woman in her prime.

rigogolo /ri'gɔgolo/ m. golden oriole.

rigonfiamento /rigonfja'mento/ m. *(di parte del corpo)* swelling; *(di pelle)* lump; *(di muro, intonaco)* bulge.

rigonfiare /rigon'fjare/ [1] **I** tr. *(gonfiare di nuovo)* to reinflate **II rigonfiarsi** pronom. [*fiume, parte del corpo*] to swell* (up) again.

rigonfio, pl. **-fi, -fie** /ri'gonfjo, fi, fje/ agg. [*borsa*] bulging, bulgy; [*ventre*] bloated.

rigore /ri'gore/ m. **1** *(inclemenza)* harshness, severity; ***i -i dell'inverno*** the rigours of winter **2** *(severità)* strictness, severity; ***~ morale*** moral rigidity **3** *(precisione)* rigour BE, rigor AE **4** SPORT penalty (kick); ***tirare*** o ***battere un ~*** to take a penalty kick; ***concedere un ~*** to award a penalty; ***area di ~*** penalty area **5 di rigore *i guanti bianchi sono di ~*** white gloves are to be worn *o* must be worn ♦ ***a rigor di logica*** logically speaking.

rigorosamente /rigorosa'mente/ avv. ***~ vietato*** strictly forbidden.

rigorosità /rigorosi'ta/ f.inv. rigorousness, strictness.

rigoroso /rigo'roso/ agg. **1** *(severo)* [*morale, disciplina*] strict, rigorous; [*persona*] strict **2** *(preciso)* [*analisi*] rigorous; [*ricerca, descrizione*] meticulous, scrupulous; [*controllo*] rigid.

rigovernare /rigover'nare/ [1] tr. *(lavare)* ***~ (i piatti)*** to wash up, to do the dishes.

riguadagnare /rigwadaɲ'ɲare/ [1] **I** tr. **1** *(guadagnare di nuovo)* to earn [sth.] again [*denaro*] **2** *(riconquistare)* to win* back [*stima, rispetto*]; ***~ terreno*** to regain ground **3** FIG. *(recuperare)* ***~ il tempo perduto*** to make up for lost time **4** *(raggiungere)* to get* back to [*spiaggia, strada*] **II riguadagnarsi** pronom. to regain, to win* back [*fiducia*].

riguardare /rigwar'dare/ [1] **I** tr. **1** *(concernere)* to concern [*persona*]; ***la tassa riguarda i beni di lusso*** the tax applies to luxury goods; ***per quanto mi riguarda*** as far as I am concerned; ***non mi riguarda affatto!*** it's *o* that's not my problem! this is no concern of mine! ***per quanto riguarda i bambini*** in *o* with regard to the children, as for the children **2** *(guardare di nuovo)* ***~ qcn., qcs.*** to look at sb., sth. again **3** *(rivedere)* to go* over [*documenti*]; to check through [*conti*] **II riguardarsi** pronom. to look after one's health, to take* care of oneself.

riguardo /ri'gwardo/ m. **1** *(attenzione, cura)* care; ***con ~*** [*trattare*] gently; ***avere dei -i per qcn.*** to behave considerately towards sb. **2** *(rispetto)* regard, consideration, respect; ***mancare di ~ (a qcn.)*** to show a lack of consideration (for sb.); ***per ~ verso*** out of regard for; ***senza ~ per*** without regard for; ***ospite di ~*** distinguished guest **3** *(rapporto, attinenza)* ***a questo ~*** in this respect *o* regard; ***nei -i di qcs.*** in relation to sth.; ***nei -i di qcn.*** towards sb.; ***non so niente al ~*** I know nothing of the matter **4 riguardo a** about, with regard to, concerning; ***la nostra posizione ~ a questo problema*** our position with regard to this problem; ***~ all'albergo...*** as for the hotel...

riguardoso /rigwar'doso/ agg. considerate.

rigurgitare /rigurdʒi'tare/ [1] **I** tr. [*animale*] to regurgitate; [*bambino*] to puke up, to throw* up, to regurgitate **II** intr. (aus. *essere, avere*) **1** *(traboccare)* to overflow; *(rifluire)* to flow* back **2** FIG. *(essere affollato)* to be* packed (**di** with).

rigurgito /ri'gurdʒito/ m. **1** *(il traboccare)* gush, overflow **2** *(vomito)* regurgitation; ***avere un ~*** to regurgitate **3** FIG. *(ritorno)* revival **4** FIG. *(moto improvviso)* flash, outburst.

rilanciare /rilan'tʃare/ [1] **I** tr. **1** *(lanciare di nuovo)* to throw* [sth.] again; *(lanciare a propria volta)* to throw* [sth.] back, to fling* [sth.] back **2** FIG. *(dare impulso a)* to relaunch [*impresa, offensiva, progetto*]; to boost [*produzione*]; to revitalize, to kick-start [*economia*] **3** FIG. *(rendere di nuovo attuale)* to revive [*idea, moda*] **4** GIOC. ***~ la posta*** to raise the stakes; ***rilancio di 200 dollari*** I'll raise you 200 dollars **5** *(nelle aste)* ***~ un'offerta, un prezzo*** to make a higher bid, to outbid, to overbid **II rilanciarsi** pronom. to throw* oneself again, to fling* oneself again.

rilancio, pl. **-ci** /ri'lantʃo, tʃi/ m. **1** *(ripresa)* revitalization, revival **2** *(nel poker)* raise **3** *(nelle aste)* higher bid, overbid.

rilasciare /rilaʃ'ʃare/ [1] **I** tr. **1** *(liberare)* to release, to set* [sb.] free, to let* [sb.] go [*ostaggio*] **2** *(consegnare)* to issue [*certificato, passaporto, ricevuta*]; to give* [*fattura*] **3** *(concedere)* to give* [*intervista*]; to issue, to release, to make* [*dichiarazione*] **4** *(rilassare)* to relax [*muscoli*] **II rilasciarsi** pronom. *(distendersi)* [*musculatura*] to relax.

rilascio, pl. **-sci** /ri'laʃʃo, ʃi/ m. **1** *(liberazione)* release **2** *(di certificato, passaporto)* issue; *(di patente)* grant ♦♦ ***~ su cauzione*** release on bail.

rilassamento /rilassa'mento/ m. relaxation.

rilassante /rilas'sante/ agg. relaxing.

rilassare /rilas'sare/ [1] **I** tr. to relax [*muscoli, mente, persona*] **II rilassarsi** pronom. **1** [*persona, muscoli*] to relax **2** FIG. [*morale, costumi*] to become* loose.

rilassato /rilas'sato/ **I** p.pass. → **rilassare II** agg. **1** [*persona, corpo, muscoli, atteggiamento*] relaxed; [*atmosfera, serata*] relaxed, free and easy **2** FIG. [*morale, costumi*] loose, lax.

rilavorare /rilavo'rare/ [1] tr. to reprocess, to rework.

rilegare /rile'gare/ [1] tr. to bind* [*libro*].

rilegato /rile'gato/ **I** p.pass. → **rilegare II** agg. [*libro*] bound; ***~ in pelle*** leather-bound.

rilegatore /rilega'tore/ ♦ *18* m. (f. **-trice** /tritʃe/) bookbinder.
rilegatura /rilega'tura/ f. binding; *~ in pelle* leather binding.
rileggere /ri'lɛddʒere/ [59] tr. *(leggere di nuovo)* to reread*, to read* [sth.] again; *(rivedere attentamente)* to go* over.
rilento: **a rilento** /ari'lɛnto/ avv. slowly; *andare a ~* [*affari*] to be slow.
rilettura /rilet'tura/ f. **1** *(nuova lettura)* rereading **2** *(nuova interpretazione)* new reading.
rilevamento /rileva'mento/ m. **1** *(raccolta di dati)* survey **2** TOPOGR. survey; *fare un ~ topografico di qcs.* to survey sth. **3** COMM. ECON. *(acquisizione)* takeover **4** MAR. bearing.
rilevante /rile'vante/ agg. **1** *(importante)* [*avvenimento, cambiamento*] important, significant; [*ruolo*] important **2** *(cospicuo)* [*danno, numero*] considerable, large.
rilevanza /rile'vantsa/ f. *(di avvenimento, questione)* importance, significance; *(di quantità, somma)* large size.
rilevare /rile'vare/ [1] tr. **1** *(constatare)* to notice, to point out [*errori, contraddizione, fatto*]; to note [*progresso, fenomeno*]; to detect [*tracce, cambiamenti*]; *(annotare)* to take* down, to note down [*nome, dati*] **2** *(registrare)* [*strumento*] to register [*sisma*] **3** TOPOGR. MAR. AER. to survey **4** *(dare il cambio a)* to relieve [*sentinella, lavoratore*] **5** *(acquisire)* to take* over [*società, fabbrica*]; to buy* out [*quota*].
rilevato /rile'vato/ **I** p.pass. → **rilevare II** agg. *(rialzato)* prominent, in relief.
rilevatore /rileva'tore/ m. (f. **-trice** /tritʃe/) **1** *(chi fa rilevamenti)* data collector **2** *(strumento)* detector.
rilevazione /rilevat'tsjone/ f. *-i statistiche* gathering of statistical data; *~ radar* radar detection; *~ barometrica* barometer reading.
rilievo /ri'ljɛvo/ m. **1** GEOGR. ART. relief **U 2** *(sporgenza)* relief **U**; *in ~* [*mappamondo*] in relief; [*lettere, motivi*] embossed **3** *(risalto)* *mettere in ~* to highlight; *dare ~ a* to give prominence to; *una posizione di ~* a prominent position; *di scarso ~* of little importance **4** TOPOGR. survey.
rilucente /rilu'tʃɛnte/ agg. shining, gleaming.
rilucere /ri'lutʃere/ [2] intr. LETT. to shine*, to gleam.
riluttante /rilut'tante/ agg. unwilling, reluctant (**a fare** to do).
riluttanza /rilut'tantsa/ f. reluctance, unwillingness.
rima /'rima/ f. rhyme; *fare ~ con* to rhyme with ♦ *rispondere a qcn. per le -e* to answer sb. in kind ♦♦ *~ alternata* alternate rhyme; *~ baciata* rhyming couplet; *~ incatenata* linking rhyme; *~ interna* internal rhyme.
rimandare /riman'dare/ [1] tr. **1** *(mandare di nuovo)* to send* [sth.] again **2** *(mandare indietro)* to throw* back [*pallone*]; to return [*pacco, lettera*]; to return, to send* back [*merce*] **3** *(far tornare)* to send* [sb.] back; *~ qcn. a casa, a scuola* to send sb. back home, to school **4** *(differire)* to postpone, to put* off [*decisione, viaggio, riunione*] (**a** until) **5** SCOL. = in the past school system, to make a student sit an exam (at the beginning of the Autumn term) on those subjects in which he or she was insufficient in the previous term **6** *(fare riferimento)* *~ a* to refer to ♦ *~ qcs. alle calende greche* = to postpone sth. indefinitely; *non ~ a domani quello che puoi fare oggi* PROV. never put off till tomorrow what you can do today.
rimando /ri'mando/ m. **1** *(differimento)* postponement **2** *(riferimento) (in un libro, dizionario)* cross-reference; *(in un discorso)* reference; *(simbolo tipografico)* reference mark **3** SPORT *(rinvio)* clearance **4 di rimando** *"e poi?" chiese di ~* "and then what?" he prompted.
rimaneggiamento /rimaneddʒa'mento/ m. **1** *(modifica)* reworking, recast, revision **2** POL. *(rimpasto)* reshuffle.
rimaneggiare /rimaned'dʒare/ [1] tr. **1** *(riorganizzare)* to recast*, to rework, to revise [*testo, progetto*]; to revise [*opera*] **2** POL. to reshuffle.
rimanente /rima'nɛnte/ **I** agg. [*parte, spazio*] remaining; [*denaro*] left-over **II** m. *(eccedenza)* rest, remaining part **III rimanenti** m. e f.pl. *i -i (gli altri)* the remainder, the rest, the others.
rimanenza /rima'nɛntsa/ f. rest; *(di soldi)* rest, balance ♦♦ *~ di cassa* COMM. cash balance.
rimanere /rima'nere/ [79] intr. (aus. *essere*) **1** *(in un luogo)* to stay, to remain; *~ a casa, in città* to stay (at) home, in town; *rimani dove sei* stay where you are; *dopo la festa è rimasta per aiutarmi* she stayed behind after the party to help me; *~ a letto* to lie *o* stay in bed; *~ fuori tutta la notte* to stay out all night **2** FIG. *(non essere divulgato)* *che rimanga tra noi!* this is strictly between you and me! **3** *(in una posizione, condizione)* to remain, to stay; *~ seduto* to remain seated; *~ sveglio* to stay awake; *~ in silenzio* to keep *o* remain *o* stay silent; *~ calmo* to stay calm; *~ in contatto con* to stay in touch with; *~ fedele* to remain faithful; *~ senza soldi* to run out of money; *avrei potuto ~ ucciso, paralizzato!* I might have been killed, left paralysed! *~ vedova* to be widowed, to be left a widow; *~ orfano* to be orphaned, to be left an orphan **4** *(avanzare, restare)* to be* left, to remain; *è il solo amico che mi rimane* he's the only friend I have left; *ciò che rimane è inutilizzabile* what remains is useless; *dimmi che cosa rimane da fare* tell me what there is left to do; *ci rimane del denaro* there is some money left over; *non ci ~ altro che sperare* all we can do is hope; *rimangono 80 euro da pagare* there is still another 80 euros to pay; *rimane ancora qualche mela* there are still a few apples left **5** *(andare in eredità)* *la casa rimarrà a suo figlio* his son will inherit the house **6** *(fermarsi)* *~ a* to go no further than; *siamo rimasti ai preliminari* we didn't get beyond the preliminaries; *allora, dove ero rimasto?* now then, where was I? where did I stop? **7** COLLOQ. *(essere d'accordo)* *come siete rimasti (d'accordo)?* what did you agree to do? what did you decide on? **8 rimanerci** *(restare sorpreso)* to be* flabbergasted; COLLOQ. *(morire)* to meet* one's end; COLLOQ. *(restare incinta)* to get* pregnant, to be* up the spout BE; *rimanerci male* to be hurt *o* disappointed.
rimangiare /riman'dʒare/ [1] **I** tr. to eat* [sth.] again **II rimangiarsi** pronom. to take* back [*promessa*].
rimarcare /rimar'kare/ [1] tr. to point out [*errore*].
rimarchevole /rimar'kevole/ agg. notable, remarkable.
rimare /ri'mare/ [1] **I** tr. to rhyme **II** intr. (aus. *avere*) **1** *(poetare)* to write* verse **2** *(fare rima)* to rhyme.
rimarginare /rimardʒi'nare/ [1] **I** tr. to heal (anche FIG.) **II** intr. (aus. *essere*), **rimarginarsi** pronom. **1** MED. to heal up, to heal over, to close **2** FIG. to heal.
rimasterizzare /rimasterid'dzare/ [1] tr. to remaster.
rimasuglio, pl. **-gli** /rima'suʎʎo, rima'zuʎʎo, ʎi/ m. remnant, remainder, leftovers pl.
rimato /ri'mato/ **I** p.pass. → **rimare II** agg. rhymed.
rimbalzare /rimbal'tsare/ [1] intr. (aus. *essere, avere*) **1** [*palla*] to bounce, to rebound; *far ~ la palla* to bounce the ball **2** FIG. *(diffondersi)* to spread*.
rimbalzello /rimbal'tsɛllo/ m. GIOC. *giocare a ~* to play ducks and drakes.
rimbalzo /rim'baltso/ m. **1** *(di palla)* bounce, rebound; *(di proiettile)* ricochet; *colpire la palla di ~* to hit the ball on the rebound **2** FIG. *di ~* indirectly.
rimbambimento /rimbambi'mento/ m. COLLOQ. fuddle.
rimbambire /rimbam'bire/ [102] **I** tr. [*droghe, alcol*] to fuddle; [*televisione*] to turn [sb.] into a moron [*persona*] **II** intr. (aus. *essere*), **rimbambirsi** pronom. to go* gaga, to go* soft in the head.
rimbambito /rimbam'bito/ **I** p.pass. → **rimbambire II** agg. dopey, fuddled **III** m. (f. **-a**) moron; *(vecchio)* dotard.
rimbecillito /rimbetʃil'lito/ **I** agg. dopey, fuddled; *essere ~* to be soft *o* weak in the head **II** m. (f. **-a**) moron, imbecile.
rimboccare /rimbok'kare/ [1] **I** tr. to fold back, to roll up [*maniche, pantaloni*]; *~ le coperte a qcn.* to tuck sb. up *o* in **II rimboccarsi** pronom. *-rsi le maniche* to roll up one's sleeves (anche FIG.).
rimbombante /rimbom'bante/ agg. **1** *(fragoroso)* booming **2** FIG. pompous, bombastic.
rimbombare /rimbom'bare/ [1] intr. (aus. *essere, avere*) [*tuono, colpo*] to rumble; [*passi*] to reverberate; [*luogo*] to echo.
rimbombo /rim'bombo/ m. *(di tuono)* rumble; *(di voci)* boom; *(di tamburi)* roll.
rimborsabile /rimbor'sabile/ agg. [*prestito*] repayable; [*cure mediche*] refundable.
rimborsare /rimbor'sare/ [1] tr. to pay* back, to repay*, to reimburse, to refund; *farsi ~ qcs.* to get a refund on sth. ♦ *"soddisfatti o rimborsati"* "your money refunded if not completely satisfied".
rimborso /rim'borso/ m. reimbursement, repayment; COMM refund; *~ chilometrico* mileage allowance; *chiedere il ~ delle spese* to claim expenses.

rimboschimento /rimboski'mento/ m. re(af)forestation.

rimboschire /rimbos'kire/ [102] **I** tr. to re(af)forest **II** intr. (aus. *essere*) to become* wooded again.

rimbrottare /rimbrot'tare/ [1] tr. to rebuke, to scold.

rimbrotto /rim'brɔtto/ m. telling-off.

rimediabile /rime'djabile/ agg. [*errore*] redeemable; [*danno, perdita*] recoverable.

rimediare /rime'djare/ [1] **I** tr. COLLOQ. *(procurarsi)* ***riuscì a ~ un invito per me*** she wangled me an invitation; ***puoi ~ abbastanza denaro?*** can you scrape up enough money? **II** intr. (aus. *avere*) **~ a** to put *o* set right [*errore*]; to remedy [*situazione*]; to make up for [*perdita, mancanza, danno*]; to compensate for [*inconveniente*].

rimedio, pl. **-di** /ri'mɛdjo, di/ m. **1** *(soluzione)* cure, remedy (**a, contro** for); ***porre ~ a*** to remedy [*situazione*]; ***trovare un ~*** to find a cure *o* remedy for sth.; ***essere senza ~*** to be beyond cure o beyond all remedy **2** *(medicina)* medicine ♦ ***a mali estremi, estremi -di*** PROV. desperate diseases require desperate remedies.

rimembranza /rimem'brantsa/ f. LETT. remembrance.

rimescolare /rimesko'lare/ [1] tr. **1** *(mescolare di nuovo)* to mix [sth.] again [*minestra*]; to toss [*insalata*]; *(mescolare a lungo)* to mix up **2** GIOC. to reshuffle [*carte*] **3** FIG. *(rivangare)* to rake up, to stir up ♦ ***~ il sangue a qcn.*** *(di paura)* to make sb.'s blood run cold; *(di ira)* to make sb.'s blood boil.

rimescolata /rimesko'lata/ f. *(al sugo)* stir; *(alle carte)* reshuffle.

rimessa /ri'messa/ f. **1** *(il mettere di nuovo)* replacement; ***~ in scena*** TEATR. revival **2** *(magazzino)* shed; ***~ per gli attrezzi*** tool shed **3** *(deposito di veicoli)* *(per auto)* garage; *(per tram, bus)* depot; *(per barche)* boathouse **4** COMM. *(di denaro, merce)* remittance **5** SPORT *(nel calcio)* ***~ in gioco*** throw; ***~ laterale*** throw-in; ***~ dal fondo*** goal kick.

rimessaggio, pl. **-gi** /rimes'saddʒo, dʒi/ m. garaging.

rimestare /rimes'tare/ [1] tr. **1** *(rimescolare)* to stir **2** FIG. to rake over, to rake up.

rimettere /ri'mettere/ [60] **I** tr. **1** *(mettere di nuovo)* to put* [sth.] again; *(ricollocare)* to put* [sth.] back; ***~ qcs. al suo posto*** to return sth. to its place; ***~ in ordine*** to tidy up [*stanza, casa*]; ***~ insieme qcs.*** to put sth. back together; ***~ qcs. a nuovo*** to renovate sth. completely **2** *(demandare)* to refer (**a** to) **3** *(vomitare)* to vomit, to bring* up **4** *(condonare)* ***~ una pena a qcn.*** to give sb. remission; ***~ i peccati a qcn.*** to forgive sb.'s sins **5** SPORT ***~ in gioco*** to throw in **6** **rimetterci** to lose* [*soldi, arto, vita*]; ***ci hanno rimesso nella vendita della casa*** they lost on the sale of the house **II** **rimettersi** pronom. **1** *(ricollocarsi)* ***-rsi a letto*** to go back to bed; ***-rsi in fila*** to get back in line **2** *(ricominciare)* ***-rsi al lavoro*** to get back to work; ***-rsi a fare qcs.*** to start doing sth. again; ***-rsi in cammino*** to get back on the road **3** *(indossare di nuovo)* ***-rsi i jeans*** to wear jeans again; ***rimettiti il cappotto, ce ne andiamo*** put your coat back on, we are leaving **4** *(ristabilirsi)* ***-rsi da*** to recover from [*malattia, parto, incidente*]; to get over [*shock, situazione difficile*] **5** *(affidarsi)* ***-rsi al giudizio di qcn.*** to defer to sb.'s judgement; ***-rsi alla sorte*** to trust to luck **6** *(riprendere una relazione)* ***-rsi con qcn.*** to get back together with sb.; ***-rsi insieme*** to get back together.

rimmel® /'rimmel/ m.inv. mascara.

rimodellare /rimodel'lare/ [1] tr. to reshape.

rimodernamento /rimoderna'mento/ m. modernization.

rimodernare /rimoder'nare/ [1] tr. to modernize.

rimonta /ri'monta/ f. SPORT recovery; ***fare una bella ~*** to make a good recovery.

rimontare /rimon'tare/ [1] **I** tr. **1** *(risalire)* [*persona, auto*] to go* up [sth.] again [*pendio*]; [*pesce*] to swim* up [*fiume*] **2** *(recuperare)* to catch* up with [*avversario*]; to recover [*svantaggio*] **3** *(montare di nuovo)* to put* [sth.] back together [*oggetto*]; to reassemble [*motore, macchina*] **II** intr. (aus. *essere*) **1** *(salire di nuovo)* ***~ in auto, in treno*** to get back in the car, on the train; ***~ a cavallo*** to remount a horse **2** *(progredire)* ***~ nei sondaggi*** to move up in the opinion polls; ***~ di due punti*** SPORT to go up two points **3** *(avere origine)* **~ a** [*opera, tradizione*] to go *o* date back to [*epoca, data*].

rimorchiare /rimor'kjare/ [1] tr. **1** *(trascinare)* to tow [*veicolo*]; to tow, to tug [*nave*] **2** FIG. to drag [sb.] along **3** COLLOQ. *(abbordare)* to be* on the pull, to cat around AE; ***~ le ragazze*** to pull the birds, to pick up the girls.

rimorchiatore /rimorkja'tore/ m. tug(boat), towboat.

rimorchio, pl. **-chi** /ri'mɔrkjo, ki/ m. **1** *(azione)* towage, tow, towing; ***cavo di ~*** towline; ***prendere un'auto a ~*** to tow a car; ***andare a ~ di qcn.*** FIG. to ride on sb. coat-tails **2** *(veicolo trainato)* trailer; ***camion con ~*** truck with trailer.

rimordere /ri'mɔrdere/ [61] tr. *(tormentare)* to prick; ***mi rimordeva la coscienza*** my conscience pricked me.

rimorso /ri'mɔrso/ m. remorse **U**; ***pieno di -i*** remorseful; ***avere*** o ***provare ~ per aver fatto*** to feel remorse for doing; ***~ di coscienza*** prick of conscience.

rimostranza /rimos'trantsa/ f. complaint, grievance; ***fare le proprie -e a*** to make a complaint to, to expostulate with, to remonstrate with FORM.

rimostrare /rimos'trare/ [1] **I** tr. to show* [sth.] again **II** intr. (aus. *avere*) to complain.

rimovibile /rimo'vibile/ agg. [*colletto, fodera*] detachable; [*sedile, parete*] removable.

rimozione /rimot'tsjone/ f. **1** *(spostamento)* removal, clearing; *(di veicoli)* towing away; ***~ dei rifiuti*** removal of the rubbish; ***zona di ~ forzata*** o ***coatta*** towaway zone **2** *(destituzione)* removal **3** PSIC. repression.

rimpastare /rimpas'tare/ [1] tr. **1** to knead [sth.] again **2** FIG. to reshuffle [*ministero*].

rimpasto /rim'pasto/ m. **1** kneading again **2** FIG. ***~ ministeriale*** cabinet reshuffle.

rimpatriare /rimpa'trjare/ [1] **I** tr. to repatriate **II** intr. (aus. *essere*) to return to one's native country.

rimpatriata /rimpa'trjata/ f. get-together, reunion.

rimpatrio, pl. **-tri** /rim'patrio, tri/ m. repatriation.

rimpiangere /rim'pjandʒere/ [70] tr. **1** *(sentire la mancanza di)* to miss [*persona, passato, luogo*] **2** *(rammaricarsi)* to regret; ***non rimpiango nulla*** I have no regrets; ***~ di aver fatto*** to regret doing *o* having done.

rimpianto /rim'pjanto/ **I** p.pass. → **rimpiangere** **II** agg. *(compianto)* ***il nostro ~ collega*** our late lamented colleague **III** m. regret; ***senza -i*** with no regrets.

rimpiattino /rimpjat'tino/ m. hide and seek.

rimpiazzare /rimpjat'tsare/ [1] tr. **1** *(sostituire)* to replace **2** *(fare le veci di)* *(temporaneamente)* to stand* in for, to fill in for; *(a tempo indeterminato)* to replace, to succeed.

rimpiazzo /rim'pjattso/ m. *(sostituto)* substitute.

rimpicciolire /rimpittʃo'lire/ [102] **I** tr. to reduce **II** intr. (aus. *essere*), **rimpicciolirsi** pronom. [*vestito*] to shrink.

rimpinguare /rimpin'gware/ [1] tr. ***~ le casse dello stato*** to fill the nation's coffers.

rimpinzare /rimpin'tsare/ [1] **I** tr. *(riempire di cibo)* to fill up, to stuff (**di** with) **II** **rimpinzarsi** pronom. to fill oneself up, to stuff oneself.

rimpolpare /rimpol'pare/ [1] **I** tr. **1** *(ingrassare)* to fatten up **2** FIG. to flesh out [*articolo, discorso*] **II** **rimpolparsi** pronom. to put* on weight.

rimproverare /rimprove'rare/ [1] **I** tr. **1** *(sgridare)* to scold, to tell* [sb.] off, to yell at; ***~ qcn. per aver fatto qcs.*** to scold sb. for doing sth. **2** *(rinfacciare)* to reproach, to blame, to criticize; ***~ a qcn. qcs.*** to criticize *o* reproach sb. for sth.; ***non gli si può ~ nulla*** he is beyond reproach **II** **rimproverarsi** pronom. ***-rsi qcs.*** to reproach oneself for *o* with sth.; ***non hai nulla da rimproverarti*** you have nothing to reproach yourself for.

rimprovero /rim'prɔvero/ m. reproach, scolding; ***fare dei -i a qcn.*** to reproach sb.; ***ricevere dei -i*** to be criticized; ***di ~*** [*tono, sguardo*] reproachful.

rimuginare /rimudʒi'nare/ [1] **I** tr. to chew over, to brood over [*problema*]; to ruminate on [*decisione*] **II** intr. (aus. *avere*) to brood (**su** over).

rimunerare /rimune'rare/ [1] tr. to pay* [*persona*]; to pay* for [*lavoro, servizio*].

rimunerativo /rimunera'tivo/ agg. lucrative, profitable.

rimunerazione /rimunerat'tsjone/ f. *(ricompensa)* reward; *(paga)* pay, payment.

rimuovere /ri'mwɔvere/ [62] tr. **1** *(togliere)* to take* away, to remove [*oggetto*]; to (re)move [*veicolo*]; to clear away [*macerie, terra*]; to wash off, to clean off [*macchia*] **2** FIG. to remove [*ostacolo, difficoltà*] **3** *(destituire)* to remove, to dismiss (**da** from) **4** PSIC. to repress.

rinascere /ri'naʃʃere/ [63] intr. (aus. *essere*) **1** *(ricominciare a vivere)* [*regione, teatro, persona*] to come* back to life; ***l'aria fresca mi ha fatto ~*** the fresh air has revived me; ***~ alla vita*** to rediscover life **2** *(rifiorire)* [*vegetazione*] to spring* up again **3** *(riapparire)* [*desiderio, forze*] to return; [*speranza, entusiasmo*] to revive; ***far ~ la speranza*** to bring new hope.

rinascimentale /rinaʃʃimen'tale/ agg. Renaissance attrib.

Rinascimento /rinaʃʃi'mento/ m. Renaissance.

rinascita /ri'naʃʃita/ f. *(ripresa di vitalità)* revival; RELIG. rebirth; ***la ~ del nazionalismo*** the revival of nationalism.

rincagnato /rinkaɲ'ɲato/ agg. ***naso ~*** pug nose.

rincalzare /rinkal'tsare/ [1] tr. **1** to earth up [*pianta, radici*] **2** *(rimboccare)* to fold back [*lenzuola*]; ***~ le coperte a qcn.*** to tuck sb. up *o* in.

rincalzo /rin'kaltso/ m. **1** MIL. ***truppe di ~*** support troops **2** SPORT reserve (player), substitute (player).

rincamminarsi /rinkammi'narsi/ [1] pronom. to resume walking, to start out, to set* out again.

rincantucciarsi /rinkantut'tʃarsi/ [1] pronom. to go* into a corner.

rincarare /rinka'rare/ [1] **I** tr. **1** *(aumentare)* to push up, to raise [*prezzi*] **2** FIG. ***~ la dose*** to add to it, to pile it on COLLOQ. **II** intr. (aus. *essere*) [*merci*] to become* more expensive; [*prezzi*] to go* up, to increase, to rise*.

rincaro /rin'karo/ m. rise, increase.

rincasare /rinka'sare/ [1] intr. (aus. *essere*) to go* (back) home, to get* home, to come* home, to return home.

rinchiudere /rin'kjudere/ [11] **I** tr. to shut* in [*animale, persona*]; *(in ghetto)* to confine; *(in ospedale psichiatrico, prigione)* to put* away, to lock up; ***~ qcn. in una stanza*** to lock sb. in a room; ***~ un animale in un recinto*** to fence an animal in **II rinchiudersi** pronom. **1** *(isolarsi)* ***si rinchiude in camera sua per lavorare*** he shuts himself in his room to work; ***-rsi in convento*** to retire to a convent **2** FIG. ***-rsi nel silenzio*** to close up *o* to retreat into silence; ***-rsi in se stesso*** to become withdrawn, to withdraw into oneself.

rincitrullire /rintʃitrul'lire/ [102] **I** tr. to fuddle **II** intr. (aus. *essere*), **rincitrullirsi** pronom. COLLOQ. to go* soft in the head, to go* weak in the head.

rinco /'rinko/ agg.inv. → **rincoglionito.**

rincoglionire /rinkoʎʎo'nire/ [102] VOLG. → **rincretinire.**

rincoglionito /rinkoʎʎo'nito/ **I** p.pass. → **rincoglionire II** agg. VOLG. → **rincretinito.**

rincorrere /rin'korrere/ [32] **I** tr. to go* after, to run* after, to chase [*persona*]; to chase (after) [*successo*] **II rincorrersi** pronom. to run* after each other, to chase each other; ***giocare a -rsi*** to play tag.

rincorsa /rin'korsa/ f. run, run-up BE; ***prendere la ~*** to take a run(-up); ***saltare con la ~*** to take a flying leap *o* jump.

rincrescere /rin'kreʃʃere/ [33] intr. (aus. *essere*) **1** *(dispiacere)* to be* sorry, to regret; ***mi rincresce di essere stato scortese*** I'm sorry if I was rude **2** *(dare fastidio)* ***se non ti rincresce*** if you don't mind; ***ti rincresce aprire la finestra?*** do you mind opening the window?

rincrescimento /rinkreʃʃi'mento/ m. regret, displeasure; ***con grande ~ di*** much to the displeasure of.

rincretinire /rinkreti'nire/ [102] **I** tr. COLLOQ. to make* [sb.] dumb, to make* [sb.] stupid **II** intr. (aus. *essere*), **rincretinirsi** pronom. COLLOQ. to go* soft in the head, to go* weak in the head, to become* a moron; [*anziano*] to go* gaga.

rincretinito /rinkreti'nito/ **I** p.pass. → **rincretinire II** agg. COLLOQ. soft in the head, weak in the head; [*anziano*] gaga.

rinculare /rinku'lare/ [1] intr. (aus. *essere*) **1** [*cavallo*] to back away, to draw* back, to recoil **2** [*arma*] to kick, to recoil.

rinculo /rin'kulo/ m. **1** *(arretramento)* backing **2** ARM. kick, recoil.

rincuorare /rinkwo'rare/ [1] **I** tr. to hearten, to cheer (up), to back up **II rincuorarsi** pronom. to take* heart, to cheer up.

rinegoziare /rinegot'tsjare/ [1] tr. to renegotiate [*contratto*]; to reschedule [*debito*].

rinfacciare /rinfat'tʃare/ [1] tr. ***~ qcs. a qcn.*** to cast sth. up at sb., to hold sth. against sb., to throw sth. in sb.'s teeth; ***~ a qcn. che*** to hold it against sb. that.

rinfocolare /rinfoko'lare/ [1] **I** tr. to foment [sth.] again, to stir up [sth.] again, to rekindle [*ostilità, passione*] **II rinfocolarsi** pronom. to rekindle (anche FIG.).

rinfoderare /rinfode'rare/ [1] tr. to sheathe.

rinforzare /rinfor'tsare/ [1] **I** tr. **1** *(rendere più forte)* to strengthen [*muscoli*] **2** *(rendere più stabile)* to back, to strengthen [*struttura*]; ING. to brace, to buttress, to reinforce [*muro*] **3** FIG. to consolidate, to enforce, to reinforce [*ipotesi, opinione*]; to strengthen [*legame*] **II** intr. (aus. *essere*) [*vento*] to increase, to strengthen **III rinforzarsi** pronom. [*muscoli*] to strengthen.

rinforzo /rin'fɔrtso/ **I** m. **1** *(azione)* backing, strengthening **2** TECN. ING. *(di muro)* brace; *(di tacco)* tip **3** FIG. reinforcement, support **II rinforzi** m.pl. MIL. backup sing., backup troops; FIG. reinforcements.

rinfrancare /rinfran'kare/ [1] **I** tr. to hearten, to reassure, to encourage **II rinfrancarsi** pronom. to cheer up.

rinfrescante /rinfres'kante/ agg. cooling, refreshing.

rinfrescare /rinfres'kare/ [1] **I** tr. **1** *(refrigerare)* to refresh, to cool down [*persona*]; to cool [*stanza*] **2** FIG. to brush up [*lingua*]; ***~ la memoria a qcn.*** to refresh *o* jog sb.'s memory **3** *(rinnovare)* to redecorate, to refurbish [*stanza*] **II** impers. (aus. *essere, avere*) ***di notte rinfresca molto*** it gets *o* grows very cool at night **III rinfrescarsi** pronom. [*aria*] to cool; [*persona*] to refresh oneself.

rinfrescata /rinfres'kata/ f. **1** *(lavata sommaria)* ***darsi una ~*** to freshen up, to have a (wash and a) brush up BE **2** METEOR. cooling **3** *(riverniciatura)* ***la casa ha bisogno di una bella ~*** the house needs to be decorated **4** *(ripassata)* brushup.

rinfresco, pl. **-schi** /rin'fresko, ski/ **I** m. *(ricevimento)* buffet, reception **II rinfreschi** m.pl. *(cibi e bevande)* refreshments.

rinfusa: **alla rinfusa** /allarin'fuza/ **I** agg.inv. MAR. [*carico, merce*] (in) bulk **II** avv. higgledy-piggledy, pell-mell, haphazardly.

ring /ring/ m.inv. (boxing) ring.

ringalluzzire /ringallut'tsire/ [102] **I** tr. to make* [sb.] jaunty, to make* [sb.] cocky **II ringalluzzirsi** pronom. to become* jaunty, to become* cocky.

ringalluzzito /ringallut'tsito/ **I** p.pass. → **ringalluzzire II** agg. perky, jaunty, cocky.

ringhiare /rin'gjare/ [1] intr. (aus. *avere*) **1** [*cane*] to growl, to snarl (**a** at) **2** FIG. to rumble, to snarl, to snap.

ringhiera /rin'gjɛra/ f. *(di balcone)* (hand)rail, railing; *(delle scale)* banister, bannister BE.

ringhio, pl. **-ghi** /'ringjo, gi/ m. growl, snarl.

ringhioso /rin'gjoso/ agg. [*cane*] snarling.

ringiovanimento /rindʒovani'mento/ m. rejuvenation.

ringiovanire /rindʒova'nire/ [102] **I** tr. to rejuvenate (anche FIG.); ***mi sento ringiovanito di dieci anni*** I feel ten years younger **II** intr. (aus. *essere*) to rejuvenate (anche FIG.).

ringraziamento /ringrattsja'mento/ **I** m. **1** thanks pl., thank you; ***una lettera di ~*** a letter of appreciation *o* thanks, a thank you letter **2** RELIG. thanksgiving **II ringraziamenti** m.pl. *(in un libro ecc.)* acknowledgements; CINEM. TELEV. credit line sing. ♦ ***giorno del Ringraziamento*** Thanksgiving (Day).

ringraziare /ringrat'tsjare/ [1] tr. to thank, to say* thank you (**di**, **per** for; **per avere fatto** for doing); ***la ringrazio*** I thank you; ***ringrazia il cielo che non l'ho fatto*** you should think *o* count yourself lucky that I didn't do it; ***ringraziando anticipatamente*** *(in una lettera)* thanking you in anticipation *o* advance.

rinquainare /ringwai'nare/ [1] tr. to sheathe.

rinnegamento /rinnega'mento/ m. renunciation.

rinnegare /rinne'gare/ [1] tr. to deny, to renounce [*Dio, religione*]; to disown [*figlio*]; ***~ la propria fede*** to renounce one's faith.

rinnegato /rinne'gato/ **I** p.pass. → **rinnegare II** agg. renegade **III** m. (f. **-a**) renegade.

rinnovabile /rinno'vabile/ agg. **1** *(prolungabile)* [*contratto, visto*] extendable, renewable **2** *(inesauribile)* [*risorsa*] renewable, sustainable.

rinnovamento /rinnova'mento/ m. renewal.

rinnovare /rinno'vare/ [1] **I** tr. **1** *(prolungare la validità di)* to renew [*abbonamento, contratto, passaporto*] **2** *(ristrutturare)* to renovate [*costruzione*]; to furbish, to refurbish [*stanza*] **3** *(cambiare)* **~ *l'aria in una stanza*** to change the air in a room, to let fresh air into a room **4** *(ammodernare)* to refresh, to update, to repackage [*immagine, stile*]; ***devo ~ il mio guardaroba*** I need a new wardrobe **5** *(ripetere)* to reissue [*invito*] **II rinnovarsi** pronom. **1** *(ripetersi)* to repeat itself **2** *(modernizzarsi)* [*artista*] to update.

rinnovato /rinno'vato/ **I** p.pass. → **rinnovare II** agg. **1** *(nuovo)* [*interesse, ottimismo*] renewed; [*spettacolo, squadra*] new-look attrib. **2** *(ripetuto)* [*promesse*] renewed.

rinnovo /rin'nɔvo/ m. **1** *(di abbonamento, passaporto)* renewal **2** *(di costruzione)* ***lavori di ~*** renovations.

rinoceronte /rinotʃe'ronte/ m. rhinoceros*, rhino*.

rinomanza /rino'mantsa/ f. renown.

rinomato /rino'mato/ agg. renowned, reputed, famous.

rinominare /rinomi'nare/ [1] tr. **1** *(nominare di nuovo)* to rename (anche INFORM.) **2** *(rieleggere)* to reappoint, to reassign (**a** to).

rinoplastica /rino'plastika/ f. rhinoplasty.

rinsaldare /rinsal'dare/ [1] **I** tr. to cement [*alleanza, relazioni*]; to affirm [*popolarità*] **II rinsaldarsi** pronom. [*posizione*] to consolidate.

rinsanguare /rinsan'gware/ [1] tr. **1** *(rinvigorire)* to fortify, to bring* new life into **2** FIG. *(rifornire di denaro)* to replenish, to fill.

rinsavire /rinsa'vire/ [102] intr. (aus. *essere*) to come* to one's senses.

rinsecchire /rinsek'kire/ [102] intr. (aus. *essere*), **rinsecchirsi** pronom. [*pianta*] to wither, to wizen, to dry up; [*persona*] to wizen, to become* a stick, to grow* skinny.

rintanarsi /rinta'narsi/ [1] pronom. **1** [*animale*] to go* back to its den **2** [*persona*] to hole up, to shut* oneself up.

rintelare /rinte'lare/ [1] tr. to back [*dipinto*].

rintoccare /rintok'kare/ [1] intr. (aus. *essere, avere*) [*campana*] to ring*, to toll; [*orologio*] to strike*, to chime.

rintocco, pl. **-chi** /rin'tokko, ki/ m. *(di campana)* toll; *(di orologio)* stroke; **~ *funebre*** death knell *o* toll; ***suonare otto -chi*** to ring eight bells.

rintracciabile /rintrat'tʃabile/ agg. traceable; ***non è ~ in questo momento*** he can't be reached at the moment.

rintracciare /rintrat'tʃare/ [1] tr. to run* down, to track down [*persona*]; to trace [*chiamata, ladro, fonte*]; ***cerco di rintracciarla da questa mattina*** I've been trying to contact you since this morning.

rintronare /rintro'nare/ [1] **I** tr. **1** *(stordire)* to stun **2** *(assordare)* to deafen **II** intr. (aus. *avere, essere*) [*tuono, voce*] to rumble, to boom (out).

rintronato /rintro'nato/ **I** p.pass. → **rintronare II** agg. stunned; ***sono ~*** my head's muzzy.

rintuzzare /rintut'tsare/ [1] tr. **1** *(respingere)* to drive* back, to counter [*assalto*]; *(ribattere)* to retort [*accusa*] **2** *(reprimere)* to repress [*orgoglio*].

rinuncia, pl. **-ce** /ri'nuntʃa, tʃe/ f. **1** *(rifiuto, abbandono)* renunciation; *(cessione)* cession; *(a eredità)* renunciation; *(a diritto, titolo)* abdication, demission **2** *(privazione)* sacrifice, renunciation; ***una vita piena di -ce*** a life of sacrifice.

rinunciare /rinun'tʃare/ [1] intr. (aus. *avere*) to give* up, to renounce; **~ *a*** to give up, to abandon, to drop [*idea*]; to renounce [*eredità*]; to abdicate, to abjure FORM. [*diritto, potere*]; to remise [*proprietà*]; **~ *al mondo*** to renounce the world; **~ *a fare*** to give up doing; ***ci rinuncio!*** I give up!

rinunciatario, pl. **-ri, -rie** /rinuntʃa'tarjo, ri, rje/ **I** agg. renunciative **II** m. (f. **-a**) renouncer.

rinvasare /rinva'zare/ [1] tr. to repot.

1.rinvenimento /rinveni'mento/ m. *(ripresa dei sensi)* regaining of consciousness, coming to, revival.

2.rinvenimento /rinveni'mento/ m. **1** *(ritrovamento, scoperta)* find, discovery **2** *(oggetto ritrovato)* finding.

1.rinvenire /rinve'nire/ [107] intr. (aus. *essere*) **1** *(riprendere i sensi)* [*persona*] to revive, to come* to (life), to regain consciousness **2** GASTR. [*cibi secchi*] to soften up.

2.rinvenire /rinve'nire/ [107] tr. *(ritrovare, scoprire)* to find*, to discover; **~ *i resti di un'antica civiltà*** to discover the remains of an ancient civilization.

rinverdire /rinver'dire/ [102] **I** tr. **1** *(far tornare verde)* to make* [sth.] green again, to green [sth.] again **2** FIG. to refresh, to revive **II** intr. (aus. *essere*) to grow* green again, to turn green again.

rinviare /rinvi'are/ [1] tr. **1** *(rispedire)* to return, to send* back **2** *(posticipare)* to defer, to delay, to postpone, to put* back [*decisione, partenza, riunione*]; to put* off [*incontro, matrimonio*] (**a** until) **3** DIR. to remand [*accusato, caso*]; to adjourn [*sentenza*]; **~ *qcn. a giudizio*** to commit *o* remand *o* send sb. (to a court) for trial **4** *(rimandare)* **~ *a*** to refer to [*articolo, nota*] **5** SPORT *(nel tennis ecc.)* to get* back, to return; **~ *con un calcio*** to kick *o* toss back [*pallone*].

rinvigorire /rinvigo'rire/ [102] **I** tr. **1** to fortify, to perk up, to reinvigorate, to strengthen **2** FIG. to revive **II rinvigorirsi** pronom. **1** to fortify oneself, to strengthen **2** FIG. to revive.

rinvio, pl. **-ii** /rin'vio, ii/ m. **1** *(rispedizione)* return **2** *(proroga)* deferment, postponement, put-off; **~ *del servizio militare*** deferment of military service **3** DIR. *(di una seduta)* adjournment **4** *(rimando)* cross-reference **5** SPORT return; ***calcio di ~*** goal kick ♦♦ **~ *a giudizio*** remand; **~ *a nuova udienza*** adjournment.

rio, pl. **rii** /'rio, 'rii/ m. **1** rivulet, stream **2** REGION. canal.

rioccupare /riokku'pare/ [1] tr. to reoccupy [*posizione, territorio*].

rionale /rio'nale/ agg. quarter attrib., district attrib.; ***mercato ~*** local market.

rione /ri'one/ m. quarter, district.

riordinare /riordi'nare/ [1] **I** tr. **1** *(rimettere in ordine)* to tidy up, to smarten up [*stanza*]; to sort out [*armadio, scrivania*]; **~ *le idee*** to (re-)collect *o* gather one's thoughts **2** *(riorganizzare)* to reorganize [*pubblica amministrazione*] **3** *(fare una nuova ordinazione)* to restock **II riordinarsi** pronom. to tidy, to fix [*capelli*].

riorganizzare /riorganid'dzare/ [1] **I** tr. to reorganize, to remodel, to reshape [*industria*] **II riorganizzarsi** pronom. [*persona, industria*] to reorganize.

riorganizzazione /riorganiddzat'tsjone/ f. reorganization.

riottoso /riot'toso/ agg. LETT. quarrelsome, rowdy.

ripagare /ripa'gare/ [1] tr. **1** *(pagare di nuovo)* to repay*, to pay* [sth.] again **2** *(risarcire)* **~ *qcn. di qcs.*** to compensate sb. for sth. **3** FIG. *(ricompensare)* to pay* off, to repay*; ***alla fine la sua fatica è stata ripagata*** his hard work finally paid off.

riparabile /ripa'rabile/ agg. repairable (anche FIG.).

1.riparare /ripa'rare/ [1] **I** tr. **1** *(proteggere)* to protect, to screen, to shelter, to shield (**da** from) **2** *(aggiustare)* to fix, to mend, to repair [*auto, giocattolo, orologio, scarpe, tetto*] **3** *(porre rimedio a)* to redress [*errore*]; to redress, to right [*torto*]; to rectify [*malefatta*] **4** SCOL. COLLOQ. = in the previous secondary school system, to sit an exam in September on subjects that the student did not pass in June **II** intr. (aus. *avere*) **~ *a*** to repair, to atone [*errore, sgarbo*] **III ripararsi** pronom. *(proteggersi)* to protect oneself, to shelter (**da** from); ***-rsi dalla pioggia*** to keep out of the rain, to take refuge *o* shelter from rain; ***portava un cappello per -rsi gli occhi dal sole*** she wore a hat to screen her eyes from the sun.

2.riparare /ripa'rare/ [1] intr. (aus. *essere*) *(rifugiarsi)* **~ *all'estero*** to escape abroad.

riparatore /ripara'tore/ **I** agg. ***matrimonio ~*** forced *o* shotgun wedding **II** m. (f. **-trice** /tritʃe/) mender, repairer.

riparazione /riparat'tsjone/ **I** f. **1** *(aggiustatura)* repair, mending, fixing; ***officina di -i*** repair shop; ***la macchina è in ~*** the machine has gone in for servicing **2** FIG. *(risarcimento)* redress, compensation (anche DIR.); *(di crimine, errore)* atonement; ***chiedere ~ (per vie legali)*** to seek (legal) redress **3** SCOL. ***esame di ~*** = in the previous secondary school system, an exam in September on subjects the student did not pass in June **II riparazioni** f.pl. POL. ***-i di guerra*** reparations.

riparlare /ripar'lare/ [1] **I** intr. (aus. *avere*) **~ *di qcs.*** to talk about sth. again; ***ne riparleremo!*** you've not heard the last of it! **II riparlarsi** pronom. *(dopo una lite)* to be* on speaking terms again.

riparo /ri'paro/ m. **1** *(protezione)* shelter **U**, cover; ***al ~*** under cover; ***mettersi al ~*** to take cover; ***essere al ~ da*** to be out of [*pioggia, sole*]; to be safe from [*attacco, curiosità*]; ***mettersi al ~ da*** to take refuge *o* shelter from, to shelter from [*pioggia, pericolo*]; ***al ~ da occhi indiscreti*** safe from prying eyes **2** *(rimedio)* remedy; ***correre ai -i*** to batten down the hatches, to take measures **3** *(rifugio)* shelter U, cover, sconce; *(per animali)* cote, shed.

1.ripartire /ripar'tire/ [102] intr. (aus. *essere*) **1** *(dopo una fermata)* to leave* again, to set* off again, to drive* on; [*automobile*] to start (off) again; ***far ~ l'auto*** to restart the car, to get the car going again **2** *(ricominciare)* to start again.

2.ripartire /ripar'tire/ [102] tr. *(suddividere)* to divide up, to split* up; *(distribuire)* to distribute, to share [*carico, lavoro, responsabilità, spesa*]; to share out, to distribute [*cibo, profitti*]; DIR. to partition [*proprietà*].

ripartizione /ripartit'tsjone/ f. share-out, sharing, division, parcelling, repartition; *(di carico)* distribution; DIR. *(di proprietà)* partition; ***la ~ della ricchezza*** the distribution of wealth; ***~ degli utili*** profit sharing.

ripassare /ripas'sare/ [1] **I** tr. **1** *(riattraversare)* to recross [*confine, fiume*] **2** *(porgere di nuovo)* to pass back [*attrezzo, sale*] **3** *(disegnando)* to go* over [*disegno*]; *(con vernice)* to repaint **4** *(al telefono)* ***ti ripasso Anna*** I'll pass you back to Anna; ***le ripasso il centralino*** I'm putting you back to the switchboard **5** *(rileggere)* to revise BE, to review AE [*lezione, materia*] **6** *(rivedere)* to review, to go* over, to check **II** intr. (aus. *essere*) **1** *(nello stesso luogo)* ***~ davanti a qcs.*** to go past sth. again **2** *(ritornare)* to call back; ***quando ripassi da queste parti*** when you're next over this way.

ripassata /ripas'sata/ f. **1** *(di vernice)* new coat of paint **2** *(ristiratura)* ***dare una ~ a qcs.*** to give sth. a quick ironing, to run the iron over sth. **3** *(lettura veloce, ripetizione)* brushup **4** COLLOQ. *(sgridata)* mouthful, scolding.

ripasso /ri'passo/ m. revision, review AE.

ripensamento /ripensa'mento/ m. **1** *(nuova riflessione)* afterthought **2** *(mutamento di parere)* rethink, second thoughts pl.; ***avere un ~*** to have second thoughts *o* a rethink.

ripensare /ripen'sare/ [1] intr. (aus. *avere*) **1** to rethink*, to think* back, to go* over **2** *(riflettere)* to look back; ***ripensandoci*** as an afterthought, on second thoughts; ***ripensandoci, credo...*** looking back on it, I think... **3** *(cambiare opinione)* ***ci ho ripensato, resto qui*** I've changed my mind, I'm staying here; ***le chiediamo di ripensarci*** we ask you to reconsider.

ripercorrere /riper'korrere/ [2] tr. **1** *(percorrere di nuovo)* to retrace **2** FIG. to trace; ***~ l'evoluzione del femminismo*** to chronicle the growth of feminism.

ripercuotersi /riper'kwɔtersi/ [67] pronom. **1** FIS. [*suono*] to reverberate, to echo **2** FIG. ***~ su*** to rebound on, to affect; ***l'aumento dei salari si ripercuoterà sui prezzi*** the rise in wages will affect prices.

ripercussione /riperkus'sjone/ f. *(effetto)* repercussion, reverberation, ripple; ***che -i avrà sulla scuola?*** how is this going to reflect on the school?

ripescare /ripes'kare/ [1] tr. **1** to fish out, to fish up, to recover [*corpo, oggetto*] **2** FIG. *(ritrovare, recuperare)* to find* [sth.] again, to dig* out [*vecchio progetto, foto*].

ripetente /ripe'tente/ m. e f. = pupil repeating a year.

ripetere /ri'pɛtere/ [2] **I** tr. **1** *(ridire)* to repeat; ***puoi ~?*** can you repeat that? ***non se l'è fatto ~ (due volte)!*** he didn't need to be told twice! ***ripetilo se ne hai il coraggio!*** I dare you to say that again! **2** *(rifare)* to resit*, to retake* [*esame*]; ***~ lo stesso errore*** to make the same mistake again *o* twice **3** SCOL. to repeat [*anno*] **II ripetersi** pronom. **1** *(ridire)* to repeat oneself; ***~ che*** to tell oneself that **2** *(ripresentarsi)* [*errore, problema, sogno, tema*] to recur; ***la storia si ripete*** history repeats itself; ***che la cosa non si ripeta!*** don't let it happen again!

ripetibile /ripe'tibile/ agg. repeatable; ***ricetta ~*** repeat prescription.

ripetitività /ripetitivi'ta/ f.inv. repetitiveness.

ripetitivo /ripeti'tivo/ agg. [*lavoro*] repetitive, repetitious.

ripetitore /ripeti'tore/ **I** agg. ***stazione ripetitrice*** RAD. TELEV. booster *o* relay station **II** m. (f. **-trice** /tritʃe/) **1** RAD. TELEV. booster, relay **2** EL. repeater **3** TEATR. prompter.

ripetizione /ripetit'tsjone/ **I** f. **1** *(il ripetere)* repetition, repeat **2** ARM. ***arma a ~*** repeater, repeating firearm; ***fucile a ~*** quick-firer **II ripetizioni** f.pl. SCOL. coaching U, private lessons, tutoring U; ***andare a*** o ***prendere -i*** to take private lessons; ***dare -i a qcn. di*** to coach sb. in, to give sb. private lessons in.

ripetutamente /ripetuta'mente/ avv. repeatedly, again and again, over and over (again).

ripetuto /ripe'tuto/ **I** p.pass. → **ripetere II** agg. ***-e volte*** several times.

ripiano /ri'pjano/ m. shelf*.

ripicca, pl. **-che** /ri'pikka, ke/ f. ***per ~*** in a fit of pique, out of spite.

ripidezza /ripi'dettsa/ f. steepness.

ripido /'ripido/ agg. steep.

ripiegamento /ripjega'mento/ m. MIL. falling back, withdrawal, retreat.

ripiegare /ripje'gare/ [1] **I** tr. **1** to bend* over [*oggetto*]; to fold [*cartina, foglio*]; to fold, to sheathe [*ali*] **2** SART. *(rivoltare)* to fold down [*colletto*] **II** intr. (aus. *avere*) **1** *(ricorrere)* ***~ su qcs.*** to fall back on sth. **2** MIL. to fall* back, to retire (**su** to) **III ripiegarsi** pronom. **1** to bend* **2** FIG. ***-rsi in se stessi*** [*persona*] to retreat into oneself, to be wrapped up in oneself.

ripiego, pl. **-ghi** /ri'pjɛgo, gi/ m. makeshift; ***come soluzione di ~*** as a second best.

ripieno /ri'pjɛno/ **I** agg. **1** *(pieno)* full **2** *(farcito)* [*carne, verdura*] stuffed; ***cioccolatino ~*** cream; ***una torta -a di marmellata*** a cake filled with jam *o* with a jam filling **II** m. **1** *(di cuscino, materasso)* stuffing **2** *(farcia)* filling, stuffing.

ripigliare /ripiʎ'ʎare/ [1] COLLOQ. → **riprendere**.

ripiombare /ripjom'bare/ [1] intr. (aus. *essere*) to plunge back, to sink* back; ***~ in un sonno profondo*** to fall back into a deep sleep.

ripopolamento /ripopola'mento/ m. repopulation; PESC. VENAT. restocking.

ripopolare /ripopo'lare/ [1] **I** tr. **1** to repopulate [*città, regione*] **2** PESC. VENAT. to restock [*fiume, foresta*] **II ripopolarsi** pronom. (aus. *avere*) to be* repopulated; FIG. [*locale*] to come* back to life.

riporre /ri'porre/ [73] tr. **1** *(porre di nuovo)* to put* back [*oggetto*]; *(mettere via)* to put* away [*giocattoli, stoviglie*] **2** FIG. ***~ la propria fiducia in qcn.*** to put one's confidence *o* to place one's trust in sb.; ***~ le proprie speranze in qcs.*** to build *o* pin *o* set one's hopes on sth.

riportare /ripor'tare/ [1] **I** tr. **1** *(portare di nuovo, restituire)* to bring* back, to take* back **2** FIG. *(ricondurre)* to bring* back; ***~ qcn. alla realtà*** to bring sb. back down to earth; ***~ in vita qcn.*** to bring sb. back to life, to restore sb. to life; ***~ qcn. indietro di molti anni*** to take sb. back several years **3** *(riaccompagnare)* ***ti riporto a casa*** *(in auto)* I'll drive you back home; ***~ qcn. in prigione*** to take sb. back to prison **4** *(citare, riferire)* to quote, to report [*fatto, notizia*]; to retail [*pettegolezzo*] **5** *(conseguire)* ***~ una vittoria schiacciante*** to pull off *o* score a massive victory, to sweep to victory; ***~ un grande successo*** to score a hit **6** *(subire)* to suffer; ***~ gravi ferite*** to suffer serious injuries, to be seriously injured; ***l'auto non ha riportato molti danni*** not much damage was done to the car **7** *(trascrivere)* to transfer, to recopy **8** MAT. to carry **II** intr. (aus. *avere*) VENAT. [*cane*] to retrieve **III riportarsi** pronom. to go* back (**a** to).

riporto /ri'pɔrto/ m. **1** *(il riportare indietro)* bringing back, taking back **2** MAT. = number to be carried **3** *(di capelli)* = lock of hair combed over a bald spot **4** EDIL. ***materiale di ~*** filling material **5** ECON. COMM. brought forward, carry-forward, carry-over **6** SART. *(applicazione)* insert **7** VENAT. ***cane da ~*** retriever.

riposante /ripo'sante/ agg. [*periodo, vacanza, colore*] relaxing, restful.

1.riposare /ripo'sare/ [1] **I** tr. to rest [*gambe, piedi*] **II** intr. (aus. *avere*) **1** *(rilassarsi, dormire)* to rest; ***fermiamoci a ~*** let's stop for a rest **2** *(essere seppellito)* to rest, to repose FORM.; ***"qui riposa..."*** *(su una lapide)* "here lies..." **3** GASTR. [*impasto*] to stand* **4** *(poggiare)* ***~ su qcs.*** to be based on sth. **5** AGR. *(essere incolto)* to lie* untilled, to lie* fallow **III riposarsi** pronom. to have* a rest, to take* a rest, to rest up.

2.riposare /ripo'sare/ [1] **I** tr. *(poggiare di nuovo)* to put* down [sth.] again [*oggetto*] **II riposarsi** pronom. to place oneself again.

riposato /ripo'sato/ **I** p.pass. → **1.riposare II** agg. [*persona, viso*] fresh, rested.

riposino /ripo'sino/ m. nap, rest; ***fare un ~*** to have *o* take a nap.

riposo /ri'pɔso/ m. **1** *(inattività)* rest, refreshment; ***un giorno di ~*** a day of rest; ***concedersi qualche minuto di ~*** to steal a few minutes' peace, to give oneself a breathing space **2** *(sospensione dal lavoro)* rest; ***giorno di ~*** day off **3** *(pensione)* ***a ~*** retired **4** AGR. ***stare a ~*** [*terreno*] to lie fallow *o* untilled **5** MIL. ***~!*** as you were! at ease! stand easy! ***soldati in posizione di ~*** soldiers standing at ease **6** *(dormita)* rest, sleep; ***buon ~!*** have a good rest! sleep tight! **7 di tutto riposo** relaxing; ***un lavoro di tutto ~*** a soft job, a cushy number BE COLLOQ.

ripostiglio, pl. **-gli** /ripos'tiʎʎo, ʎi/ m. closet, box room BE.

riposto /ri'posto/ **I** p.pass. → **riporre II** agg. **1** *(appartato)* ***nell'angolo più ~ di un cassetto*** at the very bottom of a drawer **2** *(recondito)* remote.

riprendere /ri'prɛndere/ [10] **I** tr. **1** *(prendere di nuovo)* to regain [*controllo, comando*]; to recover [*territorio*]; to take* back [*impiegato, regalo*]; ***~ sonno*** to fall asleep again, to go back to sleep; ***~ marito, moglie*** *(riposarsi)* to marry again, to remarry **2** *(ricatturare)* to recapture [*prigioniero*] **3** *(riavere)* to retrieve [*oggetto*]; [*persona*] to revert to [*abitudine*] **4** *(ricominciare)* to go* back to, to restart, to resume, to return to [*lavoro, scuola*]; to pick up, to take* up, to resume [*conversazione, carriera*]; to renew, to restart, to resume [*negoziati*]; ***~ servizio*** to report back for duty; ***~ la lettura*** to return to one's book **5** *(recuperare)* ***~ quota*** to gain height again; ***~ terreno*** to catch up; ***~ conoscenza*** to come round BE *o* around AE *o* to life, to regain consciousness; ***~ colore*** to get one's colour back **6** CINEM. FOT. to shoot*; *(con videocamera)* to video(tape) **7** SART. *(stringere)* to take* in [*vestito, cucitura*]; to pick up [*punto*] **8** *(utilizzare di nuovo)* to draw* on [*idea, tesi*] **9** *(sgridare)* to pick up, to pull up, to tell* off **10** MUS. to repeat **II** intr. (aus. *avere*) **1** *(ricominciare)* [*attività, ciclo*] to restart, to resume; [*discussione, processo, scuola*] to reopen, to resume; ***"i programmi riprenderanno il più presto possibile"*** "normal service will be resumed as soon as possible" **2** *(continuare)* ***"strano," riprese lui*** "strange", he continued **III riprendersi** pronom. **1** *(ristabilirsi)* to recover, to gather oneself; *(riaversi)* to collect one's wits, to collect oneself, to perk up, to recollect oneself; ***-rsi da uno shock*** to recover from *o* get over the shock **2** *(rinverdire)* [*pianta*] to perk up, to revive **3** ECON. [*commercio, economia*] to recover, to perk up **4** *(correggersi)* to correct oneself.

ripresa /ri'presa/ f. **1** *(il riprendere)* resumption; ***~ delle ostilità*** renewal of hostilities **2** *(da malattia)* recovery, revival **3** CINEM. shoot, shot, take; ***-e (cinematografiche)*** camerawork, filming, shooting **4** TEATR. revival **5** ECON. *(recupero)* recovery, revival, rally, pickup; ***essere in ~*** [*economia, vendite*] to pick up, to recover, to be on the mend **6** AUT. pickup **7** SPORT *(nella boxe)* round; *(nel calcio)* restart **8** MUS. repeat **9** SART. dart **10 a più riprese** repeatedly, consistently, at various times.

ripresentare /riprezen'tare/ [1] **I** tr. to re-present **II ripresentarsi** pronom. **1** *(andare di nuovo)* ***-rsi a*** to re-enter for [*gara, concorso*]; ***-rsi all'esame*** to present oneself for re-examination **2** *(ripetersi)* [*fenomeno, occasione*] to arise* again **3** *(ricandidarsi)* ***-rsi alle elezioni*** to come up *o* run *o* stand BE for re-election.

ripristinare /ripristi'nare/ [1] tr. **1** *(rimettere in funzione)* to re-establish [*contatti*]; ***~ la circolazione*** to get the traffic moving again **2** *(restaurare)* to restore, to renovate [*edificio*] **3** *(reintrodurre)* to bring* back [*democrazia*]; to reinstate, to re-establish [*legislazione*]; to restore [*tradizione*]; ***~ l'ordine*** to restore *o* re-establish order.

ripristino /ri'pristino/ m. **1** *(rimessa in funzione)* re-establishment **2** *(restauro)* restoration **3** *(reintroduzione)* reinstatement, restoration.

riprodurre /ripro'durre/ [13] **I** tr. **1** *(ricreare)* to reproduce; ***~ fedelmente la realtà*** [*film, libro*] to be true to life **2** *(copiare)* to copy, to replicate [*documento*]; to reproduce, to duplicate [*dipinto*] **3** TECN. to reproduce [*suono*] **II riprodursi** pronom. **1** BIOL. [*animale, pianta*] to reproduce (oneself), to breed*; [*virus*] to replicate **2** *(riformarsi)* to form again **3** *(ripetersi)* [*situazione, fenomeno*] to repeat itself, to happen again, to occur again.

riproduttivo /riprodut'tivo/ agg. reproductive.

riproduttore /riprodut'tore/ **I** agg. reproductive, breeding **II** m. TECN. reproducer.

riproduzione /riprodut'tsjone/ f. **1** BIOL. reproduction, breeding; ***animale da ~*** breeding animal **2** *(copia)* duplication **3** TECN. *(di suoni)* reproduction, playback **4** ART. copy, reproduction.

riprogettare /riprodʒet'tare/ [1] tr. to redesign [*area, costruzione*].

ripromettersi /ripro'mettersi/ [60] pronom. ***~ qcs.*** to promise oneself sth.; ***~ di fare*** to promise oneself to do, to make a resolution to do.

riproporre /ripro'porre/ [73] **I** tr. to pose [sth.] again [*questione*] **II riproporsi** pronom. **1** *(ripresentarsi)* to arise* again, to come* up again **2** *(ripromettersi)* ***-rsi di fare*** to promise oneself to do, to make a resolution to do.

riprova /ri'prɔva/ f. confirmation, validation, proof; ***a ~ di*** in confirmation of.

1.riprovare /ripro'vare/ [1] **I** tr. **1** *(sentire di nuovo)* to feel* [sth.] again **2** *(reindossare)* to try [sth.] on again **II** intr. (aus. *avere*) *(ritentare)* to try again.

2.riprovare /ripro'vare/ [1] tr. *(biasimare)* to reprobate, to reprehend FORM.

riprovazione /riprovat'tsjone/ f. blame, reproachfulness, reprobation, reprehension FORM.

riprovevole /ripro'vevole/ agg. [*persona*] reproachful, reproachable; [*comportamento*] objectionable, obnoxious.

ripubblicare /ripubbli'kare/ [1] tr. to republish.

ripudiare /ripu'djare/ [1] tr. to repudiate [*moglie*]; to renounce, to disown [*amico, famiglia, fede*].

ripudio, pl. **-di** /ri'pudjo, di/ m. *(di moglie)* repudiation; *(di dottrina)* denial; *(di amico, famiglia)* renunciation.

ripugnante /ripuɲ'ɲante/ agg. repugnant, repulsive, revolting, disgusting, sickening, loathsome; ***un uomo dall'aspetto ~*** a man of repulsive aspect.

ripugnanza /ripuɲ'ɲantsa/ f. repugnance, revulsion, repulsion, disgust.

ripugnare /ripuɲ'ɲare/ [1] intr. (aus. *avere*) ***mi ripugna*** it disgusts *o* repels me.

ripulire /ripu'lire/ [102] **I** tr. **1** *(pulire di nuovo)* to clean [sth.] again **2** *(pulire a fondo)* to clean out **3** FIG. *(liberare dalla criminalità)* to clean up [*città, strada*] **4** [*ladro*] to clean out [*casa*]; ***~ qcn.*** to take sb. to the cleaners COLLOQ. **II ripulirsi** pronom. to clean oneself ♦ ***~ il piatto*** to lick the platter clean.

ripulita /ripu'lita/ f. **1** clean-out, cleanup, going-over, turnout; ***dare una ~ a qcs.*** to give sth. a cleanup; ***darsi una ~*** to tidy oneself up **2** FIG. ***la polizia ha fatto una ~ nel quartiere*** the police cleaned up the district.

ripulsa /ri'pulsa/ f. repulsion.

ripulsione /ripul'sjone/ → **repulsione.**

ripulsivo /ripul'sivo/ → **repulsivo.**

riquadro /ri'kwadro/ m. **1** *(spazio delimitato)* square **2** TIP. box **3** *(su una pagina)* inset.

riqualificare /rikwalifi'kare/ [1] **I** tr. to retrain, to reskill [*personale*] **II riqualificarsi** pronom. to retrain oneself.

risacca, pl. **-che** /ri'sakka, ke/ f. backwash, undertow.

risaia /ri'saja/ f. ricefield, paddyfield.

risalire /risa'lire/ [104] **I** tr. [*battello*] to go* up [*fiume*]; ***~ la corrente*** [*salmone*] to swim upstream; [*imbarcazione*] to sail *o* go against the current; ***abbiamo risalito la collina a piedi*** we walked back up the hill **II** intr. (aus. *essere*) **1** *(salire di nuovo)* [*persona*] to go* up again; ***~ in macchina*** to get back in the car; ***~ a cavallo*** to get up on the horse again, to get back on *o* remount a horse; ***puoi ~ a prendermi la borsa?*** can you go back upstairs and get my bag? ***siamo risaliti per il sentiero*** we walked back up by the path **2** *(aumentare)* [*prezzi, livello*] to rise* again, to go* up again **3** *(avere origine)* ***~ a*** [*tradizione, opera*] to go *o* date back to **4** *(indagare)* ***~ a*** to trace [*causa*].

risalita /risa'lita/ f. ***impianto di ~*** ski tow.

risaltare /risal'tare/ [1] **I** intr. (aus. *avere, essere*) **1** *(spiccare)* [*colore, dettaglio*] to show* up, to stand* out; ***~ su*** to be defined against, to stand out against [*sfondo*]; ***fare ~*** to bring out [*colore, dettaglio, sapore*]; to set off [*abbronzatura, vestito*]; to bring to the fore [*qualità*] **2** FIG. *(distinguersi)* to stand* out (**su** against) **3** *(saltare di nuovo)* to jump again, to jump back; ***risaltò a cavallo*** he jumped back on the horse **II** tr. to jump over [sth.] again [*muro, ostacolo*].

risalto /ri'salto/ m. **1** *(piena evidenza)* prominence, emphasis, stress; ***mettere in ~*** to bring out [*colore, dettaglio, sapore*];

to set off [*abbronzatura, vestito*]; to pick out [*titolo*]; ***dare ~ a qcs.*** to put the emphasis on sth., to make a feature of sth., to highlight sth.; ***il rapporto dava molto ~ allo scandalo*** the report made much of the scandal **2** TECN. projecting part.

risanabile /risa'nabile/ agg. **1** [*terreno*] reclaimable **2** FIG. [*economia*] that can be recovered.

risanamento /risana'mento/ m. **1** *(guarigione)* recovery **2** *(di terreno)* reclaim, reclamation; *(di centro cittadino)* (re)development; ***piano di ~*** recovery plan; ***~ urbano*** urban renewal; ***~ dell'economia*** upturn, recovery in the economy.

risanare /risa'nare/ [1] tr. **1** to cure [*malato*] **2** *(bonificare)* to reclaim [*foresta, terreno*] **3** FIG. to (re)develop [*centro cittadino*]; to turn around [*economia*].

risaputo /risa'puto/ agg. well-known, widely known; ***è ~ che*** it is well-known that, it is a well-known fact that; ***è cosa vecchia e -a!*** COLLOQ. it's common knowledge!

risarcibile /risar'tʃibile/ agg. refundable, reimbursable.

risarcimento /risartʃi'mento/ m. indemnification, amends pl.; DIR. compensation, recompense, restitution; ***richiesta di ~ danni*** claim for damages, insurance claim; ***richiedere il ~ dei danni*** to claim for damages.

risarcire /risar'tʃire/ [102] tr. to compensate [*persona, danno*]; ***è stato risarcito*** he got compensation.

risata /ri'sata/ f. laugh; ***-e*** laughter; ***fare una ~*** to give a laugh; ***ci siamo fatti una bella ~*** we had a good laugh; ***se vuoi farti una ~ devi sentirlo cantare!*** if you want a laugh listen to him sing! ***sai che -e*** IRON. it was a barrel of laughs *o* fun ♦ ***piegarsi in due dalle -e*** to curl up *o* be bent double *o* be doubled up with laughter.

risatina /risa'tina/ f. chortle, giggle, snigger; ***-e*** chortling, sniggering; ***~ nervosa*** giggly laughter.

riscaldamento /riskalda'mento/ m. **1** *(impianto)* heating, heat; ***~ centralizzato*** central heating; ***un appartamento con ~ centralizzato*** a centrally heated flat; ***~ a gas*** gas heating **2** TECN. *(il riscaldare)* heating up; ***il ~ di un metallo*** the heating of a metal **3** *(aumento della temperatura)* warming; ***il ~ della temperatura terrestre*** global warming **4** MUS. SPORT TEATR. warm-up; ***esercizi di ~*** warming-up *o* warm-up exercises.

riscaldare /riskal'dare/ [1] **I** tr. **1** *(aumentare la temperatura di)* to heat [*casa, forno, piscina, stanza*]; to heat, to warm up [*acqua, piatto*]; ***~ qcn.*** [*persona*] to keep sb. warm, to warm up sb. **2** *(scaldare di nuovo)* to heat up, to reheat, to warm over AE [*cibo*] **3** FIG. to warm up [*pubblico*]; to liven up [*atmosfera*]; ***~ gli animi*** to stir the blood, to get people going **II** intr. (aus. *essere*) *(surriscaldarsi)* [*motore*] to overheat **III riscaldarsi** pronom. **1** [*persona*] to warm oneself, to warm up; ***-rsi le mani*** to warm one's hands **2** *(diventare caldo)* [*casa*] to warm up, to heat through; [*aria, bevanda, cibo*] to heat up; [*ferro da stiro, forno, motore*] to get* hot **3** FIG. *(infervorarsi)* [*persona*] to get* excited; [*partita*] to heat, to hot (up) **4** SPORT to warm up.

riscaldata /riskal'data/ f. warming (up); ***dare una ~ a qcs.*** to warm sth. up.

riscaldato /riskal'dato/ **I** p.pass. → **riscaldare II** agg. **1** [*piscina*] heated **2** *(scaldato di nuovo)* [*cibo, caffè*] warmed up, reheated ♦ ***è la solita minestra -a*** it's old hat.

riscattabile /riskat'tabile/ agg. ECON. [*azione, prestito*] redeemable.

riscattare /riskat'tare/ [1] **I** tr. **1** to ransom [*prigioniero, proprietà*] **2** ECON. to redeem [*azione, prestito, pegno*]; to surrender [*polizza*] **3** FIG. *(salvare)* to redeem **II riscattarsi** pronom. to redeem oneself (**facendo** by doing).

riscatto /ris'katto/ m. **1** *(liberazione)* liberation, redemption **2** *(prezzo)* ransom (money); ***pagare un ~ per*** to pay a ransom for **3** DIR. redemption; *(di polizza)* surrender.

rischiarare /riskja'rare/ [1] **I** tr. to illuminate, to lighten, to light* [*stanza*]; to lighten [*colore*] **II** intr. (aus. *essere*) [*cielo*] to get* lighter, to clear (up), to brighten up **III rischiararsi** pronom. **1** *(rasserenarsi)* [*cielo*] to get* lighter, to clear (up), to brighten up; FIG. [*volto*] to lighten, to brighten up **2** FIG. *(chiarirsi)* [*situazione*] to brighten up.

rischiare /ris'kjare/ [1] **I** tr. **1** *(mettere in pericolo)* to risk, to hazard [*salute, vita*]; to stake [*reputazione*] **2** *(essere passibile di)* to face, to look at [*multa, sospensione*]; to face [*licenziamento*] **II** intr. (aus. *avere*) ***~ di morire*** to risk death; ***~ di cadere*** to be heading for a fall; ***~ di fallire*** to be likely to fail; ***la bomba rischia di esplodere*** the bomb is capable of exploding; ***non hanno il coraggio di ~*** they don't dare take the risk **III** impers. (aus. *avere*) ***rischia di piovere*** it's liable to rain.

rischio, pl. **-schi** /'riskjo, ski/ m. **1** *(pericolo)* risk, chance, hazard; ***~ d'incendio*** fire hazard *o* risk; ***è un ~ per la salute*** it's a health hazard; ***c'è il ~ che prenda la malattia*** there's a risk of him catching the illness *o* that he'll catch the illness; ***a*** o ***col ~ di sembrare ingrato*** at the risk of seeming ungrateful; ***mettere a ~*** to adventure, to stake, to risk; ***correre un ~*** to take a chance; ***correre il ~ di fare*** to take a chance on doing, to chance doing; ***ad alto ~*** [*gruppo*] high-risk; ***a tuo ~ (e pericolo)*** at your peril, at your own risk **2** ECON. exposure; *(nelle assicurazioni)* risk; ***a basso ~*** [*investimento*] low-risk **3 a rischio** [*soggetto*] at risk; [*specie*] endangered; ***la fabbrica è a ~ di chiusura*** the factory is at risk of closure ♦♦ ***~ professionale*** occupational hazard *o* risk; ***-schi del mestiere*** = risks that come with the job.

rischioso /ris'kjoso/ agg. [*investimento, progetto*] chancy, risky; [*lavoro, viaggio*] hazardous, risky.

risciacquare /riʃʃak'kware/ → **sciacquare**.

risciacquatura /riʃʃakkwa'tura/ → **sciacquatura**.

risciacquo /riʃ'ʃakkwo/ m. rinse, rinsing; ***ciclo di ~*** rinse cycle.

risciò /riʃ'ʃɔ/ m.inv. rickshaw.

riscontrare /riskon'trare/ [1] tr. **1** *(paragonare)* to compare **2** *(controllare)* to control, to countercheck; ***~ le bozze*** to check the proofs **3** *(rilevare)* to find*, to discover.

riscontro /ris'kontro/ m. **1** *(confronto)* comparison; ***mettere a ~*** to compare, to collate [*documenti*] **2** *(controllo)* countercheck, verification **3** *(conferma)* confirmation; ***trovare ~ nella realtà*** to be confirmed *o* be borne out of the facts **4** BUROCR. *(risposta nelle lettere)* reply.

riscoperta /risko'pɛrta/ f. rediscovery.

riscoprire /risko'prire/ [91] tr. to rediscover.

riscossa /ris'kɔssa/ f. **1** *(riconquista)* reconquest **2** *(controffensiva)* counter-charge ♦ ***andare alla ~*** to go to the rescue.

riscossione /riskos'sjone/ f. *(di soldi, tasse ecc.)* collecting, collection.

riscrivere /ris'krivere/ [87] tr. to rewrite*.

riscrivibile /riskri'vibile/ agg. [*CD*] rewritable.

riscuotere /ris'kwɔtere/ [67] **I** tr. **1** *(incassare)* to cash, to cash in AE [*assegno*]; to collect [*soldi, multa, pensione*]; to gather, to collect, to levy, to raise [*tasse*] **2** *(ottenere)* to meet* with [*successo*]; to win* [*approvazione*]; ***~ la stima di qcn.*** to enjoy sb.'s esteem **3** *(risvegliare)* to awake*, to rouse; ***~ qcn. dal sonno*** to arouse sb. from sleep **II riscuotersi** pronom. *(trasalire)* to jump, to start; *(riprendersi)* to pull oneself together.

risentimento /risenti'mento/ m. ill feeling, resentment, rancour BE, rancor AE; ***nutrire, provare ~ nei confronti di qcn.*** to harbour, nurse a grudge against sb.; ***una persona piena di ~*** a resentful person.

risentire /risen'tire/ [3] **I** tr. **1** *(sentire di nuovo)* to hear* [sth.] again [*rumore*]; *(riascoltare)* to listen to [sth.] again [*concerto*] **2** *(avvertire)* ***~ gli effetti della crisi*** to feel the effects of the crisis **II** intr. (aus. *avere*) *(avvertire gli effetti)* ***~ di qcs.*** to suffer from sth., to feel the effects of sth., to be affected by sth.; ***il mondo dell'industria ne risentirà*** the industry will be affected **III risentirsi** pronom. **1** *(offendersi)* to get* offended (**per** by), to take* offence (**per** at); ***-rsi con qcn.*** to get angry with sb.; ***si è risentito per quello che ho detto*** he resented my words **2** *(sentirsi di nuovo)* ***ci risentiamo domani*** I'll call back tomorrow ♦ ***a risentirci!*** goodbye for now!

risentito /risen'tito/ **I** p.pass. → **risentire II** agg. *(irritato)* [*persona*] resentful, bitter; [*commento, tono*] bitter.

riserbo /ri'sɛrbo/ m. reserve, discretion; ***mantenere il ~ su qcs.*** to keep sth. private.

riserva /ri'sɛrva/ f. **1** *(scorta)* reserve, standby, supply, stock; ***-e petrolifere*** oil reserves; ***~ aurea*** gold reserve; ***di ~*** [*chiave*] spare; ***ho una batteria di ~*** I have an extra battery **2** *(limitazione, incertezza)* reserve, reservation, qualification; ***senza -e*** [*accettare*] without reservation *o* reserve; [*sostegno*] unquestioning, unreserved; ***con ~*** [*accettare*] conditionally

avere delle -e su qcs. to have reservations about sth.; ***~ mentale*** mental reservation **3** *(territorio protetto)* reserve, sanctuary; ***~ di caccia*** game reserve *o* preserve; ***~ naturale*** nature reserve, wildlife reserve *o* park *o* sanctuary; ***~ indiana*** Indian reservation **4** MIL. reserve **5** AUT. ***essere in ~*** to be low *o* short on petrol BE *o* gas AE **6** SPORT reserve (player), substitute (player), second string **7** ENOL. reserve; ***~ 1990*** 1990 reserve *o* vintage.

riservare /riser'vare/ [1] **I** tr. **1** *(prenotare)* to book, to reserve; ***~ qcs. per qcn.*** to book sth. for sb., to book sb. sth. **2** *(destinare)* to reserve, to set* aside, to save; ***~ un caloroso benvenuto, un trattamento di favore a qcn.*** to reserve a warm welcome to sb., to show favour for sb. **3** *(tenere in serbo)* to reserve; ***chissà che cosa ci riserva il futuro?*** who knows what lies ahead *o* what the future holds *o* might bring? **II riservarsi** pronom. ***-rsi il diritto di fare*** to reserve the right to do; ***-rsi di decidere*** to keep one's options open.

riservatezza /riserva'tettsa/ f. **1** *(segretezza)* confidentiality, privateness; ***diritto alla ~*** right to privacy **2** *(discrezione)* discretion, reserve.

riservato /riser'vato/ **I** p.pass. → **riservare II** agg. **1** *(prenotato)* [*posti*] booked, reserved **2** *(destinato)* ***"ingresso ~ ai soci"*** "members only"; ***"ingresso ~ ai possessori di biglietto"*** "admission by ticket only" **3** *(segreto)* [*informazione, documento*] confidential, classified **4** *(discreto)* [*persona*] reserved, discrete; [*comportamento, carattere*] demure.

riservista, m.pl. **-i**, f.pl. **-e** /riser'vista/ m. e f. reservist.

risguardo /riz'gwardo/ m. endpaper, flyleaf*.

risibile /ri'sibile/ agg. [*proposta, tentativo*] laughable, risible; [*somma*] wretched.

risicato /rizi'kato/ agg. [*vittoria*] narrow; [*maggioranza*] scanty.

risicoltura /risikol'tura/ f. rice growing, rice farming.

risiedere /ri'sjedere/ [2] intr. (aus. *avere*) **1** to reside, to live **2** FIG. *(consistere)* ***~ in*** [*difficoltà, differenza*] to lie in.

risintonizzare /risintonid'dzare/ [1] tr. to retune.

risma /'rizma/ f. **1** *(di carta)* ream **2** SPREG. kind, sort; ***sono della stessa ~*** they are all of a *o* one kind, they are birds of a feather.

1.riso /'riso/ m. **1** BOT. GASTR. rice; ***un chicco di ~*** a grain of rice; ***~ in bianco*** plain rice **2** ART. ***carta di ~*** rice paper ♦♦ ***~ integrale*** brown rice; ***~ pilaf*** pilau (rice).

2.riso, f.pl. **risa** /'riso, 'risa/ m. *(risata)* laugh, laughter **U**; ***reprimere il ~*** to hold back one's laughter; ***suscitare il ~*** to get a laugh.

risolino /riso'lino/ m. giggle, titter, snigger, snicker AE.

risollevare /risolle'vare/ [1] **I** tr. **1** to lift [sth.] again [*oggetto*] **2** FIG. *(riproporre)* to raise [sth.] again [*problema*]; to bring up, to raise [*vecchia questione*] **3** FIG. to turn around [*economia, industria, situazione*]; to uplift, to perk up [*persona*]; ***~ il morale di qcn.*** to cheer sb. up **II risollevarsi** pronom. **1** *(rialzarsi)* to rise*, to get* up again **2** FIG. [*persona*] to perk up, to revive.

risolto /ri'sɔlto/ **I** p.pass. → **risolvere II** agg. [*enigma*] solved.

risolutezza /risolu'tettsa/ f. resolution.

risolutivo /risolu'tivo/ agg. [*successo, vittoria*] ultimate, decisive.

risoluto /riso'luto/ agg. [*persona*] decisive, resolute; [*maniere, tono*] crisp, decided, decisive; [*espressione*] determined, resolute.

risoluzione /risolut'tsjone/ f. **1** *(soluzione)* resolution (anche MAT.) **2** *(decreto)* resolution **3** INFORM. resolution; ***ad alta ~*** high-resolution **4** MED. CHIM. FIS. resolution **5** ECON. *(di contratto, polizza)* cancellation **6** MUS. resolution.

risolvere /ri'sɔlvere/ [22] **I** tr. **1** *(trovare la soluzione a)* to solve, to clear up, to work out, to sort out [*mistero, problema*]; to solve [*indovinello, equazione*]; ***~ la faccenda*** to smooth things over **2** *(appianare)* to resolve, to settle [*conflitto, contraddizione*] **3** CHIM. FIS. to resolve (**in** into) **4** DIR. to rescind, to cancel [*contratto*] **II risolversi** pronom. **1** *(concludersi)* to turn in(to) [*disastro, farsa*]; to end in [*fiasco*]; ***-rsi in nulla*** to come to naught **2** *(decidersi)* to decide (**a fare** to do), to resolve (**a fare** on doing) **3** MED. [*infezione*] to clear up.

risolvibile /risol'vibile/ agg. [*problema*] (re)solvable.

risonante /riso'nante/ agg. **1** [*voce*] ringing, resounding **2** EL. FIS. TECN. resonant.

risonanza /riso'nantsa/ f. **1** EL. FIS. TECN. resonance **2** *(eco)* resonance, echo **3** FIG. stir, sensation; ***avere grande ~*** [*azione, fatto*] to resound, to cause a great stir *o* sensation; [*dibattito*] to reverberate ♦♦ ***~ magnetica*** magnetic resonance.

risonare /riso'nare/ → **risuonare.**

risorgere /ri'sordʒere/ [72] intr. (aus. *essere*) **1** *(risuscitare)* to resurrect, to rise* **2** FIG. *(rinascere)* to resurrect, to revive, to flourish again; ***~ a nuova vita*** to take (on) a new lease of life.

risorgimentale /risordʒimen'tale/ agg. of the Risorgimento.

Risorgimento /risordʒi'mento/ n.pr.m. Risorgimento.

risorsa /ri'sorsa/ f. **1** *(ricchezza)* resource; ***-e energetiche, umane*** energy, human resources **2** FIG. *(possibilità)* resort, means pl.; ***avere molte -e*** to be resourceful; ***una donna di molte -e*** a resourceful woman; ***come ultima ~*** as a last resort **3** INFORM. resource; ***gestione -e*** resource management.

risorto /ri'sorto/ **I** p.pass. → **risorgere II** agg. **1** RELIG. risen **2** FIG. revived ♦ ***il (Cristo) Risorto*** the risen Christ.

risotto /ri'sɔtto/ m. risotto.

risparmiare /rispar'mjare/ [1] **I** tr. **1** *(economizzare)* to save, to put* aside, to put* away [*soldi*]; to save [*tempo*]; ***~ le forze*** to reserve *o* save one's strength **2** *(evitare)* to save [*fatica, disturbo, spesa, viaggio*]; ***ti risparmio i dettagli*** I will spare you the details **3** *(salvare)* ***~ la vita a*** o ***di qcn.*** to spare sb.'s life; ***la sua critica non risparmia nessuno*** his criticism spares nobody **II** intr. (aus. *avere*) to save (up); ***~ per*** to save up for *o* towards [*auto, casa*] **III risparmiarsi** pronom. **1** *(non consumare forze)* to save oneself; ***non -rsi nel fare qcs.*** to be unsparing in one's efforts to do sth. **2** *(evitare)* to save oneself, to spare oneself; ***-rsi la fatica di fare*** to spare oneself the trouble of doing ♦ ***risparmia il fiato!*** save your breath!

risparmiatore /risparmja'tore/ m. (f. **-trice** /tritʃe/) economizer, saver.

risparmio, pl. **-mi** /ris'parmjo, mi/ **I** m. **1** *(economia)* saving; ***~ energetico*** energy conservation, fuel saving; ***un ~ del 25%*** a 25% saving; ***senza ~ di forze*** sparing no effort, unsparingly; ***la lavastoviglie è un bel ~ di tempo*** a dishwasher is a real time-saver **2** BANC. ECON. saving; ***cassa di ~*** savings bank **II risparmi** m.pl. savings.

rispecchiare /rispek'kjare/ [1] **I** tr. to reflect, to mirror (anche FIG.) **II rispecchiarsi** pronom. ***-rsi in qcs.*** to be reflected *o* mirrored in sth. (anche FIG.).

rispedire /rispe'dire/ [102] tr. **1** *(spedire di nuovo)* to send* [sth.] again **2** *(mandare indietro, respingere)* to send* back; ***~ qcn. a casa*** to send sb. back home; ***"~ al mittente"*** "return to sender".

rispettabile /rispet'tabile/ agg. **1** *(perbene)* [*famiglia, persona*] respectable, decent **2** *(ragguardevole)* [*dimensione, numero*] respectable; [*età*] considerable.

rispettabilità /rispettabili'ta/ f.inv. respectability.

rispettare /rispet'tare/ [1] tr. **1** *(considerare con rispetto)* to respect, to honour BE, to honor AE [*persona*]; ***farsi ~*** to command respect; ***ogni insegnante che si rispetti lo sa*** any self-respecting teacher knows that **2** *(avere cura di)* to respect [*natura*]; ***un prodotto che rispetta l'ambiente*** an environmentally friendly product **3** *(osservare)* to obey, to observe [*legge*]; to comply with, to keep* to, to abide* by [*ordine, regola*]; to fulfil BE, to fulfill AE [*condizioni*]; to adhere to, to meet* [*scadenza*]; RELIG. to keep* [*festa*]; ***fare ~*** to enforce, to uphold [*legge*] **4** *(adempiere)* to honour BE, to honor AE [*accordo, contratto*].

rispettivamente /rispettiva'mente/ avv. respectively.

rispettivo /rispet'tivo/ agg. respective, relative; ***i -i meriti di X e Y*** the relative merits of X and Y; ***sono venuti con le -e mogli*** they came with their respective wives.

rispetto /ris'pɛtto/ **I** m. **1** *(riguardo)* respect, deference; ***~ di sé*** self-respect; ***mancanza di ~*** disrespect; ***mancare di ~ a qcn.*** to show disrespect to *o* towards sb. **2** *(osservanza)* *(di legge)* respect; *(di regole)* abidance; *(di scadenze)* adherence **3 rispetto a** *(in confronto a)* compared to; *(relativamente a)* as regards, with respect, as for; ***in anticipo ~ a qcn.*** in advance of sb.; ***la forza della sterlina ~ all'euro*** the strength of the pound against the euro **II rispetti** m.pl. respects ♦ ***con ~ par-***

lando no disrespect (to you), (if you) excuse the expression; ***di tutto ~*** considerable, highly respectable.

rispettoso /rispet'toso/ agg. [*comportamento, persona*] respectful, dutiful, observant; ***cittadino ~ della legge*** law-abiding citizen.

risplendere /ris'plɛndere/ [2] intr. (aus. *essere, avere*) **1** [*luna, sole*] to shine*, to beam; [*stella*] to glitter; [*casa, cucina*] to shine* **2** FIG. [*occhi, viso*] to glow, to shine*; ***~ di felicità*** to sparkle *o* glow with happiness.

rispolverare /rispolve'rare/ [1] tr. **1** to dust again **2** FIG. to brush up [*nozioni*].

rispondere /ris'pondere/ [64] **I** intr. (aus. *avere*) **1** *(replicare)* to answer, to reply; ***~ a*** to reply to, to answer [*domanda, lettera*]; ***~ a qcn.*** to answer sb. **2** *(al telefono)* ***~ al telefono*** to answer the telephone; ***non risponde (nessuno)*** there's no answer, it's not answering BE; ***rispondo io!*** I'll get it! **3** *(essere insolente)* to talk back, to answer back BE **4** *(controbattere)* ***~ a*** to meet [*accusa, obiezione*]; to answer [*violenza*] **5** *(essere conforme a)* ***~ a*** to answer, to meet, to supply [*bisogno, esigenze*]; to live up, to match [*aspettative*] **6** *(reagire)* [*automobile, motore, organismo*] to respond **7** *(chiamarsi)* ***~ al nome di*** to answer to the name of **8** *(rendere conto)* ***~ per qcn.*** to answer for sb.; ***~ dell'onestà di qcn.*** to answer for sb.'s honesty; ***~ delle proprie azioni*** to be responsible for one's actions **9** DIR. ***facoltà di non ~*** right of silence; ***~ dei debiti di qcn.*** to be liable for sb.'s debts **10** GIOC. ***~ con lo stesso seme*** to follow suit **11** MIL. to return; ***~ al fuoco di qcn.*** to return sb.'s fire **II** tr. to answer; ***non rispose una parola*** he didn't even say one word.

risposarsi /rispo'zarsi/ [1] pronom. to remarry, to marry again.

risposta /ris'posta/ f. **1** *(replica)* answer, reply, response; ***dare una ~*** to give an answer; ***in ~ a*** in reply *o* response to; ***in ~ alla vostra domanda*** *(in una lettera)* in answer to *o* with reference to your inquiry; ***"in attesa di una ~"*** COMM. "I look forward to hearing from you"; ***per tutta ~ si mise a ridere*** her only answer was to laugh **2** *(reazione)* response (anche MED.); ***la ~ dell'organismo a una cura*** the body's reaction to treatment; ***la ~ del pubblico è stata favorevole*** the public responded favourably **3** SCOL. UNIV. *(soluzione)* answer; ***la ~ giusta*** the right answer; ***domanda a ~ chiusa*** yes-no question ♦ ***botta e ~*** crosstalk, snip-snap.

rispuntare /rispun'tare/ [1] intr. (aus. *essere*) **1** to reappear **2** [*persona*] to turn up.

rissa /'rissa/ f. fight, fighting, brawl, row, dust-up COLLOQ.

rissosità /rissosi'ta/ f.inv. quarrelsomeness, rowdiness.

rissoso /ris'soso/ agg. quarrelsome.

ristabilimento /ristabili'mento/ m. *(di democrazia, ordine, pace)* re-establishment, restoration.

ristabilire /ristabi'lire/ [102] **I** tr. to restore, to re-establish [*democrazia, ordine*]; ***~ la pace in un paese*** to bring peace to a country **II ristabilirsi** pronom. **1** [*malato*] to recover, to pick up **2** [*tempo*] to clear up.

ristagnare /ristaɲ'ɲare/ [1] intr. (aus. *avere*) **1** [*acqua, stagno*] to stagnate; [*odore*] to cling* **2** FIG. [*economia*] to stagnate; [*affari, commercio*] to slack off, to slacken (off).

ristagno /ris'taɲɲo/ m. **1** *(di acqua)* stagnation **2** MED. stagnation, stasis* **3** FIG. *(di economia)* slackening, stagnation; ***mercato in ~*** COMM. flat market, shake-out.

ristampa /ris'tampa/ f. **1** *(nuova stampa)* reprint; ***il libro è in ~*** the book is being reprinted **2** *(opera ristampata)* reprint, reissue.

ristampare /ristam'pare/ [1] tr. to reprint, to reissue [*libro*].

ristorante /risto'rante/ m. restaurant.

ristorare /risto'rare/ [1] **I** tr. [*bevanda, riposo, vacanza*] to refresh **II ristorarsi** pronom. to refresh oneself.

ristoratore /ristora'tore/ **I** agg. [*sonno*] refreshing, restorative **II** ♦ ***18*** m. (f. **-trice** /tritʃe/) restaurateur.

ristorazione /ristorat'tsjone/ f. catering.

ristoro /ris'tɔro/ m. **1** *(conforto)* comfort, relief, solace; ***dare ~*** [*bevanda, cibo*] to refresh; [*persona*] to give *o* bring comfort **2** *(bevanda, cibo)* refreshment **3** *(servizio bar)* ***posto di ~*** refreshment bar *o* stall *o* stand.

ristrettezza /ristret'tettsa/ f. **1** narrowness; ***~ di vedute*** narrow-mindedness, small-mindedness **2** FIG. *(scarsità)* scarcity; ***-e*** straits; ***in -e*** in straitened circumstances; ***in periodo di -e*** at a time of shortage; ***essere in -e economiche*** to feel the squeeze.

ristretto /ris'tretto/ **I** p.pass. → **restringere II** agg. **1** *(stretto)* [*spazio*] narrow, constricted **2** *(limitato)* [*campo, punto di vista, scelta*] narrow; [*vocabolario*] limited; [*gruppo*] closed; ***in un ~ numero di casi*** in a small *o* limited number of cases; ***avere una mentalità -a*** to be small-minded *o* narrow-minded **3** *(non diluito)* [*sugo*] concentrated; [*caffè*] (extra-)strong; ***brodo ~*** stock.

ristrutturare /ristruttu'rare/ [1] tr. to remodel, to remould BE, to remold AE, to shake* up [*azienda*]; to do* up, to renovate [*appartamento*].

ristrutturazione /ristrutturat'tsjone/ f. **1** *(di azienda)* reorganization; COMM. IND. shake-out **2** *(di edificio)* ***lavori di ~*** renovations.

risucchiare /risuk'kjare/ [1] tr. [*corrente, vento*] to suck; ***essere risucchiato*** to be sucked down *o* under; ***essere risucchiato in*** FIG. to get sucked into.

risucchio, pl. **-chi** /ri'sukkjo, ki/ m. **1** *(movimento)* suck, suction **2** *(vortice)* eddy, whirlpool.

risultante /risul'tante/ agg. e f. resultant.

risultanza /risul'tantsa/ f. outcome, result.

risultare /risul'tare/ [1] intr. (aus. *essere*) **1** *(derivare)* to result; ***~ da*** to issue *o* result from; ***ne risulta che...*** it follows that **2** *(dimostrarsi)* to prove, to turn out; ***risulta chiaro che*** it is plain *o* clear that; ***se risulta che mi sono sbagliato*** if I prove to be mistaken; ***la decisione risultò costosa*** the decision proved to be costly **3** *(riuscire)* to come* out; ***~ vincitore*** to come out the winner **4** *(sembrare)* to seem, to appear; ***mi risulta che*** it seems to me that; ***mi risulta difficile crederlo*** I find it hard to believe it; ***per quanto mi risulta*** as far as I know.

risultato /risul'tato/ m. **1** *(esito)* result (anche MAT.), outcome, issue; *(punteggio)* score; ***-i degli esami, delle partite*** exam(ination), match results; ***ottenere dei -i*** to get results; ***usare qcs. con buoni -i*** to use sth. to good effect **2** *(conseguenza)* result; ***come ~ di*** as a result of.

risuolare /riswo'lare/ [1] tr. to (re)sole.

risuolatura /riswola'tura/ f. resoling.

risuonare /riswo'nare/ [1] **I** intr. (aus. *essere, avere*) **1** *(rimbombare)* [*campana*] to boom, to clang; [*musica*] to boom out, to thump **2** *(echeggiare)* to (re-)echo (**di** with); [*parole, passi, risate*] to ring* (out); [*rumore, voce*] to resonate, to resound; ***la casa risuonava di risate*** the house rang with laughter **II** tr. *(suonare di nuovo)* to ring* [sth.] again [*campanello*]; to play [sth.] again [*brano*].

risurrezione /risurret'tsjone/ f. **1** resurrection **2** RELIG. ***la Risurrezione*** the Resurrection **3** *(rinascita)* renewal, revival.

risuscitare /risuʃʃi'tare/ [1] **I** tr. **1** to raise [sb.] from the dead, to resurrect **2** FIG. to resurrect, to revive **II** intr. (aus. *essere*) **1** to rise* from the dead, to resurrect **2** FIG. to resurrect, to revive, to come* back to life.

risvegliare /rizveʎ'ʎare/ [1] **I** tr. **1** *(svegliare)* to wake* (up), to awake*, to awaken; ***~ qcn. dal sonno*** to arouse sb. from sleep **2** FIG. to reawaken, to rouse [*entusiasmo, interesse*]; to awake*, to awaken [*paura, sospetto*]; to wake*, to call up [*ricordo*]; to wake*, to stir up [*sensazioni*] **II risvegliarsi** pronom. **1** *(svegliarsi)* to wake* (up), to awake*, to awaken **2** *(riprendere conoscenza)* to come* to life, to regain consciousness **3** FIG. [*natura*] to wake*; [*sensazione*] to revive.

risveglio, pl. **-gli** /riz'veʎʎo, ʎi/ m. awakening (anche FIG.); ***al mio ~ se ne era andata*** I awoke to find her gone.

risvolto /riz'vɔlto/ m. **1** *(di manica)* cuff; *(di pantaloni)* turnup BE, cuff AE; *(di tasca)* flap; *(di giacca)* lapel; *(per accorciare)* tuck **2** EDIT. ***~ di copertina*** blurb **3** FIG. *(implicazione)* implication.

ritagliare /ritaʎ'ʎare/ [1] **I** tr. to cut* out [*foto, articolo*] **II ritagliarsi** pronom. to carve out [*tempo, spazio*].

ritaglio, pl. **-gli** /ri'taʎʎo, ʎi/ m. **1** *(di stoffa)* scrap, remnant **2** *(di giornale)* press clipping, press cutting; *(di foto)* cutting out, cut-out **3** *(scarto)* scrap **4** FIG. ***nei -gli di tempo*** in one's spare time.

ritardare /ritar'dare/ [1] **I** tr. **1** *(rinviare)* to delay, to put* off [*decisione, partenza*] **2** *(rallentare)* to slow down [*marcia*]; t hold* back, to put* back, to set* back [*produzione, sviluppo*]; to hold* up [*operazioni*] **II** intr. (aus. *avere, essere*) **1** *(essere, arrivare in ritardo)* to be* late (**a fare** in doing); ***~ di due ore*** to be two hours late; ***fare ~ qcn.*** to hold sb. up, to make sb. late, to delay sb. **2** [*orologio*] to be* slow.

ritardatario, pl. **-ri, -rie** /ritarda'tarjo, ri, rje/ m. (f. **-a**) latecomer.

ritardato /ritar'dato/ **I** p.pass. → **ritardare II** agg. **1** *(rallentato)* delayed; ***a scoppio ~*** delayed action attrib. **2** PSIC. MED. [*persona*] retarded BE, retardated AE **III** m. (f. **-a**) ***~ (mentale)*** mentally retarded, retardee AE.

ritardo /ri'tardo/ m. *(di treno, aereo, posta)* delay, lateness; *(di persona)* lateness; ***scusate il ~*** I'm sorry I'm late; ***accumulare ~*** to fall *o* get behind; ***i voli possono subire -i*** flights are subject to delay; ***avere un ~ di un'ora*** o ***un'ora di ~*** to be an hour late; ***in ~*** late; *(sul programma)* behind schedule; ***partire in ~*** to be late leaving ♦♦ ***~ mentale*** backwardness, retardation AE.

ritegno /ri'teɲɲo/ m. **1** *(moderazione)* restraint; ***bere senza ~*** to drink to excess **2** *(riserbo)* reserve.

ritelefonare /ritelefo'nare/ [1] intr. (aus. *avere*) to phone back, to call back, to ring* back BE.

ritemprare /ritem'prare/ [1] **I** tr. to restore [*forze*]; to fortify [*spirito*] **II ritemprarsi** pronom. to restore oneself, to recover one's strength.

ritenere /rite'nere/ [93] **I** tr. **1** *(considerare, stimare)* to consider, to reckon, to think*; *(credere)* to believe, to hold*; ***~ qcn. reponsabile*** to hold sb. responsible; ***lo ritengo un insulto*** I see it as an insult; ***ritengo che sia mio dovere avvertirla*** I consider it my duty to warn you; ***~ necessario fare*** to consider it necessary to do; ***l'operazione fu ritenuta un grande successo*** the operation was judged a great success; ***si ritiene che sia ricco*** he is supposed *o* believed to be rich **2** MED. to retain [*urina*] **3** AMM. *(detrarre)* to deduct [*somma*] **II ritenersi** pronom. to consider oneself, to regard oneself; ***-rsi privilegiato*** to consider oneself (to be) privileged; ***non mi ritengo soddisfatto*** I'm not completely satisfied.

ritentare /riten'tare/ [1] tr. to try again, to make* another attempt (**di fare** to do).

ritenuta /rite'nuta/ f. AMM. deduction; ***~ sullo stipendio*** deduction from salary; ***~ d'acconto*** withholding tax; ***~ fiscale*** deduction of tax; ***~ alla fonte*** deduction of tax at source, withholding tax.

ritenzione /riten'tsjone/ f. MED. retention; ***~ idrica*** water retention.

ritirare /riti'rare/ [1] **I** tr. **1** *(rilanciare)* to throw* [sth.] again [*palla*] **2** *(ritrarre)* to withdraw*, to pull back, to draw* back [*mano*] **3** *(richiamare)* to withdraw*, to pull out [*truppe*] **4** FIG. *(ritrattare)* to withdraw* [*candidatura*]; to withdraw*, to take* back [*affermazioni, offerta*]; DIR. to drop, to withdraw* [*denuncia*] **5** *(recuperare)* to collect, to pick up [*bagaglio, pacco, biancheria*]; ***~ qcs. dalla tintoria*** to collect sth. from the cleaners **6** *(riscuotere)* to draw* [*pensione, stipendio*]; *(in banca)* to withdraw* [*denaro*] **7** *(revocare)* to revoke, to suspend [*patente, licenza*]; to withdraw*, to retain [*passaporto*] **8** *(togliere dalla circolazione)* to withdraw*, to call in [*prodotto, merce, monete*]; to recall [*prodotto difettoso*] **II ritirarsi** pronom. **1** *(tirarsi indietro)* to draw* back; *(retrocedere)* to retreat; [*esercito*] to withdraw*, to retreat, to pull back, to pull out **2** *(andarsene)* to retire, to withdraw*; ***-rsi nella propria camera*** to retire to one's room; ***-rsi a vita privata*** to retire to private life **3** *(abbandonare)* to withdraw*, to retire; [*studente*] to drop out; [*candidato*] to withdraw*, to pull out; SPORT to retire, to pull out; ***-rsi dagli affari*** to go out of *o* give up business; ***-rsi dalla politica*** to retire from politics **4** DIR. [*corte, giuria*] to retire **5** *(restringersi)* [*tessuto*] to shrink* **6** *(defluire)* [*marea*] to recede; [*fiume, piena*] to subside; [*ghiacciaio*] to retreat.

ritirata /riti'rata/ f. **1** MIL. retreat, withdrawal; ***~ strategica*** strategic retreat (anche FIG.); ***suonare la ~*** to sound *o* beat the retreat; ***battere in ~*** to beat *o* make a retreat **2** *(rientro in caserma)* tattoo.

ritirato /riti'rato/ **I** p.pass. → **ritirare II** agg. [*vita*] secluded.

ritiro /ri'tiro/ m. **1** *(di candidatura, denuncia, atleta, studente, truppe)* withdrawal **2** *(dalla circolazione)* calling in, return; *(di merce, prodotto)* return **3** *(recupero) (di pacco)* collection; *(di somma, stipendio)* withdrawal **4** *(revoca, requisizione) (di licenza)* revocation, suspension; *(di patente)* suspension **5** *(isolamento)* retirement **6** SPORT SCOL. withdrawal, dropping out **7** *(luogo appartato)* retreat **8** SPORT *(per la preparazione)* training camp **9** *(di tessuto)* shrinkage ♦♦ ***~ bagagli*** baggage reclaim; ***~ spirituale*** spiritual retreat.

ritmato /rit'mato/ agg. rhythmic(al), measured.

ritmico, pl. **-ci, -che** /'ritmiko, tʃi, ke/ agg. rhythmic(al).

ritmo /'ritmo/ m. **1** LETTER. MUS. rhythm; ***ballare a ~ di samba*** to dance to the rhythm of a samba **2** *(andamento) (di crescita, produzione)* rate; *(di passo, vita, cambiamento)* pace; ***tenere il ~*** to keep up with the pace; ***a pieno ~*** at full steam; ***trovare il ~ giusto*** to get into one's stride; ***al ~ di*** at the rate of ♦♦ ***~ biologico*** biorhythm; ***~ cardiaco*** heart rate.

rito /'rito/ m. **1** rite, ceremony; *(liturgia)* rite, ritual; ***celebrare un ~*** to perform a rite **2** FIG. *(abitudine)* ritual, custom, practice; ***il ~ del tè*** the ritual of tea; ***di ~*** [*auguri, ringraziamenti*] ritual, customary ♦♦ ***~ abbreviato*** DIR. summary procedure; ***~ funebre*** mortuary *o* burial rite.

ritoccare /ritok'kare/ [1] tr. **1** to retouch, to touch up [*immagine, fotografia*]; to alter [*vestito*]; COSMET. to touch up [*trucco*] **2** FIG. to readjust [*prezzi, salari*].

ritocco, pl. **-chi** /ri'tokko, ki/ m. **1** *(di foto, quadro)* touch-up, retouch; *(di vestito)* alteration; ***dare a qcs. gli ultimi -chi*** to give sth. the finishing touches **2** FIG. *(di prezzi, salari)* readjustment.

ritorcere /ri'tɔrtʃere/ [94] **I** tr. TESS. to twist **II ritorcersi** pronom. ***-rsi contro qcn.*** to turn against sb., to backfire on sb.

ritornare /ritor'nare/ [1] intr. (aus. *essere*) **1** *(essere di ritorno)* to return; *(venendo)* to come* back; *(andando)* to go* back; ***ritorno fra un attimo*** I'll be back in a minute; ***stasera ritorno tardi*** I'm coming back late tonight; ***~ in fretta*** to hurry back; ***~ a piedi, in macchina, in bicicletta*** to walk, drive, cycle back; ***~ sui propri passi*** to turn *o* double back **2** *(a uno stato precedente)* to go* back, to return (**a** to); ***~ alla normalità*** to get back *o* return to normality; ***~ in sé*** FIG. to come to *o* round **3** *(riprendere)* ***~ a*** to go back to, to return to [*metodo, concezione*]; ***~ su*** to go back over [*questione*]; to go back on [*decisione*] **4** *(ricomparire)* [*macchia, dolore, stagione*] to come* back; ***è ritornato l'inverno*** winter has set in again; ***spero che ritorni il bel tempo*** I hope for a return of the fine weather; ***~ in mente a qcn.*** to come back to sb. **5** *(ricorrere)* [*problema, tema, frase*] to recur **6** *(diventare di nuovo)* to become* again; ***è ritornato come nuovo*** it is as good as new.

ritornello /ritor'nɛllo/ m. **1** MUS. chorus, refrain **2** FIG. *(solfa)* refrain; ***è il solito ~!*** it's the same old story!

ritorno /ri'torno/ m. **1** return (**a** to; **da** from); ***~ a casa*** homecoming; ***al suo ~*** on his return; ***sulla via del ~*** on one's way back; ***viaggio a Roma e ~*** journey to Rome and back; ***viaggio di ~*** homeward journey; ***essere di ~*** to be back, to be on one's way back; ***(biglietto di) andata e ~*** return (ticket), round trip ticket **2** *(allo stato precedente)* return; ***~ alla normalità*** return to normal; ***~ alla terra*** going back to the land **3** *(ricomparsa)* return; *(di artista, politico)* comeback **4** COMM. *(resa) (di recipiente, bottiglia)* return **5** SPORT ***(incontro*** o ***partita di) ~*** return match **6** TECN. return; *(di molla)* recoil; ***punto di non ~*** AER. point of no return (anche FIG.) ♦♦ ***~ di fiamma*** TECN. backfire; FIG. rekindled flame.

ritorsione /ritor'sjone/ f. *(rappresaglia)* retaliation.

ritorto /ri'tɔrto/ **I** p.pass. → **ritorcere II** agg. [*filo*] twisted **III** m. TESS. twisted thread.

ritradurre /ritra'durre/ [13] tr. **1** *(tradurre nuovamente)* to translate [sth.] again **2** *(nella lingua d'origine)* to retranslate, to translate back.

ritrarre /ri'trarre/ [95] **I** tr. **1** to draw* in, to pull in, to retract [*unghie, artigli*]; to withdraw* [*mano*] **2** to turn away [*sguardo*] **3** *(fare il ritratto a)* to portray **4** *(descrivere)* to portray, to paint, to describe [*personaggio, epoca*] **II ritrarsi** pronom. **1** *(tirarsi indietro)* to withdraw*, to draw* back, to recoil; FIG. to withdraw*, to back out **2** *(farsi un ritratto)* to portrait oneself.

ritrasmettere /ritras'mettere/ [60] tr. **1** TELEV. RAD. to rebroadcast*, to rerun* [*film, programma*] **2** TECN. RAD. to retransmit [*segnale*].

ritrattare /ritrat'tare/ [1] tr. to retract, to withdraw* [*affermazione*]; *(formalmente, pubblicamente)* to recant.

ritrattista, m.pl. **-i**, f.pl. **-e** /ritrat'tista/ ♦ *18* m. e f. portraitist, portrait painter.

ritrattistica /ritrat'tistika/ f. portraiture, portrait painting.

ritratto /ri'tratto/ **I** p.pass. → **ritrarre II** agg. *(rappresentato)* portrayed **III** m. **1** portrait; ***fare il ~ di*** o ***a qcn.*** to portrait sb. **2** *(descrizione)* portrait, description; ***fare un ~ di qcn., qcs.*** to paint a picture of sb., sth. **3** FIG. ***essere il ~ vivente di qcn.*** to be the living image of sb.; ***è il ~ della salute*** he's the picture of health.

ritrito /ri'trito/ agg. ***trito e ~*** hackneyed, well-worn.

ritrosia /ritro'sia/ f. **1** *(riluttanza)* reluctance **2** *(timidezza)* bashfulness, shyness, coyness.

ritroso /ri'troso/ agg. **1** *(riluttante)* reluctant, loath **2** *(timido)* bashful, coy **3 a ritroso** backwards; ***andare a ~*** to go backwards; ***andare a ~ nel tempo*** FIG. to travel back in time.

ritrovamento /ritrova'mento/ m. **1** finding; *(recupero)* retrieval **2** *(scoperta)* finding, find.

ritrovare /ritro'vare/ [1] **I** tr. **1** *(trovare di nuovo)* to find* [sth.] again [*oggetto*] **2** *(trovare ciò che si era smarrito)* to find* [*borsa, cane, persona*]; to recover, to retrieve [*denaro, veicolo*]; ***~ la strada*** to find one's way **3** *(scoprire)* to discover, to find* [*arma, cadavere*] **4** *(riacquistare)* to regain, to recover [*forza, salute*]; ***ha ritrovato il sorriso*** he's able to smile again; ***~ la forma*** to return to form **5** *(rivedere)* to meet* [sb.] again **6** *(riconoscere)* to recognize, to see*; ***in lei ritrovo sua madre*** I can see her mother in her **II ritrovarsi** pronom. **1** *(riunirsi)* to meet*; *(vedersi di nuovo)* to meet* again; ***-rsi fra amici*** to get together with a few friends **2** *(andare a finire)* to find* oneself; ***-rsi senza soldi*** to be left penniless; ***-rsi solo*** to be left on one's own; ***-rsi in ospedale*** to end up in hospital **3** *(essere presente)* [*qualità*] to be* found **4** *(orientarsi)* ***-rsi in*** to find one's way around in [*luogo, confusione*] **5** *(sentirsi a proprio agio)* to be* at ease, to feel* at ease **6** SCHERZ. *(avere)* to have*; ***con 'sto fratello che mi ritrovo!*** with the brother I've got!

ritrovato /ritro'vato/ m. **1** *(scoperta)* discovery **2** *(invenzione)* invention.

ritrovo /ri'trɔvo/ m. **1** *(luogo d'incontro)* meeting-place, haunt, hang-out COLLOQ. **2** *(riunione)* meeting, gathering.

ritto /'ritto/ agg. **1** *(dritto in piedi)* upright; ***stare ~*** to stand up straight **2** *(in posizione verticale)* straight, upright, erect; ***aveva i capelli -i per lo spavento*** his hair stood on end with fright.

rituale /ritu'ale/ **I** agg. **1** *(di un rito)* ritual **2** *(abituale)* usual, customary **II** m. ritual, ceremonial.

ritualistico, pl. **-ci**, **-che** /ritua'listiko, tʃi, ke/ agg. ritualistic.

riunificare /riunifi'kare/ [1] **I** tr. to reunify **II riunificarsi** pronom. to reunify.

riunificazione /riunifikat'tsjone/ f. reunification.

riunione /riu'njone/ f. **1** *(convegno)* meeting, assembly; ***convocare*** o ***indire una ~*** to call a meeting; ***essere in ~*** [*persona*] to be at *o* in a meeting; ***tenere una ~*** to hold a meeting **2** *(incontro)* gathering; ***~ di famiglia*** family gathering *o* reunion.

riunire /riu'nire/ [102] **I** tr. **1** *(radunare)* to get* together, to assemble [*partecipanti*]; *(convocare)* to convene [*consiglio, assemblea*] **2** *(invitare)* to have* over, to have* round, to bring* together [*amici, parenti*] **3** *(ricongiungere)* to reunite, to rejoin [*persone*] **4** *(raccogliere)* to collect, to get* together [*documenti*] **II riunirsi** pronom. **1** *(essere convocato)* [*delegati, comitato*] to meet*, to assemble; *(ritrovarsi)* [*amici, parenti*] to meet*, to get* together, to gather **2** *(ricongiungersi)* [*strade*] to meet* **3** *(tornare insieme)* to be* reunited.

riunito /riu'nito/ **I** p.pass. → **riunire II** agg. **1** *(messo insieme)* [*forze, qualità*] combined **2** *(radunato)* [*consiglio, persone*] assembled **3** COMM. *(associato)* associated.

riuscire /riuʃ'ʃire/ [106] Tra le molte possibili traduzioni inglesi di *riuscire*, si notino *to manage* e *to succeed*, che reggono una diversa costruzione: *sono riuscito a finirlo per le sei* = I managed to finish it by 6 o'clock / I succeeded in finishing it by 6 o'clock. - Quando il verbo *riuscire* è usato in frase negativa, si può rendere con *to fail to, to be unable to, not to be able to* o *can't*: *non sono riuscito a finirlo per le sei* = I failed to / was unable to / wasn't able to / couldn't finish it by six o'clock. intr. (aus. *essere*) **1** to succeed, to manage, to be* able; ***~ a raggiungere i propri obiettivi*** to manage to achieve one's goals; ***non riesco a far funzionare lo stereo*** I can't get the stereo to work; ***non riesco a capire il perché*** I can't see why; ***non sono riuscito a dormire*** I couldn't sleep; ***non riuscirono a mettersi d'accordo*** they couldn't *o* failed to agree; ***non ci riesco*** I can't (do it); ***è riuscito dove lei aveva fallito*** he succeeded where she had failed **2** [*operazione chirurgica, tentativo, serata*] to be* successful; [*progetto, scherzo*] to come* off; ***~ bene*** [*torta*] to turn out well; [*foto*] to come out well **3** *(rivelare un'attitudine)* to do* well (**in** in), to be* good (**in** at); ***~ in latino*** to do well in Latin; ***~ nella vita, negli affari*** to do well *o* succeed in life, business **4** *(risultare, apparire)* ***riesce simpatico a tutti*** everybody likes him; ***quel viso non mi riesce nuovo*** that face looks familiar; ***~ difficile, facile*** to prove difficult, easy; ***~ utile*** to come in handy; ***~ naturale a qcn.*** to come naturally to sb.

riuscita /riuʃ'ʃita/ f. *(esito)* result, outcome; *(successo)* success; ***contribuire alla ~ della serata*** to contribute to the success of the evening; ***cattiva ~*** failure, lack of success; ***queste scarpe hanno fatto una buona ~*** these shoes lasted well *o* have worn well.

riuscito /riuʃ'ʃito/ **I** p.pass. → **riuscire II** agg. **1** [*esperienza, operazione, serata*] successful **2** [*spettacolo, torta, foto*] well-made.

riutilizzabile /riutilid'dzabile/ agg. reusable.

riutilizzare /riutilid'dzare/ [1] tr. to reuse.

riva /'riva/ f. *(di fiume)* bank; *(di mare, lago)* shore; ***in ~ al fiume*** by the riverside, on the bank of the river; ***in ~ al lago, al mare*** by the lakeside, on the seashore; ***a ~*** ashore; ***giungere a ~*** to come *o* go ashore.

rivale /ri'vale/ **I** agg. rival, competing, contending **II** m. e f. rival; ***-i in affari*** business rivals *o* contenders; ***-i in amore*** rivals in love; ***essere senza -i*** to be without rivals, to be unrivalled.

rivaleggiare /rivaled'dʒare/ [1] intr. (aus. *avere*) to rival, to compete; ***~ con qcn.*** to compete *o* contend with sb.; ***~ con qcn. in popolarità*** to rival sb. in popularity.

rivalersi /riva'lersi/ [96] pronom. **1** *(rifarsi)* to make* up (**di** for) **2** *(vendicarsi)* to get* even (**su** with).

rivalità /rivali'ta/ f.inv. rivalry.

rivalsa /ri'valsa/ f. **1** revenge; ***prendersi una ~ su qcn.*** to take one's revenge on sb. **2** *(risarcimento)* compensation.

rivalutare /rivalu'tare/ [1] tr. **1** *(riesaminare)* to re-evaluate, to revalue, to reassess; ***fare ~ un quadro*** to have a painting revalued **2** ECON. to raise [*salario, pensione*]; to revalue [*moneta*] **3** FIG. to reappraise; ***~ il lavoro manuale*** to reassert the value of manual work; ***~ uno scrittore*** to reassess *o* reappraise a writer.

rivalutazione /rivalutat'tsjone/ f. **1** *(nuova valutazione)* revaluation **2** ECON. revaluation, revalorization; ***la ~ dell'euro sul dollaro*** the revaluation of the euro against the dollar; ***una ~ dei salari del 3%*** a 3% wage increase **3** FIG. reappraisal, reassessment.

rivangare /rivan'gare/ [1] tr. *(rievocare)* to drag up, to stir up, to dredge up [*passato*].

rivedere /rive'dere/ [97] **I** tr. **1** *(riconsiderare)* to revise [*proposta, trattato, stime, giudizio, posizione*]; to review [*metodo, caso*]; *(ritoccare)* to readjust, to revise [*tariffe*] **2** *(ricontrollare)* to go* over [*compito, prova*]; to check through [*contabilità, conti*]; to revise [*testo*] **3** *(vedere di nuovo)* to see* [sb., sth.] again [*persona, luogo, film*]; ***spero di rivederti presto*** I hope to see you soon **4** *(ricordare, immaginare)* to see*; ***la rivedo ancora col suo vestitino blu*** I can still see her in her little blue dress **5** SCOL. *(ripassare)* to review, to revise BE [*materia*]; to go* over [*lezione*] **6** *(revisionare)* to overhaul; ***fare ~ un motore*** to have an engine overhauled **II rivedersi** pronom. to meet* again, to see* each other again; ***non si sono mai più rivisti*** they never saw each other again ♦ ***chi non muore si rivede!*** PROV. you're still in the land of the living! long time no see!

rivedibile /rive'dibile/ agg. **1** revisable, reviewable **2** MIL. temporarily unfit.

riveduto /rive'duto/ **I** p.pass. → **rivedere II** agg. ***edizione -a e corretta*** revised edition.

rivelare /rive'lare/ [1] **I** tr. **1** *(svelare)* to reveal, to disclose **2** *(manifestare)* to reveal, to show*, to display [*natura, persona* *lità*]; to show* [*talento, sentimento*]; *(non intenzionalmente)* to betray, to reveal **3** TECN. [*strumento*] to detect **II rivelarsi** pronom. **1** RELIG. to reveal oneself **2** *(dimostrarsi)* to prove, to turn out; ***-rsi falso, importante*** to turn out to be wrong, important; ***-rsi vero*** to prove true; ***si rivela essere*** he proves to be; ***le mie paure si sono rivelate infondate*** my fears proved groundless.

rivelatore /rivela'tore/ **I** agg. [*dettaglio, fatto*] revealing, telling; ***parole -trici*** revealing words **II** m. **1** FOT. developer **2** FIS. TECN. detector; ***~ (di fughe) di gas*** gas detector.

rivelazione /rivelat'tsjone/ f. **1** revelation, disclosure, betrayal; ***fare delle -i*** to make revelations *o* disclosures **2** RELIG. revelation **3** FIG. *(scoperta)* discovery; *(sorpresa)* revelation, eye-opener COLLOQ.; ***è una vera ~*** she's a real discovery.

rivendere /ri'vendere/ [2] tr. to resell*; *(all'ex proprietario)* to sell* back.

rivendicare /rivendi'kare/ [1] tr. **1** *(reclamare)* to demand, to assert [*diritto, aumento, uguaglianza*]; to claim, to lay* claim to [*trono, territorio, sovranità*] **2** *(dichiararsi responsabile)* to claim responsibility for [*attentato*] **3** DIR. to lay* claim to [*eredità*].

rivendicazione /rivendikat'tsjone/ f. **1** claim, demand; ***-i salariali, sindacali*** wage, union demands *o* claims; ***la ~ di un territorio da parte di uno stato*** the claim of a state to a territory; ***la ~ di un diritto*** the demanding of a right **2** ***~ di un attentato*** claiming of responsibility for an attack.

rivendita /ri'vendita/ f. **1** resale, reselling **2** *(negozio)* shop, store AE; ***~ di generi alimentari*** food shop; ***~ di tabacchi*** tobacconist's.

rivenditore /rivendi'tore/ ➧ ***18*** m. (f. **-trice** /tritʃe/) **1** *(al minuto)* retailer, dealer; *(negoziante)* shopkeeper **2** *(rigattiere)* second-hand dealer.

riverberarsi /riverbe'rarsi/ pronom. [*suono*] to reverberate; [*luce, calore*] to reverberate, to be* reflected.

riverbero /ri'vɛrbero/ m. reverberation.

riverente /rive'rɛnte/ agg. reverent, respectful.

riverenza /rive'rɛntsa/ f. **1** LETT. reverence, respect, deference **2** *(saluto)* bow; *(di donna)* curts(e)y*; ***fare la ~*** to bow; [*donna*] to make *o* drop a curts(e)y.

riverire /rive'rire/ [102] tr. **1** *(onorare)* to revere **2** *(ossequiare)* to pay* one's respects to.

riverniciare /riverni'tʃare/ [1] tr. to repaint, to paint [sth.] again; *(a spruzzo)* to respray; *(a smalto)* to revarnish.

riversare /river'sare/ [1] **I** tr. **1** *(versare di nuovo)* to pour [sth.] again [*liquido*] **2** *(spargere)* to spill*, to pour **3** FIG. *(rivolgere)* to pour out [*insulti*]; to lavish [*affetto*]; to vent [*collera*] **4** INFORM. to copy, to transfer **II riversarsi** pronom. **1** *(traboccare)* [*liquido*] to flood, to spill*, to gush **2** *(irrompere)* [*folla*] to flood, to overflow*, to pour (**in** into); ***-rsi nelle strade*** to overflow into the streets **3** *(ricadere)* [*responsabilità*] to fall*.

riverso /ri'vɛrso/ agg. on one's back.

rivestimento /rivesti'mento/ m. **1** ING. TECN. cover, covering, coating; *(di cavo, tubo)* casing; ***~ in legno*** timber cladding, wainscotting; ***~ isolante*** lagging jacket **2** ARCH. facing **3** *(di scatola, cassetto)* lining **4** *(di sedili, divani)* upholstery.

rivestire /rives'tire/ [3] **I** tr. **1** *(ricoprire)* to cover [*pavimento*]; to face [*muro*]; to sheath [*cavo*]; *(con uno strato)* to coat; ***~ un muro con la carta da parati*** to paper a wall **2** *(foderare)* to line [*scatola, scaffale*]; to cover [*divano, cuscino*]; to upholster [*sedile, poltrona*] **3** to hold* [*carica, posizione*]; ***~ l'incarico di*** to perform the office of **4** *(avere)* to have* [*aspetto, significato*]; ***~ grande importanza*** to be of great importance **5** *(vestire di nuovo)* to dress [sb.] again; *(con abiti nuovi)* to clothe **II rivestirsi** pronom. **1** *(vestirsi di nuovo)* to dress (oneself) again **2** *(procurarsi abiti nuovi)* to get* new clothes **3** *(ricoprirsi)* to become* covered (**di** with).

rivestito /rives'tito/ **I** p.pass. → **rivestire II** agg. *(ricoperto)* covered; *(con uno strato)* coated; *(con legno)* wainscotted; *(foderato)* [*scatola, scaffale*] lined; [*divano*] covered; [*sedile, poltrona*] upholstered.

rivettare /rivet'tare/ [1] tr. to rivet.

rivetto /ri'vetto/ m. rivet.

riviera /ri'vjɛra/ f. *(costa)* coast; ***la ~ ligure*** the Italian Riviera.

rivierasco, pl. **-schi, -sche** /rivje'rasko, ski, ske/ agg. *(lungo un fiume)* riverside attrib.; *(sul lago)* lakeside attrib.; *(sul mare)* coast attrib.

rivincita /ri'vintʃita/ f. **1** revenge; ***prendersi la ~*** to get *o* take one's revenge **2** SPORT GIOC. return match; ***dare*** o ***concedere la ~ a qcn.*** to agree with sb. to a return match.

rivisitare /rivizi'tare/ [1] tr. to revisit (anche FIG.).

rivista /ri'vista/ f. **1** MIL. *(rassegna)* review; *(ispezione)* inspection; *(parata)* parade; ***passare in ~*** to review [*truppe*] **2** *(pubblicazione)* review, journal; *(rotocalco)* magazine, mag COLLOQ.; ***~ di moda, cinema*** fashion, film magazine **3** *(spettacolo)* revue.

rivitalizzare /rivitalid'dzare/ [1] **I** tr. revitalize **II rivitalizzarsi** pronom. to be* revitalized.

rivivere /ri'vivere/ [99] **I** intr. (aus. *essere*) **1** *(vivere di nuovo)* to live again **2** *(tornare in uso)* to be* revived, to have* a revival **3** *(rinascere)* ***mi sento ~*** I've come alive again **4** *(continuare a vivere)* to live again (**in, attraverso** in); ***fare ~*** FIG. to bring [sth.] back to life [*epoca, avvenimento*] **II** tr. to relive [*avvenimento, esperienza*].

rivolere /rivo'lere/ [100] tr. **1** to want [sth.] again **2** *(chiedere in restituzione)* to want [sth.] back.

rivolgere /ri'vɔldʒere/ [101] **I** tr. *(indirizzare)* to turn [*attenzione*]; to address [*domanda, appello, minaccia*] (**a** to); to direct [*critiche, attacchi*]; ***~ la parola a qcn.*** to speak to sb.; ***~ uno sguardo a qcn.*** to look at sb. **II rivolgersi** pronom. **1** *(girarsi)* to turn (away) **2** *(indirizzarsi)* to address; ***-rsi alla nazione, all'assemblea*** to address the nation, the meeting; ***non so a chi rivolgermi per un consiglio*** I don't know who to turn to for advice; ***-rsi a un esperto, consulente*** to bring an expert, consultant in; ***non ci rivolgiamo la parola*** we're not on speaking terms.

rivolgimento /rivoldʒi'mento/ m. **1** *(sovvertimento)* upheaval, unrest, trouble **2** *(cambiamento)* change.

rivolo /'rivolo/ m. *(di sangue, sudore)* trickle.

rivolta /ri'vɔlta/ f. **1** revolt, rebellion, riot **2** MAR. mutiny.

rivoltante /rivol'tante/ agg. revolting, disgusting.

rivoltare /rivol'tare/ [1] **I** tr. **1** to turn over [*bistecca, frittata*]; to turn [*materasso*] **2** to turn inside out [*vestito, borsa*] **3** *(disgustare)* to revolt; ***mi fa ~ lo stomaco*** it turns my stomach **4** AGR. to ted, to turn, to turn over [*terra*] **II rivoltarsi** pronom. **1** [*persona coricata*] to turn over; ***-rsi nella tomba*** FIG. to turn in one's grave **2** *(voltarsi indietro)* to turn round **3** *(ribellarsi)* to revolt, to rebel, to riot.

rivoltato /rivol'tato/ **I** p.pass. → **rivoltare II** agg. *(messo a rovescio)* turned (out); *(con l'interno verso l'esterno)* turned inside out; ***manica -a*** turned back cuff.

rivoltella /rivol'tɛlla/ f. gun, revolver.

rivolto /ri'vɔlto/ **I** p.pass. → **rivolgere II** agg. **1** *(indirizzato)* addressed (**a** to), aimed (**a** at) **2** [*sguardo, fascio di luce*] turned (**verso** towards); [*appartamento, casa*] facing; ***essere ~ verso sud*** to face south; ***~ al passato, futuro*** backward-, forward-looking.

rivoltoso /rivol'toso/ **I** agg. rebellious, riotous **II** m. (f. **-a**) rebel, rioter.

rivoluzionare /rivoluttsjo'nare/ [1] tr. **1** to revolutionize **2** *(mettere in disordine)* to upset*, to disrupt; ***~ la vita a qcn.*** to disrupt sb.'s life; ***~ l'appartamento*** to transform *o* revolutionize the flat.

rivoluzionario, pl. **-ri, -rie** /rivoluttsjo'narjo, ri, rje/ **I** agg. revolutionary (anche FIG.) **II** m. (f. **-a**) revolutionary.

rivoluzione /rivolut'tsjone/ f. **1** revolution (anche ASTR.) **2** FIG. *(confusion)* mess.

rizzare /rit'tsare/ [1] **I** tr. **1** to raise [*palo, testa, coda*]; ***~ le orecchie*** to prick up one's ears (anche FIG.); ***il gatto ha rizzato il pelo*** the cat's fur bristled **2** *(erigere)* to put* up, to erect [*statua, edificio*]; to put* up, to pitch, to erect [*tenda*] **II rizzarsi** pronom. **1** *(alzarsi, sollevarsi)* to stand* up, to straighten up **2** [*capelli*] to stand* on end; [*peli*] to bristle ♦ ***fare ~ i capelli in testa a qcn.*** to make sb.'s hair curl *o* stand on end; ***da fare ~ i capelli*** hair-raising.

RNA /erre'nne'a/ m. (⇒ acido ribonucleico ribonucleic acid) RNA.

roano /ro'ano/ agg. e m. roan.

roast beef /ˈrɔzbif/ m.inv. → **rosbif.**

roba /ˈrɔba/ f. COLLOQ. **1** *(insieme di cose)* stuff, things pl.; *(singola cosa)* thing; ***cos'è tutta questa ~ nell'entrata?*** what's all this stuff in the hall? ***togliersi la ~ bagnata di dosso*** to take off one's wet things; ***~ rubata*** stolen goods; ***questo negozio ha della bella ~*** this shop sells good stuff; ***ti do un po' di ~ da fare*** I'll give you something to do **2** *(beni, proprietà)* goods pl., property; *(oggetti personali)* belongings pl., stuff; ***non è ~ tua*** that's not your property; ***ha lasciato tutta la sua ~ alla figlia*** he left all his things to his daughter **3** *(cibo)* food, foodstuff, eats pl., grub; *(bibite)* things to drink, stuff; ***porta della ~ da mangiare, da bere*** bring something to eat, to drink; ***gin? non tocco mai quella ~*** gin? never touch the stuff **4** *(faccenda)* affair, matter **5** GERG. *(droga)* dope, scag AE; ***procurarsi la ~*** to connect, to score COLLOQ. ♦ ***è ~ da pazzi*** o ***matti*** o ***da chiodi*** it's sheer madness; ***bella ~!*** IRON. great deal! ***(guarda) che ~!*** look at that! ***~ da non credere*** unbelievable; ***~ che scotta*** hot stuff; ***~ vecchia*** old hat.

robaccia, pl. **-ce** /roˈbattʃa, tʃe/ f. junk, rubbish, trash.

Roberto /roˈbɛrto/ n.pr.m. Robert.

robinia /roˈbinja/ f. false acacia.

robiola /roˈbjɔla/ f. GASTR. INTRAD. (soft cheese typical of Lombardy and Piedmont).

robivecchi /robiˈvɛkki/ ➧ ***18*** m. e f.inv. second-hand dealer, junk dealer.

roboante /roboˈante/ agg. *(altisonante)* pompous, bombastic, inflated.

robot /roˈbo, ˈrɔbot, roˈbɔt/ m.inv. robot (anche FIG.).

robotica /roˈbɔtika/ f. robotics + verbo sing.

robotizzare /robotidˈdzare/ [1] **I** tr. to robotize **II robotizzarsi** pronom. [*fabbrica*] to be* robotized.

robustezza /robusˈtettsa/ f. **1** *(di persona)* stoutness, sturdiness; *(di oggetto)* toughness, resilience **2** *(forza)* strength, vigour.

robusto /roˈbusto/ agg. **1** *(corpulento)* stout; *(forte)* robust, sturdy, hardy; [*appetito*] robust, healthy; [*vino*] robust, full-bodied **2** [*macchina, veicolo*] sound, solid; [*serratura*] heavy-duty; [*scarpe*] stout.

rocambolesco, pl. **-schi**, **-sche** /rokamboˈlesko, ski, ske/ agg. [*avventura, fuga*] fantastic, incredible.

1.rocca, pl. **-che** /ˈrɔkka, ke/ f. *(fortezza)* stronghold, fortress.

2.rocca, pl. **-che** /ˈrɔkka, ke/ f. TESS. distaff.

roccaforte, pl. **roccheforti**, **roccaforti** /rokkaˈfɔrte, rokkeˈfɔrti, rokkaˈfɔrti/ f. stronghold (anche FIG.).

rocchetto /rokˈketto/ m. **1** *(di filo)* reel, spool **2** EL. coil.

roccia, pl. **-ce** /ˈrɔttʃa, tʃe/ f. **1** rock (anche GEOL.); ***saldo come una ~*** as firm *o* solid as a rock **2** *(alpinismo)* ***fare ~*** to go rock climbing.

rocciatore /rottʃaˈtore/ m. (f. **-trice** /tritʃe/) rock climber.

roccioso /rotˈtʃoso/ agg. rocky; ***parete -a*** rock face; ***giardino ~*** rock garden, rockery BE.

rock /rɔk/ m. e agg.inv. rock ♦♦ ***~ and roll*** rock and roll, rock'n'roll.

rockettaro /rokketˈtaro/ m. (f. **-a**) rocker.

roco, pl. **-chi**, **-che** /ˈrɔko, ki, ke/ agg. hoarse, raucous.

rococò /rokoˈkɔ/ agg. e m.inv. rococo.

rodaggio, pl. **-gi** /roˈdaddʒo, dʒi/ m. **1** AUT. running in; ***la macchina è in ~*** the car is being run in; ***fare il ~ a una macchina*** to run in a car **2** FIG. trial stage, setting in; ***la squadra è ancora in ~*** the team is still limbering up *o* getting into shape.

Rodano /ˈrɔdano/ ➧ ***9*** n.pr.m. Rhone.

rodare /roˈdare/ [1] tr. **1** AUT. to run* in **2** FIG. to bring* [sth.] up to scratch, to get* [sth.] into shape [*spettacolo, metodo*].

rodeo /roˈdɛo/ m. rodeo*.

rodere /ˈrodere/ [80] **I** tr. **1** *(rosicchiare)* to gnaw **2** *(corrodere)* to corrode, to eat* into **3** FIG. to eat*, to gnaw, to nag; ***avevo ancora un dubbio che mi rodeva*** I still had a nagging doubt; ***essere roso dalla gelosia*** to be tormented by jealousy; ***che cosa ti rode?*** what's eating you? **II rodersi** pronom. **1** ***-rsi le unghie*** to bite one's nails **2** FIG. *(tormentarsi)* to worry, to be* troubled; ***-rsi dall'invidia*** to be consumed by *o* with envy; ***-rsi il fegato*** to eat one's heart out.

roditore /rodiˈtore/ agg. e m. rodent.

rododendro /rodoˈdɛndro/ m. rhododendron*.

Rodolfo /roˈdɔlfo/ n.pr.m. Rudolf, Rudolph.

rogatoria /rogaˈtɔrja/ f. rogatory letter.

rogito /ˈrɔdʒito/ m. (notarial) deed; ***stendere un ~*** to draw up a deed.

rogna /ˈroɲɲa/ ➧ ***7*** f. **1** MED. scabies **2** VETER. mange **3** BOT. scab **4** COLLOQ. *(cosa fastidiosa)* hassle; *(persona fastidiosa)* pain in the neck; ***dare -e a qcn.*** to give sb. hassle ♦ ***cercar ~*** o ***-e*** to be looking for trouble.

rognone /roɲˈɲone/ m. GASTR. kidney.

rognoso /roɲˈɲoso/ agg. **1** [*animale*] mangy, scabby; [*pianta*] scabby **2** FIG. troublesome, annoying; ***un lavoro ~*** a bitch of a job.

rogo, pl. **-ghi** /ˈrɔgo, gi/ m. **1** stake; ***essere bruciato sul ~*** to be burnt at the stake **2** *(incendio)* fire, blaze.

rollare /rolˈlare/ [1] **I** tr. **1** to roll up [*tenda*] **2** to roll [*sigaretta, spinello*] **II** intr. (aus. *avere*) [*nave*] to roll.

rollio, pl. **-ii** /rolˈlio, ii/ m. AER. MAR. roll.

Roma /ˈroma/ ➧ ***2*** n.pr.f. Rome.

romagnolo /romaɲˈɲɔlo/ ➧ ***30*** **I** agg. Romagnol(e) **II** m. (f. **-a**) Romagnol(e).

romanesco, pl. **-schi**, **-sche** /romaˈnesko, ski, ske/ **I** agg. [*dialetto*] Roman **II** m. Roman dialect.

romanico, pl. **-ci**, **-che** /roˈmaniko, tʃi, ke/ agg. e m. Romanesque.

romanista, m.pl. **-i**, f.pl. **-e** /romaˈnista/ agg. [*tifoso, giocatore*] of Roma, Roma attrib.

romano /roˈmano/ ➧ ***2*** **I** agg. Roman (anche RELIG. TIP.) **II** m. (f. **-a**) **1** Roman **2** LING. Roman dialect ♦ ***pagare*** o ***fare alla -a*** to go Dutch.

romanticheria /romantikeˈria/ f. mawkishness, sentimentality.

romanticismo /romantiˈtʃizmo/ m. **1** ART. LETTER. Romanticism **2** *(sentimentalismo)* romanticism, sentimentalism.

romantico, pl. **-ci**, **-che** /roˈmantiko, tʃi, ke/ **I** agg. **1** ART. LETTER. Romantic **2** *(sentimentale)* romantic, sentimental **II** m. (f. **-a**) **1** ART. LETTER. Romantic, Romanticist **2** *(persona sentimentale)* romantic.

romanza /roˈmandza/ f. MUS. romance.

romanzare /romanˈdzare/ [1] tr. *(modificare fantasiosamente)* to romanticize.

romanzato /romanˈdzato/ **I** p.pass. → **romanzare II** agg. *(modificato fantasiosamente)* romanticized.

romanzesco, pl. **-schi**, **-sche** /romanˈdzesko, ski, ske/ **I** agg. **1** LETTER. [*letteratura, personaggio*] novel attrib., of a novel, fictional **2** *(straordinario)* [*situazione, storia*] out of this world **II** m. ***questa vicenda ha del ~*** it's a story out of a book.

romanziere /romanˈdzjɛre/ ➧ ***18*** m. (f. **-a**) novelist.

1.romanzo /roˈmandzo/ m. **1** novel; *(medievale)* romance; ***questo capita solo nei -i*** that only happens in books **2** *(genere letterario)* ***il ~ americano*** American novel *o* fiction **3** *(storia incredibile)* fiction; ***la sua vita è un vero ~*** his life is like something out of a novel **4** *(storia d'amore)* love affair, romance ♦♦ ***~ d'appendice*** serial story; ***~ di cappa e spada*** cloak-and-dagger novel; ***~ cavalleresco*** courtly romance; ***~ di fantascienza*** science fiction novel; ***~ di formazione*** Bildungsroman; ***~ giallo*** detective story; ***~ rosa*** romantic novel; ***~ storico*** historical novel.

2.romanzo /roˈmandzo/ agg. LING. Romance.

rombare /romˈbare/ [1] intr. (aus. *avere*) [*motore*] to roar, to vroom; [*cannone, tuono*] to thunder, to boom.

1.rombo /ˈrombo/ m. *(di motore)* roar, vroom; *(di cannone)* boom, thunder; *(di tuono)* grumble, roll.

2.rombo /ˈrombo/ m. MAT. rhomb, rhombus*; *(losanga)* diamond, lozenge.

3.rombo /ˈrombo/ m. ITTIOL. ***~ (chiodato)*** turbot.

romeno /roˈmɛno/ ➧ ***25, 16*** **I** agg. Romanian **II** m. (f. **-a**) **1** *(persona)* Romanian **2** *(lingua)* Romanian.

Romolo /ˈrɔmolo, ˈromolo/ n.pr.m. Romulus.

rompere /ˈrompere/ [81] **I** tr. **1** to break*; to crack [*noce, nocciola*]; to break*, to crack [*uova*]; *(strappare)* to rip, to tear* [*calze, pantaloni*]; ***~ il muso a qcn.*** POP. to smash sb.'s face; ***~ gli argini*** [*fiume*] to break its banks; ***~ il ghiaccio*** FIG. to break the ice **2** *(far cessare)* to break* [*monotonia, silenzio digiuno*]; to upset* [*equilibrio*]; to end [*isolamento*]; to break* off [*findanzamento, relazione, trattative*]; ***~ l'incantesimo*** to break the spell; ***rompete le righe!*** MIL. fall out! **3** COLLOQ. *(seccare)* to be* a pain in the neck; ***~ le scatole a qcn.*** to be on sb.'s case, to pester the life out of sb.; ***mi rompe che*** I'm pissed off that **II** intr. (aus. *avere*) **1** *(farla finita)* ***~ con*** to break up with, to break away from [*persona, gruppo*]; to break with [*tradizione*]; to make a break with [*passato*]; ***hanno deciso di ~*** *(lasciarsi)* they decided to break it off **2** *(scoppiare)* to burst*; ***~ in lacrime*** o ***pianto*** to burst into tears **III rompersi** pronom. **1** to break*; *(strapparsi)* to rip, to tear* **2** *(fratturarsi)* ***-rsi una gamba, un braccio*** to break one's leg, arm; ***-rsi la testa*** *(scervellarsi)* COLLOQ. to rack one's brains **3** *(seccarsi)* to be* fed up (**di** with), to be* tired (to death) (**di** of), to be* sick and tired (**di** of) ♦ ***chi rompe paga (e i cocci sono suoi)*** PROV. = all breakages must be paid for.

rompiballe /rompi'balle/ → **rompipalle.**

rompicapo /rompi'kapo/ m. **1** *(indovinello)* puzzle, riddle **2** *(problema difficile)* worry, hassle, stinker.

rompicollo /rompi'kɔllo/ m. e f.inv. daredevil, madcap ♦ ***a ~*** at breakneck speed.

rompighiaccio /rompi'gjattʃo/ **I** m. e f.inv. *(nave)* icebreaker **II** m.inv. *(punteruolo)* ice pick.

rompipalle /rompi'palle/ m. e f.inv. VOLG. pain in the arse BE, pain in the ass AE.

rompiscatole /rompis'katole/ m. e f.inv. COLLOQ. bother, pain in the neck, pest.

roncola /'ronkola/ f. bill hook.

ronda /'ronda/ f. patrol, beat; ***essere di ~*** to be on patrol *o* on one's beat; ***fare la ~*** to patrol (one's beat), to do one's rounds.

rondella /ron'dɛlla/ f. washer.

rondine /'rondine/ f. ZOOL. swallow; ***nido di ~*** GASTR. bird's nest; ***giacca a coda di ~*** swallowtailed coat.

1.rondò /ron'dɔ/ m.inv. MUS. rondo*; LETTER. rondeau*.

2.rondò /ron'dɔ/ m.inv. *(rotatoria)* roundabout BE, rotary AE.

rondone /ron'done/ m. swift.

ronfare /ron'fare/ [1] intr. (aus. *avere*) COLLOQ. **1** [*persona*] to snore **2** [*gatto*] to purr.

ronzare /ron'dzare/ [1] intr. (aus. *avere*) **1** [*insetto*] to buzz, to drone; [*motore, aereo*] to hum, to drone; ***quel rumore mi fa ~ le orecchie*** that noise makes my ears ring **2** FIG. *(girare)* ***un pensiero mi ronza in testa*** a thought keeps buzzing around in my head **3** FIG. ***~ intorno a qcn.*** to hover around sb., to hang round sb.

ronzino /ron'dzino/ m. nag, hack.

ronzio, pl. **-zii** /ron'dzio, dzii/ m. **1** *(d'insetto)* buzz, buzzing, drone; *(di motore, aereo)* hum, humming **2** FIG. ***sento un ~ in testa*** I can hear a buzzing in my head; ***~ nelle orecchie*** ringing in the ears.

1.rosa /'rɔza/ f. **1** BOT. rose **2** *(selezione di persone)* shortlist ♦ ***non c'è ~ senza spine*** PROV. there is no rose without a thorn; ***essere fresco come una ~*** to be as fresh as a daisy; ***la vita non è tutta -e e fiori*** life is not a bed of roses, life is not all sunshine and roses; ***se son -e fioriranno*** time will tell; ***all'acqua di -e*** [*rimedio, soluzione*] milk-and-water, wishy-washy ♦♦ ***~ canina*** dog rose, wild rose; ***~ dei venti*** GEOGR. windrose, compass card.

2.rosa /'rɔza/ ➧ **3 I** agg.inv. **1** pink **2** [*romanzo, letteratura*] romantic; ***cronaca ~*** gossip column **II** m.inv. *(colore)* pink ♦ ***vedere tutto ~*** to see the world through rose-coloured spectacles *o* glasses ♦♦ ***~ antico*** old rose.

Rosa /'rɔza/ n.pr.f. Rose.

rosaio, pl. **-ai** /ro'zajo, ai/ m. → **roseto.**

Rosalia /roza'lia/ n.pr.f. Rosalie.

rosario, pl. **-ri** /ro'zarjo, ri/ m. **1** RELIG. rosary; *(oggetto)* rosary (beads), (prayer) beads; ***recitare il ~*** to say the rosary, to say *o* tell one's beads **2** COLLOQ. FIG. train, string.

rosato /ro'zato/ **I** agg. **1** roseate, rosy, pinkish **2** *(con essenza di rose)* rose attrib. **II** m. ENOL. rosé.

rosbif /'rɔzbif/ m.inv. roast beef.

rosé /ro'ze/ agg. e m.inv. rosé.

roseo /'rɔzeo/ agg. **1** rosy, rose-coloured BE, rose-colored AE; ***guance -e*** rosy cheeks **2** FIG. rosy, bright; ***futuro ~*** bright future; ***vedere tutto ~*** to see the world through rose-coloured spectacles *o* glasses.

roseto /ro'zeto/ m. *(giardino)* rosegarden; *(cespuglio)* rose bush.

rosetta /ro'zetta/ f. **1** ***diamante a ~*** rose diamond **2** *(coccarda)* rosette **3** MECC. *(rondella)* washer.

rosicare /rosi'kare/ [1] tr. *(rodere)* to gnaw (at) ♦ ***chi non risica non rosica*** PROV. nothing ventured, nothing gained.

rosicchiare /rozik'kjare/ [1] **I** tr. **1** [*topo*] to gnaw, to nibble [*formaggio*]; [*cane*] to chew, to crunch [*osso*] **2** [*persona*] to nibble **3** SPORT [*corridore*] to gain [*secondi, vantaggio, metri*]; ***~ tre posizioni in campionato*** to creep up three places in the championships **II rosicchiarsi** pronom. ***-rsi le unghie*** to bite *o* chew one's nails.

rosmarino /rozma'rino/ m. rosemary.

roso /'roso/ **I** p.pass. → **rodere II** agg. gnawed, eaten; ***mobile ~ dai tarli*** worm-eaten table.

rosolare /rozo'lare/ [1] **I** tr. GASTR. to brown **II rosolarsi** pronom. SCHERZ. ***-rsi al sole*** to bake in the sun.

rosolia /rozo'lia/ ➧ **7** f. German measles + verbo sing., rubella.

rosone /ro'zone/ m. **1** ARCH. rose window **2** *(motivo decorativo)* rosette.

rospo /'rɔspo/ m. ZOOL. toad ♦ ***ingoiare il ~*** to bite (on) the bullet, to lump it; ***sputa il ~!*** spit it out!

Rossana /ros'sana/ n.pr.f. Roxanne, Roxana.

rossastro /ros'sastro/ agg. reddish.

rossetto /ros'setto/ m. lipstick; ***mettersi*** o ***darsi il ~*** to put on lipstick.

rossiccio, pl. **-ci, -ce** /ros'sittʃo, tʃi, tʃe/ **I** agg. reddish, ginger **II** m. reddish colour, ginger.

rosso /'rosso/ ➧ **3 I** agg. **1** red **2** [*persona, viso, guance*] red, flushed; [*occhi, capelli*] red; ***era tutta -a per la corsa*** she was flushed *o* red in the face from having run; ***diventare ~*** *(arrossire)* to turn red, to blush, to flush; ***~ per la*** o ***dalla vergogna, rabbia*** red with shame, fury **3** POL. *(comunista)* red **II** m. (f. **-a**) **1** *(colore)* red **2** *(persona dai capelli rossi)* red-haired person, readhead **3** AUT. *(semaforo)* red light; ***passare col ~*** to go through a red light, to jump the lights BE; ***attraversare col ~*** to cross when the lights are red **4** ENOL. red (wine) **5** ***~ (d'uovo)*** (egg) yolk **6** ECON. IND. ***essere in ~ di 5.000 euro*** to be 5,000 euro in the red **7** POL. COLLOQ. *(comunista)* red ♦ ***essere ~ come un peperone*** o ***un gambero*** to be as red as a beetroot BE *o* beet AE; ***vedere (tutto) ~*** to see red.

rossoblu /rosso'blu/ agg.inv. [*tifoso, giocatore*] = of Bologna or Genoa fooball club.

rossonero /rosso'nero/ agg. [*tifoso, giocatore*] = of Milan football club.

rossore /ros'sore/ m. blush, flush.

rosticceria /rostittʃe'ria/ f. rotisserie.

rostro /'rɔstro/ m. MAR. ORNIT. EDIL. rostrum*.

rotabile /ro'tabile/ **I** agg. **1** [*strada*] carriage attrib. **2** FERR. ***materiale ~*** rolling stock **II** f. carriage road.

rotaia /ro'taja/ f. **1** FERR. *(barre)* rail, track **2** *(mezzo di trasporto)* rail; ***trasporto su ~*** rail transport ♦♦ ***~ a dentiera*** o ***cremagliera*** rack rail.

rotante /ro'tante/ agg. revolving.

rotativa /rota'tiva/ f. rotary press, rotary printing press.

rotatoria /rota'tɔrja/ f. roundabout BE, rotary AE.

rotatorio, pl. **-ri, -rie** /rota'tɔrjo, ri, rje/ agg. rotatory, rotative, rotating.

rotazione /rotat'tsjone/ f. **1** rotation **2** *(di personale, merce)* turnover; ***a ~*** by turns **3** SPORT *(torsione)* rotation **4** AGR. rotation ♦♦ ***~ consonantica*** consonant shift.

roteare /rote'are/ [1] tr. to whirl (round), to twirl [*spada, bastone*]; to swing* [*braccia*]; ***~ gli occhi*** to roll one's eyes.

rotella /ro'tɛlla/ f. **1** wheel; *(di sedia, tavolo)* castor, caster; ***pattini a -e*** roller-skates **2** ANAT. *(rotula)* rotula* ♦ ***essere solo una ~ dell'ingranaggio*** to be a tiny cog in the machine; ***avere qualche ~ fuori posto*** not to be all there, not to have all one's marbles, to have a screw loose ♦♦ ***~ dentata*** MECC. trundle.

rotocalco, pl. **-chi** /roto'kalko, ki/ m. GIORN. (illustrated) magazine.

rotolare /roto'lare/ [1] **I** tr. to roll **II** intr. (aus. *essere*) to roll; ***~ giù per le scale*** to tumble down the stairs **III rotolarsi** pronom. to roll; ***-rsi sull'erba, per terra*** to roll around *o* about on the grass, the floor; ***-rsi nel fango*** to wallow in the mud.

rotolo /'rɔtolo/ m. **1** roll; *(di corda, filo spinato)* coil **2** GASTR. roll **3** *(libro antico)* scroll ♦ ***andare a -i*** to go downhill *o* to the dogs; ***mandare a -i qcs.*** to make a hash of sth., to botch sth. up.

rotonda /ro'tonda/ f. **1** *(rotatoria)* roundabout, rotary AE **2** ARCH. *(edificio circolare)* rotunda **3** *(terrazza)* round terrace.

rotondeggiante /rotonded'dʒante/ agg. roundish.

rotondetto /roton'detto/ agg. *(grassoccio)* plump, roundish.

rotondità /rotondi'ta/ **I** f.inv. **1** roundenss **2** *(di vino)* smoothness **II** f.pl. SCHERZ. *(femminili)* curves.

rotondo /ro'tondo/ agg. **1** round **2** *(grassoccio)* rotund, plump, chubby **3** [*stile*] sonorous, rotund **4** [*vino, gusto*] smooth.

rotore /ro'tore/ m. rotor.

1.rotta /'rotta/ f. *(sconfitta)* rout ♦ ***a ~ di collo*** at breakneck pace, speed; ***essere in ~ con qcn.*** to be on bad terms *o* on the outs AE with sb.

2.rotta /'rotta/ f. MAR. AER. course, route; ***deviare dalla, andare fuori ~*** to go off course; ***cambiare ~*** to change route; ***fare ~ verso*** o ***per*** to be on a course for, to set (a) course for, to head for; ***tenere*** o ***mantenere una ~*** to be on *o* hold *o* steer a course ♦ ***essere in ~ di collisione*** to be on a collision course (anche FIG.).

rottamare /rotta'mare/ [1] tr. to scrap; ***la tua macchina è da ~*** your car is ready for the scrap yard.

rottamazione /rottamat'tsjone/ f. **1** scrapping **2** COMM. ***incentivi per la ~*** = car trading with government's incentives.

rottame /rot'tame/ m. **1** *(ferraglia)* scrap (metal), wreck; *(catorcio)* wreck, crock COLLOQ.; ***i -i dell'aereo*** the wreckage of the plane **2** COLLOQ. SPREG. wreck; ***è ridotto a un ~*** he is nothing more than a derelict.

rotto /'rotto/ **I** p.pass. → **rompere II** agg. **1** broken; [*uovo*] broken, cracked; ***il computer è di nuovo ~*** the computer is down again; ***braccio ~*** broken arm; ***voce -a dall'emozione*** voice cracked with emotion **2** *(lacerato)* [*abito, stoffa, calze*] torn **3** *(avvezzo)* accustomed, hardened; ***~ alla fatica*** accustomed to hard work **4** COLLOQ. *(indolenzito)* ***essere, sentirsi tutto ~*** to be aching all over **III rotti** m.pl. *(spiccioli)* small change sing.; ***10 euro e -i*** 10 euros and over.

rottura /rot'tura/ f. **1** breaking; *(parte rotta)* break; ***punto di ~*** breaking point **2** FIG. breaking-off, break-up; *(con persona, famiglia)* break, breakaway; *(spaccatura)* rift; ***la ~ di un accordo*** the breaking-off of an agreement; ***~ di fidanzamento*** breaking-off of an engagement; ***~ col passato, con la tradizione*** break with the past, with the tradition; ***la ~ del dialogo con...*** the breakdown in the talks with... **3** MED. rupture; *(frattura)* fracture **4** COLLOQ. hassle, pain in the neck; ***la ~ di (fare) qcs.*** the hassle of (doing) sth.; ***che ~ (di scatole)!*** what a bummer! ***è stata una gran ~*** it was an awful grind ♦♦ ***~ di contratto*** DIR. breach of contract.

rotula /'rɔtula/ f. rotula*, patella*, kneecap.

roulette /ru'lɛt/ ➧ **10** f.inv. roulette (wheel); ***giocare alla ~*** to play roulette ♦♦ ***~ russa*** Russian roulette.

roulotte /ru'lɔt/ f.inv. caravan, trailer AE.

round /raund/ m.inv. SPORT round.

routine /ru'tin/ f.inv. routine (anche INFORM.); ***~ quotidiana*** daily routine; ***uscire dalla ~*** to get out of the rut; ***lavoro, controllo di ~*** routine work, cheque.

rovente /ro'vɛnte/ agg. [*metallo, lava, carbone*] red-hot; [*sabbia, superficie*] scorching (hot); ***farsi ~*** to boil up (anche FIG.).

rovere /'rovere/ m. e f. durmast.

rovescia: **alla rovescia** /allaro'vɛʃʃa/ agg. e avv. *(sottosopra)* upside down; *(con il dentro fuori)* inside out; *(con il davanti dietro)* back to front; *(al contrario)* backwards; *(male)* wrong; ***le cose sono andate alla ~*** things went wrong.

rovesciamento /roveʃʃa'mento/ m. **1** overturning, upsetting; *(di liquido)* spill, spillage **2** MAR. *(di barca)* capsizing **3** FIG. reversal; ***~ dei ruoli tradizionali*** reversal of traditional roles; ***il ~ di una situazione*** the turnaround of a situation **4** POL. *(di governo)* overthrowing.

rovesciare /roveʃ'ʃare/ [1] **I** tr. **1** *(far cadere)* to knock over [*vaso, secchio*] **2** *(capovolgere)* to turn over [*zolle, carta da gioco*]; to overturn [*automobile, barca*]; ***~ la situazione*** FIG. to reverse *o* upset the situation; ***~ il risultato*** to tip the result the other way **3** *(mettere al rovescio) (con l'interno all'esterno)* to turn inside out; *(con il davanti dietro)* to turn back to front **4** *(versare inavvertitamente)* to spill*; ***~ del vino sul tappeto*** to spill wine on the carpet **5** *(svuotare)* to tip out [*cassetto, contenuto*]; to turn out [*borsa, tasca*] **6** *(piegare all'indietro)* to throw* back, to tilt back; ***~ la testa all'indietro*** to tip *o* tilt one's head back **7** POL. to overthrow*, to topple, to bring* down [*regime, governo*] **8** FIG. to pour, to shower [*insulti, accuse*] **II rovesciarsi** pronom. **1** *(cadere)* to fall* over; [*sedia*] to overturn, to tip over **2** *(capovolgersi)* [*barca*] to capsize; [*macchina*] to overturn **3** *(essere versato inavvertitamente)* [*liquido, contenuto*] to spill* **4** *(riversarsi)* [*folla, gente*] to pour (**in** into).

rovesciata /roveʃ'ʃata/ f. overhead kick.

rovescio, pl. **-sci** /ro'vɛʃʃo, ʃi/ **I** agg. *(a maglia)* ***punto ~*** purl (stitch) **II** m. **1** *(lato opposto) (di tessuto, moneta, maglione)* back, reverse (side) **2** METEOR. downpour, drench, shower **3** *(manrovescio)* backhander **4** *(nel tennis)* backhand **5** *(dissesto)* reversal, reverse **6 a rovescio** *(sottosopra)* upside down; *(con il dentro fuori)* inside out; *(con il davanti dietro)* back to front; *(al contrario)* backwards; *(male)* wrong; ***hai la camicia a ~*** your shirt is inside out; ***mettere qcs. al ~*** to put sth. on backwards; ***capire qcs. a ~*** to get sth. backwards ♦ ***il ~ della medaglia*** FIG. the other side of the coin.

roveto /ro'veto/ m. bramble-bush.

rovina /ro'vina/ **I** f. **1** *(crollo)* collapse, fall **2** *(stato di distruzione) (di edificio)* ruin; *(di area)* decay; ***essere in ~*** to be in ruins, to be in a state of ruin; ***andare, cadere in ~*** to fall into ruin *o* decay **3** FIG. *(di persona, azienda, paese)* ruin; ***causare la ~ di qcn., qcs.*** to ruin sb., sth., to lead to sb.'s ruin, to lead to the ruin of sth.; ***le donne saranno la sua ~*** women will be the ruin of him **II rovine** f.pl. ruins.

rovinare /rovi'nare/ [1] **I** tr. **1** *(danneggiare)* to damage, to ruin **2** *(ridurre in miseria)* to ruin **3** FIG. to damage [*reputazione, carriera, rapporti*]; to ruin [*vita*]; to spoil [*evento, serata*]; ***~ il divertimento a qcn.*** to spoil sb.'s enjoyment; ***perché hai rovinato tutto?*** why did you go and spoil *o* ruin everything? **II** intr. (aus. *essere*) *(precipitare)* ***il masso rovinò a valle*** the boulder hurtled down to the valley **III rovinarsi** pronom. **1** *(deteriorarsi)* [*edificio, statua*] to get* damaged, to decay; ***i muri si rovinano con l'umidità*** the walls are getting damaged by the damp **2** ***-rsi la vista, la salute*** to ruin one's health, eyesight **3** *(cadere in miseria)* to be* ruined, to ruin oneself; ***-rsi per una donna*** to spend everything one has on a woman; ***-rsi al gioco*** to spend all one's money gambling, to ruin oneself gambling ♦ ***mi voglio ~!*** hang the expense! to hell with it!

rovinato /rovi'nato/ **I** p.pass. → **rovinare II** agg. **1** *(in rovina)* [*edificio*] ruined, in ruins **2** FIG. [*vita, reputazione, vacanza, salute*] ruined; ***siamo -i!*** we've had it! we're sunk!

rovinoso /rovi'noso/ agg. **1** *(finanziariamente)* ruinous, costly **2** *(disastroso)* [*politica*] detrimental **3** *(violento)* [*temporale*] devastating, destructive; ***caduta -a*** disastrous fall.

rovistare /rovis'tare/ [1] tr. e intr. (aus. *avere*) ***~ (in)*** to rummage in, to go through [*armadio, cassetto, tasche, borsa*]; to ransack [*casa*].

rovo /'rovo/ m. blackberry bush, bramble.

rozzezza /rod'dzettsa/ f. **1** *(fattura grossolana)* roughness **2** FIG. grossness, coarseness, roughness.

rozzo /'roddzo/ agg. **1** *(grezzo)* rough, coarse **2** FIG. gross, coarse, uncouth.

ruandese /ruan'dese/ ➧ **25** agg., m. e f. Rwandan.

ruba: **a ruba** /a'ruba/ avv. ***andare a ~*** [*prodotto*] to sell like hot cakes.

rubacchiare /rubak'kjare/ [1] tr. COLLOQ. to pilfer.

rubacuori /ruba'kwɔri/ **I** m. e f.inv. heartbreaker **II** agg.inv. bewitching.

rubamazzo /ruba'mattso/ ➧ **10** m. = snap.

rubare /ru'bare/ [1] Diversi verbi inglesi, talvolta con costruzioni particolari, traducono l'italiano *rubare*; innanzitutto, *to steal* ha come oggetto la cosa rubata, mentre *to rob* la persona derubata: *lui ha rubato il portafoglio a Sheila* = he stole Sheila's wallet / he robbed Sheila of her wallet. Per designare il furto in una casa o in un ufficio, si usa *to burgle* (*to burglarize* in inglese americano): *ci hanno rubato in casa* = our house has been burgled. *Farsi rubare qualcosa* si traduce con *to have / to get something stolen*. tr. **1** to steal* (**a qcn.** from sb.); *(con scasso)* to burgle, to burglarize AE; *(scippare)* to snatch [*borsa, gioiello*]; ***gli hanno rubato la macchina*** he had his car stolen, his car's been stolen; ***ci hanno rubato in casa*** our house has been burgled; ***~ il denaro dalla cassa*** to rob the till; ***~ sul peso*** to give short weight **2** FIG. to steal* [*idea, segreto, posto di lavoro*]; to steal*, to snatch [*bacio*]; ***~ lo stipendio*** to skive (off) BE; ***~ il mestiere a qcn.*** to steal sb.'s job; ***~ il marito a qcn.*** to steal sb.'s husband; ***~ (il) tempo a qcn.*** to take up sb.'s time; ***posso rubarti un momento?*** can I have a moment of your time? **3** FIG. ***~ il cuore a qcn.*** to steal sb.'s heart; ***~ la palla a qcn.*** SPORT to dispossess sb.; ***~ la scena*** TEATR. to rob *o* steal the show.

rubato /ru'bato/ **I** p.pass. → **rubare II** agg. [*merce, denaro*] stolen.

ruberia /rube'ria/ f. stealing, robbery.

rubicondo /rubi'kondo/ agg. [*viso, colorito*] ruddy, florid, rubicund LETT.

rubinetteria /rubinette'ria/ f. taps and fittings pl.

rubinetto /rubi'netto/ m. tap BE, faucet AE; ***~ dell'acqua calda, fredda*** hot, cold (water) tap; ***aprire, chiudere il ~*** to turn the tap on, off; ***il ~ è aperto*** the tap is running ♦♦ ***~ del gas*** gas tap.

rubino /ru'bino/ ▸ ***3*** **I** m. ruby **II** m.inv. *(colore)* ruby (red) **III** agg.inv. ***rosso ~*** ruby red.

rublo /'rublo/ ▸ ***6*** m. rouble.

rubrica, pl. **-che** /ru'brika, ke/ f. **1** *(quaderno)* index book; *(degli indirizzi)* address book; *(telefonica)* telephone (index) book **2** TELEV. daily programme, feature **3** GIORN. column, section; ***tenere una ~ in un giornale*** to have a column in a newspaper.

ruchetta /ru'ketta/, **rucola** /'rukola/ f. rocket.

rude /'rude/ agg. **1** *(rozzo)* rough, gross, bearish, crude; [*tratti*] coarse **2** *(duro)* harsh, direct.

rudere /'rudere/ **I** m. **1** *(casa fatiscente)* ruin **2** *(persona)* wreck **II ruderi** m.pl. *(resti)* ruins, remains.

rudezza /ru'dettsa/ f. *(rozzezza)* roughness, grossness; *(durezza)* harshness.

rudimentale /rudimen'tale/ agg. **1** [*metodo, strumento*] rudimental, rudimentary, ruddy; [*riparo, rifugio*] rough **2** BIOL. rudimentary.

rudimento /rudi'mento/ **I** m. BIOL. rudiment; ***un ~ di coda*** a rudimentary tail **II rudimenti** m.pl. rudiments, elements.

ruffiana /ruf'fjana/ f. **1** *(mezzana)* bawd, procuress **2** FIG. *(adulatrice)* bootlicker, crawler BE.

ruffianeria /ruffjane'ria/ f. toadying **U**.

ruffiano /ruf'fjano/ m. **1** *(mezzano)* pander, pimp **2** FIG. *(adulatore)* bootlicker, crawler BE.

ruga, pl. **-ghe** /'ruga, ge/ f. wrinkle, line.

rugbista /rag'bista/ m. rugby player.

rugby /'ragbi/ ▸ ***10*** m.inv. rugby.

Ruggero /rud'dʒɛro/ n.pr.m. Roger.

ruggine /'ruddʒine/ ▸ ***3*** **I** f. **1** rust (anche BOT.); ***corroso dalla ~*** rust eaten; ***fare la ~*** to get rusty **2** FIG. bad blood, grudge; ***c'è della ~ tra loro*** there's bad blood between them **II** m.inv. *(colore)* rust brown, russet **III** agg.inv. rust brown, rust-coloured BE, rust-colored AE.

ruggire /rud'dʒire/ [102] **I** tr. to roar, to bellow [*ordine, minaccia*] **II** intr. (aus. *avere*) to roar (anche FIG.).

ruggito /rud'dʒito/ m. roar, roaring (anche FIG.).

rugiada /ru'dʒada/ f. dew; ***goccia di ~*** dewdrop.

rugiadoso /rudʒa'doso/ agg. dewy.

rugosità /rugosi'ta/ f.inv. **1** *(della pelle)* wrinkledness **2** *(scabrosità)* roughness, coarseness.

rugoso /ru'goso/ agg. **1** wrinkled, lined **2** *(scabro)* rough, coarse.

rullaggio, pl. **-gi** /rul'laddʒo, dʒi/ m. AER. taxiing; ***pista di ~*** taxi track.

rullare /rul'lare/ [1] intr. (aus. *avere*) **1** [*tamburo*] to roll **2** AER. to taxi; MAR. to roll.

rullino /rul'lino/ m. (roll of) film; ***un ~ da 24 (pose)*** a 24-exposure film; ***~ a colori*** colour (roll of) film.

rullio, pl. **-ii** /rul'lio, ii/ m. *(di tamburo)* rolling, beating.

rullo /'rullo/ m. **1** *(di tamburo)* (drum)roll, beating **2** TIP. TECN. AGR. *(elemento cilindrico)* roller; *(per tinteggiare)* (paint) roller **3** FOT. roll ♦♦ ***~ compressore*** roadroller, steamroller; FIG. steamroller; ***~ inchiostratore*** inker, ink roller; ***~ per macchina da scrivere*** platten.

rum /rum/ m.inv. rum.

rumba /'rumba/ f. rumba.

rumeno /ru'mɛno/ ▸ ***25, 16*** → **romeno.**

ruminante /rumi'nante/ agg. e m. ruminant.

ruminare /rumi'nare/ [1] **I** tr. to ruminate **II** intr. (aus. *avere*) to ruminate, to chew the cud (anche FIG.).

rumore /ru'more/ m. **1** noise; *(di passi, vento, mare, pioggia, motore)* sound; ***il ~ del traffico, di un treno*** the noise of traffic, of a train; ***~ di pentole, piatti*** clatter of saucepans, plates; ***sembra il ~ di un motore*** it sounds like an engine **2** *(chiasso)* noise, din; ***fare ~*** to make a noise, to be noisy; ***c'è ~*** it's noisy **3** FIG. *(scalpore)* ***il film fece molto ~*** the film attracted a lot of attention; ***si è fatto molto ~ attorno a questo libro*** this book caused quite a stir; ***fare molto ~ per nulla*** to make a lot of fuss about nothing **4** TECN. noise; ***~ di fondo*** background noise **5** CINEM. *(effetti sonori)* sound effects pl. ♦♦ ***-i molesti*** DIR. disturbance of the peace.

rumoreggiare /rumored'dʒare/ [1] intr. (aus. *avere*) **1** *(rimbombare)* to roar, to rumble **2** *(brontolare)* to clamour BE, to clamor AE, to grumble; ***il pubblico cominciò a ~*** the audience began to grumble noisily.

rumoroso /rumo'roso/ agg. noisy.

runa /'runa/ f. rune.

runico, pl. **-ci, -che** /'runiko, tʃi, ke/ agg. runic.

ruolino /rwo'lino/ m. ***~ di marcia*** marching orders.

ruolo /'rwɔlo/ m. **1** TEATR. CINEM. TELEV. part, role; ***~ principale*** lead, leading role; ***recitare nel ~ di Amleto*** to play (the character *o* part of) Hamlet **2** *(funzione)* role; ***avere*** o ***svolgere un ~ di primo piano in qcs.*** to play a prominent, leading role *o* part in sth. **3** SPORT position **4** BUROCR. *(elenco)* list, roll; ***di ~*** [*insegnante*] regular, permanent; [*docente universitario*] tenured; ***essere di ~*** [*insegnante*] to be on the regular staff; [*docente universitario*] to be tenured; ***passare di ~*** [*insegnante*] to be made permanent; [*docente universitario*] to get tenure, to be given tenure **5** DIR. *(registro)* register, docket AE; ***iscrivere una causa a ~*** to enter a case for trial, to docket a case AE.

ruota /'rwɔta/ f. **1** wheel; ***~ di scorta*** spare wheel, spare tyre BE *o* tire AE; ***veicolo a quattro, due -e*** four-, two-wheeled vehicle; ***avere una ~ a terra*** to have a flat tyre BE *o* tire AE; ***~ della roulette*** roulette wheel; ***~ di mulino*** millwheel **2** *(strumento di tortura)* wheel, rack **3** SPORT *(nella ginnastica)* cartwheel; ***fare la ~*** to do *o* turn a cartwheel **4** *(del lotto)* lottery drum; ***è uscito il 5 sulla ~ di Napoli*** number 5 was drawn in Naples **5** ABBIGL. ***mantello a ~*** circular cape; ***gonna a ~*** flared skirt **6** ***fare la ~*** [*pavone*] to display, to spread one's tail; FIG. to strut *o* parade around ♦ ***andare a ~ libera*** to freewheel; ***essere l'ultima ~ del carro*** to be fifth wheel, to be at the bottom of the heap; ***parlare a ~ libera*** to blabber on; ***seguire a ~ qcn.*** to follow hot on sb.'s heels ♦♦ ***~ dentata*** cog(wheel), spur *o* toothed wheel; ***~ motrice*** driving wheel; ***~ panoramica*** Ferris wheel, big wheel BE.

ruotare /rwo'tare/ [1] **I** tr. to roll [*spalle, occhi*]; ***~ qcs. nel senso sbagliato*** to turn sth. the wrong way **II** intr. (aus. *avere*) *(girare)* *(su se stesso)* to rotate, to revolve; *(attorno a qcs.)* [*pianeta, stella*] to revolve.

rupe /'rupe/ f. crag, rock.

rupestre /ru'pɛstre/ agg. **1** [*pianta, flora*] rupestral, rock attrib. **2** ART. [*pittura, disegno*] rock attrib., cave attrib., rupestrian.

rupia /ru'pia/ ▸ ***6*** f. rupee.

rurale /ru'rale/ agg. rural; [*vita*] country attrib.

ruscello /ruʃ'ʃello/ m. stream, brook.

ruspa /'ruspa/ f. excavator.

ruspante /rus'pante/ agg. [*pollo*] free-range, farmyard attrib.

russare /rus'sare/ [1] intr. (aus. *avere*) to snore.

russo /'russo/ ▸ ***25, 16*** **I** agg. Russian **II** m. (f. **-a**) **1** *(persona)* Russian **2** *(lingua)* Russian.

rustico, pl. **-ci, -che** /'rustiko, tʃi, ke/ **I** agg. **1** [*casa, cascina*] rustic, country attrib., rural; *(semplice)* [*pasto, arredamento,* *vita*] rustic, country-style **2** *(rozzo)* rustic, rough, uncouth **II** m. **1** labourer's cottage; *(deposito per gli attrezzi)* outhouse **2** *(casetta di campagna)* cottage.

ruta /'ruta/ f. rue, herb of grace.

ruttare /rut'tare/ [1] intr. (aus. *avere*) to belch, to burp COLLOQ.

ruttino /rut'tino/ m. burp COLLOQ.; ***far fare il ~ a un bebè*** to burp a baby.

rutto /'rutto/ m. belch, burp COLLOQ.

ruvidezza /ruvi'dettsa/ f. **1** roughness, coarseness **2** FIG. *(bruschezza)* brusqueness, rudeness, roughness.

ruvidità /ruvidi'ta/ f.inv. → **ruvidezza.**

ruvido /'ruvido/ agg. **1** *(al tatto)* [*stoffa*] coarse; [*mani, pelle*] rough, coarse **2** FIG. [*persona*] brusque, rude, rough; [*modi*] coarse, rough, gross.

ruzzare /rud'dzare/ [1] intr. (aus. *avere*) [*animali, bambini*] to romp, to frisk.

ruzzolare /ruttso'lare/ [1] intr. (aus. *essere*) **1** [*persona*] to topple, to tumble (down); ***~ giù dalle scale*** to tumble down the stairs **2** *(rotolare)* [*oggetto*] to roll.

ruzzolone /ruttso'lone/ m. tumble, heavy fall; ***fare un*** ~ to take a tumble, to fall *o* go head over heels.

ruzzoloni /ruttso'loni/ avv. ***(a)*** ~ tumbling down; ***cadere ~ per le scale*** to tumble down the stairs.

S

s, S /'ɛsse/ m. e f.inv. *(lettera)* s, S; ***curva a ~*** S-bend; ***a forma di ~*** S-shaped.
s' → **1.si.**
S. ⇒ santo Saint (St).
SA /esse'a/ f. (⇒ Società Anonima) = public company.
sab. ⇒ sabato Saturday (Sat).
sabato /'sabato/ ➧ *11* m. Saturday; *(nella religione ebraica)* Sabbath ♦♦ ***~ santo*** Holy Saturday.
sabba /'sabba/ m.inv. witches' Sabbath.
sabbatico, pl. **-ci**, **-che** /sab'batiko, tʃi, ke/ agg. sabbatical; ***anno ~*** UNIV. sabbatical (year).
sabbia /'sabbja/ ➧ *3* **I** f. **1** sand; ***castello di ~*** sand castle; ***tempesta di ~*** sandstorm **2** MED. urinary sand **II** agg.inv. ***(color) ~*** sandy ♦ ***costruire sulla ~*** to build on sand ♦♦ ***-e mobili*** quicksand.
sabbiare /sab'bjare/ [1] tr. to sandblast [*superficie*].
sabbiatura /sabbja'tura/ f. **1** *(terapia)* sandbath **2** IND. sandblast(ing).
sabbioso /sab'bjoso/ agg. [*terreno*] sandy.
sabotaggio, pl. **-gi** /sabo'taddʒo, dʒi/ m. sabotage.
sabotare /sabo'tare/ [1] tr. to sabotage (anche FIG.).
sabotatore /sabota'tore/ m. (f. **-trice** /tritʃe/) saboteur.
S.acc. ⇒ Società in accomandita limited partnership.
sacca, pl. **-che** /'sakka, ke/ f. **1** *(grossa borsa)* bag; *(zaino)* pack, knapsack, backpack AE; ***~ sportiva*** sports BE *o* gym AE bag; ***~ da viaggio*** travel *o* duffel bag; ***~ militare*** barracks bag, haversack **2** *(insenatura)* cove, inlet **3** ANAT. BOT. sac **4** MIL. pocket (anche FIG.); ***~ di resistenza*** pocket of resistance ♦♦ ***~ d'aria*** air pocket.
saccarina /sakka'rina/ f. saccharin.
saccarosio /sakka'rɔzjo/ m. saccharose, sucrose.
saccatura /sakka'tura/ f. METEOR. trough.
saccente /sat'tʃɛnte/ **I** agg. [*persona*] conceited, self-important; [*aria, tono*] pedantic **II** m. e f. smart alec(k), know-all BE, know-it-all AE; ***fare il ~*** to be a smart alec(k).
saccenteria /sattʃente'ria/ f. conceit, self-importance.
saccheggiare /sakked'dʒare/ [1] tr. **1** *(depredare)* to plunder, to pillage, to loot, to sack LETT. [*città*] **2** *(rapinare)* to rob, to raid, to ransack [*negozio, casa*] **3** SCHERZ. *(svuotare)* to raid [*frigorifero*] **4** FIG. *(copiare)* to plagiarize [*opera, autore*].
saccheggiatore /sakkeddʒa'tore/ m. (f. **-trice** /tritʃe/) plunderer, looter.
saccheggio, pl. **-gi** /sak'keddʒo, dʒi/ m. *(razzia)* plunder(ing), pillage, looting, sack LETT.
sacchetto /sak'ketto/ m. bag; ***~ di carta, plastica*** paper, plastic bag; ***~ per aspirapolvere*** dust bag.
sacco, pl. **-chi** /'sakko, ki/ m. **1** *(contenitore)* sack, bag; ***~ postale*** mailbag, postbag BE; ***~ dell'immondizia*** bin liner BE, trash bag AE; ***tela da ~*** sackcloth, sacking; ***pranzo al ~*** packed lunch, box lunch AE **2** *(contenuto)* sack(ful), bag(ful) **3** *(borsa)* bag; *(zaino)* pack, knapsack, backpack AE; ***~ da viaggio*** travel *o* duffel bag **4** *(saccheggio)* plunder, pillage, sack LETT.; ***mettere a ~*** to sack LETT. [*città, regione*] **5** *(scherzo)* ***fare il ~*** to make an apple pie bed **6** ANAT. BOT. sac **7 un sacco** COLLOQ. *(moltissimo)* a lot; ***sciare mi piace un ~*** I like skiing an awful lot **8 un sacco di** COLLOQ. loads of, lots of [*cose, soldi ecc.*]; ***un ~ di gente*** a (whole) load of people; ***un ~ di bugie*** a pack *o* parcel of lies; ***c'era un ~ di roba da mangiare*** there was loads to eat; ***dare a qcn. un ~ di botte*** to give sb. a good thrashing ♦ ***~ di pulci*** *(animale)* fleabag; ***un ~ e una sporta*** loads, lots; ***essere un ~ di patate*** to be clumsy; ***vuotare il ~*** to spill the beans; ***essere preso con le mani nel ~*** to be caught red-handed; ***mettere qcn. nel ~*** *(ingannare)* = to deceive sb.; ***non è farina del suo ~*** this is not his own work; ***reggere il ~ a qcn.*** to aid and abet sb. ♦♦ ***~ a pelo*** sleeping bag.
saccoccia, pl. **-ce** /sak'kɔttʃa, tʃe/ f. REGION. *(tasca)* pocket.
saccopelismo /sakkope'lizmo/ m. backpacking **U**.
saccopelista, m.pl. **-i**, f.pl. **-e** /sakkope'lista/ m. e f. backpacker.
sacerdotale /satʃerdo'tale/ agg. [*veste, paramenti, dignità, vocazione*] priestly, sacerdotal FORM.
sacerdote /satʃer'dɔte/ m. priest, clergyman*.
sacerdotessa /satʃerdo'tessa/ f. priestess.
sacerdozio, pl. **-zi** /satʃer'dɔttsjo, tsi/ m. priesthood, ministry.
1.sacrale /sa'krale/ agg. *(sacro)* sacred.
2.sacrale /sa'krale/ agg. ANAT. sacral.
sacramentale /sakramen'tale/ agg. **1** RELIG. sacramental **2** FIG. *(rituale)* ritual.
sacramentare /sakramen'tare/ [1] intr. POP. *(bestemmiare)* to swear*, to curse.
sacramento /sakra'mento/ m. RELIG. sacrament; ***accostarsi ai*** o ***ricevere i -i*** to receive the Sacraments; ***il Santissimo Sacramento*** the Blessed *o* Holy Sacrament ♦ ***con tutti i -i*** in strict accordance with the rules.
sacrario, pl. **-ri** /sa'krarjo, ri/ m. *(monumento alla memoria)* memorial.
sacrestano /sakres'tano/ → **sagrestano.**
sacrestia /sakres'tia/ → **sagrestia.**
sacrificale /sakrifi'kale/ agg. [*agnello, offerta, vittima*] sacrificial.
sacrificare /sakrifi'kare/ [1] **I** tr. **1** *(immolare)* to sacrifice [*animale, vite umane*]; ***~ la propria vita per qcn., qcs.*** to lay down *o* give one's life for sb., sth. **2** *(rinunciare a)* to give* up [*tempo libero*]; ***~ la famiglia al lavoro*** to put one's work before one's family **3** *(non valorizzare)* ***~ un armadio in un angolo*** to waste a closet by putting it in a corner **II sacrificarsi** pronom. **1** *(immolarsi)* to sacrifice oneself (**per** for) **2** *(fare sacrifici)* to make* sacrifices (**per** for).
sacrificio, pl. **-ci** /sakri'fitʃo, tʃi/ m. **1** *(rituale)* sacrifice, offering; ***fare un ~*** to make an offering; ***~ umano*** human sacrifice; ***offrire in ~*** to sacrifice **2** *(rinuncia)* sacrifice, privation; ***~ di sé*** self-sacrifice; ***fare tanti -ci per qcn.*** to make many sacrifices for sb.
sacrilegio, pl. **-gi** /sakri'lɛdʒo, dʒi/ m. sacrilege (anche FIG.); ***un ~*** an act of sacrilege; ***è un ~ fare*** it's sacrilege to do.

sacrilego, pl. **-ghi**, **-ghe** /sa'krilego, gi, ge/ agg. sacrilegious (anche FIG.).
sacrista /sa'krista/ m. → **sagrestano.**
1.sacro /'sakro/ **I** agg. **1** RELIG. [*oggetto*] sacred; [*luogo*] holy, sacred, blessed; [*arte, musica*] religious **2** *(consacrato)* [*terra*] holy, consecrated, hallowed **3** *(degno di rispetto)* [*regola, legame, diritto*] sacred; ***una -a memoria*** a hallowed memory; ***il giuramento è ~*** an oath is sacred; ***le mie serate sono -e*** SCHERZ. my evenings are sacred **II** m. ***il ~ e il profano*** the sacred and the profane ♦♦ ***Sacra Bibbia*** Holy Bible; ***Sacra Famiglia*** Holy Family; ***Sacre Scritture*** Holy Writ, Holy Scripture(s).
2.sacro /'sakro/ agg. e m. ANAT. ***(osso)~*** sacrum.
sacrosanto /sakro'santo/ agg. **1** *(inviolabile)* [*diritto*] sacrosanct, sacred **2** *(indiscutibile)* ***parole -e!*** how right you are! ***è la -a verità*** it's gospel truth **3** *(meritato, legittimo)* well-deserved.
sadico, pl. **-ci**, **-che** /'sadiko, tʃi, ke/ **I** agg. sadistic **II** m. (f. **-a**) sadist.
sadismo /sa'dizmo/ m. sadism.
sadomaso /sado'mazo/ → **sadomasochista.**
sadomasochismo /sadomazo'kizmo/ m. sadomasochism.
sadomasochista, m.pl. **-i**, f.pl. **-e** /sadomazo'kista/ **I** agg. sadomasochistic **II** m. e f. sadomasochist.
saetta /sa'etta/ f. **1** *(freccia)* arrow, dart **2** *(fulmine)* bolt of lightning, lightning bolt, thunderbolt ♦ ***veloce come una ~*** (as) quick as a flash.
saettare /saet'tare/ [1] tr. to dart, to shoot* [*occhiate*].
safari /sa'fari/ m.inv. safari.
saffico, pl. **-ci**, **-che** /'saffiko, tʃi, ke/ agg. Sapphic (anche FIG.).
Saffo /'saffo/ n.pr.f. Sappho.
saga, pl. **-ghe** /'saga, ge/ f. saga; ***una ~ familiare*** a domestic saga.
sagace /sa'gatʃe/ agg. [*risposta*] witty, sagacious FORM.; [*persona*] shrewd, astute, sagacious FORM.
sagacia /sa'gatʃa/ f. sagaciousness, shrewdness.
saggezza /sad'dʒettsa/ f. wisdom; ***~ popolare*** folk wisdom; ***la voce della ~*** the voice of reason.
saggia, pl. **-ge** /'saddʒa, dʒe/ f. wise woman*, sage.
saggiamente /saddʒa'mente/ avv. [*agire, consigliare*] wisely.
saggiare /sad'dʒare/ [1] tr. **1** *(valutare)* to assay [*argento, oro*] **2** FIG. *(sondare)* to test, to try out; ***~ il terreno*** to test the ground; ***~ le proprie forze*** to try out one's strength.
saggina /sad'dʒina/ f. sorghum, Indian millet.
1.saggio, pl. **-gi**, **-ge** /'saddʒo, dʒi, dʒe/ **I** agg. *(giudizioso)* [*persona*] wise, sage; *(ponderato)* [*parole, decisione*] wise, sensible, sage **II** m. wise man*, sage; ***i -gi*** the wise.
2.saggio, pl. **-gi** /'saddʒo, dʒi/ m. **1** *(analisi)* test, trial; MINER. CHIM. assay **2** *(dimostrazione)* example; ***dare un ~ della propria bravura*** to give proof of one's talents **3** *(campione)* sample, specimen **4** *(esibizione)* display, performance; ***~ di danza*** dance recital; ***~ di ginnastica*** gymnastics performance **5** *(scritto)* essay, paper.
saggista, m.pl. **-i**, f.pl. **-e** /sad'dʒista/ ➧ ***18*** m. e f. essayist.
saggistica /sad'dʒistika/ f. *(genere)* nonfiction.
Sagittario /sadʒit'tarjo/ ➧ ***38*** m.inv. ASTROL. Sagittarius, the Archer; ***essere del ~*** o ***un ~*** to be (a) Sagittarius.
sagola /'sagola/ f. halyard; ***~ di salvataggio*** lifeline.
sagoma /'sagoma/ f. **1** *(linea di contorno)* outline, silhouette, profile; *(figura poco definita)* shape **2** *(campione)* template **3** *(bersaglio)* target **4** COLLOQ. FIG. *(persona stravagante)* character; ***che ~!*** what a character!
sagomare /sago'mare/ [1] tr. to mould BE, to mold AE, to shape.
sagra /'sagra/ f. feast, festival; ***~ del vino*** wine festival.
sagrato /sa'grato/ m. parvis.
sagrestano /sagres'tano/ ➧ ***18*** m. sexton, verger.
sagrestia /sagres'tia/ f. sacristy, vestry.
sagù /sa'gu/ m.inv. sago*.
sahariana /saa'rjana/ f. *(giacca)* safari jacket, bush jacket.
sahariano /saa'rjano/ agg. Saharan, Sahara attrib.
saint-honoré /sɛntono're/ f.inv. GASTR. = cream-filled tart topped with cream puffs and caramel.
saio, pl. **sai** /'sajo, sai/ m. habit, frock; ***vestire il ~*** to be a monk.
sala /'sala/ f. **1** *(vasto locale)* hall, room; ***cinema a cinque -e*** five-screen cinema **2** *(spettatori)* audience **3** *(soggiorno)* living room, sitting room, lounge ♦♦ ***~ d'aspetto*** *(di studio medico)* waiting room; *(di stazione, aeroporto)* lounge; ***~ d'aste*** auction room(s); ***~ d'attesa*** → ***~*** **d'aspetto**; ***~ da ballo*** ballroom, dance hall; ***~ cinematografica*** cinema, movie theater AE; ***~ (per) concerti*** concert hall; ***~ conferenze*** lecture room BE *o* hall AE; ***~ contrattazioni*** ECON. dealing room, trading pit; ***~ corse*** betting hall BE; ***~ giochi*** amusement BE *o* video AE arcade; ***~ da gioco*** card room; ***~ di lettura*** reading room; ***~ macchine*** MAR. engine room; ***~ operativa*** MIL. operations room; ***~ operatoria*** MED. operating theatre BE *o* room AE; ***~ parto*** MED. delivery room *o* suite BE; ***~ da pranzo*** dining room; ***~ professori*** staff room; ***~ riunioni*** assembly hall *o* room, meeting hall; ***~ stampa*** pressroom; ***~ da tè*** tearoom, tea shop.
salace /sa'latʃe/ agg. **1** *(scurrile)* [*allusione, battuta*] salacious, risqué, spicy **2** *(mordace)* [*frase, parole*] biting, pungent.
salacità /salatʃi'ta/ f.inv. **1** *(scurrilità)* salaciousness, spiciness **2** *(mordacità)* bite, pungency.
salamandra /sala'mandra/ f. salamander.
salame /sa'lame/ m. **1** salami, sausage **2** FIG. *(persona impacciata)* fool, moron ♦ ***legare qcn. come un ~*** to truss sb. up.
salamelecco, pl. **-chi** /salame'lɛkko, ki/ m. salaam; ***senza troppi -chi*** without ceremony; ***fare (mille) -chi*** to bow and scrape.
salamoia /sala'mɔja/ f. brine, pickle; ***mettere in ~*** to brine, to pickle; ***olive in ~*** olives in brine.
salare /sa'lare/ [1] tr. to salt, to add salt to [*cibi*]; ***~ la minestra, la bistecca*** to put salt in the soup, on the steak; ***~ e pepare*** to season with salt and pepper.
salariale /sala'rjale/ agg. [*aumento, livello, trattativa, rivendicazione*] wage attrib., pay attrib.; ***minimo ~*** minimum wage; ***fascia ~*** salary range *o* bracket.
salariato /sala'rjato/ **I** agg. [*operaio, lavoro*] waged **II** m. (f. **-a**) (wage) earner; ***i -i*** the waged.
salario, pl. **-ri** /sa'larjo, ri/ m. wage(s), pay, salary; ***aumento dei -ri*** pay increase; ***blocco dei -ri*** wage freeze; ***adeguamento dei -ri*** salary adjustment.
salassare /salas'sare/ [1] tr. **1** MED. to bleed* **2** FIG. to fleece COLLOQ., to soak COLLOQ.
salasso /sa'lasso/ m. **1** MED. bleeding, bloodletting; ***fare un ~ a qcn.*** to bleed sb. **2** FIG. drain; ***il conto è stato un ~*** the bill fleeced us.
salatino /sala'tino/ m. appetizer.
salato /sa'lato/ **I** p.pass. → **salare II** agg. **1** *(contenente sale)* [*acqua, lago*] salt attrib.; ***il mare è ~*** the sea is salty **2** *(addizionato di sale)* [*alimento, piatto*] salty, savoury BE, savory AE; [*burro, noccioline*] salted; *(sotto sale)* [*pesce, carne*] salt attrib.; ***essere ~*** to taste salty; ***il riso è troppo ~*** there's too much salt in the rice **3** FIG. *(mordace)* [*frase, parole*] biting, pungent **4** FIG. *(molto elevato)* [*prezzo*] steep, fancy; [*conto*] steep, stiff **III** m. salty taste; ***preferisco il ~ al dolce*** I prefer savoury *o* salty food to sweet things.
salatura /sala'tura/ f. *(di alimenti)* salting, curing.
salciccia /sal'tʃittʃa/ → **salsiccia.**
saldamente /salda'mente/ avv. [*legare, agganciare*] firmly; [*afferrare*] tightly, firmly; [*incollato*] fast.
saldare /sal'dare/ [1] **I** tr. **1** TECN. to solder, to weld **2** MED. to join [*frattura*] **3** FIG. *(collegare)* to join, to link **4** COMM. to pay*, to settle [*conto*]; to pay* (off), to clear [*debito*]; ***~ in contanti, tramite assegno*** to pay cash, by cheque **II saldarsi** pronom. **1** TECN. [*metalli*] to solder, to weld **2** MED. [*ossa*] to set*, to knit* (together) ♦ ***~ i conti con qcn.*** to get even with sb.
saldatore /salda'tore/ ➧ ***18*** m. (f. **-trice** /tritʃe/) **1** *(persona)* welder **2** *(attrezzo)* soldering iron.
saldatrice /salda'tritʃe/ f. *(macchina)* welder.
saldatura /salda'tura/ f. **1** TECN. welding, soldering; *(tratto saldato)* weld, solder **2** MED. *(di osso)* setting, knitting ♦♦ ***~ ad arco*** arc welding; ***~ elettrica*** electric welding.
saldezza /sal'dettsa/ f. **1** *(solidità)* firmness, steadiness, solidity **2** FIG. *(morale)* steadfastness.

1.saldo /'saldo/ agg. **1** *(resistente)* [*muro, appoggio*] solid, sturdy; ***non è ~ sulle gambe*** he's not very steady on his feet; ***tienti ~!*** hold on tight! ***avere nervi -i*** to have steady nerves; ***mantenere i nervi -i*** to keep one's nerve, to steady one's nerves **2** FIG. *(forte)* [*legame*] strong, secure; [*amicizia*] permanent; *(incrollabile)* [*fede*] steady; *(irremovibile)* [*principio*] steadfast, unshak(e)able, unshaken; ***restare ~ nelle proprie convinzioni*** to hold firm to one's beliefs, to be steadfast in one's belief.

2.saldo /'saldo/ m. **1** BANC. COMM. *(differenza)* balance; ***~ attivo, passivo*** credit, debit balance **2** *(ammontare dovuto)* settlement, payment, quittance; ***versare il ~*** to pay the balance; ***ricevuta a ~ del conto*** received in full and final payment **3** *(svendita)* sale; ***vestiti in ~*** sale clothes; ***questa giacca è in ~*** this jacket is on sale; ***fare i -i*** to have *o* hold a sale; ***ci sono i -i*** the sales are on; ***-i estivi, invernali*** summer, January sales; ***l'ho comprato ai -i*** I bought it at *o* in the sales.

sale /'sale/ **I** m. **1** salt; ***dieta senza ~*** salt-free diet; ***pane senza ~*** unsalted bread; ***acciughe sotto ~*** salted anchovies **2** FIG. *(arguzia, mordacità)* piquancy, wit **II sali** m.pl. FARM. salts; *(da annusare)* smelling salts ♦ ***capelli ~ e pepe*** pepper-and-salt hair; ***restare*** o ***rimanere di ~*** to be dumbfounded; ***avere ~ in zucca*** to have common sense *o* gumption COLLOQ. ♦♦ ***~ da cucina*** cooking salt; ***~ fino*** fine *o* table salt; ***~ grosso*** coarse salt; ***~ marino*** sea salt; ***~ da tavola*** table salt; ***-i da bagno*** bath salts; ***-i inglesi*** Epsom salts; ***-i minerali*** mineral salts.

salesiano /sale'zjano/ **I** agg. Salesian **II** m. (f. **-a**) Salesian.

salgemma /sal'dʒɛmma/ m.inv. rock salt; ***miniera di ~*** salt-mine.

salice /'salitʃe/ m. willow ♦♦ ***~ piangente*** weeping willow.

salicilico /sali'tʃiliko/ agg. ***acido ~*** salicylic acid.

saliente /sa'ljɛnte/ **I** agg. [*fatto, episodio*] salient, striking, outstanding **II** m. MIL. salient.

saliera /sa'ljɛra/ f. saltcellar, saltshaker.

salina /sa'lina/ f. **1** *(impianto)* saltworks + verbo sing. o pl. **2** *(giacimento naturale)* saltpan **3** *(cava di salgemma)* salt-mine.

salinità /salini'ta/ f.inv. saltiness.

salino /sa'lino/ agg. saline (anche CHIM.), salty, salt attrib.; ***deposito ~*** saline *o* salt deposit; ***soluzione -a*** saline (solution), salt solution.

salire /sa'lire/ [104] **I** intr. (aus. *essere*) **1** *(andare su)* to go* up; *(venire su)* to come* up; *(arrampicarsi)* to climb; ***~ al piano di sopra*** to go upstairs; ***~ al terzo piano*** to go *o* come up to the third floor; ***sei salito a piedi?*** did you walk up? ***sei salito in ascensore?*** did you come up in the lift BE *o* elevator AE? ***è salito al valico in bicicletta*** he cycled up to the pass; ***~ su una scala*** to go up *o* climb a ladder; ***~ su un albero, una montagna*** to climb up a tree, a mountain **2** *(montare su un mezzo)* ***~ in*** to get in(to) [*auto*]; ***~ su*** to get on [*autobus, treno, moto, bicicletta*]; to go aboard, to board [*nave, aereo*]; ***non è mai salito su un aereo*** he's never been on a plane; ***~ a bordo*** to go on board **3** *(levarsi)* [*nebbia*] to rise*; [*fumo*] to rise* up; [*razzo*] to climb; *(sorgere)* [*sole*] to rise*, to climb; ***l'aria calda fa ~ i palloni aerostatici*** warm air makes balloons rise; ***il sangue gli salì al viso*** blood mounted to his cheeks **4** *(essere in salita)* [*strada, terreno*] to go* uphill, to climb, to rise* **5** *(crescere, aumentare)* [*temperatura, prezzi, numero*] to rise*, to go* up, to climb; [*febbre*] to go* up; [*marea*] to rise*, to come* in, to come* up; FIG. [*tensione, pressione*] to rise*, to mount; [*sentimento, emozione*] to mount, to surge; ***~ alle stelle*** [*prezzi*] to shoot up, to skyrocket, to soar; ***fare ~ i prezzi*** to send prices up; ***fare ~ la tensione*** FIG. to raise the tension *o* temperature **6** FIG. *(progredire)* ***~ di grado*** to rise in rank; ***~ nella stima*** o ***considerazione di qcn.*** to rise in sb.'s estimation; ***~ in classifica*** [*squadra*] to improve one's ranking; ***~ al trono*** to accede to the throne, to mount *o* ascend FORM. the throne; ***~ al potere*** to come to power **II** tr. to go* up, to climb [*scale*]; ***~ le scale di corsa*** to run up the stairs.

saliscendi /saliʃ'ʃendi, saliʃ'ʃɛndi/ m.inv. **1** *(chiavistello)* latch **2** *(tratto a discese e salite)* ***la strada è tutta un ~*** the road is all ups and downs.

salita /sa'lita/ f. **1** *(il salire)* ascent, climb(ing) **2** *(pendio)* climb, (uphill) slope, rise; *(pendenza)* gradient; ***una ~ ripida*** a steep climb **3** FIG. *(aumento)* rise, increase **4 in salita** [*procedere, camminare*] uphill; [*strada, sentiero*] uphill, upward; ***il sentiero era in ~*** the path led *o* ran uphill.

saliva /sa'liva/ f. saliva, spit, spittle.

1.salivare /sali'vare/ [1] intr. (aus. *avere*) to salivate.

2.salivare /sali'vare/ agg. salivary.

salivazione /salivat'tsjone/ f. salivation.

salma /'salma/ f. corpse, body.

salmastro /sal'mastro/ **I** agg. [*acqua*] brackish **II** m. salty taste.

salmerie /salme'rie/ f.pl. MIL. baggage (train) sing.

salmì /sal'mi/ m.inv. GASTR. salmi; ***lepre in ~*** jugged hare.

salmo /'salmo/ m. psalm.

salmodia /salmo'dia/ f. psalmody, chant.

salmodiare /salmo'djare/ [1] **I** tr. to chant [*preghiere*] **II** intr. (aus. *avere*) to chant, to intone.

salmonato /salmo'nato/ agg. ***trota -a*** salmon trout.

salmone /sal'mone/ **I** m. salmon*; ***~ affumicato*** smoked salmon **II** agg. e m.inv. *(colore)* salmon pink.

salmonella /salmo'nɛlla/ f. salmonella*.

salmonellosi /salmonel'lɔzi/ ➧ **7** f.inv. salmonellosis, salmonella poisoning.

salnitro /sal'nitro/ m. saltpetre BE, saltpeter AE.

Salomone /salo'mone/ **I** n.pr.m. Solomon **II** n.pr.f.pl. GEOGR. ***le (isole) ~*** the Solomon Islands.

salomonico, pl. **-ci**, **-che** /salo'mɔniko, tʃi, ke/ agg. Solomonic.

salone /sa'lone/ m. **1** *(vasto locale)* (large) hall, reception room; ***~ di bellezza*** beauty salon **2** *(soggiorno)* living room, sitting room, lounge **3** *(esposizione)* show, fair; ***~ dell'automobile*** motor show; ***~ del libro*** book fair.

salopette /salo'pɛt/ f.inv. dungarees pl., overalls pl. AE.

salottiero /salot'tjɛro/ agg. *(frivolo)* ***chiacchiere -e*** small talk.

salotto /sa'lɔtto/ m. **1** *(soggiorno)* living room, drawing room, sitting room, lounge **2** *(mobilio)* living room furniture **U**, lounge suite BE **3** *(riunione)* ***~ letterario*** literary salon ♦ ***conversazione da ~*** dinner party conversation; ***fare ~*** to gossip.

salpare /sal'pare/ [1] **I** tr. ***~ l'ancora*** to raise (the) anchor, to weigh anchor **II** intr. (aus. *essere, avere*) [*nave*] to sail, to set* sail.

1.salsa /'salsa/ f. sauce; ***~ di pomodoro, di soja*** tomato, soy(a) sauce ♦ ***in tutte le -e*** in every possible way ♦♦ ***~ tartara*** tartar sauce; ***~ verde*** = parsley and garlic garnish.

2.salsa /'salsa/ f. GEOL. mud volcano.

salsedine /sal'sɛdine/ f. **1** *(elementi salini)* salt; ***l'odore di ~*** the salty tang of the sea **2** *(salinità)* saltiness, salinity.

salsiccia, pl. **-ce** /sal'sittʃa, tʃe/ f. (pork) sausage.

salsicciotto /salsit'tʃɔtto/ m. large sausage, frankfurter.

salsiera /sal'sjɛra/ f. gravy boat, sauceboat.

salso /'salso/ **I** agg. *(salato)* [*acqua*] salt attrib., salty **II** m. *(salsedine)* saltiness.

saltabeccare /saltabek'kare/ [1] intr. (aus. *avere*) to hop, to skip.

saltare /sal'tare/ [1] **I** intr. **1** (aus. *avere*) to jump; *(su un piede solo)* to hop; ***~ dalla gioia*** to jump for joy; ***~ da fermo*** to make a jump from a standing start **2** (aus. *essere*) *(seguito da complemento di luogo)* to jump, to leap*, to spring*; ***~ a terra*** to jump (down) to the ground; ***~ giù da un muro*** to hop off a wall; ***~ in acqua*** to jump (into the water); ***~ dalla finestra*** to jump out of the window; ***~ giù dal letto*** to jump out of bed; ***~ di ramo in ramo*** to leap through the trees *o* from branch to branch **3** (aus. *essere*) *(montare, salire)* ***~ su un taxi, un treno*** to jump *o* hop into a taxi, onto a train; ***salta su!*** hop in! **4** (aus. *essere*) *(staccarsi, schizzare via)* [*bottone*] to come* off, to pop (off); [*vernice*] to chip (away), to come* off; [*tappo*] to pop (off) **5** (aus. *essere*) *(esplodere)* ***~ in*** o ***per aria*** [*edificio, ponte*] to blow up, to explode, to go up; ***fare ~ una cassaforte*** to blow a safe; ***fare ~ il banco*** GIOC. to break the bank **6** (aus. *essere*) COLLOQ. *(bloccarsi, guastarsi)* [*fusibile*] to blow*; ***è saltata la luce*** the power has gone off **7** (aus. *essere*) *(non avere luogo)* [*trasmissione, riunione*] to be* cancelled, to be* canceled AE; *(essere destituito)* [*persona*] to be* dismissed, to be* removed from power; ***l'accordo è saltato*** the deal's off; ***fare ~ il go-***

verno to bring down *o* topple the government; ***fare ~ qcn.*** *(licenziare)* to fire sb. **8** (aus. *essere*) FIG. *(passare)* ***~ da un argomento all'altro*** to skip from one subject to another; ***~ all'ultima pagina*** to jump to the last page **9** (aus. *avere*) SPORT ***~ in alto, in lungo*** to do the high, long jump; ***~ con l'asta*** to pole vault **10 saltare fuori** *(venire fuori)* [*verità, segreto*] to come* out; [*problema, questione*] to come* up, to crop up; *(essere ritrovato)* [*oggetto*] to turn up, to pop up BE COLLOQ.; ***da dove salti fuori?*** where did you spring from? ***è saltato fuori che*** it came out that; ***è saltato fuori con una proposta*** he came out with a proposal **11 saltare su** *(intromettersi in modo inatteso)* ***saltò su a dire che*** he popped in with saying that **II** tr. **1** to jump (over), to leap* (over), to clear, to hop (over) [*fosso, ostacolo, siepe*]; ***~ la corda*** to skip BE *o* jump AE rope **2** SPORT *(raggiungere una misura)* ***~ tre metri*** to jump *o* leap three metres **3** FIG. *(omettere)* to skip [*pagina, paragrafo*]; *(involontariamente)* to miss (out), to leave* out [*parola, riga*]; *(essere assente a)* to skip, to miss [*lezione, scuola*]; *(non consumare)* to skip, to miss [*pasto*]; ***~ il (proprio) turno*** GIOC. to miss one's turn **4** GASTR. to sauté ♦ ***~ agli occhi di qcn.*** *(essere evidente)* to leap at sb.; ***non ~ alle conclusioni!*** don't jump *o* leap to conclusions! ***fare ~ i nervi a qcn.*** to drive sb. up the wall; ***~ il fosso*** to take the plunge; ***~ addosso a qcn.*** *(aggredire fisicamente)* to jump sb.; *(assalire verbalmente)* to jump on sb.; ***che ti salta in mente?*** what's the big idea?

saltato /sal'tato/ **I** p.pass. → **saltare II** agg. GASTR. sauté, sauté(e)d.

saltatore /salta'tore/ m. (f. **-trice** /tritʃe/) **1** SPORT jumper; ***~ in alto, in lungo*** high jumper, long jumper; ***~ con l'asta*** pole vaulter **2** *(cavallo)* showjumper.

saltellante /saltel'lante/ agg. hopping, skipping.

saltellare /saltel'lare/ [1] intr. (aus. *avere*) to hop, to skip.

saltello /sal'tɛllo/ m. hop, skip.

salterio, pl. **-ri** /sal'tɛrjo, ri/ ♦ ***34*** m. **1** BIBL. psalmbook, psalter **2** MUS. psaltery.

saltimbanco, pl. **-chi** /saltim'banko, ki/ ♦ ***18*** m. *(acrobata)* acrobat, tumbler.

saltimbocca /saltim'bokka/ m.inv. GASTR. = rolled piece of veal garnished with ham and sage and cooked in a frying pan.

salto /'salto/ ♦ ***10*** m. **1** jump, leap, spring, bound; ***fare un ~*** to take a leap, to jump; ***con un ~*** in *o* at one leap, with a hop; ***~ con rincorsa*** running jump; ***fare un ~ in avanti*** to leap forward; ***fare un ~ indietro*** to jump back; ***un grande ~ in avanti*** FIG. a great leap forward; ***fare -i di gioia*** to jump for joy; ***fare un ~ per lo spavento*** to jump out of one's skin **2** COLLOQ. *(breve visita, viaggio)* ***fare un ~ da qcn.*** to pop in *o* drop in on sb.; ***fare un ~ dal panettiere*** to drop in at the baker's; ***fare un ~ a Parigi*** to make a flying visit to Paris, to hop over *o* across to Paris **3** SPORT *(attività)* jumping **4** *(dislivello)* drop **5** FIG. *(passaggio)* jump, leap; ***~ di qualità*** qualitative leap; ***ha fatto un ~ di carriera passando da sostituta a direttrice*** she's made the jump from deputy to director **6** *(omissione)* gap ♦ ***fare un ~ nel buio*** o ***vuoto*** to take a leap *o* shot in the dark; ***fare due*** o ***quattro -i*** *(ballare)* to hop; ***fare i -i mortali*** to do all one can ♦♦ ***~ in alto*** SPORT high jump; ***~ con l'asta*** SPORT pole vault(ing); ***~ in lungo*** SPORT long jump, broad jump AE; ***~ mortale*** somersault, handspring, flip; ***~ ostacoli*** EQUIT. showjumping; ***~ quantico*** FIS. quantum leap; ***~ dal trampolino*** SPORT ski jumping; ***~ di vento*** METEOR. change of wind.

saltuariamente /saltuarja'mente/ avv. occasionally, now and then, on and off.

saltuario, pl. **-ri**, **-rie** /saltu'arjo, ri, rje/ agg. [*contatti*] occasional, irregular; [*lavoro*] odd, casual.

salubre /sa'lubre/ agg. [*aria, clima, ambiente*] healthy, wholesome, salubrious.

salubrità /salubri'ta/ f.inv. healthiness, wholesomeness, salubriousness FORM.

salumaio, pl. **-ai** /salu'majo, ai/ ♦ ***18*** m. (f. **-a**) → **salumiere.**

salumeria /salume'ria/ ♦ ***18*** f. = shop where cold meats and sometimes cheese are sold.

salumi /sa'lumi/ m.pl. = various kinds of cold meat, usually made of pork.

salumiere /salu'mjɛre/ ♦ ***18*** m. (f. **-a**) = person who owns or works in a shop that sells cold meats.

salumificio, pl. **-ci** /salumi'fitʃo, tʃi/ m. = place where various kinds of cold meat are produced.

1.salutare /salu'tare/ agg. **1** *(benefico)* [*clima, aria*] healthy, wholesome **2** FIG. *(utile)* [*esperienza, consiglio*] beneficial, salutary.

2.salutare /salu'tare/ [1] **I** tr. **1** *(rivolgere un saluto) (incontrandosi)* to greet, to say* hello to [*persona*]; *(separandosi)* to say* goodbye to, to wish [sb.] goodbye [*persona*]; ***se ne andò senza neanche ~*** he left without even saying goodbye; ***~ qcn. con un gesto della mano*** *(incontrandosi)* to greet sb. with a wave; *(separandosi)* to wave goodbye to sb.; ***~ qcn. per strada*** to greet sb. in the street; ***~ qcn. con un cenno del capo*** to nod to sb.; ***~ qcn. alla stazione*** to see sb. off at the station **2** *(portare i saluti)* ***~ qcn. (da parte di qcn.)*** to give sb.'s regards *o* sb.'s love COLLOQ. to sb. **3** MIL. to salute **4** *(fare visita a)* ***uno di questi giorni verrò a salutarti*** I'll drop in one of these days; ***sono stato a salutarlo ieri*** I went round to see him yesterday **5** *(accogliere, acclamare)* ***~ qcn. con applausi*** to greet sb. with applause; ***~ qcs. come qcs.*** to hail sth. as (being) sth. **II salutarsi** pronom. *(incontrandosi)* to greet each other, to exchange greetings; *(separandosi)* to say* goodbye to each other; ***-rsi con una stretta di mano*** to shake hands; ***non si salutano più*** they are no longer on speaking terms.

salute /sa'lute/ **I** f. **1** *(benessere)* health; ***stato di ~*** state of health; ***godere (di) buona ~*** to enjoy good health; ***in cattive condizioni di ~*** in a poor state of health; ***di ~ cagionevole*** frail, delicate; ***scoppiare di ~*** to be vibrant with health; ***avere una ~ di ferro*** to have an iron constitution; ***fare bene alla ~*** to be good for one's health; ***essere il ritratto della ~*** to be the picture of health; ***come va la ~?*** how are you? ***per motivi di ~*** for health reasons, on (the) grounds of ill-health; ***ha dei problemi di ~*** he's got health problems **2** LETT. *(salvezza)* salvation **II** inter. **1** *(bevendo)* ***(alla) ~!*** cheers! good health! ***alla (tua) ~!*** here's (to your) health! **2** *(a chi starnutisce)* ***~!*** bless you! **3** *(per esprimere meraviglia)* golly, good Lord ♦♦ ***~ mentale*** mental health; ***~ pubblica*** public welfare.

salutista, m.pl. **-i**, f.pl. **-e** /salu'tista/ m. e f. *(igienista)* health fanatic.

saluto /sa'luto/ **I** m. **1** *(incontrandosi)* hello, greeting; *(separandosi)* goodbye; ***in segno di ~*** in greeting; ***ricambiare il ~*** to return the greeting; ***fare un cenno di ~ a qcn.*** *(con la mano)* to give sb. a wave, to wave at sb.; *(con il capo)* to nod at sb.; ***togliere il ~ a qcn.*** to stop talking to sb., to snub sb. **2** MIL. salute; ***fare il ~*** to give a salute **II saluti** m.pl. **1** *(formula di cortesia)* regards, greetings; ***Anna (ti) manda i suoi -i*** Anna sends her love (to you); ***portale i miei -i*** give her my best (regards); COLLOQ. give my love to her; ***gli porga i miei -i*** give him my greetings **2** *(in chiusura di lettera)* ***cari -i*** love, all the best; ***cordiali -i*** kindest regards, best wishes; ***distinti -i*** Yours sincerely, Yours faithfully **3** COLLOQ. *(invito a troncare il discorso)* ***e tanti -i!*** and that's that!

salva /'salva/ f. **1** MIL. *(scarica di colpi)* volley, discharge; *(in segno di saluto)* ***una ~ di 21 colpi di cannone*** a 21-gun salute; ***sparare una ~*** to fire a salute **2 a salve colpo a -e** blank shot; ***sparare a -e*** to fire blanks.

salvabile /sal'vabile/ m. ***salvare il ~*** to save whatever possible.

salvacondotto /salvakon'dotto/ m. safe-conduct, pass.

salvadanaio, pl. **-ai** /salvada'najo, ai/ m. moneybox; *(porcellino)* piggy bank.

salvadoregno /salvado'reɲɲo/ ♦ ***25*** **I** agg. Salvador(e)an **II** m. (f. **-a**) Salvador(e)an.

salvagente /salva'dʒɛnte/ m.inv. **1** *(ciambella)* lifebuoy, life preserver; *(giubbotto)* lifejacket, life preserver, life vest AE **2** *(spartitraffico)* traffic island, safety island AE.

salvaguardare /salvagwar'dare/ [1] **I** tr. to safeguard [*patrimonio, diritti*] (**da** against, from); to preserve [*tradizioni, unità*]; to protect, to conserve [*ambiente*] **II salvaguardarsi** pronom. to defend oneself, to protect oneself (**da** against, from).

salvaguardia /salva'gwardja/ f. safeguard, preservation protection; ***~ dell'ambiente*** environmental protection.

salvare /sal'vare/ [1] **I** tr. **1** to save, to rescue (**da** from); ***~ la vita a qcn.*** to save sb.'s life **2** *(preservare)* to save, to protect [*natura, ambiente*]; to save, to salvage [*matrimonio reputazione*]; to save, to redeem [*situazione*]; SPORT to save [*partita*]; **~ *qcs. dall'oblio*** to rescue sth. from oblivion; **~ *le apparenze*** to keep up appearances; **~ *la faccia*** to save face **3** RELIG. to save, to redeem [*credente, anima*] **4** *(rendere accettabile)* ***è ciò che lo salva*** it's his saving grace **5** INFORM. to save **II salvarsi** pronom. **1** to save oneself (**da** from); ***-rsi per miracolo*** to have a narrow escape **2** *(rifugiarsi)* ***-rsi all'estero*** to escape abroad **3** *(difendersi, proteggersi)* to defend oneself, to protect oneself; ***-rsi dalle critiche*** to be safe from criticism ♦ ***si salvi chi può!*** every man for himself!

salvaschermo /salvas'kermo/ m.inv. INFORM. screen saver.

salvaslip /salvaz'lip/ m.inv. panty-liner.

salvaspazio /salvas'pattʃjo/ agg.inv. space-saving.

salvataggio, pl. **-gi** /salva'taddʒo, dʒi/ m. **1** *(operazione di soccorso)* rescue; MAR. salvage; ***squadra di ~*** rescue team; ***corso di ~*** lifesaving training course; ***scialuppa*** o ***lancia di ~*** lifeboat; ***giubbotto di ~*** lifejacket **2** ECON. **~ *dal fallimento*** bailout; ***piano di ~*** rescue package **3** SPORT *(parata)* save **4** INFORM. save; **~ *automatico*** autosave.

salvatore /salva'tore/ m. (f. **-trice** /tritʃe/) rescuer, saviour BE, savior AE; ***il Salvatore*** RELIG. the Saviour, Our Saviour.

1.salvavita /salva'vita/ agg.inv. ***farmaci ~*** lifesaving drugs.

2.salvavita® /salva'vita/ m.inv. EL. circuit breaker.

salve /'salve/ inter. hello, hi COLLOQ.; **~ *a tutti!*** hello everybody!

salvezza /sal'vettsa/ f. salvation (anche RELIG.), escape, safety; ***essere la ~ di qcn.*** to be sb.'s salvation; ***ancora di ~*** FIG. sheet anchor.

salvia /'salvja/ **I** f. *(pianta)* sage **II** agg. e m.inv. *(colore)* sage green.

salvietta /sal'vjetta/ f. **1** *(tovagliolo)* (table) napkin, serviette BE **2** COSMET. wipe **3** REGION. *(asciugamano)* towel.

salvo /'salvo/ **I** agg. safe, unhurt; ***ho avuto -a la vita*** my life was spared; ***sano e ~*** safe and sound; ***arrivare sano e ~*** to arrive safely; ***l'onore è ~*** FIG. honour is satisfied **II** m. ***essere in ~*** to be safe; ***mettere in ~ qcn.*** to rescue sb.; ***mettersi in ~*** to flee to safety **III** prep. **1** *(tranne, eccetto)* except(ing), but **2** *(con riserva)* **~ *contrordine*** unless countermanded, failing instructions to the contrary; **~ *imprevisti*** all things being equal, if all goes well; **~ *buon fine*** COMM. under usual reserve; **~ *errori od omissioni*** BUROCR. errors and omissions excepted **3 salvo che** *(a meno che)* unless; *(eccetto che)* except that ♦ ***rubare a man -a*** to steal with impunity.

Samant(h)a /sa'manta/ n.pr.f. Samantha.

samaritano /samari'tano/ ➧ **30 I** agg. Samaritan **II** m. (f. **-a**) Samaritan; ***il buon ~*** the Good Samaritan.

samba /'samba/ m. e f.inv. samba.

sambernardo /samber'nardo/ → **sanbernardo.**

sambuco, pl. **-chi** /sam'buko, ki/ m. elder; ***vino di ~*** elderberry wine.

sammarinese /sammari'nese/ ➧ **25, 2 I** agg. from, of San Marino **II** m. e f. native, inhabitant of San Marino.

samoano /samo'ano/ **I** agg. Samoan **II** m. (f. **-a**) **1** Samoan **2** LING. Samoan.

sampdoriano /sampdo'rjano/ agg. [*tifoso, giocatore*] of Sampdoria, Sampdoria attrib.

Samuele /samu'ɛle/ n.pr.m. Samuel.

san /san/ agg. → **santo.**

sanabile /sa'nabile/ agg. **1** *(guaribile)* [*ferita*] healable **2** *(rimediabile)* [*situazione*] remediable **3** ECON. [*perdita*] retrievable.

sanare /sa'nare/ [1] **I** tr. **1** to heal [*ferita*] **2** ECON. to balance [*bilancio*]; to make* up [*perdita*] **II sanarsi** pronom. [*ferita*] to heal (up).

sanatoria /sana'tɔrja/ f. DIR. act of indemnity.

sanatorio, pl. **-ri** /sana'tɔrjo, ri/ m. sanatorium* BE, sanitarium* AE.

sanbernardo, **san Bernardo** /samber'nardo/ m.inv. *(cane)* Saint Bernard, St Bernard.

sancire /san'tʃire/ [102] tr. to sanction [*legge, uso*]; to ratify [*trattato*].

sancta sanctorum /'sanktasank'tɔrum/ m.inv. **1** BIBL. holy of holies, (inner) sanctum* (anche FIG.) **2** *(nelle chiese cattoliche)* tabernacle.

1.sandalo /'sandalo/ m. *(legno, essenza)* sandalwood.

2.sandalo /'sandalo/ ➧ **35** m. *(calzatura)* sandal.

sandolino /sando'lino/ m. scull.

sandwich /'sɛndwitʃ/ **I** m.inv. sandwich **II** agg.inv. ***uomo ~*** sandwich man.

sangallo /san'gallo/ m.inv. broderie anglaise.

sangiovese /sandʒo'vese/ m.inv. ENOL. INTRAD. (red wine typical of Tuscany and Romagna).

sangue /'sangwe/ **I** m. **1** blood; ***analisi del ~*** blood test; ***perdere ~*** to bleed; ***perdere ~ dal naso*** to have a nosebleed; ***animale a ~ caldo, freddo*** warm-blooded, cold-blooded animal; ***macchiato di ~*** bloodstained; ***al ~*** GASTR. [*carne*] rare, underdone BE **2** *(discendenza)* ***un principe di ~ reale*** a prince of the blood; **~ *blu*** blue blood; ***di ~ blu*** blue-blooded; ***fratello di ~*** blood brother; ***legami di ~*** blood ties; ***di ~ misto*** of mixed blood **II** agg.inv. ***rosso ~*** bloodred, bloody ♦ ***all'ultimo ~*** to the death; ***versare*** o ***spargere ~*** to shed blood; ***bagno di ~*** bloodbath; ***fatto di ~*** act of violence; ***assetato di ~*** bloodthirsty; ***lavare un'offesa nel ~*** to wipe out an insult with blood; ***spargimento di ~*** bloodshed; ***picchiare qcn. a ~*** to beat up sb., to beat sb. black and blue; ***avere il ~ caldo*** to be hot-blooded; **~ *freddo*** cold-bloodedness, sangfroid; ***a ~ freddo*** in cold blood, cold-bloodedly; ***mantenere il ~ freddo*** to keep a cool head; ***ce l'ha nel ~*** it's in his genes SCHERZ.; ***sudare*** o ***sputare ~ per qcs.*** to sweat blood over sth.; ***farsi il ~ cattivo*** o ***avvelenarsi il ~*** to eat one's heart out; ***non avere ~ nelle vene*** *(non avere carattere)* to have no guts; ***fra loro non corre buon ~*** there is bad blood between them; ***succhiare il ~ a qcn.*** to suck sb. dry; ***il ~ mi andò alla testa*** the blood rushed to my head; ***fare ribollire il ~ a qcn.*** to make sb.'s blood boil; ***mi si gela il ~*** my blood runs cold; ***fare raggelare il ~ a qcn.*** to chill sb.'s blood; ***il ~ non è acqua*** blood is thicker than water; ***buon ~ non mente*** PROV. blood tells.

sanguigna /san'gwiɲɲa/ f. ART. sanguine.

sanguigno /san'gwiɲɲo/ agg. **1** MED. FISIOL. blood attrib.; ***gruppo ~*** blood group *o* type **2** *(rosso)* [*viso*] ruddy **3** *(impetuoso)* [*persona*] full-blooded, hot-tempered.

sanguinaccio, pl. **-ci** /sangwi'nattʃo, tʃi/ m. blood pudding, black pudding BE, blood sausage AE.

sanguinamento /sangwina'mento/ m. bleeding **U**.

sanguinante /sangwi'nante/ agg. [*ferita*] bleeding.

sanguinare /sangwi'nare/ [1] intr. (aus. *avere*) to bleed*; ***mi sanguina il cuore!*** FIG. my heart bleeds!

sanguinario, pl. **-ri**, **-rie** /sangwi'narjo, ri, rje/ **I** agg. [*regime, dittatura*] bloody; [*persona*] bloody, bloodthirsty **II** m. (f. **-a**) bloodthirsty person.

sanguinello /sangwi'nɛllo/ agg. ***arancia -a*** blood orange.

sanguinolento /sangwino'lɛnto/ agg. **1** *(sanguinante)* [*ferita*] bleeding **2** *(poco cotto)* [*bistecca*] rare **3** FIG. *(cruento)* [*film, spettacolo*] gory.

sanguinoso /sangwi'noso/ agg. [*incidente, epoca, battaglia, repressione*] bloody, gory.

sanguisuga, pl. **-ghe** /sangwi'suga, ge/ f. **1** ZOOL. leech **2** FIG. *(persona avida)* bloodsucker, leech; *(persona importuna)* nuisance, pest.

sanità /sani'ta/ f.inv. **1 ~ *mentale*** sanity; **~ *di principi*** FIG. high principles **2** AMM. *(sistema sanitario)* health service; **~ *pubblica*** public health; ***Organizzazione mondiale della Sanità*** World Health Organization.

sanitario, pl. **-ri**, **-rie** /sani'tarjo, ri, rje/ **I** agg. **1** [*regolamento, personale, ufficiale, ispettore, controllo*] health attrib.; ***assistenza -a*** health care **2** *(igienico)* [*impianti*] sanitary **II** m. **sanitari** m.pl. *(da bagno)* bathroom fittings.

sano /'sano/ agg. **1** *(in buona salute)* [*corpo*] sound, healthy; [*persona, dente*] healthy; *(che rivela buona salute)* [*aspetto*] wholesome, healthy; ***essere ~ di mente*** to be sane *o* of sound mind; **~ *e salvo*** safe and sound; ***arrivare ~ e salvo*** to arrive safely **2** *(benefico)* [*clima, aria, vita*] healthy; [*cibo, dieta*] healthy, wholesome, healthful **3** *(non bacato)* [*frutto*] sound **4** *(normale)* [*competizione, curiosità, scetticismo*] healthy **5** *(retto)* ***avere -i principi*** to have high principles, to be principled; ***ha -e idee politiche*** she's politically sound, her ideas are politically sound ♦ ***essere ~ come un pesce*** to be as sound as a bell *o* as fit as a fiddle; ***copiare di -a pianta*** to copy wholesale; ***questa storia è inventata di -a pianta*** that story is pure *o* complete invention.

sansa /'sansa/ f. marc.

sanscrito /'sanskrito/ agg. e m. Sanskrit.
san Silvestro /sansil'vɛstro/ m. ***notte di ~*** New Year's Eve.
Sansone /san'sone/ n.pr.m. Samson.
santabarbara, pl. **santebarbare** /santa'barbara, sante'barbare/ f. MAR. MIL. powder magazine.
santamente /santa'mente/ avv. holily; ***vivere ~*** to lead a holy life.
santarellina /santarel'lina/, **santerellina** /santerel'lina/ f. IRON. goody-goody.
santificare /santifi'kare/ [1] tr. **1** *(rendere santo)* to sanctify, to make* [sth.] holy **2** *(osservare)* ***~ le feste*** to hallow the feasts **3** *(venerare)* to sanctify, to hallow LETT. **4** *(canonizzare)* to canonize.
santificazione /santifikat'sjone/ f. sanctification.
santino /san'tino/ m. = holy picture reproduced on a card.
santissimo /san'tissimo/ **I** agg. most holy, most sacred **II** m. RELIG. ***il Santissimo*** *(Eucarestia)* the Blessed *o* Holy Sacrament ♦♦ ***Santissima Trinità*** Holy Trinity.
santità /santi'ta/ f.inv. **1** holiness, sanctity; *(di persona)* saintliness **2** *(titolo)* ***Sua Santità*** His Holiness.
santo /'santo/ **I** agg. (the masculine form is *santo* before proper nouns that begin with *s* followed by a consonant; it becomes *sant'* before proper nouns that begin with a vowel and *san* before proper nouns that begin with a consonant) **1** *(sacro)* [*acqua, guerra, città*] holy **2** *(seguito da nome proprio)* Saint; *(abbreviato)* S, St; ***san Marco, sant'Andrea*** Saint Mark, Saint Andrew; ***Santo Stefano*** *(26 dicembre)* Boxing Day BE **3** *(pio, devoto)* ***è un sant'uomo*** he's a saintly man; ***condurre una vita -a*** to live the life of a saint **4** *(indubitabile)* ***parole -e!*** how right you are! **5** COLLOQ. *(con uso pleonastico)* ***tutto il ~ giorno*** the whole blessed day; ***fatemi il ~ piacere di stare zitti*** will you kindly shut up **6** *(in esclamazioni)* ***-a pazienza!*** good Lord! ***~ cielo!*** heavens (above)! oh dear! God! ***Madonna -a!*** Good Heavens! **II** m. (f. **-a**) **1** saint; ***i Santi*** *(ognissanti)* All Saints' Day; ***fare ~ qcn.*** to canonize sb. **2** FIG. *(persona pia, paziente)* saint, godly person **3** COLLOQ. *(patrono)* patron (saint) **4** COLLOQ. *(onomastico)* name day, saint's day ♦ ***avere un ~*** o ***dei -i in paradiso*** to have friends in high places; ***non so a che ~ votarmi*** I don't know which way *o* where to turn; ***avere la pazienza di un ~*** to have the patience of a saint; ***non c'è ~ che tenga*** there's no getting round it; ***fare qcs. in -a pace*** to do sth. in peace and quiet.
santone /san'tone/ m. (f. **-a**) **1** *(eremita)* hermit **2** SPREG. *(guru)* guru.
santoreggia /santo'reddʒa/ f. savory.
santuario, pl. **-ri** /santu'arjo, ri/ m. sanctuary (anche FIG.), shrine.
san Valentino /sanvalen'tino/ m. ***la festa di ~*** St Valentine's Day, Valentine('s) Day.
sanzionare /santsjo'nare/ [1] tr. **1** *(sancire)* to sanction, to ratify [*legge*] **2** *(punire)* to punish [*colpa, colpevole*].
sanzione /san'tsjone/ f. **1** DIR. AMM. *(punizione)* sanction; ***imporre -i contro*** to impose sanctions on; ***-i economiche*** economic sanctions **2** *(approvazione, ratifica)* sanction ♦♦ ***~ amministrativa*** fine; ***~ disciplinare*** AMM. disciplinary measure; ***~ penale*** DIR. legal *o* criminal sanction.
1.sapere /sa'pere/ [82] Attenzione a distinguere l'uso di *saper fare qualcosa* e *sapere qualcosa*: nel primo caso, *sapere* funziona da verbo modale, non può avere per soggetto una cosa, e si traduce con *can, to be able to* o *to know how*; nel secondo caso, funziona da verbo lessicale e si traduce con *to know.* Si veda sotto per gli esempi d'uso e i casi minori. **I** mod. *(essere capace, potere)* can, to be* able to; ***saper fare*** to be able to do; ***~ come fare*** to know how to do; ***non sa guidare*** she can't drive; ***sa battere a macchina?*** can he type? ***a quattro anni sapevo leggere*** I could read at the age of four; ***sai aggiustarlo?*** do you know how to fix it? ***non sa dire di no*** he can't say no; ***saper ascoltare*** to be a good listener **II** tr. **1** *(conoscere)* to know* [*verità, risposta*]; ***lo so*** I know; ***non lo so*** I don't know; ***~ tutto*** to know everything; ***~ qcs. su qcn.*** to know sth. about sb.; ***non so perché*** I don't know why; ***lo so che è difficile*** I know it's difficult; ***sapevo che l'avresti detto*** I knew you would say that; ***non sa più quello che dice*** he doesn't know what he's saying; ***non ne so niente*** I don't know anything about it; ***buono a -rsi*** that's handy to know; ***come faccio a saperlo?*** how should I know? ***senza saperlo*** unknowingly; ***come ben sai*** as you well know; ***se proprio vuoi saperlo*** if you must know; ***caso mai non lo sapessi*** in case you didn't know; ***ha ragione, sai*** he's right, you know; ***sai una cosa?*** (do) you know something? ***sai cosa? sono proprio stufo*** you know what? I'm really fed up; ***sappi che non lo permetterò!*** I won't stand for it, I tell you! ***se sapessi!*** little do you know! ***se sapessi come sono contento!*** you can't imagine how happy I am! ***che io sappia*** as far as I know; ***non che io sappia*** not that I know of; ***che (cosa) ne so io!*** how should I know! ***per quanto ne so*** to my knowledge; ***senza che lo sapessi*** without my knowledge; ***non saprei*** I wouldn't know; ***vai a ~! chi lo sa!*** who knows? ***non si sa mai*** o ***non si può mai ~*** you never know; ***a saperlo! se avessi saputo!*** if only I had known! ***ne so quanto prima*** I'm none the wiser **2** *(avere imparato)* to know*; ***~ il cinese*** to know Chinese; ***~ per esperienza*** to know from experience **3** *(essere, venire a conoscenza)* to hear*, to learn* (**di** of, about); ***venire a ~ che*** to hear (it said) that; ***ho saputo del tuo incidente*** I heard about your accident; ***fammelo ~*** please let me know; ***come l'hai saputo?*** how did you find out? ***ha fatto ~ che*** she let it be known that **III** intr. (aus. *avere*) **1** *(essere colto)* ***un uomo che sa*** a cultivated man **2** *(avere sapore)* to taste, to savour BE, savor AE (**di** of); *(avere odore)* to smell* (**di** of); ***~ di sale, di bruciato*** to taste salty, burnt; ***non sa di niente*** it has no taste **3** FIG. *(sembrare)* ***sa di fregatura*** it sounds dodgy; ***mi sa che*** I've got a feeling (that), something tells me (that) ♦ ***saperci fare con i bambini*** to have a way *o* be good with children; ***con gli uomini ci sa fare*** she knows how to handle men; ***saperla lunga in fatto di qcs.*** to know a thing or two about sth.; ***è uno che la sa lunga*** he's been around; ***~ il fatto proprio*** to know what's what; ***non voglio più saperne di lui*** I don't want to hear from him any more; ***non ne vuole ~*** he won't hear of it.
2.sapere /sa'pere/ m. knowledge; *(cultura)* learning; ***sete di ~*** thirst for knowledge; ***un uomo di vasto ~*** a man of great learning.
sapidità /sapidi'ta/ f.inv. flavour BE, flavor AE.
sapido /'sapido/ agg. **1** [*cibo*] savoury BE, savory AE, tasty **2** FIG. *(arguto)* witty, sharp.
sapiente /sa'pjɛnte/ **I** agg. **1** *(saggio)* wise, sage **2** *(colto)* learned, erudite **3** *(competente)* skilful BE, skillful AE, masterly **II** m. e f. **1** *(persona saggia)* *(uomo)* wise man*; *(donna)* wise woman* **2** *(persona colta)* scholar.
sapientone /sapjen'tone/ m. (f. **-a**) know-all BE, know-it-all AE, smart alec(k).
sapienza /sa'pjɛntsa/ f. **1** *(saggezza)* wisdom **2** *(erudizione)* learning, erudition **3** *(competenza)* skill, ability, mastery.
saponata /sapo'nata/ f. lather, soapsuds pl.
sapone /sa'pone/ m. soap; ***~ da bagno*** bath soap; ***bolla di ~*** soap bubble ♦ ***acqua e ~*** [*viso*] = without make-up; [*ragazza*] = fresh and natural ♦♦ ***~ da barba*** shaving soap; ***~ liquido*** liquid *o* soft soap; ***~ di Marsiglia*** Marseilles *o* kitchen soap; ***~ neutro*** mild soap.
saponetta /sapo'netta/ f. cake of soap, bar of soap.
saponificare /saponifi'kare/ [1] tr. to saponify.
saponificio, pl. **-ci** /saponi'fitʃo, tʃi/ m. soap factory.
saponoso /sapo'noso/ agg. soapy.
sapore /sa'pore/ **I** m. **1** *(gusto)* taste, flavour BE, flavor AE; ***~ di aglio*** taste of garlic; ***avere un buon ~*** to taste good; ***che ~ ha?*** what does it taste like? ***senza ~*** tasteless, flavourless BE, flavorless AE; ***dar ~ a qcs.*** to flavour sth.; ***lasciare un cattivo ~ in bocca*** to leave a bad *o* nasty taste in the mouth **2** FIG. ***il ~ della libertà*** the taste of freedom; ***il ~ amaro della sconfitta*** the bitter aftertaste of defeat **II sapori** m.pl. herbs.
saporitamente /saporita'mente/ avv. [*dormire*] soundly.
saporito /sapo'rito/ agg. **1** *(gustoso)* tasty, savoury BE, savory AE **2** *(troppo salato)* salty **3** FIG. *(arguto)* witty, sharp.
saputello /sapu'tɛllo/ m. (f. **-a**) know-all BE, know-it-all AE, smart alec(k).
saputo /sa'puto/ **I** p.pass. → **1.sapere II** agg. **1** LETT. *(dotto)* learned **2** *(noto)* ***~ e risaputo*** well-known, trite SPREG. **III** m. (f. **-a**) SPREG. smart alec(k), know-all BE, know-it-all.
Sara /'sara/ n.pr.f. Sara(h).

sarabanda /sara'banda/ f. **1** MUS. sarabande **2** FIG. *(confusione)* bedlam, hubbub, hullabaloo COLLOQ.
saraceno /sara'tʃɛno/ **I** agg. **1** STOR. Saracenic **2** BOT. GASTR. ***grano*** ~ buckwheat **II** m. (f. **-a**) STOR. Saracen.
saracinesca, pl. **-sche** /saratʃi'neska, ske/ f. **1** *(serramento)* shutter **2** *(di castello, fortezza)* portcullis **3** IDR. sluice gate.
sarcasmo /sar'kazmo/ m. **1** *(derisione)* sarcasm; ***fare del*** ~ to be sarcastic **2** *(osservazione)* sarcastic remark.
sarcastico, pl. **-ci**, **-che** /sar'kastiko, tʃi, ke/ agg. sarcastic.
sarchiare /sar'kjare/ [1] tr. to weed.
sarchiatrice /sarkja'tritʃe/ f. *(macchina)* weeding machine.
sarchiatura /sarkja'tura/ f. weeding.
sarcofago, pl. **-gi** e **-ghi** /sar'kɔfago, dʒi, gi/ m. sarcophagus*.
sarda /'sarda/ → **sardina.**
Sardegna /sar'deɲɲa/ ➧ ***30, 14*** n.pr.f. Sardinia.
sardina /sar'dina/ f. pilchard; *(giovane)* sardine ♦ ***essere*** o ***stare stretti*** o ***pigiati come -e*** to be packed *o* squashed (in) like sardines.
sardo /'sardo/ ➧ ***30*** **I** agg. Sardinian **II** m. (f. **-a**) Sardinian.
sardonico, pl. **-ci**, **-che** /sar'dɔniko, tʃi, ke/ agg. sardonic.
sargasso /sar'gasso/ m. sargasso*; ***Mar dei -i*** Sargasso Sea.
sarta /'sarta/ ➧ ***18*** f. **1** tailor; *(da donna)* dressmaker **2** *(stilista)* (dress) designer, fashion designer.
sartia /'sartja/ f. MAR. shroud.
sartiame /sar'tjame/ m. rigging, shrouds pl.
sarto /'sarto/ ➧ ***18*** m. **1** tailor; *(da donna)* dressmaker **2** *(stilista)* (dress) designer, fashion designer.
sartoria /sarto'ria/ f. **1** *(laboratorio)* tailor's shop, dressmaker's shop; ***un abito di*** ~ a tailored suit **2** *(arte)* tailoring, dressmaking.
s.a.s. /sas/ f. (⇒ società in accomandita semplice) = limited partnership.
sassaiola /sassa'jɔla/ f. hail of stones.
sassata /sas'sata/ f. blow (with a stone); ***prendere a -e qcn.*** to stone sb.; ***tirare una*** ~ ***a qcn.*** to throw a stone at sb.
sasso /'sasso/ m. stone; ***tirare un*** ~ to throw a stone ♦ ***duro come un*** ~ as hard as stone *o* as a rock; ***dormire come un*** ~ to sleep like a log; ***tirare -i in piccionaia*** to foul one's own nest; ***rimanere di*** ~ to be riveted to the spot, to be flabbergasted; ***digerire anche i -i*** to have a cast-iron stomach; ***lanciare un*** ~ ***nello stagno*** to put *o* set the cat among the pigeons BE; ***tirare il*** ~ ***e nascondere la mano*** to attack from under cover.
sassofonista, m.pl. **-i**, f.pl. **-e** /sassofo'nista/ ➧ ***34, 18*** m. e f. saxophonist, sax player.
sassofono /sas'sɔfono/ ➧ ***34*** m. saxophone, sax.
sassolino /sasso'lino/ m. pebble.
sassone /'sassone/ agg., m. e f. Saxon.
sassoso /sas'soso/ agg. rocky, stony.
Satana /'satana/ n.pr.m. Satan ♦ ***vade retro*** ~ don't tempt me.
satanico, pl. **-ci**, **-che** /sa'taniko, tʃi, ke/ agg. satanic.
satellitare /satelli'tare/ agg. [*ricevitore, telefono*] satellite attrib.; ***antenna*** ~ satellite aerial, (satellite) dish.
satellite /sa'tɛllite/ **I** m. **1** satellite; ***collegamento via*** ~ satellite link-up; ***trasmissione via*** ~ broadcasting by satellite; ***televisione via*** ~ satellite television **2** POL. *(stato)* satellite state, client state **II** agg.inv. ***stato*** ~ satellite state, client state; ***città*** ~ satellite town, overspill town.
satin /sa'tɛn/ m.inv. satin.
satinare /sati'nare/ [1] tr. **1** to satinize, to glaze [*carta, stoffa*] **2** to satinize, to gloss [*metallo*].
satinato /sati'nato/ **I** p.pass. → **satinare II** agg. [*carta, stoffa*] satinized, glazed; [*metallo*] satinized, glossed; ***vernice -a*** paint with a silk finish.
satira /'satira/ f. satire, lampoon; ***fare la*** ~ ***di qcn., qcs.*** to satirize sb., sth.
satireggiare /satired'dʒare/ [1] tr. to satirize, to lampoon.
satirico, pl. **-ci**, **-che** /sa'tiriko, tʃi, ke/ **I** agg. satiric(al) **II** m. (f. **-a**) satirical writer, satirist.
satiro /'satiro/ m. satyr (anche FIG.).
satollare /satol'lare/ [1] **I** tr. to surfeit, to satiate **II satollarsi** pronom. to surfeit oneself (with food), to eat* one's fill.
satollo /sa'tollo/ agg. surfeited, sated, glutted with food.
satrapo /'satrapo/ m. satrap (anche FIG.).
saturare /satu'rare/ [1] **I** tr. **1** CHIM. to saturate **2** FIG. to saturate, to glut [*settore, mercato*] **II saturarsi** pronom. to become* saturated.
saturazione /saturat'tsjone/ f. **1** CHIM. saturation **2** FIG. saturation, glut; ***arrivare al punto di*** ~ to reach a saturation point.
saturnino /satur'nino/ agg. *(malinconico)* saturnine.
saturnismo /satur'nizmo/ ➧ ***7*** m. lead poisoning.
Saturno /sa'turno/ n.pr.m. MITOL. ASTR. Saturn; ***gli anelli di*** ~ Saturn's rings.
saturo /'saturo/ agg. **1** CHIM. [*soluzione, grassi*] saturate(d) **2** *(impregnato)* ***atmosfera -a di umidità*** saturate(d) air **3** *(colmo)* full; ECON. [*mercato*] saturate(d).
saudita, m.pl. **-i**, f.pl. **-e** /sau'dita/ ➧ ***25*** **I** agg. Saudi; ***Arabia Saudita*** Saudi Arabia **II** m. e f. Saudi (Arabian).
sauna /'sauna/ f. sauna; ***fare la*** ~ to take a sauna (bath).
sauro /'sauro/ agg. e m. *(cavallo)* chestnut, sorrel.
savana /sa'vana/ f. savanna(h).
Saverio /sa'vɛrjo/ n.pr.m. Xavier.
savio, pl. **-vi**, **-vie** /'savjo, vi, vje/ **I** agg. **1** *(saggio)* wise, sage **2** *(sano di mente)* sane **II** m. (f. **-a**) **1** *(saggio)* wise person, sage **2** *(sano di mente)* sane person.
Savoia /sa'vɔja/ ➧ ***30*** n.pr.f. STOR. ***casa*** ~ the House of Savoy.
savoiardo /savo'jardo/ ➧ ***30*** m. GASTR. sponge finger, ladyfinger.
savoir-faire /savwar'fɛr/ m.inv. savoir-faire.
sax /saks/ ➧ ***34*** m.inv. sax.
saxofonista /saksofo'nista/ → **sassofonista.**
saxofono /sak'sɔfono/ → **sassofono.**
saziare /sat'tsjare/ [1] **I** tr. **1** [*pasto*] to satiate, to satisfy, to fill up [*persona*]; to satisfy [*fame*] **2** FIG. *(appagare)* to satisfy [*curiosità*] **II** intr. ***le patate saziano*** potatoes fill you up, potatoes are very filling **III saziarsi** pronom. **1** to satisfy one's appetite **2** FIG. *(stancarsi)* to get* tired; ***non -rsi mai di fare*** never to get tired of doing.
sazietà /sattsje'ta/ f.inv. satiety; ***mangiare, bere a*** ~ to eat, drink one's fill.
sazio, pl. **-zi**, **-zie** /'sattsjo, tsi, tsje/ agg. **1** *(di cibo)* replete mai attrib., sated (**di** with) FORM.; ***non sei mai*** ~ you're never satisfied, you never have enough (anche FIG.) **2** FIG. *(pienamente appagato)* satiated, sated (**di** with) FORM.
sbaciucchiamento /zbatʃukkja'mento/ m. smooch COLLOQ., snog(ging) COLLOQ.
sbaciucchiare /zbatʃuk'kjare/ [1] **I** tr. to smother [sb.] with kisses **II sbaciucchiarsi** pronom. to smooch COLLOQ., to have* a smooch COLLOQ., to snog COLLOQ.
sbadataggine /zbada'taddʒine/ f. absent-mindedness, carelessness.
sbadato /zba'dato/ **I** agg. absent-minded, careless **II** m. (f. **-a**) scatterbrain, inadvertent person.
sbadigliare /zbadiʎ'ʎare/ [1] intr. (aus. *avere*) to yawn, to give* a yawn; ~ ***dalla noia*** to yawn from boredom.
sbadiglio, pl. **-gli** /zba'diʎʎo, ʎi/ m. yawn; ***fare uno*** ~ to give a yawn.
sbafare /zba'fare/ [1] tr. COLLOQ. **1** *(mangiare avidamente)* to mop up, to polish off, to gobble up [*cibo*] **2** *(scroccare)* to scrounge [*pasto*].
sbafata /zba'fata/ f. COLLOQ. blowout, feed, nosh-up BE.
sbaffo /'zbaffo/ m. smudge, smear.
sbafo: **a sbafo** /a'zbafo/ avv. by scrounging, by sponging; ***vivere a*** ~ to scrounge a living.
sbagliare /zbaʎ'ʎare/ [1] **I** tr. ~ ***la risposta*** to give the wrong answer; ~ ***mira*** to miss one's aim; ~ ***momento*** to pick the wrong moment; ~ ***mestiere*** to choose the wrong job; IRON. to miss one's vocation; ~ ***a scrivere una parola*** to misspell a word, to spell a word incorrectly; ~ ***i calcoli*** to get one's calculations wrong; FIG. to get it all wrong, to make a big mistake; ***ho sbagliato tutto nella vita*** I've made a mess of my life; ~ ***pullman*** to take the wrong bus; ~ ***ora, giorno*** to get the time, day wrong; ~ ***numero (di telefono)*** to dial *o* get the wrong number; ~ ***strada*** to go the wrong way **II** intr. (aus. *avere*), **sbagliarsi** pronom. to make* a mistake, to be* wrong, to be* mistaken; ***tutti possono*** ~ we all make mistakes, anybody can make a mistake; ***hai sbagliato a dirglielo*** you were wrong to tell him; ***se non sbaglio*** if I'm not mistaken; ***non puoi*** ~ you can't go wrong; ***potrei*** ~ o ***sbaglierò,***

ma... I may *o* might be wrong, but...; ***-rsi su qcn., qcs.*** to make a mistake *o* be wrong about sb., sth.; ***-rsi di due euro, di un'ora*** to be two euros, an hour out BE *o* off AE; ***-rsi a leggere*** to misread; ***ti sbagli!*** you're wrong! ♦ ~ o ***-rsi di grosso*** to be badly mistaken *o* quite wrong; ***non ~ un colpo*** not to miss a trick; ***sbagliando s'impara*** PROV. = you learn from your mistakes.

sbagliato /zbaʎ'ʎato/ **I** p.pass. → **sbagliare II** agg. **1** *(errato)* [*risultato, numero, interpretazione, idea*] wrong; [*ragionamento*] false; ***è ~ fare*** it's wrong *o* it's a mistake to do **2** *(inopportuno)* [*momento*] wrong; [*mossa*] bad, false.

sbaglio, pl. **-gli** /'zbaʎʎo, ʎi/ m. *(errore)* mistake, error, slip, blunder; *(colpa)* fault; ***fare uno ~*** to make a mistake; ***~ di ortografia*** misspelling; ***uno ~ di persona*** a case of mistaken identity; ***è stato uno ~ pensare che...*** it was wrong to think that...; ***dev'esserci uno ~*** there must be some mistake; ***per ~*** by mistake.

sbalestrato /zbales'trato/ agg. *(scombussolato)* confused, upset, unsettled.

sballare /zbal'lare/ [1] **I** tr. **1** *(togliere dall'imballaggio)* to unpack [*merce, cassa*] **2** *(sbagliare)* ***~ i conti*** to get one's calculations wrong **II** intr. (aus. *essere, avere*) **1** GIOC. to go* over, to be* out **2** GERG. *(per effetto di droghe)* to get* high, to be* high, to get* off.

sballato /zbal'lato/ **I** p.pass. → **sballare II** agg. **1** *(senza imballaggio)* [*merce*] unpacked **2** COLLOQ. *(assurdo)* [*idea*] scatter-brained; [*ragionamento*] absurd **3** GERG. *(sotto effetto di droghe)* high, spaced out **III** m. (f. **-a**) GERG. spaced out person, freaked out person.

sballo /'zballo/ m. GERG. *(effetto di droghe)* high, buzz; ***da ~*** FIG. rip-roaring; ***che ~!*** what a gas!

sballottamento /zballotta'mento/ m. tossing, jolting.

sballottare /zballot'tare/ [1] tr. [*onde*] to toss [*barca*]; [*automobile*] to toss, to jolt, to shake* up [*persona*]; ***essere sballottato da una parte all'altra*** to be shunted *o* jerked from one place to another.

sbalordimento /zbalordi'mento/ m. amazement, astonishment.

sbalordire /zbalor'dire/ [102] tr. to amaze, to astonish, to astound, to flabbergast; ***la sua abilità mi sbalordisce*** I am amazed at his ability.

sbalorditivo /zbalordi'tivo/ agg. **1** *(esagerato)* [*prezzo*] staggering **2** *(incredibile)* [*notizia, forza, persona*] incredible, stunning.

sbalordito /zbalor'dito/ **I** p.pass. → **sbalordire II** agg. amazed, astonished, astounded, flabbergasted (**per** at); ***rimanere*** o ***restare ~*** to be amazed *o* astonished; ***lasciare qcn. ~*** to astonish sb.

sbalzare /zbal'tsare/ [1] tr. **1** *(scaraventare)* to throw*, to toss, to fling*; ***~ qcn. di sella*** to toss sb., to throw sb. from the saddle; ***essere sbalzato dalla moto, fuori dall'auto*** to be thrown off the motorbike, out of the car **2** *(lavorare a sbalzo)* to emboss [*rame*].

sbalzo /'zbaltso/ m. **1** *(scossone)* jolt, jerk; ***a -i*** by *o* in fits and starts, jerkily **2** *(cambiamento improvviso)* sudden change, jump; ***~ di temperatura*** sudden change in temperature; ***~ d'umore*** mood swing **3** ART. TECN. ***(lavorazione a) ~*** embossing; ***lavorare a ~*** to emboss.

sbancamento /zbanka'mento/ m. excavation, earth moving.

sbancare /zban'kare/ [1] **I** tr. **1** GIOC. to clean out; ***~ il banco*** to break the bank **2** *(rovinare)* to ruin, to bankrupt **3** *(scavare)* to excavate [*terreno*] **II sbancarsi** pronom. to go* broke, to go* bankrupt.

1.sbandamento /zbanda'mento/ m. **1** AUT. skid; MAR. list; AER. bank **2** FIG. disorientation, deviation, confusion.

2.sbandamento /zbanda'mento/ m. *(di esercito, gruppo)* disbanding, disbandment.

1.sbandare /zban'dare/ [1] intr. (aus. *avere*) **1** AUT. to skid; MAR. to list, to have* a list; AER. to bank; ***~ in curva*** to skid while going around a bend **2** FIG. *(deviare)* to lean*.

2.sbandare /zban'dare/ [1] **I** tr. to disband [*esercito, dimostranti*] **II sbandarsi** pronom. to disband, to disperse.

sbandata /zban'data/ f. **1** AUT. skid; MAR. list; ***fare una ~*** AUT. to go *o* get into a skid **2** FIG. ***prendersi una ~ per qcn.*** to have a crush on sb.

sbandato /zban'dato/ **I** p.pass. → **1.sbandare II** agg. **1** [*esercito, soldato*] disbanded, dispersed **2** FIG. *(disorientato)* [*ragazzo*] wild, unruly; [*vita*] disorderly **III** m. (f. **-a**) **1** MIL. straggler **2** FIG. drifter, misfit, straggler.

sbandierare /zbandje'rare/ [1] tr. *(ostentare)* to flaunt [*successo, abilità*]; ***~ il proprio coraggio*** to display one's courage; ***non andare a sbandierarlo a tutti!*** COLLOQ. don't shout it from the rooftops! don't tell the world about it!

sbandieratore /zbandjera'tore/ m. (f. **-trice** /tritʃe/) flag flyer.

sbando /'zbando/ m. chaos, disorder; ***allo ~*** [*famiglia, bambino*] adrift, running wild; ***soldati allo ~*** soldiers fleeing in disarray.

sbaraccare /zbarak'kare/ [1] intr. COLLOQ. (aus. *avere*) to pack up, to clear out, to clear off.

sbaragliare /zbaraʎ'ʎare/ [1] tr. to defeat, to destroy [*esercito, nemico, concorrente*].

sbaraglio: **allo sbaraglio** /allozba'raʎʎo/ avv. ***mandare qcn. allo ~*** to send sb. to certain defeat; ***buttarsi allo ~*** to risk everything.

sbarazzare /zbarat'tsare/ [1] **I** tr. to clear [*tavolo, scrivania*] **II sbarazzarsi** pronom. **1** ***-rsi di*** *(liberarsi)* to get rid of [*oggetto, auto, seccatore*] **2** *(uccidere)* ***-rsi di qcn.*** to get rid of sb.

sbarazzino /zbarat'tsino/ **I** agg. [*aria, atteggiamento*] jaunty, rakish **II** m. (f. **-a**) rascal, scamp.

sbarbare /zbar'bare/ [1] **I** tr. to shave* **II sbarbarsi** pronom. to shave*, to have* a shave.

sbarbatello /zbarba'tɛllo/ m. greenhorn, young pup COLLOQ.

sbarbato /zbar'bato/ **I** p.pass. → **sbarbare II** agg. *(rasato)* shaven, shaved.

sbarcare /zbar'kare/ [1] **I** tr. *(da una nave)* to land, to disembark, to put* ashore [*passeggeri, truppe*]; *(da un aereo)* to land, to disembark; *(scaricare)* to land, to unload [*merci*] **II** intr. (aus. *essere*) *(da una nave)* to disembark, to land (anche MIL.); *(da un aereo)* to disembark ♦ ***~ il lunario*** to barely make ends meet, to eke out, to scrape a living.

sbarco, pl. **-chi** /'zbarko, ki/ m. *(di merci)* unloading; *(di passeggeri)* disembarkation; MIL. landing; ***truppe da ~*** landing troops; ***lo ~ in Normandia*** the Normandy landings; ***un elemento da ~*** COLLOQ. a rough-and-ready person.

sbarra /'zbarra/ f. **1** bar; ***alzare le -e (del passaggio a livello)*** to raise the (level) crossing **2** *(in tribunale)* bar; ***presentarsi alla ~*** to appear before the court **3** SPORT *(in ginnastica artistica)* (horizontal) bar, high bar; *(nella danza)* barre ♦ ***essere dietro le -e*** to be behind bars.

sbarramento /zbarra'mento/ m. *(diga)* dam; *(barriera)* barrier, block; ***~ antiaereo*** antiaircraft barrage; ***fuoco di ~*** barrage (fire).

sbarrare /zbar'rare/ [1] tr. **1** *(ostruire)* to block, to bar [*cammino, accesso*]; to dam (up) [*fiume*]; *(sprangare)* to bar, to bolt [*finestra, porta*]; ***~ la strada a qcn.*** to block *o* bar sb.'s way **2** *(barrare)* to cross out [*parola, paragrafo*]; to cross [*assegno*] **3** *(spalancare)* ***~ gli occhi*** to open one's eyes wide.

sbarrato /zbar'rato/ **I** p.pass. → **sbarrare II** agg. **1** *(ostruito)* [*accesso, passaggio, strada*] blocked, barred; *(sprangato)* [*finestra*] barred, bolted **2** *(barrato)* [*assegno, numero*] crossed **3** *(spalancato)* [*occhi*] wide open.

sbarretta /zbar'retta/ f. *(obliqua)* slash, oblique, stroke; *(verticale)* bar (anche MUS.).

sbatacchiare /zbatak'kjare/ [1] **I** tr. to slam, to bang [*porta*]; [*vento*] to rattle [*imposte*]; to flap, to flutter [*ali*]; ***essere sbatacchiato di qua e di là*** FIG. to be shuffled here and there **II** intr. (aus. *avere*) [*porta*] to slam, to bang; [*finestra*] to bang, to rattle.

sbattere /'zbattere/ [2] **I** tr. **1** *(chiudere)* to slam, to bang; ***~ la porta in faccia a qcn.*** FIG. to slam the door on sb. *o* in sb.'s face **2** *(scuotere)* to shake* (out) [*tappeto*]; ***~ le ali*** to flap, to flutter [*ali*]; to flutter [*ciglia*]; ***~ le palpebre*** to blink **3** *(gettare)* to slam (**su** on; **contro** against); ***~ giù il telefono*** to slam down the phone, to bang down the receiver; ***~ a terra qcn.*** to knock sb. down; ***un'onda ha sbattuto la barca sugli scogli*** a wave dashed the boat against the rocks; ***~ qcs. in faccia a qcn.*** to throw sth. in sb.'s face; ***~ via qcs.*** to throw sth. away *o* out; ***~ qcn. in prigione*** o ***~ dentro qcn.*** COLLOQ. to throw *o* clap sb.

in jail; ~ ***fuori qcn.*** to throw sb. out; ~ ***qcn. (a lavorare) in un paesino*** to shunt sb. to a little village **4** *(urtare)* to bang (**contro** against, into); to bump (**contro** against, on); ~ ***il ginocchio, la testa contro qcs.*** to bang one's knee, head against sth.; ***non sapere più dove ~ la testa*** FIG. to be at one's wits' end **5** GASTR. to beat*, to whisk [*uova*] **II** intr. (aus. *avere*) **1** *(fare rumore)* [*porta, persiane*] to bang **2** *(urtare)* ***(andare a) ~ contro qcs.*** to bump on *o* against sth., to hit sth.; [*autista, auto*] to crash *o* drive into sth. **III sbattersi** pronom. **1** COLLOQ. *(darsi da fare)* ***-rsi per fare qcs.*** to scramble *o* bustle (about) *o* go all out to do sth. **2 sbattersene** VOLG. ***sbattersene (le palle) di*** not to give a (god)damn *o* fuck about; ***sbattitene!*** fuck it!

sbattitore /zbatti'tore/ m. beater, mixer.

sbattiuova /zbatti'wɔva/ m.inv. eggbeater, whisk.

sbattuto /zbat'tuto/ **I** p.pass. → **sbattere II** agg. **1** GASTR. [*uovo*] beaten **2** FIG. [*viso, aspetto*] tired, haggard.

sbavare /zba'vare/ [1] **I** intr. (aus. *avere*) **1** [*persona*] to dribble, to drool; [*animale*] to slobber, to slaver **2** COLLOQ. FIG. ~ ***per qcs., qcn.*** to drool over sth., sb. **3** TIP. *(colare)* [*stilografica*] to leak; [*pennello*] to dribble; [*inchiostro, pittura*] to run*; [*rossetto*] to smear, to smudge **II** tr. to dribble on [*indumento*] **III sbavarsi** pronom. [*persona*] to dribble, to drool.

sbavatura /zbava'tura/ f. **1** *(macchia di bava)* dribble, slobber U **2** *(colatura, macchia di colore)* smear, smudge **3** FIG. *(imperfezione)* flaw, blunder **4** METALL. burring.

sbeccare /zbek'kare/ [1] **I** tr. to chip [*piatto, vaso*] **II sbeccarsi** pronom. [*piatto, vaso*] to chip.

sbeffeggiare /zbeffed'dʒare/ [1] tr. to taunt, to jeer.

sbellicarsi /zbelli'karsi/ [1] pronom. ~ ***dalle risa*** to be laughing fit to burst, to rock *o* shake *o* scream with laughter, to be in stitches AE COLLOQ.

sbendare /zben'dare/ [1] tr. to unbandage.

sberla /'zbɛrla/ f. cuff, slap, box on the ear; ***prendere a -e qcn.*** to slap sb.

sberleffo /zber'lɛffo/ m. *(smorfia)* grimace, face; ***fare uno ~ a qcn.*** to make *o* pull a face at sb.

sbevazzare /zbevat'tsare/ [1] intr. (aus. *avere*) COLLOQ. to swill, to booze.

s.b.f. ⇒ salvo buon fine under usual reserve.

sbiadire /zbja'dire/ [102] **I** tr. [*luce, liquido*] to fade [*colore, tessuto*] **II** intr. (aus. *essere*) [*colore, tessuto, foto, ricordi*] to fade; ~ ***al sole*** to fade in the sun **III sbiadirsi** pronom. to fade.

sbiadito /zbja'dito/ **I** p.pass. → **sbiadire II** agg. **1** *(scolorito)* [*colori, tessuto, jeans*] faded, washed-out; [*foto*] faded; FIG. [*ricordo*] vague **2** *(scialbo)* [*stile*] dull, flat, colourless BE, colorless AE.

sbiancante /zbjan'kante/ **I** agg. bleaching, whitening **II** m. bleach, whitener.

sbiancare /zbjan'kare/ [1] **I** tr. to bleach [*tessuto, bucato*] **II** intr. (aus. *essere*) **1** *(diventare bianco)* [*capelli*] to go* white **2** → **sbiancarsi III sbiancarsi** pronom. *(impallidire)* to go* pale, to go* white, to (turn) pale.

sbieco, pl. **-chi, -che** /'zbjɛko, ki, ke/ **I** agg. [*linea*] oblique, sloping, slanting **II** m. **1** SART. TESS. bias (binding), cross **2 di sbieco** aslant, askew, on the skew; SART. on the bias *o* cross; ***guardare qcn. di ~*** FIG. to cast sidelong glances at sb.

sbigottimento /zbigotti'mento/ m. *(sgomento)* dismay, consternation; *(stupore)* amazement, astonishment.

sbigottire /zbigot'tire/ [102] **I** tr. *(turbare)* to dismay, to consternate; *(stupire)* to astonish, to amaze **II** intr. (aus. *essere*), **sbigottirsi** pronom. *(turbarsi)* to be* dismayed, to be* consternated; *(stupirsi)* to be* amazed, to be* astonished.

sbigottito /zbigot'tito/ **I** p.pass. → **sbigottire II** agg. *(turbato)* dismayed, consternated; *(stupito)* amazed, astonished.

sbilanciare /zbilan'tʃare/ [1] **I** tr. [*peso*] to overbalance, to upset*, to make* [sth.] unstable [*barca, mobile*] **II sbilanciarsi** pronom. **1** *(perdere l'equilibrio)* to lose* one's balance, to overbalance **2** FIG. to commit oneself, to compromise oneself.

sbilenco, pl. **-chi, -che** /zbi'lɛnko, ki, ke/ agg. [*sedia, tavolo*] rickety; [*muro*] lopsided; [*persona*] crooked, lopsided.

sbirciare /zbir'tʃare/ [1] tr. COLLOQ. to peep at, to peek at [*persona, cosa*]; ~ ***qcn., qcs. con la coda dell'occhio*** to cast sidelong glances at sb., sth.

sbirciata /zbir'tʃata/ f. ***dare una ~ a qcs.*** to take a peep at sth.

sbirro /'zbirro/ m. COLLOQ. SPREG. cop(per).

sbizzarrirsi /zbiddzar'rirsi/ [102] pronom. to satisfy one's whims, to indulge oneself.

sbloccare /zblok'kare/ [1] **I** tr. **1** *(far funzionare di nuovo)* to release [*freno*]; to unlock [*volante, ruota*]; to unjam [*meccanismo, cassetto, porta*] **2** FIG. *(liberare da vincoli)* to unfreeze* [*salari, prezzi*]; to decontrol [*affitti*]; ~ ***una situazione*** to break the deadlock **3** *(aprire)* to clear [*strada, accesso*] **II sbloccarsi** pronom. **1** *(funzionare di nuovo)* [*meccanismo*] to unjam; [*portiera*] to come* free **2** FIG. ***la situazione si è sbloccata*** the deadlock has been broken **3** COLLOQ. *(superare un blocco psicologico)* to loosen up.

sblocco, pl. **-chi** /'zblɔkko, ki/ m. **1** TECN. *(di freno)* releasing; *(di ruota)* unlocking; *(di meccanismo)* unjamming **2** FIG. *(di affitti)* decontrol; *(di prezzi, salari)* unfreezing.

sbobba /'zbɔbba/ f. COLLOQ. (pig)swill, slop.

sbobinare /zbobi'nare/ [1] tr. to transcribe [*nastro*].

sboccare /zbok'kare/ [1] intr. (aus. *essere*) **1** *(gettarsi)* [*fiume*] to flow (**in** into) **2** *(arrivare)* ~ ***in*** [*strada*] to lead to, to open onto; [*persona, veicolo*] to come out into **3** FIG. ***la discussione sboccò in una lite*** the discussion ended up in a row.

sboccato /zbok'kato/ agg. [*linguaggio*] coarse, vulgar; [*persona*] foul-mouthed.

sbocciare /zbot'tʃare/ [1] intr. (aus. *essere*) **1** [*fiore*] to bloom, to blossom, to open (up) **2** FIG. [*amore*] to flower, to bloom; [*amicizia*] to blossom.

sbocco, pl. **-chi** /'zbokko, ki/ m. **1** *(di strada)* way out; *(di corso d'acqua)* mouth; *(di conduttura)* outlet; ~ ***sul mare*** access to the sea; ***strada senza ~*** dead end; ***allo ~ della via*** where the street opens out **2** FIG. *(prospettiva)* ***la situazione è senza -chi*** there is no way out of this situation; ***-chi professionali*** job opportunities **3** ECON. outlet, opening.

sbocconcellare /zbokkontʃel'lare/ [1] tr. to nibble (at), to pick at [*cibo*].

sbollentare /zbollen'tare/ [1] tr. to blanch [*mandorle*]; to scald [*verdura, carne*].

sbollire /zbol'lire/ [109] intr. (aus. *essere*) [*rabbia*] to cool down.

sbolognare /zboloɲ'ɲare/ [1] tr. COLLOQ. **1** *(rifilare)* to unload, to dump, to palm off [*oggetto*] **2** *(togliersi dai piedi)* to get* rid of [*persona*].

sbornia /'zbɔrnja/ f. COLLOQ. booze-up, bender, jag; ***prendere*** o ***prendersi una ~*** to get plastered *o* sloshed *o* smashed, to go on a bender.

sborniarsi /zbor'njarsi/ [1] pronom. COLLOQ. to get* plastered, to get* sloshed, to get* smashed, to go* on a bender.

sborsare /zbor'sare/ [1] tr. to pay* out, to cough up COLLOQ., to fork out COLLOQ., to shell out COLLOQ. [*denaro*].

sbottare /zbot'tare/ [1] intr. (aus. *essere*) ***alla fine sbottai*** in the end I spoke up; ~ ***a ridere, piangere*** to burst out laughing, crying.

sbottonare /zbotto'nare/ [1] **I** tr. to unbutton, to undo* the buttons of [*abito, camicia*] **II sbottonarsi** pronom. **1** to unbutton, to undo* the buttons of [*vestito*]; ***fa caldo qui, sbottonati!*** it's hot in here, undo your buttons! **2** COLLOQ. FIG. *(confidarsi)* to open up.

sbottonato /zbotto'nato/ **I** p.pass. → **sbottonare II** agg. unbuttoned, undone.

sbozzare /zbot'tsare/ [1] tr. **1** SCULT. to rough-hew*, to scabble [*marmo*] **2** *(abbozzare)* to sketch (out) [*disegno, progetto*].

sbracato /zbra'kato/ agg. **1** COLLOQ. *(trasandato)* [*persona*] sloppy, slovenly **2** *(sguaiato)* [*linguaggio*] coarse, vulgar.

sbracciarsi /zbrat'tʃarsi/ [1] pronom. *(gesticolare)* to wave one's arms.

sbracciato /zbrat'tʃato/ **I** p.pass. → **sbracciarsi II** agg. **1** *(a braccia scoperte)* bare-armed, with bare arms mai attrib. **2** ABBIGL. *(senza maniche)* sleeveless.

sbraitare /zbrai'tare/ [1] intr. (aus. *avere*) to bark, to yell, to shout.

sbramare /zbra'mare/ tr. to hull [*riso*].

sbranare /zbra'nare/ [1] **I** tr. to tear* apart, to tear* to pieces (anche FIG.) **II sbranarsi** pronom. FIG. to tear* each other apart.

sbreccare /zbrek'kare/ → **sbeccare**.

sbriciolamento /zbritʃola'mento/ m. crumbling.
sbriciolare /zbritʃo'lare/ [1] **I** tr. **1** to crumble (up) [*pane, biscotti*] **2** *(radere al suolo)* to demolish, to level **II sbriciolarsi** pronom. **1** [*pane*] to crumble **2** *(sgretolarsi)* to crumble away.
sbrigare /zbri'gare/ [1] **I** tr. ***~ un lavoro*** to finish off *o* get through a piece of work; ***~ le faccende di casa*** to do the housework; ***~ una pratica*** to deal with a case, to settle a matter; ***~ la posta*** to deal with *o* answer one's post **II sbrigarsi** pronom. **1** *(affrettarsi)* to hurry up, to be* quick; ***sbrigati!*** hurry up! ***-rsi a fare*** to hurry over doing **2 sbrigarsela *sbrigarsela con qcn., qcs.*** to see to *o* deal with sb., sth.; ***me la sbrigo in un minuto*** I'll be finished in a minute; ***sbrigarsela da solo*** to sort it *o* things out by oneself, to do it on one's own; ***sapere sbrigarsela da solo*** to know one's way around.
sbrigativo /zbriga'tivo/ agg. **1** *(brusco)* [*persona*] curt, brusque, rough-and-ready, offhand; [*modi*] rough-and-ready, dismissive, hurried **2** *(energico)* [*persona*] efficient, brisk **3** *(sommario)* [*giudizio, lavoro*] hasty, hurried; [*metodi, procedimenti*] cursory.
sbrigliare /zbriʎ'ʎare/ [1] **I** tr. to give* free rein to [*fantasia*] **II sbrigliarsi** pronom. [*persona*] to let* oneself go.
sbrigliato /zbriʎ'ʎato/ **I** p.pass. → **sbrigliare II** agg. [*fantasia*] unleashed, unbridled.
sbrinamento /zbrina'mento/ m. defrost(ing).
sbrinare /zbri'nare/ [1] **I** tr. to defrost **II sbrinarsi** pronom. to defrost.
sbrinatore /zbrina'tore/ m. defroster.
sbrindellare /zbrindel'lare/ [1] **I** tr. to tear* to pieces, to rip to shreds, to shred **II sbrindellarsi** pronom. to tatter.
sbrindellato /zbrindel'lato/ **I** p.pass. → **sbrindellare II** agg. [*indumento*] tattered (and torn), ragged in tatters mai attrib., in shreds mai attrib.
sbrodolare /zbrodo'lare/ [1] **I** tr. ***~ la tovaglia di minestra*** to dribble soup on the tablecloth **II sbrodolarsi** pronom. to make* a mess of oneself.
sbrodolata /zbrodo'lata/ f. *(discorso prolisso)* waffle **U** BE COLLOQ.
sbrodolone /zbrodo'lone/ m. (f. **-a**) messy eater, sloppy eater.
sbrogliare /zbroʎ'ʎare/ [1] **I** tr. **1** to disentangle, to unravel [*fili, matassa*] **2** FIG. to disentangle, to sort out [*affare, situazione*]; ***sapersela ~*** to know one's way around **II sbrogliarsi** pronom. **1** [*situazione*] to get* sorted out **2 sbrogliarsela** to cope, to make* do, to manage (**con** with) ♦ ***~ una matassa*** to unravel a mystery, to solve *o* crack a problem.
sbronza /'zbrontsa, 'zbrondza/ f. COLLOQ. booze-up, bender, jag; ***prendersi una ~*** to get plastered *o* sloshed *o* smashed, to go on a bender.
sbronzarsi /zbron'tsarsi, zbron'dzarsi/ [1] pronom. COLLOQ. to get* plastered, sloshed, smashed, to go* on a bender.
sbronzo /'zbrontso, 'zbrondzo/ agg. COLLOQ. plastered, sloshed, smashed.
sbruffonata /zbruffo'nata/ f. brag, boast, bluster.
sbruffone /zbruf'fone/ m. (f. **-a**) braggart, boaster, blusterer; ***fare lo ~*** to boast, to brag, to bluster.
sbucare /zbu'kare/ [1] intr. (aus. *essere*) **1** *(uscire)* to come* out; *(comparire all'improvviso)* ***da dove è sbucato (fuori)?*** where did he spring *o* pop up from? **2** *(sboccare)* [*strada*] to come* out.
sbucciapatate /zbuttʃapa'tate/ m.inv. potato peeler.
sbucciare /zbut'tʃare/ [1] **I** tr. to peel [*frutta, patate*]; to shell, to shuck AE [*piselli*] **II sbucciarsi** pronom. *(graffiarsi)* ***-rsi un ginocchio*** to graze *o* scrape *o* skin one's knee.
sbucciatura /zbuttʃa'tura/ f. **1** *(lo sbucciare)* peeling **2** *(escoriazione)* graze, scrape.
sbudellare /zbudel'lare/ [1] tr. **1** *(togliere le interiora a)* to disembowel [*maiale*]; to gut [*pesce*] **2** *(ferire al ventre)* to stab, to knife.
sbuffare /zbuf'fare/ [1] intr. (aus. *avere*) **1** *(espirare con forza)* *(per la fatica)* [*persona*] to puff (and pant), to pant; *(per insofferenza, collera)* to snort, to fume, to grumble **2** *(emettere fumo, vapore)* [*locomotiva*] to steam, to puff, to chug ♦ ***~ come una locomotiva*** to puff like an engine.
sbuffo /'zbuffo/ m. **1** *(di fumo, vapore)* puff **2** *(soffio)* *(di persona)* snort; *(di treno)* chug **3** ABBIGL. ***a ~*** [*manica*] puffed.
sbugiardare /zbudʒar'dare/ [1] tr. ***~ qcn.*** to give the lie to sb.
sbullonare /zbullo'nare/ [1] tr. to unbolt.
sburocratizzare /zburokratid'dzare/ [1] tr. to streamline (bureaucratic) procedures, to cut* down on the red tape.
scabbia /'skabbja/ ♦ **7** f. MED. scabies; BOT. VETER. scab.
scabbioso /skab'bjoso/ agg. scabby.
scabro /'skabro/ agg. [*superficie, terreno*] rough.
scabrosità /skabrosi'ta/ f.inv. **1** *(irregolarità)* roughness **2** FIG. *(di argomento)* delicacy, ticklishness.
scabroso /ska'broso/ agg. **1** *(difficile, delicato)* [*situazione, affare*] delicate, knotty, tricky, ticklish **2** *(sconcio)* [*argomento*] scabrous, awkward.
scacchiera /skak'kjɛra/ f. *(per gli scacchi)* chessboard; *(per la dama)* draughtboard BE, checkerboard AE.
scacchiere /skak'kjɛre/ m. **1** MIL. area, zone, theatre BE, theater AE **2 *cancelliere dello ~*** Chancellor of the Exchequer.
scacchista, m.pl. **-i**, f.pl. **-e** /skak'kista/ m. e f. chessplayer.
scacchistico, pl. **-ci**, **-che** /skak'kistiko, tʃi, ke/ agg. [*torneo*] chess attrib.
scacciacani /skattʃa'kani/ m. e f.inv. blank pistol, dummy pistol.
scacciapensieri /skattʃapen'sjɛri/ m.inv. = Jew's harp.
scacciare /skat'tʃare/ [1] tr. to chase away, to chase off [*animali, scocciatori*]; to drive* out [*nemico*]; to drive* away, to beat* off, to whisk away [*mosche*]; to drive* away [*pensieri, preoccupazioni*]; to relieve, to chase off [*noia*]; ***~ qcn. di casa*** to drive *o* turn sb. out of the house.
scaccino /skat'tʃino/ m. sexton.
scacco, pl. **-chi** /'skakko, ki/ ♦ **10 I** m. **1** *(pezzo degli scacchi)* chessman*, chess piece **2** *(mossa)* check; ***~ al re!*** (your king is in) check! **3** *(quadretto)* *(di scacchiera)* square; *(di motivo)* check; ***a -chi*** checked, check attrib., chequered BE, checkered AE **4** *(sconfitta)* ***subire uno ~*** to suffer a loss *o* a setback **II scacchi** m.pl. GIOC. chess sing.; ***giocare a -chi con qcn.*** to play sb. at chess, to play chess with sb.; ***fare una partita a -chi*** to play a game of chess ♦ ***tenere in ~ qcn.*** to hold *o* keep sb. in check ♦♦ ***~ matto*** (check)mate (anche FIG.); ***dare ~ matto a*** to (check)mate (anche FIG.).
scaccolarsi /skakko'larsi/ [1] pronom. COLLOQ. to pick one's nose.
scadente /ska'dɛnte/ agg. **1** *(di scarsa qualità)* [*merce*] low-quality, inferior, shoddy, poor quality; [*qualità*] low, poor; [*cibo*] poor; [*attore*] third-rate; [*letteratura*] second-rate **2** *(insufficiente)* [*voto*] low, poor, bad.
scadenza /ska'dɛntsa/ f. **1** *(di contratto, documento)* termination, expiry; *(di affitto)* due date, deadline; *(di pagamento)* maturity (date), due date, time of payment; ***alla ~ del contratto*** when the contract expires; ***pagabile*** o ***esigibile alla ~*** payable when due; ***in ~*** [*effetto, cambiale*] maturing, falling due; ***~ a tre mesi*** maturity at three months; ***a ~ fissa*** fixed-term; ***~ a vista*** maturity at sight **2** *(ultimo giorno utile)* deadline; ***fissare una ~*** to set a deadline; ***data di ~*** expiry date BE, expiration date AE; *(di alimenti, medicinali)* sell-by date, expiration date AE **3** *(impegno)* ***la ~ di fine trimestre*** the end of term deadline; ***pagare le -e*** to make one's payments; ***rispettare le -e*** to meet deadlines **4 *a breve ~*** *(entro breve)* in the short, soon; ***a breve, lunga ~*** [*progetto, prestito, mutuo*] short-term, long-term; [*previsioni*] short-range, long-range.
scadenzario, pl. **-ri** /skaden'tsarjo, ri/ m. repayment schedule.
scadere /ska'dere/ [26] **I** intr. (aus. *essere*) **1** [*mutuo, prestito, passaporto, contratto, mandato*] to expire; [*cambiale, affitto*] to be* due, to fall* due **2** *(diventare inutilizzabile)* [*alimento*] to expire, to go* past its sell-by date, to go* past its expiration date AE; [*medicinale*] to expire **3** *(volgere al termine)* ***il tempo è scaduto*** time's up **4** *(perdere pregio, credito)* ***~ nell'opinione pubblica*** to lose credit with public opinion *o* in the public eye; ***~ agli occhi di qcn.*** to sink in sb.'s opinion, to lose points with sb.; ***non scadiamo nel volgare!*** FIG. keep it *o* the conversation clean! **II** m. ***allo ~ del termine*** when the allotted time expires *o* the deadline is reached.
scadimento /skadi'mento/ m. *(di cultura, valori)* degradation; *(di qualità)* decline.
scaduto /ska'duto/ **I** p.pass. → **scadere II** agg. [*cambiale,*

rata] overdue, due AE; [*contratto*] expired; [*documento, tessera, abbonamento*] expired; [*medicinale*] expired, past its expiry date BE, past its expiration date AE; [*alimento*] expired, past its sell-by date, past its expiration date AE.

scafandro /ska'fandro/ m. diving suit.

scafato /ska'fato/ agg. REGION. shrewd, smart.

scaffalare /skaffa'lare/ [1] tr. *(munire di scaffali)* to shelve, to fit with shelves [*parete, stanza*].

scaffalatura /skaffala'tura/ f. *(insieme di scaffali)* shelves pl.

scaffale /skaf'fale/ m. shelf*; *(per libri)* bookshelf*, bookcase; *(mobile)* shelves pl.

scafo /'skafo/ m. AER. hull; MAR. hull, body.

scagionare /skadʒo'nare/ [1] **I** tr. to clear (**da** of) **II scagionarsi** pronom. to clear oneself.

scaglia /'skaʎʎa/ f. **1** ZOOL. scale **2** *(di legno)* chip, sliver; *(di formaggio, cioccolato, sapone)* flake; ***sapone in -e*** soapflakes.

scagliare /skaʎ'ʎare/ [1] **I** tr. to fling*, to hurl [*oggetto, insulti, accuse*]; to throw* [*giavellotto*]; to shoot* [*freccia*] **II scagliarsi** pronom. **1** *(avventarsi)* ***-rsi su*** o ***contro qcn., qcs.*** to pounce on sb., sth. **2** FIG. ***-rsi contro*** to lash out at, to rebel against [*ingiustizia, malcostume*] ♦ ***~ la prima pietra*** BIBL. to cast the first stone.

scaglionamento /skaʎʎona'mento/ m. **1** *(di pagamenti)* spacing (out), spreading (out), staggering; *(di ferie, orari)* staggering **2** MIL. echelonment, deployment.

scaglionare /skaʎʎo'nare/ [1] tr. **1** *(distribuire nel tempo)* to space out, to spread* (out), to stagger [*pagamenti*]; to stagger [*ferie, orari, partenze*] **2** MIL. to echelon, to deploy in echelons [*truppe*].

scaglione /skaʎ'ʎone/ m. **1** MIL. echelon, batch **2** AMM. ECON. bracket, class **3** FIG. ***la chiusura verrà effettuata a -i nell'arco di cinque anni*** the closure will be staggered over five years.

scaglioso /skaʎ'ʎoso/ agg. [*sostanza*] flaky; [*pesce*] scaly.

scagnozzo /skaɲ'ɲɔttso/ m. SPREG. *(tirapiedi)* henchman*, flunkey BE, flunky AE.

scala /'skala/ f. **1** *(di edificio)* stairs pl., staircase, stairway; ***~ di servizio*** backstairs; ***salire le -e*** to climb *o* go up the stairs; ***cadere giù dalle -e*** to fall *o* tumble down the stairs; ***ci siamo incrociati per le -e*** we met on the stairs **2** *(attrezzo)* ladder; ***salire su una ~*** to climb a ladder; ***~ allungabile, da pompiere*** extension, fireman's ladder **3** *(gradazione, proporzione)* scale; ***~ dei prezzi*** scale *o* range of prices; ***~ di valori*** scale of values; ***su vasta*** o ***larga ~*** on a large scale; ***su ~ mondiale*** on a worldwide scale **4** *(in cartografia)* scale; ***pianta in ~*** scale plan; ***carta in ~ 1:10.000*** map on a 1:10,000 scale **5** FIG. ***~ sociale*** social ladder **6** *(di strumento di misura)* scale **7** MUS. scale; ***fare le -e*** to practice one's scales **8** GIOC. straight ♦♦ ***~ antincendio*** fire escape; ***~ a chiocciola*** spiral staircase, winding stairs; ***~ a libretto*** stepladder; ***~ logaritmica*** logarithmic scale; ***~ maggiore*** MUS. major scale; ***~ Mercalli*** Mercalli scale; ***~ minore*** MUS. minor scale; ***~ mobile*** escalator; ECON. sliding scale, escalator; ***~ a pioli*** ladder; ***~ quaranta*** GIOC. = card game similar to rummy in which a player has to make 40 points before laying; ***~ reale*** GIOC. straight flush; ***~ reale all'asso*** GIOC. royal flush; ***~ Richter*** Richter scale; ***~ di sicurezza*** → ***~ antincendio***.

scalandrone /skalan'drone/ m. gangplank.

1.scalare /ska'lare/ [1] **I** agg. **1** BANC. ECON. [*interesse*] scaled; [*imposta*] graduated, progressive **2** MAT. FIS. [*grandezza, prodotto*] scalar **II** m. BANC. interest table.

2.scalare /ska'lare/ [1] tr. **1** *(salire)* to climb, to scale [*montagna, muro*] **2** *(sfilare)* to layer [*capelli*] **3** *(detrarre)* to deduct, to take* off [*spese*] **4** AUT. to change down BE, to downshift AE; ***~ in seconda*** to go back into second gear.

scalata /ska'lata/ f. **1** SPORT *(attività)* climbing; *(su parete rocciosa)* rock climbing; *(arrampicata)* climb, ascent **2** *(di muro, recinzione)* ***dare la ~ alle mura*** to scale the walls **3** ***~ in borsa*** (share) raid, raid on the stock exchange; ***dare la ~ a*** ECON. to mount a raid on; ***dare la ~ al potere*** FIG. to make a bid for power.

scalato /ska'lato/ **I** p.pass. → **2.scalare II** agg. [*capelli*] layered.

scalatore /skala'tore/ m. (f. **-trice** /tritʃe/) **1** *(arrampicatore)* climber; *(su roccia)* rock climber **2** *(nel ciclismo)* climber.

scalcagnato /skalkaɲ'ɲato/ agg. [*scarpe*] worn-out, down-at-heel; [*persona*] shabby.

scalcare /skal'kare/ [1] tr. GASTR. to carve (up).

scalciare /skal'tʃare/ [1] intr. (aus. *avere*) [*cavallo*] to kick; [*bambino*] to kick one's legs.

scalcinato /skaltʃi'nato/ agg. *(malandato)* shabby(-looking).

scalco /'skalko/ m. ***coltello da ~*** carving knife.

scaldabagno /skalda'baɲɲo/ m. (pl. **-i** o inv.) water-heater, boiler.

scaldabiberon /skaldabibe'rɔn/ m.inv. bottle warmer.

scaldaletto /skalda'lɛtto/ m. (pl. **-i** o inv.) bedwarmer, warming pan.

scaldamuscoli /skalda'muskoli/ m.inv. leg warmer.

scaldapiatti /skalda'pjatti/ m.inv. dishwarmer, plate-warmer.

scaldare /skal'dare/ [1] **I** tr. **1** to heat (up) [*piatto, locale, metallo, liquido*]; to warm [*letto*]; ***~ qcn.*** *(dare una sensazione di calore)* [*bevanda, corsa*] to warm sb. up **2** FIG. *(eccitare)* to stir up [*animi*]; to warm up [*pubblico*] **II** intr. (aus. *avere*) **1** *(diventare caldo)* ***fare ~*** to heat (up) [*acqua, cibo, ferro da stiro, forno*]; to warm up [*motore*] **2** *(emanare calore)* [*stufa*] to give* off heat **III scaldarsi** pronom. **1** *(riscaldarsi)* [*persona*] to get* warm, to warm oneself; SPORT. [*atleta*] to warm up; ***-rsi al sole*** to bask in the sun **2** *(diventare caldo)* [*cibo, aria*] to heat up, to warm up; [*stanza*] to warm up **3** FIG. *(eccitarsi)* [*persona*] to get* worked up; [*animi*] to flare; [*pubblico*] to warm up ♦ ***~ il banco*** o ***la sedia*** = to attend school without learning anything.

scaldavivande /skaldavi'vande/ m.inv. plate warmer.

scaldino /skal'dino/ m. → **scaldaletto.**

scaleno /ska'lɛno/ agg. scalene.

scaletta /ska'letta/ f. **1** *(schema)* outline; *(programma)* schedule **2** CINEM. TELEV. treatment.

scalfire /skal'fire/ [102] **I** tr. **1** to scratch [*vetro, vernice*]; *(ferire superficialmente)* to scratch, to graze [*pelle*] **2** FIG. *(intaccare)* to tarnish [*reputazione*]; to affect, to hurt* [*persona*] **II scalfirsi** pronom. to get* scratched.

scalfittura /skalfit'tura/ f. *(incisione)* scratch; *(piccola ferita)* scratch, graze.

scalinata /skali'nata/ f. *(esterna)* flight of steps, steps pl.; *(interna)* staircase, stairway.

scalino /ska'lino/ m. **1** *(gradino)* step, stair; *(di scala a pioli)* rung; ***il primo, l'ultimo ~*** the bottom, top stair; ***attenzione allo ~!*** mind the step! **2** FIG. ***essere al primo ~ della carriera*** to be at the start of one's career; ***gli -i della scala sociale*** the rungs of the social ladder.

scalmana /skal'mana/ f. **1** COLLOQ. ***avere le -e*** to have hot flushes **2** FIG. *(infatuazione)* ***prendersi una ~ per qcn.*** to take a shine *o* fancy to sb.

scalmanarsi /skalma'narsi/ [1] pronom. **1** *(affaticarsi)* to work up a sweat **2** *(scaldarsi, alterarsi)* to get* worked up (**per** over, about).

scalmanato /skalma'nato/ **I** p.pass. → **scalmanarsi II** agg. **1** *(turbolento)* ***un bambino ~*** a (little) devil, an imp **2** *(trafelato)* ***arrivò tutto ~*** he arrived in a sweat **III** m. (f. **-a**) hothead, rowdy.

scalmo /'skalmo/ m. rowlock BE, oarlock AE.

scalo /'skalo/ m. **1** MAR. AER. *(luogo, sosta)* stopover; ***porto di ~*** port of call; ***fare ~ a*** [*nave*] to call *o* dock at; [*passeggero*] to stop off in; AER. [*aereo, passeggero*] to stop over in; ***senza ~*** AER. nonstop; ***uno ~ di sei giorni*** a six-day stopover **2** FERR. yard ♦♦ ***~ di alaggio*** MAR. slipway; ***~ di costruzione*** MAR. building slip; ***~ merci*** FERR. freight yard, goods station; ***~ tecnico*** AER. refuelling BE *o* refueling AE stop.

scalogna /ska'loɲɲa/ f. COLLOQ. bad luck, rotten luck; ***che ~!*** what rotten luck!

scalognato /skaloɲ'ɲato/ agg. COLLOQ. unlucky, jinxed.

scalogno /ska'loɲɲo/ m. shallot BE, scallion AE.

scalone /ska'lone/ m. grand staircase.

scaloppina /skalop'pina/ f. escalope.

scalpare /skal'pare/ [1] tr. to scalp.

scalpellare /skalpel'lare/ [1] tr. to chisel.

scalpellino /skalpel'lino/ ♦ ***18*** m. stonecutter, stone mason.

scalpello /skal'pɛllo/ m. **1** TECN. chisel **2** MED. scalpel.

scalpicciare /skalpit'tʃare/ [1] intr. (aus. *avere*) to shuffle (along), to scuff one's feet.

scalpiccio, pl. **-ii** /skalpit'tʃio, ii/ m. shuffle.
scalpitare /skalpi'tare/ [1] intr. (aus. *avere*) **1** [*cavallo*] to paw the ground, to stamp **2** FIG. [*persona*] to be* raring, to get* restless, to be champing at the bit.
scalpitio, pl. **-ii** /skalpi'tio, ii/ m. pawing, stamping.
scalpo /'skalpo/ m. scalp.
scalpore /skal'pore/ m. ***fare*** o ***suscitare*** o ***destare*** ~ [*film, notizia, decisione*] to cause an uproar *o* a sensation *o* a stir.
scaltrezza /skal'trettsa/ f. cunning, slyness.
scaltrire /skal'trire/ [102] **I** tr. *(smaliziare)* ~ ***qcn.*** to sharpen sb.'s wits, to make sb. more worldly-wise **II scaltrirsi** pronom. **1** *(smaliziarsi)* to become* more worldly-wise **2** *(diventare più esperto)* to become* more expert, to become* more skilled.
scaltrito /skal'trito/ **I** p.pass. → **scaltrire II** agg. **1** *(esperto)* skilled, knowing **2** *(smaliziato)* worldly-wise, wily.
scaltro /'skaltro/ agg. [*persona*] clever, cunning, sly, wily, shrewd; [*mossa*] slick, sly, astute, clever.
scalzacane /skaltsa'kane/, **scalzacani** /skaltsa'kani/ m. e f.inv. COLLOQ. *(incompetente)* incompetent, bungler.
scalzare /skal'tsare/ [1] tr. **1** AGR. to hoe, to bare the roots of [*albero*] **2** TECN. to undermine [*fondamenta*] **3** FIG. *(mandare via)* to oust [*rivale*] **4** FIG. *(indebolire)* ~ ***l'autorità di qcn.*** to undermine *o* sap sb.'s authority.
scalzo /'skaltso/ agg. barefoot(ed), with bare feet; ***essere, camminare*** ~ to be, walk barefoot.
scambiare /skam'bjare/ [1] **I** tr. **1** *(barattare)* to exchange, to swap COLLOQ.; ~ ***qcs. con qcs.*** to exchange sth. for sth. **2** *(confondere)* to mistake*; ***l'ho scambiato per Carlo*** I mistook him for Carlo **3** *(prendere per sbaglio)* ~ ***il sale per lo zucchero*** to take salt instead of sugar **II scambiarsi** pronom. **1** *(darsi reciprocamente)* to exchange [*indirizzi, auguri*]; ***-rsi baci*** to kiss each other; ***-rsi di posto con qcn.*** to swap places with sb.; ***-rsi una stretta di mano*** to shake hands **2** *(darsi il cambio)* to change over.
scambievole /skam'bjevole/ agg. [*aiuto*] reciprocal, mutual.
scambio, pl. **-bi** /'skambjo, bi/ m. **1** *(cambio)* exchange, swap COLLOQ. (**di** of; **con** for); ~ ***di idee, vedute*** exchange of ideas, views; ~ ***di coppie*** partner-swapping; ~ ***epistolare*** correspondence **2** ECON. COMM. trade, exchange; ***-bi commerciali*** trade, trading; ***libero*** ~ free trade; ***-bi con l'estero*** foreign trade; ***moneta di*** ~ trading currency; ***-bi vivaci in Borsa*** brisk trading on the Stock Exchange **3** *(equivoco)* mix-up, mistake; ***deve esserci uno ~ di persona*** it must be the wrong person *o* a case of mistaken identity **4** FERR. points pl. BE, switch AE **5** *(relazione)* exchange; ***-bi culturali*** cultural exchanges **6** SPORT. *(nel tennis, nel ping-pong)* rally.
scambista, m.pl. **-i**, f.pl. **-e** /skam'bista/ ➧ *18* m. e f. **1** FERR. switchman*, pointsman* BE **2** ECON. stockbroker.
scamiciato /skami'tʃato/ m. pinafore (dress), jumper AE.
scamorza /ska'mɔrtsa/ f. GASTR. INTRAD. (soft, stringy pear-shaped cheese, sometimes smoked).
scamosciato /skamoʃ'ʃato/ agg. suede attrib.; ***pelle -a*** suede.
scampagnata /skampaɲ'ɲata/ f. outing; ***fare una*** ~ to go for an outing.
scampanato /skampa'nato/ agg. [*gonna*] flared.
scampanellare /skampanel'lare/ [1] intr. (aus. *avere*) to ring* long and loudly.
scampanellata /skampanel'lata/ f. long ring(ing).
scampanio, pl. **-ii** /skampa'nio, ii/ m. peal(ing), chime.
scampare /skam'pare/ [1] **I** tr. **1** *(evitare)* to escape (from), to avoid [*pericolo*] **2** *(salvarsi)* ***scamparla*** to survive, to come* out alive; ***scamparla bella*** to have a narrow escape *o* a close shave **II** intr. (aus. *essere*) ~ ***a*** to escape [*morte, malattia*]; to survive [*disastro*] ♦ ***Dio ce ne scampi e liberi!*** God *o* heaven forbid!
scampato /skam'pato/ **I** p.pass. → **scampare II** agg. ~ ***pericolo*** close shave, lucky escape **III** m. ***gli -i al terremoto*** the survivors of the earthquake.
1.scampo /'skampo/ m. escape, safety; ***non c'è*** ~ there's no way out *o* escape; ***senza via di*** ~ hopeless, with no way out; ***cercare*** ~ to seek safety.
2.scampo /'skampo/ m. **1** ZOOL. Norway lobster **2** GASTR. scampi + verbo sing. o pl.
scampolo /'skampolo/ m. *(di tessuto)* remnant; ~ ***di tempo*** FIG. spare moment.
scanalare /skana'lare/ [1] tr. to groove; ARCH. to flute [*colonna*].
scanalato /skana'lato/ **I** p.pass. → **scanalare II** agg. grooved; ARCH. [*colonna*] fluted.
scanalatura /skanala'tura/ f. groove; ARCH. flute.
scandagliare /skandaʎ'ʎare/ [1] tr. **1** to sound, to plumb, to fathom [*fondali*] **2** FIG. to probe, to sound.
scandaglio, pl. **-gli** /skan'daʎʎo, ʎi/ m. **1** *(strumento)* sounder; ***gettare lo*** ~ to heave *o* cast the lead **2** *(lo scandagliare)* ***fare -gli*** to take soundings.
scandalismo /skanda'lizmo/ m. muckraking, scandalmongering.
scandalista, m.pl. **-i**, f.pl. **-e** /skanda'lista/ m. e f. muckraker, scandalmonger.
scandalistico, pl. **-ci**, **-che** /skanda'listiko, tʃi, ke/ agg. [*campagna*] muckraking; [*reportage*] sensational; ***stampa -a*** gutter *o* tabloid press; ***giornale*** ~ scandal sheet, tabloid (newspaper); ***giornalismo*** ~ tabloid *o* keyhole journalism.
scandalizzare /skandalid'dzare/ [1] **I** tr. to scandalize, to shock, to outrage **II scandalizzarsi** pronom. to be* scandalized, to be* shocked (**di**, **per** by).
scandalo /'skandalo/ m. scandal; ***fare scoppiare uno*** ~ to cause a scandal to break; ***fare*** o ***dare*** ~ to cause a scandal; ***fare uno*** ~ to cause *o* stir up a scandal; ***l'opposizione ha gridato allo*** ~ there was a general outcry from the opposition; ***con grande ~ di*** to the great disgust of; ***è uno ~!*** it's scandalous *o* outrageous! it's a disgrace! ***che ~!*** how scandalous *o* outrageous!
scandaloso /skanda'loso/ agg. **1** *(vergognoso)* [*comportamento*] scandalous, shocking, outrageous; ***è veramente ~!*** it's absolutely scandalous *o* outrageous *o* disgraceful! **2** COLLOQ. *(eccessivo)* [*prezzo*] outrageous.
scandinavo /skandi'navo, skan'dinavo/ ➧ *30* **I** agg. Scandinavian **II** m. (f. **-a**) Scandinavian.
scandire /skan'dire/ [102] tr. **1** METR. to scan [*verso*] **2** *(pronunciare distintamente)* to pronounce clearly [*slogan, nome*]; ~ ***le parole*** to articulate one's words **3** MUS. ~ ***il tempo*** to beat time **4** FIG. [*azioni, avvenimenti*] to mark [*vita, giornata, lavoro*].
scandola /'skandola/ f. shingle.
scannare /skan'nare/ [1] **I** tr. **1** *(sgozzare)* to stick* [*animale*] **2** *(uccidere barbaramente)* to slaughter [*persona*] **II scannarsi** pronom. *(combattersi aspramente)* to be* at each other's throat.
scanner /'skanner/ m.inv. scanner.
scannerizzare /skannerid'dzare/ [1] tr. to scan.
scanno /'skanno/ m. stall.
scansafatiche /skansafa'tike/ m. e f.inv. lazybones*, idler, loafer, shirker, slacker.
scansare /skan'sare/ [1] **I** tr. **1** *(spostare)* to move (aside) [*sedia, tavolo*] **2** *(schivare)* to dodge [*colpo*] **3** *(evitare)* to dodge, to evade [*responsabilità*]; to avoid [*pericolo*] **II scansarsi** pronom. [*persona*] to stand* aside, to step aside, to move out of the way; [*veicolo*] to pull over; ***scansati!*** get out of the way! move over!
scansia /skan'sia/ f. whatnot, shelves pl.
scansione /skan'sjone/ f. **1** ELETTRON. INFORM. TELEV. scan(ning) **2** METR. scansion.
scanso/'skanso/ m. ***a ~ di equivoci*** to avoid any *o* all misunderstandings.
scantinato /skanti'nato/ m. basement.
scantonare /skanto'nare/ [1] intr. (aus. *avere*) **1** *(girare l'angolo)* to turn the corner, to go* (a)round the corner **2** *(svignarsela)* to slip away, to slip off **3** FIG. to change the subject.
scanzonato /skantso'nato/ agg. breezy, free and easy.
scapaccione /skapat'tʃone/ m. smack, slap; ***dare uno ~ a qcn.*** to give sb. a slap, to smack *o* slap sb.
scapestrato /skapes'trato/ **I** agg. reckless, madcap attrib.; *(dissoluto)* wild **II** m. (f. **-a**) madcap, scapegrace.
scapicollarsi /skapikol'larsi/ [1] pronom. ~ ***giù dalle scale*** to race *o* rush down the stairs; ***mi sono scapicollato per finire in tempo*** I scrambled to finish on time.
scapigliato /skapiʎ'ʎato/ **I** agg. **1** *(spettinato)* ruffled, tousled, dishevelled BE, disheveled AE **2** *(scapestrato)* reckless, madcap attrib. **II** m. (f. **-a**) *(scapestrato)* madcap, scapegrace.

scapitare /skapi'tare/ [1] intr. (aus. *avere*) ***se lo vendo a questo prezzo ci scapito*** if I sell it for this price I lose out.

scapito: **a scapito di** /a'skapitodi/ at the expense of [*salute, sicurezza*]; ***fare economie a ~ dei pazienti*** to save money at the patients' expense.

scapola /'skapola/ f. shoulder blade, scapula*.

1.scapolare /skapo'lare/ agg. ANAT. scapular.

2.scapolare /skapo'lare/ m. RELIG. scapular.

3.scapolare /skapo'lare/ [1] tr. COLLOQ. *(evitare)* to dodge [*responsabilità, difficoltà*]; ***scapolarla a buon mercato*** to get off lightly; ***scapolarla per miracolo*** to have a narrow escape.

scapolo /'skapolo/ **I** agg. single, unmarried; ***restare ~*** to remain a bachelor, to stay single **II** m. bachelor, unmarried man*, single man*; ***uno ~ impenitente*** a confirmed bachelor.

scapolone /skapo'lone/ m. confirmed bachelor.

scappamento /skappa'mento/ m. **1** MOT. exhaust; ***tubo di ~*** exhaust (pipe) **2** *(di orologio)* escapement.

scappare /skap'pare/ [1] intr. (aus. *essere*) **1** *(fuggire)* to escape, to flee*, to run* away, to run* off; ***~ di prigione*** to escape from jail *o* prison; ***~ di casa*** to run away from home; ***vieni qui, non ~!*** come here, don't run away! ***scappa!*** run for it! **2** *(sfuggire)* ***~ dalle mani di*** o ***di mano a qcn.*** [*oggetto*] to slip out of sb.'s hands; ***lasciarsi ~ un commento*** to let slip a remark; ***lasciarsi ~ che*** to let (it) slip that; ***mi è scappato da ridere*** I couldn't help laughing; ***sono scappati alcuni errori*** a few errors have slipped in; ***mi era scappato di mente (che)*** it had slipped my mind (that); ***mi scappa la pipì!*** I have to pee! **3** *(perdere)* ***mi è scappata la pazienza*** I lost my temper; ***mi sono fatto ~ l'occasione*** I let the chance slip; ***non farsene ~ una*** not *o* never to miss a trick **4** COLLOQ. *(andare via in fretta)* ***è tardi, devo ~*** it's late, I must dash *o* fly ♦ ***qui ci scappa il morto*** someone is going to get killed; ***di qui non si scappa*** there's no getting away.

scappata /skap'pata/ f. **1** *(breve visita)* flying visit, quick call; ***fare una ~ a casa, in centro*** to pop home, into town; ***fare una ~ da qcn.*** to pop in and see sb.; ***fare una ~ dal panettiere*** to drop in at the baker's **2** *(uscita, trovata)* slip.

scappatella /skappa'tɛlla/ f. *(leggerezza)* escapade; *(avventura amorosa)* (love) affair, fling COLLOQ.

scappatoia /skappa'toja/ f. way out; DIR. loophole.

scappellarsi /skappel'larsi/ [1] pronom. to take* off one's hat.

scappellotto /skappel'lɔtto/ m. ***dare uno ~ a qcn.*** to give sb. a cuff *o* a clip on the ear, to cuff sb.

scarabeo /skara'bɛo/ m. **1** ZOOL. beetle **2** ARCHEOL. *(gemma)* scarab **3** (anche **Scarabeo®**) GIOC. Scrabble® ♦♦ ***~ stercorario*** dung beetle.

scarabocchiare /skarabok'kjare/ [1] tr. to scribble, to scrawl [*nome, indirizzo*]; ***~ (su) un foglio*** to doodle on a sheet of paper.

scarabocchio, pl. **-chi** /skara'bɔkkjo, ki/ m. scribble, scrawl; *(disegnino)* doodle.

scarafaggio, pl. **-gi** /skara'faddʒo, dʒi/ m. cockroach, roach AE COLLOQ.

scaramantico, pl. **-ci, -che** /skara'mantiko, tʃi, ke/ agg. ***gesto ~*** gesture to ward off bad luck.

scaramanzia /skaraman'tsia/ f. ***per ~*** for (good) luck.

scaramuccia, pl. **-ce** /skara'muttʃa, tʃe/ f. MIL. skirmish (anche FIG.).

scaraventare /skaraven'tare/ [1] **I** tr. to fling*, to hurl **II scaraventarsi** pronom. ***-rsi addosso*** o ***contro qcn.*** to fling *o* hurl oneself at sb., to rush at sb.; ***-rsi fuori dalla macchina*** to dash *o* rush out of the car.

scarcerare /skartʃe'rare/ [1] tr. to release, to set* [sb.] free [*detenuto*].

scarcerazione /skartʃerat'tsjone/ f. release.

scardinare /skardi'nare/ [1] **I** tr. to unhinge, to take* [sth.] off its hinges [*porta, finestra*] **II scardinarsi** pronom. [*porta, finestra*] to come* off its hinges.

scarica, pl. **-che** /'skarika, ke/ f. **1** *(d'arma da fuoco)* discharge; ***una ~ di mitra*** a round of machine gun fire **2** *(di pugni, insulti)* hail; ***una ~ di sassi*** a volley of stones **3** FIS. EL. shock, discharge; ***~ elettrica*** electrical discharge; ***una ~ di adrenalina*** FIG. a rush *o* surge of adrenalin.

scaricabarile /skarikaba'rile/, **scaricabarili** /skarika-ba'rili/ m.inv. ***fare a ~*** to pass the buck.

scaricabile /skari'kabile/ agg. INFORM. downloadable.

scaricamento /skarika'mento/ m. **1** *(lo scaricare)* unloading **2** INFORM. downloading.

scaricare /skari'kare/ [1] **I** tr. **1** *(svuotare del contenuto)* [*persona*] to unload [*carico, veicolo*]; to empty, to drain [*cisterna, caldaia*]; [*camion*] to dump, to tip [*immondizia, sabbia*]; [*fabbrica*] to discharge [*fumi, gas*] **2** COLLOQ. *(fare scendere)* to drop off [*passeggero*] **3** COLLOQ. *(liberarsi di)* to get* rid of [*scocciatore*]; *(mollare)* to dump, to drop, to ditch [*fidanzata, ragazzo*] **4** INFORM. *(da Internet)* to download [*pagina web, file*]; to download, to check, to fetch [*posta*] **5** EL. to run* down, to discharge [*batterie*] **6** MECC. to release [*molla*] **7** ARM. to unload; *(sparando)* to fire (off) [*fucile, arma*] **8** FIG. *(addossare)* to shift, to shuffle off [*responsabilità*]; *(sgravare)* to unburden, to unload [*coscienza*]; ***~ la colpa su qcn.*** to lay *o* put the blame on sb.; ***~ un problema sulle spalle di qcn.*** to drop *o* dump a problem in sb.'s lap; ***~ la rabbia su qcn.*** to take one's anger out on sb., to vent one's anger on sb.; ***~ la tensione*** o ***i nervi*** to relieve tension; ***~ qcn. di*** *(sgravare)* to relieve sb. of [*compito, responsabilità*] **9** COMM. *(detrarre)* to deduct [*spese, IVA*] **II scaricarsi** pronom. **1** EL. [*batteria*] to run* down **2** MECC. [*orologio*] to wind* down, to run* down **3** *(abbattersi)* ***il temporale si scaricò nella valle*** the storm hit the valley; ***il fulmine si è scaricato sull'albero*** the lightning struck the tree **4** FIG. *(sfogarsi)* to let* off steam; *(aprirsi)* to relieve one's feelings, to unburden oneself FORM.; ***-rsi la coscienza di qcs.*** to unburden one's conscience of sth. **5** COLLOQ. EUFEM. *(defecare)* to relieve oneself.

scaricatore /skarika'tore/ ♦ *18* m. **1** *(operaio)* unloader **2** *(dispositivo di scarico)* unloader **3** EL. discharger, arrester ♦♦ ***~ di porto*** docker, dockworker.

1.scarico, pl. **-chi, -che** /'skariko, ki, ke/ agg. **1** *(privo di carico)* unloaded, unladen **2** [*batteria*] run-down, dead, flat BE **3** [*fucile*] unloaded **4** [*orologio*] run-down.

2.scarico, pl. **-chi** /'skariko, ki/ **I** m. **1** *(di veicolo, nave)* unloading **2** *(di rifiuti)* dumping, tipping **3** *(di fluidi)* draining; *(condotto)* drain(pipe), waste pipe; *(di lavandino)* drain; ***acque di ~*** waste *o* drain water **4** AUT. exhaust; ***gas di ~*** exhaust (emissions); ***tubo di ~*** exhaust (pipe); ***valvola di ~*** escape valve **5** COMM. cancellation; ***bolletta di ~*** discharge receipt **6** EL. discharge **7** FIG. *(discolpa)* ***a ~ di qcs.*** in justification of sth.; ***a suo ~*** in his defence **II scarichi** m.pl. *(rifiuti)* waste **U**.

scarlattina /skarlat'tina/ ♦ *7* f. scarlet fever.

scarlatto /skar'latto/ ♦ *3* agg. e m. scarlet.

scarmigliato /skarmiʎ'ʎato/ agg. [*capelli, persona*] ruffled, tousled, dishevelled BE, disheveled AE.

scarnificare /skarnifi'kare/ [1] tr. to take* the flesh off, to strip the flesh off [*osso*].

scarno /'skarno/ agg. **1** [*viso, braccia*] bony, emaciated, gaunt **2** FIG. [*tema, relazione*] poor, scanty; [*stile, linguaggio*] bare, sober.

scarola /ska'rɔla/ f. endive.

scarpa /'skarpa/ ♦ *35* f. shoe; ***un paio di -e*** a pair of shoes; ***-e col tacco (alto)*** (high) heels, high-heeled shoes; ***~ coi lacci*** lace-up (shoe); ***-e da basket, tennis*** basketball, tennis shoes; ***~ da ginnastica*** training shoe, trainer BE, sneaker AE; ***senza -e*** with one's shoes off, shoeless, barefoot(ed); ***numero di -e*** shoe size; ***che numero di -e porti?*** what's your shoe size? ***negozio di -e*** shoe shop, shoe store AE ♦ ***fare le -e a qcn.*** to stab sb. in the back; ***avere*** o ***tenere il piede in due -e*** to have a foot in both camps; ***essere una ~ a*** to be no good at [*tennis*].

scarpata /skar'pata/ f. *(terreno inclinato)* escarp(ment), scarp, bank.

scarpetta /skar'petta/ f. small shoe; ***~ da ballo*** ballet shoe; ***-e chiodate (da corsa)*** track shoes, spikes ♦ ***fare (la) ~*** = to clean one's plate with a piece of bread.

scarpiera /skar'pjɛra/ f. shoe rack; *(armadietto)* shoe cupboard.

scarpinare /skarpi'nare/ [1] intr. (aus. *avere*) COLLOQ. to tramp, to trek, to footslog.

scarpinata /skarpi'nata/ f. COLLOQ. slog, trek; ***è una bella ~*** it's quite a walk.

scarponcino /skarpon'tʃino/ m. bootee.

scarpone /skar'pone/ m. boot ♦♦ ~ ***chiodato*** o ***ferrato*** hobnail(ed) boot; ~ ***da montagna*** climbing *o* hiking *o* walking boot; ~ ***da sci*** ski boot.
scarrozzare /skarrot'tsare/ [1] tr. to drive* around, to chauffeur around [*persona*].
scarsamente /skarsa'mente/ avv. [*ricompensare*] poorly; [*sviluppato, qualificato*] poorly; ~ ***dotato*** of little talent.
scarseggiare /skarsed'dʒare/ [1] intr. (aus. *avere*) **1** *(non avere a sufficienza)* ~ ***di qcs.*** to lack *o* be lacking sth., to be short of sth. **2** *(essere scarso)* [*denaro, prodotto*] to be* scarce, to be* running out, to be* in short supply.
scarsezza /skar'settsa/ f., **scarsità** /skarsi'ta/ f.inv. shortage, scarceness, scarcity; ***la ~ di visitatori*** the small number of visitors; ~ ***di mezzi*** lack of means.
scarso /'skarso/ agg. **1** *(poco)* [*attenzione, rispetto*] little, scant; [*possibilità*] slim; [*valore, importanza*] little **2** *(misero)* [*reddito*] poor, low; [*raccolto, visibilità, risultato*] poor; [*vegetazione*] sparse **3** *(debole)* [*luce, resistenza, difesa*] weak; [*prestazione, preparazione*] poor; [*allievo*] mediocre; ***essere ~ in inglese*** to be bad *o* poor at English **4** *(di misura)* ***un'ora -a*** about an hour; ***3 chili -i*** barely *o* a bare 3 kilos.
scartabellare /skartabel'lare/ [1] tr. to leaf through, to flip through, to look through [*dossier, libro*].
scartamento /skarta'mento/ m. FERR. gauge; ~ ***normale, ridotto*** standard, narrow gauge.
1.scartare /skar'tare/ [1] tr. **1** *(svolgere)* to unwrap [*regalo, caramella*] **2** GIOC. ~ ***una carta*** to discard; ~ ***cuori*** to discard a heart **3** *(escludere)* to reject, to discard [*idea, ipotesi*]; to reject, to screen out [*candidato*] **4** *(gettare)* to throw* away, to discard [*vestiti vecchi, frutta marcia*].
2.scartare /skar'tare/ [1] **I** tr. *(nel calcio)* to dribble, to sidestep [*avversario*] **II** intr. (aus. *avere*) [*veicolo*] to swerve, to sheer; [*cavallo*] to shy, to swerve.
1.scarto /'skarto/ m. **1** GIOC. discard; ***sbagliare lo ~*** to discard the wrong card **2** *(eliminazione)* discard **3** *(oggetto scartato)* scrap, discard, reject; ***-i di produzione*** production waste; ***materiali di ~*** waste materials; ***gli -i della società*** FIG. the dregs of society.
2.scarto /'skarto/ m. **1** *(di veicoli)* swerve; *(di cavallo)* shy, swerve **2** *(differenza, margine)* gap, margin; ***vincere con due goal di ~*** to win by two goals **3** STATIST. deviation, residual.
scartocciare /skartot'tʃare/ [1] tr. to unwrap [*pacchetto*].
scartoffie /skar'tɔffje/ f.pl. papers.
scassare /skas'sare/ [1] **I** tr. COLLOQ. *(rompere)* to bust* [*oggetto*]; to wreck [*motore, veicolo*]; ***mi stai scassando*** you're pissing me off **II scassarsi** pronom. [*oggetto, macchina*] to conk out, to break* (down).
scassato /skas'sato/ **I** p.pass. → **scassare II** agg. COLLOQ. [*oggetto*] bust(ed); [*motore, veicolo*] wrecked, beat-up.
scassinamento /skassina'mento/ m. forcing.
scassinare /skassi'nare/ [1] tr. to pick, to force [*serratura*]; to crack [*cassaforte*]; ~ ***una porta*** to pick the lock on a door.
scassinatore /skassina'tore/ m. (f. **-trice** /tritʃe/) *(di banca)* bank robber; *(di appartamento)* housebreaker, burglar.
scasso /'skasso/ m. DIR. forcing; ***furto con ~*** burglary.
scatenante /skate'nante/ agg. ***fattore ~*** motivating factor.
scatenare /skate'nare/ [1] **I** tr. **1** *(fare scoppiare)* to trigger (off), to cause [*guerra*]; to provoke, to produce [*reazione*]; ~ ***un finimondo*** to kick up a rumpus, to cause (an) uproar **2** *(eccitare)* to rouse, to stir up [*passioni*]; to stir up, to incite [*folla*] **II scatenarsi** pronom. **1** *(scoppiare)* [*fenomeni naturali, discussione*] to rage **2** *(agitarsi)* [*persona, folla*] to go* wild **3** COLLOQ. *(entusiasmarsi)* to get* excited.
scatenato /skate'nato/ **I** p.pass. → **scatenare II** agg. [*bambino, folla, ritmo*] wild; [*passioni*] unbridled, unleashed; ***pazzo ~*** raving mad.
scatola /'skatola/ f. *(contenitore)* box; *(di metallo)* can, tin BE; *(contenuto)* boxful; ~ ***di fiammiferi*** matchbox, box of matches; ***in ~*** [*piselli, carne*] canned, tinned BE ♦ ***comprare a ~ chiusa*** to buy a pig in a poke; ***averne le -e piene di*** to be fed up with *o* sick (and tired) of; ***fare girare le -e a qcn.*** to give sb. the pip, to annoy *o* bug sb.; ***togliti dalle -e!*** (get) out of my *o* the way! buzz off! ***rompere le -e*** to be a pain in the neck; ***rompere le -e a qcn.*** to give sb. a pain (in the neck), to nag sb.; ***che rottura di -e!*** what a drag! ***tua sorella mi sta sulle -e*** I can't stand your sister ♦♦ ~ ***del cambio*** gearbox; ~ ***cranica*** cranium; ~ ***nera*** AER. black box, flight recorder; ***-e cinesi*** Chinese puzzle, nesting box.
scatolame /skato'lame/ m. canned food, tinned food BE.
scatologia /skatolo'dʒia/ f. scatology.
scatologico, pl. **-ci**, **-che** /skato'lɔdʒiko, tʃi, ke/ agg. scatologic(al).
scatolone /skato'lone/ m. (cardboard) box, carton.
scattante /skat'tante/ agg. [*persona*] quick; [*atleta*] dynamic, energetic, agile; [*auto*] responsive, zippy COLLOQ.
scattare /skat'tare/ [1] **I** tr. ~ ***una foto*** to take a photo(graph) **II** intr. (aus. *essere*) **1** (aus. *essere, avere*) [*molla, allarme*] to go* off; [*serratura*] to click, to snap; *(aprirsi di scatto)* to snap open; *(chiudersi di scatto)* to snap shut; ***fare ~*** to set off [*meccanismo, suoneria*]; to trip [*interruttore*]; to release [*grilletto*] **2** *(cambiare)* ***sta per ~ il rosso*** the light is about to turn red **3** *(essere promosso)* ~ ***di grado*** to go up a level **4** *(entrare in vigore)* [*provvedimento, aumento*] to become* effective **5** *(iniziare)* to start, to begin*; ***l'operazione della polizia è scattata ieri*** the police operation began yesterday **6** *(balzare)* to spring*; ~ ***in piedi*** to spring *o* jump to one's feet; ~ ***sull'attenti*** MIL. to snap *o* spring to attention; ~ ***come una molla*** to spring up; ***~!*** jump to it! **7** *(per l'ira)* to lose* one's temper, to fly* into a rage **8** SPORT to sprint, to spurt.
scatto /'skatto/ m. **1** *(di serratura, meccanismo)* click; *(di molla)* release **2** *(congegno)* trigger, release; ***coltello a ~*** flick knife BE, switchblade AE; ***serratura a ~*** latch *o* spring lock **3** *(rumore)* click, snap **4** *(moto brusco)* dart, bolt, jerk; ***girarsi di ~*** to twirl *o* whirl round; ***alzarsi di ~*** to spring up; ***aprirsi, chiudersi di ~*** to snap open, shut; ***a -i*** [*parlare, muoversi*] jerkily **5** FIG. outburst, fit; ~ ***di generosità*** generous impulse; ***uno ~ d'ira*** a fit of anger; ***non sopporto i suoi -i*** I can't put up with his fits of temper **6** SPORT sprint, spurt **7** AMM. promotion; ~ ***d'anzianità*** seniority increment **8** FOT. ~ ***dell'otturatore*** shutter release **9** TEL. unit.
scaturire /skatu'rire/ [102] intr. (aus. *essere*) **1** *(uscire)* [*liquido*] to flow, to pour out; [*gas*] to blow* off, to issue **2** FIG. *(derivare)* to spring*, to arise.
scavalcare /skaval'kare/ [1] tr. **1** *(passare sopra a)* to step over, to climb over [*ostacolo, muretto, recinto*] **2** FIG. *(superare)* to get* ahead of, to overtake* [*persona*] **3** *(non rispettare la gerarchia)* to bypass [*superiore*] **4** EQUIT. to toss, to unsaddle [*cavaliere*].
scavare /ska'vare/ [1] **I** tr. to dig*, to excavate, to bore, to hollow out [*buco, fossato, tunnel*]; to sink*, to dig* [*fondamenta*]; to bore, to dig*, to drill [*pozzo*]; [*mare, acqua*] to eat* into, to erode [*rocce*]; FIG. [*stanchezza*] to furrow, to line [*viso*] **II** intr. (aus. *avere*) **1** ~ ***nella roccia*** to dig into the rock; ~ ***alla ricerca di un tesoro*** to dig for a treasure **2** *(indagare)* ~ ***nella memoria*** to delve in one's memory; ~ ***nel passato di qcn.*** to dig into sb.'s past **III scavarsi** pronom. ***-rsi un passaggio in qcs.*** to burrow one's way into sth.; ***-rsi la fossa con le proprie mani*** FIG. to dig one's own grave.
scavato /ska'vato/ **I** p.pass. → **scavare II** agg. [*guance*] sunken, hollow.
scavatore /skava'tore/ m. (f. **-trice** /tritʃe/) digger; ARCHEOL. excavator.
scavatrice /skava'tritʃe/ f. → **escavatore.**
scavezzacollo /skavettsa'kɔllo/ m. e f. daredevil, tearaway.
scavo /'skavo/ m. **1** *(lo scavare)* digging; *(luogo)* excavation; ***fare uno ~*** to make an excavation *o* a dig **2** EDIL. digging; *(di tunnel)* cutting; *(di pozzo)* sinking **3** ARCHEOL. excavation; ***fare degli -i*** to go on a dig *o* digging, to dig **4** MIN. ***gli -i*** mining **5** SART. *(incavo)* hole.
scazzarsi /skat'tsarsi/ [1] pronom. VOLG. **1** *(arrabbiarsi)* to get* pissed off **2** *(annoiarsi)* to get* bored stiff.
scazzo /'skattso/ m. VOLG. **1** *(litigio)* row, fight **2** *(problema)* drag **3** *(cosa noiosa)* ***che ~ questo film!*** what a drag this film is!
scazzottarsi /skattsot'tarsi/ [1] pronom. to have* a punch-up.
scazzottata /skattsot'tata/ f. fist fight.
scegliere /'ʃeʎʎere/ [83] tr. **1** to choose*, to pick [*persona, opzione, libro*]; to choose* [*metodo, sistema*]; ~ ***di rimanere*** to choose *o* opt to stay; ~ ***per primo*** to get first pick; ***puoi ~ fra***

tre colori you have a choice of *o* you can select *o* pick from three colours; ***scegli!*** take your pick! **~ *bene, male*** to make the right, wrong choice; ***sta a te*** ~ it's your choice **2** *(selezionare)* to select, to single out [*frutta, riso*].

sceicco, pl. **-chi** /ʃe'ikko, ki/ m. sheik.

scelleratàggine /ʃellera'taddʒine/, **scelleratezza** /ʃellera'tettsa/ f. villainy; *(di azioni)* wickedness, blackness.

scellerato /ʃelle'rato/ **I** agg. [*atto, pensiero*] wicked, black **II** m. (f. **-a**) villain.

scellino /ʃel'lino/ ♦ *6* m. *(austriaco)* schilling; *(inglese)* shilling.

scelta /'ʃelta/ f. **1** *(opzione)* choice, option; ***fare una*** ~ to make a choice; ***avere, non avere*** ~ to have a, no choice; ***avere l'imbarazzo della*** ~ to be spoilt for choice; ***non avere altra ~ che fare*** to have no alternative but to do; ***fare la ~ giusta, sbagliata*** to make the right, wrong choice; ***non avevo molta*** ~ I had little option *o* choice; ***puoi prendere un libro a*** ~ you can take a book of your choice *o* any book you want; ***a ~ formaggio o dessert*** a choice of cheese or dessert; ***limita le possibilità di*** ~ it limits one's options **2** *(assortimento)* range, choice; ***c'è molta, non c'è*** ~ there's a lot, nothing on offer **3** *(selezione)* selection; TELEV. RAD. miscellany **4** *(qualità)* ***prodotti di prima*** ~ first-rate *o* prime *o* selected *o* choice products; ***prodotti di seconda*** ~ reject *o* second-class *o* second-rate products.

scelto /'ʃelto/ **I** p.pass. → **scegliere II** agg. **1** *(selezionato)* [*persona*] selected, chosen; ***opere -e di Wilde*** selected writings of Wilde **2** *(forbito)* [*linguaggio, termine*] refined **3** *(di qualità superiore)* [*clientela, pubblico*] select; [*merce, prodotto*] choice, first-rate; ***tiratore*** ~ sharpshooter.

scemare /ʃe'mare/ [1] intr. (aus. *essere*) [*vento*] to lessen, to decrease; [*entusiasmo, forza, interesse, attenzione*] to dwindle, to diminish; [*suono, voce*] to die away; ***la luce stava scemando*** the light was falling.

scemata /ʃe'mata/ f. ***dire -e*** to talk nonsense *o* rubbish; ***fare -e*** to do silly things.

scemenza /ʃe'mɛntsa/ f. **1** *(idiozia)* stupidity, foolishness **2** *(atto, parola)* → **scemata**.

scemo /'ʃemo/ **I** agg. **1** *(stupido)* stupid, foolish, silly **2** *(matto)* ***ma sei ~?*** are you mad? **II** m. (f. **-a**) fool, idiot; ***lo ~ del villaggio*** the village idiot; ***bravo ~!*** COLLOQ. (the) more fool you! ***non fare lo*** ~ don't be silly; ***fare lo*** ~ to act *o* play the fool; ***far passare qcn. per*** ~ COLLOQ. to make a monkey out of sb.

scempiàggine /ʃem'pjaddʒine/ f. → **scemenza**.

1.scempio, pl. **-pi, -pie** /'ʃempjo, pi, pje/ agg. *(non doppio)* [*filo*] single.

2.scempio, pl. **-pi** /'ʃempjo, pi/ m. *(strage)* massacre, slaughter; *(devastazione)* havoc; *(deturpamento)* ruin, destruction.

scena /'ʃena/ f. **1** TEATR. stage; ***entrare in*** ~ to come *o* go on (stage), to make an entrance (anche FIG.); ***uscire di*** ~ to make an exit, to go off; ***fuori*** ~ offstage; ***messa in*** ~ direction, staging, mise-en-scène; FIG. mise-en-scène, play-acting; ***è stata tutta una messa in*** ~ FIG. the whole thing was staged; ***mettere in*** ~ to direct *o* put on *o* stage [*spettacolo*]; ***"Amleto" va in ~ al Gate*** "Hamlet" is playing at the Gate; ***un applauso a ~ aperta*** an applause in the middle of the show; *(attività di attore)* ***calcare le -e*** to tread the boards; ***abbandonare la*** ~ to give up the stage **2** *(parte) (di film)* scene, sequence; *(di opera teatrale)* scene; ***girare una*** ~ to shoot a scene; **~ *d'amore*** love scene **3** *(fatto, immagine)* scene; ***-e di morte e distruzione*** scenes of death and destruction; ***-e di violenza*** scenes of violence; ***una ~ straordinaria*** an amazing sight; ***immaginati la ~!*** just picture the scene! ***ha assistito a tutta la*** ~ he saw the whole thing **4** FIG. *(ambiente)* scene; ***sulla ~ internazionale, politica*** on the international, political scene; ***la ~ del delitto*** the scene of the crime **5** FIG. *(simulazione)* ***è tutta*** ~ it's all an act *o* a pose; ***fa solo*** ~ he's putting it on **6** FIG. → **scenata** ♦ ***fare una ~ madre*** to make a grand drama of it ♦♦ **~ *muta*** dumb show; ***fare ~ muta*** FIG. not to say one word, to draw a blank.

scenario, pl. **-ri** /ʃe'narjo, ri/ m. **1** TEATR. scenery, set, scene **2** *(paesaggio)* ***il maestoso ~ delle Alpi*** the majestic landscape of the Alps **3** FIG. *(situazione)* scenario*, scene, setting; ***lo ~ politico, culturale*** the political, cultural scene *o* setting; ***avvenire in uno ~ di guerra*** to take place against a backdrop *o* background of war.

scenata /ʃe'nata/ f. scene, row, outburst; ***fare una*** ~ to make a scene; ***fare una ~ di gelosia*** to throw a jealous fit; ***fare delle -e per qcs.*** to kick up a fuss about sth.

scèndere /'ʃendere/ [10] **I** intr. (aus. *essere*) **1** *(andare giù)* to go* down, to get* down; *(venire giù)* to come* down, to get* down; **~ *in cantina*** to go down to the cellar; ***scendo subito!*** I'll be right down! **~ *da*** to come *o* get off [*marciapiede, scalino*]; **~ *dal letto*** to get out of bed; ***è sceso in bicicletta, in macchina*** he cycled, drove down; ***si è fatto male mentre scendeva*** he got hurt on the way down; **~ *in campo*** SPORT to take to the field; MIL. to take the field; FIG. POL. to enter the list; **~ *in pista*** [*ballerini*] to take the floor; ***le lacrime le scesero giù per le guance*** the tears ran down her cheeks; **~ *al terzo posto*** to drop to third place **2** *(smontare)* **~ *da*** to get off [*treno, autobus, bicicletta, cavallo*]; to get out of [*macchina*]; ***fammi ~ davanti alla stazione*** drop me off *o* put me down at the station **3** *(digradare)* [*terreno*] to slope (downwards), to dip; **~ *fino a*** [*sentiero, muro*] to go down to; **~ *bruscamente*** [*pendio, strada*] to drop sharply **4** *(diminuire)* [*livello, pressione, prezzo*] to fall*, to decrease, to drop, to go* down; [*febbre*] to subside, to decrease; ***le auto stanno scendendo di prezzo*** cars are coming down in price; ***la marea sta scendendo*** the tide is going out **5** *(ricadere)* [*abito, capelli*] to come* down (**fino a** to) **6** *(cadere)* [*notte, neve*] to fall*; [*nebbia*] to come down*, to descend **7** [*sole*] to dip, to go* down **II** tr. to descend [*pendio, gradini, fiume*]; **~ *le scale*** to come *o* go down the stairs; **~ *il fiume a nuoto*** to swim down the river; **~ *la collina correndo*** to run down the hill ♦ **~ *nei particolari*** to go into details *o* to get down to specifics; **~ *in piazza*** to take to the streets; **~ *a compromessi*** to stoop to compromises; **~ *in lizza*** to enter the list; **~ *a patti con qcn.*** to come to terms with sb.

scendiletto /ʃendi'lɛtto/ m.inv. *(tappeto)* bedside rug.

sceneggiare /ʃened'dʒare/ [1] tr. to dramatize; TEATR. to adapt for the stage; TELEV. to adapt for TV; CINEM. to script.

sceneggiata /ʃened'dʒata/ f. TEATR. = Neapolitan melodrama; ***smettila di fare -e!*** FIG. cut out the melodramatics!

sceneggiato /ʃened'dʒato/ m. TV serial.

sceneggiatore /ʃeneddʒa'tore/ ♦ *18* m. (f. **-trice** /tritʃe/) scriptwriter, screenwriter.

sceneggiatura /ʃeneddʒa'tura/ f. **1** *(lo sceneggiare)* dramatization **2** *(copione)* script; CINEM. screenplay, script.

scenetta /ʃe'netta/ f. **1** TEATR. TELEV. sketch, skit **2** *(scena divertente)* funny incident.

scènico, pl. **-ci, -che** /'ʃeniko, tʃi, ke/ agg. [*rappresentazione, materiale*] stage attrib.

scenografia /ʃenogra'fia/ f. **1** ART. ARCH. scenography **2** *(allestimento)* set, scenery; ***allestire la*** ~ to set the stage.

scenògrafo /ʃe'nɔgrafo/ ♦ *18* m. (f. **-a**) TEATR. stage designer, scene designer, set designer; CINEM. set designer.

scentrato /ʃen'trato, stʃen'trato/ agg. **1** *(fuori dal centro)* out of centre, off centre **2** [*persona*] off one's head, nuts.

sceriffo /ʃe'riffo/ ♦ *18* m. sheriff.

scervellarsi /ʃervel'larsi, stʃervel'larsi/ [1] pronom. (aus. *essere*) to beat one's brain out, to rack one's brains; **~ *su qcs.*** to puzzle over sth.

scervellato /ʃervel'lato, stʃervel'lato/ **I** p.pass. → **scervellarsi II** agg. empty-headed, harebrained, rattle-brained **III** m. (f. **-a**) rattle-brain.

scetticismo /ʃetti'tʃizmo/ m. disbelief, scepticism BE, skepticism AE.

scèttico, pl. **-ci, -che** /'ʃɛttiko, tʃi, ke/ **I** agg. disbelieving, sceptical BE, skeptical AE **II** m. (f. **-a**) disbeliever, sceptic BE, skeptic AE.

scettro /'ʃɛttro/ m. sceptre BE, scepter AE; ***deporre lo*** ~ to lay down the crown; ***detenere lo*** ~ SPORT to hold the title.

scevro /'ʃɛvro/ agg. free (**di, da** from).

scheda /'skɛda/ f. **1** *(di schedario)* index card **2** *(elettorale)* ballot (paper), voting paper **3** *(modulo)* form **4** *(breve testo descrittivo)* file, dossier **5** *(in biblioteca)* call slip **6** INFORM. board, card ♦♦ **~ *audio*** INFORM. sound card; **~ *bianca*** blank vote; **~ *di espansione*** INFORM. expansion board *o* card; **~ *grafica*** INFORM. graphics adapter *o* card; **~ *madre*** INFORM. motherboard, mainboard; **~ *magnetica*** card key; **~ *nulla*** spoiled ballot paper; **~ *pratica*** card with practical hints; **~ *per-***

forata punch card; ~ ***telefonica*** phonecard; ~ ***di valutazione*** SCOL. progress report; ~ ***video*** INFORM. video card.

schedare /ske'dare/ [1] tr. to card-index [*libro*]; to file [*documenti*]; to keep* a file on [*persona*].

schedario, pl. **-ri** /ske'darjo, ri/ m. **1** *(insieme di schede)* card catalogue BE, card catalog AE, card index **2** *(contenitore) (classificatore)* file, folder; *(mobile)* filing cabinet ♦♦ ~ ***di polizia*** police records.

schedato /ske'dato/ **I** p.pass. → **schedare II** agg. [*libro*] filed, indexed; ~ ***dalla polizia*** with a police record, on file **III** m. (f. **-a**) person with a police record.

schedatura /skeda'tura/ f. filing.

schedina /ske'dina/ f. *(del totocalcio)* coupon; ***giocare la*** ~ to do the football pools.

scheggia, pl. **-ge** /'skeddʒa, dʒe/ f. *(di legno)* chip, splinter; *(di roccia)* flake, spall; *(di vetro)* chip, sliver, splinter; ***una*** ~ ***di granata*** a piece of shrapnel; ***come una*** ~ COLLOQ. FIG. like a bat out of hell.

scheggiare /sked'dʒare/ [1] **I** tr. to chip, to sliver [*bicchiere, vetro*]; to splinter [*legno*]; ~ ***un dente*** to chip (a piece off) a tooth **II scheggiarsi** pronom. [*dente, osso*] to chip; [*vetro*] to sliver, to chip.

scheletrico, pl. **-ci**, **-che** /ske'lɛtriko, tʃi, ke/ agg. **1** ANAT. [*muscolo*] skeletal **2** *(magrissimo)* [*persona, animale*] skeletal, scrawny, wasted; [*gambe*] scrawny, scraggy **3** FIG. *(conciso)* [*relazione*] sketchy.

scheletrire /skele'trire/ [102] **I** tr. ***la malattia lo ha scheletrito*** the illness has left him emaciated *o* mere skin and bone **II scheletrirsi** pronom. to be* reduced to a skeleton.

scheletrito /skele'trito/ **I** p.pass. → **scheletrire II** agg. **1** *(spoglio)* [*albero*] skeletal, bare **2** FIG. *(conciso)* sketchy.

scheletro /'skɛletro/ m. **1** ANAT. skeleton **2** COLLOQ. FIG. *(persona magra)* skeleton, bag of bones **3** *(struttura)* skeleton, framework **4** *(di opera, articolo)* skeleton, outline ♦ ***avere uno*** ~ ***nell'armadio*** to have a skeleton in the cupboard BE *o* closet AE.

schema /'skɛma/ m. **1** *(abbozzo, progetto)* outline, plan, draft; *(di motore, macchina)* layout; ***rientrare in uno*** ~ to enter into a plan **2** *(modello rigido)* pattern, mould, rule; ***essere fuori dagli -i*** [*persona, opera*] to be a mould-breaker; ***seguire uno*** ~ ***fisso*** to follow a set pattern **3** *(disegno)* diagram, schema* ♦♦ ~ ***di comportamento*** behaviour pattern; ~ ***di gioco*** SPORT pattern; ~ ***mentale*** pattern of thought; ~ ***metrico*** rhyme scheme.

schematicità /skematitʃi'ta/ f.inv. sketchiness.

schematico, pl. **-ci**, **-che** /ske'matiko, tʃi, ke/ agg. schematic.

schematizzare /skematid'dzare/ [1] tr. to schematize (anche FIG.).

scherma /'skerma, 'skɛrma/ ♦ ***10*** f. fencing; ***tirare di*** ~ to fence; ***maestro di*** ~ fencing teacher.

schermaglia /sker'maʎʎa/ f. skirmish; ***la*** ~ ***del dibattito*** the cut and thrust of debate.

schermare /sker'mare/ [1] tr. **1** to screen [*lampada, luce*] **2** NUCL. ELETTRON. to shield **3** RAD. TELEV. to screen.

schermata /sker'mata/ f. screen.

schermatura /skerma'tura/ f. **1** TECN. shielding (anche NUCL.) **2** RAD. TELEV. screening.

schermire /sker'mire/ [102] **I** tr. to protect, to shield [*viso*] **II schermirsi** pronom. **1** *(proteggersi)* to protect oneself, to shield oneself **2** FIG. to fence, to shy away; ***-rsi dalle domande*** to get out *o* evade the questions.

schermitore /skermi'tore/ m. (f. **-trice** /tritʃe/, **-tora** /tora/) fencer.

schermo /'skermo, 'skɛrmo/ m. **1** CINEM. TELEV. screen; ***il grande*** ~ *(il cinema)* the big screen; ***il piccolo*** ~ *(la televisione)* the small screen; ***portare sullo*** ~ ***un'opera*** to adapt a work for the cinema; ***"presto sui vostri -i"*** "coming soon to a cinema near you" **2** INFORM. screen; ELETTRON. display **3** *(per schermare)* screen (anche FIG.); ***fare da*** ~ ***a*** to screen out **4** *(per proteggere)* screen, shield (anche NUCL.); ~ ***di protezione*** *o* ***protettivo*** guard ♦♦ ~ ***panoramico*** wide screen; ~ ***piatto*** TELEV. flat screen; ~ ***solare*** COSMET. sunscreen.

schernire /sker'nire/ [102] tr. to jeer (at), to mock [*persona*]; to scorn [*ideali*].

scherno /'skerno/ m. scorn, mockery, jeer; ***essere oggetto di*** ~ ***da parte di qcn.*** to be held up to scorning by sb., to be the laughing stock of sb.; ***risata di*** ~ sneering.

scherzare /sker'tsare/ [1] intr. (aus. *avere*) to joke; ***stai scherzando!*** you must be joking *o* kidding! ***non c'è da*** ~ it's no joking matter; ~ ***con il pericolo*** to flirt with danger; ~ ***con i sentimenti di qcn.*** to trifle with sb.'s feelings; ***con lei non si scherza!*** she's not someone to be trifled with! ***c'è poco da*** ~***!*** it's no joke! ♦ ~ ***col fuoco*** to play with fire; ~ ***con la morte*** to dice with death.

scherzo /'skertso/ m. **1** joke; ***uno*** ~ ***di cattivo gusto*** a bad joke; ***fare uno*** ~ ***a qcn.*** to play a joke *o* trick on sb.; ***per*** ~ for *o* in fun, as a joke; ***-i a parte*** joking apart *o* aside; ***non dirlo neanche per*** ~***!*** you should not joke about certain things! ***stare allo*** ~ to take a joke **2** *(impresa da nulla)* joke; ***è stato uno*** ~ it was a bit of a joke; ***trovare lavoro non è uno*** ~ it's no joke trying to find a job **3** *(tiro)* trick; ***giocare brutti -i a qcn.*** to play nasty tricks on sb.; ***uno*** ~ ***del destino*** a twist of fate; ***niente -i!*** no messing around! **4** MUS. scherzo ♦♦ ~ ***della natura*** freak of nature; ~ ***da preti*** silly prank.

scherzosamente /skertsosa'mente/ avv. jokingly, playfully, tongue-in-cheek.

scherzoso /sker'tsoso/ agg. [*commento, gesto*] playful; [*persona, modi*] tongue-in-cheek.

schettinare /sketti'nare/ [1] intr. (aus. *avere*) to roller-skate.

schettino /'skɛttino/ m. roller-skate.

schiaccianoci /skjattʃa'notʃi/ m.inv. nutcracker.

schiacciante /skjat'tʃante/ agg. [*vittoria, superiorità, maggioranza*] crushing, overwhelming; [*testimonianza, prova*] damning, devastating, overwhelming.

schiacciapatate /skjattʃapa'tate/ m.inv. potato masher.

schiacciare /skjat'tʃare/ [1] **I** tr. **1** [*macchina, pietra*] to crush [*dito, piede*]; [*persona*] to flatten, to squash [*scatola, cappello*]; to crush, to squash, to squelch [*insetto*]; to crack, to crunch [*noce*]; to squeeze [*bottiglia, tubetto*]; to mash, to squash [*patate, pomodori*]; to press, to push [*pulsante, pedale*]; to squash, to squeeze [*foruncolo*]; ~ ***il naso contro qcs.*** to press one's nose against sth. **2** *(sopraffare)* to overwhelm, to smash, to flatten [*avversario, nemico*] **II schiacciarsi** pronom. **1** [*cappello*] to get* squashed **2** *(appiattirsi)* to press oneself **3** COLLOQ. *(ammaccarsi)* ***si è schiacciato il dito chiudendo il cassetto*** he caught his finger closing the drawer **4** *(premendo)* ***-rsi i brufoli*** to pick *o* squeeze one's spots ♦ ~ ***un pisolino*** to have *o* take a nap, to have a doze.

schiacciasassi /skjattʃa'sassi/ m. e f.inv. roadroller.

schiacciata /skjat'tʃata/ f. **1** ***dare una*** ~ ***ai pomodori*** to give the tomatoes a squash **2** SPORT *(nel basket)* dunk shot; *(nel tennis)* smash; *(nella pallavolo)* spike; ***fare una*** ~ *(nel basket)* to dunk; *(nel tennis)* to smash the ball; *(nella pallavolo)* to spike the ball **3** GASTR. INTRAD. (flat large cake or bread typical of Tuscany or Umbria).

schiacciato /skjat'tʃato/ **I** p.pass. → **schiacciare II** agg. **1** *(piatto)* [*naso*] flat **2** *(pestato)* [*piede, aglio*] crushed **3** FIG. overwhelmed, squeezed.

schiaffare /skjaf'fare/ [1] **I** tr. to throw*, to fling*; ~ ***qcs. nell'armadio*** to throw sth. in the wardrobe; ~ ***qcn. in prigione*** to fling sb. into prison **II schiaffarsi** pronom. to throw* oneself, to fling* oneself.

schiaffeggiare /skjaffed'dʒare/ [1] tr. to slap, to smack (anche FIG.).

schiaffo /'skjaffo/ m. slap, smack; ***dare uno*** ~ ***a qcn.*** to give sb. a smack; ***prendere qcn. a -i*** to slap sb.'s face; ***è stato un vero*** ~ ***morale*** FIG. it was a real slap in the face; ***avere una faccia da -i*** to be cheeky.

schiamazzare /skjamat'tsare/ [1] intr. (aus. *avere*) **1** [*oca*] to gaggle; [*gallina*] to cackle **2** *(strepitare)* [*persone*] to clamour BE, to clamor AE.

schiamazzo /skja'mattso/ m. **1** *(di volatili)* cackle **2** *(strepito)* clamour BE, to clamor AE, noise ♦♦ ***-i notturni*** DIR. breach of the peace.

schiantare /skjan'tare/ [1] **I** tr. **1** *(rompere)* to bring* down [*palo*]; to fell [*albero*] **2** *(fare scoppiare)* to break*, to burst* **II** intr. (aus. *essere*) COLLOQ. ~ ***dalle risa*** to burst out laughing **III schiantarsi** pronom. **1** [*aereo, auto*] to crash, to smash (**contro** into); ***-rsi al suolo*** to come crashing to the ground **2** *(scoppiare)* to break*, to burst*.

schianto /ˈskjanto/ m. **1** *(lo schiantarsi)* smash, crash **2** *(rumore)* crack, snap; ***lo ~ di un'esplosione*** the boom of an explosion **3** *(grande dolore)* blow **4** COLLOQ. ***è uno ~*** she's a raving beauty; ***uno ~ di bionda*** a blonde bombshell **5 di schianto** suddenly, all of a sudden; ***aprirsi di ~*** to burst *o* fly open.

schiappa /ˈskjappa/ f. COLLOQ. ***essere una ~ in*** to be a washout at.

schiarire /skjaˈrire/ [1] **I** tr. to lighten [*colore, capelli*] **II** intr. (aus. *essere*), **schiarirsi** pronom. **1** [*colore*] to lighten **2** [*tempo, cielo*] to clear up, to brighten up ♦ ***-rsi la voce*** o ***la gola*** to clear one's throat.

schiarita /skjaˈrita/ f. **1** METEOR. bright spell, sunny period, sunny spell **2** FIG. *(di situazione, conflitto)* respite.

schiatta /ˈskjatta/ f. LETT. stock, family, descent.

schiattare /skjatˈtare/ intr. (aus. *essere*) to kick the bucket; ***~ di rabbia*** to be livid with rage; ***~ d'invidia*** to be green with envy.

schiavismo /skjaˈvizmo/ m. *(sistema)* slavery.

schiavista, m.pl. **-i**, f.pl. **-e** /skjaˈvista/ **I** agg. [*politica, stato*] slave attrib. **II** m. e f. slave driver (anche FIG.).

schiavistico, pl. **-ci**, **-che** /skjaˈvistiko, tʃi, ke/ agg. [*atteggiamento*] slave attrib.

schiavitù /skjaviˈtu/ f.inv. **1** slavery, bondage, enslavement; ***ridurre in ~*** to enslave **2** FIG. bondage, slavery; ***la ~ della droga*** drug addiction.

schiavizzare /skjavidˈdzare/ [1] tr. to enslave.

schiavo /ˈskjavo/ **I** m. (f. **-a**) slave (anche FIG.); ***mercante di -i*** slaver; ***tratta degli -i*** slave-trading **II** agg. slave attrib.; ***essere ~ di*** to be enslaved by [*passione*]; to be a slave to [*moda*]; to be hooked on [*droga*] ♦ ***lavorare come uno ~*** to (work like a) slave.

schiena /ˈskjɛna/ ➧ **4** f. **1** back; ***girato di ~*** facing backwards; ***mi corse un brivido lungo la ~*** a shiver ran down my spine **2** ING. ***a ~ d'asino*** [*ponte*] humpback(ed) ♦ ***voltare la ~ a qcn.*** to turn one's back on sb.; ***rompersi la ~*** to break one's back.

schienale /skjeˈnale/ m. *(di sedia, poltrona)* back (rest).

schiera /ˈskjɛra/ f. **1** *(moltitudine)* group, host; ***una ~ di angeli*** a flight of angels **2** MIL. *(esercito)* troops pl.; *(disposizione)* rank; ***le -e nemiche*** the enemy troops **3** ***villetta a ~*** terraced house BE, row house AE.

schieramento /skjeraˈmento/ m. **1** MIL. *(spiegamento)* array, deployment; *(disposizione)* formation, marshalling BE, marshaling AE **2** POL. alignment **3** SPORT formation.

schierare /skjeˈrare/ [1] **I** tr. to array, to deploy, to marshal [*carri armati, truppe*]; to line up [*giocatori, formazione*]; ***~ qcn. in difesa*** to put sb. in defence **II schierarsi** pronom. **1** MIL. [*carri armati, truppe*] to draw* up **2** SPORT ***-rsi in campo*** to line up on the field **3** *(mettersi in fila)* to line up **4** *(prendere partito)* ***-rsi con qcn.*** POL. to align oneself *o* line up with sb.; ***-rsi dalla parte di, contro*** to side with, against.

schiettezza /skjetˈtettsa/ f. *(di affermazione)* unreserve; *(di persona)* bluntness, honesty, outspokenness; ***tutti hanno parlato con ~*** there was plenty of plain speaking.

schietto /ˈskjetto, ˈskjɛtto/ **I** agg. **1** *(sincero)* [*persona, domanda*] blunt, straightforward, plain; [*opinione*] frank, honest **2** *(puro)* [*oro, vino*] pure **II** avv. [*parlare*] plainly, frankly, openly.

schifare /skiˈfare/ [1] **I** tr. **1** *(detestare)* to loathe **2** *(disgustare)* to disgust **II schifarsi** pronom. to be* disgusted.

schifato /skiˈfato/ **I** p.pass. → **schifare II** agg. *(disgustato)* disgusted.

schifezza /skiˈfettsa/ f. **1** *(l'essere schifoso)* hideousness **2** COLLOQ. *(cosa schifosa)* ***quel film è una ~!*** that film is rubbish *o* crap! ***smettila di mangiare -e*** stop eating such junk.

schifiltoso /skifilˈtoso/ **I** agg. fastidious, fussy **II** m. (f. **-a**) ***fare lo ~*** to be fussy.

schifo /ˈskifo/ m. disgust; ***che ~!*** how horrible! that's disgusting! ***questo film è uno ~!*** this film is crap *o* rubbish! ***che ~ di tempo!*** what a filthy weather! ***ricco da fare ~*** stinking rich; ***la nostra squadra ha fatto ~*** our team was dreadful *o* just stunk; ***il cibo fa ~*** the food is awful; ***il contratto fa ~*** the contract stinks; ***mi fai ~!*** you make me sick! ***fare ~ in matematica*** to be lousy at maths.

schifoso /skiˈfoso/ **I** agg. [*libro, film, luogo*] lousy, crappy POP.; [*città, casa*] stinking, rotten; [*cibo, gusto*] revolting, disgusting; [*odore*] foul; ***che tempo ~!*** what a filthy weather! **II** m. (f. **-a**) despicable person, bastard.

schioccare /skjokˈkare/ [1] **I** tr. to crack [*frusta*]; to smack [*labbra*]; to clack, to click [*lingua*]; to snap, to click [*dita*] **II** intr. (aus. *avere*) [*frusta*] to crack; [*lingua*] to clack.

schiocco, pl. **-chi** /ˈskjɔkko, ki/ m. *(con la frusta)* crack; *(con le labbra)* smack; *(con la lingua)* clack, click; *(con le dita)* snap, click.

schiodare /skjoˈdare/ [1] **I** tr. to unnail, to take* the nail out [*cassa*] **II schiodarsi** pronom. COLLOQ. FIG. ***non si schiodavano più!*** they just wouldn't get going!

schioppettata /skjoppetˈtata/ f. gunshot; ***prendere qcn. a -e*** to shoot at sb.

schioppo /ˈskjɔppo/ m. shotgun ♦ ***è a un tiro di ~ da qui*** it's a stone's throw from here.

schiudere /ˈskjudere/ [11] **I** tr. to part, to open slightly [*labbra*] **II schiudersi** pronom. **1** [*uovo*] to hatch; [*fiore*] to bloom, to open up **2** FIG. [*orizzonte*] to open.

schiuma /ˈskjuma/ f. **1** foam; *(di birra, latte)* froth; *(di sapone, detersivo)* lather; ***fare ~*** [*sapone, detersivo*] to work up into a lather **2** *(bava)* ***avere la ~ alla bocca*** to foam at the mouth (anche FIG.) ♦♦ ***~ da barba*** shaving foam.

schiumare /skjuˈmare/ [1] **I** tr. to skim [*latte, brodo*] **II** intr. (aus. *avere*) to foam, to froth; [*sapone, detersivo*] to lather; ***~ di rabbia*** to spit with rage.

schiumarola /skjumaˈrɔla/ f. skimmer.

schiumogeno /skjuˈmɔdʒeno/ m. foam extinguisher.

schiumoso /skjuˈmoso/ agg. frothy, foamy; ***questo sapone è molto ~*** this soap gives a good lather.

schivare /skiˈvare/ [1] tr. to avoid, to dodge, to parry [*responsabilità, domanda, pallottola, colpo*]; to shirk [*problema*].

schivo /ˈskivo/ agg. [*carattere, persona*] bashful, reticent.

schizofrenia /skiddzofreˈnia/ ➧ **7** f. schizophrenia.

schizofrenico, pl. **-ci**, **-che** /skiddzoˈfrɛniko, tʃi, ke/ **I** agg. [*comportamento*] schizoid, schizophrenic **II** m. (f. **-a**) schizophrenic.

schizoide /skidˈdzɔide/ agg., m. e f. schizoid.

schizzare /skitˈtsare/ [1] **I** tr. **1** *(sporcare con schizzi)* to splash, to spatter **2** *(disegnare)* to sketch [*paesaggio*] **3** *(descrivere brevemente)* to outline **II** intr. (aus. *essere*) **1** [*acqua, sangue*] to splash, to spurt, to squirt out; [*rubinetto, penna*] to splutter **2** *(balzare fuori)* ***~ fuori dal letto*** to leap out of the bed **3** COLLOQ. *(correre via)* ***~ via*** to dart *o* scuttle away, to dash off **III schizzarsi** pronom. to get* spattered, to splash oneself ♦ ***con gli occhi che gli schizzavano fuori dalle orbite*** with his eyes popping out of his head; ***~ bile*** to be livid.

schizzato /skitˈtsato/ **I** p.pass. → **schizzare II** agg. COLLOQ. *(pazzoide)* ***è completamente ~*** he's out of his head.

schizzinoso /skittsiˈnoso/ **I** agg. fastidious, squeamish **II** m. (f. **-a**) fastidious person; ***non fare lo ~!*** don't be so squeamish!

schizzo /ˈskittso/ m. **1** *(di liquidi)* squirt, spatter, splash, spurt **2** *(balzo improvviso)* leap **3** *(disegno)* sketch, outline; ***fare uno ~ di qcs.*** to draw sth. in outline, to sketch out sth. **4** *(breve descrizione)* outline.

sci /ʃi/ ➧ **10** m.inv. **1** *(attrezzo)* ski; ***un paio di ~*** a pair of skis **2** SPORT skiing; ***fare ~*** to ski; ***maestro di ~*** ski(ing) instructor; ***pista da ~*** ski slope; *(da competizione)* ski run; ***scarponi da ~*** ski boots; ***tuta da ~*** ski *o* snow suit ♦♦ ***~ d'acqua*** → ***nautico***; ***~ alpinismo*** → **scialpinismo**; ***~ alpino*** downhill skiing; ***~ di fondo*** cross-country skiing; ***~ nautico*** water-skiing; ***~ nordico*** nordic skiing.

scia /ˈʃia/ f. **1** *(di nave, aereo)* wake (anche FIG.) **2** *(di persona)* wake; *(traccia)* trail; ***seguire la ~ di qcn.*** to follow in sb.'s wake; ***sulla ~ di qcn., qcs.*** on the wake of sb., sth.; ***lasciare dietro di sé una ~ di distruzione*** to leave a trail of destruction behind oneself **3** SPORT ***sfruttare la ~ di*** to slipstream [*auto*].

scià /ʃa/ m.inv. Shah.

sciabola /ˈʃabola/ ➧ **10** f. sabre BE, saber AE.

sciabolata /ʃaboˈlata/ f. sabre-cut; ***ricevere una ~*** to be struck by a sabre.

sciabordare /ʃabor'dare/ [1] **I** tr. to shake* up [*vino*] **II** intr. (aus. *avere*) [*acqua, onde*] to lap, to slosh about COLLOQ.
sciabordio, pl. **-ii** /ʃabor'dio, ii/ m. lapping, slosh.
sciacallaggio, pl. **-gi** /ʃakal'laddʒo, dʒi/ m. *(saccheggio)* looting; *(sfruttamento)* exploitation.
sciacallo /ʃa'kallo/ m. **1** ZOOL. jackal **2** FIG. jackal, vulture.
sciacquare /ʃak'kware/ [1] **I** tr. to rinse (out) [*bucato, piatti*] **II sciacquarsi** pronom. ***-rsi le mani*** to rinse one's hands.
sciacquata /ʃak'kwata/ f. rinse; ***dare una ~ a qcs.*** to give sth. a rinse; ***darsi una ~ alle mani*** to rinse one's hands.
sciacquatura /ʃakkwa'tura/ f. **1** *(azione)* rinsing **2** *(acqua)* rinsing water; ***~ di piatti*** dishwater.
sciacquio, pl. **-ii** /ʃak'kwio, ii/ m. **1** splashing **2** *(sciabordio)* lapping, slosh.
sciacquo /'ʃakkwo/ m. **1** *(gargarismo)* gargle; ***fare gli -i*** to have a gargle **2** *(liquido)* mouthwash **3** *(risciacquo)* rinse.
sciacquone /ʃak'kwone/ m. flush; ***tirare lo ~*** to flush the toilet.
sciagura /ʃa'gura/ f. **1** *(disgrazia)* adversity, misfortune **2** *(disastro)* accident, disaster; ***provocare una ~*** to cause a disaster; ***~ aerea, ferroviaria*** air, rail disaster.
sciagurato /ʃagu'rato/ **I** agg. **1** *(sventurato)* [*famiglia*] miserable **2** *(che comporta sciagure)* [*tempi*] calamitous **3** *(scellerato)* [*padre*] wrecked, reckless **II** m. (f. **-a**) **1** *(sventurato)* wretch **2** *(scellerato)* villain.
scialacquare /ʃalak'kware/ [1] tr. to squander, to waste, to fritter away [*denaro, patrimonio*].
scialacquatore /ʃalakkwa'tore/ m. (f. **-trice** /tritʃe/) squanderer, spendthrift.
scialare /ʃa'lare/ [1] **I** tr. → **scialacquare II** intr. (aus. *avere*) ***c'è poco da ~!*** we haven't got money to burn!
scialbo /'ʃalbo/ agg. **1** *(pallido)* [*colore, sole*] pale **2** FIG. [*spettacolo, persona*] featureless, dull; [*descrizione, vita, aspetto*] colourless BE, colorless AE, drab, dull.
scialle /'ʃalle/ m. shawl, wrap.
scialo /'ʃalo/ m. **1** *(sperpero)* wasting; ***fare ~ di denaro*** to throw money about **2** *(sfarzo)* luxe.
scialpinismo /ʃialpi'nizmo/ ➧ ***10*** m. ski mountaineering.
scialuppa /ʃa'luppa/ f. ship's boat, longboat ♦♦ ***~ di salvataggio*** lifeboat.
sciamannato /ʃaman'nato/ **I** agg. REGION. slovenly **II** m. (f. **-a**) REGION. slovenly person.
sciamano /ʃa'mano/ m. shaman.
sciamare /ʃa'mare/ [1] intr. (aus. *avere, essere*) to swarm (anche FIG.).
sciame /'ʃame/ m. *(di api)* swarm; *(di insetti)* cluster, horde; *(di persone, cose)* swarm, cluster, horde; ***a -i*** in swarms ♦♦ ***~ meteorico*** ASTR. meteor shower.
sciampo → **shampoo.**
sciancato /ʃan'kato/ **I** agg. [*persona*] crippled; [*cavallo*] lame **II** m. (f. **-a**) cripple.
sciancrato /ʃan'krato/ agg. [*giacca*] tight, waisted; ***sci -i*** carvers.
sciangai /ʃan'gai/ ➧ ***10*** m.inv. spillikins + verbo sing., jackstraws + verbo sing.
sciarada /ʃa'rada/ f. charade.
sciare /ʃi'are/ [1] intr. (aus. *avere*) to ski; ***andare a ~*** to go skiing.
sciarpa /'ʃarpa/ f. **1** scarf* **2** *(fascia)* sash.
sciata /ʃi'ata/ f. skiing, ski run.
sciatica /'ʃatika/ ➧ ***7*** f. sciatica.
sciatico, pl. **-ci, -che** /'ʃatiko, tʃi, ke/ agg. [*nervo*] sciatic.
sciatore /ʃia'tore/ ➧ ***18*** m. (f. **-trice** /tritʃe/) skier.
sciatteria /ʃatte'ria/ f. *(nel vestire)* dowdiness; *(nel lavoro)* sloppiness, slovenliness.
sciatto /'ʃatto/ agg. [*abbigliamento, persona*] scruffy, slovenly; [*donna*] dowdy; [*lavoro, stile*] careless, slipshod.
sciattone /ʃat'tone/ m. (f. **-a**) sloven, slob.
scibile /'ʃibile/ m. knowledge.
sciccheria /ʃikke'ria/ f. COLLOQ. ***quest'auto è una vera ~*** this car is really chic *o* hot.
sciccoso /ʃik'koso/ agg. chic, swanky.
scientificamente /ʃentifika'mente/ avv. scientifically.
scientificità /ʃentifitʃi'ta/ f.inv. scientific nature; ***privo di ~*** without any scientific base.
scientifico, pl. **-ci, -che** /'ʃen'tifiko, tʃi, ke/ **I** agg. scientific **II** m. → **liceo scientifico.**
scienza /'ʃɛntsa/ f. **1** science; ***l'ora di -e*** SCOL. science lesson *o* class **2** *(conoscenza)* knowledge; ***un uomo di ~*** a man of learning; ***crede di avere la ~ infusa*** he thinks he knows everything ♦♦ ***~ dell'informazione*** information science; ***-e della comunicazione*** communication science; ***-e economiche*** economics; ***-e della formazione*** education; ***-e naturali*** natural sciences; ***-e occulte*** black *o* occult arts; ***-e politiche*** politics; ***-e sociali*** social science, social studies.
scienziato /ʃen'tsjato/ ➧ ***18*** m. (f. **-a**) scientist.
sciistico, pl. **-ci, -che** /ʃi'istico, tʃi, ke/ agg. [*gara*] skiing, ski attrib.; ***stazione -a*** ski resort.
sciita, m.pl. **-i**, f.pl. **-e** /ʃi'ita/ m. e f. Shiite, Shia(h)*; ***gli -i*** Shia(h).
scilinguagnolo /ʃilin'gwaɲɲolo/ m. loquacity, talkativeness; ***avere lo ~ sciolto*** to have the gift of the gab.
scimitarra /ʃimi'tarra/ f. scimitar.
scimmia /'ʃimmja/ f. monkey, ape ♦♦ ***~ antropomorfa*** (anthropoid) ape.
scimmiesco, pl. **-schi, -sche** /ʃim'mjesko, ski, ske/ agg. simian (anche FIG.).
scimmione /ʃim'mjone/ m. gorilla (anche FIG.).
scimmiottare /ʃimmjot'tare/ [1] tr. to ape, to mimic [*atteggiamenti, modo di parlare*]; to mock [*persona*].
scimpanzé /ʃimpan'tse/ m.inv. chimpanzee.
scimunito /ʃimu'nito/ **I** agg. foolish, stupid **II** m. (f. **-a**) fool, idiot.
scindere /'ʃindere/ [86] **I** tr. **1** *(dividere)* to split*, to divide, to separate [*gruppo*]; to separate [*componenti*]; ***~ l'atomo*** to split the atom **2** *(distinguere)* to break* down, to separate [*problemi*] **II scindersi** pronom. [*organizzazione, partito*] to split (off), to split up.
scintigrafia /ʃintigra'fia/ f. scintigraphy.
scintilla /ʃin'tilla/ f. spark (anche FIG.); ***mandare -e*** [*fuoco*] to spark, to throw out sparks; [*sguardo*] to glitter; ***una ~ di genio*** a spark of genius ♦ ***fare -e*** to go great guns.
scintillante /ʃintil'lante/ agg. [*stella, occhi*] glittering, twinkling, sparkling; [*luce, fiamma*] sparkling; [*moneta*] shiny.
scintillare /ʃintil'lare/ [1] intr. (aus. *avere*) [*stella, occhi*] to glitter, to twinkle, to sparkle; [*luce, fiamma*] to sparkle; [*moneta*] to shine*.
scintillio, pl. **-ii** /ʃintil'lio, ii/ m. sparkle, twinkle, glitter.
scintoismo /ʃinto'izmo/ m. Shinto(ism).
scintoista, m.pl. **-i**, f.pl. **-e** /ʃinto'ista/ m. e f. Shintoist.
scintoistico, pl. **-ci, -che** /ʃinto'istiko, tʃi, ke/ agg. Shintoistic.
sciò /ʃɔ/ inter. COLLOQ. shoo.
scioccamente /ʃokka'mente/ avv. foolishly.
scioccante /ʃok'kante/ agg. shocking, stunning.
scioccare /ʃok'kare/ [1] tr. **1** *(scandalizzare)* to shock [*persona*] **2** *(sconvolgere)* to shock, to upset* [*persona*].
sciocchezza /ʃok'kettsa/ f. **1** *(stupidità)* foolishness, silliness **2** *(azione, espressione sciocca)* ***fare una ~*** to do something silly; ***dire delle -e*** to talk nonsense *o* rubbish; ***smetti(la) di dire -e*** stop talking nonsense, don't be silly; ***ho fatto una ~ ad accettare*** I was stupid to accept **3** *(cosa da nulla)* trifle; ***è una ~*** it's a cinch *o* a mere nothing; ***l'ho pagato una ~*** I bought it for a song.
sciocco, pl. **-chi, -che** /'ʃɔkko, ki, ke/ **I** agg. foolish, silly **II** m. (f. **-a**) fool.
sciogliere /'ʃɔʎʎere/ [28] **I** tr. **1** *(slegare)* to untie, to loosen, to undo* [*nodo, laccio*]; MAR. to cast* off, to unlash [*cima*] **2** *(disciogliere)* to dissolve [*pastiglia, zucchero*] **3** *(fondere)* to melt [*neve, ghiaccio, burro*] **4** *(rendere meno rigido)* to loosen up [*gambe, muscoli*] **5** FIG. *(liberare)* ***~ qcn. da*** to release sb. from [*promessa, obbligo*]; ***~ qcn. da un incantesimo*** to break the spell on sb. **6** FIG. *(annullare)* to terminate [*contratto*]; to dissolve [*matrimonio*]; to break* off [*fidanzamento*]; to break* up [*alleanza*]; *(smembrare)* to disband [*partito*]; *(sospendere)* to dissolve [*seduta*] **7** FIG. *(rivelare)* to solve [*dubbio, enigma, mistero*] **II sciogliersi** pronom. **1** *(slegarsi)* [*nodo, laccio*] to loosen, to come* undone; ***-rsi i capelli*** to loosen *o* let down one's hair **2** *(disciogliersi)* [*compressa, zucchero*] to dissolve **3** *(fondersi)* [*ghiaccio, neve, burro*] to melt; ***si scioglie in***

bocca! it melts in your mouth! **4** COLLOQ. *(intenerirsi)* ***davanti al nipote lui si scioglie*** his heart melts when he sees his grandson **5** *(diventare meno rigido)* [*gambe, muscoli*] to loosen up, to become* more supple **6** FIG. *(dividersi)* [*assemblea, partito*] to break* up; [*gruppo*] to split* up ♦ ***~ la lingua a qcn.*** to loosen sb.'s tongue; ***~ dalle catene*** to unfetter; ***-rsi in lacrime*** to dissolve into tears, to break down.

scioglilingua /ʃoʎʎi'lingwa/ m.inv. tongue-twister.

scioglimento /ʃoʎʎi'mento/ m. **1** *(di sostanza)* dissolution **2** *(di ghiaccio, neve)* melt **3** FIG. *(di assemblea, partito, matrimonio)* dissolution; *(di contratto)* termination; *(di alleanza)* breaking up **4** LETTER. *(epilogo)* denouement (anche FIG.).

sciolina /ʃio'lina/ f. ski wax.

sciolinare /ʃioli'nare/ [1] tr. to wax [*sci*].

sciolta /'ʃɔlta/ f. COLLOQ. *(diarrea)* ***la ~*** the runs.

scioltezza /ʃol'tettsa/ f. *(di movimenti)* fluidity, smoothness; *(di stile)* fluidity; ***parla con ~ l'inglese*** her English is fluent.

sciolto /'ʃɔlto/ **I** p.pass. → **sciogliere II** agg. **1** *(slegato)* [*nodo*] undone; ***avevo i capelli -i*** my hair was loose **2** *(fuso)* [*neve, ghiaccio*] slushy **3** *(snodato)* [*corpo*] nimble, limber **4** FIG. [*movimento*] fluid, smooth; [*modi, stile*] fluent **5** LETTER. ***versi -i*** blank verse **6** COLLOQ. *(sfuso)* [*tè, caffè*] loose; [*vino*] on tap.

scioperante /ʃope'rante/ **I** agg. striking **II** m. e f. striker.

scioperare /ʃope'rare/ [1] intr. (aus. *avere*) to strike*, to walk out.

scioperato /ʃope'rato/ **I** p.pass. → **scioperare II** agg. idle, lazy **III** m. (f. **-a**) idler.

sciopero /'ʃɔpero/ m. strike; ***essere in ~*** to be on strike, to be out; ***entrare*** o ***scendere in ~*** to go on strike, to come out; ***indire, revocare uno ~*** to call out, to call off a strike ♦♦ ***~ bianco*** work-to-rule; ***~ della fame*** hunger strike; ***~ generale*** general strike; ***~ a scacchiera*** rolling strike; ***~ (a gatto) selvaggio*** unofficial strike, wildcat strike; ***~ a singhiozzo*** selective strike; ***~ di solidarietà*** sympathy strike.

sciorinare /ʃori'nare/ [1] tr. to display [*merce*]; to pour out, to rattle off [*luoghi comuni, sciocchezze*].

sciovia /ʃio'via/ f. ski lift.

sciovinismo /ʃovi'nizmo/ m. chauvinism, jingoism SPREG.

sciovinista, m.pl. **-i**, f.pl. **-e** /ʃovi'nista/ **I** agg. chauvinist, jingoistic SPREG. **II** m. e f. chauvinist, jingoist SPREG.

sciovinistico, pl. **-ci, -che** /ʃovi'nistiko, tʃi, ke/ agg. chauvinistic, jingoistic SPREG.

scipito /ʃi'pito/ agg. [*cibo*] dull, insipid; FIG. [*chiacchiere*] dull, vapid.

scippare /ʃip'pare/ [1] tr. to snatch [*borsa*]; ***~ qcn.*** to snatch sb.'s bag.

scippatore /ʃippa'tore/ m. (f. **-trice** /tritʃe/) (bag) snatcher.

scippo /'ʃippo/ m. bag snatch(ing).

scirocco /ʃi'rɔkko/ m. sirocco*.

sciroppare /ʃirop'pare/ [1] **I** tr. to syrup [*frutta*] **II sciropparsi** pronom. COLLOQ. SCHERZ. ***mi sono sciroppato i miei suoceri per tutta la sera*** I had to put up with my in-laws for the whole evening.

sciroppato /ʃirop'pato/ **I** p.pass. → **sciroppare II** agg. ***pesche -e*** peaches in syrup.

sciroppo /ʃi'rɔppo/ m. **1** GASTR. syrup; ***~ d'acero*** maple syrup **2** MED. mixture, syrup; ***~ per la tosse*** cough mixture *o* syrup.

sciroppuoso /ʃirop'poso/ agg. syrupy (anche FIG.).

scisma /'ʃizma/ m. schism.

scissione /ʃis'sjone/ f. **1** *(divisione)* split(ting) **2** BIOL. FIS. fission.

scissionismo /ʃissjo'nizmo/ m. secessionism.

scissionistico, pl. **-ci, -che** /ʃissjo'nistiko, tʃi, ke/ agg. POL. [*fazione*] breakaway attrib., secessional.

scissura /ʃis'sura/ f. **1** ANAT. fissure **2** FIG. *(dissidio)* disagreement.

scisto /'ʃisto/ m. schist ♦♦ ***~ argilloso*** shale.

sciupare /ʃu'pare/ [1] **I** tr. **1** *(rovinare)* to spoil*, to ruin [*vestito*]; to damage [*oggetto*] **2** *(sprecare)* to waste, to squander, to throw* away [*tempo, cibo, talento*]; to waste [*occasione, denaro*] **3** FIG. to spoil*, to ruin [*serata*] **II sciuparsi** pronom. **1** *(rovinarsi)* [*oggetto*] to get* damaged; [*vestito*] to get* spoiled, to get* ruined; [*bellezza, colore*] to fade; [*volto*] to crumple **2** *(deperire)* [*persona*] to get* run down **3** *(sprecarsi)* to strain oneself; ***non ti sei certo sciupato!*** you certainly didn't kill yourself!

sciupato /ʃu'pato/ **I** p.pass. → **sciupare II** agg. **1** *(rovinato)* [*oggetto*] damaged; [*vestito*] ruined, spoiled **2** *(deperito)* [*viso*] drawn, worn-out; ***ti trovo ~*** you look a bit run down **3** *(sprecato)* [*tempo, cibo, talento, denaro*] wasted.

sciupone /ʃu'pone/ m. (f. **-a**) waster, wasteful person.

scivolare /ʃivo'lare/ [1] intr. (aus. *essere*) **1** *(perdere stabilità)* to slide*, to slip (**su** on); ***~ da*** to slide off [*tetto, tavolo*] **2** *(spostarsi)* [*pattinatore, auto, nave*] to glide; ***~ sulla ringhiera*** to slide down the banisters **3** *(sfuggire dalle mani)* ***il bicchiere le scivolò di mano*** the glass slipped out of her hand **4** *(infilare)* ***fare ~ qcs. in*** to slip sth. into [*cassetta delle lettere, tasca*]; ***~ dietro, sotto qcs.*** to creep behind, under sth.; ***~ attraverso*** to ease oneself through **5** FIG. *(passare insensibilmente)* to slide* (**in** into); ***~ nella noia*** to sink into boredom **6** FIG. *(passare sopra)* ***~ su qcn.*** [*offesa, critica*] to have no effect on sb.

scivolata /ʃivo'lata/ f. slip ♦♦ ***~ d'ala*** AER. sideslip.

scivolo /'ʃivolo/ m. **1** *(per bambini)* slide; ***andare sullo ~*** to go on the slide **2** TECN. slide **3** MAR. slipway ♦♦ ***~ di emergenza*** AER. escape chute *o* slide.

scivolone /ʃivo'lone/ m. slip (anche FIG.).

scivoloso /ʃivo'loso/ agg. [*superficie, strada*] slippery.

sclerare /skle'rare/ [1] intr. (aus. *avere*) GERG. ***sto sclerando!*** I'm going off my rocker!

sclerosi /skle'rɔzi, 'sklɛrozi/ ◗ **7** f.inv. MED. sclerosis ♦♦ ***~ a placche*** o ***multipla*** multiple sclerosis.

scocca, pl. **-che** /'skɔkka, ke/ f. AUT. body shell.

scoccare /skok'kare/ [1] **I** tr. **1** *(lanciare)* to shoot* [*freccia*] **2** *(battere)* [*orologio*] to strike* [*ora*] **3** FIG. to smack [*bacio*]; to dart, to shoot* [*occhiataccia*] **II** intr. (aus. *essere*) **1** *(scattare)* [*trappola*] to be* released **2** *(suonare)* [*ora*] to strike*; ***allo ~ della mezzanotte*** at the stroke of midnight.

scocciante /skot'tʃante/ agg. bothering, irritating.

scocciare /skot'tʃare/ [1] **I** tr. COLLOQ. to annoy, to bother [*persona*]; ***mi scoccia che*** it bothers *o* peeves me that **II scocciarsi** pronom. **1** *(infastidirsi)* to get* peeved, to get* miffed **2** *(stufarsi)* ***mi sono scocciato di aspettare*** I'm fed up with waiting.

scocciato /skot'tʃato/ **I** p.pass. → **scocciare II** agg. *(infastidito)* peeved, narked; *(stufo)* fed up.

scocciatore /skottʃa'tore/ m. (f. **-trice** /tritʃe/) nuisance, pest.

scocciatura /skottʃa'tura/ f. nuisance; ***una bella ~*** a bit *o* a spot of bother.

scodella /sko'dɛlla/ f. bowl; ***una ~ di latte*** a bowl(ful) of milk.

scodellare /skodel'lare/ [1] tr. **1** *(versare)* to dish up, to serve up, to ladle out [*latte, minestra*] **2** COLLOQ. *(spiattellare)* to dish up [*bugie*]; ***~ tutto in giro*** to shoot one's mouth off **3** COLLOQ. *(partorire)* to give* birth to [*figlio*].

scodinzolare /skodintso'lare/ [1] intr. (aus. *avere*) **1** [*cane*] to wag one's tail **2** FIG. to suck up, to grovel.

scodinzolio, pl. **-ii** /skodintso'lio, ii/ m. wagging.

scogliera /skoʎ'ʎɛra/ f. cliff.

scoglio, pl. **-gli** /'skɔʎʎo, ʎi/ m. **1** *(roccia)* rock **2** FIG. hurdle; ***superare uno ~*** to get *o* be over the hump.

scoiattolo /sko'jattolo/ m. squirrel.

scolapasta /skola'pasta/ m.inv. colander.

scolara /sko'lara/ f. pupil, schoolgirl, schoolchild*.

scolapiatti /skola'pjatti/ m.inv. (plate-)rack, drainer.

1.scolare /sko'lare/ [1] **I** tr. to drain, to strain [*pasta, riso*]; to drain, to empty [*bottiglia, bicchiere*] **II** intr. (aus. *avere*) [*piatti, verdura*] to drain **III scolarsi** pronom. to drain, to empty [*bottiglia, bicchiere*].

2.scolare /sko'lare/ agg. ***età ~*** school age.

scolaresca, pl. **-sche** /skola'reska, ske/ f. *(di una classe)* class; *(di una scuola)* pupils pl., students pl.

scolarità /skolari'ta/ f.inv. schooling.

scolarizzare /skolarid'dzare/ [1] tr. BUROCR. to educate.

scolarizzazione /skolariddzat'tsjone/ f. schooling, education.

scolaro /sko'laro/ m. pupil, schoolboy, schoolchild*.
scolastica /sko'lastika/ f. scholasticism.
scolastico, pl. **-ci**, **-che** /sko'lastiko, tʃi, ke/ **I** agg. **1** [*programma, rendimento*] school attrib., scholastic; [*anno, tasse, vacanze, gita*] school attrib.; [*riforma*] educational; ***libro ~*** schoolbook; ***istituto ~*** school(house) **2** FILOS. scholastic **II** m. STOR. schoolman*.
scolatoio, pl. **-oi** /skola'tojo, oi/ m. draining board.
scoliosi /sko'ljɔzi/ ♦ 7 f.inv. scoliosis.
scollacciato /skollat'tʃato/ agg. **1** *(scollato)* [*vestito*] very low-cut; [*persona*] wearing a very low-cut dress **2** FIG. *(licenzioso)* [*barzelletta*] coarse.
1.scollare /skol'lare/ [1] **I** tr. *(staccare)* to unglue, to unstick* [*etichetta, manifesto*] **II scollarsi** pronom. **1** *(staccarsi)* [*manifesto, etichetta*] to come* unstuck, to peel off **2** FIG. to drag (oneself) away; ***non si scolla mai dal televisore*** he's always glued to the television.
2.scollare /skol'lare/ [1] tr. ABBIGL. ***~ un abito sul davanti, sulla schiena*** to make a dress low-cut at the front, at the back.
1.scollato /skol'lato/ **I** p.pass. → **1.scollare II** agg. [*etichetta, manifesto*] unglued, unstuck.
2.scollato /skol'lato/ **I** p.pass. → **2.scollare II** agg. [*vestito*] low-cut, low-necked, décolleté; ***un abito ~ sulla schiena*** a backless dress; ***scarpa -a*** court shoe.
1.scollatura /skolla'tura/ f. *(lo scollarsi)* peeling off, detachment.
2.scollatura /skolla'tura/ f. **1** ABBIGL. neck(line), décolletage, décolleté **2** *(parte lasciata scoperta)* cleavage, décolleté.
scollegamento /skollega'mento/ m. disconnection.
scollegare /skolle'gare/ [1] tr., **scollegarsi** pronom. INFORM. TECN. to disconnect.
scollegato /skolle'gato/ **I** p.pass. → **scollegare II** agg. [*apparecchio*] unconnected; [*avvenimenti*] unrelated.
scollo /'skɔllo/ m. → **2.scollatura.**
scolo /'skolo/ ♦ 7 m. **1** *(condotto)* drain; ***acque di ~*** (sewage) sludge, waste water **2** *(deflusso di liquidi)* draining **3** POP. *(blenorragia)* clap, gleet.
scolorare /skolo'rare/ [1] **I** tr. to discolour BE, to discolor AE, to fade [*tessuto*] **II scolorarsi** pronom. **1** *(stingersi)* [*tessuto*] to fade **2** FIG. ***-rsi in viso*** to grow* pale.
scolorimento /skolori'mento/ m. discolouration BE, discoloration AE.
scolorina /skolo'rina/ f. ink remover.
scolorire /skolo'rire/ [102] **I** tr. **1** *(far stingere)* to fade, to discolour BE, to discolor AE [*tessuto*] **2** FIG. [*tempo*] to dim [*ricordi*] **II** intr. (aus. *essere*) **1** *(perdere colore)* [*tessuto*] to fade **2** *(impallidire)* [*persona, viso*] to grow* pale **3** FIG. [*ricordo*] to dim **III scolorirsi** pronom. [*tessuto*] to fade.
scolorito /skolo'rito/ **I** p.pass. → **scolorire II** agg. **1** *(sbiadito)* [*stoffa*] faded, washed-out; *(pallido)* [*viso*] colourless BE, colorless AE **2** FIG. *(scialbo)* [*prestazione, rappresentazione*] colourless BE, colorless AE.
scolpire /skol'pire/ [102] tr. **1** *(realizzare)* to carve, to sculpt(ure) [*statua*] **2** *(lavorare)* to sculpt, to carve [*marmo, legno*] **3** *(incidere)* to engrave, to carve [*iscrizione*] **4** *(erodere)* [*mare, erosione*] to shape [*roccia*] **5** FIG. LETT. to engrave.
scolpito /skol'pito/ **I** p.pass. → **scolpire II** agg. **1** *(lavorato)* [*oggetto, materiale*] carved, sculpted **2** FIG. ***~ nella memoria di qcn.*** [*esperienza*] engraved in sb.'s memory.
scombinare /skombi'nare/ [1] tr. **1** *(mettere in disordine)* to mess up, to mix up [*carte, libri*] **2** *(mandare a monte)* to upset* [*piano*].
scombinato /skombi'nato/ **I** p.pass. → **scombinare II** agg. confused, muddleheaded **III** m. (f. **-a**) muddle-head.
scombro /'skombro/ m. mackerel*.
scombussolamento /skombussola'mento/ m. upheaval, shake-up; ***~ di stomaco*** stomach upset.
scombussolare /skombusso'lare/ [1] tr. **1** *(confondere)* [*persona, notizia*] to shake, to unsettle [*persona*] **2** *(mandare all'aria)* to disrupt, to upset [*piani*] **3** *(mettere sottosopra)* ***le ha scombussolato lo stomaco*** it upset her insides.
scommessa /skom'messa/ f. **1** bet, gamble; ***fare una ~*** to have a bet *o* gamble; ***piazzare una ~ su*** to place *o* put *o* lay a bet on [*cavallo*]; ***fare qcs. per ~*** to do sth. for a bet; ***una ~ sull'avvenire*** FIG. a gamble with the future **2** *(attività)* betting; ***-e clandestine*** clandestine *o* illegal betting.
scommettere /skom'mettere/ [60] tr. **1** *(fare una scommessa)* to bet*; ***~ su qcs.*** to (have a) bet *o* gamble on sth.; ***puoi scommetterci!*** you bet! you can bet on it! ***scommetti che riesco a farlo?*** bet you I can do it? ***~ qcs. con qcn.*** to bet sb. sth.; ***ci scommetto tutto quello che vuoi che*** I bet you anything that; ***scommetto che non lo farai*** I bet that you won't do it; ***puoi scommetterci la testa (che)*** you can bet your life *o* your boots (that) **2** SPORT to gamble, to stake [*denaro*]; ***~ su*** to (place *o* put *o* lay a) bet on, to back [*cavallo*] **3** *(essere certo)* to bet*; ***scommetto che sei infuriato*** I bet you're furious; ***ci avrei scommesso!*** I could have bet on it! I knew it!
scommettitore /skommetti'tore/ m. (f. **-trice** /tritʃe/) better, backer.
scomodare /skomo'dare/ [1] **I** tr. to disturb, to bother [*persona*]; ***non c'è bisogno di scomodare Einstein per risolvere questo problema*** FIG. you don't need Einstein to solve this problem **II scomodarsi** pronom. to put* oneself out, to bother; *(alzarsi)* ***non si scomodi!*** don't put yourself out!
scomodità /skomodi'ta/ f.inv. uncomfortableness; *(situazione scomoda)* inconvenience, nuisance.
scomodo /'skɔmodo/ agg. **1** *(non confortevole)* [*sedia, luogo*] uncomfortable; [*strumento, posizione*] awkward; ***stare ~*** to be uncomfortable **2** *(poco pratico)* [*orario*] inconvenient; ***è ~ abitare così lontano dalla stazione*** living so far from the station is inconvenient **3** *(sgradevole)* [*situazione*] uncomfortable **4** *(imbarazzante)* [*personaggio, testimone*] troublesome.
scompaginare /skompadʒi'nare/ [1] **I** tr. to mess, to muddle up [*carte*]; to unsettle, to disrupt [*struttura, sistema*]; ***~ un libro*** to break up a book **II scompaginarsi** pronom. [*struttura, sistema*] to be* disrupted, to be* upset.
scompaginato /skompadʒi'nato/ **I** p.pass. → **scompaginare II** agg. [*libro*] with loose pages; [*struttura, sistema*] upset, disarranged.
scompagnato /skompaɲ'ɲato/ agg. [*calzino, guanto*] odd; [*sedia*] unmatched.
scomparire /skompa'rire/ [47] intr. (aus. *essere*) **1** *(sparire)* [*persona, oggetto*] to disappear, to vanish; *(dissolversi)* [*fumo, nebbia*] to clear, to evanesce **2** *(essere soppresso)* [*dolore, sintomo*] to go*; [*paura, fiducia*] to melt away **3** EUFEM. *(morire)* [*persona*] to pass away, to go*; ***~ in mare*** to be lost at sea **4** *(cadere in disuso)* [*usanza, lingua*] to die out, to disappear **5** *(sfigurare)* [*persona, merito*] to pale, to fade (**di fronte, davanti a** in front of).
scomparsa /skom'parsa/ f. **1** *(sparizione)* disappearance **2** EUFEM. *(morte)* passing.
scomparso /skom'parso/ **I** p.pass. → **scomparire II** agg. **1** [*persona*] missing **2** *(perduto)* [*civiltà, specie*] extinct, lost **3** EUFEM. *(morto)* [*persona*] gone **III** m. (f. **-a**) **1** missing person (anche DIR.) **2** EUFEM. *(morto)* dead person.
scompartimento /skomparti'mento/ m. **1** FERR. section **2** *(scomparto)* compartment.
scomparto /skom'parto/ m. *(di mobile, cassetto)* compartment; *(di borsa)* pocket.
scompenso /skom'pɛnso/ m. **1** *(sbilanciamento)* lack of balance **2** MED. decompensation ♦♦ ***~ cardiaco*** cardiac insufficiency.
scompigliare /skompiʎ'ʎare/ [1] **I** tr. [*persona*] to disarrange, to mess up [*carte, stanza*]; [*vento, persona*] to ruffle [*capelli*]; FIG. to shake* up [*idee, progetti*] **II scompigliarsi** pronom. [*capelli*] to become* ruffled.
scompigliato /skompiʎ'ʎato/ **I** p.pass. → **scompigliare II** agg. [*carte, libri*] disarranged; [*capelli*] ruffled.
scompiglio, pl. **-gli** /skom'piʎʎo, ʎi/ m. disarrangement; ***seminare lo ~*** to sow discord; ***creare ~*** to cause havoc; ***gettare lo ~ negli animi*** to sow confusion in people's minds.
scompisciarsi /skompiʃ'ʃarsi/ [1] pronom. ***~ dalle risate*** to dissolve into giggles *o* laughter.
scomporre /skom'porre/ [73] **I** tr. **1** *(dividere in parti)* to break* down, to separate, to resolve **2** *(analizzare)* to break* down [*ragionamento, frase*] (**in** into) **3** CHIM. FIS. to decompose [*composto*] **4** MAT. to factorize [*numero*] **5** *(scompigliare)* [*vento*] to ruffle [*capelli*] **6** FIG. *(alterare)* [*emozione*] to distort

[*lineamenti, viso*] **II scomporsi** pronom. *(turbarsi)* [*persona*] to become* flustered, to be* touched; ***rispondere senza -rsi*** to answer without getting flustered.

scomposizione /skompozit'tsjone/ f. **1** breaking down **2** BIOL. CHIM. dissection, breakdown (**in** into) **3** MAT. ***~ in fattori*** factorization.

scomposto /skom'posto/ **I** p.pass. → **scomporre II** agg. [*modi, abbigliamento*] coarse, unseemly; [*capelli*] ruffled.

scomunica /sko'munika/ f. excommunication.

scomunicare /skomuni'kare/ [1] tr. to excommunicate.

sconcertante /skontʃer'tante/ agg. disconcerting, baffling, puzzling, bewildering.

sconcertare /skontʃer'tare/ [1] tr. *(disorientare)* to baffle, to bewilder, to confound, to disconcert, to puzzle; *(scombussolare)* to upset*, to muddle (up); ***la notizia mi ha sconcertato*** I was thrown by the news.

sconcertato /skontʃer'tato/ **I** p.pass. → **sconcertare II** agg. [*persona*] baffled, bewildered, disconcerted; [*espressione*] puzzled; ***rimanere ~*** to be taken aback.

sconcerto /skon'tʃɛrto/ m. bafflement, bewilderment, disconcertment.

sconcio, pl. **-ci, -ce** /'skontʃo, tʃi, tʃe/ **I** agg. [*frase, linguaggio*] indecent **II** m. indecency.

sconclusionato /skonkluzjo'nato/ agg. [*discorso*] rambling; [*programma, relazione*] scrappy; [*idee, persona*] inconsequent.

scondito /skon'dito/ agg. [*insalata*] undressed; [*riso, pasta*] plain, unseasoned.

sconfessare /skonfes'sare/ [1] tr. to disavow [*dichiarazione, opinione*].

sconfessione /skonfes'sjone/ f. disavowal.

sconfiggere /skon'fiddʒere/ [15] tr. **1** *(battere)* to defeat, to beat*, to overcome* [*nemico, avversario*] **2** FIG. to overcome*, to vanquish [*pregiudizi*]; to beat*, to conquer [*inflazione, disoccupazione*]; to beat* [*malattia*].

sconfinare /skonfi'nare/ [1] intr. (aus. *avere*) **1** *(varcare un confine)* [*contrabbandieri*] to cross the frontier; [*attività*] to overlap (**in** with); [*persona*] to encroach (**in** upon, on) **2** *(eccedere)* to go* too far **3** FIG. ***~ da*** to wander off [*argomento, tema*].

sconfinato /skonfi'nato/ **I** p.pass. → **sconfinare II** agg. **1** [*pianura, distesa*] boundless **2** FIG. [*ammirazione, amore*] unlimited, unbounded; [*gioia*] unconfined.

sconfitta /skon'fitta/ f. **1** defeat; ***subire una ~*** to suffer a defeat, to meet with a defeat **2** FIG. *(di malattia, analfabetismo)* defeat, eradication.

sconfitto /skon'fitto/ **I** p.pass. → **sconfiggere II** agg. [*squadra, nemico, partito*] defeated, beaten; ***dichiararsi ~*** to admit defeat **III** m. (f. **-a**) loser.

sconfortante /skonfor'tante/ agg. [*notizia, pensiero*] disheartening, discouraging; [*prospettiva*] bleak.

sconfortare /skonfor'tare/ [1] **I** tr. to discourage, to dishearten [*persona*] **II sconfortarsi** pronom. to lose* heart, to become* discouraged.

sconforto /skon'fɔrto/ m. discouragement; ***cadere nello ~*** to lose heart; ***in un momento di ~*** in a moment of depression.

scongelamento /skondʒela'mento/ m. **1** *(di alimenti)* defreezing, defrosting **2** ECON. unfreezing.

scongelare /skondʒe'lare/ [1] **I** tr. **1** to defreeze*, to defrost, to thaw (out) [*alimento*] **2** ECON. to unfreeze [*crediti*] **II scongelarsi** pronom. [*alimento*] to thaw (out), to defrost itself.

scongiurare /skondʒu'rare/ [1] tr. **1** *(impedire)* to ward off [*pericolo, discussione*] **2** *(supplicare)* to implore, to beg [*persona*].

scongiuro /skon'dʒuro/ m. charm, spell; ***fare gli -i*** to touch wood, to keep one's fingers crossed.

sconnessione /skonnes'sjone/ f. *(di ragionamento)* disconnection, disjointedness.

sconnesso /skon'nɛsso/ agg. **1** *(dissestato)* [*assi*] loose; [*strada*] full of holes **2** FIG. [*discorso, stile*] disconnected, disjointed; [*frasi*] broken; [*idee*] inconsequent, unrelated.

sconosciuto /skonoʃ'ʃuto/ **I** agg. [*persona, cause*] unknown; [*libro, autore*] obscure, unfamiliar, unheard; [*specie*] unknown, undiscovered **II** m. (f. **-a**) *(persona non famosa)* unknown (person); *(estraneo)* stranger ♦ ***è un perfetto ~*** he's a perfect *o* complete *o* total stranger.

sconquassare /skonkwas'sare/ [1] tr. to break* up, to shatter [*mobile, meccanismo*] **2** FIG. *(scombussolare)* to shatter; *(spossare)* to exhaust, to tire out [*persona*].

sconquasso /skon'kwasso/ m. **1** *(distruzione)* disaster **2** FIG. commotion, mess, chaos.

sconsacrato /skonsa'krato/ agg. [*chiesa*] deconsecrated, unchurched.

sconsideratezza /skonsidera'tettsa/ f. foolhardiness, recklessness, unadvisedness.

sconsiderato /skonside'rato/ **I** agg. **1** *(avventato)* [*frase, gesto*] hasty, inconsiderate, thoughtless, rash; [*persona*] reckless, unadvised, unthinking; *(nello spendere)* improvident **2** *(eccessivo)* [*uso*] ill-considered, careless **II** m. (f. **-a**) scatterbrain.

sconsigliabile /skonsiʎ'ʎabile/ agg. [*piano, azione*] unadvisable.

sconsigliare /skonsiʎ'ʎare/ [1] tr. ***~ a qcn. di fare qcs.*** to advise sb. not to do *o* against doing sth., to warn sb. off doing sth.

sconsigliato /skonsiʎ'ʎato/ **I** p.pass. → **sconsigliare II** agg. [*medicina, cibo*] not recommended.

sconsolante /skonso'lante/ agg. [*notizia, situazione*] distressing, disheartening.

sconsolato /skonso'lato/ agg. disconsolate, uncomforted, unconsoled; [*tono, espressione*] dispirited; ***essere triste e ~*** to be sad and wretched.

scontabile /skon'tabile/ agg. [*merce*] discountable.

scontare /skon'tare/ [1] tr. **1** ECON. COMM. to discount [*merce*]; *(dedurre)* to deduct [*somma*] (**da** from) **2** *(espiare)* to atone for [*errore, colpa*]; DIR. to serve [*pena*]; to do*, to serve [*periodo di tempo*].

scontato /skon'tato/ **I** p.pass. → **scontare II** agg. **1** *(ribassato)* [*prezzo*] discounted, reduced **2** *(espiato)* [*pena, condanna*] served **3** *(prevedibile)* [*vittoria, risultato*] expectable, predictable, foregone; [*risposta*] stock; ***dare qcs. per ~*** to take sth. for granted.

scontentare /skonten'tare/ [1] tr. to dislease, to dissatisfy, to disaffect.

scontentezza /skonten'tettsa/ f. discontentedness, discontent(ment).

scontento /skon'tɛnto/ **I** agg. [*persona*] discontented, displeased, dissatisfied (**di** with) **II** m. discontent, displeasure.

sconto /'skonto/ m. **1** *(riduzione di prezzo)* discount, reduction, rebate; ***25% di ~*** 25% off; ***fare uno ~ di 5 euro a qcn.*** to discount 5 euros to sb.; ***vi farò uno ~ di 10 euro*** I'll knock 10 euros off for you; ***il 15% di ~*** 15% discount **2** *(deduzione)* deduction, discount; ***a ~ di*** in settlement *o* payment of [*debito*] **3** ECON. BANC. discount; ***tasso di ~*** discount rate.

scontrarsi /skon'trarsi/ [1] pronom. **1** *(urtarsi)* [*veicoli*] to crash (**contro** into); to collide (**contro** with); [*persone*] to collide (**contro** with) **2** *(entrare in conflitto diretto)* [*persone, eserciti*] to clash; [*affermazioni, sentimenti*] to conflict **3** *(imbattersi)* ***~ con*** to come up against [*pregiudizi, problema*] **4** *(divergere)* [*opinioni*] to collide; [*persone*] to clash.

scontrino /skon'trino/ m. *(di acquisto)* receipt; *(di lavanderia, deposito bagagli)* ticket ♦♦ ***~ di cassa*** o ***fiscale*** till receipt.

scontro /'skontro/ m. **1** *(collisione) (di veicoli)* crash, collision; *(di persone)* collision; SPORT clash **2** *(combattimento)* crash, conflict; MIL. *(di truppe, eserciti)* fight, encounter; *(di breve durata)* clash, engagement; ***voci di gravi -i*** reports of heavy fighting; ***-i tra tifosi di calcio*** football riots **3** FIG. *(di idee, opinioni)* clash, collision; ***~ politico*** political struggle ♦♦ ***~ frontale*** head-on collision; ***~ a fuoco*** gunfight; ***~ verbale*** altercation.

scontroso /skon'troso/ agg. [*persona, carattere*] grumpy, surly.

sconveniente /skonve'njɛnte/ agg. **1** *(disdicevole)* [*comportamento, frase*] improper, unbecoming, unseemly; *(non appropriato)* [*ora, momento, luogo*] bad, unsuitable; *(imbarazzante)* [*fatto, incidente*] inconvenient **2** *(che non conviene)* [*prezzo, contratto*] disadvantageous.

sconvenienza /skonve'njɛntsa/ f. **1** *(di comportamento, frase)* impropriety, unseemliness **2** *(mancanza di convenienza)* disadvantage.

sconvolgente /skonvol'dʒɛnte/ agg. upsetting, shocking, devastating, shattering.
sconvolgere /skon'vɔldʒere/ [101] tr. **1** *(turbare)* to upset*, to shock, to devastate [*persona*] **2** *(provocare disordine)* [*persona, evento*] to devastate, to disrupt, to unsettle [*piani, progetti*]; **~ *la vita di qcn.*** to turn sb.'s life upside down **3** *(devastare)* [*evento, guerra*] to disrupt [*paese*].
sconvolgimento /skonvoldʒi'mento/ m. **1** devastation; *(di piano, programma)* disruption **2** FIG. *(smarrimento)* upheaval ♦♦ **~ *politico*** political upheaval.
sconvolto /skon'vɔlto/ **I** p.pass. → **sconvolgere II** agg. **1** *(turbato)* [*persona*] devastated, shaken, shattered, upset, appalled; [*espressione, sguardo*] wild, disturbed; **~ *dalla paura*** crazy with fear **2** *(devastato)* [*viso*] convulsed; [*paese*] disrupted, ravaged.
scoop /skup/ m.inv. scoop; ***fare uno ~*** to get a scoop.
scoordinato /skoordi'nato/ agg. [*persona*] uncoordinated; FIG. [*azione politica, servizio*] disjointed, uncoordinated.
scooter /'skuter/ m.inv. scooter.
1.scopa /'skopa/ f. broom; ***manico di ~*** broomstick (anche FIG.) ♦♦ **~ *elettrica*** carpet sweeper, electric broom.
2.scopa /'skopa/ ➧ ***10*** f. GIOC. = Italian card game.
scopare /sko'pare/ [1] **I** tr. **1** *(spazzare)* to sweep* [*stanza, pavimento*]; to sweep* up, to sweep* away [*polvere, foglie*] **2** VOLG. *(possedere)* to fuck, to screw [*persona*] **II** intr. (aus. *avere*) **1** *(fare pulizia con la scopa)* to sweep* **2** VOLG. *(fare sesso)* to fuck, to screw.
scopata /sko'pata/ f. **1** *(spazzata)* sweep **2** VOLG. *(rapporto sessuale)* fuck, screw, lay; ***fare*** o ***farsi una ~*** to have a fuck *o* screw.
scoperchiare /skoper'kjare/ [1] **I** tr. to uncover [*pentola*]; to open [*cassa*]; [*vento*] to tear* off [*tetto*]; to unroof [*casa*] **II scoperchiarsi** pronom. [*casa*] to lose* the roof.
scoperta /sko'pɛrta/ f. discovery; *(ritrovamento)* find; *(di crimine, malattia)* detection; ***la ~ dell'America*** the discovery of America; ***partire*** o ***andare alla ~ di qcs.*** to go exploring sth.; ***"alla ~ del jazz"*** "discovering jazz"; ***(che) bella ~!*** IRON. so what's new!
scoperto /sko'pɛrto/ **I** p.pass. → **scoprire II** agg. **1** [*spalle, gambe*] bare; ***a viso ~*** [*bandito*] unmasked; ***a capo ~*** bareheaded; ***dorme tutto ~*** he sleeps without bedclothes **2** *(non chiuso)* [*vagone, auto*] open; *(senza protezione)* [*filo elettrico*] exposed, naked; [*nervo*] raw, exposed **3** *(vacante)* [*posto*] open, empty **4** ECON. [*conto*] uncovered, overdrawn, unbacked; ***assegno ~*** bad cheque; ***sono ~ di 500 euro*** I'm 500 euro overdrawn **III** m. **1** ECON. (anche **~ *di conto***) overdraft **2 allo scoperto** into the open; FIG. ***agire allo ~*** to act openly; ***uscire allo ~*** to break cover, to come out into the open; ***vendere allo ~*** to sell short.
scopiazzare /skopjat'tsare/ [1] tr. SCOL. to copy, to crib (**da** from).
scopiazzatura /skopjattsa'tura/ f. SCOL. crib.
scopino /sko'pino/ m. (short-handled) brush.
scopo /'skɔpo/ m. aim, goal, purpose, target; ***a che ~?*** what for? for what purpose? to what end? ***a che ~ aspettare?*** what's the point of *o* in waiting? ***prefiggersi uno ~*** to set oneself a goal *o* target; ***raggiungere i propri -i*** to achieve one's ends *o* aims, to reach one's goal; ***con lo*** o ***allo ~ di fare*** with the aim *o* purpose of doing; ***lo ~ dell'esercizio è*** the object *o* aim of the exercise is; ***a questo ~*** for this purpose, to this end; ***a ~ pubblicitario*** for advertising purposes, for publicity; ***a ~ di lucro*** for financial gain; ***associazione senza ~ di lucro*** non-profit-making organization; ***senza ~*** [*passeggiata*] aimless; [*passeggiare*] aimlessly.
scopone /sko'pone/ ➧ ***10*** m. GIOC. INTRAD. (Italian card game).
scoppiare /skop'pjare/ [1] intr. (aus. *essere*) **1** *(esplodere)* [*bomba*] to blow* up, to burst*, to explode; [*pneumatico*] to blow*, to burst*; [*palloncino, tubo, petardo*] to burst*, to explode; FIG. [*rabbia*] to flare up; ***fare ~*** to explode, to blow up [*bomba, petardo*]; to burst [*bolla*] **2** *(essere rivelato)* [*scandalo*] to break*, to explode **3** *(iniziare improvvisamente)* [*guerra, lite, epidemia, incendio*] to break* out; [*temporale*] to break* (out); ***fare ~*** to spark off [*guerra*] **4** *(prorompere)* to burst*; **~ *a ridere*** to burst into laughter, to burst out laughing; **~ *in lacrime*** to burst into tears, to burst out crying **5** COLLOQ. *(per sforzo, tensione)* to break* down, to crack up; ***sto scoppiando!*** I'm cracking up! ***ho la testa che scoppia, mi scoppia la testa*** my head is pounding *o* splitting **6** COLLOQ. *(morire)* **~ *dal caldo*** to boil, to stew (to death); **~ *di invidia*** to be eaten up with envy; ***sono pieno da ~*** I'm full to bursting point **7** *(essere stracolmo)* [*sala, teatro*] to be* packed; [*armadio*] to be* bursting at the seams, to be* crammed ♦ **~ *di salute*** to be bursting with health.
scoppiato /skop'pjato/ **I** p.pass. → **scoppiare II** agg. **1** COLLOQ. *(esausto)* exhausted, spent, worn-out **2** GERG. *(fatto)* stoned.
scoppiettante /skoppjet'tante/ agg. [*fuoco, legno*] crackling, spitting; [*motore, auto*] spluttering, chugging.
scoppiettare /skoppjet'tare/ [1] intr. (aus. *avere*) [*fuoco, legno*] to crackle, to spit, to splutter; [*motore, macchina*] to splutter, to chug.
scoppiettio, pl. **-ii** /skoppjet'tio, ii/ m. **1** *(di fuoco, legno)* crackle, crackling, splutter **2** *(di motore, macchina)* chug, splutter.
scoppio, pl. **-pi** /'skɔppjo, pi/ m. **1** *(di bomba)* burst, explosion; *(di pneumatico)* blowout; *(di tubo, caldaia)* explosion, bursting; ***motore a ~*** internal combustion engine **2** *(rumore)* bang, crack; **~ *di tuono*** crash of thunder **3** FIG. *(di risa, pianto)* (out)burst; *(di rabbia)* (out)burst, explosion; *(di sommossa, guerra)* outbreak, flare-up **4 a scoppio ritardato** [*dispositivo*] delayed action attrib.; ***bomba a ~ ritardato*** time bomb; ***reagire a ~ ritardato*** to do a double take; ***capisce sempre a ~ ritardato*** he's slow on the uptake.
scoprire /sko'prire/ [91] **I** tr. **1** *(denudare)* to bare, to expose, to uncover [*parte del corpo*] **2** *(trovare)* to discover [*rimedio, fatto, terra*]; to spot [*talento*]; to find* [*oggetto, assassino*]; to find* out, to discover [*verità*]; to uncover [*complotto, scandalo*]; **~ *che*** to find out *o* discover that **3** *(rivelare)* to reveal, to disclose [*piani, intenzioni*]; **~ *le proprie carte*** o ***il proprio gioco*** to show one's hand (anche FIG.) **4** *(privare di protezione)* to expose, to leave* [sth.] exposed [*linea di difesa, pedina*]; to expose [*nervo, cavo*] **5** *(scoperchiare)* to take* the lid off [*pentola*]; *(inaugurare)* to unveil [*statua*] **II scoprirsi** pronom. **1** *(denudarsi)* to bare oneself, to strip down; *(liberarsi dalle coperte)* to throw* off one's bedclothes; **~ *il capo*** to bare one's head **2** *(esporsi)* [*pugile*] to leave* oneself exposed ♦ **~ *l'acqua calda*** o ***l'America*** IRON. to reinvent the wheel.
scopritore /skopri'tore/ m. (f. **-trice** /tritʃe/) *(di rimedio, terra, fatto)* discoverer; *(di oggetto smarrito)* finder; **~ *di talenti*** talent scout, talent spotter.
scoraggiamento /skoraddʒa'mento/ m. despondency, discouragement.
scoraggiante /skorad'dʒante/ agg. discouraging, off-putting.
scoraggiare /skorad'dʒare/ [1] **I** tr. **1** *(abbattere)* to discourage, to dishearten **2** *(disincentivare)* to discourage [*iniziativa, violenza*]; **~ *qcn. dal fare*** to discourage sb. from *o* to put sb. off doing **II scoraggiarsi** pronom. to become* discouraged, to lose* heart; ***-rsi facilmente*** to be easily put off.
scoraggiato /skorad'dʒato/ **I** p.pass. → **scoraggiare II** agg. [*persona*] despondent, dejected, downhearted; [*sguardo, aria*] dispirited.
scorazzare /skorat'tsare/ → **scorrazzare.**
scorbutico, pl. **-ci, -che** /skor'butiko, tʃi, ke/ **I** agg. **1** MED. scorbutic **2** FIG. surly, crabbed **II** m. (f. **-a**) **1** MED. person suffering from scurvy **2** FIG. surly person.
scorbuto /skor'buto/ m. scorbutus, scurvy.
scorciare /skor'tʃare/ [1] tr. **1** *(accorciare)* to shorten, to trim [*gonna, testo*]; to shorten, to reduce [*percorso*] **2** PITT. to foreshorten [*figura*].
scorciatoia /skortʃa'toja/ f. (short) cut; ***prendere una ~*** to take a short cut; FIG. to take short cuts, to cut corners.
scorcio, pl. **-ci** /'skortʃo, tʃi/ m. **1** PITT. foreshortening **2** *(angolo)* glimpse, patch; ***uno ~ di cielo azzurro*** a patch of blue sky **3** *(fine)* ***sullo ~ del secolo XX*** towards the end of the 20th century.
1.scordare /skor'dare/ [1] **I** tr. to forget*; **~ *di fare qcs.*** to forget to do sth. **II scordarsi** pronom. to forget*; ***-rsi (di) qcs., di fare qcs.*** to forget sth., to do sth.; ***te lo puoi ~! scordatelo!*** you can forget it! forget it!

2.scordare /skor'dare/ [1] **I** tr. MUS. to put* [sth.] out of tune [*strumento*] **II scordarsi** pronom. [*strumento*] to go* out of tune.
scordato /skor'dato/ **I** p.pass. → **2.scordare II** agg. [*strumento*] out-of-tune, untuned.
scoreggia, pl. **-ge** /sko'reddʒa, dʒe/ f. VOLG. fart; ***tirare una ~*** to fart, to let off.
scoreggiare /skored'dʒare/ [1] intr. (aus. *avere*) VOLG. to fart, to let* off.
scorfano /'skɔrfano/ m. **1** rockfish*, scorpion fish* **2** FIG. SPREG. ***è uno ~ (uomo)*** he's as ugly as sin; *(donna)* she's a dog.
scorgere /'skɔrdʒere/ [72] tr. **1** to spot, to catch* sight of [*persona*]; ***farsi ~*** to be spotted, to get oneself noticed **2** FIG. to foresee* [*verità*]; to sense [*pericolo*].
scoria /'skɔrja/ f. **1** GEOL. clinker **U**, debris **U 2** METALL. slag **U**, dross **U 3** FIG. *(residuo)* dross ♦♦ ***-e radioattive*** nuclear waste.
scornato /skor'nato/ agg. *(beffato)* mocked, sneered at; *(deluso)* abashed, crestfallen; ***tornò ~*** he came back crestfallen.
scorpacciata /skorpat'tʃata/ f. bellyful, blowout COLLOQ.; ***farsi una (bella) ~ di qcs.*** to have a bellyful of sth., to pig out on sth.
scorpione /skor'pjone/ m. ZOOL. scorpion.
Scorpione /skor'pjone/ ♦ **38** m.inv. ASTROL. Scorpio, the Scorpion; ***essere dello ~, essere uno ~*** to be (a) Scorpio.
scorporare /skorpo'rare/ [1] tr. **1** ECON. to hive off [*società*] **2** DIR. to break* up [*proprietà*].
scorporo /'skɔrporo/ m. **1** ECON. hiving off **2** DIR. break-up.
scorrazzare /skorrat'tsare/ [1] **I** intr. (aus. *avere*) to scamper (about, around); ***~ per tutta la città*** to run around all over town **II** tr. to take* around [*persona*].
scorreggia /skor'reddʒa/ → **scoreggia.**
scorreggiare /skorred'dʒare/ → **scoreggiare.**
scorrere /'skorrere/ [32] **I** intr. (aus. *avere*) **1** *(fluire)* [*acqua, fiume, sangue*] to flow, to pour, to stream; ***le lacrime le scorrevano sul viso*** tears ran *o* poured down her face; ***far ~ l'acqua*** to run the water **2** *(scivolare)* [*penna*] to run* (**su** over), to flow (**su** across); *(su guide)* [*pistone, porta*] to slide* **3** *(succedersi)* [*immagini, paesaggio*] to unfold; ***i ricordi scorrevano nella mia memoria*** a stream of memories passed through my mind **4** *(trascorrere)* [*tempo, giorni*] to flow, to slip by; *(svolgersi)* ***fare ~*** to wind on [*film, nastro*]; ***fare ~ i titoli di testa*** to roll the credits **5** *(procedere agevolmente)* [*traffico, verso, parole*] to flow **6** INFORM. ***fare ~ verso l'alto, il basso*** to scroll [sth.] up, down [*testo*] **II** tr. to go* through, to flick through, to run* through [*lettera, testo*]; ***~ la lista con un dito*** to run one's finger down the list.
scorreria /skorre'ria/ f. incursion, foray.
scorrettezza /skorret'tettsa/ f. **1** *(imprecisione)* incorrectness **2** *(errore)* mistake, inaccuracy **3** *(slealtà)* impropriety, wrong.
scorretto /skor'rɛtto/ agg. **1** *(con errori)* [*parola, lingua, previsioni*] incorrect; [*interpretazione*] flawed, mistaken; [*ragionamento*] faulty **2** *(sconveniente)* [*comportamento*] unfitting, improper **3** *(sleale)* [*azione, persona*] unfair, underhand; *(irregolare)* [*arbitraggio*] faulty, bad; ***essere ~ con qcn.*** to be unfair to sb.
scorrevole /skor'revole/ agg. **1** [*porta, parete*] sliding **2** FIG. [*traffico*] smooth-flowing; [*stile*] fluent, easy, flowing.
scorrevolezza /skorrevo'lettsa/ f. *(di stile)* fluency, flowingness.
scorribanda /skorri'banda/ f. **1** *(di bande armate)* incursion **2** FIG. *(escursione)* joyride.
scorrimento /skorri'mento/ m. **1** *(di liquidi, traffico)* flow; ***strada a ~ veloce*** fast-flowing road **2** MECC. sliding **3** *(di nastro, pellicola)* running **4** INFORM. scrolling; ***freccia di ~*** scroll arrow.
scorsa /'skorsa/ f. look, glance; ***dare una ~ a*** to have a browse through [*libro*]; to have a flip through [*rivista*].
scorso /'skorso/ **I** p.pass. → **scorrere II** agg. last; ***l'anno ~, la notte -a*** last year, night; ***lunedì ~*** last Monday; ***nel secolo ~*** in the past century.
scorsoio, pl. **-oi** /skor'sojo, oi/ agg. ***nodo ~*** running knot, slipknot.
scorta /'skɔrta/ **I** f. **1** *(protezione, sorveglianza)* escort (anche MIL. MAR.); ***sotto ~*** under escort; ***senza ~*** unescorted; ***fare la ~ a qcn.*** to escort sb. **2** *(provvista)* stock, store; ***fare ~ di qcs.*** to store (up) sth., to stock up on sth.; ***di ~*** [*ruota, pneumatico*] spare attrib.; ***tenere qcs. di ~*** to keep a stock of sth., to hold sth. in reserve **II scorte** f.pl. COMM. stock(s), stores, supplies ♦♦ ***~ armata*** armed escort; ***~ d'onore*** guard of honour.
scortare /skor'tare/ [1] tr. to escort.
scortecciare /skortet'tʃare/ [1] tr. to bark, to strip, to peel [*albero*].
scortese /skor'teze/ agg. [*persona, modi, risposta*] rude, unkind, impolite.
scortesia /skorte'zia/ f. rudeness, unkindness, impoliteness.
scorticamento /skortika'mento/ m. flaying, skinning.
scorticare /skorti'kare/ [1] **I** tr. **1** *(scuoiare)* to flay, to skin [*animale*] **2** *(escoriare)* to scrape, to graze [*volto, gamba*] **II scorticarsi** pronom. ***-rsi il ginocchio*** to graze *o* scrape one's knee.
scorza /'skɔrtsa, 'skɔrdza/ f. **1** *(di alberi)* bark, rind **2** *(di frutti)* peel; *(di agrumi)* peel, rind **3** FIG. *(parvenza)* surface, exterior; ***sotto una ~ di cinismo*** beneath a cynical exterior.
scosceso /skoʃ'ʃeso/ agg. [*parete rocciosa, pendio*] abrupt, steep; [*monte, costa*] craggy, steep.
scosciato /skoʃ'ʃato/ agg. COLLOQ. ***una donna -a*** a woman with bare thighs.
scossa /'skɔssa/ f. **1** *(movimento brusco)* shake, jerk, jolt; ***a -e*** jerkily, joltingly; ***dare una ~ a qcn., qcs.*** to give sb., sth. a shake **2** GEOL. tremor, shock; ***~ sismica*** o ***tellurica*** earth tremor **3** FIG. *(trauma)* shock, blow **4** EL. ***~ (elettrica)*** (electric) shock; ***prendere la ~*** to get *o* receive a shock; ***dare la ~ a qcn.*** [*apparecchio*] to give sb. a shock.
scosso /'skɔsso/ **I** p.pass. → **scuotere II** agg. [*persona*] shaken up, upset; ***aveva i nervi -i*** his nerves were shot *o* shattered.
scossone /skos'sone/ m. shake, jerk, jolt; ***procedere a -i*** to move jerkily *o* joltingly, to jerk *o* jolt forward.
scostante /skos'tante/ agg. [*persona, aria*] brusque, off-putting, stand-offish COLLOQ.
scostare /skos'tare/ [1] **I** tr. to draw* away, to move away [*sedia, persona*]; to brush aside [*ciocca di capelli*]; to draw* aside, to draw* open [*tenda*] **II scostarsi** pronom. to move aside, to draw* away, to stand* aside; ***scostati!*** stand aside *o* back! ***-rsi da*** FIG. to move away *o* to swerve from [*regola, verità*].
scostumatezza /skostuma'tettsa/ f. **1** *(licenziosità)* lewdness, bawdiness **2** *(maleducazione)* impoliteness, rudeness.
scostumato /skostu'mato/ **I** agg. **1** *(licenzioso)* [*persona, condotta*] lewd, bawdy **2** *(maleducato)* [*persona*] impolite, rude **II** m. (f. **-a**) **1** *(svergognato)* ***è una -a!*** she's a shameless hussy! **2** *(maleducato)* rude person.
scotch /'skɔtʃ/ m.inv. **1** *(liquore)* Scotch (whisky) **2** (anche **Scotch**®) *(nastro adesivo)* adhesive tape, Sellotape®, Scotch tape® AE; ***attaccare con lo ~*** to (sello)tape, to Scotch-tape.
scotennare /skoten'nare/ [1] tr. to skin [*maiale*]; to scalp [*persona*].
scotta /'skɔtta/ f. MAR. (main) sheet.
scottante /skot'tante/ agg. [*questione, problema*] burning; ***argomento di ~ attualità*** burning *o* highly topical issue.
scottare /skot'tare/ [1] **I** tr. **1** [*sole*] to burn* [*pelle*] **2** GASTR. to scald, to parboil [*verdura*] **3** FIG. *(scoraggiare)* [*esperienza*] to put* [sb.] off, to disappoint [*persona*] **II** intr. (aus. *avere*) **1** *(provocare una scottatura)* [*sole, oggetto rovente*] to burn*; ***attento, scotta!*** careful, it's very hot! **2** *(essere caldo)* [*bevanda, cibo*] to burn* **3** *(per la febbre)* [*persona, fronte*] to be* burning hot (with fever) **4** FIG. ***problema*** o ***questione che scotta*** burning *o* hot issue; ***denaro che scotta*** hot money **III scottarsi** pronom. **1** [*persona*] to burn* oneself; *(con liquido)* to scald oneself; *(col sole)* to get* (badly) sunburned *o* sunburnt; ***-rsi la mano*** to get one's hand burnt, to burn one's hand **2** FIG. to have* one's fingers burnt.
scottato /skot'tato/ **I** p.pass. → **scottare II** agg. **1** [*pelle*] *(ustionato)* burned, burnt; *(dal sole)* sunburned, sunburnt **2** GASTR. [*verdura*] scalded, parboiled **3** FIG. ***rimanere ~*** to have one's fingers burnt.

scottatura /skotta'tura/ f. **1** MED. burn; *(da liquido)* scald; *(di sole)* sunburn **2** GASTR. *(di verdure)* scald, parboiling **3** FIG. disappointment, turn-off.
scottex® /'skɔtteks/ m.inv. kitchen paper BE, paper towel AE; ***rotolo di ~*** kitchen roll.
1.scotto /'skɔtto/ m. *(prezzo)* penalty; ***pagare lo ~*** to pay the penalty (**di** for).
2.scotto /'skɔtto/ **I** p.pass. → **scuocere II** agg. [*pasta, riso*] overcooked, overdone.
scout /'skaut/ **I** m. e f.inv. scout, Scout **II** agg.inv. scout attrib.
scoutismo /skau'tizmo/ m. scouting.
scovare /sko'vare/ [1] tr. **1** *(stanare)* to unearth, to start [*selvaggina*] **2** *(scoprire)* to chase up, to track down [*persona*]; to dig out, to hunt out, to track down [*oggetto*]; to discover, to find* [*posto*]; to nose out, to unearth [*fatti, segreto*].
scovolino /skovo'lino/ m. **1** *(per bottiglie)* bottlebrush **2** *(per pipa)* pipe-cleaner **3** *(per armi da fuoco)* pull-through.
scovolo /'skɔvolo/ m. pull-through.
Scozia /'skɔttsja/ ➧ ***33*** n.pr.f. Scotland.
scozzese /skot'tsese/ ➧ ***25, 16*** **I** agg. [*carattere, paesaggio*] Scottish; [*lingua*] Scots; [*gonna*] tartan; [*whisky*] scotch **II** m. e f. Scot; *(uomo)* Scotsman*, *(donna)* Scotswoman*; ***gli -i*** the Scots **III** m. **1** LING. Scots **2** *(tessuto)* tartan cloth.
scranna /'skranna/ f., **scranno** /'skranno/ m. high-backed chair.
screanzato /skrean'tsato/ **I** agg. ill-bred, ill-mannered **II** m. (f. **-a**) ill-bred person, ill-mannered person; ***è uno ~*** he has no manners.
screditare /skredi'tare/ [1] **I** tr. to discredit [*persona, istituzione, teoria*] **II screditarsi** pronom. to disgrace oneself.
screening /'skrinin(g)/ m.inv. screening (anche MED.).
scremare /skre'mare/ [1] tr. **1** to skim [*latte*] **2** FIG. to cream off [*candidati*].
scremato /skre'mato/ **I** p.pass. → **scremare II** agg. [*latte*] skimmed, low-fat, skim attrib.
scrematura /skrema'tura/ f. **1** *(di latte)* skimming **2** FIG. creaming off.
screpolare /skrepo'lare/ [1] **I** tr. [*freddo, vento*] to chap, to crack [*pelle, mani, labbra*]; [*tempo, umidità*] to crack [*intonaco*] **II screpolarsi** pronom. [*pelle, mani, labbra*] to chap, to crack; [*intonaco*] to crack; [*ceramica*] to craze.
screpolatura /skrepola'tura/ f. *(su labbra, mani)* chap, crack; *(su intonaco)* crack(ing).
screziare /skret'tsjare/ [1] tr. to streak, to dapple, to speckle, to fleck [*superficie, stoffa*].
screziato /skret'tsjato/ **I** p.pass. → **screziare II** agg. [*superficie, stoffa*] streaked, dappled, speckled, flecked; [*manto*] mottled; [*fiore, marmo*] motley, variegated.
screzio, pl. **-zi** /'skrettsjo, tsi/ m. rift, crack, breach.
scriba /'skriba/ m. STOR. scribe.
scribacchiare /skribak'kjare/ [1] tr. SPREG. to scribble (down).
scribacchino /skribak'kino/ m. (f. **-a**) SPREG. **1** *(scrittore mediocre)* scribbler, hack writer **2** *(impiegatuccio)* pen pusher.
scricchiolare /skrikkjo'lare/ [1] intr. (aus. *avere*) **1** [*pavimento, ossa, porta*] to creak; [*scarpe, penna*] to squeak; [*neve, ghiaia*] to crunch **2** FIG. [*relazione*] to creak.
scricchiolio, pl. **-ii** /skrikkjo'lio, ii/ m. *(di pavimento, ossa, porta)* creak; *(di scarpe, penna)* squeak; *(di neve, ghiaia)* crunch.
scricciolo /'skrittʃolo/ m. **1** ORNIT. wren **2** FIG. *(donna)* tiny woman; *(bambino)* (little) mite.
scrigno /'skriɲɲo/ m. case, casket.
scriminatura /skrimina'tura/ f. *(dei capelli)* parting BE, part AE; ***avere la ~ da una parte*** to part one's hair on one side.
scriteriato /skrite'rjato/ **I** agg. wild, madcap attrib. **II** m. (f. **-a**) madcap, daredevil.
scritta /'skritta/ f. writing; *(murales)* graffiti pl.; *(di cartello, insegna)* sign, notice; *(iscrizione)* inscription.
scritto /'skritto/ **I** p.pass. → **scrivere II** agg. written; ***regola non -a*** unwritten rule; ***~ a mano*** handwritten; ***~ a macchina*** typed, typewritten; ***~ a penna*** written in pen **III** m. **1** *(opera)* (piece of) writing, work **2** *(testo)* (piece of) writing **3** SCOL. UNIV. *(esame)* written exam, written test ♦ ***era ~*** it was destined *o* meant to happen; ***mettere qcs. per ~*** to put sth. in writing.
scrittoio, pl. **-oi** /skrit'tojo, oi/ m. writing desk, writing table.
scrittore /skrit'tore/ ➧ ***18*** m. writer, author.
scrittrice /skrit'tritʃe/ ➧ ***18*** f. (woman) writer, authoress.
scrittura /skrit'tura/ f. **1** *(calligrafia)* hand(writing) **2** *(lo scrivere)* writing **3** AMM. entry **4** DIR. deed **5** TEATR. CINEM. engagement, booking **6** RELIG. ***Sacre Scritture*** Holy Writ, (Holy) Scripture(s) ♦♦ ***~ creativa*** creative writing; ***~ fonetica*** phonetic script; ***~ privata*** DIR. private deed; ***-e contabili*** accounts.
1.scritturale /skrittu'rale/ **I** agg. accounts attrib. **II** m. scrivener.
2.scritturale /skrittu'rale/ agg. RELIG. scriptural.
scritturare /skrittu'rare/ [1] tr. **1** TEATR. CINEM. TELEV. to engage, to book [*persona*] **2** COMM. to enter, to record [*operazione*].
scrivania /skriva'nia/ f. (writing) desk, writing table.
scrivano /skri'vano/ m. (f. **-a**) scrivener.
scrivente /skri'vɛnte/ **I** agg. writing **II** m. e f. ***lo ~*** the present writer.
scrivere /'skrivere/ [87] **I** tr. **1** to write*; ***~ qcs. a mano, a macchina*** to handwrite, to type sth.; ***~ due righe*** to drop a line; ***~ con la*** o ***a penna*** to write in pen; ***~ male*** to write badly, to have a bad handwriting; ***scrivilo*** write it down; ***scrivi(mi) presto*** write soon **2** *(esprimere graficamente)* to spell*, to write*; ***si scrive come si pronuncia*** it's spelt *o* spelled the way it sounds **3** *(essere scrittore)* to write*; ***~ bene, male*** to be a good, bad writer **II scriversi** pronom. **1** *(annotare)* to write* down [*appunto*] **2** *(corrispondere)* to write* (to) each other.
scroccare /skrok'kare/ [1] tr. COLLOQ. to scrounge, to sponge, to cadge [*cena, sigaretta, invito*].
scrocchiare /skrok'kjare/ [1] intr. (aus. *avere*) [*nocche, ossa*] to crack; [*mela, biscotto*] to crunch; ***fare ~*** to crack [*nocche, dita*].
scrocchio, pl. **-chi** /'skrɔkkjo, ki/ m. crack.
scrocco /'skrɔkko/ m. scrounging, sponging; ***mangiare a ~*** to scrounge a meal; ***vivere a ~*** to be on the scrounge, to freeload.
scroccone /skrok'kone/ m. (f. **-a**) scrounger, cadger, freeloader, hanger-on, sponger.
scrofa /'skrɔfa/ f. sow.
scrollare /skrol'lare/ [1] **I** tr. **1** *(scuotere)* to shake* [*ramo, ombrello, tovaglia*]; to shrug [*spalle*]; to shake*, to wag [*testa*] **2** *(fare cadere)* ***~ la neve dal cappotto*** to shake the snow from *o* off one's coat **II scrollarsi** pronom. **1** [*animale*] to shake* oneself; ***-rsi la polvere di dosso*** to dust oneself off **2** FIG. *(riscuotersi)* to rouse oneself, to wake* up, to shake* up.
scrollata /skrol'lata/ f. shake; ***dare una ~ a qcn.*** to give sb. a shake, to shake sb. (anche FIG.); ***~ di spalle*** shrug of the shoulders.
scrollone /skrol'lone/ m. shake (anche FIG.).
scrosciante /skroʃ'ʃante/ agg. [*pioggia*] teeming, pouring; [*risa*] pealing; [*applausi*] thunderous.
scrosciare /skroʃ'ʃare/ [1] intr. (aus. *essere, avere*) [*torrente*] to roar; [*pioggia*] to teem (down), to pour; [*risate*] to peal out; ***scrosciarono gli applausi*** FIG. there was a burst of applause.
scroscio, pl. **-sci** /'skrɔʃʃo, ʃi/ m. **1** *(di pioggia)* downpour, drench; *(di torrente)* roar **2** FIG. *(di applausi)* thunder, roar; *(di risa)* roar, peal.
scrostare /skros'tare/ [1] **I** tr. **1** to scrape [*superficie*]; to strip [*pittura, vernice*]; ***~ (l'intonaco da)*** to strip the plaster off [*muro*] **2** to take* the crust off [*ferita*] **3** *(togliere le incrostazioni da)* to scrape off, out, to scour [*pentola*] **II scrostarsi** pronom. [*muro, facciata*] to flake, to crumble; [*vernice, pittura*] to peel (away, off).
scroto /'skrɔto/ m. scrotum*.
scrupolo /'skrupolo/ m. scruple, qualm; ***avere*** o ***farsi degli -i (a fare)*** to have scruples *o* qualms (about doing); ***essere privo di*** o ***senza -i*** to have no conscience, to be unscrupulous; ***mancanza di -i*** unscrupulousness; ***-i di coscienza*** qualms of guilt; *(esitare)* ***non farti ~ di chiedere*** don't scruple to ask.
scrupolosità /skrupolosi'ta/ f.inv. scrupulosity, scrupulousness, meticulousness.

scrupoloso /skrupo'loso/ agg. scrupulous, meticolous, thorough; ***essere ~ in*** to be meticulous about.
scrutare /skru'tare/ [1] tr. to rake, to scan [*orizzonte, cielo*]; to peer at, to scan, to scrutinize [*viso, persona*]; FIG. to probe into [*animo, intenzioni*].
scrutatore /skruta'tore/ **I** agg. [*sguardo, aria*] searching **II** m. (f. **-trice** /tritʃe/) BUROCR. scrutineer, scrutator.
scrutinare /skruti'nare/ [1] tr. **1** BUROCR. to scrutinize, to count [*voti*] **2** SCOL. = to assign marks to students at the end of the term.
scrutinatore /skrutina'tore/ → **scrutatore.**
scrutinio, pl. **-ni** /skru'tinjo, ni/ m. **1** BUROCR. count(ing), poll; ***fare lo ~ dei voti*** to count the votes **2** SCOL. ***gli -ni*** = end-of-term assessment ♦♦ ***~ segreto*** secret ballot.
scucire /sku'tʃire/ [102] **I** tr. **1** SART. to unstitch, to unpick [*cucitura, orlo*]; to unsew*, to unstitch [*vestito*] **2** FIG. *(spillare)* to fork out; ***~ soldi a qcn.*** to get money out of sb., to do sb. out of money; *(sganciare)* ***scuci la grana!*** get out your money! **II** **scucirsi** pronom. [*vestito, cucitura*] to come* unstitched; [*orlo*] to come* undone.
scucito /sku'tʃito/ **I** p.pass. → **scucire** **II** agg. **1** SART. [*vestito*] unstitched; [*orlo*] undone, split, unstitched **2** FIG. [*discorso*] rambling, disconnected.
scuderia /skude'ria/ f. **1** EQUIT. stable, riding stables pl., mews pl.; ***~ da corsa*** racing stable **2** *(negli sport motoristici)* stable; ***la ~ Ferrari*** the Ferrari stable.
scudetto /sku'detto/ m. **1** *(distintivo)* shield, badge **2** SPORT shield; ***vincere lo ~*** to win the championship.
scudiero /sku'djɛro/ m. squire, henchman* ANT.
scudisciare /skudiʃ'ʃare/ [1] tr. to whip.
scudisciata /skudiʃ'ʃata/ f. whipping.
scudiscio, pl. **-sci** /sku'diʃʃo, ʃi/ m. whip, riding crop.
scudo /'skudo/ m. **1** *(arma difensiva)* shield **2** FIG. shield; ***fare ~ a qcn. col proprio corpo*** to shield sb. with one's body; ***farsi ~ di*** o ***con qcs.*** to use sth. as a shield (anche FIG.) **3** TECN. shield; ***~ termico*** heat shield **4** ZOOL. *(di rettili)* scute, scutum **5** ARALD. (e)scutcheon, shield **6** NUMISM. scute **7** GEOL. shield.
scuffia /'skuffja/ f. **1** COLLOQ. *(innamoramento)* crush, infatuation; ***avere, prendersi una ~ per qcn.*** to have a crush on sb., to take a shine to sb. *o* to fall for sb. **2** MAR. ***fare ~*** to capsize, to overturn, to keel over.
scugnizzo /skuɲ'ɲittso/ m. street urchin.
sculacciare /skulat'tʃare/ [1] tr. to spank, to smack.
sculacciata /skulat'tʃata/ f. spank(ing), smacking; ***dare una ~ a qcn.*** to give sb. a spank(ing), to slap sb.'s bottom; ***prendersi una ~*** to get a smacking *o* one's bottom smacked.
sculaccione /skulat'tʃone/ m. spank, slap.
sculettare /skulet'tare/ [1] intr. (aus. *avere*) COLLOQ. to sway one's hips, to wiggle one's hips.
scultore /skul'tore/ ▸ *18* m. sculptor; *(in legno)* carver.
scultoreo /skul'tɔreo/ agg. sculptural; [*bellezza, corpo*] sculptural, statuesque.
scultrice /skul'tritʃe/ ▸ *18* f. sculptress.
scultura /skul'tura/ f. sculpture; *(in legno)* (wood)carving.
scuocere /'skwɔtʃere/ [34] intr. (aus. *essere*), **scuocersi** pronom. to become* overcooked, to become* overdone; ***questo riso si scuoce facilmente*** this rice is easily overcooked.
scuoiare /skwo'jare/ [1] tr. to flay, to skin.
scuola /'skwɔla/ f. **1** school; ***essere, andare a ~*** to be at, to go to school; ***la ~ è finita*** school is over; ***fin dai tempi della ~*** since one's schooldays; ***avere ~*** *(lezione)* to have school **2** *(sistema)* education (system); ***riformare la ~*** to reform the education system **3** *(fonte di formazione)* school (**di** of), training (**di** for, in); ***~ di vita*** school of hard knocks, university of life, training for life; ***della vecchia ~*** of the old school **4** ART. LETTER. FILOS. school; ***~ fiamminga*** Dutch School; ***~ di pensiero*** school of thought ♦ ***fare ~*** *(insegnare)* to teach (school); *(avere seguaci)* to gain a following ♦♦ ***~ alberghiera*** hotel-management school; ***~ di ballo*** dancing school; ***~ per corrispondenza*** correspondence college; ***~ di danza*** ballet school; ***~ elementare*** primary *o* elementary school, grade school AE; ***~ guida*** driving school; ***~ di lingue*** school of languages, language school; ***~ magistrale*** = formerly, high school specializing in education; ***~ materna*** nursery school, kindergarten, preschool AE; ***~ media inferiore*** = three years post elementary course, middle school BE, junior high school AE; ***~ media superiore*** = course of studies following middle school/junior high school and preceding university; ***~ dell'obbligo*** compulsory education; ***~ privata*** private school; ***~ professionale*** vocational school; ***~ pubblica*** state school, public school AE; ***~ secondaria*** → ***~ superiore***; ***~ serale*** evening school, night school; ***~ di stato*** o ***statale*** state school; ***~ superiore*** secondary school.
scuolabus /skwɔla'bus/ m.inv. school bus.
scuolaguida /skwɔla'gwida/ f. driving school; ***istruttore di ~*** driving instructor.
scuotere /'skwɔtere/ [67] **I** tr. **1** to shake* [*ramo, bottiglia, testa*]; to flap, to shake* out [*tovaglia, tappeto*]; [*vento, onde*] to rock, to toss [*barca*]; ***~ le briciole dalla tovaglia*** to shake the crumbs off the tablecloth **2** FIG. *(turbare)* to shake*; *(commuovere)* to move, to rouse **3** *(scrollare)* to shake* [*persona*] **4** FIG. ***~ qcn. dall'indolenza, dal torpore*** to force sb. out of their apathy, to rouse sb. from their torpor **II** **scuotersi** pronom. **1** *(scrollarsi)* to shake* oneself; ***-rsi la polvere di dosso*** to dust oneself off; ***-rsi di dosso*** FIG. to shake oneself free of [*malinconia, dubbio*] **2** FIG. *(riscuotersi)* to shake* up, to rouse oneself, to wake* up **3** *(sobbalzare)* to jump, to start, to jolt **4** *(turbarsi)* to get* upset, to upset* oneself.
scure /'skure/ f. axe, ax AE; ***dare un colpo di ~ a qcs.*** to give sth. a blow with an axe ♦♦ ***~ d'arme*** STOR. battle-axe BE, battleax AE.
scurire /sku'rire/ [102] **I** tr. to darken **II** intr. (aus. *essere*) to darken, to turn dark; [*metallo*] to tarnish; [*capelli*] to get* darker **III** **scurirsi** pronom. to darken; *(abbronzarsi)* to go* brown.
scuro /'skuro/ **I** agg. **1** dark; ***avere la pelle -a, i capelli -i*** to be dark-skinned, dark-haired, to have dark skin, hair; ***verde ~*** dark *o* deep green **2** *(buio)* dark **3** FIG. [*espressione*] gloomy; ***~ in volto*** with a face like thunder, with a face as black as thunder **II** m. **1** *(buio)* darkness, obscurity **2** *(colore)* ***vestire di ~*** to dress in *o* to wear dark colours.
scurrile /skur'rile/ agg. scurrilous, foul.
scurrilità /skurrili'ta/ f.inv. scurrility, foulness.
scusa /'skuza/ f. **1** *(giustificazione)* excuse, justification; ***trovare una ~*** to make *o* find an excuse; ***avere sempre una ~ pronta*** to be always ready with one's excuses **2** *(espressione di rincrescimento)* excuse, apology; ***fare*** o ***presentare le proprie -e a qcn.*** to make *o* give one's excuses *o* apologies to sb.; ***aspettare, esigere delle -e (da parte di qcn.)*** to expect, demand an apology (from sb.); ***chiedere ~ a qcn.*** to apologize to sb.; ***gli costò molto chiedere ~*** it hurted him to say sorry; ***una lettera di -e*** a letter of apology; ***mille*** o ***molte -e*** ever so sorry; ***chiedo ~*** I beg your pardon, excuse me **3** *(pretesto)* excuse, pretext; ***ogni ~ è buona per lui*** any excuse is good for him; ***con la ~ che, di fare*** under *o* on the pretext that, of doing.
scusabile /sku'zabile/ agg. excusable, pardonable.
scusante /sku'zante/ f. excuse; ***non avere -i*** to have no excuse.
scusare /sku'zare/ [1] **I** tr. **1** to excuse [*persona, maleducazione, errore, assenza*]; ***~ qcn. per avere fatto*** to excuse *o* pardon sb. for doing; ***scusatelo!*** forgive him! ***scusami, scusatemi, mi scusi*** excuse me, I'm sorry, pardon me; ***voglia scusarmi*** I'm so sorry, I do beg your pardon; ***la prego di scusarmi*** please forgive me; ***scusate il ritardo*** sorry I'm late, excuse me for being late; ***scusate il disordine*** I'm sorry about the mess; ***scusi l'interruzione*** forgive me for interrupting you **2** *(giustificare)* to excuse, to justify **II** intr. (aus. *avere*) ***scusa? cos'hai detto?*** sorry? (I beg your) pardon? what did you say? ***scusi, che ora è?*** excuse me, what time is it? ***scusa, dove credi di essere?*** hey, where do you think you are? **III** **scusarsi** pronom. to excuse oneself, to apologize, to say* sorry (**con qcn.** to sb.; **di** o **per qcs.** for sth.; **di** o **per aver fatto** for doing); ***mi scuso per il ritardo*** sorry I'm late; ***mi scuso per il disturbo*** I'm sorry to be a nuisance; ***senza neanche -rsi*** without so much as an apology; ***è dovuto andare a -rsi con lei*** he had to go and apologize to her.
sdebitarsi /zdebi'tarsi/ [1] pronom. **1** *(pagare un debito)* to get* out of debt, to pay* off one's debts **2** *(disobbligarsi)* to repay*; ***~ con qcn.*** to repay sb.

sdegnare /zdeɲ'ɲare/ [1] **I** tr. **1** *(disdegnare)* to scorn, to disdain [*ricchezza, gloria*] **2** *(provocare sdegno in)* to make* [sb.] indignant **II sdegnarsi** pronom. to get*, become* indignant (**per** at, about; **con, contro** with).
sdegnato /zdeɲ'ɲato/ **I** p.pass. → **sdegnare II** agg. indignant (**di, per** at, about).
sdegno /'zdeɲɲo/ m. **1** *(disprezzo)* disdain, scorn, contempt **2** *(indignazione)* indignation, outrage.
sdegnoso /zdeɲ'ɲoso/ agg. **1** *(sprezzante)* disdainful, contemptuous, scornful **2** *(altezzoso)* haughty, supercilious.
sdentato /zden'tato/ agg. toothless.
sdilinquimento /zdilinkwi'mento/ m. **1** *(deliquio)* swoon, fainting fit **2** *(svenevolezza)* gush, slush, mawkishness.
sdilinquirsi /zdilin'kwirsi/ [102] pronom. **1** *(svenire)* to faint, to swoon **2** FIG. to languish, to melt.
sdoganamento /zdogana'mento/ m. (customs) clearance, release; **~ *di*** clearance of [sth.] through customs [*beni, merce*].
sdoganare /zdoga'nare/ [1] tr. to clear (through customs).
sdolcinatezza /zdoltʃina'tettsa/ f. mush(iness), soppiness.
sdolcinato /zdoltʃi'nato/ agg. [*persona, modi, parole*] mawkish, sugary; [*film, storia*] mushy, schmal(t)zy, corny COLLOQ.; ***fare lo* ~** to be all sweetness.
sdoppiamento /zdoppja'mento/ m. splitting in two ♦♦ **~ *della personalità*** PSIC. dual *o* split personality.
sdoppiare /zdop'pjare/ [1] **I** tr. *(dividere)* to split* in two [*gruppo*] **II sdoppiarsi** pronom. **1** [*gruppo*] to split* in two; [*reparto, immagine*] to split* into two; [*filo*] to undouble **2** PSIC. to have* a dual, split personality.
sdraiare /zdra'jare/ [1] **I** tr. to lay* [sb.] down **II sdraiarsi** pronom. to lie* (down); ***-rsi sul, nel letto*** to lie down on, in one's bed.
sdraio /'zdrajo/ f.inv. sunbed, deckchair, beachchair AE.
sdrammatizzare /zdrammatid'dzare/ [1] tr. to play down, to damp down, to downplay COLLOQ.
sdrucciolare /zdruttʃo'lare/ [1] intr. (aus. *essere*) to slip, to slide*.
sdrucciolevole /zdruttʃo'levole/ agg. slippery.
sdrucciolo /'zdruttʃolo/ agg. LING. [*parola*] proparoxytone.
sdrucito /zdru'tʃito/ agg. torn, rent, worn.
1.se /se/ Rinviando alla voce qui sotto per i diversi valori semantici espressi dalla congiunzione *se*, vanno specificati i seguenti punti. - Il *se* condizionale è seguito da *should* per marcare un'ipotesi remota: *se telefonasse qualcuno...* (= *se qualcuno dovesse telefonare...*) = if anybody should phone...; *if* nella frase condizionale può essere sostituito, usando uno stile elevato, dall'inversione tra soggetto e ausiliare: *se avessi saputo che era a Roma...* = had I known he was in Rome... - Quando, dopo verbi come *to ask, to know, to wonder* ecc., *se* introduce un'interrogativa indiretta o una dubitativa, la traduzione è *if* oppure *whether*, quest'ultimo usato specialmente se lo stile è più formale o se viene esplicitata l'alternativa *se... o*: *non so se lo sa* = I don't know if he knows; *mi chiedo se l'abbia fatto o meno* = I wonder whether he did it or not. - Quando *se non* è reso con *unless*, questa congiunzione concentra in sé il contenuto negativo della frase, che pertanto non richiede negazione e ausiliare: *se non me lo dici subito...* = unless you tell me at once... **I** cong. **1** *(condizionale)* if; **~ *telefona, digli che non ci sono*** if he phones, tell him I'm not in; **~ *vuoi vengo con te*** I'll come with you if you like; **~ *fossi in te*** o ***al tuo posto*** if I were you; ***sarei contento* ~ *piovesse*** I would be happy if it rained **2** *(causativo)* **~ *lo sapevi perché non me l'hai detto?*** since you knew, why didn't you tell me? **~ *proprio insisti, vengo*** if you insist, I'll come **3** *(concessivo)* if; **~ *anche, anche* ~** even if, even though; ***è furbo, anche* ~ *non sembra*** he's sly although he doesn't look it **4** *(in frasi esclamative)* if; **~ *(solo*** o ***almeno) lo avessi saputo!*** if only I had known! had I known! **~ *Dio vuole!*** God willing! **~ *ho voglia di partire? ma certo!*** do I want to leave? but of course I do! **5** *(per esprimere suggerimento)* ***e* ~ *andassimo al cinema?*** what about going to the cinema? ***e* ~ *tu passassi il weekend con noi?*** why don't you come and spend the weekend with us? ***e* ~ *portassi il dolce?*** what if I bring the dessert? **6** *(per introdurre una dubitativa o un'interrogativa indiretta)* if, whether; ***mi chiedo* ~ *verrà*** I wonder if he will come; ***mi chiedo* ~ *sia vero (o no)*** I wonder whether it's true (or not) **7 se non** if not, unless; ***non ha preso con sé nulla* ~ *non un libro*** he didn't take anything with him apart from *o* other than a book; ***una delle città più belle,* ~ *non addirittura la più bella*** one of the most beautiful cities, if not the most beautiful; **~ *non fosse stato per me, sarebbe andato*** he would have gone but for me; **~ *non smetti di fumare ti rovinerai la salute*** you'll ruin your health unless you give up smoking; **~ *non altro*** if nothing else **8 se no** if not, otherwise, or else; ***smettila, se no...*** stop that now, or else...; ***non è per niente pericoloso,* ~ *no non lo farei*** it's quite safe, otherwise I wouldn't do it **9 se mai** **~ *mai vedessi*** if you ever see *o* if ever you see; **~ *mai andrò da qualche parte, sarà in Australia*** I'm going to Australia, if anything *o* if I go anywhere **II** m. *(incertezza)* if; ***ci sono molti* ~ *e ma*** there are lots of ifs and buts.
2.se /se/ v. la nota della voce **io**. pron.pers. **~ *l'è presa comoda*** he took his time, he took it easy; **~ *la sono vista brutta*** they had a narrow escape; **~ *ne sono andati*** they left, they went away.
sé /se/ v. la nota della voce **io**. pron.pers. (when followed by **stesso** or **medesimo** the accent can be omitted) **1** *(impersonale)* oneself; ***essere sicuro di* ~** to be sure of oneself; ***per una migliore conoscenza di* ~** for a better self-knowledge; ***prendersi cura di se stesso*** to take care of oneself; ***tenere qcs. per* ~** to keep sth. to oneself; ***rimanere fedele a se stesso*** to remain true to oneself; ***parlare tra* ~ *e* ~** to talk to oneself; ***la parte migliore di* ~** one's better self **2** *(singolare) (riferito a uomo)* himself, him; *(riferito a donna)* herself, her; *(riferito a cosa o animale)* itself, it; *(plurale)* themselves, them; ***non aveva abbastanza soldi con* ~** he, she didn't have enough money about *o* on him, her; ***il mio anello in* ~** o ***se stesso non ha valore*** my ring is of no value in itself; ***se lo sono tenuto per* ~** they kept it for themselves ♦ ***a* ~ *stante*** [*questione, problema*] separate; ***ha fatto tutto da* ~** he did it all by himself *o* he did it all alone; ***si è fatto da* ~** he's a self-made man; ***di per* ~, *in* ~ *(e per* ~*)*** in itself; ***un episodio di per* ~ *banale*** an episode that is in itself commonplace; ***va da* ~ *(che)*** it goes without saying (that); ***essere fuori di* ~, *non stare in* ~** to be beside oneself (**da, per** with).
sebaceo /se'batʃeo/ agg. [*ghiandola*] sebaceous.
Sebastiano /sebas'tjano/ n.pr.m. Sebastian.
sebbene /seb'bɛne/ cong. although, (even) though; **~ *lo sappia*** although he knows; **~ *fosse in ritardo*** although he was late.
sebo /'sɛbo/ m. sebum.
sec. 1 ⇒ secondo second (sec) **2** ⇒ secolo century (c, C).
secante /se'kante/ f. MAT. secant.
secca, pl. **-che** /'sekka, ke/ f. **1** *(fondale poco profondo)* shallows pl., shoal, riffle AE; ***incagliarsi in una* ~** [*nave*] to run aground, to be grounded **2** *(scarsità d'acqua)* dryness; ***in* ~** [*fiume*] dried-up, dry.
seccamente /sekka'mente/ avv. [*rispondere*] drily, crisply, curtly; [*rifiutare, negare*] point-blank.
seccante /sek'kante/ agg. **1** [*persona*] annoying, irritating, irksome, troublesome **2** [*situazione*] annoying, vexatious.
seccare /sek'kare/ [1] **I** tr. **1** *(inaridire)* to scorch, to dry out [*terreno, prato*]; to wither, to wizen [*pianta*]; [*sole*] to bake, to dry out [*pelle*]; [*vento*] to dry [*pelle*] **2** *(essiccare)* to desiccate, to dry [*fiori, frutta*]; to cure, to dry [*pesce, carne*] **3** *(prosciugare)* to dry up (anche FIG.) **4** COLLOQ. *(dare fastidio)* to annoy, to bother, to irk; ***smettila di seccarmi!*** stop bothering *o* annoying me! ***quanto mi secca questa situazione!*** this situation is really annoying! ***ti secca se non vado?*** do you mind if I don't go? ***mi seccherebbe perdere lo spettacolo*** I wouldn't like to miss the show **II** intr. (aus. *essere*) [*erba, prato, pianta, fiore*] to wither, to wizen; [*fango*] to harden, to bake; [*pelle*] to get* dry; [*torrente, lago, pozzo*] to dry up; ***far* ~ *funghi, fiori*** to dry mushrooms, flowers **III seccarsi** pronom. **1** [*erba, prato, fiore*] to wither, to wizen; [*fango*] to harden, to bake; [*ferita*] to dry; [*pelle, labbra*] to get* dry **2** *(prosciugarsi)* to dry up (anche FIG.) **3** FIG. *(innervosirsi)* to get* annoyed.
seccato /sek'kato/ **I** p.pass. → **seccare II** agg. **1** *(inaridito)* dried(-up); **~ *al sole*** sun-dried **2** FIG. annoyed, irked, peeved COLLOQ.; ***essere* ~ *con qcn.*** to be annoyed *o* cross with sb.; ***uno sguardo* ~** a look of annoyance.

seccatore /sekka'tore/ m. (f. **-trice** /tritʃe/) annoyer, bother, nuisance, bore.

seccatura /sekka'tura/ f. nuisance, bother, pain; ***che ~!*** how annoying! what a pain!

secchezza /sek'kettsa/ f. **1** *(di clima, pelle)* dryness **2** *(magrezza)* thinness, gauntness **3** FIG. *(di stile, opera)* dryness.

secchia /'sekkja/ f. **1** *(secchio)* bucket, pail **2** *(contenuto)* bucket(ful), pailful **3** COLLOQ. SCOL. plugger, sap, swot.

secchiata /sek'kjata/ f. bucketful, pailful.

secchiello /sek'kjɛllo/ m. **1** bucket; ***paletta e ~*** bucket and spade **2** *(borsetta)* bucket bag ♦♦ ***~ da champagne*** wine cooler; ***~ del ghiaccio*** ice bucket.

secchio, pl. **-chi** /'sekkjo, ki/ m. **1** bucket, pail **2** *(contenuto)* bucketful, pailful; ***un ~ d'acqua*** a bucketful of water ♦ ***e buonanotte al ~!*** and that's that! that's the end of it! ♦♦ ***~ dell'immondizia*** o ***della spazzatura*** dustbin, rubbish bin BE, garbage can AE.

secchione /sek'kjone/ m. (f. **-a**) COLLOQ. SCOL. plugger, sap, swot.

secco, pl. **-chi, -che** /'sekko, ki, ke/ **I** agg. **1** [*clima, caldo, aria, fieno, vernice, foglie, legna, pelle, capelli*] dry; [*pozzo, stagno, torrente*] dry, dried-up; [*terreno, campo*] dry, droughty; [*frutta, fagioli*] dried, desiccated; [*fiore*] dried; [*labbra*] dry, parched; ***avere la gola -a*** to have a dry throat, to be parched COLLOQ. **2** *(non dolce)* [*vino*] dry **3** *(brusco)* [*tono*] curt, abrupt, sharp; [*rifiuto*] blunt, flat, point-blank; [*risposta*] dry, crisp, sharp, smart; *(disadorno)* [*comunicato, stile*] dry, terse **4** [*rumore, colpo*] sharp **5** *(molto magro)* [*persona*] thin, stringy, gaunt, scraggy; [*braccia, gambe*] skinny **6** [*tosse*] dry, hacking **II** m. **1** ***tirare in ~ una barca*** to haul a boat; ***essere, restare in ~*** [*barca*] to be, run aground **2** *(siccità)* drought **3 a secco** ***a ~*** [*shampoo, rasatura*] dry; ***lavaggio a ~*** dry-cleaning; ***essere a ~*** FIG. [*persona*] to be broke *o* penniless *o* bust; [*serbatoio, conto in banca*] to be empty; ***restare*** o ***rimanere a ~ di qcs.*** FIG. to run out of sth. ♦ ***fare ~ qcn.*** to blow sb. away, to do sb. in; ***rimanerci*** o ***restarci ~*** *(morire)* to lose one's life, to bite the dust; *(rimanere allibito)* to be flabbergasted, to be gaping in amazement *o* in wonder, to be pole-axed COLLOQ.

secentesco /setʃen'tesko/ → **seicentesco.**

secernere /se'tʃɛrnere/ [85] tr. BOT. FISIOL. to secrete.

secessione /setʃes'sjone/ f. secession; ***guerra di ~ (americana)*** American Civil War.

secessionista, m.pl. **-i**, f.pl. **-e** /setʃessjo'nista/ agg., m. e f. secessionist.

seco /'seko/ pron. ANT. LETT. **1** *(con sé)* with one **2** *(con lui)* with him; *(con lei)* with her; *(con loro)* with them.

secolare /seko'lare/ agg. **1** [*tradizione, albero*] centuries-old; *(di cento anni)* hundred-year-old; *(che ha luogo ogni secolo)* [*cerimonia*] centennial **2** *(laico)* [*potere*] secular **3** RELIG. [*prete, clero*] secular.

secolarizzare /sekolarid'dzare/ [1] tr. to secularize.

secolo /'sɛkolo/ ➧ *19* m. **1** century; ***nel V ~ avanti, dopo Cristo*** in the 5th century Before Christ, Anno Domini; ***l'arte del XVII ~*** 17th-century art; ***nel ~ scorso*** in the last century; ***del ~*** COLLOQ. [*affare, idea*] of the century; ***vecchio di -i*** centuries-old **2** FIG. ***erano -i che non venivo qui*** COLLOQ. I hadn't been here for ages; ***è un ~ che non vado al mare*** it's ages since I went to the seaside; ***da -i*** for ages *o* centuries **3** *(epoca)* ***il ~ di Luigi XIV*** the age of Louis XIV; ***i -i futuri*** future ages; ***il ~ dei lumi*** the Age of the Enlightenment; ***i -i bui*** the Dark Ages; ***quest'opera rispecchia il gusto del ~*** this work reflects the taste of its time **4** RELIG. ***fino alla fine dei -i*** BIBL. till the end of time ♦ ***al ~*** in the world; ***padre Giuseppe, al secolo Mario Rossi*** padre Giuseppe, in the world Mario Rossi.

seconda /se'konda/ f. **1** SCOL. second year, second form BE; ***fare la ~*** to be in the second year *o* form **2** MUS. second **3** AUT. second (gear); ***ingranare*** o ***mettere la ~*** to change *o* shift AE into second gear **4** FERR. AER. ***viaggiare in ~*** to travel second(-class); ***biglietto di ~*** second-class ticket **5** MAT. ***dieci alla ~*** ten squared; ***elevare un numero alla ~*** to square a number **6 a seconda di** depending on **7 a seconda che** depending on whether.

secondariamente /sekondarja'mente/ avv. secondly, secondarily.

secondario, pl. **-ri, -rie** /sekon'darjo, ri, rje/ agg. **1** [*problema, importanza*] secondary, minor; [*personaggio, ruolo*] secondary, supporting, minor; [*causa, effetto*] secondary, incidental; [*questione, argomento*] subordinate; ***strada -a*** byroad, secondary *o* minor road **2** SCOL. secondary **3** ECON. ***settore ~*** secondary industry **4** LING. [*accento*] secondary; [*proposizione*] subordinate.

secondino /sekon'dino/ ➧ *18* m. (f. **-a**) prison officer BE, prison guard AE, warder BE.

1.secondo /se'kondo/ ➧ *26, 5, 19* **I** agg. **1** *(in una serie, in un gruppo)* second; *(tra due)* latter; ***~ atto, premio*** second act, prize; ***nel ~ capitolo*** in chapter two; ***il ~ uomo più ricco del mondo*** the second-richest man in the world; ***in un ~ tempo*** subsequently; ***non essere ~ a nessuno*** to be second to none; ***di -a qualità*** defective, of inferior quality, reject **2** *(altro)* second; ***avere una -a occasione*** to have a second chance **3** *(della seconda metà)* ***il ~ Novecento*** the latter part of the 20th century **4** LING. ***-a persona singolare, plurale*** second person singular, plural **5** *(nelle parentele)* ***cugino ~*** second cousin, cousin once removed; ***figli di ~ letto*** children of the second marriage **6** TELEV. ***il ~ canale*** channel two **7 in secondo luogo** second(ly); ***in primo luogo... e in ~ luogo...*** for one thing... and for another... **8 in secondo piano** in the background (anche FIG.), middle distance; ***quello in ~ piano sono io*** that's me in the background; ***essere, passare in ~ piano*** to be in, to fade into the background **II** m. (f. **-a**) **1** *(in una successione)* second; *(tra due)* latter; ***il ~ della lista*** the second in the list; ***per ~*** [*arrivare, partire, parlare*] second; ***il primo è semplice, il ~ è complesso*** the former is simple, the latter is complex **2** *(unità di tempo)* second; ***11 metri al ~*** 11 metres per *o* a second; ***ritorno fra un ~*** *(breve lasso di tempo)* I'll be back in a second **3** *(portata)* second course **4** TELEV. channel two **5** *(in un duello, nella boxe)* second **6** MAR. second in command **III** avv. second(ly) ♦♦ ***~ fine*** by-end, hidden *o* secret agenda; ***senza -i fini*** without any ulterior motive; ***-a serata*** TELEV. late evening viewing; ***~ violino*** second violin; ***-a visione*** rerun.

2.secondo /se'kondo/ **I** prep. **1** *(dal punto di vista di)* according to; ***~ me*** according to me, in my opinion; ***~ me sta per piovere*** I think it's going to rain; ***~ i miei calcoli*** by my calculations *o* reckoning; ***~ gli esperti*** in the experts' opinion; ***il Vangelo ~...*** the Gospel according to... **2** *(conformemente a)* according to, in compliance with; ***~ la legge*** according to *o* in compliance with the law; ***~ le loro abitudini*** as they usually do; ***tutto procede ~ i piani*** everything is proceeding according to plan; ***giocare ~ le regole*** to play by the rules; ***l'idea, la teoria ~ cui*** the idea, the theory that; ***ragionare ~ schemi fissi*** to follow set patterns **3** *(proporzionalmente a)* according to, in proportion to; ***donate ~ le vostre possibilità*** please give what you can afford; ***vivere ~ i propri mezzi*** to live within one's income *o* means **4** *(in funzione di)* depending on; ***~ le circostanze, il caso*** depending on the circumstances, as the case may be; ***deciderà ~ il suo umore*** his decision will depend on his mood **II** cong. ***~ quanto mi ha detto*** from what he said; ***~ come, dove*** it depends how, where; ***~ che*** depending on whether.

secondogenito /sekondo'dʒɛnito/ **I** agg. second(-born) **II** m. (f. **-a**) second-born.

secrezione /sekret'tsjone/ f. secretion.

sedano /'sedano/ m. celery ♦♦ ***~ rapa*** celeriac.

sedare /se'dare/ [1] tr. **1** to soothe, to assuage, to alleviate [*dolore*]; to assuage [*fame, sete*]; FIG. to cool [*animi, passioni*] **2** *(reprimere)* to crush, to put* down, to squash [*rivolta*].

sedativo /seda'tivo/ agg. e m. sedative, calmative; ***somministrare -i a*** to sedate; ***sotto ~*** sedated, under sedation.

sede /'sɛde/ f. **1** *(di azienda, organizzazione, ente)* base; *(di tribunale, congresso)* venue; *(del governo)* seat, centre BE, center AE; *(vescovile)* see; ***avere ~*** to be based, to have one's headquarters (**a** in, at); ***con ~ a Londra*** London-based; ***il capo è fuori ~*** the boss is away on business; ***il negozio ha cambiato ~*** the shop has changed its address *o* has moved; ***Santa Sede*** Holy See; ***l'anima è la ~ dei sentimenti*** FIG. the soul is the seat of the sentiments **2** COMM. *(filiale)* branch, office; ***la ~ di Boston*** the Boston office; ***chiedere il trasferimento ad altra ~*** to ask to be moved *o* transferred to another office **3** FIG. *(posto)* place; *(momento)* time; ***questa non è la ~ più adatta***

per... this is not the best place for... **4** TECN. housing, seating **5** MED. seat **6** DIR. ***~ legale*** registered office; ***in ~ penale*** in a criminal trial; ***in ~ civile*** in a civil action **7 in sede di *in ~ di esame*** UNIV. during the examination **8 in separata sede** DIR. = in a special session; FIG. in private ♦♦ ***~ centrale*** head office, main office, headquarters; ***~ ferroviaria*** permanent way; ***~ stradale*** roadway.

sedentarietà /sedentarje'ta/ f.inv. sedentariness.

sedentario, pl. **-ri**, **-rie** /seden'tarjo, ri, rje/ **I** agg. sedentary (anche ANTROP. MIL.) **II** m. (f. **-a**) *(pantofolaio)* stay-at-home, lazybones, homebody.

1.sedere /se'dere/ [88] Come mostrano gli esempi più sotto, è importante scegliere bene la preposizione da usare con l'equivalente inglese di *sedere* / *sedersi*, ossia *to sit (down)*: si usa *at* quando ci si siede davanti a un tavolo, una scrivania, un pianoforte o un computer (anche se qualcuno potrebbe volersi sedere *su* un tavolo = on a table!); si usa *in front of* quando ci si siede davanti alla televisione o a un fuoco (per quest'ultimo anche *vicino* o *attorno a*, ossia *by* e *around*); si usa *on* quando ci si siede su una superficie piatta, come un pavimento, un prato, una sedia, una panca o un letto; si usa *in* quando ci si siede in macchina, in un angolo o in poltrona. - Quando il verbo indica l'azione di sedersi e non lo stato di essere seduto, si preferisce in inglese *to sit down* al semplice *to sit*; per tradurre *prego, si sieda!*, si dice *please, sit down!* o, in un contesto formale, *please be seated!* **I** intr. (aus. *essere*) **1** *(essere seduto)* to sit*, to be* sitting, to be* seated; ***~ a tavola, su una sedia, in poltrona*** to sit *o* be sitting at the table, on a chair, in an armchair; ***~ per terra*** to sit *o* be sitting on the floor *o* ground; ***dare da ~ a qcn.*** to offer sb. a seat; ***fare ~ qcn.*** to sit sb. (down), to seat sb.; ***la stanza ha 30 posti a ~*** the room seats 30 people; ***mettersi a ~*** *(da in piedi)* to sit down; *(da coricato)* to sit up **2** *(essere membro)* to sit*; ***~ in senato, in consiglio di amministrazione*** to sit in the senate, on the board of directors **II sedersi** pronom. **1** to sit* (down); ***-rsi su una sedia, in poltrona*** to sit on a chair, in an armchair; ***prego, si sieda!*** please, take a seat! do sit down! please, be seated! ***-rsi attorno a un tavolo*** to sit around a table, to sit down at a table; FIG. to sit down at the negotiating table **2** GASTR. [*soufflé*] to collapse.

2.sedere /se'dere/ m. bottom, buttocks pl., backside, bum BE ♦ ***prendere qcn. per il ~*** to take the piss out of sb., to bull(shit) sb.

sedia /'sɛdja/ f. chair ♦♦ ***~ con i braccioli*** elbow chair; ***~ a dondolo*** rocking chair; ***~ elettrica*** electric chair; ***essere giustiziato sulla ~ elettrica*** to be electrocuted; ***~ a rotelle*** wheelchair, Bath chair; ***~ a sdraio*** deckchair, beachchair AE.

sedicenne /sedi'tʃɛnne/ agg., m. e f. sixteen-year-old.

sedicente /sedi'tʃɛnte/ agg. would-be, self-styled, professed.

sedicesimo /sedi'tʃɛzimo/ ▸ ***26*** **I** agg. sixteenth **II** m. (f. **-a**) **1** sixteenth **2** TIP. ***in ~*** [*formato*] sextodecimo **III sedicesimi** m.pl. SPORT ***-i di finale*** = round in competition with thirty-two competitors.

sedici /'seditʃi/ ▸ ***26, 5, 8, 13*** **I** agg.inv. sixteen **II** m.inv. **1** *(numero)* sixteen **2** *(giorno del mese)* sixteenth **III** f.pl. *(ore)* four pm; ***sono le ~*** it's four o'clock (in the afternoon).

sedile /se'dile/ m. **1** seat; ***~ anteriore, posteriore*** front, back seat **2** *(panchina)* seat, bench.

sedimentare /sedimen'tare/ [1] intr. (aus. *essere, avere*) to settle.

sedimentario, pl. **-ri**, **-rie** /sedimen'tarjo, ri, rje/ agg. [*roccia*] sedimentary.

sedimentazione /sedimentat'tsjone/ f. GEOL. CHIM. sedimentation.

sedimento /sedi'mento/ m. CHIM. FIS. GEOL. sediment.

sedizione /sedit'tsjone/ f. sedition.

sedizioso /sedit'tsjoso/ **I** agg. seditious, seditionary **II** m. (f. **-a**) seditionary, seditionist.

seducente /sedu'tʃɛnte/ agg. [*persona*] seductive, enticing, alluring, glamorous; [*sorriso*] seductive, alluring, inviting, winsome; [*sguardo, modi*] enticing, provocative.

sedurre /se'durre/ [13] tr. **1** to seduce, to allure, to entice, to charm; ***un sorriso che seduce*** a seductive *o* inviting smile **2** *(allettare)* to appeal to **3** *(convincere)* to win* over; ***mi sono lasciato ~ dalle loro proposte*** I let myself be won over by their offers.

seduta /se'duta/ f. **1** *(riunione)* session, meeting, sitting; ***aprire, aggiornare, chiudere una ~*** to open, adjourn, close a session *o* sitting; ***la ~ è tolta*** the session adjourns **2** *(incontro professionale)* session; ***dieci -e di fisioterapia*** ten physiotherapy sessions **3** ART. sitting ♦ ***~ stante*** on the spot, immediately ♦♦ ***~ fotografica*** photo session; ***~ plenaria*** plenary session; ***~ spiritica*** seance.

seduto /se'duto/ **I** p.pass. → **1.sedere II** agg. sitting, seated; ***stare ~ ore e ore a non far nulla*** to sit about for hours doing nothing; ***non riusciva a stare ~*** he couldn't sit still; ***-i!*** *(a scuola)* sit down! ***~!*** *(a un cane)* sit!

seduttore /sedut'tore/ m. seducer, charmer.

seduttrice /sedut'tritʃe/ f. seductress.

seduzione /sedut'tsjone/ f. seduction, beguilement, seducement.

seg. ⇒ seguente following (ff.).

sega, pl. **-ghe** /'sega, ge/ f. **1** *(attrezzo)* saw **2** VOLG. *(masturbazione maschile)* handjob; ***farsi una ~*** to give oneself a handjob, to jerk off **3** VOLG. *(nulla, niente)* ***non capire una ~*** not to understand a fucking thing; ***non fare una ~*** to fuck about *o* around, not to do a fucking thing; ***non mi importa una ~*** I don't give a fuck *o* a shit ♦ ***essere una (mezza) ~*** VOLG. to be a pipsqueak; ***fare ~*** COLLOQ. *(marinare la scuola)* to play truant, to skive BE, to play hooky AE ♦♦ ***~ circolare*** circular *o* buzz saw; ***~ elettrica*** electric *o* power saw; ***~ a nastro*** band *o* ribbon saw.

segala /'segala/, **segale** /'segale/ f. rye.

segaligno /sega'liɲɲo/ agg. *(magro)* skinny, scraggy.

segare /se'gare/ [1] tr. **1** to saw* **2** *(stringere troppo)* ***la corda gli segava i polsi*** the rope was cutting into his wrists **3** SCOL. GERG. *(bocciare)* to fail, to flunk AE COLLOQ.; ***farsi ~ a un esame*** to fail *o* flunk AE COLLOQ. an exam; ***~ la scuola*** *(marinare)* to play truant, to skive BE, to play hooky AE.

segatura /sega'tura/ f. **1** *(il segare)* sawing **2** *(residuo)* sawdust.

seggio, pl. **-gi** /'sɛddʒo, dʒi/ m. **1** POL. seat, bench BE; ***~ parlamentare*** parliamentary seat **2** (anche **~ elettorale**) polling station.

seggiola /'sɛddʒola/ f. chair.

seggiolino /seddʒo'lino/ m. **1** *(per bambini)* baby's chair; *(per auto)* *(rialzatore)* booster cushion **2** *(sgabello)* stool **3** AER. ***~ eiettabile*** ejector seat.

seggiolone /seddʒo'lone/ m. high chair.

seggiovia /seddʒo'via/ f. chair lift.

segheria /sege'ria/ f. sawmill, lumber mill, timber mill.

seghettato /seget'tato/ agg. **1** saw-toothed, serrated; ***coltello ~*** jagged *o* serrate knife **2** [*foglia*] toothed, serrate(d).

seghetto /se'getto/ m. (small) saw.

segmentare /segmen'tare/ [1] tr. to segment (**in** into).

segmentazione /segmentat'tsjone/ f. segmentation.

segmento /seg'mento/ m. **1** ANAT. MAT. LING. INFORM. ZOOL. segment **2** SOCIOL. *(gruppo)* segment, group **3** AUT. ***~ di pistone*** piston ring.

segnalare /seɲɲa'lare/ [1] **I** tr. **1** *(far notare)* to signal (**a qcn.** to sb.); ***~ qcs. all'attenzione di qcn.*** to bring sth. to sb.'s attention; ***~ a qcn. che*** to point out to sb. that **2** *(indicare)* to warn of, to indicate [*guasto, lavori, pericolo*]; to advert [*presenza*]; [*radar*] to pick up, to detect [*oggetto, aereo*]; ***un dispositivo che segnala la presenza di fumo*** a smoke detecting device **3** *(rendere noto)* to report [*fatti, avvenimento*]; ***niente da ~*** nothing to report; ***non si segnalano incidenti*** no accidents have been reported; ***~ qcs. alle autorità competenti*** to report sth. to the appropriate authorities **4** *(denunciare)* to report; ***~ la cosa alla polizia*** to report the matter to the police **5** SPORT to call [*fallo, fuorigioco*] **6** *(raccomandare)* to recommend (**a qcn.** to sb.); ***~ qcn. per un impiego*** to recommend sb. for a job; ***~ un nuovo libro al pubblico*** to recommend a new book to the public **II segnalarsi** pronom. to distinguish oneself (**per qcs.** by sth.); ***si è sempre segnalato per il suo coraggio*** his bravery has always distinguished him; ***-rsi all'attenzione di qcn.*** to get oneself noticed by sb., to attract sb.'s attention.

segnalatore /seɲɲala'tore/ m. **1** *(persona)* signaller; MAR. signalman **2** *(strumento)* signaller ♦♦ ***~ acustico*** horn; ***~ d'incendio*** fire alarm.

segnalazione /seɲɲalat'tsjone/ f. **1** signalling BE, signaling AE; ***razzo di ~*** flare, distress rocket; ***~ stradale*** roadsigns **2** *(segnale)* signal **3** *(comunicazione)* report, warning **4** *(alla polizia)* report **5** *(raccomandazione)* recommendation **6** SPORT *(dell'arbitro)* call.

segnale /seɲ'ɲale/ m. **1** signal, warning; ***~ audio, radio*** audio, radio signal; ***dare il ~ di partenza*** to give the signal to leave **2** *(cartello)* (road)sign, signpost **3** *(indizio)* indication, sign; ***chiaro ~ di ripresa economica*** clear indication *o* sign of economic recovery **4** FERR. RAD. TELEV. ELETTRON. signal **5** INFORM. sentinel **6** TEL. ***~ di libero*** ringing tone BE, dial tone AE; ***~ di occupato*** engaged tone BE, busy signal AE ♦♦ ***~ acustico*** buzzer; *(della segreteria telefonica)* beep, tone; ***~ di allarme*** alarm signal; ***~ di fumo*** smoke signal; ***~ luminoso*** light signal; ***~ orario*** RAD. time check, time-signal, beep; ***~ di pericolo*** danger signal; *(in viabilità)* warning sign; ***~ stradale*** road sign.

segnaletica, pl. **-che** /seɲɲa'lɛtika, ke/ f. signposting ♦♦ ***~ orizzontale*** lane *o* road markings; ***~ stradale*** roadsigns; ***~ verticale*** road *o* traffic signs.

segnaletico, pl. **-ci, -che** /seɲɲa'lɛtiko, tʃi, ke/ agg. ***foto -a*** mug shot; ***scheda -a*** fingerprint card; ***dati -ci*** description.

segnalibro /seɲɲa'libro/ m. bookmark, marker.

segnapunti /seɲɲa'punti/ **I** m. e f.inv. *(persona)* marker **II** m.inv. *(tabellone)* scoreboard; *(cartoncino)* scorecard; *(taccuino)* scorebook.

segnare /seɲ'ɲare/ [1] **I** tr. **1** to mark out [*area, limite*]; ***~ con una croce*** to put a cross against [*nome, voce di un elenco*] **2** *(dare il segnale di)* to signal, to mark [*inizio, fine*]; ***~ la ripresa delle ostilità*** to mark *o* signal the renewal of hostilities **3** *(lasciare una traccia su)* [*persona, colpo*] to mark [*corpo, oggetto*] **4** *(influenzare)* [*avvenimento, dramma, opera*] to mark, to leave* its mark on [*persona, epoca*] **5** *(scrivere)* to mark [*prezzo*]; *(annotare)* to make* a note of, to record, to write* [sth.] down; ***ho dimenticato di ~ la data sull'agenda*** I forgot to enter *o* put the date in my diary; ***lo segni sul mio conto*** put it down to my account *o* on my bill; ***~ gli (studenti) assenti*** to mark students absent **6** *(indicare)* [*orologio*] to tell*, to say* [*ora*]; [*strumenti*] to record, to show* [*pressione, temperatura*]; MUS. to mark, to beat* [*tempo*]; ***il mio orologio segna le tre*** by my watch it's three o'clock; ***il termometro segna 35°C*** the thermometer reads 35 degrees; ***la lancetta segnava 60 km orari*** the speedometer was at 60 kph **7** SPORT to score [*goal, meta, canestro, punti*] **8** GERG. to mark [*carte*] **9** MIL. ***~ il passo*** to mark time (anche FIG.) **10** *(far risaltare)* to hug, to show* up; ***quell'abito ti segna troppo*** that dress fits you too tightly **II segnarsi** pronom. RELIG. to cross oneself.

segnatamente /seɲɲata'mente/ avv. notably, particularly, especially.

segnato /seɲ'ɲato/ **I** p.pass. → **segnare II** agg. **1** [*volto*] worn (**da** by), lined (**da** with); ***un volto ~ dalle rughe*** a face seamed with wrinkles **2** *(costellato)* studded; ***un'epoca -a dai conflitti sociali*** a period studded by social unrest **3** *(scritto, indicato)* marked.

segnatura /seɲɲa'tura/ f. **1** TIP. signature **2** SPORT score, scoring **3** BIBLIOT. shelf mark, pressmark BE.

segno /'seɲɲo/ m. **1** mark, sign; *(di coltello)* notch; ***fare un ~ sul muro*** to make a mark on the wall; ***portare i -i di*** to bear the marks *o* scars of [*dolore, tempo*]; ***-i di stanchezza sul volto*** signs of tiredness on the face; ***lasciare il ~*** FIG. to leave one's mark, to set one's stamp; *(quando si legge)* ***perdere, trovare, tenere il ~*** to lose, find, mark one's place; ***mettere un ~ alla pagina*** to mark one's page **2** *(contrassegno)* sign, mark; ***-i caratteristici, particolari*** particulars, distinguishing marks **3** *(prova, indizio)* sign; ***è (un) buon ~*** it's a good *o* lucky sign; ***è cattivo*** o ***un brutto ~*** it's a bad sign; ***è ~ che*** it's a sign *o* an indication *o* a signal that; ***un ~ dei tempi*** a sign of the times; ***era un ~ del destino*** it was fate; ***è arrossito, ~ che ti ama*** he flushed, it's a sure sign that he loves you **4** *(simbolo grafico)* sign (anche MAT.); *(di scrittura)* mark; ***~ più*** o ***di addizione*** plus sign; ***~ meno*** o ***di sottrazione*** minus sign **5** ASTROL. sign; ***di che ~ sei?*** what sign are you? what's your birth sign? ***nato sotto il ~ del Leone*** born under (the sign of) Leo **6** *(gesto, cenno)* sign; ***fare ~ a qcn. di fare*** to signal *o* gesture to sb. to do, to motion sb. to do; ***fare ~ di sì, di no*** to indicate *o* nod agreement, disagreement; ***fare ~ con la testa*** to signal with one's head; ***linguaggio dei -i*** sign language; ***comunicare a -i*** to communicate by gestures, to use sign language **7** *(espressione, dimostrazione)* mark, sign; ***(non) dare*** o ***mostrare -i di*** to show (no) signs of [*stanchezza, stress*]; ***dare -i di impazienza*** to show signs of impatience **8** MED. sign; ***non dare -i di vita*** to show no sign of life **9** SPORT *(bersaglio)* ***mettere a ~*** to score a bull's eye (anche FIG.) **10 in segno di** as a sign of, as a mark of; ***l'ha fatto in ~ di stima*** he did it as a sign *o* mark of his esteem ♦ ***passare il ~*** to go too far, to overshoot *o* overstep the mark; ***andare a, colpire nel ~*** to find its mark *o* target, to score a hit, to strike home ♦♦ ***~ della croce*** sign of the cross; ***farsi il ~ della croce*** to bless *o* cross oneself, to make the sign of the cross; ***~ zodiacale*** o ***dello zodiaco*** star sign.

sego, pl. **-ghi** /'sego, gi/ m. tallow, candle grease; GASTR. suet.

segregare /segre'gare/ [1] **I** tr. to segregate, to isolate, to insulate **II segregarsi** pronom. to shut* oneself away.

segregazione /segregat'tsjone/ f. segregation ♦♦ ***~ razziale*** racial segregation.

segreta /se'greta/ f. dungeon.

segretamente /segreta'mente/ avv. secretly, hiddenly, covertly.

segretaria /segre'tarja/ ▸ *18* f. secretary ♦♦ ***~ d'azienda*** secretary; ***~ di direzione*** manager's secretary; ***~ di produzione*** CINEM. TELEV. continuity girl.

segretario, pl. **-ri** /segre'tarjo, ri/ ▸ *18* m. **1** *(impiegato)* secretary **2** *(quadro diplomatico)* secretary; *(di partito, sindacato)* leader; ***vice ~*** assistant secretary ♦♦ ***~ d'ambasciata*** embassy secretary; ***~ generale*** general secretary; ***~ generale dell'ONU*** UN secretary-general; ***~ particolare*** confidential secretary, personal assistant; ***~ di produzione*** CINEM. TELEV. continuity man; ***~ di stato*** *(in Italia)* minister; *(negli USA)* Secretary of State.

segreteria /segrete'ria/ f. **1** *(carica)* secretaryship, secretariat; *(ufficio)* secretariat **2** *(di ente)* administration (anche SCOL.); UNIV. registrar's office(s) **3** TEL. (anche **~ telefonica**) (telephone) answering machine, answerphone; ***servizio di ~ telefonica*** answering service.

segretezza /segre'tettsa/ f. secrecy, secretness.

1.segreto /se'greto/ agg. **1** secret; ***tenere ~ qcs.*** to keep sth. secret (**a qcn.** from sb.); ***agente ~*** secret agent; ***società -a*** secret society; ***arma -a*** secret weapon (anche FIG.) **2** [*passaggio, meccanismo*] secret; [*porta, scala*] secret, concealed **3** *(intimo)* secret; ***nutrire la -a speranza di...*** to entertain the secret hope of...

2.segreto /se'greto/ m. **1** secret; ***mantenere, svelare un ~*** to keep, to reveal *o* disclose a secret; ***confidare un ~ a qcn.*** to confide *o* tell a secret to sb.; ***non avere -i per qcn.*** to have no secrets from sb.; ***non è un ~ per nessuno*** it's no secret (**che** that); ***i -i del mestiere*** the tricks of the trade; ***per lui la meccanica non ha -i*** mechanics holds no secrets for him; ***il ~ della felicità*** the secret of *o* the key to happiness; ***il ~ del suo successo*** the secret of his success **2** *(riserbo)* secrecy; ***in ~*** in secret, in secrecy; ***fare qcs. in gran ~*** to do sth. in great *o* strict secrecy; ***nel ~ del tuo cuore*** *(intimo)* in your heart of hearts ♦♦ ***~ bancario*** bank confidentiality, banking secrecy; ***~ epistolare*** secrecy of correspondence; ***~ industriale*** industrial secret; ***~ istruttorio*** = secrecy concerning a preliminary investigation; ***~ professionale*** professional confidentiality; ***~ di Pulcinella*** open secret; ***~ di stato*** POL. state secret.

seguace /se'gwatʃe/ m. follower; *(sostenitore)* supporter; *(discepolo)* disciple; ***un ~ di Platone*** a Platonist.

seguente /se'gwente/ agg. ***nel modo ~*** in the following manner, as follows; ***tornò il lunedì ~*** he came back the next *o* following Monday; ***martedì e i giorni -i*** Tuesday and the days that follow *o* the following days; ***la situazione è la ~*** the situation is as follows.

segugio, pl. **-gi** /se'gudʒo, dʒi/ m. **1** bloodhound, hound **2** FIG. *(detective)* sleuth, bloodhound.

seguire /se'gwire/ [3] **I** tr. **1** *(andare dietro a)* to follow [*persona, auto*]; *(accompagnare)* to accompany; *(tallonare)* to go* after, to follow; ***~ qcn. in giardino*** to follow sb. into the garden; *~ qcn. da vicino, da lontano* to follow sb. close behind, from a distance; ***la segue come un cagnolino*** he is her lapdog, he is always at her heels; ***~ qcn. con lo sguardo*** to follow sb. with one's eyes, to stare after sb.; ***~ le tracce di un cervo*** to spoor a deer; ***~ le orme di qcn.*** FIG. to follow in sb.'s footsteps *o* wake **2** *(venire dopo)* to come* after, to follow; ***il verbo segue il soggetto*** the verb comes after the subject; ***la repressione che seguì l'insurrezione*** the clampdown that followed the insurrection **3** *(andare in direzione di)* to follow [*freccia, itinerario, rotta, pista, fiume*]; to keep* to, to follow [*strada, sentiero*]; [*nave, strada*] to follow, to hug [*costa*]; [*strada*] to run* alongisde [*ferrovia, fiume*]; ***indicare a qcn. la strada da ~*** to give sb. directions **4** *(attenersi a)* to follow [*esempio, regolamento, istinto, cuore, ricetta*]; to act on, to follow (up), to take* [*consiglio*]; to keep* up with, to follow [*moda*]; to go* on [*dieta*]; ***~ le istruzioni alla lettera*** to follow instructions to the letter; ***~ una cura*** to follow a course of treatment **5** *(osservare)* to follow, to watch [*film, processo, partita*]; *(occuparsi di)* to follow up, to monitor [*allievo, malato*]; *(prestare attenzione a)* to follow [*lezione*]; ***essere seguito, farsi ~ da uno specialista*** MED. to be treated by a specialist; ***Luca non segue mai in classe*** Luca never pays attention in class **6** *(interessarsi di)* to follow [*politica, sport, cinema, teatro*]; to keep* up with [*sviluppi, notizie*]; to watch [*progressi*]; *(tifare per)* to follow [*squadra*] **7** *(frequentare)* to be* on, to attend [*corso*] **8** *(comprendere)* to follow [*spiegazione, ragionamento*]; ***la seguo*** o ***la sto seguendo*** I'm with you, I follow; ***mi segui?*** do you follow me? ***non ti seguo più*** you've lost me there **II** intr. (aus. *essere*) to follow; ***seguì un lungo silenzio*** there followed a long silence; ***a ~ ci sarà del gelato*** there's ice cream to follow; ***al dibattito seguì una votazione*** a vote followed the debate; ***segue a pagina 10, nel prossimo numero*** continued on page 10, in the next issue.

seguitare /segwi'tare/ [1] **I** tr. to continue, to carry on **II** intr. (aus. *avere*) to keep* on, to continue (**a fare** doing).

seguito /'segwito/ m. **1** train, cortege, retinue, suite; ***essere al ~ di qcn.*** to be in sb.'s train; ***la regina e il suo ~*** the queen and her retinue **2** *(sostenitori) (di dottrina, partito)* support, following, followers pl. **3** *(continuazione) (di racconto, film, spettacolo)* continuation (**di** of), rest (**di** of), sequel (**di** to), follow-up (**di** to); ***ti racconterò il ~ più tardi*** I'll tell you the rest later; ***"il ~ alla prossima puntata"*** "to be continued"; ***ho un'idea per un ~ del film*** I have an idea for a sequel to the film **4** *(conseguenza)* result, consequence; *(ripercussione)* repercussion **5** *(serie)* series, train; ***la sua vita è un ~ di disgrazie*** his life is a run of bad luck **6** *(consenso)* success; ***la proposta non ha avuto molto ~*** the proposal was not very successful *o* met with little success **7 di seguito** *(di fila)* consecutively, in a row; ***tre volte di ~*** three times over *o* in a row; ***ha piovuto (per) sei giorni di ~*** it rained for six days running; ***e via di ~*** and so on, and (all) that; ***uno di ~ all'altro*** one after the other **8 in seguito** *(poi)* after(wards), next, then, later on **9 in seguito a** *(in conseguenza di, a causa di)* following, as a consequence of; ***in ~ alla sua richiesta di informazioni*** following your request for information; ***è morto in ~ all'incidente*** he died as a consequence of the accident ♦ ***fare ~ a*** to follow up [*lettera, visita*]; ***facendo ~ alla sua lettera*** COMM. further to *o* with reference to your letter; ***dare ~ a*** to follow up [*lettera, denuncia, richiesta*].

sei /sɛi/ ➧ **26, 5, 8, 13 I** agg.inv. six **II** m.inv. **1** *(numero)* six **2** *(giorno del mese)* sixth **3** SCOL. *(voto)* = pass mark **III** f.pl. *(ore) (del mattino)* six am; *(della sera)* six pm; ***sono le ~*** it's six o'clock.

seicentesco, pl. **-schi, -sche** /seitʃen'tesko, ski, ske/ agg. seventeenth-century attrib.; ART. *(in Italia)* seicento attrib.

seicento /sei'tʃɛnto/ ➧ **26 I** agg.inv. six hundred **II** m.inv. six hundred **III Seicento** m. **1** *(epoca)* seventeenth century **2** ART. *(in Italia)* seicento.

selce /'seltʃe/ f. **1** *(roccia)* flint, chert, firestone **2** *(per pavimentazioni)* paving stone, pavio(u)r, paver.

selciato /sel'tʃato/ **I** agg. paved **II** m. pavement.

selenio /se'lɛnjo/ m. selenium.

selettività /selettivi'ta/ f.inv. selectivness.

selettivo /selet'tivo/ agg. selective.

selettore /selet'tore/ m. selector.

selezionare /selettsjo'nare/ [1] tr. **1** to select (**fra** from, from among); to sort [*informazioni*]; to select, to shortlist [*candidati*]; SPORT to select, to decide on, to pick [*squadra*]; ***essere selezionato per la nazionale italiana*** SPORT to be capped for Italy **2** INFORM. to highlight **3** TEL. to dial [*numero*] **4** AGR. BIOL. to cull, to grade [*bestiame*]; to sort [*mele, patate*].

selezionatore /selettsjona'tore/ **I** agg. [*commissione*] select attrib. **II** ➧ **18** m. (f. **-trice** /tritʃe/) **1** sorter, grader, selector **2** SPORT selector.

selezionatrice /selettsjona'tritʃe/ f. *(macchina)* sorting machine, sorter.

selezione /selet'tsjone/ f. **1** selection; ***fare*** o ***operare una ~ fra*** to select *o* make a selection from; ***una ~ di opere di fantascienza*** a selection of science fiction works **2** SPORT selection, trial; *(squadra)* squad, team; ***~ nazionale*** national team *o* squad **3** AGR. BIOL. cull; ***~ genetica*** genetic selection **4** TEL. dialling BE, dialing AE.

self-service /self'sɛrvis/ agg. e m.inv. self-service.

sella /'sɛlla/ f. **1** saddle; ***montare in ~*** to mount; ***stare in ~*** to be in the saddle; ***in ~!*** mount! ***rimettersi in ~*** to remount a horse; FIG. to get back in the saddle **2** GEOGR. saddle(back).

sellaio, pl. **-ai** /sel'lajo, ai/ ➧ **18** m. (f. **-a**) saddler.

sellare /sel'lare/ [1] tr. to saddle (up).

selleria /selle'ria/ ➧ **18** f. **1** *(bottega del sellaio)* saddler's shop, saddlery **2** *(fabbricazione di selle)* saddlery.

sellino /sel'lino/ m. *(di bicicletta, moto)* saddle.

seltz → **selz**.

selva /'selva/ f. **1** *(bosco)* wood; *(foresta)* forest **2** FIG. ***una ~ di antenne*** a swarm of aerials; ***una ~ di bandiere*** a stream of flags.

selvaggiamente /selvaddʒa'mente/ avv. [*picchiare*] savagely.

selvaggina /selvad'dʒina/ f. game.

selvaggio, pl. **-gi, -ge** /sel'vaddʒo, dʒi, dʒe/ **I** agg. **1** [*animale, pianta, regione*] wild; *(non civilizzato)* [*tribù*] primitive, uncivilized **2** *(crudele)* [*usanze, delitto*] savage; [*lotta*] fierce; *(violento)* [*urlo*] wild **3** *(senza regole)* [*urbanizzazione*] sprawling; ***immigrazione -a*** mass *o* unlawful immigration **II** m. (f. **-a**) savage.

selvatico, pl. **-ci, -che** /sel'vatiko, tʃi, ke/ **I** agg. **1** [*pianta, frutti*] wild; [*animale*] wild, untamed; *(poco docile)* [*animale domestico*] rough **2** FIG. *(poco socievole)* churlish **II** m. **1** *(odore)* gamy smell **2** *(sapore)* gamy taste, gaminess.

selz /selts/ m.inv. seltzer (water).

semaforo /se'maforo/ m. **1** *(stradale)* (traffic) lights pl.; ***~ rosso*** red light, stop light; ***il ~ è rosso, verde, giallo*** the lights are red, green, amber; ***fermarsi al ~*** to stop at the lights **2** MAR. semaphore tower; FERR. signal.

semantica /se'mantika/ f. semantics + verbo sing.

semantico, pl. **-ci, -che** /se'mantiko, tʃi, ke/ agg. semantic.

sembianza /sem'bjantsa/ **I** f. LETT. *(aspetto)* aspect, appearance **II sembianze** f.pl. **1** *(aspetto esteriore)* features; ***assumere le -e di*** to take *o* assume the form of **2** *(apparenza)* semblance.

sembrare /sem'brare/ [1] **I** intr. (aus. *essere*) **1** *(apparire)* to seem; ***questo esercizio sembra facile*** this exercise seems (to be) easy; ***questo affare mi sembra losco*** this business looks *o* seems fishy to me; ***tutto ciò può ~ ridicolo*** all this may appear *o* seem ridiculous; ***le cose non sono sempre come sembrano*** things are not always what they seem; ***non è stupida come sembra*** she's not such an idiot as she seems **2** *(alla vista)* to look; *(all'udito)* to sound; *(al tatto)* to feel* like; *(all'olfatto)* to smell* like; *(al gusto)* to taste like; ***sembri stanco, contento*** you look tired, pleased; ***questo posto sembra deserto*** this place appears deserted; ***sembra Mozart*** it sounds like Mozart; ***la sua borsa sembra di pelle*** her handbag feels like leather **3** *(assomigliare a)* to look like; ***sembrava una principessa*** she looked like a princess **II** impers. (aus. *essere*) **1** *(risultare)* ***sembra opportuno fare*** it seems appropriate to do; ***sembra che stia per piovere*** it seems as if it's going to rain; ***non sembra che le cose vadano troppo bene*** things aren't looking too good; ***sembra che ci sia un guasto*** there seems to be a fault; ***sembra solo ieri*** it seems like only yesterday; ***così sembra!*** so it appears! **2** *(in base a opinioni)* ***mi sembra di sì, di no*** I think so, I don't think so; ***non mi***

sembra giusto it doesn't look right to me; ***mi sembra importante fare*** I think it is important to do; ***mi sembra di averla già incontrata*** I think I've met her before; ***che te ne sembra?*** how does it look to you? ***mi sembrava!*** I thought so! I guessed as much!

seme /'seme/ m. **1** *(destinato alla semina, commestibile)* seed; *(di frutto)* pip, seed; ***senza -i*** seedless; ***~ di girasole*** sunflower seed **2** *(sperma)* semen, sperm; ***banca del ~*** sperm bank **3** FIG. *(origine, causa)* seed; ***il ~ dell'odio*** the seeds of hatred; ***gettare il ~ del dubbio*** to sow the seeds of doubt **4** GIOC. suit.

semente /se'mente/ f. seeds pl.

semenzaio, pl. **-ai** /semen'tsajo, ai/ m. seedbed.

semestrale /semes'trale/ agg. **1** [*risultati, profitti*] half-year attrib., half-time attrib. **2** [*corso, abbonamento*] six-month attrib. **3** [*riunione, pagamento*] six-monthly, half-yearly, semestral.

semestre /se'mɛstre/ m. **1** half-year, semester; ***nel primo, secondo ~*** in the first, second half of the year; ***ogni ~*** every six months *o* half-year **2** UNIV. semester, term **3** *(rata semestrale)* six-monthly instalment, six-monthly payment.

semiaperto /semia'pɛrto/ agg. **1** [*porta*] half-open **2** FON. open-mid.

semiautomatico, pl. **-ci**, **-che** /semiauto'matiko, tʃi, ke/ agg. semiautomatic.

semibreve /semi'brɛve/ f. semibreve BE, whole note AE.

semicerchio, pl. **-chi** /semi'tʃerkjo, ki/ m. semicircle, half circle.

semichiuso /semi'kjuso/ agg. **1** [*porta*] half closed, half shut **2** FON. close-mid.

semicircolare /semitʃirko'lare/ agg. semicircular.

semiconduttore /semikondut'tore/ m. semiconductor.

semicosciente /semikoʃ'ʃɛnte/ agg. semiconscious, half-conscious.

semicroma /semi'krɔma/ f. semiquaver BE, sixteenth note AE.

semicupio, pl. **-pi** /semi'kupjo, pi/ m. hip bath.

semidio, pl. **-dei** /semi'dio, dɛi/ m. demigod.

semifinale /semifi'nale/ f. semifinal.

semifinalista, m.pl. **-i**, f.pl. **-e** /semifina'lista/ m. e f. semifinalist.

semifreddo /semi'freddo/ m. = cake or dessert, very often containing some kind of cream and therefore kept and served chilled.

semilavorato /semilavo'rato/ **I** agg. semifinished, semi-processed, half-processed **II** m. semifinished product, semi-processed product.

semilibertà /semiliber'ta/ f.inv. day release BE, work release AE.

semiminima /semi'minima/ f. crotchet BE, quarter note AE.

semina /'semina/ f. seeding, sowing; *(periodo)* sowing time; ***fare la ~*** to sow.

seminale /semi'nale/ agg. seminal.

seminare /semi'nare/ [1] tr. **1** AGR. to sow* [*semi*]; ***~ un campo a grano*** to seed *o* sow *o* plant a field with wheat **2** FIG. to sow* [*discordia, odio*]; to spread* [*panico, scompiglio*]; to bring* [*morte*]; ***~ zizzania*** to stir (up) **3** *(spargere)* to scatter, to spread*; ***~ giocattoli per tutta la casa*** to scatter one's toys all over the house **4** *(distanziare)* to leave* behind [*concorrenti, inseguitori*]; to shake* off [*pedinatore*]; ***~ la polizia*** to give the police the slip.

seminario, pl. **-ri** /semi'narjo, ri/ m. **1** RELIG. seminary; ***entrare in ~*** to enter the seminary **2** UNIV. seminar **3** *(di lavoro, aggiornamento)* workshop.

seminarista /semina'rista/ m. RELIG. seminarian, seminarist, clerical student.

seminato /semi'nato/ **I** p.pass. → **seminare II** agg. **1** AGR. ***campo ~ a grano*** field sown with wheat **2** *(disseminato)* sown, scattered (**di** with) **III** m. sown ground ♦ ***uscire dal ~*** = to wander from the subject.

seminatore /semina'tore/ ➧ **18** m. (f. **-trice** /tritʃe/) AGR. seeder, sower.

seminatrice /semina'tritʃe/ f. *(macchina)* seeding machine, sowing machine.

seminfermità /seminfermi'ta/ f.inv. partial infermity.

seminterrato /seminter'rato/ m. basement.

seminudo /semi'nudo/ agg. half-naked.

semiologia /semjolo'dʒia/ f. semiology.

semiologo, m.pl. **-gi**, f.pl. **-ghe** /se'mjɔlogo, dʒi, ge/ ➧ **18** m. (f. **-a**) semiologist.

semioscurità /semioskuri'ta/ f.inv. dusk, half-light LETT.

semiotica /se'mjɔtika/ f. semiotics + verbo sing.

semiprezioso /semipret'tsjoso/ agg. [*pietra*] semiprecious.

semiretta /semi'rɛtta/ f. half-line.

semirigido /semi'ridʒido/ agg. semirigid.

semirimorchio, pl. **-chi** /semiri'mɔrkjo, ki/ m. semitrailer.

semisfera /semis'fɛra/ f. MAT. half sphere, hemisphere; GEOGR. hemisphere.

semita, m.pl. **-i**, f.pl. **-e** /se'mita/ **I** agg. Semitic **II** m. e f. Semite, Semitic.

semitico, pl. **-ci**, **-che** /se'mitiko, tʃi, ke/ agg. e m. LING. Semitic.

semitono /semi'tɔno/ m. semitone, half step AE, halftone AE.

semitrasparente /semitraspa'rɛnte/ agg. semi-transparent.

semiufficiale /semiuffi'tʃale/ agg. semiofficial.

semivuoto /semi'vwɔto/ agg. half-empty.

semmai /sem'mai/ **I** cong. if, in case; ***~ ti interessasse*** if you happen to be interested **II** avv. if anything; ***~ ci vado domani*** if anything I'll go there tomorrow.

semola /'semola/ f. **1** *(crusca)* bran **2** *(semolino)* semolina.

semolato /semo'lato/ agg. ***zucchero ~*** refined sugar, caster sugar BE.

semolino /semo'lino/ m. semolina.

semovente /semo'vɛnte/ agg. self-propelled.

Sempione /sem'pjone/ n.pr.m. Simplon; ***il passo del ~*** the Simplon Pass.

semplice /'semplitʃe/ agg. **1** [*filo*] single; [*nodo, frattura*] simple **2** *(facile)* [*problema, domanda, compito*] simple, easy; [*situazione, idea, soluzione, modo, spiegazione*] simple, straightforward; ***il suo ragionamento è molto ~*** his reasoning is very simple **3** *(essenziale)* [*pasto, cerimonia, vita, gusti*] simple; [*abbigliamento, decorazione, arredamento*] simple, plain **4** *(alla buona)* [*persona, gente*] simple **5** *(solo)* ***per il ~ motivo che*** for the simple reason that; ***è una ~ formalità*** it's a mere formality, just a formality; ***è un ~ impiegato*** he's just a clerk **6** MIL. ***soldato ~*** private (soldier) **7** CHIM. BOT. simple **8** LING. simple.

semplicemente /semplitʃe'mente/ avv. **1** [*vivere, vestirsi*] simply **2** *(soltanto)* simply, only, merely, just; ***bisogna ~ riempire un modulo*** you simply have to fill in a form **3** *(davvero)* ***il concerto è stato ~ meraviglioso*** the concert was simply wonderful.

semplicione /sempli'tʃone/ m. (f. **-a**) simpleton, dupe.

sempliciotto /sempli'tʃɔtto/ m. (f. **-a**) simpleton, dupe, Simple Simon, ninny.

semplicistico, pl. **-ci**, **-che** /sempli'tʃistiko, tʃi, ke/ agg. [*ragionamento*] simplistic.

semplicità /semplitʃi'ta/ f.inv. **1** *(facilità)* simplicity, easiness **2** *(essenzialità)* simplicity, plainness **3** *(spontaneità)* simpleness.

semplificare /semplifi'kare/ [1] **I** tr. **1** to simplify; ***per ~ (le cose), si può dire che*** to simplify matters, one can say that; ***questo ti semplificherà la vita*** it will make life easier for you **2** MAT. to reduce **II semplificarsi** pronom. to become* simpler.

semplificazione /semplifikat'tsjone/ f. **1** simplification **2** MAT. reduction.

sempre /'sɛmpre/ L'equivalente inglese di *sempre* è generalmente *always*, che precede il verbo quando questo è in forma semplice (tranne *to be*) e segue il primo ausiliare quando il verbo è composto: *si dimentica sempre le chiavi* = she always forgets her keys; *è sempre in ritardo* = she is always late; *ci siamo sempre aiutati* = we've always helped each other. - Quando è usato in italiano come rafforzativo davanti al comparativo, *sempre* non si traduce e si usa un doppio comparativo: *sempre più stanco* = more and more tired; *sempre più grasso* = fatter and fatter; *sempre meglio* = better and better. - Va infine notato che, sebbene *always* indichi azione ripetuta e pertanto si usi normalmente con il presente abituale, è impiegato con il presente progressivo quando si vuole dare una connotazione negativa all'azione: *mia moglie è sempre al telefono* = my wife is always speaking on the phone. avv. **1** *(per esprimere continuità, ripetizione)* always; ***è ~ in ritardo*** he's always late; ***si lamenta ~*** he's always complaining; ***l'hanno ~ saputo*** they knew it all along; ***sarai ~ il benvenuto*** you're always welcome; ***ora e ~*** now and forever; ***per ~*** forever; ***da ~*** all along, always; ***si conoscono da ~*** they have known each other all their lives; ***come ~*** as always, as ever; ***come ~, era pronto a criticare*** he was, as ever, ready to criticize; ***vuole ~ di più*** he wants more and more; ***è quello di ~*** he hasn't changed (at all); ***~ tuo*** *(nelle lettere)* ever yours, yours ever **2** *(come rafforzativo)* ***~ più*** ever more, more and more; ***~ più lavoro, tempo*** more and more work, time; ***~ più spesso*** more and more often; ***~ più in fretta*** faster and faster; ***~ più interessante*** more and more interesting; ***~ meno sovente*** less and less often; ***la vediamo ~ meno*** we see her less and less; ***~ meno gente*** fewer and fewer people; ***~ meglio, peggio*** better and better, worse and worse **3** *(ancora)* still; ***è ~ malato?*** is he still ill? ***20 anni dopo era ~ lo stesso*** 20 years on he was still the same **4** *(comunque)* ***si può ~ provare*** we can always try; ***è ~ meglio di niente*** it's still better than nothing **5 sempre che** providing (that); ***~ che ci possa andare*** providing he can go there.

sempreverde /sempre'verde/ agg., m. e f. evergreen.

Sempronio /sem'prɔnjo/ n.pr.m. ***Tizio, Caio e ~*** every Tom, Dick and Harry.

Sen. ⇒ senatore senator (Sen).

senape /'sɛnape/ ♦ *3* **I** f. BOT. GASTR. mustard **II** agg. e m.inv. *(colore)* mustard.

senato /se'nato/ m. **1** senate; ***essere eletto al ~*** to be elected to the Senate **2** *(luogo)* senate (house).

senatore /sena'tore/ ♦ *1* m. (f. **-trice** /tritʃe/) senator ♦♦ ***~ a vita*** = life member of the Senate, life senator.

senatoriale /senato'rjale/ agg. senatorial.

senegalese /senega'lese/ ♦ *25* agg., m. e f. Senegalese*.

senescenza /seneʃ'ʃɛntsa/ f. senescence.

senile /se'nile/ agg. [*demenza, indebolimento*] senile; [*età*] old.

senilità /senili'ta/ f.inv. senility.

senior /'sɛnjor/ agg.inv. [*consulente*] senior; ***il signor Santis ~*** Mr Santis senior.

seniores /se'njɔres/ agg.inv., m. e f.inv. SPORT senior.

senno /'senno/ m. sense, judgement, mind; ***perdere il*** o ***uscire di ~*** to lose one's wits, to take leave of one's senses; ***essere fuori di ~*** to be out of one's mind; ***col ~ di poi*** with (the benefit of) hindsight, with the wisdom of hindsight.

sennò /sen'nɔ/ avv. otherwise, or (else).

sennonché /sennon'ke/ cong. *(ma)* but.

seno /'seno/ ♦ *4* m. **1** *(petto)* breast, bosom; *(mammella)* breast; ***stringere qcn. al ~*** to embosom sb., to press sb. to one's breast; ***allattare al ~*** to breast-feed **2** LETT. *(ventre materno)* womb **3** FIG. LETT. *(animo)* bosom, breast; ***allevare una serpe in ~*** to nurse a viper in one's bosom LETT. **4** ANAT. sinus* **5** MAT. sine **6** GEOGR. cove **7 in seno a** *(all'interno di)* ***in ~ al partito, alla comunità*** within the party, community; ***tornare in ~ alla famiglia*** to return to the family fold.

sensale /sen'sale/ m. e f. broker, intermediary ♦♦ ***~ di matrimoni*** matchmaker.

sensatezza /sensa'tettsa/ f. sensibleness.

sensato /sen'sato/ agg. [*persona*] sensible, reasonable; [*idea, soluzione, osservazione, critica*] sensible; [*giudizio*] sound.

sensazionale /sensattsjo'nale/ agg. [*dichiarazione, notizia*] sensational, astonishing; [*vittoria, successo*] sensational.

sensazionalismo /sensattsjona'lizmo/ m. sensationalism.

sensazionalista /sensattsjona'lista/ agg. sensationalist.

sensazione /sensat'tsjone/ f. **1** feeling, sensation; ***~ olfattiva, tattile*** olfactory, tactile sensation; ***una ~ di caldo*** a feeling of warmth, a hot feeling **2** *(psicologica)* feeling, sensation, sense; ***~ di benessere*** sense of well-being; ***~ di libertà, di potenza*** feeling *o* sense of freedom, of power **3** FIG. *(impressione)* sensation, impression; ***avere la netta ~ che*** to have a definite *o* strong feeling that; ***ho la ~ di aver dimenticato qualcosa*** I have the sense that I have forgotten something ♦ ***fare ~*** to cause *o* create a sensation, to cause *o* make a stir.

senseria /sense'ria/ f. *(compenso)* brokerage.

sensibile /sen'sibile/ agg. **1** *(che si percepisce)* [*mondo, oggetto*] sensible **2** *(che percepisce)* [*essere, organo, apparecchio, strumento*] sensitive; ***essere ~ al freddo, al dolore*** to be sensitive to cold, pain **3** *(ricettivo, suscettibile)* ***essere ~ alle lusinghe, ai complimenti*** to be susceptible to flattery, to like compliments; ***essere ~ al fascino di qcn.*** to be susceptible to sb.'s charms; ***mercato ~ alle fluttuazioni economiche*** market sensitive to fluctuations in the economy **4** [*persona, animo*] sensitive; ***essere di animo ~*** to be a sensitive soul **5** [*pelle*] sensitive **6** FOT. sensitive; ***~ alla luce*** photosensitive **7** *(notevole)* sensible, appreciable; ***un ~ abbassamento della temperatura*** an appreciable fall in temperature; ***fare -i progressi*** to make marked progress.

sensibilità /sensibili'ta/ f.inv. **1** sensitivity (anche FOT. EL. MECC.); ***non avere più ~ nelle dita*** to have lost all feeling in one's fingers; ***~ al caldo, al freddo*** sensitivity to hot, to cold; ***~ artistica*** *(ricettività)* artistic sensibility **2** FIG. sensitivity, tenderheartedness, feeling; ***~ d'animo*** delicacy of feeling; ***ha una grande ~*** he is very sensitive; ***urtare la ~ di qcn.*** to hurt sb.'s feelings.

sensibilizzare /sensibilid'dzare/ [1] **I** tr. to sensitize (**a, su** of) (anche CHIM. MED. FOT.); ***~ il pubblico su un problema*** to sensitize public awareness of an issue **II sensibilizzarsi** pronom. to become* aware (**a qcs.** of sth.).

sensibilizzazione /sensibiliddzat'tsjone/ f. **1** MED. FOT. sensitization **2** FIG. ***campagna di ~*** awareness campaign.

sensibilmente /sensibil'mente/ avv. *(notevolmente)* appreciably, noticeably, markedly; ***la situazione è ~ migliorata*** the situation has markedly improved.

sensitivo /sensi'tivo/ **I** agg. [*nervo, organo*] sensory **II** m. (f. **-a**) medium.

senso /'sɛnso/ **I** m. **1** *(facoltà di sentire)* sense; ***organo di ~*** sense organ; ***i cinque -i*** the five senses; ***avere un sesto ~*** FIG. to have a sixth sense **2** *(sensazione)* sense, feeling, sensation; ***un ~ di appartenenza*** a sense of belonging; ***un ~ di fastidio*** an uncomfortable sensation; ***provare un ~ di sollievo, di stanchezza*** to have a feeling of relief, tiredness **3** *(ribrezzo)* ***il sangue mi fa ~*** I can't stand the sight of blood **4** *(intuizione, inclinazione)* sense; ***~ del ritmo*** sense of rhythm; ***~ artistico*** artistic sensibility; ***~ di responsabilità*** sense of responsibility; ***avere ~ pratico*** to be practical; ***avere il ~ degli affari*** to have business sense, to be business-minded; ***non avere il ~ della realtà*** to live in a dream world **5** *(significato)* sense, meaning; ***nel vero ~ della parola*** in the true sense of the word; ***afferrare il ~ di qcs.*** to grasp the meaning of sth.; ***in un certo ~*** in a *o* in one *o* in some sense; ***in che ~?*** in what sense? ***che ~ ha fare questo?*** what's the sense *o* point of doing that? ***privo di ~*** senseless; ***dire cose senza ~*** to talk nonsense; ***non ha (nessun) ~!*** it doesn't make (any) sense! ***non ha ~ fare*** *(è assurdo)* it is senseless to do *o* doing; *(è inutile)* there is no point in doing; ***il ~ della vita*** the meaning of life; ***dare un ~ alla vita*** to make life worth living **6** *(direzione)* direction, way; ***a doppio ~*** [*strada*] two-way; ***in ~ contrario, opposto*** [*andare*] in the opposite direction; [*venire*] from the opposite direction; ***nel ~ della lunghezza*** lengthwise, longways; ***in ~ orario*** in a clockwise direction, clockwise **7 a senso** [*tradurre*] loosely **II sensi** m.pl. **1** *(coscienza)* consciousness; ***perdere i -i*** to lose consciousness, to pass out; ***riprendere i -i*** to regain consciousness **2** *(sensualità)* ***piacere dei -i*** sensual pleasure, pleasure of the senses **3 ai sensi di** BUROCR. ***ai -i della legge*** under the law; ***ai -i dell'articolo 8*** under the clause 8 ♦ ***buon ~*** → **buonsenso** ♦♦ ***~ di colpa*** guilty feeling, sense of guilt; ***~ estetico*** aestheticism; ***~ della famiglia*** sense of family; ***~ della misura*** sense of proportion; ***~ dell'onore*** sense of honour; ***~ dell'orientamento*** sense of direction; ***~ dell'umorismo*** sense of humor; ***~ unico*** one way; *(strada)* one-way street.

sensore /sen'sore/ m. sensor.

sensoriale /senso'rjale/ agg. sensorial, sensory.

sensuale /sensu'ale/ agg. sensual, sensuous.

sensualità /sensuali'ta/ f.inv. sensuality, sensuousness.

sentenza /sen'tɛntsa/ f. **1** DIR. judgement, ruling, adjudication, verdict; *(condanna)* sentence; ***emettere, pronunciare una ~ su qcs.*** to pass judgement, to pronounce sentence; ***appellarsi contro una ~*** to appeal against a decision **2** *(mas-*

sima) maxim, saying ♦ ***sputare -e*** to pontificate ♦♦ ~ ***assolutoria*** acquittal; ~ ***di condanna*** verdict of guilty *o* conviction.

sentenziare /senten'tsjare/ [1] intr. (aus. *avere*) ***sentenzia sempre su tutto*** he's very opinionated about everything.

sentenzioso /senten'tsjoso/ agg. sententious.

sentiero /sen'tjɛro/ m. path(way), track; *(viottolo)* lane; ***un ~ di montagna*** a mountain path; ***essere sul ~ di guerra*** FIG. to be on the warpath.

sentimentale /sentimen'tale/ **I** agg. sentimental; [*film, romanzo*] romantic; ***vita ~*** love life **II** m. e f. sentimental person; ***è un ~*** he's very sentimental.

sentimentalismo /sentimenta'lizmo/ m. sentimentalism, sentiment.

sentimento /senti'mento/ m. **1** feeling, emotion; ***un ~ di gioia*** a feeling of joy; ***nascondere, mostrare i propri -i*** to hide, to show one's feelings; ***ferire i -i di qcn.*** to hurt sb.'s feelings; ***giocare con i -i di qcn.*** to play with sb.'s affections **2** *(partecipazione)* ***con ~*** [*cantare, recitare*] with feeling, feelingly **3** *(modo di pensare, di sentire)* feeling, sentiment; ***buoni -i*** fine sentiments; ***una persona di nobili -i*** a person of noble sentiments.

sentina /sen'tina/ f. **1** MAR. bilge **2** FIG. ~ ***di vizi*** den of vice.

sentinella /senti'nɛlla/ f. sentry, sentinel; ***essere di ~*** to be on sentry duty; ***stare di ~*** to stand sentinel.

1.sentire /sen'tire/ [3] v. la nota della voce **1.vedere I** tr. **1** *(avvertire una sensazione fisica)* ~ ***freddo, caldo*** to feel *o* to be cold, hot; ~ ***fame, sete*** to be *o* to feel hungry, thirsty; ***non sento più le dita per il freddo*** I'm so cold I can't feel my fingers any more; ***ho camminato troppo, non sento più i piedi*** I've been walking for too long, my feet are numb **2** *(attraverso il tatto)* to feel*; ***ho sentito qualcosa di morbido*** I felt something soft **3** *(attraverso l'odorato)* to smell* [*odore, profumo*]; ***si sente un buon profumo di caffè*** there is a lovely smell of coffee; ***i cani hanno sentito l'odore del cinghiale*** the dogs scented the boar **4** *(attraverso il gusto)* to taste; ***si sente il vino nella salsa*** one can taste the wine in the sauce **5** *(udire)* to hear* [*parola, rumore, colpo*]; ***la sentì salire le scale*** he heard her coming up the stairs; ***non l'ho mai sentito dire una cosa del genere*** I've never heard him say such a thing **6** *(ascoltare)* to listen to [*radio, cassetta, conferenza, concerto*]; [*giudice, polizia*] to hear* [*testimone*]; ***senti che cosa vuole*** go and see what he wants; ***sentiamo di che si tratta*** let's see what's it's about; ***non starlo a ~*** don't listen to him; ***che cosa c'è? - sentiamo*** what's the matter? let's have it; ***che mi tocca ~!*** I've never heard such nonsense! ***stammi bene a ~...*** now listen here...; ***ma sentilo!*** (just) listen to him! ***senti chi parla!*** look *o* listen who's talking! ***ora mi sente!*** I'll give him a piece of my mind! ***senti un po',...*** just a minute,...; ***senti, non essere ridicolo!*** come on, don't be ridiculous! ***senta, ne ho abbastanza*** listen, I've had enough; ***senti Sara, puoi prestarmi 10 euro?*** say Sara, can you lend me 10 euros? ***non ~ ragioni*** not to listen to, not to see reason; ***non ne ho mai sentito parlare*** I've never heard of it; ***non voglio più sentirne parlare*** I don't want to hear another word about it **7** *(consultare)* ***dovresti ~ un medico*** you should go to the doctor('s); ~ ***il parere degli esperti*** to seek experts' advice **8** *(avere notizie di)* ***l'hai più sentita?*** have you heard any more from her? **9** *(venire a sapere di)* to hear* [*notizia, storia*]; ***l'ho sentito ieri per caso*** I overheard it yesterday; ***ho sentito che si sposa*** I heard she's getting married; ***a quel che sento...*** from what I hear...; ***ne ho sentite delle belle su di lui*** I have been hearing stories about him; ***hai sentito dell'incidente?*** have you heard (anything) of the accident? **10** *(intuire, immaginare)* to feel*; ***sento che è sincero*** I feel that he's sincere; ***sento che questo libro ti piacerà*** I have a feeling that you'll like this book **11** *(provare)* to feel* [*affetto, desiderio, pietà, bisogno*] **II** intr. (aus. *avere*) ***sentirci*** o ~ ***male*** to have a bad hearing; ***non ~ da un orecchio*** to be deaf in one ear **III sentirsi** pronom. **1** to feel* [*stanco, triste, nervoso, stupido, tradito*]; ***-rsi male*** to feel ill *o* sick *o* bad; ***come ti senti?*** how do you feel? ***mi sentii mancare*** my heart *o* spirit sank; ***-rsi in debito con qcn.*** to feel under obligation to sb.; ***-rsi una star*** to feel like a star; ***me lo sentivo!*** I knew it! **2** *(per telefono)* ***sentiamoci, ci sentiamo*** (I'll) be in touch; ***non fare niente finché non ci sentiamo di nuovo*** don't do anything until you hear from me **3** ***sentirsela*** *(avere voglia)* to feel* like (**di fare** doing); *(essere in grado)* to feel* up to (**di fare** doing); ***te la senti?*** do you feel up to it? ***non me la sento di andare a Londra*** I'm not up to going to London ♦ ***farsi ~*** *(cominciare a pesare)* to be felt; *(farsi vivo)* to turn up; *(farsi valere)* to make oneself *o* one's voice heard; ***gli effetti si faranno ~ in tutto il paese*** the effects will be felt throughout the country; ***il freddo comincia a farsi ~*** the cold weather is setting in; ***fatti ~!*** keep in touch!

2.sentire /sen'tire/ m. LETT. feeling, sentiment.

sentitamente /sentita'mente/ avv. [*ringraziare*] heartily, sincerely.

sentito /sen'tito/ **I** p.pass. → **1.sentire II** agg. *(sincero)* ***-e condoglianze*** with deepest sympathy; ***le mie più -e scuse*** my sincerest apologies ♦ ***per ~ dire*** by hearsay.

sentore /sen'tore/ m. **1** *(sensazione)* feeling, sensation **2** *(notizia vaga)* inkling; ***avere ~ di, che*** to have an inkling of, that.

senza /'sɛntsa, 'sentsa/ Quando *senza* denota l'assenza, la mancanza o la privazione, si traduce solitamente con *without*. È tuttavia opportuno consultare le relative voci quando *senza* viene usato con dei sostantivi in locuzioni idiomatiche che si formano in inglese in modo diverso, come *senza soldi* = penniless, broke, out of money, *senza fine* = endless, *senza fiato* = out of breath, *senza impiego* = unemployed, out of work, jobless, ecc. - *Without*, come l'italiano *senza*, può essere seguito da un sostantivo, ma si noti la presenza dell'articolo *a/an* davanti ai nomi numerabili singolari: *senza (il) biglietto* = without a ticket, *senza zucchero* = without sugar, *senza libri* = without books. - Con una reggenza verbale, *senza* è seguito da un infinito semplice o composto, mentre *without* è di regola seguito da un gerundio, non necessariamente composto: *se ne andò senza salutare* = he left without saying goodbye; *se ne tornò a casa senza averle parlato* = he went back home without speaking (*o* having spoken) to her. Alla struttura inglese con il gerundio si ricorre anche per tradurre la struttura *senza che* + congiuntivo: *lo fece senza che io dicessi una parola* = he did it without my saying a word; *feci il letto senza che me lo dicessero* = I made the bed without being told. **I** prep. **1** without; ***con o ~ zucchero*** with or without sugar; ***bevo il tè ~ zucchero*** I don't take sugar in my tea; ***cioccolato ~ zucchero*** sugar-free chocolate; ***una coppia ~ figli*** a childless couple; ***essere ~ cuore*** to have no heart, to be heartless; ***benzina ~ piombo*** lead-free *o* unleaded petrol; ***sarei perso ~ di te*** I'd be lost without you **2** *(con esclusione di)* ***l'albergo costa 60 euro ~ la colazione*** the hotel costs 60 euros excluding breakfast **II** cong. **1** *(seguito da infinito)* without; ***parlare ~ riflettere*** to speak without thinking; ~ ***dire una parola*** without saying a word; ***è stato due settimane ~ telefonare*** he didn't call for two weeks; ***va' via ~ farti vedere*** leave without anyone seeing you; ~ ***contare luglio*** not including July; ***9, ~ contare mia sorella*** 9, not counting my sister **2 senza che** ~ ***che me ne accorga*** without my noticing; ~ ***che nessuno lo sappia*** without anybody knowing **III** avv. ***fare ~*** to manage without; ***ho sempre dietro l'ombrello, non esco mai ~*** I always have my umbrella with me, I never go out without it ♦ ***senz'altro*** certainly, absolutely.

senzatetto /sentsa'tetto/ m. e f.inv. homeless person; ***i ~*** the homeless.

sepalo /'sɛpalo/ m. sepal.

separabile /sepa'rabile/ agg. separable.

separare /sepa'rare/ [1] **I** tr. **1** *(dividere)* to separate; ***è meglio separarli prima che si picchino*** it is better to separate them *o* keep them apart before they start fighting; ~ ***le mele buone da quelle cattive*** to sort the good apples from the bad **2** *(distinguere)* ~ ***il bene dal male*** to distinguish right from wrong; ***è necessario ~ i due casi*** we must distinguish between the two matters *o* cases **3** *(isolare)* to segregate [*malati, prigionieri*] **4** *(allontanare)* ***la differenza di ceto sociale li separava*** the difference in social background divided them **5** CHIM. to separate **II separarsi** pronom. **1** *(dividersi, allontanarsi)* to part, to separate; ***-rsi da*** [*persona*] to leave [*compagno, gruppo, famiglia*]; ***non si separa mai dal***

suo ombrello he takes his umbrella everywhere with him **2** [*coppia*] to part, to separate, to split* up, to break* up; ***-rsi da*** to split up with, to separate from [*marito, moglie*].

separatamente /separata'mente/ avv. **1** *(a parte)* separately **2** *(uno alla volta)* ***interrogare i testimoni ~*** to interrogate the witnesses one by one.

separatismo /separa'tizmo/ m. separatism.

separatista, m.pl. **-i**, f.pl. **-e** /separa'tista/ agg., m. e f. separatist.

separato /sepa'rato/ **I** p.pass. → **separare II** agg. **1** separate; ***camere -e, letti -i*** separate rooms, beds **2** *(dal coniuge)* separated; ***vive ~ da sua moglie*** he lives apart from his wife.

separazione /separat'tsjone/ f. **1** separation; ***la ~ dei poteri*** the separation of powers; ***la ~ tra Chiesa e Stato*** the separation of Church and State **2** *(distacco)* parting, separation **3** DIR. separation ♦♦ ***~ dei beni*** DIR. separation of property; ***~ consensuale*** DIR. separation by mutual consent; ***~ legale*** DIR. legal *o* judicial separation.

séparé /sepa're/ m.inv. *(nei locali pubblici)* private room.

sepolcrale /sepol'krale/ agg. sepulchral (anche FIG.); [*voce*] sepulchral, hollow; [*silenzio*] deathly; ***pietra ~*** sepulchral stone, tombstone, gravestone.

sepolcro /se'polkro/ m. sepulchre BE, sepulcher AE, grave; ***il Santo Sepolcro*** the Holy Sepulchre.

sepolto /se'polto/ **I** p.pass. → **seppellire II** agg. **1** buried **2** FIG. *(immerso)* buried, immersed (**in** in) **3** FIG. *(dimenticato)* buried, hidden **III** m. (f. **-a**) ***i -i*** the dead ♦ ***morto e ~*** dead and buried.

sepoltura /sepol'tura/ f. burial; ***dare ~ a qcn.*** to bury sb.

seppellire /seppel'lire/ [102] **I** tr. **1** to bury, to inter [*defunto*]; FIG. to bury [*ambizione, ricordo*]; ***~ qcn. in mare*** to bury sb. at sea; ***la nonna ci seppellirà tutti*** SCHERZ. granny will outlive us all **2** *(nascondere sotto terra)* to bury [*tesoro*] **3** [*valanga, frana*] to bury [*città*] **II seppellirsi** pronom. *(isolarsi)* to bury oneself (**in** in).

seppia /'seppja/ ♦ **3 I** f. cuttlefish*, sepia; ***nero di ~*** sepia **II** agg. e m.inv. *(colore)* sepia attrib.

seppiato /sep'pjato/ agg. [*foto*] sepia attrib.

seppure /sep'pure/ cong. even if, though.

sequela /se'kwɛla/ f. train, series*, sequence; *(di ricordi, insulti)* stream.

sequenza /se'kwentsa/ f. **1** *(successione)* sequence, succession, series*; ***in ~ alfabetica*** in alphabetical order **2** *(di eventi, notizie)* train, series*, sequence **3** TECN. INFORM. MAT. sequence **4** CINEM. sequence.

sequenziale /sekwen'tsjale/ agg. sequential (anche INFORM.).

sequestrare /sekwes'trare/ [1] tr. **1** DIR. to distrain upon, to seize, to attach, to sequester [*beni, patrimonio*]; [*polizia, dogana*] to seize [*droga, refurtiva*] **2** *(portare via)* [*insegnante, genitore*] to take* away, to confiscate [*sigarette, giornale*] **3** *(rapire)* to kidnap.

sequestrato /sekwes'trato/ **I** p.pass. → **sequestrare II** agg. **1** [*beni*] distrained, seized, sequestered **2** *(rapito)* kidnapped.

sequestratore /sekwestra'tore/ m. (f. **-trice** /tritʃe/) **1** DIR. sequestrator, distrainer, distrainor **2** *(rapitore)* kidnapper.

sequestro /se'kwestro/ m. **1** DIR. distraint, seizing, sequestration; *(di merci, droga)* seizure; ***mettere sotto ~*** to sequestrate [*beni*] **2** *(di persona)* DIR. false imprisonment; *(per estorsione)* kidnap(ping) ♦♦ ***~ giudiziario*** judicial attachment.

sequoia /se'kwɔja/ f. sequoia; *(da legname)* redwood.

sera /'sera/ f. evening, night; ***questa ~*** this evening, tonight; ***ieri ~*** yesterday evening, last night; ***domani ~*** tomorrow evening *o* night; ***sul far della ~*** at nightfall; ***lavorare di ~*** to work in the evening *o* evenings; ***la ~ tardi*** late in the evening; ***la ~ del 3, il 3 ~*** on the evening of the 3rd; ***scende la*** o ***si fa ~*** it's getting dark; ***partirò sabato ~*** I'm leaving on Saturday evening; ***ogni sabato ~*** every Saturday night; ***alle 6 di ~*** at 6 o'clock in the evening; ***alle 8 di ~*** at 8 o'clock at night; ***vieni da me una di queste -e*** come round and see me some evening; ***buona ~!*** good evening! ***a questa ~!*** see you tonight! ***abito da ~*** evening dress, party dress; *(da donna)* gown; *(da uomo)* dress suit; ***notiziario della ~*** evening news; ***dalla mattina alla ~*** from morning to night *o* from dawn to dusk.

serafico, pl. **-ci, -che** /se'rafiko, tʃi, ke/ agg. seraphic(al) (anche FIG.).

serafino /sera'fino/ m. seraph*.

serale /se'rale/ agg. [*corso, spettacolo, ore*] evening attrib.; [*visita*] nightly.

serata /se'rata/ f. evening, night; ***passare una ~ con (gli) amici*** to spend the evening with friends; ***in ~*** in the evening; ***in prima ~*** [*programma, spettacolo*] prime-time attrib., peak time attrib. ♦♦ ***~ d'addio*** farewell performance; ***~ di beneficenza*** charity performance; ***~ di gala*** gala night.

serbare /ser'bare/ [1] tr. **1** to put* away [*soldi*]; to keep* [*lettere*] **2** to keep* [*segreto*]; to cherish [*speranza, ricordo*]; ***~ rancore a qcn.*** to bear sb. a grudge, to bear a grudge against sb.

serbatoio, pl. **-oi** /serba'tojo, oi/ m. **1** *(cisterna)* tank, reservoir; AUT. *(della benzina)* fuel tank, petrol BE *o* gas AE tank; *(di penna)* barrel; ***~ per l'acqua*** water tank *o* reservoir **2** GEOL. reservoir.

1.serbo: **in serbo** /in'sɛrbo/ avv. ***mettere in ~ qcs.*** to save sth., to put sth. away, to store up sth.; ***avere in ~ qcs.*** to have sth. in reserve; FIG. to have sth. in store.

2.serbo /'sɛrbo/ ♦ **25, 16 I** agg. Serb **II** m. (f. **-a**) **1** *(persona)* Serb **2** *(lingua)* Serb.

serbobosniaco, pl. **-ci, -che** /serboboz'niako, tʃi, ke/ **I** agg. Bosnian Serb **II** m. (f. **-a**) Bosnian Serb.

serbocroato /serbokro'ato/ agg. e m. Serbo-Croat, Serbo-Croatian.

serenamente /serena'mente/ avv. **1** serenely, peacefully **2** *(con obiettività)* fairly, impartially.

serenata /sere'nata/ f. serenade; ***fare una ~ a qcn.*** to serenade sb.

serenità /sereni'ta/ f.inv. **1** *(limpidezza)* serenity, clearness **2** *(calma, tranquillità)* serenity **3** *(obiettività)* impartiality; ***considerare qcs. con ~*** to consider sth. impartially ♦♦ ***~ d'animo*** peace of mind.

sereno /se'reno/ **I** agg. **1** [*tempo*] serene, fair; [*cielo*] serene, clear **2** [*persona, viso*] serene, calm; [*vita*] peaceful, untroubled **II** m. ***è tornato il ~*** it's cleared up.

sergente /ser'dʒɛnte/ ♦ **12** m. **1** MIL. sergeant **2** FIG. sergeant major ♦♦ ***~ maggiore*** staff sergeant, master sergeant AE.

Sergio /'sɛrdʒo/ n.pr.m. Sergius, Serge.

seriale /se'rjale/ agg. serial (anche INFORM. MUS.).

seriamente /serja'mente/ avv. **1** seriously; ***stai parlando ~?*** are you serious? ***sta pensando ~ di traslocare*** he's seriously thinking of moving **2** *(gravemente)* [*malato*] seriously, gravely; [*danneggiato*] seriously, badly.

serico, pl. **-ci, -che** /'sɛriko, tʃi, ke/ agg. **1** silk attrib. **2** FIG. [*capelli*] silken, silky.

sericoltore /serikol'tore/ ♦ **18** m. (f. **-trice** /tritʃe/) sericulturist.

sericoltura /serikol'tura/ f. sericulture.

serie /'sɛrje/ f.inv. **1** *(sequenza, successione)* series*; ***una ~ di omicidi, attentati*** a series of murders, a wave of attacks **2** IND. ***numero di ~*** serial number; ***modello di ~*** production model; ***produrre in ~*** to mass-produce; ***produzione in ~*** mass production **3** *(raccolta)* ***una ~ di fumetti*** a set of comics; ***una ~ di francobolli*** a series of stamps **4** GIORN. RAD. TELEV. series* **5** SPORT *(categoria)* division; ***serie A, B, C,*** = in Italy, division of the football league corresponding respectively to the Premier League, the First Division and the Second Division **6** CHIM. MAT. EL. series* ♦♦ ***~ limitata*** limited production.

serietà /serje'ta/ f.inv. **1** seriousness; *(affidabilità)* reliability; ***lavorare con ~ e impegno*** to be serious and conscientious in one's work **2** *(gravità)* seriousness, gravity, graveness; ***la ~ della situazione*** the seriousness of the situation.

serigrafia /serigra'fia/ f. screen printing, silk screen.

serio, pl. **-ri, -rie** /'sɛrjo, ri, rje/ **I** agg. **1** *(responsabile)* [*lavoratore, studente, discorso, intenzione*] serious, earnest; *(affidabile)* reliable; ***questo ragazzo non è molto ~*** this boy is not very responsible; ***puoi fidarti di lui, è una persona -a*** you can trust him, he's reliable **2** *(pensoso)* [*persona, aria, viso*] serious, grave; ***siamo -i, quest'idea è veramente stupida*** let's be serious, this idea is totally stupid; ***si fece ~ in viso*** his face grew serious **3** *(non frivolo)* [*libro, film, conversazione, argomento*] serious **4** *(importante)* [*affare, motivo*] serious; *(considerevole)* [*sforzo, bisogno*] genuine **5** *(grave)* [*malattia,* *ferita*] serious, grave; [*conseguenze, problema, situazione, crisi*] serious; [*pericolo*] grave; ***è una questione molto -a*** this is a very serious matter **II** m. **1** *(cosa grave, importante)* ***tra il ~ e il faceto*** half-jokingly **2** **sul serio** seriously, in earnest; ***prendere qcn., qcs. sul ~*** to take sb., sth. seriously; ***vuole sul ~ andare in America?*** is he serious about going to America? ***fa sul ~!*** he means business! ***fa sul ~ con lei?*** is he serious about her? ***dire sul ~*** to talk seriously *o* in earnest; ***non dirai sul ~!*** you must be joking! ***sul ~, non è un problema*** honestly, there's no problem; ***"ci sono riuscito" - "sul ~?"*** "I've done it" - "really?".

serioso /se'rjoso/ agg. serious, grave.

sermone /ser'mone/ m. sermon (anche FIG.); ***fare un ~*** to give *o* preach a sermon.

serpe /'sɛrpe/ f. snake (anche FIG.) ♦ ***allevare una ~ in seno*** to nurse a viper in one's bosom LETT.

serpeggiante /serped'dʒante/ agg. [*fiume, sentiero*] winding, twisting, serpentine LETT.

serpeggiare /serped'dʒare/ [1] intr. (aus. *avere*) **1** [*fiume, strada*] to wind*, to twist **2** FIG. ***il malcontento serpeggia tra la popolazione*** discontent is spreading among the people.

serpente /ser'pɛnte/ m. **1** ZOOL. snake (anche FIG.) **2** *(pelle)* ***borsa di ~*** snakeskin bag ♦♦ ***~ a sonagli*** rattlesnake.

serpentina /serpen'tina/ f. **1** *(percorso serpeggiante)* winding line, serpentine **2** *(nello sci)* zigzagging **3** TECN. coil; ***~ di raffreddamento*** refrigerating *o* cooling coil.

serpentino /serpen'tino/ m. **1** TECN. coil **2** MINER. serpentine.

serra /'sɛrra/ f. *(locale)* greenhouse, glasshouse BE; ***effetto ~*** greenhouse effect; ***fiore di ~*** hothouse flower; FIG. hothouse plant.

1.serraglio, pl. **-gli** /ser'raʎʎo, ʎi/ m. *(di animali feroci)* menagerie (anche FIG.).

2.serraglio, pl. **-gli** /ser'raʎʎo, ʎi/ m. *(palazzo, harem)* seraglio.

serramanico: **a serramanico** /aserra'maniko/ agg. ***coltello a ~*** jackknife, clasp knife.

serramenti /serra'menti/ m.pl. = doors and windows.

serranda /ser'randa/ f. *(saracinesca)* (rolling) shutter.

serrare /ser'rare/ [1] **I** tr. **1** to lock [*porta, cassetto*] **2** *(stringere)* to tighten [*labbra*]; to clamp, to clench [*denti*]; to clench [*pugni*]; to tighten up [*vite*]; ***~ qcs. in una morsa*** to clamp sth. in a vice **3** ***~ le file*** o ***i ranghi*** to close ranks (anche FIG.) **4** MAR. ***~ le vele*** to take in sail, to furl the sails **5** to speed up [*ritmo, passo*] **II serrarsi** pronom. [*persone, truppe*] to close in; ***-rsi gli uni agli altri*** to huddle together.

serrata /ser'rata/ f. lock-out.

serrato /ser'rato/ **I** p.pass. → **serrare II** agg. **1** [*porta*] locked **2** [*pugni*] clenched **3** [*schiere*] dense, serried **4** ***a ritmo ~*** at a fast pace; ***lavorare a ritmo ~*** to work at a tight schedule **5** FIG. [*lotta*] hard; [*discussione, dibattito*] heated.

serratura /serra'tura/ f. lock; ***forzare una ~*** to pick a lock; ***buco della ~*** keyhole ♦♦ ***~ a combinazione*** combination lock; ***~ a scatto*** latch; ***~ di sicurezza*** safety lock.

serto /'sɛrto/ m. wreath, garland.

serva /'sɛrva/ f. **1** *(domestica)* servant, servant girl **2** SPREG. *(persona pettegola)* gossip.

servalo /ser'valo/ m. serval, bush cat.

servigio, pl. **-gi** /ser'vidʒo, dʒi/ m. service; ***rendere un ~ a qcn.*** to do sb. a service; ***ha reso grandi -gi alla città*** he rendered great services to the town.

servile /ser'vile/ agg. **1** *(di servo)* [*condizione*] servile; [*lavoro*] menial **2** *(sottomesso)* [*persona, atteggiamento*] servile, obsequious; [*obbedienza*] slavish **3** LING. ***verbo ~*** auxiliary verb.

servilismo /servi'lizmo/ m. = servile disposition.

servire /ser'vire/ [3] **I** tr. **1** to serve [*stato, patria, Dio, causa, ideale*] **2** [*maggiordomo, domestica*] to serve [*persona, famiglia*] **3** [*commerciante, cameriere*] to serve [*cliente*]; ***chi è da ~?*** who's next? ***in che cosa posso servirla?*** how can I help you? **4** *(distribuire da bere, mangiare a)* to serve [*invitato*]; *(distribuire)* to serve [*piatto*]; to pour (out), to serve [*bevanda*]; ***~ la cena a qcn.*** to serve dinner to sb.; ***che cosa le posso ~ (da bere)?*** what would you like to drink? ***"il pranzo è servito"*** "lunch is served" **5** *(avere come cliente)* to work for; ***il suo studio serve le più grandi aziende della città*** his firm works for the biggest companies of the town **6** *(assicurare un servizio a)* to serve; ***la zona è servita bene dai mezzi pubblici*** the area is well served with public transport **7** GIOC. to deal* [*carte*] **8** SPORT *(nel tennis)* to serve **9** RELIG. to serve [*messa*] **II** intr. (aus. *avere, essere*) **1** *(essere a servizio)* ***~ come domestica*** to work as a housemaid; ***serve in quella casa da molti anni*** she's been working in that house for many years **2** [*commesso*] to serve; ***~ al banco*** to serve at the counter **3** ***~ a tavola*** to wait at *o* on table; ***chi sta servendo al tavolo 8?*** who's waiting on table 8? ***in questo ristorante sono lenti a ~*** in this restaurant the service is slow **4** *(essere utile)* [*conoscenze, oggetto*] to come* in useful; ***a che serve questo attrezzo?*** what is this tool for? ***serve per fare*** it is used for doing; ***a questo servono gli amici*** that's what friends are for; ***a cosa serve piangere?*** what's the use of crying? ***non serve a niente*** [*oggetto*] it's useless; [*azione*] it's no good; ***li ho minacciati, ma non è servito a niente*** I threatened them but it didn't do any good; ***non serve a niente fare*** there is no point in doing, it's pointless *o* useless to do *o* doing; ***~ al proprio scopo*** to serve the purpose **5** *(avere la funzione)* ***~ da qcs.*** [*oggetto, stanza*] to serve as sth.; ***il tavolo mi serve da scrivania*** the table serves me as a desk, I use the table as a desk; ***mi servi da testimone*** I need you as a witness; ***che ti serva da lezione!*** let that be a lesson to you! **6** *(occorrere)* to need; ***ti serve qualcosa?*** do you need something *o* anything? ***è proprio quello che mi serve*** it's just what I need **7** SPORT *(nel tennis)* to serve **8** MIL. ***~ nell'esercito*** to serve in the army **III servirsi** pronom. **1** *(fare uso)* ***-rsi di*** to make* use of, to use; ***-rsi dei mezzi pubblici*** to use public transport **2** *(sfruttare)* ***-rsi di una situazione*** to make use of a situation; ***-rsi di qcn. per raggiungere i propri scopi*** to use sb. for one's purposes; ***-rsi di uno stratagemma*** to employ a stratagem **3** *(prendere)* to help oneself; ***si serva!*** help yourself! **4** *(essere cliente)* ***-rsi dal macellaio sotto casa*** to shop at the local butcher's; ***per il vino ci serviamo da...*** we buy wine at *o* from... ♦ ***~ due padroni*** to serve two masters; ***per servirla!*** at your service!

servito /ser'vito/ **I** p.pass. → **servire II** agg. GIOC. ***sono ~*** I stand pat.

servitore /servi'tore/ m. **1** *(domestico)* servant, manservant* **2** FIG. servant; ***un ~ dello stato*** a servant of the state; ***il vostro devoto ~*** your obedient servant.

servitù /servi'tu/ f.inv. **1** servitude, bondage; *(schiavitù)* slavery, slavedom **2** *(domestici)* servants pl.; ***alloggi della ~*** servants' quarter **3** DIR. servitude ♦♦ ***~ della gleba*** villeinage.

servizievole /servit'tsjevole/ agg. helpful.

servizio, pl. **-zi** /ser'vittsjo, tsi/ **I** m. **1** *(dedizione incondizionata)* ***essere al ~ del proprio paese*** to be serving one's country; ***al ~ dell'umanità*** in the service of humanity **2** *(attività professionale)* service; ***30 anni di ~*** 30 years of service; ***avere 20 anni di ~ in un'azienda*** to have been with a firm for 20 years; ***essere di*** o ***in ~*** [*medico, guardia*] to be on duty; ***prendere ~ alle nove*** to come on duty at nine o'clock; ***lasciare il ~*** to retire **3** *(lavoro domestico)* service; ***essere a ~*** to be in service; ***andare a ~ presso qcn.*** to go into service with sb., to start as a domestic for sb.; ***essere al ~ di qcn.*** to work as a domestic for sb.; ***donna a mezzo ~*** part-time daily service **4** *(in un ristorante, locale)* service; ***qui il ~ è veloce*** the service here is quick; ***30 euro ~ incluso, escluso*** 30 euros service included, not included **5** *(attività in un esercito)* ***~ militare*** o ***di leva*** military service; ***prestare ~ militare, fare il ~ militare*** to be in the army, to serve one's time (in army); ***prestare ~ in aeronautica*** to serve in the air force **6** *(favore)* service, favour BE, favor AE; ***rendere un ~ a qcn.*** to do sb. a service *o* a good turn; ***rendere un cattivo ~ a qcn.*** to do a disservice to sb., to do sb. a disservice; ***mi hai fatto davvero un bel ~!*** IRON. that was a great help! **7** *(di ente pubblico)* service; ***~ postale*** postal service *o* facilities; ***~ sanitario*** health service; ***~ di autobus, di taxi*** bus, taxi service; ***fornire un ~ regolare*** to run a regular service **8** *(funzionamento)* ***essere in ~*** [*ascensore*] to be working; [*linea di metrò, di autobus*] to be running; ***fuori ~*** out of order **9** *(insieme di stoviglie)* service, set; ***~ da tè*** tea service *o* set; ***~ di porcellana*** set of china **10** GIORN. report, feature; ***~ fotografico*** photocall **11** SPORT service; ***Conti al ~*** Conti to serve **12** **di servizio** *(secondario)* [*ingresso*] service attrib.; ***porta di ~*** back *o* rear door; *(di assistenza)* ***stazione di ~*** service *o* filling station, petrol BE *o* gas AE station; ***area di ~*** service area, services; *(addetto ai lavori domestici)* ***donna di ~*** maid; ***persona di ~*** domestic servant **II servizi** m.pl. **1** *(toilette)* ***-zi (igienici)*** toilet facilities, sanitation; *(in locali pubblici)* toilets BE, cloakroom AE; ***casa con doppi -zi*** house with two bathrooms **2** ECON. ***beni e -zi*** goods and services **3** *(terziario)* service industry ♦♦ ***~ civile*** community service; ***~ a domicilio*** home delivery; ***~ informazioni*** information service; ***~ d'ordine*** policing, police; ***~ pubblico*** public service; ***-zi segreti*** intelligence, secret service.

servo /'sɛrvo/ m. (f. **-a**) *(servitore)* servant; ***~ suo (umilissimo)*** ANT. your humble servant ♦♦ ***~ della gleba*** STOR. serf.

servofreno /servo'freno/ m. servo(-assisted) brake, power brake.

servosterzo /servos'tɛrtso/ m. power(-assisted) steering.

sesamo /'sɛzamo/ m. sesame, til ♦ ***apriti ~*** open sesame.

sessanta /ses'santa/ ➧ ***26, 5, 8*** **I** agg.inv. sixty **II** m.inv. sixty **III** m.pl. *(anni di età)* ***essere sui ~*** to be in one's sixties.

sessantenne /sessan'tɛnne/ agg., m. e f. sixty-year-old.

sessantesimo /sessan'tɛzimo/ ➧ ***26*** **I** agg. sixtieth **II** m. (f. **-a**) sixtieth.

sessantina /sessan'tina/ f. **1** *(circa sessanta)* ***una ~ di persone*** about sixty people **2** *(età)* ***essere sulla ~*** to be about sixty.

sessantottino /sessantot'tino/ m. (f. **-a**) = activist in the 1968 protest movement.

sessione /ses'sjone/ f. session; ***~ ordinaria, straordinaria*** ordinary, special session; ***~ d'esami*** UNIV. examination session.

sessismo /ses'sizmo/ m. sexism.

sessista, m.pl. **-i**, f.pl. **-e** /ses'sista/ agg., m. e f. sexist.

sesso /'sɛsso/ m. **1** sex, gender; ***~ maschile, femminile*** male, female gender; ***persone di entrambi i -i*** people of both sexes; ***cambiare ~*** to have a sex change; ***il bel, gentil ~*** SCHERZ. the fair, gentle sex **2** *(organi genitali)* genitals pl. **3** *(attività sessuale)* sex; ***fare (del) ~ con qcn.*** to have sex with sb. ♦♦ ***~ debole*** weaker sex; ***~ forte*** stronger sex; ***~ sicuro*** safe sex.

sessuale /sessu'ale/ agg. [*rapporto, maturità*] sexual; [*vita, atto, educazione, pulsione*] sex attrib.; [*organo, discriminazione*] sexual, sex attrib.; ***delitto (a sfondo) ~*** sex crime; ***maniaco ~*** sex maniac; ***molestie -i*** sexual harassment.

sessualità /sessuali'ta/ f.inv. sexuality.

sessuologia /sessuolo'dʒia/ f. sexology.

sessuologo, m.pl. **-gi**, f.pl. **-ghe** /sessu'ɔlogo, dʒi, ge/ ➧ ***18*** m. (f. **-a**) sexologist.

sesta /'sɛsta/ f. MUS. sixth.

sestante /ses'tante/ m. sextant.

sestetto /ses'tetto/ m. sextet(te) (anche MUS.).

1.sesto /'sɛsto/ ➧ ***26, 5*** **I** agg. sixth; ***avere un ~ senso*** to have a sixth sense **II** m. (f. **-a**) sixth.

2.sesto /'sɛsto/ m. **1** ARCH. curve; ***arco a ~ acuto*** lancet *o* pointed arch; ***arco a tutto ~*** round arch **2** ***rimettere in ~ qcn., qcs.*** to put sb., sth. back on their feet; ***rimettersi in ~*** *(fisicamente)* to get back on one's feet again; *(economicamente)* to recover financially; *(rendersi presentabile)* to tidy oneself up.

set /sɛt/ m.inv. **1** set; ***un ~ di valigie*** a set of matching luggage; ***~ da cucito*** sewing kit **2** SPORT set; ***due ~ a zero*** two sets to love **3** CINEM. TELEV. set.

seta /'seta/ f. silk; ***~ pura*** pure silk; ***di ~*** [*vestito, calze*] silk; [*capelli*] silken, silky ♦♦ ***~ cruda*** o ***greggia*** raw silk.

setacciare /setat'tʃare/ [1] tr. **1** to sieve, to sift [*farina*]; to riddle [*sabbia*] **2** FIG. to comb, to search [*zona*].

setaccio, pl. **-ci** /se'tattʃo, tʃi/ m. sieve; ***passare qcs. al ~*** to put sth. through a sieve, to sieve *o* sift sth.; FIG. to comb through sth.

sete /'sete/ f. **1** thirst; ***avere ~*** to be thirsty; ***morire di ~*** to die of thirst; FIG. to be dying of thirst; ***fare venire ~ a qcn.*** to make sb. thirsty **2** FIG. ***~ di*** thirst *o* hunger for [*giustizia, libertà, vendetta*]; hunger *o* lust for [*ricchezza, potere*]; ***~ di sangue*** blood lust, bloodthirstiness.

seteria /sete'ria/ **I** f. *(setificio)* silk factory; *(negozio)* = shop selling silks **II seterie** f.pl. silks.

setificio, pl. **-ci** /seti'fitʃo, tʃi/ m. silk factory.

setola /'setola/ f. bristle.

setoloso /seto'loso/ agg. bristled, brushy.

sett. ⇒ settembre September (Sep, Sept).

setta /'sɛtta/ f. **1** RELIG. sect, cult **2** *(società segreta)* secret society.

settanta /set'tanta/ ➧ ***26, 5, 8*** **I** agg.inv. seventy **II** m.inv. seventy **III** m.pl. *(anni di età)* ***essere sui ~*** to be in one's seventies.

settantenne /settan'tɛnne/ agg., m. e f. seventy-year-old.

settantesimo /settan'tɛzimo/ ➧ ***26*** **I** agg. seventieth **II** m. (f. **-a**) seventieth.

settantina /settan'tina/ f. **1** *(circa settanta)* ***una ~ di persone*** about seventy people **2** *(età)* ***essere sulla ~*** to be about seventy.

settare /set'tare/ [1] tr. INFORM. to set*.

settario, pl. **-ri**, **-rie** /set'tarjo, ri, rje/ **I** agg. sectarian **II** m. (f. **-a**) sectarian.

settarismo /setta'rizmo/ m. sectarianism.

sette /'sɛtte/ ➧ ***26, 5, 8, 13*** **I** agg.inv. seven **II** m.inv. **1** *(numero)* seven **2** *(giorno del mese)* seventh **3** SCOL. *(voto)* = above average pass mark **4** COLLOQ. *(strappo)* seven **III** f.pl. *(ore)* *(del mattino)* seven am; *(della sera)* seven pm ♦ ***avere ~ vite come i gatti*** to have nine lives.

settebello /sette'bɛllo/ m. **1** GIOC. *(nelle carte)* seven of diamonds **2** SPORT = Italian national water polo team.

settecentesco, pl. **-schi**, **-sche** /settetʃen'tesko, ski, ske/ agg. eighteenth-century attrib.; ART. *(in Italia)* settecento attrib.

settecento /sette'tʃɛnto/ ➧ ***26*** **I** agg.inv. seven hundred **II** m.inv. seven hundred **III Settecento** m. **1** *(epoca)* eighteenth century **2** ART. *(in Italia)* settecento.

settembre /set'tɛmbre/ ➧ ***17*** m. September.

settembrino /settem'brino/ agg. [*aria, sole*] September attrib., of September.

settentrionale /settentrjo'nale/ ➧ ***29*** **I** agg. [*zona, costa, frontiera*] northern, north; [*vento*] north, northerly; [*accento*] northern; ***Italia ~*** northern Italy **II** m. e f. northerner; *(in Italia)* = person from northern Italy.

settentrione /setten'trjone/ m. north; ***il Settentrione*** *(Italia settentrionale)* the north of Italy.

setter /'sɛtter/ m.inv. setter.

setticemia /settitʃe'mia/ ➧ ***7*** f. septicaemia, septicemia AE, blood poisoning.

settico, pl. **-ci**, **-che** /'sɛttiko, tʃi, ke/ agg. septic.

settima /'sɛttima/ f. MUS. seventh.

settimana /setti'mana/ ➧ ***19*** f. **1** *(periodo di sette giorni)* week; ***la ~ scorsa, prossima*** last week, next week; ***a metà ~*** in midweek, halfway through the week; ***fine ~*** weekend; ***un soggiorno di sei -e*** a six-week stay **2** *(salario settimanale)* week's wages pl. ♦♦ ***~ bianca*** skiing holiday week; ***~ corta*** AMM. five-day week; ***~ lavorativa*** working week; ***~ santa*** RELIG. Holy Week.

settimanale /settima'nale/ **I** agg. weekly **II** m. *(rivista)* weekly.

settimanalmente /settimanal'mente/ avv. weekly; ***pagare ~*** to pay by the week.

settimino /setti'mino/ m. (f. **-a**) **1** *(neonato)* seven-month baby **2** MUS. septet.

settimo /'sɛttimo/ ➧ ***26, 5*** **I** agg. seventh **II** m. (f. **-a**) seventh ♦ ***essere al ~ cielo*** to be in seventh heaven, to be walking *o* treading on air, to be on cloud nine COLLOQ. ♦♦ ***-a arte*** = cinematography.

setto /'sɛtto/ m. ***~ nasale*** nasal septum.

1.settore /set'tore/ m. **1** *(parte)* sector, part; *(di aula semicircolare)* seats pl. **2** *(ambito, ramo)* sector, field; ***~ chimico*** chemicals division; ***lavorare nel ~ alberghiero*** to be in the hotel business **3** AMM. *(suddivisione)* area; ***~ comunicazioni*** communication division; ***~ vendite*** sales area **4** MAT. sector **5** MIL. sector ♦♦ ***~ circolare*** sector of a circle; ***~ primario*** primary sector; ***~ privato*** private sector; ***~ pubblico*** public sector; ***~ secondario*** secondary industry; ***~ dei servizi*** service sector; ***~ terziario*** service sector.

2.settore /set'tore/ agg. MED. dissector; ***perito ~*** medical examiner.

settoriale /setto'rjale/ agg. [*analisi*] sectorial; [*interessi*] sectional.

severamente /severa'mente/ avv. [*giudicare, criticare, punire*] harshly, severely; [*vietare*] strictly; [*guardare*] sternly.

severità /severi'ta/ f.inv. **1** *(durezza) (di persona, educazione)* strictness; *(di punizione, critica)* harshness, severity **2** *(austerità) (di volto, sguardo)* sternness; *(di abbigliamento)* austerity.

severo /se'vɛro/ agg. **1** *(duro)* [*persona, educazione, giudizio, regolamento*] strict; [*punizione*] harsh, severe; [*morale, genitore*] strict, stern; [*controlli*] rigid, rigorous; [*misure*] harsh, stern, tight; ***essere ~ con qcn.*** to be severe *o* strict with sb. **2** *(austero)* [*espressione, volto*] stern; [*tono, sguardo*] stern, severe; [*abbigliamento*] austere **3** *(ingente)* [*sconfitta, perdite*] heavy.

seviziare /sevit'tsjare/ [1] tr. **1** *(torturare)* to torture **2** *(violentare)* to rape.

sevizie /se'vittsje/ f.pl. physical abuse sing., torture sing.

sexy /'sɛksi/ agg.inv. [*persona, vestito*] sexy.

sezionare /settsjo'nare/ [1] tr. **1** MED. to dissect [*cadavere*] **2** BIOL. to section [*tessuto*].

sezione /set'tsjone/ f. **1** *(parte)* section, part **2** *(ripartizione di un ente)* section, division, bureau*, department; *(di partito, sindacato)* branch; ***la ~ contabilità di una ditta*** the accounts department of a firm; ***la ~ locale di un partito*** the local branch of a party **3** SCOL. = division of classes in groups, distinguished by letters, over a whole cycle of studies **4** MAT. TECN. section **5** MED. dissection; ANAT. section **6** MUS. ***~ dei fiati*** wind section ♦♦ ***~ aurea*** MAT. golden section; ***~ civile*** civil division; ***~ elettorale*** polling station; ***~ penale*** criminal division.

sfaccendare /sfattʃen'dare/ [1] intr. (aus. *avere*) to bustle about.

sfaccendato /sfattʃen'dato/ **I** agg. idle **II** m. (f. **-a**) idler, layabout COLLOQ.

sfaccettato /sfattʃet'tato/ agg. **1** [*pietra preziosa*] faceted, multi-faceted **2** FIG. [*questione*] multi-faceted, many-sided.

sfaccettatura /sfattʃetta'tura/ f. **1** *(azione)* faceting **2** *(lato)* facet (anche FIG.).

sfacchinare /sfakki'nare/ [1] intr. (aus. *avere*) to slave (away), to slog.

sfacchinata /sfakki'nata/ f. grind, slog, drudgery; ***è stata una ~*** it was hard work *o* going.

sfacciataggine /sfattʃa'taddʒine/ f. impudence, brazenness, cheek, cheekiness; ***avere la ~ di fare*** to have the barefaced nerve to do, to have cheek *o* gall to do; ***che ~!*** what a cheek!

sfacciatamente /sfattʃata'mente/ avv. impudently, cheekily.

sfacciato /sfat'tʃato/ **I** agg. *(sfrontato)* [*persona*] impudent, brazen(-faced), cheeky; [*menzogna*] impudent, barefaced; [*risposta*] impudent; [*fortuna*] shameless **II** m. (f. **-a**) impudent person, brazen-faced person.

sfacelo /sfa'tʃɛlo/ m. **1** *(disfacimento)* decay; ***andare in ~*** to fall into decay **2** FIG. *(rovina)* breakdown, break-up.

sfaldamento /sfalda'mento/ m. **1** *(lo sfaldare, lo sfaldarsi)* exfoliation, flaking **2** FIG. break-up.

sfaldare /sfal'dare/ [1] **I** tr. to exfoliate **II sfaldarsi** pronom. **1** [*roccia*] to (ex)foliate, to flake **2** FIG. [*gruppo*] to break* up.

sfalsare /sfal'sare/ [1] tr. *(non allineare)* to stagger.

sfamare /sfa'mare/ [1] tr. **1** *(saziare)* ***~ qcn.*** to satisfy sb.'s hunger, to feed sb. **2** *(mantenere)* to feed* [*bambino, famiglia*].

sfarfallamento /sfarfalla'mento/ m. CINEM. TELEV. flicker.

sfarfallare /sfarfal'lare/ [1] intr. (aus. *avere*) **1** *(svolazzare)* to flit about **2** FIG. *(essere volubile, incostante)* to flit hither and thither **3** CINEM. TELEV. to flicker **4** *(vibrare)* [*motore*] to wobble.

sfarzo /'sfartso/ m. pomp, luxury, splendour BE, splendor AE.

sfarzosità /sfartsosi'ta/ f.inv. luxuriousness, sumptuousness, splendidness.

sfarzoso /sfar'tsoso/ agg. [*appartamento*] luxurious; [*festa*] sumptuous; [*abbigliamento*] opulent.

sfasamento /sfaza'mento/ m. **1** EL. phase displacement; FIS. phase shift **2** *(discordanza)* discrepancy **3** COLLOQ. *(scombussolamento)* bewilderment.

sfasato /sfa'zato/ agg. **1** EL. MOT. out of phase **2** FIG. *(scombussolato)* bewildered.

sfasciacarrozze /sfaʃʃakar'rɔttse/ ➧ *18* m.inv. (car) breaker, (car) wrecker AE.

1.sfasciare /sfaʃ'ʃare/ [1] tr. *(sbendare)* to unbandage [*ferita*].

2.sfasciare /sfaʃ'ʃare/ [1] **I** tr. **1** *(distruggere)* to smash, to shatter, to wreck [*oggetto, meccanismo*]; to smash, to wreck [*veicolo*] **2** FIG. *(mandare in rovina)* to break* up [*famiglia*] **II sfasciarsi** pronom. **1** *(distruggersi)* [*oggetto, meccanismo*] to break* up, to come* apart, to fall* to pieces; [*veicolo*] to crash, to smash (**contro** into) **2** FIG. *(andare in rovina)* to break* up.

sfasciato /sfaʃ'ʃato/ **I** p.pass. → **2.sfasciare II** agg. [*oggetto, meccanismo*] smashed, broken, in pieces mai attrib.

sfascio, pl. **-sci** /'sfaʃʃo, ʃi/ m. **1** *(distruzione)* wreck, ruin **2** FIG. breakdown, ruin, collapse; ***essere allo ~*** to be about to collapse, to be going to the dogs COLLOQ.

sfatare /sfa'tare/ [1] tr. to discredit, to debunk [*mito*].

sfaticato /sfati'kato/ **I** agg. lazy, workshy, idle **II** m. (f. **-a**) idler, lazybones*.

sfatto /'sfatto/ agg. **1** *(disfatto)* [*letto*] unmade **2** FIG. *(sfiorito)* [*volto*] haggard.

sfavillare /sfavil'lare/ [1] intr. (aus. *avere*) **1** *(risplendere)* [*sole, luce*] to shine*; [*fiamma*] to shine*, to blaze; [*diamante*] to sparkle **2** FIG. [*occhi*] to shine*, to sparkle.

sfavillio, pl. **-ii** /sfavil'lio, ii/ m. *(di luce)* shining; *(di diamante)* sparkling.

sfavore /sfa'vore/ m. **1** *(svantaggio)* disadvantage; ***essere*** o ***giocare a ~ di qcn.*** to be *o* work *o* weigh against sb. **2** *(danno)* ***in*** o ***a ~ di qcn.*** [*deporre*] against sb.

sfavorevole /sfavo'revole/ agg. **1** *(non propizio)* [*situazione, momento, condizioni*] unfavourable BE, unfavorable AE; [*vento*] contrary, adverse **2** *(contrario)* [*giudizio*] adverse, negative; ***essere ~ a qcs.*** to be against sth., to be hostile to sth.; ***essere di parere ~*** to be contrary.

sfavorire /sfavo'rire/ [102] tr. [*imposta, provvedimento*] to be* unfavourable BE to, to be* unfavorable AE to, to work against [*persona, categoria*]; [*esaminatore*] to treat [sb.] unfairly [*candidato*].

sfebbrare /sfeb'brare/ [1] intr. (aus. *essere*) ***il malato sfebbrerà in poche ore*** the patient's temperature will return to normal in a few hours.

sfegatato /sfega'tato/ agg. [*tifoso, fan*] fanatic(al); [*odio*] bitter.

sfera /'sfɛra/ f. **1** *(oggetto sferico)* sphere, ball; ***penna a ~*** ballpoint (pen), rollerball; ***cuscinetto a -e*** ball bearing **2** MAT. ASTR. sphere **3** FIG. *(ambito)* sphere, field, area; ***~ d'azione*** sphere of action; ***nelle alte -e*** in the upper echelons, in high circles ♦♦ ***~ celeste*** sphere; ***~ di cristallo*** crystal ball; ***~ terrestre*** globe.

sferico, pl. **-ci, -che** /'sfɛriko, tʃi, ke/ agg. [*superficie, corpo, forma*] spherical, round.

sferragliare /sferraʎ'ʎare/ [1] intr. (aus. *avere*) to clatter, to rattle, to clank.

sferrare /sfer'rare/ [1] tr. to mount, to launch [*attacco*]; to throw*, to land [*pugno*]; ***~ un colpo a qcn.*** to deal sb. a blow.

sferruzzare /sferrut'tsare/ [1] intr. (aus. *avere*) to knit (away).

sferza /'sfɛrtsa/ f. **1** *(frusta)* whip, lash, scourge **2** FIG. *(violenza)* bite, scourge, lash(ing).

sferzante /sfer'tsante/ agg. **1** [*pioggia, vento*] lashing, driving **2** FIG. [*giudizio, risposta*] slashing, cutting, biting.

sferzare /sfer'tsare/ [1] tr. **1** [*pioggia, vento*] to lash (at), to whip (at) [*viso*] **2** FIG. *(biasimare)* ***~ qcn.*** to give sb. a tongue-lashing.

sferzata /sfer'tsata/ f. **1** lash **2** FIG. lashing.

sfiancare /sfjan'kare/ [1] **I** tr. to wear* out [*persona*] **II sfiancarsi** pronom. to wear* oneself out.

sfiancato /sfjan'kato/ **I** p.pass. → **sfiancare II** agg. [*persona*] exhausted, worn out, knocked out.

sfiatarsi /sfja'tarsi/ [1] pronom. *(sgolarsi)* to become* hoarse, to talk oneself hoarse.

sfiatato /sfja'tato/ **I** p.pass. → **sfiatarsi II** agg. COLLOQ. *(senza fiato)* breathless.

sfiatatoio, pl. **-oi** /sfjata'tojo, oi/ m. **1** TECN. (air) vent **2** ZOOL. *(di balena)* blowhole.

sfiato /'sfjato/ m. → **sfiatatoio.**

sfibrante /sfi'brante/ agg. [*lavoro, vita*] exhausting, wearing; [*attesa*] gruelling, grueling AE.

sfibrare /sfi'brare/ [1] **I** tr. to wear* out [*persona*] **II sfibrarsi** pronom. to wear* oneself out.

sfida /'sfida/ f. challenge; ***lanciare una ~*** to put out *o* issue a challenge; ***atteggiamento di ~*** defiant attitude; ***~ elettorale*** election race.

sfidante /sfi'dante/ m. e f. challenger, defier.

sfidare /sfi'dare/ [1] **I** tr. **1** to challenge, to defy [*avversario*]; ***~ qcn. a duello*** to challenge sb. to a duel; ***~ qcn. a scacchi*** to take sb. on *o* play sb. at chess; ***lo sfido a dimostrarmi il contrario*** I defy him to demonstrate the contrary; ***ti sfido a dirglielo*** I dare you to say it to him; ***~ la sorte*** to push one's luck, to tempt fate *o* providence **2** *(affrontare con coraggio)* to defy, to face [*pericolo*]; to defy, to brave [*morte, fame*] **II sfidarsi** pronom. [*avversari*] to defy each other ♦ ***sfido io!*** I can well believe it!

sfiducia /sfi'dutʃa/ f. **1** distrust, mistrust, lack of confidence **2** POL. ***(mozione di) ~*** motion of no confidence.

sfiduciato /sfidu'tʃato/ agg. [*persona*] discouraged, disheartened, spiritless.

sfiga, pl. **-ghe** /'sfiga, ge/ f. COLLOQ. rotten luck, jinx; ***che ~!*** what rotten luck!

sfigato /sfi'gato/ **I** agg. COLLOQ. *(goffo, insignificante)* nerdy, uncool; *(sfortunato)* jinxed, unlucky **II** m. COLLOQ. (f. **-a**) *(persona goffa, insignificante)* nerd; *(persona sfortunata)* unlucky person.

sfigurare /sfigu'rare/ [1] **I** tr. **1** [*incidente, malattia*] to disfigure, to disfeature [*volto, persona*]; [*vandalo*] to deface [*statua*] **2** FIG. [*paura*] to disfigure [*persona*] **II** intr. (aus. *avere*) **1** *(fare cattiva impressione)* to cut* a poor figure, to make a poor impression **2** *(stonare)* [*vestito, tappeto*] to look cheap, to look bad.

sfigurato /sfigu'rato/ **I** p.pass. → **sfigurare II** agg. **1** [*volto*] disfigured **2** FIG. ***~ dalla paura*** disfigured by fear; ***~ dal dolore*** [*volto*] twisted with pain.

sfilacciare /sfilat'tʃare/ [1] **I** tr. to fray [*tessuto*] **II sfilacciarsi** pronom. to fray, to unravel.

sfilacciato /sfilat'tʃato/ **I** p.pass. → **sfilacciare II** agg. [*tessuto*] frayed; [*colletto*] ragged.

1.sfilare /sfi'lare/ [1] **I** tr. **1** to unthread [*filo*]; to unstring* [*perle*] **2** *(togliere)* to take* off [*cappotto*]; ***~ la chiave dalla serratura*** to take the key out of a lock **3** *(sottrarre)* to pinch [*portafogli*] **II sfilarsi** pronom. **1** [*ago*] to get* unthreaded; [*perle*] to come* unstrung **2** *(togliersi)* ***-rsi la giacca*** to take off one's jacket; ***-rsi l'anello*** to slip one's ring off one's finger **3** *(smagliarsi)* [*calza*] to get* a run, to ladder BE.

2.sfilare /sfi'lare/ [1] intr. (aus. *avere*) **1** [*manifestanti, visitatori*] to parade, to march; [*truppe*] to parade, to march on parade **2** [*indossatrice*] to model.

sfilata /sfi'lata/ f. **1** *(parata)* parade, procession; MIL. parade, march-past; ***~ di carnevale*** carnival parade *o* procession **2** (anche **~ di moda**) (fashion) show.

sfilatino /sfila'tino/ m. REGION. GASTR. French loaf*.

sfilettare /sfilet'tare/ [1] tr. to fillet.

sfilza /'sfiltsa/ f. ***una ~ di*** a string of [*oggetti, persone*]; a stream of [*improperi*]; a row *o* line of [*negozi*].

sfinge /'sfindʒe/ f. **1** MITOL. ART. Sphinx **2** FIG. sphinx* **3** ZOOL. sphinx moth.

sfinimento /sfini'mento/ m. exhaustion.

sfinire /sfi'nire/ [102] **I** tr. [*attività, sforzo*] to exhaust, to wear* out, to tire out; [*febbre, caldo*] to wear* out, to drain [*persona*] **II sfinirsi** pronom. to exhaust oneself, to wear* oneself out.

sfinito /sfi'nito/ **I** p.pass. → **sfinire II** agg. exhausted, worn-out, dead-beat COLLOQ.

sfintere /sfin'tɛre/ m. sphincter.

sfiorare /sfjo'rare/ [1] tr. **1** *(toccare appena)* to touch [sth.] lightly, to brush [*guancia, capelli*]; [*persona, mano, pietra*] to brush against, to skim, to graze [*persona, oggetto, muro*]; ***l'auto mi ha sfiorato*** the car just missed me; ***non l'ho sfiorata nemmeno con un dito*** I didn't lay a finger on her **2** FIG. to touch upon, to mention [*problema*]; ***non mi ha nemmeno sfiorato la mente*** it didn't even cross my mind **3** *(giungere vicinissimo a)* to come* close to [*catastrofe, lite, successo*]; ***~ il ridicolo*** to be verging on the ridiculous.

sfiorire /sfjo'rire/ [102] intr. (aus. *essere*) [*piante, fiori*] to wither; FIG. [*bellezza*] to fade; [*viso*] to wither.

sfitto /'sfitto/ agg. [*appartamento*] vacant, unoccupied.

sfizio, pl. **-zi** /'sfittsjo, tsi/ m. whim, fancy; ***l'ho fatto per ~*** I did it on a whim.

sfizioso /sfit'tsjoso/ agg. [*cibo*] tasty.

sfocato /sfo'kato/ agg. [*foto, immagine*] blurred, fuzzy, out-of-focus attrib.; [*ricordo*] blurred.

sfociare /sfo'tʃare/ [1] intr. (aus. *essere*) **1** [*fiume*] to flow*, to debouch (**in** into) **2** FIG. ***~ in*** to lead to [*accordo, rottura*]; to lead to, to result in [*guerra*].

sfoderabile /sfode'rabile/ agg. ***divano ~*** sofa with a removable cover.

1.sfoderare /sfode'rare/ [1] tr. **1** *(sguainare)* to unsheathe, to draw* [*spada*] **2** *(ostentare)* to display, to show* off, to parade [*cultura, intelligenza*] **3** *(tirare fuori)* to produce, to come* out with [*prove*].

2.sfoderare /sfode'rare/ [1] tr. *(togliere la fodera a)* to remove the lining from [*giacca*]; to take the case off [*cuscino*].

sfoderato /sfode'rato/ **I** p.pass. → **2.sfoderare II** agg. [*abito, scarpe*] unlined.

sfogare /sfo'gare/ [1] **I** tr. [*persona*] to pour out, to vent, to work off [*collera, dolore*]; to give* vent to [*istinti*] **II** intr. (aus. *essere*) ***il fumo sfoga dalla finestra*** the smoke escapes via the window **III sfogarsi** pronom. **1** *(prendersela)* to let* off steam; ***-rsi su qcn.*** to take it out on sb. **2** *(aprirsi)* to relieve one's feelings, to get* it out of one's system, to take* a load off one's chest; ***-rsi con qcn.*** to pour out one's heart to sb. **3** *(togliersi la voglia)* to kick up one's heels; ***-rsi a mangiare*** to eat as much as one wants *o* to eat one's fill.

sfoggiare /sfod'dʒare/ [1] tr. to display, to parade, to show* off [*ricchezza, vestiti costosi, cultura*]; to wear* [*sorriso*].

sfoggio, pl. **-gi** /'sfɔddʒo, dʒi/ m. display, parade, show; ***fare ~ di cultura*** to make a display of *o* to show off one's knowledge.

sfoglia /'sfɔʎʎa/ f. GASTR. pastry; ***pasta ~*** puff *o* flaky pastry.

1.sfogliare /sfoʎ'ʎare/ [1] tr. to pluck the petals off [*fiore*] ♦ ***~ la margherita*** to waver.

2.sfogliare /sfoʎ'ʎare/ [1] tr. *(voltare le pagine di)* to flip through, to leaf through; *(scorrere velocemente)* to look through, to thumb (through) [*libro, rivista*]; ***~ le pagine*** to flip *o* turn over the pages.

sfogliata /sfoʎ'ʎata/ f. ***dare una ~ a*** to glance through, to have a look at [*libro*].

sfogliatella /sfoʎʎa'tɛlla/ f. GASTR. INTRAD. (puff pastry filled with ricotta and candied fruit).

sfogliatina /sfoʎʎa'tina/ f. GASTR. puff.

sfogo, pl. **-ghi** /'sfogo, gi/ m. **1** *(apertura)* vent, outlet; ***~ d'aria*** air vent; ***valvola di ~*** safety valve (anche FIG.) **2** FIG. outlet, outpouring, blowoff; ***dare libero ~ a*** to let out, to pour out, to give vent to [*collera, gioia*]; to give full *o* free rein to [*fantasia*]; to unleash [*violenza, passione*]; to relieve [*sentimenti*] **3** COLLOQ. *(eruzione cutanea)* rash.

sfolgorante /sfolgo'rante/ agg. [*luce*] bright, shining, glaring, sparkling.

sfolgorio, pl **-ii** /sfolgo'rio, ii/ m. shine, glaring.

sfollagente /sfolla'dʒɛnte/ m.inv. baton.

sfollamento /sfolla'mento/ m. *(di città)* evacuation.

sfollare /sfol'lare/ [1] intr. (aus. *essere*) **1** *(disperdersi)* [*gente*] to disperse **2** *(fuggire)* ***~ da una città*** to evacuate a city.

sfollato /sfol'lato/ m. (f. **-a**) evacuee.

sfoltire /sfol'tire/ [102] tr. **1** to thin (out) [*foresta, capelli*]; to pluck [*sopracciglia*] **2** FIG. to cut* back, to streamline [*personale*].

sfoltita /sfol'tita/ f. ***farsi dare una ~ ai capelli*** to have one's hair thinned out.

sfondamento /sfonda'mento/ m. **1** breaking **2** MIL. breakthrough.

sfondare /sfon'dare/ [1] **I** tr. **1** *(rompere)* to break* the bottom of, to knock the bottom out of [*scatola, valigia*]; to wear* out [*scarpe*]; to break* the seat of [*sedia, divano*]; ***~ il cranio a qcn.*** to smash (in) sb.'s skull **2** *(abbattere)* to beat down, to break* down, to knock down [*porta, muro*]; to smash [*vetrina*] **3** MIL. to break* through [*fronte nemico, sbarramento*] **II** intr. (aus. *avere*) *(avere successo)* [*attore, scrittore*] to shoot* to fame, to make* it **III sfondarsi** pronom. [*scatola*] to break* at the bottom; [*muro*] to collapse; [*tetto*] to cave in.

sfondato /sfon'dato/ **I** p.pass. → **sfondare** **II** agg. **1** *(sfasciato)* [*divano*] sagging; [*sedia*] bottomless; *(rotto)* [*vetrina*] smashed, shattered, broken; *(logorato)* [*scarpe*] worn-out **2** POP. FIG. *(fortunato)* ***sei proprio ~!*** you lucky sod! ♦ ***essere ricco ~*** to be filthy rich, to be loaded, to be rolling in money.

sfondo /'sfondo/ m. **1** background; ***sullo ~*** in the background; ***su ~ rosso*** on a red background; ***su uno ~ di*** against a background of **2** *(ambiente)* background, setting; ***lo ~ di un racconto*** the setting of a novel; ***un romanzo a ~ storico*** a novel with a historical background **3** ART. ground, field **4** DIR. ***delitto a ~ passionale*** crime of passion **5** INFORM. wallpaper.

sfondone /sfon'done/ m. howler, blunder.

sforacchiare /sforak'kjare/ [1] tr. to riddle [sth.] with holes.

sforamento /sfora'mento/ m. overrunning; ***~ del budget*** cost overrun, overspend(ing).

sforare /sfo'rare/ [1] intr. (aus. *avere*) to overrun*, to run* over.

sforbiciare /sforbi'tʃare/ [1] tr. to snip, to cut* with scissors.

sforbiciata /sforbi'tʃata/ f. **1** snip(-snap) **2** SPORT scissors jump; *(nel calcio)* scissors kick.

sformare /sfor'mare/ [1] **I** tr. **1** *(deformare)* to pull [sth.] out of shape, to deform [*tasca, scarpe, maglia*] **2** GASTR. to take* [sth.] out of the mould, to turn out [*dolce*] **II** **sformarsi** pronom. to lose* one's shape.

sformato /sfor'mato/ **I** p.pass. → **sformare** **II** agg. *(deformato, privo di forma)* [*maglia*] shapeless, baggy; ***essere ~*** [*maglia*] to be out of shape, to bag up **III** m. GASTR. flan, shape.

sfornare /sfor'nare/ [1] tr. **1** to take* [sth.] out of the oven [*pane*] **2** FIG. [*scrittore, regista, cantante*] to churn out; *(in quantità)* to grind* out [*libri, film, dischi*]; SCHERZ. to spawn [*figlio*].

sfornato /sfor'nato/ **I** p.pass. → **sfornare** **II** agg. ***appena ~*** [*pane*] fresh *o* hot from the oven, freshly baked.

sfornito /sfor'nito/ agg. **1** ***~ di qcs.*** lacking in sth., not provided with sth. **2** *(di merci)* [*negozio*] poorly stocked, unstocked.

sfortuna /sfor'tuna/ f. bad luck, ill luck; *(sventura)* misfortune; ***una serie di -e*** a series of misfortunes; ***~ volle che*** o ***la ~ ha voluto che...*** as bad luck would have it, ...; ***avere ~*** to be unlucky; ***portare ~*** to bring bad luck; ***perseguitato dalla ~*** dogged by misfortune; ***che ~!*** how unlucky!

sfortunatamente /sfortunata'mente/ avv. unfortunately, unluckily.

sfortunato /sfortu'nato/ **I** agg. **1** [*coincidenza*] unhappy; [*giorno, situazione, tentativo*] unlucky, ill-fated, unfortunate; [*numero, persona*] unlucky **2** *(non riuscito)* [*impresa, matrimonio*] unsuccessful **II** m. (f. **-a**) unfortunate ♦ ***~ al gioco, fortunato in amore*** lucky at cards, unlucky in love.

sforzare /sfor'tsare/ [1] **I** tr. **1** *(sottoporre a sforzo)* to force [*motore, voce*]; to strain [*occhi*] **2** *(costringere)* to force, to compel; ***~ il bambino a mangiare*** to force the child to eat **II** **sforzarsi** pronom. **1** *(tentare)* to strain, to strive*, to try* (hard); ***-rsi di vedere*** to strain to see; ***-rsi di rimanere sveglio*** to struggle to keep awake; ***-rsi di mangiare qcs.*** to try to eat sth.; ***-rsi troppo*** to drive oneself too hard, to overstrain oneself; ***non ti stai sforzando abbastanza*** you're not trying hard enough **2** *(costringersi a)* to force oneself (**di fare** to do); ***-rsi di sorridere*** to make an effort to smile; ***si sforzò di dire due parole*** she forced out a few words **3** IRON. ***non ti sforzare*** o ***non sforzarti troppo!*** don't exert yourself! ***10 penny di mancia... si è sforzato!*** a 10p tip... that was overdoing it!

sforzo /'sfɔrtso/ m. **1** effort, strain; ***~ fisico*** physical effort *o* exertion; ***~ muscolare*** muscle strain; ***senza ~*** effortlessly; ***raddoppiare gli -i*** to redouble one's effort; ***dopo molti -i*** after a great deal of effort; ***con la mia schiena, non posso fare -i*** with this back of mine, I can't do anything strenuous; ***bello ~!*** IRON. what a strain! **2** MECC. FIS. strain, stress; ***sotto ~*** under stress.

sfottere /'sfottere/ [2] **I** tr. COLLOQ. ***~ qcn.*** to tease *o* rib sb., to pull sb.'s leg, to take the mickey out of sb. BE, to razz sb. AE **II** **sfottersi** pronom. COLLOQ. to tease one another, to take* the mickey out of each other BE.

sfottò /sfot'tɔ/ m.inv. COLLOQ. teasing, ribbing.

sfracellarsi /sfratʃel'larsi/ [1] pronom. [*persona*] to get* smashed, to get* crushed; [*aereo*] to crash.

sfrangiato /sfran'dʒato/ agg. *(con la frangia)* [*tovaglia*] fringed, fringy; *(sfilacciato)* [*pantaloni*] frayed.

sfrattare /sfrat'tare/ [1] tr. to evict, to dishouse [*inquilino*].

sfrattato /sfrat'tato/ m. (f. **-a**) evictee.

sfratto /'sfratto/ m. eviction, dispossession; ***dare lo ~ a qcn.*** to give sb. notice to quit; ***ordine di ~*** eviction order; ***~ giudiziario*** forcible eviction.

sfrecciare /sfret'tʃare/ [1] intr. (aus. *essere, avere*) [*veicolo, persona*] to speed*, to spin*, to dart; ***~ davanti a qcs.*** to rocket *o* rush *o* shoot past sth.

sfregamento /sfrega'mento/ m. rubbing, friction, chafing.

sfregare /sfre'gare/ [1] **I** tr. **1** to strike* [*fiammifero*] **2** *(pulire)* to scrub [*bucato, pavimento*]; to scour, to scrub [*pentola*] **3** *(urtare)* [*auto*] to rub [*muro, marciapiede*] **II** **sfregarsi** pronom. ***-rsi gli occhi*** to rub one's eyes.

sfregiare /sfre'dʒare/ [1] **I** tr. to scar, to slash [*viso*]; to deface, to slash [*opera d'arte*] **II** **sfregiarsi** pronom. to scar oneself.

sfregiato /sfre'dʒato/ **I** p.pass. → **sfregiare** **II** agg. [*viso*] scarred.

sfregio, pl. **-gi** /'sfredʒo, 'sfrɛdʒo, dʒi/ m. **1** *(cicatrice)* scar **2** *(taglio)* slash, cut; *(graffio)* scratch; *(su un quadro)* defacement, disfigurement **3** FIG. *(offesa)* offence BE, offense AE.

sfrenare /sfre'nare/ [1] **I** tr. to let* [sth.] loose, to give* free rein to, to let* [sth.] run wild [*passioni, fantasia*] **II** **sfrenarsi** pronom. to let* oneself go, to run* wild.

sfrenatezza /sfrena'tettsa/ f. wildness.

sfrenato /sfre'nato/ **I** p.pass. → **sfrenare** **II** agg. **1** *(incontrollato)* [*immaginazione*] unconstrained, wild; [*passione, istinti*] uncontrolled, uncurbed, unbridled; [*ambizione*] blind, unbridled; [*concorrenza*] cut-throat; ***nel lusso più ~*** in the lap of luxury **2** *(scatenato)* [*ritmo, corsa, danza*] wild.

sfrigolare /sfrigo'lare/ [1] intr. (aus. *avere*) [*olio, burro*] to sizzle, to crackle, to frizzle, to hiss.

sfrigolio, pl. **-ii** /sfrigo'lio, ii/ m. sizzle, crackle, hiss.

sfrondare /sfron'dare/ [1] tr. **1** to prune, to thin out [*albero, bosco*] **2** FIG. to prune, to trim (down) [*testo*].

sfrontatezza /sfronta'tettsa/ f. impudence, effrontery, boldness, cheek.

sfrontato /sfron'tato/ **I** agg. [*bambino*] cheeky; [*persona, ragazza*] forward, cheeky; [*aria, domanda*] shameless, impudent, bold **II** m. (f. **-a**) cheeky person, impudent person.

sfruttabile /sfrut'tabile/ agg. [*miniera, terreno*] exploitable, workable.

sfruttamento /sfrutta'mento/ m. exploitation (anche AGR.); *(di impianto, miniera)* operation ♦♦ ***~ della prostituzione*** pimping; ***~ del suolo*** soil depletion.

sfruttare /sfrut'tare/ [1] tr. **1** to exploit, to tap [*fonte, energia, giacimento*]; to operate, to work [*miniera*] **2** *(trarre vantaggio da)* to take* advantage of [*possibilità*]; to capitalize on [*vantaggio, situazione*] **3** *(utilizzare)* to use [*conoscenze, informazioni, talento*]; to play on [*idea*] **4** *(approfittare di)* to exploit [*debolezza, ascendente*]; to follow up [*successo*] **5** *(trarre vantaggio dal lavoro di)* to exploit [*operai*] **6** DIR. ***~ la prostituzione*** to procure.

sfruttatore /sfrutta'tore/ m. (f. **-trice** /tritʃe/) exploiter, user AE; *(di prostitute)* pimp.

sfuggente /sfud'dʒɛnte/ agg. **1** *(elusivo)* [*persona*] shifty, slippery; [*espressione*] elusive, evasive; ***sguardo ~*** shifty eyes, evasive look **2** *(poco marcato)* [*fronte*] receding; [*mento*] weak, receding, retreating.

sfuggire /sfud'dʒire/ [3] **I** intr. (aus. *essere*) **1** *(sottrarsi)* ***~ a*** to escape, to dodge, to elude [*inseguitore, cacciatore*]; to avoid [*incidente*]; to escape [*morte, arresto, pericolo*]; to dodge [*giustizia*]; to elude [*controllo*] **2** *(scappare, scivolare)* ***~ di mano*** [*oggetto*] to slip out of one's hand; FIG. to get out of hand; ***lasciarsi ~*** FIG. to let out [*segreto, bestemmia, parola*]; to miss out on, to let slip [*opportunità, affare*]; to miss, to overlook [*errore, particolare*]; ***mi sono sfuggite le ultime parole che hai detto*** I didn't get the final words you said; ***sono sfuggiti alcuni errori*** a few errors have slipped through; ***non gli sfugge proprio niente, vero?*** he doesn't miss a thing, does he? ***gli è sfuggito che*** it slipped his notice *o* attention that; ~

all'attenzione to pass unnoticed **3** *(non ricordare)* ***il suo nome mi sfugge*** her name eludes *o* escapes me; ***mi era sfuggito di mente che*** it had slipped my mind that **II** tr. to elude [*domanda, sguardo*]; to shun, to avoid [*persona*].

sfuggita: **di sfuggita** /disfud'dʒita/ avv. in passing, fleetingly; ***vedere qcs. di*** ~ to catch a glimpse of sth., to glimpse sth.; ***incontrare qcn. di*** ~ to meet sb. briefly.

sfumare /sfu'mare/ [1] **I** intr. (aus. *essere*) **1** *(svanire)* to fade away, to vanish **2** FIG. [*progetto, affare, vacanze*] to fall* through, to go* up in smoke; [*occasione, speranza*] to vanish **3** *(digradare di tono)* [*suono*] to fade; ***il blu sfuma nel verde*** the blue shades off into green **II** tr. **1** *(diminuire la tonalità di)* to grade, to blend, to tone down [*colori*]; to shade [*disegno, fard*]; to soften [*ombra, contorni*] **2** *(diminuire)* to decrease, to lower [*intensità*] **3** *(sfoltire)* to taper [*capelli*].

sfumato /sfu'mato/ **I** p.pass. → **sfumare II** agg. **1** *(svanito, andato a monte)* [*affare, occasione*] fallen through **2** *(attenuato)* [*colore*] shaded, soft; [*suono*] soft **3** *(vago)* [*contorni*] blurred, hazy.

sfumatura /sfuma'tura/ f. **1** *(gradazione, tonalità)* tone, shade, nuance, hue; ***-e di colori*** colour gradations; ***una bella ~ di blu*** an attractive shade of blue **2** *(taglio dei capelli)* ***~ alta*** high layering, taper **3** FIG. shade, nuance; ***-e stilistiche*** stylistic undertones; ***cogliere le -e*** to see *o* catch the nuances **4** FIG. *(cenno)* hint; ***una ~ di ironia*** a tinge of irony.

sfuriata /sfu'rjata/ f. **1** *(sgridata)* scolding, bluster; ***fare una ~ a qcn.*** to bluster at sb., to give sb. a scolding, to rant and rave at sb. **2** *(di pioggia, vento)* gust, bluster.

sfuso /'sfuzo/ agg. [*caramelle, tè*] loose; [*vino*] on tap.

sg. 1 ⇒ sergente sergeant (Sgt.) **2** ⇒ seguente following (ff).

sgabello /zga'bɛllo/ m. stool; ***~ da bar*** bar stool; ***~ poggiapiedi*** footstool.

sgabuzzino /zgabud'dzino/ m. closet, cubby-hole, box room BE.

sgamare /zga'mare/ tr. COLLOQ. to suss (out); ***ti ho sgamato!*** I rumbled your game!

sgambato /zgam'bato/ agg. [*costume*] high-cut.

sgambettare /zgambet'tare/ [1] intr. (aus. *avere*) *(dimenare le gambe)* to kick (one's legs); *(trotterellare)* to patter, to trip along.

sgambetto /zgam'betto/ m. trip; ***fare lo ~ a qcn.*** to trip sb. over *o* up.

sganasciarsi /zganaʃ'ʃarsi/ [1] pronom. ***~ dalle risate*** to laugh one's head off, to laugh like a drain.

sganciare /zgan'tʃare/ [1] **I** tr. **1** to unhook [*reggiseno*]; to unfasten, to unlock, to release [*cintura di sicurezza*]; to unclasp [*spilla*] **2** FERR. to uncouple [*vagone*] **3** MIL. to drop, to release [*bomba*] **4** COLLOQ. to cough up, to shell out [*soldi*] **II sganciarsi** pronom. **1** *(staccarsi)* [*persona*] to get* away (**da** from) **2** MIL. to disengage.

sgancio, pl. **-ci** /'zgantʃo, tʃi/ m. release.

sgangherato /zgange'rato/ agg. **1** *(rovinato)* [*sedia*] rickety; [*casa*] ramshackle; ***una macchina -a*** a junk heap **2** *(sconnesso)* [*discorso*] incoherent **3** *(scomposto)* [*risata*] wild **4** *(malconcio)* [*vecchio*] decrepit.

sgarbatamente /zgarbata'mente/ avv. impolitely, rudely, nastily.

sgarbato /zgar'bato/ agg. [*risposta*] impolite, rude; [*persona*] rude, impolite, bad-mannered; ***essere ~ con qcn.*** to be rude *o* unkind to sb.

sgarbo /'zgarbo/ m. slight, insult; ***fare uno ~ a qcn.*** to insult sb., to slight sb.

sgarbugliare /zgarbuʎ'ʎare/ [1] tr. to unravel, to disentangle (anche FIG.).

sgargiante /zgar'dʒante/ agg. **1** *(vivace)* [*colore*] bright, flaring, loud **2** *(appariscente)* [*gioiello*] flashy, gaudy; [*abbigliamento*] showy, loud.

sgarrare /zgar'rare/ [1] intr. (aus. *avere*) **1** *(sbagliare)* to be* at fault, to be* inaccurate; ***il mio orologio non sgarra di un minuto*** my watch keeps perfect time **2** *(mancare al proprio dovere)* to fail to do* one's duty.

sgarro /'zgarro/ m. **1** *(mancanza)* slip, lapse **2** GERG. = breach of the criminal code.

sgattaiolare /zgattajo'lare/ [1] intr. (aus. *essere*) to slip away, to steal away; ***~ fuori da*** to slip out of [*camera*].

sgelare /zdʒe'lare/ [1] **I** tr. **1** [*sole, calore*] to thaw, to melt [*brina*] **2** FIG. [*battuta*] to melt, to warm up [*atmosfera*] **II** intr. (aus. *essere, avere*) [*lago*] to thaw **III** impers. (aus. *essere, avere*) to thaw; ***oggi sgela*** today it's thawing **IV sgelarsi** pronom. [*lago*] to thaw.

sgelo /'zdʒɛlo/ m. thaw.

sghembo /'zgembo/ **I** agg. [*muro*] crooked; [*oggetto*] lopsided, crooked **II** avv. ***a*** o ***di*** ~ crookedly, on the skew.

sghignazzare /zgiɲɲat'tsare/ [1] intr. (aus. *avere*) to guffaw.

sghignazzata /zgiɲɲat'tsata/ f. guffaw; ***farsi una*** ~ to guffaw.

sghimbescio, pl. **-sci**, **-scie** /zgim'bɛʃʃo, ʃi, ʃe/ → **sghembo.**

sgobbare /zgob'bare/ [1] intr. (aus. *avere*) **1** *(lavorare molto)* to toil (away), to drudge, to slog, to work hard **2** GERG. SCOL. to swot (up), to cram, to mug (up) BE; ***sta sempre a ~ sui libri*** he's always poring over his books.

sgobbata /zgob'bata/ f. **1** *(lavoro prolungato)* toil, grind, drudgery, hard slog **2** *(studio prolungato)* swot, cramming.

sgobbone /zgob'bone/ m. (f. **-a**) **1** *(lavoratore)* hard worker, slogger **2** *(secchione)* hard worker, plugger, grind AE.

sgocciolare /zgottʃo'lare/ [1] intr. **1** (aus. *avere*) [*acqua, biancheria*] to drip **2** (aus. *essere*) ***far ~ i piatti*** to leave the dishes to dry *o* drain.

sgocciolio, pl. **-ii** /zgottʃo'lio, ii/ m. dripping.

sgocciolo /'zgottʃolo/ m. ***essere agli -i*** *(essere alla fine)* to be almost over, to be coming to an end.

sgolarsi /zgo'larsi/ [1] pronom. to shout oneself hoarse.

sgomberare /zgombe'rare/ → **sgombrare.**

sgombero /'zgombero/ m. **1** *(lo sgombrare)* clearance, clearing (out) **2** *(trasloco)* move; ***fare lo ~*** to move house **3** *(evacuazione)* evacuation.

sgombrare /zgom'brare/ [1] tr. **1** *(liberare)* to clear [*strada, passaggio*]; to empty, to clear (out), to vacate [*locale, alloggio*]; ***~ la mente dai pensieri*** FIG. to free *o* clear one's mind of worries **2** *(vuotare)* to clear [*scrivania*]; to tidy out [*cassetto, armadio*] **3** *(evacuare)* to evacuate [*casa, feriti*]; ***il giudice fece ~ l'aula*** the judge cleared the court.

1.sgombro /'zgombro/ agg. **1** *(libero)* [*strada, passaggio*] clear(ed); *(vuoto)* [*stanza*] empty, clear(ed) **2** FIG. ***avere la mente -a*** to have a clear mind.

2.sgombro /'zgombro/ m. ZOOL. mackerel*.

sgomentare /zgomen'tare/ [1] **I** tr. to dismay, to consternate **II sgomentarsi** pronom. to be* dismayed.

sgomento /zgo'mento/ **I** m. consternation, dismay **II** agg. [*volto*] anguished, dismayed.

sgominare /zgomi'nare/ [1] tr. to smash, to break* (up) [*malviventi*]; to rout, to crush, to defeat [*nemico*]; SCHERZ. *(sconfiggere)* to defeat, to crush, to smash [*avversari*].

sgomitare /zgomi'tare/ [1] intr. (aus. *avere*) to elbow (one's way).

sgommare /zgom'mare/ [1] intr. (aus. *avere*) [*macchina*] to peel out AE; ***parti sgommando*** he left with a squeal *o* screech of tyres.

sgommata /zgom'mata/ f. COLLOQ. ***fare una ~*** to peel out AE.

sgonfiare /zgon'fjare/ [1] **I** tr. **1** *(far uscire l'aria da)* to let* the air out of, to deflate [*pallone, pneumatico*] **2** FIG. to redimension [*notizia*]; to discredit, to debunk [*mito*] **II sgonfiarsi** pronom. **1** *(svuotarsi)* [*pallone, pneumatico*] to deflate, to go* flat **2** MED. [*caviglia, ascesso*] to be* reduced **3** *(non destare più scalpore)* [*caso, storia*] to die down.

sgonfio, pl. **-fi**, **-fie** /'zgonfjo, fi, fje/ agg. [*pallone, pneumatico*] flat, deflated.

sgorbia /'zgɔrbja, 'zgorbja/ f. gouge.

sgorbio, pl. **-bi** /'zgɔrbjo, bi/ m. **1** *(scarabocchio)* scribble, scribbling, scrawl **2** *(persona brutta e deforme)* fright.

sgorgare /zgor'gare/ [1] **I** intr. (aus. *essere*) **1** [*liquido*] to pour, to gush, to flow, to spout **2** FIG. to spring*, to tumble out **II** tr. to clear [*tubo, lavandino*].

sgozzare /zgot'tsare/ [1] tr. **1** *(tagliare la gola a)* ***~ qcn.*** to slit *o* cut sb.'s throat **2** *(macellare)* to slaughter, to stick* [*maiale*].

sgradevole /zgra'devole/ agg. [*situazione, gusto, persona*] unpleasant, disagreeable; [*suono*] ugly, unpleasant; [*odore*] nasty, rank, foul.

sgradevolezza /zgradevo'lettsa/ f. unpleasantness.
sgradito /zgra'dito/ agg. [*notizia, sorpresa*] unpleasant; [*ospite*] unwanted, unwelcome.
sgraffignare /zgraffiɲ'ɲare/ [1] tr. to pinch, to lift, to nick BE [*portafoglio*].
sgrammaticato /zgrammati'kato/ agg. [*discorso, testo*] ungrammatical.
sgranare /zgra'nare/ [1] tr. **1** *(estrarre i semi)* to hull, to shell, to shuck AE [*fagioli, piselli*]; to husk [*mais*] **2** FIG. *~ **il rosario*** to say *o* tell one's beads **3** *(spalancare)* ***~ gli occhi*** to goggle, to open one's eyes wide.
sgranato /zgra'nato/ **I** p.pass. → **sgranare II** agg. [*occhi*] wide open; ***con gli occhi -i*** wide-eyed.
sgranchire /zgran'kire/ [102] **I** tr. to stretch [*braccia, gambe*] **II sgranchirsi** pronom. ***-rsi le gambe*** to stretch one's legs.
sgranocchiare /zgranok'kjare/ [1] tr. to crunch, to munch [*biscotti, noccioline*].
sgrassare /zgras'sare/ [1] tr. **1** TESS. to scour [*lana*] **2** to skim (the fat from) [*brodo*] **3** *(pulire)* to remove the grease from [*superficie, stoviglie*].
sgravare /zgra'vare/ [1] **I** tr. to relieve [*coscienza, persona*] (da of) **II sgravarsi** pronom. **1** ***-rsi la coscienza*** to ease one's conscience **2** COLLOQ. *(partorire)* [*donna*] to deliver; [*animale*] to bring* forth.
sgravio, pl. **-vi** /'zgravjo, vi/ m. **1** reduction, relief **2** ECON. relief, allowance; ***~ fiscale*** tax cut *o* concession *o* allowance.
sgraziato /zgrat'tsjato/ agg. [*persona*] clumsy, awkward, ungainly, lumbering; [*gesto, fisico*] clumsy, awkward, ungraceful.
sgretolamento /zgretola'mento/ m. crumbling, mouldering BE, moldering AE.
sgretolare /zgreto'lare/ [1] **I** tr. to crumble [*intonaco*] **II sgretolarsi** pronom. to crumble (anche FIG.).
sgridare /zgri'dare/ [1] tr. to scold, to tell* off, to dress down.
sgridata /zgri'data/ f. scolding, telling-off, dressing-down; ***fare una ~ a qcn.*** to give sb. a scolding *o* a telling-off.
sgroppare /zgrop'pare/ [1] intr. to buck.
sgroppata /zgrop'pata/ f. buck; ***dare una ~*** to give a buck.
sgrossare /zgros'sare/ [1] tr. **1** *(sbozzare)* to rough off, to rough-hew [*pietra, legno*] **2** *(abbozzare)* to outline, to sketch (out) [*progetto, lavoro*] **3** *(incivilire)* to refine [*persona*].
sgrossatura /zgrossa'tura/ f. roughing out, rough-hewing.
sguaiataggine /zgwaja'taddʒine/ f. coarseness.
sguaiato /zgwa'jato/ agg. coarse, vulgar.
sguainare /zgwai'nare/ [1] tr. to draw*, to unsheathe [*spada*].
sgualcire /zgwal'tʃire/ [102] **I** tr. to crease, to crumple, to wrinkle, to ruck **II sgualcirsi** pronom. to crease, to crumple, to wrinkle, to ruck up.
sgualcito /zgwal'tʃito/ **I** p.pass. → **sgualcire II** agg. creased, crumpled, wrinkled.
sgualdrina /zgwal'drina/ f. tart, slut, tramp.
sguardo /'zgwardo/ m. **1** look, gaze; ***~ fisso*** stare; ***abbassare lo ~*** to drop one's gaze, to look down; ***seguire qcn., qcs. con lo ~*** to follow sb., sth. with one's eyes; ***al riparo da -i indiscreti*** far from prying eyes **2** *(occhiata)* glimpse, glance, look; ***un rapido ~ all'attualità*** a quick look at the news **3** *(espressione)* look, expression.
sguarnire /zgwar'nire/ [102] tr. MIL. to dismantle [*fortezza*].
sguattera /'zgwattera/ f. *(in cucina)* kitchenmaid, skivvy BE COLLOQ.; STOR. scullery maid.
sguattero /'zgwattero/ m. kitchen porter; STOR. scullion.
sguazzare /zgwat'tsare/ [1] intr. (aus. *avere*) **1** [*anatra, bambino*] to splash (around), to paddle; ***~ nel fango*** to puddle, to wallow in the mud **2** FIG. ***~ nell'oro*** to be rolling in money, to wallow in luxury **3** *(trovarsi a proprio agio)* ***sguazzarci*** to be in one's element.
sguinzagliare /zgwintsaʎ'ʎare/ [1] tr. to unleash [*cane*]; ***~ i cani contro qcn.*** to let the dogs loose *o* set the dogs on sb.
1.sgusciare /zguʃ'ʃare/ [1] intr. (aus. *essere*) *(sfuggire)* to slip (out), to wriggle (out); ***~ fuori da qcs.*** to wriggle out of sth.
2.sgusciare /zguʃ'ʃare/ [1] tr. to hull, to shell, to shuck AE [*noci, piselli*]; to shell, to peel [*gamberetto*].
shaker /'ʃeker/ m.inv. (cocktail) shaker.
shakerare /ʃeke'rare/ [1] tr. to shake* [*cocktail*].
shakespeariano /ʃekspi'rjano/ agg. Shakespearean.
shampoo /'ʃampo/ m.inv. shampoo; ***farsi uno ~*** to shampoo one's hair.
shanghai → **sciangai.**
shock /ʃɔk/ m.inv. shock; ***in stato di ~*** MED. in shock; ***essere sotto ~*** to be shocked; MED. to be in (a state of) shock; ***~ anafilattico*** anaphylactic shock.
shocking /'ʃɔkkin(g)/ agg.inv. ***rosa ~*** shocking pink.
shockterapia /ʃɔktera'pia/ f. shock therapy.
shopping /'ʃɔppin(g)/ m.inv. shopping; ***fare ~*** to go shopping.
1.si /si/ v. la nota della voce **io**. pron.pers.m. e f. **1** *(con verbi pronominali) (riferito a uomo)* himself; *(riferito a donna)* herself; *(riferito a cosa o animale)* itself; *(plurale)* themselves; *(impersonale)* oneself; ***~ è tagliato*** he cut himself; ***~ sono divertiti*** they enjoyed themselves; ***~ guardò allo specchio*** she looked at herself in the mirror; ***lavarsi*** to wash (oneself); ***mangiarsi una mela*** to eat an apple; ***~ sta lavando le mani*** he's washing his hands; *(come pronome di cortesia)* ***~ serva!*** help yourself! ***~ accomodino*** do sit down; ***non ~ preoccupi*** don't worry **2** *(tra due)* each other; *(tra più di due)* one another; ***~ sono insultati*** they insulted each other; ***~ aiutano a vicenda*** they help each other, one another; ***~ baciarono*** they kissed **3** *(passivante)* ***qui ~ vendono i biglietti dell'autobus*** bus tickets are sold here; ***gli esempi ~ contano sulle dita*** the examples can be counted on the fingers of your hand; ***affittasi, vendesi*** for rent, for sale **4** *(impersonale)* ***~ dice che*** it is said that..., people say that...; ***non ~ sa mai*** you never know; ***qui non ~ fuma*** no smoking here, smoking is forbidden here.
2.si /si/ m.inv. MUS. B, si.
sì /si/ **I** avv. **1** yes; ***~, grazie*** yes please; ***certo che ~!*** yes, of course! ***"sei pronto?" - "~!"*** "are you ready" - "yes, I am!"; ***"ti è piaciuto il film?" - "~"*** "did you enjoy the movie?" - "yes, I did"; ***"sono stato in Tibet" - "ah ~?"*** "I've been to Tibet" - "have you?"; ***se ~*** *(in caso affermativo)* if so; ***dire (di) ~*** to say yes; ***fare ~ con la testa, fare cenno di ~*** to nod **2** *(sostituisce una proposizione affermativa)* ***credo di ~*** I think so; ***pare di ~*** it seems so; ***temo di ~*** I'm afraid so; ***tu non lo credi, io ~*** you don't believe it, but I do **3** *(in una alternativa)* ***vieni ~ o no?*** are you coming or not? ***un giorno ~ e uno no*** every second *o* other day **4** *(rafforzativo, enfatico)* ***un cambiamento ~, ma soprattutto un miglioramento*** a change, of course, but above all an improvement; ***ebbene ~, ho barato, e allora?*** ok, I cheated, so what? ***questa ~ che è bella*** that's a really good one; ***allora ~ che potrò lavorare in pace*** that's when I'll be able to work in peace; *(concessivo)* ***~ che mi è piaciuto, ma*** I did like it, but **5** *(al telefono)* yes, hello **6 *sì e no ci saranno state ~ e no dieci persone*** there were no more than *o* barely ten people; ***saranno ~ e no due chilometri da qui*** it's about 2 kilometres from here **II** m.inv. yes; ***decidere per il ~*** to decide in favour; ***pronunciare il ~*** *(sposandosi)* to say "I do"; ***hanno vinto i ~*** the yeses *o* ayes have it **III** agg.inv. ***una giornata ~*** a good day.
sia /'sia/ cong. **1** *(con valore correlativo)* ***~ lui che suo fratello sono medici*** both he and his brother are doctors; ***~ d'estate ~ d'inverno*** both in summer and in winter **2** *(con valore disgiuntivo)* ***~ che accetti, ~ che rifiuti*** whether you accept it or you refuse it; ***~ che venga, ~ che non venga*** whether he comes or not **3** *(con valore concessivo)* ***e ~, dato che ci tieni tanto!*** ok *o* very well then, since you insist!
S.I.A.E. /si'ae/ f. (⇒ Società Italiana Autori Editori) = association of Italian authors and publishers.
siamese /sia'mese/ **I** agg. Siamese (anche ZOOL. MED.) **II** m. e f. Siamese **III** m. **1** LING. Siamese **2** ZOOL. Siamese (cat).
sibarita, m.pl. **-i**, f.pl. **-e** /siba'rita/ m. e f. sybarite.
sibaritico, pl. **-ci**, **-che** /siba'ritiko, tʃi, ke/ agg. sybaritic.
siberiano /sibe'rjano/ ➧ ***30*** **I** agg. Siberian; ***freddo ~*** FIG. freezing cold **II** m. (f. **-a**) Siberian.
sibilante /sibi'lante/ agg. **1** [*suono*] hissing, sibilant **2** FON. [*consonante*] sibilant.
sibilare /sibi'lare/ [1] intr. (aus. *avere*) [*serpente*] to hiss; [*vento*] to hiss, to whistle; [*proiettile*] to whistle, to whizz.
sibilla /si'billa/ **I** f. Sibyl (anche FIG.) **II Sibilla** n.pr.f. Sybil, Sybyl.

1.si

- La traduzione inglese del pronome *si* dipende dal verbo con il quale tale pronome è usato e dalla sua funzione.

***Si* riflessivo**

- *Si* come particella di un verbo pronominale riflessivo si rende in inglese con *oneself* nell'uso impersonale e con *himself*, *herself*, *itself* e *themselves* negli usi personali alla terza persona singolare e plurale:

farsi male, ferirsi	=	to hurt oneself
mi sono fatto male	=	I hurt myself
si è divertito moltissimo al circo	=	he enjoyed himself a lot at the circus
si è scottata	=	she burnt herself
si sono scottati / scottate	=	they burnt themselves
la tigre si sta leccando	=	the tiger is licking itself

Va notato che la traduzione di *si* non cambia se, diversamente dall'italiano, il verbo inglese regge una preposizione:

si sta guardando allo specchio	=	she's looking at herself in the mirror.

- A fronte di alcuni verbi pronominali riflessivi italiani molto comuni, l'inglese omette o può omettere il pronome (trattando in sostanza il verbo riflessivo come verbo intransitivo):

i vostri figli non si sono ancora lavati	=	your children haven't washed yet
si sta radendo, si sta facendo la barba	=	he's shaving
si è vestita?	=	has she got dressed?

Si noti che è possibile tradurre *lavarsi* con *to wash oneself*, ma ciò suggerisce una certa difficoltà e fatica nel compiere l'azione (ad esempio, da parte di un bambino o di una persona anziana).

- Abbastanza spesso la particella pronominale *si* non esprime realmente un valore riflessivo, il che condiziona la sua traduzione in inglese; si possono elencare i seguenti casi:

a) quando il verbo non esprime realmente un'azione riflessa (ad esempio, *spaventarsi* non significa *spaventare se stesso*), *si* non ha alcun equivalente in inglese:

non si è fermato	=	he hasn't stopped
si guardò attorno	=	she looked about her
la figura si trova a pag. 123	=	the picture is on p. 123
si sono sbrigati per non perdere il treno	=	they hurried up so as not to miss their train

b) quando il verbo pronominale riflessivo è accompagnato da un complemento oggetto, il pronome riflessivo non compare come tale in inglese, ma è in qualche modo incluso nell'aggettivo possessivo:

mangiarsi le unghie	=	to bite one's nails
si sta lavando le mani	=	he's washing his hands
si è tagliato i baffi	=	he shaved off his moustache
ha intenzione di tagliarsi i capelli da sola	=	she's going to cut her hair herself
il gatto si sta pulendo i baffi	=	the cat's cleaning its whiskers
si sono messi le mani davanti agli occhi	=	they put their hands before their eyes
si guardò le scarpe	=	he looked at his shoes

Va notato che questa struttura implica la presenza di un possessore (persona o animale) e il riferimento a una parte del corpo o a un oggetto personale. Utilizzando una struttura analoga, l'italiano colloquiale aggiunge talvolta al verbo la particella *si* come rafforzativo, un uso che non ha corrispondente in inglese:

quando ti sei comprata questa gonna?	=	when did you buy this skirt?
si sono mangiati tutta la torta!	=	they ate the whole cake!

c) quando il verbo esprime reciprocità, *si* viene tradotto con *each other* (se la reciprocità è tra due persone) o *one another* (se è tra più di due persone), ma in alcuni casi non è per niente tradotto:

Chris e John si odiano	=	Chris and John hate each other
i membri del club si conoscono da molti anni	=	the club members have known one another for many years
si strinsero la mano	=	they shook hands
guarda! si stanno baciando	=	look! they are kissing.

- Va ricordato che il verbo pronominale dell'italiano viene talvolta reso in inglese da *to get* + aggettivo o participio passato:

si sta preparando?	=	is he / she getting ready?
si sono stancati moltissimo	=	they got very tired
si sposeranno in marzo	=	they'll be getting married in March
si è vestita in un attimo	=	she got dressed in no time at all.

***Si* impersonale**

- Il *si* impersonale si rende in inglese in vari modi:

a) con il pronome *you*, la forma più comune, usata in generale o con riferimento alla persona a cui si parla:

qui dentro non si fuma	=	you can't smoke in here
si beve molta birra in Gran Bretagna, non è vero? (parlando a un inglese)	=	you drink a lot of beer in Britain, don't you?

b) con il pronome *they*, quando ci si riferisce a terze persone:

si beve molta birra in Gran Bretagna (interlocutori non inglesi)	=	they drink a lot of beer in Britain

c) con il pronome *we*, quando è coinvolto chi parla:

si beve molto vino dalle mie parti	=	we drink a lot of wine where I live

d) con il pronome *I* o *we*, quando la forma impersonale si riferisce in effetti a chi parla:

dove si compra il biglietto?	=	where can I / we buy the ticket?

e) con il pronome *one*, di uso limitato, per affermazioni molto generali (dal tono spesso sentenzioso):

si deve mangiare per vivere, non vivere per mangiare	=	one must eat to live, not live to eat
non si sa mai	=	one never knows

f) con la forma passiva o con la parola *people*, che evitano un riferimento preciso a chi compie l'azione:

si vendono meno cappelli al giorno d'oggi	=	fewer hats are sold nowadays
si dice che Mr Swift abbia vinto al totocalcio	=	Mr Swift is said to have won the pools
si dice che sia stato una spia negli anni Cinquanta	=	people say he was a spy in the 1950's.

sibillino /sibil'lino/ agg. **1** *[responso]* Sibylline **2** FIG. *[risposta]* sibylline, cryptic.

sibilo /'sibilo/ m. *(di serpente)* hiss; *(di vento)* whistling; *(di proiettile)* whistle.

sicario, pl. **-ri** /si'karjo, ri/ m. (hired) killer.

sicché /sik'ke/ cong. **1** *(quindi)* so **2** *(allora)* then.

siccità /sittʃi'ta/ f.inv. drought; ***periodo di ~*** dry spell *o* period.

siccome /sik'kome/ cong. since, as; ***~ è malato, non può uscire*** as he is sick, he cannot go out; ***~ pioveva sono rimasta a casa*** since it was raining I stayed at home.

Sicilia /si'tʃilja/ ➧ ***30, 14*** n.pr.f. Sicily.

siciliano /sitʃi'ljano/ ➧ ***30*** **I** agg. Sicilian **II** m. (f. **-a**) Sicilian.

sicomoro /siko'mɔro, si'kɔmoro/ m. sycamore.

sicura /si'kura/ f. *(di pistola)* safety catch; *(di fucile)* safety bolt; *(di braccialetto)* safety chain.

sicuramente /sikura'mente/ v. la voce **certamente**. avv. surely, certainly; ***succederà ~*** it's certain to happen; ***lo saprà ~*** she's bound to know; ***oggi fa ~ più freddo*** today it's definitely colder; ***arriverà ~ in ritardo*** he's sure to be late; ***~ no*** certainly not, of course not.

sicurezza /siku'rettsa/ f. **1** *(immunità dai pericoli)* safety, security; ***per la vostra ~*** for your own safety; ***in tutta ~*** in (complete) safety; ***~ nazionale*** national security; ***~ stradale*** road safety; ***la Pubblica Sicurezza*** = Italian police; ***per maggior ~*** for good measure **2** *(certezza)* certainty, certitude; ***avere la ~ di vincere*** to be sure *o* certain to win; ***non posso dirlo con ~*** I can't say for certain *o* with certainty **3** *(fiducia in* *sé)* (self-)confidence, (self-)assurance, assertiveness; ***parlare con ~*** to speak confidently **4 di sicurezza** [*norme, servizio, margine, distanza*] safety attrib.; [*dispositivo, sistema*] security attrib.; ***misure di ~*** safety *o* security measures; ***cintura di ~*** seatbelt, safety belt; ***valvola di ~*** relief *o* safety valve; ***cassetta di ~*** safe-deposit box; ***uscita di ~*** emergency *o* fire exit.

sicuro /si'kuro/ **I** agg. **1** *(senza pericolo)* [*luogo, guida*] safe; ***poco ~*** unsafe **2** *(certo, garantito)* sure, certain, assured; ***la vittoria è -a*** victory is assured; ***non è ~ che...*** it's not certain that...; ***un lavoro ~*** a secure job **3** *(convinto)* ***sono ~ che verrà*** I'm sure he'll come; ***sono ~ di avere ragione*** I'm sure I'm right; ***è ~ di sé*** he's self-confident; ***non si è mai -i di nulla*** you can never be sure of anything; ***essere ~ delle proprie capacità*** to be confident in one's abilities; ***ne ero ~!*** I knew it! **4** *(affidabile)* [*informazione, persona*] reliable; [*veicolo*] reliable, safe; [*investimento*] sound **5** *(esperto)* [*mano*] steady **II** avv. **1** *~!* of course! certainly! sure! **2 di sicuro** surely, certainly, for sure; ***non verrà di ~*** he definitely won't come; ***questo libro l'hai letto di ~*** you must have read this book; ***pioverà di ~*** it will certainly rain **III** m. ***essere al ~*** to be safe; ***mettere i soldi al ~*** to put one's money in a safe place ♦ ***andare sul ~*** to play it safe; ***andare a colpo ~*** to be dead certain about sth.

sidecar /'saidekar/ m.inv. sidecar.

siderale /side'rale/ agg. sidereal.

siderurgia /siderur'dʒia/ f. (iron and) steel industry.

siderurgico, pl. **-ci, -che** /side'rurdʒiko, tʃi, ke/ **I** agg. ***industria -a*** *(siderurgia)* (iron and) steel industry; *(stabilimento)* steelworks, ironworks **II** m. (f. **-a**) steelworker, ironworker.

sidro /'sidro/ m. *(di mele)* cider.

siepe /'sjɛpe/ f. **1** hedge(row) **2** SPORT hurdle; ***tremila -i*** 3000-metre steeplechase.

siero /'sjɛro/ m. **1** *(del latte)* whey **2** MED. serum*.

sieronegativo /sjeronega'tivo/ **I** agg. seronegative; *(riferito all'AIDS)* HIV-negative **II** m. (f. **-a**) HIV-negative person.

sieropositivo /sjeropozi'tivo/ **I** agg. seropositive; *(riferito all'AIDS)* HIV-infected, HIV-positive **II** m. HIV-infected, HIV-positive person.

sieroso /sje'roso/ agg. serous; ***vescica -a*** water blister.

siesta /'sjɛsta/ f. siesta, nap; ***fare una ~*** to have a siesta *o* nap.

sifilide /si'filide/ ➧ **7** f. syphilis.

sifilitico, pl. **-ci, -che** /sifi'litiko, tʃi, ke/ **I** agg. syphilitic **II** m. (f. **-a**) syphilitic.

sifone /si'fone/ m. **1** IDR. siphon, syphon **2** *(per seltz)* siphon bottle, soda siphon.

sig., Sig. ⇒ Signore Mister (Mr).

sigaretta /siga'retta/ f. cigarette.

sigaro /'sigaro/ m. cigar.

sigg., Sigg. ⇒ Signori Messieurs (Messrs).

sigillante /sidʒil'lante/ m. sealant.

sigillare /sidʒil'lare/ [1] tr. to seal (anche FIG.).

sigillatura /sidʒilla'tura/ f. sealing.

sigillo /si'dʒillo/ m. seal, signet; ***anello con ~*** seal *o* signet ring; ***mettere il proprio ~ su qcs.*** to put *o* set one's seal on sth.; ***rompere i -i*** to break the seals; ***~ di Stato*** State *o* Great Seal.

sigla /'sigla/ f. **1** *(acronimo)* acronym; *(abbreviazione)* abbreviation **2** *(firma)* initials pl.; ***apporre la propria ~ a qcs.*** to initial sth., to put one's initials on sth. ♦♦ ***~ musicale*** RAD. TELEV. signature tune.

siglare /si'glare/ [1] tr. **1** *(apporre una sigla a)* to initial [*documento*] **2** *(stipulare)* to sign [*accordo*].

sig.na, Sig.na ⇒ Signorina Miss (Miss).

significare /siɲɲifi'kare/ [1] tr. **1** *(voler dire)* to mean*; ***che cosa significa questa parola?*** what does this word mean? what is the meaning of this word? ***questo lavoro significa molto per me*** this job means a great deal to me **2** *(implicare)* to mean*, to imply; ***questo significa che...*** the implication is that..., this means that... **3** *(indicare)* [*nome, marca*] to represent, to stand* for [*qualità, prestigio*].

significativo /siɲɲifika'tivo/ agg. **1** *(ricco di significato)* [*dettaglio, esempio*] revealing, significant; [*gesto*] meaningful, expressive; ***è ~ che*** it is significant that **2** *(importante)* [*ruolo, cambiamento, aumento, differenza*] important, significant.

significato /siɲɲifi'kato/ m. **1** meaning, sense; ***che ~ ha?*** what's the meaning (of this)? ***privo di ~*** meaningless **2** FIG. *(importanza)* importance, significance.

signora /siɲ'ɲora/ Come appellativo, *signora* si traduce solitamente con *madam*; caso particolare è l'espressione *signore e signori* all'inizio di un discorso, che si rende con *ladies and gentlemen*. - Davanti a un nome proprio, *signora* si rende con *Mrs*, che fa intendere che ci si riferisce a una donna sposata, oppure con *Ms* che non dà questa indicazione; *Ms* è d'uso sempre più comune in inglese, e corrisponde alla tendenza dell'italiano di usare *signora* anche in riferimento a donne non sposate. ➧ ***1*** **I** f. **1** *(donna)* woman*, lady; *(donna di classe)* lady, gentlewoman*; ***si comporta da vera ~*** she behaves like a lady **2** *(moglie)* ***mi saluti la (sua) ~*** give my regards to your wife **3** *(come appellativo)* madam; ***buonasera ~*** good evening(, madam); ***-e e signori, buonasera*** good evening, ladies and gentlemen; *(in una lettera)* ***Gentile*** o ***Egregia Signora*** Dear Madam **4** *(davanti a nome proprio)* ***buongiorno ~ Bruni*** good morning, Mrs Bruni; *(in una lettera)* ***Gentile*** o ***Cara Signora Bruni*** Dear Mrs *o* Ms Bruni; ***il signor e la ~ Bruni*** Mr and Mrs Bruni **5** RELIG. ***Nostra Signora*** Our Lady **II** agg. COLLOQ. ***questa sì che è una ~ poltrona!*** that's what I call an armchair!

signore /siɲ'ɲore/ Come appellativo, *signore* si traduce solitamente con *sir*; caso particolare è l'espressione *signore e signori* all'inizio di un discorso, che si rende con *ladies and gentlemen*. - Davanti a un nome proprio, *signore* si rende con *Mr*, che può fare riferimento sia a un uomo sposato sia a uno scapolo. ➧ ***1*** **I** m. **1** *(uomo)* man*, gentleman*; *(uomo di classe)* gentleman*, lord; ***era un vero ~!*** he was a true gentleman! **2** *(come appellativo)* sir; ***buongiorno ~*** good morning(, sir); ***signore e -i, buonasera*** good evening, ladies and gentlemen; *(in una lettera)* ***Egregio Signore*** Dear Sir **3** *(davanti a nome proprio)* ***buongiorno signor Bruni*** good morning Mr Bruni; *(in una lettera)* ***Caro Signor Bruni*** Dear Mr Bruni; *(davanti a un titolo)* ***Signor Ministro*** Minister; ***Signor presidente*** Mr President **4** *(Dio)* ***il Signore*** the Lord; ***Nostro Signore Gesù Cristo*** Our Lord Jesus Christ **5** STOR. lord, ruler, prince **II** agg. COLLOQ. ***un signor televisore*** a superb television; ***un signor caffè*** an excellent coffee.

signoria /siɲɲo'ria/ f. **1** *(dominio)* lordship, dominion **2** STOR. seigniory **3** *(titolo)* ***Sua Signoria*** His Lordship.

signorile /siɲɲo'rile/ agg. [*quartiere, appartamento*] exclusive, high-class; [*portamento, modi*] *(di uomo)* lordly, gentlemanlike, gentlemanly; *(di donna)* ladylike.

signorilità /siɲɲorili'ta/ f.inv. distinction, elegance, refinement.

signorina /siɲɲo'rina/ Come appellativo, *signorina* si traduce solitamente con *madam*; talvolta si può trovare *miss*, che è però d'uso antiquato, tranne a scuola dove i bambini si rivolgono con questo appellativo alla maestra (che questa sia sposata o meno). - Davanti a un nome proprio, *signorina* si rende con *Miss*, che fa intendere che ci si riferisce a una donna non sposata, oppure con *Ms* che non dà questa indicazione; *Ms* è d'uso sempre più comune in inglese, e corrisponde alla tendenza dell'italiano di usare *signora* anche in riferimento a donne non sposate. ➧ ***1*** f. **1** *(giovane donna)* young lady, girl **2** *(donna nubile)* ***è rimasta ~*** she didn't marry; ***nome da ~*** maiden name **3** *(come appellativo)* miss, madam; ***buonasera ~*** good evening, madam; *(in una lettera)* ***Gentile, Egregia Signorina*** Dear Madam **4** *(davanti a nome proprio)* ***buongiorno, ~ Bruni*** good morning, Miss Bruni; ***le -e Bruni*** the Misses Bruni; *(in una lettera)* ***Gentile*** o ***Cara Signorina Bruni*** Dear Miss *o* Ms Bruni.

signorino /siɲɲo'rino/ m. **1** ANT. master **2** SPREG. IRON. *(giovane viziato)* ***capisci, il ~ ha le sue abitudini!*** his lordship is rather set in his ways, you see!

signorotto /siɲɲo'rɔtto/ m. squire, country gentleman*.

signorsì /siɲɲor'si/ avv. yes sir.

sig.ra, Sig.ra ⇒ Signora Madam (Mrs, Ms).

silente /si'lɛnte/ agg. [*notte*] silent.

silenziatore /silentsja'tore/ m. **1** AUT. silencer, muffler AE **2** ARM. silencer.

silenzio, pl. **-zi** /si'lɛntsjo, tsi/ m. **1** *(assenza di rumore)* silence, quiet, quietness; **~ *di tomba*** dead silence; ***il ~ della notte*** the still of the night **2** *(il tacere)* **~!** silence! hush! ***fate ~!*** keep *o* be quiet! stop talking! ***in ~*** [*lavorare, soffrire*] silently; ***rompere il ~*** to break one's silence **3** MIL. ***il ~*** taps, bugle call, the last post; ***suonare il ~*** to sound taps ♦ ***passare qcs. sotto ~*** to pass sth. over in silence, to leave sth. unsaid ♦♦ **~ *radio*** radio silence; **~ *stampa*** news blackout.
silenziosamente /silentsjosa'mente/ avv. silently, quietly.
silenzioso /silen'tsjoso/ agg. [*persona, motore, apparecchio*] silent, quiet; [*manifestazione*] silent, noiseless; [*casa, strada*] silent, still, peaceful.
silfide /'silfide/ f. sylph (anche FIG.).
silhouette /silu'ɛt/ f.inv. **1** ART. silhouette **2** *(profilo)* profile, outline, silhouette **3** *(linea snella)* figure.
silice /'silitʃe/ f. silica.
silicio /si'litʃo/ m. silicon.
silicone /sili'kone/ m. silicone.
silicosi /sili'kɔzi/ ▸ **7** f.inv. silicosis.
sillaba /'sillaba/ f. syllable; ***dividere in -e*** to divide into syllables; ***una parola di tre -e*** a three-syllable word; ***non dire una ~*** not to say *o* utter a word; ***non capire una ~*** not to understand one syllable.
sillabare /silla'bare/ [1] tr. **1** *(dividere in sillabe)* to syllabify, to syllable **2** *(scandire lettera per lettera)* to spell (out).
sillabario, pl. **-ri** /silla'barjo, ri/ m. spelling-book, primer.
sillabico, pl. **-ci**, **-che** /sil'labiko, tʃi, ke/ agg. syllabic.
sillogismo /sillo'dʒizmo/ m. syllogism.
silo, pl. **-i**, **silos** /'silo, 'silos/ m. **1** AGR. silo*, bin, elevator AE **2** MIL. silo.
siluramento /silura'mento/ m. **1** *(di nave)* torpedoing **2** FIG. *(il far fallire)* torpedoing, sabotage **3** FIG. *(licenziamento)* firing, sacking.
silurare /silu'rare/ [1] tr. **1** *(colpire con siluri)* to torpedo [*nave*] **2** FIG. *(far fallire)* to torpedo, to sabotage [*progetto*] **3** FIG. *(licenziare)* to fire, to sack, to axe, to ax AE [*dipendente*].
siluro /si'luro/ m. MIL. torpedo*.
silvestre /sil'vɛstre/ agg. sylvan, woodland attrib.; ***pino ~*** Scots *o* Scotch pine.
Silvestro /sil'vɛstro/ n.pr.m. Sylvester.
silvia /'silvja/ f. ORNIT. warbler.
Silvia /'silvja/ n.pr.f. Sylvia.
silvicoltura /silvikol'tura/ f. sylviculture, forestry.
simbiosi /simbi'ɔzi/ f.inv. symbiosis*.
simbiotico, pl. **-ci**, **-che** /sim'bjɔtiko, tʃi, ke/ agg. symbiotic.
simboleggiare /simboled'dʒare/ [1] tr. to symbolize.
simbolico, pl. **-ci**, **-che** /sim'bɔliko, tʃi, ke/ agg. [*gesto, valore, rappresentazione*] symbolic(al); [*personaggio*] symbolic(al), emblematic; [*multa, punizione*] symbolic(al), nominal, token attrib.
simbolismo /simbo'lizmo/ m. symbolism; *(insieme di simboli)* symbology.
simbolista, m.pl. **-i**, f.pl. **-e** /simbo'lista/ agg., m. e f. symbolist.
simbolo /'simbolo/ m. symbol, sign; ***la colomba è il ~ della pace*** the dove is the symbol of peace; **~ *chimico*** chemical symbol; **~ *del dollaro*** dollar sign.
simbologia /simbolo'dʒia/ f. symbology.
similare /simi'lare/ agg. similar.
similarità /similari'ta/ f.inv. similarity.
simile /'simile/ **I** agg. **1** *(somigliante)* similar, kindred, alike mai attrib.; ***case -i*** similar(-looking) houses; ***-i nel colore*** similar in colour; ***in modo ~*** [*vestirsi, pensare*] alike; ***una giornata ~ a tante altre*** a day like any other; ***le due sorelle sono ~*** the two sisters are similar; ***essere ~ a qcs.*** to look like sth., to resemble sth.; ***un topo o un animale ~*** a mouse or some such animal **2** *(tale)* such; ***non ho mai detto una cosa ~*** I've never said such a thing *o* any such thing; ***non ho mai sentito niente di ~*** I've never heard anything of the kind, I've never heard such a thing; ***è spesso al pub o in posti -i*** he's often in the pub or somewhere (like that) **II** m. **1** *(essere umano, prossimo)* fellow creature; ***la crudeltà dell'uomo verso i suoi -i*** man's inhumanity to man **2** *(individuo della stessa specie)* ***i felini non attaccano i propri -i*** the felines will not attack their own kind **3** *(cosa simile)* ***...e -i*** ...and such, and suchlike, and the like.
similitudine /simili'tudine/ f. simile.
similoro /simi'lɔro/ m.inv. imitation gold.
similpelle /simil'pɛlle/ f.inv. imitation leather, leatherette.
simmetria /simme'tria/ f. symmetry.
simmetrico, pl. **-ci**, **-che** /sim'metriko, tʃi, ke/ agg. symmetric(al).
Simone /si'mone/ n.pr.m. Simon.
simpatia /simpa'tia/ f. **1** *(sentimento)* liking; ***avere*** o ***provare ~ per qcn.*** to like sb., to be fond of sb.; ***ispira ~*** he's likeable; ***prendere qcn. in ~*** to take a liking to sb., to warm up to sb.; ***guadagnarsi le -e di qcn.*** to win sb.'s affection **2** *(cosa, persona che piace)* ***-e e antipatie*** likes and dislikes; ***Luca è la mia ~*** I have a soft spot for Luca ♦ ***andare a ~*** o ***a -e*** to have favourites, to act according to one's preferences.
1.simpatico, pl. **-ci**, **-che** /sim'patiko, tʃi, ke/ agg. **1** [*persona*] nice, likeable; [*serata*] pleasant, nice; [*idea*] nice, good; ***mi è molto ~*** I like him very much **2** ***inchiostro ~*** invisible ink.
2.simpatico, pl. **-ci**, **-che** /sim'patiko, tʃi, ke/ **I** agg. ANAT. [*sistema nervoso*] sympathetic **II** m. ANAT. sympathetic nervous system.
simpatizzante /simpatid'dzante/ m. e f. sympathizer, supporter.
simpaticone /simpati'kone/ m. (f. **-a**) ***è un gran ~*** he's great fun *o* a real scream.
simpatizzare /simpatid'dzare/ [1] intr. (aus. *avere*) **1 ~ *con*** to take a liking to [*persona*]; ***simpatizzammo subito*** we just clicked, we took to each other straight away **2** POL. **~ *per*** to sympathize with, to have sympathies for [*partito*].
simposio, pl. **-si** /sim'pɔzjo, zi/ m. symposium*, conference.
simulacro /simu'lakro/ m. simulacrum (anche FIG.).
simulare /simu'lare/ [1] tr. **1** *(fingere)* to feign, to fake, to simulate, to pretend [*sentimento, interesse, malattia*]; to fake [*furto*] **2** TECN. *(riprodurre)* to simulate [*volo, condizioni*].
simulato /simu'lato/ **I** p.pass. → **simulare II** agg. **1** [*sentimento, dolore, malattia*] fake, feigned, simulated, pretended; [*sorriso*] fake; [*incidente, processo*] mock **2** DIR. [*acquisto, vendita*] fictitious **3** TECN. [*volo*] simulated.
simulatore /simula'tore/ m. (f. **-trice** /tritʃe/) **1** *(chi finge)* pretender, feigner **2** TECN. **~ *di volo*** flight simulator.
simulazione /simulat'tsjone/ f. **1** *(finzione)* feigning, pretence BE, pretense AE, sham, simulation **2** DIR. **~ *di reato*** simulation of a crime; **~ *di vendita*** fictitious sale **3** TECN. simulation.
simultaneamente /simultanea'mente/ avv. simultaneously.
simultaneità /simultanei'ta/ f.inv. simultaneity, simultaneousness.
simultaneo /simul'taneo/ agg. simultaneous.
sinagoga, pl. **-ghe** /sina'gɔga, ge/ f. synagogue.
sinapsi /si'napsi/ f.inv. synapsis, synapse.
sinceramente /sintʃera'mente/ avv. **1** *(francamente)* sincerely, frankly; **~, *non lo so*** I honestly don't know **2** *(veramente)* [*pensare, essere dispiaciuto*] truly.
sincerarsi /sintʃe'rarsi/ [1] pronom. to make* certain, to make* sure (**di** of; **che** that).
sincerità /sintʃeri'ta/ f.inv. sincerity, frankness, honesty; ***con tutta ~*** in all sincerity.
sincero /sin'tʃɛro/ agg. [*persona, risposta*] sincere, honest; [*amico*] true, sincere; [*emozione, interesse, affetto*] sincere, genuine; ***a*** o ***per essere ~, ...*** to be quite honest, ...
sinché /sin'ke/ → **finché.**
sincopato /sinco'pato/ agg. [*ritmo, musica*] syncopated.
sincope /'sinkope/ f. **1** MED. syncope **2** LING. syncope **3** MUS. syncopation.
sincronia /sinkro'nia/ f. synchrony (anche LING.).
sincronico, pl. **-ci**, **-che** /sin'krɔniko, tʃi, ke/ agg. **1** synchronous, synchronical **2** LING. [*linguistica*] synchronic.
sincronizzare /sinkronid'dzare/ [1] **I** tr. to synchronize **II sincronizzarsi** pronom. to synchronize.
sincronizzato /sinkronid'dzato/ **I** p.pass. → **sincronizzare II** agg. synchronized, in sync(h); ***nuoto ~*** synchronized swimming.
sincronizzatore /sinkroniddza'tore/ m. ELETTRON. synchronizer.
sincronizzazione /sinkroniddzat'tsjone/ f. synchronization, sync(h).

sincrono /'sinkrono/ agg. synchronous.
sindacale /sinda'kale/ agg. [*accordo, diritto, tessera*] (trade) union attrib.; ***vertenza ~*** industrial *o* trade dispute.
sindacalismo /sindaka'lizmo/ m. (trade) unionism.
sindacalista, m.pl. **-i**, f.pl. **-e** /sindaka'lista/ m. e f. (trade) unionist, union organizer.
sindacalizzare /sindakalid'dzare/ [1] **I** tr. to unionize [*categoria*] **II sindacalizzarsi** pronom. to unionize, to organize AE.
sindacare /sinda'kare/ [1] tr. **1** *(controllare)* to control, to inspect, to check [*operato*] **2** *(criticare)* to criticize, to question.
sindacato /sinda'kato/ m. **1** *(di lavoratori)* trade union, labor union AE; ***~ di categoria*** craft union **2** ECON. *(consorzio)* syndicate.
sindaco, pl. **-ci** /'sindako, tʃi/ m. **1** *(di comune)* mayor **2** *(di società)* auditor.
sindone /'sindone/ f. ***Sacra Sindone*** Holy Shroud, Turin Shroud.
sindrome /'sindrome/ f. syndrome.
sinecura /sine'kura/ f. sinecure.
sinergia /siner'dʒia/ f. synergy.
sinfonia /sinfo'nia/ f. symphony (anche FIG.).
sinfonico, pl. **-ci**, **-che** /sin'fɔniko, tʃi, ke/ agg. [*musica, concerto*] symphonic; [*orchestra*] symphony attrib.
singalese /singa'lese/ ➧ *25* **I** agg. Sin(g)halese **II** m. e f. Sin(g)halese* **III** m. LING. Sin(g)halese.
singhiozzare /singjot'tsare/ [1] intr. (aus. *avere*) **1** *(avere il singhiozzo)* to hiccup, to have* (the) hiccups **2** *(piangere)* to sob.
singhiozzo /sin'gjottso/ m. **1** *(singulto)* hiccup; ***avere il ~*** to have (the) hiccups; ***a ~, a -i*** FIG. in fits and starts, jerkily; ***sciopero a ~*** on-off strike **2** *(nel pianto)* sob; ***scoppiare in -i*** to burst out sobbing.
singolare /singo'lare/ [1] **I** agg. **1** LING. singular **2** *(insolito, strano)* [*persona*] peculiar, odd; [*vestito*] unusual **3** *(straordinario, unico)* singular, unique; ***una donna di ~ bellezza*** a woman of rare *o* remarkable beauty **II** m. **1** LING. singular; ***al ~*** in the singular **2** SPORT ***~ femminile, maschile*** women's, men's singles.
singolarità /singolari'ta/ f.inv. **1** *(stranezza)* peculiarity, oddity **2** *(particolarità, unicità)* singularity, uniqueness.
singolarmente /singolar'mente/ avv. **1** *(uno a uno)* singularly, one by one, individually, singly; ***preso ~*** taken individually; ***ha parlato con tutti noi ~*** he spoke to each of us in turn *o* separately **2** *(insolitamente)* [*vestito*] unusually; *(stranamente)* [*agire, pensare*] peculiarly, oddly.
singolo /'singolo/ **I** agg. **1** *(ciascuno)* single, individual **2** *(unico)* single, sole; ***in copia -a*** in single copy **3** *(per una persona)* [*camera, cabina, letto*] single **II** m. **1** *(persona)* individual **2** SPORT ***~ maschile*** men's singles **3** MUS. single.
singulto /sin'gulto/ m. **1** *(singhiozzo)* hiccup **2** *(di pianto)* sob.
sinistra /si'nistra/ f. **1** *(lato sinistro)* left, left(-hand) side; ***sulla ~*** on the left; ***alla*** o ***sulla tua ~*** on your left; ***curva a ~*** left-hand bend; ***girare a ~*** to turn left; ***tenere la ~*** to keep (to the) left; ***a ~ di*** to the left of; ***di ~*** [*pagina, fila*] left(-hand) **2** *(mano)* left hand **3** POL. left (wing); ***di ~*** left-wing.
sinistrato /sinis'trato/ **I** agg. damaged; ***zona -a*** disaster area **II** m. (f. **-a**) disaster victim.
sinistro /si'nistro/ **I** agg. **1** *(che sta a sinistra)* [*mano, occhio*] left; [*pagina, lato*] left-hand **2** *(infausto)* [*rumore, paesaggio, persona, aspetto*] sinister, grim **II** m. **1** *(nella boxe)* left(-hand blow); *(nel calcio)* left(-foot shot) **2** *(disastro, incidente)* accident.
sinistroide /sinis'trɔide/ agg. POL. SPREG. leftist, pinkish.
sinistrorso /sinis'trɔrso/ agg. [*vite*] left-handed.
sino /'sino/ → **1.fino.**
sinodo /'sinodo/ m. synod.
sinologo, m.pl. **-gi**, f.pl. **-ghe** /si'nɔlogo, dʒi, ge/ m. (f. **-a**) sinologist.
sinonimia /sinoni'mia/ f. synonymity.
sinonimico, pl. **-ci**, **-che** /sino'nimiko, tʃi, ke/ agg. synonymic(al).
sinonimo /si'nɔnimo/ **I** agg. synonymous (**di** with) **II** m. synonym (**di** of, for); ***questo marchio è ~ di eleganza*** FIG. this label is a byword for elegance.
sinora /si'nora/ → **finora.**
sinossi /si'nɔssi/ f.inv. synopsis*.
sinottico, pl. **-ci**, **-che** /si'nɔttiko, tʃi, ke/ agg. synoptic.
sintagma /sin'tagma/ m. ***~ verbale, nominale*** verb, noun phrase.
sintassi /sin'tassi/ f.inv. syntax.
sintattico, pl. **-ci**, **-che** /sin'tattiko, tʃi, ke/ agg. syntactic(al).
sintesi /'sintezi/ f.inv. **1** *(operazione mentale)* synthesis*; *(riassunto)* summary; ***capacità di ~*** ability to synthesize; ***la ~ di una partita*** the highlights of a match; ***in ~*** in short *o* brief **2** FILOS. synthesis* **3** CHIM. synthesis*; ***prodotto di ~*** synthetic product.
sintetico, pl. **-ci**, **-che** /sin'tɛtiko, tʃi, ke/ agg. **1** synthetic (anche FILOS. CHIM.) **2** *(conciso)* concise, terse, economical.
sintetizzare /sintetid'dzare/ [1] tr. **1** *(riassumere)* to summarize, to sum up **2** CHIM. IND. to synthesize.
sintetizzatore /sintetiddza'tore/ m. MUS. synthesizer, synth.
sintomatico, pl. **-ci**, **-che** /sinto'matiko, tʃi, ke/ agg. **1** MED. symptomatic **2** FIG. symptomatic, indicative.
sintomatologia /sintomatolo'dʒia/ f. symptomatology.
sintomo /'sintomo/ m. **1** MED. symptom **2** FIG. symptom, sign.
sintonia /sinto'nia/ f. **1** RAD. syntony **2** FIG. *(armonia)* ***essere in ~ con qcn.*** to be in tune *o* synch with sb.
sintonizzare /sintonid'dzare/ [1] **I** tr. **1** RAD. to tune (**su** to) **2** FIG. to harmonize (**con** with) **II sintonizzarsi** pronom. **1** RAD. to tune in (**su** to) **2** FIG. ***-rsi con qcn.*** to tune in to sb.
sintonizzatore /sintoniddza'tore/ m. RAD. tuner.
sintonizzazione /sintoniddzat'tsjone/ f. RAD. tuning.
sinuoso /sinu'oso/ agg. [*strada, fiume*] sinuous, winding; [*movimento*] snaky; [*corpo*] sinuous, supple.
sinusite /sinu'zite/ ➧ *7* f. sinusitis.
Sion /'sion/ n.pr.f. Zion.
sionismo /sio'nizmo/ m. Zionism.
sionista, m.pl. **-i**, f.pl. **-e** /sio'nista/ agg., m. e f. Zionist.
sipario, pl. **-ri** /si'parjo, ri/ m. curtain; ***alzare, calare il ~*** to raise, drop the curtain; ***calare il ~ su qcs.*** FIG. to draw the curtain over sth.
Siracusa /sira'kuza/ ➧ *2* n.pr.f. Syracuse.
sire /'sire/ m. Sire.
1.sirena /si'rɛna/ f. *(di nave, polizia, ambulanza)* siren, horn; *(di fabbrica)* siren, hooter BE; ***~ da nebbia*** foghorn.
2.sirena /si'rɛna/ f. MITOL. mermaid, siren.
Siria /'sirja/ ➧ *33* n.pr.f. Syria.
siriano /si'rjano/ ➧ *25, 16* **I** agg. Syrian **II** m. (f. **-a**) **1** *(persona)* Syrian **2** *(lingua)* Syrian.
siringa, pl. **-ghe** /si'ringa, ge/ f. **1** MED. syringe (anche GASTR.) **2** MUS. ***~ di Pan*** panpipes.
siringare /sirin'gare/ [1] tr. to syringe.
sisma /'sizma/ m. seism, earthquake.
sismico, pl. **-ci**, **-che** /'sizmiko, tʃi, ke/ agg. [*scossa, onda*] seismic, earthquake attrib.
sismografia /sizmogra'fia/ f. seismography.
sismografo /siz'mɔgrafo/ m. seismograph.
sismologia /sizmolo'dʒia/ f. seismology.
sismologo, m.pl. **-gi**, f.pl. **-ghe** /siz'mɔlogo, dʒi, ge/ ➧ *18* m. (f. **-a**) seismologist.
sissignora /sissiɲ'ɲora/ avv. yes, Madam.
sissignore /sissiɲ'ɲore/ avv. yes, Sir.
sistema /sis'tɛma/ m. **1** *(dispositivo)* system; ***~ frenante*** braking system; ***~ di canali*** canal system *o* network **2** *(metodo)* system, method; *(modo)* way, means sing.; ***trovare il ~ di fare qcs.*** to find the way of doing sth. **3** *(insieme organizzato, dottrina)* system; ***~ penitenziario*** prison system; ***il ~*** POL. the system, the Establishment **4** INFORM. system; ***disco di ~*** systems disk **5** GIOC. *(nel totocalcio)* system perm BE ♦♦ ***~ d'allarme*** alarm system, burglar alarm; ***~ cardiovascolare*** ANAT. cardiovascular system; ***~ circolatorio*** ANAT. circulatory system; ***~ digerente*** ANAT. digestive system; ***~ elettorale*** voting system; ***~ immunitario*** immune system; ***Sistema Monetario Europeo*** European Monetary System; ***~ nervoso*** ANAT. nervous system; ***~ operativo*** INFORM. operating system; ***~ parlamentare*** parliamentary system; ***~ solare*** solar system.
sistemare /siste'mare/ [1] **I** tr. **1** *(disporre)* to arrange; *(collocare)* to put*, to place; *(mettere a posto)* to tidy up, to put*

[sth.] in order, to fix up; ~ ***una stanza*** to tidy up a room **2** *(alloggiare)* to put* up, to house, to accommodate [*ospiti*]; ~ ***qcn. in albergo*** to put sb. up in a hotel **3** *(risolvere)* to settle, to fix [*questione*]; ***le diedero un mese per ~ le cose*** they gave her a month to set *o* put things right **4** *(aggiustare)* to repair, to fix [*macchina*] **5** *(far sposare)* to marry off [*figlio, figlia*] **6** *(procurare un lavoro a)* to fix [sb.] up with a job, to find* [sb.] a job **7** COLLOQ. *(dare una lezione a)* to fix; ***lo sistemo io!*** I'll fix him! **II sistemarsi** pronom. **1** *(trovare alloggio)* to settle; ***-rsi da qcn.*** to stay at sb.'s **2** *(accomodarsi)* to settle down; ***-rsi in poltrona*** to settle in an armchair **3** *(trovare un lavoro)* to find* a job **4** *(sposarsi)* to settle (down), to marry **5** *(risolversi)* to settle; ***le cose si sistemeranno*** things will sort themselves out **6** *(aggiustarsi)* ***-rsi i capelli*** to fix one's hair.

sistemata /siste'mata/ f. ***dare una ~ a qcs.*** to tidy sth. up; ***darsi una ~*** to make oneself tidy, to tidy oneself up.

sistematicamente /sistematika'mente/ avv. **1** *(in modo sistematico)* systematically **2** *(regolarmente)* regularly; ***arriva ~ in ritardo*** he's always late.

sistematicità /sistematitʃi'ta/ f.inv. **1** *(carattere sistematico)* systematic nature **2** *(regolarità)* regularity.

sistematico, pl. **-ci**, **-che** /siste'matiko, tʃi, ke/ agg. **1** *(conforme a un sistema)* [*metodo*] systematic; *(metodico)* [*persona*] methodical **2** *(ricorrente)* [*rifiuto, opposizione*] systematic.

sistemazione /sistemat'tsjone/ f. **1** *(disposizione)* *(di appartamento, stanza)* layout; *(di mobili)* arrangement; *(ordinamento)* ordering, arrangement **2** *(alloggio)* accommodation, lodging **3** *(posto di lavoro)* job, post **4** *(risoluzione)* settlement.

sistemico, pl. **-ci**, **-che** /sis'tɛmiko, tʃi, ke/ agg. systemic.

sistemista, m.pl. **-i**, f.pl. **-e** /siste'mista/ ➧ ***18*** m. e f. **1** INFORM. systems analyst **2** *(nei giochi a pronostico)* systems player.

sito /'sito/ **I** agg. situated, placed **II** m. **1** *(luogo)* place, spot, site; ~ ***archeologico*** archeological area **2** INFORM. site; ~ ***Web*** website.

situare /situ'are/ [1] **I** tr. to situate, to place, to put* **II situarsi** pronom. **1** *(collocarsi)* to place oneself, to put* oneself **2** FIG. *(in un ambito particolare)* to find* one's place; *(rispetto ad altri)* to be* ranked.

situazione /situat'tsjone/ f. situation, position; ***essere in una ~ delicata*** to be in a delicate situation; ***prendere in mano la ~*** to take matters into one's own hands; ***essere all'altezza della ~*** to rise to the occasion; ~ ***di crisi*** state of crisis; ~ ***di fatto*** state of affairs; ~ ***lavorativa*** employment status.

skai® /skai/ m.inv. = leatherette, vinyl.

skate-board /'skeitbord/ ➧ ***10*** m.inv. skateboard.

sketch /skɛtʃ/ m.inv. sketch.

skilift /ski'lift/ m.inv. ski lift.

skin /skin/, **skinhead** /ski'nɛd/ m. e f.inv. skinhead.

skipass /ski'pas/ m.inv. ski pass.

skipper /'skipper/ m. e f.inv. skipper.

slabbrare /zlab'brare/ [1] **I** tr. to stretch the edges of [*maglione*] **II slabbrarsi** pronom. **1** *(deformarsi)* [*maglione*] to stretch out **2** *(allargarsi)* [*ferita*] to open, to gape.

slacciare /zlat'tʃare/ [1] **I** tr. **1** *(slegare)* to untie [*scarpe*] **2** *(sbottonare)* to open, to unbutton [*camicia*]; *(sganciare)* to unhook [*reggiseno*]; to undo*, to unstrap [*cintura*]; to unfasten [*cintura di sicurezza*] **II slacciarsi** pronom. **1** *(slegarsi)* [*scarpe*] to come* untied **2** *(sbottonarsi)* [*camicia*] to come* unbuttoned; *(sganciarsi)* [*reggiseno*] to come* unhooked; ***-rsi la cintura*** to undo one's belt.

slalom /'zlalom/ ➧ ***10*** m.inv. slalom; ***fare lo ~ tra le macchine*** FIG. to weave in and out of the traffic ♦♦ ~ ***gigante*** giant slalom; ~ ***speciale*** (special) slalom.

slalomista, m.pl. **-i**, f.pl. **-e** /zlalo'mista/ m. e f. slalom racer.

slanciare /zlan'tʃare/ [1] **I** tr. **1** *(far sembrare più magro)* [*vestito*] to make [sb.] look thinner **2** *(distendere)* to throw*, to fling* [*braccia*] **II slanciarsi** pronom. **1** *(lanciarsi)* to throw* oneself, to fling* oneself **2** FIG. *(ergersi)* ***-rsi verso il cielo*** to soar into the sky.

slanciato /zlan'tʃato/ **I** p.pass. → **slanciare II** agg. [*persona*] slender, sleek, slim; [*edificio, colonna*] slender.

slancio, pl. **-ci** /'zlantʃo, tʃi/ m. **1** *(movimento rapido)* rush, dash; *(salto)* leap, jump **2** *(rincorsa)* run, run-up BE; ***prendere lo ~*** to take a run-up **3** *(impulso spontaneo)* impulse; *(impeto)* impetus*; ***-ci di generosità*** fits of generosity; ***ridare ~ all'economia*** to revive the economy **4** *(foga)* élan, bounce, impetus; ***con grande ~*** with great enthusiasm.

slang /zlɛng/ m.inv. slang.

slargo, pl. **-ghi** /'zlargo, gi/ m. widening, wide stretch.

slavato /zla'vato/ agg. [*colore*] faded, washed out; [*viso*] pale, colourless BE, colorless AE.

slavina /zla'vina/ f. snowslide.

slavo /'zlavo/ **I** agg. Slavonic **II** m. (f. **-a**) **1** *(persona)* Slav **2** *(lingua)* Slavonic.

sleale /zle'ale/ agg. *(non leale)* disloyal, unfaithful; *(scorretto)* unfair, dishonest, treacherous; ***gioco ~*** foul play.

slealtà /zleal'ta/ f.inv. *(mancanza di lealtà)* disloyalty, unfaithfulness; *(scorrettezza)* unfairness, foul play.

slegare /zle'gare/ [1] **I** tr. to untie, to unbind* [*nodo, corda, scarpe, lacci, pacco*]; to unleash, to release [*cane*] **II slegarsi** pronom. **1** [*lacci, corda*] to come* undone, to loosen **2** [*prigioniero, animale*] to get* loose.

slegato /zle'gato/ **I** p.pass. → **slegare II** agg. **1** *(sciolto)* [*spago, pacco*] untied; [*cane*] unleashed, released **2** *(incoerente)* [*frasi*] disconnected.

slip /zlip/ m.inv. **1** *(da uomo)* underpants pl., briefs pl.; *(da donna)* pants pl. BE, panties pl. AE **2** *(costume da bagno)* *(da uomo)* (bathing) trunks pl.; *(da donna)* bikini bottom.

slitta /'zlitta/ f. **1** sleigh, sledge, sled; ***cane da ~*** sledge *o* sled dog **2** MECC. slide.

slittamento /zlitta'mento/ m. **1** *(di auto, ruota)* skid(ding) **2** FIG. *(spostamento)* sliding, shifting; *(rinvio)* postponement.

slittare /zlit'tare/ [1] intr. (aus. *essere*) **1** *(scivolare)* [*auto*] to skid, to get* in a skid; MECC. [*frizione*] to slip **2** FIG. *(spostarsi)* to drift, to shift **3** FIG. *(essere rinviato)* to be* put off, to be* postponed.

slittino /zlit'tino/ m. sleigh, sledge, sled.

s.l.m. ⇒ sul livello del mare above sea level.

slogan /'zlɔgan/ m.inv. slogan.

slogarsi /zlo'garsi/ [1] pronom. ~ ***un polso*** *(storcersi)* to twist *o* sprain one's wrist; *(lussarsi)* to dislocate one's wrist.

slogato /zlo'gato/ **I** p.pass. → **slogarsi II** agg. [*caviglia, polso*] twisted, sprained; *(lussato)* [*polso, mascella, spalla*] dislocated, out of joint.

slogatura /zloga'tura/ f. *(distorsione)* sprain; *(lussazione)* dislocation.

sloggiare /zlod'dʒare/ [1] **I** tr. to evict, to put* out [*inquilino*]; to dislodge, to drive* out [*nemico*] **II** intr. (aus. *avere*) **1** [*inquilino*] to move out **2** COLLOQ. FIG. *(andarsene)* to clear out, to buzz off; *(spostarsi)* to budge.

Slovacchia /zlo'vakkja, zlovak'kia/ ➧ ***33*** n.pr.f. Slovakia.

slovacco, pl. **-chi**, **-che** /zlo'vakko, ki, ke/ ➧ ***25, 16*** **I** agg. Slovak **II** m. (f. **-a**) **1** *(persona)* Slovak **2** *(lingua)* Slovak.

sloveno /zlo'vɛno/ ➧ ***25, 16*** **I** agg. Slovene, Slovenian **II** m. (f. **-a**) **1** *(persona)* Slovene, Slovenian **2** *(lingua)* Slovene, Slovenian.

SM ⇒ Sua Maestà His Majesty, Her Majesty (HM).

smaccato /zmak'kato/ agg. **1** *(esagerato)* [*complimenti*] effusive, excessive **2** *(plateale)* [*lusso*] flamboyant, ostentatious.

smacchiare /zmak'kjare/ [1] tr. to remove a stain from [*vestito*].

smacchiatore /zmakkja'tore/ m. stain remover, spot remover.

smacchiatura /zmakkja'tura/ f. stain removal.

smacco, pl. **-chi** /'zmakko, ki/ m. blow, humiliation, comedown; ***subire uno ~*** to suffer a comedown.

smagliante /zmaʎ'ʎante/ agg. [*bianco, sorriso*] glowing, dazzling; ***essere in forma ~*** to be in the pink.

smagliare /zmaʎ'ʎare/ [1] **I** tr. to snag, to ladder BE [*calze*] **II smagliarsi** pronom. **1** [*calze*] to snag, to ladder BE, to run* AE **2** MED. [*pelle*] to develop stretch marks.

smagliato /zmaʎ'ʎato/ **I** p.pass. → **smagliare II** agg. **1** [*calze*] laddered BE **2** MED. [*pelle*] with stretch marks.

smagliatura /zmaʎʎa'tura/ f. **1** *(di calze)* ladder BE, run AE **2** MED. *(della pelle)* stretch mark **3** FIG. *(discontinuità)* gap; *(difetto)* flaw.

smagnetizzare /zmaɲɲetid'dzare/ [1] **I** tr. to demagnetize **II smagnetizzarsi** pronom. to become* demagnetized.
smagrire /zma'grire/ [102] **I** tr. [*malattia, dieta*] to make* [sb.] thinner, to make* [sb.] lose weight **II smagrirsi** pronom. to get* thin, to lose* weight.
smaliziato /zmalit'tsjato/ agg. crafty, shrewd; ***essere* ~** to know a trick or two.
smaltare /zmal'tare/ [1] tr. to enamel, to glaze [*vasellame, ceramica*].
smaltato /zmal'tato/ **I** p.pass. → **smaltare II** agg. [*oggetto*] enamelled, enameled AE; [*unghie*] varnished, polished.
smaltatura /zmalta'tura/ f. enamelling, enameling AE; *(di ceramica)* glazing.
smaltimento /zmalti'mento/ m. **1** *(eliminazione)* disposal; ~ ***dei rifiuti*** waste *o* garbage disposal **2** *(digestione)* digestion **3** *(deflusso)* drainage, draining **4** *(svendita)* selling off **5** FIG. *(disbrigo)* getting through, finishing off.
smaltire /zmal'tire/ [102] tr. **1** *(eliminare)* to dispose of [*rifiuto*]; to dump [*scorie nucleari*] **2** *(far defluire)* to drain [*acque di scolo*] **3** *(digerire)* to digest **4** *(svendere)* to dispose of, to sell* off [*scorte*] **5** *(sbrigare)* to dispatch, to get* through [*lavoro*] **6** FIG. *(far passare)* to work off [*rabbia*]; ~ ***la sbornia*** to sober up; *(dormendo)* to sleep it off.
smalto /'zmalto/ m. **1** *(rivestimento vetroso)* enamel; *(su ceramica)* glazing; ***verniciatura a* ~** enamel painting; ***decorazione a* ~** enamelling, enameling AE **2** *(oggetto smaltato)* enamel **3** *(per unghie)* nail polish, nail varnish; ***mettersi lo* ~** to varnish one's nails **4** FIG. *(vitalità)* shine; ***perdere lo* ~** to lose one's edge, to be a spent force.
smammare /zmam'mare/ [1] intr. (aus. *avere*) COLLOQ. to scat, to scram; ***smamma!*** hop it! push off! shove off BE!
smanceria /zmantʃe'ria/ f. mawkishness; ***fanno sempre un sacco di -e*** they gush all over you.
smanceroso /zmantʃe'roso/ agg. mawkish, gushing, gushy.
smanettare /zmanet'tare/ [1] intr. (aus. *avere*) COLLOQ. SCHERZ. ***è uno che smanetta al computer*** he's a computer buff *o* geek.
smania /'zmania/ f. **1** *(agitazione)* agitation, nervousness, jitters pl. COLLOQ. **2** FIG. *(bramosia)* eagerness, itch; ***la* ~ *del gioco*** gambling addiction; ***avere la* ~ *di fare*** to be itching *o* eager to do ♦ ***dare in -e*** to work oneself into a frenzy.
smaniare /zma'njare/ [1] intr. (aus. *avere*) **1** *(agitarsi)* to fret, to fidget, to be* restless **2** FIG. *(bramare)* to yearn, to crave (**per** for).
smanioso /zma'njoso/ agg. *(bramoso)* eager, yearning (**di** for).
smantellamento /zmantella'mento/ m. **1** *(di laboratorio, organizzazione)* dismantling, dismantlement; *(di edificio)* demolition; MIL. dismantling **2** FIG. *(confutazione)* demolition.
smantellare /zmantel'lare/ [1] tr. **1** to dismantle [*struttura, organizzazione*]; to cripple [*nave*]; MIL. to dismantle [*fortezza*] **2** FIG. *(confutare)* to demolish [*tesi, accuse*].
smarcato /zmar'kato/ agg. [*giocatore*] unmarked.
smargiassata /zmardʒas'sata/ f. brag(ging), boast(ing).
smargiasso /zmar'dʒasso/ m. (f. **-a**) braggart, boaster.
smarrimento /zmarri'mento/ m. **1** *(perdita)* loss, losing; *(di lettera)* miscarriage **2** FIG. *(turbamento)* confusion, dismay; ***avere un attimo di* ~** to be at a loss for a moment.
smarrire /zmar'rire/ [102] **I** tr. to lose*, to misplace, to mislay* [*oggetto*] **II smarrirsi** pronom. **1** *(perdersi)* to lose* one's way, to get* lost, to go* astray **2** *(confondersi)* to be* at a loss, to be* bewildered.
smarrito /zmar'rito/ **I** p.pass. → **smarrire II** agg. **1** *(perduto)* [*oggetto*] lost, misplaced; [*persona*] missing; ***ufficio oggetti -i*** lost and found office **2** FIG. *(confuso)* at a loss, bewildered.
smascheramento /zmaskera'mento/ m. unmasking.
smascherare /zmaske'rare/ [1] **I** tr. **1** *(togliere la maschera a)* to unmask **2** *(scoprire)* to find* out, to unmask [*traditore, complotto*] **II smascherarsi** pronom. *(rivelarsi)* to give* oneself away.
smaterializzare /zmaterjalid'dzare/ [1] **I** tr. to dematerialize **II smaterializzarsi** pronom. to dematerialize.
SME /zme/ m. (⇒ Sistema Monetario Europeo European Monetary System) EMS.
smembramento /zmembra'mento/ m. *(di paese, comunità)* dismemberment, dismantling; *(di collezione)* dispersion; *(di famiglia)* breaking up.
smembrare /zmem'brare/ [1] tr. **1** *(fare a pezzi)* to dismember [*animale*] **2** FIG. to dismember [*impero, paese, proprietà*]; to disperse [*collezione*].
smemorataggine /zmemora'taddʒine/ f. forgetfulness.
smemorato /zmemo'rato/ **I** agg. forgetful; *(distratto)* absent-minded **II** m. (f. **-a**) forgetful person; *(distratto)* absent-minded person.
smentire /zmen'tire/ [102] **I** tr. **1** *(dimostrare falso)* to prove [sth.] wrong, to controvert [*teorie, scoperta*]; to contradict [*previsioni*]; ***non* ~ *la propria fama*** FIG. to live up to one's reputation **2** *(negare)* to deny [*accuse*] **II smentirsi** pronom. to contradict oneself; ***non si smentisce mai*** he's always true to type, he's always the same.
smentita /zmen'tita/ f. denial, confutation, disclaimer.
smeraldo /zme'raldo/ ➧ **3 I** m. *(gemma)* emerald **II** agg. e m.inv. *(colore)* emerald (green).
smerciare /zmer'tʃare/ [1] tr. to sell* (off), to market.
smercio, pl. **-ci** /'zmɛrtʃo, tʃi/ m. *(vendita)* sale, market(ing); *(giro d'affari)* ***quel negozio ha molto* ~** that shop has a large turnover.
smerdare /zmer'dare/ [1] **I** tr. VOLG. *(screditare)* to show* up **II smerdarsi** pronom. VOLG. *(screditarsi)* to make* a fool of oneself.
smerigliare /zmeriʎ'ʎare/ [1] tr. to polish [sth.] with emery [*marmo, pavimenti*]; to grind*, to frost [*vetro*].
smerigliato /zmeriʎ'ʎato/ **I** p.pass. → **smerigliare II** agg. [*vetro*] frosted, ground; ***carta -a*** emery paper.
smerigliatrice /zmeriʎʎa'tritʃe/ f. *(macchina)* grinder; *(levigatrice)* sander.
smeriglio, pl. **-gli** /zme'riʎʎo, ʎi/ m. MINER. emery.
smerlare /zmer'lare/ [1] tr. to scallop.
smerlo /'zmɛrlo/ m. scallop; ***punto (a)* ~** buttonhole stitch.
smesso /'zmesso/ **I** p.pass. → **smettere II** agg. [*abito*] cast-off; ***gli abiti -i di mia sorella*** my sister's hand-me-downs.
smettere /'zmettere/ [60] Il diverso significato delle espressioni italiane *smettere di fare qualcosa* e *smettere* (di fare quello che si sta facendo) *per fare qualcosa* viene reso in inglese dalla duplice reggenza di *to stop*, seguito dal gerundio nel primo caso e da *to* + infinito nel secondo: *smettila di fumare!* = stop smoking! *dopo due ore di lavoro, smise per fumarsi una sigaretta* = after two hour's work, he stopped to smoke a cigarette. - Si noti anche come l'inglese risolve l'ambiguità semantica di una frase del tipo *smettere di fumare*: se indica una situazione momentanea, si traduce con *to stop smoking*; se indica invece una decisione definitiva, si traduce con *to give up smoking*. **I** tr. **1** *(interrompere momentaneamente)* to stop, to quit*, to cease; *(definitivamente)* to give* up; ***non smette mai di parlare*** he never stops talking; ~ ***di bere*** to give up drinking **2** *(rinunciare a)* to give* up [*lavoro, studi*] **3** *(non indossare più)* to cast* off [*vestiti*] **4 smetterla *smettila!*** stop it! ***smettila con questa pagliacciata!*** enough of this buffoonery! ***smettila di lamentarti*** stop complaining **II** intr. (aus. *avere*) *(cessare)* [*pioggia*] to stop, to die away, to leave* off BE **III** impers. (aus. *avere*) ***ha smesso di piovere*** it has stopped raining.
smidollato /zmidol'lato/ **I** agg. spineless, gutless **II** m. (f. **-a**) spineless person, namby-pamby.
smilitarizzare /zmilitarid'dzare/ [1] tr. to demilitarize.
smilitarizzazione /zmilitariddzat'tsjone/ f. demilitarization.
smilzo /'zmiltso/ agg. **1** [*persona, corpo*] thin, lean, skinny **2** FIG. thin, unsubstantial.
sminamento /zmina'mento/ m. mine clearing.
sminare /zmi'nare/ [1] tr. to remove mines from [*area*].
sminuire /zminu'ire/ [102] **I** tr. **1** *(ridurre)* to diminish **2** FIG. *(svalutare)* to belittle **II sminuirsi** pronom. [*persona*] to lower oneself, to belittle oneself.
sminuzzare /zminut'tsare/ [1] **I** tr. *(rompere in pezzetti)* to crumble, to break* [sth.] into bits [*pane, biscotto*]; *(tritare)* to hash, to shred, to grind* up **II sminuzzarsi** pronom. to crumble, to break* into bits.

smistamento /zmista'mento/ m. **1** *(di posta, merci)* sorting; ***fare lo ~ di*** to sort [*posta*] **2** FERR. marshalling BE, marshaling AE, shunting, switching BE; ***stazione di ~*** marshalling yard BE, switch-yard AE **3** TEL. putting through.

smistare /zmis'tare/ [1] tr. **1** to sort [*posta, merci*] **2** FERR. to marshal, to shunt **3** TEL. to put* through **4** SPORT to pass [*palla*].

smisurato /zmizu'rato/ agg. **1** *(immenso)* [*dimensioni, spazio*] immeasurable, boundless, immense **2** *(smodato)* [*appetito, orgoglio*] huge.

smitizzare /zmitid'dzare/ [1] tr. to deglamorize.

smobilitare /zmobili'tare/ [1] tr. MIL. to disband, to demobilize, to demob COLLOQ. [*truppe*].

smobilitazione /zmobilitat'tsjone/ f. MIL. disbanding, demobilization, demob COLLOQ.

smoccolare /zmokko'lare/ [1] **I** tr. to snuff [*candela*] **II** intr. (aus. *avere*) COLLOQ. *(bestemmiare)* to curse, to swear*.

smoccolatoio, pl. **-oi** /zmokkola'tojo, oi/ m. candle-snuffer, snuffers pl.

smodato /zmo'dato/ agg. [*bisogno, spese*] excessive, immoderate; [*passione*] frenzied, unrestrained; [*vita*] inordered, uncontrolled; [*risata*] unrestrained, uncontrolled.

smoderato /zmode'rato/ agg. [*lusso, pretese*] excessive, unrestrained; ***essere ~ nel bere*** to overindulge in drinking.

smog /zmɔg/ m.inv. smog.

smoking /'zmɔking/ m.inv. dinner jacket, tuxedo* AE.

smontabile /zmon'tabile/ agg. [*mobile*] dismountable, that can be dismantled.

smontaggio, pl. **-gi** /zmon'taddʒo, dʒi/ m. disassembly, dismantlement.

smontagomme /zmonta'gomme/ m.inv. tyre lever BE tire lever AE.

smontare /zmon'tare/ [1] **I** tr. **1** *(scomporre)* to strip down, to disassemble [*motore*]; to dismantle [*meccanismo*]; to take* apart [*macchina, orologio*]; to disassemble, to take* down [*mobile*] **2** *(rimuovere)* to remove [*ruota*]; to take* off, to take* down [*porta*] **3** COLLOQ. *(scoraggiare)* to dishearten, to deflate **4** *(dimostrare infondato)* to demolish [*accusa*] **II** intr. (aus. *essere*) **1** *(scendere)* to get* off; ***~ da una bicicletta, dal tram*** to get off a bicycle, the tram; ***~ dalla macchina*** to get out of the car **2** *(dal lavoro)* to go* off duty, to knock off COLLOQ. **III smontarsi** pronom. *(scoraggiarsi)* to lose* heart.

smorfia /'zmɔrfja/ f. **1** *(di dolore, disgusto)* grimace, face; ***fare delle -e*** to pull *o* make faces; ***fare una ~ di dolore*** to grimace in pain **2** *(espressione affettata)* smirk, simper; ***-e*** *(moine)* coaxing, wheedling.

smorfioso /zmor'fjozo/ **I** agg. *(svenevole)* simpering, mincing; *(che si dà arie)* affected **II** m. (f. **-a**) simperer; ***fare la -a con qcn.*** to flirt with sb.

smorto /'zmɔrto/ agg. **1** *(pallido)* [*viso, carnagione*] pale, wan, colourless BE, colorless AE **2** *(sbiadito)* [*luce*] dim, pale; [*colore*] pale, drab, dull **3** FIG. colourless BE, colorless AE, dull.

smorzare /zmor'tsare/ [1] **I** tr. **1** *(attenuare)* to dim, to soften [*luce*]; to dim, to tone down [*colori*]; to deaden, to lower [*suono*]; to smooth out, to reduce [*impatto*] **2** *(spegnere)* to put* out, to extinguish [*fuoco*]; FIG. to quench [*sete*]; to deaden, to snuff out [*entusiasmo, passione*] **3** SPORT ***~ la palla*** to make a drop shot **II smorzarsi** pronom. **1** *(spegnersi)* [*fuoco*] to go* out **2** *(attenuarsi)* [*colore*] to dim, to dull; [*suono*] to die away, to fade away; [*rumore*] to die down **3** FIG. [*entusiasmo*] to fade, to die.

smorzato /zmor'tsato/ **I** p.pass. → **smorzare II** agg. [*luce*] soft, dimmed; [*suono*] muffled, deadened; ***palla -a*** SPORT drop shot.

smorzatore /zmortsa'tore/ m. ELETTRON. MECC. MUS. damper.

smosso /'zmɔsso/ **I** p.pass. → **smuovere II** agg. [*terreno*] loose.

smottamento /zmotta'mento/ m. landslide, landslip.

smottare /zmot'tare/ [1] intr. (aus. *essere*) to slide* down, to slip down.

smozzicare /zmottsi'kare/ [1] tr. **1** *(spezzettare)* to crumble; *(mordicchiare)* to nibble [*pane*] **2** FIG. to mumble, to swallow [*parole*].

smozzicato /zmottsi'kato/ **I** p.pass. → **smozzicare II** agg. [*parole*] mumbled.

SMS /essemme'ɛsse/ m.inv. *(messaggio)* text message.

smunto /'zmunto/ agg. haggard, wan.

smuovere /'zmwɔvere/ [62] **I** tr. **1** *(spostare)* to move, to shift, to budge **2** *(rivoltare)* to turn over [*terra*] **3** FIG. *(dissuadere)* to budge, to dissuade (**da** from) **4** FIG. *(scuotere)* to arouse, to stir; ***~ l'opinione pubblica*** to shake public opinion **II smuoversi** pronom. **1** *(spostarsi)* to move, to budge **2** *(recedere)* to change one's mind.

smussare /zmus'sare/ [1] **I** tr. **1** to bevel, to round off [*spigoli, bordo*]; to blunt [*lama*] **2** FIG. to tone down, to smooth down [*contrasti*]; to soften [*carattere*] **II smussarsi** pronom. [*lama*] to get* blunt.

smussato /zmus'sato/ **I** p.pass. → **smussare II** agg. **1** [*spigolo*] bevelled, beveled AE, rounded off; [*coltello, lama*] blunt, dull **2** FIG. toned down, softened.

snaturare /znatu'rare/ [1] tr. *(alterare)* to pervert the nature of; FIG. to pervert [*significato*]; to misrepresent [*pensiero*].

snaturato /znatu'rato/ **I** p.pass. → **snaturare II** agg. [*figlio, madre*] degenerate.

SNC /essennet'tʃi/ f. (⇒ Società in Nome Collettivo) = general partnership.

snebbiare /zneb'bjare/ [1] tr. ***~ la mente a qcn.*** to clear sb.'s mind.

snellezza /znel'lettsa/ f. **1** slimness, slenderness **2** FIG. *(di stile, testo)* elegant simplicity.

snellimento /znelli'mento/ m. **1** slimming **2** FIG. *(di procedure, strutture)* streamlining, simplification; *(di traffico)* speeding up.

snellire /znel'lire/ [102] **I** tr. **1** to slim [*fianchi, vita*]; *(far apparire più snello)* [*vestito, colore*] to make* [sb.] look slimmer **2** FIG. *(semplificare)* to streamline, to simplify [*sistema, struttura*]; *(accelerare)* to speed* up [*traffico*] **II snellirsi** pronom. **1** [*persona*] to slim (down), to grow* slim **2** FIG. [*sistema, struttura*] to be* streamlined; [*traffico*] to speed* up.

snello /'znɛllo/ agg. **1** *(magro)* slim, slender, lean **2** *(agile, svelto)* agile **3** FIG. [*stile*] easy, elegant, clear-cut.

snervante /zner'vante/ agg. [*persona, rumore*] enervating, nerve racking, unnerving; [*attesa*] exasperating.

snervare /zner'vare/ [1] **I** tr. to enervate, to unnerve, to wear* out, to exhaust **II snervarsi** pronom. to become* enervated, to get* exhausted.

snidare /zni'dare/ [1] tr. to flush out [*animale*]; FIG. to dislodge [*nemico*]; to flush out, to root out [*ladro*].

sniffare /znif'fare/ [1] tr. GERG. to sniff, to snort [*cocaina, colla*].

sniffata /znif'fata/ f. sniff, snort.

snob /znɔb/ **I** agg.inv. snobbish, snobby, posh **II** m. e f.inv. snob.

snobbare /znob'bare/ [1] tr. to snub, to rebuff.

snobismo /zno'bizmo/ m. snobbery, snobbishness.

snobistico, pl. **-ci**, **-che** /zno'bistiko, tʃi, ke/ agg. snob attrib., snobbish.

snocciolare /znottʃo'lare/ [1] tr. **1** to stone, to pit AE [*olive*] **2** FIG. *(dire di seguito)* to rattle off COLLOQ., to reel off; *(spiattellare)* to blurt out.

snodabile /zno'dabile/ agg. jointed, articulated.

snodare /zno'dare/ [1] **I** tr. to unknot, to untie [*corda*] **II snodarsi** pronom. **1** [*nodo*] to come* unknotted, to come* untied **2** [*sentiero*] to stretch, to wind*.

snodato /zno'dato/ **I** p.pass. → **snodare II** agg. **1** *(slegato)* loose **2** *(agile)* [*persona*] limber, supple **3** *(con snodi)* jointed, articulated.

snodo /'znɔdo/ m. **1** MECC. articulation **2** *(svincolo)* junction.

snowboard /zno'bɔrd/ ◗ **10** m.inv. **1** *(attrezzo)* snowboard **2** *(disciplina)* snowboarding.

snowboardista, m.pl. **-i**, f.pl. **-e** /znobor'dista/ m. e f. snowboarder.

snudare /znu'dare/ [1] tr. LETT. to unsheathe [*spada*].

soave /so'ave/ avv. [*profumo, musica, sorriso*] sweet; [*sguardo*] gentle, soft; [*voce*] mellifluous.

soavità /soavi'ta/ f.inv. *(di profumo, musica)* sweetness; *(di sguardo)* softness.

sobbalzare /sobbal'tsare/ [1] intr. (aus. *avere*) **1** *(trasalire)* to start, to give* a start; ***~ di paura*** to start in fear; ***far ~ qcn.*** to give sb. a start **2** *(essere sballottato)* [*auto*] to jolt, to jerk, to bump.

sobbalzo /sob'baltso/ m. **1** *(trasalimento)* start **2** *(di auto)* jolt, bump.
sobbarcarsi /sobbar'karsi/ [1] pronom. to take* [sth.] upon oneself; ***~ (a) delle spese*** to incur expenses.
sobbollire /sobbol'lire/ [3] intr. (aus. *avere*) to simmer.
sobborgo, pl. **-ghi** /sob'borgo, gi/ m. *(quartiere)* suburb; ***i -ghi di una città*** *(dintorni)* the outskirts of a city.
sobillare /sobil'lare/ [1] tr. to instigate, to incite, to stir up.
sobillatore /sobilla'tore/ m. (f. **-trice** /tritʃe/) instigator, rabble-rouser.
sobriamente /sobrja'mente/ avv. *(semplicemente)* plainly, soberly.
sobrietà /sobrje'ta/ f.inv. **1** *(moderazione)* moderation **2** *(semplicità)* plainness, sobriety.
sobrio, pl. **-bri**, **-brie** /'sɔbrjo, bri, brje/ agg. **1** *(non ubriaco)* sober **2** *(moderato)* moderate **3** *(semplice)* [*stile, vestito*] plain, sober.
socchiudere /sok'kjudere/ [11] tr. *(chiudere non completamente)* to close [sth.] a little; *(aprire appena)* to open [sth.] slightly, to open [sth.] a little, to leave* [sth.] ajar.
socchiuso /sok'kjuso/ **I** p.pass. → **socchiudere II** agg. *(semiaperto)* half-open; *(semichiuso)* half-closed; ***essere ~*** [*porta*] to be ajar *o* slightly open *o* half-open; ***lascia la porta -a*** leave the door ajar.
soccombere /sok'kombere/ [2] intr. (aus. *essere*) **1** *(morire)* to succumb, to die **2** *(cedere)* to succumb, to yield; ***~ a*** to succumb to [*nemico*]; to succumb *o* surrender to [*disperazione, fatica*].
soccorrere /sok'korrere/ [32] tr. to help, to rescue, to relieve [*truppe, popolazione, ferito*].
soccorritore /sokkorri'tore/ m. (f. **-trice** /tritʃe/) rescuer.
soccorso /sok'korso/ **I** m. **1** *(aiuto)* help, aid, relief, rescue; ***richiesta di ~*** cry for help, distress call; ***prestare*** o ***portare ~ a qcn.*** to help *o* rescue sb.; ***andare, venire in ~ di qcn.*** to go, come to sb.'s aid; ***di ~*** [*squadra, operazioni*] rescue attrib.; ***società di mutuo ~*** friendly society BE, benefit association AE; ***omissione di ~*** failure to (stop and) offer assistance **2** MED. ***pronto ~*** first aid; *(reparto)* emergency ward **II soccorsi** m.pl. **1** *(soccorritori)* rescuers, rescue team sing.; ***attendere i -i*** to wait for rescue **2** *(viveri, medicine)* relief supplies; ***inviare -i*** to send relief; *(aiuti)* ***prestare i primi -i a qcn.*** to give sb. first aid ♦♦ ***~ stradale*** road *o* recovery service.
socialdemocratico, pl. **-ci**, **-che** /sotʃaldemo'kratiko, tʃi, ke/ **I** agg. social democratic **II** m. (f. **-a**) social democrat.
sociale /so'tʃale/ **I** agg. **1** social; ***servizi -i*** social *o* welfare sevices; ***previdenza ~*** social security; ***Stato ~*** welfare state; ***parti -i*** = unions and management **2** *(di un'azienda)* of a company, company attrib., corporate; ***ragione ~*** company *o* corporate name; ***capitale ~*** capital stock **3** *(di un'associazione)* social, club attrib.; ***quota ~*** dues **II** m. ***il ~*** social issues; ***impegnarsi nel ~*** to be involved in social work.
socialismo /sotʃa'lizmo/ m. socialism.
socialista, m.pl. **-i**, f.pl. **-e** /sotʃa'lista/ agg., m. e f. socialist.
socialità /sotʃali'ta/ f.inv. sociality, social relations pl.
socializzare /sotʃalid'dzare/ [1] intr. (aus. *avere*) to socialize; ***ha delle difficoltà a ~*** he doesn't mix easily.
socializzazione /sotʃaliddzat'tsjone/ f. socialization.
società /sotʃe'ta/ f.inv. **1** SOCIOL. society; ***la ~ moderna*** modern society; ***vivere in ~*** to live in society; ***gioco di ~*** parlour game **2** *(ceto)* ***alta, buona ~*** high, polite society **3** *(associazione)* association, club, society; ***~ calcistica, sportiva*** football, sports club; ***~ segreta*** secret society **4** DIR. ECON. company; ***~ di assicurazioni, servizi, navigazione*** insurance, service, shipping company; ***essere, entrare in ~ con qcn.*** to be in, to enter into partnership with sb. **5** COLLOQ. ***comprare qcs. in ~ con qcn.*** to go in on sth. with sb. ♦♦ ***~ in accomandita semplice*** limited partnership; ***~ anonima*** joint-stock company; ***~ per azioni*** public company, limited company BE, corporation AE; ***~ del benessere*** affluent society; ***~ civile*** society; ***~ commerciale*** business firm; ***~ dei consumi*** consumer society; ***~ finanziaria*** finance company, finance house; ***~ in nome collettivo*** general partnership; ***~ a responsabilità limitata*** limited company.
societario, pl. **-ri**, **-rie** /sotʃe'tarjo, ri, rje/ agg. company attrib., corporate; ***diritto ~*** company BE *o* corporate AE law; ***capitale ~*** corporate capital.
socievole /so'tʃevole/ agg. [*persona, carattere*] sociable; ***poco ~*** rather unsociable; ***è un tipo molto ~*** he is a good mixer.
socievolezza /sotʃevo'lettsa/ f. sociability.
socio, m.pl. **-ci** /'sɔtʃo, tʃi/ m. (f. **-a**) **1** *(in affari)* associate, partner; ***assemblea dei -ci*** company meeting; ***prendere qcn. come ~*** to take sb. into partnership **2** *(di club, associazioni)* member; ***diventare ~ di un club*** to join a club; ***"ingresso riservato ai -ci"*** "members only" **3** *(di accademia, società scientifica)* fellow ♦♦ ***~ accomandante*** sleeping BE *o* silent AE partner; ***~ effettivo*** active member; ***~ fondatore*** charter member, company promoter; ***~ onorario*** honorary member.
socioculturale /sotʃokultu'rale/ agg. socio-cultural.
sociolinguistica /sotʃolin'gwistika/ f. sociolinguistics + verbo sing.
sociologia /sotʃolo'dʒia/ f. sociology.
sociologico, pl. **-ci**, **-che** /sotʃo'lɔdʒiko, tʃi, ke/ agg. sociological.
sociologo, m.pl. **-gi**, f.pl. **-ghe** /so'tʃɔlogo, dʒi, ge/ ♦ **18** m. (f. **-a**) sociologist.
Socrate /'sɔkrate/ n.pr.m. Socrates.
soda /'sɔda/ f. **1** CHIM. soda; *(da bucato)* washing soda **2** *(per bevande)* soda (water) ♦♦ ***~ caustica*** caustic soda.
sodalizio, pl. **-zi** /soda'littsjo, tsi/ m. **1** *(associazione)* society, association **2** FIG. *(amicizia)* fellowship.
soddisfacente /soddisfa'tʃente/ agg. satisfactory, satisfying.
soddisfacimento /soddisfatʃi'mento/ m. satisfaction.
soddisfare /soddis'fare/ [8] **I** tr. **1** *(accontentare)* to satisfy, to please [*persona*]; to please [*elettorato, cliente*]; *(appagare)* to satisfy, to satiate [*appetito*]; to satisfy [*domanda, curiosità, criteri, richieste*]; to fulfil BE, to fulfill AE [*desiderio*]; to meet*, to fulfil BE, to fulfill AE [*bisogno, esigenza*]; to meet* [*aspettative*]; ***la tua spiegazione non mi soddisfa*** I'm not satisfied with your explanation **2** *(pagare)* to pay* off [*creditori*] **II** intr. (aus. *avere*) *(adempiere)* ***~ a*** to meet, to satisfy [*condizione*].
soddisfatto /soddis'fatto/ **I** p.pass. → **soddisfare II** agg. *(appagato)* [*persona, curiosità, bisogno*] satisfied; [*desiderio*] fulfilled; *(contento)* happy; ***avere un'aria -a*** to look satisfied; ***essere ~ di se stesso*** to be pleased with oneself; ***è ~ della sua vita*** he's content with his life; ***sono ~ di ciò che ho fatto*** I'm satisfied with what I've done; ***l'hai rotto, sei ~ adesso?*** you've broken it, are you happy now?
soddisfazione /soddisfat'tsjone/ f. **1** *(appagamento)* satisfaction; *(piacere)* pleasure; ***con mia grande ~*** much to my satisfaction; ***provare ~ nel fare*** to get *o* derive satisfaction from doing; ***dà ~ vedere, sapere che...*** it is satisfying to see, know that...; ***il mio lavoro mi dà grandi -i*** I get real gratification from my work; ***un lavoro che dà -i*** a rewarding job; ***bella ~!*** IRON. that's no consolation! ***questo ragazzo dà molte -i ai suoi genitori*** that boy makes his parents pround; ***dammi la ~ di vederti sposato*** give me the satisfaction of seeing you married; ***non c'è ~*** it's no fun; ***che ~ ci provi a farlo?*** what fun is there in doing it? **2** *(di un'offesa)* ***chiedere, dare, ottenere ~*** to demand, give, obtain satisfaction.
sodio /'sɔdjo/ m. sodium.
sodo /'sɔdo/ **I** agg. [*polpa, terreno, muscolo*] hard; [*frutta, verdura*] firm; [*uovo*] hard-boiled **II** avv. [*lavorare, studiare, picchiare*] hard; [*dormire*] soundly **III** m. ***venire*** o ***passare al ~*** to get down to brass tacks *o* the nitty-gritty.
Sodoma /'sɔdoma/ n.pr.f. Sodom.
sodomia /sodo'mia/ f. sodomy.
sodomita /sodo'mita/ m. sodomite.
sodomizzare /sodomid'dzare/ [1] tr. to sodomize.
sofà /so'fa/ m.inv. sofa, couch.
sofferente /soffe'rɛnte/ **I** agg. **1** *(che soffre)* suffering; ***essere ~ di cuore*** to suffer from heart trouble **2** *(che esprime sofferenza)* pained, painstricken **II** m. e f. sufferer.
sofferenza /soffe'rɛntsa/ f. **1** suffering **U**, pain; ***una vita piena di -e*** a life full of suffering; ***fu una vera ~ partire*** it was a real wrench leaving **2** COMM. ***cambiale in ~*** unpaid *o* overdue bill.
soffermare /soffer'mare/ [1] **I** tr. ***~ lo sguardo su*** to stop and look at **II soffermarsi** pronom. **1** *(sostare)* to stop, to pause, to linger; [*sguardo*] to linger **2** FIG. ***-rsi su*** to pause *o* linger over [*punto, aspetto*].

sofferto /sof'fɛrto/ **I** p.pass. → **soffrire II** agg. **1** *(che denota sofferenza)* [*viso*] anguished **2** *(travagliato)* [*decisione, scelta*] hard, difficult; [*vittoria*] hard-fought.

soffiare /sof'fjare/ [1] **I** intr. (aus. *avere*) **1** [*persona*] to blow*; **~ sul tè** to blow on one's tea; **~ su una candela** to blow out a candle **2** *(sbuffare)* to snort **3** [*gatto*] to hiss; [*balena*] to blow*, to spout **4** METEOR. [*vento*] to blow* **II** tr. **1** to blow*; **~ il fumo in faccia a qcn.** to blow smoke in sb.'s face; **~ via la polvere da qcs.** to blow the dust off sth. **2** IND. to blow* [*vetro*] **3** *(liberare)* **soffiarsi il naso** to blow one's nose; **~ il naso a un bambino** to blow a child's nose **4** COLLOQ. *(sottrarre)* to pinch [*lavoro, moglie*]; to snap up [*opportunità, affare*]; to whip away [*contratto*] (**a** from); **gli ha soffiato il giornale da sotto il naso** she whipped the newspaper from under his nose **5** COLLOQ. *(spifferare)* to blab (out) [*notizia, informazione*] **6** GIOC. *(nella dama)* to huff [*pedina*] ♦ **~ sul fuoco** to fan the flames; **~ sul collo di qcn.** to breathe down sb.'s neck.

soffiata /sof'fjata/ f. *(spiata)* tip-off; *(notizia riservata)* (hot) tip, tip-off; **fare una ~ alla polizia** to tip off the police.

soffiato /sof'fjato/ **I** p.pass. → **soffiare II** agg. **vetro ~** blown glass; **riso ~** puffed rice.

soffiatore /soffja'tore/ ▸ *18* m. (f. **-trice** /tritʃe/) *(di vetro)* glass blower.

soffiatura /soffja'tura/ f. **1** *(del vetro)* glass blowing **2** METALL. *(difetto)* blister, air bubble.

soffice /'sɔffitʃe/ agg. [*letto, cuscino, capelli, neve, tappeto, pane*] soft; [*pelliccia, maglione*] soft, fluffy.

soffietto /sof'fjetto/ m. **1** *(mantice)* bellows pl. **2** *(di macchina fotografica)* bellows pl. **3** *(di carrozzina)* hood BE **4** FERR. *(di vagone)* bellows pl. **5** **porta a ~** accordion *o* folding door.

soffio, pl. **-fi** /'soffjo, fi/ m. **1** breath, puff; **spegnere una candela con un ~** to blow out a candle; **~ di vento** breath of wind **2** MED. **~ al cuore** heart murmur **3** FIG. **essere a un ~ da** to be within an ace *o* a hair's breadth of; **vincere per un ~** to win by a hair's breadth; **in un ~** in an instant, in less than no time, in the bat of an eye.

soffione /sof'fjone/ m. **1** GEOL. fumarole **2** BOT. dandelion.

soffitta /sof'fitta/ f. *(locale)* attic, loft; *(abbaino)* garret.

soffittatura /soffitta'tura/ f. ceiling.

soffitto /sof'fitto/ m. ceiling.

soffocamento /soffoka'mento/ m. chocking, suffocation (anche MED.); **morire per ~** to choke to death.

soffocante /soffo'kante/ agg. **1** [*gas*] choking; [*stanza, atmosfera*] stuffy, suffocating, stifling **2** FIG. *(opprimente)* oppressive, stifling.

soffocare /soffo'kare/ [1] **I** tr. **1** *(asfissiare)* [*persona*] to suffocate, to stifle, to choke [*vittima*]; [*cibo, fumo*] to choke [*persona*]; **~ qcn. di baci** FIG. to smother sb. with kisses **2** *(spegnere)* to smother, to beat* out, to put* out [*fuoco, incendio*] **3** *(reprimere)* to suppress, to break*, to crush [*rivolta*]; to choke off, to crush [*protesta*]; *(mascherare)* to hush up, to cover up [*scandalo*] **4** *(trattenere)* to hold* back [*sospiro, grido, starnuto*]; to suppress, to stifle [*sbadiglio*]; to choke back [*lacrime, rabbia*] **II** intr. (aus. *essere*) **1** *(asfissiare)* to choke, to suffocate **2** *(avere caldo)* **si soffoca qui!** it's stifling here!

soffocato /soffo'kato/ **I** p.pass. → **soffocare II** agg. **1** **morire ~** to choke to death **2** *(attutito)* [*suono, voce*] muffled **3** *(trattenuto)* [*singhiozzo*] choked; [*riso*] stifled, suppressed; [*grido, sbadiglio*] suppressed.

soffriggere /sof'friddʒere/ [53] tr. to brown, to sauté.

soffrire /sof'frire/ [91] **I** tr. **1** *(patire)* to suffer [*fame, sete*]; to feel* [*caldo, freddo*]; **~ il mal di mare** to suffer from sea sickness; **~ il mal d'auto** to get carsick **2** *(subire)* to endure, to suffer [*perdita, torto, privazioni*] **3** *(tollerare)* to stand*, to bear*, to tolerate; **non lo posso ~** I can't stand him; **non posso ~ che lo trattino così** I cannot allow them to treat him like that **II** intr. (aus. *avere*) **1** to suffer; **~ di** to suffer from [*malattia, disturbo, malformazione*]; **~ per amore** to be lovesick; **far ~** [*persona*] to make [sb.] suffer; **mi fa soffrire vedere che...** it pains me to see that... **2** *(essere danneggiato)* **le piante hanno sofferto per la siccità** the plants have felt the drought; **il paese soffre di una carenza cronica di...** the country is chronically short of...

soffritto /sof'fritto/ m. = onions and herbs browned in oil.

soffuso /sof'fuzo/ agg. **~ di luce** suffused with light; **luce -a** soft lighting.

Sofia /so'fia/ n.pr.f. Sophia, Sophie, Sophy.

sofisma /so'fizma/ m. **1** FILOS. sophism **2** FIG. *(cavillo)* quibble.

sofisticare /sofisti'kare/ [1] **I** intr. (aus. *avere*) *(cavillare)* to sophisticate, to quibble **II** tr. *(adulterare)* to adulterate [*cibi*]; to adulterate, to sophisticate [*vino*].

sofisticato /sofisti'kato/ **I** p.pass. → **sofisticare II** agg. **1** *(raffinato)* [*persona, modi*] sophisticated **2** *(avanzato)* [*tecnologia, macchinario*] sophisticated, advanced **3** *(adulterato)* [*cibo*] adulterated; [*vino*] adulterated, sophisticated.

sofisticazione /sofistikat'tsjone/ f. *(adulterazione)* adulteration.

sofisticheria /sofistike'ria/ f. sophistry, quibbling.

sofistico, pl. **-ci, -che** /so'fistiko, tʃi, ke/ **I** agg. **1** *(schizzinoso)* fussy, nit-picking **2** *(cavilloso)* captious, quibbling **II** m. (f. **-a**) *(pedante)* pedant; *(cavilloso)* quibbler.

Sofocle /'sɔfokle/ n.pr.m. Sophocles.

software /'sɔftwer/ m.inv. software; **~ di base** system(s) software.

soggettista, m.pl. **-i**, f.pl. **-e** /soddʒet'tista/ ▸ *18* m. e f. scriptwriter.

soggettività /soddʒettivi'ta/ f.inv. subjectivity, subjectiveness.

soggettivo /soddʒet'tivo/ agg. subjective.

1.soggetto /sod'dʒɛtto/ agg. **1** *(predisposto)* **essere ~ a** to be prone to [*raffreddori, emicranie*]; **essere ~ ad alluvioni** [*zona*] to be subject to flooding, to be flood-prone **2** *(sottoposto)* **~ a** subject to [*legge, regolamento*]; liable for *o* to [*tassazione*] **3** *(dipendente)* dependent (**a** on).

2.soggetto /sod'dʒɛtto/ m. **1** *(tema)* subject, subject matter, topic; **catalogo per -i** subject catalogue **2** LING. FILOS. MED. subject **3** MUS. subject **4** TELEV. CINEM. TEATR. story **5** *(individuo)* person, individual; **è un cattivo ~** he's a poor specimen.

soggezione /soddʒet'tsjone/ f. **1** *(timore)* awe; *(imbarazzo)* uneasiness; **avere ~ di qcn.** to stand in awe of sb.; **essere in ~** to feel uneasy; **mettere qcn. in ~** to make sb. feel uneasy *o* uncomfortable **2** *(sottomissione)* **tenere qcn. in ~** to keep sb. in a state of subjection.

sogghignare /soggiɲ'ɲare/ [1] intr. (aus. *avere*) to sneer.

sogghigno /sog'giɲɲo/ m. sneer.

soggiacere /soddʒa'tʃere/ [54] intr. (aus. *essere, avere*) **1** *(sottostare)* to be* subject, to be* subjected (**a** to) **2** *(cedere)* to yield, to succumb.

soggiogamento /soddʒoga'mento/ m. subjugation.

soggiogare /soddʒo'gare/ [1] tr. **1** *(sottomettere)* to subjugate, to subdue [*paese, popolo*] **2** *(domare)* **furono soggiogati dalla sua eloquenza** they were captivated by his eloquent words.

soggiornare /soddʒor'nare/ [1] intr. (aus. *avere*) to stay, to sojourn FORM.

soggiorno /sod'dʒorno/ m. **1** *(periodo)* stay; **permesso di ~** residence permit **2** *(stanza)* living room, family room AE; *(mobili)* living room suite, living room furniture **U** ♦♦ **~ obbligato** DIR. obligatory residence; **~ di studio** study holiday.

soggiungere /sod'dʒundʒere/ [55] tr. to add.

soggolo /sog'golo/ m. **1** *(di abito monacale)* wimple **2** *(di berretto)* chinstrap.

soglia /'sɔʎʎa/ f. doorstep, threshold (anche FIG.); **rimanere sulla ~** to stand in the doorway; **varcare la ~** to cross the threshold; **alle -e di** FIG. on the threshold of [*nuova era*]; **superare la ~ del 3%** to go over the 3% mark; **essere alla ~ dei trent'anni** to be nearing thirty ♦♦ **~ del dolore** pain threshold; **~ di povertà** poverty line.

soglio, pl. **-gli** /'sɔʎʎo, ʎi/ m. **~ pontificio** papal throne.

sogliola /'sɔʎʎola/ f. sole*.

sognante /soɲ'ɲante/ agg. dreamy.

sognare /soɲ'ɲare/ [1] **I** tr. **1** to dream*; **~ qcs.** to dream *o* have a dream about sth.; **ho sognato di essere in vacanza** I dreamt I was on holiday **2** *(desiderare)* to dream* of, to long for [*successo, vacanza*]; **sogno di tornare nel mio paese** I dream of returning to my own country **II** intr. (aus. *avere*) **1** to dream*; **sembra di ~!** you'd think you were dreaming! **2**

(illudersi) ***tu sogni se pensi che...*** you're fooling yourself *o* dreaming if you think (that)... **III sognarsi** pronom. **1** ***-rsi qcs.*** to dream about sth.; ***me lo sogno di notte*** I dream about it at night; ***te lo sei sognato!*** you must have dreamed it! **2** COLLOQ. *(pensare)* ***non sognarti di fare una cosa simile!*** you'll do no such thing! **3** *(immaginare)* ***non mi sarei mai sognato una cosa del genere, di fare*** I wouldn't dream of such a thing, of doing ♦ ***~ a occhi aperti*** to daydream.

sognatore /soɲɲa'tore/ m. (f. **-trice** /tritʃe/) *(chi sogna)* dreamer; *(chi fantastica)* dreamer, daydreamer.

sogno /'soɲɲo/ m. dream (anche FIG.); ***fare un ~*** to have a dream; ***-i d'oro!*** sweet dreams! ***in ~*** in a dream; ***vivere nel mondo dei -i*** to be living in a dreamworld; ***~ a occhi aperti*** daydream; ***avere un ~ nel cassetto*** to have a secret wish; ***avere -i di grandezza*** to dream of greatness; ***la donna dei miei -i*** the woman of my dreams; ***la casa dei miei -i*** my dream house; ***da ~*** [*casa, auto*] dream attrib.; ***è sempre stato il suo ~ visitare il Giappone*** it was his lifelong ambition to visit Japan ♦ ***neanche*** o ***nemmeno per ~!*** I wouldn't dream of it! not on your life!

soia /'sɔja/ f. soya bean, soy; ***di ~*** [*latte, olio, salsa*] soy attrib.; ***germoglio di ~*** beansprout.

sol /sɔl/ m.inv. MUS. G, sol.

solaio, pl. **-ai** /so'lajo, ai/ m. **1** EDIL. floor **2** *(soffitta)* attic, loft.

solamente /sola'mente/ → **solo III, IV.**

solare /so'lare/ agg. **1** [*pannello, energia, raggio, sistema*] solar; [*olio, crema*] suntan **2** ANAT. ***plesso ~*** solar plexus **3** FIG. [*carattere, persona*] sunny, radiant.

solarium /so'larjum/ m.inv. solarium*.

solatio /sola'tio/ agg. sunny.

solcare /sol'kare/ [1] tr. **1** *(navigare)* to sail [*mare*] **2** FIG. [*cicatrice*] to line, to score [*volto*]; ***le lacrime le solcavano il viso*** tears were running down her face.

solco, pl. **-chi** /'solko, ki/ m. **1** AGR. furrow, drill **2** *(traccia)* track, rut **3** *(ruga profonda)* furrow, ridge **4** *(di disco)* track, groove **5** GEOGR. GEOL. fissure, crack.

soldataglia /solda'taʎʎa/, **soldatesca**, pl. **-sche** /solda'teska, ske/ f. SPREG. undisciplined troops pl.

soldatesco, pl. **-schi**, **-sche** /solda'tesko, ski, ske/ agg. military, army attrib.

soldatessa /solda'tessa/ f. **1** woman* soldier **2** SCHERZ. *(donna dai modi decisi)* battle-axe, battleax AE.

soldatino /solda'tino/ m. *(giocattolo)* toy soldier, model soldier; ***~ di piombo*** tin soldier.

soldato /sol'dato/ ➧ **12** m. soldier; ***fare il ~*** to be in the army, to be a soldier; ***partire ~*** to join the army ♦♦ ***~ di cavalleria*** trooper; ***~ di fanteria*** infantryman; ***~ del genio*** sapper BE; ***~ scelto*** lance corporal BE, private first class AE; ***~ semplice*** private (soldier).

soldo /'sɔldo/ **I** m. **1** *(moneta)* coin; *(di scarso valore)* penny, cent AE; ***non voglio pagare un ~ di più*** I don't want to pay a penny more; ***non ho un ~*** I haven't got two pennies to rub together, I'm broke, I haven't got a dime **2** MIL. pay; ***essere al ~ di qcn.*** to be in the pay of sb. (anche FIG.) **II soldi** m.pl. *(denaro)* money sing.; ***-i facili*** easy money; ***fare (i) -i*** to make money; ***si è fatto i -i con il petrolio*** he got his money in oil; ***avere -i a palate*** o ***un sacco di -i*** to have loads of money; ***giocare a -i*** to play for money ♦ ***essere alto un ~ di cacio*** to be knee-high (to a grasshopper); ***li pagano quattro -i*** they're paid peanuts; ***da quattro -i*** dirt cheap, cheap and nasty; ***per quattro -i*** for a penny *o* a song; ***non vale un ~ (bucato)*** it's not worth a brass farthing *o* a dime.

sole /'sole/ m. sun; *(luce, calore solare)* sun, sunlight; ***c'è il ~*** it's sunny; ***una giornata di ~*** a sunny day; ***un raggio di ~*** a ray of sunshine (anche FIG.); ***~ di mezzanotte*** midnight sun; ***mettersi al ~*** to sit in the sun; ***prendere il ~*** to sunbathe; ***contro ~*** against the light; ***sotto il ~*** [*lavorare, camminare, stare seduti*] in the hot sun; ***al ~, in pieno ~*** [*lasciare, esporre*] in direct *o* full sunlight; ***colpo di ~*** *(insolazione)* sunstroke, insolation; ***colpi di ~*** *(nell'acconciatura)* highlights; ***occhiali da ~*** sunglasses ♦ ***avere qualche bene al ~*** to have a bit of land; ***un posto al ~*** a place in the sun; ***alla luce del ~*** openly; ***niente di nuovo sotto il ~*** there is nothing new under the sun; ***bello come il ~*** as beautiful as the morning sun; ***chiaro come il ~*** as plain as day; ***vedere il ~ a scacchi*** SCHERZ. to be behind bars.

solecismo /sole'tʃizmo/ m. solecism.

soleggiato /soled'dʒato/ agg. [*stanza, giornata*] sunny.

solenne /so'lɛnne/ agg. **1** *(ufficiale)* [*cerimonia, occasione, giuramento, promessa*] solemn; ***messa ~*** High Mass **2** *(grave)* [*espressione, aria*] solemn, grave **3** COLLOQ. *(grosso)* [*sgridata*] thorough; ***è un ~ bugiardo*** he's a downright liar; ***essersi preso una sbornia ~*** to be as high as a kite.

solennemente /solenne'mente/ avv. [*promettere, impegnarsi*] solemnly.

solennità /solenni'ta/ f.inv. **1** *(ufficialità)* solemnity **2** *(ricorrenza)* solemnity, holiday.

solennizzare /solennid'dzare/ [1] tr. to solemnize.

solere /so'lere/ [1] Il verbo *solere*, di stile alto e da molti sentito come antiquato, è spesso sostituito da *essere solito* o *abituato*. Usato all'imperfetto per azioni abituali nel passato, è reso in inglese da *used to*, il cui impiego esclude che l'azione indicata avvenga ancora: *solevo andare a teatro quando abitavo a Milano* = I used to go to the theatre when I lived in Milan; con questo valore, *used to* può essere sostituito da *would*: *I would go to the theatre when I lived in Milan*. *Solere* al presente è reso semplicemente con il presente abituale: *suole ascoltare musica classica la sera* = he listens to classical music in the evenings. intr. LETT. ***solevo fare*** I used to do; ***soleva sedere per ore alla finestra*** she would sit for hours at the window; ***suole pranzare presto*** he usually takes his lunch early; ***come si suol dire*** as they say.

solerte /so'lɛrte/ agg. *(diligente)* diligent, industrious, hardworking; *(zelante)* zealous (**nel fare** to do).

solerzia /so'lɛrtsja/ f. *(diligenza)* diligence, industriousness; *(zelo)* zeal.

soletta /so'letta/ f. **1** *(di calza)* (stocking-)sole; *(di scarpa)* insole **2** EDIL. slab.

solfa /'sɔlfa/ f. ***è sempre la stessa ~*** it's always the same old story *o* song; ***conosco questa ~*** I know the tune.

solfatara /solfa'tara/ f. **1** *(bacino vulcanico)* solfatara **2** *(miniera)* sulphur mine BE, sulfur mine AE.

solfato /sol'fato/ m. sulphate BE, sulfate AE.

solfeggiare /solfed'dʒare/ [1] tr. e intr. (aus *avere*) to sol-fa.

solfeggio, pl. **-gi** /sol'feddʒo, dʒi/ m. sol-fa, solfeggio.

solforico, pl. **-ci**, **-che** /sol'fɔriko, tʃi, ke/ agg. sulphuric BE, sulfuric AE.

solforoso /solfo'roso/ agg. sulphurous BE, sulfurous AE; ***anidride -a*** sulphur BE *o* sulfur AE dioxide.

solfuro /sol'furo/ m. sulphide BE, sulfide.

solidale /soli'dale/ agg. **1** ***essere ~ con qcn.*** to be behind sb.; ***sentirsi, mostrarsi ~ con qcn.*** to feel, show solidarity with sb.; ***commercio equo e ~*** fair trade **2** DIR. ***debitore ~*** jointly liable debtor; ***responsabilità ~*** joint liability.

solidarietà /solidarje'ta/ f.inv. **1** solidarity, sympathy; ***fondo di ~*** solidarity fund; ***sciopero di ~*** sympathy strike; ***esprimere la propria ~ a qcn.*** to show one's solidarity with sb. **2** DIR. solidarity, joint liability.

solidarizzare /solidarid'dzare/ [1] intr. (aus. *avere*) to show* one's solidarity, to sympathize (**con** with).

solidificare /solidifi'kare/ [1] intr. (aus. *essere*), **solidificarsi** pronom. to solidify; [*olio, grasso*] to congeal; [*cemento*] to set*.

solidificazione /solidifikat'tsjone/ f. solidification; *(di olio, grasso)* congealing.

solidità /solidi'ta/ f.inv. **1** *(stabilità)* solidity, firmness **2** FIG. *(di amicizia, matrimonio)* solidity, durability, strength; *(di economia)* robustness; *(di dottrina)* soundness, solidity **3** FIG. *(fondatezza)* *(di argomentazione)* solidity, substance **4** *(di colore)* fastness.

solido /'sɔlido/ **I** agg. **1** [*corpo, alimento, combustibile, figura*] solid; ***allo stato ~*** in a solid state **2** *(resistente)* [*muri, costruzione*] solid, sound; [*veicolo, scarpe*] strong; [*fondamenta*] firm, secure, sound; [*colore*] fast; FIG. [*amicizia, unione*] solid, strong, durable; [*argomento*] solid, sound, strong; ***una -a base grammaticale*** a solid grounding in grammar; ***su -e basi*** on a firm footing **3** *(affidabile)* [*impresa, industria*] firm, sound, reliable; [*economia*] firm, robust; [*reputazione*] sound **4 in solido** DIR. [*obbligarsi*] jointly and severally; [*creditori*] joint and several **II** m. MAT. FIS. solid.

soliloquio, pl. **-qui** /soli'lɔkwjo, kwi/ m. soliloquy.
solingo, pl. **-ghi**, **-ghe** /so'lingo, gi, ge/ agg. LETT. solitary, lonely.
solipsismo /solip'sizmo/ m. solipsism.
solista, m.pl. **-i**, f.pl. **-e** /so'lista/ **I** m. e f. soloist **II** agg. [*canto, voce, cantante*] solo.
solitamente /solita'mente/ avv. usually, generally.
solitario, pl. **-ri**, **-rie** /soli'tarjo, ri, rje/ **I** agg. **1** *(senza compagnia)* [*persona, vita, passeggiata*] solitary; [*vecchiaia, infanzia*] lonely; ***un lupo ~*** a lone wolf **2** *(isolato)* [*casa, villaggio*] isolated, secluded; [*luogo*] solitary; [*sentiero*] secluded **3** SPORT [*volo, navigazione*] solo; ***navigatore ~*** solo yachtsman **II** m. (f. **-a**) **1** *(persona)* solitary (person), loner **2** *(diamante)* solitaire **3** ➧ *10* GIOC. patience, solitaire AE; ***fare un ~*** to play patience.
solito /'sɔlito/ **I** agg. **1** *(abituale)* usual; [*dentista, dottore*] regular; ***alla -a ora*** at the usual time; ***il ~ trantran*** the daily grind; ***la mia -a fortuna!*** IRON. just my luck! **2** *(stesso)* same (old); ***è sempre la -a storia*** it's always the same old story **3** *(abituato)* ***sono ~ fare*** I usually do; ***ero ~ fare*** I used to do **II** m. **1** usual; ***il ~, signore?*** *(al bar)* your usual, sir? ***come al ~*** as usual; ***più, meno del ~*** more, less than usual; ***se ne andarono prima del ~*** they left earlier than was usual for them; ***più silenzioso del ~*** more than ordinarily quiet **2 di solito** usually, generally ♦ ***siamo alle -e!*** here we go again! ***sei sempre il ~*** you never change.
solitudine /soli'tudine/ f. solitude, loneliness; ***vivere in ~*** to live in seclusion, to live a solitary life.
sollazzare /sollat'tsare/ [1] **I** tr. LETT. SCHERZ. to amuse, to entertain **II sollazzarsi** pronom. to amuse oneself, to enjoy oneself.
sollazzo /sol'lattso/ m. amusement, entertainment.
sollecitare /solletʃi'tare/ [1] tr. **1** *(esortare, fare premura a)* to urge, to press; *(chiedere con insistenza)* to solicit [*attenzione, aiuto, favore*]; to spur [*reazione, risposta*]; ***~ qcn. perché agisca*** to prod sb. into acting **2** COMM. to urge, to demand [*pagamento, consegna*]; to solicit for [*ordini*] **3** *(stimolare)* to stimulate, to incite, to spur [*persona*]; to rouse, to stir [*fantasia*] **4** MECC. to stress.
sollecitazione /solletʃitat'tsjone/ f. **1** *(richiesta)* solicitation, urging; ***cedere alle -i di qcn.*** to give in to sb.'s requests **2** FIG. *(stimolo)* spur, stimulus* **3** COMM. request, reminder **4** MECC. stress **5** EDIL. strain.
1.sollecito /sol'letʃito/ agg. **1** *(premuroso)* attentive, helpful **2** *(rapido)* prompt, ready; ***risposta -a*** prompt reply; ***pagamento ~*** ready payment.
2.sollecito /sol'letʃito/ m. COMM. reminder, request; ***~ di pagamento*** reminder for payment.
sollecitudine /solletʃi'tudine/ f. **1** *(rapidità)* promptness, readiness; ***con cortese ~*** COMM. at your earliest convenience **2** *(premura, riguardo)* attentiveness, concern, consideration, solicitude.
solleone /solle'one/ m. **1** dog days pl. **2** *(calura)* summer heat.
solleticare /solleti'kare/ [1] tr. **1** to tickle **2** FIG. to tickle [*curiosità, vanità*]; to whet [*appetito*].
solletico /sol'letiko/ m. tickle, tickling; ***fare il ~ a qcn.*** to tickle sb.; ***soffrire il ~*** to be ticklish; ***le tue critiche mi fanno il ~*** FIG. your criticism hardly touches me.
sollevamento /solleva'mento/ ➧ *10* m. **1** *(il sollevare)* lifting, raising **2** SPORT ***~ pesi*** weight-lifting **3** GEOL. upheaval, uplift.
sollevare /solle'vare/ [1] **I** tr. **1** *(alzare)* [*persona*] to lift, to raise [*oggetto, peso*]; to put* up, to raise [*braccio, mano*]; to lift up [*testa*]; to pick up [*ricevitore*]; [*vento*] to whip up, to stir up [*foglie, carte*]; to raise [*polvere*]; *(issare)* to hoist; *(con il cric)* to jack up; ***~ il morale a qcn.*** FIG. to lift *o* raise sb.'s spirits **2** *(alleggerire)* to relieve; *(esonerare)* to relieve, to dismiss; ***mi sollevi da un gran peso*** you've relieved me of a great burden; ***~ qcn. da un incarico*** to relieve sb. of a post **3** *(avanzare, porre)* to raise [*problemi, obiezioni*]; to begin* [*dibattito*]; ***~ dubbi su qcs.*** to cast *o* throw doubt about sth. **4** *(suscitare)* to arouse [*scandalo, polemiche*] **5** *(spingere alla ribellione)* to stir up [*folla, popolo*] **6** *(confortare)* to relieve, to comfort; ***mi ha sollevato sapere che...*** it was a relief to me to hear that... **II sollevarsi** pronom. **1** *(alzarsi)* [*persona*] to rise*, to lift oneself **2** *(in aria)* [*aereo*] to take* off; [*polvere*] to rise*; ***-rsi in volo*** to rise up **3** *(ribellarsi)* to rise* up, to revolt.
sollevato /solle'vato/ **I** p.pass. → **sollevare II** agg. *(confortato)* relieved, cheered up; ***sentirsi ~*** to feel relieved (**per** at).
sollevatore /solleva'tore/ m. (f. **-trice** /tritʃe/) **1** SPORT. ***~ di pesi*** weight-lifter **2** TECN. hoist, lift(er).
sollevazione /sollevat'tsjone/ f. (up)rising, insurrection.
sollievo /sol'ljɛvo/ m. relief, comfort (**per qcn.** to sb.); ***dare ~ a qcn.*** to give relief to sb.; ***sospiro di ~*** sigh of relief.
solluc(c)hero /sol'luk(k)ero/ m. ***andare, mandare in ~*** to go, send into raptures.
solo /'solo/ *Solo* si rende con *alone*, se il fatto di essere solo non è visto né come positivo né come negativo: *ieri sono stato solo in casa* = yesterday I stayed at home alone; con lo stesso significato, ma in modo più informale, si usano *on one's own* o *by oneself*, i quali possono suggerire la mancanza di aiuto: *voglio finirlo da solo* = I want to finish it on my own / by myself. Se invece la solitudine è vista negativamente, *solo* si traduce con *lonely* (o *lonesome* in inglese americano): *da quando mia moglie è morta, spesso mi sento solo* = since my wife died, I have often felt lonely. - Per le altre accezioni, si veda la voce qui sotto. **I** agg. **1** *(senza compagnia)* alone, by oneself, on one's own; *(solitario)* lonely; ***mi ha lasciato ~*** she left me on my own; ***tutto ~, ~ soletto*** all alone; ***finalmente -i!*** alone at least! ***~ al mondo*** alone in the world; ***sentirsi ~*** to feel lonely; ***vivere (da) ~*** to live alone **2 da solo** *(senza altri)* ***parlare da ~*** to talk to oneself; ***preferisco incontrarla da -a*** I'd rather meet her alone *o* in private; ***da ~ a ~*** in private, tête-à-tête; *(senza aiuto)* by oneself, on one's own; ***essersi fatto da ~*** to be a self-made man; ***posso farlo da ~*** I can do it by myself *o* on my own; ; ***si è mangiato un pollo da ~*** he ate a whole chicken all by himself; ***imparare da ~ lo spagnolo*** to teach oneself Spanish; *(da sé)* ***il riscaldamento si accende da ~*** the heating comes on by itself **3** *(unico)* only, single; ***il ~ modo*** the only way; ***in un ~ giorno*** in a single day; ***non un ~ cliente*** not a single customer **4** *(soltanto)* only, just, mere; ***per -i uomini*** (for) men only; ***dopo due -i lavaggi*** after only two washes; ***a -i due giorni dalle elezioni*** with only two days to go before the election; ***al ~ pensiero di fare*** at the very thought of doing; ***un uomo con un occhio ~*** a one-eyed man **5** MUS. solo **II** m. (f. **-a**) **1** *(persona)* ***il ~, la -a*** the only one; ***ero il ~ a mangiare*** I was the only one eating; ***i -i a capire*** the only ones who understood; ***non sei la -a!*** you're not the only one! **2** MUS. ***a ~*** solo **III** avv. **1** *(soltanto)* only, just; *(semplicemente)* just, merely; ***è ~ un ragazzo!*** he's just a child! ***~ lui potrebbe dirvelo*** only he could tell you; ***~ una tazza di tè*** just a cup of tea; ***~ un miracolo potrebbe salvarlo*** only a miracle could save him; ***~ una volta*** only once; ***ci saremo ~ noi tre*** there will be just the three of us; ***stavo ~ scherzando*** I was only joking; ***spero ~ che...*** I only hope (that)...; ***volevo ~ dire che...*** I just wanted to say (that)...; ***non ~... ma anche*** not only... but also; ***~ se*** only if **2** *(nel tempo)* only, just; ***~ ieri*** only yesterday; ***~ due giorni fa*** just two days ago **IV** cong. **1** *(però)* ***verrei, ~ che questa sera lavoro*** I'd come, only I'm working tonight; ***volevamo guardare, ~ (che) non osavamo*** we wanted to watch but we didn't dare **2** *(basta che)* ***ce la farà ~ che lo voglia*** he will make it if only he really wants it ♦ ***essere ~ come un cane*** to be all alone; ***meglio -i che mal accompagnati*** PROV. = better off alone than in bad company.
solstizio, pl. **-zi** /sols'tittsjo, tsi/ m. solstice; ***~ d'estate, d'inverno*** summer, winter solstice.
soltanto /sol'tanto/ → **solo III, IV.**
solubile /so'lubile/ agg. **1** soluble; ***~ in acqua*** water-soluble, soluble in water; ***caffè ~*** instant coffee **2** *(risolvibile)* soluble, resolvable.
solubilità /solubili'ta/ f.inv. **1** solubility **2** FIG. solvability.
soluzione /solut'tsjone/ f. **1** CHIM. FARM. solution **2** *(risoluzione)* *(di problema)* solution, answer (**di** to); resolution (**di** of); *(di quiz, indovinello)* answer (**di** to); *(di esercizio)* key; *(di equazione)* solution; ***non è (un problema) di facile ~*** there is no easy answer (to the problem); ***una ~ di comodo*** an easy way out **3** COMM. *(pagamento)* ***pagare in un'unica ~*** to

pay outright; ***pagamento in un'unica* ~** single settlement ♦♦ **~ *di continuità*** break, gap, interruption; ***senza ~ di continuità*** without interruption; **~ *finale*** STOR. Final Solution.

solvente /sol'vɛnte/ **I** agg. **1** CHIM. solvent **2** DIR. [*debitore*] solvent, reliable **II** m. solvent.

solvenza /sol'vɛntsa/ f., **solvibilità** /solvibili'ta/ f.inv. DIR. solvency.

soma /'sɔma/ f. burden, load, pack; ***bestia* o *animale da* ~** beast of burden, pack animal.

somalo /'sɔmalo/ ♦ ***25, 16*** **I** agg. Somali **II** m. (f. **-a**) **1** Somali **2** *(lingua)* Somali.

somaro /so'maro/ m. (f. **-a**) **1** donkey, ass, jackass **2** SCHERZ. *(persona ignorante)* ass, donkey, dunce.

somatico, pl. **-ci**, **-che** /so'matiko, tʃi, ke/ agg. somatic.

somatizzare /somatid'dzare/ [1] tr. to somatize.

somigliante /somiʎ'ʎante/ agg. *(che somiglia)* alike mai attrib.; *(simile)* similar (**a** to); ***essere molto* ~** to be similar, to bear a very good likeness.

somiglianza /somiʎ'ʎantsa/ f. likeness, resemblance, similarity.

somigliare /somiʎ'ʎare/ [1] **I** intr. (aus. *avere*, *essere*) **~ a** *(fisicamente)* to look like; *(essere simile)* to bear a likeness, a resemblance to, to resemble; ***somiglia tantissimo a suo padre*** she looks just like her father, she's very much like her father **II somigliarsi** pronom. *(fisicamente)* to look alike; *(essere simili)* to resemble each other ♦ ***-rsi come due gocce d'acqua*** to be as like as two peas in a pod.

somma /'somma/ f. **1** MAT. *(operazione)* addition **U**; *(risultato)* sum; ***fare la ~ di due numeri*** to add two numbers together; ***fare una* ~** to do a sum **2** *(quantità di denaro)* sum, amount; ***è una bella* ~** it's a pretty sum *o* quite a sum **3** *(insieme)* ***la ~ delle mie esperienze*** the sum (total) of my experience ♦ ***tirare le -e*** to draw conclusions, to sum up.

sommamente /somma'mente/ avv. *(estremamente)* extremely; *(più di ogni altra cosa)* above all else, above everything.

sommare /som'mare/ [1] **I** tr. **1** MAT. to add (together), to add up [*cifre, quantità*]; **~ *5 a 7*** to add 5 to 7 **2** FIG. *(aggiungere)* to add (up) **II** intr. (aus. *avere*, *essere*) *(ammontare)* **~ a** to amount to, to come* to, to add up to **III sommarsi** pronom. *(aggiungersi)* to add up.

sommariamente /sommarja'mente/ avv. **1** *(sinteticamente)* summarily, briefly, in brief **2** *(sbrigativamente)* perfunctorily.

1.sommario, pl. **-ri**, **-rie** /som'marjo, ri, rje/ agg. **1** *(sintetico)* concise, brief, short **2** *(sbrigativo)* perfunctory; hasty.

2.sommario, pl. **-ri** /som'marjo, ri/ m. **1** *(compendio)* compendium*, digest; *(riassunto)* summary; *(indice)* (table of) contents **2** RAD. TELEV. *(nei notiziari)* headline, highlights pl., news summary.

sommato /som'mato/ **I** p.pass. → **sommare II** agg. ***tutto* ~** all things considered, all in all.

sommelier /somme'lje, some'je/ ♦ ***18*** m. e f.inv. wine waiter.

sommergere /som'mɛrdʒere/ [19] tr. **1** *(inondare)* to submerge, to flood **2** FIG. to flood, to overwhelm, to swamp (**di** with); **~ *qcn. di lavoro, domande*** to swamp sb. with work, questions.

sommergibile /sommer'dʒibile/ m. submarine.

sommerso /som'mɛrso/ **I** p.pass. → **sommergere II** agg. **1** *(coperto dall'acqua)* [*relitto*] submerged, sunken **2** ECON. ***economia -a*** black *o* grey economy; ***lavoro* ~** = job for which no earnings are declared.

sommessamente /sommessa'mente/ avv. [*parlare*] softly, low, in a whisper.

sommesso /som'messo/ agg. [*voce*] soft, subdued, hushed.

somministrare /somminis'trare/ [1] tr. to administer, to give* [*medicina*]; to administer [*sacramento*].

somministrazione /somministrat'tsjone/ f. administration.

sommità /sommi'ta/ f.inv. *(di montagna)* summit, top, peak; ***la ~ del capo*** the top of one's head.

sommo /'sommo/ **I** agg. **1** *(altissimo)* [*vette*] highest **2** *(massimo)* [*felicità, importanza*] supreme, utmost, greatest; ***con ~ piacere*** with the greatest pleasure; **~ *sacerdote*** high priest; ***il Sommo Pontefice*** the Supreme Pontiff **3** *(eccelso)* ***un ~ pittore*** a painter of excellence **II** m. **1** *(cima)* summit, top, peak **2** FIG. *(apice)* height, apex*, peak; ***al ~ del successo*** at the peak of one's success ♦ ***per -i capi*** summarily, briefly.

sommossa /som'mɔssa/ f. (up)rising, rebellion, riot.

sommozzatore /sommottsa'tore/ ♦ ***18*** m. (f. **-trice** /tritʃe/) **1** *(con autorespiratore)* scuba diver; *(senza autorespiratore)* skin diver **2** MIL. *(uomo rana)* frogman*.

sonagliera /sonaʎ'ʎɛra/ f. = collar with bells.

sonaglio, pl. **-gli** /so'naʎʎo, ʎi/ m. **1** *(sferetta sonora)* bell **2** ZOOL. ***serpente a -gli*** rattlesnake **3** *(per bambini)* rattle.

sonante /so'nante/ agg. ***pagare con moneta* ~** to pay in cash; ***denaro* ~** ready cash *o* money.

sonar /'sɔnar/ m.inv. sonar.

sonare /so'nare/ → **suonare**.

sonata /so'nata/ f. MUS. sonata.

sonato /so'nato/ → **suonato**.

sonda /'sonda/ f. **1** MED. probe, sound **2** TECN. drill **3** METEOR. ***pallone* ~** sounding balloon **4** MAR. sounding lead ♦♦ **~ *spaziale*** space probe.

sondaggio, pl. **-gi** /son'daddʒo, dʒi/ m. **1** MIN. drilling; MAR. sounding **2** MED. probing **3** STATIST. poll (**su** on), survey; **~ *d'opinione*** opinion poll, canvass of opinion; ***fare un* ~** to carry out *o* do a survey; ***un ~ tra gli insegnanti*** a poll of teachers **4** *(indagine)* ***vado a fare un ~ tra i miei colleghi*** I'm going to sound out my colleagues.

sondare /son'dare/ [1] tr. **1** MIN. to make* test drills in [*suolo, vena*]; to probe [*terreno*]; MAR. to sound, to plumb, to fathom [*fondale*] **2** MED. to sound, to probe **3** *(indagare)* to sound out [*persona, opinione pubblica*]; to canvass [*gruppo*]; to sample, to investigate [*mercato*]; **~ *il terreno*** FIG. to test the water.

sonetto /so'netto/ m. sonnet.

sonico, pl. **-ci**, **-che** /'sɔniko, tʃi, ke/ agg. [*barriera, velocità*] sound attrib.; [*bang*] sonic.

sonnacchioso /sonnak'kjoso/ agg. sleepy, drowsy.

sonnambulismo /sonnambu'lizmo/ ♦ ***7*** m. sleepwalking, somnambulism FORM.

sonnambulo /son'nambulo/ **I** agg. sleepwalking attrib. **II** m. (f. **-a**) sleepwalker, somnambulist FORM.

sonnecchiare /sonnek'kjare/ [1] intr. (aus. *avere*) *(dormicchiare)* to doze, to drowse, to nod.

sonnellino /sonnel'lino/ m. doze, nap, snooze COLLOQ.; ***fare un* ~** to have *o* take a nap, to have a doze, to snooze COLLOQ.

sonnifero /son'nifero/ m. sleeping drug, soporific; *(compressa)* sleeping pill, sleeping tablet.

sonno /'sonno/ m. sleep; ***avere* ~** to feel *o* be sleepy; ***avere il ~ leggero, pesante*** to be a light, heavy sleeper; ***prendere* ~** to go *o* get to sleep; ***perdere il* ~** to lose sleep; ***una notte di* ~** a night's sleep; ***camminare, parlare nel* ~** to walk, talk in one's sleep; ***avere un colpo di* ~** to nod off; ***cura del* ~** sleep therapy; ***malattia del* ~** sleeping sickness; ***fare venire ~ a qcn.*** to make sb. sleepy; ***sto morendo dal* o *di* ~** I'm asleep on my feet ♦ ***dormire -i tranquilli*** to rest easy, to sleep peacefully ♦♦ **~ *eterno*** EUFEM. big sleep.

sonnolento /sonno'lɛnto/ agg. **1** *(assonnato)* sleepy, drowsy, dozy **2** FIG. *(poco vivace)* [*cittadina*] slumberous, sleepy **3** *(che induce sonno)* sleep-inducing, soporific.

sonnolenza /sonno'lentsa/ f. sleepiness, drowsiness; ***questo medicinale può indurre* ~** this medicine may cause drowsiness.

sonoramente /sonora'mente/ avv. ***sconfiggere ~ qcn.*** to give sb. a sound thrashing.

sonorità /sonori'ta/ f.inv. **1** *(musicalità)* sonority **2** *(risonanza)* resonance, acoustics + verbo pl. **3** *(suono)* sound.

sonoro /so'nɔro/ **I** agg. **1** *(che produce un suono)* [*onda, segnale*] sound attrib.; [*interferenza*] sonic **2** *(rumoroso)* [*voce*] resounding, sonorous, resonant FORM.; [*risata*] loud **3** FIG. *(clamoroso)* [*sconfitta*] resounding **4** FIG. *(altisonante)* [*frase*] high-sounding **5** CINEM. [*effetti*] sound attrib.; ***film* ~** talking film, talkie ANT. COLLOQ.; ***colonna -a*** soundtrack, score **6** FON. voiced **II** m. *(cinema sonoro)* ***il* ~** the talkies; *(colonna sonora)* soundtrack, score.

sontuosità /sontuosi'ta/ f.inv. sumptuousness, richness, splendour BE, splendor AE.

sontuoso /sontu'oso/ agg. [*casa*] sumptuous, luxurious, lavish; [*cerimonia*] splendid.

sopire /so'pire/ [102] tr. to soothe, to appease, to dull [*collera, passioni*].

sopore /so'pore/ m. drowsiness.

soporifero /sopo'rifero/ agg. **1** soporific, sleep-inducing **2** FIG. [*film, libro*] soporific, slumberous.

soppalco, pl. **-chi** /sop'palko, ki/ m. mezzanine, intermediate floor; ***letto a ~*** mezzanine bed, loft bed AE.

sopperire /soppe'rire/ [102] intr. (aus. *avere*) **1** *(provvedere)* ***~ a*** to supply, to provide for [*bisogni, esigenze*]; to meet [*spese*] **2** *(supplire)* ***~ a*** to compensate for, to make up for [*mancanza*].

soppesare /soppe'sare/ [1] tr. **1** *(pesare)* to weigh [sth.] in one's hand, to feel the weight of [*oggetto*] **2** FIG. *(valutare)* to weigh up [*argomento, pro e conrtro*].

soppiantare /soppjan'tare/ [1] tr. to supplant, to displace, to oust [*rivale*]; to supersede, to supplant [*teoria, credenza, vecchia tecnologia*].

soppiatto: **di soppiatto** /disop'pjatto/ avv. stealthily, furtively, on the sly; ***andarsene di ~*** to slip away; ***entrare di ~*** to creep *o* sneak in.

sopportabile /soppor'tabile/ agg. bearable, endurable, tolerable.

sopportare /soppor'tare/ [1] **I** tr. **1** *(reggere)* [*ponte, strada*] to sustain, to carry [*peso, carico*]; ***~ il peso di*** [*struttura, pilastro*] to bear (the weight of) [*tetto, edificio*] **2** *(subire, patire)* to put* up with, to endure, to undergo*, to suffer [*privazioni, umiliazioni*]; to bear*, to endure [*dolore, solitudine*]; to put* up with, to swallow [*sarcasmo, insulti*]; ***non sopporta le critiche*** he can't take being criticized **3** *(tollerare agevolmente)* [*pianta, materiale*] to withstand* [*temperature, calore*]; ***sopporto bene il caldo*** I can take *o* stand the heat **4** *(tollerare, ammettere)* to put* up with, to endure [*comportamento*]; ***non sopporta di fare*** he can't stand to do *o* doing; ***non sopporto Carla, i bugiardi*** I can't stand Carla, liars; ***non sopporto la musica alta*** I can't do with loud music; ***non sopporto che mi faccia la predica*** I can't bear his preaching **II sopportarsi** pronom. ***Ada e Silvio non si sopportano*** Ada and Silvio can't stand *o* put up with each other.

sopportazione /sopportat'tsjone/ f. **1** *(resistenza)* endurance; *(pazienza)* patience, tolerance; ***essere al limite della ~*** to be at breaking point **2** *(sufficienza)* condescension.

soppressata /soppres'sata/ f. GASTR. = cold meat of pork obtained by pressing parts of the head and skin.

soppressione /soppres'sjone/ f. **1** *(abolizione) (di servizio, attività)* suppression, abolition; *(di treno)* cancellation; *(di tassa)* removal **2** *(uccisione)* killing, elimination.

sopprimere /sop'primere/ [29] tr. **1** *(abolire)* to suppress [*partito, giornale*]; to suppress, to abolish, to discontinue [*servizio, attività*]; to cancel, to take* off [*treno, autobus*] **2** *(eliminare)* to cut*, to delete [*paragrafo*] **3** *(uccidere)* to kill, to eliminate, to do* away with [*persona*]; to put* down [*animale*]; ***fare ~ un animale*** to put an animal to sleep EUFEM.

sopra /'sopra/ **I** prep. **1** *(in posizione superiore) (con contatto)* on, upon; *(con movimento)* on, onto; *(in cima a)* on top of; ***la tazza è ~ il*** o ***al tavolo*** the cup is on the table; ***il gelato è caduto ~ la sedia*** the ice cream fell on(to) the chair; ***passare le dita ~ qcs.*** to run one's fingers over sth.; ***scrivici ~ l'indirizzo*** write the address on it; ***mettilo ~ al mucchio*** put it on top of the pile; ***essere uno ~ l'altro*** to be in a pile **2** *(senza contatto o per indicare rivestimento, protezione)* over; ***il cielo ~ Londra*** the sky over London; ***il quadro ~ il*** o ***al letto*** the picture over the bed; ***portare un maglione ~ la camicia*** to wear a sweater over one's shirt; ***tirarsi le lenzuola ~ la testa*** to pull the sheets over one's head **3** *(più in alto di, più in su di)* above; *(a nord di)* north of, above; ***~ il ginocchio*** above the knee; ***abita ~ di me*** he lives in the flat above me; ***proprio ~ le nostre teste*** straight above our heads; ***sei gradi ~ lo zero*** six degrees above zero; ***~ il livello del mare*** above sea level; ***Como è ~ Milano*** Como is north of Milan **4** *(oltre)* above, over; ***ragazze ~ i sedici anni*** girls over sixteen *o* above the age of sixteen; ***il prezzo è ~ i 500 euro*** the price is over *o* above 500 euros **5** *(più di, che)* over, above, more than; ***amare qcn. ~ ogni altra cosa*** to love sb. above all else **6** *(per indicare superiorità, dominio)* over **7** *(intorno, rispetto a)* on, about **8 al di sopra di** above, beyond, over; ***al di ~ degli alberi*** above the trees; ***i bambini al di ~ dei sei anni*** children (of) over six; ***al di ~ della media*** above (the) average, above standard; ***è al di ~ delle mie capacità*** it is beyond my ability; ***essere al di ~ di ogni sospetto*** to be above *o* beyond suspicion **II** avv. **1** *(in posizione più elevata)* on, up; *(senza contatto)* above; *(in cima)* on top; ***due metri ~*** two metres above; ***va sotto o ~?*** does it go under or over? ***non prendere questo libro, prendi quello ~*** don't take that book, take the one on top (of it); ***non metterci le dita ~*** don't put your fingers on it; ***in camicia avrai freddo, mettiti ~ una maglia*** you'll be cold in a shirt, put a sweater on; ***da ~*** from above; ***qua ~, là ~*** on *o* up here, on *o* up there **2** *(sulla superficie esterna)* on top; ***un dolce con la cioccolata ~*** a cake with chocolate on top **3** *(al piano superiore)* upstairs; ***~ ci sono tre camere*** there are three rooms upstairs; ***il rumore viene da ~*** the noise is coming from upstairs **4** *(precedentemente)* above; ***vedi ~*** see above; ***come ~*** ditto; ***come detto ~*** as stated above; ***i nomi di cui ~*** the above names **5 di sopra** *(sopra a un altro)* above; *(fra due)* upper; *(più in alto di tutti)* top; *(al piano superiore)* upstairs; ***andare di ~*** to go upstairs **III** agg.inv. *(superiore)* above; ***la parte ~*** the upper part; ***la riga ~*** the line above **IV** m.inv. *(parte superiore)* top (side).

soprabito /so'prabito/ m. overcoat.

sopraccennato /soprattʃen'nato/ agg. above-mentioned.

sopracciglio, pl. **-gli**, pl.f. **-a** /soprat'tʃiʎʎo, ʎi, ʎa/ m. (eye)brow; ***alzare*** o ***inarcare le -a*** to raise one's *o* an eyebrow.

sopracciliare /sopratt∫i'ljare/ agg. [*arcata*] superciliary.

sopraccitato /sopratt∫i'tato/ agg. (afore)said, above-mentioned.

sopraccoperta /soprakko'pεrta/ **I** f. *(di libro)* jacket, slip-cover **II** avv. MAR. on deck.

sopraelevare /sopraele'vare/ [1] tr. **1** EDIL. to raise (the height of), to add storeys to [*casa*] **2** to bank up [*strada*].

sopraelevata /sopraele'vata/ f. **1** *(strada)* overpass, flyover BE **2** *(ferrovia)* elevated railway, elevated railroad AE.

sopraelevato /sopraele'vato/ **I** p.pass. → **sopraelevare II** agg. [*piattaforma*] raised; [*ferrovia*] elevated; ***strada -a*** overpass, flyover BE.

sopraelevazione /sopraelevat'tsjone/ f. *(di casa)* raising; *(di strada)* bank(ing).

sopraffare /sopraf'fare/ [8] tr. **1** *(vincere)* to overcome*, to overpower [*nemico*] **2** FIG. [*sentimento*] to overwhelm, to overcome*, to take* hold of [*persona*]; ***fu sopraffatto dal sonno*** sleep got the better of him; ***era sopraffatto dal senso di colpa*** he was overwhelmed with guilt.

sopraffazione /sopraffat'tsjone/ f. **1** *(il sopraffare)* overwhelming, overcoming **2** *(sopruso)* bullying, tyranny.

sopraffino /sopraf'fino/ agg. **1** *(squisito)* [*cibo*] delicious; *(pregiato)* [*qualità*] superfine, superior, first-rate **2** FIG. *(straordinario)* [*intelligenza*] astonishing, exceptional; [*tecnica*] masterly; [*gusto*] excellent.

sopraggittare /sopraddʒit'tare/ [1] tr. to oversew*.

sopraggitto /soprad'dʒitto/ m. oversewing.

sopraggiungere /soprad'dʒundʒere/ [55] intr. (aus. *essere*) **1** *(arrivare all'improvviso)* [*persona*] to arrive unexpectedly, to turn up; ***sopraggiunse l'inverno*** winter set in *o* came **2** *(accadere)* [*fatto, decesso*] to occur; [*problema, difficoltà*] to arise*, to set* in.

sopralluogo, pl. **-ghi** /sopral'lwɔgo, gi/ m. inspection, on-the-spot investigation; ***fare un ~ in*** to make an inspection of, to inspect [*cantiere, fabbrica*].

soprammercato /soprammer'kato/ m. ***per ~*** into the bargain, on top of that.

soprammobile /sopram'mɔbile/ m. ornament, knick-knack.

soprannaturale /soprannatu'rale/ agg. e m. supernatural.

soprannome /sopran'nome/ m. nickname.

soprannominare /soprannomi'nare/ [1] tr. to nickname.

soprannominato /soprannomi'nato/ **I** p.pass. → **soprannominare II** agg. called, known as.

soprannumerario, pl. **-ri**, **-rie** /soprannume'rarjo, ri, rje/ agg. supernumerary, extra.

soprannumero /sopran'numero/ **I** m. ***in ~*** [*oggetti*] surplus attrib.; [*personale*] redundant **II** agg.inv. extra.

soprano /so'prano/ ♦ *18* m. **1** *(voce, cantante)* soprano* **2** ***sassofono ~*** soprano saxophone.

soprappensiero /soprappen'sjɛro/ I avv. absent-mindedly II agg.inv. ***essere ~*** to be lost in thought *o* abstracted.
soprappiù /soprap'pju/ → **sovrappiù.**
soprascarpa /sopras'karpa/ f. overshoe, galosh, golosh BE.
soprascritto /sopras'kritto/ agg. [*numero*] superscript.
soprassalto /sopras'salto/ m. ***di ~*** with a start, suddenly, all of a sudden.
soprassedere /soprasse'dere/ [88] intr. (aus. *avere*) ***~ a*** o ***su*** to postpone, to put off, to defer, to delay [*decisione, giudizio*].
soprattassa /soprat'tassa/ f. surtax, additional tax; *(postale)* excess postage.
soprattutto /soprat'tutto/ avv. *(più di ogni altra cosa)* above all, most of all; *(specialmente)* especially, in particular; *(principalmente)* chiefly, mainly; ***~, non dimenticarti il passaporto*** most of all, don't forget your passport; ***qui fa molto caldo, ~ d'estate*** it's very hot here, especially in summer; ***la mia classe è composta ~ da ragazze*** my class is mainly made up of girls.
sopravento /sopra'vɛnto/ agg.inv. e avv. windward.
sopravvalutare /sopravvalu'tare/ [1] I tr. to overestimate, to overrate [*capacità, importanza, persona*] II **sopravvalutarsi** pronom. to rate oneself too highly.
sopravvalutazione /sopravvalutat'tsjone/ f. overestimation.
sopravvenienza /sopravve'njɛntsa/ f. *(di fatto, disgrazia)* sudden occurrence.
sopravvenire /sopravve'nire/ [107] intr. (aus. *essere*) → **sopraggiungere.**
1.sopravvento /soprav'vɛnto/ m. ***avere il ~ su*** to have the upper hand over; ***prendere il ~*** to get the upper hand.
2.sopravvento /soprav'vɛnto/ → **sopravento.**
sopravvissuto /sopravvis'suto/ I p.pass. → **sopravvivere** II agg. surviving III m. (f. **-a**) **1** survivor **2** FIG. IRON. old fogey BE, old fogy AE.
sopravvivenza /sopravvi'vɛntsa/ f. survival; ***corso di ~*** survival course; ***lotta per la ~*** fight *o* struggle for survival.
sopravvivere /soprav'vivere/ intr. (aus. *essere*) **1** *(continuare a vivere)* to live (on), to survive; FIG. [*tradizione, ricordo*] to live on, to linger; ***sopravviverò!*** SCHERZ. I'll live! I'll survive! **2** *(salvarsi da)* ***~ a*** to survive [*incidente, catastrofe*]; to survive, to come* through [*operazione, guerra*] **3** *(vivere più a lungo)* ***~ a qcn.*** [*persona*] to survive *o* outlive sb.
soprelevare /soprele'vare/ → **sopraelevare.**
soprelevata /soprele'vata/ → **sopraelevata.**
soprelevato /soprele'vato/ → **sopraelevato.**
soprelevazione /soprelevat'tsjone/ → **sopraelevazione.**
soprintendente /soprinten'dɛnte/ → **sovrintendente.**
soprintendenza /soprinten'dɛntsa/ → **sovrintendenza.**
soprintendere /soprin'tɛndere/ → **sovrintendere.**
sopruso /so'pruzo/ m. abuse of power; ***commettere -i*** to perpetrate injustices; ***essere vittima di -i*** to be bullied.
soqquadro /sok'kwadro/ m. ***a ~*** in a mess; ***mettere a ~ qcs.*** to turn sth. upside down.
sorba /'sɔrba/ f. sorb, service berry; ***~ selvatica*** rowan.
sorbettiera /sorbet'tjɛra/ f. = machine for making sorbets.
sorbetto /sor'betto/ m. sorbet, water ice BE, sherbet AE; ***~ al limone*** sorbet lemon.
sorbire /sor'bire/ [102] I tr. **1** to sip [*bevanda*] **2** FIG. ***doversi ~ qcn., qcs.*** to be lumbered with sb., sth. BE COLLOQ. II **sorbirsi** pronom. FIG. to put* up with [*persona*].
sorbo /'sɔrbo/ m. sorb, service (tree); ***~ selvatico*** rowan.
sorcio, pl. **-ci** /'sortʃo, tʃi/ m. mouse* ♦ ***far vedere i -ci verdi a qcn.*** to put sb. through the mill.
sordidezza /sordi'dettsa/ f. **1** *(sporcizia)* dirtiness, filthiness **2** FIG. *(meschinità)* sordidness; *(tirchieria)* meanness.
sordido /'sɔrdido, 'sordido/ agg. **1** *(sporco)* dirty, filthy **2** FIG. *(meschino)* [*situazione, storia*] sordid, squalid **3** FIG. *(tirchio)* mean.
sordina /sor'dina/ f. MUS. mute; ***pedale di ~*** soft-pedal; ***in ~*** FIG. *(di nascosto)* on the quiet, on the sly.
sordità /sordi'ta/ ➧ **7** f.inv. deafness.
sordo /'sordo/ I agg. **1** deaf; ***diventare ~*** to go deaf; ***essere ~ da un orecchio*** to be deaf in one ear; ***ehi, sei ~?*** IRON. hey, cloth ears! hey, are you deaf or what? **2** FIG. *(insensibile)* deaf, insensitive, indifferent (**a** to) **3** *(cupo)* [*suono*] dull, hollow, muffled; [*voce*] dull, hollow; ***rumore ~*** thud, thump **4** *(diffuso)* [*dolore*] dull **5** FIG. *(segreto)* [*rivalità*] secret, hidden, covert **6** FON. voiceless, unvoiced II m. (f. **-a**) deaf person; ***i -i*** the deaf ♦ ***dialogo tra -i*** dialogue of the deaf; ***fare il ~*** to turn a deaf ear; ***essere ~ come una campana*** to be as deaf as a post; ***parlare ai -i*** to waste one's breath; ***non c'è peggior ~ di chi non vuol sentire*** PROV. there are none so deaf as those who will not hear.

Come al posto di *sordo* si usa spesso in italiano l'espressione *non udente*, anche l'equivalente inglese *deaf* può essere sostituito da *hearing-impaired.*

sordomuto /sordo'muto/ I agg. deaf-mute, deaf without speech II m. (f. **-a**) deaf-mute; ***i -i*** the deaf without speech.
sorella /so'rɛlla/ f. **1** sister; ***~ maggiore*** older *o* elder sister; ***~ minore*** younger sister **2** RELIG. *(suora)* sister ♦♦ ***~ gemella*** twin sister.
sorellanza /sorel'lantsa/ f. sisterhood.
sorellastra /sorel'lastra/ f. half-sister, stepsister.
sorellina /sorel'lina/ f. baby sister.
sorgente /sor'dʒɛnte/ I f. **1** *(fonte)* spring, well; *(di fiume)* source; ***acqua di ~*** spring water **2** FIG. source II agg.inv. INFORM. [*codice, linguaggio*] source attrib. ♦♦ ***~ termale*** hot spring.
1.sorgere /'sordʒere/ [72] intr. (aus. *essere*) **1** *(levarsi)* [*sole, luna*] to rise* **2** *(ergersi)* [*edificio, montagna*] to rise* (up), to stand*; ***la città sorge sulla riva di un fiume*** the town rises on the bank of a river **3** *(scaturire)* [*fiume*] to rise* (**da** in) **4** FIG. *(nascere)* [*problema, difficoltà*] to arise*, to crop up, to spring* up; ***far ~*** to arouse [*sospetti*]; ***mi è sorto un dubbio*** that puts me in doubt **5** FIG. *(avere inizio)* ***è sorta una nuova era*** a new age has dawned.
2.sorgere /'sordʒere/ m. ***il ~ del sole*** sunrise.
sorgivo /sor'dʒivo/ agg. ***acqua -a*** spring water.
sorgo, pl. **-ghi** /'sorgo, gi/ m. sorg(h)o, Indian millet.
soriano /so'rjano/ agg. e m. tabby (cat).
sormontare /sormon'tare/ [1] tr. **1** [*acque*] to overflow **2** *(superare)* to surmount, to overcome* [*ostacolo, difficoltà*] **3** *(sovrastare)* ***essere sormontato da una statua*** to be surmounted by a statue.
sornione /sor'njone/ I agg. [*persona*] sly, crafty; [*sorriso*] sly II m. (f. **-a**) sly person.
sorpassare /sorpas'sare/ [1] tr. **1** *(passare al di sopra)* to surmount, to clear [*ostacolo*]; ***l'acqua ha sorpassato il livello di guardia*** the water has risen above the high-water mark **2** *(lasciare dietro)* to overtake*, to pass [*veicolo*] **3** *(essere superiore)* to surpass, to outdo*, to excel; ***~ qcs. in altezza*** to surpass sth. in height; ***l'allievo ha sorpassato il maestro*** the pupil has excelled his master.
sorpassato /sorpas'sato/ I p.pass. → **sorpassare** II agg. [*stile, abito, idea*] outdated, out-of-date; [*persona*] old-fashioned.
sorpasso /sor'passo/ m. overtaking; ***effettuare un ~*** to overtake, to pass; ***corsia di ~*** fast lane; ***divieto di ~*** no overtaking.
sorprendente /sorpren'dɛnte/ agg. [*risultato, notizia, persona*] surprising, astonishing, amazing; [*somiglianza*] startling; ***è ~ che*** it is amazing that; ***non è ~ che*** it is *o* it comes as no surprise that.
sorprendere /sor'prɛndere/ [10] I tr. **1** *(meravigliare)* to surprise, to astonish, to amaze; ***non mi sorprende*** I'm not surprised; ***non sorprende affatto che...*** it's hardly surprising (that)... **2** *(cogliere di sopresa)* to take* [sb.] by surprise [*nemico*]; [*temporale*] to overtake* [*persona*]; *(cogliere sul fatto)* to catch*, to surprise [*delinquente*]; ***~ qcn. a fare*** to catch *o* find sb. doing II **sorprendersi** pronom. *(stupirsi)* to be* surprised; ***non mi sorprendo più di nulla*** nothing surprises me any more.
sorpresa /sor'presa/ f. **1** *(evento inaspettato)* surprise; ***fare una ~ a qcn.*** to spring a surprise on sb.; ***~!*** surprise, surprise! ***che bella ~!*** what a nice surprise! IRON. well what do you know! **2** *(meraviglia)* surprise, astonishment, amazement; ***con mia grande ~*** much to my surprise, to my (great) surprise **3 di sopresa** ***cogliere qcn. di ~*** to take sb. by surprise, to catch *o* take sb. unawares **4 a sorpresa** [*festa, attacco*] surprise attrib.
sorpreso /sor'preso/ I p.pass. → **sorprendere** II agg. [*persona, sguardo, espressione*] surprised, astonished, amazed; ***essere piacevolmente ~*** to be pleasantly surprised.

sorreggere /sor'rɛddʒere/ [59] **I** tr. **1** *(sostenere)* to support [*persona*] **2** *(reggere)* to support [*peso, tetto*]; to prop (up) [*muro*]; to hold* up [*scaffale*] **3** FIG. ***la fede ci sorregge*** we are sustained by faith; ***mi hai sempre sorretto*** you have always supported me **II sorreggersi** pronom. **1** *(appoggiarsi)* to lean* (**a** against) **2** *(sostenersi)* to support each other.

sorridente /sorri'dɛnte/ agg. smiling.

sorridere /sor'ridere/ [35] intr. (aus. *avere*) **1** to smile; ***~ a qcn.*** to smile at sb., to give sb. a smile **2** FIG. *(arridere)* ***~ a qcn.*** [*fortuna*] to smile on sb. **3** FIG. *(allettare)* ***l'idea mi sorride*** I like the idea, the idea appeals to me.

sorriso /sor'riso/ m. smile; ***un ampio ~*** a broad smile, a grin; ***fare un ~ a qcn.*** to give sb. a smile; ***con il ~ sulle labbra*** with a smile on one's lips.

sorsata /sor'sata/ f. → **sorso**.

sorseggiare /sorsed'dʒare/ [1] tr. to sip.

sorso /'sorso/ m. sip, gulp, mouthful, draught BE, draft AE; ***bere un ~ di qcs.*** to take *o* have a drink of sth.

sorta /'sɔrta/ f. kind, sort; ***di ogni ~*** of all sorts, of every kind; ***persone di ogni ~*** all sorts *o* kinds of people; ***è una ~ di computer*** it's some sort of computer; ***non ho preferenze di ~*** I have no preferences at all *o* no preferences whatever.

sorte /'sɔrte/ f. **1** *(destino)* fate, destiny, lot; ***cattiva ~*** hard luck, doom; ***buona ~*** luck, fortune; ***affidarsi alla ~*** to trust to luck; ***la sua ~ è segnata*** his fate is sealed; ***tentare la ~*** to try *o* chance one's luck, to take a chance; ***sfidare la ~*** to tempt fate *o* providence; ***ironia della ~, non rispose mai*** ironically, she never replied; ***le -i del paese*** the country's future **2** *(sorteggio)* lot; ***estrazione a ~*** draw; ***estrarre*** o ***tirare a ~*** to draw *o* cast lots; ***essere estratto a ~*** to be chosen *o* decided by lot.

sorteggiare /sorted'dʒare/ [1] tr. to draw* [*numero, biglietto, vincitore*].

sorteggio, pl. **-gi** /sor'teddʒo, dʒi/ m. draw, lot; ***fare il ~ dei premi*** to draw the prizes; ***per ~*** by lot.

sortilegio, pl. **-gi** /sorti'lɛdʒo, dʒi/ m. sorcery, witchcraft.

sortire /sor'tire/ [102] tr. to obtain, to achieve, to get* [*effetto*].

sortita /sor'tita/ f. **1** MIL. sortie, sally; ***tentare una ~*** to attempt a sortie; ***fare una ~*** to sally **2** *(battuta)* sally, witty remark.

sorvegliante /sorveʎ'ʎante/ ♦ *18* m. e f. *(guardiano)* caretaker, keeper; *(di prigione, banca)* guard; ***~ notturno*** night watchman.

sorveglianza /sorveʎ'ʎantsa/ f. surveillance, watch; ***tenere qcn. sotto ~*** to keep sb. under surveillance; ***essere sotto stretta ~*** to be closely guarded; ***mettere qcn. sotto stretta ~*** to put a close watch on sb.

sorvegliare /sorveʎ'ʎare/ [1] tr. **1** *(controllare)* to watch, to keep* watch over, to supervise; *(tenere d'occhio)* to keep* an eye on; *(badare a)* to look after [*bambino*]; to monitor, to watch (over) [*malato*] **2** *(guardare a vista)* to guard [*prigioniero, luogo*]; to police [*area, frontiera*]; to watch [*edificio*]; ***~ un sospetto*** to keep a suspect under surveillance *o* observation.

sorvegliato /sorveʎ'ʎato/ m. ***~ speciale*** = person kept under high security surveillance.

sorvolare /sorvo'lare/ [1] **I** tr. [*aereo, pilota*] to fly* over, to fly* across, to overfly* [*luogo*] **II** intr. (aus. *avere*) ***~ su*** to pass *o* gloss over, to overlook [*questione, errore*]; ***sorvoliamo!*** let's skip it!

sorvolo /sor'volo/ m. sweep, flying over.

S.O.S. /ɛsseo'ɛsse/ m.inv. SOS; ***lanciare un ~*** to send out an SOS.

sosia /'sɔzja/ m. e f.inv. ***è il tuo ~!*** he's your double! ***un ~ di Einstein*** an Einstein look-alike.

sospendere /sos'pɛndere/ [10] tr. **1** *(appendere)* to hang* [*lampada*] (**a** from); to hang* (down), to sling* [*fune*] **2** FIG. *(interrompere)* to suspend [*pubblicazione, trattative, ostilità*]; to call off [*ricerche, indagini, sciopero*]; to suspend, to stop [*processo, pagamento*]; *(rinviare)* to cancel [*spettacolo*]; ***la seduta è sospesa*** the meeting is adjourned; ***la partita fu sospesa per la pioggia*** the match was rained off BE **3** FIG. *(allontanare)* to suspend, to ban [*atleta*]; to suspend [*impiegato, funzionario*]; to suspend, to send* [sb.] home [*allievo*]; to defrock [*prete*] **4** *(ritirare)* ***~ la patente a qcn.*** to disqualify sb. from driving.

sospensione /sospen'sjone/ f. **1** *(il sospendere)* suspension; ***lampada a ~*** swing lamp AE **2** *(interruzione)* suspension; *(di seduta, dibattito, inchiesta)* adjournment; ***~ delle trattative*** interruption of negotiations; ***chiedere la ~ della seduta*** to ask for the session to be adjourned; ***puntini di ~*** LING. suspension points, dots **3** *(allontanamento) (di impiegato, funzionario, atleta)* suspension; *(di alunno)* suspension, exclusion **4** *(ritiro)* ***~ della patente*** disqualification from driving, (driving) disqualification **5** CHIM. suspension **6** AUT. TECN. suspension; ***~ anteriore*** front-wheel suspension; ***le -i sono buone*** the suspension is good ♦♦ ***~ cardanica*** MECC. gimbals.

sospensorio, pl. **-ri, -rie** /sospen'sɔrjo, ri, rje/ m. **1** SPORT athletic support, jockstrap COLLOQ. **2** MED. suspensory bandage.

sospeso /sos'peso/ **I** p.pass. → **sospendere II** agg. **1** *(appeso)* suspended; [*lampadario, quadro*] hanging (**a** from) **2** *(sollevato)* ***ponte ~*** suspension bridge; ***~ a mezz'aria*** suspended in midair **3** FIG. *(interrotto, rinviato)* suspended, postponed, deferred, adjourned **4** *(punito)* [*atleta*] suspended, banned; [*alunno, impiegato*] suspended **5 in sospeso** [*questione*] undecided, pending, pendent; [*lavoro, problema, conto*] outstanding; ***per il momento lasciamolo in ~*** let's put it to the side for the moment; ***lasciare la decisione in ~*** to leave the decision open; ***tenere qcn. in ~*** to keep sb. in suspense; ***ho ancora un conto in ~ con lui*** I've still got a bone to pick with him ♦ ***col fiato ~*** with bated breath; ***il film ci ha tenuto col fiato ~*** the film had us on the edge of our seats.

sospettabile /sospet'tabile/ agg. suspectable.

sospettare /sospet'tare/ [1] **I** tr. **1** *(ritenere colpevole)* to suspect [*persona*] (**di** of) **2** *(ipotizzare)* to suspect [*truffa, tradimento*]; ***lo sospettavo!*** I guessed as much! ***chi lo avrebbe mai sospettato!*** who'd have thought it! **II** intr. (aus. *avere*) ***~ di qcn.*** to be suspicious of sb.; ***~ di tutti*** to mistrust everybody.

1.sospetto /sos'pɛtto/ **I** agg. [*auto, individuo*] suspect, suspicious; [*comportamento*] furtive, suspicious; [*rumore*] suspicious; [*origine*] dubious; ***un tipo ~*** a suspicious-looking individual **II** m. *(sospettato)* (f. **-a**) suspect.

2.sospetto /sos'pɛtto/ m. *(dubbio, supposizione)* suspicion, misgiving; *(idea vaga)* suspicion, feeling, inkling; ***destare -i*** to arouse suspicion; ***al di sopra di ogni ~*** above suspicion; ***avere il ~ che*** to have a suspicion that; ***ho il vago ~ che*** I have a shrewd idea that.

sospettoso /sospet'toso/ agg. [*persona*] suspicious, distrustful, mistrustful (**di, nei confronti di** of).

sospingere /sos'pindʒere/ [24] tr. **1** *(spingere)* [*marea, brezza*] to drive* [*barca*] **2** FIG. *(spronare)* to drive*, to urge, to incite.

sospirare /sospi'rare/ [1] **I** intr. (aus. *avere*) to sigh; ***~ di sollievo*** to sigh with relief **II** tr. *(desiderare)* to long for, to look forward to, to yearn for [*vacanze*]; ***farsi ~*** to keep sb. waiting.

sospirato /sospi'rato/ **I** p.pass. → **sospirare II** agg. longed-for, long-awaited, eagerly awaited.

sospiro /sos'piro/ m. sigh; ***fare*** o ***emettere un ~*** to breathe *o* give *o* heave a sigh; ***tirare un ~ di sollievo*** to sigh with relief.

sosta /'sɔsta/ f. **1** *(fermata)* stop, halt; ***fare una ~ a Roma*** to stop off in Rome **2** *(di autoveicolo)* parking; ***area di ~*** (parking) bay, lay-by BE; ***divieto di ~, ~ vietata*** no parking **3** *(pausa, riposo)* break, rest, pause; ***fare una ~*** to have *o* take a break; ***fare una ~ di un'ora*** to have an hour's break, to break off an hour; ***non dare ~*** to give no rest *o* respite; ***senza ~*** [*lavorare*] nonstop, without a pause; [*parlare*] nonstop, endlessly, ceaselessly.

sostantivato /sostanti'vato/ agg. [*aggettivo*] substantivized.

sostantivo /sostan'tivo/ m. substantive, noun.

sostanza /sos'tantsa/ **I** f. **1** FILOS. substance **2** FIG. *(parte essenziale)* substance, essence, gist **3** CHIM. substance, material, matter; ***~ chimica*** chemical; ***~ tossica*** toxic substance; ***~ naturale*** natural material **4** *(valore nutritivo)* sustenance, nourishment; ***quei piatti non hanno molta ~*** there isn't much sustenance in those meals **II sostanze** f.pl. *(patrimonio)* property sing., possessions ♦ ***in ~*** *(fondamentalmente)* in essence, in substance; *(in conclusione)* in conclusion.

sostanziale /sostan'tsjale/ agg. [*diminuzione*] substantial, essential; [*cambiamento*] material; [*danni*] substantial.

sostanzialmente /sostantsjal'mente/ avv. *(essenzialmente)* substantially, basically.

sostanzioso /sostan'tsjoso/ agg. **1** *(nutriente)* [*cibo*] nourishing, nutritious, rich **2** *(abbondante)* [*pasto*] substantial, filling; *(considerevole)* [*guadagno*] substantial, considerable.

sostare /sos'tare/ [1] intr. (aus. *avere*) **1** *(fare una sosta)* to stop, to halt; [*veicolo, automobilista*] to park **2** *(fare una pausa)* to have* a break.

sostegno /sos'teɲɲo/ m. **1** *(supporto)* support, prop; ***muro di ~*** retaining wall; ***reggersi agli appositi -i*** hold on to the hand supports **2** FIG. support, prop, backing; ***~ morale*** moral support; ***avete il mio ~*** my support lies with you; ***essere il ~ della famiglia*** to be the breadwinner *o* wage earner; ***a ~ di*** in support of **3** SCOL. ***corso di ~*** remedial lessons; ***insegnante di ~*** learning support teacher.

sostenere /soste'nere/ [93] **I** tr. **1** *(reggere)* to support, to sustain, to bear*, to carry [*peso*]; to support, to prop (up) [*muro*]; to prop [*tetto*]; to hold* up [*scaffale*]; to support [*ferito, malato*] **2** FIG. *(appoggiare)* to back (up), to stand* by, to prop up [*persona*]; to back, to support [*partito, candidato causa*]; to prop up, to sustain [*economia, regime*]; to defend, to uphold* [*idea, principio, teoria*]; ***ti sosterrò fino in fondo*** I'm with you *o* behind you all the way **3** FIG. *(mantenere alto)* to keep* [sth.] going [*conversazione*]; to keep* up, to sustain [*ritmo*] **4** *(affermare)* to claim, to assert, to maintain; ***si può ~ che*** it's arguable that; ***~ il proprio punto di vista*** to argue one's point; ***~ di essere innocente*** to claim to be innocent **5** FIG. *(sopportare, fronteggiare, tollerare)* to bear* [*tensione*]; to stand* [*confronto*]; ***~ forti spese*** to go to great expense; ***non riusciva a ~ il suo sguardo*** he couldn't meet her eye **6** *(affrontare)* to take*, to stand*, to sit* (for) BE [*esami, prove*] **7** TEATR. to play, to act [*parte*] **8** FIG. *(nutrire)* to nourish, to give* strength to **II sostenersi** pronom. **1** *(reggersi in piedi)* to stand* up **2** *(mantenersi in forma)* to sustain oneself **3** *(economicamente)* to earn one's living, to keep* oneself.

sostenibile /soste'nibile/ agg. **1** *(sopportabile)* [*costi, situazione*] bearable; ***sviluppo ~*** sustainable development **2** *(difendibile)* [*ipotesi, affermazione*] tenable, defensible.

sostenitore /sosteni'tore/ **I** agg. [*socio*] supporting, contributing **II** m. (f. **-trice** /tritʃe/) supporter, backer, upholder, follower; *(fautore)* advocate.

sostentamento /sostenta'mento/ m. maintenance, sustenance, keep; ***mezzi di ~*** means of support.

sostentare /sosten'tare/ [1] **I** tr. to support, to maintain [*famiglia*] **II sostentarsi** pronom. to earn one's living, to keep* oneself.

sostenuto /soste'nuto/ **I** p.pass. → **sostenere II** agg. **1** *(poco cordiale)* [*persona, tono*] stiff, distant **2** *(elevato)* [*velocità*] high; ***a ritmo ~*** at a fast tempo; ***a passo ~*** at a cracking pace **3** *(solenne)* [*discorso*] elevated, formal, lofty **4** ECON. [*prezzi*] stiff, steady; [*mercato*] firm, strong, bullish **III** m. (f. **-a**) ***fare il ~*** to be stand-offish.

sostituibile /sostitu'ibile/ agg. replaceable; *(intercambiabile)* interchangeable.

sostituire /sostitu'ire/ [102] **I** tr. **1** *(cambiare)* to replace [*pezzo*] (**con** with); to change, to replace [*pile, lampadina, vetro*] **2** *(prendere il posto di)* to replace, to take* over from [*metodo, tecnologia, tradizione*] **3** *(rimpiazzare)* to replace, to succeed; *(fare le veci di)* to stand* in for, to cover for [*persona*]; ***puoi sostituirmi?*** can you stand in for me? **II sostituirsi** pronom. ***-rsi a*** [*persona*] to take* the place of [*persona*].

sostitutivo /sostitu'tivo/ agg. [*prodotto, certificato*] substitute attrib.

sostituto /sosti'tuto/ m. (f. **-a**) **1** *(supplente)* substitute, deputy, replacement, stand-in **2** *(surrogato)* surrogate (**di** for) ♦♦ ***~ procuratore*** DIR. public prosecutor's BE *o* district attoney's AE assistant.

sostituzione /sostitut'tsjone/ f. substitution, replacement; ***una televisione nuova in ~ della vecchia*** a new television to replace the old one.

sostrato /sos'trato/ m. **1** GEOL. substratum* **2** FIG. background, basis*, foundation.

sottaceto /sotta'tʃeto/ **I** agg.inv. (anche **sott'aceto**) ***cetriolini ~*** pickles, (pickled) gherkins **II** avv. (anche **sott'aceto**) ***mettere qcs. ~*** to pickle sth. **III sottaceti** m.pl. pickle **U**, pickles.

sottacqua /sot'takkwa/ avv. underwater.

sottana /sot'tana/ f. **1** *(gonna)* skirt **2** *(veste talare)* soutane ♦ ***correre dietro alle -e*** to chase petticoats *o* skirts; ***essere attaccato alle -e di qcn.*** to be tied to sb.'s apron strings.

sottecchi /sot'tekki/ avv. ***(di) ~*** furtively, secretly, covertly; ***guardare qcn. (di) ~*** to look at sb. sidelong.

sotterfugio, pl. **-gi** /sotter'fudʒo, dʒi/ m. subterfuge, deception, expedient, trick; ***ricorrere a*** o ***servirsi di -gi*** to use subterfuge; ***con un ~*** on *o* under false pretences.

sotterranea /sotter'ranea/ f. *(metropolitana)* underground BE, subway AE, metro.

sotterraneo /sotter'raneo/ **I** agg. [*passaggio, rifugio, garage, parcheggio*] underground; [*treno*] subway; [*lago*] subterranean **II** m. *(di edificio)* basement; *(di banca, castello)* vault.

sotterrare /sotter'rare/ [1] tr. **1** *(mettere sotto terra)* to bury [*tesoro, osso*]; to lay* [sth.] underground [*cavo*] **2** *(seppellire)* to bury [*cadavere*].

sottigliezza /sottiʎ'ʎettsa/ f. **1** *(finezza)* thinness, sharpness **2** FIG. *(acutezza)* subtlety, sharpness **3** *(cavillo)* quibble, nicety, cavil.

sottile /sot'tile/ agg. **1** *(di spessore ridotto)* [*fetta, strato, carta*] thin; [*ago, punta*] sharp; [*lama*] keen; [*tessuto*] thin, sheer, fine; [*libro*] slim; [*capelli*] fine **2** *(snello)* [*persona, figura*] slight; *(esile)* [*vita, dita*] slim, slender; [*caviglia, polso*] slim; [*collo*] slender; [*labbra, naso*] thin **3** FIG. *(debole)* [*voce*] thin; *(acuto)* [*udito*] keen **4** FIG. *(perspicace)* [*persona*] slight, perceptive; [*intelligenza*] keen, perceptive; [*allusione*] subtle; [*distinzione*] fine **5** FIG. *(pungente)* [*umorismo, ironia*] subtle ♦ ***non sei andato molto per il ~!*** you weren't very subtle about it!

sottiletta® /sotti'letta/ f. = processed cheese slice.

sottilizzare /sottilid'dzare/ [1] intr. (aus. *avere*) to split* hairs (**su** over), to quibble (**su** about, over), to cavil (**su** about, at).

sottinsù /sottin'su/ avv. ***di ~*** from below, from underneath; ***guardare qcn. di ~*** to look at sb. sidelong.

sottintendere /sottin'tɛndere/ [10] tr. **1** *(far capire)* to imply, to suggest **2** LING. to leave* out **3** *(comportare)* to imply, to involve.

sottinteso /sottin'teso/ **I** p.pass. → **sottintendere II** agg. **1** *(non esplicito)* understood, implied; ***è ~ che...*** it is understood *o* goes without saying that... **2** LING. understood **III** m. *(allusione)* allusion, implication, innuendo*; ***parlare per -i*** to speak allusively.

sotto /'sotto/ **I** prep. **1** *(in posizione inferiore o sottostante)* under, beneath, underneath; *(in fondo a)* at the bottom of; ***~ il*** o ***al tavolo*** under *o* beneath the table; ***~ (a) un lenzuolo*** under a sheet; ***mettersi un cuscino ~ la testa*** to put a cushion under one's head; ***indossa una camicetta ~ la giacca*** she is wearing a blouse beneath her jacket; ***prendi quello ~ la pila*** take the one at the bottom of the stack; ***~ la pioggia*** in the rain; ***essere ~ la doccia*** to be in the shower; ***buttarsi ~ un treno*** to throw oneself in front of a train; ***ti metteranno ~ (in auto)*** you'll get run over; ***lo troverai ~ la lettera D*** you'll find it under the letter D; ***ce l'hai ~ il naso*** FIG. it's under your nose **2** *(più in basso di, più in giù di)* below; *(a sud di)* south of, below; ***~ il*** o ***al ginocchio*** below the knee; ***l'appartamento ~ il*** o ***al mio*** the apartment below mine; ***~ (lo) zero*** below zero; ***10 ~ zero*** 10 below (freezing) *o* 10 of frost; ***~ il livello del mare*** below sea level; ***il suo nome era ~ il mio nella lista*** his name was below mine on the list; ***Piacenza è ~ Milano*** Piacenza is south of Milan **3** *(non oltre)* under; ***bambini ~ i sei anni*** children under six; ***gli assegni ~ i 500 euro*** cheques for under 500 euros **4** *(in prossimità di)* near; ***~ le feste natalizie*** at Christmastime; ***~ gli esami*** during examination time **5** *(durante un regno, governo ecc.)* under, during **6** *(per indicare condizione, influsso)* under; ***~ anestesia*** under anaesthetic; ***~ antibiotici*** on antibiotics; ***~ l'effetto dell'alcol*** under the influence of alcohol; ***~ pressione*** under pressure (anche FIG.); ***~ processo*** on trial; ***~ falso nome*** under an assumed name; ***~ giuramento*** under *o* on oath; ***nato ~ il segno del Leone*** born under (the sign of) Leo **7** *(in rapporto a)* ***~ questo punto di vista*** from this point of view; ***~ certi aspetti*** in some respects **8 sotto di** *(a un piano inferiore)* ***abita ~ di noi*** he lives in the flat below us; *(alle dipendenze)* ***avere qcn. ~ di sé*** to have sb. under one; ***le per-***

sone ~ di lui nel reparto the people below him in the department **9 al di sotto di** below, beneath, underneath; ***al di ~ della media*** below (the) average, below standard; ***i bambini al di ~ dei 13 anni*** children under 13; ***temperature al di ~ dei 5°C*** temperatures under 5°C; ***essere al di ~ del limite di velocità*** to be inside the speed limit **II** avv. **1** *(nella parte inferiore, in basso)* below, beneath, underneath; *(in fondo)* at the bottom; ***due metri ~*** two metres below; ***va ~ o sopra?*** does it go under or over? ***indossa una maglietta con niente ~*** she's wearing a T-shirt with nothing beneath *o* underneath; ***il prezzo è segnato ~*** the price is marked underneath; ***da ~*** from below; ***dammi quello ~*** give me the one at the bottom *o* underneath; ***qua ~, là ~*** under *o* down here, under *o* down there **2** *(al piano inferiore)* downstairs; ***il rumore viene da ~*** the noise is coming from downstairs **3** *(oltre)* below; ***vedi ~*** see below *o* under **4 di sotto** *(sotto a un altro)* below; *(fra due)* lower; *(più in basso di tutti)* bottom; *(al piano inferiore)* downstairs; ***andare di ~*** to go downstairs **5** *(in svantaggio)* down; ***~ di due goal*** two goals down **III** agg.inv. *(inferiore)* below; ***il piano ~*** the floor below; ***la riga ~*** the line below **IV** m.inv. *(parte inferiore)* bottom (part) ♦ ***~ ~*** *(nell'intimo)* deep down, underneath; *(di nascosto)* on the quiet; ***~ a chi tocca!*** who's next? ***c'è ~ qualcos'altro*** there's more to this than meets the eye; ***farsi ~*** *(proporsi)* to put *o* push oneself forward.

sottoalimentare /sottoalimen'tare/ [1] tr. to underfeed*.

sottoalimentazione /sottoalimentat'tsjone/ f. underfeeding.

sottobanco /sotto'banko/ avv. under the counter.

sottobicchiere /sottobik'kjɛre/ m. *(centrino)* drip mat, coaster; *(piattino)* saucer.

sottobordo /sotto'bordo/ avv. alongside.

sottobosco, pl. **-schi** /sotto'bɔsko, ski/ m. **1** brush(wood), undergrowth, underwood **2** FIG. low-life, underworld.

sottobottiglia /sottobot'tiʎʎa/ m.inv. *(centrino)* coaster; *(piattino)* saucer.

sottobraccio /sotto'brattʃo/ avv. ***camminare ~*** to walk along arms linked; ***prendere qcn. ~*** to take sb.'s arm, to link arms with sb.

sottocchio /sot'tɔkkjo/ avv. under one's eyes, before one, in front of sb.; ***ho ~ la mappa*** I have the map in front of me; ***tenere ~ qcn.*** to keep an eye on sb.

sottoccupato /sottokku'pato/ agg. [*persona*] underemployed.

sottoccupazione /sottokkupat'tsjone/ f. underemployment.

sottochiave /sotto'kjave/ avv. under lock and key; ***mettere, tenere qcs. ~*** to lock sth. away *o* up, to keep sth. under lock and key.

sottocomitato /sottokomi'tato/ m. subcommittee.

sottocoperta /sottoko'pɛrta/ avv. MAR. below deck(s); ***scendere ~*** to go below.

sottocoppa /sotto'kɔppa/ m.inv. *(piattino)* saucer; *(centrino)* coaster.

sottocosto /sotto'kɔsto/ agg.inv. e avv. below cost.

sottocutaneo /sottoku'taneo/ agg. subcutaneous.

sottoelencato /sottoelen'kato/ agg. listed below mai attrib.

sottoesporre /sottoes'porre/ [73] tr. FOT. to underexpose.

sottoesposizione /sottoesposit'tsjone/ f. underexposure.

sottofiletto /sottofi'letto/ m. GASTR. sirloin.

sottofondo /sotto'fondo/ m. **1** EDIL. foundation, bed **2** FIG. *(fondo)* background, undercurrent; ***un ~ di gelosia*** an undertone of jealousy **3** CINEM. TELEV. background; ***musica di ~*** background music.

sottogamba /sotto'gamba/ avv. ***prendere qcs. ~*** to make light of sth., to understimate sth.

sottogola /sotto'gola/ m. e f.inv. **1** ABBIGL. chinstrap **2** EQUIT. throat-band.

sottogonna /sotto'gɔnna, sotto'gonna/ f. petticoat, underskirt.

sottogruppo /sotto'gruppo/ m. subgroup.

sottoinsieme /sottoin'sjɛme/ m. MAT. subset.

sottolineare /sottoline'are/ [1] tr. **1** to underline, to underscore [*parola, titolo*] **2** FIG. *(accentuare)* to underline, to stress, to emphasize.

sottolineatura /sottolinea'tura/ f. underlining, underscoring.

sottolio /sot'tɔljo/ agg.inv. e avv. (anche **sott'olio**) in oil.

sottomano /sotto'mano/ avv. **1** *(a portata di mano)* close to hand, near at hand; ***tenere qcs. ~*** to keep sth. to hand *o* handy; ***hai una penna ~?*** have you got a pen handy? **2** *(di nascosto)* ***vendere ~*** to sell under the counter.

sottomarino /sottoma'rino/ **I** agg. [*fauna, flora, cavo, rilevazione*] submarine, underwater; ***corrente -a*** undercurrent, deep-sea current **II** m. submarine, sub.

sottomesso /sotto'messo/ **I** p.pass. → **sottomettere II** agg. *(soggiogato)* [*persona, popolo*] subdued, subject; *(remissivo)* [*persona*] submissive, meek.

sottomettere /sotto'mettere/ [60] **I** tr. **1** *(assoggettare)* to subdue, to subject LETT. [*popolo*]; *(piegare)* to tame, to render [sb.] submissive [*persona*] **2** *(sottoporre)* to submit, to present [*progetto, caso*] (**a** to) **II sottomettersi** pronom. **1** *(arrendersi)* to submit **2** *(accettare)* ***-rsi all'autorità di qcn.*** to abide by sb.'s authority.

sottomissione /sottomis'sjone/ f. **1** *(il sottomettere)* subjection **2** *(sudditanza)* submission; *(remissività)* submissiveness, meekness.

sottopagare /sottopa'gare/ [1] tr. to underpay*.

sottopancia /sotto'pantʃa/ m.inv. EQUIT. (saddle) girth, cinch AE.

sottopassaggio, pl. **-gi** /sottopas'saddʒo, dʒi/, **sottopasso** /sotto'passo/ m. *(per veicoli)* underpass; *(pedonale)* underground passage, subway BE.

sottopentola /sotto'pɛntola/ m.inv. table mat, trivet.

sottopeso /sotto'peso/ agg. e m.inv. underweight.

sottopopolato /sottopopo'lato/ agg. underpopulated.

sottoporre /sotto'porre/ [73] **I** tr. **1** *(indurre a subire)* to subject [*persona*] (**a** to); ***~ qcn. a una terapia*** to treat sb.; ***~ un candidato a un colloquio*** to interview a candidate; ***essere sottoposto a test*** to undergo trials; ***~ qcs. a una prova*** to put *o* run sth. through a test **2** *(porre al vaglio)* to submit, to present [*progetto, caso*] (**a** to); to put* forward [*proposta*] (**a** to) **II sottoporsi** pronom. **1** *(assoggettarsi)* [*persona*] to submit (**a** to) **2** *(subire)* ***-rsi a*** to submit (oneself) to [*visita medica*]; to have [*esame*]; to undergo [*trattamento, operazione*].

sottoposto /sotto'posto/ **I** p.pass. → **sottoporre II** m. (f. **-a**) subordinate.

sottoprezzo /sotto'prɛttso/ avv. at a cut price, at a discount; ***vendere ~*** to undersell.

sottoprodotto /sottopro'dotto/ m. by-product, spin-off.

sottoproduzione /sottoprodut'tsjone/ f. underproduction.

sottoprogramma /sottopro'gramma/ m. INFORM. subroutine.

sottoproletariato /sottoproleta'rjato/ m. underclass, lumpenproletariat.

sottordine /sot'tordine/ m. ***in ~*** *(in secondo piano)* in second place; *(in posizione subordinata)* in a subordinate position; ***far passare qcs. in ~*** to relegate sth. to second place.

sottoscala /sottos'kala/ m.inv. *(spazio)* = space under a staircase; *(ripostiglio)* = cupboard under the stairs.

sottoscritto /sottos'kritto/ **I** p.pass. → **sottoscrivere II** m. (f. **-a**) ***il ~*** the undersigned; ***io ~*** I the undersigned; ***...e chi ha sbagliato? Il ~!*** SCHERZ. ...and who got it all wrong? yours truly!

sottoscrittore /sottoscrit'tore/ m. (f. **-trice** /tritʃe/) *(firmatario)* signer; *(di azioni, titoli)* subscriber, underwriter.

sottoscrivere /sottos'krivere/ [87] tr. **1** *(firmare)* to sign, to subscribe one's name to [*documento*]; *(appoggiare)* to put* one's name to [*petizione*]; to underwrite* [*iniziativa, progetto*] **2** ECON. to subscribe [*somma*] (**a** to); to subscribe for, to apply for, to underwrite* [*azioni*]; to take* out [*mutuo, abbonamento*] **3** FIG. *(approvare)* to subscribe to, to underwrite*, to endorse [*decisione, proposta, affermazione*].

sottoscrizione /sottoskrit'tsjone/ f. **1** *(il sottoscrivere)* signing; *(firma)* signature **2** *(raccolta di firme)* subscription; *(raccolta di fondi)* fund-raising **3** ECON. *(di azioni)* application, subscription, underwriting.

sottosegretario, pl. **-ri** /sottosegre'tarjo, ri/ m. POL. (f. **-a**) under-secretary; *(in alcuni ministeri inglesi)* minister (of state).

sottosezione /sottoset'tsjone/ f. subsection.

sottosopra /sotto'sopra/ avv. **1** *(alla rovescia)* upside down **2** *(in disordine)* upside down, topsy-turvy; ***mettere la casa ~***

to turn the house upside down; ***la cucina è ~*** the kitchen is (in) a mess **3** FIG. *(in agitazione)* into confusion, in a flutter BE; ***sentirsi ~*** to feel unsettled.

sottostante /sottos'tante/ agg. ***le persone -i*** the people (down) below; ***il fiume ~*** the river beneath *o* below.

sottostare /sottos'tare/ [9] intr. (aus. *essere*) **~ a** *(essere soggetto a)* to be* subordinate to [*persona*]; *(sottomettersi)* to submit oneself to, to be* subject to [*regolamento*]; to submit to [*decisione*].

sottostimare /sottosti'mare/ [1] tr. to underestimate, to underrate, to undervalue.

sottosuolo /sotto'swɔlo/ m. subsoil; GEOL. substratum*; ***le risorse del ~*** the mineral resources.

sottosviluppato /sottozvilup'pato/ agg. [*paese*] underdeveloped.

sottosviluppo /sottozvi'luppo/ m. underdevelopment.

sottotenente /sottote'nɛnte/ ➧ ***12*** m. second lieutenant; AER. *(in GB)* pilot officer; *(negli USA)* second lieutenant ♦♦ ***~ di vascello*** lieutenant; *(in GB)* sublieutenant; *(negli USA)* lieutenant junior.

sottoterra /sotto'tɛrra/ avv. underground ♦ ***essere*** o ***stare ~*** to be six feet under; ***voleva sprofondare ~*** he wanted the ground to swallow him up.

sottotetto /sotto'tetto/ m. attic, loft.

sottotitolare /sottotito'lare/ [1] tr. CINEM. TELEV. to subtitle, to caption [*film*].

sottotitolato /sottotito'lato/ **I** p.pass. → **sottotitolare II** agg. ***film ~*** film with subtitles.

sottotitolo /sotto'titolo/ m. **1** *(di libro)* subtitle; *(di articolo)* subheading **2** CINEM. TELEV. subtitle, caption.

sottovalutare /sottovalu'tare/ [1] **I** tr. to undervalue [*bene*]; to underestimate [*problema, difficoltà*]; FIG. to underestimate, to underrate [*persona*] **II sottovalutarsi** pronom. [*persona*] to underestimate oneself, to sell* oneself short.

sottovaso /sotto'vazo/ m. flowerpot holder.

sottovela /sotto'vela/ avv. ***essere ~*** to be under sail.

sottovento /sotto'vɛnto/ **I** avv. downwind, leeward **II** agg.inv. lee(ward).

sottoveste /sotto'vɛste/ f. petticoat, slip.

sottovoce /sotto'votʃe/ avv. [*parlare*] in a low voice, softly, in a whisper; [*dire*] under one's breath.

sottovuoto /sotto'vwɔto/ **I** agg.inv. vacuum packed; ***confezione ~*** vacuum pack **II** avv. ***confezionare ~*** to vacuum pack.

sottozero /sotto'dzɛro/ **I** agg.inv. [*temperatura*] sub-zero **II** avv. below zero, below (freezing).

sottrarre /sot'trarre/ [95] **I** tr. **1** MAT. to subtract, to take* (away) (**da** from); *(detrarre)* to deduct [*somma*] **2** *(portare via)* to take* away; *(rubare)* to steal* (**a qcn.** from sb.); ***~ qcs. alla vista di qcn.*** to remove sth. from sb.'s view, to put sth. out of sb.'s sight **3** FIG. *(salvare)* to save*, to rescue, to deliver [*persona*] (**a qcs.** from sth.); ***~ qcn. alla morte*** to save sb. from death **II sottrarsi** pronom. **1** *(sfuggire)* ***-rsi a*** to avoid [*arresto*]; to escape [*giustizia*]; to escape, to avoid [*pericolo*] **2** *(venire meno)* ***-rsi a*** to shirk, to dodge [*doveri, impegno*]; to shirk, to evade, to free oneself from, to get out of [*responsabilità*].

sottrazione /sottrat'tsjone/ f. **1** MAT. subtraction **U**; ***fare le -i*** to do subtraction **2** *(il sottrarre)* removal, taking away.

sottufficiale /sottuffi'tʃale/ ➧ ***12*** m. noncommissioned officer; MAR. petty officer.

soubrette /su'brɛt/ ➧ ***18*** f.inv. soubrette.

soufflé /suf'fle/ m.inv. soufflé.

soul /sol/ agg. e m.inv. soul.

souvenir /suve'nir/ m.inv. souvenir.

sovente /so'vɛnte/ avv. often, frequently.

soverchiare /sover'kjare/ [1] tr. **1** *(superare)* to surpass, to outdo*, to excel [*persona*] **2** *(sopraffare)* to overwhelm, to overpower, to overcome* [*nemici*] **3** *(per intensità)* [*rumore*] to drown (out), to cover [*musica*].

soverchio, pl. **-chi**, **-chie** /so'vɛrkjo, ki, kje/ agg. *(eccessivo)* excessive.

sovietico, pl. **-ci**, **-che** /so'vjɛtiko, tʃi, ke/ ➧ ***25*** **I** agg. Soviet; ***Unione Sovietica*** Soviet Union **II** m. (f. **-a**) Soviet.

sovrabbondante /sovrabbon'dante/ agg. [*produzione*] superabundant, surplus.

sovrabbondanza /sovrabbon'dantsa/ f. superabundance, surplus*, glut; ***una ~ di prodotti sul mercato*** a glut of products on the market.

sovrabbondare /sovrabbon'dare/ [1] intr. (aus. *avere*, *essere*) **1** *(essere in grande quantità)* to be* in excess, to abound **2** *(avere in grande quantità)* **~ di** to have an overabundance of.

sovraccaricare /sovrakkari'kare/ [1] tr. **1** *(caricare eccessivamente)* to overload, to weigh down [*veicolo*] **2** FIG. ***~ qcn. di lavoro*** to load sb. down with work **3** TECN. EL. to overcharge [*rete elettrica*]; to congest [*linea telefonica*]; to overload [*sistema*].

sovraccarico, pl. **-chi**, **-che** /sovrak'kariko, ki, ke/ **I** agg. **1** *(troppo carico)* [*veicolo*] overloaded; [*persona, animale*] overloaded, overburdened; [*linea telefonica*] congested **2** FIG. ***essere ~ di lavoro*** to be overburdened with work, to be overworked **II** m. **1** *(carico eccedente)* overload, excess load **2** FIG. ***un ~ di lavoro*** an overload of work **3** TECN. EL. overload, overcharge, surcharge.

sovraccoperta /sovrakko'pɛrta/ → **sopraccoperta.**

sovraesporre /sovraes'porre/ [73] tr. FOT. to overexpose.

sovraesposizione /sovraesposit'tsjone/ f. overexposure.

sovraffaticare /sovraffati'kare/ [1] **I** tr. to overexert, to overwork [*persona*]; to overwork [*cuore*] **II sovraffaticarsi** pronom. to overexert oneself.

sovraffollamento /sovraffolla'mento/ m. overcrowding.

sovraffollato /sovraffol'lato/ agg. [*strada*] overcrowded; [*locale*] overcrowded, packed.

sovralimentare /sovralimen'tare/ [1] tr. **1** to overfeed* [*persona, pollame, bestiame*] **2** TECN. AUT. to supercharge [*motore*].

sovralimentato /sovralimen'tato/ **I** p.pass. → **sovralimentare II** agg. **1** [*persona, animale*] overfed **2** TECN. AUT. supercharged.

sovralimentatore /sovralimenta'tore/ m. supercharger.

sovrana /so'vrana/ f. **1** *(regina)* sovereign, queen **2** *(moneta)* sovereign.

sovranità /sovrani'ta/ f.inv. sovereignty.

sovrannaturale /sovrannatu'rale/ → **soprannaturale.**

sovrano /so'vrano/ **I** agg. **1** [*stato, popolo*] sovereign **2** *(assoluto)* [*disprezzo, indifferenza*] sovereign, supreme **II** m. sovereign, king.

sovraoccupazione /sovraokkupat'tsjone/ f. overemployment.

sovrappensiero /sovrappen'sjɛro/ → **soprappensiero.**

sovrappeso /sovrap'peso/ **I** agg.inv. [*persona*] overweight; ***essere ~ di sei chili*** to be six kilos overweight, to be overweight by six kilos **II** m.inv. excess weight; ***essere in ~*** to be overweight.

sovrappiù /sovrap'pju/ m.inv. surplus*, extra; ***essere in ~*** to be in surplus; ***un ~ di lavoro*** extra work; ***pagare un ~*** to pay an additional charge.

sovrappopolamento /sovrappopola'mento/ m. → **sovrappopolazione.**

sovrappopolato /sovrappopo'lato/ agg. [*paese, città*] overpopulated.

sovrappopolazione /sovrappopolat'tsjone/ f. overpopulation.

sovrapporre /sovrap'porre/ [73] **I** tr. **1** *(collocare uno sull'altro)* to superimpose [*disegni, forme*]; *(parzialmente)* to overlap; ***~ due fogli di carta*** to lay two sheets one upon the other **2** FIG. *(anteporre)* to put* [sth.] before, to prefer **II sovrapporsi** pronom. **1** *(combaciare)* [*disegni, forme*] to be* superimposed; *(parzialmente)* to overlap **2** FIG. *(presentarsi insieme)* [*problemi*] to overlap **3** *(imporsi)* ***il rumore si sovrappone alle voci*** the noise drowns out the voices.

sovrapposizione /sovrapposit'tsjone/ f. **1** super(im)position; *(parziale)* overlap(ping) **2** FIG. *(interferenza)* overlap(ping).

sovrapposto /sovrap'posto/ **I** p.pass. → **sovrapporre II** agg. superimposed; *(parzialmente)* overlapping.

sovrapprezzo /sovrap'prɛttso/ m. extra charge, overcharge, surcharge.

sovrapproduzione /sovrapprodut'tsjone/ f. overproduction.

sovrascrivere /sovras'krivere/ [87] tr. INFORM. to overwrite* [*dati*].
sovrastampa /sovras'tampa/ f. overprint.
sovrastante /sovras'tante/ agg. overhanging.
sovrastare /sovras'tare/ [1] **I** tr. **1** [*edificio*] to tower above, to tower over, to soar above **2** FIG. *(superare)* to be* superior to, to surpass [*persona*] **3** FIG. *(incombere)* [*pericolo*] to hang* over **II** intr. (aus. *essere*) *~ **su qcs.*** to tower above *o* over sth.
sovrastimare /sovrasti'mare/ [1] tr. to overestimate, to overrate [*capacità, importanza*].
sovrastruttura /sovrastrut'tura/ f. EDIL. MAR. superstructure.
sovrattassa /sovrat'tassa/ → **soprattassa.**
sovreccitare /sovrettʃi'tare/ [1] **I** tr. to overexcite [*persona, fantasia*] **II sovreccitarsi** pronom. to get* overexcited.
sovreccitato /sovrettʃi'tato/ **I** p.pass. → **sovreccitare II** agg. overexcited.
sovreccitazione /sovrettʃitat'tsjone/ f. overexcitement.
sovresporre /sovres'porre/ → **sovraesporre.**
sovrimposta /sovrim'pɔsta, sovrim'posta/ f. *(addizionale)* supertax.
sovrimpressione /sovrimpres'sjone/ f. **1** FOT. double exposure; ***in*** ~ superimposed **2** TIP. overprint.
sovrintendente /sovrinten'dente/ ➧ ***18*** m. e f. **1** AMM. superintendent, supervisor **2** BUROCR. *~ **alle Belle Arti*** = head of Fine Arts regional board.
sovrintendenza /sovrinten'dɛntsa/ f. **1** *(il sovrintendere)* superintendency, supervision **2** BUROCR. = regional board of the ministry of cultural heritage and environmental conservation.
sovrintendere /sovrin'tɛndere/ [10] intr. (aus. *avere*) *~ **a*** to superintend, to supervise [*lavori*].
sovrumano /sovru'mano/ agg. [*poteri, sforzo*] superhuman.
sovvenire /sovve'nire/ [107] intr. (aus. *essere*) LETT. to come* to mind; ***improvvisamente mi sovvenne che*** it came to me in a flash that.
sovvenzionamento /sovventsjona'mento/ m. aid U, endowment, subsidization.
sovvenzionare /sovventsjo'nare/ [1] tr. to endow, to subsidize [*organizzazione, ospedale*].
sovvenzionato /sovventsjo'nato/ **I** p.pass. → **sovvenzionare II** agg. [*organizzazione, ospedale*] endowed, subsidized; *~ **dallo stato*** state aided, state-funded.
sovvenzione /sovven'tsjone/ f. aid U, endowment, grant, subsidy, subvention.
sovversione /sovver'sjone/ f. subversion.
sovversivo /sovver'sivo/ **I** agg. subversive **II** m. (f. **-a**) subversive.
sovvertimento /sovverti'mento/ m. subversion.
sovvertire /sovver'tire/ [3] tr. **1** to subvert [*governo, ordine*] **2** FIG. to invert [*valori*].
sozzo /'sottso/ agg. [*luogo*] filthy, foul; [*persona*] dirty, filthy.
sozzura /sot'tsura/ f. filthiness, foulness.
SP ⇒ **1** Santo Padre Holy Father **2** Strada Provinciale = road linking major cities within a region.
S.p.A. /ɛsseppi'a/ f. (⇒ Società per Azioni limited liability BE, incorporated AE) Ltd BE, Inc AE.
spaccalegna /spakka'leɲɲa/ ➧ ***18*** m.inv. woodcutter, lumberjack.
spaccapietre /spakka'pjɛtre/ m.inv. stone-breaker.
spaccare /spak'kare/ [1] **I** tr. **1** *(rompere)* to break*, to smash [*bicchiere, piatto*]; to chop (up) [*legna*]; to split*, to break* [*pietra*] **2** FIG. to split* [*gruppo, partito*] **II spaccarsi** pronom. **1** *(rompersi)* to break*; [*muro, specchio*] to crack; [*legno, roccia*] to split*; ***-rsi la testa*** to split one's head open **2** FIG. [*gruppo, partito*] to split* ♦ ***ti spacco la faccia!*** I'll smash your face in! *~ **il minuto*** [*orologio*] to keep perfect time; [*persona*] to be dead on time; ***o la va o la spacca*** sink or swim.
spaccata /spak'kata/ f. SPORT splits pl.; ***fare la*** ~ to do the splits.
spaccato /spak'kato/ **I** p.pass. → **spaccare II** agg. **1** *(rotto)* broken **2** *(screpolato)* [*labbro*] split **3** COLLOQ. *(identico)* ***è*** *~ **suo padre*** he's the spitting image of his father **4** *(preciso)* ***alle sei -e*** at six o'clock on the dot *o* sharp **III** m. **1** ARCH. TECN. cutaway **2** FIG. cross-section.
spaccatura /spakka'tura/ f. **1** *(azione)* breaking, splitting **2** *(su piatto, superficie)* crack, cleft; *(in roccia, legno)* split, crack **3** FIG. cleavage, split.
spacchettare /spakket'tare/ [1] tr. to unwrap [*regalo*].
spacciare /spat'tʃare/ [1] **I** tr. **1** *(vendere)* to sell* off **2** *(distribuire illecitamente)* to utter [*banconote false*]; to peddle, to push [*droga*] **3** *(diffondere)* *~ **notizie false*** to spread false information **4** *(far passare)* *~ **qcn., qcs. per*** to pass sb., sth. off as **II spacciarsi** pronom. ***-rsi per*** to pass oneself off as, to pose as.
spacciato /spat'tʃato/ **I** p.pass. → **spacciare II** agg. done for; ***dare qcn. per*** ~ to give sb. up (for dead); ***essere*** ~ to be done for *o* a goner.
spacciatore /spattʃa'tore/ m. (f. **-trice** /tritʃe/) *(di droga)* (drug) dealer, (drug) pusher, drug peddler; *(di banconote false)* utterer.
spaccio, pl. **-ci** /'spattʃo, tʃi/ m. **1** *(vendita)* sale, trading **2** *(traffico illecito)* traffic(king); *~ **di stupefacenti*** drug peddling *o* pushing; *~ **di denaro falso*** circulation of counterfeit money **3** *(emporio)* shop, store; *~ **aziendale*** factory outlet.
spacco, pl. **-chi** /'spakko, ki/ m. **1** *(crepa)* crack, fissure **2** *(strappo)* tear **3** ABBIGL. slit, slash; ***una gonna con lo*** ~ a slashed *o* slit skirt.
spacconata /spakko'nata/ f. bluster, brag(ging), boast.
spaccone /spak'kone/ m. (f. **-a**) blusterer, braggart; ***fare lo*** ~ to bluster, to boast.
spada /'spada/ ➧ ***10*** **I** f. **1** *(arma)* sword **2** *(spadaccino)* swordsman* **II spade** f.pl. GIOC. = one of the four suits in a pack of typical Italian cards ♦ ***la ~ di Damocle*** the Sword of Damocles; ***passare qcn. a fil di*** ~ to put sb. to the sword; ***difendere qcn., qcs. a ~ tratta*** to take up the cudgels for *o* on behalf of sb., sth.
spadaccino /spadat'tʃino/ m. swordsman*.
spadone /spa'done/ m. broadsword.
spadroneggiare /spadroned'dʒare/ [1] intr. (aus. *avere*) to boss (around).
spaesato /spae'zato/ agg. ***sentirsi*** ~ to feel lost.
spaghettata /spaget'tata/ f. ***farsi una bella*** ~ to have a nosh-up of spaghetti.
spaghetti /spa'getti/ m.pl. spaghetti U.
Spagna /'spaɲɲa/ ➧ ***33*** n.pr.f. Spain.
spagnolo /spaɲ'ɲɔlo/ ➧ ***25, 16*** **I** agg. Spanish **II** m. (f. **-a**) **1** *(persona)* Spaniard; ***gli -i*** the Spanish **2** *(lingua)* Spanish.
1.spago, pl. **-ghi** /'spago, gi/ m. string, twine ♦ ***dare ~ a qcn.*** to give sb. plenty of rope.
2.spago, pl. **-ghi** /'spago, gi/ m. COLLOQ. *(spavento)* funk, jitters pl.
spaiato /spa'jato/ agg. [*calze, guanti*] odd, unmatched.
spalancare /spalan'kare/ [1] **I** tr. to throw* open, to fling* open [*porta, finestra*]; to open wide [*braccia, bocca, occhi*] **II spalancarsi** pronom. [*porta*] to burst* open; [*occhi, bocca*] to open wide; *(allo sguardo)* [*abisso*] to gape, to yawn.
spalancato /spalan'kato/ **I** p.pass. → **spalancare II** agg. [*finestra, porta, occhi*] wide-open; [*abisso*] gaping, yawning; ***con gli occhi -i*** wide-eyed.
spalare /spa'lare/ [1] tr. to shovel (up) [*fango, neve*].
spalatore /spala'tore/ ➧ ***18*** m. (f. **-trice** /tritʃe/) shoveller, shoveler AE.
spalla /'spalla/ ➧ ***4*** f. **1** shoulder; ***avere le -e larghe*** to have broad shoulders; FIG. to have a broad back; ***alzare le -e*** to shrug one's shoulders; ***questa giacca è stretta di -e*** this jacket is tight across the shoulders; ***mettersi il fucile in*** ~ to shoulder one's gun; ***una ~ su cui piangere*** a shoulder to cry on **2** *(schiena)* back; ***dare le -e a qcn.*** to have one's back to sb.; ***essere di -e*** to face backwards; ***appena giro le -e*** as soon as my back is turned; ***scusate le -e*** I'm sorry I have my back to you; ***voltare le -e a qcn., qcs.*** to turn one's back on sb., sth. (anche FIG.) **3** ARCH. *(di ponte)* abutment **4** TEATR. stooge, straight man*; ***fare da ~ a*** o ***la ~ di*** to stooge for **5 alle spalle** behind; ***lasciarsi qcs. alle -e*** to leave sth. behind; ***ha due anni di esperienza alle -e*** he has two years' experience behind him; ***guardarsi alle -e*** to cast a glance over one's shoulder; ***attaccare il nemico alle -e*** to attack the enemy in the rear; ***pugnalare qcn. alle -e*** to backstab sb., to stab sb. in the back (anche FIG.); ***guardati alle -e!*** watch your back! (anche FIG.) **6**

alle spalle di ***fare qcs.*** ***alle -e di qcn.*** to do sth. behind sb.'s back; ***ridere alle -e di qcn.*** to laugh at sb.'s expense; ***vivere alle -e di qcn.*** to live off sb.'s back ♦ ***buttarsi tutto dietro le -e*** to put all that behind one; ***essere con le -e al muro*** to have one's back to the wall, to be in a tight corner; ***avere qcn., qcs. sulle -e*** to have sb., sth. on one's shoulders; ***avere la testa sulle -e*** to have one's head screwed on *o* a good head on one's shoulders.

spallata /spal'lata/ f. *(urto)* push with the shoulder; ***farsi largo a -e*** to shoulder one's way.

spalleggiare /spalled'dʒare/ [1] **I** tr. to back [*persona*] **II spalleggiarsi** pronom. to back each other.

spalletta /spal'letta/ f. **1** *(sponda)* parapet **2** *(argine)* embankment.

spalliera /spal'ljɛra/ f. **1** *(schienale)* back **2** *(del letto)* (bed)head **3** AGR. espalier **4** SPORT wallbars pl. BE, stall bar AE.

spallina /spal'lina/ f. **1** MIL. epaulet(te) **2** ABBIGL. *(bretella)* strap; *(imbottitura)* shoulder pad, padded shoulder; ***senza -e*** [*abito, reggiseno*] strapless.

spalluccia, pl. **-ce** /spal'luttʃa, tʃe/ f. ***fare -ce*** to shrug one's shoulders.

spalmare /spal'mare/ [1] **I** tr. **1** *(distendere)* to spread* [*marmellata, colla*]; to spread*, to smear [*burro*]; ***~ la marmellata sul pane*** to spread some bread with jam; ***formaggio da ~*** cheese spread **2** *(applicare)* ***~ qcs. sulla pelle*** to rub sth. onto one's skin **II spalmarsi** pronom. to rub on; ***-rsi la crema sul viso*** to cover one's face with cream.

spalti /'spalti/ m.pl. *(di stadio)* terraces BE, bleachers AE.

spampanarsi /spampa'narsi/ [1] pronom. [*fiore*] to become* overblown, to overblow*.

spampanato /spampa'nato/ **I** p.pass. → **spampanarsi II** agg. [*fiore*] overblown.

spanare /spa'nare/ [1] **I** tr. to strip [*dado, vite*] **II spanarsi** pronom. [*dado, vite*] to be* stripped.

spanciare /span'tʃare/ [1] **I** intr. (aus. *avere*) **1** COLLOQ. [*persona*] to do* a belly flop, to belly-flop **2** [*aereo*] to belly land **II spanciarsi** pronom. ***-rsi dalle risate*** to split one's sides (laughing).

spanciata /span'tʃata/ f. **1** COLLOQ. *(tuffo)* belly flop **2** AER. belly landing.

spandere /'spandere/ [89] **I** tr. **1** *(spargere)* to spread* [*concime*] **2** *(versare)* to spill* [*liquido*]; to shed* [*lacrime*] **3** *(effondere)* to give* off [*fumo, profumo*]; to shed* [*luce*] **4** FIG. *(divulgare)* to spread*, to circulate [*notizie*] **II spandersi** pronom. **1** *(propagarsi)* [*macchia, liquido*] to spread* **2** *(effondersi)* [*fumo, luce*] to pour (**in** into) **3** FIG. *(diffondersi)* [*notizia*] to spread* ♦ ***spendere e ~*** COLLOQ. to splash money around, to spend money like water.

spaniel /'spanjel/ m.inv. spaniel.

spanna /'spanna/ f. span; ***non vedevo a una ~ nella nebbia*** I couldn't see an inch in front of me in the fog ♦ ***essere alto una ~*** to be four foot nothing, to be kneehigh to a grasshopper.

spaparanzarsi /spaparan'tsarsi/ [1] pronom. COLLOQ. ***~ sul divano*** to sprawl out on a sofa.

spappolare /spappo'lare/ [1] **I** tr. to mash, to beat* [sth.] to a pulp, to crush [*frutta, verdura*]; to crush, to mangle [*gamba, braccio*] **II spappolarsi** pronom. [*frutta, verdura*] to become* mushy.

spappolato /spappo'lato/ **I** p.pass. → **spappolare II** agg. [*frutta, verdura*] mushy, splattered; [*gamba, braccio*] crushed, mangled.

sparare /spa'rare/ [1] **I** tr. **1** *(far partire)* to fire (off), to shoot* [*colpo*]; ***~ un colpo di pistola*** to let off a gun **2** FIG. ***spararle grosse*** to talk big, to be full of big talk; ***~ cazzate*** VOLG. to talk bullshit *o* crap; ***~ un prezzo esorbitante*** to shoot high **II** intr. (aus. *avere*) **1** *(far partire un colpo)* to fire (**su, contro** at, on); ***~ a*** to shoot [*persona, preda*]; ***~ con la pistola*** to fire a pistol; ***~ a salve*** to fire blanks; ***le sparò alla gamba*** he shot her in the leg; ***fermi o sparo!*** freeze or I'll shoot! **2** TELEV. to dazzle **III spararsi** pronom. to shoot oneself (**a** in) ♦ ***~ l'ultima cartuccia*** to play one's final trump *o* hand; ***~ nel mucchio*** = to level accusations indiscriminately; ***~ a zero su qcn., qcs.*** to blast sb., sth. out of the water, to hit out at sb., sth.; ***(dai,) spara!*** COLLOQ. (come on,) fire away! (go ahead and) shoot!

sparata /spa'rata/ f. **1** *(spacconata)* bluster, boasting **2** *(scenata)* outburst, scene.

1.sparato /spa'rato/ **I** p.pass. → **sparare II** agg. COLLOQ. *(velocissimo)* at full speed, like a shot; *(dritto)* [*capelli*] spiked; ***partire ~*** to accelerate away.

2.sparato /spa'rato/ m. ABBIGL. shirtfront, dicky.

sparatoria /spara'tɔrja/ f. gunfire **U**, shooting **U**.

sparecchiare /sparek'kjare/ [1] tr. to clear [*tavola*].

spareggio, pl. **-gi** /spa'reddʒo, dʒi/ m. **1** SPORT runoff, playoff, decider **2** COMM. *(disavanzo)* deficit.

spargere /'spardʒere/ [19] **I** tr. **1** *(spandere)* to scatter [*semi, oggetti*]; to spread* [*sabbia, terra*]; to strew* [*fiori*]; ***~ il sale su una strada*** to put salt on *o* to salt a road **2** *(versare)* to shed* [*lacrime, sangue*] **3** *(emanare)* to give* off [*calore*] **4** *(diffondere)* to spread* [*calunnie*]; ***~ la voce*** to spread the news **II spargersi** pronom. **1** *(sparpagliarsi)* [*persone, animali*] to scatter **2** *(diffondersi)* [*notizia*] to get* about, to travel.

spargimento /spardʒi'mento/ m. shedding; ***~ di sangue*** bloodshed.

spargipepe /spardʒi'pepe/ m.inv. (pepper-)caster, pepper shaker.

spargisale /spardʒi'sale/ m.inv. caster, saltcellar, salt shaker.

sparire /spa'rire/ [102] intr. (aus. *essere*) **1** to disappear, to vanish; ***~ nel nulla*** to vanish into thin air; ***è sparita dalla circolazione*** I haven't seen hide nor hair of her; ***il sole sparì dietro una nuvola*** the sun disappeared behind a cloud; ***dove è sparita la mia borsa?*** FIG. where has my bag got to? where did my bag go? ***i soldi sono spariti*** the money has all gone **2** *(passare)* [*dolore, febbre*] to go* away **3** COLLOQ. *(levarsi di torno)* ***sparisci!*** get lost! ***fallo ~!*** get it out of the way! **4** EUFEM. ***fare ~*** *(uccidere)* to blow away, to do in, to polish off [*persona*] **5** *(cessare un'attività)* ***~ dalla scena politica*** to leave the political scene.

sparizione /sparit'tsjone/ f. disappearance.

sparlare /spar'lare/ [1] intr. (aus. *avere*) ***~ di qcn.*** to backbite *o* badmouth sb., to speak ill of sb., to spread *o* tell tales of sb.

sparo /'sparo/ m. shot; ***rumore di -i*** sound of gunfire *o* gunshots; ***c'erano continui -i*** there was continuous firing *o* shooting.

sparpagliare /sparpaʎ'ʎare/ [1] **I** tr. to scatter [*abiti, cuscini, libri*] **II sparpagliarsi** pronom. [*persone*] to scatter; ***sparpagliatevi!*** spread out!

sparpagliato /sparpaʎ'ʎato/ **I** p.pass. → **sparpagliare II** agg. scattered.

sparso /'sparso/ **I** p.pass. → **spargere II** agg. **1** *(sparpagliato)* [*case, fogli, libri, persone, piogge*] scattered; ***in ordine ~*** dispersedly; MIL. in open order **2** *(versato)* [*sangue*] shed, spilled **3** *(sciolto)* [*capelli*] loose.

spartano /spar'tano/ **I** agg. **1** *(di Sparta)* Spartan **2** FIG. [*abitudini, vita*] spartan; ***la sistemazione è piuttosto -a*** the accommodation is rather basic **II** m. (f. **-a**) Spartan.

spartiacque /sparti'akkwe/ m.inv. **1** GEOGR. divide, watershed **2** FIG. divide.

spartifuoco /sparti'fwɔko/ m.inv. safety curtain.

spartineve /sparti'neve/ m.inv. snow plough BE, snow plow AE.

spartire /spar'tire/ [102] **I** tr. **1** *(ripartire)* to divide, to portion out, to split* up **2** MUS. to score **II spartirsi** pronom. to share; ***-rsi l'elettorato*** to split the vote ♦ ***non avere nulla da ~ con qcn.*** to have nothing to do with sb.

spartito /spar'tito/ **I** p.pass. → **spartire II** agg. divided **III** m. score; ***-i*** sheet music.

spartitraffico /sparti'traffiko / **I** agg.inv. ***isola ~*** traffic island, safety island AE; ***aiuola*** o ***banchina ~*** centre strip BE, median strip AE **II** m.inv. central reservation, traffic divider.

spartizione /spartit'tsjone/ f. split, division; ***~ dei profitti*** profit sharing.

sparuto /spa'ruto/ agg. **1** *(molto magro)* [*persona*] emaciated, wasted, haggard **2** *(esiguo)* small, scanty, meagre BE, meager AE.

sparviero /spar'vjɛro/ m. **1** ZOOL. (sparrow)hawk **2** EDIL. hod, mortarboard.

spasimante /spazi'mante/ m. e f. suitor, wooer, beau* (anche SCHERZ.).

spasimare /spazi'mare/ [1] intr. (aus. *avere*) **1** *(soffrire)* to suffer terribly **2** *(desiderare)* to long, to pine; ***~ per qcn.*** to languish *o* yearn for sb.

spasimo /'spazimo/ m. pang, twinge; *(di gelosia)* prick, twinge; ***-i d'amore*** heartache, love pangs.

spasmo /'spazmo/ m. MED. spasm, jerk ♦♦ ***~ muscolare*** twitch, muscular spasm.

spasmodico, pl. **-ci**, **-che** /spaz'mɔdiko, tʃi, ke/ agg. **1** MED. [*contrazione*] spasmodic **2** *(lancinante)* [*dolore*] shooting, splitting, stabbing **3** FIG. *(angoscioso)* [*attesa*] agonizing.

spassarsi /spas'sarsi/ [1] pronom. **1** *(divertirsi)* to amuse oneself **2** **spassarsela** to live it up, to have* a great time.

spassionato /spassjo'nato/ agg. dispassionate, impartial.

spasso /'spasso/ m. **1** *(divertimento)* fun, riot **2** *(persona divertente)* hoot, scream; ***è uno ~!*** he's (such a) fun! **3** *(passeggiata)* ***andare a ~*** to (take a) stroll, to walk around; ***portare a ~ il cane*** to take the dog for a walk, to walk the dog ♦ ***mandare a ~ qcn.*** *(licenziare)* to let sb. go, to sack sb.; ***essere a ~*** = to be unemployed.

spassoso /spas'soso/ agg. amusing, hilarious; [*persona*] funny.

spastico, pl. **-ci**, **-che** /'spastiko, tʃi, ke/ **I** agg. MED. spastic (anche COLLOQ. SPREG.) **II** m. (f. **-a**) spastic (anche COLLOQ. SPREG.).

spatola /'spatola/ f. **1** EDIL. MED. spatula **2** ART. palette knife* **3** *(attrezzo da cucina)* paddle, palette knife*.

spauracchio, pl. **-chi** /spau'rakkjo, ki/ m. **1** *(spaventapasseri)* scarecrow **2** FIG. bugbear, bogey(man*), hobgoblin.

spaurito /spau'rito/ agg. [*animale, persona*] frightened, scared.

spavalderia /spavalde'ria/ f. **1** *(sfrontatezza)* cheek, arrogance **2** *(bravata)* bluster, brag(ging).

spavaldo /spa'valdo/ agg. [*atteggiamento, persona*] cheeky, arrogant.

spaventapasseri /spaventa'passeri/ m.inv. scarecrow.

spaventare /spaven'tare/ [1] **I** tr. to frighten, to scare **II** **spaventarsi** pronom. to get* frightened, to get* scared, to take* fright.

spaventato /spaven'tato/ **I** p.pass. → **spaventare** **II** agg. frightened, scared.

spavento /spa'vɛnto/ m. **1** *(paura)* fright, scare, fear **U**, dread **U**; ***paralizzato dallo ~*** paralyzed with fright; ***fare prendere uno ~ a qcn.*** to give sb. a fright; ***prendersi uno ~*** to have *o* get a fright *o* scare; ***che ~!*** how frightful *o* scary! ***sei conciato da fare ~*** you look a sight dressed like that **2** COLLOQ. *(persona o cosa molto brutta)* fright.

spaventoso /spaven'toso/ agg. **1** *(che incute paura)* [*rumore, vista*] frightful, ghastly; [*esperienza, mostro*] frightening, scary **2** *(tremendo)* [*ferita, incidente*] terrible; [*condizioni, situazione*] appalling, dreadful **3** FIG. *(esagerato)* [*prezzo*] atrocious, horrendous; [*ignoranza, stupidità*] appalling.

spaziale /spat'tsjale/ agg. **1** *(relativo allo spazio)* spatial **2** ASTR. [*sonda, stazione, ente, capsula, navicella*] space attrib.; ***navetta ~*** (space) shuttle, spaceplane **3** *(pazzesco)* ***è ~!*** it's unreal *o* great! that's terrific!

spaziare /spat'tsjare/ [1] **I** tr. to space out [*oggetti, parole*] (anche TIP.) **II** intr. (aus. *avere*) **1** *(muoversi liberamente)* to move freely **2** FIG. *(estendersi)* to sweep*; ***il suo discorso spaziò in molti argomenti*** his speech ranged over a wide variety of subjects.

spaziatore /spattsja'tore/ agg. ***barra -trice*** INFORM. spacebar, spacer.

spaziatura /spattsja'tura/ f. TIP. space, spacing.

spazientire /spattsjen'tire/ [102] **I** tr. ***~ qcn.*** to try *o* test sb.'s patience **II** **spazientirsi** pronom. to get* impatient, to lose* one's patience.

spazientito /spattsjen'tito/ **I** p.pass. → **spazientire** **II** agg. irritated, exasperated.

spazio, pl. **-zi** /'spattsjo, tsi/ m. **1** ASTR. FILOS. space **2** *(posto)* room **U**, space **U**; ***~ per le gambe*** legroom; ***occupare molto ~*** to take up a lot of room *o* space; ***avere poco ~*** to be short of room; ***fare ~ per*** o ***a*** to make room for [*oggetto, persona*]; ***non c'è molto ~ per muoversi in questo ufficio*** there isn't much elbowroom in this office **3** *(area)* space; ***~ verde*** green area; ***-i aperti*** open space; ***i grandi -zi aperti*** the great outdoors **4** FIG. *(opportunità)* ***dare ~ a qcn.*** to give sb. space; ***non lascia ~ a dubbi*** there is no room for doubt **5** *(distanza)* space, gap, clearance; ***uno ~ di 5 cm tra l'auto e il muro*** a 5 cm clearance *o* space between the car and the wall **6** *(di tempo)* ***nello ~ di dieci minuti*** in *o* within the space of ten minutes **7** TIP. space **8** SCOL. blank; ***riempire gli -zi vuoti*** to fill in the blanks **9** INFORM. ***~ su disco*** disk space ♦♦ ***~ aereo*** air space; ***~ di frenata*** braking distance; ***~ pubblicitario*** advertising space; ***~ vitale*** living space.

spaziosità /spattsjosi'ta/ f.inv. roominess, spaciousness.

spazioso /spat'tsjoso/ agg. [*stanza*] spacious, large; [*auto, casa*] roomy, spacious.

spaziotemporale /spattsjotempo'rale/ agg. ***continuum ~*** space-time (continuum); ***buco*** o ***salto ~*** *(nella fantascienza)* time warp.

spazzacamino /spattsaka'mino/ ➧ ***18*** m. (chimney) sweep.

spazzaneve /spattsa'neve/ m.inv. snow plough BE, snow plow AE; ***fare (lo) ~*** *(nello sci)* to snowplough.

spazzare /spat'tsare/ [1] tr. **1** *(scopare)* to sweep* [*pavimento*] **2** *(distruggere)* [*temporale*] to lash [*regione*]; ***~ via*** to sweep *o* wash away [*ponte*]; FIG. to sweep away [*difficoltà, ostacolo*].

spazzata /spat'tsata/ f. sweep.

spazzatura /spattsa'tura/ f. **1** *(rifiuti)* litter **U**, rubbish **U**, trash **U** AE; ***buttare qcs. nella ~*** to throw sth. out *o* in the bin BE *o* in the garbage AE; ***bidone della ~*** litter bin BE, dustbin BE, garbage can AE, trashcan AE **2** FIG. SPREG. trash **U**.

spazzino /spat'tsino/ ➧ ***18*** m. street cleaner, roadsweeper, refuse collector BE, garbage collector AE.

spazzola /'spattsola/ f. **1** brush; ***~ per capelli*** hairbrush; ***~ da scarpe*** shoebrush **2** *(di tergicristallo)* blade **3** **a spazzola** ***taglio a ~*** crewcut, flattop; ***avere i capelli a ~*** to have a crewcut.

spazzolare /spattso'lare/ [1] **I** tr. **1** to brush [*capelli, denti, scarpe, vestiti*] **2** *(consumare completamente)* to polish off, to mop up AE [*cibo*] **II** **spazzolarsi** pronom. ***-rsi i capelli*** to brush one's hair.

spazzolata /spattso'lata/ f. brush.

spazzolino /spattso'lino/ m. small brush; ***~ da denti*** toothbrush.

spazzolone /spattso'lone/ m. scrubbing brush, scrub brush AE.

specchiarsi /spek'kjarsi/ [1] pronom. **1** *(guardarsi allo specchio)* to look at oneself in the mirror **2** *(riflettersi)* to be* reflected, to be* mirrored **3** FIG. *(prendere esempio)* ***~ in qcn.*** to model oneself after sb.

specchiato /spek'kjato/ **I** p.pass. → **specchiarsi** **II** agg. ***di -a virtù*** irreprehensible, of exemplar virtue.

specchiera /spek'kjɛra/ f. **1** *(grande specchio)* large mirror, pier glass **2** *(mobile con specchio)* dresser.

specchietto /spek'kjetto/ m. **1** *(piccolo specchio)* compact mirror **2** AUT. mirror **3** *(prospetto)* table ♦ ***~ per le allodole*** stalking horse, lure; ***è solo uno ~ per le allodole*** FIG. it's all window dressing ♦♦ ***~ di cortesia*** vanity mirror; ***~ laterale*** wing BE *o* side mirror AE; ***~ retrovisore*** driving *o* rear-view mirror.

specchio, pl. **-chi** /'spɛkkjo, ki/ m. **1** mirror, looking-glass LETT.; ***guardarsi allo ~*** to look at oneself in the mirror **2** FIG. *(ambiente molto pulito)* ***essere uno ~*** [*casa*] to be as neat as a new pin **3** FIG. *(immagine)* mirror; ***essere lo ~ dei tempi*** to be a mirror of the times **4** FIG. *(esempio)* model; ***uno ~ di virtù*** a model of virtue **5** *(prospetto)* table **6** *(superficie acquea)* ***oggi il mare è uno ~*** the sea is glassy today ♦♦ ***~ della porta*** SPORT goal mouth; ***~ segreto*** two-way mirror.

speciale /spe'tʃale/ **I** agg. special **II** m. TELEV. special.

specialista, m.pl. **-i**, f.pl. **-e** /spetʃa'lista/ **I** agg. ***medico ~*** specialist, consultant BE **II** m. e f. **1** *(esperto)* expert, specialist **2** *(medico)* specialist, consultant BE.

specialistico, pl. **-ci**, **-che** /spetʃa'listiko, tʃi, ke/ agg. specialistic, specialist attrib.; [*giornale*] trade attrib.; [*conoscenza*] expert attrib.; [*dizionario*] specialized.

specialità /spetʃali'ta/ f.inv. speciality BE, specialty AE (anche GASTR.) ♦♦ ***~ farmaceutica*** o ***medicinale*** patent *o* proprietary medicine.

specializzare /spetʃalid'dzare/ [1] **I** tr. to specialize **II** **specializzarsi** pronom. to specialize (**in** in).

specializzato /spetʃalid'dzato/ **I** p.pass. → **specializzare II** agg. [*settore*] specialized; [*lavoro, lavoratore*] skilled; [*negozio*] specialist attrib.; ***operaio non ~*** unskilled worker; ***è ~ in genetica*** his subject is genetics.

specializzazione /spetʃaliddzat'tsjone/ f. specialization; ***corso di ~ post-laurea*** (post)graduate course.

specialmente /spetʃal'mente/ avv. especially, particularly.

specie /'spɛtʃe/ **I** f.inv. **1** BIOL. species* **2** *(tipo)* kind, sort; ***una ~ di*** a kind *o* sort of; ***un razzista della peggior ~*** a racist of the worst kind *o* sort **3** *(stupore)* ***mi fa ~ che...*** I find it odd *o* it surprises me that... **II** avv. ***(in) ~*** especially, particularly.

specifica, pl. **-che** /spe'tʃifika, ke/ f. COMM. specification.

specificamente /spetʃifika'mente/ avv. specifically.

specificare /spetʃifi'kare/ [1] tr. to specify, to state [*luogo, ora*]; ***~ meglio qcs.*** to be more precise about sth.

specificato /spetʃifi'kato/ **I** p.pass. → **specificare II** agg. [*data, giorno*] specified; ***la somma -a*** the stated amount, the amount stated.

specificazione /spetʃifikat'tsjone/ f. **1** specification (anche DIR.) **2** LING. ***complemento di ~*** possessive phrase.

specificità /spetʃifitʃi'ta/ f.inv. specificity.

specifico, pl. **-ci**, **-che** /spe'tʃifiko, tʃi, ke/ **I** agg. **1** *(peculiare)* [*caratteristica, termine*] specific (**di** to) **2** *(particolare)* [*caso, esempio*] specific, particular **3** FIS. [*peso*] specific **4** MED. ***farmaco ~*** specific (drug) **II** m. ***lo ~ teatrale*** the special characteristics of theatre.

specillo /spe'tʃillo/ m. MED. TECN. probe.

specimen /'spetʃimen/ m.inv. specimen (copy), sample section.

specioso /spe'tʃoso/ agg. FORM. specious.

speck /spɛk/ m.inv. GASTR. INTRAD. (smoked ham typical of Tyrol).

1.speculare /speku'lare/ [1] intr. (aus. *avere*) **1** FILOS. to speculate (**su** about, on) **2** ECON. to speculate (**su** in, on); ***~ in borsa*** to speculate on the Stock Exchange, to play the market; ***~ al rialzo*** to bull, to speculate for *o* on a rise; ***~ al ribasso*** to bear, to speculate for *o* on a fall **3** FIG. ***~ su*** to play on [*paure, pregiudizi*].

2.speculare /speku'lare/ agg. specular; [*immagine, scrittura*] mirror attrib.

speculativo /spekula'tivo/ agg. speculative.

speculatore /spekula'tore/ m. (f. **-trice** /tritʃe/) ECON. speculator.

speculazione /spekulat'tsjone/ f. ECON. FILOS. speculation ◆◆ ***~ edilizia*** property speculation.

spedire /spe'dire/ [102] tr. **1** *(inviare) (per posta)* to send*, to mail, to post BE [*lettera, pacco*]; *(via mare)* to ship **2** *(mandare)* to send* off, to pack off [*persona*]; ***~ qcn. in prigione*** to send sb. to prison.

speditezza /spedi'tettsa/ f. **1** FORM. *(rapidità)* expedition **2** *(scioltezza)* fluency.

spedito /spe'dito/ **I** p.pass. → **spedire II** agg. **1** *(rapido)* [*passo*] quick **2** *(fluente)* [*pronuncia*] fluent **III** avv. quickly.

spedizione /spedit'tsjone/ f. **1** *(invio)* dispatch, forwarding, consignment; *(via mare)* shipping, shipment; *(per via aerea)* airfreight; ***spese di ~*** postage, forwarding *o* shipping charges; ***reparto -i*** mailing house; ***avviso di ~*** shipping notice, advice note **2** MIL. expedition; ***corpo di ~*** expeditionary force **3** *(esplorazione)* expedition; ***fare una ~*** to go on an expedition ◆◆ ***~ punitiva*** punitive expedition.

spedizioniere /spedittsjo'njɛre/ ▸ **18** m. forwarder, forwarding agent, shipping clerk.

spegnere /'spɛɲɲere, 'speɲɲere/ [90] **I** tr. **1** to extinguish, to put* out [*incendio, fuoco, sigaretta*]; to put* out, to snuff out; *(soffiando)* to blow* out [*candela*] **2** to turn off, to switch off [*luce, radio, riscaldamento, motore*] **3** FIG. *(calmare)* to quench [*sete*]; to dull, to extinguish [*entusiasmo*] **4** *(estinguere)* to redeem [*ipoteca*] **5** CHIM. to slake [*calce*] **II spegnersi** pronom. **1** [*candela, fuoco*] to blow* out, to burn* out, to die out; [*incendio*] to go* out **2** [*luce, riscaldamento*] to go* off, to switch off; [*motore*] to turn off, to die COLLOQ. **3** *(attenuarsi)* [*amore, odio, risentimento*] to die (down); [*applauso*] to die away **4** EUFEM. *(morire)* to die off, to fade away, to slip away.

spegnimento /speɲɲi'mento/ m. TECN. switching off.

spegnitoio, pl. **-oi** /speɲɲi'tojo, oi/ m. (candle) snuffer.

spelacchiarsi /spelak'kjarsi/ [1] pronom. [*animale*] to lose* hair, to lose* fur; [*pelliccia, tappeto*] to become* worn (out).

spelacchiato /spelak'kjato/ **I** p.pass. → **spelacchiarsi II** agg. [*animale*] mangy; [*cappotto*] worn.

spelarsi /spe'larsi/ [1] pronom. [*tappeto*] to become* worn (out).

speleologia /speleolo'dʒia/ f. **1** *(sport)* speleology, caving, potholing BE, spelunking AE **2** *(scienza)* speleology.

speleologo, m.pl. **-gi**, f.pl. **-ghe** /spele'ɔlogo, dʒi, ge/ ▸ **18** m. (f. **-a**) **1** *(dilettante)* speleologist, caver, potholer BE, spelunker AE **2** *(scienziato)* speleologist.

spellare /spel'lare/ [1] **I** tr. **1** *(scuoiare)* to skin [*animale*] **2** COLLOQ. FIG. to soak, to drain [*cliente*] **II spellarsi** pronom. **1** [*persona*] to peel **2** COLLOQ. *(graffiarsi)* to scrape, to graze, to skin [*gomito, ginocchio*].

spellatura /spella'tura/ f. **1** *(scuoiatura)* skinning **2** *(escoriazione)* scrape, graze.

spelling /'spɛlling/ m.inv. spelling; ***fare lo ~ di*** to spell.

spelonca, pl. **-che** /spe'lonka, ke/ f. **1** *(caverna)* cave, cavern **2** FIG. den.

spendaccione /spendat'tʃone/ m. (f. **-a**) spendthrift, big spender.

spendere /'spɛndere/ [10] tr. **1** to spend* [*denaro*] (**in** on); ***~ una fortuna*** to spend a fortune; ***quanto vorrebbe ~?*** what is your price range? **2** *(consumare)* ***~ le proprie energie per*** o ***nel fare*** to use up *o* spend one's energy doing **3** *(trascorrere)* to spend* [*anni migliori*] ◆ ***~ una buona parola per qcn.*** to put in a good word for sb.; ***~ due parole su qcs.*** to say a few words about sth.; ***~ e spandere*** COLLOQ. to splash money around, to spend money like water.

spengere /'spɛndʒere/ → **spegnere.**

spennacchiato /spennak'kjato/ agg. [*pollo*] plucked; [*persona*] bald.

spennare /spen'nare/ [1] **I** tr. **1** *(privare delle penne)* to deplume, to pluck [*pollo*] **2** FIG. *(fare pagare troppo)* to soak, to drain, to fleece [*cliente*] **II spennarsi** pronom. *(fare la muta)* to moult BE, to molt AE.

spennellare /spennel'lare/ [1] tr. **1** to paint (anche MED.) **2** GASTR. ***~ qcs. con*** to brush sth. with [*latte, uovo*].

spensieratezza /spensjera'tettsa/ f. carelessness, light-heartedness.

spensierato /spensje'rato/ agg. [*persona, vita*] carefree, happy-go-lucky, light-hearted.

spento /'spɛnto, 'spento/ **I** p.pass. → **spegnere II** agg. **1** *(che non arde)* [*incendio, sigaretta*] extinguished; [*vulcano*] inactive, extinct **2** *(non acceso)* [*interruttore, televisore, riscaldamento*] (turned) off mai attrib., (switched) off mai attrib.; ***le luci sono -e*** the lights are off *o* out **3** *(inespressivo)* [*voce*] lifeless; [*occhio*] dull; [*colore*] dull, flat **4** *(raffreddato)* [*passione*] chilled, spent.

spenzolare /spendzo'lare/ [1] tr. e intr. (aus. *avere*) to dangle.

sperabile /spe'rabile/ agg. desirable.

speranza /spe'rantsa/ f. **1** hope; ***nella ~ di qcs., di fare*** in the hope of sth., of doing; ***nella ~ di ricevere presto tue notizie*** *(in una lettera)* I look forward to hearing from you soon; ***hanno perso quasi ogni ~ di ritrovarlo*** they don't hold out much hope of finding him; ***con lui ho perso ogni ~*** I've given up on him **2** *(possibilità)* hope, prospect, expectation; ***un caso senza ~*** a hopeless case; ***essere senza ~*** o ***al di là di ogni ~*** to be without hope *o* beyond all hope; ***avere buone -e di fare*** to have great *o* high hopes of doing; ***c'è qualche ~ di miglioramento*** there is some prospect of improvement **3** *(promessa)* hope, promise; *(di una squadra)* prospect; ***le -e della musica italiana*** the young hopefuls of the Italian music world ◆ ***di belle -e*** up and coming, promising; ***la ~ è l'ultima a morire*** hope springs eternal (in the human breast) ◆◆ ***~ di vita*** BIOL. life expectancy.

speranzoso /speran'tsoso/ agg. [*atteggiamento, persona*] hopeful.

sperare /spe'rare/ [1] **I** tr. to hope; ***~ di fare*** to hope to do, to have hopes of doing; ***spero che venga*** I hope (that) he'll come; ***spero di sì, di no*** I hope so, not; ***spero di vederti presto*** I hope to see you soon; ***speriamo che lo faccia bene*** let's hope he gets it right; ***"ti pagherò" - "lo spero bene!"*** "I'll pay you for it" - "I should hope so!"; ***spero di avere presto tue notizie*** *(in una lettera)* I look forward to hearing from you soon **II** intr. (aus. *avere*) to hope; ***~ in qcs.*** to hope for sth.; ***~ per il meglio*** o ***in bene*** to hope for the best; ***non sperarci troppo*** don't build your hopes up too high; ***il massimo che tu possa ~ è*** the most you can expect is; ***aspetta e spera!*** don't hold your breath!

sperato /spe'rato/ **I** p.pass. → **sperare II** agg. hoped for, expected.

sperdersi /'spɛrdersi/ [68] pronom. to get* lost.

sperduto /sper'duto/ **I** p.pass. → **sperdersi II** agg. **1** *(smarrito)* [*persona*] lost (anche FIG.) **2** *(isolato)* [*luogo*] remote, out-of-the-way; ***un paese ~ nella campagna*** a village buried deep in the countryside.

sperequazione /sperekwat'tsjone/ f. inequality, disproportion.

spergiurare /sperdʒu'rare/ [1] intr. (aus. *avere*) to commit perjury, to perjure ♦ ***giurare e ~*** = to swear again and again.

spergiuro /sper'dʒuro/ m. (f. **-a**) **1** *(persona)* perjurer **2** *(giuramento)* perjury.

spericolato /speriko'lato/ **I** agg. [*persona*] daring, reckless; ***vita -a*** fast living **II** m. (f. **-a**) daredevil.

sperimentale /sperimen'tale/ agg. experimental.

sperimentalista, m.pl. **-i**, f.pl. **-e** /sperimenta'lista/ agg. [*scrittore*] experimental.

sperimentare /sperimen'tare/ [1] tr. **1** *(verificare la validità)* to experiment with, to test, to try out [*metodo*]; to try out, to test [*medicina, teoria*] **2** *(conoscere per esperienza)* to experience; ***~ qcs. di persona*** to experience sth. personally *o* at first hand.

sperimentato /sperimen'tato/ **I** p.pass. → **sperimentare II** agg. [*metodo*] tested.

sperimentatore /sperimenta'tore/ m. (f. **-trice** /tritʃe/) experimenter, tester.

sperimentazione /sperimentat'tsjone/ f. experimentation; *(di cosmetici, medicine)* testing **U**; ***il prodotto è ancora in fase di ~*** the product is still being tested.

sperma /'spɛrma/ m. sperm, semen **U**.

spermatozoo /spermatod'dzɔo/ m. spermatozoon*, sperm.

spermicida /spermi'tʃida/ **I** agg. spermicidal **II** m. spermicide.

speronare /spero'nare/ [1] tr. to ram [*nave, veicolo*].

sperone /spe'rone/ m. **1** *(sprone)* spur (anche ZOOL.) **2** STOR. *(di nave)* rostrum* **3** GEOGR. spur.

speronella /spero'nɛlla/ f. BOT. larkspur.

sperperare /sperpe'rare/ [1] tr. to squander, to waste, to fritter away, to go* through [*denaro*]; to waste [*forze, tempo*].

sperpero /'spɛrpero/ m. squandering, waste.

sperso /'spɛrso/ → **sperduto.**

spersonalizzare /spersonalid'dzare/ [1] **I** tr. to depersonalize **II spersonalizzarsi** pronom. to lose* one's personality.

sperticarsi /sperti'karsi/ [1] pronom. ***~ in elogi*** to bestow effusive praise, to lavish praise.

sperticato /sperti'kato/ **I** p.pass. → **sperticarsi II** agg. ***lodi -e*** rave praise.

spesa /'spesa/ f. **1** *(costo)* expenditure, expense, cost, spending **U**; ***-e per l'elettricità, il telefono*** electricity, telephone charges; ***-e per l'istruzione, la difesa*** expenditure *o* spending on education, defence; ***-e di trasporto, di manodopera*** transport, labour costs; ***dividere, tagliare le -e*** to share the costs, to cut costs; ***sostenere forti -e*** to incur heavy costs; ***non badare a -e*** to spare no expense **2** *(compere)* shopping **U**; ***lista, borsa della ~*** shopping list, bag; ***fare la ~*** to do the *o* some shopping; ***andare a fare la ~*** to go shopping *o* to the shops **3** *(acquisto)* ***questa gonna è stata una buona ~*** this skirt was a good buy **4 a spese di** *a* ***-e dello stato*** o ***della comunità*** at public expense; ***la trasferta è a -e della società*** business travel is chargeable to the company; ***vivere a -e di qcn.*** to live off sb. ♦ ***imparare qcs. a proprie -e*** to learn sth. the hard way *o* at one's own expense *o* at one's cost ♦♦ ***~ pubblica*** public expenditure *o* spending, government spending; ***-e bancarie*** bank charges; ***-e correnti*** current expenditure, running expenses; ***-e doganali*** customs expenses *o* charges; ***-e fisse*** standing charge; ***~ processuali*** DIR. (legal) costs; ***-e sociali*** welfare spending; ***-e di spedizione*** forwarding *o* shipping charges, postage; ***-e straordinarie*** nonrecurring expenses.

spesato /spe'sato/ agg. paid; ***tutto ~*** all expenses paid.

1.spesso /'spesso/ agg. **1** *(non sottile, denso, fitto)* thick **2** *(frequente)* ***-e volte*** many times.

2.spesso /'spesso/ avv. often, frequently; ***quanto ~ vi incontrate?*** how often do you meet? ***non si vedevano ~*** they didn't see each other much, they didn't see a lot of each other; ***~ e volentieri*** as often as not.

spessore /spes'sore/ m. **1** thickness; *(di strato)* depth; ***dello ~ di 6 cm*** 6-cm thick **2** FIG. depth, insight; ***privo di ~*** [*personaggio*] one-dimensional **3** TECN. gauge, thickness.

spett. ⇒ spettabile; ***Spett. Ditta*** *(nelle lettere)* Dear Sirs BE *o* Gentlemen AE; ***Spett. PBM*** *(negli indirizzi)* PBM.

spettabile /spet'tabile/ agg. **1** *(rispettabile)* esteemed **2** *(nelle lettere)* ***Spettabile Ditta*** Dear Sirs BE *o* Gentlemen AE.

spettacolare /spettako'lare/ agg. spectacular, fantastic, extraordinary.

spettacolarizzare /spettakolarid'dzare/ [1] **I** tr. to turn [sth.] into a show **II spettacolarizzarsi** pronom. to turn into a show.

spettacolo /spet'takolo/ **I** m. **1** show; TEATR. play; ***lo ~ deve continuare*** the show must go on **2** *(singola rappresentazione)* CINEM. showing; TEATR. performance **3** *(industria)* ***il mondo dello ~*** the world of entertainment, the entertainment world; ***i grandi nomi dello ~*** the big names in show business **4** *(vista)* sight; ***non era un bello ~!*** it was not a pretty sight! ***dare ~*** to attract the attention; SPREG. to make an exhibition of oneself, to show off **II** agg.inv. ***calcio ~*** showy football.

spettante /spet'tante/ agg. [*retribuzione*] due mai attrib.

spettanza /spet'tantsa/ f. **1** *(competenza)* scope; ***rientrare, non rientrare nella ~ di qcn.*** to be within, beyond the scope of sb. **2** *(somma)* due.

spettare /spet'tare/ [1] intr. (aus. *essere*) **1** *(essere compito di)* ***spetta a te scegliere*** it's up to you to choose; ***non spetta a me fare*** it's not my place to do **2** *(competere)* to be* due; ***rivendico solo ciò che mi spetta*** I'm only claiming what I'm entitled to; ***mi spettano dieci giorni di ferie*** I'm due ten days' holiday.

spettatore /spetta'tore/ m. (f. **-trice** /tritʃe/) **1** *(di teatro, cinema)* member of the audience; *(di evento sportivo)* spectator; ***-i*** audience, crowd; *(di teatro)* house **2** *(testimone)* onlooker, witness.

spettegolare /spettego'lare/ [1] intr. (aus. *avere*) to gossip (**su, di** about).

spettinare /spetti'nare/ [1] **I** tr. to ruffle [*capelli*]; ***mi stai spettinando!*** you're messing up my hair! **II spettinarsi** pronom. [*capelli*] to get* ruffled; [*persona*] to get* one's hair messed up.

spettinato /spetti'nato/ **I** p.pass. → **spettinare II** agg. [*capelli*] uncombed, messy, unkempt; ***ho i capelli tutti -i*** my hair is a mess.

spettrale /spet'trale/ agg. ghostly, spectral; [*luce, pallore*] ghastly; [*atmosfera*] spooky COLLOQ.

spettro /'spɛttro/ m. **1** *(fantasma)* spectre BE, specter AE, ghost **2** *(minaccia)* spectre BE, specter AE, shadow **3** FIS. CHIM. spectrum* **4** FARM. ***ad ampio ~*** [*antibiotico*] broad-spectrum.

spettrografia /spettrogra'fia/ f. spectrography.

spettrometria /spettrome'tria/ f. spectrometry.

spettroscopia /spettrosko'pia/ f. spectroscopy.

spettroscopio, pl. **-pi** /spettros'kɔpjo, pi/ m. spectroscope.

speziale /spet'tsjale/ m. e f. ANT. **1** *(droghiere)* drysalter **2** *(farmacista)* apothecary.

speziare /spet'tsjare/ [1] tr. to spice.

spezie /'spɛttsje/ f.pl. spices.

spezzare /spet'tsare/ [1] **I** tr. **1** *(rompere)* to break* [*ramo, pane*]; to break*, to crack [*resistenza, volontà*]; ***~ una gamba a qcn.*** to break sb.'s leg **2** *(interrompere)* ***~ il pomeriggio con un tè*** to break up the afternoon with some tea **II spezzarsi** pronom. **1** *(rompersi)* [*corda, ramo*] to break*, to give* way; *(con un colpo secco)* to snap (off) **2** *(spaccarsi)* ***-rsi un dente, un'unghia*** to break a tooth, a nail ♦ ***~ il cuore a qcn.*** to break sb.'s heart; ***piangere da ~ il cuore*** to cry fit to break one's heart; ***mi spezzo ma non mi piego*** = I'd rather die than give in.

spezzatino /spettsa'tino/ m. GASTR. stew.

spezzato /spet'tsato/ **I** p.pass. → **spezzare II** agg. broken (anche FIG.) **III** m. ABBIGL. = man's suit in which the colour and fabric of the jacket are different from those of the trousers.

spezzettare /spettset'tare/ [1] tr. **1** to break* [sth.] into pieces [*pane, biscotto*]; to divide up [*territorio*] **2** FIG. to fragment [*discorso*].

spezzone /spet'tsone/ m. **1** TELEV. CINEM. clip **2** MIL. rudimentary bomb, fragmentation bomb.

spia /'spia/ **I** f. **1** *(agente segreto)* spy **2** *(informatore)* spy, infiltrator, nark BE, rat AE; *(a scuola)* telltale, snitch; ***fare la ~*** to blab, to stool, to rat COLLOQ., to nark BE; *(a scuola)* to tell on, to sneak BE COLLOQ. **3** TECN. *(luce)* light; ***~ luminosa*** warning light, pilot (light) **4** FIG. sign, indication **5** *(spioncino)* spyhole **II** agg.inv. [*satellite, aereo*] spy attrib.

spiaccicare /spjattʃi'kare/ [1] **I** tr. to squash, to crush [*insetto*] **II spiaccicarsi** pronom. to splatter, to squash, to get* squashed.

spiacente /spja'tʃɛnte/ agg. sorry; ***sono ~ di informarvi che*** I'm sorry *o* I regret to inform you that.

spiacere /spja'tʒere/ [54] **I** intr. (aus. *essere*) **1** *(rincrescere)* ***mi spiace!*** I'm sorry (about this)! **2** *(essere doloroso)* to be* sad; ***spiace sentire che*** it's sad to hear that **3** *(in formule di cortesia)* ***se non le spiace*** if you don't mind (anche IRON.); ***ti spiace aprire la finestra?*** would you mind opening the window? **II spiacersi** pronom. to be* sorry.

spiacevole /spja'tʃevole/ agg. **1** *(che dà dispiacere)* [*pensiero, notizia, verità*] unpleasant, unwelcome **2** *(sgradevole)* [*reazione*] disagreeable, unpleasant; [*compito, posizione*] uncomfortable; [*persona*] unpleasant **3** *(increscioso)* [*incidente, situazione*] lamentable, sad, unfortunate.

spiaggia, pl. **-ge** /'spjaddʒa, dʒe/ f. beach, (sea)shore; ***~ libera*** public beach; ***andare in ~*** to go (down) to the beach; ***da ~*** beach attrib.; ***tipo da ~*** COLLOQ. beach bum ♦ ***l'ultima ~*** the last chance *o* ditch *o* resort.

spianare /spja'nare/ [1] tr. **1** to flatten (out), to level [*superficie*] **2** *(rendere liscio)* to smooth [*fronte*] **3** FIG. to smooth out [*difficoltà*] **4** *(radere al suolo)* to level [*area, città*] **5** *(puntare)* ***~ un fucile contro qcn.*** to draw a gun on sb., to level *o* aim a gun at sb. **6** GASTR. to roll (out) [*impasto*] ♦ ***~ la strada a*** to pave the way for.

spianata /spja'nata/ f. *(spiazzo)* clearing, level ground.

spianatoia /spjana'toja/ f. pastry board.

spiano /'spjano/ m. **1** clearing, level ground **2 a tutto spiano** ***lavorare a tutto ~*** to work at full stretch *o* as hard as one can *o* flat out; ***mangiare a tutto ~*** to eat as much as one can *o* like there's no tomorrow.

spiantato /spjan'tato/ **I** agg. penniless, broke mai attrib. **II** m. (f. **-a**) penniless person.

spiare /spi'are/ [1] tr. **1** POL. to spy on [*nemico*] **2** *(guardare)* to spy on, to peek at, to peep at [*persona*]; ***~ attraverso il buco della serratura*** to peep through the keyhole **3** *(studiare)* to try* to understand; ***~ le reazioni di qcn.*** to gauge sb.'s reactions **4** *(aspettare)* to watch out for, to wait for [*occasione*].

spiata /spi'ata/ f. *(soffiata)* tip(-off), whistle-blowing COLLOQ.

spiattellare /spjattel'lare/ [1] tr. COLLOQ. **1** *(raccontare)* to blab, to blurt out; ***~ tutto in giro*** to shoot one's mouth off **2** *(mostrare)* ***le spiattellò sotto il naso la lettera*** he thrust the letter right under her nose.

spiazzare /spjat'tsare/ [1] tr. **1** SPORT to wrongfoot [*portiere*] **2** FIG. to wrongfoot, to catch* [sb.] off guard.

spiazzo /'spjattso/ m. clearing, level ground; ***uno ~ erboso*** a patch of grass.

spiccare /spik'kare/ [1] **I** tr. **1** *(staccare)* to pick, to pluck [*fiore, frutto*]; *(scandire)* to articulate [*parola*] **2** *(compiere un movimento)* ***~ un salto*** to jump; ***~ il volo*** to spread one's wings (anche FIG.) **3** ECON. to draw*, to issue [*assegno, cambiale*] **4** DIR. to issue [*mandato di cattura*] **II** intr. (aus. *avere*) [*colore, persona, qualità*] to stand* out, to show* up (**su, contro** against).

spiccatamente /spikkata'mente/ avv. distinctly, clearly, typically.

spiccato /spik'kato/ **I** p.pass. → **spiccare II** agg. **1** *(che risalta)* [*contorni*] distinct, bold **2** *(marcato)* [*accento*] strong, marked; [*tendenza*] pronounced; [*personalità*] strong.

spicchio, pl. **-chi** /'spikkjo, ki/ m. **1** *(di agrumi)* segment, section, slice; *(d'aglio)* clove **2** *(parte)* slice; ***~ di torta*** slice of cake; ***~ di luna*** crescent.

spicciarsi /spit'tʃarsi/ [1] pronom. COLLOQ. to hurry up, to step on it; ***spicciati!*** hurry up! get a move on!

spiccicare /spittʃi'kare/ [1] **I** tr. **1** *(staccare)* to peel off, to unglue, to unstick* [*francobollo*] **2** *(pronunciare)* ***non sono riuscito a ~ (una sola) parola*** I didn't manage to utter a (single) word; ***non spiccica una parola di russo*** he can't speak a word of Russian **II spiccicarsi** pronom. [*francobollo*] to peel off, to come* unglued, to come* unstuck.

spiccicato /spittʃi'kato/ **I** p.pass. → **spiccicare II** agg. *(uguale)* identical; ***è ~ suo padre, è suo padre ~*** he's the spitting image of his father.

spiccio, pl. **-ci, -ce** /'spittʃo, tʃi, tʃe/ **I** agg. **1** [*persona, modi*] rough-and-ready, brisk **2** *(spicciolo)* ***denaro ~*** change **II spicci** m.pl. small change, loose change ♦ ***andare per le -ce*** to get straight to the point, to make it short and sweet.

spicciolata: **alla spicciolata** /'allaspittʃo'lata/ avv. [*arrivare*] in dribs and drabs, in ones and twos, piecemeal.

spicciolo /'spittʃolo/ **I** agg. **1** ***moneta -a*** change **2** FIG. [*parole*] plain **II spiccioli** m.pl. small change sing., loose change sing.; ***un po' di -i*** a few odd coins.

spicco, pl. **-chi** /'spikko, ki/ m. prominence; ***una figura di ~*** a leading figure; ***avere un ruolo di ~ in qcs.*** to play a prominent role *o* to figure prominently in sth.

spider /'spaider/ m. e f.inv. sports car, convertible.

spidocchiare /spidok'kjare/ [1] **I** tr. to delouse **II spidocchiarsi** pronom. to delouse oneself.

spiedino /spje'dino/ m. **1** *(attrezzo)* skewer **2** *(pietanza)* kebab.

spiedo /'spjɛdo/ m. spit; ***allo ~*** on a spit.

spiegabile /spje'gabile/ agg. explainable, explicable.

spiegamento /spiega'mento/ m. MIL. deployment; ***~ di forze*** deployment of forces.

spiegare /spje'gare/ [1] **I** tr. **1** *(distendere)* to fold out, to unfold, to lay* out [*giornale, cartina*]; to spread*, to stretch [*ali*] **2** *(insegnare)* to explain; ***~ a qcn. come fare*** to tell sb. how to do **3** *(chiarire)* ***questo spiega tutto!*** that explains it! **4** *(indicare)* to show* [*strada*] **5** MIL. to array, to deploy [*truppe*] **II spiegarsi** pronom. **1** *(comprendere)* to understand*; ***mi spiego perché ha mentito*** I understand *o* can see why he lied **2** *(essere comprensibile)* ***ora tutto si spiega*** everything makes sense now **3** *(esprimersi)* to explain oneself, to clarify; ***mi sono spiegato?*** have I made myself clear? ***non so se mi spiego*** do you get my point? need I say more? **4** *(distendersi)* [*ali*] to spread* out.

spiegato /spje'gato/ **I** p.pass. → **spiegare II** agg. [*cartina, giornale*] unfolded; [*ali*] outspread, outstretched, unfolded; ***a vele -e*** under full canvas, in full sail; ***a bandiere -e*** MAR. with flags flying.

spiegazione /spjegat'tsjone/ f. explanation; ***per*** o ***come ~*** by way of *o* in explanation; ***avere una ~ con qcn.*** to have it out with sb.

spiegazzare /spjegat'tsare/ [1] **I** tr. to crumple up, to crinkle [*foglio*]; to wrinkle, to crease [*abito, tessuto*] **II spiegazzarsi** pronom. [*foglio*] to crumple, to crinkle; [*abito, tessuto*] to wrinkle, to crease.

spietato /spje'tato/ agg. **1** *(senza pietà)* merciless, pitiless, ruthless **2** *(accanito)* [*rivalità*] bitter, fierce; [*concorrenza*] keen, cut-throat **3** *(serrato)* ***fare una corte -a a qcn.*** to fling oneself at sb.'s head.

spifferare /spiffe'rare/ [1] tr. to blab (out), to give* away [*informazioni, segreto*]; ***~ tutto*** to spill the beans.

spiffero /'spiffero/ m. draught BE, draft AE.

spiga, pl. **-ghe** /'spiga, ge/ f. BOT. ear, spike.

spigato /spi'gato/ agg. e m. ***(tessuto) ~*** herringbone.

spigliatezza /spiʎʎa'tettsa/ f. ease, breeziness.

spigliato /spi'ʎʎato/ agg. [*persona*] self-confident, breezy; [*maniere*] relaxed.

spignattare /spiɲɲat'tare/ [1] intr. (aus. *avere*) to be busy cooking.

spignorare /spiɲɲo'rare/ [1] tr. **1** *(liberare da pignoramento)* to release from seizure **2** *(riscattare)* to redeem.

spigola /'spigola/ f. (sea) bass*.

spigolare /spigo'lare/ [1] tr. to glean.
spigolatore /spigola'tore/ ➧ *18* m. (f. **-trice** /tritʃe/) gleaner.
spigolatura /spigola'tura/ f. gleanings pl.; ***-e*** FIG. gleanings, snippets of information.
spigolo /'spigolo/ m. corner, edge.
spigoloso /spigo'loso/ agg. [*roccia*] angular; [*lineamenti*] sharp, angular; [*carattere*] touchy, irritable.
spilla /'spilla/ f. **1** *(gioiello)* brooch, pin **2** REGION. *(spillo)* pin ♦♦ ***~ da balia*** → ***~ di sicurezza***; ***~ da cravatta*** scarf-pin, tie pin; ***~ di sicurezza*** safety pin.
spillare /spil'lare/ [1] tr. **1** to draw*, to tap, to broach [*birra, vino*] **2** FIG. *(carpire)* to tap, to squeeze; ***~ denaro a qcn.*** to pump *o* squeeze money out of sb. **3** *(unire)* to staple, to pin [sth.] together [*fogli*].
spillo /'spillo/ m. **1** pin; ***puntare con degli -i*** to pin **2** *(per botti)* tap.
spillone /spil'lone/ m. *(da cappello)* hatpin.
spilluzzicare /spilluttsi'kare/ [1] tr. to nibble, to peck at, to pick at [*cibo*].
spilorceria /spilortʃe'ria/ f. penny-pinching, stinginess, meanness.
spilorcio, pl. **-ci**, **-ce** /spi'lɔrtʃo, tʃi, tʃe/ **I** agg. COLLOQ. penny-pinching, stingy, tight-fisted **II** m. (f. **-a**) COLLOQ. penny-pincher, cheapskate, skinflint.
spilungone /spilun'gone/ m. (f. **-a**) beanpole, spindle-shanks.
spiluzzicare /spiluttsi'kare/ → **spilluzzicare**.
spina /'spina/ f. **1** *(di arbusto, rosa)* thorn, prickle, spine **2** *(di porcospino)* prickle, spine **3** *(lisca)* bone; ***togliere le -e a*** to bone [*pesce*] **4** EL. plug; ***inserire la ~ di qcs.*** to plug sth. in; ***staccare la ~*** to unplug, to pull out the plug; *(rilassarsi)* to unwind **5** MECC. pin **6** *(della botte)* tap; ***alla ~*** [*birra*] (on) draught, on tap **7** MIL. COLLOQ. *(recluta)* sprog, rookie AE **8 a spina di pesce** in a herringbone pattern ♦ ***essere una ~ nel fianco di qcn.*** to be a thorn in sb.'s flesh *o* side; ***stare sulle -e*** to have the fidgets, to be on the rack *o* on tenterhooks; ***tenere qcn. sulle -e*** to keep sb. guessing *o* on tenterhooks ♦♦ ***~ bifida*** MED. spina bifida, rachischisis; ***~ dorsale*** spine, backbone; ***non avere ~ dorsale*** FIG. to have no backbone, to be spineless.
spinacio, pl. **-ci** /spi'natʃo, tʃi/ **I** m. *(pianta)* spinach **II spinaci** m.pl. *(verdura)* spinach **U**.
spinale /spi'nale/ agg. spinal.
spinare /spi'nare/ [1] tr. to bone [*pesce*].
spinato /spi'nato/ agg. ***filo ~*** barbed wire.
spinello /spi'nɛllo/ m. COLLOQ. joint.
spinetta /spi'netta/ f. spinet.
spingere /'spindʒere/ [24] **I** tr. **1** *(spostare)* to push [*persona, sedia, porta*] (**in** in, into); ***~ via qcn., qcs.*** to push sb., sth. out of the way, to thrust sb., sth. aside; ***~ una carrozzina*** to wheel a pram; ***il vento spingeva le nuvole*** the wind drove the clouds along **2** *(premere)* to push, to press [*pulsante*]; ***~ sull'acceleratore*** to step on the accelerator **3** *(portare)* ***~ lo scherzo troppo in là*** to take *o* carry the joke too far; ***~ lo sguardo lontano*** to gaze into the distance **4** FIG. *(indurre)* to push, to drive*, to urge (**a fare** to do, into doing); *(incoraggiare)* to urge on [*persona*]; ***~ qcn. verso*** to draw sb. to [*professione, religione*]; ***~ qcn. alla disperazione, al suicidio*** to drive sb. to despair, suicide; ***~ qcn. ad agire*** to push *o* drive sb. into action; ***ti spinge a chiederti perché*** it makes you wonder why **5** *(dare spinte)* to push, to poke, to shove COLLOQ. [*persona*]; ***~ qcn. sull'altalena*** to give sb. a swing **II** intr. (aus. *avere*) to push **III spingersi** pronom. **1** to push; ***-rsi in avanti*** to thrust oneself forward **2** *(giungere fino a)* to go* (anche FIG.); ***-rsi verso l'interno*** to move further inland; ***-rsi (fino) a fare*** to go as far as to do.
spinone /spi'none/ m. = hunting dog similar to the griffon.
spinoso /spi'noso/ agg. **1** [*cespuglio, rosa*] prickly, thorny, spiny **2** FIG. [*argomento, situazione*] thorny, ticklish.
spinotto /spi'nɔtto/ m. **1** MECC. gudgeon pin, wrist pin **2** EL. plug.
spinta /'spinta/ f. **1** *(spintone)* push, thrust, shove; ***dare una ~ a qcn., qcs.*** to give sb., sth. a push **2** TECN. MECC. load, thrust (anche ARCH.); ***~ verso l'alto*** upthrust **3** FIG. *(impulso)* boost, push, drive **4** FIG. *(raccomandazione)* leg up, backing **U**, string-pulling **U** ♦♦ ***~ di Archimede*** o ***idrostatica*** buoyancy; ***~ inflazionistica*** inflationary trend.
spintarella /spinta'rɛlla/ f. **1** *(piccola spinta)* light push **2** FIG. *(raccomandazione)* leg up, backing **U**, string-pulling **U**; ***dare una ~ a qcn.*** to give sb. a leg up, to pull strings for sb.
spinterogeno /spinte'rɔdʒeno/ m. distributor.
spinto /'spinto/ **I** p.pass. → **spingere II** agg. *(scabroso)* [*film, scena*] steamy, sizzling, hot; [*barzelletta*] risqué.
spintonare /spinto'nare/ [1] tr. to push, to shove.
spintone /spin'tone/ m. push, thrust, shove; ***farsi largo a -i tra la folla*** to push oneself *o* press through a crowd.
spionaggio, pl. **-gi** /spjo'naddʒo, dʒi/ m. espionage, spying; ***film di ~*** spy film ♦♦ ***~ industriale*** industrial espionage.
spioncino /spion'tʃino/ m. peephole, eye hole, spyhole.
spione /spi'one/ m. (f. **-a**) COLLOQ. snitch, tattletale, telltale, sneak BE.
spionistico, pl. **-ci**, **-che** /spio'nistiko, tʃi, ke/ agg. spy attrib.
spiovente /spjo'vɛnte/ **I** agg. **1** [*baffi*] drooping, droopy; [*tetto*] pitched, steep **2** SPORT ***tiro ~*** loft, high ball **II** m. **1** ARCH. slope **2** SPORT loft, high ball **3** GEOGR. versant, slope.
1.spiovere /'spjɔvere/ [71] impers. (aus. *essere*) to stop raining.
2.spiovere /'spjɔvere/ [71] intr. (aus. *essere*) **1** *(scolare)* to pour down, to flow down **2** FIG. *(ricadere)* [*capelli*] to flow, to fall*.
spira /'spira/ f. coil, spire, spiral; *(di serpente)* coil.
spiraglio, pl. **-gli** /spi'raʎʎo, ʎi/ m. *(fessura)* chink, crack; *(di luce)* glimmer; ***uno ~ di speranza*** FIG. a glimmer *o* ray of hope.
spirale /spi'rale/ f. **1** MAT. AER. spiral **2** *(forma)* spiral, whirl; ***-i di fumo*** curls of smoke; ***scala a ~*** winding *o* spiral staircase; ***molla a ~*** (spiral) spring **3** MED. *(anticoncezionale)* coil, IUD, intrauterine device **4** FIG. spiral; ***~ inflazionistica*** inflationary spiral; ***una ~ di violenza*** a spiral of violence.
1.spirare /spi'rare/ [1] **I** intr. (aus. *avere*) **1** *(soffiare)* [*vento*] to blow* **2** *(emanare)* to radiate **II** tr. LETT. to emanate, to radiate [*dolcezza, gioia*].
2.spirare /spi'rare/ [1] intr. (aus. *essere*) *(morire)* to pass away.
spiritato /spiri'tato/ **I** agg. **1** *(posseduto)* possessed **2** [*occhi*] wild **II** m. (f. **-a**) possessed person.
spiritello /spiri'tɛllo/ m. *(folletto)* sprite, pixie.
spiritico, pl. **-ci**, **-che** /spi'ritiko, tʃi, ke/ agg. spiritistic, spiritualist(ic); ***seduta -a*** seance.
spiritismo /spiri'tizmo/ m. spiritualism.
spiritista, m.pl. **-i**, f.pl. **-e** /spiri'tista/ m. e f. spiritualist.
1.spirito /'spirito/ m. **1** *(atteggiamento)* spirit; ***~ di adattamento*** adaptability; ***~ di squadra*** team spirit; ***~ di corpo*** esprit de corps, solidarity; ***~ di contraddizione*** contrariness, spirit of contradiction; ***giovane di ~*** young at heart *o* in spirit **2** *(stato d'animo)* spirit, mood; ***sono nello ~ adatto per*** I'm in the right mood for **3** *(senso dell'umorismo)* wit; ***persona di ~*** wit, witty person; ***battuta*** o ***motto di ~*** witticism; ***fare dello ~*** to be witty *o* funny, to crack jokes; ***ha preso la cosa con ~*** he took it with a bit of humour **4** *(persona)* spirit; ***uno ~ libero*** a free spirit; ***un bello ~*** a wit **5** *(caratteristica essenziale)* spirit; ***nello ~ dell'epoca*** in the spirit of the times; ***secondo lo ~ della legge*** in accordance with the law; ***entrare nello ~ del gioco*** to enter into the spirit of the game **6** RELIG. spirit; ***lo Spirito Santo*** the Holy Spirit **7** *(essere soprannaturale)* spirit; ***~ maligno*** evil spirit; ***nel castello ci sono gli -i*** the castle is haunted.
2.spirito /'spirito/ m. *(alcol)* alcohol, spirit; ***lampada a ~*** spirit lamp; ***ciliege sotto ~*** cherries in alcohol.
spiritosaggine /spirito'saddʒine/ f. *(battuta)* wisecrack, witticism.
spiritoso /spiri'toso/ **I** agg. **1** [*persona, frase, battuta*] witty; ***come sei ~!*** IRON. you're a bundle of fun! **2** *(che contiene alcol)* alcoholic, spirituous **II** m. ***stai cercando di fare lo ~?*** are you trying to be funny?
spiritual /'spiritual/ m.inv. (Negro) spiritual.
spirituale /spiritu'ale/ agg. spiritual.
spiritualismo /spiritua'lizmo/ m. spiritualism.
spiritualità /spirituali'ta/ f.inv. spirituality.
spiumare /spju'mare/ [1] tr. **1** to pluck [*pollo*] **2** FIG. to fleece; ***farsi ~*** to be ripped off *o* fleeced.
spizzico: **a spizzichi** /a'spittsiki/ avv. bit by bit.

splendente /splen'dɛnte/ agg. [*luce, occhi*] bright; [*superficie metallica*] gleaming; [*viso*] shining, radiant (**di** with).
splendere /'splɛndere/ [2] intr. [*sole, occhi*] to shine*.
splendido /'splɛndido/ agg. [*paesaggio, vacanza, casa, idea*] splendid, wonderful; [*persona, occhi*] beautiful, gorgeous; ***sei in -a forma!*** you look wonderful!
splendore /splen'dore/ m. **1** *(di luce, astri)* brightness; *(di superficie metallica)* gleam **2** *(fulgore)* glory; ***in tutto il loro ~*** in all their glory; ***restituire a qcs. il suo ~ originale*** to restore sth. to its former beauty **3** *(magnificenza)* splendour BE, splendor AE.
S.P.M. ⇒ Sue Proprie Mani by hand.
spocchia /'spɔkkja/ f. conceit, bumptiousness.
spocchioso /spok'kjoso/ agg. self-important, stand-offish.
spodestare /spodes'tare/ [1] tr. **1** *(privare di potere)* to depose [*re*]; to oust, to remove from office [*persona*] **2** *(privare dei beni)* to dispossess.
spoetizzare /spoetid'dzare/ [1] tr. ***~ qcs.*** to take the poetry *o* magic out of sth.
spoglie /'spɔʎʎe/ f.pl. **1** *(salma)* ***le -e mortali*** the mortal remains **2** *(bottino)* spoils ♦ ***sotto mentite -e*** in disguise, under false colours; *(sotto falso nome)* under a false name.
spogliare /spoʎ'ʎare/ [1] **I** tr. **1** *(svestire)* to undress [*persona*] **2** *(privare)* to strip; ***~ qcn. dei suoi averi, diritti*** FIG. to strip sb. of their belongings, rights; ***~ gli alberi*** [*vento*] to strip the leaves off the trees **3** *(derubare)* to despoil [*paese, museo*] **4** *(esaminare)* to go* through [*posta, documenti*] **II spogliarsi** pronom. **1** *(svestirsi)* to strip, to undress oneself; ***-rsi nudo*** to strip naked **2** *(privarsi)* ***-rsi di*** to divest oneself of [*beni*] **3** *(liberarsi)* ***-rsi di*** to get rid of [*riservatezza*] **4** *(diventare spoglio)* [*albero*] to shed* its leaves.
spogliarellista, m.pl. **-i**, f.pl. **-e** /spoʎʎarel'lista/ ♦ ***18*** m. e f. stripper.
spogliarello /spoʎʎa'rɛllo/ m. strip(tease).
spogliatoio, pl. **-oi** /spoʎʎa'tojo, oi/ m. *(di palestra)* changing room, locker room.
1.spoglio, pl. **-gli**, **-glie** /'spɔʎʎo, ʎi, ʎe/ agg. **1** [*albero*] bare, leafless **2** FIG. *(disadorno)* [*muro*] bare, blank; [*stanza*] bare, stark; [*stile*] stripped-down, unadorned.
2.spoglio, pl. **-gli** /'spɔʎʎo, ʎi/ m. ***fare lo ~ di*** to go through [*posta, documenti*]; to count [*schede, voti*].
spola /'spɔla/ f. TESS. spool; ***fare la ~*** FIG. to go *o* travel back and forth, to commute (**tra** between).
spoletta /spo'letta/ f. **1** TESS. SART. spool **2** ARM. fuse.
spoliazione /spoljat'tsjone/ f. divestment.
spoliticizzare /spolititʃid'dzare/ [1] **I** tr. to depoliticize **II spoliticizzarsi** pronom. to become* depoliticized.
spolmonarsi /spolmo'narsi/ [1] pronom. to shout oneself hoarse, to shout one's head off.
spolpare /spol'pare/ [1] tr. **1** to remove the flesh from [*coniglio, pollo*]; to pick [sth.] clean [*osso*] **2** FIG. *(impoverire)* to fleece.
spolverare /spolve'rare/ [1] tr. **1** *(togliere la polvere)* to dust [*mobili, stanza*] **2** GASTR. to dust, to sprinkle **3** SCHERZ. *(mangiare avidamente)* to polish off.
spolverata /spolve'rata/ f. **1** *(il togliere la polvere)* dusting; ***dare una ~*** to do the dusting; ***dare una ~ a*** to dust, to go over [sth.] with a duster [*stanza*] **2** *(il cospargere)* dusting, sprinkling.
1.spolverino /spolve'rino/ m. ABBIGL. dust coat.
2.spolverino /spolve'rino/ m. *(per lo zucchero)* sugar sifter.
spolverizzare /spolverid'dzare/ [1] tr. **1** *(cospargere)* to dust, to sprinkle **2** ART. to pounce.
spompare /spom'pare/ [1] **I** tr. COLLOQ. ***~ qcn.*** *(fisicamente)* to wear sb. out; *(mentalmente)* to drain sb. **II spomparsi** pronom. COLLOQ. to wear* oneself out; [*atleta*] to run* out of steam.
spompato /spom'pato/ **I** p.pass. → **spompare II** agg. knackered, pooped.
sponda /'sponda/ f. **1** *(di fiume, lago)* bank **2** *(di letto)* edge; *(di ponte)* parapet; *(di camion, carretto)* side rail; ***~ posteriore ribaltabile*** AUT. tailboard, tailgate **3** *(nel biliardo)* cushion; ***giocare di ~*** to play off the cushion.
sponsali /spon'sali/ m.pl. wedding sing., marriage sing.
sponsor /'spɔnsor/ m.inv. sponsor, backer.
sponsorizzare /sponsorid'dzare/ [1] tr. to sponsor.
sponsorizzazione /sponsoriddzat'tsjone/ f. sponsorship.
spontaneamente /spontanea'mente/ avv. [*comportarsi*] spontaneously, naturally; [*confessare*] freely; [*agire*] spontaneously, of one's own accord.
spontaneità /spontanei'ta/ f.inv. spontaneity, naturalness.
spontaneo /spon'taneo/ agg. **1** *(naturale)* [*persona, comportamento*] natural, unaffected; [*gesto*] spontaneous, instinctive; ***le viene ~*** it comes naturally to her **2** *(volontario)* [*candidatura, decisione*] unsolicited; ***di propria -a volontà*** of one's own free will **3** *(senza intervento esterno)* [*combustione, generazione*] spontaneous.
spopolamento /spopola'mento/ m. depopulation.
spopolare /spopo'lare/ [1] **I** tr. **1** GEOGR. SOCIOL. to depopulate **2** *(svuotare)* to empty [*strade*] **II** intr. (aus. *avere*) to be* all the rage, to be* all the fashion **III spopolarsi** pronom. GEOGR. SOCIOL. to become* depopulated.
spora /'spɔra/ f. spore.
sporadico, pl. **-ci**, **-che** /spo'radiko, tʃi, ke/ agg. [*fatto, incontri*] occasional, sporadic; [*caso*] isolated.
sporcaccione /sporkat'tʃone/ m. (f. **-a**) **1** *(persona sudicia)* dirty person, sloven **2** FIG. *(persona sconcia)* lecher, lewd person.
sporcare /spor'kare/ [1] **I** tr. **1** to dirty [*pavimento, piatto*]; to soil [*lenzuola, letto*]; [*cane*] to foul, to make* [sth.] dirty [*marciapiede*] **2** FIG. ***~ il proprio onore*** to sully one's honour **II sporcarsi** pronom. to get* dirty, to dirty oneself; ***-rsi le mani*** to dirty one's hands (anche FIG.).
sporcizia /spor'tʃittsja/ f. **1** *(l'essere sporco)* dirtiness **2** *(materia sporca)* dirt, filth.
sporco, pl. **-chi**, **-che** /'spɔrko, ki, ke/ **I** agg. **1** *(non pulito)* [*persona, viso, camera, abito, piatti*] dirty **2** *(macchiato)* stained; ***~ di sangue*** bloodstained **3** *(losco)* [*affari*] nasty **4** *(sconcio)* [*barzelletta*] dirty **5** ***verde, bianco ~*** dirty green, white **6** FIG. SPREG. ***~ bugiardo!*** dirty liar! **II** m. dirt ♦ ***farla -a a qcn.*** to do the dirty on sb.; ***giocare ~*** to play dirty.
sporgente /spor'dʒɛnte/ agg. **1** *(rispetto al corpo)* [*mento*] prominent; [*denti*] projecting, prominent; [*occhi*] bulging, prominent **2** *(che sporge in fuori)* [*roccia*] protruding; [*ramo*] overhanging; [*balcone*] jutting.
sporgenza /spor'dʒɛntsa/ f. projection.
sporgere /'spɔrdʒere/ [72] **I** tr. **1** *(protendere)* to stick* out **2** DIR. ***~ denuncia contro qcn.*** to lodge a complaint against sb. **II** intr. (aus. *essere*) [*mento, denti*] to protrude; [*balcone, trave*] to jut (out), to project; ***~ da qcs.*** [*chiodo*] to stick out of sth. **III sporgersi** pronom. to lean* out; ***-rsi dalla finestra*** to lean out of the window; ***-rsi verso qcn.*** to lean (over) toward(s) sb.
sport /spɔrt/ ♦ ***10*** m.inv. sport; ***fai dello ~?*** do you do any sport? ***~ estremi, invernali*** extreme, winter sports ♦ ***fare qcs. per ~*** to do sth. for fun *o* for the fun of it.
sporta /'spɔrta/ f. *(borsa)* shopping bag; *(quantità)* bagful, basket(ful) ♦ ***avere un sacco e una ~ di qcs.*** to have sth. in abundance.
sportellista, m.pl. **-i**, f.pl. **-e** /sportel'lista/ ♦ ***18*** m. e f. *(di ufficio)* counter clerk; *(di banca)* (bank) teller.
sportello /spor'tɛllo/ m. **1** *(di armadietto, auto, treno)* door **2** *(di ufficio)* counter, window ♦♦ ***~ automatico*** (automatic) teller machine, cash dispenser.
sportiva /spor'tiva/ f. sportswoman*.
sportivamente /sportiva'mente/ avv. **1** [*vestire*] informally **2** *(serenamente)* ***accettare ~ una sconfitta*** to accept a defeat sportingly.
sportivo /spor'tivo/ **I** agg. **1** [*gara, auto, disciplina, centro*] sports attrib.; [*stagione, impianti*] sporting **2** FIG. [*persona, spirito*] sporting **II** m. sportsperson, sportsman*.
sposa /'spɔza/ f. **1** *(donna che si sposa)* bride; ***abito da ~*** bridal gown, wedding dress **2** *(moglie)* wife*, bride; ***chiedere in ~ una ragazza*** to propose to a girl; ***prendere in ~*** to marry; ***dare la figlia in ~*** to give one's daughter away; ***la futura*** o ***promessa ~*** the bride(-to-be).
sposalizio, pl. **-zi** /spoza'littsjo, tsi/ m. wedding.
sposare /spo'zare/ [1] Per tradurre *sposare* (nel senso di *prendere per moglie o marito*) e *sposarsi, to get married* è più comune nell'inglese parlato di *to marry*: *John ha sposato Rose il 9 marzo* = John got married to Rose on

March, 9th. Spesso si evita anche l'uso della preposizione *to* riformulando la frase: *John and Rose got married on March, 9th.* In ogni caso, si notino l'ambiguità del seguente uso italiano e le relative traduzioni: *John è sposato con Rose* = John is married to Rose; *Peter è sposato con tre figli* = Peter is married with three children. **I** tr. **1** *(prendere per moglie o marito)* to marry, to get* married to **2** *(unire in matrimonio)* [*sindaco, prete*] to marry [*coppia*] **3** *(dare in matrimonio)* **~ *la figlia a qcn.*** to marry off one's daughter to sb. **4** FIG. *(aderire a)* to embrace [*causa, ideale*] **5** FIG. *(unire)* to marry [*colori, sapori*] **II sposarsi** pronom. **1** *(unirsi in matrimonio)* to get* married (**con** to) **2** *(armonizzarsi)* [*colori, tessuti*] to go* well together.

sposato /spo'zato/ **I** p.pass. → **sposare II** agg. married.

sposina /spo'zina/ f. *(giovane)* young bride; *(appena sposata)* newly married woman*.

sposino /spo'zino/ m. *(giovane)* young bridegroom; *(appena sposato)* newly married man*; ***gli -i*** the newlyweds.

sposo /'spɔzo/ m. **1** *(uomo che si sposa)* (bride)groom; ***gli -i*** the bride and (bride)groom; ***-i novelli*** the newlyweds **2** *(marito)* husband.

spossante /spos'sante/ agg. exhausting, wearing.

spossare /spos'sare/ [1] **I** tr. to exhaust, to wear* [sb.] out **II spossarsi** pronom. to exhaust oneself, to wear oneself out.

spossatezza /spossa'tettsa/ f. exhaustion.

spossato /spos'sato/ **I** p.pass. → **spossare II** agg. exhausted, worn-out; **~ *dalla malattia*** weakened by disease.

spossessare /sposses'sare/ [1] tr. to dispossess, to divest.

spostamento /sposta'mento/ m. **1** *(movimento) (di persona, truppe)* movement; *(di popolazione)* displacement; *(di opinioni)* shift, swing, switch; ***gli -i in treno*** travelling by train **2** *(cambiamento)* change; **~ *d'orario*** change in the timetable **3** PSIC. FIS. displacement ♦♦ **~ *d'aria*** blast.

spostare /spos'tare/ [1] **I** tr. **1** *(nello spazio)* to move [*oggetto, persona, testa*]; **~ *l'orologio avanti, indietro di un'ora*** to put one's watch forward, back an hour **2** *(nel tempo)* to move [*riunione*]; to change [*data*]; ***la partita è spostata a lunedì prossimo*** the match is postponed to next Monday **3** *(trasferire)* to change [*residenza*]; to change round [*operaio*]; to move [*truppe*]; **~ *il peso da un piede all'altro*** to shift one's weight from one foot to the other **4** FIG. *(volgere a un ambito diverso)* to shift [*dibattito, attenzione*]; to divert [*conversazione*]; to swing [*voti*] **II spostarsi** pronom. **1** *(cambiare posto)* to shift, to move; ***spostati, per favore!*** will you please move! ***spostatevi, arriva l'ambulanza*** move out of the way, here's the ambulance; ***l'opinione pubblica si è spostata a destra*** FIG. public opinion has moved to the right **2** *(viaggiare)* ***-rsi in macchina, in bicicletta*** to get about by car, by bike; ***non si sposta più tanto facilmente*** he's not as mobile as he was; ***ti sposti spesso per affari?*** do you get about much in your job?

spostato /spos'tato/ **I** p.pass. → **spostare II** agg. maladjusted **III** m. (f. **-a**) maladjusted person, misfit.

spot /spɔt/ m.inv. **1** *(in TV, radio)* **~ *(pubblicitario)*** commercial **2** *(per illuminare)* spot(light).

spranga, pl. **-ghe** /'spranga, ge/ f. bar.

sprangare /spran'gare/ [1] tr. to bar [*finestra, porta*].

spray /sprai/ **I** m.inv. **1** *(nebulizzatore)* spray, atomizer, aerosol **2** *(prodotto)* spray **II** agg.inv. [*bomboletta, deodorante*] spray attrib. ♦♦ **~ *nasale*** nasal spray.

sprazzo /'sprattso/ m. **1** *(di luce)* flash; *(di sole)* burst, shaft **2** FIG. *(di genio, lucidità, ispirazione)* flash; *(di gioia, allegria)* hint **3 a sprazzi** [*piovere, dormire*] fitfully.

sprecare /spre'kare/ [1] **I** tr. to waste [*cibo, soldi*]; to squander [*forze*]; to waste, to squander [*tempo, talento*] **II sprecarsi** pronom. IRON. ***non si è certo sprecato a studiare!*** he certainly didn't waste time studying! ***si è sprecato con questo regalo!*** he set himself back with this present! ♦ **~ *il fiato*** to waste one's breath.

sprecato /spre'kato/ **I** p.pass. → **sprecare II** agg. ***sarebbero energie -e*** it would be a waste of energy; ***un'opportunità -a*** a wasted opportunity; ***una giovinezza -a*** a misspent youth.

spreco, pl. **-chi** /'sprɛko, ki/ m. waste; **~ *di tempo*** waste of time; ***ridurre lo ~ di acqua*** to reduce the wastage of water.

sprecone /spre'kone/ m. (f. **-a**) waster, squanderer, spendthrift.

spregevole /spre'dʒevole/ agg. [*persona, comportamento*] contemptible, despicable; [*motivo, azione*] despicable, base.

spregiativo /spredʒa'tivo/ agg. **1** [*termine*] derogatory; [*tono*] scornful **2** LING. pejorative.

spregio, pl. **-gi** /'sprɛdʒo, dʒi/ m. contempt, scorn; ***avere in ~ qcs.*** to despise sth.; ***fare qcs. per ~*** to do sth. out of scorn.

spregiudicatezza /spredʒudika'tettsa/ f. **1** *(libertà da condizionamenti)* open-mindedness, daring **2** *(assenza di scrupoli)* unscrupulousness.

spregiudicato /spredʒudi'kato/ agg. **1** *(privo di condizionamenti)* [*persona*] open-minded, uninhibited; [*progetto*] daring **2** *(privo di scrupoli)* unscrupulous.

spremere /'sprɛmere/ [2] **I** tr. to squeeze [*arancia, limone, tubetto*]; to press [*olive*]; **~ *denaro a qcn.*** FIG. to pump money out of sb.; **~ *qcn. come un limone*** FIG. to suck *o* milk *o* bleed sb. dry **II spremersi** pronom. ***-rsi il cervello*** o ***le meningi*** to rack one's brain(s).

spremiaglio /spremi'aʎʎo/ m.inv. garlic press.

spremiagrumi /spremia'grumi/ m.inv. squeezer.

spremilimoni /spremili'moni/ m.inv. lemon squeezer.

spremitura /spremi'tura/ f. *(di olive)* pressing; *(di agrumi)* squeezing.

spremuta /spre'muta/ f. **1** *(lo spremere)* squeezing **2** *(succo)* juice; *(di arancia)* fresh orange juice, orange crush BE.

spretarsi /spre'tarsi/ [1] pronom. to leave* the priesthood.

spretato /spre'tato/ **I** p.pass. → **spretarsi II** agg. [*prete*] defrocked, unfrocked **III** m. defrocked priest.

sprezzante /spret'tsante/ agg. [*persona*] disdainful, scornful; [*sorriso, atteggiamento*] contemptuous, scornful; ***essere ~ con qcn.*** to treat sb. with contempt.

sprezzo /'sprettso/ m. **~ *del pericolo*** defiance of danger.

sprigionare /spridʒo'nare/ [1] **I** tr. to emit, to give* off [*odore, gas*]; to release [*energia*] **II sprigionarsi** pronom. [*calore, gas*] to emanate, to be* given off.

sprimacciare /sprimat'tʃare/ [1] tr. to fluff, to shake* up [*cuscino*].

sprint /sprint/ m.inv. **1** SPORT sprint; ***fare uno ~*** to sprint **2** AUT. pickup ♦♦ **~ *finale*** final sprint.

sprintare /sprin'tare/ [1] intr. (aus. *avere*) to sprint.

sprizzare /sprit'tsare/ [1] **I** tr. **1** to spout, to spurt **2** FIG. to bubble (over) with [*entusiasmo*]; **~ *gioia da tutti i pori*** to be all smiles; **~ *salute da tutti i pori*** to be blooming with health **II** intr. (aus. *essere*) to spurt, to gush out.

sprizzo /'sprittso/ m. **1** *(d'acqua, di sangue)* jet **2** FIG. burst; ***uno ~ di energia*** a burst of energy.

sprofondare /sprofon'dare/ [1] **I** intr. (aus. *essere*) **1** *(crollare)* [*tetto, pavimento*] to collapse; [*terreno, strada, edificio*] to subside **2** *(affondare)* to sink* **3** FIG. **~ *in*** to sink into [*disperazione, follia*]; **~ *nel sonno*** to fall into a deep sleep; ***sarei voluto ~ (per la vergogna)*** I wanted the ground to swallow me up **II** tr. **~ *la città nel buio*** to plunge the city into darkness **III sprofondarsi** pronom. **1** ***-rsi in una poltrona*** to sink into *o* to drape oneself over an armchair **2** FIG. ***-rsi nella lettura di un romanzo*** to bury oneself in a novel.

sprofondato /sprofon'dato/ **I** p.pass. → **sprofondare II** agg. **1 ~ *nella poltrona*** sunk in the armchair **2** FIG. lost, absorbed; **~ *in un libro*** absorbed in a book.

sproloquiare /sprolo'kwjare/ [1] intr. (aus. *avere*) to waffle.

sproloquio, pl. **-qui** /spro'lɔkwjo, kwi/ m. waffle, rigmarole.

spronare /spro'nare/ [1] tr. **1** to spur [*cavallo*] **2** FIG. to spur (on) [*persona*]; **~ *qcn. a fare qcs.*** to spur sb. to do sth., to goad sb. into doing sth.

sprone /'sprone/ m. **1** EQUIT. spur; ***dar di ~ al cavallo*** to dig in one's spurs **2** FIG. spur; ***essere da ~ per qcs.*** to be a spur for *o* of sth. **3** SART. yoke ♦ ***a spron battuto*** hell for leather.

sproporzionato /sproportsjo'nato/ agg. **1** *(disarmonico)* [*bocca, naso*] disproportionate, out of proportion (**rispetto a** to) **2** *(eccessivo)* [*costi, aspettative*] disproportionately high.

sproporzione /spropor'tsjone/ f. disproportion.

spropositato /spropozi'tato/ agg. **1** *(enorme)* [*naso, sforzo*] enormous, huge **2** *(eccessivo)* [*spesa, costo*] ruinous.

sproposito /spro'pɔzito/ m. **1** *(assurdità)* ***dire -i*** to talk nonsense **2** *(atto sconsiderato)* folly **3** *(strafalcione)* blunder, gross mistake **4** COLLOQ. *(quantità eccessiva)* ***mangiare, consumare uno ~*** to eat, consume too much **5** *(somma enorme)*

costare, spendere uno ~ to cost, spend a fortune **6 a sproposito** [*intervenire*] at the wrong moment; ***parlare a ~*** *(al momento sbagliato)* to speak out of turn; *(a vanvera)* to talk through one's hat.
sprovincializzare /sprovintʃalid'dzare/ [1] tr. to make* less provincial [*cultura, città*].
sprovveduto /sprovve'duto/ **I** agg. *(inesperto)* unprepared, inexperienced; *(ingenuo)* naïve, unwary; ***~ di*** *(privo)* lacking in **II** m. (f. **-a**) inexperienced person.
sprovvisto /sprov'visto/ agg. ***~ di*** *(privo)* lacking in, short of; *(non fornito)* unprovided *o* unsupplied with ♦ ***cogliere*** o ***prendere qcn. alla -a*** to catch sb. off balance *o* off guard *o* unawares, to take sb. aback.
spruzzare /sprut'tsare/ [1] **I** tr. to squirt [*acqua, inchiostro*]; to spray [*insetticida, vernice*]; to sprinkle [*biancheria*] **II spruzzarsi** pronom. ***-rsi di inchiostro*** to squirt oneself with ink; ***-rsi il viso con l'acqua fredda*** to splash cold water on to one's face; ***si è spruzzato la lozione sui capelli*** he sprayed his hair with hair lotion.
spruzzata /sprut'tsata/ f. **1** *(di limone)* squeeze; *(di cacao)* sprinkle; *(di seltz)* splash **2** FIG. *(breve pioggia)* sprinkling; *(nevicata)* flurry.
spruzzatore /spruttsa'tore/ m. *(nebulizzatore)* atomizer, sprayer.
spruzzo /'spruttso/ m. *(di acqua, fango)* splash; *(di inchiostro)* squirt; *(di sangue)* spatter; *(di pioggia)* sprinkle; ***verniciatura a ~*** spray-painting.
spudoratezza /spudora'tettsa/ f. shamelessness, impudence.
spudorato /spudo'rato/ **I** agg. [*domanda, persona*] shameless; [*bugia*] brazen, blatant **II** m. (f. **-a**) shameless person.
spugna /'spuɲɲa/ f. **1** *(per pulire)* sponge **2** *(tessuto)* (terry) towelling BE, terry cloth AE; ***di ~*** [*asciugamano, accappatoio*] terry attrib. **3** ZOOL. sponge **4** COLLOQ. FIG. *(accanito bevitore)* soak(er) ♦ ***bere come una ~*** to drink like a fish; ***gettare la ~*** to throw in the towel *o* sponge; ***dare un colpo di ~ a qcs.*** = to forget all about sth.
spugnatura /spuɲɲa'tura/ f. sponge bath.
spugnosità /spuɲɲosi'ta/ f.inv. sponginess.
spugnoso /spuɲ'ɲoso/ agg. spongy.
spulare /spu'lare/ [1] tr. to winnow.
spulciare /spul'tʃare/ [1] **I** tr. **1** to pick fleas off [*animale*] **2** FIG. to comb through [*libro, articolo*]; to sift through [*documenti*] **II spulciarsi** pronom. to get* rid of fleas.
spuma /'spuma/ f. **1** *(di mare)* foam; *(di birra)* froth **2** *(bevanda)* soda **3** GASTR. mousse ♦♦ ***~ di mare*** MINER. meerschaum.
spumante /spu'mante/ **I** m. sparkling wine **II** agg. [*vino*] sparkling.
spumare /spu'mare/ [1] intr. (aus. *avere*) [*vino*] to foam (up); [*birra*] to froth ♦ ***~ di rabbia*** to be foaming with rage.
spumeggiante /spumed'dʒante/ agg. **1** [*mare*] foamy **2** [*vino*] sparkling **3** *(vivace)* [*persona*] bubbly; [*conversazione*] sparkling.
spumeggiare /spumed'dʒare/ [1] intr. (aus. *avere*) [*mare*] to foam; [*birra*] to froth.
spumone /spu'mone/ m. GASTR. *(dolce)* = light fluffy dessert made with whipped cream.
spumoso /spu'moso/ agg. **1** [*mare*] foamy; [*birra*] frothy **2** FIG. *(soffice)* frothy, light.
spunta /'spunta/ f. **1** *(controllo)* ticking off BE, checking off AE **2** *(segno)* tick BE, check AE.
1.spuntare /spun'tare/ [1] **I** tr. **1** *(privare della punta)* to blunt [*matita, ago*]; to clip [*sigaro*] **2** *(accorciare)* to clip, to trim [*siepe, capelli*]; to trim [*barba*] **3** *(staccare)* to unpin [*orlo, nastro*] **4** *(ottenere)* ***~ un buon prezzo*** to fetch a good price **5** FIG. *(superare)* to overcome* **6 spuntarla** to win* out, to win* through; ***spuntarla su qcn.*** to beat *o* best sb. **II** intr. (aus. *essere*) **1** *(nascere)* [*pianta*] to sprout (up), to come* up, to come* out; [*fiore*] to spring* up, to come* out; [*sole*] to break* through; ***gli sta spuntando un dente*** he is cutting a tooth; ***spuntò il giorno*** dawn broke **2** *(apparire)* to emerge, to peep out, to poke out; ***la gonna spunta dal cappotto*** the skirt shows underneath the coat; ***le spuntarono le lacrime agli occhi*** tears welled up in her eyes **3** *(sbucare)* [*persona, animale, auto*] to spring* **III spuntarsi** pronom. **1** [*matita*] to become* blunt, to get* blunt **2** *(attenuarsi)* [*collera*] to die down.
2.spuntare /spun'tare/ m. ***allo ~ del sole*** at sunrise; ***allo ~ del giorno*** at daybreak.
3.spuntare /spun'tare/ [1] tr. *(contrassegnare)* to tick off BE, to check off AE [*nomi, lista*].
spuntata /spun'tata/ f. trim; ***dare una ~ ai capelli di qcn.*** to give sb.('s hair) a trim.
spuntato /spun'tato/ **I** p.pass. → **1.spuntare II** agg. *(senza punta)* blunt.
spuntino /spun'tino/ m. snack; ***fare uno ~*** to have a snack.
spunto /'spunto/ m. **1** TEATR. MUS. cue **2** *(idea)* ***prendere lo ~ da*** to take one's cue from; ***ho preso ~ da un libro*** I was inspired by *o* I got the idea from a book **3** AUT. *(ripresa)* pickup.
spuntone /spun'tone/ m. **1** *(punta robusta)* spike **2** *(sporgenza di roccia)* projection of rock.
spupazzare /spupat'tsare/ [1] **I** tr. COLLOQ. to cuddle [*bambino, ragazza*] **II spupazzarsi** pronom. COLLOQ. **1** *(amoreggiare)* to have* a kiss and a cuddle **2** *(accollarsi)* to get* stuck with [*ospite, parente*].
spurgare /spur'gare/ [1] tr. **1** *(pulire)* to dredge [*canale*]; to empty [*pozzo nero*]; to unblock [*tombino*]; to flush (out) [*tubo di scarico*] **2** MED. to discharge phlegm from [*naso, bronchi*].
spurgo, pl. **-ghi** /'spurgo, gi/ m. **1** *(di tombino)* unblocking; *(di pozzo nero, canale)* emptying **2** *(materia spurgata)* discharge (anche MED.).
spurio, pl. **-ri**, **-rie** /'spurjo, ri, rje/ agg. [*opera, edizione*] spurious.
sputacchiare /sputak'kjare/ [1] intr. (aus. *avere*) **1** *(sputare)* to spit* **2** *(schizzare saliva)* to splatter.
sputacchiera /sputak'kjɛra/ f. spittoon, cuspidor AE.
sputare /spu'tare/ [1] **I** intr. (aus. *avere*) to spit*; ***~ in faccia a qcn.*** to spit in sb.'s face; ***non ci sputerei sopra*** COLLOQ. FIG. I wouldn't turn up my nose at it **II** tr. **1** to spit* out [*nocciolo, alimento*]; ***~ sangue*** to spit blood; FIG. to sweat blood; ***sputa(lo)!*** spit (it) out! **2** *(dire con tono malevolo)* ***~ insulti*** to hurl abuse **3** *(emettere)* [*vulcano*] to spit* [*lava*]; [*drago*] to breathe (out) [*fuoco*] ♦ ***sputa l'osso*** o ***il rospo!*** spit it out! ***~ veleno*** to speak with great venom; ***~ nel piatto in cui si mangia*** to bite the hand that feeds you.
sputasentenze /sputasen'tɛntse/ m. e f.inv. smart alec(k) COLLOQ., smartie COLLOQ.
sputato /spu'tato/ **I** p.pass. → **sputare II** agg. ***è sua madre -a*** COLLOQ. she's the spitting image of her mother.
sputo /'sputo/ m. spit ♦ ***essere attaccato con lo ~*** to be held with spit and hope; ***a un tiro di ~*** within spitting distance.
sputtanamento /sputtana'mento/ m. VOLG. loss of face.
sputtanare /sputta'nare/ [1] **I** tr. VOLG. to badmouth, to run* down [*persona*] **II sputtanarsi** pronom. VOLG. **1** *(screditarsi)* to disgrace oneself, to lose* face **2** *(sprecare)* ***si sputtanò tutti i soldi al gioco*** he squandered all his money on gambling.
1.squadra /'skwadra/ f. set square; ***a ~*** at right angles ♦♦ ***~ a T*** t-square.
2.squadra /'skwadra/ f. **1** SPORT team; ***sport di ~*** team sport **2** *(gruppo)* team; ***~ di soccorso*** rescue party; ***lavoro di ~*** teamwork **3** MIL. squad **4** MAR. AER. squadron ♦♦ ***~ del buon costume*** vice squad; ***~ mobile*** flying squad.
squadrare /skwa'drare/ [1] tr. **1** to square [*pietra, trave*] **2** FIG. *(osservare)* ***~ qcn. da capo a piedi*** to look *o* eye sb. up and down.
squadrato /skwa'drato/ **I** p.pass. → **squadrare II** agg. [*oggetto, edificio*] squared; [*viso, mento*] square.
squadriglia /skwa'driʎʎa/ f. MAR. AER. squadron.
squadrismo /skwa'drizmo/ m. STOR. = the organization and activities of the Fascist paramilitary squads.
squadrista, m.pl. **-i**, f.pl. **-e** /skwa'drista/ m. e f. STOR. = a member of the Fascist paramilitary squads.
squadro /'skwadro/ m. ITTIOL. monkfish*, angel shark.
squadrone /skwa'drone/ m. squadron ♦♦ ***~ della morte*** death squad.
squagliare /skwaʎ'ʎare/ [1] **I** tr. to melt [*neve, gelato*] **II squagliarsi** pronom. **1** [*burro*] to melt; [*neve, ghiaccio*] to melt (away) **2 squagliarsela** to clear off.

squalifica, pl. **-che** /skwa'lifika, ke/ f. disqualification (anche SPORT).

squalificare /skwalifi'kare/ [1] **I** tr. **1** *(screditare)* ***il suo comportamento lo squalifica*** his behaviour brings discredit on him **2** *(interdire)* to disqualify [*atleta, squadra*] **II squalificarsi** pronom. to discredit oneself.

squalificato /skwalifi'kato/ **I** p.pass. → **squalificare II** agg. **1** *(interdetto)* disqualified (anche SPORT) **2** *(screditato)* discredited.

squallido /'skwallido/ agg. **1** *(desolante)* [*casa, quartiere*] squalid; [*paesaggio, paese*] desolate; [*vestito, arredamento*] shabby **2** *(privo d'interesse)* [*vita*] bleak, dreary; [*serata*] dull, uneventful **3** *(spregevole)* [*persona*] wicked; [*azione, vicenda*] sordid.

squallore /skwal'lore/ m. **1** *(degradazione)* dreariness, bleakness **2** *(miseria)* squalor, destitution **3** *(meschinità)* wickedness.

squalo /'skwalo/ m. ZOOL. shark (anche FIG.).

squama /'skwama/ f. ZOOL. BOT. MED. scale.

squamare /skwa'mare/ [1] **I** tr. to scale [*pesce*] **II squamarsi** pronom. [*pelle*] to peel off, to flake off.

squamoso /skwa'moso/ agg. [*pelle, pesce*] scaly.

squarciagola: **a squarciagola** /askwartʃa'gola/ avv. [*gridare, cantare*] at the top of one's voice.

squarciare /skwar'tʃare/ [1] **I** tr. **1** to tear* up [*lenzuolo*]; to rip open [*materasso, sacco*]; to slash [*pneumatico*]; ***~ la gola a qcn.*** to cut sb.'s throat **2** FIG. *(turbare)* [*rumore*] to shatter, to rend* [*silenzio*]; [*luce*] to pierce [*buio*]; [*lampo*] to split* [*cielo*]; [*sole*] to burst* through [*nuvole*] **II squarciarsi** pronom. [*velo, lenzuolo*] to rip; [*sacco*] to burst* open.

squarcio, pl. **-ci** /'skwartʃo, tʃi/ m. **1** *(strappo)* rip, rent **2** *(taglio)* gash **3** FIG. ***uno ~ di cielo blu*** a patch of blue sky **4** *(brano)* passage.

squartare /skwar'tare/ [1] tr. **1** to quarter [*bestia macellata*] **2** to butcher [*persona*].

squartatore /skwarta'tore/ m. ***Jack lo ~*** Jack the Ripper.

squassare /skwas'sare/ [1] tr. to shake* violently [*edificio*].

squatter /'skwɔtter/ m. e f.inv. squatter.

squattrinato /skwattri'nato/ **I** agg. penniless **II** m. (f. **-a**) penniless person.

squilibrare /skwili'brare/ [1] tr. **1** to make* [sth.] unstable [*barca*] **2** FIG. to upset* [*rapporti*] **3** PSIC. to unbalance, to derange [*persona*].

squilibrato /skwili'brato/ **I** p.pass. → **squilibrare II** agg. **1** [*alimentazione*] unbalanced **2** [*persona*] (mentally) deranged, unbalanced **III** m. (f. **-a**) lunatic.

squilibrio, pl. **-bri** /skwi'librjo, bri/ m. **1** imbalance (anche FIG.); ***~ ormonale*** hormonal imbalance **2** PSIC. (mental) derangement; ***dare (dei) segni di ~*** to show signs of insanity.

squillante /skwil'lante/ agg. **1** [*voce, suono*] ringing, shrill **2** FIG. [*colore*] harsh.

squillare /skwil'lare/ [1] intr. (aus. *essere, avere*) [*telefono, campanello*] to ring*; [*tromba*] to blast; [*voce*] to ring* out.

squillo /'skwillo/ **I** m. **1** *(di telefono, campanello)* ring; *(di tromba)* blast **2** COLLOQ. *(breve telefonata)* buzz; ***fare uno ~ a qcn.*** to give sb. a buzz **II** f.inv. call girl **III** agg.inv. ***ragazza ~*** call girl.

squinternare /skwinter'nare/ [1] tr **1** to take* apart [*libro*] **2** FIG. *(scombussolare)* to trouble [*persona*].

squinternato /skwinter'nato/ **I** p.pass. → **squinternare II** agg. **1** [*libro*] falling to pieces **2** FIG. [*discorso*] rambling; [*persona*] eccentric, odd **III** m. (f. **-a**) eccentric person, oddball COLLOQ.

squisitamente /skwizita'mente/ avv. **1** *(in modo squisito)* deliciously; FIG. delightfully, exquisitely **2** *(tipicamente)* typically.

squisitezza /skwizi'tettsa/ f. **1** *(di gusto, sapore)* tastiness, deliciousness **2** *(di persona, modi)* suaveness, suavity **3** *(cibo squisito)* delicacy, dainty.

squisito /skwi'zito/ agg. **1** *(prelibato)* [*piatto*] dainty, delicious; [*sapore*] delicious **2** FIG. [*persona, modi*] exquisite; [*ospite*] perfect.

squittio, pl. **-ii** /skwit'tio, ii/ m. *(di topo)* peep, squeak; *(di uccelli)* peep, chirp.

squittire /skwit'tire/ [102] intr. (aus. *avere*) [*topo*] to squeak, to peep; [*uccello*] to peep, to chirp.

sradicamento /zradika'mento/ m. **1** *(di erbacce)* weeding; *(di albero)* uprooting **2** FIG. *(di immigrato)* uprooting **3** FIG. *(di pregiudizio, vizio)* eradication.

sradicare /zradi'kare/ [1] tr. **1** to uproot [*albero*]; to weed [*erbacce*] **2** FIG. to uproot [*persona*] **3** FIG. to eradicate [*pregiudizio*].

sradicato /zradi'kato/ **I** p.pass. → **sradicare II** agg. **1** [*albero*] uprooted **2** FIG. [*persona*] rootless **III** m. (f. **-a**) rootless person.

sragionare /zradʒo'nare/ [1] intr. (aus. *avere*) to rave, to talk nonsense.

sregolatezza /zregola'tettsa/ f. lack of moderation, loose living.

sregolato /zrego'lato/ agg. **1** *(dissoluto)* ***condurre una vita -a*** to lead an wild *o* irregular life **2** *(smodato)* ***è ~ nel bere*** he drinks to excess.

srl, s.r.l. /esserre'ɛlle/ f.inv. (⇒società a responsabilità limitata Limited Company) Ltd.

srotolare /zroto'lare/ [1] **I** tr. to roll out, to unroll [*tappeto*]; to unwind* [*cavo*] **II srotolarsi** pronom. [*tappeto*] to be* unrolled; [*nastro, cavo*] to unwind*.

SS /ɛsse'ɛsse/ f.inv. STOR. ***le ~*** the SS.

S.S. ⇒ **1** Sua Santità His Holiness (HH) **2** Santa Sede Holy See **3** strada statale = A road BE, highway AE.

SSN ⇒ servizio sanitario nazionale = National Health Service.

stabile /'stabile/ **I** agg. **1** *(saldo)* [*costruzione*] stable; [*tavolo, scala*] firm, steady **2** *(durevole)* [*equilibrio, governo, relazione, impiego, condizioni*] stable; [*domicilio*] permanent **3** METEOR. [*tempo*] settled **4** ECON. [*prezzo*] static; [*mercato, valuta*] firm; ***rimanere ~*** [*tasso d'interesse*] to hold steady; ***beni -i*** DIR. real estate **5** FIS. CHIM. [*composto*] stable **6** *(inalterabile)* [*colore*] fast, permanent **II** m. **1** *(edificio)* building **2** TEATR. (resident) theatre company BE, (resident) theater company AE.

stabilimento /stabili'mento/ m. **1** *(impianto industriale)* plant **2** *(per servizi di pubblica utilità)* establishment ♦♦ ***~ balneare*** bathing establishment; ***~ chimico*** chemical plant; ***~ siderurgico*** iron and steel works.

stabilire /stabi'lire/ [102] **I** tr. **1** *(fissare)* to set* up [*residenza*]; to set* [*data, prezzo, luogo*]; to set*, to put* [*termine*] **2** *(istituire)* to establish [*gerarchia, contatto*]; to set* [*limite, norma*]; to make* [*regola*]; to draw*, to establish [*parallelo*] **3** *(accertare)* to determine [*ragione, cause*] **4** SPORT to set* [*record*] **II stabilirsi** pronom. [*persona*] to settle, to set* up home (**a**, **in** in).

stabilità /stabili'ta/ f.inv. **1** *(solidità)* solidity **2** *(equilibrio)* stability (anche FIS. CHIM. ECON.).

stabilito /stabi'lito/ **I** p.pass. → **stabilire II** agg. **1** [*data, luogo, prezzo*] *(fissato)* fixed, appointed; *(convenuto)* agreed, settled; ***a ore -e*** at stated times **2** *(costituito)* [*ordine, diritto*] established.

stabilizzare /stabilid'dzare/ [1] **I** tr. to stabilize [*prezzo, gas*]; to peg [*mercato, moneta*] **II stabilizzarsi** pronom. [*prezzo, tasso, condizioni*] to stabilize.

stabilizzatore /stabiliddza'tore/ m. TECN. stabilizer.

stabilizzazione /stabiliddzat'tsjone/ f. stabilization; ECON. pegging, levelling-off.

stabilmente /stabil'mente/ avv. permanently.

stacanovismo /stakano'vizmo/ m. Stakhanovism.

stacanovista, m.pl. **-i**, f.pl. **-e** /stakano'vista/ agg., m. e f. Stakhanovite.

staccabile /stak'kabile/ agg. [*parte*] detachable; [*tagliando*] tear-off; [*supplemento*] pull-out.

staccare /stak'kare/ [1] **I** tr. **1** [*persona*] to tear* out [*tagliando, assegno*]; to peel off [*etichetta*]; to take* down [*quadro*]; [*vento*] to blow* off [*foglie*] **2** *(sganciare)* to untie [*cane, cavallo*]; ***~ un vagone da un treno*** to uncouple a carriage from a train **3** *(far risaltare)* to articulate [*parole*] **4** *(separare)* to turn away, to drive* away [*persona*]; ***~ qcs. con un morso*** to bite sth. off **5** *(allontanare)* ***~ un tavolo dal muro*** to move a table away from the wall **6** SPORT *(distanziare)* [*corridore*] to pull ahead of, to outdistance [*gruppo*] **7** *(disinserire)* to switch off [*elettrodomestico*]; to disconnect [*telefono*]; to turn off [*corrente*]; to pull out [*spina*]; to disengage [*frizione*] **II**

intr. (aus. *avere*) **1** *(smettere di lavorare)* to knock off; ***stacchiamo un momento!*** let's take a break! **2** *(risaltare)* [*colore*] to stand* out **3** CINEM. ***~ su*** [*macchina da presa*] to cut to **III staccarsi** pronom. **1** [*tagliando, foglio*] to come* away; [*bottone, tappezzeria*] to come* off; [*etichetta, vernice*] to peel off; [*quadro*] to come* off its hook **2** *(separarsi)* [*persona*] to detach oneself; ***-rsi da qcn., qcs.*** to let go of sb., sth. **3** *(scostarsi)* to move away; *(sollevarsi)* ***-rsi da terra*** [*aereo*] to leave the ground.

staccato /stak'kato/ **I** p.pass. → **staccare II** agg. **1** [*pagina*] loose **2** EL. [*apparecchio*] switched-off **3** MUS. [*passaggio*] staccato **III** m. MUS. staccato*.

staccionata /stattʃo'nata/ f. **1** *(recinto)* fence, palings pl. **2** EQUIT. fence, hurdle.

stacco, pl. **-chi** /'stakko, ki/ m. **1** *(distacco)* detachment **2** *(intervallo)* break **3** *(contrasto)* contrast; ***fare ~*** [*colore*] to stand out **4** SPORT take-off ♦♦ ***~ pubblicitario*** commercial break.

stadera /sta'dεra/ f. steelyard ♦♦ ***~ a ponte*** weighbridge.

stadio, pl. **-di** /'stadjo, di/ m. **1** SPORT stadium*, sports ground **2** *(tappa)* stage **3** AER. ASTR. stage.

staff /'staf/ m.inv. staff, team.

staffa /'staffa/ f. **1** EQUIT. stirrup **2** ABBIGL. strap, stirrup **3** *(predellino)* footboard **4** EDIL. TECN. stirrup, clamp **5** ANAT. stirrup, stapes* ♦ ***bere il bicchiere della ~*** to have one for the road; ***perdere le -e*** to lose one's temper; ***tenere il piede in due -e*** to run with the hare and hunt with the hounds.

staffetta /staf'fetta/ ➧ ***10*** f. **1** SPORT ***(corsa a) ~*** relay (race) **2** MIL. *(messo)* dispatch rider **3** FIG. *(avvicendamento)* changeover.

staffettista, m.pl. **-i**, f.pl. **-e** /staffet'tista/ m. e f. relay runner.

staffilata /staffi'lata/ f. **1** whipstroke, lash **2** FIG. *(critica)* scathing remark, harsh criticism.

staffile /staf'file/ m. **1** EQUIT. stirrup leather **2** *(frusta)* whip.

stafilococco, pl. **-chi** /stafilo'kɔkko, ki/ m. staphylococcus*.

stage /staʒ, steidʒ/ m.inv. work experience, internship.

stagionale /stadʒo'nale/ **I** agg. seasonal **II** m. e f. seasonal worker.

stagionare /stadʒo'nare/ [1] **I** tr. to mature [*formaggio*]; to age [*vino*]; to season [*legno*] **II** intr. (aus. *essere*), **stagionarsi** pronom. [*formaggio*] to mature, to ripen; [*legno*] to become* seasoned.

stagionato /stadʒo'nato/ **I** p.pass. → **stagionare II** agg. **1** [*formaggio*] mature, ripe; [*legno*] seasoned **2** SCHERZ. *(attempato)* [*uomo, donna*] elderly.

stagionatura /stadʒona'tura/ f. *(di formaggio)* maturing; *(di legno)* seasoning.

stagione /sta'dʒone/ f. **1** *(dell'anno)* season; ***in questa ~*** at this time of year; ***quando arriva la bella ~*** when the good weather comes **2** *(periodo)* season; ***fuori ~*** out of season; ***frutta di ~*** seasonal fruit; ***~ di pesca, di caccia*** fishing, hunting season; ***la ~ della semina*** sowing time; ***~ degli amori*** mating season; ***~ delle piogge*** rainy season, rains; ***alta ~*** high *o* peak season; ***bassa ~*** low *o* off season; ***la ~ sportiva*** the sporting year; ***la ~ teatrale*** the theatre season.

stagista, m.pl. **-i**, f.pl. **-e** /sta'dʒista, ste'dʒista/ m. e f. intern, trainee.

stagliarsi /staʎ'ʎarsi/ [1] pronom. to stand* out, to be* outlined (**contro** against).

stagnante /staɲ'ɲante/ agg. [*acqua*] stagnant; FIG. [*economia*] stagnant, sluggish.

1.stagnare /staɲ'ɲare/ [1] **I** tr. *(tamponare)* to staunch [*sangue*] **II** intr. (aus. *avere*) [*acqua*] to stagnate; FIG. [*economia*] to stagnate, to be* sluggish.

2.stagnare /staɲ'ɲare/ [1] tr. **1** *(ricoprire di stagno)* to tin [*pentola*]; to tin-plate [*metallo*] **2** *(chiudere ermeticamente)* to make* [sth.] watertight [*cisterna*].

stagnazione /staɲɲat'tsjone/ f. *(di economia)* stagnation; *(di affari)* slackening.

stagnino /staɲ'ɲino/ ➧ ***18*** m. (f. **-a**) REGION. tinsmith.

1.stagno /'staɲɲo/ m. *(specchio d'acqua)* pond.

2.stagno /'staɲɲo/ m. *(metallo)* tin.

3.stagno /'staɲɲo/ agg. [*compartimento*] watertight; ***a tenuta -a*** watertight.

stagnola /staɲ'ɲɔla/ f. ***(carta) ~*** (tin) foil.

staio, pl. **stai** /'stajo, 'stai / m. *(recipiente)* bushel.

stalagmite /stalag'mite/ f. stalagmite.

stalattite /stalat'tite/ f. stalactite.

stalinismo /stali'nizmo/ m. Stalinism.

stalinista, m.pl. **-i**, f.pl. **-e** /stali'nista/ agg., m. e f. Stalinist.

stalla /'stalla/ f. **1** *(per buoi)* cattle shed, cowshed; *(per equini)* stable **2** FIG. *(luogo sporco)* pigsty ♦ ***chiudere la ~ quando i buoi sono fuggiti*** to close the stable door after the horse has bolted.

stallaggio, pl. **-gi** /stal'laddʒo, dʒi/ m. stabling.

stallatico, pl. **-ci** /stal'latiko, tʃi/ m. dung, manure.

stalliere /stal'ljεre/ ➧ ***18*** m. stable boy, stableman*, groom.

stallo /'stallo/ m. **1** *(di chiesa)* stall **2** *(negli scacchi)* stalemate **3** FIG. stalemate, deadlock; ***uscire da una situazione di ~*** to break a stalemate **4** AER. stall.

stallone /stal'lone/ m. **1** *(cavallo)* stallion **2** FIG. *(uomo)* stud.

stamani /sta'mani/, **stamattina** /stamat'tina/ avv. this morning.

stambecco, pl. **-chi** /stam'bekko, ki/ m. ibex.

stamberga, pl. **-ghe** /stam'bεrga, ge/ f. hovel.

stame /'stame/ m. BOT. stamen*.

stamigna /sta'miɲɲa/, **stamina** /sta'mina/ f. muslin.

staminale /stami'nale/ agg. BIOL. ***cellula ~*** stem cell.

stampa /'stampa/ **I** f. **1** *(arte, tecnica, operazione)* printing; ***mandare qcs. in ~*** to pass sth. for press; ***andare in ~*** to go to press *o* into print; ***errore di ~*** missprint, printing error; ***dare qcs. alle -e*** to put *o* get sth. into print **2** *(giornali, giornalisti)* press; ***presentare qcs. alla ~*** to present sth. to the press; ***agenzia di ~*** news agency; ***libertà di ~*** freedom of press **3** ART. print **4** *(nelle spedizioni postali)* ***-e*** printed matter **II** agg.inv. ***addetto ~*** press attaché; ***conferenza ~*** news conference; ***comunicato ~*** press release; ***silenzio ~*** news blackout.

stampaggio, pl. **-gi** /stam'paddʒo, dʒi/ m. *(di metalli)* pressing, forming; *(di plastica)* moulding BE, molding AE.

stampante /stam'pante/ f. printer ♦♦ ***~ ad aghi*** dot matrix printer; ***~ a getto d'inchiostro*** inkjet printer; ***~ laser*** laser printer.

stampare /stam'pare/ [1] **I** tr. **1** TIP. FOT. to print [*testo, giornali, etichette, banconote, fotografia*]; TESS. to print a design on [*tessuto*] **2** *(pubblicare)* [*casa editrice*] to print [*testo, opera*] **3** *(imprimere)* to print [*iniziali*]; ***~ un bacio sulla guancia di qcn.*** to plant a kiss on sb.'s cheek **4** TECN. *(su metalli)* to press; *(su plastica)* to mould BE, to mold AE **II stamparsi** pronom. **1** *(restare impresso)* ***-rsi nella memoria di qcn.*** to stick in sb.'s memory **2** COLLOQ. *(andare a sbattere)* ***-rsi con la macchina contro qcs.*** to crash one's car into sth.

stampata /stam'pata/ f. printout.

stampatello /stampa'tεllo/ m. block capital; ***in ~*** in block capitals.

stampato /stam'pato/ **I** p.pass. → **stampare II** agg. **1** TIP. TESS. [*immagine, testo, tessuto*] printed **2** TECN. [*metallo*] pressed; [*plastica*] moulded BE, molded AE **3** ELETTRON. [*circuito*] printed **4** FIG. *(impresso)* ***quelle scene terribili erano -e per sempre nella loro memoria*** those terrible scenes were imprinted on their memory forever **III** m. **1** *(opuscolo, modulo)* ***-i*** printed matter **2** *(tessuto)* print.

stampatore /stampa'tore/ ➧ ***18*** m. (f. **-trice** /tritʃe/) printer.

stampatrice /stampa'tritʃe/ f. FOT. TIP. printing machine.

stampella /stam'pεlla/ f. **1** MED. crutch; ***camminare con le -e*** to walk on crutches **2** *(per abiti)* clotheshanger, coat hanger.

stamperia /stampe'ria/ f. *(tipografia)* print shop.

stampigliare /stampiʎ'ʎare/ [1] tr. to stamp.

stampigliatura /stampiʎʎa'tura/ f. stamping; *(scritta stampigliata)* stamp.

stampino /stam'pino/ m. **1** *(mascherina)* stencil **2** *(per biscotti)* cookie cutter; *(per budini)* shape, mould BE, mold AE.

stampo /'stampo/ m. **1** ART. IND. mould BE, mold AE, cast, die; ***quei due fratelli sono fatti con lo ~*** FIG. those two brothers are out of the same mould **2** *(per dolci)* mould BE, mold AE, shape, tin **3** FIG. *(tipo)* mould BE, mold AE; ***essere dello stesso ~*** to be cast in the same mould; ***di vecchio ~*** [*persona*] of the old school, old fashioned; ***assassinio di ~ mafioso*** Mafia-style killing **4** FIG. SPREG. *(risma)* kind, sort; ***gente del suo ~*** people of her sort.

stanare /sta'nare/ [1] tr. to start, to dig* out [*selvaggina*]; FIG. to flush out [*nemico, criminale*].
stanca /'stanka/ f. **1** *(di marea)* slack water **2** FIG. stagnation.
stancamente /stanka'mente/ avv. tiredly, wearily.
stancante /stan'kante/ agg. [*viaggio, lavoro*] tiring, wearing.
stancare /stan'kare/ [1] **I** tr. **1** *(fisicamente)* to make* [sb.] tired [*persona*]; to strain [*occhi*] **2** *(intellettualmente)* [*studio, lavoro*] to tire [sb.] out [*persona*] **3** *(annoiare)* to wear* [sb.] out [*persona*] **II stancarsi** pronom. **1** *(affaticarsi)* [*persona*] to get* tired; ***non stancarti troppo*** don't wear yourself out (anche SCHERZ.); ***-rsi gli occhi*** to strain one's eyes **2** *(annoiarsi)* to grow* tired, to get* tired (**di** of; **di fare** of doing); ***non si stanca mai di ripetermi quanto guadagna*** he never tires of telling me how much he earns.
stanchezza /stan'kettsa/ f. weariness, tiredness; ***accumulare ~*** to become overtired.
stanco, pl. **-chi**, **-che** /'stanko, ki, ke/ agg. **1** *(affaticato)* [*persona, gambe, occhi*] tired; ***~ morto*** exhausted, dead tired COLLOQ. **2** *(che mostra a fatica)* [*viso, gesto, sorriso*] weary; [*voce*] strained, weary; ***avere l'aria -a*** to look weary **3** *(annoiato, infastidito)* tired (**di** of; **di fare** of doing); ***~ della vita*** weary of living; ***~ del mondo*** world-weary **4** FIG. *(poco vivace)* [*mercato*] slack.
stand /stɛnd/ m.inv. **1** *(espositivo)* stand; *(di fiera)* stall **2** SPORT *(tribuna)* stand.
standard /'standard/ agg. e m.inv. standard.
standardizzare /standardid'dzare/ [1] tr. to standardize.
standardizzazione /standardiddzat'tsjone/ f. standardization.
standista, m.pl. **-i**, f.pl. **-e** /sten'dista/ ➧ *18* m. e. f. *(titolare)* exhibitor; *(addetto)* stand assistant.
stanga, pl. **-ghe** /'stanga, ge/ f. **1** *(spranga)* bar, rod **2** *(di carro)* shaft **3** COLLOQ. *(persona alta e magra)* beanpole.
stangare /stan'gare/ [1] tr. **1** *(far pagare troppo)* to fleece, to rip off [*clienti*]; to soak [*contribuente*] **2** GERG. *(bocciare)* to flunk [*studente*]; ***farsi ~ a un esame*** to be failed at an exam.
stangata /stan'gata/ f. *(grave danno)* setback.
stanghetta /stan'getta/ f. **1** *(di occhiali)* arm **2** *(di serratura)* bolt **3** MUS. bar.
stanotte /sta'nɔtte/ avv. *(scorsa)* last right; *(a venire)* tonight.
stante /'stante/ **I** agg. ***seduta ~*** on the spot; ***a sé ~*** separate **II** prep. owing to, because of.
stantio, pl. **-tii**, **-tie** /stan'tio, tii, tie/ **I** agg. **1** [*pane, formaggio*] stale **2** FIG. [*idee*] outdated, old fashioned **II** m. ***sapere di ~*** to taste stale.
stantuffo /stan'tuffo/ m. piston; *(di pompa)* bucket, sucker.
stanza /'stantsa/ f. **1** *(vano)* room; ***casa di quattro -e*** four-room(ed) house **2** MIL. ***essere di ~ a Roma*** to be based in *o* at Rome **3** METR. stanza ♦♦ ***~ da bagno*** bathroom; ***~ dei bottoni*** control room; ***~ di compensazione*** ECON. clearing house; ***~ da letto*** bedroom; ***~ degli ospiti*** guest room.
stanziale /stan'tsjale/ agg. **1** [*uccello*] sedentary **2** [*popolazione*] geographically stable.
stanziamento /stantsja'mento/ m. **1** *(di una somma)* allocation; ***concedere -i per*** to allocate funds for **2** *(di popolazione)* settlement.
stanziare /stan'tsjare/ [1] **I** tr. to allocate [*fondi*] (**per** for) **II stanziarsi** pronom. [*popolazione*] to settle.
stanzino /stan'tsino/ m. *(ripostiglio)* closet.
stappare /stap'pare/ [1] tr. **1** *(con cavatappi)* to uncork; *(con apribottiglie)* to uncap **2** *(liberare)* to unblock [*orecchie*].
stare /'stare/ [9] **I** intr. (aus. *essere*) **1** *(rimanere)* to stay, to remain; ***~ al sole, sotto la pioggia*** to stay in the sun, out in the rain; ***~ fuori, in casa*** to stay out, (at) home; ***~ al caldo*** to keep (oneself) warm; ***~ via*** to be away **2** *(vivere)* to live; *(temporaneamente)* to stay; ***stanno sopra un negozio*** they live above a shop; ***questo mese sto a casa di un amico*** this month I'm staying with a friend; ***andare a ~ a Londra*** to move to London **3** *(trovarsi in un luogo)* to be*; ***i libri stanno sul tavolo*** the books are on the table **4** *(essere in una particolare posizione, condizione)* to stay, to remain; ***~ fermo*** to keep *o* stand still; ***stai fermo!*** hold still! ***stai comodo su quella sedia?*** are you comfortable in that chair? ***~ in piedi*** [*persona*] to stand up; ***~ sdraiato sul divano*** to be lying on the sofa; *(di salute)* ***~ bene, male*** to be *o* feel well, ill; ***stai bene?*** are you well *o* all right? ***come stai?*** how are you? *(economicamente)* ***~ bene*** to be well off; *(andare bene)* ***lunedì ti sta bene?*** does Monday suit you? ***se è pericoloso non mi sta bene*** if it's dangerous you can count me out; *(convenirsi)* ***non sta bene mangiarsi le unghie*** it's bad manners to eat one's fingernails; *(addirsi)* ***il quadro starà bene nell'ufficio*** the picture will look good in the office; ***sta bene con quel vestito*** she looks pretty in that dress; ***mi sta bene?*** does it suit me? ***il giallo sta bene con il blu*** yellow looks pretty against the blue; *(trovarsi bene)* ***~ bene con qcn.*** to be well in with sb. **5** *(spettare)* ***sta a te, lui fare*** it's up to you, him to do; ***sta a te scegliere*** it's your choice; ***non sta a te dirmi cosa devo fare!*** you can't tell me what to do! **6** *(attenersi)* ***~ ai fatti*** to keep *o* stick to facts; ***~ ai patti*** to keep one's side of a bargain; ***stando a quel che dice*** if she's to be believed; ***stando alle apparenze*** to all outward appearances; ***stando alle ultime informazioni*** according to the latest information *o* intelligence **7** *(consistere)* ***la difficoltà sta in questo*** o ***qui*** the difficulty lies there; ***lo scopo dell'esercizio sta tutto qui*** that's the whole point of the exercise **8** *(essere, presentarsi)* to be*; ***stando così le cose*** such *o* this being the case; ***vedere le cose (così) come stanno*** to see things as they really are **9** *(seguito da gerundio)* ***sto congelando*** I'm freezing; ***che stai facendo?*** what are you doing? **10** *(essere contenuto)* to fit*; ***i libri non stanno nella valigia*** the books don't fit in the suitcase **11** MAT. ***2 sta a 3 come 4 sta a 6*** 2 is to 3 as 4 is to 6 **12 stare a** ***non ~ a pensarci sopra!*** don't dwell on it! ***staremo a vedere!*** we'll see about that! ***sta a vedere che lo faranno!*** I bet they'll do it! **13 stare con** ***~ con qcn.*** *(avere una relazione)* to flirt with sb.; *(coabitare)* to live with sb.; *(essere solidale)* to be with sb. **14 stare per** ***~ per fare*** *(essere sul punto di)* to be about to do; ***stavo per telefonarti proprio ora*** I was just this minute going to phone you; ***stavo per cadere*** I nearly fell; ***sta per nevicare*** it's going to snow **15 stare su** COLLOQ. *(farsi coraggio)* ***~ su (con la vita)*** to keep one's chin up; *(rimanere sveglio)* to stay up **16 star(e) dietro** ***star(e) dietro a qcn.*** *(seguire)* to follow sb. closely; *(sorvegliare)* to watch sb. closely; *(fare la corte)* to chase after sb. **17 lasciare stare** *(non disturbare)* ***lascialo ~*** leave him alone, let him be; *(smettere di toccare)* ***lascia ~ quella bici*** leave that bike alone; *(lasciare perdere)* ***lascia ~, pago io*** no it's my treat; ***lascia ~, è un fastidio troppo grosso*** leave it, it's too much trouble **18 starci** *(trovar posto)* to fit* (**in** into); COLLOQ. *(essere d'accordo)* ***d'accordo, ci sto!*** OK, I'm game! ***se state organizzando una gita, ci sto!*** if you're organizing an outing, count me in! COLLOQ. *(concedersi)* ***è una che ci sta*** she's an easy lay; COLLOQ. *(esserci)* ***oggi non ci sto con la testa*** I'm not really with it today **II starsene** pronom. ***starsene a letto, a casa*** to stay in bed, (at) home ♦ ***~ sulle proprie*** to keep oneself to oneself.
starna /'starna/ f. grey partridge BE, gray partridge AE.
starnazzare /starnat'tsare/ [1] intr. (aus. *avere*) **1** [*oca*] to honk, to squawk **2** FIG. to squawk.
starnutire /starnu'tire/ [102] intr. (aus. *avere*) to sneeze.
starnuto /star'nuto/ m. sneeze; ***fare uno ~*** to sneeze.
starter /'starter/ m.inv. **1** SPORT starter **2** AUT. choke.
stasera /sta'sera/ avv. this evening, tonight.
stasi /'stazi/ f.inv. lull, stagnation.
statale /sta'tale/ **I** agg. [*pensione, università, tassa, sussidio*] state attrib.; [*ferrovie*] national; ***impiegato ~*** government employee, civil servant; ***a partecipazione ~*** [*azienda*] state-controlled **II** ➧ *18* m. e f. government employee, civil servant **III** f. A road BE, highway AE.
statalismo /stata'lizmo/ m. statism.
statalista, m.pl. **-i**, f.pl. **-e** /stata'lista/ m. e f. statist.
statalizzare /statalid'dzare/ [1] tr. to bring* [sth.] under state control [*impresa*].
statica /'statika/ f. statics + verbo sing.
statico, pl. **-ci**, **-che** /'statiko, tʃi, ke/ agg. static (anche FIG.).
statino /sta'tino/ m. BUROCR. record, statement.
station wagon /'steʃʃon'vɛgon/ f.inv. estate car BE, station wagon AE.
statista, m.pl. **-i**, f.pl. **-e** /sta'tista/ m. e f. *(uomo)* statesman*; *(donna)* stateswoman*.

statistica, pl. **-che** /sta'tistika, ke/ f. *(scienza)* statistics + verbo sing.; *(raccolta di dati)* statistic; ***fare delle -che*** to draw up statistics.

statistico, pl. **-ci, -che** /sta'tistiko, tʃi, ke/ **I** agg. statistical **II** ➧ *18* m. (f. **-a**) statistician.

1.stato /'stato/ m. **1** *(condizione fisica, psicologica di persona)* state; ***~ di salute*** state of health; ***in ~ interessante*** [*donna*] pregnant; ***essere in uno ~ pietoso*** to be in a pitiful state; ***non ridurti in questo ~!*** don't get into such a state! ***guarda in che ~ sei!*** look at the state of you! **2** *(condizione di un oggetto)* condition; ***in buono, cattivo ~*** [*casa, cuore*] in good, poor condition; ***~ di conservazione*** *(di reperto, opera d'arte)* state of preservation **3** *(condizione astratta)* state; ***~ di cose*** state of affairs **4** CHIM. FIS. state; ***allo ~ solido, liquido*** in a solid, liquid state **5** *(sociale)* ***di basso ~*** [*persona*] of low condition; ***il Terzo Stato*** the Third Estate **6** *(modo di vivere)* ***vivere allo ~ selvaggio*** to live in a primitive state **7** LING. ***verbo di ~*** stative verb ♦♦ ***~ d'allerta*** MIL. state of alert; ***~ d'animo*** state *o* frame of mind, mood; ***~ d'assedio*** state of siege; ***~ civile*** marital status, civil state; ***~ di emergenza*** state of emergency; ***~ di guerra*** state of war; ***~ di servizio*** service record; ***Stato maggiore*** MIL. general staff.

2.stato /'stato/ m. **1** *(nazione)* state; ***~ democratico, totalitario*** democratic, totalitarian state; ***colpo di ~*** coup (d'État) **2** *(governo)* state, government; ***chiedere un aiuto allo ~*** to apply for state aid; ***uomo di ~*** statesman; ***proprietà di ~*** government property; ***affare di ~*** affairs of state; ***cerimonia di ~*** state occasion ♦♦ ***~ assistenziale*** welfare state; ***~ canaglia*** rogue country; ***~ cuscinetto*** buffer state; ***~ di diritto*** POL. legally constituted state; ***Stati Uniti (d'America)*** United States (of America).

statua /'statua/ f. statue; ***la ~ della libertà*** the Statue of Liberty.

statuario, pl. **-ri, -rie** /statu'arjo, ri, rje/ agg. [*bellezza, corpo*] statuesque.

statuetta /statu'etta/, **statuina** /statu'ina/ f. statuette.

statunitense /statuni'tɛnse/ ➧ *25* **I** agg. United States attrib., US attrib. **II** m. e f. United States citizen.

statura /sta'tura/ f. **1** *(altezza)* height; ***di bassa, alta ~*** short, tall; ***di media ~*** of medium *o* average height **2** FIG. ***~ morale*** moral stature.

status /'status/ m.inv. status.

status quo /'status'kwɔ/ m.inv. status quo.

status symbol /'status'simbol/ m.inv. status symbol.

statutario, pl. **-ri, -rie** /statu'tarjo, ri, rje/ agg. [*norma*] statutory; ***riserva -a*** capital reserves.

statuto /sta'tuto/ m. *(legge, regolamento)* statute; *(di società)* charter; ***regioni a ~ speciale*** POL. = Italian regions which have a particular form of autonomy under special statutes.

stavolta /sta'vɔlta/ avv. this time.

stazionamento /stattsjona'mento/ m. *(di veicolo)* parking.

stazionare /stattsjo'nare/ [1] intr. (aus. *avere*) AUT. to park.

stazionario, pl. **-ri, -rie** /stattsjo'narjo, ri, rje/ agg. [*situazione*] unchanged, stable; ***essere in condizioni -rie*** [*malato*] to be stable.

stazione /stat'tsjone/ f. **1** *(ferroviaria)* station **2** RAD. (radio) station **3** *(località)* resort; ***~ climatica, balneare*** health resort, bathing *o* seaside resort **4** *(postura)* ***~ eretta*** upright posture ♦♦ ***~ degli autobus*** bus station; ***~ di lavoro*** INFORM. work station; ***~ meteorologica*** weather station; ***~ di monta*** stud-farm; ***~ di polizia*** police station; ***~ radar*** radar station; ***~ ripetitrice*** relay station; ***~ sciistica*** ski station; ***~ di servizio*** service *o* filling station; ***~ spaziale*** space station; ***~ termale*** health spa.

stazza /'stattsa/ f. **1** MAR. tonnage **2** FIG. *(di persona)* huge frame.

stazzare /stat'tsare/ [1] intr. (aus. *avere*) [*nave*] to have* a tonnage of.

stazzo /'stattso/ m. pen, fold.

stecca, pl. **-che** /'stekka, ke/ f. **1** *(di panchina, avvolgibile)* slat; *(di persiana)* louvre BE, louver AE; *(di ombrello)* rib, stretcher; *(di corsetto)* (whale)bone **2** *(confezione)* *(di sigarette)* carton; *(di cioccolata)* bar **3** MED. splint **4** *(nel biliardo)* cue **5** FIG. *(cantando, suonando)* false note, wrong note; ***prendere una ~*** *(cantando)* to sing off-key; *(suonando)* to play the wrong notes ♦♦ ***~ di balena*** whalebone.

steccare /stek'kare/ [1] **I** tr. **1** *(recingere)* to fence in, to pale [*terreno, giardino*] **2** MED. to splint [*braccio, gamba*] **3** ***~ una nota*** *(cantando)* to sing *o* hit a wrong note; *(suonando)* to play *o* hit a wrong note **II** intr. (aus. *avere*) **1** *(nel biliardo)* to miscue **2** *(cantando)* to sing* off-key; *(suonando)* to play the wrong notes.

steccato /stek'kato/ m. fence, pale; FIG. barrier.

stecchetto: **a stecchetto** /astek'ketto/ avv. ***tenere qcn. a ~*** *(a corto di cibo)* to keep sb. on short rations; *(a corto di soldi)* to keep sb. on a short allowance.

stecchino /stek'kino/ m. *(stuzzicadenti)* toothpick.

stecchire /stek'kire/ [102] tr. ***~ qcn.*** to bump sb. off.

stecchito /stek'kito/ **I** p.pass. → **stecchire II** agg. ***morto ~*** stone-dead, as dead as a doornail; ***cadere ~*** to drop dead.

stecco, pl. **-chi** /'stekko, ki/ m. *(rametto)* (dry) twig, stick ♦ ***essere magro come uno ~*** to be as thin as a rake.

Stefania /ste'fanja/ n.pr.f. Stephanie.

Stefano /'stefano/ n.pr.m. Stephen, Steven.

stele /'stɛle/ f.inv. ARCHEOL. ***~ di Rosetta*** Rosetta Stone.

stella /'stella/ f. **1** star; ***cielo senza -e*** starless sky; ***che cosa dicono le -e?*** what do the stars foretell? what's in the Stars? ***a (forma di) ~*** star-shaped; ***cacciavite a ~*** Phillips screwdriver®; ***la bandiera a -e e strisce*** the Stars and Stripes; ***hotel a quattro -e*** four-star hotel **2** *(di cavallo)* blaze **3** *(artista)* star; ***~ del cinema*** film *o* movie star **4** COLLOQ. *(persona cara)* darling ♦ ***essere nato sotto una buona, cattiva ~*** to be born under a lucky, an unlucky star; ***dormire sotto le -e*** to sleep under the open sky *o* out in the open; ***salire alle -e*** [*prezzi*] to soar, to (sky)rocket, to shoot up; ***portare qcn. alle -e*** to praise sb. to the skies; ***vedere le -e*** to see stars ♦♦ ***~ alpina*** edelweiss; ***~ cadente*** falling *o* shooting star; ***~ cometa*** comet; ***~ di Davide*** Star of David; ***~ filante*** *(di carnevale)* (paper) streamer; ***~ marina*** starfish; ***~ del mattino*** morning star; ***~ di Natale*** BOT. poinsettia; ***~ polare*** North Star, Polaris, pole star.

stellare /stel'lare/ agg. *(relativo a stella)* star attrib., stellar; *(a forma di stella)* star-shaped, radial, stellar; ***guerre -i*** star wars; ***motore ~*** radial engine.

stellato /stel'lato/ agg. [*notte, cielo*] starry.

stelletta /stel'letta/ f. **1** MIL. star, pip BE **2** TIP. asterisk, star.

stellina /stel'lina/ f. *(giovane attrice)* starlet.

stelo /'stɛlo/ m. **1** BOT. stem, stalk **2** *(sostegno)* stem; ***lampada a ~*** free-standing lamp, standard BE *o* floor AE lamp.

stemma /'stɛmma/ m. *(nobiliare, di città)* coat of arms; *(su vestiti)* badge.

stemperare /stempe'rare/ [1] tr. **1** *(diluire)* to dilute [*colore*]; to mix [*farina*] (**in** with, into) **2** FIG. to dull [*sentimento*]; to dampen [*entusiasmo*].

stempiarsi /stem'pjarsi/ [1] pronom. [*persona*] to go* bald.

stempiato /stem'pjato/ **I** p.pass. → **stempiarsi II** agg. ***è (un po') ~*** he has a (slightly) receding hairline.

stencil /'stɛnsil/ m.inv. stencil.

stendardo /sten'dardo/ m. *(vessillo)* banner, standard.

stendere /'stɛndere/ [10] **I** tr. **1** *(allungare)* to stretch (out), to spread* (out) [*braccio, gamba*]; ***~ la mano*** to reach out one's hand **2** *(spiegare)* to spread* (out), to lay* (out) [*lenzuolo, telo, tovaglia, cartina*]; ***~ il bucato*** to put the washing on the line, to hang (out) the washing **3** *(mettere sdraiato)* to lay* (down) [*malato, ferito*] **4** COLLOQ. ***~ qcn.*** *(atterrare)* to lay *o* knock sb. flat, to knock sb. down, to floor sb.; *(uccidere)* to bump sb. off **5** *(spalmare)* to apply [*pomata, fondotinta*]; to spread* [*colla, vernice, colore*] **6** GASTR. to roll (out) [*pasta*] **7** *(redigere)* to write* [*articolo*]; to draw* up [*contratto*]; to write* up [*verbale*] **II stendersi** pronom. **1** *(allungarsi)* to stretch out; *(sdraiarsi)* to lie* down (**su** on) **2** *(estendersi)* to stretch, to extend (**su** over) ♦ ***~ un velo pietoso su qcs.*** to draw a veil over sth.

stendibiancheria /stendibjanke'ria/ m.inv. clothes horse.

stenditoio, pl. **-oi** /stendi'tojo, oi/ m. *(stendibiancheria)* clothes horse; *(stanza)* drying room.

steno /'stɛno/ f.inv. COLLOQ. → **stenografia**.

stenodattilografia /stenodattilogra'fia/ f. shorthand typing.

stenodattilografo /stenodatti'lɔgrafo/ ➧ *18* m. (f. **-a**) shorthand typist, stenographer AE.

stenografare /stenogra'fare/ [1] tr. to take* down in shorthand, to stenograph AE.

stenografia /stenogra'fia/ f. shorthand, stenography AE.

stenografo /ste'nɔgrafo/ ♦ *18* m. (f. **-a**) shorthand writer, stenographer AE.
stenosi /ste'nɔzi/ f.inv. stenosis.
stentare /sten'tare/ [1] intr. (aus. *avere*) **~ a fare** to find it hard to do, to have difficulty in doing; ***stento a crederci*** I can hardly believe it, I find it hard to believe it; ***non stento a crederci*** no wonder.
stentatamente /stentata'mente/ avv. *(con difficoltà)* with difficulty; *(a malapena)* hardly, scarcely, barely; ***tirare avanti ~*** *(in ristrettezze)* barely to scrape a living, to live on a shoestring.
stentato /sten'tato/ **I** p.pass. → **stentare II** agg. **1** *(conseguito a fatica)* [*vittoria*] hard-won; ***in un francese ~*** in broken *o* poor French **2** *(misero)* [*vita*] hard, difficult, miserable **3** *(forzato)* [*sorriso*] strained, forced; [*stile*] laboured BE, labored AE **4** *(patito)* [*pianta*] scrubby.
stento /'stɛnto/ **I** m. ***a ~*** *(a malapena)* hardly, scarcely, barely; *(con difficoltà)* with difficulty; ***l'ho riconosciuto a ~*** I hardly recognized him **II stenti** m.pl. hardship **U**, privation **U**; ***una vita di -i*** a stunted life, a life of privation.
stentoreo /sten'tɔreo/ agg. [*voce*] stentorian.
steppa /'steppa/ f. steppe.
sterco, pl. **-chi** /'stɛrko, ki/ m. dung **U**, droppings pl.
stereo /'stɛreo/ **I** agg.inv. stereo; ***impianto ~*** stereo *o* hi-fi (system) **II** m.inv. stereo (system), hi-fi (system).
stereofonia /stereofo'nia/ f. stereo(phony); ***in ~*** [*registrare*] in stereo; [*registrazione*] stereophonic.
stereofonico, pl. **-ci**, **-che** /stereo'fɔniko, tʃi, ke/ agg. stereo(phonic).
stereoscopico, pl. **-ci**, **-che** /stereos'kɔpiko, tʃi, ke/ agg. stereoscopic.
stereotipato /stereoti'pato/ agg. [*sorriso, espressione*] fixed; [*idea*] clichéd, stereotyped; [*personaggio*] stock.
stereotipo /stere'ɔtipo/ m. *(luogo comune)* stereotype, cliché.
sterile /'stɛrile/ agg. **1** *(infecondo)* [*persona, animale*] sterile, infertile, barren; [*terreno*] barren, infertile **2** MED. [*cerotto, ambiente, soluzione*] sterile; [*siringa*] sterilized **3** FIG. [*immaginazione*] sterile; [*discussione*] fruitless, unfruitful.
sterilità /sterili'ta/ f.inv. **1** *(di persona, animale)* sterility, infertility, barrenness; *(di terreno)* barrenness, infertility **2** FIG. *(di discussione)* fruitlessness, unfruitfulness; *(di immaginazione)* sterility **3** MED. sterility.
sterilizzare /sterilid'dzare/ [1] tr. **1** *(rendere sterile)* to sterilize [*persona*]; to sterilize, to neuter [*animale*] **2** *(disinfettare)* to sterilize.
sterilizzatore /steriliddza'tore/ m. sterilizer.
sterilizzazione /steriliddzat'tsjone/ f. sterilization.
sterlina /ster'lina/ ♦ *6* f. pound; ECON. *(lira sterlina)* (pound) sterling.
sterminare /stermi'nare/ [1] tr. to exterminate, to wipe out [*popolo, armata, animali*].
sterminato /stermi'nato/ **I** p.pass. → **sterminare II** agg. [*distesa, piantagione*] immense, endless.
sterminatore /stermina'tore/ m. (f. **-trice** /tritʃe/) exterminator.
sterminio, pl. **-ni** /ster'minjo, ni/ m. extermination; ***campo di ~*** death *o* extermination camp.
sterna /'stɛrna/ f. tern.
sterno /'stɛrno/ m. breast bone, sternum*.
sternutire /sternu'tire/ → **starnutire.**
sternuto /ster'nuto/ → **starnuto.**
steroide /ste'rɔide/ m. steroid; ***prendere degli -i*** to be on steroids ♦♦ ***~ anabolizzante*** anabolic steroid.
sterpaglia /ster'paʎʎa/ f. scrub.
sterpo /'sterpo/ m. *(ramo)* (dry) twig; *(arbusto)* shrub, thornbush.
sterposo /ster'poso/ agg. [*terreno*] scrubby.
sterrare /ster'rare/ [1] tr. to dig* up, to excavate.
sterrato /ster'rato/ **I** p.pass. → **sterrare II** agg. ***strada -a*** dirt road **III** m. *(strada)* dirt road; *(terreno)* dirt patch.
sterratore /sterra'tore/ ♦ *18* m. (f. **-trice**) digger, navvy BE COLLOQ.
sterro /'stɛrro/ m. **1** *(rimozione di terra)* earthwork, digging **2** *(materiale asportato)* excavated earth, loose earth, diggings pl.
sterzare /ster'tsare/ [1] intr. (aus. *avere*) [*autista, veicolo*] to steer, to turn; *(bruscamente)* to swerve, to wheel.
sterzata /ster'tsata/ f. **1** AUT. swerve, turn; ***raggio di ~*** (steering) lock **2** FIG. sudden shift, swerve.
sterzo /'stɛrtso/ m. *(dispositivo)* steering (gear); *(volante)* steering wheel.
steso /'steso/ **I** p.pass. → **stendere II** agg. *(allungato)* [*braccio, gamba*] stretched (out); *(disteso)* [*persona*] lying; *(appeso)* [*bucato*] hanging.
stesso /'stesso/ v. la nota della voce **questo**. **I** agg.indef. **1** *(medesimo)* same; ***essere della -a grandezza*** to be the same size; ***è (sempre) la -a cosa*** it's (always) the same; ***porta lo ~ abito di ieri, di sua sorella*** she's wearing the same dress as yesterday, as her sister; ***ero nella sua -a classe*** I was in the same class as him; ***si pronunciano allo ~ modo*** they're pronounced the same **2** *(esatto, preciso)* very; ***quella sera -a*** that very night; ***nel momento ~ in cui*** at the very moment when **3** *(con valore rafforzativo)* ***oggi ~*** this very day, today; ***nel tuo ~ interesse*** in your own interest; ***il presidente ~ ha assistito alla cerimonia*** the president himself attended the ceremony; ***gli esperti -i riconoscono che...*** even the experts recognize that... **4** *(accompagnato da pronome personale) (soggetto)* ***io ~*** I myself; ***tu ~*** you yourself; ***lui*** o ***egli ~*** he himself; ***lei*** o ***ella -a*** she herself; ***esso ~, essa -a*** it itself; ***noi -i, -e*** we ourselves; ***voi -i, -e*** you yourselves; ***loro -i, -e, essi -i, esse -e*** they themselves; *(oggetto)* ***me ~*** myself; ***te ~*** yourself; ***se ~*** *(di persona)* himself; *(di cosa, animale)* itself; *(impersonale)* oneself; ***se -a*** *(di persona)* herself; *(di cosa, animale)* itself; ***noi -i, -e*** ourselves; ***voi -i, -e*** yourselves; ***se -i, -e*** themselves; *(impersonale)* oneself **II lo stesso**, f. **la stessa**, m.pl. **gli stessi**, f.pl. **le stesse** pron.indef. **1** *(persona, cosa)* the same (one); ***lo ~ che*** o ***di*** the same as **2** *(la stessa cosa)* ***fa*** o ***è lo ~*** it's just the same; ***per me è lo ~*** it's all the same *o* it makes no difference to me; ***lo ~ vale per lui*** the same goes for him; ***si è rifiutato di venire e lei (ha fatto) lo ~*** he refused to come and so did she **3** *(ugualmente)* ***grazie lo ~*** thanks anyway *o* all the same; ***ti amo lo ~*** I love you just the same; ***ci andrò lo ~*** I'll go all the same.
stesura /ste'sura/ f. **1** *(il mettere per iscritto) (di documento, decreto)* drafting; *(di bilancio)* compilation; *(di contratto)* drawing up, drafting; *(di lettera)* phrasing, wording **2** *(redazione)* draft.
stetoscopio, pl. **-pi** /stetos'kɔpjo, pi/ m. stethoscope.
steward /'stjuard/ ♦ *18* m.inv. steward.
stia /'stia/ f. chicken coop, hen coop.
stick /stik/ m.inv. stick; ***colla, deodorante (in) ~*** glue, deodorant stick.
stigma /'stigma/ m. stigma* (anche FIG.).
stigmate /'stigmate/ f.pl. stigmata.
stigmatizzare /stigmatid'dzare/ [1] tr. to stigmatize (anche FIG.).
stilare /sti'lare/ [1] tr. to draw* up, to draft [*contratto*]; to write* up [*verbale*].
stile /'stile/ m. style; ***in ~ neoclassico*** in the neoclassical style; ***nello ~ di Van Gogh*** in the style of Van Gogh; ***mobili in ~*** period furniture; *(imitazione)* reproduction period furniture; ***~ di vita*** lifestyle; ***non è nel mio ~*** COLLOQ. that's not my style; ***avere ~*** to have style, to be stylish; ***in grande ~*** in style ♦♦ ***~ libero*** *(nel nuoto)* crawl; ***nuotare a ~ libero*** to do *o* swim the crawl.
stilettata /stilet'tata/ f. **1** stab **2** FIG. *(dolore acuto)* stabbing pain, shooting pain; *(forte dispiacere)* stab.
stiletto /sti'letto/ m. stiletto*, dagger.
stilista, m.pl. **-i**, f.pl. **-e** /sti'lista/ ♦ *18* m. e f. *(designer)* designer, stylist; *(di moda)* (dress) designer, fashion designer, stylist.
stilistica /sti'listika/ f. stylistics + verbo sing.
stilistico, pl. **-ci**, **-che** /sti'listiko, tʃi, ke/ agg. stylistic.
stilizzare /stilid'dzare/ [1] tr. to stylize.
stilizzato /stilid'dzato/ **I** p.pass. → **stilizzare II** agg. [*forme*] stylized.
stilla /'stilla/ f. LETT. *(di sudore)* bead, drop; *(di sangue)* drop.
stillare /stil'lare/ [1] **I** tr. LETT. to drip [*sudore*]; to ooze, to exude [*resina*] **II** intr. (aus. *essere*) LETT. [*acqua*] to drip, to seep; [*sangue, linfa*] to ooze, to drip.

stillicidio, pl. **-di** /stilli'tʃidjo, di/ m. dripping, trickle; ***uno ~ di notizie*** FIG. a steady trickle of news.
1.stilo /'stilo/ m. *(per scrivere)* stylus*.
2.stilo /'stilo/ f.inv. → **stilografica**.
stilografica, pl. **-che** /stilo'grafika, ke/ f. fountain pen, cartridge pen.
stilografico, pl. **-ci, -che** /stilo'grafiko, tʃi, ke/ agg. ***penna -a*** fountain *o* cartridge pen.
stima /'stima/ f. **1** *(valutazione) (di oggetti d'arte, gioielli)* appraisal, valuation; *(di costi, danni)* assessment; ***far fare la ~ di un anello*** to have a ring appraised **2** *(calcolo approssimativo)* estimate **3** *(buona opinione)* respect, esteem; ***avere ~ per*** o ***di qcn.*** to have great respect *o* esteem for sb.; ***tenere*** o ***avere qcn. in grande ~*** to hold sb. in high esteem *o* regard; ***avere scarsa ~ di qcn.*** to hold sb. in low esteem.
stimabile /sti'mabile/ agg. **1** *(valutabile)* [*perdite, danni*] assessable; [*fortuna*] appraisable **2** FIG. [*persona*] respectable, worthy, estimable FORM.
stimare /sti'mare/ [1] **I** tr. **1** *(valutare)* to value, to appraise [*quadro, gioiello, proprietà*]; to assess [*danni, perdite*]; ***fare ~ qcs.*** to have sth. appraised; ***~ qcs. 500 euro*** to value sth. at 500 euros **2** *(calcolare approssimativamente)* to estimate [*distanza, costo*] **3** *(apprezzare)* to value, to think* highly of [*persona*]; ***lo stimo molto*** I regard him very highly, I think very highly of him; ***non la stimano molto*** they don't think much of her **4** *(ritenere)* to consider, to regard **II stimarsi** pronom. *(ritenersi)* to consider oneself.
stimato /sti'mato/ **I** p.pass. → **stimare II** agg. **1** *(apprezzato)* ***molto ~*** [*persona, professione*] highly regarded, esteemed; ~ o ***stimatissimo signore*** *(nelle lettere)* Dear Sir **2** *(valutato)* [*costo, valore*] estimated, appraised; [*danno, perdita*] assessed.
stimatore /stima'tore/ ➧ ***18*** m. (f. **-trice** /tritʃe/) appraiser, valuer.
stimolante /stimo'lante/ **I** agg. **1** FARM. stimulant **2** [*parole, lettura*] interesting, stimulating; [*concorrenza*] challenging **II** m. FARM. stimulant.
stimolare /stimo'lare/ [1] tr. **1** FISIOL. to stimulate [*organo, funzione, sensi*]; to whet, to sharpen [*appetito*] **2** FIG. *(eccitare)* to stimulate, to sharpen [*intelligenza*]; to excite [*fantasia, interesse*]; to rouse, to stir up [*curiosità*]; *(incitare)* to spur (**a** to; **a fare** to do).
stimolatore /stimola'tore/ m. ***~ cardiaco*** pacemaker.
stimolazione /stimolat'tsjone/ f. stimulation (anche MED.).
stimolo /'stimolo/ m. **1** *(incitamento)* stimulus*, spur, incentive **2** FISIOL. stimulus*; ***lo ~ della fame*** the pangs of hunger.
stinco, pl. **-chi** /'stinko, ki/ ➧ ***4*** m. shin; ***~ di maiale*** GASTR. pig's knuckle ♦ ***non essere uno ~ di santo*** to be far from being a saint, to be no angel.
stingere /'stindʒere/ [24] **I** tr. to fade **II** intr. (aus. *essere, avere*), **stingersi** pronom. [*stoffa, colore*] to fade.
stinto /'stinto/ **I** p.pass. → **stingere II** agg. [*stoffa*] faded.
stipare /sti'pare/ [1] **I** tr. to cram, to pack, to jam, to crowd [*persone, oggetti*] (**in** into) **II stiparsi** pronom. ***-rsi in*** [*persone*] to cram *o* crowd into [*stanza*]; ***-rsi su*** to cram *o* crowd onto [*pullman*].
stipato /sti'pato/ **I** p.pass. → **stipare II** agg. **1** *(ammassato)* [*oggetti, persone*] crammed, packed, jammed, crowded (**in** into) **2** *(gremito)* [*teatro, sala*] crowded, packed (**di** with).
stipendiare /stipen'djare/ [1] tr. *(retribuire)* to pay* (a salary to); *(assumere)* to employ, to take* on [*persona*].
stipendiato /stipen'djato/ **I** p.pass. → **stipendiare II** agg. [*operaio, impiegato*] salaried, on the payroll mai attrib. **III** m. (f. **-a**) salaried person, salary-earner.
stipendio, pl. **-di** /sti'pɛndjo, di/ m. pay **U**, wage; *(mensile) (di impiegato)* salary; *(settimanale) (di operaio)* wages pl.; ***~ annuo*** annual salary; ***aumento di ~*** pay *o* wage rise BE *o* raise AE; ***~ netto*** net salary, take-home pay; ***~ lordo*** gross salary; ***~ base*** basic salary BE, base pay AE.
stipite /'stipite/ m. *(di porta)* door jamb, doorpost; *(di finestra)* window jamb.
stipo /'stipo/ m. *(mobiletto)* cabinet.
stipsi /'stipsi/ ➧ ***7*** f. constipation.
stipula /'stipula/ f. → **stipulazione**.
stipulare /stipu'lare/ [1] tr. to draw* up, to stipulate [*contratto*]; to enter into, to conclude [*accordo*].
stipulazione /stipulat'tsjone/ f. *(di atto, contratto)* stipulation, drawing up.
stiracchiare /stirak'kjare/ [1] **I** tr. to stretch (out) [*gambe, braccia*] **II stiracchiarsi** pronom. [*persona*] to have* a stretch, to stretch.
stiracchiato /stirak'kjato/ **I** p.pass. → **stiracchiare II** agg. [*paragone, interpretazione*] far-fetched; [*vittoria*] hairline, narrow.
stiramento /stira'mento/ m. MED. ***~ muscolare*** muscle strain; ***procurarsi uno ~ alla schiena*** to strain one's back.
stirare /sti'rare/ [1] **I** tr. **1** *(allungare)* to stretch (out) [*gambe*] **2** *(con il ferro)* to iron, to press [*vestito, biancheria, tessuto*]; ***~ a vapore*** to use a steam iron; ***un tessuto che non si stira*** a noniron fabric; ***roba da ~*** things to be ironed; ***oggi devo ~*** I have to do the ironing today **3** *(lisciare)* to straighten [*capelli*] **II stirarsi** pronom. **1** *(sgranchirsi)* [*persona*] to stretch, to have* a stretch **2** MED. to strain, to pull [*muscolo*].
stirata /sti'rata/ f. quick iron(ing), quick press.
stiratura /stira'tura/ f. *(di biancheria, vestiti)* ironing, pressing; *(di capelli)* straightening.
stireria /stire'ria/ f. *(locale)* laundry.
stiro /'stiro/ m. ironing, pressing; ***ferro da ~*** iron; ***asse da ~*** ironing board.
stirpe /'stirpe/ f. *(discendenza, progenie)* line, lineage; *(origine, famiglia)* stock, birth; ***è l'ultimo di una lunga ~*** he's the last of a long line; ***essere di nobile ~*** to be of noble birth *o* stock.
stitichezza /stiti'kettsa/ ➧ ***7*** f. constipation.
stitico, pl. **-ci, -che** /'stitiko, tʃi, ke/ agg. constipated.
stiva /'stiva/ f. hold.
stivaggio, pl. **-gi** /sti'vaddʒo, dʒi/ m. stowage.
stivale /sti'vale/ ➧ ***35*** m. boot; ***un paio di -i*** a pair of boots; ***-i di gomma*** rubber boots, wellington boots BE, wellingtons BE, gumboots BE; ***lo Stivale*** = Italy ♦ ***lustrare gli -i a qcn.*** to lick sb.'s boots; ***medico, avvocato dei miei -i*** a poor excuse for a doctor, a lawyer.
stivaletto /stiva'letto/ m. *(alla caviglia)* ankle boot; *(al polpaccio)* half boot.
stivalone /stiva'lone/ m. thighboot, hip-boot.
stivare /sti'vare/ [1] tr. MAR. AER. to stow (away).
stivatore /stiva'tore/ ➧ ***18*** m. (f. **-trice** /tritʃe/) stevedore.
stizza /'stittsa/ f. irritation, annoyance, anger; ***in un momento di ~*** in a fit of rage; ***provare ~ per*** to be angry about.
stizzire /stit'tsire/ [102] **I** tr. to annoy, to irritate, to vex [*persona*] **II stizzirsi** pronom. to get* angry, to get* cross, to flare up.
stizzito /stit'tsito/ **I** p.pass. → **stizzire II** agg. [*persona*] angry, cross, irritated, annoyed.
stizzoso /stit'tsoso/ m. **1** *(pieno di stizza)* [*risposta, parole*] testy, tetchy, petulant **2** *(irascibile)* [*persona*] bad-tempered, peevish, testy, tetchy, cantankerous.
(')sto /sto/ COLLOQ. → **questo**.
stoccafisso /stokka'fisso/ m. stockfish*.
stoccaggio, pl. **-gi** /stok'kaddʒo, dʒi/ m. storage, stockpiling.
stoccare /stok'kare/ [1] tr. to store, to stock [*merci*].
stoccata /stok'kata/ f. **1** *(nella scherma)* (rapier) thrust, lunge, pass **2** FIG. *(battuta)* barb, dig COLLOQ.
stocco, pl. **-chi** /'stɔkko, ki/ m. rapier.
Stoccolma /stok'kolma/ ➧ ***2*** n.pr.f. Stockholm.
stock /stɔk/ m.inv. stock, inventory.
stoffa /'stɔffa/ f. **1** fabric, cloth, material **2** FIG. stuff; ***fagli vedere di che ~ sei fatto!*** show them what you're made of! ***non ha la ~ per farcela*** he hasn't got it in him to succeed, he hasn't got what it takes; ***ha la ~ del politico*** he has the makings of a politician.
stoicismo /stoi'tʃizmo/ m. stoicism.
stoico, pl. **-ci, -che** /'stɔiko, tʃi, ke/ **I** agg. stoic(al) **II** m. (f. **-a**) stoic.
stola /'stɔla/ f. stole.
stolido /'stɔlido/ agg. stupid, obtuse.
stolone /sto'lone/ m. BOT. runner.
stoltezza /stol'tettsa/ f. foolishness, stupidity.

stolto /'stolto/ **I** agg. foolish, stupid **II** m. (f. **-a**) fool, stupid person.
stomacare /stoma'kare/ [1] **I** tr. to turn one's stomach, to disgust, to sicken (anche FIG.) **II stomacarsi** pronom. to be* disgusted (anche FIG.).
stomachevole /stoma'kevole/ agg. revolting, disgusting (anche FIG.).
stomaco, pl. **-chi** e **-ci** /'stɔmako, ki, tʃi/ ➧ **4** m. stomach; ***avere mal di*** ~ to have (a) stomachache; ***ho un peso sullo*** ~ my stomach feels heavy; FIG. I feel a weight on my chest; ***a ~ pieno, vuoto*** on a full, an empty stomach; ***rimanere sullo*** ~ to lie heavy on one's stomach; FIG. to stick in one's craw *o* throat ♦ ***levarsi un peso dallo*** ~ to get something off one's chest; ***avere uno ~ di ferro*** o ***da struzzo*** to have a strong *o* cast-iron stomach; ***avere il pelo sullo*** ~ to be ruthless; ***(far) rivoltare lo ~ a qcn.*** to turn sb.'s stomach.
stonare /sto'nare/ [1] **I** tr. ~ ***una nota*** *(cantando)* to sing *o* hit a wrong note; *(suonando)* to play *o* hit a wrong note; ***ho stonato il do*** my C was off-pitch **II** intr. (aus. *avere*) **1** [*cantante*] to sing* off-key; [*musicista*] to play the wrong notes **2** *(non essere in armonia)* [*colore, tende*] to clash, to jar (**con** with).
stonato /sto'nato/ **I** p.pass. → **stonare II** agg. **1** *(non intonato)* [*nota*] false, wrong, off-pitch; [*strumento*] out of tune, off-key; ***sono*** ~ I cannot sing in tune **2** FIG. *(fuori luogo)* out of place, clashing, jarring; ***nota -a*** jarring note ♦ ***essere ~ come una campana*** = to sing atrociously.
stonatura /stona'tura/ f. false note, wrong note; FIG. false note, jarring note.
stop /stɔp/ **I** m.inv. **1** *(segnale stradale)* stop sign; ***fermarsi allo*** ~ to stop at the stop sign **2** *(fanalino)* brake light **3** *(nei telegrammi)* stop **4** SPORT stop **II** inter. stop; ***~, basta così!*** stop it, that's enough!
stoppa /'stoppa/ f. tow; MAR. oakum; ***dai capelli di*** ~ tow-haired, tow-headed.
stoppare /stop'pare/ [1] tr. SPORT to stop, to trap.
stoppia /'stoppja/ f. stubble.
stoppino /stop'pino/ m. **1** *(di candela)* (candle)wick **2** *(miccia)* (slow) match.
stopposo /stop'poso/ agg. [*verdura, carne*] stringy; [*capelli*] towy, stringy.
storcere /'stɔrtʃere/ [94] **I** tr. to bend* [*chiodo*]; to twist [*chiave*]; ~ ***un braccio a qcn.*** to twist sb.'s arm **II storcersi** pronom. **1** *(piegarsi)* [*chiodo*] to bend* **2** *(slogarsi)* ***-rsi una caviglia*** to twist *o* sprain one's ankle ♦ ***~ il naso*** o ***la bocca di fronte a qcs.*** to turn up one's nose at sth.
stordimento /stordi'mento/ m. daze, giddiness, dizziness.
stordire /stor'dire/ [102] **I** tr. **1** *(intontire)* [*colpo*] to stun, to daze; [*rumore*] to deafen; [*alcol, droga*] to knock out; ***mi stordisci con le tue chiacchiere*** your constant chatter is making my head spin; ***un profumo che stordisce*** a heady perfume **2** FIG. *(sbalordire)* [*notizia*] to stun, to astound **II stordirsi** pronom. ***-rsi con l'alcol*** to drink oneself silly *o* stupid.
stordito /stor'dito/ **I** p.pass. → **stordire II** agg. *(intontito)* stunned, dazed, dizzy **III** m. (f. **-a**) absent-minded person, scatterbrain.
storia /'stɔrja/ f. **1** *(vicende umane, disciplina)* history; ***passare alla ~ (come)*** to go down in history (as); ***fare la*** ~ to make history; ***~ italiana*** Italian history; ***~ dell'arte, della letteratura*** history of art, of literature; ***~ antica, moderna, contemporanea*** ancient, modern, contemporary history; ***~ sacra*** sacred history; ***~ naturale*** natural history **2** *(racconto)* story; ***~ illustrata*** illustrated story; ***raccontare una ~ a qcn.*** to tell sb. a story **3** *(vicenda personale)* story; ***la ~ della mia vita*** the story of my life **4** *(relazione sentimentale)* affair; ***~ d'amore*** love affair *o* story; ***avere una ~ con qcn.*** to have an affair with sb. **5** *(faccenda, questione)* story; ***è sempre la solita*** ~ it's always the same old story; ***è (tutta) un'altra*** ~ it's (quite) another story; ***è una vecchia*** ~ that's ancient *o* past history, that's old hat **6** *(fandonia)* story, tale, fib COLLOQ.; ***raccontare -e*** to tell tales *o* fibs; ***sono tutte -e!*** that's all fiction *o* rubbish! **7** *(difficoltà, problema)* fuss; ***quante -e (per così poco)!*** what a fuss (about nothing)! ***fare un sacco di -e per*** to make a fuss about *o* over; ***senza tante -e*** without further ado.
storicamente /storika'mente/ avv. historically.
storicità /storitʃi'ta/ f.inv. historicity.
storico, pl. **-ci, -che** /'stɔriko, tʃi, ke/ **I** agg. **1** *(relativo alla storia)* [*fatto, personaggio*] historical **2** *(importante)* [*accordo, discorso, giornata*] historic **3** *(risalente al passato)* [*monumento*] historic; ***centro*** ~ historic centre, old town **II** ➧ **18** m. (f. **-a**) historian.
storiella /sto'rjɛlla/ f. *(breve racconto)* short story; *(barzelletta)* joke, crack COLLOQ.
storiografia /storjogra'fia/ f. historiography.
storiografico, pl. **-ci, -che** /storjo'grafiko, tʃi, ke/ agg. historiographic(al).
storiografo /sto'rjɔgrafo/ ➧ **18** m. (f. **-a**) historiographer.
storione /sto'rjone/ m. sturgeon.
stormire /stor'mire/ [102] intr. (aus. *avere*) [*foglie*] to rustle.
stormo /'stormo/ m. **1** *(di uccelli)* flight, flock; FIG. swarm, flock **2** AER. formation, flight.
stornare /stor'nare/ [1] tr. **1** *(allontanare)* to avert [*pericolo*] **2** COMM. *(cancellare)* to write* off [*somma, registrazione contabile*]; *(trasferire)* to divert [*fondi*].
stornello /stor'nɛllo/ m. = short popular Italian lyric, usually improvised.
1.storno /'storno/ m. ORNIT. starling.
2.storno /'storno/ m. COMM. *(cancellazione)* writing off; *(trasferimento)* diversion, transfer.
3.storno /'storno/ agg. ***cavallo*** ~ dapple-grey horse.
storpiare /stor'pjare/ [1] tr. **1** to cripple [*persona*] **2** FIG. *(pronunciare male)* to mangle, to mispronounce [*nome*]; *(scrivere male)* to misspell* [*parola*].
storpiatura /storpja'tura/ f. *(il pronunciare male)* mangling, mispronouncing; *(lo scrivere male)* misspelling.
storpio, pl. **-pi, -pie** /'stɔrpjo, pi, pje/ **I** agg. crippled **II** m. (f. **-a**) cripple.
storta /'stɔrta/ f. **1** COLLOQ. *(distorsione)* sprain, strain, wrench; ***prendersi una ~ alla caviglia*** to twist *o* sprain one's ankle **2** CHIM. retort.
storto /'stɔrto/ **I** p.pass. → **storcere II** agg. **1** [*naso, bocca*] crooked, twisted; [*bastone*] bent, crooked; [*quadro, cravatta*] crooked, not straight mai attrib.; ***avere le gambe -e*** to have bandy *o* crooked legs, to be bandy-legged *o* bowlegged **2** FIG. *(avverso)* ***una giornata -a*** an off day **III** avv. ***guardare ~ qcn.*** to give sb. a dirty look, to look askance at sb.; ***oggi mi va tutto ~*** everything's going wrong today.
stortura /stor'tura/ f. *(idea sbagliata)* wrong idea; ***~ mentale*** wrong thinking.
stoviglie /sto'viʎʎe/ f.pl. dishes, crockery **U**, kitchenware **U**, tableware **U**.
strabico, pl. **-ci, -che** /'strabiko, tʃi, ke/ **I** agg. ***essere*** ~ to be cross-eyed, to (have a) squint **II** m. (f. **-a**) cross-eyed person.
strabiliante /strabi'ljante/ agg. stunning, astonishing.
strabiliare /strabi'ljare/ [1] **I** tr. to stun, to astound **II strabiliarsi** pronom. to be* astonished.
strabiliato /strabi'ljato/ **I** p.pass. → **strabiliare II** agg. stunned, astonished, amazed (**da** by, at).
strabismo /stra'bizmo/ ➧ **7** m. squint, strabismus.
strabuzzare /strabud'dzare/ [1] tr. ***~ gli occhi*** to goggle *o* roll one's eyes.
stracarico, pl. **-chi, -che** /stra'kariko, ki, ke/ agg. [*autobus*] overcrowded, packed; ***essere ~ di lavoro*** to be overloaded *o* overburdened with work.
stracchino /strak'kino/ m. GASTR. INTRAD. (soft fresh cheese produced in Lombardy).
stracciare /strat'tʃare/ [1] **I** tr. **1** to tear* (up), to rip up, to shred [*lettera*]; to tear* [sth.] to shreds, to tear* [sth.] to pieces [*vestito*] **2** COLLOQ. FIG. *(battere)* to thrash, to demolish, to destroy, to lick [*avversario*] **II stracciarsi** pronom. [*vestito*] to tear*, to rip ♦ ***-rsi le vesti*** to cry shame.
stracciatella /strattʃa'tɛlla/ f. GASTR. INTRAD. **1** *(minestra)* (broth made by adding a mixture of beaten eggs and Parmesan cheese) **2** *(gelato)* (fiordilatte ice cream with chocolate chips).
stracciato /strat'tʃato/ **I** p.pass. → **stracciare II** agg. **1** [*indumento*] ragged; [*persona*] ragged, tattered, in rags mai attrib., in tatters mai attrib. **2** FIG. [*prezzo*] giveaway, knock-down attrib.
1.straccio, pl. **-ci** /'strattʃo, tʃi/ m. **1** *(cencio)* rag; *(per pulire)* (cleaning) cloth; ***vestito di -ci*** in rags *o* tatters; ***~ per la polvere*** duster, dust cloth AE; ***~ per pavimenti*** floor cloth **2**

uno straccio di non avere uno ~ di possibilità not to have a prayer; ***non c'era neanche uno ~ di prova*** there wasn't a scrap *o* shred of evidence ♦ ***essere ridotto a uno ~*** to be worn to a frazzle; ***sentirsi uno ~*** to feel like a wet rag *o* worn out.

2.straccio, pl. **-ci**, **-ce** /'strattʃo, tʃi, tʃe/ agg. ***carta -a*** scrap paper, wastepaper.

straccione /strat'tʃone/ m. (f. **-a**) *(persona mal vestita)* ragged person; *(mendicante)* tramp, beggar.

straccivendolo /strattʃi'vendolo/ ♦ ***18*** m. ragman*.

stracolmo /stra'kolmo/ agg. [*autobus*] overcrowded, packed; [*borsa*] crammed, packed, bulging.

stracotto /stra'kɔtto/ **I** agg. **1** *(troppo cotto)* overdone, overcooked **2** FIG. *(innamorato)* ***essere ~ di qcn.*** to be head over heels in love with sb., to be madly in love with sb. **II** m. GASTR. = stewed beef cooked in red wine.

strada /'strada/ Per tradurre l'italiano *strada*, due sono i principali equivalenti inglesi: *street* si usa per designare le strade cittadine, affiancate da negozi e altri edifici; *road* designa una strada di città o di campagna, che porta a un'altra città o a un'altra parte di una città. - L'inglese britannico e americano si differenziano nell'uso della preposizione, come mostrano questi esempi: *i negozi in Oxford Street* = the shops in Oxford Street (BE) / the shops on Oxford Street (AE). - Per altri equivalenti ed esempi d'uso, si veda la voce qui sotto. f. **1** *(per veicoli)* road; *(in un centro abitato)* street; ***~ privata*** private road; ***~ secondaria*** byroad, secondary *o* minor road; ***~ maestra*** main *o* high road, highway BE; ***~ senza uscita*** no through road; ***~ di campagna*** country road; ***~ ferrata*** railway BE, railroad AE; ***codice della ~*** Highway code BE, rules of the road AE; ***tenere la ~*** [*automobile*] to hold the road; ***uscire di ~***, ***finire fuori ~*** to go *o* drive off the road; ***prova su ~*** *(collaudo)* road test; SPORT road race **2** *(tragitto, percorso)* way; ***fai la mia stessa ~?*** are you going my way? ***abbiamo fatto molta ~*** we've come a long way; ***indicare, chiedere a qcn. la ~ per la stazione*** to tell, ask sb. the way to the station *o* how to get to the station; ***sbagliare ~*** to take the wrong road, to go the wrong way; ***ci sono sei ore di ~ in macchina*** it's a six-hour drive; ***tagliare la ~ a qcn.*** to cut across sb.'s path *o* into sb.; ***essere per ~*** to be on one's *o* the way; ***a metà ~*** halfway; ***sulla ~ di casa*** on one's way home; ***~ facendo*** along *o* on the way **3** *(varco)* way; ***farsi ~ fra la folla*** to push *o* clear *o* force one's way through the crowd; ***farsi ~*** FIG. *(riuscire ad affermarsi)* [*persona*] to make one's own way, to work one's way up the ladder; *(emergere)* [*sentimento*] to creep (**in** into) **4** FIG. ***aprire la ~ a*** *(agevolare)* to clear the way for; *(dare avvio)* to show the way forward to; ***essere fuori ~*** o ***sulla ~ sbagliata*** to be on the wrong track, to be way out; ***essere sulla ~ giusta*** to be on the right track; ***le nostre -e si sono incontrate*** our paths crossed; ***mettere qcn. sulla buona ~*** to point sb. in the right direction, to put sb. right; ***finire su una cattiva ~*** to go astray; ***portare qcn. sulla cattiva ~*** to lead sb. astray; ***andare avanti per la propria ~*** to go on one's own way; ***trovare la propria ~*** to find one's way in life; ***farà molta ~*** he will go a long way ♦ ***l'uomo della ~*** the (ordinary) man in the street; ***essere in mezzo a una ~*** to be on the street; ***tutte le -e portano a Roma*** PROV. all roads lead to Rome.

stradale /stra'dale/ **I** agg. road attrib.; ***polizia ~*** traffic police; ***cartello ~*** roadsign **II** f. COLLOQ. ***la ~*** = the traffic police.

stradario, pl. **-ri** /stra'darjo, ri/ m. street map, street guide.

stradino /stra'dino/ ♦ ***18*** m. road-mender.

stradone /stra'done/ m. wide road, main road.

strafalcione /strafal'tʃone/ m. blunder, howler.

strafare /stra'fare/ [8] intr. (aus. *avere*) to overdo*, to do* too much.

strafogarsi /strafo'garsi/ [1] pronom. COLLOQ. ***~ di dolci*** to stuff oneself with *o* gorge oneself on sweets.

straforo: **di straforo** /distra'foro/ avv. *(furtivamente)* [*entrare*] on the sly, furtively; *(per vie traverse)* [*sapere*] second hand.

strafottente /strafot'tɛnte/ agg. arrogant, insolent, impudent, cheeky.

strafottenza /strafot'tentsa/ f. arrogance, insolence, impudence.

strage /'stradʒe/ f. **1** *(di persone)* massacre, butchery, mass murder; ***fare una ~*** to carry out a massacre **2** FIG. ***l'esame è stato una ~*** the exam was an absolute disaster; ***fare ~ di cuori*** to break many hearts.

straglio, pl. **-gli** /'straʎʎo, ʎi/ m. → **strallo.**

stragrande /stra'grande/ agg. ***la ~ maggioranza (delle persone)*** the vast majority.

stralciare /stral'tʃare/ [1] tr. ***~ un passo da un libro*** to remove *o* extract a passage from a book.

stralcio, pl. **-ci** /'straltʃo, tʃi/ m. *(di testo)* excerpt; ***-ci di conversazione*** fragments *o* snatches of conversation.

strale /'strale/ m. LETT. dart, arrow ♦ ***lanciare i propri -i contro qcn.*** to level cutting remarks at sb.

strallo /'strallo/ m. MAR. (back)stay.

stralunato /stralu'nato/ agg. [*occhi*] rolling, staring; [*espressione*] bewildered.

stramaledetto /stramale'detto/ agg. cursed, damned, blasted COLLOQ.

stramazzare /stramat'tsare/ [1] intr. (aus. *essere*) to collapse, to fall* heavily; ***~ al suolo*** to fall heavily *o* full length to the ground.

stramberia /strambe'ria/ f. strangeness, oddity, eccentricity.

strambo /'strambo/ agg. [*idea*] odd, strange, eccentric; [*comportamento*] crazy, unpredictable; ***tipo ~*** loony, oddity, weirdo COLLOQ.

strame /'strame/ m. bedding straw, litter.

strampalato /strampa'lato/ agg. [*idea*] odd, strange; ***tipo ~*** loony, oddity, weirdo COLLOQ.

stranamente /strana'mente/ avv. oddly, strangely, curiously; ***essere ~ silenzioso*** to be curiously silent; ***~ mi hanno lasciato entrare*** curiously enough, I was let in.

stranezza /stra'nettsa/ f. oddity, strangeness; ***fare -e*** to behave oddly, to do strange things; ***dire -e*** to say odd *o* weird things.

strangolamento /strangola'mento/ m. strangulation.

strangolare /strango'lare/ [1] **I** tr. **1** to strangle, to choke, to throttle [*vittima*] **2** FIG. ***essere strangolato dai debiti*** to be crippled by debt **II strangolarsi** pronom. to strangle oneself.

strangolatore /strangola'tore/ m. (f. **-trice** /tritʃe/) strangler.

straniamento /stranja'mento/ m. estrangement, alienation.

straniare /stra'njare/ [1] **I** tr. to estrange, to alienate **II straniarsi** pronom. ***-rsi dal mondo*** *(allontanarsi)* to live estranged from the world; *(chiudersi in se stesso)* to cut *o* shut oneself off.

straniero /stra'njɛro/ **I** agg. foreign **II** m. (f. **-a**) foreigner.

stranito /stra'nito/ agg. *(intontito)* stunned, dazed.

strano /'strano/ **I** agg. strange, odd, weird; ***è ~ che*** it is strange that; ***mi è capitata una cosa -a*** something strange happened to me; ***fare una faccia -a*** to make a bit of a face; ***cosa -a non ha risposto*** strangely *o* curiously enough she didn't answer; ***che ~!*** how strange *o* odd! **II** m. ***lo ~ è che*** the strange thing is that.

straordinarietà /straordinarje'ta/ f.inv. extraordinariness, exceptionality.

straordinario, pl. **-ri**, **-rie** /straordi'narjo, ri, rje/ **I** agg. **1** *(non ordinario)* [*assemblea, seduta, misure*] extraordinary, emergency attrib.; [*treno*] special, relief attrib., unscheduled; ***edizione -a*** RAD. TELEV. special (edition), extra; ***lavoro ~*** overtime, extra hours **2** *(eccezionale)* [*intelligenza, bellezza, successo, persona, film*] extraordinary; [*forza, notizia*] incredible; [*quantità*] huge, enormous **II** m. (f. **-a**) **1** *(cosa eccezionale)* ***lo ~ è che...*** the extraordinary thing is that... **2** *(lavoro)* overtime, extra hours pl.; ***fare lo ~*** to do *o* work overtime.

straorzare /straor'tsare, straor'dzare/ [1] intr. (aus. *avere*) MAR. to yaw.

straorzata /straor'tsata, straor'dzata/ f. MAR. yaw.

strapagare /strapa'gare/ [1] tr. to overpay*.

straparlare /strapar'lare/ [1] intr. (aus. *avere*) *(dire sciocchezze)* to talk nonsense; *(farneticare)* to rave.

strapazzare /strapat'tsare/ [1] **I** tr. *(maltrattare)* to treat [sb.] badly; *(affaticare)* to overwork, to overtire [*persona*] **II strapazzarsi** pronom. to overwork oneself, to overtire oneself.

strapazzata /strapat'tsata/ f. **1** *(sfacchinata)* hard work **U**, drudgery **U**, grind COLLOQ., hard slog COLLOQ. **2** *(rimprovero)* scolding, telling-off.

strapazzato /strapat'tsato/ **I** p.pass. → **strapazzare II** agg. ***uova -e*** scrambled eggs.

strapazzo /stra'pattso/ m. 1 *(fatica eccessiva)* strain, overwork U; ***lo ~ del viaggio*** the strain of the journey 2 **da strapazzo** *(di scarso valore)* [*filosofo, politico*] lightweight; [*artista, attore*] small-time, third-rate.
strapieno /stra'pjɛno/ agg. 1 *(stracolmo)* [*treno, museo*] overcrowded, packed; [*armadio, borsa*] crammed, packed, bulging 2 *(sazio)* ***essere ~*** to be full up *o* bloated.
strapiombare /strapjom'bare/ [1] intr. (aus. *essere, avere*) *(scendere a picco)* [*costa, roccia*] to overhang*.
strapiombo /stra'pjombo/ m. 1 *(precipizio)* overhang, precipice, steep drop 2 **a strapiombo** [*parete, roccia*] overhanging, sheer; ***la scogliera è a ~ sul mare*** the cliff drops *o* falls sheer into the sea.
strapotere /strapo'tere/ m. excess of power.
strappacuore /strappa'kwɔre/ agg.inv. [*scena, storia*] heartbreaking.
strappalacrime /strappa'lakrime/ agg.inv. ***un racconto, film ~*** a tear-jerker.
strappare /strap'pare/ [1] I tr. 1 *(togliere)* to pull out [*erbacce, peli*]; ***~ via*** to rip out, to tear out [*foglio, pagina*]; ***~ un manifesto dal muro*** to tear a poster off the wall 2 *(stracciare)* to rip, to tear* [*vestito*]; to snag [*calze*]; to tear* (up), to rip up, to shred [*lettera, documento*] 3 *(sottrarre)* ***~ qcs. dalle mani di qcn.*** to snatch sth. out of sb.'s hands; ***~ qcn. alla sua famiglia*** FIG. to tear sb. from the bosom of his family 4 FIG. *(riuscire a ottenere)* to force [*aumento*]; to draw* out, to extract, to force out [*segreto, consenso, confessione*]; to get*, to draw*, to force out [*promessa, sorriso*]; to barely get* [*diploma, sufficienza*]; ***non sono riuscito a strapparle una parola di bocca*** I couldn't get a (single) word out of her II **strapparsi** pronom. 1 *(rompersi)* [*indumento, carta*] to rip, to tear* 2 MED. to tear*, to strain, to pull [*muscolo, legamento*] ♦ ***~ qcn. alla morte*** to snatch sb. from the jaws of death; ***-rsi i capelli per la disperazione*** to tear one's hair out in despair.
strappato /strap'pato/ I p.pass. → **strappare** II agg. [*jeans, pagina*] torn, ripped.
strappo /'strappo/ m. 1 *(tirata)* jerk; ***a -i*** [*avanzare*] by jerks 2 *(nella stoffa)* tear, rip, rent; ***fare*** o ***farsi uno ~ nella camicia*** to tear one's shirt 3 FIG. split 4 MED. ***~ muscolare*** muscle strain, strained *o* pulled muscle; ***farsi uno ~ muscolare*** to strain *o* pull a muscle 5 COLLOQ. *(passaggio in auto)* ***dare, farsi dare uno ~*** to give, take a lift ♦ ***fare uno ~ alla regola*** to make an exception (to the rule), to bend the rules.
strapuntino /strapun'tino/ m. *(seggiolino)* tip-up seat.
straricco, pl. **-chi**, **-che** /stra'rikko, ki, ke/ agg. fabulously rich, immensely rich.
straripamento /straripa'mento/ m. overflow(ing), flooding.
straripare /strari'pare/ [1] intr. (aus. *essere, avere*) [*fiume*] to overflow (its banks), to flood.
Strasburgo /straz'burgo/ ♦ *2* n.pr.f. Strasbourg.
strascicare /straʃʃi'kare/ [1] tr. to drag, to scrape [*sedia*]; ***~ i piedi*** to drag one's feet *o* heels, to shuffle; ***~ le parole*** FIG. to drawl.
strascicato /straʃʃi'kato/ I p.pass. → **strascicare** II agg. ***passo ~, andatura -a*** shuffle; ***pronuncia -a*** drawl.
strascichio, pl. **-ii** /straʃʃi'kio, ii/ m. *(rumore)* shuffle.
strascico, pl. **-chi** /'straʃʃiko, ki/ m. 1 ABBIGL. train 2 PESC. ***rete a ~*** trawl, dragnet; ***pesca a ~*** trawling, trolling 3 FIG. consequence, legacy, aftermath U; ***gli -chi della guerra*** the aftermath of war; ***gli -chi della malattia*** the after-effects of illness.
strass /stras/ m.inv. paste, rhinestone.
stratagemma /strata'dʒɛmma/ m. stratagem, ploy, trick.
stratega, pl. **-ghi** /stra'tɛga, gi/ m. strategist.
strategia /strate'dʒia/ f. strategy.
strategico, pl. **-ci**, **-che** /stra'tɛdʒiko, tʃi, ke/ agg. strategic(al).
stratificare /stratifi'kare/ [1] I tr. to stratify II **stratificarsi** pronom. to stratify.
stratificazione /stratifikat'tsjone/ f. stratification (anche FIG.).
stratigrafia /stratigra'fia/ f. GEOL. stratigraphy.
strato /'strato/ m. 1 *(di vernice, colore)* coat(ing); *(di polvere, neve)* layer; *(di ghiaccio)* layer, sheet; ***disporre a -i*** to arrange in layers; ***torta a -i*** layer cake 2 GEOL. stratum*, layer, bed 3 SOCIOL. stratum*, class 4 METEOR. stratus*, layer.
stratosfera /stratos'fɛra/ f. stratosphere.
stratosferico, pl. **-ci**, **-che** /stratos'fɛriko, tʃi, ke/ agg. 1 stratospheric(al) 2 FIG. *(esorbitante)* [*prezzo*] astronomic(al), prohibitive, exorbitant.
strattonare /stratto'nare/ [1] tr. to pull, to yank [*persone*]; ***~ qcn. per il braccio*** to tug at sb.'s arm.
strattone /strat'tone/ m. jerk, tug, pull, yank; ***dare uno ~ a qcs.*** to jerk sth., to tug at sth., to give sth. a tug; ***a -i*** [*avanzare*] by jerks.
stravaccarsi /stravak'karsi/ [1] pronom. COLLOQ. to sprawl (out); ***~ sul divano*** to sprawl on the sofa.
stravaccato /stravak'kato/ I p.pass. → **stravaccarsi** II agg. ***era ~ sul divano*** he lay sprawled across the sofa.
stravagante /strava'gante/ I agg. [*comportamento, persona*] odd, eccentric, peculiar; [*modi*] extravagant, peculiar, strange; [*abbigliamento*] eccentric, bizarre; [*idea*] odd, extravagant, fancy, bizarre II m. e f. eccentric person, odd person, weirdo COLLOQ.
stravaganza /strava'gantsa/ f. extravagance, eccentricity, oddity; ***vestire con ~*** to dress eccentrically; ***sono stufo delle sue -e*** I'm fed up with her eccentricities.
stravecchio, pl. **-chi**, **-chie** /stra'vɛkkjo, ki, kje/ agg. *(stagionato)* [*formaggio*] mature, ripe; [*vino*] aged, mature.
stravedere /strave'dere/ [97] intr. (aus. *avere*) COLLOQ. ***~ per qcn.*** to be crazy about sb., to dote on sb.
stravincere /stra'vintʃere/ [98] tr. to thrash, to demolish, to destroy, to lick [*avversari*]; ***ha stravinto*** he won hands down.
stravizio, pl. **-zi** /stra'vittsjo, tsi/ m. excess; *(nel mangiare)* overeating; *(nel bere)* overdrinking; ***darsi agli -zi*** to give oneself over to a life of debauchery.
stravolgere /stra'vɔldʒere/ [101] tr. 1 *(storcere)* ***~ gli occhi*** to roll one's eyes 2 FIG. *(alterare)* to distort, to twist [*verità*]; to misinterpret, to misread* [*testo*]; *(deformare)* [*dolore*] to distort, to contort [*lineamenti*] 3 FIG. *(turbare)* [*notizia*] to upset*.
stravolgimento /stravoldʒi'mento/ m. *(travisamento)* distorting, distortion, twisting.
stravolto /stra'vɔlto/ I p.pass. → **stravolgere** II agg. 1 *(sconvolto)* [*volto*] contorted (**da**, **per** with) 2 FIG. *(turbato)* (badly) upset, shocked (**da**, **per** by) 3 COLLOQ. *(sfinito)* worn-out, exhausted.
straziante /strat'tsjante/ agg. [*urlo, addio*] heartbreaking, heartrending; [*dolore*] agonizing, excruciating; [*scena*] harrowing.
straziare /strat'tsjare/ [1] tr. 1 *(dilaniare)* to mangle, to lacerate, to tear* (apart) [*corpo*] 2 *(addolorare)* [*dolore*] to rend*, to wring* [*cuore*] 3 *(infastidire)* [*musica, voce*] to grate on [*orecchie*].
straziato /strat'tsjato/ I p.pass. → **straziare** II agg. [*corpo*] mangled, lacerated; FIG. [*animo, cuore*] racked.
strazio, pl. **-zi** /'strattsjo, tsi/ m. 1 *(tormento)* torment, torture; ***lo ~ degli addii*** the agony of saying goodbye *o* of parting 2 COLLOQ. *(fastidio)* bore, torment; ***che ~ quel film!*** what a ghastly film!
strega, pl. **-ghe** /'strega, ge/ f. 1 witch, sorceress; ***caccia alle -ghe*** witch-hunt (anche FIG.) 2 *(donna cattiva)* hag, witch; ***vecchia ~*** old hag *o* bat *o* bag.
stregare /stre'gare/ [1] tr. to bewitch, to cast* a spell on, to put* a spell on, to enchant (anche FIG.).
stregato /stre'gato/ I p.pass. → **stregare** II agg. bewitched, enchanted (anche FIG.).
stregone /stre'gone/ m. 1 *(mago)* wizard, sorcerer 2 *(guaritore)* medicine man*, witch doctor.
stregoneria /stregone'ria/ f. 1 *(pratiche magiche)* witchcraft, sorcery 2 *(incantesimo)* spell, charm.
stregua /'stregwa/ f. ***alla ~ di un ladro*** like a thief; ***alla stessa ~*** in the same way, by the same standards; ***a questa ~*** at this rate.
stremare /stre'mare/ [1] tr. to exhaust, to wear* out, to tire out.
stremato /stre'mato/ I p.pass. → **stremare** II agg. exhausted, worn-out, tired out.
stremo /'strɛmo/ m. ***ridurre qcn. allo ~*** to exhaust sb., to wear sb. out; ***essere (ridotto) allo ~ (delle forze)*** to be on one's last legs *o* at the end of one's tether.
strenna /'strɛnna/ f. *(regalo)* gift, present; *(libro)* gift-book.

strenuo /'strɛnuo/ agg. *(accanito)* [*difensore*] strenuous; *(instancabile)* [*resistenza*] tireless, untiring.
strepitare /strepi'tare/ [1] intr. (aus. *avere*) *(fare rumore)* to make* noise, to make* a racket COLLOQ.; *(gridare)* to shout, to yell.
strepito /'strɛpito/ m. *(di folla)* clamour BE, clamor AE, racket COLLOQ.; *(di catene)* clanking.
strepitoso /strepi'toso/ agg. **1** *(fragoroso)* [*risata*] loud, uproarious; [*applauso*] loud, thunderous, wild **2** FIG. *(straordinario)* [*successo*] resounding, tremendous, howling COLLOQ.; [*bellezza*] stunning, amazing, extraordinary; [*vittoria*] overwhelming, landslide; [*idea*] brilliant, knock-out COLLOQ.
streptococco, pl. **-chi** /strepto'kɔkko, ki/ m. streptococcus*.
stress /strɛs/ m.inv. stress, strain; ***~ da lavoro*** occupational stress; ***essere sotto ~*** to be under stress.
stressante /stres'sante/ agg. stressful, high pressure attrib.
stressare /stres'sare/ [1] **I** tr. to put* [sb.] under stress, to put* stress on [*persona*] **II stressarsi** pronom. to get* worked up, to get* stressed.
stressato /stres'sato/ **I** p.pass. → **stressare II** agg. stressed, strained, under stress mai attrib.
stretching /'strettʃing/ ♦ ***10*** m.inv. stretching; ***corso di ~*** stretch class.
stretta /'stretta/ f. **1** *(atto di stringere)* grasp, grip, clasp, grab; ***allentare la ~*** to release one's hold, to loosen one's grip; ***~ di mano*** handshake; ***scambiarsi una ~ di mano*** to shake hands **2** *(forte abbraccio)* embrace, hug **3** FIG. *(fitta)* ***una ~ al cuore*** a pang (in one's heart) **4** ECON. ***~ creditizia*** credit freeze *o* squeeze ♦ ***essere alle -e*** to be in a tight corner, to have one's back to the wall; ***mettere qcn. alle -e*** to drive *o* force sb. into a corner, to put sb. on the spot; ***venire alla ~ finale*** to reach the climax.
strettamente /stretta'mente/ avv. **1** *(saldamente)* [*legato*] tight(ly) **2** FIG. [*legato, imparentato*] closely **3** *(rigorosamente)* [*confidenziale, personale, riservato*] strictly; ***in via ~ confidenziale*** in strict(est) confidence.
1.stretto /'stretto/ **I** p.pass. → **stringere II** agg. **1** *(non largo)* [*valle, strada, stanza, spalle*] narrow; [*vestito*] tight; ***questi pantaloni mi vanno un po' -i*** these trousers feel a bit too tight *o* are a tight fit; ***~ di spalle*** tight across *o* in the shoulders **2** *(serrato)* [*nodo, vite*] tight; [*pugni*] clenched; [*curva*] sharp; ***tenere ~ qcs.*** to hold sth. tight; ***tenere qcn. ~ tra le braccia*** to hold sb. in a tight embrace, to hold sb. tight in one's arms; ***tenersi ~ a*** to hang on to, to hold on fast to **3** *(pigiato)* ***essere*** o ***stare -i come sardine*** FIG. to be packed *o* squashed (in) like sardines **4** *(intimo)* [*parente, amicizia, rapporti, contatto, collaborazione*] close **5** *(assoluto, rigoroso)* [*sorveglianza*] close, strict; [*dieta*] strict, crash; ***in senso ~*** strictly speaking; ***di -a osservanza*** [*vegetariano, cattolico*] strict **6** *(esiguo)* [*maggioranza*] narrow; [*vittoria*] narrow, close, hairline; ***lo ~ necessario*** the bare necessities, the bare minimum **7 allo stretto** *(in un appartamento, un'automobile)* cramped, squeezed; ***siamo un po' allo ~ qui*** we're rather cramped here ♦ ***ridere a denti -i*** to force a smile; ***accettare qcs. a denti -i*** to grin and bear it; ***vincere di -a misura*** to win by a slender margin *o* by a (short) head.
2.stretto /'stretto/ m. GEOGR. strait, straits pl.; ***~ di Gibilterra*** Straits of Gibraltar; ***~ di Magellano*** Magellan Strait; ***~ di Messina*** Straits of Messina.
strettoia /stret'toja/ f. bottleneck; FIG. tight spot.
striato /stri'ato/ agg. *(con striature)* streaked, striped (**di** with).
striatura /stria'tura/ f. *(striscia)* stripe, streak; *(insieme di strisce)* streaking, stripes pl.
stricnina /strik'nina/ f. strychnine.
stridente /stri'dɛnte/ agg. **1** *(fastidiosamente acuto)* [*suono, voce*] screeching, piercing, squeaky, shrill **2** *(discordante)* [*contrasto*] striking, sharp; [*colore*] jarring, clashing.
stridere /'stridere/ [2] intr. (aus. *avere*) **1** *(emettere suoni acuti)* [*gesso, unghie*] to squeak; [*gomme, freni*] to screech, to squeal; [*strumento musicale, voce*] to jar, to screech; [*cicale, grilli*] to chirr, to chirp; [*gazza*] to chatter **2** FIG. *(stonare)* [*colore*] to clash, to jar.
stridio, pl. **-ii** /stri'dio, ii/ m. *(di gesso, unghie)* squeak; *(di gomme, freni)* screech, squeal; *(di violino)* screeching; *(di cicale, grilli)* chirr, chirp; *(di gazza)* chattering.
strido, pl.f. **-a** /'strido/ m. *(di persone)* scream, shriek, screech, squeal.
stridore /stri'dore/ m. *(di freni, gomme)* screech, squeal; *(di gesso, unghie)* squeak; *(di voce)* shrillness, stridency; *(di denti)* gnashing.
stridulo /'stridulo/ agg. [*voce, suono*] shrill, squeaky; [*risata*] shrill.
striglia /'striʎʎa/ f. curry comb.
strigliare /striʎ'ʎare/ [1] tr. **1** to curry, to groom, to rub down [*cavallo*] **2** FIG. *(rimproverare)* to scold, to bawl [sb.] out [*persona*].
strigliata /striʎ'ʎata/ f. **1** currying **2** FIG. *(rimprovero)* scolding, roasting.
strillare /stril'lare/ [1] **I** tr. to scream, to screech, to shout, to yell [*insulti, ordini*] **II** intr. (aus. *avere*) to scream, to screech, to shriek, to yell ♦ ***~ come un'aquila*** to scream *o* yell blue murder.
strillo /'strillo/ m. scream, screech, shriek, yell.
strillone /stril'lone/ ♦ ***18*** m. (f. **-a**) = newspaper seller.
striminzito /strimin'tsito/ agg. **1** *(stretto)* [*vestito*] skimpy **2** *(esile, magro)* [*persona*] thin, lean, skinny; [*pianta*] stunted **3** *(esiguo)* [*stipendio*] miserly, paltry, pitiful.
strimpellare /strimpel'lare/ [1] tr. to strum, to pluck [*chitarra*]; to scrape [*violino*]; ***~ il pianoforte*** to tickle the ivories.
strinare /stri'nare/ [1] **I** tr. **1** GASTR. to singe [*pollo*] **2** *(bruciacchiare)* to singe, to scorch [*tessuto*] **II strinarsi** pronom. to scorch.
strinato /stri'nato/ **I** p.pass. → **strinare II** agg. **1** GASTR. [*pollo*] singed **2** *(bruciacchiato)* singed, scorched.
stringa, pl. **-ghe** /'stringa, ge/ f. **1** *(laccio)* lace, tie; *(da scarpe)* (shoe)lace, shoestring AE **2** INFORM. string.
stringatezza /stringa'tettsa/ f. conciseness, terseness.
stringato /strin'gato/ agg. [*racconto*] concise; [*stile*] terse.
stringente /strin'dʒɛnte/ agg. **1** *(impellente)* [*necessità*] urgent, pressing **2** *(convincente)* [*logica*] convincing, cogent.
stringere /'strindʒere/ [36] **I** tr. **1** *(serrare)* to tighten [*vite, bullone, presa, labbra*]; FIG. to tighten up (on) [*sorveglianza*]; ***~ i pugni*** to clench one's fists **2** *(abbracciare)* ***~ a sé*** o ***al petto qcn.*** to hug sb. (to one's bosom); ***~ qcn. tra le braccia*** to hold sb. in one's arms **3** *(tenere vigorosamente)* to grip [*volante, corda*] **4** ***~ la mano a qcn.*** *(come saluto)* to shake hands with sb. **5** *(stipulare)* to conclude, to strike* (up) [*accordo*]; to form [*alleanza*]; ***~ amicizia con qcn.*** to make friends with sb. **6** *(rendere più stretto)* to tighten [*nodo, cintura*]; *(restringere)* to take* in [*abito*] **7** *(sintetizzare)* to make* [sth.] short, to shorten, to condense [*racconto*] **8** *(comprimere)* [*scarpe*] to pinch [*piedi*] **9** *(chiudere)* to box in [*avversario*]; ***~ un ciclista contro il marciapiede*** [*veicolo*] to force a cyclist up against the pavement; ***~ qcn. contro il muro*** to pin sb. (up) against the wall **II** intr. (aus. *avere*) **1** *(incalzare)* ***il tempo stringe*** time is running out *o* getting short **2** *(comprimere)* ***~ in vita, sui fianchi*** [*vestito*] to be tight around the waist, the hips **III stringersi** pronom. **1** *(diventare più stretto)* [*strada*] to narrow; [*tessuto*] to shrink* **2** *(avvolgersi)* ***-rsi in un busto*** to lace oneself into a corset **3** *(accostarsi)* ***-rsi attorno a*** to rally (a)round [*parente, amico*]; to huddle around *o* cluster round [*fuoco*] **4** *(farsi più vicini)* to squeeze up; *(abbracciarsi)* to hug (each other), to embrace (each other); ***-rsi l'uno contro l'altro*** to huddle together ♦ ***~ d'assedio*** to besiege; ***mi si stringe il cuore*** my heart wrings *o* aches; ***~ i denti*** to grit one's teeth.
stringinaso /strindʒi'naso/ m.inv. **1** *(molletta)* nose-clip **2** *(occhiali)* pince-nez*.
strip(-tease) /strip('tiz)/ m.inv. strip(tease).
striscia, pl. **-sce** /'striʃʃa, ʃe/ f. **1** *(di tessuto, carta)* strip, band; ***tagliare qcs. a -sce*** to cut sth. (up) into strips **2** *(di terra)* strip; ***~ di Gaza*** Gaza strip **3** *(riga)* stripe, streak; ***a -sce*** striped, banded; ***la bandiera a stelle e -sce*** the Stars and Stripes **4** *(di fumetti)* comic strip **5** *(sulla strada)* ***~ bianca, continua, discontinua*** white, solid, broken line; ***-sce pedonali*** pedestrian crossing, zebra crossing BE, crosswalk AE.
strisciante /striʃ'ʃante/ agg. **1** [*animale, insetto*] creeping, crawling; ***pianta ~*** creeper, creeping plant **2** FIG. [*ideologia,*

male] underlying; [*inflazione*] creeping **3** *(servile)* [*atteggiamento, persona*] fawning, grovelling BE, groveling AE.

strisciare /striʃ'ʃare/ [1] **I** tr. **1** *(trascinare)* ***~ i piedi*** to drag one's feet, to shuffle (along) **2** *(rigare)* to scratch [*auto*] **3** *(passare in un lettore magnetico)* to swipe [*badge, carta di credito*] **II** intr. (aus. *avere*) **1** [*insetto*] to crawl, to creep*; [*serpente*] to slither; ***~ davanti a qcn.*** FIG. to grovel *o* crawl to sb. **2** *(sfregare)* ***~ contro qcs.*** [*auto, ramo*] to scrape against sth.

strisciata /striʃ'ʃata/ f. **1** *(scalfittura)* scratch, graze **2** TIP. galley proof.

striscio, pl. **-sci** /'striʃʃo, ʃi/ m. **1** *(graffio)* scratch, graze **2 di striscio** ***colpire di ~*** to graze, to sideswipe ♦♦ ***~ vaginale*** MED. smear test, Pap smear.

striscione /striʃ'ʃone/ m. banner.

stritolare /strito'lare/ [1] tr. to crush [*braccio, piede*]; FIG. *(annientare)* to crush [*avversario*].

strizza /'strittsa/ f. COLLOQ. jitters pl.; ***avere ~*** to have the jitters; ***prendersi una ~*** to get the wind up *o* a fright.

strizzacervelli /strittsatʃer'vɛlli/ m. e f.inv. SCHERZ. shrink, headshrinker.

strizzare /strit'tsare/ [1] tr. **1** *(torcere)* to wring* (out), to squeeze (out) [*panni*] **2** *(spremere)* to squeeze [*limone*]; to squeeze (water out of) [*spugna*] **3** ***~ gli occhi*** to screw up one's eyes, to squint; ***~ l'occhio a qcn.*** to wink one's eye at sb.

strizzata /strit'tsata/ f. wring, squeeze; ***~ d'occhio*** wink.

stroboscopico, pl. **-ci**, **-che** /strobos'kɔpiko, tʃi, ke/ agg. ***luce -a*** strobe (light).

strofa /'strɔfa/ f. stanza, verse.

strofinaccio, pl. **-ci** /strofi'nattʃo, tʃi/ m. *(per pavimenti)* floor cloth; *(per asciugare i piatti)* tea towel BE, tea cloth BE, dishtowel AE; *(per spolverare)* duster.

strofinare /strofi'nare/ [1] **I** tr. *(lucidare)* to rub, to wipe [*mobile*]; *(sfregare)* to scrub [*parquet*]; to scour [*pentola*] **II strofinarsi** pronom. **1** *(strisciarsi)* [*gatto*] to rub oneself (**contro** against) **2** *(sfregarsi)* ***-rsi gli occhi, le mani*** to rub one's eyes, one's hands.

strofinata /strofi'nata/ f. rub, wipe.

strolaga /'strɔlaga/ f. diver, loon AE.

strombare /strom'bare/ [1] tr. to splay.

strombatura /stromba'tura/ f. splay, embrasure.

strombazzamento /strombattsa'mento/ m. **1** *(di clacson)* honking **2** FIG. *(divulgazione)* trumpeting; *(pubblicitario)* hornblowing, razzmatazz COLLOQ., ballyhoo COLLOQ.

strombazzare /strombat'tsare/ [1] **I** tr. *(divulgare)* to trumpet [*notizia*]; to ballyhoo COLLOQ. [*prodotto*] **II** intr. (aus. *avere*) *(suonare il clacson)* to beep repeatedly, to honk repeatedly.

strombazzata /strombat'tsata/ f. *(di clacson)* beep, honk.

stroncare /stron'kare/ [1] tr. **1** *(affaticare)* to wear* out, to tire out [*persona*] **2** *(uccidere)* to strike* down; ***fu stroncato da un infarto*** he was struck down by a heart attack **3** *(reprimere)* to crush [*protesta, rivolta*]; to stop [*tentativo, ascesa*]; to destroy, to wreck [*carriera*]; to stamp out [*epidemia*] **4** *(criticare)* to blast, to hammer, to slam COLLOQ., to pan COLLOQ. [*film, autore*].

stroncatura /stronka'tura/ f. *(critica violenta)* harsh criticism, panning.

stronzaggine /stron'tsaddʒine/ f. VOLG. shittiness, shitty behaviour.

stronzata /stron'tsata/ f. VOLG. crap, (bull)shit; ***il film era una ~*** the film was bullshit *o* a load of crap; ***dire*** o ***sparare -e*** to (talk) bullshit, to talk crap; ***(sono tutte) -e!*** bullshit!

stronzo /'strontso/ **I** m. (f. **-a**) VOLG. **1** *(escremento)* turd, shit **2** *(persona)* arsehole BE, asshole AE, sod; ***brutto ~!*** you fuck! **II** agg. VOLG. [*comportamento*] shitty; ***un ragazzo ~*** an arsehole BE *o* asshole AE.

stropicciare /stropit'tʃare/ [1] **I** tr. **1** *(spiegazzare)* to crease, to crumple, to wrinkle [*abito, tessuto*] **2** *(sfregare)* ***~ i piedi*** to scrape *o* scuff one's feet **II stropicciarsi** pronom. **1** *(spiegazzarsi)* [*tessuto, vestito*] to crease, to wrinkle **2** *(sfregarsi)* ***-rsi gli occhi, le mani*** to rub one's eyes, one's hands.

strozza /'strɔttsa/ f. POP. gullet.

strozzamento /strottsa'mento/ m. MED. strangulation.

strozzapreti /strottsa'prɛti/ m.inv. GASTR. = small gnocchi made from flour and potatoes typical of Southern Italy.

strozzare /strot'tsare/ [1] **I** tr. **1** to strangle, to choke, to throttle [*vittima*]; FIG. [*colletto, cravatta*] to choke, to throttle; ***l'avrei strozzato!*** SCHERZ. I could have strangled him! **2** *(occludere)* to block, to throttle [*tubo*]; MED. to strangulate **II strozzarsi** pronom. **1** to strangle oneself **2** *(restringersi)* [*strada*] to narrow.

strozzato /strot'tsato/ **I** p.pass. → **strozzare II** agg. **1** *(ristretto)* [*condotto*] blocked, throttled **2** MED. [*ernia*] strangulated **3** *(soffocato)* [*voce*] choked.

strozzatura /strottsa'tura/ f. *(di condotto)* throttling, narrowing; *(di recipiente, strada)* bottleneck (anche FIG.).

strozzinaggio, pl. **-gi** /strottsi'naddʒo, dʒi/ m. loan sharking, usury.

strozzino /strot'tsino/ m. (f. **-a**) loan shark, usurer.

struccante /struk'kante/ **I** agg. [*lozione, latte*] cleansing **II** m. cleanser, make-up remover.

struccare /struk'kare/ [1] **I** tr. ***~ qcn.*** to remove sb.'s make-up **II struccarsi** pronom. to remove one's make-up.

struggente /strud'dʒɛnte/ agg. [*passione, amore*] aching; [*nostalgia*] acute; [*sguardo, parole*] melting.

struggersi /'struddʒersi/ [41] pronom. **1** *(sciogliersi)* to melt **2** FIG. to pine, to be* consumed; ***~ per qcn.*** to languish for sb.; ***~ dal desiderio*** to burn with desire; ***~ di dolore*** to be consumed with grief.

struggimento /struddʒi'mento/ m. *(tormento)* torment, heartache; *(desiderio intenso)* longing, yearning.

strumentale /strumen'tale/ agg. **1** MUS. instrumental **2** AER. MAR. [*atterraggio, volo, navigazione*] blind, instrument attrib. **3** *(funzionale)* [*uso*] instrumental **4** ECON. ***beni -i*** capital goods.

strumentalizzare /strumentalid'dzare/ [1] tr. *(sfruttare)* to exploit, to make* an instrument of.

strumentalizzazione /strumentaliddzat'tsjone/ f. exploitation.

strumentazione /strumentat'tsjone/ f. MUS. TECN. AER. instrumentation.

strumentista, m.pl. **-i**, f.pl. **-e** /strumen'tista/ ♦ ***18*** m. e f. MUS. instrumentalist.

strumento /stru'mento/ m. **1** instrument, tool, implement; ***-i chirurgici*** surgical instruments; ***~ di precisione*** precision tool **2** MUS. instrument; ***~ a corde, a fiato, a percussione*** string(ed), wind, percussion instrument **3** *(mezzo)* tool, instrument; ***uno ~ didattico*** a teaching tool; ***-i ideologici, pedagogici, finanziari*** ideological, educational, financial tools; ***~ di gestione*** management tool; ***essere (lo) ~ di qcn.*** to be sb.'s tool; ***essere lo ~ della vendetta di qcn.*** to be the instrument of sb.'s revenge **4** INFORM. tool; ***barra degli -i*** tool bar ♦♦ ***~ di bordo*** AER. MAR. instrument, control; ***~ di misura*** measure, meter; ***~ ottico*** optical instrument.

strusciare /struʃ'ʃare/ [1] **I** tr. *(strascicare)* ***~ i piedi*** to drag one's feet, to shuffle (along); *(sfregare)* ***~ la giacca contro il muro*** to rub one's jacket against the wall **II strusciarsi** pronom. [*gatto*] to rub oneself (**contro** against).

strutto /'strutto/ m. lard.

struttura /strut'tura/ f. **1** structure **2** ING. ARCH. *(di ponte, edificio)* structure, frame **3** *(impianto)* facility; ***-e sportive, turistiche*** sporting, tourist facilities.

strutturale /struttu'rale/ agg. structural.

strutturalismo /struttura'lizmo/ m. structuralism.

strutturalista, m.pl. **-i**, f.pl. **-e** /struttura'lista/ agg., m. e f. structuralist.

strutturare /struttu'rare/ [1] **I** tr. to structure **II strutturarsi** pronom. to be* structured.

strutturista, m.pl. **-i**, f.pl. **-e** /struttu'rista/ m. e f. structural engineer.

struzzo /'struttso/ m. ostrich ♦ ***fare lo ~*** to bury one's head in the sand.

1.stuccare /stuk'kare/ [1] tr. **1** *(riempire di stucco)* to plaster over, to fill up [*buco*]; *(fissare)* to putty [*vetri*] **2** *(decorare)* to stucco, to plaster [*soffitto*].

2.stuccare /stuk'kare/ [1] tr. [*cibo*] to sicken, to make* [sb.] sick, to nauseate [*persona*]; FIG. *(annoiare)* to bore.

stuccatore /stukka'tore/ ♦ ***18*** m. (f. **-trice** /tritʃe/) plasterer, stucco decorator.

stuccatura /stukka'tura/ f. *(di vetri)* puttying; *(di buco)* filling; *(decorazione)* stucco*.

stucchevole /stuk'kevole/ agg. [*cibo*] sickening, nauseating, cloying; FIG. *(noioso)* boring, tiresome; *(sdolcinato)* sugary, mawkish.
stucco, pl. **-chi** /'stukko, ki/ m. *(per vetri)* putty; *(per legno, muri, carrozzeria)* filler; *(per decorazioni)* stucco* ♦ ***restare*** o ***rimanere di ~*** to stand rooted to the spot *o* to the ground, to be left speechless, to be dumbfounded.
studente /stu'dɛnte/ m. student; *(di scuola media inferiore)* schoolboy; ***uno ~ del primo anno*** a first year student; ***~ universitario, di lettere*** university, arts student.
studentesco, pl. **-schi**, **-sche** /studen'tesko, ski, ske/ agg. [*movimento*] student attrib.; [*vita*] school attrib.; ***gergo ~*** students' slang.
studentessa /studen'tessa/ f. student; *(di scuola media inferiore)* schoolgirl.
studiacchiare /studjak'kjare/ [1] tr. to study fitfully.
studiare /stu'djare/ [1] **I** tr. **1** *(apprendere)* to study [*lingua, storia, musica*]; ***~ il violino*** to study the violin; ***~ lettere*** to study (the) arts; ***studia storia a Oxford*** she is studying *o* reading BE history at Oxford **2** *(analizzare)* to examine [*dossier, situazione, disegno di legge, problema, progetto*]; *(osservare)* to study [*persona, reazione*] **3** *(fare delle ricerche)* [*persona*] to study; [*scienza*] to deal* with, to study **4** *(preparare)* to work out, to think* up [*piano di fuga*] **5** *(ponderare)* to weigh [*parole*]; to study [*gesto*] **II** intr. (aus. *avere*) to study; ***~ alla scuola internazionale, a Roma*** to be a student at the international school, in Rome; ***~ per un esame*** to study for an exam **III studiarsi** pronom. **1** *(osservarsi con attenzione)* to study oneself; *(reciprocamente)* to study each other **2** *(sforzarsi)* ***-rsi di fare qcs.*** to try to do sth. ♦ ***studiarle tutte*** to try everything.
studiato /stu'djato/ **I** p.pass. → **studiare II** agg. **1** *(fatto con cura)* [*discorso*] studied, carefully prepared, laboured BE, labored AE **2** *(ricercato, affettato)* [*sorriso, gesti*] studied.
studio, pl. **-di** /'studjo, di/ **I** m. **1** *(apprendimento)* study, studying; ***lo ~ delle lingue straniere*** the study of foreign languages; ***applicarsi allo ~*** to apply oneself to study; ***destinare due ore allo ~*** to schedule two hours for studying **2** *(ricerca, indagine)* study, research, survey; ***fare uno ~ su qcs.*** to make a study of sth. **3** *(osservazione)* study (**di** of) **4** *(esame)* ***essere allo ~*** [*questione, progetto*] to be under consideration **5** ART. MUS. study; ***~ dal vero*** real life study; ***~ per piano*** piano study, study for piano **6** *(stanza di un'abitazione)* study **7** *(ufficio)* office, practice; ***~ legale*** law firm; ***~ medico*** consulting room, doctor's surgery BE *o* office AE; ***~ dentistico*** dental practice, dentist's surgery BE **8** *(laboratorio di artista, fotografo)* studio* **9** CINEM. RAD. TELEV. studio* **II studi** m.pl. SCOL. UNIV. studies; ***continuare gli -di*** to continue one's studies *o* one's education; ***compiere i propri -di a Oxford*** to be educated at Oxford.
studioso /stu'djoso/ **I** agg. [*allievo*] studious **II** m. (f. **-a**) scholar; ***~ di Manzoni, di ebraico*** Manzoni, Hebrew scholar; ***il parere degli -i*** the experts' opinion.
stufa /'stufa/ f. stove ♦♦ ***~ a carbone*** charcoal burner; ***~ elettrica*** heater; ***~ a gas*** gas heater; ***~ a legna*** wood stove.
stufare /stu'fare/ [1] **I** tr. **1** GASTR. to stew **2** COLLOQ. to bore, to tire [*persona*]; ***mi hai stufato*** I'm fed up with you, I've had enough of you **II stufarsi** pronom. to get* bored, to get* tired (**di fare** of doing).
stufato /stu'fato/ **I** p.pass. → **stufare II** agg. GASTR. stewed **III** m. stew.
stufo /'stufo/ agg. COLLOQ. ***essere ~*** to be fed up (**di** about, with, of; **di fare** with doing, of doing); to be sick (**di** of; **di fare** of doing); ***~ marcio*** sick and tired.
stuoia /'stwɔja/ f. mat.
stuoino /stwo'ino/ m. *(tappeto)* doormat.
stuolo /'stwɔlo/ m. crowd, flock.
stupefacente /stupefa'tʃɛnte/ **I** agg. **1** *(sorprendente)* astonishing, astounding, surprising **2** FARM. narcotic **II** m. FARM. drug, narcotic.
stupefatto /stupe'fatto/ agg. astonished, amazed, astounded.
stupendo /stu'pɛndo/ agg. wonderful, marvellous BE, marvelous AE, splendid, stupendous.
stupidaggine /stupi'daddʒine/ f. **1** *(stupidità)* stupidity, foolishness **2** *(azione, espressione stupida)* ***dire -i*** to talk nonsense *o* rubbish; ***fare -i*** to do stupid things **3** *(cosa da nulla)* nonsense, trifle; ***arrabbiarsi per una ~*** to get angry over nothing.
stupidamente /stupida'mente/ avv. stupidly, foolishly.
stupidata /stupi'data/ f. *(cosa stupida)* → **stupidaggine.**
stupidità /stupidi'ta/ f.inv. stupidity, foolishness.
stupido /'stupido/ **I** agg. stupid, silly; ***sei stato proprio ~ ad accettare*** it was really stupid of you to accept **II** m. stupid (person), fool, idiot; ***non fare lo ~!*** don't be stupid!
stupire /stu'pire/ [102] **I** tr. to surprise, to amaze, to astonish, to astound; ***non finisci mai di stupirmi!*** you never cease to amaze me! ***non mi stupisce proprio!*** IRON. that's just typical! **II stupirsi** pronom. to be* surprised, to be* amazed, to be* astonished; ***-rsi di qcs.*** to be surprised *o* amazed at sth.; ***non c'è da -rsi che sia partito!*** small wonder he left!
stupito /stu'pito/ **I** p.pass. → **stupire II** agg. surprised, amazed, astonished.
stupore /stu'pore/ m. **1** *(sbalordimento)* astonishment, amazement, wonder **2** MED. stupor, stupefaction.
stuprare /stu'prare/ [1] tr. to rape.
stupratore /stupra'tore/ m. rapist.
stupro /'stupro/ m. rape.
stura /'stura/ f. ***dare la ~ a qcs.*** *(dare sfogo)* to open the floodgate to *o* for sth.
sturabottiglie /sturabot'tiʎʎe/ m.inv. corkscrew.
sturalavandini /sturalavan'dini/ m.inv. plunger.
sturare /stu'rare/ [1] **I** tr. **1** *(stappare)* to uncork [*bottiglia*] **2** *(disintasare)* to unblock, to plunge, to unplug [*lavandino*]; to clear [*scarico*] **II sturarsi** pronom. ***mi si sono sturate le orecchie*** my ears popped.
stuzzicadenti /stuttsika'dɛnti/ m.inv. toothpick.
stuzzicante /stuttsi'kante/ agg. [*cibo*] appetizing; FIG. *(allettante)* [*argomento*] intriguing, stimulating.
stuzzicare /stuttsi'kare/ [1] **I** tr. **1** *(toccare ripetutamente)* to pick (at) **2** FIG. *(infastidire)* to tease, to needle **3** FIG. *(eccitare)* to whet [*appetito*]; to tickle [*palato, vanità*]; to arouse, to stir [*curiosità*] **II stuzzicarsi** pronom. ***-rsi i denti*** to pick one's teeth.
stuzzichino /stuttsi'kino/ m. *(spuntino)* appetizer, snack.
su /su/ **I** prep. (artcl. **sul**, **sullo**, **sulla**, **sull'**; pl. **sui**, **sugli**, **sulle**) **1** *(con contatto)* on, upon; *(con movimento)* on, onto; *(in cima a)* on top of; ***la tazza è sul tavolo*** the cup is on the table; ***battere il pugno sul tavolo*** to slam one's fist on the table; ***passare la mano ~ qcs.*** to run one's hand over sth.; ***salire sulla scala, ~ un albero*** to climb (up) the ladder, a tree; ***dimenticare l'ombrello sul treno*** to leave one's umbrella on the train; ***salire sul treno, sull'autobus*** to get on *o* onto the train, the bus; ***mettilo ~ quel mucchio*** put it on top of that pile **2** *(senza contatto o per indicare rivestimento, protezione)* over; ***nuvole sulle montagne*** clouds over the mountain tops; ***un ponte sul fiume*** a bridge across *o* over the river; ***portare un maglione sulla camicia*** to wear a sweater over one's shirt; ***mettere una coperta sulla poltrona*** to lay a blanket over the armchair **3** *(per indicare superiorità, dominio)* over; ***governare ~ un paese*** to rule (over) a country **4** *(al di sopra di)* above; ***500 m sul livello del mare*** 500 m above sea level **5** *(verso)* ***la stanza dà sul parco*** the room looks onto *o* towards the park; ***puntare un'arma ~ qcn.*** to aim a gun at sb. **6** *(con nomi di fiumi e laghi)* ***un ponte sul Tamigi*** a bridge over the Thames; ***le città sul Po*** the towns along the Po; ***crociera sul Nilo*** cruise on the Nile; ***vacanze sul Lago Maggiore*** holidays by Lake Maggiore **7** *(per indicare un supporto)* on; ***~ CD*** on CD; ***disegnare sulla sabbia*** to draw in the sand; ***copiare ~ carta*** to copy onto paper; ***sul giornale*** in the newspaper; ***sul quarto canale*** TELEV. on channel four **8** *(riguardo a, intorno a)* on, about **9** *(per indicare il modo)* ***~ commissione*** on commission; ***~ consiglio di qcn.*** on sb.'s advice, at *o* on sb.'s suggestion; ***~ ordine di qcn.*** on sb.'s order **10** *(per indicare approssimazione)* about, around; ***essere sui vent'anni*** to be about twenty; ***sul finire del secolo*** towards the end of the century **11** *(per indicare iterazione)* after, upon; ***commettere sbagli ~ sbagli*** to make one mistake after another, to make mistake after mistake **12** *(distributivo)* out of; ***due persone ~ tre*** two out of every three people; ***una settimana ~ tre*** one week in three **II** avv. **1** *(in alto)* up; ***~ in cima*** up on the top;

guardare ~ to look up; *~ le mani!* hands up! **2** *(al piano superiore)* upstairs; *~ fa più freddo* it's colder upstairs; *portare qcs. ~ in soffitta* to take sth. up to the attic **3** *(come rafforzativo)* *salire ~ ~ nel cielo* to raise up and up *o* further up into the sky **4 in su** up, upwards; *più in ~* further up; *guardare in ~* to look up(wards); *dalla vita in ~* from the waist up(wards); *dai 3 anni in ~* from (the age of) 3 up; *a faccia in ~* face up(wards) **5 su per** *~ per la montagna, le scale* up the mountain, the stairs **6 su e giù** *(in alto e in basso)* up and down; *(avanti e indietro)* up and down, to and fro; *andare ~ e giù per le scale* to go up and down the stairs **III** inter. come on.

suaccennato /suattʃen'nato/ agg. → **sopraccennato.**

suadente /sua'dɛnte/ agg. **1** *(persuasivo)* [*parole*] persuasive **2** *(carezzevole)* [*voce*] soft, mellow.

sub /sub/ m. e f.inv. (scuba) diver.

subacqueo /su'bakkweo/ **I** agg. [*pesca, pianta, nuotatore*] underwater; [*orologio*] waterproof; *fucile ~* speargun **II** m. (f. **-a**) (scuba) diver.

subaffittare /subaffit'tare/ [1] tr. to sublet*.

subaffitto /subaf'fitto/ m. *dare in ~* to sublet.

subaffittuario, pl. **-ri** /subaffittu'arjo, ri/ m. (f. **-a**) subtenant, sublessee.

subalterno /subal'tɛrno/ **I** agg. subordinate; [*ufficiale*] subaltern **II** m. (f. **-a**) subordinate; MIL. inferior, subaltern BE.

subappaltare /subappal'tare/ [1] tr. to subcontract [*lavoro*] (**a** to, out to).

subappaltatore /subappalta'tore/ m. (f. **-trice** /tritʃe/) subcontractor.

subappalto /subap'palto/ m. subcontract; *lavoro dato in ~* work put out to contract.

subatomico, pl. **-ci**, **-che** /suba'tɔmiko, tʃi, ke/ agg. subatomic.

subbuglio, pl. **-gli** /sub'buʎʎo, ʎi/ m. *mettere in ~* [*avvenimento, notizia*] to throw [sb., sth.] into turmoil [*persona, paese*]; *avere lo stomaco in ~* to have an upset stomach.

subconscio, pl. **-sci**, **-sce** e **-scie** /sub'kɔnʃo, ʃi, ʃe/ agg. e m. subconscious.

subcontinente /subkonti'nɛnte/ m. subcontinent.

subcosciente /subkoʃ'ʃɛnte/ agg. e m. subconscious.

subdolo /'subdolo/ agg. underhand, sly, sneaky.

subentrante /suben'trante/ agg. *(che succede)* incoming, succeding.

subentrare /suben'trare/ [1] intr. (aus. *essere*) **1** *(succedere)* *~ a qcn.* to take over from sb., to succeed sb. **2** *(sopraggiungere)* to arise*; *sono subentrate complicazioni* complications arose.

subire /su'bire/ [102] tr. **1** *(essere vittima di)* to be* subjected to [*maltrattamenti, violenze, pressioni*]; to come* under [*minacce*]; to suffer [*discriminazione, sopruso*] **2** *(essere sottoposto a)* to be* subjected to, to undergo* [*interrogatorio*]; to undergo* [*operazione chirurgica*]; to stand* [*processo*]; *~ l'influenza di qcn.* to be under sb.'s influence **3** *(essere costretto a sopportare)* to put* up with [*persona*]; *(patire)* to suffer, to sustain [*danni*]; to suffer [*perdite, conseguenze, sconfitta*] **4** *(essere oggetto di)* to go* through, to undergo* [*cambiamenti, trasformazioni*]; *i prezzi possono ~ aumenti* prices are subject to increases; *i voli possono ~ ritardi* flights are subject to delay.

subissare /subis'sare/ [1] tr. *~ qcn. di* to overwhelm sb. with [*lettere, offerte, telefonate*]; to rain [sth.] on sb. [*domande*].

subisso /su'bisso/ m. COLLOQ. *un ~ di* a shower of [*regali, lodi*]; a flood of [*insulti*]; a storm of [*applausi*].

subitaneamente /subitanea'mente/ avv. suddenly, abruptly, all of a sudden.

subitaneità /subitanei'ta/ f.inv. suddenness.

subitaneo /subi'taneo/ agg. sudden, abrupt.

subito /'subito/ avv. **1** *(immediatamente)* immediately, at once; *torno ~* I'll be right back; *gli telefono ~* I'm going to phone him right now; *la medicina fa ~ effetto* the drug acts immediately; *sono ~ da lei, signora* I'll be with you right away, madam; *da ~* right from the beginning, immediately; *il dottore venne quasi ~* the doctor came almost at once **2** *(in pochissimo tempo)* in no time; *di questo passo finiremo ~* at this rate we'll finish in no time **3 subito dopo** straight after, right after, just after; *~ dopo Natale* right after Christmas; *~ dopo che tu sei partito* just after you left; *è arrivato ~ dopo* he arrived straight *o* immediately afterwards; *~ dopo la stazione* just beyond *o* past *o* after the station.

sublimare /subli'mare/ [1] **I** tr. **1** CHIM. PSIC. to sublimate **2** FIG. *(esaltare)* to exalt, to sublime **II sublimarsi** pronom. *(esaltarsi)* to be* sublimed, to sublimate.

sublimazione /sublimat'tsjone/ f. sublimation.

sublime /su'blime/ agg. e m. sublime.

subliminale /sublimi'nale/ agg. subliminal.

sublocazione /sublokat'tsjone/ f. → **subaffitto**.

subnormale /subnor'male/ **I** agg. [*intelligenza*] subnormal **II** m. e f. = person of subnormal intelligence.

subodorare /subodo'rare/ [1] tr. to smell [*imbroglio, trappola, pericolo*].

subordinare /subordi'nare/ [1] tr. to subordinate (anche LING.).

subordinata /subordi'nata/ f. LING. subordinate clause, dependent clause.

subordinato /subordi'nato/ **I** p.pass. → **subordinare II** agg. **1** *(subalterno)* [*posizione, impiegato*] subordinate (**a** to) **2** *(dipendente)* *essere ~ a qcs.* [*riuscita, realizzazione*] to be subject to sth. **3** LING. subordinate **III** m. (f. **-a**) subordinate.

subordinazione /subordinat'tsjone/ f. subordination (anche LING.).

subordine: **in subordine** /insu'bordine/ avv. *trovarsi* o *essere in ~* to be in a subordinate position.

subornare /subor'nare/ [1] tr. DIR. to suborn.

subsidenza /subsi'dɛntsa/ f. subsidence.

substrato /sub'strato/ m. substratum*.

subtotale /subto'tale/ m. subtotal.

suburbano /subur'bano/ agg. suburban.

succedaneo /suttʃe'daneo/ **I** agg. *prodotto ~* substitute **II** m. substitute; *~ del caffè* coffee substitute.

succedere /sut'tʃɛdere/ [30, 2] **I** intr. (aus. *essere*) **1** *(subentrare)* *~ a qcn.* to take over from sb., to succeed sb. **2** *(seguire)* *~ a qcs.* to follow sth. **3** *(accadere)* to happen, to occur; *che cosa (ti) è successo?* what's happened (to you)? *tutto può ~* anything can happen; *sono cose che succedono* these things happen; *qualunque cosa succeda* whatever happens; *gli è successa un cosa strana* something odd happened to him **II succedersi** pronom. [*persone*] to succeed, to follow one another; [*cose*] to follow (one another) **III** impers. (aus. *essere*) *a volte succede che...* sometimes it happens that...; *mi succede spesso di essere in ritardo* I'm often late.

successione /suttʃes'sjone/ f. **1** *(trasmissione del potere)* succession; *~ al trono* succession to the throne **2** DIR. *(eredità)* succession, inheritance; *imposta di ~* death duty, estate duty BE, estate *o* inheritance tax AE **3** *(serie)* succession, series*, sequence; *in rapida ~* in close *o* quick *o* swift succession **4** MAT. sequence.

successivamente /suttʃessiva'mente/ avv. afterwards, subsequently.

successivo /suttʃes'sivo/ agg. [*giorno, anno, pagina, capitolo*] following, next; *la generazione -a* the successive *o* succeeding generation; *in un romanzo ~* in a later novel.

successo /sut'tʃɛsso/ m. **1** success; *(vittoria)* victory, success; *avere ~* [*persona*] to be successful, to succeed, to meet with success; [*film*] to be successful, to be a success; *avere ~ negli affari* to succeed *o* be successful in business; *avere ~ presso il pubblico* to have popular appeal; *avere ~ di critica* to be a success with critics; *avere ~ con le donne* to have success with women; *con ~* successfully; *senza ~* without success, unsuccessfully; *di ~* [*canzone, disco*] hit attrib.; [*film, libro*] successful; [*scrittore*] successful, best-selling **2** *(opera di successo)* success, hit; *un ~ editoriale* a best-seller; *il suo disco è stato un ~* his record was a hit.

successone /suttʃes'sone/ m. COLLOQ. *avere un ~* [*canzone, disco*] to be a big hit.

successore /suttʃes'sore/ m. successor.

succhiare /suk'kjare/ [1] **I** tr. to suck; *~ il sangue a qcn.* FIG. to suck sb. dry **II succhiarsi** pronom. *-rsi il pollice* to suck one's thumb.

succhiello /suk'kjɛllo/ m. gimlet, wimble, auger.

succhiotto /suk'kjɔtto/ m. **1** *(ciuccio)* dummy BE, pacifier AE **2** COLLOQ. *(segno sulla pelle)* *fare un ~ a qcn.* to give sb. a lovebite.

succinto /sut'tʃinto/ agg. **1** [*abito*] scanty **2** FIG. [*discorso, risposta*] succinct.
succitato /suttʃi'tato/ agg. → **sopraccitato.**
succo, pl. **-chi** /'sukko, ki/ m. **1** juice (anche FISIOL.); ***~ di limone, di arancia*** lemon, orange juice **2** FIG. *(parte essenziale)* gist, pith, substance; ***il ~ del discorso è che...*** the long and short of it is that...
succosità /sukkosi'ta/ f.inv. *(di frutto)* juiciness.
succoso /suk'koso/ agg. **1** [*frutto*] juicy **2** FIG. pithy.
succube /'sukkube/ agg., m. e f. → **succubo.**
succubo /'sukkubo/ **I** agg. dominated (**di qcn.** by sb.); ***un marito ~*** a hen-pecked husband **II** m. (f. **-a**) ***essere un ~ di qcn.*** to be entirely dominated by sb.
succulento /sukku'lɛnto/ agg. **1** *(ricco di succo)* juicy, succulent **2** *(gustoso)* [*pasto, bistecca*] tasty, succulent.
succursale /sukkur'sale/ f. branch.
sud /sud/ ➧ **29 I** m.inv. **1** south; ***andare a ~*** to go south *o* southward(s); ***Roma è a ~ di Torino*** Rome is south of Turin; ***vento da ~*** south(erly) wind; ***il ~ dell'Europa*** southern Europe **2** GEOGR. POL. South; *(Italia meridionale)* the south of Italy, southern Italy; ***il ~ del mondo*** the south part of the world **II** agg.inv. [*facciata, costa*] south; [*zona*] southern; ***polo Sud*** south pole; ***nella zona ~ di Londra*** in south London.
Sudafrica /su'dafrika/ ➧ **33** n.pr.m. South Africa.
sudafricano /sudafri'kano/ ➧ **25 I** agg. South African **II** m. (f. **-a**) South African.
Sudamerica /suda'mɛrika/ n.pr.m. South America.
sudamericano /sudameri'kano/ **I** agg. South American **II** m. (f. **-a**) South American.
sudanese /suda'nese/ ➧ **25** agg., m. e f. Sudanese.
sudare /su'dare/ [1] **I** intr. (aus. *avere*) **1** to sweat, to perspire; ***gli sudano le mani*** he's got sweaty hands **2** *(faticare)* to work hard, to toil (**su** at) **II sudarsi** pronom. ***-rsi qcs.*** to toil for sth. ♦ ***~ freddo per qcs.*** to be in a cold sweat about sth.; ***~ sangue*** o ***sette camicie per qcs.*** to sweat blood over sth.
sudario, pl. **-ri** /su'darjo, ri/ m. *(lenzuolo funebre)* shroud.
sudata /su'data/ f. **1** sweat; ***farsi una ~*** to work up a sweat **2** FIG. *(fatica)* hard slog.
sudaticcio, pl. **-ci, -ce** /suda'tittʃo, tʃi, tʃe/ agg. sweaty.
sudato /su'dato/ **I** p.pass. → **sudare II** agg. **1** [*persona, mano*] sweaty; ***essere tutto ~*** to be in a sweat **2** FIG. [*denaro*] hard-earned; [*vittoria*] hard-won.
sudcoreano /sudkore'ano/ ➧ **25 I** agg. South Korean **II** m. (f. **-a**) South Korean.
suddetto /sud'detto/ **I** agg. (afore)said, above-mentioned **II** m. (f. **-a**) ***il ~, la -a*** the above person; ***i -i*** the above.
sudditanza /suddi'tantsa/ f. subjection (**a** to).
suddito /'suddito/ m. (f. **-a**) subject.
suddividere /suddi'videre/ [35] **I** tr. **1** *(dividere)* to (sub)divide (**in** into) **2** *(spartire)* to share out (**fra** among) **II suddividersi** pronom. **1** *(dividersi)* to (sub)divide, to be* divided **2** *(spartirsi)* to share, to spread* [*lavoro, compiti*].
suddivisione /suddivi'zjone/ f. **1** *(divisione)* subdivision **2** *(spartizione)* share-out.
sud-est /su'dɛst/ ➧ **29 I** m.inv. southeast; ***vento di ~*** south-easterly wind; ***il Sud-Est asiatico*** South-East Asia **II** agg.inv. [*versante*] southeast; [*zona*] southeastern.
sudiceria /suditʃe'ria/ f. **1** *(sporcizia)* dirtiness, filthiness **2** FIG. *(atto indecente)* obscenity; *(espressione indecente)* dirt, filth.
sudicio, pl. **-ci, -ce** e **-cie** /'suditʃo, tʃi, tʃe/ **I** agg. **1** *(sporco)* dirty, filthy, foul **2** FIG. *(indecente)* dirty, obscene, filthy **II** m. dirt, filth ♦ ***essere ~ come un maiale*** to be filthy dirty.
sudiciona /sudi'tʃona/ f. dirty woman*, slut COLLOQ.
sudicione /sudi'tʃone/ m. dirty man*.
sudiciume /sudi'tʃume/ m. dirt, filth (anche FIG.).
sudista, m.pl. **-i**, f.pl. **-e** /su'dista/ agg., m. e f. Confederate.
sud-occidentale /sudottʃiden'tale/ ➧ **29** agg. [*versante*] southwest; [*zona*] southwestern.
sudorazione /sudorat'tsjone/ f. sweating, perspiration.
sudore /su'dore/ m. sweat, perspiration; ***gocce di ~*** beads *o* drops of sweat; ***essere in un bagno di ~*** to be dripping *o* pouring with sweat; ***con il ~ della fronte*** FIG. by the sweat of one's brow ♦ ***~ freddo*** cold sweat; ***mi venivano i -i freddi*** I was in a cold sweat about it.
sud-orientale /sudorjen'tale/ ➧ **29** agg. [*versante*] southeast; [*zona*] southeastern.
sudoriparo /sudo'riparo/ agg. [*ghiandola*] sudoriferous.
sud-ovest /su'dɔvest/ ➧ **29 I** m.inv. southwest; ***vento di ~*** southwesterly wind **II** agg.inv. [*versante*] southwest; [*zona*] southwestern.
sue /'sue/ → **suo.**
sufficiente /suffi'tʃɛnte/ **I** agg. **1** *(adeguato)* sufficient, enough; ***una quantità ~*** a sufficient quantity; ***essere ~*** to be sufficient *o* enough; ***essere più che ~*** to be more than sufficient; ***non c'è illuminazione ~*** there isn't enough light **2** *(sussiegoso)* [*tono*] self-important **3** SCOL. ***il suo tema era ~*** he got a pass with his essay **II** m. ***avere il ~ per vivere*** to have enough to live (on) **III** m. e f. ***fare il ~*** to be full of oneself.
sufficientemente /suffitʃente'mente/ avv. sufficiently, enough.
sufficienza /suffi'tʃɛntsa/ f. **1** *(quantità adeguata)* sufficiency **2** *(sussiego)* self-importance, smugness; ***con aria di ~*** smugly **3** SCOL. pass (mark) **4 a sufficienza** sufficiently, enough; ***mangiare a ~*** to eat enough; ***ce n'è più che a ~*** there is more than enough.
suffisso /suf'fisso/ m. suffix.
suffragare /suffra'gare/ [1] tr. to bear* out [*tesi*].
suffragetta /suffra'dʒetta/ f. suffragette.
suffragio, pl. **-gi** /suf'fradʒo, dʒi/ m. **1** POL. suffrage, franchise, vote **2** FIG. *(approvazione)* approval, suffrage **3** RELIG. ***messa in ~ di qcn.*** mass for sb.'s soul ♦♦ ***~ universale*** universal suffrage *o* franchise.
suffumicare /suffumi'kare/ [1] tr. to fumigate.
suffumigio, pl. **-gi** /suffu'midʒo, dʒi/ m. suffumigation.
suggellare /suddʒel'lare/ [1] tr. **1** *(chiudere con sigillo)* to seal **2** FIG. to set* the seal on, to seal [*amicizia, alleanza*].
suggello /sud'dʒello/ m. seal (anche FIG.).
suggerimento /suddʒeri'mento/ m. suggestion; ***dare un ~*** to make *o* put a suggestion; ***dare un ~ a qcn.*** to give sb. a piece of advice; ***seguire il ~ di qcn.*** to follow sb.'s advice.
suggerire /suddʒe'rire/ [102] tr. **1** *(consigliare)* to suggest; *(proporre)* to propose; ***suggerisco di andarcene*** I suggest (that) we go **2** *(a scuola, a teatro)* to prompt; ***~ la risposta a qcn.*** to tell sb. the answer.
suggeritore /suddʒeri'tore/ ➧ **18** m. (f. **-trice** /tritʃe/) prompter; ***buca del ~*** prompt box.
suggestionabile /suddʒestjo'nabile/ agg. suggestible.
suggestionare /suddʒestjo'nare/ [1] **I** tr. to influence [*persona*]; ***lasciarsi ~ facilmente*** to be easily swayed **II suggestionarsi** pronom. to be* influenced, to be* swayed.
suggestione /suddʒes'tjone/ f. **1** PSIC. suggestion **2** *(fascino, impressione)* fascination, charm.
suggestivo /suddʒes'tivo/ agg. **1** *(che sollecita emozioni)* [*paesaggio, musica*] evocative, suggestive **2** *(affascinante)* [*ipotesi*] attractive.
sugherificio, pl. **-ci** /sugeri'fitʃo, tʃi/ m. cork factory.
sughero /'sugero/ m. cork; ***tappo di ~*** cork.
sugli /'suʎʎi/ → **su.**
sugna /'suɲɲa/ f. *(grasso)* pork fat; *(strutto)* lard.
sugo, pl. **-ghi** /'sugo, gi/ m. **1** *(succo)* juice **2** *(salsa)* sauce; ***~ di pomodoro*** tomato sauce **3** FIG. *(idea fondamentale)* gist, pith, substance; *(senso)* sense; ***è senza ~*** there's no substance to it.
sugosità /sugosi'ta/ f.inv. juiciness.
sugoso /su'goso/ agg. **1** [*frutto*] juicy **2** FIG. pithy.
sui /sui/ → **su.**
suicida, m.pl. **-i**, f.pl. **-e** /sui'tʃida/ **I** agg. suicidal (anche FIG.); ***missione ~*** suicide mission **II** m. e f. suicide.
suicidarsi /suitʃi'darsi/ [1] pronom. to commit suicide, to kill oneself.
suicidio, pl. **-di** /sui'tʃidjo, di/ m. suicide (anche FIG.); ***sarebbe un ~!*** FIG. that would be suicidal!
suindicato /suindi'kato/ agg. (a)forementioned, above-mentioned.
suino /su'ino/ **I** agg. [*peste*] swine attrib.; ***carne -a*** pork (meat) **II** m. swine*, pig, hog.
S.U.I.S.M. /'suizm/ f. (⇒ Scuola Universitaria Interfacoltà in Scienze Motorie) = university school of motor sciences.
suite /swit/ f.inv. suite.

sul /sul/ → **su.**
sulfamidico, pl. **-ci**, **-che** /sulfa'midiko, tʃi, ke/ m. sulphonamide, sulpha drug BE, sulfa drug AE.
sulfureo /sul'fureo/ agg. [*acqua, vapore*] sulphureous BE, sulfureous AE; [*fonte*] sulphur BE attrib., sulfur AE attrib.
sull', sulla /'sulla/, **sulle** /'sulle/, **sullo** /'sullo/ → **su.**
sultana /sul'tana/ f. *(moglie del sultano)* sultana.
sultanina /sulta'nina/ f. sultanas pl., currants pl.
sultano /sul'tano/ m. sultan.
summenzionato /summentsjo'nato/ agg. above-mentioned, (a)forementioned.
summit /'summit, 'sammit/ m.inv. summit.
sunnominato /sunnomi'nato/ agg. → **summenzionato.**
sunto /'sunto/ m. summary, précis*; ***fare un ~ di qcs.*** to make a summary of sth., to summarize sth.
suo, f. **sua**, m.pl. **suoi**, f.pl. **sue** /'suo, 'sua, sw'ɔi, 'sue/ v. la nota della voce **mio. I** agg.poss. **1** *(di lui)* his; *(di lei)* her; *(di cosa o animale)* its; ***~ padre, sua madre*** *(di lui)* his father, mother; *(di lei)* her father, mother; ***i suoi figli*** *(di lui)* his children; *(di lei)* her children; ***la gatta e i suoi gattini*** the cat and its kittens; ***il computer e i suoi accessori*** the computer and its accessories; ***la ditta ha un ~ avvocato*** the company has its own lawyer; ***Sua Santità*** His Holiness; ***Sua Maestà*** *(il re)* His Majesty; *(la regina)* Her Majesty; ***un ~ amico*** *(di lui)* a friend of his; *(di lei)* a friend of hers; ***quel ~ compagno di scuola*** *(di lui)* that school friend of his; *(di lei)* that school friend of hers; ***questo libro è ~*** *(di lui)* this book is his; *(di lei)* this book is hers **2** *(forma di cortesia)* your **II il suo,** f. **la sua,** m.pl. **i suoi,** f.pl. **le sue** pron.poss. **1** *(di lui)* his; *(di lei)* hers; *(di cosa o animale)* its; ***è il ~, la sua*** *(di lui)* it's his; *(di lei)* it's hers; *(in espressioni ellittiche)* ***Anna vuole sempre dire la sua*** Anna always wants to have her say; ***Gigi ne ha fatta un'altra delle sue!*** Gigi has been up to one of his tricks again! ***i suoi*** *(genitori) (di lui)* his parents; *(di lei)* her parents; *(parenti) (di lui)* his relatives; *(di lei)* her relatives; ***ho ricevuto la Sua*** I received your letter **2** *(forma di cortesia)* yours **3** *(denaro, beni)* ***Luca non vuole spendere del ~*** Luca doesn't want to spend his own money *o* to pay out of his own pocket; ***lei vive del ~*** she lives on her own income.
suocera /'swɔtʃera/ f. **1** mother-in-law* **2** SPREG. SCHERZ. nagger; ***fare la ~*** to be a nagger.
suocero /'swɔtʃero/ m. father-in-law*; ***i -i*** *(suocero e suocera)* parents-in-law.
suoi /sw'ɔi/ → **suo.**
suola /'swɔla/ f. sole; ***scarpe con la ~ di gomma*** rubber soled shoes ♦ ***essere duro come una ~*** to be as tough as old boots.
suolo /'swɔlo/ m. *(superficie della terra)* ground; *(terreno, territorio)* soil; ***al livello del ~*** at ground level; ***~ fertile*** fertile soil; ***~ natio*** native soil ♦♦ ***~ pubblico*** DIR. public property *o* ground.
suonare /swo'nare/ [1] **I** tr. **1** to play [*strumento musicale*]; to ring* [*campane, campanello*]; to put* on, to play [*disco*]; ***~ il clacson*** to sound one's horn **2** *(eseguire)* to play [*brano, sinfonia*]; ***~ il jazz*** to play jazz; ***~ qcs. al pianoforte*** to play sth. on the piano **3** *(annunciare)* to sound, to beat* [*ritirata*]; *(indicare)* [*orologio*] to strike* [*ora*] **4 suonarle** COLLOQ. ***suonarle a qcn.*** to thrash the living daylights out of sb. **II** intr. (aus. *avere*) **1** [*campane, campanello, telefono*] to ring*; [*sveglia*] to go* off; [*allarme, sirena*] to sound; [*radio, disco*] to play **2** *(eseguire musica)* to play **3** *(essere annunciato da suoni)* ***erano appena suonate le due*** it had just struck two **4** *(azionare una suoneria, un campanello)* ***per chiamare l'infermiera, suoni due volte*** to call the nurse, ring twice; ***~ alla porta*** to ring at the door; ***hanno suonato alla porta, va' ad aprire!*** the bell has just rung, answer the door! **5** FIG. ***~ bene*** to have a nice ring; ***~ vero, falso*** to ring true, false; ***~ strano*** to sound odd.
suonato /swo'nato/ **I** p.pass. → **suonare II** agg. **1** *(già passato)* ***sono le sei -e*** it's past six; ***avere trent'anni -i*** to be (well) into one's thirties **2** COLLOQ. *(toccato)* off one's head, nuts; *(tramortito)* groggy.
suonatore /swona'tore/ m. (f. **-trice** /tritʃe/) player ♦ ***e buonanotte (ai) -i!*** and that's that! that's the end of it!
suoneria /swone'ria/ f. **1** *(suono di orologio, sveglia)* ringing; *(di cellulare)* ringtone **2** *(meccanismo)* striking mechanism; *(di sveglia)* alarm ♦♦ ***~ elettrica*** electric bell.
suono /'swɔno/ m. sound; ***un ~ acuto, grave*** a high, deep sound; ***il ~ della tromba*** the sound of the trumpet; ***tecnico del ~*** audio-engineer, sound engineer; ***barriera*** o ***muro del ~*** sonic *o* sound barrier; ***ballare al ~ di un'orchestra*** to dance to the music of an orchestra; ***fare ginnastica a suon di musica*** to do exercise to music; ***a suon di dollari*** FIG. by forking out dollars.
suora /'swɔra/ f. nun; ***suor Clara*** Sister Clara; ***~ di clausura, laica*** cloistered, lay nun.
super /'super/ **I** agg.inv. **1** *(eccellente)* ***un caffè ~*** an excellent coffee **2** ***benzina ~*** four-star (petrol) BE, super AE **II** f.inv. four-star (petrol) BE, super AE.
superalcolico, pl. **-ci** /superal'kɔliko, tʃi/ m. strong drink, hard drink.
superamento /supera'mento/ m. **1** *(di indicazioni, valori)* ***~ dei limiti di velocità*** exceeding the speed limit **2** *(l'oltrepassare)* crossing, clearing; ***il ~ di un ostacolo*** the clearing of a hurdle (anche FIG.) **3** *(sorpasso)* overtaking **4** *(di esame)* getting through, passing.
superare /supe'rare/ [1] **I** tr. **1** *(essere maggiore di)* to exceed; ***~ qcs. in altezza, larghezza*** to be taller, wider than sth.; ***~ qcn. di 5 centimetri*** to be 5 centimetres taller than sb.; ***certe classi superano i 30 allievi*** some classes have over 30 pupils; ***non dovrebbe ~ la mezz'ora*** it shouldn't take more than *o* exceed half an hour **2** *(oltrepassare)* to go* past [*luogo*]; to cross, to clear [*fossato, fiume, ponte, colle, frontiera, soglia*]; FIG. to get* through [*brutto periodo*]; to get* over [*difficoltà*]; to overcome* [*crisi*]; to exceed [*aspettative*]; ***~ un ostacolo*** to clear a hurdle (anche FIG.); ***~ il traguardo*** to cross the (finishing) line; ***~ la quarantina*** to be over *o* past forty; ***~ i limiti di velocità*** to exceed *o* break the speed limit; ***~ i limiti*** to go too far **3** *(sorpassare)* to pass, to overtake* BE [*veicolo*] **4** *(essere superiore rispetto a)* to be* ahead of, to outstrip, to surpass; ***~ qcn. in crudeltà, stupidità*** to be crueller, more stupid than sb., to surpass sb. in cruelty, stupidity **5** SCOL. UNIV. to get* through, to pass [*esame*] **II superarsi** pronom. *(se stesso)* to surpass oneself.
superato /supe'rato/ **I** p.pass. → **superare II** agg. [*idea, metodo*] outdated, out-of-date.
superattico, pl. **-ci** /supe'rattiko, tʃi/ m. penthouse.
superbia /su'pɛrbja/ f. pride, haughtiness.
superbo /su'pɛrbo/ **I** agg. **1** *(altezzoso)* [*persona, modi*] proud, haughty, arrogant **2** *(grandioso)* [*spettacolo, romanzo*] superb; [*panorama*] splendid, magnificent **II** m. (f. **-a**) proud person.
superbollo /super'bollo/ m. = additional road tax for diesel cars.
supercarburante /superkarbu'rante/ m. premium fuel BE, premium gasoline AE.
supercarcere /super'kartʃere/ m. maximum security prison.
superdonna /super'dɔnna/ f. SPREG. wonderwoman.
superdotato /superdo'tato/ agg. **1** *(intellettualmente)* highly gifted **2** SCHERZ. *(sessualmente)* [*uomo*] well-hung.
superficiale /superfi'tʃale/ agg. **1** *(della superficie)* [*strato, tensione*] surface attrib. **2** *(poco profondo)* [*ferita*] superficial, surface attrib. **3** FIG. superficial, shallow.
superficialità /superfitʃali'ta/ f.inv. superficiality (anche FIG.).
superficie, pl. **-ci** /super'fitʃe, tʃi/ f. **1** surface; ***la ~ terrestre*** the earth's surface; ***in ~*** *(stato)* on *o* at the surface; *(moto)* to the surface **2** MAT. surface, area; ***~ del cerchio*** area of a circle; ***un campo con una ~ di 20 ettari*** a field with an area of 20 hectares, a twenty-hectare field; ***qual è la ~ del Giappone?*** what's the area of Japan? **3** FIG. surface, appearance; ***fermarsi alla ~*** to stay on the surface ♦♦ ***~ alare*** wing area; ***~ calpestabile*** floor area.
superfluità /superflui'ta/ f.inv. superfluity.
superfluo /su'pɛrfluo/ **I** agg. superfluous, needless; [*spese*] unecessary; ***parole -e*** superfluous words; ***peli -i*** unwanted hair **II** m. surplus*.
supergigante /superdʒi'gante/ m. SPORT super-G.
Super-Io /super'io/ m.inv. superego.
superiora /supe'rjora/ agg. e f. ***(madre) ~*** Mother Superior.
superiore /supe'rjore/ **I** agg. **1** *(di sopra)* [*arti, labbro, mascella, piano*] upper; [*parte*] top, upper; ***abitare al piano ~*** to live upstairs **2** *(in valore)* [*temperatura, velocità, costo*] higher

(**a** than); [*dimensioni*] bigger (**a** than); [*durata*] longer (**a** than); ~ ***alla media*** above average; ***temperature -i ai 5°C*** temperatures above 5°C; ***tassi d'interesse -i al 3%*** interest rates higher than *o* above 3%; ***assegni -i ai 100 euro*** cheques (for) over 100 euros; ***essere in numero ~*** o ***numericamente ~*** to be greater in number **3** *(migliore)* superior (**a** to); ***una mente ~*** a superior mind; ***sentirsi ~ a qcn.*** to feel superior to sb. **4** *(in una gerarchia)* [*gradi, classi*] upper; ***istruzione ~*** higher education **II** m. **1** *(capo)* superior, senior **2** RELIG. superior **III superiori** f.pl. SCOL. = course of studies following middle school or junior high school and preceeding university.

superiorità /superjori'ta/ f.inv. superiority; ***vincere per ~ numerica*** to win by weight of numbers; ***tono, aria di ~*** superior tone, manner.

superlativo /superla'tivo/ **I** agg. **1** *(eccellente)* superlative, excellent **2** LING. superlative **II** m. superlative; ***~ assoluto, relativo*** absolute, relative superlative.

superlavoro /superla'voro/ m. overwork.

supermercato /supermer'kato/ m. supermarket.

superotto /supe'rɔtto/ agg. e m.inv. super eight.

superpetroliera /superpetro'ljɛra/ f. supertanker.

superpotenza /superpo'tɛntsa/ f. superpower.

supersonico, pl. **-ci, -che** /super'sɔniko, tʃi, ke/ agg. supersonic.

superstite /su'pɛrstite/ **I** agg. surviving **II** m. e f. survivor.

superstizione /superstit'tsjone/ f. superstition.

superstizioso /superstit'tsjoso/ **I** agg. superstitious **II** m. (f. **-a**) superstitious person.

superstrada /super'strada/ f. clearway BE, freeway AE, (super)highway AE.

superteste /super'teste/, **supertestimone** /supertesti'mɔne/ m. e f. key witness.

superuomo, pl. **superuomini** /super'wɔmo, super'wɔmini/ m. superman*.

supervalutare /supervalu'tare/ [1] tr. to overvalue [*usato*].

supervalutazione /supervalutat'tsjone/ f. ***~ dell'usato*** overvaluation of second-hand goods.

supervisionare /supervizjo'nare/ [1] tr. to supervise.

supervisione /supervi'zjone/ f. supervision; ***sotto la ~ di qcn.*** under sb.'s supervision.

supervisore /supervi'zore/ m. supervisor, superintendent.

supino /su'pino/ agg. **1** *(sulla schiena)* supine; ***stare ~*** to be (flat) on one's back; ***dormire ~*** to sleep lying on one's back **2** FIG. *(servile)* supine, servile.

suppellettili /suppel'lɛttili/ f.pl. *(di casa, cucina)* = furnishings and fittings.

suppergiù /supper'dʒu/ avv. COLLOQ. about, around, more or less.

supplementare /supplemen'tare/ agg. **1** [*spese, tassa*] additional, extra; [*tariffa*] supplementary; [*treno*] relief attrib. **2** MAT. [*angolo*] supplementary **3** SPORT ***tempo ~*** extra time, overtime AE; ***andare ai tempi -i*** to go into *o* play extra time.

supplemento /supple'mento/ m. **1** *(di denaro)* extra charge, surcharge; FERR. supplement, excess fare; ***pagare un ~*** to pay extra *o* an additional charge **2** *(aggiunta)* addition; ***~ d'informazione*** additional *o* extra information **3** *(di giornale, libro)* supplement (**di** to) ♦♦ ***~ rapido*** FERR. inter-city fare.

supplente /sup'plɛnte/ **I** agg. SCOL. [*insegnante*] temporary, supply BE, substitute AE **II** m. e f. substitute; SCOL. temporary teacher, supply BE, substitute teacher AE, sub AE.

supplenza /sup'plɛntsa/ f. temporary job; SCOL. temporary teaching job; ***fare delle -e*** to work as a supply BE *o* substitute AE teacher.

suppletivo /supple'tivo/ agg. supplementary; ***elezione -a*** by-election BE.

supplì /sup'pli/ m.inv. GASTR. INTRAD. (rice croquette with mince meat, mushrooms, peas and tomato sauce filling).

supplica, pl. **-che** /'supplika, ke/ f. plea, entreaty, supplication; *(scritta)* petition.

supplicare /suppli'kare/ [1] tr. to beg, to entreat, to beseech* FORM. (**di fare** to do); ***ti supplico, ascoltami*** listen to me, I beg you.

supplichevole /suppli'kevole/ agg. [*aria, sguardo*] imploring, entreating, beseeching FORM.

supplire /sup'plire/ [102] **I** tr. *(sostituire temporaneamente)* to stand* in for [*insegnante*]; to substitute [*impiegato*] **II** intr. (aus. *avere*) ***~ a qcs.*** to make up *o* compensate for sth.

supplizio, pl. **-zi** /sup'plittsjo, tsi/ m. torture (anche FIG.); ***l'estremo ~, il ~ capitale*** capital punishment, death penalty; ***andare al ~*** to go to (one's) execution.

supponente /suppo'nɛnte/ agg. haughty, arrogant.

supponenza /suppo'nɛntsa/ f. haughtiness, arrogance.

supponibile /suppo'nibile/ agg. supposable.

supporre /sup'porre/ [73] tr. **1** *(in un ragionamento)* to suppose, to presume, to assume; ***supponiamo che sia vero*** suppose (that) it's true **2** *(considerare probabile)* to suppose, to assume; ***suppongo di sì, no*** I suppose *o* guess AE so, not; ***suppongo che lo sappia*** I suppose (that) she knows; ***"quanto ci vorrà?" - "un'ora, suppongo"*** "how long will it take?" - "an hour, I should think"; ***il signor Bruni, suppongo*** Mr Bruni, I believe.

supportare /suppor'tare/ [1] tr. **1** *(sostenere)* to back, to support, to sustain [*tesi*] **2** INFORM. to support [*programma*].

supporto /sup'pɔrto/ m. **1** *(sostegno, base)* support, rest, bearing **2** *(aiuto)* support, backup, backing, help.

supposizione /suppozit'tsjone/ f. *(ipotesi)* supposition, assumption; *(congettura)* surmise, guesswork.

supposta /sup'posta/ f. suppository; ***mettersi una ~*** to insert a suppository.

supposto /sup'posto/ **I** p.pass. → **supporre II** agg. [*numero, costo*] supposed, presumed.

suppurare /suppu'rare/ [1] intr. (aus. *essere, avere*) to suppurate, to discharge, to fester.

suppurazione /suppurat'tsjone/ f. suppuration.

supremazia /supremat'tsia/ f. supremacy (**su** over).

supremo /su'prɛmo/ agg. **1** *(più elevato)* [*autorità, capo*] supreme; ***comandante ~*** Supreme Commander; ***corte -a*** high court; *(negli USA)* Supreme Court **2** *(grandissimo)* [*felicità, disprezzo*] greatest **3** *(ultimo)* [*momento*] last.

surclassare /surklas'sare/ [1] tr. to outclass.

surf /sɛrf/ ➧ ***10*** m.inv. **1** SPORT surfing; ***fare ~*** to surf **2** *(tavola)* surfboard.

surfista, m.pl. **-i**, f.pl. **-e** /ser'fista/ m. e f. *(chi fa surf)* surfer; *(chi fa windsurf)* windsurfer.

surgelare /surdʒe'lare/ [1] tr. to deep-freeze*.

surgelato /surdʒe'lato/ **I** p.pass. → **surgelare II** agg. (deep-)frozen **III** m. deep-frozen food.

surgelatore /surdʒela'tore/ m. deep-freeze.

Suriname /suri'name/ ➧ ***33*** n.pr.m. Surinam.

surplus /sur'plus/ m.inv. surplus*.

surreale /surre'ale/ agg. surreal.

surrealismo /surrea'lizmo/ m. surrealism.

surrealista, m.pl. **-i**, f.pl. **-e** /surrea'lista/ agg., m. e f. surrealist.

surrealistico, pl. **-ci, -che** /surrea'listiko, tʃi, ke/ agg. surrealistic.

surrenale /surre'nale/ agg. suprarenal.

surrettizio, pl. **-zi, -zie** /surret'tittsjo, tsi, tsje/ agg. [*clausola*] subreptitious.

surriscaldamento /surriskalda'mento/ m. overheating; FIS. TECN. superheating.

surriscaldare /surriskal'dare/ [1] **I** tr. **1** to overheat [*stanza*] **2** FIS. TECN. to superheat **II surriscaldarsi** pronom. to overheat.

surriscaldato /surriskal'dato/ **I** p.pass. → **surriscaldare II** agg. overheated; FIS. TECN. superheated.

surrogare /surro'gare/ [1] tr. *(sostituire)* to replace (**con** with).

surrogato /surro'gato/ **I** p.pass. → **surrogare II** agg. BIOL. ***madre -a*** surrogate (mother) **III** m. ersatz, surrogate; ***~ di caffè*** ersatz coffee.

Susanna /su'zanna/ n.pr.f. Susan.

suscettibile /suʃʃet'tibile/ agg. **1** *(permaloso)* touchy, susceptible **2** *(passibile)* ***~ di*** susceptible to [*cambiamento, miglioramento*].

suscettibilità /suʃʃettibili'ta/ f.inv. touchiness, susceptibility; ***urtare la ~ di qcn.*** to hurt sb.'s feelings.

suscitare /suʃʃi'tare/ [1] tr. to cause, to generate, to provoke [*reazione, scandalo, scompiglio*]; to excite [*critiche, curiosità,*

ammirazione, gioia]; to kindle, to arouse, to excite [*entusiasmo, desiderio, interesse*].
susina /su'zina, su'sina/ f. plum.
susino /su'zino, su'sino/ m. plum (tree).
suspense /'saspens, sus'pans/ f.inv. suspense.
suspicione /suspi'tʃone/ f. DIR. ***legittima ~*** reasonable suspicion.
susseguente /susse'gwɛnte/ agg. subsequent, following.
susseguirsi /susse'gwirsi/ [3] pronom. to follow one another.
sussidiare /sussi'djare/ [1] tr. to subsidize.
sussidiarietà /sussidjarje'ta/ f.inv. subsidiarity.
sussidiario, pl. **-ri**, **-rie** /sussi'djarjo, ri, rje/ **I** agg. [*mezzi*] subsidiary, ancillary **II** m. = textbook used in primary school.
sussidio, pl. **-di** /sus'sidjo, di/ m. **1** *(supporto)* aid; ***~ visivo, didattico*** visual, teaching aid **2** *(in denaro)* grant, allowance, benefit; ***~ statale*** state aid; ***~ di disoccupazione*** unemployment benefit BE *o* compensation AE; ***~ di maternità*** maternity allowance.
sussiego, pl. **-ghi** /sus'sjɛgo, gi/ m. haughtiness, self-importance.
sussiegoso /sussje'goso/ agg. prim, haughty, self-important.
sussistenza /sussis'tɛntsa/ f. *(sostentamento)* subsistence; ***mezzi di ~*** means of support, livelihood; ***economia, agricoltura di ~*** subsistence economy, farming.
sussistere /sus'sistere/ [21] intr. (aus. *essere*) **1** *(esistere)* to subsist, to remain; ***non sussiste ombra di dubbio*** there is no shadow of doubt **2** *(essere valido)* to be* valid; ***il fatto non sussiste*** the fact is without foundation, there is no substance to the fact.
sussultare /sussul'tare/ [1] intr. (aus. *avere*) **1** *(sobbalzare)* to start, to jump; ***~ di spavento*** to start with fright; ***fare ~ qcn.*** to make sb. jump **2** *(tremare)* [*terra*] to shake*.
sussulto /sus'sulto/ m. **1** *(sobbalzo)* start, jump **2** *(scossa)* shake, shock.
sussultorio, pl. **-ri**, **-rie** /sussul'tɔrjo, ri, rje/ agg. sussultatory.
sussumere /sus'sumere/ [23] tr. to subsume.
sussurrare /sussur'rare/ [1] **I** tr. **1** *(bisbigliare)* to whisper; ***~ qcs. all'orecchio di qcn.*** to whisper sth. in sb.'s ear **2** *(dire di nascosto)* to whisper, to murmur; ***si sussurra che...*** it is whispered that... **II** intr. (aus. *avere*) [*persona*] to whisper, to murmur; [*foglie, vento*] to whisper; [*ruscello*] to murmur.
sussurro /sus'surro/ m. *(di persona)* whisper, murmur; *(di foglie, vento)* whisper; *(di ruscello)* murmur.
sutura /su'tura/ f. ANAT. MED. suture; ***filo per -e*** catgut, gutstring.
suturare /sutu'rare/ [1] tr. to suture, to stitch.
suvvia /suv'via/ inter. come on, now then.
suzione /sut'tsjone/ f. suction; ***riflesso della ~*** sucking reflex.
svaccarsi /zvak'karsi/ [1] pronom. COLLOQ. to let* up.
svaccato /zvak'kato/ **I** p.pass. → **svaccarsi II** agg. slack, sloppy.
svagare /zva'gare/ [1] **I** tr. *(divertire)* to amuse, to entertain; *(distrarre)* to distract **II svagarsi** pronom. *(divertirsi)* to amuse oneself, to enjoy oneself; *(distrarsi)* to take* one's mind off.
svagatezza /zvaga'tettsa/ f. absent-mindedness.
svagato /zva'gato/ **I** p.pass. → **svagare II** agg. absent-minded, dreamy.
svago, pl. **-ghi** /'zvago, gi/ m. *(per divertirsi)* amusement, entertainment; *(per distrarsi)* distraction; ***prendersi qualche ~*** to have some fun.
svaligiare /zvali'dʒare/ [1] tr. to rob [*banca, appartamento*].
svaligiatore /zvalidʒa'tore/ m. (f. **-trice** /tritʃe/) robber.
svalutare /zvalu'tare/ [1] **I** tr. **1** to devalue, to debase [*moneta*]; to mark down [*merce*] **2** FIG. *(sminuire)* to belittle [*meriti*] **II svalutarsi** pronom. **1** [*moneta*] to devalue; [*bene*] to depreciate **2** FIG. *(sminuirsi)* to belittle oneself.
svalutazione /zvalutat'tsjone/ f. *(di moneta)* devaluation; *(di bene)* depreciation.
svampito /zvam'pito/ **I** agg. *(svanito)* light-headed, air-headed COLLOQ.; *(frivolo)* flighty **II** m. (f. **-a**) air-head.
svanire /zva'nire/ [102] intr. (aus. *essere*) **1** *(dileguarsi)* to disappear, to vanish; ***~ nel nulla*** to disappear *o* vanish into thin air **2** *(attenuarsi)* [*profumo, odore*] to fade **3** FIG. [*difficoltà, timori*] to disappear, to vanish; [*illusione*] to vanish, to dissolve; [*speranza*] to fade, to dissolve; [*ricordo*] to fade.
svanito /zva'nito/ **I** p.pass. → **svanire II** agg. *(svampito)* light-headed, air-headed COLLOQ. **III** m. (f. **-a**) air-head.
svantaggiato /zvantad'dʒato/ agg. disadvantaged; *(in uno stato di inferiorità)* underpriviledged; ***essere ~ rispetto a qcn.*** to be at a disadvantage compared to sb.
svantaggio, pl. **-gi** /zvan'taddʒo, dʒi/ m. disadvantage; ***i vantaggi e gli -gi di qcs.*** the pros and cons of sth.; ***gli -gi di non avere la macchina*** the inconveniences of having no car; ***andare, tornare a ~ di qcn.*** to be, to turn to sb.'s disadvantage; ***essere in ~*** to be at a disadvantage; ***avere dieci punti di ~*** to be ten points behind.
svantaggioso /zvantad'dʒoso/ agg. disadvantageous, unfavourable (**per** to).
svariati /zva'rjati/ agg.indef.pl. *(numerosi)* several, many.
svarione /zva'rjone/ m. bad mistake, blunder.
svasare /zva'zare/ [1] tr. **1** *(togliere dal vaso)* to repot [*pianta*] **2** SART. to flare [*gonna*].
svasato /zva'zato/ **I** p.pass. → **svasare II** agg. SART. [*gonna*] flared.
svasatura /zvaza'tura/ f. SART. flare.
svastica, pl. **-che** /'zvastika, ke/ f. swastika.
svecchiamento /zvekkja'mento/ m. modernization, renewal.
svecchiare /zvek'kjare/ [1] tr. to update [*libro*]; to renew [*guardaroba*].
svedese /zve'dese/ ➧ ***25, 16*** **I** agg. Swedish **II** m. e f. Swede; ***gli -i*** the Swedish **III** m. *(lingua)* Swedish.
sveglia /'zveʎʎa/ **I** f. **1** *(risveglio)* ***la ~ è alle sei*** wake-up time is six **2** *(orologio)* alarm clock; ***mettere*** o ***puntare la ~ alle sette*** to set the alarm for seven (o'clock) **3** MIL. reveille **II** inter. ***~!*** *(per svegliare)* wake up! *(per sollecitare)* get a move on! ♦♦ ***~ telefonica*** alarm *o* wake-up call; ***~ da viaggio*** carriage *o* travelling clock.
svegliare /zveʎ'ʎare/ [1] **I** tr. **1** to wake* (up), to awake(n)*; ***a che ora devo svegliarla?*** what time shall I call you in the morning? **2** FIG. *(scuotere dall'apatia)* to wake* up, to liven up; *(rendere avveduto)* to wake* up **3** FIG. *(stimolare)* to awaken*, to arouse [*curiosità*] **II svegliarsi** pronom. **1** to wake* (up), to awake(n)*; ***svegliati!*** wake up! **2** FIG. *(scuotersi dall'apatia)* to wake* up; *(scaltrirsi)* to wake* up, to open one's eyes.
sveglio, pl. **-gli**, **-glie** /'zveʎʎo, ʎi, ʎe/ agg. **1** awake mai attrib. **2** FIG. *(avveduto)* alert, quick-witted; *(intelligente)* bright, smart.
svelare /zve'lare/ [1] **I** tr. to disclose, to reveal, to uncover [*segreto, informazioni, complotto*] **II svelarsi** pronom. to reveal oneself.
svellere /'zvɛllere/ [92] tr. to eradicate.
sveltezza /zvel'tettsa/ f. *(velocità)* quickness, speed; *(prontezza)* quickness, alertness.
sveltimento /zvelti'mento/ m. speeding up, quickening; *(semplificazione)* simplification.
sveltina /zvel'tina/ f. VOLG. quickie.
sveltire /zvel'tire/ [102] **I** tr. **1** to speed* up **2** *(semplificare)* to quicken, to simplify [*procedura*] **3** FIG. *(rendere disinvolto)* to wake* up, to shake* up **II sveltirsi** pronom. **1** to speed* up, to become* quicker **2** FIG. *(diventare disinvolto)* to wake* up, to liven up.
svelto /'zvelto, 'zvɛlto/ agg. **1** [*passo*] quick; [*movimento*] nimble; ***essere ~ nel lavoro*** to be quick at work; ***su, -i!*** come on, quick! *o* hurry up! **2** FIG. *(sveglio)* alert, quick-witted; *(intelligente)* bright, smart **3 alla svelta** quickly; ***fai alla -a!*** hurry up! ♦ ***essere ~ di mano*** *(manesco)* to be quick to strike; *(incline al furto)* to be light- *o* nimble-fingered.
svenare /zve'nare/ [1] **I** tr. ***~ qcn.*** to cut sb.'s veins; FIG. to bleed sb. dry *o* white **II svenarsi** pronom. to cut* one's veins; FIG. to bleed* oneself dry *o* white.
svendere /'zvendere/ [2] tr. to sell* out, to undersell*.
svendita /'zvendita/ f. selling-off, sale.
svenevole /zve'nevole/ agg. [*persona*] mawkish; [*comportamento*] soppy.

svenevolezza /zvenevo'lettsa/ f. mawkishness, soppiness.

svenimento /zveni'mento/ m. faint(ing); ***avere uno ~*** to fall into a faint, to faint.

svenire /zve'nire/ [107] intr. (aus. *essere*) to faint; ***sentirsi ~*** to feel faint.

sventagliare /zventaʎ'ʎare/ [1] **I** tr. **1** *(fare aria a)* to fan **2** *(agitare)* to wave, to flourish [*biglietto, documento*] **II sventagliarsi** pronom. to fan oneself.

sventagliata /zventaʎ'ʎata/ f. **1** fanning **2** *(di arma automatica)* fanning burst.

sventare /zven'tare/ [1] tr. to foil, to thwart [*piano, attentato, complotto*].

sventato /zven'tato/ **I** p.pass. → **sventare II** agg. toughtless, heedless, scatter-brained **III** m. (f. **-a**) thoughtless person, scatterbrain.

sventola /'zventola/ f. **1** *(schiaffo)* slap, smack **2 a sventola** [*orecchie*] protruding.

sventolare /zvento'lare/ [1] **I** tr. to wave, to flutter [*fazzoletto*]; to wave, to flourish [*biglietto, documento*]; to fly*, to wave [*bandiera*]; to flutter [*ventaglio*] **II** intr. (aus. *avere*) [*bandiera*] to fly*, to wave **III sventolarsi** pronom. [*persona*] to fan oneself.

sventolio, pl. **-ii** /zvento'lio, ii/ m. waving, fluttering.

sventramento /zventra'mento/ m. **1** evisceration **2** EDIL. demolition, knocking down.

sventrare /zven'trare/ [1] tr. **1** to disembowel, to eviscerate [*vitello, maiale*]; to gut [*pesci*]; to draw* [*pollame*] **2** *(uccidere)* to disembowel [*persona*] **3** EDIL. to demolish, to knock down.

sventura /zven'tura/ f. **1** *(sfortuna)* bad luck, ill luck, misfortune; ***compagno di ~*** companion in misfortune **2** *(disgrazia)* misfortune, mishap; ***avere la ~ di fare*** to be unlucky enough to do.

sventurato /zventu'rato/ **I** agg. *(colpito da sventura)* [*persona*] unlucky, unfortunate; *(che arreca sventura)* [*giorno*] unlucky, ill-fated **II** m. (f. **-a**) unlucky person, wretch.

svenuto /zve'nuto/ **I** p.pass. → **svenire II** agg. unconscious, senseless; ***cadere a terra ~*** to fall to the floor in a faint.

sverginare /zverdʒi'nare/ [1] tr. *(deflorare)* to deflower.

svergognare /zvergoɲ'ɲare/ [1] tr. *(far vergognare)* to shame, to put* [sb.] to shame; *(smascherare)* to unmask.

svergognato /zvergoɲ'ɲato/ **I** p.pass. → **svergognare II** agg. [*persona*] shameless **III** m. (f. **-a**) shameless person.

svergolare /zvergo'lare/ [1] **I** tr. to twist, to warp **II svergolarsi** pronom. to become* twisted.

svernare /zver'nare/ [1] intr. (aus. *avere*) to winter.

sverniciare /zverni'tʃare/ [1] tr. to strip [*mobile*].

sverniciatore /zvernitʃa'tore/ m. paint remover, paint stripper.

svestire /zves'tire/ [3] **I** tr. to undress, to strip **II svestirsi** pronom. to undress (oneself), to strip, to take* off one's clothes.

svettare /zvet'tare/ [1] intr. (aus. *avere*) [*campanile, torre, albero, antenna*] to stand* (**su** over).

Svezia /'zvettsja/ ➧ ***33*** n.pr.f. Sweden.

svezzamento /zvettsa'mento/ m. weaning.

svezzare /zvet'tsare/ [1] tr. to wean (anche FIG.).

sviamento /zvia'mento/ m. deviation, misdirection.

sviare /zvi'are/ [1] **I** tr. **1** *(fare sbagliare strada a)* to lead* [sb.] astray, to misdirect **2** FIG. *(deviare)* to divert [*indagini*]; to divert, to distract [*attenzione*]; ***~ un discorso*** to sidetrack an issue; ***~ qcn. da qcs.*** to distract sb. from sth. **3** *(evitare)* to ward off [*colpo*] **4** FIG. *(traviare)* to lead* [sb.] astray [*persona*] **II sviarsi** pronom. to go* astray.

svicolare /zviko'lare/ [1] intr. (aus. *essere, avere*) COLLOQ. **1** to slip away, to sneak off **2** FIG. *(evitare un argomento)* to equivocate; *(evitare una situazione imbarazzante)* ***non puoi ~*** you can't wriggle out of it.

svignarsela /zviɲ'ɲarsela/ [1] pronom. to slip away, to slink* off.

svigorire /zvigo'rire/ [102] **I** tr. to weaken, to enfeeble **II svigorirsi** pronom. to weaken, to grow* feeble.

svilimento /zvili'mento/ m. debasement.

svilire /zvi'lire/ [102] tr. to debase.

sviluppare /zvilup'pare/ [1] **I** tr. **1** *(fare crescere)* to develop [*personalità, paese, economia*]; to expand [*progetto, attività*]; to build* up, to develop [*muscolo*] **2** *(ampliare)* to develop, to expand [*soggetto, racconto*]; to develop, to elaborate [*idea, teoria*] **3** FOT. to develop, to process [*pellicola*] **4** *(sprigionare)* to emit, to give* off [*calore, energia*] **II svilupparsi** pronom. **1** *(crescere)* [*persona, muscolo, personalità*] to develop; [*pianta*] to grow*; [*azienda, città, economia*] to develop, to grow*, to expand **2** *(raggiungere la pubertà)* [*adolescente*] to reach puberty, to develop **3** *(scoppiare, propagarsi)* [*epidemia, incendio*] to break* out **4** *(sprigionarsi)* [*calore, gas*] to come* out (**da** of).

sviluppato /zvilup'pato/ **I** p.pass. → **sviluppare II** agg. [*muscolo, paese*] developed.

sviluppatore /zvilupp a'tore/ m. FOT. developer.

sviluppo /zvi'luppo/ m. **1** *(crescita)* development; *(ampliamento)* development, expansion; ***età dello ~*** puberty, age of development; ***~ economico*** economic development *o* growth; ***l'azienda ha avuto un forte ~ negli anni '80*** the firm expanded greatly in the eighties; ***paese in via di ~*** developing nation *o* country **2** FOT. development, processing **3** CHIM. *(sprigionamento)* emission.

svincolare /zvinko'lare/ [1] **I** tr. **1** *(liberare) (da vincolo)* to release, to free; *(da ipoteca)* to redeem **2** COMM. *(sdoganare)* to clear **II svincolarsi** pronom. to free oneself.

svincolo /'zvinkolo/ m. **1** COMM. *(sdoganamento)* clearance **2** *(raccordo stradale)* junction.

sviolinare /zvjoli'nare/ [1] tr. COLLOQ. to flatter, to sweet-talk.

sviolinata /zvjoli'nata/ f. COLLOQ. flattery, sweet-talk.

sviscerare /zviʃʃe'rare/ [1] tr. to examine, to analyse [sth.] in depth [*problema, questione*].

sviscerato /zviʃʃe'rato/ **I** p.pass. → **sviscerare II** agg. *(intenso)* [*amore*] passionate, ardent; ***odio ~*** gut hatred.

svista /'zvista/ f. oversight, slip.

svitare /zvi'tare/ [1] **I** tr. to unscrew, to screw off [*bullone, tappo*] **II svitarsi** pronom. [*bullone*] to unscrew; [*tappo*] to unscrew, to screw off.

svitato /zvi'tato/ **I** p.pass. → **svitare II** agg. COLLOQ. [*persona*] screwy, screwball attrib., nutty; ***essere ~*** to have a screw loose **III** m. (f. **-a**) COLLOQ. screwball, nut.

svizzera /'zvittsera/ f. GASTR. hamburger.

Svizzera /'zvittsera/ ➧ ***33*** n.pr.f. Switzerland; ***~ italiana*** Italian-speaking Switzerland.

svizzero /'zvittsero/ ➧ ***25*** **I** agg. Swiss **II** m. (f. **-a**) Swiss.

svogliatamente /zvoʎʎata'mente/ avv. listlessly, unwillingly.

svogliatezza /zvoʎʎa'tettsa/ f. listlessness, slackness.

svogliato /zvoʎ'ʎato/ **I** agg. *(apatico)* [*persona*] listless, slack, unwilling; [*studente*] slack; *(pigro)* lazy **II** m. (f. **-a**) listless person.

svolazzante /zvolat'tsante/ agg. [*uccello*] fluttering; [*capelli*] streaming; [*gonna*] swirling.

svolazzare /zvolat'tsare/ [1] intr. (aus. *avere*) **1** *(volare)* [*uccello, insetto*] to flutter, to flit **2** *(al vento)* [*capelli*] to stream in the wind; [*gonna*] to swirl; [*tende*] to flutter.

svolazzo /zvo'lattso/ m. *(ornamento)* flourish.

svolgere /'zvɔldʒere/ [101] **I** tr. **1** *(srotolare)* to unwind* [*gomitolo, filo*]; to unroll [*pellicola*] **2** *(spacchettare)* to unwrap [*pacco*] **3** *(sviluppare)* to develop [*argomento*]; ***~ un tema*** SCOL. to write an essay **4** *(eseguire)* to carry out, to execute [*compito, programma*] **5** *(condurre)* to carry out, to conduct [*inchiesta, indagini*] **6** *(esercitare)* to exercise [*professione*]; to do* [*attività*]; to carry out, to perform [*missione, ruolo*] **II svolgersi** pronom. **1** *(srotolarsi)* [*filo*] to unwind* **2** *(avere luogo)* to take* place; *(procedere)* to go* on **3** *(avvenire)* to happen; ***come si sono svolti i fatti?*** what were the turn of events? **4** *(essere ambientato)* to be* set.

svolgimento /zvoldʒi'mento/ m. **1** *(srotolamento)* unwinding **2** *(sviluppo)* development; SCOL. *(di tema)* composition **3** *(esecuzione)* execution; *(progresso)* progress; ***la gara ha avuto uno ~ regolare*** the contest was conducted regularly; ***durante lo ~ della partita*** during the match, while the match was in progress.

svolta /'zvɔlta/ f. **1** *(azione di curvare)* ***divieto di ~ a destra, sinistra*** no right, left turn **2** *(curva)* bend, turn; ***prendi la***

prima ~ a destra take the first turn on the right **3** FIG. *(cambiamento)* turning point; POL. swing; ***segnare una ~*** to mark a turning point.

svoltare /zvol'tare/ [1] intr. (aus. *avere*) to turn; ***~ a destra, sinistra*** to turn right, left.

svolto /'zvɔlto/ **I** p.pass. → **svolgere II** agg. *(condotto)* ***un lavoro ben ~*** a job done well.

svuotamento /zvwota'mento/ m. emptying.

svuotare /zvwo'tare/ [1] **I** tr. to empty [*tasca, scatola, stanza*]; to empty, to drain [*serbatoio*]; *(svaligiare)* to clean out [*cassaforte*]; ***~ qcs. del suo significato*** FIG. to deprive sth. of all meaning **II svuotarsi** pronom. [*sala, città*] to empty; [*vasca, lavandino*] to drain.

swing /swing/ m.inv. MUS. swing.

t

t, T /ti/ m. e f.inv. t, T; ***a (forma di) T*** T-shaped.
t' → **1.ti**
T ⇒ tabacchi tobacconist's.
tabaccaio, pl. **-ai** /tabak'kajo, ai/ ➧ ***18*** m. (f. **-a**) **1** *(persona)* tobacconist **2** *(negozio)* tobacconist's.
tabaccheria /tabakke'ria/ ➧ ***18*** f. tobacconist's.
tabacchiera /tabak'kjɛra/ f. tobacco tin BE, tobacco can AE; *(per tabacco da fiuto)* snuffbox.
tabacco, pl. **-chi** /ta'bakko, ki/ ➧ ***3*** **I** m. **1** *(pianta)* tobacco (plant) **2** *(prodotto)* tobacco; ***~ da fiuto*** snuff; ***una presa di ~*** a pinch of snuff **II** agg. e m.inv. *(colore)* tobacco brown.
tabagismo /taba'dʒizmo/ ➧ ***7*** m. tabagism.
tabella /ta'bɛlla/ f. **1** table, chart, schedule; ***~ dei prezzi*** price list **2** *(tabellone)* (notice) board ♦♦ ***~ di marcia*** SPORT schedule (anche FIG.); ***essere in anticipo, ritardo sulla ~ di marcia*** to be ahead of, behind schedule.
tabellina /tabel'lina/ f. MAT. table; ***la ~ del sei*** the six-times table.
tabellone /tabel'lone/ m. **1** (notice) board; FERR. indicator (board); ***~ pubblicitario*** billboard, hoarding BE; ***~ delle partenze, degli arrivi*** arrivals, departures board; ***~ segnapunti*** scoreboard **2** SPORT *(nel basket)* backboard.
tabernacolo /taber'nakolo/ m. RELIG. BIBL. tabernacle.
tabù /ta'bu/ agg. e m.inv. taboo.
tabula rasa /'tabula'raza/ f.inv. tabula rasa; ***fare ~ di qcs.*** to make a clean sweep of sth.
1.tabulare /tabu'lare/ agg. tabular.
2.tabulare /tabu'lare/ [1] tr. to tabulate.
tabulato /tabu'lato/ m. *(prospetto)* tabulation; INFORM. printout.
tabulatore /tabula'tore/ m. tabulator, tab.
tabulazione /tabulat'tsjone/ f. tabulation.
tac /tak/ inter. clack.
TAC /tak/ f.inv. (⇒ tomografia assiale computerizzata computerized axial tomography) CAT; ***fare una ~*** to have a CAT scan.
tacca, pl. **-che** /'takka, ke/ f. **1** *(incisione)* notch, nick, (in)dent **2** FIG. *(difetto morale)* flaw, defect ♦ ***una (persona di) mezza ~*** a small-timer, a pipsqueak.
taccagneria /takkaɲɲe'ria/ f. stinginess, meanness.
taccagno /tak'kaɲɲo/ **I** agg. stingy, mean **II** m. (f. **-a**) miser, skinflint, cheeseparer.
taccheggiatore /takkeddʒa'tore/ m. (f. **-trice** /tritʃe/) shoplifter.
taccheggio, pl. **-gi** /tak'keddʒo, dʒi/ m. *(furto)* shoplifting.
tacchetto /tak'ketto/ m. **1** *(tacco sottile)* thin heel **2** *(di scarpe da calcio)* stud, spike.
tacchina /tak'kina/ f. turkey-hen.
tacchino /tak'kino/ m. turkey, gobbler COLLOQ.; *(maschio)* turkey cock.
tacciare /tat'tʃare/ [1] tr. ***~ qcn. di*** to tax sb. with.
tacco, pl. **-chi** /'takko, ki/ m. heel; ***scarpe coi -chi alti, bassi*** high-, low-heeled shoes; *(nel calcio)* ***colpo di ~*** heel; ***colpire di ~*** to heel ♦ ***alzare i -chi*** to show a clear pair of heels, to do a run; ***girare i -chi*** to turn on one's heels ♦♦ ***~ a spillo*** spike heel, stiletto (heel).
1.taccola /'takkola/ f. ORNIT. jackdaw.
2.taccola /'takkola/ f. BOT. mangetout, snow pea, sugar pea.
taccuino /takku'ino/ m. notebook, pad.
tacere /ta'tʃere/ [54] **I** tr. not to tell*, not to reveal, to keep* silent about [*segreto, verità*]; to leave* out, to omit, not to mention [*nome, particolare*] **II** intr. (aus. *avere*) **1** *(essere silenzioso)* [*persona*] to be* silent; [*natura, bosco*] to be* still; *(stare in silenzio)* [*persona*] to keep* quiet; *(diventare silenzioso)* [*persona*] to shut* up; [*natura, bosco*] to fall* silent; ***~ su qcs.*** not to say sth.; ***avresti fatto meglio a ~*** you should have kept quiet *o* your mouth shut; ***taci!*** shut up! hold your tongue! ***fare ~*** to hush (up), to quieten down, to shush [*persona, allievi*]; ***mettere a ~*** to hush up, to check, to lay, to spike, to suppress [*pettegolezzo, scandalo*]; to choke off, to cry down, to silence, to still [*opposizione, scettici*] **2** *(cessare)* [*rumore, musica*] to stop; ***l'orchestra tacque*** the orchestra stopped playing ♦ ***chi tace acconsente*** PROV. = silence means consent.
tachicardia /takikar'dia/ f. tachycardia.
tachigrafia /takigra'fia/ f. tachygraphy.
tachimetro /ta'kimetro/ m. speedometer, tachometer.
tacitare /tatʃi'tare/ [1] tr. **1** to hush up [*scandalo*] **2** COMM. to pay* off, to satisfy [*creditore*].
tacito /'tatʃito/ agg. tacit, implied; ***per ~ accordo*** by tacit agreement.
taciturno /tatʃi'turno/ agg. taciturn, silent.
tafano /ta'fano/ m. horsefly, gadfly, dun fly.
tafferuglio, pl. **-gli** /taffe'ruʎʎo, ʎi/ m. brawl, scuffle.
taffetà /taffe'ta/, **taffettà** /taffet'ta/ m.inv. taffeta.
taglia /'taʎʎa/ ➧ ***35*** f. **1** size; ***che ~ porti?*** what size are you *o* do you take? ***"~ unica"*** "one size (fits all)"; ***~ forte*** outsize **2** *(corporatura)* build; ***di grossa, piccola ~*** [*animale*] large-, small-sized **3** *(ricompensa)* reward, price, bounty, head money; ***mettere una ~ su qcn.*** to put a price on sb.'s head; ***c'è una ~ di 500 dollari su...*** there's a 500 dollar reward for...
tagliaborse /taʎʎa'borse/ m. e f.inv. cutpurse.
tagliaboschi /taʎʎa'bɔski/ m.inv. → **taglialegna.**
tagliacarte /taʎʎa'karte/ m.inv. paper knife*, letter opener.
tagliaerba /taʎʎa'ɛrba/ m.inv. (lawn)mower.
tagliafuoco /taʎʎa'fwɔko/ **I** agg.inv. ***muro ~*** fire wall **II** m.inv. firebreak, fire wall; *(in teatro)* safety curtain.
taglialegna /taʎʎa'leɲɲa/ ➧ ***18*** m.inv. woodcutter, woodman*, lumberjack, lumberer, lumberman*, feller, logger.
tagliando /taʎ'ʎando/ m. **1** *(cedola)* coupon, slip, receipt, check AE **2** AUT. ***fare il ~*** to have one's car serviced.
tagliare /taʎ'ʎare/ [1] **I** tr. **1** *(dividere in pezzi)* to cut* [*carta, tessuto, pane*]; to cut*, to chop [*legna, verdura, carne*]; ***~ qcs. con le forbici*** to scissor *o* snip sth.; ***~ (a fette) una torta*** to slice a cake, to cut a cake into slices; ***~ qcs. a pezzi*** to cut sth. into pieces *o* bits; ***~ qcs. a cubetti*** o ***dadini*** to dice *o* cube sth., to chop sth. into cubes **2** *(fare un taglio in)* to cut*, to slit* [*gola*]; to slash [*gomme*]; *(ferire)* [*manette, forbici*] to cut* **3**

(staccare) to cut* off [*ramo, fiore, testa, dito, arto*]; *(abbattere)* to cut* down, to chop (down) [*albero*] **4** *(interrompere l'erogazione di)* to cut* off [*luce, telefono*]; ***~ i viveri a qcn.*** to cut off sb.'s lifeline *o* supplies (anche FIG.) **5** *(accorciare)* to cut* [*capelli*]; to cut*, to clip [*unghie*]; to clip, to prune [*cespuglio, siepe*]; to cut*, to mow*, to trim [*erba, prato*]; ***(farsi) ~ i capelli*** to have one's hair cut *o* a haircut **6** ***~ una curva*** to cut a corner **7** SART. to cut* out **8** CINEM. to cut* (out) **9** FIG. *(ridurre)* to cut* (down), to shorten [*discorso, testo*]; to cut*, to reduce [*spese, sovvenzioni, budget*] **10** *(intersecare)* [*strada, ferrovia*] to cut*, to intersect [*strada*]; MAT. to intersect; ***il camion mi ha tagliato la strada*** the lorry cut across my path *o* cut me off **11** *(mescolare)* to cut* [*droga, vino*] **12** SPORT *(nel tennis, calcio)* to slice [*palla*]; ***~ il traguardo*** to reach the finish line **13** GIOC. to cut* [*mazzo*] **II** intr. (aus. *avere*) **1** *(essere affilato)* to cut*; ***attenzione, taglia!*** be careful, it's sharp! ***questo coltello taglia bene*** this knife cuts well **2** ***~ per i campi*** to cut through *o* strike across the fields; ***~ per una via laterale*** to cut down a side street **III tagliarsi** pronom. **1** *(ferirsi)* to cut* oneself; ***si è tagliato il labbro*** he cut his lip; ***-rsi le vene*** to slash one's wrists; *(amputarsi)* ***-rsi un dito*** to cut off one's finger **2** *(accorciarsi)* ***-rsi i capelli*** to cut one's hair; *(farsi tagliare)* to have one's hair cut *o* a haircut; ***-rsi le unghie*** to cut *o* clip one's nails; ***~ la barba*** to shave one's beard off **3** *(strapparsi)* [*cuoio, tessuto*] to split* ♦ ***~ corto*** to cut short, to make it short and sweet; ***~ la corda*** to flake off, to clear off BE, to scarper BE; ***~ fuori*** to cut off; ***quel vino mi ha tagliato le gambe*** that wine made me really drowsy *o* laid me out.

tagliatelle /taʎʎa'tɛlle/ f.pl. tagliatelle **U**, noodles.

tagliato /taʎ'ʎato/ **I** p.pass. → **tagliare II** agg. **1** [*scena, brano*] cut **2** [*vino, droga*] cut **3** *(adatto)* ***un vestito ~ apposta per te*** a dress tailor-made for you **4** FIG. *(portato)* ***essere ~ per qcs., per fare*** to be cut out *o* to have a talent for sth., for doing **5** SPORT [*palla*] cut, sliced.

tagliaunghie /taʎʎa'ungje/ m.inv. (nail) clippers pl.

tagliavetro /taʎʎa'vetro/ m.inv. glass cutter.

taglieggiare /taʎʎed'dʒare/ [1] tr. ***~ qcn.*** to extort money from sb.

taglieggiatore /taʎʎeddʒa'tore/ m. (f. **-trice** /tritʃe/) extortionist, extortioner.

tagliente /taʎ'ʎɛnte/ agg. **1** *(affilato)* [*coltello, lama*] sharp(-edged); [*pietra*] sharp **2** *(pungente)* [*freddo, vento*] biting **3** FIG. sharp, cutting; ***una persona dalla lingua ~*** a sharp-tongued person.

tagliere /taʎ'ʎɛre/ m. cutting board, chopping board; *(per il pane)* breadboard.

taglierina /taʎʎe'rina/ f. **1** TECN. shearer, cutter **2** *(per carta)* (paper) cutter **3** TIP. FOT. trimmer.

taglietto /taʎ'ʎetto/ m. small cut, snick.

taglio, pl. **-gli** /'taʎʎo, ʎi/ m. **1** *(azione)* cutting; *(di diamante, cristallo)* cutting, shaping; *(di torta, arrosto)* cutting, slicing; *(di albero)* chopping down, felling; *(di erba)* mowing; ***arma da ~*** cutting *o* sharp weapon **2** *(ferita)* cut, slash; *(amputazione)* amputation; *(incisione)* cut, incision; ***avere un ~ al*** o ***sul dito*** to have a cut finger; ***farsi un ~ al dito*** to cut one's finger; ***farsi un ~ con qcs.*** to get a cut from sth., to cut oneself with sth. **3** *(lacerazione, squarcio)* cut, slash; *(tacca)* clip, notch **4** FIG. *(rottura)* ***un ~ netto col passato*** a clean break with the past **5** *(pezzo tagliato)* cut; *(di stoffa)* length; ***~ di carne*** cut of meat; ***pizza al ~*** pizza by the slice **6** *(riduzione)* cut; *(di spese)* cut, cutback, retrenchment; ***-gli salariali, occupazionali*** wage, job cuts **7** *(eliminazione, censura)* cut; CINEM. cut, outtake; ***fare dei -gli a*** to make cuts in [*articolo, storia*] **8** *(pettinatura)* haircut, hairstyle; ***~ e piega*** cut and blow-dry **9** SART. *(foggia)* cut, style; ***un vestito di ~ classico*** a dress of classic cut; ***una giacca di buon ~*** a well-cut jacket; ***corso di ~ e cucito*** dressmaking course **10** *(di libro)* edge **11** *(parte tagliente)* edge; ***a doppio ~*** [*arma*] double-edged, two-edged **12** *(formato)* size **13** ***banconota di grosso, piccolo ~*** high, low denomination banknote **14** *(impostazione, tono)* ***un giornale di ~ conservatore*** a conservative newspaper; ***dare al discorso un ~ polemico*** to give a speech a polemical note *o* tone **15** *(forma data alle pietre preziose)* cut **16** *(a carte)* cut **17** ENOL. blending **18** SPORT ***colpire di ~ una palla*** to chop *o* snick a ball **19** MUS. ledger line ♦ ***dacci un ~!*** cut it out! stop it! ♦♦ ***~ cesareo*** MED. Caesarean (section), C-section.

tagliola /taʎ'ʎɔla/ f. trap, snare.

taglione /taʎ'ʎone/ m. talion; ***legge del ~*** talion.

tagliuzzare /taʎʎut'tsare/ [1] tr. to chop, to mince [*carne, verdure*]; to snip [*stoffa, carta*].

tailandese → **thailandese.**

Tailandia → **Thailandia.**

tailleur /ta'jɛr, ta'jœr/ m.inv. (two-piece) suit ♦♦ ***~ pantalone*** trouser suit BE, pantsuit AE.

tal /tal/ → **tale.**

talaltro /ta'laltro/ pron.indef. **1** *(qualche altro)* ***taluno ci riesce, ~ rinuncia*** some succeed, (some) others give up **2** *(qualche altra volta)* ***talvolta sì, -a no*** sometimes yes, sometimes no.

talamo /'talamo/ m. **1** LETT. *(letto)* nuptial bed; *(camera)* bridal chamber **2** BOT. ANAT. thalamus.

talare /ta'lare/ agg. ***abito*** o ***veste ~*** cassock.

talassemia /talasse'mia/ ♦ **7** f. thalassemia.

talassoterapia /talassotera'pia/ f. thalassotherapy.

talco, pl. **-chi** /'talko, ki/ m. **1** MIN. talc **2** *(da toilette)* talc, talcum (powder) ♦♦ ***~ mentolato*** mentholated talc *o* powder.

tale /'tale/ **I** agg.dimostr. **1** *(simile)* ***-i persone*** such people *o* people like that; ***non lo credevo capace di una ~ azione*** I didn't think he could do such a thing; ***in -i circostanze*** in such circumstances **2** *(in frasi esclamative)* ***c'è una ~ confusione!*** there's such a mess! ***è un ~ idiota!*** he's such an idiot! ***fa un ~ freddo!*** it's so cold! **3** *(questo)* ***in tal caso*** in that case; ***a ~ scopo*** for this purpose, to this end; ***a ~ proposito vorrei dire...*** in this regards I would like to say...; ***ho letto qualcosa a ~ proposito sul "Times"*** I read about it on the "Times" **4** *(uguale, così)* ***la questione è irrisolta e ~ rimarrà*** the question is unsettled and will remain so **5 come tale, in quanto tale** as such **6 tale che..., tale da...** ***c'era un ~ caldo*** o ***un caldo ~ che non si riusciva a dormire*** it was so hot we couldn't sleep; ***a tal punto che*** so much that **7** *(in correlazione con quale)* ***l'ho trovato ~ e quale*** I found him exactly the same; ***ho un vestito ~ (e) quale a questo*** I have a dress just like this one; ***essere ~ e quale a qcn.*** to be the spitting *o* very image of sb. **II** agg.indef. **1** ***un ~ signor Mori, un ~ Gino*** a (certain) Mr Mori, a (certain) Gino **2** ***quel ~ amico di cui ti ho parlato*** that friend I told you about; ***ci incontreremo il tal giorno alla tal ora*** we'll meet that day that time **III** pron.dimostr. ***lui è il ~ che cerchi*** he's the person *o* man *o* one you're looking for **IV** pron.indef. **1** ***ho conosciuto un ~ di Roma*** I met a guy *o* man from Rome; ***ho incontrato un ~ che dice di conoscerti*** I met someone *o* a person who says he knows you **2** ***c'è quel ~ dell'assicurazione*** there's that man from the insurance company ♦ ***il signor Tal dei Tali*** Mr Somebody(-or-other), Mr So-and-so; ***~ (il) padre, ~ (il) figlio*** like father like son.

talea /ta'lɛa/ f. AGR. cutting.

taleggio, pl. **-gi** /ta'leddʒo, dʒi/ m. GASTR. INTRAD. (kind of soft fatty cheese typical of Lombardy).

talento /ta'lɛnto/ m. **1** *(abilità)* talent, skill, ability; ***avere ~*** to be talented *o* gifted; ***avere ~ musicale, artistico*** to be musical, artistic **2** *(persona dotata)* talented person; ***cercare nuovi -i*** to scout for talent; ***incoraggiare i giovani -i*** to encourage young talent.

talismano /taliz'mano/ m. talisman.

tallonare /tallo'nare/ [1] tr. **1** *(seguire)* ***~ qcn.*** to be hot on sb.'s heels, to breathe down sb.'s neck **2** *(nel rugby)* to heel, to hook.

talloncino /tallon'tʃino/ m. **1** *(cedola)* coupon, slip **2** *(pubblicità)* (classified) ad.

tallone /tal'lone/ m. heel (anche TECN.) ♦♦ ***~ d'Achille*** Achilles' heel.

talmente /tal'mente/ avv. so; ***è ~ gentile, stupido*** he's so kind, stupid; ***un uomo ~ intelligente*** such a clever man; ***va ~ veloce*** it goes so fast; ***è ~ cresciuto*** he has grown so much; ***ho ~ tante cose da fare*** I've got so much to do.

talora /ta'lora/ avv. sometimes.

talpa /'talpa/ f. **1** ZOOL. mole **2** TECN. excavator, digger **3** FIG. *(infiltrato)* mole, plant, leaker AE ♦ ***cieco come una ~*** blind as a bat.

taluno /ta'luno/ v. la nota della voce **alcuno**. **I taluni** agg.indef.pl. some **II taluni** pron.indef.pl. some (people); ***-i pensano che..., talaltri...*** some (people) think that..., others... **III** pron.indef. *(qualcuno)* someone, somebody.
talvolta /tal'vɔlta/ avv. sometimes.
tamarindo /tama'rindo/ m. tamarind.
tamarisco, pl. **-schi** /tama'risko, ski/ m. tamarisk.
tambureggiamento /tamburedʤa'mento/ m. **1** *(di tamburo)* drumming **2** *(di arma da fuoco)* drumfire (anche FIG.).
tambureggiare /tambured'ʤare/ [1] intr. (aus. *avere*) **1** *(suonare il tamburo)* to drum **2** [*arma da fuoco*] to drum, to pound.
tamburellare /tamburel'lare/ [1] intr. (aus. *avere*) to drum; ***~ con le dita sul tavolo*** to drum (with) *o* tap *o* tattoo one's fingers on the table.
tamburello /tambu'rɛllo/ ➧ ***34*** m. **1** MUS. tambourine **2** SPORT tamburello **3** *(da ricamo)* tambour, embroidery frame.
tamburino /tambu'rino/ m. *(suonatore)* drummer (boy).
tamburo /tam'buro/ ➧ ***34*** m. **1** drum; ***suonare il ~*** to beat the drum; MUS. to play the drum **2** *(suonatore)* drummer **3** AUT. (brake) drum; ***freno a ~*** drum brake **4** TECN. drum; *(di pistola, orologio)* cylinder **5** ARCH. *(di colonna, cupola)* tambour ♦ ***a ~ battente*** immediately ♦♦ ***~ maggiore*** drum major; MIL. sergeant drummer.
tamerice /tame'ritʃe/ f. tamarisk.
Tamigi /ta'miʤi/ ➧ ***9*** n.pr.m. ***il ~*** the (river) Thames.
tampinare /tampi'nare/ [1] tr. REGION. *(seguire)* to dog, to tail, to shadow.
tamponamento /tampona'mento/ m. **1** AUT. bumping, crash **2** MED. tamponade **3** *(di falla)* plugging ♦♦ ***~ a catena*** (multiple) pile-up.
tamponare /tampo'nare/ [1] tr. **1** AUT. to crash into, to bump into [*veicolo*]; ***il bus li ha tamponati*** the bus piled into them **2** MED. to dab (at), to pad, to staunch [*ferita*] **3** to plug, to stop [*falla*].
tampone /tam'pone/ m. **1** *(di cotone, garza)* pad, tampon, dabber, pledget **2** *(assorbente interno)* tampon **3** *(per inchiostro)* desk pad, blotter; *(per timbri)* ink pad **4** MECC. plug, buffer, tampon **5** *(con valore aggettivale)* ***legge, provvedimento ~*** stopgap law, measure.
tamtam, tam-tam /tam'tam/ m.inv. **1** *(tamburo)* tom tom **2** FIG. grapevine.
tana /'tana/ f. **1** *(di belve)* den, lair; *(di animali più piccoli)* hole, nest, haunt; *(di lepre, coniglio)* burrow; *(di volpe)* hole, earth **2** FIG. *(nascondiglio)* den, lair **3** FIG. *(stamberga)* den, hole **4** *(nei giochi)* home.
tandem /'tandem/ m.inv. **1** tandem **2** FIG. ***lavorare in ~*** to work in tandem *o* in harness; ***il ~ Rossi-Bianchi*** the partnerhip Rossi-Bianchi.
tanfo /'tanfo/ m. stink, stench, reek, pong BE.
tanga /'tanga/ m.inv. tanga, G-string, thong.
tangente /tan'ʤɛnte/ **I** agg. tangent (**a** to) **II** f. **1** MAT. tangent **2** *(bustarella)* bribe, backhander, kickback ♦ ***partire per la ~*** to go off at *o* on a tangent.
tangentopoli /tanʤen'tɔpoli/ f.inv. Kick Back City.
tangenza /tan'ʤɛntsa/ f. **1** MAT. tangency **2** AER. ceiling.
tangenziale /tanʤen'tsjale/ **I** agg. MAT. FIS. tangential **II** f. bypass, beltway, ringroad BE.
tangere /'tanʤere/ [2] tr. LETT. *(riguardare)* ***la cosa non mi tange*** this thing doesn't concern me.
tanghero /'tangero/ m. boor, yokel.
tangibile /tan'ʤibile/ agg. tangible, touchable.
tango, pl. **-ghi** /'tango, gi/ m. tango; ***ballare il ~*** to tango, to dance the tango.
tanica, pl. **-che** /'tanika, ke/ f. can, tank; ***~ di benzina*** petrol can BE, gas can AE; ***~ di olio*** oil can.
tannino /tan'nino/ m. tannin.
tantino /tan'tino/ **I** pron.indef. COLLOQ. ***un ~*** a (little) bit, a touch **II** avv. COLLOQ. ***mi riposo un ~*** I'll rest for a little while; ***oggi sto un ~ meglio*** today I feel a little better.
tanto /'tanto/ *Tanto* può essere principalmente usato come aggettivo, pronome o avverbio. - Come aggettivo e come pronome, si traduce con *much* davanti o al posto di nomi non numerabili (*tanto vino* = much wine; *tanto denaro* = much money; *ne hai bevuto tanto?* = have you drunk much (of it)?) e *many* davanti o al posto di sostantivi plurali (*tanti nemici* = many enemies; *ce ne sono tanti* = there are many (of them)). Si noti che *much* e *many* sono preferibilmente usati in frasi negative e interrogative, mentre in frasi affermative sono spesso sostituiti da *a lot (of), lots (of)* (d'uso colloquiale, davanti a nomi numerabili plurali), *plenty (of), a great deal (of)*: *tante persone* = a lot of people; *guadagno tanto* = I earn a lot. - Come avverbio, *tanto* si usa dopo un verbo, e in tal caso si traduce *very much* o *a lot* in frase affermativa e *much* in frase negativa e interrogativa (*spero tanto che...* = I hope very much that...; *ho studiato tanto* = I studied a lot; *non bevo mai tanto* = I never drink much; *ha bevuto tanto?* = did he drink much?); quando precede un altro avverbio o un aggettivo, si traduce con *so* o *such* (*è tanto veloce che...* = he is so fast that...; *è una studentessa tanto intelligente!* = she's such an intelligent student!), ma se tale avverbio o aggettivo è al comparativo, *tanto* si rende con *much* (*tanto più presto* = much sooner; *tanto più veloce* = much faster). - Per gli altri usi di *tanto* e gli esempi relativi, si veda la voce qui sotto. ➧ ***31*** **I** agg.indef. **1** *(un gran numero di)* many, a lot of; ***-e volte*** many times; ***-i libri*** a lot of *o* a large number of *o* many books; ***-i anni fa*** many years ago **2** *(una gran quantità di)* ***avere -i soldi*** to have lots *o* plenty of *o* a great deal of money; ***non ho -i soldi*** I don't have much money; ***c'è ancora ~ tempo*** there's still plenty of time; ***~ tempo fa*** a long time ago; ***fare -a strada*** to go a long way; ***-e grazie!*** thank you very much! ***-i saluti*** best regards **3** *(molto, intenso)* ***con -a cura, pazienza*** with much *o* great care, patience; ***ho -a fame, paura*** I'm very hungry, scared; ***la tua visita mi ha fatto ~ piacere*** your visit really pleased me **4** *(con valore consecutivo)* ***c'era (così) ~ traffico che sono arrivato in ritardo*** there was so much traffic (that) I arrived late **5** *(in comparativi di uguaglianza)* ***non ho ~ denaro quanto te*** I haven't got as much money as you (have) **6** *(tot)* ***ogni -i anni*** every so many years **7** *(altrettanto)* ***-e teste, -e opinioni*** there are as many opinions as there are people **II** pron.indef. **1** *(grande quantità, molto)* much, a lot; ***ho ~ da fare*** I've got a lot of things to do; ***ha ancora ~ da imparare*** he still has a lot to learn; ***non ci vuole ~ a capirlo*** it doesn't take much understanding; ***mi ha insegnato ~!*** he taught me so much *o* so many things! ***10.000 euro sono -i*** 10,000 euros is a lot of money **2** *(gran numero)* ***-i dei luoghi che abbiamo visitato*** many of the places we visited **3** *(molte persone)* ***-i (di loro) sono pensionati*** many (of them) are pensioners; ***siamo in -i*** there are many of us **4** *(quantità specifica)* ***è ~ così più alto di te*** he's this much taller than you **5** *(molto tempo)* ***è ~ che aspetti?*** have you been waiting long? ***non ci metterò ~*** I won't be long; ***è da ~ che non ci vediamo*** it's been so long since we last met **6** *(molta distanza)* ***non c'è ~ da qui alla stazione*** it's not very far from here to the station **7** *(una gran cosa)* ***è già ~ se non ci sbatte fuori*** we'll be lucky if he doesn't throw us out; ***è già ~ che sia venuta*** it's already saying a lot that she came **8 tanto quanto** ***aggiungi ~ brodo quanto basta per coprire la carne*** add enough broth to cover the meat **9 tanto... quanto** ***lo dico non ~ per me quanto per te*** I'm not saying it for my benefit but for yours **10 a dir tanto** at the outmost; ***prenderà la sufficienza, a dir ~*** he'll get a pass, if he's lucky; ***a dir ~ ci vorranno ancora due ore*** it will take another two hours at the outmost **III** avv. **1** *(con un verbo)* ***lavorare, parlare ~*** to work, talk much *o* a lot; ***l'Austria non mi attira ~*** Austria doesn't really appeal me; ***perché te la prendi ~?*** why do you care so much? ***senza pensarci ~*** without thinking so much about it **2** *(con un avverbio)* ***sto ~ bene qui*** I feel so good in here; ***~ lontano da qui*** so far away from here; ***~ rapidamente*** very quickly; ***così ~*** so much **3** *(con un aggettivo)* ***~ amato, chiacchierato*** much-loved, much-talked about; ***~ atteso*** long awaited, longed-for; ***si crede ~ furbo*** he thinks he's so smart; ***una cosa ~ bella*** such a beautiful thing; ***è davvero ~ importante?*** does it really matter? **4** *(con comparativi)* ***è ~ più alta di lui*** she's much taller than him **5 ogni tanto, di tanto in tanto** from time to time, every now and again; ***vedere qcn. di ~ in ~*** to see sb. occasionally *o* on and off **6** *(altrettanto)* as much; ***due, tre volte ~*** twice, three times as much; ***cento volte ~*** a hundredfold **7 tanto... quanto** *(in proposizione comparativa)*

è ~ bello quanto interessante it's as beautiful as interesting; ho pagato ~ quanto lei I paid as much as she did; (sia... sia) l'ho spiegato ~ a lei quanto a lui I explained it both to her and to him 8 tanto... che, tanto... da ha mangiato ~ da sentirsi male he ate so much that he felt sick; essere ~ fortunato da fare to be lucky enough to do 9 quanto più... tanto più quanto più si invecchia, ~ più si diventa saggi the older you grow, the wiser you get 10 tanto più... tanto meno ~ più lo conosco, ~ meno lo capisco the more I know him, the less I understand him 11 tanto meno non l'ho mai visto, né ~ meno gli ho parlato I've never seen him, much less spoken to him; nessuno può andarsene, ~ meno lui nobody can leave, least of all him 12 tanto per ~ per cambiare for a change; ~ per cominciare to begin with, for a start; ~ per parlare o per dire just to say something; ~ per sapere, l'hai fatto veramente? just for the record, did you really do it? 13 tanto vale just as well; ~ valeva che glielo chiedessi it would be just as well as you asked him *o* you might as well had asked him; ~ vale dire che... you might just as well say that... IV m.inv. 1 *(tot)* essere pagato un ~ a pagina, al mese to be paid so much a page, a month; un ~ alla o per volta so much at the time 2 *(seguito dal partitivo)* mi guardò con ~ d'occhi he stared wide-eyed at me V cong. prendilo pure, ~ non mi serve take it, I don't need it; ~ è lo stesso it makes no difference; è inutile, ~ non sta a sentire! it's no use, he won't listen! ♦ ~ peggio! (so) much the worse! too bad! ~ meglio (così) (so) much the better; ~ meglio per te good for you; ~ di guadagnato all the better; non lo credevo capace di ~ I didn't think he would go that far; non sono mai arrivato a ~ I've never done such things; ~ (mi) basta! it's enough (for me)! né ~ né poco not at all; quel ~ che basta per... enough to...; se ~ mi dà ~... if this is the result..., if that's what I get...; non farla ~ lunga! don't act it out! ~ più che... all the more so because; ~ ha detto e ~ ha fatto che... he insisted *o* pestered so much that...; una volta ~ just for once *o* once and for all.

tanzaniano /tandza'njano/ ♦ 25 I agg. Tanzanian II m. (f. -a) Tanzanian.

taoismo /tao'izmo/ m. Taoism.

taoista, m.pl. -i, f.pl. -e /tao'ista/ agg., m. e f. Taoist.

tapino /ta'pino/ m. (f. -a) LETT. wretch; me ~! poor me! dear me! woe is me!

tapioca /ta'pjɔka/ f. tapioca.

tapiro /ta'piro/ m. tapir.

tapis roulant /ta'piru'lan/ m.inv. *(per cose)* conveyor belt; *(per persone)* moving walkway, travelator, people mover AE.

tappa /'tappa/ f. 1 *(parte di viaggio)* stage, lap, leg; a piccole -e in easy stages; percorrere una ~ di 300 km to travel a distance of 300 km 2 *(sosta)* stop, stay, halt, layover AE; fare (una) ~ to stop off *o* over; fare ~ a Londra to stop (off) in London 3 SPORT stage 4 FIG. *(fase)* stage, step, phase; una ~ importante della sua vita a milestone in his life ♦ bruciare le -e to shoot ahead *o* to the top, to jump a stage.

tappabuchi /tappa'buki/ m. e f.inv. COLLOQ. fill-in, stopgap; fare il o da ~ to act as a stopgap.

tappare /tap'pare/ [1] I tr. 1 *(chiudere)* to cork (up) [*bottiglia*]; ~ la bocca a qcn. FIG. to silence *o* shut sb. up 2 *(otturare)* to plug (up), to stop (up), to seal (up) [*fessura*]; ~ un buco to plug *o* stop a hole; FIG. to step into a breach 3 *(sigillare)* to seal (up) [*finestra*] II tapparsi pronom. 1 *(otturarsi)* [*scarico*] to get* blocked (up), to clog (up) 2 *(chiudersi)* [*orecchie*] to pop; mi si è tappato il naso my nose got stuffed up *o* blocked; -rsi in casa [*persona*] to shut oneself up (in one's house); -rsi il naso to hold one's nose; -rsi le orecchie *(con le mani)* to cover *o* shut one's ears; *(con cotone ecc.)* to plug one's ears; -rsi gli occhi to close *o* shut one's eyes; tappati la bocca! shut your mouth *o* trap! shut up!

tapparella /tappa'rɛlla/ f. (roller) shutter, blind; alzare, abbassare le -e to pull up, down the blinds.

tappato /tap'pato/ I p.pass. → tappare II agg. [*naso*] stuffy, blocked, stuffed up; [*tubo*] clogged, blocked.

tappetino /tappe'tino/ m. mat, rug; *(da bagno)* bath mat; *(dell'auto)* carmat; *(del mouse)* mouse pad, tablet.

tappeto /tap'peto/ m. 1 carpet, rug; ~ persiano Persian carpet 2 FIG. un ~ di fiori, di muschio a carpet of flowers, of musk 3 SPORT canvas; essere al ~ to be on the canvas; mandare o mettere qcn. al ~ to floor sb., to knock sb. out (anche FIG.); andare al ~ to be knocked down, to go down 4 a tappeto bombardamento a ~ carpet *o* area *o* saturation bombing, sweep ♦♦ ~ elastico trampoline; ~ erboso lawn, turf, grassplot; ~ di preghiera prayer mat *o* rug; ~ verde *(rivestimento)* baize; *(tavolo da gioco)* gambling table; ~ volante magic carpet.

tappezzare /tappet'tsare/ [1] tr. to (wall)paper [*stanza*]; to upholster, to cover [*poltrona, sofà*]; ~ una stanza di fotografie to cover a room with pictures.

tappezzeria /tappettse'ria/ f. 1 *(di carta)* wallpaper; *(di stoffa)* wall covering, wall hanging, tapestry 2 *(di automobile, divano)* upholstery 3 *(arte del tappezziere)* upholstery ♦ fare ~ to be a wallflower.

tappezziere /tappet'tsjɛre/ ♦ 18 m. (f. -a) decorator, paper-hanger; *(chi fodera poltrone)* upholsterer.

tappo /'tappo/ m. 1 *(di bottiglia)* (bottle) top; *(di metallo)* cap; *(di sughero)* cork; il vino sa di ~ this wine is corked 2 *(di lavandino)* plug; togliere il ~ to pull out the plug 3 *(ostruzione)* plug; fare (da) ~ to plug; ~ di cerume plug of ear-wax 4 FIG. SCHERZ. *(persona bassa)* shorty ♦♦ ~ a corona crown cap; ~ del serbatoio AUT. petrol cap BE, filler cap BE, gas cap AE; -i per le orecchie earplugs.

TAR /tar/ m. (⇒ tribunale amministrativo regionale) = regional administrative court of law.

tara /'tara/ f. 1 COMM. tare 2 MED. -e ereditarie hereditary taints ♦ bisogna fare la ~ alle cose che dice you must take what he says with a grain of salt.

tarallo /ta'rallo/ m. GASTR. INTRAD. (salty or sweet ring-shaped biscuit typical of the South of Italy).

taralluccio, pl. -ci /taral'luttʃo, tʃi/ m. GASTR. INTRAD. → tarallo.

tarantella /taran'tɛlla/ f. tarantella.

tarantola /ta'rantola/ f. tarantula.

tarare /ta'rare/ [1] tr. 1 COMM. to tare [*merce*] 2 TECN. to calibrate [*strumento di misura*].

tarato /ta'rato/ I p.pass. → tarare II agg. 1 COMM. tared 2 TECN. [*strumento*] calibrated 3 MED. affected by a hereditary taint 4 SPREG. *(anormale, stravagante)* weird, mad.

taratura /tara'tura/ f. 1 COMM. taring 2 TECN. calibration, scaling.

tarchiato /tar'kjato/ agg. heavy-set, thickset, stocky, stumpy, square built.

tardare /tar'dare/ [1] I intr. (aus. *avere*) 1 *(metterci tempo)* to be* late, to be* long; ~ a fare qcs. to delay doing sth.; non tarderà a rendersene conto he will soon realize it; ~ a rispondere to be late answering, to be slow to answer; ~ ad arrivare [*stagione, reazione*] to be late; non tarderanno ad arrivare they will soon be here; ormai non dovrebbe ~ he won't be long now 2 *(essere in ritardo)* ~ a un appuntamento to be late for an appointment II tr. to delay.

tardi /'tardi/ avv. late; è (troppo) ~ it's (too) late; presto o ~ sooner or later; si sta facendo ~ it's getting late, time's getting on; al più ~ at the latest; qualche giorno più ~ a few days later; arrivare sempre ~ to be always late; di pomeriggio ~ late in the afternoon; lavorare fino a ~ to work late; fare o tirare ~ to have a late night, to keep late hours; pranzare ~ to have a late lunch; non fate ~! don't be late! ♦ meglio ~ che mai PROV. better late than never; chi ~ arriva male alloggia first come first served.

tardivo /tar'divo/ agg. [*stagione, frutto*] late; [*provvedimento*] late, belated; [*pentimento, rimpianto*] late, tardy, belated.

tardo /'tardo/ agg. 1 late; a -a ora at a late hour; nel ~ pomeriggio late in the afternoon, in the late afternoon; a notte -a late at night; lavorare fino a -a notte to work late *o* long *o* deep *o* far into the night; vivere fino a -a età to live to a ripe old age; un'opera -a di Goethe a late work by Goethe; *(di epoca storica)* ~ rinascimento late Renaissance 2 *(tardivo)* [*confessione*] late, tardy, belated 3 *(lento nel comprendere)* slow, tardy, backward; essere ~ d'ingegno to have a dull wit, to be dull-witted.

tardona /tar'dona/ f. COLLOQ. mutton dressed (up) as lamb.

targa, pl. -ghe /'targa, ge/ f. 1 *(piastra)* plaque; *(di metallo)* plate; *(con nome)* name plate; *(sulla porta)* name plate, door plate; *(commemorativa)* (commemorative) plaque, tablet 2 *(di veicolo)* (licence) plate, numberplate BE, (license) tag AE;

numero di ~ registration number; ***prendere il numero di ~, la ~*** to take a car's number **3** *(premio)* plate, trophy.
targare /tar'gare/ [1] tr. to provide with a (licence) plate.
targato /tar'gato/ **I** p.pass. → **targare II** agg. [*veicolo*] with a (licence) plate; ***un'auto -a Torino*** a car with Turin plates.
targhetta /tar'getta/ f. *(con nome)* name plate; *(sulla porta)* name plate, door plate ♦♦ ***~ d'identificazione*** name tag, badge.
tariffa /ta'riffa/ f. rate, tariff, fee; *(di mezzi di trasporto)* fare; ***pagare la ~ intera*** to pay full price ♦♦ ***~ doganale*** (customs) tariff; ***~ ferroviaria*** railway fare ***~ intera*** full fare; TEL. peak (rate); ***~ notturna*** night rate; ***~ oraria*** hourly rate; ***~ ridotta*** discount *o* cut fare; TEL. off-peak rate; ***-e postali*** postage (rates); ***-e telefoniche*** telephone charges.
tariffario, pl. **-ri**, **-rie** /tarif'farjo, ri, rje/ **I** agg. rate attrib., price attrib. **II** m. price list.
tarlare /tar'lare/ [1] intr. (aus. *essere*), **tarlarsi** pronom. [*mobile*] to get* worm-eaten.
tarlato /tar'lato/ **I** p.pass. → **tarlare II** agg. worm-eaten, wormy.
tarlatura /tarla'tura/ f. wormhole.
tarlo /'tarlo/ m. **1** *(del legno)* woodworm **2** FIG. worm, gnawing; ***il ~ del dubbio, della gelosia*** the worm of doubt, the pangs of jealousy; ***ho un ~ che mi rode*** I've a niggle in the back of my mind.
tarma /'tarma/ f. (clothes) moth.
tarmare /tar'mare/ [1] intr. (aus. *essere*), **tarmarsi** pronom. [*indumenti*] to get* moth-eaten.
tarmato /tar'mato/ **I** p.pass. → **tarmare II** agg. [*indumento*] moth-eaten.
tarmicida /tarmi'tʃida/ agg. e m. moth killer.
1.tarocco, pl. **-chi** /ta'rɔkko, ki/ ♦ ***10*** m. *(carta)* tarot; ***giocare ai -chi*** to play tarot.
2.tarocco, pl. **-chi** /ta'rɔkko, ki/ m. *(arancia)* = kind of Sicilian orange.
tarpare /tar'pare/ [1] tr. to clip (anche FIG.); ***~ le ali a qcn.*** to clip sb.'s wings.
tarso /'tarso/ m. ANAT. ZOOL. tarsus*.
tartagliare /tartaʎ'ʎare/ [1] intr. (aus. *avere*) to stammer, to stutter.
1.tartaro /'tartaro/ **I** agg. **1** Ta(r)tar, Tartarian **2** GASTR. ***salsa -a*** tartar sauce; ***carne (alla) -a*** steak tartare **II** m. (f. **-a**) **1** Ta(r)tar **2** LING. Ta(r)tar.
2.tartaro /'tartaro/ m. **1** *(dei denti)* tartar, scale **2** CHIM. tartar **3** *(di vino)* tartar, argol.
tartaruga, pl. **-ghe** /tarta'ruga, ge/ f. **1** ZOOL. *(di mare)* (sea) turtle; *(di terra)* tortoise **2** *(materiale)* ***pettine di ~*** tortoiseshell comb **3** FIG. *(persona lenta)* slowcoach, slowpoke AE; ***essere una ~*** to be as slow as a snail.
tartassare /tartas'sare/ [1] tr. **1** *(tormentare)* to harrass, to give* a hard time to [*studente, testimone*]; [*fisco*] to squeeze [*contribuenti*] **2** *(criticare)* to be* hard on [*autore, opera*].
tartina /tar'tina/ f. canapé, open sandwich BE, open-face(d) sandwich AE; ***~ al salmone*** open(-faced) salmon sandwich.
tartufato /tartu'fato/ agg. truffled.
tartufo /tar'tufo/ m. **1** BOT. truffle, earth-nut; ***~ bianco, nero*** white, black truffle; ***cane da -i*** truffle-dog **2** ZOOL. ***~ (di mare)*** sea truffle **3** COLLOQ. FIG. *(di cane)* nose.
tasca, pl. **-sche** /'taska, ske/ f. **1** *(di indumento)* pocket; ***mettersi qcs. in ~*** to put sth. in one's pocket, to pocket sth.; ***con le mani in ~*** with one's hands in one's pocket; ***frugare nelle -sche di qcn.*** to go through sb.'s pockets; ***svuotare le -sche a qcn.*** to empty out sb.'s pockets; FIG. to clear sb. out, to pick sb.'s pocket **2** *(scomparto)* pocket, division, compartment **3** ANAT. ZOOL. pouch, sac **4** *(da pasticciere)* piping bag, pastry bag AE ♦ ***conoscere qcs. come le proprie -sche*** to know sth. like the back of one's hand *o* through and through; ***avere le -sche vuote, non avere un soldo in ~*** to be penniless *o* broke; ***averne le -sche piene di*** to be fed up (to the back teeth) with, to be sick (and tired) of; ***avere la vittoria in ~*** to have the victory in the bag, to be sure to win; ***fare i conti in ~ a qcn.*** = to reckon sb.'s worth; ***pagare (qcs.) di ~ propria*** to pay (for sth.) out of one's own pocket; ***non mi viene nulla in ~*** I've nothing to gain from it.
tascabile /tas'kabile/ **I** agg. pocket attrib.; ***libro ~*** pocketbook, paperback (book), softback; ***in edizione ~*** in paperback **II** m. pocketbook, paperback (book), softback.
tascapane /taska'pane/ m.inv. haversack.
taschino /tas'kino/ m. **1** *(piccola tasca)* small pocket **2** *(di giacca)* breast pocket; *(di panciotto, gilet)* vest pocket; ***orologio da ~*** pocket watch; ***fazzoletto da ~*** pocket-handkerchief.
tassa /'tassa/ f. tax; *(per un servizio)* fee; ***pagare le -e*** to pay (one's) taxes; ***evadere le -e*** to evade taxes, to avoid taxation ♦♦ ***~ di ammissione*** (entrance) fee; ***~ di circolazione*** road tax; ***~ d'iscrizione*** → **~ di ammissione**; ***~ postale*** postage; ***~ di successione*** DIR. death duty, estate duty BE *o* tax AE, inheritance tax AE; ***-e scolastiche*** school fees; ***-e universitarie*** tuition fees.
tassabile /tas'sabile/ agg. taxable, chargeable, dutiable.
tassametro /tas'sametro/ m. taximeter.
tassare /tas'sare/ [1] **I** tr. to tax **II tassarsi** pronom. ***-rsi di 30 euro*** to contribute 30 euros (**per** towards).
tassativamente /tassativa'mente/ avv. peremptorily, absolutely; ***~ vietato*** strictly forbidden.
tassativo /tassa'tivo/ agg. peremptory, imperative; ***un no ~*** an absolute, a definite no.
tassazione /tassat'tsjone/ f. taxation; ***essere soggetto a ~*** to be liable to *o* for tax, to be taxable.
tassello /tas'sɛllo/ m. **1** TECN. plug **2** *(di collant)* gusset **3** *(assaggio di cocomero, formaggio)* wedge **4** FIG. ***gli ultimi -i*** the last pieces ♦♦ ***~ a espansione*** (expansion) bolt, Rawlplug®; ***~ a muro*** nog.
tassì /tas'si/ → **taxi.**
tassidermia /tassider'mia/ f. taxidermy.
tassidermista, m.pl. **-i**, f.pl. **-e** /tassider'mista/ ♦ ***18*** m. e f. taxidermist.
tassista /tas'sista/ ♦ ***18*** → **taxista.**
1.tasso /'tasso/ m. **1** ECON. rate; ***finanziamento a ~ zero*** 0% finance, free finance, interest-free loan **2** STATIST. rate, figure, percentage; ***~ di disoccupazione, criminalità*** unemployment, crime figures *o* rate **3** MED. level, count; ***~ di colesterolo*** cholesterol level *o* count ♦♦ ***~ d'inflazione*** inflation rate, rate of inflation; ***~ d'interesse*** interest (rate); ***~ di mortalità*** mortality rate, death rate; ***~ di natalità*** birthrate; ***~ di sconto*** discount rate, bank rate.
2.tasso /'tasso/ m. ZOOL. badger, brock.
3.tasso /'tasso/ m. **1** *(albero)* yew (tree) **2** *(legno)* yew.
tassonomia /tassono'mia/ f. taxonomy.
tastare /tas'tare/ [1] tr. to feel*, to touch [*oggetto, frutta*]; ***~ il polso a qcn.*** to take *o* feel sb.'s pulse ♦ ***~ il terreno*** to find out how the land lies, to spy out the land.
tastiera /tas'tjɛra/ ♦ ***34*** f. **1** MUS. keyboard; *(di strumenti a corda)* fingerboard; ***suonare le -e*** to play keyboards **2** *(di macchina da scrivere, computer)* keyboard **3 a tastiera** ***strumento a ~*** keyboard instrument; ***telefono a ~*** push-button phone, touch-tone phone AE.
tastierista, m.pl. **-i**, f.pl. **-e** /tastje'rista/ ♦ ***34, 18*** m. e f. **1** MUS. keyboards player **2** TIP. INFORM. keyboard operator, keyboarder.
tasto /'tasto/ m. *(di tastiera, apparecchio)* key; *(pulsante)* button, switch; *(di mouse)* button; *(di strumento a corda)* fret; ***~ delle maiuscole*** shift key; ***battere sui -i*** to tap *o* hit on the keys ♦ ***battere (sempre) sullo stesso ~*** to harp on the same subject; ***è meglio non toccare questo ~*** it's better to keep off that subject; ***toccare un ~ dolente*** to touch on a sore point; ***toccare il ~ giusto*** to strike *o* touch the right chord.
tastoni /tas'toni/ avv. ***(a) ~*** gropingly; ***andare*** o ***procedere (a) ~*** to feel one's way (anche FIG.); ***cercare qcs. (a) ~*** to feel around *o* to grope for sth.
tata /'tata/ f. COLLOQ. nanny.
tattica, pl. **-che** /'tattika, ke/ f. **1** MIL. tactics + verbo sing. **2** FIG. *(comportamento)* approach, tack; *(strategia)* tactic, strategy ♦♦ ***~ di gioco*** game plan.
tattico, pl. **-ci**, **-che** /'tattiko, tʃi, ke/ **I** agg. tactical **II** m. (f. **-a**) tactician.
tattile /'tattile/ agg. tactile.
tatto /'tatto/ m. **1** FISIOL. touch; ***senso del ~*** sense of touch; ***morbido al ~*** soft to the touch *o* feel; ***riconoscere qcs. al ~*** to recognize sth. by touch *o* by the feel of it **2** FIG. tact, tactfulness, soft touch, delicacy; ***avere ~*** to be tactful; ***mancanza di ~*** tactlessness, indiscretion; ***privo di ~*** tactless, undiplomatic.

tatuaggio, pl. **-gi** /tatu'addʒo, dʒi/ m. tattoo; *(pratica)* tattooing, tattoo; ***farsi fare un ~*** to have oneself tattooed, to be tattooed; ***farsi fare un ~ sul braccio*** to have one's arm tattooed.
tatuare /tatu'are/ [1] tr. to tattoo; ***farsi ~ il petto*** to have one's chest tattooed; ***farsi ~ un'aquila sulla schiena*** to have an eagle tattooed on one's back.
taumaturgia /taumatur'dʒia/ f. thaumaturgy.
taumaturgico, pl. **-ci**, **-che** /tauma'turdʒiko, tʃi, ke/ agg. thaumaturgic(al).
taumaturgo, m.pl. **-ghi**, f.pl. **-ghe** /tauma'turgo, gi, ge/ m. (f. **-a**) thaumaturge, thaumaturgist, miracle worker, wonder-worker.
taurino /tau'rino/ agg. bull attrib., taurine FORM.; ***collo ~*** bull neck.
tautologia /tautolo'dʒia/ f. tautology.
tautologico, pl. **-ci**, **-che** /tauto'lɔdʒiko, tʃi, ke/ agg. tautological.
taverna /ta'vɛrna/ f. *(osteria)* tavern, inn; *(bettola)* dive, joint, greasy spoon, honk.
tavola /'tavola/ f. **1** *(asse)* board, plank, slab; ***~ del pavimento*** floorboard **2** FIG. ***il mare è una ~*** the sea is as smooth as glass **3** *(tavolo da pranzo)* (dining) table; ***a ~!*** lunch *o* dinner (is ready)! time for lunch *o* dinner! ***portare*** o ***servire in ~*** to put the food on the table, to serve; ***preparare*** o ***apparecchiare la ~*** to set *o* lay the table; ***mettersi*** o ***sedersi a ~*** to sit down at the table, to dinner; ***essere a ~*** to be having lunch *o* dinner; ***alzarsi da ~*** to leave (the) table, to get up from the table, to get down **4** *(cucina)* ***amare la buona ~*** to enjoy good food; ***i piaceri della ~*** the pleasures of the table *o* of good food **5** *(quadro)* painting (on wood); ***una ~ di Raffaello*** a painting by Raphael **6** MAT. table; ***-e dei logaritmi*** o ***logaritmiche*** log tables **7** EDIT. TIP. *(illustrazione)* illustration, plate; *(tabella)* table **8** *(tavoletta)* tablet, table; ***le -e della legge*** BIBL. the Tables of the Law **9 da tavola** [*vino, sale, biancheria*] table attrib. ♦ ***calcare le -e del palcoscenico*** to tread the boards ♦♦ ***~ calda*** snack bar, coffee bar, diner AE, luncheonette AE; ***~ periodica*** periodic table; ***~ pitagorica*** multiplication table; ***~ reale*** GIOC. trictrac; ***~ rotonda*** FIG. round table, round-table discussion, panel discussion; ***i cavalieri della Tavola Rotonda*** the knights of the Round Table; ***~ da snowboard*** snowboard; ***~ da surf*** surfboard.
tavolata /tavo'lata/ f. tableful, table; ***un'allegra ~ di amici*** a merry table of friends; ***una ~ di dolci*** a tableful of cakes.
tavolato /tavo'lato/ m. **1** EDIL. planking; *(pavimento)* wooden floor **2** GEOGR. table, tableland.
tavoletta /tavo'letta/ f. **1** *(di cioccolato)* bar, tablet, slab; *(di legno)* board, plank; *(per nuotare)* float BE, kickboard AE **2** FARM. tablet ♦ ***andare a ~*** AUT. to go flat out, to go full speed, to floor it AE.
tavoliere /tavo'ljɛre/ m. **1** GEOGR. table, tableland, plateau* **2** *(tavolo da gioco)* card table, gambling table; *(di dama, scacchi)* board.
tavolino /tavo'lino/ m. **1** (small) table **2** *(scrittoio)* desk, writing table **3 a tavolino** ***risolvere un problema a ~*** to solve a problem in theory *o* theoretically; ***preparato*** o ***studiato a ~*** [*tattica, manovra*] setpiece; ***vincere a ~*** to win by adjudication **4 da tavolino** [*politico, stratega*] armchair attrib.; ***lavoro da ~*** deskwork ♦♦ ***~ da notte*** bedside table.
tavolo /'tavolo/ m. **1** table; ***~ da cucina, da giardino*** kitchen, garden table; ***prenotare un ~ al ristorante*** to book a table *o* to make a reservation at a restaurant; ***~ delle trattative, dei negoziati*** conference, negotiating table **2 da tavolo** ***lampada da ~*** table lamp, desk lamp, reading lamp; ***calendario da ~*** desk calendar; ***agenda da ~*** datebook; ***gioco da ~*** board game; ***tennis da ~*** table tennis, ping-pong® ♦♦ ***~ da biliardo*** billiard table; ***~ da disegno*** drawing board *o* table, drafting table AE; ***~ da gioco*** card *o* gambling table; ***~ da lavoro*** worktable, workdesk; ***~ operatorio*** operating table; ***~ verde*** card *o* gambling table.
tavolozza /tavo'lɔttsa/ f. palette (anche FIG.).
taxi /'taksi/ m.inv. taxi, taxicab, cab; ***chiamare, prendere un ~*** to call, take a taxi.
taxista, m.pl. **-i**, f.pl. **-e** /tak'sista/ ➧ ***18*** m. e f. taxi driver.
tazza /'tattsa/ f. **1** *(recipiente)* cup; *(alta)* mug; *(scodella, ciotola)* bowl; ***una ~ da caffè, da tè*** a coffee cup, a teacup **2** *(contenuto)* cup(ful); ***bere una ~ di caffè*** to have a cup of coffee **3** *(del WC)* bowl, pan.
tazzina /tat'tsina/ f. cup; ***~ da caffè*** coffee cup, demitasse.
tbc /tibbit'tʃi/ ➧ ***7*** f.inv. (⇒tubercolosi tuberculosis) TB.
te /te/ v. la nota della voce io. pron.pers. **1** *(complemento oggetto)* you; ***cercano ~*** they are looking for you **2** *(in espressioni comparative)* you; ***lui non è come ~*** he's not like you; ***è più giovane di ~*** he's younger than you **3** *(complemento indiretto)* you; ***l'ho fatto per ~*** I did it for you; ***ha parlato di ~*** he talked about you; ***~ li ho restituiti*** I gave them back to you; ***~ l'avevo detto*** I had told you that; *(enclitico)* ***cercatelo*** look for it yourself; ***compratelo*** buy it! **4** *(in locuzioni)* ***per*** o ***secondo ~*** in your opinion; ***beato ~!*** lucky you! ***(in) quanto a ~*** as far as you're concerned; ***~ stesso*** yourself; ***se fossi in ~*** if I were you **5 da te** *(a casa tua) (moto a luogo)* to your house, to your place; *(stato in luogo)* in your house, in your place; ***da ~ o da me?*** your place or mine? *(nella tua zona)* there; *(da solo)* (all by) yourself.
tè /tɛ/ m.inv. **1** tea; ***~ verde, nero*** green, black tea; ***~ al*** o ***col latte, limone*** tea with milk, lemon; ***~ freddo*** cold tea; ***sala da ~*** tearoom; ***tazza da ~*** teacup; ***tazza di ~*** cup of tea; ***prendere il ~*** to have tea **2** *(ricevimento)* tea party; ***~ danzante*** tea dance.
tea /'tɛa/ agg. ***rosa ~*** tea rose.
teatrale /tea'trale/ agg. **1** TEATR. [*attività, evento*] theatrical; [*attore, direttore, costume, carriera*] stage attrib.; [*compagnia, laboratorio, critico, regista, rappresentazione*] theatre BE attrib., theater AE attrib., theatrical; ***stagione ~*** theatre season; ***lavoro*** o ***testo*** o ***opera ~*** drama, play **2** FIG. SPREG. [*gesto, tono*] theatrical, (melo)dramatic, flamboyant.
teatralità /teatrali'ta/ f.inv. theatricalism.
teatrante /tea'trante/ m. e f. **1** actor; SPREG. second-rate actor **2** FIG. theatrical person.
teatrino /tea'trino/ m. **1** *(piccolo teatro)* small theatre BE, small theater AE **2** *(per bambini)* toy theatre BE, toy theater AE **3** *(di marionette)* puppet theatre BE, puppet theater AE **4** FIG. *(spettacolo ridicolo)* farce.
teatro /te'atro/ m. **1** *(luogo)* theatre BE, theater AE, (play)house; ***andare a ~*** to go to the theatre **2** *(pubblico)* ***tutto il ~ applaudiva*** the whole house clapped **3** *(genere)* theatre BE, theater AE, drama; ***il ~ di Goldoni*** Goldoni's plays; ***di ~*** [*autore, attore*] theatre attrib.; ***un uomo di ~*** a man of the theatre; ***fare ~*** to act, to be an actor; ***scrivere per il ~*** to write for the stage **4** FIG. *(scenario)* scene, setting; ***queste strade sono state ~ di violenti scontri*** these streets have been the scene of violent fighting; ***il ~ delle operazioni*** MIL. the theatre of operations ♦♦ ***~ all'aperto*** open-air theatre; ***~ lirico*** opera house; ***~ di marionette*** puppet theatre; ***~ di posa*** studio; ***~ tenda*** = big top used for theatrical performances.
teca, pl. **-che** /'tɛka, ke/ f. *(vetrinetta)* case, display cabinet; *(reliquiario)* shrine.
tecnica, pl. **-che** /'tɛknika, ke/ f. **1** *(metodo)* technique, method; *(abilità)* technique, skill, ability; ***ha una ~ tutta sua per fare*** he has his own technique *o* way of doing; ***una ~ per impietosire*** a trick *o* knack to move to pity **2** ECON. IND. technique, technic, technology; ***una meraviglia della ~*** a technological wonder ♦♦ ***~ bancaria*** banking.
tecnicismo /tekni'tʃizmo/ m. technicality.
tecnico, pl. **-ci**, **-che** /'tɛkniko, tʃi, ke/ **I** agg. technical; ***ufficio ~ (del comune)*** engineering and design department; ***consulente ~*** consulting engineer **II** ➧ ***18*** m. (f. **-a**) technician, engineer; ***i -ci*** the technical staff, the technicians ♦♦ ***~ di laboratorio*** laboratory technician; ***~ delle luci*** lighting engineer; ***~ del suono*** audio-engineer.
tecnigrafo /tek'nigrafo/ m. drafting machine.
tecnocrate /tek'nɔkrate/ m. e f. technocrat.
tecnocrazia /teknokrat'tsia/ f. technocracy.
tecnologia /teknolo'dʒia/ f. technology, technic.
tecnologico, pl. **-ci**, **-che** /tekno'lɔdʒiko, tʃi, ke/ agg. technologic.
tedesco, pl. **-schi**, **-sche** /te'desko, ski, ske/ ➧ ***25, 16*** **I** agg. German; ***Svizzera -a*** German-speaking Switzerland **II** m. (f. **-a**) **1** *(persona)* German **2** *(lingua)* German.
tediare /te'djare/ [1] **I** tr. to bore, to weary, to tire **II tediarsi** pronom. to get* bored.
tedio, pl. **-di** /'tɛdjo, di/ m. tedium, boredom, ennui.

tedioso /te'djoso/ agg. tedious, dull, boring, weary.
tegame /te'game/ m. pan, saucepan.
tegamino /tega'mino/ m. small (frying) pan.
teglia /'teʎʎa/ f. baking pan, baking tin, baking sheet, oven dish, pie dish; *(per dolci)* baking tray.
tegola /'tegola/ f. **1** EDIL. tile **2** FIG. *(disgrazia inaspettata)* blow, shock.
teiera /te'jɛra/ f. teapot.
teismo /te'izmo/ m. theism.
teista, m.pl. **-i**, f.pl. **-e** /te'ista/ m. e f. theist.
tek → **teck.**
tel. ⇒ telefono telephone (tel).
tela /'tela/ f. **1** TESS. canvas, toile, cloth; ~ ***di lino*** linen; ~ ***di cotone*** cotton (cloth); ***scarpe di*** ~ canvas shoes **2** ART. canvas, toile; *(dipinto)* painting **3** TIP. ***rilegatura in*** ~ cloth binding; ***rilegato in*** ~ cloth-bound **4** TEATR. curtain ♦ ***la*** ~ ***di Penelope*** = a never-ending task ♦♦ ~ ***cerata*** wax-cloth, oilcloth, oilskin, tarpaulin; ~ ***di ragno*** spider's web, cobweb; ~ ***da sacco*** sacking, sackcloth, bagging, burlap.
telaio, pl. **-ai** /te'lajo, ai/ m. **1** TESS. frame, loom; ~ ***a mano*** handloom; ~ ***da ricamo*** tambour, embroidery frame **2** *(di finestra, letto, bicicletta, moto)* frame **3** AUT. chassis*, frame **4** ART. stretcher **5** TIP. chase **6** FOT. mount, frame.
telato /te'lato/ agg. ***carta -a*** linen paper; ***nastro*** ~ gaffer; ***gomma -a*** = rubber reinforced with canvas.
tele /'tɛle/ f.inv. COLLOQ. telly, box, tube AE; ***alla*** ~ on TV; ***spegni la*** ~ turn off the telly.
teleabbonato /teleabbo'nato/ m. (f. **-a**) = television licence holder.
telecamera /tele'kamera/ f. (tele)camera, television camera, video camera.
telecinesi /teletʃi'nɛzi/ f.inv. telekinesis.
telecomandare /telekoman'dare/ [1] tr. to operate [sth.] by remote control [*aereo, macchina*].
telecomandato /telekoman'dato/ **I** p.pass. → **telecomandare II** agg. [*macchina*] remote-controlled.
telecomando /teleko'mando/ m. remote (control), zapper COLLOQ.
telecomunicazione /telekomunikat'tsjone/ **I** f. telecommunication; *(il trasmettere)* broadcasting **II telecomunicazioni** f.pl. telecommunications + verbo sing. o pl.; ***un magnate delle -i*** a media baron *o* tycoon.
teleconferenza /telekonfe'rɛntsa/ f. teleconference, conference call.
telecronaca, pl. **-che** /tele'krɔnaka, ke/ f. television report; ~ ***diretta*** running commentary, live television report; ~ ***differita*** recorded television report.
telecronista, m.pl. **-i**, f.pl. **-e** /telekro'nista/ ➧ **18** m. e f. (television) commentator.
teledipendente /teledipen'dɛnte/ **I** agg. television addicted **II** m. e f. telly addict, TV addict.
teleferica, pl. **-che** /tele'fɛrika, ke/ f. cableway, rope-way; ***cabina di*** ~ telpher, cable car.
telefilm /tele'film/ m.inv. TV series, TV serial.
telefonare /telefo'nare/ [1] **I** intr. (aus. *avere*) to (tele)phone, to call (up), to ring* (up); ~ ***a qcn., a un numero*** to call (up) sb., a number; ~ ***in Italia*** to make a call to Italy, to phone Italy; ***sta telefonando*** he's on the phone; ***ti telefonerò domani*** I'll give you a call tomorrow **II** tr. ~ ***una notizia a qcn.*** to phone sb. with a piece of news; ***ci ha telefonato di venire*** he phoned to ask us to come **III telefonarsi** pronom. ***si telefonano tutti i giorni*** they call *o* phone each other every day.
telefonata /telefo'nata/ f. (tele)phone call, call, ring BE; ***fare una*** ~ to make a (phone) call; ***fare una*** ~ ***a qcn.*** to give sb. a call *o* ring ♦♦ ~ ***a carico del destinatario*** reverse *o* transferred charge call, collect call AE.
telefonia /telefo'nia/ f. telephony ♦♦ ~ ***mobile*** mobile telephony *o* communications.
telefonicamente /telefonika'mente/ avv. by (tele)phone; ***contattare qcn.*** ~ to reach sb. on the phone.
telefonico, pl. **-ci**, **-che** /tele'fɔniko, tʃi, ke/ agg. (tele)phone attrib.; [*comunicazione*] telephone attrib., telephonic; ***scheda -a*** phone card.
telefonino /telefo'nino/ m. COLLOQ. mobile (phone), cellphone, cellular (tele)phone.
telefonista, m.pl. **-i**, f.pl. **-e** /telefo'nista/ ➧ **18** m. e f. telephone operator.
telefono /te'lɛfono/ m. (tele)phone; ***chiamare qcn. al*** ~ to call sb. on the phone; ***dare un colpo di*** ~ ***a qcn.*** to give sb. a ring; ***ti vogliono al*** ~ you're wanted on the phone; ***ho parlato al*** ~ ***con tua madre*** I talked to your mother on the phone ♦♦ ~ ***azzurro*** = ChildLine; ~ ***da campo*** field telephone; ~ ***cellulare*** mobile (phone), cellphone, cellular (tele)phone; ~ ***senza fili*** cordless telephone; *(passaparola)* bush telephone, Chinese whispers; ~ ***a moneta*** coin operated telephone; ~ ***pubblico*** public telephone, pay phone; ~ ***a scheda*** cardphone; ~ ***a tasti*** o ***a tastiera*** push-button phone, touch-tone phone AE.
telefoto /tele'fɔto/ f.inv., **telefotografia** /telefotogra'fia/ f. telephotograph.
telegenico, pl. **-ci**, **-che** /tele'dʒɛniko, tʃi, ke/ agg. telegenic.
telegiornale /teledʒor'nale/ m. (television) news, news broadcast; ***vedere qcs. al*** ~ to see sth. on the news.
telegrafare /telegra'fare/ [1] **I** tr. to telegraph [*messaggio*]; ***ci telegrafò subito la risposta*** he wired us his answer immediately **II** intr. (aus. *avere*) ***telegrafa appena arrivi*** send me a telegram as soon as you arrive.
telegrafia /telegra'fia/ f. telegraphy.
telegraficamente /telegrafika'mente/ avv. **1** telegrafically, by telegraph **2** FIG. *(concisamente)* telegraphically, concisely.
telegrafico, pl. **-ci**, **-che** /tele'grafiko, tʃi, ke/ agg. **1** [*rete, linea, palo, vaglia*] telegraph attrib.; [*messaggio*] telegraphic **2** FIG. [*stile*] telegraphic, concise.
telegrafista, m.pl. **-i**, f.pl. **-e** /telegra'fista/ ➧ **18** m. e f. telegraphist, telegrapher.
telegrafo /te'lɛgrafo/ m. telegraph; ***ufficio del*** ~ telegraph office.
telegramma /tele'gramma/ m. telegram, wire AE; ***mandare un*** ~ ***a qcn.*** to send sb. a telegram *o* wire AE, to wire sb.
teleguidato /telegwi'dato/ agg. [*missile, aereo*] guided.
telelavoro /telela'voro/ m. telecommuting.
telematica /tele'matika/ f. telematics + verbo sing.
telematico, pl. **-ci**, **-che** /tele'matiko, tʃi, ke/ agg. telematic.
telemetria /teleme'tria/ f. telemetry.
telemetro /te'lɛmetro/ m. telemeter, rangefinder.
telenovela /teleno'vɛla/ f. soap opera.
teleo(b)biettivo /teleob(b)jet'tivo/ m. teleobjective, telephoto lens, telescopic lens, long lens.
teleologia /teleolo'dʒia/ f. teleology.
teleologico, pl. **-ci**, **-che** /teleo'lɔdʒiko, tʃi, ke/ agg. teleological.
telepass /tele'pas, 'tɛlepass/ m.inv. = automatic motorway toll payment system.
telepatia /telepa'tia/ f. telepathy.
telepatico, pl. **-ci**, **-che** /tele'patiko, tʃi, ke/ **I** agg. telepathic **II** m. (f. **-a**) telepath, telepathist.
telequiz /tele'kwits, tele'kwidz/ m.inv. TV quiz show, TV quiz programme.
teleria /tele'ria/ f. *(tessuti)* fabrics pl.; *(negozio)* draper's shop.
teleriscaldamento /teleriskalda'mento/ m. district heating.
teleromanzo /telero'mandzo/ m. = TV serial based on a novel.
teleschermo /teles'kermo/ m. **1** *(schermo)* telescreen **2** *(televisione)* television.
telescopico, pl. **-ci**, **-che** /teles'kɔpiko, tʃi, ke/ agg. telescopic.
telescopio, pl. **-pi** /teles'kɔpjo, pi/ m. telescope.
telescrivente /teleskri'vɛnte/ f. teleprinter, teletypewriter, telex (machine), Teletype®.
teleselezione /teleselet'tsjone/ f. direct dialling, subscriber trunk dialling BE, STD BE; ***chiamare in*** ~ to dial direct, to call STD; ***chiamata in*** ~ STD call BE, toll call AE.
telespettatore /telespetta'tore/ m. (f. **-trice** /tritʃe/) (tele)viewer, television watcher.
teletrasmettere /teletraz'mettere/ [60] tr. **1** TECN. to transmit [sth.] over a long distance **2** TELEV. to broadcast*.
teletrasmissione /teletrazmis'sjone/ f. **1** TECN. long-distance transmission **2** TELEV. broadcasting.
televendita /tele'vendita/ f. TV sale.
televideo /tele'video/ m.inv. teletext.

televisione /televi'zjone/ f. 1 *(sistema, servizio, ente)* television; ***in*** o ***alla*** ~ on television; ***trasmettere in*** ~ to broadcast on TV, to televise; ***guardare la*** ~ to watch TV; ***che cosa c'è*** o ***cosa danno stasera alla*** ~? what's on (TV) tonight? 2 *(televisore)* television ♦♦ ~ ***privata*** commercial television, private television; ~ ***pubblica, di stato*** public television, state(-controlled) television; ~ ***via cavo*** cable television, cable TV; ~ ***via satellite*** satellite television, satellite TV.

televisivo /televi'zivo/ agg. television attrib., TV attrib.; ***apparecchio*** ~ television (set).

televisore /televi'zore/ m. television (set); ***accendere, spegnere il*** ~ to switch the TV on, off.

telex /'tɛleks/ m.inv. telex.

tellina /tel'lina/ f. tellin, cockle.

tellurico, pl. **-ci**, **-che** /tel'luriko, tʃi, ke/ agg. GEOGR. tellurian, telluric.

telo /'telo/ m. sheet; *(impermeabile)* tarpaulin ♦♦ ~ ***da bagno*** (bath) towel; ~ ***da mare*** beach towel; ~ ***di salvataggio*** jumping sheet.

telone /te'lone/ m. 1 (large) sheet; *(impermeabile)* tarpaulin; *(da mettere per terra)* ground sheet 2 TEATR. *(sipario)* (drop) curtain ♦♦ ~ ***di salvataggio*** jumping sheet.

1.tema /'tɛma/ m. 1 *(argomento)* theme, subject (matter), topic; ***un*** ~ ***di attualità*** a current event; ~ ***di discussione*** talking *o* discussion point; ***restare in*** ~ to keep *o* stick to the point; ***andare fuori*** ~ to wander off the point *o* subject 2 SCOL. ~ ***(d'italiano)*** composition, essay; ***fare*** o ***svolgere*** o ***scrivere un*** ~ to write a composition *o* an essay on; ***dare un*** ~ ***su...*** to set an essay on… 3 MUS. theme 4 LETTER. theme, motif 5 LING. stem.

2.tema /'tema/ f. LETT. fear; ***per*** ~ ***di qcs., qcn.*** for fear of sth., sb.; ***lo scrisse per*** ~ ***di dimenticarlo*** he wrote it down lest he forget.

tematica, pl. **-che** /te'matika, ke/ f. theme, subject.

tematico, pl. **-ci**, **-che** /te'matiko, tʃi, ke/ agg. LETTER. MUS. LING. thematic.

temerarietà /temerarje'ta/ f.inv. *(imprudenza)* recklessness, rashness, foolhardiness; *(audacia)* boldness, audacity, daring, temerity.

temerario, pl. **-ri**, **-rie** /teme'rarjo, ri, rje/ I agg. *(imprudente)* [*persona, comportamento, giudizio*] reckless, rash, temerarious; *(audace)* [*impresa, progetto*] daring, bold II m. (f. **-a**) daredevil, reckless person.

temere /te'mere/ [2] I tr. 1 *(avere paura di)* to be* afraid of, to fear [*morte, persona, rimprovero*]; to dread [*incontro, esame*]; to fear [*futuro, conseguenza, crisi, ricaduta, avvenimento*]; *(sospettare)* to suspect [*tranello*]; ~ ***che*** to be frightened *o* scared *o* afraid that; ~ ***il giudizio, l'opinione di qcn.*** to be afraid of sb.'s judgement, opinion; ***è un uomo da*** ~ he's a man to be feared; ~ ***il peggio*** to fear the worst; ***non*** ~ ***confronti*** to be able to stand comparison, to be beyond compare; ***temo che tu stia facendo un errore*** I'm afraid you are mistaken 2 *(rimpiangere)* ***temo di non saperlo*** I'm afraid I don't know it; ***temo di sì, di no*** I'm afraid so, not 3 *(patire)* to suffer from; ***quella pianta teme il freddo*** that plant can't stand the cold II intr. (aus. *avere*) ***non*** ~! never fear! don't worry! ***non avere nulla da*** ~ ***da qcn., qcs.*** to have nothing to fear from sb., sth.; ~ ***per qcn.*** to fear *o* be fearful for sb.; ~ ***per*** to be afraid for, to fear for [*vita, reputazione, salute*]; ***si teme per la sua incolumità*** there are fears *o* there is concern for his safety.

temibile /te'mibile/ agg. [*persona, potenza*] formidable, redoubtable; [*arma, nemico, male*] dreadful, fearful, lethal; ***un avversario*** ~ an opponent to be feared.

tempaccio, pl. **-ci** /tem'pattʃo, tSi/ m. ***che*** ~! what a foul *o* nasty weather!

tempera /'tɛmpera, 'tempera/ f. *(tecnica, materiale)* tempera, distemper; *(dipinto)* tempera painting, distemper.

temperamatite /temperama'tite/ m.inv. pencil sharpener.

temperamento /tempera'mento/ m. 1 temperament, disposition, temper, character; ***avere un*** ~ ***calmo, essere di*** ~ ***calmo*** to have a calm disposition; ***non è nel suo*** ~ it's not in his nature; ***è nervoso per*** ~ he's nervous by temperament; ***essere pieno di*** ~, ***avere*** ~ to have character; ***essere privo di*** ~ to be spineless, to lack character 2 MUS. temperament.

temperante /tempe'rante/ agg. temperate, sober.

temperanza /tempe'rantsa/ f. temperance, sobriety.

temperare /tempe'rare/ [1] tr. 1 *(mitigare)* to temper 2 *(fare la punta)* to sharpen 3 TECN. to toughen, to temper.

temperato /tempe'rato/ I p.pass. → **temperare** II agg. 1 GEOGR. [*clima, zona*] temperate 2 *(moderato)* [*ottimismo*] temperate, moderate; [*persona*] temperate, sober 3 MUS. tempered.

temperatura /tempera'tura/ ➧ 36 f. MED. FIS. temperature; ***la*** ~ ***è in aumento, diminuzione*** the temperature is rising, falling; ***sbalzo di*** ~ sudden temperature change; ***cuocere a*** ~ ***media*** to cook at moderate heat; ***misurare*** o ***prendere la*** ~ ***a qcn.*** to take sb.'s temperature ♦♦ ~ ***ambiente*** room temperature; ~ ***di congelamento*** freezing temperature; ~ ***di ebollizione*** boiling point.

temperino /tempe'rino/ m. 1 *(coltellino)* pocketknife*, penknife* 2 *(temperamatite)* pencil sharpener.

tempesta /tem'pesta/ f. storm, tempest (anche FIG.); ***mare in*** ~ stormy sea; ***una*** ~ ***di passioni*** a storm of passions; ***una*** ~ ***di critiche*** a storm of criticism; ***avere il cuore in*** ~ to be in turmoil; ***c'è aria di*** ~ there's trouble brewing ♦ ***una*** ~ ***in un bicchier d'acqua*** a storm in a teacup *o* teapot AE ♦♦ ~ ***di grandine*** hailstorm; ~ ***di neve*** snowstorm, blizzard; ~ ***di sabbia*** sandstorm; ~ ***di vento*** windstorm, gale.

tempestare /tempes'tare/ [1] tr. 1 *(colpire ripeturamente)* to batter, to hammer; ~ ***la porta di pugni*** to hammer on the door with one's fists; ~ ***qcn. di colpi*** to rain blows on sb. 2 FIG. ~ ***qcn. di domande*** to fire *o* shoot questions at sb., to rain questions on sb.

tempestato /tempes'tato/ I p.pass. → **tempestare** II agg. ~ ***di diamanti*** studded with diamonds.

tempestivamente /tempestiva'mente/ avv. 1 *(al momento giusto)* at the right time 2 *(presto)* promptly.

tempestività /tempestivi'ta/ f.inv. timeliness, seasonableness.

tempestivo /tempes'tivo/ agg. [*aiuto*] timely, well-timed, seasonable; [*risposta*] prompt.

tempestoso /tempes'toso/ agg. stormy, tempestuous (anche FIG.).

tempia /'tɛmpja, 'tempja/ f. ANAT. temple.

tempio, pl. **-pi**, **-pli** /'tɛmpjo, 'tempjo, pi, pli/ m. temple (anche FIG.).

tempismo /tem'pizmo/ m. timeliness, (sense of) timing.

tempista, m.pl. **-i**, f.pl. **-e** /tem'pista/ m. e f. ***è un vero*** ~! he always does the right thing at the right moment! he knows when to act!

templare /tem'plare/ m. Templar.

tempo /'tɛmpo/ m. 1 time; ***con il passare*** o ***l'andare del*** ~ as time goes by, with the passing of time; ***col*** ~ ***ci si abitua*** you get used to it in *o* with time; ***poco*** ~ ***prima*** shortly *o* some time before; ***molto, poco*** ~ ***fa*** a long, short time ago; ***in poco*** o ***breve*** ~ in a short time; ***per qualche*** ~ for some time, for (quite) a while; ***dopo poco, molto*** ~ shortly, long after(wards); ***in*** ~ [*partire, fermarsi, finire*] in *o* on time; ***arrivare appena in*** ~ to arrive just in time *o* right on time; ***non ho più molto*** ~ I haven't got much time left; ***abbiamo tutto il*** ~ we've got (plenty of) time, we have all the time in the world; ***non ho il*** ~ ***materiale*** o ***non ho materialmente il*** ~ ***di fare*** there aren't enough hours in the day for me to do; ***se ne è andato da molto*** ~ he has been gone for a long time, he left a long time ago; ***mi ci è voluto*** o ***ci ho messo molto*** ~ it took me much time; ***richiedere, prendere, portare via molto*** ~ to take much time; ***essere nei -i*** to be *o* stay within the agreed time; ***finire qcs. in*** o ***per*** ~ to finish sth. in *o* on time; ***lo conosco da molto*** ~ I've known him for a long time; ***il teatro non esiste più da molto*** ~ the theatre is long gone; ***fare in*** ~ ***a fare qcs.*** to be in time to do sth.; ***prendere*** ~ to stall, to temporize, to play a waiting game; ***al*** ~ ***stesso, allo stesso*** ~ at the same time, simultaneously, at once; ***battere qcn. sul*** ~ to beat sb. to the draw, to steal a march on sb., to steal sb.'s thunder; ***nel più breve*** ~ ***possibile*** as quickly as possible 2 *(momento)* ***è*** ~ ***di partire*** it's time to leave; ***in*** ~ ***utile*** in time, within the time limit; ***fuori*** ~ ***limite*** o ***utile*** beyond time limits; ***a*** ~ ***debito*** duly, at due time, in due course; ***hai (un minuto di)*** ~? have you got a moment (to spare)? 3 METEOR. weather; ~ ***bello, brutto*** good *o* fine, bad weather; ***che*** ~ ***fa?*** what's the weather like? ***non si può uscire con questo*** ~! you can't go out in this weather! ***previsioni del***

~ weather forecast **4** *(epoca)* ***al ~ dei Romani*** in Roman times, in the time of the Romans; ***al ~ in cui*** in the days when; ***bei -i!*** those were the days! ***ai miei -i*** in my days *o* time; ***a quel ~*** in those days, at that time; ***negli ultimi -i*** lately, recently; ***in ~ di pace, di guerra*** in times of peace, war *o* in peacetime, wartime; ***avere fatto il proprio ~*** [*oggetto*] to have had one's day **5** *(fase)* ***in due -i*** in two stages; ***in un secondo ~*** subsequently **6** MECC. ***motore a due, quattro -i*** two-, four-stroke engine **7** SPORT time; ***fare*** o ***realizzare un buon ~*** to get a fast time; ***migliorare il proprio ~ di un secondo*** to knock a second off one's time **8** LING. *(verbale)* tense; ***avverbio di ~*** adverb of time **9** MUS. time, tempo*; ***a ~ di valzer*** in waltz time; ***tenere il ~*** to stay in *o* keep time; ***andare*** o ***essere a ~, fuori ~*** to be in, out of time; ***battere, segnare il ~*** to beat, mark time **10** CINEM. part, half*; ***"fine primo ~"*** "end of part one" **11** SPORT half*; ***il primo, secondo ~ della partita*** the first, second half of the match **12** *(età)* ***quanto ~ ha il bambino?*** how old is the child? **13 un tempo** ***non corro più veloce come un ~*** I can't run as fast as I used to; ***un ~ era molto famosa*** she was once very famous **14 a tempo** [*bomba, interruttore*] time attrib. **15 per tempo** ***fammelo sapere per ~*** let me know beforehand; ***alzarsi per ~*** to get up early ♦ ***fare il bello e cattivo ~*** to lay down the law; ***chi ha ~ non aspetti ~*** make hay while the sun shines; ***ammazzare*** o ***ingannare il ~*** to beguile *o* kill the time, to while away the hours; ***ogni cosa a suo ~*** all in good time; ***dar ~ al ~*** to let things take their course; ***a ~ e luogo*** at the proper time and place; ***nella notte dei -i*** in the mists of time; ***stringere i -i*** to quicken the pace; ***il ~ è denaro*** time is money ♦♦ ***~ libero*** free time, spare time, time off, leisure (time); ***~ morto*** slack moment, idle time; ***~ pieno*** full time; ***~ di posa*** FOT. exposure time, shutter speed; ***in ~ reale*** real time attrib.; ***~ di reazione*** PSIC. reaction time.

1.temporale /tempo'rale/ **I** agg. **1** [*successione, indicazione*] temporal; [*sfasamento, limite*] time attrib. **2** RELIG. STOR. [*potere*] temporal **3** *(mondano, materiale)* wordly, earthly, secular; ***beni -i*** wordly goods, temporalities **4** LING. [*proposizione*] time attrib.; [*congiunzione*] temporal **II** f. LING. time clause.

2.temporale /tempo'rale/ agg. ANAT. temporal.

3.temporale /tempo'rale/ m. storm, thunderstorm, rainstorm; ***c'è aria di ~*** it's thundery, there's thunder in the air; FIG. there's trouble brewing.

temporalesco, pl. **-schi, -sche** /tempora'lesko, ski, ske/ agg. [*vento, pioggia*] showery; [*cielo*] thundery; ***rovesci -schi, precipitazioni -sche*** showers; ***nuvole -sche*** stormclouds, thunderclouds.

temporaneità /temporanei'ta/ f.inv. temporariness, impermanence.

temporaneo /tempo'raneo/ agg. [*soluzione, permesso*] temporary; [*misura, situazione*] temporary, transitional; ***lavoro ~*** temping (job), temporary job.

temporeggiamento /temporeddʒa'mento/ m. stall, temporization, waiting game.

temporeggiare /tempored'dʒare/ [1] intr. (aus. *avere*) to stall, to temporize, to play a waiting game.

temporeggiatore /temporeddʒa'tore/ m. (f. **-trice** /tritʃe/) temporizer, procrastinator.

temporizzatore /temporiddza'tore/ m. time clock, timer.

tempra /'tempra/ f. **1** TECN. *(operazione)* tempering, hardening; *(proprietà)* temper; ***acciaio di buona ~*** well-tempered steel **2** FIG. *(carattere)* character, fibre BE, fiber AE, strength; ***~ morale*** moral fibre; ***avere la ~ del lottatore*** to be made to be a fighter.

temprare /tem'prare/ [1] **I** tr. **1** TECN. to temper, to quench [*acciaio*]; to temper [*vetro*] **2** FIG. to harden, to case-harden, to toughen **II temprarsi** pronom. FIG. to toughen up.

temprato /tem'prato/ **I** p.pass. → **temprare II** agg. **1** TECN. [*acciaio, vetro*] tempered **2** FIG. ***essere abbastanza ~ per sopportare qcs.*** to be tough enough to stand sth.

tenace /te'natʃe/ agg. **1** [*collante, filo*] strong, tenacious **2** FIG. [*persona*] tenacious, tough, dogged, stout, stubborn, strong-willed; [*odio*] undying; [*volontà, memoria*] persistent, tenacious, stubborn.

tenacia /te'natʃa/ f. tenacity, tenaciousness, doggedness, stoutness.

tenaglia /te'naʎʎa/ f. **1** ***(un paio di) -e*** (a pair of) pincers, tongs; ***manovra a ~*** MIL. pincer movement **2** COLLOQ. *(chela)* pincer, nipper, claw.

tenda /'tɛnda/ f. **1** *(per interni)* curtain; ***tirare, aprire, chiudere, scostare le -e*** to draw, open, close, pull back the curtains **2** *(all'esterno)* awning, sunshade, sun blind BE; *(di negozio)* awning **3** *(da campo, campeggio)* tent; ***montare una ~*** to set up *o* to put up a tent; ***levare*** o ***togliere le -e*** to break *o* strike camp, to decamp; FIG. to (pack up and) leave, to pack off; ***piantare le -e*** to make *o* pitch camp; FIG. to settle down ♦♦ ***~ avvolgibile*** (window) blind, roller blind; ***~ da campo*** field tent; ***~ canadese*** pup *o* ridge tent; ***~ da doccia*** shower curtain; ***~ a ossigeno*** MED. oxygen tent.

tendaggio, pl. **-gi** /ten'daddʒo, dʒi/ m. curtains, hanging, drape AE, drapery AE.

tendenza /ten'dɛntsa/ f. **1** *(inclinazione)* tendency, disposition, inclination, leaning, bent, flair; ***avere (la) ~ a essere, a fare*** to tend, to have a tendency *o* disposition to be, to do; ***-e omicide*** homicidal tendencies; ***non sapevo che avesse certe -e*** EUFEM. SPREG. I didn't know he was that way inclined **2** *(corrente)* trend; ***le nuove -e della moda*** the new season's fashions, the new fashion trends **3** POL. *(orientamento)* tendency, bias, hue, leaning; ***avere -e socialiste*** to have socialist leanings **4** ECON. trend; ***~ al ribasso, al rialzo*** downtrend, uptrend *o* downward, upward trend *o* tendency; ***il mercato ha avuto un'inversione di ~*** the market has turned round ♦ ***fare ~*** to be trendy; ***di ~*** [*locale, stile*] trendy, hip.

tendenziale /tenden'tsjale/ agg. tendential.

tendenzialmente /tendentsjal'mente/ avv. tendentially, basically.

tendenzioso /tenden'tsjoso/ agg. tendentious, biased, loaded, leading, prejudiced; ***domanda -a*** leading question; ***notizie false e -e*** false and tendentious news.

tendere /'tɛndere/ [10] **I** tr. **1** *(tirare)* to stretch, to strain, to tighten [*corda, filo*]; to stretch [*elastico, pelle*]; to extend, to stretch [*molla*]; to tense, to tighten [*muscolo*]; to draw [*arco*]; ***~ il collo*** to extend *o* crane one's neck **2** *(allungare, stendere)* ***~ le braccia verso qcn.*** to hold out one's arms to sb.; ***~ la mano*** to hold out one's hand; ***~ la mano a qcn.*** FIG. to hold sb.'s hand, to lend *o* give sb. a helping hand **3** *(preparare)* to lay*, to set* [*trappola, rete*]; ***~ un'imboscata*** o ***un agguato a qcn.*** to ambush *o* waylay sb., to set up an ambush for sb.; ***~ una trappola*** o ***un tranello a qcn.*** FIG. to lay *o* set a trap for sb., to dig a pit for sb. **II** intr. (aus. *avere*) **1** *(essere orientato)* ***~ al rialzo, al ribasso*** ECON. to trend up, lower; ***~ politicamente a destra, sinistra*** to lean *o* have leanings to the right, left; ***il tempo tende al bello*** the weather is getting better **2** *(mirare a)* ***~ a*** to strive for [*obiettivo, ideale*]; ***~ verso*** to aim to [*perfezione, assoluto*]; ***i provvedimenti tendono a ridurre la pressione fiscale*** the measures are intended to reduce the tax burden **3** *(avvicinarsi a)* ***~ a*** to approach [*valore, cifra*]; to tend to [*zero, infinito*]; ***~ al verde, al nero*** to be greenish, blackish; ***un giallo che tende all'arancione*** a yellow verging on orange, an orangy yellow **4** *(avere tendenza a)* ***~ a fare*** to tend to do, to be prone to do *o* doing; ***tende a ingrassare*** he tends *o* has the tendency to put on weight ♦ ***~ l'orecchio*** to cock an ear, to keep an ear cocked, to strain one's ears.

tendina /ten'dina/ f. **1** curtain **2** FOT. ***(otturatore a) ~*** focal-plane shutter.

tendine /'tɛndine/ m. tendon, sinew ♦♦ ***~ d'Achille*** Achille's tendon.

tendinite /tendi'nite/ ▶ *7* f. tendinitis, tendonitis.

tendone /ten'done/ m. **1** *(grande tenda)* (big) tent, marquee BE; ***~ del circo*** big top **2** *(telone)* (large) sheet; *(impermeabile)* tarpaulin.

tendopoli /ten'dɔpoli/ f.inv. tent city.

tenebra /'tɛnebra/ f. **1** *(oscurità)* ***le -e*** darkness (anche FIG.); ***col favore delle -e*** under cover of darkness **2** RELIG. ***il principe delle -e*** the prince of darkness.

tenebroso /tene'broso/ **I** agg. LETT. **1** [*luogo*] dark, gloomy **2** FIG. *(misterioso)* [*questione*] mysterious; [*periodo*] dark **II** m. ***era un bel ~*** he was tall dark and handsome.

tenente /te'nɛnte/ ▶ *12* m. lieutenant ♦♦ ***~ colonnello*** lieutenant colonel; ***~ di vascello*** lieutenant.

tenere /te'nere/ [93] ➧ *20* **I** tr. **1** *(stringere, reggere)* to hold* [*oggetto, persona, animale*]; **~ *qcs. in mano*** to hold sth. in one's hand; **~ *qcn. per mano*** to hold sb.'s hand; **~ *qcn. per*** to hold sb. by [*manica, braccio*]; **~ *qcs. per*** to hold sth. by [*manico, impugnatura*]; ***puoi tenermi la borsa?*** can you hold my bag for me? ***tienimi la scala!*** keep *o* hold the ladder steady (for me)! **2** *(mantenere)* to keep* to [*traiettoria*]; to keep* [*segreto*]; MUS. to hold* [*nota*]; MUS. to keep* [*ritmo, tempo*]; **~ *le mani in alto*** to hold one's hands up (in the air); **~ *gli occhi aperti, bassi*** to keep one's eyes open, lowered; **~ *qcn. occupato*** to keep sb. busy; **~ *qcn. prigioniero*** to hold sb. prisoner; **~ *qcs. segreto*** to keep sth. secret **3** *(conservare)* to keep*; **~ *i cibi al fresco*** to keep food in a cool place; ***ha tenuto tutte le tue lettere*** he kept all of your letters; ***dove tieni il vino?*** where do you keep your wine? **~ *bene, male i libri*** to keep one's books well, badly, to keep one's books in good, bad condition; ***mi hai tenuto il giornale di ieri?*** did you keep *o* save yesterday's newspaper for me? **4** *(badare a)* ***mi tieni il gatto mentre sono via?*** can you take care of my cat while I'm away? **5** *(prendere per sé)* to keep*; ***tienilo per ricordo*** keep it as a memento; ***queste osservazioni tienile per te*** keep these remarks to yourself; ***tieni! è per te*** here (you are)! it's for you **6** COMM. *(trattare, vendere)* to carry [*articolo, prodotto*] **7** *(trattenere)* to hold* back, to control, to restrain [*lacrime*] **8** *(seguire)* **~ *la sinistra, la destra*** to keep (to the) left, right; **~ *la rotta*** to hold *o* steer the route; **~ *la strada*** AUT. to hold the road **9** *(contenere)* to hold*; ***la sala tiene 300 persone*** the room holds 300 people; ***quanto tiene il serbatoio?*** what does the tank hold? **10** *(occupare)* [*oggetto*] to take* up [*spazio, posto*]; MIL. to hold* [*territorio, ponte, città*] **11** *(gestire)* to keep* [*bar, boutique, casa, contabilità*]; *(avere)* to keep* [*cane, gatto, diario*] **12** *(effettuare)* to hold* [*incontro, corso, lezioni, assemblea*]; to give* [*discorso, conferenza*] **13** *(avere un comportamento)* **~ *una condotta discutibile*** to behave questionably **14** *(alle proprie dipendenze)* to keep* [*baby-sitter, cuoco*] **II** intr. (aus. *avere*) **1** *(reggere)* [*chiodo, corda, mensola*] to hold*; [*colla, cerotto*] to hold*, to stick* **2** *(durare)* [*tempo*] to hold*; [*matrimonio*] to last, to hold* together **3** *(tifare)* ***per che squadra tieni?*** what's your team? what team do you root for *o* support? **~ *per*** to be a supporter of, to support **4** *(dare molta importanza)* **~ *a*** to care for *o* about [*persona*]; to be fond of [*oggetto*]; to value [*libertà, reputazione, indipendenza, vita*]; ***tengo molto a lui*** I care a lot about him **5 tenerci** *(volere fortemente)* ***ci tengo molto*** it's really important for me; ***se ci tenete*** if you like; ***ci tengo a mantenermi in forma*** I like to keep fit; ***ci tengo ad avervi a cena*** you really must come to dinner; ***mia moglie vuole andarci, ma io non ci tengo*** my wife wants to go but I'm not keen on it **III tenersi** pronom. **1** *(reggersi)* [*persona*] to hold* [*testa, pancia, braccio*]; ***-rsi la testa tra le mani*** to hold one's head in one's hands; ***-rsi per mano*** to hold hands; ***-rsi a braccetto*** to be arm in arm; ***-rsi in piedi*** to stand (on one's feet) **2** *(aggrapparsi)* to hold* on, to cling* on (**a** onto, to); ***tenetevi (forte)*** hold on (tight) **3** *(mantenersi)* ***-rsi lontano da*** to keep away from; ***-rsi sulla destra*** to keep (to the) right **4** *(prendere per sé)* ***-rsi qcs.*** to keep sth.; ***tientelo per te*** keep it for yourself **5** *(trattenersi)* ***-rsi dal fare*** to hold back from doing, to keep oneself from doing **6** *(avere luogo)* [*manifestazione, riunione*] to be* held, to take* place ♦ ***non c'è scusa che tenga*** there can be no possible excuse.

tenerezza /tene'rettsa/ f. **1** *(di carne)* tenderness; *(di legno, metallo)* softness **2** FIG. *(affettuosità)* tenderness, affection, fondness; ***avere*** o ***provare ~ per qcn.*** to have tender feelings for *o* towards sb. **3** *(gesto tenero)* affectionate gesture; *(parola tenera)* (word of) endearment, tender word; ***scambiarsi -e*** to exchange endearments.

tenero /'tɛnero/ **I** agg. **1** *(non duro)* [*carne*] tender; [*legno, verdure, formaggio*] soft **2** *(nato da poco)* [*gemma, erba, germoglio*] tender; *(giovane)* ***in -a età*** in (one's) infancy; ***alla -a età di due anni*** at the tender age of two **3** *(pallido)* [*rosa, verde*] soft **4** *(affettuoso)* [*persona, abbraccio*] fond; [*bacio, amore, sorriso, parole*] tender; [*ricordo, gesto*] fond, affectionate; [*cuore*] soft, bleeding; ***avere il cuore ~*** to be soft-hearted *o* tenderhearted; ***essere ~ con qcn., qcs.*** *(indulgente)* to be soft on sb., sth.; ***non essere ~ con qcn., qcs.*** to be hard on sb., sth.; ***i critici non sono stati -i con lui*** critics were not kind to him **II** m. **1** *(parte tenera)* ***mangiare il ~*** to eat the tender part **2** *(sentimento)* ***tra loro c'è del ~*** they feel something for each other, they're romantically involved.

tenia /'tɛnja/ f. t(a)enia*, tapeworm.

tennis /'tɛnnis/ ➧ *10* m.inv. tennis; ***giocare a ~*** to play tennis; ***campo da ~*** tennis court; ***scarpe da ~*** tennis shoes; **~ *su prato*** lawn tennis ♦♦ **~ *(da) tavolo*** table tennis, ping-pong®.

tennista, m.pl. **-i**, f.pl. **-e** /ten'nista/ ➧ *18* m. e f. tennis player.

tennistico, pl. **-ci**, **-che** /ten'nistiko, tʃi, ke/ agg. tennis attrib.

tenore /te'nore/ ➧ *18* m. **1** *(tono)* tenor, import **2** *(percentuale)* content; ***bevanda a basso ~ alcolico*** drink with a low alcohol content, low alcohol drink **3** *(livello)* **~ *di vita*** standard of living, living standards **4** MUS. *(voce, cantante)* tenor **5** ***sassofono ~*** tenor saxophone.

tenorile /teno'rile/ agg. tenor attrib.

tensioattivo /tensjoat'tivo/ **I** agg. surface-active **II** m. surfactant.

tensione /ten'sjone/ f. **1** *(di cavo, corda, muscolo)* strain, tension, tautness **2** EL. tension, voltage; ***bassa, alta ~*** low, high voltage *o* tension **3** FIG. strain, tension; ***-i politiche, razziali*** political, racial tensions; ***la ~ tra i due paesi è tale che*** relations between the two countries are so strained that; **~ *nervosa*** nervous strain; **~ *mentale*** mental stress; ***trovarsi in uno stato di forte ~*** to be under great strain; ***carico di ~*** [*silenzio, ore*] tense **4** *(suspense)* tension, suspense; ***un film di grande ~*** a suspenseful film **5** FIS. tension, stress.

tensostruttura /tensostrut'tura/ f. tensioned structure.

tentacolare /tentako'lare/ agg. **1** ZOOL. tentacular **2** FIG. [*città*] sprawling; [*organizzazione*] tentacular.

tentacolo /ten'takolo/ m. tentacle (anche FIG.).

tentare /ten'tare/ [1] tr. **1** *(provare)* to attempt, to try; **~ *di scappare*** to tried *o* attempt to escape; **~ *di battere un record*** to make an attempt *o* assault on a record; **~ *l'evasione*** to attempt escape; **~ *il suicidio*** to attempt suicide; **~ *il tutto per tutto*** to make an all-out attempt, to risk one's all; **~ *la fortuna, la sorte*** to chance *o* try one's luck, to have a go **2** *(allettare)* to tempt (anche RELIG.); [*idea, progetto*] to seduce; ***l'idea non la tenta molto*** the idea doesn't appeal to her very much; ***la torta mi tenta*** the cake is tempting; ***lasciarsi ~ da*** to let oneself be tempted by, to be seduced by ♦ ***tentar non nuoce*** PROV. there's no harm in trying.

tentativo /tenta'tivo/ m. attempt, try, effort; SPORT attempt, try-out; ***vale la pena di fare un ~*** it's worth a try; ***non ha fatto il minimo ~ di scusarsi*** he made no attempt *o* effort to apologize; ***nel ~ di fare*** in an attempt *o* effort to do; ***andare*** o ***procedere per -i*** to proceed by trial and error; ***al primo ~*** at one's first attempt; ***fai un altro ~!*** have another go! **~ *di corruzione*** attempted bribery; **~ *di suicidio*** attempt at suicide, suicide attempt; **~ *di evasione*** attempt of escape, escape attempt.

tentato /ten'tato/ **I** p.pass. → **tentare II** agg. **1** *(allettato)* ***essere, sentirsi ~ di fare qcs.*** to be, feel tempted to do sth. **2** **~ *omicidio, -a rapina*** attempted murder, robbery.

tentazione /tentat'tsjone/ f. temptation (**di fare** to do); ***cedere, resistere alla ~*** to give in to, to resist temptation; ***cadere in ~*** to fall into temptation; ***indurre qcn. in ~*** to expose sb. to temptation, to put temptation in sb.'s way.

tentennamento /tentenna'mento/ m. vacillation; FIG. vacillation, dillydallying COLLOQ., shillyshallying COLLOQ.

tentennare /tenten'nare/ [1] intr. (aus. *avere*) **1** *(oscillare)* to niddle-noddle, to vacillate, to wobble **2** FIG. *(esitare)* to vacillate, to balk, to dillydally COLLOQ., to shillyshally COLLOQ.

tentoni /ten'toni/ avv. (anche **a ~**) [*camminare, procedere*] blindly, gropingly; ***cercare qcs. a ~*** to grope for sth.

tenue /'tɛnue/ agg. **1** [*colore*] delicate, soft; [*filo, profumo*] delicate; [*suono, luce*] feeble, soft **2** FIG. [*ricordo, speranze, soffio*] frail; [*legame*] loose **3** ANAT. [*intestino*] small.

tenuta /te'nuta/ f. **1** *(vestiti)* outfit, attire, clothes pl.; MIL. *(uniforme)* uniform, order; ***in ~ ufficiale*** in formal attire **2** *(ermeticità)* hermetic, airtight sealing; ***a ~ stagna*** [*contenitore*] hermetic; ***a ~ d'aria*** [*recipiente, chiusura*] airtight, air-proof; ***a ~ d'acqua*** watertight **3** *(capacità)* capacity **4** *(possedimento terriero)* estate, property **5** *(gestione)* **~ *della contabilità*** o ***dei conti*** bookkeeping **6** *(resistenza)* resistance (anche SPORT) **7** ECON. *(rendimento)* performance; ***buona, cattiva ~ delle azioni*** good, poor performance of the shares **8** MUS. *(di* *accordo, nota)* holding ♦♦ ~ ***da combattimento*** MIL. battle-dress; ~ ***in curva*** AUT. cornering; ~ ***sportiva*** leisure suit, play-suit; ~ ***di strada*** AUT. roadholding.

tenutario, pl. **-ri** /tenu'tarjo, ri/ m. (f. **-a**) keeper; *(di casa d'appuntamenti)* brothel-keeper.

tenuto /te'nuto/ **I** p.pass. → **tenere II** agg. **1** *(curato)* ~ ***bene*** well-kept; ~ ***male*** unkempt, badly kept **2** *(obbligato)* bound, required (**da**, **per** by; **a fare** to do); ***non sei ~ a venire*** you don't have to come **3** MUS. [*nota, accordo*] sustained.

tenzone /ten'tsone/ f. STOR. *(duello)* ***singolar ~*** single combat.

teocratico, pl. **-ci**, **-che** /teo'kratiko, tʃi, ke/ agg. theocratic(al).

teocrazia /teokrat'tsia/ f. theocracy.

teodolite /teodo'lite/ m. theodolite, altazimuth mounting.

teologale /teolo'gale/ agg. theological.

teologia /teolo'dʒia/ f. theology, divinity.

teologico, pl. **-ci**, **-che** /teo'lɔdʒiko, tʃi, ke/ agg. theological.

teologo, m.pl. **-gi**, f.pl. **-ghe** /te'ɔlogo, dʒi, ge/ m. (f. **-a**) theologian.

teorema /teo'rɛma/ m. theorem.

teoretica /teo'rɛtika/ f. theoretical philosophy.

teoretico, pl. **-ci**, **-che** /teo'rɛtiko, tʃi, ke/ agg. theoretic(al).

teoria /teo'ria/ f. **1** theory (**di** of, about); ~ ***e pratica*** theory and practice; ***lezioni di ~*** lessons in theory; ***in ~*** in theory, theoretically (speaking) **2** *(concetto, opinione)* theory (**su** about); ***la mia ~ è che*** I have a theory that.

teoricamente /teorika'mente/ avv. **1** theoretically **2** *(in teoria)* theoretically, in theory.

teorico, pl. **-ci**, **-che** /te'ɔriko, tʃi, ke/ **I** agg. theoretic(al), abstract; *(ipotetico)* theoretic(al), hypothetical; ***da un punto di vista ~*** theoretically (speaking), from a theoretical point of view **II** m. (f. **-a**) theoretician, theorist.

teorizzare /teorid'dzare/ [1] **I** tr. to theorize **II** intr. (aus. *avere*) *(formulare teorie)* to theorize (**su** about).

teorizzazione /teoriddzat'tsjone/ f. theorization.

teosofia /teozo'fia/ f. theosophy, theosophism.

tepore /te'pore/ m. warmth.

teppa /'teppa/, **teppaglia** /tep'paʎʎa/ f. low-life, riffraff, scum.

teppismo /tep'pizmo/ m. hooliganism, vandalism.

teppista, m.pl. **-i**, f.pl. **-e** /tep'pista/ m. e f. hooligan, vandal, thug, lout, rowdy.

terapeuta, m.pl **-i**, f.pl. **-e** /tera'pɛuta/ m. e f. therapist.

terapeutico, pl. **-ci**, **-che** /tera'pɛutiko, tʃi, ke/ agg. therapeutic(al).

terapia /tera'pia/ f. therapy, treatment; ***applicare, sospendere una ~*** to effect, terminate treatment; ***essere in ~*** to be in *o* have therapy ♦♦ ~ ***di gruppo*** group therapy; ~ ***d'urto*** massive-dose therapy; FIG. shock treatment.

tergere /'tɛrdʒere/ [19] tr. LETT. to wipe.

tergicristallo /terdʒikris'tallo/ m. screenwiper, windscreen wiper BE, windshield wiper AE.

tergiversare /terdʒiver'sare/ [1] intr. (aus. *avere*) to tergiversate, to prevaricate FORM., to shillyshally COLLOQ.

tergiversazione /terdʒiversat'tsjone/ f. tergiversation, prevarication FORM., shillyshallying COLLOQ.

tergo, pl. **-ghi**, pl.f. **-ga** /'tɛrgo, gi, ga/ m. **1** LETT. (pl.f. *-ga*) *(spalle)* back **2** (pl. *-ghi*) *(di foglio)* back of a leaf, verso; ***sul ~ del foglio*** overleaf; ***vedi a ~*** see overleaf.

termale /ter'male/ agg. [*bagno, acque*] thermal, spa attrib.; ***sorgente ~*** thermal *o* hot spring; ***stazione ~*** health resort, health spa; ***stabilimento ~*** spa, baths; ***cura ~*** thermal treatment; ***fare una cura ~*** to take the waters *o* a cure.

terme /'tɛrme/ f.pl. **1** (termal) baths, spa sing. **2** STOR. thermae.

termico, pl. **-ci**, **-che** /'tɛrmiko, tʃi, ke/ agg. [*dilatazione, dispersione, isolamento*] thermal, thermic; ***scudo ~*** ASTR. heat shield.

terminal /'tɛrminal/ m.inv. **1** AER. (air) terminal **2** IND. MAR. FERR. terminal.

terminale /termi'nale/ **I** agg. [*fase, malattia*] terminal, final; ***i malati -i*** the terminally ill; ***stazione ~*** terminus **II** m. INFORM. terminal, back-end.

terminare /termi'nare/ [1] **I** tr. *(concludere)* to finish, to end, to complete [*lettera, pasto, racconto, costruzione, lavoro, studi, corsa*]; to complete, to finish [*esercizi*]; to finish, to conclude, to end [*capitolo*]; to terminate, to conclude [*discussione*]; to end [*carriera, discorso*] **II** intr. (aus. *essere*) **1** *(concludersi)* [*riunione, concerto, spettacolo, stagione*] to finish, to close, to end; [*carriera, mandato, giorno, libro, guerra*] to end; [*contratto, impiego*] to terminate; ~ ***con*** to end *o* close with [*scena, canzone*] **2** LING. to end (**in** in, with) **3** [*sentiero, fiume, fila*] to end.

terminazione /terminat'tsjone/ f. **1** conclusion, ending **2** *(parte terminale)* end(ing), termination **3** LING. *(desinenza)* termination ♦♦ ~ ***nervosa*** ANAT. nerve ending.

termine /'tɛrmine/ **I** m. **1** end, conclusion; ***al ~ della riunione, dell'estate*** at the end of the meeting, of summer; ***portare a ~*** to carry out [*progetto, operazione, esperimento, studio*]; to carry through [*riforma, compito*]; to bring off [*impresa*]; to close [*vendita*]; to finish [*opera, costruzione*]; to conclude [*affare*]; ***portare a ~ una gravidanza*** to carry a pregnancy through to full term; ***porre ~ a qcs.*** to put a stop to sth., to bring sth. to an end; ***un bambino (nato) a ~*** a baby born at term, a term baby **2** *(limite di tempo fissato)* time-limit, term; *(data limite)* final date, expiry date; ~ ***improrogabile, massimo*** deadline; ***entro i -i previsti*** o ***stabiliti*** within the agreed time-limit; ***entro un ~ di 6 mesi*** within 6 months; ***fare qcs. entro il ~ stabilito*** to do sth. within the prescribed time; ***fissare un ~*** to fix a deadline, to set a time-limit; ~ ***ultimo per le iscrizioni*** deadline, closing date for registration; ***a breve, medio, lungo ~*** [*prestito, problema, strategia*] short-, medium-, long-term; [*titoli, investimenti*] short-, medium-, long-dated; ***contratto a ~*** temporary *o* terminable contract **3** *(parola)* term, word; ~ ***tecnico, medico*** technical, medical term; ***in altri -i*** in other words; ***è una contraddizione in -i*** it's a contradiction in terms *o* a self-contradiction; ***mi perdoni il ~*** if you'll excuse the expression; ***modera i -i per favore!*** watch your language, please! ***senza mezzi -i*** in the strongest possible terms, in no uncertain terms **4** MAT. term; ***ridurre una frazione ai minimi -i*** to reduce a fraction to the lowest terms; ***ridurre qcs. ai minimi -i*** FIG. to reduce sth. to the lowest common denominator *o* to the lowest terms **5** LING. ***complemento di ~*** indirect object **II termini** m.pl. **1** *(condizioni)* terms; ***secondo i -i del contratto*** under *o* by the terms of the contract; ***-i di scambio*** terms of trade; ***a(i) -i di legge*** within the meaning of the act, as by law enabled; ***la questione si pone in questi -i*** the question is this **2** *(punto di vista)* ***in -i di*** in terms of; ***in -i di profitto, produttività*** in terms of profit, productivity ♦♦ ~ ***di consegna*** delivery date; ~ ***di paragone*** LING. element of comparison.

terminologia /terminolo'dʒia/ f. terminology.

termitaio, pl. **-ai** /termi'tajo, ai/ m. termitarium*.

termite /'tɛrmite, ter'mite/ f. ENTOM. termite, white ant.

termoadesivo /termoade'zivo/ agg. thermoadhesive; [*etichetta, toppa*] iron-on.

termocoperta /termoko'pɛrta/ f. electric blanket.

termodinamica /termodi'namika/ f. thermodynamics + verbo sing.

termoisolante /termoizo'lante/ **I** agg. thermal insulating; [*indumenti*] heat-proof **II** m. thermal insulator.

termometro /ter'mɔmetro/ m. thermometer; ***il ~ indica*** o ***segna 8°*** the thermometer reads 8°; ***il ~ delle tensioni internazionali*** FIG. the barometer of international tensions.

termonucleare /termonukle'are/ agg. thermonuclear.

termoplastico, pl. **-ci**, **-che** /termo'plastiko, tʃi, ke/ agg. thermoplastic.

termoreattore /termoreat'tore/ m. thermojet, jet engine.

termosifone /termosi'fone/ m. **1** *(impianto)* central heating **2** *(radiatore)* radiator, thermosiphon.

termostatico, pl. **-ci**, **-che** /termos'tatiko, tʃi, ke/ agg. thermostatic.

termostato /ter'mɔstato/ m. thermostat.

termoventilatore /termoventila'tore/ m. fan heater.

terna /'tɛrna/ f. *(insieme di tre)* tern, threesome; *(di candidati)* shortlist of three; ~ ***arbitrale*** SPORT officials.

ternario, pl. **-ri**, **-rie** /ter'narjo, ri, rje/ agg. **1** MAT. CHIM. ternary, trinary **2** MUS. [*ritmo*] ternary.

terno /'tɛrno/ m. GIOC. tern; ***vincere un ~ al lotto*** FIG. to hit the jackpot; ***la vita è un ~ al lotto*** life is a guessing game.

terra /'tɛrra/ **I** f. **1** ASTR. ***la Terra*** the Earth; ***sulla Terra*** on Earth **2** *(suolo)* ground; ***essere gettato a ~*** to be thrown to the ground; ***faccia a ~*** face down; ***mettere a ~*** *(buttare giù)* to knock down [*persona*]; FIG. *(privare delle forze)* to strike down; ***esercizi a ~*** floor exercises; ***toccare ~*** [*aereo*] to touch ground, to land; [*nave*] to reach *o* make land, to land; ***scendere a ~*** [*passeggeri*] to land; ***via ~*** by land; ***di ~*** [*esercito*] ground(-based), land; [*hostess, personale*] ground **3** *(materia)* earth; AGR. soil; ***~ rossa, argillosa*** red, clayey earth *o* soil **4** *(campagna)* land; ***~ coltivata*** cropland; ***il ritorno alla ~*** the movement back to the land; ***lavorare la ~*** to work the land **5** *(terreno)* land; ***acquistare, vendere una ~*** to buy, sell a plot of land; ***fuori dalla mia ~!*** get off my land! **6** *(regione, paese)* land; ***-e lontane*** distant lands; ***una ~ sconosciuta*** an undiscovered *o* unknown land; ***in ~ straniera*** on foreign land *o* soil **7** *(terraferma)* (dry) land; ***avvistare ~*** to sight land; ***"~ (in vista)!"*** "land ahoy!" "land ho!" **8** *(mondo)* earth, world; ***abbandonare*** o ***lasciare questa ~*** EUFEM. to depart this world; ***scendi*** o ***torna sulla ~!*** FIG. come down to earth! **9** EL. earth BE, ground AE; ***collegare*** o ***mettere a ~*** to earth BE, to ground AE; ***messa a ~*** earthing BE, grounding AE **10 terra terra** *(concreto)* [*persona*] down-to-earth, practical, matter-of-fact; [*questione*] practical; [*atteggiamento, maniere*] no-nonsense, practical; [*considerazioni*] low, materialistic; *(mediocre)* [*conversazione, persona*] ordinary, pedestrian **11 a terra** ***avere il morale a ~*** to feel very low(-spirited), to be at an all-time low, to be down in the dumps; ***essere, sentirsi a ~*** *(fisicamente)* to be, feel low *o* run-down; *(moralmente)* to be, feel down *o* low(-spirited) *o* flat; ***essere a ~*** *(finanziariamente)* to be broke *o* penniless; ***avere una gomma a ~*** to have a flat tyre **12 in terra**, **per terra** *(stato) (sul terreno)* on the ground; *(sul pavimento)* on the floor; *(moto) (sul terreno)* to the ground; *(sul pavimento)* to the floor **II** agg.inv. *(al livello del suolo)* ***piano ~*** ground floor BE, bottom floor BE, first floor AE ♦ ***avere i piedi per ~*** to be very down-to-earth; ***tenere i piedi per ~, stare coi piedi per ~*** to keep both *o* one's feet on the ground; ***sentirsi mancare la ~ sotto i piedi*** to feel one's legs give way; ***fare ~ bruciata*** to operate a scorched earth policy; ***sotto ~*** → **sottoterra** ♦♦ ***~ battuta*** *(nel tennis)* clay; ***campo in ~ battuta*** clay *o* hard court; ***~ di nessuno*** MIL. no man's land; ***~ promessa*** Promised Land (anche FIG.); ***~ di Siena*** ART. sienna; ***-e emerse*** lands above sea level; ***-e sommerse*** lands below sea level; ***Terra Santa*** Holy Land.

terra-aria /terra'arja/ agg.inv. [*missile*] ground-to-air, surface-to-air.

terracotta, pl. **terrecotte** /terra'kɔtta, terre'kɔtte/ f. **1** *(materiale)* earthenware, terracotta; ***di ~*** earthen, terracotta attrib. **2** *(manufatto)* ***-e toscane*** Tuscan earthenware.

terracqueo /ter'rakkweo/ agg. terraqueous.

terraferma, pl. **terreferme** /terra'ferma, terre'ferme/ f. terra firma, dry land, mainland; ***sulla ~*** on dry land, ashore.

terranova /terra'nɔva/ m.inv. ZOOL. Newfoundland (dog).

Terranova /terra'nɔva/ ♦ ***14*** n.pr.f. Newfoundland.

terrapieno /terra'pjɛno/ m. **1** MIL. terreplein, earthwork **2** FERR. bank, embankment.

terra-terra /terra'tɛrra/ agg.inv. [*missile*] surface-to-surface.

terrazza /ter'rattsa/ f. **1** terrace **2** AGR. terrace; ***coltivazione a -e*** terrace cultivation.

terrazzo /ter'rattso/ m. **1** *(balcone)* terrace **2** AGR. terrace **3** GEOL. terrace, shelf.

terremotato /terremo'tato/ **I** agg. [*zona*] destroyed by an earthquake, ravaged by an earthquake **II** m. (f. **-a**) earthquake victim.

terremoto /terre'mɔto/ m. **1** *(fenomeno tellurico)* earthquake; ***un ~ di 5,2 gradi della scala Richter*** an earthquake measuring 5.2 on the Richter scale; ***le popolazioni colpite dal ~*** the people hit by the earthquake; ***scossa di ~*** earth tremor **2** FIG. uproar, havoc; ***il suo discorso ha provocato un ~*** his speech provoked an uproar *o* caused havoc **3** FIG. *(persona vivace)* live wire; ***quel bambino è un ~*** that child is a pest *o* never stops moving.

1.terreno /ter'reno/ agg. **1** *(materiale)* [*vita, cose, beni*] earthly, worldly, terrestrial **2** *(a livello del suolo)* ground attrib.

2.terreno /ter'reno/ m. **1** *(suolo)* ground, soil; ***~ sabbioso, argilloso*** sandy, clayey ground *o* soil; ***piantare un palo nel ~*** to set a stake in the ground **2** *(area)* ground, land; ***~ boschivo, prativo*** woodland, meadowland; ***~ coltivabile, edificabile*** farmland, building land; ***~ accidentato*** uneven *o* rough ground **3** *(appezzamento)* plot of land, piece of land; ***acquistare un ~*** to buy a piece of land **4** MIL. terrain **5** SPORT ground, field; ***~ pesante*** slow pitch; ***sul proprio ~*** on one's home ground (anche FIG.) **6** FIG. ground, field; ***~ d'intesa*** common ground **7** FIG. *(condizioni)* ***offrire un ~ fertile per*** to provide a fertile breeding ground for [*ideologia*] ♦ ***guadagnare, perdere ~*** to gain, lose ground; ***cedere ~*** to give *o* yield ground; ***preparare, sgombrare il ~*** to prepare, clear the ground; ***sondare*** o ***tastare il ~*** to find out how the land lies, to spy out the land; ***trovarsi su un ~ conosciuto*** o ***familiare*** to be on familiar *o* home ground *o* on familiar territory; ***muoversi su un ~ minato*** to be on dangerous ground ♦♦ ***~ di caccia*** hunting ground; ***~ di gioco*** field.

terreo /'tɛrreo/ agg. [*viso*] sallow, doughy.

terrestre /ter'rɛstre/ **I** agg. **1** *(del pianeta)* earth's, terrestrial **2** *(della terraferma)* [*animali*] land attrib.; [*assalto, attacco*] ground attrib.; [*battaglia, forze, trasporto*] land attrib. **3** *(terreno)* earthly, worldly, terrestrial; ***paradiso ~*** Eden, heaven on earth **II** m. e f. earthling; *(uomo)* earthman*; *(donna)* earthwoman*.

terribile /ter'ribile/ agg. **1** *(tremendo)* [*catastrofe, malattia*] terrible, dreadful; [*delitto, incidente, giorno*] awful, dreadful, horrendous; [*dubbio*] tormenting; [*occhiata, sospetto*] nasty **2** *(molto intenso)* [*vento, temporale, freddo, caldo, rumore*] terrible, tremendous; [*dolore*] terrible, raging, terrific; [*ira*] fearful, thundering **3** COLLOQ. *(brutto)* terrible, awful **4** *(pestifero)* ***un bambino ~*** a nasty little boy, a holy terror.

terribilmente /terribil'mente/ avv. terribly; ***è ~ noioso*** he's terribly *o* incredibly boring.

terriccio, pl. **-ci** /ter'rittʃo, tʃi/ m. mould BE, mold AE; ***~ per piante d'appartamento*** potting compost.

terrier /'tɛrrjer, ter'rje/ m.inv. *(cane)* terrier.

terriero /ter'rjɛro/ agg. [*proprietà*] land attrib.; [*classe*] landed; ***proprietario ~*** landowner, landholder.

terrificante /terrifi'kante/ agg. **1** *(che fa paura)* terrifying, scary; [*violenza*] hideous **2** [*stupidità*] appalling.

territoriale /territo'rjale/ agg. territorial.

territorio, pl. **-ri** /terri'tɔrjo, ri/ m. **1** GEOGR. region, country, ground; ***~ montuoso, pianeggiante*** mountainous, flat region **2** AMM. territory; ***il ~ nazionale, tedesco*** national, German territory; ***essere in ~ nemico*** to be on enemy territory; ***su tutto il ~*** countrywide, throughout the country **3** ZOOL. territory; ***delimitare*** o ***segnare il proprio ~*** to mark out one's territory (anche FIG.) ♦♦ ***-ri occupati*** POL. GEOGR. occupied territories.

terrore /ter'rore/ m. **1** terror, dread; ***avere il ~ di qcs.*** to have a terror *o* dread of sth., to dread sth., to be terrified of sth.; ***vivere nel ~*** to live in terror *o* in dread; ***incutere ~ in qcn.*** to strike terror into (the heart of) sb. **2** *(come mezzo politico)* ***strategia del ~*** balance of terror; ***regime di ~*** reign of terror **3** *(persona)* ***è il ~ del quartiere*** he's the terror of the neighbourhood.

terrorismo /terro'rizmo/ m. terrorism.

terrorista, m.pl. **-i**, f.pl. **-e** /terro'rista/ m. e f. terrorist.

terroristico, pl. **-ci**, **-che** /terro'ristiko, tʃi, ke/ agg. terroristic(ic); ***un'azione -a*** an act of terrorism.

terrorizzare /terrorid'dzare/ [1] tr. to terrify, to terrorize.

terrorizzato /terrorid'dzato/ **I** p.pass. → **terrorizzare II** agg. terrified, terrorized, terror-stricken; ***essere ~ da*** to be terrified by, to have a terror of; ***fuggire ~*** to flee in terror.

terroso /ter'roso/ agg. **1** *(che contiene terra)* earthy **2** *(sporco di terra)* earthy, earth-soiled.

terso /'tɛrso/ **I** p.pass. → **tergere II** agg. **1** [*cielo*] clear, bright; [*aria*] clean; [*acqua*] clear, clean, limpid **2** FIG. [*stile*] terse.

terza /'tɛrtsa/ f. **1** SCOL. third year, third form BE; ***faccio la ~*** I'm in the third year **2** MUS. third, tierce **3** AUT. third (gear); ***ingranare*** o ***mettere la ~*** to change *o* shift AE into third gear **4** MAT. ***dieci alla ~*** ten to the power (of) three, ten cubed.

terzetto /ter'tsetto/ m. **1** MUS. trio* **2** SCHERZ. *(gruppo di tre)* threesome, trio*.

terziario, pl. **-ri**, **-rie** /ter'tsjario, ri, rje/ **I** agg. tertiary (anche GEOL. MED.); ***settore ~*** tertiary *o* service sector **II** m. **1** ECON. tertiary sector, service industry, service sector **2** RELIG. tertiary.

terzina /ter'tsina/ f. **1** METR. tercet, triplet **2** MUS. triplet.
terzino /ter'tsino/ m. SPORT (full-)back.
terzo /'tɛrtso/ ♦ *26, 5* **I** agg. third **II** m. (f. **-a**) **1** *(in una serie)* third **2** *(terza persona)* third party; ***chiedere il parere di un ~*** to ask an outside opinion **3** *(frazione)* third **III terzi** m.pl. DIR. *(altri)* ***agire per conto di -i*** to act on behalf of a third party; ***assicurazione per i danni contro -i*** third-party insurance **IV** avv. *(in terzo luogo)* thirdly ♦ ***tra i due litiganti il ~ gode*** PROV. two dogs strive for a bone, and a third runs away with it *o* the onlooker gets the best of a fight ♦♦ ***-a età*** third *o* old age; ***~ grado*** third degree; ***fare il ~ grado a qcn.*** to give sb. the third degree; ***~ mondo*** Third World.
terzogenito /tertso'dʒɛnito/ **I** agg. third(-born) **II** m. (f. **-a**) third-born.
terzultimo /ter'tsultimo/ **I** agg. last but two, third last **II** m. (f. **-a**) last but two, third last.
tesa /'tesa/ f. *(di cappello)* brim.
tesaurizzare /tezaurid'dzare/ [1] intr. (aus. *avere*) to hoard money, to hoard riches.
teschio, pl. **-schi** /'tɛskjo, ski/ m. skull; *(simbolo della morte)* death's head, skull and crossbones.
Teseo /te'zɛo/ n.pr.m. Theseus.
tesi /'tɛzi/ f.inv. **1** UNIV. *(di laurea)* graduation thesis*; *(di dottorato)* doctoral thesis*, dissertation AE; ***discutere la ~*** to defend a thesis; ***discussione della ~*** defence of a thesis **2** *(argomentazione)* thesis*, argument **3** *(supposizione)* theory, thesis*; ***avanzare la ~ dell'incidente*** to put forward the theory that it was an accident.
tesina /te'zina/ f. SCOL. paper, short thesis*.
teso /'teso/ **I** p.pass. → **tendere II** agg. **1** *(tirato)* [*corda*] taut, tight, tense, stretched; [*muscoli*] taut, tense, stretched; ***ho i nervi -i*** my nerves are on edge **2** *(nervoso)* [*persona*] tense, nervous; *(che rivela tensione)* [*viso*] drawn; [*sorriso, espressione*] strained; [*relazioni, situazione, atmosfera*] tense, fraught, strained **3** *(proteso, disteso)* [*mano, braccia, gambe*] outstretched **4** *(rivolto)* aimed (**a**, **verso** at), intended, meant (**a**, **verso** to); ***~ alla*** o ***verso la vittoria*** intent on victory; ***questo provvedimento è ~ a impedire il traffico di droga*** this measure aims at preventing *o* is intended to prevent drug dealing **5** MAR. ***brezza -a*** fresh breeze ♦ ***stare con le orecchie -e*** to strain one's ears, to keep one's ears cocked; ***essere ~ come una corda di violino*** to be like a coiled spring.
tesoreria /tezore'ria/ f. treasury; ***Tesoreria dello Stato*** (national) Treasury.
tesoriere /tezo'rjɛre/ m. (f. **-a**) treasurer, purse-bearer.
tesoro /te'zɔro/ m. **1** treasure; ***-i artistici*** art treasures; ***isola del ~*** treasure island; ***caccia al ~*** GIOC. treasure *o* scavenger hunt **2** AMM. ECON. ***il Tesoro*** the Treasury; ***ministero del ~*** *(in GB)* Treasury; *(negli USA)* Treasury Department **3** *(persona)* *(termine affettivo)* darling, honey, sweetheart, precious; ***i bambini sono stati dei -i*** the children have been little darlings; ***sei un ~!*** you're a doll *o* honey! ***~ mio*** my darling ♦ ***chi trova un amico trova un ~*** PROV. a good friend is worth his weight in gold; ***fare ~ di*** to treasure [*parole, idea*]; to store [*informazione*].
tessera /'tɛssera/ f. **1** *(documento)* card; *(di mezzi di trasporto)* pass, card **2** *(pezzo)* *(di domino)* domino*; *(di mosaico)* tessera ♦♦ ***~ associativa*** membership card; ***~ dell'autobus*** bus pass; ***~ ferroviaria*** train pass BE, travel card BE, commutation ticket AE; ***~ di iscrizione*** → ***~ associativa***; ***~ magnetica*** magnetic card; ***~ di partito*** party card; ***~ sanitaria*** = National Health Service Card; ***~ sindacale*** (trade) union card.
tesseramento /tessera'mento/ m. **1** *(iscrizione)* membership, enrolment, enrollment AE; *(a un partito)* membership **2** *(razionamento)* rationing.
tesserare /tesse'rare/ [1] **I** tr. **1** *(iscrivere)* to enrol, to enroll AE, to give* a membership card to **2** *(razionare)* to ration **II tesserarsi** pronom. *(iscriversi)* ***-rsi a*** to become member of, to join [*associazione, partito*].
tesserato /tesse'rato/ **I** p.pass. → **tesserare II** agg. card-carrying **III** m. (f. **-a**) cardholder, cardmember.
tessere /'tɛssere/ [2] tr. **1** [*persona, macchina*] to weave*; [*ragno*] to spin, to weave* [*tela*] **2** FIG. to weave* [*discorso, storia*]; to weave*, to plot [*trame, inganni*]; ***~ le lodi di qcn.*** to praise sb. highly; ***~ le proprie lodi*** to blow one's own trumpet.
tesserino /tesse'rino/ m. *(per mezzi pubblici)* card.
tessile /'tɛssile/ **I** agg. [*industria, commercio*] weaving, textile attrib.; [*fibre, settore, operaio*] textile attrib. **II** m. *(settore industriale)* textile sector; ***lavorare nel ~*** to work in textiles **III** m. e f. *(operaio)* textile worker, mill worker **IV tessili** m.pl. *(prodotti tessili)* textiles, soft goods.
tessitore /tessi'tore/ ♦ *18* m. (f. **-trice** /tritʃe/) **1** weaver **2** FIG. *(orditore)* plotter.
tessitura /tessi'tura/ f. **1** *(fabbricazione)* weaving, milling; *(trama)* weave **2** *(stabilimento)* textile factory, weaving factory **3** *(di romanzo, opera teatrale)* structure, plot.
tessuto /tes'suto/ **I** p.pass. → **tessere II** agg. woven; ***~ a mano*** hand-woven **III** m. **1** *(stoffa)* fabric, material, cloth, textile; ***~ di lana, cotone*** wool(len), cotton cloth; ***-i sintetici*** synthetic materials *o* fabrics; ***commerciare in -i*** to deal in textiles; ***negozio di -i*** draper's shop **2** BIOL. tissue; ***un campione di ~*** a tissue sample; ***~ osseo*** bone tissue **3** FIG. tissue, weaving, fabric; ***un ~ di menzogne*** a tissue *o* weaving of lies; ***~ urbano*** urban fabric; ***~ sociale*** the fabric of society, social fabric.
test /test/ m.inv. test (anche PSIC. SCOL.), trial; ***~ di gravidanza*** pregnancy test; ***~ attitudinale*** aptitude test; ***~ clinici*** clinical trials; ***sottoporre qcn. a dei ~*** to put sb. through tests, to test sb.
testa /'tɛsta/ ♦ *4* f. **1** head; ***muovere la ~*** to move one's head; ***coprirsi la ~*** to cover one's head; ***lavarsi la ~*** to wash one's hair; ***dalla ~ ai piedi*** from head to foot *o* toe; ***mal di ~*** headache; ***a ~ in giù, di ~*** [*cadere, tuffarsi*] headfirst; ***a ~ in giù*** [*essere sospeso*] upside down; ***mettersi il cappello in ~*** to put on one's hat; ***a ~ alta*** *(senza vergogna)* with one's head held high; ***a ~ bassa*** *(vergognandosi)* with one's head bowed; *(con grande impegno)* [*lanciarsi*] headfirst, headlong; ***sulle nostre -e*** *(per aria)* over our heads; ***~ a ~*** [*lottare, scontrarsi*] head to head; [*correre, arrivare*] neck and neck, nip and tuck AE; ***mettere una taglia sulla ~ di qcn.*** FIG. to put a price on sb.'s head **2** FIG. *(mente)* ***avere in ~ di fare*** to have it in mind to do; ***avere qcs. in ~*** to have sth. on one's mind; ***usare la ~*** to use one's head; ***avere la ~ altrove*** to be miles away, to have one's mind elsewhere; ***è una bella ~*** COLLOQ. she's a great mind *o* a heavyweight; ***non ci sta (tanto) con la ~*** COLLOQ. he's not right in the head, he's not all there **3** *(individuo)* ***a ~*** each, per *o* a head **4** *(estremità)* *(di treno, convoglio)* front; *(di corteo, fila)* head, front; *(di chiodo, spillo, fiammifero, martello)* head; ***i vagoni di ~*** the front carriages *o* cars **5** *(comando)* ***il gruppo di ~*** the leaders, the leading group; ***essere alla ~ di*** to be at the head of, to head [*movimento, partito*]; ***in ~ a*** o ***alla ~ di un corteo*** at the front *o* head of a procession; ***essere in ~*** *(in elezioni, sondaggio, gara, classifica)* to lead, to be in the lead, to have the lead; ***essere in ~ a*** to head [*lista*]; to be at the top of [*classifica*]; ***la squadra in ~ al campionato*** the leading team in the championship; ***passare in ~*** to go into the lead, to take the lead **6** AUT. ***battere in ~*** [*motore*] to knock; [*automobile*] to backfire ♦ ***fare una ~ così a qcn., fare la ~ come un pallone a qcn.*** to talk sb.'s head off; ***averne fin sopra la ~*** to be tired *o* sick to death (**di** of), to have it up to there (**di** with); ***avere la ~ tra le*** o ***nelle nuvole*** to have one's head in the clouds; ***avere la ~ sulle spalle*** o ***sul collo*** o ***a posto*** to have one's head screwed on, to have a good head on one's shoulders, to have all one's buttons COLLOQ.; ***dare alla ~*** o ***far girare la ~ a qcn.*** [*alcol, lodi*] to go to sb.'s head; [*successo*] to go to sb.'s head, to turn sb.'s head; ***montarsi la ~*** to get big-headed, to have a swollen head; ***non montarti la ~*** don't let it go to your head; ***tenere ~ a qcn.*** to be a match for sb.; ***far entrare qcs. in ~ a qcn.*** to drill sth. into sb., to get *o* beat *o* drive sth. into sb.'s head; ***mettere la ~ a posto*** to get oneself sorted out, to buck up one's ideas COLLOQ.; ***mettere qcs. in ~ a qcn.*** to put sth. into sb.'s head; ***mettersi in ~ di fare*** to take it into one's head to do, to set one's mind on doing; ***mettersi in ~ che*** to get the notion into one's head that; ***mettitelo bene in ~!*** get that into your (thick) skull! get it into your head once and for all! ***perdere la ~*** to go off one's head; ***fare qcs. di ~ propria*** to do sth. on one's own initiative; ***fare (sempre) di ~ propria*** to (always) do it one's own way; ***rompersi la ~*** *(scervellarsi)* to rack one's brains; ***essere fuori di ~*** COLLOQ. to be as nutty as a fruit cake, to be out to lunch; ***andare fuori di ~, uscire di ~*** COLLOQ. to go off one's

head, to flip, to go (a)round the bend, to go bananas; ***fare uscire di ~ qcn.*** COLLOQ. to drive sb. (a)round the bend; ***ma sei fuori di ~?*** are you off your head? are you out of your mind? ***tagliare la ~ al toro*** to clinch the question once and for all ♦♦ ***~ d'aglio*** head of garlic; ***~ d'asino*** mutton head; ***~ di biella*** TECN. stub-end; ***~ calda*** hothead, hotspur; ***essere una ~ calda*** to be hot-headed; ***~ di cavolo*** COLLOQ. cabbagehead, pinhead; ***~ di cazzo*** VOLG. dickhead, prick; ***~ o croce*** heads or tails; ***fare a ~ o croce*** to call heads or tails, to toss up, to flip a coin; ***~ di cuoio*** MIL. = member of a special anti-terrorist police team; ***~ dura*** → ***~ di legno***; ***avere la ~ dura*** to be strongheaded; ***~ di legno*** woodenhead, thickhead, blockhead; ***~ matta*** madcap; ***~ di moro*** dark chocolate; ***~ di morto*** *(teschio)* death's head; ENTOM. death's head moth; ***~ quadra*** *(persona testarda)* bullhead, blackhead; ***~ quadrata*** *(persona razionale)* squareheaded person; ***~ di rapa*** COLLOQ. → ***~ di legno***; ***~ di serie*** SPORT seed; ***~ d'uovo*** COLLOQ. egghead; ***~ vuota*** dimwit, rattle-brain, airhead AE, bubblehead AE; ***avere la ~ vuota*** to be in a vacuum.

testa(-)coda /testa'koda/ m.inv. ***fare un ~*** [*macchina, automobilista*] to slew (round), to spin round.

testamentario, pl. **-ri, -rie** /testamen'tarjo, ri, rje/ agg. [*clausola, erede*] testamentary; ***esecutore ~*** executor.

testamento /testa'mento/ m. **1** DIR. will, testament; ***fare ~*** to make one's will **2** BIBL. RELIG. ***il Vecchio, il Nuovo Testamento*** the Old, the New Testament ♦♦ ***~ biologico*** living will; ***~ olografo*** holograph will.

testardaggine /testar'daddʒine/ f. stubbornness.

testardo /tes'tardo/ **I** agg. [*persona*] stubborn, obstinate, headstrong, pigheaded SPREG.; [*animale*] stubborn **II** m. (f. **-a**) stubborn person ♦ ***essere ~ come un mulo*** to be as stubborn as a mule.

testare /tes'tare/ [1] tr. *(verificare)* to test [*campione, prodotto*]; to trial [*metodo*]; INFORM. to benchmark [*sistema*].

testata /tes'tata/ f. **1** *(colpo)* (head)butt, head; ***dare una ~ a qcn.*** to (head)butt sb.; ***dare una ~ sul tavolo*** to bang *o* strike one's head on the table **2** *(di letto)* (bed)head, headboard **3** *(di galleria, molo)* head **4** *(di missile)* warhead; ***~ nucleare*** nuclear warhead **5** *(di motore)* cylinder head **6** *(giornale)* newspaper; *(titolo di giornale)* masthead.

testato /tes'tato/ **I** p.pass. → **testare II** agg. tested; ***~ in laboratorio*** laboratory-tested; ***non ~*** [*prodotto, sistema*] untried, untested; ***non ~ su animali*** [*prodotto*] cruelty-free.

teste /'tɛste/ m. e f. witness.

testé /tes'te/ avv. ANT. just now.

testicolo /tes'tikolo/ m. testicle.

testiera /tes'tjɛra/ f. *(di letto)* (bed)head, headboard.

testimone /testi'mɔne/ m. e f. **1** witness (anche DIR.); ***essere (il) ~ di qcs.*** to be a witness to sth., to witness sth.; ***banco dei -i*** stand, witness box BE *o* stand AE; ***parlare davanti a -i*** to speak before witnesses **2** *(di nozze)* witness; *(dello sposo)* best man*; *(della sposa)* maid of honour; ***fare da ~ di nozze*** to witness a marriage **3** SPORT baton; ***passaggio del ~*** changeover; ***passare il ~*** to hand on the baton ♦ ***Dio*** o ***il cielo mi è ~*** (as) God is my witness ♦♦ ***~ a carico*** witness for the prosecution, prosecution witness; ***~ a discarico*** witness for the defence, defence witness; ***~ oculare*** eyewitness; ***Testimone di Geova*** RELIG. Jehovah's Witness.

testimonianza /testimo'njantsa/ f. **1** *(storia personale)* story; *(resoconto)* account; ***portare la propria ~*** to give one's own account **2** DIR. evidence **U**, testimony; ***basarsi sulle -e dei vicini*** to rest on the neighbours' testimony, to rely on evidence from the neighbours; ***secondo la ~ di qcn.*** on the evidence of sb.; ***rendere ~*** to give evidence *o* testimony; ***falsa ~*** perjury, false evidence *o* witness **3** *(prova)* testimony, mark; ***a ~ della mia gratitudine*** as a mark *o* token of my gratitude.

testimoniare /testimo'njare/ [1] **I** tr. **1** DIR. to testify (**che** that), to bear* witness (**che** to the fact that); ***~ il falso*** to give false testimony, to bear false witness **2** *(provare)* to witness, to attest (to), to testify (to), to vouch for **II** intr. (aus. *avere*) DIR. to give* evidence, to give* testimony, to testify (**a favore di qcn.** for sb.; **contro qcn.** against sb.).

testina /tes'tina/ f. **1** GASTR. ***~ di vitello*** calf's head **2** INFORM. ELETTRON. head.

testo /'tɛsto/ m. **1** *(insieme di parole scritte)* text; *(di canzone)* lyrics pl., words pl.; ***"~ integrale"*** "unabridged text"; ***analisi del ~*** textual analysis; ***edizione con ~ a fronte*** parallel text edition **2** *(opera)* work; *(volume)* text, book; ***-i scolastici*** schoolbooks; ***libro di ~*** textbook, course book **3** AMM. DIR. POL. wording, text; ***il ~ di un contratto*** the wording of a contract **4** INFORM. text ♦ ***fare ~*** to be authoritative, to have influence; ***le tue parole non fanno ~*** your words are not authoritative ♦♦ ***~ di legge*** law; ***adottare un ~ di legge*** to pass a law; ***-i sacri*** RELIG. sacred books; BIBL. (Holy) Scriptures.

testone /tes'tone/ m. (f. **-a**) **1** *(testardo)* pigheaded peson **2** *(stupido)* blockhead, thickhead.

testosterone /testoste'rone/ m. testosterone.

testuale /testu'ale/ agg. **1** *(del testo)* textual **2** *(letterale)* [*riproduzione, resoconto*] verbatim, literal, word-for-word; ***le sue -i parole*** her very *o* exact words.

testualmente /testual'mente/ avv. [*riferire*] word-for-word, verbatim; ***mi ha detto ~ "me ne infischio"*** his exact words were, "I couldn't care less".

testuggine /tes'tuddʒine/ f. **1** ZOOL. tortoise, testudo **2** MIL. STOR. testudo.

tetano /'tɛtano/ ♦ **7** m. tetanus, lockjaw.

tetraggine /te'traddʒine/ f. gloom, gloominess, bleakness, dismalness; *(di umore)* sullenness, gloominess; *(di pensieri, aspetto)* gloominess, blackness.

tetraone /tetra'one/ m. grouse*.

tetraplegico, pl. **-ci, -che** /tetra'plɛdʒiko, tʃi, ke/ **I** agg. quadriplegic **II** m. (f. **-a**) quadriplegic.

tetro /'tɛtro/ agg. [*persona*] gloomy, sullen; [*aspetto, voce*] gloomy; [*pensieri, umore*] black, gloomy, sullen; [*casa*] bleak, dismal, grim; [*cielo*] sombre BE, somber AE, gloomy, sullen.

tetta /'tetta/ f. COLLOQ. boob, tit POP.

tettarella /tetta'rɛlla/ f. *(di biberon)* teat BE, nipple AE.

tetto /'tetto/ m. **1** *(di casa, auto)* roof; ***copertura del ~*** roofing; ***~ spiovente*** pitched *o* sloping roof **2** FIG. *(casa)* ***vivere sotto lo stesso ~*** to live under one *o* the same roof; ***senza ~*** homeless **3** FIG. *(limite)* ceiling; ***~ massimo*** cut-off, upper limit ♦♦ ***~ coniugale*** matrimonial home; ***abbandono del ~ coniugale*** desertion; ***~ a mansarda*** mansard (roof); ***il ~ del mondo*** ALP. the roof of the world; ***~ di paglia*** thatched roof; ***~ a punta*** pointed roof; ***~ a due spioventi*** gable *o* ridge roof; ***~ a terrazza*** terrace *o* flat roof.

tettoia /tet'toja/ f. shed, shelter; *(a uno spiovente)* penthouse, lean-to shed; *(pensilina di stazione ferroviaria)* canopy.

tettona /tet'tona/ f. COLLOQ. *(donna)* well-stacked woman*, bosomy woman*.

tettonica /tet'tɔnika/ f. tectonics + verbo sing.

tettonico, pl. **-ci, -che** /tet'tɔniko, tʃi, ke/ agg. tectonic.

tettuccio, pl. **-ci** /tet'tuttʃo, tʃi/ m. **1** AUT. roof; ***~ apribile*** sunroof **2** AER. *(di cabina di pilotaggio)* hood, canopy.

teutonico, pl. **-ci, -che** /teu'tɔniko, tʃi, ke/ agg. Teutonic.

Tevere /'tevere/ ♦ **9** n.pr.m. Tiber.

texano /tek'sano/ ♦ **30 I** agg. Texan **II** m. (f. **-a**) Texan.

tex-mex /teks'mɛks/ agg. e m.inv. Tex Mex.

thailandese /tailan'dese/ ♦ **25, 16 I** agg. Thai **II** m. e f. Thai* **III** m. LING. Thai.

Thailandia /tai'landja/ ♦ **33** n.pr.f. Thailand.

the, thè → **tè**.

thermos® /'tɛrmos/ m.inv. Thermos®, thermos flask, vacuum flask.

thesaurus /te'zaurus/ m.inv. thesaurus*.

thriller /'triller/ m.inv. CINEM. TELEV. LETTER. thriller.

1.ti /ti/ v. la nota della voce **io**. pron.pers. **1** *(complemento oggetto)* you; ***~ odio*** I hate you; ***~ sta guardando*** he's looking at you; ***verrà a prenderti lei*** she'll come and fetch you **2** *(complemento di termine)* you; ***che cosa ~ ha detto?*** what did he tell you? ***devo parlarti*** I must speak to you **3** *(con verbi pronominali)* yourself; ***~ sei fatto male?*** did you hurt yourself? ***non ~ preoccupare*** don't worry; ***curati*** look after yourself; ***va' a lavarti le mani*** go and wash your hands **4** *(pleonastico)* ***chi ~ credi di essere?*** who do you think you are? ***~ stai inventando tutto!*** you're making it up!

2.ti /ti/ m. e f.inv. t, T.

tiara /'tjara/ f. tiara.

tibetano /tibe'tano/ ♦ **30 I** agg. Tibetan **II** m. (f. **-a**) Tibetan.

tibia /'tibja/ f. ANAT. tibia*, shinbone.

tic /tik/ **I** inter. ~ **tac** tick; **fare ~ tac** to tick **II** m.inv. *(involontario)* tic, twitch; **essere pieno di ~** to be constantly twitching.
ticchettare /tikket'tare/ [1] intr. (aus. *avere*) [*orologio*] to tick; [*macchina*] to click; [*macchina da scrivere, tacchi*] to clack.
ticchettio, pl. **-ii** /tikket'tio, ii/ m. *(di orologio)* tick(ing); *(di macchina)* clicking.
ticchio, pl. **-chi** /'tikkjo, ki/ m. *(capriccio)* whim, fancy, whimwhams pl. AE COLLOQ.; **gli è saltato il ~ di fare...** he's got it into his head to do...
ticket /'tiket/ m.inv. **1** *(sanitario)* prescription charges pl. **2** *(buono pasto)* luncheon voucher, meal ticket.
tictac /tik'tak/ **I** inter. tick **II** m.inv. ticking, ticktock; **fare ~** [*orologio*] to tick.
tientibene /tjenti'bɛne/ m.inv. MAR. lifeline.
tiepido /'tjɛpido/ agg. **1** [*caffè, bagno*] lukewarm, tepid; *(mite)* [*aria, notte*] warm; [*temperatura, stagione*] mild **2** FIG. *(senza entusiasmo)* [*applausi, accoglienza*] lukewarm, tepid, half-hearted.
tifare /ti'fare/ [1] intr. (aus. *avere*) **1** SPORT **~ per** to support, to follow, to root for COLLOQ. [*sportivo, squadra*] **2** FIG. *(parteggiare)* **~ per** to support.
tifo /'tifo/ m. **1** MED. typhus (fever) **2** SPORT **fare il ~ per** to be a supporter of, to support, to root for COLLOQ.; FIG. *(parteggiare per)* to support, to root for COLLOQ.
tifoide /ti'fɔide/, **tifoideo** /tifoi'dɛo/ agg. **febbre -a** typhoid fever.
tifone /ti'fone/ m. typhoon.
tifoseria /tifose'ria/ f. *(insieme dei tifosi)* supporters pl., following.
tifoso /ti'foso/ m. (f. **-a**) SPORT supporter, fan, follower.
tight /'tait/ m.inv. morning dress; **giacca da ~** morning coat.
tiglio, pl. **-gli** /'tiʎʎo, ʎi/ m. lime (tree), linden (tree); **infuso di ~** lime-blossom tea.
tiglioso /tiʎ'ʎoso/ agg. [*carne*] stringy, tough.
tigna /'tiɲɲa/ f. tinea, ringworm.
tignola /tiɲ'ɲɔla/ f. moth.
tigrato /ti'grato/ agg. [*mantello*] striped, streaked; [*gatto*] tabby.
tigre /'tigre/ f. **1** ZOOL. *(maschio)* tiger; *(femmina)* tigress **2** FIG. wildcat ♦ **cavalcare la ~** to ride the tiger ♦♦ **~ di carta** paper tiger.
tigrotto /ti'grɔtto/ m. tiger cub.
tilde /'tilde/ m. e f. tilde, swung dash.
tilt /'tilt/ m.inv. **andare in ~** [*macchina*] to go haywire, to seize up, to jam; [*persona*] to go into a tailspin; **essere in ~** [*persona*] to be in a tailspin.
timballo /tim'ballo/ m. GASTR. timbale.
timbrare /tim'brare/ [1] tr. **1** *(apporre un timbro su)* to stamp [*documento, passaporto*]; to postmark [*lettera*] **2** *(annullare)* to stamp, to punch [*biglietto*] **3 ~ (il cartellino)** [*impiegato, operaio*] to punch the clock; *(all'entrata)* to clock in BE, to check in AE; *(all'uscita)* to clock out BE, to check out AE.
timbratrice /timbra'tritʃe/ f. *(di cartellini)* time clock.
timbratura /timbra'tura/ f. **1** *(alla posta)* stamping; *(timbro)* stamp **2** *(di cartellino)* *(all'entrata)* clocking-in BE, checking-in AE; *(all'uscita)* clocking-out BE, checking-out AE.
1.timbro /'timbro/ m. *(stampigliatura, strumento)* stamp; **mettere** o **apporre un ~ su** to stamp [*documento, passaporto*]; to postmark [*lettera*]; **~ postale** postmark.
2.timbro /'timbro/ m. **1** MUS. *(qualità di suono)* timbre; tone colour BE, tone color AE **2** *(tono)* tone, timbre; **il ~ della sua voce** his tone of voice; **~ caldo** warm tone.
timer /'taimer/ m.inv. timer, time clock.
timidezza /timi'dettsa/ f. shyness, timidity, bashfulness.
timido /'timido/ **I** agg. *(introverso)* [*persona*] shy, timid, bashful; *(pauroso)* [*animale*] shy, timid; *(debole)* [*tentativo*] faint(hearted); [*protesta*] faint, mild; [*sorriso*] tentative, timid **II** m. (f. **-a**) shy person.
1.timo /'timo/ m. BOT. thyme.
2.timo /'timo/ m. ANAT. thymus (gland).
timone /ti'mone/ m. **1** MAR. helm (anche FIG.), rudder; **barra del ~** tiller; **ruota del ~** wheel; **essere al ~** to be at the helm (anche FIG.) **2** AER. **~ di direzione** vertical rudder; **~ di profondità** horizontal rudder **3** *(di aratro)* beam.
timoniera /timo'njɛra/ f. MAR. wheelhouse.
timoniere /timo'njɛre/ m. helmsman*; *(di scialuppa, barca a remi ecc.)* coxswain; SPORT cox.
timorato /timo'rato/ agg. moderate, temperate; **~ di Dio** God-fearing.
timore /ti'more/ m. **1** *(paura)* fear; **avere ~** to be afraid (**di** of; **di fare** to do, of doing); **nel ~ che lei lo chiami** lest she should call him, for fear that she might call him; **non abbia ~** have no fear **2** *(soggezione, rispetto)* fear, awe ♦♦ **timor di Dio** fear of God; **timor panico** panic fear; **~ reverenziale** reverential awe.
timoroso /timo'roso/ agg. fearful, timorous.
Timoteo /ti'mɔteo/ n.pr.m. Timothy.
timpano /'timpano/ m. **1** ANAT. tympanum*, eardrum; **un rumore da bucarti i -i** an ear-splitting noise **2** ARCH. tympanum*, gable **3** MUS. kettledrum, tympanum*; **i -i** *(nell'orchestra)* timpani, tympani ♦ **rompere i -i a qcn.** to deafen sb.
tinca, pl. **-che** /'tinka, ke/ f. tench.
tinello /ti'nɛllo/ m. dinette.
tingere /'tindʒere/ [24] **I** tr. **1** *(cambiare colore a)* to dye [*tessuto, scarpe*]; to dye, to colour BE, to color AE [*capelli*]; **~ qcs. di nero** to paint o dye sth. black; **il sole al tramonto tinge il cielo di rosso** FIG. the sunset paints the sky red **2** *(macchiare)* to stain **II tingersi** pronom. **1** *(con un prodotto)* **-rsi i capelli (di rosso)** to dye one's hair (red) **2** *(macchiarsi)* [*bucato*] to stain **3** LETT. *(cambiare sfumatura)* **-rsi di rosso** [*cielo*] to become tinged with red; [*bosco, foglie*] to go red.
tino /'tino/ m. vat; *(per uva o vino)* (wine) vat.
tinozza /ti'nɔttsa/ f. tub; *(per il bucato)* washtub; *(per il bagno)* bathtub.
tinta /'tinta/ f. **1** *(colore)* colour BE, color AE, tint; **(a** o **in) ~ unita** [*tessuto*] plain, self-coloured BE, self-colored AE; **in ~ con qcs.** of the same colour as sth., matching with sth.; **~ su ~** in matching tones **2** FIG. **un dramma a -e forti** a sensational drama; **vedere tutto a fosche -e** to look on the dark side (of things); **dipingere qcs. a -e vivaci** to paint sth. in glowing colours **3** *(prodotto)* *(per capelli)* (hair) dye, colour BE, color AE, tint; *(per tessuto, pelle)* dye; *(per pareti)* paint **4** *(procedimento)* **farsi la ~** to dye one's hair; **farsi fare la ~** to get o have one's hair dyed.
tintarella /tinta'rɛlla/ f. COLLOQ. (sun)tan; **prendere la ~** to get a (sun)tan.
tinteggiare /tinted'dʒare/ [1] tr. to paint; **~ a calce** to limewash, to whitewash.
tinteggiatura /tinteddʒa'tura/ f. painting, paintwork.
tintinnare /tintin'nare/ [1] intr. (aus. *avere*) [*monete, campanelli, vetri*] to tinkle, to jangle, to jingle, to chink, to clink; MUS. [*triangolo*] to ring*; **far ~** to tinkle, to jangle, to jingle, to chink, to clink [*monete, campanelli, vetri*]; MUS. to strike [*triangolo*].
tintinnio, pl. **-ii** /tintin'nio, ii/ m. tinkle, tinkling, jangle, jingle, chink, clink.
tinto /'tinto/ **I** p.pass → **tingere II** agg. [*capelli*] dyed, tinted; [*stoffa, pelle*] dyed; **è -a** she's got dyed hair.
tintore /tin'tore/ m. (f. **-a**) dyer.
tintoria /tinto'ria/ f. **1** *(lavanderia)* (dry-)cleaner's (shop) **2** *(negozio o laboratorio di tintura)* dyeworks.
tintura /tin'tura/ f. **1** *(prodotto)* *(per capelli)* hair-dye, colouring BE, coloring AE; *(per tessuto, pelle)* dye; FARM. tincture **2** *(procedimento)* dyeing ♦♦ **~ di iodio** tincture of iodine.
tipa /'tipa/ f. COLLOQ. woman*, girl; **una bella ~** a bit of stuff.
tipaccio, pl. **-ci** /ti'pattʃo, tʃi/ m. mean character, bad lot COLLOQ., ugly customer COLLOQ.
tipico, pl. **-ci, -che** /'tipiko, tʃi, ke/ agg. typical; **è un ~ impiegato statale** he's a typical civil servant; **essere ~ di** to be typical of [*periodo, specie*].
tipo /'tipo/ **I** m. **1** *(genere)* type, kind, sort; **libri di tutti i -i** o **di ogni ~** books of all kinds o sorts, all kinds o sorts of books; **un nuovo ~ di investimento finanziario** a new type of financial investment; **non tollererò questo ~ di comportamento!** I won't have this kind of behaviour! **che ~ di macchina è?** what type o kind of car is it? **che ~ è?** what kind o sort of person is he? what's he like (as a person)? **una giacca di ~ sportivo** a sports jacket **2** *(persona)* type; *(uomo)* man*, fellow, guy COLLOQ.; **c'è un ~ che vuole vederti** there's a man to see you; **un ~ tranquillo** a quiet type; **conosco i -i come te** I know your

kind *o* sort; ***non essere il ~ da fare qcs.*** not to be the type to do sth.; ***non sono il ~*** I'm not that sort of person; ***è un gran bel ~!*** COLLOQ. he's really something! ***sei un bel ~!*** COLLOQ. you're a one! you're quite something! ***non è proprio il mio ~*** he's definitely not my type *o* not my cup of tea **3** TIP. type **4 (sul) tipo (di)** *(come)* such as, like; ***qualcosa ~...*** something like... **II** agg.inv. *(tipico)* typical; *(medio)* average attrib., standard; ***una famiglia ~*** an average family; ***uno studente ~*** a typical student; ***formato ~*** standard size.

tipografia /tipogra'fia/ f. **1** *(tecnica)* typography, printing **2** *(laboratorio)* press, printing house, printing works pl., print shop.

tipografico, pl. **-ci**, **-che** /tipo'grafiko, tʃi, ke/ agg. [*carattere*] typographic(al); [*industria*] printing attrib.; ***errore ~*** typographical error *o* printer's error.

tipografo /ti'pɔgrafo/ ➧ *18* m. (f. **-a**) typographer, printer.

tipologia /tipolo'dʒia/ f. typology.

tip tap /tip'tap/ m.inv. tap dance; ***ballare il ~*** to tap dance.

tir, **TIR** /tir/ m.inv. *(autoarticolato)* heavy goods vehicle, articulated lorry BE, juggernaut BE, tractor-trailer AE, rig AE COLLOQ.

tiraggio, pl. **-gi** /ti'raddʒo, dʒi/ m. draught BE, draft AE.

tiralinee /tira'linee/ m.inv. drawing pen.

tiramisù /tirami'su/ m.inv. GASTR. = dessert consisting of layers of lady fingers soaked in coffee and liqueur and a cream made up of mascarpone cheese, eggs and sugar, covered with powdered chocolate.

tiramolla /tira'mɔlla/ → **tiremmolla.**

tiranneggiare /tiranned'dʒare/ [1] **I** tr. to tyrannize, to hector **II** intr. (aus. *avere*) to tyrannize, to domineer, to hector.

tirannia /tiran'nia/ f. tyranny.

tirannicida, m.pl. **-i**, f.pl. **-e** /tiranni'tʃida/ **I** agg. tyrannicidal **II** m. e f. tyrannicide.

tirannicidio, pl. **-di** /tiranni'tʃidjo, di/ m. tyrannicide.

tirannico, pl. **-ci**, **-che** /ti'ranniko, tʃi, ke/ agg. tyrannic(al), dictatorial.

tirannide /ti'rannide/ f. tyranny.

tiranno /ti'ranno/ **I** m. (f. **-a**) tyrant **II** agg. tyrannic(al), dictatorial ♦ ***il tempo è ~*** time is a hard master.

tirante /ti'rante/ m. **1** *(di stivale)* bootstrap **2** TECN. stay rod **3** EDIL. tie beam **4** ARCH. tie rod.

tirapiedi /tira'pjɛdi/ m. e f.inv. SPREG. stooge, minion, underling.

tirapugni /tira'puɲɲi/ m.inv. knuckle-duster.

tirare /ti'rare/ [1] **I** tr. **1** *(esercitare una trazione su)* to pull [*catena, corda, leva, freno a mano*]; to pull, to tug [*capelli*]; *(per chiudere)* to draw*, to pull [*tende*]; ***~ qcn. per il braccio*** to pull sb. by the arm *o* sb.'s arm; ***~ il collo a un pollo*** to wring a chicken's neck; ***~ le reti*** to pull the nets (out) **2** *(lanciare)* to throw*, to toss, to fling* [*pallone*]; to throw*, to cast* [*sasso, dadi*]; to shoot*, to fire [*freccia*]; *(sparare)* to shoot*, to fire [*proiettile, granata*]; to fire, to take* [*colpo*]; ***~ qcs. a qcn.*** to throw sth. at sb., to toss sb. sth. **3** *(sferrare)* ***~ calci*** [*persona, animale*] to kick (out); ***~ un pugno*** to throw a punch; ***~ un rigore*** SPORT to kick a penalty **4** *(tendere)* to stretch, to tighten [*filo*]; to draw* [*arco*]; *(stendere)* GASTR. to roll out [*pasta*] **5** *(trainare)* to draw*, to pull [*roulotte, carro, aratro, slitta*] **6** *(tracciare)* to draw* [*linea, tratto*] **7** *(portare con sé)* ***una parola tira l'altra*** one word leads to another **8** *(trarre, ricavare)* to draw* [*acqua, vino*] **9** TIP. to print [*libro*]; to run* off [*copia*] **10 tirare dentro** *(portare dentro)* to bring* in(side); FIG. *(coinvolgere)* to bring* into, to drag into **11 tirare dietro** to throw* [sth.] behind; ***te li tirano dietro*** FIG. they are two *o* ten a penny, they are a dime a dozen **12 tirare fuori** to take* out, to draw* out, to get* out, to pull out [*documenti, ombrello, portafogli*]; to get* out [*auto*]; to bring* out, to get* out, to pull out [*fazzoletto, pistola*]; to come* up with [*idea, risposta*]; to come* out with [*scusa, verità*]; to poke out, to put* out, to stick* out [*lingua*]; ***~ fuori da qcs.*** to take *o* draw [sth.] out of sth., to produce [sth.] from sth. [*oggetto*]; ***tirami fuori di qui!*** *(fare uscire)* get me out of this place! ***cosa tirerà fuori adesso!*** what (will he come out with) next! ***~ qcn. fuori dai guai*** to get sb. out of trouble **13 tirare giù** *(abbassare)* to take* down, to pull down [*pantaloni, mutande*]; to draw* down [*tapparella, velo, tenda*]; to let* down [*orlo*]; to fold down [*lenzuolo*]; to roll down [*maniche*]; to wind* down, to put* down [*finestrino*]; FIG. to bring* down, to knock back [*prezzo*]; *(buttare per terra)* to throw* [sb., sth.] to the ground; *(abbattere)* to shoot* down [*aereo*]; ***~ giù qcn. dal letto*** to get *o* drag *o* haul sb. out of bed **14 tirare indietro** to put* back, to throw* back [*spalle*]; to slide* back [*sedile*]; *(pettinare)* to push back [*capelli*]; ***~ indietro le lancette dell'orologio*** to put the clock back **15 tirare in dentro** to pull in [*pancia*] **16 tirare su** *(alzare)* to pull up, to lift, to hitch up [*pantaloni, gonna, calze*]; to raise, to draw* up [*tenda, tapparella*]; to take* up [*orlo*]; to pull up, to hitch up [*coperte*]; to turn up [*colletto*]; to roll up [*maniche*]; to wind* up, to put* up [*finestrino*]; to raise, to lift, to put* up [*testa, braccia, gambe*]; to pin up, to put* up [*capelli*]; FIG. to put* up, to raise, to push up [*prezzo*]; *(sollevare)* to pick up, to catch* up [*bambino, borsa*]; *(costruire)* to build* [*parete, casa*]; *(allevare)* to bring* up [*bambino, figlio*]; FIG. *(risollevare)* to uplift, to cheer up [*persona*]; to raise, to uplift, to boost [*morale*]; ***tirami su!*** lift me up! ***~ su qcs. dal pavimento*** to pick sth. off the floor; ***~ su col naso*** to sniff(le), to snuffle **17 tirare via** *(togliere)* to draw* away [*mano, piede*]; to pull off [*coperchio*]; *(strappare)* to pull off [*adesivo*] **II** intr. (aus. *avere*) **1** *(esercitare una trazione)* to pull; ***tira forte!*** pull hard! **2** *(soffiare)* to blow*; *(avere tiraggio)* [*camino, pompa*] to draw*; ***oggi tira vento*** it's windy *o* the wind is blowing today; ***sentire*** o ***vedere che aria tira*** FIG. to see which way the wind blows; ***con l'aria che tira!*** at the rate things are going! **3** *(con un'arma)* to shoot* (**su**, **a** at); ***~ con l'arco*** to shoot with a bow and arrow; ***~ di boxe*** SPORT to box; ***~ di scherma*** SPORT to fence **4** *(stringere)* ***~ in vita*** [*vestito*] to be (too) tight around one's waist **5** FIG. *(aver successo)* [*affari*] to go* well; [*prodotto*] to sell* **6** FIG. *(contrattare)* ***~ sul prezzo*** to haggle over the price, to bargain **7** GERG. *(sniffare)* ***~ di coca*** to sniff coke **8 tirare avanti** *(continuare)* to go* on, to carry on, to press on; *(vivacchiare)* to bear* up, to struggle along; *(sopravvivere economicamente)* to cope, to get* along, to scrape by; ***questo mi basta per ~ avanti*** this is enough to keep me going **9 tirare d(i)ritto** *(andare oltre)* to pass on **III tirarsi** pronom. **1** *(esercitare una trazione)* ***-rsi i capelli*** to pull at one's hair; *(l'un l'altro)* to pull at each other's hair; ***-rsi i baffi, il labbro*** to tug at one's moustache, lip **2** *(spostarsi)* ***-rsi in là*** to budge up *o* over, to shove over; ***tirati da parte*** step *o* move aside **3** *(lanciarsi)* to throw* [sth.] to each other [*pallone*]; to throw* [sth.] at each other, to throw* [sth.] against each other [*sassi, colpi*] **4 tirarsi addosso** to bring* (down) [sth.] upon oneself; FIG. *(attirarsi)* to bring* down, to incur [*dispiacere, collera*]; to bring* [sth.] down [*critiche*] **5 tirarsi dietro** to bring* along [*persona*]; FIG. to bring* about [*problemi, complicazioni*]; ***tirati dietro la porta*** close the door behind you **6 tirarsi fuori da** to wriggle one's way out of, to clamber out of; ***-rsi fuori dai guai*** FIG. to wriggle off the hook **7 tirarsi indietro** *(scansarsi)* to move aside, to step aside; *(ritirarsi)* to back down, to flinch, to hang* back; *(pettinarsi)* ***-rsi indietro i capelli*** to tie back one's hair **8 tirarsi su** *(alzarsi)* to rise*, to draw* oneself up, to raise oneself up; *(mettersi dritto)* to rise*, to stand* up, to get* up; *(mettersi seduto)* to sit* upright, to raise oneself to a sitting position; FIG. *(risollevarsi) (moralmente)* to cheer up; *(fisicamente)* to gather oneself, to recover, to bounce back; *(economicamente)* to bounce back; *(raccogliere)* to put* up, to pin up [*capelli*]; to pull up, to hitch up [*pantaloni, gonna, calze*] **9 tirarsela** COLLOQ. to put* on airs, to get* above oneself ♦ ***~ per le lunghe, in lungo*** to spin out [*storia, discussione*]; to drag out [*riunione, discorso*]; ***tirarla per le lunghe*** to drag one's feet *o* heels, to hang fire.

tirata /ti'rata/ f. **1** *(il tirare)* pull, tug; *(scrollone)* wrench, wrest; ***dare una ~ d'orecchi a qcn.*** FIG. to slap sb. on the wrist **2** *(di sigaretta)* drag, pull; ***fare una ~ a*** to have a drag on, to drag on, to take a pull at [*sigaretta*] **3** *(percorso senza interruzioni)* haul, pull, nonstop journey; ***fare tutta una ~ da Torino a Roma*** to drive nonstop from Turin to Rome; ***è stata una bella ~ arrivare in cima*** it was a hard pull to the summit **4** *(lunga invettiva)* tirade, rant; ***fare una ~ contro qcn.*** to deliver a tirade against sb., to rant on against sb. **5** TEATR. tirade, speech.

tiratardi /tira'tardi/ m. e f.inv. night owl, nighthawk AE COLLOQ.

tirato /ti'rato/ **I** p.pass. → **tirare II** agg. **1** ***avere i capelli -i all'indietro*** to wear one's hair scraped back **2** *(affaticato)* [*viso*] drawn, haggard, taut; *(sforzato)* [*sorriso*] tense, thin-lipped, strained **3** *(chiuso)* [*tenda*] drawn **4** *(tirchio)* pinching ♦ ***~ per i capelli*** [*paragone, motivazione*] far-fetched; ***lungo e ~*** full-length.

tiratore /tira'tore/ m. (f. **-trice** /tritʃe/) MIL. SPORT shot, shooter; ***un buon ~*** a good shot; ***~ con l'arco*** archer; ***franco ~*** MIL. sniper; POL. = defector who votes secretly against his own party ♦♦ ***~ scelto*** sharpshooter, marksman.

tiratura /tira'tura/ f. (print) run, press run; *(di giornali)* circulation, circulation figures pl.; ***edizione a ~ limitata*** limited edition.

tirchieria /tirkje'ria/ f. stinginess, penny-pinching.

tirchio, pl. **-chi**, **-chie** /'tirkjo, ki, kje/ **I** agg. stingy, (penny-) pinching **II** m. (f. **-a**) miser, skinflint, penny-pincher.

tirella /ti'rɛlla/ f. trace.

tiremmolla /tirem'mɔlla/ m.inv. hesitation, wavering, dithering, fast and loose; ***dopo un lungo ~*** after much hesitation.

tiritera /tiri'tɛra/ f. COLLOQ. **1** *(filastrocca)* nursery rhyme **2** *(discorso lungo e noioso)* rigmarole; ***è la solita ~*** it's the same old story.

tiro /'tiro/ m. **1** *(il tirare)* pull; *(il lanciare)* throw, toss; *(lancio di pietra, reti, dadi)* cast **2** *(con armi) (il tirare)* shooting, firing; *(colpo)* shot, fire; ***essere sotto ~*** MIL. to be under fire (anche FIG.); ***finire sotto ~*** MIL. to come under fire (anche FIG.); ***essere a ~*** MIL. to be within range *o* gunshot *o* rising distance; FIG. to be within reach *o* striking distance; ***alzare il ~*** to raise one's aim; FIG. to raise one's sights; ***aggiustare il ~*** MIL. to adjust one's aim; FIG. to fix a more precise target **3** *(traino)* ***da ~*** [*animale*] draught attrib.; ***un ~ di cavalli*** a team of horses **4** SPORT *(lancio)* throw, toss; *(nel calcio)* shot, kick; *(nel tennis, golf)* shot, stroke; ***~ in porta, a rete*** shot *o* kick at (the) goal; ***~ dal dischetto*** SPORT penalty kick; ***~ a canestro*** shot at the basket **5** FIG. *(scherzo, inganno)* trick; ***giocare un brutto ~ a qcn.*** to pull a fast one on sb., to play a joke *o* a mean trick on sb. **6** COLLOQ. *(boccata)* drag, draw, puff; ***fare un ~ di, dare un ~ a*** to have a drag on, to draw on, at, to take a puff at [*pipa, sigaretta*] ♦ ***se mi capita a ~...*** if I get my hands on him...; ***a un ~ di schioppo*** at a stone's throw; ***essere in ~*** to be all spruced up *o* in full fig COLLOQ. *o* all gussied up COLLOQ. ♦♦ ***~ con l'arco*** SPORT archery; ***~ al bersaglio*** SPORT target shooting; ***~ alla fune*** tug-of-war; ***~ incrociato*** MIL. crossfire (anche FIG.); ***~ libero*** SPORT free throw; ***~ mancino*** dirty *o* lousy *o* low-down trick; ***~ al piattello*** (clay) pigeon *o* trap shooting; ***~ a segno*** SPORT target shooting (anche GIOC.); *(luogo)* shooting gallery *o* range; ***~ a volo*** SPORT wing-shooting.

tirocinante /tirotʃi'nante/ **I** agg. training **II** m. e f. apprentice, trainee; *(medico)* intern.

tirocinio, pl. **-ni** /tiro'tʃinjo, ni/ m. *(praticantato)* training, traineeship; *(periodo)* qualifying period; *(apprendistato)* apprenticeship; *(medico)* internship; ***fare ~*** to do one's training; *(come apprendistato)* to serve one's apprenticeship.

tiroide /ti'rɔide/ f. thyroid (gland).

tiroideo /tiroi'dɛo/ agg. thyroid attrib.

Tirreno /tir'rɛno/ n.pr.m. ***il (mar) ~*** the Tyrrhenian Sea.

tisana /ti'zana/ f. herb(al) tea, tisane.

tisi /'tizi/ f.inv. phthisis, consumption.

tisico, pl. **-ci**, **-che** /'tiziko, tʃi, ke/ **I** agg. phthisic(al), consumptive **II** m. (f. **-a**) phthisical person, consumptive ANT.

titanico, pl. **-ci**, **-che** /ti'taniko, tʃi, ke/ agg. titanic.

titanio /ti'tanjo/ m. titanium.

Titano /ti'tano/ **I** n.pr.m. MITOL. Titan **II** m. FIG. titan.

titillare /titil'lare/ [1] tr. to titillate.

1.titolare /tito'lare/ **I** agg. **1** AMM. [*insegnante*] regular; UNIV. [*professore, docente*] tenured; RELIG. [*vescovo*] titular; SPORT [*giocatore*] first-string **2** *(che ha solo il titolo nominale)* titular **II** m. e f. **1** *(membro permanente)* incumbent; SCOL. regular teacher; UNIV. tenured professor; ***essere ~ di una cattedra*** to hold a chair; UNIV. to have tenure **2** *(proprietario)* holder, owner, proprietor; ***~ di un brevetto*** patentee; ***~ di un conto*** account holder; ***il ~ di una ditta*** the owner of a firm **3** SPORT first string (player).

2.titolare /tito'lare/ [1] tr. to title; GIORN. to headline; ***il giornale titolava in grassetto...*** banner headlines in the newspaper read...

titolato /tito'lato/ **I** p.pass. → **2.titolare II** agg. *(nobile)* titled **III** m. (f. **-a**) *(nobile)* titled person, noble.

titolo /'titolo/ m. **1** *(di film, libro, canzone)* title; *(di articolo, capitolo)* heading; GIORN. RAD. TELEV. headline; DIR. *(paragrafo)* title; ***~ a tutta pagina*** banner headline, screamer **2** *(di persona) (qualifica, grado)* title; ***il ~ di duca, dottore, campione del mondo*** the title of duke, doctor, world champion; ***~ mondiale*** world title; ***-i accademici*** university qualifications **3** *(appellativo)* title, name, epithet; SCHERZ. *(ingiuria)* name, epithet, term of abuse; ***meritarsi il ~ di eroe*** to be worthy of the name of hero; ***gli è valso il ~ di "re del rock"*** it earned him the title "King of Rock" **4** *(requisito)* qualification; ***avere i -i per qcs., per fare*** to be qualified *o* to have the qualifications for, for doing *o* to do **5** *(ragione, diritto)* ***a pieno ~*** [*membro, cittadino*] with full rights, legitimate; ***a che ~ me lo chiedi?*** by what right are you asking me? **6** **a titolo (di)** ***a ~ d'esempio*** by way of example, as an example; ***a ~ informativo*** for information, as a point of information; ***a ~ personale*** in a private capacity; ***a ~ gratuito*** free (of charge); ***a ~ di prestito*** as a loan; ***a ~ indicativo*** as a rough guide **7** DIR. *(documento)* deed; *(paragrafo)* title **8** ECON. *(azione, obbligazione)* security, stock, share; ***i -i minerari*** mining shares *o* securities; ***~ in valuta (estera)*** foreign security **9** *(di metallo)* fineness ♦♦ ***~ d'apertura*** GIORN. TELEV. headline; ***~ di credito*** instrument of credit; ***~ guida*** blue chip; ***~ nominativo*** nominative *o* registered security *o* share; ***~ obbligazionario*** bond; ***~ dell'oro*** title of gold; ***~ al portatore*** bearer bond *o* security; ***~ di stato*** government security *o* stock *o* bond; ***~ di studio*** qualification; ***-i di coda*** CINEM. TELEV. (closing) credits; ***-i di testa*** CINEM. TELEV. (opening) credits.

titolone /tito'lɔne/ m. catchline.

titubante /titu'bante/ agg. [*persona*] hesitant, tentative, wavering, indecisive; [*voce*] hesitant, faltering, wavering; [*risposta*] hesitant; [*sorriso*] tentative, uncertain.

titubanza /titu'bantsa/ f. hesitancy, hesitation, wavering, indecision.

titubare /titu'bare/ [1] intr. (aus. *avere*) to waver, to hesitate, to be* in two minds.

tivù /ti(v)'vu/ f.inv. COLLOQ. → **TV**.

tizia, pl. **-zie** /'tittsja, tsje/ f. woman*, girl.

Tiziano /tit'tsjano/ n.pr.m. Titian.

tizio, pl. **-zi** /'tittsjo, tsi/ m. man*, fellow, guy; ***Tizio, Caio e Sempronio*** every Tom, Dick and Harry.

tizzo /'tittso/, **tizzone** /tit'tsone/ m. ember.

TNT /tiɛnnet'ti/ m. (⇒ trinitrotoluene trinitrotoluene) TNT.

to' /tɔ/ inter. **1** *(tieni)* ***~, prendi!*** here! catch! **2** *(per esprimere stupore)* ***~, abbiamo la stessa cravatta*** snap! we're wearing the same tie; ***~, chi si vede!*** look who's here!

toast /tɔst/ m.inv. = toasted ham and cheese sandwich.

Tobia /to'bia/ n.pr.m. Tobiah.

toboga /to'bɔga/ m.inv. **1** *(slitta)* toboggan; *(attività)* tobogganing **2** *(scivolo)* slide, chute.

toc /tɔk/ inter. ***"~, ~!" - "chi è?"*** "knock! knock!" - "who's there?".

tocai /to'kai/ m.inv. ENOL. INTRAD. (dry white wine from Friuli and Veneto).

toccante /tok'kante/ agg. *(commovente)* touching, moving.

toccare /tok'kare/ [1] **I** tr. **1** to touch [*oggetto*]; *(maneggiare)* to handle; *(saggiare)* to feel* [*tessuto, abito*]; ***~ la fronte di qcn.*** to touch sb. on the forehead; ***non ~ cibo*** to leave the meal untouched *o* untasted; ***la polizia non mi può ~*** the police can't touch me; ***non l'ho toccata neanche con un dito*** I never laid a finger on her **2** *(urtare)* to hit* [*auto, marciapiede, muro*] **3** *(in acqua)* ***qui non si tocca*** I'm out of my depths here, I can't touch the bottom here **4** *(modificare)* to change; ***non ~ una virgola*** not to change a word **5** FIG. *(affrontare)* to touch, to broach [*faccenda, problema*] **6** FIG. *(turbare, commuovere)* to move, to touch [*persona*] **7** *(offendere)* ***~ l'onore di qcn.*** to offend sb.'s honour; ***guai a toccargli la famiglia!*** COLLOQ. you dare not criticize his family! **8** FIG. *(riguardare)* [*evento, cambiamento, decisione*] to affect, to involve, to touch [*persona, settore, paese*]; ***il problema ti tocca da vicino*** the problem touches *o* concerns you personally **9** *(essere adiacente a)* to touch [*soffitto, parete*]; ***~ il fondo*** [*imbarcazione*] to touch bottom *o* ground, to bottom; FIG. to hit rock bottom *o* to be in the depths of despair; ~ ***terra*** [*nave*] to reach *o* make land; [*aereo*] to land **10** *(raggiungere)* [*cifre, peso*] to hit* [*livello*]; [*inflazione, disoccupazione*] to run* at [*percentuale, tasso*]; ~ ***i 180 all'ora*** to hit 180 km an hour; ~ ***la sessantina*** to be in one's late fifties **II** intr. (aus. *essere*) **1** *(in sorte)* ***mi è toccato fare*** the lot fell to me *o* it fell to my lot to do; ***gli è toccata una (bella) fortuna*** he ran into a fortune **2** *(spettare)* ***dovrebbero pagargli quello che gli tocca*** they should pay him what is due to him; ***tocca a lui decidere*** it's up to him *o* it falls to him to decide, that's for him to decide **3** *(essere di turno)* ***a chi tocca?*** whose go *o* turn is it? ***tocca a te ora*** it's your turn *o* go now; ***tocca a me muovere*** it's my move; ***tocca a te fare il caffè*** it's your turn to make the coffee; ***questo giro tocca a me*** *(pagare)* this round is on me *o* it's my treat **4** *(essere costretto)* ***mi tocca andarci di persona*** I have to go in person; ***ma guarda cosa mi tocca fare!*** just look at what I have got to do! **5** *(strusciare)* ~ ***per terra*** [*gonna, tende*] to sweep the ground **III toccarsi** pronom. **1** *(se stesso)* to feel* oneself; ***-rsi la barba*** to finger one's beard **2** *(reciprocamente)* to touch each other; ***le loro mani, labbra si toccarono*** their hands, lips met; ***gli estremi si toccano*** extremes meet **3** POP. *(masturbarsi)* to play with oneself **4** *(essere adiacente)* to be* next to each other ♦ ~ ***qcn. sul*** o ***nel vivo*** [*allusione, critica*] to cut *o* sting sb. to the quick; ~ ***il cuore di qcn.*** to touch sb.'s heart *o* heartstrings, to strike a chord in *o* with sb.; ~ ***qcs. con mano*** to have proof of sth., to experience sth. at first hand; ~ ***il cielo con un dito*** to be on cloud nine, to be thrilled to bits; ~ ***ferro*** to touch wood BE, to knock on wood AE.

toccasana /tokka'sana/ m.inv. cure-all, panacea.

toccata /tok'kata/ f. **1** *(tocco)* jab, touch; ***dare una ~ a qcs.*** to have a feel of sth. **2** MUS. toccata.

toccato /tok'kato/ **I** p.pass. → **toccare II** agg. **1** *(nella scherma)* touché **2** *(picchiato, pazzo)* touched, cracked.

1.tocco, pl. **-chi** /'tokko, 'tɔkko, ki/ m. **1** *(contatto fisico)* touch, tap; ***al minimo ~*** at the slightest touch **2** *(piccola quantità)* touch, dab; *(sfumatura)* tinge, shade, hint; ***un ~ di cipria*** a dab of powder; ***un ~ di classe*** a touch of class *o* style; ***un ~ di colore*** a dash *o* hint *o* touch of colour **3** *(stile, impronta personale)* ***ho creduto di riconoscere il tuo ~*** I thought I recognized your hand; ***un ~ femminile*** a woman's touch **4** PITT. *(pennellata)* stroke; *(modo di dipingere)* brushwork **5** MUS. *(di un pianista)* touch **6** *(rintocco) (di orologio, campana)* stroke; REGION. *(l'una dopo mezzogiorno)* ***al ~*** at one o'clock ♦ ***dare il ~ finale a*** to put the finishing touches on.

2.tocco, pl. **-chi**, **-che** /'tokko, ki, ke/ agg. *(picchiato, pazzo)* touched, cracked.

3.tocco, pl. **-chi** /'tɔkko, ki/ m. **1** *(pezzo)* bit, chunk, piece **2** COLLOQ. FIG. ***un bel*** o ***gran ~ di ragazza*** a smashing girl, a dish.

4.tocco, pl. **-chi** /'tɔkko, ki/ m. *(di laureato)* mortarboard; ***in toga e ~*** in cap and gown.

toeletta /toe'lɛtta/ f. → **toilette.**

toelettatura /toeletta'tura/ f. *(di cane)* grooming.

tofu /'tɔfu/ m.inv. (bean) curd, tofu.

toga, pl. **-ghe** /'tɔga, ge/ f. **1** STOR. toga* **2** *(di magistrati, professori)* gown, robe; ***in ~ e tocco*** in cap and gown.

togato /to'gato/ agg. [*magistrati, professori*] gowned, robed.

togliere /'tɔʎʎere/ [28] **I** tr. **1** *(spostare)* to take* away, to remove [*mobile, tende, quadro*]; to take* off, to move [*piede, mano*]; to clear (away) [*neve, foglie*]; ~ ***il pollo dal forno*** to take the chicken out of the oven **2** *(asportare, rimuovere)* to take* out, to remove [*lisca, semi*]; to remove, to dislodge [*ostacolo, corpo estraneo*]; to take* off, to peel off, to remove [*etichetta, adesivo*]; to get* out, to remove [*macchia*]; to remove [*vernice*]; ~ ***qcs. a qcn.*** to pull *o* take sth. away from sb.; ~ ***il freno a mano*** to release the handbrake; ~ ***il tappo*** to pull out the plug; ***farsi ~ l'appendice*** to have one's appendix removed *o* out **3** *(estrarre)* to extract, to pull out [*dente, scheggia*] **4** *(sfilare, levare)* to take* off, to strip off [*vestiti, occhiali, cappello*] **5** FIG. *(privare di)* ~ ***a qcn. la voglia di fare*** to put sb. off doing; ~ ***la speranza a qcn.*** to dash sb.'s hopes; ~ ***il sonno a qcn.*** to keep sb. awake; ~ ***le forze a qcn.*** to take away sb.'s strength; ~ ***la vita a qcn.*** to take sb.'s life; ***ciò non toglie che...*** nonetheless, the fact remains that...; ***questo non toglie niente al suo successo*** that doesn't take anything away from his achievement; ***toglimi una curiosità, sei sposato?*** satisfy my curiosity *o* tell me something, are you married? **6** *(liberare)* ~ ***qcn. da una situazione difficile*** to help sb. out of a predicament *o* difficult situation; ~ ***qcn. dai guai*** to see sb. right; ~ ***d'imbarazzo*** to disembarrass **7** *(abolire)* to lift, to raise [*sanzione, coprifuoco*]; *(sospendere)* to adjourn [*udienza, seduta*]; *(sospendere l'erogazione di)* to disconnect [*telefono*]; to cut* off, to turn off [*gas, elettricità*] **8** *(ritirare)* to withdraw* [*permesso, privilegio, diritto*]; ~ ***dalla circolazione*** to withdraw, to call in [*banconota, articolo*]; ~ ***il passaporto a qcn.*** to impound sb.'s passport **9** *(sottrarre)* to subtract, to take* away; ~ ***cinque da nove*** to take five from nine; ~ ***tempo al lavoro*** to steal some hours from one's work; ***non ha voluto ~ niente*** *(scontare)* she wouldn't knock anything off **10** *(eliminare)* to remove [*paragrafo, frase, scena*]; ~ ***il dolore*** [*anestetico*] to numb the pain **II togliersi** pronom. **1** *(sfilarsi)* to take* off, to pull off, to slip off [*vestiti, scarpe*]; to pull off, to take* off [*guanti*]; ***-rsi il cappello*** to take off one's hat **2** *(liberarsi)* ***-rsi la sete*** to quench one's thirst **3** *(spostarsi)* ***togliti di lì!*** come away! move! ***togliti dal prato!*** come *o* get off the lawn! **4** *(perdere)* ***-rsi un'abitudine, un vizio*** to get out of a habit, vice; ***non riesco a togliermelo dalla mente*** I can't get it out of my mind; ***toglitelo dalla testa!*** you can put that idea out of your head; ***-rsi la vita*** to take one's own life **5** *(venire via)* [*maniglia, pannello, copertura*] to come* off; [*rivestimento*] to come* out.

toh → **to'**.

toilette /twa'lɛt/ f.inv. **1** *(cura del corpo)* ***fare ~*** to have a wash; ***prodotto, sapone da ~*** toilet product, soap **2** *(abito elegante)* gown; ***presentarsi in gran ~*** to show up all dressed up **3** ANT. *(mobile)* toilet **4** *(bagno)* toilet, lavatory, cloakroom BE, washroom AE, rest room AE.

tolda /'tɔlda/ f. deck.

tolemaico, pl. **-ci**, **-che** /tole'maiko, tʃi, ke/ agg. Ptolemaic.

tollerabile /tolle'rabile/ agg. [*livello, condotta*] permissible, tolerable; [*situazione*] bearable, endurable.

tollerante /tolle'rante/ agg. [*persona*] broadminded, tolerant, liberal; [*atteggiamento*] easygoing; [*regolamento*] lax, permissive.

tolleranza /tolle'rantsa/ f. **1** *(apertura, rispetto)* broadmindedness, tolerance; ~ ***religiosa*** religious toleration **2** *(a medicinali, alcol, freddo)* tolerance **3** *(tempo)* ***con una ~ di dieci minuti*** with a ten-minute margin *o* tolerance.

tollerare /tolle'rare/ [1] tr. **1** *(sopportare)* to stand*, to put* up with, to endure [*persona, atteggiamento*]; to allow [*insulto, comportamento, ingiustizie*]; to bear*, to withstand* [*pressioni, odore*]; to overlook [*errore, mancanza*]; to tolerate [*caldo, rumore*]; ***io non sarei disposto a ~ tutto ciò*** I wouldn't stand for that; ***non lo tollero più!*** I won't have this any more! ***non si tollerano ritardi*** lateness will not be tolerated **2** MED. to tolerate [*medicinale, sostanza*].

tolto /'tɔlto/ **I** p.pass. → **togliere II** agg. *(escluso)* except for, apart from; ~ ***te, lo sanno tutti*** everybody knows, other than *o* apart from *o* except you.

toma /'toma/ f. GASTR. INTRAD. (typical cheese from Piedmont and Valle d'Aosta).

tomaia /to'maja/ f. upper, vamp.

tomba /'tomba/ f. **1** *(fossa)* grave; *(monumento)* tomb; ~ ***di famiglia*** family vault **2** FIG. *(persona discreta)* ***non parlerà, è una ~*** he will keep mum ♦ ***rivoltarsi nella ~*** to turn in one's grave; ***essere muto come una ~*** to be as silent as the grave; ***portare qcn. alla ~*** to be the death of sb.; ***ha già un piede nella ~*** he has one foot in the grave, he is pretty far gone; ***silenzio di ~*** dead silence.

tombale /tom'bale/ agg. grave attrib., tomb attrib.; ***pietra ~*** gravestone, tombstone.

tombarolo /tomba'rɔlo/ m. (f. **-a**) graverobber.

tombino /tom'bino/ m. manhole; *(chiusino)* manhole cover; ***far cadere qcs. in un ~*** to drop sth. down a drain.

tombola /'tombola/ f. *(gioco)* tombola, housey-housey BE; ***fare ~*** = to win at tombola; ***~!*** bingo!

tombolo /'tombolo/ m. *(per ricamare)* pillow; ***merletto*** o ***pizzo al ~*** bobbin *o* pillow lace.

Tommaso /tom'mazo/ n.pr.m. Thomas ♦ ***essere come san ~*** to be a doubting Thomas.

1.tomo /'tɔmo/ m. *(volume)* tome, volume.
2.tomo /'tɔmo/ m. *(persona strana)* ***un bel ~*** a queer card.
tomografia /tomogra'fia/ f. tomography.
tonaca, pl. **-che** /'tɔnaka, ke/ f. *(di frati)* frock, habit; *(di preti)* cassock, soutane; ***gettare la ~ (alle ortiche)*** to renounce the habit.
tonale /to'nale/ agg. **1** MUS. tonal **2** PITT. LING. tone attrib.
tonalità /tonali'ta/ f.inv. **1** MUS. tonality, key **2** *(di colore)* tone, shade.
tonante /to'nante/ agg. [*voce*] booming, thundering.
tondeggiante /tonded'dʒante/ agg. curved, rounded, round.
tondino /ton'dino/ m. **1** EDIL. *(per cemento armato)* iron rod **2** ARCH. astragal.
tondo /'tondo/ **I** agg. **1** *(rotondo)* [*oggetto, viso, scrittura*] round; [*guance*] round, chubby **2** *(giusto)* [*numero, cifra*] round; ***costa 50 euro -i -i*** it costs 50 euros exactly; ***fare cifra -a*** *(per eccesso)* to round up (a figure); *(per difetto)* to round down (a figure) **II** m. **1** *(cerchio)* circle; ***girare in ~*** to go round in circles, to go round and round **2** *(oggetto rotondo)* circle, ring **3** ART. tondo; ***scultura a tutto ~*** sculpture in the round **4** TIP. Roman.
toner /'tɔner/ m.inv. toner.
tonfo /'tonfo/ m. **1** *(caduta)* fall, tumble; ***fare un ~*** to tumble **2** *(rumore)* bump, thump, thud; *(lieve)* flop, plop; *(in acqua)* splash.
tonica, pl. **-che** /'tɔnika, ke/ f. MUS. keynote, tonic.
tonico, pl. **-ci, -che** /'tɔniko, tʃi, ke/ **I** agg. **1** LING. MUS. MED. tonic **2** *(in perfetta forma)* [*addominali, glutei*] toned **II** m. **1** MED. tonic, roborant (anche FIG.) **2** COSMET. toning lotion.
tonificante /tonifi'kante/ agg. [*passeggiata, bagno*] bracing, invigorating; [*esercizio, lozione*] toning.
tonificare /tonifi'kare/ [1] tr. **1** to tone (up) [*muscoli, pelle*] **2** MED. to invigorate.
tonnara /ton'nara/ f. tuna nets pl., tunny-fishing nets pl. BE.
tonnato /ton'nato/ agg. GASTR. ***salsa -a*** = tuna mayonnaise; ***vitello ~*** = poached veal served cold in a tuna mayonnaise.
tonnellaggio, pl. **-gi** /tonnel'laddʒo, dʒi/ m. tonnage.
tonnellata /tonnel'lata/ ♦ *22* f. **1** *(peso)* metric ton, tonne **2** FIG. *(grande quantità)* ton; ***una ~ di libri*** a ton of books ♦♦ ***~ di peso*** MAR. displacement ton; ***~ di stazza*** MAR. register ton.
tonno /'tonno/ m. tuna*, tunny BE; ***~ sott'olio, al naturale*** tuna in olive oil, in brine.
tono /'tɔno/ m. **1** *(della voce)* tone, pitch; ***con un ~ risentito*** resentfully; ***rispondere a ~ (in modo pertinente)*** to answer to the point; *(per le rime)* to answer back; ***non usare quel ~ con me!*** don't speak to me like that *o* in that tone! ***alzare, abbassare il ~ (di voce)*** to pitch one's voice higher, lower; ***i -i si fecero accesi*** the discussion became heated **2** *(stile)* ***un'opera dai -i brillanti*** a work full of colour; ***una celebrazione in ~ minore*** a muted celebration; ***il resto del discorso era sullo stesso ~*** the rest of the speech was in the same strain; ***beh, se la metti su questo ~*** well, if you are going to take it like that **3** MUS. key, pitch, tone; ***quarto di ~*** quarter tone; ***in un ~ maggiore, minore*** in a major, minor key; ***fuori ~*** off-key; ***alzare il ~*** to raise the tone (anche FIG.) **4** *(gradazione di colore)* shade, tone; ***-i caldi, freddi*** warm, cold colours; ***~ su ~*** in matching tones **5** FISIOL. tone; ***~ muscolare*** tonus, muscle tone ♦ ***e avanti di questo ~*** and so on; ***darsi un ~*** to give oneself airs; ***essere giù di ~*** not to have much energy.
tonsilla /ton'silla/ f. tonsil.
tonsillite /tonsil'lite/ ♦ *7* f. tonsillitis*.
tonsura /ton'sura/ f. tonsure.
tonto /'tonto/ COLLOQ. **I** agg. dense, thick-headed **II** m. (f. **-a**) blockhead, bonehead, dope, dummy ♦ ***fare il finto ~*** to act dumb.
top /tɔp/ m.inv. **1** ABBIGL. (sun) top **2** *(culmine)* top; ***essere al ~*** to be at the top *o* peak.
topaia /to'paja/ f. **1** *(tana di topi)* rathole **2** FIG. *(stanza, casa)* rathole, dump, slum; *(albergo)* flophouse AE.
topazio, pl. **-zi** /to'pattsjo, tsi/ ♦ *3* **I** m. *(pietra)* topaz **II** agg. e m.inv. *(colore)* topaz.
topiaria /to'pjarja/ f. *(arte)* topiary.
topica, pl. **-che** /'tɔpika, ke/ f. *(gaffe)* gaffe, blunder; ***fare una ~*** to drop a brick, to put one's foot in it, to make a gaffe.
topicida /topi'tʃida/ m. rat-killer, rat-poison.
topico, pl. **-ci, -che** /'tɔpiko, tʃi, ke/ agg. ***a uso ~*** [*medicinale*] local, topical.
topinambur /topinam'bur/ m.inv. Jerusalem artichoke.
topless /'tɔples/ m.inv. ***ragazza in ~*** topless girl.
top model /tɔp'mɔdel/ ♦ *18* f.inv. supermodel, top model, fashion model.
topo /'tɔpo/ ♦ *3* **I** m. mouse*; *(ratto)* rat; ***veleno per -i*** rat poison **II** m.inv. *(colore)* mouse-colour, mouse grey BE, mouse gray AE **III** agg.inv. [*colore*] mous(e)y; ***grigio ~*** mouse-colour, mouse grey BE, mouse gray AE ♦ ***fare la fine del ~*** to die like a rat in a trap; ***giocare al gatto e al ~*** to play cat and mouse ♦♦ ***~ d'acqua*** water rat; ***~ d'albergo*** = thief who steals from luxury hotels; ***~ d'appartamento*** burglar; ***~ di biblioteca*** bookworm; ***~ campagnolo*** vole; ***~ di fogna*** brown *o* sewer rat; ***~ muschiato*** musk-rat, musquash; ***~ selvatico*** fieldmouse.
topografia /topogra'fia/ f. topography.
topografico, pl. **-ci, -che** /topo'grafiko, tʃi, ke/ agg. [*carta*] topographic(al).
topografo /to'pɔgrafo/ ♦ *18* m. (f. **-a**) topographer, surveyor.
toponimo /to'pɔnimo/ m. place-name, toponym.
toponomastica, pl. **-che** /topono'mastika, ke/ f. toponymy.
toporagno /topo'raɲɲo/ m. shrew.
toppa /'tɔppa/ f. **1** *(per riparare)* patch*; ***mettere una ~ a qcs.*** to put a patch on sth.; FIG. to remedy *o* patch (up) sth. **2** *(buco della serratura)* keyhole; ***girare la chiave nella ~*** to turn the key in the lock.
torace /to'ratʃe/ ♦ *4* m. chest, thorax*.
toracico, pl. **-ci, -che** /to'ratʃiko, tʃi, ke/ agg. thoracic, chest attrib.
torba /'torba/ f. peat, turf.
torbidezza /torbi'dettsa/ f. *(di liquido)* cloudiness, muddiness, turbidity.
torbido /'torbido/ **I** agg. **1** *(poco trasparente)* [*liquido*] cloudy, dreggy, muddy; [*vino*] fickle **2** *(equivoco)* [*sguardo, passioni*] turbid, dark; [*passato*] shady **II** m. ***pescare nel ~*** to fish in troubled waters.
torbiera /tor'bjɛra/ f. (peat) bog, turbary.
torboso /tor'boso/ agg. boggy, peaty.
torcere /'tɔrtʃere/ [94] **I** tr. **1** to twist [*fil di ferro, sbarra*] **2** *(storcere)* ***~ il braccio a qcn.*** to twist sb.'s arm; ***~ il naso all'idea di fare*** to turn one's nose up *o* to twitch one's nose at the idea of doing; ***~ il collo a un pollo*** to wring a chicken's neck **3** *(strizzare)* to wring* (out) [*indumenti*] **II torcersi** pronom. **1** *(contorcersi)* *(dal dolore)* to writhe (**da** in); ***-rsi dalle risa*** to curl up *o* rock *o* shake with laughter **2** *(tormentarsi)* ***-rsi le mani*** to wring one's hands (anche FIG.) ♦ ***non torcere un capello a qcn.*** not to touch *o* harm a hair on sb.'s head.
torchiare /tor'kjare/ [1] tr. **1** AGR. to press, to squeeze **2** COLLOQ. *(interrogare)* to grill, to give* [sb.] the third degree.
torchio, pl. **-chi** /'tɔrkjo, ki/ m. press; *(per uva)* winepress ♦ ***mettere sotto ~ qcn.*** to put sb. through the mill *o* mincer *o* wringer.
torcia, pl. **-ce** /'tɔrtʃa, tʃe/ f. **1** *(fiaccola)* torch **2** (anche **~ elettrica**) pocket torch BE, flash light AE.
torcicollo /tortʃi'kɔllo/ ♦ *7* m. stiff neck; ***avere il ~*** to have a crick in one's neck *o* a stiff neck.
torcitoio, pl. **-oi** /tortʃi'tojo, oi/ m. wringer.
tordo /'tordo/ m. thrush.
torello /to'rɛllo/ m. **1** ZOOL. bull calf*, bullock **2** *(ragazzo robusto)* strong young man*, bull.
torero /to'rɛro/ ♦ *18* m. bullfighter, torero.
torinese /tori'nese/ ♦ *2* agg., m. e f. Turinese.
torinista, m.pl. **-i**, f.pl. **-e** /tori'nista/ agg. [*tifoso, giocatore*] of Torino, Torino attrib.
Torino /to'rino/ ♦ *2* n.pr.f. Turin.
torma /'torma/ f. *(folla, gruppo)* crowd, throng, swarm.
tormalina /torma'lina/ f. tourmaline.
tormenta /tor'menta/ f. snowstorm, blizzard.
tormentare /tormen'tare/ [1] **I** tr. **1** *(torturare)* [*persona*] to torture, to harass, to trouble; [*dolore*] to rack, to trouble [*persona*] **2** FIG. *(affliggere)* [*pensiero, rimorso*] to torment, to nag, to rack, to trouble; *(perseguitare)* [*giornalista, scocciatore*] to nag, to pester; ***~ qcn. con domande*** to plague sb. with questions **II tormentarsi** pronom. to self-torture, to torment oneself, to worry (**per** about, over).

tormentato /tormen'tato/ **I** p.pass. → **tormentare II** agg. *(travagliato)* [*spirito*] anguished, tortured; [*persona*] embattled; [*relazione*] stormy; [*storia, vita*] turbulent, troubled; *(difficile)* [*scelta*] difficult.

tormentatore /tormenta'tore/ m. (f. **-trice** /tritʃe/) tormentor, torturer.

tormento /tor'mento/ m. **1** *(dolore fisico)* torment; ***il ~ della fame*** the pangs of hunger **2** *(fastidio)* harassment **U**, torment, trial; *(persona fastidiosa)* nuisance; ***che ~ che sei!*** what a pain you are! you're such a pest! **3** *(assillo)* agony, torment.

tormentoso /tormen'toso/ agg. [*decisione*] agonizing; [*dubbio, pensieri*] nagging; [*dolore*] excruciating, racking.

tornaconto /torna'konto/ m. advantage, profit; ***bada solo al proprio ~*** he thinks only of his own interest.

tornado /tor'nado/ m.inv. tornado*.

tornante /tor'nante/ m. hairpin bend.

tornare /tor'nare/ [1] intr. (aus. *essere*) **1** *(ritornare)* to return; *(venendo)* to come* back; *(andando)* to go* back; ***~ in auto, aereo*** to drive, fly back; ***torno subito*** I'll be right back **2** *(a uno stato precedente)* to go* back, to get* back (**a** to); ***è tornato quello di una volta*** he's back to his old self again; ***~ alla normalità*** to get back *o* revert to normal **3** *(riprendere)* ***è tornato a piovere*** it has started raining again; ***~ a dormire*** to get back to sleep; ***è tornato al lavoro*** he's back at work; ***~ all'insegnamento*** to go back to teaching; ***per ~ a quello che stavi dicendo*** to come *o* get back *o* return to what you were saying **4** *(ricomparire)* ***è tornata la calma*** calm has been restored; ***gli è tornata la febbre*** he has a temperature again; ***è un'occasione che non tornerà più*** it's an opportunity that won't come again; ***la corrente è tornata alle 11*** the power came on again at 11; ***è tornato l'inverno*** winter is back again **5** *(riaffiorare)* ***~ alla mente*** [*ricordi*] to come back; ***~ col pensiero a qcs.*** to cast one's mind back over sth. **6** *(riconsiderare)* ***~ su*** to go back on; ***~ sulle proprie decisioni*** to change one's mind; ***non torniamo più sull'argomento*** let's not go over all that again **7** *(riuscire)* ***~ utile*** to come in handy; ***~ a vantaggio di qcn.*** to work to sb.'s advantage; ***mi torna nuovo*** it is new to me **8** *(quadrare)* ***i conti non tornano*** it doesn't add up (anche FIG.); ***la cosa non mi torna*** it doesn't figure; ***ti torna?*** does that seem right to you? **9** *(ridiventare)* ***~ come nuovo*** to be as good as new; ***~ pulito*** to be clean again; ***questa canzone mi fa ~ bambino*** this song takes me back to my childhood **10 tornare indietro** *(andando)* to go* back; *(venendo)* to come* back; FIG. to turn back ♦ ***~ in sé*** to come to one's senses; ***~ in vita*** to come back to life; ***torniamo a noi*** let's get back to the subject *o* point.

tornasole /torna'sole/ m.inv. litmus; ***cartina al*** o ***di ~*** CHIM. litmus paper; FIG. litmus test.

tornata /tor'nata/ f. **1** *(seduta)* session **2** *(turno)* ***~ elettorale*** round of voting.

torneare /torne'are/ [1] intr. (aus. *avere*) STOR. to joust.

tornello /tor'nɛllo/ m. turnstile.

torneo /tor'nɛo/ m. championship, tournament; STOR. *(giostra)* tournament, joust.

tornio, pl. **-ni** /'tornjo, ni/ m. (turning) lathe; ***lavorare al ~*** to turn; ***fatto al ~*** turned (on a lathe) ♦♦ ***~ da vasaio*** potter's wheel.

tornire /tor'nire/ [102] tr. **1** to turn, to lathe [*legno*]; to turn [*vaso*] **2** FIG. to polish, to turn [*frase*].

tornito /tor'nito/ **I** p.pass. → **tornire II** agg. **1** TECN. turned (on a lathe) **2** [*coscia, braccio*] rounded, shapely.

tornitore /torni'tore/ ▸ ***18*** m. turner.

tornitura /torni'tura/ f. **1** TECN. turnery, turning **2** *(trucioli)* turnings pl.

torno /'torno/ m. ***in quel breve ~ di tempo*** in that brief lapse of time; ***togliersi qcn. di ~*** to get rid of sb., to make a short work of sb. ♦ ***~ ~*** all around.

1.toro /'tɔro/ m. ZOOL. bull (anche FIG.) ♦ ***prendere il ~ per le corna*** to take the bull by the horns, to go *o* jump in at the deep end; ***tagliare la testa al ~*** to settle sth., to clinch it once and for all.

2.toro /'tɔro/ m. MAT. anchor ring, torus.

Toro /'tɔro/ ▸ ***38*** m.inv. ASTROL. Taurus, the Bull; ***essere del ~*** o ***un ~*** to be (a) Taurus *o* a Taurean.

torpedine /tor'pɛdine/ f. **1** ITTIOL. electric ray, torpedo* **2** MIL. torpedo*.

torpediniera /torpedi'njɛra/ f. MIL. torpedo boat.

torpedone /torpe'done/ m. charabanc BE.

torpido /'tɔrpido/ agg. **1** *(intorpidito)* numb, torpid **2** FIG. dull, torpid, sluggish.

torpore /tor'pore/ m. *(fisico)* numbness, torpidity; *(mentale)* lethargy, torpor.

torre /'torre/ f. **1** ARCH. tower; ***-i gemelle*** twin towers **2** GIOC. castle, rook ♦♦ ***~ d'avorio*** ivory tower; ***~ di Babele*** Tower of Babel (anche FIG.); ***~ campanaria*** belfry, bell tower, steeple; ***~ di controllo*** air-traffic control, control tower; ***~ di guardia*** MIL. watchtower; ***~ di lancio*** ASTR. gantry *o* launch pad; ***~ di Londra*** Tower of London; ***~ dell'orologio*** clock tower; ***~ di Pisa*** Leaning Tower of Pisa; ***~ di trivellazione*** MIN. drilling derrick, oil rig.

torrefazione /torrefat'tsjone/ f. **1** *(del caffè)* roasting, blending **2** *(negozio)* coffee store, coffee shop BE.

torreggiare /torred'dʒare/ [1] intr. (aus. *avere*) to tower (**su** over).

torrente /tor'rɛnte/ m. stream, torrent (anche FIG.); ***-i di lacrime*** floods *o* onrushes of tears; ***a -i*** in torrents.

torrentismo /torren'tizmo/ m. canyoning.

torrentizio, pl. **-zi**, **-zie** /torren'tittsjo, tsi, tsje/ agg. [*regime*] torrential.

torrenziale /torren'tsjale/ agg. [*pioggia*] torrential.

torretta /tor'retta/ f. **1** ARCH. turret **2** MIL. (gun)turret, cupola; *(di sottomarino)* conning tower.

torrido /'tɔrrido/ agg. [*clima, regione*] sweltering; GEOGR. torrid; [*estate, giornata*] boiling hot, sweltering, scorching.

torrione /tor'rjone/ m. donjon.

torrone /tor'rone/ m. nougat.

torsione /tor'sjone/ f. **1** TESS. *(di filo)* twisting **2** *(in ginnastica)* twist, rotation **3** FIS. MED. torsion.

torso /'torso/ m. ANAT. torso*; ***a ~ nudo*** bare *o* naked to the waist.

torsolo /'torsolo/ m. core; ***~ di mela*** applecore.

torta /'torta/ f. **1** *(dolce)* cake; *(ripiena)* pie; *(crostata)* tart; ***~ di mele*** apple pie **2** *(salata)* pie, flan **3** COLLOQ. FIG. *(bottino)* spoils pl.; ***aggiudicarsi una fetta della ~*** to get one's share of the spoils; ***dividersi*** o ***spartirsi la ~*** to divide up *o* get a share of the spoils ♦♦ ***~ in faccia*** custard pie, pie in the face; ***~ gelato*** ice-cream cake; ***~ nuziale*** bridecake, wedding cake.

tortelli /tor'tɛlli/ m.pl. GASTR. INTRAD. (egg pasta stuffed with vegetables).

tortellini /tortel'lini/ m.pl. tortellini.

tortiera /tor'tjɛra/ f. baking tin BE, cake tin, baking pan AE.

tortiglione /tortiʎ'ʎone/ **I** m. ***colonna a ~*** cable column **II tortiglioni** m.pl. GASTR. = pasta in the shape of short twisted ribbed tubes.

tortina /tor'tina/ f. cake, tart.

tortino /tor'tino/ m. *(di carne)* pie, patty BE; ***~ di pesce*** fish cake.

1.torto /'tɔrto/ **I** p.pass. → **torcere II** agg. twisted.

2.torto /'tɔrto/ m. **1** *(mancanza di ragione)* ***avere ~*** to be wrong (**a fare** to do, in doing); ***essere in*** o ***dalla parte del ~*** to be at fault *o* in the wrong; ***non hai tutti i -i, però*** you may have a point, but; ***dare ~ a qcn.*** to say sb. is wrong; *(biasimare)* to blame sb.; *(confutare)* to prove sb. wrong **2** *(colpa)* fault; *(illecito)* tort DIR.; ***i -i sono da ambedue le parti*** there are faults on both sides **3** *(ingiustizia)* wrong; ***fare ~ a*** to wrong; ***fare un ~ terribile a qcn.*** to do sb. a grieve wrong; ***subire un ~*** to be wronged **4 a torto** wrongly, falsely; ***a ~ o a ragione*** rightly or wrongly.

tortora /'tortora/ ▸ ***3*** **I** f. turtle dove **II** m.inv. *(colore)* dove-colour BE, dove-color AE **III** agg.inv. ***grigio ~*** dove-grey BE, dove-gray AE.

tortuosità /tortuosi'ta/ f.inv. **1** *(l'essere tortuoso)* tortuosity, deviousness (anche FIG.) **2** *(ansa, curva)* winding, twist.

tortuoso /tortu'oso/ agg. **1** *(pieno di curve)* [*percorso, strada*] winding, tortuous, devious, twisting **2** FIG. *(contorto)* [*ragionamento*] tortuous, devious, circuitous, involute.

tortura /tor'tura/ f. **1** *(fisica)* torture; ***strumenti di ~*** instruments of torture; ***sottoporre qcn. alla ~*** to subject sb. to torture; ***sotto ~*** under torture **2** *(morale)* torture, agony; ***la ~ psi-***

cologica mental torture; ***ascoltarlo è una ~*** listening to him is a real torture.

torturare /tortu'rare/ [1] **I** tr. **1** to torture **2** FIG. [*pensiero, sentimento*] to torture, to torment; [*situazione, dolore*] to rack **II torturarsi** pronom. to self-torture.

torvo /'torvo/ agg. [*occhi*] baleful, black; [*espressione*] grim, scowling; ***avere un volto ~*** to be grim-faced.

tosaerba /toza'ɛrba/ m. e f.inv. lawnmower.

tosare /to'zare/ [1] tr. **1** to clip [*cane*]; to shear* [*pecora*]; to cut*, to mow, to trim [*prato*]; to clip, to trim [*siepe*] **2** COLLOQ. *(rasare)* ***~ qcn.*** to shear (off) sb., to shave sb.'s head.

tosasiepi /toza'sjɛpi/ m.inv. (hedge-)clippers pl., trimmer.

tosatore /toza'tore/ ➧ ***18*** m. (f. **-trice** /tritʃe/) clipper; ***~ di pecore*** (sheep)shearer.

tosatrice /toza'tritʃe/ f. *(macchina) (per pecore)* sheepshearer; *(per altri animali)* clipper.

tosatura /toza'tura/ f. clipping; *(di pecore)* (sheep)shearing.

Toscana /tos'kana/ ➧ ***30*** n.pr.f. Tuscany.

toscano /tos'kano/ ➧ ***30*** **I** agg. Tuscan **II** m. (f. **-a**) **1** Tuscan **2** LING. Tuscan **3** *(sigaro)* = strong cigar.

tosse /'tosse/ f. cough; ***avere la ~*** to have a cough; ***un accesso*** o ***attacco di ~*** a bout of coughing, a coughing fit; ***dare un colpo di ~*** to cough ♦♦ ***~ asinina*** whooping cough.

tossicchiare /tossik'kjare/ [1] intr. (aus. *avere*) to have* a slight cough.

tossicità /tossitʃi'ta/ f.inv. toxicity.

tossico, pl. **-ci**, **-che** /'tɔssiko, tʃi, ke/ **I** agg. [*sostanza, nube*] toxic, poisonous; [*rifiuti*] toxic, hazardous **II** m. (f. **-a**) GERG. *(tossicodipendente)* junkie.

tossicodipendente /tossikodipen'dɛnte/ **I** agg. drug-addicted **II** m. e f. drug addict, drug abuser.

tossicodipendenza /tossikodipen'dɛntsa/ f. drug addiction.

tossicologia /tossikolo'dʒia/ f. toxicology.

tossicologico, pl. **-ci**, **-che** /tossiko'lɔdʒiko, tʃi, ke/ agg. [*esame*] toxicological.

tossicomane /tossi'kɔmane/ m. e f. drug addict, drug abuser.

tossicomania /tossikoma'nia/ f. drug dependency, drug addiction.

tossina /tos'sina/ f. toxin.

tossire /tos'sire/ [102] intr. (aus. *avere*) to cough.

tostapane /tosta'pane/ m.inv. toaster.

tostare /tos'tare/ [1] tr. to roast [*caffè, mandorle, nocciole*]; to toast [*pane*].

1.tosto /'tɔsto/ avv. LETT. *(subito)* immediately; ***~ che*** as soon as.

2.tosto /'tosto/ agg. **1** *(duro)* [*problema*] hard **2** COLLOQ. ***un tipo ~*** a tough cookie ♦ ***ha una bella faccia -a!*** he is as bold as brass! he has got a cheek!

tot /tɔt/ **I** agg.indef. ***guadagnare ~ euro*** to earn so many euros **II** pron.indef. ***costa ~*** it costs so much **III** m.inv. ***vuole un ~ al mese*** he wants a certain amount a month.

totale /to'tale/ **I** agg. **1** *(completo, assoluto)* [*libertà, oscurità*] total, complete; [*silenzio*] total, utter; [*approvazione, sostegno*] wholehearted; [*disperazione, rispetto*] utter, unqualified; [*successo, fallimento*] complete, out-and-out; ***una ~ mancanza di obiettività*** a complete *o* total lack of objectivity; ***avere il ~ controllo di*** to have full command of; ***anestesia ~*** general anaesthetic; ***eclissi ~*** total eclipse **2** *(complessivo)* [*importo, costo, numero*] overall, total; [*altezza, lunghezza, peso*] total **II** m. **1** total, whole; ***calcolare*** o ***fare il ~ di*** to reckon up; ***~ parziale*** subtotal; ***debiti per un ~ di 10.000 euro*** debts to the amount of 10,000 euros **2 in totale** ***in ~ sono 3.000 euro*** all together that comes to 3,000 euros; ***in ~ siamo in dieci*** in all, there are ten of us.

totalità /totali'ta/ f.inv. **1** *(interezza)* entirety, wholeness; ***preso nella sua ~*** taken as a whole **2** *(insieme di tutte le persone o le cose)* totality; ***la ~ dei presenti*** all those present.

totalitario, pl. **-ri**, **-rie** /totali'tarjo, ri, rje/ agg. totalitarian.

totalitarismo /totalita'rizmo/ m. totalitarianism.

totalizzare /totalid'dzare/ [1] tr. **1** *(fare il totale di)* to total, to add up **2** *(raggiungere)* to score, to total, to totalize [*punti*].

totalizzatore /totaliddza'tore/ m. *(nell'ippica)* totalizator.

totalmente /total'mente/ avv. totally, completely; ***condanniamo ~ questa azione*** we utterly condemn this action; ***sostenere ~*** to wholeheartedly support.

totano /'tɔtano/ m. ITTIOL. squid.

totem /'tɔtem/ m.inv. totem.

TOTIP /to'tip/ m. = in Italy, system of public betting on horse races.

totocalcio /toto'kaltʃo/ m. football pools pl. BE; ***giocare al ~*** to do the pools.

totogol /toto'gɔl/ m. = in Italy, gambling game in which betters have to forecast weekly the seven or eight games that will score the most goals.

toupet /tu'pɛ/ m.inv. hairpiece, toupee.

tour /tur/ m.inv. tour.

tournée /tur'ne/ f.inv. tour; *(di musica classica)* concert tour; ***essere in ~*** to be on tour, to tour.

tovaglia /to'vaʎʎa/ f. tablecloth; ***mettere la ~*** to spread a cloth on the table ♦♦ ***~ d'altare*** altar cloth.

tovaglietta /tovaʎ'ʎetta/ f. ***~ all'americana*** place mat.

tovagliolo /tovaʎ'ʎɔlo/ m. (table) napkin, serviette BE.

toxoplasmosi /toksoplas'mɔzi/ ➧ ***7*** f.inv. toxoplasmosis.

1.tozzo /'tɔttso/ agg. [*uomo, corpo*] stocky, squat, stubby; [*gambe*] stubby, stumpy; [*oggetto, struttura*] squat.

2.tozzo /'tɔttso/ m. ***un ~ di pane*** a piece *o* morsel of bread ♦ ***vendere qcs. per un ~ di pane*** to sell sth. for next to nothing.

tra /tra/ I principali traducenti inglesi di *tra* (e *fra*) sono *between* e *among*: il primo introduce un complemento di luogo, di tempo ecc. che riguarda due luoghi, due momenti, due persone (*tra me e lei* = between me and her; *tra quelle (due) colline* = between those (two) hills); *among* introduce un complemento indicante più di due luoghi, momenti, persone ecc. (*lo troverai tra i miei libri* = you'll find it among my books). Si noti però che si usa *between* anche quando *tra* indica una distribuzione o uno sforzo combinato che coinvolge più di due persone: *dividete il profitto tra voi tre* = share the profit between the three of you; *tra noi cinque non mettiamo insieme 10 euro* = we do not have 10 euros between the five of us. - Quando *tra* compare in particolari locuzioni (come *tra parentesi, tra la vita e la morte*, ecc.), è opportuno consultare le voci relative (**parentesi**, **vita**, ecc.). Per altri esempi e usi della preposizione *tra*, si veda la voce qui sotto. prep. **1** *(in mezzo a due elementi)* between; ***era seduto ~ Luca e Anna*** he was sitting between Luca and Anna; ***lo strinse ~ le braccia*** she wound her arms around him; ***detto ~ noi*** between you and me **2** *(in mezzo a più persone o cose)* among; ***l'ho trovato ~ le sue carte*** I found it among her papers; ***la vidi ~ la folla*** I saw her among the crowd; ***sparire ~ la folla*** to fade into the crowd; ***essere ~ amici*** to be among friends; ***~ le risate*** amid laughter **3** *(distanza)* ***~ 5 chilometri devi girare a destra*** go another 5 kilometres and then turn right **4** *(nel tempo)* ***~ due settimane*** in two weeks' time; ***~ un mese*** in a month; ***~ 10 giorni*** 10 days from now; ***~ breve*** o ***poco*** shortly, soon, before long **5** *(attraverso)* ***farsi largo ~ la folla*** to push oneself through the crowd; ***il sole filtrava ~ le tende*** the sun was filtering through the curtains **6** *(con valore partitivo)* ***scegliere ~ diverse soluzioni*** to choose between *o* from among several solutions; ***alcuni ~ i ragazzi*** some of the boys; ***uno ~ molti*** one among many; ***il più intelligente ~ i due*** the more intelligent of the two; *(con valore distributivo) (in due)* between; *(in molti)* among **7** *(per indicare una relazione)* ***il legame ~ il fumo e il cancro*** the link between smoking and cancer; ***~ loro non corre buon sangue*** there is bad blood between them **8 tra... e** *(per indicare approssimazione)* ***costa ~ i 5 e i 10 euro*** it costs between 5 and 10 euros; ***~ le 50 e le 60 persone*** 50 to 60 people; ***dire qcs. con un tono ~ il serio e il faceto*** to say sth. half-jokingly *o* half in jest; ***verrò ~ oggi e domani*** I'll come either today or tomorrow **9** ***~ sé (e sé)*** [*pensare, parlare*] to oneself **10** *(considerando complessivamente)* ***~ una cosa e l'altra*** what with one thing and another; ***~ le altre cose, ~ l'altro*** among other things; ***~ andare e tornare*** there and back.

traballante /trabal'lante/ agg. **1** [*sedia*] shaky, wobbly; [*scala, struttura*] shaky, unsteady, rickety; [*persona*] tottering, staggering, wobbly **2** FIG. [*ragionamento, alibi*] shaky; [*governo*] shaky, unsteady, tottering; [*matrimonio*] shaky, rocky.

traballare /trabal'lare/ [1] intr. (aus. *avere*) **1** *(essere instabile)* [*sedia*] to wobble; [*scala*] to be* shaky, to be* rickety; [*persona*] to totter, to stagger, to wobble **2** [*veicolo*] to jolt **3** FIG. [*governo*] to totter; ***la ditta traballa*** the company is tottering *o* is in a shaky situation.

trabiccolo /tra'bikkolo/ m. *(veicolo vecchio)* bone shaker, wreck, jalopy.

traboccante /trabok'kante/ agg. **1** *(colmo)* brimful, overflowing **2** FIG. *(di gioia, amore)* overflowing, brimming (**di** with).

traboccare /trabok'kare/ [1] intr. **1** (aus. *essere*) *(debordare)* [*liquido*] to spill* over, to overflow; *(durante l'ebollizione)* to boil over **2** (aus. *avere*) *(essere colmo)* [*recipiente*] to overflow, to brim over (**di** with); [*negozio, teatro*] to be* packed (**di** with) **3** (aus. *avere*) FIG. ***~ di*** to overflow with [*amore*]; to be bursting with [*salute, orgoglio*].

trabocchetto /trabok'ketto/ m. **1** *(botola)* trapdoor **2** FIG. *(trappola)* trap, pitfall, snare; ***tendere un ~ a qcn.*** to set sb. a trap; ***domanda ~*** catch *o* trick question.

trac /trak/ f.inv. stage fright.

tracagnotto /trakaɲ'ɲɔtto/ agg. [*persona*] stocky, squat.

tracannare /trakan'nare/ [1] tr. to gulp down, to put* away, to swallow down, to swig, to guzzle COLLOQ. [*vino*]; to knock back [*bottiglia*].

traccia, pl. **-ce** /'trattʃa, tʃe/ f. **1** *(pista)* trail, track; VENAT. scent, spoor; ***fare perdere le -ce alla polizia*** to throw the police off the scent; ***essere sulle -ce di qcn., qcs.*** to be on sb.'s, sth.'s trail; ***perdere le -ce di qcn.*** to lose all trace of sb. **2** *(impronta)* trace; *(di piedi)* footprint, footstep; *(di pneumatico)* tread, tyre track BE, tire track AE; *(di sci)* track **3** *(segno) (di scottatura, ferita)* mark; ***-ce di frenata*** skidmarks **4** *(indizio)* clue, evidence **U**, trace; ***-ce di effrazione*** signs of a break-in; ***sparire senza lasciare -ce*** to disappear without a trace **5** *(quantità minima) (di sangue, veleno)* trace; *(di emozione, paura)* hint, sign, trace, vestige **6** *(abbozzo)* outline; *(di disegno, quadro)* sketch, delineation; *(di romanzo)* plan, draft **7** EDIL. chase **8** *(di CD)* track.

traccialinee /trattʃa'linee/ m.inv. tracer.

tracciante /trat'tʃante/ agg. ***proiettile ~*** tracer bullet.

tracciare /trat'tʃare/ [1] tr. **1** *(disegnare)* to draw* [*linea, figura*]; to trace out [*disegno*]; STATIST. to plot [*grafico*]; ***~ il contorno di*** to outline [*occhi, immagine*] **2** *(segnare un tracciato)* to mark out [*strada*]; to map out [*itinerario*]; ***~ un sentiero*** to blaze a trail, to tread a path **3** *(stabilire)* to chart [*rotta*]; to delineate, to demarcate [*area, confine*] **4** FIG. *(rendere a grandi linee)* to outline [*piano, programma*]; ***~ il profilo di qcn.*** GIORN. to profile sb.

tracciato /trat'tʃato/ m. **1** EDIL. TECN. layout, plan; ***~ di una strada*** road layout **2** *(diagramma)* tracing **3** SPORT *(percorso di gara)* course.

trachea /tra'kɛa/ f. trachea*, windpipe.

tracheite /trake'ite/ ♦ **7** f. tracheitis.

tracheotomia /trakeoto'mia/ f. tracheotomy.

tracimare /tratʃi'mare/ [1] intr. (aus. *avere*) to flood out, to overflow.

tracolla /tra'kɔlla/ f. **1** *(bretellina)* (shoulder) strap **2 a tracolla *mettersi qcs. a ~*** to sling sth. over one's shoulder *o* across one's body; ***borsa a ~*** shoulder bag.

tracollo /tra'kɔllo/ m. collapse, crash; ***~ finanziario*** financial downfall; ***subire un ~*** to take a dive.

tracoma /tra'kɔma/ m. trachoma.

tracotante /trako'tante/ agg. impertinent, arrogant.

tracotanza /trako'tantsa/ f. impertinence, arrogance.

trad. ⇒ traduzione translation (trans.).

tradimento /tradi'mento/ m. **1** *(slealtà, inganno)* betrayal, treachery, cheating; *(di paese, ideale, persona)* betrayal; ***colpire qcn. a ~*** to take sb. by surprise (anche FIG.) **2** MIL. POL. treason; ***alto ~*** high treason **3** *(in amore)* adultery, infidelity.

tradire /tra'dire/ [102] **I** tr. **1** to betray [*persona, paese, sentimenti, segreto, fiducia*]; *(mancare a)* to break* [*promessa*] **2** *(essere infedele a)* to betray, to deceive, to be* unfaithful to, to cheat on [*partner*] **3** *(deludere)* to blight [*speranze*]; ***~ le aspettative di qcn.*** to fail to live up to sb.'s expectations **4** *(rivelare)* [*rossore, voce, parole*] to betray, to give* away, to reveal [*paura, impazienza*] **5** *(cedere)* [*gambe, forze*] to fail; ***se la memoria non mi tradisce*** if my memory doesn't fail me, if my memory serves me well **II tradirsi** pronom. *(svelarsi)* to betray oneself, to give* oneself away.

traditore /tradi'tore/ **I** agg. *(falso)* [*persona*] treacherous; *(pericoloso)* [*scala, curva*] deceptive, treacherous **II** m. (f. **-trice** /tritʃe/) betrayer, traitor; ***~ della patria*** traitor to one's country.

tradizionale /tradittsjo'nale/ agg. **1** *(conforme alla tradizione)* [*costume, festa*] traditional **2** *(convenzionale)* [*medicina, metodo, agricoltura*] conventional, mainstream; [*gusto, stile*] conservative.

tradizionalismo /tradittsjona'lizmo/ m. traditionalism.

tradizionalista, m.pl. **-i**, f.pl. **-e** /tradittsjona'lista/ m. e f. traditionalist.

tradizionalistico, pl. **-ci**, **-che** /tradittsjona'listiko, tʃi, ke/ agg. traditionalistic.

tradizione /tradit'tsjone/ f. tradition; ***~ orale, scritta*** oral, written tradition; ***-i popolari*** lore; ***è ~ fare*** it's traditional to do; ***secondo la ~, per ~*** by tradition.

tradotta /tra'dotta/ f. troop-train.

traducibile /tradu'tʃibile/ agg. **1** [*proverbio, gioco di parole*] translatable **2** FIG. ***un sentimento difficilmente ~ in parole*** a feeling that can't be expressed in words.

tradurre /tra'durre/ [13] tr. **1** *(in un'altra lingua)* to translate [*testo, autore*]; ***~ un romanzo dall'italiano in inglese*** to translate a novel from Italian into English; ***~ alla lettera*** o ***letteralmente*** to translate literally **2** *(esprimere)* ***~ qcs. in cifre*** to put sth. into figures; ***~ in pratica la teoria*** to translate theory into practice; ***~ un sentimento in parole*** to put a feeling into *o* to express a feeling in words **3** DIR. to transfer [*prigioniero*] **4** INFORM. to convert, to translate.

traduttore /tradut'tore/ ♦ ***18*** m. (f. **-trice** /tritʃe/) **1** *(persona)* translator; ***~ letterario*** literary translator **2** SCOL. UNIV. *(libretto)* crib, trot AE **3** *(apparecchio)* translator.

traduzione /tradut'tsjone/ f. **1** translation; ***una ~ dall'inglese in italiano*** a translation from English into Italian; ***errore di ~*** mistranslation **2** DIR. transfer ♦♦ ***~ automatica*** machine translation, MT; ***~ giurata*** sworn translation; ***~ simultanea*** simultaneous translation.

traente /tra'ɛnte/ m. e f. ECON. *(di assegno)* drawer.

trafelato /trafe'lato/ agg. breathless, panting.

trafficante /traffi'kante/ m. e f. trafficker, dealer, smuggler; ***~ di droga*** drug dealer; ***un ~ d'armi*** an arms dealer, a gunrunner.

trafficare /traffi'kare/ [1] intr. (aus. *avere*) **1** *(fare commerci illeciti)* to traffic; ***~ in armi*** to traffic in *o* smuggle arms **2** COLLOQ. *(armeggiare)* ***~ con*** to fiddle with, to muck about with [*chiusura, comandi*]; to tinker with [*auto*].

trafficato /traffi'kato/ **I** p.pass. → **trafficare II** agg. [*aeroporto, città, strada*] busy.

traffico, pl. **-ci** /'traffiko, tʃi/ m. **1** *(di veicoli)* traffic; ***~ stradale, aereo*** road, air traffic; ***rallentamento del ~*** traffic calming, slowing of traffic; ***dirigere il ~*** [*vigile*] to direct the traffic, to be on traffic duty; ***"chiuso al ~"*** "closed to traffic" **2** *(commercio illecito)* traffic (**di** of); ***~ d'armi*** arms trade *o* deal, gunrunning; ***~ di droga*** drugs deal, drug smuggling **3** COLLOQ. *(viavai)* coming and going.

trafficone /traffi'kone/ m. (f. **-a**) *(chi fa commerci illegali)* trafficker.

trafiggere /tra'fiddʒere/ [15] tr. [*spada, freccia*] to pierce [*corpo*]; [*persona*] to run* through [*avversario*] ♦ ***~ il cuore a qcn.*** to pierce sb.'s heart.

trafila /tra'fila/ f. *(procedura)* procedure; ***seguire la solita ~*** to go through the usual channels.

trafilare /trafi'lare/ [1] tr. to draw* (out), to wiredraw* [*metallo*].

trafilato /trafi'lato/ **I** p.pass. → **trafilare II** agg. drawn **III** m. drawn product.

trafilatrice /trafila'tritʃe/ f. *(macchina)* drawbench.

trafiletto /trafi'letto/ m. GIORN. paragraph.

traforare /trafo'rare/ [1] tr. **1** *(perforare)* to pierce, to perforate, to drill [*montagna, terreno*] **2** *(lavorare a traforo)* to cut* out [*legno, metallo*]; to embroider [sth.] in openwork [*tovaglia*].

traforato /trafo'rato/ **I** p.pass. → **traforare II** agg. **1** *(perforato)* pierced **2** *(lavorato a traforo)* [*legno*] fretworked; [*guanti*] openwork attrib.

traforo /tra'foro/ m. **1** *(perforazione)* piercing **2** *(galleria)* tunnel **3** *(lavoro di ricamo)* openwork **4** TECN. *(di legno)* fretwork.
trafugare /trafu'gare/ [1] tr. to steal* [*gioielli*].
tragedia /tra'dʒɛdja/ f. tragedy (anche FIG.); ***è una ~!*** it's a tragedy! ***non farne una ~!*** don't make a meal of it! ***sul luogo della ~*** at the scene of the accident.
tragediografo /tradʒe'djɔgrafo/ m. (f. **-a**) tragedian.
traghettare /traget'tare/ [1] tr. to ferry.
traghettatore /tragetta'tore/ ➧ *18* m. ferryman*.
traghetto /tra'getto/ m. ferry(boat), boat; *(con posti auto)* car ferry.
tragicamente /tradʒika'mente/ avv. tragically.
tragicità /tradʒitʃi'ta/ f.inv. tragicalness.
tragico, pl. **-ci, -che** /'tradʒiko, tʃi, ke/ **I** agg. tragic **II** m. **1** *(autore)* tragedian **2** *(aspetto tragico)* ***il ~ della faccenda*** the tragedy of the situation; ***volgere al ~*** to take a tragic turn.
tragicomico, pl. **-ci, -che** /tradʒi'kɔmiko, tʃi, ke/ agg. tragicomic.
tragicommedia /tradʒikom'mɛdja/ f. tragicomedy (anche FIG.).
tragitto /tra'dʒitto/ m. ***un ~ di due chilometri*** a two-kilometre trip; ***un ~ breve*** a short ride; ***abbiamo percorso il ~ in cinque ore*** we did the trip in five hours.
traguardo /tra'gwardo/ m. **1** SPORT finishing post, winning post; ***linea del ~*** finishing line; ***tagliare il ~*** to cross the line, to cut the tape; ***tagliare il ~ per primo*** to be the first past the post **2** FIG. *(obiettivo)* goal; ***siamo quasi al ~*** our goal is in sight **3** ARM. sight.
traiettoria /trajet'tɔrja/ f. *(di veicolo, proiettile, pianeta)* path, trajectory; *(di aereo)* flight, path, track.
trainante /trai'nante/ agg. driving (anche FIG.).
trainare /trai'nare/ [1] tr. **1** *(trascinare)* [*veicolo*] to tow, to draw*, to pull [*rimorchio, carro*]; ***farsi ~*** to be towed; FIG. to be dragged along **2** FIG. *(stimolare positivamente)* to drive*, to spur on.
training /'treining/ m.inv. ***~ autogeno*** autogenic training.
traino /'traino/ m. **1** *(il trainare)* towing, drawing, pulling; ***al ~*** on tow; ***cavo di ~*** towline; ***animale da ~*** draught animal **2** *(carico)* load, train **3** FIG. *(elemento trainante)* motivator, driving force.
trait d'union /trɛdy'njɔn/ m.inv. **1** *(trattino)* hyphen **2** FIG. link.
tralasciare /tralaʃ'ʃare/ [1] tr. **1** *(omettere)* to leave* out, to omit, to drop [*parola, fatto, dettaglio*]; ***~ di fare qcs.*** to fail *o* omit to do sth. **2** *(sospendere)* to stop, to interrupt.
tralcio, pl. **-ci** /'traltʃo, tʃi/ m. *(di rampicante)* vine-branch; *(di vite)* vine stock.
traliccio, pl. **-ci** /tra'littʃo, tʃi/ m. **1** *(struttura di sostegno)* lattice; *(per rampicanti)* trellis **2** EL. pylon **3** RAD. TEL. mast.
tralice: **in tralice** /in'tralitʃe/ agg. e avv. ***guardare qcn. in ~*** to look at sb. sideways; ***uno sguardo in ~*** a sidelong glance.
tralignare /traliɲ'ɲare/ [1] intr. (aus. *essere, avere*) to degenerate.
tram /'tram/ m.inv. tram BE, (street)car AE, trolley car; ***perdere il ~*** to miss the tram; FIG. to miss the boat *o* bus ♦ ***attaccati al ~ (e fischi in curva)!*** you can whistle for it!
trama /'trama/ f. **1** TESS. weave, texture, weft; ***tessuto a ~ fitta*** tightly-woven fabric **2** *(intreccio)* plot, story (line); ***~ secondaria*** subplot, underplot **3** *(macchinazione)* plot, scheme, tissue; ***ordire una ~ contro qcn.*** to hatch a scheme against sb.
tramandare /traman'dare/ [1] tr. to hand down, to pass on [*tradizioni, racconto, cultura, segreto*].
tramare /tra'mare/ [1] tr. to hatch, to engineer [*complotto*]; to plot [*morte, rovina*]; ***~ contro qcn.*** to plot *o* scheme against sb.
trambusto /tram'busto/ m. commotion, confusion, stir, fuss.
tramestio, pl. **-ii** /trames'tio, ii/ m. bustle; ***il ~ della folla nelle strade*** the crowd shuffling through the streets.
tramezzare /tramed'dzare/ [1] tr. EDIL. to partition off.
tramezzino /tramed'dzino/ m. sandwich.
tramezzo /tra'mɛddzo/ m. EDIL. partition (wall), (room) divider.
tramite /'tramite/ **I** prep. by, through; ***trovare qcs. ~ un'agenzia*** to get sth. through an agency; ***l'ho saputo ~ lui*** I heard about it through him; ***spedire qcs. ~ corriere*** to send sth. by courier **II** m. intermediary, go-between; ***per il ~ di*** through; ***fare da ~ in, fra*** to mediate in, between.
tramoggia, pl. **-ge** /tra'mɔddʒa, dʒe/ f. hopper.
tramontana /tramon'tana/ f. tramontana, north wind ♦ ***perdere la ~*** to lose one's bearings.
tramontare /tramon'tare/ [1] intr. (aus. *essere*) **1** *(declinare)* [*sole, luna*] to set*, to go* down, to sink* **2** FIG. to fade.
tramonto /tra'monto/ m. **1** *(del sole)* sunset; *(della luna)* moonset; ***al ~*** at sunset; ***dall'alba al ~*** from dawn to *o* till dusk **2** FIG. sunset, decline; ***al ~ della sua carriera*** in the twilight of his career; ***una civiltà al ~*** a waning civilization ♦ ***sul viale del ~*** on the decline *o* wane.
tramortire /tramor'tire/ [102] tr. to knock [sb.] senseless, to stun.
tramortito /tramor'tito/ **I** p.pass. → **tramortire II** agg. **1** *(stordito)* knocked out, stunned **2** *(privo di sensi)* senseless, unconscious.
trampoliere /trampo'ljɛre/ m. wader.
trampolino /trampo'lino/ m. **1** SPORT *(nel nuoto)* springboard, diving board; *(nello sci)* ski jump **2** FIG. springboard, platform, stepping stone; ***~ di lancio*** *(per attori, artisti)* showcase, vehicle ♦♦ ***~ elastico*** trampoline.
trampolo /'trampolo/ m. stilt (anche SCHERZ.); ***camminare sui -i*** to walk on stilts.
tramutare /tramu'tare/ [1] **I** tr. to transform (**in** into) **II tramutarsi** pronom. ***-rsi in*** to mutate *o* turn into [*persona, animale*]; [*sospetto*] to harden into [*braccio*].
trance /trans/ f.inv. trance; ***essere in ~*** to be in a trance; ***andare*** o ***cadere in ~*** to go into a trance.
tranche /'tranʃ/ f.inv. tranche.
tranciare /tran'tʃare/ [1] tr. **1** *(tagliare con la trancia)* to mill [*lamiera*]; to chop through [*cavo*]; to slash [*corda*] **2** *(portar via)* [*granata*] to cut* off, to sever [*braccio*].
trancio, pl. **-ci** /'trantʃo, tʃi/ m. slice; *(di pancetta)* strip; *(di salmone, tonno)* steak; ***pizza al ~*** pizza by the slice.
tranello /tra'nɛllo/ m. **1** *(trappola)* trap, snare, pit; ***tendere un ~ a qcn.*** to dig a pit for sb., to set a trap for sb. **2** *(insidia, trabocchetto)* pitfall, catch; ***i -i della traduzione*** the pitfalls of translation; ***dov'è il ~?*** what's the catch? ***domanda a ~*** catch *o* trick question.
trangugiare /trangu'dʒare/ [1] tr. **1** to gulp down, to swallow, to scoff BE COLLOQ. [*cibo*]; to swallow, to dispatch SCHERZ., to guzzle COLLOQ. [*alcolico, acqua*] **2** FIG. ***~ un boccone amaro*** to swallow hard.
tranne /'tranne/ prep. **1** *(eccetto, salvo)* except, but; ***tutti ~ lui*** anybody but him, everyone except him; ***nessuno ~ te lo sa*** nobody knows other than you; ***~ quando*** except when **2** **tranne che** ***non scrivo a nessuno ~ che a lui*** I don't write to anybody apart from him; ***non so nulla, ~ che è partito*** I don't know anything except that he's gone.
tranquillamente /trankwilla'mente/ avv. **1** *(in modo tranquillo)* [*riposare*] peacefully, comfortably; ***mi piacerebbe poter lavorare ~*** I wish I could work in peace and quiet; *(serenamente)* ***affermare ~ qcs.*** to say sth. evenly; ***stavamo discutendo ~*** we were chatting away happily **2** *(senza fretta)* [*leggere, aspettare*] calmly, quietly, tranquilly **3** *(senza pericolo)* safely; ***la carne si può mangiare ~*** the meat is safe for eating **4** (*senza difficoltà*) easily.
tranquillante /trankwil'lante/ **I** agg. ***farmaco ~*** tranquillizer **II** m. tranquillizer, tranquilizer AE, downer COLLOQ.
tranquillità /trankwilli'ta/ f.inv. **1** *(placidità)* calmness, quietness, restfulness **2** *(pace)* calm, peace, tranquillity, tranquility AE; *(di luogo)* calmness, quietness; *(di serata)* stillness; ***la ~ della campagna*** the quiet of the countryside **3** *(serenità)* serenity, peacefulness; ***(ci) tengo alla mia ~*** I value my peace and quiet **4** (*sicurezza*) ***in tutta ~*** [*partire, andare*] safely.
tranquillizzare /trankwillid'dzare/ [1] **I** tr. to calm down, to pacify; ***tranquillizza sapere che...*** it is reassuring to know that... **II tranquillizzarsi** pronom. to calm down, to stop worrying, to reassure oneself, to put* one's mind at rest.
tranquillo /tran'kwillo/ agg. **1** *(pacifico)* [*persona*] quiet, peaceable, tranquil; [*tono*] even; [*dimostrazione, dibattito*] orderly; ***~! -i!*** calm down! **2** *(quieto)* [*giornata, ora, periodo*] calm, lazy, peaceful, uneventful; [*vita, vacanza*] leisurely,

quiet; [*sonno*] peaceful, undisturbed; [*mare*] calm **3** *(silenzioso)* [*luogo, angolino*] quiet, private, restful; [*vicini, via*] quiet; [*serata*] still, quiet **4** *(sereno)* [*atmosfera, comportamento*] mellow; [*vita*] smooth, untroubled, peaceful; ***non starò ~ fino a quando non arriverà*** I won't relax until she arrives; ***stai ~, va tutto bene*** don't worry, everything's all right **5** *(in pace)* [*coscienza*] clear; [*animo*] calm, quiescent; ***sentirsi ~ riguardo a*** to feel easy (in one's mind) about; ***lasciatemi un po' ~!*** lay me off! COLLOQ. ♦ ***dormire sonni -i*** to sleep soundly (without worry).

trans /trans/ m. e f.inv. (accorc. transessuale) transsexual.

transatlantico, pl. **-ci**, **-che** /transa'tlantiko, tʃi, ke/ **I** agg. transatlantic, ocean-going **II** m. ocean-going liner.

transazione /transat'tsjone/ f. **1** DIR. *(compromesso)* settlement **2** COMM. transaction; *(in borsa)* trading, dealing.

transcodificare /transkodifi'kare/ [1] tr. ELETTRON. INFORM. to transcode.

transcontinentale /transkontinen'tale/ agg. transcontinental.

transdermico, pl. **-ci**, **-che** /tranz'dɛrmiko, tʃi, ke/ agg. ***cerotto ~*** transdermal patch.

transenna /tran'sɛnna/ f. *(per folla)* crush barrier, crowd control barrier.

transennare /transen'nare/ [1] tr. to cordon off, to block off.

transessuale /transessu'ale/ agg., m. e f. transsexual.

transessualità /transessuali'ta/ f.inv. transsexuality.

transetto /tran'sɛtto, tran'setto/ m. transept.

transfert /'transfert/ m.inv. PSIC. transference.

transfuga, m.pl. **-ghi**, f.pl. **-ghe** /'transfuga, gi, ge/ m. e f. defector.

transgenico, pl. **-ci**, **-che** /tranz'dʒɛniko, tʃi, ke/ agg. transgenic, genetically modified.

transigere /tran'sidʒere/ [46] **I** tr. DIR. to settle **II** intr. (aus. *avere*) ***~ su qcs.*** to compromise on sth.; ***non ~ su qcs.*** not to accept any compromise on sth.

transistor /tran'sistor/ m.inv. transistor; ***radio a ~*** transistor (radio).

transitabile /transi'tabile/ agg. [*strada*] passable, practicable, negotiable.

transitare /transi'tare/ [1] intr. (aus. *essere*) to pass (**per**, **attraverso** through); ***il treno transita ogni ora*** the train runs every hour.

transitivo /transi'tivo/ **I** agg. LING. MAT. transitive **II** m. transitive (verb).

transito /'transito/ m. **1** *(passaggio)* transit; ***in ~*** in transit; ***"divieto di ~"*** "no thoroughfare" **2** COMM. transit; ***di ~*** [*porto, operazioni*] transit attrib.

transitorietà /transitorje'ta/ f.inv. transience, transitoriness.

transitorio, pl. **-ri**, **-rie** /trasi'tɔrjo, ri, rje/ agg. *(passeggero)* [*fase*] passing; [*stadio, periodo*] transitory, temporary; *(precario)* [*provvedimento*] transitional, temporary; DIR. [*disposizione*] provisional.

transizione /transit'tsjone/ f. transition; ***di ~*** [*governo, economia, epoca*] transitional.

trantran, **tran tran** /tran'tran/ m.inv. COLLOQ. routine; ***il ~ quotidiano*** the daily grind, the daily round of activities.

tranvai /tran'vai/ m.inv. COLLOQ. tram BE, (street)car AE, trolley car.

tranvia /tran'via/ f. tramline, tramway.

tranviario, pl. **-ri**, **-rie** /tran'vjarjo, ri, rje/ agg. [*fermata, linea*] tram(way) attrib.

tranviere /tran'vjɛre/ ➧ ***18*** m. tram driver.

trapanare /trapa'nare/ [1] tr. **1** to drill [*parete*]; ***questo rumore mi trapana le orecchie*** FIG. this noise goes right through my head **2** MED. to trephine [*cranio*]; to drill [*dente*].

trapanazione /trapanat'tsjone/ f. drilling (anche MED.).

trapano /'trapano/ m. **1** TECN. drill **2** MED. *(per il cranio)* trephine; *(di dentista)* drill.

trapassare /trapas'sare/ [1] **I** tr. [*spada, freccia*] to penetrate, to pierce [*corpo*]; ***il proiettile le trapassò la spalla*** the bullet went clean through her shoulder **II** intr. (aus. *essere*) LETT. *(morire)* to die.

trapassato /trapas'sato/ **I** p.pass. → **trapassare** **II** m. (f. **-a**) **1** *(defunto)* ***i -i*** the deceased, the dead **2** LING. ***~ prossimo*** past perfect, pluperfect.

trapasso /tra'passo/ m. **1** *(passaggio)* passage; *(transizione)* transition **2** DIR. *(di diritti, proprietà)* transfer **3** ANT. LETT. *(morte)* death, passing.

trapelare /trape'lare/ [1] intr. (aus. *essere*) **1** *(filtrare)* [*luce, suono*] to filter in, to filter through **2** FIG. [*notizia*] to filter out, to get* out, to leak (out) **3** *(manifestarsi)* [*inquietudine, irritazione*] to show*; [*sentimento*] to come* out; ***lo sguardo lasciava ~ il suo odio*** her eyes betrayed *o* gave away her hatred.

trapezio, pl. **-zi** /tra'pɛttsjo, tsi/ m. **1** *(in ginnastica)* trapeze **2** MAT. trapezium BE, trapezoid AE **3** ANAT. *(muscolo)* trapezius.

trapezista, m.pl. **-i**, f.pl. **-e** /trapet'tsista/ ➧ ***18*** m. e f. trapezist, trapeze artist.

trapiantare /trapjan'tare/ [1] **I** tr. **1** to transplant [*pianta, albero*]; to bed out [*germogli*]; *(innestare)* to graft **2** CHIR. to transplant [*organi*]; to graft [*tessuto*]; ***gli hanno trapiantato un rene*** he had a kidney transplant **3** FIG. *(far attecchire)* to transplant [*moda, idea*] **II trapiantarsi** pronom. *(emigrare)* to move, to migrate; *(stabilirsi)* to settle.

trapianto /tra'pjanto/ m. **1** MED. *(di organi)* transplant(ation); *(di tessuto)* grafting; ***~ cardiaco*** o ***di cuore*** heart transplant; ***~ di rene*** kidney transplant **2** *(di alberi, piante)* transplanting, transplantation.

trappola /'trappola/ f. **1** *(congegno)* trap; *(tranello)* trap, catch, pitfall, snare; ***tendere una ~*** to set a trap (anche FIG.); ***prendere in ~*** to ensnare, to entrap (anche FIG.); ***cadere in ~*** to fall into a trap (anche FIG.); ***essere in ~*** to be trapped **2** *(trabiccolo)* bone shaker, heap, wreck ♦♦ ***~ mortale*** death trap; ***~ per topi*** mousetrap, rat trap.

trapunta /tra'punta/ f. quilt.

trapuntare /trapun'tare/ [1] tr. to quilt [*coperta, vestito*].

trapunto /tra'punto/ agg. ***cielo ~ di stelle*** sky spangled with stars.

trarre /'trarre/ [95] **I** tr. **1** *(tirare)* to draw*; ***lo trasse a sé*** she drew him towards her; ***~ qcs. a riva*** to pull *o* drag sth. ashore; ***~ qcn. in salvo*** to rescue sb.; ***~ qcn. in arresto*** to place sb. under arrest; ***~ qcn. in inganno*** to deceive *o* trick sb.; ***~ un sospiro di sollievo*** to sigh with relief **2** *(tirare fuori)* ***~ fuori dalla tasca una pistola*** to pull a gun from one's pocket; ***~ qcn. d'impaccio*** to help sb. out of their predicament **3** *(ricavare)* to get*, to gain, to derive [*soddisfazione*]; to get* [*sollievo*]; to draw* [*ispirazione, morale*]; ***~ un film da un romanzo*** to make a film out of a novel; ***~ il massimo dalla situazione*** to make the most of the situation; ***~ beneficio da*** to (get some) benefit from [*vacanza, cura*]; ***~ profitto da qcs.*** to turn sth. to (good) account, to take advantage of *o* to make capital out of sth.; ***~ vantaggio da*** to capitalize on; ***~ piacere da qcs.*** to (take) delight in sth.; ***da questo si può ~ un insegnamento*** there is a lesson to be learned from this **4** *(dedurre)* ***~ conclusioni da qcs.*** to draw conclusions *o* inferences from sth., to make deductions from sth.; ***non ~ conclusioni sbagliate*** don't jump to the wrong conclusions **5** *(avere)* ***~ origine da qcs.*** to originate from sth. **6** *(indurre)* ***~ qcn. in errore*** to mislead sb. **II trarsi** pronom. **1** *(mettersi)* ***-rsi da parte*** to step *o* stand aside **2** *(tirarsi fuori)* ***-rsi d'impaccio*** to get out of a fix.

trasalimento /trasali'mento/ m. start, wince.

trasalire /trasa'lire/ [102] intr. (aus. *avere, essere*) to start, to wince (**per** with); ***mi hai fatto ~*** you made me jump.

trasandatezza /trazanda'tettsa/ f. sloppiness, shabbiness, untidiness.

trasandato /trazan'dato/ agg. [*persona*] dishevelled, shabby, sloppy, scruffy; [*aspetto, abbigliamento*] messy, shabby, sloppy, unkempt.

trasbordare /trazbor'dare/ [1] **I** tr. to trans(s)hip, to reship [*merci, passeggeri*] **II** intr. (aus. *avere*) to change.

trasbordo /traz'bordo/ m. trans(s)hipment, reshipment.

trascendentale /traʃʃenden'tale/ agg. **1** FILOS. transcendental **2** *(eccezionale)* ***non è niente di ~*** there is nothing special about it.

trascendente /traʃʃen'dɛnte/ agg. **1** FILOS. transcendent, transcendant **2** MAT. transcendental.

trascendenza /traʃʃen'dɛntsa/ f. transcendence, transcendency.

trascendere /traʃ'ʃendere, traʃ'ʃɛndere/ [10] **I** tr. to transcend [*ragione*]; to go* beyond [*possibilità*] **II** intr. (aus. *avere, essere*) to go* too far, to lose* one's temper.

trascinante /traʃʃi'nante/ agg. **1** *(che trascina)* [*forza*] driving **2** *(avvincente)* [*ritmo, musica*] exhilarating, swinging.
trascinare /traʃʃi'nare/ [1] **I** tr. **1** *(tirare)* to drag [*valigia, persona*]; **~ *qcn. per il braccio*** to pull sb. by the arm; **~ *la gamba ferita*** to drag one's wounded leg; **~ *i piedi*** to drag one's feet **2** *(portar via)* [*corso d'acqua*] to sweep* away, to wash away [*tronchi*]; ***essere trascinato dalla folla*** to be swept along by the crowd **3** *(condurre a forza)* **~ *qcn. a teatro*** to drag sb. along to the theatre; **~ *qcn. dal medico*** to drag sb. to the doctor; **~ *qcn. in tribunale*** to drag sb. through the courts; **~ *qcn. via da una festa*** to drag sb. away from a party **4** *(esaltare)* to carry away; ***farsi ~ da*** to be carried away by [*immaginazione*]; to get caught up in [*eccitazione*]; ***un ritmo che trascina*** a swinging rhythm; ***lasciarsi ~ dalle proprie emozioni*** to be swept away by one's own emotions **5** FIG. *(spingere)* **~ *qcn. a fare qcs.*** to make sb. do sth.; *(coinvolgere)* ***non ho intenzione di farmi ~ in una discussione*** I'm not going to be drawn into an argument **6** INFORM. to drag [*icona*] **II trascinarsi** pronom. **1** *(strisciare)* ***-rsi fino alla porta*** [*ferito*] to crawl to the door; *(andare con sforzo)* ***-rsi al lavoro*** to drag oneself to work **2** FIG. *(protrarsi)* [*processo, malattia*] to drag on.
trascinatore /traʃʃina'tore/ m. (f. **-trice** /tritʃe/) driving force, rouser.
trascolorare /traskolo'rare/ [1] intr. (aus. *essere*), **trascolorarsi** pronom. *(cambiare colore)* to change colour.
1.trascorrere /tras'korrere/ [32] **I** tr. to spend*, to pass [*tempo, giorno*]; **~ *una notte tranquilla*** to have *o* pass a comfortable night; ***ho trascorso una splendida giornata*** I had a glorious day **II** intr. (aus. *essere*) *(passare)* [*tempo, vita, giorni*] to pass, to go* by, to elapse.
2.trascorrere /tras'korrere/ m. ***il ~ degli anni*** the passing of the years.
trascorso /tras'korso/ **I** p.pass. → **1.trascorrere II** agg. spent, past **III trascorsi** m.pl. past record (**di** as); ***i suoi -i di gioventù*** his youthful indiscretions.
trascrivere /tras'krivere/ [87] tr. **1** *(ricopiare)* to copy down, to transcribe, to write* out [*parole, testo*] **2** LING. MUS. BIOL. DIR. INFORM. to transcribe.
trascrizione /traskrit'tsjone/ f. **1** *(copia)* transcript(ion) **2** LING. MUS. DIR. INFORM. transcription ♦♦ **~ *fonetica*** phonetic transcription.
trascurabile /trasku'rabile/ agg. [*differenza, opinione, dettaglio*] minor, nonessential, unimportant; [*affare, influenza, importanza*] small; ***non ~*** [*somma, ruolo*] considerable.
trascurare /trasku'rare/ [1] **I** tr. **1** *(non badare a)* to neglect [*raffreddore, amici, doveri*]; **~ *i propri figli*** to be neglectful of one's children **2** *(sottovalutare)* to overlook, to slur over [*risultato, necessità, fatto*]; to disregard [*problema, consiglio*]; to neglect [*artista*]; ***non essere da ~*** [*cifra*] to be worth taking into account **3** *(omettere)* **~ *di fare*** to fail to do **II trascurarsi** pronom. to neglect oneself.
trascuratezza /traskura'tettsa/ f. carelessness, negligence.
trascurato /trasku'rato/ **I** p.pass. → **trascurare II** agg. [*lavoro*] careless, slipshod; [*aspetto, abbigliamento*] shabby, unkempt; [*opera, infezione*] neglected; [*bambino*] neglected, uncared-for; [*casa*] uncared-for, unkempt.
trasecolare /traseko'lare/ [1] intr. (aus. *essere, avere*) to be* amazed, to be* astounded, to be* astonished.
trasferello /trasfe'rɛllo/ m. transfer BE.
trasferibile /trasfe'ribile/ agg. **1** *(che si può trasferire)* transferable; AMM. relocatable **2** ECON. negotiable, transferable; ***assegno ~, non ~*** negotiable, non-negotiable cheque **3** INFORM. [*software*] portable.
trasferimento /trasferi'mento/ m. **1** *(di impiegato)* transfer (**a, in** to); AMM. *(di impiegato, società, sede)* relocation; ***fare domanda di ~*** to apply to be transferred, to request a transfer **2** *(trasloco)* move, removal BE **3** BANC. transfer; *(di capitali, titoli)* conveyance, grant **4** DIR. *(cessione)* assignment, devolution, conveyance; *(di potere)* handover, transfer, transference.
trasferire /trasfe'rire/ [102] **I** tr. **1** *(spostare)* to move, to transfer [*prigioniero, impiegato, sede legale, fabbrica*]; AMM. to relocate [*impiegato, uffici*]; INFORM. to transfer [*informazioni, dati*] **2** DIR. to assign, to convey, to transfer [*beni, diritto*]; to hand over [*potere*] **3** ECON. to transfer, to negotiate [*denaro*] **II trasferirsi** pronom. to move (**a** to).
trasferta /tras'fɛrta/ f. **1** *(trasferimento temporaneo)* ***essere in ~*** to be away (on business); ***(indennità di) ~*** travelling allowance **2** SPORT ***giocare, vincere in ~*** to play, win away.
trasfigurare /trasfigu'rare/ [1] **I** tr. **1** RELIG. to transfigure **2** FIG. *(trasformare)* to transform, to tranfigure **II trasfigurarsi** pronom. to become* transfigured.
trasfigurazione /trasfigurat'tsjone/ f. **1** RELIG. Transfiguration **2** FIG. *(mutamento)* transformation.
trasformabile /trasfor'mabile/ agg. convertible (anche AUT.).
trasformare /trasfor'mare/ [1] **I** tr. **1** *(mutare)* to transform, to change, to turn (**in** into); *(alterare)* to change, to alter; **~ *il latte in formaggio*** to make milk into cheese; **~ *l'acqua in ghiaccio*** to turn water into ice; ***il lavoro l'ha trasformata*** work has changed her; **~ *un garage in ufficio*** to convert a garage into an office **2** CHIM. to convert [*sostanza*] (**in** into) **3** IND. to process [*materie prime*] **4** SPORT *(nel calcio)* **~ *un rigore*** to score a penalty **II trasformarsi** pronom. **1** [*persona*] to change, to transform oneself, to be* transformed; ***-rsi in*** to turn *o* be transformed into; ***quando gioca a tennis si trasforma*** when he plays tennis he's a different man **2** BIOL. [*larva, germoglio*] to turn (**in** into) **3** CHIM. to be* converted (**in** into).
trasformatore /trasforma'tore/ m. EL. transformer.
trasformazione /trasformat'tsjone/ f. transformation (anche FIS. EL. MAT. LING.) (**in** into); *(di materia prima, energia)* processing, conversion; ***subire una ~*** [*società*] to undergo a transformation; [*prodotto*] to be processed.
trasformismo /trasfor'mizmo/ m. POL. = shifting alliances to suit political needs.
trasformista, m.pl. **-i**, f.pl. **-e** /trasfor'mista/ ♦ ***18*** m. e f. **1** *(artista)* quick-change artist **2** POL. = politician who shifts alliances.
trasfusionale /trasfuzjo'nale/ agg. transfusion attrib.
trasfusione /trasfu'zjone/ f. transfusion; **~ *di sangue*** blood transfusion; ***praticare*** o ***fare una ~ a qcn.*** to give sb. a transfusion.
trasfuso /tras'fuzo/ **I** agg. [*sangue*] transfused; ***persona -a*** blood recipient **II** m. (f. **-a**) blood recipient.
trasgredire /trazgre'dire/ [102] tr. e intr. (aus. *avere*) **~ *(a)*** to violate, to break*, to contravene FORM. [*legge, norma*]; to disobey, to contravene [*ordine*].
trasgressione /trazgres'sjone/ f. *(di ordine, norma, legge)* violation, offence BE, offense AE, contravention FORM.; ***amare la ~*** to love to be transgressive *o* to break rules.
trasgressivo /trazgres'sivo/ agg. *(anticonvenzionale)* transgressive, unconventional.
trasgressore /trazgres'sore/ m. (f. **trasgreditrice** /trazgredi'tritʃe/) offender, violator, contravener.
traslare /traz'lare/ [1] tr. **1** to move, to transfer [*salma*] **2** ECON. to shift [*tassa*] **3** MAT. to translate.
traslato /traz'lato/ **I** p.pass. → **traslare II** agg. figurative, metaphorical **III** m. metaphor; ***parlare per -i*** to speak figuratively *o* in metaphors.
traslazione /trazlat'tsjone/ f. **1** *(trasferimento)* transfer **2** MAT. ASTR. translation.
traslitterare /trazlitte'rare/ [1] tr. to transliterate.
traslitterazione /trazlitterat'tsjone/ f. transliteration.
traslocare /trazlo'kare/ [1] **I** tr. to move [*mobili*] **II** intr. (aus. *avere*) to move, to move house BE.
traslocatore /trazloka'tore/ ♦ ***18*** m. removal man*, mover AE.
trasloco, pl. **-chi** /traz'lɔko, ki/ m. move, removal; ***fare (un) ~*** to move (house); ***spese di ~*** removal expenses; ***compagnia*** o ***impresa di -chi*** removals firm BE, moving company AE.
traslucido /traz'lutʃido/ agg. translucent, translucid.
trasmettere /traz'mettere/ [60] **I** tr. **1** *(comunicare)* to communicate, to pass on, to convey [*informazione, ordine*] (**a** to); to deliver [*messaggio*]; to convey [*saluti, ringraziamenti*]; *(spedire)* to send*; *(inoltrare)* to forward **2** *(manifestare)* [*persona, opera, parole, stile*] to convey [*idee, sentimento*]; **~ *il proprio entusiasmo a qcn.*** to pass on one's enthusiasm to sb.; ***ha trasmesso la sua emozione al pubblico*** he transmitted his emotion to the audience; ***la sua angoscia si trasmette agli altri*** his anxiety communicates itself to others **3** TECN. to transmit [*segnali, dati*] (**attraverso**, **per**, **via** by, via); RAD. TELEV. to

broadcast* [*notizia, programma*]; ***il film è già stato trasmesso due volte quest'anno*** the film has already had two screenings this year **4** *(tramandare)* to hand down [*usanza, sapere*] (**a** to) **5** *(trasferire)* to hand over [*potere, responsabilità*]; DIR. to hand on, to convey [*proprietà*] (**a** to) **6** MED. to transmit, to pass on, to spread* [*malattia*] **7** FIS. to transmit [*vibrazione, calore, movimento*] **II trasmettersi** pronom. **1** MED. [*malattia*] to be* transmitted, to be* passed on, to spread* **2** *(tramandarsi)* [*usanza*] to be* handed down **3** *(passarsi l'un l'altro)* to pass [sth.] on to each other [*messaggio*].

trasmettitore /trazmetti'tore/ m. TECN. RAD. TELEV. transmitter, sender.

trasmigrare /trazmi'grare/ [1] intr. (aus. *essere, avere*) to transmigrate (anche RELIG.).

trasmigrazione /trazmigrat'tsjone/ f. transmigration (anche RELIG.).

trasmissibile /trazmis'sibile/ agg. **1** transmissible (anche MED.); ***malattia sessualmente ~*** sexually transmitted disease **2** DIR. [*proprietà*] conveyable, transferable; *(in eredità)* descendible, devisable.

trasmissione /trazmis'sjone/ **I** f. **1** *(comunicazione)* transmission, passing on; *(invio)* sending **2** MECC. transmission, drive; ***albero di ~*** propeller *o* transmission shaft; ***cinghia di ~*** transmission *o* driving belt **3** RAD. TELEV. *(il trasmettere)* broadcasting, transmission; *(programma)* broadcast, programme BE, program AE; ***essere in ~*** to be on the air **4** DIR. *(di bene, titolo, eredità)* transfer, transmission; *(di poteri)* handover **5** MED. FIS. transmission **II trasmissioni** f.pl. MIL. signals; *(reparto)* signals department sing. ♦ ***~ a catena*** chain drive *o* transmission; ***~ a cinghia*** belt drive; ***~ del pensiero*** thought transference.

trasmittente /trazmit'tɛnte/ **I** agg. [*apparecchio, stazione*] transmitting **II** f. *(apparecchio)* transmitter; *(stazione)* sending station, transmitting station.

trasmutare /trazmu'tare/ [1] tr. to transmute.

trasmutazione /trazmutat'tsjone/ f. transmutation.

trasognato /trasoɲ'ɲato/ agg. [*sguardo*] dreamy.

trasparente /traspa'rɛnte/ **I** agg. **1** [*vetro*] transparent; [*acqua*] clear; [*tessuto, vestito*] transparent, see-through **2** IRON. *(sottilissimo)* [*fetta*] wafer-thin **3** FIG. *(chiaro)* [*gestione, transazione*] transparent, open; *(sincero)* [*persona*] sincere; *(intuibile)* [*allusione, intenzioni*] clear, transparent **II** m. **1** CINEM. back projection **2** TEATR. scrim **3** *(lucido)* transparency.

trasparenza /traspa'rɛntsa/ f. **1** *(di vetro, diamante)* transparency; *(di acqua)* clearness; ***guardare qcs. in ~*** to look at sth. against the light **2** FIG. *(di persona)* sincerity; *(di allusione, intenzione)* clearness, transparency; *(di gestione, transazione)* openness.

trasparire /traspa'rire/ [47] intr. (aus. *essere*) [*luce*] to shine* through; [*forma*] to be* visible, to show* through; [*intenzioni, imbarazzo*] to show* through; ***lasciar*** o ***far ~*** to betray, to let [sth.] show [*emozioni, sentimenti*].

traspirare /traspi'rare/ [1] intr. (aus. *essere*) **1** FISIOL. to perspire **2** BOT. to transpire.

traspirazione /traspirat'tsjone/ f. **1** FISIOL. perspiration **2** BOT. transpiration.

trasporre /tras'porre/ [73] tr. to transpose.

trasportare /traspor'tare/ [1] tr. **1** to transport, to carry [*oggetto*]; to move [*ferito, paziente*]; [*veicolo*] to carry [*persone, merci*]; ***~ qcs. sulla schiena*** to carry sth. on one's back; ***~ qcn. all'ospedale*** to take sb. to hospital **2** *(trascinare)* [*vento, corrente*] to carry, to bear* **3** *(trasferire)* to move, to transfer **4** FIG. ***farsi ~*** to get carried away; ***lasciarsi ~ dall'entusiasmo*** to let one's enthusiasm run away with one; ***lasciarsi ~ dalla collera*** to let one's anger to get the better of one **5** MUS. to transpose.

trasportatore /trasporta'tore/ **I** m. **1** *(impresa)* carrier, freight forwarder, freight operator **2** TECN. conveyor, conveyer **II** agg. transporting; ***nastro ~*** conveyer (belt), conveyor (belt) ♦♦ ***~ a catena*** chain conveyor; ***~ a nastro*** belt conveyor.

trasporto /tras'pɔrto/ **I** m. **1** *(di persone, merci)* transport, transportation AE; ***durante il mio ~ in ospedale*** when I was being taken to hospital; ***rete dei -i*** transport network; ***spese di ~*** transport costs, freight costs; ***compagnia di -i*** transport company, freight company; ***mezzi di ~*** (means of) transport **2** FIG. *(entusiasmo)* transport, passion **II trasporti** m.pl. transport sing., transportation sing. AE ♦♦ ***~ aereo*** air transport, airfreight; ***~ su rotaia*** transport by rail, rail freight; ***~ su strada*** road transport, road haulage; ***-i pubblici*** public transport.

trasposizione /traspozit'tsjone/ f. transposition (anche MUS.).

trastullarsi /trastul'larsi/ pronom. **1** *(giocare)* to play **2** *(perdere tempo)* to trifle, to dawdle.

trastullo /tras'tullo/ m. **1** *(svago)* pastime **2** *(giocattolo)* plaything, toy (anche FIG.).

trasudare /trasu'dare/ [1] **I** tr. **1** *(lasciar filtrare)* [*muro, roccia*] to ooze with [*acqua, umidità*] **2** FIG. *(far trasparire)* [*persona*] to exude [*noia, stupidità*] **II** intr. (aus. *essere, avere*) **1** (aus. *avere*) *(mandar fuori)* [*muro, ferita*] to ooze; [*formaggio*] to sweat **2** (aus. *essere*) *(stillare)* [*acqua*] to seep.

trasversale /trazver'sale/ **I** agg. **1** [*taglio, linea*] transverse, transversal, cross attrib.; ***sezione ~*** cross-section; ***via ~*** side street **2** MAT. ***retta ~*** transversal **3** FIG. [*alleanza, gruppo*] cross-party; ***vendetta ~*** indirect revenge **II** f. MAT. transversal.

trasvolata /trazvo'lata/ f. flight (**di** across); ***~ dell'Atlantico*** flight across the Atlantic, Atlantic flight.

tratta /'tratta/ f. **1** *(traffico illecito)* trade; ***la ~ delle bianche*** white slavery, white slave trade; ***~ degli schiavi*** slave trade; ***la ~ dei negri*** the African trade **2** BANC. COMM. draft; ***spiccare una ~ su*** to make *o* issue a draft on **3** *(percorso di mezzo di trasporto)* route, (fare) stage BE.

trattabile /trat'tabile/ agg. **1** *(lavorabile)* [*metallo*] workable, malleable **2** [*argomento*] that can be dealt with **3** *(non fisso)* [*prezzo*] negotiable; ***"~"*** *(negli annunci economici)* "or near(est) offer, o.n.o."; ***7.000 euro -i*** offers in the region of 7,000 euros, 7,000 euros o.n.o. BE.

trattamento /tratta'mento/ m. **1** *(modo di trattare)* treatment, handling; ***è il ~ riservato ai prigionieri*** it's the way prisoners are treated; ***~ di favore, di riguardo*** preferential *o* special treatment; ***riservare un ~ di favore a qcn.*** to show favour to sb. **2** TECN. processing, treatment; ***~ dei rifiuti industriali*** processing *o* treatment of industrial waste; ***~ termico*** heat treatment; ***sottoporre qcs. a ~ contro*** to treat sth. against **3** MED. treatment, medication; ***sottoporsi a un ~*** to undergo treatment **4** *(di dati, documenti)* handling **5** *(servizio)* hospitality, service **6** COSMET. treatment, care; *(di capelli)* conditioning **7** *(retribuzione)* pay, wages pl., salary; ***~ economico*** pay; ***~ di fine rapporto*** severance pay, gratuity BE; ***~ pensionistico*** pension **8** INFORM. processing; ***~ testi*** word processing.

trattare /trat'tare/ [1] **I** tr. **1** *(considerare)* to treat, to handle [*persona, animale, oggetto*]; ***~ qcn. da amico, come un figlio*** to treat sb. as a friend, like a son; ***~ qcn., qcs. male*** to treat sb., sth. badly, to mistreat sb., sth.; ***essere trattato bene, male*** to be well, badly treated; ***~ qcn. con gentilezza*** to treat sb. kindly; ***~ qcn. duramente*** to be hard on sb.; ***non ho intenzione di farmi ~ così*** I'm not going to be treated like that; ***saper ~*** to have a way with [*bambini, donne*]; to know how to handle [*impiegati, alunni*] **2** *(affrontare)* [*libro, film*] to deal* with, to cover, to treat [*questione, argomento*]; *(discutere)* to deal* with, to discuss [*questione*] **3** COMM. *(vendere)* to deal* in, to carry [*prodotto, marca*]; ***~ merce rubata*** to handle stolen goods **4** *(fare oggetto di trattative)* to deal*, to transact, to negotiate (anche POL.); ***~ un affare*** to transact business; ***~ un accordo*** to negotiate a settlement **5** MED. to treat [*malato, malattia*]; COSMET. to condition, to treat [*capelli, pelle*] **6** *(lavorare)* to treat, to process [*sostanza chimica, fibra tessile*]; to process [*acque di scarico*] **II** intr. (aus. *avere*) **1** *(avere a che fare)* to deal* (**con qcn.** with sb.) **2** *(avere per argomento)* ***~ di*** to deal with, to be about [*soggetto*] **3** *(giungere a patti)* to deal*, to negotiate (**con** with); ***~ sul prezzo*** to negotiate the price **III trattarsi** pronom. ***-rsi bene*** to treat oneself well, to spoil oneself **IV** impers. (aus. *essere*) ***di cosa si tratta?*** what is it about? ***non si tratta di questo!*** that's not the point! ***si tratta della tua salute!*** we're talking about your health! ***si tratta di tua moglie*** it has to do with *o* it's about your wife; ***so chi ha vinto: si tratta di X*** I know who the winner is: it's X; ***si trattava di prendere una decisione*** it was a case of making a decision; ***quando si tratta di qcs., di fare*** when it comes to sth., to doing.

trattativa /tratta'tiva/ f. talks pl., dealing, negotiation; ***essere in ~ con qcn.*** to be negotiating with sb.; ***aprire delle -e con qcn.*** to enter into negotiation(s) with sb.; ***il tavolo delle -e*** the negotiating table ♦♦ ***-e di pace*** peace talks; ***-e salariali*** pay talks, negotiation.

1.trattato /trat'tato/ m. **1** *(saggio)* treatise (**su, di** on) **2** DIR. treaty; ***~ di pace*** peace treaty.

2.trattato /trat'tato/ **I** p.pass. → **trattare II** agg. [*materiale, alimento*] processed.

trattazione /trattat'tsjone/ f. **1** *(svolgimento)* treatment, coverage **2** *(trattato)* treatise.

tratteggiare /tratted'dʒare/ [1] tr. **1** *(segnare con dei tratti)* to trace; *(abbozzare)* to sketch [*paesaggio*]; *(ombreggiare)* to hatch, to shade; ***~ una linea*** to draw a broken line **2** FIG. *(descrivere)* to outline [*personaggio*].

tratteggiato /tratted'dʒato/ **I** p.pass. → **tratteggiare II** agg. **1** *(segnato con tratti)* ***linea -a*** dotted line **2** *(abbozzato)* sketched; *(ombreggiato)* hatched, shaded **3** FIG. *(descritto)* drawn, described.

tratteggio, pl. **-gi** /trat'teddʒo, dʒi/ m. **1** *(ombreggiatura)* hatch(ing) **2** *(linea)* dotted line.

trattenere /tratte'nere/ [93] **I** tr. **1** *(non lasciar andare)* to keep* [*persona*]; ***mi ha trattenuto per un'ora con le sue chiacchiere*** he kept me chatting for an hour; ***non voglio trattenerla oltre*** I won't delay you any further; ***non c'è niente che mi trattenga qui*** there's nothing to keep me here **2** *(tenere fermo)* to hold*, to keep*, to restrain; ***la timidezza mi ha trattenuto*** shyness held me back **3** *(contenere)* to hold* back [*acqua, folla*]; to hold* back, to choke back [*lacrime*]; to hold* [*fiato, respiro*]; to stifle [*grido, risata, sbadiglio*]; to contain, to suppress [*collera*]; to contain [*gioia*]; to suppress [*tosse, starnuto*] **4** *(confiscare)* to withhold*, to retain [*cauzione*]; *(prelevare)* to deduct [*somma, tasse*] (**su** from); *(tenere per sé)* to keep* [*resto*]; ***~ 50 sterline dallo stipendio di qcn.*** to stop £50 out of sb.'s pay **5** *(assorbire)* to retain [*calore, umidità*]; to absorb [*luce, odore*] **II trattenersi** pronom. **1** *(soggiornare)* to remain, to stay; *(rimanere più a lungo)* to stay behind, to stay on, to stop behind BE; ***-rsi a cena*** to stay for dinner; ***non posso trattenermi a lungo*** I can't stay long **2** *(astenersi)* to stop oneself; *(frenarsi)* to check oneself, to contain oneself; ***-rsi dal fare*** to stop *o* keep oneself from doing; ***-rsi dal piangere*** to try not to cry; ***non sono riuscito a trattenermi dal ridere*** I couldn't help myself laughing; ***mi sono trattenuto dal dirgli ciò che pensavo*** I refrained from telling him what I thought.

trattenimento /tratteni'mento/ m. *(festa)* party, reception.

trattenuta /tratte'nuta/ f. deduction (**su** from); ***operare una ~ del 5% sullo stipendio di qcn.*** to deduct 5% from sb.'s salary.

trattino /trat'tino/ m. *(tra frasi)* dash; *(tra parti di parola)* hyphen; ***scritto con un ~*** [*parola*] hyphenated.

1.tratto /'tratto/ **I** m. **1** *(segno tracciato)* stroke; *(linea)* line; ***~ di pennello*** brushstroke; ***cancellare qcs. con un ~ di penna*** to cross sth. out with a pen **2** *(caratteristica)* *(di cosa)* feature, characteristic; *(di persona, carattere)* trait; ***il ~ saliente di qcs.*** the main feature of sth.; ***non hanno nessun ~ in comune*** they have nothing in common; ***avere dei -i in comune*** to be alike in some respects **3** LING. FON. feature **4** *(parte)* *(di strada, mare, fiume)* stretch; ***il ~ di strada tra*** the stretch of road between; ***abbiamo fatto un ~ di strada assieme*** we walked along together for a while; ***avere un lungo ~ da percorrere*** to have a long way to go **5** *(periodo)* period (of time); ***per un lungo ~*** for a long while *o* time; ***(tutt')a un ~*** all of sudden, suddenly; ***a -i*** *(qua e là)* in patches; *(a momenti)* in intervals, at times **II tratti** m.pl. *(lineamenti)* features; ***-i regolari, fini*** regular, delicate features.

2.tratto /'tratto/ **I** p.pass. → **trarre II** agg. ***~ da*** [*film*] based on, taken from [*romanzo*].

1.trattore /trat'tore/ m. *(macchina)* tractor.

2.trattore /trat'tore/ ➧ ***18*** m. (f. **-trice** /tritʃe/) = trattoria owner.

trattoria /tratto'ria/ f. eating house, trattoria.

trauma /'trauma/ m. MED. PSIC. trauma*; ***la sua morte per noi è stata un ~*** her death was a terrible shock for us; ***~ cranico*** head injury.

traumatico, pl. **-ci, -che** /trau'matiko, tʃi, ke/ agg. MED. PSIC. traumatic.

traumatizzare /traumatid'dzare/ [1] tr. **1** PSIC. to traumatize **2** FIG. to traumatize, to shock.

traumatologia /traumatolo'dʒia/ f. traumatology; *(reparto)* trauma ward.

traumatologico, pl. **-ci, -che** /traumato'lɔdʒiko, tʃi, ke/ **I** agg. trauma(tology) attrib. **II** m. *(reparto)* trauma ward.

travagliato /travaʎ'ʎato/ agg. **1** *(tormentato)* [*animo*] troubled, tormented; [*storia*] turbulent **2** *(difficile)* [*vita*] hard, difficult.

travaglio, pl. **-gli** /tra'vaʎʎo, ʎi/ m. **1** *(sofferenza)* trouble, suffering; *(angoscia)* torment, anguish **2** MED. *(di parto)* labour BE, labor AE; ***entrare, essere in ~*** to go into, to be in labour.

travalicare /travali'kare/ [1] tr. ***~ i limiti*** FIG. to go too far.

travasare /trava'zare/ [1] tr. to pour [*liquido*]; to decant [*vino*].

travaso /tra'vazo/ m. **1** *(di liquido)* pouring off, decanting **2** MED. *(di sangue)* extravasation.

travatura /trava'tura/ f. EDIL. beams pl.; *(di tetto)* truss.

trave /'trave/ f. **1** EDIL. beam; *(di acciaio)* girder **2** SPORT beam.

traveggole /tra'veggole/ f.pl. ***avere le ~*** to be seeing things.

traversa /tra'vɛrsa/ f. **1** EDIL. *(trave)* traverse, crosspiece **2** ING. *(di finestra, porta)* transom **3** *(per il letto)* drawsheet **4** SPORT *(nel calcio)* crossbar **5** *(strada)* side street.

traversare /traver'sare/ [1] tr. **1** → **attraversare 2** ALP. to traverse.

traversata /traver'sata/ f. **1** crossing, passage**2** ALP. traverse.

traversia /traver'sia/ f. *(avversità)* hardship, ordeal, mishap.

traversina /traver'sina/ f. FERR. tie, sleeper BE.

traverso /tra'vɛrso/ **I** agg. **1** *(trasversale)* transverse, cross attrib.; ***via -a*** side street **2** MUS. ***flauto ~*** transverse flute **II** m. **1** *(larghezza)* width **2 di traverso, per traverso** *(in posizione trasversale)* across, crosswise; *(obliquamente)* aslant, slantingly, askew; *(di lato)* sideways; ***essere coricato di ~ sul letto*** to be lying across the bed; ***un'auto era messa di*** o ***per ~ sulla strada*** a car was sideways, blocking the road; ***si è messo il cappello di ~*** he put his hat on askew; ***camminare di ~*** to walk sideways; ***andare di ~*** [*cibo, bevanda*] to go down the wrong way; ***oggi mi va tutto di ~*** FIG. everything's going wrong today; ***guardare qcn. di ~*** FIG. to look askance at sb., to give sb. a dirty look.

traversone /traver'sone/ m. SPORT *(nel calcio)* cross.

travestimento /travesti'mento/ m. **1** *(il travestirsi)* disguise, dressing-up **2** *(maschera)* costume, fancy dress BE.

travestire /traves'tire/ [3] **I** tr. to disguise, to dress up (**da** as) **II travestirsi** pronom. to disguise oneself; *(mascherarsi)* to dress up (**da** as).

travestitismo /travesti'tizmo/ m. transvestism, cross-dressing.

travestito /traves'tito/ **I** p.pass. → **travestire II** agg. disguised, in disguise mai attrib.; *(in maschera)* dressed up (**da** as) **III** m. transvestite.

traviare /travi'are/ [1] **I** tr. to lead* [sb.] astray, to corrupt, to pervert [*persona*] **II traviarsi** pronom. to go* astray, to stray.

traviato /travi'ato/ **I** p.pass. → **traviare II** agg. [*persona*] led astray, corrupted.

travicello /travi'tʃɛllo/ m. EDIL. joist, rafter.

travisamento /traviza'mento/ m. distortion, twisting, misrepresentation.

travisare /travi'zare/ [1] tr. to distort, to twist, to misrepresent [*affermazione, fatto, verità*].

travolgente /travol'dʒente/ agg. [*desiderio*] overwhelming; [*amore*] passionate; [*bellezza*] overwhelming, breathtaking; [*successo*] roaring, runaway; [*musica*] lively.

travolgere /tra'vɔldʒere/ [101] tr. **1** *(trascinare)* [*fiume, valanga*] to sweep* away, to carry away; ***farsi ~ dalla passione*** FIG. to be swept away by passion **2** *(investire)* [*automobilista, veicolo*] to run* down, to run* over [*persona*] **3** *(sopraffare)* to overwhelm, to overcome*, to crush [*nemico, resistenza*]; ***essere travolto dagli eventi*** FIG. to be overcome by events.

trazione /trat'tsjone/ f. **1** *(forza trainante)* traction **2** AUT. drive; ***~ anteriore, posteriore*** front-wheel, rear-wheel drive; ***~ integrale*** o ***a quattro ruote*** four-wheel drive **3** MED. traction, extension; ***in ~*** in traction.

tre /tre/ ➧ ***26, 5, 8, 13*** **I** agg.inv. three **II** m.inv. **1** *(numero)* three **2** *(giorno del mese)* third **3** SCOL. *(voto)* = very low fail **III** f.pl. *(ore) (del mattino)* three am; *(del pomeriggio)* three pm ♦ ***chi fa da sé fa per ~*** PROV. = if you want something done right, you've got to do it yourself.
trebbiano /treb'bjano/ m. ENOL. INTRAD. (dry white wine made in central and northern Italy).
trebbiare /treb'bjare/ [1] tr. to thresh.
trebbiatore /trebbja'tore/ ➧ ***18*** m. (f. **-trice** /tritʃe/) thresher.
trebbiatrice /trebbja'tritʃe/ f. *(macchina)* threshing machine, thresher.
trebbiatura /trebbja'tura/ f. threshing.
treccia, pl. **-ce** /'trettʃa, tʃe/ f. **1** *(di capelli)* plait, braid AE; ***avere*** o ***portare le -ce*** to wear (one's hair in) plaits; ***farsi le -ce*** to plait one's hair **2** ***~ d'aglio*** string of garlic **3** ABBIGL. cable; ***un maglione a -ce*** a cable-knit sweater.
treccina /tret'tʃina/ f. *(da rasta)* dreadlock.
trecentesco, pl. **-schi**, **-sche** /tretʃen'tesko, ski, ske/ agg. fourteenth-century attrib.; ART. *(in Italia)* trecento attrib.
trecento /tre'tʃɛnto/ ➧ ***26*** **I** agg.inv. three hundred **II** m.inv. three hundred **III Trecento** m. **1** *(epoca)* fourteenth century **2** ART. *(in Italia)* trecento.
tredicenne /tredi'tʃenne/ agg., m. e f. thirteen-year-old.
tredicesima /tredi'tʃɛzima/ f. Christmas bonus.
tredicesimo /tredi'tʃɛzimo/ ➧ ***26, 5*** **I** agg. thirteenth **II** m. (f. **-a**) thirteenth.
tredici /'treditʃi/ ➧ ***26, 5, 8, 13*** **I** agg.inv. thirteen **II** m.inv. **1** *(numero)* thirteen **2** *(giorno del mese)* thirteenth **3** GIOC. ***fare ~ (al totocalcio)*** = to win the pools **III** f.pl. *(ore)* one pm.
tregua /'tregwa, 'trɛgwa/ f. **1** MIL. truce **2** FIG. *(sosta)* respite, rest; ***dopo qualche giorno di ~*** after a few days' respite; ***non avere un attimo di ~*** to be rushed off one's feet; ***senza ~*** unceasingly, nonstop, without a break; ***piove senza ~ da due giorni*** it has been raining continuously for two days; ***non dare ~ a qcn.*** to give sb. no respite.
trekking /'trɛkking/ ➧ ***10*** m.inv. trekking, hiking; ***fare ~*** to go trekking.
tremante /tre'mante/ agg. [*persona*] trembling, shaking (**di** with); [*mano, voce*] trembling, quivering.
tremare /tre'mare/ [1] intr. (aus. *avere*) **1** [*persona, mani, gambe*] to tremble, to shake*; [*labbro, voce*] to tremble, to quiver (**di, da, per** with); ***tremava per il freddo*** he was trembling with cold; ***~ come una foglia*** to shake like a leaf; ***tremo all'idea che scopra il mio errore*** I'm terrified he'll notice my mistake **2** *(sussultare)* [*edificio, pavimento*] to shake*, to rock; ***far ~ i vetri*** to make the windows shake.
tremarella /trema'rɛlla/ f. shivers pl., shakes pl., heebie-jeebies pl.; ***avere la ~*** to have the shakes *o* shivers.
tremebondo /treme'bondo/ agg. **1** *(tremante)* trembling **2** FIG. *(timoroso)* fearful.
tremendamente /tremenda'mente/ avv. terribly, awfully.
tremendo /tre'mɛndo/ agg. **1** *(spaventoso)* [*incidente, esplosione*] terrible **2** *(difficile)* [*compito, momento*] terrible, awful **3** *(eccessivo)* terrific, awful; *(pessimo)* [*tempo*] beastly, dreadful; ***fa un freddo, caldo ~*** it's awfully cold, hot; ***avere una paura -a di*** to be terrified of; ***un ~ mal di denti*** a raging toothache; ***sei ~!*** SCHERZ. you're awful! **4** *(vivacissimo)* ***un bambino ~*** a nasty little boy, a pest.
trementina /tremen'tina/ f. turpentine.
tremito /'tremito/ m. tremble, quiver, shiver.
tremolante /tremo'lante/ agg. [*mano*] trembling, shaking; [*voce*] faltering, trembling; [*scrittura*] tremulous; [*luce, fiamma*] flickering.
tremolare /tremo'lare/ [1] intr. (aus. *avere*) [*foglie*] to quiver; [*luce, fiamma*] to flicker; [*voce*] to tremble.
tremolio, pl. **-ii** /tremo'lio, ii/ m. *(di foglie)* quiver(ing); *(di fiamma)* flickering; *(di voce)* trembling.
tremore /tre'more/ m. **1** *(di corpo, mani)* trembling, tremor **2** MED. tremor **3** FIG. *(trepidazione)* trepidation.
tremulo /'tremulo/ agg. *(tremolante)* tremulous, trembling; [*foglie*] quivering; [*luce*] flickering.
trench /trentʃ/ m.inv. trench coat.
trenette /tre'nette/ f.pl. GASTR. INTRAD. (long flat pasta typical of Liguria).
trenino /tre'nino/ m. *(modellino)* miniature train; *(giocattolo)* toy train ♦ ***fare il ~*** to do the conga.
treno /'trɛno/ m. **1** FERR. train; ***il ~ da Napoli, per Londra*** the Naples train, the train to London; ***prendere il ~*** to take *o* catch the train; ***perdere il ~*** to miss the train; FIG. to miss the boat; ***salire sul, scendere dal ~*** to get on, off the train; ***il ~ delle 5*** the 5 o'clock train; ***sono due ore di treno fino a Roma*** it's two hours by train to Rome **2** *(di veicolo)* carriage; ***~ anteriore*** front-axle assembly, forecarriage; ***~ posteriore*** back axle assembly, rear carriage **3** *(di animale)* quarters pl.; ***~ anteriore*** forequarters; ***~ posteriore*** hind quarter(s) **4** *(serie)* set; ***~ di gomme*** AUT. set of tyres ♦♦ ***~ diretto*** through train; ***~ espresso*** express; ***~ intercity*** inter-city (train); ***~ interregionale*** → ***~ diretto***; ***~ locale*** → ***~ regionale***; ***~ merci*** goods train; ***~ d'onde*** FIS. wave train; ***~ passeggeri*** passenger train; ***~ rapido*** → ***~ intercity***; ***~ regionale*** local, stopping train, way train AE; ***~ straordinario*** relief train; ***~ a vapore*** steam train.
trenta /'trenta/ ➧ ***26, 5, 8, 13*** **I** agg.inv. thirty **II** m.inv. **1** *(numero)* thirty **2** *(giorno del mese)* thirtieth **3** UNIV. = top university mark **III** m.pl. *(anni di età)* ***aver superato i ~*** to be in one's thirties.
trentenne /tren'tɛnne/ agg., m. e f. thirty-year-old.
trentennio, pl. **-ni** /tren'tɛnnjo, ni/ m. thirty-year period.
trentesimo /tren'tɛzimo/ ➧ ***26*** **I** agg. thirtieth **II** m. (f. **-a**) thirtieth.
trentina /tren'tina/ f. **1** *(circa trenta)* ***una ~ di persone*** about thirty people **2** *(età)* ***essere sulla ~*** to be about thirty.
trentino /tren'tino/ ➧ ***2, 30*** **I** agg. *(di Trento)* from, of Trento; *(del Trentino)* from, of Trentino **II** m. (f. **-a**) *(di Trento)* native, inhabitant of Trento; *(del Trentino)* native, inhabitant of Trentino.
Trento /'trɛnto/ ➧ ***2*** n.pr.f. Trent.
trepidante /trepi'dante/ agg. anxious; ***~ attesa*** anxious wait.
trepidare /trepi'dare/ [1] intr. (aus. *avere*) to be* worried, to be* anxious (**per** about).
trepidazione /trepidat'tsjone/ f. worry, trepidation, anxiety.
treppiede /trep'pjɛde/ m., **treppiedi** /trep'pjɛdi/ m.inv. FOT. tripod.
trequarti /tre(k)'kwarti/ m.inv. *(giaccone)* three-quarter-length coat.
tresca, pl. **-sche** /'treska, ske/ f. **1** *(imbroglio)* intrigue, plot **2** *(intrigo amoroso)* (love) affair; ***avere una ~ con qcn.*** to have an affair *o* to carry on with sb.
trespolo /'trɛspolo/ m. trestle, stand; *(per uccelli)* perch.
tressette /tres'sɛtte/ m.inv. GIOC. = Italian card game.
triade /'triade/ f. triad.
triage /tri'aʒ/ m.inv. triage.
trial /'trial, 'trajal/ ➧ ***10*** m.inv. SPORT *(specialità)* motorcycle trials pl.
1.triangolare /triango'lare/ **I** agg. **1** *(a forma di triangolo)* triangular **2** *(tra tre persone, paesi)* triangular, three-way; ***accordo ~*** triangular agreement **II** m. SPORT three-way meeting, triangular meeting.
2.triangolare /triango'lare/ [1] **I** tr. TOPOGR. to triangulate **II** intr. (aus. *avere*) SPORT to play a one-two.
triangolazione /triangolat'tsjone/ f. **1** TOPOGR. triangulation **2** SPORT *(nel calcio)* one-two.
triangolo /tri'angolo/ ➧ ***34*** m. **1** triangle; ***tagliare qcs. a -i*** to cut sth. into triangles **2** MUS. triangle **3** *(relazione amorosa a tre)* (love) triangle; ***l'eterno ~*** the eternal triangle ♦♦ ***~ di emergenza*** AUT. (red) warning triangle.
triassico, pl. **-ci**, **-che** /tri'assiko, tʃi, ke/ **I** agg. Triassic **II** m. Trias(sic).
tribale /tri'bale/ agg. tribal.
tribalismo /triba'lizmo/ m. tribalism.
tribolare /tribo'lare/ [1] intr. (aus. *avere*) **1** *(soffrire)* to suffer; ***far ~ qcn.*** to cause sb. pains **2** *(faticare)* ***~ a fare qcs.*** to have trouble doing sth.; ***far ~ qcn.*** to give sb. trouble, to trouble sb.
tribolazione /tribolat'tsjone/ f. tribulation, suffering.
tribordo /tri'bordo/ m. starboard.
tribù /tri'bu/ f.inv. tribe (anche SCHERZ.); ***membro di una ~*** *(uomo)* tribesman; *(donna)* tribeswoman.
tribuna /tri'buna/ f. **1** *(di stadio, palestra)* stand; ***~ centrale*** grandstand; ***~ d'onore*** VIP stand **2** *(di sala riunioni, parla-*

mento) gallery; ***la ~ (della) stampa*** the press gallery **3** *(palco di oratore)* platform, tribune; ***salire sulla ~*** to take the platform **4** *(dibattito)* debate **5** ARCH. apse* ♦♦ ***~ elettorale*** o ***politica*** party political broadcast.

tribunale /tribu'nale/ m. **1** DIR. court; ***comparire in ~*** to appear in court; ***andare in ~*** [*questione*] to be taken before the court; [*persona*] to go to court; ***trascinare qcn. in ~*** to drag sb. through the courts **2** *(edificio)* courthouse, law courts pl. **3** FIG. tribunal; ***~ di Dio*** the judgement seat of God, God's tribunal ♦♦ ***~ civile*** civil court; ***~ ecclesiastico*** ecclesiastical court, spiritual court; ***~ fallimentare*** bankruptcy court; ***~ del lavoro*** industrial tribunal; ***~ militare*** military tribunal BE *o* court AE; ***~ dei*** o ***per i minori*** juvenile court; ***~ penale*** criminal court.

tributare /tribu'tare/ [1] tr. to render, to pay*; ***~ onori a qcn.*** to render honours to sb.; ***~ omaggio a qcn.*** to pay homage *o* a tribute to sb.

tributaria /tribu'tarja/ f. = excise and revenue police.

tributario, pl. **-ri, -rie** /tribu'tarjo, ri, rje/ agg. **1** GEOGR. STOR. tributary **2** *(relativo ai tributi)* [*riforma, legge, accertamento, anagrafe*] tax attrib.; ***diritto ~*** taxation law.

tributo /tri'buto/ m. **1** STOR. tribute **2** FIG. tribute, toll; ***un pesante ~ in vite umane*** a heavy toll in human lives; ***un giusto ~ al suo lavoro*** a fitting tribute to her work **3** *(imposta)* tax, duty; ***imporre un ~ a qcn.*** to levy a tax on sb. ♦♦ ***~ di sangue*** bloodshed.

tricentenario, pl. **-ri** /tritʃente'narjo, ri/ m. tercentenary.

tricheco, pl. **-chi** /tri'kɛko, ki/ m. walrus*.

triciclo /tri'tʃiklo/ m. tricycle.

tricologia /trikolo'dʒia/ f. trichology.

tricolore /triko'lore/ **I** agg. **1** *(di tre colori)* tricoloured BE, tricolored AE **2** *(bianco, rosso e verde)* [*coccarda, nastro*] white, red and green; ***la bandiera ~*** the Italian flag *o* tricolour **II** m. ***il ~*** *(bandiera italiana)* the Italian flag *o* tricolour.

tricorno /tri'kɔrno/ m. *(cappello)* cocked hat, three-cornered hat, tricorne.

tridente /tri'dɛnte/ m. **1** MITOL. trident **2** AGR. hay fork **3** SPORT *(nel calcio)* three forwards pl.

tridimensionale /tridimensjo'nale/ agg. tridimensional, three-dimensional.

trielina /trie'lina/ f. trichloroethylene.

triennale /trien'nale/ agg. **1** *(che dura tre anni)* three-year attrib., triennial **2** *(che ricorre ogni tre anni)* triennial, three-yearly.

triennio, pl. **-ni** /tri'ɛnnjo, ni/ m. three-year period, triennium.

triestino /tries'tino/ ➧ **2 I** agg. Triestine **II** m. (f. **-a**) Triestine.

trifasico, pl. **-ci, -che** /tri'faziko, tʃi, ke/ agg. **1** FIS. [*corrente*] three-phase attrib. **2** MED. [*pillola*] three-phase attrib.

trifoglio, pl. **-gli** /tri'fɔʎʎo, ʎi/ m. clover.

trifolato /trifo'lato/ agg. GASTR. = cooked in oil with parsley and garlic.

trifora /'trifora/ f. = mullioned window with three lights.

trigemino /tri'dʒɛmino/ **I** agg. **1** ***parto ~*** triplet birth, birth of triplets **2** ANAT. [*nervo*] trigeminal **II** m. trigeminal, trigeminus.

trigesima /tri'dʒɛzima/ f. ***(messa di) ~*** = mass held on the thirtieth day after somebody's death.

triglia /'triʎʎa/ f. mullet* ♦ ***fare l'occhio di ~ a qcn.*** SCHERZ. to make sheep's eyes *o* goo-goo eyes at sb.

trigonometria /trigonome'tria/ f. trigonometry.

trilingue /tri'lingwe/ agg. trilingual.

trilione /tri'ljone/ m. **1** *(mille miliardi)* billion BE, trillion AE **2** *(un miliardo di miliardi)* trillion BE, quintilion AE.

trillare /tril'lare/ [1] intr. (aus. *avere*) **1** [*telefono, campanello*] to ring*; [*uccello*] to warble **2** MUS. to trill.

trillo /'trillo/ m. **1** MUS. trill **2** *(di telefono, campanello)* ring; *(di uccello)* warble.

trilogia /trilo'dʒia/ f. trilogy.

trimestrale /trimes'trale/ agg. **1** *(che dura tre mesi)* three-month attrib. **2** *(che ricorre ogni tre mesi)* [*riunione*] quarterly, three-monthly; [*rivista*] quarterly **3** UNIV. SCOL. [*esame*] end-of-term.

trimestralmente /trimestral'mente/ avv. quarterly.

trimestre /tri'mɛstre/ m. **1** *(periodo di tre mesi)* quarter, three-month period **2** SCOL. UNIV. term, trimester AE, session AE **3** *(rata)* quarterly instalment BE, quarterly installment AE.

trimotore /trimo'tore/ m. three-engined aircraft.

trina /'trina/ f. lace.

trincare /trin'kare/ [1] tr. COLLOQ. *(bere)* to knock back, to swill.

trincea /trin'tʃɛa/ f. **1** MIL. trench; ***in ~*** in the trenches; ***guerra di ~*** trench warfare **2** FERR. cutting.

trinceramento /trintʃera'mento/ m. entrenchment.

trincerare /trintʃe'rare/ [1] **I** tr. to entrench [*campo*] **II trincerarsi** pronom. **1** MIL. to dig* (oneself) in **2** FIG. *(nascondersi)* to withdraw*, to hide*; ***-rsi dietro*** to hide *o* shelter behind [*legge, segreto professionale*].

trinchetto /trin'ketto/ m. **1** *(albero)* foremast **2** *(pennone)* foreyard **3** *(vela)* foresail.

trinciante /trin'tʃante/ m. carving knife*.

trinciapolli /trintʃa'polli/, **trinciapollo** /trintʃa'pollo/ m.inv. poultry shears pl.

trinciare /trin'tʃare/ [1] tr. **1** to cut* [*tabacco*]; to carve (up) [*carne*] **2** FIG. ***~ giudizi*** o ***sentenze su qcs.*** to make *o* express rash judgements about sth.

trinciato /trin'tʃato/ **I** p.pass. → **trinciare II** agg. cut (up); [*carne*] carved **III** m. *(tabacco)* shag, straight-cut tobacco*.

trinciatrice /trintʃa'tritʃe/ f. shredder.

trinciatura /trintʃa'tura/ f. **1** *(il trinciare)* cutting up; *(della carne)* carving **2** *(frammenti trinciati)* cuttings pl.

Trinità /trini'ta/ f.inv. TEOL. ***la (Santissima) ~*** the (Holy) Trinity.

trino /'trino/ agg. ***Dio uno e ~*** the triune God.

trinomio, pl. **-mi** /tri'nɔmjo, mi/ m. MAT. trinomial.

trio, pl. **-ii** /'trio, ii/ m. trio* (anche MUS.).

triodo /'triodo/ m. triode.

trionfale /trion'fale/ agg. [*carro, arco, marcia*] triumphal; [*accoglienza, ritorno*] triumphant.

trionfalismo /trionfa'lizmo/ m. triumphalism.

trionfalistico, pl. **-ci, -che** /trionfa'listiko, tʃi, ke/ agg. triumphalist attrib.

trionfante /trion'fante/ agg. *(pieno di gioia)* [*espressione, sorriso*] triumphant, exulting; ***un'aria ~*** an air of triumph.

trionfare /trion'fare/ [1] intr. (aus. *avere*) **1** *(vincere)* to triumph (**su** over); FIG. *(prevalere)* [*bugia, verità*] to prevail **2** *(avere successo)* [*artista, opera*] to be* a great success.

trionfatore /trionfa'tore/ m. (f. **-trice** /tritʃe/) winner.

trionfo /tri'onfo/ m. **1** STOR. triumph; ***arco di ~*** triumphal arc **2** *(grande vittoria)* triumph, victory (**su** over); ***portare qcn. in ~*** to carry sb. in triumph *o* shoulder-high **3** *(successo strepitoso)* triumph; ***lo spettacolo fu un ~*** the show had tremendous success.

trip /trip/ m.inv. **1** GERG. trip **2** COLLOQ. *(mania)* ***gli è venuto il ~ della fotografia*** he's hooked on photography.

1.tripartito /tripar'tito/ agg. *(in tre parti)* tripartite.

2.tripartito /tripar'tito/ **I** agg. POL. tripartite **II** m. POL. three-party government.

tripletta /tri'pletta/ f. **1** SPORT *(nel calcio)* hat trick **2** *(fucile)* three-barrelled shotgun.

triplicare /tripli'kare/ [1] **I** tr. to triple, to treble [*quantità, prezzo, volume*] **II** intr. (aus. *essere*), **triplicarsi** pronom. [*prezzo, popolazione, quantità*] to triple, to treble, to increase threefold.

triplicazione /triplikat'tsjone/ f. triplication, threefold increase.

triplice /'triplitʃe/ agg. **1** *(composto di tre parti)* threefold, triple; ***in ~ copia*** in triplicate **2** *(che avviene fra tre parti)* triple, three-party ♦♦ ***la Triplice Alleanza*** STOR. the Triple Alliance.

triplo /'triplo/ **I** agg. triple, treble; ***salto ~*** SPORT triple jump **II** m. triple, three times as much; ***costare il ~*** to cost three times as much; ***il suo stipendio è il ~ del mio*** he earns three times as much as I do *o* treble what I do; ***è alto il triplo*** it's three times as high; ***crescere del ~*** [*prezzi*] to triple, to treble.

trippa /'trippa/ f. **1** GASTR. tripe **2** SCHERZ. *(pancia)* belly, paunch.

tripudio, pl. **-di** /tri'pudjo, di/ m. exultation, jubilation, rejoicing; ***una folla in ~*** a jubilant crowd; ***un ~ di colori*** a blaze of colour.

tris /tris/ ➧ **10** m.inv. **1** *(nei giochi di carte)* three of a kind; ***avere un ~ di 6*** to have three 6 **2** GIOC. noughts and crosses + verbo sing. BE, tick-tack-toe AE.

trisavola /tri'zavola/ f. great-great grandmother.
trisavolo /tri'zavolo/ m. great-great grandfather.
trisnipote /trizni'pote/ m. e f. great-great grandchild*.
triste /'triste/ agg. **1** *(infelice)* [*persona, volto, infanzia*] sad, unhappy **2** *(spiacevole)* [*fine, spettacolo*] sorry; [*occasione*] sorrowful, unhappy; *(deprimente)* [*posto, paesaggio, giornata*] gloomy, dreary; [*storia, libro, serata*] sad, depressing.
tristemente /triste'mente/ avv. **1** [*sorridere, guardare*] sadly **2** *(spiacevolmente)* ~ ***famoso*** infamous, notorious.
tristezza /tris'tettsa/ f. **1** *(di persona)* sadness, unhappiness; *(di storia, avvenimento)* sadness; *(di luogo, giornata)* dreariness, gloominess; ***provare*** ~ to feel sad **2** *(fatto triste, afflizione)* sorrow, misery.
tristo /'tristo/ agg. LETT. [*personaggio*] evil, wicked; ***un*** ~ ***figuro*** a disreputable character.
tritacarne /trita'karne/ m.inv. mincer, mincing machine.
tritaghiaccio /trita'gjattʃo/ m.inv. ice crusher.
tritare /tri'tare/ [1] tr. to chop [*verdura, prezzemolo*]; to grind*, to mince [*carne*]; to crush [*ghiaccio*].
tritarifiuti /tritari'fjuti/ m.inv. waste disposal unit BE, garbage disposal unit AE.
tritato /tri'tato/ **I** p.pass. → **tritare II** agg. [*cipolla, prezzemolo*] chopped; [*carne*] ground, minced; [*ghiaccio*] crushed.
tritatutto /trita'tutto/ m.inv. grinder, food processor.
trito /'trito/ **I** agg. **1** GASTR. [*cipolla, prezzemolo*] chopped; [*carne*] ground, minced **2** FIG. *(abusato)* ~ ***(e ritrito)*** [*formula, idea*] trite, tired, hackneyed; [*barzelletta*] corny, hackneyed **II** m. ~ ***di cipolla, prezzemolo*** chopped onion, parsley.
tritolo /tri'tɔlo/ m. trinitrotoluene.
tritone /tri'tone/ m. **1** MITOL. Triton **2** ZOOL. *(anfibio)* newt; *(mollusco)* triton, newt.
trittico, pl. **-ci** /'trittiko, tʃi/ m. **1** ART. triptych **2** AMM. *(documento di importazione)* triptyque.
triturare /tritu'rare/ [1] tr. to grind*, to triturate, to crush [*pietre, alimenti*].
triumvirato /triumvi'rato/ m. triumvirate.
triumviro /tri'umviro/ m. triumvir*.
trivalente /triva'lɛnte/ agg. trivalent, tervalent.
trivella /tri'vɛlla/ f. **1** MIN. drill, bore **2** *(succhiello)* auger, gimlet.
trivellare /trivel'lare/ [1] tr. MIN. to drill, to bore (into) [*roccia*]; to drill [*pozzo*].
trivellazione /trivellat'tsjone/ f. drilling, boring; ***torre di*** ~ (drilling) derrick, rig.
triviale /tri'vjale/ agg. *(volgare)* [*modi, persona*] coarse, vulgar.
trivialità /trivjali'ta/ f.inv. **1** *(volgarità)* coarseness, vulgarity **2** *(espressione triviale)* vulgarity, coarse expression.
trivio, pl. **-vi** /'trivjo, vi/ m. **1** *(incrocio)* = crossroads where three roads meet **2** STOR. trivium **3 da trivio** [*modi, gesti*] coarse, vulgar.
trofeo /tro'fɛo/ m. trophy.
trofia /'trɔfja/ f. GASTR. INTRAD. (kind of Ligurian pasta usually served with pesto).
troglodita, m.pl. **-i**, f.pl. **-e** /troglo'dita/ m e f. **1** cave dweller, troglodyte **2** FIG. *(persona rozza)* troglodyte.
troia /'trɔja/ f. **1** *(scrofa)* sow **2** VOLG. *(prostituta)* whore; *(come insulto)* bitch.
Troia /'trɔja/ n.pr.f. Troy; ***il cavallo, la guerra di*** ~ the Trojan horse, War.
troiaio, pl. **-ai** /tro'jajo, ai/ m. VOLG. *(luogo sudicio)* pigsty, piggery.
troiano /tro'jano/ **I** agg. Trojan **II** m. (f. **-a**) Trojan.
tromba /'tromba/ ➧ **34** f. **1** MUS. trumpet; MIL. bugle; ***dar fiato alle -e*** to sound *o* blow the trumpets; ***la*** ~ ***del giudizio*** BIBL. the last Trump **2** *(suonatore)* trumpet (player); MIL. trumpeter, bugler ♦ ***partire in*** ~ to go hurtling off, to be off like a shot ♦♦ ~ ***d'aria*** tornado, whirlwind, twister AE; ~ ***d'Eustachio*** Eustachian tube; ~ ***marina*** waterspout; ~ ***delle scale*** stairwell.
trombare /trom'bare/ [1] tr. **1** COLLOQ. to fail, to flunk AE [*studente*]; to reject [*candidato alle elezioni*] **2** VOLG. to screw, to bonk BE.
trombetta /trom'betta/ f. *(giocattolo)* (toy) trumpet.
trombettiere /trombet'tjɛre/ m. bugler, trumpeter.
trombettista, m.pl. **-i**, f.pl. **-e** /trombet'tista/ ➧ **34, 18** m. e f. trumpet player.
tromboncino /trombon'tʃino/ m. daffodil.
trombone /trom'bone/ ➧ **34** m. **1** MUS. trombone **2** *(suonatore)* trombonist **3** FIG. windbag, gasbag **4** *(schioppo)* blunderbuss **5** BOT. daffodil.
trombonista, m.pl. **-i**, f.pl. **-e** /trombo'nista/ ➧ **34, 18** m. e f. trombonist.
trombosi /trom'bɔzi/ ➧ **7** f.inv. thrombosis*.
troncamento /tronka'mento/ m. **1** *(il troncare)* cutting off **2** LING. clipping, apocopation.
troncare /tron'kare/ [1] tr. **1** *(tagliare)* to cut* off, to hack off, to sever [*ramo*] **2** FIG. *(mettere fine a)* to break* off, to cut* [sth.] short [*discussione*]; to break* off [*amicizia, fidanzamento*]; to sever [*rapporti, contatto*]; ~ ***la parola (in bocca) a qcn.*** to cut sb. short; *(sfinire)* ~ ***le gambe a qcn.*** to do sb. in, to tire sb.'s legs out **3** LING. to clip, to apocopate [*parola*].
tronchese /tron'kese/ m. e f. nippers pl.
tronchesina /tronke'sina/ f., **tronchesino** /tronke'sino/ m. *(per unghie)* nail clippers pl.
1.tronco, pl. **-chi**, **-che** /'tronko, ki, ke/ agg. **1** *(reciso)* [*braccio*] cut off **2** [*cono, piramide*] truncated **3** FIG. *(interrotto)* [*ragionamento*] incomplete **4** LING. ***parola -a*** *(che ha subito un troncamento)* apocopated word; *(con accento sull'ultima sillaba)* word having the accent on the last syllable **5 in tronco** ***licenziare qcn. in*** ~ to dismiss sb. without notice *o* on the spot.
2.tronco, pl. **-chi** /'tronko, ki/ m. **1** BOT. trunk; *(di albero abbattuto)* log **2** MAT. frustum; ~ ***di cono, di piramide*** truncated cone, pyramid **3** ANAT. *(busto)* trunk, torso* **4** *(di strada, ferrovia)* section; ~ ***ferroviario*** railway section **5** ARCH. *(di colonna)* shaft.
troncone /tron'kone/ m. **1** *(di albero, braccio)* stump **2** *(di strada, ferrovia)* section.
troneggiare /troned'dʒare/ [1] intr. (aus. *avere*) **1** *(emergere)* to dominate **2** *(sovrastare)* to tower (**su** over, above) **3** *(spiccare)* ~ ***su*** [*vaso, foto*] to have pride of place over [*camino*].
tronfio, pl. **-fi**, **-fie** /'tronfjo, fi, fje/ agg. **1** *(pieno di sé)* [*persona*] puffed up, pompous **2** FIG. *(ampolloso)* [*stile*] overblown, inflated, pompous.
trono /'trɔno/ m. throne; ***salire al*** ~ to come to *o* ascend the throne; ***erede al*** ~ heir to the throne.
tropicale /tropi'kale/ agg. tropical.
tropico, pl. **-ci** /'trɔpiko, tʃi/ **I** m. GEOGR. tropic; ~ ***del Cancro, del Capricorno*** tropic of Cancer, Capricorn **II tropici** m.pl. *(zone tropicali)* tropics; ***ai -ci*** in the tropics.
troppo /'trɔppo/ *Troppo* è principalmente usato come aggettivo, pronome o avverbio. - Come aggettivo e come pronome, si traduce con *too much* davanti o al posto di nomi non numerabili (*troppo vino* = too much wine; *troppo denaro* = too much money; *ne ho bevuto troppo* = I drank too much (of it)) e *too many* davanti o al posto di sostantivi plurali (*troppi errori* = too many mistakes; *ce ne sono troppi* = there are too many (of them)). - Come avverbio, *troppo* si usa dopo un verbo, e in tal caso si traduce *too much* (*tu parli troppo!* = you speak too much! *ha bevuto troppo?* = did he drink too much?); quando precede un altro avverbio o un aggettivo, si traduce con *too* (*è troppo forte per me* = he is too strong for me; *un libro troppo pesante* = too heavy a book; *parla troppo velocemente per me, non la capisco* = she speaks too fast for me, I can't understand her). - Per gli altri usi di troppo e gli esempi relativi, si veda la voce qui sotto. **I** agg.indef. too much, pl. too many; ~ ***traffico*** too much traffic; ***-e persone*** too many people; ***senza -e difficoltà*** without too much trouble; ***-i incidenti*** too many accidents; ***ha -a paura di cadere*** he's too scared of falling; ***ci sono -e cose da fare*** there's too much to do **II** pron.indef. **1** *(quantità eccessiva)* too much, pl. too many; ***prendi del pane, ne ho*** ~ take some bread, I've got too much; ***ho*** ~ ***da fare*** I've got too much to do; ***ne ho mangiato -i*** I ate too many (of them); ***questo è*** ~***!*** that's it *o* the end! ***quando è*** ~ ***è*** ~ enough is enough **2** *(numero eccessivo di persone)* ***siamo in -i*** there are too many of us; ***-i credono che...*** too many people think that... **3** *(in espressioni di tempo)* ***ci ha messo*** ~ he took too long **III** avv. **1** *(con aggettivi o avverbi)*

too; ***~ facile, corto*** too easy, short; ***un compito ~ difficile*** too difficult a task; ***è ~ presto*** it's too early; ***~ bello per essere vero*** too good to be true; ***siamo ~ pochi*** there are too few of us; ***~ pochi si rendono conto che*** too few people realize that; ***5 euro è ~ poco*** 5 euros is too little; ***~ a lungo*** too long; ***~ spesso*** too often **2** *(molto)* too; ***non mi sento ~ bene*** I don't feel too good; *(enfatico)* ***sei ~ gentile!*** you're too *o* so kind! ***è ~ simpatico*** he's so nice **3** *(con verbi)* too much; ***ho mangiato ~*** I ate too much, I've had too much to eat; ***lavori ~*** you work too hard; ***senza crederci ~*** without really believing in it **4 di troppo** too many; ***uno, due di ~*** one, two too many; ***ho qualche chilo di ~*** I'm a few kilos overweight; ***ci sono 2 euro di ~*** there are 2 extra euros; ***ho bevuto qualche bicchiere di ~*** I've had a few too many; ***una volta di ~*** once too often; ***essere di ~*** to be in the way; ***sentirsi di ~*** to feel one is in the way, to feel unwelcome **5 fin troppo**, **anche troppo** all too, only too; ***è fin ~ evidente*** it's all *o* only too obvious; ***fin ~ spesso*** all too often; ***lo conosco fin ~ bene*** I know him only too well **IV** m. ***il ~ stroppia*** enough is as good as a feast, you can have too much of a good thing ♦ ***chi ~ vuole nulla stringe*** PROV. grasp all, lose all.

troppopieno /troppo'pjɛno/ m.inv. overflow.

trota /'trɔta/ f. trout* ♦♦ ***~ salmonata*** salmon trout.

trottare /trot'tare/ [1] intr. (aus. *avere*) **1** EQUIT. to trot; ***far ~*** to trot [*cavallo*] **2** *(camminare velocemente)* to trot; *(agire speditamente)* to go* briskly, to rush; ***ho trottato tutto il giorno*** I've been on the trot all day.

trottatoio, pl. **-oi** /trotta'tojo, oi/ m. trotting track.

trottatore /trotta'tore/ m. trotter.

trotterellare /trotterel'lare/ [1] intr. (aus. *avere*) **1** EQUIT. to (jog) trot **2** [*persona*] to trot; [*bambino*] to toddle (about).

trotto /'trɔtto/ ➧ ***10*** m. trot; ***andare al ~*** to trot (along); ***mettere il cavallo al ~*** to trot the horse; ***partire al ~*** to set off at a trot; ***piccolo ~*** dogtrot, jog trot; ***andare al piccolo ~*** to jog trot.

trottola /'trɔttola/ f. (spinning) top; ***far girare una ~*** to spin a top ♦ ***girare come una ~*** to be on the trot *o* on the move.

troupe /trup/ f.inv. *(attori)* troupe, company; *(tecnici)* crew.

trousse /trus/ f.inv. **1** *(astuccio)* case; *(per il trucco)* make-up bag **2** *(borsetta da sera)* evening bag.

trovare /tro'vare/ [1] **I** tr. **1** to find* [*oggetto, persona, pace, errore, casa, lavoro*]; ***~ marito*** to find a husband; ***~ la strada*** to find the *o* one's way; ***lo troverà a casa*** you'll find him at home; ***ho trovato!*** I've got it! ***~ dei difetti a qcn.*** to see faults in sb.; ***mi chiedo che cosa trovi in lui*** I wonder what she sees in him; ***~ il tempo per*** to find the time for **2** *(visitare)* ***andare a ~ qcn.*** to visit sb., to pay a visit to sb., to drop in on sb. **3** *(ritenere, giudicare)* to find*; *(pensare)* to think*; ***~ qcn. gentile*** to find sb. polite; ***ti trovo bene!*** you're looking fit and well! ***ti trovo silenzioso, cos'hai?*** you're very quiet, what's the matter? ***come trovi il mio amico?*** what do you think of *o* how do you like my friend? ***lo trovo divertente*** I think it's funny; ***~ interessante qcs., fare*** to find sth. interesting, to find it interesting to do; ***~ giusto fare*** to see *o* think fit to do; ***~ che*** to think that; ***trovi?*** do you think so? ***non ci trovo niente di male*** I see no harm in it **4** *(incontrare)* to find*, to come* across, to run* into [*persona*]; to encounter, to meet* with [*difficoltà, ostacoli*]; ***è incredibile trovarti qui!*** I'm surprised to find you here! ***ho trovato Sara al supermercato*** I ran into Sara at the supermarket **5** *(per indicare una condizione incontrata)* ***ho trovato la porta chiusa*** I found the door locked; ***~ qcn. in piedi, seduto*** to find sb. standing, seated **6** *(sorprendere, cogliere)* to find*, to catch*; ***~ qcn. mentre sta facendo*** to find sb. doing **7** *(escogitare)* to find*, to come* up with [*ragione, scuse, soluzione, sistema*]; ***~ il modo di fare*** to manage to do **II trovarsi** pronom. **1** *(essere, stare)* to be*; ***la casa si trova in un'ottima posizione*** the house is in a very good position; ***il carbone si trova 900 metri più in basso*** the coal lies 900 metres down; ***questo libro si trova in tutte le librerie*** this book is on sale in all the bookshops; ***mi trovavo sola in casa*** I was home alone; ***mi trovavo lì per caso*** I just happened to be around **2** *(essere in una condizione, situazione)* ***-rsi in pericolo*** to be in danger; ***-rsi d'accordo con qcn.*** to agree with sb.; ***non si trova nella situazione di poter giudicare*** he is not well placed to judge **3** *(sentirsi)* ***come ti trovi nel tuo nuovo appartamento?*** what is it like in your new flat? ***si trova bene qui*** he's happy here; ***non mi trovo (bene) con lei*** I don't get on well with her; ***-rsi a proprio agio*** to feel at ease **4** *(ottenere)* to find* oneself [*impiego, alloggio*] **5** *(incontrarsi)* to meet*; ***troviamoci dopo cena*** let's meet after dinner; ***si sono proprio trovati*** SCHERZ. they are made for each other.

trovarobe /trova'rɔbe/ ➧ ***18*** m. e f.inv. *(uomo)* props master, property man*, propman*; *(donna)* props mistress.

trovata /tro'vata/ f. **1** *(idea originale)* (bright) idea, brainwave **2** *(battuta)* quip, joke, witty remark ♦♦ ***~ pubblicitaria*** publicity gimmick.

trovatello /trova'tɛllo/ m. (f. **-a**) foundling, waif.

trovatore /trova'tore/ m. troubadour.

truccare /truk'kare/ [1] **I** tr. **1** COSMET. to make* up, to put* make-up on [*persona, viso*] **2** *(travestire)* to dress up; *(per ingannare)* to disguise [*persona*] **3** *(manipolare)* to load [*dadi*]; to mark, to stack [*carte*]; to fix [*concorso, partita*]; to rig, to fix [*elezioni*]; to modify, to soup up [*motore*] **II truccarsi** pronom. **1** COSMET. to make* (oneself) up, to put* on one's make-up; ***-rsi gli occhi, il viso*** to make up one's eyes, face **2** *(travestirsi)* to dress up; *(per ingannare)* to disguise oneself (**da** as).

truccato /truk'kato/ **I** p.pass. → **truccare II** agg. **1** COSMET. [*occhi, viso*] made-up; ***essere ~*** to wear make-up, to have make-up on **2** *(travestito)* dressed up, disguised (**da** as) **3** *(manipolato)* [*dadi*] loaded; [*carte*] marked, stacked; [*fotografia*] trick attrib.; [*partita*] fixed; [*elezioni*] rigged, fixed; [*motore*] souped-up.

truccatore /trukka'tore/ ➧ ***18*** m. make-up artist, make-up man*.

truccatrice /trukka'tritʃe/ ➧ ***18*** f. make-up artist, make-up woman*.

trucco, pl. **-chi** /'trukko, ki/ m. **1** *(artificio)* trick; ***~ con le carte*** card trick **2** *(stratagemma)* trick, gimmick, knack; ***il ~ sta nel fare*** the trick is to do; ***i -chi del mestiere*** the tricks of the trade **3** *(raggiro)* trick(ery), rig BE; ***dov'è il ~?*** where's the catch? **4** COSMET. make-up; ***farsi il ~*** to make oneself up.

truce /'trutʃe/ agg. [*sguardo*] glaring, black; [*faccia, aspetto*] grim, threatening.

trucidare /trutʃi'dare/ [1] tr. to slaughter, to massacre.

truciolato /trutʃo'lato/ m. chipboard.

truciolo /'trutʃolo/ m. shaving, chip; ***-i di legno*** wood shavings.

truculento /truku'lɛnto/ agg. [*storia, stile, persona*] truculent.

truffa /'truffa/ f. **1** DIR. fraud **2** *(imbroglio)* cheating, swindle, con COLLOQ. ♦♦ ***~ all'americana*** confidence trick, con game.

truffaldino /truffal'dino/ agg. fraudulent, cheating, swindling.

truffare /truf'fare/ [1] tr. to cheat, to swindle, to con COLLOQ. [*persona*]; ***è stato truffato di molti milioni*** he was swindled *o* cheated out of millions.

truffatore /truffa'tore/ m. (f. **-trice** /tritʃe/) cheat(er), swindler.

truismo /tru'izmo/ m. truism.

trullo /'trullo/ m. INTRAD. (in Apulia, small round house of stone with a conical roof).

truppa /'truppa/ f. **1** MIL. troop **2** *(soldati)* men pl., ranks pl.; ***uomo*** o ***militare di ~*** private **3** *(gruppo)* troop, band; ***spostarsi in ~*** to go about in a band *o* troop ♦♦ ***-e d'assalto*** shock *o* assault troops; ***-e da sbarco*** landing troops.

trust /trast/ m.inv. trust; ***~ di cervelli*** brains BE *o* brain AE trust.

tse-tse /tset'tsɛ/ agg.inv. ***mosca ~*** tsetse fly.

T-shirt /tiʃ'ʃɛrt/ ➧ ***35*** f.inv. T-shirt, tee-shirt.

tu /tu/ v. la nota della voce **io**. **I** pron.pers. **1** you *(in inglese va sempre espresso)*; ***sei ~?*** is that you? ***da un po' di tempo non sei più ~*** you haven't been yourself lately; ***l'hai detto ~ stesso*** you said so yourself, you yourself said that **2** *(impersonale)* you, one **II** m. ***l'uso del ~*** the use of the "tu" form; ***dare del ~ a qcn.*** to be on first name terms with sb., to use "tu" with sb. ♦ ***parlare a ~ per ~ con qcn.*** to speak to sb. alone; ***trovarsi a ~ per ~ con qcn.*** to come face to face with sb.

TU (⇒ Testo Unico) = unified code.

tuba /'tuba/ ➧ ***34*** f. **1** MUS. tuba **2** *(cappello)* top hat, topper **3** ANAT. tube; ***-e di Falloppio*** Fallopian tubes.

tubare /tu'bare/ [1] intr. (aus. *avere*) **1** [*piccioni*] to coo **2** FIG. [*innamorati*] to (bill and) coo.
tubarico, pl. **-ci**, **-che** /tu'bariko, tʃi, ke/ agg. tubal.
tubatura /tuba'tura/ f. *(tubo)* pipe; *(complesso di tubi)* piping, pipage, pipes pl.; **~ del gas** gas pipes.
tubazione /tubat'tsjone/ f. *(complesso di tubi)* piping, pipage, pipes pl.
tubercolare /tuberko'lare/ agg. MED. tubercular, tuberculous.
tubercolosi /tuberko'lɔzi/ ➧ **7** f.inv. tuberculosis* ♦♦ **~ polmonare** pulmonary tuberculosis.
tubercoloso /tuberko'loso/ **I** agg. MED. [*paziente*] tubercular, consumptive, tuberculosis attrib. **II** m. (f. **-a**) tuberculosis sufferer.
tubercolotico, pl. **-ci**, **-che** /tuberko'lɔtiko, tʃi, ke/ → **tubercoloso**.
tubero /'tubero/ m. tuber.
tuberosa /tube'rosa/ f. tuberose.
tubetto /tu'betto/ m. tube; **un ~ di dentifricio** a tube of toothpaste.
tubino /tu'bino/ m. **1** *(abito)* sheath dress **2** *(gonna)* hobble skirt, pencil skirt.
tubo /'tubo/ m. **1** *(conduttura)* pipe, tube; **~ di gomma** hose, hosepipe BE; **~ del gas** gas pipe **2** ANAT. canal, tract **3** COLLOQ. *(niente)* **non capire un ~** to understand damn all; **non me ne importa un ~** I don't give *o* care a damn *o* darn; **non si vede un ~** I can't see a damn thing ♦♦ **~ catodico** cathode-ray tube; **~ di drenaggio** MED. drainage tube; **~ di scappamento** AUT. exhaust (pipe), tailpipe AE.
tubolare /tubo'lare/ **I** agg. tubular **II** m. *(di bicicletta)* tubular tyre.
tucano /tu'kano/ m. toucan.
tue → **tuo.**
tuffare /tuf'fare/ [1] **I** tr. to dive [*mano*] (**in** into); to dip [*cibo*] (**in** in, into) **II tuffarsi** pronom. **1** to dive, to (take* a) plunge (**da** off, from; **in** into) **2** *(lanciarsi)* **-rsi verso l'uscita** to dive for the exit **3** FIG. **-rsi nel lavoro** to throw oneself into one's work; **-rsi nella mischia** to enter *o* join the fray **4** *(nel calcio)* [*portiere*] to dive.
tuffatore /tuffa'tore/ m. (f. **-trice** /tritʃe/) SPORT diver.
tuffo /'tuffo/ ➧ **10** m. **1** plunge, dive; *(breve bagno)* dip; **andare a fare un ~** to go for a dip; **fare un ~ di testa** to take a header **2** SPORT dive; **-i** *(disciplina)* diving; **-i dalla piattaforma** high diving; **campione di -i** diving champion **3** FIG. dive; **la canzone fu per me un ~ nel passato** the song was a blast from the past for me **4** AER. (nose)dive ♦ **ebbi un ~ al cuore** my heart missed *o* skipped a beat ♦♦ **~ ad angelo** swan dive, swallow dive BE.
tufo /'tufo/ m. tophus*, tuff.
tugurio, pl. **-ri** /tu'gurjo, ri/ m. hovel, shack.
tulipano /tuli'pano/ m. tulip.
tulle /'tulle/ m.inv. tulle, net(ting).
tumefatto /tume'fatto/ agg. tumefied, swollen.
tumefazione /tumefat'tsjone/ f. tumefaction, swelling **U**.
tumido /'tumido/ agg. tumid, turgid.
tumorale /tumo'rale/ agg. tumoral, tumorous.
tumore /tu'more/ ➧ **7** m. tumour BE, tumor AE; **~ benigno, maligno** benign, malignant tumour.
tumulare /tumu'lare/ [1] tr. to bury, to entomb.
tumulazione /tumulat'tsjone/ f. burial, entombment.
tumulo /'tumulo/ m. **1** *(prominenza del terreno)* mound **2** ARCHEOL. barrow, tumulus* **3** LETT. *(sepolcro)* burial mound, grave.
tumulto /tu'multo/ m. **1** *(caos rumoroso)* tumult, uproar **2** *(disordine, sommossa)* disturbance, riot, turmoil; **~ popolare** civil disorder **3** FIG. *(dell'animo)* tumult, turmoil.
tumultuante /tumultu'ante/ agg. [*folla*] rioting, riotous, tumultuary.
tumultuoso /tumultu'oso/ agg. tumultuous; [*acqua*] turbulent; [*comportamento*] uproarious, rowdy.
tundra /'tundra/ f. tundra.
tungsteno /tungs'tɛno/ m. tungsten, wolfram.
tunica, pl. **-che** /'tunika, ke/ f. **1** ABBIGL. BOT. tunic **2** ANAT. tunica.
tunisino /tuni'zino/ ➧ **2, 25 I** agg. Tunisian **II** m. (f. **-a**) Tunisian.
tunnel /'tunnel/ m.inv. **1** tunnel **2** FIG. **entrare nel, uscire dal ~ della droga** to get hooked on, to get *o* come off drugs; **uscire dal ~ della depressione** to come through depression ♦ **vedere la fine del ~** to see daylight *o* (the) light at the end of the tunnel.
tuo, f. **tua**, m.pl. **tuoi**, f.pl. **tue** /'tuo, 'tua, tu'ɔi, 'tue/ v. la nota della voce **mio**. **I** agg.poss. your; **~ padre** your father; **tua madre** your mother; **le tue scarpe** your shoes; **i tuoi amici** your friends; **un ~ amico** a friend of yours; **due tuoi libri** two books of yours; **hai un alloggio (tutto) ~?** have you got a flat of your own? **bada ai fatti tuoi!** mind your own business! **sia fatta la Tua volontà** Thy will be done; **(affettuosi saluti dalla) tua Lara** *(nelle lettere)* yours (affectionately) *o* love, Lara **II il tuo**, f. **la tua**, m.pl. **i tuoi**, f.pl. **le tue** pron.poss. **1** yours; **un lavoro come il ~** a job like yours; **mio marito e il ~** my husband and yours; **la macchina blu è la tua** the blue car is yours **2** COLLOQ. *(in espressioni ellittiche)* **sta dalla tua** he's on your side; **anche tu hai detto la tua** you had your say *o* spoke your mind too; **hai avuto le tue** you had your share; **ne hai di nuovo fatta una delle tue!** you've been up to your old tricks again! **non stare così sulle tue!** don't be so buttoned up! **ho ricevuto la tua del 3 maggio** I got your letter of the 3rd May; **i tuoi** *(genitori)* your parents, your folks COLLOQ.; *(parenti)* your relatives; **alla tua!** *(in un brindisi)* here's to your health *o* to you! **ci hai rimesso del ~?** did you pay out of your pocket?
tuonare /two'nare/ [1] **I** intr. (aus. *avere*) [*persona, cannone*] to thunder (out), to boom; **~ contro qcn., qcs.** to thunder at *o* against sb., sth. **II** impers. (aus. *avere*, *essere*) to thunder; **tuona** o **sta tuonando** it's thundering; **ha tuonato tutta la notte** it thundered all night.
tuono /'twɔno/ m. **1** METEOR. thunder **U**; **un ~** a clap of thunder **lo scoppio del ~** the crash of thunder **2** *(rombo cupo)* thunder **U**, boom, rumble ♦ **fare -i e fulmini** = to explode (in rage).
tuorlo /'twɔrlo/ m. yolk.
turacciolo /tu'rattʃolo/ m. cork, stopper.
turare /tu'rare/ [1] **I** tr. to cork (up), to stop [*bottiglia*]; to plug (up), to stop (up) [*buco, falla*] **II turarsi** pronom. **1** *(otturarsi)* [*lavandino, tubo*] to get* blocked (up), to clog (up) **2** *(tapparsi)* **-rsi le orecchie** *(con le mani)* to shut *o* stop one's ears; *(con ovatta ecc.)* to plug one's ears; **-rsi il naso** to hold one's nose; **mi si è turato il naso** my nose got blocked *o* stuffed.
1.turba /'turba/ f. *(folla)* crowd; SPREG. mob.
2.turba /'turba/ f. PSIC. disorder; **affetto da -e psichiche** disturbed.
turbamento /turba'mento/ m. **1** *(inquietudine)* turmoil, perturbation; **~ interiore** emotional upheaval; **in preda a un profondo ~** deeply upset **2** DIR. **~ dell'ordine pubblico** breach of the peace.
turbante /tur'bante/ m. turban.
turbare /tur'bare/ [1] **I** tr. **1** *(disturbare)* to disturb [*silenzio*]; **~ la quiete pubblica** DIR. to disturb the peace; **~ la tranquillità di qcs.** to break the peace of sth. **2** *(agitare)* [*notizia, vista*] to upset*, to worry [*persona*] **II turbarsi** pronom. [*persona*] to become* upset.
turbato /tur'bato/ **I** p.pass. → **turbare II** agg. [*persona*] upset, worried.
turbina /tur'bina/ f. turbine.
turbinare /turbi'nare/ [1] intr. (aus. *avere*) **1** [*fumo, neve*] to swirl, to whirl **2** FIG. **immagini, pensieri le turbinavano nella mente** images, thoughts whirled around her head *o* through her brain.
turbine /'turbine/ m. **1** *(di polvere, foglie ecc.)* whirl, swirl, flurry; *(di aria, vento)* whirlwind **2** FIG. *(di idee, ricordi)* turmoil, whirl; *(di attività)* flurry, whirl; **il ~ della passione** the turmoil of passion.
turbinio, pl. **-nii** /turbi'nio, nii/ m. swirl, whirl, flurry.
turbo /'turbo/ **I** agg.inv. [*motore, veicolo*] turbocharged **II** m.inv. *(motore)* turbo **III** m. e f.inv. *(automobile)* turbo.
turbocompressore /turbokompres'sore/ m. turbocharger.
turboelica, pl. **-che** /turbo'ɛlika, ke/ **I** f. turboprop **II** m.inv. turboprop (plane).
turbogetto /turbo'dʒɛtto/ m. *(aereo)* fanjet, turbojet plane.
turbolento /turbo'lɛnto/ agg. **1** *(agitato)* [*acqua*] turbulent **2** *(caratterizzato da disordini)* [*situazione, tempi*] turbulent;

tutto

Tutto aggettivo

- Quando *tutto*, aggettivo singolare, esprime la totalità, sono possibili diverse traduzioni in inglese, che tuttavia non sono sempre intercambiabili:

a) di solito, *tutto* si traduce *all* quando si riferisce a un nome non numerabile:

tutto il vino	=	all the wine
tutto il denaro	=	all the money
tutto quel rumore	=	all that noise
tutto il loro talento	=	all their talent
è tutto quello che so	=	that's all I know

b) di solito, *tutto* si traduce con *whole* quando può essere sostituito da *intero*:

tutta la torta	=	the whole cake
tutto il gruppo	=	the whole group
tutto un libro	=	a whole book

Si noti tuttavia l'uso dell'espressione *the whole of*:

conoscere tutto Shakespeare / il Giappone	=	to know the whole of Shakespeare / Japan
leggere tutto "David Copperfield"	=	to read the whole of "David Copperfield"
durante tutta la mia permanenza qui	=	during the whole of my stay here

c) quando *tutto* vuole sottolineare la durata temporale o l'estensione spaziale in riferimento a un nome singolare o plurale, la traduzione migliore è *throughout* (anche se sono possibili delle varianti):

per tutta la partita	=	throughout the match
per tutto il secolo	=	throughout the century
ho fatto in piedi tutto il viaggio	=	I stood throughout the journey / I stood for the whole journey
la voce corse per tutta la provincia	=	the rumour spread throughout the province
nevica su tutta l'Inghilterra	=	it's snowing throughout England / it's snowing all over England.

- Al plurale, l'aggettivo *tutti / tutte* si traduce con:

a) *all*, quando si vuole esprimere la totalità:

ho visto tutti i miei ex compagni	=	I saw all my former classmates
mi piacciono tutti gli animali	=	I like all animals

b) *each* o *every*, che vogliono concordanza al singolare, quando si intendono sottolineare i singoli componenti di un tutto (ossia, quando *tutto* equivale rispettivamente a *ciascuno* e *ogni*):

ci sono andato tutti i giorni	=	I went there each day / every day
tutte le volte che l'incontravo	=	each time I met her
a tutti gli allievi sono stati dati una penna e un quaderno	=	each pupil has been given a pen and an exercise-book

c) *any*, che può avere concordanza al singolare o al plurale, quando si intende sottolineare l'indefinitezza (ossia, quando *tutto* equivale a *qualsiasi*):

tutti gli studenti che prendono un voto basso dovranno riscrivere il tema	=	any student who gets a low mark shall write the essay again
tutti i passeggeri trovati senza biglietto saranno multati	=	any passengers caught without a ticket will be fined

Altri usi di *tutto*

- Per gli impieghi di *tutto* come pronome e come nome, si vedano le relative sezioni della voce **tutto**.
- Al di là delle diverse sfumature semantiche tra *all*, *both*, *any*, *each* e *every*, e tenendo conto del loro impiego come aggettivi o pronomi, vanno notati i diversi tipi di costruzione grammaticale possibili per queste forme:

a) *all* precede l'articolo determinativo (*tutti i bambini* = all the children), l'aggettivo dimostrativo (*tutti questi libri* = all these books), l'aggettivo possessivo (*tutte le mie amiche* = all my friends) e il genitivo sassone (*tutte le scarpe di mio fratello* = all my brother's shoes); *all* segue invece il pronome personale (*sono venuti tutti* = they all came), ma non nella forma *all of* (*tutti voi / voi tutti siete licenziati!* = all of you are sacked!);

b) *both* precede il nome (*tutti e due i giocatori di tennis si stanno allenando* = both tennis players are practising), l'aggettivo dimostrativo (*tutti e due questi libri sono cari* = both these books are expensive) e l'aggettivo possessivo (*tutti e due i miei fratelli sono castani* = both my brothers are brown-haired); *both* segue invece il verbo *to be* (*sono via tutti e due* = they are both away), gli ausiliari (*verranno tutti e due* = they will both come, *ci hanno visti tutti e due* = they have both seen us), e i pronomi personali (*sono arrivati presto tutti e due* = they both arrived early) tranne che nella forma *both of* (*sono arrivati presto tutti e due* = both of them arrived early);

c) di *any*, *each* e *every* va solo ricordato che: in quanto aggettivi, precedono dei nomi (*tutti gli studenti* = any student/s, each student, every student); *each of* precede i pronomi personali (*tutti loro avevano già finito* = each of them had already finished); le corrispondenti forme pronominali sono *anything* e *everybody / everyone*.

- Quando *tutto* fa parte di una locuzione come *da tutte le parti*, *tutto solo* ecc., la traduzione va cercata nel dizionario sotto il termine principale della locuzione stessa.

[*folla*] disorderly, turbulent **3** *(irrequieto)* [*persona*] boisterous, rowdy; [*passioni*] turbulent **4** FIS. turbulent.

turbolenza /turbo'lɛntsa/ f. **1** *(agitazione)* turbulence **U**, disorderliness **2** METEOR. turbulence **U**.

turboreattore /turboreat'tore/ → **turbogetto.**

turca /'turka/ f. **1** *(divano)* ottoman **2** *(toilette)* Turkish toilet.

turchese /tur'kese/ ➧ *3* **I** f. MINER. turquoise **II** agg. e m. *(colore)* turquoise, blue-green.

Turchia /tur'kia/ ➧ *33* n.pr.f. Turkey.

turchino /tur'kino/ ➧ *3* **I** agg. bice; ***la Fata Turchina*** the Blue Fairy **II** m. bice.

turco, pl. **-chi**, **-che** /'turko, ki, ke/ ➧ *25, 16* **I** agg. Turkish; ***sedersi alla -a*** to sit cross-legged **II** m. (f. **-a**) **1** *(persona)* Turk **2** *(lingua)* Turkish ♦ ***bestemmiare come un ~*** to swear like a trooper; ***fumare come un ~*** to smoke like a chimney.

turgido /'turdʒido/ agg. turgid.

turgidità /turdʒidi'ta/ f.inv. turgescence.

turgore /tur'gore/ m. turgor.

turibolo /tu'ribolo/ m. thurible.

turismo /tu'rizmo/ m. tourism; *(industria turistica)* tourist trade; ***viaggiare per*** o ***fare del ~*** to go touring; ***ufficio*** o ***ente del ~*** tourist (information) office; ***(automobile) gran ~*** tourer, touring car ♦♦ ***~ di massa*** mass tourism; ***~ sessuale*** sex tourism.

turista, m.pl. **-i**, f.pl. **-e** /tu'rista/ m. e f. tourist.

turistico, pl. **-ci**, **-che** /tu'ristiko, tʃi, ke/ agg. [*itinerario, località*] tourist attrib., holiday attrib.; ***stagione -a*** holiday season; ***agenzia -a*** travel agency; ***classe -a*** AER. tourist *o* economy class; ***fare un giro ~*** to see the sights, to go sightseeing.

turlupinare /turlupi'nare/ [1] tr. to cheat, to bamboozle COLLOQ.

turnista, m.pl. **-i**, f.pl. **-e** /tur'nista/ m. e f. *(lavoratore)* shift worker.

turno /'turno/ m. **1** turn, go BE; ***è il tuo ~*** it's your turn *o* go; ***fare a ~ a fare*** to take turns at doing, to take it in turns to do; ***fate a ~!*** take it in turns! ***ha parlato con ognuno di noi a ~*** he spoke to each of us in turn **2** *(di lavoro, lavoratori)* shift; ***fare i -i*** to work shifts, to be on shifts *o* on shift work; ***~ di giorno, di notte*** day, night shift **3** *(servizio)* ***di ~*** [*infermiera, guardia*] (on) duty; ***farmacia di ~*** duty chemist; ***medico di ~*** doctor on duty **4** POL. ballot; ***il primo ~*** the first ballot **5** SPORT GIOC. round; ***~ di qualificazione*** qualifying round.

turpe /'turpe/ agg. [*azione, condotta*] infamous, foul, contemptible.

turpiloquio, pl. **-qui** /turpi'lɔkwjo, kwi/ m. foul language, obscene language.

turpitudine /turpi'tudine/ f. turpitude, foulness.

turrito /tur'rito/ agg. towered, turreted.

TUS /tus/ m. (⇒tasso ufficiale di sconto) = official bank rate.
tuta /'tuta/ f. **1** *(da lavoro)* overalls pl. BE, coveralls pl. AE **2** (anche **~ da ginnastica**) tracksuit, sweatsuit ♦♦ ***~ blu*** *(operaio)* blue-collar worker; ***~ mimetica*** camouflage fatigues pl.; ***~ da sci*** ski *o* snow suit; ***~ spaziale*** spacesuit.
tutela /tu'tɛla/ f. **1** DIR. wardship, guardianship; ***sotto ~*** in ward **2** POL. *(nel diritto internazionale)* trusteeship **3** *(protezione)* conservation, protection, safeguard; ***sotto la ~ di*** under the protection of; ***~ ambientale*** environmental protection; ***~ dei consumatori*** consumer protection; ***legge per la ~ della privacy*** data protection act, privacy laws pl.
1.tutelare /tute'lare/ agg. **1** DIR. tutelary; ***giudice ~*** = tutelary judge **2** *(che protegge)* [*nume*] tutelar(y); ***angelo ~*** guardian angel.
2.tutelare /tute'lare/ [1] **I** tr. to protect, to safeguard [*persona, interesse*]; to preserve [*dignità*]; ***~ l'ordine pubblico*** to keep the order **II tutelarsi** pronom. to protect oneself.
tutina /tu'tina/ f. **1** *(per bambino)* rompers pl., creepers pl. AE, Babygro® **2** *(body)* leotard.
tutolo /'tutolo/ m. corncob.
tutor /'tjutor/ ➧ **18** m. e f.inv. UNIV. tutor.
tutore /tu'tore/ m. (f. **-trice** /tritʃe/) **1** DIR. guardian, conservator AE **2** *(difensore)* defender, guardian; ***~ dell'ordine*** = police officer **3** AGR. beanpole, cane.
tuttalpiù, **tutt'al più** /tuttal'pju/ avv. *(al massimo)* at (the) most; *(nel peggiore dei casi)* at worst.
tuttavia /tutta'via/ cong. however, nevertheless, still, yet; ***se, ~, preferite...*** if, however, you prefer...; ***è ~ vero che*** it's nevertheless true that; ***era caro, ~ ne valeva la pena*** it was dear, still it was worth it; ***così forte e ~ così gentile*** so strong and yet so gentle.
tutto /'tutto/ **I** agg.indef. **1** all; *(intero)* whole; ***~ il denaro*** all the money; ***-a la storia*** the whole story; ***con ~ il mio affetto*** *(nelle lettere)* all my love; ***~ l'anno*** all year round; ***(per) ~ il giorno, la notte*** all day, night long; ***(per) ~ il tempo*** all the time; ***per -a la sua vita*** all *o* throughout his life, in his whole life; ***(per) ~ l'inverno*** throughout the winter; ***lungo ~ il fiume*** all along the river; ***-a Roma ne parla*** the whole of Rome is talking about it; ***in*** o ***per ~ il paese*** throughout *o* all over the country **2** *(seguito da pronome dimostrativo)* ***è ~ quello che so*** that's all I know; ***tutt'altro che*** anything but; ***tutt'altro!*** not at all! **3** *(completo)* ***in -a onestà*** in all honesty; ***in -a franchezza...*** to be perfectly frank...; ***con ~ il rispetto*** with all due respect; ***per -a risposta si mise a ridere*** her only answer was to laugh **4** *(compreso)* ***a tutt'oggi*** up to the present, until today **5** *(con uso avverbiale, enfatico)* ***~ solo*** all alone *o* on one's own; ***~ bagnato*** all wet; ***~ sbagliato*** completely wrong; ***tutt'intorno*** all around; ***ha un appartamento ~ suo*** he's got a flat of his own; ***è ~ tuo*** it's all yours; ***è -a un'altra faccenda*** that's another matter altogether; ***è ~ sua madre*** he looks just like his mother **II** pron. **1** all; *(ogni cosa)* everything; *(qualsiasi cosa)* anything; ***rischiare ~*** to risk all; ***è ~ a posto?*** is everything all right? ***si è inventato ~*** he made the whole thing up; ***~ sta a indicare che*** all the indications are that; ***è ~*** that's all; ***è ~ qui?*** will that be all? ***è ~ fuorché intelligente*** he's anything but intelligent; ***mangerebbe di ~*** he'd eat anything; ***è capace di ~*** he is capable of anything; ***prima di ~*** first of all; ***50 in ~*** 50 in all; ***quanto fa in ~?*** how much is that altogether? ***è un gentiluomo in ~ e per ~*** he's every inch a gentleman; ***si assomigliano in ~ e per ~*** they are alike in every way; ***~ sommato*** all in all; ***è ~ dire*** that says it all **2** *(in espressioni ellittiche)* ***provarle -e*** to try everything; ***mettercela -a*** to try hard; ***le pensa -e*** he knows all the tricks **3 del tutto** altogether, perfectly, quite; ***è del ~ naturale*** it's quite natural; ***l'operazione non è del ~ riuscita*** the operation is not entirely successful **III** m. whole; ***vendere il ~ per 50 euro*** to sell the whole (thing) for 50 euros; ***rischiare il ~ per ~*** to go for broke **IV tutti** agg.indef.pl. **1** all; *(ogni)* every; *(ciascuno)* each; *(qualsiasi)* any; ***-i gli uomini nascono uguali*** all men are born equal; ***a -e le ore*** at all hours; ***-i i pomeriggi*** every afternoon; ***in -i i modi*** in every way; ***-e le volte che faccio*** each time I do; ***a -i i costi*** at all costs, at any cost **2** *(con pronomi personali)* ***-i noi*** o ***noi -i vogliamo*** we all *o* all of us want; ***di' a -i loro cosa è accaduto*** tell them all what happened **V tutti** pron.indef.pl. all; *(ognuno)* everybody, everyone; *(ciascuno)* each (one); ***grazie a -i*** thank you all; ***parlavano -i insieme*** they were talking all together *o* all at once; ***non -i sono venuti*** not all of them came; ***-i quanti sbagliamo*** we all make mistakes; ***uscirono -i e due*** they both left; ***andremo -i e tre*** all three of us will go; ***-i gli altri*** everybody else; ***ascoltate -i!*** listen everybody! ***lo sanno -i*** everybody knows that; ***ho ringraziato -i*** I thanked each of them.
tuttofare /tutto'fare/ **I** agg.inv. ***uomo ~*** odd-jobman, handyman; ***domestica ~*** maid of all work **II** m. e f.inv. handyman*, general factotum SCHERZ.
tuttologo, m.pl. **-gi**, f.pl. **-ghe** /tut'tɔlogo, dʒi, ge/ m. (f. **-a**) IRON. = know-it-all.
tuttora /tut'tora/ avv. still.
tutù /tu'tu/ m.inv. tutu, ballet dress.
TV /tiv'vu/ f.inv. TV, telly BE; ***alla ~*** on TV ♦♦ ***~ spazzatura*** garbage TV.
tweed /twid/ m.inv. tweed.
twist /twist/ m.inv. twist.
tze-tze → **tse-tse.**
tzigano → **zigano.**

U

u, U /u/ m. e f.inv. *(lettera)* u, U; ***inversione a U*** U-turn.
ubbidiente /ubbi'djɛnte/ → **obbediente.**
ubbidienza /ubbi'djɛntsa/ → **obbedienza.**
ubbidire /ubbi'dire/ → **obbedire.**
Uberto /u'bɛrto/ n.pr.m. Hubert.
ubertoso /uber'toso/ agg. LETT. fertile.
ubicare /ubi'kare/ [1] tr. to locate.
ubicazione /ubikat'tsjone/ f. location, siting.
ubiquità /ubikwi'ta/ f.inv. ubiquitousness, ubiquity.
ubriacare /ubria'kare/ [1] **I** tr. **1** to make* drunk, to intoxicate [*persona*]; ***fare ~ qcn.*** to get sb. drunk **2** FIG. *(frastornare)* to knock out, to stun **II ubriacarsi** pronom. to get* drunk.
ubriacatura /ubriaka'tura/ f. *(sbronza)* ***prendersi un'~*** to get drunk.
ubriachezza /ubria'kettsa/ f. drunkenness, intoxication; ***essere in stato di ~ molesta*** DIR. to be drunk and disorderly.
ubriaco, m.pl. **-chi**, f.pl. **-che** /ubri'ako, ki, ke/ **I** agg. drunk, drunken, intoxicated; ***essere ~*** to be drunk **II** m. (f. **-a**) drunk.
ubriacone /ubria'kone/ m. (f. **-a**) drunkard, boozer.
uccellagione /uttʃella'dʒone/ f. **1** *(caccia)* bird-catching **2** *(uccelli catturati)* catch.
uccellatore /uttʃella'tore/ m. bird-catcher, fowler.
uccelliera /uttʃel'ljɛra/ f. aviary.
uccellino /uttʃel'lino/ m. little bird, birdie COLLOQ. ♦ ***mangiare come un ~*** to eat like a bird; ***un ~ mi ha detto che...*** a little bird told me that…
uccello /ut'tʃɛllo/ m. **1** ZOOL. bird **2** VOLG. *(pene)* cock, dick ♦ ***essere uccel di bosco*** to be as free as a bird, to have flown the coop ♦♦ ***~ acquatico*** water bird, waterfowl; ***~ del malaugurio*** jinx, calamity howler AE POP.; ***~ marino*** sea fowl, seabird; ***~ migratore*** migrant (bird); ***~ notturno*** night bird; ***~ del paradiso*** bird of paradise; ***~ di passo*** bird of passage; ***~ rapace*** bird of prey.
uccidere /ut'tʃidere/ [35] **I** tr. to kill [*persona, animale, pianta*]; *(con arma da fuoco)* to shoot down, to shoot dead [*persona*]; ***~ qcn. a bastonate*** to club sb. to death; ***l'avrei ucciso!*** I could have killed him! ***questo caldo mi uccide*** FIG. this heat is killing me **II uccidersi** pronom. **1** *(suicidarsi)* to kill oneself **2** *(reciprocamente)* to kill each other, to kill one another **3** *(morire)* to get* killed ♦ ***~ la gallina dalle uova d'oro*** to kill the golden goose; ***~ il vitello grasso*** to kill the fatted calf.
uccisione /uttʃi'zjone/ f. **1** *(di persona)* killing **2** *(di animale)* kill, killing.
ucciso /ut'tʃizo/ **I** p.pass. → **uccidere II** agg. killed **III** m. (f. **-a**) ***gli -i*** the victims.
uccisore /uttʃi'zore/ m. killer.
Ucraina /u'kraina, ukra'ina/ ➧ ***33*** n.pr.f. Ukraine.
ucraino /u'kraino, ukra'ino/ ➧ ***25, 16*** **I** agg. Ukrainian **II** m. (f. **-a**) **1** *(persona)* Ukrainian **2** *(lingua)* Ukrainian.
udente /u'dɛnte/ **I** agg. hearing; ***non ~*** hearing-impaired **II** m. e f. hearing person; ***non udente*** hearing-impaired person.
UDeuR /ud'ɛur/ f. (⇒ Unione Democratici per l'Europa) = Democratic Union for Europe.
udibile /u'dibile/ agg. audible.
udibilità /udibili'ta/ f.inv. audibility.
udienza /u'djɛntsa/ f. **1** *(incontro)* audience; ***~ pontificia*** papal hearing; ***~ privata*** private hearing **2** DIR. hearing; ***~ preliminare*** pretrial hearing; ***~ riservata*** o ***a porte chiuse*** closed hearing; ***in pubblica ~*** in open court.
udire /u'dire/ [105] v. la nota della voce **1. vedere.** tr. **1** *(sentire)* to hear* [*rumore, parola, suono*]; ***~ qcn. ridere*** to hear sb. laughing **2** *(venire a sapere)* to hear*; ***ho udito (dire) che*** I heard that.
uditivo /udi'tivo/ agg. auditive, auditory, aural (anche MED.); ***condotto*** o ***canale ~*** ear passage *o* canal.
udito /u'dito/ m. hearing; ***problemi di ~*** impairment of hearing; ***avere l'~ fine*** to have a sharp *o* keen hearing.
uditore /udi'tore/ m. (f. **-trice** /tritʃe/) **1** *(ascoltatore)* listener, hearer; ***gli -i*** the audience **2** SCOL. UNIV. = student entitled to attend lectures without sitting exams; auditor AE **3** DIR. auditor.
uditorio, pl. **-ri** /udi'tɔrjo, ri/ m. audience.
UE /u'ɛ/ f. (⇒ Unione Europea European Union) EU.
uffa /'uffa/ inter. bother, oof; ***~, che noia!*** oof, what a bore! ***~ che caldo!*** phew, it's so hot!
1.ufficiale /uffi'tʃale/ agg. [*documento, linguaggio, biografia, cifra*] official; [*annuncio*] official, formal; ***visita ~*** official *o* state visit.
2.ufficiale /uffi'tʃale/ ➧ ***12*** m. **1** MIL. officer; ***~ dell'esercito, d'aviazione*** army, air officer; ***circolo -i*** officer's club **2** *(funzionario)* officer, official; ***pubblico ~*** official ♦♦ ***~ di collegamento*** liaison officer; ***~ giudiziario*** DIR. bailiff, tipstaff, sheriff-officer BE, marshal AE; ***~ di picchetto*** orderly officer; ***~ di reclutamento*** recruiting officer; ***~ sanitario*** health officer; ***~ di stato maggiore*** staff officer; ***~ subalterno*** subaltern BE; ***~ superiore*** field officer.
ufficialità /uffitʃali'ta/ f.inv. official character.
ufficializzare /uffitʃalid'dzare/ [1] tr. to make* official, to officialize.
ufficiare /uffi'tʃare/ → **officiare.**
ufficio, pl. **-ci** /uf'fitʃo, tʃi/ m. **1** *(locale di lavoro)* office, bureau*; *(settore di una compagnia)* department, section; ***~ acquisti, (del) personale*** purchasing department, personnel (department); ***lavoro d'~*** clerical work, deskwork (anche SPREG.); ***orario di ~*** office *o* business hours **2** *(incarico, carica)* office; ***~ pubblico*** public office; ***~ di giudice*** justiceship; ***sospendere qcn. da un ~*** to suspend sb. from his post **3** *(autorità)* ***d'~*** [*pensionamento, licenziamento*] compulsory; ***abuso d'~*** abuse of authority, misfeasance; ***avvocato d'~*** duty solicitor BE, public defender AE **4** FORM. *(favore, intervento)* ***grazie ai loro buoni -ci*** through their good offices **5** RELIG. office, service; ***l'~ funebre*** the office for the dead ♦♦ ***~ del catasto*** land office; ***~ di collocamento*** employment exchange; ***~ informazioni*** information bureau; ***~ postale*** post office; ***~***

stampa press office; ***~ del turismo*** tourist (information) office.

ufficiosamente /uffitʃosa'mente/ avv. informally, off-the-record, unofficially.

ufficioso /uffi'tʃoso/ agg. [*annuncio*] informal, off-the-record; [*cifre, risultati*] unofficial; ***in via -a*** unofficially.

uffizio, pl. **-zi** /uf'fittsjo, tsi/ m. ***il Sant'Uffizio*** STOR. the Holy Office.

1.ufo /'ufo/ m. COLLOQ. ***a ~*** without paying; ***vivere a ~*** to free-load, to live off others.

2.ufo /'ufo/ m.inv. (⇒unidentified flying object oggetto volante non identificato) UFO.

ufologia /ufolo'dʒia/ f. ufology.

ufologo, m.pl. **-gi**, f.pl. **-ghe** /u'fɔlogo, dʒi, ge/ m. (f. **-a**) ufologist.

ugandese /ugan'dese/ ♦ ***25*** agg., m. e f. Ugandan.

ugello /u'dʒɛllo/ m. TECN. nozzle; *(di motore)* jet.

uggia, pl. **-ge** /'uddʒa, dʒe/ f. boredom; ***mettere ~ a qcn.*** to get sb. down, to put sb. in a bad mood; ***prendere in ~ qcn.*** to grow tired of sb., to take dislike to sb.

uggiolare /uddʒo'lare/ [1] intr. (aus. *avere*) to yelp, to whine.

uggioso /ud'dʒoso/ agg. [*cielo, giornata, tempo*] dreary, dull.

Ugo /'ugo/ n.pr.m. Hugh.

ugola /'ugola/ f. **1** ANAT. uvula **2** *(gola)* throat; ***bagnarsi l'~*** SCHERZ. to wet one's whistle **3** *(voce)* ***un'~ d'oro*** a golden voice.

uguaglianza /ugwaʎ'ʎantsa/ f. **1** equality; ***garantire l'~ dei diritti*** to guarantee equal rights **2** MAT. equality.

uguagliare /ugwaʎ'ʎare/ [1] **I** tr. **1** *(rendere uguali, livellare)* to equalize, to make* equal [*prezzi, redditi, imposte*] **2** *(essere pari a)* to equal, to match [*persona*]; ***la sua ignoranza è uguagliata solo dalla sua ostinazione*** his ignorance is rivalled only by his obstinacy **3** SPORT to equal [*record, tempo*] **4** *(paragonare)* to compare **5** *(pareggiare tagliando)* to trim **II uguagliarsi** pronom. **1** *(equivalersi)* to be* equal **2** *(paragonarsi)* to compare oneself (**a** to).

uguale /u'gwale/ **I** agg. **1** equal, same; ***di ~ importanza*** of the same importance; ***in parti -i*** in equal parts; ***tutti gli uomini sono -i*** all men are equal; ***non ci sono due vestiti -i*** no two dresses are alike; ***una giacca ~ a quella*** a jacket like that one; ***abbiamo la cravatta ~!*** we're wearing the same tie! ***siete tutti -i!*** you're all the same! **2** *(uniforme)* ***sempre ~*** [*stile*] unvaried; [*tono, voce*] even, monotonous **3** *(liscio, piatto)* [*superficie, terreno*] level, even **4** *(indifferente)* same; ***per me è ~*** it's all the same *o* it makes no difference to me **5** MAT. equal; ***sei meno tre ~ (a) tre*** six minus three is three **II** avv. ***costare ~*** to cost the same; ***pesare ~*** to be the same weight **III** m. **1** MAT. *(segno)* equals sign BE, equal sign AE **2** *(dello stesso livello)* equal; ***non avere -i*** to have no equal, to be unsurpassed.

ugualmente /ugwal'mente/ avv. **1** *(allo stesso modo)* equally **2** *(lo stesso)* even then, (all) the same.

uh /u/ inter. *(di sorpresa)* huh, ooh; ***~, che freddo!*** boy, it's cold here!

UIL /wil/ f. (⇒Unione Italiana del Lavoro) = Italian federation of trade unions.

ulcera /'ultʃera/ ♦ ***7*** f. MED. ulcer.

ulcerare /ultʃe'rare/ [1] **I** tr. to ulcerate **II** intr. (aus. *essere*), **ulcerarsi** pronom. to ulcerate.

ulcerazione /ultʃerat'tsjone/ f. ulceration.

Ulisse /u'lisse/ n.pr.m. Ulysses.

ulivo /u'livo/ → **olivo.**

Ulivo /u'livo/ n.pr.m. POL. Olive Tree.

ulna /'ulna/ f. ulna.

ulteriore /ulte'rjore/ agg. further; ***per -i informazioni...*** for further *o* additional *o* more information...; ***fare un ~ passo avanti*** to go one step further.

ulteriormente /ulterjor'mente/ avv. ***i prezzi aumentarono ~*** prices increased (even) further.

ultima /'ultima/ f. *(notizia ecc.)* latest; ***la sai l'~?*** have you heard the latest?

ultimamente /ultima'mente/ avv. of late, lately, recently; ***l'ho vista ~*** I've seen her recently; ***~ lavora a casa*** lately, he's been working at home.

ultimare /ulti'mare/ [1] tr. to accomplish, to finish [*lavoro, progetto*].

ultimatum /ulti'matum/ m.inv. ultimatum*; ***dare un ~ a*** to issue *o* give an ultimatum to.

ultimissima /ulti'missima/ **I** f. *(edizione)* latest edition **II ultimissime** f.pl. *(notizie)* stop-press sing.

ultimo /'ultimo/ **I** agg. **1** last; ***l'-a persona*** the last person; ***fino all'~ dettaglio*** to the last detail; ***per -a cosa*** last of all; ***per la prima e -a volta*** for the first and last time; ***l'-a casa prima del ponte*** the last house before the bridge; ***terzo e ~ volume*** third and last volume; ***arrivare (per) ~*** to come last; ***l'~ cassetto*** *(in basso)* the bottom drawer; ***l'~ piano*** *(in alto)* the top floor; ***in -a fila*** *(dietro)* in the back row **2** *(più recente)* [*edizione, libro, modello, notizia*] latest; ***l'-a moda*** the latest *o* new fashion; ***in questi -i tempi*** lately, recently **3** *(scorso)* past; ***nelle -e 24 ore*** in the past 24 hours; ***negli -i giorni*** during the past few days **4** *(definitivo, estremo)* last, final attrib.; ***-a chance*** last chance; ***in -a analisi*** in the final *o* last analysis; ***è la mia -a offerta*** that's my final *o* best offer; ***decisione dell'~ minuto*** last-minute decision; ***all'~ momento*** at the last minute, at the eleventh hour **5** *(meno probabile)* last; ***è l'-a persona (al mondo) a cui chiederei!*** he's the last person I'd ask! **6** FILOS. *(fondamentale)* ultimate; ***causa -a*** final cause; ***il fine ~ della creazione*** the ultimate aim of creation **7** *(peggiore)* [*posto, squadra*] bottom; ***l'-a posizione*** the bottom **II** m. (f. **-a**) **1** *(in una successione)* last; ***gli -i*** the last ones; ***l'~ a svegliarsi*** the last to wake up; ***sei sempre l'~*** you're always the last; ***essere l'~ della lista*** to be at the bottom of the list; ***essere l'~ della classe*** to be *o* come bottom of the class; ***vi licenzio dal primo all'~!*** I'll sack every last one of you! ***quest'~*** this last, the latter **2** *(giorno finale)* ***l'~ del mese*** the last day of the month; ***l'~ dell'anno*** New Year's Eve **3** *(punto, momento estremo)* ***fino all'~*** to the last; ***da ~*** lastly, finally **4** *(meno importante)* least; ***è l'~ dei miei problemi!*** that's the least of my problems! ♦ ***spendere fino all'~ centesimo*** to spend every last penny; ***avere l'-a parola*** to have the final word *o* the last say, to win the argument; ***esalare l'~ respiro*** to draw one's last breath, to breath one's last; ***essere l'-a ruota del carro*** to be the fifth wheel, to be at the bottom of the heap; ***ride bene chi ride ~*** PROV. he who laughs last laughs longest ♦♦ ***~ nato*** new arrival; ***l'Ultima Cena*** RELIG. the Last Supper.

ultimogenita /ultimo'dʒɛnita/ f. youngest daughter.

ultimogenito /ultimo'dʒɛnito/ **I** agg. youngest **II** m. youngest son.

ultra /'ultra/, **ultrà** /ul'tra/ **I** agg.inv. ultra **II** m. e f.inv. **1** POL. GERG. ultra **2** SPORT hooligan.

ultracentenario, pl. **-ri**, **-rie** /ultratʃente'narjo, ri, rje/ **I** agg. more than a hundred years old **II** m. (f. **-a**) person over a hundred years old.

ultraconservatore /ultrakonserva'tore/ agg. ultraconservative.

ultraleggero /ultraled'dʒɛro/ m. *(aereo)* microlight, ULM.

ultramoderno /ultramo'dɛrno/ agg. ultramodern.

ultrarapido /ultra'rapido/ agg. high-speed.

ultrasonico, pl. **-ci**, **-che** /ultra'sɔniko, tʃi, ke/ agg. ultrasonic.

ultrasuono /ultra'swɔno/ m. ultrasound.

ultraterreno /ultrater'reno/ agg. [*mondo*] superterrestrial; [*bellezza*] unworldly; ***vita -a*** afterlife.

ultravioletto /ultravjo'letto/ agg. ultraviolet.

ululare /ulu'lare/ [1] intr. (aus. *avere*) [*cane, lupo*] to howl; [*vento*] to howl, to wail.

ululato /ulu'lato/ m. *(di animale)* howling; *(di vento)* howling, wailing.

umanamente /umana'mente/ avv. **1** ***~ possibile*** humanly possible **2** *(con umanità)* humanely.

umanesimo /uma'nezimo/ m. humanism.

umanista, m.pl. **-i**, f.pl. **-e** /uma'nista/ m. e f. humanist; *(studioso)* classical scholar.

umanistico, pl. **-ci**, **-che** /uma'nistiko, tʃi, ke/ agg. humanistic; ***discipline -che*** UNIV. arts, humanities.

umanità /umani'ta/ f.inv. **1** *(genere umano)* humanity, mankind **2** *(natura umana)* humanity **3** *(benevolenza)* humanity, humaneness; ***atto di ~*** humane act.

umanitario, pl. **-ri**, **-rie** /umani'tarjo, ri, rje/ **I** agg. humanitarian; ***organizzazione -a*** relief agency *o* organization **II** m. (f. **-a**) humanitarian.

umanizzare /umanid'dzare/ [1] **I** tr. to humanize **II umanizzarsi** pronom. to become* civilized.
umano /u'mano/ **I** agg. **1** *(dell'uomo)* [*corpo, vita, errore, fattore, popolazione*] human; ***natura -a*** humanity, human nature; ***genere ~*** humankind, mankind **2** *(benevolo)* [*persona, gesto*] humane, human **II** m. **1** *(persona)* human **2** FILOS. ***l'~ e il divino*** the human and the divine ♦ ***errare è ~*** PROV. to err is human.
umanoide /uma'nɔide/ agg., m. e f. humanoid.
Umberto /um'bɛrto/ n.pr.m. Humbert.
umbratile /um'bratile/ agg. LETT. **1** *(ombroso)* shady **2** FIG. *(schivo)* self-effacing.
umbro /'umbro/ ➧ ***30*** **I** agg. Umbrian **II** m. (f. **-a**) Umbrian.
umettare /umet'tare/ [1] tr. to moisten.
umidiccio, pl. **-ci, -ce** /umi'dittʃo, tʃi, tʃe/ agg. [*clima*] dampish; [*mani*] moist, clammy.
umidificare /umidifi'kare/ [1] tr. to humidify.
umidificatore /umidifika'tore/ m. humidifier.
umidità /umidi'ta/ f.inv. **1** damp, dampness, moistness, moisture; ***macchia di ~*** damp patch; ***l'~ deteriora gli affreschi*** damp damages the frescoes; ***mantenere l'~ in una stanza*** to keep a room moist **2** METEOR. *(di aria, clima)* humidity.
umido /'umido/ In inglese esistono tre termini per tradurre l'aggettivo italiano *umido*: *damp* si usa per descrivere qualcosa che sarebbe bene non fosse umido (*a damp bed* = un letto umido; *non posso mettermi la camicia blu, è ancora umida* = I can't wear the blue shirt, it's still damp); *moist* non ha questa connotazione negativa, ma descrive oggettivamente una situazione (*il terreno dovrebbe essere sempre umido* = the soil should always be moist); *humid* è il termine tecnico che si usa in riferimento al clima (*quel villaggio sul lago è spesso umido in primavera* = that village on the lake is often humid in spring). **I** agg. **1** *(leggermente bagnato)* [*biancheria, capelli*] damp; [*mani*] clammy; [*terreno*] damp, moist; [*muro*] damp, slimy **2** METEOR. [*clima*] humid; [*atmosfera*] damp; ***fa un caldo ~*** there's a steamy heat, the weather is sticky, it's hot and humid **II** m. **1** dampness **2** GASTR. ***in ~*** [*carne*] stewed; ***(fare) cuocere in ~*** to stew.
umile /'umile/ **I** agg. **1** *(non orgoglioso, rispettoso)* [*persona, tono, maniere*] humble **2** *(non elevato)* [*condizioni, origini*] humble; [*lavoro*] menial; ***di -i natali*** of low birth, humbly born **II** m. e f. ***gli -i*** the humble.
umiliante /umi'ljante/ agg. [*sconfitta*] humiliating, shaming; [*trattamento, punizione*] degrading, lowering.
umiliare /umi'ljare/ [1] **I** tr. to humble, to humiliate, to degrade [*persona*]; to humble, to score off [*avversario*] **II umiliarsi** pronom. to humble oneself.
umiliazione /umiljat'tsjone/ f. humiliation.
umiltà /umil'ta/ f.inv. humbleness, humility.
umorale /umo'rale/ agg. humoral.
umore /u'more/ m.*(stato d'animo)* mood, spirits pl., temper, humour BE, humor AE; ***essere di buon ~*** to be in a good mood *o* temper, to be good-humoured, to be in good humour *o* spirits; ***essere di cattivo ~*** to be in a (bad) mood *o* temper, to be out of humour, to be in poor spirits; ***è d'~ nero*** she's in one of her dark moods; ***avere degli sbalzi d'~*** to be moody; ***non sono dell'~ adatto per discutere, festeggiare*** I'm in no mood for arguing, I'm not in a party mood ♦♦ ***umor acqueo*** ANAT. aqueous humour.
umorismo /umo'rizmo/ m. humour BE, humor AE; ***~ macabro*** gallows humour; ***~ nero*** black humour; ***non avere senso dell'~*** to have no sense of humour; ***prendere le cose con ~*** to see the humorous side of things; ***fare dell'~*** to be humorous.
umorista, m.pl. **-i**, f.pl. **-e** /umo'rista/ ➧ ***18*** m. e f. humorist.
umoristico, pl. **-ci, -che** /umo'ristiko, tʃi, ke/ agg. humorous; ***vignetta -a*** cartoon.
un /un/, **una** /una/ → **uno.**
unanime /u'nanime/ agg. unanimous (**nel fare** in doing).
unanimità /unanimi'ta/ f.inv. unanimity; ***all'~*** with one accord, as one man; [*votare*] unanimously.
una tantum /una'tantum/ **I** agg.inv. ***un pagamento ~*** a one-off payment **II** f.inv. *(pagamento)* one-off payment.
uncinato /untʃi'nato/ agg. ***croce -a*** hooked cross, swastika, fylfot.
uncinetto /untʃi'netto/ m. *(attività)* crochet; *(ferro)* crochet hook, crochet needle; ***lavoro all'~*** crochet (work); ***lavorare all'~*** to crochet.
uncino /un'tʃino/ m. hook; ***a ~*** hooked.
under /'ander/ **I** agg.inv. ***la nazionale ~ 21*** the under-21 national team **II** m.inv. ***gli ~ 21*** under-21 players.
undicenne /undi'tʃenne/ agg., m. e f. eleven-year-old.
undicesimo /undi'tʃɛzimo/ ➧ ***26, 5*** **I** agg. eleventh **II** m. (f. **-a**) eleventh.
undici /'unditʃi/ ➧ ***26, 5, 8, 13*** **I** agg.inv. eleven **II** m.inv. **1** *(numero)* eleven **2** *(giorno del mese)* eleventh **3** SPORT *(squadra)* ***l'~ azzurro*** = the Italian national football team **III** f.pl. *(ora) (del mattino)* eleven am; *(della sera)* eleven pm.
ungere /'undʒere/ [55] **I** tr. **1** *(di olio)* to oil; *(di grasso)* to grease (**di** with) **2** *(sporcare)* to make* greasy **3** FIG. *(corrompere)* to bribe, to grease POP. **4** RELIG. to anoint **II ungersi** pronom. **1** *(spalmarsi)* ***-rsi di lozione solare*** to rub on suntan oil **2** *(sporcarsi)* to get* greasy ♦ ***~ le ruote*** to oil the wheels, to soft soap.
ungherese /unge'rese/ ➧ ***25, 16*** **I** agg. Hungarian **II** m. e f. *(persona)* Hungarian **III** m. *(lingua)* Hungarian.
Ungheria /unge'ria/ ➧ ***33*** n.pr.f. Hungary.
unghia /'ungja/ ➧ ***4*** f. **1** nail; *(della mano)* finger-nail; *(del piede)* toenail; ***tagliarsi, mangiarsi le -e*** to cut, bite one's nails **2** *(artiglio)* claw; ***farsi le -e*** [*gatto*] to sharpen its claws, to scratch ♦ ***pagare sull'~*** to pay with cash on the nail; ***tirare fuori le -e*** to put out one's claws; ***con le -e e con i denti*** [*combattere*] tooth and nail.
unghiata /un'gjata/ f. scratch; ***dare un'~ a qcn.*** to scratch sb.
unghiatura /ungja'tura/ f. TIP. ***indice a ~*** thumb index.
unguento /un'gwento/ m. ointment.
unicamente /unika'mente/ avv. solely, uniquely, only; ***questo dipende ~ da te*** that's entirely up to you; ***lo faccio ~ per te*** I'm doing it only for you.
unicamerale /unikame'rale/ agg. unicameral.
unicellulare /unitʃellu'lare/ agg. unicellular.
unicità /unitʃi'ta/ f.inv. oneness, uniqueness.
unico, pl. **-ci, -che** /'uniko, tʃi, ke/ **I** agg. **1** *(il solo)* only, one, sole; ***figlio ~*** only child; ***è l'~ modo*** it's the only way; ***il suo ~ vizio*** her one vice; ***l'-a cosa che vuole è...*** the one *o* only thing he wants is... **2** *(uno solo)* single; ***in un ~ giorno*** in a single day; ***binario ~*** single track **3** *(senza pari)* [*abilità, persona*] unique; [*saggezza*] unparalleled; [*occasione*] exclusive; ***essere ~*** to stand alone; ***è un esemplare ~ nel suo genere*** this is one of a kind **4** COMM. [*concessionario, modello*] exclusive **5** AUT. ***a senso ~*** [*strada, traffico*] one-way; FIG. [*amicizia, conversazione*] one-way, one-sided **II** m. (f. **-a**) **1** ***l'~ rimasto*** the only one left; ***siamo gli -ci a saperlo*** we're the only people who know **2** *(in espressioni ellittiche)* ***è l'-a!*** it's the only solution! ***l'-a è andarci direttamente*** the only solution *o* thing to do is to go there directly ♦ ***essere più ~ che raro*** to be in a class of one's own *o* by oneself.
unicorno /uni'kɔrno/ m. MITOL. unicorn.
unidimensionale /unidimensjo'nale/ agg. one-dimensional.
unidirezionale /unidirettsjo'nale/ agg. one-way.
unifamiliare /unifami'ljare/ agg. ***casa ~*** single family house.
unificare /unifi'kare/ [1] **I** tr. **1** *(fondere)* to unify [*paese*]; to integrate [*sistemi*]; to join, to merge, to amalgamate [*scuole*] **2** *(standardizzare)* to standardize **II unificarsi** pronom. [*paese, gruppi*] to merge (together).
unificato /unifi'kato/ **I** p.pass. → **unificare II** agg. **1** [*paese*] unified; [*scuola*] amalgamated **2** *(standardizzato)* standardized.
unificazione /unifikat'tsjone/ f. unification.
uniformare /unifor'mare/ [1] **I** tr. **1** *(rendere uniforme)* to uniform, to standardize **2** FIG. *(conformare)* to adapt, to conform **II uniformarsi** pronom. *(conformarsi)* [*persona*] to comply (**a** with), to conform (**a** to).
uniformazione /uniformat'tsjone/ f. standardization.
1.uniforme /uni'forme/ agg. [*colore*] uniform, unrelieved; [*tono*] level.
2.uniforme /uni'forme/ f. uniform; ***in ~*** uniformed; ***alta ~*** full dress; ***~ da campo*** battledress.
uniformità /uniformi'ta/ f.inv. **1** *(di paesaggio, terreno)* uniformity, evenness **2** *(accordo)* agreement, unanimity.

unigenito /uni'dʒɛnito/ m. ***l'Unigenito Figlio di Dio*** the Only Begotten.
unilaterale /unilate'rale/ agg. **1** unilateral (anche DIR.) **2** FIG. [*decisione*] one-sided.
uninominale /uninomi'nale/ agg. uninominal.
unione /u'njone/ f. **1** *(l'unire)* union, joining **2** *(concordia)* harmony, togetherness **3** *(di stati)* union **4** *(di compagnie, scuole)* amalgamation, merger **5** *(matrimonio)* union, match **6** *(associazione)* union, association ♦ ***l'~ fa la forza*** PROV. united we stand, divided we fall ♦♦ ***Unione Europea*** European Union; ***Unione Monetaria Europea*** European Monetary Union; ***Unione Sovietica*** STOR. Soviet Union.
unionismo /unjo'nizmo/ m. Unionism.
unionista, m.pl. **-i**, f.pl. **-e** /unjo'nista/ m. e f. Unionist.
unire /u'nire/ [102] **I** tr. **1** *(attaccare)* to join (together) [*pezzi*] **2** *(collegare)* to join, to link [*città, punti*] **3** *(fondere)* to combine; ***~ le forze*** to combine *o* join forces; ***~ gli sforzi*** to combine efforts **4** FIG. *(legare)* to bind* (together), to tie together [*comunità, famiglia*]; ***~ in matrimonio*** [*sacerdote*] to join in marriage, to marry **5** *(possedere contemporaneamente)* to combine; ***~ bellezza e intelligenza*** to combine beauty and cleverness, to be both beautiful and clever **6** *(aggiungere)* to add; ***~ la farina alle uova*** add flour to the eggs **7** *(allegare)* to enclose [*curriculum, lettera*] **II unirsi** pronom. **1** *(congiungersi)* [*persone, paesi*] to join together; ***-rsi in matrimonio*** to get married; ***-rsi in associazione*** to join in association, to associate **2** *(fondersi)* [*strade, fiumi*] to join (up), to merge; [*partiti*] to merge (together), to amalgamate; [*colori, stili*] to blend, to merge (together) **3** *(mettersi insieme ad altri)* ***-rsi a*** to join; ***l'ho invitato a -rsi a noi*** I asked him along.
unisex /uni'sɛks/ agg.inv. unisex.
unisono /u'nisono/ m. ***all'~*** [*cantare, recitare*] in unison; [*rispondere*] as one, with one voice.
unità /uni'ta/ f.inv. **1** unity; ***un romanzo privo di ~*** a novel that lacks cohesion *o* unity; ***l'~ nazionale*** national unity **2** *(unificazione)* ***l'~ d'Italia*** the unification of Italy **3** MAT. METROL. unit; ***~ di lunghezza, di peso*** unit of lenght, weight; ***~ di volume, di superficie*** cubic, square measure **4** MIL. *(sezione)* unit, command **5** MED. IND. *(reparto)* unit ♦♦ ***~ cinofila*** canine corps; ***~ coronarica*** coronary care unit; ***~ didattica*** SCOL. unit; ***~ disco*** INFORM. disk drive, drive unit; ***~ di misura*** measure, unit of measurement; ***~ monetaria*** currency unit; ***~ operativa*** MIL. task force; ***~ sanitaria locale*** = formerly, local health authority; ***~ video*** INFORM. display unit.
unitamente /unita'mente/ avv. ***~ a*** *(insieme)* together with.
unitario, pl. **-ri**, **-rie** /uni'tarjo, ri, rje/ agg. **1** *(omogeneo)* [*insieme*] uniform, homogeneous; [*fronte*] united **2** POL. [*governo, politica*] unitary **3** COMM. [*costo, prezzo*] unit attrib.
unito /u'nito/ agg. **1** [*gruppo, fronte*] united; [*famiglia*] close(-knit); ***restare -i*** to hang *o* hold together **2** *(congiunto)* [*forze*] combined, joint **3** *(allegato)* enclosed.
universale /univer'sale/ **I** agg. universal **II** m. FILOS. universal.
universalismo /universa'lizmo/ m. universalism.
universalità /universali'ta/ f.inv. universality.
universalizzare /universalid'dzare/ [1] tr. to universalize.
universalmente /universal'mente/ avv. universally; ***~ riconosciuto*** [*fatto*] given common currency mai attrib.
universiadi /univer'siadi/ f.pl. world university games.
università /universi'ta/ f.inv. university; ***andare all'~, fare l'~*** to go to university ♦♦ ***~ popolare*** = cultural institute which gives a university type education through conferences and lectures; ***~ della terza età*** = university of the third age.
universitario, pl. **-ri**, **-rie** /universi'tarjo, ri, rje/ **I** agg. [*ambiente, carriera, vita*] academic, college attrib., university attrib.; ***studente ~*** college *o* university student, undergrad(uate) **II** m. (f. **-a**) college student, university student, undergrad(uate).
universo /uni'verso/ m. **1** universe **2** FIG. *(mondo)* universe, world; ***un ~ tutto suo*** a world of his own.
univoco, pl. **-ci**, **-che** /u'nivoko, tʃi, ke/ agg. univocal.
unno /'unno/ m. (f. **-a**) Hun.
uno /'uno/ ♦ ***26, 5, 8, 13*** **I** artc.indet. (**un**, **una**, **un'**; in the masculine, *un* is used before a vowel and a consonant; *uno* is used before *s* followed by a consonant, and before *gn*, *pn*, *ps*, *x* and *z*; *una* is used in the feminine, but the form *un'* is used before a vowel) a, an; ***un cane, un albero*** a dog, a tree; ***una mela, un'aquila*** an apple, an eagle **II uno**, f. **una**, m.pl. **uni**, f.pl. **une** pron.indef. **1** one; ***l'~ e l'altro*** both; ***l'~ o l'altro*** either, one or the other; ***l'un l'altro*** each other, one another; ***~ di noi*** one of us; ***ne rimane solo ~*** there's only one left; ***a ~ a ~*** one by one; ***dipendiamo gli uni dagli altri*** we depend on each other *o* on one another; ***non*** o ***neanche ~ ha detto grazie*** nobody *o* not one person said thank you; ***non sono ~ che dimentica i compleanni*** I'm not the kind of person who forgets birthdays; ***ne ha combinata una delle sue*** he's been up to his tricks again; ***non gliene va bene una*** nothing seems to go right for him; ***per dirne una*** just to mention one thing **2** *(un tale)* someone, somebody; ***ho parlato con ~, una che ti ha visto*** I spoke to a man, a woman who saw you **3** *(con valore impersonale)* one, you; ***se ~ ci pensa*** if you (come to) think of it **4** *(ciascuno)* each; ***sei euro l'~*** six euros each; ***ne abbiamo presi due per ~*** we took two (of them) each **III** agg. *(numerale)* one; ***ci sono rimasto un giorno*** I stayed there one day; ***una persona su tre*** one person in *o* out of three; ***non ha detto una parola*** he didn't utter a (single) word; ***pagina, numero ~*** page, number one **IV** m.inv. **1** *(numero)* one **2** *(giorno del mese)* first **V una** f. *(ora)* ***l'una*** *(di notte)* one am; *(di pomeriggio)* one pm.
unto /'unto/ **I** p.pass. → **ungere II** agg. **1** *(oleoso)* greasy, oily; ***~ e bisunto*** = very greasy and dirty **2** RELIG. anointed **III** m. **1** *(sporco)* grease **2** RELIG. ***l'Unto del Signore*** the Lord's Anointed.
untume /un'tume/ m. greasy dirt, filth.
untuosità /untuosi'ta/ f.inv. **1** *(oleosità)* greasiness, unctuousness **2** FIG. *(di modi, persona)* smoothness, suaveness, unctuousness.
untuoso /untu'oso/ agg. **1** *(oleoso)* greasy, unctuous **2** FIG. [*persona, modi*] smooth, suave, unctuous.
unzione /un'tsjone/ f. RELIG. anointing, unction; ***estrema ~*** extreme unction; ***l'~ degli infermi*** the anointing of the sick.
unzippare /andzip'pare/ [1] tr. INFORM. GERG. to unzip [*file*].
uomo, pl. **uomini** /'wɔmo, 'wɔmini/ Quando *uomo / uomini* viene usato a indicare gli esseri umani in generale, l'inglese preferisce usare *human(s)* o *human being(s)* invece di *man / men.* m. **1** *(genere umano)* ***l'~*** humanity, mankind **2** *(essere umano)* human being, man*, human; ***diritti dell'~*** human rights **3** *(adulto di sesso maschile)* man*; ***un ~ fatto*** a grown man; ***un brav'~*** a fine man; ***da ~*** [*lavoro*] masculine; *(virile)* manly; ***abiti da ~*** menswear; ***per soli uomini*** [*rivista, spettacolo*] men only; ***da ~ a ~*** as one man to another, as man to man; ***sii ~*** be a man; ***si è comportato da ~*** he took it like a man **4** *(marito, amante)* man*; ***il suo ~*** her man **5** *(addetto, incaricato)* man*; ***l'~ del gas*** the gas man **6** SPORT ***marcatura a ~*** man-to-man marking ♦ ***~ avvisato mezzo salvato*** PROV. forewarned is forearmed; ***come un sol ~*** as one (man) ♦♦ ***~ d'affari*** businessman; ***~ d'azione*** man of action; ***~ delle caverne*** caveman; ***~ di chiesa*** man of God; ***~ di fatica*** drudge; ***~ di lettere*** literary man, man of letters; ***~ di mare*** seafaring man; ***~ di mondo*** man-about-town; ***~ d'onore*** man of honour; ***~ di paglia*** man of straw; ***~ partita*** man of the match; ***~ politico*** politician; ***~ primitivo*** early *o* primitive Man; ***~ qualunque*** ordinary man, Everyman; ***~ rana*** frogman; ***~ di scienza*** scientist; ***~ di stato*** statesman; ***l'~ della strada*** the (ordinary) man in the street.
uopo /'wɔpo/ m. LETT. ***essere d'~*** to be necessary; ***all'~*** to the purpose.
uosa /'wɔza/ f. *(ghetta)* gaiter.
uovo, pl.f. **-a** /'wɔvo/ m. egg; ***rosso*** o ***tuorlo d'~*** (egg) yolk; ***bianco*** o ***chiara d'~*** (egg) white; ***guscio d'~*** eggshell; ***-a di pesce*** spawn; ***-a di rana*** (frog-)spawn; ***deporre le -a*** [*gallina*] to lay; [*pesce, rana*] to spawn; ***pasta all'~*** egg pasta; ***posizione a ~*** *(nello sci)* aerodynamic position ♦ ***camminare sulle -a*** to tread on eggs *o* eggshells; ***rompere le -a nel paniere a qcn.*** to cook sb's goose, to queer sb.'s pitch; ***meglio un ~ oggi che una gallina domani*** PROV. a bird in the hand is worth two in the bush ♦♦ ***~ in camicia*** poached egg; ***~ di Colombo*** = brilliant but obvious solution to a problem; ***~ alla coque*** soft-boiled egg; ***~ (fresco) di giornata*** new-laid egg; ***~ all'occhio di bue*** sunny side up; ***~ di Pasqua*** Easter egg; ***~ da rammendo*** darning egg; ***~ sodo*** hard-boiled; ***~ strapazzato*** scrambled egg; ***~ al tegamino*** fried egg.

upupa /ˈupupa, uˈpupa/ f. hoopoe.
uragano /uraˈgano/ m. **1** METEOR. hurricane **2** FIG. storm.
uranio /uˈranjo/ m. uranium; *~ **arricchito, impoverito*** enriched, depleted uranium.
Urano /uˈrano/ n.pr.m. MITOL. ASTR. Uranus.
urbanista, m.pl. **-i**, f.pl. **-e** /urbaˈnista/ ➧ *18* m. e f. city planner, town planner BE, urbanist AE.
urbanistica /urbaˈnistika/ f. city planning, town planning BE, urbanism AE.
urbanistico, pl. **-ci**, **-che** /urbaˈnistiko, tʃi, ke/ agg. [*comitato, politica*] planning; ***pianificazione -a*** town *o* urban planning.
urbanità /urbaniˈta/ f.inv. urbanity.
urbanizzare /urbanidˈdzare/ [1] **I** tr. to urbanize [*regione*] **II urbanizzarsi** pronom. [*persona*] to become* urbanized.
urbanizzazione /urbaniddzatˈtsjone/ f. urbanization.
urbano /urˈbano/ agg. **1** [*area, degrado, trasporti*] urban, city attrib., town attrib.; ***arredo ~*** street furniture; ***agglomerato ~*** built-up area; ***telefonata -a*** local (area) call **2** *(civile)* [*persona*] civil, polite, urbane.
urbe /ˈurbe/ f. ***l'Urbe*** = Rome.
uretere /ureˈtere/ m. ureter.
uretra /uˈrɛtra/ f. urethra.
urgente /urˈdʒɛnte/ agg. urgent, pressing; ***non è ~*** there's no hurry *o* urgency.
urgentemente /urdʒenteˈmente/ avv. urgently.
urgenza /urˈdʒɛntsa/ f. **1** *(l'essere urgente)* urgency; ***d'~*** [*incontro, misure*] urgent, emergency attrib.; ***con ~*** [*richiedere*] urgently; ***con la massima ~*** with the utmost haste; ***avere ~ di*** to be in urgent neeed of **2** MED. emergency (case); ***d'~*** [*chiamata, trattamento, chirurgia*] emergency attrib.; ***essere operato d'~*** to undergo emergency surgery; ***essere portato d'~ all'ospedale*** to be rushed to the hospital.
urgere /ˈurdʒere/ [2] intr. to be* urgent, to be* pressing; ***urge fare*** it is urgent *o* necessary to do; ***urge la tua presenza*** your presence is urgently required.
urico, pl. **-ci**, **-che** /ˈuriko, tʃi, ke/ agg. [*acido*] uric.
urina /uˈrina/ f. urine.
urinare /uriˈnare/ [1] tr. e intr. (aus. *avere*) to urinate.
urinario, pl. **-ri**, **-rie** /uriˈnarjo, ri, rje/ agg. urinary.
urlare /urˈlare/ [1] **I** tr. to scream, to shout, to yell **II** intr. (aus. *avere*) **1** *(lanciare urla)* to scream, to shout, to shriek, to yell; ***~ di*** to scream *o* howl with [*dolore, rabbia*] **2** *(parlare forte)* to shout, to raise one's voice **3** *(far rumore)* [*sirena*] to wail; [*vento*] to howl.
urlo, pl. **-i**, pl.f. **-a** /ˈurlo/ m. **1** (pl.f. **-a**) *(di persona)* scream, shout, cry, yell; ***-a*** screaming, yelling; ***lanciare*** o ***cacciare un ~*** to give *o* let out a scream; ***un ~ di dolore, di rabbia*** a howl of pain, rage **2** (pl. **-i**) *(di animale)* howl **3** FIG. *(di sirena)* wail(ing).
urna /ˈurna/ f. **1** *(vaso)* urn **2** *(per votare)* ***~ (elettorale)*** ballot box **3** FIG. *(voto)* ***le -e*** the ballot box; ***andare alle -e*** to go to the polls; ***affluenza alle -e*** polling, turnout.
urogallo /uroˈgallo/ m. capercaillie, capercailzie.
urologia /uroloˈdʒia/ f. urology.
urologico, pl. **-ci**, **-che** /uroˈlɔdʒiko, tʃi, ke/ agg. urological.
urologo, m.pl. **-gi**, f.pl. **-ghe** /uˈrɔlogo, dʒi, ge/ ➧ *18* m. (f. **-a**) urologist.
urrà /urˈra/ inter. e m. hurrah, hurray, hooray.
URSS /urs/ ➧ *33* f. STOR. (⇒ Unione delle Repubbliche Socialiste Sovietiche Union of Soviet Socialist Republics) USSR.
urtante /urˈtante/ agg. irritating, annoying.
urtare /urˈtare/ [1] **I** tr. **1** *(scontrarsi con)* to bang into [*persona*]; to hit*, to knock, to bang into [*oggetto*] **2** *(ferire)* to bruise, to hurt* [*persona, sentimenti*]; ***~ la sensibilità di qcn.*** to hurt sb.'s feelings **3** *(irritare)* to irritate, to annoy [*persona*]; ***~ i nervi a qcn.*** to get on sb.'s nerves **II** intr. (aus. *avere*) ***~ contro qcs.*** [*persona*] to bang into sth., to bump against sth., to knock into *o* against sth.; [*braccio, testa*] to hit sth. **III urtarsi** pronom. **1** *(scontrarsi)* [*veicoli*] to crash **2** *(irritarsi)* to take* offence, to get* annoyed **3** FIG. *(entrare in contrasto)* to quarrel, to clash (**con** with).
urticante /urtiˈkante/ agg. urticant, sting(ing).
urto /ˈurto/ m. **1** *(impatto)* bump, impact, knock; *(collisione)* crash, collision; ***resistere agli -i*** [*orologio*] to be shockproof **2** FIG. *(contrasto)* clash, conflict; ***essere in ~ con qcn.*** to be in *o* at odds with sb., to come into conflict with sb. **3** MIL. strike; ***tattica d'~*** shock tactics **4** MED. ***terapia d'~*** massive-dose therapy; FIG. shock treatment **5** FIS. shock; ***onda d'~*** shock wave.
uruguaiano /urugwaˈjano/ ➧ *25* **I** agg. Uruguayan **II** m. (f. **-a**) Uruguayan.
u.s. ⇒ ultimo scorso last.
usa e getta /ˈusaeˈdʒɛtta/ agg.inv. [*lente, rasoio, siringa*] disposable, throwaway.
usanza /uˈzantsa/ f. **1** *(costume)* custom, tradition **2** *(abitudine)* custom, practice, habit; ***com'è sua ~*** as is his custom; ***l'~ di fare*** the practice of doing ♦ ***paese che vai, ~ che trovi*** PROV. when in Rome, do as the Romans do.
usare /uˈzare/ [1] **I** tr. **1** *(impiegare)* to use; ***~ qcs. frequentemente*** to make frequent use of sth.; ***sapere ~ bene*** to be skilled in the use of [*attrezzo, computer*]; ***~ in modo sbagliato*** to misuse [*attrezzo, parola*]; ***usa la testa!*** use your head! **2** *(agire con)* to exercise [*attenzione, cautela*]; ***~ dei riguardi nei confronti di qcn.*** to be considerate towards sb., to behave considerately towards sb.; ***~ la cortesia di fare*** to have the courtesy *o* to be kind enough to do; ***~ la forza*** to use violence; ***~ violenza a qcn.*** to abuse sb. **3** *(sfruttare)* to use [*persona*] **4** *(essere solito)* to be* in the habit of, to be* used to; ***mio padre usava riposare al pomeriggio*** my father used to *o* would have a rest in the afternoon; ***usa alzarsi molto presto*** he usually gets up very early **II** intr. e impers. (aus. *essere*) **1** *(essere in uso)* to be* the custom; ***(si) usa, usava fare*** it is, was the custom to do **2** *(essere di moda)* to be* fashionable **3** *(utilizzare)* ***~ di qcs.*** to use sth.
usato /uˈzato/ **I** p.pass. → **usare II** agg. **1** *(non nuovo)* [*libro, auto*] used; [*abito*] second-hand **2** *(in uso)* used **III** m. *(prodotti di seconda mano)* ***l'~*** second-hand goods; ***il mercato dell'~*** second-hand market.
usbeco, pl. **-chi**, **-che** /uzˈbɛko, ki, ke/ ➧ *25, 16* **I** agg. Uzbek **II** m. (f. **-a**) **1** *(persona)* Uzbek **2** *(lingua)* Uzbek.
uscente /uʃˈʃɛnte/ agg. **1** *(che sta per finire)* [*anno*] closing **2** *(alla fine del mandato)* [*presidente*] departing, outgoing; [*campione*] outgoing.
usciere /uʃˈʃɛre/ ➧ *18* m. **1** *(portiere)* usher **2** DIR. STOR. summoner.
uscio, pl. **usci** /ˈuʃʃo, ˈuʃʃi/ m. (outside) door.
uscire /uʃˈʃire/ [106] intr. (aus. *essere*) **1** *(andare fuori)* to go* out, get* out; *(venire fuori)* to come* out; ***uscite di qui!*** get out of here! ***lasciare, non lasciare ~ qcn.*** to let sb. out, to keep sb. in; ***fare ~ qcn. di prigione*** to get sb. out of prison; ***~ da*** to leave [*stanza, porto*]; FIG. to come out of [*depressione*]; ***~ di casa*** to leave home; ***l'auto uscì di strada*** the car went off the road **2** *(passare del tempo fuori)* to go* out; ***~ con gli amici*** to go out with one's friends **3** *(fuoriuscire)* [*acqua, fumo, odore*] to come* out (**da** of) **4** *(emergere)* ***~ deluso dall'incontro*** to come away from the meeting disappointed; ***~ indenne*** to escape unharmed *o* uninjured **5** *(avere una relazione)* ***~ con qcn.*** to go out with sb., to date sb. **6** *(essere stampato)* [*giornale, libro*] to come* out, go* out, to be* issued, to be* published; ***fare ~*** to bring out [*edizione*] **7** *(provenire)* to come*; ***è uscito da una buona scuola*** he went to *o* graduated from a good school **8** *(sboccare)* [*strada*] to lead* to, to come out on [*piazza*] **9** *(essere estratto)* [*numero*] to be* drawn **10** INFORM. ***~ da*** to quit [*programma*] **11** TEATR. ***"esce Iago"*** "exit Iago" **12 uscirne *uscirne vivo*** to (manage to) escape with one's life, to come out alive; ***uscirne vincitore*** to emerge the victor; ***non c'è modo di uscirne*** we can't get out of *o* through it **13 uscirsene** *(dire)* ***uscirsene con*** to come out with [*stupidaggini*]; to throw out [*commento*] ♦ ***la pasta mi esce dagli occhi*** I'm fed up to the back teeth with pasta.
uscita /uʃˈʃita/ f. **1** *(luogo)* exit, way out; ***~ principale, secondaria*** main, side exit **2** *(azione)* getting out, going out; ***la sua ~ dalla vita politica*** his retirement from political life; ***di ~*** [*visto, cartello, foro*] exit attrib. **3** *(momento)* ***prendere i bambini all'~ da scuola*** to pick the children up after school; ***è stato applaudito all'~ di scena*** he was acclaimed as he left the stage **4** *(di strada)* turnoff; *(di autostrada)* exit **5** FIG. *(scappatoia)* ***via d'~*** get-out, way out, loophole; ***non c'è via d'~*** there's no way out **6** *(gita)* trip, outing **7** *(di libro)* publication, release; *(di film)* release **8** COLLOQ. *(commento)* remark; *(battuta)* joke **9** EL. INFORM. output **10** AMM. *(spesa)* (cash) out-

flow, expenditure, outgo* **11** MIL. *(permesso)* ***libera ~*** leave; ***è la sua sera di libera ~*** it's his night out **12** SPORT ***~ del portiere*** *(nel calcio)* coming out **13** ***in uscita*** outbound; ***telefonata in ~*** outbound *o* outgoing call ♦♦ ***~ di sicurezza*** emergency *o* fire exit.
usignolo /uziɲ'ɲɔlo/ m. nightingale.
USL /uɛsse'ɛlle, 'uzl/ f. (⇒ unità sanitaria locale) = formerly, local health authority.
1.uso /'uzo/ m. **1** use U; ***in ~*** in use; ***fare ~ di qcs.*** to use sth., to make use of sth.; ***fare ~ di droga*** to take *o* use *o* be on drugs; ***fare buon ~ di qcs.*** to make good use of sth., to put sth. to good use; ***fare cattivo ~ di qcs.*** to misuse sth.; ***~ eccessivo*** overuse; ***a ~ di qcn.*** for the use of sb.; ***con ~ di*** with use of [*cucina, bagno*]; ***avere l'~ di*** to have the use of [*casa, cucina*]; ***per mio ~ e consumo*** for my own use; ***per ~ esterno*** FARM. for external use; ***locali ~ ufficio*** office accommodation; ***istruzioni per l'~*** instructions for use; ***perdere l'~ delle gambe*** to lose the use of one's legs; ***perdere l'~ della parola*** to lose the power of speech; ***perdere l'~ della ragione*** to lose one's reason; ***fuori ~*** [*macchina*] out of order *o* use, not working **2** LING. usage, use C; ***in ~*** in usage; ***una parola di ~ comune*** a word in common *o* general use; ***entrare nell'~ comune*** to come into use; ***una parola non più in ~*** a word no longer used **3** *(usanza)* usage, custom; ***gli -i e costumi di un popolo*** the costumes and traditions of a country; ***come vuole l'~*** as is customary.
2.uso /'uzo/ agg. LETT. *(abituato)* ***essere ~ a, a fare*** to be used *o* accustomed to, to doing.
ussaro /'ussaro/ m. hussar.
ustionare /ustjo'nare/ [1] **I** tr. [*fiamma*] to burn*; [*acqua bollente*] to scald **II ustionarsi** pronom. to burn* oneself; *(con liquidi)* to scald oneself.
ustionato /ustjo'nato/ **I** p.pass. → **ustionare II** agg. burned, burnt BE; *(con liquidi)* scalded **III** m. (f. **-a**) ***reparto grandi -i*** burns unit.
ustione /us'tjone/ f. burn; *(causata da liquidi)* scald; ***~ di terzo grado*** third-degree burn.
usuale /uzu'ale/ agg. **1** *(consueto)* usual, habitual, customary **2** *(comune)* [*fatti*] ordinary; [*espressione*] common.
usucapione /uzuka'pjone/ f. DIR. usucap(t)ion.
usufruire /uzufru'ire/ [102] intr. (aus. *avere*) **1** DIR. ***~ di*** to enjoy [sth.] in usufruct [*bene*] **2** *(godere)* ***~ di*** to take advantage *o* make use of, to benefit from *o* by; ***~ di un privilegio*** to take advantage of *o* enjoy a privilege; ***~ di uno sconto*** to get *o* enjoy a reduction.
usufrutto /uzu'frutto/ m. DIR. usufruct; ***avere l'~ di qcs., avere qcs. in ~*** to have *o* retain the usufruct of sth.
usufruttuario, pl. **-ri**, **-rie** /uzufruttu'arjo, ri, rje/ **I** agg. usufructary **II** m. (f. **-a**) usufructary.
1.usura /u'zura/ f. usury; ***prestare a ~*** to lend at excessively high rate; ***ripagare a ~*** FIG. to pay back a hundredfold.
2.usura /u'zura/ f. **1** *(di tessuto)* wear and tear; *(di pneumatico, macchinario)* wear **2** FIG. *(logorio)* ***l'~ del tempo*** the wearing effect of time.
usuraio, pl. **-ai** /uzu'rajo, ai/ m. (f. **-a**) usurer, loan shark COLLOQ.
usurpare /uzur'pare/ [1] tr. to usurp [*trono, titolo*]; to usurp, to encroach on [*diritti*].
usurpatore /uzurpa'tore/ m. (f. **-trice** /tritʃe/) usurper, encroacher.
usurpazione /uzurpat'tsjone/ f. usurpation; *(di diritti)* encroachment.
1.utensile /u'tɛnsile/ agg. ***macchina ~*** machine tool.
2.utensile /uten'sile/ m. utensil, tool, implement; ***-i da cucina*** kitchenware; ***-i da falegname*** carpenter's tools.
utente /u'tɛnte/ m. e f. **1** *(di servizio)* user; *(consumatore)* consumer; ***~ della strada*** road user **2** *(di una lingua)* speaker **3** INFORM. *(di programma informatico)* user.
utenza /u'tɛntsa/ f. **1** *(uso di un servizio)* use, consumption **2** *(insieme di utenti)* users pl.; *(consumatori)* consumers pl.
uterino /ute'rino/ agg. ANAT. uterine.
utero /'utero/ m. uterus*, womb.
utile /'utile/ **I** agg. useful, helpful, handy; ***essere ~ a qcn.*** to be of use to sb., to be useful to sb.; ***le informazioni non ci furono molto -i*** the information was of little help to us; ***rendersi ~*** to make oneself useful; ***posso esserle ~?*** can I help you? ***tornare*** o ***venire ~ per qcn., qcs.*** to come in handy for sb., sth.; ***in tempo ~*** duly, in time **II** m. **1** *(vantaggio)* profit, advantage; ***unire l'~ al dilettevole*** to mix business with pleasure **2** ECON. profit, earnings pl.; ***dare ~*** to bring in *o* yield a profit; ***~ lordo, netto*** gross, net profit; ***mancati -i*** loss of income *o* earnings; ***compartecipazione agli -i*** profit sharing.
utilità /utili'ta/ f.inv. usefulness, utility; ***di grande ~*** very useful; ***non essere di alcuna ~*** to be (of) no use, to serve no useful purpose; ***non vedere l'~ di qcs., di fare*** not to see the point in sth., in doing; ***servizio di pubblica ~*** (public) utility.
utilitaria /utili'tarja/ f. *(automobile)* utility car, runabout BE COLLOQ., compact AE.
utilitario, pl. **-ri**, **-rie** /utili'tarjo, ri, rje/ agg. utilitarian.
utilitarismo /utilita'rizmo/ m. utilitarianism.
utilitarista, m.pl. **-i**, f.pl. **-e** /utilita'rista/ m. e f. utilitarian.
utilitaristico, pl. **-ci**, **-che** /utilita'ristiko, tʃi, ke/ agg. utilitarian.
utilizzabile /utilid'dzabile/ agg. [*oggetto, macchina*] usable, utilizable.
utilizzare /utilid'dzare/ [1] tr. to use, to make* use of, to utilize [*metodo, oggetto, espressione*].
utilizzazione /utiliddzat'tsjone/ f., **utilizzo** /uti'liddzo/ m. utilization, use, employment.
utopia /uto'pia/ f. **1** FILOS. POL. Utopia **2** *(chimera)* wishful thinking; ***è pura ~!*** it's all pie in the sky!
utopico, pl. **-ci**, **-che** /u'tɔpiko, tʃi, ke/ agg. Utopian.
utopista, m.pl. **-i**, f.pl. **-e** /uto'pista/ m. e f. **1** FILOS. Utopian, utopist **2** *(idealista)* dreamer.
utopistico, pl. **-ci**, **-che** /uto'pistiko, tʃi, ke/ agg. Utopian.
uva /'uva/ f. grapes pl.; ***~ bianca, nera*** white, black grapes; ***un grappolo d'~*** a bunch of grapes; ***acino*** o ***chicco d'~*** grape ♦♦ ***~ passa*** raisins; ***~ spina*** gooseberry; ***~ sultanina*** sultanas, currants.
uvetta /u'vetta/ f. *(uva passa)* raisins pl.
uxoricida, m.pl. **-i**, f.pl. **-e** /uksori'tʃida/ **I** agg. uxoricidal **II** m. e f. *(uomo)* uxoricide; *(donna)* = woman who murders her husband.
uxoricidio, pl. **-di** /uksori'tʃidjo, di/ m. *(commesso dal marito)* uxoricide; *(commesso dalla moglie)* = the murder of one's husband.
uzbeco /uz'bɛko/ → **usbeco.**

V

v, V /vu, vi/ m. e f.inv. v, V; ***a (forma di) V*** V-shaped; ***scollo a V*** V-neck.

v' → **1.vi.**

v. 1 ⇒ vedi see **2** ⇒ via Street (St).

va' /va/ inter. ***ma ~!*** *(non ci credo)* go on (with you)! oh yes? *(di stupore)* really? you're kidding!

vacante /va'kante/ agg. [*carica, posto*] vacant.

vacanza /va'kantsa/ In inglese esistono due equivalenti dell'italiano *vacanza*: *holiday*, che è la forma dell'inglese britannico, e *vacation*, tipica dell'inglese americano, anche se docenti e studenti universitari inglesi tendono a definire le proprie vacanze *vacation* o *vac* (nel caso delle vacanze estive, *the long vac / vacation*). Si noti che *holiday* si usa al singolare quando si riferisce alle vacanze dei lavoratori, e al plurale per le vacanze scolastiche: così, *vado a Londra per le vacanze* si traduce: I'm going to London for my holiday se chi parla è un adulto, I'm going to London for my holidays se chi parla è uno studente. f. **1** holiday BE, vacation AE, vac BE COLLOQ.; ***andare, essere in ~*** to go (away), be (away) on holiday BE *o* vacation AE; ***ho preso un giorno di ~ dal lavoro*** I took a day off; ***buone -e!*** have a good holiday BE *o* vacation AE! ***dove sei stato in ~?*** where did you go on holiday? where did you spend your holidays? ***-e scolastiche*** school holidays BE *o* vacation AE; ***-e estive*** summer holiday BE *o* vacation AE; ***foto delle -e*** holiday snaps **2** *(di carica, posto)* vacancy.

vacanziere /vakan'tsjɛre/ m. (f. **-a**) holidaymaker BE, vacationer AE.

vacanziero /vakan'tsjɛro/ agg. [*clima, folla*] holiday attrib.

vacca, pl. **-che** /'vakka, ke/ f. **1** cow **2** FIG. *(prostituta)* whore ♦ ***porca ~!*** VOLG. holy cow! holy shit! ***tempo di -che grasse, magre*** prosperous times, lean time ♦♦ ***~ da latte*** milk cow.

vaccaio, pl. **-ai** /vak'kajo, ai/, **vaccaro** /vak'karo/ ♦ ***18*** m. cowherd, cowman*.

vaccata /vak'kata/ f. VOLG. **1** *(cosa mal fatta)* botch(-up), trash **U 2** *(sproposito)* crap **U**, trash **U**.

vacchetta /vak'ketta/ f. cowhide.

vaccinara: **alla vaccinara** /allavattʃi'nara/ agg.inv. GASTR. ***coda alla ~*** = stewed beef tail, a typical Roman dish.

vaccinare /vattʃi'nare/ [1] **I** tr. to vaccinate (**contro** against); ***farsi ~*** to have a vaccination, to get vaccinated **II vaccinarsi** pronom. to have* a vaccination, to get* vaccinated.

vaccinato /vattʃi'nato/ **I** p.pass. → **vaccinare II** agg. FIG. SCHERZ. ***è adulto e ~*** he's a big boy now.

vaccinazione /vattʃinat'tsjone/ f. vaccination (**contro** against, for).

vaccino /vat'tʃino/ **I** agg. ***latte ~*** cow's milk **II** m. vaccine (**contro** against, for).

vacillante /vatʃil'lante/ agg. **1** [*passo*] tottering, staggering, unsteady; *(tremolante)* [*fiamma, luce*] flickering, wavering **2** FIG. [*fede*] shaky, wavering; [*regime*] tottering, shaky; [*economia*] crumbling.

vacillare /vatʃil'lare/ [1] intr. (aus. *avere*) **1** *(barcollare)* [*persona*] to totter, to stagger, to waver; [*pila di libri*] to topple, to totter, to wobble **2** *(oscillare)* [*luce, fiamma*] to flicker, to waver **3** FIG. [*memoria*] to fail; [*fede, coraggio*] to waver; [*regime*] to totter.

vacuità /vakui'ta/ f.inv. emptiness, vacuity FORM.

vacuo /'vakuo/ agg. [*sguardo, espressione*] vacuous, vacant, blank; [*discorso*] empty.

vademecum /vade'mɛkum/ m.inv. vade mecum.

va e vieni /'vae'vjɛni/ m.inv. coming and going, toing and froing.

vaffanculo /vaffan'kulo/ inter. VOLG. fuck you, fuck off.

vagabondaggio, pl. **-gi** /vagabon'daddʒo, dʒi/ m. **1** *(fenomeno)* vagrancy, vagabondage **2** *(il vagabondare)* wanderings pl., roaming.

vagabondare /vagabon'dare/ [1] intr. (aus. *avere*) *(viaggiare senza meta)* to wander, to roam (around), to rove (around); ***~ per il mondo*** to roam the world.

vagabondo /vaga'bondo/ m. (f. **-a**) **1** *(persona senza fissa dimora)* vagrant, vagabond, tramp, hobo* **2** *(giramondo)* wanderer, roamer, rover **3** *(fannullone)* idler, loafer.

vagamente /vaga'mente/ avv. [*rispondere, ricordare*] vaguely.

vagante /va'gante/ agg. wandering, roving, roaming; ***pallottola ~*** stray (bullet); ***mina ~*** FIG. loose cannon.

vagare /va'gare/ [1] intr. (aus. *avere*) to wander, to roam (around), to rove (around); FIG. [*fantasia, mente, pensieri*] to wander, to stray; ***~ per le strade*** to roam *o* wander the streets ***il suo sguardo vagava per la stanza*** his eye roved around the room.

vagheggiare /vaged'dʒare/ [1] tr. **1** *(contemplare)* to contemplate, to gaze fondly at [*persona amata*] **2** FIG. *(desiderare ardentemente)* to long for, to yearn for [*successo*].

vagheggino /vaged'dʒino/ m. gallant ANT., beau* ANT.

vaghezza /va'gettsa/ f. **1** vagueness **2** LETT. *(leggiadria)* grace, charm.

vagina /va'dʒina/ f. vagina*.

vaginale /vadʒi'nale/ agg. vaginal.

vagire /va'dʒire/ [102] intr. (aus. *avere*) [*neonato*] to cry, to wail.

vagito /va'dʒito/ m. cry, wail; ***i primi -i di una civiltà*** FIG. the dawn of a new civilization.

1.vaglia: **di (gran) vaglia** /di(gran)'vaʎʎa/ agg.inv. [*persona*] of great worth.

2.vaglia /'vaʎʎa/ m.inv. money order; ***~ postale*** postal order BE.

vagliare /vaʎ'ʎare/ [1] tr. **1** *(setacciare)* to sieve, to screen, to sift [*ghiaia, minerale*]; to winnow [*grano*] **2** FIG. *(esaminare)* to weigh up, to canvass [*idea, proposta*]; to sift [*informazioni*].

vaglio, pl. **-gli** /'vaʎʎo, ʎi/ m. **1** *(setaccio)* screen, sieve **2** FIG. *(esame)* ***passare al ~*** to sift through [*risultati, cifre*]; ***il caso è al ~ degli esperti*** the case is being examined by the experts.

vago, pl. **-ghi, -ghe** /'vago, gi, ge/ **I** agg. **1** *(impreciso)* [*ricordo*] vague, faint, hazy, dim; [*somiglianza*] remote, distant, vague; [*sospetto*] sneaking, faint; [*risposta*] indefinite; *(evasivo)* [*persona*] vague, noncommittal; ***ho la -a sensazione che*** I have a sneaking suspicion that; ***non ne ho la più -a idea*** I haven't got the vaguest idea **2** ANAT. ***nervo ~*** vagus (nerve) **3** LETT. *(leggiadro)* graceful, pretty **II** m. ***rimanere sul ~*** to remain vague.

vagoncino /vagon'tʃino/ m. **1** MIN. tram **2** *(di teleferica)* cable car.

vagone /va'gone/ m. FERR. *(per merci)* wagon BE, car AE; *(per passegeri)* carriage BE, coach BE, car AE ♦♦ ***~ cisterna*** tank car; ***~ letto*** sleeping car, sleeper; ***~ postale*** mail coach *o* van, mail car AE; ***~ ristorante*** dining car, diner, restaurant *o* buffet car BE.

vaiolo /va'jɔlo/ ➧ **7** m. MED. smallpox.

val /val/ → **valle.**

valanga, pl. **-ghe** /va'langa, ge/ f. **1** avalanche **2** FIG. *(grande quantità)* avalanche, flood, shower.

valchiria /val'kirja/ f. MITOL. Valkyrie, Walkyrie.

valdese /val'dese/ agg., m. e f. Waldensian; ***i -i*** the Waldenses.

Valdo /'valdo/ n.pr.m. Waldo.

valdostano /valdos'tano/ ➧ **30** **I** agg. from, of Val d'Aosta **II** m. (f. **-a**) native, inhabitant of Val d'Aosta.

valente /va'lɛnte/ agg. [*medico, artigiano*] skilful BE, skillful AE, capable; [*artista, scrittore*] talented, gifted.

valentina /valen'tina/ f. valentine (card).

Valentino /valen'tino/ n.pr.m. Valentine; ***(il giorno di) san ~*** St Valentine's Day, Valentine('s) Day.

valenza /va'lɛntsa/ f. CHIM. LING. valency.

valere /va'lere/ [96] **I** intr. (aus. *essere*) **1** *(avere un dato valore)* to be* worth; ***~ 10 euro*** to be worth 10 euros, to have a value of 10 euros; ***~ una fortuna*** to be worth a fortune; ***non ~ niente*** *(economicamente)* to be worthless; *(qualitativamente)* [*materiale, prodotto, romanzo*] to be rubbish *o* no good; [*persona*] to be worthless; ***quest'auto vale il suo prezzo*** this car is good value (for money); ***come cuoco non vale niente*** he's a useless cook, he's not much of a cook; ***vale tanto oro quanto pesa*** he is worth his weight in gold **2** *(equivalere a)* ***il tuo lavoro vale tanto quanto il loro*** your work is just as good as theirs; ***uno vale l'altro*** one is as good as the other; ***tanto vale che rinunciamo*** we might *o* may as well give up; ***tanto valeva che glielo chiedessi*** it would be just as well if you asked him **3** *(meritare)* ***~ la pena*** to be worth (**di fare** doing); ***non (ne) vale la pena*** it isn't worth it; ***ne è valsa davvero la pena*** it's been well worthwhile; ***vale la pena chiederglielo?*** is it any use asking? **4** *(essere valido)* [*biglietto, documento*] to be* valid; [*regole, teorie*] to apply (**per** to); ***lo stesso vale per lui!*** the same goes for him! ***non vale!*** it's not fair! **5** *(contare)* to count; ***la partita vale per il campionato*** the match counts for the championship; ***il tuo parere non vale niente*** your opinion counts for nothing **6** *(giovare)* to be* of use, to be* of avail; ***a nulla sono valsi i miei consigli*** my advice was of no use **7** **vale a dire** that is (to say), namely; ***vale a dire che...?*** does that mean that...? **II** tr. *(procurare)* to win*, to earn; ***ciò mi valse un premio*** that earned *o* won me a price **III valersi** pronom. ***-rsi di*** to avail oneself of, to take advantage of [*offerta, opportunità*]; to make use of [*strumento, consigli*] ♦ ***fare ~*** to exercise, to assert [*diritti*]; ***farsi ~*** to put oneself across, to assert oneself; ***sa farsi ~*** he's very pushy.

valeriana /vale'rjana/ f. valerian.

valevole /va'levole/ agg. valid; ***una partita ~ per le qualificazioni*** a qualifying match.

valgo, pl. **-ghi**, **-ghe** /'valgo, gi, ge/ agg. ***ginocchio ~*** knock knee.

valicare /vali'kare/ [1] tr. to cross [*monte, fiume*].

valico, pl. **-chi** /'valiko, ki/ m. *(passo)* pass; ***~ di frontiera*** mountain border post.

validità /validi'ta/ f.inv. **1** *(di biglietto, documento)* validity **2** *(fondatezza)* validity, soundness.

valido /'valido/ agg. **1** *(valevole)* [*contratto, biglietto, documento, offerta*] valid; ***non ~*** [*biglietto, documento*] invalid; ***questo biglietto è ~ per due persone*** this ticket admits two (people); ***la mia offerta resta -a*** my offer still holds *o* is still on the table **2** *(fondato)* [*motivo, argomento, obiezione*] sound, valid; ***ho delle -e ragioni per*** I have solid grounds for **3** *(efficace)* [*rimedio*] valuable, effective, helpful; ***essere di ~ aiuto per qcn.*** to be a great help to sb. **4** *(pregevole, apprezzabile)* [*persona*] good, capable, able; [*opera, progetto*] worthwhile; ***un ~ collaboratore*** a valued collaborator **5** *(vigoroso)* [*uomo*] strong, powerful, able-bodied.

valigeria /validʒe'ria/ f. **1** *(negozio)* leather goods shop; *(fabbrica)* leather goods factory **2** *(articoli)* leather goods pl.

valigetta /vali'dʒetta/ f. (brief)case.

valigia, pl. **-gie**, **-ge** /va'lidʒa, dʒe/ f. (suit)case, bag; ***fare le -gie*** to do one's packing, to pack one's suitcase, to pack one's bags (anche FIG.); ***disfare le -gie*** to unpack ♦♦ ***~ diplomatica*** diplomatic bag BE *o* pouch AE.

vallata /val'lata/ f. valley.

valle /'valle/ f. valley; ***a ~*** downriver, down river; ***a ~ di*** downstream of (anche FIG.); ***scendere a ~*** to go downstream ♦ ***per monti e per -i*** up hill and down dale BE, over hill and dale AE.

valletta /val'letta/ f. TELEV. = television presenters's assistant.

valletto /val'letto/ m. STOR. footman*, page.

valligiano /valli'dʒano/ **I** agg. valley-dwelling, valley attrib. **II** m. (f. **-a**) inhabitant of the valley(s), valley dweller.

vallivo /val'livo/ agg. [*terreno*] valley attrib.

vallo /'vallo/ m. ***~ di Adriano*** Hadrian's Wall.

1.vallone /val'lone/ m. GEOGR. deep valley.

2.vallone /val'lone/ **I** agg. Walloon **II** m. (f. **-a**) Walloon.

valore /va'lore/ m. **1** *(prezzo)* value; ***acquistare, perdere ~*** to go up, down in value; ***per un ~ di*** to the value of; ***acquistare qcs. del ~ di 100 euro*** to buy sth. worth 100 euros; ***di grande ~*** of great value *o* worth; ***di poco*** o ***scarso ~*** of little value *o* worth; ***di nessun ~, senza ~*** of no value *o* worth, worthless **2** *(qualità) (di persona, artista)* worth; *(di opera)* value, merit; *(importanza)* value; ***avere un ~ simbolico, sentimentale*** to have symbolic, sentimental value; ***un uomo di ~*** a man of great value **3** *(validità)* validity; ***~ legale*** legal validity **4** *(principio morale)* value; ***scala di -i*** scale of values **5** *(oggetti preziosi)* ***i -i*** valuables, valuable goods **6** ECON. *(in borsa)* security; ***-i mobiliari*** stocks and shares; ***borsa -i*** stock exchange *o* market **7** MAT. MUS. value **8** *(coraggio)* valour BE, valor AE, bravery; ***medaglia al ~*** bravery award, award for bravery; ***medaglia al valor militare*** campaign medal ♦♦ ***~ aggiunto*** surplus value; ***imposta sul ~ aggiunto*** value-added tax; ***~ nominale*** nominal *o* face value; ***~ nutritivo*** food *o* nutritional value; ***~ reale*** real value; ***~ di scambio*** market value.

valorizzare /valorid'dzare/ [1] **I** tr. **1** *(fare acquistare valore a)* to increase the value of [*casa*]; to develop, to improve [*regione*]; *(sfruttare)* to exploit [*risorse*] **2** *(mettere in risalto)* to enhance [*aspetto, bellezza*]; to enhance, to show* off [*doti, talento*] **II valorizzarsi** pronom. *(acquistare valore)* [*oggetto*] to appreciate, to increase in value; *(migliorare il proprio aspetto)* [*persona*] to make* the most of oneself.

valorizzazione /valoriddzat'tsjone/ f. *(aumento di valore)* increase in value; *(miglioramento)* development, improvement; *(sfruttamento)* exploitation.

valoroso /valo'roso/ agg. [*soldato*] brave, valiant, courageous

valpolicella /valpoli'tʃɛlla/ m.inv. ENOL. INTRAD. (renowned dry red wine from Veneto).

valuta /va'luta/ f. **1** *(moneta di un paese)* currency, money; ***~ pregiata*** hard currency; ***~ estera*** foreign currency *o* exchange **2** BANC. ***giorno*** o ***data di ~*** value date.

valutare /valu'tare/ [1] tr. **1** *(calcolare)* to estimate, to assess [*durata, distanza, rischi, costi, danni, ricchezza*]; ***~ male*** to miscalculate [*rischi*] **2** *(determinare il valore di)* to value, to put* a price on, to price [*bene, oggetto*]; to appraise [*quadro*]; ***fare ~ qcs.*** to have sth. valued *o* appraised, to have a valuation done on sth.; ***la casa è stata valutata 100.000 euro*** the house was valued at 100,000 euros **3** *(vagliare)* to assess, to weigh up, to evaluate [*situazione*]; to consider [*alternative, fatti, proposte*]; to assess, to calculate [*conseguenze, effetto*]; to gauge [*reazione*]; ***~ i pro e i contro*** to balance the pros and cons; ***~ male*** to miscalculate [*conseguenze*] **4** *(stimare, apprezzare)* to value, to esteem, to appreciate [*persona*] **5** *(giudicare)* to assess [*capacità, candidato, studente*]; to mark, to grade AE [*tema, compito*]; to evaluate [*progressi, risultati*].

valutario, pl. **-ri**, **-rie** /valu'tarjo, ri, rje/ agg. monetary, currency attrib., money attrib.

valutazione /valutat'tsjone/ f. **1** *(di bene, oggetto)* (e)valuation, estimation U; ***"offriamo la massima ~ per..."*** "we pay top prices for..." **2** *(stima) (di costi, danni, rischi)* estimate, assessment, appraisal; *(calcolo)* calculation, reckoning; ***a una ~ approssimativa*** at a rough estimate **3** *(giudizio)* assessment, judg(e)ment; ***un errore di ~*** an error of judgment, a misjudg(e)ment; ***ha avuto una ~ positiva*** he got a good rating **4** *(di compito)* marking; *(di capacità, candidato, studente)* assessment; ***sistema di ~*** grading system.

valva /'valva/ f. valve.

valvola /'valvola/ f. **1** MECC. valve **2** EL. fuse; ***sono saltate le -e*** the fuses have blown **3** *(di radio, TV)* valve BE, electron tube AE **4** ANAT. valve ♦♦ ***~ a farfalla*** MECC. butterly valve, throttle (valve); ***~ di scarico*** MECC. escape *o* exhaust *o* outlet valve; FIG. safety valve; ***~ di sfogo*** MECC. snifting valve; FIG. safety valve; ***~ di sicurezza*** MECC. safety *o* relief valve.

valzer /'valtser/ m.inv. waltz; ***ballare il ~*** to waltz; ***fare un giro di ~*** to do *o* dance a waltz.

vamp /vamp/ f.inv. vamp.

vampa /'vampa/ f. **1** *(fiamma)* flame, blaze **2** *(ondata di calore)* fierce heat, heat wave **3** *(arrossamento del viso)* flush, blush.

vampata /vam'pata/ f. **1** *(di fuoco)* flame, blaze, burst (of flame); *(di calore)* burst (of heat) **2** *(arrossamento del volto)* flush(ing), blush **3** FIG. *(attacco)* (out)burst, explosion.

vampiro /vam'piro/ m. **1** vampire **2** FIG. *(persona avida)* bloodsucker, leech **3** ZOOL. vampire bat.

vanadio /va'nadjo/ m. vanadium.

vanagloria /vana'glɔrja/ f. boastfulness, vainglory LETT.

vanaglorioso /vanaglo'rjoso/ agg. boastful, vainglorious LETT.

vanamente /vana'mente/ avv. vainly, in vain, to no avail.

vandalico, pl. **-ci**, **-che** /van'daliko, tʃi, ke/ agg. ***atti -ci*** criminal damage, acts of vandalism.

vandalismo /vanda'lizmo/ m. vandalism; ***atti di ~*** criminal damage, acts of vandalism.

vandalo /'vandalo/ m. (f. **-a**) vandal (anche FIG.).

vaneggiamento /vaneddʒa'mento/ m. raving, wanderings pl.

vaneggiare /vaned'dʒare/ [1] intr. (aus. *avere*) [*folle, malato*] to rave, to wander; ***tu vaneggi!*** FIG. you're talking nonsense! you're raving!

vanesio, pl. **-si**, **-sie** /va'nɛzjo, zi, zje/ **I** agg. vain, foppish, conceited **II** m. (f. **-a**) vain person, fop SPREG.

vanessa /va'nessa/ f. vanessa ♦♦ ***~ io*** peacock butterfly.

vanga, pl. **-ghe** /'vanga, ge/ f. spade.

vangare /van'gare/ [1] tr. to spade, to dig*.

vangata /van'gata/ f. *(quantità di terra sollevata)* spadeful.

vangelo /van'dʒɛlo/ m. **1** RELIG. Gospel; ***il Vangelo secondo Marco*** the Gospel according to St Mark **2** FIG. ***prendere qcs. per ~*** to take sth. as gospel (truth).

vanificare /vanifi'kare/ [1] tr. to defeat, to frustrate, to thwart [*sforzo, tentativo*].

vaniglia /va'niʎʎa/ f. BOT. GASTR. vanilla.

vanigliato /vaniʎ'ʎato/ agg. ***zucchero ~*** vanilla sugar.

vanità /vani'ta/ f.inv. **1** *(orgoglio)* conceit, conceitedness **2** *(inutilità)* uselessness, emptiness **3** *(caducità)* vanity.

vanitoso /vani'toso/ **I** agg. conceited, vain **II** m. (f. **-a**) vain person.

vano /'vano/ **I** agg. **1** *(inutile)* [*sforzo, tentativo*] vain, useless, fruitless, pointless; [*rimpianto*] futile; ***rendere ~*** to defeat, to frustrate, to thwart [*sforzo, tentativo*] **2** *(illusorio)* [*promesse, speranze*] vain, empty, idle; ***nella -a speranza che*** in the fond *o* forlorn hope that **3** *(frivolo)* [*persona*] flighty, flippant, frivolous **II** m. **1** EDIL. *(spazio)* space, opening; AUT. *(alloggiamento)* compartment; ***~ di una porta*** doorway; ***~ motore*** AUT. engine compartment; ***~ portaoggetti*** AUT. glove box *o* compartment **2** *(locale)* room; ***un appartamento con tre -i*** a three-room apartment.

vantaggio, pl. **-gi** /van'taddʒo, dʒi/ m. **1** *(lato positivo)* advantage **2** *(superiorità)* advantage, edge, asset; ***essere in ~ rispetto a*** to have the edge over *o* on [*rivale*]; ***avere un ~ su qcn.*** to have an advantage over sb.; ***avere il ~ dell'istruzione*** to have the advantage of an education; ***essere in ~ del 3%*** to be 3% ahead **3** *(favore, beneficio)* advantage, benefit; ***a mio, suo ~*** to my, his benefit, on my, his account; ***andare a ~ di qcn.*** to work to sb.'s advantage, to be to sb.'s benefit; ***volgere la situazione a proprio ~*** to turn the situation to one's advantage **4** *(profitto)* advantage; ***trarre ~ da qcs.*** to turn sth. to profit, to profit from sth.; ***che ~ ne avrei io?*** what good would it do me? **5** SPORT lead; *(alla partenza)* head start; *(nel tennis)* advantage; ***avere due punti di ~*** to have a two-point lead *o* two points in front, to be two points up *o* ahead; ***essere in ~ di due reti*** to be two goals up; ***avere un ~ di 5 metri, secondi*** to lead by 5 metres, seconds.

vantaggioso /vantad'dʒoso/ agg. [*offerta, investimento*] advantageous, profitable; [*condizioni, posizione*] favourable BE, favorable AE; ***essere ~ per qcn.*** to be advantageous to sb.; [*situazione*] to be in sb.'s favour.

vantare /van'tare/ [1] **I** tr. **1** *(elogiare)* to praise [*qualità, talento*] **2** *(dichiarare di possedere)* to boast about, to brag about [*nobili origini, amicizie importanti*]; ***la città vanta una bellissima chiesa*** the town boasts a beautiful church **3** *(accampare)* ***~ diritti su qcs.*** to lay claim on sth. **II vantarsi** pronom. *(gloriarsi)* to boast, to brag (**di** about); ***(non) me ne vanto*** I'm (not) proud of it; ***non (faccio) per vantarmi, ma...*** I don't want to brag, but...

vanteria /vante'ria/ f. boasting, bragging.

vanto /'vanto/ m. **1** *(il vantare, il vantarsi)* brag(ging), boast(ing); ***menare ~ di qcs.*** to boast *o* brag about sth. **2** *(motivo di orgoglio)* pride, merit, glory; ***la cattedrale è il ~ della città*** the cathedral is the glory of the city.

vanvera: **a vanvera** /a'vanvera/ avv. haphazardly; ***parlare a ~*** to speak without thinking, to talk through one's hat.

vapore /va'pore/ **I** m. **1** vapour BE, vapor AE; *(acqueo)* water vapour BE, water vapor AE, steam; ***andare a tutto ~*** to go full steam ahead; ***a ~*** [*locomotiva, ferro*] steam attrib.; ***al ~*** GASTR. steamed **2** *(piroscafo)* steamer, steamship **II vapori** m.pl. *(esalazioni)* fumes; ***i -i dell'alcol*** wine fumes.

vaporetto /vapo'retto/ m. steamer, steamboat.

vaporiera /vapo'rjɛra/ f. steam locomotive, steam engine.

vaporizzare /vaporid'dzare/ [1] **I** tr. **1** FIS. to vaporize [*liquido*] **2** *(nebulizzare)* to spray [*acqua*] (**su** onto); to mist [*pianta*] **II** intr. (aus. *essere*), **vaporizzarsi** pronom. to evaporate, to vaporize.

vaporizzatore /vaporiddza'tore/ m. vaporizer, spray(er), atomizer.

vaporoso /vapo'roso/ agg. [*vestito, tessuto*] vaporous, flimsy, gauzy; [*capelli*] fluffy.

varare /va'rare/ [1] tr. **1** to launch [*nave*] **2** FIG. to launch [*progetto, impresa*]; to pass [*legge, provvedimento*].

varcare /var'kare/ [1] tr. **1** to cross, to pass [*soglia, confine*] **2** FIG. to cross, to exceed [*limite*]; ***~ la cinquantina*** to be over fifty.

varco, pl. **-chi** /'varko, ki/ m. passage, opening, way, gap; ***un ~ in una siepe*** an opening in a hedge; ***aprirsi un ~ tra la folla*** to push *o* force one's way through the crowd ♦ ***aspettare qcn. al ~*** to lie in wait for sb.

varechina /vare'kina/ f. bleach.

variabile /va'rjabile/ **I** agg. **1** *(che varia, che può variare)* [*durata, tariffa, numero*] variable, changeable; ***obbligazioni a tasso ~*** ECON. bonds at variable rates; ***in proporzioni -i*** in varying proportions **2** *(instabile)* [*tempo*] changeable, unsettled, uncertain; [*umore*] unpredictable, inconstant; ***vento ~ da debole a moderato*** wind varying from weak to moderate **3** LING. variable **II** f. MAT. STATIST. variable; ***~ dipendente, indipendente*** dependent, independent variable.

variabilità /varjabili'ta/ f.inv. variability, changeability; *(instabilità)* unpredictability, unsteadiness.

variamente /varja'mente/ avv. variously.

variante /va'rjante/ f. **1** *(modifica)* variation, change **2** *(versione)* version, model **3** LING. variant.

varianza /va'rjantsa/ f. variance.

variare /va'rjare/ [1] **I** tr. **1** *(apportare cambiamenti a)* to vary, to alter, to change [*programma, orario*] **2** *(diversificare)* to vary, to diversify [*occupazioni, interessi*] **II** intr. (aus. *essere*) [*programma, prezzo, temperatura*] to vary.

variato /va'rjato/ **I** p.pass. → **variare II** agg. [*alimentazione*] varied, mixed.

variatore /varja'tore/ m. TECN. ***~ di luce*** dimmer switch; ***~ di velocità*** variable speed drive.

variazione /varjat'tsjone/ f. 1 variation, change (**di** in, of); **~ di programma** change in the schedule; **"soggetto a -i"** "subject to alteration" 2 MUS. variation.
varice /va'ritʃe/ f. varicose vein.
varicella /vari'tʃɛlla/ ➧ 7 f. chickenpox.
varicoso /vari'koso/ agg. [*vena*] varicose.
variegato /varje'gato/ agg. 1 *(screziato)* variegated, motley 2 FIG. *(vario)* [*folla, società*] varied, variegated.
1.varietà /varje'ta/ f.inv. 1 *(l'essere vario)* variety; *(diversità)* diversity 2 *(gamma)* variety, range, assortment; **una grande ~ di materiali** a wide range of materials 3 *(tipo)* variety, kind; **una ~ di rose** a variety of roses.
2.varietà /varje'ta/ m.inv. variety U, vaudeville U; *(spettacolo)* variety show.
vario, pl. **-ri**, **-rie** /'varjo, ri, rje/ I agg. 1 *(variato)* varied 2 *(diverso, svariato)* various, sundry; **di ~ tipo** of various *o* different kinds; **per -ri motivi** for various *o* for a variety of reasons II **vari** agg.indef.pl. *(numerosi)* several, various; **è venuto -rie volte** he came several times III **vari** pron.indef.pl. *(diverse persone)* several people ♦♦ **-rie ed eventuali** *(negli ordini del giorno)* any other business.
variopinto /varjo'pinto/ agg. multicoloured BE, multicolored AE.
varo /'varo/ m. 1 *(di nave)* launch, launching 2 FIG. *(di progetto)* launching; *(di legge)* passing.
Varsavia /var'savja/ ➧ 2 n.pr.f. Warsaw.
vasaio, pl. **-ai** /va'zajo, ai/ ➧ 18 m. (f. **-a**) potter.
vasca, pl. **-sche** /'vaska, ske/ f. 1 *(recipiente)* basin, tank (anche TECN.); *(di lavello)* sink 2 *(da bagno)* bath BE, tub AE, bathtub 3 *(piscina)* swimming pool; *(lunghezza della piscina)* length; **fare 20 -sche** to do *o* swim 20 lengths 4 *(bacino di una fontana)* basin, pond; *(per i pesci)* fishpond ♦ **fare le -sche** = to walk up and down the main city street from end to end.
vascello /vaʃ'ʃɛllo/ m. vessel, ship ♦♦ **~ fantasma** Flying Dutchman.
vaschetta /vas'ketta/ f. 1 *(bacinella)* bowl, small basin 2 *(contenitore)* tub; **una ~ di gelato** a tub of ice cream; **~ del ghiaccio** ice-tray.
vascolare /vasko'lare/ agg. ANAT. vascular.
vasectomia /vazekto'mia/ f. vasectomy.
vaselina /vaze'lina/ f. Vaseline®.
vasellame /vazel'lame/ m. *(di vetro)* glassware; *(di porcellana)* china; *(di terracotta)* earthenware, crockery; *(d'oro)* gold plate.
vasetto /va'zetto/ m. *(di marmellata)* jar; *(di yogurt, crema)* pot.
vasino /va'zino/ m. pot, potty COLLOQ.
vaso /'vazo/ m. 1 *(elemento decorativo)* vase; *(per piante)* pot, jar; **un ~ di cristallo** a crystal vase; **un ~ di gerani** a pot of geraniums; **~ da fiori** *(non recisi)* flowerpot; *(recisi)* flower vase; **pianta in ~** potted plant 2 *(per alimenti)* jar, pot 3 *(in servizi igienici)* bowl 4 ANAT. BOT. vessel ♦ **un ~ di coccio tra -i di ferro** = a defenceless person; **portare -i a Samo** to carry coals to Newcastle ♦♦ **~ da notte** (chamber) pot; **~ di Pandora** Pandora's box; **-i comunicanti** communicating vessels.
vasocostrittore /vazokostrit'tore/ m. vasoconstrictor.
vasodilatatore /vazodilata'tore/ m. vasodilator.
vassallaggio, pl. **-gi** /vassal'laddʒo, dʒi/ m. vassalage.
vassallo /vas'sallo/ agg. e m. vassal.
vassoio, pl. **-oi** /vas'sojo, oi/ m. tray; **un ~ di formaggi** a cheeseboard; **~ da tè** tea tray.
vastità /vasti'ta/ f.inv. 1 *(l'essere vasto)* vastness; *(estensione)* extend, expanse 2 FIG. *(di conoscenze)* extent, depth.
vasto /'vasto/ agg. 1 *(ampio, esteso)* [*zona, superficie*] vast, wide, broad, extended, extensive; **di -e proporzioni** [*danni*] extensive; **su -a scala** on a large scale 2 *(grande)* [*pubblico*] wide, large; [*scelta, gamma*] wide; **avere una -a clientela** [*negozio, ristorante*] to have a large number of customers 3 *(ampio, approfondito)* [*cultura, sapere*] vast, extensive, comprehensive; **una -a esperienza** a wealth of experience.
vate /'vate/ m. LETT. 1 *(profeta)* prophet 2 *(poeta)* poet, bard.
vaticano /vati'kano/ agg. Vatican.
Vaticano /vati'kano/ ➧ 33 n.pr.m. Vatican; **Città del ~** Vatican City.
vaticinare /vatitʃi'nare/ [1] tr. e intr. LETT. (aus. *avere*) to vaticinate, to prophesy.
vaticinio, pl. **-ni** /vati'tʃinjo, ni/ m. vaticination.
vattela(p)pesca /vattela(p)'peska/ avv. COLLOQ. **~ dove si è andato a cacciare** goodness only knows where it got to; **il signor ~** Mr Whatsit.
V.C. (⇒ viceconsole vice consul) VC.
ve /ve/ v. la nota della voce **io**. I pron.pers. **~ li ho restituiti** I gave them back to you; **~ lo avevo detto** I had told you that; **~ ne ho già parlato** I have already told you about it; *(enclitico)* **cercatevelo** look for it yourself II avv. **non ~ l'ho trovato** I couldn't find it there; **~ ne sono due** there are two (of them).
vecchia /'vɛkkja/ f. *(donna)* old woman*, old lady.
vecchiaia /vek'kjaja/ f. old age; **morire di ~** to die of old age.
vecchietta /vek'kjetta/ f. little old lady.
vecchietto /vek'kjetto/ m. little old man*.
vecchio, pl. **-chi**, **-chie** /'vɛkkjo, ki, kje/ I agg. 1 *(anziano)* [*persona, animale*] old; *(non nuovo)* [*oggetto*] old; **diventare ~** to get *o* grow old; **sentirsi ~** to feel one's age; **la -a generazione** the older generation 2 *(in espressioni comparative)* **più ~** older; **il più ~** *(superlativo)* oldest; *(tra due persone)* older; *(tra due consanguinei)* elder; *(tra più consanguinei)* eldest; **essere 5 anni più ~ di qcn.** to be senior to sb. *o* sb.'s senior by 5 years; *(negli appellativi)* **Plinio il Vecchio** Pliny the Elder 3 *(antico)* old, ancient; *(di un tempo)* [*indirizzo, casa*] old, former; *(superato)* [*sistema, procedimento*] old-fashioned, outdated; **l'anno ~** the old year; **la città -a** the old town; **ai -chi tempi** in the old days; **è una -a storia** that's ancient *o* past history, that's old hat 4 *(che dura o si conosce da tempo)* [*conoscenza, amico*] old; **è un mio ~ sogno** it has always been my dream; **di -a data** [*amicizia, rivalità*] long-standing, long-time; **il buon ~ Tim!** good old Tim! 5 *(esperto)* **essere ~ del mestiere** to be an old hand, to know the ropes; **un ~ lupo di mare** an old sea dog 6 *(stantio)* [*pane*] stale; **notizie -chie** FIG. stale news II m. (f. **-a**) 1 *(persona anziana)* old person; *(uomo)* old man*; **i -chi** old people, the old; **da ~ io...** in my old age, I... 2 COLLOQ. *(amico)* **~ mio** my good man; **come va ~ mio?** how are you old boy *o* devil? 3 COLLOQ. **il mio ~** *(padre)* my old man; **i miei -chi** *(genitori)* my parents 4 *(ciò che è vecchio)* **il ~** the old; **sapere di ~** to taste stale ♦ **essere ~ come il cucco** to be out of the ark, to be as old as the hills; **~ come Matusalemme** as old as Methuselah ♦♦ **~ mondo** Old World; **Vecchio Testamento** Old Testament. Come in italiano *anziano* è una forma più gentile che spesso sostituisce *vecchio*, così *elderly* è spesso usato al posto di *old*. - Altri sostantivi inglesi più formali o eufemistici possono essere *senior citizen* o *OAP* (abbreviazione di *old age pensioner*).
vecchiotto /vek'kjɔtto/ agg. oldish, rather old.
vecchiume /vek'kjume/ m. 1 *(cose vecchie)* old things pl., junk 2 FIG. old-fashioned ideas pl.
veccia, pl. **-ce** /'vettʃa, tʃe/ f. vetch.
vece, pl. **-ci** /'vetʃe, tʃi/ f. 1 *(funzione, mansione)* **fare le -ci di qcn.** to act in sb.'s stand, to take sb.'s place, to stand in for sb. 2 **in vece di** *(in luogo di)* **in ~ di qcn.** [*firmare, agire*] instead of sb.; **in ~ mia** in my stead.
vedente /ve'dɛnte/ I agg. sighted; **non ~** visually handicapped, sightless II m. e f. sighted person; **i non -i** the visually handicapped.
1.vedere /ve'dere/ [97] I tr. 1 *(percepire attraverso la vista)* to see*; **non vedevo nulla** I couldn't see a thing; **~ qcn., qcs. con i propri occhi** to see sb., sth. with one's own eyes; **lo vidi arrivare** I saw him come *o* coming; **l'hanno vista entrare** she was seen going in, someone saw her go in; **non si vede nessuno** there's nobody to be seen; **sullo sfondo si vedono dei monti** you can see mountains in the background; **fare ~ qcs. a qcn.** to show sb. sth.; **fammi ~** let me see, let me have a look; **fammi ~ come si fa** show me how to do it 2 *(essere spettatore, testimone di)* to see* [*film, spettacolo, avvenimento*]; *(guardare)* to watch [*televisione*]; **l'ho visto alla televisione** I saw it on television; **andare a ~ una partita** to go see a match; **è un film da ~** the film is worth seeing; **è triste da ~** it's sad to see; **vorrei ~ te al mio posto!** I'd like to see how you'd get on! **non ho mai visto una cosa simile** I've never seen its like *o* the like of it; **e non avete visto ancora niente!** and you ain't

vedere e altri verbi di percezione

- I verbi di percezione sono quei verbi che designano l'azione dei sensi; tra i più comuni in italiano e in inglese si possono ricordare:

vedere	= to see
guardare	= to look at
sentire, udire	= to hear
ascoltare	= to listen to
sentire (una sensazione fisica)	= to feel
sentire (attraverso il tatto)	= to feel
sentire (attraverso il gusto)	= to taste
sentire (attraverso l'odorato)	= to smell

- I verbi di percezione costituiscono una categoria particolare dal punto di vista sintattico perché possono reggere una struttura nominale (*ho visto un gatto*) oppure una struttura verbale (*ho visto un gatto saltare dalla finestra*). Nel secondo caso, l'italiano e l'inglese si comportano in modo diverso, perché in italiano i verbi di percezione sono sistematicamente seguiti dall'infinito, mentre in inglese vanno distinti diversi costrutti che convogliano diverse sfumature di significato.
- Se il verbo di percezione mette in rapporto due esseri animati e se un'azione è percepita nella sua interezza o è un'azione abituale (ad esempio, io vedo qualcuno mentre fa qualcosa ripetutamente), la struttura della frase inglese prevede verbo di percezione + nome/pronome di persona al caso oggetto + infinito senza *to*:

l'ho visto giocare tutta la partita	= I saw him play the whole match
la sento correre su per le scale tutte le sere	= I hear her run up the stairs every evening
ho sentito tremare la casa	= I felt the house shake

Quando in questa struttura il verbo di percezione è usato al passivo, il verbo seguente è all'infinito preceduto da *to*:

furono visti andare via insieme	= they were seen to go away together
venne sentita imprecare ad alta voce	= she was heard to curse loudly.

- Se il verbo di percezione mette in rapporto due esseri animati e se un'azione viene percepita parzialmente o nel suo svolgimento (ad esempio, io vedo qualcuno mentre sta facendo qualcosa), la struttura della frase inglese prevede verbo di percezione + nome/pronome di persona al caso oggetto + gerundio del verbo che designa l'azione:

non ho sentito entrare mia figlia	= I didn't hear my daughter coming in
li vidi giocare in giardino	= I saw them playing in the garden.

- Se il verbo di percezione si riferisce a un essere animato che percepisce qualcosa o qualcuno che subisce un'azione (ad esempio, io vedo qualcosa che viene fatto da qualcun altro), la struttura della frase deve essere di tipo passivo e prevede verbo di percezione + nome/pronome al caso oggetto + participio passato:

Jim vide rimuovere la sua auto (dalla polizia)	= Jim saw his car towed away (by the police)

Si noti che questa struttura con il participio passato può essere l'equivalente di una frase attiva con l'infinito (*Jim vide la polizia rimuovere la sua auto* = Jim saw the police tow away his car); analogamente, a una frase attiva con il gerundio può corrispondere una frase passiva con il participio passato progressivo:

ho sentito la maestra sgridare gli alunni	= I heard the teacher scolding the pupils
ho sentito sgridare gli alunni	= I heard the pupils being scolded.

- Proprio perché queste diverse costruzioni inglesi sono l'equivalente di un'unica struttura italiana con l'infinito, è importante cogliere il giusto significato della forma italiana e renderlo in inglese nel modo più adeguato; si confrontino, ad esempio, le seguenti frasi:

io sento sempre sbattere la porta quando esce (azione abituale e percepita integralmente)	= I always hear him slam the door when he gets out
l'ho sentito sbattere la porta quando è uscito (azione unica e percepita integralmente)	= I heard him slam the door when he got out
ho sentito sbattere la porta; dev'essere uscito qualcuno (azione passiva e percepita integralmente)	= I heard the door slammed; somebody must have gone out
ho sentito la porta sbattere per il vento (azione unica e percepita integralmente)	= I heard the door slam because of the wind
hai sentito la porta sbattere per il vento? (azione percepita parzialmente o in svolgimento)	= have you heard the door slamming because of the wind?

Si notino anche questi esempi:

lo vidi correre verso il fiume	= I saw him running towards the river
lo vidi cadere nell'acqua	= I saw him fall into the water

Nel caso delle strutture di tipo passivo, bisogna fare attenzione a non confondere il participio passato dopo un verbo di percezione (che fa riferimento a un'azione, anche se subita) da un eventuale participio passato in funzione aggettivale (che indica uno stato):

vidi rompere il vaso (azione)	= I saw the vase broken
vidi il vaso rotto (stato)	= I saw the broken vase
non ha mai visto arare un campo (azione)	= he has never seen a field ploughed
non ha mai visto un campo arato (stato)	= he has never seen a ploughed field

Si ricordi infine che in qualche raro caso la forma di percezione può avere in inglese un semplice equivalente lessicale: si confronti ad esempio *l'ho sentito parlare del suo matrimonio* = I heard him speak about his marriage e *ne ho sentito parlare* = I've heard of it.

seen nothing yet! COLLOQ.; ***ma guarda che cosa ci tocca ~!*** could you ever have imagined such a thing! **3** *(immaginare)* to see*, to imagine; ***lo vedo*** o ***vedrei bene come insegnante*** I can just see him as a teacher; ***non me lo vedo a viaggiare da solo*** I can't imagine him travelling alone **4** *(giudicare)* ***tu come vedi la situazione?*** how do you view the situation? ***per come la vedo io*** as I see it; ***il suo modo di ~ le cose*** his way of looking at things; ***~ in qcn. un amico*** to see sb. as a friend; ***vedi tu*** see for yourself, do as you think best **5** *(capire)* ***non vedo dove sia il problema*** I can't see the problem; ***non vedo perché*** I don't see why; ***non vedi che...*** can't *o* don't you see (that)...; ***si vedeva che...*** I could see (that)... **6** FIG. *(constatare)* ***come vedete*** as you can see; ***vedo che ti piace*** I see you like it; ***da quel che vedo*** from what I can see; ***vedi se è asciutto*** see if it's dry; ***vai a ~ se*** go (and) see if **7** *(scoprire)* ***"io non pago!" - "staremo a ~!"*** "I won't pay!" - "we shall see about that!" ***è ancora da ~*** that remains to be seen; ***aspetta e vedrai*** (you just) wait and see **8** *(esaminare)* to look over, to look through [*documento, conti*]; ***vediamo un po'*** let me see; ***vedremo*** well, we'll see; ***dovresti fare ~ quella ferita*** you should get that wound looked at **9** *(tentare)* to see*, to try; ***vedi di comportarti bene!*** see that you behave yourself! ***vediamo di non fare sbagli*** let's try not to make mistakes **10** *(incontrare, trovare)* to see*, to meet* [*persona*]; *(consultare)* to see*, to consult [*esperto, avvocato*]; ***la vedo raramente*** I see very little of her; ***mi ha fatto piacere vederla*** I was pleased to see her; ***guarda chi si vede!*** look who's here! **11** *(visitare)* to see*, to visit [*città, monumento*]; ***a Perugia ci sono molte cose da ~*** there are a lot of sights in Perugia; ***non ho mai visto Roma*** I have never been to Rome **12** *(in un testo)* ***vedi sopra, sotto, a pagina 6*** see above, below, page 6 **13** *(nel poker)* ***vedo!*** I'll see you! **14 farsi vedere** *(mettersi in mostra)* to show* off; *(mostrarsi)* ***alla festa non si è fatta ~*** she didn't show *o* turn up at the party; ***non farti più ~!*** don't show your face around here any more! *(farsi visitare)* ***farsi ~ da un medico*** to see *o* consult a doctor **II** intr. (aus. *avere*) *(avere la* *facoltà della vista)* ~, ***vederci*** to see, to be able to see; ***ci vedo bene*** I've got good sight; ***non ci vedo*** I can't see; ***(ci) vedo poco*** I can hardly see **III vedersi** pronom. **1** *(guardarsi)* to see* oneself; ***-rsi allo specchio*** to see oneself in the mirror **2** *(sentirsi)* ***-rsi costretto a fare qcs.*** to find oneself forced to do **3** *(riconoscersi)* ***non mi vedo come avvocato*** I don't see myself as a lawyer; ***non mi vedo a fare*** I don't see myself doing **4** *(incontrarsi, frequentarsi)* ***non ci vediamo da mesi*** we haven't seen each other for months; ***si vedono alle 10*** they're meeting at 10; ***ci vediamo (domani, dopo)!*** see you (tomorrow, later)! **5** *(essere visibile)* ***la cicatrice non si vede*** the scar doesn't show **6 vedersela** ***vedersela con qcn.*** to sort it out with sb.; ***vedetevela voi!*** work it out for yourselves! ***dovrai vedertela con tuo padre*** you'll have your father to deal with; ***me la sono vista brutta*** I had a narrow *o* lucky escape ♦ ***avere a che*** ~ to have to do (**con** with); ***non avere nulla a che*** ~ ***con*** to have nothing to do with, to bear no relation to; ***dare a*** ~ to show; ***visto? che ti avevo detto?*** there you are! what did I tell you? ***non posso proprio vederlo!*** I can't stand the sight of him! ***te la farò*** ~ just you wait, I'll show you; ***ti faccio*** ~ ***io!*** I'll show *o* have you! ***non vedo l'ora che arrivino le vacanze*** I can't wait for the holidays, I'm looking forward to the holidays; ***non vedo l'ora di conoscerlo*** I can't wait to meet him, I'm looking forward to meeting him; ***non vederci dalla rabbia*** to be blind with rage; ***non ci vedo più dalla fame*** I'm so hungry I can't see straight, I'm starving; ***ne vedremo delle belle!*** that'll make the fur *o* feathers fly! ***non ti vedo bene*** *(in forma)* you don't look well; ~ ***lontano*** to be farsighted; ***ho visto giusto*** I guessed right; ***chi s'è visto s'è visto*** that's that.

2.vedere /ve'dere/ m. *(giudizio)* ***a mio*** ~ in my opinion.

vedetta /ve'detta/ f. **1** *(postazione)* look-out; *(guardia)* look-out, vedette; ***stare di*** ~ to be on look-out (duty); FIG. to be on the watch **2** *(imbarcazione)* patrol boat, vedette (boat).

vedette /ve'dɛt/ f.inv. vedette, star.

vedova /'vedova/ f. widow; ~ ***di guerra*** war widow ♦♦ ~ ***bianca*** = the wife of an emigrant who has been left behind; ~ ***nera*** ZOOL. black widow (spider).

vedovanza /vedo'vantsa/ f. widowhood.

vedovile /vedo'vile/ agg. *(di vedova)* widow's attrib.; *(di vedovo)* widower's attrib.; ***pensione*** ~ widow's pension.

vedovo /'vedovo/ **I** agg. widowed; ***rimanere*** ~ to be widowed, to be left a widower; ***sua madre è -a*** his mother is a widow **II** m. widower.

veduta /ve'duta/ **I** f. **1** *(vista)* view, sight **2** PITT. FOT. view **II vedute** f.pl. *(opinioni, idee)* views; ***scambio di -e*** exchange of views; ***di larghe -e*** broadminded, open-minded; ***di -e (ri)strette*** narrow-minded.

veduto /ve'duto/ **I** p.pass. → **1.vedere** **II** agg. ***a ragion -a*** after due consideration; *(di proposito)* deliberately, intentionally.

veemente /vee'mɛnte/ agg. [*carattere*] vehement, hot; [*discorso, parole*] vehement, passionate, fierce; [*sentimento*] vehement, violent.

veemenza /vee'mɛntsa/ f. *(di carattere)* vehemence, hotness; *(di discorso, parole)* vehemence, fierceness; *(di sentimento)* vehemence, violence.

vegetale /vedʒe'tale/ **I** agg. *(di piante)* [*specie, vita, tessuto*] plant attrib.; *(ricavato da piante)* [*sostanza, grassi*] vegetable attrib.; ***regno*** ~ plant *o* vegetable kingdom **II** m. vegetable.

vegetaliano /vedʒeta'ljano/ **I** agg. vegan **II** m. (f. **-a**) vegan.

vegetalismo /vedʒeta'lizmo/ m. veganism.

vegetare /vedʒe'tare/ [1] intr. (aus. *avere*) to vegetate (anche FIG.).

vegetarianismo /vedʒetarja'nizmo/ m. vegetarianism.

vegetariano /vedʒeta'rjano/ **I** agg. vegetarian **II** m. (f. **-a**) vegetarian.

vegetativo /vedʒeta'tivo/ agg. vegetative.

vegetazione /vedʒetat'tsjone/ f. vegetation.

vegeto /'vɛdʒeto/ agg. ***vivo e*** ~ alive and kicking.

veggente /ved'dʒɛnte/ m. e f. **1** LETT. *(profeta)* seer, prophet; *(donna)* prophetess **2** *(indovino)* clarvoyant, fortune teller.

veglia /'veʎʎa/ f. **1** *(lo stare sveglio)* waking; ***tra il sonno e la*** ~ between sleeping and waking; ***ore di*** ~ waking hours; ***stato di*** ~ waking **2** *(presso un malato)* vigil, watch; ***fare la*** ~ ***a qcn.*** to keep a vigil over sb.; ~ ***funebre*** wake **3** *(di protesta, preghiera)* vigil.

vegliarda /veʎ'ʎarda/ f. venerable old woman*.

vegliardo /veʎ'ʎardo/ m. venerable old man*.

vegliare /veʎ'ʎare/ [1] **I** tr. to keep* a vigil over [*ferito, malato*]; to hold* a wake over [*morto*] **II** intr. (aus. *avere*) **1** *(essere sveglio)* to be* awake; *(restare sveglio)* to stay awake; ~ ***al capezzale di un malato*** to sit up at a sickbed **2** *(vigilare)* ~ ***su qcn.*** to keep watch over sb.

veglione /veʎ'ʎone/ m. dance, ball ♦♦ ~ ***di Capodanno*** New Year's party.

1.veicolare /veiko'lare/ agg. [*traffico*] vehicular, vehicle attrib.

2.veicolare /veiko'lare/ [1] tr. **1** to carry, to transmit [*malattie*] **2** FIG. to spread*, to transmit [*idee*].

veicolo /ve'ikolo/ m. **1** vehicle **2** FIG. vehicle, medium*; ***un*** ~ ***di informazioni*** a means of information **3** MED. carrier; CHIM. FARM. vehicle ♦♦ ~ ***commerciale*** commercial vehicle; ~ ***spaziale*** rocket ship, spacecraft.

vela /'vela/ ➧ **10** f. **1** *(tela)* sail; ***issare le -e*** to hoist the sails; ***fare*** ~ ***verso*** to sail toward(s); ***navigare a*** ~ to sail; ***barca a*** ~ sailing boat, sailboat AE **2** *(attività)* sailing; ***fare*** ~ to sail, to go sailing ♦ ***tutto è andato a gonfie -e*** everything went off splendidly; ***tutto procede a gonfie -e*** everything is proceeding without a hitch, everything is coming up roses ♦♦ ~ ***di fortuna*** storm sail; ~ ***latina*** lateen (sail); ~ ***maestra*** mainsail; ~ ***quadra*** square sail.

velaccino /velat'tʃino/ m. fore-topgallant sail.

velaccio, pl. **-ci** /ve'lattʃo, tʃi/ m. topgallant sail.

velame /ve'lame/ m. LETT. veil.

1.velare /ve'lare/ agg. e f. velar.

2.velare /ve'lare/ [1] **I** tr. **1** *(coprire con un velo)* to veil [*volto, statua*] **2** *(offuscare)* [*nubi*] to veil [*cielo*]; [*espressione*] to mist [*sguardo*]; ***le lacrime le velavano gli occhi*** her eyes were clouded with tears **II velarsi** pronom. **1** *(coprirsi con un velo)* [*persona*] to veil [*volto*] **2** *(offuscarsi)* [*cielo*] to cloud over; [*sguardo*] to become* misty, to cloud over; *(diventare fioco)* [*voce*] to get* husky; ***gli occhi gli si velarono di lacrime*** his eyes misted over with tears.

velatamente /velata'mente/ avv. [*accennare*] in a veiled manner, in a roundabout way.

velato /ve'lato/ **I** p.pass. → **2.velare** **II** agg. **1** *(coperto con un velo)* veiled **2** *(trasparente)* [*calze*] sheer **3** *(offuscato)* [*sole, cielo*] hazy; [*luce*] dim, shaded; [*occhi, sguardo*] misty; [*voce*] husky; ***aveva gli occhi -i di lacrime*** her eyes were clouded with tears **4** FIG. *(non esplicito)* [*allusione, minaccia*] veiled, covert; [*critica*] muted.

velatura /vela'tura/ f. MAR. *(tipo di vele)* sail; *(insieme di vele)* sails pl.

velcro® /'velkro/ m. Velcro®.

veleggiare /veled'dʒare/ [1] intr. (aus. *avere*) **1** MAR. to sail **2** AER. to glide, to soar.

veleno /ve'leno/ m. **1** poison; *(di animali)* venom; ~ ***per topi*** rat poison; ***il caffè è*** ~ ***per me*** coffee is poison for me **2** FIG. *(rancore)* poison, venom, resentment; ***sputare*** ~ to speak with great venom.

velenosità /velenosi'ta/ f.inv. **1** *(l'essere velenoso)* poisonousness, venomousness **2** FIG. spitefulness.

velenoso /vele'noso/ agg. **1** [*serpente, insetto*] venomous, poisonous; [*fungo, puntura, morso*] poisonous **2** FIG. [*tono, osservazione, critica*] venomous, malignant, biting; [*parole*] spiteful.

veletta /ve'letta/ f. veil.

velico, pl. **-ci, -che** /'vɛliko, tʃi, ke/ agg. sail attrib., sailing attrib.; ***superficie -a*** sail area.

veliero /ve'ljɛro/ m. sailing ship, sailer.

velina /ve'lina/ f. **1** *(carta)* tissue (paper) **2** *(copia)* copy **3** GIORN. press release, handout.

velismo /ve'lizmo/ ➧ **10** m. sailing.

velista, m.pl. **-i**, f.pl. **-e** /ve'lista/ m. e f. sailor.

velivolo /ve'livolo/ m. aircraft*, aeroplane BE, airplane AE.

velleità /vellei'ta/ f.inv. vague desire, foolish ambition; ***avere*** ~ ***artistiche*** to have fanciful artistic ambitions.

velleitario, pl. **-ri, -rie** /vellei'tarjo, ri, rje/ **I** agg. [*persona, temperamento*] (over)ambitious; [*progetti, tentativi*] unrealistic, impracticable **II** m. (f. **-a**) dreamer, visionary.

vellicare /velli'kare/ [1] tr. to tickle.
vello /'vɛllo/ m. fleece ♦♦ **~ d'oro** Golden Fleece.
vellutata /vellu'tata/ f. GASTR. **~ di asparagi** cream of asparagus soup.
vellutato /vellu'tato/ agg. [*stoffa*] velvety; [*pelle*] velvety, velvet attrib.; [*guancia*] peachy; [*pesca*] velvety, downy; [*voce*] velvet attrib., sweet.
velluto /vel'luto/ m. velvet; **di ~** [*pantaloni, vestito, nastro*] velvet attrib.; [*pelle*] velvety, velvet attrib.; **~ a coste** corduroy, cord COLLOQ.; **pantaloni di ~ a coste** corduroys, cords COLLOQ.; **~ di cotone** velveteen ♦ **camminare sul ~** to meet no obstacles.
velo /'velo/ m. **1** *(drappo)* veil; **~ da sposa** bridal veil; **prendere il ~** *(farsi suora)* to take the veil **2** *(tessuto)* voile **3** *(strato sottile)* film, thin layer; **un ~ di zucchero** a coating *o* dusting of sugar **4** FIG. **un ~ di mistero** a veil *o* shroud of secrecy; **un ~ di malinconia** a cloud of gloom ♦ **senza -i** *(nudo)* naked; **stendiamo un ~ (pietoso) su quell'episodio** let's draw a veil over that episode.
veloce /ve'lotʃe/ **I** agg. **1** *(rapido)* [*movimento, andatura*] quick, fast, rapid; [*treno*] fast, quick; [*auto*] fast; **essere ~ a** o **nel fare** to be quick *o* swift in doing **2** *(eseguito in breve tempo)* [*pasto, visita*] quick **II** avv. [*andare, camminare, guidare*] fast.
velocemente /velotʃe'mente/ avv. quickly, fast, rapidly, swiftly.
velocista, m.pl. **-i**, f.pl. **-e** /velo'tʃista/ m. e f. sprinter.
velocità /velotʃi'ta/ ➧ **37** f.inv. speed, quickness, rapidity, velocity (anche FIS. TECN.); **~ massima** top *o* maximum speed; **a bassa ~** at a low speed; **a grande ~** at high speed; **a tutta ~** at (a) great *o* full speed; **alla ~ di 100 chilometri all'ora** at a speed of 100 kilometres per hour; **limite di ~** speed limit; **fu fermato per eccesso di ~** he was stopped for speeding; **a che ~ andavi?** what speed were you doing? how fast were you going? **alla ~ della luce** at the speed of light; **treno ad alta ~** high-speed train.
velocizzare /velotʃid'dzare/ [1] **I** tr. to speed* up, to quicken, to accelerate **II velocizzarsi** pronom. to speed* up.
velodromo /ve'lɔdromo/ m. velodrome, cycling track.
velours /ve'lur/ m.inv. velour(s).
ven. ⇒venerdì Friday (Fri).
vena /'vena/ f. **1** ANAT. vein; **tagliarsi le -e** to slash *o* slit one's wrists **2** *(venatura) (di marmo)* vein; *(di legno)* grain **3** *(rigagnolo)* **~ d'acqua** spring of water **4** MIN. *(di carbone)* seam; *(di metallo)* vein **5** *(ispirazione)* **~ poetica** poetic inspiration; **~ umoristica** vein of humour **6** FIG. *(traccia, sfumatura)* vein, strain, streak; **una ~ di nostalgia** a vein of nostalgia **7** FIG. *(stato d'animo)* **non sono in ~** I'm not in the mood; **non sono in ~ di scherzare** I'm in no humour *o* mood for jokes; **essere in ~ di generosità** to be in a generous mood.
venale /ve'nale/ agg. **1** *(di vendita)* [*prezzo*] sale attrib., selling attrib. **2** SPREG. [*persona*] venal.
venalità /venali'ta/ f.inv. SPREG. venality.
venare /ve'nare/ [1] **I** tr. *(pervadere)* **la tristezza venava la sua voce** there was a hint of sorrow in his voice **II venarsi** pronom. **-rsi di tristezza** [*parole, voce*] to take on a hint of sadness.
venato /ve'nato/ **I** p.pass. → **venare II** agg. **1** *(con venature)* [*legno*] grainy; [*marmo, roccia*] veined **2** FIG. **~ di malinconia** tinged with sadness.
venatorio, pl. **-ri, -rie** /vena'tɔrjo, ri, rje/ agg. [*stagione, arte*] hunting attrib.
venatura /vena'tura/ f. **1** *(striscia) (di marmo)* vein; *(di legno)* grain **2** FIG. trace, streak, hint; **una ~ di tristezza** a vein *o* hint of sadness.
vendemmia /ven'demmja/ f. *(raccolta dell'uva)* grape picking, grape harvest, vintage; *(raccolto)* (grape) harvest, vintage; *(periodo)* **durante la ~** during the grape harvest.
vendemmiare /vendem'mjare/ [1] **I** tr. to harvest, to pick, to vintage [*uva*] **II** intr. (aus. *avere*) to harvest (the grapes), to pick grapes.
vendemmiatore /vendemmja'tore/ m. (f. **-trice** /tritʃe/) grape-picker, vintager.
vendere /'vendere/ [2] **I** tr. **1** to sell*; **~ qcs. a qcn.** to sell sth. to sb. *o* sb. sth.; **~ qcs. a** o **per 10 euro** to sell sth. at *o* for 10 euros; **il libro ha venduto milioni di copie** the book has sold millions (of copies); **~ qcs. all'ingrosso** to wholesale sth., to sell sth. wholesale; **~ qcs. al dettaglio** o **al minuto** to retail sth.; **~ qcs. al metro, a dozzine, a peso** to sell sth. by the metre, by the dozen, by weight; **"vendesi"** "for sale" **2** SPREG. *(tradire)* to betray, to shop BE COLLOQ. [*persona, complice*] **II** intr. (aus. *avere*) **~ bene** [*prodotto*] to sell well, to be a good seller **III vendersi** pronom. **1** *(farsi corrompere)* to sell* oneself; **-rsi al nemico** to sell out to the enemy **2** *(prostituirsi)* to sell* oneself, to sell* one's body ♦ **~ l'anima al diavolo** to sell one's soul to the devil; **~ fumo** to tell stories; **sapersi ~** to know how to sell oneself; **-rsi come il pane** to sell like hot cakes; **avere esperienza da ~** to be long on experience; **ha energie da ~** he's a powerhouse, he has energy in spades.
vendetta /ven'detta/ f. revenge, vengeance; **per ~** in revenge; **spirito di ~** spirit of revenge; **gridare ~** to cry out for revenge; **cercare ~** to seek revenge ♦ **la ~ è un piatto che va servito freddo** PROV. revenge is a dish best eaten cold.
vendibile /ven'dibile/ agg. saleable, salable AE.
vendicare /vendi'kare/ [1] **I** tr. to avenge [*crimine, ingiustizia, persona, morte*] **II vendicarsi** pronom. to revenge oneself, to avenge oneself (**di, su qcn.** on sb.).
vendicativo /vendika'tivo/ agg. [*persona*] vindictive, vengeful FORM.; [*natura, carattere*] revengeful.
vendicatore /vendika'tore/ **I** agg. avenging **II** m. (f. **-trice** /tritʃe/) avenger.
vendita /'vendita/ f. sale; *(il vendere)* selling **U**; **in ~** for *o* on BE sale; **il quadro non è in ~** this painting is not for sale; **mettere qcs. in ~** to put sth. up *o* offer sth. for sale; **ufficio -e** sales office *o* department; **calo delle -e** drop in sales; **prezzo di ~** sale *o* selling *o* retail price; **atto di ~** bill of sale; **punto ~** point of sale, sales point, outlet; **~ al dettaglio** o **al minuto** retail; **~ all'ingrosso** wholesale; **~ per corrispondenza, telefonica** mail order selling, telephone selling; **~ diretta** direct sales.
venditore /vendi'tore/ ➧ **18** m. (f. **-trice** /tritʃe/) *(addetto alle vendite)* seller, vendor; *(commesso)* shop assistant, salesperson; *(negoziante)* shopkeeper, dealer ♦♦ **~ ambulante** hawker, pedlar; **~ di fumo** *(fanfarone)* boaster; *(ciarlatano)* swindler, charlatan.
venduto /ven'duto/ **I** p.pass. → **vendere II** agg. **1** *(ceduto)* sold; **l'auto più -a** the best-selling car **2** *(corrotto)* [*politico, arbitro*] corrupt **III** m. (f. **-a**) **1** *(merce)* goods sold pl. **2** *(persona corrotta)* corrupt person.
venefico, pl. **-ci, -che** /ve'nɛfiko, tʃi, ke/ agg. poisonous (anche FIG.).
venerabile /vene'rabile/ agg. venerable.
venerando /vene'rando/ agg. [*persona*] venerable; **per rispetto alla sua -a età** out of respect for his great age.
venerare /vene'rare/ [1] tr. to worship [*divinità, persona*]; **~ la memoria di qcn.** to venerate sb.'s memory.
venerazione /venerat'tsjone/ f. worship, veneration.
venerdì /vener'di/ ➧ **11** m.inv. Friday ♦ **le manca un ~** she has a screw loose ♦♦ **~ santo** RELIG. Good Friday.
Venere /'vɛnere/ n.pr.f. MITOL. ASTR. Venus.
venereo /ve'nɛreo/ agg. [*malattia*] venereal.
veneto /'vɛneto/ ➧ **30 I** agg. from, of Veneto **II** m. (f. **-a**) native, inhabitant of Veneto.
Venezia /ve'nɛttsja/ ➧ **2** n.pr.f. Venice.
veneziana /venet'tsjana/ f. *(serramento)* Venetian blind.
veneziano /venet'tsjano/ ➧ **2 I** agg. Venetian **II** m. (f. **-a**) Venetian.
venezuelano /venettsue'lano/ ➧ **25 I** agg. Venezuelan **II** m. (f. **-a**) Venezuelan.
venia /'vɛnja/ f. LETT. **chiedo ~** I beg your pardon.
veniale /ve'njale/ agg. **1** RELIG. [*peccato*] venial **2** *(scusabile)* [*colpa, dimenticanza*] excusable, pardonable.
1.venire /ve'nire/ [107] intr. (aus. *essere*) **1** [*persona*] to come*; **~ a piedi, in bici** to come on foot, by bike; **vieni da me** come to me; **è venuto qualcuno per te** someone came to see you; **dai, vieni!** come on! **adesso vengo** I'm coming, I'll be right there; **fare ~** to send for, to call [*idraulico, dottore*]; **mi venne a prendere alla stazione** she came to meet me *o* she picked me up at the station; **vienimi a prendere alle 8** come for me at 8 o'clock; **venne a trovarci** he came to see us; **vieni a sciare con noi domani** come skiing with us tomorrow; **vieni**

a vedere come and see; ***vieni a sederti accanto a me*** come and sit by me **2** *(arrivare)* to come*, to arrive; ***l'anno che viene*** the coming *o* next year; ***quando la primavera verrà*** when spring comes; ***verrà il giorno in cui...*** the day will come when..., there will come a day when...; ***è venuto il momento di partire*** it's time to leave; ***prendere la vita come viene*** to take life as it comes; ***è di là da ~*** it's still a long way off; ***la famiglia viene prima di tutto il resto*** FIG. the family comes before everything else **3** *(provenire)* to come*; ***da dove viene?*** where is she from? where does she come from? ***~ da lontano*** to come from far away; ***~ da una famiglia protestante*** to come from a Protestant family **4** *(passare)* ***~ a*** to come to [*problema, argomento*] **5** *(sorgere, manifestarsi)* ***mi è venuto (il) mal di testa*** I've got a headache; ***mi è venuta sete, mi è venuto caldo*** I'm feeling thirsty, hot; ***mi fa ~ fame, sonno*** it makes me hungry, sleepy; ***la cioccolata mi fa ~ i brufoli*** chocolate brings me out in spots; ***gli vennero le lacrime agli occhi*** tears sprang to his eyes; ***se ci penso, mi viene una rabbia!*** it makes me mad to think of it! ***le parole non mi venivano*** I couldn't find the right words; ***mi è venuta un'idea*** I've got an idea; ***questo mi fa ~ in mente che...*** this reminds me that...; ***mi venne in mente che*** it occurred to me that; ***il nome non mi viene in mente*** the name escapes me; ***mi è venuta voglia di telefonarti*** I got the urge to phone you **6** *(riuscire)* to come* out, to turn out; [*calcoli*] to work out; ***~ bene, male*** to come out well, badly; ***~ bene in fotografia*** to photograph well **7** *(risultare)* ***che risultato ti è venuto?*** what result *o* answer did you get? ***mi viene 6*** I got 6 as an answer **8** COLLOQ. *(costare)* to cost*; ***quanto viene?*** how much does it cost? how much is this? ***viene 2 euro*** it's 2 euros **9** COLLOQ. *(spettare)* ***ti viene ancora del denaro*** you've still got some money coming to you, some money is still owed to you **10** *(con da e infinito)* ***mi viene da piangere*** *(ho voglia)* I feel like crying; *(sto per)* I'm about to cry **11** *(con valore di ausiliare)* to be*, to get*; ***viene rispettato da tutti*** he is respected by everybody; ***venne preso*** he was *o* got caught **12** COLLOQ. *(avere un orgasmo)* to come* **13 venire avanti** *(entrare)* to come* in; *(avvicinarsi)* to come* forward **14 venire dentro** *(entrare)* to come* in **15 venire dietro** *(seguire)* to follow **16 venire fuori** *(uscire)* to come* out; ***è venuto fuori che*** it came out that; ***~ fuori con una scusa*** to come out with an excuse **17 venire giù** *(scendere)* to come* down; *(piovere)* ***viene giù come Dio la manda*** it's raining buckets *o* cats and dogs, it's pouring **18 venire meno** *(svenire)* to faint; *(mancare)* [*interesse, speranza*] to fade; ***il coraggio gli è venuto meno*** courage failed him; *(non rispettare)* ***~ meno a una promessa*** to break *o* betray a promise; ***~ meno ai propri doveri*** to fail in *o* neglect one's duties **19 venire su** *(salire)* to come* up; *(crescere)* [*persona*] to grow* up; *(tornare su)* ***i cetrioli mi vengono su*** cucumbers repeat on me **20 venire via** *(allontanarsi)* to come* away; *(staccarsi)* [*bottone*] to come* off; *(scomparire)* [*macchia*] to come* out, to come* off **21 a venire *nei mesi a ~*** in the months to come; ***nei giorni a ~*** in the next few days **22 venirsene *se ne veniva piano piano*** he was coming along very slowly.

2.venire /ve'nire/ m. ***tutto questo andare e ~*** all this toing and froing *o* these comings and goings.

venoso /ve'noso/ agg. venous.

ventaglio, pl. **-gli** /ven'taʎʎo, ʎi/ m. **1** fan; ***a ~*** fan-shaped; ***disporre [qcs.] a ~*** to fan out [*carte, foto, riviste*] **2** FIG. *(gamma)* range.

ventata /ven'tata/ f. **1** blast of wind, gust of wind **2** FIG. ***una ~ di allegria*** a wave of joy; ***Tom è una ventata d'aria fresca*** Tom is like a breath of fresh air.

ventennale /venten'nale/ **I** agg. **1** *(che dura vent'anni)* twenty-year attrib., of twenty years mai attrib. **2** *(che ricorre ogni vent'anni)* occurring every twenty years **II** m. twentieth anniversary.

ventenne /ven'tɛnne/ agg., m. e f. twenty-year-old.

ventennio, pl. **-ni** /ven'tɛnnjo, ni/ m. twenty-year period ♦♦ ***il ~*** = the twenty years of Fascism in Italy.

ventesimo /ven'tɛzimo/ ➧ ***26, 5*** **I** agg. twentieth **II** m. (f. **-a**) twentieth.

venti /'venti/ ➧ ***26, 5, 8, 13*** **I** agg.inv. twenty **II** m.inv. **1** *(numero)* twenty **2** *(giorno del mese)* twentieth **III** m.pl. *(anni di età)* ***aver superato i ~*** to be in one's twenties **IV** f.pl. *(ore)* eight pm.

venticello /venti'tʃɛllo/ m. light breeze.

ventidue /venti'due/ ➧ ***26, 5, 8, 13*** **I** agg.inv. twenty-two **II** m.inv. **1** *(numero)* twenty-two **2** *(giorno del mese)* twenty-second **III** f.pl. *(ore)* ten pm.

ventilare /venti'lare/ [1] tr. **1** *(aerare)* to air, to ventilate [*stanza*] **2** FIG. *(proporre)* to air [*idea*]; to hint at [*possibilità*].

ventilato /venti'lato/ **I** p.pass. → **ventilare II** agg. [*stanza*] ventilated, airy; [*forno*] fan(-assisted).

ventilatore /ventila'tore/ m. **1** fan (anche AUT.) **2** EDIL. ventilator.

ventilazione /ventilat'tsjone/ f. ventilation.

ventina /ven'tina/ f. **1** *(circa venti)* about twenty **2** *(età)* ***essere sulla ~*** to be about twenty.

ventiquattro /venti'kwattro/ ➧ ***26, 5, 8, 13*** **I** agg.inv. twenty-four; ***~ ore su ~*** twenty-four hours a day, round the clock BE **II** m.inv. **1** *(numero)* twenty-four **2** *(giorno del mese)* twenty-fourth **III** f.pl. *(ore)* twelve pm.

ventiquattrore /ventikwat'trore/ f.inv. **1** *(valigetta)* overnight bag; *(portadocumenti)* briefcase **2** SPORT twenty-four-hour race.

ventitré /venti'tre/ ➧ ***26, 5, 8, 13*** **I** agg.inv. twenty-three **II** m.inv. **1** *(numero)* twenty-three **2** *(giorno del mese)* twenty-third **III** f.pl. *(ore)* eleven pm ♦ ***portare il cappello sulle ~*** to wear one's hat at a jaunty *o* rakish angle.

vento /'vɛnto/ m. wind; *(più debole)* breeze; *(più forte)* gale; ***un forte ~*** a high wind; ***un ~ forza 9*** a force 9 gale; ***~ dell'est, di ponente*** east, west wind; ***~ di terra, di mare*** offshore, onshore wind; ***tira ~*** it's windy, there's a wind blowing; ***soffiava un forte ~*** a gale was blowing, it was blowing a gale; ***si sta alzando il ~*** the wind is up; ***colpo*** o ***raffica di ~*** gust *o* blast of wind; ***~ contrario*** headwind; ***avere il ~ in poppa*** to sail *o* run before the wind (anche FIG.); ***essere trasportato dal ~*** to be carried *o* borne on the wind, to be windborne; ***capelli al ~*** hair flying in the wind *o* windblown hair; ***esposto al ~*** open to the wind; ***spazzato dal ~*** windswept; ***mulino a ~*** windmill; ***rosa dei -i*** windrose; ***farsi ~*** to fan oneself ♦ ***correre come il ~*** to run like the wind; ***qual buon ~ vi porta?*** what brings you here? ***parlare al ~*** to waste one's breath; ***fiutare il ~, vedere da che parte soffia il ~*** to see which way the wind blows; ***ai quattro -i*** to the four winds; ***gridare qcs. ai quattro -i*** to shout sth. from the rooftops, to tell the world about sth. ♦♦ ***~ solare*** solar wind; ***-i di guerra*** FIG. signs *o* threats of war.

ventola /'vɛntola/ f. **1** *(per il fuoco)* fire fan **2** MECC. impeller.

ventosa /ven'tosa/ f. **1** suction pad BE, suction cup AE **2** ZOOL. sucker.

ventoso /ven'toso/ agg. [*giornata, regione*] windy, breezy.

ventrale /ven'trale/ agg. [*pinna*] ventral; ***salto ~*** straddle (jump).

ventre /'vɛntre/ m. **1** *(addome)* abdomen, stomach; *(pancia)* belly; ***danza del ~*** belly dance; ***mettersi ~ a terra*** to lie on one's stomach **2** *(grembo)* womb; ***il ~ della terra*** FIG. the bowels of the earth **3** *(parte rigonfia)* belly ♦ ***correre ~ a terra*** to run flat out ♦♦ ***~ molle*** FIG. underbelly.

ventresca /ven'treska/ f. = white tuna underbelly in oil.

ventricolo /ven'trikolo/ m. ANAT. ventricle.

ventriera /ven'trjɛra/ f. body belt.

ventriglio, pl. **-gli** /ven'triʎʎo, ʎi/ m. gizzard.

ventriloquo /ven'trilokwo/ ➧ ***18*** **I** agg. ventriloquial **II** m. (f. **-a**) ventriloquist.

ventuno /ven'tuno/ ➧ ***26, 5, 8, 13*** **I** agg.inv. twenty-one **II** m.inv. **1** *(numero)* twenty-one **2** *(giorno del mese)* twenty-first **3** GIOC. twenty-one, pontoon BE **III** f.pl. *(ore)* nine pm.

ventura /ven'tura/ f. LETT. *(buona sorte)* fortune, luck, chance; ***andare alla ~*** to trust to luck; ***soldato di ~*** STOR. soldier of fortune.

venturo /ven'turo/ agg. next, coming; ***l'anno ~, lunedì ~*** next year, Monday; ***nei mesi -i*** in the coming months.

venuta /ve'nuta/ f. coming, arrival; ***la ~ del Messia*** the coming of the Messiah.

venuto /ve'nuto/ **I** p.pass. → **1.venire II** agg. ***persone -e da*** people from **III** m. (f. **-a**) ***i nuovi -i*** the newcomers; ***il primo ~*** the first comer *o* the first to come; ***non è la prima -a*** she's not just anybody.

vera /'vera, 'vɛra/ f. *(anello)* wedding ring.
verace /ve'ratʃe/ agg. **1** *(vero)* true **2** *(veritiero)* truthful, true **3** REGION. *(autentico)* ***un napoletano ~*** a genuine Neapolitan.
veracità /veratʃi'ta/ f.inv. truthfulness, truth.
veramente /vera'mente/ avv. **1** *(realmente)* truly, really, actually; ***vi racconterò che cosa è ~ accaduto*** I'll tell you what really happened; ***l'ha fatto ~*** he actually did it **2** *(proprio, davvero)* really, indeed; ***il film mi è ~ piaciuto*** I really enjoyed the film; ***faceva ~ caldo*** it was very hot indeed **3** *(per esprimere meraviglia)* really; ***"si è fidanzato" "~?"*** "he's got engaged" "really?" **4** *(a dire il vero)* actually, to tell the truth, as a matter of fact; ***~ credevo che lo sapessi*** actually, I thought you knew that.
veranda /ve'randa/ f. veranda(h), porch AE; ***in ~*** on the veranda(h).
1.verbale /ver'bale/ agg. **1** [*promessa, accordo*] verbal, oral; [*comunicazione, violenza*] verbal **2** LING. *(relativo ai verbi)* verbal.
2.verbale /ver'bale/ m. minutes pl., record, proceedings pl.; ***tenere, stendere il ~*** to take, to write up the minutes; ***mettere a ~*** to minute, to put on record; ***~ di contravvenzione*** ticket.
verbalizzare /verbalid'dzare/ [1] **I** tr. *(mettere a verbale)* to minute, to put* on record **II** intr. (aus. *avere*) to take* minutes.
verbalmente /verbal'mente/ avv. verbally, orally.
verbena /ver'bɛna/ f. verbena.
verbo /'vɛrbo/ m. **1** LING. verb **2** RELIG. ***il Verbo*** the Word **3** ANT. *(parola)* ***senza proferire ~*** without saying a word.
verbosità /verbosi'ta/ f.inv. wordiness.
verboso /ver'boso/ agg. [*persona, stile*] verbose; [*discorso*] wordy.
verdastro /ver'dastro/ agg. greenish.
verde /'verde/ ➧ **3 I** agg. **1** green; ***essere ~ di invidia*** FIG. to be green with envy; ***tavolo ~ (da gioco)*** board; ***zona ~*** green belt **2** *(ecologico)* [*benzina*] unleaded **3** *(non maturo)* [*frutto*] green, unripe; [*legna*] green **II** m. **1** green; ***è scattato il ~*** the light went *o* turned green **2** *(natura)* ***una striscia di ~*** a strip of green; ***casa immersa nel ~*** house swathed in greenery; ***il ~ pubblico*** public parks and gardens **III verdi** m.pl. POL. *(ecologisti)* ***i -i*** the environmentalists, the ecologists BE; *(partito politico)* ***i Verdi*** the Greens ♦ ***essere al ~*** to be broke ♦♦ ***~ bottiglia*** bottle green; ***~ mela*** apple green; ***~ oliva*** olive green; ***~ pisello*** pea green; ***~ smeraldo*** emerald green.
verdeazzurro /verdead'dzurro/ ➧ **3** agg. e m. ice blue.
verdeggiante /verded'dʒante/ agg. [*regione, vallata*] green, verdant LETT.
verdeggiare /verded'dʒare/ [1] intr. (aus. *avere*) *(essere verde)* to be* green; *(diventare verde)* to turn green.
verderame /verde'rame/ m.inv. verdigris.
verdetto /ver'detto/ m. **1** DIR. verdict; ***emettere un ~*** to return a verdict; ***~ di colpevolezza, d'assoluzione*** verdict of guilty, not guilty **2** FIG. *(giudizio)* verdict, judgement; ***il ~ della critica, dell'elettorato*** the critics', electorate's verdict.
verdognolo /ver'doɲɲolo/ agg. greenish.
verdone /ver'done/ **I** agg. dark green **II** m. **1** dark green **2** ORNIT. greenfinch **3** COLLOQ. *(dollaro)* greenback.
verdura /ver'dura/ f. *(ortaggio)* vegetable; *(insieme di ortaggi)* vegetables pl., veg BE COLLOQ.; ***~ fresca*** green vegetables; ***passato di -e*** vegetable puree.
verecondia /vere'kondja/ f. prudishness.
verecondo /vere'kondo/ agg. prudish.
verga, pl. **-ghe** /'verga, ge/ f. **1** *(bacchetta)* rod, staff **2** METALL. bar, rod.
vergare /ver'gare/ [1] tr. *(scrivere)* to write* [sth.] by hand.
verginale /verdʒi'nale/ agg. virginal.
vergine /'verdʒine/ **I** agg. **1** virgin; ***essere ~*** to be a virgin **2** *(non utilizzato)* [*cassetta, foglio*] blank; [*dischetto, pellicola*] unused **3** *(inesplorato)* [*foresta, terra*] virgin **4** *(puro)* ***cera ~ d'api*** beeswax; ***pura lana ~*** pure new wool **II** f. virgin.
Vergine /'verdʒine/ **I** f. RELIG. ***la (Santa) ~*** the (Blessed) Virgin **II** ➧ **38** f.inv. ASTROL. Virgo, the Virgin; ***essere della ~*** to be (a) Virgo.
verginità /verdʒini'ta/ f.inv. virginity ♦ ***rifarsi una ~*** to reestablish one's good reputation.
vergogna /ver'goɲɲa/ f. **1** *(mortificazione)* shame; *(imbarazzo)* embarrassment; ***arrossire di ~*** to blush with shame; ***provare ~*** to feel ashamed (**per** of); ***non avere ~*** to be without shame; ***morire di ~*** to die of shame; *(d'imbarazzo)* to die of embarrassment; ***~!*** shame on you! **2** *(onta)* disgrace, shame; ***essere la ~ di qcn.*** to be a disgrace to sb.; ***è una ~ che*** it's disgraceful that.
vergognarsi /vergoɲ'ɲarsi/ [1] pronom. to be* ashamed, to feel* ashamed; ***~ per qcn.*** to feel embarrassed for sb.; ***dovresti vergognarti di te stesso*** you ought to be ashamed of yourself; ***si vergogna di farsi vedere con lui*** she is ashamed to be seen with him; ***mi vergogno ad ammetterlo*** I blush to admit it; ***non c'è nulla di cui ~*** it's nothing to be ashamed of.
vergognoso /vergoɲ'ɲoso/ agg. **1** *(disonorevole)* [*comportamento*] disgraceful, shameful; ***è ~ che*** it's disgraceful that **2** *(che prova vergogna)* [*persona*] ashamed (**di** of) **3** *(timido)* [*persona*] shy.
veridicità /veriditʃi'ta/ f.inv. truthfulness, truth.
veridico, pl. **-ci, -che** /ve'ridiko, tʃi, ke/ agg. [*fatto, storia*] true; [*testimonianza*] truthful.
verifica, pl. **-che** /ve'rifika, ke/ f. **1** *(controllo)* verification, check; ***procedere a*** o ***effettuare delle -che*** to carry out checks (**su** on) **2** SCOL. testing, test ♦♦ ***~ dei conti*** audit.
verificabile /verifi'kabile/ agg. verifiable.
verificare /verifi'kare/ [1] **I** tr. **1** *(controllare)* to check [*strumento, calcoli, conti*]; to control [*qualità*] **2** *(accertare)* to check, to verify [*affermazione, testimonianza*]; to confirm [*ipotesi*]; ***~ l'esattezza di qcs.*** to check sth. for accuracy; ***gli hanno posto delle domande per ~ la sua conoscenza dell'inglese*** they tested him on his knowledge of English **II verificarsi** pronom. **1** *(succedere)* [*evento, incidente, errore*] to occur; [*cambiamento*] to come* about, to occur **2** *(avverarsi)* to come* true.
verificatore /verifika'tore/ m. (f. **-trice** /tritʃe/) checker, verifier ♦♦ ***~ dei conti*** auditor.
verismo /ve'rizmo/ m. LETTER. verism.
verità /veri'ta/ f.inv. truth; ***siero della ~*** truth drug; ***macchina della ~*** lie detector; ***mezza ~*** half-truth; ***è la pura ~*** it's the honest *o* simple truth; ***dire la ~*** to tell the truth; ***a dire la ~, per la*** o ***in ~*** to tell the truth; ***una ~ universale*** a universal truth.
veritiero /veri'tjɛro/ agg. **1** *(che dice il vero)* [*testimone*] truthful **2** *(vero)* [*racconto*] true.
verme /'vɛrme/ m. worm (anche FIG.); *(della frutta)* grub, maggot ♦ ***nudo come un ~*** stark naked ♦♦ ***~ solitario*** tapeworm.
vermeil /ver'mɛj/ m.inv. silver gilt.
vermicelli /vermi'tʃɛlli/ m.pl. GASTR. vermicelli.
vermifugo, pl. **-ghi, -ghe** /ver'mifugo, gi, ge/ agg. e m. vermifuge.
vermiglio, pl. **-gli, -glie** /ver'miʎʎo, ʎi, ʎe/ ➧ **3** agg. e m. vermilion.
vermout(h), **vermut** /'vɛrmut/ m.inv. vermouth.
vernacolare /vernako'lare/ agg. vernacular.
vernacolo /ver'nakolo/ agg. e m. vernacular.
vernice /ver'nitʃe/ f. **1** paint; *(trasparente)* varnish; ***una mano di ~*** a coat of paint *o* varnish; ***"~ fresca"*** "wet paint" **2** *(pellame)* patent leather **3** FIG. *(apparenza)* veneer, gloss **4** *(vernissage)* preview, private view.
verniciare /verni'tʃare/ [1] tr. to paint [*muro*]; to varnish [*mobile, tavola*].
verniciata /verni'tʃata/ f. coat of paint, coat of varnish.
verniciatore /vernitʃa'tore/ ➧ **18** m. (f. **-trice** /tritʃe/) **1** *(persona)* varnisher **2** *(apparecchio)* ***~ a spruzzo*** paint sprayer.
verniciatura /vernitʃa'tura/ f. **1** painting, varnishing **2** *(strato di vernice)* coat of paint, coat of varnish **3** FIG. *(apparenza)* veneer.
vernissage /vernis'saʒ/ m.inv. preview, private view.
vero /'vero/ **I** agg. **1** *(conforme a verità)* true; ***è proprio ~!*** that's absolutely true! ***non è del tutto ~*** it's not altogether true; ***è anche ~ che...*** it's nonetheless true that... **2** *(reale)* [*storia, fatto*] true; [*nome, ragione, responsabile*] real, actual; [*causa, motivo, costo*] true, actual; ***com'è ~ che sono qui*** as true as I'm standing here; ***strano, ma ~!*** strange but true! ***è troppo bello per essere ~!*** it's too good to be true! **3** *(autentico)* real, genuine; ***un diamante ~*** a real diamond; ***"~ cuoio"*** "genuine *o* real leather"; ***il ~ problema non sta lì*** that's not the real problem; ***~ amore*** true love; ***un artista nel ~ senso della parola*** an artist

in the true sense of the word **4** *(con valore enfatico)* real, veritable; ***è un ~ miracolo*** it's a real *o* veritable miracle; ***è stato un ~ incubo!*** it was a living nightmare! **5** *(come intercalare)* ***sei mal messo, ~?*** you're in a bad way, aren't you? ***vive in Germania, non è ~?*** he lives in Germany, doesn't he? ***lo capisci, ~?*** surely you can understand that? **II** m. **1** *(verità)* truth; ***c'è del ~ in quello che dici*** there's some truth in what you say; ***a dire il ~*** to tell the truth, actually **2** *(realtà)* ***dal ~*** [*dipingere, ritrarre*] from life; ***disegno dal ~*** life drawing.

veronese /vero'nese/ ➧ *2* agg., m. e f. Veronese.

verosimiglianza /verosimiʎ'ʎantsa/ f. likelihood, plausibility, verisimilitude FORM.

verosimile /vero'simile/ agg. plausible, likely; ***poco ~*** unlikely.

verosimilmente /verosimil'mente/ avv. probably.

verricello /verri'tʃɛllo/ m. winch, windlass.

verro /'vɛrro/ m. boar.

verruca, pl. **-che** /ver'ruka, ke/ f. wart, verruca*.

versaccio, pl. **-ci** /ver'sattʃo, tʃi/ m. ***fare -ci*** to blow a raspberry.

versamento /versa'mento/ m. **1** *(fuoriuscita di liquido)* pouring, shedding **2** *(pagamento di una somma)* payment **3** *(deposito)* deposit; ***~ in contanti*** cash deposit; ***fare*** o ***effettuare un ~ sul proprio conto*** to pay money into one's account; ***distinta di ~*** deposit slip.

versante /ver'sante/ m. **1** *(fianco)* slope, side **2** FIG. *(aspetto, ambito)* ***sul ~ politico la situazione è tesa*** the situation is tense on the political horizon.

1.versare /ver'sare/ [1] **I** tr. **1** *(far scendere)* to pour [*bevanda, liquido*] (**in** into); ***~ da bere a qcn.*** to pour sb. a drink **2** *(rovesciare)* to spill [*liquido*] **3** *(pagare)* to pay* [*somma, caparra*]; *(depositare)* to pay* in, to bank [*denaro, assegno*] **4** FIG. to shed [*lacrima, sangue*]; ***~ il (proprio) sangue per la patria*** LETT. to spill *o* shed one's blood for one's country **II versarsi** pronom. **1** *(rovesciarsi)* [*liquido, contenuto*] to spill out; ***-rsi qcs. addosso*** to spill *o* pour sth. down one's front **2** *(mescersi)* ***-rsi qcs. da bere*** to pour oneself sth. to drink **3** *(gettarsi)* [*fiume*] to flow* (**in** into).

2.versare /ver'sare/ [1] intr. (aus. *avere*, *essere*) to be*; ***~ in fin di vita*** to be close to death.

versatile /ver'satile/ agg. versatile.

versatilità /versatili'ta/ f.inv. versatility.

versato /ver'sato/ **I** p.pass. → **2.versare II** agg. *(dotato)* (well-)versed (**per** in).

verseggiare /versed'dʒare/ [1] intr. (aus. *avere*) to versify.

verseggiatore /verseddʒa'tore/ m. (f. **-trice** /tritʃe/) versifier.

versetto /ver'setto/ m. *(della Bibbia, del Corano)* verse; *(di canto liturgico)* versicle.

versificare /versifi'kare/ → **verseggiare**.

versificatore /versifika'tore/ m. (f. **-trice** /tritʃe/) versifier.

versificazione /versifikat'tsjone/ f. versification.

versione /ver'sjone/ f. **1** *(traduzione)* translation **2** *(interpretazione)* version; ***la sua ~ dei fatti*** his version of events; ***la ~ ufficiale*** the official version **3** CINEM. LETTER. MUS. version; ***in ~ originale*** in the original (version); ***~ integrale, ridotta*** full-length, abridged version **4** *(modello)* model, version; ***~ (di) base, di lusso*** standard, de luxe model.

1.verso /'vɛrso/ **I** m. **1** METR. line (of verse); ***un ~ di dodici sillabe*** a line of twelve syllables; ***in -i*** in verse **2** *(grido caratteristico) (di animali)* cry; *(di uccelli)* call; ***qual è il ~ del leone?*** what noise does the lion make? **3** *(imitazione)* ***(ri)fare il ~ a qcn.*** to take sb. off **4** *(direzione)* way, direction; ***andare nello stesso ~*** to go in the same direction; ***andare per il ~ sbagliato*** FIG. [*piano*] to go awry; ***andare per il proprio ~*** FIG. [*cosa*] to take its course **5** *(modo, maniera)* way; ***non c'è ~ di fare*** there is no way of doing; ***fargli ammettere che ha torto? non c'è ~!*** make him admit he's wrong? no chance! **6** *(lato)* ***per un ~..., per l'altro...*** on the one hand..., on the other hand...; ***mettere la gonna per il ~ sbagliato*** to put one's skirt on the wrong way around **II versi** m.pl. *(componimento)* verse; ***mettere in -i*** to versify *o* put into verse ♦ ***per un ~ o per l'altro*** one way or another; ***prendere qcn., qcs. per il ~ giusto, sbagliato*** to get on the right, wrong side of sb., sth. ♦♦ ***-i liberi*** free verse; ***-i sciolti*** blank verse.

2.verso /'vɛrso/ m.inv. *(rovescio) (di foglio)* back; *(di moneta)* reverse.

3.verso /'vɛrso/ prep. **1** *(in direzione di)* toward(s); ***venne ~ di me, ~ il bambino*** he came toward(s) me, the child; ***guardare ~ qcn.*** to look in sb.'s direction; ***spostarsi da sinistra ~ destra*** to move from left to right; ***migrazioni ~ sud*** migration to the south; ***dirigersi ~ casa*** to head for home; ***viaggiare ~ nord*** to travel northward(s) *o* toward(s) the north; ***~ l'alto, il basso*** upward(s), downward(s); ***~ l'interno, l'esterno*** inward(s), outward(s); ***girare qcs. ~ destra, sinistra*** to turn sth. to the right, left **2** *(nei pressi di)* ***ci fermeremo ~ Mantova*** we'll stop near Mantua **3** *(di tempo)* ***~ sera*** toward(s) evening; ***~ mezzogiorno*** about *o* around noon; ***~ la fine di maggio*** toward(s) *o* around the end of May **4** *(nei riguardi di)* toward(s), to.

vertebra /'vɛrtebra/ f. vertebra*.

vertebrale /verte'brale/ agg. vertebral; ***colonna ~*** vertebral *o* spinal column.

vertebrato /verte'brato/ agg. e m. vertebrate.

vertenza /ver'tɛntsa/ f. dispute, controversy ♦♦ ***~ sindacale*** industrial *o* trade dispute.

vertere /'vɛrtere/ [2] intr. [*dibattito, articolo*] to revolve (**su** round), to focus (**su** on).

verticale /verti'kale/ **I** agg. [*movimento, posizione, asse, piano, decollo, organizzazione*] vertical; [*specchio, pannello, pianoforte*] upright **II** f. **1** *(linea)* vertical (anche MAT.) **2** *(in ginnastica) (sulle braccia)* handstand; *(sulla testa)* headstand **III verticali** f.pl. *(in enigmistica)* down.

vertice /'vɛrtitʃe/ m. **1** MAT. vertex* **2** FIG. *(di carriera)* summit; *(di gerarchia, organizzazione)* top; ***essere al ~ del successo, della popolarità*** to be at the height of one's success, popularity; ***questa decisione viene dal ~*** this decision comes from the top **3** *(incontro)* summit.

vertigine /ver'tidʒine/ **I** f. dizziness, giddiness **II vertigini** f.pl. dizzy spell(s); MED. vertigo*; ***soffrire di -i*** to suffer from vertigo *o* dizzy spell(s); ***ho le -i*** I feel dizzy *o* giddy.

vertiginosamente /vertidʒinosa'mente/ avv. ***salire ~*** [*prezzi, profitti*] to rocket, to spiral; ***scendere ~*** [*prezzi, profitti*] to spiral downwards, to plummet.

vertiginoso /vertidʒi'noso/ agg. [*altezza*] dizzy, giddy; [*caduta*] vertiginous; [*velocità*] dizzying; [*somma*] staggering; [*scollatura*] plunging.

verve /vɛrv/ f.inv. verve.

verza /'verdza, 'verdza/ f. savoy cabbage.

vescia, pl. **-sce** /'veʃʃa, ʃe/ f. BOT. ***~ di lupo*** puffball.

vescica, pl. **-che** /veʃ'ʃika, ke/ f. **1** *(bolla)* blister **2** ANAT. *(organo)* bladder.

vescovado /vesko'vado/, **vescovato** /vesko'vato/ m. **1** *(episcopato)* episcopate **2** *(territorio)* bishopric, (episcopal) see **3** *(palazzo)* bishop's palace.

vescovile /vesko'vile/ agg. episcopal, bishop's attrib.

vescovo /'veskovo/ m. bishop.

vespa /'vɛspa/ f. ZOOL. wasp.

vespaio, pl. **-ai** /ves'pajo, ai/ m. wasps' nest; ***suscitare un ~*** FIG. to stir up a hornet's nest.

vespasiano /vespa'zjano/ m. public urinal.

vespertino /vesper'tino/ agg. evening attrib.

vespro /'vɛspro/ m. **1** *(sera)* evening **2** RELIG. vespers pl.

vessare /ves'sare/ [1] tr. to burden, to oppress.

vessatorio, pl. **-ri**, **-rie** /vessa'tɔrjo, ri, rje/ agg. oppressive.

vessazione /vessat'tsjone/ f. harassment, oppression.

vessillo /ves'sillo/ m. **1** *(stendardo)* standard, banner; *(bandiera)* flag **2** FIG. flag, banner.

vestaglia /ves'taʎʎa/ f. dressing gown.

vestale /ves'tale/ f. vestal virgin.

veste /'vɛste/ **I** f. **1** *(vestito)* dress, garment; *(da cerimonia)* robe **2** FIG. *(qualità)* ***in ~ ufficiale, privata*** in an official, private capacity; ***in ~ di consulente*** in an advisory capacity **3** EDIT. TIP. ***edizione con una nuova ~ grafica*** new look edition **II vesti** f.pl. clothing **U**, clothes ♦♦ ***~ da camera*** dressing gown.

vestiario, pl. **-ri** /ves'tjarjo, ri/ m. **1** clothing **U**, clothes pl.; ***un capo di ~*** an article *o* item of clothing **2** TEATR. costumes pl.

vestiarista, m.pl. **-i**, f.pl. **-e** /vestja'rista/ ➧ *18* m. e f. dresser.

vestibilità /vestibili'ta/ f.inv. wearability.

vestibolo /ves'tibolo/ m. **1** ARCH. hall(way), lobby; *(di antica casa romana)* vestibule **2** ANAT. vestibule.

vestigia /ves'tidʒa/ f.pl. relics, remains.

1.vestire /ves'tire/ [3] Tra gli equivalenti inglesi di *vestire* e *vestirsi*, vanno notati i diversi usi di *to dress*: con uso intransitivo, *to dress* è un verbo d'uso abbastanza formale, mentre la forma più comune è *to get dressed*; *to dress up* significa *vestirsi con particolare eleganza per un'occasione particolare*, oppure *travestirsi* (*dovremo vestirci bene per la sua festa di compleanno?* = will we have to dress up for her birthday party? *per fare uno scherzo, John si è vestito da donna* = John dressed up as a woman for a laugh); *to dress oneself* con il pronome riflessivo si usa solo per indicare un certo sforzo nel vestirsi (*Jim ha tre anni, non riesce ancora a vestirsi da solo* = Jim is three, he can't dress himself yet); *to dress* e *to be / get dressed* sono seguiti da *in* (*vestirsi di verde* = to be dressed in green). **I** tr. **1** *(mettere dei vestiti a)* to dress [*persona, bambola*]; ***~ un bambino da angelo*** to dress a child up as an angel **2** *(fornire l'abbigliamento a)* to clothe [*figlio*]; to provide [sb.] with clothing [*recluta, personale*] **3** *(indossare)* to wear*, to have* on; ***~ abiti firmati*** to wear designer clothes **4** *(adattarsi)* ***questo cappotto ti veste bene*** this coat fits you very well **II** intr. (aus. *avere*) **1** *(abbigliarsi)* to dress; ***~ di nero*** to dress in *o* wear black **2** *(adattarsi)* ***la giacca veste in maniera perfetta*** the jacket is a perfect fit **III vestirsi** pronom. **1** *(mettersi addosso indumenti)* to dress, to get* dressed **2** *(scegliere uno stile)* ***-rsi da vecchio, all'ultima moda*** to dress old, in the latest fashion; ***-rsi in lungo*** to wear a full-lenght dress **3** *(fornirsi di vestiti)* ***-rsi da un grande sarto*** to get one's clothes from a couturier **4** *(travestirsi)* to dress up; ***-rsi da donna*** to dress up as a woman.

2.vestire /ves'tire/ m. *(vestiario)* ***quanto spendi nel ~?*** how much do you spend on clothes? *(modo di vestirsi)* ***(non) avere gusto nel ~*** to have (no) dress sense.

1.vestito /ves'tito/ **I** p.pass. → **1.vestire II** agg. **1** dressed; ***~ di nero*** dressed in black; ***essere ~ a o di nuovo*** to be wearing brand new clothes; ***mezzo ~*** half-dressed; ***~ a festa*** in one's Sunday best; ***essere ~ da inverno*** to be wearing winter clothes, to be dressed for winter; ***dormire ~*** to sleep in one's clothes **2** *(travestito)* dressed up; ***~ da clown*** dressed up as a clown.

2.vestito /ves'tito/ Il sostantivo *vestito* si può tradurre in inglese in vari modi: un singolo capo d'abbigliamento è *piece / item of clothing* oppure *garment*, parola d'uso formale; *dress* designa il vestito da donna; *suit* può indicare l'abito completo da uomo o il tailleur da donna. Quando il plurale *vestiti* ha significato generico si rende di solito con *clothes* o *clothing* (quest'ultima è parola d'uso formale, equivalente all'italiano *vestiario*). ➧ *35* **I** m. **1** *(indumento)* article of clothing, item of clothing, piece of clothing, garment FORM.; *(da donna)* dress; *(da uomo)* suit **2** *(costume)* ***~ da Arlecchino*** Harlequin costume **II vestiti** m.pl. *(abbigliamento)* clothing **U**, dress **U**; ***-i firmati*** designer clothes ♦♦ ***~ della festa*** Sunday best; ***~ da sera*** evening dress; *(da donna)* gown; ***~ da sposa*** wedding dress *o* gown.

Vesuvio /ve'zuvjo/ n.pr.m. Vesuvius.

veterano /vete'rano/ m. MIL. SPORT veteran (anche FIG.); ***un ~ della politica*** a veteran politician.

veterinaria /veteri'narja/ f. veterinary medicine.

veterinario, pl. **-ri**, **-rie** /veteri'narjo, ri, rje/ **I** agg. veterinary **II** ➧ *18* m. (f. **-a**) veterinary (surgeon), vet, veterinarian AE.

veto /'vɛto/ m. veto*; ***mettere o opporre il proprio ~ a qcs.*** to veto sth.; ***diritto di ~*** right of veto.

vetraio, pl. **-ai** /ve'trajo, ai/ ➧ *18* m. **1** *(chi applica vetri)* glazier **2** *(chi lavora il vetro)* glassmaker.

vetrata /ve'trata/ f. **1** *(intelaiatura con vetro)* full-length window; *(porta)* glass door **2** *(di chiesa)* stained glass window.

vetrato /ve'trato/ agg. ***porta -a*** glass door; ***carta -a*** glasspaper, sand paper.

vetreria /vetre'ria/ f. *(stabilimento)* glassworks.

vetrificare /vetrifi'kare/ [1] **I** tr. TECN. vitrify **II** intr. (aus. *essere*), **vetrificarsi** pronom. to vitrify.

vetrina /ve'trina/ f. **1** *(di negozio)* shop window; ***la giacca in ~*** the jacket in the window; ***allestire una ~*** to dress a shop window; ***andare in giro per -e*** to go window-shopping **2** *(bacheca)* display case; *(mobile)* display cabinet, china cabinet **3** FIG. showcase; ***mettersi in ~*** to push oneself forward *o* to show oneself off.

vetrinetta /vetri'netta/ f. cabinet, case.

vetrinista, m.pl. **-i**, f.pl. **-e** /vetri'nista/ ➧ *18* m. e f. window dresser.

vetrinistica /vetri'nistika/ f. window dressing.

vetrino /ve'trino/ m. *(per microscopio)* slide.

vetriolo /vetri'ɔlo/ m. vitriol; ***al ~*** FIG. caustic.

vetro /'vetro/ m. **1** *(materiale)* glass; ***bottiglia di ~*** glass bottle; ***è di ~?*** is it made of glass? ***frammenti di ~*** broken glass; ***lana di ~*** glass wool; ***mettere qcs. sotto ~*** to glass sth. **2** *(lastra)* pane; *(di finestra)* windowpane; *(di orologio)* crystal; ***lavare i -i*** to wash the windows; ***rompere un ~*** to smash *o* break a windowpane; ***doppi -i*** double glazing ♦♦ ***~ antiproiettile*** bulletproof window; ***~ antiriflesso*** antiglare glass; ***~ blindato*** → ***~ antiproiettile***; ***~ di sicurezza*** safety glass; ***~ smerigliato*** ground glass; ***~ soffiato*** blown glass.

vetrocemento /vetrotʃe'mento/ m. = concrete-framed glass panels.

vetroceramica /vetrotʃe'ramika/ f. pyroceram®.

vetroresina /vetro'rɛzina/ f. fibreglass BE, fiberglass AE.

vetroso /ve'troso/ agg. vitreous.

vetta /'vetta/ f. **1** *(di montagna)* mountain top, summit, peak **2** FIG. ***la ~ del successo*** the peak of success; ***essere sulla ~*** to be on top; ***essere in ~ a qcs.*** to be at the top of sth.

vettore /vet'tore/ **I** m. **1** FIS. vector **2** *(di malattia)* vector, carrier **II** agg. **1** *(che trasporta)* ***razzo ~*** carrier rocket **2** MAT. ***raggio ~*** radius vector.

vettoriale /vetto'rjale/ agg. [*calcolo*] vectorial; [*analisi, campo, prodotto*] vector.

vettovaglia /vetto'vaʎʎa/ f. ***le -e*** provisions.

vettovagliamento /vettovaʎʎa'mento/ m. provision of fresh supplies; ***ufficio ~*** victualling office.

vettura /vet'tura/ f. **1** *(auto)* car **2** *(vagone)* railway carriage BE, railroad car AE; ***~ di testa, di coda*** first, last carriage *o* car; ***~ di prima, seconda (classe)*** first, second class carriage *o* car; ***in ~!*** all aboard! **3** *(carrozza)* carriage, coach.

vetturino /vettu'rino/ ➧ *18* m. coach driver, coachman*.

vetusto /ve'tusto/ agg. LETT. ancient, very old.

vezzeggiare /vettsed'dʒare/ [1] tr. to pamper [*bambino*].

vezzeggiativo /vettseddʒa'tivo/ m. pet name; LING. = diminutive.

vezzo /'vettso/ m. **1** *(abitudine)* habit, quirk; ***ha il ~ di succhiarsi il pollice*** he has the bad habit of sucking his thumb; ***ognuno ha i propri -i*** everyone has their own little quirks **2** *(moina)* ***non sopporto i tuoi -i*** I can't stand your simpering **3** *(gioiello)* necklace; ***un ~ di perle*** a string of pearls.

vezzoso /vet'tsoso/ agg. **1** *(leggiadro)* charming **2** *(affettato)* simpering, affected.

VF ⇒ vigili del fuoco fire brigade.

1.vi /vi/ v. la nota della voce io. **I** pron.pers. **1** *(complemento oggetto)* you; ***~ hanno chiamato*** they called you; ***mi sento in obbligo di avvertirvi*** I feel I should warn you **2** *(complemento di termine)* you; ***non ~ dicono la verità*** they don't tell you the truth; ***~ vuole parlare*** he wants to speak to you **3** *(con verbi pronominali)* ***~ siete fatti male?*** did you hurt yourselves? ***~ siete lavati le mani?*** have you washed your hands? ***non preoccupatevi*** don't worry **4** *(fra due)* each other; *(fra più di due)* one another; ***perché non ~ parlate?*** why don't you speak to each other? ***dovreste aiutarvi*** you should help one another **5** *(pleonastico)* ***chi ~ credete di essere?*** who do you think you are? **II** pron.dimostr. LETT. → **1.ci III** avv. LETT. → **1.ci**.

2.vi /vi/ → **vu**.

1.via /'via/ f. **1** *(strada)* road; *(di città)* street; ***le -e di Londra*** the streets of London; ***la Via Appia*** the Appian Way; ***~ principale*** high *o* main street; ***~ laterale*** side street; ***sulla pubblica ~*** on the public highway **2** *(tragitto, percorso)* way; ***sulla ~ del ritorno*** on one's way back; ***prendere la ~ più lunga*** to take the long way round; ***andare da Torino a Roma ~ Bologna*** *(passando per)* to go from Turin to Rome via Bologna **3** FIG. *(per-*

corso) ***essere sulla ~ della perdizione*** to be on the road to perdition; ***la ~ del successo*** the gateway to success; ***seguire, allontanarsi dalla retta ~*** to keep to, to stray from the straight and narrow; ***scegliere una ~ di mezzo*** to take *o* follow a middle course; ***né rosso né arancione, ma una ~ di mezzo*** neither red nor orange but somewhere (in) between **4** *(mezzo, maniera)* way; ***non c'è ~ di scampo*** there's no way out **5** *(fase)* ***in ~ di completamento*** nearing completion; ***in ~ di guarigione*** on the road to recovery; ***specie in ~ d'estinzione*** endangered species; ***paese in ~ di sviluppo*** developing country **6** *(modo di procedere)* ***per ~ diplomatica*** through diplomatic channels; ***per -e traverse*** by roundabout means; ***per ~ legale*** through a law suit **7** MED. *(mezzo di somministrazione)* ***per ~ orale, endovenosa*** orally, intravenously **8** ANAT. duct; ***-e respiratorie*** respiratory tract; ***-e urinarie*** urinary passage **9** **per via di** because of, owing to ♦ ***le -e del Signore sono infinite*** God moves in mysterious ways ♦♦ ***"per ~ aerea"*** "by airmail"; ***~ di comunicazione*** transport link; ***la Via Lattea*** the Milky Way; ***~ maestra*** high Street GB, main Street US; ***(passare alle) -e di fatto*** DIR. (to resort to) force.

2.via /'via/ **I** avv. **1** *(unito a voci verbali)* away, off; ***andare ~*** to go away; [*luce*] to go off; ***buttare ~ qcs.*** to throw sth. away; ***dare ~ qcs.*** to give sth. away; ***venire ~*** [*etichetta, vernice, bottone*] to come off **2** **via via** *(man mano)* ***~ ~ inventava delle spiegazioni*** he was making up explanations as he went along; ***~ ~ che la serata proseguiva...*** as the evening went on...; ***il tuo inglese va ~ ~ migliorando*** your English is improving little by little **II** m.inv. **1** *(partenza)* start; *(segnale)* starting signal; ***al ~*** at the start; ***dare il ~*** to give the starting signal **2** FIG. ***dare il ~ a qcs.*** to give sth. the go-ahead **III** inter. **1** *(di incoraggiamento, incitamento)* come on; *(di allontanamento)* ***~ (di qui)!*** go away! *(di stupore, incredulità)* ***~, non può essere vero*** get away, it can't be true **2** *(comando di partenza)* ***uno, due, tre, ~!*** one, two, three, go! ***ai vostri posti, pronti, ~!*** ready, steady, go! ♦ ***e così ~, e ~ dicendo, e ~ di questo passo*** o ***di seguito*** and so on.

viabilità /viabili'ta/ f.inv. **1** *(percorribilità)* road condition **2** *(rete stradale)* road system.

viacard /via'kard/ f.inv. = prepaid motorway toll card.

Via Crucis /via'krutʃis/ f.inv. Way of the Cross.

viado /vi'ado/ m. (pl. **~s**) = transvestite or transexual prostitute of South American origin.

viadotto /via'dotto/ m. viaduct.

viaggiante /vjad'dʒante, viad'dʒante/ agg. ***personale ~*** train crew.

viaggiare /vjad'dʒare, viad'dʒare/ [1] intr. (aus. *avere*) **1** *(spostarsi)* [*persona*] to travel; ***~ in treno, auto, aereo*** to travel by train, car, plane; ***~ in prima classe*** to travel first class; ***~ per affari, piacere*** to travel on business, for pleasure; ***~ nel tempo*** FIG. to travel forward, back in time; ***~ con la fantasia*** FIG. to let one's imagination wander **2** *(procedere)* ***~ a 50 km/h*** to travel at 50 kph; ***il treno viaggia con un ritardo di venti minuti*** the train is twenty minutes behind schedule.

viaggiatore /vjaddʒa'tore, viaddʒa'tore/ **I** m. (f. **-trice** /tritʃe/) **1** *(passeggero)* passenger; ***i -i in transito*** transit passengers **2** *(esploratore)* traveller BE, traveler AE **II** agg. ***commesso ~*** travelling salesman, commercial traveller; ***piccione ~*** carrier *o* homing pigeon.

viaggio, pl. **-gi** /'vjaddʒo, vi'addʒo, dʒi/ **I** m. **1** journey; *(breve)* trip; *(con diverse tappe)* tour; *(per mare o nello spazio)* voyage; ***un ~ a Londra, in India*** a trip to London, to India; ***un ~ di due settimane in Scozia*** a two-week tour of Scotland; ***~ in treno*** train journey; ***~ di ritorno*** return journey; ***fare un ~*** to go on *o* make a journey *o* a trip; ***mettersi in ~*** to set off; ***essere in ~*** to be (away) on a trip; ***buon ~!*** have a safe journey! ***avete fatto buon ~?*** did you have a good journey? ***fare un ~ intorno al mondo*** to go on a trip around the world; ***~ nel tempo*** time travel **2** *(volta)* trip; ***fare due -gi per portare qcs.*** to make two trips to carry sth. **3** GERG. *(sensazione allucinatoria)* trip **II viaggi** m.pl. *(il viaggiare)* ***-gi aerei, per mare*** air, sea travel; ***-gi all'estero*** overseas *o* foreign travel; ***durante i miei -gi*** on *o* in the course of my travels; ***amare i -gi*** to love travelling; ***agenzia di -gi*** travel agency; ***libro di -gi*** travel book ♦♦ ***~ d'affari*** business trip; ***~ di nozze*** honeymoon; ***~ organizzato*** package tour; ***~ di studio*** study trip.

viale /vi'ale/ m. *(strada alberata)* avenue, boulevard; *(in giardini, parchi)* alley, path; *(di accesso)* drive ♦ ***essere sul ~ del tramonto*** to be on the decline.

vialetto /via'letto/ m. path, walk.

viandante /vian'dante/ m. e f. wayfarer.

viario, pl. **-ri, -rie** /vi'arjo, ri, rje/ agg. ***rete -a*** road network.

viatico, pl. **-ci** /vi'atiko, tʃi/ m. RELIG. viaticum.

viavai /via'vai/ m.inv. *(andirivieni)* comings and goings pl.; ***un continuo ~ di visitatori*** a steady stream of callers.

vibrafono /vi'brafono/ ➧ ***34*** m. vibraphone.

vibrante /vi'brante/ agg. **1** *(in vibrazione)* vibrating **2** FIG. *(fremente)* [*voce, discorso*] vibrant; ***~ di rabbia*** quivering with anger **3** FON. vibrant.

vibrare /vi'brare/ [1] **I** tr. **1** *(scagliare)* to hurl [*giavellotto*] **2** *(assestare)* to deal*, to strike* [*colpo*] **II** intr. (aus. *avere*) **1** *(essere in vibrazione)* [*corda*] to twang; FIS. to vibrate; ***la scossa di terremoto fece ~ i vetri*** the earthquake made the windows shake *o* rattle **2** *(risuonare)* to resound, to ring* **3** FIG. *(fremere)* to quiver.

vibrato /vi'brato/ **I** p.pass. → **vibrare II** agg. [*protesta*] clamorous **III** m. MUS. vibrato.

vibratore /vibra'tore/ m. vibrator.

vibratorio, pl. **-ri, -rie** /vibra'tɔrjo, ri, rje/ agg. [*movimento*] vibratory.

vibrazione /vibrat'tsjone/ f. vibration.

vibromassaggiatore /vibromassaddʒa'tore/ m. vibrator.

vicariato /vika'rjato/ m. vicariate.

vicario, pl. **-ri, -rie** /vi'karjo, ri, rje/ **I** agg. vicarious **II** m. substitute; RELIG. vicar ♦♦ ***~ apostolico*** vicar apostolic.

vice /'vitʃe/ m. e f.inv. deputy, assistant.

viceammiraglio, pl. **-gli** /vitʃeammi'raʎʎo, ʎi/ m. Vice-Admiral.

vicebrigadiere /vitʃebriga'djɛre/ m. = noncommissioned officer of the Carabinieri and Guardia di Finanza.

vicecommissario /vitʃekommis'sarjo/ m. deputy police chief, deputy police superintendent.

viceconsole /vitʃe'kɔnsole/ m. vice-consul.

vicedirettore /vitʃediret'tore/ m. (f. **-trice** /tritʃe/) *(di azienda)* assistant manager; *(di scuola)* vice-principal, deputy head.

vicegovernatore /vitʃegoverna'tore/ m. lieutenant Governor.

vicenda /vi'tʃɛnda/ f. **1** *(evento, fatto)* affair, event; ***i retroscena di una ~*** the ins and outs of an affair; ***una ~ curiosa*** a strange occurrence; ***le -e della guerra*** the fortunes of war **2** **a vicenda** *(reciprocamente)* each other, one another; *(a turno)* in turn(s).

vicendevole /vitʃen'devole/ agg. mutual.

vicendevolmente /vitʃendevol'mente/ avv. mutually.

vicepreside /vitʃe'prɛside/ m. e f. vice-principal, deputy head.

vicepresidente /vitʃepresi'dɛnte/ m. vice-president; *(di assemblea)* deputy chairman*, vice-chairman*.

vicepresidentessa /vitʃepresiden'tessa/ f. vice-president; *(di assemblea)* deputy chairwoman*, vice-chairwoman*.

vicepresidenza /vitʃepresi'dɛntsa/ f. vice-presidency.

viceré /vitʃe're/ m.inv. viceroy.

vicesindaco, pl. **-ci** /vitʃe'sindako, tʃi/ m. e f. deputy mayor.

viceversa /vitʃe'vɛrsa/ **I** avv. **1** *(al contrario)* vice versa, the other way round **2** *(in tragitti)* ***da Milano a Roma e ~*** from Milan to Rome and back **II** cong. but, instead; ***ha promesso di restituirli, ~ non lo ha fatto*** he promised to return them, but he never did.

vichingo, pl. **-ghi, -ghe** /vi'kingo, gi, ge/ agg. e m. Viking.

vicinanza /vitʃi'nantsa/ f. **1** *(prossimità)* proximity, nearness **2** FIG. ***~ di idee*** similarity of ideas; ***~ alla natura*** closeness to nature **3** **nelle vicinanze** in the vicinity, in the neighbourhood BE, in the neighborhood AE; ***c'è un paese nelle -e*** nearby, there's a village; ***essere nelle -e*** to be within easy reach; ***nelle immediate -e dell'esplosione*** in the immediate vicinity of the explosion.

vicinato /vitʃi'nato/ m. neighbourhood BE, neighborhood AE; ***mantenere rapporti di buon ~*** to maintain neighbourly relations; ***le case del ~*** the houses in the neighbourhood.

vicino /vi'tʃino/ Per scegliere il corretto equivalente inglese dell'italiano *vicino* tra *near, nearby, close, next to, beside, by, around, neighbouring, neighbour* ecc., bisogna prima stabilire se *vicino* è usato come aggettivo, avverbio, nella locuzione prepositiva *vicino a* oppure come sostantivo, e se dal punto di vista semantico si riferisce allo spazio, al tempo o ad altro, e se è inteso in senso proprio o figurato. La struttura della voce qui sotto e gli esempi aiuteranno nella scelta. - Si noti in particolare l'uso di *close* e *near*: quando questi aggettivi si riferiscono a una vicinanza nello spazio compaiono solo nella locuzione preposizionale *vicino a* (*il mio ufficio è vicino alla chiesa* = my office is close to / near the church) o in funzione predicativa (*il mio ufficio è molto vicino* = my office is quite near / close), mentre in funzione attributiva davanti a un nome si deve usare *nearby* (*il vicino ristorante* = the nearby restaurant) o la forma al superlativo *the nearest* (*il ristorante più vicino* = the nearest restaurant). **I** agg. **1** *(nello spazio)* near mai attrib., close mai attrib., nearby attrib.; *(confinante)* neighbouring attrib. BE, neighboring attrib. AE; ***le scrivanie sono molto -e*** the desks are close together; ***in una città -a*** in a neighbouring town; ***dov'è l'ospedale più ~?*** where is the nearest hospital? ***la nostra meta è -a*** FIG. our goal is in sight **2** *(nel tempo) (imminente)* [*data, evento*] close, near (at hand); ***le vacanze sono -e*** holidays are near at hand *o* are getting close; ***l'estate è ormai -a*** summer is drawing near now; ***essere ~ alla pensione*** to be approaching retirement; ***non si è ancora -i a una soluzione*** there's no solution in sight **3** *(simile)* [*idee, risultati, valori, significati*] similar **4** *(sul piano affettivo)* [*persona*] close (**a** to) **II** m. (f. **-a**) **1** *(di casa)* neighbour BE, neighbor AE; ***il gatto, il giardino dei -i*** next door's cat, garden **2** *(che si trova accanto)* ***il mio ~ di tavolo*** the man *o* person next to me at table **III** avv. **1** near, close; ***abitare ~*** to live close(ly); ***vieni più ~*** come closer; ***qui ~*** near here **2 da vicino** ***seguire da ~*** to follow closely; ***esaminare qcs. da ~*** to have a close look at sth.; ***visto da ~ è brutto*** seen at close quarters, he's ugly **3 vicino a** near, close to; ***abito ~ a Torino*** I live near Turin; ***sedere ~ al finestrino*** to sit at *o* by the window; ***sedeva ~ a lui*** she was sitting next to *o* beside him; ***una casa ~ al mare*** a house by the sea; ***non ho vinto ma ci sono andato ~*** I didn't win but I came close.

vicissitudine /vitʃissi'tudine/ f. ***le -i della vita, della storia*** the ups and downs of life, of history.

vicolo /'vikolo/ m. alleyway, back alley, back lane; ***~ cieco*** blind alley, dead end (anche FIG.).

videata /vide'ata/ f. screen.

video /'video/ **I** m.inv. **1** *(componente visuale)* video; ***interruzione ~*** TELEV. loss of vision **2** *(videoterminale)* video *o* visual display unit **3** *(videoclip)* music video, video clip **II** agg.inv. [*collegamento, segnale, scheda*] video.

videocamera /video'kamera/ f. video camera.

videocassetta /videokas'setta/ f. video(-cassette), (video)tape; ***in*** o ***su ~*** on video.

videocitofono /videotʃi'tɔfono/ m. Entryphone ®.

videoclip /video'klip/ m.inv. music video, video clip.

videoconferenza /videokonfe'rɛntsa/ f. videoconference.

videodipendente /videodipen'dɛnte/ **I** agg. addicted to television, TV-addicted **II** m. e f. vidaholic.

videogame /video'geim/ m.inv., **videogioco**, pl. **-chi** /video'dʒɔko, ki/ m. video game.

videoleso /video'leso/ **I** agg. visually-impaired **II** m. (f. **-a**) visually-impaired person.

videonastro /video'nastro/ m. videotape.

videonoleggio, pl. **-gi** /videono'leddʒo, dʒi/ m. *(negozio)* video shop BE, video store AE.

videoregistrare /videoredʒis'trare/ [1] tr. to video(tape).

videoregistratore /videoredʒistra'tore/ m. video (cassette *o* tape) recorder, VCR.

videoregistrazione /videoredʒistrat'tsjone/ f. video recording, videotaping.

videoriproduttore /videoriprodut'tore/ m. video player.

videoscrittura /videoskrit'tura/ f. word processing; ***programma di ~*** word processor.

videosorveglianza /videosorveʎ'ʎantsa/ f. video surveillance.

videoteca, pl. **-che** /video'tɛka, ke/ f. **1** *(negozio)* video shop BE, video store AE **2** *(collezione)* video library.

videotelefono /videote'lɛfono/ m. viewphone.

videoterminale /videotermi'nale/ m. video display terminal.

videoterminalista /videotermina'lista/ m. e f. VDU operator.

vidimare /vidi'mare/ [1] tr. to certify [*documento, atto*].

vidimazione /vidimat'tsjone/ f. authentication.

viennese /vjen'nese/ ♦ **2** agg., m. e f. Viennese.

vietare /vje'tare/ [1] tr. to forbid*, to ban, to prohibit [*vendita, commercio, pubblicità*]; ***~ a qcn. di fare qcs.*** to forbid sb. to do sth.; ***~ l'ingresso a qcn.*** to refuse sb. admittance; ***nulla ci vieta di fare*** nothing's stopping us from doing; ***~ l'uso delle armi chimiche*** to ban chemical weapons.

vietato /vje'tato/ **I** p.pass. → **vietare II** agg. forbidden, prohibited; ***"~ fumare"*** "no smoking"; ***film ~ ai minori di 18 anni*** 18 certificate film; ***"~ l'ingresso"*** "no entry"; ***"~ l'ingresso ai cani"*** "dogs not admitted", "no dogs allowed"; ***"~ sporgersi dal finestrino"*** "do not lean out of the window".

vietnamita, m.pl. **-i**, f.pl. **-e** /vietna'mita/ ♦ ***25, 16*** agg., m. e f. Vietnamese.

vieto /'vjɛto/ agg. LETT. SPREG. [*idea, consuetudine*] outmoded.

vigente /vi'dʒɛnte/ agg. [*leggi, disposizioni*] in force.

vigere /'vidʒere/ [2] intr. to be* in force.

1.vigilante /vidʒi'lante/ agg. watchful, vigilant.

2.vigilante /vidʒi'lante/ m. e f. (pl. **~s**) **1** *(guardia privata)* security guard **2** *(privato cittadino)* vigilante.

vigilanza /vidʒi'lantsa/ f. *(sorveglianza)* surveillance, watch, vigilance; ***eludere la ~ di qcn.*** to escape detection by sb., to escape sb.'s attention; ***comitato di ~*** vigilance committee; ***commissione di ~*** POL. monitoring commission.

vigilare /vidʒi'lare/ [1] **I** tr. to keep* an eye on [*bambini*]; to monitor [*funzionamento*] **II** intr. (aus. *avere*) to keep* watch (**su** on).

vigilato /vidʒi'lato/ **I** p.pass. → **vigilare II** agg. DIR. ***(in) libertà -a*** (on) probation **III** m. (f. **-a**) person on probation; ***~ speciale*** = person kept under high security surveillance.

vigilatrice /vidʒila'tritʃe/ f. ***~ d'infanzia*** childminder.

vigile /'vidʒile/ **I** agg. [*sguardo, persona*] watchful, vigilant; ***sotto l'occhio ~ di qcn.*** under the watchful eye of sb. **II** ♦ ***18*** m. = local policeman in charge of traffic and city regulations ♦♦ ***~ del fuoco*** fireman, firefighter; ***-i del fuoco*** fire brigade BE, fire department AE; ***-i urbani*** traffic police.

vigilessa /vidʒi'lessa/ ♦ ***18*** f. = local policewoman in charge of traffic and city regulations.

vigilia /vi'dʒilja/ f. day before, eve; ***alla ~ di*** on the eve of; ***la ~ dell'esame*** the day before the exam; ***~ di Natale*** Christmas eve ♦ ***fare ~*** to fast.

vigliaccamente /viʎʎakka'mente/ avv. in a cowardly way, like a coward.

vigliaccata /viʎʎak'kata/ f. cowardly act; *(carognata)* dirty trick.

vigliaccheria /viʎʎakke'ria/ f. **1** *(codardia)* cowardice **2** → **vigliaccata**.

vigliacco, pl. **-chi**, **-che** /viʎ'ʎakko, ki, ke/ **I** agg. cowardly **II** m. (f. **-a**) coward.

vigna /'viɲɲa/ f. vineyard.

vignaiolo /viɲɲa'jɔlo/ ♦ ***18*** m. (f. **-a**) vine-dresser.

vigneto /viɲ'ɲeto/ m. vineyard.

vignetta /viɲ'ɲetta/ f. *(disegno umoristico)* cartoon.

vignettista, m.pl. **-i**, f.pl. **-e** /viɲɲet'tista/ ♦ ***18*** m. e f. cartoonist.

vigogna /vi'goɲɲa/ f. vicu(g)na.

vigore /vi'gore/ m. **1** *(energia)* vigour BE, vigor AE **2 in vigore** [*legge*] in force; [*regime, condizioni*] current; ***entrare in ~*** to come into effect *o* force.

vigoroso /vigo'roso/ agg. strong, powerful.

vile /'vile/ **I** agg. **1** *(vigliacco)* cowardly **2** *(spregevole)* vile, base; ***un ~ tradimento*** a vile betrayal; ***essere ~ con qcn.*** to be vile to sb. **3** LETT. *(privo di valore)* ***metalli -i*** base metals **II** m. e f. coward.

vilipendio, pl. **-di** /vili'pɛndjo, di/ m. contempt, scorn, insult; DIR. public defamation, public insult.

villa /'villa/ f. mansion, residence; *(dei paesi mediterranei)* villa.

villaggio, pl. **-gi** /vil'laddʒo, dʒi/ m. village; ***lo scemo del ~*** the village idiot ♦♦ ***~ globale*** global village; ***~ olimpico*** Olympic village; ***~ turistico*** o ***vacanze*** holiday village *o* camp BE, vacation village AE.
villanata /villa'nata/ f. boorish act, rude action.
villania /villa'nia/ f. **1** *(scortesia)* incivility, boorishness **2** *(azione offensiva)* boorish act; *(parole offensive)* ***dire -e a qcn.*** to say rude things to sb.
villano /vil'lano/ **I** agg. boorish, loutish, rude **II** m. (f. **-a**) *(maleducato)* boor, lout.
villeggiante /villed'dʒante/ m. e f. holidaymaker BE, vacationer AE.
villeggiare /villed'dʒare/ [1] intr. (aus. *avere*) to holiday BE, to vacation AE.
villeggiatura /villeddʒa'tura/ f. holiday BE, vacation AE; ***andare, essere in ~*** to go, be on holiday *o* vacation; ***luogo di ~*** holiday resort.
villetta /vil'letta/ f. *(in città)* detached house; *(in campagna)* cottage; ***-e a schiera*** row of terraced houses BE, row houses AE.
villico, pl. **-ci** /'villiko, tʃi/ m. ANT. peasant.
villino /vil'lino/ m. detached house.
villo /'villo/ m. ***-i intestinali*** intestinal villi.
villoso /vil'loso/ agg. *(coperto di peli)* [*persona, braccio, petto*] hairy.
viltà /vil'ta/ f.inv. **1** *(codardia)* cowardice **2** *(bassezza)* vileness; *(azione vile)* dirty trick.
viluppo /vi'luppo/ m. tangle (anche FIG.).
Viminale /vimi'nale/ n.pr.m. Viminal; ***il ~*** = the Italian Ministry of the Interior.
vimine /'vimine/ m. osier, wicker; ***di*** o ***in -i*** [*sedia, cesto*] wicker attrib.
vinaccia, pl. **-ce** /vi'nattʃa, tʃe/ f. marc.
vinacciolo /vinat'tʃɔlo/ m. grapestone.
vinaio, pl. **-ai** /vi'najo, ai/ ➧ ***18*** m. (f. **-a**) wine merchant.
vin brulé /vimbru'le/ m.inv. mulled wine.
vincente /vin'tʃɛnte/ **I** agg. [*biglietto, numero, squadra, cavallo, mossa*] winning **II** m. e f. winner.
Vincenzo /vin'tʃɛntso/ n.pr.m. Vincent.
vincere /'vintʃere/ [98] **I** tr. **1** *(sconfiggere)* to defeat [*avversario, squadra, esercito*]; to beat* [*malattia*] **2** *(superare)* to overcome* [*sonno, complesso, paura*]; to break* down [*timidezza, diffidenza*]; ***~ le resistenze di qcn.*** to break through sb.'s reserve **3** *(concludere con esito favorevole)* to win* [*gara, processo, guerra*] **4** *(aggiudicarsi)* to win* [*premio, medaglia, borsa di studio, elezioni*] **II** intr. (aus. *avere*) to win*; ***~ alle corse, alla roulette*** to win at the races, at roulette; ***va bene, hai vinto, restiamo a casa*** all right, you win, we'll stay at home; ***a volte si vince, a volte si perde*** win some, lose some **III vincersi** pronom. *(controllarsi)* to control oneself ♦ ***che vinca il migliore!*** may the best man win! ***~ un terno al lotto*** to hit the jackpot; ***l'importante non è ~ ma partecipare*** PROV. it's not whether you win or lose, it's how you play the game; ***chi la dura, la vince*** slow and steady wins the race.
vincita /'vintʃita/ f. **1** *(vittoria)* win **2** *(premio, cosa vinta)* gains pl., winnings pl.; ***-e al gioco*** gambling gains; ***fare una grossa ~ al lotto*** to have a big win in the lottery.
vincitore /vintʃi'tore/ **I** agg. [*atleta, squadra*] winning; [*paese, esercito, generale*] victorious; ***uscire ~*** to emerge victorious **II** m. (f. **-trice** /tritʃe/) winner (anche SPORT); *(di premio)* prize-winner; *(di battaglia)* victor.
vincolante /vinko'lante/ agg. [*contratto, accordo, norma*] binding; ***essere ~ per qcn.*** to be binding (up)on sb.
vincolare /vinko'lare/ [1] **I** tr. **1** MECC. to constrain **2** *(obbligare)* [*contratto, accordo*] to bind* [*persona*] **II vincolarsi** pronom. to bind* oneself, to tie oneself down.
vincolato /vinko'lato/ **I** p.pass. → **vincolare II** agg. **1** *(obbligato)* bound, tied; ***~ per contratto*** bound by contract; ***~ da una promessa*** bound by a promise **2** BANC. ***conto ~*** term *o* time AE deposit.
vincolo /'vinkolo/ m. bond, tie; ***unire qcn. nel sacro ~ del matrimonio*** to join sb. in holy matrimony; ***-i di sangue*** blood ties; ***~ morale*** moral commitment; ***libero da -i (ipotecari)*** DIR. free from encumbrance(s).
vinello /vi'nɛllo/ m. light wine; SPREG. thin wine.
vineria /vine'ria/ f. wine bar.
vinicolo /vi'nikolo/ agg. [*settore, società*] wine-producing attrib.; [*regione*] wine growing attrib.; [*produzione*] wine attrib.
vinificare /vinifi'kare/ [1] intr. (aus. *avere*) to produce wine.
vinificatore /vinifika'tore/ ➧ ***18*** m. (f. **-trice** /tritʃe/) wine producer.
vinile /vi'nile/ m. vinyl.
vinilico, pl. **-ci, -che** /vi'niliko, tʃi, ke/ agg. vinyl attrib.
vino /'vino/ m. wine; ***carta dei -i*** wine list; ***~ bianco, rosso, frizzante*** red, white, sparkling wine; ***~ rosato*** o ***rosé*** rosé (wine); ***~ dolce, secco*** sweet, dry wine; ***~ di riso*** rice wine ♦ ***dire pane al pane e ~ al ~*** to call a spade a spade ♦♦ ***~ da dessert*** dessert wine; ***~ novello*** = wine of the latest vintage; ***~ da tavola*** table wine.
vinsanto /vin'santo/ m. ENOL. = sweet white dessert wine from Tuscany.
vinto /'vinto/ **I** p.pass. → **vincere II** agg. **1** *(sconfitto)* [*esercito, nazione, squadra*] defeated; ***dichiararsi ~*** to concede *o* admit defeat; ***darsi per ~*** to give in *o* back down **2** FIG. *(sopraffatto)* overcome; ***~ dal sonno*** overcome by sleep **III** m. (f. **-a**) loser; ***i -i*** *(in guerra)* the defeated ♦ ***averla -a*** to have *o* get one's way, to win out; ***darla -a a qcn.*** to give in to sb.; ***darle tutte -e a qcn.*** to indulge in sb.'s every whim; ***volerla sempre -a*** always to want to have one's way.
1.viola /'vjɔla/ f. BOT. violet; ***~ del pensiero*** pansy.
2.viola /'vjɔla/ ➧ ***3*** **I** agg.inv. **1** violet, purple **2** SPORT [*tifoso, giocatore*] = formerly, of Fiorentina football club **II** m.inv. violet, purple.
3.viola /'vjɔla/ ➧ ***34*** f. MUS. viola ♦♦ ***~ d'amore*** viola d'amore; ***~ da gamba*** viol.
viola(c)ciocca, pl. **-che** /vjola(t)'tʃɔkka, ke/ f. stock ♦♦ ***~ gialla*** wallflower.
violaceo /vjo'latʃeo/ agg. purplish.
violare /vjo'lare/ [1] tr. **1** *(trasgredire)* to break*, to infringe, to violate [*legge, contratto, trattato*]; to violate [*embargo, segreto professionale, diritti*] **2** *(profanare)* to desecrate [*tomba*]; to break* into [*domicilio*]; ***~ l'intimità di qcn.*** FIG. to invade sb.'s privacy **3** *(stuprare)* to rape [*donna*].
violazione /vjolat'tsjone/ f. *(di legge, trattato)* breaking, violation; *(di contratto, copyright)* breach; *(di diritti, libertà)* infringement; ***~ del segreto professionale*** breach of confidentiality; ***~ di domicilio*** forcible entry, housebreaking.
violentare /vjolen'tare/ [1] tr. **1** *(stuprare)* to rape **2** FIG. to do* violence to [*coscienza*].
violentatore /vjolenta'tore/ m. rapist.
violentemente /vjolente'mente/ avv. **1** *(con violenza)* [*percuotere*] with violence; [*aprire, chiudere*] violently **2** FIG. [*attaccare*] ferociously; [*reagire, rispondere*] violently.
violento /vjo'lɛnto/ **I** agg. [*persona, protesta, reazione*] violent; [*temporale*] heavy; [*sport*] rough; [*colore*] harsh; FIG. [*odio, passione*] raging; ***morire di morte -a*** to die a violent death; ***non ~*** nonviolent **II** m. (f. **-a**) violent person.
violenza /vjo'lɛntsa/ f. **1** violence; ***~ negli stadi*** soccer violence; ***con la ~*** [*imporre, sottomettere*] through violence; ***fare ricorso alla ~*** to resort to violence **2** *(atto)* act of violence; ***commettere, subire delle -e*** to commit, suffer acts of violence ♦ ***farsi ~*** to force oneself (**per fare** to do) ♦♦ ***~ carnale*** sexual assault *o* abuse; ***~ morale*** moral abuse; ***-e etniche*** ethnic violence.
violetta /vjo'letta/ f. violet ♦♦ ***~ africana*** African violet.
violetto /vjo'letto/ agg. e m. violet.
violinista, m.pl. **-i**, f.pl. **-e** /vjoli'nista/ ➧ ***34, 18*** m. e f. violinist.
violino /vjo'lino/ ➧ ***34*** m. **1** *(strumento)* violin **2** *(musicista)* ***primo, secondo ~*** first, second violin ♦ ***essere teso come una corda di ~*** to be like a coiled spring.
violista, m.pl. **-i**, f.pl. **-e** /vjo'lista/ ➧ ***34, 18*** m. e f. viola player.
violoncellista, m.pl. **-i**, f.pl. **-e** /vjolontʃel'lista/ ➧ ***34, 18*** m. e f. cellist.
violoncello /vjolon'tʃɛllo/ ➧ ***34*** m. cello*.
viottolo /vi'ɔttolo/ m. path, track.
vip /vip/ m. e f.inv. VIP.
vipera /'vipera/ f. viper (anche FIG.), adder; ***covo di -e*** vipers' nest, nest of vipers.
viraggio, pl. **-gi** /vi'raddʒo, dʒi/ m. FOT. toning; ***~ seppia*** sepia wash.

virago /vi'rago/ f.inv. SCHERZ. battle-axe BE, battleax AE, virago*.
virale /vi'rale/ agg. [*epatite, infezione*] viral.
virare /vi'rare/ [1] intr. (aus. *avere*) **1** AER. to turn; MAR. to veer; *~ di bordo* MAR. to go *o* come about **2** FOT. to tone **3** *(cambiare colore)* [*soluzione*] to change colour; *~ al rosso* to turn red.
virata /vi'rata/ f. **1** AER. turn; MAR. veer **2** FIG. *(cambiamento)* swing, shift.
Virgilio /vir'dʒiljo/ n.pr.m. Virgil.
1.virginale /virdʒi'nale/ → **verginale**.
2.virginale /virdʒi'nale/ m. MUS. virginal.
virgineo /vir'dʒineo/ agg. LETT. virginal.
virginia /vir'dʒinja/ m.inv. *(tabacco)* Virginia (tobacco); *(sigaro)* Virginia cigar.
virginiano /virdʒi'njano/ **I** agg. Virginian **II** m. (f **-a**) Virginian.
virgola /'virgola/ ♦ *28* f. **1** comma; *punto e ~* semicolon; *senza cambiare qcs. nemmeno di una ~* to change sth. not one jot *o* tittle **2** MAT. (decimal) point; *due ~ cinque* two point five.
virgolettare /virgolet'tare/ [1] tr. to put* [sth.] in inverted commas, in quotation marks.
virgolette /virgo'lette/ ♦ *28* f.pl. inverted commas, quotation marks; *aperte, chiuse ~ (sotto dettatura)* quote, unquote; *tra ~* in inverted commas, in quotation marks.
virgulto /vir'gulto/ m. LETT. **1** BOT. offshoot **2** FIG. *(rampollo)* offspring.
virile /vi'rile/ agg. [*uomo, forza*] manly, virile; [*tratti, aspetto*] masculine, virile; [*atteggiamento, comportamento*] manly; *membro ~* male member *o* organ.
virilità /virili'ta/ f.inv. virility, manhood.
virologia /virolo'dʒia/ f. virology.
virologo, m.pl. **-gi**, f.pl. **-ghe** /vi'rɔlogo, dʒi, ge/ ♦ *18* m. (f. **-a**) virologist.
virtù /vir'tu/ f.inv. **1** virtue; *un modello di ~* a paragon of virtue **2** *(proprietà) (di pianta, rimedio)* property; *~ digestive* digestive properties **3 in virtù di** by virtue of [*legge, ordine*]; in accordance with [*accordo, sistema*]; *in ~ dei poteri a noi conferiti* by reason *o* in exercise of the powers invested in us ♦ *fare di necessità ~* to make a virtue of necessity.
virtuale /virtu'ale/ agg. **1** *(potenziale)* [*successo, risultato*] potential **2** FILOS. FIS. INFORM. virtual; *realtà ~* virtual reality.
virtualmente /virtual'mente/ avv. potentially.
virtuosismo /virtuo'sizmo/ m. MUS. bravura, virtuosity.
virtuosistico, pl. **-ci**, **-che** /virtuo'sistiko, tʃi, ke/ agg. virtuosic.
virtuoso /virtu'oso/ **I** agg. virtuous **II** m. (f. **-a**) **1** virtuous person **2** MUS. virtuoso*; *un ~ del violino* a violin virtuoso.
virulento /viru'lɛnto/ agg. virulent (anche FIG.).
virulenza /viru'lɛntsa/ f. virulence (anche FIG.).
virus /'virus/ m.inv. **1** MED. virus; *il ~ dell'AIDS, dell'influenza* the Aids, flu virus **2** INFORM. (computer) virus.
visagista, m.pl. **-i**, f.pl. **-e** /viza'dʒista/ ♦ *18* m. e f. = make-up artist.
vis-à-vis /viza'vi/ avv. face to face (**con** to).
viscerale /viʃʃe'rale/ agg. visceral (anche FIG.).
viscere /'viʃʃere/ **I** m. *(di animali) i -i* entrails **II** f.pl. *(dell'uomo) le ~* viscera; *nelle ~ della terra* FIG. in the bowels of the earth.
vischio, pl. **-schi** /'viskjo, ski/ m. **1** *(pianta)* mistletoe **2** *(sostanza)* birdlime.
vischioso /vis'kjoso/ agg. [*liquido, consistenza*] viscous, viscid.
viscido /'viʃʃido/ agg. **1** [*superficie*] viscous, viscid; [*mani, pelle*] clammy (**di** with); *la pelle -a dei rospi* the slimy skin of toads **2** FIG. [*persona, comportamento*] unctuous, smarmy.
visconte /vis'konte/ ♦ *1* m. viscount.
viscontessa /viskon'tessa/ ♦ *1* f. viscountess.
viscosa /vis'kosa/ f. viscose.
viscosità /viskosi'ta/ f.inv. viscosity.
viscoso /vis'koso/ agg. viscous.
visibile /vi'zibile/ agg. **1** *(percettibile)* visible; *~ a occhio nudo* visible to the naked eye **2** *(visitabile) la mostra è ~ solo in certi orari* the exhibition is open to the public only at certain times **3** FIG. *(manifesto)* [*miglioramento, peggioramento*] noticeable; [*segno*] clear, evident.
visibilio /vizi'biljo / m. *andare, mandare in ~* to go, to throw into ecstasies *o* raptures.
visibilità /vizibili'ta/ f.inv. visibility; *scarsa ~* poor visibility.
visibilmente /vizibil'mente/ avv. [*commosso, seccato*] visibly.
visiera /vi'zjɛra/ f. *(di cappello, berretto)* peak; *(di casco, elmo)* visor; *(senza cappello)* eyeshade.
visigoto /vizi'gɔto/ **I** agg. Visigothic **II** m. (f. **-a**) Visigoth.
visionare /vizjo'nare/ [1] tr. **1** CINEM. to view [*film*] **2** *(esaminare)* to examine [*merce, candidati*].
visionario, pl. **-ri**, **-rie** /vizio'narjo, ri, rje/ **I** agg. visionary **II** m. (f. **-a**) visionary.
visione /vi'zjone/ f. **1** *(facoltà di vedere)* eyesight, vision; *~ notturna* night vision **2** *(concezione)* view; *una ~ globale, d'insieme* a global, overall view; *~ del mondo* worldview **3** *(spettacolo)* sight **4** *(apparizione)* vision; *avere le -i* to have visions **5** *(esame) prendere ~ di* to go through [*corrispondenza, documento*]; *copia in ~* inspection copy **6** CINEM. *(film in) prima ~* first release; *seconda ~* rerun.
visir /vi'zir/ m.inv. vizier; *Gran ~* Grand Vizier.
visita /'vizita/ f. **1** *(a una persona)* visit; *(breve)* call; *(escursione turistica)* tour, visit; *~ di cortesia* social *o* courtesy call; *ricevere la ~ di qcn.* to have a visit from sb.; *fare ~ a qcn.* to pay sb. a visit *o* call; *essere in ~ da qcn.* to be paying sb. a visit; *in ~ ufficiale* on a state *o* official visit; *~ guidata* guided tour **2** *(visitatore) aspettare, avere -e* to expect, to have visitors **3** MED. visit, medical examination; *fare il giro di -e* [*dottore*] to do one's rounds; *~ a domicilio* home visit *o* call; *~ medica (al lavoro, a scuola)* medical ♦♦ *~ di controllo* MED. checkup; *~ pastorale* pastoral visitation.
visitare /vizi'tare/ [1] tr. **1** *(andare a vedere)* to visit, to go* round [*museo*]; to visit, to tour, to go* sightseeing in [*città, paese*] **2** MED. [*medico*] to see*; *(per fare una diagnosi)* to examine [*malato*]; *~ a domicilio* to call on [*malato*] **3** *(andare a trovare)* to pay [sb.] a visit, a call [*amico, parenti*] **4** *(fare un sopralluogo)* to inspect [*cantiere, fabbrica*] ♦ *devi farti ~!* COLLOQ. you need your head examined!
visitatore /vizita'tore/ m. (f. **-trice** /tritʃe/) visitor, caller.
Visitazione /vizitat'tsjone/ f. RELIG. Visitation.
visivo /vi'zivo/ agg. [*memoria, campo*] visual.
viso /'vizo/ ♦ *4* m. face; *crema per il ~* face cream; *a ~ aperto* FIG. openly ♦ *fare buon ~ a cattivo gioco* to make the best of a bad bargain ♦♦ *~ pallido* paleface.
visone /vi'zone/ m. **1** *(animale)* mink **2** *(pelliccia)* mink (coat).
visore /vi'zore/ m. *(per diapositive)* viewer.
vispo /'vispo/ agg. [*occhio*] bright; [*bambino*] lively; [*vecchietto*] spry.
vissuto /vis'suto/ **I** p.pass. → **1.vivere II** agg. **1** *(autentico) storia di vita -a* human interest story **2** FIG. *(che ha esperienza di vita)* [*donna, uomo*] experienced, worldly-wise **III** m. *(esperienze)* personal experiences pl.
vista /'vista/ f. **1** *(facoltà di vedere)* eyesight; *avere dei problemi di ~* to have difficulty with one's eyesight; *difetto della ~* sight defect; *avere una ~ buona* to have good eyesight; *esame della ~* eye test; *perdere la ~* to lose one's sight **2** *(il vedere)* sight; *svenire alla ~ del sangue* to faint at the sight of blood; *gradevole alla ~* pleasing to the eye *o* sight; *conoscere qcn. di ~* to know sb. by sight; *a prima ~* at first glance *o* sight; *a prima ~ sembra facile* on the face of it, it sounds easy; *amore a prima ~* love at first sight; *traduzione a prima ~* unseen translation; *suonare a prima ~* to sight-read **3** *(possibilità di vedere)* view; *impedire la ~ di qcs.* to obstruct the view of sth.; *scomparire dalla ~* to disappear from view; *perdere di ~ qcn., qcs.* to lose sight of sb., sth. (anche FIG.); *punto di ~* viewpoint, point of view; *una camera con ~ sul mare* a room with a view of the sea **4** *(ciò che si vede)* sight, view; *la ~ dall'alto* the view from above **5 a vista** [*atterrare, pilotare*] whithout instruments; [*trave*] exposed; [*pagabile*] on demand; *prestito a ~* call loan; *sparare a ~ a qcn.* to shoot sb. on sight **6 in vista** *(in modo visibile) bene in ~* in full view; FIG. *(in risalto) una persona in ~* a prominent *o* high-profile person; *mettersi in ~* to make oneself conspicuous; *(immi-*

nente) ***sono in ~ dei cambiamenti*** there are changes in sight; ***ci sono guai in ~*** there's trouble on the horizon **7 in vista di** *(in prossimità di)* ***in ~ della costa*** within sight of the coast; *(nell'imminenza di)* ***in ~ di qcs., di fare qcs.*** with a view to sth., to doing sth.

vistare /vis'tare/ [1] tr. to visa [*passaporto*]; to stamp [*documento*].

1.visto /'visto/ **I** p.pass. → **1.vedere II** agg. **1** *(percepito con la vista)* seen; ***~ da sotto*** seen from below; ***essere ben, mal ~*** FIG. [*persona*] to be, not to be well thought of; ***un successo mai ~*** COLLOQ. an unparallelled success **2** *(considerato)* ***-a la loro età, importanza...*** in view of their age, importance...; ***~ in questa luce...*** looking at it in that light... **3 visto che** since, seeing that.

2.visto /'visto/ m. **1** *(su un passaporto)* visa **2** *(vidimazione)* stamp ♦♦ ***~ di entrata*** entry visa; ***~ turistico*** tourist visa; ***~ di uscita*** exit visa.

vistosità /vistosi'ta/ f.inv. *(di vestito, colore)* garishness, loudness.

vistoso /vis'toso/ agg. **1** *(appariscente)* [*abito, colore*] garish, loud **2** *(cospicuo)* considerable.

visuale /vizu'ale/ **I** agg. visual **II** f. view; ***mi impedisci la ~*** you're blocking my view *o* line of vision; ***una bella ~*** a beautiful view.

visualizzare /vizualid'dzare/ [1] tr. **1** *(rappresentarsi nella mente)* to visualize [*immagine, parola*] **2** INFORM. to display.

visualizzazione /vizualiddzat'tsjone/ f. **1** *(rappresentazione)* visualization **2** INFORM. display.

1.vita /'vita/ Dei due principali equivalenti inglesi della parola *vita, life* e *living*, il primo è il termine più generale che fa riferimento all'esperienza complessiva del vivere (*una questione di vita o di morte* = a matter of life and death, *un amico per la vita* = a friend for life, *lo stile di vita* = the way of life / the lifestyle), mentre il secondo allude soprattutto alle necessità materiali del vivere (*condizioni di vita* = living conditions, *il costo della vita* = the cost of living). Quando si parla della vita in generale, la parola *life* non è preceduta dall'articolo in inglese (*la vita è spesso dura* = life is often hard), a meno che non ci sia una specificazione (*la vita dei contadini nell'Inghilterra medievale era spesso molto dura* = the life of peasants in medieval England was often very hard). f. **1** life*; ***salvare la ~ a qcn.*** to save sb.'s life; ***non c'erano segni di ~*** there was no sign of life; ***togliersi la ~*** to take one own's life; ***tra la ~ e la morte*** between life and death; ***c'è ~ su Marte?*** is there life on Mars? ***forme di ~*** life forms; ***è una questione di ~ o di morte*** it's a matter of life and death; ***per (tutta) la ~*** throughout one's life; ***non l'ho mai visto prima in ~ mia*** I've never seen him before in my life; ***per la prima volta in ~ mia*** for the first time in my life; ***che cosa farai nella ~?*** what are you going to do in life? ***a ~*** [*esiliare, segnare*] for life; [*esilio, sospensione*] lifetime; ***opera di (tutta) una ~*** work of a lifetime; ***avere una ~ molto attiva*** to lead a busy life; ***rendere la ~ difficile a qcn.*** to make life difficult for sb.; ***il governo non avrà ~ lunga*** FIG. the government won't last long; ***la ~ di città, moderna*** city life, present day life; ***stile di ~*** lifestyle; ***condizioni di ~*** living conditions **2** *(vitalità)* life*; ***prendere ~*** to come to life; ***è là che c'è ~*** that's where the action is; ***pieno di ~*** [*persona, luogo*] bursting with life **3** *(biografia)* life* **4** FIG. *(molto tempo)* ***ci vuole una ~ per fare*** it takes ages *o* an age to do; ***non la vedo da una ~*** it's been ages since I last saw her **5 in vita** alive; ***tenere qcn., qcs. in ~*** to keep sb., sth. alive (anche FIG.); ***rimanere in ~*** to stay alive ♦ ***questa (sì che) è ~!*** this is the life! ***così va la ~*** that's what life is all about; ***avere ~ facile*** to have an easy ride; ***sapere ~, morte e miracoli di qcn.*** = to know everything there's to know about sb.; ***darsi alla bella ~*** to live it up, to lead the life of Riley; ***una ~ da cani*** a dog's life; ***per la ~ e per la morte!*** till death us do part! ***o la borsa o la ~!*** your money or your life! ***su con la ~!*** cheer up! ***finché c'è ~ c'è speranza*** PROV. while there's life there's hope; ***donna di ~*** hooker; ***fare la ~*** to be on the game BE ♦♦ ***~ eterna*** eternal life; ***~ media*** STATIST. expectation of life.

2.vita /'vita/ f. *(parte del corpo)* waist; *(circonferenza)* waistline; ***~ sottile, larga*** slim, large waist *o* waistline; ***afferrare qcn. per la ~*** to seize sb. around the waist; ***a ~ alta, bassa*** [*abito*] high-, low-waisted; ***giro ~*** waist measurement.

vitaccia /vi'tattʃa/ f. COLLOQ. dog's life*.

vitale /vi'tale/ agg. **1** BIOL. FISIOL. [*funzione, organo*] vital; [*ciclo*] life **2** *(fondamentale)* vital; ***di ~ interesse*** [*problema, questione*] of vital importance; ***è di ~ importanza*** it is vital *o* of vital importance *o* vitally important **3** *(indispensabile)* ***spazio ~*** living space **4** MED. [*feto*] viable **5** FIG. *(pieno di vita)* [*persona*] lively, alive, vital; [*azienda*] thriving.

vitalità /vitali'ta/ f.inv. **1** MED. viability **2** *(dinamicità)* *(di persona)* vitality, energy, life; *(di mercato, economia)* liveliness.

vitalizio, pl. **-zi, -zie** /vita'littsjo, tsi, tsje/ **I** agg. [*rendita, pensione*] life attrib. **II** m. life annuity.

vitamina /vita'mina/ f. vitamin; ***~ A, B, C*** vitamin A, B, C.

vitaminico, pl. **-ci, -che** /vita'miniko, tʃi, ke/ agg. vitaminic; ***carenza -a*** vitamin deficiency; ***integratore ~*** vitamin supplement.

vitaminizzato /vitaminid'dzato/ agg. [*latte, biscotto*] with added vitamins, vitamin enriched.

1.vite /'vite/ f. BOT. AGR. (grape)vine ♦♦ ***~ del Canada*** o ***vergine*** Virginia creeper, woodbine AE.

2.vite /'vite/ f. **1** MECC. screw; ***stringere, allentare una ~*** to tighten, loosen a screw **2** AER. spin, screw; ***cadere in ~*** to go into a spin ♦ ***giro di ~*** turn of the screw ♦♦ ***~ senza fine*** worm, endless screw.

vitella /vi'tɛlla/ f. *(carne)* veal.

vitello /vi'tɛllo/ m. **1** *(animale)* calf* **2** *(carne)* veal; ***cotolette di ~*** veal cutlets; ***fegato di ~*** calves' liver **3** *(pelle)* calf(skin) ♦ ***uccidere il ~ grasso*** to kill the fatted calf ♦♦ ***~ marino*** seal; ***~ d'oro*** BIBL. golden calf (anche FIG.).

vitellone /vitel'lone/ m. **1** *(animale, carne)* baby beef **2** COLLOQ. *(giovane ozioso)* layabout, loafer, idler.

viticcio, pl. **-ci** /vi'tittʃo, tʃi/ m. BOT. tendril.

viticolo /vi'tikolo/ agg. [*regione*] wine-producing attrib.

viticoltore /vitikol'tore/ ▸ **18** m. (f. **-trice** /tritʃe/) wine grower, wine producer.

viticoltura /vitikol'tura/ f. wine growing.

vitigno /vi'tiɲɲo/ m. (species of) vine, grape variety.

vitino /vi'tino/ m. ***~ di vespa*** wasp waist.

vitivinicolo /vitivi'nikolo/ agg. wine-growing and wine-producing attrib.

vitreo /'vitreo/ agg. **1** *(simile a vetro)* glassy; FIG. [*occhio, sguardo*] glassy, glazed **2** ANAT. vitreous.

vittima /'vittima/ f. victim; *(di guerra, incidente)* casualty, victim; ***il ciclone ha fatto numerose -e*** the cyclone claimed many victims; ***-e degli incidenti stradali*** road accident victims, road casualties; ***bilancio delle -e*** death toll; ***essere ~ di un infarto*** to be the victim of a heart attack; ***essere ~ delle circostanze*** to be a victim of circumstances; ***essere ~ di un equivoco*** to labour under a misapprehension; ***fare la ~*** to play the victim, to make a martyr of oneself.

vittimismo /vitti'mizmo/ m. making a martyr of oneself.

vittimista, pl. **-i**, f.pl. **-e** /vitti'mista/ m. e f. = person who consistently behaves as if he or she were a martyr.

vittimistico, pl. **-ci, -che** /vitti'mistiko, tʃi, ke/ agg. ***ha un atteggiamento ~*** he's acting the martyr.

vittimizzare /vittimid'dzare/ [1] tr. to victimize.

vittimizzazione /vittimiddzat'tsjone/ f. victimization.

vitto /'vitto/ m. *(cibo)* food, diet; *(pasti in albergo ecc.)* board; ***~ e alloggio*** board and lodging, room and board.

vittoria /vit'tɔrja/ f. victory (**su** over; **contro** against); SPORT win (**su** over; **contro** against); ***riportare una ~ su*** to win a victory over [*paese*]; SPORT to have a win over [*squadra*]; ***~ schiacciante*** SPORT crushing *o* overwhelming victory; POL. landslide; ***la palma della ~*** the victor's palm; ***~ ai punti*** SPORT win on points; ***avere la ~ in pugno*** to have victory within one's grasp ♦ ***cantare ~*** to crow over a victory ♦♦ ***~ morale*** moral victory; ***~ di Pirro*** Pyrrhic victory.

Vittoria /vit'tɔrja/ n.pr.f. **1** *(persona)* Victoria **2** GEOGR. ***cascate ~*** Victoria Falls; ***il lago ~*** Lake Victoria.

vittoriano /vitto'rjano/ agg. Victorian.

Vittorio /vit'tɔrjo/ n.pr.m. Victor.

vittorioso /vitto'rjoso/ agg. [*paese, esercito*] victorious; [*atleta, squadra*] winning, victorious; ***uscire ~ da*** to achieve victory in [*gara, lotta*].

vituperare /vitupe'rare/ [1] tr. to vituperate, to revile FORM.
vituperio, pl. **-ri** /vitu'pɛrjo, ri/ m. **1** *(ingiuria)* abuse U, vituperation U **2** *(vergogna)* shame, disgrace.
viuzza /vi'uttsa/ f. alley(way), lane, narrow street.
viva /'viva/ inter. **~!** hurrah! hooray! **~ *la libertà!*** viva freedom! **~ *la democrazia, il presidente!*** long live democracy, the President! **~ *i lavoratori!*** up the workers! **~ *la Juventus!*** Juventus forever! **~ *gli sposi!*** hurrah for the bride and groom!
vivacchiare /vivak'kjare/ [1] intr. (aus. *avere*) *(vivere stentatamente)* to scrape a living; *(tirare avanti)* to get* along.
vivace /vi'vatʃe/ agg. **1** *(brillante)* [*colore*] bright, vivid **2** *(vitale, dinamico)* [*persona*] lively, vivacious; *(irrequieto, indisciplinato)* ***è un bambino*** **~** he's a live wire **3** *(animato)* [*dibattito, proteste*] heated **4** *(pronto)* [*sguardo, occhio*] bright; [*mente, intelligenza*] lively; *(brioso)* [*conversazione, tono*] bright, lively; [*ritmo*] snappy, brisk; [*scambi, vendite, commercio*] lively, brisk.
vivacemente /vivatʃe'mente/ avv. [*criticare, reagire, protestare*] strongly; [*conversare*] vivaciously.
vivacità /vivatʃi'ta/ f.inv. *(di persona, intelligenza, serata, discussione)* liveliness; *(di sguardo)* brightness; *(di colore)* brightness, vividness; *(di città)* vitality.
vivacizzare /vivatʃid'dzare/ [1] **I** tr. to brighten up, to liven up, to cheer up [*conversazione, serata*] **II vivacizzarsi** pronom. [*conversazione*] to become* lively, to liven up.
vivagno /vi'vaɲɲo/ m. TESS. selvage, selvedge.
vivaio, pl. **-ai** /vi'vajo, ai/ m. **1** *(di pesci)* fish farm, hatchery; **~ *di ostriche*** oyster farm **2** *(di piante)* nursery **3** FIG. nursery, breeding ground (**di** for).
vivaista, m.pl. **-i**, f.pl. **-e** /viva'ista/ ⧫ ***18*** m. e f. **1** *(di pesci)* fish breeder, fish farmer **2** *(di piante)* nurseryman*.
vivamente /viva'mente/ avv. **1** *(fortemente)* [*incoraggiare, raccomandare*] strongly; *(con veemenza)* [*contestare, protestare*] fiercely **2** *(di cuore)* [*ringraziare, congratularsi*] warmly.
vivanda /vi'vanda/ f. *(cibo)* food; *(pietanza)* dish.
vivandiere /vivan'djɛre/ m. (f. **-a**) sutler.
vivavoce /viva'votʃe/ m.inv. *(per auto)* hands-free kit.
vivente /vi'vɛnte/ **I** agg. **1** *(in vita)* [*persona, organismo*] living; ***essere*** **~** living being **2** *(in carne e ossa)* [*esempio, leggenda, prova*] living; ***essere il ritratto*** **~ *di qcn.*** to be the living image of sb. **II** m. e f. living being; ***i -i*** the living.
1.vivere /'vivere/ **I** intr. (aus. *essere, avere*) **1** *(essere in vita)* to live; **~ *fino a cent'anni*** to live to be a hundred; ***cessare di*** **~** EUFEM. to pass away **2** *(trascorrere l'esistenza, abitare)* to live; ***da quanto tempo vivi qui?*** how long have you been living here? **~ *in campagna, in città*** to live in the country, in town; **~ *per conto proprio*** to live on one's own; **~ *nel lusso, nella miseria*** to live *o* lead a life of luxury, of misery; **~ *da eremita*** to live like a hermit; ***modo di*** **~** way of life; ***imparare a*** **~** FIG. to learn to live; ***avere vissuto*** FIG. to have seen a great deal of life **3** *(sopravvivere)* **~ *con poco*** to live on very little; ***guadagnarsi da*** **~** to earn a *o* one's living, to make a living (**con** out of); ***avere di che*** **~** to have enough to live on; **~ *del proprio lavoro*** to live on one's work; **~ *di ricordi*** FIG. to live on memories **4** *(durare)* ***il loro ricordo vivrà nella nostra memoria*** their memory will live on in our hearts **II** tr. **1** *(conoscere)* to go* through [*momenti difficili, inferno*]; to experience [*passione*]; **~ *la propria vita*** to lead *o* live one's own life; **~ *una vita tranquilla*** to lead a quiet life; ***la vita vale la pena di essere vissuta*** life is worth living **2** *(sentire, sperimentare)* to cope with [*divorzio, fallimento, cambiamento*] ♦ ***chi vivrà vedrà*** time (alone) will tell; ***stare sul chi vive*** to be on the qui vive, to keep a sharp look-out; ***vivi e lascia*** **~** live and let live.
2.vivere /'vivere/ m. life; ***questo non è*** **~** this is not life; ***quieto*** **~** quiet life; ***per amore del quieto*** **~** for a quiet life.
viveri /'viveri/ m.pl. (food) supplies, provisions; ***razionamento dei*** **~** food rationing; ***tagliare i*** **~ *a qcn.*** FIG. to cut off sb.'s allowance.
Viviana /vi'vjana/ n.pr.f. Vivian, Vivien(ne).
vivibile /vi'vibile/ agg. liv(e)able.
vivibilità /vivibili'ta/ f.inv. liveableness.
vividezza /vivi'dettsa/ f. *(di colore, luce)* vividness, brightness; *(di ricordo, descrizione)* vividness.
vivido /'vivido/ agg. [*colore, luce*] vivid, bright; [*ricordo, descrizione*] vivid.
vivificare /vivifi'kare/ [1] tr. **1** *(rinvigorire)* [*aria, clima, sole*] to give* life to, to invigorate [*persona, pianta*] **2** *(animare)* to enliven [*conversazione*].
viviparo /vi'viparo/ agg. viviparous.
vivisettore /viviset'tore/ m. (f. **-trice** /tritʃe/) vivisectionist.
vivisezionare /vivisettsjo'nare/ [1] tr. to vivisect; FIG. to examine minutely.
vivisezione /viviset'tsjone/ f. vivisection; FIG. minute examination.
vivo /'vivo/ **I** agg. **1** *(vivente)* living, alive; ***è (ancora)*** **~** he is (still) alive *o* living; ***da*** **~** in his lifetime, while he was alive; ***un animale*** **~** a live animal; ***prendere un animale*** **~** to catch an animal alive; ***lingua -a*** living language; ***sepolto, bruciato*** **~** buried, burned alive; **~ *o morto*** dead or alive; ***non c'è anima -a*** there isn't a living soul; **~ *e vegeto*** alive and kicking; ***farsi*** **~** FIG. to turn up; ***con noi non si sono fatti -i*** we've heard nothing from them **2** *(con caratteristiche di ciò che vive)* ***calce -a*** quicklime, burnt lime; ***carne -a*** (living) flesh, quick; ***argento*** **~** quicksilver; ***roccia -a*** bare rock; ***cuocere a fuoco*** **~** to cook over a high heat *o* flame **3** *(vivace, brillante)* [*persona, intelligenza*] lively; [*colore, luce, occhio*] bright, lively; [*sguardo*] intelligent **4** *(forte)* [*interesse, desiderio*] keen; [*preoccupazione*] serious; [*dolore*] acute; [*rammarico, piacere*] great; ***con i più -i ringraziamenti*** with grateful *o* sincere thanks **5** *(che dura)* ***essere ancora*** **~** [*usanza, ricordo*] to be still alive; ***mantenere -a la tradizione*** to keep the tradition going **6** *(tagliente)* [*spigolo*] sharp **II** m. (f. **-a**) **1** *(essere vivente)* living person; ***i -i e i morti*** the living and the dead **2** *(parte sensibile)* ***tagliare nel*** **~** to cut into the (living) flesh; ***toccare qcn. sul*** **~** FIG. to cut sb. to the quick; ***entrare nel*** **~ *della questione*** FIG. to get to the heart of the matter **3 dal vivo** [*ritratto*] life; [*concerto, trasmettere, cantare*] live.
viziare /vit'tsjare/ [1] tr. **1** *(educare con permissività)* to pamper, to spoil* [*bambino*] **2** FIG. *(corrompere)* to ruin, to corrupt [*persona*] **3** DIR. to vitiate [*atto, contratto*] **4** *(rendere impuro)* to pollute [*aria*].
viziato /vit'tsjato/ **I** p.pass. → **viziare II** agg. **1** [*bambino*] spoiled **2** DIR. [*atto, contratto*] vitiated **3** *(impuro)* [*aria*] foul.
vizio, pl. **-zi** /'vittsjo, tsi/ m. **1** *(dissolutezza)* vice; ***vivere nel*** **~** to lead a dissolute life **2** *(cattiva abitudine)* bad habit; *(dipendenza)* vice; ***ha il*** **~ *di arrivare sempre in ritardo*** he has a bad habit of always arriving late; ***i sette -zi capitali*** the seven deadly sins; ***prendere il*** **~ *di fumare*** to get into the habit of smoking; ***perdere il*** **~** to kick the habit **3** *(difetto)* fault, defect; **~ *di pronuncia*** speech defect ♦♦ **~ *di forma*** DIR. vice of form; **~ *di procedura*** DIR. legal irregularity, procedural mistake.
vizioso /vit'tsjoso/ **I** agg. **1** [*persona, vita*] intemperate, dissolute **2** FIG. ***circolo*** **~** vicious circle, catch-22 situation **II** m. (f. **-a**) dissolute person.
vizzo /'vittso/ agg. [*frutto*] shrivelled BE, shriveled AE, wrinkled; [*pianta, fiore*] wilted, withered; [*guance, pelle*] withered.
vocabolario, pl. **-ri** /vokabo'larjo, ri/ m. **1** *(lessico)* vocabulary; **~ *di base*** core vocabulary; ***quella parola non esiste nel suo*** **~** COLLOQ. FIG. he doesn't know the meaning of that word; ***che*** **~!** SPREG. what a language! **2** *(dizionario)* dictionary.
vocabolo /vo'kabolo/ m. word, term.
1.vocale /vo'kale/ agg. [*corde, organo, musica*] vocal; [*riconoscimento*] voice attrib.
2.vocale /vo'kale/ f. LING. vowel.
vocalico, pl. **-ci**, **-che** /vo'kaliko, tʃi, ke/ agg. vocalic, vowel attrib.
vocalizzare /vokalid'dzare/ [1] intr. (aus. *avere*) MUS. to vocalize.
vocalizzo /voka'liddzo/ m. ***fare -i*** to vocalize.
vocativo /voka'tivo/ m. vocative.
vocazione /vokat'tsjone/ f. RELIG. vocation, call(ing); FIG. vocation; **~ *sacerdotale*** vocation for the priesthood; ***avere una*** **~ *per qcs.*** to have a vocation for sth.; ***insegnare per*** **~** to be a teacher by vocation; ***regione a*** **~ *turistica, agricola*** tourist, farming area.
voce /'votʃe/ f. **1** voice (anche MUS.); **~ *femminile*** woman's *o* female voice; **~ *maschile*** man's *o* male voice; **~ *di soprano, baritono*** soprano, baritone voice; ***avere*** **~, *una bella*** **~** to have

a loud, beautiful voice; ***essere giù di*** ~ to be hoarse; ***perdere la*** ~ to lose one's voice; ***cantata per quattro -i*** cantata for four voices; ***alzare la*** ~ to raise one's voice (anche FIG.); ***abbassare la*** ~ to lower one's voice; ***a ~ alta, bassa*** in a loud, low voice; ***sotto*** ~ → **sottovoce**; ***gridare con quanta ~ si ha in corpo*** to shout at the top of one's lungs; ***sta cambiando la*** ~ [*adolescente*] his voice is breaking; ***~!*** *(al cinema)* louder! *(per invitare a parlare più forte)* speak up! **2** *(verso di animale)* call, cry; *(canto)* song **3** *(opinione)* voice; ***la ~ del popolo*** the voice of the people; ***fare sentire la propria*** ~ to make oneself heard; ***a gran*** ~ loudly, in a loud voice **4** *(diceria)* rumour BE, rumor AE, hearsay **U**, story (**su** on, about); ***mettere in giro*** o ***spargere la ~ che...*** to set it about that...; ***corre ~ che...*** rumour has it that..., there's a rumour around that..., the story goes that...; ***sono solo -i*** they are only rumours **5** *(espressione)* voice; ***la ~ della saggezza, della ragione, della coscienza, del cuore*** the voice of wisdom, reason, conscience, the heart **6** LING. ***~ attiva, passiva*** active, passive voice; ***"misi", ~ del verbo "mettere"*** "misi", form of the verb "mettere" **7** *(lemma)* entry, headword; *(in un elenco)* heading; ***sotto la*** o ***alla ~ "stampanti"*** under the heading "printers" **8** ECON. COMM. ***~ di bilancio*** budget *o* balance sheet item; ***~ attiva, passiva*** credit, debit item *o* entry ♦ ***a (viva)*** ~ in person; ***passare (la)*** ~ to pass *o* spread the word; ***dare ~ a qcs., qcn.*** to give voice to sth., sb.; ***fare la ~ grossa*** to raise one's voice; ***avere ~ in capitolo*** to have a voice *o* say in the matter ♦♦ ***~ bianca*** treble *o* white voice; ***~ di petto*** chest-voice; ***~ di testa*** head-voice; ***-i di corridoio*** rumours BE, rumors AE, backstairs gossip.

1.vociare /vo'tʃare/ [1] intr. (aus. *avere*) to yell, to shout, to clamour BE, to clamor AE.

2.vociare /vo'tʃare/ m. yelling, shouting, clamour BE, clamor AE.

vociferare /votʃife'rare/ [1] **I** intr. (aus. *avere*) to clamour BE, to clamor AE, to vociferate FORM. **II** tr. ***si vocifera che...*** rumour has it that..., there's a rumour around that...

vocio, pl. **-ii** /vo'tʃio, ii/ m. yelling, shouting, clamour BE, clamor AE.

vodka /'vɔdka/ f.inv. vodka.

voga, pl. **-ghe** /'voga, ge/ f. **1** *(il vogare)* rowing **2** *(moda)* fashion, vogue; ***in*** ~ fashionable, in fashion, in vogue.

vogare /vo'gare/ [1] intr. (aus. *avere*) to row.

vogata /vo'gata/ f. **1** *(il vogare)* rowing **2** *(colpo di remo)* stroke, pull.

vogatore /voga'tore/ m. **1** *(persona)* rower, oarsman* **2** *(apparecchio)* rowing machine.

voglia /'vɔʎʎa/ f. **1** *(volontà)* will; *(desiderio)* desire, longing, wish; *(capriccio)* whim; ***~ di vivere*** will to live; ***~ matta, improvvisa*** insane, sudden urge; ***togliersi una*** ~ to indulge a whim; ***avere ~ di qcs.*** to feel like sth.; ***avere ~ di dormire, di fare pipì*** to want to go to bed, to pee; ***avere ~ di ridere, piangere*** to feel like laughing, crying; ***non ho nessuna ~ di incontrarlo*** I have absolutely no desire to meet him; ***hai ~ di un gelato?*** (do you) fancy an ice cream? ***mi è venuta ~ di telefonarti*** I got the urge to phone you; ***fare venire a qcn. la ~ di fare*** to make sb. want to do; ***morire dalla ~ di qcs., di fare qcs.*** COLLOQ. FIG. to die for sth., to do sth.; ***contro ~, di mala*** ~ unwillingly, against one's will; ***hai ~ di parlare, tanto nessuno ti ascolta!*** talk as much as you want, nobody is listening to you! ***"c'è del caffè?" - "hai ~!"*** "is there any coffee?" - "you bet!"; ***"forse ci aiuta" - "sì, hai ~!"*** IRON. "maybe he will help us" - "dream on!" **2** *(di donna incinta)* craving (**di** for) **3** *(appetito sessuale)* desire, lust **4** *(sulla pelle)* birthmark.

voglioso /voʎ'ʎoso/ agg. eager; *(sessualmente)* lustful, lewd.

voi /voi/ v. la nota della voce **io**. **I** pron.pers. **1** *(soggetto)* you *(in inglese va sempre espresso)*; ***siete ~?*** is that you? ***noi possiamo farlo, ~ no*** we can do it, you cannot; ***~ italiani*** you Italians; ***~ due*** the two of you **2** *(complemento oggetto)* you; ***ho visto lei, ma non*** ~ I saw her, but not you **3** *(preceduto da preposizione)* ***un regalo per*** ~ a present for you; ***a ~ ha raccontato una storia molto diversa*** he told you quite a different story; ***lavora più di*** ~ she works more than you (do) **4** *(impersonale)* you, one; ***se ~ considerate che...*** if you consider that... **5** ANT. REGION. *(forma di cortesia)* you **II** m. ***dare del*** ~ to use the "voi" form; ***dare del ~ a qcn.*** to address sb. using the "voi" form.

voialtri /vo'jaltri/ pron.pers. *(rafforzativo di voi)* → **voi.**

voile /vwal/ m.inv. voile.

vol. ⇒ volume volume (vol).

volano /vo'lano/ ➧ **10** m. **1** *(gioco)* badminton; *(palla)* shuttle(cock) **2** TECN. flywheel.

volant /vo'lan/ m.inv. frill, volant.

1.volante /vo'lante/ **I** agg. **1** *(che vola)* [*animale, oggetto*] flying; ***disco ~*** flying saucer; ***tappeto ~*** magic carpet **2** *(mobile)* [*fili, foglio*] loose sheet of paper **II** f. *(squadra di polizia)* flying squad; *(automobile della polizia)* patrol car, squad car, prowl car AE.

2.volante /vo'lante/ m. *(di auto)* (steering) wheel; ***essere al*** ~ to be at *o* behind the wheel; ***un asso del*** ~ an ace driver.

volantinaggio, pl. **-gi** /volanti'naddʒo, dʒi/ m. = distribution of leaflets; ***fare*** ~ to leaflet.

volantinare /volanti'nare/ [1] intr. (aus. *avere*) to leaflet.

volantino /volan'tino/ m. leaflet, handbill, handout, flyer.

volare /vo'lare/ [1] intr. (aus. *essere, avere*) **1** *(spostarsi nell'aria)* [*animale, aereo, aquilone*] to fly*; *(viaggiare in aereo)* [*persona*] to fly*; *(volteggiare nell'aria)* [*polvere, piuma, foglie*] to fly*, to blow* around; ***~ via*** [*animale*] to fly away *o* off; [*fogli, cappello*] to blow away *o* off; ***~ con la British Airways*** to fly British Airways **2** *(essere lanciato)* [*pietre, schiaffi, insulti, minacce*] to fly* **3** *(cadere)* ***~ giù dalle scale*** to tumble *o* fall down the stairs; ***~ giù dal quarto piano*** to fall from the fourth floor **4** *(correre, precipitarsi)* to rush, to fly*; ***volo in farmacia*** I'll rush to the chemist's **5** *(trascorrere velocemente)* [*tempo*] to fly*; ***le vacanze sono volate*** the holidays flew past **6** FIG. *(riandare)* [*pensiero*] to fly* (**a** to).

volata /vo'lata/ f. **1** *(corsa)* ***di*** ~ like a shot, in a rush *o* hurry *o* flash; ***andare di*** ~ to fly **2** *(volo)* flight **3** SPORT *(nel ciclismo)* (final) sprint, finish; ***vincere in*** ~ to win the final sprint, to sprint home to win.

volatile /vo'latile/ **I** agg. CHIM. volatile **II** m. *(uccello)* bird.

volatilità /volatili'ta/ f.inv. volatility.

volatilizzarsi /volatilid'dzarsi/ [1] pronom. **1** CHIM. to volatilize **2** SCHERZ. *(scomparire)* to disappear, to vanish into thin air.

volatore /vola'tore/ m. flier.

volée /vo'le/ f.inv. volley.

volente /vo'lɛnte/ agg. ***~ o nolente*** whether one likes it or not.

volenteroso /volente'roso/ agg. willing, eager, keen.

volentieri /volen'tjɛri/ Come risposta affermativa a una richiesta, *volentieri!* in un contesto d'uso normale può essere reso da *of course! certainly!* o *I'd love to*: *"potresti aiutarmi, per favore?" "volentieri!"* = "could you help me, please?" "Of course / Certainly!"; *"vuoi cenare con noi stasera?" "volentieri!"* = "will you join us for dinner tonight?" "I'd love to". Suonano invece molto formali, se non antiquati, equivalenti come *with pleasure, gladly* o *willingly*. - In una frase, il senso espresso da *volentieri* può essere reso da un verbo, come nei seguenti esempi: *lo faccio volentieri* = I enjoy doing it; *vado sempre volentieri a teatro* = I'm always pleased when I go to the theatre; *le parlerei volentieri* = I'd love to talk with her. avv. ***ti aiuterei*** ~ I'd be glad to help you; ***andrei ~ a Vienna*** I'd love to go to Vienna; ***berrei ~ qualcosa di caldo*** I'd welcome a hot drink; ***"potresti aiutarmi per favore?" - "~!"*** "could you help me, please?" - "of course *o* certainly!"; ***"vuoi un biscotto, del vino?" - "molto ~"*** "would you like a biscuit, some wine?" - "I'd love one, some"; ***spesso e*** ~ as often as not.

1.volere /vo'lere/ [100] **I** mod. **1** *(intendere)* to want; *(desiderare)* would like; *(più forte)* to wish; ***vuole andare a sciare*** she wants to go skiing; ***vuole fare l'astronauta*** he wants *o* would like to be an astronaut; ***vorrebbero andare a casa*** they wish *o* would like to go home; ***volevo dirvi che*** I wanted to tell you that; ***avrei voluto vedere te!*** COLLOQ. I'd like to have seen you! ***non vorrei disturbarla*** I don't want to put you out; ***vorrei avere un milione di dollari*** I wish I had a million dollars **2** *(in offerte o richieste cortesi)* ***vuoi bere qualcosa?*** would you like to have a drink? ***vorrei parlarle in***

1.volere

- Il modale italiano *volere* e i suoi principali equivalenti inglesi condividono una caratteristica che li distingue dagli altri verbi modali: *volere*, infatti, può funzionare sia da verbo lessicale seguito da un complemento oggetto (*voglio una birra* = I want a beer), sia da verbo modale seguito da un altro verbo (*voglio bere una birra* = I want to drink a beer, *voglio che tu beva una birra* = I want you to drink a beer).
- Gli equivalenti inglesi del verbo italiano *volere* sono *want, will* (in forma contratta *'ll*, al negativo *will not* o *won't*), *would* (in forma contratta *'d*, al negativo *would not* o *wouldn't*), *would like to* (in forma contratta *'d like to*, al negativo *wouldn't like to*) e *to wish to*.

Volere = will

- L'italiano *volere* si traduce con *will* quando, al tempo presente, si vuole indicare:
  a) un'offerta gentile: *vuoi del tè?* = will you have some tea?
  b) una richiesta gentile: *vuoi venire con noi?* = will you come with us? *volete andarci voi al posto di Jane?* = will you go there in Jane's stead?
  c) una richiesta espressa con un imperativo di cui si vuole attenuare la perentorietà: *comprami un giornale, vuoi?* = buy me a newspaper, will you?
  d) in frase interrogativa, un comando brusco: *vuoi chiudere il becco?* = will you shut up!
  e) in frase negativa, un rifiuto: *non voglio parlargli!* = I won't talk to him!
  f) in frase negativa, il significato di *riuscire*: *la macchina non vuole partire* = the car won't start.

  Il primo esempio ci mostra che *will* in inglese non può mai essere seguito da un complemento oggetto, ma deve sempre reggere un verbo: *vuoi del dolce?* = will you have some cake?

Volere = would

- L'italiano *volere* si traduce con *would* quando esprime:
  a) al condizionale, un'offerta gentile (ma in modo più formale di *will*): *vorrebbe qualcosa da bere?* = would you have a drink?
  b) al condizionale, una richiesta (ma in modo più formale di *will*): *vorrebbe aiutarmi, per favore?* = would you please help me?
  c) al passato, una forte volontà od ostinazione: *pioveva a catinelle; eppure volle uscire* = it was raining cats and dogs; yet he would go out, *anche se non posso sopportare Jane, hanno voluto invitarla alla festa* = although I can't stand Jane, they would invite her to the party.

  Il primo esempio ci mostra che *would* in inglese non può mai essere seguito da un complemento oggetto, ma deve sempre reggere un verbo: *vorrebbe del dolce?* = would you have some cake?

Volere = would like to

- L'italiano *volere* si traduce con *would like to* quando, al condizionale, si vuole esprimere un desiderio, ossia una richiesta o un'offerta gentili:
  a) al condizionale semplice: *vorresti andare dal panettiere?* = would you like to go to the baker's? *vorreste venire con noi?* = would you like to join us?
  b) al condizionale composto, per indicare un desiderio irrealizzato: *avremmo voluto venire con voi, ma...* = we would have liked to join you, but...
- Talvolta, per tradurre *volere* al presente indicativo, si usa il presente di *to like* come possibile alternativa a *to want* o *to wish*:

  vieni quando vuoi = come whenever you like / want / wish.

Volere = to want to

- L'italiano *volere* si t aduce con *to want to* quando si vuole esprimere un desiderio o una necessità; questo verbo, che dal punto di vista morfologico è regolare, si usa in tutte le forme verbali tranne il condizionale, in cui figura per lo più al negativo:

  vuole comprare un'auto nuova = he wants to buy a new car
  non voleva andare = he didn't want to go
  volete fare delle domande? = do you want to ask any questions?
  volevano portare con sé il bagaglio = they wanted to take their luggage with them
  vorranno parlarne con te = they'll want to talk it over with you.

Volere = to wish to

- L'italiano *volere* si traduce con *to wish to* quando si vuole esprimere, con una certa forza o in tono formale, un desiderio; questo verbo, che dal punto di vista morfologico è regolare, si può usare in pressoché tutte le forme verbali:

  sono pronto a fare qualunque cosa tu voglia = I'm ready to do whatever you wish
  ieri voleva vederti il preside = the headmaster wished to see you yesterday
  non voglio essere scortese, ma... = I don't wish to be rude, but...
  Sheila non voleva essere lasciata sola? = didn't Sheila wish to be left alone?
  se volessero andare a casa, lo direbbero = if they wished to go home, they'd say so.

- La forma di prima persona singolare e plurale *I / we wish* ha un uso del tutto particolare:
  a) ha funzione di presente indicativo, e indica un desiderio realizzabile, quando è normalmente seguita dall'infinito con *to*:

  voglio / vogliamo andare al cinema = I / we wish to go to the cinema

  b) ha funzione di condizionale presente, e indica un desiderio irrealizzato o irrealizzabile, quando è seguita dai verbi *essere, avere* e *potere* nelle seguenti costruzioni:

  vorrei / vorremmo essere = I wish I were, we wish we were
  vorrei / vorremmo avere = I wish I had, we wish we had
  vorrei / vorremmo potere = I wish I could, we wish we could

  Poiché queste locuzioni idiomatiche coinvolgono *essere* e *avere*, che sono al contempo verbi lessicali e ausiliari, l'espansione della frase può consistere in un nome, un aggettivo o un altro verbo:

  vorrei essere un calciatore = I wish I were a footballer
  vorrei essere ricco = I wish I were rich
  vorrei essere in crociera = I wish I were on a cruise
  vorrei stare facendo una crociera nel Mediterraneo = I wish I were cruising in the Mediterranean
  vorrei essere aiutato da tutti voi = I wish I were helped by you all
  vorrei avere più amici = I wish I had more friends
  vorrei averla conosciuta dieci anni fa = I wish I had met her ten years ago
  vorrei poterti aiutare = I wish I could help you
  vorremmo saperlo fare = we wish we could do it

  Su questo modello, la forma *I / we wish* estende il proprio uso anche ad altri verbi:

  vorrei saperlo = I wish I knew.

Volere = to be willing to

- L'italiano *volere* si traduce talvolta con la forma perifrastica *to be willing to*, che letteralmente significa *essere disposto a*:

  quanto vogliono (= sono disposti a) *pagare?* = how much are they willing to pay?

La traduzione di *volere che* + congiuntivo

- Alla struttura *volere che* + congiuntivo dell'italiano (ad esempio, *voglio che tu vada subito a casa*) corrisponde in inglese una struttura di tipo infinitivo, con piccole variazioni formali in rapporto all'equivalente di *volere* utilizzato, come mostrano i casi qui sotto elencati.
- Quando la struttura *volere che* + congiuntivo dell'italiano è introdotta in inglese da *would*, si esprime un desiderio irrealizzato o irrealizzabile (tempo condizionale composto) mediante la costruzione *would have had* + nome/pronome al caso oggetto + infinito senza *to*:

  avrebbe voluto che gli mandassimo almeno una cartolina = he would have had us send him a postcard at least

avrebbero voluto che Jim vincesse la corsa	=	they would have had Jim win the race.

• Quando la struttura *volere che* + congiuntivo dell'italiano è introdotta in inglese da *would like*, si esprime un desiderio realizzabile (condizionale presente) mediante la costruzione *would like* + nome/pronome al caso oggetto + infinito con *to*; la medesima costruzione, se introdotta da *would have liked*, esprime un desiderio irrealizzabile o irrealizzato (condizionale composto):

vorrebbe che rimanessero più a lungo	=	she'd like them to stay longer
vorresti che lo facessi io?	=	would you like me to do it?
avremmo voluto incontrarla	=	we would have liked to meet her
avresti voluto vivere nel Settecento?	=	would you have liked to live in the 18th century?

• Quando la struttura *volere che* + congiuntivo dell'italiano è introdotta in inglese da *to want*, si esprime un desiderio realizzabile (tempi vari) mediante una doppia costruzione:

a) *to want* + nome/pronome (essere animato) al caso oggetto + infinito con *to*, per esprimere la volontà che qualcuno faccia qualcosa:

vuoi che ti aiuti?	=	do you want me to help you?
vorranno che tu gli scriva una lettera	=	they'll want you to write a letter to him

b) *to want* + nome/pronome (essere inanimato) al caso oggetto + participio passato, per esprimere la volontà che qualcosa venga fatto da qualcuno:

vuole che l'auto sia riparata per le 7 di sera	=	he wants the car mended by 7 pm
volevate che il prato venisse tagliato prima del vostro arrivo?	=	did you want the lawn mowed before you came?

• Quando la struttura *volere che* + congiuntivo dell'italiano è introdotta in inglese da *to wish*, si esprime un desiderio realizzabile (tempi vari) mediante una doppia costruzione:

a) *to wish* + nome/pronome (essere animato) al caso oggetto + infinito con *to*, per esprimere la volontà che qualcuno faccia qualcosa:

vuole che serva la cena, signora?	=	do you wish me to serve dinner, madam?
che cosa volevano che facessi?	=	what did they wish me to do?

b) *to wish* + nome/pronome (essere inanimato) al caso oggetto + participio passato, per esprimere la volontà che qualcosa venga fatto da qualcuno:

vuole che venga servita la cena, signora?	=	do you wish dinner served, madam?

La costruzione *I / we wish* con valore di condizionale per esprimere un desiderio irrealizzato o irrealizzabile (*vorrei / vorremmo*) può essere estesa anche a tradurre la struttura italiana *volere che* + congiuntivo; tenendo conto che non è modificabile l'elemento iniziale *I / we wish*, sono ammesse variazioni nel nome/pronome e nei tempi verbali retti:

vorrei che lei / Liz fosse qui	=	I wish she / Liz were here
vorrei che mio marito fosse avvocato	=	I wish my husband were a lawyer
vorremmo che fossero più gentili con noi	=	I wish they were kinder to us
vorrei che fossimo lontani da qui	=	I wish we were far from here
vorremmo che venisse aiutato dai suoi compagni	=	we wish he were helped by his classmates
vorremmo che voi aveste una macchina nuova	=	we wish you had a new car
vorrei che l'avessero portata loro	=	I wish they had brought it
vorrei che loro potessero aiutarci	=	I wish they could help us
vorremmo che lo sapesse fare anche Andrew	=	we wish Andrew could do it too
vorremmo che la smettesse di parlare	=	we wish she would stop talking
vorrei che ritornasse presto	=	I wish he came back soon

La medesima struttura può essere usata anche per tradurre *non vorrei / non vorremmo* se la negazione è spostata sul verbo retto:

non vorrei che tu uscissi ogni sera (= vorrei che tu non uscissi ogni sera)	=	I wish you wouldn't go out every night.

Casi particolari

• Posto che il condizionale composto di *volere* si può rendere in inglese con più forme (*avremmo voluto andarci noi* = we would have liked to go there; *avreste voluto che lo facessi io?* = would you have liked me to do it? *avrebbe voluto che me ne andassi subito* = he would have had me leave immediately), è talvolta possibile arrivare a una variante più snella di tali strutture impiegando il condizionale semplice (invece del condizionale composto) seguito dall'infinito composto del verbo retto (invece dell'infinito semplice):

avrei voluto vedere te!	=	I would like to have seen you!

Questa trasformazione porta l'inglese a poter tradurre il condizionale composto dell'italiano anche con la forma *I wish*, che rende solitamente il condizionale semplice:

avrei voluto dirglielo	=	I wish I had told him

Si noti tuttavia che in italiano le due forme di condizionale sono diverse non solo per struttura ma anche per significato:

avrei voluto dirglielo (volevo farlo, ma non l'ho fatto)	=	I would have liked to tell him, I would like to have told him
vorrei avergliello detto (vorrei - adesso - averlo fatto - allora)	=	I would like to have told him, I wish I had told him

Va anche ricordato che nell'italiano corrente il condizionale composto è spesso sostituito dall'imperfetto indicativo, una sostituzione che non è possibile in inglese:

volevo dirglielo, ma non me la sono sentita	=	I would have liked to tell him, but I didn't feel like it.

• Quando la struttura *volere che* + congiuntivo dell'italiano è introdotta in inglese da *will*, si esprime un'intenzione (tempo presente) mediante la costruzione *will have* + nome/pronome al caso oggetto + infinito senza *to*:

non vuole averci niente a che fare	=	she will have nothing to do with it

• Talvolta, mentre in italiano il verbo *volere* è usato come verbo lessicale (cioè regge un nome o pronome), la corrispondente struttura inglese è quella del verbo modale (cioè regge una struttura verbale):

lei vuole la tua felicità	=	she wants you to be happy
suo padre lo vuole dottore	=	his father wants him to become a doctor.

• Talvolta, *volere* è usato come ausiliare in italiano ma, poiché il contesto gli dà una particolare sfumatura semantica (ad esempio, *volere* = *preferire* o *aspettarsi*), l'equivalente inglese non utilizza uno dei modali sopra elencati:

vorrei farlo io di persona	=	I'd rather do it myself
vorrei che tu non tornassi a casa da sola	=	I'd rather you didn't come home alone
dopo quello che ha fatto, vorresti che mi fidassi di lui?	=	do you expect me to trust him after what he's done?

privato I'd like to speak to you in private; ***vuoi venire con noi?*** will you come with us? **3** *(in frasi interrogative, con valore di imperativo)* ***vuoi stare zitto?*** will you shut up! ***vuoi chiudere quella porta?*** close that door, will you? **4** COLLOQ. *(in frasi negative) (riuscire)* ***il motore non vuole mettersi in moto*** the engine won't start; ***la mia ferita non vuole guarire*** my wound won't heal **5** **voler dire** *(significare)* to mean*; ***cosa vuoi dire?*** what do you mean? ***che cosa vuol dire questa parola?*** what does this word mean? ***non vorrai dire che è medico?*** you don't mean to tell me he's a doctor? **II** tr. **1** *(essere risoluto a ottenere)* to want; ***voglio una relazione dettagliata per domani mattina*** I want a detailed report by tomorrow morning; ***vuole la tua felicità*** she wants you to be happy; ***vuole che tutto sia finito per le 8*** she wants everything finished by 8 o'clock; ***vuoi proprio che te lo dica? il tuo amico è un imbroglione*** I hate to say it, but your friend is a crook; ***che tu lo voglia o no*** whether you like it or not **2** *(desiderare)* ***vorrei una macchina*** I'd like to have a car; ***vorrei che fosse qui*** I wish he were here **3** *(con complemento predicativo)* ***suo padre lo vuole dottore*** his father wants him to become a doctor **4** *(in offerte o richieste cortesi)* ***vorrei un chilo di pere, un bicchier d'acqua*** I'd like a kilo of pears, a glass of water; ***volevo una birra*** COLLOQ. I'd like a beer; ***vuoi qualcosa da bere?*** would you like (to have) a drink? **5** *(preferire)* ***vieni quando vuoi*** come whenever you want *o* like; ***"cosa facciamo questa sera?" - "quello che vuoi tu"*** "what shall we do tonight?" - "whatever you like"; ***vorrei che tu non tornassi a casa da sola*** I'd rather you didn't come home alone **6** *(pretendere)* ***come vuoi che ti creda?*** how could I believe you? ***cosa vuoi di più?*** what more could you ask (for)? ***cos'altro vogliono da noi?*** what else *o* more do they want of us? **7** *(richiedere)* ***quanto vuole per la bicicletta?*** how much is she asking for her bicycle? ***quanto ha voluto per riparare la lavastoviglie?*** how much did he charge for repairing the dishwasher? **8** *(cercare)* ***il capo ti vuole nel suo ufficio*** the boss wants you in his office; ***ti vogliono al telefono*** you're wanted on the phone **9** *(permettere)* ***non posso venire, mia madre non vuole*** I can't come, my mother doesn't want me to **10** *(necessitare)* to require, to need; ***queste piante vogliono un clima umido*** these plants require *o* need a humid climate; ***questo verbo vuole il congiuntivo*** this verb requires *o* takes the subjunctive **11** *(prescrivere)* ***la leggenda vuole che*** legend has it that; ***come vuole la leggenda, la tradizione*** as legend, tradition has it **12** *(ritenere)* ***alcuni vogliono che si trattasse di un complotto*** some people believe it was a conspiracy; ***c'è chi lo vuole innocente*** some people think he is innocent **13 volerci** *(essere necessario)* to take*, to be* needed, to be* required; ***ci vuole pazienza*** it takes *o* you need patience; ***ci vorrebbe un uomo come lui*** we need a man like him; ***ci vorrebbe una persona robusta per fare quello*** it would take a strong person to do that; ***ci vuole un po' di pioggia*** some rain is necessary; ***quanto zucchero ci vuole per la torta?*** how much sugar is needed for the cake? ***volerci molto (tempo)*** to take long; ***quanto ci vuole per arrivare a Venezia?*** how long does it take to get to Venice? ***ci vogliono sei ore*** it takes six hours; ***ci vogliono 500 euro per il volo*** you'll need 500 euros for the flight; ***con quel vestito ci vorrebbe un foulard rosso*** *(addirsi)* a red scarf would go well with that dress; ***con la carne ci vuole il vino rosso*** red wine should be drunk with meat **14 volerne** *(gradire)* to want; ***non ne voglio più*** I don't want any more; ***prendine quanto ne vuoi*** take as much as you please *o* want; ***volerne a qcn.*** *(serbare rancore)* to bear BE *o* hold AE a grudge against sb., to bear sb. ill will **III volersi** pronom. **1** *(reciprocamente)* ***-rsi bene*** to love (each other); ***-rsi male*** to hate each other **2 volersela** ***te la sei voluta*** *(cercarsela)* you brought it on yourself, you asked for it ♦ ***come vuoi (tu)*** as you wish *o* like; ***voler bene a qcn.*** to love sb.; ***~ male a qcn.*** *(nutrire rancore)* to bear ill will to sb.; *(nutrire odio)* to hate sb.; ***~ la pelle di qcn.*** o ***~ morto qcn.*** to want sb. dead; ***vuoi... vuoi*** either... or; ***vuoi vedere che telefona?*** do you want to bet he's going to call? ***anche volendo non ce l'avrei mai fatta*** even had I wanted to, I would never have made it; ***volendo potremmo vederci domani*** we could meet tomorrow if we wanted; ***puoi gridare quanto vuoi, tanto ci vado ugualmente!*** you can shout until you're blue in the face, I'm going anyway! ***se Dio vuole, Dio volendo*** God willing; ***senza volerlo*** [*urtare, rivelare*] by accident, unintentionally; ***cosa vuoi (che ti dica), ...*** what can *o* shall I say, ...; ***cosa vuoi, sono bambini!*** what do you expect, they're children! ***qui ti voglio!*** let's see what you can do! *(è questo il problema)* that's just it *o* the trouble! ***ce n'è voluto!*** it took some doing! **(per fare** to do); ***è proprio quello che ci vuole!*** that's just the job *o* the (very) thing! ***ci vuol (ben) altro che...*** it takes more than...; ***ci vuole un bel coraggio!*** it really takes some cheek (**a** to); ***ci voleva anche questa!*** this is just too much! as if we didn't have enough problems! that's all we needed! that's done it! ***non ci vuole molto a capirlo*** SPREG. it doesn't take much understanding; ***che ci vuole?*** it's not all that difficult! ***quando ci vuole, ci vuole*** = sometimes you've just got to; ***~ è potere*** PROV. where there's a will there's a way.

2.volere /vo'lere/ m. will; ***contro il proprio ~*** against one's will.

volgare /vol'gare/ **I** agg. **1** *(grossolano)* [*persona*] vulgar; [*parola, linguaggio, comportamento*] vulgar, coarse, gross **2** *(comune)* ordinary, common; ***come un ~ delinquente*** like a common delinquent **3** LING. [*latino*] vulgar; ***lingua ~*** vernacular **II** m. **1** *(volgarità)* ***cadere nel ~*** to lapse into vulgarity, to become coarse **2** *(persona volgare)* ***non fare il ~!*** don't be vulgar! **3** LING. vernacular.

volgarità /volgari'ta/ f.inv. **1** vulgarity, coarseness **2** *(parola volgare)* ***dire ~*** to use foul *o* bad language; ***dire una ~*** to say sth. vulgar, to utter an obscenity.

volgarizzare /volgarid'dzare/ [1] tr. **1** *(divulgare)* to popularize [*scienza*] **2** *(tradurre)* = to translate into the vernacular.

volgarmente /volgar'mente/ avv. **1** *(in modo volgare)* [*esprimersi, comportarsi*] vulgarly, coarsely, grossly **2** *(comunemente)* [*chiamato, detto*] commonly.

1.volgere /'vɔldʒere/ [101] **I** tr. **1** *(rivolgere)* ***~ lo sguardo verso*** to look towards; ***~ l'attenzione a*** to turn *o* direct one's attention to; ***~ la mente, il pensiero a*** to turn one's mind, thoughts to **2** FIG. *(trasformare)* ***~ qcs. in burla*** to turn sth. into a joke; ***~ la situazione in favore di qcn.*** to sway the outcome in sb.'s favour **II** intr. (aus. *avere*) **1** *(cambiare direzione)* ***il sentiero volge a destra*** the path turns to the right **2** FIG. *(evolvere)* ***~ al peggio, al meglio*** [*situazione*] to take a turn for the worse, the better; ***il tempo sta volgendo al bello*** the weather is changing for the better **III volgersi** pronom. **1** *(girarsi)* to turn; ***-rsi verso qcn.*** to turn to *o* towards sb.; ***-rsi indietro*** to turn back **2** FIG. *(riversarsi)* ***la sua collera si volse contro di noi*** she vented her anger on us ♦ ***~ al termine*** [*secolo, giorno*] to draw to a close *o* an end.

2.volgere /'vɔldʒere/ m. ***con il ~ degli anni*** with the passing of years; ***al ~ del secolo*** at the turn of the century.

volgo, pl. **-ghi** /'volgo, gi/ m. LETT. populace, common people pl.; SPREG. hoi polloi pl., populace.

voliera /vo'ljɛra/ f. aviary.

volitivo /voli'tivo/ agg. volitive.

volo /'volo/ m. **1** *(di uccello, aereo)* flight; ***prendere il ~*** [*uccello*] to spread one's wings, to take wing *o* flight; FIG. *(sparire)* [*persona*] to cut and run, to take to one's heels; ***alzarsi in ~*** [*uccello*] to rise up, to soar up; [*aereo*] to take off; ***a ~ d'uccello*** [*ripresa*] bird's eye attrib.; ***in ~*** [*uccello, aereo*] in flight; ***di ~*** [*istruttore, scuola, condizioni*] flying; [*piano, rotta, registratore, simulatore*] flight; ***~ internazionale*** international flight; ***~ interno*** domestic *o* internal flight; ***~ di linea*** scheduled flight; ***il ~ per Parigi*** the Paris flight, the flight to Paris; ***ci sono tre ore di ~ tra*** it's a three-hour flight between **2** *(caduta)* fall; ***fare un ~ di tre metri*** to have a three-metre fall **3 al volo** ***sparare a un uccello al ~*** to shoot a bird in flight; ***afferrare una palla al ~*** to catch a ball in midair; ***colpire la palla al ~*** to volley the ball; ***è una che capisce al ~*** she's quick on the uptake; ***capì al ~ la situazione*** she understood the situation immediately; ***prendere un treno al ~*** to jump on a train; ***cogliere*** o ***prendere al ~*** to seize, to grab, to jump at [*offerta, opportunità*] ♦♦ ***~ planato*** glide; ***~ simulato*** simulated flight; ***~ strumentale*** blind *o* instrument flight; ***~ a vela*** SPORT (hang-)gliding; ***~ a vista*** contact flying.

volontà /volon'ta/ f.inv. **1** *(il volere)* will; ***piegarsi alla ~ di qcn.*** to bend to sb.'s will; ***contro la ~ di qcn.*** against sb.'s will; ***manifestare la ~ di fare*** to show one's willingness to do; ***per circostanze indipendenti dalla nostra ~*** due to circumstances beyond our control; ***ultime ~*** last will and testament; ***"sia fatta la tua ~"*** RELIG. "Thy will be done"; ***essere pieno di buona ~*** to be full of goodwill; ***pur con tutta la buona ~*** even with the best will in the world; ***gesto di buona ~*** goodwill gesture, gesture of goodwill; ***uomini di buona ~*** men of goodwill **2** *(qualità del carattere)* ***(forza di) ~*** willpower, strength of will; ***~ di ferro*** iron will **3 a volontà** *(quanto si vuole)* at will, as much as one likes; ***vino, pane a ~*** wine, bread galore; ***puoi mangiarne a ~*** you can eat as much as you like.

volontariamente /volontarja'mente/ avv. voluntarily.

volontariato /volonta'rjato/ m. **1** *(lavoro volontario)* voluntary work; ***fare ~*** to do voluntary work; ***associazione di ~*** voluntary organization **2** MIL. voluntary service **3** *(per motivi professionali)* unpaid apprenticeship **4** *(insieme di volontari)* voluntary workers, volunteers pl.

volontarietà /volontarje'ta/ f.inv. voluntariness.

volontario, pl. **-ri**, **-rie** /volon'tarjo, ri, rje/ **I** agg. [*aiuto, lavoro*] voluntary, volunteer; [*azione*] voluntary, intentional; [*contributo, sacrificio*] voluntary, willing, spontaneous; ***omicidio ~*** DIR. voluntary manslaughter **II** m. (f. **-a**) **1** voluntary worker, volunteer; ***offrirsi ~ per fare*** to volunteer to do **2** MIL. volunteer.

volontarismo /volonta'rismo/ m. voluntarism.

volonteroso /volonte'roso/ → **volenteroso.**

volpacchiotto /volpak'kjɔtto/ m. fox cub.

volpe /'volpe/ f. **1** fox; *(femmina)* vixen; ***(pelliccia di) ~*** fox (fur); ***caccia alla ~*** *(attività)* fox hunting; *(battuta)* fox hunt **2** FIG. fox; ***è una vecchia ~*** he's a cunning *o* wily old fox ♦ ***essere furbo come una ~*** to be as wily as a fox.

volpino /vol'pino/ m. *(razza di cane)* Pomeranian (dog), spitz.

volpone /vol'pone/ m. *(furbo)* ***è un ~*** he's a cunning *o* wily old fox.

volt /vɔlt/ m.inv. volt.

1.volta /'vɔlta/ f. **1** time; ***la prima, l'ultima ~*** the first, last time; ***quando l'ho vista la prima, l'ultima ~*** when I first, last saw her; ***è l'ultima ~ che te lo dico!*** I shan't warn you again! ***che sia la prima e l'ultima ~ che*** let this be the first and last time (that); ***questa ~, riuscirò*** I'll make it this time; ***ti ricordi quella ~ che...?*** do you remember (the time) when...? ***magari un'altra ~*** some other time perhaps; ***una ~ o l'altra*** one day or another, some time or other; ***questa è la ~ buona*** this is the right time; ***una ~, due -e*** once, twice; ***tre, dieci, molte -e*** three, ten, many times; ***l'unica, la sola ~ che l'ho visto*** the only time I saw him; ***non rispondete tutti in una ~!*** don't answer all together *o* at once! ***gliel'ho detto più -e*** I've told him again and again *o* over and over again; ***una ~ ancora*** one more time, once more; ***facciamolo un'altra ~*** *(ancora)* let's do it again; *(in un altro momento)* let's do it another time; ***l'altra ~, la ~ scorsa*** last time; ***la prossima ~*** next time; ***il più delle -e*** more often than not, as often as not; ***qualche ~, certe -e*** sometimes; ***a -e*** now and then, now and again; ***una ~ per tutte, una buona ~, una ~ tanto*** once and for all; ***una ~ ogni tanto*** once in a while, from time to time; ***ogni ~ che, tutte le -e che*** each *o* every time that, whenever; ***due -e (al)l'anno*** twice a year; ***quattro, nove -e tanto*** fourfold, ninefold; ***una ~ su due*** half the time, any other time; ***nove -e su dieci*** nine times out of ten; ***dieci -e più grande*** ten times bigger; ***due -e più caro*** twice as expensive; ***due -e tanto*** twice as much; ***la metà delle -e*** half the time; ***ti ho già detto cento, mille -e di non farlo!*** I've told you a thousand times not to do it! ***l'8 nel 24 ci sta tre -e*** MAT. 8 into 24 goes 3 times *o* is 3; ***tre -e due fa sei*** MAT. three times two is six **2 una volta** *(un tempo)* ***una ~ fumava, vero?*** she used to smoke, didn't she? ***una ~ era molto famoso*** he was once very famous; ***una ~ qui c'era un pub*** there used to be a pub here; ***di una ~*** of former days *o* times; ***Paolo non è più quello di una ~*** Paolo is no longer the person he used to be **3 una volta che** once; ***una ~ che ebbe mangiato...*** once he had eaten, he... **4 per una volta** ***l'hai fatto arrabbiare, per una ~ che era di buon umore*** for once when he was in a good mood you had to go and make him angry; ***restiamo a casa per una ~*** let's have an evening in for a change; ***per una ~ ha pagato lui*** he paid for a change **5 alla volta, per volta** ***un passo alla ~*** one step at a time; ***5 euro alla ~*** 5 euros a time *o* at any one time; ***uno per ~*** one at a time, one by one; ***portare tre valige alla ~*** to carry three suitcases at the same time; ***un po' alla ~, poco per ~*** little by little **6 alla volta di** ***partire alla ~ di Venezia*** to leave bound for Venice **7** *(turno)* turn; ***a mia, tua ~*** in my, your turn; ***è la ~ di Gianna*** it's Gianna's turn; ***ho invitato Andy che a sua ~ ha invitato Pete*** I invited Andy who in turn invited Pete ♦ ***c'era una ~ un re*** once upon a time there was a king; ***gli ha dato di ~ al cervello*** he's gone off his head.

2.volta /'vɔlta/ f. ARCH. vault; ***soffitto a ~*** vaulted ceiling; ***chiave di ~*** keystone (anche FIG.) ♦♦ ***~ a botte*** barrel *o* tunnel vault; ***la ~ celeste*** LETT. the vault of heaven; ***~ a crociera*** cross vault; ***~ a cupola*** dome vault.

voltafaccia /volta'fattʃa/ m.inv. about-turn, about-face, U-turn, volte-face; ***fare un ~*** to do an about-turn.

voltagabbana /voltagab'bana/ m. e f.inv. turncoat.

voltaggio, pl. **-gi** /vol'taddʒo, dʒi/ m. voltage.

voltaico, pl. **-ci**, **-che** /vol'taiko, tʃi, ke/ agg. EL. [*arco, pila*] voltaic.

voltare /vol'tare/ [1] **I** tr. **1** *(volgere)* to turn [*testa*] (**verso** towards); ***~ lo sguardo verso qcn.*** to turn one's eyes at sb.; ***~ le spalle a qcn., qcs.*** (anche FIG.) to turn one's back on sb., sth. **2** *(girare)* to turn over [*frittata*]; ***~ pagina*** to turn over (the page); FIG. to turn over a new leaf **3** *(svoltare)* ***~ l'angolo*** to turn the corner **II** intr. (aus. *avere*) to turn; ***la strada volta a destra*** the road turns to the right **III voltarsi** pronom. to turn (a)round, to turn about; *(girare la testa)* to turn aside, to turn away; ***-rsi verso qcn., qcs.*** to turn (one's face) towards *o* to sb., sth.; ***si voltò a guardare chi era*** she looked round to see who it was; ***-rsi indietro*** to turn back.

voltastomaco, pl. **-chi** e **-ci** /voltas'tɔmako, ki, tʃi/ m. ***mi dà*** o ***fa venire il ~*** it turns my stomach, it makes me sick (anche FIG.); ***avere il ~*** to feel sick (anche FIG.).

volteggiare /volted'dʒare/ [1] intr. (aus. *avere*) **1** *(girare)* [*aereo, avvoltoio*] to circle (**su** above, over); [*foglie*] to whirl, to twirl **2** *(fare piroette)* [*ballerino*] to spin*, to twirl **3** SPORT [*ginnasta*] to vault.

volteggio, pl. **-gi** /vol'tɛddʒo, dʒi/ m. SPORT vaulting.

1.volto /'volto/ **I** p.pass. → **1.volgere II** agg. **1** *(orientato)* turned (**a**, **verso** towards); ***una finestra -a a sud*** a window that looks *o* faces south **2** FIG. *(mirato)* ***~ a fare*** aimed at doing, geared to do.

2.volto /'volto/ m. **1** *(viso)* face; ***un ~ amico*** a friendly face; ***era scuro in ~*** his face was as black as thunder; ***un ~ nuovo per il cinema*** a new face for the cinema; ***il vero ~ di qcn., qcs.*** FIG. the true face *o* nature of sb., sth. **2** FIG. *(aspetto)* face, aspect, facet.

voltura /vol'tura/ f. transfer.

volubile /vo'lubile/ agg. [*persona*] fickle, flighty.

volubilità /volubili'ta/ f.inv. fickleness, flightiness.

volume /vo'lume/ m. **1** MAT. CHIM. FIS. volume; ***unità di ~*** unity of volume, cubic measure **2** *(massa, quantità)* volume; ***raddoppiare di ~*** to double in volume; ***il ~ d'acqua di un fiume*** the volume of a river's flow; ***~ di affari, delle vendite*** ECON. volume of business, sales **3** *(libro, tomo)* volume **4** *(intensità di suono)* volume; ***alzare, abbassare il ~*** to turn up, down the volume; ***a tutto ~*** at full volume *o* blast.

volumetrico, pl. **-ci**, **-che** /volu'mɛtriko, tʃi, ke/ agg. volumetric; ***analisi -a*** CHIM. volumetric analysis.

voluminosità /voluminosi'ta/ f.inv. bulkiness.

voluminoso /volumi'noso/ agg. bulky, voluminous.

voluta /vo'luta/ f. **1** ARCH. volute **2** *(spirale)* whirl, spiral; ***-e di fumo*** spirals of smoke.

volutamente /voluta'mente/ avv. deliberately, intentionally, purposely, on purpose.

voluto /vo'luto/ **I** p.pass. → **1.volere II** agg. *(intenzionale)* ***ottenere l'effetto ~*** to obtain the desired effect *o* the effect one wants.

voluttà /volut'ta/ f.inv. voluptuousness, pleasure.

voluttuario, pl. **-ri**, **-rie** /voluttu'ario, ri, rje/ agg. [*spese*] unnecessary.

voluttuoso /voluttu'oso/ agg. voluptuous, sensuous.

vomere /'vɔmere/ m. AGR. ploughshare BE, plowshare AE.

vomitare /vomi'tare/ [1] tr. **1** [*persona*] to vomit, to throw* up [*pranzo, cibo*]; to vomit, to bring* up [*sangue, bile*]; ***avere voglia di ~*** to feel sick; ***fare venire voglia di ~ a qcn.*** to make sb. sick *o* puke (anche FIG.); ***questo film fa ~*** this film is disgusting *o* sickening **2** FIG. to vomit, to spit* out [*ingiurie*].

vomitevole /vomi'tevole/ agg. disgusting, sickening.

vomito /'vɔmito/ m. *(il vomitare)* vomiting; *(cosa vomitata)* vomit; ***avere il ~*** to feel sick.

vongola /'vongola/ f. clam.

voodoo /vu'du/ m.inv. voodoo.

vorace /vo'ratʃe/ agg. [*persona, animale*] ravenous, voracious; *(ingordo)* greedy; ***un lettore ~*** a voracious reader.

voracità /voratʃi'ta/ f.inv. voraciousness, voracity (anche FIG.).

voragine /vo'radʒine/ f. gulf, chasm, abyss.

vorticare /vorti'kare/ [1] intr. (aus. *avere*) [*foglie*] to whirl, to swirl.

vortice /'vɔrtitʃe/ m. **1** *(d'aria)* vortex*, whirlwind; *(d'acqua)* vortex*, whirlpool, eddy; *(di polvere, foglie)* whirl **2** FIG. ***il ~ della passione*** the frenzy *o* whirl of passion; ***nel ~ della danza*** in the whirl of the dance **3** FIS. vortex*.

vorticoso /vorti'koso/ agg. **1** [*moto, acqua*] whirling **2** *(frenetico)* [*ritmo*] dizzy, giddy, whirling.

vossignoria /vossiɲɲo'ria/ f. ANT. *(riferito a uomo)* His Lordship, Your Lordship; *(riferito a donna)* Her Ladyship, Your Ladyship.

vostro, f. **vostra**, m.pl. **vostri**, f.pl. **vostre** /'vɔstro, 'vɔstra, 'vɔstri, 'vɔstre/ v. la nota della voce **mio**. **I** agg.poss. **1** your; ***~ padre, -a madre*** your father, mother; ***la -a casa*** your house; ***un ~ amico*** a friend of yours; ***questa valigia è -a*** this suitcase is yours; ***avete un alloggio (tutto) ~?*** have you got a flat of your own? **2** *(formula di cortesia)* your; ***Vostra Eminenza, Vostra Grazia*** Your Eminence, Your Grace **3** *(nelle lettere)* ***affettuosi saluti dal ~ Enzo*** yours affectionately, Enzo; love, Enzo **II il vostro**, f. **la vostra**, m.pl. **i vostri**, f.pl. **le vostre** pron.poss. **1** yours; ***preferisco la -a*** I prefer yours **2** *(in espressioni ellittiche)* ***avete detto la -a*** you've had your say; ***alla -a!*** cheers! here's to your health *o* to you! ***i -i*** *(genitori)* your parents; *(parenti)* your relatives; ***non potrò essere dei -i*** I won't be able to join you; ***la -a del 3 marzo*** COMM. your letter of *o* dated 3rd of March; ***ci avete rimesso del ~*** you paid out of your pockets.

votante /vo'tante/ **I** agg. voting **II** m. e f. voter; ***una bassa, alta percentuale di -i*** a light, heavy poll.

votare /vo'tare/ [1] **I** tr. **1** *(sottoporre a votazione)* to vote (through) [*bilancio, emendamento*]; to vote for [*riforma, amnistia*]; *(scegliere col voto)* to vote [*candidato, partito, sì*]; ***~ scheda bianca*** to cast a blank vote; ***~ laburista*** to vote Labour **2** *(approvare)* to pass [*stanziamento, progetto di legge*] **3** *(dedicare)* to devote, to dedicate [*energie, vita*] (**a** to) **II** intr. (aus. *avere*) *(dare il voto)* to vote, to give* one's vote; ***sono già andato a ~*** I've already voted; ***~ per qcn.*** to vote (for) sb.; ***~ per alzata di mano*** to vote by a show of hands; ***~ a scrutinio segreto*** to vote by secret ballot, to ballot **III votarsi** pronom. *(dedicarsi)* to devote oneself (**a** to) ♦ ***non sapere (più) a che santo -rsi*** not to know where *o* which way to turn.

votazione /votat'tsjone/ f. **1** *(procedimento di voto)* poll, vote; ***con*** o ***mediante ~*** by ballot; ***procedere alla ~*** to proceed to the vote; ***~ di un bilancio*** voting of a budget; ***~ di una legge*** passing of a bill; ***apertura, chiusura delle -i*** opening, closing of the polls; ***giorno delle -i*** polling day **2** *(risultato del voto)* vote; ***~ favorevole, contraria*** favourable, unfavourable vote **3** SCOL. ***avere una buona, cattiva ~*** to have good, bad marks ♦♦ ***~ per appello nominale*** voting by roll call; ***~ palese*** open vote; ***~ a scrutinio segreto*** ballot, vote by secret ballot.

votivo /vo'tivo/ agg. [*offerta, lampada, immagine*] votive.

voto /'voto/ m. **1** SCOL. mark, grade; ***prendere un brutto, bel ~*** to get a bad, good mark *o* grade; ***dare un ~ a*** to mark, to grade [*esercizio, compito*]; ***a pieni -i*** with full marks **2** *(votazione)* vote, ballot; *(elezioni)* ***il ~ del 13 maggio*** 13th of May election; *(suffragio)* ***~ alle donne*** female suffrage; ***diritto di ~*** entitlement to vote, franchise; ***mettere ai -i qcs.*** to put sth. to the vote; ***i risultati del ~*** the results of the poll **3** *(opinione espressa)* vote; ***dare il proprio ~ a qcn.*** to vote for sb.; ***contare*** o ***fare lo spoglio dei -i*** to count the votes; ***ottenere il 45% dei -i*** to get 45% of the poll; ***con la maggioranza dei -i*** by a majority vote; ***il ~ repubblicano, dei cattolici*** *(insieme dei votanti)* the Republican, Catholic vote **4** RELIG. vow; ***fare un ~*** to make a vow; ***~ di castità, povertà, obbedienza*** vow of chastity, poverty, obedience; ***prendere*** o ***pronunciare i -i*** to take one's vows ♦♦ ***~ di fiducia*** vote of confidence; ***~ di protesta*** protest vote; ***~ segreto*** secret vote; ***~ di sfiducia*** vote of no confidence.

voyeur /vwa'jɛr, vwa'jœ/ m.inv. voyeur, Peeping Tom COLLOQ.

voyeurismo /vwaje'rizmo/ ➧ **7** m. voyeurism.

v.r. ⇒ vedi retro please turn over (PTO).

Vs., **VS** ⇒ vostro = your, yours.

vu /vu/ m. e f.inv. *(lettera)* v, V ♦♦ ***~ doppio*** o ***~ doppia*** double v.

VU ⇒ vigile urbano = local policeman in charge of traffic and city regulations.

vucumprà /vukum'pra/ m. e f.inv. COLLOQ. SPREG. = street vendor of African origin.

vudu /'vudu/, **vudù** /vu'du/ → **voodoo.**

vulcanico, pl. **-ci**, **-che** /vul'kaniko, tʃi, ke/ agg. **1** *(di vulcano)* volcanic **2** FIG. [*temperamento*] volcanic, explosive; [*persona*] dynamic; [*mente*] powerful, creative.

vulcanizzare /vulkanid'dzare/ [1] tr. to vulcanize [*gomma*].

vulcano /vul'kano/ m. **1** volcano* **2** FIG. *(persona)* ***essere un ~*** to be a powerhouse *o* a dynamo; ***essere un ~ di idee*** to be a powerhouse of ideas ♦ ***essere seduto su un ~*** to be sitting on (the edge of) a volcano.

Vulcano /vul'kano/ n.pr.m. Vulcan.

vulcanologia /vulkanolo'dʒia/ f. volcanology.

vulcanologo, pl. **-gi**, **ghe** /vulka'nɔlogo, dʒi, ge/ m. (f. **-a**) volcanologist.

vulgata /vul'gata/ f. ***la Vulgata*** *(Bibbia)* the Vulgate.

vulnerabile /vulne'rabile/ agg. vulnerable (**a** to) (anche FIG.).

vulnerabilità /vulnerabili'ta/ f.inv. vulnerability.

vulva /'vulva/ f. vulva*.

vuotare /vwo'tare/ [1] **I** tr. to empty [*tasca, recipiente, frigorifero*]; to empty, to clear out [*stanza*]; to drain [*cisterna, pozzo*]; *(svaligiare)* to clear out [*appartamento, cassaforte*] **II vuotarsi** pronom. to empty (out).

vuoto /'vwɔto/ **I** agg. **1** *(senza contenuto)* [*tasca, recipiente, luogo*] empty; *(bianco)* [*pagina, agenda*] empty, blank; *(libero)* [*poltrona*] empty, free; [*appartamento*] empty, vacant, unoccupied; ***l'hai affittato ~ o ammobiliato?*** are you renting it unfurnished or furnished? **2** FIG. [*vita, discorso*] empty, vacuous; [*persona*] shallow, vacuous; [*sguardo*] vacant; ***sentirsi ~*** to feel empty; ***mi sento la testa -a*** my head's a blank; ***~ di significato*** meaningless **II** m. **1** *(spazio)* space; ***sospeso nel ~*** dangling in space; ***gettarsi*** o ***lanciarsi nel ~*** to jump into space; ***cadere nel ~*** to fall through the air; ***guardare nel ~*** to stare into space *o* into the distance **2** *(assenza, lacuna)* void, vacuum; ***~ politico, intellettuale*** political, intellectual vacuum; ***un senso di ~*** a sense of loss; ***la sua morte ha lasciato un gran ~ nella mia vita*** her death left a great void *o* emptiness in my life **3** *(contenitore vuoto)* empty; ***~ a rendere, a perdere*** *(bottiglia)* returnable bottle, one-way bottle **4** *(buco, spazio vuoto)* blank, gap **5** FIS. vacuum; ***sotto ~*** → **sottovuoto 6 a vuoto** ***un tentativo a ~*** a fruitless *o* vain attempt; ***parlare a ~*** to talk to oneself *o* in vain; ***andare a ~*** [*tentativo*] to fail; ***girare a ~*** [*motore*] to idle; ***ha girato a ~ tutto il giorno*** he has been running around in circles *o* like a headless chicken all day; ***colpo*** o ***tiro a ~*** blank shot; ***assegno a ~*** bad cheque ♦ ***fare il ~ attorno a sé*** to drive everybody away, to isolate oneself ♦♦ ***~ d'aria*** air pocket; ***~ di memoria*** lapse of memory; ***~ di potere*** POL. power vacuum; ***~ spinto*** high vacuum.

w, **W** /vud'doppjo, vud'doppja/ m. e f.inv. w, W.

wafer /'vafer/ m.inv. wafer.

wagneriano /vagne'rjano/ **I** agg. Wagnerian **II** m. (f. **-a**) Wagnerian.

wagon-lit /vagon'li/ m.inv. wagon-lit, sleeping car.

walkie-talkie /wolki'tɔlki/ m.inv. walkie-talkie, walky-talky.

walkman® /'wolkmen/ m.inv. walkman®.

water /'vater/ m.inv. ***(tazza del)*** ~ toilet bowl.

watt /vat/ m.inv. watt; ***lampadina da 60*** ~ 60-watt bulb.

watusso /va'tusso/ **I** agg. Watu(t)si, Tutsi **II** m. (f. **-a**) Watu(t)si, Tutsi.

WC /vit'tʃi, vut'tʃi/ m.inv. WC, toilet.

web /wɛb/ **I** m.inv. web, Web **II** agg.inv. ***sito*** ~ website; ***pagina*** ~ web page.

week(-)end /wi'kɛnd/ m.inv. weekend.

welter /'vɛlter/ agg. e m.inv. welterweight.

western /'wɛstern/ m. e agg.inv. western ♦♦ ~ ***all'italiana*** spaghetti western.

whisky /'wiski/ m.inv. whisky BE, whiskey AE IRLAND.

windsurf /wind'sɛrf/ ➧ ***10*** m.inv. **1** *(tavola)* (windsurf) board **2** *(disciplina)* windsurfing; ***fare*** ~ to windsurf.

windsurfista, m.pl. **-i**, f.pl. **-e** /windser'fista/ m. e f. windsurfer.

wolframio /vol'framjo/ m. wolfram.

würstel /'vurstel, 'vyrstel/ m.inv. wiener(wurst), frankfurter.

x, **X** /iks/ **I** m. e f.inv. *(lettera)* x, X; ***a (forma di) X*** X-shaped; ***gambe a X*** crooked legs; ***giorno X*** D-day; ***ora X*** H-hour, zero hour; ***raggi X*** FIS. X-rays; ***il signor*** o ***Mister X*** Mr X **II** f.inv. MAT. x; ***asse delle x*** the x axis.

xenofobia /ksenofo'bia/ f. xenophobia.

xenofobico, pl. **-ci**, **-che** /kseno'fɔbiko, tʃi, ke/ agg. xenophobic.

xenofobo /kse'nɔfobo/ **I** agg. xenophobic **II** m. (f. **-a**) xenophobe.

xerocopiatrice /kserokopja'tritʃe/ f. xerographic copier, Xerox®.

xerografia /kserogra'fia/ f. xerography.

xilofonista, m.pl. **-i**, f.pl. **-e** /ksilofo'nista/ ➧ ***34, 18*** m. e f. xylophonist.

xilofono /ksi'lɔfono/ ➧ ***34*** m. xylophone.

xilografia /ksilogra'fia/ f. *(tecnica)* xylography; *(opera)* xylograph.

xilografo /ksi'lɔgrafo/ m. (f. **-a**) xylographer.

y, **Y** /i'grɛko, i'grɛka, 'ipsilon/ **I** m. e f.inv. *(lettera)* y, Y **II** f.inv. MAT. y; ***asse delle y*** the y axis.

yacht /jɔt/ m.inv. yacht; ~ ***a vela*** sailing yacht.

yankee /'jɛnki/ agg., m. e f.inv. Yankee.

yemenita, m.pl. **-i**, f.pl. **-e** /jeme'nita/ ➧ ***25*** agg., m. e f. Yemeni.

yen /jɛn/ ➧ ***6*** m.inv. yen.

yeti /'jɛti/ m.inv. yeti.

yiddish /'iddiʃ/ ➧ ***16*** agg. e m.inv. Yiddish.

yoga /'jɔga/ ➧ ***10*** m.inv. yoga.

yogi /'jɔgi/, **yogin** /'jɔgin/ m. e f.inv. yogi*.

yogurt /'jɔgurt/ m.inv. yoghurt; ~ ***naturale*** o ***bianco*** natural yoghurt.

yogurtiera /jogur'tjɛra/ f. yoghurt-maker.

yo-yo® /jo'jɔ/ m.inv. yo-yo®.

yucca, pl. **-che** /'jukka, ke/ f. yucca.

yuppie /'juppi/ m. e f.inv. yuppie, yuppy.

Z

z, Z /'dzɛta/ m. e f.inv. z, Z; ***dalla a alla ~*** from A to Z.
zabaglione /dzabaʎ'ʎone/, **zabaione** /dzaba'jone/ m. INTRAD. (mixture of egg yolks, sugar and wine beaten over a gentle heat).
zac /dzak, tsak /, **zacchete** /dzakkete, 'tsak-/ inter. zap, snip.
zaffata /tsaf'fata, dzaf-/ f. *(di cattivo odore)* whiff.
zafferano /dzaffe'rano/ ➧ ***3*** **I** m. saffron; ***risotto allo ~*** saffron rice **II** agg. e m..inv. *(colore)* saffron.
zaffiro /dzaf'firo, 'dzaffiro/ m. sapphire.
zaffo /'tsaffo/ m. MED. plug.
Zagabria /dza'gabrja/ ➧ ***2*** n.pr.f. Zagreb.
zagara /'dzagara/ f. orange blossom.
zainetto /dzaj'netto/ m. *(di scuola)* schoolbag.
zaino /'dzajno/ m. knapsack, rucksack, backpack AE; *(militare)* haversac; *(di scuola)* schoolbag.
zairese /dzai'reze/ ➧ ***25*** agg., m. e f. Zairean.
zambiano /dzam'bjano/ ➧ ***25*** **I** agg. Zambian **II** m. (f. **-a**) Zambian.
zampa /'tsampa/ f. **1** *(arto)* leg; *(parte inferiore dell'arto)* paw, foot*; ***~ anteriore*** foreleg; forefoot, forepaw; ***~ posteriore*** hind leg, hind foot; ***pantaloni a ~ d'elefante*** bell-bottoms, bell-bottomed trousers, flares **2** COLLOQ. SCHERZ. *(di persona) (mano)* paw; *(piede)* hoof*; ***camminare a quattro -e*** to walk on all fours *o* on one's hands and knees; ***giù le -e!*** SCHERZ. get your paws off! keep your hands to yourself! ♦♦ ***-e di gallina*** *(rughe)* crow's feet; *(scrittura illeggibile)* hen tracks.
zampata /tsam'pata/ f. **1** blow with a paw **2** *(impronta)* track, mark.
zampettare /tsampet'tare/ [1] intr. (aus. *avere*) [*animaletto*] to patter.
zampetto /tsam'petto/ m. GASTR. ***~ di maiale*** pig's trotter; ***~ di vitello*** calf's foot.
zampillare /tsampil'lare/ [1] intr. (aus. *essere, avere*) to gush, to spout, to spurt (**da** from, out of).
zampillo /tsam'pillo/ m. jet, gush, spray, spout, spurt.
zampino /tsam'pino/ m. ***qui c'è lo ~ di Luca!*** Luca's hand is in it! ***mettere lo ~ in qcs.*** to have one's hand in sth.
zampirone /dzampi'rone, tsam-/ m. mosquito coil.
zampogna /tsam'poɲɲa, dzam-/ ➧ ***34*** f. reed-pipe.
zampognaro /tsampoɲ'ɲaro, dzam-/ ➧ ***34, 18*** m. piper.
zampone /tsam'pone/ m. GASTR. = pig's trotter stuffed with minced pork meat and spices.
zangola /'tsangola, 'dzan-/ f. churn.
zanna /'tsanna, 'dzanna/ f. **1** *(di elefante, cinghiale, tricheco)* tusk; *(di lupo, felino)* fang **2** FIG. SCHERZ. ***mostrare le -e*** to show one's teeth.
zanzara /dzan'dzara/ f. mosquito, gnat.
zanzariera /dzandza'rjɛra/ f. mosquito net.
zappa /'tsappa/ f. hoe ♦ ***darsi la ~ sui piedi*** to shoot oneself in the foot, to cut one's own throat, to put one's head in a noose.
zappare /tsap'pare/ [1] tr. to hoe, to dig*.
zappata /tsap'pata/ f. ***dare una ~ al giardino*** to give the garden a dig, to do some digging *o* hoeing in the garden.
zapping /'dzapping/ m.inv. zapping; ***fare ~*** to zap (from channel to channel), to flick (through the) channels, to channel-flick.
zar /tsar, dzar/ m.inv. czar, tsar.
zarina /tsa'rina, dza-/ f. czarina, tsarina.
zarista, m.pl. **-i**, f.pl. **-e** /tsa'rista, dza-/ agg., m. e f. czarist, tsarist.
zattera /'tsattera, 'dzat-/ f. raft.
zatterone /tsatte'rone, dzat-/ m. *(scarpa)* platform (shoe).
zavorra /dza'vɔrra/ f. **1** MAR. AER. ballast; ***caricare la ~*** to take on ballast; ***scaricare la ~*** o ***gettare ~*** to jettison ballast, to unballast **2** FIG. dead weight, dead wood.
zavorrare /dzavor'rare/ [1] tr. to ballast.
zazzera /'tsattsera/ f. mop (of hair), fuzz, shock.
zebra /'dzɛbra/ **I** f. ZOOL. zebra **II zebre** f.pl. COLLOQ. *(strisce pedonali)* (pedestrian) crossing, zebra crossing BE, crosswalk AE.
zebrato /dze'brato/ agg. [*tessuto*] zebra-striped.
zebù /dze'bu/ m.inv. zebu.
1.zecca, pl. **-che** /'tsekka, ke/ f. mint ♦ ***nuovo di ~*** brand-new, mint.
2.zecca, pl. **-che** /'tsekka, ke/ f. ZOOL. tick.
zecchino /tsek'kino/ m. **1** *(moneta)* sequin **2** ***oro ~*** pure gold.
zefiro /'dzɛfiro/ m. zephyr.
zelante /dze'lante/ agg. zealous.
zelo /'dzɛlo/ m. zeal, zealousness; ***~ patriottico, religioso*** patriotic, religious zeal.
zen /dzɛn/ m. e agg.inv. Zen.
zenit /'dzɛnit/ m.inv. zenith (anche FIG.).
zenzero /'dzendzero/ m. ginger.
zeppa /'tseppa/ f. **1** *(per mobili, porte)* wedge, chock, scotch **2** FIG. *(rimedio)* patch; ***mettere una ~ a qcs.*** to put a patch on sth. **3** GIORN. TELEV. *(riempitivo)* filler **4** *(di calzatura)* wedge (heel); ***scarpe con la ~*** wedge *o* wedge-heeled shoes, platform shoes, platforms.
zeppo /'tseppo/ agg. COLLOQ. **1** full (**di** of); crammed (**di** with); stuffed (**di** with); ***pieno ~ di*** jam-packed *o* chock-full *o* chock-a-block with; ***un libro ~ di informazioni*** a book stuffed with information **2** *(molto affollato)* crowded, packed (with people).
zeppola /'tseppola/ f. GASTR. INTRAD. (doughnut traditionally made at Carnival typical of Southern Italy).
zerbino /dzer'bino/ m. doormat.
zero /'dzɛro/ ➧ ***26*** **I** m. **1** zero*, nought, cypher INFORM.; ***una cifra con tre -i*** a figure with three zeros **2** *(in una scala di valori)* zero*; ***10° sotto, sopra ~*** 10° below, above zero; ***temperature sotto lo ~*** sub-zero temperatures **3** SCOL. ***prendere ~ in latino*** to get a zero *o* a nought in Latin **4** SPORT nil; *(nel tennis)* love; ***~ (a) 15*** 15 love; ***vincere per due set a ~*** to win by two sets to love; ***vincere tre a ~*** to win three nil; ***pareggiare ~ a ~*** to draw nil nil **5** TEL. ***il mio numero di telefono è 02340500***

my telephone number is o two three four o five double o BE *o* zero two three four zero five zero zero AE **6** FIG. *(niente)* ***non valere uno*** ~ to be worth nothing; ***contare meno di*** ~ to count for nothing; ***quell'uomo è uno*** ~ that man is a nobody *o* a nonentity *o* a cypher **II** agg. *(preposto)* ***sono le ore*** ~ ***venti minuti dieci secondi*** it's twenty-four twenty and ten seconds; ***i bambini da*** ~ ***a sei anni*** children from nought to six years old; *(posposto)* ***tolleranza*** ~ zero tolerance; ***prestito a tasso*** ~ interest-free loan; ***numero*** ~ *(di giornale)* trial issue of a newspaper ♦ ***cominciare*** o ***partire da*** ~ to start from scratch; ***ricominciare*** o ***ripartire da*** ~ to start afresh, to start again from square one; ***raparsi a*** ~ to shave one's head ♦♦ ~ ***assoluto*** absolute zero.

zeta /ˈdzɛta/ m. e f.inv. zed BE, zee AE.

zia /ˈtsia, ˈdzia/ f. aunt; ***la*** ~ ***Mara*** Aunt Mara.

zibellino /dzibelˈlino/ m. zibel(l)ine, sable.

zibetto /dziˈbetto/ m. **1** ZOOL. civet, zibet **2** *(sostanza odorosa)* civet.

zibibbo /dziˈbibbo/ m. ENOL. INTRAD. *(uva)* (kind of muscatel grapes); *(vino)* (type of wine made from muscatel grapes typical of the South of Italy).

zigano /tsiˈgano/ **I** agg. Tzigane **II** m. (f. **-a**) Tzigane.

zigomo /ˈdzigomo/ m. cheekbone.

zigrinato /dzigriˈnato/ agg. [*pelle*] grained, grainy, pebble attrib.; [*carta*] grained, grainy, granulated; [*moneta*] milled.

zigrinatura /dzigrinaˈtura/ f. **1** CONC. grain **2** MECC. knurl; *(di moneta)* milling.

zigrino /dziˈgrino/ m. **1** *(pelle)* shagreen, sharkskin **2** MECC. knurling tool.

zigzag, **zig zag** /dzigˈdzag/ m.inv. zigzag; ***andare a*** ~ to run in zigzags, to zigzag; ***una strada a*** ~ a zigzag road.

zigzagare /dzigdzaˈgare/ [1] intr. (aus. *avere*) to zigzag.

zimbello /tsimˈbɛllo, dzim-/ m. laughing stock, joke; ***essere lo*** ~ ***di tutti*** to be the laughing stock of everybody, to be a standing joke.

zincare /tsinˈkare, dzin-/ [1] tr. to zinc, to zincify.

zincato /tsinˈkato, dzin-/ **I** p.pass. → **zincare II** agg. zinc-plated, zinced.

zinco /ˈtsinko, ˈdzinko/ m. zinc.

zincografia /tsinkograˈfia, dzin-/ f. *(procedimento)* zincography; *(stampa)* zincograph.

zingaro /ˈtsingaro, ˈdzin-/ **I** m. (f. **-a**) gipsy, Romany **II** agg. gypsy.

zio, pl. **zii** /ˈtsio, ˈdzio, ˈtsii, ˈdzii/ m. uncle; ***lo*** ~ ***Ugo*** Uncle Ugo; ***gli zii*** uncle(s) and aunt(s) ♦♦ ***lo*** ~ ***d'America*** = a rich relative.

zip /dzip/ m. e f.inv. zip (fastener).

zipolo /ˈtsipolo/ m. bung, peg, spigot, tap.

zippare /dzipˈpare/ [1] tr. INFORM. to zip.

zircone /dzirˈkone/ m. zircon, zirconite.

zitella /tsiˈtɛlla, dzi-/ f. spinster, old maid; ***rimanere*** ~ to remain unmarried *o* a spinster.

zittire /tsitˈtire/ [102] **I** tr. to hush, to shush **II** intr. (aus. *avere*), **zittirsi** pronom. to shut* up.

zitto /ˈtsitto/ agg. quiet, silent; ***stare*** ~ to be silent *o* quiet, to keep shut; ***(sta')*** ~***!*** shut up! be quiet! ***far stare*** ~ ***qcn.*** to silence *o* hush *o* shush sb., to keep sb. quiet; ~ ~ quietly, without a word; ***-i -i, si sono presi i posti migliori*** without making any fuss, they managed to take the best seats.

zizzania /dzidˈdzanja/ f. **1** BOT. darnel, furrow-weed **2** FIG. ***seminare*** o ***mettere*** ~ to sow discord, to stir up trouble.

zoccola /ˈtsɔkkola/ f. VOLG. slut, whore.

zoccolo /ˈtsɔkkolo/ m. **1** *(calzatura)* clog, sabot **2** ZOOL. hoof* **3** ARCH. *(base) (di statua, colonna)* base, socle; *(di parete)* wainscot; *(battiscopa)* skirting board, baseboard AE **4** GEOL. clod ♦♦ ~ ***duro*** FIG. hard core.

zodiacale /dzodjaˈkale/ agg. ***segno*** ~ star *o* birth sign.

zodiaco, pl. **-ci** /dzoˈdiako, tʃi/ m. zodiac.

zolfatara /tsolfaˈtara, dzol-/ → **solfatara.**

zolfo /ˈtsolfo, ˈdzolfo/ m. sulphur BE, sulfur AE.

zolla /ˈdzɔlla, ˈtsɔlla/ f. **1** *(di terra)* clod, lump; ~ ***erbosa*** o ***d'erba*** turf, sod **2** GEOL. plate.

zolletta /dzolˈletta, tsol-/ f. cube; ~ ***di zucchero*** sugar cube, sugar lump; ***zucchero in -e*** sugar in lumps, lump sugar.

zombi, **zombie** /ˈdzombi/ m. e f.inv. zombie.

zompare /tsomˈpare/ [1] intr. (aus. *essere*) REGION. to jump.

zona /ˈdzɔna/ f. **1** *(area)* zone, area; *(regione)* zone, region, district; ~ ***pianeggiante*** flat area *o* region; ~ ***montuosa*** alpine *o* mountain *o* mountainous area; ***una*** ~ ***della città*** a part of the town; ***nella*** ~ ***di Torino*** in the Turin region; ***in questa*** ~ ***piove molto spesso*** it rains very often here *o* in these parts; ***di*** ~ [*commissariato, agente*] area; ***direttore di*** ~ district *o* area manager; ***essere in*** ~ to be in the neighbourhood; ***essere della*** ~ to live in the neighbourhood **2** *(parte di superficie)* area, patch **3** AMM. area, territory, patch **4** SPORT zone; ***difesa a*** ~ zone defence **5** MED. zone, area ♦♦ ~ ***blu*** AUT. = in some city centres, restricted access area with pay parking; ~ ***calda*** hot spot, flash point; ~ ***di combattimento*** battle *o* combat zone; ~ ***commerciale*** shopping precinct; ~ ***giorno*** living area; ~ ***industriale, industrializzata*** *(di città)* industrial park *o* compound *o* estate BE; *(di nazione)* industrial belt; ~ ***notte*** sleeping area; ~ ***d'ombra*** *(di radar)* blind area; FIG. grey area; ~ ***pedonale*** pedestrian precinct; ~ ***residenziale*** residential area; ~ ***verde*** green belt, green area.

zonale /dzoˈnale/ agg. GEOGR. AMM. zonal, zonary.

zonzo: **a zonzo** /adˈdzondzo/ avv. ***andare a*** ~ to (go for a) stroll, to wander.

zoo /ˈdzɔo/ m.inv. zoo.

zoofilo /dzoˈɔfilo/ **I** agg. zoophilous **II** m. (f. **-a**) zoophile.

zoologia /dzooloˈdʒia/ f. zoology.

zoologico, pl. **-ci**, **-che** /dzooˈlɔdʒiko, tʃi, ke/ agg. zoological; ***giardino*** ~ zoological gardens.

zoologo, m.pl. **-gi**, f.pl. **-ghe** /dzoˈɔlogo, dʒi, ge/ ➧ ***18*** m. (f. **-a**) zoologist.

zoom /dzum/ m.inv. zoom.

zoomorfo /dzooˈmɔrfo/ agg. zoomorphic.

zoosafari /dzoosaˈfari/ m.inv. safari park.

zootecnia /dzootekˈnia/, **zootecnica** /dzooˈtɛknika/ f. zootechnics + verbo sing., zootechny.

zootecnico, pl. **-ci**, **-che** /dzooˈtɛkniko, tʃi, ke/ **I** agg. zootechnical **II** m. (f. **-a**) zootechnician.

zoppicante /tsoppiˈkante, dzop-/ agg. **1** [*persona*] lame, limping, hobbling **2** [*sedia, tavolo*] unsteady, shaky, wobbly; ***andatura*** ~ limping gait, limp **3** FIG. [*verso*] halting, lame; [*argomento, piano*] lame, weak, half-baked; ***parlare un inglese*** ~ to speak in halting English.

zoppicare /tsoppiˈkare, dzop-/ [1] intr. (aus. *avere*) **1** *(essere zoppo)* to have* a limp, to be* lame; *(camminare zoppo)* to limp, to walk with a limp, to hobble; ~ ***dalla gamba destra*** to be lame on *o* to have a limp in the right leg **2** [*sedia, tavolo*] to be* unsteady, to be* shaky **3** FIG. [*ragionamento*] to be* unsound, to *be weak, not to stand* up; ***zoppicare in latino*** [*studente*] to be weak in Latin.

zoppo /ˈtsɔppo, ˈdzɔppo/ **I** agg. **1** lame; ***è*** ~ ***dalla gamba sinistra*** he's lame on *o* he has a limp in the left leg **2** [*sedia, tavolo*] unsteady, shaky, wobbly **3** FIG. [*verso*] lame; [*ragionamento*] shaky, unsound **II** m. (f. **-a**) lame person, cripple ♦ ***chi va con lo*** ~ ***impara a zoppicare*** PROV. = bad company brings bad habit.

zotico, pl. **-ci**, **-che** /ˈdzɔtiko, tʃi, ke/ **I** agg. boorish, loutish, oafish, rude **II** m. (f. **-a**) boor, lout, bumpkin, oaf.

zoticone /dzotiˈkone/ m. (f. **-a**) boor, lout.

zozzo /ˈtsottso/ → **sozzo.**

zozzone /tsotˈtsone/ m. (f. **-a**) **1** *(persona sporca)* dirty person, filthy person **2** *(persona sconcia)* pig, lecher.

ZTL /dzɛtattiˈɛlle/ f. (⇒ zona a traffico limitato) = limited traffic area.

zuavo /dzuˈavo/ m. Zouave; ***pantaloni alla -a*** knickerbockers.

zucca, pl. **-che** /ˈtsukka, ke/ f. **1** BOT. GASTR. *(rotonda)* pumpkin; *(a fiasco)* gourd; *(allungata)* (vegetable) marrow BE, marrow (squash) AE; ***semi di*** ~ pumpkin seeds; ***fiori di*** ~ courgette BE *o* zucchini AE flowers **2** FIG. *(testa)* block, nut, noddle, noodle AE ♦ ***avere la*** ~ ***vuota, non avere sale in*** ~ to be a blockhead, not to have very much up top, to be dead from the neck up.

zuccata /tsukˈkata/ f. butt, bump with the head; ***dare una*** ~ ***contro qcs.*** to bang *o* knock one's head against sth.

zuccherare /tsukkeˈrare/ [1] tr. to sugar, to sweeten.

zuccherato /tsukkeˈrato/ **I** p.pass. → **zuccherare II** agg. **1** sugared, sweetened; ***non*** ~ unsweetened **2** FIG. *(mellifluo)* sugary.

zuccheriera /tsukke'rjɛra/ f. sugar bowl, sugar basin.
zuccherificio, pl. **-ci** /tsukkeri'fitʃo, tʃi/ m. sugar factory, sugar refinery.
zuccherino /tsukke'rino/ **I** agg. **1** [*soluzione*] sugary; ***contenuto* ~** sugar content **2** *(dolce)* [*frutto, gusto*] sweet **II** m. **1** sugar cube, sugar lump; *(caramella)* sugar candy **2** FIG. *(contentino)* sweetener, sop **3** FIG. *(persona dolce)* ***essere uno* ~** to be as sweet *o* nice as pie.
zucchero /'tsukkero/ m. sugar (anche CHIM.); ***senza* ~** sugar-free; ***bere il tè senza* ~** not to take sugar in one's tea; ***questo ananas è uno* ~** this grapefruit is delicious *o* very sweet ♦ ***essere tutto* ~ *e miele*** to be all sweetness, to be all sweet and light, to be sweet *o* nice as pie ♦♦ **~ *candito*** candy, rock candy AE; **~ *di canna*** cane sugar, brown sugar; **~ *caramellato*** (sugar) candy, caramel; **~ *filato*** spun sugar, candy floss BE, cotton candy AE; **~ *semolato*** caster sugar BE, superfine sugar AE; **~ *vanigliato*** vanilla sugar; **~ *a velo*** icing sugar BE, powdered sugar AE, confectioner's sugar AE.
zuccheroso /tsukke'roso/ agg. **1** (very) sweet, sugary **2** FIG. *(mellifluo)* sugary.
zucchetto /tsuk'ketto/ m. calotte, skull cap.
zucchina /tsuk'kina, dzuk-/ f., **zucchino** /tsuk'kino, dzuk-/ m. courgette BE, baby marrow BE, zucchini* AE.
zuccone /tsuk'kone/ m. (f. **-a**) *(persona ottusa)* blockhead, pumpkinhead; *(persona testarda)* pigheaded person.
zuccotto /tsuk'kɔtto/ m. GASTR. INTRAD. (chilled dessert made from a dome shaped sponge filled with cream, chocolate and candied fruit).
zuffa /'tsuffa/ f. **1** *(rissa)* fight(ing), brawl, punch-up BE **2** *(polemica)* dispute.
zufolare /tsufo'lare, dzu-/ [1] **I** intr. (aus. *avere*) **1** to play the whistle **2** *(fischiettare)* to whistle **II** tr. to whistle [*motivetto*].
zufolo /'tsufolo, 'dzufolo/ m. whistle.
zulu /'dzulu/, **zulù** /dzu'lu/ ♦ *16* agg.inv., m. e f.inv. Zulu.
zumare /dzu'mare/ [1] tr. e intr. (aus. *avere*) to zoom; **~ *(su) qcs.*** to zoom in on sth.
zumata /dzu'mata/ f. zoom; ***fare una* ~** to zoom.
zuppa /'tsuppa/ f. **1** soup; **~ *di cipolle*** onion soup; **~ *di pesce*** fish soup **2** FIG. SPREG. *(pasticcio)* mess, muddle **3** COLLOQ. *(cosa noiosa)* drag, bore ♦ ***se non è* ~ *è pan bagnato*** PROV. it's six of one and half a dozen of the other ♦♦ **~ *inglese*** GASTR. trifle.
zuppetta /tsup'petta/ f. COLLOQ. ***fare (la)* ~** = to dip biscuits or bread in milk, tea etc.
zuppiera /tsup'pjɛra/ f. (soup) tureen.
zuppo /'tsuppo/ agg. drenched, soaked (**di** in).
zuzzerellone /dzuddzerel'lone/, **zuzzurellone** /dzuddzurel'lone/ m. REGION. fun-lover, playful person.

Note Lessicali

1 - Appellativi di cortesia
2 - Città
3 - Colori
4 - Corpo umano
5 - Data
6 - Denaro e valute
7 - Disturbi e malattie
8 - Età
9 - Fiumi
10 - Giochi e sport
11 - Giorni della settimana
12 - Gradi militari
13 - Indicazione dell'ora
14 - Isole
15 - Laghi
16 - Lingue
17 - Mesi
18 - Mestieri e professioni
19 - Misura del tempo
20 - Misure di capacità
21 - Misure di lunghezza
22 - Misure di peso
23 - Misure di superficie
24 - Misure di volume
25 - Nazionalità
26 - Numeri
27 - Oceani e mari
28 - Ortografia e punteggiatura
29 - Punti cardinali
30 - Regioni
31 - Relazioni di quantità
32 - Stagioni
33 - Stati e continenti
34 - Strumenti musicali
35 - Taglie
36 - Temperatura
37 - Velocità
38 - Segni dello zodiaco

1 - APPELLATIVI DI CORTESIA

- Seguono qui alcune indicazioni generali sul modo di rivolgersi a qualcuno; per i titoli militari, si veda la nota n. 12 e, per gli altri, le voci relative.

Come rivolgersi a qualcuno

- Solitamente, l'inglese non usa gli equivalenti di *signore, signora*, ecc.:

buon giorno, signora	= good morning
buona sera, signorina	= good evening
mi scusi, signore	= excuse me
mi scusi, signore, potrebbe dirmi...	= excuse me, could you tell me...

Gli equivalenti inglesi *sir* e *madam* degli appellativi *signore* e *signora* sono usati per lo più da chi offre una prestazione lavorativa a un cliente, come il cameriere al ristorante, il giornalaio ecc.; *sir* e *madam* non possono essere seguiti dal nome proprio o dal cognome:

- In inglese *Mr, Mrs, Miss* e *Ms* devono sempre essere seguiti dal nome o dal cognome della persona:

buon giorno, signora	= good morning, Mrs Smith
buona sera, signorina	= good evening, Miss Clara / Miss Smith
arrivederci, signore	= goodbye, Mr Smith

L'uso di *Ms* permette di rivolgersi a una donna di cui si conosce il nome, senza specificare se è sposata (*Mrs*) o meno (*Miss*); questa forma non ha un diretto equivalente nella lingua italiana, che tuttavia tende a usare sempre più spesso *signora* anche in riferimento a donne non sposate: *buon giorno, signora / signorina* = good morning, Ms Smith.

- Gli inglesi usano spesso negli appellativi anche il nome comune; così, mentre in italiano si dice semplicemente *buongiorno*, in inglese si precisa spesso *good morning, Paul* o *good morning, Anne*, ecc.
- Come per l'italiano *dottore*, anche l'inglese *doctor* si può usare in riferimento ai laureati di tutte le discipline, ma se non è seguito dal cognome si può riferire solo a un dottore in medicina:

buona sera, dottore	= good evening, doctor (medico)
buona sera, dottore	= good evening, doctor Smith (medico o qualunque laureato).

Come parlare di qualcuno

- Mentre in italiano il titolo usato con il nome o cognome è spesso preceduto dall'articolo determinativo, in inglese l'articolo non c'è mai:

è arrivato il signor Rossi	= Mr Rossi has arrived
ha telefonato la signora Rossi	= Mrs / Ms Rossi phoned
il rabbino Levi è malato	= Rabbi Levi is ill
dov'è l'ispettore Carter?	= where is Inspector Carter?
il principe Carlo e la principessa Diana	= Prince Charles and Princess Diana
la regina Elisabetta	= Queen Elizabeth
(il) re Riccardo I	= King Richard I
(il) papa Giovanni Paolo II	= Pope John-Paul II

Tuttavia, se il titolo è seguito dal nome del paese, del popolo, della città, ecc., anche l'inglese usa l'articolo determinativo:

il principe di Galles	= the Prince of Wales
il re degli Spagnoli	= the King of the Spanish
il vescovo di Durham	= the Bishop of Durham.

2 - CITTÀ

I nomi di città

- Tutte le città possono essere indicate mediante l'espressione *the town of...* oppure *the city of...* Il termine *city* designa una città che è sede vescovile o con diritto di autogoverno e, per estensione, una città genericamente grande e importante; *town*, invece, definisce le località di dimensioni inferiori.

La preposizione a davanti ai nomi di città

- Con i verbi di movimento (*to go, to travel, to fly*, ecc.), *a* si traduce con *to*:

andare a Londra	= to go to London
recarsi a York	= to travel to York.

- Con i verbi di stato (*to be, to live, to stay*, ecc), *a* si traduce con *in*:

vivere a Londra	= to live in London

Ma se una città è una tappa in un itinerario di viaggio, *a* si traduce con *at*:

fermarsi a York	= to stop at York.

I nomi degli abitanti di città

- Rispetto all'italiano sono meno frequenti in inglese i nomi degli abitanti delle città. Per quanto riguarda le città britanniche, sono comuni *Londoner, Dubliner, Liverpudlian* (da Liverpool), *Glaswegian* (da Glasgow) e *Mancunian* (da Manchester); per gli Stati Uniti, c'è ad esempio *New Yorker*; per gli altri paesi, *Roman, Milanese, Parisian, Berliner*, ecc.
- Comunque, per rendere in inglese il nome degli abitanti di una città, è sempre possibile utilizzare *inhabitants* o *people*: ad esempio, per *i torinesi*, si può dire *the Turinese* o, anche, *the inhabitants of Turin* o *the people of Turin*.

***Di* con i nomi di città**

- Le espressioni italiane introdotte da *di* + nome di città si rendono in inglese il più delle volte con il nome della città utilizzato in posizione aggettivale davanti a un altro nome:

l'aeroporto di Torino	= Turin airport
i caffè di Torino	= Turin cafés
le squadre di calcio di Torino	= Turin football teams
gli inverni di Torino	= Turin winters
i ristoranti di Torino	= Turin restaurants
la regione di Torino	= Turin area
le strade di Torino	= Turin streets

L'uso è diverso in esempi come:

io sono di Torino	= I come from Turin
il sindaco di Torino	= the Mayor of Turin
una cartina di Torino	= a map of Turin

Con altre preposizioni, l'uso è altrettanto variabile:

una lettera da Torino	= a letter from Turin
la strada per Torino	= the Turin road
il treno di / per / da Torino	= the Turin train.

Gli aggettivi derivati

- Gli aggettivi derivati dai nomi di città non hanno di solito un equivalente in inglese; si può sempre utilizzare, comunque, il nome della città in posizione aggettivale:

l'aeroporto torinese	= Turin airport.

- Per sottolineare la provenienza, si userà *from* + nome della città:

la squadra torinese	= the team from Turin.

- In riferimento all'ambiente cittadino, si opterà per *of* + nome della città:

le case torinesi	= the houses of Turin.

- Per collocare dal punto di vista spaziale un fatto o una situazione, si userà *in* + nome della città:

il mio soggiorno torinese	= my stay in Turin.

3 - COLORI

I colori delle cose

Nelle espressioni seguenti, *verde* è preso come esempio; gli altri aggettivi e nomi di colori si utilizzano allo stesso modo.

Gli aggettivi

- *di che colore è?* = what colour is it?
  è verde = it's green
  un vestito verde = a green dress.

I nomi

- In inglese, i nomi di colori non hanno di solito l'articolo determinativo:
  mi piace il verde = I like green
  io preferisco il verde = I prefer green
  il verde mi sta bene = green suits me
  vestire di verde = to wear green / to dress in green
  una gamma di verdi = a range of greens
  lo stesso verde = the same green
  in verde = in green
  mi piaci in verde = I like you in green
  avete lo stesso modello in verde? = have you got the same thing in green?
- Con i verbi *to paint* (*dipingere*) e *to dye* (*tingere*), la preposizione *di* dell'italiano non si traduce:
  dipingere la porta di verde = to paint the door green
  tingere una camicetta di verde = to dye a blouse green.

Le sfumature di colore

- *verde pallido* = pale green
  verde chiaro = light green
  verde pastello = pastel green
  verde vivo / brillante = bright green
  verde scuro = dark green
  verde carico = deep green
  verde intenso = strong green
  un verde più scuro = a darker green
  un bel verde = a pretty green
  un verde orrendo = a dreadful green
  un cappello verde scuro = a dark green hat
  un vestito verde chiaro = a light green dress
  il suo vestito è d'un bel verde = her dress is a pretty green.
- In inglese come in italiano è possibile esprimere una sfumatura di colore utilizzando il nome di una cosa che è di quel particolare colore:
  blu cielo = sky-blue
  un vestito blu cielo = a sky-blue dress
  verde salvia = sage green
  verde mela = apple green
  una giacca verde mela = an apple green jacket

  Analogamente, *midnight blue* (*blu notte*), *bloodred* (*rosso sangue*) ecc.; in caso di dubbio, si consulti il dizionario.

- Aggiungendo a un nome inglese *-coloured* (BE) oppure *-colored* (AE), si ottiene un aggettivo composto che corrisponde all'italiano *color...*:
  un vestito color lampone = a raspberry-coloured dress / a raspberry-colored dress
  collant color carne = flesh-coloured tights
- Gli equivalenti inglesi degli aggettivi di colore italiani in *-astro* si costruiscono con i suffissi *-ish* o *-y*:
  bluastro = bluish
  verdastro = greenish / greeny
  grigiastro = greyish BE / grayish AE
  giallastro = yellowish / yellowy
  rossastro = reddish

Poiché questi aggettivi non esistono per tutti i colori, e poiché le formazioni in *-astro* hanno spesso in italiano una connotazione negativa, è opportuno consultare il dizionario.

Le persone

- Si veda anche la nota n. 4 - CORPO UMANO
- L'inglese non utilizza l'articolo determinativo nelle espressioni seguenti:
  avere i capelli biondi = to have fair hair
  avere gli occhi blu = to have blue eyes.
- Si notino gli aggettivi composti dell'inglese:
  un biondo = a fair-haired man
  una bruna = a dark-haired woman
  un bambino con gli occhi blu = a blue-eyed child

  Ma si può anche dire: *a man with fair hair, a child with blue eyes*, ecc.

Il colore dei capelli

- Gli aggettivi delle due lingue non sono esattamente equivalenti, ma le seguenti corrispondenze si possono utilizzare senza problemi; si noti che *hair* è sempre usato al singolare nel significato di capelli:
  capelli neri = black hair
  capelli scuri = dark hair
  capelli castani = brown hair
  capelli biondi = fair hair
  capelli rossi = red hair
  capelli grigi = grey hair (BE) / gray hair (AE)
  capelli bianchi = white hair.

Il colore degli occhi

- *occhi blu* = blue eyes
  occhi azzurri = light blue eyes
  occhi grigi = grey eyes (BE) / gray eyes (AE)
  occhi verdi = green eyes
  occhi grigioverdi = greyish green eyes (BE) / grayish green eyes (AE) (si possono anche usare grey-green e gray-green)
  occhi marroni / castani = brown eyes
  occhi marrone / castano chiaro = light brown eyes
  occhi nocciola = hazel eyes
  occhi chiari = light-coloured eyes (BE) / light-colored eyes (AE)
  occhi scuri = dark eyes.

4 - CORPO UMANO

- Mentre di solito in italiano si usa l'articolo determinativo davanti alle parti del corpo, l'inglese richiede l'aggettivo possessivo:
  chiudere gli occhi = to close one's eyes
  si è fregato le mani = he rubbed his hands
  alzate le mani! = put your hands up!
  si teneva la testa = she was holding her head
  si è rotto il naso = he broke his nose
  lei gli ha rotto il naso = she broke his nose

  Fanno eccezione a questa regola espressioni idiomatiche come *a occhio nudo* = with the naked eye, e altre elencate più sotto.

Per descrivere le persone

- Le espressioni italiane con *avere* (*ha il naso lungo*) si possono tradurre in inglese con equivalenti espressioni introdotte da *to be* oppure *to have*:
  ha il naso lungo = his nose is long / he has a long nose
  ha le mani sporche = his hands are dirty / he has dirty hands
  ha male ai piedi = his feet are sore / he has sore feet
  ha il naso che cola = his nose is running / he has a runny nose
  ha i capelli lunghi = his hair is long / he has long hair
  ha gli occhi blu = she has blue eyes / her eyes are blue
  ha dei bei capelli = she has beautiful hair / her hair is beautiful.

- Si notino le seguenti espressioni:
  l'uomo con una gamba rotta = the man with a broken leg
  l'uomo dalla / con la gamba rotta = the man with the broken leg
  la ragazza con gli / dagli occhi blu = the girl with blue eyes.

- Si noti infine che la costruzione inglese con aggettivo composto si può usare solo per descrivere delle caratteristiche durevoli:
  la ragazza con gli / dagli occhi blu = the blue-eyed girl
  quelli che hanno i capelli lunghi = long-haired people.

- Per altre espressioni relative alla descrizione del corpo umano, si vedano anche le note n. 3, 7, 22 e 35.

5 - DATA

- I nomi dei mesi dell'anno e dei giorni della settimana sono sempre scritti in inglese con l'iniziale maiuscola; per le loro forme abbreviate, che sono usate frequentemente in inglese, si vedano le note n. 11 e 17.
- Nell'inglese parlato, si usa quasi sempre il numero ordinale (ad es. *fifth* e non *five*) per indicare il giorno del mese; per le abbreviazioni degli ordinali, si veda la nota n. 26.
- In inglese, ci sono ben quattro modi di scrivere una data, e tre modi di esprimerla oralmente; queste opzioni sono tutte indicate per la prima data della tabella seguente. Per scrivere una data, i due primi modi (*May 1st* o *May 1*) sono accettati in tutti i paesi anglofoni; nella tabella si utilizzerà indifferentemente l'una o l'altra di queste due forme. Per esprimerla oralmente, la prima delle due forme presentate (*May the first*) è accettata dappertutto, e pertanto questa è la forma utilizzata nella tabella; le altre due non sono altrettanto diffuse.

	scrivere	*dire*
1 maggio	May 1 *o* May 1st (BE & AE) 1st May *o* 1 May (BE)	May the first (GB & US) *o* the first of May (GB) *o* May first (US)
2 aprile	April 2 (ecc.) *abbreviato* Apr 2	April the second (ecc.)
lunedì 3 maggio	Monday, May 3	Monday, May the third
4 maggio 1927	May 4th 1927	May the fourth, nineteen twenty-seven
15.12.1956	15.12.1956 (BE) *o* 12.15.1956 (AE)*	December the fifteenth nineteen fifty-six
giovedì 5 maggio 1994	Thursday, May 5 1994	Thursday, May the fifth, nineteen ninety-four
1968	1968	nineteen sixty-eight
1900	1900	nineteen hundred
l'anno 2000	the year 2000	the year two thousand
2001	2001	two thousand and one
45 d.C.	45 AD**	forty-five AD
250 a.C.	250 BC***	two hundred and fifty BC
il XVI secolo	the 16th century	the sixteenth century

* L'inglese britannico, come l'italiano, mette la cifra del giorno prima di quella del mese; l'inglese americano fa il contrario
** *AD* significa *anno Domini* (*nell'anno del Signore*)
*** *BC* significa *before Christ* (*prima di Cristo*).

Che giorno?

- *che giorno è / che data è / quanti ne abbiamo oggi?* = what's the date today?
  è il 10 / ne abbiamo 10 = it's the tenth
  è lunedì 10 = it's Monday 10th (*dire:* Monday the tenth)
  è il 10 maggio / siamo al 10 maggio = it's May 10 (*dire:* it's the tenth of May).

- Per indicare la data in cui è avvenuto o avverrà qualcosa, l'inglese usa di solito la preposizione *on* davanti al giorno del mese:
  arrivederci al 10 = see you on the 10th
  è successo il 10 = it happened on the 10th
  è nata il 4 settembre = she was born on 4th September (*dire:* the fourth of September)
  il 19 di ogni mese = on the 19th of every month.

- L'inglese usa *on* anche in inizio di frase ma, come l'italiano, può utilizzare anche altre preposizioni:
  lunedì 5 maggio arrivò a Roma = on Monday May 5, he reached Rome (*dire:* Monday May the fifth)
  a partire dal 10 = from the 10th onwards
  fino al 10 = till / until the 10th
  devo aspettare fino al 10 = I must wait till the 10th
  prima del 10 maggio = before May 10 (*dire:* before May the tenth)
  attorno al 10 maggio = around 10 May (*dire:* around the tenth of May)
  dal 10 al 16 maggio = from 10th to 16th May (GB) (*dire:* from the tenth to the sixteenth of May) from 10th through 16th May (US) (*dire* from the tenth through the sixteenth of May)

- Davanti ai nomi dei mesi e alle cifre degli anni e dei secoli, l'inglese usa solitamente *in*:
  a / in maggio = in May
  io sono nato nel dicembre (del) 1956 = I was born in December 1956
  nel 1945 = in 1945
  è morto nel 1616 = he died in 1616
  Shakespeare (1564-1616) = Shakespeare (1564-1616) (*dire:* Shakespeare fifteen sixty-four to sixteen sixteen) *o* Shakespeare, b.1564-d.1616 (*dire:* Shakespeare born in fifteen sixty-four and died in sixteen sixteen)
  nel maggio del '45 = in May '45 (*dire:* in May forty-five)
  negli anni '50 = in the fifties *o* in the 1950s (*dire:* in the nineteen fifties)
  all'inizio degli anni '50 = in the early fifties
  alla fine degli anni '50 = in the late fifties
  nel XVII secolo = in the 17th century (*dire:* in the seventeenth century)
  all'inizio del XVII secolo = in the early 17th century
  alla fine del XVII secolo = in the late 17th century.

  Si noti infine che un'espressione come *la rivoluzione del 1789* si può rendere in inglese come *the revolution of 1789* oppure come *the 1789 revolution.*

6 - DENARO E VALUTE

- Per la pronuncia dei numeri in inglese, si veda la nota n. 26; si noti che l'inglese usa la virgola dove l'italiano usa il punto, e viceversa; si ricordi infine che in inglese *thousand* (*mille*) e *million* (*milione*) non si usano mai al plurale nei numeri, come *hundred* e *cento.*

I soldi in Gran Bretagna

scrivere	*dire*
1 p	one p [pi:] *o* one penny *o* a penny
2 p	two p *o* two pence
5 p	five p *o* five pence
20 p	twenty p *o* twenty pence
£ 1	one pound *o* a pound

£ 1.03	one pound three pence *o* one pound three p*
£ 1.20	one pound twenty *o* one pound twenty pence *o* one pound twenty p
£ 1.99	one pound ninety-nine
£ 10	ten pounds
£ 200	two hundred pounds
£ 1,000	one thousand pounds *o* a thousand pounds
£ 1,000,000	one million pounds *o* a million pounds

* Se la cifra dei *pence* è inferiore o uguale a 19, è obbligatorio aggiungere *pence* o *p*: *one pound nineteen pence*; non così per le cifre superiori: *one pound twenty*.

- *ci sono 100 penny in una sterlina* = there are 100 pence in a pound.

I soldi negli Stati Uniti

scrivere	*dire*
1 c	one cent *o* a cent
2 c	two cents
5 c	five cents
10 c	ten cents
25 c	twenty-five cents
$ 1	one dollar *o* a dollar
$ 1.99	one dollar ninety-nine
$ 10	ten dollars
$ 200	two hundred dollars
$ 1,000	one thousand dollars *o* a thousand dollars
$ 1,000,000	one million dollars *o* a million dollars.

- *ci sono 100 centesimi in un dollaro* = there are 100 cents in a dollar.

I soldi in Italia

Come membro dell'Unione Monetaria Europea, dal 1 gennaio 2002 l'Italia utilizza l'euro (€), del quale esistono le seguenti monete e banconote:

scrivere	*dire*
1 c	one cent *o* a cent
2 c	two cents
5 c	five cents
10 c	ten cents
20 c	twenty cents
50 c	fifty cents
€ 1	one euro *o* a euro
€ 2	two euros
€ 5	five euros
€ 10	ten euros
€ 20	twenty euros
€ 50	fifty euros
€ 100	one hundred euros *o* a hundred euros
€ 200	two hundred euros
€ 500	five hundred euros.

- *ci sono 100 centesimi in un euro* = there are 100 cents in a euro.

Le monete e le banconote

- Va ricordato che, come in italiano *pezzo* si può usare nel senso di *moneta*, così avviene in inglese per *piece* nel senso di *coin*; tuttavia, *piece* si usa solitamente per indicare le frazioni dell'unità monetaria (1 sterlina, 1 dollaro o 1 euro), e *coin* per l'unità o i valori monetari superiori. *Banconota* (o *biglietto* in questo significato), infine, si dice *note* o *banknote* nell'inglese britannico e *bill* nell'inglese americano.
- Si notino, negli esempi che seguono, l'ordine delle parole negli aggettivi composti inglesi, l'uso del trattino, e il fatto che parole come *pound*, *euro* o *dollar* non prendono la terminazione del plurale quando fanno parte dei composti:

una banconota da 10 sterline	= a ten-pound note
un biglietto da 5 euro	= a five-euro note
una banconota da 50 dollari	= a fifty-dollar bill
una moneta da 20 penny	= a 20 p piece
una moneta da una sterlina	= a pound coin
una moneta da 50 centesimi	= a 50-cent piece
una moneta da 1 dollaro	= a one-dollar coin
una moneta da 1 euro	= a one-euro coin

Si ricordi che negli Stati Uniti alcune monete hanno un proprio nome:

una moneta da 5 centesimi (di dollaro)	= a nickel
una moneta da 10 centesimi (di dollaro)	= a dime
una moneta da 25 centesimi (di dollaro)	= a quarter.

I prezzi

• *quanto costa? / quant'è?*	= how much does it cost? / how much is it?
costa 200 sterline	= it costs £ 200 / it is £ 200
il prezzo della statua è (di) 200 sterline	= the price of the statue is £ 200
circa 200 sterline	= about £ 200
quasi 200 sterline	= almost £ 200
fino a 20 dollari	= up to $ 20
4 euro al metro	= 4 euros a metre.

- Si noti il diverso uso delle preposizioni in inglese a fronte dell'italiano *di* che precede la cifra:

più di 200 sterline	= over £ 200 *o* more than £ 200
meno di 100 euro	= less than € 100
un po' meno di 250 dollari	= just under $ 250.

- Anche nel caso dei prezzi va notato l'ordine delle parole negli aggettivi composti inglesi, l'uso del trattino, e il fatto che parole come *pound*, *euro* o *dollar* non prendono la terminazione del plurale quando fanno parte dei composti:

un francobollo da 75 centesimi	= a seventy-five-cent stamp
una fattura da 600 dollari	= a six-hundred-dollar invoice
una borsa di studio da 2.000 sterline	= a £ 2,000 grant (*dire* a two-thousand-pound grant)
un'auto da 50.000 dollari	= a $ 50,000 car (*dire* a fifty-thousand-dollar car)

- Talvolta l'inglese considera una somma di denaro come un'unità inscindibile, e pertanto i riferimenti grammaticali (pronomi, concordanza verbale) sono al singolare:

costa 10 sterline di più	= it is an extra ten pounds
ancora 10 sterline / altre 10 sterline	= another ten pounds
400 euro sono molti soldi	= 400 euros is a lot of money
prendi i tuoi 100 dollari, sono sul tavolo	= take your hundred dollars, it's on the table.

L'uso del denaro

• *pagare in sterline*	= to pay in pounds
200 euro in contanti	= € 200 in cash
un assegno da 500 dollari	= a $ 500 check
un travellers' cheque in sterline	= a sterling travellers' cheque
un travellers' cheque in dollari	= a dollar travelers' check
posso pagare con la carta di credito?	= may I pay by credit card?
mi spiace, accettiamo solo contanti	= I'm sorry, we only take cash
sono a corto di soldi	= I'm short of money
dove posso cambiare i soldi?	= where can I change money?
cambiare (in moneta) un biglietto da 10 dollari	= to change a 10-dollar bill
puoi cambiarmi una banconota da 10 dollari?	= can you give me change for a 10-dollar bill?
€ 2,50 di resto	= two euros fifty change
tengo la moneta per la macchinetta del caffè	= I keep all my small change for the coffee machine
cambiare sterline in euro	= to change pounds into euros
l'euro vale 1936,27 lire	= there are 1936.27 liras to the euro
il dollaro vale più di un euro / ci vuole più di un euro per fare un dollaro	= there is more than one euro to the dollar.

7 - DISTURBI E MALATTIE

Dove ti fa male?

- *dove ti / Le fa male? dove hai / ha male?* = where does it hurt?
  ha male alla gamba / gli fa male la gamba = his leg hurts
  ha / sente male alla schiena = his back hurts
  ha / sente male alle orecchie = his ears hurt

  Gli esempi mostrano che, per tradurre *avere male a* o espressioni analoghe, l'inglese impiega il possessivo davanti al nome della parte del corpo al posto dell'articolo determinativo italiano.

- Oltre al verbo *to hurt*, l'inglese usa anche *to ache*, che si usa per designare il male agli arti, alle articolazioni, alla testa, ai denti e anche alle orecchie; si può anche impiegare l'espressione *to have a pain in*:
  gli fa male il braccio = his arm aches
  mi fa male la testa = my head aches
  ha male alla gamba / gli fa male la gamba = he has a pain in his leg.

- Per alcune parti del corpo, l'inglese utilizza il verbo *to have* + composti in *–ache*:
  avere mal di denti = to have (a) toothache
  avere mal di schiena = to have (a) backache
  avere mal d'orecchi = to have (an) earache
  avere mal di pancia = to have (a) stomachache
  avere mal di testa = to have a headache

Gli incidenti

- Laddove l'italiano ha delle forme pronominali (*farsi male a*) con l'articolo determinativo, l'inglese usa dei verbi transitivi con l'aggettivo possessivo davanti al nome:
  si è rotto la gamba = he broke his leg
  si è fatto male al piede = he hurt his foot.

Le malattie croniche

- *avere il cuore debole* = to have something wrong with one's heart / to have heart trouble / to have a weak heart
  avere problemi di / ai reni = to have something wrong with one's kidney / to have kidney trouble
  avere una brutta schiena / una schiena malandata = to have a bad back
  avere i denti guasti = to have bad teeth.

Essere malato

- *Essere malato* in generale si dice *to be ill* se si è affetti da una vera e propria malattia, *not to be well* o *to be unwell* (quest'ultimo d'uso formale) se si prova semplicemente malessere. Questi aggettivi non si usano davanti a un nome: in tal caso si usa *sick*. *To be sick*, invece, significa *rimettere, vomitare*, mentre *to feel sick* significa *avere la nausea*:
  sono malato da parecchi giorni = I've been ill for many days
  oggi non sto bene = I'm not well today
  sono andato a trovare mia zia malata = I went to visit my sick aunt.

- Diversamente dall'italiano, l'inglese non premette l'articolo ai nomi delle malattie:
  avere l'influenza = to have flu
  avere un / il cancro = to have cancer
  avere un' / l'epatite = to have hepatitis
  avere l'asma = to have asthma
  avere gli orecchioni = to have mumps
  essere a letto con l'influenza = to be in bed with flu
  guarire dall'influenza = to recover from flu
  morire di colera = to die of cholera

  Anche i nomi delle malattie seguiti da un complemento non prendono sempre l'articolo: *avere il cancro al fegato* = to have cancer of the liver; ma *avere un'ulcera allo stomaco* = to have a stomach ulcer, e *avere il raffreddore* = to have a cold.

- Se appena è possibile, nell'inglese quotidiano si preferisce usare i nomi delle malattie piuttosto che gli aggettivi da questi derivati:
  essere asmatico = to have asthma *o* to be asthmatic
  essere epilettico = to have epilepsy *o* to be epileptic
  essere rachitico = to have rickets

- Per designare le persone colpite da una malattia, si possono usare le seguenti espressioni:
  un malato di cancro / un canceroso = a cancer patient
  un poliomielitico = a polio patient
  uno che ha la malaria = someone with malaria
  le persone che hanno / con l'Aids = people with Aids.

Ammalarsi

- *Prendere* una malattia si traduce con *to get* o *to catch*; più tecnico è *contrarre*, in inglese *to contract*:
  prendere l'influenza = to get / to catch flu
  prendere una / prendersi la bronchite = to get / to catch bronchitis
  contrarre l'Aids = to contract Aids.

- *To get* si usa anche per le malattie non infettive:
  mi è venuta un'ulcera allo stomaco = I got a stomach ulcer.

- *Avere* si può tradurre con *to develop* se si tratta dell'apparizione progressiva di una malattia:
  avere un cancro = to develop a cancer
  avere un inizio d'ulcera = to develop an ulcer.

- Per indicare una crisi passeggera e che si può ripetere si può usare in inglese *to have an attack / a bout of*:
  avere una crisi asmatica = to have an asthma attack
  avere un accesso di malaria = to have a bout of malaria
  Si noti
  avere una crisi epilettica = to have an epileptic fit.

Le cure

- Mentre in italiano si dice *prendere qualcosa contro* oppure *per* una malattia, l'inglese usa *for* o delle costruzioni appositive:
  prendere qualcosa per la fever febbre da fieno = to take something for hay fever
  prescrivere una medicina per la tosse = to prescribe something for a cough
  compresse per / contro la malaria = malaria tablets
  essere curato contro la poliomielite = to be treated for polio
  farsi vaccinare contro l'influenza = to have a flu injection
  vaccinare qualcuno contro il tetano = to give somebody a tetanus injection
  farsi vaccinare contro il colera = to have a cholera vaccination
  un vaccino contro l'influenza = a flu vaccine
  un vaccino antinfluenzale = a flu vaccine.

- Si noti la diversa costruzione e reggenza dell'italiano *operare* e dell'inglese *to operate*:
  farsi operare di (un) cancro = to be operated on for cancer
  il chirurgo l'ha operato di cancro = the surgeon operated on him for cancer.

Interazione medico - paziente

- *come si sente oggi?* = how are you feeling today?
  non molto bene, purtroppo = not very well, unfortunately
  che cos'ha? = what's the matter with you?
  ho (il) mal di testa e (il) mal di gola = I've got a headache and a sore throat
  temo che Lei abbia preso l'influenza = I'm afraid you've got flu

mi faranno delle analisi in ospedale? = are they going to give me some tests in hospital?
soffro di mal di fegato e sono peggiorata negli ultimi tempi = I suffer from liver trouble and I've been getting worse lately
da quanto tempo soffre di questi disturbi? = how long have you had this trouble?
da quando sono stata operata di appendicite = since I was operated on for appendicitis
non si preoccupi, non è nulla di grave = don't worry, it's nothing serious
prenda queste pillole tre volte al giorno, prima dei pasti = take these pills three times a day, before meals.

8 - ETÀ

Quanti anni hai?

- Diversamente dall'italiano, l'età non si esprime con il verbo *avere* ma con *to be*:

quanti anni hai? = how old are you?
quanti anni ha? = how old is she? / what age is she?

- Nelle frasi dichiarative riguardanti l'età, le parole *years old* possono essere omesse se si riferiscono alle persone, ma vanno sempre esplicitate in riferimento alle cose:

ha trent'anni = she is thirty years old / she is thirty
ha ottant'anni = he's eighty years old / he's eighty
la casa ha cent'anni = the house is a hundred years old
arrivare ai sessant'anni / sessanta = to reach sixty
Nick è più vecchio di Sheila = Nick is older than Sheila
Sheila è più giovane di Nick = Sheila is younger than Nick
Nick ha due anni più di Sheila = Nick is two years older than Sheila
Sheila ha due anni meno di Nick = Sheila is two years younger than Nick
Jim ha la stessa età di Mary = Jim is the same age as Mary
Jim e Mary hanno la stessa età = Jim and Mary are the same age
sembra che tu abbia sedici anni / hai l'aspetto di un sedicenne = you look sixteen
gli daresti dieci anni di meno = he looks ten years younger
mi sembra d'avere sedici anni = I feel sixteen.

Età

- *ha quarant'anni* = he is forty (years of age)
un uomo di sessant'anni = a man of sixty / a sixty-year-old man
un bambino di otto anni e mezzo = a child of eight and a half
una donna di quarant'anni = a woman aged forty
il signor Smith, di quarant'anni = Mr Smith, aged forty
all'età di cinquant'anni = at fifty o at the age of fifty (BE) / at age fifty (AE)
è morto a ventisette anni = he died at twenty-seven / at the age of twenty-seven.

- Quando si parla di esseri umani o animali, l'espressione che indica l'età può essere usata come sostantivo che sostituisce l'indicazione della persona o dell'animale:

un bambino di cinque anni = a five-year-old
una corsa per i (cavalli di) tre anni = a race for three-year-olds

Ma questa struttura non è possibile se ci si riferisce a cose:

un vino di trent'anni = a thirty-year-old wine.

Età approssimativa

- *è sui trent'anni* = she's about / around thirty
ha una cinquantina d'anni = he is about / around fifty
non ha ancora diciott'anni = she's not yet eighteen
ha appena passato i quaranta (anni) = he's just over forty / he's just turned forty *(colloquiale)* / he's on the wrong side of forty *(colloquiale)*
ha quasi / poco meno di cinquant'anni = he's just under fifty
ha fra i trenta e quarant'anni = she's in her thirties
è sui quarantacinque anni = she's in her mid-forties
va verso i settant'anni = she's in her late sixties / she's nearly seventy
non è lontana dai vent'anni = she's in her late teens / she's almost twenty
avrà sì e no dodici anni = he's barely twelve.

Persone di una data età

- *gli ultra ottantenni* = the over eighties
i minorenni / quelli che hanno meno di 18 anni = the under eighteens
è ottuagenaria = she's an octogenarian
sono dei settuagenari = they're septuagenarians.

9 - FIUMI

- *River*, equivalente inglese di *fiume*, può avere o meno la lettera maiuscola.

I nomi dei fiumi

- L'inglese usa sempre l'articolo *the* davanti ai nomi di fiumi:

il Nilo = the Nile
il Po = the Po
il Tamigi = the Thames.

- Il nome proprio dei fiumi può essere accompagnato dalla parola *river* (con l'iniziale maiuscola o minuscola), ma tale impiego non è obbligatorio; in inglese britannico, *river* precede il nome proprio, in inglese americano lo segue:

il Po = the River Po (BE) / the Po river (AE)
il Tamigi = the river Thames (BE)
il Potomac = the Potomac River (AE).

Di con i nomi di fiumi

- Le espressioni italiane introdotte da *di* sono rese il più delle volte mediante l'uso aggettivale del nome del fiume:

un affluente del Tamigi = a Thames tributary
l'estuario del Tamigi = the Thames estuary
le industrie del Tamigi = Thames industries
le chiatte del Po = Po barges
l'acqua del Po = Po water

Casi diversi sono:

le sorgenti del Tamigi = the source of the Thames
la foce del Po = the mouth of the Po.

10 - GIOCHI E SPORT

I nomi dei giochi e degli sport

- In inglese, tutti i nomi degli sport e dei giochi sono singolari, e non vogliono l'articolo determinativo:

il calcio	= football
mi piace il calcio	= I like football
gli scacchi	= chess
mi piacciono gli scacchi	= I like chess
le regole degli scacchi	= the rules of chess
giocare a / agli scacchi	= to play chess
sai giocare a scacchi?	= can you play chess?
fare una partita a scacchi	= to play a game of chess
fare un bridge	= to have a game of bridge

Certi nomi di giochi e sport hanno una forma plurale, ma si comportano grammaticalmente come nomi singolari: *billiards* (*biliardo*), *bowls* (*bocce*), *checkers* (*dama*, BE), *darts* (*freccette*), *dominoes* (*domino*), *draughts* (*dama*, AE) ecc.:

il domino è un gioco facile	= dominoes is easy
il gioco delle bocce è praticato sia dagli uomini sia dalle donne	= bowls is played by both men and women.

I nomi dei giocatori

- Alcuni nomi di sportivi in inglese si formano aggiungendo *-er* al nome dello sport:

un calciatore	= a footballer
un golfista	= a golfer
un podista	= a runner
un ostacolista	= a hurdler

Questa costruzione non è sempre possibile e, in caso di dubbio, va controllata sul dizionario. Al contrario, per tutti gli sport di squadra si può utilizzare la parola *player* preceduta dal nome dello sport:

un giocatore di calcio	= a football player
un giocatore di rugby	= a rugby player

La medesima costruzione con *player* si può usare per indicare chi pratica un gioco:

un giocatore di scacchi	= a chess player.

- Negli esempi che seguono la parola *chess* (*scacchi*) può essere sostituita da pressoché tutti i nomi di sport e giochi; in caso di dubbio, consultare il dizionario:

gioca molto bene a scacchi	= he's very good at chess / he's a very good chess player
un campione di scacchi	= a chess champion
il campione del mondo di scacchi	= the world chess champion
io non gioco a scacchi	= I am not a chess player / I don't play chess.

Gli avvenimenti sportivi

• *una partita a scacchi*	= a game of chess
giocare a scacchi con qualcuno	= to play chess with somebody
giocare a scacchi contro qualcuno	= to play chess against somebody
vincere una partita a scacchi	= to win a game of chess
battere qualcuno a scacchi	= to beat somebody at chess
perdere una partita a scacchi	= to lose a game of chess
giocare nella nazionale italiana	= to play for Italy
vincere il campionato della Gran Bretagna	= to win the British Championship
spero che vinca l'Italia	= I hope Italy wins
il Chelsea ha perso 2 a zero	= Chelsea lost 2 nil
Italia 2 – Francia 1	= Italy 2 – France 1 (*dire:* Italy two, France one)
è arrivato quarto	= he came fourth.

- *Di* con nomi di giochi e sport compare in esempi come:

un campionato di scacchi	= a chess championship
un club di scacchi	= a chess club
la squadra inglese di calcio	= the English football team
un appassionato di scacchi	= a chess enthusiast
un tifoso di calcio	= a football fan / supporter

L'inglese utilizza la medesima costruzione nominale anche quando l'italiano ha una parola specifica: *una scacchiera* = a chess board. La costruzione nominale, tuttavia, non funziona in esempi come:

le regole degli scacchi	= the rules of chess
una partita a scacchi	= a game of chess (possibile, ma meno comune: a chess game).

Le attività sportive

• *praticare il tennis*	= to play tennis
giocare a rugby	= to play rugby
praticare il judo / la boxe	= to do judo / boxing
fare ginnastica	= to do gymnastics
praticare l'equitazione / andare a cavallo	= to go riding
fare canottaggio / jogging	= to go rowing / jogging.

I giochi di carte

- Negli esempi seguenti, *clubs* (*fiori*) può essere sostituito da *hearts* (*cuori*), *spades* (*picche*) o *diamonds* (*quadri*):

l'otto di fiori	= the eight of clubs
l'asso di fiori	= the ace of clubs
giocare l'otto di fiori	= to play the eight of clubs
la briscola è fiori	= clubs are trumps
chiamare i fiori	= to call clubs
hai dei fiori?	= do you have clubs?

11 - GIORNI DELLA SETTIMANA

I nomi dei giorni

- La lingua inglese usa la lettera maiuscola per i nomi dei giorni; le abbreviazioni sono comuni nella lingua scritta familiare, ad esempio in una lettera a un amico: *ci vediamo lunedì 17 settembre* = I'll see you on Mon. 17 Sept.

domenica	Sunday	Sun
lunedì	Monday	Mon
martedì	Tuesday	Tue *o* Tues
mercoledì	Wednesday	Wed
giovedì	Thursday	Thur *o* Thurs
venerdì	Friday	Fri
sabato	Saturday	Sat

Si noti che nei paesi anglofoni la settimana comincia convenzionalmente con la domenica.

- Nelle espressioni che seguono, *Monday* (*lunedì*) è preso come modello; gli altri nomi dei giorni si utilizzano allo stesso modo:

che giorno è ?	= what day is it?
è lunedì	= it's Monday
oggi è lunedì	= today is Monday.

- Per esprimere una data, si veda la nota n. 5.

***Lunedì*: un giorno preciso, nel passato o nel futuro**

- L'inglese usa normalmente *on* davanti ai nomi dei giorni, tranne quando c'è un'altra preposizione, o una parola come *this, that, next, last*, ecc.:

è successo lunedì	= it happened on Monday
lunedì mattina	= on Monday morning
lunedì pomeriggio	= on Monday afternoon
lunedì mattina presto	= early on Monday morning
lunedì sera tardi	= late on Monday evening
lunedì andiamo allo zoo	= on Monday we're going to the zoo
lunedì scorso	= last Monday
lunedì scorso di sera	= last Monday evening
lunedì prossimo	= next Monday
fra due lunedì	= the Monday after next *o* on Monday week
un mese da lunedì	= a month from Monday
un mese a partire da lunedì scorso	= in a month from last Monday

a partire da lunedì	= from Monday onwards
è successo il lunedì	= it happened on the Monday
il lunedì mattina	= on the Monday morning
il lunedì pomeriggio	= on the Monday afternoon
il lunedì sera tardi	= late on the Monday evening
il lunedì mattina presto	= early on the Monday morning
è partita il lunedì pomeriggio	= she left on the Monday afternoon
questo lunedì	= this Monday
quel lunedì	= that Monday
quello stesso lunedì	= that very Monday.

Di lunedì: lo stesso giorno tutte le settimane

- *Di lunedì* (o anche *il lunedì*) indica che un'azione viene compiuta o un fatto si verifica tutti i lunedì; in inglese, la ripetitività viene indicata dall'uso del giorno al plurale e/o da una parola come *every*, *each*, *most*, ecc.:

quando capita?	= when does it happen?
di lunedì / tutti i lunedì	= it happens on Mondays
di / il lunedì andiamo in palestra	= on Mondays we go to the gym
non lavora mai di lunedì	= she never works on Mondays
il lunedì pomeriggio va in piscina	= she goes swimming on Monday afternoons
tutti i lunedì	= every Monday
ogni lunedì	= each Monday
un lunedì sì e uno no	= every other Monday *o* every second Monday
un lunedì ogni tre	= every third Monday
quasi tutti i lunedì	= most Mondays
certi lunedì	= some Mondays
un lunedì di tanto in tanto	= on the occasional Monday
il secondo lunedì del mese	= on the second Monday in the month.

Un lunedì: un giorno indeterminato

• *è successo un lunedì*	= it happened on a Monday *o* it happened one Monday
un lunedì mattina	= on a Monday morning *o* one Monday morning
un lunedì pomeriggio	= on a Monday afternoon *o* one Monday afternoon.

Del con i nomi dei giorni

- Le espressioni italiane con *del* (*della* davanti a *domenica*) si rendono normalmente in inglese con la costruzione nominale:

le lezioni del lunedì	= Monday classes
la chiusura del lunedì	= Monday closing
i programmi televisivi del lunedì	= Monday TV programmes
i treni del lunedì	= Monday trains
il volo del lunedì	= the Monday flight

Si noti il significato diverso e la relativa traduzione di *il giornale del lunedì* (= il giornale che esce il lunedì) = the Monday paper e *il giornale di lunedì* (= il giornale uscito questo lunedì) = Monday's paper; allo stesso modo si distinguono *Monday classes* e *Monday's classes*, ecc.

12 - GRADI MILITARI

- Gli elenchi che seguono raggruppano i gradi militari delle tre forze armate – l'Esercito, la Marina e l'Aviazione – della Gran Bretagna e degli Stati Uniti d'America. Per la loro traduzione, si vedano le relative voci nel dizionario. Le abbreviazioni dei gradi sono utilizzate solo per la lingua scritta e con i nomi propri: ad esempio, *Capt. Jones*. Si controlli nel dizionario la pronuncia di *lieutenant*, che è diversa nella variante britannica e in quella americana. Quanto alle sigle delle varie forze armate, *RN* e *USN* si usano solo per iscritto, *RAF* si pronuncia lettera per lettera, mentre *USAF* si legge *US Air Force*

L'Esercito

Gran Bretagna	Stati Uniti
the British Army	the United States Army
Field Marshal (FM)	General of the Army (GEN)
General (Gen)	General (GEN)
Lieutenant-General (Lt-Gen)	Lieutenant General (LTG)
Major-General (Maj-Gen)	Major General (MG)
Brigadier (Brig)	Brigadier General (BG)
Colonel (Col)	Colonel (COL)
Lieutenant-Colonel (Lt-Col)	Lieutenant Colonel (LTC)
Major (Maj)	Major (MAJ)
Captain (Capt)	Captain (CAPT)
Lieutenant (Lieut)	First Lieutenant (1LT)
Second Lieutenant (2nd Lt)	Second Lieutenant (2LT)
—	Chief Warrant Officer (CWO)
—	Warrant Officer (WO)
Regimental Sergeant Major (RSM)	Command Sergeant Major (CSM)
Company Sergeant Major (CSM)	Staff Sergeant Major (SSM)
—	1st Sergeant (1SG)
—	Master Sergeant (MSG)
—	Sergeant 1st Class (SFC)
Staff Sergeant (S/Sgt) *o* Colour Sergeant (C/Sgt)	Staff Sergeant (SSG)
Sergeant (Sgt)	Sergeant (SGT)
Corporal (Cpl)	Corporal (CPL)
Lance Corporal (L/Cpl)	Private First Class (P1C)
Private (Pte) *o* Rifleman (Rfm) *o* Guardsman (Gdm)*	Private (PVT)

* il nome varia a seconda dei reggimenti

La Marina

the Royal Navy (RN)	the United States Navy (USN)
Admiral of the Fleet	Fleet Admiral
Admiral (Adm)	Admiral (ADM)
Vice-Admiral (V-Adm)	Vice Admiral (VADM)
Rear-Admiral (Rear-Adm)	Rear Admiral (RADM)
Commodore (Cdre)	Commodore (CDRE)
Captain (Capt)	Captain (CAPT)
Commander (Cdr)	Commander (CDR)
Lieutenant-Commander (Lt-Cdr)	Lieutenant Commander (LCDR)
Lieutenant (Lt)	Lieutenant (LT)
Sub-Lieutenant (Sub-Lt)	Lieutenant Junior Grade (LTJG)
Acting Sub-Lieutenant (Act Sub-Lt)	Ensign (ENS)
—	Chief Warrant Officer (CWO)
Midshipman	Midshipman
Fleet Chief Petty Officer (FCPO)	—
—	Master Chief Petty Officer (MCPO)
—	Senior Chief Petty Officer (SCPO)
Chief Petty Officer (CPO)	Chief Petty Officer (CPO)
—	Petty Officer 1st Class (PO1)
—	Petty Officer 2nd Class (PO2)
Petty Officer (PO)	Petty Officer 3rd Class (PO3)
Leading Seaman (LS)	Seaman (SN)
Able Seaman (AB)	—
Ordinary Seaman (OD)	—
Junior Seaman (JS)	Seaman Apprentice (SA)
—	Seaman Recruit (SR)

L'Aviazione

the Royal Air Force (RAF)	the United States Air Force (USAF)
Marshal of the Royal Air Force	General of the Air Force
Air Chief Marshal (ACM)	General (GEN)
Air Marshal (AM)	Lieutenant General (LTG)
Air Vice-Marshal (AVM)	Major General (MG)
Air Commodore (Air Cdre)	Brigadier General (BG)
Group Captain (Gp Capt)	Colonel (COL)
Wing Commander (Wing Cdr)	Lieutenant Colonel (LTC)
Squadron Leader (Sqn Ldr)	Major (MAJ)
Flight Lieutenant (Flt Lt)	Captain (CAPT)

Flying Officer (FO)	First Lieutenant (1LT)
Pilot Officer (PO)	Second Lieutenant (2LT)
Warrant Officer (WO)	—
Flight Sergeant (FS)	Chief Master Sergeant (CMSGT)
—	Senior Master Sergeant (SMSGT)
—	Master Sergeant (MSGT)
Chief Technician (Chf Tech)	Technical Sergeant (TSGT)
Sergeant (Sgt)	Staff Sergeant (SSGT)
Corporal (Cpl)	Sergeant (SGT)
Junior Technician (Jnr Tech)	—
Senior Aircraftman (SAC) *o* Senior Aircraftwoman	—
Leading Aircraftman (LAC) *o* Leading Aircraftwoman	Airman First Class (A1C) *o* Airwoman First Class
Aircraftman *o* Aircraftwoman	Airman Basic (AB)

Come si parla dei militari

- Diversamente dall'italiano, l'inglese fa precedere ai nomi dei gradi militari l'articolo indeterminativo usato con verbi quali *to be* (*essere*), *to become* (*diventare*), *to make* (*fare, nominare*) ecc. Nelle espressioni che seguono, *colonel* (*colonnello*) è preso come esempio che vale anche per gli altri nomi di gradi:

  è colonnello = he is a colonel
  è colonnello dell'esercito = he is a colonel in the army
  diventare colonnello = to become a colonel
  è stato nominato colonnello = he was made a colonel.

- Con il verbo *to promote* (*promuovere*) o nell'espressione *the rank of* (*il grado di*), l'inglese non usa l'articolo:

  essere promosso colonnello = to be promoted colonel *o* to be promoted to colonel
  ha il grado di colonnello = he has the rank of colonel

- Diversamente dall'italiano, l'inglese non usa l'articolo determinativo quando il nome di grado è seguito dal nome proprio:

  è arrivato il Colonnello Jones = Colonel Jones has arrived
  è arrivato il colonnello = the colonel has arrived

  Gli esempi mostrano anche che una parola come *colonel* prende l'iniziale maiuscola in inglese quando è usata davanti a un nome proprio, ma raramente negli altri casi.

Come ci si rivolge ai militari

- Da un militare a un suo superiore: *sì, colonnello* = yes, sir *o* yes, madam.
- Da un militare a un suo inferiore di grado: *sì, sergente* = yes, sergeant.

13 - INDICAZIONE DELL'ORA

Che ore sono?

- In inglese si indica l'ora utilizzando le preposizioni *past* e *to* (*after* e *of* nell'inglese americano): ad esempio, *4.05* si dice *five past four* (BE) oppure *five after four* (AE), e *4.50* si dice *ten to five* (BE) oppure *ten of five* (AE). Se si deve usare uno stile più burocratico e ufficiale, si giustappongono semplicemente le cifre delle ore a quelle dei minuti: ad esempio, *4.10* si dice *four ten*. Mentre nell'uso comune l'indicazione dell'ora viene data sulle dodici ore utilizzando le sigle *am* (*ante meridiem = in the morning*, di mattina) e *pm* (*post meridiem = in the afternoon*, di pomeriggio), negli orari dei treni, ecc. si fa riferimento alle ventiquattro ore: così, *16.25* si dice *sixteen twenty-five*.
- La tabella che segue esemplifica l'uso britannico; per adattarla a quello americano, basta sostituire *past* e *to* con, rispettivamente, *after* e *of*:

sono le...	it is...	*dire*
4	4 o'clock	four o'clock *o* four
4 del mattino	4 am	four o'clock *o* four [eI em] *o* four o'clock in the morning
4 del pomeriggio	4 pm	four o'clock *o* four [pi: em] *o* four o'clock in the afternoon
4.02	4.02	two minutes past four *o* four oh two
4.05	4.05	five past four *o* four oh five
4.10	4.10	ten past four *o* four ten
quattro e un quarto	4.15	a quarter past four
4.15	4.15	four fifteen
4.20	4.20	twenty past four *o* four twenty
4.23	4.23	twenty-three minutes past four *o* four twenty-three
4.25	4.25	twenty-five past four *o* four twenty-five
quattro e mezzo	4.30	half past four
4.30	4.30	four thirty
4.37	4.37	four thirty-seven
cinque meno venti	4.40	twenty to five
4.40	4.40	four forty
cinque meno un quarto	4.45	a quarter to five
4.45	4.45	four forty-five
cinque meno dieci	4.50	ten to five
4.50	4.50	four fifty
cinque meno cinque	4.55	five to five
4.55	4.55	four fifty-five
17.00	5 pm	five o'clock in the afternoon
cinque e un quarto	5.15 pm	a quarter past five
17.15	5.15 pm	five fifteen
17.23	5.23 pm	twenty-three minutes past five *o* five twenty-three
18.00	6 pm	six o'clock *o* six [pi: em]
12	12.00	twelve o'clock
è mezzogiorno	12.00	noon *o* twelve noon
è mezzanotte	12.00	midnight *o* twelve midnight

Come mostrano gli esempi, in inglese la parola *minutes* può essere omessa quando si ha a che fare con i multipli di 5; nell'uso quotidiano, l'espressione *o'clock* viene spesso tralasciata. Si ricordi che, quando si tratta di orari di treni, aerei ecc., si può scrivere ad esempio *0400*, che va pronunciato *oh four hundred hours*; analogamente, *1600* sarà *sixteen hundred hours*, *2400* sarà *twenty-four hundred hours* ecc.

- *che ore sono? / che ora è?* = what time is it?
  il mio orologio fa le quattro = my watch says four o'clock
  il mio orologio va avanti; che ore sono di preciso? = my watch is fast; what's the right time?
  il mio orologio va avanti / indietro di dieci minuti = my watch is ten minutes fast / slow
  può dirmi l'ora, per favore? = could you tell me the time, please?
  sono le quattro in punto = it's exactly four o'clock
  sono circa le quattro = it's about four o'clock *o* it's about four
  sono quasi le quattro = it's nearly four o'clock
  sono appena passate le quattro = it's just after four o'clock
  sono le quattro passate = it's gone four.

Quando?

- *a che ora è successo?* = what time did it happen (at)?
  a che ora viene? = what time will he come (at)?
  a che ora è la riunione? = what time is the meeting?
  è successo alle quattro = it happened at four o'clock
  viene alle quattro = he's coming at four o'clock
  alle quattro e dieci = at ten past four
  alle quattro e mezzo = at half past four (BE) / at half after four (AE)
  alle quattro precise = at four o'clock exactly
  si trovi là alle quattro in punto = be there at four o'clock on the dot / at four sharp
  circa alle quattro = at about four o'clock
  alle quattro al più tardi = at four o'clock at the latest

un po' dopo le quattro = shortly after four o'clock
deve essere pronto per le quattro = it must be ready by four
ci sarò fino alle quattro = I'll be there until four
non ci sarò fino alle quattro = I won't be there until four
dalle 7 alle 9 = from seven till nine
aperto dalle nove alle cinque = open from nine to five
chiuso dalle tredici alle quattordici = closed from 1 to 2 pm
allo scoccare di ogni ora = every hour on the hour
ai dieci minuti di ogni ora = at ten past every hour.

- *il treno parte alle 9.45* = the train leaves at nine forty-five
  prendo il treno delle 9.45 = I'm taking the nine-forty-five train
  l'aereo delle 9.45 ha trenta minuti di ritardo = the nine-forty-five plane is thirty minutes late
  l'aereo delle 9.45 è in ritardo per la nebbia = the nine-forty-five plane has been delayed by fog.

14 - ISOLE

Con o senza l'articolo

- In inglese, i nomi delle isole si comportano come i nomi degli stati, cioè solamente i nomi plurali prendono l'articolo:
  Cipro = Cyprus
  mi piace Creta = I like Crete
  la Sardegna = Sardinia
  mi piace la Sicilia = I like Sicily
  le Baleari = the Balearics
  mi piacciono molto le Baleari = I like the Balearics very much

  Si noti che certi nomi di isole sono plurali in italiano ma non in inglese, e pertanto non prendono l'articolo:
  le isole Figi = Fiji
  le Samoa Occidentali = Western Samoa.

Le preposizioni

- Le diverse preposizioni di moto che si possono trovare in italiano si traducono sempre in inglese con *to*:
  andare a Cipro = to go to Cyprus
  andare a Sant'Elena = to go to St Helena
  andare in Sardegna = to go to Sardinia
  andare alle Baleari = to go to the Balearics.

- Con i verbi che indicano stato (*essere, abitare* etc.) e le relative preposizioni, in inglese si usa di solito la preposizione *in*; talvolta, soprattutto davanti a nomi di piccole isole, si trova *on*:
  vivere in Sardegna = to live in Sardinia
  abitare a Cipro = to live in Cyprus
  vivere nelle Baleari = to live in the Balearics
  essere a Nasso = to be on Naxos.

Con o senza il nome *isola*

- Come l'italiano *isola*, anche l'inglese *island* può essere sottinteso:
  l'isola di Guernsey = the island of Guernsey
  le isole Baleari = the Balearic Islands
  le Baleari = the Balearics
  Malta = Malta.

- In inglese, il termine *isle* non è più utilizzato come nome comune, ma compare solo nel nome ufficiale di alcune isole:
  l'Isola di Man = the Isle of Man
  l'Isola di Wight = the Isle of Wight
  le Isole Scilly = the Isles of Scilly.

15 - LAGHI

I nomi dei laghi

- Diversamente dall'italiano, l'inglese non utilizza l'articolo determinativo davanti ai nomi dei laghi; la parola *lake* prende la maiuscola quando è utilizzata con il nome proprio dei laghi:
  il lago Superiore = Lake Superior
  il lago Victoria = Lake Victoria

  Si utilizzano allo stesso modo in inglese anche gli equivalenti celtici di *lake*, ovvero *loch* e *lough*; va notato che queste parole fanno parte, per l'italiano, del nome proprio del lago:
  il Loch Ness = Loch Ness
  il Lough Eme = Lough Eme.

- La preposizione *di*, utilizzata in italiano per quei laghi che portano il nome di una città, non si traduce in inglese:
  il lago di Como = Lake Como
  il lago di Costanza = Lake Constance.

- Come l'italiano *lago*, la parola *lake* può essere sottintesa in inglese, tranne quando il lago porta il nome di una città:
  il (lago) Balaton = (Lake) Balaton
  il (lago) Titicaca = (Lake) Titicaca
  il (lago) Trasimeno = (Lake) Trasimeno
  il lago di Como = Lake Como.

16 - LE LINGUE

- Oltre a denominare una lingua, gli aggettivi come *inglese* possono qualificare delle persone o delle cose: *un turista inglese* (vedi nota n. 25), *la cucina inglese* (vedi nota n. 33). Nelle espressioni che seguono, si prende come esempio *English*, ma gli altri nomi di lingue vengono usati allo stesso modo.

I nomi delle lingue

- L'inglese non usa l'articolo determinativo davanti ai nomi delle lingue. Si noti l'uso della lettera maiuscola, che in inglese è obbligatorio:
  imparare l'inglese = to learn English
  studiare (l')inglese = to study English
  l'inglese è facile = English is easy
  l'inglese mi piace = I like English
  parlare (l')inglese = to speak English
  parlare l'inglese correntemente = to speak good English / to speak English fluently
  non parlo molto bene l'inglese = I don't speak very good English / my English isn't very good.

In con i nomi delle lingue

- Dopo un verbo, *in inglese* si traduce *in English*:
  dillo in inglese = say it in English.

- Dopo un nome, *in inglese* si traduce *in English* o con l'aggettivo *English*; l'uso della lettera maiuscola è obbligatorio anche quando *English* è usato come aggettivo:
  una trasmissione in inglese = an English-language broadcast
  un libro in inglese = a book in English *oppure* an English book*

Ma attenzione all'espressione *tradurre in inglese*, che si rende con *to translate into English*.

* *an English book* è un'espressione ambigua, come del resto *un libro italiano*, che può significare *un libro scritto in italiano* oppure *un libro pubblicato in Italia*.

***Di* con i nomi delle lingue**

- Le espressioni italiane con *di* + nomi di lingue si traducono solitamente utilizzando il corrispondente aggettivo:

un corso d'inglese	= an English class
un dizionario d'inglese	= an English dictionary
una lezione d'inglese	= an English lesson
un manuale d'inglese	= an English textbook
un professore d'inglese	= an English teacher**

** *an English teacher* può anche significare *un professore inglese*; per evitare l'ambiguità si può dire *a teacher of English*.

La traduzione dell'aggettivo italiano

un accento inglese	= an English accent
un'espressione inglese	= an English expression
la lingua inglese	= the English language
una parola inglese	= an English word
un proverbio inglese	= an English proverb.

- Anche se esiste *anglophone* (*anglofono*), l'inglese non ha gli equivalenti diretti degli aggettivi e dei nomi italiani di lingue in *-fono* e deve ricorrere a una perifrasi:

un italofono	= an Italian speaker
è francofono	= he is a French speaker
il Canada anglofono e francofono	= English-speaking and French-speaking Canada.

17 - MESI

I nomi dei mesi

- La lingua inglese usa la lettera maiuscola per i nomi dei mesi. Le abbreviazioni di questi nomi sono comuni nella lingua scritta corrente, ad esempio in una lettera a un amico: *ci vediamo lunedì 17 settembre* = I'll see you on Mon. 17th Sept.

		abbreviazione inglese
gennaio	= January	Jan
febbraio	= February	Feb
marzo	= March	Mar
aprile	= April	Apr
maggio	= May	May
giugno	= June	Jun
luglio	= July	Jul
agosto	= August	Aug
settembre	= September	Sept
ottobre	= October	Oct
novembre	= November	Nov
dicembre	= December	Dec

Nelle espressioni che seguono, *maggio* è preso come modello; tutti gli altri nomi dei mesi funzionano allo stesso modo. Si noti inoltre che l'inglese utilizza di solito il semplice nome dei mesi laddove l'italiano ricorre all'espressione *il mese di* ...:

mi piace il mese di maggio	= I like May
il più caldo mese di maggio	= the warmest May
abbiamo avuto un bel mese di maggio	= we had a lovely May.

Quando?

• *in che mese siamo?*	= what month is it?
Siamo a / in maggio	= it is May
in maggio	= in May *o* LETT. in the month of May
sono nato a maggio	= I was born in May
ci vediamo in maggio	= I'll see you in May
l'anno prossimo in maggio	= in May next year
quell'anno a maggio	= that May
il prossimo maggio	= next May
l'anno scorso a maggio	= last May
tra due anni a maggio	= the May after next
due anni fa a maggio	= the May before last
tutti gli anni a maggio	= every May
un maggio sì e uno no	= every other May
quasi tutti gli anni a maggio	= most Mays.

- Si confrontino i seguenti esempi:

un mattino in maggio	= one morning in May
un mattino a maggio	= one May morning / on a May morning
nei primi giorni di maggio	= in early May
all'inizio di maggio	= at the beginning of May
negli ultimi giorni di maggio	= in late May
alla fine di maggio	= at the end of May
alla metà di maggio	= in mid-May
da maggio	= since May
per tutto (il mese di) maggio	= for the whole of May / for the whole month of May
durante tutto maggio	= all through May / throughout May.

- Per altre informazioni ed esempi sulle date in inglese, si veda la nota n. 5.

***Di* con i nomi dei mesi**

- Le espressioni italiane introdotte da *di* si traducono in inglese utilizzando in funzione aggettivale il nome del mese:

i fiori di maggio	= May flowers
la pioggia di maggio	= the May rain
il sole di maggio	= the May sunshine
il tempo del mese di maggio	= May weather
i saldi di maggio	= the May sales.

18 - MESTIERI E PROFESSIONI

Le persone

- *che cosa fa nella vita? / che cosa fa di mestiere?* = what does he do? / what's his job?
- Al singolare l'inglese usa l'articolo indeterminativo davanti ai nomi di mestieri e professioni dopo verbi come *to be* e *to become*, o con *as*:

è meccanico / fa il meccanico	= he is a mechanic
lei è dentista	= she is a dentist
è professoressa di storia	= she is a history teacher
è un bravo macellaio	= he is a good butcher
lavora come macellaio / fa il macellaio	= he works as a butcher
vuole fare l'architetto	= she wants to be an architect
sono macellai / fanno i macellai	= they are butchers
sono dei bravi macellai	= they are good butchers.

I luoghi

- Se in inglese c'è un nome per designare la persona che fa un determinato lavoro (*the butcher*, *the baker*, *the chemist* etc.), si può utilizzare questo nome per designare il luogo in cui tale persona lavora:

andare dal macellaio	= to go to the butcher's *oppure* to go to the butcher's shop
lavorare in una macelleria	= to work at a butcher's *oppure* to work at a butcher's shop
acquistare qualcosa dal macellaio	= to buy something at the butcher's *oppure* to buy something at the butcher's shop

Si ricordi che, al posto di *to the butcher's*, si può anche dire *to the butcher*, ma è comunque preferibile la forma con *'s*; va pure ricordato che in inglese americano si usa *store* al posto di *shop*.

- Nel caso in cui il luogo non è definibile con *shop* o *store*, è sempre possibile usare la forma con *'s*:

andare dal parrucchiere = to go to the hairdresser's.

- Si possono anche usare *surgery* per le professioni mediche e *office* per gli architetti, gli avvocati, i contabili etc.:

andare dal medico = to go to the doctor's surgery (GB) *oppure* office (US)
andare dall'avvocato = to go to the lawyer's office.

- Se esiste un nome di luogo specifico (come *bakery* o *grocery*), si può usare tale nome:

andare in panetteria (o dal panettiere) = to go to the bakery.

19 - MISURA DEL TEMPO

Periodi di tempo

- *un secondo* = a second
un minuto = a minute
un'ora = an hour
un giorno = a day
una settimana = a week
un mese = a month
un anno = a year
un secolo = a century.
- Per le espressioni relative all'ora e per quelle che utilizzano i nomi dei giorni della settimana e dei mesi dell'anno, si vedano le note n. 13, 11 e 17.

La durata nel tempo

- Si noti in particolare la traduzione e l'uso dei verbi nelle seguenti espressioni:

quanto (tempo) ci vuole? = how long does it take?
ci vogliono tre ore = it takes three hours
ci vorrà un anno = it'll take a year
ci è voluto un quarto d'ora = it took a quarter of an hour
mi ci è voluta / ci ho messo mezz'ora = it took me half an hour
mi ci sono volute / ci ho messo tre ore per farlo = it took me three hours to do it
la lettera ci ha messo un mese ad / per arrivare = the letter took a month to arrive

Passare (in senso temporale) e *trascorrere* si traducono normalmente con *to spend*, ma se la frase specifica come si è trascorso il tempo si utilizzerà *to have*:

passare / trascorrere un anno a Londra = to spend a year in London
passare / trascorrere una bella serata = to have a good evening.

- Si noti in particolare la traduzione e l'uso delle preposizioni nelle seguenti espressioni:

in due minuti / sei mesi / un anno = in two minutes / six months / a year
tra due minuti / sei mesi / un anno = in two minutes / six months / a year
entro alcuni minuti = within minutes
entro sei mesi = within six months
per ore e ore = for hours and hours
per una settimana / due anni = for a week / two years
sono qui per due mesi = I'm here for two months
da una settimana / due anni = for a week / two years
sono qui da due mesi = I've been here for two months *
da quasi dieci anni = for going on ten years

* Si veda il paragrafo *Da e la forma di durata* nella nota della voce **da**.

- Le espressioni di tempo italiane introdotte dalla preposizione *di* vanno tradotte in inglese secondo le seguenti modalità:

a) con i nomi numerabili, l'espressione di tempo viene resa mediante un aggettivo composto (si noti l'uso del trattino e l'assenza della terminazione *–s* di plurale):

un'attesa di sei settimane = a six-week wait
un ritardo di cinquanta minuti = a fifty-minute delay
una giornata di otto ore = an eight-hour day

b) con i nomi non numerabili, l'espressione di tempo viene resa mediante la forma di genitivo sassone oppure con una frase preposizionale introdotta da *of*:

quattro giorni di permesso = four days' leave / four days of leave
quattro settimane di paga = four weeks' pay / four weeks of pay
venticinque anni di felicità = twenty-five years' happiness / twenty-five years of happiness.

Un punto nel tempo

- Si notino le seguenti espressioni che fanno riferimento a un punto nel tempo passato:

quando è successo? = when did it happen?
la settimana scorsa = last week
il mese scorso = last month
l'anno scorso = last year
negli / nel corso ultimi mesi = over the last few months
due anni fa = two years ago
anni fa = years ago
dal 1983, dal 19 marzo 1983 = since 1983, since March 19th, 1983 *
lavorava qui dal 2 maggio = he had worked here since May 2nd
sono anni che è morto = it's years since he died
sarà un mese martedì = it'll be a month ago on Tuesday
una settimana ieri, otto giorni ieri = a week ago yesterday, a week past yesterday
un mese prima = a month before / a month earlier
l'anno prima = the year before
l'anno dopo = the year after
alcuni anni dopo = a few years later
dopo quattro giorni = after four days

* Si veda il paragrafo *Da e la forma di durata* nella nota della voce **da**.

- Si notino le seguenti espressioni che fanno riferimento a un punto nel tempo futuro:

quando lo vedrai? = when will you see him?
la settimana prossima = next week
il mese prossimo = next month
l'anno prossimo = next year
tra dieci giorni = in ten days, in ten days' time
tra qualche giorno = in a few days
tra un mese da domani = a month tomorrow
(nel corso del) la prossima settimana = this coming week
nel corso dei mesi a venire = over the coming months.

- Si notino le seguenti espressioni che fanno riferimento alla frequenza con la quale avviene un'azione:

quanto spesso succede? = how often does it happen?
tutti i giovedì = every Thursday
tutte le settimane = every week
un giorno sì e uno no = every other day / every second day
un mese sì e due no = every third month
l'ultimo giovedì del mese = the last Thursday of the month
giorno dopo giorno = day after day
una volta ogni tre mesi = once every three months
due volte all'anno = twice a year
tre volte al giorno = three times a day.

- *A* + articolo determinativo + indicazione di tempo compare in frasi come:

100 miglia all'ora	= 100 miles an hour
essere pagato all'ora	= to be paid by the hour
quanto guadagni all'ora?	= how much do you get an hour?
guadagno 20 euro all'ora	= I get 20 euros an hour
essere pagato 1.500 euro al mese	= to be paid 1,500 euros a month
22.000 euro all'anno	= 22,000 euros a year.

20 - MISURE DI CAPACITÀ

- Per misurare i liquidi, in Gran Bretagna e negli Stati Uniti si utilizzano tradizionalmente le pinte (*pints*), i quarti (*quarts*, misura ormai rara) e i galloni (*gallons*). I liquidi come il vino o la benzina sono sempre più comunemente venduti al litro, ma ciò non ha modificato le abitudini dei consumatori: ad esempio, gli automobilisti britannici e americani acquistano e pagano la benzina al litro, ma continuano a calcolarne il consumo in galloni.
- Per le misure in cm^3, dm^3 e m^3, si veda la nota n. 24; per la pronuncia dei numeri, si veda la nota n. 26.

Le misure britanniche di capacità: equivalenze

• 1 pint		= 0,57 l	
1 quart	= 2 pints	= 1,13 l	
1 gallon	= 8 pints	= 4,54 l	
		dire	
• 1 litre	= 1.76 pt	pints	
	= 0.88 qt	quarts	
	= 0.22 galls	gallons	

Le misure americane di capacità: equivalenze

• 1 pint		= 0,47 l	
1 quart	= 2 pints	= 0,94 l	
1 gallon	= 8 pints	= 3,78 l	
		dire	
• 1 liter	= 2.12 pts	pints	
	= 1.06 qt	quarts	
	= 0.26 galls	gallons	

- Si noti che:
  a) *litro* si scrive *litre* in inglese britannico e *liter* in inglese americano
  b) l'abbreviazione *l* è comune all'italiano e all'inglese
  c) sono poco utilizzati gli equivalenti italiani di *millilitro* (millilitre), *centilitro* (centilitre), *decilitro* (decilitre), *decalitro* (decalitre) ed *ettolitro* (hectolitre)
  d) nei numeri l'inglese usa il punto laddove l'italiano usa la virgola, e viceversa.

Esempi d'uso

• *in un litro ci sono 1.000 centimetri cubi*	= there are 1,000 cubic centimetres in a litre
1.000 centimetri cubi fanno un litro	= 1,000 cubic centimetres make one litre
in un gallone ci sono otto pinte	= there are eight pints in a gallon
da quanto è la bottiglia?	= what's the size of the bottle?
qual è la capacità della bottiglia?	= what is the capacity of the bottle?
quanto (con)tiene?	= what does it hold?
(con)tiene due litri	= it holds two litres
ha una capacità di due litri	= the capacity is two litres
la capacità della bottiglia è (di) due litri	= the capacity of the bottle is two litres
A è più capace / ha una capacità maggiore di B	= A has a greater capacity than B
B è meno capace / ha una capacità minore di B	= B has a smaller capacity than A
A e B hanno la stessa capacità	= A and B have the same capacity.

- Si noti, negli esempi che seguono, l'ordine delle parole negli aggettivi composti inglesi, l'uso del trattino, e il fatto che *litre*, usato come aggettivo, non prende la terminazione del plurale:

una bottiglia da due litri	= a two-litre bottle
un serbatoio da 200 litri	= a two-hundred-litre tank (ma si può anche dire a tank 200 litres in capacity).
• *due litri di vino*	= two litres of wine
venduto al litro	= sold by the litre
consumano 20.000 litri al giorno	= they use 20,000 litres a day
la mia auto fa 10 chilometri con un litro	= my car does 10 kilometres to the litre (28 miles to the gallon)

Si noti che nei paesi anglosassoni il consumo di una vettura si calcola misurando la distanza in miglia percorsa con un gallone. Per trasformare le miglia per gallone in litri per 100 km e viceversa si deve dividere 280 per la cifra nota.

21 - MISURE DI LUNGHEZZA

Le unità di misura e le loro equivalenze

- Il sistema metrico decimale è sempre più usato in Gran Bretagna e negli Stati Uniti per le misure di lunghezza; le misure antiche, tuttavia, hanno ancora corso, e vengono talvolta preferite soprattutto per le distanze, espresse in miglia e non in chilometri. I commercianti usano di solito entrambi i sistemi.

• 1 inch		= 2,54 cm
1 foot	= 12 inches	= 30,48 cm
1 yard	= 3 feet	= 91,44 cm
1 furlong	= 220 yards	= 201,17 m
1 mile	= 1760 yards	= 1,61 km

				dire
un millimetro	= one millimetre	1 mm	= 0.04 in	inches
un centimetro	= one centimetre	1 cm	= 0.39 in	
un metro	= one metre	1 m	= 39.37 ins	
			3.28 ft	feet
			1.09 yds	yards
un chilometro	= one kilometre	1 km	= 1094 yds	
			0.62 ml	miles

in un metro ci sono 100 centimetri	= there are 100 centimetres in one metre
in un piede ci sono 12 pollici	= there are twelve inches in one foot
in una iarda ci sono tre piedi	= there are three feet in one yard.

- Si noti che:
  a) il simbolo di *inch* è ": 4 inches = 4"
  b) il simbolo di *foot* e *feet* è ': 5 feet 4 inches = 5'4"
  c) la parola *kilometre* ha due possibili pronunce: /kɪˈlɒmɪtə(r)/ o /ˈkɪləmiːtə(r)/
  d) in inglese sono poco utilizzati gli equivalenti italiani di *decimetro* (decimetre), *decametro* (decemetre) ed *ettometro* (hectometre)
  e) per la pronuncia dei numeri, si veda la nota n. 26
  f) si scrive *metre* in inglese britannico e *meter* in inglese americano
  g) per il sistema metrico decimale, italiano e inglese usano le medesime abbreviazioni
  h) nei numeri l'inglese usa il punto laddove l'inglese usa la virgola, e viceversa.

Misurare la distanza

• *che distanza c'è tra A e B?*	= what's the distance from A to B? / how far is it from A to B?
a che distanza dalla chiesa si trova la scuola?	= how far is the school from the church?
(ci sono) due chilometri	= it's 2 kilometres

ci sono circa due chilometri = it's about 2 kilometres
la distanza è (di) due chilometri = the distance is 2 kilometres
ci sono due chilometri tra A e B = it is 2 kilometres from A to B
A è a due chilometri da B = A is 2 kilometres from B
quasi 3 chilometri = almost three kilometres
più di due chilometri = more than two kilometres / over two kilometres
meno di tre chilometri = less than three kilometres / under three kilometres
A è più lontano da B che C da D = it is further from A to B than from C to D / A is further away from B than C is from D
C è più vicino a B di A = C is nearer to B than A is
A è più vicino a B che a C = A is nearer to B than to C
A è lontano come B = A is as far away as B
A e B sono alla stessa distanza / A e B sono lontani uguale = A and B are the same distance away.

- Si noti, negli esempi che seguono, l'ordine delle parole negli aggettivi composti inglesi, l'uso del trattino, e il fatto che *kilometre, mile,* ecc., usati come aggettivi, non prendono la terminazione del plurale:

una passeggiata di 2 miglia = a two-mile walk
un viaggio in auto di 300 chilometri = a 300-kilometre drive.

Misurare la lunghezza

- *quanto è lunga la fune? / quanto misura la fune?* = how long is the rope?

è lunga / misura 10 metri = it is 10 metres long
è 10 metri di lunghezza = it is 10 metres in length
una fune di circa 10 metri (di lunghezza) = a rope about 10 metres long / 10 metres in length
circa 10 metri = about 10 metres
quasi 11 metri = almost 11 metres
più di 10 metri = more than 10 metres
meno di 11 metri = less than 11 metres
A è più lungo di B = A is longer than B
B è più corto di A = B is shorter than A
A è lungo come B = A is as long as B
A e B hanno la stessa / sono della stessa lunghezza = A and B are the same length
10 metri di fune = 10 metres of rope
6 metri di seta = 6 metres of silk
venduto al metro = sold by the metre.

- Si noti, negli esempi che seguono, l'ordine delle parole negli aggettivi composti inglesi, l'uso del trattino, e il fatto che *metre, foot,* ecc., usati come aggettivi, non prendono la terminazione del plurale:

una corda di 10 metri = a ten-metre rope
un pitone di sei piedi (di lunghezza) = a six-foot-long python (ma si può anche dire a python six feet long).

Misurare l'altezza

- L'indicazione dell'altezza delle persone compare nelle seguenti espressioni:

quanto è alto? (se si vuole conoscere la misura precisa) = how tall is he? what is his height?
è alto 1,80 m = he is 6 feet (tall), he is 1.80 m
è alto 1,75 m = he is 5 feet 10 (inches), he is 1.75 m (nell'inglese colloquiale, si usa anche *foot*: he is 5 foot 10 inches)
circa 1,80 m = about 6 feet
quasi 1,80 m = almost 6 feet
più di 1,75 m = more than 5 ft 10 ins
meno di 1,85 m = less than 6 ft 3 ins
Peter è più alto di Paul = Peter is taller than Paul
Paul è più basso di Peter = Paul is smaller / shorter than Peter
Peter è alto come Paul = Peter is as tall as Paul
Peter ha la stessa / è della stessa altezza di Paul = Peter is the same height as Paul
Peter e Paul sono della stessa altezza / sono alti uguale = Peter and Paul are the same height.

- Si noti, nell'esempio che segue, l'ordine delle parole nell'aggettivo composto inglese, l'uso del trattino, e il fatto che *foot*, usato come aggettivo, non prende la terminazione del plurale:

un atleta di un metro e ottanta = a six-foot athlete (ma si può anche dire: an athlete six feet tall / an athlete six feet in height).

- L'indicazione dell'altezza delle cose compare nelle seguenti espressioni:

quanto è alta la torre? = what is the height of the tower?
qual è l'altezza della torre? / quanto misura la torre? = what is the height of the tower?
è alta 23 metri = it is 23 metres high
misura 23 metri d'altezza = it is 23 metres high / it is 23 metres in height
ha un'altezza di 23 metri = its height is 23 metres
una torre di circa 25 metri (d'altezza) = a tower about 25 metres high / 25 metres in height
a un'altezza di 20 metri = at a height of 20 metres
A è più alto di B = A is higher than B
B è meno alto di A = B is lower than A
A è alto come B = A is as high as B
A e B sono della stessa altezza / hanno la stessa altezza = A and B are the same height
A è della stessa / ha la stessa altezza di B = A is the same height as B.

- Si noti, nell'esempio che segue, l'ordine delle parole nell'aggettivo composto inglese, l'uso del trattino, e il fatto che *metre*, usato come aggettivo, non prende la terminazione del plurale:

una torre di / alta 23 metri = a 23-metre-high tower (ma si può anche dire: a tower 23 metres high / a tower 23 metres in height).

- *a che altezza / altitudine è l'aereo?* = how high is the plane?

a che altezza / altitudine sta volando l'areo? = what height is the plane flying at?
l'aereo sta volando all'altitudine / all'altezza di 5.000 metri = the plane is flying at 5,000 metres
la sua altitudine è (di) 5.000 metri = its altitude is 5,000 metres
a un'altitudine di 5.000 metri = at an altitude of 5,000 metres.

Misurare la larghezza

- La lingua inglese ha due parole per indicare la larghezza di qualcosa:
  - a) l'aggettivo *wide* (sostantivo corrispondente: *width*) indica la distanza tra due limiti spaziali: *una valle ampia / larga* = a wide valley
  - b) l'aggettivo *broad* (sostantivo corrispondente: *breadth*) descrive ciò che riempie uno spazio di una cerca larghezza: *un ampio / largo viale* = a broad avenue.
- Gli esempi che seguono utilizzano *wide* e *width*, ma *broad* e *breadth* vengono impiegati allo stesso modo:

quanto è largo il fiume? = how wide is the river?
qual è la larghezza del fiume? = what width is the river?
è largo sette metri = it is seven metres wide
è 7 metri (di larghezza) = it is 7 metres (in width) / it is 7 metres across
A è più largo di B = A is wider than B
B è più stretto di A = B is narrower than A
A è largo come B = A is as wide as B
A e B sono della stessa larghezza / hanno la stessa larghezza = A and B are the same width
A è della stessa larghezza / ha la stessa larghezza di B = A is the same width as B.

- Si noti, nell'esempio che segue, l'ordine delle parole nell'aggettivo composto inglese, l'uso del trattino, e il fatto che *metre*, usato come aggettivo, non prende la terminazione del plurale:

un fiume di 7 metri (di larghezza) = a seven-metre-wide river (ma si può anche dire: a river seven metres wide / a river seven metres in width).

Misurare la profondità

• *quanto è profondo il lago?*	= how deep is the lake?
qual è la profondità del lago?	= what depth is the lake? / what is the depth of the lake?
è (di) quattro metri	= it is 4 metres deep
è quattro metri di profondità	= it is 4 metres in depth
un lago profondo 4 metri	= a lake 4 metres deep
un lago di 4 metri di profondità	= a lake 4 metres in depth
a una / alla profondità di dieci metri	= at a depth of ten metres
A è più profondo di B	= A is deeper than B
B è meno profondo di A	= B is shallower than A
A è profondo come B	= A is as deep as B
A e B hanno la stessa / sono della stessa profondità	= A and B are the same depth
A ha la stessa profondità di B	= A is the same depth as B
un pozzo di sette metri (di profondità)	= a well seven metres deep.

22 - MISURE DI PESO

• 1 oz	= 28,35 g		
1 lb	= 16 ozs	= 453,60 g	
1 st	= 14 lbs	= 6,35 kg	
1 cwt	= 8 st (GB)	= 112 lbs (GB)	= 50,73 kg
		= 100 lbs (US)	= 45,36 kg
1 ton	= 20 cwt (GB)	= 1014,6 kg	
	= 20 cwt (US)	= 907,2 kg	

				dire
un grammo	= one gram	1 g	= 0.35 oz	ounces
un etto	= one hundred grams	100 g	= 0.22 lbs	pounds
			3.52 oz	ounces
un chilogrammo	= one kilogram	1 kg	= 2.20 lbs	pounds
			= 35.26 oz	ounces
un quintale	= one hundred kilograms	100 kg	= 220 lbs	pounds
			= 15.76 st	stones
			= 1.96 cwt	hundred-weight
una tonnellata	= one (metric) ton	1000 kg	= 0.98 ton	tons (GB)
			1.10 tons	tons (US)

• Si noti che:

a) la libbra inglese (*pound*) vale 454 grammi

b) *stone* come unità di misura di peso non viene utilizzata negli Stati Uniti

c) la tonnellata (*ton*) inglese e quella americana non designano lo stesso peso; inoltre gli anglofoni possono utilizzare la medesima parola *ton* per indicare la tonnellata di 1000 kg: per evitare questa ambiguità, si può dire *metric ton*

d) in inglese sono poco utilizzati gli equivalenti italiani di *centigrammo* (centigram), *decigrammo* (decigram), *decagrammo* (decagram), *ettogrammo* (hectogram) e *quintale* (quintal)

e) per la pronuncia dei numeri, si veda la nota n. 26

f) per il sistema metrico decimale, italiano e inglese usano le medesime abbreviazioni (*ton* non ha abbreviazioni)

g) nei numeri l'inglese usa il punto laddove l'inglese usa la virgola, e viceversa.

Misurare il peso

• L'indicazione del peso degli oggetti compare nelle seguenti espressioni:

quanto pesa il pacco?	= what does the parcel weigh?, how much does the parcel weigh?
quanto pesa? / qual è il suo peso?	= how much does it weigh? / what's its weight? / how heavy is it?
pesa 5 chili	= it weighs 5 kilos / it is 5 kilos in weight
il pacco pesa 5 chili	= the parcel weighs 5 kilos
pesa / sono circa 5 chili	= it is about 5 kilos
quasi 6 chili	= almost 6 kilos
più di 5 chili	= more than 5 kilos
meno di 6 chili	= less than 6 kilos
A è più pesante di B	= A is heavier than B
A pesa più di B	= A weighs more than B
B è più leggero di A / B è meno pesante di A	= B is lighter than A
A è pesante come B	= A is as heavy as B
A ha lo stesso peso di B / A pesa quanto B	= A is the same weigh as B
A e B hanno lo stesso peso / A e B pesano lo stesso	= A and B are the same weight
pesa due chili di troppo	= it is two kilos overweight
sei chili di zucchero	= six kilos of sugar
venduto al chilo	= sold by the kilo.

• Si noti, negli esempi che seguono, l'ordine delle parole negli aggettivi composti inglesi, l'uso del trattino, e il fatto che *pound* e *kilo*, usati come aggettivi, non prendono la terminazione del plurale:

una patata di / da tre libbre (di peso)	= a 3-lb potato (a three-pound potato)
un pacco di cinque chili	= a 5-kilo parcel (a five-kilo parcel) (ma si può anche dire: a parcel 5 kilos in weight).

• L'indicazione del peso delle persone compare nelle seguenti espressioni:

quanto pesi?	= how much do you weigh?, what is your weight?
peso 63 kg 500	= I weigh 10 st (ten stone) (GB) I weigh 140 lbs (a hundred forty pounds) (US) I weigh 63 kg 500
pesa 71 kg	= he weighs 10 st 3 (ten stone three) (GB) he weighs 160 lb (a hundred sixty pounds) (US) he weighs 71 kg
pesa 82 kg	= he weighs 13 st (thirteen stone) (GB) he weighs 180 lb (a hundred eighty pounds) (US) he weighs 82 kg
ha 3 chili di troppo / è in sovrappeso di 3 chili	= he is three kilos overweight.

• Si noti, nell'esempio che segue, l'ordine delle parole nell'aggettivo composto inglese, l'uso del trattino, e il fatto che *stone*, usato come aggettivo, non prende la terminazione del plurale:

un atleta di 125 chili	= a 20-stone athlete, a 125-kg athlete.

23 - MISURE DI SUPERFICIE

• 1 sq in	= 6,45 cm^2
1 sq ft	= 929,03 cm^2
1 sq yd	= 0,84 m^2
1 acre	= 40,47 are, 0,47 ha
1 sq ml	= 2,59 km^2

				dire
un centimetro quadrato	= one square centimetre	1 cm^2	= 0.15 sq in	square inches
un metro quadrato	= one square metre	1 m^2	= 10.76 sq ft	square feet
			1.19 sq yds	square yards

un chilometro quadrato	= one square kilometre	$1\ km^2$	= 0.38 sq ml	square miles
un'ara	= one are	1 are	= 119.6 sq yds	square yards
un ettaro	= one hectare	1 hectare	= 2.47 acres	acres

- Si noti che:
  a) si può scrivere *sq in* oppure in^2, *sq ft* oppure ft^2, ecc.
  b) in inglese britannico si scrive *–metre* e in inglese americano *–meter*
  c) per la pronuncia dei numeri, si veda la nota n. 26
  d) per il sistema metrico decimale, italiano e inglese usano le medesime abbreviazioni
  e) nei numeri l'inglese usa il punto laddove l'inglese usa la virgola, e viceversa.
- *in un metro quadrato ci sono 10.000 centimetri quadrati* = there are 10,000 square centimetres in a square metre

10.000 centimetri quadrati fanno un metro quadrato = 10,000 square centimetres make one square metre
qual è la superficie del giardino? = what is the area of the garden?
quanto è grande il giardino? = how big is the garden?
quanto misura il giardino? = what size is the garden? / what does the garden measure?
è grande / misura 12 m² = it is 12 square metres
la sua superficie è (di) 12 m² = its area is 12 square metres
ha una superficie di 12 m² = it is 12 square metres / it is 12 square metres in area
è / misura 20 m per 10 = it is 20 metres by 10 metres
è circa 200 metri quadrati = it is about 200 square metres
quasi 200 m² = almost 200 square metres
più di 200 m² = more than 200 square metres
meno di 200 m² = less than 200 square metres
la superficie di A è uguale a quella di B = A is the same area as B
A e B hanno la stessa superficie = A and B are the same area
6 metri quadrati di seta = six square metres of silk
venduto al metro quadrato = sold by the square metre.

- Si noti, nell'esempio che segue, l'ordine delle parole nell'aggettivo composto inglese, l'uso del trattino, e il fatto che *metre*, usato come aggettivo, non prende la terminazione del plurale:
  un giardino di 200 m² = a 200-square-metre garden.

24 - MISURE DI VOLUME

- 1 cu in = 16,38 cm^3

1 cu in	= 16,38 cm^3	
1 cu ft	= 1728 cu in	= 0,03 m^3
1 cu yd	= 27 cu ft	= 0,76 m^3

			dire	
un centimetro cubo	= one cubic centimetre	$1\ cm^3$	= 0.061 cu in	cubic inches
un decimetro cubo	= one cubic decimetre	$1\ dm^3$	= 0.035 cu ft	cubic feet
un metro cubo	= one cubic metre	$1\ m^3$	= 35.315 cu ft 1.308 cu yd	cubic yard

- Si noti che:
  a) si può scrivere *cu in* oppure in^3, *cu ft* oppure ft^3, ecc.
  b) in inglese britannico si scrive *-metre* e in inglese americano *-meter*
  c) per la pronuncia dei numeri, si veda la nota n. 26, e per le misure in litri, decilitri, ettolitri, ecc., si veda la nota n. 20
  d) per il sistema metrico decimale, italiano e inglese usano le medesime abbreviazioni
  e) nei numeri l'inglese usa il punto laddove l'inglese usa la virgola, e viceversa.
- *in un metro cubo ci sono un milione di centimetri cubi* = there are a million cubic centimetres in a cubic metre

un milione di centimetri cubi fanno un metro cubo = a million cubic centimetres make one cubic metre
qual è il volume della cassa?/ che volume ha la cassa? = what's the volume of the box?
è (di) 2 m³ = it is 2 cubic metres
ha un volume di 2 m³ = the volume is 2 cubic metres
circa 3 m³ = about 3 cubic metres
quasi 3 m³ = almost 3 cubic metres
più di 2 m³ = more than 2 cubic metres
meno di 2 m³ = less than 2 cubic metres
il volume di A è maggiore di quello di B = A has a greater volume than B
A e B hanno lo stesso volume = A and B have the same volume
il volume di A è uguale a quello di B = A has the same volume as B
5 m³ di terra = five cubic metres of soil
venduto al metro cubo = sold by the cubic metre.

- Si noti, nell'esempio che segue, l'ordine delle parole nell'aggettivo composto inglese, l'uso del trattino, e il fatto che *metre*, usato come aggettivo, non prende la terminazione del plurale:
  un serbatoio da 200 m³ = a 200-cubic-metre tank
  (ma si può anche dire a tank 200 cubic metres in volume).

25 - NAZIONALITÀ

- Oltre a denominare una persona, gli aggettivi come *inglese* possono qualificare delle lingue o delle cose: *una parola inglese* (v. la nota n. 16), *la cucina inglese* (v. la nota n. 33).
- In inglese, i nomi e gli aggettivi etnici – che in inglese hanno sempre la lettera maiuscola – si formano in diversi modi, suddivisibili nei seguenti cinque gruppi:

1° gruppo

- Il nome e l'aggettivo hanno la stessa forma; il nome fa il plurale in *-s*:

un italiano = an Italian *oppure, se è necessario distinguere,* an Italian man
un'italiana = an Italian *oppure* an Italian woman
gli italiani (in generale) = the Italians *oppure* Italians *oppure* Italian people
è un italiano = he's Italian *oppure* he's an Italian
è italiano = he's Italian.

- Fanno parte di questo gruppo: *American, Angolan, Belgian, Brazilian, Chilean, Cypriot, Czech, Egyptian, German, Greek, Indian, Iranian, Jamaican, Mexican, Moroccan, Norwegian, Pakistani, Russian, Thai*, ecc.

2° gruppo

- Il nome può corrispondere all'aggettivo o essere ottenuto aggiungendo all'aggettivo la parola *man* o *woman*:

un giapponese = a Japanese (man)
una giapponese = a Japanese (woman)
i giapponesi (in generale) = the Japanese* *oppure* Japanese people
è un giapponese = he's Japanese
è giapponese = he's Japanese.

**Japanese* è un aggettivo impiegato come sostantivo: è sempre preceduto dall'articolo determinativo e non prende mai la *-s* del plurale.

- Fanno parte di questo gruppo: *Burmese, Chinese, Congolese, Lebanese, Portuguese, Sudanese, Vietnamese*, ecc.

3° gruppo

- Il nome si ottiene aggiungendo all'aggettivo il formativo *-man* o *-woman*:

un inglese	= an Englishman
un'inglese	= an Englishwoman
gli inglesi (in generale)	= the English* *oppure* English people
è un inglese	= he's English *oppure* he's an Englishman
è inglese	= he's English.

**English* è un aggettivo impiegato come sostantivo: è sempre preceduto dall'articolo determinativo e non prende mai la *-s* del plurale.

- Fanno parte di questo gruppo: *French, Dutch, Irish, Welsh,* ecc.

4° gruppo

- Il nome e l'aggettivo sono parole diverse; il nome fa il plurale in *-s*:

un danese	= a Dane *oppure* a Danish man
una danese	= a Dane *oppure* a Danish woman
i danesi (in generale)	= Danes *oppure* the Danes *oppure* Danish people
è un danese	= he's Danish *oppure* he's a Dane
è danese	= he's Danish.

- Fanno parte di questo gruppo i seguenti nomi e corrispondenti aggettivi: *Briton* e *British, Finn* e *Finnish, Icelander* e *Icelandic, Pole* e *Polish, Scot* e *Scottish, Spaniard* e *Spanish, Swede* e *Swedish, Turk* e *Turkish*, ecc.

Casi particolari

- Talvolta, il nome di nazionalità non ha un corrispondente aggettivo:

un neozelandese	= a New Zealander
una neozelandese	= a New Zealander
i neozelandesi (in generale)	= New Zealanders
è un neozelandese	= he's a New Zealander
è neozelandese	= he's a New Zealander.

- Talvolta, a un unico aggettivo di nazionalità italiano corrispondono forme differenziate in inglese: è il caso di *Arabic*, che si usa con particolare riferimento alla lingua (*l'alfabeto arabo* = the Arabic alphabet), e *Arab*, che ha un impiego più generale (*paesi arabi* = Arab countries); *Grecian* richiama la Grecia classica (*l'ode di Keat "Su un'urna greca"* = Keat's ode "On a Grecian Urn") mentre di solito si usa *Greek* (*un traghetto greco* = a Greek ferry); infine, per tradurre *scozzese*, si deve usare *Scotch* se si fa riferimento a prodotti scozzesi (*whisky scozzese* = Scotch whisky), mentre per le persone o altro si preferisce *Scottish* o *Scots* (*un accento scozzese* = a Scottish accent)*

- Si possono infine ricordare alcune espressioni usate per parlare della nazionalità di qualcuno:

è nato in Inghilterra	= he was born in England
viene dall'Inghilterra	= he comes from England
è inglese d'origine	= he's of English extraction
è un cittadino britannico	= he's a British citizen.

26 - NUMERI

I numeri cardinali in inglese

0	= nought (BE), zero (AE)
1	= one
2	= two
3	= three
4	= four
5	= five
6	= six
7	= seven
8	= eight
9	= nine
10	= ten
11	= eleven
12	= twelve
13	= thirteen
14	= fourteen
15	= fifteen
16	= sixteen
17	= seventeen
18	= eighteen
19	= nineteen
20	= twenty
21	= twenty-one
22	= twenty-two
23	= twenty-three
24	= twenty-four
25	= twenty-five
26	= twenty-six
27	= twenty-seven
28	= twenty-eight
29	= twenty-nine
30	= thirty
31	= thirty-one
32	= thirty-two
40	= forty
50	= fifty
60	= sixty
70	= seventy
80	= eighty
90	= ninety
100	= a hundred / one hundred
101	= a hundred and one (BE) / a hundred one (AE)
102	= a hundred and two (BE) / a hundred two (AE)
110	= a hundred and ten (BE) / a hundred ten (AE)
111	= a hundred and eleven (BE) / a hundred eleven (AE)
187	= a hundred and eighty-seven (BE) / a hundred eighty-seven (AE)
200	= two hundred
250	= two hundred and fifty (BE) / two hundred fifty (AE)
300	= three hundred
1,000	= a thousand
1,001	= a thousand and one (BE) / a thousand one (AE)
1,002	= a thousand and two (BE) / a thousand two (AE)
1,020	= a thousand and twenty (BE) / a thousand twenty (AE)
1,200	= a thousand two hundred
2,000	= two thousand
10,000	= ten thousand
10,200	= ten thousand two hundred
100,000	= a hundred thousand
102,000	= a hundred and two thousand (BE) / a hundred two thousand (AE)
1,000,000	= one million
1,200,000	= one million two hundred thousand
1,264,932	= one million two hundred and sixty-four thousand nine hundred and thirty-two (BE) / one million two hundred sixty-four thousand nine hundred thirty-two (AE)
2,000,000	= two million
3,000,000,000	= three thousand million (BE) / three billion (AE)
4,000,000,000,000	= four billion (BE) / four thousand billion (AE)

- Si noti che:

a) in inglese, quando si pronunciano una a una le cifre che compongono un numero, *zero* viene pronunciato *oh*:

il mio numero di interno telefonico è 403	= my extension number is 403 (*dire:* four oh three)

b) oltre a questo, e alla differenza tra l'inglese britannico *nought* e l'americano *zero*, va ricordato che si usa *zero* quando si indicano i gradi di temperatura (*ci sono zero gradi / abbiamo zero gradi* = it's zero), mentre per i punteggi nei giochi e negli sport si usano *nil* (BE) e *zero* (AE) tranne che nel tennis dove *zero* si dice *love*

c) *forty* non ha lo stesso grafema vocalico di *four* e *fourteen*
d) per tradurre *cento* in inglese, si usa *one hundred* quando si vuole insistere sulla precisione della cifra, mentre negli altri casi si preferisce *a hundred*
e) nell'inglese britannico si usa la congiunzione *and* tra *hundred* oppure *thousand* e la cifra delle decine e delle unità (ma non fra *thousand* e la cifra delle centinaia); *and* non è mai usato nell'inglese americano, così come la congiunzione *e* non si usa nei numeri in italiano
f) diversamente dall'italiano *milione*, nei numeri *million* è invariabile in inglese
g) un *billion* americano vale *1 miliardo* (*1000 milioni*), mentre un *billion* inglese vale *1000 miliardi*; l'uso americano della parola *billion* si sta estendendo sempre più in Gran Bretagna
h) nei numeri, l'inglese usa la virgola laddove l'italiano usa il punto, e viceversa.

I numeri negli indirizzi, al telefono e nelle date

- Negli indirizzi, il numero della via precede sempre l'indicazione della via stessa, con le consuete differenze tra inglese britannico e americano:
  29 Park Road (twenty-nine Park Road)
  110 Park Road (a hundred and ten Park Road) (BE)
  (one ten Park Road) (AE)
  1021 Park Road (one oh two one Park Road) (BE)
  (ten twenty-one Park Road) (BE).
- Nei numeri telefonici, si noti la scansione e i diversi possibili modi di pronunciare tali numeri:
  071 392 1011 (oh seven one, three nine two, one oh one one)
  (oh seven one, three nine two, one oh double one)
  1-415-243 7620 (one, four one five, two four three, seven six two oh)
  78 02 75 27 (seven eight, oh two, seven five, two seven).
- Per l'uso dei numeri nelle date, si veda la nota n. 5.

Quanto? / Quanti?

- *quanti bambini ci sono?* = how many children are there?
  ci sono ventitré bambini = there are twenty-three children
  quanti ce ne sono? = how many are there?
  ce ne sono ventitré = there are twenty-three
  ne ho cento = I've got a hundred
  verremo in 6 = there'll be 6 of us coming
  sono in otto = there are eight of them
  all'inizio erano (in) dieci = there were 10 of them at the beginning

  Da alcuni di questi esempi si può notare che l'inglese non ha equivalente della particella italiana *ne*.
- Si noti che, mentre in italiano le parole *milione* e *miliardo* funzionano come nomi (sono declinati al plurale e sono seguiti dalla preposizione *di*), gli equivalenti inglesi funzionano come aggettivi davanti a nomi se indicano un numero preciso:
  1.000.000 di abitanti = 1,000,000 inhabitants (a/one million inhabitants)
  6.000.000.000 di persone = 6,000,000,000 people (six thousand million people) (BE) (six billion people) (AE).
- Come per l'italiano *centinaia*, *migliaia* e *milioni*, anche l'inglese può usare *hundreds*, *thousands* e *millions* al plurale come sostantivi (e non come aggettivi davanti a un nome) se indicano un numero approssimativo:
  ne ho centinaia = I've got hundreds
  migliaia di libri = thousands of books
  le migliaia di libri che ho letto = the thousands of books I have read
  centinaia e centinaia = hundreds and hundreds
  migliaia e migliaia = thousands and thousands
  milioni di persone hanno visto Star Wars = millions of people saw Star Wars.
- Per rendere i numerali italiani in *–ina*, che indicano una cifra approssimativa, l'inglese usa la cifra preceduta dalla preposizione *about* o *around*:
  una decina di domande = about ten questions
  una quindicina di persone = about fifteen people
  una ventina = about twenty.
- Altre espressioni in cui compaiono i numeri cardinali sono le seguenti:
  un centinaio = about a hundred
  quasi dieci = almost ten / nearly ten
  circa dieci = about ten
  circa 400 pagine = about four hundred pages
  più di dieci = more than ten
  meno di dieci = less than ten
  tutti e dieci (loro) = all ten (of them)
  gli altri due = the other two
  le prossime cinque settimane = the next five weeks
  i miei ultimi dieci dollari = my last ten dollars
  i numeri fino a dieci = numbers up to ten
  contare fino a dieci = to count up to ten.

Che numero?

- *il volume numero 8 della serie* = volume 8 of the series / the 8th volume of the series
  il cavallo numero 11 = horse number 11
  puntare sul 15 = to bet on number 15
  il numero 7 porta fortuna = 7 is a lucky number
  la linea 3 della metropolitana = line number 3 of the underground (BE) / subway (AE)
  la (camera numero) 236 è libera = room 236 is free
  il 3 di picche = the 3 of spades.

Le operazioni in inglese

dire
10 + 3 = 13 = ten and three are thirteen / ten plus three make thirteen
10 – 3 = 7 = ten minus three is seven / three from ten leaves seven
10 x 3 = 30 = ten times three is thirty / ten threes are thirty
30 ÷ 3 = 10 = thirty divided by three is ten / three into thirty is ten
5^2 = five squared
5^3 = five cubed / five to the power of three
5^4 = five to the fourth / five to the power of four
5^{100} = five to the hundredth / five to the power of a hundred
5^n = five to the nth ([enθ]) / five to the power of n
B > A = B is greater than A
A < B = A is less than B
$\sqrt{12}$ = the square root of twelve
$\sqrt{25} = 5$ = the square root of twenty-five is five

Si noti che il segno di divisione è diverso nelle due lingue, poiché all'italiano : corrisponde ÷ in inglese.

I numeri decimali in inglese

dire
- 0.25 = nought point two five / point two five
  0.05 = nought point nought five / point oh five
  0.75 = nought point seven five / point seven five
  3.45 = three point four five
  8.195 = eight point one nine five
  9.1567 = nine point one five six seven

  Si noti che l'inglese usa il punto (the decimal point) laddove l'italiano usa la virgola; si ricordi inoltre che *zero* si dice *nought* in inglese britannico e *zero* in inglese americano.

Le percentuali in inglese

dire
25% = twenty-five per cent
50% = fifty per cent
75% = seventy-five per cent
100% = a / one hundred per cent
365% = three hundred and sixty-five per cent (BE) / three hundred sixty-five per cent (AE)
4.25% = four point two five per cent
4.025% = four point oh two five per cent.

Le frazioni in inglese

dire
- 1/2 = a half / one half
  1/3 = a third / one third
  1/4 = a quarter / one quarter

1/5	=	a fifth
1/6	=	a sixth
1/7	=	a seventh
1/8	=	an eighth
1/9	=	a ninth
1/10	=	a tenth
1/11	=	one eleventh
1/12	=	one twelfth
2/3	=	two thirds
2/5	=	two fifths
2/10	=	two tenths
3/4	=	three quarters
3/5	=	three fifths
3/10	=	three tenths
1 1/2	=	one and a half
1 1/3	=	one and a third
1 1/4	=	one and a quarter
1 1/5	=	one and a fifth
5 2/3	=	five and two thirds
5 3/4	=	five and three quarters
5 4/5	=	five and four fifths
45/100	=	forty-five hundredths

- Si noti che:

a) per le frazioni fino a 1/10, si usa normalmente in inglese l'articolo *a*; si utilizza invece *one* (*one third*) in matematica e per i calcoli precisi

b) come mostrano i seguenti esempi, in alcuni casi ci sono differenze tra italiano e inglese nell'uso degli articoli con le frazioni:

uno e mezzo	= one and a half
i due terzi di loro	= two thirds of them
quarantacinque centesimi di secondo	= forty-five hundredths of a second
dieci su cento	= ten out of a hundred.

I numeri ordinali in inglese

1°	o	I	=	1st	first
2°	o	II	=	2nd	second
3°	o	III	=	3rd	third
4°	o	IV	=	4th	fourth
5°	o	V	=	5th	fifth
6°	o	VI	=	6th	sixth
7°	o	VII	=	7th	seventh
8°	o	VIII	=	8th	eighth
9°	o	IX	=	9th	ninth
10°	o	X	=	10th	tenth
11°	o	XI	=	11th	eleventh
12°	o	XII	=	12th	twelfth
13°	o	XIII	=	13th	thirteenth
14°	o	XIV	=	14th	fourteenth
15°	o	XV	=	15th	fifteenth
16°	o	XVI	=	16th	sixteenth
17°	o	XVII	=	17th	seventeenth
18°	o	XVIII	=	18th	eighteenth
19°	o	XIX	=	19th	nineteenth
20°	o	XX	=	20th	twentieth
21°	o	XXI	=	21st	twenty-first
22°	o	XXII	=	22nd	twenty-second
23°	o	XXIII	=	23rd	twenty-third
24°	o	XXIV	=	24th	twenty-fourth
25°	o	XXV	=	25th	twenty-fifth
26°	o	XXVI	=	26th	twenty-sixth
27°	o	XXVII	=	27th	twenty-seventh
28°	o	XXVIII	=	28th	twenty-eighth
29°	o	XXIX	=	29th	twenty-ninth
30°	o	XXX	=	30th	thirtieth
31°	o	XXXI	=	31st	thirty-first
32°	o	XXXII	=	32nd	thirty-second
40°	o	XL	=	40th	fortieth
50°	o	L	=	50th	fiftieth
60°	o	LX	=	60th	sixtieth
70°	o	LXX	=	70th	seventieth
80°	o	LXXX	=	80th	eightieth
90°	o	XC	=	90th	ninetieth
100°	o	C	=	100th	hundredth
101°	o	CI	=	101st	hundred and first
102°	o	CII	=	102nd	hundred and second (BE) / hundred second (AE)
112°	o	CXII	=	112th	hundred and twelfth (BE) / hundred twelfth (AE)
187°	o	CLXXXVII	=	187th	hundred and eighty-seventh (BE) / hundred eighty-seventh (AE)
200°	o	CC	=	200th	two hundredth
250°	o	CCL	=	250th	two hundred and fiftieth (BE) / two hundred fiftieth (AE)
300°	o	CCC	=	300th	three hundredth
1.000°	o	M	=	1,000th	thousandth
2.000°	o	MM	=	2,000th	two thousandth
1.000.000°			=	1,000,000th	millionth

- In italiano, l'aggettivo numerale ordinale viene impiegato come sostantivo quando gli viene premesso l'articolo determinativo e non segue alcun altro nome; la medesima struttura è possibile in inglese, dove però talvolta il numerale è seguito dalla forma pronominale *one* (che fa le veci di un nome):

il primo	= the first / the first one
il quarantaduesimo	= the forty-second / the forty-second one
ce n'è un secondo	= there's a second one
i primi tre, le prime tre	= the first three
gli ultimi quattro	= the last four
il terzo paese più ricco del mondo	= the third richest country in the world.

- Quando un numerale ordinale viene usato nei nomi di papi, re, regine e membri della nobiltà, esso è sempre preceduto in inglese dall'articolo *the*, che si può evitare di scrivere ma si deve sempre pronunciare:

Papa Giovanni Paolo II	= Pope John Paul II (the Second)
Pietro I di Russia	= Peter the First of Russia
la regina Elisabetta II	= Queen Elizabeth II (the Second).
George Savile, primo Marchese di Halifax	= George Savile, the First Marquis of Halifax.

27 - OCEANI E MARI

- In inglese le parole *Ocean* e *Sea* hanno la lettera maiuscola quando accompagnano un nome proprio:

l'Oceano Atlantico	= the Atlantic Ocean
il Mar Baltico	= the Baltic Sea.

- Come spesso avviene in italiano con *oceano* e *mare*, le parole *Ocean* e *Sea* possono essere omesse; in caso di dubbio, consultare la voce appropriata nel dizionario:

l'Atlantico	= the Atlantic
il Baltico	= the Baltic.

- Le espressioni italiane relative ai mari e agli oceani introdotte da *di* + articolo sono solitamente rese in inglese mediante l'uso aggettivale dei nomi dei mari e degli oceani:

il clima dell'Atlantico	= the Atlantic climate
il clima del Mare del Nord	= the North Sea climate
una traversata dell'Atlantico	= an Atlantic crossing
una traversata del Mare del Nord	= a North Sea crossing
i pesci del Pacifico	= Pacific fish

Lo stesso avviene quando sono coinvolte altre preposizioni italiane:

una crociera sull'Atlantico	= an Atlantic cruise
una crociera nel Mediterraneo	= a Mediterranean cruise.

28 - ORTOGRAFIA E PUNTEGGIATURA

L'alfabeto inglese

- La lista seguente indica come pronunciare le lettere dell'alfabeto inglese, accostando a ciascuna lettera la formula usata solitamente al telefono per indicarla con chiarezza:

A	[eɪ]	A for Alfred
B	[biː]	B for beautiful
C	[siː]	C for cat
D	[diː]	D for dog
E	[iː]	E for elephant
F	[ef]	F for father
G	[dʒiː]	G for George
H	[eɪtʃ]	H for Harry
I	[aɪ]	I for Ireland
J	[dʒeɪ]	J for John
K	[keɪ]	K for kangaroo
L	[el]	L for London
M	[em]	M for mother
N	[en]	N for nothing
O	[əʊ]	O for Oliver
P	[piː]	P for Peter
Q	[kjuː]	Q for quite
R	[ɑː(r)]	R for Robert
S	[es]	S for sugar
T	[tiː]	T for Tommy
U	[juː]	U for uncle
V	[viː]	V for victory
W	[ˈdʌbljuː]	W for Walter
X	[eks]	X for X-ray
Y	[waɪ]	Y for yellow
Z	[zed] (BE) [ziː] (AE)	Z for zoo

Per scrivere una parola

• *A maiuscola*	= capital A
a minuscola	= small a
si scrive con la A maiuscola	= it has got a capital A
in maiuscolo / in lettere maiuscole	= in capitals, in capital letters
in minuscolo / in lettere minuscole	= in small letters
doppia m	= double m
doppia t	= double t
è (e accento grave)	= e grave [eɪ ˈgrɑːv]
é (e accento acuto)	= e acute [eɪ əˈkjuːt]
l' (elle apostrofo)	= l apostrophe [el əˈpɒstrəfɪ]
d' (di apostrofo)	= d apostrophe [diː əˈpɒstrəfɪ]
- (trattino d'unione)	= hyphen
"cover-girl" e "anglo-americano" si scrivono con un trattino	= "cover-girl" and "anglo-americano" have a hyphen.
la parola "città" ha l'accento sulla "a"	= the word "città" has an accent on the "a".

Per dettare la punteggiatura

.	*punto*	= full stop (BE) / period (AE)
,	*virgola*	= comma
:	*due punti*	= colon
;	*punto e virgola*	= semi-colon
!	*punto esclamativo*	= exclamation mark (BE) / exclamation point (AE)
?	*punto interrogativo*	= question mark
	a capo	= new paragraph
(	*aperta parentesi*	= open brackets
)	*chiusa parentesi*	= close brackets
( )	*tra parentesi*	= in brackets
[ ]	*tra parentesi quadre*	= in square brackets
-	*trattino*	= dash
–	*trattino medio*	= en dash
—	*trattino lungo* o *lineato*	= em dash
/	*barra obliqua*	= slash, solidus, virgule
*	*asterisco*	= asterisk
%	*percento*	= percent
&	*e commerciale*	= ampersand
...	*puntini di sospensione*	= three dots (BE) / suspension points (AE)
'	*apostrofo*	= apostrophe
« »	*virgolette (caporali)*	= inverted commas / quotation marks / quotes
"	*aperte le virgolette*	= open inverted commas (BE) / open quotation marks (AE)
"	*chiuse le virgolette*	= close inverted commas (BE) / close quotation marks (AE)
" "	*tra virgolette*	= in inverted commas (BE) / in quotation marks (AE) / in quotes
	accento acuto	= acute accent
	accento grave	= grave accent
	accento circonflesso	= circumflex
¨	*dieresi*	= diaeresis
~	*tilde*	= tilde
	cediglia	= cedilla

- Si noti che:
  a) la virgola si usa, in inglese, per separare le proposizioni subordinate dalla principale e tra loro, per separare i due o più aggettivi che precedono un nome, per marcare un inciso, e dopo gli avverbi *furthermore*, *moreover*, *however* e *still* quando si trovano all'inizio di frase; bisogna invece fare attenzione a non separare con una virgola il soggetto di una frase, anche se costituito da più parole, dal verbo
  b) il trattino (*dash*) è usato in inglese per indicare qualcosa che viene aggiunto nella frase quasi fosse un ripensamento; spesso compare anche in coppia al posto delle parentesi
  c) oltre alle cosiddette *caporali* (ossia le virgolette « »), esistono in italiano, e sono solitamente usate in inglese, le virgolette doppie " " e le virgolette semplici ' ' che sono impiegate sia per segnalare il discorso diretto sia per evidenziare alcune parole in una frase.

29 - PUNTI CARDINALI

- I punti cardinali vengono di solito indicati mediante le seguenti abbreviazioni:

nord	*N*	= north	N
sud	*S*	= south	S
est	*E*	= east	E
ovest	*O*	= west	W
nord-est	*NE*	= northeast	NE
nord-ovest	*NO*	= northwest	NW
nord-nord-est	*NNE*	= north northeast	NNE
est-nord-est	*ENE*	= east northeast	ENE

Dove?

- Né in italiano né in inglese i punti cardinali sono solitamente scritti con la lettera maiuscola, tranne quando designano una specifica regione o territorio senza il concorso di altre specificazioni, come mostrano i primi esempi qui sotto:

vivere al Nord	= to live in the North
a me piace il Nord	= I like the North
nel nord della Scozia	= in the north of Scotland
a nord del villaggio	= north of the village, to the north of the village
7 chilometri a nord	= 7 kilometres north / 7 kilometres to the north
diretto a nord	= due north
la costa nord	= the north coast
la parete nord (di una montagna)	= the north face
il muro a nord	= the north wall
la porta a nord	= the north door
andare a nord di Oxford	= to go north of Oxford

In tutte queste espressioni le parole *nord* e *north* possono essere sostituite dai nomi degli altri punti cardinali. I nomi inglesi dei punti cardinali traducono anche i nomi italiani *settentrione*, *meridione*, *oriente* e *occidente*: *il Meridione d'Italia* = the south of Italy.

- A partire dai nomi dei punti cardinali, l'inglese crea degli aggettivi con il suffisso *-ern* e dei sostantivi con il suffisso *-erner*; tali parole sono più comuni dei corrispondenti termini italiani *settentrionale*, *meridionale*, *orientale* e *occidentale*, che funzionano sia da aggettivi sia da nomi:

una città del Nord	= a northern town
accento del Nord / settentrionale	= northern accent
il dialetto del Nord	= the northern dialect
l'avamposto più a nord	= the most northerly outpost / the northernmost outpost
un settentrionale	= a northerner
i settentrionali	= northerners

Gli aggettivi in *-ern* sono normalmente usati per designare delle regioni all'interno di una nazione o di un continente:

il nord dell'Europa	= northern Europe
l'Europa dell'Est / orientale	= eastern Europe
la Germania occidentale	= western Germany
l'est della Francia	= eastern France
il sud della Romania	= southern Romania
il nord d'Israele	= northern Israel

Per i nomi di nazioni e continenti che includono i punti cardinali (*Corea del Nord*, *Yemen del Sud*, *America del Sud*), si vedano le relative voci nel dizionario.

In quale direzione?

- Negli esempi che seguono si notino in particolare gli avverbi in *-ward* o *-wards* (BE), e gli aggettivi in *-ward*, costruiti sui nomi dei punti cardinali per indicare una direzione:

andare verso (il) nord	= to go north / to go northward / to go in a northerly direction
navigare verso (il) nord	= to sail north / to sail northward
venire dal nord	= to come from the north
un movimento verso (il) nord	= a northward movement.

- Per indicare la direzione del movimento di un mezzo di trasporto, si possono utilizzare i nomi dei punti cardinali con il suffisso *-bound*:

una nave diretta a nord	= a northbound ship
il traffico verso nord	= northbound traffic.

- Si notino anche le seguenti espressioni:

il traffico proveniente dal nord	= traffic coming from the north
finestre che danno a nord	= north-facing windows / windows facing north
un pendio orientato a nord	= a north-facing slope
nord quarta nord-est	= north by northeast.

- Per indicare la direzione del vento si usano espressioni quali:

il vento del nord	= the north wind
un vento da nord	= a northerly wind
venti dominanti da nord	= prevailing north winds
il vento viene dal nord	= the wind is blowing from the north.

30 - REGIONI

- Le indicazioni che seguono valgono per i nomi delle regioni italiane, delle regioni e contee inglesi, degli stati americani, delle regioni amministrative di altri paesi, e anche per i nomi di regioni geografiche che non sono entità politiche.

I nomi delle regioni

- In genere, l'inglese non utilizza l'articolo determinativo davanti ai nomi di regioni:

visitare la Toscana	= to visit Tuscany
amare la Scozia	= to love Scotland
attraversare il Dorset in auto	= to drive through Dorset
sognare la California	= to dream California

Talvolta, in particolare quando il nome della regione è plurale, diventa obbligatorio usare l'articolo determinativo: *visitare le Marche* = to visit the Marches, *vivere nelle Montagne Rocciose* = to live in the Rockies.

Preposizioni di stato e moto con i nomi delle regioni

- Le preposizioni italiane di stato in luogo, moto a luogo e moto da luogo con i nomi delle regioni si rendono, rispettivamente e regolarmente, con *in*, *to* e *from*:

vivere in Lombardia / nel Sussex / in California	= to live in Lombardy / Sussex / California
andare in Toscana / in Cornovaglia / in Texas	= to go to Tuscany / Cornwall / Texas
venire dalla Sardegna / dallo Yorkshire / dal Montana	= to come from Sardinia / Yorkshire / Montana.

***Di* con i nomi delle regioni**

- Alcuni nomi di regione hanno dato vita in inglese a degli aggettivi, ma sono molto più rari che in italiano; in caso di dubbio, si consulti il dizionario:

gli abitanti della California	= Californian people
i vini della California	= Californian wines

Questi aggettivi possono sempre essere usati come nomi: così, *abitanti della California* si può anche dire *Californians*, o *abitanti del Lancashire* si dice *Lancastrians*.

- Quando non esiste in inglese un aggettivo derivato da nome di regione, si può sempre usare tale nome in funzione aggettivale oppure, in caso di dubbio, impiegare l'espressione con *of*:

l'olio di Liguria / ligure	= Liguria oil
le chiese dello Yorkshire	= Yorkshire churches
le strade del New Mexico	= New-Mexico roads
il paesaggio della Puglia	= the Puglia countryside
gli abitanti del Cumberland	= the inhabitants of Cumberland
i fiumi del Dorset	= the rivers of Dorset
la frontiera del Texas	= the border of Texas.

Gli aggettivi derivati dai nomi delle regioni

- Visto che gli aggettivi derivati dai nomi di regioni non hanno sempre un equivalente in inglese, è necessario ricorre a diverse soluzioni:

a) se possibile, si usa l'aggettivo derivato: *il formaggio sardo* = Sardinian cheese, *i Vespri Siciliani* = Sicilian Vespers, *il paesaggio gallese* = Welsh countryside, *il vino californiano* = Californian wine

b) in generale, si può usare il nome della regione in funzione aggettivale: *la regione veneta* = the Veneto region, *la campagna dello Yorkshire* = the Yorkshire countryside, *le case del New England* = New England houses

c) per sottolineare la provenienza, si userà *from*: *il vino pugliese* = wine from Puglia, *i miei amici emiliani* = my friends from Emilia, *la squadra texana* = the team from Texas

d) per indicare un riferimento spaziale, si userà *in*: *la mia vacanza umbra* = my holiday in Umbria, *paesini calabresi* = small villages in Calabria, *le strade irlandesi* = roads in Ireland

e) per parlare di una caratteristica, si userà *of*: *l'economia marchigiana* = the economy of the Marches, *le consuetudini scozzesi* = the customs of Scotland.

31 - RELAZIONI DI QUANTITA'

Nomi numerabili o non numerabili?

- L'inglese, come l'italiano, distingue due categorie di nomi: quelli che designano delle realtà che si possono numerare per unità, quali le mele, i libri, ecc., e quelli che designano delle realtà che non si possono numerare per unità ma solo come massa indivisibile, quali il latte o la sabbia. Queste due categorie di nomi si definiscono rispettivamente come numerabili e non numerabili.

- Per distinguere i nomi numerabili dai non numerabili basta verificare il loro comportamento davanti a determinanti di quantità come *molto*, *poco*, *più*, o *meno*: i nomi numerabili hanno una forma plurale (*molte mele, pochi libri*), quelli non numerabili solo una forma singolare (*molto latte, poca sabbia*). I determinanti sopra elencati vanno spesso tradotti in inglese in modo diverso, a seconda che essi specifichino un nome numerabile o non numerabile:

		nomi non numerabili	nomi numerabili
molto (latte) / molti (libri)	=	a lot of (milk)	a lot of (books)
		lots of	lots of
		much	many
poco (latte) / pochi (libri)	=	little (milk)	few (books)
		not much	not many
più (latte) / (libri)	=	more (milk)	more (books)
meno (latte) / (libri)	=	less (milk)	fewer (books), less (books)
abbastanza (latte) / (libri)	=	enough (milk)	enough (books)

Va notato che: *not much* e *not many* si usano correntemente, mentre *much* e *many* si usano raramente in frase affermativa; *meno* davanti ai nomi numerabili plurali si rende solitamente con *fewer*, anche se *less* è talvolta impiegato nella lingua colloquiale.

I nomi numerabili

- *quante mele ci sono?* = how many apples are there?
  ci sono molte mele = there are lots of apples
  A ha più mele di B = A has got more apples than B.
- Si noti che la particella *ne* non ha equivalente in inglese:
  quanti ce ne sono? = how many are there?
  ce ne sono molti = there are a lot
  non ce ne sono molti = there aren't many
  ce ne sono due chili = there are two kilos / there's two kilos (nell'inglese colloquiale)
  ce ne sono venti = there are twenty
  ne ho venti = I've got twenty.
- Si noti il diverso uso dei determinanti e dell'ordine delle parole in italiano e in inglese:
  qualche mela in più / qualche altra mela = a few more apples
  qualche persona in più / qualche altra persona / alcune altre persone = a few more people
  A ha meno mele di B = A doesn't have as many apples as B
  molte mele di meno = far fewer apples / not nearly as many apples.

I nomi non numerabili

- *quanto latte c'è?* = how much milk is there?
  c'è molto latte = there's a lot of milk
  A ha più latte di B = A has got more milk than B
  molto più latte = much more milk
  un po' più di latte / un po' di latte in più = a little more milk
  A ha meno latte di B = A has got less milk than B
  molto meno latte = much less milk / far less milk
  un po' meno (di) latte = a little less milk.
- Si noti che la particella *ne* non ha equivalente in inglese:
  quanto ce n'è? = how much is there?
  ce n'è molto = there is a lot
  non ce n'è molto = there isn't much / there is only a little

Quantità relative

- *quanti ce ne sono al chilo / in un chilo?* = how many are there to the kilo?
  ce ne sono dieci al chilo / in un chilo = there are ten to the kilo
  te ne danno sette per 3 euro = you get seven for 3 euros
  quanti bicchieri vengono per bottiglia? = how many glasses are there to the bottle?
  vengono sei bicchieri per bottiglia = there are six glasses to the bottle
  la mia auto fa 10 chilometri con 1 litro = my car does 10 kilometres to the litre (28 miles to the gallon)*

* In inglese, il consumo di una vettura si calcola misurando, non il numero di chilometri per litro di carburante, ma la distanza percorsa (in miglia) con un gallone (4,54 litri) di carburante. Per convertire il consumo espresso in litri per 100 km in miglia per gallone (*mpg* = *miles per gallon*) e viceversa, basta dividere 280 per la cifra nota.

- Davanti a tutte le espressioni utilizzate per indicare un prezzo per unità di misura (lunghezza, peso, ecc.), l'inglese ha l'articolo indeterminativo laddove l'italiano usa quello determinativo:
  quanto costa al litro? = how much does it cost a litre?
  € 1,20 al litro = € 1.20 a litre
  quanto costa un chilo di mele? = how much do apples cost a kilo? / how much does a kilo of apples cost?
  una sterlina al chilo = one pound a kilo
  quanto costa al metro? = how much does it cost a metre?
  12 sterline al metro = £ 12 a metre.

32 - STAGIONI

- I nomi delle stagioni vengono talvolta scritti in inglese con la lettera iniziale maiuscola, anche se è preferibile la minuscola (come è di regola in italiano):
  primavera = spring
  estate = summer
  autunno = autumn (BE) o fall (AE)
  inverno = winter.
- Diversamente dall'italiano, che normalmente premette l'articolo determinativo ai nomi delle stagioni, in inglese l'articolo può anche non esserci; negli esempi che seguono, al posto di *estate* e *summer* si potrebbero usare allo stesso modo gli altri nomi delle stagioni:
  a me piace l'estate = I like (the) summer
  l'estate è stata piovosa = (the) summer was wet
  un'estate piovosa = a rainy summer
  l'estate più calda = the warmest summer.

Quando?

- L'inglese usa spesso la preposizione *in* davanti ai nomi delle stagioni:
  in estate = in (the) summer
  all'inizio dell'estate = in (the) early summer
  alla fine dell'estate = in (the) late summer
  a metà estate = in mid-summer.
- Ma *in* può essere sostituito da un'altra preposizione, o da determinanti quali *this, that, next, last*, ecc.:
  durante l'estate = during the summer
  durante tutta l'estate = throughout the summer
  per tutta l'estate = for the whole summer / all through the summer
  prima dell'estate = before the summer
  fino all'estate = until the summer
  quest'estate = this summer
  quell'estate = that summer
  la prossima estate = next summer
  l'estate scorsa = last summer
  tra due estati = the summer after next
  due estati fa = the summer before last
  tutte le estati = every summer
  un'estate sì e una no, un'estate su due = every other summer, every second summer
  quasi tutte le estati = most summers.

***Di* + nomi delle stagioni e aggettivi derivati**

- Le espressioni italiane con *di* + nomi delle stagioni e gli aggettivi derivati da tali nomi si rendono in inglese usando in funzione aggettivale i nomi delle stagioni:

la collezione estiva	= the summer collection
una giornata d'estate / estiva	= a summer day
una pioggia d'estate / estiva	= a summer rain
una sera d'estate / estiva	= a summer evening
il sole d'estate / estivo	= summer sunshine
i saldi estivi	= the summer sales
il vestiario estivo	= summer clothes
il tempo estivo	= summer weather

Si noti che l'inglese non distingue la sfumatura semantica marcata in italiano dalla differenza tra *una sera d'estate* (= una sera in estate) e *una sera estiva* (= una sera dal clima caldo, non necessariamente in estate).

- Si confrontino, infine, i seguenti esempi:

un mattino d'estate	= one summer morning
in un mattino d'estate	= on a summer morning
un mattino in estate	= one morning in summer.

33 - STATI E CONTINENTI

- Gli aggettivi di nazionalità come *inglese* possono designare delle persone (ad esempio, *un turista inglese*: si veda la nota n. 25) o delle lingue (ad esempio, *una parola inglese*: si veda la nota n. 16).

I nomi degli stati e dei continenti

- In genere, la lingua inglese non utilizza l'articolo determinativo davanti ai nomi degli stati e dei continenti, tranne per i nomi che hanno una forma plurale (*the United States*, *the Netherlands*, *the Philippines*, ecc.) e alcune rare eccezioni (*the Congo*, *the Gambia*); in caso di dubbio, si consulti la voce appropriata nel dizionario:

l'Italia	= Italy
il Brasile	= Brazil
la Polonia	= Poland
Cuba	= Cuba
Israele	= Israel
l'Africa	= Africa
amare l'Inghilterra	= to like England
visitare l'Asia	= to visit Asia.

Si noti che se il nome di uno stato o di un continente include il riferimento a uno dei punti cardinali non va usato in inglese l'articolo determinativo:

la Corea del Sud	= South Corea
l'America del Nord	= North America.

- Diversamente dall'italiano, in inglese i nomi di stati che hanno una forma plurale si comportano generalmente come dei nomi singolari (tranne per la presenza di *the*):

gli Stati Uniti sono una nazione ricca	= the United States is a rich country
le Filippine sono un paese molto bello	= the Philippines is a lovely country.

Preposizioni di stato e moto con i nomi degli stati e dei continenti

- Le preposizioni italiane di stato in luogo, moto a luogo e moto da luogo con i nomi degli stati e dei continenti si rendono, rispettivamente e regolarmente, con *in*, *to* e *from*:

vivere in Brasile / in Cina / in Africa	= to live in Brazil / China / Africa
andare in Portogallo / in Francia / in Sud America	= to go to Portugal / France / South America
venire dalla Spagna / dall'Egitto / dall'Australia	= to come from Spain / Egypt / Australia.

***Di* con i nomi degli stati e dei continenti**

- Le espressioni italiane con *di* + nomi di stati o continenti si traducono normalmente in inglese mediante il corrispondente aggettivo che designa uno stato o un continente, da scrivere sempre con la lettera maiuscola:

l'ambasciata d'Italia	= the Italian embassy
il clima della Francia	= the French climate
la squadra della Gran Bretagna	= the British team
i fiumi dell'Asia	= Asian rivers
la storia del Portogallo	= Portoguese history

Ma si notino esempi quali:

l'ambasciatore d'Italia	= the Italian ambassador / the ambassador of Italy
la capitale dell'Egitto	= the capital of Egypt
i popoli dell'Africa	= the peoples of Africa
una cartina della Francia	= a map of France.

Gli aggettivi derivati dai nomi degli stati e dei continenti

- A fronte dell'aggettivo italiano che designa uno stato o un continente, l'inglese usa nella maggior parte dei casi un corrispondente aggettivo; nelle frasi che seguono, *italiano* e *Italian* esemplificano l'uso di questo tipo di aggettivi:

l'aviazione italiana	= the Italian air force
una città italiana	= an Italian town
la cucina italiana	= Italian cooking
la dogana italiana	= the Italian Customs
l'Esercito italiano	= the Italian Army
il governo italiano	= the Italian government
la letteratura italiana	= Italian literature
la lingua italiana	= the Italian language
la nazione italiana	= the Italian nation
la politica italiana	= Italian politics
i soldi italiani	= Italian money
le tradizioni italiane	= Italian traditions.

- Solo raramente viene usato in funzione aggettivale il nome inglese dello stato o del continente, un tipo di formazione che non è opportuno imitare:

la squadra inglese / d'Inghilterra	= the England team
la questione africana / dell'Africa	= the Africa question.

34 - STRUMENTI MUSICALI

Gli strumenti musicali

- Come in italiano, anche in inglese l'articolo determinativo viene usato davanti ai nomi degli strumenti musicali:

imparare il piano	= to learn the piano
studiare il violino	= to study the violin
suonare il clarinetto	= to play the clarinet.

La musica

• *un arrangiamento per pianoforte*	= an arrangement for piano / a piano arrangement
una sonata per violino	= a violin sonata
un concerto per piano e orchestra	= a concerto for piano and orchestra
la parte del pianoforte	= the piano part.

I musicisti

- Il suffisso inglese *-ist* corrisponde al suffisso italiano *-ista*:

un / una violinista	= a violinist
un / una pianista	= a pianist
il / la pianista	= the pianist.

- In altri casi, l'espressione *un suonatore / una suonatrice di X* ha come corrispondente inglese *a X player*:

un suonatore / una suonatrice di ottavino	= a piccolo player
un suonatore / una suonatrice di corno	= a horn player.

- In inglese come in italiano, il nome dello strumento è talvolta usato per riferirsi a chi lo suona:
  lei è (un) primo violino = she's a first violin
  i tromboni = the trombones.

Di con i nomi degli strumenti musicali

- Le espressioni italiane con *di* si traducono normalmente in inglese mediante l'uso in posizione e funzione aggettivale del sostantivo:
  un corso di violino = a violin class
  una lezione di piano = a piano lesson
  la mia insegnante di piano = my piano teacher
  un assolo di violino = a violin solo

Si noti che la medesima struttura viene impiegata in inglese per tradurre *una custodia per violino* = a violin case.

35 - TAGLIE

- Per problemi di equivalenza, nelle seguenti tabelle le misure sono state talvolta arrotondate alla taglia immediatamente successiva (poiché è sempre meglio portare un indumento un po' largo piuttosto che un po' stretto); va anche tenuto presente che le equivalenze di taglie possono in certa misura variare tra un produttore e un altro.
- Si noti che l'inglese *size* traduce sia l'italiano *numero*, usato per le scarpe e le calze (ad esempio, *un paio di scarpe numero 41* = a pair of shoes size 71/2), sia l'italiano *taglia* o *misura* (ad esempio, *una camicia taglia 40* = a size 16 shirt).

Calzature maschili

in Italia	in GB & USA
39	6
40	7
41	7½
42	8
43	9
44	10
45	11
46	12

Calzature femminili

in Italia	in GB	negli USA
35	3	6
36	3½	6½
37	4	7
38	5	7½
39	6	8
40	7	8½
41	8	9

Vestiario maschile

in Italia	in GB & USA
40	28
42	30
44	32
46	34
48	36
50	38
52	40
54	42
56	44
58	46

Vestiario femminile

in Italia	in GB	negli USA
36	8	4
38	10	6
40	12	8
42	12	8
44	14	10
46	16	12
48	16	12
50	18	14
52	20	16

Camicie da uomo: misure del collo

in Italia	in GB & USA
36	14
37	14½
38	15
39	15½
40	16
41	16½
42	17
43	17½
44	18

Biancheria maschile

- Oggigiorno, sia in italiano sia in inglese le misure della biancheria maschile sono S (Small), M (Medium), L (Large), XL (Extra Large) e talvolta XXL (Extra Extra Large); nel passato, in italiano si usano anche i numeri ordinali, cosicché ad esempio una M equivale a una IV misura.

Calze da uomo

in Italia & GB	in GB & USA
38	9½
39	10
40	10
41	10½
42	11
43	11
44	11½

Biancheria femminile

- Oggigiorno, sia in italiano sia in inglese le misure della biancheria femminile sono S (Small), M (Medium), L (Large), XL (Extra Large) e talvolta XXL (Extra Extra Large); in italiano si usano ancora, anche per la biancheria, le misure del vestiario femminile, cosicché ad esempio una M equivale a una misura 42 o 44.

Calze da donna

in Italia & GB	in GB & USA
0	8
1	8½
2	9
3	9½
4	10
5	10½

Reggiseni

in Italia	in GB & USA	internazionale
1	32	65
2	34	70
3	36	75
4	38	80
5	40	85

Le coppe dei reggiseni vengono contrassegnate dalla misura A, B, C, D, E o F in Italia e all'estero.

Fraseologia

- *che misura / taglia sei? che misura / taglia porti?* = what size are you?
  porto la taglia 40 = I take size 40
  che numero di scarpe hai / porti? = what size are you?
  porto il 40 di scarpe, calzo il 40 = I take a size 7
  avere 85 di seno = to have a 34-inch bust
  avere 61 di vita = to have a 24-inch waist / to measure 24 inches round the waist
  avere 90 di fianchi = to measure 36 inches round the hips
  porto il 38 di collo = my collar size is 15
  sto cercando una 40 = I'm looking for collar size 16 / for a shirt with a size 16 collar
  una camicia taglia 41 = a shirt size 41 / a size 41 shirt
  porta il 39 (di scarpe) / calza il 39 = his shoe size is 39
  un paio di scarpe numero 39 / un paio di scarpe del 39 = a pair of shoes size 39
  ha lo stesso modello (in) taglia 40? = have you got the same thing in a 16?
  ce l'ha in una taglia più piccola? = have you got this in a smaller size?
  ce l'ha in una taglia più grande? = have you got this in a larger size?
  non hanno la mia taglia / la mia misura / il mio numero = they haven't got my size.

36 - TEMPERATURA

- Nei paesi anglofoni, la temperatura si misura tradizionalmente in gradi Fahrenheit, ma i gradi Celsius vengono usati sempre più spesso, soprattutto in Gran Bretagna: i bollettini meteorologici alla televisione inglese utilizzano solo i gradi Celsius. Per le temperature in inglese, si veda la tabella qui sotto: quando la sigla *C* (per *Celsius* o *centigrado*) o *F* (per *Fahrenheit*) viene omessa, le temperature vengono scritte *20°*, *98,4°* ecc.; si ricordi che nei numeri l'inglese ha un punto dove l'italiano ha una virgola.

Celsius o centigrade (C)	**Fahrenheit** (F)	
100 °C	212 °F	*temperatura di ebollizione dell'acqua* (boiling point)
90 °C	194 °F	
80 °C	176 °F	
70 °C	158 °F	
60 °C	140 °F	
50 °C	122 °F	
40 °C	104 °F	
37 °C	98,4°F	
30 °C	86 °F	
20 °C	68 °F	
10 °C	50 °F	
0 °C	32 °F	*temperatura di congelamento dell'acqua* (freezing point)
–10 °C	14 °F	
–17.8 °C	0 °F	
–273.15 °C	–459.67 °F	*zero assoluto* (absolute zero)

- *sessantacinque gradi Fahrenheit* = sixty-five degrees Fahrenheit
  meno quindici gradi Celsius = minus fifteen degrees Celsius
  il termometro indica 40 gradi = the thermometer says 40°
  più di 30 gradi Celsius = above 30 °C
  oltre 30 gradi Celsius = over 30 °C
  sotto i trenta gradi = below 30°.

La temperatura corporea

- *la temperatura corporea è di circa 37 °C* = body temperature is about 37 °C
  quanto ha di temperatura? = what's his temperature?
  ha trentotto (gradi) di temperatura / di febbre = his temperature is 38°
  il termometro indica 102 °F = the thermometer shows / says 102 °F
  ha 39,5° = his temperature is 39.5°.

La temperatura delle cose

- *quant'è caldo il latte?* = how hot is the milk?
  (a) che temperatura è il latte? = what temperature is the milk?
  a che temperatura è? = what temperature is it?
  è (a) 40 gradi = it's 40 °C
  a che temperatura bolle l'acqua? = what temperature does the water boil at?
  bolle a 100 °C = it boils at 100 °C
  alla temperatura di 200 °C = at a temperature of 200°C
  A è più caldo di B = A is hotter than B
  B è meno caldo di A = B is cooler than A
  B è più freddo di A = B is colder than A
  A è alla stessa temperatura di B = A is the same temperature as B
  A e B sono alla stessa temperatura = A and B are the same temperature.

Il tempo atmosferico

- *che temperatura c'è oggi? / quanti gradi ci sono oggi?* = what's the temperature today?
  ci sono 19 gradi = it's 19 degrees
  ci sono –15° = it's –15° (*dire:* minus fifteen degrees *o* minus fifteen)
  25° sotto zero = 25° below zero
  a Napoli fa più caldo che a Londra = Naples is warmer (*o* hotter) than London
  c'è la stessa temperatura a Parigi e a Londra = it's the same temperature in Paris as in London.

37 - VELOCITA'

La velocità dei veicoli

- In inglese, si misura solitamente la velocità dei treni, degli aerei e delle automobili in miglia all'ora, sebbene gli strumenti indichino anche i chilometri: 30 miglia all'ora (mph) equivalgono a circa 50 km/h, 50 mph a circa 80 km/h, 80 mph a circa 130 km/h, e 100 mph a circa 160 km/h; si ricordi che si scrive *-metre* in inglese britannico e *-meter* in inglese americano:
  50 chilometri all'ora = 50 kilometres an hour / 50 kilometres per hour
  100 km/h = 100 kph (*dire:* kilometres an hour)
  100 miglia all'ora = 100 mph (*dire:* miles an hour), 160 km/h
  a che velocità stava andando la macchina? = what speed was the car going at? / how fast was the car going?
  andava a ottanta all'ora = it was going at 50 (*miglia all'ora*), it was going at 80 kph
  quanto faceva la macchina? = what was the car doing?
  faceva i 160 (km/h) = it was doing a hundred (mph), it was doing 160 kph
  fare i 160 all'ora = to do a hundred (mph), to do 160 kph
  alla velocità di 80 km/h = at a speed of 50 mph / 80 kph
  la velocità della vettura era di 160 km/h = the speed of the car was 100 mph / 160 kph
  circa 80 km/h = about 50 mph / 80 kph
  quasi 80 km/h = almost 50 mph / 80 kph
  più di 70 km/h = more than 45 mph / 70 kph
  meno di 85 km/h = less than 55 mph / 85 kph
  A è / va più veloce di B = A is faster than B
  A è veloce come B = A is as fast as B
  A andava alla stessa velocità di B = A was going at the same speed as B
  A e B vanno alla stessa velocità = A and B go at the same speed.

La velocità della luce e del suono

- *il suono viaggia a 330 m/s (metri al secondo)* = sound travels at 330 metres per second (*dire:* three hundred and thirty metres per second)
  la velocità della luce è (di) 300.000 km/s = the speed of light is 186,300 miles per second.

38 - SEGNI DELLO ZODIACO

segni			date
• *Ariete*	= Aries (the Ram)	['eəri:z]	Mar 21 - Apr 20
Toro	= Taurus (the Bull)	['tɔ:rəs]	Apr 21 - May 20
Gemelli	= Gemini (the Twins)	['dʒemɪnaɪ, -nɪ]	May 21 - Jun 21
Cancro	= Cancer (the Crab)	['kænsə(r)]	Jun 22 - July 22
Leone	= Leo (the Lion)	['lɪ:əʊ]	July 23 - Aug 22
Vergine	= Virgo (the Virgin)	['vɜ:gəʊ]	Aug 23-Sept 22
Bilancia	= Libra (the Balance)	['li:brə]	Sept 23 - Oct 23
Scorpion	= Scorpio (the Scorpion)	['skɔ:prɪəʊ]	Oct 24 - Nov 21
Sagittario	= Sagittarius (the Archer)	[ˌsædʒ'teərɪəs]	Nov 22 - Dec 21
Capricorno	= Capricorn (the Goat)	['kæprɪkɔ:n]	Dec 22 – Jan 19
Acquario	= Aquarius (the Water Bearer)	[a'kweərɪəs]	Jan 20 – Feb 18
Pesci	= Pisces (the Fishes)	['paɪsi:z]	Feb 19 – Mar 20

• *io sono del Leone*	= I'm (a) Leo
io sono (dei) Gemelli	= I'm a Gemini
John è (del) Sagittario	= John is Sagittarius
nato sotto il segno del Sagittario	= born under the sign of Sagittarius / born in Sagittarius
il sole è nei Pesci	= the sun is in Pisces
i Leoni / quelli del Leone sono molto generosi	= Leos are very generous
che cosa dice l'oroscopo per i Leoni?	= what's the horoscope for Leo?

Italian Verbs

1 amare

INDICATIVO

Presente
io am**o**
tu am**i**
egli am**a**
noi am**iamo**
voi am**ate**
essi am**ano**

Imperfetto
io am**avo**
tu am**avi**
egli am**ava**
noi am**avamo**
voi am**avate**
essi am**avano**

Passato remoto
io am**ai**
tu am**asti**
egli am**ò**
noi am**ammo**
voi am**aste**
essi am**arono**

Futuro
io am**erò**
tu am**erai**
egli am**erà**
noi am**eremo**
voi am**erete**
essi am**eranno**

Passato prossimo
io ho amato
tu hai amato
egli ha amato
noi abbiamo amato
voi avete amato
essi hanno amato

Trapassato prossimo
io avevo amato
tu avevi amato
egli aveva amato
noi avevamo amato
voi avevate amato
essi avevano amato

Trapassato remoto
io ebbi amato
tu avesti amato
egli ebbe amato
noi avemmo amato
voi aveste amato
essi ebbero amato

Futuro anteriore
io avrò amato
tu avrai amato
egli avrà amato
noi avremo amato
voi avrete amato
essi avranno amato

IMPERATIVO

am**a**
am**ate**

CONGIUNTIVO

Presente
che io am**i**
che tu am**i**
che egli am**i**
che noi am**iamo**
che voi am**iate**
che essi am**ino**

Imperfetto
che io am**assi**
che tu am**assi**
che egli am**asse**
che noi am**assimo**
che voi am**aste**
che essi am**assero**

Passato
che io abbia amato
che tu abbia amato
che egli abbia amato
che noi abbiamo amato
che voi abbiate amato
che essi abbiano amato

Trapassato
che io avessi amato
che tu avessi amato
che egli avesse amato
che noi avessimo amato
che voi aveste amato
che essi avessero amato

CONDIZIONALE

Presente
io am**erei**
tu am**eresti**
egli am**erebbe**
noi am**eremmo**
voi am**ereste**
essi am**erebbero**

Passato
io avrei amato
tu avresti amato
egli avrebbe amato
noi avremmo amato
voi avreste amato
essi avrebbero amato

GERUNDIO

Presente am**ando**

Passato avendo amato

PARTICIPIO

Presente am**ante**

Passato am**ato**

INFINITO

Presente amare

Passato avere amato

2 battere

INDICATIVO

Presente
io batt**o**
tu batt**i**
egli batt**e**
noi batt**iamo**
voi batt**ete**
essi batt**ono**

Imperfetto
io batt**evo**
tu batt**evi**
egli batt**eva**
noi batt**evamo**
voi batt**evate**
essi batt**evano**

Passato remoto
io batt**ei**
tu batt**esti**
egli batt**è**
noi batt**emmo**
voi batt**este**
essi batt**erono**

Futuro
io batt**erò**
tu batt**erai**
egli batt**erà**
noi batt**eremo**
voi batt**erete**
essi batt**eranno**

Passato prossimo
io ho battuto
tu hai battuto
egli ha battuto
noi abbiamo battuto
voi avete battuto
essi hanno battuto

Trapassato prossimo
io avevo battuto
tu avevi battuto
egli aveva battuto
noi avevamo battuto
voi avevate battuto
essi avevano battuto

Trapassato remoto
io ebbi battuto
tu avesti battuto
egli ebbe battuto
noi avemmo battuto
voi aveste battuto
essi ebbero battuto

Futuro anteriore
io avrò battuto
tu avrai battuto
egli avrà battuto
noi avremo battuto
voi avrete battuto
essi avranno battuto

IMPERATIVO

batt**i**
batt**ete**

CONGIUNTIVO

Presente
che io batt**a**
che tu batt**a**
che egli batt**a**
che noi batt**iamo**
che voi batt**iate**
che essi batt**ano**

Imperfetto
che io batt**essi**
che tu batt**essi**
che egli batt**esse**
che noi batt**essimo**
che voi batt**este**
che essi batt**essero**

Passato
che io abbia battuto
che tu abbia battuto
che egli abbia battuto
che noi abbiamo battuto
che voi abbiate battuto
che essi abbiano battuto

Trapassato
che io avessi battuto
che tu avessi battuto
che egli avesse battuto
che noi avessimo battuto
che voi aveste battuto
che essi avessero battuto

CONDIZIONALE

Presente
io batt**erei**
tu batt**eresti**
egli batt**erebbe**
noi batt**eremmo**
voi batt**ereste**
essi batt**erebbero**

Passato
io avrei battuto
tu avresti battuto
egli avrebbe battuto
noi avremmo battuto
voi avreste battuto
essi avrebbero battuto

GERUNDIO

Presente batt**endo**

Passato avendo battuto

PARTICIPIO

Presente batt**ente**

Passato battuto

INFINITO

Presente battere

Passato avere battuto

3 vestire

INDICATIVO

Presente
io vest**o**
tu vest**i**
egli vest**e**
noi vest**iamo**
voi vest**ite**
essi vest**ono**

Imperfetto
io vest**ivo**
tu vest**ivi**
egli vest**iva**
noi vest**ivamo**
voi vest**ivate**
essi vest**ivano**

Passato remoto
io vest**ii**
tu vest**isti**
egli vest**ì**
noi vest**immo**
voi vest**iste**
essi vest**irono**

Futuro
io vest**irò**
tu vest**irai**
egli vest**irà**
noi vest**iremo**
voi vest**irete**
essi vest**iranno**

Passato prossimo
io ho vestito
tu hai vestito
egli ha vestito
noi abbiamo vestito
voi avete vestito
essi hanno vestito

Trapassato prossimo
io avevo vestito
tu avevi vestito
egli aveva vestito
noi avevamo vestito
voi avevate vestito
essi avevano vestito

Trapassato remoto
io ebbi vestito
tu avesti vestito
egli ebbe vestito
noi avemmo vestito
voi aveste vestito
essi ebbero vestito

Futuro anteriore
io avrò vestito
tu avrai vestito
egli avrà vestito
noi avremo vestito
voi avrete vestito
essi avranno vestito

IMPERATIVO

vesti
vest**ite**

CONGIUNTIVO

Presente
che io vest**a**
che tu vest**a**
che egli vest**a**
che noi vest**iamo**
che voi vest**iate**
che essi vest**ano**

Imperfetto
che io vest**issi**
che tu vest**issi**
che egli vest**isse**
che noi vest**issimo**
che voi vest**iste**
che essi vest**issero**

Passato
che io abbia vestito
che tu abbia vestito
che egli abbia vestito
che noi abbiamo vestito
che voi abbiate vestito
che essi abbiano vestito

Trapassato
che io avessi vestito
che tu avessi vestito
che egli avesse vestito
che noi avessimo vestito
che voi aveste vestito
che essi avessero vestito

CONDIZIONALE

Presente
io vest**irei**
tu vest**iresti**
egli vest**irebbe**
noi vest**iremmo**
voi vest**ireste**
essi vest**irebbero**

Passato
io avrei vestito
tu avresti vestito
egli avrebbe vestito
noi avremmo vestito
voi avreste vestito
essi avrebbero vestito

GERUNDIO

Presente vest**endo**

Passato avendo vestito

PARTICIPIO

Presente vest**ente**

Passato vest**ito**

INFINITO

Presente vestire

Passato avere vestito

4 essere

INDICATIVO

Presente
io sono
tu sei
egli è
noi siamo
voi siete
essi sono

Imperfetto
io ero
tu eri
egli era
noi eravamo
voi eravate
essi erano

Passato remoto
io fui
tu fosti
egli fu
noi fummo
voi foste
essi furono

Futuro
io sarò
tu sarai
egli sarà
noi saremo
voi sarete
essi saranno

Passato prossimo
io sono stato
tu sei stato
egli è stato
noi siamo stati
voi siete stati
essi sono stati

Trapassato prossimo
io ero stato
tu eri stato
egli era stato
noi eravamo stati
voi eravate stati
essi erano stati

Trapassato remoto
io fui stato
tu fosti stato
egli fu stato
noi fummo stati
voi foste stati
essi furono stati

Futuro anteriore
io sarò stato
tu sarai stato
egli sarà stato
noi saremo stati
voi sarete stati
essi saranno stati

IMPERATIVO

sii
siate

CONGIUNTIVO

Presente
che io sia
che tu sia
che egli sia
che noi siamo
che voi siate
che essi siano

Imperfetto
che io fossi
che tu fossi
che egli fosse
che noi fossimo
che voi foste
che essi fossero

Passato
che io sia stato
che tu sia stato
che egli sia stato
che noi siamo stati
che voi siate stati
che essi siano stati

Trapassato
che io fossi stato
che tu fossi stato
che egli fosse stato
che noi fossimo stati
che voi foste stati
che essi fossero stati

CONDIZIONALE

Presente
io sarei
tu saresti
egli sarebbe
noi saremmo
voi sareste
essi sarebbero

Passato
io sarei stato
tu saresti stato
egli sarebbe stato
noi saremmo stati
voi sareste stati
essi sarebbero stati

GERUNDIO

Presente essendo

Passato essendo stato

PARTICIPIO

Presente essente

Passato stato

INFINITO

Presente essere

Passato essere stato

5 avere

INDICATIVO

Presente
io ho
tu hai
egli ha
noi abbiamo
voi avete
essi hanno

Imperfetto
io avevo
tu avevi
egli aveva
noi avevamo
voi avevate
essi avevano

Passato remoto
io ebbi
tu avesti
egli ebbe
noi avemmo
voi aveste
essi ebbero

Futuro
io avrò
tu avrai
egli avrà
noi avremo
voi avrete
essi avranno

Passato prossimo
io ho avuto
tu hai avuto
egli ha avuto
noi abbiamo avuto
voi avete avuto
essi hanno avuto

Trapassato prossimo
io avevo avuto
tu avevi avuto
egli aveva avuto
noi avevamo avuto
voi avevate avuto
essi avevano avuto

Trapassato remoto
io ebbi avuto
tu avesti avuto
egli ebbe avuto
noi avemmo avuto
voi aveste avuto
essi ebbero avuto

Futuro anteriore
io avrò avuto
tu avrai avuto
egli avrà avuto
noi avremo avuto
voi avrete avuto
essi avranno avuto

IMPERATIVO

abbi
abbiate

CONGIUNTIVO

Presente
che io abbia
che tu abbia
che egli abbia
che noi abbiamo
che voi abbiate
che essi abbiano

Imperfetto
che io avessi
che tu avessi
che egli avesse
che noi avessimo
che voi aveste
che essi avessero

Passato
che io abbia avuto
che tu abbia avuto
che egli abbia avuto
che noi abbiamo avuto
che voi abbiate avuto
che essi abbiano avuto

Trapassato
che io avessi avuto
che tu avessi avuto
che egli avesse avuto
che noi avessimo avuto
che voi aveste avuto
che essi avessero avuto

CONDIZIONALE

Presente
io avrei
tu avresti
egli avrebbe
noi avremmo
voi avreste
essi avrebbero

Passato
io avrei avuto
tu avresti avuto
egli avrebbe avuto
noi avremmo avuto
voi avreste avuto
essi avrebbero avuto

GERUNDIO

Presente avendo

Passato avendo avuto

PARTICIPIO

Presente avente

Passato avuto

INFINITO

Presente avere

Passato avere avuto

INFINITO	INDICATIVO			
	Presente	**Imperfetto**	**Passato remoto**	**Futuro**
6 andare	io vado tu vai egli va noi andiamo voi andate essi vanno	io andavo	io andai	io andrò tu andrai egli andrà noi andremo voi andrete essi andranno
7 dare	io do tu dai egli dà noi diamo voi date essi danno	io davo	io diedi, detti tu desti egli diede, dette noi demmo voi deste essi diedero, dettero	io darò tu darai egli darà noi daremo voi darete essi daranno
8 fare	io faccio tu fai egli fa noi facciamo voi fate essi fanno	io facevo tu facevi egli faceva noi facevamo voi facevate essi facevano	io feci tu facesti egli fece noi facemmo voi faceste essi fecero	io farò tu farai egli farà noi faremo voi farete essi faranno

I composti *disfare* e *soddisfare* presentano come alternative, molto diffuse nell'uso, il presente indicativo, il futuro, il presente congiuntivo, il presente condizionale e l'imperativo con le desinenze dei verbi della prima coniugazione (amare): io disfo e io disfaccio, io disferò e io disfarò, che io disfi e che io disfaccia, io disferei e io disfarei, disfa e disfa'.

INFINITO	Presente	Imperfetto	Passato remoto	Futuro
9 stare	io sto	io stavo	io stetti tu stesti egli stette noi stemmo voi steste essi stettero	io starò tu starai egli starà noi staremo voi starete essi staranno
10 accendere	io accendo	io accendevo	io accesi tu accendesti egli accese noi accendemmo voi accendeste essi accesero	io accenderò
11 chiudere	io chiudo	io chiudevo	io chiusi tu chiudesti egli chiuse noi chiudemmo voi chiudeste essi chiusero	io chiuderò
12 accingersi	io mi accingo	io mi accingevo	io mi accinsi tu ti accingesti egli si accinse noi ci accingemmo voi vi accingeste essi si accinsero	io mi accingerò
13 condurre	io conduco tu conduci egli conduce noi conduciamo voi conducete essi conducono	io conducevo	io condussi tu conducesti egli condusse noi conducemmo voi conduceste essi condussero	io condurrò tu condurrai egli condurrà noi condurremo voi condurrete essi condurranno
14 affiggere	io affiggo	io affiggevo	io affissi tu affiggesti egli affisse noi affiggemmo voi affiggeste essi affissero	io affiggerò

CONGIUNTIVO Presente	Imperfetto	CONDIZIONALE Presente	IMPERATIVO	PARTICIPIO PASSATO
che io vada	che io andassi	io andrei		andato
che tu vada		tu andresti	va'	
che egli vada		egli andrebbe		
che noi andiamo		noi andremmo		
che voi andiate		voi andreste	andate	
che essi vadano		essi andrebbero		
che io dia	che io dessi	io darei		dato
che tu dia	che tu dessi	tu daresti	da'	
che egli dia	che egli desse	egli darebbe		
che noi diamo	che noi dessimo	noi daremmo		
che voi diate	che voi deste	voi dareste	date	
che essi diano	che essi dessero	essi darebbero		
che io faccia	che io facessi	io farei		fatto
che tu faccia	che tu facessi	tu faresti	fa'	
che egli faccia	che egli facesse	egli farebbe		**GERUNDIO PRESENTE**
che noi facciamo	che noi facessimo	noi faremmo		
che voi facciate	che voi faceste	voi fareste	fate	
che essi facciano	che essi facessero	essi farebbero		facendo
che io stia	che io stessi	io starei		stato
che tu stia	che tu stessi	tu staresti	sta'	
che egli stia	che egli stesse	egli starebbe		
che noi stiamo	che noi stessimo	noi staremmo		
che voi stiate	che voi steste	voi stareste	state	
che essi stiano	che essi stessero	essi starebbero		
che io accenda	che io accendessi	io accenderei		acceso
			accendi	
			accendete	
che io chiuda	che io chiudessi	io chiuderei		chiuso
			chiudi	
			chiudete	
che io mi accinga	che io mi accingessi	io mi accingerei		accinto
			accingiti	
			accingetevi	
che io conduca	che io conducessi	io condurrei		condotto
che tu conduca	che tu conducessi	tu condurresti	conduci	
che egli conduca	che egli conducesse	egli condurrebbe		**PARTICIPIO PRESENTE**
che noi conduciamo	che noi conducessimo	noi condurremmo		
che voi conduciate	che voi conduceste	voi condurreste	conducete	
che essi conducano	che essi conducessero	essi condurrebbero		conducente
che io affigga	che io affiggessi	io affiggerei		affisso
			affiggi	
			affiggete	

INFINITO	INDICATIVO			
	Presente	Imperfetto	Passato remoto	Futuro
15 affliggere	io affliggo	io affliggevo	io afflissi tu affliggesti egli afflisse noi affliggemmo voi affliggeste essi afflissero	io affliggerò
16 mescere	io mesco	io mescevo	io mescei, mescetti	io mescerò
17 connettere	io connetto	io connettevo	io connettei tu connettesti egli connetté noi connettemmo voi connetteste essi connetterono	io connetterò
18 ardere	io ardo	io ardevo	io arsi tu ardesti egli arse noi ardemmo voi ardeste essi arsero	io arderò
19 spargere	io spargo	io spargevo	io sparsi tu spargesti egli sparse noi spargemmo voi spargeste essi sparsero	io spargerò
20 adempiere	io adempio tu adempi egli adempie noi adempiamo voi adempiete essi adempiono	io adempivo	io adempiei tu adempiesti egli adempié noi adempiemmo voi adempieste essi adempierono	io adempirò
21 assistere	io assisto	io assistevo	io assistetti tu assistesti egli assistette noi assistemmo voi assisteste essi assistettero	io assisterò
22 assolvere	io assolvo	io assolvevo	io assolsi, assolvei, assolvetti tu assolvesti egli assolse, assolvé, assolvette noi assolvemmo voi assolveste essi assolsero, assolverono, assolvettero	io assolverò
23 assumere	io assumo	io assumevo	io assunsi tu assumesti egli assunse noi assumemmo voi assumeste essi assunsero	io assumerò

CONGIUNTIVO		CONDIZIONALE	IMPERATIVO	PARTICIPIO PASSATO
Presente	Imperfetto	Presente		
che io affligga	che io affliggessi	io affliggerei	affliggi affliggete	afflitto
che io mesca	che io mescessi	io mescerei	mesci	mesciuto
che io connetta	che io connettessi	io connetterei	connetti connettete	connesso
che io arda	che io ardessi	io arderei	ardi ardete	arso
che io sparga	che io spargessi	io spargerei	spargi spargete	sparso
che io adempia	che io adempissi	io adempirei	adempi adempiete	adempiuto
che io assista	che io assistessi	io assisterei	assisti assistete	assistito
che io assolva	che io assolvessi	io assolverei	assolvi assolvete	assolto
che io assuma	che io assunsi	io assumerei	assumi assumete	assunto

INFINITO	INDICATIVO			
	Presente	**Imperfetto**	**Passato remoto**	**Futuro**
24 tingere	io tingo	io tingevo	io tinsi tu tingesti egli tinse noi tingemmo voi tingeste essi tinsero	io tingerò
25 bere	io bevo tu bevi egli beve noi beviamo voi bevete essi bevono	io bevevo	io bevvi, bevetti tu bevesti egli bevve, bevette noi bevemmo voi beveste essi bevvero, bevettero	io berrò tu berrai egli berrà noi berremo voi berrete essi berranno
26 cadere	io cado	io cadevo	io caddi tu cadesti egli cadde noi cademmo voi cadeste essi caddero	io cadrò tu cadrai egli cadrà noi cadremo voi cadrete essi cadranno
27 chiedere	io chiedo	io chiedevo	io chiesi tu chiedesti egli chiese noi chiedemmo voi chiedeste essi chiesero	io chiederò
28 cogliere	io colgo tu cogli egli coglie noi cogliamo voi cogliete essi colgono	io coglievo	io colsi tu cogliesti egli colse noi cogliemmo voi coglieste essi colsero	io coglierò
29 comprimere	io comprimo	io comprimevo	io compressi tu comprimesti egli compresse noi comprimemmo voi comprimeste essi compressero	io comprimerò
30 concedere	io concedo	io concedevo	io concessi, concedei, concedetti tu concedesti egli concesse, concedé, concedette noi concedemmo voi concedeste essi concessero, concederono, concedettero	io concederò
31 conoscere	io conosco	io conoscevo	io conobbi tu conoscesti egli conobbe noi conoscemmo voi conosceste essi conobbero	io conoscerò
32 correre	io corro	io correvo	io corsi tu corresti egli corse noi corremmo voi correste essi corsero	io correrò

CONGIUNTIVO		CONDIZIONALE	IMPERATIVO	PARTICIPIO PASSATO
Presente	**Imperfetto**	**Presente**		
che io tinga	che io tingessi	io tingerei	tingi tingete	tinto
che io beva	che io bevessi	io berrei tu berresti egli berrebbe noi berremmo voi berreste essi berrebbero	bevi bevete	bevuto
che io cada	che io cadessi	io cadrei tu cadresti egli cadrebbe noi cadremmo voi cadreste essi cadrebbero	cadi cadete	caduto
che io chieda	che io chiedessi	io chiederei	chiedi chiedete	chiesto
che io colga che tu colga che egli colga che noi cogliamo che voi cogliate che essi colgano	che io cogliessi	io coglierei	cogli cogliete	colto
che io comprima	che io comprimessi	io comprimerei	comprimi comprimete	compresso
che io conceda	che io concedessi	io concederei	concedi concedete	concesso
che io conosca	che io conoscessi	io conoscerei	conosci conoscete	conosciuto
che io corra	che io corressi	io correrei	corri correte	corso

INFINITO	INDICATIVO			
	Presente	Imperfetto	Passato remoto	Futuro
33 crescere	io cresco	io crescevo	io crebbi tu crescesti egli crebbe noi crescemmo voi cresceste essi crebbero	io crescerò
34 cuocere	io cuocio tu cuoci egli cuoce noi cuociamo, cociamo voi cuocete, cocete essi cuociono	io cuocevo	io cossi tu cuocesti, cocesti egli cosse noi cuocemmo, cocemmo voi cuoceste, coceste essi cossero	io cuocerò
35 ridere	io rido	io ridevo	io risi tu ridesti egli rise noi ridemmo voi rideste essi risero	io riderò
36 stringere	io stringo	io stringevo	io strinsi tu stringesti egli strinse noi stringemmo voi stringeste essi strinsero	io stringerò
37 dire	io dico tu dici egli dice noi diciamo voi dite essi dicono	io dicevo	io dissi tu dicesti egli disse noi dicemmo voi diceste essi dissero	io dirò
38 dirigere	io dirigo	io dirigevo	io diressi tu dirigesti egli diresse noi dirigemmo voi dirigeste essi diressero	io dirigerò
39 discutere	io discuto	io discutevo	io discussi tu discutesti egli discusse noi discutemmo voi discuteste essi discussero	io discuterò
40 distinguere	io distinguo	io distinguevo	io distinsi tu distinguesti egli distinse noi distinguemmo voi distingueste essi distinsero	io distinguerò
41 distruggere	io distruggo	io distruggevo	io distrussi tu distruggesti egli distrusse noi distruggemmo voi distruggeste essi distrussero	io distruggerò

CONGIUNTIVO		CONDIZIONALE	IMPERATIVO	PARTICIPIO PASSATO
Presente	**Imperfetto**	**Presente**		
che io cresca	che io crescessi	io crescerei	cresci crescete	cresciuto
che io cuocia	che io cuocessi	io cuocerei	cuoci cuocete	cotto
che io rida	che io ridessi	io riderei	ridi ridete	riso
che io stringa	che io stringessi	io stringerei	stringi stringete	stretto
che io dica	che io dicessi	io direi	di' dite	detto **GERUNDIO PRESENTE** dicendo
che io diriga	che io dirigessi	io dirigerei	dirigi dirigete	diretto
che io discuta	che io discutessi	io discuterei	discuti discutete	discusso
che io distingua	che io distinguessi	io distinguerei	distingui distinguete	distinto
che io distrugga	che io distruggessi	io distruggerei	distruggi distruggete	distrutto

INFINITO	INDICATIVO			
	Presente	**Imperfetto**	**Passato remoto**	**Futuro**
42 dolersi	io mi dolgo tu ti duoli egli si duole noi ci dogliamo, doliamo voi vi dolete essi si dolgono	io mi dolevo	io mi dolsi tu ti dolesti egli si dolse noi ci dolemmo voi vi doleste essi si dolsero	io mi dorrò tu ti dorrai egli si dorrà noi ci dorremo voi vi dorrete essi si dorranno
43 dovere	io devo, debbo tu devi egli deve noi dobbiamo voi dovete essi devono, debbono	io dovevo	io dovetti, dovei tu dovesti egli dovette, dové noi dovemmo voi doveste essi dovettero, doverono	io dovrò tu dovrai egli dovrà noi dovremo voi dovrete essi dovranno
44 eccellere	io eccello	io eccellevo	io eccelsi tu eccellesti egli eccelse noi eccellemmo voi eccelleste essi eccelsero	io eccellerò
45 compiere	io compio tu compi egli compie noi compiamo voi compite essi compiono	io compivo tu compivi egli compiva noi compivamo voi compivate essi compivano	io compii, compiei tu compisti egli compì noi compimmo, compiemmo voi compiste, compieste essi compirono	io compirò
46 esigere	io esigo	io esigevo	io esigei, esigetti	io esigerò
47 comparire	io compaio tu compari, egli compare noi compariamo voi comparite essi compaiono	io comparivo	io comparvi, comparsi tu comparisti egli comparve, comparì noi comparimmo voi compariste essi comparvero, comparirono comparsero	io comparirò
48 espellere	io espello	io espellevo	io espulsi tu espellesti egli espulse noi espellemmo voi espelleste essi espulsero	io espellerò
49 esplodere	io esplodo	io esplodevo	io esplosi tu esplodesti egli esplose noi esplodemmo voi esplodeste essi esplosero	io esploderò
50 flettere	io fletto	io flettevo	io flessi, flettei tu flettesti egli flesse, flettè noi flettemmo voi fletteste essi flessero, fletterono	io fletterò

CONGIUNTIVO		CONDIZIONALE	IMPERATIVO	PARTICIPIO PASSATO
Presente	**Imperfetto**	**Presente**		
che io mi dolga	che io mi dolessi	io mi dorrei tu ti dorresti egli si dorrebbe noi ci dorremmo voi vi dorreste essi si dorrebbero	duoliti doletevi	doluto
che io debba, deva che tu debba, deva che egli debba, deva che noi dobbiamo che voi dobbiate che essi debbano, devano	che io dovessi	io dovrei tu dovresti egli dovrebbe noi dovremmo voi dovreste essi dovrebbero		dovuto
che io eccella	che io eccellessi	io eccellerei	eccelli eccellete	eccelso
che io compia	che io compissi che tu compissi che egli compisse che noi compissimo che voi compiste che essi compissero	io compierei	compi compite	compiuto
che io esiga	che io esigessi	io esigerei	esigi	esatto
che io compaia	che io comparissi	io comparirei	compari comparite	comparso
che io espella	che io espellessi	io espellerei	espelli espellete	espulso
che io esploda	che io esplodessi	io esploderei	esplodi esplodete	esplose
che io fletta	che io flettessi	io fletterei	fletti flettete	flesso

INFINITO	INDICATIVO			
	Presente	Imperfetto	Passato remoto	Futuro
51 fondere	io fondo	io fondevo	io fusi tu fondesti egli fuse noi fondemmo voi fondeste essi fusero	io fonderò
52 frangere	io frango	io frangevo	io fransi tu frangesti egli franse noi frangemmo voi frangeste essi fransero	io frangerò
53 friggere	io friggo	io friggevo	io frissi tu friggesti egli frisse noi friggemmo voi friggeste essi frissero	io friggerò
54 giacere	io giaccio tu giaci egli giace noi giacciamo voi giacete essi giacciono	io giacevo	io giacqui tu giacesti egli giacque noi giacemmo voi giaceste essi giacquero	io giacerò
55 aggiungere	io aggiungo	io aggiungevo	io aggiunsi tu aggiungesti egli aggiunse noi aggiungemmo voi aggiungeste essi aggiunsero	io aggiungerò
56 godere	io godo	io godevo	io godei, godetti	io godrò tu godrai egli godrà noi godremo voi godrete essi godranno
57 indulgere	io indulgo	io indulgevo	io indulsi tu indulgesti egli indulse noi indulgemmo voi indulgeste essi indulsero	io indulgerò
58 invadere	io invado	io invadevo	io invasi tu invadesti egli invase noi invademmo voi invadeste essi invasero	io invaderò
59 leggere	io leggo	io leggevo	io lessi tu leggesti egli lesse noi leggemmo voi leggeste essi lessero	io leggerò

CONGIUNTIVO		CONDIZIONALE	IMPERATIVO	PARTICIPIO PASSATO
Presente	**Imperfetto**	**Presente**		
che io fonda	che io fondessi	io fonderei	fondi fondete	fuso
che io franga	che io frangessi	io frangerei	frangi frangete	franto
che io frigga	che io friggessi	io friggerei	friggi friggete	fritto
che io giaccia che tu giaccia che egli giaccia che noi giacciamo che voi giacciate che essi giacciano	che io giacessi	io giacerei	giaci giacete	giaciuto
che io aggiunga	che io aggiungessi	io aggiungerei	aggiungi aggiungete	aggiunto
che io goda	che io godessi	io godrei tu godresti egli godrebbe noi godremmo voi godreste essi godrebbero	godi godete	goduto
che io indulga	che io indulgessi	io indulgerei	indulgi indulgete	indulto
che io invada	che io invadessi	io invaderei	invadi invadete	invaso
che io legga	che io leggessi	io leggerei	leggi leggete	letto

INFINITO	INDICATIVO			
	Presente	Imperfetto	Passato remoto	Futuro
60 mettere	io metto	io mettevo	io misi tu mettesti egli mise noi mettemmo voi metteste essi misero	io metterò
61 mordere	io mordo	io mordevo	io morsi tu mordesti egli morse noi mordemmo voi mordeste essi morsero	io morderò
62 muovere	io muovo	io muovevo	io mossi tu muovesti egli mosse noi muovemmo voi muoveste essi mossero	io muoverò
63 nascere	io nasco	io nascevo	io nacqui tu nascesti egli nacque noi nascemmo voi nasceste essi nacquero	io nascerò
64 nascondere	io nascondo	io nascondevo	io nascosi tu nascondesti egli nascose noi nascondemmo voi nascondeste essi nascosero	io nasconderò
65 nuocere	io nuoccio, noccio tu nuoci egli nuoce noi nuociamo, nociamo voi nuocete, nocete essi nuocciono, nocciono	io nuocevo	io nocqui tu nuocesti, nocesti egli nocque noi nuocemmo, nocemmo voi nuoceste, noceste	io nuocerò essi nocquero
66 parere	io paio tu pari egli pare noi paiamo, pariamo voi parete essi paiono	io parevo	io parvi tu paresti egli parve noi paremmo voi pareste essi parvero	io parrò tu parrai egli parrà noi parremo voi parrete essi parranno
67 scuotere	io scuoto	io scuotevo	io scossi tu scotesti egli scosse noi scotemmo voi scoteste essi scossero	io scuoterò
68 perdere	io perdo	io perdevo	io persi, perdetti tu perdesti egli perse, perdette noi perdemmo voi perdeste essi persero, perdettero	io perderò

CONGIUNTIVO Presente	Imperfetto	CONDIZIONALE Presente	IMPERATIVO	PARTICIPIO PASSATO
che io metta	che io mettessi	io metterei	metti mettete	messo
che io morda	che io mordessi	io morderei	mordi mordete	morso
che io muova	che io muovessi	io muoverei	muovi muovete	mosso
che io nasca	che io nascessi	io nascerei	nasci nascete	nato
che io nasconda	che io nascondessi	io nasconderei	nascondi nascondete	nascosto
che io nuoccia	che io nuocessi	io nuocerei	nuoci nuocete	nuociuto, nociuto
che io paia	che io paressi	io parrei tu parresti egli parrebbe noi parremmo voi parreste essi parrebbero	pari parete	parso
che io scuota	che io scuotessi	io scuoterei	scuoti scuotete	scosso
che io perda	che io perdessi	io perderei	perdi perdete	perso, perduto

INFINITO	INDICATIVO			
	Presente	**Imperfetto**	**Passato remoto**	**Futuro**
69 persuadere	io persuado	io persuadevo	io persuasi tu persuadesti egli persuase noi persuademmo voi persuadeste essi persuasero	io persuaderò
70 piangere	io piango	io piangevo	io piansi tu piangesti egli pianse noi piangemmo voi piangeste essi piansero	io piangerò
71 piovere	piove	pioveva	piovve	pioverà
72 porgere	io porgo	io porgevo	io porsi tu porgesti egli porse noi porgemmo voi porgeste essi porsero	io porgerò
73 porre	io pongo tu poni egli pone noi poniamo voi ponete essi pongono	io ponevo	io posi tu ponesti egli pose noi ponemmo voi poneste essi posero	io porrò tu porrai egli porrà noi porremo voi porrete essi porranno
74 potere	io posso tu puoi egli può noi possiamo voi potete essi possono	io potevo	io potei	io potrò tu potrai egli potrà noi potremo voi potrete essi potranno
75 prediligere	io prediligo	io prediligevo	io predilessi tu prediligesti egli predilesse noi prediligemmo voi prediligeste essi predilessero	io prediligerò
76 redigere	io redigo	io redigevo	io redassi tu redigesti egli redasse noi redigemmo voi redigeste essi redassero	io redigerò
77 redimere	io redimo	io redimevo	io redensi tu redimesti egli redense noi redimemmo voi redimeste essi redensero	io redimerò

CONGIUNTIVO Presente	Imperfetto	CONDIZIONALE Presente	IMPERATIVO	PARTICIPIO PASSATO
che io persuada	che io persuadessi	io persuaderei	persuadi persuadete	persuaso
che io pianga	che io piangessi	io piangerei	piangi piangete	pianto
che piova	che piovesse	pioverebbe		piovuto
che io porga	che io porgessi	io porgerei	porgi porgete	porto
che io ponga che tu ponga che egli ponga che noi poniamo che voi poniate che essi pongano	che io ponessi che tu ponessi che egli ponesse che noi ponessimo che voi poneste che essi ponessero	io porrei	poni ponete	posto
che io possa che tu possa che egli possa che noi possiamo che voi possiate che essi possano	che io potessi	io potrei tu potresti egli potrebbe noi potremmo voi potreste essi potrebbero	puoi potete	potuto
che io prediliga	che io prediligessi	io prediligerei	prediligi prediligete	prediletto
che io rediga	che io redigessi	io redigerei	redigi redigete	redatto
che io redima	che io redimessi	io redimerei	redimi redimete	redento

INFINITO	INDICATIVO Presente	Imperfetto	Passato remoto	Futuro
78 rifulgere	io rifulgo	io rifulgevo	io rifulsi tu rifulgesti egli rifulse noi rifulgemmo voi rifulgeste essi rifulsero	io rifulgerò
79 rimanere	io rimango tu rimani egli rimane noi rimaniamo voi rimanete essi rimangono	io rimanevo	io rimasi tu rimanesti egli rimase noi rimanemmo voi rimaneste essi rimasero	io rimarrò tu rimarrai egli rimarrà noi rimarremo voi rimarrete essi rimarranno
80 rodere	io rodo	io rodevo	io rosi tu rodesti egli rose noi rodemmo voi rodeste essi rosero	io roderò
81 rompere	io rompo	io rompevo	io ruppi tu rompesti egli ruppe noi rompemmo voi rompeste essi ruppero	io romperò
82 sapere	io so tu sai egli sa noi sappiamo voi sapete essi sanno	io sapevo	io seppi tu sapesti egli seppe noi sapemmo voi sapeste essi seppero	io saprò tu saprai egli saprà noi sapremo voi saprete essi sapranno
83 scegliere	io scelgo tu scegli egli sceglie noi scegliamo voi scegliete essi scelgono	io sceglievo	io scelsi tu scegliesti egli scelse noi scegliemmo voi sceglieste essi scelsero	io sceglierò
84 riflettere	io rifletto	io riflettevo	io riflessi, riflettei tu riflettesti egli riflesse noi riflettemmo voi rifletteste essi riflessero, rifletterono	io rifletterò
85 secernere	io secerno	io secernevo		io secernerò
86 scindere	io scindo	io scindevo	io scissi tu scindesti egli scisse noi scindemmo voi scindeste essi scissero	io scinderò

CONGIUNTIVO		CONDIZIONALE	IMPERATIVO	PARTICIPIO PASSATO
Presente	**Imperfetto**	**Presente**		
che io rifulga	che io rifulgessi	io rifulgerei	rifulgi rifulgete	rifulso
che io rimanga che tu rimanga che egli rimanga che noi rimaniamo che voi rimaniate che essi rimangano	che io rimanessi	io rimarrei tu rimarresti egli rimarrebbe noi rimarremmo voi rimarreste essi rimarrebbero	rimani rimanete	rimasto
che io roda	che io rodessi	io roderei	rodi rodete	roso
che io rompa	che io rompessi	io romperei	rompi rompete	rotto
che io sappia che tu sappia che egli sappia che noi sappiamo che voi sappiate che essi sappiano	che io sapessi	io saprei tu sapresti egli saprebbe noi sapremmo voi sapreste essi saprebbero	sappi sappiate	saputo
che io scelga	che io scegliessi	io sceglierei	scegli scegliete	scelto
che io rifletta	che io riflettessi	io rifletterei	rifletti riflettete	riflesso, riflettuto
che io secerna	che io secernessi	io secernerei		secreto
che io scinda	che io scindessi	io scinderei	scindi scindete	scisso

INFINITO	INDICATIVO Presente	Imperfetto	Passato remoto	Futuro
87 scrivere	io scrivo	io scrivevo	io scrissi tu scrivesti egli scrisse noi scrivemmo voi scriveste essi scrissero	io scriverò
88 sedere	io siedo, seggo tu siedi egli siede noi sediamo voi sedete essi siedono, seggono	io sedevo	io sedei, sedetti	io siederò tu siederai egli siederà noi siederemo voi siederete essi siederanno
89 spandere	io spando	io spandevo	io spansi	io spanderò
90 spegnere	io spengo tu spegni, spengi egli spegne, spenge noi spegniamo, spengiamo voi spegnete, spengete essi spengono	io spegnevo	io spensi tu spegnesti egli spense noi spegnemmo voi spegneste essi spensero	io spegnerò
91 scoprire	io scopro	io scoprivo	io scopersi, scoprii tu scopristi egli scoperse, scoprì noi scoprimmo voi scopriste essi scoprirono	io scoprirò
92 svellere	io svello	io svellevo	io svelsi tu svellesti egli svelse noi svellemmo voi svelleste essi svelsero	io svellerò
93 tenere	io tengo tu tieni egli tiene noi teniamo voi tenete essi tengono	io tenevo	io tenni tu tenesti egli tenne noi tenemmo voi teneste essi tennero	io terrò tu terrai egli terrà noi terremo voi terrete essi terranno
94 torcere	io torco	io torcevo	io torsi tu torcesti egli torse noi torcemmo voi torceste essi torsero	io torcerò
95 trarre	io traggo tu trai egli trae noi traiamo voi traete essi traggono	io traevo	io trassi tu traesti egli trasse noi traemmo voi traeste essi trassero	io trarrò

CONGIUNTIVO		CONDIZIONALE	IMPERATIVO	PARTICIPIO PASSATO
Presente	**Imperfetto**	**Presente**		
che io scriva	che io scrivessi	io scriverei		scritto
			scrivi	
			scrivete	
che io sieda, segga	che io sedessi	io siederei		seduto
che tu sieda, segga		tu siederesti	siedi	
che egli sieda, segga		egli siederebbe		
che noi sediamo		noi siederemmo		
che voi sediate		voi siedereste	sedete	
che essi siedano, seggano		essi siederebbero		
che io spanda	che io spandessi	io spanderei	spandi	spanto
che io spenga	che io spegnessi	io spegnerei		spento
che tu spenga			spegni	
che egli spenga				
che noi spegniamo, spengiamo				
che voi spegniate, spengiate			spegnete	
che essi spengano				
che io scopra	che io scoprissi	io scoprirei		scoperto
			scopri	
			scoprite	
che io svelga	che io svellessi	io svellerei		svelto
che tu svelga			svelli	
che egli svelga				
che noi svelliamo				
che voi svelliate			svellete	
che essi svelgano				
che io tenga	che io tenessi	io terrei		tenuto
che tu tenga		tu terresti	tieni	
che egli tenga		egli terrebbe		
che noi teniamo		noi terremmo		
che voi teniate		voi terreste	tenete	
che essi tengano		essi terrebbero		
che io torca	che io torcessi	io torcerei		torto
			torci	
			torcete	
che io tragga	che io traessi	io trarrei		tratto
che tu tragga	che tu traessi		trai	
che egli tragga	che egli traesse			
che noi traiamo	che noi traessimo			
che voi traiate	che voi traeste		traete	
che essi traggano	che essi traessero			

INFINITO	INDICATIVO			
	Presente	**Imperfetto**	**Passato remoto**	**Futuro**
96 valere	io valgo tu vali egli vale noi valiamo voi valete essi valgono	io valevo	io valsi tu valesti egli valse noi valemmo voi valeste essi valsero	io varrò tu varrai egli varrà noi varremo voi varrete essi varranno
97 vedere	io vedo	io vedevo	io vidi tu vedesti egli vide noi vedemmo voi vedeste essi videro	io vedrò tu vedrai egli vedrà noi vedremo voi vedrete essi vedranno
Il composto *provvedere* non segue la coniugazione di *vedere* nell'indicativo futuro e nel condizionale presente, flessi secondo il paradigma dei verbi della seconda coniugazione: io provvederò, ecc.; io provvederei, ecc.				
98 vincere	io vinco	io vincevo	io vinsi tu vincesti egli vinse noi vincemmo voi vinceste essi vinsero	io vincerò
99 vivere	io vivo	io vivevo	io vissi tu vivesti egli visse noi vivemmo voi viveste essi vissero	io vivrò tu vivrai egli vivrà noi vivremo voi vivrete essi vivranno
100 volere	io voglio tu vuoi egli vuole noi vogliamo voi volete essi vogliono	io volevo	io volli tu volesti egli volle noi volemmo voi voleste essi vollero	io vorrò tu vorrai egli vorrà noi vorremo voi vorrete essi vorranno
101 svolgere	io svolgo	io svolgevo	io svolsi tu svolgesti egli svolse noi svolgemmo voi svolgeste essi svolsero	io svolgerò
102 costruire	io costruisco tu costruisci egli costruisce noi costruiamo voi costruite essi costruiscono	io costruivo	io costruii tu costruisti egli costruì noi costruimmo voi costruiste essi costruirono	io costruirò
103 morire	io muoio tu muori egli muore noi moriamo voi morite essi muoiono	io morivo	io morii	io morirò, morrò tu morirai, morrai egli morirà, morrà noi moriremo, morrem voi morirete, morrete essi moriranno, morran
104 salire	io salgo tu sali egli sale noi saliamo voi salite essi salgono	io salivo	io salii	io salirò

CONGIUNTIVO		CONDIZIONALE	IMPERATIVO	PARTICIPIO PASSATO
Presente	**Imperfetto**	**Presente**		
che io valga che tu valga che egli valga che noi valiamo che voi valiate che essi valgano	che io valessi	io varrei tu varresti egli varrebbe noi varremmo voi varreste essi varrebbero	vali valete	valso
che io veda	che io vedessi	io vedrei tu vedresti egli vedrebbe noi vedremmo voi vedreste essi vedrebbero	vedi vedete	visto, veduto
che io vinca	che io vincessi	io vincerei	vinci vincete	vinto
che io viva	che io vivessi	io vivrei tu vivresti egli vivrebbe noi vivremmo voi vivreste essi vivrebbero	vivi vivete	vissuto
che io voglia che tu voglia che egli voglia che noi vogliamo che voi vogliate che essi vogliano	che io volessi	io vorrei tu vorresti egli vorrebbe noi vorremmo voi vorreste essi vorrebbero	voglia vogliate	voluto
che io svolga	che io svolgessi	io svolgerei	svolgi svolgete	svolto
che io costruisca	che io costruissi	io costruirei	costruisci costruite	costruito
che io muoia che tu muoia che egli muoia che noi moriamo che voi moriate che essi muoiano	che io morissi	io morirei, morrei tu moriresti, morresti egli morirebbe, morrebbe noi moriremmo, morremmo voi morireste, morreste essi morirebbero, morrebbero	muori morite	morto
che io salga che tu salga che egli salga che noi saliamo che voi saliate che essi salgano	che io salissi	io salirei	sali salite	salito

INFINITO	INDICATIVO			
	Presente	**Imperfetto**	**Passato remoto**	**Futuro**
105 udire	io odo tu odi egli ode noi udiamo voi udite essi odono	io udivo	io udii	io udrò tu udrai egli udrà noi udremo voi udrete essi udranno
106 uscire	io esco tu esci egli esce noi usciamo voi uscite essi escono	io uscivo	io uscii	io uscirò
107 venire	io vengo tu vieni egli viene noi veniamo voi venite essi vengono	io venivo tu venivi egli veniva noi venivamo voi venivate essi venivano	io venni tu venisti egli venne noi venimmo voi veniste essi vennero	io verrò tu verrai egli verrà noi verremo voi verrete essi verranno
108 cucire	io cucio tu cuci egli cuce noi cuciamo voi cucite essi cuciono	io cucivo	io cucii	io cucirò
109 applaudire	io applaudo, applaudisco tu applaudi, applaudisci egli applaude, applaudisce noi applaudiamo voi applaudite essi applaudono, applaudiscono	io applaudivo	io applaudii	io applaudirò
110 inferire	io inferisco tu inferisci egli inferisce noi inferiamo voi inferite essi inferiscono	io inferivo	io infersi, inferii tu inferisti egli inferse, inferì noi inferimmo voi inferiste essi infersero, inferirono	io inferirò
111 riempire	io riempio tu riempi egli riempie noi riempiamo voi riempite essi riempiono	io riempivo	io riempii	io riempirò

CONGIUNTIVO		CONDIZIONALE	IMPERATIVO	PARTICIPIO PASSATO
Presente	**Imperfetto**	**Presente**		
che io oda	che io udissi	io udrei		udito
che tu oda		tu udresti	odi	
che egli oda		egli udrebbe		
che noi udiamo		noi udremmo		
che voi udiate		voi udreste	udite	
che essi odano		essi udrebbero		
che io esca	che io uscissi	io uscirei		uscito
che tu esca			esci	
che egli esca				
che noi usciamo				
che voi usciate			uscite	
che essi escano				
che io venga	che io venissi	io verrei		venuto
che tu venga		tu verresti	vieni	
che egli venga		egli verrebbe		
che noi veniamo		noi verremmo		
che voi veniate		voi verreste	venite	
che essi vengano		essi verrebbero		
che io cucia	che io cucissi	io cucirei		cucito
che tu cucia			cuci	
che egli cucia				
che noi cuciamo				
che voi cuciate			cucite	
che essi cuciano				
che io applauda	che io applaudissi	io applaudirei		applaudito
			applaudi	
			applaudite	
che io inferisca	che io inferissi	io inferirei		inferto
che tu inferisca			inferisci	
che egli inferisca				
che noi inferiamo				
che voi inferiate			inferite	
che essi inferiscano				
che io riempia	che io riempissi	io riempirei		riempito
che tu riempia			riempi	
che egli riempia				
che noi riempiamo				
che voi riempiate			riempite	
che essi riempiano				

Verbi irregolari inglesi

Dalla lista che segue sono esclusi:

- i composti di verbi irregolari che si scrivono col trattino (per es. *baby-sit*);
- i verbi la cui *y* finale diventa *ie* quando si aggiunge la desinenza *-d* o *-s* (per es. *try*).

I verbi le cui forme irregolari si applicano solo a accezioni particolari sono segnalati con l'asterisco(*).

INFINITO	PASSATO	PARTICIPIO PASSATO
abide	abode, abided	abode, abided
arise	arose	arisen
awake	awoke	awoken
be	was/were	been
bear	bore	borne
beat	beat	beaten
become	became	become
befall	befell	befallen
beget	begot, begat ANT.	begotten
begin	began	begun
behold	beheld	beheld
bend	bent	bent
beseech	beseeched, besought	beseeched, besought
beset	beset	beset
bespeak	bespoke	bespoke, bespoken
bet	bet, betted	bet, betted
bid	bade, bid	bidden, bid
bind	bound	bound
bite	bit	bitten
bleed	bled	bled
blow	blew	blown
break	broke	broken
breed	bred	bred
bring	brought	brought
broadcast	broadcast	broadcast
browbeat	browbeat	browbeaten
build	built	built
burn	burned, burnt BE	burned, burnt BE
burst	burst	burst
bust	bust, busted BE	bust, busted BE
buy	bought	bought
cast	cast	cast
catch	caught	caught
choose	chose	chosen
cleave	cleft, cleaved, clove	cleft, cleaved, cloven
cling	clung	clung
come	came	come
cost	cost, *costed	cost, *costed
creep	crept	crept
crow	crowed, crew ANT.	crowed
cut	cut	cut
deal	dealt	dealt
dig	dug	dug
dive	dived BE, dove AE	dived
do	did	done
draw	drew	drawn
dream	dreamed, dreamt BE	dreamed, dreamt BE
drink	drank	drunk
drive	drove	driven
dwell	dwelt	dwelt
eat	ate	eaten
fall	fell	fallen
feed	fed	fed
feel	felt	felt
fight	fought	fought
find	found	found
flee	fled	fled
fling	flung	flung
floodlight	floodlit	floodlit
fly	flew	flown
forbear	forbore	forborne
forbid	forbade, forbad	forbidden
forecast	forecast	forecast
foresee	foresaw	foreseen
foretell	foretold	foretold
forget	forgot	forgotten
forgive	forgave	forgiven
forsake	forsook	forsaken
forswear	forswore	forsworn
freeze	froze	frozen
gainsay	gainsaid	gainsaid
get	got	got, gotten AE
give	gave	given
go	went	gone
grind	ground	ground
grow	grew	grown
hamstring	hamstrung	hamstrung
hang	hung, *hanged	hung, *hanged
have	had	had
hear	heard	heard
heave	heaved, *hove	heaved, *hove
hew	hewed	hewn, hewed
hide	hid	hidden
hit	hit	hit
hold	held	held
hurt	hurt	hurt
inlay	inlaid	inlaid
inset	inset	inset
interweave	interwove	interwoven
keep	kept	kept
kneel	kneeled AE, knelt	kneeled AE, knelt
knit	knitted, knit	knitted, knit
know	knew	known
lay	laid	laid
lead	led	led
lean	leaned, leant BE	leaned, leant BE
leap	leaped, leapt BE	leaped, leapt BE
learn	learned, learnt BE	learned, learnt BE
leave	left	left
lend	lent	lent
let	let	let
lie	lay	lain
light	lit, *lighted	lit, *lighted
lose	lost	lost
make	made	made
mean	meant	meant
meet	met	met
miscast	miscast	miscast
misdeal	misdealt	misdealt
mishear	misheard	misheard
mislay	mislaid	mislaid
mislead	misled	misled
misread /ˌmɪsˈriːd/	misread /ˌmɪsˈred/	misread /ˌmɪsˈred/
misspell	misspelled, misspelt BE	misspelled, misspelt BE
misspend	misspent	misspent
mistake	mistook	mistaken
misunderstand	misunderstood	misunderstood
mow	mowed	mowed, mown
outbid	outbid	outbid, outbidden AE
outdo	outdid	outdone
outgrow	outgrew	outgrown
output	output, outputted	output, outputted
outrun	outran	outrun
outsell	outsold	outsold
outshine	outshone	outshone
overbid	overbid	overbid
overcome	overcame	overcome

INFINITO	PASSATO	PARTICIPIO PASSATO
overdo	overdid	overdone
overdraw	overdrew	overdrawn
overeat	overate	overeaten
overfly	overflew	overflown
overhang	overhung	overhung
overhear	overheard	overheard
overlay	overlaid	overlaid
overlie	overlay	overlain
overpay	overpaid	overpaid
override	overrode	overridden
overrun	overran	overrun
oversee	oversaw	overseen
overshoot	overshot	overshot
oversleep	overslept	overslept
overtake	overtook	overtaken
overthrow	overthrew	overthrown
partake	partook	partaken
pay	paid	paid
plead	pleaded, pled AE	pleaded, pled AE
prove	proved	proved, proven
put	put	put
quit	quit, quitted	quit, quitted
read /ri:d/	read /red/	read /red/
rebuild	rebuilt	rebuilt
recast	recast	recast
redo	redid	redone
rehear	reheard	reheard
remake	remade	remade
rend	rent	rent
repay	repaid	repaid
reread /-ri:d/	reread /-red/	reread /-red/
rerun	reran	rerun
resell	resold	resold
reset	reset	reset
resit	resat	resat
retake	retook	retaken
retell	retold	retold
rewrite	rewrote	rewritten
rid	rid	rid
ride	rode	ridden
ring	rang	rung
rise	rose	risen
run	ran	run
saw	sawed	sawed, sawn BE
say	said	said
see	saw	seen
seek	sought	sought
sell	sold	sold
send	sent	sent
set	set	set
sew	sewed	sewn, sewed
shake	shook	shaken
shear	sheared	shorn, *sheared
shed	shed	shed
shine	shone, *shined	shone, *shined
shit	shat	shat
shoe	shod	shod
shoot	shot	shot
show	showed	shown, showed
shrink	shrank	shrunk, shrunken
shrive	shrived, shrove	shrived, shriven
shut	shut	shut
sing	sang	sung
sink	sank	sunk
sit	sat	sat
slay	slew	slain
sleep	slept	slept
slide	slid	slid
sling	slung	slung
slink	slunk	slunk
slit	slit	slit

INFINITO	PASSATO	PARTICIPIO PASSATO
smell	smelled, smelt BE	smelled, smelt BE
smite	smote	smitten
sow	sowed	sowed, sown
speak	spoke	spoken
speed	sped, *speeded	sped, *speeded
spell	spelled, spelt BE	spelled, spelt BE
spend	spent	spent
spill	spilled, spilt BE	spilled, spilt BE
spin	spun, span ANT.	spun
spit	spat	spat
split	split	split
spoil	spoiled, spoilt BE	spoiled, spoilt BE
spotlight	spotlit, spotlighted	spotlit, spotlighted
spread	spread	spread
spring	sprang	sprung
stand	stood	stood
stave	staved, stove	staved, stove
steal	stole	stolen
stick	stuck	stuck
sting	stung	stung
stink	stank	stunk
strew	strewed	strewed, strewn
stride	strode	stridden
strike	struck	struck
string	strung	strung
strive	strove	striven
sublet	sublet	sublet
swear	swore	sworn
sweep	swept	swept
swell	swelled	swollen, swelled
swim	swam	swum
swing	swung	swung
take	took	taken
teach	taught	taught
tear	tore	torn
tell	told	told
think	thought	thought
thrive	thrived, throve	thrived, thriven ANT.
throw	threw	thrown
thrust	thrust	thrust
tread	trod	trodden
underbid	underbid	underbid
undercut	undercut	undercut
undergo	underwent	undergone
underlie	underlay	underlain
underpay	underpaid	underpaid
undersell	undersold	undersold
understand	understood	understood
undertake	undertook	undertaken
underwrite	underwrote	underwritten
undo	undid	undone
unfreeze	unfroze	unfrozen
unlearn	unlearned, unlearnt BE	unlearned, unlearnt BE
unstick	unstuck	unstuck
unwind	unwound	unwound
uphold	upheld	upheld
upset	upset	upset
wake	woke	woken
waylay	waylaid	waylaid
wear	wore	worn
weave	wove, weaved	woven, weaved
wed	wedded, wed	wedded, wed
weep	wept	wept
wet	wet, wetted	wet, wetted
win	won	won
wind /waɪnd/	wound /waʊnd/	wound /waʊnd/
withdraw	withdrew	withdrawn
withhold	withheld	withheld
withstand	withstood	withstood
wring	wrung	wrung
write	wrote	written

Guida alla comunicazione
Guide to effective communication

Corrispondenza inglese

Italian correspondence

3. Vita quotidiana

4. Ricerca del lavoro

3. Everyday life

4. Seeking employment and the world of work

5. Corrispondenza commerciale

Annunci economici

Il telefono

5. Business correspondence

Italian advertisements

Using the telephone

Corrispondenza inglese

La busta

francobollo

Mr E. B. Ransome
45 Beech Crescent
READING
RG1 4P2

nome e indirizzo del destinatario sono scritti leggermente a sinistra rispetto al centro della busta

Come impostare una lettera

2 Grampian Close
HELENSBURGH
G84 7PP ······ **mittente**

30th June 2003 ······ **data**

destinatario ······ Scottish Property Services Ltd
3 Union Terrace
GLASGOW
G12 9PQ

intestazione ······ Dear Sirs,

oggetto ······ 2 Grampian Close, Helensburgh

I wish to inform you of my intention to terminate the tenancy agreement for the above property signed on 1st April 1999. In accordance with the terms of the agreement, I am giving three months' notice of my proposed date of departure, October 1st 2003.

I would be very grateful if you could let me know the arrangements for checking the inventory, returning the keys and reclaiming my deposit.

······ **corpo della lettera**

formula di chiusura ······ Yours faithfully,

firma ······ V. F. Cassels

V. F. Cassels

How to address an envelope

affix the stamp here

Gent.mo
Dott. Mario Raffaelli
Piazza Ludovico Ariosto, 4
90124 PALERMO

name and address of addressee should always be on the right-hand side of the envelope

How to lay out a letter

Spett.le Società
Oceano verde
Piazza Medusa, 3
LAMPEDUSA

addressee

date Vicenza, 22 giugno 2003

opening formula Spettabile Società Oceano verde,

sono l'aiutante di macchina Valerio Brusin. Ho letto il Vostro annuncio relativo a 3 posti di aiutante di macchina da utilizzare sulle Vostre navi-traghetto ("Gazzettino" del 20.6.2003) e offro la mia disponibilità a ricoprire tale incarico.

Faccio presente di avere maturato in questi anni lunga pratica ed esperienza nel settore specifico e di essere in atto impiegato presso il Cantiere navale di Trieste, con il compito di manutentore.

Vi informo inoltre che potrei essere disponibile ad assumere servizio a partire dal 15 luglio c.a.

Contestualmente a questa lettera, invio formale domanda di partecipazione alla selezione.
Grato per l'attenzione con cui vorrete considerare la mia domanda, rimango in attesa di una Vostra risposta.

body of the letter

I miei migliori saluti.

closing formula

signature Valerio Brusin

(Valerio Brusin)

sender Valerio Brusin
Via Sacchetti, 36
36100 Vicenza
Tel. 0444-63 57 89
e-mail vbrusin@tin.it

Corrispondenza privata

Per annunciare un matrimonio

Flat 3
2 Charwell Villas
45 Grimsby Road
Manchester M23

3rd June 2003

Dearest Suzanne,

I thought I'd write to tell you that James and I are getting married! The date we have provisionally decided on is August 9th and I do hope you will be able to make it.

The wedding is going to be here in Manchester and it should be quite grand, as my mother is doing the organizing.
I only hope the weather won't let us down, as there's going to be an outdoor reception. My parents will be sending you a formal invitation, but I wanted to let you know myself.

All my love,

Julie

Invito a un matrimonio

23 via Santa Croce
Florence
Italy

30 April 2003

Dear Oliver,

Kate and I are getting married soon after we return to the UK – on June 20th. We would like to invite you to the wedding. It will be at my parents' house in Hereford, probably at 2.30pm, and there will be a party afterwards, starting at about 8pm. You are welcome to stay the night as there is plenty of room, though it would help if you could let me know in advance.

Hope to see you then,

Best wishes,

Giorgio

Felicitazioni per un matrimonio

Les Rosiers
22 Avenue des Epines
95100 Argenteuil
France

22/8/03

Dear Joe,

Thanks for your letter. I was delighted to hear that you two are getting married, and I'm sure you'll be very happy together. I will do my best to come to the wedding, it'd be such a shame to miss it.

I think your plans for a small wedding sound just the thing, and I feel honoured to be invited.
I wonder if you have decided where you are going for your honeymoon yet? I look forward to seeing you both soon. Sarah sends her congratulations.

Best wishes,

Eric

Per annunciare una nascita

26 James Street
Oxford
OX4 3AA

22 May 2003

Dear Charlie,

We wanted to let you know that early this morning Julia Claire was born. She weighs 7lbs 2oz, and she and Harriet are both very well. The birth took place at home, as planned.

It would be wonderful to see you, so feel free to come and visit and meet Julia Claire whenever you want. (It might be best to give us a ring first, though). It would be great to catch up on your news too. Give my regards to all your family, I haven't seen them for such a long time.

Looking forward to seeing you,

Nick

Announcing a wedding in the family

Giulio e Maria Di Giovine *partecipano il matrimonio* *della figlia Luisa* *con* *Alberto Lino*	*Angelo e Carla Lino* *partecipano il matrimonio* *del figlio Alberto* *con* *Luisa Di Giovine*

La cerimonia sarà celebrata
nella Chiesa della Magione
Viale Ippocrate, 15
Roma, 14 settembre 2003 - ore 18

Roma *Via Feo, 2*	*Roma* *Via Casa, 3*

Invitation to a wedding

Alberto e Luisa

dopo la cerimonia
saluteranno parenti e amici
nel Salone delle feste
Roma, via Bosco, 11

R.S.V.P.

Congratulations on a wedding

Napoli, 25 agosto 2003

Carissimi Giulio e Maria,

ci ha fatto veramente piacere ricevere la partecipazione di nozze di Luisa e Alberto. Sarete certamente molto felici: Alberto è davvero un ottimo ragazzo. Immaginiamo che avrete mille cose da fare per i preparativi. Per fortuna la casa è già pronta!

Se la salute ce lo permette (Giovanni si è rimesso completamente ormai), saremo felici di venire al matrimonio. Potremo così fare i nostri auguri direttamente agli sposi. Per ora, date a Luisa un grosso abbraccio da parte nostra.

A presto

Liliana e Giovanni

Announcing the birth of a baby

Piero e Margherita con la piccola Alice
annunciano la nascita di

Luca

26 novembre 2003

Auguri di buon anno

Flat 3, Alice House
44 Louis Gardens
London W5.

January 2nd 2003

Dear Arthur and Gwen,

Happy New Year! This is just a quick note to wish you all the best for the year 2003. I hope you had a good Christmas, and that you're both well. It seems like a long time since we last got together.

My New Year should be busy as I am trying to sell the flat. I want to buy a small house nearer my office and I'd like a change from the flat since I've been here nearly six years now. I'd very much like to see you, so why don't we get together for an evening next time you're in town? Do give me a ring so we can arrange a date.

With all good wishes from

Lance

Riposta agli auguri di buon anno

19 Wrekin Lane
Brighton
BN7 8QT

6th January 2003

My dear Renée,

Thank you so much for your letter and New Year's wishes. It was great to hear from you after all this time, and to get all your news from the past year.
I'll write a "proper" reply later this month, when I've more time. I just wanted to tell you now how glad I am that we are in touch again, and to say that if you do come over in February I would love you to come and stay — I have plenty of room for you and Maurice.

All my love,

Helen

Invito per un week-end

12 Castle Lane
Barcombe
Nr Lewes
Sussex BN8 6RJ
Phone: 01273 500520

3 June 2003

Dear Karen,

I heard from Sarah that you have got a job in London. Since you're now so close, why don't you come down and see me? You could come and spend a weekend in the country, it'd be a chance for a break from city life.

Barcombe is only about an hour's drive from where you live and I'd love to see you. How about next weekend or the weekend of the 28th? Give me a ring if you'd like to come.

All my love,

Lucy

Risposta ad un invito (tra amici)

14a Ark Street
Wyrral Vale
Cardiff
CF22 9PP
Tel: 029-2055 6544

19 July 2003

Dearest Sarah,

It was good to hear your voice on the phone today, and I thought I'd write immediately to say thank you for inviting me to go on holiday with you. I would love to go.

The dates you suggest are fine for me.
If you let me know how much the tickets cost I will send a cheque straight away.
I'd love to see California, and am very excited about the trip and, of course, about seeing you.

Thanks again for suggesting it.

Love,

Eliza

Good wishes for the New Year

15 dicembre 2003

Tanti cari auguri di un Felice Anno Nuovo!
Che il nuovo anno porti a te
e alla tua famiglia salute e felicità.
Un augurio speciale e un bacino
all'ultima nata, la piccola Rebecca.

zio Domenico e zia Gianna

Thanks for New Year wishes

Torino, 6 gennaio 2004

Carissimi zii,

grazie per il vostro biglietto di auguri, che ricambiamo di cuore. Ci scusiamo, ma quest'anno non siamo riusciti a sentire nessuno per le feste. Come potete immaginare, Rebecca occupa tutto il nostro tempo! Per fortuna sta bene e cresce a vista d'occhio. Vi salutano anche mamma e papà.

Un abbraccio

Anna, Stefano e Letizia

Invitation to visit

13 aprile 2003

Caro Carlo,

per il ponte del 25 aprile Enrico ed io abbiamo organizzato una piccola riunione di amici da noi in montagna. Saremmo felici di averti con noi. Ci saranno Fabrizio e Irene, Lele, Giacomo e Marina, e Silvia, che porterà una sua amica francese. Saremo un po' strettini, ma ci sarà da divertirsi. Abbiamo in programma una mega grigliata!

Spero tu possa venire. Facci sapere qualcosa appena possibile.

Salutoni

Roberta

Accepting an invitation: informal

Carissimi Gigi e Lucia,

abbiamo ricevuto il vostro invito e siamo molto contenti di poter venire per il prossimo week-end. Ci fa davvero piacere rivedervi. Avremo un sacco di novità da raccontarvi. Probabilmente arriveremo un po' tardi: come sapete uscire da Milano il venerdì pomeriggio è un'impresa. Vi faremo comunque sapere qualcosa telefonicamente.

A presto

Marco e Tiziana

Invito a cena

Ms L Hedley
2 Florence Drive, London SW1Z 9ZZ

Friday 13 July 2003

Dear Alex,

Would you be free to come to dinner with me when you are over in England next month? I know you'll be busy, but I would love to see you. Perhaps you could give me a ring when you get to London and we can arrange a date? Hope to see you then.

Best wishes,

Lena

Risposta a un invito a cena

Mr and Mrs P. Leeson
Ivy Cottage
Church Lane
HULL HU13

7th April 2003

Mr and Mrs Leeson thank Mr and Mrs Jackson for their kind invitation to their daughter's wedding and to the reception afterwards, but regret that a prior engagement prevents them from attending.

Risposta a un invito (negativa)

c/o Oates
Hemingway House
Eliot Street
Coventry CV2 1EE

March 6th 2003

Dear Dr Soames,

Thank you for your kind invitation to dinner on the 19th. Unfortunately, my plans have changed somewhat, and I am leaving England earlier than I had expected in order to attend a literary conference in New York. I am sorry to miss you, but perhaps I could call you next time I am in England, and we could arrange to meet.

Until then, kindest regards,

Michael Storey

Risposta a un invito (tra conoscenti)

c/o 99 Henderson Drive
Inverness IV1 1SA

16/6/03.

Dear Mrs Mayhew,

It is very good of you to invite me to dinner and I shall be delighted to come on July 4th.

I am as yet uncertain as to where exactly I shall be staying in the south, but I will phone you as soon as I am settled in London in order to confirm the arrangements.

With renewed thanks and best wishes,

Yours sincerely,

Sophie Beauwerie

Invitation to a party

Perugia, 2 maggio 2003

Ciao Luca,

come ti va la vita? Come già saprai,
Lorenzo si sposa il 25 di questo mese.
Si è fatto accalappiare anche lui!
Per fortuna noi ancora resistiamo.
Abbiamo pensato di organizzare una festa
di addio al celibato, venerdì 23 sera.
Deve essere una sorpresa, perciò
non farti venire in mente di chiamarlo
per chiedergli chiarimenti! Forse viene
pure Tommy, che è in Italia per lavoro.
Devi assolutamente venire.
Senza di te non sarà una vera festa.
Chiamami subito.

Matteo

Declining an invitation: formal

Maria Grazia Loiacono

Sono spiacente di non poter partecipare all'inaugurazione del Centro Interculturale, in quanto sarò a Lyon per un convegno dal 25 al 27 settembre. Mi congratulo con il professor Ferrari e con tutto lo staff del Centro. Sarò felice di dare il mio contributo per future iniziative.

C.so XX Settembre 73
00189 Roma
06 44765821
mgloiacono@tin.it

Declining an invitation

Brescia, 9 giugno 2003

Caro Sandro,

ci dispiace moltissimo non poter partecipare alla vostra festa. Purtroppo Giancarlo ha un impegno di lavoro che lo tratterrà in Germania anche nel fine settimana. Già da tempo avevo deciso di accompagnarlo, e ormai non posso più disdire.
Speriamo di poterci vedere alla prossima occasione. Magari potreste venirci a trovare un fine settimana a Desenzano. Saremo lì per tutto luglio. La casa non è grande, ma abbiamo una stanza per gli ospiti e saremmo felici di avervi con noi.
Un abbraccio a tutti.

Eleonora

Accepting an invitation: formal

Genova, 17 aprile 2003

Caro Professore,

è stato veramente gentile da parte Sua invitarmi a cena il prossimo sabato.
Verrò molto volentieri.
Sono ansioso di conoscere di persona il professor Parodi, di cui ho letto quasi tutte le pubblicazioni.

I miei più cordiali saluti.

Riccardo De Maria

Condoglianze (formali)

Larch House
Hughes Lane
Sylvan Hill
Sussex
22 June 2003

Dear Mrs Robinson,

I would like to send you my deepest sympathies on your sad loss. It came as a great shock to hear of Dr Robinson's terrible illness, and he will be greatly missed by everybody who knew him, particularly those who, like me, had the good fortune to have him as a tutor.
He was an inspiring teacher and a friend I am proud to have had. I can only guess at your feelings. If there is anything I can do please do not hesitate to let me know.

With kindest regards,
Yours sincerely,

Malcolm Smith

Risposta a condoglianze (formali)

55A Morford Lane
Bath
BA1 2RA

4 September 2003.

Dear Mr Bullwise,

I am most grateful for your kind letter of sympathy. Although I am saddened by Rolf's death, I am relieved that he did not suffer at all.

The funeral was beautiful. Many of Rolf's oldest friends came and their support meant a lot to me. I quite understand that you could not come over for it, but hope you will call in and see me when you are next in the country.

Yours sincerely,

Maud Allen

Condoglianze (informali)

18 Giles Road
Chester CH1 1ZZ
Tel: 01244 123341

May 21st 2003

My dearest Victoria,

I was so shocked to hear of Raza's death. He seemed so well and cheerful when I saw him at Christmas time.
It is a terrible loss for all of us, and he will be missed very deeply. You and the children are constantly in my thoughts.

My recent operation prevented me from coming to the funeral and I am very sorry about this. I will try to come up to see you at the beginning of July, if you feel up to it. Is there anything I can do to help?

With much love to all of you
from

Penny

Risposta a condoglianze (informali)

122 Chester Street
Mold
Clwyd
CH7 1VU

15 November 2003

Dearest Rob,

Thank you very much for your kind letter of sympathy. Your support means so much to me at this time.

The whole thing has been a terrible shock, but we are now trying to pick ourselves up a little. The house does seem very empty.

With thanks and very best wishes from us all,

Love,

Elizabeth

Condolences: formal

Firenze, 27 novembre 2003

Caro Dottor Morigi,

ho appreso con dolore la notizia della scomparsa della signora Lina. Sapevo che era malata, ma non pensavo fosse così grave. Ricorderò sempre la sua umanità e la sua squisita gentilezza. Purtroppo mi è impossibile partecipare al funerale perché sarò fuori città per lavoro. La prego comunque di accettare le mie più sincere condoglianze.

Emilio Pinchiorri

Thanks for condolences: formal

Firenze, 3 dicembre 2003

Caro Dottor Pinchiorri,

desidero ringraziarLa per la Sua dimostrazione di affetto. La scomparsa di Lina lascia un vuoto incolmabile. Fortunatamente trovo grande consolazione nelle mie due figlie (Elena somiglia tanto alla madre) e nei nipoti. Tuttavia, questo è per me un momento molto difficile da superare.
La Sua manifestazione di amicizia mi è pertanto particolarmente gradita. Ancora grazie.

Cari saluti

Umberto Morigi

Condolences: informal

Senigallia, 22 marzo 2003

Carissima Ida,

ho saputo da tua sorella la notizia della scomparsa di Lucio. Sono profondamente addolorata. Ti faccio le mie più sincere condoglianze. Franco e io ti siamo vicini. Purtroppo so che cosa vuol dire perdere una persona cara.
Siamo a tua disposizione, qualsiasi cosa tu abbia bisogno. Chiamaci o scrivici appena te la senti.

Con tanto affetto

Maria Teresa

Thanks for condolences: informal

29 marzo 2003

Cara Maria Teresa,

la tua lettera mi è stata di grande conforto e te ne ringrazio veramente. Sono ancora confusa.
È passato così poco tempo. La casa mi sembra vuota e io giro per le stanze senza sapere bene che fare. Mia sorella vuole che vada a stare da lei per un po'. Se così fosse, potremmo vederci lì a Senigallia.
Ora comunque ho ancora varie cose da sbrigare qui. Sai bene anche tu che ci sono tante pratiche e tanta burocrazia. Ogni volta è un dolore rinnovato, ma si deve fare.
La vita va avanti. Spero di poter superare questo momento, anche grazie ad amici come te e Franco.

Spero di sentirti presto.

Un abbraccio

Ida

Ringraziamenti per un invito

75/9A Westgate
Wakefield
Yorks

30/9/03

Dear Mr and Mrs Frankel,

It was very kind of you to invite me to William's 21st birthday party and I am especially grateful to you for letting me stay the night. I enjoyed myself very much indeed, as did everyone else as far as I could tell.

In the hurry of packing to leave, I seem to have picked up a red and white striped T-shirt. If you let me know where to send it, I'll put it in the post at once. My apologies.

Many thanks once again.

Yours,

Julia (Robertson)

Ringraziamenti per un regalo di nozze

Mill House
Mill Lane
Sandwich
Kent
CT13 OLZ

June 1st 2003

Dear Len and Sally,

We would like to thank you most warmly for the lovely book of photos of Scotland that you sent us as a wedding present. It reminds us so vividly of the time we spent there and of the friends we made.

It was also good to get all your news. Do come and see us next time you are back on leave - we have plenty of room for guests.

Once again many thanks, and best wishes for your trip to New Zealand.

Kindest regards from

Pierre and Francine

Frasi utili

Formule di apertura

Scrivendo a conoscenti, la formula di apertura più comune è *Dear*.

Ad amici o familiari:

- *My dearest Alexander*
- *Darling Katie*

A una famiglia o a più persone insieme:

- *Dear all*

Frasi utili

Thank you for your letter [inviting, offering, confirming]

I am very grateful to you for [letting me know, offering, writing]

It was so kind of you to [write, invite, send]

Many thanks for [sending, inviting, enclosing]

I am writing to tell you that ...

I am writing to ask you if ...

I am delighted to announce that ...

I was delighted to hear that ...

I am sorry to inform you that ...

I was so sorry to hear that ...

Formule di chiusura

A conoscenti o in lettere formali:

- *Best wishes*, o *With best wishes*
- *Kindest regards*

Ad amici o familiari:

- *All my love*
- *All the best*
- *Love (from)*
- *Lots of love*
- *Much love*, o *With love*
- *Love from us both*
- *See you soon*
- *Once again many thanks*
- *I look forward to seeing you soon*
- *With love and best wishes*
- *With love to you all*
- *Paul sends his love to you both*
- *Do give my kindest regards to Sylvia*

Thanking for hospitality

Bari, 17 settembre 2003

Cara Signora Di Giovine,

desidero ringraziarla ancora una volta per avermi ospitato nella sua bella casa in occasione del matrimonio di Luisa. Pur conoscendo Luisa dai tempi dell'università, non avevo mai avuto il piacere di conoscere voi. Siete una famiglia davvero ospitale e simpaticissima. Nonostante il trambusto del matrimonio, ho ricevuto un'accoglienza veramente speciale.

Spero di poter rivedere presto Luisa e tutti voi.

Ancora grazie di tutto.

Anna

Thanking for a wedding gift

Roma, 1 ottobre 2003

Cara Anna,

eccoci di nuovo a casa, di ritorno dal viaggio di nozze! Abbiamo visto posti magnifici. Spero ti sia arrivata la cartolina. Volevo ringraziarti ancora una volta per la bellissima cornice che ci hai regalato. Mamma ha fatto sviluppare le foto del matrimonio mentre noi eravamo via e l'abbiamo già utilizzata. Sta benissimo sulla scrivania. Ora ti aspetto nella nostra nuova casa. Lo so che non sei vicinissima, ma se ti capita di venire a Roma devi assolutamente venire a trovarmi.

Un bacione e a risentirci presto

Luisa

Useful phrases

Letter openings

The standard opening greeting for personal correspondence is *Caro/Cara*

Affectionate variations for very close friends and family:

- *Mio caro Paolo/Mia cara Paola*
- *Carissimo Paolo/Carissima Paola*
- *Paolo carissimo/Paola carissima*
- *Ciao, Paola* (very informal)

To a whole family or group

- *Carissimi*
- *Cari amici*

Useful phrases

Grazie/Ti ringrazio [della tua lettera, dell'invito, del regalo, di avermi invitato ...]
Mi ha fatto molto piacere ricevere la tua lettera/il tuo invito
Ho appena ricevuto la tua lettera, che mi ha fatto molto piacere ...
Ti scrivo per [farti sapere che, invitarti a ...]
Ti volevo scrivere da tanto tempo ma ...
Scusa se rispondo così in ritardo, ma ...
Finalmente trovo un momento per scriverti
Volevo ringraziarti per
Ho saputo [da XY] che
Sono felice di farti sapere che
Mi dispiace molto [non poter venire, che tu non possa ...]
Sono spiacente di [non poter venire, dover rifiutare ...]
Devo purtroppo farti sapere che/darti una brutta notizia
Ho appreso con dolore [la notizia di, che ...]

Closures

For acquaintances and formal situations:

- *I miei migliori saluti*
- *Cordiali saluti*
- *Cordialmente*
- *Voglia gradire i miei migliori saluti*
- *Le porgo i miei migliori saluti*

Affectionate variations for close friends and family:

Cari saluti
Tanti cari saluti
Un caro saluto
Affettuosi saluti
Salutoni (very informal)
Con affetto
Baci
Baci e abbracci
Un abbraccio
Bacioni (very informal)
A presto
A risentirci presto
Ciao

Cartoline

Having a wonderful time on and off the piste. Skiing conditions ideal and we've even tried snowboarding.
The local food and wine are delicious,especially the fondue.
See you soon,

Jo and Paul

Mr and Mrs S. Mitchell
The Old Forge
7 Wilson Street
CIRENCESTER
GLOS
GL12 9PZ
UNITED KINGDOM

Dear Jess,

The beaches here in Crete are great and the nightlife is brilliant! We've hired mopeds to get about locally, but hope to fit in a couple of day- trips to see some of the sights.

College and exams certainly seem very far away!

Lots of love,

Louise and Paul

Jessica Norton
45 Gibson Avenue
DURHAM
DH1 3NL
UNITED KINGDOM

Postcards

Saluti da Palma!
Tempo splendido, spiagge favolose.
Come sta Mao? Grazie ancora per aver accettato di tenerlo da voi, non avremmo saputo come fare altrimenti.
A presto

Baci

Eugenio e Paola

Gent. Famiglia
Leone
Piazza Italia, 4
35100 Padova

CIAO!

Ci stiamo divertendo molto: le piste sono fantastiche e Fede ha persino provato lo snowboard (con risultati disastrosi!).
Vi racconteremo tutto al nostro ritorno.

Saluti e un bacio a Mattia

Claudia e Federico

Lucia e Carlo Dini
Via Annunziata 18/c
51100 Pistoia

A un corrispondente: invito

23 Av. Rostand
75018 Paris
France

5th June 2003

Dear Katrina,

I am writing to ask you if you would like to come and stay with my family here in Paris. We live in a pretty suburb, and my school is nearby. If you come we can go into the centre of Paris and do some sightseeing, as well as spending some time in my neighbourhood, which has a big outdoor swimming pool and a large shopping centre.

It would suit us best if you could come in August. If you say yes, my mother will write to your mother about details - it would be nice if you could stay about two weeks. I would be so happy if you could come.

Love from

Florence

Alla famiglia di un corrispondente: informazioni

15 Durrer Place
Herne Bay
Kent CT6 2AA
Phone: (01227) 7685

29-4-03

Dear Mrs Harrison,

It was good of you to invite Jane to go to Italy with you. She really is fond of Freda and is very excited at the thought of the holiday.

The dates you suggest would suit us perfectly. Could you let me know how much spending money you think Jane will need? Also, are there any special clothes she should bring?

Yours sincerely,

Lisa Holland

Alla famiglia di un corrispondente: ringraziamenti

97 Jasmine Close
Chelmsford
Essex
CM1 5AX

4th May 2003

Dear Mr and Mrs Newlands,

Thank you very much once again for taking me on holiday with you. I enjoyed myself very much indeed, especially seeing so many new places and trying so many delicious kinds of food.

My mum says I can invite Rachel for next year, when we shall probably go to Majorca. She will be writing to you about this.

Love from

Hazel

Invito a passare le vacanze insieme

Stone House
Wilton Street
Bingham

Tel: 01949 364736

20th May 2003

Dear Malek and Lea,

Thanks for your postcard - great news that you'll be home in June. Will you have some leave then? Anne and I were thinking of spending a couple of weeks in Provence in July, and wondered if you'd like to come with us? We could rent a house together.

If you'd like to come, let us know as soon as possible and we can sort out dates and other details. Hope you'll say yes! I'm quite happy to make all the arrangements.

Lots of love from us both,

Mukesh

Arranging an exchange visit

Dublino, 2 aprile 2003

Cari Giulio e Daniela,

abbiamo appena ricevuto la vostra lettera. Siamo davvero contenti di ospitare vostra figlia da noi nel periodo tra il 10 e il 31 luglio e di mandare da voi nostro figlio Kilian in agosto, possibilmente dal 2 al 17.

Kilian ha 16 anni e studia italiano a scuola. È un ragazzo sportivo: gli piace fare trekking, nuotare e giocare a calcio.

Vi preghiamo di confermare le date della permanenza di Kilian appena possibile, poiché dobbiamo prenotare il volo.

Vi ringraziamo e vi inviamo i nostri più cordiali saluti

U. Farrelly

Una e Dan Farrelly
28, Leeson Drive
Artane
Dublin 5
Ireland

Making travel plans

Londra, 15 giugno 2003

Cara Signora Cambini,

ho appena ricevuto la Sua lettera: sono lieto che possiate andare a prendere Lucy all'aeroporto venerdì sera. Lucy aveva paura di non riuscire a raggiungere casa vostra da sola, e anch'io sono più tranquillo sapendo che ci sarete voi. Vi comunicheremo il numero del volo e l'ora esatta dell'arrivo non appena lo sapremo.

Lucy è facilmente riconoscibile: è molto alta e ha i capelli rossi. In ogni caso, ho allegato una fotografia.

Se non vi dispiace, telefoneremo venerdì stesso per sapere se è arrivata bene.

Grazie ancora per la vostra disponibilità. Sono sicuro che Lucy si troverà molto bene.

Cordiali saluti

John Smith

Thanking the host family

Londra, 1 luglio 2003

Cara Signora Cambini,

volevo ringraziarla ancora per le bellissime vacanze che ho trascorso con voi a Livorno. Non dimenticherò mai le belle gite a Firenze e nella campagna toscana, le giornate al mare, e tutti i nuovi amici. Ho così tanti bei ricordi che continuo a parlare dell'Italia a tutti. Papà e mamma sono molto contenti e vorrebbero che tornassi anche l'anno prossimo. Mi piacerebbe tanto! Spero quindi che ci rivedremo.

Un caro saluto a tutti

Lucy

Invitation to a holiday together

18 maggio 2003

Carissimi Ale e Renzo,

vi scrivo per farvi sapere che abbiamo finalmente comperato il camper tanto desiderato. Non è grandissimo, ma per noi due è più che sufficiente. I ragazzi ormai sono grandi e non ne vogliono più sapere di venire in vacanza con noi. Così abbiamo pensato: perché non facciamo finalmente quel famoso viaggio insieme di cui parliamo da tanto tempo? Quando avete le ferie quest'anno? Noi abbiamo tre settimane tra la fine di luglio e ferragosto. Se le date coincidono si potrebbe davvero combinare. Corrado proponeva il nord della Spagna, fino a Santiago de Compostela. Che ne dite?

Fateci sapere qualcosa. Sarei davvero felice se accettaste.

Un abbraccio

Carla

Per proporre uno scambio di case

4 Longside Drive
Knoley
Cambs
CB8 5RR
Tel: 01223 49586

May 13th 2003.

Dear Mr and Mrs Candiwell,

We found your names listed in the 2001 "Owners to Owners" handbook and would like to know if you are still taking part in the property exchange scheme.

We have a 3-bedroomed semi-detached house in a quiet village only 20 minutes' drive from Cambridge. We have two boys aged 8 and 13. If you are interested, and if three weeks in July or August would suit you, we would be happy to exchange references.

We look forward to hearing from you.

Yours sincerely,

John and Ella Valedict

John and Ella Valedict

Per accettare uno scambio di case

Trout Villa
Burnpeat Road
Lochmahon
IZ99 9ZZ

(01463) 3456554

5/2/03

Dear Mr and Mrs Tamberley,
Further to our phone call, we would like to confirm our arrangement to exchange houses from August 2nd to August 16th inclusive. We enclose various leaflets about our area.

As we mentioned on the phone, you will be able to collect the keys from our neighbours the Brownes at 'Whitley House' (see enclosed plan).

We look forward to a mutually enjoyable exchange.

Yours sincerely,

Mr & Mrs R. Jones

Mr and Mrs R. Jones

All'ente turismo

3 rue du Parc
56990 Lesmoines
France

4th May 2003

The Regional Tourist Office
3 Virgin Road
Canterbury
CT1A 3AA

Dear Sir/Madam,

Please send me a list of local hotels and guest houses in the medium price range.
Please also send me details of local coach tours available during the last two weeks in August.

Thanking you in advance,

Yours faithfully,

J Lepied

Jean Lepied

Richiesta di informazioni a un'agenzia di viaggi

97 Duthie Avenue
ABERDEEN
AB1 2GL

2nd January 2003

Mandala Tours Ltd
27 Wellington Street
NOTTINGHAM
N5 6LJ

Dear Sir or Madam,

I would be grateful if you could forward me a copy of the brochure "Trekking Holidays in Nepal 2003", which I saw advertised in the December 2002 issue of The Rambler.

I look forward to hearing from you.

Yours faithfully

Sue Davies

S. Davies

Offering a house exchange

Torino, 31 maggio 2003

Gentile Signora Palmas,

sono venuto a sapere da comuni conoscenti, i signori Ledda, che Lei avrebbe intenzione di scambiare la Sua casa a Santa Teresa con una casa in montagna. Noi abbiamo una villetta con giardino a Bardonecchia, e saremmo interessati allo scambio per la prima quindicina di agosto. La Sardegna ci piace molto, in particolare la costa della Gallura, quindi Santa Teresa sarebbe l'ideale per noi.

Se la proposta Le interessa, ci farebbe piacere avere una foto e una descrizione della casa. Noi provvederemmo a nostra volta a mandare foto e descrizione della nostra. Le anticipo che noi saremmo in quattro: mia moglie ed io, mia figlia di 13 anni e mia suocera. Nella nostra villetta c'è posto per cinque persone.

In attesa di una Sua risposta, porgo i miei più cordiali saluti

Paolo Masoero

Paolo Masoero
Via Mugello 12
10100 Torino

tel: 011-5789034

Responding to an offer of a house exchange

Santa Teresa, 9 giugno 2003

Caro Signor Masoero,

ho ricevuto la lettera in cui proponeva di scambiare la mia casa con la Sua villetta in montagna. Lo scambio mi interesserebbe molto. Ho dei parenti a Torino, e potrei approfittare per andarli a trovare. Peccato però che le date proposte non vadano bene per me. Io e mio marito abbiamo le ferie nella seconda metà di luglio.

Le mando lo stesso alcune foto della casa. Forse possiamo comunque metterci d'accordo, magari per l'anno prossimo. Sarei lieta di mantenere i contatti con voi.

Cordiali saluti

Francesca Palmas

Francesca Palmas
Via Chiesa 8
07028 Santa Teresa di Gallura
(SS)

Enquiry to the tourist office

Azienda Autonoma di Soggiorno e Turismo
delle isole Eolie
Via Roma 22
98055 Lipari

Gentili Signori,

mia moglie ed io vorremmo trascorrere una settimana di vacanze alle isole Eolie. Vi sarei pertanto grato se poteste inviarmi tutta la documentazione disponibile su hotel, ristoranti, traghetti e località di interesse turistico. Desidererei anche un calendario delle manifestazioni culturali per il mese di settembre.

Vi ringrazio in anticipo per le Vostre informazioni.

Cordiali saluti

Thomas McIntire

Thomas McIntire
4, Maple Road
Inverness IV1 1SA
GB

Enquiry to a tour operator

Eurovacanze
V.le Mazzini 16
12051 Alba

Gentili Signori,

ho letto sulla rivista "Pane e vino" che siete specializzati in itinerari enogastronomici nelle Langhe. Desidererei ricevere materiale informativo e prezzi relativi a un soggiorno di quattro giorni in agriturismo per due persone per il mese di ottobre. Vi sarei grato inoltre se poteste darmi indicazioni sulla possibilità di noleggiare un'auto. Indicativamente, vorremmo arrivare in aereo all'aeroporto di Torino, e da lì raggiungere le Langhe in auto.

Nell'attesa di una Vostra risposta, porgo i miei migliori saluti.

Vittorio Serra

Vittorio Serra
Via Po 164
04100 Latina

Per prenotare una camera d'albergo

35 Prince Edward Road
Oxford OX7 3AA
Tel: 01865 322435

The Manager
Brown Fox Inn
Dawlish
Devon

23rd April 2003

Dear Sir or Madam,

I noticed your hotel listed in the "Inns of Devon" guide for last year and wish to reserve a double (or twin) room from August 2nd to 11th (nine nights). I would like a quiet room at the back of the Hotel, if one is available.

If you have a room free for this period please let me know the price, what this covers, and whether you require a deposit.

Yours faithfully,

Geo, Sand.

Per annullare una prenotazione

35, rue Dumas
58000 Nevers
France

16 March 2003

The Manager
The Black Bear Hotel
14 Valley Road
Dorchester

Dear Sir or Madam,

I am afraid that I must cancel my booking for August 2nd-18th. I would be very grateful if you could return my £50.00 deposit at your early convenience.

Yours faithfully,

Agnès Andrée.

Per dare in affitto una casa di vacanze

Mrs M Henderson
333a Sisters Avenue
Battersea
London SW3 0TR
Tel: 020-7344 5657

23/4/03

Dear Mr and Mrs Suchard,

Thank you for your letter of enquiry about our holiday home. The house is available for the dates you mention. It has three bedrooms, two bathrooms, a big lounge, a dining room, a large modern kitchen and a two-acre garden. It is five minutes' walk from the shops. Newick is a small village near the Sussex coast, and only one hour's drive from London.

The rent is £250 per week; 10% (non-refundable) of the total amount on booking, and the balance 4 weeks before arrival. Should you cancel the booking, after that, the balance is returnable only if the house is re-let. Enclosed is a photo of the house. We look forward to hearing from you soon.

Yours sincerely,

Margaret Henderson

Margaret Henderson

Per prendere in affitto una casa di vacanze

23c Tollway Drive
Lydden
Kent
CT33 9ER
(01304 399485)

4th June 2003

Dear Mr and Mrs Murchfield,

I am writing in response to the advertisement you placed in "Home Today" (May issue). I am very interested in renting your Cornish cottage for any two weeks between July 28th and August 25th. Please would you ring me to let me know which dates are available?

If all the dates are taken, perhaps you could let me know whether you are likely to be letting out the cottage next year, as this is an area I know well and want to return to.

I look forward to hearing from you.

Yours sincerely,

Michael Settle.

Booking a hotel room

Hotel Villa Fiorita
Viale dei Pini 60
18038 San Remo

Egregi Signori,

Vi ringrazio per il dépliant e le informazioni che mi avete inviato. Data la Vostra disponibilità di camere per il periodo da me indicato, vorrei prenotare una camera matrimoniale, possibilmente con vista sul parco. Vorremmo una sistemazione a mezza pensione. Vi prego inoltre di riservarmi un posto auto nel Vostro garage.

Attendo una Vostra conferma e indicazioni precise per il versamento dell'acconto.

Distinti saluti

Walter Borella

Walter Borella
C.so Cicerone 156/A
27100 Pavia

Cancelling a hotel booking

Hotel Adige
Via S. Rocchino 17
37121 Verona

Todi, 13 giugno 2003

Gentili Signori,

sono spiacente di dover disdire, causa motivi di salute, la camera da me prenotata per il 21 e 22 c.m. Vi sarei grata se poteste farmi sapere se ho diritto al rimborso, almeno parziale, dell'acconto da me versato.

Vi prego di accettare le mie scuse per l'inconveniente.

Cordiali saluti

Laura Sartori

Letting your house

Pizzo Calabro, 19 maggio 2003

Gentile Signora Del Monte,

ho ricevuto oggi la Sua richiesta di informazioni. Come potrà vedere dalle foto allegate, la casa che affittiamo è una villetta indipendente, completamente arredata, a 100 metri dal mare, composta da due camere, soggiorno, cucinotta e doppi servizi. I posti letto disponibili sono cinque. L'affitto per il mese di settembre è di 400 euro a settimana, per un minimo di due settimane.

Se è interessata, Le consiglio di prenotare quanto prima, perché le richieste per settembre sono piuttosto numerose. Resto a Sua completa disposizione per ulteriori informazioni.

Cordiali saluti

Antonio Iuliano

Antonio Iuliano

Renting a holiday house

Immobiliare "Mare e sole"
Via Sant'Isidoro 14
62017 Porto Recanati

Vicenza, 27 marzo 2003

Egregi signori,

vorrei avere informazioni su appartamenti per le vacanze a Porto Recanati per i primi venti giorni di agosto. Cerco una casa con quattro posti letto, possibilmente non distante dal mare. Ho un cane, quindi è indispensabile che siano ammessi animali domestici.

Vi sarei grato se poteste mandarmi una descrizione dettagliata, possibilmente corredata da fotografie, di appartamenti che soddisfino le mie richieste, con prezzi e condizioni di locazione.

Resto in attesa di una Vostra cortese risposta.

Distinti saluti

Valerio Brusin

Valerio Brusin

Valerio Brusin
Via Sacchetti 36
36100 Vicenza

Per prenotare una piazzola per roulotte

10 Place Saint Jean
32340 Les Marais
France

25th April 2003

Mr and Mrs F. Wilde
Peniston House
Kendal
Cumbria
England

Dear Mr and Mrs Wilde,

I found your caravan site in the Tourist Board's brochure and would like to book in for three nights, from July 25th to 28th. I have a caravan with a tent extension and will be coming with my wife and two children.
Please let me know if this is possible, and if you require a deposit. Would you also be good enough to send me instructions on how to reach you from the M6?

I look forward to hearing from you.

Yours sincerely,

John Winslow

Per avere informazioni su un campeggio

22 Daniel Avenue
Caldwood
Leeds LS8 7RR
Tel: 0113 9987676

3 March 2003

Dear Mr Vale,

Your campsite was recommended to me by a friend, James Dallas, who has spent several holidays there. I am hoping to come with my two boys aged 9 and 14 for three weeks this July.

Would you please send me details of the caravans for hire, including mobile homes, with prices and dates of availability for this summer. I would also appreciate some information on the area, and if you have any brochures you could send me this would be very helpful indeed.

Many thanks in advance.

Yours sincerely,

Frances Goodheart.

Per richiedere il programma di un teatro

3 Cork Road
Dublin 55
Ireland
Tel: (01) 3432255

23/5/03

The Manager
Plaza Hotel
Old Bromwood Lane
Victoria
London

Dear Sir or Madam,

My wife and I have booked a room in your hotel for the week beginning 14th July 2003. We would be very grateful if you could send us the theatre listings for that week, along with some information on how to book tickets in advance. If you are unable to provide this information, could you please advise us on where we could get it from? We are looking forward to our visit very much.

Yours faithfully,

Ryan Friel

Per richiedere biglietti di teatro

188 Place
Goldman
75003 Paris
France

2.3.03

The Box Office
Almer Theatre
Rittenhouse Square
Philadelphia PA 19134

Dear Sir or Madam,

I will be visiting Philadelphia on the 23rd of this month for one week and would like to book two tickets for the Penn Theatre Company's performance of Soyinka's The Bacchae.

I would prefer tickets for the 25th, priced at $20 each, but if these are not available, the 24th or 28th would do. My credit card is American Express, expiry date July 2005, number: 88488 93940 223.

If none of the above is available, please let me know as soon as possible what tickets there are.

Yours faithfully,

Madeleine C. Duval

Booking a caravan site

Campeggio "Gli oleandri"
Strada Santa Maddalena 3
57020 Marina di Bibbona

Gentili Signori,

conosco già il vostro campeggio per esservi stato lo scorso anno. Vorrei prenotare anche quest'anno, dal 2 al 17 agosto, una piazzola per la nostra roulotte (lunghezza m 6,30, timone incluso) con allaccio luce e, se ancora disponibili, servizi in piazzola. Preferirei un posto tranquillo, possibilmente non troppo vicino alla piscina e alla zona animazione.

Resto in attesa di una Vostra conferma.

Cordiali saluti

Luca Rossi

Luca Rossi

Luca Rossi
Via Solferino 23
46043 Castiglione delle Stiviere
(MN)

Enquiry to a camp site

Villaggio Camping "Ciao"
Via del Mare 18
64026 Roseto degli Abruzzi

Egregi Signori,

il Vostro campeggio mi è stato segnalato dall'Ufficio del turismo di Roseto. Vorrei avere indicazioni precise sul prezzo di bungalow o case mobili per due persone per il mese di settembre. Vorrei inoltre sapere se sono ammessi animali (abbiamo due cani di piccola taglia). Infine, avendo il campeggio una spiaggia privata, è possibile prenotare anche sdraio e ombrellone?

Ringraziando anticipatamente porgo i miei migliori saluti

Angelo Righi

Angelo Righi
C.so Caduti per la Libertà 1/E
20129 Milano
tel: 02-56741083

Asking for a theatre programme listing

Fondazione Arena di Verona
Servizio Biglietteria
Via Dietro Anfiteatro 6b
37121 Verona

Gentili Signori,

Vi sarei grato se voleste inviarmi il programma della stagione 2004, nonché tutte le informazioni necessarie relative a orari, prezzi dei biglietti e acquisto in prevendita.

In attesa di una Vostra cortese risposta porgo i miei distinti saluti

M Guerra

Michele Guerra

Michele Guerra
Via Tevere 35
60027 Osimo (AN)

Ordering theatre tickets

Festival dei Due Mondi
Box Office
Piazza della Libertà 12
Spoleto

Egregi Signori,

desidero prenotare cinque posti per il Macbeth, in scena al Teatro Nuovo il 4 luglio 2003, nonché quattro posti per il giorno seguente per lo spettacolo di danza in scena al Teatro Romano. Se disponibili, vorrei dei posti sulla stessa fila, o comunque vicini. Qualora non vi fossero posti per i giorni indicati, Vi pregherei di proporre delle date alternative.

Non appena riceverò una Vostra conferma, vi farò pervenire il numero di carta di credito su cui addebitare l'importo.

Distinti saluti

Elisabetta Ferri

Elisabetta Ferri
Via Santa Caterina 38
59100 Prato

Vita quotidiana

Per avere informazioni su un circolo di tennis

101 Great George St
Leeds
LS1 3TT
Tel: 0113 567167

3 February 2003

Mr Giles Grant
Hon. Secretary
Lorley Tennis Club
Park Drive South
Leeds LS5 7ZZ

Dear Mr Grant,

I have just moved to this area and am interested in joining your tennis club. I understand that there is a waiting list for full membership and would be glad if you could let me have information on this. A telephone call would do: I tried to phone you but without success. If you require references we can provide these from the tennis club we belonged to in Edinburgh.

Yours sincerely,

Leonard Jones

Per annullare un abbonamento

Flat 1,
Corwen House,
CARDIFF
CF2 6PP

22nd February 2003

Subscriptions Manager
Natural World Magazine
Zoom Publishing Ltd.
PO Box 14
BIRMINGHAM
B18 4JR

Dear Sir or Madam,

Subscription No. NWM/1657
I am writing to inform you of my decision to cancel my subscription to Natural World Magazine after the March 2003 issue. This is due to the increase in subscription renewal rates announced in your February issue. I have issued instructions to my bank to cancel my direct debit arrangement accordingly.

Yours faithfully,

Francesca Devine

A un giornale: per un'iniziativa umanitaria

SCOTTISH–RURITANIAN COMMITTEE
1 Bute Drive
Edinburgh EH4 7AE
Tel: (0131) 776554
Fax: (0131) 779008

September 5th 2003

The Editor
"The Castle Review"
21 Main St
Edinburgh EH4 7AE

Dear Madam,

I would be glad if you would allow me to use your columns to make an appeal on behalf of the Scottish-Ruritanian Support Fund.

Following the recent tragic events in Ruritania, gifts of money, clothing and blankets are most urgently needed, and may be sent to the fund at the above address. We now have at our disposal two vans in which we intend to transport supplies to the most hard-hit areas, leaving on September 22nd.

Thank you.

Yours faithfully,

Mary Dunn

(Prof.) Mary Dunn

Lettera ai vicini

97 Kiln Road

5/5/2003

Dear Neighbour,

As I am sure you are aware, there has been a sharp increase in the number of lorries and heavy goods vehicles using our residential street as a shortcut to the Derby Road industrial estate. There have already been two serious accidents, and it has become very dangerous for children to play outside or cross the road. There is also considerable noise nuisance, increased pollution, and damage to the road surface.
You are invited to an informal meeting at No. 97 Kiln Road to discuss petitioning the local council for traffic calming measures and a lorry ban. I hope that you can come along and support this initiative.

Yours,

Paul Norris

Enquiry to the tennis club

Club tennistico "La racchetta"
Viale del Parco 81
34100 Trieste

24-2-2003

Gentili Signori,

mi sono da poco trasferito in Italia per lavoro e dovrò risiedere per due anni a Trieste, a partire dal prossimo aprile. Sono un appassionato giocatore di tennis, e il vostro club mi è stato segnalato da un mio collega, il Dott. Kezich. Desidererei conoscere le condizioni e le tariffe di iscrizione.

Sono ancora alla ricerca di una casa, per cui vi prego di indirizzare la documentazione presso il Dott. Kezich al seguente indirizzo: Guglielmo Kezich - Via B. Spaventa 78 - Trieste.

Spero di poter presto far parte della vostra associazione.

Cordiali saluti

Guy Hines

To a magazine: cancelling a subscription

Mamme e Bimbi
Servizio abbonamenti
C.so U. Foscolo 135
00189 Roma

Bari, 1 dicembre 2003

Egregi signori,

con la presente Vi informo che non intendo rinnovare l'abbonamento alla Vostra rivista per l'anno 2004. Ritengo che l'aumento di prezzo annunciato per il prossimo anno sia davvero eccessivo. Vi prego pertanto di non inviare il nuovo bollettino di sottoscrizione.

Distinti saluti

Emma Fortunato

To a newspaper: asking for support

Associazione Shalom
ONLUS
Via San Francesco d'Assisi 7
44100 Ferrara

Dott. Mauro Casadei
L'Eco del Delta
Via Mulino Vecchio 4
44100 Ferrara

5-9-2003

Caro Direttore,

come Lei sa, la nostra associazione organizza ogni anno un piccolo Festival Multietnico, per promuovere l'integrazione degli immigrati nel nostro paese e lo scambio interculturale. Anche quest'anno il programma del festival prevede proiezione di film, serate gastronomiche dedicate a varie cucine del mondo (mediorientale, marocchina, brasiliana, ecc.), concerti di musica etnica e una mostra fotografica. Il ricavato verrà utilizzato per avviare dei corsi di lingua italiana per stranieri presso la nostra associazione.

Le saremmo riconoscenti se, come già lo scorso anno, volessere dedicare spazio a questo evento sul Suo giornale. Allegato troverà un programma dettagliato della manifestazione.

Per qualsiasi ulteriore chiarimento, resto a Sua completa disposizione.

La ringrazio anticipatamente per l'attenzione che vorrà accordarci.

Un sincero e cordiale saluto

Tommaso Laurenti

Tommaso Laurenti

Letter to local residents

Ai Condomini del Complesso "Francia 22"

Rivoli, 2 ottobre 2003

Cari Condomini,

come già sapete, ci sono stati recentemente numerosi casi di effrazione e furti nei locali cantine e nei garage del nostro complesso residenziale. La situazione è preoccupante, e merita di essere presa in considerazione. Vorrei inoltre richiamare la vostra attenzione sul fatto che sempre più spesso vengono fatti entrare cani nel giardino interno comune, con conseguenze facilmente immaginabili. Propongo pertanto di riunirci per discutere le suddette questioni, ed eventualmente indire un'assemblea condominiale straordinaria, sabato 4 c.m. alle ore 19 nell'androne del numero 22b.

Cordiali saluti

Pierpaolo Martino

A un notaio, a proposito dell'acquisto di una casa

10 Avenue de Nilly
33455 Leroyville
France

4.5.03

Ms Roberta Ellison
Linklate & Pair, Solicitors
16 Vanley Road
London SW3 9LX

Dear Ms Ellison,

You have been recommended to me by Mr Francis Jackson of Alfriston, and I am writing to ask if you would be prepared to act for me in my purchase of a house in Battersea. I enclose the estate agent's details of the property, for which I have offered £196,000. This offer is under consideration.

Please would you let me have an estimate of the total cost involved, including all fees. I would also like to know the amount I will have to pay in council tax each year.

I should be grateful to learn that you are willing to represent me in this matter.

Yours sincerely,

Teresa Beauvoir (Ms)

A un notaio per un'eredità

14 Rue Zola
75015 Paris
France

April 3rd 2003

Ms J Edgar
Loris & Jones Solicitors
18 St James Sq
London W1

Dear Ms Edgar,

Thank you for your letter of 20.3.03, concerning the money left to me by my aunt, Arabella Louise Edmonds. As I am now living in Paris, I would be grateful if you could forward the balance to my French bank. I enclose my bank details.

Thank you for your help.

Yours sincerely,

S. Roland Williams

Encl.

Lettera di preavviso al padrone di casa

2 Grampian Close
HELENSBURGH
G84 7PP
30th June 2003

Scottish Property Services Ltd
3 Union Terrace
GLASGOW
G12 9PQ

Dear Sirs,

2 Grampian Close, Helensburgh

I wish to inform you of my intention to terminate the tenancy agreement for the above property signed on 1st April 1999. In accordance with the terms of the agreement, I am giving three months' notice of my proposed date of departure, October 1st 2003. I would be very grateful if you could let me know the arrangements for checking the inventory, returning the keys and reclaiming my deposit.

Yours faithfully,

V. F. Cassels

V. F. Cassels

A una compagnia di assicurazioni

Flat 2
Grant House
Pillward Avenue
Chelmsford CM1 1SS

3rd January 2003

Park-Enfield Insurance Co
22 Rare Road
Chelmsford
Essex CM3 8AA

Dear Sirs,

On 2nd January my kitchen was damaged by a fire owing to a faulty gas cooker. Fortunately, I was there at the time and was able to call the fire brigade straight away, but the kitchen sustained considerable damage, from flames and smoke.

My premium number is 277488349/YPP. Please would you send me a claim form as soon as possible.

Yours faithfully,

Mark Good

Writing to an estate agent about a house purchase

Dott. Domenico Soriano
Immobiliare Soriano e Frola
C.so Dante 11
Acerra

4 febbraio 2003

Egregio Dott. Soriano,

con la presente Le confermo la mia intenzione di conferirLe la procura ad agire a mio nome nell'acquisto di una casa d'abitazione e di un terreno nel comune di Acerra, secondo le indicazioni già in Suo possesso. Ho già provveduto a informare il Notaio De Filippo, presso il quale depositerò detta procura. Spero vorrà comunicarmi con cortese sollecitudine i risultati delle Sue ricerche.

Distinti saluti

Sofia Marturano

Sofia Marturano

To a solicitor about a legacy

Palermo, 22 gennaio 2003

Egregio Notaio Piccolomini,

ho ricevuto la Sua lettera, in cui comunicava la disposizione testamentaria secondo la quale la defunta mia zia Annarosa Ricci della Salina mi lascia erede di tutti i suoi gioielli.

Confermo la data del 30 gennaio, ore 10.45 per un appuntamento presso il Suo studio. La prego di farmi sapere se sono necessari documenti particolari, e in caso affermativo quali.

Voglia gradire i miei migliori saluti

Maria Rosaria Ricci

Maria Rosaria Ricci

Giving written notice to a landlord

Luigi Spina
C.so Tirreno 19
19100 La Spezia

La Spezia, 17 gennaio 2003

Egregio Signor Spina,

con la presente Le comunico che il 22 aprile c.a. lascerò libero l'appartamento di Via Verdi 40, che occupo con regolare contratto di affitto quadriennale dal gennaio 1999. Non intendo quindi rinnovare il suddetto contratto.

Mi dichiaro a Sua disposizione per fissare un appuntamento per la consegna delle chiavi. Mi permetto inoltre di ricordarLe che, avendo dato disdetta con i tre mesi di anticipo previsti dal contratto, ho diritto alla restituzione della caparra da me versata nel 1999.

In attesa di un Suo cortese riscontro porgo i miei migliori saluti

Sandro Pulvirenti

Sandro Pulvirenti

Sandro Pulvirenti
Via Verdi 40
19100 La Spezia

To an insurance company about a claim

Eurassicura
Piazza Cavour 6
14100 Asti

29-3-03

Spett.le Eurassicura,

la sottoscritta Grazia Barbero, intestataria della polizza incendio e furto AK47568-9, dichiara che:

in data 28 marzo 2003 ha subito il furto della sua auto FIAT Multipla targata CA 456 GR, che aveva lasciato posteggiata in Piazza Risorgimento – Asti. Il furto è stato denunciato presso la Stazione dei Carabinieri di Via Mercato Nuovo – Asti. La dichiarante allega copia della suddetta denuncia.

Vogliate pertanto procedere alle pratiche di rimborso secondo i termini previsti dalla polizza incendio e furto.

Distinti saluti

Grazia Barbero

Grazia Barbero

Grazia Barbero
Via degli Orafi 37
14100 Asti

Richiesta di rimborso a un'agenzia di viaggi

Flat 3,
Nesbit Lodge,
Goldsmith Crescent
BATH
BA7 2LR

16/8/03

The Manager
Summersun Ltd
3 Travis Place
SOUTHAMPTON
SO19 6LP

Dear Sir,

Re: Holiday booking ref p142/7/2003

I am writing to express my dissatisfaction with the self-catering accommodation provided for my family at the Hellenos Holiday Village, Samos, Greece, from 1-14 August 2003.
On arrival, the accommodation had not been cleaned, the refrigerator was not working and there was no hot water. These problems were pointed out to your resort representative Marie Finch, who was unable to resolve them to our satisfaction. We were forced to accept a lower standard of accommodation, despite having paid a supplement for a terrace and sea view. This detracted significantly from our enjoyment of the holiday.
I would appreciate it if you would look into this matter at your earliest convenience with a view to refunding my supplement and providing appropriate compensation for the distress suffered.

Yours faithfully,

Patrick Mahon

A una banca, a proposito di un addebito

23 St John Rd
London EC12 4AA

5th May 2003

The Manager
Black Horse Bank
Bow Rd
London EC10 5TG

Dear Sir,

I noticed on my recent statement, that you are charging me interest on an overdraft of £65.
I assume this is a mistake, as I have certainly had no overdraft in the last quarter.

My account number is 0077-234-88.
Please rectify this mistake immediately, and explain to me how this could have happened in the first place.

I look forward to your prompt reply,

Yours faithfully,

Dr J. M. Ramsbottom

A una ditta per lamentare un ritardo

19 Colley Terrace
Bingley
Bradford

Tel: 01274 223447

4.5.03

Mr J Routledge
'Picture This'
13 High End Street
Bradford

Dear Mr Routledge,

I left a large oil portrait with you six weeks ago for framing. At the time you told me that it would be delivered to me within three weeks at the latest. Since the portrait has not yet arrived I wondered if there was some problem?

Would you please telephone to let me know what is happening, and when I can expect the delivery? I hope it will not be too long, as I am keen to see the results.

Yours faithfully,

Mrs. J J Escobado

A una ditta per lamentare lavori mal eseguiti

112 Victoria Road
Chelmsford
Essex CM1 3FF

Tel: 01245 33433

Allan Deal Builders
35 Green St
Chelmsford
Essex CM3 4RT

ref. WL/45/LPO 13/6/2003

Dear Sirs,

I confirm my phone call, complaining that the work carried out by your firm on our patio last week is not up to standard. Large cracks have already appeared in the concrete area and several of the slabs in the paved part are unstable. Apart from anything else, the area is now dangerous to walk on.

Please send someone round this week to re-do the work. In the meantime I am of course withholding payment.

Yours faithfully,

W. Nicholas Cotton

To a tour operator: requesting a refund

Spett.le Sunny Tour
V.le Magellano 95
20129 Milano

Monza, 8 settembre 2003

Egregi Signori,

Vi scrivo per esprimere il più vivo disappunto per la serie di increscìosi inconvenienti occorsimi durante la crociera "Perle del Mediterraneo", da me effettuata dal 30/8 al 7/9 2003.

Al momento dell'imbarco al porto di Genova il 30 agosto, la cabina da me prenotata risulta assegnata a un'altra persona. Poiché il mio nome misteriosamente non compare sul registro di bordo accetto, seppure a malincuore, di occupare un'altra cabina, di classe inferiore. Detta cabina non ha un letto matrimoniale, come avevo richiesto, ma due letti singoli e, quel che è peggio, l'acqua calda della doccia non funziona. La doccia non è mai stata riparata e abbiamo dovuto lavarci con l'acqua fredda per tutta la crociera. Scopro inoltre che la piscina di bordo non è utilizzabile perché in riparazione. Per quanto riguarda infine le gite a terra, gli orari e i programmi non sono mai stati rispettati.

Non posso certo dichiararmi soddisfatto, e converrete che io abbia diritto a un rimborso, quanto meno della differenza di prezzo della cabina. Ho scelto Sunny Tour perché pensavo fosse un tour operator affidabile, ma la mia esperienza non depone certo a Vostro favore.

Spero vogliate quanto prima provvedere al rimborso richiesto.

Distinti saluti

Marco Granata

Marco Granata

Marco Granata
Piazza Vittorio Emanuele 5
20052 Monza

To a bank: disputing bank charges

Al Direttore dell'Agenzia 5
Cassa Rurale della Maremma
Via Roma 5
Orbetello

Orbetello, 8 agosto 2003

Egregio Direttore,

ho notato ieri controllando il mio estratto conto (c.c. 73458/05, intestato a Del Rosso Giacomo e Liverani Agnese), che mi è stato addebitato un interesse passivo di 27 euro. Il mio conto non è mai stato scoperto, né ho fatto operazioni che comportino il pagamento di tale somma, sicché non può che trattarsi di un errore della banca.

La prego pertanto di verificare e rifondermi i 27 euro.

Distinti saluti

Giacomo Del Rosso

Giacomo Del Rosso

To the builders: complaining about delay

Spett.le Impresa Edilmar
Via degli Orti 1
Savona

Savona, 17 marzo 2003

Spett.le Impresa,

in seguito a una mia visita al cantiere di Viale Cuneo 8, sono venuto a sapere dal capocantiere, il signor Cataldo, che la fine dei lavori, e conseguentemente la consegna degli alloggi, verrà sicuramente differita.
Mi permetto di ricordare che devo lasciare libera l'abitazione in cui attualmente risiedo il 3 giugno. La Vostra impresa si era impegnata a consegnare gli alloggi entro il 2 maggio. Se il ritardo nella consegna si protrarrà, mi vedrò costretto a restare nella mia attuale abitazione oltre il termine previsto. In tal caso, mi rivolgerò a un legale per richiedere all'Edilmar il pagamento di una penale, nei termini previsti dalla legge.

Resto in attesa di un Vostro riscontro.

Distinti saluti

Pietro Colombo

Pietro Colombo

To the builders: complaining about quality of work

Impresa Ristrutturazioni F.lli Sanna
Via Madonna delle Rose 12
Quartu Sant'Elena

1-9-03

Spett.le Impresa,

come da comunicazione telefonica, provvedo a inviare per iscritto l'elenco delle modifiche da effettuare, in seguito a Vostra errata esecuzione, nella mia casa di Villasimius, Via Gramsci 3.

– sostituzione del piatto doccia 70x70 con uno 60x90
– sostituzione delle piastrelle rotte durante la posa
– installazione del lavabo a colonna nel bagno di servizio e del lavabo a incasso nel bagno padronale (cioè invertendoli rispetto all'attuale installazione)

Resta inteso che eventuali spese aggiuntive, ad esempio per l'acquisto di nuove piastrelle, saranno a Vostro carico.
Non potendo controllare personalmente l'esecuzione dei lavori, poiché ormai ritornato a Roma, delego tale compito al signor Gavino Lai, che provvederà a contattarVi.

Distinti saluti

Antonio Moroni

Antonio Moroni

Giustificazione a un'insegnante

23 Tollbooth Lane
Willowhurst

20th March 2003

Dear Mrs Hoskins,
Please excuse my son Alexander's absence from school from the 17th to the 19th March. He was suffering from an ear infection and was unfit for school. I would also be grateful if you would excuse him from swimming lessons this week.
Yours sincerely,

Briony Hooper

Informazioni per l'iscrizione a una scuola

3 Rue Joséphine
75000 Paris
France

2nd April 2003

Mr T Allen, BSc, DipEd.
Headmaster
Twining School
Walton
Oxon
OX44 23W

Dear Mr Allen,

I shall be moving to Walton from France this summer and am looking for a suitable school for my 11-year-old son, Pierre. Pierre is bilingual (his father is English) and has just completed his primary schooling in Paris. Your school was recommended to me by the Simpsons, whose son Bartholomew is one of your pupils.

If you have a vacancy for next term, please send me details. I shall be in Walton from 21 May, and could visit the school any time after that to discuss this with you.

Yours sincerely,

Marie-Madeleine Smith (Mrs)

A una università

43 Wellington Villas
York
YO6 93E

2.2.03

Dr T Benjamin,
Department of Fine Arts
University of Brighton
Falmer Campus
Brighton
BN3 2AA

Dear Dr Benjamin,

I have been advised by Dr Kate Rellen, my MA supervisor in York, to apply to pursue doctoral studies in your department.

I enclose details of my current research and also my tentative Ph.D proposal, along with my up-to-date curriculum vitae, and look forward to hearing from you. I very much hope that you will agree to supervise my Ph.D. If you do, I intend to apply to the Royal Academy for funding.

Yours sincerely,

Alice Nettle

Richiesta di informazioni su tariffe

MACKINLEY & CO
19 Purley Street
London SW16AA
Tel: 020-8334 2323
Fax: 020-8334 2343

12 March 2003

Professor D Beavan
Department of Law
South Bank University
London SW4 6KM

Dear Professor Beavan,

We have been sent a leaflet from your department announcing various vacation courses for students of Business Studies. Many employees of our firm are interested in such courses and we have a small staff development budget which could help some of them to attend.

We would be glad to have a full list of the fees for the courses, with an indication of what is included. For instance, are course materials charged extra, can students lodge and take their meals on campus and, if so, what are the rates?

Yours sincerely,

Dr Maria Georges
Deputy Head of Personnel Training

To a teacher about sick child's absence

10 marzo 2003

La prego di giustificare l'assenza di cinque giorni, dal 3 al 7 marzo, di mia figlia Sara Tardelli. La bambina ha contratto la varicella. Allego il certificato medico.

Voglia accettare i miei migliori saluti.

Patrizia Pace Tardelli

To a school about admission

Gent.ma Direttrice
Istituto Santa Rosalia
Via del Convento 1
Catania

12 giugno 2003

Gentilissima Direttrice,

il prossimo anno scolastico mia figlia Maria Cristina dovrà iniziare la scuola media. Poiché abitiamo in campagna, in una località piuttosto isolata, preferirei non fare viaggiare ogni giorno la bambina e trovarle una sistemazione come allieva interna in codesto Istituto.
Mia moglie, Graziella Chinnici, è stata Vostra allieva, e ricorda sempre con piacere gli anni trascorsi al Santa Rosalia.
Le sarei grato quindi se potesse informarmi sulle condizioni dell'internato e sulla retta. Mi farebbe inoltre piacere, se fosse possibile, visitare la scuola.

In attesa di una cortese risposta voglia gradire i miei migliori saluti

Alfonso Limoni

To a university about admission

Università per Stranieri di Perugia
Ufficio Relazioni con lo Studente
Piazza Fortebraccio 4
Perugia

Washington, 8 aprile 2003

Egregi Signori,

sono un cittadino degli Stati Uniti, studente di italiano alla Columbia University, dove sto per conseguire la laurea (BA). Sarei interessato a iscrivermi a Perugia per seguire il corso di laurea in insegnamento della lingua e della cultura italiana a stranieri.

Vi sarei grato se poteste farmi avere tutte le informazioni necessarie sulle modalità di iscrizione e sulle borse di studio disponibili.

Distinti saluti

S. Evans

S. Evans

Stephen Evans
3136 P Street NW
Washington, DC, 20007
USA

Enquiring about prices

Rossi e Zanetti S.p.A.
Componentistica Auto
Strada Industria 85
40125 Bologna

Scuola di lingue Globe
Via N. Tommaseo 3b
40125 Bologna

17-11-03

Egregi Signori,

la nostra ditta intende far seguire ai propri dipendenti dei corsi di inglese e di tedesco, a partire dal gennaio 2004. Le persone interessate sarebbero in totale 45, con diversi livelli di competenza nelle due lingue.

Vi saremmo grati se poteste indicarci i prezzi per:

- corsi intensivi di tedesco
- corsi intensivi di inglese
- corsi di gruppo di inglese commerciale

Ci interesserebbe inoltre sapere se potete effettuare i corsi presso la nostra sede.

Restiamo in attesa di una Vostra cortese risposta.

Distinti saluti

Tiziano Piccioni

Tiziano Piccioni
Direttore del personale

Ricerca del lavoro

Per richiedere uno stage

Rue du Lac, 989
CH-9878 Geneva
Switzerland

5th February 2003

Synapse & Bite Plc
3F Well Drive
Dolby Industrial Estate
Birmingham BH3 5FF

Dear Sirs,

As part of my advanced training relating to my current position as a junior systems trainee in Geneva, I have to work for a period of not less than two months over the summer in a computing firm in Britain or Ireland. Having heard of your firm from Mme Grenaille who worked there in 2001, I am writing to you in the hope that you will be able to offer me a placement for about eight weeks this summer.

I enclose my C.V. and a letter of recommendation.

Hoping you can help me, I remain,

Yours faithfully,

Madeleine Faure

Encls.

Per proporsi per un lavoro (come insegnante)

B.P. 3091
Pangaville
Panga

6th May 2003

Mrs J Allsop
Lingua School
23 Handle St
London SE3 4ZK

Dear Mrs Allsop,

My colleague Robert Martin, who used to work for you, tells me that you are planning to appoint extra staff this September.
I am currently teaching French as a Foreign Language as part of the French Government's "cooperation" course in Panga which finishes in June.

You will see from my CV (enclosed) that I have appropriate qualifications and experience. I will be available for interview after the 22nd June, and may be contacted after that date at the following address:

c/o Lewis
Dexter Road
London NE2 6K2
Tel: 020 7335 6978

Yours sincerely,

Jules Romains

Encl.

Per proporsi per un lavoro (come architetto d'interni)

23 Bedford Mews
Dock Green
Cardiff
CF 23 7UU
029-2044 5656

2nd August 2003

Marilyn Morse Ltd
Interior Design
19 Churchill Place
Cardiff CF4 8MP

Dear Sir or Madam,

I am writing in the hope that you might be able to offer me a position in your firm as an interior designer. As you will see from my enclosed CV, I have a BA in interior design and plenty of experience. I have just returned from Paris where I have lived for 5 years, and I am keen to join a small team here in Cardiff.

I would be happy to take on a part-time position until something more permanent became available. I hope you will be able to make use of my services, and should be glad to bring round a folio of my work.

Yours faithfully,

K J Dixon (Mrs)

Encls.

Risposta a un annuncio per assunzione

16 Andrew Road
Inverness IV90 OLL
Phone: 01463 34454

13th February 2003

The Personnel Manager
Pandy Industries PLC
Florence Building
Trump Estate
Bath BA55 3TT

Dear Sir or Madam,

I am interested in the post of Deputy Designer, advertised in the "Pioneer" of 12th February, and would be glad if you could send me further particulars and an application form.

I am currently nearing the end of a one-year contract with Bolney & Co, and have relevant experience and qualifications, including a BSc in Design Engineering and an MSc in Industrial Design.

Thanking you in anticipation, I remain,

Yours faithfully,

A Aziz

Looking for a placement

Università degli Studi di Torino
Facoltà di Lettere e Filosofia
Ufficio Job Placement
Via Vanchiglia 23
Torino

Torino, 11 marzo 2003

Oggetto: Stage Aldebaran Edizioni

Egregi Signori,

in riferimento alla proposta di stage (Stage Aldebaran Edizioni) invio in allegato il mio curriculum vitae et studiorum, restando a disposizione per ulteriori informazioni o comunicazioni.

Distinti saluti

Chiara Bongiovanni

Chiara Bongiovanni

Enquiring about jobs

Spett.le ABC Edizioni
Via I Maggio 25
20124 Milano

c.a. Direttore editoriale

27 ottobre 2003

Egregio Direttore,

sottopongo alla Sua attenzione il mio curriculum vitae, affinché possa prendere in considerazione un'eventuale mia collaborazione con la ABC Edizioni.

Come può vedere dal c.v., sono attualmente impiegata presso un'agenzia di traduzioni, ma vivamente motivata a trovare una nuova occupazione. Sono particolarmente interessata al settore editoriale: ritengo di avere le competenze necessarie per un'attività redazionale e/o di revisione traduzioni. Conosco e apprezzo il catalogo ABC Edizioni, in particolare la collana di narrativa straniera per le scuole.

Grata per l'attenzione che vorrà concedermi porgo distinti saluti

Valeria Giraudo

Valeria Giraudo

Looking for a job

Spett.le Studio P&C
Via Giovanni XXIII 8
Novara

Novara, 7 novembre 2003

Egregi Signori,

di ritorno da Lione, dove ho trascorso sei mesi presso l'architetto Dubois in seguito al conferimento di una borsa di studio postlaurea, mi propongo alla Vostra ditta come architetto di interni.
Come potrete constatare dal curriculum allegato, ho potuto durante questi sei mesi accumulare esperienze sul campo. Allego una lettera di referenze dell'architetto Dubois, che attesta il mio impegno. Ritengo di poter dare un valido contributo al Vostro studio.
Grato per l'attenzione con cui vorrete considerare la mia proposta, resto in attesa di un Vostro cortese riscontro.

Distinti saluti

Enrico Bertini

Enrico Bertini

Enrico Bertini
Via G. Marconi, 33
28100 Novara

Replying to a job ad

Leonardi e Notari s.a.s.
Via Picchi 43
Lucca

c.a. Direttore del Personale

Lucca, 6 febbraio 2003

Egregio Direttore,

ho letto su "Il Tirreno" del 4 febbraio l'annuncio relativo a un posto di grafico presso la Vostra ditta e offro la mia disponibilità a ricoprire tale incarico. Come può verificare nel curriculum allegato, sono attualmente impiegata presso la Tipografia Lucchese, con contratto a tempo determinato. Tale contratto scadrà il 7 aprile di quest'anno. Ritengo di avere maturato lunga pratica ed esperienza nel settore specifico, e di possedere quindi i requisiti necessari per poter proficuamente collaborare con la Leonardi e Notari.
Grata dell'attenzione con cui vorrà considerare la mia domanda, rimango in attesa di una Sua risposta.

Distinti saluti

Elisa Siniscalchi

Elisa Siniscalchi

Ricerca di una ragazza alla pari

89 Broom St
Linslade
Leighton Buzzard
Beds
LU7 7TJ
4th March 2003

Dear Julie,

Thank you for your reply to our advertisement for an au pair. Out of several applicants, I decided that I would like to offer you the job.

Could you start on the 5th June and stay until the 5th September when the boys go back to boarding school?

The pay is £50 a week and you will have your own room and every second weekend free. Please let me know if you have any questions.

I look forward to receiving from you your confirmation that you accept the post.

With best wishes,
Yours sincerely,

Jean L Picard

Ricerca di lavoro come ragazza alla pari

2, Rue de la Gare
54550 Nancy
France
(33) 03 87 65 47 92

15 April 2003

Miss D Lynch
Home from Home Agency
3435 Pine Street
Cleveland, Ohio 442233

Dear Miss Lynch,

I am seeking summer employment as an au pair. I have experience of this type of work in Britain but would now like to work in the USA. I enclose my C.V, and copies of testimonials from three British families.

I would be able to stay from the end of June to the beginning of September. Please let me know if I need a work permit, and if so, whether you can get one for me.

Yours sincerely,

Alice Demeaulnes

Encls.

Richiesta di referenze

8 Spright Close
Kelvindale
Glasgow GL2 0DS

Tel: 0141-357 6857

23rd February 2003

Dr M Mansion
Department of Civil Engineering
University of East Anglia

Dear Dr Mansion,

As you may remember, my job here at Longiron & Co is only temporary. I have just applied for a post as Senior Engineer with Bingley & Smith in Glasgow and have taken the liberty of giving your name as a referee.

I hope you will not mind sending a reference to this company should they contact you. With luck, I should find a permanent position in the near future, and I am very grateful for your help.

With best regards,
Yours sincerely,

Helen Lee.

Ringraziamento per le referenze

The Stone House
Wallop
Cambs
CB13 9R2

8/9/03

Dear Capt. Dominics,

I would like to thank you for writing a reference to support my recent application for the job as an assistant editor on the Art Foundation Magazine.

I expect you'll be pleased to know that I was offered the job and should be starting in three weeks' time. I am very excited about it and can't wait to start.

Many thanks once again,

Yours sincerely,

Molly (Valentine)

Offering a job as an au pair

Ancona, 10 giugno 2003

Gentile Signora Russo,

ho saputo dalla mia cara amica Rosanna Del Monte che sua figlia Sabrina vorrebbe trovare un lavoretto per i mesi estivi. Io sto cercando una ragazza disposta a venire con noi nella nostra casa al mare per badare ai miei due bambini: Davide, di 6 anni, e Marta, di 3. So che Sabrina ha già avuto esperienze come baby-sitter, per cui penso che potrebbe essere la persona adatta. Avrebbe vitto, alloggio (con una stanza per sé) e 180 euro a settimana, per tutta la durata delle vacanze scolastiche.

Rosanna mi ha parlato di voi come di un'ottima famiglia, e mi ha assicurato che Sabrina è una ragazza seria e responsabile. Spero quindi che vorrà prendere in considerazione la mia offerta.

La prego di farmi sapere qualcosa quanto prima.

I miei migliori saluti

Marina Straccia

Marina Straccia
C.so Giulio Cesare 80
60124 Ancona
tel: 347-9562394

Applying for a job as an au pair

Reading, 17 aprile 2003

Gentile Signora Castoldi,

i Suoi dati mi sono stati comunicati dall'agenzia "Au Pair International", che mi ha detto di scriverLe direttamente.

Sarei interessata a un posto come ragazza alla pari in Italia per la prossima estate (fino a tre mesi).

Come può vedere nel curriculum allegato, studio italiano all'università e ho già una certa esperienza come baby-sitter.

Spero che vorrà considerare la mia candidatura.

La ringrazio anticipatamente e porgo cordiali saluti

S. Kendall

Sally Kendall
5, Tackley Place
Reading RG2 6RN
England

Asking for a reference

1 settembre 2003

Chiarissimo Professor Aldobrandini,

in questi mesi immediatamente successivi alla laurea ho preparato alcune lettere con curriculum proponendomi a vari studi legali. Spero mi permetterà di fare il Suo nome per referenze. In particolare, poiché so che ha frequenti contatti professionali con l'avvocato Romanò, Le sarei infinitamente grato se potesse scrivere per me due righe di presentazione allo studio Romanò e Bianchi.

La ringrazio anticipatamente per la Sua cortesia.

I miei migliori saluti

Giorgio Vigna

Giorgio Vigna

Thanking for a reference

29 settembre 2003

Chiarissimo Professore,

Le scrivo per ringraziarLa delle referenze che ha cortesemente voluto far pervenire allo studio Romanò e Bianchi. Sono infatti stato convocato per un colloquio dall'avvocato Romanò e la settimana scorsa ho ottenuto un impiego presso il suo studio. L'avvocato mi incarica di mandarLe i suoi saluti.

È per me davvero una grande soddisfazione entrare a far parte di uno studio così prestigioso, dove sono sicuro potrò fare esperienze importanti per la mia crescita professionale. Ancora una volta grazie di cuore per il Suo preziosissimo aiuto.

Con i miei migliori saluti

Giorgio Vigna

Giorgio Vigna

Lettera di accompagnamento a un curriculum

17 Roslyn Terrace,
London NW2 3SQ

15th October 2003

Ms R. Klein,
London Consultancy Group,
1 Canada Square,
Canary Wharf
LONDON E14 5BH

Dear Ms Klein,

Principal Consultant, E-business Strategy

I should like to apply for the above post, advertised in today's Sunday Times and have pleasure in enclosing my curriculum vitae for your attention.

MBA-qualified, I am a highly experienced information systems strategy consultant and have worked with a range of blue-chip clients, primarily in the financial services and retail sectors. In my most recent role, with Herriot Consulting, I have successfully led the development of a new electronic commerce practice.

I am now seeking an opportunity to fulfil my career aspirations with a major management consultancy, such as LCG, which has recognised the enormous potential of the e-business revolution.
I believe I can offer LCG a combination of technical understanding, business insight and entrepreneurial flair.

I look forward to discussing this opportunity further with you at a future interview and look forward to hearing from you.

Yours sincerely,

J. O'Sullivan

encl: curriculum vitae.

Risposta a una proposta di colloquio

2 Chalfont Close,
LONDON
W4 3BH

14 April 2003

C. Charles
Human Resources Manager
Phototex Ltd
2 Canal Street
LONDON
SW1 5TY

Dear Ms. Charles,

Thank you very much for your letter of 10 April 2003.
I would be delighted to attend an interview on 25 April 2003 at 10.30 am.

As requested, I will bring with me a portfolio of my recent work to present to the interview panel.

Yours sincerely,

H. O'Neill

Helena O'Neill

Per accettare una proposta di lavoro

16 Muddy Way
Wills
Oxon
OX23 9WD
Tel: 01865 76754

Your ref : TT/99/HH 4 July 2003

Mr M Flynn
Mark Building
Plews Drive
London
NW4 9PP

Dear Mr Flynn,

I was delighted to receive your letter offering me the post of Senior Designer, which I hereby accept.

I confirm that I will be able to start on 31 July but not, unfortunately, before that date. Can you please inform me where and when exactly I should report on that day? I very much look forward to becoming a part of your design team.

Yours sincerely,

Nicholas Marr

Per rifiutare una proposta di lavoro

4 Manchester St
London
NW6 6RR
Tel: 020-8334 5343

Your ref : 099/PLK/001 9 July 2003

Ms F Jamieson
Vice-President
The Nona Company
98 Percy St
YORK
YO9 6PZ

Dear Ms Jamieson,

I am very grateful to you for offering me the post of Instructor. I shall have to decline this position, however, with much regret, as I have accepted a permanent post with my current firm.

I had believed that there was no possibility of my current position continuing after June, and the offer of a job, which happened only yesterday, came as a complete surprise to me. I apologize for the inconvenience to you.

Yours sincerely,

J D Salam

Covering letter for a CV

Spett.le Società
Oceano verde
P.zza Medusa 3
Lampedusa

Vicenza, 3 giugno 2003

Spettabile Società Oceano verde,

sono l'aiutante di macchina Bruno Barison. Ho letto l'annuncio relativo a 3 posti di aiutante di macchina da utilizzare sulle Vostre navi traghetto ("Gazzettino" del 31-5-03) e offro la mia disponibilità a ricoprire tale incarico.

Faccio presente di avere maturato in questi anni lunga pratica ed esperienza nel settore e di essere in atto impiegato presso il Cantiere navale di Trieste, con il compito di manutentore.

Vi informo inoltre che potrei essere disponibile ad assumere servizio a partire dal 14 luglio c.a.

Contestualmente a questa lettera, invio il mio curriculum.

Grato per l'attenzione con cui vorrete considerare la mia domanda, rimango in attesa di una Vostra risposta.

Distinti saluti

Bruno Barison

Bruno Barison

Bruno Barison
Via E. Duse 18
36100 Vicenza
tel: 0444-635789

Reply to an interview offer

PG International
C.so L. Einaudi 11
Foggia

c.a. Dott. Giuseppe Santoanastaso

Foggia, 12 novembre 2003

Egregio Dott. Santoanastaso,

ho ricevuto la Sua lettera del 7 novembre, relativa alla mia candidatura al posto di contabile presso la PG International. Sono lieto che mi abbiate selezionato per un colloquio. Confermo per tale colloquio la data del 18 novembre, ore 11. Nell'attesa del nostro incontro, voglia accettare i miei migliori saluti

Nicola Carulli

Nicola Carulli

Accepting a job

Spett.le Società
Oceano verde
P.zza Medusa 3
Lampedusa

c.a. Salvatore Dinisi

Vicenza, 30 giugno 2003

Egregio Signor Dinisi,

ho appena ricevuto la raccomandata che annunciava la Vostra decisione di assumermi in qualità di aiutante di macchina presso la Società Oceano verde.

Sono felice di accettare l'impiego. Confermo la mia disponibilità a partire dal 14 luglio.

Resto a vostra disposizione per qualsiasi comunicazione, in particolare per stabilire una data per la firma del contratto.

Con i miei migliori saluti

Bruno Barison

Bruno Barison

Turning down a job

Spett.le Finproject S.p.A
Viale Partigiani 48
Civitavecchia

3 aprile 2003

Spettabile Finproject,

mi ha fatto piacere essere stata selezionata per il posto di consulente finanziario per il quale ho sostenuto un colloquio lo scorso marzo. Tuttavia, sono spiacente di dover rifiutare la Vostra offerta. Infatti, la ditta presso cui attualmente lavoro con contratto a termine mi ha inaspettatamente proposto un impiego con contratto a tempo indeterminato, che io ho accettato. Spero che il mio rifiuto non sia per Voi causa di problemi.

Distinti saluti

Eva Finocchiaro

Eva Finocchiaro

Attestazione di lavoro

Farnham's Estate Agency
2 Queen Victoria Street
Wokingham
Berkshire
RG31 9DN
Tel: 0118 947 2638
Fax: 0118 947 2697

4 September 2003

To whom it may concern

I am pleased to confirm that Benedict Walters was employed as junior negotiator in the residential sales department from 1st January 2001 to 31st March 2003, a position in which he performed very successfully.

Yours faithfully,

Katrina Jarvis
Branch Manager

Referenze

University of Hull
South Park Drive
Hull HL5 9UU
Tel: 01482 934 5768
Fax: 01482 934 5766

Your ref. DD/44/34/AW 5/3/03

Dear Sirs,

Mary O'Donnel. Date of birth 21-3-69

I am glad to be able to write most warmly in support of Ms O'Donnel's application for the post of Designer with your company.

During her studies, Ms O'Donnel proved herself to be an outstanding student. Her ideas are original and exciting, and she carries them through - her MSc thesis was an excellent piece of work. She is a pleasant, hard-working and reliable person and I can recommend her without any reservations.

Yours faithfully,

Dr A A Jamal

Lettera di dimissioni

3 Norton Gardens,
BRADFORD
BD7 4AU

30 June 2003

Regional Sales Manager
Nortex and Co.
Cooper St.
LEEDS
LS5 2FH

Dear Mr Perrin,

I am writing to inform you of my decision to resign from my post of Sales Administrator in the Bradford offices with effect from 1 July 2003. I am giving one month's notice as set out in my conditions of employment. I have for some time been considering a change of role and have been offered a post with a market research organization which I believe will meet my career aspirations.

I would like to take this opportunity to say how much I value the training and professional and personal support that I have received in my three years with Nortex and Co.

Yours sincerely,

Melinda MacPhee

Lettera di dimissioni

Editorial Office

Modern Living Magazine
22 Salisbury Road, London W3 9TT
Tel: 020-7332 4343 Fax: 020-7332 4354

To: Ms Ella Fellows 6 June 2003
General Editor.

Dear Ella,

I am writing to you, with great regret, to resign my post as Commissioning Editor with effect from the end of August.

As you know, I have found the recent management changes increasingly difficult to cope with. It is with great reluctance that I have come to the conclusion that I can no longer offer my best work under this management.

I wish you all the best for the future,

Yours sincerely,

Elliot Ashford-Leigh

Attestation of employment

ALDEBARAN EDIZIONI
Via Sant'Andrea 4
10139 Torino

Torino, 21 febbraio 2003

Con la presente attesto che la signora Stefania Perotto ha lavorato presso la Aldebaran Edizioni dal 2 settembre 2002 al 31 gennaio 2003 in qualità di segretaria di redazione.

In fede

Benedetto Gancia
(Direttore editoriale)

Giving a reference

13 marzo 2003

Attesto che Vincenzo Esposito ha lavorato come pizzaiolo per il ristorante-pizzeria "Il golosone", di mia proprietà, dal 25 febbraio 2002 al 2 marzo 2003. Si è rivelato lavoratore capace, veloce e pulito. Ha dimostrato anche inventiva, creando nuove pizze che hanno riscosso notevole successo. È persona seria e affidabile, che raccomando sinceramente.

Mario Corona

Resigning from a post

Spett.le CMB S.p.A.
Strada S. Pertini 18
Treviso

c.a. Direttore del Personale

Treviso, 20 ottobre 2003

Egregio Direttore,

con la presente la sottoscritta Manuela Coghi, impiegata presso la CMB S.p.A. dal 2 maggio 1994 in qualità di segretaria amministrativa, rassegna le proprie dimissioni. Il rapporto di lavoro con la CMB S.p.A. cesserà quindi il 20 gennaio 2004, nel rispetto dei tre mesi di preavviso richiesti.
Voglia gradire i miei migliori saluti

Manuela Coghi

Resigning from a post

Egr. Sig. Mario Corona
Ristorante-Pizzeria "Il golosone"
Piazza Mercato Vecchio 5
Viterbo

2 dicembre 2002

Egregio Signor Corona,

con la presente comunico le mie dimissioni dal posto di pizzaiolo presso il Suo ristorante, con effetto a partire dal 2 marzo 2003.
Mi dispiace molto lasciare questo posto, ma, come già sa, la mia famiglia deve trasferirsi a Salerno. Spero di trovare un nuovo lavoro e di trovarmi bene come qui da Lei.
Grazie per tutto quello che ha fatto per me.
Cordiali saluti

Vincenzo Esposito

Curriculum: diplomata italiana

NAME:	Anna FABBRI
ADDRESS:	viale Garibaldi 21 10100 Torino Italia tel. 0119960250
MARITAL STATUS:	Single
EDUCATION AND QUALIFICATIONS:	
1998-2003	Liceo Linguistico "Italo Svevo", Torino Maturità linguistica, 60/60 (this is the equivalent of A-levels in Italian and Languages)
PREVIOUS WORK EXPERIENCE:	
2001-2003	Part-time: Private Tutor of English and Italian Language
2002 July	Camp counsellor, children's holiday camp, Imperia. Duties included sports and games supervision, leisure co-ordination, general counselling of children aged 6-10 years
2002 March	One week exchange visit to German family in Bremen
2002 August	One month exchange visit to English family in Bournemouth
OTHER INFORMATION:	Love of children (I have 3 younger brothers and 2 sisters) Good spoken English and German 40 w.p.m. Typing
INTERESTS:	Classical music Literature - especially modern poetry Museums and exhibitions Tap Dancing (participant in school competitions)
REFEREES:	Prof. Mauro Bianchi (Headmaster) Liceo Linguistico "Italo Svevo" corso Mazzini 55 10100 Torino tel. 0119827423
	Dott.ssa Giulia Verdi (Lawyer) via Puccini 71 10100 Torino tel. 0119977432

CV: English graduate

Paul Alan Grantley

data di nascita: 22 maggio 1981
stato civile: celibe
residenza: 26 Countisbury Drive – Brighton BN3 1RG – Gran Bretagna
tel.: 01273 53 49 50
nazionalità: britannica

Istruzione

2000–2003
King's College, Londra: B.Sc. (laurea) in Biochimica

1999
A Levels (= esame di maturità) in: Biologia, Chimica, Matematica, Fisica

1997
GCSEs (diploma di primo ciclo di scuola superiore) in: Matematica, Fisica, Biologia, Chimica, Inglese, Tedesco, Sociologia

1992–1999
Brighton College Boys' School (= scuola superiore)

Esperienze professionali

Marzo 2001
una settimana come assistente del vicedirettore marketing presso la EAA Technology (fonti di energia alternativa) di Didcot (Oxford).

Luglio 2000
due settimane presso la Alford & Wilston Ltd (prodotti chimici) di Warley, West Midlands

Conoscenze linguistiche

inglese (madrelingua)
italiano (buono)
tedesco (scolastico)

Conoscenze informatiche

Word, Excel, PowerPoint, Internet Explorer

Interessi

sport (rugby, calcio), scacchi, viaggi

Autorizzo il trattamento dei dati personali ai sensi della legge 675/96

Curriculum: laureato italiano

Name: Andrea FERRARI

Date of Birth: 29 / 7 / 73

Nationality: Italian

Permanent Address:

(After 3/8/03) viale C. Battisti, 61
20100 Milano
Italia

Telephone: 0299101664

Temporary Address:

(Until 3/8/03) 1642 West 195th St
New York
NY 23456
USA

Marital Status: Single

Education and Qualifications:

The qualifications described below do not have exact equivalents in the British system. I enclose photocopies of my certificates with English translations.

1988-1993	Liceo Scientifico "Archimede", Milano Maturità scientifica (60/60)
1993-1998	Secondo Politecnico di Milano: Department of Civil Engineering Qualification: Degree in Civil Engineering
2001-2003	Master Program in Civil Engineering, New York Harbour University. (Results pending)

Work Experience

1993-1994	Summer work as volunteer at school for children with learning difficulties
1995-1996	Assistant civil engineer, Regione Lombardia, Italia. Work on various road projects
1997-2001	Senior assistant civil engineer, Regione Lombardia

Other Skills & Interests

Languages: Fluent English,
Adequate spoken French and German
(Native Italian speaker)
Clean Driving Licence
Volleyball: National finalist in University Volleyball team
I wish to expand my work experience in an English-speaking country given the on-going changes in the European job market.

References:

Professor Dario Bianchi
Dipart. di Scienza delle costruzioni
Secondo Politecnico di Milano
20100 Milano
Italia

Dr Jan C Waldermaker
Managing Director
Waldermaker Enterprises Inc
8822 West 214th St
New York
NY 24568
USA

CV: American academic

Sarah Delores HEIDER

data di nascita: 27-09-61
stato civile: nubile
residenza: 1123 Cedar Avenue – Evanston – Illinois 60989 - USA
nazionalità: statunitense

Titoli di studio

PhD in Letteratura inglese ("L'immagine della donna nella poetica di Shakespeare"), conseguito nel 1991 presso la Northwestern University, Evanston, Illinois.

MA in Letteratura anglo-americana conseguito nel 1985 presso l'Università della Pennsylvania di Filadelfia.

BA in Inglese conseguito presso la Georgetown University, Washington DC

Esperienze professionali

dal 2000 Professore associato – Dipartimento di Anglistica – Northwestern University

1996-2000 Professore incaricato (Letteratura del Rinascimento) – Dipartimento di Anglistica – Northwestern University

1991-1995 Professore incaricato – Dipartimento di Anglistica – Università della Pennsylvania - Filadelfia

1988-1991 Ricercatore sotto la guida del professor O'Leary (Femminismo e poetica shakespeariana) – Northwestern University

1987-1988 Ricercatore – Dipartimento di Letteratura Teatrale – Northwestern University

1985-1987 Assistente (specializzazione in Teatro del Rinascimento inglese) – Northwestern University

Borse di studio

Borsa di ricerca Wallenheimer (2000-2001)

Borsa di studio Fondazione Pankhurst/Amersham (1985-1987)

Pubblicazioni

Si veda elenco allegato

Altre attività

Presidente dell'associazione "Renaissance Minds" (per lo studio del Rinascimento inglese)

Membro dell'UPCEO (Commissione interuniversitaria per la difesa dei diritti della donna) dal 1992

Consulente della casa editrice Virago, Londra (collana di studi rinascimentali) nel 1997-1998

Consulente della casa editrice Pandora, New York nel 1995

Curriculum e titoli scientifici

Mario Rossi, nato a Genova il 12.9.1968 e residente a Torino in via Piave 49, è in atto incaricato di Storia e Filosofia al Liceo Platone di Asti.

1. TITOLI

1990 Laurea in Filosofia con una tesi su Kant
(Relatore Prof. V. Cantatore), 110 e lode.
1991-1992 Laurea in Lettere classiche con una tesi su Omero
(Rel. Prof. M. Santo), 110.
1992-94 Borsa di studio del Goethe Institut,
presso il Prof. R. Schultz di Monaco.
1995-97 Scuola di perfezionamento in Epigrafia latina, Roma.
2001-2003 Scuola di specializzazione per l'insegnamento
nelle scuole secondarie, Roma.

2. PUBBLICAZIONI

1. *Le traduzioni della Critica della ragion pura di Kant,*
Selva editore, Palestrina 1991.
2. *Omero al bivio,* Selva editore, Palestrina 1993.
3. *L'epigrafe di Terracina,* in «Quaderni di epigrafia latina»,
VII (1998), pp. 99-105.

3. ATTIVITÀ DI FORMAZIONE

Politiche culturali del '900. Relazione al corso di aggiornamento sulla storia contemporanea per docenti di scuola media di I e II grado, Provveditorato agli studi di Viterbo, Viterbo 3 dicembre 1999.
Storiografia e storia. Corso di aggiornamento sull'insegnamento della storia, Provveditorato agli studi di Asti, Asti marzo-aprile 2002.

CV: Female English middle-management

Mary Phyllis HUNT

16 Victoria Road
Brixton
Londra SW12 5HU
tel. 020 8675 7968

data di nascita: 11 marzo 1971
stato civile: coniugata
nazionalità: britannica

ESPERIENZE PROFESSIONALI

1995–1997
Corso di formazione per personale dirigente presso la Sainsway Foodstores plc (grande distribuzione alimentari) a Londra.

1997–1999
Vicedirettore – Sainsway Foodstores plc – sede di Faversham, Kent.

1999–2001
Responsabile acquisti presso la Delicatessen International – sede di Milano.

dal 2001
Vicedirettore Divisione vendita al dettaglio – Delicatessen International – sede di Londra.

ISTRUZIONE

1982–1989
Grammar School for Girls (scuola secondaria): A level (= diploma di maturità) in matematica, storia, economia e tedesco.

1989–1991 e 1992–1993
BSc (laurea) conseguita presso la London School of Economics, Dipartimento di Commercio.

1993–1994
Corso di specializzazione postlaurea in Gestione aziendale presso la Scuola di Amministrazione Aziendale dell'Università di Essex.

SOGGIORNI ALL'ESTERO

1991–1992
Soggiorno di un anno a Bonn, Germania: frequentato corso serale di tedesco commerciale, brevi impieghi temporanei come segretaria.

LINGUE CONOSCIUTE

inglese (madrelingua); tedesco (buono); italiano (buono)

(Autorizzo il trattamento dei dati personali ai sensi della legge 675/96)

Curriculum: dirigente italiano

Marco Rossi

ESPERIENZE PROFESSIONALI

1992-2002 Bianchi & Figli S.r.l. Roma
Direttore delle vendite
Vendite aumentate da L. 500 milioni a L. 1 miliardo.
Raddoppiate le vendite per rappresentante da L. 50 milioni a L. 100 milioni.
Inseriti nuovi prodotti che hanno comportato un aumento delle entrate del 23%.

1987-1992 Albarelli Software Brescia
Direttore vendite settore Italia meridionale
Vendite aumentate da L. 200 milioni a L. 350 milioni.
Coordinamento di 250 rappresentanti in 5 regioni.
Ideazione e implementazione di corsi di addestramento per nuove risorse.

1982-1986 GG&G Milano
Responsabile rappresentanti
Ampliato il gruppo di rappresentanti da 50 a 100.
Triplicate le entrate della divisione per ogni rappresentante.
Aumento delle vendite e allargamento del mercato.

1977-1982 Orizzonti Blu S.r.l. Catania
Rappresentante
Aumento delle vendite regionali del 400%.
Aumento del pacchetto clienti da 50 a 84.
Conseguito Master in Strategie marketing.

ISTRUZIONE

1973-1977 Università degli studi di Roma Roma
Laurea in Economia e Commercio.
Votazione 110 e lode.

ALTRE ATTIVITÀ

1982-2002 Consulenza finanziaria Società assicurative Rieti

PUBBLICAZIONI

2000 *Corso di formazione per Ispettori,* Editrice Balbo, Viterbo
Esperienze di marketing, Editrice Balbo, Viterbo

Frasi utili

Formule di apertura

In lettere formali, la formula di apertura più comune è *Dear*.

- *Dear Sir*
- *Dear Madam*
- *Dear Sir or Madam*
- *Dear Sirs*
- *Dear Mr Dixon*
- *Dear Mrs Dixon*
- *Dear Ms Dixon*

Frasi utili

I am writing in response to your advertisement in [publication]

I wish to enquire about the vacancy for a [job title]

Thank you for your letter of [date] offering me the post of ...

I am delighted to accept the position of [job title]

I look forward to starting work with you.

Formule di chiusura

Thank you for considering this application

I should be pleased to attend an interview

Please do not hesitate to contact me on the above number if you should require further information

I look forward to hearing from you

Se si conosce il nome del destinatario:

- *Yours sincerely*

Se non si conosce il nome del destinatario:

- *Yours faithfully*

CV: Male English senior executive

WILLIAM CHARLTON STEVENSON

21 Liston Road
Clapham Old Town
London SW4 0DF
UK

tel. e fax: (44) (0)20 7622 2467

nato il 27 giugno 1962
nazionalità: britannica
stato civile: coniugato

ESPERIENZE PROFESSIONALI

dal 2000: Vicedirettore della Jermyn-Sawyers International, Londra

1995-2000: Direttore Divisione Asia – Istituto Farmaceutico Peterson, Hong Kong

1991-1995: Direttore – Kerry-Masterton Management Consultants, Bonn

1988-1991: Consulente – Masterton Management Consultants, Londra

1984-1986: Stage di gestione aziendale presso la Jamieson Matthews Ltd, Crawley, Sussex

ISTRUZIONE

1988: Master in Amministrazione aziendale – Armour Business School, Boston, Stati Uniti

1984: BSc (laurea) in ingegneria – Università del Dorset, Willingdon, Gran Bretagna

1981: A level (diploma di scuola superiore)

ALTRE ESPERIENZE FORMATIVE

1986-1988: Due anni negli Stati Uniti

LINGUE

Bilingue inglese e italiano (madre italiana)
Tedesco ottimo
Cinese buono

INTERESSI

Sci, sci nautico, vela

Autorizzo al trattamento dei dati ai sensi della legge 675/96

Useful phrases

Letter openings

The standard opening for formal correspondence is *Egregio Signor .../Gentile Signora ...*

- *Egregi Signori*
- *Egregio Direttore*
- *Egregio Dottore/Egregio Dottor Rossi*
- *Egregio Avvocato/Egregio Avvocato Rossi*
- *Gentile Dottoressa/Gentile Dottoressa Rossi*
- *Chiarissimo Professore/Chiarissimo Professor Rossi* (to a university professor)

Useful phrases

Con riferimento all'annuncio comparso su ... il/del 10-10-03

Con riferimento alla Sua/Vostra lettera del 10-10-03

Con la presente comunico [le mie dimissioni, di avere accettato...]

Sono lieto/Ho il piacere di comunicarLe che...

Sono spiacente di [dover comunicare, dover rifiutare, non potere ...]

Facendo seguito agli accordi verbali/telefonici, ...

Closures

Nell'attesa di una Vostra cortese risposta/gradita conferma porgo i miei migliori saluti

Ringrazio anticipatamente per la Vostra attenzione

Resto a Sua/Vostra disposizione per qualsiasi informazione/comunicazione/chiarimento

Nella speranza di un favorevole riscontro, ...

Voglia gradire/Le porgo i miei migliori saluti

Distinti saluti

Richiesta di catalogo

99 South Drive
London
WC4H 2YY

7 July 2003

Hemingway & Sons
Builders Merchants
11 Boley Way
London WC12

Dear Sirs,

Thank you for sending me your catalogue of timber building materials as requested. However, the catalogue you sent is last year's and there is no current price list.

I would be glad if you would send me the up-to-date catalogue plus this year's price list.

Yours faithfully,

Dr D Wisdom

Invio di catalogo

E Hemingway

Carpet Designs
11 Allen Way
London NW4
Tel: 020-74450034

Our ref. EH/55/4

19 February 2003

Ms J Jamal
Daniel Enterprises
144 Castle Street
Canterbury
CT1 3AA

Dear Ms Jamal,

Thank you for your interest in our products. Please find enclosed our current catalogue as well as an up-to-date price list and order form.

We would draw your attention to the discounts currently on offer on certain items and also on large orders.

Assuring you of our best attention at all times, we remain,

Yours sincerely,

Jane Penner
Supplies Manager

Richiesta di campioni

THE FRANK COMPANY
22 BLOOMING PLACE
LONDON SW12
TEL: 020-8669 7868
FAX: 020-8669 7866

5 June 2003

The Sales Director
June Office Supplies
55 Dewey Road
Wolverhampton
WV12 HRR

Dear Sir/Madam,

Thank you for sending us your brochures. We are particularly interested in the Dollis range, which would complement our existing stock.

Could you please arrange to send us samples of the whole range with the exception of items XC99 and XC100? We would be grateful if this could be done promptly, as we are hoping to place an order soon for the autumn.

Thanking you in advance,

Yours faithfully,

Mr T Jones
pp Mr F J Hart
Manager and Director
The Frank Company

Invio di campioni

Pemberley Products
Austen House
12 Bennet Place
Cambridge
CB3 6YU
Tel: 01223 7878

13 October 2003

Ms J Ayer
"Eliza Wickham"
12 D'Arcy Lane
London W4

Dear Ms Ayer,

We are pleased to inform you that the samples you requested will be despatched by courier today.

As the Cassandra range has been extremely successful we would request that you return the samples after not more than one week, so that we may satisfy the requirements of other customers. The popularity of our products is such that we urge you to place an order promptly so that we may supply you in good time for Christmas.

Please do not hesitate to contact us for further information.

Yours sincerely,

Elizabeth Elliot
Sales Director

Asking for a catalogue

Spett.le Aldebaran Edizioni
Via Sant'Andrea 4
Torino

13 gennaio 2003

Egregi Signori,

Vi prego di volermi cortesemente inviare un Vostro catalogo generale. Se possibile, vorrei anche avere un elenco delle librerie della mia zona in cui posso trovare le Vostre pubblicazioni.
Ringrazio anticipatamente per la Vostra attenzione.

Distinti saluti
Piero Bianchini

Piero Bianchini
Strada Montale 4
Monterosso al mare
19016 (SP)

Sending a catalogue

ALDEBARAN EDIZIONI
Via Sant'Andrea 4
10139 Torino

Torino, 21 gennaio 2003

Egregio Signor Bianchini,

come da Sua richiesta, Le inviamo il nostro catalogo generale, nonché l'elenco delle librerie di La Spezia e provincia in cui potrà trovare le Edizioni Aldebaran.

Le ricordo che può anche ordinare i testi che Le interessano direttamente alla casa editrice compilando l'apposito buono d'ordine incluso in tutte le nostre pubblicazioni.

Colgo l'occasione per inviarLe i miei migliori saluti

Nicoletta Aimone
(Direttore commerciale)

Asking for samples

Fiera del Tessuto
di Bordoni Noemi
C.so De Gasperi 67
22100 Como

tel. 031 523497 fax 031 523400

Spett.le Eurotex S.p.A.
Via F.lli Carle 18
Biella

18 aprile 2003

Spett.le Eurotex,

grazie per avermi inviato il Vostro catalogo. Trovo le Vostre offerte molto interessanti, ma prima di procedere all'ordinazione vorrei che mi inviaste dei campioni dei tessuti descritti alle pagine 8, 24 e 32.
Ringrazio in anticipo per la Vostra attenzione.

Distinti saluti

Noemi Bordoni

Sending samples

Eurotex S.p.A.

Via F.lli Carle 18 – 13900 Biella
tel. 015 859600 fax 015 859601

Spett.le Fiera del Tessuto
C.so De Gasperi 67
Como

28 aprile 2003

Gentile Signora Bordoni,

abbiamo provveduto a inviarLe per corriere i campioni da Lei richiesti. Potrà così constatare l'eccellente qualità dei nostri tessuti e scegliere fra la vasta gamma di colori moda di quest'anno.

Abbiamo inoltre il piacere di informarLa che la nostra ditta applica un 10% extra di sconto a chi acquista almeno 10 pezze in un solo ordine.

Sicuri di venire incontro alle Sue esigenze, restiamo a Sua disposizione per qualsiasi informazione.

Distinti saluti

Maria Rosa Ramella
responsabile Ufficio Commerciale

Richiesta di preventivo

Eyer Shipyard
Old Wharf
Brighton
BN2 1AA
Tel 01273 45454
Fax 01273 45455

Our ref: TB/22/545

14 April 2003

Fankleman & Co. PLC
22 Mark Lane Estate,
Guildford,
Surrey
GU3 6AR.

Dear Sirs,

Timber Supplies

We would be glad if you could send us an estimate of the cost of supplying timber in the lengths and sizes specified on the enclosed list.

In general, we require large quantities for specific jobs at quite short notice and therefore need to be sure that you can supply us from current stock.

Thanking you in advance.

Yours faithfully,

G N Northwood

(Ms) G N Northwood.
General Manager, Supplies.
Encl.

Invio di preventivo

Fairchild Interior Design Company
23 Rose Walk
London SW4
Tel: 020-7332 8989
Fax: 020-7332 8988

Job ref: 99/V/8

23 May 2003

Mr G. F. J. Price
25 Victor Street,
London,
SW4 1AA,

Dear Mr Price,

Please find enclosed our estimate for the decoration of the drawing room and hall at 25 Victor Street. As requested, we have included the cost of curtaining for both the bay windows and the hall window, in addition to the cost of sanding and polishing the drawing room floor.

The work could be carried out between the 1st and the 7th July, if this is convenient for you. Please do not hesitate to contact us if you have any queries.

We hope to have the pleasure of receiving your order.

Yours sincerely,

M. Bishop

Marjorie Bishop
Encl.

Invio di informazioni su un prodotto

Easter Cloth Co.
33 Milton Mews,
London E12 HQT
Tel: 020-8323 2222
Fax: 020-8323 2223

Your ref: UK33/23
4 April 2003

Hurihuri Enterprises,
1 Shore Drive,
Auckland 8,
New Zealand.

Dear Sirs,

Thank you for your enquiry of 3 February. Our CR range of products does indeed conform to your specifications. In relation to costings, we can assure you that packaging and insurance are included in the price quoted; the estimated cost of shipping is £75 per case.

We expect consignments to New Zealand to take three to four weeks, depending on the dates of sailings. A more precise estimate of timing will be faxed to you when you place an order.

We look forward to receiving your order.

Yours faithfully,

C P Offiah

C. P. Offiah
Associate Director
Encls.

Invio di listino prezzi

Walter O'Neill & Co.
3 Eliot Mall
London NW12 9TH
Tel: 020-8998 990
Fax: 020-8998 000

Your ref: TRT/8/00
Our ref: DK/45/P

5 May 2003

Ms E Dickinson
Old Curiosity Inns
3 Haversham Street
London W6 6QF

Dear Ms Dickinson

Thank you for your letter of 22 April. We apologize for failing to send you the full price list which you will find enclosed. Please note that we have not increased our prices on any products available last year, and that we have managed to extend our range with new items still at very competitive rates.

Our usual discounts for large orders apply to you as a regular customer, and we are exceptionally doubling these to 10% on the 100/9 CPP range.

We look forward to receiving your order.

Yours sincerely,

E B Browning

E B Browning (Mrs)
Sales Director
Encl

Asking for an estimate

Spett.le Impresa Guidotti
Via Siena 14
Parma

3 giugno 2003

Spett.le Impresa Guidotti,

facendo seguito alla conversazione telefonica di questa mattina con la signora Enza, confermo la mia richiesta di preventivo per:

installazione di n. 2 caldaie Valent SL476
installazione di un termostato
sostituzione dei radiatori

da effettuarsi nella mia abitazione di Via B. Cellini 1, Parma.

RingraziandoVi anticipatamente, porgo distinti saluti.

Maurizio Verdi

Sending an estimate

AQUA srl
di Garsia S.
Piscine e Accessori
Strada San Girolamo 23
90134 Palermo
tel. e fax. 091 3654712

Egr. Sig. Tommaso Procaccianti
Viale Lampedusa 12
Palermo

19 maggio 2003

Egregio Signor Procaccianti,

facendo seguito al nostro incontro del 6 c.m., Le invio i preventivi per la costruzione della piscina, nelle due diverse soluzioni prese in considerazione.

Nella speranza che si voglia avvalere dei nostri servizi, Le porgo i miei migliori saluti

Salvatore Garsia

Sending details of availability of spare parts

--- ELEKTRA srl ---
Zona Industriale
37057 San Giovanni Lupatoto (VR)
tel. 045 678522 fax 045 678524

Spett.le Casa e Cose
Piazza Carducci 30
Vigevano

11-02-03

Spett.le Casa e Cose,

in risposta alla Vs. lettera del 6 c.m., ho il piacere di informarVi che la nostra ditta può rifornire il Vs. negozio di qualsiasi pezzo di ricambio per le marche di elettrodomestici da Voi trattate. I prezzi dei ricambi disponibili sono indicati nel catalogo qui allegato. Per tutti i pezzi ordinati è necessario specificare, oltre alla marca, il nome e il numero di serie dell'elettrodomestico. Le spese di spedizione sono a carico nostro.
Ci impegniamo a consegnare la merce ordinata in un tempo massimo di cinque giorni.

Nella speranza di venire incontro alle Vostre esigenze porgo distinti saluti

Gianni Zavater
direttore commerciale

Sending details of prices

Cantina Sociale
Le Colline del vino
Strada Ajassa 7 - 14040 Vinchio (AT)
tel. 0141 97045 fax 0141 97046

Egr. Sig. Aldo Brambilla
Via G. Pepe 8 - Milano

20 marzo 2003

Egregio Signor Brambilla,

grazie per averci contattato. Allegato troverà l'elenco dei nostri vini con relativi prezzi. La prego di voler notare le offerte del mese sulla Freisa, sia secca sia amabile e sul Brachetto. Sulla Barbera d'Asti superiore (13,5°) viene applicato uno sconto del 10% per ordinativi superiori ai 50 litri.

La invito cordialmente a venire a visitare la nostra cantina. Oltre ad apprezzare i nostri vini potrà, nel nuovo Angolo Degustazione, assaggiare alcune delle preparazioni tipiche della cucina del Monferrato.
Giorni di apertura e orari sono indicati nel tariffario allegato.
La aspettiamo presto.
Cordiali saluti

Secondo Saracco
(presidente della Cantina Sociale)

Richiesta di sconto

Nielsen & Co
19 Westway Drive
Bradford BF8 9PP
Tel: 01274 998776
Fax: 01274 596969

Your ref: 4543/UIP 21 March 2003

Draft and Welling
15 Vine Street
London
NE22 2AA

Dear Sirs,

I acknowledge receipt of the goods listed in my order no. 1323YYY, but must query the total sum indicated on the invoice. I had understood that you were currently offering a discount of 15%, but no such deduction appears on the final invoice sheet.

I would be glad if you could give this matter your immediate attention.

Yours faithfully,

F. Nielsen

Frederick Nielsen
Associate Director, Procurement

Per accettare una richiesta di sconto

GARRICK PAPER SUPPLIERS
108 Kingston Road
Oxford
OX3 7YY
Tel: 01865 9900
Fax: 01865 9908

28 April 2003

S Johnson & Co
Globe House
London W13 4RR

Dear Sir/Madam,

Thank you for your letter of 16 April in which you ask for a reduction on our normal prices, given the size of your order.

We are happy to agree to your request provided you, in return, make prompt payment of our account within two weeks of the delivery of your order. If that is agreeable to you, we can offer you a discount of 8%, instead of the usual 5%.

We hope to receive your acceptance of these terms and assure you of our very best attention.

Yours faithfully,

A. Rothwell

Ann Rothwell
Customer Relations Manager

Per proporre nuovi affari

Le Janni
88, rue Pipin
Paris 75010
France
Tel: (33) 01 45 86 86 80
Fax: (33) 01 45 86 75 75

31 July 2003

Jod's Booksellers
122 High St
Stonleigh
Hants

Dear Sir/Madam,

I am writing to you to enquire whether you would be interested in stocking our new range of "French Is Easy" textbooks in your bookshop.
I enclose a brochure illustrating these.
This series of French language textbooks offers a five-stage teaching course and employs the newest methods of foreign language teaching. If you are interested, we would be happy to bring you samples and discuss terms of sale. Please phone or fax to let me know if you are interested in this offer so that I may arrange a visit from our sales representative in London.
I look forward to hearing from you.
Yours faithfully,

Julien Deplanche
Sales Manager

Sollecito di nuovi ordini

SINCLAIR POTTERY

383 Racing Way
Cambridge CB13
Tel: 01223 65867

3rd June 2003

Dear Mrs Creel,

I am writing to enquire whether you are still interested in placing an order for our new range of ceramic kitchenware.

When my colleague, Jason Patrick, called into your shop at the beginning of April, you expressed an interest in our new "Autumn Moods" range. If you would like to place an order you would be well advised to do so in the next month as stocks are selling fast. Please let us know if we may help you with any queries you may have.

I look forward to receiving your order.

Yours sincerely,

Isabel Rivers

Isabel Rivers
Sales Manager.

Mrs A Creel
Kitchen Cares
24 Willow Square
Cambridge CB23

Asking for discount

SOGEFOP S.p.A.
Salita degli Ulivi 12
16157 Genova Prà

tel. 010-2457901
fax. (3 linee) 010-2457902/3/4

Spett.le Pasticceria Confetteria Riccetti
Via P. Bembo 35 - GE Prà

Genova, 10 novembre 2003

Spett.le Ditta,

in occasione delle prossime festività la Sogefop intende offrire a tutti i suoi dipendenti e ad alcuni clienti cesti natalizi con prodotti dolciari, per un totale di 150 confezioni circa. Ci rivolgiamo a Voi, ben conoscendo le Vostre famose specialità di pralineria e canditi.

Vi saremmo grati se poteste comunicarci quale sconto siete disposti ad applicare, data la consistente entità dell'ordine.

Potrete indirizzare le Vs. comunicazioni all'attenzione della sottoscritta.

Distinti saluti

Luisa De Luca
(segreteria Direttore generale)

Agreeing to a discount

Spett.le Sogefop S.p.A.
Salita degli Ulivi 12
Genova Prà

c.a. Sig.ra Luisa De Luca

13-11-03

Gentile Signora De Luca,
ho ricevuto con piacere la Sua lettera del 10. Per un ordine di 150 confezioni posso fare alla Sogefop uno sconto del 20%. Come forse già sa, abbiamo due tipi di confezioni natalizie: il cesto piccolo (€ 42) e quello grande (€ 66). Scontati, verrebbero a costare rispettivamente € 33,60 e € 52,80. Poiché le prenotazioni di confezioni natalizie sono anche quest'anno molto numerose, La pregherei di farmi sapere appena possibile il numero esatto di cesti piccoli e/o grandi che intendete ordinare.
Grazie per la preferenza accordataci.

Distinti saluti

Battista Riccetti

Approach about openings

FCF srl
di Frubi S. e Ciaffi T.
Articoli pubblicitari
Via De' Rigattieri 28 – 56100 Pisa
tel. e fax. 050-455663

Spett.le Tecnoedil
Piazza della Repubblica 4
Poggibonsi

28 ottobre 2003

Spett.le Tecnoedil,

siamo lieti di sottoporre alla Vostra attenzione il nostro nuovo catalogo di articoli pubblicitari. Abbiamo preparato per i nostri clienti delle speciali, vantaggiosissime offerte. In particolare, segnaliamo le eccezionali riduzioni su cappellini e magliette per ordini superiori ai 100 pezzi, e su penne biro e portachiavi per ordini superiori ai 500 pezzi.
Saremo felici di fissare un appuntamento e mostrarVi personalmente le nostre proposte per un'efficace e immediata reclamizzazione della Vostra ditta.

Con i migliori saluti

Tito Ciaffi
(responsabile commerciale)

Follow-up to this approach

FCF srl
di Frubi S. e Ciaffi T.
Articoli pubblicitari
Via De' Rigattieri 28 – 56100 Pisa
tel. e fax. 050-455663

Spett.le Tecnoedil
Piazza della Repubblica 4
Poggibonsi

7 novembre 2003

Spett.le Tecnoedil,

lo scorso 28 ottobre Vi abbiamo inviato il catalogo dei nostri prodotti. Avrete certamente avuto modo di apprezzare la vasta gamma di gadget e le eccezionali offerte.

Vi ricordiamo che molti dei nostri articoli possono costituire anche un'ottima idea regalo per la clientela in vista delle imminenti festività. Se volete ricevere in tempo gli articoli per i Vostri omaggi natalizi, Vi consigliamo di contattarci subito.

Con i migliori saluti

Tito Ciaffi
(responsabile commerciale)

Iniziativa promozionale

Vintages
Unit 3
Poulton's Industrial Estate
NORWICH
N12 4LZ

Tel: 01793 539 2486

17 March 2003

Dear Mr Franks,

As a Vintages account holder, I am sure that you have already enjoyed the benefits of using your account card in our outlets. However, I would like to take this opportunity to introduce you to our expanded range of customer services.

From April 1st 2003 as an account customer you will be able to access our website at www.vintas.co.uk to view our extensive range of wines, beers and spirits, wine guides and accessories. Our website also has tasting notes and recommendations by leading wine writers, articles, recipes and details of wine tastings and local events exclusively for account customers. You will be able to order online and we'll usually deliver within 48 hours to anywhere in mainland UK.

I very much hope that you will take advantage of this new range of services designed with the specific needs of our account customers in mind.

Yours sincerely,

Estelle Dobson,

Marketing Manager

Annuncio di offerta speciale

The Aberdonian Clothing Company
Wallace Road, Ellon, Aberdeenshire AB32 5BY

February 2003

Mrs D. Evans,
34 St Saviours Court
KEIGHLEY
BD12 7LT

Dear Mrs Evans,

As one of our most valued customers, I wanted to make sure that you would have the opportunity to select your order from the advance copy of our new Spring-Summer Season catalogue which I enclose.

More choice

As you will see from our catalogue, we have more women's styles in more sizes than ever before, with a greater range of fittings to suit all our customers. We have also introduced a new range of fashion footwear and accessories to complete our collection.

Top quality

We pride ourselves on the quality of our goods and will ensure that your order reaches you within 28 days in perfect condition. Our customer care team is on hand to deal with queries on our customer hotline and if you are not completely satisfied with your order they will arrange for an immediate refund.

Superb value for money

We are confident that our prices cannot be beaten and as a privileged customer we would like to offer you a 10% discount on your first order from the new catalogue. When you place your order you will automatically be entered into our monthly draw for a dream holiday in St Lucia.

Post your completed order form today, or call our team on **01224 445382** to enjoy next season's fashions today.

Louise Baxter
Customer Care Manager

Ordinazione di un libro

72 rue de la Charité
69002 Lyon

18 June 2003

Prism Books
Lower Milton St
Oxford OX6 4DY

Dear Sirs,

I would be grateful if you could send to the above address a copy of the recently published book A Photographic Ethnography of Thailand by Sean Sutton, which I have been unable to find in France.

Please let me know what method of payment would suit you.

Thanking you in advance.

Yours faithfully,

Jérôme Thoiron

Ordinazione di vino

Radley House
John's Field
Kent
ME23 9IP

10 July 2003

Arthur Wine Merchants
23 Sailor's Way
London E3 4TG

Dear Sir/Madam,

I enclose my order for three dozen bottles of wine chosen from the selection in the catalogue you sent us recently. Please ensure that this order is swiftly dispatched, as the wine is needed for a family party on 16 July.

It would be helpful if you could phone and let me know when to expect the delivery, so that I can arrange to be at home.

Yours faithfully,

Ms F Allen-Johns

Encl

Sales promotion

PianetaBimbi S.p.A.
Direzione centrale – C.so Industria 33/1 – 20089 Rozzano (MI)

Gentile Signora Rosso
Via dei Mille 83
12100 Cuneo

29 settembre 2003

Cara mamma,

avrai senz'altro avuto già modo di apprezzare i tanti vantaggi della **Carta Fedeltà PianetaBimbi** di cui sei titolare.
Sono lieta di annunciare che da oggi i vantaggi sono ancora maggiori! Infatti, la **Carta Fedeltà PianetaBimbi** ti permette ora di organizzare nello Spazio Gioco di qualsiasi negozio della catena **PianetaBimbi** un'indimenticabile festa di compleanno per i tuoi bambini. Avrai un'organizzazione perfetta, senza alcuna fatica da parte tua e a un prezzo davvero competitivo.
Per tutte le informazioni relative a questo nuovo servizio puoi visitare il sito www.PianetaBimbi.com, da questo mese completamente rinnovato, o rivolgerti al negozio **PianetaBimbi** più vicino. Come sempre, il nostro personale sarà a tua completa disposizione.
Ti aspettiamo!

M.Elena Nesci
Servizio Clienti

Announcing special offers

VPC Italia
Via C. Flacco 39 - 00053 Civitavecchia

Sig.ra Maria Santoro
Via A. Manzoni 37 - 83100 Avellino

3 marzo 2003

Gentile Cliente,
è arrivata la bella stagione, e la VPC Le permetterà di rinnovare il Suo guardaroba scegliendo tra le tante proposte del nuovo catalogo primavera-estate, tutte all'insegna della moda, della qualità e della convenienza. Sfogli le pagine del catalogo per scoprire le novità :

più scelta
nuova collezione moda bimbi: ora tutta la famiglia può vestire con il catalogo VPC. Abbiamo scelto per questa linea capi esclusivamente in tessuti naturali, comodi e pratici da lavare, ma soprattutto che incontrano i gusti dei più piccoli!
sportswear: ampliata la gamma dell'abbigliamento sportivo, con le nuove proposte VPC per chi ama la bicicletta e il trekking.

più servizi
nuove schede informative: ogni prodotto in catalogo è corredato da una scheda informativa utile e chiara, per permetterLe di acquistare in tutta sicurezza.
acquisto on-line: VPC è anche su Internet. Potrà fare i Suoi acquisti on-line sul nostro sito www.VPC.com.

più risparmio
Pagine Convenienza: approfitti delle offerte speciali delle Pagine Convenienza. Il risparmio è garantito!

e sempre la nostra formula "soddisfatti o rimborsati"
E ricordi che potrà avere uno sconto del 5% e un simpatico omaggio se il Suo ordine perverrà entro il 15 aprile 2003.

VPC Italia La ringrazia per la fiducia accordatale.

Cordiali saluti

Ester Lo Cascio
(Servizio Clienti)

Ordering a book

Spett.le Libreria Carboni
Piazza Jacopone da Todi 7
06100 Perugia

Dublino, 9 aprile 2003

Spett.le Libreria,

facendo seguito alla nostra conversazione telefonica, confermo l'ordine del volume: "Umbria mistica – Guida alle vacanze in convento, tra arte e meditazione" – Ediz. Tau – 2002.
Allego assegno non trasferibile di € 25, a copertura del prezzo del libro e delle spese di spedizione.
Vogliate cortesemente inviarmi il libro al seguente indirizzo:

Lourdes O'Day
23 Cork Road
Dublin 55
Ireland

Ringraziando anticipatamente porgo i miei migliori saluti

L. O'Day

Ordering furniture

```
Spett.le Mobilificio 3T
Via Lario 54
22063 Cantù
08-03-03

Spett.le Mobilificio 3T,

come convenuto durante la mia visita alla
Vostra esposizione, confermo per iscritto
l'ordine di:

n. 1 tavolo Modello Old Style
noce nazionale
cm 200x100                    prezzo: € 3.500
n. 8 sedie Modello Old Style
noce nazionale
                              prezzo: €   300 cad.

                              totale: € 5.900

Ho già provveduto a versare un acconto di
€ 1.000 sul Vs. c.c. Il saldo avverrà, come
d'accordo, alla consegna, da effettuarsi
all'indirizzo sotto indicato.
 Vi prego di comunicare con cortese
sollecitudine la data di consegna, che, come
Voi stessi mi avete assicurato, dovrà comunque
avvenire entro un tempo massimo di 3 mesi.

Distinti saluti

Bruno Tonioli

Bruno Tonioli
Corso Statuto 93
24100 Bergamo

tel. 339-5649798
```

Fattura

Art Décor Interiors
224 Caversham Road
Reading
Berkshire
RG32 5SE
VAT No 280 268690

To:	£
Remove existing wallpaper in drawing room and make good surfaces	140.00
Paint ceiling with two coats of white emulsion	60.00
Paint woodwork with white gloss	40.00
Hang wallpaper (supplied by client)	140.00
Materials	43.80
Total excluding VAT	423.80
VAT @ 17.5 %	74.16
Total including VAT	497.96

Reclamo: ritardo nella consegna

Duke & Ranger
45 High Street,
Stonebury.
SX6 0PP
Tel: 01667 98978

Your ref: 434/OP/9

8 August 2003

Do-Rite Furniture,
Block 5,
Entward Industrial Estate,
Wolverhampton.
WV6 9UP

Dear Sirs,

We are surprised not to have received delivery of the two dozen coffee tables from your "Lounge Lights" range (see our letter of 7 July) which you assured us by phone were being dispatched immediately.

Our sales are being considerably hampered by the fact that the coffee tables are missing from the range and it is now over three weeks since you promised that these items would be delivered. Please phone us immediately to state exactly when they will arrive.

Yours faithfully,

Jane Malvern

Jane Malvern
Manager

Reclamo: fornitura non conforme all'ordine

The Hough Company
23 Longacre Rd
London
SW3 5QT
Tel: 020-7886 7979
Fax: 020-7887 6954

6 October 2003

Dear Mrs Halliwell,

Order no. 54.77.PO

Further to our phone call, we are writing to complain about various items which are either missing or wrong in the above order.

I enclose a list of both categories of items and would remind you that we felt obliged to complain of mistakes in the two previous orders as well. We hesitate to change our supplier, particularly as we have no complaints as to the quality of the goods, but your errors are affecting our production schedules.

We hope that you will give this matter your immediate, urgent attention.

Yours sincerely,

J Schott

Jane Schott
Manageress, Procurements

Encls
Mrs J Halliwell
Jessop & Jonson
23 High Street
Broadstairs
Kent CT10 1LA

Risposta a un reclamo: errata fornitura

Nolans Plc
Regina House
8 Great Hyde St
London E14 6PP
Tel: 020-8322 5678
Fax: 020-8332 5677

Our ref: 99/OUY-7.

6 March 2003

Dear Mrs Allen,

We were most sorry to receive your letter complaining of errors in the items delivered to you under your order G/88/R9.

We have checked your order form and find that the quantities are indeed wrong. We will arrange for the extra supplies to be collected and apologize for the inconvenience that this has caused you.

With respectful regards, we remain,

Yours sincerely,

Thorne Jones

pp Thorne Jones
Sales Director

Mrs E Allen
Allen Fashions
4 High St
Radford
Buckinghamshire.

Sending an invoice

Artegrafica
Via Dante 65 – 10131 Torino
tel. 011 4567009 fax 011 4567090

Spett.le Aldebaran Edizioni
Via Sant'Andrea 4
10139 Torino

DATA: 30 apr. 2003

FATTURA N.: 14

Vs. ORDINE: 03/2003 del 18-04-03

TERMINI: 60 giorni data fattura

IVA: 4% Codice IVA 07451340101

QUANTITÀ -	DESCRIZIONE	- IMPONIBILE
6 -	Copertine dei volumi n. 8-13 della collana "Costellazioni" -	€ 1.122,00
8	Copertine dei volumi n. 9-16 della collana "Via Lattea" -	€ 1.496,00
	TOTALE IMPONIBILE	€ 2.618,00
	IVA	€ 104,72
	TOTALE FATTURA	€ 2.722,72

Servizi esenti da bolla di accompagnamento
(articolo 4 DPR 627/78)

Complaining about delivery: late arrival

Impresa Rigoni
Via Virgilio 14
33051 Aquileia (UD)
tel. e fax. 0431-90044

Spett.le Hydros
Via Piave 43
Palmanova

30-05-03

Vs. riferimento: ordine n. 4356/03

Spett.le Ditta,

con la presente notifichiamo di non aver ancora ricevuto la fornitura di sanitari ordinati per il cantiere di Via Adria 18. La consegna avrebbe dovuto avvenire entro la fine di aprile. È evidente che un ritardo di un mese comporta all'Impresa Rigoni notevoli inconvenienti.

Vi preghiamo pertanto di provvedere alla consegna nel più breve tempo possibile, o ci vedremo costretti a rivolgerci ad altri per le prossime forniture.

Restiamo in attesa di un Vostra risposta.

Distinti saluti

Gabriele Menel
(responsabile acquisti)

Complaining about delivery: wrong goods

Libreria Dell'Università
Via Regina Elena 2
09123 Cagliari
tel. e fax. 070/587634

Spett.le Aldebaran Edizioni
Direzione Commerciale
Via Sant'Andrea 4
10139 Torino

Cagliari, 12 settembre 2003

Vs. rifermento: ordine n. 1398-03

Egregi Signori,

ho ricevuto ieri i testi ordinati. Tuttavia, le copie ordinate erano 50 e non 30. Inoltre, delle 30 copie consegnate, 18 presentano un'intera segnatura mancante (pagine 33-48), e sono quindi costretto a rimandarle indietro.

Vi prego pertanto di farmi arrivare altre 38 copie non fallate nel più breve tempo possibile. Ho infatti una trentina di prenotazioni per questo titolo, e al momento riesco a soddisfarle solo in parte. Non vorrei dover far aspettare i miei clienti troppo a lungo.

Con i miei migliori saluti

Giovanni Maxia

Answering a complaint about delivery of wrong goods

Conti e Di Leo srl – Forniture per alberghi
Via Statuto 52 – 00196 Roma
tel. 06 8879632 fax 06 8879634

Hotel Sette Colli
Viale Ippocrate 16
Roma

15-05-03

Caro Cliente,

abbiamo ricevuto la Sua lettera di rimostranze relativa all'ordine n. 5302. Siamo davvero spiacenti dell'errore nella consegna della merce. Il Suo ordine è stato inavvertitamente scambiato con quello di un altro cliente dello stesso quartiere. Abbiamo già provveduto a inviarLe la giusta fornitura.
Spero che il disguido non Le abbia causato grossi inconvenienti. Le garantiamo che non ci saranno altri errori in futuro.

Distinti saluti

F. Di Leo

Reclamo: fattura già pagata

Old Forge Pottery
4 Money Lane
Falmouth
Cornwall TR11 3TT
Tel: 0326 66758
Fax: 0326 66774

19 September 2003

Oscar Goode & Co
3 Field Place
Truro
Cornwall
TR2 6TT

Dear Mr Last,

Re: Invoice no. 4562938

I refer to your reminder of 17 September, which we were rather surprised to receive.

We settled the above invoice in the usual manner by bank transfer on 22 August and our bank has confirmed that payment was indeed made. Coming after several delays in making recent deliveries, this does cast some doubt on the efficiency of your organization.

We hope that you will be able to resolve this matter speedily.

Yours sincerely,

Rupert Grant

Rupert Grant
Accounts Manager

Risposta a un reclamo per fattura già pagata

Pusey Westland PLC
345-6 June Street
London SW13 8TT
Tel: 020-8334 5454
Fax: 020-8334 5656

6 June 2003

Our ref: 99/88/IY

Mrs E P Wells
The Round House
High St
Whitham
Oxon OX32 23R

Dear Mrs Wells,

Thank you for your letter of 22 May informing us that our invoice (see ref above) had already been settled.

We confirm that this is indeed the case, and payment was made by you on 5 May. Please accept our sincere apologies for sending you a reminder in error.

Yours sincerely,

G H Founder

G H Founder
Accounts supervisor

Reclamo: fattura troppo elevata

The Round Place
2 Nighend High
Bristol
BS9 0UI
Tel: 117 66900
Fax: 117 55450

4 June 2003

Famous Gourmet
399 Old Green Road
Bristol
BS12 8TY

Dear Sirs,

Invoice no. B54/56/HP

We would be glad if you would amend your recent invoice (copy enclosed).

The quantities of the last three items are wrong, since they refer to “24 dozen” instead of the correct quantity of “14 dozen” in each case. In addition to this, our agreed discount of 4% has not been allowed.

Please check your records and issue a revised invoice, which we will then be happy to pay within the agreed time.

Yours faithfully,

M R Edwardson

M. R Edwardson
Chief Supplies Officer
Encl.

Risposta a un reclamo per fattura troppo elevata

TRILLING TRADERS
45-46 Staines Lane
BIRMINGHAM
BH8 9RR
Tel: 0121-222 1343
Fax: 0121-222 1465

14 March 2003

Mr T Mettyear
34 Rowland Road
London W11 7DR

Dear Mr Mettyear,

Invoice 7YY- 98776

Your letter of 7 March complaining of our failure to allow a discount on the above invoice has been referred to me by our supplies division.

I regret to inform you that we cannot agree to allow you a discount. Our letter to you of 21 February sets out our reasons. I must now press you for full payment. If, in the future, your invoices are settled promptly we will of course be glad to consider offering discounts once again.

Yours sincerely,

J Anchor

James Anchor
Deputy Managing Director

Disputing an invoice: already paid

Tordelli Traslochi
Piazza Garibaldi 5
68154 Montelepre (FO)
tel. 0256 125456 fax 0256 125458

Spett.le RBS
Corso Europa 19
Forlì

01-10-03

Spett.le RBS,

con riferimento al Vs. sollecito di pagamento relativo alla fattura n. 721/09/03, precisiamo che tale pagamento è già stato da noi effettuato tramite bonifico con accredito sul Vs. c.c. Si deve quindi trattare di un errore, che Vi preghiamo di verificare con la Vs. banca.
Vogliate cortesemente comunicarci i risultati della verifica.

Distinti saluti

Pierluigi Tordelli

Answering complaint about invoice: already paid

Tipografia Molisana
Via G. Giolitti 56
86100 Campobasso

Egr. Sig. Fabio Di Loreto
Via Santa Croce 19
Campobasso

18 settembre 2003

Egregio Signor Di Loreto,

in merito al pagamento della fattura n. 356/06/03, che Lei sosteneva avere già effettuato, ho verificato trattarsi effettivamente di un errore. La fattura Le è stata inviata due volte. Ho avuto recentemente problemi con il programma di contabilità, e penso che il disguido sia dovuto proprio a questo. Voglia accettare le mie scuse.

Distinti saluti

Angelo Deberardinis

Disputing an invoice: too high

Spett.le Dolciaria Toscana
Via Trasimeno 44
53045 Montepulciano

10-10-03

Spett.le Ditta,

ho ricevuto oggi la fattura (n. 21357/03) relativa alla fornitura di croissant al mio bar per la seconda quindicina di settembre. Devo segnalare che l'importo è sbagliato. Infatti, per 50 confezioni da 25 croissant è indicata una cifra corrispondente a 500 confezioni. C'è evidentemente uno zero di troppo. Vogliate quindi rettificare l'importo. Provvederò al pagamento quando l'errore sarà corretto.
In attesa di una Vs. risposta porgo distinti saluti

Caterina Cecchi

Answering complaint about invoice: too high

Dolciaria Toscana
Via Trasimeno 44 53045 Montepulciano (SI)
tel. e fax. 0578-56097

Sig.ra Caterina Cecchi
Caffetteria Il Chicco
Via XXV aprile 7
53026 Pienza

14-10-03

OGGETTO: fattura n. 21357/03

Gentile Signora Cecchi,

con riferimento alla fattura in oggetto, riconosciamo l'errore. La preghiamo di scusarci. Allegata troverà una nuova fattura con l'importo corretto, che potrà saldare con le solite modalità.
Scusandoci ancora, porgiamo i nostri migliori saluti

Enrico Dini
(ufficio contabilità)

Per inviare un assegno

66a Dram Villas
Sylvan Place
Edinburgh EH8 1LZ
Tel: (0131) 668 7575

5 September 2003

L. Farquharson
11 Craghill Grove
Edinburgh
EH6 44P

Dear Mr Farquharson,

Thank you for carrying out the joinery work on our window frames so quickly and efficiently.

I enclose herewith my cheque for £312.33 in full settlement of your account (invoice no.334PP). Please let me have a receipt.

Yours sincerely,

G Moreson (Mr)

Encl.

Per accusare ricevuta di un pagamento

Corkhill Solicitors
23 James Rise
Manchester
M14 5RT
Tel: 0161-548 6811
Fax: 0161-548 7911

10 March 2003

Ms Patricia Farnham
23 Walling Terrace
Manchester
M34 99Q

Dear Ms Farnham,

Thank you very much for your letter of 6 March and enclosed cheque.

I can confirm that we have now received payment in full for our invoice no. 5/99/UYY.

Yours sincerely,

H. Thomson

Dr Henrietta Thomson
Head of Section, Accounts

Avviso di pagamento insufficiente

T. Markham Ltd
34 Asquith Drive
London SW33
Tel: 020-8323 4343
Fax: 020-8323 4586

Our ref: 77877/99/PO

Mr Aidan Fadden
Fadden Enterprises PLC
234 Race Street
London NW8

20 March 2003

Dear Mr Fadden

Bill BQW 888R

We acknowledge receipt of your draft for £3,222.90. We must however point out that our February statement included a further sum of £1,998.13 which was still outstanding from the previous statement.

We would be glad if you would look into this matter and arrange for prompt payment of the sum outstanding.

Many thanks.

Yours faithfully,

J Roundwood

Mr J Roundwood - Chief Cashier

Sollecito di pagamento

ESTUARY SUPPLIES
45 Tully Street
YORK
YO3 9PO
Tel: 01904 59787
Fax: 01904 95757

Our ref: 998884/YT 9 September 2003

Ms T Blunt,
Crabbe and Long,
33-98 Grand Place,
YORK
YO8 6EF

Dear Ms Blunt,

I am writing to remind you that you have not yet settled our invoice no. 6TT 999, a copy of which I enclose.

We have never before had occasion to send you a reminder, so we assume that this matter is simply an oversight on your part. Perhaps you could arrange for payment to be made in the next few days.

Yours sincerely,

M Kington

pp M. Kington
Director

Sending a cheque in payment

Spett.le Ditta
F.lli Cattaneo
Via G. Verdi 23
Sesto San Giovanni

25 febbraio 2003

Spett.le Ditta,

allego alla presente assegno non trasferibile di euro 520,50, a saldo della Vs. fattura n. 3456-03.
Colgo l'occasione per inviare distinti saluti.

Luciano Fumagalli

Luciano Fumagalli
Via Ospedali 34
20097 San Donato Milanese

Acknowledging payment received

Vetreria F.lli Cattaneo srl
Via G. Verdi 23 - 20099 Sesto San Giovanni
tel. 02 33378152

Egr. Sig. Luciano Fumagalli
Via Ospedali 34
20097 San Donato Milanese

28-02-03

Egregio Signor Fumagalli,

in riferimento alla fattura n. 3456-03, accuso ricevuta di pagamento tramite assegno.
La ringrazio per la fiducia accordata alla nostra ditta.

Distinti saluti

Simone Cattaneo

Wrong payment received

SCATOLIFICIO APOSTOLI s.a.s.
Strada San Zeno 83
25100 Brescia
tel. 030 4458791 fax 030 4458792

Spett.le Enoteca Morelli
Via Caravaggio 5
Brescia

20-10-03

Spett.le Ditta,

accusiamo ricevuta di pagamento di euro 256, relativo a Ns. fattura n. 560/00/02. L'importo indicato su tale fattura risulta però essere di 296 euro. La preghiamo pertanto di voler corrispondere i 40 euro mancanti.

Restiamo a disposizione per qualsiasi chiarimento al riguardo.

Distinti saluti

Monica Santi
Gestione contabilità

Reminder of invoice outstanding

Miocaffè srl di Ravasi D.
Noleggio macchine caffè espresso
Corso Monte Bianco 156 - 10155 Torino
tel 011 2347456 fax 011 2347457

Spett.le Ditta Cravero e Bertinotti
Via Po 60 - 10024 Moncalieri

23 luglio 2003

OGGETTO: Fattura n. 94/03

Egregi Signori,

facciamo presente che non è stata a tutt'oggi pagata l'allegata fattura, per un importo di 157, scaduta l'8 c.m. Siamo certi che si tratti di una dimenticanza, avendo la Vostra ditta sempre saldato con regolarità.
Vi preghiamo tuttavia di provvedere quanto prima.
Con i migliori saluti

Davide Ravasi

Fax aziendale

Swan Publishing
34 Paulton Street
London W2 9RW

FACSIMILE NUMBER: 020-7789 6544

Message for: Charles Julien
Address: 25-30, rue d'Avignon, 75012 PARIS. France
Fax number: 00.33.4143 4555
From: Emma Wallis, Swan Publishing
Date: May 20, 2003
Number of pages including this one: 1

Thank you for your letter of 16 May 2003.
1. Please confirm meeting on June 6th at 10:00.
2. Two packages of brochures and two boxes of samples dispatched on March 24th. Please confirm receipt.
3. Guidelines on government policy apparently to be issued next week. Will try and get copies for discussion at June 6th meeting.
Look forward to seeing you on June 6th.

Emma Wallis

Emma Wallis,
Marketing Director

Fax privato

From: M. Lovejoy, 140 Heriot Row, Dunedin, New Zealand

Fax: 64. 3. 1233. 5566

Date: 25-10-03

Number of pages including this page : One

Richard -

My trip finally approved for period 2-12-03 to 3-1-04. I have to spend two days in Paris first so should reach UK on 6th Dec at latest.

Delighted to meet Rev. Mark Browne and Dr Carl Hilde as you suggest, provided it can be in the week beginning the 9th. Can you make the arrangements? Thanks.

Further info on its way to you by air mail. Let me know as soon as you can.

Thanks for good wishes. Yes, lovely summer here!

All the best,

Miranda

Frasi utili

Formule di apertura

In lettere formali, la formula di apertura più comune è *Dear*.

- *Dear Sir*
- *Dear Madam*
- *Dear Sir or Madam*
- *Dear Sirs*
- *Dear Mr Dixon*
- *Dear Mrs Dixon*
- *Dear Ms Dixon*

Frasi utili

Thank you for your letter of [date] concerning ...

Thank you for sending me a [catalogue, quotation]

Thank you for your enquiry of [date]

I refer to your letter of [date] concerning ...

Further to our telephone conversation of [date], ...

I am writing to confirm our telephone conversation of [date]

I would be grateful if you could forward me a [price list, catalogue]

As stated in your letter/ fax of [date] ...

I wish to draw your attention to ...

I wish to inform you that ...

I am writing to inform you that ...

I am writing to express my dissatisfaction with ...

Please note that …

Please find enclosed …

Formule di chiusura

I look forward to hearing from you …

I look forward to your response …

I would be most grateful if you would look into this matter as soon as possible …

Please let me know as soon as possible what action you propose to take …

I trust that you will give this matter your urgent attention …

Please do not hesitate to contact me should you require further information.

Se si conosce il nome del destinatario:

- *Yours sincerely*

Se non si conosce il nome del destinatario:

- *Yours faithfully*

Fax: business

EdiService – Servizi Editoriali
Via Udine 4 – 00195 Roma
tel. e fax. 06-79846531

MESSAGGIO TELEFAX

SPETT.LE: Liber Edizioni
ALLA C.A.: Dott.ssa Emma Longhi
DA: Nicoletta Napoli
DATA: 20-05-03

PAGINE INVIATE COMPRESA QUESTA: 3

Gentile Dottoressa,

Le rimando l'introduzione con le modifiche apportate. Come può vedere, gli interventi non sono numerosi. Conto di poterLe dare domani anche l'indice analitico e la bibliografia. Resto a disposizione per qualsiasi comunicazione o chiarimento.

Saluti

Nicoletta Napoli

Nicoletta Napoli

Fax: personal

Da: Silvia Poggio
A: Roberto Del Duca
N. fax: 02-4789523
Data: 13-02-03
N. pagine inclusa la presente : 4

Ho preso il modulo di iscrizione al concorso. Te lo faxo, così ce l'hai già anche tu. Spero che la copia venga bene, ultimamente il mio fax fa i capricci.

Fammi sapere qualcosa per questa sera.

Ciao

Useful phrases

Letter openings

The standard opening for formal correspondence is *Egregio Signor .../ Gentile Signora ...*

- *Egregi Signori*
- *Spettabile Ditta/ Spettabile XYZ*
- *Egregio Direttore*
- *Egregio Dottore/Egregio Dottor Rossi*
- *Gentile Dottoressa/Gentile Dottoressa Rossi*

Useful phrases

Ho ricevuto la Sua/Vs. (lettera) del 10-10-03
Con riferimento alla Sua/Vostra lettera del 10-10-03
In risposta alla Vs. del 10-10-03, Vi comunichiamo che
Con la presente rendiamo noto/comunichiamo/informiamo che
Accuso ricevuta di
Facendo seguito agli accordi verbali/telefonici, ...
Accludo/Allego alla presente
Vi preghiamo di/Vogliate provvedere al pagamento/a rettificare, verificare, inviare

Closures

Nell'attesa di una Vostra cortese risposta porgiamo distinti saluti
Ringrazio anticipatamente per la Vostra attenzione
Restiamo in attesa di Vs. chiarimenti/una Vs. risposta
Restiamo a Sua/Vostra disposizione per qualsiasi informazione/comunicazione/chiarimento
La ringraziamo per la fiducia accordataci
Distinti saluti
Con i migliori saluti
Colgo l'occasione per porgere i miei migliori saluti

Connettivi inglesi

Come aiuto per scrivere in inglese, forniamo qui di seguito un elenco dei più comuni connettivi, con esempi che li mostrano in un contesto.

admittedly
Admittedly, revenge is not the character's only motive. — *Certo* la vendetta non è l'unica motivazione del personaggio.

again
Again, we have to consider the legal implications. — *Inoltre* dobbiamo considerare le implicazioni legali.

also
It is *also* interesting to ask to what extent the author has been influenced by his social background. — È *anche* interessante chiedersi fino a che punto l'autore sia stato influenzato dal suo ambiente sociale.

although
I doubt she approves of these changes *although* she hasn't mentioned the subject. — Dubito che approvi questi cambiamenti, *sebbene* non vi abbia accennato.

as a result
They were directly involved in the conflict. *As a result*, their names have been changed to conceal their identity. — Erano direttamente coinvolti nel conflitto. *Di conseguenza* i loro nomi sono stati cambiati per nascondere la loro vera identità.

at any rate
At any rate it is the most credible hypothesis. — *In ogni caso* è l'ipotesi più credibile.

basically
Basically, the author simply uses the same formula as the one which made his first novel a success. — *Fondamentalmente* l'autore usa quella stessa formula che ha fatto del suo primo romanzo un successo.

besides
I haven't time to go and see this film – *besides*, it's had dreadful reviews. — Non ho tempo di andare a vedere questo film; *per di più* ha avuto recensioni tremende.

be that as it may
Be that as it may, these measures will take time to have an effect. — *Comunque sia*, ci vorrà del tempo perché questi provvedimenti abbiano effetto.

but
But that doesn't justify resorting to violence. — *Ma* ciò non giustifica il ricorso alla violenza.

consequently
Computers are more and more powerful. *Consequently*, home computers soon become obsolete. — I computer sono sempre più potenti. *Di conseguenza* i personal computer diventano presto obsoleti.

despite
Despite his huge success, he has remained very unpretentious. — *Nonostante* il grande successo è rimasto una persona semplice.

finally
Finally, we will attempt to underline the points which the two poets have in common. — *Infine* cercheremo di sottolineare i punti in comune fra i due poeti.

first
First, we should recall the different stages of a child's development. — *Per prima cosa* conviene ricordare quali sono le diverse fasi di sviluppo del bambino.

first of all
We shall see, *first of all*, how the author describes the unhappiness of the character. — *Prima di tutto* vedremo come l'autore descrive l'infelicità del personaggio.

To help you write in Italian, you will find below the most frequent link words and expressions, shown in context.

allo stesso modo

Allo stesso modo hanno eliminato il tradizionale supplemento del sabato.

Similarly, they have done away with the traditional Saturday supplement.

anche

È *anche* interessante chiedersi fino a che punto l'autore sia stato influenzato dal suo ambiente sociale.

It is *also* interesting to ask to what extent the author has been influenced by his social background.

Si devono prendere in considerazione *anche* i rivolgimenti sociali verificatisi nel corso del XIX secolo.

The social upheavals which took place during the nineteenth century must *also* be considered.

benché

Benché privi del sostegno dei sindacati, hanno deciso di continuare lo sciopero.

Though they don't have any backing from the unions, they have decided to continue their strike action.

certo

Certo la vendetta non è l'unica motivazione del personaggio.

Admittedly, revenge is not the character's only motive.

cioè

Durante il periodo di incubazione, *cioè* per due settimane prima dell'insorgenza dei sintomi, il soggetto è altamente infettivo.

During the incubation period, *that is* to say for two weeks before the onset of symptoms, the subject is very infectious.

ciò nonostante

Ciò nonostante il romanzo non è del tutto autobiografico.

The novel is *nevertheless* not entirely autobiographical.

comunque sia

Comunque sia, ci vorrà del tempo perché questi provvedimenti abbiano effetto.

Be that as it may, these measures will take time to have an effect.

così

Mi faceva ancora male, *così* sono andato da uno specialista.

It was still painful, *so* I went to see a specialist.

d'altra parte

D'altra parte, ci si può chiedere se questa non sia una scelta deliberata dell'autore.

On the other hand, one may wonder if it is not a deliberate choice on the author's part.

da qui

Da qui la necessità per il bambino di identificarsi con personaggi immaginari.

Hence the necessity for the child to identify with imaginary characters.

detto questo/detto ciò

Detto questo/Detto ciò, non ho obiezioni.

That being said, I do not have any objections.

di conseguenza

I computer sono sempre più potenti. *Di conseguenza* i personal computer diventano presto obsoleti.

Computers are more and more powerful. *Consequently*, home computers soon become obsolete.

Erano direttamente coinvolti nel conflitto. *Di conseguenza* i loro nomi sono stati cambiati per nascondere la loro vera identità.

They were directly involved in the conflict. *As a result*, their names have been changed to conceal their identity.

fondamentalmente

Fondamentalmente l'autore usa quella stessa formula che ha fatto del suo primo romanzo un successo.

Basically, the author simply uses the same formula as the one which made his first novel a success.

furthermore
Our survey compares computers within the same power range. *Furthermore*, we limited ourselves to PCs.
Il nostro studio mette a confronto computer di pari potenza. Ci siamo *inoltre* limitati ai PC.

hence
Hence the necessity for the child to identify with imaginary characters.
Da qui la necessità per il bambino di identificarsi con personaggi immaginari.

however
He is not, *however*, considered to be a Decadent author.
Tuttavia non è considerato un autore decadente.

in addition
In addition, the cat is known to have held an important place in ancient Egypt.
Sappiamo *inoltre* che il gatto aveva un posto importante nell'antico Egitto.

in conclusion
In conclusion, we may regret that the author dealt with only one aspect of the problem.
In conclusione, dispiace che l'autore abbia affrontato solo un aspetto del problema.

indeed
The author was well acquainted with the world of banking. *Indeed*, he had worked for a large Parisian bank for almost ten years.
L'autore conosceva bene il mondo delle banche. *Infatti* aveva lavorato per una grande banca parigina per quasi dieci anni.

in fact
In fact we know nothing about the ties which bond them.
In effetti non sappiamo nulla dei legami che li uniscono.

in other words
The child has difficulty in accepting the new baby. *In other words*, he is jealous.
Il bambino ha difficoltà ad accettare il nuovo nato. *In altre parole*, è geloso.

in short
In short, it is an admission of failure.
In breve, è un'ammissione di fallimento.

in spite of
In spite of all his efforts, the envoy has been unable to obtain a peace agreement.
Malgrado ogni sforzo, l'inviato non è riuscito a ottenere un accordo di pace.

instead
Instead, students can enrol on a programming course.
In alternativa gli studenti possono iscriversi a un corso di programmazione.

in the first place
In the first place, we must consider the economic situation of the country before the revolution.
In primo luogo dobbiamo considerare la situazione economica del paese prima della rivoluzione.

moreover
Moreover, close examination of the contract reveals several inconsistencies.
Inoltre, un attento esame del contratto rivela parecchie incoerenze.

nevertheless
The novel is *nevertheless* not entirely autobiographical.
Ciò nonostante il romanzo non è del tutto autobiografico.

next
Next, we shall focus on the psychological approach.
Ci concentreremo *poi* sull'approccio psicologico.

nonetheless
It must *nonetheless* be pointed out that he came from a very religious family.
Bisogna *tuttavia* far notare che proveniva da una famiglia molto religiosa.

now
Now the author is himself of Slav origin.
Ora, l'autore è egli stesso di origine slava.

in altre parole

Il bambino ha difficoltà ad accettare il nuovo nato. *In altre parole*, è geloso.

The child has difficulty in accepting the new baby. *In other words*, he is jealous.

in breve

In breve, è un'ammissione di fallimento.

In short, it is an admission of failure.

in conclusione

In conclusione, dispiace che l'autore abbia affrontato solo un aspetto del problema.

In conclusion, we may regret that the author dealt with only one aspect of the problem.

in effetti

In effetti non sappiamo nulla dei legami che li uniscono.

In fact we know nothing about the ties which bond them.

infatti

L'autore conosceva bene il mondo delle banche. *Infatti* aveva lavorato per una grande banca parigina per quasi dieci anni.

The author was well acquainted with the world of banking. *Indeed*, he had worked for a large Parisian bank for almost ten years.

infine

Infine cercheremo di sottolineare i punti in comune fra i due poeti.

Finally, we will attempt to underline the points which the two poets have in common.

in ogni caso

In ogni caso è l'ipotesi più credibile.

At any rate it is the most credible hypothesis.

inoltre

Inoltre, un attento esame del contratto rivela parecchie incoerenze.

Moreover, close examination of the contract reveals several inconsistencies.

Il nostro studio mette a confronto computer di pari potenza. Ci siamo *inoltre* limitati ai PC.

Our survey compares computers within the same power range. *Furthermore*, we limited ourselves to PCs.

Sappiamo *inoltre* che il gatto aveva un posto importante nell'antico Egitto.

In addition, the cat is known to have held an important place in ancient Egypt.

Inoltre dobbiamo considerare le implicazioni legali.

Again, we have to consider the legal implications.

in primo luogo

In primo luogo dobbiamo considerare la situazione economica del paese prima della rivoluzione.

In the first place, we must consider the economic situation of the country before the revolution.

In primo luogo si deve ricordare ciò che accadde quel giorno.

To begin with, one has to remember what happened that day.

invece

Scopriamo *invece* che il personaggio è colpevole del delitto.

On the contrary, we discover that the character is guilty of the crime.

ma

Ma ciò non giustifica il ricorso alla violenza.

But that doesn't justify resorting to violence.

malgrado

Malgrado ogni sforzo, l'inviato non è riuscito a ottenere un accordo di pace.

In spite of all his efforts, the envoy has been unable to obtain a peace agreement.

mentre

La cosa la preoccupava appena, *mentre* lui aveva preso questo avvertimento molto sul serio.

She was hardly worried about it, *whereas* he took this warning very seriously.

nonostante

Nonostante il grande successo è rimasto una persona semplice.

Despite his huge success, he has remained very unpretentious.

on the contrary
On the contrary, we discover that the character is guilty of the crime. — Scopriamo *invece* che il personaggio è colpevole del delitto.

on the other hand
On the other hand, one may wonder if it is not a deliberate choice on the author's part. — *D'altra parte*, ci si può chiedere se questa non sia una scelta deliberata dell'autore.

similarly
Similarly, they have done away with the traditional Saturday supplement. — *Allo stesso modo* hanno eliminato il tradizionale supplemento del sabato.

so
It was still painful, *so* I went to see a specialist. — Mi faceva ancora male, *così* sono andato da uno specialista.

still
These mushrooms are said not to be dangerous, but you *still* need to know how to tell them apart from the others. — Questi funghi non sembrano essere pericolosi; occorre *tuttavia* saperli distinguere.

that is to say
During the incubation period, *that is to say* for two weeks before the onset of symptoms, the subject is very infectious. — Durante il periodo di incubazione, *cioè* per due settimane prima dell'insorgenza dei sintomi, il soggetto è altamente infettivo.

that's why
Reading encourages one to be more open-minded. *That's why* a child who reads will find it easier to understand the world around him. — Leggere aiuta ad aprire la mente. *Per questo* un bambino che legge comprenderà più facilmente il mondo che lo circonda.

then
We will *then* talk about the problems of integration faced by immigrants. — Parleremo *poi* dei problemi di integrazione che gli immigrati devono affrontare.

therefore
We will, *therefore*, consider the poets who were Verlaine's contemporaries. — Prenderemo *pertanto/quindi* in considerazione i poeti contemporanei di Verlaine.

though
Though they don't have any backing from the unions, they have decided to continue their strike action. — *Benché* privi del sostegno dei sindacati, hanno deciso di continuare lo sciopero.

thus
Thus, it seems reasonable to wonder if these investments are justified. — Sembra *pertanto/quindi* legittimo chiedersi se questi investimenti siano giustificati.

to begin with
To begin with, one has to remember what happened that day. — *In primo luogo* si deve ricordare ciò che accadde quel giorno.

to start with
To start with, we'll briefly sum up the situation. — *Per cominciare* faremo un breve riepilogo della situazione.

to sum up
To sum up, one can say that television has taken part of the audience away from the cinema. — *Ricapitolando/Riassumendo*, si può affermare che la televisione ha sottratto al cinema una parte del pubblico.

whereas
She was hardly worried about it, *whereas* he took this warning very seriously. — La cosa la preoccupava appena, *mentre* lui aveva preso questo avvertimento molto sul serio.

yet
She trained hard all year, *yet* still failed to reach her best form. — *Nonostante* si fosse allenata duramente tutto l'anno non riuscì a raggiungere la sua forma migliore.

Nonostante si fosse allenata duramente tutto l'anno non riuscì a raggiungere la sua forma migliore. — She trained hard all year, *yet* still failed to reach her best form.

ora

Ora, l'autore è egli stesso di origine slava. — *Now* the author is himself of Slav origin.

per cominciare

Per cominciare faremo un breve riepilogo della situazione. — *To start with*, we'll briefly sum up the situation.

per di più

Non ho tempo di andare a vedere questo film; *per di più* ha avuto recensioni tremende. — I haven't time to go and see this film – *besides*, it's had dreadful reviews.

per prima cosa

Per prima cosa conviene ricordare quali sono le diverse fasi di sviluppo del bambino. — *First*, we should recall the different stages of a child's development.

per questo

Leggere aiuta ad aprire la mente. *Per questo* un bambino che legge comprenderà più facilmente il mondo che lo circonda. — Reading encourages one to be more open-minded. *That's why* a child who reads will find it easier to understand the world around him.

pertanto/quindi

Sembra *pertanto/quindi* legittimo chiedersi se questi investimenti siano giustificati. — *Thus*, it seems reasonable to wonder if these investments are justified.

Prenderemo *pertanto/quindi* in considerazione i poeti contemporanei di Verlaine. — We will, *therefore*, consider the poets who were Verlaine's contemporaries.

poi

Parleremo *poi* dei problemi di integrazione che gli immigrati devono affrontare. — We will *then* talk about the problems of integration faced by immigrants.

Ci concentreremo *poi* sull'approccio psicologico. — *Next*, we shall focus on the psychological approach.

prima di tutto

Prima di tutto vedremo come l'autore descrive l'infelicità del personaggio. — We shall see, *first of all*, how the author describes the unhappiness of the character.

ricapitolando/riassumendo

Ricapitolando/Riassumendo, si può affermare che la televisione ha sottratto al cinema una parte del pubblico. — *To sum up*, one can say that television has taken part of the audience away from the cinema.

sebbene

Dubito che approvi questi cambiamenti, *sebbene* non vi abbia accennato. — I doubt she approves of these changes *although* she hasn't mentioned the subject.

tuttavia

Tuttavia non è considerato un autore decadente. — He is not, *however*, considered to be a Decadent author.

Questi funghi non sembrano essere pericolosi; occorre *tuttavia* saperli distinguere. — These mushrooms are said not to be dangerous, but you *still* need to know how to tell them apart from the others.

Bisogna *tuttavia* far notare che proveniva da una famiglia molto religiosa. — It must *nonetheless* be pointed out that he came from a very religious family.

Annunci economici

Lavoro

JOBS

Female Student, 24 yrs, seeks p/t work as childminder/domestic help in Notting Hill area. Experienced, reliable, avail. mornings or afternoons and school hols, approx 15 h.p.w. Pay negotiable. 020 8 339 4857.

Secretary req'd for temp position in dynamic small company to cover maternity leave. 60wpm typing, 90 wpm shorthand, wp experience essential, esp MS Office. Excellent verbal/ written communication skills. Competitive salary. Call Mrs Jones 020 8 338 4958

Handyman required for summer upkeep and repairs at Sutton sports ground. 3 month contract (Jun-Aug), approx 35 hrs pw. Hourly rate £4.35. Carpentry skills essential as is prev experience. Further details from Mr Ellison 020 8 3393283

French Language tuition offered. All levels in your own home, by exp native French speaker. School/univ exams, essays, journalism, business etc. £17 ph. Tel 01902 339449

French/English translators required by French Law firm for casual contract work. Must be native French speaker w/fluent English. German an advantage. For details Tel: 020 7 228 3854 ext. 6950

Au pair seeks position in family with 2-3 children in London. French female, 21yrs, non-smoker, clean driver's licence, excellent refs, good spoken Eng. Tel: 00 33 29930004

Experienced Au pair Wanted for 3 children aged 2,4,7 & some light hsewk in Shepherds Bush. Must be non-smoker, animal lover, driver, 21yrs+. Approx 40hpw, own flatlet & pocket money. Send CV + photo to PO Box 209.

Domestic Help wanted 3hrs 3 mornings pw for family home. Near bus route, £5 ph. Tel 01273 49586

Agent Wanted for 5 bed holiday home in Robin Hood's Bay. Duties incl. cleaning & gen upkeep betw. lets, showing families around, advice and emergency help. Salary neg. Suit retired person. Tel: 020 8 229 4848

Housesitter Wanted: for 4 bed holiday home in Cornwall, for 5 mo Nov-Mar. Rent-free in exch for care of 2 acre gdn, hse maintenance and bills. 6m nearest town. Tel 01273 48596

21yrs+ (21 years plus) più di 21 anni
approx (approximately) circa
Aug (August) agosto
avail. (available) libero, disponibile
bed (bedroom) camera (da letto)
betw (between) tra
CV (Curriculum Vitae) curriculum
Eng (English) inglese
esp (especially) in particolare
etc (et cetera) ecc.
exch (exchange) scambio
exp (experienced) esperto
ext. (extension) interno
gdn (garden) giardino
gen (general) generale
hpw (hours per week) ore alla settimana
hrs (hours) ore
hse (house) casa
hsewk (housework) lavori domestici
incl. (include) compresi
Jun (June) giugno
m (miles) miglia
mo (months) mesi
neg. (negotiable) trattabile
Nov-Mar (November to March) da novembre a marzo
ph (per hour) all'ora
PO Box (Post Office Box) casella postale
prev (previous) precedente
p/t (part time) orario ridotto
pw (per week) alla settimana
refs (references) referenze
school hols (school holidays) vacanze scolastiche
secretary req'd (secretary required) cercasi segretaria
temp (temporary) temporaneo
univ (university) università
wp (word processing) elaborazione testi
wpm (words per minute) parole al minuto
w/ (with) con
yrs (years) anni

Jobs

LAVORO

OFFERTE

AGENZIA assicurativa ricerca impiegati amministrativi ambosessi max 24 anni, preferibilmente con esperienza nel settore. Per colloquio telefonare dalle 9 alle 12: 02-465788934.

AGENZIA PRATICHE AUTO cerca collaboratore/trice pratico/a del settore, conoscenza computer e patente auto, disponibilità full-time. Inviare curriculum via fax con autorizzazione legge 675/96, citando rif. 4.2 a: 02-8844563.

AUTISTA pat. C/E, esperienza lavoro internazionale max 35enne cercasi. Telefonare 0161-4465790

CAPO PROGETTO SOFTWARE primaria azienda di servizi ricerca per propria sede Bologna. Richiesta esperienza in progettazione di database e applicazioni client/server complesse, ottima conoscenza MS SQL SRV 2000, conoscenza lingua inglese, militassolto. Casella Publimax 261 40100 Bologna

SEGRETARIA ottima conoscenza lingua inglese per studio legale internazionale cercasi. Inviare c.v. via fax 02-3239087

DOMANDE

28enne diplomata automunita offresi per lavoro amministrativo. Esperienza nel settore, anche assicurativo, conoscenza PC (Office), inglese e francese. Tel. 339-9807652

INGLESE insegnante madrelingua, esperienza pluriennale, max serietà offresi per lezioni di grammatica e conversazione a tutti i livelli. Tel. 02-46372857

PADRONCINO con Iveco Daily nuovo, offresi a seria ditta per servizi Nord Italia, Francia e Svizzera. Cell. 347-8345132

SIGNORA 33enne referenziata con esperienza automunita cerca lavoro come collaboratrice familiare o assistenza anziani. Tel. 335-6544387

automunito (con auto propria) own car
cell. (cellulare) cellphone
collaboratore/trice (collaboratore o collaboratrice) collaborator
c.v. (curriculum vitae) CV
30enne, 40enne, ecc. (trentenne, quarantenne) thirty-year-old, forty-year-old, etc.
max (massimo) maximum
militassolto (che ha già prestato servizio militare) who has completed his compulsory military service
pat. (patente) driving licence
rif. (riferimento) reference (number)
tel. (telefono) telephone

Vendite varie

ARTICLES FOR SALE

Carpet for Sale: Brown wool twist, excel quality and cond. 12ft x 16ft. £80 ono. 01852 345679

Electric Hob, Siemens, brown, 4 rings & small elec oven. Vgc. Offers invited. Can deliver. 01321 4659634

Hotpoint Twin tub washing machine, perf working order, bargain at £100. 01273 495068. Will Deliver.

Hoover turbo power: brand new w/guarantee, still boxed, duplicate gift. Cost £109, will accept £75. Tel. 01865 456923

Pioneer Stereo: separate units, incl. digital tuner, graphics, amp, twin cassette, deck multiplay, cd, turntable. As new £475. tel. 01223 496590.

Hotpoint Larder Fridge. Sm freezer. 3yrs old. gwo. Offers? 01432 594058.

3-Piece Suite. Brown Draylon, 3-seater settee, 2 lge armchairs. £100 ovno. Buyer collects. Tel 020 8 669 4857 (eve/wkends)

Laptop IBM Thinkpad, Pentium 2 processor, 32MB Ram, 1.2 Gb hard drive, internal CD drive, Win 98, 33.3k modem, carrycase. £630 ono. Tel. 0141 338 5734.

Kenwood Chef Food Processor: w/attachments; mincer, dough, hood etc. Still guarant'd, hardly used. Tel: 01273 458695

Assorted Garden Tools: rake, hoe, shovel, wheelbarrow, broom. All gwo. £50 the lot, or indiv. offers accepted. Tel: 01432 458399

Bathroom wardrobe 6ft H, 4ft W, 20" D, dble doors w/centre mirror, buyer collects. Tel. 01865 556123.

18ct gold signet ring, cost over £250, will accept £100 ono, wd make a nice Xmas present. Tel. 01865 585561.

6ft H, 4ft W, 20" D (6 feet high, 4 feet wide, 20 inches deep) altezza 1,80 m, larghezza 1,20 m, profondità 50 cm
12 ft x 16 ft (12 feet by 16 feet) 3,65 m per 4,90 m
amp (amplifier) ampli(ficatore)
CD (compact disc) CD, compact disc
ct (carat) carati
cond (condition) condizioni
elec (electric) elettrico
etc (et cetera) ecc.
eve (evenings) di sera
excel (excellent) eccellente
ft (feet) piedi
Gb (gigabyte) Gb, giga(byte)
guarant'd (guaranteed) garantito
gwo (good working order) in buone condizioni di funzionamento
HD (hard disk) disco fisso, hard disk
incl (including) comprendente
indiv (individual) individuale
lge (large) grande
MB (megabytes) MB, mega(byte)
ono (or nearest offer) trattabili
ovno (or very near offer) trattabili
perf (perfect) perfetto
sm (small) piccolo
tel (telephone) telefono
vgc (very good condition) ottimo stato
w/ (with) con
wd make (would make) costituirebbe
wkends (weekends) week-end
yrs (years) anni
x (by) per
Xmas (Christmas) Natale

Articles for sale

VENDITA

ARREDAMENTO

TAPPETO persiano autentico, sfondo rosso e blu scuro, lungh. cm 200, largh. cm 95, perfette condizioni, prezzo da concordare. Tel. 02-5327824

TAVOLO rotondo allungabile, diam. cm 120, in frassino e 4 sedie coordinate vendo a € 350,00. Cell. 339-5847844

ELETTRODOMESTICI E CASALINGHI

FORNO MICROONDE grill, 750W, ancora imballato, doppione regalo di nozze vendo. Tel. 0172-56908 (segr. tel.)

FREEZER A POZZO cm 80Lx60Px85H, col. bianco, perfettamente funzionante, garanzia, € 125,00. Tel. 01-8786452

ABBIGLIAMENTO E ACCESSORI

ABITO DA SPOSA tg. 42, stile romantico, con strascico, corpetto e maniche in pizzo, € 350,00 trattabili. Cell. 339-6654392

BORSA Chanel, mai usata, prezzo affare. Tel. 030-4646578 h. pasti

OROLOGIO D'EPOCA, cassa in oro 18kt, perfetto, prezzo interessante. Cell. 347-2371108

SCARPONI trekking num. 45, nuovi, valore € 67 per errato acquisto vendo a € 55. Cell. 348-8272313

COLLEZIONISMO

MODELLINI: vendo, anche singolarmente, intere collezioni di modellini Ferrari, anche stradali rari. Tel. 02-4455907 solo h. pasti

TEX, Diabolik, Zagor, numeri anni '70, vendo a € 0,50 cad. o scambio alla pari. Tel. 02-55907321

80Lx60Px85H (larghezza 80, profondità 60, altezza 85) 80 cm wide, 60 cm deep, 85 cm high
cad. (caduno) each
cell. (cellulare) cellphone
col. (colore) colour
diam. (diametro) diameter
h pasti (ore pasti) dinnertime
18kt (18 carati) 18-carat
largh. (larghezza) width
lungh. (lunghezza) length
num. (numero) (shoe) size
segr. tel. (segreteria telefonica) answerphone
tel. (telefono) telephone
tg. (taglia) size
W (watt) watt

Scambi vacanze

House/Apartment holiday exchanges

Exchange: Sml fam owned village hse nr Objat, slps 4-5, 1 bath, lounge, mod kit, sm gdn, for Seaside cott in Devon/Cornwall for 3 wks commenc. Jun 2nd 2003. Tel: 00 33 5 55 25 8899.

Room Exchange Wanted: lge rm in friendly non-smkg hse w/ 3 profs in Central Oxford for similar in Brixton area for 3 mos from Sept 03. Monthly rental £50 p.w. Pets welcome. Tel 01865 553389.

Caravan Exchange Wanted: comfortable 6 berth caravan on N. Cornish coast: running water, elec, camp shop. Padstow 2 m. For 3-4 berth caravan in S. Wales campsite for 3 wks July or Aug 03. Tel: 020 8 332 5454

Holiday Exchange: Clean, scenic, 6 pers Chalet in Provence (quiet town, 40 mins drive from St Tropez) offered in exch. for approx 4 pers cott on Sussex coast (pref nr. Newhaven) for 1 month beginning August 2003. Car exch poss. Tel: 00 33 249968504.

Trans-Atlantic Apartment Swap: Lux 2BR, 2ba apt in Evanston. Lake view frm balcony, prkg, fully a/c, cable, lndry, close to shops and trans to Chicago (20 mins). For 2 BR similar quality in Central London. Call Sarah: 00 1 312 866 7396.

Couple Seek Bedsit Exchange: beautiful roomy dble bedsit nr Camden Lock, 5 mins tube, great clubs nrby, in exch for similar in central Edinburgh for 3 wks of Festival. Pets, smokers welcome. Tel 020 8 223 4956

Vendita veicoli, barche

Vehicle sales

Ford Fiesta 1300, 1994, M reg. 29,000 miles. Blue. Power steering, twin airbags, 4 mo MOT, VGC, 2 lady owners. £2,600 ono. Tel. 01224 572318

V.W Sharan, 1997, P Reg, silver. e/w, a/c, alloy wheels, taxed July 2003, excellent condition. One owner from new. £10,250 ono. Tel 01385 349450

Mini 1.3L, N Reg., limited edition, metallic green. Alarm, immobiliser, r/c, excellent condition, 40k miles. £2,900 ono. Tel. 07720 987142

Honda Civic hatchback. 1.6v, N Reg, 28,000 miles. Yellow. CD player, immobiliser, electric windows. 6 month's road tax. £5,500 ono. Tel. 020 8439 7783 (eve).

Bargain Boat! 32 ft Kitch Motor Sailer, 5 Berth, all navigation aids, 50hp diesel. Some work needed hence price, must sell: best offer over £18000. Call Jo 01273 495869

Bicycles for Sale: One Ladie's 5-spd, 27in wheels, 19 in frame. As new £75. One Boy's 10 spd racer, suit 10-12 yrs, PX if poss, otherwise £50. Phone 01223 4459305 after 6pm or wkend.

a/c (air conditioned) aria condizionata
approx (approximately) circa
apt (apartment) appartamento, alloggio
ba (bathroom) bagno
bath (bathroom BE) bagno
BR (bedroom) camera (da letto)
car exch. (car exchange) scambio di auto
commenc. (commencing) a partire da
cott (cottage) casetta (di campagna)
dble bedsit (double bedsit) monolocale a due letti
elec (electricity) elettricità
exch (exchange) scambio
fam owned (family owned) di proprietà
frm (from) da
hse (house) casa
lge rm (large room) grande camera
lndry (laundry AE) lavanderia
lux (luxury) lussuoso
m (miles) miglia
mod kit (modern kitchen) cucina modernamente attrezzata
mos (months) mesi
N. Cornish (North Cornish) Cornovaglia settentrionale
non-smkg (non-smoking) non fumatori
nr (near) vicino a
nrby (nearby) vicino
pers (person) persona
pref (preferred) preferibilmente
prkg (parking) parcheggio
profs (professionals) (lavoratori) dipendenti
pw (per week) alla settimana
slps (sleeps) posti letto
sm gdn (small garden) giardinetto
sml (small) piccolo
S. Wales (South Wales) Galles meridionale
trans (transport) trasporti pubblici
w/ (with) con
wks (weeks) settimane
1600c (1600 centilitres) 1600 centimetri cubici
40k miles (40,000 miles) 64.000 chilometri
6pm (post meridiem) le (ore) 18
a/c (air conditioning) climatizzatore
eve (evening) sera
e/w (electric windows) alzacristalli elettrici
ft (foot) piede
hp (horsepower) cavalli (vapore)
in (inches) pollici
mo (months) mesi
MOT (Ministry of Transport test) revisione
ono (or nearest offer) trattabili
poss (possible) possibile
PX (part exchange) scambio
r/c (radio-cassette) autoradio con lettore cassette
recon (reconditioned) rimesso a nuovo
reg (registration) immatricolazione
spd (speed) velocità
tel (telephone) telefono
vgc (very good condition) ottimo stato
wkend (weekend) week-end
yr(s) (year(s)) anno/i

House/Apartment holiday exchanges

CASE VACANZE: SCAMBI

LIMONE P.TE appartamento di salone con camino, cucina, 4 camere, doppi servizi, box scambio con villetta indipendente in Liguria mesi giu.-sett. Tel. 0171-56732

VIAREGGIO alloggio mq 70, sul mare, cucina abitabile, due camere, ingresso e bagno, tot. posti letto 4 scambiamo con alloggio analoghe caratteristiche sul lago di Garda, periodo vacanze scolastiche. Tel. 050-884756 (h. pasti)

Vehicle Sales

VENDITA

AUTOMEZZI

FIAT BARCHETTA RIVIERA col. rosso, 06/01, km 20.000, € 15.000,00 trattabili. Cell. 347-9678542

HYUNDAI GALLOPER, agosto 01, km 11.000, grigio met., accessoriato, € 16.500,00. Cell. 339-77645332

PUNTO TD 70 CV, 5p., 1999, grigio chiaro, climatizzatore, antifurto, chiusura centralizzata, alzacristalli elettrici, ottimo stato, € 5.000,00. Tel. 011-3345900

STILO 1.6 16V genn. 2002, km 3000, come nuova a € 13.500,00. Tel. 011-5764555

MOTOCICLI

YAMAHA V-MAX, imm. giu. 2001, km 5800, antifurto, tagliando 6000 km effettuato, € 9.000,00 trattabili

CICLI

MTB di 2 anni, rossa e nera, cambio Shimano, 18 marce, ruota 50, adatta ragazzo 10/12 anni, € 60,00. Cell. 339-7586774

IMBARCAZIONI

BARCA A VELA m 6.20 in vtr, deriva mobile in ghisa, 5 cuccette, cucina, imp. elettrico, fb 4 hp nuovo, € 7.000,00 trattabili. Cell. 338-8736654

giu.-sett. (da giugno a settembre) from June to September
h pasti (ore pasti) dinnertime
mq (metri qudri) square metres
tot. (in totale) in all

06/01 (giugno 2001) June 2001
cell. (cellulare) cellphone
col. (colore) colour
CV (cavalli vapore) horsepower
genn. (gennaio) January
giu. (giugno) June
grigio met. (grigio metallizzato) silver gray
imm. (immatricolato) registered
imp. elettrico (impianto elettrico) electrical system
MTB (mountain bike) mountain bike
5p. (cinque porte) five-door (car)
tel. (telefono) telephone
16V (sedici valvole) 16-valve (engine)
vtr (vetroresina) fibreglass

Vendita di immobili

Property

For Sale

For Sale: Lewes, Semi-det hse, BR 2 mins walk – 50 mins London. 1.5 baths, 4 beds, lge gdn, 2 recs, newly modernized kitchen, gch. £90,000. Tel: 01273 34790 eve/wkend.

Salcombe, Devon: Period Cott . Sea view, 2 acres gdn, 3 beds, 2 baths, lge fmly rm, wkg fireplaces, beams, fully renovated. OIRO £125,000 for quick sale. PO Box 41.

For Sale: 5 acres of land w/ Pl Permsn 3 stables/outhses. Would make good paddock/grazing. Easy road access, 3m from Maldon. Offers: 01622 859059.

Hereford £250,000: Stunning, spacious 19th century home in 3 acres gdn and woodland. Mstr suite + 4 BR, 3 ba, huge lounge w/patio, DR, Lge mod. kit, utility rm, bsmnt. 2 miles Hereford ctr. Dble Grge. Tel: 01432 273669

Development Potential: crumbling 18th cent Cotswold farmhouse in Bexley (Oxford 5m). Needs total refurbishment. Could become beautiful 3/4 bed country hse w/lge gdn in much sought-after area. Interested? Tel 01865 27768.

£80,000 Rottingdean. Purpose built apartment. Spacious dble bedrm, lounge, kit, bath, balcony, pking avail. Quiet residential area nr shops + golf course. Brighton 2m. Owner sale, call 01273 564789

Affitto di immobili

To let

Wanted by non-smoking professional female: room in shared hse nr city ctr, w/ 2-3 other profs/grads. Rent up to £60 p.w + bills. Will provide refs and deposit if nec. Tel: Jane 01223 432675.

For Rent: Rehabbed grnd flr apt in divided semi-det hse, 2 mins walk Balham tube. Unfurn, 2 beds, sitting rm, sml kit w/washing mach, gch, use of garden. Quiet area. £155 p.w. + bills. 2 mo sec. dep + refs. No pets. Tel: 020 8 556 2310 after 6pm.

Alfriston: Lakeside bungalow for six mo lease. Fully furn, 2 bed, 1 bath, gch, sml gdn, all mod cons. Slps 4-5. Nr village center. Pking. £500 pcm, bills incl. except phone. Tel: 020 7 446 5090

Lavender Hill: Luxury Flat to let. 3rd flr, fully furn split-level w/roof gdn + spectacular view. 3 beds, 1 bath, spacious lounge w/skylights. Gch, security entry, semi-det Georgian building in quiet residential area. BR + Clapham common 5 mins walk. £900 pcm + bills. Tel: 020 8 224 3948.

To Let: Picturesque North Brittany Farmhouse for 3 mo from Jul 2003. Slps 6-8. Fully modernized. Level gdn l 9089 sq yds, outhouses & barn. Nearest town 2 m, good road. Tel: 00 33 2 96 437263

Wanted: Quiet prof. female to share small hse w/one other in central Chelmsford nr bus stn. Rent £60 p.w. Cat-lover pref. Tel: 01245 443228.

18th cent (18th century) (del) Settecento
avail (available) libero, disponibile
ba (bathrooms AE) bagni
baths (bathrooms BE) bagni
bed (bedroom) camera (da letto)
BR (bedroom AE) camera (da letto)
BR (British Rail) stazione ferroviaria
bsmnt (basement) seminterrato
cott (cottage) casetta (di campagna)
ctr (centre) centro
dble bedrm (double bedroom) camera a due letti
dble grge (double garage) box doppio
DR (dining-room) sala da pranzo
eve (evening) sera
fam rm (family room) soggiorno
fmly rm (family room) soggiorno
gch (gas central heating) riscaldamento centrale a metano
gdn (garden) giardino
hse (house) casa
kit (kitchen) cucina
lge (large) grande
m (miles) miglia
mins (minutes) minuti
mod kit (modern kitchen) cucina modernamente attrezzata
Mstr suite (master suite) camera padronale con bagno
nr (near) vicino a
OIRO (offers in the region of) proposte nell'ordine di
outhses (outhouses) dépendances
Pl Permsn (planning permission) licenza edilizia
recs (reception rooms) stanze principali
semi-det hse (semi-detached house) casa bifamiliare
utility rm (utility room) lavanderia
w/ (with) con
wkend (weekend) week-end
wkg (working) funzionante
3rd flr (third floor) 3° piano

all mod cons (modern conveniences) tutti i comfort
apt (apartment) appartamento
bed (bedroom(s)) camera/e (da letto)
BR (British Rail) stazione ferroviaria
bus stn (bus station) stazione autolinee
ctr (centre) centro
dep (deposit) cauzione
furn (furnished) ammobiliato
gch (gas central heating) riscaldamento centrale a metano
grads (graduates) universitari
grnd flr (ground floor) pianterreno
hse (house) casa
incl (including) comprendente
m (miles) miglia
mins (minutes) minuti
mo (months) mesi
nec (necessary) necessario
nr (near) vicino a
pcm (per calendar month) al mese
pking (parking) parcheggio
pref (preferred) preferibilmente
prof (professional) (lavoratore) dipendente
p.w. (per week) alla settimana
refs (references) referenze
rehabbed (rehabilitated) ristrutturato
sec. dep (security deposit) cauzione
semi-det hse (semi-detached house) casa bifamiliare
sitting rm (sitting room) salotto
slps (sleeps) posti letto
sml kit (small kitchen) cucinino
sq. yds (square yards) yard quadrate
tel (telephone) telefono
unfurn (unfurnished) vuoto
w/ (with) con
washing mach (washing machine) lavatrice

Property: Sales and lets

VENDITA

IN CITTÀ

AAA. Centro storico finemente ristrutturato libero subito soggiorno camera cucina ingresso bagno cantina termoautonomo ottimo investimento € 129.000 trattabili IMMOBILIARE LA CASA 011-4756394

CENTRO app. ristrutturati 1/2/3 camere cucina bagno poss. box auto BERTINI IMMOBILIARE 011-3393586

CENTRO libero in stabile d'epoca signorile piano rialzato appartamento composto da ingresso 5 camere cucina biservizi mq 130 volendo uso ufficio STUDIO ROSSI 011-5672231

CORSO ARGENTINA vic.ze completamente ristrutturato ingresso ampio soggiorno camera cucina abitabile bagno termoautonomo rif. 3451 IMMOBILIARE P&G 011-9078576

CASE, VILLE E RUSTICI

BOSCO SCURO affare porzione di casa libera su due lati con cortile indipendente da ristrutturare poss. due appartamenti IMMOBILIARE MONTANA 0171-685736

SANT'ANNA villa a schiera di nuova costruzione p. sem. locale unico di 75 mq uso garage p. t. ingresso salotto cucina e bagno 1° piano tre camere e bagno mansarda in ambiente unico giardino e portico al p. terreno € 192.000 ABITARE 0121-2537644

AFFITTI

CORSO XXV APRILE ottimo libero piano alto mq 110 ampio salone due camere angolo cottura doppi servizi ripostiglio cantina contratto 4+4 anni IMMOBILIARE SAVINO 011-4982746

SAN ROCCO in casetta affittasi a referenziati p.t. indip. ristrutturato termoautonomo ampia cucina due camere bagno € 470.00 compreso posto auto (no spese condominiali) 347-8313542

ARREDATI

AFFITTASI adiac. città ingresso camera cucina bagno € 360.00 + spese STUDIO FASOLIS 011-5656763

UNIVERSITÀ pressi privato affitta a studenti appartamento di ingresso due camere cucina bagno tot. 4 posti letto € 800 comprese spese e risc. 011-7867123 ore serali

adiac. (nelle adiacenze di) in the environs of
app. (appartamento) flat, apartment
biservizi (doppi servizi) two bathrooms
indip. (indipendente) independent
mq (metri qudri) square metres
p. (piano) floor
poss. (possibilità) possibility
p. sem. (piano seminterrato) basement
p. t. (piano terra) ground floor
rif. (riferimento) reference (number)
risc. (riscaldamento) heating
termoautonomo (dotato di riscaldamento autonomo) independent heating
tot. (in totale) in all
vic.ze (nelle vicinanze di) close to

Il telefono

LESSICO UTILE

Il telefono e il suo uso

the handset / the receiver	*il ricevitore / la cornetta*
the base	*la base*
the key-pad	*la tastiera / il tastierino*
the telephone cord	*il filo del telefono*
to pick up the phone	*alzare il ricevitore / la cornetta*
to hang up	*riattaccare*
a telephone call	*una chiamata / una telefonata*
to make a phone call	*fare una telefonata*
a telephone number	*un numero di telefono*
an extension (phone)	*un interno*
the dialling tone	*il segnale di libero*
the tone (in a recorded message)	*il segnale acustico / il bip*
to dial the number	*comporre / fare il numero*
to dial 999/911	*comporre / fare il 999/911*
the area / country code	*il prefisso interurbano / internazionale*
the operator	*l'operatore*
the switchboard	*il centralino*
the switchboard operator	*il / la centralinista*
a telephone company	*una compagnia telefonica*
a cordless phone	*un cordless*
an answering machine	*una segreteria telefonica*
a fax machine	*un fax*
voice mail	*casella vocale*
a telephone directory / a phone book	*un elenco telefonico / una guida telefonica*
the Yellow Pages®	*le pagine gialle®*
a business / residential number	*un numero d'ufficio / di casa*
a Freefone number (BE) / a toll-free number (AE)	*un numero verde*
the emergency services number	*il numero dei servizi di emergenza (999 nel Regno Unito e 911 negli Stati Uniti per richiesta di intervento di ambulanza, polizia o vigili del fuoco)*

USEFUL VOCABULARY

The phone and the calling procedures

il ricevitore / la cornetta	*the handset, the receiver*
la tastiera / il tastierino	*the key-pad*
il filo del telefono	*the telephone cord*
alzare il ricevitore / la cornetta	*to pick up the phone*
riattaccare	*to hang up*
una chiamata / una telefonata	*a telephone call*
fare una telefonata	*to make a phone call*
un numero di telefono	*a telephone number*
un interno	*an extension (phone)*
il segnale di libero	*the dialling tone*
il segnale acustico / il bip	*the tone (in a recorded message)*
comporre / fare il numero	*to dial the number*
comporre / fare il 347-9876...	*to dial 347-9876...*
il prefisso interurbano / internazionale	*the area / country code*
l'operatore	*the operator*
il centralino	*the switchboard*
il / la centralinista	*the switchboard operator*
una compagnia telefonica	*a telephone company*
un cordless	*a cordless phone*
una segreteria telefonica	*an answering machine*
un fax	*a fax machine*
casella vocale	*voice mail*
un elenco telefonico / una guida telefonica	*a telephone directory / a phone book*
le pagine gialle®	*the Yellow Pages®*
un numero d'ufficio / di casa	*a business / residential number*
un numero verde	*a Freefone number (BE) / a toll-free number (AE)*
numeri di emergenza	*emergency services numbers (118 for emergency medical assistance, 113 for the police and 115 for the fire brigade)*
sentire suonare / squillare il telefono	*to hear the phone ring*

to hear the phone ring	*sentire suonare / squillare il telefono*
to set the volume	*regolare il volume (della suoneria)*
to leave the phone to ring 3/5... times	*lasciare suonare il telefono 3/5... volte*
it's engaged / the line is engaged	*è occupato*
there's no answer	*non risponde / non rispondono*
to leave a message on the answerphone	*lasciare un messaggio sulla segreteria telefonica*

Espressioni utili per telefonare

Hello!	*Pronto?*
It's Rebecca Major	*Sono Rebecca Major*
Who's calling, please?	*Chi parla?*
It's Louise speaking	*(Sono) Louise*
Speaking!	*Sono io*
May I speak to Claire, please?	*Posso parlare con Claire per favore?*
It's a business / personal call	*E' una telefonata di lavoro / personale*
One moment please	*Un momento / Un attimo per favore*
Hold the line please	*Attenda in linea per favore*
I'll put you through (ie to their extension)	*Glielo / Gliela passo*
I'll put him / her on	*Glielo / Gliela passo*
Mr Brown is on the phone	*C'è il signor Brown al telefono*
I'll put you on hold	*La metto in attesa*
Mr Fowler cannot come to the phone at the moment	*Il signor Fowler è impegnato al momento*
May I take a message?	*Vuole lasciare un messaggio?*
May I leave a message?	*Posso lasciare un messaggio?*
I'll call back later	*Richiamo più tardi*
Please leave your message after the tone (on an answering machine)	*Lasciate un messaggio dopo il segnale acustico / il bip*

Fuori casa

a phone booth / box	*una cabina telefonica / del telefono*
a pay phone	*un telefono pubblico*
a coin operated phone	*un telefono a moneta*
a cardphone	*un telefono a scheda*

regolare il volume (della suoneria)	*to set the volume*
lasciare suonare il telefono 3/5... volte	*to leave the phone to ring 3/5... times*
è occupato	*it's engaged / the line is engaged*
non risponde / non rispondono	*there's no answer*
lasciare un messaggio sulla segreteria telefonica	*to leave a message on the answerphone*

Common phrases used on the phone

Pronto?	*Hello!*
Sono Roberta Rossi	*It's Roberta Rossi*
Chi parla?	*Who's calling, please?*
(Sono) Luisa	*It's Luisa speaking*
Sono io	*Speaking!*
Posso parlare con Clara per favore?	*May I speak to Clara, please?*
E' una telefonata di lavoro / personale	*It's a business / personal call*
Un momento / Un attimo per favore	*One moment please*
Attenda in linea per favore	*Hold the line please*
Glielo / Gliela passo	*I'll put him / her on / I'll put you through (ie to their extension)*
C'è il signor Rossi al telefono	*Mr Rossi is on the phone*
La metto in attesa	*I'll put you on hold*
Il signor Rossi è impegnato al momento	*Mr Rossi cannot come to the phone at the moment*
Vuole lasciare un messaggio?	*May I take a message?*
Posso lasciare un messaggio?	*May I leave a message?*
Richiamo più tardi	*I'll call back later*
Lasciate un messaggio dopo il segnale acustico / il bip	*Please leave your message after the tone*

When you are not at home

una cabina telefonica / del telefono	*a phone booth / box*
un telefono pubblico	*a pay phone*
un telefono a moneta	*a coin operated phone*
un telefono a scheda	*a cardphone*
una scheda telefonica	*a phonecard*
una carta di credito telefonica	*a phone credit card / a phone charge card*

a phonecard	*una scheda telefonica*
a phone credit card / a phone charge card	*una carta di credito telefonica*
a mobile (phone) / a cellphone / a cellular phone	*un (telefono) cellulare / un telefonino*
a prepaid mobile phone voucher	*una scheda prepagata*
a car phone	*un telefono da auto*
a pager	*un cercapersone*
a text message	*un messaggio / un SMS*

Funzioni e servizi speciali

fault reporting	*segnalazione guasti*
directory enquiries / directory assistance	*informazioni elenco abbonati*
to be ex-directory	*non essere sull'elenco*
to make a reverse charge call to somebody / to call somebody collect	*fare una telefonata a carico del destinatario*
three-way calling	*conversazione a tre*
itemized billing	*fatturazione dettagliata*
call waiting	*avviso di chiamata*
call diversion	*trasferimento di chiamata*
call return	*servizio 400* (Telecom Italia) servizio che permette di recuperare il numero dell'ultima chiamata cui non si è potuto rispondere
caller display	*servizio Chi è* (Telecom Italia) servizio che permette di conoscere il numero telefonico da cui proviene la chiamata
last number redial	*ripetizione automatica ultimo numero*

un (telefono) cellulare / un telefonino	*a mobile (phone) / a cellphone / a cellular phone*
una scheda prepagata	*a prepaid mobile phone voucher*
un telefono da auto	*a car phone*
un cercapersone	*a pager*
un messaggio / un SMS	*a text message*

Special services

segnalazione guasti	*fault reporting*
informazioni elenco abbonati	*directory enquiries / directory assistance*
fare una telefonata a carico del destinatario	*to make a reverse charge call to somebody / to call somebody collect*
conversazione a tre	*three-way calling*
fatturazione dettagliata	*itemized billing*
avviso di chiamata	*call waiting*
trasferimento di chiamata	*call diversion*
richiamata su occupato	*callback facility*
ripetizione automatica ultimo numero	*last number redial*

Ecco alcuni esempi di conversazioni telefoniche:

Esempio 1

● Good morning, Calvert Communications. How may I help you?

■ Good morning. Could I speak to John Calvert please?

● I'm afraid he's out of the country on business until the end of the week. Would you like to leave a message and he'll call you when he gets back?

■ Yes. Could you ask him to call Liz Baxter at Emerson Associates on 01782 3372989 as soon as possible please. It's about the contract.

● I'll make sure he gets your message first thing on Monday.

■ Thanks very much. Goodbye.

● Goodbye.

Esempio 2

● Good afternoon, Directory Enquiries. Which name do you require?

■ Hello. The name is Cameron.

● Do you have an initial?

■ Yes, it's J.P.

● Could I have the address please.

■ It's 17 Admiral Court, Bournemouth

● I'm sorry but the number you requested is listed as ex-directory.

■ Oh, I see. Thank you very much. Goodbye.

Esempio 3

● Hello?

■ Hello, is that Charlie?

● No this is Chris, his brother.

■ Oh, I'm sorry. This is Mark, Charlie's saxophone teacher. Is Charlie there?

● Yes he is. If you hold the line I'll call him for you.

■ Thanks.

Esempio 4

● Hello. Paul and Linda are sorry but they can't take your call at the moment. Please leave your name, number and a message after the tone and we'll call you back as soon as possible. Beep…

■ Hi, it's Angus here. I'll be passing through Bristol at the weekend so if you fancy a drink or a meal somewhere give me a call on my mobile. Speak to you soon. Cheers!

Esempio 5

● Miranda Carlton's office.

■ Good morning. Could I speak to Miranda Carlton please.

● Yes. May I ask who is calling?

■ This is Colin Wirth.

● I'm sorry but Miss Carlton is on the phone. Would you like to hold?

■ Yes please.

….

● Hello. Miss Carlton is still on the other line. I'm her secretary, can I be of any assistance?

■ Actually it's a personal call. I'll try again later thank you. Goodbye

● Goodbye.

Esempio 6

● Hello!

■ Hello. This is Ben Jacobs from FotoFixit, could I speak to Mrs Matthews please?

● I'm sorry but she's not at home at the moment. Can I take a message?

■ Yes, could you let her know that her camera has been repaired and is ready for collection whenever it's convenient for her.

● Yes, of course, I'll pass the message on as soon as she gets home.

■ Thank you very much. Goodbye.

Here are some examples of telephone conversations:

Example 1

● PBM, buongiorno.

■ Buongiorno. Vorrei parlare con il dottor Rossi, per favore.

■ Mi dispiace, il dottor Rossi è in riunione in questo momento. Vuole lasciare un messaggio?

● Sì, grazie. Sono Giulia Martini. Può dirgli per cortesia di richiamarmi allo 02 45667464?

■ Può ripetere il numero per favore?

● Certo: 02 45667464.

■ 02 45667464. Va bene, gli farò avere il messaggio.

● La ringrazio, arrivederci.

■ Arrivederci

Example 2

● Servizio abbonati, buongiorno.

■ Buongiorno. Vorrei avere il numero di Dutto Giovanni, a Cuneo.

● Sì... Ci sono sei Dutto Giovanni. Sa l'indirizzo?

■ Sì. Corso Nizza 45.

● Mi dispiace, ma non c'è nessun Dutto Giovanni con quest'indirizzo in elenco.

■ Forse il telefono è intestato alla moglie, ma non so il cognome. Grazie lo stesso, comunque. Arrivederci.

● Arrivederci

Example 3

● Pronto?

■ Paolo?

● No, sono suo padre.

■ Oh, mi scusi signor Troisi, sono Giorgio. Paolo è in casa per favore?

● Sì, è rientrato proprio ora. Te lo passo.

■ Grazie

Example 4

● Risponde la segreteria telefonica del numero 06 9877536. In questo momento non possiamo rispondere. Siete pregati di lasciare un messaggio dopo il segnale acustico. Grazie. bip...

■ Sono Michele. Domani sarò a Roma per lavoro. Mi farebbe piacere vedervi. Chiamatemi al cellulare domattina. Ciao.

Example 5

● Studio medico Delpiano, buongiorno.

■ Buongiorno, posso parlare con il dottore per cortesia?

● Chi devo dire?

■ Elena Carli

● Un attimo, per favore... Mi dispiace il dottore sta parlando sull'altro telefono. Vuole attendere in linea?

■ Sì, grazie

....

● Pronto? Mi dispiace, ma è ancora occupato. Vuole lasciar detto a me?

■ Grazie. È una chiamata personale, ma non è niente di urgente. Richiamerò io più tardi.

● Va bene, glielo dirò.

■ La ringrazio, arrivederci.

● Arrivederci

Example 6

● Pronto?

■ Pronto, casa Alberti?

● Sì

■ Buonasera, sono Anna Salemi, una collega di Marina. Marina è in casa, per favore?

● Mi dispiace, è uscita. Vuole lasciare un messaggio?

■ Sì, grazie. Può dirle che ho trovato la sua agenda? Era in terra, vicino alla timbratrice, deve esserle caduta dalla borsa.

● Ah, sì, grazie. Glielo dirò senz'altro. È stata gentile a telefonare.

■ Ma si figuri. Dica a Marina che domani gliela riporto in ufficio.

● Va bene.

■ Grazie e buonasera.

● Buonasera.

La posta elettronica

to be on email	*avere la posta elettronica*
an email	*un'e-mail/un e-mail*
an email address	*un indirizzo e-mail/di posta elettronica*
an at sign	*una chiocciola*
an address book	*una rubrica*
a mailing list	*una mailing list/un indirizzario*
to send an email	*mandare/inviare un'e-mail*
to receive an email	*ricevere un'e-mail*
to forward an email	*inoltrare un'e-mail*
to copy somebody in, to cc somebody	*mandare una copia a qualcuno*
c.c. (carbon copy)	*copia (carbone)*
b.c.c. (blind carbon copy)	*copia carbone nascosta*
a file	*un file*
a signature file	*un file della firma*
an emoticon, a smiley	*un emoticon, uno smiley*
to attach a file	*allegare un file*
to receive an attachment	*ricevere un allegato/un attachment*
to open/run an attachment	*aprire un allegato/un attachment*
to save a message on the desktop, hard disk	*salvare un messaggio sul desktop, sul disco fisso*
to delete a message	*cancellare un messaggio*
to zap a message	*cancellare un messaggio*
inbox	*(cartella di) posta in arrivo*
outbox	*(cartella di) posta in uscita*
freemail	*servizio gratuito di posta elettronica, freemail*
snail mail	*= la posta convenzionale (in contrapposizione alla posta elettronica)*
spam	*= messaggi di posta elettronica contenenti pubblicità inviati a un gran numero di persone*
spamming	*= invio di messaggi pubblicitari di posta elettronica*
a modem	*un modem*

avere la posta elettronica	*to be on email*
un'e-mail/un e-mail	*an email*
un indirizzo e-mail/di posta elettronica	*an email address*
una chiocciola	*an at sign*
una rubrica	*an address book*
mandare/inviare un'e-mail	*to send an email*
ricevere un'e-mail	*to receive an email*
inoltrare un'e-mail	*to forward an email*
mandare una copia a qualcuno	*to copy somebody in, to cc somebody*
copia (carbone)	*c.c. (carbon copy)*
copia carbone nascosta	*b.c.c. (blind carbon copy)*
un file	*a file*
un file della firma	*a signature file*
un emoticon, uno smiley	*an emoticon, a smiley*
allegare un file	*to attach a file*
ricevere un allegato/un attachment	*to receive an attachment*
aprire un allegato/un attachment	*to open/run an attachment*
salvare un messaggio sul desktop, sul disco fisso	*to save a message on the desktop, hard disk*
cancellare un messaggio	*to delete/zap a message*
(cartella di) posta in arrivo	*inbox*
(cartella di) posta in uscita	*outbox*
un modem	*a modem*